『江苏品牌图书工程』项目

江苏省『十二五』重点出版规划项目

江苏通史

JIANGSUTONGSHI

先秦卷

总主编　宋林飞
本卷主编　王健

凤凰出版社

图书在版编目（CIP）数据

江苏通史 / 宋林飞总主编. -- 南京 : 凤凰出版社, 2012.3（2023.8重印）
ISBN 978-7-5506-1142-9

Ⅰ. ①江… Ⅱ. ①宋… Ⅲ. ①江苏省—地方史 Ⅳ. ①K295.3

中国版本图书馆CIP数据核字(2012)第016840号

书　　名　江苏通史
总 主 编　宋林飞
责任编辑　陈晓清　汪允普　林日波　郭馨馨　樊　昕
装帧设计　姜　嵩
责任监制　程明娇
出版发行　凤凰出版社(原江苏古籍出版社)
　　　　　发行部电话025-83223462
出版社地址　江苏省南京市中央路165号,邮编:210009
照　　排　南京凯建文化发展有限公司
印　　刷　金坛古籍印刷厂有限公司
　　　　　江苏省金坛市晨风路186号,邮编:213200
开　　本　718毫米×1005毫米　1/16
印　　张　316.75
字　　数　5838千字
版　　次　2012年3月第1版
印　　次　2023年8月第3次印刷
标准书号　ISBN 978-7-5506-1142-9
定　　价　2600.00元（全十册）
(本书凡印装错误可向承印厂调换,电话:0519-82338389)

南京直立人头骨及复原像

崧泽文化陶豆

浦口营盘山新石器时代遗址出土的陶塑人面像

江苏境内发现的史前彩陶

良渚文化玉琮与玉璧(武进寺墩3号墓出土)

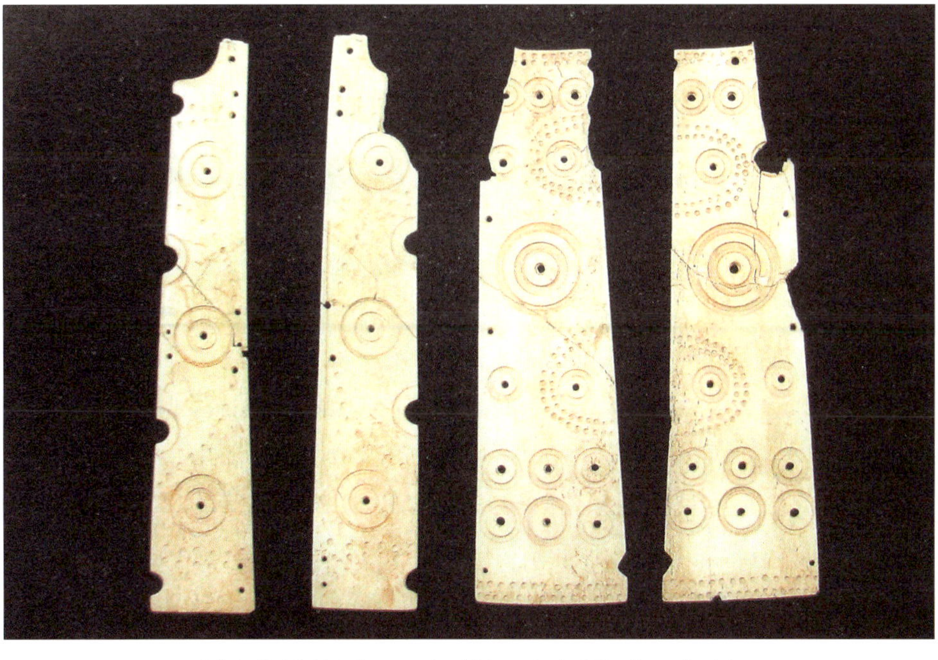

刻纹状骨器(金坛三星村新石器时代遗址出土)

江宁陶吴、横溪一带出土的商代三羊铜罍

六合程桥东周一号墓出土的青铜臧孙钟

《江苏通史》编纂委员会

序

罗志军

江苏历史悠久，是人类最早生息繁衍的地区之一。早在数十万年前，原始人类就在江苏大江南北活动。南京汤山发现的迄今约 35 万年前的猿人头盖骨化石，泗洪县下草湾、镇江市丹徒区莲花洞、溧水县神仙洞等地发现的晚期智人化石，以及太湖三山岛、东海县大贤庄等地发现的旧石器时代晚期文化遗址，都充分说明了长江流域是中华民族的发祥地之一。正是这些远古先民们，揭开了江苏历史的最初篇章。

在中华文明发展的历史进程中，江苏发挥了重要作用。殷商末年，泰伯、仲雍在江南梅里建立了句吴国。此后，三国孙吴、东晋以及南朝宋、齐、梁、陈等六个朝代先后建都于现在的南京，江苏地区逐渐成为我国东南政治、经济与文化的中心。唐朝后期，全国的政治中心北移，但全国的经济中心向江南转移，以至出现“军国大计，仰于江淮”的局面。公元 973 年，南京又成为南唐的都城。明初朱元璋定都南京，使江苏地区再次成为全国的政治中心。明清时期，江苏的粮、盐产量居全国之首，江苏的商品经济开民族工商业之先河，江苏的科举状元占全国的近 1/3，江苏成为当时经济最发达、物产最富饶、文教最昌盛的地区之一。

历史是兴衰荣辱的有力见证。1840 年鸦片战争爆发后，江苏成为列强最早侵略的地区之一，中国历史上第一个丧权辱国的条约——《南京条约》即签订于南京。1853 年，太平天国在南京建都，而后江苏地区成为太平军与清军交战的主战场。1911 年，孙中山先生领导的辛亥革命推翻了统治中国两千余年的封建专制体制，1912 年 1 月 1 日在南京建立了中华民国临时政府。1927 年，国民政府定都南京。抗日战争时期，江苏沦为日伪统治的核心区域，江苏人民为民族独立进行了坚强不屈的斗争。1949 年 4 月，南京获得解放，重新回到人民手中，标志着中国革命取得了决定性胜利。

新中国成立后，尤其是改革开放以来，江苏社会经济发展取得了巨大成就，各个领域发生了翻天覆地的变化。进入新世纪后，全省上下坚持以邓小平理论和“三个代表”重要思想为指导，深入贯彻落实科学发展观，坚持率先发展、科学发展、和谐发展，实行富民优先、科教优先、环保优先、节约优先方针，实施科教兴省、经济国际化、城市化、区域共同发展、可持续发展五大战略，经受了国际金融危机等重大考验，经济社会发展迈上了新的台阶，综合实力大幅提升、城乡面貌显著变化、人民群众得益最多，在科学发展道路上迈出了坚实的步伐。

历史是一面镜子，更是一座宝库。研究、总结江苏的历史，有助于我们更好地借鉴前人的有益经验。古人云：以铜为鉴，可以正衣冠；以人为鉴，可以明得失；以史为鉴，可以知兴替。从这个意义上说，历史是一部很好的教材，它不仅教会我们从历史的过程汲取智慧、受到启迪，而且促使我们以历史的眼光来看待现实、谋划未来，对于我们正确认识和把握发展规律，做好今天的各项工作，具有重要的现实意义。研究、总结江苏的历史，有助于我们更好地弘扬优秀文化传统和人文精神。在漫漫历史长河中，江苏人民创造了光辉灿烂的区域文化，塑造了根植于区域文化土壤的人文精神，具有开拓进取、创新创业、兼容并蓄、重教尚文的鲜明特征。这样的文化传统和人文精神，对过去江苏经济社会发展起到了积极的推动作用。在向“两个率先”目标加快迈进的新征程上，我们更要把这一宝贵的精神财富挖掘好、传承好、弘扬好，并赋予新的时代内涵，不断增强江苏发展的“软实力”，努力在新的起点上开创科学发展新局面。

《江苏通史》从人类文明史的视角来研究、总结江苏历史，以传统中国如何艰难曲折地走向近现代社会为基本线索构建江苏历史的架构，并围绕这一基本线索和架构，把江苏人民的繁衍和发展历程浓缩成一个脉络清晰、内涵丰富的时空整体。它既不是历史瓦砾的杂乱堆砌，也不是历史章节的片面取舍，而是循着时间的脚步，娓娓叙述江苏的历史演变和兴衰更替，细致展示江苏的文化积淀和人文内涵，把一个历史的江苏、变化的江苏、前进的江苏呈现在世人面前。

历史是由人创造的。今天我们回顾、总结前人的历史，就是为了从中汲取有益的经验和智慧，弘扬优秀的文化传统和人文精神，与时俱进，继往开来，书写江苏明天更加灿烂辉煌的历史新篇章。

前　言

宋林飞

江苏是中华锦绣大地上一颗璀璨的明珠，境内河流密布，土地肥沃，在长期的农业社会中素有“鱼米之乡”的美称；东临黄海，有着蜿蜒绵长的海岸线，在工业化时代是中国对外开放的前沿。千千万万勤劳勇敢、聪明智慧的江苏人民，世世代代在这块热土上生活、耕耘与开发，创造了巨大的物质财富和多彩的地方文化，源源不断地汇入辉煌的中华文明长河之中。20世纪70年代末改革开放以来，从乡镇企业“异军突起”、经济国际化到“发展速度比全国平均速度快”，江苏一直走在全国发展的前列，率先推进全面建设小康社会、基本实现现代化的进程。

盛世修史，这是自古至今史学界乃至中华文化的优秀传统。它使人民的创造与国家的发展通过史书的形式记载与流传开来，其中闪耀着中华文明的熠熠光辉。而今，这一重要传统在新的历史时期理应继续得到发扬光大，使中华文明能够随着历史的发展、社会的进步而被充实新的更重要的内容。正是怀着这样一种责任感，江苏省社会科学院从1997年开始酝酿撰写《江苏通史》，不久就得到中共江苏省委、江苏省政府的批准，于1999年启动编撰工作，历经十年有余，如今正式出版。这是一部系统记述和研究江苏古今历史的十卷本学术著作，是江苏史学工作者从事江苏史研究的重大成果，也是江苏通史研究的一件盛事。

通过编撰《江苏通史》，发掘整理江苏的优秀历史文化遗产，有助于运用人文荟萃、丰富多彩的历史事实教育与启发民众，有助于我们在了解历史、加深省情认识的基础上，更好地推进江苏的经济建设、政治建设、文化建设与社会建设，进一步繁荣江苏社会科学，进一步扩大江苏在国内外的影响。

《江苏通史》各卷所涉范围是目前江苏政区辖域内地区。各卷所涉时期有长有短，资料遴选发掘程度不同，在撰述中我们努力体现所涉时期的主要历史事实与发展特点，注意吸收学术界的最新研究成果。同时，认真提炼观点，坚持史论结合。在这里，我对十卷的内容梗概作个介绍：

先秦卷　本卷研究、论述自原始时代起，经夏商西周春秋战国至秦始皇于公元前

221年统一中国以前之江苏地区历史发展。将先秦江苏的历史划分为史前(原始社会,前国家时期)和早期国家时期(夏商西周春秋战国)两个大的历史阶段。此阶段时间跨度最长,但可供研究与利用的考古及文献资料有限。因此,本卷的记述重点是有特色的史实和文化成就。并据此认为,先秦时代之江苏先人创造了绚丽夺目的文化成就,这在江苏以至整个中华文明发展史中具有独特的重要地位,而这些成就对于后来江苏历史的发展起着奠基作用,并产生积极和深远的影响。

秦汉卷　本卷研究、论述自秦王嬴政二十六年(公元前221年)统一六国至汉献帝建安二十五年(公元220年)东汉灭亡,共441年间江苏地区的历史。对此时期值得关注的现象以及有较大影响力的事件,做了重点研究与探讨。诸如关于秦代江苏的郡县设置,关于秦代江苏的经济、文化发展,关于秦法在江苏的施行,关于秦末农民大起义,关于汉代和亲政策,关于经济重心的南移与南北格局等。秦末农民大起义是中国历史上一个非常重要的事件,江苏曾是起义力量的大本营,江苏人民在历史上写下了反暴政斗争的光辉一页。这一次全民抗暴最终埋葬秦王朝的壮举,也成为后来中国两千余年间历次推翻旧王朝,导致政权更迭的样板与模式,意义重大。

魏晋南北朝卷　本卷研究、论述从汉献帝建安年间(196—219)起,隋开皇九年(589)灭陈止,前后近400年的江苏地区历史。其间自东汉末战乱至西晋统一为第一阶段;自西晋灭亡,经东晋十六国为第二阶段;自刘宋代晋和北魏统一北方至隋统一全国为第三阶段。魏晋南北朝时期,战乱频繁、封建王朝不断更替。重点论述了六朝政权门阀制度由形成、鼎盛走向衰落,南方经济得到开发和发展,民族融合成为最具时代特色的一种历史发展趋势,以及南北对峙中战争与和平交互存在,思想文化领域百家争鸣的历史特点。同时,对当时南方六朝政权最重要的核心政治经济区和军事重地的徐州、扬州之重要地位,做了深入的分析和论证。

隋唐五代卷　本卷研究、论述隋唐五代时期300余年间江苏地区的发展历史。今江苏省域在隋唐五代时期并不是一个完整的行政区划,公元581年隋朝建立时,今江苏省域长江以北地区属隋朝,长江以南地区属陈朝。经过8年的南北对峙,公元589年隋平陈,江苏地域整体被纳入统一的隋王朝版图。在贞观十道中,今江苏省域淮河以北的徐、海、泗三州属河南道,江淮之间的楚、扬二州属淮南道,长江以南的润、常、苏三州以及宣州所属的溧阳、溧水二县属江南道。在政治上压制和防范六朝故都建康,是隋朝一贯的政策,并且一直影响到唐朝。隋唐时期,江苏在国家事务中的地位不断提升,即从受监视、遭鄙视的旧境,向成为国家举足轻重、赖以生存的财赋之地迈进,唐帝国依靠江淮财赋以维系"国命"。自唐高宗以后,从江南调集租米赈济北方,尤其是确保政治中心长安的粮食供应。其后持续了十几个世纪的南粮北运,也就自此时期开始。自唐末农民起义以后，以扬州、金陵为中心曾建立杨吴、南唐政权，其所存在的 85 年间，对维护江淮的稳定、发展江淮经济作出了应有的贡献。

宋元卷 本卷研究、论述自公元 960 年至公元 1368 年宋、元时期江苏地区的历史。当时中国社会处在大变动时期，宋元人口的大量南迁，为江南地区的进一步开发与经济发展，提供了大量人力资源与先进的生产技术，促进了生产力水平的大幅度提高。“苏、常熟，天下足。”宋朝建国，经济上对于江浙一带的漕运依赖较大。传统的陆路丝绸之路渐渐衰落，随着航海技术的发达，沿海对外贸易日益兴盛。江苏地区进入新的发展时期，其政治、经济、军事、思想文化在全国的作用与之前比较更为重要。自六朝以来开始的中国经济重心南移的过程得以最终完成。从而奠定了江淮在中国古代社会后期的地位与中国的基本经济格局；一度成为全国的军、政核心地带，在全国的政治地位日渐提高，举足轻重；随着经济重心的南移与经济的发展，长期居于北方的中国文化重心在南宋之际也完成了南移，因而使得江淮地区特别是江浙地区，真正成为中国发展的核心地区。

明清卷 本卷研究、论述公元 1368 年至 1840 年明清 470 余年之江苏地区历史。此时期的中国大部分时间处于闭关锁国状态，而世界历史却发生了巨大发展和变化。在此期间，江苏发生诸多重大历史事件：朱元璋在南京建立封建大一统国家明王朝，朱棣迁都北京后实行两京制，南京作为大明王朝的留都在全国政治和经济上仍享有特殊地位；明伟大航海家郑和率船队七下西洋，与所到国开展友好贸易和交往；清康熙六年(1667)江南省划分为江苏省和安徽省，“江苏省”名自此延续至今。此时期的特点为：中央集权专制统治体制得到进一步加强；城乡商品经济有了进一步发展和繁荣，但自然经济仍占据主导地位；江苏地区社会经济得到很大发展，成为当时全国社会经济最为活跃的地区，具有举足轻重地位；明代，岁运京师漕运总额中，江苏约占四成；崇文重教，文化教育发达，人才辈出，科第人数在全国遥遥领先，同时涌现出诸多思想家和学问大家，中国古典小说四大长篇名著的作者有 3 位是江苏人，还出现了吴学(吴派)、泰州、扬州、常州等学术流派。

晚清卷 本卷研究、论述自清道光二十年(1840)至清宣统三年(1911)之晚清时期江苏省 70 余年历史。晚清江苏的行政区域与清康熙至乾隆年间建省时期的辖区一样，全省设 8 府：江宁府、苏州府、淮安府、徐州府、扬州府、常州府、镇江府、松江府；3 个直隶州：海州、通州、太仓州；1 个直隶厅：海门厅；3 个散州：泰州、高邮州、邳州；4 个散厅：太湖厅、靖湖厅、太平厅、川沙厅；60 县。这一时期传统的中国社会正缓慢地走向近代化，其时江苏社会的近代化已经起步，主要体现在：江苏民众的积极吁请和斗争推动着封建政治制度的变革，江苏省谘议局议长张謇曾联络各省立宪派人士，在全国掀起声势浩大的请愿国会活动；得益于政府的支持与洋务运动的开展，江苏近代经济发展较快，创办苏州洋炮局（后迁南京改称金陵制造局），成立利国驿矿务局，兴建无锡业勤纱厂、苏州苏纶纱厂、南通大生纱厂等，民族工业迅速兴起；教育、文化由传统逐渐走向近代，谴责小说异军突起，成立进步文学团体——南社，图书馆、博物馆、近代医学开始发展，西方体育传入江苏，清朝第一届全国运动会于宣统二年（1910）即在南京举办。

中华民国卷　本卷研究、论述自1912年至1949年中华民国时期江苏38年的历史。随着清王朝专制统治被推翻与中华民国成立，江苏进入新的历史时期。1911年爆发的辛亥革命推翻了清王朝的专制统治，1912年在南京成立了中华民国临时政府。孙中山先生领导的这一民族民主革命开创了中国历史发展的新道路，使中国进入了一个新的历史时期。同时，江苏也是中国共产党创建和活动的主要地区。由于优越的地理条件和工商业环境，江苏经济发展较为迅速，是中国近代工业起步较早的地区之一，其中民营工业占据主导地位。江苏文化教育事业发展较快，成为全国的文化教育中心。江苏境内战争不断，自然灾害频繁。侵华日军在南京进行的大屠杀，日伪在江苏的扫荡和清乡，给江苏人民带来深重灾难。由于国民党政权违背民意，拒绝和平民主并发动全面内战，终被中国共产党所领导的人民大革命推翻。

中华人民共和国卷（1949—1978）　本卷研究、论述自1949年中华人民共和国成立时起至1978年止近30年的江苏历史。在该历史时期的初期，江苏地区一度并存独立管辖与施政的苏北、苏南行政公署及南京市政府，到1953年初始合并成立江苏省人民政府。在这30年中，经过了国民经济恢复和初步发展时期、社会主义三大改造与"一五"计划执行时期、"大跃进"与社会主义全面建设时期、国民经济遭遇严重困难与经济调整时期、"文化大革命"错误发动与展开时期、粉碎"四人帮"后的短暂徘徊时期。在这段历史时期中，江苏的经济和社会发展有许多引人注目或影响深远的重大事件。解放初期的抢险救灾，涌现出许多可歌可泣的感人事迹；兴修水利，数百万人民导沂整沭、治理淮河、修堤建闸，基本上消除了长期以来祸及江淮的水患；三年国民经济严重困难时期，依靠群众恢复和发展生产，同心协力共渡难关；发展社队企业，冲破计划经济体制的禁锢，创造了"苏南模式"；当粉碎"四人帮"后"两个凡是"盛行之时，江苏理论工作者经过深刻反思，发表了《实践是检验真理的唯一标准》一文，从而引发全国关于真理标准问题的大讨论，为端正党的思想路线作出了重要贡献。期间，江苏在经济社会发展的各个方面既取得辉煌成就，也出现一些严重曲折，体现出明显的复杂性。正反两方面的经验，是江苏人民继续前进的宝贵财富。

中华人民共和国卷（1978—2000）　本卷研究、论述自1978年12月中共十一届三中全会召开至2000年“九五”计划完成时期之江苏历史。这是江苏历史上经济增长最快、发展最平稳、生机最为旺盛的时期，在该时期江苏是中国发展变化最快的省份之一。这一时期，江苏人民以自己的勤劳和智慧，在朝着经济繁荣、科技发达、生活小康、社会文明的目标迈进的征程中，写下了灿烂夺目的篇章。经济实力显著增强，国民生产总值实现两个翻番；改革开放不断向广度和深度拓展，社会主义市场经济体制基本框架初步形成；科技、教育、文化等社会事业全面发展，人民物质文化生活不断改善。全省干部群众坚持以经济建设为中心，抢抓机遇，加快发展；坚持深化改革，为经济社会发展不断注入活力；坚持对外开放，大力发展开放型经济；实施“科教兴省”战略，为经济社会发展持续提供支持；实施区域共同发展战略，直面区域发展差异的挑战；坚持“两手抓，两手都要硬”的方针，推动社会全面进步。

《江苏通史》从酝酿到编撰都得到了省委、省政府领导的关心和鼓励。在批准立项过程中，得到时任省委副书记顾浩的大力支持与协调。在编撰过程中，既有江苏省社科院的专家学者在各卷中担任主编或参加撰写，也聘请了南京大学、南京师范大学等高校或研究机构的专家学者担任主编或参加撰写，大家克服困难精益求精地撰稿、修改，付出了极大的心血。

为了编撰出体现时代特征，吸收最新学术研究成果，并体现出内容的丰富与创新性、史料的充分与真实性、叙述的逻辑和清晰性，我们多次召开编纂委员会、主编及作者会议、不同范围的小型研讨会，从编撰的指导思想、提纲拟定、内容把握等，广泛听取各方面专家、学者的意见，其中茅家琦、张宪文、梁白泉、沈立人等提出了不少有价值的意见。各卷书稿完成之后，编委会聘请著名专家学者审稿，他们也都提出了重要并详细的修改意见。

江苏省新闻出版局将《江苏通史》列为“江苏品牌图书工程”项目，凤凰出版传媒集团、凤凰出版社十分重视和支持该书出版，各卷责任编辑工作认真负责，同样付出了很大心血。在编撰过程中，编辑办公室负责人工作认真，积极、努力为全书以及各卷的撰写做好具体的组织协调、服务工作。

在此，我代表编委会向所有支持、参与《江苏通史》编撰出版工作的同志表示衷心的感谢和深深的敬意！

《江苏通史》十卷本现将付梓，尽管我们主观上想将其编撰成高质量的学术著作，但限于文献资料的收集、考古资料的匮乏以及编撰者认识的偏差和异同，其中难免存在疏漏、缺失甚至错误。我诚挚地期待专家学者以及读者的批评指正，再版时将认真吸取大家的真知灼见，更加科学、全面与深入地反映江苏历史面貌。

目　录

导 论

由于本卷为多卷本《江苏通史》的第一卷，在进入正题之前，有必要对古今江苏的发展作一大致的描述，使读者对江苏历史有一个基本了解。

今天的江苏省，展示出这样的区域景观：介于东经116°18′—121°57′，北纬30°45′—35°20′之间，位于太平洋西岸的中国大陆东部沿海中心地带，省域面积10.26万平方公里(约合1.5亿亩)，不到全国总面积的1.1%，地域狭小，能源和主要矿产资源匮乏。然而，常住人口已经超过7700万，占全国的5.8%，每平方公里高达750人，人口密度在全国乃至世界都排名前列。能够繁衍承载芸芸众生，创造辉煌发展成就，江苏称得上“物华天宝，人杰地灵”。优越的自然环境，养育了勤劳智慧、心灵手巧的人们，创造了丰富多彩的历史，积累了雄厚的经济文化实力，这是江苏之所以取得全国率先发展和科学发展成就的重要原因。

一 自然环境得天独厚

江苏“当长江出海之口，为中部诸省之门户，山无高峰峻岭，地多平坦肥沃，河流交错，人物富丽，称为全国第一”。“以滨于海洋，无酷暑剧热，有阵风时雨，最适宜人之生存，物之繁殖”。[①] 从区位、交通、地形、耕地资源、气候、水土光合条件、河流湖泊及水资源、植被、物产等经济地理指标比较，江苏的综合自然环境生态和土地承载力应排名全国前茅。这里举三项为证：

第一，江苏具有极为优越和重要的地理位置。濒临中国东部万里海岸线的中段，正当对外开放的前沿，远洋货轮东出长江，直达浩瀚的太平洋，游弋中国沿海及世界各大港口；又地处万里长江下游，大江东去，由江苏与上海之间奔腾入海，形成了广

① 《江苏六十一县志》上卷“江苏省总说”，民国二十五年(1936)商务印书馆铅印本，第4页。

阔、肥沃的长江下游三角洲。境内有约400公里长江岸线，与954公里海岸线构成T型黄金水道。水陆交通四通八达，已经建立了陆海空立体交通网络体系，形成了对内沟通、对外开放的畅达通道。江苏地跨江淮，北接山东，可达京津冀；西连安徽，可往中原腹地；东邻上海，南临浙江，直达闽粤；溯江而上，可入皖赣两湖四川。江苏北距北京，东南下广东、福建，距离比较适中，作为东西部的连接通道十分方便，有京沪铁路、陇海铁路两大铁路干线纵横贯穿，京沪高速公路、沪宁高速公路、宁杭高速等高等级公路干线纵横交错。从区域经济学的角度看，交通便利，人口密集，物流成本低，有利于各种资源的集聚和扩散。所以，很久以来，四方资源汇聚，五方商贾云集，手工业、商业投资兴盛，贸易发达，基础设施健全，江苏成为工商业活动的聚集区，市场网络体系比较健全。近代以来，江苏邻近中国最大金融、经济、贸易和航运中心城市上海，受益匪浅。今天，以上海为中心的长江三角洲地区，已经成为中国乃至世界经济最为活跃、发展速度最快的区域之一。

第二，江苏具有得天独厚的自然条件。地处亚热带向暖温带过渡地带，大致以淮河—灌溉总渠一线为界，以南属亚热带湿润季风气候，以北属暖温带湿润季风气候，气候湿润，雨水相对充沛，年降雨量在800—1200毫米，由北向南逐渐递增，四季分明，无霜期长，土地肥沃，适宜农桑。长江三角洲平原，地势低平，土地结构好。平原面积7.06万平方公里，占全省土地的68%以上，水面面积1.73万平方公里，平原水域比重在全国最高。耕地面积472万公顷，苏北沿海还有65万多公顷(980万亩)滩涂资源。耕地资源相对丰富，全省拥有数千万亩稳产高产的良田。江苏地势低平，85%区域位于海拔50米以下的低地平原。低山丘陵面积仅占14%，宁镇丘陵(或称宁镇扬丘陵)，北起淮河南岸的盱眙、南抵宜溧山地。丘陵山脉有老山、宁镇、茅山、宜溧、云台等。连云港市郊的云台山玉女峰为全省最高峰，海拔625米。江苏的平原属于黄淮海平原和长江三角洲平原中间地带，主要分为苏北平原(包括淮北平原、里下河平原、沿海平原)和苏南平原(包括太湖平原和沿江平原)。太湖平原地貌有一定差异，以昆山、常熟为界，以东的靠近长江沿岸，涨沙形成岗陇，称之“高田”，适宜种植棉花；由昆山、常熟向常州分展延伸，为低下的洼地，称之“水田”，宜种稻、桑，构成太湖流域的两大农业景观。

第三，江苏境内江、淮、湖(洪泽湖、太湖)、运(大运河)河流纵横，内河航道资源之丰富，实为全国之最，极有利于发展水运。江苏拥有江河湖海运交通水利资源，颇富舟楫之利。大小河道2200多条，湖泊290多个。2003年普查结果，全省内河航道总里程共24793公里，占全国内河航道总里程的18.4%，居全国第一位，航道里程密度在全国位居前列，成为中国水运第一大省。境内有690公里南北纵贯全境的京杭运河黄金水道，跨越自西向东流向的长江、淮河形成十字交错，构成航运干线的骨架，自古以来就是中国南北水运交通的最重要通道。江苏已经形成以长江和京杭大运河为骨架的十字形内河水运网络，与长江和沿海的T型骨架交相辉映。长江干流自西向东，连接南京、镇江、常州、无锡、苏州等城市港口，溯江而上，可达长江沿岸各地；远洋货轮东出长江，可直达浩瀚的太平洋，游弋中国沿海及世界各大港口；京杭大运河横贯江苏南北，自北向南串联了徐州、宿迁、淮安、扬州、镇江、常州、无锡和苏州等8个主要地市。自古以来，江苏的水运就十分发达，盐运、漕运、海运十分繁忙。明清时期，大运河造就了运河两岸城镇的兴起和繁荣。近代，江苏的民族工业主要集中在江南运河沿线，充分利用了便捷便宜的水路。乡镇企业的崛起，也离不开江南水乡的舟楫之利。同样，今天江苏的内外贸易，货物运输，仍然离不开水运的巨大贡献，水运的货物周转量一直在货运中占绝对优势。古代太仓浏河刘家港，为海运起点，元代称“六国码头”，明初为郑和七下西洋的启锚地。目前江苏正构建现代化运河航道网，形成京杭运河、苏港航道（连云港—南通的通榆运河，越江至张家港接申张线）平行的H型运河水运交通网。内河港口良港众多，南京港为内河第一大港；苏北沿海的天然良港连云港是东方大陆之桥头堡，跻身全国十大港口行列；太仓港焕发青春，发展蒸蒸日上；南通港沿江临海；苏北沿岸又有大丰等新兴港口兴起。

二 经济文化素称发达

经济文化同步发展，是江苏经济社会发展的一个显著特点。至少从清朝初期分省开始，按田赋、盐税、漕粮这三项传统农业社会最重要的经济指标衡量，江苏的综合性经济实力就在全国省级政区中排名第一。[①] 被视为国家“财赋重地”。时至今日，截至2009年统计数据，创造了占全国10%的经济总量（国内生产总值），人均生产总值44232元，按当年汇率折算为6475美元，财政总收入超过8400亿元，地方财政一般收入达到3200多亿元，[②]已经达到中等发达国家水平。2010年经济总量达到3.5万亿元人民币。[③] 长期以来，江苏稳居全国前三，是名符其实的经济大省。

江苏一直是全国著名的农业大省，耕地资源丰富，物产丰盈。农田比重大，粮食稳产高产，基本自给。通过淮、沂、沭诸河治理，江水北调等水利工程和土壤改造，使

---

① 梁方仲：《中国历代户口、田地、田赋统计》（上海人民出版社1980年版）相关统计；参见《江苏人文精神概论》王健撰写的相关章节（凤凰出版社2009年版）。

② 导言相关数据根据《江苏省2009年国民经济和社会发展统计公报》、《江苏省统计年鉴2009》、《江苏省统计年鉴2010》（中国统计出版社出版）等统计资料。

③ 《江苏省2010年国民经济和社会发展统计公报》。

得苏北农业条件根本好转，昔日饱受水患和旱灾的里下河和淮北平原已经建成稳产高产粮食生产基地，取代太湖流域成为江苏粮仓，“南粮北运”局面彻底改观。如果不遇到特别的灾害之年，江苏的农业基本上可以做到稳产高产，粮食产量稳定在3000万吨左右，粮食自给而略有余。以2007年为例，江苏以占全国3.8%的耕地面积，生产了占全国5.86%的粮食，5.66%的棉花，7.02%的油料，成为名副其实的农业强省。2009年，粮食产量超过3200万吨。江苏水域面积占总面积的17%，全国4大淡水湖中的太湖、洪泽湖两大湖泊位于长江南北，加上骆马、白马、宝应、高邮、邵伯、滆、长荡等较大湖泊，面积就达6000多平方公里，水域辽阔。加以辽阔的平原，肥沃的土壤，为农业文明创造了条件。自古以来，江苏物产丰盈，享有“鱼米之乡”的美誉，出产有：水稻、小麦、油菜、棉花等农作物；茶叶、蚕桑等经济作物；江河湖泊盛产各种淡水产品；沿海渔场盛产鱼虾海鲜；从先秦开始，江苏沿海用卤水煮盐，西汉沿海盐业已经十分发达。两淮盐场是我国食盐的重要产地，它东临黄海，西连京杭运河、通扬运河，南北有串场河联结，且水网交错、航行便利，广袤数百里，盐场数十处，皆可煮海为盐。淮盐的产量高、质量好，生产运输、成本比较低，具有较强的市场竞争力。两淮盐场先后成为全国盐产量最大、质量好，产量稳定、销路最广的盐产地，明清时期产量占全国的40%左右，分销江苏、安徽、江西、河南、湖北、湖南六省大部分地区，而盐税收入成为历代王朝仅次于土地赋税（地丁银）的“财赋之源”。盐商“富可敌国”，盐城、扬州、淮安等城市均因盐业生产、运输或买卖而繁荣，至今苏北仍然是我国主要的海盐生产基地之一。

农业稳定，副业生产专业化、商品化程度高，为手工业工艺美术制品的发展提供了丰富的原材料，近代江苏的民族工业、后来的乡镇企业，从传统的丝绸、棉布、印染业、陶瓷业、手工艺品及文化用品等，到近代的轻工日用品、棉纺织、面粉加工等，都是建立在丰富的农副产品和经济作物之上的。作为近代民族工业的重要发祥地，江苏工业基础雄厚，制造业、加工业十分发达，正努力打造中国乃至世界的制造业基地；改革开放以来，江苏大力引进外资，外向型经济走在全国前列，实际利用外资全国第一。2009年，在国际金融危机的困难条件下，外贸进出口总额仍然超过3000亿美元，居全国第二。江苏的经济总量（地区生产总值）改革开放后至1988年超过上海，名列全国第一，此后虽为广东超越，但一直名列全国前三，2009年全省实现生产总值34061.2亿元，比上年增长12.4%，超过山东，重新升至全国第二位；人均生产总值在全国省区中居第二位（略低于浙江）。

江苏历史悠久、文化灿烂，是名符其实的文化大省，堪称天下“人文渊薮”、“文物之邦”。以下统计数据即展现了江苏现存历史文化遗产盛况的一斑：1. 世界遗产：到

2006年为止，我国有世界文化、自然遗产33处，江苏2项(含扩1)。2. “人类口头和非物质遗产代表作”2项：昆曲和古琴，前者在苏州，后者与苏州、扬州等有关，占100%。3. 全国重点文物单位：国务院分别于1961年、1982年、1988年、1996年、2001年和2006年公布了6批，共2348处全国重点文物保护单位，江苏119处。4. 国家级非物质文化遗产：国务院2006年公布了第一批国家级非物质文化遗产名录，分为民间文学、民间音乐、民间舞蹈、传统戏剧、曲艺、杂技与竞技、民间美术、传统手工艺、传统医药、民俗等10大类518项，江苏36项。5. 七大古都和国家级历史文化名城：它们是我国城市古代历史文化遗产的最为集中、价值最高的代表。在我国七大古都中，南京名列其中，1982年、1986年、1994年，我国分三批公布了99座国家历史文化名城，江苏拥有南京、苏州、徐州、扬州、镇江、常熟、淮安共7座。6. 国家级历史文化名镇：2005年公布的中国第一批10个中国历史文化名镇中，江苏省昆山市周庄镇、江苏省吴江市同里镇、江苏省苏州市吴中区甪直镇名列其中。由以上数据可知，江苏历史文化遗产等级高，类型齐全，包括各种物质、口头和非物质文化遗产，全国重点文物保护单位，古都、国家级历史文化名城，历史文化名镇等，在全国所占比重大。至于省市公布的各类和各等级文化遗产，如物质和非物质文化遗产、省市重点文物保护单位、历史文化名城名镇等，更是不胜枚举。

历史上，江苏在政治、军事、经济、思想、文化、教育、科技、工程等各个领域，大师辈出，名家云集，群星闪耀，成果卓著，在全国举足轻重。特别是明清以来，诸多方面走在全国的前列，引领着经济文化的发展方向。这一时期，江苏人才荟萃，学派、画派、诗派林立，独领风骚。据统计，从古至今，江苏的各类杰出人才数量在全国名列总量第一，特别是明后期至清朝以后，江苏人才数量一直高居榜首。[①] 江苏山明水秀，气候宜人，名胜古迹众多，文人骚客，歌赋唱和，历代不辍，留下大量名篇杰作。总之，明清以来江苏的文化成就及在全国首屈一指的地位始终和其经济发展水平基本吻合，互动互利、相得益彰。

三 城市林立争奇斗妍

城市是政治、经济和文化的中心，城市化程度代表着区域发展的水平。江苏城市林立，市镇密集，处于长三角城市群的中心地带。长江以南有南京、镇江、常州、无锡、苏州等沪宁线城市群，更有昆山、江阴、常熟、张家港、宜兴、太仓等全国十强县(市)及大批实力强劲、历史底蕴深厚的小城镇；长江以北有扬州、泰州、南通等沿江城市，盐

---

① 参见《江苏人文精神概论》王健撰写的相关章节(凤凰出版社2009年版)。

城、连云港等沿海城市；江淮地区有徐州、宿迁、淮安等运河沿岸城市。两千多年来，江苏城市的空间格局，经历了一个从沿河沿运（今京杭大运河沿线），到沿江，再到沿海的“三沿”发展过程。“横看成岭侧成峰”，13 个地级以上城市底蕴深厚、各具特色：“六朝古都”南京是位于长江岸边的东南重镇，钟灵毓秀，虎踞龙盘，控扼南北，襟带东西，多次成为全国或半壁江山的都城、行政大区的中心，长期作为江苏省的省会。位于太湖流域中心的苏州，一直是江南的中心城市。吴国后期定都于此，奠定了两千多年的古城地位，清朝苏州更成为全国最发达的工商业城市，是江苏巡抚与布政使司所在地。无锡是清末民初崛起的新兴工商业城市，长江流域著名的“四大米市”之一，随后涌现了荣氏家族等一批民族工商业的创业者，带动了上海、无锡等地的经济发展，使之成为中国民族工商业的重要发祥地之一，有“小上海”之美誉。常州长期作为江南府州重地，沟通江北，联结浙皖，大运河穿城而过，轻纺工业十分发达。徐州作为淮北的中心城市，控扼黄淮与江淮两大区域，沟通南北东西，历史上乃兵家必争之地，战略地位极为重要，陇海、京沪两大铁路干线在此交汇，为铁路交通重要枢纽。扬州是长江北岸的重镇，京杭大运河前身古邗沟由此沟通江淮，隋唐北宋时为南北大运河的枢纽，也是对外交通的必经之地。“扬一益二”，唐朝扬州上升为仅次于都城的重要城市，明清仍然是盐运和漕运的中心。今天的扬州，维扬美食甲天下，城市像园林一般精致，被联合国授予最宜居城市殊荣。淮安位于京杭大运河、黄河、淮河三河交汇处，明清以后成为治黄保运、漕运管理的运河之都、漕运之都，至今苏北灌溉总渠、淮河入海水道与京杭运河横贯交叉，在此形成水上立交奇观。镇江为连接江南运河的长江通道，六朝时期是重要的军事重镇，北方移民聚集京口，北府兵抗击前秦，名扬天下。近代较早成为开埠城市，民国时曾经为江苏省会。连云港是陇海铁路起点，位于亚欧大陆桥的东端，孙中山谋划的东方大港，已经成为江苏重要的对外贸易港口，跻身全国十大港口之列。南通与上海隔江相望，唐朝以后成陆，近代民族工业的元勋张謇在此创办了众多工商企业，建成近代棉纺织业的中心。城市建设卓有成效，有“近代第一城”的赞誉。现在是国家沿海重要的开放城市，经济发展势头良好。盐城，作为盐都，以盐业而得名，汉代就设县。现在拥有大量滩涂资源，经济潜力巨大。泰州是沿江新兴工业城市，电器制造和制药产业名扬四海。宿迁为一代霸王项羽故乡，洪泽湖、骆马湖水产资源丰富，城市面貌焕然一新。今天，长江三角洲已经成为我国三大沿海城市群中最大的城市集群，已经确定了要在未来建成世界最大城市群的目标。江苏城市作为这个城市群中的重要组成部分，将起到越来越重要的作用。

四　历史悠久源远流长

源远流长的历史、辉煌灿烂的文化，是祖先馈赠今人的宝贵资源，奠定了江苏发展的雄厚物质、精神基础，无疑也是当代江苏发展极为重要的力量源泉。江苏历史的辉煌，正是千百年来生于斯、长于斯的无数江苏人民与各种自然灾害斗争，勤劳奋斗、智慧创造的积累和结晶。

江苏是中国晚期直立人的重要的发祥地之一。大约 35 万年前，南京汤山就有猿人生活，与著名的北京周口店人属于同一地质时代。江苏又是中国古代黄河与长江两大文明中的长江文明的重要发祥地之一，新石器时代文化发达且序列基本完整，龙山文化和良渚文化晚期，已经迈向国家文明的门槛。商末太伯奔吴，进入国家文明时期。西周中期，徐国在淮河流域兴起，曾一度向周天子挑战。春秋后期，吴国崛起，破楚服越，北伐中原，一度跻身“春秋五霸”行列。秦朝末年，项羽、刘邦继陈胜之后，成为人民大起义的主要领导者，项羽消灭秦军主力，为推翻暴秦立下奇功。刘邦建立汉朝，成为四百年统一王朝的开国皇帝，古代江苏人走向权力顶峰。魏晋时期，北方饱受战乱之苦，全国政治、文化重心首次南移，建康（今南京）成为六朝都城，南北对峙，北方移民大量南迁，长江以南得到快速开发，逐步由边缘走向中心。唐朝中期以后，北方再度陷入分裂割据，南方又一次成为北方移民聚集地，经济重心开始南移。南宋以后，南北划淮河为界，以太湖为中心的江浙地区，就成为中国经济文化的重心区域，“苏湖熟，天下足”或“苏常熟，天下足”、“上有天堂，下有苏杭”等谚语反映了这一带的天下粮仓地位和宜人的生态环境。明初朱元璋定都南京，江苏地区成为京畿重地，永乐迁都北京之后，仍然称南直隶。明朝中后期，农业经济发达，商品化程度高，市场繁荣，市镇兴起，江苏成为各种资源的积聚区。入清以后，经济迅速得到恢复发展，并达到繁荣。汉唐的扬州，元、明、清时期的苏州及太仓刘家港，均是重要的对外贸易港口和中外文化交流的口岸。近代上海的崛起是中国地缘的一个重大变化。上海位于长江口南岸，宋代设镇，元代立县，明代筑城，清代经济发展很快，已经十分富庶，但行政上只是江苏松江府的滨海属县。近代特殊的历史机缘，使上海从 19 世纪 40 年代后开始崛起。民国时期，上海成为特别市，几经区划调整，到 20 世纪 50 年代末最终形成今天的市域。到 20 世纪初，上海已经一跃而成为中国经济的首位城市，工业、金融、航运和内外贸易的中心，世界第五大国际性都市。上海和江苏有着千丝万缕的联系，上海从江苏母体中脱颖而出，江苏逐步成为上海的重要腹地。上海的兴起离不开江苏的人力资源、资本和农副产品等的支撑以及历史文化底蕴和人文传统，江苏发展离不开上海这个中外交流窗口的巨大辐射和影响。江苏毗邻上海这一集中国最大，国际化程度最高，对外贸易、金融、航运中心于一身的国际性都市，西风东渐时，沐风气之先，奠定了江苏作为 20 世纪前后中国近代民族工业重要发祥地之地位，也诱发了 20 世纪 70 年代之后乡镇企业的发展契机。改革开放后，江苏对接浦东，大力引进外资、台资，发展外向型经济。江苏实际利用外资在全国名列前茅，外向型经济十分发达。从江苏外资的空间分布就可以看出，与上海的距离和外资利用额是基本一致的。紧邻上海的昆山成为引进台资最多的地方，苏州设立有新加坡工业园，太仓则有德资聚集。

五 江苏与《江苏通史·先秦卷》

中国是世界上一个相对独立的区域，其内部又可以划分为若干不同的较小区域。[①] 江苏是中国的一个区域，古代江苏地区，则是中国历史时期的一个区域，江苏通史叙述江苏地区历史发展与演变的过程。[②] 江苏历史既是中国历史的组成部分，也是江苏特定区域自然环境、政治、经济和文化互动关系之发展演变的历史。数千年来，中国文化由分散多元逐步发展成为多元一体。江苏的发展，便是这样一个发展过程和缩影。作为中国的一个地方省份，江苏历史文化在整体和本质上和中国文化保持着高度"同一性"，同时也存在着相对的"差异性"，因为在江苏这一特定区域内，受到历史上特定自然地理环境、政治、经济、文化等多方面的强烈影响，又具有浓厚的地域特色。

作为统一完整的省一级政区，江苏省却晚至清朝才正式划定，江苏省名也才正式出现。这是因为，江苏地区在文化上分属若干区域，政区上长期处于一个由多个郡(国)、州、道、行省等高层地方行政区划分治，直到明初朱元璋定都南京，以直隶南京为京畿重地(包括安徽和上海，永乐帝 1421 年迁都北京后改称南直隶或南京)；清初将南直隶更名江南省，康熙六年(1667)，江苏、安徽分省而治，南直隶东部的江宁、苏州、徐州、淮安、扬州、镇江、常州、松江等八府和海州、通州、太仓三州及海门厅为江苏省，取江宁与苏州两府的首字而得名江苏，简称苏。同时在江宁(今南京市)设置两江总督，统辖今江苏、安徽和江西，江苏成为清朝东南重镇。1843 年，上海开埠，1927 年，成为特别市，政区上正式划出江苏。1953 年，松江专区的嵊泗县划给浙江。1955 年，盱眙、泗洪划入江苏，萧县、砀山划归安徽。1958 年，原属江苏松江专区的 9 个县

---

① 区域是一个人为设立的空间概念，既客观上存在，又主观抽象，地球表面上的任何一部分，一个国家乃至几个国家均可称为一个区域。国家按政区划分区域的优势在于有明确的边界和隶属严格的层级管理。

② 《江苏通史》叙述的空间范围以今江苏省行政区划为对象，不包括近代至 1958 年区划调整中逐步划出的部分。考虑到行文方便，尽管先秦时期还没有"江苏"的称呼，我们姑且称江苏地区为"先秦江苏地区"、"今江苏地区"，或称各个时期或朝代"江苏地区"，如新石器时期江苏地区。在叙述中有时根据不同历史语境指称相关地域，如在《禹贡》"九州"中，江苏淮河以北属徐州，淮河以南属扬州；淮北指今淮河以北苏北地区，主要有徐州、宿迁、连云港地区；江淮指淮河以南长江以北地区，包括今淮安、扬州、泰州(盐城和南通大部分当时还没有成陆)；江东指长江以南地区，包括今南京、镇江、苏州、无锡、常州及浙北；吴地，有广义和狭义之分，广义指淮河流域及以南整个吴国稳定疆域，狭义指今太湖流域的苏锡常及浙北地区。

和南通专区的崇明县划归上海市，江苏政区最后确定。

先秦卷是多卷本《江苏通史》的第一卷，为研究、叙述今天江苏政区辖域内自原始时代迄至秦始皇二十六年(前221)统一中国以前的历史发展的综合性历史著作。以35万年前的南京猿人出现为历史开端，到公元前221年秦始皇统一全国，江苏地区成为秦帝国统治下的郡县为止，先秦卷时间跨度在江苏历史长河中占了99.9%以上的时段(先秦以后历史2300年)；从7000多年前的新石器时代算起，先秦历史长达5000年；从商末吴国建立算起，也有800多年：无论怎么计算，先秦卷时间跨度在各卷中都是最长的。当然，由于历史久远、文献记载阙佚，很多内容需要靠考古发掘材料补充，其历史细节、内容丰富程度，甚至脉络和完整程度，远远不能和后来的历史相比。本卷的记述，只能按历史顺序和通史体例，根据材料的多寡，重点记述地理环境变迁，有特色的史实和文化成就，尽可能做到线索清楚，特色鲜明，避免面面俱到，成为中国通史的地方展馆。

按照历史学的划分，先秦江苏的历史，可以划分为史前(原始社会或前国家时期)、早期国家时期(夏商西周春秋战国)两个大的历史时期。[①] 原始社会时期，主要依靠考古学和后世文献零星的传载，按考古学的分期，可分为旧石器时期、新石器时期，这在文献传说上则属于“三皇五帝”时期，但江苏相关的传说稀少，有些难成信史。商周春秋战国早期国家阶段的历史，考古学上称青铜时代。本卷体系主要靠传世文献架构，形成脉络。基本文献，有《尚书》、《诗经》、《春秋》、《左传》、《国语》、《史记》、《汉书》、《后汉书》、《水经注》等；[②]诸子文献中的零散、片断记载，也多有利用；至于《吴越春秋》、《越绝书》等，由于主要是西汉以前材料的汇编和一些地方传说，虽然系统、详细，但史料价值需要与其他文献对照判断，因此只是有选择的加以采用；此外，对于出现较晚的大量地方志材料，也多择善采之。传世文献之外的考古遗存、出土文献资料等层出不穷，日新月异，极大补充了文献的不足。考古发现材料和传世青铜器及铭

---

① “早期国家”是近年来国际比较流行的，已为学术界普遍采用的学术术语。避免将复杂的历史简单化，按“五种社会形态”简单直线进化方式划分历史阶段的传统陈说。谢维扬《中国早期国家》(浙江人民出版社1995年版)一书的绪言部分对早期国家的概念、国内外对早期国家研究的情况作了介绍。值得注意的是中国早期国家的概念，历史与考古学界所指是不一样的。历史学界一般将夏王朝诞生到春秋战国或秦统一这一时期的社会称作早期国家。考古学界则都是“为了概括说明距今5000年以前至夏王朝诞生之前的社会形态的特点，尤其是为了探索中国文明起源的特点而提出的”(《1991年以来中国文明起源研究述评》，《考古》1998年第6期)。本卷从历史学的角度使用“早期国家”这一概念，认为先秦时期为早期国家阶段。

② 本卷基本传世文献引文，司马迁《史记》及三家注(刘宋裴骃《集解》，唐司马贞《索隐》、张守节《正义》)、《汉书》、《后汉书》等见中华书局标点本，一般只注篇名，不注卷数、页码。地名以谭其骧主编《中国历史地图集》(中国地图出版社1982年版，1996年河北第3次印刷)第一册(原始社会・夏・商・西周・春秋・战国)、第二册(秦・西汉・东汉)为准。其他文献版本参见所附参考文献目录。

文，同样是构建先秦江苏历史的主要材料。当然，先秦历史距今久远，当时的文字记载很少，战国、两汉以后的文献传载说法不一，阙佚空白较多，甚至混乱，后世的文献，附会、转抄等比比皆是，更需要加以辨析。时至今日，先秦江苏很多问题难以定谳，例如，良渚文化突然消失之谜，吴、越是否同源，太伯奔吴原因、线路、地点，吴、虞及宜古文字之争，吴国都城问题、吴文化中心之争，徐国族属等问题，言人人殊，需要考辨梳理，择善而从，即使是考古材料，也很难一一对照，毕竟，简单的对号入座难以服人。此外，先秦历史研究中，多重证据的科学研究尤为必要。同时，还需要借鉴文化人类学（民族学）和经典学家关于人类发展的相关理论，但随着时代的发展，研究成果的日新月异，陈旧过时的论断逐渐被扬弃，这就需要随时吸收理论创新的新成果以推动研究工作的新进展。

六 先秦江苏地位独特

今天江苏的自然环境和经济社会发展，既是大自然的造化和恩惠，也是人类活动施加影响所致。“宝塔之成，非一日之功”，千百年来，生于斯、长于斯的人民和自然作斗争，适应自然、改造自然，营造生活的家园。纵观新石器以来的数千年，江苏历史在波澜壮阔与曲折起伏中不断进步，迄今至少经历了六个极富特色的经济文化发展高潮：即史前新石器良渚文化、春秋后期吴国文化、六朝建康文化、明清江南文化、近代民族工商业、改革开放乡镇企业和外向型经济发展，促使江苏由边缘走向全国经济文化的重心地区，发展成为经济文化发达省份。先秦时期是江苏历史的开端和文化之源，这一时期，出现了两次文化高潮，奠定了江苏历史发展的基石，对后来江苏地区的发展，产生了深远的影响，在江苏乃至中国的历史发展进程中做出了重要贡献，有着十分重要的地位，以下举其要者论述。

第一，南京汤山猿人头盖骨化石的发现证明，江苏是中国晚期直立人的重要发祥地之一。人类起源是一个极其复杂的多学科交叉的学术难题。一般认为，从猿到人经历了古猿—猿人（早期—晚期直立人）—智人（早期—晚期）的漫长演化阶段。属于灵长类动物的古猿（类人猿）出现在数千万年前，它是人类的近亲。猿人（分早期和晚期直立人），一般认为距今300万年左右在非洲东部、南部诞生，现代人（晚期智人）出现于距今1万多年以后。研究证明，中国是类人猿最早的发祥地之一，特别是在长江及淮河流域，最早的类人猿大概距今有4500万年。1985年，在江苏溧阳上黄镇水母山发现了“中华曙猿”，表明高级灵长类起源于亚洲而不是非洲的可能性更大。1977年，宿迁泗洪双沟镇发现有距今1000万年的“双沟醉猿”的臼齿化石，后又在泗洪松林庄再次发现，同时又发现了森林古猿类——江淮宽齿猿化石，[①]这些新发现证明江苏地区是类人猿的最早发祥地之一，为猿人(直立)的出现创造了前提条件。中国目前最早的旧石器文化为距今约 170 万年的山西西侯度遗址。云南元谋人化石距今 160 万年以上，是目前中国发现的最早的人类化石。[②] 陕西蓝田人化石距今约 100 万—70 万年，北京人化石距今约 70 万—20 万年，已经到了晚期直立人阶段。北京周口店遗址最为典型，北京人化石最为丰富，在人类起源中具有划时代意义，佐证了从猿到人的转变过程中劳动所起的决定性作用。江苏周边地区，安徽繁昌发现了旧石器文化遗址。[③] 1980 年和县发现约 27 万—15 万年前的猿人化石，被命名为"和县人"。1963 年浙江建德发现古人类化石，距今约 10 万—5 万年。[④] 江苏地区最重要的发现是 1993 年在南京汤山镇雷公山葫芦洞中发现了Ⅰ号、Ⅱ号 2 个晚期直立人颅骨化石。经过 1993—1994 年的考古发掘，Ⅰ号定为女性，年龄在 30 岁左右，Ⅱ号为男性，年龄在 35 岁左右。同时在南京汤山葫芦洞小洞内还出土一颗人牙齿化石，经研究可能属于一个 20 岁上下智人的一颗"上颌臼齿"。经对体质人类学特征的科学鉴定，南京人与北京人有相当一致的原始性状，但也保持一定的差异，这些差异属于进步的性状，故南京人在我国古人类演化序列中的位置，可排在北京人时期偏晚的阶段，早于安徽和县人。从地质时代上看，属于中更新世，年代略早于 30 万年，与北京周口店发现的"北京直立人生存的年代大致相当"。结合其他判断年代的方法，如汤山动物群化石所属华北动物群特征，说明当时属于偏寒冷的气候特征，相当于北京人周口店第 1 地点 13 个文化层中的第二阶段，即 9—5 层时期，年代约为 33—37 万年。根据铀系法及电子自旋共振法测定，年代为 35 万年左右。根据高精密度电离质谱铀系法测定，则年代早于 50 万年。综合上述多种年代测定方法，研究者得出了南京人生活的地质年代为中更新世中期，绝对年代约距今 35 万年左右的初步结论。[⑤] 南京

---

① 邹厚本主编:《江苏考古五十年》,《旧石器时代》,南京出版社 2000 年版。参阅齐陶等:《江苏溧阳上黄中始新世哺乳动物群的发现与意义》,《古脊椎动物学报》,34 卷,1996 年第 3 期;李传夔:《江苏泗洪中新世长臂猿化石》,《古脊椎动物与古人类》,16 卷,1978 年第 3 期;林一璞、顾玉珉、葛治功:《1981 年江苏泗洪考察与发掘简报》,《人类学学报》,2 卷,1983 年第 2 期;顾玉珉、林一璞:《记江苏泗洪首次发现森林古猿类化石》,《人类学学报》,2 卷,1983 年第 4 期。

② 黄万坡等发现的超过 200 万年的"三峡人",目前还存在争议。

③ 1998 年在安徽繁昌人字洞发现距今 200 万年前的灵长类动物化石及 10 余件疑似打制石器,按工具为人类所制造的判断,发现者认为可以断定中国最早的直立人已经出现(郑龙亭等:《繁昌发现更新世早期灵长类动物化石》,《中国文物报》1998 年 8 月 12 日;郑龙亭等:《繁昌旧石器考古获重大突破》,《中国文物报》1998 年 12 月 16 日)。

④ 以上介绍参阅《新中国的考古发现与研究》第一章"旧石器时代初期文化",文物出版社 1984 年版;《中国大百科全书考古卷》相关条目,中国大百科全书出版社 1986 年版。

⑤ 参见吴汝康、李星学主编《南京直立人》,江苏科学技术出版社 2002 年版,第 82—83 页。邹厚本主编:《江苏考古五十年》,《旧石器时代》。

直立人的发现，将江苏人类活动的历史提前到和北京人相当的年代，江苏成为我国晚期直立人的发祥地之一。句容市放牛山发现旧石器文化地点三处，属于南方砾石文化传统文化遗址，年代距今约 30 万—10 万年。20 世纪 50 年代，宿迁泗洪下草湾发现了 4 万—5 万年前的人类化石，历史发展到了智人阶段。江苏宜兴灵谷洞发现了距今 5 万年到 1 万年前的人骨化石。镇江丹徒发现了 2 万—3 万年前"莲花洞人"人类化石；东海县山左口乡大贤庄发现旧石器时代细石器遗址和旧石器时代晚期细石器制作场所，年代超过 1.6 万—1 万年。距今 1 万年前旧石器时代晚期的文化遗址还有句容庙家山、金坛青龙山和苏州太湖三山人类文化遗址。这些进一步证明长江下游三角洲地域也是旧石器文化的重要发生地。尽管还存在一些缺环，但江苏旧石器时代文化年表逐渐连缀。①

第二，江苏也是江河时代文明的重要发源地之一，到新石器时代晚期的良渚文化已经初显早期国家文明曙光。大约距今 1 万年以后，中国进入新石器时代，人类社会发展发生了革命性经济变革，出现所谓的"新石器时代革命"，人类的文明进程明显加快。原始农业发展起来，人类的活动地域不断扩大，由丘陵山区转向河谷、湖地等低地平原、沼泽地区，开始了稳定的聚落定居生活。"农业的发生是人类历史上划时代的重大事件，当然也是中国历史上的重大事件。在全世界少数几个农业起源中心中，中国独居其二。中国的农业以精耕细作为其特色，这在远古时代便已露其端倪。"②目前我国发现的新石器时代早期文化遗址还比较少，但距今 8000 年以下的新石器文化遗址多有发现。③ 经过百年的考古发现和研究，特别是新中国成立 60 年来的发现与研究，学者对中华文明的起源有了重新估价：中国古代文明起源应是多元的，黄河文明"一元说"已经被"多元一体"所取代。20 世纪 70 年代，长江流域古文化不断被发现，确立了中国"两河文明"，即黄河、长江流域一样都是中华文明的主要发祥地。20 世纪 80 年代，随着东北辽河（大凌河）、江河之间的淮河、长江以南的钱塘江、珠江流域等考古发现不断出现，文明起源的"多元"，发展到统一的中华文明的"一体"的学说

① 邹厚本主编：《江苏考古五十年》，《旧石器时代》。张敏：《20 世纪江苏考古工作的回顾与 21 世纪的展望》，《东南文化》2005 年第 3 期；张之恒：《江苏史前考古的发现和研究》，《东南文化》2006 年第 2 期。

② 白寿彝总主编《中国通史》，苏秉琦主编第二卷《远古时代》，苏秉琦撰写《序言》（本卷撰稿严文明、张忠培），上海人民出版社 1994 年版。苏氏观点另见：1. 苏秉琦：《中国文明起源新探》，三联书店 1999 年版，本书附有"中国考古学文化区系年表"。2.《苏秉琦考古学论述选集》，文物出版社 1984 年版。3.《华人·龙的传人·中国人——考古寻根记》，辽宁大学出版社 1994 年版等。

③ 近年来，新石器早期文化遗址在长江与钱塘江流域不断被发现：浙江金华浦江上山新石器早期遗址文化（距今 11000 年），为目前最早的新石器文化遗址之一；湖南彭头山遗址距今约 9000 年；浙江嵊州小黄山新石器文化遗址，年代距今约 9000 年；杭州萧山跨湖桥新石器遗址距今约 8000 年。中原早期有河南舞阳贾湖、新郑裴李岗、河北磁山、宝鸡北首岭、甘肃秦安大地湾等，距今 8000—7000 年之前。

已经被广泛接受。“现在看来，把黄河中游称作中华民族的摇篮并不确切。如果把它称作中华民族形成过程中起到最重要的凝聚作用的一个熔炉，可能更符合历史的真实。”“中国之大，并不是只有中原和北方两个古文明中心。中国古文化起源很难说什么地方有，什么地方没有，恰似满天星斗一样分布在我国九百六十万平方公里的土地上。绝不像过去以为的，只是由一个地方向外批发。”[①]尽管“满天星斗说”受到质疑，但那种认为黄河流域一花独放，长江和其他地区是洪荒蛮夷之地的观点早已被抛弃。我们认为，这种文明要素在空间上的多元分布主要在各大河及支流，故应称为文明的“江河时代”，时间为公元前 5000—公元前 2100 年，即从新石器时期繁荣期至夏王朝建立，大约有 3000 年。自北向南，遍布辽河、黄河、淮河、济河、长江、钱塘江、闽江、珠江及其支流。如长江流域，包括太湖三江、钱塘江、秦淮河、青弋江、巢湖、水阳江、赣江、湘江、汉江、岷江等；黄河流域，包括湟、渭、泾、伊、洛、谷、沇、卫、汾、海河前身诸水；淮河流域，包括淝水、濉水、涡水、颍水、泗水、沂水、沭水等。北到辽河流域的大凌河，南到珠江流域、闽江等。覆盖了中国几乎所有的大江、大河与湖泊流域。

江苏的新石器文化主要出现在距今 7000 年以后，目前发现的文化遗址约 300 处，其中经过发掘的遗址已近 100 处。不仅建立起了江苏境内新石器时代考古学文化的区、系、类型框架，而且确立了江苏新石器时代文化在中国史前文化中所占有的极其重要的地位。[②] 江淮间有 1951 年发现的淮河南岸的淮安青莲岗新石器文化遗址，青莲岗文化由此命名。1973 年在江淮东部发现了距今 6000—5000 年的海安青墩文化。1993 年，高邮发现有 6000 多年前的龙虬庄文化。稻作、玉、陶器等内涵的新石器文化十分丰富。最突出的成就主要有：稻作文化的起源地之一、精致的玉石礼器和工艺品、大型聚落遗址、舟船遗物等。淮河以北属于海岱文化区，有丰富的大汶口文化和龙山文化遗址。典型遗址有距今 6000 多年的大汶口文化早期邳州刘林、大墩子等文化遗址；距今 5000 多年的大汶口中晚期新沂花厅遗址等。属于龙山文化的连云港藤花落遗址，是一处规模巨大、等级明显的聚落遗址，发现了龙山文化城遗址，留下人牲人殉遗迹，这些都透视出社会分层，早期贵族专制的萌芽。藤花落古城有大小城，小城年代距今约 4300 年，该城在已经发现的龙山文化时代诸城中具有显著特点，如版筑与夯筑的结合，大量的、数以万计的木桩的使用，内外城功能上的区分，内城中道路、台基与房屋建筑的严谨布局等都为研究龙山文化和中国史前城址提供了极其

---

① 《中华文明史的新曙光——就辽西考古新发现访考古学家苏秉琦》，《人民日报·海外版》1986 年 8 月 4 日第 2 版；苏秉琦：《中国文明起源新探》，商务印书馆（香港）1997 年版。

② 邹厚本主编：《江苏考古五十年》，《新石器时代》，第 49 页。

重要的资料。[①] 藤花落龙山文化古城的发现,证明淮北地区正在迈向早期国家的门槛。在长江以南,新石器文化更加丰富,宁镇地区有南京发现的北阴阳营文化。太湖流域的马家浜、崧泽文化、良渚文化序列井然。太湖流域新石器文化按地域分为三个次文化区,即环太湖区、浙江丘陵平原区及苏南沿江区,在此基础上,划分出马家浜文化、崧泽文化、良渚文化的不同类型。[②] 良渚文化分布的中心在太湖流域,距今年代为5300—4000年,是中国文明文明化进程的关键时期一支高度发达的新石器时代晚期文化。它以发达的稻耕农业、昌盛的手工业、辉煌灿烂的玉石文化、大型宗教礼义祭祀建筑、巨型高台大墓等所体现的物质、精神和政治文明,充分说明,良渚社会内部已经贫富悬殊,社会分层明显,产生了垄断政治、军事和宗教权力的集团力量,政治社会已经接近甚至到达文明的门槛。人们有理由相信"良渚文化是中国文明起源的一大源头"![③] 因此说,良渚文化所代表的是一个正在超越原始社会组织,接近国家文明的社会阶段,与中国早期国家的出现有密切关系。[④] 太湖流域北部江苏境内发现的新石器时代主要遗址、墓葬有苏州张陵山(东山、西山)、澄湖、草鞋山、吴江梅堰、昆山少卿山、绰墩、赵陵山、常熟罗墩、常州武进寺墩以及最新发掘的无锡鸿山邱承墩等。[⑤] 这些遗址墓葬分布密集,规模和内涵呈明显等级差异,在良渚文化各阶段都占重要地位,[⑥]其中无锡鸿山邱承墩 M5 墓葬规格仅次于规格最高的常州寺墩 M3,出土玉璧 9 件,玉琮 2 件,玉钺 3 件,而寺墩 M3 中只有玉璧和玉琮。可见该墓等级之高,属于大型贵族墓葬。邱承墩有崧泽与崧泽文化末期至良渚文化初期并列的双祭祀遗迹,这在太湖地区首次发现。发掘者提出了这种并列的祭祀遗址是否象征阴阳,是否为生殖崇拜的祭祀场所的思考。这为研究和探讨崧泽文化晚期至良渚文化之初的社会形态和祭祀礼仪等提供了新资料,也为探讨良渚文化社会形态的演进和礼仪制度的起

---

① 邹厚本主编:《江苏考古五十年》,《新石器时代》,第 108 页。

② 近年发掘的张家港市东山村遗址,根据地层叠压关系,器物特征变化,参考碳 14 测定年代数据,将马家浜文化分为四期,并提出马家浜文化沿江类型的划分(参见苏州博物馆、张家港市文物管理委员会:《江苏张家港东山村遗址发掘报告》,《考古学报》1993 年第 3 期;《江苏考古五十年》,《新石器时代》,第 55 页)。

③ 林华东:《从良渚文化看中国文明的起源》,《浙江学刊》1994 年第 6 期。

④ 有学者称为酋邦,认为是早期国家的前身,有的甚至认为就是古国,或早期国家。参阅上引苏秉琦著述;陈剩勇:《中国第一个王朝的崛起——中华文明和国家起源之谜破译》,湖南出版社 1994 年版;谢维扬《中国早期国家》,浙江人民出版社 1995 年版;段渝:《酋邦与国家起源:长江流域文明起源比较研究》,中华书局 2007 年版等。

⑤ 南京博物院、江苏省考古研究所、无锡市锡山区文物管理委员会编著:《邱承墩:太湖西北部新石器时代遗址发掘报告》,科学出版社 2010 年版。

⑥ 学者按良渚土墩大墓划分为三个大的变动时期:即以张陵山为代表的早期,以瑶山、反山、福泉山、张陵山东山、少卿山为代表的中期和以草鞋山、土墩为代表的晚期(张驰:《良渚文化大墓试析》,《考古研究》(三),科学出版社 1997 年版,第 63 页)。

源提供了新的资料。[①] 苏州张陵山(西山)土墩墓地"上层墓"所出之陶、玉器均为良渚文化中最早的,故大墓年代亦最早。[②] 寺墩遗址有大型祭坛等祭祀遗址,精美琮、璧、钺、柱等玉礼器。最大的一件玉琮高 33.5 厘米,琮身横道分为 15 节。另一件玉琮高 23 厘米,雕刻兽面纹,反映了祭天器物的厚重和神秘,首领贵族已经利用对天命神权的控制来统治良渚社会,高等级大型高台"玉殓葬"墓地、刻划符号,表明在良渚文化后期,其社会性质由于贫富差距扩大、社会分层,已经接近早期国家门槛。但由于"良渚文化迄今尚未发现有类于中央集权形态的遗存(如王陵)存在的迹象",[③]还不能断言良渚已经出现中原夏朝那样的早期国家。它当属于前国家政治组织酋邦或古国性质。寺墩一带遗址的密集型分布表明,良渚文明的社会政治、经济中心有迁移至太湖西、北地区迹象,[④]据此可知,江苏地区是良渚晚期文化中最接近早期国家社会形态的地区之一。

第三,先秦时期,江苏地区在与中原交往和融合方面有着重要贡献,为中华文化多元一体的整合提供了丰富生动的实例。

中原华夏地区,指夏商周都城所在的关中—洛阳—山东半岛一线,即通常讲的黄河中下游。"广义的中原大体相当于黄河中下游。"[⑤]先秦时期,除了彭城(今徐州市)一带属宋国外,江苏绝大部分地区还处在中原发达地区之外的边缘地区。但是江苏地处长江(包括钱塘江)、淮河与黄河三大河流之间,正属于中华文明中长江文明与黄淮文明两大主流文明区域的地带上,淮河以北和淮河以南及长江两岸,既分别属于这两大文明板块核心区域,同时也处于两大文明的交汇地带,在中华文明发展史上占有举足轻重的地位。在此,多次迸发出中原文化南下和边缘文化北上的双向交流与融合,所产生的巨大动力,促进了江苏文化的整合和跨越式发展。

第一次江苏地区与中原的交流与融合所形成的文化整合实例发生在新石器晚期。良渚文化北上中原,将太湖地区的文明曙光播洒到中原。从考古、文献两个方面考察,中原是最早建立国家的地区。国家政治制度文明,如城市、宫殿基址、复杂礼仪

---

① 《邱承墩:太湖西北部新石器时代遗址发掘报告》,第 231—233 页。

② 张驰:《良渚文化大墓试析》,《考古研究》(三),科学出版社 1997 年版,第 62 页。

③ 张驰:《良渚文化大墓试析》,《考古研究》(三),科学出版社 1997 年版,第 64 页。

④ 参见徐湖平主编《东方文明之光——良渚文化发现 60 周年纪念文集(1936—1996)》相关论文,海南国际新闻出版中心 1996 年版。

⑤ 白寿彝总主编《中国通史》,苏秉琦主编,严文明、张忠培撰稿:第二卷《远古时代》,上海人民出版社 1994 年版,第 6 页。按:中原,有广义狭义之分。先秦的中原,指广义而言,黄河流域中下游,北到太行山一线,南到淮河,西到关中,东到山东半岛,包括河南、山西、山东、陕西关中以及河北中南部,安徽、江苏的徐州。狭义的中原指河南,特别是河、洛、伊、谷等流域,为天下之中。

中心、青铜器、文字等文明要素集中出现在中原。[①] 以中原为统治中心的夏商周三代国家，已经可以名义上统治一个广阔的疆域，但其内部的众多文明因素并不一定都是由中原首创的，其他的地区也可能有自己的文化传统，创造了带地方特点的文明因素。以后这些因素汇合到中原地区，才演变成中华古文明的主流。[②] 中国文明起源"多元一体"，即文明的诸要素的产生是多元的，然后从各地向中原汇聚，"天下之中"的中原最早产生国家。中原地区既是一个政治活动的核心地区，同时也是文化核心地区的历史趋势，是在大约距今 5000—4500 年之间肇始的。新石器晚期，正是以"中原"为中心的历史趋势的形成时期，谁占领了中原谁就能统治中国。它反映出中原地区既是一个政治活动的核心地区，同时也是文化核心地区的历史趋势。在周、秦、汉、唐、宋、明、清这几个最强盛的历史朝代里，这个趋势表现得尤为醒目。因此，它确是中国历史上一个主流现象。中原强大主要是体现在思想、制度、政治以及统治权术的层次上。主要依赖于政治经验的成熟，而并不是因为它在经济实力上占有多么大的优势。中原作为一个文化实体凸显出来，不仅为以后三代文明准备好了地域舞台，还形成了中国文化的多重空间结构。在这个格局大势中，中原兼收并蓄各方好的东西，为我所用。所以，中原的影响力和凝聚力与日俱增，辐射四方，这在人们的思想乃至心理等方面留下了深刻烙印(譬如外服制度、"中国"的观念等)，也决定了中国历史上政治、军事、外交等一系列重大行为的基本方策。而这个贯彻了几千年的持续而有力的历史趋势，便肇始于公元前 3000—前 2500 年之间。[③] 夏代的建立，正是中原与周边文化交流与融合的结晶。对此，良渚的贡献是巨大的。良渚文化后期太湖东南部浙北(余杭)的中心出现衰落，太湖西北部今常州寺墩一带成为新的中心，这一带临江靠海，更有利于向长江以北发展。良渚文化越江发展，影响了苏北和山东地区的新石器文化，甚至在商代文化中，还有其经山东地区向中原商文化影响的踪迹。"尽管江苏北部和宁镇地区也发现较多的良渚文化遗存，但初步研究后我们认为其文化性质和良渚文化典型遗存是不同的。宁镇地区虽然受到早期良渚文化的直接影响，但文化主体仍然保持地方土著文化的特点。而苏北的良渚文化因素仅能表明该文化由于各种原因曾在此经过和停留。""苏北沿海地区是良渚文化和大汶口文化保持密切关系的通道，因而该地区由南至北分布着海安青墩、东台开庄、涟水扬庄和三里墩、阜宁

---

① 李学勤：《中国古代文明的起源》，《走出疑古时代》(修订本)，辽宁大学出版社 1997 年版；高炜：《龙山时代的礼制》，《庆祝苏秉琦考古五十五年论文集》。

② 童恩正：《有关文明起源的几个问题——与安志敏先生商榷》，《考古》1988 年第 1 期。

③ 赵辉：《以中原为中心的历史趋势的形成》，《文物》2000 年第 1 期。

陆庄，以及偏西一点的新沂花厅、邳县大墩子等等存在浓厚良渚文化因素的遗址。”① 良渚的目标是中原，夏商周三代的中原文化，不少因素实源于长江流域的文化，比如夏商周最流行的器物纹饰饕餮纹，很可能系自江浙一带良渚文化玉器上的神秘纹饰（“神徽”）蜕变而成；在大汶口文化中晚期和龙山文化中，发现了一些良渚文化的典型器物，如段石锛、贯耳壶、玉笄等。商文化中的许多玉礼器，其雏形都与良渚有关。良渚文化神秘消失，但良渚文明曙光却播洒中原，汇入中华文明的主流之中。

第二次江苏地区与中原的交流与融合所形成的文化整合实例为商周之际的“太伯奔吴”。远在西土的周王子太伯、仲雍率一支周人从关中来到江苏南部荆蛮地区，与当地土著融合，将先进的商周文化带到江南，建立了勾吴国家，标志这一地区跨过国家门槛。西周建立后，封周章为诸侯，西周康王时期，分封宜侯，确认了吴国姬姓诸侯地位，也使江苏南部名义上归附周王朝统治。吴国是在华夏文化的直接迁移下建立和发展起来的诸侯国，其上层的政治、军事制度和上层文化深受华夏文化的影响，而下层的土著文化仍然保持着特色，“文雅”与“质朴”并存，这在民风习俗方面反映得尤其明显。②

第三次江苏地区与中原的交流与融合所形成的文化整合实例发生在西周中后期。武王伐商，推翻了商纣统治，建立了西周王朝。随后周公东征，平定了管蔡商奄反叛，原活动于山东曲阜等地的东夷参加了叛乱，溃败后分散沿泗、沂诸水南下，进入苏皖境内的淮河流域，被称为淮夷的徐、群舒等，建立诸多小国，其中最强大的一支徐夷，建立了以今江苏泗洪一带为都城的徐国，阻挡了周人东进发展。周人多次征伐淮夷，西周穆王时期，徐偃王崛起，率36国进攻周王朝都城。学者认为，西周时，徐国力量强大，疆域甚至包括长江以南很多地方，是东南唯一可以和周王朝分庭抗礼的强国，“可以说整个西周时期，是周、徐抗衡的时代”。③ 西周多次征伐淮夷，其原因有学者认为是当时中原王朝在很多方面，特别是青铜原料方面，依赖南方地区。④ 当时青铜器工艺、礼器制造中心多在中原，但原料的采集、冶炼，却是在南方。东南吴国盛产铜矿原料，特别是在今安徽南陵、铜陵一带，而淮夷正当“金道锡行”的北上线路的中枢，徐国一度控制了这条通道。中原多次向东南发动战争，与获得铜矿资源有关。⑤

徐国被打败后，势力衰落，沦为弱小诸侯国。进入春秋以后，徐地因为扼吴、楚及

---

① 陆建方：《良渚文化墓葬研究》，《东方文明之光——良渚文化发现60周年纪念文集（1936—1996）》，海南国际新闻出版中心1996年版，第176—179页。

② 参见《江苏人文精神概论》王健所撰第三章，凤凰出版社2009年版。

③ 毛颖、张敏：《长江下游的徐舒与吴越》，湖北教育出版社2005年版，第56页。

④ 李学勤、徐吉军主编：《长江文化史》，江西教育出版社1995年版。

⑤ 郭沫若首倡其说。参阅裘士京：《江南铜研究：中国古代青铜铜源的探索》，黄山书社2004年版。

吴、楚与中原诸侯国的中间地带，战略地位重要，成为大国争夺的焦点。饱受战乱，迁徙频繁，实际上成为楚、吴或中原大国的附庸国，几度存灭。到春秋后期，徐国灭亡。徐国的青铜文化十分发达，现在山西、江西、湖北、江苏、浙江、山东等地都发现有徐国青铜器，特别是徐国乐器，独树一帜。徐器有的带铭文，是研究徐国历史的重要材料。[①] 据研究，以确认有"徐王"(余子、余王)文字为标准，现在可以确定的徐国青铜器约有四五十件，其中礼乐器的数量超过一半，生活用具次之，兵器最少。[②] 徐国虽然灭亡，但其文化影响深远。费孝通指出："我们可以从徐、舒、畲一系列的地名和族名中推想出一条民族迁移的路线。很可能在春秋战国时代的东夷中靠西南的一支族名就是徐。他们生活在黄河和淮河之间，现在还留下徐州这个地名。"徐"春秋时仍然不衰，公元前512年被楚灭亡。近年在江西西北部出土春秋中期徐国铜器，应该不是偶然，或许与徐人的迁徙有关"。[③]

第四次江苏地区与中原的交流与融合所形成的文化整合造就了春秋吴国的强大与争霸中原。吴国从寿梦开始称王，"始与中国通"，它的发展，是在晋、齐、鲁等中原国家为牵制楚国北上威胁而有意识扶持的结果。申公巫臣、伍子胥、孙武等人才都来自晋、楚、齐等一流大国，或受晋、齐派遣，或为楚叛臣，欲借吴国报复楚国。他们带来先进文化，吴国给予他们施展能力的舞台。吴国主动接受外来文化，参加北方大国会盟，全力进攻楚国的战略是正确的。由于先进文化的传入，使吴国在很短时间内得到跨越式发展。吴王阖闾将统治中心迁到今苏州一带，[④]命伍子胥营建阖闾大城，目的就是要先控制整个太湖流域。吴国重心向西发展，打败楚国，到吴王夫差时，又迫使越国臣服，国家达到强盛。这个时候，吴国的发展面临战略选择：北上还是南下？是继续充当晋国培植的抑制楚国的盟友、夹击楚国的军事配角，还是独立自主，进入天下之中，与晋、齐(相对吴、越而言)正面较量，争夺霸权？是一鼓作气灭亡越国，巩固后方，然后再图北上中原，还是接受越国臣服请降，西攻楚北伐齐鲁，争霸中原？吴国统治集团分为两派意见，一派如谋臣伍子胥坚决请求灭越，不给越国以喘息之机，他提出与齐结盟，继续奉行与中原上国友好的路线，迅速南下。另一派如大夫伯嚭等主

---

① 参阅以下著述：1. 徐旭生：《中国古史的传说时代》(修订本)；2. 董楚平编著：《吴越徐舒金文集释》，第三章《徐舒金文》，浙江古籍出版社1992年版；3. 毛颖、张敏：《长江下游的徐舒与吴越》，湖北教育出版社2005年版；4. 张乃格、周先林、单明然：《徐文化研究》，江苏人民出版社2007年版。

② 张乃格、周先林、单明然：《徐文化研究》，江苏人民出版社2007年版，第331页。

③ 费孝通：《中华民族的多元一体格局》，《北京大学学报》1989年第4期。

④ 有学者根据考古调查指出传统观点说阖闾大小城建在今苏州城原址是错误的，现在的苏州城是汉代以后营造的，阖闾命伍子胥所建吴都在木渎及灵岩山一带(钱公麟：《春秋时代吴大城位置新考》，《东南文化》1989年第4—5期；《论苏州城最早建于汉代》，《东南文化》1990年第4期)。

张与越盟，然后立即北伐，与晋、齐争霸中原。野心膨胀的吴王夫差早就不把越国视为对手，而急于北上，他欣然接受了越王勾践屈辱的投降，又听信大夫伯嚭的谗言，将忠臣伍子胥赐死。

从春秋大国的发展的成功历程和吴国的发展取向看，吴国在取得对楚国、越国战争的胜利之后，北上征伐中原的战略方针也无可厚非，问题是不应该放弃对越国的警惕。最佳的战略方针应是先灭越（可能当时并不具备这种条件），在巩固后方，消除隐患后再全力北上。但是，由于野心膨胀，急于求成，结果力不从心，战线太长，粮草不济，虽然抢在晋国前面勉强争得霸主地位，但却被越国乘虚而入，海路舟师主力损失殆尽，国都被攻占，只能屈辱成盟。从此国力急剧衰弱，在此后与越战争中连战连败，最终国破家亡，一代霸主夫差羞愧自杀。吴国的北上发展，是继良渚文化北上发展之后，又一次逐鹿中原，开启了江苏地区由边缘向中心发展的新时代，尽管这次仍然没有成功，而且付出了亡国的代价。

第四，先秦江苏地区在物质和精神文化方面，有许多独特的杰出成就。

新石器时代，江苏地区至少在稻作农业、蚕桑纺织、玉器制作等三个方面占有比较突出的地位，这也是长江流域文明的基本特色。有学者提出，在中国，由于成组玉礼器、玉巫神三位一体、文字、城市、以棺椁为葬具和人祭（或人殉）习俗、冶铜业生产等文化特征出现，存在一个玉器时代，辽西红山文化、太湖良渚文化便是其中主要代表性文化。它上接原始社会，下与夏商周三代连成一体，长达两千年。分为前后两个阶段，前期称“玉器—青铜器时代”，后期称“青铜器—玉器时期”。[①] 这种划分，正合春秋晚期楚国人风胡子对楚王所说的“黄帝之时，以玉为兵”，在传统石器、青铜器、铁器三个时代之外，增加了具有中国文化特色的内涵。[②] 这其中江苏地区应有自己的贡献。

到了青铜时代，江苏最重要的发展高峰是春秋后期。这个时期，吴国统一了大部分地区，形成了局部统一。吴国充分利用自然地理条件，在运河开凿、水路交通网络建设、都城营造、战船建造、青铜冶炼与兵器铸造等方面颇具特色，在中国古代历史发展中占有一席之地。《禹贡》扬州“厥贡惟金三品”，铜成为东南向夏朝进贡的主要物产。在今南京六合程桥东周（春秋晚期）墓葬中，发现了经鉴定为块铁与生铁的制

① 吴汝作、牟永杭：《玉器时代说》，《东方文明之光——良渚文化发现60周年纪念文集》，海南国际新闻出版中心2006年版，第166—175页。

② 《越绝书·越绝外传记宝剑》：“轩辕、神农、赫胥之时，以石为兵，断树木为宫室，死而龙臧。夫神，圣主使然。至黄帝之时，以玉为兵，以伐树木为宫室，凿地。夫玉，亦神物也，又遇圣主使然，死而龙臧。禹穴之时，以铜为兵，以凿伊阙，通龙门，决江导河，东注于东海。天下通平，治为宫室，岂非圣主之力哉？当此之时，作铁兵，威服三军。”

品，[①]成为由块炼铁到生铁发展的实物见证，其金属冶炼技术领先一时。徐国铜器著录较多，大多刻有铭文。史载徐国曾用鼎贿赂齐君。1949 年以来，长江下游的皖南屯溪、江苏南部出土了大量青铜器。“历年来在宁镇地区也出土了大批青铜器，其中有的出自溧水等地的土墩墓，有的出自丹阳、武进等地的窖藏，有的则是零散出自溧水、溧阳、丹徒、江宁、浦口、长兴等地。这些青铜器和屯溪青铜器特点相近，反映出相近的文化面貌。”[②]运河方面，开凿了太伯渎、邗沟、胥溪、江南河、菏水等河道，沟通了钱塘江、长江、淮河、泗、沂、沭、济水、黄河诸河流，形成了以运河为骨架的水运网络雏形。这个水运网络第一次将大江大河诸流域文明点纵横贯通，连续成紧密的文明纽带，极大促进了中华文化的交流和融合。邗沟和江南河，成为后来南北大运河、京杭大运河的最早河段，京杭大运河迄今仍然发挥着航运、水利、生态、文化长廊等重要作用，已经准备申报世界文化遗产。在营造城池（淹城、阖闾城）、军事兵法等方面吴都独树一帜，成果卓然。军事理论家孙武将其博大精深的《孙子兵法》十三篇带到吴国，并在军事活动中加以实践。最新发现的出土文献《盖庐》，当是吴国的军事著作。吴国公子季札有很高的礼乐文化素养，出使中原，能够对鲁、齐等中原国家礼乐作出精准评论，还大胆评论、预测诸国政治和外交活动，获得中原士大夫的极高评价。吴人言偃（子游），负笈鲁国，是孔子在江南的唯一学生，后人尊称南方孔子，成为七十二贤之一。他在礼学方面建树颇高，今儒家经典《礼记》等有大量记载，这些在最新出土的楚简帛文献《礼记》诸篇中也得到印证。另外，在文学艺术等方面，如吴歌，极有地方特色。这些成就都极大丰富了中国古代的文化宝库，成为民族文化的优秀遗产。

吴国的主要成就带有强烈军事色彩。吴王及其贵族集团控制了国家几乎所有财富资源，主要服务于战争：营造都城和军事城堡，控制日益扩大的疆域和人民；组织人民和军队，开凿运河，运输军队和粮食等物资，以保障远征的需求；扬长避短，充分发挥航运优势，建造战船，组建强大的水军；将采集青铜矿产，冶炼铸造兵器，装备军队。吴国这样的边缘诸侯国，为了跻身争霸大国行列，不得不将国家资源集中起来，全部投入到发展军事方面，走军事强国道路。从这个意义上说，战争和军事往往是推动生产力发展并取得突破性成就的重要原因。

第五，江苏历史文化呈多元一体的发展格局，淮北、宁镇、太湖这三大具有鲜明特色的地域文化类型已初见端倪。

按自然地理划分，江苏主要可以划分为四大文化区域，即以苏州为中心的苏南

---

① 黄展岳：《关于中国冶铁和使用铁器的问题》，《文物》1976 年第 8 期。

② 施劲松：《长江流域青铜器研究》，文物出版社 2003 年版，第 2 页。

区、以南京为中心的宁镇区、以扬州为中心的江淮区和以徐州为中心的淮北区。[①] 江苏的四大文化区域有一定的自然地理基础，长江、淮河、太湖、茅山，实为四大区域的分界线。以长江为界，江苏可分为南北两大部分；以淮河为界，江苏长江以北分为江淮区、淮北两个文化区。历史上中国的南北分界线大致以淮河—秦岭—大散关为界，气候、物产、人文景观差别很大。江苏地处长江、淮河两大河流之间，而淮河又是中国的一条最为重要的气候分界线，形成南北独特的自然地理、气候、经济、文化的分界线。所谓"南船北马"、"南蛮北侉"，南北风俗习惯、生活、民风等都大不相同，形成典型的南北风格。长江以南，以茅山为分界线，长江与茅山之间，为宁镇丘陵地区；茅山以东，为太湖平原，形成独立区域。今天，最明显是语言上，吴语区便是以茅山为分界线的，茅山以西为江淮方言区，茅山以东为吴方言区。淮北区属于比较典型的北方文化，太湖区属于典型的江南文化，江淮和宁镇兼收并蓄。

从现在的考古资料来看，新石器时代，文化面貌与自然地理区域相对接近；到了青铜时代，淮北、太湖两大区域最为突出，差异明显。宁镇地区其次。江淮地区遗址较少，序列也不完整。

淮北区：深受齐鲁地区新石器文化的影响，形成了北辛—大汶口—山东龙山文化的完整序列。虽然曾经受到良渚文化的影响，但基本上保持着自身的特色。到了青铜时代，夏朝时分布着岳石文化。到了商周时期，主要以徐文化为代表。

太湖区：包括今浙江北部的杭嘉湖及上海地区，其文化基本上一脉相承，形成了马家浜—崧泽文化—良渚文化序列，文化发展水平最高。青铜时代，这一地区有马桥文化，水平已经不如宁镇地区。

宁镇区：新石器文化主要是南京北阴阳营文化，其面貌与江淮地区相近，与太湖流域差别较大，具有自身的特点，但序列并不完整。与旧石器时代宁镇地区最早有人类活动不同，到了新石器时代，太湖流域的文化稍早于宁镇地区，发展水平也比较高，这或许反映了进入新石器时代之后，平原低地区比丘陵山区更适合人类的定居和生产生活。宁镇与太湖两种文化的分界在常州一带，圩墩遗址有明显反映。到了青铜时代，宁镇地区有江宁点将台文化，后来有湖熟文化继承，最后发展到吴文化。宁镇地区受中原文化影响较大，但与当地荆蛮文化结合，形成了独特的青铜文化。

江淮区：该区由于地理环境所限，地势低洼，受到海侵等，压缩了人类的活动空间，今京杭运河以东较少人类长期居住，所以新石器遗址发现较少，呈点状分布。文

---

① 也有学者划分为五大区域，增加一个盐城、南通沿海区域。但从自然地理、历史文化和政区沿革上看，沿海地区均出现比较晚，海洋经济特色也不太明显，盐城文化与江淮文化接近，南通文化与吴文化相似。所以，我们仍按四大区域划分。

化上带有南北文化过渡地带的特点，受外来文化影响较大，特色不太明显。一方面受到来自淮北区的新石器文化影响；另一方面，受到来自中原龙山文化王油坊类型影响。当然，太湖和宁镇地区文化也不断北上影响江淮，这在青墩、龙虬庄文化遗址中都有反映。

先秦古国分散割据形成了多元文化圈。西周至春秋，在周王朝的名义统治下，江苏境内政治文化环境出现了多元格局，至少出现了三个政治区域，由此形成了三个文化圈：

1. 吴国及吴文化圈。历经西周、春秋，历时600余年，形成了独具特色的吴国文化。早期中心在宁镇，春秋后期迁到苏州。前后的差异还是很大的，如宁镇的台形遗址和土墩墓与太湖区的石室土墩墓有很大差别。宁镇属于吴文化分布区，太湖地区属于古越地。到了春秋后期，宁镇地区的吴文化明显衰落了。江苏的太湖地区，新石器时代文化曾经十分发达，但良渚文化向中原发展，结果可能带来了越地文化的衰落，马桥文化即落后于宁镇商周文化，直到春秋晚期吴国将中心迁到吴(今苏州)才得以振兴。从春秋晚期苏州真山大墓、战国初期无锡鸿山越国墓葬看，吴、越国的青铜文化水平已经相当高了。而战国以后，宁镇地区的青铜文化又衰落了。所以，宁镇与太湖实际上仍然保持着两个文化区，文化上此消彼长而又互相影响。

2. 在淮河中下游广大区域，曾经是淮夷(徐舒)的重要活动区域，西周时期，周穆王时，徐国是淮河流域屈指可数的大国。以今泗洪一带为中心，徐国发展成为统辖36国，可以和西周天子叫阵的强大方伯，形成了独具特色的徐文化。徐国虽然灭亡，但其文化影响深远。

3. 淮河以北形成了以彭城为中心的淮北文化圈，主要受到中原(河南、山东)文化影响，战国以后为楚文化所浸润，成为“三楚”中心之一。

吴国稳定的疆域应在淮河流域，最强盛的时候扩大到淮北鲁南，但对淮河以北控制时间短，文化影响很小。进入战国，越国灭吴后，吴地归越，越文化深入吴地，范蠡奉勾践之命于长江边筑越城(今南京市中华门外长干桥外)，作为军事据点。这是南京正式有城池的开始。① 另，楚曾设金陵邑(在今南京市)。② 后来，长江以南地多属越，长江以北地渐多入楚，西北彭地入宋，东北一带入鲁。此后越国中心一度迁到吴国旧地，不久又向今山东境内迁移，越王无强兴师北伐，建立了望海台。战国中期楚国彻底打败越国，灭越国(仍保留越君称号)，占据了整个越地，江苏境内归楚。战国

① 蒋赞初:《南京史话(上)》，南京出版社1995年版。

② 关于南京城市的起源，一说相传吴王夫差(前495—前473年在位)修筑的冶城，距今约近2500年历史；一说公元前333年(周显王三十六年)，楚国“尽取吴故地，东至浙江”后设立郡县，在长江边峭壁上的石头山建城，俗称“鬼脸城”，这就是金陵邑，南京建城的历史大约有2340年。以这两个城邑为标志，南京的建城历史大约在2300—2500年之间。

后期，楚国政治、军事重心转向东部，都城迁至陈（今河南淮阳），后又迁寿春（今安徽寿县）一带。楚文化先北后南，逐渐浸润整个江苏。除了少数地区受鲁、宋控制外，绝大多数地区已经成为楚文化区。楚国有三楚，江苏境内属于东楚和西楚的范围，大致以彭城为界，其西属于西楚，其东属于东楚，长江以南广大区域也是属于东楚范围，文化差别在逐步缩小。公元前 221 年，秦始皇统一中国，江苏地区归于秦朝，成为统一王朝下的郡县，江苏历史进入一个新的历史阶段。

总之，先秦时代今江苏地区创造了绚丽夺目的文化成就，在江苏乃至整个中华文明发展史中具有独特而重要的地位，而这些成就对于后来江苏历史的发展，起着奠基作用，产生了积极而深远的影响。

第一编

江苏的史前时代

第一章 史前江苏的地理环境和生态环境

江苏省位于中国的东南部，北接山东省，南连上海市和浙江省，西临安徽省。面积10.26万平方公里，占全国总面积的1.06%。其东濒浩瀚的黄海，西有微山湖、骆马湖及串珠式的洪泽湖、宝应湖、高邮湖和邵伯湖，南临起伏连绵的黄山、天目山脉，沂蒙山的余脉马陵山则由北向南深入到江苏的北部，形成了南北多山而东西多水的自然风貌。四季分明，雨量充沛，植被繁茂，境内湖泊星罗棋布，大江小河交汇成网，低山、丘陵、平原等多种地貌并存。优越的自然环境和气候，为生活在江苏地区的史前人类提供了理想的生存发展环境。从远古时代的灵长类化石到旧石器时代的古人类化石，从新石器时代农业发达的马家浜文化到有着灿烂的玉文化的良渚文化，江苏境内的史前人类创造了辉煌灿烂的史前文化，江苏成为了中华文明起源的重要发源地之一。

第一节 地质演化

地史学家根据古生物的演化和地壳的运动，将地球的历史分为五大阶段，即太古代、元古代、古生代、中生代和新生代。[①] 地球的岩石圈、水圈、大气圈和生命的形成都发生在太古代时期。大约39亿年前，地球形成最初的永久地壳，35亿年前，大气圈、海水开始形成。

① 太古代距今40亿—25亿年。元古代距今25亿—6亿年。震旦纪为元古代到古生代之间的过渡期。古生代距今6亿—2.3亿年。古生代共有6个纪：寒武纪、奥陶纪、志留纪、泥盆纪、石炭纪和二叠纪。中生代（距今2.3亿—6700万年），分三叠纪、侏罗纪和白垩纪3个纪。新生代（距今6700万年），可划分为第三纪和第四纪两个纪。第三纪又可以分始新世（距今6700万—3650万年）、渐新世（距今3650万—2330万年）、中新世（距今2330万—530万年）、上新世（距今530万—200万年），第四纪又可分为更新世（距今200万—1万年）和全新世（1万年至今）。

在太古代晚期以前，中国的东南一带都是一片汪洋大海。到太古代晚期，江苏北部地壳活动强烈，末期受阜平运动影响，形成江苏最古老的相对稳定的地块。早元古代时，新沂、东海等地在五台运动的影响下，地层遭受强烈的褶皱、断裂和基性、超基性岩的侵入，受到区域变质和混合岩化作用。中元古代，转化为稳定的地台区并上升成陆。晚元古代时，南区（海州——泗阳以南）因受到晋宁运动的影响，褶皱成陆。震旦纪时，北区缺失该地区的沉积，南区开始下沉。震旦纪早期是晚元古代最广泛的冰期，我国称震旦大冰期。

古生代的寒武纪时，因受宿县上升运动的影响，地壳继续上隆，后期地壳下沉，并延续到奥陶纪。志留纪、泥盆纪时北区以上升剥蚀为主，并延续到早石炭世。中石炭世下沉，延续到二叠纪，为成煤期。南区寒武纪继承了震旦纪的沉积环境，其东南地区一直以下沉为主，延续到三叠纪。西北侧志留纪时为上升区，后又下沉接受沉积。

中生代和新生代时，新华夏系构造至晚三叠纪至晚第三纪由西而东逐渐形成隆升带和凹陷带。江苏处于新华夏系的第二隆起带上，并有强烈的构造活动和岩浆活动，奠定了江苏地貌的骨架。早第三纪时，江苏南区首先在苏北——南黄海及角直盆地下沉接受沉积。随着时间的发展，苏北——南黄海盆地不断下沉，且范围扩大。而角直盆地因上升而消失。北区的丰沛一带，徐州睢宁地区下沉并接受沉积。晚第三纪时，郯庐断裂带及其以东地区继承了沉积环境，以苏北——南黄海盆地最为发育。第四纪时，南黄海盆地下沉遭受海侵形成现存的黄海，海陆分界分明。江苏地区现今的地形地貌特征基本上形成于这个时期。①

新构造运动与现代地貌的关系最直接、最密切，以沉降为主的类型，在现今地貌上以平原为主。例如丰沛断陷持续和缓沉降，在地貌上形成黄淮平原；苏北凹陷持续沉降，在地貌上形成江海平原和滨海平原。长江三角洲持续沉降，在地貌上形成了太湖平原。以升隆为主的类型，地貌上皆以山地、丘陵为主。例如徐铜区长期和缓上升，东海、连云港长期隆升，郯庐断裂带强烈上升，宁镇——宜溧间歇性上升，茅山间歇性强烈上升，这些上升运动逐步形成了沿连云港——新沂——徐州——泗洪——盱眙——南京——苏州一带为低山丘陵，这些低山丘陵向东开口成半环状。② 第四纪以来，由于地壳升降运动较强烈，加上频繁的古气候的周期性冷暖变化，使得江苏地区发生多次海侵。③ 第一次早更新世海侵范围最小，仅到如皋、上海一带；第二次中更新世后期，海侵逐渐扩大到了上海、如皋、兴化、盐城以东地区；第三、第四晚更新世

① 江苏省地质矿产局：《江苏省及上海市区域地质志》，地质出版社1984年版，第739页。

② 江苏省地质矿产局：《江苏省及上海市区域地质志》，地质出版社1984年版，第740页。

③ 陈万里、顾洪群：《江苏第四纪海侵及近代海岸线变迁研究》，《江苏地质》1998年第22卷第A12期。

中、晚期，海水继续向西侵漫到松江——吴县东山——无锡前洲——兴化以西——涟水——张圩——灌云一线，丰沛一带也受到了影响。第五次全新世，海侵西界到了昆山——宜兴和桥——高邮——盱眙维桥——泗阳——沭阳一线，后期海水逐渐退出。据文献记载宋代盐城去海不过一里，[①]宋朝范仲淹等曾筑海堤于阜宁——盐城一带。900 多年以来海水向东退去了 30—62 公里，至现今的位置。[②]

第二节　生物演化

在太古代的最初期，地球上尚无生命出现。太古代中期，地球上开始出现比较原始的藻类和细菌。元古代早期，生物界仍处于缓慢、低水平进化阶段，蓝藻和细菌继续发展。到元古代中期，最低等的真核生物——绿藻出现。在元古代晚期，火山活动大为减弱，并出现广泛的冰川。地球出现了具有明显特征的分带性气候环境，为生物发展的多样性提供了自然条件。

从发现的化石来看，江苏境内晚元古代生物有了大的飞跃，大型的藻类及软体动物开始出现。震旦纪晚期冰期之后，气候回暖，江苏地区发生了一次广泛的海侵，生物进一步发展，大量的藻类和少量的软体动物开始出现，以叠层石、蠕虫、微古植物为主。

古生代时，生物又发生了飞跃，由低等进化到高等，由无壳进化到有壳，门类、种属更多，生物分区更为明显。寒武纪时，三叶虫开始在江苏地区出现，多门类小壳动物大量繁殖，反映了生物演化进入了一个新的发展阶段。奥陶纪时，江苏南区内角石类、直角石类、多房贝类开始大量繁殖，原有的三叶虫衰亡，出现了新的属种。到了晚奥陶纪，海水中的钙质减少，原有的生物几乎绝灭，出现了以漂浮的笔石为主的动物群。中志留纪，整个扬子海砂量增高，笔石大为减少，腕足类、板鳃类、三叶虫出现了新的属种。泥盆纪时，气候变炎热，鱼类有了较快的发展，植物也有了较快的发展。石炭纪时，珊瑚、腕足等生物繁盛，早期华夏植物群大量繁殖。二叠纪时，气候温和湿润，适合植物生长，是江苏北区重要的成煤期。南区的生物珊瑚、腕足类、蜓等出现了新的品种。

中生代时期，古生代的构造格局被逐步打破，生物群有了重大的变革，古生代时期的三叶虫、笔石、蜓、珊瑚等灭绝，腕足类仅个别属种延续到三叠纪，而菊石、板

---

① 《续资治通鉴长编》，卷一三三。

② 江苏省地质矿产局：《江苏省及上海市区域地质志》，地质出版社 1984 年版，第 740 页。

鳃类、植物、介形类等出现了新的属种。气候变温湿，植物大量繁殖，又是一次成煤期。

新生代时，古气候变为温热与寒冷交替，哺乳动物有了重大发展。第三纪是哺乳动物繁盛时期，江苏睢宁凤凰山下层发现一处上新世哺乳动物群，该动物化石产生于裂隙的下部，包括蝙蝠、印度熊、似大密齿獾、古中国熊猫、四棱齿象、大唇犀、原大羚等5目、7科、7属、7种，属于典型的上新世动物群。① 到了第四纪，生物的面貌已经接近现代。江苏境内发现第四纪早更新世动物群1处，中更新世动物群6处，晚更新世动物群4处。② 根据动物群的性质，更新世的哺乳动物群可以分为两个区，淮河流域以北为华北动物群，典型地点是徐州白云洞，主要动物有肿骨鹿、葛氏斑马、中国鬣狗、三门马、李氏野猪、豪猪、熊、羚羊、牛等。淮河以南为南方动物群，典型地点是丹阳，主要有猕猴、似华南豪猪、巨貘纳玛象、花面狸、似突吻沙獾、独角犀、黑鼠、熊、野猪、鹿、牛等。由于江苏自然环境为南北交汇的过渡地带，淮河以南地区也存在一些非典型的大熊猫—剑齿象动物群。它们包含一定数量的北方类型，或不含大熊猫，或不含剑齿象，如南京的葫芦洞。一些研究者认为在淮河流域及附近一定范围内，从中更新世到晚更新世存在着南北方动物皆有的过渡区动物群。溧水神仙洞是江苏目前发现的唯一一处全新世化石地点，动物化石主要有猕猴、马铁菊头蝠、兔、仓鼠、豪猪、似浣熊、貉、狐、棕熊、狗獾、小灵猫、果子狸、最后鬣狗、马、野猪、鹿、獐、鼬、牛、犬科等。动物群中绝灭种仅1种，一般认为该动物群的时代为全新世早期。

在新生代，生物最重要的进步就是哺乳动物中分化出了灵长类，大约在第三纪的上新世(距今530万—200万年)，灵长类中一支猿类又逐步进化成人类，从此进入到了人类的时代。

第三节　全新世环境变迁对江苏史前人类的影响

最初人类出现以后，发展十分缓慢。人类主要生活在一些洞穴中，数量也很少。经过数百万年漫长的适应和进化，进入距今1万年左右的全新世以后，人类生存能力和生产能力全面提升，人口迅速增加，分布更为广泛。江苏地区也不例外，全新世以前的人类化石和石器加工地点发现较少。进入全新世以后，人类活动的范围分布广

① 罗其湘:《徐州附近发现上新世和更新世大量哺乳动物化石》,《古脊椎动物与古人类》1982年第4期。

② 房迎三:《江苏上新世以来的哺乳动物群》,《东南文化》2000年第7期。本节关于哺乳动物群的观点大都引自该文。

泛，遗迹和遗存也十分丰富。而据学者们研究，全新世以来气候的冷暖变化，引起的海平面的升降以及水域面积的增减，对史前的人们生产生活产生了较大的影响。

一　苏北海岸线的变迁及影响

全新世以来，全球气候发生过多次变化，引起海面频繁升降，导致沿海地区发生海侵，海岸线多次往复变迁。江苏地处黄海之滨，黄海海岸线的变迁对江苏的地理和环境影响较大，史前时期同样如此。海岸线变迁主要反映了全新世海退过程和江河泥沙搬运沉积作用，海岸带特有的砂贝壳堤分布是海岸线变迁的最好证明。史前江苏境内海岸线的变迁不仅和当时的气候有着密切的联系，也与史前人类的活动息息相关。

更新世末期我国处于大理冰期，[①]气候寒冷。进入全新世之后气候逐渐转暖，进入冰后期。冰川后退，海面回升。早全新世海面上升速度较快，成为我国东部海面的主要上升期，因受气候波动的影响，海面上升也时有起伏及短暂的停顿。但总的趋势为海侵。至距今 7000 年，江苏境内海侵达到极盛，形成了全新世高海面。苏北海岸线北起赣榆，南经海州、灌云、涟水、高邮、扬中一线，海水直抵洪泽湖东低山丘陵地带。[②] 在全新世早期江苏境内很少发现人类活动的遗址，这一现象与这一时期海侵频繁，不宜人们居住不无关系。

大约在距今 7000 年全新世最大海侵以后，海退发生。这一时期苏北的海岸线大致北起赣榆绕过中云台，过涟水古淮河口，经建湖以西南至海安沙冈，再折向西，经泰县、泰州、扬州一线。这条海岸线据西岗两合附近地下处牡蛎壳的测年结果和距今盐城大岗 4 米深贝壳的测年结果来看，[③]其形成年代当在距今 6500 年以前。

苏北地区位于当时黄淮河口涟水一带的冲积成陆。在黄河和淮河泥沙堆积作用下发育形成河口三角洲。苏北北部的沂沭河三角洲沉积在遭受海侵袭击后又重新露出水面。[④] 这一时期上述地区开始有了人类活动的迹象，连云港二涧村、灌云大伊山、邳县大墩子、淮安青莲岗、沭阳万北等地方均发现了人类活动的遗址。这些遗址主要

---

① 大理冰期，距今 7 万年至 1 万年，在冰期中，我国气候普遍寒冷。

② 刘志岩、孙林、高蒙河：《苏北海岸线变迁的考古地理研究》，《南方文物》2006 年第 3 期。本节下文中提及的各个时期苏北地区海岸线均引自此文。

③ 顾家裕、严钦尚：《苏北中部滨海平原贝壳沙堤》，《长江三角洲现代沉积研究》，华东师范大学出版社 1987 年版。曹琼英：《苏北沿海底层的碳 14 年代与晚更新世以来的海陆变迁》，《第四纪冰川与第四纪地质论文集》，地质出版社 1987 年版。

④ 郭蓄民：《长江河口地区晚更新世以来沉积环境的变迁》，《长江三角洲现代沉积研究》，华东师范大学出版社 1987 年版。

集中在苏北北部地区，遗址多分布在尚未遭受海侵影响的丘陵山地以及海退以后的平原岗地或土墩之上。遗址的面积一般在2万平方米左右，文化层堆积厚度在50厘米左右，说明这个时期人类在此活动时间不长，人口密度不大。① 苏北中部的里下河地区，据建湖庆丰全新世地层剖面第三层的化石和孢粉鉴定材料可知本区在海侵后成为泻湖环境。② 因此这个地区所在的苏北中部以及南部在这个时期还没有人类活动的迹象。

距今6500—5500年，全球气候变暖，苏北地区发现的这一时期的植物孢粉和动物遗存显示其处在高温高海面时期。③ 这一时期苏北地区的海岸线大致为北起赣榆，经连云港西、灌云、灌南、阜宁、羊寨——盐城龙冈——大冈、东台，南至海安隆政，然后折向西，经泰县、泰州、扬州一线。

苏北地区有广阔的沼泽、湖泊和大河。在这种情况下，人类活动遗址数量较前期减少，连云港地区原来有人类居住的遗址的文化层出现了缺失现象，另外还出现没有人类活动迹象的大面积空白区，这些都和这时期高海面的情况有关。苏中地区的响水、灌云、涟水、阜宁、射阳一线范围内这个时期为黄淮河口沉积。④ 在黄河、淮河泥沙堆积作用下发育已经完全成陆，并且成为地势相对较高的人类理想居址，多有遗址分布。苏北中部西冈已经发育完全，里下河地区在西冈的保护下基本与海水隔绝，盐城、海安一线以西至淮安、宝应、高邮一线为泻湖相沉积，扬州、泰州、海安、如皋、吕泗一线以南为河口相沉积。⑤ 上述地区的丘陵岗地上仍有人类活动的遗址存在，如高邮的龙虬庄遗址，海安的青墩遗址等等，都是规模相对较大的遗址。

在经历了前期的高海面期后，距今5500年后，全球气温下降，海平面也随之迅速下降。⑥ 海安青墩、吉家屯上文化层的孢粉材料显示本阶段早期木本植物种类锐减，草本植物比例变小，喜暖的蕨类植物尚占较大比例，同样也反映气温有所下降。⑦ 至4500年前左右，海岸线大体北起赣榆九里，穿中云台而过，经灌云、灌南，接苏北中冈，南至海安隆政，西连扬泰古沙冈。

---

① 吴建民：《苏北史前遗址的分布与海岸线变迁》，《东南文化》1990年第5期。

② 赵希涛等：《江苏建湖庆丰剖面全新世地层及环境变迁与海面变化的初步研究》，《科学通报》1990年第4期。

③ 王绍鸿、赵希涛：《江苏建湖庆丰剖面全新世有孔虫与海面变化》，《福建师范大学学报》（自然科学版）1997年第1期。张嘉尔：《江苏海安青墩遗址孢粉鉴定报告》，《考古学报》1983年第2期。

④ 赵希涛等：《江苏建湖庆丰剖面全新世地层及环境变迁与海面变化的初步研究》，《科学通报》1990年第4期。

⑤ 郭蓄民：《长江河口地区晚更新世以来沉积环境的变迁》，《长江三角洲现代沉积研究》，华东师范大学出版社1987年版。

⑥ 杨怀仁等：《中国东部近20000年来的气候波动与海面升降运动》，《第四纪冰川与第四纪地质论文集》第二辑，地质出版社1987年版。

⑦ 徐治亚：《略谈吉家屯新石器时代文化遗址》，《东南文化》1990年第5期。

距今5500—4500年期间，苏北地区的沭阳至泗阳一线人类活动遗址相当集中，这片区域应为古硕项湖、桑墟湖北岸，经历前期高海面后，本期出现了相对适宜的居住环境。据对苏北北部全新世中期沉积相的研究，今赣榆、桑墟、华冲、沭阳、泗阳一线以西以及洪泽湖以北地区为山前湖沼平原区。这些湖沼平原的分布系全新世中期海水大片内侵后在湿热气候和植被繁茂的环境下河湖、沼泽联合堆积的结果。而此线以东地区则为滨岸泻湖平原和三角洲前缘，这一时期的遗址恰好密集地分布在山前湖沼平原区的前缘。苏北中部的里下河地区到本期则处于滨海低地，苏北南部的长江三角洲北部平原在经历了一次海侵后复又露出水面，于是又有了文化层堆积。

距今4500—4000年，植物孢粉资料显示苏北气候温和略干，植物中木本以栎、松为主，草本以蒿、藜科为主，反映了附近山地为针叶、阔叶落叶混交林所覆盖。[①] 这时期海平面达到了全新世中期之后的最低时期。[②] 苏北地区海水东去，湖沼水面缩小，陆地扩大，使人类的空间活动范围有所扩大。考古发现的人类活动遗址也迅速增多，其中大部分分布在黄淮平原上，里下河地区也有所分布，无论在分布的空间范围上还是密集程度上都有大幅扩张。

总的来讲，苏北滨海平原岸线呈缓慢东扩的趋势。气候冷暖变化引发的海面的升降对苏北地区史前人类的活动影响较大。距今7000年前后的全新世最大海侵使得江苏沿海平原普遍遭受到海侵，此时人类活动范围仅仅局限于少数未受海侵的陆相环境。距今7000—6500年期间，随着气候下降，陆地逐渐增多，人类活动的范围也进一步扩大，遗址数量增多，文化层渐厚。距今6500—5500年，全球气候变暖，海平面再次上升，一些遗址受到水涝侵袭，出现了文化层中断。距今5500—4000年，气候转凉，陆地进一步扩大，人类活动的空间变大，遗址不仅数量增多，而且分布广泛。进入历史时期以后，苏北地区的海岸线继续东扩，1855年黄河改道北流后，逐渐稳定。

二　太湖的形成及其对史前文化的影响

与苏北地区滨海平原岸线不断东移的态势不同的是，苏南地区长江口在距今7000—3000年之间变化不是很大。[③] 距今7000年前全新世海侵时，苏南地区的海岸

---

① 陈希祥：《江苏徐淮地区第四纪地质》，海洋出版社1998年版。

② 杨怀仁等：《中国东部近20000年来的气候波动与海面升降运动》，《第四纪冰川与第四纪地质论文集》第二辑，地质出版社1987年版。

③ 刘林、高蒙河：《江南海岸线变迁的考古地理研究》，《东南文化》2006年第4期。

线从镇江、江阴、沙洲经上海地区的浅冈、沙冈,①由于海岸线附近有因波浪的作用而形成沙堤,在此沙堤的保护之下,后来的海水波动对苏南地区的影响并不大。但是由于气温变化引起的长江三角洲和太湖地区的水域面积的增减则对史前人类活动有着较大的影响。

表一　长江三角洲全新世时期气候分期表②

<table>
<tr><th colspan="2">地质时代</th><th>时　间</th><th colspan="2">气候期</th><th>气候特点</th><th>植　被</th></tr>
<tr><td rowspan="7">全新世</td><td>晚全新世</td><td>3 千年前</td><td rowspan="7">冰后期</td><td>亚大西洋期</td><td></td><td></td></tr>
<tr><td rowspan="4">中全新世</td><td>4 千年前</td><td rowspan="2">亚北方期</td><td>早期升温,末期急剧下降</td><td>常绿阔叶林,落叶阔叶林,针叶林</td></tr>
<tr><td>5 千年前</td><td>温湿转向干凉</td><td>常绿阔叶林——落叶阔叶林</td></tr>
<tr><td>6 千年前</td><td rowspan="2">大西洋期</td><td>波动,降温</td><td>常绿阔叶林、落叶阔叶林</td></tr>
<tr><td>7 千年前</td><td>热暖,潮湿,稳定</td><td>常绿阔叶林</td></tr>
<tr><td rowspan="2">早全新世</td><td>8.5 千年前</td><td>北方期</td><td>冷暖交替,激烈波动</td><td>针叶林、落叶阔叶林</td></tr>
<tr><td>1.2 万—1 万年前</td><td>前北方期</td><td>干冷,激烈波动</td><td>草地、针叶林</td></tr>
</table>

晚更新世的玉木冰期,造成全球性海退,距今 15000 年海岸线退至东海大陆架边缘水深 155 米处。此后随着气候转暖,冰川消融,海平面迅速回升。至距今 10000 年前,海面已上升至目前海面下 30—40 米。这个时期长江三角洲南翼成为沟谷切割的滨海台状平原。当时,太湖地区属台状平原的内缘延续部分。但在太湖西部的南、北,各有一条支谷与钱塘江、长江沟通。沟通钱塘江的谷地,从太湖中的大雷山、小雷山之间,向西北延伸过平台山西北,北抵马圩,西出大埔,又西经宜兴、溧阳之北,折北长荡湖至金坛;向南经吴兴、荻港、东林、戈亭至杭州与乔司之间和钱塘江交汇,深度达 15—25 米以下,太湖西部诸水大多经此钱塘江支谷,南流注入钱塘江。北部的谷地从马圩向北经雪堰、前洲、青阳、芙蓉、夏港入长江,太湖西北地区的部分地表径流,经此长江支谷流注长江,深度较浅。③

距今 10000—7000 年的早全新世,随着气候变暖,海平面上升,海侵达到长江三角洲顶部的镇江一带,海潮通过太湖西部的南北两条支谷入侵西太湖地区。太湖西部泻湖雏形在这时形成。不过早全新世的海侵仅仅拓宽了太湖西部沟谷地带形成局

① 朱诚等:《长江三角洲及苏北沿海地区 7000a 以来海岸线演变规律分析》,《地理科学》1996 年第 3 期。

② 吴锤、曹柯平:《长江三角洲的史前环境》,《东南文化》2000 年第 9 期。

③ 洪雪晴:《太湖的形成和演变过程》,《海洋地质与第四纪地质》1991 年第 4 期;陶强、严钦尚:《长江三角洲南部洮湖地区全新世海侵和沉积环境》,《长江三角洲现代沉积研究》,华东师范大学出版社 1987 年版。

部泻湖，太湖大部以及东太湖地区仍然继承晚更新世末期的滨海平原地貌形态。[①] 由于气候相对寒冷，这一时期苏南一带很少有人类活动的遗存发现。

距今 7000—6000 年，气候转暖，海面继续上升至接近现代海面高程，海侵达到最大范围。此时长江三角洲正在发育过程中，海面上升至江阴周庄、常熟福山及太仓、嘉定、金山一线，处在相对稳定的状态，在海岸线附近因波浪作用而形成贝壳砂堤，从而形成从东部包围太湖平原的碟缘高地，奠定了太湖地区碟形洼地中的泻湖地貌形态。[②]同时海平面的上升，使得地下水位升高，同时海水沿着沟谷大举入侵太湖地区，导致太湖及周边低地地区遭受了海水侵淹。当时由于太湖西北的长江支流通道口已经被长江滩脊所封堵，入侵太湖地区的海水主要来自东、南两个通道。南部通道由小雷山进入太湖，淹没了西太湖大部分地区，因之在洋溪、马圩等地形成了 4 米厚的泻湖相沉积。东部通道大致沿今练塘、金泽、芦墟、黎里、平望一带的太浦河流域，经震泽侵入太湖东部地区，导致太湖东部和东太湖地区演变成为浅水泻湖，湖内牡蛎丛生，发育良好，形成的牡蛎层厚达 0.18 米，此时，太湖东南岸的双林、戴山等滨湖地区也同时沦为泻湖的南延部分，南岸的九里桥地区则发育成为浅水海湾。[③]

在太湖地区泻湖扩张期内，并非整个太湖平原都沦为泻湖。距今 7000—6000 年左右气候温干，太湖周边动植物资源丰富，一些先民开始选择在湖沼附近的高地居住。太湖平原南部地势高爽的平原上发现了不少的史前人类活动的遗址。此外在太湖周边的一些墩台、小丘上，如无锡的仙蠡墩、庵基墩、庙墩、施墩，苏州的草鞋山、张陵山、龙灯山，昆山的绰墩、黄泥山以及上海冈身内侧的崧泽、福泉山、查山等等，也都有同时期的人类遗址分布。

距今 6000—5000 年的中全新世中期，太湖平原东部紧邻沙冈的东侧，又有滨岸滩脊（紫冈）的形成，它在加宽、加厚碟缘高地、进一步塑造太湖碟形洼地的同时，封堵了先前的一些通道，阻遏了海潮涌入西部的泻湖地区。加以距今 5400 年左右，气候一度转凉，海面略有下降，[④]碟形洼地中的泻湖，面积显著缩小，湖底大部出露成陆，周边地区则排水不畅演化为星罗棋布的淡水湖沼群。特别是先前的太浦河流域通道，因受冈身阻断，海水难以入侵，太湖东部及东太湖地区受其影响最为严重，地势低下的平望、震泽一带，因之演变成为湖群密集的中心，水深达 2—5 米，湖内水草植物繁茂，堆积了 1—2 米厚的草本泥炭。

---

①② 张修桂：《太湖演变的历史过程》，《中国历史地理论丛》第 24 卷第 1 辑，2009 年 1 月。

③ 洪雪晴：《太湖的形成和演变过程》，《海洋地质与第四纪地质》1991 年第 4 期。

④ 洪雪晴：《全新世低温事件及海面波动》，《中国近海及沿海地区第四纪进程与事件》，海洋出版社 1989 年版。

这一时段，由于泻湖面积显著缩小，并开始演化为淡水湖沼，陆地面积随之进一步扩大。人类活动的范围较之前期更加扩大，遗址的数量也显著增多。从文化堆积来看，之前人类活动的区域仍然有人们生活，原来没有发现人类活动的地区如上海冈身以西的寺前村、金山坟、汤庙村、姚家圈、平原村，苏州越城、夷陵山、梅堰、大三墐，常州圩墩、淹城、潘家塘、寺墩、社渚墩，湖州邱城等等地方，都有这个时期的人类活动遗址的发现。

距今5000—4000年的中全新世晚期，长江携带的泥沙不断在太湖平原东部的冈身外侧加积，在塑造新的水下边滩的同时，形成紧邻于沙冈、紫冈东侧的竹冈，太湖地区碟缘高地的冈身海岸大致建造完成，它阻遏了海潮入侵太湖地区。太湖平原中的泻湖，因东、南、北诸口封堵，海潮难以入侵，咸水泻湖基本消亡，平原上再次出现较多的淡水湖沼群，于是形成新一轮的泥炭层淤积。此时气候由温暖向干凉转化。中全新世晚期的后半段，即距今4400年左右以后，气候再度转凉，海平面至少比现在低0.8米，太湖周边大量湖沼因之趋于萎缩、成陆，太湖陆地继续扩大。这一时期发现的人类遗址分布范围更加广泛，广泛分布于东太湖、东北太湖、吴江、青浦、昆山以及苏锡常、杭嘉湖平原上，此时人们的生产能力进一步提高，创造了丰富的物质文化。

距今4000年左右，气候再度变得温暖湿润，太湖地区年平均气温比目前高1—2℃，年降水比目前多200—300毫米，当时的海平面略高于现在。① 当时太湖流域所形成的丰富地表径流，大量汇集于沉降中的蝶形洼地中部，由于遭受东部冈身的阻遏和上升海面的顶托，又由于南部原本可以大量倾泻碟形洼地洪水入海的太湖海湾，也已被钱塘江沙嘴彻底封堵，这诸多内、外营力长期共同作用的结果，终于导致碟形洼地中部低浅的湖盆，积水壅溢而演变为太湖，并因此造成严重的洪涝灾害。② 这一时期的洪水淹没了一些地势较低的区域，人类活动的遗址数量大量减少，遗址迁移频繁，遗址的文化层比较薄。

总的来讲，由于环太湖平原的江阴、常熟、太仓、嘉定、金山一线滨岸滩脊（沙冈）的相对比较稳定，海平面上升和三角洲发育导致太湖地区成为一个碟形洼地，地下水位的抬高和三江水的倒灌，加上本区丰富的降雨量使该区长期积水形成巨型湖泊体系。③ 太湖流域在新石器时代，尤其是距今7000年至4000年期间，一直就有人类活动，考古发现大量的遗址文化连续发展成一个完整体系，且随着时间的发展，人们的物质生产水平也在不断提高。一些地势高亢地带的遗址地层堆积深厚，文化发展连

---

① 洪雪晴：《太湖的形成和演变过程》，《海洋地质与第四纪地质》1991年第4期。

② 张修桂：《太湖演变的历史过程》，《中国历史地理论丛》第24卷第1辑，2009年1月。

③ 陈中原、洪雪晴、李山、王露、史晓明：《太湖地区环境考古》，《地理学报》第52卷第2期，1997年3月。

续;而地势较低的遗址的地层相对薄一些,单一遗址数量较多。导致这种差异的存在,主要是气候变化导致的太湖地区的水位有升有降,水位较高时,人们往往从地势低洼处就近向高爽处迁移。水位降低、水域面积缩小时,人们又从高向低处迁移。上述遗址的迁移主要发生在太湖平原地区,多为就近迁移。同时大量的考古发现也表明,当气候温干,地势高爽时,古人类活动频繁,文化发展较快。而气候温湿,水域面积扩大时,文化遗址迁移频繁,文化层堆积较薄。这种古文化遗址的时空分布,反映了在环境演变的大背景下,地貌演化和水文条件的改变对人类生活的影响。①

① 申洪源、朱诚、贾玉连:《太湖流域地貌与环境变迁对新石器文化传承的影响》,《地理科学》第24卷第5期。

第二章 旧石器时代重要人类化石和石器的发现

根据古人类的考古发现与研究，人类是由灵长类动物古猿进化而来的，与现在的类人猿有着共同的祖先。按照人类进化的谱系，在渐新世晚期，人类与现代类人猿是在古猿阶段开始分化，一支发展为森林古猿和现代的类人猿，另一支经过漫长的进化成为了我们现代的人类。

从目前的考古发现可知，人类进化的阶段主要可以分为南方古猿、直立人、早期智人和晚期智人。南方古猿是目前已知的早期人科成员，处在从古猿到人进化的第一个阶段。他们的头骨比大多数黑猩猩大而高，比现代人的头骨短而低；平均身高为140厘米；脑量较小，平均值接近500毫升，脑部结构却与人相近。从其头骨、骨盆和腿骨的解剖学特征判断，南方古猿能够直立行走，他的双手可以使用工具自卫、挖掘根茎等。其生存时间为距今400万—100万年，目前仍主要发现在非洲地区。直立人是古老的人属成员，介于早期人科成员和智人之间的发展过程，位于从猿到人进化过程中的第二个阶段。其脑量从早期的800毫升增加到晚期的1200毫升，平均身高为160厘米，平均体重估计约60公斤。生活在距今200万—20万年之间。直立人的分布则比较广。中国、印度尼西亚、印度、非洲的东部和东北部、德国和匈牙利都发现不少直立人化石。早期智人是从直立人演化来的，处在人类发展的第三个阶段。其主要体质特征是：脑量大，与现代人比较接近，达到或者接近1300毫升，其脑结构还保留了一些原始特征，生活在距今25万—4万年间。晚期智人是从猿到人进化过程中的最后阶段，他与早期智人的不同之处在于：门齿、犬齿和面部变小，眉脊减弱，颅骨增大。他已经属于现代人，其生活年代从距今5万年前开始，直到现在，不仅分布在欧洲、非洲、亚洲，而且在澳洲和美洲也发现了晚期智人化石。晚期智人阶段同时也是不同人种分化和形成时期。可以说，人类是经过了几百万年的进化，最终形成了现在的样子。

由于石器是远古人类制造、使用并能保留下来的主要工具，考古学将人类主要使用石器进行生产的时代称之为石器时代。石器时代是人类历史的开端，也是一个漫长的过程，在人类历史上大约延续了300万年左右，约占整个人类历史的99%。根据石器的制作方式和人类的生存方式，石器时代又可以分为旧石器时代和新石器时代。

考古学家把属于更新世时期，以打制石器为主要工具的文化，称为旧石器时代文化。旧石器时代一般又分为早中晚三期。早期大约相当于更新世早期和中期，与此相适应的人类化石是直立人，绝对年代大约是距今180万—20万年。旧石器中期相当于更新世晚期前段，与此相适应的人类化石是早期智人，绝对年代大约距今20万—5万年。旧石器晚期相当于更新世晚期后段，与此相适应的人类化石是晚期智人，绝对年代大约距今5万—1万年。

大约在公元前1万年左右，人类进入了地质上的全新世时期，地球上的最后一次冰期结束了。随着气候的逐渐变暖，自然环境发生了变化。在新环境下，原始人群的生产活动也随之改变，旧石器时代结束，开始了向新石器时代的过渡。恩格斯总结说："蒙昧时代是以采集现成的天然产物为主的时期；人类的制造品主要是用作这种采集的辅助工具。野蛮时代是学会经营畜牧业和农业的时期，是学会靠人类的活动来增加天然产物生产的方法的时期。"旧石器时代向新石器时代的过渡，就是从单纯地攫取天然产物的掠夺经济转变为以种植农业、饲养家畜为主的生产经济的过程。在考古发现中，新石器时代的人们长期定居在村落之中，在生产中使用磨制石器、烧制陶器、经营原始种植农业及饲养家畜。

到目前为止，江苏境内已经发现了一些重要的灵长类动物化石、古人类化石、旧石器地点，其中晚期直立人南京人的发现在我国人类发展历史上举足轻重。这些考古发现足以表明江苏地区早在远古时代就已经成为了人类理想的生息繁衍之地。

第一节　江苏境内发现的灵长类动物化石

现代人类在生物分类系统中的地位是：动物界、脊索动物门、脊椎动物亚门、哺乳动物纲、灵长目、类人猿亚目、狭鼻猴次目、人猿超科、人科、人属、智人种。由此可见，灵长类动物的进化与人类的起源有着密切的关系。地处黄海之滨、长江下游的江苏境内，至今为止，已经发现了多种灵长类动物化石，其中溧阳发现的中始新世的中华曙猿和泗洪发现的中新世的双沟醉猿、江淮宽齿猿都是十分重要的发现。这些发现为灵长类动物的进化和人类的起源提供了新的研究材料。

一　中华曙猿

人类所属的灵长类家族分为低等灵长类和高等灵长类。低等灵长类在动物分类学上被称为原猴亚目,早在距今6500多万年的白垩纪末期就出现了。延续至今,仍有3个次目的原猴亚目动物生活在地球上,它们是分布区仅局限于马达加斯加岛的狐猴次目、生活在非洲和南亚森林地区的瘦猴次目和分布在东南亚部分岛屿上的眼镜猴次目。高等灵长类在动物分类学上被称为类人猿亚目,它们的现生类群包括生活在美洲地区的阔鼻猴次目(又称新大陆猴类)和分布在欧亚和非洲地区的狭鼻猴次目(又称旧大陆猴类)。其中,狭鼻猴次目包括两个超科——猕猴超科和人猿超科;人猿超科中包括猿科和人科。

高等灵长类无疑起源于低等灵长类。但是,它起源于哪种低等灵长类?起源时间和起源地又是怎样的?这就是古生物学家和灵长类动物学家要解决的问题。

在低等灵长类的3个次目中,眼镜猴类与高等灵长类无论是形态结构还是DNA序列都具有最大的相似性。因此,许多科学家认为,高等灵长类与眼镜猴类的亲缘关系最近。据此,并结合一些化石上证据,许多学者推测眼镜猴类和高等灵长类都起源于一种称为始镜猴类的古老低等灵长类;而始镜猴类与其他低等灵长类的祖先在进化的道路上早已分道扬镳。

但是,直到20世纪90年代之前,科学家发现的最早的高等灵长类化石证据却是产于埃及法尤姆地区的生活在距今大约3500万年前(晚始新世)的一些动物。它们与发现于北美始新世的假熊猴(一种原始的狐猴类)在形态上具有许多相似的特点。因此,另外一些古生物学家坚持认为,高等灵长类起源于狐猴类,而且起源于非洲。可见,在高等灵长类起源问题上,现生物种提供的生物学证据与化石记录提供的古生物学证据之间曾经存在着矛盾,始镜猴起源论和狐猴起源论这两大学派各持己见。江苏境内发现的中华曙猿化石为这个问题的解决提供了新的材料。

中华曙猿发现于江苏溧阳市上黄镇水母山,与"上黄动物群"伴生,该动物群包括12个目共60余种动物,以小型动物为主,包括灵长类、有袋类、食虫类和翼手类等,时代为中始新世,距今约4500万年。[①]

上黄发现的灵长类动物分为低等灵长类和高等灵长类,低等灵长类有兔猴科、始镜猴科及眼镜猴科。高等灵长类则是一个新科——曙猿科,属型种为中华曙猿。

中华曙猿和其他原始高级灵长类相比,具有很多原始的特征,例如保留了一个未愈合的下颌联合部,m1—2齿上具有突起的下前尖,p4齿的下后尖位置相当靠后,齿尖低于下原尖等等。同时根据现生灵长类m1齿对动物个体大小的恢复方法推断,中

---

① 齐陶、K·科里斯托弗·毕尔德、王伴月、玛莉·R·道森、郭建葳、李传夔:《江苏溧阳上黄中始新世哺乳动物群的发现与意义》,《古脊椎动物学报》,34卷,1996年第3期。

华曙猿的个体很小，体重大约在47—137克之间。

中华曙猿在类人猿亚目中处于一个非常原始的位置。它的年代和解剖特征对灵长类的系统演变和早期高级灵长类的起源提出了新的见解，加之出现在亚洲东南部中国的江苏境内，它的时代为4500万年前的中始新世中期，比埃及法尤姆的高等灵长类早了将近1000万年，说明高级灵长类也可能起源于亚洲。研究者之所以将其命名为“曙猿”，意思就是“类人猿亚目黎明时的曙光”。

中华曙猿的特征原始和久远年代至少也可以说明亚洲的东南部也是一个早期高级灵长类演化的重要舞台。在亚洲和非洲这两个大陆没有进一步的古生物证据之前，高级灵长类起源于亚洲而不是非洲的可能性是不能被否认的。同时该地点发现的有袋类动物化石，为全球古地理环境的研究提供了新的重要的科学证据；兔猴化石的发现，证明了古生物学界关于晚始新世的斯氏马嘎利塔猴是从亚洲而不是从非洲迁入美国和欧洲这一推断的正确性。因此江苏溧阳中华曙猿及其伴生的动物群化石的发现，可以说是20世纪生物学上一次极为重要的发现。

二　双沟醉猿和江淮宽齿猿

双沟醉猿和江淮宽齿猿均发现于江苏泗洪地区江苏泗洪岗湖公社松林庄的第三纪的湖相地层中，该地点发现的动物群包含65种脊椎动物化石，其中包括三种高等灵长类动物。该动物群是我国迄今为止所知中新世种类最多的一个脊椎动物群，其中不少种类是我国甚至东亚的首次发现，相当多的种属与欧洲、北美洲和非洲中新世的种属有密切的关系。动物群的地质时代为中新世早期。①

该地点发现的三种高等灵长类，主要为双沟醉猿和江淮宽齿猿和第三种人形超科牙齿化石。目前研究者已经对双沟醉猿和江淮宽齿猿进行了系统的研究。第三种灵长类的人形超科由于仅有一枚下臼齿，故未能做深入研究。

双沟醉猿为亚洲中新世的长臂猿，个体小于树猿。在现生的几种类人猿中，生活于非洲的黑猩猩和大猩猩可能起源于早、中中新世的森林古猿类。亚洲猩猩一般则设想它可能由稍早期而尚未发现的一类亚洲森林古猿进化而来。这三种大型猿类和森林古猿在分类上都归入了猿科。长臂猿科是一类小型的类人猿，包括两个现生属，即长臂猿和合趾猿，都生活于亚洲南部。长臂猿科目前在分类上人们常常把它们单立一科，它无论在分类或系统上都明显比猿科低下。双沟醉猿的第一、第二臼齿近方形，结构比较简单，三角座上的三尖丘形，彼此远离，由低长而显著的脊相连，三角凹

---

① 林一璞、顾玉珉、葛治功：《1981年江苏泗洪考察与发掘简报》，《人类学学报》2卷，1983年第1期。

深；次尖低，小于原尖，位置近舌侧；前窝小，外齿带近于缺失。第三臼齿无后尖，次尖退化，位置向外，成两小串珠状尖。[①] 双沟醉猿臼齿列前后长度小于树猿、原上猿和现生长臂猿类。通过形态、地理等方面的综合比较，泗洪中新世地层中出土的长臂猿化石标本被定为一新属新种：醉猿属。[②]

过去由于早期长臂猿类化石主要发现在非洲，传统的观念一直认为是由非洲渐新世的小型猿类经湖猿（或即树猿），进化至现在的长臂猿。泗洪发现的化石标本至少说明了在中新世时，亚洲同样也生活着长臂猿类。研究者设想长臂猿类是由非洲渐新世的祖先类型，在早中新世扩散到亚洲的，而在后一地区由像醉猿等新生代晚期的长臂猿类，进化到现生的南亚种属的。[③]双沟醉猿的发现同时还证明了在中新世亚洲和非洲之间动物的交流比过去设想得要多。

江淮宽齿猿是一种小型的森林古猿，20 世纪 80 年代初在松林庄化石地点首次出土，其后在泗洪其他地点同时代地层陆续发现，目前仅以 14 枚牙齿为代表。江淮宽齿猿的门齿、犬齿大小中等，上臼齿和下臼齿均有发育的齿带，齿冠的形态比较简单等性状，这些特征与东非森林古猿亚科有相似之处，可以将其归入森林古猿亚科，时代上要早于腊玛古猿和西瓦古猿。它代表着欧、亚、非三洲中新世或早中新世的高等灵长类化石的一个支系。[④] 因此作为森林古猿族的一分支，江淮宽齿猿对于探讨亚洲化石猿类和现代亚、非大猿的起源，具有一定的意义。

目前江淮宽齿猿的材料还不多，要讨论它的系统地位还有些困难。但是它的发现扩大了猿类的地理分布，尤其在我国东部低海拔地区发现猿类化石，意义十分重大。以前我国的化石灵长类，主要分布在云南高原和与高原相临近的广西山地。东部低山和淤积平原则无迹可寻。自从江苏泗洪发现双沟醉猿后，情况有所转变，一些研究者也相信我国东南地区依然能发现灵长类化石，江淮宽齿猿的发现进一步证实了这样的判断。

江淮宽齿猿伴生的脊椎动物化石中，包括鱼类、爬行类、鸟类以及啮齿类、食肉类、奇蹄类和偶蹄类。这是一个类型众多的化石动物群，代表着森林—草原的生态环境。在这种类型的地区作采集工作，找到早期灵长类化石的可能性更大。这些迹象还表明我国东部包括江苏境内的中新统地层有可能成为研究灵长类起源的重要区域。

---

①③ 李传夔：《江苏泗洪中新世长臂猿类化石》，《古脊椎动物与古人类》，第 16 卷，1987 年第 3 期。

② 由于化石产地附近的双沟镇盛产双沟大曲酒，故命名为醉猿。

④ 顾玉珉、林一璞：《记江苏泗洪首次发现森林古猿类化石》，《人类学学报》2 卷，1983 年第 4 期。顾玉珉：《江淮宽齿猿，中国远古人类》，科学出版社 1989 年版。

第二节　南京直立人等重要人类化石的发现

目前为止，在江苏境内已经发现了不少旧石器时代人类化石，如南京地区发现的直立人化石，泗洪、溧水、丹徒等地都发现了晚期智人化石，尤其是南京直立人的发现，在我国人类发展史上有着十分重要的意义。另外，江苏周边地区如安徽的和县、巢县，浙江的建德等地也有不少重要的直立人、智人的化石发现，这些发现都表明，在旧石器时代中国的华东地区有着供人类生存活动的良好自然环境，江苏及其周边地区也是人类重要的发祥地之一。

一　南京直立人

南京直立人化石出土于南京东郊的汤山镇雷公山葫芦洞。① 1990 年 3 月地方政府开山取石时发现洞穴，洞内堆土中含有大量动物化石。1993 年，在挖掘洞内堆土的过程中，发现了南京人 1 号头颅化石。在清理挖出的动物化石时，又发现了南京人 2 号颅骨。随后，由南京市博物馆和北京大学考古系合作，于 1993 年 12 月，对葫芦洞内的小洞进行了考古发掘，在化石层的下部发现了 1 枚直立人的牙齿化石。三件人类化石包括 2 具颅骨和 1 枚牙齿，其中 1 号颅骨保存比较完整，从形态上看，均属于直立人(Homo erectus)。

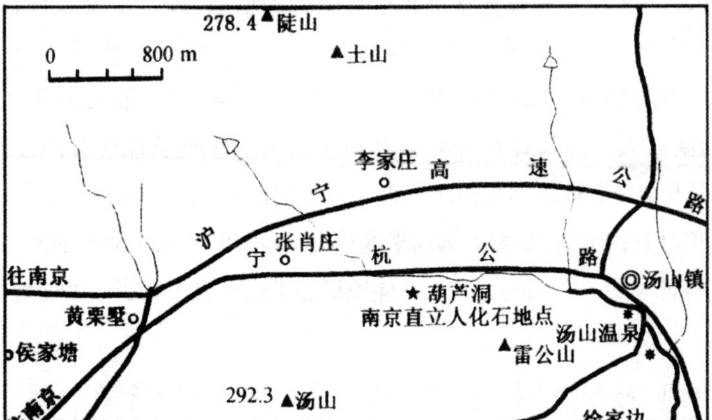

南京人汤山葫芦洞位置图(吴汝康、李星学主编：《南京直立人》，江苏科技出版社，2002 年，第 4 页。)

① 南京汤山葫芦洞长 64 米，宽 25 米，呈东西向伸展。洞的北侧洞壁有一洞口，海拔 75 米，洞内最大高差 25 米。

南京人1号颅骨　该化石呈棕红色，石化程度较深，只有部分面颅和大部分脑颅，出土时分为三块，即颅穹—面骨块、枕骨—左顶骨块和右顶骨块。颅穹—面骨块主要包括额骨大部，左顶骨前内侧小部，右鼻骨大部，右上颌骨额突上部以及两侧部分泪骨。枕骨—左顶骨块包括枕骨和左顶骨，两骨皆不完整。右顶骨块为右顶骨的后下1/4部分，即顶骨乳突角及其相邻的部分。将三个骨块拼接后可以看出，眶上圆枕基本完整，右外侧端稍残，鼻骨基本完整，右侧鼻翼稍残，左侧颧骨完整，左上颌骨大部分保存，梨状孔底缘和前臼齿部位的齿槽缘部分残缺，左眶保存完整，右眶只存上侧壁。额骨蝶骨基本保存，右侧顶骨部分残留，枕骨的上下枕鳞也基本保存。[①] 经过研究人员复原工作，[②]可以看出南京直立人的体质特征。

化石年龄的测定主要依据骨缝的愈合情况和牙齿的萌出或磨耗程度。南京人1号头骨的人字缝和矢状缝从保存的情况来看并未开始愈合。冠状缝未愈合。南京人1号头骨保存的上颌第1前臼齿、第2前臼齿和第1臼齿的齿槽虽然不完整，但仍可判断出这些牙齿已经萌出。从现有的化石的骨缝的愈合情况和牙齿的萌出或磨耗程度来看，南京人1号头骨的年龄应在21—35岁之间，是一个比较年轻的壮年个体。而南京人头骨相对来讲，显得颅骨表面纤细、尺寸不大，似代表一女性个体。[③]

南京人1号头骨整体看来小于现代人，而且比北京直立人头骨还稍小些。南京人1号头骨属于低颅型，颅盖最大宽位于耳点平面，由此向上，颅宽逐渐减小，颜面上部显得稍平，但鼻梁显著前突，颧骨较高。依据南京人1号复原头骨，测得南京人1号头骨的颅容量为860ml，该颅容量小于北京直立人的下限值，但相差并不很多。

总的来讲，南京人1号头骨具有北京直立人的形态特征，主要表现在整个头骨尺寸小，脑颅低而狭长，发育有直立人式样的眶上圆枕和枕骨圆枕，前额低平、后倾，颅盖低，头骨骨壁厚，颧骨很高，颧面朝向前方等等。这些特征绝大多数在分类学上具有意义，因而南京人1号头骨在分类学上和北京人一样属于直立人。

不过南京人1号头骨还具有和北京直立人不同的形态特征，例如头骨宽度相对长度显得较宽，鼻梁高耸而前突，颜面上部扁平度较高，颜面纵向突度较强，面部更低而相对较宽等等，这些特征表明了中国的直立人在体质形态上已经有了相当程度的地区差异。

---

① 南京市博物馆、北京大学考古学系、汤山考古发掘队：《南京人化石地点》，文物出版社1996年版。

② 南京市博物馆、北京大学考古学系、汤山考古发掘队：《南京人化石地点》，文物出版社1996年版；吴汝康、张银运、吴新智：《南京直立人1号头骨》，见吴汝康、李星学主编《南京直立人》，江苏科技出版社2002年版，第47—48页。由于二者的复原存在一定的差异，而后者的复原更接近真实情况，因此本文在此主要介绍《南京直立人》一书中对1号南京人化石进行复原后的情况。

③ 吴汝康、张银运、吴新智：《南京直立人1号头骨》，见吴汝康、李星学主编《南京直立人》，江苏科技出版社2002年版，第47—48页。

南京人 1 号头骨的一些特征，如上面部低矮、眼眶较近角型而不呈圆形、颅盖前部有中矢嵴等等，常见之于中国不同时代的古人类化石，指示着南京人 1 号头骨为代表的南京古人类与这些古人类群体之间有着某种程度的遗传上的联系，①为中国古人类连续进化的模式提供了证据。南京人 1 号头骨鼻梁高耸和上颌骨额突的丘状膨隆在中国其他人类化石上很少出现，他们的出现率在欧洲比在中国高得多，应可以合理推测，制约这些构造的基因在欧洲古人的基因库中比中国多，说明中国古人类在进化过程中可能包括少量的与外地古人类基因交流的现象。

南京人 2 号头骨　南京人 2 号头骨保存了脑颅顶盖左半的大部和右半上部的一部分，还保存了左侧颞骨乳突部的后上部。各部分的骨壁的厚度基本上没有超出北京直立人的变异范围。南京人 2 号头骨颅骨外面骨缝接合紧密，所保存的冠状缝除了左颞线以下部分愈合外，其余尚清晰可辨。颅外矢状缝靠近前囟处一小段可见有骨缝痕迹，人字缝及左顶乳缝、右枕乳缝均可辨认。其颅内缝的愈合情况与颅外缝也比较接近，因此专家们推测南京人 2 号头骨的年龄可能在 30—40 岁之间。根据颅骨的粗壮、骨壁的厚重、颅腔的宽阔等特点，专家们倾向于认为该个体属于男性。

和南京人 1 号头骨不同的是，南京人 2 号头骨既具有与直立人接近的特征：颅骨最大宽的位置、颅骨后面观轮廓线的样式，前囟位指数和额角均处于北京直立人的变异范围之内，顶骨矢状缘和人字缘的长度都相当于北京直立人的上限等。也有一些与直立人和早期智人都可符合的特征，如枕骨枕面和项面之间呈角状过渡，枕内、枕外隆凸点间距离，矢状缘和人字缘的弦弧指数等。而且一些较进步的接近早期智人的特征也存在于南京 2 号头骨，如角圆枕只见于颅外面，枕骨圆枕形态类似大荔早期智人的中段较粗，两端渐细，脑膜中动脉分支形式与现代人相似，颅盖高指数和前囟角比北京直立人稍大一些。不过从整体上来看，南京人 2 号性状更多倾向于直立人。但是同北京直立人和南京人 1 号头骨对比，南京人 2 号头骨在形态上比前两者更进步，属于比较进步的直立人。在这个头骨上可以看到直立人和智人的形态镶嵌，也可能是处于直立人到智人的过渡阶段。可以说，南京人 2 号头骨是支持中国直立人向智人过渡的又一有力证据。

南京人 2 号头骨所在层位位置和近年的测量结果也同样表明，2 号头骨的年代要晚于 1 号头骨。② 另外南京人 2 号头骨额骨上的正中矢状隆起低而宽，其形态特征不

---

① 吴新智：《中国远古人类的进化》，《人类学学报》1990 年第 9 期。

② 汪永进、Hai Cheng、陆从伦、夏应菲、吴江滢、陈骏：《南京汤山猿人洞穴碳酸盐沉积物的电离质谱铀系年代》，《科学通报》1999 年 44 卷第 4 期。徐钦琦、穆西南、许汉奎、钟石兰：《南京汤山溶洞中更新世哺乳动物的发现及其意义》，《科学通报》1993 年 18 卷 15 期。

同于大多数中国直立人的矢状嵴，而与欧洲和非洲直立人以及早期智人正中矢状隆起相近。专家们认为这可能是基因交流的结果。

伴生的哺乳动物及自然环境　在汤山葫芦洞内，共发现两个哺乳动物的化石层位。第一层位位于葫芦洞大洞的表层，共5目13科16属17种，称为大洞动物群。它们有棕熊、黑熊、中国鬣狗、肿骨鹿、似北方豺、葛氏斑鹿等。第二层位位于葫芦洞南侧的小洞内，与南京直立人1号头骨伴存，共4目11科14属16种，称之为小洞动物群。它们有虎、豹、中华貉、狐、水牛、马、剑齿象等。这两个动物群化石的埋藏主要发生在两个时期，第一是距今约50万—33万年，南京人1号头骨和小洞动物群化石就是在这个时期被埋藏的。第二个时期距今约18.3万—12.7万年，汤山大洞动物群化石就是在这一时期被埋藏的。南京直立人2号头骨可能介于上述两个动物群之间，距今33万—18.3万年。因为离大洞较近，其地质年代可能偏晚一些。

据统计，在南京人动物群化石中，鹿类化石占了一半以上，根据对鹿类化石死亡年龄分析，死亡个体以成年为主，幼年和老年的个体较少，这种情形与由食肉动物捕杀食草动物造成的个体比例不同，说明鹿类动物的死因除了被食肉动物捕杀之外，可能还有被人类猎杀的因素。①

南京汤山地处长江以南，现代动物地理分区属于东洋界。但汤山的动物群却显示了强烈的古北界的色彩，它们中有多种肉食类动物和北京直立人共生在一起。与安徽和县直立人动物群相比较，它缺少南方大熊猫—剑齿象动物群。因而在物种的组成上，它显示了单调的北方组合类型。这一事实表明汤山动物群应处在中更新世的寒冷期或冰期。当时南京直立人应生活在相当于现代中温带的气候环境，年平均温度比现在低5—10℃，年降水量500—600mm，约为现在的一半。当时的植被应是针叶或阔叶—针叶混交林。在寒冷的冬季，古长江可能结冰封冻，北方动物群可能由此迁徙到了长江以南地区。

南京直立人的年代测定　陈铁梅等用铀系法和ESR法做了年代测定，认为南京汤山人类化石为距今35万年左右，和周口店北京直立人的年代相当，而比和县直立人的年代要早。② 陈琪等对南京汤山葫芦洞化石层堆积物顶部钙板上的石笋进行铀系测年，认为南京汤山古人类生存年代应早于40万年，该化石层位大致与北京直立人洞穴堆积的第8—9层相当。③ 赵建新等用热电离质谱仪测量葫芦洞小洞碳酸放射

---

① 南京市博物馆、北京大学考古系、汤山考古发掘队：《南京人化石地点》，文物出版社1996年版。

② 陈铁梅、杨全、胡艳秋：《南京人化石地点年代测定报告》，见南京市博物馆、北京大学考古学系：《南京人化石地点（1993—1994）》，文物出版社1996年版，第254—258页。

③ 陈琪、汪永进、刘泽纯、沈冠军：《南京汤山猿人洞穴石笋的铀系年龄》，《人类学学报》，1998年17(3)期。

性铀衰变得出南京直立人年龄为距今 58 万—62 万年。尽管这些测年结果有所出入，但都说明了南京古人类属于中更新世，而且与北京直立人生存的年代大致相当。遗憾的是，汤山葫芦洞没有发现石制品或骨制品，对当时南京直立人的生存方式等问题的解决还有待于进一步的发现。

江苏南京直立人化石的重要发现为研究人类的起源与进化提供了极具价值的化石材料，对寻找中国境内早期人类活动的线索，具有十分重要的意义。

二 江苏其他人类化石的发现

（一）泗洪下草湾人

1954 年，中国科学院古脊椎动物与古人类研究所在调查中新世地层时，在江苏省泗洪县下草湾引河岸发现了一批哺乳动物化石和一根晚期智人的股骨化石。这是江苏境内第一次发现古人类化石，填补了该地区的空白。吴汝康、贾兰坡等人对下草湾晚期智人的股骨进行了专门的研究。[①] 该股骨长 152.7mm，为右股骨的上半段，小转子基部以上的部分完全缺损，外侧部更有一大缺口，下端前外侧部的表层业已脱落，后面上半的表面已剥落，股骨嵴明显存在，股骨有一定程度的石化，其海绵骨质的空隙中有泥土充填。

从股骨的形态观察来看，股骨较直，不如一般现代人的股骨向前弯曲，而与中国猿人股骨的平直程度相近。股骨嵴较细，但比较集中明显，不同于中国猿人宽阔但不显著的股骨嵴，也与现代人很集中又非常明显的股骨嵴不同，介于中国猿人和现代人之间。在转子下方，股骨的横径为 22.8mm，前后径为 30.0mm，周径为 86.0mm，指数为 76.0，大于中国猿人的平均指数 67.8，小于现代华北人的指数 80.2，可见下草湾人的股骨干上部的扁平度介于中国猿人和现代华北人之间，而与尼安德特人股骨骨干上部的平均指数 75.6 相近。下草湾人股骨的骨壁较薄，髓腔较大，骨壁和髓腔大小的比例远小于中国猿人，而与山顶洞人的指数相近。测量骨骼的氟含量，下草湾股骨为 0.3%，要比新石器时代和现代人高，后两者的氟含量一般在 0.15%左右。所有这些特征都说明了下草湾人股骨比中国直立人进步，比现代人原始，从其形态上来看，应该是更新世晚期的人类化石，距今约 4 万—5 万年。

（二）丹徒莲花洞人

1981 年在丹徒县蒋桥公社檀山大队白龙山北坡的考古发掘中，出土了包括一枚智人的下臼齿在内的大量动物化石。[②]

---

① 吴汝康、贾兰坡：《下草湾的人类股骨化石》，《古生物学报》3 卷，1955 年第 1 期。

② 李文明、张祖方、顾玉珉、林一璞、严飞：《江苏丹徒莲花洞动物群》，《人类学学报》1 卷，1982 年第 2 期。

莲花洞人牙齿为一枚右下第二臼齿，齿根缺失，齿冠较高，为 7.3mm，咬合面轻微磨损，齿冠釉质发育不良。牙齿形态特征和现代人基本无异。只是咬合面分布有 4 个齿尖，与一般的下臼齿具有 5 个齿尖不同，代表了人类牙齿中的少数类型。与该人类牙齿共存的哺乳动物群的地质年代为晚更新世，说明莲花洞人属于晚期智人。从牙齿咬合面的磨损程度来看，应为一个青年个体。

与莲花洞人共存的动物化石共有 16 种哺乳动物和一种无脊椎动物。化石动物大多为现生种，绝灭种类有 3 种。这些动物大都为广布种，这些化石在南方或北方地区都有发现，如兔、西藏黑熊、最后鬣狗、野猪、鹿等。较有地区特色的如棕熊、额鼻角犀以往都发现在北方，猪獾、水鹿多出现在南方。从动物群来看，丹徒地区小气候特点接近现在江淮地区的气候环境，地貌特征以山地树木为主，地面无大面积草原。

（三）丹徒高资人

1980 年在镇江丹徒的高资镇，发现了两段人类股骨化石，同时发现的还有牛类牙齿化石 4 枚。经测定高资人的股骨化石指数为 74.4，北京猿人股骨的指数平均为 67.8，尼安德特人平均为 75.6，高资人股骨干上部的平扁度介于这两者之间，股骨的断面、髓腔虽比北京猿人为小，但比山顶洞人和下草湾人的指数都大，有一定的原始性，这两段股骨化石的时代为更新世晚期，属于晚期智人。[①]

（四）溧水神仙洞人

1977 年，中国科学院古脊椎动物和古人类研究所、南京地质陈列馆、南京博物院和南京大学地理系等单位在对溧水县白马公社迴峰山北麓的神仙洞进行考古发掘时发现人类的颞骨。[②] 该颞骨为右侧颞骨，边缘磨损，鳞部近二分之一缺失，颧突、茎突已不存在，乳突端部、下颌窝等部位大部分缺失。形态与现代人没有大的区别。由于其与伴生的动物中有中国鬣狗，同层碳 14 年代测定为距今 11200 年左右，地质时代可定为晚更新世到全新世之间或全新世早期。

三 江苏周边地区发现的重要人类化石

（一）和县人

和县人化石发现于安徽省和县陶店镇汪家山北坡石灰岩洞穴中，1980 年中科院研究人员在第一次发掘洞穴堆积中发现了一个相当完整的头盖骨，一块左下颌骨和 3

---

① 刘兴：《建馆三十年来的考古工作》，《东南文化》1988 年第 5 期。严飞等：《丹徒县高资的人类股化石》，江苏省考古学会 1980 年年会论文选。

② 李炎贤、雷次玉：《江苏溧水神仙洞发现的动物化石》，《古脊椎动物与古人类》18 卷，1980 年第 1 期。

枚零星牙齿化石。[①] 1981 年又在该洞穴发现 5 枚人牙齿化石、额骨眶上部分残片和顶骨残片一块。[②] 另外还在堆积中发现了一些骨角制品和烧骨碎片。几次发掘，出土与人化石伴生的哺乳动物化石有 40 多种。

和县人化石头骨保存了脑颅的绝大部分，仅颅底缺失较多。头盖骨属一男性青年个体。它在形态上具有直立人的许多典型特征，如颅穹窿低矮，额骨明显后倾，颅骨骨壁厚，脑量较小(约 1025 毫升)，颅最大宽位置低，有发达的眉嵴和枕嵴，枕骨的枕平面与项平面之间成明显的角状过渡等。和县人头骨在总的形态上和北京人较为相似，但又有一些较进步的特征，如眶后缩窄较不明显、颞鳞相对较高及其顶缘呈弧形上曲，小脑窝相对面积有所增加，外隆凸间距有了减小等。上述形状表明，和县人是直立人中的进步类型，目前认为它的系统位置与晚期的北京人相当。[③] 1981 年发现的 5 枚牙齿化石、额骨眶上部残片及顶骨残片一块，大多数性状特征和北京人非常相似，但也有较北京人进步的特征。因此和县人在古人类的分类上被归属于直立人。

与和县人伴存的脊椎动物化石有 40 多种，其中包括华北中更新世的属种，如肿骨鹿、葛氏梅花鹿、居氏大河狸等；也有华南更新世动物群中常见的大熊猫、剑齿象和貘等。据此推断和县人所处的时代应该属于中更新世。陈铁梅等用不平衡铀系法测定和县人化石地点的动物化石封闭样品年代集中在距今 16 万—20 万年，但不排除年代值为 20 多万年的可能性。[④] 与和县人化石一起还发现哺乳动物化石约 2/3 种属与北京周口店第一地点 3—5 层相当。动物化石中既有喜凉爽的种类，又有喜温暖的种类，反映了和县人化石动物群南北方过渡性特征，和县人堆积中的植物孢粉组合也包含南北地区的成分。从上述动植物所反映的情况来看，和县猿人时期的和县地区是一个森林兼草原的生态环境，气候则和现今的和县地区相似。

综合和县人的特征以及与其共生动物群、植物群分析，和县人的生存年代大约距今 20 万年左右，要晚于南京 1 号直立人，而与 2 号直立人年代接近。

(二) 巢县人

巢县人化石发现于安徽巢县(现改名为巢湖市)南约 6 公里之银山的溶洞堆积，该地点距离安徽和县人化石发现地点不到 50 公里。1982 年中国科学院古脊椎动物与古人类研究所等单位在安徽省巢县岱山乡银山村附近的山坡上的化石地点发掘时

① 黄万坡等：《安徽和县猿人化石及有关问题的初步研究》，《古脊椎动物与古人类》第 20 卷，1983 年第 3 期。

② 吴茂霖：《1981 年发现的安徽和县猿人化石》，《人类学学报》第 2 卷，1983 年第 2 期。

③ 吴汝康等：《安徽和县猿人化石的初步研究》，《人类学学报》第 1 卷，1982 年第 1 期。

④ 陈铁梅等：《安徽省和县和巢县古人类地点的铀系法年代测定与研究》，《人类学学报》第 6 卷，1987 年第 3 期。

发现了一块人类枕骨化石和大量的哺乳动物化石。1983 年又在同一地点发现了人类的一块上颌骨化石。[①]

从枕骨的人字缘所呈现出来的锯齿来看,该头骨的人字缝尚未愈合。枕骨的肌脊不很发达,枕骨项平面较为平滑而无凹凸起伏现象。该枕骨很可能代表一青年女性个体。枕骨骨壁较薄,枕骨曲度较直立人的为大,枕平面与项平面不呈角状过渡,枕外圆枕不发育。上颌骨化石不完整,但带有 6 枚牙齿。该上颌骨显得稍突颌、有较大的鼻阔和较粗壮的牙齿。鼻前棘发育,门齿管紧靠齿槽缘,门齿管的上下走向较为陡直,上颌窦较扩展。从化石特征来看,巢县人可能属于早期智人。

与人类化石一起发现的还有中国鬣狗、肿骨鹿、小猪和剑齿象等化石。根据动物群可知,巢县人类化石的时代大致相当于北京猿人地点 1—4 层的时代或稍晚,当时气候温暖湿润,气温与现在巢县一带相当或稍高。用不平衡铀系法对该地点的哺乳动物化石样品作年代测定的结果是距今 16 万—20 万年。[②] 巢县人化石地点下部堆积中既有分布于热带、亚热带的大熊猫—剑齿象动物群,如貘、剑齿象、犀、鬣狗等;也有分布于古北界的华北早更新世的种类,如长鼻三趾马;还有适应力很强的兼有中国南北方更新世动物群的成分,如豺、野猪、熊等。巢县人动物群的这些特征,表明自更新世起,江淮地区在气候及生态环境方面就具有中国南北方的过渡地区的特征。

(三)建德人

1974 年中国科学院古脊椎动物与古人类研究所专家在浙江杭州地区的建德县李家乡新桥村乌龟洞上层发现了一枚人的右上犬齿化石,同层出土 11 种哺乳动物化石,这些动物化石属于中国南方的大熊猫—剑齿象动物群,包括猕猴、最后鬣狗、猪獾、大熊猫、中国犀、剑齿象、水牛、羊、鹿、麂、猪,整个动物组合所反映的气候,比现在要热一些。而乌龟洞下层黄色堆积中发现哺乳动物 14 种,较上层增加了豪猪、西藏熊、巨貘、东方剑齿象、纳玛象等动物化石。东方剑齿象、纳玛象的地质时代为晚更新世早期,故下层的时代属晚更新世早期。这枚右上犬齿的形态与柳江人上犬齿接近,因此专家认为建德人化石的时代应为晚更新世后一阶段,绝对年代不超过距今 5 万年。[③]

南京直立人化石以周边其他人类化石的发现,表明早在距今 60 万年的中更新世江苏境内已经有了人类活动,毋庸置疑,江苏地区也是我国晚期直立人发祥地之一。

---

① 许春华等:《安徽巢县发现的人类枕骨化石和哺乳动物化石》,《人类学学报》第 3 卷,1984 年第 3 期。许春华等:《安徽巢县人类化石地点的新材料》,《人类学学报》第 5 卷,1986 年第 4 期。

② 陈铁梅等:《安徽省和县和巢县古人类地点的铀系法年代测定和研究》,《人类学学报》第 6 卷,1987 年第 3 期。

③ 韩德芬、张森水:《建德发现的一枚人的犬齿化石及浙江第四纪哺乳动物新资料》,《古脊椎动物和古人类》1978 年第 4 期。

第三节　众多旧石器地点的发现

江苏境内除了发现了一些重要的人类化石之外，考古人员还发现了不少旧石器时期人类活动的石器地点遗址，为我们了解旧石器人类的具体生存状况提供了重要的线索。

一　旧石器早期放牛山石器地点

1999年，考古人员在南京以东的句容市中部的低地山岗放牛山进行了考古发掘，该地点位于太湖水系和秦淮河水系的分水岭。岗地顶面海拔25米，相对高度15米，第四纪堆积物的厚度大于8米。发掘面积300平方米，地层厚度大于7米。地层划分为10层，自第2层以下均为下属黄土，包含石制品的文化层分别为第2层和第6—9层。发掘出土的石制品共有23件，加上采集品共50余件。石制品的种类有石核、石片、砍砸器、刮削器、石球、镐、薄刃斧等。石制品绝大多数采用石英砂岩砾石制作，估计原料来自附近的古河床。石制品中，石核和石片全部用锤击法产生。石核中双台面的比例最高，单台面和多台面的比例相同。石制品比较厚重，工具类型中重型工具砍砸器、石球、镐和薄刃斧共11件，轻型工具刮削器、石片和雕刻器共5件。① 从石制品的原材料和形制看，可以说是与长江中下游地区中更新世到晚更新世的砾石工业遗存一样，属于同一个旧石器文化传统。

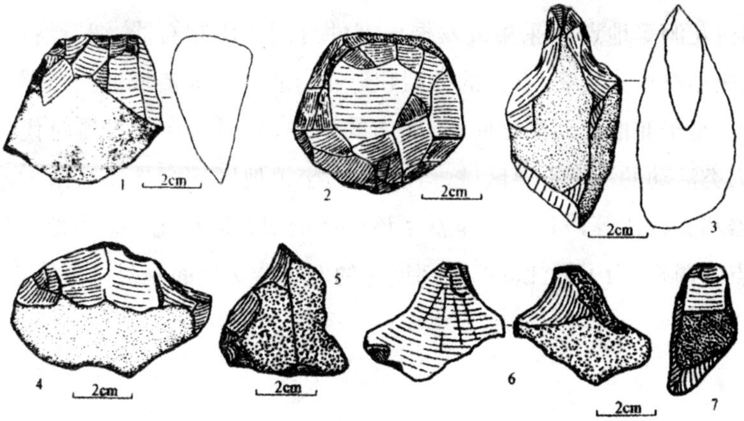

1. 薄刃斧；2. 石球；3. 镐；4. 砍砸器；5. 雕刻器；6. 使用石片；7. 端刃刮削器
句容放牛山石器（房迎山：《江苏句容放牛山发现的旧石器》，《人类学学报》21卷，图6，2002年第1期。）

---

① 房迎山：《江苏句容放牛山发现的旧石器》，《人类学学报》21卷，2002年第1期。

通过对放牛山地点土壤样品的测定，以及通过区域地址和气候地层的对比，放牛山第2层出土的石制品的时代大约距今15万年，为中更新世晚期。第6—9层出土的石制品的时代距今20万—40万年，为中更新世晚期。两者均属于旧石器早期文化。

放牛山的堆积物属于下蜀黄土，从中未见河流相沉积物应该具有的特征，绝大多数石制品保留了锐利的棱角和锋利的刃缘，说明放牛山地点的文化遗存属于原生堆积。发掘时在第6层和第7层分别找到了两组4件可以拼合的标本，分布在平面相距小于5米，深度相差不到20厘米的范围内，显示了古人类在该地点曾有过制造石器等活动的迹象。因为古人可能在此有过制造石器的活动，该地点应该是远古人类的一处临时停留地。

放牛山是江苏目前发现的一处最早的露天旧石器地点，该发现和发掘填补了江苏南部地区旧石器早期文化的空白，有利于江苏和长江下游地区旧石器时代的考古和相关学科的研究。另外该地点虽然在时代上要晚于南京直立人，但可以把它看成是南京人化石地点文化的延续，该地点的发现为进一步寻找南京直立人的物质文化提供了线索。

二 旧石器晚期石器地点的增多

江苏境内发现了较多的旧石器时代晚期石器地点。在北部的低山丘陵地区，1974—1984年间，发现了东海县马陵山的大贤庄，[①]何山头、南山、石碑、范顶子、爪墩、连云港桃花涧等地点，[②]采集或发掘出多件打制或压制石器、细石器，石器以刮削器为主，以楔形石核为代表，石器的类型和形制与北方黄河流域的旧石器时代文化传统基本一致，是华北旧石器文化向东、向南的延伸，证明了在旧石器时代晚期，沂、沭河流域是人类活动的一个重要区域。1974年，宁镇地区句容县庙家山附近地表采集到了细石器和尖状器等，[③]进一步丰富了该地区的旧石器文化。茅山地区和江浦地区旧石器地点的调查，为了解江苏西南部地区的旧石器文化面貌提供了线索。[④] 苏南地

① 张祖方:《爪墩文化——苏北马陵山爪墩遗址调查报告》,《东南文化》1987年第2期。

② 李洪甫:《连云港市桃花涧旧石器时代晚期遗址试掘报告》,《东南文化》1989年第3期。

③ 张祖方、李文明:《江苏省古人类和旧石器时代的考古工作》,《南京博物院集刊》1980年第2期。

④ 房迎山:《江苏南部旧石器调查报告》,《东南文化》2002年第1期;房迎山:《江苏江浦旧石器地点调查》,《东南文化》2003年第5期。

区,1985 年在苏州吴县太湖中发现的晚更新世后一阶段的旧石器地点和哺乳动物化石群,①该地点发现的石器存在鲜明的地域特征,动物群表现为晚更新世南北动物群的混合特征,对于研究长江三角洲地区的原始文化面貌和太湖的形成演变有着非常重要的意义。

(一) 马陵山细石器文化

马陵山是一条分布于鲁南苏北境内的低山丘陵,北起山东临沭,南至江苏宿迁,经过广泛的调查和试掘,在此发现了多处石器地点和 2000 余件石制品。

从马陵山石制品的形制和制作方法来看,可以将这些石制品分为细石器和大型石器两大类。细石器所占比例相当大,达到了近 90%,大都是通过间接压制而成。大型石器多数用直接打制法制成,少数由砸击法产生。制作石器的原料以燧石、石英砂岩为主,其次为脉石英、石英、玉髓和水晶等。

马陵山细小石器中比较典型的器型有细石叶及其母体——细石核、刮削器、尖状器、平底三棱、雕刻器、石锥、石镞、矛、锯、琢杯小刀、钻、形状不规则器等,另有石核和其他形制的结合型,如柱状石核—圆头刮削器、窄型楔状石核—双尖雕刻器、窄型楔状石核—弧刃刮削器、石核式平刀刮削器、石核式斜刃刮削器、石核式圆刃刮削器、石核式直刃刮削器、石核式复刃刮削器、石核式两端刃刮削器、石核式船底型刮削器、石核式尖状器等,这些石器都是用间接压制而成的细石器,其他类型的细石器则是有直接打制而成的不规则型的石片。在细小石器中,除了不规则石片以外,以石核、刮削器为主,其中拇指盖刮削器、短身圆身刮削器为比较定型的工具,与楔状石核、船底形石核、漏斗状石核等都是我国旧石器时代晚期细石器遗址中常见的类型,具有一定的代表性,属于典型的细石器传统工艺。在众多的刮削器和石核中,又可以根据工作台面的不同和外形的差别,细分出许多类型。另一数量较多的石核式石器,是兼有两种以上形制的器型,与其他剥落细石叶后的石核有所不同,均由比较厚的石片制成,尽管存在细石叶痕迹,但不是为了获取细石叶,而是加工成具有另外一种功能的工具。

---

① 陈淳、张祖方、顾玉珉、林一璞、严飞:《三山文化——江苏吴县三山岛旧石器时代晚期遗址发掘报告》,《南京博物院集刊》1987 年第 9 期。张祖方、王闽闽、李洲芳、朱薇君:《太湖三山岛哺乳动物化石》,《南京博物院集刊》1987 年第 9 期。

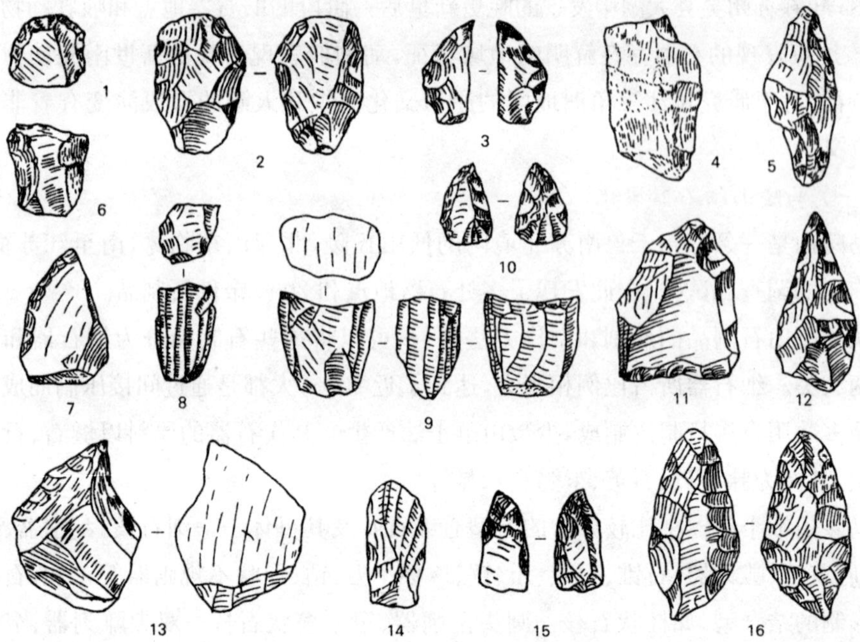

1. 姆指盖状刮削器　2. 舌形刮削器　3. 半月形刮削器　4. 直刃刮削器　5. 石核或尖状器
6. 凹刃刮削器　7. 凸刃刮削器　8、9. 柱状石核　10. 圆底石镞　11. 钝尖尖状器　12. 锥钻
13. 锐尖尖状器　14. 石核或斜刃刮削器　15. 平底石镞　16. 石核或斜刃刮削器

爪墩的细石器(邹厚本主编:《江苏考古五十年》,南京出版社,2000 年,第 37 页。)

马陵山大型石器的风格和细小石器同类器物基本相同,但显得古朴、简陋。比较定型的器物有石核、石片、石器。石器包括刮削器(直刃、凸刃、凹刃)、尖状器、雕刻器、砍砸器、石球、石锤等,数量较少。

在我国华北地区,存在很多旧石器时代晚期至新石器时代早期的细石器遗址,分布范围广泛,主要集中在河北省北部、山西省北部、内蒙古自治区河套地区和宁夏回族自治区境内,以下川、峙峪、许家窑、萨拉乌苏河、水洞沟、虎头梁、海拉尔、凤凰岭等遗址为代表,采用不同的制作方法,尤其是多用间接打制方法,制造出了我国华北地区典型的小石器传统和细石器工业。马陵山的细石器与它们比较,其形制和制作方法与华北地区的细石器有许多相似之处,尤其和下川遗址的文化面貌最为接近,如楔形石核、船底形石核、漏斗状石核、拇指盖状刮削器、圆头刮削器等都是两个遗址中常见的典型器物,形制也十分接近。另外锥钻、圆底石镞、尖底石镞等也基本相似。只是部分器物的类型和器物组合有所不同,如楔形石核的数量在石器组合中比例较大,而且有宽型和窄型之分,形态固定,制作精良,与其他遗址不同。因此可以把楔形石核作为马陵山细石器的代表。通过比较可以看出,马陵山细石器与华北细石器传统一脉相承，时代与下川遗址相当，属于旧石器晚期后一阶段。

马陵山石器主要由石片制成，大多数是从破裂面向背面修制，一部分是由背面向破裂面加工，极少数本为交互修整，还有两面通体加工的，如石镞及复刃和舌形刮削器等。细石核的一般制作方法是先打制出毛坯，经过适当的修整再进行剥片，剥片的台面一般有三种：一种以破裂面作台面，较为普遍；另一种台面经过纵向或横向修理，如楔形、锥状和柱状石核；极少数以节理面作为台面。总的来说，马陵山石制品的制作工艺和旧石器时代华北细石器传统的技术风格是一致的。

马陵山虽然分布有许多旧石器时代晚期的石器地点，但缺少人类居住的遗迹和明显的文化层，而且石器地点和石器在每个地点的分布也是零星的，石器中多见加工石核坯和其他石器过程中直接打击而形成的形态不规则的小石片，细石核和石核坯占有一定比例。相反，从细石核上剥落的长条形小石片（细石叶）以及用间接打击法形成的较为宽大的薄长石片都不存在，即使存在也是残断者。另外，其他种类石器的刃部均不见有使用的痕迹，说明这里只是早期人类制作石器的场所。

（二）连云港桃花涧细石器

1979 年，考古人员在连云港锦屏山南麓桃花涧清理一座汉墓时，在西侧的黄土堆积剖面发现了一些打制石器，接着又在地表采集到了石器、石片和石核等多件石制品。后来经过试掘，又获得了船底石核、两端石核、漏斗状石核、多面体石核、石叶、石片、刮削器等等。石器的原料有石英、脉石英、玉髓、燧石和石英岩等。

桃花涧发现的船底形石核、刮削器、不规则小石片等与马陵山基本相同。两端石核的两端有剥落碎屑砸击痕迹，周边有剥落小石片的疤痕，一端又经过修理加工，形成刃口，这类石核曾经出现于蓝田人、北京人、山顶洞人等遗址。较为典型的是石叶，由灰色燧石制成，留有明显的剥落石叶的疤痕，自台面至远端有一条明显的石脊，左右边缘均经过二次修理加工，基本平行，整体呈梯形，远端被截断，断面近似三角形。从这些石器的制作方法和工艺特征来看，与马陵山脊鲁东南沂、沭河流域的细石器具有相同的工艺传统，大型石器也基本相同，所以说桃花涧的时代仍为旧石器时代晚期后一阶段。

（三）太湖三山岛石器

三山岛位于太湖中间，由大山、行山和小姑山组成。1985 年在大山的清风岭下的一溶洞前发现了一批打制石器，同年对石器地点进行了发掘，共获得了 5236 件石制品。种类有石核、石片、石器和具有使用痕迹的石片，主要原料是燧石、石髓、玛瑙等。石制品分布在面积大约为 500 平方米的湖滩沙砾石层中，以接近溶洞口部位较集中。

三山岛的石制品中石片最多，约占总数的86.6%，大部分为打片和打制石器的残次品、废料和碎屑。大小形态差异较大，个体较小。石片依据台面的保存情况可分为台面石片和无台面石片，前者又可分为自然台面石片、打制台面石片、脊台面石片和两极石片。打片技术主要采用锤击法，少量采用砸击技术。其次为石器，共456件，约占8.6%，包括刮削器、锥、钻、雕刻器、砍砸器和使用石片等。刮削器的数量较多，192件，其刃缘有单直刃、凸刃、凹刃、盘状、复刃、似拇指盖状、长身端刃、端侧凹刃、陡刃等类型；尖状器22件，有龟背形双尖、斜底、菱角状三棱双尖、双凹刃尖、小三棱厚尖、错向等类型；另一类较多的器形是使用石片，这类器型是直接将石片作为工具使用，将石片的边缘作为工具的刃缘，刃缘的形状也是由石片的原始形状决定的，刃缘的类型可归纳到刮削器的范畴之内，刃缘上的疤痕非常细小，表现为连续的锯齿状缺口、鳞片状疤痕或重叠集中的麻点状疤痕，与其他石器刃缘的加工痕迹。这类石片工具为三山岛旧石器文化的一大特色。

三山岛石制品以小型为主，石器以石片石器为主，部分石器利用小石块加工而成。打片主要采用锤击法，少数采用砸击法，未发现有台面修理后大片和间接大片的证据。石器刃部的加工修理，向背腹部面进行，同时有交互和错向等加工方法。在石器组合中，以用石片或方块状石片制作的复刃刮削器、深凹刃刮削器、端侧凹刃刮削器、龟背形双尖尖状器、菱角状小三棱双尖尖状器、双凹刃尖状器和陡刃刮削器等一批形制独特的工具为典型代表。从这些特点可以看出，三山岛石器既具有中国传统旧石器文化的共性，如以石片石器为主，器型以刮削器为主，采用锤击法和砸击法；又具有鲜明的地方特色，如使用石片数量较多，刃缘修理交互错向，疤痕小等。

三山岛石器的宏观特征与华北的峙峪、小南海等遗址相似，但文化内涵丰富得多，文化面貌也较为进步。同时三山岛石器地点与华南的四川富林遗址相比，两者更为接近，富林遗址是华南发现的第一个旧石器时代晚期后一阶段的遗址，三山岛旧石器地点的时代应该与其大致相当。

从三山岛旧石器组合的整体进行判断，这一旧石器文化反映了一种以渔猎为主的生产经济形式，大型砍砸器的缺乏似乎表明采集经济似乎不占主要地位。在渔猎经济中，渔业为主，狩猎为辅，因为在石器组合中缺少华北地区旧石器中常见的杀伤力较大的狩猎工具箭镞、投射尖状器、石球等等。由于存在丰富的石器原料，石制品中典型器物比例小，残废品比例大，研究者认为这个地点可能为一处石器制造场。但是由于又发现了数量丰富的使用石片等工具，我们推测，除了制造石器之外，古人类又将此作为季节性的生活营地，常在气候适宜和食物丰富的季节到此作短期居住，在此制造一批石器工具后再离去。

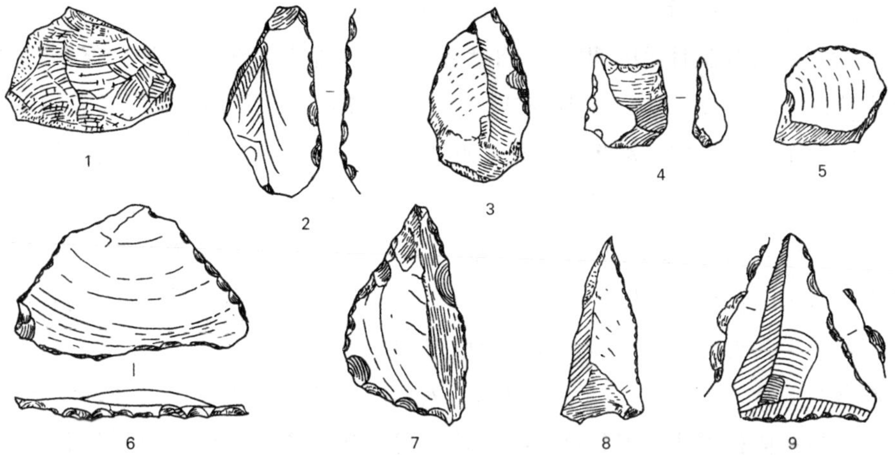

1. 多台面石核　2. 直刃刮削器　3. 凸刃刮削器　4. 凹刃刮削器　5. 盘状刮削器

6. 复刃刮削器　7. 龟形双尖尖状器　8. 小三棱厚尖状器　9. 错向尖状器

三山岛的石器(邹厚本主编:《江苏考古五十年》,南京出版社,2000 年,第 39 页。)

从发现旧石器的地点来看,江苏境内的石器地点主要发现于北部的低山丘陵一带,以及宁镇丘陵一带。主要因为旧石器时代的人们以渔猎、采集为生,而石器是他们主要的工具,低山丘陵一带石料较多,同时又有洞穴可以作为栖息之所。故当时的人们主要在低山丘陵一带活动。从石器地点发现的时间上看,旧石器早中期的石器地点发现较少,而到了旧石器时代晚期,石器地点明显增加,这种现象表明,随着时间的发展,因人口的增加,人类活动范围越来越广,留下的遗迹遗物也在不断增多。

第四节　旧石器时代人类的生存状态

一　采集与渔猎经济

旧石器时代的人类经济活动,处于极其原始的萌芽阶段。在旧石器时代早期,人们过着以采集为主兼营渔猎的生活。正如《礼记・礼运》中所说的:"昔者……未有火化,食草木之食,鸟兽之肉,饮其血,茹其毛。"人们采集居所附近的一些植物的果实、坚果和根茎,用来作为食物。同时人们也会到附近河流中去捕捞鱼虾以及螺蛳蚌壳,或者捕捉昆虫或寻找鸟蛋,以此来获得补充性食物。一些小型的动物偶尔也会成为人们的捕捉对象。由于采集经济受到自然资源的限制,地域性和季节性较强,如有些植物的根块、果实,夏季较多见,而到了冬季,就难以采集了。因此人类要获得食物必须时常迁徙。这种迁徙有两种,一种是季节性迁徙,一种是地域性迁徙。总之,为了获得生活资料，旧石器时代的人们生活是十分艰苦的。

大约到了旧石器时代中期以后，自然界的火被人们广泛利用并加以保存，鱼蚌类和小动物成为人类经常性的食物，狩猎经济才渐趋形成。人们狩猎的对象主要有野兔、麋鹿、羚羊、獾、狐狸等动物。根据一些人类学的调查资料来看，原始人经常用持续追赶的方式猎鹿和猎羚羊，他们先是由几个有经验的人，根据最细小的印记辨认鹿群的活动情况并进行跟踪，然后持续追赶。许多有蹄类经常循弧形路线奔跑，猎人却分头循弦线追赶，一般追到第二天，有的鹿就已经筋疲力尽倒下了。[①] 人们偶尔也捕捉一些鸟类作为食物来源。靠近水源的地方，水中的鱼、虾、贝壳、螺蛳等生物也是人们能够获得的食物来源之一。这个时期的人们捕鱼的方法也有很多种，例如使用鱼叉、鱼钩、鱼拦诸种方法。但是这个时期他们可能还没有什么保存粮食的方法，所以经常还会挨饿。他们食肉的方式主要是通过火烤。经过火烤的肉类中的一些有害人体的细菌被杀死，烤熟的食物也更利于胃肠的吸收。同时他们还没有发明陶器，但是可能已经懂得用木瓢和木盆等木质工具。不过总的来讲，在整个旧石器时代，采集经济一直在人们的日常生活中占有主导地位，即便到了旧石器时代晚期，狩猎经济仍是附属于采集经济的。

二　工具的制作

虽然出土南京人化石的溶洞中没发现其生存遗迹，但是从句容放牛山石器地点来看，旧石器时代早期的直立人已经能够制造粗糙笨拙的打制石器，这些石器的原料大都是取自当时人类生活场所附近河漫滩上的砾石，就地取材就地加工。石器类型简单，大都采用直接打击法制成，常常一器多用。除了制石器之外，还有经过加工的鹿角和砍砸刮削的兽骨。

到了旧石器中晚期，随着生活环境的变迁和生产经验的积累，这种就地拣拾石料的方法有时不能满足生产和生活上的要求，在有条件时，便从适宜制造石器的原生岩层开采石料，制造石器。因此，就会有人从周围地区不断来到一些能够提供丰富原料的山地，从岩层开采石料，乃至就地制造石器，因而出现了一些石器制造场。马陵山的细石器和太湖三山岛等石器地点均属于这类石器制造场。石器原料开采和比较固定的石器制造场的出现，是社会生产力发展的标志。旧石器时代中期，打制石器中修理台面的技术得到了广泛的运用，出现了软锤打制石片和击棒法打片的方法。石器的类型增多，功能进一步分化，地域特征比较明显。旧石器晚期，石器制作技术提高，

---

① 吴汝康、吴新智等：《人类发展史》，科学出版社1978年版，第152页。

间接打击法广泛应用，人们发明了投矛器、弓箭、飞石索、鱼镖等复合工具，较大程度地提高了人类生产活动的效率。尤其是弓箭的发明，弓箭属于复合型工具，由箭镞、箭杆、弓、弦等组成。利用弓箭人们可以在数十米到百米开外射杀猎物，这种工具既可以使猎人避免被动物发现，又可以保护人们避免遭到受伤动物的反扑。弓箭的出现，表明人们已经有了相当发达的智力和制造工具的丰富经验，同时也提高了原始人类狩猎的效率。恩格斯把弓箭的出现视为蒙昧时代高级阶段的标志。他在《家庭、私有制和国家的起源》中说："由于有了弓箭，猎物便成了日常的食物，而打猎也成了普通的劳动部门之一。"[①]另外，骨、牙、角器的制作技术也进入了新的阶段，人们采用锯、切、削、磨、钻等一系列工艺技术，制作出骨针、骨锥、骨铲、骨刀、角铲和角锤等新型工具。穿孔的贝壳、穿孔兽牙等装饰品的出现，同样也反映了人们先进的骨器加工水平。

三　火的利用

旧石器时代社会生产力发展的另一个标志，是人工取火技术的出现。掌握用火技术对于远古人类的生活、生产活动有极大的帮助。在旧石器时代，火给人们带来了温暖和光明，改变了人们的饮食习惯，使人们能够顺利地度过寒冬和黑夜。人们可以用火让野兽远离自己居住的洞穴，或是将野兽占据的山洞夺取过来作为栖身之所，也可以用火将野兽驱赶至预定的地区以便捕获。人们还可以用火烧烤木棒制作木矛，或烘烤竹木以便加工成其他工具。火给人类带来力量与希望，这种力量与希望成为许多地区人们对火的崇拜与信仰。旧石器时代人类对火的认识、使用和控制，是对自然力的支配，极大地促进了原始社会经济的发展。

目前江苏境内虽然没有发现旧石器时代的用火遗存，但是在中国境内已经发现了数以百计的旧石器时代人类用火的遗迹。如北京猿人遗址就有厚厚的灰烬和灰堆以及大量的烧土块和烧骨。由用火遗存可知，从旧石器早期到中晚期人们用火越来越普遍。人们对火的认识、使用和控制，大体经历了以下几个阶段：

第一阶段，是人类对火的认识时期。这段时期人类由惧怕森林大火到利用野火取暖，或者在野火燃烧后的灰烬中寻找被烧过的动物来吃。他们依附于大自然，从大自然中取得恩赐，对火的认识从畏惧逐渐转变为敬畏、崇拜。

第二阶段，是对火的使用。人们经过长期的观察、实践，学会将野火控制起来，移进洞穴加以保存，并且由老人和少年负责看守火堆，有效地使用火来烧烤食物、驱逐

① 恩格斯：《家庭、私有制和国家的起源》，人民出版社 1972 年版，第 21 页。

野兽、取暖、照明和制作工具。

第三阶段，是人工取火即造火阶段。随着生产力的发展和人类本身积累的经验，也随着人类进化过程中智慧的增加，一些氏族从单纯地使用和控制自然火发展到人工取火。他们首先从制造石器过程中燧石的撞击所迸射的火花和制作木器过程中发热、冒烟的现象得到启示，从而发明了燧石撞击引火和钻木取火。中国有燧人氏钻木取火的传说记载。如《韩非子·五蠹》中说："有圣人作，钻燧取火，以化腥臊，而民说之，使王天下，号之曰燧人氏。"当人类掌握了人工取火之后，人类也就彻底摆脱了黑暗，人工取火也为制陶业的出现准备了条件。

四 社会生活和社会形态

旧石器时代的人类有的住在天然的洞穴中。例如南京直立人化石就发现在汤山的一个溶洞中。北京人和山顶洞人也都是生活在天然洞穴之中的。这些洞穴可以遮风避雨，同时还可以避免受到一些野兽的侵害。也有的习惯于露天住宿。还有一些人类曾经居住在树上，树居的情况虽然已经无法找到遗存来证明，但是民族志有较多反映石器时代人类巢居生活的记载。彝族历史文献《西南彝志》记载"人们在当初，不曾住地面，野兽花斑斑，跑在森林里；人居于树上，兽与人同处"；《滇略》记载有一部分被称为"野人"的景颇族，"茹毛饮血，夜宿树上"；《贵州通志》记载少数苗族先民曾经"架木如鸟巢寝处"；东北的古代肃慎族亦曾"夏则巢居，冬则穴处"。这些少数民族尽管早已摆脱了采集与狩猎的经济生活，但其巢居的生活方式却一致表明远古人类在相当长的时期内，确曾有过这样一段经历。

旧石器时代的采集和狩猎经济，大体上经历了年龄分工和性别分工两个过程。成年男女出外采集和狩猎，男性主要从事渔猎活动，并负责保卫和械斗。女性则主要从事采集活动。老人和小孩则往往在一起看守洞穴、保护火种。老人的职业是制造工具，管理政治和当巫师，在群体中颇有威望，在食物方面也往往享有特殊的权利。财产可以分为共有财产和个人财产两类，狩猎区全是部落的公共财产，它有一定的边界，不许外人侵入，部落内的每个成员，都有相同的使用权。但是个人的劳动工具、装饰品则属于个人财产。

由于生产力十分低下，旧石器时代早期的人们必须以群体的力量来获取食物和防御敌害。采集狩猎者群体一般为20—50人，这些人构成了原始的家庭。由于当时各群体之间联系较少，这些原始家庭都实行的是族内婚，但是亲子之间的通婚在生产活动的制约下被逐步排除了，开始是适应经济条件而形成的习惯，后来就变成共同遵守的规则。到了旧石器时代中期即早期智人阶段，人口的增多，自然资源的限制，促使原始家庭分裂。新分出来的家庭越来越多，这些新的家庭和原来的家庭有着共同的语言和亲属关系，彼此互相往来，家族之间的通婚有了可能。不同家族之间通婚，改变了原来族内婚的习俗，对提高人类的体质和智力有很大的促进作用，因而早期智人在体质上比直立人有了较大的进步。旧石器晚期，随着生产力的发展，人们由较为松散、游动的群体发展为较为稳定的氏族公社，开始了相对稳定的生活。人们开始建造半地穴式房屋长期居住，用兽皮缝制衣服御寒，制作一些小型的工艺品和装饰品。人们埋葬死去的同伴，安放随葬品，并举行某种悼念仪式。其他一些原始的仪式和崇拜也逐渐开始出现，人类的精神生活也日益丰富起来。

第三章　新石器时代文化的繁荣和演进

大约距今1万年前后，中国境内的一些地区开始进入新石器时代。目前国内发现的新石器时代早期(距今11000—8000年)遗址数量还比较少，从考古学的角度来看，新石器时代的特征是人们开始使用磨制石器，开始栽培农作物和饲养家畜，并且过上了定居的生活，陶器的生产和使用成为了人们日常生活中的重要组成部分。这一时期农作物的栽培刚刚开始，人们使用的磨制石器数量还比较少，陶器制作也十分粗糙。到了新石器时代中期(约距今8000—5000年)，遗址数量大大增加，人们开始更多地使用磨制石器，很多用于农耕的工具开始出现。陶器的数量和质量都有了较大的进步，彩陶在各地开始流行。黄河流域开始普遍种植粟，长江流域则普遍开始种植水稻。家畜饲养也得到了一定的发展。新石器晚期(约距今5000—4000年)的遗址遍布各地，其中包括大量的城址。农业进一步发展，各种石制的翻土、收割工具被广泛使用。陶器制作普遍采用轮制，器型规整，流行使用灰陶和黑陶。大量精美的非实用的装饰品、祭祀用品开始出现，社会各阶层的分化开始加大，战争频繁发生，权力不断集中，整个社会即将迈入文明时代的门槛。

江苏地区新石器时代遗存分布广泛，内涵丰富，多年的考古发现和研究表明江苏地区在史前时期不仅区域文化特色明显，同时该地区的史前文化对中国文明起源也有着深远的影响。

第一节　江苏新石器时代遗址的时空分布

江苏境内新石器时代的考古发现十分丰富，迄今已经发现遗址300多处，其中经过发掘和试掘的遗址已逾200处。这些遗址分布在省内各个县市，分布地域十分广阔。由于史前时期人类生产力水平低下，自然环境对人类影响重大，不同的自然环境使得不同的地方拥有不同的资源禀赋，进而导致人们生产生活方式的不同，其所呈现出来的文化面貌也有所不同。江苏境内，长江和淮河自西向东横贯整个地区，天然地将江苏分为江南、江淮和淮北三个相对独立的地理单元。江南地区东部有烟波浩淼的太湖，西部有连绵起伏的宁镇丘陵和茅山山脉，其地貌较之江淮平原和黄淮平原更为复杂，还可以进一步分为太湖平原和宁镇丘陵。据目前的考古发现和研究来看，太湖地区、宁镇地区、黄淮地区、江淮地区先后都发现了不同文化面貌的新石器时代遗址遗存，区域特色十分明显。

一　新石器遗址的分布概况

（一）环太湖流域

太湖又名震泽，位于苏南和浙北的交界地区，现有水面似半圆状，南北长约 68 公里，东西宽约 43 公里，湖盆面积达 2420 平方公里，是仅次于鄱阳湖和洞庭湖的中国第三大淡水湖。太湖较为平坦，平均水深约 2 米。历史上有 145 条水道汇入太湖，而出水河道则有 169 条，是长江三角洲南部的水网中心所在。太湖湖面壮阔，自然景观风景秀丽。

太湖流域是指以太湖为中心，广及周围诸水系流域在内的区域。北临长江，东濒东海，南靠钱塘江，西界浙江临安天目山至江苏句容的茅山以东地区，包括江苏东南的苏州、无锡、常州，浙江的杭州、嘉兴、湖州地区及上海市，面积约 36355 平方公里。太湖流域的地表以坦荡的冲积平原和纵横交错的水网湖荡最具特色，平均海拔一般都在 2.5—3.5 米左右。大小湖荡有 200 多个，其中以太湖的水体面积为最大。在太湖的北部和西南部附近有西洞庭山、马迹山、东洞庭山等大小和高度不一的湖岛分布，在苏州、无锡、常熟以及上海青浦、松江等地区也有少量山丘分布。太湖流域气候温和，雨量充沛，土地肥沃而水网密布，向有“鱼米之乡”的美誉。

环太湖地区是江苏境内发现新石器时代遗址最多的区域，该区域发现的遗存序列比较完整，如苏州吴中草鞋山遗址、澄湖遗址、张家港东山村遗址、昆山绰墩遗址等地层中发现从下到上马家浜文化、崧泽文化和良渚文化依次叠压；金坛三星村遗址、常州潘家塘遗址、江阴长山遗址发现了崧泽文化层叠压在马家浜文化层之上；无锡仙蠡墩遗址、吴中张陵山遗址、昆山赵陵山遗址、昆山少卿山遗址则发现了良渚文化层叠压在崧泽文化层之上，上述遗址地层的叠压关系都表明了马家浜文化、崧泽文化和良渚文化在时间上有承接关系。从上述三种考古学文化的文化面貌来看也明显有承袭关系，应该属于同一谱系。这一谱系中马家浜文化年代最早，从各个遗址碳 14 的测量数据来看，马家浜文化延续的时间为距今 7000—5800 年。江苏境内的马家浜文化遗址主要分布在环太湖流域的苏州、无锡、常州等地，镇江毗邻环太湖地区也有少量遗址分布。另外浙江境内也发现了一些马家浜文化的遗址。

马家浜文化之后的崧泽文化距今5800—5000年，遗址数量较马家浜时期有所增加，分布的区域除了环太湖流域外，其文化因素已经波及宁镇地区，如南京的江宁昝庙遗址、高淳朝头墩遗址都有较多的崧泽文化的因素。在环太湖流域的上海和浙江也有较多的崧泽文化遗址发现。

距今5300—4000年太湖地区进入了良渚文化时期，而且相比较之前的马家浜文化和崧泽文化，良渚时期的遗址数量直线攀升，有的良渚遗址是利用了原来马家浜时期和崧泽时期的原有遗址，更多的是良渚时期新开辟出来的单一型遗址，而且在良渚早中期的时候表现十分显著，说明当时良渚文化在其早中期发展迅速，人口增加较快。随着良渚文化的迅速发展，其分布和影响的范围更加广泛。良渚文化的中心分布区在环太湖流域，包括江苏的苏锡常一带、上海和浙江杭嘉湖一带。此外，宁镇地区甚至是长江以北的江淮地区的遗址都出现了较多良渚文化因素，如海安的青墩遗址、盐城的陆庄遗址都发现了良渚文化的器物，新沂的花厅遗址也发现了不少良渚文化的器物，可见其影响之广泛。

（二）宁镇地区

宁镇地区东邻太湖地区，西连皖南地区，以丘陵低地为主。丘陵有宁镇山脉和茅山山脉，宁镇山脉从南京延伸至武进，山峰绵延百余公里，呈一向北突出的弧形山地。茅山山脉分布于句容、高淳、溧水、金坛等县市，宁镇山脉和茅山山脉的山麓均有大面积的黄土岗地分布。该地区发现的新石器遗址主要分布在宁镇丘陵一带。

宁镇地区发现的新石器文化遗址有近百处，已经发掘的遗址有南京北阴阳营、句容城头山、丹徒磨盘墩、南京营盘山、六合羊角山、丹阳王家山、句容丁沙地、高淳朝头墩、江浦牛首岗、高淳薛城、镇江左湖等遗址。该地区原始文化面貌比较复杂，各文化之间面貌差距相对较大，直接承袭关系不是很明显，更多的体现了文化交汇地区的多元文化面貌。其中较为重要的是句容丁沙地遗址、北阴阳营遗址、薛城遗址。丁沙地遗址年代早于北阴阳营四层，是宁镇地区年代较早的史前遗址，年代跨度为距今7000年至6500年左右。[①] 北阴阳营文化是宁镇地区史前文化的典型代表，自身特色明显，距今6000—5000年。高淳薛城遗址上层为氏族墓地，其年代约当北阴阳营文化，下层为居住址，其时代约当马家浜文化中、晚期，遗存丰富，颇具有特色，可能代表了宁镇地区和环太湖地区交界区的一个史前文化面貌。

（三）江淮地区

江淮地区以平原为主，分为滨海平原和江淮平原。滨海平原位于串场河以东，由于距今仅有500年历史，[②]形成时间较晚，自然没有新石器时代的遗址发现。江淮平

① 南京博物院：《江苏句容丁沙地遗址试掘钻探简报》，《东南文化》1990年1、2合期。

② 中国自然资源丛书编撰委员会：《中国自然资源丛书》（江苏卷），中国环境科学出版社1996年版，第13页。

原位于滨海平原以西，地势西高东低，湖泊河流众多，局部地区地势低洼，容易受水涝。目前江淮地区发现的遗址主要分布在洪泽湖以南和高邮湖以东地区。

江淮地区的史前文化遗址数量相对较少，但是诸遗址表现出来的面貌却比较复杂，显示其来源的多元化。其中江淮东部距今6600—5000年的高邮龙虬庄文化时间跨度长，自身文化特色较为明显，可以作为江淮东部地区史前文化的代表。其他长江北岸和淮河南岸的大部分遗址的文化面貌也有一定的过渡性特征，如盐城陆庄遗址的器物具有北方大汶口文化和良渚文化的因素，老管遗址含良渚文化因素，东台开庄遗址的早期遗存有马家浜、大汶口、大河口型仰韶文化多种文化因素共存，晚期以良渚文化为主。海安青墩遗址除了有一定自身特色之外，还带有较多的崧泽文化因素。到了新石器时代晚期，江淮地区自身文化发展序列基本中断，成为受江南地区的史前文化扩张影响的地域之一。

（四）黄淮地区

黄淮地区以低山丘陵为主，徐州、铜山、新沂、东海、赣榆、连云港一带均有低山丘陵分布。这些低山丘陵以山体单薄破碎、和缓低矮为特征，一般海拔200—300米，超过500米的山峰甚少。低山丘陵南侧淮河和苏北灌溉总渠以北是黄淮平原，由黄河、淮河以及泗、沂、沭等河流冲积而成。洪泽湖盆地原来则是洼地地区。黄淮地区发现的新石器时代的遗址主要在北部低山丘陵和洪泽湖以西、以北地区。

黄淮地区的史前文化谱系与海岱地区的史前文化谱系相同。[①] 海岱地区新石器时代文化发展序列前后为后李文化、北辛文化、大汶口文化和龙山文化。黄淮地区目前尚未发现后李文化遗存，距今6700—5600年的北辛文化遗存也仅在邳县大墩子遗址有发现，距今6300—4500年的大汶口文化在黄淮地区则有较多发现，如连云港的陶湾遗址、马腰岭遗址、大村遗址，邳州大墩子遗址、刘林遗址、梁王城遗址、新沂花厅遗址等等，其中邳州大墩子遗址、刘林遗址和新沂花厅遗址文化内涵十分丰富，表明江苏的黄淮地区是大汶口文化分布的重要区域。大汶口文化之后是距今4350—3950年的龙山文化，龙山文化在海岱地区有丰富的遗存，黄淮地区也有较多的发现，如连云港的藤花落遗址、二涧遗址、赣榆后大堂遗址、青墩庙遗址、台庙子遗址、苏青墩遗址，徐州地区的下圆墩遗址、丰县邓庄遗址、铜山县台上遗址，均属于龙山文化的遗址。不过上述遗址除了龙山古城藤花落遗址规模较大之外，其余遗址规模均不是很大。龙山文化的辐射范围则更为广阔，江淮地区也受到其文化影响，如扬州地区的周邶墩遗址下层、兴化南荡遗址都有一定的龙山文化因素。

---

① 海岱地区范围是以泰山为中心，包括山东全省、河北东南部、豫东、皖北和苏北的广大区域。该地区的史前文化在中国的史前时代有着举足轻重的作用。

表一 江苏境内主要考古学文化时代示意表①

地区	考古学文化	距今 7000 6000 5000 4000 年
环太湖地区	马家浜文化	距今 7000 至 5800 年
	崧泽文化	距今 5800 至 5000 年
	良渚文化	距今 5300 至 4000 年
宁镇地区	北阴阳营文化	距今 6000 至 5000 年
江淮地区	龙虬庄文化	距今 6600 至 5000 年
黄淮地区	北辛文化	距今 7300 至 6300 年
	大汶口文化	距今 6300 至 4500 年
	龙山文化	距今 4350 至 3950 年

二 新石器遗址时空分布的特征

新石器时代遗址的时空分布特征从时间上看，江苏境内的新石器时代遗址年代主要集中在新石器中晚期（见表一），如环太湖地区年代最早的马家浜文化年代上限距今 7000 年。宁镇地区年代最早的丁沙地遗存年代上限也在距今 7000 年左右，黄淮地区年代最早的北辛文化年代上限距今 7300 年左右。目前中国境内最早的新石器时代的遗址已经超过了一万年。因此从时间上来看，江苏境内的新石器文化并不算太早。黄淮地区北辛文化的源头是山东后李文化，江苏其他地区较早史前文化的源头或者说兴起的原因尚未有定论。

从空间分布看，江苏境内的环太湖地区和黄淮地区数量较多，分布较为密集，有些遗址不仅规模大，沿用时间长，文化内涵也十分丰富。如太湖流域的草鞋山遗址、东山村遗址、寺墩遗址等，邳县的大墩子，新沂的花厅遗址等等。宁镇地区和江淮地区遗址分布相对较少，②文化面貌相对单一，从文化内涵上看受另外两个区域文化的影响较多。

有学者研究认为，包括江苏在内的东部沿海地区的史前文化系统，存在两种发展模式：一种是非同一谱系的诸考古学文化多源递进，换句话说就是同一地区存在的考

① 上述江苏史前文化延续时间均取自南京博物院《江苏考古五十年》，南京出版社 2001 年版。

② 当然，遗址的发现和发掘有一定的偶然性，和地区开发程度、发掘经费是否充足等情况都有关系。目前发现的遗址的分布情况和史前人类实际分布情况，肯定有一定的差异，不过江苏省进行过文物普查，目前发现的遗址大致还是能在一定程度上反映史前江苏先民活动分布情况。

古学文化各有其不同的来源，如宁镇地区、江淮地区的里下河平原、苏北平原等均属于此类；[①]一种是同一谱系的诸考古学文化依次演进，即同一地区存在的考古学文化都有渊源关系，如环太湖地区和包括江苏北部在内的海岱地区。后一发展模式由于自身进化系统的连续性，所以向外辐射的能力也比较强，对周边地区的文化产生了较大影响。同时随着时间的发展，这两个文化系统影响范围不断扩大，逐渐产生了文化交集，在文化交集区这两种文化因素往往同时存在，并且相互作用，相互融合。例如太湖地区大约从崧泽文化中期，便出现了向西、向北扩张的迹象，不仅江淮东部出现大量的太湖文化因素，在淮河以北的下徐庄遗址中也可见到崧泽文化遗物；至良渚文化早期，宁镇地区和江淮东部地区在其冲击下，均出现了文化断层现象，良渚文化的势力甚至到达了淮河以北，新沂花厅遗址有可能是良渚文化与大汶口文化发生文化碰撞的典型遗址。[②] 而后一种发展模式的宁镇地区和里下河平原地区则常常成为频繁文化交流的主要通道，属于多种文化你来我往、相互交流碰撞的地带，文化的渊源和流向呈现不连续性。如在距今 6000 年左右，宁镇地区有北阴阳营文化，江淮地区有龙虬庄文化，而到了距今 5000 年以后，该地区并没发现有自身特色的考古学文化，更多的是受到环太湖流域影响而形成的过渡性遗址。

总的来讲，江苏境内的新石器时代文化按照地区和文化面貌的不同可以分为四个区域：太湖地区的考古学文化序列是马家浜文化——崧泽文化——良渚文化。宁镇丘陵的考古学文化主要是丁沙地文化——北阴阳营文化；黄淮地区文化基本序列是北辛文化——大汶口文化——龙山文化；淮河地区的考古学文化代表为龙虬庄文化。从原始文化的发展序列来看，太湖地区的考古学文化序列最为完整，黄淮地区的史前文化发展序列也相对比较完整，而宁镇地区和江淮地区的考古学文化存在一定的缺环，[③]同时受其他两个地区的影响较多。

第二节　区域特色显著的考古学文化

考古学将同一时代同一区域具有的某些共同的文化特征称之为考古学文化。不同的考古学文化表现出来的内涵也不同。江苏境内的环太湖地区有马家浜文化——

---

① 高蒙河：《长江下游考古时代的环境研究》，复旦大学博士论文，2003 年，第 29 页。

② 张敏：《从青莲岗文化的命名谈淮河流域与长江流域原始文化的相互关系》，《郑州大学学报》（哲社版），2005 年第 2 期。

③ 张敏：《20 世纪江苏考古工作的回顾和 21 世纪的展望》，《东南文化》2005 年第 3 期。

崧泽文化——良渚文化；宁镇丘陵表现为北阴阳营文化；黄淮地区文化有北辛文化——大汶口文化——龙山文化；淮河地区的考古学文化主要有龙虬庄文化。这四个区域史前文化在不同环境中形成不同的面貌，区域特色十分明显。

一　太湖流域的史前文化

太湖流域目前已经发现了大量新石器时代的遗址，丰富的遗存为该地区史前文化发展序列的研究提供了大量的实物证据。该地区马家浜文化——崧泽文化——良渚文化的发展序列完整，地域特色明显。从公元前5000多年到公元前2000多年，该地区的史前文化在大致经历了3000多年的历史积淀、能量聚集和文化整合的过程后，整个环太湖地区的文化面貌趋同性越来越强，社会发展程度越来越高，文明的曙光已经出现。

（一）马家浜文化

大约距今7000—5800年左右，太湖平原地区的农业氏族进入了马家浜文化阶段，这一文化以浙江省嘉兴马家浜遗址而命名，主要分布在太湖地区，南达浙江的钱塘江北岸，西北到江苏常州一带。主要遗址江苏境内有常州圩墩、武进潘家塘、金坛三星村、宜兴骆驼墩、无锡邱承墩、江阴祈头山、吴江袁家埭、广福村、吴县草鞋山、苏州越城、张家港东山村、许庄，另外还有上海青浦崧泽、福泉山、浙江嘉兴马家浜、吴兴邱城、桐乡罗家角、余杭吴家埠等处。早期遗址集中在杭嘉湖平原，晚期遗址向北分布，一般都位于地势较高的山坡和土墩上。

1. 环境与社会经济状况

马家浜时期是一个稳定的湿热时期，生态环境以芦苇丛生、水草茂盛、水网发达的河湖沼泽地平原环境为特点，气候温暖湿润，年平均温度比现在高出2—3℃。人类生活的居所附近均有湖泊沼泽或大面积水域，附近山地为常绿阔叶和阔叶落叶的混交林。大量的梅花鹿、麋鹿和野猪等林栖动物在这里活动，獐、水牛等偶蹄类动物则喜欢在湖沼等水域附近生活。水塘和小河里可以捕捞到各种鱼类和龟、蚌类动物。罗家角遗址、海安西场公社、太仓南郊、沙洲附近、上海嘉定、七宝等地还发现了鲸、豚等的遗骸。

马家浜时期的人们过着稳定的农业定居生活，以种植水稻为主，同时从事采集和渔猎活动以补充经济生活。从考古发现来看，当时的人们已经掌握了栽培水稻技术，稻米已经是当时人们的主要食物来源之一。如草鞋山马家浜的地层中发现了稻颗粒，经科学鉴定，种植的水稻属粳型。考古工作者还在草鞋山发现了马家浜文化时期的水田结构。马家浜早期人们利用不规则自然洼地，稍加改造，在两侧种植水稻；中期的水稻田为小面积带状分布畦田，田间有水口相通，专设水沟与蓄水坑；晚期的水稻田由畦田、水口和浅水漕组成基本单元，所在单元均围绕一个大塘分布，大塘可起蓄、排兼容作用。从水田供水的来源看，可以分为两种类型。一种是依靠水井为水源，例如一处南北长 30 米，东西宽 10—17.5 米水田群内，共有水田块 33 处，分别以南、北、中三组水井为水源。第二种是以水塘为水源的类型，例如考古工作者发现有 11 处水田都分布在一个大水塘的西侧边沿。部分田块有水口直接与水塘沟通。由于区内的田块是群体串联形式，稻田内所需水量可通过水口调节。这种以水塘为水源的稻田，比以水井为水源的稻田更为进步，它既可以通过水口供水，又可排水。在史前时期，这种挖塘辟田的方式无疑已是十分进步的了。马家浜文化古稻田，是我国发现的首例古稻田，也是目前世界上发现的最古老的水田遗迹。

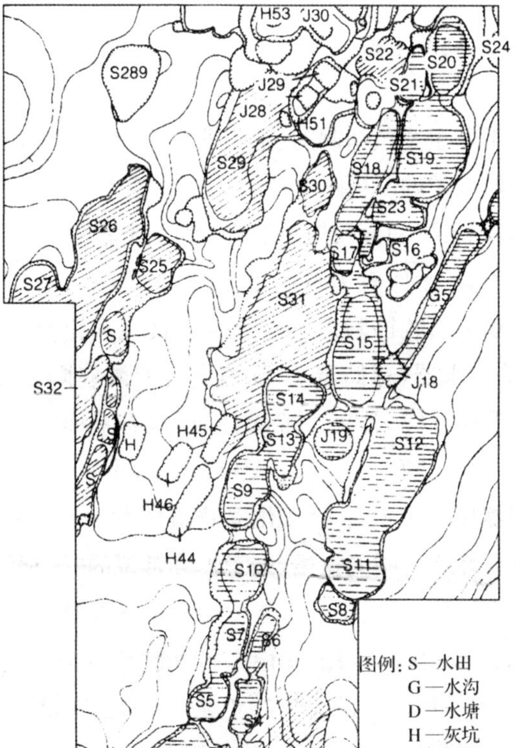

草鞋山东区水田遗迹分布图

（邹厚本主编：《江苏考古五十年》，南京出版社，2000 年，第 100 页。）

除了稻作农业之外，捕捞、渔猎和采集也是当时人们重要的经济活动。除了种植水稻之外，人们还采集各种梅子、桃核、橡子等作为食物的补充，水生植物菱角可能也是当时人们的食物来源之一。马家浜文化诸遗址中均发现了大量的兽骨和可食用的水生动物。例如人们在金坛三星村遗址的居住房屋周围发现了大面积分布的厚达1.2—1.5米的螺蛳壳堆积层和大量的骨角牙蚌器，说明了当时的捕捞经济还占有十分重要的比重。草鞋山马家浜文化地层中发现了梅花鹿、麋鹿、野猪、牙獐和水牛，此外还有龟、鳖、河蚌、鲤鱼、鲫鱼。猪的头骨顶部平直，獠牙粗大，说明是野猪。梅堰遗址发现了大量的兽骨、鹿角及骨石质箭镞、鱼镖、网坠等。马家浜先民们还饲养猪、狗、水牛等家畜。草鞋山遗址的马家浜文化早期堆积中发现的狗头骨，介于狼和现代狗之间，说明狗是从狼驯化而来，在这时已经成为家畜。以上这些情况表明，马家浜文化时期，农业在生产中已经占有重要的地位，但是渔猎经济、采集经济仍然是经济生活中的重要组成部分，同时家畜饲养已经出现。

2. 手工业发展

马家浜时期的手工业主要包括制陶、玉石器加工、骨角木器制作以及纺织业。

陶器的制作是史前人类的一项重要成就。马家浜先民们的制陶技术还处在初级阶段，陶器以红陶和表红胎黑的泥质陶为特色，皆手工盘筑泥条而成，有的经过慢轮修整。由于烧造温度不高，胎质较为疏松，色泽也不均匀。器物大都为素面，外表常有红色陶衣。少量器物表面装饰附加堆纹、弦纹、镂孔和捺窝。从陶器功能来看，主要可以分为炊器、食器和水器(存储器)。炊器主要有圜底陶釜和三足陶鼎。食器主要有豆、钵和盆，均为泥质红陶，外表一般涂红衣，也有素面磨光的。豆盘内呈黑色，豆把为喇叭座，有的上面有镂孔。钵都为大口，浅腹，小平底。常见水器为带有牛鼻形器耳的罐。所有陶器中釜是马家浜文化器物群中数量最大的陶器，也最有特色。釜的外腹部一般都设有环绕一圈的宽檐，即考古界常说的“腰檐”。据分析，当时的人们先是在地面开凿烧火灶坑，然后把带有腰檐的陶釜放在灶坑上方，腰檐正好卡在灶坑的釜眼上，既便于炊煮，又利于固定安稳。另外腰檐的存在还有利于加固器物本身，并起到了装饰美观的作用。釜的总体特点是，早期釜腹器身宽大而低矮，晚期器身逐渐升高，腹部加深，底部也收敛成近平状的圜底。

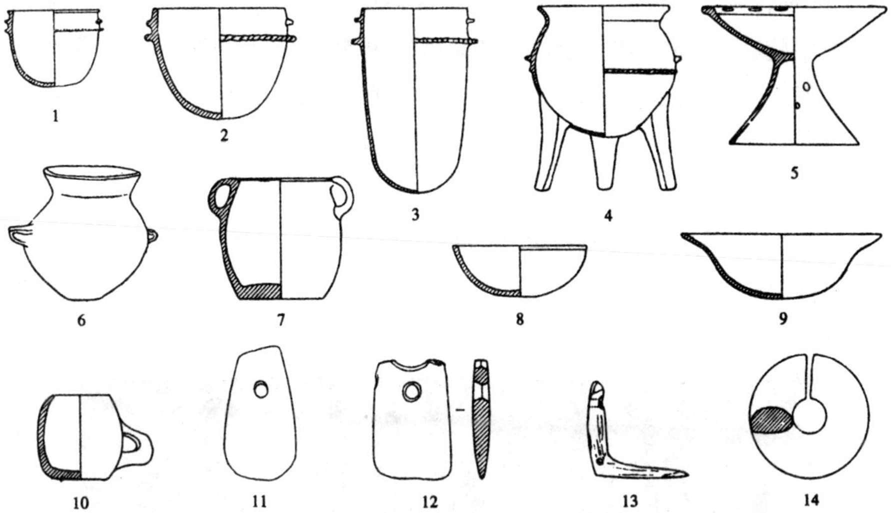

1—3. 釜 4. 鼎 5. 豆 6. 牛鼻耳罐 7. 双耳罐 8. 钵
9. 盆 10. 杯 11、12. 石斧 13. 鹿角器 14. 玉玦
马家浜文化器物(邹厚本主编:《江苏考古五十年》,南京出版社,2000 年,第 52 页。)

马家浜先民使用的石器以生产工具为主,主要包括有孔石斧、石锛、石锤、纺轮、石钺等等,大都通体磨光。其中石锛大多为长条形,有长短之分。长者器身方正,通体磨光,平刃;短者器身较厚重,且背部弧突鼓出,习称"弧背锛",是有段石锛的滥觞。石斧制作大都不是很精致,器身厚重,略呈窄长的长方形,也有的呈梯形,双面刃。在制作石器的过程中,马家浜先民开始挑选一些美丽的玉石来制作各种饰品,显示了其独特的审美观念。马家浜文化的很多遗址都发现了一些小型的玉器,种类有玉玦、玉环、玉璜、玉镯等,均是一些小型的饰品,其中玉玦最为常见,玦的器身大都呈扁圆环状,一端开置小缺口。由于受到玉材少及加工复杂的限制,一些玉玦残断后,人们就用钻孔、刻槽技艺把它们连接后再次使用。金坛三星村遗址就发现了不少这样的残断后继续使用的玉玦。

适应江南水乡的特点,马家浜先民们还使用相当多的骨、角、牙、竹、木材料来制作各类生产工具、生活用具、装饰品等。骨角牙器中比较常见的有锥、镞、矛、镖、笄、针、管、哨、匕、刀、靴形器等。其中骨镞数量比较多,大都利用动物肢骨简单地削出尖状的头部。牙刀利用獐牙磨制而成,牙尖锐利,在牙内侧磨出锋利的刃部。鹿角靴形器由鹿犄角制成,成靴形,外侧折弯处成直角,顶部有槽,槽内钻一或两个穿孔,便于系扎固定,由于靴形器常与骨梭和网坠等织网、捕鱼类工具一起出土,人们认为是用于织、补渔网的辅助工具。三星村遗址出土的骨角器尤为丰富,且制作精良,很多器物均为国内首见。如刻纹骨筒(即针线包)数量较多,是用动物肢骨切割制成,通体呈两端贯通的圆骨状，内外壁均经刮削打磨抛光，有的筒外壁还刻印有精致工整的几何形纹带，图案较精美。更为惊人的是，骨筒内还出有骨针，其针形大小已能与今天使用的铁针相媲美。刻纹板状骨器更为骨器中的精品，亦为国内首见之物，该器有四片组成，上下两层叠压，位于墓主人左侧胸部，每层两片，每片正反两面均钻刻有精细的花纹，片与片之间的花纹还存在相互的内在联系和对称关系，说明这四片应是组合而成的一套器物，据器上纹饰分析此器很可能与原始巫术、宗教、卜筮等有关(图版 5)。另外该遗址还出土了国内年代最早的通体抛光的象牙簪和蚌片项链等饰件，其制作工艺令人叫绝。

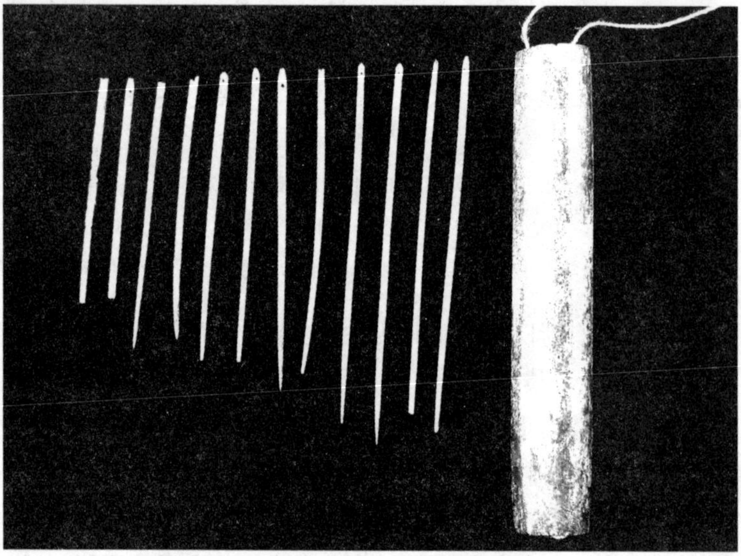

骨针筒和骨针(南京师范大学、金坛博物馆：
《金坛三星村出土文物精华》，南京出版社，2004 年，第 6 页。)

马家浜文化的木器类型也十分丰富，有水上交通用的船橹、船桨；农业工具点种棒、木铲；手工工具木锥、木凿；狩猎和防卫用的木矛，建筑用的木楔、带孔的木梢钉、榫卯构件等，还有一批木材原料和经过砍削的半成品。可见木器在当时农业、狩猎、交通以及日常生活中应用广泛，已成为人们生产和生活中不可或缺的工具。当时人们制作木器已经能因材施用，如易损耗的小型构件和挂件采用易于加工的疏松软木，而农业生产工具如耒，所用木材质地致密，在加工中要经火烧烤处理，凿孔的孔形规整，孔壁光滑。行船工具如橹、桨等器型和功能与现代同类工具颇为相似，说明当时人们制作木质工具已经进入比较成熟的时期。圩墩遗址还发现了呈半圆筒状的漆器，残高 12 厘米，器表涂成黑色，上端有火烧的痕迹。漆器的出现说明在当时的条件下人们保护和利用木器的技术已向前迈进了一大步。

马家浜文化的纺织业也是手工业生产的一个重要方面。草鞋山遗址的最下层出土了3小块炭化的织物残片，经研究认为这种织物原料为野生葛，属于纬线起花的罗纹织物，经密每厘米约10根，纬密每厘米罗纹部约26—28根，地部13—14根，花纹有山形和菱形斜纹，这是迄今发现的中国最早的纺织实物，显示了相当进步的织造工艺技术。[①] 从马家浜文化遗址发现有用于捻线的纺轮来看，当时很可能已经出现了原始的“腰机”，人们已经穿上了以野生葛为原料的布类衣物。另据研究者对马家浜遗址出土的貉下颌骨标本的观察，发现其下颌枝和水平枝连接部分的上下边缘上，常见有经人工砍割后留下的缺痕和条痕，民族调查资料显示，这是剥取动物皮毛的痕迹。[②] 这种现象在其他兽类的下颌骨标本上也同样能看见，可以看出，当时马家浜的先民在冬天的时候已经学会用兽皮来御寒。此外，马家浜文化的先民还把纺织技艺与手工编织结合起来，善于用芦苇、竹篾、茅草等编织各种实用器物。

马家浜时期，人们已经过着定居的生活，房屋主要为木结构的建筑。在马家浜、邱城、梅堰和草鞋山等遗址都发现了居住址的遗迹。吴县草鞋山遗址第十层不仅发现了柱洞、残木柱和作为柱础的木板，而且还有木桩，周围又有印有芦苇痕迹的红烧土、草绳和用草绳捆造的草束，以及芦苇、篾席等。常州圩墩遗址、吴江梅堰遗址和青浦崧泽遗址下层都发现了夹杂着碎骨、螺丝蚌壳末的红烧土居住面和木柱、柱洞、木桩和木柱础板、木构建筑等。其中梅堰遗址还发现了排列整齐、纵横交错的芦苇层，而崧泽遗址的房基之外还发现了水井。[③] 这显然与先民们生活用水有关。马家浜时期的房子形状大多为长方形，南北向，也有圆形的，草鞋山发现有十个柱洞组成的圆形地基。墙壁结构可能有木板壁、木骨泥墙（即中立木柱后，编结上竹木或芦苇，然后涂上泥土）和在木框架上编结草束作墙壁等三种形式，屋顶用芦苇、竹席和草束做成，当时的木构建筑广泛采用榫卯技术，普遍采用防潮、排水措施，适应南方水乡地区的环境，已经相当进步。房屋内设烧饭、取暖和照明用的火坑，人们则用苇席或篾席围着火坑席地而坐和席地安睡。

3. 墓葬和社会形态

马家浜的先民们死后大都葬入居住地附近的公共墓地，墓葬主要流行单人俯身葬，也有少数合葬和二次葬，墓葬排列有序，头向大都朝北，显得十分一致。随葬品少而简单。例如吴县草鞋山遗址发现了马家浜墓葬106座，头向大多数朝向北，一般为单人葬，普遍流行俯身葬，有的头骨用釜、钵、豆或盆等陶器覆盖。在一百多座墓葬

---

① 南京博物院：《江苏吴县草鞋山遗址》，《文物资料丛刊》第3辑，文物出版社1980年版。

② 张明华：《对遗址动物群的研究在考古学上的几点体会》，中国考古学会第三次年会论文（1981年）。

③ 上海市文物保管委员会：《1987年上海青浦县崧泽遗址的发掘》，《考古》1992年第3期。

中,有5座合葬墓,都是同性合葬,年龄大致相当,其中3座为两位女性合葬,2座为两位男性合葬。此外还有一座二次葬。① 常州圩墩遗址马家浜文化墓葬中还发现了当时的人们有拔牙的习俗,例如该遗址一探方内的七具骨架保存较好,他们头骨上颌骨都拔掉正切、侧切两齿,其他探方发现的骨架也有类似的发现。② 草鞋山马家浜墓葬的随葬品很少,其中25座墓葬没有随葬品,其余墓葬也仅有1—3件随葬品。一座成年女性墓葬随葬品最多,随葬豆、盆各一件,骨柶三件,石斧一件,鹿角器一件和玉饰一件。随葬品主要是一些日常生活用的陶器,多为一件食器,或者是一件食器和炊器的配合成组。炊器多为釜,少数为鼎。食器多为豆,也有少数钵、罐、盆、杯等。随葬的炊器底部有烟炱,应该是生前使用的。墓葬随葬生产工具的不多,仅个别墓葬随葬穿孔石斧、小石斧、鹿角器。8座墓葬随葬了玉器,最多的是玉玦,还有玉环或玉镯。有的墓葬还随葬了蚌壳、鹿骨、兽牙。

从考古发现来看,马家浜时期社会生产力已经有了一定的发展,农业比较发达。农业劳动中很可能男子更占有优势,而女性则由于体力和生理上的原因更多地从事照顾家庭、养儿育女的劳动。不过从墓葬的随葬品出土情况来看,当时人们之间的贫富差距并不大,男女之间的地位也不存在显著性差异,可以说马家浜的先民们生活在一个相对比较平等的群体中,大家共同劳动,共同享用劳动成果,死后也一起埋入公共墓地。俯身葬和用陶器覆盖死者头部的葬俗可能与当时先民们某种原始的信仰有关。

(二)崧泽文化

距今5800—5000年左右,太湖地区继马家浜文化之后进入了崧泽文化阶段。崧泽文化以位于上海市西部青浦县的崧泽遗址命名,江苏境内主要遗址有常熟钱底巷,吴县张凌山、草鞋山、澄湖,苏州越城,张家港徐家湾、许庄、东山村,武进乌墩,常州寺墩,江阴南楼,无锡邱承墩。另外上海崧泽、福泉山,嘉兴南河浜、双桥,吴兴邱城,余杭吴家埠等地也有崧泽遗址发现。早期的崧泽文化遗址相对集中在苏南的常州、苏州和上海西部地区,晚期分布范围扩大到苏南沿江的镇江、丹徒、张家港等地。

1. 环境与社会经济状况

崧泽文化早期与马家浜时期的环境基本相似,遗址附近山地为常绿阔叶、阔叶落叶的混交林植被。晚期常绿阔叶树种青冈栎树、栲树已经不存在,针叶树中喜凉的柏科植物增加,而水生植物减少,反映当时附近山地的植被变为阔叶落叶、针叶混交林,气候较前期干凉,湖沼面积有所缩小。到了崧泽文化末期,孢粉中青冈栎数量增加,

---

① 南京博物院:《江苏吴县草鞋山遗址》,《文物资料丛刊》第3辑。

② 常州市博物馆:《常州圩墩新石器时代遗址第三次发掘简报》,《史前研究》1984年第2期。

水生植物花粉数量也增大，反映气温又开始回升，水面趋向扩大，草鞋山、张陵山两遗址，在崧泽晚期与良渚早期文化层之间各有一层淤土和青胶土，也证实了这次水域的扩大。

崧泽文化时期，人类的生产活动主要有农业生产、渔猎、家畜饲养、手工业制作几类。农业生产主要是水稻种植，人们将居住地周围的小块田地平整为栽植水稻的田块，经过长期的培植已有两种不同的稻种，即粳稻和籼稻，能按照不同生长期分别栽种。其时平原湖沼较多，崧泽时期的田块一般都在河湖旁边，例如吴县澄湖发现的崧泽时期的水稻田分布在池塘的西、北岸，有高田和低田之分，在池塘的西端为低田，一共有5块，另有一条水沟、一口水井。水井为水田的蓄水坑，池塘和水沟为水田的排灌系统，而水田之间另有水口、水路相串连，使水田之间水可流通。[①] 较之马家浜时期的水田，崧泽时期的水田有了进一步的发展。

渔猎仍是崧泽文化时期人类的生产活动之一，很多崧泽文化遗址都发现了猪、鹿、鱼、龟等动物的碎骨。平原的湖泊和濒临的东海都是捕鱼的好场所。鱼、虾、蟹、龟、鳖为先人捞捕的主要水产。秋冬季节，人们捕捉梅花鹿、四不像、獾、水獭、獐等野兽。在沼泽地带，水草繁茂，水牛栖息其间，有时也被人们猎获。崧泽的很多遗址都有出土较多的渔猎工具，说明狩猎和捕捞水生动物在经济生活中仍占有比较重要的地位。饲养的家畜主要是猪和狗。以家猪为肉食已较为普遍。

2. 手工业发展

崧泽时期的手工业中制陶、玉石器、骨角器加工继承了马家浜文化的一些特征，同时又有发展。崧泽先民们在制作陶器时，先以泥条盘筑法成形，然后再加轮修制成。陶器以泥质灰、黑陶为主，器型有鼎、釜、甗、豆、盘、盆、罐、碗、钵、壶、杯、觚、瓶和澄滤器。造型以平底、高圈足或矮圈足以及带有凹缺口的花瓣形足较为流行。崧泽文化中腰檐釜少见，鼎已经成为主要炊器，鼎足多作扁铲形、凹弧形或扁凿形，足根支撑在器腹下部，呈现抱腹式。盛器以多折腹附凸棱和鸡冠耳的罐，折肩或折肩折腹壶，以及多节形把豆为主。陶器纹饰常见压划编织纹，镂刻圆形和凹弧边三角形的镂孔，有锯齿形的附加堆纹以及宽带形和弧线组成的各种彩绘。彩绘多饰于罐、壶、豆或杯的外腹部，有红褐和淡黄两种，有的呈竹编状或几何形图案，十分美观。

---

① 丁金龙、张铁军:《澄湖发现崧泽时期的水稻田》,《中国文化遗产》2004年创刊号。

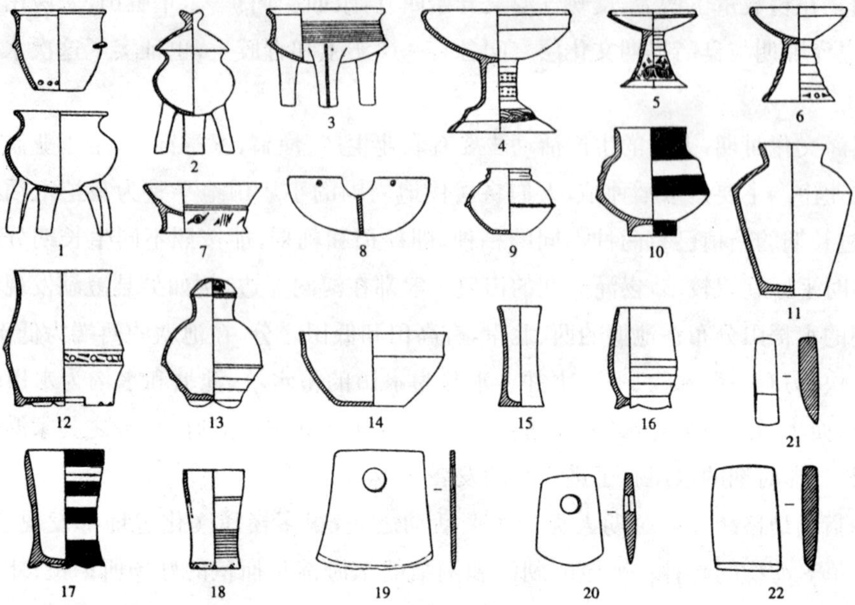

1. 甗、鼎　2. 带盖鼎　3. 鼎　4. 豆　5、6. 豆　7. 圈足豆　8. 玉璜　9. 罐
10. 彩绘罐　11. 折肩罐　12. 壶　13. 带盖壶　14. 盆　15. 杯　16. 花瓣足杯
17. 彩绘杯　18. 杯　19. 石铲　20. 石斧　21. 条形锛　22. 石锛
崧泽文化器物(邹厚本主编:《江苏考古五十年》,南京出版社,2000 年,第 53 页。)

除了日常生活所用器皿外,崧泽先民们还制作一部分陶制的生产工具,如网坠、纺轮、陶拍等。网坠有三类:方柱形,有绳槽;圆柱形,两端有直槽;橄榄形,中间有贯穿的孔。这些网坠都系于捕鱼网下,使鱼网张开,便于捕获鱼类等水产。纺轮扁平圆形,中间有小孔,边或突棱或弧或直,直径 5—7 厘米左右,为捻线工具。人们在纺轮中间插上树枝木杆,用植物纤维或动物毛捻线缝缀衣服或结网捕鱼。陶拍为泥质红陶,形似角状,用以制作陶坯,或用于农事生产、生活。

崧泽文化的石器主要是斧、锛、凿、矛、镞,主要用于耕作、砍劈、宰割等,如人们在收获后或播种前用石锛、石斧捆绑在木棍上进行锄耕整地。斧用来砍伐树木、击毙野兽,矛和镞则用以杀伤禽兽。石器大多有钻孔,便于捆绑,这些孔系用石英砂岩的尖锥器两面对钻而成或用石英砂岩晶体研磨而成。崧泽先民对玉器的喜爱有增无减,他们的玉器制作比较精致,器形则以璜为主,另有穿孔玉斧、镯、环、管、珠、坠等,马家浜时期的玉玦少见或不见。

崧泽文化骨器以动物的肢骨制成,经过劈折、削磨,比较光滑,主要有骨锥、镞。镞有柳叶形、圆锥形、扁平夹锥形末端微收呈铤状、扁平锋端两侧磨成斜刃四种,用以捕猎禽兽。骨锥以细长的动物肢骨磨成,一端尖锋,一端保留原来骨关节,为穿刺缝缀工具。还有一种用獐牙磨制而成的牙刀，主要用以切割食物。

崧泽文化时期人们聚居于湖沼地带的高阜处，形成聚落。例如江阴南楼遗址的崧泽文化遗存由房址、壕沟、墓葬三部分组成，并以壕沟为界，有序组合，这充分反映了当时聚落的情况。① 由于人类的生产渐由渔猎、畜牧而转以农业生产为主，生活更为稳定，人们的审美观念有了进一步的发展，崧泽陶器压划和镂刻的各种纹饰，制作精美的玉石饰物都反映出当时人们的审美情趣。

3. 墓葬、祭祀遗存和社会形态

崧泽的人们死后大都葬入公共墓地。墓葬头大都朝向东南，以单人葬为主，葬式多为仰身直肢葬，有少量俯身葬和二次葬。合葬的情况不多见，如崧泽墓地发现双人合葬墓一座，圩墩遗址发现成年女子和幼儿合葬墓一座，草鞋山崧泽文化时期的墓葬发现了两座男女合葬墓，按男左女右习俗埋葬。崧泽文化墓葬中还发现了某些头骨表面有人工拔牙的证据，墓主人均为青年女性，所拔牙齿为侧门齿。研究者认为崧泽先民拔牙的年龄大都在 12—20 岁之间，正好处在性成熟的阶段，实质应与成年礼俗有关，拔牙显然是成年礼俗和进入婚姻资格的一种标志。

崧泽先民们的墓葬大都有随葬品，崧泽墓地 100 座墓葬中 91 座墓葬有随葬品，数量多在 10 件以内，少数墓葬随葬器物略多。随葬器物主要有陶器、玉器和石器三种，陶器的数量占绝大多数，通常为鼎、豆、罐、壶组合，随葬器物多置于骨架的头前足后，也有放在人骨周围和左右两侧的。例如崧泽墓地 M21 为一中年男性，仰身直肢，头骨前置黑陶壶 2、石锛 1，头骨下枕石斧 1，左上肢骨上斜置石斧 1，骨架右侧置石锛 3、石凿 3、陶釜 1、陶壶 2，足右有陶豆 2、陶壶 1，随葬品共计 17 件。M60 为一成年女性，仰身直肢，头骨前方有陶罐、陶壶各 2 件，陶碗 1 件，足后有陶鼎、陶罐各 2 件，陶豆、陶壶各 1 件，口中有玉琀 1 件，颈部有玉璜 1 件。晚期崧泽墓葬出现了部分器形极小的鼎、杯等陶器，可能是专门用来随葬的明器。

需要指出的是，崧泽时期的墓葬已经出现了分区和贫富分化现象。如绰墩遗址第一次发掘的墓葬可以分为大、中、小三个类型，大墓长度均在 2 米以上，随葬品在 6—13 件之间。中小型墓环绕分布于大墓外围，多数无随葬品或有少量随葬品。更值得关注的是 2009 年张家港东山村遗址的发掘。② 东山村遗址分为三个区，东区是小型墓葬区；中部为建筑区，发现多座房址；西区是大型墓区。东区小型墓葬一般长 2.2 米，宽约 0.8 米，随葬器物数量不等，多在 10 件左右。西区清理了 5 座崧泽文化

---

① 江苏江阴南楼遗址联合考古队：《江苏江阴南楼新石器时代遗址发掘报告》，《文物》2007 年第 7 期。

② 南京博物院等：《张家港市东山村遗址抢救性考古发掘取得重大收获》，《中国文物报》2010 年 1 月 29 日第 004 版。

早中期高等级显贵墓，其中 M90、M91 是迄今为止发现的崧泽文化中规模最大的两座。M90 墓口长 3.05 米、宽 1.7—1.8 米，深 0.4 米；M91 墓口长 3.15 米、宽 1.76 米，深 0.5 米；M90 出土随葬器物 50 多件，包括 5 件大型石钺，2 件大型石锛，19 件玉器以及 26 件陶器，是迄今发现的崧泽墓葬中随葬最多的一座。M90 出土的一件石锥、砺石和一堆石英砂等，可能是一套制玉的工具，表明墓主人生前握有生产玉器的大权，其身份和地位十分显赫。M92 是迄今为止发现的崧泽墓葬中长度最长的一座，长3.3米，宽 1.26 米，墓内随葬有崧泽文化玉器中最长的玉璜，最大径 16.7 厘米，外围弧度达 21.5 厘米，器身钻有 5 个系孔。崧泽高等级墓葬在东山村的发现填补了多年来的考古研究的空白，同时也表明张家港东山村很可能是当时的经济文化的中心，而崧泽文化早中期高等级大墓与小墓的分区埋葬则见证了社会分层的形成。

崧泽墓葬的分区现象以及高等级墓葬的发现，表明随着社会生产力的不断提高，崧泽社会内部已经出现了显著的分化，一个大的部落可能已经划分为几个小的氏族。各个部族之间以及部族成员贫富差距也进一步拉大。一些掌握着重要社会资源的人已经成为社会显贵，他们生前享受很多的特权，死后也被隆重安葬。

崧泽文化的祭祀遗存主要见于嘉兴南河浜遗址和无锡鸿山邱承墩遗址。南河浜祭祀遗存呈正方形，约为长方形覆斗状，底部南北残长 13 米、东西宽 12.5 米，顶部南北残长 10.5 米、东西宽 10 米、高约 1 米。鸡西遗迹的北面和东面有两条灰沟环绕，可能和祭祀遗迹有一定的关系。邱承墩祭祀遗存年代较南河浜晚，约相当于崧泽文化末期至良渚文化初期，其规模和南河浜祭祀遗迹相似，但保存完整，有东西并列的两处祭祀遗迹。西边的祭祀遗迹底部近似正方形，底边东西长 12.55 米、南北宽 11.50米，高 1.10 米，方向 195°。东边的祭祀遗存底部近似正方形，东西长 10.90 米、南北宽 11.50 米，高 1.50 米，方向 193°。西边的祭祀遗迹底部还有类似建筑的遗迹，顶部有一夹有黄、红、绿、褐、白色五花土的第三层并向上凸起呈不规则方柱状祭祀遗迹，祭祀遗迹的顶部置从腹部切割的夹砂陶罐，陶罐底部平置，口部扣置，呈两排并列置放，四周有经过烧烤后留下的不规则的烧土，小玉器散落在方柱形祭祀遗迹周围的土中。东边的祭祀遗迹顶部同样有方柱状祭祀遗迹，两件切割的陶罐，唯放置方式呈十字交叉状，祭祀遗迹周边的土中同样也有小玉器散落。

崧泽时期的祭祀遗迹的发现表明当时的人们已经有了礼制、祭祀的观念，并形成了某种特定的祭祀仪式。这些资料为探讨当时崧泽至良渚时期社会形态的演进和中国礼仪制度的起源提供了重要的资料。

（三）良渚文化

大约距今 5300—4000 年左右，太湖地区进入了良渚文化阶段。

良渚文化因1936年浙江省余杭县良渚遗址的发掘而得名。良渚文化遗址主要分布在苏南、上海、浙江北部一带，江苏境内经过发掘的重要遗址在江苏境内有吴县草鞋山和张陵山[①]，武进寺墩[②]，江阴高城墩[③]、无锡仙蠡墩，张家港市徐家湾、吴江龙南[④]等；浙江境内的重要遗址有嘉兴雀幕桥，杭州水田畈，湖州钱山漾，余杭反山、瑶山、汇观山和莫角山，宁波慈湖；上海市的上海马桥，青浦福泉山、广富林等。多年的考古学实践充分证明良渚文化有着发达的生产力水平，复杂的社会结构，它不仅在同时期考古学文化中处在领先的地位，同时对中国文明的形成也起到了推动作用。关于良渚文化取得的辉煌成就，本章的第四节将重点介绍，此处只介绍良渚文化的基本概况。

良渚文化时期，海平面的高度低于今天，太湖地区的水域面积比今天小，东太湖及其东吴县、吴江、昆山和常熟一带的许多湖泊为一些小型的洼地沼泽。太湖西北的一些水域，面积也比今天小。此时宜兴溧阳山地和宁镇丘陵以及广大平原地区植被茂盛，主要为常绿——落叶阔叶混交林，山地区域还生长着大量的竹类。气候温暖湿润，降水量也比较多。太湖地区良渚文化遗址数量多，密度大，分布广泛。聚落大多见于平原，墓葬则分布于土墩或地势略高的台地。

良渚人有着发达的农业生产，其种植的农作物品种比马家浜、崧泽文化增加了许多，农业生产的范围也扩大了。水稻栽培仍然是当时最主要的农业生产活动，在仙蠡墩、徐家湾、钱山漾、水田畈和吴县澄湖等遗址的良渚文化堆积中，都发现了稻谷和稻米的遗迹。经鉴定，这些稻谷属于人工栽培的籼稻和粳稻。除了水稻外，各个氏族部落还从事蔬菜、瓜果及一些油料作物的种植。钱山漾遗址出土了葫芦、花生、芝麻、蚕豆、甜瓜子、两角菱、毛桃核、酸枣核等遗物，有些是野生植物的果实，有些可能是人工种植的。

良渚文化农业生产水平的提高，使得农产品供应稳定增加，这样更多的人能脱离农业生产，从而推动了手工业等其他行业的发展。各地出土的良渚遗物表明，良渚先民已拥有陶器、石器、木器、竹器、线麻纺织、玉雕以及髹漆等多种手工业，而且都达到了较高的水平，在中国新石器时代晚期占有重要地位。

太湖流域水网密布，良渚先民多选择在地势较高的山前地带或土墩高地，以及河

---

① 江苏省赵陵山考古队：《江苏昆山赵陵山遗址第一、二次发掘简报》，《东方文明之光——良渚文化发现60周年纪念文集》，海南国际新闻出版中心1996年版。

② 南京博物院：《1982年江苏武进寺墩遗址的发掘》，《考古》1984年第2期。

③ 江苏省高城墩联合考古队：《江阴高城墩遗址发掘简报》，《文物》2001年第5期。南京博物院、江阴博物馆：《高城墩》，文物出版社2009年版。

④ 苏州博物馆、吴江县文物管理委员会：《江苏吴江龙南新石器时代村落遗址第一、二次发掘简报》，《文物》1990年第7期。

岸边台地作为居住地所在。其中的土墩高地或山前的聚落多依土墩或小山丘的地势而建。平原地区的聚落则大都呈散点式分布。由于江南潮湿多雨，良渚人的房屋大都选择建造在地势较高的地方，并有干栏式、浅地穴和地面起建等多种房屋建筑形式。聚落的遗迹可见房屋、道路、灰坑、手工业作坊、畜栏、宗教场所、生活设施等。[①] 从聚落的规模来看，已经出现了大型的中心聚落、次中心聚落和小型聚落，明显呈金字塔结构分布。

考古发现的良渚墓葬体现的贫富分化则更为明显。良渚文化墓地大致可以分为平地墓地和人工堆筑的高台墓地两类。平地墓地基本沿袭了马家浜和崧泽墓地的特点，多位于居住区周围，墓葬之间没有一定的排列规律，墓坑规模小，随葬品数量也相对较少，多以陶器为主，不见玉礼器，如有玉器也是小件的装饰品，这些墓葬的主人主要是一些平民。高台墓地都有高大的人工堆筑的土台，墓葬的规模、随葬品的数量和规格明显超过平地墓葬，一座墓葬往往有几十件甚至上百件随葬品，随葬器物中往往有大量的玉礼器。同时，良渚时期还出现了杀殉的现象。由此可知良渚文化时期的社会分层已经十分明显。

二　宁镇地区的史前文化

宁镇地区发现有新石器文化遗址近百处，属于北阴阳营文化的体系。北阴阳营文化早期代表为丁沙地遗址，自身特色明显，主要分布宁镇丘陵一带。北阴阳营遗址则是北阴阳营文化中期的典型代表。高淳薛城遗址遗存丰富，其上层遗存属于北阴阳营文化，但由于时代跨度较大，又处在苏、浙、皖交汇地带，遗址呈现出较多过渡性文化的面貌。北阴阳营文化的同类遗存还见于江苏江宁太岗寺、卸甲甸、庙由、南京太岗寺等地。

（一）丁沙地遗址

句容县丁沙地遗址于1988年发掘，是宁镇地区最早的新石器时代文化遗存，绝对年代在距今7000年至6500年左右。[②] 该遗址出土的陶器均为手制，以红褐陶为主，陶质疏松、陶胎厚重。多表红内黑，反映了当时的原始烧造技术。陶器的造型比较单纯，种类不多，主要为釜和支座、罐、钵、盆、器盖等，以腹部饰宽檐或鸡冠形耳的圜底釜，大口浅腹施红衣的钵，腹部附一对或四个鸡冠形耳的盆，肩部附以一对竖环耳或一条形把手的罐，敛口矮圈足的碗，顶部有环形、桥形、蘑菇形、圆饼形、杯形纽的器盖和支座为特征，不见三足器。值得注意的是该遗址出土了一件陶屋模型，为泥质

---

① 聚落是人类各种形式的聚居地的总称。它不单是房屋建筑的集合体，还包括与居住直接有关的其他生活设施和生产设施。聚落既是人们居住、生活、休息和进行各种社会活动的场所，也是人们进行生产的场所。

② 南京博物院：《江苏句容丁沙地遗址试掘钻探简报》，《东南文化》1990年1、2合期。

红陶，呈上窄下宽长方形，顶部弧形，偏上部有一周凸檐，一侧檐上饰两排小圆孔。此件陶屋模型为当时的房屋建筑结构提供了参考依据。另外丁沙地陶器中有少量彩陶，为白地绘红、黑彩图案。该遗址发现石器 27 件，有扁平长方形石斧、长方形弧刃锛、长方形刀、带足磨盘、镞、球、环、坠，均为磨制石器。其中带足磨盘比较有特色，是利用砂岩琢制，近似鞋形，前尖后圆，底部附有四个方形矮足。

钻探表明，该遗址有 34 处红烧土堆积，可能与居住遗迹有关。从出土的斧、锛、球、镞、磨盘等石器和网坠、骨凿等实物和猪、牛等兽骨来看，当时已经出现了原始农业，饲养猪、牛等家畜，并辅以渔猎等。丁沙地是一个早期的定居农业氏族的聚落遗址，遗址南部发现了一条大灰沟，长约 40 米，口大底小。此类大灰沟类似半坡、姜寨等仰韶文化聚落周围的围沟，对村落中的居民有一定的保护作用。

（二）北阴阳营遗址

北阴阳营遗址位于南京鼓楼区北阴阳营，文化层年代距今 6000 年到 5000 年。[①] 该遗址以位于南京北阴阳营遗址第 4 层西部墓地的 253 座墓和东部的居址为典型遗存。[②]

从遗址出土的大量石器工具和陶器上的稻壳印痕可知，北阴阳营文化的人们经济生活以农业为主。同时渔猎作为辅助性的经济手段仍然存在，因为遗址中还出土了较多的骨镞、石球、陶弹丸等工具和鹿、水獭、鼋和龟类遗骸。家畜饲养已经初具规模，狗和猪都是人们饲养的对象。

北阴阳营文化的陶器以夹砂红陶和泥质红陶为主，灰陶次之。三足器、圈足器十分普遍。有富于特色的牛鼻式器耳、角状把手、弯曲的器足。宁镇地区还发现了少量的彩陶，彩陶器表面大都施红色陶衣，也有施白色陶衣者。器型种类较多，以矮圈足碗为常见，另有鼎、盆、盉、尊形器等。彩绘纹样绝大部分绘于器表，偶有内彩陶器出土。图案以宽带、窄条纹为主，内彩往往以十字或米字作为构图骨架，再在空白处填以三角纹。色彩有红、白、黑几种。北阴阳营文化彩陶图案比较简单，但其在色彩对比的处理上别具匠心，以陶衣、陶色、纹样的复彩形成多种色彩的穿插对比，使常见的条带纹图案有了层次上的强烈变化，产生了浓厚的装饰效果。

由于地处宁镇丘陵地带，石料比较丰富。北阴阳营人使用石器比较普及，石器大都磨制精细，多见舌形穿孔石斧，其他如环状大石斧、穿孔石锄、七孔石刀、长条拱背

---

① 南京博物院：《北阴阳营——新石器时代及商周时期遗址发掘报告》，文物出版社 1993 年版。

② 南京北阴阳营遗址是 1954 年被发现的。1955 年到 1958 年先后进行了四次考古发掘，发掘面积为 3000 余平方米，清理了新石器时代的墓葬 271 座，以及灰坑和居住遗迹。同时北阴阳营遗址还进行了地层和文化年代的划分，其第四层为新石器时代文化堆积，第三层、第二层为青铜文化堆积。这是江苏历史上第一次大规模的考古发掘，也是代表江苏考古水平的一次标志性的考古发掘，并将宁镇地区的新石器时代文化命名为北阴阳营文化。

或带脊的石锛、楔形凿,也各具特点。玉石和玛瑙装饰品丰富,有玦、璜、管、珠、坠饰等。石器的磨光和穿孔技术较高。石料多从附近的紫金山(钟山)取得,有两件穿孔斧的质料属于铁矿石。制玉工艺较发达,使用蛇纹石、透闪石、阳起石、石英和玛瑙石等,成品都是小件装饰品。

北阴阳营文化器物(邹厚本主编:《江苏考古五十年》,南京出版社,2000 年,第 62 页。)

北阴阳营的先民们死后都埋葬在公共墓地中,公共墓地中墓葬分布密集,上下叠压多的达 4 层。当时盛行单人一次葬,绝大多数头向东北,以仰身直肢葬为主,个别为屈肢葬。有二次葬墓 19 座。大部分墓中有数量不等的随葬品,多数在 10 件以内,有一座墓内陶器和玉管等多至 40 件,另有几座还用一二件猪下颌骨随葬。器物的组合,常见的是锛、斧、鼎、钵、豆、罐、璜、玦等。装饰品中,玦放在耳边,璜置于颈下,管、坠等位于胸间;玛瑙石子、雨花石含在死者口中或放在陶罐里,可能有原始信仰的用意。

总的来讲,北阴阳营文化的居民们过着以农业为主渔猎为辅的生活,社会分化不严重,人与人之间相对比较平等,由于地处丘陵地带,石器加工业比较发达,是其特色。

(三) 薛城遗址

薛城遗址位于江苏高淳县薛城乡,遗址原处石臼湖南岸,原来是一岛形台地。该遗址于 1997 年进行了抢救性发掘,发现新石器时代房址 2 座,灶穴 2 个,墓葬 115 座,灰坑 91 个以及陶器、石器和骨器等文物 600 余件。薛城遗址上层为墓地,其年代约当北阴阳营文化。下层为居住址,其时代约当马家浜文化中、晚期。

房址为近圆形半地穴式,分居人和储物两种。周围分布着圆形或近方形的柱洞,部分柱洞底部垫有红烧土块或者陶片作为柱础。房址周围有不少规整的深坑窖穴,它们排列有序，呈扇形分布于房址周围。另外也有一些废弃物坑在房址附近，是当时人们用来丢弃各种生活垃圾的灰坑。

薛城遗址发现的陶器以夹砂红陶和泥质红陶居多。陶器多为手制，部分经过慢轮整修。陶器造型流行平底、三足、圈足器，常见鸡冠形鋬、牛鼻状耳、宽带式耳，极少见圜底器。器表多素面，部分陶器饰有红衣、黑衣，纹饰有弦纹、锯齿状附加堆纹、划纹、圆形小镂孔和彩绘。有极少数彩陶，有红、黑两色，图案单一，仅见宽带纹、弦带纹，器型多为矮圈足盘。典型的代表器物有釜、鼎、豆和罐。陶器中以平底釜占绝大多数，只有极少数的鼎和盉。其他常见器型有罐、豆、杯、钵等。

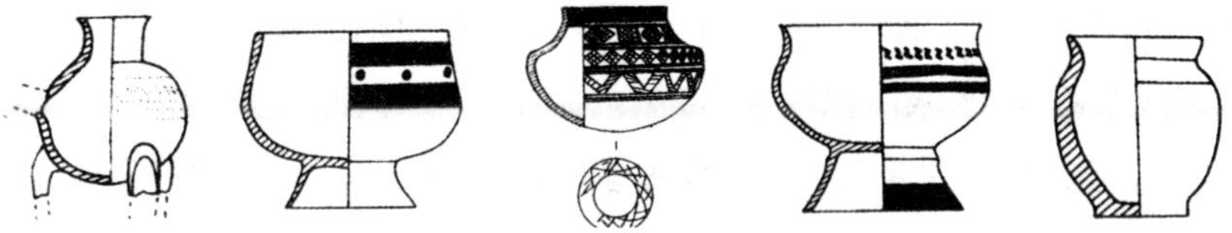

薛城遗址出土器物（邹厚本主编：《江苏考古五十年》，南京出版社，2000 年，第 65 页。）

薛城遗址的墓葬都位于公共墓地中，分布十分密集，有些墓葬上下叠压达 3 层之多。墓葬的头向大都朝向东北。随葬品中多见斧、锛、锄、凿、纺轮、网坠等生产工具。

三　江淮地区的史前文化

大约距今 7000—5000 年江淮地区就已经有人在生活了。考古发现在淮河南岸，有阜宁梨园、淮安青莲岗、茭陵集等遗址；在长江的北岸，有海安青墩、吉家墩、东台开庄等遗址；在京杭大运河以东，有高邮龙虬庄、唐王墩、兴化王家舍等遗址。在这些遗址上活动的原始人类有着共同生产方式、生活方式以及埋葬方式，在文化遗物和遗迹上也表现出了很强的同一性和相似性。[①] 其中江淮中部的高邮龙虬庄遗址文化层堆积厚，时代跨度长，文化遗迹和文化遗物丰富且特征明显。海安青墩遗址也发现了大量新石器时代的墓葬和文化遗物，是晚期龙虬庄文化的典型代表；同时青墩遗址靠近江南地区，晚期还受到崧泽文化较多的影响。

（一）龙虬庄文化

龙虬庄遗址位于高邮里下河平原，年代跨度为距今 6600—5000 年。该地区地势平坦，水网发达。该地区属北亚热带季风气候区，四季分明，雨热同季，雨量充沛。植被属于暖温带落叶阔叶向中亚热带常绿阔叶林的过渡类型。龙虬庄遗址周围既有茂盛的河谷草地，灌木丛林，又有芦苇丛生的河湖沼泽，是集陆地、河谷、湖沼、湿地为一

① 张敏：《江淮东部原始文化初论》，《南京大学考古专业成立三十周年纪念文集》，天津人民出版社 2002 年版。

体的自然景观，其间生活着各种各样的鹿类、鱼类等生物。

史前的龙虬庄先民有的住在干栏式建筑内，有的住在地面建筑内。干栏式建筑多建于浅水沼泽和高地临水边缘，通过调节干栏的高度可以始终与水面保持一定的距离，既可以防水又方便取水。地面建筑虽然建在高地上，然而由于地下水位高，人们还会在地面铺蚌壳，这样可以隔离潮湿的地面，又可以防滑或防止土性太粘不易行走。由于埋入水位较高的地下的柱子容易腐烂，人们时常需要在同一居住面上多次移位建筑，以保证建筑的稳固。在房屋周围，人们还时常挖掘大大小小的灰坑，用来作为临时养鱼、蚌、螺的水塘。

龙虬庄先民主要从事捕捞、采集、狩猎、家畜饲养和稻作农业等生产活动。由于江淮东部多浅水沼泽，水域面积较大，自然资源丰富，人们经常捕捞鱼、鳖、龟、蚌、蚬等用作食物。捕捞工具主要有骨镖、渔网等。狩猎的对象主要是麋鹿，其次为梅花鹿，偶尔也有小麂、獐和猪獾等。

采集也是龙虬庄先民们生产经济的内容之一，水生的淀粉类食物芡实和菱角是主要的采集对象。考古发现表明，龙虬庄遗址早期地层中芡实和菱角的含量较高，而到了晚期则有急剧下降的趋势，但是地层中包含水稻颗粒的数量却有明显上升趋势，由此可以看出采集和农业此消彼长的关系：当农业经济不发达时，采集经济占有相当大的比重。而当农业经济迅速发展时，采集经济所占的比重则急剧下降。龙虬庄的先民们已经开始饲养家畜，遗址中发现了不少家猪的骨骼，其数量仅次于麋鹿。不过家畜只是作为动物性食物的补充，并未取代捕捞和狩猎所起的作用。

龙虬庄遗址出土的陶器中，炊器以釜为主，鼎相对较少。在众多的釜中，双耳罐形釜和盆形釜最为常见。炊器之外，水器较为多见。水器不仅数量多形态复杂，而且根据用途的不同已经有了明确的分类，如烧水、温水、喝水的不同用途都在陶器上有所反映，并有带双流的釜以及带双流、三流、四流的壶，这在其他原始文化中十分罕见，这与龙虬庄多水的自然环境密切相关。龙虬庄陶器中高圈足器也比较多见，如豆、壶、罐、匜、杯等器物的圈足一般上部较细，下部较大，自上而下的曲线自然舒展，并常常以镂空、刻划等各种几何形装饰。圈足不仅抬高了器身，有稳定器身的作用，而且有一定的美观效果。值得关注的是，龙虬庄大多数陶器的流、鋬、把手、圈足、三足的安装方式，都是有利于右手的使用而限制了左手的使用。这种右利手的现象表明从史前时代开始，人们更习惯使用右手。在陶器的装饰纹样方面，夹砂陶器上常见用手指压出的捺窝和花纹以及用手在陶器口沿捏出的花边。泥质陶上则常见镂孔、镂刻、刻划和小贴塑等，外壁涂红衣也是泥制陶其常见的装饰手法。彩陶则流行内彩，多施于钵和钵形匜的内壁，最常见的是斜方格纹，变体的人面鱼纹显然是受到了仰韶文化的影响。此外江淮东部的陶塑也颇具地方特色，如神态各异、栩栩如生的猪形壶及陶罐上的田螺形堆塑等。

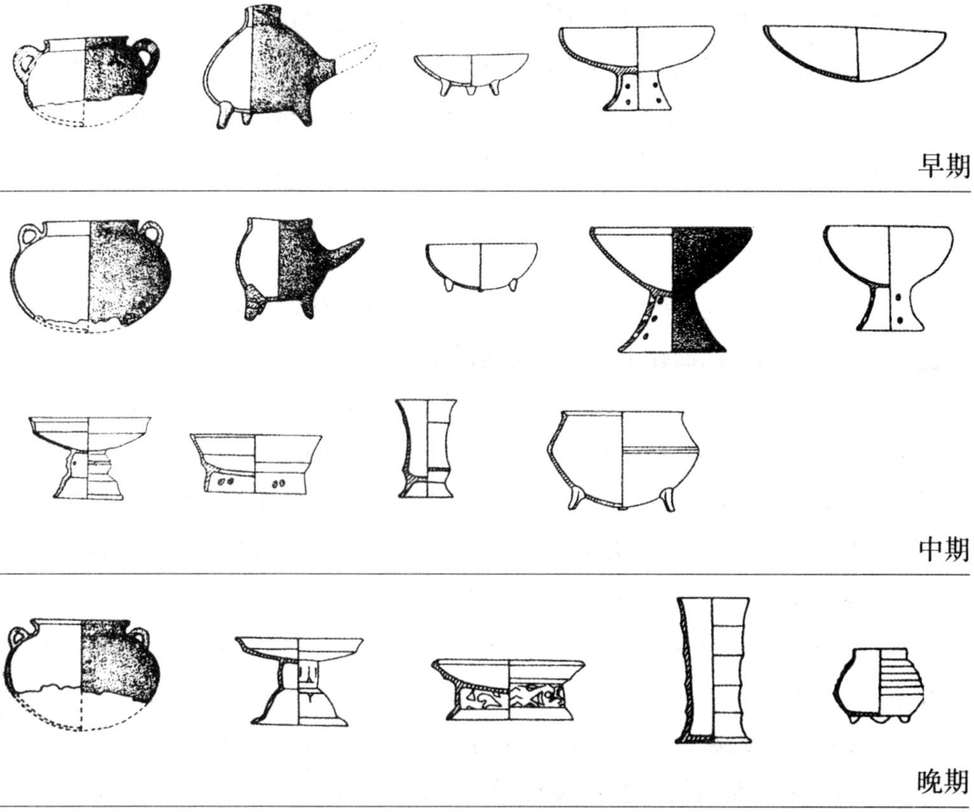

龙虬庄遗址出土典型器物(邹厚本主编:《江苏考古五十年》,南京出版社,2000 年,第 72 页。)

江淮东部是沉积相平原，无山，因而也就无石源。在江淮东部原始文化遗址中发现的少量石器如石斧、石锄、石刀等全部来自邻近地区。其中大部分来自宁镇地区，少量来自太湖地区。由于石器的缺乏，龙虬庄先民们制作大量的骨角器，用作生产生活的工具，并在一定程度上代替了某些石器。高度发达的骨角器是该地区史前文化的又一重要特征。骨角器绝大多数利用麋鹿的骨角制成，如大型的生产工具斧、镐，小型的生产工具镞、叉、镖、凿、锥，餐具有刀、勺、箸、柶，纺织缝纫工具有纺轮、梭、针，装饰用的有笄、坠、管、环、指环等等，用动物的骨角做成的器物几乎包罗了生产生活的各个方面。在骨角器的制作上，不仅使用了切割、磨割、钻孔、打磨、刻划等工艺，还出现了刳空的技术，可见当时的骨角器加工技术已经相当成熟。

龙虬庄的原始居民死后都采取族葬的方式，葬入公共墓地，头向朝东。由于地下水位高，考古发现的骨骼保存情况比较良好。单人一次葬最为常见，其中仰身直肢葬是最基本形式，也有少量曲肢葬和俯身葬。合葬墓情况比较复杂，合葬个体 2—10 人不等，有的为一次葬，有的为二次葬，也有一次葬和二次葬混合葬的。比较奇特的是，有的墓葬有骨骼缺失的现象，缺少头骨或肢骨。也有的墓葬却发现有多余的头骨。这种现象在史前墓葬并不多见，具体原因尚不清楚。龙虬庄墓葬的随葬品大都在10件以内，种类有生产工具、生活用品和装饰品几大类。生产工具类的随葬品如骨镞、石斧大多为男性随葬品，纺轮则大都为女性随葬品，可见当时的男性和女性之间已经有了明显的社会分工，但是随葬品数量没有明显差异，可见当时人们的地位较为平等，贫富差距不大。

（二）青墩遗址

青墩遗址位于海安县西北部的里下河地区，地势低洼，平均海拔仅3米左右。青墩遗址所在的青墩村四面环水，遗址内有居住区和墓葬区。

人类在青墩遗址居住前，海安一带海水进退频繁，然而随着长江口北岸逐年堆积的形成，这一带成为地势较低的平原，河湖纵横，各类动植物开始栖息于此。青墩的先民们来到这里，开始了定居的生活。这个时候，地层内发现的大量淡水生贝壳、麋鹿、水牛以及淡水植物菱角和芡实等，说明当时这里离海洋已经有了一定的距离。但是青墩地区地势低洼，青墩的先民主要居住在栏杆式建筑中。

青墩的先民们已经开始从事原始农业，地层中发现的大量的碳化稻谷和稻壳。同时地层中发现大量的贝壳、核桃、芡实，以及各种麋鹿鹿角、猪牙床、獠牙、狗的头骨和牙床、水牛角残段、麞牙、鱼骨、龟板，也说明了当时狩猎、捕捞和家畜饲养等仍然是当时重要的食物来源，除此之外，采集野生干果和水果也是当时人们食物的有效补充。不过随着农业的发展，到了青墩遗址的晚期，稻作农业已经在青墩史前人类的经济生活中占有了相当重要的地位。

从考古发现来看，青墩先民们制作了大量的石器、陶器、骨角器和玉器等用于生产和生活。陶器绝大多数都是生活器皿，器形有鼎、鬶、豆、三足盘、壶、罐、盆、钵、碗、杯和器盖等。陶制的生产工具有纺轮和弹丸。从质地来看，有夹砂褐陶、泥质灰陶、泥质黑陶、泥质红陶四个陶系。表面多为素面，有纹饰的极少。部分罐、鼎、筒形杯的肩腹部有成组的瓦楞形弦纹或竹节纹。圈足器的圈足上经常有镂孔褐刻印纹。部分鼎、罐的腹部还有一周波浪形附加堆纹。多数鼎足表面密布锥刺纹。少数筒形杯涂红衣，或画三周红彩宽带纹。陶器的制法以手制为主，已经普遍采用慢轮修整的方法。

石器主要为生产工具，计有穿孔石斧、双孔石斧、石锛、石凿、石铲等，其中石斧数量较多，形制多样。石锛有长条方柱体和有段石锛两种。石凿呈方柱体，单面刃。石铲为扁平长方体，平刃。玉器主要有玉环、玉镯、玉璜、玉坠、玉珠等几类，其中玉环数量较多，有扁平圆形和条圆形，中间都有圆孔。玉镯为圆环形，剖面为扁圆形或圆角三角形，出土时均套在人骨架的左手腕上。玉璜为扁平拱桥形，两端各有小穿孔。玉坠为圆柱体、椭圆形主体、方柱体、长梭形以及扁平三角形等多种形制。

骨角器多也是青墩遗址的特点，其中骨镞数量最多，其他还有鱼镖、锥、凿、匕首、耒、耜、勾形器、鹿角器、纺轮等等。这些器物大都由鹿角和兽骨制成，有的是用于狩猎和捕鱼，例如镞、镖等；有的用于农业生产，例如用鹿的肩胛骨制成的耜和用鹿角尖部分杈处制成的耒都是用于翻土的工具。骨角料也可以制作成一些小型的装饰品，如小骨坠。加工的猪獠牙似乎也受到了当时的人们喜爱。这些獠牙都为新月形，最大的一件弧长 22 厘米，大多剖为薄片或磨光，个别在根部钻小圆孔。

青墩的先民去世后都埋葬到居住区附近的公共墓地，公共墓地沿用时间较长，头向基本都朝东。大都采用单人葬的方式，另外也有少部分人采用合葬、二次葬的方式。葬式以仰身直肢葬为主，有少量仰身下肢微屈葬、侧身屈肢葬、俯身葬。还有一座四人乱葬坑，四具人骨架杂乱地置于一个不规则的土坑内，其中一具骨架双臂相交于腰际，似被缚状，没有发现任何随葬品。研究者认为这些人可能是被强制处死的。①

墓葬大都有随葬品，数量从一件到四十余件不等。种类有石、骨质地的生产工具、陶制的生活用品和一些玉石饰品。玉石饰品多被放在死者的头骨附近，石器和骨器则多置于身上或身侧，陶制生活用具多置于头部和脚部。例如第 18 号墓葬，墓主为中年男性，随葬品 15 件，多置于足端和胫骨的两侧，其中陶器有豆、贯耳壶和罐各 3 件、碗 2 件、杯 1 件，石器有石锛 2 件，穿孔石斧和石凿各 1 件。

尽管青墩遗址地处江淮地区，但其临近长江北岸，和它一江之隔的长江南岸的史前文化对其影响也十分明显。如青墩早期遗存中发现的罐形鼎、钵形豆等在北阴阳营文化中能找到同类器。中期墓葬所出的圈足豆、瓦棱纹罐、折肩折腹罐、筒形杯等均能在太湖流域的崧泽文化中找到相似的器形。而其晚期发现的贯耳壶、圈足豆、有段石锛以及各种玉器等，均和良渚文化的同类器相当。结合青墩的地理位置来看，青墩遗址的文化面貌有一定的过渡性性质。

四 黄淮地区的史前文化

黄淮地区指的是江苏北部徐州、连云港（旧称海州）、宿迁地区。该地区的史前文化与海岱地区史前文化比较接近。经发掘的邳县刘林、邳县大墩子、连云港二涧村遗址、铜山丘湾遗址、徐州高皇庙遗址、新沂花厅、沭阳万北遗址、连云港灌云大伊山遗

① 南京博物院：《江苏海安青墩遗址》，《考古学报》1983 年第 2 期。

址等遗址均可归入海岱地区史前文化传统。这些遗址的史前文化基本上按照北辛文化→大汶口文化早期→大汶口文化中期→龙山文化文化序列发展。

（一）北辛文化

北辛文化因首次发现于山东滕州北辛庄遗址而命名，北辛文化主要分布在鲁中南、鲁北和胶东半岛，陶器以三足器和圜底器为主，大型石铲和石磨盘具有代表性，另外还有相当数量的骨、角、牙、蚌器。年代大约为距今6700—5600年。

北辛文化遗存在江苏境内发现不多，主要见于邳县大墩子下层，二涧村和大村遗址。由于当时生产力水平总体处于较低状态，石制的生产工具不仅数量和种类都很少，而且大都磨制粗糙，效能较差。农业虽然已经出现，但渔猎和采集经济仍占较重比例。石网坠和陶网坠几乎所有遗址都有，遗址出土的大量鱼骨、蛤蜊、蚌壳、螺蛳壳等水生动物遗存，说明当时捕捞经济仍占一定的比重。手工业处于依附地位，家畜饲养不发达。

这个时期的陶器全为手制，器型简单，主要有圆腹小平底、深腹圜底釜、圆锥形足鼎、高圈足豆、双鼻小口罐等，常见羊角式把手和陶杵。大墩子遗址的北辛文化层还发现了陶制的乐器——陶埙，其中完整的一件，塑成兽形，一端作兽头，一端作兽尾，空心，两端穿小孔，吹之有声。石制生产工具有斧、锛、铲、凿、杵、磨棒和砺石等等。其中石铲数量较多，器型较大，器身扁平，成品通体磨光。另外还有泥质红陶的网坠、纺轮、陶杵等生产工具出土。陶杵和石杵与加工粮食有关。骨角制成的器物有鱼镖、箭镞、骨针、骨锥等。

江苏境内发现的北辛文化墓葬，均为单人仰身直肢葬，头向朝东，随葬品一般甚少。如二涧村的7座墓葬中，两座墓葬无随葬品，其余大多用一个大红陶钵覆盖死者的头部，少数墓葬除了陶钵外，还随葬石斧、骨锥、陶鼎、陶盘等物品。总的来讲，北辛文化的墓葬随葬品不仅数量少，且都为日常使用的器物，装饰品少，说明社会成员之间尚未出现贫富分化。人人以平等的身份生活在一起，分享为数不多的生产资料和生活资料。

（二）大汶口文化

大汶口文化因1959年首先于山东泰安发现大汶口遗址而命名。鲁中、鲁南、皖北以及苏北均为该文化的主要分布范围，距今6300—4500年。江苏境内的大汶口文化遗址可分为早期和中期两个阶段。

大汶口早期遗址主要有邳县刘林、大墩子中层、东小墩、杨庄、吴桂等处，[①]较为重

---

① 南京博物院：《江苏射阳湖周围考古调查》，《考古》1964年第1期。

要的就是刘林遗址和大墩子遗址。①

大汶口文化早期黄淮地区为高温高海面时期，气温比今天高出 2—3℃，当时遗址附近有大面积的沼泽、湖泊和大河。当时的海岸线大致北起赣榆，经连云港—灌云—灌南—阜宁—施庄—盐城西—东台，南至海安隆政，然后折向西，经泰县—泰州—扬州一线。这条海岸线至迟在距今 5500 年前已经形成。

大汶口早期的居民经济活动以农业为主，遗址中时常发现较多的农业生产工具和谷物加工工具可以说明这一点。刘林遗址出土的穿孔石锄，标志着这时的农业已经进入锄耕农业阶段。但大量骨角器的出土也说明当时渔猎经济仍占有较为重要的地位。

目前尚未发现大汶口早期的建筑基址，仅发现可能与当时的建筑有关的一些红烧土堆积。考古人员在一些用于倾倒垃圾的灰坑中发现了大量的陶片、兽骨与龟甲，还有一些骨针、骨锥、骨柶、陶纺轮、陶杯等完整器物。大墩子遗址还发现了一座早期的陶窑，该窑窑底距地表深 1.5 米，由火门、火塘和窑室三部分组成，窑门朝南，窑室面积东西长 1 米，南北宽 0.4 米，窑壁厚 5 厘米，残高 0.45 米，向里一面经火烧成砖红色，并有蜂窝状窑汗。窑内填土中除了倒塌的窑壁外，还发现少量的陶片。

陶器、石器和骨角器是先民们主要的生活用具和生产工具。陶器主要有鼎、三足带把罐、豆、罐、盆、钵、碗、三足觚形杯、高圈足杯、平底杯和直口圜底缸和盖等，陶鼎的数量相对比较多。陶器表面以素面和磨光居多，常见的纹饰有点纹、弦纹、划纹、附加堆纹等，也有少量篮纹、指甲纹、圆圈纹、弧线三角形印纹、镂孔、挂红衣及彩绘等。另外还有一些穿孔陶器、多窝小陶盘等形制比较特殊的陶器，其具体的用途不甚明了。

数量不多的彩陶是大汶口早期文化的重要发现之一。彩陶在中原地区仰韶文化时期十分流行，但江苏境内史前文化中彩陶并不多见。大汶口早期发现的彩陶无论是从数量、器形种类、彩绘技法、图案等来讲，都是江苏彩陶史上最为兴盛发达的时期。彩陶器形以钵为主，还有鼎、三足罐、三足觚形杯、壶等。纹样以植物花纹图案和编织纹图案为主。植物花纹的种类有两种，一种是以花瓣、圆点、线条组成的花朵连续图案，其主体花瓣一般皆由白色彩底显露而成。另一种是由圆点、勾叶、弧边三角形组成的连续图案，它实际上是花朵纹的一种变体，是花卉的花冠、蕾、茎蔓等的变化组合。植物花纹类图案一般色彩交错，线条舒展，构图复杂而有序，艺术感较强。八角星纹也是大汶口文化中代表性纹样之一。彩绘方法主要是在陶器表面施红衣或白色陶衣，然后用黑、红、紫、白等色勾绘图案，一种为勾绘后使原来的底衣露出形成主

① 江苏省文物工作队：《江苏邳县刘林新石器时代遗址第一次发掘》，《考古学报》1962 年 1 期；南京博物院：《江苏邳县刘林新石器时代遗址第二次发掘》，《考古学报》1965 年第 2 期。南京博物院：《江苏邳县四户镇大墩子遗址发掘报告》，《考古学报》1964 年第 2 期；《江苏邳县四户镇大墩子遗址第二次发掘》，《考古学集刊》第 1 辑，1981 年。

体花纹，另一种为勾勒的线条直接形成主体花纹。

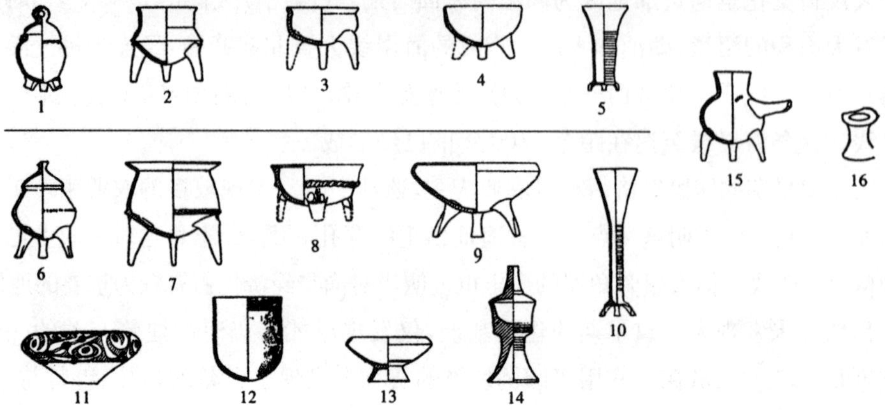

1—5为刘林遗址早期，余为刘林遗址晚期

大汶口刘林期出土器物（邹厚本主编：《江苏考古五十年》，南京出版社，2000年，第66页。）

石器大都为生产工具，有石斧、锛、刀、镰、锄、磨棒、砺石、纺轮等等。石器表面大都光滑。石斧和石锛的数量较多，石斧以扁圆柱体为主，两面刃，少数有穿孔。石锛通体磨光，有条状和近方形两种，都是一面刃。石磨棒和砺石可能是加工谷物的工具。石纺轮为圆饼状，中间有穿孔。另外还有少量装饰品，如石环、璜等。早期的石制工具比北辛文化时期的石器明显有进步，不仅数量多，而且制作精致，刃部锋利。

大汶口早期骨角器数量较多，可分为生产工具和生活用品两类，生产工具包括骨锥、角锥、骨针、骨镖、骨匕、牙勾形器和獐牙等等，生活用品包括骨柶、骨钏、骨梳、骨筒、骨管、雕刻牙饰和穿孔龟甲等等。上述骨角器中牙勾形器和雕刻猪牙饰在其他文化中比较少见，牙勾形器为复合型工具，柄用鹿角，柄上部刻凹槽，刻槽内各嵌入一加工的獐獠牙，作为勾割之用的复合工具。柄部往往刻三角形、斜方格、横线、直线组成的花纹。獐牙牙冠内侧磨出利刃，牙根部内侧刻出3—7道凹槽，外侧则磨平，使之更深地嵌入柄槽内，牙根内侧的凹槽则便于缚绳，使之更加牢固地捆绑在骨柄上。雕刻猪牙饰用大野猪獠牙制成，牙冠磨成扁平弯月形，有一件牙饰在牙根部雕刻成一猪头形，嘴、眼、鼻俱备，形象逼真。令人比较关注的是大量穿孔龟甲的发现，龟甲大都出土于墓葬，形制大而完整，最大的长25厘米，最小的长11厘米。每副龟甲都有穿孔，在背甲尾部的边沿上，有圆形穿孔2—12个。在背甲的下半部，还有穿孔4个，布置成方形。在腹甲中部左右两边沿，各有一对穿孔，但也有未穿孔的。有的腹甲头部锯去一片。龟甲用途可能是系在皮带上或织物上当作甲囊使用。

大汶口早期的墓葬均埋于公共墓地中，已经出现分区现象。例如刘林遗址的墓葬可以分成6个墓群。各个墓群中的成员可能有着更为亲密的关系。墓葬大都排列整齐,墓主头向大都向北,主要采取单人仰身直肢葬,也有少量屈肢葬、盘腿盘臂葬。合葬墓有8座,有儿童合葬墓、成人和儿童合葬墓和成人合葬墓三类。有一座40岁左右的女性墓比较特殊,其盆骨内还发现了一具约七八月的胎儿骨架。

除了少数墓葬无随葬品之外,刘林和大墩子遗址的墓葬大都随葬10件以内的器物,个别墓葬随葬品达到了30余件,可见当时的社会成员之间已出现贫富不均的现象,但分化并不严重。这个时期的随葬品主要是一些陶器和生产工具。石制的生产工具主要出自男性墓葬,而纺轮则主要出土于女性墓葬,表明当时男女已经有了较明确的分工。较为特殊的是刘林遗址的个别墓葬不仅随葬器物较多,而且出现了随葬龟甲和殉狗的现象。如一座墓葬除了随葬石斧、骨针、陶豆、陶鼎之外,头骨右侧有龟甲一,右胫骨右侧有龟甲二,龟甲上都有穿孔。另有一墓的墓主人两手间各有骨勾一,腰间有石斧,骶骨上有一穿孔龟甲,左壁有一骨匕,左股骨旁有陶罐、陶鼎、骨柶各一。两股骨间有一陶杯,在胫骨旁侧发现一随葬的狗架。从保存完好的骨骼可以看出,当时的人们存在拔牙的习俗,最早拔牙的年龄无论男女,都在15—20岁之间,有研究者参考相关的民族资料认为,大汶口人拔牙的习俗大概和儿童进入成年或性成熟时的某种风俗习惯有关。①

大汶口文化中期的遗址数量在苏北北部较早期有所增加,尤以连云港、沭阳、泗洪一线最为密集。有新沂花厅、邳县大墩子、赣榆苏青墩、泗洪菱角张、徐州南郊曹庄等处,其中较为重要就是大墩子上层和花厅两处遗址。② 各遗址中,大汶口文化晚期的文化层基本缺失,估计这种现象与发生在距今4700—4000年前的海面上升有关。

大汶口中期的先民们经济活动以粟作农业为主,家畜饲养比较发达,有猪、狗、牛、鸡,其中猪和狗的遗骸发现最多。经过鉴定,猪的个体较大,猪龄都达到了两岁左右,猪到两岁才被宰杀,说明农业生产已经能够保障人们的生活,家庭饲养业只是作为辅助性食物。除了地层中发现猪、狗的遗骸外,在墓葬中还有以整猪、狗殉葬的现象,进一步表明了当时猪、狗不仅是饲养的家畜,而且也是剩余产品。大量用以下葬的猪下颌骨表明,作为家畜的猪已经成为了一种财富的象征而随葬。此外,渔猎经济在当时的社会生活中仍然占有一定的比例,很多遗址仍发现较多的骨角器。

花厅时期先民们的房屋大都为长方形,由经过火烤的地面、墙壁、屋顶三部分组成,室内烧土面一般面积在16—30平方米,柱子作为支撑物和墙体一起分担屋顶的重量,柱子下的柱洞还用石块作为柱础。用草泥土作为墙面和屋顶面的材料,并加以

---

① 韩康信等:《江苏邳县大墩子新石器时代人骨的研究》,《考古学报》1964年第2期。

② 南京博物院:《新沂花厅——新石器时代墓地发掘报告》,文物出版社2003年版。

火烤，以经久耐水。大墩子中期的墓葬中，出土了三件陶屋模型。这些模型虽然制作粗糙，却是十分珍贵的遗物，使我们了解了当时住房的立体形象。陶制的房屋有方形和圆形两种，M71 出土的陶屋呈方形，攒尖顶，四周有檐，前面设门，屋后和两侧开窗，已经注意通风和采光的问题。四壁及顶部的四个坡面均线刻出狗的形象。M287 出土的陶房为圆形，也是攒尖顶，有五道戗脊，四周亦有檐。

大汶口中期遗址出土的遗物主要有陶器、石器和骨角器。陶器的造型较为粗笨厚重，陶器表面以素面为主，磨光的很少。较常见的纹饰有弦纹、划纹、附加堆纹。豆形器的圈足常见大圆形穿孔，且多与菱形镂孔和弧线三角形纹联合使用，使圈足上构成繁缛的编织形图案。高把盖折腹凿行足鼎、深盘高圈足大镂孔豆、圈足觚形杯、背水壶、细颈球腹的实足鬶等，都是典型器形。

石器生产工具种类有石斧、石锛、石刀、石球、石纺轮，装饰品有镯和环。石斧为一种为长方形扁圆柱体，中部较厚；另一种形制扁平，穿孔。石锛大都为长方形，一面刃。石刀有长方形和半圆形两种。纺轮为扁平的饼形，中有穿孔。

花厅遗址的北区墓葬中出土了较多玉器，其形制和种类与太湖流域良渚文化早期玉器特征完全相同，种类由玉斧、玉钺、玉锛、玉琮、玉锥形器、玉冠饰、玉璜、玉环、玉佩、玉管、玉珠等等，质地为阳起石、透闪石系列的软玉。玉器以白色为主，此外有淡绿、淡黄等色。这些玉器精磨抛光，制作精良，大部分为素面，有纹饰的题材以简化的带冠人面和兽面纹为主，采用了阴纹线刻、减地浮雕等手法。其中一件短筒形玉琮全器分为四组凸面，每一凸面分上下两段，刻出细如毫发的神人兽面纹，琢刻繁缛工整，属于典型的良渚文化玉器。另外，由刻有简化兽面纹、人面纹的琮形管和佩、珠、管、锥形坠等组成的串饰，用作臂腕饰的玉环、石环也都十分精美。

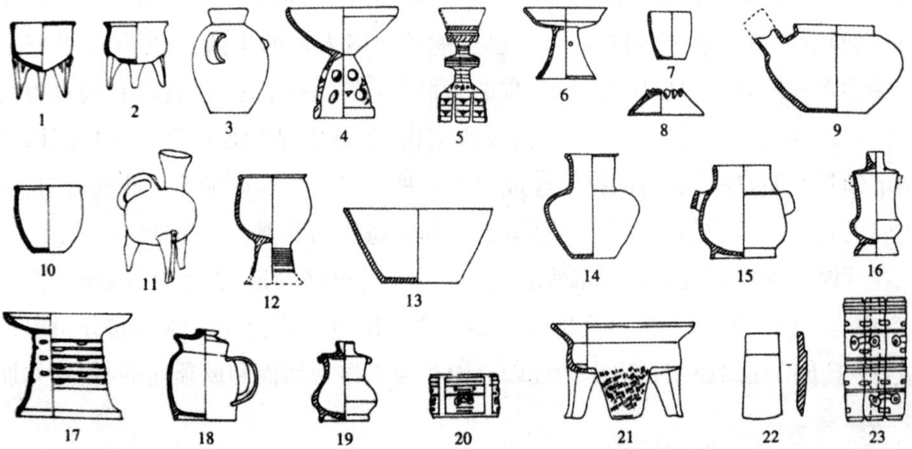

大汶口文化花厅期出土器物(邹厚本主编:《江苏考古五十年》,南京出版社,2000 年,第 67 页。)

骨角器可以分为生产工具、生活用品两种。生产工具有麞牙勾形器、骨镞、牙镞、骨镰、骨锥、角锥和骨针等,勾形器均用鹿的趾骨作柄,柄为棒状,麞牙为勾。骨镰弧形刃,首尖,柄宽,柄端有穿孔。骨镞为扁平双翼形,一面有脊,前锋锐利,两翼外侈,铤较长,铤端为扁平三角形。牙镞系猪獠牙磨制而成,呈三角锥形。骨锥数量较多,有棒状和扁平状两类。角锥系用鹿角尖磨制而成。生活用品有骨针、骨笄,骨针细长,尾部有穿孔。骨笄一端成片形,略向下弯曲,上有一孔。

大汶口中期的墓地布局规整,墓葬排列有序,方向大都朝向东方,墓葬多以单人仰身直肢葬为主,也有少量合葬墓和其他葬式的墓。例如大墩子遗址第二次发掘共发现中期墓葬 141 座,可以分为单身葬和合葬两种,单身葬中以仰身直肢葬为主,屈肢葬 1 座,二次葬 1 座。合葬墓 8 座,有同性合葬也有异性合葬,还有女性成年和儿童的合葬。花厅墓葬的人骨同样存在青春期拔牙的习俗。

花厅墓地分为南北两组,两组墓葬之间有一空白区域,长约 20 米,在这区域内没有发现墓葬,但却发现一处用规整的石块铺砌的长方形石台。石块似经过初步人为加工或选择,台面相对较平整,石台长 2.90 米、宽 1.52 米、高 0.3 米左右。石台上及附近未见任何遗迹遗物,由于石台在墓地中的特殊位置,一般被认为是当时在墓地举行祭祀活动的祭台遗迹。

大汶口文化中期的墓葬已经明显有了大小贫富之分。小墓墓坑一般长 2—3 米,宽 1—2 米,大墓则规模可观,长 3—5 米,宽度多在 2—3 米。大小墓葬随葬器物悬殊。大墓随葬品十分丰富,有的随葬了多达百件以上的器物,仅玉器就多达二三十件,并且有人殉的现象。例如,花厅墓地的 M20 为长方形竖穴,坑壁规整,墓口东西长 4.92 米、宽 2.98 米,墓坑内有熟土二层台。墓内有三具骨架,墓主为一成年男子,仰身直肢,随葬的玉器分布在墓主头部及上方,颈部有两串珠饰,口内有长条玉晗,7 件玉锥放置在骨架的左上方,头右上方除了数件玉器外,还发现一块涂红彩地面,上面放置 5 件圆形玉饰、梯形玉饰等,可能是已经腐朽的木质器物上的镶嵌玉饰件。左手腕上套玉瑗和玉环各 1 件,右手腕上套玉瑗 1 件。陶器主要放置在墓主的腿部及墓坑两侧,腿部和脚后的陶器主要有高圈足豆、盉、大背壶、敞口盆。1 件灰陶杯和黑衣陶罐放置在头部。墓坑两侧的陶器,似乎是叠放于二层台上,数量较多,有高圈足豆、鼎、罐、器盖、盉、大口钵和红陶鬶。1 件制作精致的穿孔石斧放置在墓主的腰腹部,1 件双孔石钺枕在头下,头部还有 1 件三孔石刀。在下肢左侧发现一组似捆扎放置的石箭头,磨制光滑,制作精美。墓内还随葬了猪头和三块猪下颌骨 8 个,分布在墓主头部和骨架周围。更值得注意的是墓主骨架脚后有两横置少年骨架,左侧少年骨架旁还有 1 具完整的狗骨架。M18 墓内共有骨架 4 具,墓主为青壮年男性,仰身直肢葬。其右侧有一女性骨架侧身面向墓主，墓主右胸前和脚后还分别有婴幼儿遗骸1具。墓中随葬品丰富，有玉器、陶器、石器等，在墓主头部和胸部、腹部出土珠、管、琮、坠等许多玉制饰品。随葬的陶器近30件，随葬的生产工具有石钺、穿孔石斧。另外在墓主的腿部和脚后各放置1个猪下颌骨。M16除了在墓内殉少年男女各1人之外，墓坑口外及附近还有6个幼儿人祭的遗迹。

小墓的随葬品多在1—10件，还有一些墓葬没有随葬品。随葬的器物也主要是一些陶器石器、骨角器，玉器很少见。

有人殉的墓都是一些大墓，随葬品十分丰富。殉者多为青少年或幼儿，少数为成年。殉者在墓内处于从属部位，多位于侧面或脚端，尤以脚端最为典型。人祭在墓坑外，与墓口位于同一平面，均以幼儿举行人祭，不见随葬品。

从墓地中大小墓的分化以及人殉人祭的出现来看，当时的社会已经出现了严重的分化。这些大墓的墓主，应该是当时的贵族阶层，他们占有大量的社会财富，随葬品也极为丰富。而人殉和人祭的出现，则表明他们已经对一部分人握有生杀予夺的特权。小墓随葬品数量少，多为日用品，其墓主人应该以普通的平民为主。被用来殉葬或祭祀的人则很可能是这个集团地位最低下的阶层，或为奴隶，或为战俘，一无所有，他们的命运完全掌控在贵族手中。

墓内随葬猪下颌骨或整狗、整猪也是大汶口中期墓葬的一个特点。例如大墩子花厅类型的墓葬中有6座墓葬用狗殉葬，其中3座墓葬殉狗1条，3座墓葬殉狗2条，狗的骨架大都位于死者脚下。用猪殉葬的墓葬有一座，用猪头或猪的下颌骨随葬的墓葬比较多，共计有12座，以一座一块猪下颌骨的居多，也有二块、三块的。有的放在陶鼎或陶豆中，有的置于死者的头部或手边，男女都有，均为青壮年。花厅墓地的大墓随葬猪下颌骨数量较多，多为随葬十几个或者二十几个，一般墓中有2—3个。研究者大都认为猪下颌是作为一种财富的象征而用于随葬的，随葬的数量越多也就表明墓主人生前拥有的财富越多。

大汶口中期墓中随葬器物较之前的早期墓葬增加了许多。种类有陶器、石器、玉器和骨角器。出土的陶器风格与海岱地区的大汶口文化其他遗址的同类器接近，花厅遗址还有一小部分良渚风格的器物伴出，墓中所出的玉器在形制、纹饰等方面与良渚文化相同或具有良渚文化的特点，如玉璧、琮、锥形器、佩等，尤其以琮和锥形器上的兽面纹与良渚文化纹饰完全一样。从这一点来看，花厅的先民们与良渚文化的先民有过密切交往。

（三）龙山文化

龙山文化泛指中国黄河中、下游地区约当新石器时代晚期的一类文化遗存。由大汶口文化发展而来，因发现于山东章丘龙山镇而得名，距今约4350—3950年。分布于黄河中下游的山东、河南、山西、陕西等省，江苏北部徐淮地区也有少量龙山文化遗址分布。不过长期以来黄淮地区的龙山文化遗存一直比较匮乏，只有少量典型的龙山文化遗物被发现。20世纪90年代末连云港市藤花落遗址的发掘，使得黄淮地区的龙山文化研究取得了重大的进展。

1999年由南京博物院、连云港市文管会、连云港市博物馆组成的考古队对连云港藤花落遗址进行了发掘。藤花落为一处保存较完好，堆积相对单纯的龙山文化城址。①

藤花落古城具有内外两重城垣的框架结构，外城平面呈圆角长方形，由城墙、城壕、城门等组成。面积约140000平方米，城墙周长1520米，南北长435米、东西宽325米。墙体宽21—25米，残高1.2米，由堆筑和版筑相结合筑成。城墙中间有垄状墙芯，其截面上部呈半圆形，底部呈凹弧形，当是有意识开凿的墙芯浅基槽。城壕在外城墙外侧，宽7.5—8米，残深0.8米，弧壁、凹圜底，其中的堆积与城墙不同，为深黑灰色填土，含有大量的炭屑、红烧土、石块等杂质和杂物。遗址出土有大量石斧、石锛、箭镞以及大量的陶器残片，还有较多的猪、牛、梅花鹿等动物骨骼。

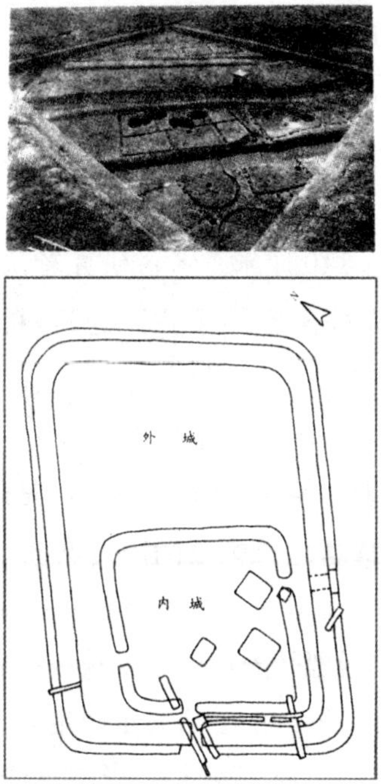

藤花落古城平面图（上为发掘现场，下为城址平面图，
邹厚本主编：《江苏考古五十年》，南京出版社，2000年，第106页。）

① 南京博物院：《藤花落遗址聚落考古取得重大收获》，《中国文物报》2000年6月25日。南京博物院：《江苏连云港藤花落遗址考古发掘纪要》，《东南文化》2001年第1期。周润垦等：《2003—2004年连云港藤花落遗址发掘收获》，《东南文化》2005年第3期。

藤花落古城南城门与南城墙垂直，基本处于南城墙的中部，稍偏西，宽约10米。城门内侧有残高0.45厘米、略有坡度的门槛，门槛东端有较大的柱洞，可能有木栅栏。外城墙的基础部分在城门处隔断，其上部在城门口预留出豁口，依城门两侧向上堆筑成墙。最里为版筑，外侧略倾斜，类似于护坡，并用排柱固定。目前发现的外城的城门除了南门外，东、西、北门的情况尚不清楚。

内城由城垣、城外道路、城门和哨所等组成。内城平面呈圆角方形，面积约40000平方米，南北长207—209米，东西宽190—200米，城墙周长为806米。墙宽14米、残高1.2米，主要由版筑夯打而成，版筑块大小不一，厚薄不均。内城墙体夯土内发现密集又粗壮的木桩，与城墙成垂直方向，成排分布，间距约60—70厘米，行距约40厘米，有的大小相依成组，木桩的直径多在20—26厘米之间，周长60—70厘米，残长60—120厘米不等。木桩上端大都腐朽成尖状，下端仍然很完整，木桩四周保持由内向外用石器砍砸的痕迹。从木桩下端较圆钝的情况来看，木桩不是在夯土成形之后打下去的，而是在夯土开始夯筑之前就已经栽下去的，然后在木桩周边层层施打夯土。整个内城墙的建造，耗费的木材数以万计。

内城墙南城门与外城门在一条直线上，稍有错位。内城外侧的道路和外城门的门道相交接。在近内城门处发现一座房址，其平面呈方形，边长5米，面积25平方米，没有发现门道，没有挖墙基槽，平面由密集的柱洞构成，柱洞之间的间距多在15—30厘米之间，柱洞残存深度达110厘米。考古研究者认为这是一座有相当高度的建筑，其建筑形式可能为底部立柱架空的干栏式建筑，可能为哨所，起瞭望城内外的作用。

从内外城道路的叠压关系和出土的遗物来看，内外城修筑的时间基本上为同一时期。可能在建造年代或者废弃年代上稍有先后，但是两者存在统一的使用时间。

在城内发现了三处夯土台基。内城范围内有两处，平面呈圆角方椭形。外城与内城之间有一处，平面为圆形，面积约600平方米。在城内发现了两条主要的道路，一条总长114米，路面为多层料礓间隔黄灰砂土筑成铺就，厚约30厘米，由南北走向折向西北，可能通向西城门外。另一条道路为东西走向干道，由两侧的路沟和中间的路芯组成。总长约145米，呈西北向东南走向，向东南伸过内城的东城墙，其与内城墙的交接处疑为东城门所在。

在内城以内发现了35处房址，有长方形单间房、双间房、排房、回字形房和圆形房等多种形状。门向均朝西南。以东西走向的干道为界，北边的房子和南边的房址有着明显的等级上的区别。南边二号台基上中心部位的房址，平面呈回字形，外间面积达100平方米，内间面积达31平方米，其特殊的结构说明它特殊的用途，它应该不是普通的民居，而是一座与宗教、祭祀或其他大型集会有关的建筑设施。另两座处在台基上的房址面积都在30平方米以上，墙基槽宽阔且深，并有出檐柱，与台基外的房址又有明显的等级差异。

2003—2004年的考古发掘在内城的东北部新发现了龙山文化时期房址15座、大型红烧土祭祀遗存1处、石板路1条。15座房屋中，有一座为连续7间的大型排房。排房房址全长16.75米，东南部略宽为3.5米，西北部略窄为2.9米，总面积约55平方米。排房大体分为均等的7间，各间有隔墙相隔。隔墙与房址的北墙相接，与南墙之间均留有0.2—1.7米宽的缺口，推测应是各间的通道所在。还有一座大型套房基址，前后分两进，南面由两间房址和门道外的红烧土活动场所组成，北面由一进4间房址组成。南北总长约10米，东西总长约14.3米，总面积近100平方米。在北面西侧的房屋下还发现了埋有整头猪的奠基坑，房内的北部则有一片圆角长方形的红烧土睡炕。从房址的睡炕、奠基坑、红烧土活动场所以及附属建筑等情况表明，该房主的身份地位很高，生前享有较高的威望。其余房屋大都为圆形房址。

大型祭祀遗存主要由一中心建筑和大型红烧土广场、烧土堆和祭祀坑组成。中心建筑位于一小高台中心，平面呈回字形，红烧土广场围绕这座回形建筑，面积达300平方米，表面平整，应为人工铺垫。在红烧土堆积的南部及东部发现有3处烧土堆。在红烧土堆积的东部，同层位下发现有一灰坑，该坑内发现有单个少年头骨及一堆陶容器。陶器为厚胎粗砂陶，质地粗疏，较零碎，从器形分析当是釜式缸形器。

在北部内外城之间有一处较为广阔的空间，没有发现与居住生活相关的堆积，而是一处保存较好的稻作农业生产区。该区内的土壤经过测定，均含有大量的水稻植硅体，经过漂洗还发现了碳化稻米数百粒。从外观上来看，这些水稻颗粒与现代栽培稻已经极为相似。外城外的东南面还发现了水稻田遗存。这些足以证明当时稻作农业的发达。

此外城内还发现了大量的石器、陶器、玉器以及各类动物遗骸标本。生产工具中，石器特别发达，斧、锛、刀、镞、凿等各类石器形式多样，且大部分磨制极为精致。发现的玉器有小件玉锛、玉坠、玉锥以及六棱形水晶柱状体。陶器有鼎、鬶、罐、甗、盆、盘、豆、杯、器盖等。陶器上的装饰纹样以素面为主，绳纹、篮纹和方格纹比较多见。动物遗骸有猪、梅花鹿、牛，但是不见有贝壳类海洋生物遗骸，也很少见到鱼骨。

2003—2004年的第四次发掘主要在藤花落城址的内城东北部同层位下新发现了圆形房址8座、大型长方形房址1座及若干灰坑，从而为以壕沟为界，沟北主要为圆形房址，沟南主要为长方形房址的聚落布局特点提供了重要材料。以48号房址为中心，环绕着大型红烧土广场以及多处烧土堆、祭祀坑等单元组成的重要遗存，为我们再现了龙山文化中晚期藤花落先民们的庄严又盛大的祭祀场景，对研究龙山文化的宗教信仰、社会习俗、生活状况等提供了宝贵资料。偶蹄类动物足迹、水田遗迹的发现为研究黄淮地区古代聚落农业和经济生活提供了重要材料。北辛文化时期遗存的首次发现，为我们探讨藤花落古城的龙山文化的源头提供了一个确切的地层材料。

藤花落气势恢宏的古城、大量的房屋建筑、大型的祭祀遗存以及丰富的遗物均表明黄淮地区也是龙山文化分布的重要区域之一。龙山文化时期，由于生产力不断发展，剩余产品的出现加深了贫富分化的进程，部落之间为掠夺财富和扩张领土而进行战争。战争促进了各种文化迅速交流和融合，文明也在此基础上形成。而作为防御工事的城池也伴随着战争出现了。到目前为止，龙山文化的城址已经发现18处，[①]如山东章丘的城子崖、寿光的边线王、邹平的丁公、阳谷县的景阳冈等等，这些城的规模有大有小，大的面积有30余万平方米，小的数万平方米。城池的修筑不仅需要统一的规划，还要组织大量的劳动力才能完成，没有一个凌驾于平民之上、掌握着大量的人力物力资源的统治阶层是不可能完成的。因此，城的出现往往被人们视为古代社会进入文明时代的标志之一。藤花落古城的发现，表明在新石器时代晚期文明的曙光同样在黄淮地区已经显现。

第三节　史前文化的先进代表——良渚文化

多年的考古学实践充分证明良渚文化不仅是太湖地区早期文明的突出代表，也是我国同时代的考古学文化中发展水平较为领先的一支文化，其创造的辉煌灿烂的史前文化在我国史前文化中占有重要的一席之地，也对华夏文明的形成起到了推动的作用。

一　发达的农业生产

良渚人有着发达的农业生产，水稻栽培仍然是当时最主要的农业生产活动，除了水稻外，各个氏族部落还从事蔬菜、瓜果及一些油料作物的种植。钱山漾遗址出土了葫芦、花生、芝麻、蚕豆、甜瓜子、两角菱、毛桃核、酸枣核等遗物，有些是野生植物的果实，有些可能是人工种植的。

良渚文化的农业生产水平的提高得益于他们改进了耕作方法和使用了新的生产

① 张学海：《龙山文化》，文物出版社2006年版，第178页。

工具。良渚人的农耕方式以犁耕为主,在许多遗址中都发现了当时使用的石犁。石犁有两种形制,一种平面呈三角形,刃在两腰,中间穿一孔或数孔,往往呈竖直排列,可以安装在木制犁床上,用以翻耕水田;另一种也近似三角形,刃部在下,后端有一斜把,可能是开沟挖渠的先进工具,故又称“开沟犁”。这些三角形石犁可借助前拉后推的力量,用来进行连续性翻土,其耕田的效率大大超过了耜耕的方式,对促进农业生产的迅速发展起着重大的作用。同以前的锄耕生产相比,犁耕不仅可以节省劳力,提高工效,更好地改变土壤结构,充分利用地力,而且也为条播和中耕除草技术的产生提供了条件。因而,良渚时期荒地得到更大面积的开发变成耕地,农业生产水平因此提高到一个新的阶段。

在良渚文化的大批石器中,还有一种形制特殊的器物,它两翼后掠、弧刃,背部中央突出一个榫头,其上常穿一圆孔,形制同后来这一地区使用的铁制耘田器十分相似,被认为是古代最早出现的稻田中耕除草的农具。中耕除草技术的出现,同犁耕有密切的关系,因为犁耕操作成直线进行,播种也随之成直线挖土下播,于是为先进的条播技术创造了条件,同时也就为中耕除草提供了方便。另外,在钱山漾遗址还发现一种形似畚箕的带柄木器,形制亦同该地区农民现代使用的木千篰一样,是一种取河泥施肥的工具。良渚人将中耕除草同施肥结合起来,大幅度地提高农作物的单位面积产量。

由于水稻种植需要引水灌田,良渚人继承了马家浜和崧泽人打井修渠,灌溉农田方法,并且取得了进一步的发展。在江苏吴县澄湖、昆山太史淀、无锡南方泉、江阴夏港及浙江嘉善等地,都发现了良渚时期的水井。澄湖发现了150多口水井,均为直圆筒形竖井,井口直径在1米左右。太史淀发现的水井还设有木井圈。良渚水井修筑井壁的技术显然继承了马家浜文化的特点,并有所提高。更重要的是水井数量急剧增加,其作用不仅是为了日常生活饮用。张家港徐家湾遗址发现了用于引水排水的沟渠遗迹,再联系到许多开沟犁的出土,说明良渚文化可能已经出现了灌溉农业。由于良渚文化遗址都处于比较低洼的水网地区,主要农作物是水稻。水稻的生长既怕干旱,又怕水涝,控制适当的水量是保证水稻生长、丰收的基本措施。良渚文化的先民积累了自马家浜文化以来3000年水稻栽培和田间管理的经验,逐渐摸索出了井渠灌溉技术,从而大大增强了水稻抗旱与排涝的能力,使稻作农业置于更加稳定的基础之上。而稻作农业稳定的发展,则为社会的发展奠定了良好的物质基础。

二　高超的手工业生产

良渚文化农业生产水平的提高,使得农产品供应稳定增加,更多的人能脱离农业生产,从而推动了手工业等其他行业的发展。各地出土的良渚遗物表明,良渚先民已拥有陶器、石器、木器、竹器、丝麻纺织、玉雕以及髹漆等多种手工业,而且都达到了较高的水平,在中国新石器时代晚期占有重要地位。

(一) 制作精良的陶器

良渚文化的许多陶器,既是美观、大方、实用的生活器皿,又是精致巧妙的工艺美术品。良渚陶器的胎质主要有泥质黑皮陶、夹砂灰黑陶、夹砂红褐色陶等,其中良渚文化晚期流行的黑皮磨光陶最具特色。所谓黑皮磨光陶,胎多呈深灰或浅灰色,胎质纯净,器壁薄而规整。器表大多披上一层黑色陶衣,此种陶衣是用淘洗过的陶土调成泥浆,施加在陶器的表面,以掩盖粗糙的胎壁。在陶器将干未干之时,用鹅卵石等工具多次进行打磨,直至器表十分光亮,呈现出漆黑色光泽。良渚的各种陶器造型浑圆、规整,已普遍采取快轮成型的方法,胎质细腻,器壁厚薄均匀,火候较高。陶器的表面常常用镂刻技巧加以装饰,主要纹饰有弦纹、竹节纹、刻划纹和镂孔。镂孔以圆形和三角形为主,一般饰于器物圈足和豆柄上。少数器物突出部位刻划出精美的花纹图案,既有形态生动形象的鱼、鸟、花、草等动植物,也有线条纤细、结构巧妙的几何形图案。福泉山遗址和吴县草鞋山出土的良渚文化陶鼎,在丁字形足部镂以新月形和圆形的孔,器盖、盖钮及器身则精细雕刻着圆涡纹、蟠螭纹图案。带盖的贯耳壶有的厚度仅 1—2 毫米,上面也分别细刻着繁复的圆涡纹、编织纹、曲折条纹、鸟形纹、蟠螭纹等纹饰。这些纹饰都用流畅的线条刻成,显示了高超的刻划技艺。有一些陶器把手上附加的编织纹饰,竟是用细如丝线的泥条编叠粘贴而成,足见其制作之精良。

良渚陶器的种类繁多,形式多样,按其功能划分有炊器、盛贮器、食器和酒水器。炊器主要有鱼鳍形足鼎、T 字形足鼎和甗、甑等。所谓鱼鳍形足鼎,指的是它有三个扁薄的鼎足,足面刻划斜直线或短线,形如鱼鳍,故而得名。此类陶鼎风格独特,特征鲜明,几乎自始至终贯穿整个良渚文化时期,是良渚文化的典型陶器。盛贮器主要指盛放和贮藏食物的器皿,种类有双鼻壶、圈足壶、贯耳壶、盆、盘、钵、罐、尊、簋、缸、瓮等。其中双鼻壶和贯耳壶是比较典型的器物。双鼻壶是由于它的口沿外两侧对称粘附一对如鼻孔状的贯式小耳而得名,贯耳壶则是因其壶的肩腹部粘附有一对纵向的贯式器耳而得名。食器主要指陶豆类器皿,出土数量相当多,且早晚变化也较大,是良渚文化的典型器物之一。早期豆具有崧泽文化的风格,豆盘浅,豆把呈喇叭状大圈足,上有圆形或弧边三角形的镂孔,造型较为宽大低矮。中期的陶豆豆把往往较细较高,且多呈竹节状,以及以凸弦纹、长方形或圆形的镂孔为饰。晚期陶豆豆盘作侈口浅腹或平面呈椭圆形,豆把细高如竹节状。酒器和水器主要有过滤器、宽把带流罐形壶、杯形壶、杯、鬶和盉等。

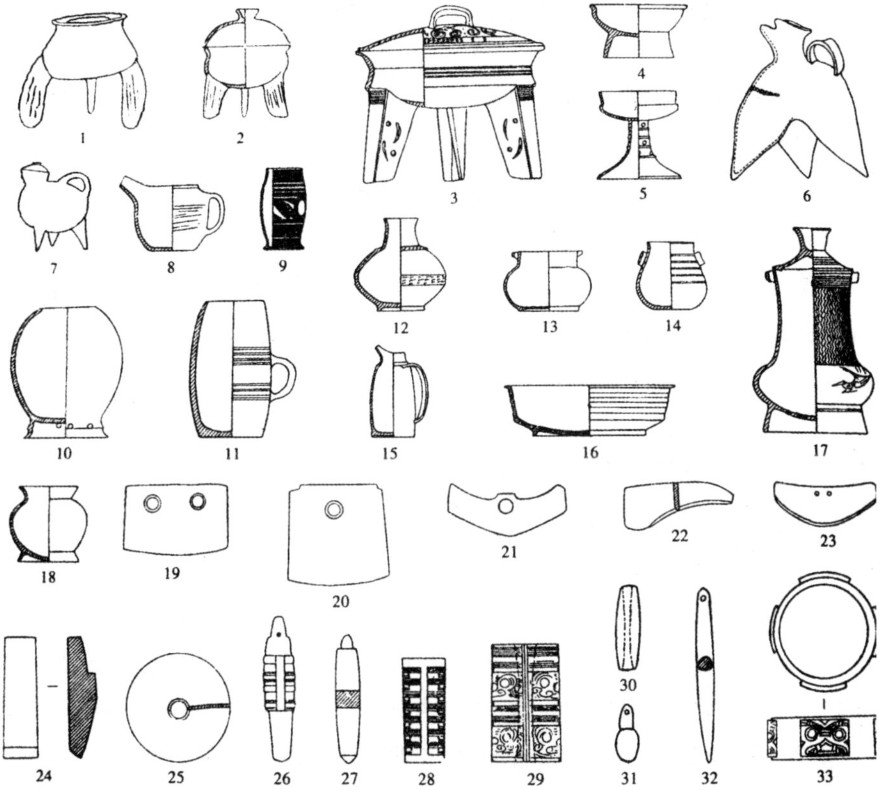

1、2. 鼎 3. 带盖鼎 4、5. 豆 6. 鬶 7. 柱足盉 8. 带把匜 9. 彩绘罐 10、18. 罐 11、15. 杯 12. 壶 13、17. 贯耳壶 14. 贯耳罐 16. 盆 19. 双孔石斧 20. 有肩穿孔石斧 21. 耘田器 22. 石镰 23. 双孔石刀 24. 有段石锛 25. 玉璧 26、27. 玉锥形饰 28. 长筒形琮 29. 兽面纹玉琮 30. 玉管 31、32. 玉锥形饰 33. 短筒形玉琮

良渚文化器物(邹厚本主编:《江苏考古五十年》,南京出版社,2000 年,第 54 页。)

(二) 种类多样的石器

良渚文化的石器大都通体磨光,制作精致,棱脊分明。穿孔普遍采用管穿法。典型的器物有扁平长方形穿孔石斧、有肩穿孔石斧、有段石锛、两端上翘的耘田器、有柄石刀、三角形穿孔石犁、石镞、石矛、石镰,等等。石斧是砍伐或加工木材用的生产工具。良渚的石斧大都带有木质器柄,因年代久远,木柄很难保存下来。石斧器身往往较窄而厚重,双面弧刃,部分器身宽而扁平如钺者,则在靠柄端中部有圆形穿孔。锛都作单面平刃,器身大都为长条形,少数呈梯形状。它往往捆扎在带有弯钩的木质器柄头部,用作开垦土地的农具,也可用作刳削木材的工具。铲是一种带有直向木柄,用于铲削杂草及松土的农具。锄的器身一般都较扁薄,状如长方形,双面弧刃,柄部正中凸起,并有两面对钻的大圆孔,用以纳入木质或竹质的木柄,作为沼泽地区锄草松土的农具。耘田器器身扁平,略呈左右两翼后掠的"V"字形,其前端有尖锋或弧圆状刀刃，后端为刀背，中间凸起，且多数正中有两对钻的圆孔，因其形如现在农村所使用的铁质耘田器，故被称为耘田器，一般认为是中耕锄草的工具。石镰是一种收割工具，器身大都略呈扁平状的戈形，单面弧形刃。石锛、石凿等为木作加工工具。

（三）叹为观止的玉器

环太湖流域的先民爱玉佩玉的传统出现很早，马家浜文化时期就出现了玦、璜、环、手镯等装饰玉器。崧泽文化时期玉器种类更多，有璜、管、琀、璧等。至良渚时期，玉器制造业更是异军突起，不仅玉器的数量和种类繁多，而且制作工艺高超，达到了中国新石器时代玉器制造的一个高峰，并成为后来商周礼器的一个渊源。良渚文化玉器出土地点多，分布面广，江苏、浙江、上海等地的遗址均有大量发现。江阴高城墩、常州寺墩、昆山赵陵山、少卿山等遗址均出土了较多良渚玉器，尤其是寺墩遗址3号墓出土玉器达上百件之多，其中玉琮33件，玉璧24件。[①] 昆山赵陵山遗址M77 123件出土随葬品中绝大部分是玉器。[②] 浙江余杭县反山墓地墓葬中各种玉器占全部随葬品总数的90%以上，11座墓中计出土3200余件，其中有一座墓随葬玉器达500多件。

良渚玉器种类繁多，有玉璧、琮、钺、璜、环、镯、带钩、柱状器、锥形佩饰、镶插饰件、圆牌形饰件、各种冠饰、杖端饰等，还有由鸟、鱼、龟、蝉和多种瓣状饰件组成的穿缀饰件，由管、珠、坠组成的串挂饰品，以及各类玉珠组成的镶嵌饰件等等。按照功能来分，主要可以分为礼器、装饰品、生活用器及工具、组装件及杂器四大类。

璧、琮、钺、瑗、圭等属于礼器，也可能是原始宗教用的法器，同时还是象征墓主人身份标志的葬玉。玉璧为扁圆形玉器，多素面，形制基本相同，唯其璧体大小厚薄稍有差异。一些良渚玉璧上还有线刻的鸟纹、鱼纹，十分精美。[③] 玉琮造型独特而又讲究对称和谐，有圆形、弧边短方形和方柱形等造型。内圆外方的方柱形琮最为常见，上大下小，而且都以四角为中轴线向左右两侧的凸面上雕刻或繁或简的兽面纹图案，每节一组图案，节数各不同。有学者认为内圆外方的琮是原始先民们"天圆地方"宇宙观的体现。[④] 良渚文化中期以后流行方柱形琮，且琮的节数不断增加，器身也越来越高，而其上兽面纹则渐趋简化。常州寺墩遗址M3出土了33件玉琮，均为外方内圆，每面中间有直槽一分为二，并有横槽分为若干节。以六七节为多，最少的一节，最

① 南京博物院：《1982年江苏常州武进寺墩遗址的发掘》，《考古》1984年第2期。

② 江苏省赵陵山考古队：《江苏昆山赵陵山遗址第一、二次发掘简报》，《东方文明之光——良渚文化发现60周年纪念文集》，海南国际新闻出版中心1996年版。

③ 陈甘棣：《鉴赏美国收藏的良渚文化玉器》，《东方文明之光——良渚文化发现60周年纪念文集》，海南国际新闻出版中心1996年版。

④ 张光直：《中国古代史在世界史上的重要性》，《考古学专题六讲》，文物出版社1986年版，第60页。

多的十五节，高达 33.5 厘米。玉琮表面皆饰象征性兽面纹，即以四角为中线，每节一组，由两个圆圈和一条转角上的凸横档组成，上部皆有两条平行的凸起的长横档。兽面眼睛除了圆圈外还有圈点和重圈来表示。玉钺器身扁薄，两侧腰部稍微内凹，形如“风”字状，靠近柄端中部多有一两面对钻的圆孔，刃部为弧形双面刃，有刃角，且往往不开刃，也没有明显的使用痕迹。极少数玉钺上还刻有神徽、神鸟图案。结合出土的情况和后世的文献记载来看，玉钺应该是权杖的标志。玉瑗的形制和功能与玉璧基本相同，只是中孔有大小之分。《尔雅 · 释器》云“好倍肉谓之瑗”，即中孔直径大于边宽者名为瑗。玉圭呈扁平而窄长的梯形，柄端稍厚，自下而上逐渐变薄，器身则稍变宽。江苏溧阳曾经出土一件长 21 厘米的玉圭，正面中间有阴线细刻的人、兽面纹，反面为展翅鸟纹。两组纹饰均由主题纹、装饰纹和地纹精巧组合而成，十分精美。[①] 礼器类玉器在良渚文化玉器中占有十分重要的地位，它们是良渚显贵们所使用的法器，也是地位和权力的象征，尤其是玉璧和玉琮，往往被研究者称为良渚重器。

寺墩 M3 出土玉琮(《1982 年江苏常州武进寺墩遗址的发掘》图九，《考古》1984 年第 2 期。)

---

① 汪青青：《溧阳出土良渚文化玉器珍品——神人兽面鸟纹圭》，《东方文明之光——良渚文化发现 60 周年纪念文集》，海南国际新闻出版中心 1996 年版。

良渚玉器中的装饰品大多为人体、冠帽和服饰上的饰件，所占比例最大，品种也最为丰富，几乎从头到脚，身体的各个部位都有玉饰品，比较常见的有玉环、玉镯、玉璜、玉玦、玉带钩、三叉形器、冠形梳背以及各种串饰和坠饰等。其中璜多为半璧形制品，上端常对钻有用以穿绳的小孔，大多出自墓主人的颈或胸部附近，有的还与玉管、珠等串饰一起出土，说明其应该是良渚先民们胸前的挂饰或成组的佩饰、项链的构件之一。另外一些小型的圆雕，如蛙、鸟、龟、蝉、鱼、人形等小型玉器等，身上均有小穿孔，也可能是佩戴在身上的饰件。良渚玉器中的生活用具主要是显贵们使用的豪华餐具，如匙、匕等。工具则有纺专（纺轮和捻杆）以及一些原始织机上的部件，如卷布轴镶饰、开口刀和经轴端饰等。组装件和杂器大多是某些器名和用途不明的端饰、插座或柄形器，也有一些属于镶嵌的饰品，同时还有一些造型奇特，功能尚不清楚的玉制品。

良渚文化的玉器制作技术达到了当时最先进的水平。根据玉器制作工艺来看，当时良渚玉匠们已经完全掌握了选择和切割石料、琢打成坯、钻孔、磨光等一套技术，大至璧、琮，小至珠粒，均经精雕细琢，打磨抛光，显示出良渚文化先民高度的玉器制造技艺。同时工匠们还采用阴纹线刻和减地法浅浮雕、半圆雕以至通体透雕等多种雕刻技法。玉器图案的刻工非常精细，有的图案在 1 毫米宽度的纹道内竟刻有四五根细线，可见当时使用的刻刀之锋锐，工匠技术之娴熟。玉器的图案常以卷云纹为地，主要纹饰是神人兽面纹，构图严谨和谐，富有神秘感。余杭反山 12 号墓出土了一件号称“琮王”的玉琮，分为两节，分别以四个转角为中轴线，向两侧凸面展开并刻着典型的兽面纹，兽面纹两侧各雕刻一“神鸟”，左右对称，上下相同。① 更令人惊叹的是，在琮王的四个正面的直槽内上下各有 1 个神人与兽面的复合像，共 8 个。神人的脸面为倒梯形，重圈为眼，宽鼻、阔嘴，头戴高耸的羽冠，双手叉腰，下肢作蹲踞状，四肢满刻卷云纹。神人的胸腹部以浅浮雕刻画出一兽面纹，重圈为眼，宽鼻、阔嘴，有两对獠牙。鼻、嘴间均以卷云纹和弧线填刻，整个图像仅高 3 厘米，宽约 4 厘米，线条极其纤细，堪称微雕的杰作。这种神人和兽面的复合图像被誉为良渚文化的“神徽”。

① 浙江省文物考古研究所反山考古队编著：《浙江余杭反山良渚文化墓地的发掘简报》，《文物》1988 年第 1 期。

良渚神徽(反山考古队:《浙江余杭反山良渚墓地发掘简报》,《文物》1988年第1期,图二十"甲型玉琮神人兽面纹饰"。)

良渚文化的玉器,以其数量多、质量高而超越同时期其他地区玉器制造业。当时玉器制作已经成为专业化程度很高的手工行业。制成的玉器,在玉石的自然属性之外和之上,增加了观念形态的社会属性。这种渗入到玉器中的观念,就是等级观念和宗教观念,它构成了原始礼制和原始宗教的灵魂和核心。[①]

(四) 髹漆和竹木器

除陶器和玉石器制作之外,良渚文化时期的髹漆和竹木器工艺也有了一定发展。良渚时期髹漆工艺不仅用于木器,还施于陶器上。如吴江梅堰遗址曾发现两件漆绘陶器,一件是在已经烧好的黑陶器上用金黄、棕红两色绘出两道弦纹和丝绞纹;另一件是纯用棕红色绘出一道花纹。所绘的原料为漆,是先在黑陶表面涂上一层稀薄棕色漆,然后在上面用厚漆加绘花纹。[②] 昆山绰墩遗址发现一件带把手的漆木杯,器表涂有外红内黑的漆。[③] 余杭瓶窑下家山遗址还出土了一件彩色的漆器,上绘有变形的鸟纹,色彩艳丽,十分精美。

除了漆器外,良渚文化的许多遗址都发现了木器和竹编器物。湖州钱山漾遗址集中出土了200多件竹制品,器物种类有竹席、篓、篮、箩、簸箕等等,说明这种手工业也成为一些氏族成员专门从事的生产劳动。上海青浦寺前村遗址发现的两口良渚文

① 戴尔俭:《玉器时代献疑和美感探源》,《东南文化》1992年第2期。

② 江苏文物工作队:《江苏吴江梅堰新石器时代遗址》,《考古》1963年第6期。

③ 苏州博物馆等:《江苏昆山绰墩遗址第一至第五次发掘简报》,《东南文化》2003年增刊。

化水井中，其井壁有用竹和芦苇编成的井圈，以防井壁塌陷。另外良渚镇庙前遗址出土了木豆、木盘、木矛和木箭镞等一批罕见的木制品；宁波慈湖遗址也出土了木耜、木桨、木屐，还有用树杈制成的锛柄和镶嵌牙齿钻头的木钻，可见当时的竹木制品十分丰富。手工业内部不同行业的分工在良渚文化晚期已经出现。

手工业的分工和发展使产品的交换发展起来。大量玉器、石器、陶器、竹木器在一些遗址或墓葬中集中出现，显然并非生产者或墓主人本身生活的实际需要，而是权力与财富的象征。许多手工业产品，已经具有商品的属性。良渚文化的玉器，在黄河流域的山西陶寺和广东石峡等氏族墓地中都曾出土，在良渚文化的上海马桥、嘉兴雀幕桥等遗址出土了山东龙山文化的陶鬶，可能都是交换的结果。因此到了新石器时代晚期，手工业产品的交换活动不仅在氏族和部落集团内部经常地、频繁地进行，而且同生产活动一样，已成为社会经济活动的一项越来越重要的内容。

三　大型聚落和古城的形成

太湖流域水网密布，良渚先民多选择在地势较高的山前地带或土墩高地，以及河岸边台地作为居住地所在。其中的土墩高地或山前的聚落多依土墩或小山丘的地势而建。平原地区的聚落则大都呈散点式分布。由于江南潮湿多雨，良渚人的房屋大都选择建造在地势较高的地方，并有干栏式、浅地穴和地面起建等多种房屋建筑形式。聚落的遗迹可见房屋、道路、灰坑、手工业作坊、畜栏、宗教场所、生活设施等。[①]

从地理位置来看，良渚文化聚落基本上环绕太湖的南部、东部、北部和西部分布。有学者将良渚遗址分为四个聚落群：(1) 太湖以南杭州余杭区的良渚—瓶窑聚落群；(2) 太湖东南的浙北嘉兴聚落群；(3) 太湖以东、长江以南苏南—沪西聚落群；(4) 太湖西北、长江以南江阴—武进聚落群。[②] 其中后两个聚落群主要在江苏境内。以上每一聚落群都有很多规模、大小不等的遗址。这些遗址在整个聚落群中间职能、分工、地位都有明显的差异，可以分为中心聚落、次中心聚落和一般聚落，形成了金字塔形的等级社会结构。[③] 苏南—沪西聚落群包括江苏昆山的赵陵山、少卿山、绰墩，吴县草鞋山、张陵山、越城，吴江的龙南、青浦的福泉山等良渚遗址，其中赵陵山规模最大，面积达1万多平方米，周围有古河道环绕。该遗址中层为良渚文化，其中心部位是人工

---

① 聚落是人类各种形式的聚居地的总称。它不单是房屋建筑的集合体，还包括与居住直接有关的其他生活设施和生产设施。聚落既是人们居住、生活、休息和进行各种社会活动的场所，也是人们进行生产的场所。

② 丁品：《良渚文化聚落群初论》，见杭州良渚遗址管理区管理委员会：《良渚文化学术讨论会资料》，2003年9月。

③ 张之恒：《良渚遗址聚落群研究》，《东方文明之光——良渚文化发现60周年纪念文集》，海南国际新闻出版中心1996年版。

堆筑的高台，厚近4米，面积达3000平方米。土台上分布有红烧土遗迹、大型贵族墓葬和用于祭祀的“人牲”。江阴—武进聚落群中以武进寺墩遗址最大，遗址中心部位是直径为100米、高20米的人工堆筑的圆形祭坛。环绕祭坛的是一条人工开凿的内围沟。另外还有一条外围沟环绕整个遗址。内围沟外的东南部发现了几座良渚文化的大墓，随葬品颇多。在良渚文化所有遗址中，良渚—瓶窑聚落群中莫角山遗址规模最大，该遗址发现有人工营建的30多万平方米的大土台，中部耸立呈品字形排列的3个土丘，3个土丘之间还发现了3万平方米的夯土建筑基址。基址上有大型的柱坑，根据柱坑的大小推测，最大的木柱直径有60厘米，说明当时的建筑规模很大。如此规模的高台建筑，估计要300万个人工，[①]调动这样大量的人力物力绝非一般简单的社会组织能够办到。也有学者认为：“莫角山遗址从设计、营建、组织指挥、劳动力投入、种种礼仪活动等诸多方面所显示的生产力发展水平、社会组织结构和意识形态，是良渚文化进入文明阶段的最具说服力的证据之一。”[②]也有学者认为：从一定程度上来讲，太湖流域的莫角山、赵陵山、寺墩等中心聚落遗址，均和黄河流域的龙山文化城堡具有相同的性质，属于早期雏形城市。[③]

值得关注的是，2007年考古人员在余杭瓶窑镇还发现了良渚古城，古城大致以良渚遗址区内的莫角山遗址为中心，东西长约1500－1700米，南北长约1800－1900米，略呈圆角长方形，正南北方向。城墙部分地段残高4米多，做法考究，底部先垫石块，宽度达40－60米，上面堆筑纯净的黄土，夯实。根据城墙中出土的陶片来看，这座古城的年代不晚于良渚文化晚期，也就是说，距今4000多年。[④] 尽管目前学术界对于这座古城的性质仍有争议，但是不容置疑的是它的发现为人们探讨城市和文明的起源提供了十分重要的新资料。

四　等级分明的墓葬和社会

良渚文化的社会分层除了体现在聚落的大小上，更为明显的体现在墓葬上。良渚文化墓地大致可以分为平地墓地和人工堆筑的高台墓地两类。平地墓地基本沿袭了马家浜和崧泽墓地的特点，多位于居住区周围，墓葬之间没有一定的排列规律，墓坑规模小，随葬品数量也相对较少，多以陶器为主，不见玉礼器，如有玉器也是小件的装饰品。这些墓葬的主人主要是一些平民。

---

① 吴汝祚：《文明的曙光——良渚文化》，浙江人民出版社1996年版，第46—48页。

② 浙江省文物考古研究所：《余杭莫角山遗址1992—1993年的发掘》，《文物》2001年第11期。

③ 邹厚本主编：《江苏考古五十年》，南京出版社2000年版，第126页。

④ 刘斌：《良渚遗址发现5000年古城》，《中国文物报》2007年12月5日。

高台墓地在良渚文化遗址中比较常见，高台墓地都有高大的人工堆筑的土台，墓葬的规模、随葬品的数量和规格明显超过平地墓葬，一座墓葬往往有几十件甚至上百件随葬品，随葬器物中往往有大量的玉礼器。有的墓地还出现了杀殉的现象。江苏昆山的赵陵山、苏州的草鞋山、江阴的高城墩、武进的寺墩、无锡的邱承墩均有高台墓地发现。如赵陵山遗址的中心部位为人工堆筑的大型土台，厚近4米，面积近3000平方米。土台南部已经发现面积达70—80平方米的两层大土坯状的红烧土层，各厚30—50厘米，自北向南倾斜，可能与原始宗教礼仪有一定关系。在第二层红烧土下有一批墓葬，有的在墓坑内的葬具外埋放杀殉的人骨，有的单独埋放一个人头骨，有的墓主两腿间放一婴儿。在两个大墓坑北面，埋有两具并列的婴儿骨架，在骨架之间特意放置一只红陶鼎。土台西北部的外围发现的19座小墓，均无墓坑，头向不一，多无随葬品，半数下肢被砍去，有的双腿被捆绑，还有仅见人头、无头人架、身首异处等人骨，经鉴定多为青少年。这些小墓的死者均系“杀殉”之牺牲。在土台之上和周边有60余座长方形浅穴土坑墓，排列有序，层次分明，大多有葬具，外施赭色颜料。这些墓葬随葬品极多，都是社会显贵的墓葬。其中77号大墓，长3.3米，宽1.1米，发现彩绘葬具痕迹，随葬品达160件，其中各类玉器就有125件，包括大石钺、玉琮、象牙镯等。这些考古资料表明，赵陵山在良渚文化时期曾是一座人工堆筑的祭坛，其上埋有一批用作人牲的青少年，以后又作为显贵人物的墓葬。

寺墩墓人工堆筑的高台附近发现3座东西向排列规模较大的墓葬，其中M3墓最为重要。M3墓坑南北长3米、东西宽1.2米。墓主仰身直肢，头向朝南，保存有头骨、残缺的肢骨和趾骨，经鉴定为20岁左右的青年男子。肢骨和随葬的部分玉璧、玉琮、石斧上有火烧痕迹，说明埋葬时举行过某种用火的敛葬仪式。M3随葬品有陶制生活用具、玉石制生产工具、玉饰件、玉礼器等几大类，共计120余件。陶器都置于脚后。14件玉石生产工具多置于头右侧和左臂一侧。镯、锥形饰、坠、珠等玉质装饰品有9件散布在头部周围。最惊人的是该墓随葬了24件玉璧和33件玉琮。玉璧出土时分置头前脚后各10余件。制作最精致的2件放在胸腹之上。玉璧的圆孔对钻而成，表面平素无纹，一般都琢磨光滑。最大的直径为26.2厘米。33件玉琮大都围绕在人骨架四周，玉琮皆作筒状，外方内圆，自1节至15节不等。墓葬年代经测定大约距今4500—4200年。寺墩3号墓的墓主是一个年仅20岁的男性青年，却随葬了数量众多的玉璧、玉琮，研究者大都认为其显贵的地位很可能源于血缘世袭而非由其本人能力获得。世袭权力的出现有力地证明了当时特权阶级的存在。

无锡鸿山邱承墩发现的良渚高台墓葬有3座墓葬规格较大，随葬了较多的玉器。[①] 其中M3随葬玉琮3件，玉璧7件，玉钺1件；M5随葬玉璧9件，玉琮2件，玉钺3件，M11随葬玉璧6件，玉钺2件。邱承墩M5的规格在太湖北部的良渚文化墓葬中，仅次于寺墩M3。

良渚玉器中非装饰用玉占有相当大的比例，例如大量圆形穿孔的玉璧、外方内圆的玉琮、玉钺等，它们大都制作精良，有些还刻有具有特殊意义的纹饰。这些玉器不仅具有原始意义的审美观念，而且具有某种权威和神力的观念。从良渚墓葬随葬玉器情况来看，在良渚社会中占有大量玉器就意味着对神权和政权的占有，当时已经存在一整套完整的用玉礼制。用玉器来随葬的墓规格明显高于非玉器墓。墓葬规模越大，随葬的玉器也越多。一些玉器放置的位置相对比较固定，如玉琮的位置一般放在胸腹和手臂附近，玉钺大都放在上肢两侧，玉璧最常见的是平置在棺底。各种玉器的组合也有明显的规律，例如反山瑶山部分墓葬随葬琮、钺、璧、三叉形器等，另一部分墓葬不见上述器物，只随葬璜、系璧等。这两种组合可能代表了同一阶层中不同职能的人们的身份差别。研究者一般认为琮代表主持祭祀的权力，钺代表军事首领的权杖。同时随葬玉琮和玉钺的墓主很可能是身兼宗教和军事双重领袖身份的显贵。

总的来讲，良渚文化时期，随着良渚的犁耕农业的发展，生产工具和生产方式的改进，农业和手工业进一步快速发展，社会财富增加，社会成员之间贫富差距也不断加大。财富由一般聚落流向中心聚落，大型建筑和雏形城市开始出现，权力逐渐集中到少数贵族手中，统治阶级逐渐形成，用玉礼制、杀殉和世袭现象的出现，标志着良渚文化晚期已经进入阶级社会，迎来了文明的曙光。

五　文明前夜的衰落

俞伟超先生指出："在距今5000—4000年前，我国的文明曙光时代，以东方的龙山文化和东南的良渚文化的光芒最亮。"然而在距今4000年左右，进入初期文明阶段的良渚文化突然衰弱，之后出现的马桥文化并不是良渚文化继续发展演变而来，而是因为生活、生产环境发生了巨大变化，族群人口减少，文化处于较低落时期的遗存。[②] 关于良渚文化的衰弱之谜，学术界多有争论。有研究者指出良渚后期气候逐渐向干凉转变，距今4300年以后明显走入低谷，距今4300—3800年间气候剧烈波动。良渚文化走向衰亡恰处于距今4000年前后低海面，气候转型的水、旱灾害群发期。气候

① 南京博物院等：《邱承墩——太湖西北部新石器时代遗址发掘报告》，科学出版社2010年版。

② 俞伟超：《龙山文化与良渚文化衰变的奥秘》，《文物天地》1992年第3期。

异常及水、旱灾害频发给靠水稻种植和渔猎为生的良渚人的生业模式带来极为严重的、甚至是灾难性的打击。[①] 也有一些学者认为单一的灾难并不能直接导致良渚文化的急剧衰弱,他们更多倾向于认为良渚社会内部的矛盾才是其文化衰弱的最深层次的原因。赵辉认为良渚社会是一个组织化程度颇高的社会,宗教在社会生活中占有突出地位,社会中存在大量非生产性劳动支出,享乐型的社会生活流行,而导致良渚文化衰弱的原因正隐藏在这些现象中。[②] 安志敏则认为"大量非生产性劳动的支出势必破坏以农业为基础的生产经济,最后可能导致无法抵御外来势力的入侵,而陷于灭亡和消失,甚至连文化传统都荡然无存"。[③] 因此良渚文化的衰亡很可能是外因和内因共同作用下的结果。良渚晚期环境的变化导致农业生产受到影响,良渚的上层贵族却为了追求享乐生活,将大量资金用于非生产性设施,制作精美的玉器、堆筑高台墓地等等。为了满足显贵们的奢侈生活,底层人民负担日益沉重,巨大的贫富差距必然会导致社会矛盾激烈,危机四伏。而此时中原地区已经成为文明的中心,在中原地区强大的经济实力和文化压力下,良渚文化受到严重冲击,加速衰落,最终消失并被后来的马桥文化所替代。

尽管良渚文化在即将跨入早期国家门槛时衰落了,但是良渚人创造的先进文化却为周边地区甚至是后来的夏商周文明所吸收,成为中华文明起源的重要来源之一。诚如苏秉琦先生所言:"良渚文化在中国文明史上,是一个灿烂发光的社会实体。"[④]

第四节 新石器时代江苏人的生存状况

一 社会经济活动

新石器时代人类的生产经济的发展可以分为三个阶段:新石器时代早期,以采集、渔猎经济结合为主,种植业刚刚出现,不占主要地位;新石器时代中期,种植业、畜牧业等经济地位日渐突出,与采集、渔猎经济并存;新石器时代晚期,种植业和畜牧业占据主要地位,采集和渔猎经济作为补充方式退居次要地位。采集和渔猎属于掠夺性经济,而种植业和畜牧业属于生产性经济,掠夺性经济和生产性经济的此消彼长,

① 史威、马春梅、朱诚等:《太湖地区多剖面地层学分析与良渚期环境事件》,《地理研究》2008 年第 5 期。

② 赵辉:《良渚文化的若干特殊性——论一处中国史前文明的衰弱原因》,《良渚文化研究——纪念良渚文化发现 60 周年国际学术讨论会文集》,科学出版社 1999 年版,第 109 页。

③ 安志敏:《良渚文化及其文明诸因素的剖析——纪念良渚文化发现 60 周年》,《考古》1997 年第 9 期。

④ 苏秉琦:《太湖流域考古问题》,《东南文化》1987 年第 1 期。

正是人类不断进步的表现。

（一）采集经济

采集经济是最古老的获取食物的方式之一，大自然给人类提供了丰富的天然食物，人类出现之初，就曾依赖采摘植物的种子、果实来果腹。农业产生以后，采集经济并没有立刻退出历史舞台，在很长一段时间内，采集经济一直是史前人类生产活动中的一部分。葫芦、菱角、芡实、甜瓜、莲子、核桃、枣子、板栗等等食物都是人们经常采摘的物品。江苏境内的史前遗址大都发现了各类植物的种子、果实，例如龙虬庄遗址中就发现了较多的水生的淀粉类食物芡实和菱角，吴江梅堰遗址曾发现了野生核桃、杏梅核和橡子。不过随着种植业的不断发展，采集经济逐渐退居次要地位，成为先民们获取食物的一种补充方式。

（二）渔猎经济

江苏大部分地区属于亚热带气候，草木茂盛，森林草原广阔，河湖众多，人们居住的村庄周围大都有广泛的渔猎区。从江苏境内及周边各个史前遗址的情况来看，渔猎经济在史前社会经济中一直占有相当的比例。常州圩墩遗址发现有厚达10—45厘米的成片的螺和蚌壳层，以及大量的兽类和鱼类骨骼。草鞋山马家浜文化地层中发现了梅花鹿、麋鹿、野猪、牙獐和水牛，此外还有龟、鳖、河蚌、鲤鱼、鲫鱼。猪的头骨脑壳顶部平直，獠牙粗大，说明是野猪。浙江嘉兴罗家角马家浜文化遗址中曾发现大量的兽骨，经鉴定有貉、亚洲象、梅花鹿、四不像、獐、鲸，还有中华鳖、鼋、扬子鳄和雁，以及大量的鲤鱼、鳢、青鱼、鲫鱼等鱼类骨头和蚌类。史前的人们主要用由石、骨制成的矛、弓箭和飞石索等工具，射杀和捕捉活动在草原森林边缘地带的麋鹿、梅花鹿、小麂、獐和猪獾等等。用独木舟在河湖中撒渔网捕鱼，或是用带有倒刺的骨镖、锋利的骨锥、骨叉来捕鱼。在河湖边捡拾河蚌、蛤蜊和螺蛳。弓箭是人们发明的重要狩猎工具，早在旧石器晚期就已经发明，到了新石器时代它的使用更为广泛。捕鱼时人们开始使用挂着网坠的渔网，网坠增加了渔网在水中运动的速度，产生了张力、合力和压力，相比镖鱼、钓鱼等捕鱼方式渔获量一下子提高了几倍、几十倍，大幅度提高了捕鱼的效率。江苏高邮龙虬庄遗址、海安青墩遗址、金坛三星村遗址都发现了数量较多的各类骨角器，其中骨镞和网坠的大量发现，都说明当时这些地区渔猎业相当发达。人们在食用完捕获来的动物后，还将这些动物的骨骼进一步加工成各种工具，如骨镞、骨镖等。有些颜色鲜艳的贝壳类食物被食用以后，被用来制作成精美的装饰品，例如金坛三星村遗址就出土了由数百枚圆形小蚌片组成的蚌串饰，其制作工艺令人叫绝。

（三）农业

在漫长的采集经济年代，人们逐渐学会了使用某些经常食用的植物种子通过种植的方法，获得有效的食物来源，这就是原始农业产生的萌芽。一些最常食用的野生植物经过一代又一代的培植改良，成为先民们普遍喜爱的粮食，其中比较容易储藏的谷类作物是史前人类栽培的最为主要的农作物。从一些民族志材料来看，妇女是采集活动的主要劳动力，男人则经常从事渔猎活动。这种性别上的自然分工，使妇女成为原始农业的发明者。妇女们发现，在土地、水分和气候适宜的条件下，有些植物的种子可以发芽、开花、结果，有些还能易地移植，重新生长。于是，在长期居住的山洞附近，人们用刀、斧披荆斩棘，放火烧荒，开辟出一块块适于栽种的土地，年复一年地播种收获。相对定居的生活使植物的种植与栽培成为可能，而农业的出现又导致了定居生活的巩固与发展。

江苏境内，太湖流域、宁镇地区和江淮地区主要种植水稻，而黄淮地区主要栽培粟和水稻。栽培稻是从野生稻驯化而来的，根据目前的考古发现来看，野生稻驯化时间大约在 1 万多年前。到了距今 8000 年左右，水稻的种植已经比较成熟。如距今 8000 年左右的浙江杭州萧山区跨湖桥遗址就发现了水稻 1000 多粒，从形态来看已经明显属于人工驯化后的栽培稻。[①] 大约到了距今 7000 年左右，淮河下游、长江中下游的遗址大都发现了栽培稻的遗存。这一时期，稻作已经在长江中下游得到了普及，而且水稻的品种也得到了初步的改良，已有籼稻和粳稻两个品种。到了距今 6000 年前后，原始稻作农业进一步发展，水稻种植的范围进一步扩大，稻田的整治已经初具规模。江苏吴县草鞋山马家浜文化的水稻田由水池状的水田串联起来，并且有水井、水塘、水沟等配套设施，反映了这一时期的稻作农业已经日趋成熟。谷类作物之外，一些根块、茎块类植物如芋头、芋薯也是人类栽培的对象。

农业最初的耕作方式是刀耕火种，即用石刀、石斧在住地附近砍伐灌木杂草，放火焚烧，用尖木棒等点播种子。这种耕种方式不加工土地，不需要进行田间管理，因而产量较低，还需要年年更换地方。后来发展到了锄耕农业，即在已经开垦过的田地上用石锄、石铲、骨角锄等松土除草，播种谷物，不仅可以提高作物的产量，而且延长了土地种植作物的年限。南京北阴阳营遗址曾经出土了 3 件长方形带孔石锄，草鞋山马家浜文化遗址有水稻田和各类用于翻土种植的骨、角、木器，都证明了当时人们已经掌握了锄耕的技术。同时期的一些遗址还发现了加工粮食用的石杵或陶杵，也有的出土了石磨盘和石磨棒。到了距今 5000 年前后，太湖流域的锄耕农业向犁耕农业进一步发展，一些崧泽文化遗址出土了单刃和双刃的石犁头，这些犁头是安装在木犁床上的，器形较小，平面略呈等腰三角形。到良渚文化时期，各遗址中已经普遍使

---

① 浙江省文物考古研究所、萧山博物馆编著:《跨湖桥》，文物出版社 2004 年版，第 273—277 页。

用石犁，器形较崧泽时期的石犁大，形态也略呈等腰三角形，两侧有刃，中间穿孔。有研究者认为石犁的使用，使得耕松的虚土和未耕的实土在耕层中并存，这种虚实并存改变了土壤通常水、热、养分的垂直运动，产生了侧向的水平运动，因而创造了独特的土壤环境，使生活其中的微生物和作物根系发生一系列的变化，最终可提高农作物的产量一成。同时犁耕还可以提高土壤中有机质的含量，使得土地能够用养结合，地力常新。[①] 犁耕农业的发展，使得农业生产产量不断增加，不仅改善了当时人们的生活，更为手工业生产以及史前社会进一步发展奠定了良好的物质基础。

（四）家畜饲养业

最初人们在狩猎的过程中，捕捉了一些野生动物的幼仔，因为暂时的剩余或者为了能够获得更多的食物，人们开始圈养这些幼仔。在漫长的饲养过程中，圈养的野生动物逐渐改变了它们原来的一些生理特征和生活习性，成为性情较为温顺的家畜。史前人类饲养的家畜主要有狗、猪、羊、牛、鸡等等。狗由狼驯化而来，是人们狩猎时的好助手，也是人们看家护院的好帮手。猪由野猪驯化而来，是人类最早驯养的家畜之一。它们是史前先民们主要的肉食来源之一。羊由野羊驯化而来，也是人们主要的肉食对象。牛包括不同属的黄牛和水牛，它们各自有野生的祖先。除了可以协助人类耕地之外，黄牛也是肉食对象。鸡由野生的原鸡驯化而来，鸡蛋和鸡肉都是史前先民食用的对象。江苏境内史前遗址中发现了较多的家畜骨骼，例如吴县草鞋山出土狗的头骨，经过鉴定，是介于狼和现代狗之间的狗，说明这时刚刚开始把狼驯服、饲养为家狗。常州圩墩遗址的墓中发现有随葬猪、狗的下颌骨，南京北阴阳营有些墓中随葬猪下颌。吴县梅堰遗址发现了 7 个水牛的头骨。邳县刘林遗址内共发现了猪下颌骨 171 件，牛下颌骨 30 件，狗下颌骨 12 件，羊下颌骨 8 件，可见当时的家畜饲养业已经相当发达。一般来讲，随葬猪下颌骨较多的墓葬，其他随葬品也较多，因此很多学者认为，史前先民们饲养的家猪不仅为人们提供了动物蛋白，而且猪下颌骨成为了财富的象征。大墩子遗址中很多墓葬都以整狗随葬，有的甚至随葬了三条狗，这很可能因为狗是墓主人生前亲密忠实的伙伴，墓主人死后也要让它们继续追随。

二　原始手工业

史前的手工业主要包括生产工具、生活用品以及各类装饰品的加工和制作，从考古发现来看，主要是石器、陶器、玉器、骨角器等物品的制作和加工。手工业的发展从

---

① 迟仁立等：《“精耕”优良传统与土壤耕作现代化》，《农业考古》2002 年第 3 期。左淑珍：《精耕细作是中国农业可持续发展的灵魂》，《农业考古》2003 年第 3 期。

不同的角度满足了人类社会的需求,不仅使得社会的物质财富日渐丰富,也提高了人们的审美情趣,丰富了人们的精神生活。

(一) 石器

江苏境内新石器时代遗址发现的石器大都已经从打制石器转变为磨制石器。打制石器由石料直接打击而成,特点是刃缘锋利,但器形不规整且十分易碎,使用时间较短。磨制石器则需要用水和砂在砂石上长时间磨制而成,特点是器形规整,使用时间较长。年代较早的石器大都为局部磨光,后来发展到通体磨光,穿孔石器开始大量出现。到了新石器时代晚期,遗址中发现的石器磨制精致,刃部锋利,器形变小。

石器根据其形制的不同,可以分为石斧、石锛、石凿、石铲、石锄、石刀、石镞、石磨盘等多种,不同种类的石器有不同的功能。例如石锄是翻土工具,石斧是砍伐工具。同一种石器大小不同也可能具有不同的功能,大型的石锛可以用于砍伐,而小型的石锛则多为加工骨器、木器的工具。有些特殊形制的石器还具有某种特殊的意义。例如南京北阴阳营一座墓葬出土了两件七孔石刀,由花岗岩制成。平面呈条长方形,刀背平齐,刃部稍宽,并作外凸弧形。器身偏上方有一排距离大致相等的 7 个圆孔,均系用管穿法两面钻成。其中一件石刀横长 24.3 厘米、纵高 6.1 厘米、厚 1.1 厘米,制作十分精致,穿孔和刃部看不出使用的痕迹。出土石刀的墓葬规格较高,除了有较多的陶器随葬之外,还出土了精美的刻纹野猪獠牙。三星村遗址发现了配有精美骨质饰件的木柄石钺 2 件,这两件石钺器形组合和形制完全相同,钺为环刃穿孔石钺,刃部保存完好,通体抛光,制作精良,没有使用痕迹。骨质柄饰和钺饰刻有精美的图案。这些制作精良,没有使用痕迹的石器已经不是一般意义的石器,而是代表权力或地位的礼器。

(二) 陶器

陶器的发明是新石器时代人类的重要贡献之一。人类掌握用火之后,经验日益丰富,逐渐掌握了粘土经火烧烤会变硬的性能,结合对粘土掺水之后可以捏塑成各种形状的认识,总结出粘土干后定型变硬、被火烧过不易漏水的经验,于是发明了陶器。最初的陶器是用一些竹、藤、树枝编织物或葫芦等为内模制成的,在这些内模上涂抹、贴塑一层又一层泥土,再用火烧。后来人们发现成型的粘土不要内部的容器为模,也可以烧制成陶器,于是开始采用泥条盘筑的方式制作陶器。早期的陶胎较厚,且厚薄不均,器形不甚规整,火候相对较低,质地粗疏,吸水性较强。器形多为圜底器和平底器。慢轮修整技术出现以后,陶器的形制比较规整,胎壁的厚度也比较均匀了,三足器和圈足器开始出现并最终成为主流。到了新石器时代晚期,人们普遍采用轮制技术制陶,此时的陶器器形规整、浑圆,胎壁薄、造型美观。江苏史前文化的陶器也符合这一发展过程，如太湖流域早期的马家浜文化中就以圜底的釜最为常见，到了崧泽文化时期，三足的鼎和圈足的豆则比较常见，器形也规整了许多。良渚文化时期陶器更为规整，甚至出现了薄如蛋壳的黑陶。从民族志的一些记载来看，制陶主要是妇女承担的一项手工劳动。

史前人们发明了陶器，主要是为了汲水和炊煮、盛放食物，陶器根据用途主要可以分为炊器和盛器、贮器（水器）三大类。炊器以鼎、釜为主，此类陶器的陶土中大都有意加入砂粒、石灰粒、稻草末和碎陶末等，目的是为了提高成品耐热急变性能，避免在火上加热时发生破裂，称之为夹砂陶。盛器种类复杂，主要有碗、豆、钵、盘、杯等。贮器主要指用在存放食物或者水的陶器，主要有各类罐、壶、缸等。盛器和贮器一般用纯粘土制成，称为泥质陶。

因为不同陶器有着不同的功能，人们用其随葬时也有一定的选择性，故一些墓葬出土的陶器组合往往比较固定，如长江下游的崧泽文化墓葬所出的陶器往往有鼎、豆、罐或者是鼎、豆、罐、壶，基本上为一件炊器、一件盛器和一件贮器的组合。从随葬的陶鼎、釜底部大多留有经过火烧留下的烟炱来看，随葬的陶器多半是人们生前使用过的。但也有墓地出土的陶器与日常生活中的陶器在组合器类上有明显差异，例如高邮龙虬庄遗址中居住地出土的陶器和墓葬出土的陶器似乎是两套体系，住地主要出土陶釜和陶钵、陶碗，墓葬主要出土陶鼎和陶豆，另外还有一些猪形罐、二流壶、三流壶、三足盘等造型奇特的器物仅见于墓葬。这种现象表明当时人们对随葬器物似乎已有专门的安排。

江苏新石器时代的遗址中还发现了不少彩陶，如淮安青莲岗、沭阳万北、高邮龙虬庄、邳县刘林及大墩子、南京北阴阳营均有发现。宁镇地区北阴阳营彩陶大多施红色陶衣，器形以矮圈足碗为常见，另有鼎、盆、盉等。彩绘纹样绝大部分绘于器表，偶见内彩。图案以宽带、窄带纹为主，内彩往往以十字或米字作为构图骨架，再在空白处填以三角网纹，色彩有红、白、黑几种。青莲岗文化彩陶钵均为单彩，色彩以红、黑为主，其特点为内彩，即在内壁上绘条带纹、双弧纹、波状纹、网纹、编织纹等简单的几何纹饰，以水波纹和渔网纹最富特色。大汶口刘林时期是江苏彩陶最为兴盛发达时期，器形仍以钵为主，还有鼎、三足罐、弧形杯、壶等。纹样以植物花纹图案和编织图案为主，另有一种八角星纹。常见的彩绘方法是在器表施红色或白色的陶衣，然后用黑、红、紫、白等彩勾绘图案，或直接勾绘出主体花纹，或留空形成主体花纹。中期的彩陶数量仍占相当比例，常见有鼎、罐、盆等。主要纹样为编织图案，其中尤以连栅纹为主，成为主导纹样。植物花纹图案几乎消失。新出现的花纹有连贝纹、相向半月纹、原始饕餮纹等，彩绘方法仍普遍使用色衬底衣，构图层次分明。总体上看，此期彩陶图案趋向简略，彩绘技法亦基本停滞在前期的水平上。

(三) 玉器

早在旧石器晚期，玉石因其温润美丽的特性博得了史前人们的喜爱。进入新石器时代以后，很多地区都发现了制作精美的玉器，这其中江苏先民们在治玉上取得的成就尤为令人注目。大约距今7000—6500年左右，宁镇地区的丁沙地遗址的地层中有零星的玉器出土，器形为小系璧，形制单调，器形较小，表面光滑无纹，制作比较粗糙。仅采用了简单的钻孔和制坯成形技术。治玉的水平大致和同时期的制石工艺相当。玉器仅在地层中出土，其具体组合和用途不明，根据其钻孔来看，估计以穿系方式佩戴。与同时期骨石等其他装饰品相比，玉器在功能上没有新的拓展，仅是材料不同而已。

距今大约6500—5300年左右，这一时期江苏境内的史前文化已经出现各种各样的玉器。这段时期可以分为两个阶段，早期出土玉器的遗址有北辛文化晚期、北阴阳营文化、马家浜文化晚期和崧泽文化初期的遗址，年代略晚的大汶口文化中期、龙虬庄文化、太湖地区崧泽文化中晚期的遗址。

这个阶段的玉器仍以饰件为主，但大都出土于公共墓地。同一墓地的玉器墓和非玉器墓在墓葬形制、规模等方面基本相同，随葬品相差也不悬殊。早期徐淮地区的出土玉器主要为璜、玦、珠、坠饰等，宁镇地区出土的玉器主要为璜、玦、管、坠饰、泡饰、系璧、珠、条形饰等以及与玉器质料相近的雨花石子。三星村遗址主要出土的玉器有璜、玦、管、串饰等。太湖地区出土的玉器主要有玦、璜、管、坠饰等等。晚期玉器种类有所增加，徐淮地区玉器有璜、系璧、玦、管、坠饰、环、双连璧等。宁镇地区出土玉器种类有璜、玦、环、系璧、双连璧、凿、坠饰、串饰和边角料等。太湖地区的出土玉器有璜、环、玦、坠饰、系璧、管、匕形器、兽首、琀等。玉器的功能主要依据其在墓中出土位置推断，如玦多位于头部耳旁，推断其为耳饰。璜、管、坠等，常发现于死者胸部，当为挂饰。在死者口中的玉器则作为玉琀使用。其他玉器的位置大都不固定，多见于身上或身体周围。

随着时间的发展，玉器数量种类大量增加，体形普遍增大。早期以扁平的玦和条形璜的使用最为普遍，还有管形玦、肾形璜、弧三角璜、系璧、管、坠饰、泡饰、珠、条形饰、串饰等，以璜和玦为基本组合。晚期继续沿用早期的绝大多数形制，并在此基础上有所发展。条形璜在加宽变薄，逐渐演化成半椭圆璧形、半璧形的片状璜，新出现了环、双连璧、钺、匕形器、琀等。

玉器材料以透闪石、阳起石系列的软玉较多，但玉髓、玛瑙、蛇纹石、石英、绿松石等也占了不少比例。普遍采用了以砂加水为介质的间接琢磨方式，钻孔多用实心的杆钻和空心的管钻。此时的玉器生产已经逐步摆脱了制石工艺的束缚，逐渐成为一个相对独立的专门生产部门，可能已经出现比较细致的劳动分工和社会流通系统。

从考古发现来看，玉器除去其装饰美化的意义之外，还可能标志社会成员性别、年龄、婚姻、社会地位等状况，例如崧泽墓地中随葬玉璜的墓葬绝大多数为女性墓葬。北阴阳营墓地中有些玉器被放置在陶容器内，说明玉器可能具有财富、身份、地位等象征意义。该墓地中有一些质地与玉器较为接近的玛瑙石子被放入死者口中，作为玉琀使用，说明玉器还可能具有殓尸功能，或许与某种原始宗教信仰有关。这些考古发现都表明，玉器的功能和作用正在逐渐放大，逐渐超出了一般意义的装饰品，成为人们身份或地位的标识物。

距今5300—4000年，太湖地区的良渚文化玉器开始大放异彩。良渚玉器数量庞大，种类齐全，形制复杂，新出现了琮、璧、瑗、锥形器、冠状器、人像组饰、兽面纹饰、鸟、圭等等，形体上出现了粗壮厚重、方形块状的制品。玉材使用透闪石、阳起石系列的软玉比例增加，玉器组合更加多样化。玉器的琢磨雕刻技术取得重大进展，运用了阴刻、浮雕、透雕、圆雕、减地、镂空等多种技法，纹饰日趋繁复。除了装饰功能之外，凝聚在其中的观念性、神秘性、礼仪性的内容得到了进一步深化和拓展。玉器的社会属性被人为强化，并且日益走向集中和垄断。视玉为通灵神物的核心地位全面确立，琮、璧、钺等几种主要玉器在社会礼仪、权力地位、宗教祭祀、等级财富等各方面广为发挥作用。

除了加工石器、陶器、玉器之外，史前人们还普遍将骨、角、竹、木等材料制作成各种生产生活物品。吴县草鞋山发现了古代芦席、人字纹篾席，反映出当时编织技术已经比较先进。海安青墩遗址出土了漆木器，说明当时人们已经知道用天然漆作为涂料生产原始漆器。骨角器在各个遗址更是普遍存在，金坛三星村还出土了雕刻精美的骨针筒和用于某种祭祀的刻纹板状骨器，更是说明了当时加工骨角器技术的高超。常州圩墩马家浜文化遗址，曾经出土当时划船用的木桨，说明当时的人们已经懂得利用舟船在水上航行。

最初，手工业只是人们在生产劳动之余进行的活动。后来随着农业的发展，食物出现了剩余，一部分人开始能够摆脱生产性劳动，专门从事制造加工工作，于是出现了专门的手工业者。邳县大墩子墓地发现一座男性墓葬中，随葬有5块绘制彩陶的颜料矿石和一些陶器。另一座男性墓葬中随葬有骨牙器、半成品的骨角料和磨制骨角器的砺石等30多件。这两座墓葬的墓主人很可能就是从事陶器制作和骨角器制作的专业匠人。手工业者从生产中脱离出来后，他们可以用全部的精力钻研其行业的技艺，促使行业以前所未有的速度快速发展。新石器时代晚期犁耕农业的发展为手工业发展奠定了良好的物质基础，故而无论是陶器、石器还是玉器制作，到了良渚文化和龙山文化时期都达到了相当的高度。

三　贸易与征服

由于史前先民们各个遗址所处的地理环境的不同，生产资料、生活资料以及生活方式和产品不尽相同。这种自然的差别在各个聚落的人们相互接触的过程中必然会出现交换的现象。最初这种交换可能发生在临近的聚落之间，只是小规模的、个人性质的交换。但是随着时间的发展，剩余产品的增加，这种交换逐渐扩大，成为地区与地区之间物品交流的稳定方式，于是贸易开始出现了。

例如江苏宁镇地区地处丘陵地带，石料来源比较多见，因而北阴阳营文化墓葬普遍随葬石器。而高邮龙虬庄遗址低于江淮东部平原，周围缺乏山地和丘陵，因而也就缺乏石料来源。江淮东部地区的龙虬庄文化分为 3 期，从第 1 期至第 2 期，江淮地区的石器乃至玉器均来源于宁镇地区；从第 2 期的后段至第 3 期，宁镇地区逐渐被太湖地区所取代，江淮地区的石器、玉器绝大多数均来源于太湖地区。再从宁镇地区来看，在北阴阳营文化中，可以见到为数较多的江淮地区的文化遗物，如三足罐、高圈足罐、碗、杯等，表明两者的交流可能是双向的；而太湖地区则不见江淮地区的文化因素，相反，在江淮地区则常见太湖地区的陶鼎、豆、盆、壶、杯、罐等，表明两者之间的交流可能是单向的。[①] 南京北阴阳营墓地的灰坑中出土了典型的大汶口文化的陶鬶和陶尊，尤其是陶尊上还刻了一个大汶口文化的图画文字，这一事实说明，当时徐海地区的物品通过交换、贸易或者其他方式，已经能够进入到长江以南地区了。

新石器时代晚期，由于生产力有了显著的提高，社会内部的贫富分化和社会地位的分化随之发生和发展起来。一部分人富裕起来并掌握了一定权势。随着交换与贸易的发展，他们并不满足于对自身部落内部的掠夺，对财富的贪欲使他们觊觎经济文化比较发达的其他部落的人民。于是族群、部落之间的碰撞与征服不可避免地爆发了。

太湖地区大约从崧泽文化中期，便出现了向西、向北扩张的迹象，不仅江淮东部出现大量的太湖文化因素，在淮河以北的下徐庄遗址中也可见到崧泽文化遗物；至良渚文化早期，宁镇地区和江淮东部地区在其冲击下，均出现了文化断层现象，良渚文化的势力甚至到达了淮河以北，徐海地区的新沂花厅遗址有可能是良渚文化与大汶

---

① 张敏：《从青莲岗文化的命名谈淮河流域和长江流域原始文化的互相关系》，《郑州大学学报》(哲学社会科学版)2005 年第 2 期。

口文化发生文化碰撞的典型遗址。[①]

花厅遗址发现了大量良渚文化的玉器和陶器，尤其经过陶土的科学测定，这些陶器与太湖地区良渚文化的陶器成分完全一致，说明它们的原产地就在太湖流域。同时花厅墓地还出现了墓葬分区现象、杀殉现象，而在大汶口文化其他遗址中却没有这些现象。研究者认为，花厅遗址位于黄淮的新沂地区，良渚文化则分布在江苏南部和浙江北部，花厅遗址的情况是两个部族人们发生碰撞与征服的证明。情况很可能是良渚文化先民的一支武装力量北上远征，打败了原来住在花厅地区的大汶口文化居民并实行了占领。作战中自己一方阵亡的战士不可能运回太湖流域的老家，只有就地安葬。他们不用大汶口文化居民原来用的氏族公共墓地，而在原来墓地的北面开辟了墓地。为了缅怀这些在异乡战死的英雄，特地给他们随葬了最能反映本族特色的玉器和陶器等物品，同时也将战利品——一些原来属于大汶口文化先民的物品同时埋葬。那些无力反抗又无法逃脱的大汶口文化的妇女、儿童被俘虏之后，被用作殉葬的牺牲。[②]

上海松江广富林遗址除了发现良渚晚期遗存之外，还发现了新石器时代末期一种新遗存。发掘者根据地层叠压和打破关系，将该遗址的遗存分为三个阶段：第一阶段相当于良渚文化晚期，出土的器物主要有形足鼎、贯耳壶、阔把杯、中粗颈弩、垂棱豆和镂孔豆、管流益等典型陶器，均为良渚文化晚期后段的产物。第二阶段陶器器物群由鱼鳍足鼎、细颈弩、子口浅盘豆、高领壶等组成，有良渚文化的特征，但是也出现了黄河中下游龙山文化的因素，如侧扁三角足鼎、乳钉足壶、饰弦断绳纹的大口深腹罐，还有弦断篮纹等，被视为是良渚文化的后续。第三阶段陶器主要有鬶、筒形杯、鼎、豆、罐、瓮等，陶器上往往压印绳纹、篮纹和方格纹等，其中绳纹最常见。这些陶器包含的良渚文化因素很少，也不见鱼鳍足鼎和细颈弩等和良渚文化相关的器类，而与豫鲁皖三省边境的龙山文化王油坊类型有密切关系。[③] 从广富林发现的遗存来看，我们可以推测大概在良渚文化开始衰弱的末期，曾有一支来自中原地区以龙山文化王油坊类型为代表的人群来到了广富林，征服或取代了原有的居民，同时改变了其地原来的文化面貌。

---

① 张敏：《从青莲岗文化的命名谈淮河流域和长江流域原始文化的互相关系》，《郑州大学学报》（哲学社会科学版）2005 年第 2 期。

② 严文明：《碰撞与征服——花厅墓地埋葬情况的思考》，《史前考古论集》，科学出版社 1998 年版。

③ 上海博物馆考古研究部：《上海松江区广富林遗址 1999—2000 年发掘简报》，《考古》2002 年第 10 期。上海博物馆考古研究部：《上海松江区广富林遗址 2001—2005 年发掘简报》，《考古》2008 年第 8 期。

四 日常生活衣、食、住

衣食住行是人们最基本的生活需求,史前的人们也不例外。在没有文字的年代,大量的考古资料为我们了解史前人类社会生活的方方面面提供了重要的材料。

(一) 衣

由于人类没有发达的毛发,出于御寒、防晒以及遮羞、装饰等需要,人类很早就开始使用各种材料来保护、美化身体。最初,人类可能是用树叶、树皮和动物皮毛等来遮蔽身体,到了新石器时代,随着纺织和养蚕的出现和发展,人们开始穿上了用各种植物或蚕丝编织的衣物。江苏境内以及周边地区考古工作揭示了早在新石器时期,这里的人们已经掌握了熟练的纺织技术。

位于江苏以南宁绍平原的河姆渡文化出土的蚕桑纹和织具等遗迹、遗物给我们提供了认识江南史前蚕桑和纺织的线索。距今7000年的河姆渡文化出土有2件象牙盖帽形器,一件近帽檐处刻弦纹两周间以斜向编织纹,编织纹上刻一周蚕形图案。另一件也在相同的部位刻有近蚕形纹饰。这些蚕形的个体皆作弓背曲体向前蠕动状,与驯化状态的家蚕性状迥然不同,是野生蚕种的写照。[①] 另外,河姆渡遗址还出土了大量与纺织有关的工具,有陶(石、木)纺轮、木质纬刀、磨光或刻纹骨机刀、骨制梭形器、木卷布棍以及骨针。纺轮是纺线工具纺专的主体构件,河姆渡遗址第四层就出土了黑陶纺轮209件。纬刀、机刀、梭形器和卷布棍分别是打纬、引纬和卷布的工具。河姆渡文化以丰富的稻作遗存、骨木生产工具以及干栏式建筑为特征,其纺织手工业也已经发展到了一定程度。

江苏境内吴县草鞋山马家浜文化的最下层出土了3小块碳化的织物残片,织物经过上海市纺织科学研究院、上海丝绸工业公司鉴定,属于纬线起花的罗纹织物,起经密每厘米约10根,罗纹部的纬密度每厘米26—28根,地部每厘米13—14根,花纹有山形和菱形斜纹,织物的原料可能为野生葛。可见当时的人们已经懂得提花,在织物表面通过特殊的经纬交织方法显现花纹,所以它不同于普通的平纹粗麻布,显示了相当进步的织造工艺技术。[②] 马家浜文化草鞋山织物的发现,是国内首次发现的葛织实物,相对于较丰富的蚕桑丝织实物的出土,这一发现更为可贵。[③] 根据后世文献记载,吴越地区多葛,草鞋山织物的发现提供了最早的实物证据。

---

① 刘兴林:《江南地区纺织研究——以公元前五世纪到公元三世纪为中心》,南京大学博士论文,2006年,第16页。

② 南京博物院:《江苏吴县草鞋山遗址》,《文物资料丛刊》第3辑,文物出版社1980年版。

③ 刘兴林:《长江流域桑蚕丝织业的起源》,《南京大学历史系考古专业成立三十周年纪念文集》,天津人民出版社2002年版。

江南地区由马家浜文化、崧泽文化发展而来的良渚文化，不但在纺织技术上有了大的进步，而且彻底完成了家蚕的驯化。江苏吴江梅堰良渚文化遗址出土的一件黑陶器上，清晰地刻画着两个蚕纹图案，其运动形态十分平稳，没有明显的弓背曲体。与河姆渡的蚕纹相比，有着明显的区别，从外形上看，更像家蚕。[①]

浙江湖州钱山漾良渚文化遗址发现了一小块残绢片、丝带和丝线，同时出土的还有苎麻布残片和细麻绳。经过浙江纺织科学研究院研究所和浙江丝绸工学院鉴定，绢片的表面细致光滑，丝缕平整，明显是用家蚕丝捻合的长丝为经纬交织而成的平纹织物。浙江丝绸工学院对绢片做了进一步的细致观察和鉴定，确认绢片每厘米的经密为 52.7 根，纬度为 48 根。和现代生产的电力纺纱的规格非常接近。茧丝的纤度偏细，没有加捻，经纬丝线平均直径 167 微米，显示出高超的织造水平。[②] 这是我国乃至世界上迄今为止发现的最早以家蚕丝为原料的丝织物。

良渚文化的其他遗址还出土了不少的陶纺轮。江苏常熟练塘罗墩村墓地、浙江余杭瑶山墓地等还有玉制纺轮出土，这也是良渚先民重视纺织的重要标志。良渚文化还有发达的原始编织业，出土的编织实物十分丰富。编织和纺织在工艺上有着相似的原理，二者的发生、发展关系密切，编织可以给人纺织的直接启示，而纺织生产在成长过程中又借鉴和吸收了许多编织的技术。[③] 钱山漾遗址发现的完整和残缺的竹编器物达 200 余件，有竹篓、竹篮、谷箩、簸箕、倒梢、竹席、门扉等等，所用竹篾多经过加工，均匀细薄，编织方法随器而异，经纬篾条交织，按纬密经疏的方法编成一经一纬，或二经二纬的人字形、十字形、梅花眼、菱花格，编制紧密，耐用美观，这些都反应了当时编织业的发达，从一个侧面透视出丝织技术的发展。

史前的先民们除了穿衣着装之外，还时常用各类装饰品来美化自身。早期旧石器时代的山顶洞人墓葬中，考古人员发现了燧石生产工具和穿孔的小石珠等物品。距今 1 万年左右的北京东胡林墓葬中，发现一个少女身上也佩戴一串用 50 多枚小螺蛳壳穿成的项链和用 7 段牛骨组成的骨镯。到了新石器时代各种各样的装饰品就更多了。江苏史前遗址发现的装饰品质地有玉、玛瑙、水晶、骨、角、贝壳、石、兽牙、陶等，根据装饰部位的不同主要可以分为头饰、耳饰、项饰几类。

头饰主要有各种质地的笄，即簪子。高邮龙虬庄遗址、金坛三星村遗址等都出土了较多数量的骨笄。新沂花厅遗址一座墓葬中一名 25 岁左右的青年头骨后枕骨下

---

① 魏东：《略论中国养蚕业起源于长江三角洲》，《中国农史》1983 年第 1 期。

② 浙江丝绸工学院：《对钱山漾出土丝织品的检验》，《丝绸》1981 年第 2 期。

③ 刘兴林：《长江流域桑蚕丝织业的起源》，《南京大学历史系考古专业成立三十周年纪念文集》，天津人民出版社 2002 年版。

出土了一根尖端朝上的骨笄，是当时人们束发的有力证据。耳饰以玉玦为主，马家浜文化、北阴阳营文化都发现了玦，玦一般形制为带缺口的环，基本都出土于头骨的两耳位置。项饰以各种质地的项链为主，形制复杂多样。例如金坛三星村墓葬出土的蚌串饰是用蚌壳精磨而成的，制作时首先将蚌壳磨成薄片，然后将薄片切割成直径0.3厘米的小圆片，圆片中部钻有一小孔，最后用线将其串缀成数串项链般饰件。每串由数百枚圆形小蚌片组成，其制作工艺令人叫绝，是不可多得的工艺制品。玉璜也是常见的项饰，例如江苏南京北阴阳营墓地和上海崧泽墓地玉璜大都发现于死者颈部或胸前。

（二）食

江苏境内史前先民们的食物来源颇为丰富，主要可分为植物和动物两大类。植物性食物是摄取碳水化合物、植物性蛋白与油脂、维生素、矿物质等营养的主要来源。新石器时代中期以后，江苏境内的人们的植物类食物已经以人工栽培的粮食为主了。江苏境内的原始农业开始兴起，太湖流域和江淮地区栽培水稻，稻米也就成为了先民们的主食之一。例如龙虬庄遗址通过水洗法发现了大量的碳化稻谷，并且随着时间的发展地层中碳化稻谷的颗粒数量呈快速增长趋势。吴县草鞋山遗址、海安青墩遗址等也都发现了炭化的稻谷颗粒。黄淮地区则主要栽培粟和水稻，例如邳县大墩子遗址就出土了炭化的粟米，藤花落古城内则发现了水稻的颗粒。先民们食物中植物淀粉的来源除了稻米和粟米之外，一些淀粉类植物菱角、芡实、莲子也是有效食物补充来源。除上述淀粉类食物之外，自然界中还有可供食用的酸梅、榆果、板栗、蓬蒿、蕨菜、龙须菜、扁蒲、蒺藜、芦笋、葛根、艾蒿、竹笋、灰菜、羊蹄菜、梅子、桃子、桑椹、杏子、甜瓜、小瓠瓜、枣、胡桃、葫芦等蔬菜瓜果，也是人们食物的来源之一，这其中的一些植物可能已经开始人工栽培了。在山区，还有橡子、榛子、松子、板栗、酸枣、核桃、杏子、杨梅、橘柚等林木果品，它们都是人们的食物来源之一。

动物类食物是摄取动物性蛋白质、脂肪与几丁质等营养的主要来源。动物类食物也可以分为两大类，一类是饲养的家畜，例如猪、狗、羊、牛等等。先民通过圈养这些动物的野生幼小物种，逐渐改变了它们的习性和一些生理特征，使其成为家畜。饲养的家畜，不仅使先民们的食物中有了稳定的高能量动物蛋白的来源，而且有利于人们度过某一段食物匮乏期。另一类是通过渔猎获得的动物，例如生活在草原地带的麋鹿、梅花鹿、小麂、獐、野兔和猪獾，水塘中的鲤鱼、鳖、龟、鲫鱼、黑鱼、青鱼、蟹、蚬、螺蛳、蛤蜊、河蚌等，都是人们的食物来源。

在获取肉食的资源中，家养动物与野生动物之间，家养动物的比重在不断地攀升。有专家分析：常州圩墩马家浜文化遗址中猪等家养动物占全部动物总数的15%，鹿科等野生动物占85%，以野生动物为主。上海青浦崧泽遗址中猪等家养动物占全部动物总数的26%，鹿科等野生动物占74%，以野生动物为主。苏州龙南良渚文化早期遗址：猪等家养动物占全部动物总数的70%，鹿科等野生动物占30%，以家养动物为主。[①] 这种变化正是由于原始农业的发展，促进了聚落定居与家畜饲养，狩猎捕获的野生动物逐渐退居次要地位。

史前人类主要利用陶器皿进行烹饪，方式主要有煮、蒸、烤三种，其中烧烤出现最早，在旧石器时代就已采用，到了新石器时代，烧烤的方式可能已经较少实施。煮及蒸是在原始农耕开始后方发展起来的，二者之中，以煮食为主，蒸次之。

（三）住

天然洞穴是人们最初利用的住所，旧石器时代的北京猿人和山顶洞人都居住在岩洞内。进入新石器时代，随着农业的发展，人们开始建造房屋，过上了相对稳定的定居生活。由于各地气候、地理、材料等条件的不同，房屋营建方式也多种多样。其中有代表性的就是南方多水地区所建的干栏式建筑，[②]北方地区常见的木骨泥墙。[③]江苏境内新石器时代的房址发现较多，形式也较多。

马家浜文化时期的人们已经过着定居的生活，房屋为木构建筑。在马家浜、邱城、梅堰和草鞋山都发现了居住址的遗迹。房子的形状大多为长方形，南北向，也有圆形的。草鞋山发现有十个柱洞，组成圆形地基。屋顶用芦苇、竹席和草束做成，当时的木构建筑广泛采用榫卯技术。房屋普遍采用防潮、排水措施，适应南方水乡地区的环境，已经相当进步。例如草鞋山马家浜文化的居住遗迹有柱洞、木桩和木板，木桩竖立在地面上，应是房屋的柱子，其中最高的一根约1.5米。有的木桩下面垫有一两块木板。在木桩周围发现印有芦苇痕迹的烧土块、草绳、用草绳捆扎的草束、芦席、篾席等。其中一处房址的地基由十个柱洞围成近圆形，柱洞中有的残留有木桩，有的残留有朽木痕迹。柱洞之间的间隔为0.5—1米，距离最大的可能是门道的位置。宜兴西溪马家浜晚期的文化遗存中发现了大面积堆积深厚的蚬蚌螺蛳类遗存，在2万多平方米的范围内，平均堆积厚度达0.5米，最厚的地方超过1.4米。其形成方式往往是成堆堆积、成层分布，层与层之间通常间以泥土、草木灰和碳屑等。堆积中夹杂有少量泥土和较为破碎的陶片。可以看出，当时的人们在大量食用蚬蚌螺蛳的同时，

---

① 袁靖：《论中国新石器时代居民获取肉食资源的方式》，《考古学报》1999年第1期。

② 干栏式建筑下层用柱子架空，上层作居住用，西南山区少数民族地区今天仍多用这种建筑。有人认为这种建筑是由原始的巢居发展来的。

③ 木骨泥墙建筑的墙体多用木骨上扎结枝条后再涂泥，屋顶往往也是在树枝扎结的骨架上涂泥而成。为了承托屋顶中部的重量，常在室内用木柱作支撑。

也将它们作为可利用的资源,除了砸碎后掺入陶土中烧造陶器,还将它们堆积在生活区,不断抬高居住区的高度,有的直接在上面建造红烧土地面建筑或铺垫在房子的周围,以达到防潮的生活需求。①

昆山绰墩遗址发现的良渚文化时期的房屋平面有长方形和圆形两种,均为平地起筑的地面建筑。一座长方形的房屋面阔 10 米左右,进深 6.5 米左右,南面和北面为土墙,东北面为门道及柱坑,室内靠门道处还发现了长方形土坑,里面发现有整条狗架,很可能是在房屋建成时进行祭祀的奠基坑。② 圆形的房屋周围有一圈柱洞,直径为 2.5 米左右,房屋中心有先民们用来取暖或做饭的灶坑,其旁还有用于储藏物品的不规则形状的窖穴。房屋外面则有丢弃废物的垃圾坑。

江苏省吴江梅堰镇西南龙南遗址是大约距今 5200 年左右的古村落遗址。③ 该村落以天然河道为中轴,房屋依河而筑,呈隔河相望的格局。20 世纪 80 年代苏州博物馆和吴江县文管会在龙南遗址进行了两次发掘,发现了多座房址及河道、灰坑、墓葬、道路等多处辅助设施,使人们对太湖流域原始村落的布局和内涵有了进一步的了解。

龙南的先民们采用的是半地穴式和浅地穴式木骨泥墙的房子,这些房子的居住面一般都高于正常的水位线。当时普遍采用了树干、竹、芦苇、稻草、糠、散草及黄土作建造房屋的材料。建造房屋大致过程为:先在临河处选择一处高爽之地,挖一长方形的地穴,深不及水。四壁削平,底部平整作为居住面;用粗树干交叉搭成南北两面坡、东西两面垂直的框架,在框架上绑扎树干、竹及芦苇;用掺糠和散草的黄土泥抹在框架内外两面,屋里抹平,而外面在泥墙上铺稻草、芦苇、茅草等,自下而上一层压一层,收顶后压上大陶片作屋脊。另在门道出口处向外处修台阶式的踏步。门道两旁上部也相应地搭建棚架。

龙南遗址的房屋有反复使用的现象,先民在建筑浅地穴或半地穴房屋后,在里面生活了一段时间,又进行整修。在居住面上生活留下的灰烬、鱼兽骨、残陶片等和修房时的一些生活垃圾之上,又铺一些碎草,泼水后再在上面铺一层纯净的黄土,进行夯筑,这样又形成了一层居住面。

---

① 田名利、周润垦、赵东升:《宜兴市西溪新石器时代遗址》,《中国考古学年鉴 2004》,文物出版社 2005 年版。

② 苏州博物馆、昆山文管会:《江苏昆山绰墩遗址第二次发掘报告》,《东南文化》2000 年第 11 期。

③ 苏州博物馆、吴江文管会:《江苏吴江龙南新石器时代村落遗址第一、第二次发掘》,《文物》1990 年第 7 期。

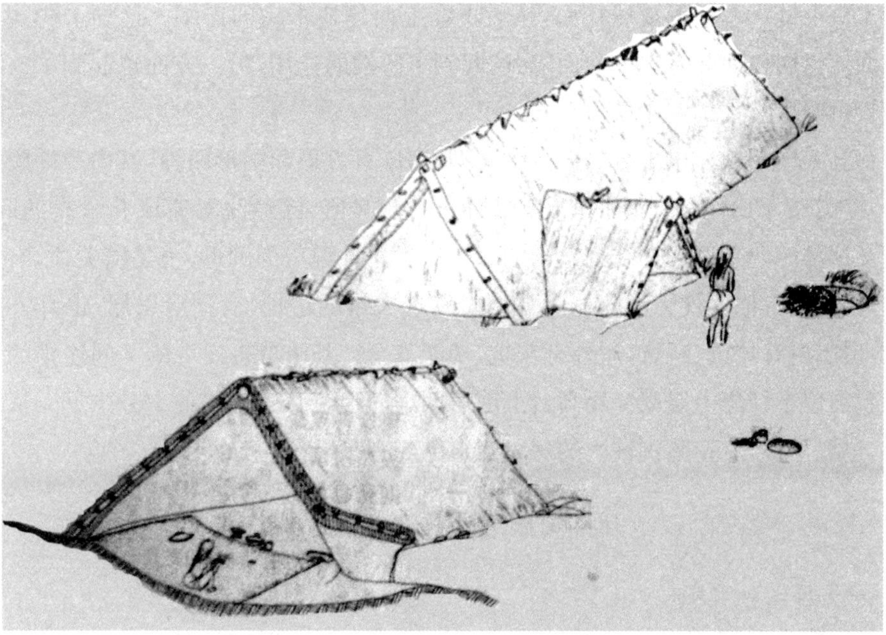

龙南遗址房屋复原图(钱公麟:《吴江龙南遗址房址初探》图一,《文物》1990 年第 7 期。)

除了居住的房屋外,龙南遗址还发现专门的窖穴作为储藏室或是厨房灶间,可见当时的先民有炊、住异处的习俗。另外在龙南房址附近还发现了葬有整猪的奠基坑,坑内猪的头向都朝着临近的房屋,反映了当时的一种信仰习俗:猪容易饲养,繁殖快,一窝多头,以猪奠基,或许表达了先民希望自己家道兴旺、多子多孙的意愿。①

丘陵低山较多的宁镇地区大都采用地面建筑,有明显的地域特征。丁沙地遗址曾经发现了 1 件泥制红陶房屋模型,上窄下宽,弧顶,有一周凸檐,一侧凸檐上饰两排小圆孔,②证明了早在新石器时代较早阶段,宁镇地区就有了地面房屋建筑。镇江左湖遗址的先民们建造房屋的方法是先平整地面,再垫较为纯净的垫土,于垫土之上铺垫纯净的黄土作为居住面,在居住面上挖洞立柱,架设梁架、椽等,再沿外壁柱用竹、芦苇等编设墙骨,于其上涂抹草拌泥,用火烘烤,使其结实耐用,最后用植物茎秆铺屋顶。有的房屋分内外间,外间带大型的灶坑,内间带有火塘,内间的西北还隔出了小型的储藏间。房址内发现了生产用的石斧、石锛和石刀,生活用的陶器以及纺织用的纺轮。③

从海安青墩遗址发现的大量木桩来看,当时的先民们先在潮湿的地面打木桩,然

① 钱公麟:《吴江龙南遗址房址初探》,《文物》1990 年第 7 期。

② 南京博物院:《江苏省句容县丁沙地遗址试掘钻探简报》,《东南文化》1990 年第 1 期。

③ 南京博物院、镇江博物馆:《江苏镇江市左湖遗址发掘简报》,《考古》2000 年第 4 期。

后在木桩上铺设木板形成居住面，然后再在上面建造木构的房屋。这种干栏式建筑一方面使得居住面和潮湿的地面隔开，起到了防潮的作用，另一方面也起到了一定的防止蚊虫野兽侵害的作用。

邳县大墩子墓葬出土过三件陶屋模型，房屋有方形和圆形两种，其中一件陶屋呈方形，攒尖顶，四周有檐，前面设门，屋后和两侧开窗，已经注意通风和采光的问题。四壁及顶部的四个坡面均线刻出狗的形象。另一件陶房为圆形，也是攒尖顶，有五道戗脊，四周亦有檐。连云港藤花落古城中发现大量的房址，有圆形房屋，也有方形的房屋，房屋内有灶坑、睡炕，屋外有灰坑，功能齐全。其中考古发现的7间连排的长方形房屋和位于红烧土祭祀广场高台上前后两进的建筑在其他遗址十分少见。从房屋大小、位置来看，藤花落古城内的房屋建筑已经有了明显的等级区分。

五　史前人类的婚姻与寿命

（一）婚姻和家庭

根据摩尔根《古代社会》和恩格斯的《家庭、私有制和国家的起源》的研究，史前人类的共同体主要可以分为氏族、胞族、部落三种血缘亲属关系的集团。几个氏族可以组成一个胞族，几个胞族可以组成一个部落。每个部落的人数多少不等。氏族又可以分为母系氏族和父系氏族两个阶段。母系氏族阶段，同一氏族的成员亲属关系按照母方计算，财产按母系继承。每一氏族内有几个母系大家庭，当时实行的是氏族之外的对偶婚，形成若干个对偶家庭。土地是氏族部落公有，氏族成员生前共同居住、共同生产、共同分配，过着原始共产制的自由、平等的生活。死后则葬入氏族部落的公共墓地，表明同一氏族成员生前同住一起，死后骨肉也不分离。由于当时的对偶婚实行的是族外婚，夫妻属于两个不同的母系氏族，父亲和子女也属于不同的氏族，而母亲和子女、兄弟姐妹则是同一个氏族。因此，埋葬时，夫妻分葬不同墓地，而母亲和子女，兄弟姐妹则可以葬在一起。在母系社会缓慢发展过程中，男女由于体质的差别逐渐出现了明显的分工。男子在渔猎、农业等生产中逐渐占有了较为重要的地位，而妇女则主要从事纺织等家务劳动。随着农业、家畜饲养业、手工业的发展，剩余产品增加，剩余财富增加“使得丈夫在家庭中占据了比妻子更为重要的地位。另一方面又产生了利用这个增强了的地位来改变传统的继承制度使之有利于子女的意图”。[①] 于是母系制度逐渐被废除，子女的亲属关系开始按照父方计算，财产按父系继承。这时候一夫一妻制逐渐盛行，氏族公有制受到了家庭私有制的冲击，社会成员之间开始出

① 恩格斯：《家庭、私有制和国家的起源》，《马克思恩格斯选集》第4卷，第51页。

现贫富分化。一部分人成为贵族，占有大部分社会财富；另外一部分人则成为贫民或者奴隶，他们创造了大量的社会财富却只能占有其中一小部分。与此同时，男性的地位开始明显高于女性，这种性别的不平等日渐增强，最终使得女性成为男性的附属品。

根据国内史前考古发现研究，中国境内的史前先民大致也先后经历了母系社会和父系社会两个阶段，主要的考古依据就是根据史前墓葬中合葬情况和随葬品分布情况。由于江苏境内史前墓葬合葬情况不多，直接反映史前先民婚姻家庭情况的材料相对较少。不过通过为数不多的合葬墓我们仍能窥得一二。例如太湖地区的草鞋山马家浜文化墓葬一般没有随葬品或仅随葬一两件随葬品，发现的5座合葬墓都是同性合葬，大致年龄相当。可见当时的人们还处在实行对偶婚的母系社会阶段，人与人之间的关系比较平等。年代晚一些的邳县刘林墓地男性墓中普遍随葬石斧、石锛、石凿等生产工具，女性墓中则一般随葬纺轮，很少随葬石器。大墩子墓地和海安青墩墓地中男性墓大多随葬石铲、石斧，女性墓则普遍随葬纺轮，崧泽墓地中石器也主要是男性墓葬的随葬品。这些现象都说明当时男女已经出现了明显的分工，而且男性在生产中占主导地位。

同时，上海崧泽遗址、邳县刘林遗址、新沂花厅遗址出现了男女合葬的现象，可见当时已经出现了比较稳定的一夫一妻现象。新沂花厅墓地南区发现了一座3人合葬墓，男性墓主位于中间，右边为女性，侧身面向男性，左边为一婴儿。[①] 从女性埋葬的姿态来看，明显属于附属地位。花厅墓地中的10座大墓中8座出现了人殉的现象，例如一座成年男子的墓中随葬了60多件各类陶器，胸部有精致的玉项饰，墓坑内除了殉葬一头猪和一条狗之外，在随葬品外侧，殉葬着中年男女骨架各一具，在女性的身旁还依偎着一个儿童的骨架，在他们的头上方还有一具幼儿骨架，其右下侧墓坑又有一具侧身少儿骨架，共计殉葬了5人。从这些大墓的葬式、布局和墓区内重复出现的情况来看，当时部落内重要首领人物死后用人殉已经十分通行，成为固定的习俗或礼仪。

（二）寿命与性别比例

江苏境内有些史前墓地中骨架保存状况较好，通过骨架特征进行的性别和年龄鉴定，可以了解到史前人类的性别比例和死亡年龄。

从江苏境内的史前墓地来看，史前人口存在男性明显多于女性现象，这一现象在中国史前墓地人口统计中也比较常见。例如金坛三星村墓地出土的人骨保存完好，

---

① 南京博物院花厅考古队：《江苏新沂花厅遗址1987年发掘纪要》，《东南文化》1988年第2期。

共计个体数为1190个,其中男性591个,女性363个,性别不能判断的236个。男女性别比例为1.63∶1,男性明显多于女性。高邮龙虬庄墓葬共发现497具骨架,其中可以确定性别的人有413人,其中男性247人,女性166人,男女之间性别比例接近1.48∶1。邳县大墩子新石器遗址男女性别比例为1.51∶1。海安青墩墓地统计的人口样本共有106人,86人可鉴定性别,其中男性为59人,女性为27人,男女性比更是高达2.2∶1。一般来讲,正常的社会中,男女性别比例应当接近1∶1,这是人类的生理机制决定的。而上述史前墓地所统计的性别比例已经属于异常的范围。造成这种情况的客观存在的原因较多,骨架保存状况不良和墓地是否完整揭露都可能导致较大的误差,不过也有学者认为史前时期可能存在人为控制女性人口的方式,比如溺杀女婴。①

史前先民由于生活水平低下,医疗卫生条件较差,因此他们的寿命大都不长。例如三星村死亡人口数最多的是在青壮年期,即16—35岁期间,占总人口的40.5%。该墓地未成年人的死亡比例也很大,占全部人口的17.1% 。35—55岁的中年人占18.2%。能活到55岁以上的老年人很少,仅占全部人口的2. 2%。全部人口的平均预期寿命为26.26岁。② 龙虬庄墓地中未成年人占9.8%,成年人占88%,老年人占2.5%。可以看出龙虬庄的人口死亡年龄大部分在18—45岁之间,寿命普遍小于45岁,总人口平均寿命为27.2岁。三星村墓地和龙虬庄墓地人口平均寿命的统计也和国内一般史前墓葬人口的平均寿命相当。

参考性别可以发现,史前社会中女性在青年期的死亡率高于男性,这与女性在孕产期间得不到足够的医疗护理而易染疾死亡有关。例如大墩子墓地就发现了一座因难产而死亡的女性墓葬,一些合葬墓中有不少胎儿或新生儿,也说明了这一点。另外,龙虬庄墓地和三星村墓地中,女性老年人数均多于男性,说明由生育带来的生命威胁消失以后,女性的寿命很可能比男性更长,这一点可能与男性从事更为艰巨的劳动有关。③

六 史前人类的埋葬习俗

在漫长的进化过程中,人类最初并没有丧葬的观念,只有当社会生产力发展到一定的阶段,人类的思维能力有了提高,社会组织结构有了一定的规范之后,有意识埋葬死者的行为才开始出现。对于早期的人类来讲,由于灵魂观念的产生,加上死亡事

---

① 王仁湘:《原始社会人口控制之谜》,《化石》1980年第4期。陈铁梅:《中国新石器墓葬成年人骨性比异常的问题》,《考古学报》1990年第1期。

② 张君,王根富:《江苏金坛三星村新石器时代墓葬中的人口统计与研究》,《文物》2004年第2期。

③ 夏寒:《江苏高邮龙虬庄史前墓葬人口状况分析》,《江汉考古》2006年第2期。

件导致了社会关系的中断和紊乱，情感上的难以接受，因此必须通过某种处理方法，使得生者和死者各就其位，使中断的社会关系得以重新恢复。于是人们开始为亲人或者同伴的死亡举行某种哀悼仪式，并且对尸体进行有意识的处理和埋葬，希望以此来化解死亡所带来的影响。

考古学和人类学的研究表明，最迟在旧石器时代中期(距今10万—5万年左右)，欧洲的尼安德特人已经开始有意识埋葬死去的同伴，并以一些石器或装饰品来随葬。中国境内，旧石器时代晚期(距今4万—1.2万年)的山顶洞人把死去的同伴埋葬在居住洞穴的深处，并在他们尸骨的周围撒上赤铁矿粉末。到了新石器时代(距今1.1万—4000年)，中国境内发现的史前墓葬已经不计其数，这个时期的墓葬大都葬入公共墓地，有着高度一致的墓向，较为统一的埋葬形式。各个地区的墓葬葬俗葬式各有不同，以埋葬人数来看可以分为单人葬和多人合葬，以埋葬的次数来看可以分为一次葬和二次葬，以骨架葬式来看可以分为仰身直肢、侧身屈肢、俯身、蹲踞等多种。随葬的器物也是丰富多彩，有日常用的生活用品、生产工具，也有各类装饰品和象征地位权力的一些特殊物品。江苏境内同样也发现了大量的新石器时代的墓葬，最初同一墓地的墓葬之间差别不大，随葬品大都简单质朴。但是随着社会的发展，剩余物品越来越丰富，社会成员之间贫富分化随之加剧，这种分化在史前墓葬上得到了直接的反映，墓坑墓室的规模大小差异加大，随葬品的质量优劣明显，数量多寡不均。

(一) 灵魂观念的产生

从渊源上来讲，丧葬行为的产生除了出于亲情关爱之外，灵魂观念的产生也是重要因素。人类与动物不同，人类能够直立行走、制造工具，而且有结构复杂的大脑和更高级的思维。人类中出现的埋葬同类尸体的做法明显有别于动物对待同类尸体的方式，这一点与人类思维能力的发展有着密切的关系，而灵魂观念正是人类有了自我、非我的概念，并且努力寻求自我、非我和各种自然现象之间的某种联系时所产生的观念。

关于灵魂观念产生的直接原因，恩格斯有一段著名的经典性的论述："在远古时代，人们还完全不知道自己身体的构造，并且受梦中景象的影响，于是就产生一种观念：他们的思维和感觉不是他们身体的活动，而是一种独特的、寓于这个身体之中而在人死亡之时就离开身体的灵魂的活动。从这个时候起，人们不得不思考这种灵魂对外部世界的关系。既然灵魂在人死时离开肉体而继续活着，那末就没有任何理由去设想它本身还会死亡；这样就产生了灵魂不死的观念。"①这里所说的"受梦中景象

① 恩格斯：《路德维希·费尔巴哈和德国古典哲学的终结》，《马克思恩格斯选集》第四卷，人民出版社1972年版，第219—220页。

的影响”,可以分为两种情况:一是梦见自己在梦中或遇险情,惊恐异常;或逢吉事,不胜欣喜,可是一觉醒来,却发现自己未曾离开卧榻半步。肉体和灵魂的分离观念由此便产生了。二是梦见已经死去的人的一些活动,由于难以理解为什么死者在梦中音容笑貌像活人一样,于是又产生了人死去的只是肉体,灵魂是不死的观念。

著名的人类学家爱德华·泰勒在《原始文化》一书中对人类灵魂观念的产生做了深入的分析:“处于低级文化阶段上的能独立思考的人……他们力求了解,第一,什么构成生和死的肉体之间的差别,是什么引起清醒、梦、失神、疾病和死亡?第二,出现在梦幻中的人的形象究竟是怎么回事?看到这两类现象,古代的蒙昧人——哲学家们大概首先就自己作出了显而易见的推论,每个人都有生命,也有幽灵。”[①]

从逻辑上讲,恩格斯和泰勒这种心理学的分析和论证本身,相当有说服力,而民族史上的许多事实,更证明了这种分析的正确性。在许多民族的宗教信仰中都认为,人在睡眠时,灵魂就离他而去了。所以在印度的某些地区,就有这样的禁忌:不许改变睡眠者的外貌,如果给他的脸上涂上颜色或贴上胡子,他的灵魂返回时就会不认识他了,因而不能重新进入他的身体,他就会因此而死。这种灵魂的观念至今在我国一些少数民族中仍然存在。如云南省的景颇族、佤族等,人们普遍认为人在睡眠的时候灵魂暂时离开了自己的身体去游荡,梦中的景象便是灵魂离开身体所经历的事情。

灵魂观念产生之后,是循着两条路线演变发展的。其一,是灵魂及灵魂不死观念自身的逻辑发展。灵魂附着人体,只是在睡梦的时候离开肉体而活动。而人死后,活人的灵魂就变成了鬼魂,鬼魂是离开肉体的,因而具有更大的力量,能够祸福人类,而活人对此却丝毫不能控制。于是人死后,因为其鬼魂依然存在,亲朋们就不能如无事人一般,而总要想方设法与之交往和沟通。于是要为其死亡的肉体举行仪式进行安葬,一是为了表示怀念关爱,以表达对死者的未了之情,或弥补生前的种种遗憾;二是希望祈求,希求死者能以其超凡的力量保佑生者幸福平安。其二,是灵魂及灵魂不朽观念对象化的过程。在原始社会早期,人的认识能力是相当低下的,因而它不可能对许多自然现象,特别是火山、地震、星坠、日蚀、雷电、洪灾、瘟疫等有巨大危害、怪异而又恐怖的现象,作出科学的解释。在当时的历史条件下,用“自身类比”的方法去认识这些自然现象,乃是他们唯一能做到的。既然人是有灵魂的,那么,自然物当然也是有灵魂的。正是这种“对象化”的结果,由灵魂观念便发展出万物有灵论。于是,日月星辰,山川土地,乃至花草树木,都被人格化,成了有灵性的东西。史前人类对于某些特殊动物或植物的崇拜就源于此。

① [英]爱德华·泰勒著,连树声译:《原始文化》,上海文艺出版社1992年版,第351页。

（二）公共墓地的出现

到了新石器时代中期前后，江苏境内的史前先民们死后大都埋到了同一氏族划定的公共区域，形成公共墓地。公共墓地一般和居住区明显地分开。由于地下水位等关系的影响，江苏境内史前墓地大都位于地势较高的台地，而且埋葬十分密集。如龙虬庄遗址中墓地位于居住区的西侧，考古发现的 402 座墓葬都埋在公共墓地中。三星村墓地在已经发掘的 525 平方米范围内发现了墓葬 1000 余座，北阴阳营的 271 座墓葬分布在 700 余平方米的范围内，十分集中，重重叠叠。邳县大墩子和刘林墓地的墓葬也有较多的叠压打破关系。

公共墓地制度是先民们将生者与死者在生活空间上加以区别的重要手段。它的存在以氏族或部落存在为前提。史前人类相信现世之外还有一个灵魂居住的彼世，生前一起的人们，死后的灵魂在彼世也应该在一起。一个部落或是氏族部落通过对死者集中埋葬，不但直接把死者整合到先前死去的祖先集团之中，同时也可以加强生者即整个社会集团的集体意识，从而增强集团内部的凝聚力。另外公共墓地中的墓葬往往朝向同一个方向，反映了同一个地区或同一个部落人们的共同信仰。例如宁镇地区及周边的北阴阳营文化、三星村文化墓葬绝大多数朝向东北。淮河下游和江淮东部的青莲岗文化、龙虬庄文化、青墩文化墓葬方向均朝向东方。崧泽文化、良渚文化的墓葬大都朝向东或东北方向。黄淮地区的北辛文化墓葬主要朝向东方，大汶口早期墓葬主要朝向北方，而大汶口中期墓葬主要朝向东方。

公共墓地制度在新石器时代中期较为盛行，到了新石器时代晚期，传统的公共墓地制度开始松弛，有的墓地中出现了新的分区现象，有的地方则出现了专门的贵族墓地和平民墓地。如邳县刘林遗址两次发掘发现近两百座墓葬，均埋于公共墓地中，根据墓葬分布的疏密，可以分成 6 个墓葬群，研究者认为各个墓群中的成员可能有着更为亲密关系的家族成员。山东大汶口墓地同样可以分为几个区域，西北部有一组 11 座墓的葬区，随葬品都比较丰富。东部有一组 3 座墓葬，随葬品也较多，而南部一组 4 座墓葬随葬品都比较少。公共墓地中家族墓葬群的出现，说明了家族凝聚力的增强，从而削弱了以原始公有制为基础的氏族制度，私有的财富在家族内部得到传承，这也是同一家族墓葬随葬品比较接近的原因。

（三）葬具和葬式

江苏境内史前墓葬绝大多数为土坑墓，尤其以长方形竖穴土坑墓为多。长方形竖穴土坑墓一般呈长方形或是圆角长方形，四壁平滑，墓口和墓底大小接近。墓坑的大小、深度根据具体情况而有所不同，一般来讲，单人墓葬墓坑的大小一般与人体接近，长 2 米左右，宽 0.5—0.7 米。合葬墓的土坑相对要大一些，一些小孩墓的墓坑则要小一些。大部分墓地没有发现葬具。较为特殊的是连云港灌云大伊山新石器时代墓地发现了37座石棺墓,这些墓葬排列有序,石棺均用薄石板砌成。石板为天然石片,制作方法是先将石板嵌入泥中作棺壁,再在棺壁上覆盖石头作棺盖。

史前墓葬埋葬习俗往往因地而异,根据人数的多少可以分为单人葬和合葬墓,根据埋葬的次数可以分为一次葬和二次葬,根据骨架面部的朝向可以分为仰身葬、侧身葬和俯身葬,根据四肢的放置方式可以分为直肢葬、屈肢葬和蹲踞葬等葬式。单人葬是指一座墓葬仅埋葬一人。合葬则是指一座墓葬埋葬二人或二人以上。一次葬即对死者进行一次性埋葬,一般墓葬中如果墓主人骨架排列整齐,符合人体学原则,即被视作一次葬。二次葬亦称复葬或迁葬,指对死者尸骸作二重处置:人死后先采用埋土、风化、架树、水浸、置洞等方式处理肉身,待皮肉腐烂,再发冢开棺,拣取尸骨洗净晾干,埋入新的墓葬。也有的将骨骼放入特制的陶瓮等容器内,择日选地置放或深埋。

江苏境内的史前先民大都采用单人一次仰身直肢葬,这一点和中国境内史前墓葬的总体情况一致。不过江苏境内的很多墓地都存在合葬、二次葬的现象,但是这些墓葬在整个墓地墓葬中所占比例较小。例如邳县大墩子遗址第二次发掘共发现中期墓葬141座,分为133座单人墓葬和8座合葬,单身葬中以仰身直肢葬为主,屈肢葬1座,二次葬1座。8座合葬墓中,有同性合葬也有异性合葬,也有女性成年和儿童的合葬。三星村1001座墓葬中,单人仰身一次葬844座、多人一次葬28座、二次迁葬35座、二次葬与一次葬合葬93座,很明显单人一次葬最多。较为特殊的是马家浜文化墓葬主要采用俯身葬。关于俯身葬的含义,有人认为这与当时人们认为死后要面向地下进入另外一个世界的观念有关。

(四)随葬品

由于灵魂观念的存在,史前人类必然会想象灵魂世界和现实世界相类似,灵魂或者鬼魂同样需要各种生活用品,同样需要生产工具进行劳作,这种视死如生的原则使史前的先民相信应该给死者一定的随葬品以满足他们在另外一个世界的需求。江苏境内的史前墓地的墓葬普遍发现有随葬品。其种类多种多样,有日常的生活用品、生产工具、装饰品等等。整体来讲,新石器时代早期,发现的墓葬数量不多,用于随葬的物品大都比较质朴,数量相对较少,同一墓地的墓葬与墓葬之间随葬品的数量和质量都相差不大。到了新石器时代中期,墓均随葬品数量增加了不少,同一墓地墓葬的随葬品开始出现了分化,有的墓葬随葬几十件随葬品,有的墓葬则一无所有。到了新石器时代晚期,墓葬随葬品分化加剧,同一墓地中,一部分小墓没有任何随葬品,而规模较大的墓葬则有数百件器物,其中还包含了整套的礼器和象征财富和权力的特殊物品，同一社会的成员身份地位的高低贵贱已是一目了然。

史前墓葬中最常见的生活用品就是陶容器，主要可以分为炊器和盛器、贮器三大类。炊器以鼎、釜为主，大都为夹砂陶器；盛器种类复杂，主要有碗、豆、钵、盘、杯等；贮器主要指用来存放食物或者水的陶器，主要有各类罐、壶、缸等。

有些墓地出土的陶器组合比较固定，如长江下游的崧泽文化墓葬所出的陶器往往有鼎、豆、罐或者是鼎、豆、罐、壶，基本上为一件炊器、一件盛器和一件贮器的组合。用来随葬的陶器大都是人们生前使用过的陶器。上海崧泽墓地中发现的陶鼎、釜底部大多有经过火烧留下的烟炱。有些墓地的陶器与日常生活中的陶器在组合器类上有明显差异，例如江苏高邮龙虬庄遗址出土的陶器和墓葬出土的陶器似乎是两套体系，遗址中出土的陶器主要为陶釜和陶钵、陶碗，而墓葬中出土的陶器主要为陶鼎和陶豆，还有一些猪形罐、二流壶、三流壶、三足盘等造型奇特的器物只在墓葬中出土。这种现象表明当时人们对随葬器物似乎有专门的安排。陶器之外，史前墓葬也时常发现一些骨角、漆木制成的日常生活用品，比如用于缝补的骨针和用来进食的骨柶、骨勺等等，在很多墓地都有发现。在江苏金坛的三星村墓地，还发现了专门用来装骨针的刻纹骨筒。

史前墓葬随葬生产工具的现象也十分常见。例如南京北阴阳营墓地由于位于宁镇丘陵地带，石料来源广泛，因此墓地随葬的石器比较多。位于江淮东部平原的龙虬庄墓地，由于周围缺乏石料，其随葬的各类骨角器工具远远多于石器，共计有 491 件，主要有角斧、叉、矛、镞、镖、锥、凿、匕首等等。上海崧泽墓地墓葬随葬的石器有砍劈的痕迹，说明这些器物生前曾经使用过。也有一些墓地发现的石器通体磨光，刃部锋利，没有任何的使用痕迹，可能是专门为随葬而制作的。在很多史前的墓地中都能发现男性墓葬多随葬一些渔猎工具和砍伐工具，而女性墓葬中则多出纺轮、骨针之类的纺织工具。例如龙虬庄墓地中随葬大量骨镞的墓葬几乎都为男性，而随葬纺轮的墓葬则主要为女性。这些现象说明当时的男女已经有了明确的社会分工，男性主要从事渔猎、砍伐等工作，女性则更多地从事家庭内部的工作。

装饰品是史前墓葬中常见的物品，质地有玉、玛瑙、水晶、骨、角、贝壳、石、兽牙、陶等，根据装饰部位的不同主要可以分为头饰、耳饰、项饰、腕饰几类。玉璜也是常见的项饰，例如江苏南京北阴阳营墓地和上海崧泽墓地玉璜大都发现于死者颈部或胸前。良渚文化的手镯时常做成圆筒状，琢磨光滑，部分手镯上还雕刻规整的线条或花纹图案。

礼器是指古代贵族在进行祭祀、丧葬、朝聘、征伐和宴享、婚冠等活动中举行礼仪时所使用的器物，它们大都选用稀有精美的材料精心制作而成，拥有它们往往象征着拥有某种特殊地位和权力。在新石器时代墓葬中,时常能见到一些十分精美却无实用价值的物品,人们相信这些物品是史前人类用于举行某种仪式时使用的礼器,并且在一定程度上代表着地位和权力,其中玉礼器最多见。例如良渚文化时期,太湖地区的规模较大、随葬品较多的墓葬普遍出现了以玉器随葬为主的现象。

明器是指专门为随葬而制作的器物,又称冥器。史前墓葬出土的明器主要为陶制的模型器。江苏高邮龙虬庄墓地也发现了不少小陶器,多模仿实用器,但形制小了许多,主要有鼎、钵、盆、壶、罐、豆;崧泽墓地晚期墓葬中也发现了不少器形很小的鼎、杯等小陶器,发掘者认为这些小陶器是专为陪葬制作的明器。江苏邳州大墩子遗址墓还出土了三件陶屋模型。这些房屋模型勾勒出史前人类的房屋形态,属于极其难得的文物。模型明器的出现,说明史前先民的灵魂观念有了进一步的发展。现实世界和灵魂世界同形不同质,鬼魂所需要的物品不必为有使用价值的日常器物,有形即可。

第五节　新石器时代社会形态的发展

新石器时代是人类发展的一个十分重要的阶段,由于农作物的驯化,原始种植业发展,人类开始过上了稳定的定居生活,人与人之间、社会群体之间的交往也逐渐增多并日渐复杂化,根据年龄和性别的分工开始常规化。随着生产力的发展,私有财产的积累,贫富分化开始出现,社会也开始出现分层,特权阶层开始出现并占有了很大部分的社会财产,社会内部矛盾加剧。江苏地区史前文化同样经历了这样的一个过程,例如太湖流域的马家浜、崧泽文化和良渚文化传承有序,社会发展序列完整,具有丰富而独特的内涵,从反映这三种文化的经济、社会关系以及宗教信仰等方面的考古资料可以看出史前社会随着社会生产力的提高,社会的分化不断增加,初期文明已经出现。

一　简单平等的社会

距今7000—5800年的马家浜时期,稻作农业虽然已经具有相当的广泛性,狩猎和捕捞等生产活动仍然在社会经济活动中占有相当重要的地位。陶器制作技术总体来讲还比较落后,陶器烧成温度也较低。石制生产工具相对简单,装饰用的玉器形制小且数量相对较少。人们死后大都葬在公共墓地中,墓地往往临近生活区,墓葬一般没有随葬品或只是随葬少数物品。如常州圩墩遗址第二次发掘发现马家浜时期的墓葬 62 座，其中 32 座没有随葬品，另外 30 座墓葬共计随葬了 68 件随葬品，主要有日常用的陶器、生产工具、小件装饰品等。第三次发掘马家浜文化墓葬 32 座，其中 19 座无随葬品，其余 13 座墓葬中随葬器物 39 件，种类也主要是生活用品、生产工具和小件玉饰品。墓葬随葬品的均等可以表明社会个体中间并没有产生明显的分化。

从马家浜文化遗址情况来看，目前没有发现属于中心聚落的大型遗址。各遗址无论是出土遗物的数量、种类和质地，遗迹的规模、功能和性质，均相差不大，这些都表明当时社会集团尚未出现大的分化。江苏境内同时期的史前文化大都表现出了同样的特点，例如徐淮地区的北辛文化，墓葬随葬品都很少，不用或少用生产工具随葬，说明当时主要的生产工具属于公共产品，并不属于个人。可见这一时期，社会成员之间还没有出现贫富分化，人们以平等的身份生活在以血缘为纽带的社会群体中，共同劳动，平均分配。

二　初步分化的社会

距今 5800—5000 年，太湖流域进入崧泽文化时期，社会开始出现分化。从生产经济的发展来看，稻作农业在崧泽时期已经是相当普遍，生产工具的种类也有所增加，新出现了平刃石铲、双孔石刀、石镰和三角形的石犁头等，这些新出现的较为进步的稻作农业生产工具，表明农业生产有了较大程度的提高。同时，各遗址、墓葬中发现的渔猎工具以及动物骨骼等也较马家浜时期有所减少，表明渔猎经济所占的比重有所下降。崧泽文化的陶器在泥条盘筑的基础上出现了慢轮整修，晚期还出现了轮制，器型更为规整。陶器的烧造技术有了较大提高，造型丰富，并刻划了朴实美观的纹饰图案和镂孔。崧泽时期的玉器数量较马家浜时期增加了许多，其中玉璜种类多样。

考古发现这一时期的墓葬随葬品数量比起马家浜时期有了明显的增加，如崧泽遗址发掘墓葬 100 座，可分为三期。第一期 8 座，共出土遗物 30 件，平均每墓出土 3—4 件。第二期 35 座墓葬共出土随葬品 160 件，平均每墓随葬 4—5 件器物。第三期 57 座墓葬，出土遗物 291 件，平均每墓随葬器物超过了 5 件。三期墓葬的随葬品数量有小幅度的增加趋势，反映出当时社会生产水平的提高，社会财富的增加和积累。[①]

崧泽时期，社会成员之间已经出现了贫富分化，并有可能分化成在经济和社会地位各方面具有明显差异的不同等级，这种现象最直接反映在墓葬随葬品的丰俭上。

---

① 王书敏：《史前太湖流域社会复杂化进程的初步研究》，《东南文化》2006 年第 3 期。

例如绰墩遗址发现崧泽文化墓葬 34 座，根据墓圹的大小可以分为大、小两种，大墓 14 座，随葬品都在 10 件以上；小墓 20 座，多环绕于大墓周围，9 座没有随葬品，墓均器物不到 2 件。乌墩遗址中，除了 M15 墓之外，均为小墓，随葬器物一般为 1—7 件，以陶鼎、豆和石锛比较常见，墓坑大都较浅。而 M15 坑规整清晰，墓室敷朱，并随葬了 37 件器物，其中包括形体较大的石斧和一件双孔石斧，可见该墓的主人具有高于其他社会成员的地位。张家港东山村崧泽显贵墓葬不仅和一般小墓严格分区，而且最大的墓葬随葬了 50 多件随葬品，更是说明崧泽文化的社会成员之间已出现十分明显的分化。

从社会性别角度来看，崧泽文化早期女性的随葬品都要略高于男性，而到了崧泽文化中期以后，出现了女性随葬品减少而男性随葬品增加的趋势，到了晚期，男性随葬品已经高于女性，[①]这种现象在一定程度上说明了男性地位的提高。

崧泽文化时期已经出现了中心聚落，这也是崧泽社会出现分化的一个重要标志。张家港东山村由于发现了崧泽显贵墓葬也被认为是当时经济文化中心。上海福泉山遗址和浙江嘉兴南河浜崧泽文化遗址，其规模较一般的崧泽遗址大得多，出土的文物也更为丰富，被认为是当时的重要聚落。

崧泽文化还出现了礼器，如南河浜崧泽文化 M27 墓中，随葬了大量玉器，除了数量较多的小装饰品外，还有玉钺、半璧形璜、分体镯等。张家港东山村发现的随葬品最多的 M90 随葬了五件大型石钺。钺没有实用价值，属于礼器，而礼器的出现也是社会复杂化的一个标志。同里和南河浜遗址还发现了崧泽时期的祭坛，结构都呈方形覆斗状，从考古遗迹来看，在修筑祭台的过程中还举行过某种用牲的祭奠活动，这些都说明当时可能已经开始举行较为复杂的仪式。

总的来讲，崧泽文化时期社会成员之间已经出现了较为明显的贫富分化，一部分人占有了相对较多的社会财富，礼器和祭坛的出现表明人们的信仰体系也开始逐渐复杂起来，不过相对于更为复杂的分层社会而言，这种分化还只是处于初级阶段。

三　复杂的分层社会——早期文明的出现

良渚文化有着发达的稻作农业、手工业生产，复杂的礼仪活动，显著的贫富分化，社会分层已经相当复杂，阶级对立十分明显。

良渚文化很多遗址都有稻谷遗存发现，生产工具种类齐全，翻土用的石铲、石犁形体变大，制作更为合理，且开始大量出现，说明当时的犁耕农业已经发展到了较高

---

① 郭明：《崧泽文化若干问题研究》，南京大学硕士论文，2003 年，第 70 页。

阶段。良渚的陶器已经广泛采用了轮制，器型规整，造型美观。良渚文化的玉、石器加工已经达到了新石器时代的巅峰，尤其是玉器更是独树一帜。良渚文化的玉器大致有百余种，大都为礼器，制作加工技术高超，显示出当时社会专业分工更专更细，产品也更为精美。

良渚的遗址反映了明显的等级制度。根据目前的考古发现来看，良渚文化的遗址是以聚落群的形式分布在广阔的太湖流域。目前至少可以确认的有以莫角山遗址为中心的遗址群、以赵陵山为中心的赵陵山遗址群、以寺墩为中心的寺墩遗址群、以福泉山为中心的福泉山遗址群。每一遗址群下都有很多规模、大小不等的遗址。各遗址的职能、分工、地位都有明显的差异，可以分为中心聚落、次中心聚落和一般聚落，形成了金字塔形的等级社会结构。

良渚文化的社会分层在墓葬的体现上最为明显。良渚文化墓地大致可以分为平地墓地和人工堆筑的高台墓地两类。平地墓葬多为小墓，墓坑规模小，随葬品数量也相对较少，多以陶器为主，不见玉礼器。高台墓地都有高大的人工堆筑的土台，墓葬的规模、随葬品的数量和规格明显超过平地墓葬，一座墓葬往往有几十件甚至上百件随葬品，随葬器物中往往有大量的玉礼器。同时，良渚时期还出现了杀殉牺牲的现象。例如江苏昆山的赵陵山遗址中心部位为人工堆筑的大型土台，在第二层红烧土下有一批墓葬，有的在墓坑内的葬具外埋放杀殉的人骨，有的单独埋放一个人头骨，有的墓主两腿间放一婴儿。土台西北部的外围发现的 19 座小墓，死者均系杀殉之牺牲。在土台之上的墓葬随葬品极多，都是社会显贵的墓葬。

从精神层面上来看，宗教观念和礼制观念是良渚文化思想观念形态中一种突出的文化现象。良渚玉器上的各种神人兽面纹、立鸟纹是良渚先民原始宗教意识的体现和反映，神人兽面纹可能源于神灵崇拜，而立鸟纹则可能源于太阳崇拜的一种图腾意识。而没有实用功能的玉琮、玉璧等器物本身也是原始宗教意识的体现，这些都表明良渚文化始终笼罩在神灵崇拜的氛围中。① 礼制是对分层运动所造成的等级社会与不同社会阶层间不平等关系的强调和固定，并愈来愈规范化、制度化和神圣化。良渚文化高大的人工堆筑高台、精美的玉礼器以及随葬品差异明显的墓葬等都表明在剧烈的社会分层运动中所形成的礼制意识。

总之，良渚文化生产力空前发展，先民们在水稻栽培、房屋建筑、制陶治玉、养蚕编织方面都取得了很大的成就。结合良渚聚落众星拱月式的分布、墓葬等级的差异大、随葬品的悬殊以及大量玉礼器的出现等一系列现象，可以说作为构成国家的基本

---

① 李之龙：《良渚文化社会形态探析》，《考古》2002 年第 9 期。

要素——社会分工、贫富分化、阶级对立、礼制观念的确立在良渚社会中都已经存在，它昭示着良渚文化已经出现文明的曙光。良渚社会分层十分复杂，已经出现了贵族、巫师、农民、工匠和奴隶等阶层，金字塔式的社会结构已经形成，处于金字塔结构底层的平民们创造了大量的社会财富，但大部分被掌握在处于统治阶层的贵族手中，统治阶层通过政治、宗教等各种方式控制着社会财富的重新分配和部分手工业的社会生产，对部分平民或奴隶甚至已经有了生杀予夺的权力。可以认为，良渚社会已经是一个由显贵阶层统治的古国或部落方国，已经进入了早期文明阶段。可惜的是当有着灿烂的玉文化的良渚古国刚刚迈入文明社会的时候，其社会内部矛盾的激化和外来族群的侵略就打断了良渚文化继续发展的势头。不过也正是这些社会内部矛盾和外部矛盾的激化成为了中国文明真正在中原地区形成并发展的催化剂，而在这当中，良渚文化的光辉一直闪耀其中。

第六节　江苏——中华文明重要发源地之一

史前人类最初的活动范围仅局限于氏族或部落内部及周围。随着社会生产力的提高，人们活动的范围越来越大，不同地区的人们不可避免地会和周边甚至更远的地区的人们发生联系。这种联系可以分为几种：一种是人的流动，一种是物的流动，再一种就是技术的流动。人的流动主要通过迁移、婚嫁和俘虏等方式实现；物的流动主要通过交换、贸易和掠夺的方式实现；技术的流动主要通过技人的流动、学习模仿等方式实现。从考古学的角度来讲，由于地理环境和自然资源的不同，每一个考古学文化都有自身的文化面貌和特征，以此与其他考古学文化相区别。当属于不同考古学文化的人们发生联系时，在一个考古学文化内就可能发现带有其他考古学文化特征的遗迹和遗物，这些遗迹和遗物正是文化交流的产物。一般来讲，文化交流是双向的，这种双向交流往往使得两个不同的集团优势互补，促进各自文化的发展。但当发生联系的两个文化发达程度相差较大时，交流更多地体现在发展程度更高的文化对发展程度相对较低的文化施加的影响或征服上。新石器时代晚期，各地的文化发展迅速，随之而来的是因领土扩张、贫富不均而导致的不同族群之间的冲突，冲突愈演愈烈，掠夺性战争不断爆发。在这样的背景下，各地区的文化加速交流、碰撞和融合，中华文明由此诞生。

从目前的考古发现来看，中华文明的起源应该是多元一体的。苏秉琦先生曾经将我国境内的主要的史前文化分为六大区系：1. 以关中、晋南、豫西为中心的中原；

2. 以山东为中心的东方；3. 以环太湖为中心的东南部；4. 以燕山南北长城地带为重心的北方；5. 以鄱阳湖、珠江三角洲一线为中轴的南方；6. 以环洞庭湖与四川盆地为中心的西南方。中华文明正是由于这六大区系的史前文化不断相互影响、交流而产生的。就江苏而言，苏南地区和宁镇地区的史前文化属于以环太湖为中心的东南部，黄淮地区属于以山东为中心的东方，这两个地区的史前文化在中华文明起源的过程中均作出了重要贡献。

一　环太湖流域史前文化在文明起源中的地位

环太湖流域的马家浜——崧泽——良渚文化是中国东南部史前文化的典型代表，有着较为发达的稻作农业和兴盛的手工业，社会发展程度也相对较高。从马家浜文化开始，环太湖地区的史前文化就开始对周边的史前文化产生了重要的影响。良渚文化的发展壮大更是说明了该地区也是中华文明的重要摇篮之一。

马家浜文化先民过着以耜耕稻作农业为主的定居生活，死后葬入公共墓地。陶器制作技术较发达。草鞋山遗址出土的带有花纹的纺织品实物显示了其高超的纺织技术；三星村遗址出土的精美骨角器，罗家角遗址出土的两条独木船残骸、木建筑构件，圩墩遗址出土的木船桨和橹，说明当时的木作、造船、工具制作等技术十分发达。马家浜文化与其周边地区的文化有着频繁的交流。如宁镇地区北阴阳营遗址中出土的腰檐釜、陶器中流行的牛鼻式器耳、陶罐腹部的鸡冠形鋬、墓葬中的俯身葬等都与马家浜文化很相似，显然是两地交流的产物。金坛三星村遗址地处太湖平原与宁镇丘陵交界区域，除了有马家浜文化因素之外，有些器物如陶钵形鼎、七孔石刀、石锄、陶尊与南京北阴阳营文化下层墓葬中出土的同类器相似，可见北阴阳营文化对其的影响。

浙江河姆渡遗址与马家浜文化关系也十分密切，河姆渡第二文化层出土的腰檐釜、牛鼻耳罐、喇叭形把豆、双目足根的鼎均为马家浜文化的典型陶器。河姆渡遗址第一文化层出土的竹节形豆把、花瓣圈足、鱼鳍形鼎足、扁平穿孔石斧、长条形石锛等均和崧泽文化的器物类似。由此可以看出马家浜文化和崧泽文化对河姆渡文化的影响。河姆渡发达的木作则对马家浜文化产生了不小的影响。

良渚文化对同时期周边地区的史前文化有较大的影响，安徽地区、海岱地区、两湖地区、中原地区、江西、福建、岭南地区的史前文化都发现过较为典型的良渚器物，可见良渚文化在当时有着十分广泛的辐射力。

安徽的皖南地区和长江以北的薛家岗文化与良渚文化关系密切。皖南地区曾发现过鱼鳍形鼎足、竹节形把陶豆以及有段石锛、石铚。薛家岗第三期文化中的玉(石)钺、玉琮、玉锥形器、贯耳壶、高柄盘形豆，这些器物都明显有良渚文化因素。以含山凌家滩遗址为代表的巢湖地区史前文化中发现的高柄镂孔喇叭形豆与崧泽文化同类器相似。玉管、玉环、玉璜、玉玦等均与良渚文化的同类器很相似。凌家滩遗址发现的祭坛为不规则圆角长方形，建筑在凌家滩墓地中心最高处，自上而下分为三层，在最上层发现了三处祭祀坑和四处积石圈。大型墓葬基本分布在祭坛的南侧，中小型墓葬集中分布在祭坛的正西。[①] 凌家滩祭坛和墓葬的布局与浙江余杭瑶山、汇观山良渚文化祭坛的布局比较相似，而这种祭坛在太湖流域的崧泽文化晚期就已经出现，良渚文化时期更为常见，因此凌家滩的祭坛很可能是受到了崧泽文化和良渚文化的影响。

两湖地区的史前文化和太湖地区史前文化时间大体相当的有大溪文化、屈家岭文化和石家河文化。大溪文化中的玉玦、玉璜与马家浜器物相近。屈家岭文化大体相当于良渚文化中期，其遗址出土的大口尊、鼎形甗、竹节形豆把，以及有段石锛和石钺等石器，明显含有良渚文化的因素。石家河文化时期，各遗址普遍出现的袋足鬶、大口尊，以及少量磨光黑陶贯耳壶，都包含了良渚文化的因素。石家河的玉器和良渚文化的玉器在种类上比较接近，均有璜、管、锥形器、琮、笄形器、坠、锛、纺轮等，有些玉器几乎完全相同，因为良渚文化玉器不仅年代更早，而且数量更多，因此石家河玉器应该是受良渚文化影响发展起来的。

海岱地区的史前文化和太湖地区的史前文化也有较多的交流。新沂花厅大汶口墓葬出土的诸多良渚文化器物说明有某支良渚人曾经北上。山东半岛的大汶口遗址曾经出土了数十件贯耳壶以及玉钺、玉锥形器、有段石锛等，可见良渚文化对其的影响。山东地区的龙山文化遗址所见的玉(石)钺、有段石锛、石镰以及稻作农业均可视为良渚文化传播的产物。文化的传播是相互的，海岱地区先进的文化因素也会被太湖地区的先民所吸收。如上海福泉山遗址曾出土形似大汶口文化晚期的彩陶背壶的陶壶，上海广富林 1 号墓的陶鬶与邳县大墩子 214 号墓出土的陶鬶造型十分相似，这表明良渚文化同样受到了大汶口文化的影响。

江西境内的山背遗址、筑卫城遗址和樊城堆遗址等年代大致和良渚文化相当，上述遗址发现有黑皮陶器，且打磨光亮。器形上鱼鳍形鼎足、竹节形豆把、镂孔豆以及陶簋等，都有良渚文化的因素。闽江下游地区的昙石山文化的磨光灰陶和发达的圈足器，与良渚文化有很多的共性。昙石山文化的釜形鼎、簋、平底盘形豆、杯、圈足罐等，石器中的有段石锛、石钺等都与良渚文化的影响有关。粤北地区的石峡文化也是受良渚文化影响的史前文化之一。石峡遗址出土的贯耳壶、直颈扁腹壶、竹节形把豆以及玉琮、玉璧、玉瑗、玉玦、玉璜和石钺、有段石锛等，均和良渚文化的同类器形相似。有学者指出：

① 安徽省文物考古研究所等：《安徽含山县凌家滩遗址第三次发掘简报》，《考古》1999 年第 11 期。

“石峡文化很可能是良渚移民和当地土著居民结合后创造的文化。”[①]

大约在4200年前左右，具有高度发展水平的良渚文化进入了衰退期，逐渐被马桥文化所取代。但是良渚先民们创造的灿烂文化却对后来的夏商周文明乃至我们博大精深的中华文化产生了不可磨灭的影响。

良渚先民们过着以犁耕农业为主，采集渔猎为辅的定居生活。犁耕农业的发展，为扩大耕地面积、节省劳力和提高地力创造了条件，不仅为良渚文化自身的发展提供了深厚的物质基础，同时也奠定了传统中华文明农业的基本模式，在中国农业史上具有十分重要的意义。

除农业之外，良渚人在制陶、纺织、髹漆、镶嵌、竹编、木作、造船、治玉等行业取得的卓越成就均对后世产生了深远的影响。良渚陶器采用快轮制作工艺，器型规整美观，尤其是一些经过打磨的黑皮陶，器表光亮，薄如蛋壳，刻纹精美，显示了良渚人高超的技艺。良渚墓葬中常见的鼎、豆、壶的陶器组合，为后来的商周文明所继承。良渚的纺织业发达，钱山漾遗址出土的绸片、丝带、丝线和草鞋山遗址出土的麻布片证明了良渚纺织业在当时处于领先地位。丝绸的发现尤为重要，古代中国的丝绸长期名扬海内外，从目前的考古发现来看，中国人养蚕织绸的源头很可能源自良渚文化。掌握了丝绸工艺的良渚先民们不仅为中国同时也为整个世界的物质文化做出了巨大的贡献。另外，良渚先民们在漆器、竹编、木作方面掌握的工艺大都为后来的人们所继承并且进一步改进和发扬光大。

良渚的玉雕工艺复杂而繁缛，在毫米之内能精刻数条细线微雕的技法更是令人叹为观止。玉工们采用的带旋转砣轮的车床、实心钻、管钻和先进的抛光技术以及阴线刻镂、圆雕、半圆雕、透雕、浮雕和微雕技术均为后来的人们所继承，融入到中国传统治玉工艺中。不仅如此，中华文化中爱玉崇玉的传统也与良渚的玉文化有着密切的联系。

良渚文化的影响在夏商周三代对玉的尊崇上表现十分明显。众所周知，玉琮和玉璧是良渚文化的重器，璧和琮都是集宗教、祭祀、礼仪于一体的法器，是生前权力、地位和财富的象征。中原地区夏商周时期也有玉璧和玉琮的发现。如河南偃师二里头文化就发现过玉琮残件，晋南襄汾陶寺墓地中也有玉(石)琮、玉瑗和玉臂圈出土；安阳殷墟侯家庄和妇好墓出土过商代的玉琮和玉璧；甚至陕西延安碾庄芦山峁村，也都出土过玉琮和玉璧；甘肃灵台白草坡、西安长安花园村M6等地的西周大墓中也出土过玉琮。洛阳东周二期4号墓、凤翔春秋墓、湖北曾侯乙墓也都发现了东周至春秋

① 杨建芳:《良渚文化玉雕研究的几个问题》,《东方文明之光——良渚文化发现60周年纪念文集》,海南国际新闻出版中心1996年版,第334页。

时期的玉琮。尽管上述地区发现的玉琮器身比较扁矮,所刻纹饰也与良渚玉琮不同,但是无论是玉琮还是玉璧都明显可以看出受到过良渚文化的影响。另外,二里头遗址所出土的青铜牌饰上所见的兽面纹和商周青铜礼器上盛行的饕餮纹与良渚玉器上盛行的神人兽面纹有着明显的渊源关系,特别是以棱扉为对称轴的兽面纹,与良渚文化的兽面纹的相似是极为明显的。[①] 夏商周时期玉器和青铜器上流行的云雷纹其源头也可以追溯到良渚文化。

进入秦汉以后,中国玉文化一度达到了顶峰,玉璧更是十分流行,用于祭祀天地、敛尸或作为交换的礼物,玉璧的功能仍有良渚遗风。当时各种文献对玉的记载颇多,如《周礼·春官·大宗伯》"以玉作六瑞,以等邦国",《礼记·玉藻》"君子无故,玉不离身",《礼记·聘礼》"君子比德于玉"。可见当时玉器在贵族生活中十分流行,并且被人格化、道德化和神圣化,逐步渗透到政治、文化和伦理中。隋唐以后,丧葬用玉渐少,但瑞祥玉、玩赏玉和装饰玉大增,并且普及到平民百姓的生活中,这种状况一直延续到今天。因此可以说经过几千年的传承,崇尚美玉逐渐成为华夏民族的共性,而追根溯源,良渚先民的崇玉之风当是其一大来源。

中国是著名的礼仪之邦,中华文明特别强调"礼"和"礼制"。因此追溯礼和礼制的起源和发展,是研究中国文明起源的一个很重要的方面。而从考古发现来看,礼制观念正是良渚文化思想观念形态中最突出的一种文化现象,它是良渚文化地区极其突出的社会分层运动在思想观念层面的折射。[②] 礼制的核心是等级、名分,用以确定人与人之间的上下、尊卑、长幼、男女等关系,并将人们之间的等级及其相应的礼仪活动固定下来。《荀子·富国》载:"礼者,贵贱有等,长幼有差,贫富轻重皆有称者也。"从考古发现来看,崧泽文化时期就已经出现祭祀遗迹,社会的贫富差距已经加大。良渚时期,社会已经划分为两个明显不同的社会阶层——贵族和平民,而在上层贵族的墓葬中又可划分成不同等级。有学者根据随葬玉礼器的不同情况分析良渚的贵族也可以划分为三个等级:第一等级,可以反山为代表,用玉数量多,全属真玉,制作十分精致。第二等级以福泉山为代表,用玉数量次于反山,真玉中杂有假玉,制作的精致程度也逊于反山。第三等级以荷叶地为代表,用玉数量少,真假玉参半,制作粗糙。由此可见,良渚文化的社会是一个有等级有差别的社会,统治阶级内部划分成不同的等级,形成金字塔式的统治。[③] 良渚文化中工程浩大的高台建筑、精美无比的玉礼器、寺墩及福泉山等地的"玉敛葬"等,无不表明良渚社会在剧烈的社会分层运动中已经

① 王巍:《良渚文化玉琮刍议》,《考古》1986年第11期。

② 李之龙:《良渚文化社会形态探析》,《考古》2002年第9期。

③ 吴汝祚:《良渚文化——中华文明的曙光》,《文明的曙光——良渚文化》,浙江人民出版社1996年版。

形成强烈的礼制意识。而礼制观念的形成与强化正是思想观念的一次革命，它为后来国家的形成作了必要的铺垫和准备。

二　黄淮地区史前文化在文明起源中的地位

黄淮地区发现的遗址大都属于大汶口文化和龙山文化，而以山东为中心的大汶口文化和龙山文化在中国文明起源的过程中有着举足轻重的作用。

大汶口文化由北辛文化发展而来，主要分布在山东和苏北地区。早期生产力水平低下，受其他文化影响比较明显。如刘林、大墩子等遗址发现的彩陶盆（钵）或彩陶片，从整体造型、质地、色彩到装饰图案都与河南仰韶文化庙底沟类型的同类器物相似，说明大汶口文化早期阶段，受到来自河南的仰韶文化影响，并吸收了仰韶文化的某些文化因素。但是到了中晚期，大汶口文化生产力发展迅速，有研究者认为："大汶口文化中晚期与同时期的诸文化相比，远远处于领先地位。"[①]此时的大汶口陶器种类繁多，制作精美，其中薄如蛋壳的高柄杯最具代表性。石、骨、玉器的制造也非常发达，新出现的石钺、有段石锛、石铲等及角锄、角镰、牙镰、象牙梳、象牙雕筒、玉饰均显示了高超的工艺水平。家畜饲养十分普遍，有些墓葬随葬猪头达十几个。

从大汶口文化的墓葬来看，早期社会成员之间的分化还不是很大，一般随葬品都为两三件，且均为日用器。但是到了中晚期，社会成员之间的分化明显加剧，不仅随葬品数量悬殊，甚至还出现了人殉的现象。如新沂花厅墓地的 M20 不仅随葬 100 多件随葬品，脚下还有两个殉葬少年的骨架。而同一墓地中不少小墓却一无所有。

中晚期的大汶口文化显示了强劲的对外扩张势头，对中原的影响尤为明显。从山东地区往西、往南一直到达河南省洛阳和信阳地区，同时期的仰韶文化的许多遗址中都曾发现大汶口文化的遗物。河南偃师、滑城、平顶山贾庄、商水章华台、郸城段砦、禹州谷水河、郑州大河村、鄢陵故城等均发现一些墓葬，从出土的背壶、长颈壶、圈足尊、高柄杯、筒形杯等随葬品和拔牙习俗来看，都属于大汶口文化中晚期墓葬，[②]说明大汶口文化对上述地区的影响已经十分深入。大汶口文化和太湖流域的史前文化也有一定的交流。刘林遗址中出土过崧泽文化的器物，花厅墓地中则发现了典型的良渚文化的器物。同时草鞋山、崧泽遗址中出土的彩陶片和刘林、大墩子大汶口彩陶十分接近。福泉山遗址出土的背壶和大墩子遗址出土的彩陶背壶相近。

总的来讲，大汶口文化在两千余年的发展过程中，不仅具有独特的文化特征，而

---

① 栾丰实：《论仰韶时代东方与中原的关系》，《海岱地区考古研究》，山东大学出版社 1997 年版。

② 武津彦：《略论河南境内发现的大汶口文化》，《考古》1981 年第 3 期。

且也吸收了一些外来文化的精华，以此丰富自身的文化内容，同时对其他原始文化产生强烈的影响。[①] 尤其是大汶口文化和中原地区史前文化的交流，促进了各自地区文化的不断发展，为中华文明的形成做出了重要的贡献。

龙山文化是我国境内新石器时代晚期一支非常发达的史前文化，其年代下限已经进入夏王朝时期。其范围以山东全境为中心，北面达河北南部，南抵淮河，西至河南东部。江苏境内的黄淮地区就是其重要的分布区域之一。龙山文化的农业发达，种植粟、黍和水稻。相当多的聚落遗址均有储藏粮食的窖穴发现，陶器中则存在大量的酒器，这些都表明当时农业生产已经达到相当高的水平。龙山文化陶器的轮制技术发达，火候高，器形规整优美，典型器物为鬼脸式足的鼎、高圈足豆、蛋壳陶高柄杯，各种陶杯、鬶、甗等等，其中蛋壳陶的制作达到了史前制陶业的顶峰，一件26厘米高的高杯，重量不到1两。龙山文化的生产工具以石器为主，石器种类多，如斧、锛、铲、镰、刀、凿、锥、镞等，一些遗址还出土了精美的骨器和蚌器。一些龙山大墓中发现了玉礼器和精美的玉饰件，说明当时的治玉业是专门服务于高等级贵族的行业。值得注意的是，山东胶县三里河遗址曾发现两件铜锥形器，栖霞杨家圈遗址发现了一些铜条、铜渣，这些重要的发现表明至少在龙山文化后期冶铜业已经出现，说明一种新兴的生产力开始出现。

龙山文化的大墓发现不多，但是规模和随葬品却相当惊人。如西朱封龙山文化遗址发现的大墓均有棺椁，有的还有重椁，且利用边箱、脚箱来放置随葬品。大量随葬品中包括了较多的蛋壳陶杯、白陶鬶和玉礼器。而一些小墓的死者往往一无所有。从随葬品的分化可以清楚地看到，大墓的主人生前掌握了大量财富，而且有很高的社会地位，当是统治集团内的显贵人物；小墓主人则一无所有。这种差别明显反映出社会贫富分化严重，等级分明。

龙山文化是目前为止发现城址最多的史前文化，而城池的出现说明当时战争的常规化和激烈化，以至于人们为了设防需要而花费大量人力物力来修建城池。有研究者认为众多城址的发现证明那时已经处在小国林立的局面，和古史传说中的五帝时代的万国万邦相合。龙山时代可称为古国时代，是真正的英雄时代。[②] 总的来讲，龙山文化的农业和手工业的巨大进步，冶铜业的出现，设防城堡的普遍出现，对立阶级的产生，都表明了龙山文化已经进入了文明阶段。同时，发达的龙山文化对周边地区也产生了深远的影响，据目前的考古发现来看，龙山文化和辽东半岛、冀东、冀北、

---

① 何德亮、孙波：《试论鲁南苏北地区的大汶口文化》，《东南文化》1997年第3期。

② 严文明：《中国文明起源》，《中原文物》1996年第1期。

豫北地区的文化有着密切的联系，而且以龙山文化对这些地区的传播和影响为主导。①

徐旭生《中国古史传说时代》按部族分为华夏集团、东夷集团和苗蛮三大集团。他认为传说中的太皞、少皞、蚩尤均为东夷集团，其地域范围北自山东的东北地区，最盛时达山东北部全境，西至河南东部，西南至河南极南部，南至安徽中部，东至海。从目前的考古发现来看，山东和苏北黄淮地区史前居民应该属于东夷族系。北辛文化—大汶口文化—龙山文化都属于东夷的远古文化系统。《史记》中记载的黄帝和蚩尤的涿鹿之战正是中原地区华夏族系同东夷族系的一次大斗争，在考古遗存上表现为两大史前文化体系的激烈碰撞。山东西部、河南交接地带的新石器文化往往受到东西方两方面的深刻影响。东夷的蚩尤虽然被打败，但是东夷人创造的大汶口—龙山文化却被融入中原文化中，成为中华文明的重要来源之一。

总之，江苏的地理环境优越，自然资源丰富。在旧石器时代是晚期直立人的发祥地之一，南京人化石的发现在研究我国人类起源上有着十分重大的意义。在新石器时期，江苏境内丰裕的水流和肥沃的土地保证了史前农业的发展，在农业发展的基础上，江苏先民们创造了丰富多彩的史前文化。特别是到了新石器时代晚期，太湖地区的良渚文化，黄淮地区的龙山文化均已出现文明的迹象。俞伟超先生指出："在距今5000—4000年前，我国的文明曙光时代，以东方的龙山文化和东南的良渚文化的光芒最亮。"②良渚文化和龙山文化的光芒不仅曾经照亮了整个江苏地区，而且对周边地区和中原地区都产生了一定的辐射作用。这种辐射甚至对后来的夏商文明以及传统的中华文化都有着深远的影响。因此，可以自豪地说，在中国的史前史中，江苏地区的史前历史与史前文化绝对令人瞩目。

---

① 张学海：《龙山文化》，文物出版社2006年版，第145页。

② 俞伟超：《龙山文化与良渚文化衰变的奥秘》，《文物天地》1992年第3期。

第二编

先秦：早期国家时期的江苏

第四章　夏商西周：江苏境内早期国家由分散到局部统一

（公元前 21 世纪—公元前 771 年）

先秦江苏文化有两个高潮时期。第一个高潮发生在新石器时代晚期，有属于大汶口、龙山文化的淮北大墩子、刘林、花厅遗址；太湖流域的马家浜、崧泽文化遗址；宁镇地区的北阴阳营文化遗址。新石器文化的繁荣奠定了第一次文化高潮的基础，南北新石器文化出现了完整的序列，具有地域特点的淮北、宁镇、太湖三大文化区初见端倪。到了新石器时代晚期，淮北的藤花落遗址，太湖的良渚文化遗址等初现文明曙光。历史进入到距今约 4000 年，以太湖流域为中心的良渚文化在早期国家文明的门槛前突然消失。从目前的考古资料分析，此时江苏境内还没有出现早期国家性质的政治实体。新石器时代结束后，作为良渚文化中心区域之一的江苏南部太湖流域，历史文化发展出现断裂，在结束了轰轰烈烈的新石器时代文化的高潮之后，夏商时期，江苏境内的文化发展出现低谷，进入了一个逐步由中原文化影响的新时期，其文明演进主要受到中心位于中原的夏、商、西周早期国家的制约和影响。以中原为中心的统一王朝向四周扩张疆域，其势力范围逐步影响到东南。相当于夏商时期，宁镇地区的湖熟文化和苏南的马桥文化已经进入青铜时代。太湖流域本属于荆蛮、于越土著的居住地，到了商周之交，"太伯奔吴"，关中的周文化一支向东南迁移，在荆蛮之地建立了勾吴政权，早期国家在江苏境内出现。周灭商后，随着周初分封，吴国成为周王朝在东南地区的重要诸侯国。西周中期，在淮夷聚居的淮河流域，徐国逐渐成为强大的国家，徐偃王征服了周边 36 国，成为盛极一时的方伯。强大后的徐国对周王朝叛服无定，一度溯淮而上，向西进攻，直逼东都洛邑，引起周室的震动。最后被周穆王调动诸侯军队平定，徐渐趋衰落。先秦时期，长江南北分布着一些方国，西周以后，多数被北部的徐国和南部的吴国控制，江苏境内的政治格局逐步由分散的方国林立，走向南、北局部的统一，从而为春秋后期吴国统一江苏境内大部分地区的第二个文化高潮奠定了基础。

由于可靠文献材料匮乏和考古发掘材料的局限，夏商西周时期江苏境内早期国家的历史缺失、断裂之处甚多,本章所能提供给读者的只能是这一时段江苏境内实际历史中的一些局部、片断。

第一节　夏、商时期的江苏

一　江苏境内的夏、商文化遗存及甲骨文所见与江苏相关史事

在淮北地区,今江苏徐州铜山高皇庙,连云港二涧、朝阳、藤花落,赣榆下庙墩,灌云大伊山,沭阳万北等地,皆发现有岳石文化遗存。考古学者大都认为,这是一种上承山东龙山文化并吸收了良渚文化诸多影响而产生的新文化遗存。这种文化,主要分布在山东、苏北地区,豫东、皖北亦有发现,其年代约与文献记载中的夏代相当,可视为夏代东方夷人的一种文化遗存。

泗洪赵庄,徐州铜山高皇庙、丘湾,都发现商代文化遗存。如铜山茅村丘湾遗址商文化层中发现有当时人们的居住基址及大量生产、生活用具,特别是著名的社祭场所的发现,为商代史的研究提供了新材料。

在宁镇地区,相当于夏代时段的考古文化是以南京江宁区点将台遗址为代表的文化遗存。在昝庙、句容城头山、丹徒团山、高淳朝墩头等遗址中,均有这种文化遗存的发现。

商代的文化遗存,在金坛市薛阜镇、句容城头山、丹徒团山及广泛分布于宁镇地区属于湖熟文化序列的诸多遗址中皆有发现。仪征甘草山也有类似遗存发现。特别是发现于2005年的金坛市薛阜镇早商遗址,出土物颇丰,约距今3500多年,年代超过殷墟,对研究殷商时期江南历史文化有重要价值。

宁镇地区的湖熟文化遗址,迄今已发现300余处。这是一种相当于中原商周时代而又具有地方特色的青铜文化。由于这种文化遗存于1951年在南京江宁湖熟镇首次被发现、发掘,故名。当时的人们已使用青铜工具,过着以农业为主、畜牧渔猎为辅的生活,普遍饲养牛、羊、猪、狗等家畜,房屋地面用火烧过,光滑而平整,并有用牛、羊骨进行占卜的习俗。

因首次发现于上海闵行区马桥镇而得名的马桥文化,在吴县澄湖,苏州越城、虎丘长凳坟、横塘小巷上,无锡许巷诸遗址中皆有发现。这是一种晚于良渚文化的考古文化,在年代上约与中原地区的夏、商时代相当。太湖西北的无锡仙墩、许巷也有商代遗存发现,商势力已经影响到太湖地区。

商代的甲骨文中,有“王越于上魯”、“在上魯”、“涉[illegible](漏)于虘”等记载。郭沫若

谓："上鬗当是国名……疑即上虞"。"𣲡乃水名，疑是漏字。虞乃地名，上鬗如果为上虞，则虞疑即吴也。"[①]甲骨文又有"吴于……供王臣"、"吴弗其以王臣"的记述，[②]说的是吴向商王朝供奉王臣，联系到吴地出生的巫咸、巫贤父子皆曾为商之贤臣，则甲骨文中所言之"吴"很可能就是指的太湖地区的吴地、吴人。

甲骨文又屡有"命人方"、"征人方"一类的记述。[③] 作为商代重要方国之一的人方究竟在哪里？早先，郭沫若、董作宾、陈梦家、李学勤、邓少琴及日人岛邦男等甲骨学者或主淮水流域说，或主山东境内说，或主陕西眉县说，或主江汉说，分歧颇大，后渐一统于郭沫若的淮水流域说，即认为人方应在殷之东南的今淮河流域。[④]

若虞"即吴也"、甲骨文中的"吴"系指太湖地区的吴地，以及"人方"在淮河流域诸说皆不误的话，可证殷商时中原王朝已同江苏地区有着较为密切的交往、联系，殷商王朝的势力已波及这个地区了。

二　禹"别九州"与"震泽底定"

《尚书·禹贡》序谓：

> 禹别九州，随山浚川，任土作贡。

《尚书·禹贡》：

> 海、岱及淮惟徐州。……厥贡惟土五色，羽畎夏翟，峄阳孤桐，泗滨浮磬，淮夷蠙珠暨鱼，厥篚玄纤缟。
>
> 淮、海惟扬州。……三江既入，震泽底定。……厥贡惟金三品，瑶、琨、篠、簜、齿、革、羽、毛、惟木，岛夷卉服。厥篚织贝，厥包橘柚，锡贡。

按《禹贡》九州，今江苏地以淮河为界分隶徐、扬二州，皆已入夏之版图，并需按规定向夏王朝缴纳贡赋。不仅如此，相传大禹亲临震泽（太湖）治水。这些传载，当如许多学者早已指出的，恐非信史，不能视为当时真实情况。因为，一则《禹贡》传说是夏禹所作，实不可信，成书时代尚难确定，有夏至战国多种说法，多数学者认为成书于战国时代，虽然有夏代的史影，但绝不是夏代文献和信史；二是夏代不可能对九州那么大的范围实行有效

---

① 郭沫若：《卜辞通纂》，《郭沫若全集·考古编》第二卷，科学出版社1983年版，第475、480页。

② 《甲骨文合集》5566、5567。

③ 《甲骨文合集》20249、36482。

④ 王宇信、杨升南主编：《甲骨学一百年》，社会科学文献出版社1999年版，第497—498页。

控制,即使到了西周时期,中原王朝都还无力完全控制住江淮一带,何况夏初。

三　夏、商两代中原王朝与夷人的斗争、交流

先秦时期,中原王朝不断与周边蛮、夷、戎、狄诸族斗争、交流,共同创造着中华民族的早期文明史。夏商时期,在这一时段历史舞台上真正唱主角的主要是夏、夷。

夏、夷的斗争从夏王朝建立前后便已开始了,并贯穿着夏王朝的始终。

据传,按照"禅让"制,禹的继承者本是东夷族的益,最后却是禹子启继位。启成为夏朝的第一个王,以此为界标,界划了"禅让"与"世袭",界划了"大同"与"小康",父传子的世袭制由此确立,标志着中国进入早期国家时期。

启是如何得到政权的?传统的说法是:"及禹崩,虽授益,益之佐禹日浅,天下未洽。故诸侯皆去益而朝启,曰'吾君帝禹之子也'。于是启遂即天子之位。"即所谓"益让帝禹之子启,而辟居箕山之阳"(《史记·夏本纪》)。而据《古本竹书纪年》,则是"益干启位,启杀之"。《战国策·燕策一》亦谓:"禹授益,而以启为吏。及老,而以启为不足任天下,传之益也。启与支党攻益而夺之天下,是禹名传天下于益,其实令启自取之。"应当说,后一种说法更贴近历史事实。到启的儿子太康时,"夷人始畔"(《后汉书·东夷列传》)夏政权曾一度被颠覆,而颠覆者又是个叫羿的夷人。后来,太康的侄孙少康战败夷人寒浞,才把夏政权"中兴"起来。此后,东夷"世服王化","宾于王门,献其乐舞",夏、夷间颇为安定了一阵。至桀时,随着夏王朝控制力的减弱,又出现了"诸夷内侵"(《后汉书·东夷列传》)的局面。

入商,夷与商王朝间基本上保持着时战时和、叛服无定的态势、局面,一如《后汉书·东夷列传》所谓:"至于仲丁,蓝夷作寇,自是或服或畔,三百余年。"到了纣的头上,更是连年同夷人作战,终于耗尽了国力,为周人所乘,故史有"纣克东夷而殒其身"(《左传》昭公十一年)之说。

四　吴地走出的商之贤臣巫咸、巫贤父子

巫咸、巫贤父子,分别为商王太戊、祖乙时的辅政大臣。《尚书·君奭》载周公之言曰:"在太戊时,则有若伊陟、臣扈,格于上帝;巫咸乂王家。在祖乙时,则有若巫贤。"乂,辅助也,相也。《史记·殷本纪》谓:"巫咸治王家有成,作《咸艾》,作《太戊》……殷复兴,诸侯归之,故称中宗。""帝祖乙立,殷复兴,巫贤任职。"又,武丁及后期卜辞有"贞,惟咸戊"、"贞,侑咸戊"、"咸戊壱王"、"丁巳卜,侑咸戊",[①]甲骨学者认

---

① 《甲骨文合集》1822正、952正、10902、19946正。

为,此“咸戊”即巫咸。[①] 惜文献及甲骨记载皆甚简略,其具体政绩今已难以知其详了。又据《晋书·天文志》,巫咸还是个善观天象的天文学者,盛誉其“格言遗记,于今不朽”,为“后代所宗”。

巫咸、巫贤父子是从吴地走出的我国早期历史上著名的名相、贤臣。《越绝书·越绝外传记吴地传》谓:“虞山者,巫咸所出也。”虞山,一名海隅山、海巫山,在今江苏常熟市西北。巫咸、巫贤父子为吴人之在商王朝供职者,故死后仍归葬吴地。“冢皆在苏州常熟县西海虞山上,盖二子本吴人也。”(《史记·殷本纪》《正义》)

第二节　西周时期江苏境内早期国家政权的建立

一　江苏境内的西周文化遗存

江苏境内的西周文化遗存,在泗洪赵庄,铜山县高皇庙、丘湾,东海县焦庄,扬州仪征市甘草山,南京浦口区曹王塍子,句容县城头山,丹徒团山、磨盘墩,高淳县朝墩头,苏南的苏州越城,无锡仙蠡墩,以及宁镇地区广为分布的湖熟文化诸遗址的西周文化层中,多有发现。

曾入选2005年中国十大考古新发现的句容、金坛周代土墩墓群的发掘,对进一步了解土墩墓的营造过程、形制结构、丧葬习俗乃至该时期江南地区的社会面貌有重要价值。

1954年丹徒烟墩山出土的著名的宜侯夨簋铭,对研究吴国史乃至整个西周史都有着极为重要的价值。

二　西周时期的吴国

(一)太伯奔吴

太伯奔吴事见于多种文献记载。《史记·吴太伯世家》载:

> 吴太伯,太伯弟仲雍,皆周太王之子,而王季历之兄也。季历贤,而有圣子昌,太王欲立季历以及昌,于是太伯、仲雍二人乃奔荆蛮,文身断发,示不可用,以避季历。季历果立,是为王季,而昌为文王。太伯之奔荆蛮,自号句吴。荆蛮义之,从而归之千余家,立为吴太伯。

《吴越春秋·吴太伯传》载:

---

① 孟世凯:《甲古学辞典》《巫咸》、《咸戊》条,上海人民出版社2009年版,第280、395页。

古公三子，长曰太伯，次曰仲雍，雍一名吴仲，少曰季历。季历娶妻大任氏，生子昌，昌有圣瑞。古公知昌圣，欲传国以及昌，曰："兴王业者，其在昌乎?"因更名曰季历。太伯、仲雍望风知指，曰："历者，适也。"知古公欲以国及昌。古公病，二人托名采药于衡山，遂之荆蛮，断发文身，为夷狄之服，示不可用。古公卒，太伯、仲雍归。赴丧毕，还荆蛮，国民君而事之，自号为勾吴。

旧文献所记奔吴事大体就是这个样子。但围绕着"太伯有没有奔吴"、"何以奔吴"和"奔向哪里——路线、行程"等，却又有着种种不同看法。

对历史上是否存在"太伯奔吴"一事，清儒崔述在《丰镐考信录》中即持否定态度。20世纪30年代，卫聚贤在《太伯之封在西吴》中说："中国在古代称'吴'之地有三：一曰西吴在陕西陇县，二曰东吴在江苏吴县，三曰北吴在山西平陆县。""实际太伯之封在西吴，而云太伯之封在东吴者，由于春秋末年致误；北吴亦为太伯之后所封者，亦系因东吴之误而误，惟西吴为太伯的封地……"他考证太伯的封国在陕西陇县的吴山。"太伯、仲雍两个人由陕西岐山至江苏吴县，又回去奔太王的丧，再到苏州……实非当时社会所能有，而为后人所虚构。"那么，这种"虚构"又是缘何生发出来的呢？卫聚贤亦有言："吴居东南，在中原人目之为夷，时边地各民族多思与周室发生关系，楚以熊鬻为文王师，秦、赵以非子为穆王赶过马车。吴是无所借口，适中原人站在封建社会的立场上，不明氏族社会的兄终弟及制，将太伯、季札之事误而为一(因季札亦有避让王位的善举——引者)，吴人乘此机会也就承认了他是太伯之后。是以在黄池之会公然说'于周室我为长'，周天子也竟然称吴王为'伯父'。"又说北吴之虞始终为姚姓，而周武王当无封周章之弟于北吴之事。有之，是因东吴之误而误。卫聚贤还认为："江苏在古有民族名吴，吴民族一部分北上，至河南安阳小屯村建都，周人呼之为殷，而殷人自称曰余。""殷人原在江苏吴县时称吴，至黄河流域仍称吴，故其后居于山西平陆县的称吴国，亦名虞国……一部分至陕西陇县亦称吴……太伯对(此"对"字疑为"封"之误——引者)于吴人在陕西陇县吴国之地，仍名为吴。……是三吴之所同名，由于吴民族迁徙于三地之故。而以同名之故，致使太伯的封地有三处之误。"①即是说，吴的大本营、总根子本在江苏，北吴、西吴全是由东吴派生出来的，太伯之封为晚后之事，且地在西吴，与后来江苏地区的吴国无涉。刘节则认为："吴即虞，太伯所奔之地，在今山陕之交，非工𫇭之族也。"但同样认为，附会太伯奔吴同季札有一定关系，如谓："春秋二百余年间之大事，乃继踵西周以来殷周两民族之斗争史；而晋、楚两国实为之主。中叶以后楚人之

① 《江苏研究》第三卷第5、6合期《吴越文化专号》，1937年6月；又收入江苏吴文化研究会编印：《吴文化资料选辑》第二辑，1984年印。

势日强,汉阳诸姬楚实尽之,周人益觉岌岌不能自保;当时识者若子贡之流,尚知联吴以存鲁。且吴自季札以来,辄思依附中原故国以自重;其间必有人焉,附会太伯奔吴之事以游说工勮之王,思引其族以牵制楚人。”①有学者认为:“大伯、虞仲皆虞国之初祖,大伯、虞仲所奔为山西之虞,而非‘荆蛮’或江苏之吴。”②有学者更直斥“吴为周后说”为无稽之谈,是吴国在成为中原大国之后为了抬高自己的身价“编造”出来的。③亦有人说“太伯、仲雍奔东吴于历史实际上是不可能的”,句吴立国之君仲雍乃“土著民族”,“与太伯弟虞仲非同一人”。④ 当然,这个问题还需要进一步研究,本书仍取“太伯奔吴”目的地为江南的成说,但不排除中途在一些地方停留过。

关于太伯奔吴的原因,传统看法是“让国说”,即太伯至德高风,为大局主动让贤。

另一种说法是“被逼逃亡说”。《左传》僖公五年载宫之奇之言曰:“大伯、虞仲,大王之昭也。大伯不从,是以不嗣。”已隐含父子间的某种不谐。朱熹《论语集注》明谓:“大王因有翦商之志,而泰伯不从。大王遂欲传位季历以及昌。泰伯知之,即与仲雍逃之荆蛮。”(《四书集注》)崔述《丰镐考信录》尝针对《韩诗外传》所言“太王薨,季之吴告伯仲,伯仲从季而归;群臣欲伯立季,季遂立”诘之曰:“古者列国各有疆界,岐之去吴数千余里,使命所不能通,王季安能捐社稷而远去!果群臣皆欲立王季,则是太伯不得已而让之,又岂足为贤哉!”⑤傅斯年更明谓:“太伯入荆蛮,我疑心是伦常之变。……因太伯不得已而走,或者先跑到太王之大仇殷室,殷室封他为子爵,由他到边疆启土……”⑥

还有一种说法,即徐中舒提出的“经营南土说”:“大王之世,周为小国,与殷国力敻乎不侔。当其初盛之时,决不能与殷商正面冲突。彼必先择抵抗力最小而又与殷商无甚关系之地经略之,以培养其国力。此兼弱攻昧之道,其例正多。如秦于并吞六国之前,必先伐灭西戎、巴、蜀;清于入关之前,必先服属朝鲜、蒙古。若此之类,史不绝书。且周人之经营江、汉流域,据现存史料言,其可征者至迟已在武王之世(说另详)。以此余疑大伯、仲雍之在吴,即周人经营南土之始,亦即大王翦商之开端。《史记》谓大伯、仲雍逃之荆蛮者,或二人所至,即江、汉流域,其后或因楚之兴盛,再由江、汉而东徙于吴。”⑦

---

① 《说攻吴与禺邗》,收入《古史考存》,人民出版社 1958 年版;又收入江苏吴文化研究会编印:《吴文化资料选辑》第二辑,1984 年印。

② 童书业:《春秋左传研究》,上海人民出版社 1980 年版,第 32 页。大伯,即太伯。下同。

③ 陈桥驿:《“越为禹后说”溯源》,载《吴越文化论丛》,中华书局 1999 年版。

④ 周国荣:《说吴族》,《苏州大学学报》1991 年第 1 期。

⑤ [清]崔述撰著,顾颉刚编订:《崔东壁遗书》,上海古籍出版社 1983 年版,第 248 页。

⑥ 《与顾颉刚论古史书》,《傅斯年选集》,天津人民出版社 1996 年版,第 165—166 页。

⑦ 徐中舒:《殷周之际史迹之检讨》,《徐中舒历史论文选辑》(上),中华书局 1998 年版,第 661 页。

上述诸说，或坚守旧文献的传统说法（“让国说”），或借旧文献记述中的漏洞、不足别作揣度，由于年代久远，材料不足，今已实难判定诸说之长短得失了。长期以来，学者们似已习惯于作非此即彼的单向思维判断，把复杂的历史事件、过程简单化，忽视历史事件、过程的发生、演化无不是多种因素合力作用之结果。上述诸说，为什么不能作一兼容性的考虑呢？为什么不能设想太伯、仲雍的奔吴，从一个方面来说，确是基于“经营南土”的翦商战略考虑（这是主要的、基本的方面），而从太伯、仲雍、季历三兄弟关系的层面讲，又包含着“让国”成分和“让国”背后的某种不平和无奈呢？

关于奔吴的路线、行程，传统的说法很简单，似乎就是直奔吴地，一站到底。这种说法，早已为研究者所不取，实际上也是不可能的。

如上文所引，徐中舒的看法是太伯、仲雍之奔吴，很可能是分两步走的，即先到荆蛮所在的江、汉流域，后遭强楚逼压，再徙吴地。

清乾隆年间，者减钟于江西临江府出土，铭有“工𫊸王皮𪚰之子者减”字样。郭沫若谓：“‘工𫊸’即是句吴，《攻敔王元剑》作‘攻敔’、《攻吴夫差监》作‘攻吴’，均音近之缗译。《史记·吴太伯世家》叙自太伯以降至第十五世为转，《索隐》引谯周《太史考》作柯转。柯转即此皮𪚰也。柯皮古同歌部，转𪚰古同元部。𪚰，古然字。柯转之子为颇高（《索隐》云‘《古史考》作颇梦’），颇高之子为句卑（《古史考》云毕轸）。句卑时晋献公灭周北虞公（《春秋》僖五年）。此者减与颇高为兄弟，大约当春秋初年，鲁国桓、庄之世也。”①顾颉刚进而谓：“吴之名，当由陕西之吴岳来。此名东移则为山西之虞，南移则为苏、赣之吴。”以为春秋初年吴尚都江西，其迁江苏殆在春秋中叶，“江西新建县北一百八十里有吴城镇，当赣江入湖之口，疑当时吴都即在是”。②

若把徐中舒、顾颉刚的说法糅合起来，则太伯奔吴之路线，应是由陕西而江、汉，而江西，而江苏。

进入江苏后，在一些学者看来，也不是一下子就进抵无锡、苏州一带，而是经历了一个由宁、镇而常州，而无锡、苏州的过程。

如有学者认为：“太伯远奔所至之地，不在许多地理志所指的今江苏苏州、无锡一带，而是在其西一二百公里的宁镇地区，具体说来应在今江宁县附近。因为近数十年来，在古代吴国疆域内考古发掘所得的约六百件青铜器中，有四百余件是在今江苏西南部出土的，且它们的时代大多属于西周和春秋早期；而在无锡、苏州一带和太湖周围发现的吴国铜器仅一百余件，其时代又都属春秋中晚期或春秋、战国之交。特别是在宁镇山脉和秦淮河流域的‘许多台形遗址的文化层中，出现了殷末周初形式的铜

① 郭沫若：《两周金文辞大系图录考释》（下），上海书店出版社1999年版，第153—154页。

② 《苏州史志笔记》，江苏古籍出版社1987年版，第12—13页。

器'(尹焕章、张正祥:《宁镇山脉及秦淮河地区新石器时代遗址普查报告》,《考古学报》1959年第1期),这正和太伯、仲雍亡奔到此地的历史事实相合。而在无锡、苏州一带,绝没有这一类的考古发现。由此,吴国最初的建立之地,可以得到大致的考定。"他引清同治年间编纂的《上江两县志》载:"周武王有天下,封周章于其地,国号吴。"(卷二上《考》)已明指周章时的吴国在清江苏上元、江宁一带(今南京市)。宜侯夨簋所记"侯于宜",当指周康王徙封周章子熊遂于宜地事。这样,吴地统治中心便"由武王时所封地今江宁县地迁至今丹徒县,向东移动了百余里"。西周晚期,吴又东向灭掉了周公"践奄"后由南下奄人所建立的淹国,扩地至今常州一带。后又乘胜东进,"向同为东夷的干族人聚居的太湖东北地区挺进,与干国发生长期的激烈的战争"。"大约到春秋前期,太湖以北以东地区,就全部为吴国所占领。""可见自太伯居于今江宁县,康王徙封熊遂至今丹徒县,以后又经过寿梦、诸樊、阖闾三次迁徙,才定都于今苏州市。"①

近年来,一些学者根据宁镇地区屡有宜侯夨簋(1954年丹徒烟墩山出土)、伯作方座簋(1982年丹徒母子墩出土)等一批明显带有中原地区特征高等级西周青铜礼器的出土,近年又在南京江宁区陶吴镇发现了周代大型土墩墓,而苏州、无锡一带的商周时期文化遗存却找不到春秋以前的非常明显的商周文化因素等事实,认为太伯奔吴的路线应是:翻过秦岭,沿汉水顺流而下,再沿长江向东,最后来到了现在南京江宁横溪小丹阳一带。因此,吴文化的早期活动中心不在太湖流域的苏州、无锡,而是在宁镇丘陵山脉和秦淮河流域。当然,如果如顾颉刚所说,是从江西进入江苏,也有可能是取道浙江西南往太湖,经过越人腹地,就不一定经过宁镇地区了。

由于文献记载太伯奔吴过于简略,且太湖地区又没有相关的考古遗址与之印证,而目前以土墩墓为代表的西周时期吴国文化,范围所及东到上海金山,西达皖南屯溪,南至苏浙交界的太湖沿线,北过长江,分布比较密集的是宁镇地区。② 所以太伯奔吴之地出现文献与考古难以对应的情况,太伯奔吴线路很难细致复原。从当时的交通情况看,如果是从苏、皖间的长江段过江,大致在安徽无为、巢湖至和县一带渡江,经芜湖、马鞍山、当涂往宁镇的可能性较大,问题是太伯是在这一带扎根,还是仅途经此地,接着就越过茅山直奔太湖地区的荆蛮之地?我们认为,后者的可能性要大一些。宁镇和太湖两个区域的古文化分界线大致在茅山一线,丹阳、常州、江阴发现的文化遗址中多发现两种文化的叠压和交错情况。进入夏商时期之后,商文化势力已经渐次南下,到达宁镇地区,加之宁镇地区土著力量(湖熟文化)十分强大,太伯力

① 杨善群:《吴国在西周至春秋前期的发展》,《学术月刊》1992年第3期。

② 萧梦龙:《对吴国历史文化的新探索》,《江苏史论考》,江苏古籍出版社1989年版。

量单薄，恐一时尚难以在此立足，所以才径直前往文化相对落后的荆蛮之地，在太湖流域与荆蛮杂处融合，“隐居”下来，建立起一个根据地，后人关于太伯奔梅里的传说并不是了无根据的。周灭商后，太伯后裔才被周王朝寻到，重新被分封到长江岸边的宁镇地区，后又有了周康王迁封虞为宜侯的事情发生。吴人受封进入宁镇地区后，和当地文化融合，宁镇地区遂成为吴国的政治中心。宁镇地区发现了大量的西周青铜器，这些具有地方特色的青铜礼器，代表了吴国文化的成就。在吴国东向迁都前，宁镇地区一直是吴国的政治、文化中心，而此时太湖流域的文化则显得相对落后些。[①]

（二）宜侯夨簋及相关历史问题

宜侯夨簋（杨正宏、肖梦龙主编：
《镇江出土吴国青铜器》，文物出版社，2008年，第28页。）

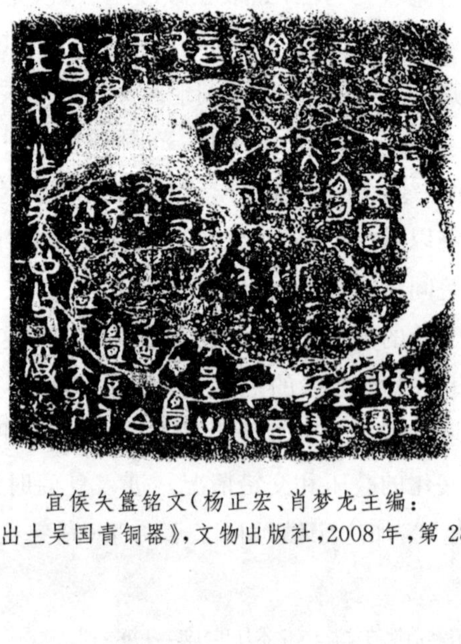

宜侯夨簋铭文（杨正宏、肖梦龙主编：
《镇江出土吴国青铜器》，文物出版社，2008年，第28页。）

---

① 王健：《吴地文化通史·总论》，中国文史出版社2006年版。

宜侯夨簋于1954年在江苏丹徒烟墩山出土。口径22.5厘米,高15.7厘米,方折沿,浅腹,有四兽首耳,高圈足。簋内有铭文一百二三十字,因出土后遭毁,经修复成器后可辨者约一百一十余字。铭文记载着宜侯夨受封及为谢王恩作此器的情况。此器是迄今发现具体记载周初分封情况的唯一重器,堪称国宝。兹参照诸家说,将铭文释文如下:

惟四月,辰在丁未,王省珷王、成王伐商图,遂省东或(国)图。王卜于宜□土南乡。王令虞侯夨曰:□侯于宜。锡鬯鬯一卣,商瓒一□,彤弓一,彤矢百,旅弓十,旅矢千。锡土:厥川三百□,厥□百又□,厥宅邑卅又五,〔厥〕□百又卌。锡在宜王人□又七生(姓)。锡奠七伯,厥□□又五十夫。锡宜庶人六百又□六夫。宜侯夨扬王休,作虞公父丁隮彝。(大意为:四月丁未这天,王察看了武王、成王伐商图,又察看了东方各国图,终于选定了宜这个地方,于是命虞侯夨说:"就把你封在宜这个地方了!"王赐给夨香酒一罈,商瓒一枚,红弓一件,红箭百支,黑弓十件,黑箭千支。又赐疆土,计河流三百条……邑落三十五处……百四十。还赐给民众,计王人……七姓,管理官吏七个……又五十名,庶人六百余人。宜侯夨为了宣扬王的美德,并纪念自己的父亲,便铸造了这件宝器。)(《集成》8.4320)[①]

短短百多个字,所涉问题颇多,一直是学术界争论的热点问题。[②] 这里,姑抛开授民授疆土的具体内容不谈,仅讨论一下铭文中周王指谁,夨指谁,以及夨原封地虞和徙封地宜又各指哪里这样几个问题。

黄盛璋认为:"虞侯夨与父虞公皆为北虞君主,即春秋虞国祖先,国都在大阳之北五十里,大阳后改河北与平陆。"康王将虞侯夨改侯于宜之"宜","不在丹徒一带吴国境内,而在东方通道之上近畿之内","当即后来之宜阳"。虞侯夨簋等器"是后来带到丹徒"的。[③] 即是说,虞侯夨原封、徙封之地均与江苏之吴无涉,器物是后来流入江苏的。郭沫若主编的《中国史稿》认为:周朝在东南方最远的同姓诸侯是吴国(今江苏无锡东南)。传说吴国是季历之兄太伯、仲雍率领一部分周人跑到那里,和当地居民相结合而建立的。在吴国附近还有一个宜国,是成王把西部的虞侯改封到那里的。江

① 中国社会科学院考古研究所编:《殷周金文集成》(1—18册),中华书局1984—1994年版。以下简称《集成》,按册序号录。铭文拟定参照诸家考释,择善从之。

② 早期主要有陈梦家、郭沫若、唐兰、李学勤、谭戒甫、黄盛璋等诸家,参见董楚平著《吴越徐舒金文集释》相关综述,浙江人民出版社1992年版。

③ 《铜器铭文宜、虞、夨的地望及其与吴国的关系》,《考古学报》1983年第3期。

苏丹徒出土的一批周初青铜器中有一件矢簋，在铭文中详细地记载了虞侯矢被改封为宜侯的事迹。① 即认为在今无锡一带本已有个吴国，成王时又把虞侯矢改封于宜，在吴国附近建立起宜国，吴、宜乃相毗邻的两个国家。

有学者结合关中出土的墓葬资料，认为在今宝鸡渭水两岸到凤县一带曾经存在过一个外族方国——強国，其国名从弓从鱼，应当是強氏。強氏是巴族的一支，原居于江汉之间的荆山地区，商代晚期迁到宝鸡的渭水两岸。因为強氏原来是荆山地区的巴族，所以被称为“荆蛮”。太伯奔荆蛮，就是向西逃到了強国。《汉书·地理志》说：“吴山在西。古文以为汧山，《国语》所谓虞也。”吴山又名岳山，位于汧河以西，在今宝鸡以北35公里，地近陇县。而据考古发现证实，今陇县、千阳县的汧水两岸到宝鸡一带正是矢国所在地。正因为太伯、仲雍奔到此地，所以后世才有吴山之名。吴山地处矢地，所以“虞”字从矢，而虞字的读音则来自于強。康王把虞侯矢改封到宜，于是就改称为“宜侯矢”。一直到寿梦时吴才改用祖先的族号，称“工敔”、“攻勮”，等等。②

刘启益认为：“自汉代以来，一直到近代，都认为春秋时吴越之吴，就是太伯建立的吴国，地点在今江苏无锡一带”，这是“很难让人置信的”。事实上，“太伯在岐山以西建立了吴国，太伯死后无子，由其弟仲雍继任，仲雍三传到虞仲，武王灭纣以后，虞仲被封到晋南去做虞国的君长去了”。后来“虞侯矢在康王时被封于宜，他的子孙就在这一带定居下来。宜在今天的丹徒……有理由判定，句吴是虞侯矢的子孙建立的，而虞侯矢就是句吴在江苏的第一代祖先（他应是仲雍后裔的一支，很可能与晋南的虞国发生关系）”。③

对铭文的重新释读又产生了一些新的解释。如有学者认为，“宜”字应隶定为“俎”。吴太伯至周康王封虞（吴）侯于俎之前，吴国所居的确已在长江南北一带，康王时，虞（吴）侯被封在今江苏邳州北略偏西的“加口”，或作“迦口”，称“俎侯”，春秋时为“柤”地。“从西周康王时到西周晚期吴国一直以俎为其国都。”“春秋初期，吴取邗（干）国而建都于邗，此即今扬州一带。邗为吴都一直到吴王诸樊时代。”后诸樊为避楚国锋芒，才不得不把都城迁到今无锡西南闾江乡一带。明洪武《无锡县志》说今无锡市闾江乡境内的阖闾城（小城）是阖闾派伍子胥所筑的，同时还在今苏州筑了一座大城，并迁都于此。其地本名“姑苏”或“姑胥”，直到夫差亡国之时，苏州一直为吴国都城。因此，“谓吴国从太伯到寿梦时一直居于常州无锡县东南60里的梅里，以及寿

---

① 《中国史稿》第一册，人民出版社1976年版，第228—229页。

② 尹盛平：《关于太伯、仲雍奔“荆蛮”问题》，《吴文化研究论文集》，中山大学出版社1988年版。

③ 《西周矢国铜器的新发现与有关的历史地理问题》，《考古与文物》1982年第2期。

梦时仍居此地并改号为'句吴'，则是错的"。① 即认为康王封虞侯的俎（宜）地，在今江苏最北端的邳州境，并且终西周之世，这里一直是吴国的都城。

也有将"宜"字隶定为"俎"、"夨"字隶定为"夭"的，认为此器应定名为俎侯夭簋。"虞侯夭"之"虞"国，始居今陕西宝鸡一带，也就是太伯、仲雍所奔之"吴"。"夭"徙封之"俎"地，在今江苏丹徒境。丹徒古称朱方（《汉书·地理志》），朱方可单称朱，实际上丹徒二字的急读就是朱。而朱、俎二字古代的发音是很相近的。俎之古音属庄纽鱼部，朱则在章纽侯部。侯鱼二部音近。庄纽虽属齿音，与章纽属舌音似有别，但上古发齿音的字多读舌音，其中的庄纽字即有此种情形。故俎地实即丹徒的古称。②

唐兰认为，宜侯夨簋为康王时器，记康王改封虞侯夨于宜地事。"虞公父丁可能是《史记》的叔达，是周章和虞仲的父亲。""虞侯夨应该就是周章，'夨'和'周章'的声母是很接近的。周章在武、成之间封为虞侯，隔三十多年到康王时封为宜侯。"并认为"虞侯夨"原封地"虞"和新封地"宜"，均在今苏南地区，"宜""可能就在丹徒或其附近地区。"③李学勤基本赞同唐说而有所发挥，亦谓"虞侯夨"原封、徙封之地均在今之苏南，因为，"徙封不过是改换了都邑"，"移动未必很远"。不过，又认为"周章是吴国事实上的始封之君，簋铭'虞（吴）公'很可能是他，而夨是辈分相当康王的熊遂"。这是与唐说的不同处。后来，受刘建国《也论宜侯夨簋与吴国》一文的启发，李学勤在另一篇文章中又对自己的说法作了修正，认为"虞公、父丁"，"应该是两代"。周章"是吴国始封之君，当即铭中的虞（吴）公，父丁是他的儿子熊遂，作器者就该是熊遂之子柯相"。"无论如何，作器者推为康王时的柯相是合适的。我以前认为是熊遂，并不妥当"。④

上引诸家说，虽都有一定根据，成一家之言，但相比较而言，唐兰、李学勤二位的说法似更妥切些。因为，二氏的说法不仅兼顾到了器物的出土地点、铭文内容，也与《史记》等传世文献的记述相照应，故已为不少学者所接受。

当然，据现有传世文献、考古发掘材料以及宜侯夨簋铭，要判定江苏地区的吴国史究竟是从商末的太伯奔吴时写起，还是从康王徙封虞侯夨于宜时写起——即判定太伯及其后裔是何时进入江苏的，尚存在不少困难。

---

① 王晖：《西周春秋吴都迁徙考》，《历史研究》2000 年第 5 期。

② 沈长云：《〈俎侯夭簋〉铭文与相关历史问题的重新考察》，《人文杂志》1993 年第 4 期。

③ 《宜侯夨簋考释》，《考古学报》1956 年第 2 期。

④ 《宜侯夨簋与吴国》，《文物》1985 年第 7 期；《宜侯夨簋的人与地》，《走出疑古时代》（修订本），辽宁大学出版社 1997 年版，第 260—261 页。

由于在丹徒烟墩山、母子墩，溧水乌山，江宁横溪等地都有西周早、中期青铜器的出土，而在无锡、苏州一带所发现的吴国青铜器大都属春秋中晚期，迄无西周早中期青铜器的发现，故一个时期以来太伯及其后人的进入江苏是先宁镇，再常州，最后才进入无锡、苏州一带的看法颇占优势。然而，近年来江阴佘城古城址和大型建筑遗址的发现，又使人感到问题远没有那么简单。佘城呈圆角长方形，南北长约600米，东西宽约300米，面积约20万平方米。在北城墙中段的内侧约50米处发现了一处大型建筑遗址。主体建筑进深约22米，分为前后两进，前间宽10米，进深8米，后间宽15米，进深11米。辅助建筑有廊和露台等。据测定，遗址的年代约距今3600—3000年左右，与商代相当。① 佘城遗址的发现，又不免"引起人们无穷的遐想，会不会这个城址就是太伯、仲雍留下来的呢？佘城地处长江南岸，长江江阴段的江面相对比较狭窄，太伯、仲雍会不会就是在这里渡江的呢？佘城会不会是太伯、仲雍来到江南之后所居住的？这些都是非常有意思的问题"。"不过现在证据还嫌不够充分，还有待于进一步的考古发掘提供更多的资料来回答。"②

如前所述，在我们看来，太伯奔吴，几经曲折，最终应是到达了太湖流域荆蛮地区，建立勾吴。周灭商之后，周人势力从北方过江南下，首先进入宁镇地区，故周武王封周章，康王封宜侯，均应在丹徒及附近一带，吴国的中心遂西移宁镇地区；后来才又将统治中心东移苏、锡地区。

（三）吴国的建立和初步发展

《史记·吴太伯世家》在记述了太伯奔吴事后接着写道：

太伯卒，无子，弟仲雍立，是为吴仲雍。仲雍卒，子季简立。季简卒，子叔达立。叔达卒，子周章立。是时周武王克殷，求太伯、仲雍之后，得周章。周章已君吴，因而封之。乃封周章弟虞仲于周之北故夏虚，是为虞仲，列为诸侯。

周章卒，子熊遂立。熊遂卒，子柯相立。柯相卒，子彊鸠夷立。彊鸠夷卒，子余桥疑吾立。余桥疑吾卒，子柯卢立。柯卢卒，子周繇立。周繇卒，子屈羽立。屈羽卒，子夷吾立。夷吾卒，子禽处立。禽处卒，子转(《索隐》引谯周《古史考》作"柯转")立。转卒，子颇高(《索隐》引谯周《古史考》作"颇梦")立。颇高卒，子句卑(《索隐》引谯周《古史考》作"毕轸")立。是时晋献公灭周北虞公，以开晋伐虢也。句卑卒，子去齐立。去齐卒，子寿梦立。寿梦立而吴始益大，称王。

自太伯作吴，五世而武王克殷，封其后为二：其一虞，在中国；其一吴，在夷

---

① 江苏佘城遗址联合考古队：《江阴佘城遗址试掘简报》，《东南文化》2001年第9期。

② 叶文宪：《吴国历史与吴文化探秘》，文物出版社2007年版，第35页。

蛮。十二世而晋灭中国之虞。中国之虞灭二世，而夷蛮之吴兴。大凡从太伯至寿梦十九世。

《吴越春秋·吴太伯传》所载略同，惟“余桥疑吾”作“余乔疑吾”、“转”作“专”，又析“熊遂”为二，作“章子熊，熊子遂，遂子柯相”。《吴地记》所载，出入较多，且云“周繇王在位三十七年”，不知何所据，学者多疑之，恐不足凭信。

吴寿梦元年，当周简王元年，鲁成公六年，公元前 585 年，已是春秋中期了。上述记载昭示，寿梦前的吴国史，在《史记·吴太伯世家》中，除了世系外，几乎是一片空白，别说具体事迹了，就是西周、春秋间从哪位吴君头上断开都还搞不清楚。故只能根据相关史籍结合考古发掘材料粗略勾勒一下西周时期吴国历史的大体轮廓。

首先需弄清，吴的立国究竟应该从什么时候算起？

《史记·吴太伯世家》载：“太伯之奔荆蛮，自号句吴，荆蛮义之，从而归之千余家，立为吴太伯。”既然使用了“自号”、“立为”等字眼，显然在太史公心目中，吴自太伯始已算立国了。这是吴国国家时期到来的起始点。自然，这时作为“国家”的吴，是十分粗简的。周章之封，或虞侯夨之封，则标志着吴已被周王朝承认，列为诸侯。这可视为“国家”时期的吴发展的第二阶段。至寿梦，“吴始益大，称王”，“始通于中国”，则标志着吴进入迅速发展、崛起时期，不过，那已是春秋中期的事情了。

太伯君吴后的事迹、功业，《吴越春秋·吴太伯传》有如下记载：

荆蛮义之，从而归之者千有余家，共立以为勾吴。数年之间，民人殷富。遭殷之末世衰，中国侯王数用兵，恐及于荆蛮，故太伯起城，周三里二百步，外郭三百余里，在西北隅，名曰故吴，人民皆耕田其中。

记的是太伯修城池、劝农耕的业绩。所谓“外郭三百余里”，自然不会是事实，而当是根据山川形势连缀而成的某种带有疆界性质的东西。至于说到太伯的劝农耕，《吴越春秋·吴太伯传》用“数年之间，民人殷富”来形容，今之论者亦每以“那时江南农业水平与中原地区相比极其落后，处于‘刀耕火种’的原始状态，人们过着‘半生为食，以棚为窝’的生活，文化上更是不值一提”，是太伯“把中原地区的先进科学文化和农业生产经验传授给荆蛮部落”，引导人们改“半生为食”为全熟为食，改“以棚为窝”为建村立巷等等为说，不免过分夸饰了。虽然，太伯的为人、主政自有其过人之处，他在后人心目中的地位也是崇高的，后人在无锡梅村建有太伯庙、苏州建有“让王庙”、吴县有地名“三让乡”，无锡人迄今奉太伯为“田神”、“种田老祖”等，就是最好的说明。但是，也大可不必靠贬斥吴地原有的社会发展水准来反衬太伯的功绩。因为,在良渚文化时期,吴地在物质文明与精神文明的诸多领域并不比中原地区落后。后来,随着良渚文化的衰落,特别是进入国家时期后,吴地与中原地区的差距才逐渐被拉大,但亦不至于那么落后,更何况,当时偏处西方的“小邦周”,在商代也还算不上发达地区呢!

至西周后期,吴国的疆土很可能已涵括今江苏南部很多地区。在开疆拓土过程中,吴自然会同当地的一些方国部落发生冲突,如由今山东地区南下至常州一带的奄人,很可能就是西周后期被吴人灭掉的。

西周时期吴国的社会制度,从宜侯夨簋的授民授疆土看,可能一如中原地区,处在早期国家发展阶段。

相当于这一时段的考古文化,主要是宁镇地区的湖熟文化。湖熟文化是一种广泛分布于宁镇地区,在时间上相当于中原商周时期的考古文化,因1951年首次发现于江苏江宁湖熟镇而得名。[①] 目前已发现300余处,经过科学发掘的亦有10多处。代表性的遗址有南京北阴阳营、锁金村、西善桥等。该文化遗址的一个共同特征是,都有突出地面的大型土台,一般高出地面5—10米,面积多在7000—8000平方米,大的可达20000平方米以上,呈圆形或椭圆形,顶部平坦,故被称为台形遗址。湖熟文化已进入青铜时代,炼铜用的陶钵、陶勺、炼渣等多所发现,铜器已发现有刀、斧、镞、鱼钩及鼎耳等,农业生产工具仍以石器为主。遗址中有居住基址、稻谷遗存和牛、羊、猪、狗等骨骼和龟壳、鳖骨、螺蛳壳的发现,说明当时居民已过着定居的以农业为主,畜牧、渔猎为辅的经济生活。房屋地面经火烧过,光滑而平整。

湖熟文化作为商周时期宁镇地区的一种土著文化,自有其自身的风格、特征,但在它身上又不难发现中原商周文化的因素,最典型的就是鬲和鬲式甗的发现。大家知道,江南地区除赣鄱地区的吴城文化因受南下商人影响以鬲为炊器外,都不用鬲或鬲式甗而用鼎,可湖熟文化的中晚期却以鬲为主要炊器,其中期的折沿宽唇分裆袋形圆锥足鬲与二里岗的同类型器十分相似,晚期的侈口高弧裆鬲又具有明显的西周鬲风格。以鬲为炊器是湖熟文化中晚期的一个突出特征,这既与该文化的早期有所不同,亦与太湖地区的马桥文化有别。之所以会出现这种情况,除不同文化间的正常交流、交互影响外,是否也同太伯奔吴有着一定的联系?湖熟文化西周时段的某些文化遗存是否是吴国居民留下来的?所有这些饶有兴趣的问题,尚有待作深一步的研究探索。

---

① 曾昭燏、尹焕章:《试论湖熟文化》,《考古学报》1959年第4期。

三 徐国的兴衰

徐人若从夏初若木被封于徐算起,至公元前512年灭于吴,大约在历史舞台上活跃了一千五六百年之久。

徐人的历史,在春秋时期由于有《春秋》、《左传》等的记载作凭依,其与齐、鲁、楚、吴、越、宋、郑、陈、蔡、许、邾、滕、莒、郯、顿、沈、胡、申、舒、英诸国间的冲突、交往(攻伐、会盟等)及最后为吴所灭,虽说不上详尽,但大体上还是可以稽考的。至于西周及更早时期徐人的活动情况,由于历史记载的缺失,我们所能知道的不仅十分有限,可靠性也相对差些。下面,拟对徐人的缘起及西周时期徐人与周王朝的斗争、交往情况作一简略考察、叙述。

(一) 徐人的来源和南迁

徐人的根子在哪里?他们是否一直生活在今苏、皖两省北部的淮水一带?在这个问题上,学者间是存在着不同看法的。

一种看法认为,徐历来就在今苏、皖北部的淮河流域。如有学者认为:徐国之国民乃淮河中、下游的土著居民,其疆域主要在今江苏境内的黄淮平原大部,包括和其相邻的安徽境内的一部分,但其曾一度扩地北至鲁南以及江淮之间,它的晚期国都在今泗洪和泗县境内。① 或谓:从殷末至春秋前期,徐国的中心位置约在今洪泽湖西北的苏、皖交界处,淮河下游地区。周公东征后,山东的夷人大量南迁,投入徐人怀抱。此后徐奄并称,但只见徐人的气焰,未见奄人作为。徐可能兼并了南迁的奄人。所谓徐偃王可能就是徐奄王。偃奄古通。②

亦有人认为,徐人本居泰山附近,③或源自今山东邹县。④ 徐旭生认为:"那徐国在周初当在今山东东南部曲阜县附近。以后才迁到南方数百里外。"⑤有学者考证若木所居之"徐",即《说文》所云鲁东之"郐"城,也即《史记》所云若木所居之"费"。春秋时之古费邑,在今费县西北十五公里处,在蒙山脚下。解放后,蒙山之阳之费县城北台子沟又出土了春秋时期余(徐)子氽鼎。由此鼎可证,今蒙山即古涂山。这里,正是徐人的发祥地。余(徐)子氽鼎便是春秋时泗县徐国君北来蒙山脚下祭祖寻根的遗留物。⑥ 陈梦家认为,徐人并不起源于山东,而是发源于东北,称为隹夷,后沿海岸南下,

---

① 贺云翱:《徐国史初探》,《历史与文化》,中国人事出版社1996年版,第40页。

② 徐永生《徐国史研究》董楚平《序》,中国文联出版社2002年版。

③ 程憬:《夷方与徐方》,《大陆杂志》第1卷第8期,1933年。

④ 何浩:《巢国史迹钩沉》,《中国史研究》1983年第2期。

⑤ 《中国古史的传说时代》,广西师范大学出版社2003年版,第195页。

⑥ 景以恩:《涂山、涂山氏与大禹、皋陶》,《先秦史研究动态》,1997年,总第29期。

止于徐州而得徐夷之名。①

我们不赞成徐人为淮河土著说，而倾向于北来说。但北到哪里呢？陈梦家的东北说，虽有一定根据，但到目前为止，证据还是略嫌单薄些；山东说，特别是曲阜说、邹县说、费县—蒙山说，可能更接近事实。

首先，从历史渊源上看，徐人的根子在山东。《史记·秦本纪》载：

> 秦之先，帝颛顼之苗裔孙曰女脩。女脩织，玄鸟陨卵，女脩吞之，生子大业。大业取少典之子，曰女华，女华生大费，与禹平水土。已成，帝赐玄圭。禹受曰："非予能成，亦大费为辅。"帝舜曰："咨尔费，赞禹功，其赐尔皁游。尔后嗣将大出。"乃妻之姚姓之玉女。大费拜受，佐舜调顺鸟兽，鸟兽多驯服，是为柏翳。舜赐姓嬴氏。大业生子二人：一曰大廉，实鸟俗氏；二曰若木，实费氏。

"大费"者，据《索隐》："此则秦、赵之祖，嬴姓之先，一名伯翳，《尚书》谓之'伯益'，《系本》、《汉书》谓之'伯益'是也。"《索隐》又云："若木以王父字为费氏也。"而《正义》则又有言曰："《列女传》云：'陶子生五岁而佐禹。'曹大家注云：'陶子者，皋陶之子伯益也。'按此即知大业是皋陶。"伯益又名大费，当以居费地得名，或费地因大费所居而得名。费地，在今山东费县西北。而传为与大业为一人的皋陶，据《帝王世纪》，"生于曲阜。曲阜，偃地，故帝因之，因以赐姓曰偃。"又据郑樵《通志》卷二十六《氏族略》二《徐氏》条："皋陶之后也。皋陶生伯益。伯益佐禹有功，封其子若木于徐。……子孙以国为氏。"景以恩认为："若木所居之徐即《说文》所云鲁东之郐城，也即《史记》所称之'费'氏。伯益名大费，当以居费得名，其子若木继居之，故亦称'费'氏。费即徐、郐。"②"徐"是否即"费"，姑暂置不论，但"徐"即"郐"，"鲁东有郐城，读若涂"(《说文》六下邑部)，从而认定若木所封之"徐"在鲁之东，还是有根据的。总之，从根子上说，徐人的先辈们早先主要活动在今山东曲阜及曲阜以东地区，应该是成立的。

其次，从商末周初鲁、奄、徐斗争的大格局上看，徐人早期亦应在今山东曲阜以东地区。众所周知，鲁之曲阜一带，原为奄人所居。周初管、蔡、武庚叛乱时，徐、奄等夷人也卷入了。《逸周书·作洛解》："周公立，相天子，三叔及殷东徐、奄及熊盈以畔。"及周公东征，"践奄"，其子伯禽被封于奄之故地，才建立了鲁国。奄人既在山东失去了原有的地盘，遂辗转南移，并一直移徙到长江以南的今江苏常州一带去了。看来，

---

① 《佳夷考》，《禹贡半月刊》第5卷第10期。

② 《涂山、涂山氏与大禹、皋陶》，《先秦史研究动态》，1997年，总第29期。

周公此次东征，主要是重创并最终赶走了奄人，徐人似未遭重创，故伯禽来鲁后不久便遭到了徐人与淮夷的攻伐。据《尚书·费誓》，《书序》：

鲁侯伯禽宅曲阜，徐、夷并兴，东郊不开。作《费誓》。

《费誓》：

公曰："嗟！人无哗，听命。徂兹，淮夷、徐戎并兴。……鲁人三郊三遂，峙乃桢幹。……鲁人三郊三遂，峙乃刍茭……"

幹，音干。桢榦，筑墙的工具。表明威胁来自东边（"东郊不开"），战事也主要在曲阜东边的费地进行（誓于费），鲁人几乎是倾全国之力（"三郊三遂"总动员），总算打赢了这场战争。据此，再联系到大费、若木居费；"鲁东有郐城"；《诗经·鲁颂·閟宫》"保有凫绎，遂荒徐宅"。凫，山名，在今山东邹城东南。"荒"，据有也。"遂荒徐宅"，是说这里原先居住着徐人，后来被鲁国据有了。邹城位曲阜南、费县西；以及余（徐）子汆鼎在费县的出土等，皆可证明迁淮前徐人确曾长期在今曲阜以东、以南的山东费县、邹城一带居住过。费之战后，徐人南徙今苏、皖北部的淮河流域一带。由于鲁南、苏北相去不远，又无高山大河阻隔，故这次迁徙很快就完成了，时间当在费之战后不久的西周初年。

（二）徐偃王之败和徐国的由盛转衰

进入淮河流域后，徐人不仅在新居住地站稳了脚跟，且迅速强大起来，于是才有了周穆王时徐偃王率师伐周的壮举。只是由于记载的缺失，此间徐人发展壮大的具体情况我们已无从得知了。《礼记·檀弓下》载：

邾娄考公之丧，徐君使容居来吊、含，曰："寡君使容居坐含，进侯玉，其使容居以含。"有司曰："诸侯之来辱敝邑者，易则易，于则于，易于杂者，未之有也。"容居对曰："容居闻之，事君不敢忘其君，亦不敢遗其祖。昔我先君驹王，西讨济于河，无所不用斯言也。容居，鲁人也，不敢忘其祖！"

实行含礼不可使地位比死者低的人进行。邾娄考公死应由君来行含礼，此处表明徐君自比天子，将自己的大夫容居与诸侯等同，僭越无礼，为有司反对。[1] 这个驹王是什

① 参见丁鼎撰《礼记解读》，中国人民大学出版社 2010 年版，第 158 页。

么时候的人呢？史书没有交代。或谓驹王即徐偃王；[①]或谓驹王是春秋时的徐君，“徐驹王在位及生活年代约在公元前700年左右”，“大体上可以确定在周庄王、周釐王之际”；[②]亦有学者认为驹王是一位比徐偃王更早的徐君，如徐旭生即认为：

徐国名王在偃王以外还有一个驹王。《礼记·檀弓下》篇记徐大夫容居说：“昔我先君驹王西讨，济于河。”那他的兵力曾到黄河以北。我疑惑驹王的济河或在伯禽东征前后。因为此后徐国或已南迁，离黄河太远，“越国图远”未见可能。[③]

我们认为，以驹王为春秋时徐君，恐难成立。因为，第一，自偃王伐周失败后，徐国已由盛转衰，进入春秋后恐再无力兴师伐周；第二，正如有学者在反驳以徐偃王为春秋时徐君说法时所指出的：“徐偃王‘率九夷以伐宗周’和他的败逃，无疑是我国历史上的一个重大事件，如果果真发生在春秋之际，《春秋》中是不可能不加以记录的。”[④]而《春秋》及三《传》中，就恰恰不见“驹王”的踪影。徐氏的说法，是所谓“驹王的济河或在伯禽东征前后。因为此后徐国或已南迁，离黄河太远，‘越国图远’未见可能”，并因此认为“《史记》所记周穆王击败徐偃王的说法殊难使人信服”，但徐氏似乎忽视了鲁南、苏北相去无几，何以在鲁南时可以，到苏北就压根不行了呢？这恐怕是说不过去的。唐氏的驹王与偃王为一人说，倒是有几分道理的，因为徐人的“西讨，济于河”一类的壮举，并不是可以经常发生、反复出现的。当然，说驹王与偃王为一人，只是个推测，证据并不充分，这个问题，只能存疑。

徐人历史上真正的名王，并在当时、后世均产生过巨大影响的，首推徐偃王。

关于徐偃王，战国前史籍失载，进入战国，始见于《尸子》、《荀子》二书。然《尸子》仅言“徐偃王有筋而无骨”（《史记·秦本纪》《集解》引），“徐偃王好怪，没深水而得怪鱼，入深山而得怪兽者，多列于庭”（《山海经·南山经·猨翼之山》条下注引）。《荀子·非相》亦仅言“徐偃王之状，目可瞻马”。所记皆极简，且充满神话色彩，对于认识徐偃王及徐国历史帮助不大。

至《韩非子·五蠹》，徐偃王的事迹始逐渐清晰起来。其文曰：

徐偃王处汉东，地方五百里，行仁义，割地而朝者三十有六国。荆文王恐其

---

① 唐兰：《西周铜器断代中的“康宫”问题》，《考古学报》1962年第1期。

② 张乃格等：《徐文化研究》，江苏人民出版社2007年版，第39—40页。

③ 《中国古史的传说时代》，广西师范大学出版社2003年版，第202页。

④ 张乃格等：《徐文化研究》，江苏人民出版社2007年版，第35页。

害己也，举兵伐徐，遂灭之。

《淮南子·人间训》则言：

昔徐偃王好行仁义，陆地之朝者三十二国。王孙厉谓楚庄王曰："王不伐徐，必反朝徐。"王曰："偃王有道之君也，好行仁义，不可伐。"王孙厉曰："臣闻之，大之与小，强之与弱也，犹石之投卵，虎之啗豚，又何疑焉？且夫为文而不能达其德，为武而不能任其力，乱莫大焉。"楚王曰："善。"乃举兵而伐徐，遂灭之。

《史记·秦本纪》作：

造父以善御幸于周缪王……西巡狩，乐而忘归。徐偃王作乱，造父为穆王御，长驱归周，一日千里以救乱。

《赵世家》略同，作：

缪王使造父御，西巡狩，见西王母，乐之忘归。而徐偃王反，缪王日驰千里马，攻徐偃王，大破之。

至《后汉书·东夷列传》则综合前人，言之愈详：

后徐夷僭号，乃率九夷以伐宗周，西至河上。穆王畏其方炽，乃分东方诸侯，命徐偃王主之。偃王处潢池东，地方五百里，行仁义，陆地而朝者三十有六国。穆王后得骥騄之乘，乃使造父御以告楚，令伐徐，一日而至。于是楚文王大举兵而灭之。偃王仁而无权，不忍斗其人，故致于败。乃北走彭城武原县东山下，百姓随之者以万数，因名其山为徐山。

但诸书所记，问题和矛盾之处实多。

第一，与徐偃王作战的，或言楚文王，或言楚庄王，或言周缪王，或言周穆王指使下的楚文王。这样，徐偃王究竟是什么时候的人，就很难定下来。根据新的年代学研究成果，周穆王在位时间为公元前976—公元前922年，[①]而楚文王的在位时间是公元前689—公元前677年，楚庄王的在位时间是公元前613—公元前591年。周穆王当西周中期，楚文王、楚庄王当春秋中期，相去二三百年，根本搭不上边，其中必有一个是错的。我们认为，把徐偃王伐周事放在楚文王或楚庄王所在的春秋时代，恐怕靠不住。因为，正如我们在前文已经提到的，如果徐偃王举兵伐周这样的大事件发生在春秋时代，《春秋》及三《传》不可能不做一字之交代。所以，在没有新的可靠材料出现前，目前我们还只能沿用《史记》的说法，以徐偃王为周穆王时代的人，其举兵伐周也发生在穆王时代。至于打败徐偃王的是周穆王？还是楚人？或周、楚联军？或周王指使下的楚人？实已无从考究了。

第二，关于徐、周之战到底是谁挑起的问题。传统的、占主流地位的说法是所谓徐夷"僭号"，"作乱"，主动伐周，且一直打到或渡过了黄河。但如上所引，诸书又皆言徐偃王是个"好行仁义"，"仁而无权，不忍斗其人"的"有道之君"，"作乱"、主动伐周，显然与"仁义"、"有道"格格不入，故又有记载称："徐君偃好行仁义，视物如伤，东夷归之者四十余国。周穆王闻徐君威德日远，乘八骏马，使造父御之，发楚师，袭其不备，大破之，杀偃王。"（《元和郡县图志》卷九《河南道·泗州·徐城县》）我们认为，在西周，在周天子的地位还十分隆盛的时候，很少会有什么人敢主动挑战周天子的权威，倒应是徐的强大引起了周穆王的不安，从而招来杀身之祸，更贴近历史事实些。

第三，关于徐偃王时徐国所在方位问题。《韩非子·五蠹》谓"徐偃王处汉东"。如果此"汉东"是指汉水以东，显然不会是事实。因为徐人的势力无论如何也不会发展到汉水流域去。而《后汉书·东夷列传》所谓"偃王处潢池东"，战败后"乃北走彭城武原县东山下"，当大体得之。《后汉书·东夷列传》注引《水经注》云："黄水一名汪水，与泡水合，至沛入泗。自山阳以东，海陵以北，其地当之也。"《水经注》卷二五："（下邳）县为沂、泗之会也。又有武原水注之，水出彭城武原县西北，会注陂南，径其城西，王莽之和乐亭也。山上有石室，徐庙也。"咸丰《邳州志》卷一九《古迹》："武原城去今城十五里，汉县，属楚国，后汉属彭城国。"魏嵩山主编《中国历史地名大辞典》：武原县，"西汉置，治所即今江苏邳县西北泇口镇"。有学者谓"文献中提到的徐山即今邳州禹王山，禹王山在今邳州、睢宁一带。武原城，即今梁王成，位于禹王山附近"。[②]"北走彭城武原县东山下"，当是指偃王战败后，节节败退，最后连都城都被人家攻陷了，于是才向北逃走。若此，则其都必在武原之南了。

---

① 《夏商周断代工程1996—2000年阶段成果报告（简本）》，世界图书出版公司2000年版，第88页。

② 张乃格等：《徐文化研究》，江苏人民出版社2007年版，第137页。

那么，古徐国的都城究竟在哪里呢？《史记·秦本纪》《集解》引《地理志》："临淮有徐县，云故徐国。"《正义》引《括地志》云："大徐城在泗州徐城县北三十里，古徐国也。"《元和郡县图志》卷九《泗州·徐城县》条下记其沿革颇详：

> 徐城县，本徐子国也。周穆王末……杀偃王。其子遂北徙彭城原东山之下，百姓归之，号曰徐山。按山今在下邳县界。楚、汉之际，项羽置东阳郡。汉诛英布，置徐县，属临淮郡。后汉以临淮郡合于东海，明帝又分东海为下邳国，理于此。晋太康三年，复置徐县，属临淮郡。梁于此置高平郡及高平县。隋开皇十八年改为徐城县，属泗州，理大徐城。……大徐城，在县北三十里。徐君墓，在县北三十二里。季札挂剑处。

准上，徐都在今江苏泗洪境，当不会有多大问题，具体地点所在，则有种种不同说法，而相当一部分研究者倾向于在今江苏泗洪县东南大徐台子的说法，如魏嵩山等即认为：徐为"西周、春秋时国，在今江苏泗洪县东南大徐台子"。[①] 新编《江苏省志·地理志》第二章《建置沿革》沿袭了这种说法。

徐国的疆域问题颇不好说，一来材料有限，再说，古时也没有后世那么严明、准确的此疆彼界的国界划分。一般认为，西周时期当徐作为一个"可以与宗周抗衡的大国"时，"其疆域南至洪泽湖周围，西至安徽东北部，北至山东南部"。[②] 应该说，这种看法，还是比较稳妥的，接近历史事实的。又，上文已提到过的《后汉书·东夷列传》注引《水经注》谓"黄水一名汪水，与泡水合，至沛入泗。自山阳以东，海陵以北，其地当之也"，似可证徐人的势力已波及今淮安、扬州、泰州的某些地区。至于哪些地方是徐国比较严格意义上的国土，哪些是其势力范围，实难以界划。只可大体上说，其中心统治区当在今泗洪附近的苏、皖两省的淮北地区，其势力范围可波及今苏、皖两省的江、淮地区及河南东部。文献所谓"割地而朝者三十有六国"、"陆地之朝者三十二国"、"东夷归之者四十余国"，说的正是这样一个以徐方伯为首，一度足以与周室相抗衡的东方方国集团。

偃王之败，只是徐国由盛转衰的一个转折点，远不是徐的消亡。事实上，在尔后相当长的一段历史时期内，徐人仍作为一支不可忽视的政治力量活跃在淮河流域，活跃在西周、春秋时期的历史舞台上。班簋："王令毛公……伐东或(国)痟戎。"此器学

---

① 魏嵩山主编：《中国历史地名大辞典》，广东教育出版社1995年版，第927页。

② 邹厚本主编：《江苏考古五十年》，南京出版社2000年版，第195页。

者多断为穆王时器,故铭中之“王”当指穆王。“痯字疑与偃通,偃戎即徐戎。”[1]《诗经·大雅·常武》:

> 赫赫明明,王命卿士,南仲大祖,大师皇父:“整我六师,以修我戎。既敬既戒,惠此南国。”王谓尹氏,命程伯休父:“左右陈行,戒我师旅。率彼淮浦,省此徐土。不留不处,三事就绪。”赫赫业业,有严天子。王舒保作,匪绍匪游。徐方绎骚,震惊徐方,如雷如霆,徐方震惊。王奋厥武,如震如怒。进厥虎臣,阚如虓虎。铺敦淮渍,仍执丑虏。截彼淮浦,王师之所。王旅啴啴,如飞如翰,如江如汉,如山之苞,如川之流,绵绵翼翼,不测不克,濯征徐国。王犹允塞,徐方既来。徐方既同,天子之功。四方既平,徐方来庭。徐方不回,王曰还归。(意译为:国威赫赫,天子圣明。宣王在太庙里,命令卿士南仲和太师皇父:“整饬六军,备战习武,加强警戒,尽快恢复南国的安宁。”宣王又诏告大臣尹氏传令军帅程伯休父:“列阵誓师,令大军沿着淮水前进,到徐国去,诛杀祸首,安抚顺民。三事大夫,要恪尽职守。”军威赫赫,军容堂堂,天子亲征,何等威严。此次出征,为保王室安宁,将士们不得怠慢,不要贪于游乐。徐方闻此雷霆之势,大为震惊。周王奋发震怒,将帅咆哮如虎,搏击淮水边,擒获众多敌人,淮水边许多地方被攻占,成了王师驻扎的地方。威武王师,势盛勇敢,迅如猛禽,坚如大山,势如江、汉,阵容浩大,连绵不绝,神出鬼没,无人能测,大张挞伐,远征徐国。王有谋略,又讲诚信,徐方终于宾服归顺,这都是天子之功。四方平定,徐国来朝,到达王庭。徐方既已不再心怀不轨,王乃下令班师还朝。)

这是宣王几倾全国之力,御驾亲征,对徐国的一次胜利的军事行动,足证直至西周末年徐人仍是淮水流域一支不可小视的力量。进入春秋后,徐人仍不时出现于政治舞台,只是国势已大不如前了,公元前512年,终为吴所灭。灭国后,徐人大量南徙浙江等地,对当地文化产生过诸多影响。

四 西周王朝与夷人的斗争、交流

西周时期周王朝与东方夷人的斗争、交流大体分为两个阶段。周初为第一阶段,主要体现为周公东征和齐、鲁在山东的建立,山东夷人遭逼压大量南下徙入江苏。此后为第二阶段,主要体现为周王朝与淮夷的斗争、交流。

---

① 唐兰:《西周青铜器铭文分代史征》,中华书局1986年版,第351页。

（一）周公东征与山东夷人的大量徙入江苏

《史记·周本纪》、《鲁周公世家》谓武王灭商后"封弟周公旦于曲阜，曰鲁"，"周公不就封，留佐武王。……而使其子伯禽代就封于鲁"。《左传》定公四年："昔武王克商，成王定之，选建明德，以蕃屏周。故周公相王室，以尹天下，于周为睦。分鲁公……因商奄之民，命以伯禽而封于少皞之虚。"杜注："鲁公，伯禽也。"《礼记·明堂位》："七年，致政于成王。成王以周公为有勋劳于天下，是以封周公于曲阜，地方七百里，革车千乘，命鲁公世世祀周公以天子之礼乐。"但学者多认为，武王时周人尚未控制东方，封鲁恐尚无可能，鲁之封，当在周公东征"践奄"后。因周公一直留在王室相王，故就封者乃其长子伯禽。亦有学者认为，"周公初封原在今河南鲁山。周公东征胜利后，占领了徐奄，才把鲁由鲁山迁徙于今山东曲阜，仍称其国为鲁。"①"鲁之得名与始封于鲁山有关。"②随着周公东征的胜利和鲁在今山东曲阜一带逐步站稳脚跟，原居住在这一带的"奄"人和"徐"人，一部分留了下来，成为鲁的臣民，大部分南下徙入江苏。

《史记·周本纪》谓：克殷后，武王"于是封功臣谋士，而师尚父为首封。封尚父于营丘，曰齐"。《齐太公世家》亦谓："于是武王已平商而王天下，封师尚父于齐营丘。"《汉书·地理志下》则谓："至周成王时，薄姑氏与四国共作乱，成王灭之，以封师尚父，是为太公。"清儒崔述及近今学者多认为，武王时齐地尚未入周人之手，故太公之封不在武王，而应为周公东征前后事。③ 学者多认为："周公、召公和太公都未亲自就国。东征胜利后，他们三人都回到了周，而由他们的儿子去分别统治鲁、燕和齐。"④

齐地本蒲（薄）姑氏所居。蒲姑氏曾参与管、蔡、武庚的叛乱，失败后，一部分留下了，成为齐的臣民，一部分亦辗转南徙，进入江苏境内。

（二）周王朝与淮夷的斗争、交流

夷人主要分布在今山东及苏、皖两省的淮水流域一带，而以山东为大本营。随着周公东征的胜利和齐、鲁两个主要封国在山东的建立，山东地区的夷人遂逐渐从历史舞台上淡出，淮水流域的夷人——淮夷和新徙入的徐人等，则逐渐成为夷人的中坚力量，故西周中后期周王朝对东方的经营，除上文已提及的徐人外，主要表现为对淮夷的斗争、交流。

录𢦏卣铭：

---

①④　白寿彝总主编：《中国通史》第三卷《上古时代》下册，上海人民出版社1994年版，第878页。

②　郭克煜等著：《鲁国史》，人民出版社1994年版，第1页注①。

③　《崔东壁遗书》，上海古籍出版社1983年版，第341页；晁福林：《试论西周分封制的若干问题》，《西周史论文集》（下），陕西人民教育出版社1993年版；陈恩林：《鲁、齐、燕的始封及燕与邶的关系》，《历史研究》1996年第4期。对封齐的具体时间，诸家看法又小有不同，如晁氏认为"必在周公东征以后"，陈氏则认为"封齐在平叛开始时"。

王命㦰曰:"𫊸！淮尸(夷)敢伐内国,女(汝)其以成周师氏戍于固𠂤(师)。"白(伯)雍父蔑录历,易(锡)贝十朋。录拜稽首,对扬白(伯)休,用作文考乙公宝尊彝。(《集成》10.5419)

方㦰鼎铭:

㦰曰:乌虖(呼)！王隹(唯)念㦰,辟剌(烈)考甲公,王用肇使乃子㦰,逹(率)虎臣御滩(淮)戎。……(《集成》5.2824)

㦰簋铭:

隹(唯)六月初吉乙酉……㦰率有司、师氏奔追御戎于棫林,博(搏)戎𫊣(胡)。朕文母竞敏启行,休宕厥心,永袭厥身,卑(俾)克厥啻(敌),隻(获)馘百,执讯二夫,孚(俘)戎兵盾、矛、戈、弓、箙、矢、裨、胄,凡百又卅又五叡(款),寽(捋)戎孚(俘)人百又十又四人。……

上举录国铜器,属穆王时期。录为群舒后裔,本亦为夷,前此已被周室征服归顺,故此时得随周师抵御淮夷的内侵,战于胡地,颇有斩获。胡国,地在今安徽阜阳境,此时亦是服从于周的一个小国。[①]

1986年于陕西安康出土的史密簋,研究者定为懿王或孝王时器,其铭文是一篇反映周王室与夷人关系的重要文献。[②] 铭云:

惟十又二月,王令师俗、史密曰:"东征。"会南夷卢、虎会杞夷、舟夷,讙,不悊,广伐东国,齐师、族徒、遂人乃执鄙宽恶。师俗率齐师、遂人左〔周〕伐长必;史密右率族人、厘伯、僰、夷周伐长必,获百人。对扬天子休,用作朕文考乙伯隮簋,子子孙孙其永宝用。

铭文据李学勤考订。李学勤谓:"卢和虎是两种南夷……据铭文地理形势推断,实属于

① 杨宽:《西周史》,上海人民出版社1999年版,第560页;张富祥:《东夷文化通考》,上海古籍出版社2008年版,第599页。

② 张懋镕、赵容、邹东涛:《安康出土的史密簋及其意义》,《文物》1989年第7期。

淮夷。"[①]挑起事端的是淮夷的卢和虎，起而响应的杞夷、舟夷在今山东境。铭文比较完整地记述了淮夷的卢和虎联合杞、舟两国进犯周王朝的东土，周王派师俗、史密东征，率领齐、厘(莱)、僰(偪阳)、夷等国兵力，围攻长必，并取得胜利的一段史实。

西周末年的厉、宣之世，周王朝同淮夷的冲突更加频繁，战事持续不断。《后汉书·东夷列传》谓："厉王无道，淮夷入寇，王命虢仲征之，不克。宣王命召公伐而平之。"召公即召虎。《诗经·大雅·江汉》："江汉浮浮，武夫滔滔。匪安匪游，淮夷来求。既出我车，既设我旟。匪安匪舒，淮夷来铺。……江汉之浒，王命召虎：式辟四方，彻我疆土。……"马瑞辰《毛诗传笺通释》谓："上言来求，谓讨治之；下言来铺，谓止其地。"意为要对淮夷兴师讨伐，要把淮夷阻于其地。姚际恒《诗经通论》谓此诗即"宣王命召穆公平淮夷，诗人美之之作"。厉、宣之世的铜器铭文中，更屡见淮夷来犯和周王朝征伐淮夷的记载。西周晚期青铜器㝬钟(宗周钟)载：

> ……南或(国)㞋子敢臽(陷)虐我土，王敦伐其至，𢦏(扑)伐厥都。㞋子乃遣间，来逆卲(昭)王，南尸(夷)、东尸(夷)具见廿又六邦。……(《集成》1.260)

意谓南方㞋子兴兵犯界，周师反攻，打败了进犯者，㞋子遂率南夷、东夷二十六邦的使者晋见了周王(厉王)表示服从。他如虢仲盨盖之"虢仲以(与)王南征伐南淮尸(夷)"(《集成》9.4435)、无㠱簋之"王征南尸(夷)"(《集成》8.4225)、敔簋之"南淮尸(夷)迁及内，伐溟昴、参泉、裕敏、阴阳洛，王命敔追御上洛、烬谷，至于伊，班"(《集成》8.4323)、翏生盨之"王征南淮尸(夷)……翏生从，执讯折首，孚(俘)戎器，孚(俘)金"(《集成》9.4459)、禹鼎之"噩(鄂)侯御方率南淮尸(夷)、东尸(夷)广伐南或(国)、东或(国)，至于历内。王遹命西六自(师)、殷八自(师)曰：'𢦏(扑)伐鄂侯御方，勿遗寿幼。'……休隻(获)厥君御方……"(《集成》5.2833)，记载的全是厉王时期周王朝与淮夷的战事。有的战事规模相当大，如禹鼎所载，鄂侯御方纠集南淮夷、东夷来犯，周王朝竟动用了几乎全部兵力(西六师、殷八师)，才取得胜利，并俘获了鄂侯御方。号称中兴之主的宣王，亦曾把主要精力用于经略江淮地区。除上引《诗经·大雅·江汉》那篇歌颂宣王命召虎伐淮夷并取得胜利的诗篇外，《今本竹书纪年》亦有宣王"六年，召穆公帅师伐淮夷"的记载。宣王时器师寰簋载：

> 王若曰："师寰，𡚬(拔)淮尸(夷)繇(旧)我負(帛)畮(贿)臣，今敢博(迫)厥众叚

① 《史密簋铭所记西周重要史实》，收《走出疑古时代》(修订本)，辽宁大学出版社 1997 年版。

(暇),反工吏,弗速(积)我东郯(国)。今余肇令女(汝)逹(率)齐币(师)、曩、赘(莱)、僰,尿(殿)左右虎臣征淮尸(夷),即質厥邦兽(首),曰冉、曰莽、曰铃、曰达。”师寰虔不豢(坠),夙夜卹厥牆(将)事,休既又(有)工(功),折首执讯,无谌徒御,殴孚(俘)士女、牛羊,孚(俘)吉金。今余弗叚(暇)组(徂),余用作朕后男鼠(腊)尊簋,其万年子子孙孙永宝用享。(《集成》8.4314)

兮甲盘亦载:

淮尸(夷)旧我負(帛)晦人,毋敢不出其負、其賨(积);其进人、其贮,毋敢不即餗(次),即芍(市)。敢不用令,则即井(刑)戮(扑)伐。其隹我者(诸)侯百生(姓),厥贮毋不即芍(市);毋敢或入蛮宄贮(贾),则亦井(刑)。兮白(伯)吉父乍(作)般(盘),其釁(眉)寿万年无疆,子子孙孙永宝用。(《集成》16.10174)

此二器表明淮夷须向周王朝交纳布帛、财贿和服劳役等,否则,就要遭到讨伐、镇压。周王朝对淮夷的苛重盘剥,恐怕也是造成淮夷经常举兵反抗的一个重要原因。

在阶级社会,中央王朝与周边少数民族的战争是经常发生的,不可避免的。既然是战争,免不了有其凶残的一面,但民族的交往、融合和国家的统一,又不可能完全离开战争,战争实为民族交往、融合的一种特殊形式、手段,它同和平时期民族间正常的经济、文化交流一样,客观上亦有其促进民族融合和国家统一的积极的一面。

第三节 夏、商、西周时期江苏境内的其他方国部落

一 留

《路史·国名纪四》载:留为帝尧长子之后的封国,妘姓。“彼留子国者,汉隶彭城,子房之封,有庙墓。”罗苹注云:“郦(郦道元《水经注》)云:留县故城,翼佩泗济,张良遇高祖处。县至隋犹在,今在沛县。”《史记·留侯世家》《索隐》:“韦昭云:‘留,今属彭城。’按:良求封留,以始见高祖于留故也。”《正义》引《括地志》云:“故留城在徐州沛县东南五十五里。今城内有张良庙也。”臧励龢主编《中国古今地名大辞典·留县》条:“春秋宋邑。秦置县。汉封张良为留侯……故城在今江苏沛县东南。”当代学者杨

伯峻亦谓:“留即张良封留侯之留,今沛县东南,徐州市北。”①

留国事迹诸书基本失载。《诗经·王风·丘中有麻》有“彼留子嗟”、“彼留子国”句,毛《传》:“留,大夫氏。子嗟,字也。”“子国,子嗟父。”郑《笺》:“子嗟放逐于朝,去治卑贱之职。”然周时作为大夫的留氏同前述作为尧后的留国,是否同处一地,前后相承,因史料缺乏,实难判定。又阮元《积古斋钟鼎彝器款识》收有留君簠,作器者为何时、何地之留公,亦无从确知。要之,《诗经》与留君簠所言之留,当是周王朝所封之留,同作为尧后的留似无多少关系。

但不管怎么说,在今江苏沛县地区远古时代曾存在着一个留国,后来这个留国成了宋国的留邑,汉初又成了留侯张良的封地,当是事实。

二 彭

彭,相传为尧舜时的封国,始封之君曰彭祖。彭祖,又称篯铿、彭铿、彭翦。或谓本姓篯,因封于彭故称彭祖、彭铿、彭翦。或谓乃姬姓,篯、彭均氏也。彭祖传为黄帝孙颛顼后裔陆终第三子,母为鬼方氏之女。彭祖于尧舜时被举用,且封于彭。相传彭祖活了八百多岁,这自然是不可能的。所谓八百多岁云云,正如一些研究者所指出的,当是指彭祖及其后传国的大致时间。以下,是诸书有关彭祖的片段记载:

(夏启)十五年,武观以西河叛。彭伯寿帅师征西河,武观来归。……(商河亶甲)三年,彭伯克邳。……五年,姺人入于班方。彭伯、韦伯伐班方,姺人来宾。……(祖乙)元年己巳,王即位,自相迁于耿。命彭伯、韦伯。……(武丁)四十三年,王师灭大彭。(《今本竹书纪年》)②

陆终娶于鬼方氏之妹,谓之女嬇,生子六人……三曰篯铿,是为彭祖。彭祖者,彭城是也。(宋忠注曰:“彭祖姓篯名铿,在商为守藏史,在周为柱下史,年八百岁。”)(王谟辑本《世本》)

(周成王曰)皇天哀禹,赐以彭寿,思正夏略。(意谓皇天哀怜大禹,于是就把彭伯寿赐给了夏朝,使他安定夏朝的疆土。)(《逸周书·尝麦解》)

(周太史伯为郑桓公论兴衰之道曰)祝融亦能昭显天地之光明,以生柔嘉材者也,其后……佐制物于前代者,昆吾为夏伯矣,大彭、豕韦为商伯矣。……彭姓彭祖、豕韦、诸稽,则商灭之矣。(《国语·郑语》)

---

① 杨伯峻:《春秋左传注》三,中华书局1981年版,第918页。

② 《今本竹书纪年》本伪书,杂陈史料可与他书对照,去伪存真。

(孔子谓帝尧之时)举舜、彭祖而任之。(《大戴礼记·五帝德》)

陆终氏娶于鬼方氏,鬼方氏之妹,谓之女隤氏,产六子……其三曰籛,是为彭祖。(《大戴礼记·帝系》)

(孔子语鲁哀公曰)昔商老彭及仲傀,政之教大夫,官之教士,技之教庶人,扬则抑,抑则扬,缀以德行,不任以言。庶人以言,犹以夏后氏之祔怀袍褐也,行不越境。(《大戴礼记·虞戴德》)

禹、皋陶、契、后稷、伯夷、夔、龙、倕、益、彭祖自尧时而皆举用,未有分职。(《索隐》:"彭祖即陆终氏之第三子,籛铿之后,后为大彭,亦称彭祖。"《正义》:"彭祖自尧时举用,历夏、殷封于大彭。")(《史记·五帝本纪》)

陆终生子六人……三曰彭祖……彭祖氏,殷之时尝为侯伯,殷之末世灭彭祖氏。(《集解》引虞翻曰:彭祖,"名翦,为彭姓,封于大彭"。《正义》引《括地志》云:"彭城,古彭祖国也。")(《史记·楚世家》)

从上述记载似可略知:彭祖为黄帝孙颛顼后裔陆终之第三子,尧舜时已见用,且卓有政绩,故得封于彭城。夏启时,彭伯寿曾帅师讨平武观之乱,安定了动荡中的夏王朝。殷商时,不仅有彭伯与韦伯同为商之方伯,专征伐,甚为王室倚重的记述,还出现过与商汤左相仲傀(虺)齐名的殷贤大夫老彭,其在商之影响、地位,自非一般方国可比。

一般认为,武丁时彭为商所灭,《史记·楚世家》却谓"殷之末世灭彭祖氏",而《世本》宋忠注又谓彭祖"在周为柱下史"。这该作何解释呢?是被武丁灭亡了的彭国不久又复立了,以至到殷之末世又被灭了一回,而到了周王朝时古老的彭国又在周室"存亡继绝"方针下再次得以复立,抑或彭国虽未复立,但彭祖后人中又有人在周王朝做了官?凡此种种,皆因材料不足,一时尚难理清,只能存疑。

关于彭祖所封之地,似已没有什么好争论的,说者皆认为就在今江苏徐州市附近。至今徐州市及西郊大彭集村等地仍有彭祖庙、彭祖祠、彭祖井及近年来新建的彭园等纪念物,承载着后人对彭祖的怀念。

上引屡与彭伯并举的韦伯,是豕韦国之君。豕韦是从大彭别封出来的。《新唐书》卷七十四上《表》第十四上《宰相世系》四上谓:"颛顼孙大彭为夏诸侯,少康之世,封其别孙元哲于豕韦,其地滑州韦城是也。豕韦、大彭迭为商伯,周赧王时,始失国,徙居彭城,以国为氏。"豕韦地在今河南滑县东南,本不在本书论述范围,因豕韦是从大彭中别封出来的,失国后其民又部分还归彭城,故附论于此。

三　偪阳

偪，音福，又音逼，准诸《谷梁传》名此地为"傅阳"，后来于此地置县时亦名"傅阳"，故此处作为地名之偪阳之"偪"字当读福。上引《国语・郑语》周太史伯为郑桓公论兴衰之道时，提到过彭祖，亦提到过与彭国有近亲关系的另一封国偪阳：

妘姓邬、郐、路、偪阳，曹姓邹、莒，皆为采卫，或在王室，或在夷、狄，莫之数也。

韦昭注云："陆终第四子曰求言，为妘姓，封于郐。郐，今新郑也。邬、路、偪阳，其后别封也。"秦嘉谟辑补本《世本》载：

陆终娶于鬼方氏之妹，谓之女隤。是生六子……三曰篯铿，是为彭祖。……四曰求言，是为郐人。（宋忠注曰："求言，名也，妘姓所出。郐，国也。"）

《史记・楚世家》《正义》引《括地志》亦云："故郐城在郑州新郑县东北二十二里。《毛诗谱》云'昔高辛之土，祝融之墟，历唐至周，重黎之后妘姓处其地，是为郐国，为郑武公所灭也'。"《左传》襄公十年《正义》引《世本》："偪阳，妘姓，是祝融之孙，陆终第四子求言之后。"郐既为陆终第四子、彭祖之弟求言所封，而偪阳又是其后从郐别封出来的，则偪阳与彭不仅地相比邻，而且是血亲关系甚近的两个封国。

关于偪阳的地望，史书及各种地理、方志类著作所记还是比较清楚的。《汉书・地理志》："傅阳，故偪阳国。莽曰辅阳。"《左传》襄公十年杜注："偪阳，妘姓国，今彭城辅阳县也。"顾祖禹《读史方舆纪要》卷三十二《山东三・兖州府・峄县・偪阳城》：在"县（峄县）南五十里。春秋时小国。城西有柤水，襄十年晋侯会诸侯及吴子寿梦于柤，遂伐偪阳是也。汉置傅阳县，属楚国。傅、偪同音福。后汉属彭城国。晋因之，后废"。臧励龢主编《中国古今地名大辞典》《偪阳》条："偪阳，周国名，妘姓，子爵。故城在今山东峄县南五十里。"1958 年，峄县移治今枣庄市，1960 年改为枣庄市，故一般谓"偪阳国""在今山东枣庄市东南"。[①] 近年来，考古工作者已对地处今山东枣庄市台儿庄区张山子镇城里村附近的偪阳故城遗址进行多次勘测、发掘，经实测，城址周长约 3400 余米，已于 2006 年被国务院批准列为国家级重点文物保护单位。

---

① 魏嵩山：《中国历史地名大辞典》，广东教育出版社 1995 年版，第 1032 页"偪阳国"条。

杨伯峻谓："偪阳今邳县西北，即山东峄城（峄县废治）南五十里，东南距柤约五十里。"①即地处今鲁、苏两省交界处。清顾栋高《春秋大事表·春秋列国都邑表卷七之四·楚·地·柤》下云："今山东兖州府峄县东南有渣口戍，即今泇河入丞水之泇口。又汪氏克宽曰'偪阳国及柤地皆在沛县'，盖地相接云。"②《大明一统志》卷一八《徐州》谓："沛县，在州城西北一百八十里，古偪阳国地。"当然，笼统地谓偪阳国在沛县，并不准确，因为这容易造成偪阳国以都城为代表的主体部分也在沛县的误解。科学的提法应该是，偪阳都城处在今山东一侧的鲁、苏两省交界处，其疆域已达今江苏北部沛县、邳州市（原邳县）的某些地区。

偪阳作为小国长期在历史舞台上默默无闻，其灭亡却堪称轰轰烈烈，有声有色。《广韻》十阳注："偪阳，妘姓国，为晋所灭，子孙固氏焉。"史载，公元前563年，晋悼公以偪阳亲楚为由，以霸主身份率多国之师围困偪阳，用了整整一个月的时间，才攻破偪阳城，偪阳遂亡。

四　邳（薛）

薛传为黄帝后任姓封国，始封之君为夏禹时的奚仲。《左传》定公元年（前509）："薛之皇祖奚仲，居薛以为夏车正。奚仲迁于邳。仲虺居薛，以为汤左相。"杜注："奚仲为夏禹掌车服大夫。""仲虺，奚仲之后。"郑樵《通志·氏族略三》："任氏，姓也。……黄帝二十五子，十二人以德为姓。一为任氏，六代至奚仲，封薛。"《氏族略二》："薛氏，任姓。黄帝之孙颛帝少子阳封于任，故以为姓。十二世孙奚仲为夏车正，禹封为薛侯。奚仲迁于邳。十二世孙仲虺为汤左相，复居薛。旧云鲁国薛县，今徐州有薛城，在滕县东南五十里是也。""邳氏……奚仲为夏车正，自薛封邳，今泗州故下邳郡即其地也。……奚仲本封薛，既迁于邳，则以邳为薛，而旧名不废，故子孙亦以为氏。"《元和郡县图志》卷九："滕县……奚公山，在县东南六十六里。奚仲初造车于此。……故薛城，在县东南四十三里，薛侯国也。"薛城故址，一般认为即今山东滕州市东南约五十里的薛城区。《元和郡县图志》卷九："下邳县，本夏时邳国，后属薛，《左传》薛之祖奚仲迁于邳是也。春秋并于宋，战国时属楚，后属齐。至秦曰下邳县，汉属东海郡。"《汉书·地理志上·东海郡·下邳》颜师古注引应劭曰："邳在薛，其后徙此，故曰下。"引臣瓒曰："有上邳，故曰下邳也。"师古曰："瓒说是。"今人或以为，奚仲所迁之邳即今江苏徐州市属邳州市东北之邳城镇，那多半是因邳州旧城下邳于清康熙二

---

① 《春秋左传注》三，中华书局1981年版，第973页。

② ［清］顾栋高辑：《春秋大事表》（第一册）《春秋列国都邑表》卷七之四，吴树平、李解民点校，中华书局1993年版，第848—849页。

十八年(1689)山东郯城大地震引发的黄河决口泛滥中沉没后迁至今邳城镇址致误。奚仲南迁之邳，地点应在今睢宁古邳镇东，秦设下邳县治所。① 奚仲由薛迁邳后，可能连封国名也逐渐由薛改称为邳了，故《今本竹书纪年》有“世子相出居商丘，依邳侯”之谓②，也才有了上邳(原封地)、下邳(新徙地)之称谓。至仲虺复居薛后，可能又回改称薛。但由于前此薛、邳都使用过，故后人也就薛、邳混用，难以区分哪个是正称，哪个是习称了，一如商之既称商又称殷一样。

在夏代，薛可能一度比较强大，上引《今本竹书纪年》仲康“世子相出居商丘，依邳侯”可证。夏商之际，奚仲的十二世孙仲虺弃夏奔商，为汤之左相，并助汤灭夏。古文尚书《仲虺之诰》传为仲虺所作。仲虺，一作“中虺”、“仲傀”、“仲罍”、“仲藟”、“莱朱”等，见于《史记·殷本纪》、《孟子·尽心下》、《墨子·所染》、《吕氏春秋·当染》、《帝王世纪》诸书，是个几可与伊尹齐名的大人物。《元和姓纂》卷一〇《薛》谓至仲虺，为汤左相，代为侯伯，即仲虺及其后世代为诸侯伯长，地位非同一般。此时，薛(邳)国所领不仅包括今山东滕州市、江苏邳州、睢宁一带，似还包括今江苏沛县一带，《大明一统志》卷一八“仲虺墓，在沛县”，即其证。

商王太戊时，与伊陟同辅太戊致“殷复兴”的贤相臣扈，是仲虺的后人。《尚书·君奭》：“在太戊时，则有若伊陟、臣扈，格于上帝。”《今本竹书纪年》亦谓帝太戊即位元年，“命卿士伊陟、臣扈”。郑樵《通志·氏族略二》：“臣扈……仲虺之后也。”

至商王外壬、河亶甲时，“殷复衰”，诸侯叛之，邳也卷入其中。《今本竹书纪年》：外壬元年，“邳人、侁人叛”。《左传》昭公元年亦谓“商有姺、邳”之乱。邳之乱，在甲骨文中亦有反映，《甲骨文合集》6834 正：“庚申卜，王贞：余伐不。庚申卜，王贞：余勿伐不。”“不”即“邳”，故此条卜辞很可能与此次邳叛商有关。外壬在位期间(《今本竹书纪年》言外壬在位十年，《太平御览》引《史记》言十五年)，姺、邳之乱一直未能平息，直到河亶甲三年，“彭伯克邳”，五年，“彭伯、韦伯伐班方，侁人来宾”(《今本竹书纪年》)，才最终平定了侁、邳之乱。

此次邳之乱虽被平定，但邳并未因此而亡国。不但未亡国，其后人祖己还在武丁时被作为谋臣重用。郑樵《通志·氏族略二》：“臣扈、祖己，皆仲虺之胄也。”武丁之所以能够修政行德，复兴殷道，一个重要原因就在于他善于用人，得到了两个贤臣的辅佐。这两个贤臣，一个是傅说，一个便是祖己。《史记·殷本纪》载：

---

① 参阅《江苏政区通典》徐州市睢宁、邳州相关条目，中国大百科全书出版社 2007 年版。

② 《太平御览》卷八二引《帝王世纪》说依同姓斟灌氏、斟寻氏。

> 帝武丁祭成汤，明日，有飞雉登鼎耳而呴，武丁惧。祖己曰："王勿忧，先修政事。"祖己乃训王曰："唯天监下典厥义，降年有永有不永，非天夭民，中绝其命。民有不若德，不听罪，天既附命正厥德，乃曰其奈何。呜呼！王嗣敬民，罔非天继，常祀毋礼于弃道。"武丁修政行德，天下咸驩，殷道复兴。

旧谓，《尚书·高宗肜日》（上引《史记·殷本纪》"祖己乃训王曰"以下，即基本取自《高宗肜日》）即祖己训诫武丁之词，亦有研究者认为，此篇乃祖己在武丁的儿子祖庚祭祀武丁时对祖庚的训诫之词，但不管怎么说，此篇为祖己训诫商王之词却是可以肯定的。

商王武乙时，"祖己七世孙曰成，徙国于挚，更号挚国。女大任生周文王。至武王克商，复封为薛侯。"（郑樵《通志·氏族略二》）《诗经·大雅·大明》："挚仲氏任，自彼殷商，来嫁于周，曰嫔于京，乃及王季，维德之行。大任有身，生此文王。"《诗经·大雅·思齐》："思齐大任，文王之母。"歌咏的都是这件事。

殷周之际，地在今河南汝南一带的挚国，已分立为挚、畴二国。《国语·周语中》载周襄王大夫富辰之言曰："昔挚、畴之国也，由大任。"韦昭注："挚、畴二国，任姓，奚仲、仲虺之后。大任，王季之妃，文王之母也。"挚、畴二国，这时早已叛纣归周。但东方的任姓薛国，此时却出了个"殷之贤臣"祖伊。《史记·殷本纪》《集解》引孔安国曰：祖伊，"祖己后，贤臣也"。由于祖伊虽明知"纣不可谏矣"，却仍坚定地站在纣一边，"咎周"，故武王伐纣后"复封为薛侯"的，自然不会是祖伊，而是挚君成的后人，即上引郑樵《通志·氏族略二》所谓"祖己七世孙曰成，徙国于挚，更号挚国。女大任生文王，至武王克商，复封为薛侯"。

薛与周王室为甥舅关系，与鲁也结有婚姻之好（《左传》哀公二十四年谓"周公及武公娶于薛"），但薛毕竟是个小国，在大国林立的周代，在政治、外交舞台上几无影响可言。特别是进入春秋后，更逐渐沦为往来依违于楚、晋、鲁、宋、吴等大国的小邦。后终为田齐所灭，成为齐邑，并先后成为田婴、田文的封邑。

五　奄

周初，随着周公东征的胜利和鲁在今山东曲阜一带逐步站稳脚跟，原居住在这一带的奄人一部分留了下来，成为鲁的臣民，大部分则南下迁入江苏。

奄人进入江苏后最终落脚到哪里了呢？《越绝书·外记·吴地传》载：

淹城遗址(春秋,邹厚本主编:《江苏考古五十年》,南京出版社,2000 年。)

毗陵县南城,故古淹君地也。东南大冢,淹君子女冢也。去县十八里。吴所葬。

张宗祥《校注》:"'淹'当作'奄'。奄,古东诸侯。"顾祖禹《读史方舆纪要》卷二五《常州府・武进县・淹城》谓:"在府东南二十里,其城二重,濠堑深阔,周广十五里。"陈志良《奄城访古记》谓:

今常州城南二十里许有奄城遗址,亦作"淹城"。……遗址外观,高出地面丈许。城有三道:外城(原注:俗称外罗城)、内城(原注:俗称里罗城)、子城(原注:俗称紫禁城)。城用黄土筑成,未见版筑之迹。外城、内城各有河绕之,不相通流,深丈许,宽十一、二丈。三城出入口祇一道:外城在正西,内城在西南,子城在正南。全城直径一里半;外城周六里,内城周三里,子城周里许。外城高于城外之农田;内城高于外城;子城更高于内城。子城、内城间有土冈一道,由东向西,名跑马冈,传为奄君驰马处。外城西南部有土墩三,黄土筑成,高四丈余,在南者名头墩,在西南者名肚脐墩,在西者名脚墩,即《越绝书》所称之"淹君子女冢"也。……遗址内最多者为有几何形花纹之匋片……发现地点多在河滩。……淹城当为古代奄族南迁后的居留地。……汉代又在淹城故址扩而充之,设立毗陵县。[①]

① 转引自顾颉刚:《奄和蒲姑的南迁——周公东征史事考证四之四》,《文史》第 31 辑,中华书局 1988 年。

顾颉刚赞同陈志良的说法，亦认为《越绝书·吴地传》“既经指出了这城是淹君的，这冢是淹君子女的，那么这里的遗迹当然都是南迁的奄人所留，和吴根本不发生关系。所以说为‘吴所葬’，即缘作者对于历史事实的模糊，他不知道奄和吴族类有别，时代也不同，以致错误地认为淹君是吴人。然而就在这段文字上给我们一个很好的启发，知道江南有奄”。又说：“周公伐奄，直把奄人从今山东曲阜县赶到了江苏常州市，可以想见当时全力穷追的情状。这个奄城遗址，规模如此阔大，又可以想见奄国人数的众多，力量的雄厚，虽武力已失败而仍有建设国家的能力。他们原居于殷的旧都，文化颇高，其向南迁徙，在一定程度上必然为后起的吴国文化打下了基础。”①

关于淹城城址的年代，一般以为是春秋晚期古城遗址，但学术界意见并不统一，计有商代、周成王时期、西周中期、春秋早中期、春秋晚期等多种说法。最近，林志方于《淹城探秘》一书中，提出淹城三道城墙的修筑分别出自三个时代的不同人之手的说法，即“子城墙为西周晚期奄族人始筑”；内城墙为春秋晚期吴国始筑，吴在筑内城墙时，并对子城墙进行了修筑；外城墙则为西汉时始筑，西汉人在筑外城墙时，并随着对子城墙和内城墙加以修筑。②

亦有研究者认为，“淹城”与“奄族”无涉，而应与季札有关。季札是吴王寿梦第四子，因不满阖闾刺杀王僚篡夺王位，立誓“终身不入吴”，于是便在自己的封地延陵掘河筑城，名之曰“淹城”，以示在此淹留至死之意。

我们认为，季札既是几次让国于人的君子，又怎么会在自己的封地劳民伤财，大兴土木，为自己营造规模如此之大的安乐窝呢？故此说实难成立。相比较而言，还是陈志良、顾颉刚、林志方等的看法更妥切些，即“淹城”之得名，当与南下“奄人”有关。后来，随着吴人势力进入这个地区，奄终为吴所并灭，淹城终于成了吴地。

六　薄姑

地处今山东博兴一带的薄姑，其境遇也同奄差不多。《汉书·地理志下》载：“至周成王时，薄姑氏与四国共作乱，成王灭之，以封师尚父，是为太公。”薄姑氏亡国后，其民一部分留下了成为姜齐治下之民，另一部分则远徙他乡。迁到哪里去了呢？对此学术界说解颇多，兹不备举。

按顾颉刚的说法，是南徙到取虑（今江苏睢宁境），以至吴地（今苏州一带）去了。根据呢？《左传》昭公十六年：“齐侯伐徐。……二月丙申，齐师至于蒲隧，徐人行成。徐子及郯人、莒人会齐侯，盟于蒲隧，赂以甲父之鼎。”杜注：“蒲隧，徐地。下

① 顾颉刚：《奄和蒲姑的南迁——周公东征史事考证四之四》，《文史》第31辑，中华书局1988年。

② 林志方：《淹城探秘》，黑龙江人民出版社2007年版，第213—221页。

邳取虑县东有蒲姑陂。”《后汉书·郡国志》：“下邳国取虑：有蒲姑陂。”王先谦《集解》：“前汉县，属临淮。……《一统志》：‘故城，今徐州府睢宁县西南。’”《今本竹书纪年》：“周武王……十六年……秋，王师灭蒲姑。”许文靖《竹书纪年统笺》：“《郡国志》：下邳取虑县有蒲姑陂。《书序》‘成王东伐淮夷，遂践奄，迁其君于蒲姑’，即此。”据上，顾颉刚谓：

按：这是说蒲姑迁地在今江苏省睢宁县（北纬三十四度），比原居的今山东省博兴县地（北纬三十七度）已经南移很远了，所以许文靖说《书序》所谓迁奄君于蒲姑即指这里。但我们觉得，这只可以说是蒲姑族的一处南迁的遗迹，实际上，奄君既没有迁到这里，就是蒲姑也还不仅迁到这里为止；或者他们这一族被分散了，有一部分是留居于取虑的。到春秋时，取虑是徐国之地，当然蒲姑的统治者早已他迁，或者被灭。至于《今本纪年》把周灭蒲姑置于武王十六年下，太急性了。

《越绝书·吴地传》：“蒲姑大冢，吴王不审名冢也，去县三十里。”据此，顾颉刚又谓：

按：这个县即今江苏吴县。从“蒲姑大冢”这个名称上看就可以知道蒲姑族的人民在战败后也从山东流转到了江南，而且比奄人走得更远，他们一直往东走，直到东海边的苏州市才停下。汉代人不明白古代历史，以为在吴国境内的高大的坟墓必然是吴王的，所以说为“吴王不审名冢”，这正和说“淹君子女冢”为“吴所葬”是同样的误认。幸而在这些名称上还留下了“蒲姑”和“淹”的字样，使我们知道这就是“周公以师逐之，至于江南”的两个反周的东方大国南移的终点。①

惜限于材料，蒲姑南迁江苏的具体情况，今已无从详考了。

七　邗（干）

《史记·吴太伯世家》谓太伯、仲雍所建之国叫“句吴”，而历年出土的吴国青铜器铭文中除作“吴”外，又作“工虞”、“工𧇡”、“攻吴”、“攻敔”、“攻𢼄 ”、“攻𧊒 ”、“工𢿐”、“攻𣀒 ”等。“虞”、“𧇡”、“敔”、“𢼄”、“𧊒”、“𢿐”、“𣀒”等字皆指“吴”似已无什疑义，问

① 顾颉刚：《奄和蒲姑的南迁——周公东征史事考证四之四》，《文史》第31辑，中华书局1988年。

题是前面的那个“工”或“攻”字该作何解释，它同后面的“吴”等字又是什么关系？

《史记·吴太伯世家》《索隐》谓：“颜氏古注《汉书》，以吴言‘句’者，夷语之发声，犹言‘于越’耳。此言‘号句吴’，当如颜解。”即“句”为发声，无义。

亦有学者认为，“句”，就是“勾画”、“勾勒”的“勾”。杨雄《方言》说：“竘，貌冶也。吴越饰貌为竘，或谓之巧。”也就是化妆的意思；工，《说文解字》解释为“巧饰也”，也就是美容的意思；攻，《诗经·小雅·鹤鸣》有“它山之石，可以攻玉”句，《毛传》解释说：“攻，错也。”也就是琢刻、修饰的意思。句、工、攻相通，都有勾勒、刻画、打扮、化妆、美容的意思。吴地是滨江临湖的水乡泽国，当地土著断发文身，“以象龙子”，以求不受水族伤害。这是古代盛行的一种交感巫术。太伯、仲雍奔吴后也学荆蛮文身，在身上勾画修饰鱼、龙纹样，句吴与工虞，皆勾勒鱼纹之意。吴地的龙的原素应是鱼的神话或神化的鱼。[1]

台湾“故宫博物院”藏者减钟（《吴国历史与吴文化探秘》第170页。）

郭沫若者减钟考释云：“‘工勮’即是句吴，‘攻敔王元剑’作攻敔，‘攻吴夫差监’作攻吴，均音近字之缁译。”[2]

另一部分学者则认为，“工”、“攻”等必有具体含义，当是古族、国之名，后来吴并灭了他们，也就部分地袭用了他们的名字。如刘节即认为，“吴邗本非一国。其后邗为吴并，故吴得开邗沟以通江淮也。……邗既并入于吴，故春秋以后学者皆以干越为吴越。……古者邗越善制兵器，故其国即以干戉为名也”。[3] 童书业亦谓：“春秋吴国的铜器铭文中，吴人自称的国名很不一致，有称‘攻吴的’（‘攻吴王夫差监’），有称‘攻敔’的（‘攻敔王元剑’），也有称‘工勮’的（‘者减钟’），‘攻吴’、‘攻敔’、‘工勮’，该是一名之变，亦即古书中所谓‘勾吴’。近年出土的‘禺邗王壶’又称为‘禺邗’（‘禺’字或是动词‘遇’字，近人有此说），这是什么缘由呢？我曾经根据了‘禺

① 殷伟仁：《谈谈吴人的“文身断发”风俗》，《文史知识》1990年第11期《吴文化专号》。

② 《两周金文辞大系图录考释》（下），上海书店出版社1999年版，第153页。

③ 刘节：《说攻吴与禺邗》，《古史考存》，人民出版社1958年版。

邗王壶'的铭文假定：春秋末年吴国曾迁都到江北的邗城（今扬州附近），见拙著《春秋末吴越国都辨疑》。现在我觉得吴、干二国早有关系，吴在夫差前已称'干'，'攻吴'即是'干吴'，'攻''干'一音之转；'干吴'犹言'干地之吴'。夫差迁邗后又称'禺邗'，'禺邗'即是'吴干'，（《战国策·赵策》三：'夫吴干之剑。'《吕氏春秋·疑似篇》：'患剑之似吴干者。'）'禺''虞'同音，'虞'就是'吴'，'吴干'犹言吴人之干。如'禺邗'之'禺'为动词，则吴单称'干'（古书中常称'干越'，即'吴越'），即'邗'，以迁都而去故号，犹魏惠王迁都于梁后称'梁惠王'，韩哀侯迁都于郑后称'郑哀侯'也。……'干'当是一个大族之名，似是'百越'的一种，其支族大概分布于大江南北。""《管子·小问篇》：'昔者吴干战，未龀不得入军门，国子擿其齿，遂入，为干国多。'这是吴干交战的唯一记载，其时代虽不可考，然必是吴人东南迁后的事情。吴据干地后遂称'干吴'（攻吴），到夫差迁邗，又单称'邗'（干），或称'禺邗'（吴干）了。"他处，童氏更明言："或者'攻''工''句''邗'本为一名，即古干国之称……'干'本古国名，一作'邗'……干为吴所灭，吴迁于此，故称'干吴'或'吴干'。"[①]

郭沫若考释故宫藏吴王寿梦青铜戈铭"邗王是壄　乍为元用"云：壄，即野。元者善之长也，是顶好的意思，"元用"大约就是说顶好的武器吧。并据《说文》、《管子·小问》，考证邗在今苏北，邗字或省作干，本是一个独立国，和吴接壤，与吴打仗，最后被吴所灭。吴国也就称干国。古时灭某国，便用它的国名。青铜戈头是吴国的戈头，邗王是吴王。"是野"，与寿梦、祝梦、孰姑、乘诸，声音都相近似，由此断定"邗王是野"就是吴王寿梦。[②]

陈梦家曾对流传出土于河南卫辉一带的禺邗王壶铭文作了考释。该器有铭文十九字："禺邗王于黄沱，为赵孟庎邗王之惖金，台为祠器。"陈氏谓：禺，即吴，邗，为干，吴，金文或称"攻吴"、"攻獻"、"攻敔"，三字同声相叚，獻虞并同义，禺与吴獻敔古音并近。邗者干之孳乳字也，禺叚为吴，故铭之文禺邗王即吴王。吴干连称，吴干犹禺邗也。黄沱，黄池。"吴都本干城"，"其后吴筑为邗沟，自广陵至淮，说文遂以干国在临淮；则所谓干者，据有吴郡淮扬饶州，其地域之广，可想见矣"。此器为公元前482年，黄池之会时作。[③]

有的学者还对邗国历史有所勾勒，谓："干，即邗，地在江北，西周时与江南之吴隔

---

① 《释"攻吴"与"禺邗"》，《童书业历史地理论集》，中华书局2004年版，第235—238页；《春秋左传研究》，上海人民出版社1980年版，第237页。

② 郭沫若：《吴王寿梦之戈》，《奴隶制时代》，新文艺出版社1952年版。

③ 陈梦家：《禺邗王壶考释》，原载《燕京学报》第21期，1937年6月，此据《吴文化资料选辑》，第二辑，第117—128页。

江对峙。大约在西周末年,吴国在江南强盛起来以后,便向江北的干国发动进攻。……邗的都邑在今扬州市城北一带,领地约为江北淮南之地。吴并邗以后,邗成为吴在江北的重邑,春秋时吴王寿梦也曾称为'邗王'。……吴王夫差曾经'城邗沟',他也被称为'邗王'。"[①]更有学者认为干族势力还曾扩展到长江以南,谓"淹城东面的太湖沿岸地区,在西周至春秋早期是干族人的居住地。……干族也是东夷的一支,分布在长江下游的两岸。吴国在攻占淹城后,当即乘胜东进,向同为东夷的干族人聚居的太湖东北地区挺进,与干国发生长期的激烈的战争。《管子·小问》云:'昔者吴、干战,未龀不得入军门。国子擿其齿,遂入,为干国多。'……这里所记,可能是吴、干战争中一役的情况。大约到春秋前期,太湖以北以东地区,就全部为吴国所占领"。[②]

综上,从广泛分布于大江南北(太湖地区和江北以扬州为中心的江淮地区)的广大地区看,从吴、干之战的惨烈程度看,从灭邗(干)后吴人袭其号称"干吴"或"邗王"看,在今江苏长江两岸地区曾经存在过一个地域分布颇广、势力颇强的干(邗)族或干(邗)国,当是可信的,惜材料所限,其具体情况已无从考知了。

第四节 夏商西周时期江苏地区的物质生活与文化

一 物质生活

(一)青铜冶铸

在铁器出现和普及以前,铜器一直是关乎国计民生及上层人物身份地位的重要器物,而铜原料又主要产自包括苏南在内的中国南方,故自夏以来铜就成了古扬州向中原王朝进贡的主要贡物和征战中被掠夺的重要物品。

《尚书·禹贡》在谈到古扬州的贡物中就列有"金三品"。所谓"金三品",旧注或谓为"铜三色",或谓为"金、银、铜",但不管怎样说解,铜总是少不了的。《周礼·夏官·职方氏》亦谓此地"利金、锡"。《考工记》更明言"吴粤之金、锡,此材之美者也"。正常的贡纳外,铜又是中原王朝多次对淮夷用兵中的主要掳获品,如厉王时器翏生盨之"王征南淮尸(夷)……孚(俘)金"、宣王时器师寰簋之"正(征)淮尸(夷)……孚(俘)士女牛羊,孚(俘)吉金"等,即其证。即使到了春秋时期,鲁僖公也还"既克淮夷","大赂南金"。(《诗经·鲁颂·泮水》)

---

① 王文清主编:《江苏史纲》(古代卷),江苏古籍出版社1993年版,第33—34页。

② 杨善群:《吴国在西周至春秋前期的发展》,《学术月刊》1992年第3期。

在连云港藤花落的岳石文化遗址中，江阴花山的马桥文化遗址中，有青铜削和青铜炼渣等的发现，表明早在夏代和早商时期，江苏地区就有了自己的青铜铸造业。

进入商代中期以后，在南京北阴阳营、江宁点将台、铜山丘湾等商代遗址中，分别发现了一定数量的小件青铜器，如削、钻、凿、刀、镞、斧、戈等小型工具和兵器。在南京锁金村、北阴阳营等遗址中，还发现过青铜炼渣和陶钵、陶勺等冶铜工具。作为坩埚使用的厚壁陶钵与中原地区常用的大口尊和“将军盔”形制不同，作为挹灌铜液用的陶勺也为中原地区所未见，表现出一定的地方性特征。

鸟纹觥（西周，丹徒烟墩山，杨正宏、肖梦龙主编：《镇江出土吴国青铜器》，文物出版社，2008 年，第 35 页。）

相当于商代的青铜礼器，在江苏发现较少。1960 年，在连云港大村发现了数件商代晚期至西周初年的青铜器，计有鼎 4 件，甗 3 件。另外，还有在溧阳夏村出土的铜爵、尊，淮安茭陵出土的饕餮纹斝，江宁横溪出土的青铜大铙等。

西周时期，江苏地区的青铜文化渐趋繁荣，在今南京、镇江、丹徒、丹阳、高淳、江宁、溧水、溧阳、句容、金坛、仪征、六合、苏州、吴县、吴江、无锡、武进、淮安、盱眙、涟水、泗洪、沭阳、连云港、东海、邳州等市县的数十处文化遗址中，均有西周青铜器的发现。不过，除丹徒烟墩山、母子墩，丹阳司徒等地出土了宜侯夨簋、凤鸟纹兕觥、鸟盖云纹扁壶、凤纹尊等一批较为精美的青铜器外，重器，特别是大型礼器的发现并不多，这当与当时的江苏地区尚不在中原王朝的腹心地区有关。

（二）农耕

江苏地区的农业生产有着悠久的历史，早在数千年前的新石器时代，苏南地区就有了水稻等作物的种植。《周礼・夏官・职方氏》谓：“东南曰扬州……其畜宜鸟兽，其谷宜稻。”“正东曰青州（此青州含《禹贡》之徐州在内）……其川淮、泗，其浸沂沭……其畜宜鸡、狗，其谷宜稻、麦。”在东海焦庄、新沂三里墩西周遗址中，出土有属于粳亚种的粳稻和大量碳化了的高粱秆、叶堆积。在马桥文化、湖熟文化的诸多遗址中，都发现有牛、羊、猪、狗、鸡、鸡蛋壳、鱼、龟、鳖等的遗骨、遗存，在铜山高皇庙、丘湾和连云港九龙口等商代遗址中，还出土有完整的猪、牛骨架，前引师寰簋周师征淮夷时与掳获“士女”、“吉金”的同时，还有对“牛、羊”的掳获，凡此皆表明当时江苏地区的以农耕为主、辅之以家畜饲养和渔猎的经济生活已有了相当程度的发展。

凤纹尊（西周，丹阳司徒，杨正宏、肖梦龙主编：《镇江出土吴国青铜器》，文物出版社，2008 年，第 80 页。）

农业生产工具虽仍以石制的犁、镰、锄、斧、铲等为主，但在丹徒断山墩、江宁陶吴、仪征破山口等地的西周遗址、墓葬中，亦有青铜犁、斧、铲、镰、鹤嘴锄等的出土，表明随着青铜时代的到来农业生产工具也有了新的变化，新的提升。

历史上大禹“底定震泽”和太伯修太伯渎、徐偃王修陈蔡运河的传说虽不一定是事实，但亦可在一定程度上反映出夏、商、西周时期江苏先民们与水患作斗争，化水害为水利的斗争业绩。

（三）制陶、纺织、车船制造、琢玉

当时的手工业生产，除青铜冶铸外，尚有陶器制作、纺织、车船制造、琢玉等部门。

徐州、连云港等地的岳石文化，属岳石文化尹家城类型。陶器以灰色为主，亦有红陶、红褐陶、黑陶、黑衣陶等；器表以素色为主，部分饰以彩绘或凸棱纹、细绳纹、刻划纹等；泥制陶、夹砂陶均有；手制、轮制兼用。苏北类型陶器中有少量受二里头文化影响产生的鸡冠耳盆、觚形杯等，为其他岳石文化类型所不见，这可能与苏北地区远离先商文化分布区而二里头文化因素则可能沿淮水东渐有关。与岳石文化同属夏代时段、主要分布于今江苏宁镇地区的为点将台文化。点将台文化的陶器，以夹砂红褐陶为主，泥制红陶、黑陶、灰陶和薄胎磨光黑陶亦占一定比例；陶器以素面为主，不见彩陶和红衣陶，主要纹饰除粗凸弦纹、成组的细弦纹、划纹、附加堆纹、戳点纹、指捺纹外，还出现了拍印绳纹、篮纹、方格纹和刻划梯格纹；器形有鼎、甗、罐、豆、瓮、盆、盘、匜、尊、尊形器、簋、杯、碗等。在宁镇地区广为分布而晚于点将台文化的是相当于商周时期的湖熟文化。湖熟文化的陶器，分夹砂陶、泥质陶和硬陶三系，而以夹砂红陶为主；以素面为主，约占 70%以上，纹饰种类繁多；器形有鬲、甗、罐、鼎、瓮、簋、盆、豆、钵等。硬陶的出现是湖熟文化有别于点将台文化的一个重要标志。另外，湖熟文化中还新出现了原始瓷器，釉色多呈浅茶色。商、周时期，宁镇地区与外界的交流日趋紧密，这在湖熟文化的陶器制作上有着明显的反映，如绳纹鬲、甗、罐、盆、簋、缸等器与二里岗的同类器物相同或接近；湖熟文化中的几何印纹陶文化因素当是来源于几何印纹陶发达且时代亦较湖熟文化为早的马桥文化。主要分布于长江下游太湖平原和杭州湾一带，时间约当中原夏、商时期的马桥文化，其陶系以泥质红陶为主，次为夹砂红陶、泥质灰陶等；炊器多鼎无鬲，是马桥文化的一个特色；马桥文化中另一重要文

化因素是几何形印纹陶的存在。几何形印纹陶出现于新石器时代晚期的江南地区,在马桥文化中得到进一步发育。

太湖流域早在良渚文化时期就有了丝、葛纺织业。《尚书·禹贡》谓徐州向中原王朝的贡物有“玄纤缟”,即黑色的细绸和白色的绢;扬州贡“织贝”,即贝锦。

车、船是古代重要的交通、运输工具,又是战具,故历来受到官府和民间的双重重视。夏、商、西周时期,江苏地区的车、船制造业也有了一定程度的发展。相传,被封于薛(邳)的奚仲就以造车著称于世,曾为夏王朝的车正。在今江苏宿迁青墩、东海焦庄、丹徒烟墩山、母子墩等处的西周遗址、墓葬中,曾出土过作明器用的铜车饰、陶车模型、铜车马器等。在武进淹城内城河中,先后出土过4条独木舟。有两条经过碳14测定,其中一条长7.4米,宽0.75米,深0.45米,距今约2800±195年;另一条长11米,宽0.9米,深0.45米,距今约2875±90年,约当西周、春秋之际。

与良渚文化时期的璀璨夺目比,进入文明时期后的吴地玉文化呈衰退趋势,但仍名闻远近,且成为向中原王朝的贡品。《尚书·禹贡》载,扬州的贡物中便有所谓“瑶、琨”,即美玉、美石。

二　制度文明

夏、商、西周时期,江苏境内有吴、徐、留、彭、偪阳、邳(薛)、奄、薄姑、邗(干)等众多国家或方国部落的建立。他们大都有明确的王位(君位)世袭的传承系统,有自己的都城和相对稳定的统治范围,已基本具备了早期国家的规模、标准,标志着江苏地区已基本迈过文明的门槛,正式步入国家时期。

现在,学术界通常将城的出现作为国家文明存在的一个重要标尺,因为城达到一定规模,就可能成为政治、军事中心。当然,有城未必就一定有国家,但在中国,大多数早期方国都是有城的。据有关文献记载,上述吴、徐、留、彭、偪阳、邳(薛)、奄、薄姑、邗(干)等,都已有了自己的都城,只是除了吴、偪阳、邳(薛)、奄的都城尚有踪迹可寻外,余多湮没无闻了。

经考古发掘揭示的属于这一时段的江苏古城址有江阴佘城、丹阳葛城、武进淹城等。江阴佘城遗址,是一座时间上约与商代相当、规模宏大且有大型建筑基址的古城池遗址。这座城池究竟为何人所建?它是不是就是太伯奔吴中的第一站?至今还是个谜。近年来新发现的丹阳葛城遗址,是一座始建于西周、沿用至春秋时期的古城池。葛城遗址有三重城墙和三道环壕,目前经考古发掘已可确定的有两道环壕和两重城墙。内城东西长约200米,南北宽约120米,呈不规则长方形。在离葛城遗址约2000米的“神河村”地方,还发现有形制宏大的祭祀场所“神墩”。有研究者认为,葛城遗址可能为吴国早期都城。淹城遗址，其子城可能为西周晚期古奄族人所筑。

又，如前文所述，江苏境内的古国并不是孤立存在的化外之国，而大都是受中原王朝分封的，其首领中的不少人还曾在中原王朝出任要职。这些，都有利于他们在制度的层面向中原王朝靠拢、看齐。

凡此皆可证，夏、商、西周时期，江苏地区因地近中原，是在中原地区影响下较早步入国家时期的“蛮荒”之地。

三 文化与精神生活

（一）天文学、医学

我们在上文中曾经提及，从吴地走出的商代名臣巫咸是个“格言遗记，于今不朽”，为“后代所宗”的善观天象的天文学者。《史记·天官书》曾总结说：“昔之传天数者：高辛之前，重、黎；于唐、虞，羲、和；有夏，昆吾；殷商，巫咸；周室，史佚、苌弘……”足见其在古代天文学史上地位之高。

古代江苏，最早的治气养生的传说人物，要算彭祖。《荀子·修身》谓：“扁善之度，以治气养生，则身后彭祖；以修身自强，则名配尧禹。”[①]将彭祖的治气养生和尧禹的治国之道并提，足见对彭祖长寿之道的重视。《世本·作篇》谓“巫彭作医”。这个巫彭可能即彭祖。联系到彭祖曾“进雉羹于尧”（《楚辞·天问》王逸注），自身又以长寿著称，其精于医道、善摄生应是有根据的。相传，商之名臣巫咸，亦精于医道。《论衡·言毒篇》载：“巫咸能以祝延人之疾，愈人之祸者，生于江南，含烈气也。”古巫医不分，以“祝”（祈祷诅咒）作为辅助性治疗手段并不奇怪。

（二）治国理念

夏、商之际，奚仲十二世孙仲虺弃夏奔商，为汤之左相，并助汤灭夏，是个几可与伊尹相比肩的治国能臣。在传为仲虺所作的《古文尚书·仲虺之诰》中，他劝诫成汤说：

> 惟王不迩声色，不殖货利。德懋懋官，功懋懋赏。用人惟己，改过不吝。克宽克仁，彰信兆民。……佑贤辅德，显忠遂良。……德日新，万邦惟怀；志自满，九族乃离。王懋昭大德，建中于民，以义制事，以礼制心，垂裕后昆。予闻曰：“能自得师者王，谓人莫己若者亡。好问则裕，自用则小。”呜呼，慎厥终，惟其始。殖有礼，覆昏暴。钦崇天道，永保天命。（意为：大王不亲近歌舞女色，不聚敛金钱

---

① 《诸子集成》本作：“扁善之度，以治气养生，则后彭祖；以修身自名，则名配尧禹。”此注家据《韩诗外传》改。

财物。有德行的人，您要任之以官；有办事能力的人，您要给予奖赏。任用别人就像相信自己一样深信不疑，改正自己的过错要毫不吝惜。要宽厚仁爱，对亿万民众要讲诚信。……要帮助贤能的人，辅佐仁德的人，表彰忠贞的人，进用善良的人。……要使自己的品德每天都达到新的境界，这样，万邦就会归心；自满骄傲，连近亲都会背离。君主要努力彰显大德，在民众中树立不偏不倚之道，用义来裁夺诸事，用礼来控制内心，并把这种治理之道传留给后世子孙。我听说："能自己主动去找老师的人可以称王，认为别人都不如自己的人定会灭亡。谦虚好问则充实伟大，自以为是必然渺小。"啊！要有好的结局，只有从开始做起。有礼的，必得到树立；昏暴的，难逃灭亡。要敬奉天的意志，永保天的教导。）

此篇内容片断，先秦文献多有引述，部分可信。仲虺的劝诫，归结起来，不外如下三点：一，为人君者要虚心好学，克己修德；二，举贤任能，建立一支廉洁的、高效的官吏队伍；三，宽厚仁爱，取信于民。

《史记·殷本纪》载：帝太戊时，"巫咸治王家有成，作《咸艾》，作《太戊》……殷复兴，诸侯归之，故称中宗。"说明这位从吴地走出的殷之贤臣在治国上很有一套办法、理念，惜所作不传，后人已无从考究其治国之道了。

武丁时的谋臣祖己，乃仲虺之后。面对大祭之日有飞雉登鼎而 响、武丁惊惧的混乱场面，祖己却能冷静地进言："王勿忧，先修政事。"意思是说，"这有什么好怕的？你把治理国家的事办好就行了。"如此持论，在迷信之风甚炽的殷代，实属不易。

徐偃王的治国之道，似有不同凡响处。从一个方面来讲，他既敢于"僭号"、"作乱"，兴兵犯周，可谓"大逆不道"之至，但诸书又皆言徐偃王乃一"好行仁义"的"有道之君"，关键时刻，却"仁而无权，不忍斗其人，故致于败"。(《史记·秦本纪》、《后汉书·东夷列传》)看来，徐偃王颇像个敢于反抗周王朝对夷人压迫剥削，深受夷人各部首领（朝偃王者达三四十国之多）和广大夷人拥戴的"仁君"，一个失败了的英雄。

从上引仲虺、徐偃王等的所言所行中不难看出，其"修德"、"好行仁义"的主张、行事，处处透露出儒家"德治"、"仁政"治国理念的影子。是儒家继承、发扬了仲虺等本已有的那套治国理念，还是儒家按自己的要求重新打扮、塑造了仲虺等？颇值得作进一步之思考。但不管怎么说，仲虺、徐偃王等都有自己的一套治国之道，并在历史上产生过重大影响当是事实。

（三）文学艺术

《吕氏春秋·音初篇》谓："禹行功，见涂山氏之女，禹未之遇而巡省南土。涂山氏之女乃令其妾候禹于涂山之阳，女乃作歌，歌曰：'候人兮猗。'实始作为南音。周公及召公取风焉，以为《周南》、《召南》。”清代学者崔述在所著《读风偶识》中说：“‘南’者乃诗之一体……盖其体本起于南方，北人效之，故名以‘南’。”涂山，杜预《左传》注谓在“寿春东北”，即今安徽蚌埠市郊的淮河边上。而夏、商、西周时期的淮水流域，正是淮夷的大本营。《吕氏春秋·音初篇》的这段记载及崔述的看法表明，生活在淮水边的淮夷，不仅有自己的诗歌，且对《诗经》中的《周南》、《召南》有着直接影响。

此时独立的雕塑品尚罕见，雕塑艺术多附着体现在原始瓷器和青铜器上。句容浮山果园出土西周青黄色釉双身龙形器耳原始瓷罐、金坛出土西周青黄色釉盖顶塑有鸟形钮原始瓷罐、丹徒烟墩山出土西周凤鸟纹兕觥、母子墩出土西周鸟盖云纹扁壶、丹阳司徒出土西周凤纹尊、仪征破山口出土西周四凤盘等，皆造型精美，有很高的艺术价值。

《尚书·禹贡》谓徐州的贡物中有“峄阳孤桐，泗滨浮磬”。峄山，在今江苏邳州境。“孤桐”，孔《传》云：“孤，特也。峄山之阳特生桐，中琴瑟。”“泗滨浮磬”，孔《传》云：“泗水涯水中见石，可以为磬。”即徐州要向夏王朝贡献峄山之阳所产可制作琴瑟的桐木和泗水之滨所产可制磬的乐石。琴瑟为弦乐器，磬为打击乐器。在考古发掘中，江苏各地亦时有乐器的出土，如南京安怀村湖熟文化遗址和东海庙墩西周遗址都出土过陶埙，高淳顾陇、青山西周遗址出土过青铜甬钟和句鑃（古代祭祀和宴飨时所用乐器，形似铎），江宁横溪出土过属商代晚期的铜铙等。又据《今本竹书纪年》，夏末帝发元年，“诸夷入舞”。《周礼·春官·韎师》职云：“掌教韎乐。祭祀，则帅其属而舞之。”郑注云：“舞之以东夷之舞。”“四夷之乐，东方曰韎。”说明东夷人的歌舞已走出东夷，声闻于夏、周中央王朝的庙堂之上了。

（四）占卜、祭祀

古人尊天敬祖，迷信鬼神，卜、祭之风甚盛，江苏先民亦不能例外。

徐州铜山高皇庙、丘湾商代遗址出土的卜甲、卜骨，经刮削修治，并有明显的凿、钻、灼痕，但无卜辞发现；南京北阴阳营等湖熟文化遗址出土的卜甲、卜骨，有钻、灼，无凿，亦无卜辞发现，与殷墟甲骨有别。

20 世纪 60 年代，在铜山丘湾商文化层发现一杀人祭祀遗迹。祭祀场所中心立有四块天然大石，周围有人骨架 20 具，人头骨 2 个，狗骨架 12 具。人架皆俯身屈肢，大多反绑双手，有的头骨已经破碎。全部人骨架和狗骨架头向对着中心大石。遗迹分上下两层，表明同样的祭祀至少进行过两次。《淮南子·齐俗训》谓：“殷人之礼，其社用石。”高诱注：“以石为社主也。”社即土地神。故多数学者认为这是一处祭祀土地神的场所。

前文已提及在丹阳葛城遗址附近有“神墩”的发现。此“神墩”规模庞大，十分罕见。它东西宽约70米，南北长约80米，四面环水，离水平面4米高。“神墩”顶部为平面，中间有一约400平方米的大坑，深达3米，围绕着它还有数十个小坑。每个坑都被反复使用过，坑内出土有鬲、罐等盛器和炊器，可能是盛祭祀食品用的。土坑有四层，从西周到战国一直被使用。关于“神墩”的性质、用途，如它是供贵族使用的，还是平民使用的，祭的是天，是神，还是历代国君，以及斜插在坑土里的那柄青铜剑是怎么回事等等，虽都还有待于作进一步的深入研究，但这一罕见祭祀场所的发现，毕竟为中国古代礼仪制度的研究提供了全新的素材，意义非同一般。

（五）葬俗

苏北地区在葬俗上虽亦有自己的某些地区色彩，但总体上说，与中原区别不大。江南地区，则由于自然条件等多种因素的影响，在埋葬习俗上有自己的一套，其主要表现便是土墩墓和石室土墩等墓葬形式的存在。

所谓土墩墓，是指一种平地起封、无墓穴、无葬具的埋葬形式。土墩墓主要分布于宁镇地区、皖南地区、浙皖交界区的新安江流域、太湖流域和宁绍平原地区，而以宁镇地区的分布最为密集，据遥感调查，仅镇江地区就发现了3000多座土墩墓。宁镇地区的土墩墓开始于西周前期，盛行于西周后期和春秋时期，战国早期逐渐消失，被具有楚文化特点的竖穴土坑墓所取代。土墩墓的时空分布和吴的积年与疆域范围基本吻合，当是吴人的墓葬。

一个土墩内埋葬的墓数不等，有的一墩一墓，也有一墩数墓甚至十几墓的。土墩墓通常选择岗阜山坡作为葬地，平地起封，无棺椁，封土多不经夯打，密封性不好，加上山区土质多呈酸性，故墓内很少发现较完整的人骨架。典型的土墩墓无棺椁等葬具，一些大型的随葬品丰富的土墩墓中常用卵石或石块铺砌出长方形的石床，或在墓底铺一层木炭。晚期出现过浅坑土墩墓，有的浅坑土墩墓中还发现了朽木和漆片的痕迹，似有葬具的使用，但这些都是晚期嬗变所致，已非土墩墓的典型形态了。

即使是高等级的土墩墓，其殉葬品也不见中原贵族墓中常见的列鼎制度和鼎簋相配的组合关系，而较多使用几何形印纹硬陶和原始瓷器，与西周礼制相去颇远，地域色彩甚浓。

土墩墓的存在，除自然条件等因素外，亦当与吴国在寿梦前僻处蛮夷，很少与中原地区交流有关。

进入21世纪后，随着“江苏句容、金坛周代土墩墓群”被评为2005年度全国十大考古新发现，已引起越来越多的学者对土墩墓的关注，也引发出一些新的问题，如原认为土墩墓的基本特征是平地起封，无墓穴，现在有的学者根据句容、金坛土墩墓群中多有“墓坑”的发现提出“堆土掩埋与竖穴土坑并存”的说法；过去认为土墩墓无葬具，此次发掘中据说曾清理出痕迹清晰的船棺葬具。这些，究竟是个别现象，还是已足以引起对“土墩墓”定义的修正，尚有待于作进一步的深入研究。

在太湖周围，还存在着一种颇为特殊的墓群形式，即所谓“石室土墩”。石室土墩主要分布于太湖周围的吴中、常熟、锡山、江阴、武进、宜兴、长兴、吴兴、德清、安吉、余杭、临安、海宁等地，在浙东的萧山、绍兴、上虞以及富阳、桐庐等地虽也有发现，但以太湖周围地区最为密集，据航空遥感技术调查，光是太湖周围的吴中、锡山市、武进、宜兴、长兴、吴兴境内就发现了约 2700 座。时代约当西周中期到战国前期。多数学者认为，石室土墩应是越人的墓葬。

由于石室土墩中从未发现过任何人骨或其残迹，也未发现过葬具，故民间和方志过去多以“风水墩”、“藏兵洞”、“古战堡”、“炮墩”、“烽火墩”等名之，学界亦有“墓葬说”、“军事设施说”、“居住遗迹说”、“祭天遗迹说”等不同看法。1954 年以来，江、浙两省的考古工作者已发掘过一百多座石室土墩，经研究，虽至今仍未取得一致意见，但多数研究者已倾向于认为它不是军事设施，或什么别的，而是一种特殊的墓葬形制。

与土墩墓大都分布在平地或山坡不同，石室土墩大都筑在山顶；土墩墓为平地堆土掩埋，石室土墩则先用石块垒砌成长条形石室，再用土石堆成馒头形土墩；在陪葬品方面，石室土墩亦与土墩墓有所不同，如陪葬品中几乎不见青铜器，主要使用硬陶、原始瓷器等器物。

第五章 春秋战国时期江苏的政治军事

春秋至战国约550年中，前后占据今江苏地区的有吴、越、楚三个诸侯大国。春秋战国时期，中国处于激烈的动荡变化之中。由于井田制渐趋瓦解，分封制度渐形衰微，东周王室逐步孱弱，因而形成诸侯纷争的局面。在今江苏的吴国，自寿梦之后，吸收外来人才，学习礼乐与先进军事技术，开始强盛。至阖闾时进一步保养民力，严密法律，建立城郭，充实仓廪，而“西破强楚，北威齐晋，南服越人”，成为霸国。其子夫差在夫椒之战中一举击败越国，使越臣服，继而北征齐鲁，与晋争霸于黄池。但由于夫差穷兵黩武，不恤民力，听信谗言，杀害忠良，吴在战国之初终于被越国所兼并。越王勾践灭吴后，继续北上争霸，侵伐鲁、郲等国，“南面而霸天下”。勾践之后的数世越君仍“陵暴诸夏，侵灭小邦”，与齐、楚等大国争雄。江苏成为越国争霸的重要基地。但由于越国内部互相残杀，“三世弑其君”，自削其力，因而在战国中期被楚国打败，楚国占据江东。战国后期楚王将重臣春申君黄歇由淮北改封于吴故墟，把今江苏地区作为经济后方与政治依托。这一时期，散布在江苏的一些附庸小国与都邑，在大国争霸称雄的过程中，先后被吴、越所吞灭。

春秋战国时期，是江苏地区早期国家的发展时期，吴国建立了强大的军事国家，实现了东南一隅的局部统一，争得了昙花一现的春秋霸主地位，吴国文化代表了先秦江苏发展的兴盛。

第一节 吴的称王与潜扩

春秋后期，今江苏地区，大部为吴国所有。吴国疆域南至今浙江北部、太湖南岸的嘉兴、湖州，西南逐步扩展至今安徽南部与江西北部，西至今宁镇地区，北达淮河流域。今徐州、宿迁某些地区为宋国所占。楚占有棠(今江苏六合)。淮河以北，是吴、鲁交叉地区。此外,还散布着一些附庸小国,如钟离(在今安徽凤阳东北,部分土地在江苏境内),徐(今泗洪)、钟吾(后宿国迁此,故今称宿迁)、淮夷(东夷分支)在今徐州一带。此外,今邳州为薛国所属。

一 吴的称王

吴至第四代周章时,得到同为姬姓的周朝的承认。吴国君主的封号,《春秋》称"吴子",这可能是鲁国史官根据吴与姬姓大宗的关系,考虑地理因素而测定。吴的称王,似从春秋初已经开始。在当时的青铜器上已出现"攻卢王"的名称,"攻卢"是"勾吴"的音转。根据吴国世系推测,当在周繇至屈羽、夷吾时代。《吴地记》旧本原文中把周繇作称王之始。夷吾之后为禽处、转处、颇高、句卑、去齐、寿梦。作为周王室的流派,各姬姓国之间,碰上婚丧喜事,都有互相庆贺吊祭的习惯。吴王继续推行分封制,把土地、人民封给大夫,大夫或再分给某些士,吴国王子可以在中央政权任职,带兵作战,他们一般都有自己的封邑。随着生产力的发展,政权制度的完善,吴国逐步强大,并吞了奄国。奄原是在今山东曲阜东的嬴姓小国,盟于商。周成王即位时,随同武庚与东方夷族叛乱,被周公所灭。其余部辗转南迁,落于今常州东南。吴灭奄后,奄地逐步成为吴的重要城堡,传春秋后期的季札封此,即所谓季札"淹留"之地,故后来史家把奄称淹。奄被灭后,吴把殉国的奄君子女葬在大冢上,故《越绝书》说:"毗陵县南城,故古淹君地也。东南大冢,淹君子女冢也。去县十八里。吴所葬。"①淹的遗民后移至今江西南昌一带。

吴所并附的另一方国是宜。周章死后,由虞侯丁继承,丁的儿子名夨。夨在周成王时担任过王室"乍册"的官职。他曾跟随周王驻守冀(今山西省河津东北),并随周康王讨伐过楚,南巡九江庐山,到过郯(今山东郯城县北)。周王朝为了加强对江南的统治,便封夨宜邑,称宜侯夨。宜邑在何处?一说在今镇江大港一带,一说在江西赣水、袁水流域。宜在寿梦之前已并入吴。

在春秋前期,吴占领了朱方。"方"是商代与西周对少数民族的称呼。朱方是一个方国。自太伯来到荆蛮之后,吴逐步加强了对朱方的统治,至晚在春秋前期,朱方为吴所并。朱方地在丹徒古城,位于今镇江南十八里。与朱方隔江相对的是干国,位于今苏中地区。干,也叫邗。在西周末、春秋之初,已强盛起来的吴国,向江北干国发动进攻。传说吴在征服干国的过程中,遭到干国人的强烈抵抗。"昔者,吴干战,未龀,不得入军门。国子擿其齿,遂入,为干国多。"②连乳牙未脱的孩子,也擿下牙齿,参

① [汉]袁康、吴平:《越绝书·吴地传》,上海古籍出版社1985年版。

② 《管子》,卷一六《小问》,辽宁教育出版社1997年版,第146页。

加战斗，为国家“多”(立下战功)。干国曾一度击败吴国的进攻。但由于实力不济，最终被吴所征服。吴在这里建立邗邑(故址在今扬州市北)，邑土南至长江，北至淮水，故《舆地广纪》就明确指出，位于淮水南岸的楚州(今淮安市)，春秋属吴。邗是吴国在长江北岸的重要基地，历代吴王如寿梦、夫差都兼有邗王的名号。

吴国在春秋初期，势力可能已达到今江西地界。这里属于百越之地，并不统一，成为实力不断增强的吴国所征伐的对象。清乾隆二十六年(1761)江西中部樟树镇，出土了一口名“者减”的青铜钟。其铭文，据郭沫若考证，有“工𫊸王皮然之子者减，择其吉金，自作瑶钟”等语。“工𫊸”，即上文提到的“勾吴”；“皮然”，即吴君颇高的父亲柯转；“者减”即颇高。

二　吴与楚、齐、越的关系

吴的南邻是越国。越是以会稽(今绍兴)为都城的“蛮族”国家，《史记·越王句践世家》称“越王句践，其先禹之苗裔，而夏后帝少康之庶子也。封于会稽，以奉守禹之祀。文身断发，披草莱而邑焉。后二十余世，至于允常”。《正义》引《吴越春秋》说少康庶子号无余。又引贺循《会稽记》则云号于越，越国之称始此。从禹及少康之后，越国几乎默默无闻，至允常时才见诸于史，《史记正义》引《括地志》云：“越侯传国三十余叶，历殷至周敬王时，有越侯夫谭，子曰允浑，拓土始大，称王，《春秋》贬为子，号为于越。”允常“与吴王阖闾战而相怨伐”。[①] 吴、越两国地域相邻，语言相通，风俗相似，甚至在文化来源上有共同的母体，即越地。所谓吴国是建立在越地，[②]这里的越地应是广义的越地，而非越国之地；越国之地，当为狭义越地。吴国的建立，与中原文化的传入有关，这是吴国文化的主要源头。吴国人的来源是多元的，当然也包括越地人民。[③]春秋初期，吴越两国都还没有强盛起来，相较之下，吴国应略强一些。至公元前七世纪，吴人就经常讨伐越国，俘越民而归，对越俘有时还施以酷刑。两国战争不断，一次

---

① [汉]司马迁：《史记·越王句践世家》，中华书局1985年版。

② 陈梦家《禺邗王壶考释》：“余考春秋时吴地，皆越之故土也。”他甚至认为后来越国地区的很多地名是越人被吴逐出带到浙江一带去的：“干城与会稽皆在苏境，是则吴干之战，当在句践前吴族初入之际；吴既得苏锡，并江北淮上，而越人遂浮湖退居于浙江矣：越之故地有会稽山，故于浙江更有会稽山，此民族徙移而地名俱往之常例也。”(原载《燕京学报》第21期，1937年6月，此据《吴文化资料选辑》第二辑，第123页)

③ 越地，有广义和狭义之分。从广义上讲，先秦时期，南方及东南沿海人民聚集地区都被泛称为越地，其人民被称为越人，或统称南蛮，这与北方沿海统称东夷一般。吴地也包括其中，从这个意义上说吴越同源或可成立。但这是当时的认识水平，不能作为今天立论的依据。考古上的几何印纹陶也不能作为衡量同族的证据，就如同不能以北方的彩陶作为判断同族的标准一样；从狭义讲，越地辽阔，部族众多，成分复杂，文化渊源不一，难称同源。狭义的越地指越国之地，吴地指吴国之地，虽然有密切的亲缘关系，但其居民各有渊源，不能视为同源，且文化上差别很大。参阅王健：《略论吴地的古人类活动和原始居民》，《学海》2005年第6期。

吴军伐越,正好碰上大风,车子被刮坏,战马也逃散了,骑士落地而死去,吴军只得退兵而回。又有一次,吴军攻打越国的查浦(今浙江萧山区境),把越军围困在一座山上,但因山上水源充足,粮草丰富,吴军不能久围而撤退。还有一年冬天,越国攻打吴国,吴国使用宋人制造的使手不冻裂的药,在冰冷的水战中,大败越人。吴越边界长期稳定在今嘉兴、湖州与临安、广德一线。在历次战争中,越国败者居多,成为吴国的"贡献之邑"。

吴西边的楚国,地大兵强,屡次东侵,与吴发生矛盾。由于吴相形较弱,因此,与越一起,奉楚为盟主。但吴并不完全屈服于楚,在颇高之后的句卑时,楚国灭六(今安徽六安),六国的遗民奔吴,受到吴的庇护。可能还是去齐时代,即周定王六年(前601),楚国因舒蛮叛乱,伐灭舒蓼,至滑汭(今安徽巢县、无为之间的滑水隈曲处),"盟吴越而还"。[①] 这次会议完全由楚国主持,对西扩的吴国不会有利。但无论如何,这一史料说明,由于吴国受到中原先进技术的影响,国力逐渐强大,其西境已扩展到今安徽巢湖市一带。

春秋前期,势力已伸至淮北的吴国,与北方号称霸主的齐国发生严重冲突。齐桓公把吴、越称作南方淫乱之国。[②] 桓公联合徐国向南扩张,遭到吴国的强烈反抗。吴国与楚、越联盟,兴兵讨伐齐国,一直打到齐国的谷(今山东东阿县)。齐桓公亲自带领兵车千乘,会合众多诸侯于境,把吴人打得逃跑。说明这时的吴国已有实力与强齐抗衡。

三 吴与宋、徐、鲁、郯等国的关系

宋、徐、鲁、郯等是吴北方或西北方的一些国家,它们根据自身实力与客观形势依违于大国之间。

春秋初期,徐国的势力逐步强盛,曾向北发展,已扩展至今费县一带。山东费县在1983年曾出土徐国的铜鼎,上有"余子氽之鼎,百岁用之"的铭文,可证当时徐国势力曾达此地。徐嫁女给齐桓公,奉齐桓公为霸主,恃强而盛。吴国为争夺淮北地区,主动出兵伐徐,齐桓公发兵"东救徐州",把吴国打败,分了吴国北方的一半领土。[③]

吴国北伐齐、徐受挫,与吴、越联盟的楚国为了帮助吴国,从西边进伐徐国。周襄王七年(前645)春,楚国因徐国投靠中原诸夏,出兵伐徐。由于徐国盲目依仗齐、鲁、宋的援救,有恃无备,结果在娄林(今安徽泗县东北)被楚打败。从此,徐国逐步受到

① 《左传》宣公八年,引自杜预《春秋左传集解》本,上海人民出版社1977年版,下同。

② [战国]左丘明:《国语·齐语》,上海书店1987年影印本,下同。

③ 《管子》,辽宁教育出版社1997年版,第75页。

楚国的控制，成为楚的盟国。

春秋前期的宋国也有一定发展，占据大彭(今徐州地区的大部)。在齐桓公死后，宋襄公企图称霸，被楚国击败。与之相比，宋与晋的关系较融洽。

鲁国是吴北方较大的邻国，具有一定实力。吴、鲁之间的一些小国如郯(在今山东郯城县，南境达江苏沭阳)，对鲁存在一定的依附关系。薛(黄帝之后，任姓之国。今山东滕州南，后迁邳，称下邳)则受齐的影响较大。吴在北方主要的敌人是齐。

第二节 寿梦时代——吴的始盛

周简王元年(前585)寿梦继位，《史记·吴太伯世家》："寿梦立而吴始益大，称王。"寿梦，名乘又名孰姑。从这一年开始，吴始有纪年，逐步名闻于诸侯之中。这已经进入春秋中期。

一 寿梦的改革

寿梦上台以后"吴始大"，进一步强盛起来。这源于他进行了一系列的政治、军事改革。首先是"朝周、适楚"。寿梦亲自去朝见周天子，以便获得中央共主的承认与支持。同时到邻近的楚等大国去考察，观测形势，学习经验。尤其是学习中原的军事理论、方法与技术，来改造军队素质与军事装备。其次是学习中原礼乐。寿梦在朝周路上考察学习各诸侯国的礼乐制度。特别是在与鲁成公的钟离之会中，成公全心全意地为寿梦展示"王之礼乐"，并"咏歌三代之风"。鲁是周公之子伯禽的封地，其礼乐体现周公思想，具有深厚的传统，为各诸侯国所宗。寿梦为鲁国先进的礼乐所倾倒时说："孤在夷蛮，徒以椎髻为俗，岂有斯之服哉?"因叹而去曰："于乎哉，礼也!"[①]决心学习中原的先进文化，提高文明程度，来壮大自己。吴在这次相见的会上，还送给鲁国一只铜鼎，称"寿梦之鼎"，用来加强与鲁的亲缘关系。从此，吴与东周王室及鲁的朝聘频繁起来，准备北上争霸。再次是引进人才。从寿梦开始，吴国的都城逐步向东南移动，今苏州西郊有南宫、城里村等地名，这可能是吴都或宫殿故址的遗留。寿梦在都城附近建"都亭"，用以招徕人才。今苏州城北部，尚存都亭桥遗址。重用与吸收外来人才，是吴国历代政治家的重要措施。寿梦还修筑了一些城堡，以加强战备，如昆山城就是寿梦所筑。寿梦的改革，迅速见到成效。周简王二年(寿梦二年，公元前584

① [汉]赵晔:《吴越春秋·吴王寿梦传》，江苏古籍出版社1999年版。

年),吴国出兵讨伐北方的郯国,威胁鲁国;郯向吴屈服,订约媾和。鲁卿季文子见此情景,发感慨说:中原华夏各国不能威镇像吴国一类的蛮夷,蛮夷却来进攻,而没有人感到担忧,这源于没有英明霸主的缘故!这正是《诗经》所说,“不吊昊天,乱靡有定”。统治者不能体恤下民,故昊天告乱。又说:鲁国不要经过多少时间,就会被吴所占,“吾亡无日矣”。[1] 可见吴国已有相当实力,被人刮目相看。

二 附晋反楚

吴国在发展中受到西边强邻楚国的掣肘,双方的矛盾逐步扩大。当时,晋国为了与楚争霸,想借吴的力量削弱楚国,特派巫臣出使吴国,策动吴国反楚。吴国则想依靠晋国与楚抗衡,热情欢迎巫臣的到来,并委以重任。巫臣又名屈巫,原是楚国大夫,因通夏姬奔晋,被楚国当权的子重、子反二人灭族,分了他的邑土。所以巫臣十分怨恨楚国,积极参加反楚活动。周简王二年(前 584)他主动带兵车三十辆,出使到吴,教吴用兵车作战,帮助训练士卒,提高了吴人车战阵法水平,增强了吴国的军事实力。临别时,巫臣还留下兵车十五辆,并把晋国的射手、御者也留给了吴国,直接加强吴的现役力量。他还让自己的儿子狐庸留吴作“行人”,掌管吴国的外交礼仪,积极开展活动,促进吴晋联合攻楚。当年,吴国就把矛头指向楚国,讨伐楚的附庸巢(今安徽巢湖市东北)、徐(今泗洪),进入楚的州来(今安徽凤台县)。楚子重从郑国奉命救援。吴军使子重、子反七次奔驰而疲于奔命,从此,与楚国结仇。那些依附于楚国的蛮夷小国很多被吴吞灭,吴国越来越强大。

周简王四年(寿梦四年,公元前 582 年),晋在蒲地(今河南长垣)招集齐、鲁等国会议,讨论把汶阳的土地从鲁归还给齐的问题,首次邀请吴国参加。吴国可能因路远、交通不便而未至。

周简王五年(寿梦五年,公元前 581 年),吴国再次伐楚,打败楚国的子反。周简王十年(寿梦十年,公元前 576 年),吴与晋士燮、齐高无咎、宋、鲁、卫、郑、邾等会于钟离(时钟离为吴所灭或为吴、楚所分有),积极参与中原诸国的同盟会议,中原诸国“始通吴也”。[2] 周简王十二年(前 574),吴国出兵讨伐楚国的巢、驾(在今安徽无为县境),并包围了厘(今安徽无为县)、虺(今安徽庐江县)。同年冬,由于原楚的附庸国舒庸见楚在晋、楚鄢陵之战中失败曾带领吴军进伐楚的巢、驾等地,因而楚国想进攻舒庸。而舒庸却依仗吴的强大,并未设防。楚国的公子橐率领军队轻易地把舒庸灭了。

---

① 《左传》成公七年。

② 《左传》成公十五年。

楚国为了打破吴、晋联盟对自己的威胁，在周简王十三年（寿梦十三年，公元前573年）六月出兵进攻晋的盟国宋，攻打宋的重邑彭城，用来切断吴、晋之间的联系，并威胁吴、晋的安全。

楚国得手后，把彭城封给逃亡楚国的宋大夫鱼石、向为人等五人，还派楚师三百乘一起戍守。这意味着吴、晋之间往来的通道被阻塞了。晋国出兵救援宋国，进至彭城的靡角之谷，楚军连夜溃逃。晋与宋、鲁、薛、莒等联军围困彭城，鱼石等五将只得投降。晋把彭城还给宋国，俘鱼石等至晋地。从此，东夷也归入吴、晋联盟的范围，吴、晋的关系更加紧密。

楚国为了争夺霸权，在周灵王二年（寿梦十六年，公元前570年）发动战争。楚共王怨吴国帮助巫臣，派令尹子重（又名婴齐）选练士卒、军吏，讨伐吴国，克鸠慈（今安徽芜湖东南），一直打到衡山（今浙江湖州市南，一说今安徽当涂北）。过了三天，再派大夫邓廖率漆甲之兵三百、穿练袍的步卒三千攻吴，却被吴在半途拦击而失败。邓廖被吴军俘获，生还的只有漆甲八十、步卒三百而已。吴军乘机取得楚国江北的土地。因此，楚国发动的这次战争，所得不如所失，人们都归咎于子重，使子重的精神压力空前加大，郁闷而死。寿梦在军事上的强大，使吴与中原诸国的关系更加密切。晋悼公"欲修吴好"，他约定周王室的单顷公以及鲁、宋等会盟，并派人到淮河边上迎接吴主寿梦，寿梦因故未去。周灵王三年（寿梦十七年，公元前569年），吴国任命狐庸为相，任以国政，这就使吴国与晋国的关系进一步得到加强。

周灵王四年（寿梦十八年，公元前568年），吴国派大夫寿越赴晋，目的是进一步与中原各国修好。晋国命鲁国孟献子、卫国的孙文子两位大夫与吴国代表预先在善道（也称善稻，今江苏盱眙县北）会谈，约定盟会的日期。吴国参会的代表应是吴季生，盱眙王庄1988年出土五件铜器，内底有"工虘季生乍其盥会盥"等字，可证此事。同年九月，晋悼公率领宋平公、鲁襄公、陈哀公、卫献公、郑僖公、曹成公、莒子、邾子、滕成公、薛伯、齐世子与寿梦会于戚（卫地，今河南濮阳）。周灵王九年（寿梦二十三年，公元前563年），吴国会晋、宋、鲁、薛、卫、曹等国诸侯与齐世子光于柤（今江苏邳州北泇口），并灭亡了楚的盟国偪阳，把它的土地给了邻近的宋国。[①] 显然，吴已成为举足轻重的大国，是晋牵制楚的重要盟友。

寿梦在位二十五年而卒，他是吴国强大的标志性人物，这在于他进行了一系列政治军事的改革与实行了正确的外交方针。据考，其墓地可能在苏州市西郊。1994年，苏州博物馆的考古工作者在真山挖掘了一座大墓，是属于春秋晚期前段的王陵或

---

① 《左传》襄公十年。

贵族墓,有人推测就是寿梦墓。

三 威震鲁、宋

寿梦时代,吴由于强大的军事力量崭露头角,震动了周边的鲁、宋等国,使它们对吴看重起来。鲁国见吴迫郯服输,产生了一定的恐惧情绪。鲁在历次的会盟中,都与吴、晋站在一起,表示友好。鲁承认吴国是周王室的后裔,寿梦死后,很讲究礼仪的鲁君特地到周庙中去吊丧,表示哀悼。因吴与鲁是同姓,故鲁襄公亲至宗庙(周庙)吊祭。

宋,这个在今江苏省西北与河南东部、山东西南部的诸侯国,也具有一定的实力,它处在晋、吴之间,起着纽带与连结作用。境内的夷庚之道,可能是吴、晋往来的重要道路。吴与晋国一样是宋的依靠对象之一。宋国相信,在宋国遭到危急时,晋、吴等大国自然会来相救。就是在吴的默许下,晋国夺回彭城归还宋国。吴、晋帮助宋国解除了楚的威胁。周灵王九年,晋侯与寿梦在柤会合了鲁襄公、宋公、卫侯、曹伯、莒子、邾子、滕子、薛伯、杞伯、小邾子、齐公子光等众多诸侯,决定进攻楚的与国偪阳。

诸国灭掉偪阳后,把土地给了宋国,用来增强宋的力量。寿梦一代,军力增长,外交活动较前频繁得多。

第三节 从诸樊到吴王僚——吴的继兴

一 吴与楚战争探析

吴国没有像其他姬姓诸侯国一样,实行比较严格的典章制度,王位的嫡长子继承制度没有确立。寿梦死时,想把王位交给他的小儿子季札,但季札坚决推辞。于是寿梦立长子诸樊。诸樊(? —前548)名遏或谒,他当政之后,继续执行其父的既定方针,巩固与晋、齐的联盟,抗击楚国。周灵王十二年(诸樊元年,公元前560年),吴乘楚共王死的机会,派兵伐楚。楚国养由基、子庚利用吴国认为楚国丧期间不可能出兵的麻痹思想,诱敌深入,调动伏兵,在庸浦(楚地,今安徽无为县南)打败吴国,俘吴公子党。[①] 这时诸樊在淮河流域,亲率士兵与楚作战,已来不及救援公子党了。安徽淮南市在春秋蔡墓中出土一柄"姑发胥反剑",其剑铭上说,这柄剑是姑发胥反自作自用。姑发胥反就是诸樊,说明姑发正身处江之北,在南与西两个方向进攻楚军。姑发与公

---

① 《左传》襄公十三年。

子党的距离太远，因而不能前去救援。

次年春，吴向晋国报告战败的情况，吴与晋国的士燮，鲁国的季孙宿、叔老，郑国的公孙趸，以及齐、宋、卫、曹、莒、邾、滕、薛、杞、小邾等代表在向（今安徽怀远西）会见。吴国策划进攻楚国，但遭到晋国士燮（范宣子）的拒绝，诸侯们认为吴国不讲道德，一味蛮干。

诸樊建都于姑苏，其地一说在今苏州城内体育场、大公园一带，一说在今灵岩山麓。由于吴国的强大，晋国为了进一步加强反楚联盟，突破了同姓不婚的限制，"嫁女于吴"。齐国也把女儿送吴作媵妾。诸樊迁姑苏的第一年（即周灵王十三年，公元前559年），服丧期满，再次想起先王的嘱咐，让位给季札。季札说："夫嫡长当国，非前王之私，乃宗庙社稷之制，岂可变乎？"[①]又说，过去曹国公子负刍杀太子而自立，诸侯与曹人认为负刍不义，"将立子臧，子臧去之"，保持了曹国的稳定。季札表示要向子臧学习，再次坚辞王位。但吴人一定要立季札，季札便抛弃家室，到乡野耕作去了，吴人只得放弃了这一想法。

鲁襄公十四年（前559）秋，楚康王为了报复吴伐楚的庸浦之役，命令令尹子囊从靠近吴的棠（今六合）带兵出发侵吴。吴国派军队在皋舟这个险要的地方实施拦截，获得巨大胜利，俘虏了楚公子宜谷。棠似自此后为吴所有。[②]楚国令尹子囊在这年忧心死去，他在临死前嘱咐楚修筑郢城来防备吴国。[③]

周灵王二十三年（诸樊十二年，公元前549年），楚国组织水军侵犯吴国，由于楚军没有赏罚的纪律，士无斗志，无功而返。吴国因报复楚的"舟师之役"，召来楚的属国舒鸠（今安徽舒城西），命其背叛楚国。第二年，楚国派公子子木（屈建）率军攻打已依附于吴国的舒鸠。吴国迅速派军队来援救。子木把军队一分为二，自己带领右军率先到了舒鸠城外；而楚的左军却退走了。吴国的军队急速前进，一直插入到楚的左右军之间，但一连几天没有动静。楚军左师的子强、息桓、子捷、子骈、子盂五人认为，应采取速战速决的办法。子强说，等待的时间久了，军队变得羸弱，势将被擒。让我带领自己的私军去诱敌，你们选出精兵，布列阵势，等待战机。我如得胜，乘机前进；如败逃，请看具体的情况处置。这样，可以避免被俘。于是，五人带领自己的家兵冲击吴军阵地，打了一个措手不及，吴军只得败退。吴军登山远望，看到楚军没有多少后继人马，又回过头来进逼楚军。这时，楚国的援军已到，一个夹攻，大败吴军。

---

① 《吴越春秋·吴王寿梦传》。

② 今南京六合程桥发掘了三座东周墓葬，出土有铁弹丸、铁条等遗物。此墓与吴国关系密切，根据其墓主出土文字，判断墓主属吴王外甥。结合文献，可知此地应为吴国势力范围。

③ 《左传》襄公十四年。

楚军乘机包围舒鸠,八月,灭之。该年十二月,吴王诸樊为了回击上次楚国水军的侵犯,进攻楚国的巢邑(今安徽瓦埠湖南)。楚国的巢邑守将巢牛臣经分析后说:吴王这个人勇敢而轻率。如我们打开城门,他会亲自带头进门。待他进门时,乘机用箭射死他。如果吴王死了,边境可以安定一些。吴王果然进入城门,“牛臣隐于短墙以射之,卒”。①

诸樊临死时,遗命把王位传给大弟余祭(也作余济、戴吴或戴),然后兄弟相授,最后传给季札。这样既可满足先王寿梦的意愿,又可嘉勉季札的义气。周灵王二十五年(余祭元年,公元前547年),楚联合秦军进攻吴国,兵锋已达雩娄(今安徽金寨县北),听闻吴国已有准备而退回,乘机攻打郑国。这一年,吴封季札于延陵(今常州)。周灵王二十七年(余祭三年,公元前545年),齐相庆封因得罪齐景公,与景公大臣陈无宇等作战,败逃至鲁,再至吴。吴国按惯例,封庆封在朱方邑(今丹徒),并把王室的女儿嫁给他,使他的生活比在齐时还优裕。后来,吴又把他封到钟离,目的是侦探楚的动静。可能是由于庆封侦楚有功,后又回到朱方。

楚国为了与晋争霸,牵制吴的力量,与越结成联盟,挑起吴、越的冲突。周景王元年(余祭四年,公元前544年),余祭乘楚康王之丧,率军讨伐楚的盟国越,抓来一批俘虏。余祭叫这批俘虏去看守舟船。一次,余祭在视察舟船时被越俘刺死,由余眛(又作夷末)继位。同年派季札至北方进行外交活动,巩固反楚的联盟。

史载吴王余眛品德高尚,执法严厉,办事有序,获得人民拥护。他实行积极的外交,除派季札周游中原诸国之外,还专门派狐庸到晋国联络,并与徐国联姻。晋平公也派专使到吴聘问,受到吴国上千人的热烈欢迎。欢迎者都穿着绣衣豹裘、锦衣狐裘。这使吴国在诸侯中树立了一定的威信,成为一些小国君主贵族的投靠地。周景王三年(余眛二年,公元前541年)莒国的展舆弑暴虐的犁比公而自立。次年,展舆被他的弟兄去疾打败,便出奔到舅氏的吴国。同年,郑国也把吴国作为公孙楚的流放之所。周景王五年(余眛四年,公元前540年)楚国派子圉占领了吴国的城堡固城(也叫濑渚邑,今高淳东)。周景王七年(余眛六年,公元前538年)秋,楚国怀疑母亲是吴人的徐国君主背叛自己,就把徐子抓到申地(今河南南阳北)。七月,楚王以讨伐齐庆封弑其君主庄公之罪的名义,带领蔡侯、陈侯、许男、顿子、胡子、沈子、淮夷的军队,深入吴国腹地。在这次行动中宋国太子佐、郑国简公先行回国;而宋国的华费遂、郑国的大夫跟从楚军前进。楚使屈申包围了朱方。八月,楚攻下朱方,逮捕了庆封,把他的族人消灭不少。楚灵王要把庆封处死,椒举上谏说:“臣下听说没有缺点的人才可以

① 《左传》襄公二十五年。

杀戮别人。庆封因违抗君命，才在这里，他肯一声不响地甘心被杀吗？为什么一定要把丑事在诸侯中宣扬呢！”但楚灵王根本不听，叫庆封背上大斧，在诸侯的军队中“巡行”，并让他说“不要有人像齐国庆封那样杀死他的国君，削弱国君的孤儿，来和他的大夫会盟”。而庆封在示众时所言与上面的话完全不同，揭露楚灵王杀害自己的侄儿篡夺王位的罪行，灵王赶快下令把庆封杀了。

同年冬天，吴国为了报朱方之仇，发兵进攻楚国，深入到楚的淮北地区，占领了棘（今河南永城县南）、栎（今河南新蔡北）、麻（今安徽砀山县东北）等地。[①] 楚国的沈尹射只得奔命到夏汭（今安徽凤台县西南西淝河与淮水交汇处）去了。为了阻挡吴国的进攻，楚国箴尹宜咎在钟离、薳启疆在巢地、然丹在州来（今安徽凤台）筑城防御。彭生本来在赖地（今河南商城南）作城，后因水灾被停止。

第二年，楚王认为屈申倾向于吴国，就把他处死，任命屈生担任莫敖。楚王因吴国“侵”占了棘、栎、麻等地，在那年冬季十月，便带领蔡、陈、许、顿、沈、徐、越诸国以及东夷的军队讨伐吴国。楚大夫薳射带领繁阳（今河南新蔡）的地方军到夏汭与楚王会师；越国的大夫常寿过也带越军到琐（今安徽霍邱县东）与楚王相会。在战争中，楚国将领薳启疆听说吴军已出动，在匆促而没有准备的情况下冲击吴军，结果在鹊岸（今安徽无为县南至铜陵市北沿长江北岸一带）被吴人打败。楚灵王乘驿车到了罗汭。吴王余眛派他的弟弟蹶由（一作蹶融）去“慰劳”楚军，谁知楚国把蹶由关押起来，准备杀了他，用他的血来祭新鼓，即所谓衅鼓。楚王派使者问蹶由，你占卜过，来这里吉利吗？蹶由回答说：“吉利。……占卜的卦象告诉我们是吉利的。因为战争是可以预知的。君王如高高兴兴地迎接我吴国使臣，从而增加敝邑的懈怠而使吴忘记危险，我们吴国的灭亡就没几天了。如果杀我祭鼓，那么吴国就知道戒备了，一定会早日准备战具来防止楚军的进攻。无论是患难与平安，都有准备，这可以说是吉利的。而且吴国的占卜是为国家，不是为我一人。我这个吴国的使臣的血被用来祭鼓，而敝邑就知道防备，来抵御意外，难道还有比这个更大的吉利吗？”[②]楚灵王听了这话免去了蹶由的“死罪”。楚军在罗汭渡河，沈尹赤带军与楚王相会，驻扎在莱山（今河南光山县南150里天台山）。薳射带领繁阳的军队率先进入南怀，楚王的大批军队也跟着来到汝清（南怀与汝清应在今江淮间）。但楚军为吴兵所阻，不能进入吴境。吴、楚双方僵持了一段时间。于是楚灵王在坻箕山（今安徽巢县南）检阅军队，显扬武力。这次楚军的行动，因吴国早设戒备，无功而返。楚灵王对吴国感到惧怕，叫沈尹射在巢地，薳启疆在雩娄（今安徽金寨县北）待命，做好应战准备。

---

① 《左传》昭公四年。

② 见《左传》昭公五年。

次年,徐国大夫仪楚到楚国去聘问,楚王却把仪楚抓了起来。楚国惧怕徐国叛变,便派薳泄讨伐徐国,吴军前来救徐。楚国命令令尹子荡率领军队进伐吴国,驻在豫章(今霍邱至应山)、乾溪(今安徽亳州东南70里)一线。吴军勇猛前进,在房钟(今安徽蒙城西南)把楚军打败,俘获了楚的宫厩尹弃疾。楚国令尹子荡把败因、罪责都推给薳泄,并把他杀了。

周景王十五年(余眜十四年,公元前530年),楚灵王在州来阅兵,驻扎在颍尾(今安徽寿县正阳关),命令荡侯、潘子、司马督、嚣尹午、陵尹喜五位统帅率军围困徐国,借此恐吓徐的盟国吴。楚王自己驻在乾溪,作为后援,来鼓舞前方士气。楚灵王的所作所为触犯了不少大夫与小国诸侯的利益,丧失了威信。第二年(前529)春天,楚国的观从(原蔡国大夫)叛逃吴国,劝吴伐楚,乘机恢复蔡国。以后,观从又与一些遭楚灵王欺侮的人鼓动在楚的越国大夫常寿过起来反楚。常寿过是吴仲雍的后裔,后至越国做大夫,曾受到过楚王的污辱。于是,常寿过便包围了楚国的固城,攻下息舟(在固城附近),"城而居之"。[1] 楚灵王触犯众怒,众叛亲离,只得上吊自杀。

楚国内部不稳,在徐的楚军只得回撤,半路上又遭到吴军的袭击。吴军在豫章把楚军打得大败,俘获了荡侯、潘子等五位楚将。同年,晋国为了显示威力,就召集诸侯开会,并通知了吴国。秋天,晋昭公约吴国会于良(今江苏邳州市东南),但因水道不通,吴王谢辞而不去,昭公也就返回晋国。

十月,吴国把楚国的州来灭了,楚令尹子期很不服气,要求新即位的楚平王进攻吴国。平王却说:"我还没有安抚百姓,也没有祭奉鬼神,更没有修缮防御设备,在国家与家族没有安定的时候,滥用民力,失败了连后悔都来不及,还是暂且等待时机。"否定了子期的意见。平王这一说法,显示吴已有相当强大的力量,与楚已不分伯仲,楚已对它无能为力。余眜在周景王十八年(前527)去世,在位十七年。他遗命传位给季札。季札却逃回自己的封地延陵去了。夷(余)眜墓一说在今苏州东郊唯亭(夷陵),一说在今镇江大港。

吴人立余眜的庶子僚(州于)当了国王。僚上台的第二年即周景王二十年(前525),派诸樊的儿子(一说是余眜的儿子)公子光(?—前496)率领水师讨伐楚国。楚国的令尹阳丐为是否应战作了卜测,卜测的结果是"不吉",不想出兵。这时司马子鱼说:"我国地处上游,为何不吉?按惯例应由司马报告占卜的事,我要求重新占卜。"重占的结果却是"吉"。楚与吴开战于长岸(今安徽当涂西南西梁山),子鱼带领自己的私家军队首先杀向前去死战,楚军大批跟进,大败吴军,夺取了吴的战船余皇(馀皇)。

---

① 《左传》昭公十三年。

楚军派随国人与后来到达的人谨慎看守余皇。他们把船移到岸上，在四周挖掘深沟，一直挖到泉水而止。沟的出入道有水而湿，再用炭填塞，布下阵势，来对付吴人的偷袭。公子光为这次失败而感到恐惧，于是召集吴军将领开会说："丧之乘舟，岂唯光之罪？诸位也推不掉罪责。现在要借助大家的力量来夺回这艘战船！"诸将服从。公子光派三个高大壮实的人埋伏在船的边上，公子光高叫"余皇"，高壮人就应声而答。连呼三次，埋伏的人交替回答。楚人发觉船边伏有吴人，就冲出工事，把高壮人杀了。但这时楚军阵势已乱，吴军乘势杀出，大败楚军，"取馀皇以归"。[①] 周景王二十二年（吴王僚四年，公元前 523 年），楚人重新控制州来，在这里筑城，并向吴挑战。楚沈尹戌认为现在建造宫室没有限度，百姓天天处于恐惧之中，辛苦疲劳，死了被抛沟壑，因此料定楚国必败。这时，楚国的令尹子瑕对楚平王说：蹶由根本无罪，应舍弃以前的怨尤。楚平王就把蹶由放回吴国。次年十月，宋国的华登因内乱投奔吴国。隔了整整一年，华登率领吴军攻打宋国，去救援宋国的华氏。驻守在宋的齐国将军乌枝鸣听从了厨邑大夫濮"先发制人，摧毁敌人士气"的建议，主动猛烈进攻。十月十七日，齐、宋联军在鸿口（今河南虞城县）击败吴军，俘虏了吴军统帅公子苦雒与偃州员。周敬王元年（吴王僚八年，公元前 519 年），吴人向楚国进攻，重新夺回州来。这时，楚国负军事总责的令尹阳丐（字子瑕）有病，楚军统帅一职由司马薳越代理。薳越率领楚军与顿、胡、沈、蔡、陈、许几个小国的军队前来救援。吴军开到钟离抵御楚军。正在相持时，楚国统帅阳丐病死，楚军士气像熄火一样低落下去。吴公子光分析战场形势说：跟从楚的国家很多，但都是一些小国，它们是畏惧楚国，不得已而来。我听说，军事上威严超过感情的，能够取胜。我们吴军多用威力，虽然军队人数少，但必能取得胜利。胡、沈的君主年幼而狂噪；陈大夫虽壮而不通权变；顿、许与蔡三国，憎恨楚国的政策。今楚国令尹已死，情绪低落。楚现在的统帅地位低贱而受宠信，政令不会统一。楚国与六个小国在这次战役中又不是同心。加上楚国统帅不能整顿军队，没有大的威信，因此楚军可以被打败。如果分出一部分军队让我率领，首先冲击胡、沈、陈军，他们必然率先奔逃。这三国军队一败，其他诸侯之师就动摇了。这样，楚国就可以被击败。吴王听从了公子光分兵击破的战术。七月二十九日，在鸡父（今河南固始县南）作战，吴国利用诸侯国的内部矛盾，先打胡、沈、陈三军。吴用三千没有经过训练的罪人冲击它们，三国军队见吴军队伍不整，争先恐后地来抓吴兵当俘虏。正在这时，公子光率领右军，掩余率领左军，吴王僚亲率中军冲杀过去。胡、沈、陈三国在抓俘中阵脚大乱。吴军一个冲锋，把胡、沈、陈三

① 《左传》昭公十七年。

国的君主与大夫抓了起来。吴国还故意释放三国的俘虏,叫他们奔到许、蔡与顿国的军队里,说“我们的君主已死了”,吴国跟着鸣鼓冲击。许、蔡、顿国军队听到这些传言开始奔逃,楚军也跟着溃败。

楚国废太子建的母亲住在郹(今河南新蔡县境),打开城门,招吴人前来。那年十月十六日,吴公子光进郹城,接楚夫人到吴,并掳走了郹城的宝器。楚国统帅薳越追赶而来,但没有追上,薳越疲惫将死。楚的将领们说:再次讨伐吴国或者可以侥幸取胜。薳越却说:在战争中我们再次失败,死了也是罪孽深重,丢了君王的夫人,不可以没有人为这件事而死。说完就自缢于薳澨(今湖北京山县西百余里)。楚国的令尹囊瓦害怕吴军乘胜攻打楚都,赶快修缮首都郢城。但沈尹戌认为根本的问题不在于修城,而在于亲近百姓,不欺邻国,不贪不懦,谨慎负责。沈尹戌认为很有可能楚国会丢掉郢城,因而发出“民弃其上,不亡何待”的哀叹。[①] 这时,吴、楚边界上又发生了冲突。

吴、楚两国养蚕的处女(一说童子),为边界上的桑叶争夺起来,先是吴女伤了楚国的女子。楚责备吴人,“吴人应之不恭,怒,杀而去之”。[②] 吴人进行报复,举兵反攻,尽屠楚人的家。在相攻中,楚灭掉了吴的边邑。吴国大怒,愤而讨伐楚国,取走两邑。吴王僚还叫公子光作好进攻楚国的准备。

周敬王二年(吴王僚九年,公元前 518 年),楚平王率领水军巡视吴、楚边界,准备侵犯吴国。沈尹戌认为这次行动楚国必然会丢掉城邑,因为楚国不安抚人民而兴师动众,使百姓疲惫,从而挑起吴国的加速出兵;吴军紧追楚军,而楚国边疆缺乏戒备,这样,能不失去邑土吗!这时,越国大夫胥犴在江边慰劳楚王,越国公子仓赠送给楚一艘乘坐的战船。仓与越国大夫寿梦还跟从楚王巡察。楚平王抵达圉阳(今安徽巢县南)而还师。吴国军队见楚军退走,便紧随其后,乘楚边界缺乏戒备,夺取钟离与居巢两城。吴军的胜利,使楚国上下十分恐惧。沈尹戌就说:这是灭亡郢都的开始!楚王这次巡边的动作,丧失了两邑的守帅。这样几次下来,吴军就要兵临郢都了。此后,楚在边境丘皇、卷等地筑城,迁移其他地方的人前去驻守。

在这一阶段的吴、楚战争中,各有胜负,但总体而言,吴虽仍处下风,但差距迅速缩小,这与寿梦以来吴国益大的史实是吻合的,吴国已成为晋国制楚的重要筹码。

---

① 《左传》昭公二十三年。

② 《吕氏春秋》,浙江人民出版社《百子全书》本(景清扫叶山房本),卷一六,第 5 页。

二 季札的政治思想与外交活动

季札是吴的十九任君主寿梦的第四个儿子，从小受到良好的教育，温文尔雅，封于延陵，故称延陵季子；后又封州来，称延州来季子。季札是学习中原先进文化的典范。他以仁为本，以礼定序，入世而不求私利，济世而不危及其身，都渗透着儒家精神，是儒家的先导之一。

首先，是谦虚仁让，维护宗法礼制。寿梦让他继承王位，季札坚决推辞。寿梦遗命实行兄终弟及制，当三子余眛临终时重申父王前命，叫季札即位。季札洁身清行，惟仁是处，逃归延陵。于是国人立僚为吴王。公子光不服，设计刺杀吴王僚，“致国于季子，季子又不受”，成为与泰伯“前三让”相比美的“后三让”。这种处理权力更替的牺牲精神，欲避免权力争夺中的无情杀戮与生灵涂炭。由于季札的避让，使吴国王位“兄终弟及”成为寿梦诸子的共识，季札的长兄诸樊为早些把王位传给季札英勇征战，死于疆场。余祭继位后亦效法兄长，“好勇轻生”而死。余眛坚持前命，传位与弟。以季札为典型的一代风节，暂时避免了内部争夺，保证了王室的稳定。

其次，是乐为民声，尊重民意。他到鲁国访问时，鲁国乐人为他表演了古代舞乐。当听到“二南”（周南、召南）时，说二南体现了文王教化的始基，虽不尽善，“然勤而不怨矣”。[①] 当听到邶、鄘、卫三国歌曲时说，这个音调很深沉，百姓为卫国的国运而忧虑。又说，《王风》是思念文、武的德行，而不畏惧，这是周朝东迁以后的诗。听了《郑风》，认为这诗太细碎，是老百姓不堪重赋的心声。听了齐国诗，说诗的声音宏大，表现了大国的风气。听了唐国的诗，认为诗有很深的忧思，或许是陶唐时的遗风。听了陈国的诗歌，季札干脆说：“这诗反映了国家无君，陈国是不能长久了。”季札认为音乐曲调可反映人民的感情，窥见政治的治乱。那么，反过来说，统治者必须尊重民意，收集来自低层群众的意见，来调整政策。

再次，是诚心与义气。季札在余祭四年至北方聘问诸侯，路过徐国，徐国君主在欢迎的席上对季札所佩的一柄宝剑十分欣赏。季札心里已明白他的意思，但为了途中防身与外交礼仪之用，没有把剑呈献给徐君。当季札访毕回徐，徐君已死，季札把剑赠给徐君的儿子，徐君儿子因未承父命而不敢接受。季札毫不迟疑地把剑挂上徐君坟树。季札的随从问道：徐君已死，宝剑将给谁呢？季札回答道：“我心中早已把剑赠给徐君，我怎么能违背从心里发出的诺言呢！”说罢挂剑而去。徐国人为季札的信义所感动，作歌以颂。季札的真诚与侠义，至今仍有现实意义。其他如折节学习牧者

---

① 《左传》襄公二十九年。

（一说采薪者）不拾遗金的精神，严格遵守礼仪规范，安葬其长子等，亦反映了一定的政治思想与良好的德操。故巫臣之子、吴行人狐庸说：“季子，守节者也。”①

季札是一个出色的外交家，余祭四年，为新立的国君与外面通好，访问列国。季札经徐至鲁，见到鲁大夫叔孙穆子，很是喜悦。但季札对穆子直言相告：你好行善事不能择人，恐怕不能善终。我听说，君子应当致力于选择贤明。你作为鲁国的宗卿，担任重要职务而不慎重举拔贤人，怎么能受得了？“祸必及子！”后果然如季札所言。季札熟悉列国的内部实情，能明察其政治的症结所在，具有敏锐的观察力，且能坦诚地直露己见。

季札继续至齐国访问，很高兴地见到齐相晏平仲，也是坦诚地告诉他，您赶快交出封邑和政权，才能免于祸难。因为齐国的政权即将有所变动，在政权没有得到归属时，祸患就不会停止。晏子通过陈桓子，交还了封邑与权力，从而避免了那次齐国大夫栾氏与高氏发动的祸乱。季札转而到郑国，见了子产，好像老友一样，双方交换了礼物。季札分析郑国形势说：现在郑国的执政者太奢侈，祸患即将来临！以后的政权必将落在你的身上，希望慎重地用礼来处事。否则，郑国将要失败。季札到了卫国与蘧瑗、史狗、史鳝、公子荆、公孙发、公子朝等交谈，然后断定卫国多是君子，不会有什么危险。

季札在赴晋的过程中，在戚（今河南濮阳）住宿，听到钟声音调有异，很是奇怪，于是说：孙文子（戚的主人）以臣逐君，变乱而又不讲道德，一定会被诛戮。那得罪国君的人在这里连害怕都来不及，还举什么钟鼓之乐呢？譬如燕巢幕上，很是危险。而且君主又殡而未葬，怎么可以举乐呢？于是，季札离开了戚。孙文子听了季札的话，连琴瑟之乐都不听了。

季札到了晋国以后，与晋国的大夫赵文子、韩宣子、魏献子、叔向交谈，临别时对叔向说：“你作为我的朋友尽力吧！现在晋国君主奢侈而良臣很多，大夫都很富裕，政权必将由公室落到大夫头上。你喜欢直行，一定要想一个自免于难的办法。”季札聘问列国，以诚相待，与各国政治家分析形势，交流看法，都能入木三分，切中要害。季札直抒己见，毫不保留，显示了大国外交家的气魄与风度。

周敬王六年（吴王僚十三年，公元前514年），季札再一次出使北国，至晋观诸侯之变，山西万荣县曾出土一支铜戈，铭文为“王子孜（于）用戈”，王子孜即王子州于，也就是僚。这支戈很可能是季札至晋国聘问而带去的。

---

① 《左传》襄公三十一年。

三　伍子胥奔吴

吴王僚在位末年，楚国伍子胥投至吴公子光的门下，成为主要谋士。伍子胥（？一前484），名员，楚国人，出身于贵族之家，曾任楚樊城地方的军事长官。伍子胥生活在政治黑暗的楚平王时代。楚国奸臣费无极，受命为太子迎娶秦国公主，见秦国公主美貌，便怂恿楚平王自娶，以此获得楚平王信任，掌握大权。费无极怕平王死后太子建上台，不会放过他，因此，极力挑拨楚王与太子建的关系。太子建被诬叛乱，逃到宋国。费无极又诬陷太子的老师、伍子胥的父亲伍奢教唆太子叛乱，把伍奢关入牢中。周景王二十三年（吴王僚五年，公元前522年），楚平王与费无极准备把伍奢及其两个儿子伍尚、伍子胥一起杀死，以便斩草除根。他们以伍奢的名义招伍尚弟兄前来。伍尚为人忠厚，应召到楚国的都城，与其父一起受刑。而伍子胥洞察费无极的阴谋，知道灾祸即将临头，迅速佩带宝剑、弓箭上马离家而去。楚国立即派人追赶。追捕的人很快在一个无人的旷野追上了伍子胥。伍子胥回过头来张弓搭箭即将发射，追捕者俯伏而逃。子胥说："报汝平王，欲国不灭，释吾父兄。若不尔者，楚为墟矣。"使者回去报告了楚平王。平王即发大军到处搜捕，一直追到江边，"失其所在，不获而返"。[①] 于是，楚王把伍奢、伍尚一起杀了。

伍子胥投到太子建所在的宋国，正碰上宋国的华氏之乱。伍子胥与太子建一起投奔郑国，郑人给予他们礼遇。楚再次招伍子胥回去，遭伍子胥坚决拒绝。太子建又到了晋国。晋顷公却叫太子建回到郑国，作为内应，一起灭郑。太子建回郑后，由于随从的告密，郑定公与子产把太子建诛杀。伍子胥与太子建的独生子白公胜，投奔到吴国去。到了吴楚边界的昭关（今安徽含山县北），关吏知道伍子胥是通缉的要犯，要逮捕他。伍子胥假装说：上面所以要抓我，是因为我有一颗美珠，现在这颗珍珠不在我身上，抓了我也没用，你放了我，"将去取之"。[②]关吏放了伍子胥，伍子胥与白公胜遁逃而去。到了长江边，无路可走，而追兵将至。这时正好有一个渔父从下游逆水而上，子胥连续招手急呼："渔父渡我！"渔父因旁有别人窥视，便唱渔歌传递信息，叫伍子胥至芦苇岸边等待。渔父把船驶到芦苇丛中，让子胥上了船，送他渡过千寻宽阔的长江。渔父看见伍子胥脸有饥色，就为他去找饭。伍子胥怀疑渔父有异心，就隐藏到芦苇深处。一会儿，渔父拿来了麦饭、鲍鱼羹，多次唤呼寻找，伍子胥才出来吃饭。二人饭毕，伍子胥就解下身上的佩剑说："这是我先君的宝剑，中间有七粒星，价值百金，今送给您作为报答。"渔父却说，楚王已下了命令，抓到伍子胥可赏粟五万石（一说百

①② 《吴越春秋·王僚使公子光传》。

万)，得到“执圭”的爵位，我怎么会稀罕您的百金呢？伍子胥再问他姓氏，渔父却不愿透露。为了消除伍子胥的疑虑，渔父最后自沉于江水之中。伍子胥沉默不语，哀伤良久，方才上路。走进吴境，在路上得了疾病，又挨着饿，到溧阳市(今属江苏省)看到一个女子在濑水之上洗绵，见筐中有米饭，伍子胥向她乞讨，女子不与。子胥说，我已穷途末路，哪怕给少一点也没关系。女子觉得伍不是凡人，于是“长跪”而捧上饭食。伍子胥吃了饭，叫女子保密而去。那女子说，我与寡母一起已生活了三十年，一直保持贞洁，怎么能随便送饭给陌生男子呢！“越亏礼仪，妾不忍也，子行矣”。[①] 伍子胥走了几步回头一看，那个女子已投入濑水自尽了。上面这些故事，很生动，但不能否认，其中确有编造的成分。这说明了人们对伍子胥蒙冤而流亡的同情，对楚国腐败统治的憎恨，也是对伍子胥复仇的一种支持。

伍子胥昼伏夜行，“乃披发佯狂，跣足涂面”，[②]先在陵水，后至吴市乞讨。吴市的管理者见伍子胥相貌出众，认定是异国的亡臣，就报告了吴王僚。吴王召见子胥，与之商谈，连讲三天竟然没有重复的言辞。伍子胥鼓动吴王伐楚，已获吴王的同意。公子光(阖闾)却说，“伍子胥提议伐楚，不是为了吴国，而是为了公报私仇”，劝吴王不要用伍子胥之谋。伍子胥知道公子光有杀僚自立的念头，主动要求吴王不要为自己发兵。伍子胥投靠了公子光，推荐一个刺客专诸给他，自己“退而与太子建之子胜耕于野”。[③]

四　专诸刺吴王僚

寿梦死后吴国王位按兄终弟及传承，但到四子季札时，他再次逃避。“于是吴人曰：‘先王有命，兄卒弟代立，必致季子。季子今逃位，则王余昧后立。今卒，其子当代。’乃立王余昧之子僚为王。”[④]按宗法顺序，下一位继承人应是寿梦长子诸樊(或说余昧)之子公子光。但当时把持朝政的“吴人”却将三子余昧之子僚扶上王位。这引起了公子光的怨恨，因此公子光“阴纳贤士，欲以袭王僚”。[⑤]这样，由于季札的避让，兄终弟及继承制在过渡到下一代时的弊端提前暴露出来，寿梦孙辈均已成人，形成了自己的势力，对王位虎视眈眈。如果严格按辈份，公子光更有可能成为下一代吴王，但由于余昧当位，权臣多为心腹，他们更倾向立僚，便加剧了王位继承权的矛盾，由此爆发了王室内部相互残害的悲剧。从这一点看，季札的避让保全了自身，却加剧了王位争夺的矛盾的激化。

---

①② 《吴越春秋·王僚使公子光传》。

③ 《史记·伍子胥列传》。

④⑤ 《史记·吴太伯世家》。

伍子胥投奔公子光，将专诸推荐给公子光，精心准备刺杀王僚的行动。专诸，《左传》作鱄设诸，棠邑（今南京六合）人，一说是丰（今江苏丰县）人。这个人“碓颡而深目，虎膺而熊背戾于从难，知其勇士，阴而结之，欲以为用”。[①] 公子光对专诸十分满意，说这是天派来帮助我维护王统的，于是把自己的性命拜托给专诸。专诸为了接近吴王僚，了解到僚喜欢吃鱼的特点，专门到太湖边上学习了三个月炙鱼技艺，烧得味香醇浓。

周敬王五年（吴王僚十二年，公元前 515 年）楚平王病死。第二年春天，吴国乘楚国大丧的机会讨伐楚国，吴王僚的两个亲兄弟掩余（也叫盖余）、烛庸带兵出征。他们的军队包围了楚国的潜邑（今安徽霍山县东北），楚国派莠尹然、工尹麇率众救潜，左司马沈尹戌率领征发自都邑的亲军及“王马军”作为后援，与吴军在穷地（今安徽霍邱县西南）相遇。楚令尹子常带了水军到了沙汭（今安徽怀远县东北），楚左尹郤宛与工尹寿直逼潜城，吴国两公子的后路已被截断。这时，吴王僚在都城没有多少兵马，且缺乏鼎力相助的大臣与宗室。伍子胥见这是一个杀僚的大好时机，劝公子光说：“专诸之事，于斯急矣！”于是公子光找来专诸。专诸也认为，“吴王僚兄弟外出伐楚，已被楚抄了后路。现在吴王僚外困于楚，朝内又没骨骾的大臣，他对我们是没办法的”。但专诸又考虑到自己母老子弱的困难，犹豫未决。公子光说“我身就是你身”，并答应代为赡养其老母，给其子官爵，于是专诸答应前去刺杀。

四月丙子那天，公子光把兵埋伏于地室，而邀请吴王僚前来赴宴。吴王僚对公子光已有所戒备，布置卫兵从宫门一直排列到公子光家门口。僚到了公子光家，在门户、庭阶与坐席周围都布满自己的戚族与亲信，或持长戟，或持小刀。酒酣之时，公子光推说自己有脚病而退到地下室，叫专诸把一柄鱼肠短剑放在盛鱼的盘中。专诸把鱼呈献在吴王僚面前，以极其快捷的速度，抽出短剑从胸部直刺王僚，剑刺破三层铠甲，“贯甲达背”，[②] 吴王僚当场死亡。僚的卫士见状用刀戟一阵砍杀，把专诸杀死。这时埋伏在堂下的公子光率领士卒一齐冲上前去，把吴王僚的卫士全部杀死。吴王僚死后，葬于狮子山麓（今墓已不存）。公子光接着清除吴王僚的家族与亲信，上台执政。公子光又名阖闾，他当吴王后，立即封专诸的儿子为卿。专诸刺僚，属于宫廷政变，但依继位顺序，王位应属阖闾，因此公子光刺杀王僚有一定的理由。专诸为主服务，不惜舍家献身，反映了那个时代鲜明的侠客形象，古代吴人十分赞赏这种侠义精神，多设专诸祠作为纪念。

阖闾表面表示要把王位让给回国的季札。季札从晋经齐回吴时，长子死了，就按

①② 《吴越春秋·王僚使公子光传》。

标准的礼仪把长子葬在嬴、博之间(今山东泰安莱芜之间),孔子还特地到嬴、博观摩季札的葬子之礼。季札回来,认为先王以兄弟相传,破坏了立嫡的继承法则,是这次祸乱的真正根源,加上自己根本没有实力讨伐阖闾,因而承认这一政变的事实。季札认为父子兄弟之间不能相杀,说:“苟先君无废祀,民人无废主,社稷有奉,乃吾君也。吾敢谁怨乎?”①他到吴王僚的墓前凭吊一番作为了结,即所谓“哀死事生”的意思。从此,季札再也没有回过都城,老死于自己的封邑。地方文献记载其墓碑“呜呼!有吴延陵季子之墓”十字相传为孔子所书,今仍立于江阴市申港。镇江南州等地也有相关的纪念地。

烛庸与盖余得知公子光杀僚自立,分别投奔到徐与钟吾。吴王阖闾叫徐人执送掩余,钟吾人执送烛庸。二人在徐与钟吾受到极大压力,无法立足,就投奔到楚国。楚国决定给他们田土与住房的“大封”待遇,派监马尹大心迎接两位公子,安排在养(今河南省沈丘县东南)。楚国的莠尹然与左司马沈尹戌在养地替两位公子筑城,并拿出城父(在沈丘县东北)、胡(今安徽阜阳市)的一部分土地封给了掩余、烛庸。另一说是封在舒(今安徽舒城)。

吴王僚的太子庆忌这时逃到卫国,想借用卫等诸侯国的力量进行复仇式的反攻。庆忌作战十分勇敢,筋骨刚强,号称“万人莫当”,成了阖闾食不甘味、寝不安席的大患。阖闾决心清除庆忌,请伍子胥设法。伍向阖闾推荐了身材瘦小的刺客要离。要离是吴人,号称“天下壮士”,他曾折辱勇士椒丘䜣(亦作菑丘䜣)。椒丘䜣是东海边上人,据说在一次宴席上吹嘘自己与“水神”决斗的事,显出骄傲的神色。要离见了却说:你不和敌人拼死而保留自己的性命,“犹傲色于我哉?”椒丘䜣十分恼怒,晚上前去行刺。而要离显得十分坦然,毫不防备,见椒丘䜣前来,就斥责他无勇无能的三种表现。这使椒丘䜣十分佩服,表示服输。要离敬佩阖闾的为人,二话没说,投到阖闾帐下。要离为了取得庆忌的信任,竟叫吴王割断自己的右臂,杀戮自己的妻女,然后一路上口出“无罪而被刑”的怨言,“逃奔”到卫国,博得庆忌的信任。过了三个月,一心想复仇的庆忌,听信要离的献策,挑选了士卒,一起乘船至长江。一次,庆忌在船头观察形势,要离故意坐在上风处,顺着风,冷不防地用矛钩他的帽子,抽出短矛猛刺庆忌,击中要害,庆忌的随从要杀要离。庆忌却说:“此是天下勇士,岂可一日而杀天下勇士二人哉!”②命部下让他返回吴国,而要离却自杀了。要离刺庆忌,应该说是阖闾政变中的一个余波。要离为维护吴国稳定而牺牲了自己。

---

① 《史记·吴太伯世家》。

② 《吴越春秋·阖闾内传》。

第四节 阖闾时代——吴的称霸

公子光掌握政权后，立即任命伍子胥为行人，负责外交事务（一说任伍子胥为将军）。伍子胥与阖闾提出了一系列的改革措施，取得巨大成就。

一 阖闾与伍子胥的革新

首先是选举贤能。引进外来人才，本是吴国传统，这时更采取积极的措施广泛引进人才。具有卓越谋略与实战经验的齐国孙武（后尊称为孙子），原在吴郊“辟隐深居”，经伍子胥七次推荐，孙武以所著兵法呈阅，吴王十分高兴，任以将军之职。伍子胥推荐的另一个人才是从楚国逃亡而来的伯嚭。伯嚭（白喜）是楚伯州黎的孙子。因伯嚭的父亲郤宛正直温和，遭奸臣费无极的嫉恨。费无极挑拨郤宛与令尹的关系，郤宛被令尹子常攻杀，“尽灭郤氏之党”。因伯嚭耳聪目明，博闻强记，有办事能力，且与伍子胥有相似的命运，因此伍子胥否定了吴大夫被离认为“伯嚭专功擅杀之性，不可亲也”的意见，阖闾用伯嚭“以为大夫，与谋国事”。[①] 吴国对人才十分尊重，由于伍子胥有勇有谋、智勇双全，阖闾竟下令全国“无贵贱长少，有不听子胥之教者，犹不听寡人也，罪至死，不赦”，[②]表示对人才的高度信任。伯嚭心术不正、拍马钻营，出卖吴国利益，那是后来的事。不能因此而否定吴的人才措施。多引人才使吴在列国的竞争中保持了优势。

其次是严密法度。吴国至阖闾时代，执行周法的“墨、劓、刖、宫、大辟”五刑，加上“流宥、鞭、扑、赎”四刑。从伍子胥“鞭”楚平王之尸与设立男女两狱来窥测，吴国的法制是严明的。他禁止贪暴，“修法，下贤良”。在军中，更是实行严厉的军法。阖闾读了《孙子兵法》后，要求用自己的宫女一试。孙子把180名宫女分作两队，用吴王的两名爱姬分别作为队长，便在吴王宫的姑苏台下操练起来。孙武叫她们随鼓点进退或旋身，但宫女掩唇而笑，并不行动。经孙武的三令五申，宫女仍然如此。孙武说：“约束不明，申令不熟，将之罪也；既已明而不如法者，吏士之罪也。”[③]便下令将两个队长斩了。吴王眼看要杀自己的宠姬，急忙下令赦免。孙子却说：“将在军，君命有所不受。”终于把两个美人斩了。这使宫女十分恐惧，令左即左，令右即右，再也不敢做声。

---

① 《吴越春秋·阖闾内传》。

② 《越绝书·荆平王内传》。

③ 《史记·孙子吴起列传》。

阖闾知道孙武能用兵而任以军职,因为他懂得"军队尚法才能取胜"的道理。这件事,在新发现的汉简中有记载,其事在汉代已经流传,并不是司马迁的向壁虚构。从这一富有传奇色彩的故事,可知阖闾的军法十分严厉。在以后的军事实践中,凡见临阵逃跑者,立刻斩首示众,决不宽贷,大大提高了吴国军队的士气与战斗力。

第三是亲和人民。阖闾即位之初十分讲究仁义,"施恩行惠",他"视民如子,辛苦同之"。国家发生灾疫能亲自到民间慰问,对孤寡之人给予生活上的照顾。他经常考虑的是"仁未施,恩未行",怕的是"国人不就,诸侯不信"。[①] 有次阖闾与孙武分析晋国六个将军分守土地,到底哪个会成功的问题,孙武认为赵氏实行"亩大税轻"的做法,厚爱其民,因而能获得成功。阖闾完全赞同孙武的观点。阖闾在争霸中,不轻易出战,因为战争会给人民带来赋役负担,妨碍农事。阖闾能做到"岁时熟而不凶,五官公而不私,上下调而无尤"。这种"以民为本""保护民力"的思想,是吴国得以发展的重要的精神条件。

第四是"立城郭,设守备"。这是伍子胥根据吴国国情提出,而受到阖闾赞同的方针。伍子胥象天法地,帮助阖闾建造了吴大城。其周长 47 里,开水陆 8 门,城有纵横的水道,设王宫等行政区域,辟有商市。伍子胥还在今无锡闾江口建筑一小城。吴还在长兴等地修筑了一些军事城堡,在今胥山、灵岩山及角直一带建立了一些离宫别馆,传说在今太仓建有仓库。广筑城堡,目的是加强守备。

第五是实仓廪,治兵库。也就是开垦荒地,发展农业生产,增加粮食产量;加紧兵器制造,加强战备。阖闾一度"口不贪嘉味,耳不乐逸声,目不淫于色,身不怀于安"。[②] 吴王鼓励农业生产,身辟草莱,发展禽畜饲养等各种副业,采取多种经营并举的方针。吴王室还直接经营土地。吴王亲自指导、鼓励耕作,为吴国的强盛,打实了经济基础。

同时,吴国还大力发展军工生产。吴聘请了干将、莫邪、欧冶子等一批能工巧匠,改进工艺,使吴国出产的青铜兵器如钩、剑、戈之类更加精良锐利。阖闾时代还开展舰船的研制,增加了式样与功能。由于武装设备的加强,军事设施的建筑与加固,加上严格的训练,振军经武,从而提高了吴国军事水平,造就了一支所向披靡的部队。

吴还拜伍子胥与文之仪为师,"朝夕勤志,恤民之羸,闻一善若惊,得一士若赏,有过必悛,有不善必惧",勤政恤民,赏罚分明,改正错误,一时吴国政治清明,国力大增。"是故得民以济其志",[③] 成就霸业。

---

① 《吴越春秋·阖闾内传》。

②③ 《国语·楚语下》。

二　吴对楚、越的战争

阖闾因楚国接纳了吴国掩余、烛庸两公子，积极准备向楚国进攻。而楚国却想利用二位公子的力量作前锋，加紧攻吴步伐。楚国的子西看到吴的日益强大，便对楚王进谏说：阖闾深得人心，能调动起百姓的力量。我们在边界上与吴国修好，“使柔服焉”，尚且惧怕吴兵的来临。现在我们增强吴国仇人（指掩余、烛庸）的力量，加深吴国的愤怒，这是不能做的。又说：吴国是周族的后裔，而被丢弃在海边，不与中原姬姓的国家来往。现吴国开始强大，已可以与中原文化发达的国家相比。而姬光又有文化知识，把自己比同于先王，准备建立霸权。不知道老天生下吴王这个人，是为了灭亡吴国，还是保佑吴国，恐怕这个结果不久就可以知道。让我们安慰鬼神，安定百姓，来等待这个结果吧！但楚王没有采纳这个正确的意见。

（一）吴与楚、越的战争

周敬王八年（阖闾三年，公元前512年）十一月，已作了几年准备的吴国，开始了针对楚的军事进攻。首先攻打接纳过公子烛庸的钟吾，在十二月把钟吾子抓捕起来。接着进攻徐国，用水灌徐城，徐国招架不住，徐君章羽（也作章禹）只得依照吴地的风俗，割断头发，带着夫人，迎接吴王，表示降服。吴王阖闾对徐君加以慰问，并送徐君与他的亲信到楚国。楚国的沈尹戌领兵救徐，可惜晚了一步，没有赶上。于是就在城父（即夷，也称徐子城，在今河南宝丰县东）地方筑了一个城，安排徐君住在这里。这一年，吴“拔舒，杀吴亡将二公子”。①

阖闾在打败徐国后，想自己立下灭楚的功劳，因此与伍子胥等将领讨论伐楚事宜。但伍子胥与孙武等都认为吴国的百姓已经疲劳，不能再战，还要等待一段时间，做好准备。吴王采纳了伍子胥的建议。伍子胥又建言：组织三支军队进行突然袭击后又撤退；以一支军队深入楚境，楚国不明敌情，必定全军出来应战，“彼出则归，彼归则出”，迷惑敌人，敌人会奔走于道路而疲敝。我们使用多种方法使楚军失误，待他们疲乏后，三军全部出动进攻。这样，我们一定能取得大胜。“阖闾从之。楚于是乎始病。”②

周敬王九年（阖闾四年，公元前511年），吴军进伐楚国的夷（今河南宝丰县东），进犯潜（今安徽霍山县南）、六（今安徽六安县北）。楚沈尹戌带兵救潜地，吴军便退走了。楚军把潜地的人迁到南岗（今安徽霍山县北）靠近沈尹戌的地方。吴国军队包围了弦（今河南息县南），楚国左司马戌、右司马稽率领兵众救弦，吴军却撤退回去了。

---

① 《史记·吴太伯世家》。

② 《左传》昭公三十年。

这是使用伍子胥扰乱楚国、削弱楚军的战略措施，并取得了一定的成效。

次年，吴国因为越与楚结盟而讨伐越国，越君允常亲自迎战。这次吴国得到一些胜利，占领了越国北部的一些地方。但晋国史墨却根据各种形势分析，认为不出四十年，吴国将为越所有。

周敬王十二年（阖闾七年，公元前508年），历来属于楚的桐国（在今安徽桐城北），背叛了楚。吴王就通过舒鸠（今安徽舒城县境）对楚国说，请楚国用军队逼近我们，吴国替楚讨伐桐国，目的是假装害怕楚国，使楚国放松警惕。这也是伍子胥“用多种方法，使楚国失误”方针的一种实施。那年秋天，楚国为报潜、六之仇派令尹子常（囊瓦）伐吴，楚军驻在豫章，吴国派一支水军在豫章抵御，暗中却把军队转移到巢地。十月，驻在巢地的楚军被吴军大败，吴国俘获了楚公子繁，取得了豫章与居巢之地。从此，吴国在对楚的用兵中取得了主动权，楚国已处于被动挨打的地位。

（二）柏举之役

在战争中，吴占优的态势下，一些受楚迫害的小国，开始联吴反楚，这其中包括唐（在今湖北随州西北）与蔡（今河南新蔡县）两国。唐成公与蔡昭侯朝楚时，令尹子常向成公勒索有花纹的骕骦马，向昭侯勒索美丽的裘皮大衣与精巧的佩玉。由于他们不能满足子常的非分要求，子常竟将蔡昭侯、唐成公扣押了三年。蔡昭侯被释放回国路过汉水时，把玉沉入水中，发誓说：“天下诸侯苟有能伐楚者，寡人请为之前列！”[①]蔡、唐两国就与楚国的仇敌吴国结成联盟，团结一致，准备攻楚。

周敬王十四年（阖闾九年，公元前506年），晋、宋、齐、鲁等十九国在召陵（今河南郾城县东）召开会议，共谋伐楚。尽管晋国向蔡国索取财贿不成而中途退出，但其他国家都表明了伐楚的决心。当年四月，蔡国灭掉了反对伐楚的沈国。秋天，楚国为沈复仇包围了蔡国。吴国特派伍子胥为行人至蔡，策划吴、蔡之间的联合，以对付强楚。蔡侯派他的儿子乾与蔡国大夫的儿子作为人质，请吴出兵攻楚。伍子胥力主乘此机会伐楚。冬天，吴王会同蔡侯、唐侯一起讨伐楚国。阖闾任命公子夫概、伍子胥、孙武、伯嚭等为将军，率领三万多吴军，加上蔡、唐的军队，杀向楚国。吴军根据孙武乘隙奇袭的策略，先乘船经淮水，然后西上至蔡地登陆，从楚国东北部边防薄弱的地方发动进攻，然后进入楚国的腹地。楚国原来的战略部署被打乱，显得很慌张，只得调集军队应战。两军在汉水两岸摆下战阵。楚国左司马沈尹戌建议：“以囊瓦为正面的攻击力量，在汉水边上阻击吴军，不要让吴军渡河。由沈尹戌单独带领一军去捣毁吴军的战船，再回过头来堵塞大隧、直辕、冥阨三个关口（即今豫鄂交界处的九里关、武

① 《公羊传》定公四年。

胜关、平靖关)，从吴军后方杀出。”令尹囊瓦听从了武城黑“楚军的车辆装备适宜速战”的意见，又想独占功劳，便否定了沈尹戌的主张，亲自率领大军渡过汉水，与吴军正面作战。楚军从小别山(今河南光山与湖北黄冈之间)至大别山(今湖北英山县北)，三战皆败。囊瓦准备逃跑，史皇劝阻说：“在平安的时候，你争着当权，国家有难就想逃逸，哪儿可逃呢？你只有拼命一搏，以前贪贿致寇的罪才可以完全免除。”

十一月庚午那天，吴、楚二军在柏举(也作“伯举”、“柏莒”，今湖北麻城东北)对峙。那天早晨，阖闾的兄弟夫概请求说：“子常(囊瓦)不仁，贪而少恩，其臣下莫有死志，追之，必破矣。”[①]预计楚军必然逃跑，大军随后杀上，一定能战胜敌人。但阖闾没有同意。夫概认为将领在外要按战争的规律办事，不必事事等待上边的命令，今天即使我死了，也是值得的。于是带领自己所辖的部队五千人发动突击，打击楚将子常的兵卒。楚军大乱，一败涂地，囊瓦逃到郑国。他的部将史皇及其兵车全部战殁，薳射被俘。这就是有名的柏举之战。吴军乘楚军失去主帅、缺乏统一指挥的机会，以凌厉的攻势，一鼓作气，猛追至清发(水名，在今湖北安陆县)的边上。吴王想在河边决战，夫概说：“慢！困兽犹斗，何况是人！如果楚军知道自己必死无疑，一定会誓死战斗，造成我方的失败。不如让楚军渡过河去，先渡过河的可以免去战死的厄运，后面的人为贪生而跟着去，就没有什么斗志了。”吴王听从了夫概的建议，等到楚军渡河将半时发动攻击，又将楚军打败。楚人兵乱败退。吴军再鼓士气，杀向前方，只见楚军正在开饭，便来了一个突然袭击，打得楚军弃饭而逃。吴军吃饱了饭，追逐前去，又一次把楚军打败在雍澨(今湖北京山县西南)。这时，司马戌率领的一支楚军从息(今河南息县)往回撤退，在雍澨与吴军遭遇，使吴军小挫。而司马戌却身负重伤，他怕自己死后首级被吴军所获，要求他的部下吴句卑在自己死后割下首级，保存起来。说完，就闭目死去。句卑照左司马所说去做了。吴军此时有五位将军想退兵回去，被立即斩于马前，于是吴军士气高涨，奋勇向前，直逼楚国的郢都。吴军作战具有自己的特色，一般是选择善斗的大力勇士五百人，善跑的士卒三千人作为先锋，所以每战必克，所向披靡。正如《吕氏春秋·离俗览·上德》所说：“阖闾之教，孙、吴之兵，不能当矣。”十一月二十八日，吴军进入郢都。

这时楚平王已死，他的儿子楚昭王带着妹妹季芈逃了出去，渡过了睢水(今之沮水，当在今湖北枝江县东北)。楚王叫同船的鍼尹固在大象的尾巴上点上火以冲击吴军，总算抵挡了一阵。楚王渡过长江，逃到江南的云梦(在今湖南北部)，被一伙“强盗”用戈拦击。王孙由于勇敢地用背部去硬挡，肩膀被击中。楚昭王急忙与由于、钟

---

① 《吴越春秋·阖闾内传》。

建等逃到郧国,去依附郧公斗辛。但斗辛的弟弟斗怀却不愿意收留昭王,说:“楚平王杀了我们的父亲,现在我们杀他的儿子,不是也可以吗?”而斗辛认为君主讨伐臣下,是一种不能有仇恨的天意。现在,我们欺侮弱者这是“非勇”;乘别人的困难,报自己的私仇,这是“非仁”;弑君而灭宗,这是“非孝”;我们的动作没有名义,这是“非智”。因而坚决不同意斗怀的主意。但怕斗怀真的把昭王杀了,便与另一个弟弟斗巢跟从昭王一起投奔到随国(今湖北随州)。吴军跟踪而来,包围随宫,对随国说:“我们周王室在汉水一带的诸侯国,都被楚国所灭,周王室有什么罪呢?您作为姬周之国,如果报答周室的恩情,惠及我们吴国,请顺从天的意志,交出楚王。这样,汉阳的土地可归你们所有。”但随国一向与楚交好,且根据“交出昭王,不吉”的占辞,拒绝了吴的要求,说:“随是僻远小国,依楚而存,双方盟誓未改,不可弃楚。”此时,吴人声势大振,楚除少数地区之外,“南至江,北至方城(今河南叶县南),方三千里,皆服于吴矣”。① 伍子胥进入郢都后,掘开了楚平王的坟墓,挖出尸体,下令打平王三百鞭,宣泄久积的复仇心态。在郢都,吴王纵容奸淫楚王及贵族妻女,毁坏宫殿,表现了吴国野蛮和残忍的一面。

(三)阖闾称霸

吴国对楚战争虽取得空前胜利,但昭王未死,尚存残余势力,加上秦在申包胥的策动之下,联楚抗吴,使楚逐渐恢复。申包胥是伍子胥的朋友,在伍子胥逃离楚国扬言要消灭楚国时,就立下要保全楚国的誓愿。申包胥在山中听说伍子胥鞭打平王尸体,认为是不讲仁义,因而赶往秦国,恳求秦国援楚。他日夜奔走,脚部破裂,用衣裳包住膝部,来到秦廷。申包胥说:吴国暴虐无道,就像野猪、长蛇来吞食中原各国,虐始于楚,如果吴灭掉了楚国,对秦国边境是一个很大的危害。又说,“如果救楚成功,楚将世世代代侍奉秦国君主。”但秦国无意发救兵,叫申包胥到驿馆休息。申包胥回答说,我们的君主流亡在杂草丛林之中,无处安身,下臣怎敢休息?于是就立在秦廷嚎哭了七天七夜,“勺饮不入口”。② 秦王终于被感动,决定由子蒲、子虎带领兵车五百辆,救援楚国。周敬王十五年(阖闾十年,公元前505年)夏,秦楚联军与吴作战。子蒲由于不熟悉吴军的战术,先叫楚军挑战吴军,秦军在稷(今河南桐柏县境)前来夹攻,在沂(今河南正阳县境)把夫概打得大败而逃。接着,薳射的儿子跟着子西,收集散卒,在军祥(今湖北随州西南)打败吴军。七月,子蒲等灭掉唐国。九月,夫概从前线偷偷地溜回吴都,自立为王。阖闾闻变,迅速回师,打败了夫概。夫概逃到楚国,楚人封夫概于棠溪(今河南遂平县西北),这里原是房子国,所以也叫吴房。吴王平定了

---

① [汉]刘向:《说苑》,上海古籍出版社1990年影印,第130页。

② 《左传》定公四年。

夫概的内乱后，又回到前线。这时吴、楚的战争处于相持胶着的状态。先是吴军在雍澨打败楚军，而后吴军又被楚军打败。吴军驻扎在麇地（疑今湖北京山县附近），被楚军焚烧。接着再战，吴军又败。接着在公婿之谿（今白河入汉水处，湖北襄樊市东），吴又被打得大败，吴王只得回国。被吴国所囚的楚国大夫闉舆罢以及叶公诸梁的弟弟后臧也都从吴逃归楚国。由于秦国的援助，吴国内乱的消耗，加上越国在吴后方捣乱，吴国从郢撤军。九月，楚昭王进入郢都。

但楚国东部的土地仍被吴所占，其边界已在今安徽西部与江西一线。周敬王十六年（阖闾十一年，公元前 504 年）四月十五日，吴国太子终累（亦名波，夫差之兄）打败了楚国的水军，攻占番（今江西鄱阳县），俘虏了楚的两个水军将领，一个叫潘子臣，一个叫小惟子（一作小帷子），还抓了楚国的七个大夫。这时，楚国很是害怕被灭亡。吴这时又在繁扬（今河南新蔡县北）打败了楚国子期率领的陆军（即所谓"陵师"）。由于害怕吴国，楚国把首都迁到鄀地（今湖北宜城县东南九十里）。楚令尹子西说："今天知道害怕，就可以有所作为了。"于是改革政治，来安定楚国。这时吴国已成为名符其实的霸国。连自恃强大的齐景公，也慑于吴国的威力，把女儿嫁给吴太子（一说即嫁给阖闾）。蔡国更是奉吴为宗主国，对吴表示服从。两国互通婚姻，蔡国曾嫁大孟姬于吴，"敬配天王"，关系十分融洽。陈怀公也被召至吴都，由于没有听从吴王阖闾的命令，不肯参加反楚同盟，因此被扣留下来，直至客死于吴。

阖闾时期，吴国"西破强楚，北威齐晋，南服越人"，[①]国力强盛。阖闾所以能称霸，存在主客观的各种原因。吴国虽偏于东南，但自然条件还算可以，太湖平原盛产鱼米，具有一定的经济实力。经过太伯以来二十余代的经营，已获三江五湖之利。同时，春秋后期晋、楚等大国纷争十分激烈，在缝隙中，给了号称荒蛮的吴国以发展机会。阖闾时代，吴能与齐、晋、楚等国并驾齐驱，还由于阖闾采取了爱惜民力，崇尚俭朴，发展经济，加强战备等一系列改革措施。阖闾从大局出发，任用人才，宽容大度。委任孙武训练宫女时，孙武曾请吴王前来检阅，阖闾因爱妃被杀，怒而不往，被孙子讥笑为"王徒好其言，不能用其实"。[②] 阖闾终能顾全大局，不加责备，继续重用孙武。

吴国的外交军事策略亦有可取的地方。它采取远交近攻的手法，与远处的晋国交好，而攻击近处的楚国。在攻楚中，结成广泛联盟，翦除楚国的羽翼，又取得蔡、唐等国的支持。在战略上采取声东击西的方法，集中力量击其一部；在具体作战中，往往采取奇袭的手法，派出具有勇力的敢死队伍，作为前锋，行动迅速，使后续部队能大量跟进而取胜。

---

① 《史记·伍子胥列传》。

② 《史记·孙子吴起列传》。

（四）槜李之战

吴、越之间长期存在矛盾，周敬王十年（阖闾五年，公元前510年），吴因越未听命伐楚，认定这是破坏吴、越盟约，便攻打越的边境，占领槜李（今浙江嘉兴南）等一些地方。由于楚受到吴的严重威胁，楚就与吴的南邻越结盟，共同对付吴国。周敬王十五年（阖闾十年，公元前505年），越王允常乘吴对楚用兵，用突然袭击的方法侵入吴国。吴国只得分兵抵御。吴国在吴都之南修筑堡垒，因在此地长期宿兵，故此地称宿甲。吴还在槜李附近筑晏、萱、管、何、东顾等城。在今桐乡市西南筑石门以拒越，所以仍有“石门镇”的名称。[①]

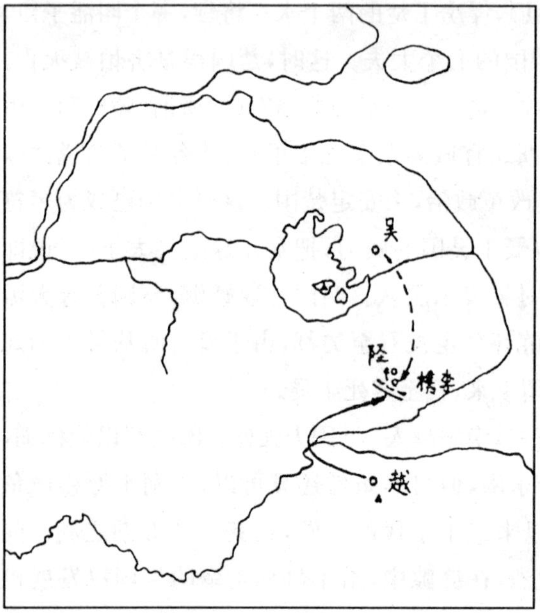

槜李之战（《吴国史》，第147页。）

周敬王二十四年（阖闾十九年，公元前496年），越王允常去世，他的儿子勾践（？—前465）即位。吴国乘越大丧期间，发动了对越的战争。吴、越双方在槜李交战。越军在勾践的带领下，使用了令人不可思议的奇计。先是派一些敢死之士一再冲击吴军队伍，捉拿吴军前列士兵回去，但经过严格训练的吴国军阵却纹丝不动。接着，越国用三行有罪的囚犯把刀搁在自己的脖子上，走到阵地前沿，高声说：“下臣触犯军令，不敢逃避刑罚，谨愿自杀而死！”说完，就把自己的头颅割下。吴军从来没有看到如此惊愕的场面，一时看得发了呆。这时，越军突然发起猛烈的进攻，吴军在慌乱中像冰块遇到沸水一样立即被冲垮。阖闾被越国将军灵姑浮用戈击伤，砍掉了一个大脚趾，一只靴子也脱落了。吴军退到槜李西北七里的陉。由于受伤太重，阖闾在回师途中死去。[②] 阖闾死后，传说葬于姑苏西北的海涌山。当时动用了五郡十万民工，“穿土为山”、“积壤为丘”。

阖闾在临死前嘱咐太子夫差（？—前473），要牢记这一仇恨，问：“尔忘勾践杀尔

① [清]顾祖禹：《读史方舆纪要》，贺次君、施和金点校，中华书局2005年版，第4174页。

② 《史记·吴太伯世家》。

父乎?”夫差对曰:“不敢。”[①]夫差当了国君以后,就叫守卫宫门的臣子经常用这句话来提醒自己,以增强复仇的决心。伍子胥对于槜李之败作了深刻的反省,认为这次失败是自己失职所造成的,因此埋葬死者,慰问伤者,而自己却刻苦自励,不亲妻子,饥不饱食,衣不重彩,一心想洗刷“兵败君亡”的耻辱。

三 阖闾后期的隐忧

槜李之战,吴国的失败有一定的根源,直接原因是由于阖闾自征楚后骄傲自大,没有把年轻的勾践放在眼里,更没有应付勾践“奇计”的充分准备。而实际还有一些深层次的原因。

吴国统治集团沉湎于战功,过分满足于已取得的军事成就,盲目自满。对楚战争并未把楚征服,但吴国认为已取得全胜。吴军回师吴都,从阊门进入,吴认为这是凯旋回来,因此把阊门命名为破楚门。破,有彻底战胜之义。由于朝中充满骄色而轻敌,因而在对越战争中受挫。

阖闾急于称霸诸侯,吴国在阖闾后期穷兵黩武,连续发动战争,加重赋税,增抽壮丁,人力物力消耗巨大,吴兵的尸骨像野草一样暴露在外,基本国力被削弱。吴以霸主姿态对待齐、鲁、宋、陈等国家,强行征发,甚至扣留小国之君。

吴王残忍对待战败者,引起强烈反抗。攻入郢都之后,吴军“烧高府之粟,破九龙之钟”,[②]焚烧抢掠,占据后宫。吴君臣入郢,居然以班处宫,“阖闾妻昭王夫人,伍胥、孙武、白喜亦妻子常、司马城之妻,以辱楚之君臣也”。[③] 吴王子子山占据了楚令尹的漂亮住宅,遭到王弟夫概的嫉妒,竟要带兵“火拼”,子山害怕被攻,只得让夫概占领住宅。吴内部已呈争权夺利的腐败之势。吴军还随意杀人,楚人或扶老携幼逃往他乡避难,或组织起来与吴人斗争,决心把吴人驱逐出去。吴军由于得不到当地人民的支持,只得退兵东撤。

阖闾晚年大兴土木,“治宫室,立射台”,建“南城宫”,造华池,“治姑苏之台”,浪费了大量民力。阖闾“秋冬治于城中,春夏治于城外”,“旦食鲴山,昼游苏台,射于鸥陂,驰于游台,兴乐石城,走犬长洲”,[④]其乐之所多矣。石城在今常熟,而长洲又在今苏州西南,可见阖闾游玩的范围不小,其玩乐项目有射猎、赛狗之类,场面浩大。

这些都为日后吴国的亡国埋下了种子。

---

① [汉]刘向:《说苑》,上海古籍出版社1990年版,第78页。

② [汉]刘安:《淮南鸿烈解·泰族训》,浙江人民出版社《百子全书》本(景清扫叶山房本),卷二〇,第6页。

③④ 《吴越春秋·阖闾内传》。

第五节 夫差争霸与吴的灭亡

阖闾有众多儿子，夫差是其中之一。自太子波死后，众王子争夺太子之位，竞争激烈。阖闾认为，夫差智力不高，行为残暴，难以继承国统。而伍子胥却极力推荐夫差做太子。他说，夫差讲究信用，爱护民众，坚守节操，举动端正。在伍子胥力荐之下，夫差继位为太子，阖闾死后，当上了国君。

一 南服越人

周敬王二十五年(夫差元年，公元前 495 年)，夫差任命伯嚭为太宰，与伍子胥一起训练士卒，让他们练习车射等战术，"日夜勤兵"。从宋国来的大夫华登也来帮助训练军队。今浙江桐乡市石门有纪目坡，就是因为吴王在这里募兵训练，严肃军纪，有条有目，故而称"纪目"。[①] 石门西北七里的游屯泾，也是吴国屯兵备越的处所。今嘉兴市东有座高十五丈的胥山，"本名张山，相传吴使子胥伐越，经营于此，因改今名"。[②] 吴王还广储钱粮，制造精良武器，积极作好伐越的准备。全国上下一心，同仇敌忾，士气很是高涨。

越王勾践这时却认为"阖闾已死，吴不足惧"，听说吴国积极备战，准备主动打击吴国。范蠡进谏说：要保持国家的强盛，应顺从天道；使国家转危为安，应该顺从人道；要妥善处理国家的政事，应顺从地道。人君应该顺着规律行事，对方没有天灾，发动进攻；对方没有人祸，挑起事端，这就违背了天意，失掉了人和。又说，好勇斗狠，是违背道德的行为；动用武器，是一种不吉祥的东西；发动战争，是最后的办法。率先挑起事端的人，最终反而要被人所害。首先发动战争，不会有什么好处。[③] 但勾践认为这是惑乱视听，他否定了范蠡的意见，决定采取先发制人的手段，主动攻打吴国。

范蠡是楚国宛(今河南南阳)人，住三户里，富有才华，谋略超群，被宛令文种发现。后两人一起离楚入越，在越国任大夫。

勾践为慎重起见，在这次出征之前作了一次占卜，结果是"吉"，更坚定了战胜吴国的信心。周敬王二十六年(夫差二年，公元前 494 年)，勾践率领水军，从吴淞江进

---

① 《大清一统志》，嘉兴府一《山川》，上海古籍出版社《四库全书》本，第 497 册，第 80 页。

② [清]顾祖禹：《读史方舆纪要》，贺次君、施和金点校，中华书局 2005 年版，第 4169 页。

③ 参见《国语·越语下》。

入太湖。吴王夫差带领精兵十万迎战，他乘上余皇大舟，在太湖打败了越国的水军。今太湖洞庭西山仍保留有与这次战争有关的地名，如吴王放置金铎（一种发布战事行动与政令的大铃）的金铎山，吴军在这里渡水冲锋的渡渚山，吴王在此逗留的“盘桓”山。吴军接着向南推进，越过今嘉兴、桐乡，在浙江（今钱塘江）边，挫败了喜进谗言、骄纵贪利的石买，一直打到夫椒（今浙江绍兴市北）。[①]

伍子胥为了扰乱敌军，用“诈兵”的办法，分成两队，点上火把，直捣敌人的后方，使勾践十分恐慌。吴军乘机发动大规模的总攻，勾践被打败，只得放弃都城，与仅剩的五千士兵，像鸟儿那样栖宿在会稽山（今浙江绍兴市西南）上固守。他们吃山草，喝臭水，生活十分艰苦。而吴又在会稽之东十里的北城，筑城驻军，防止越军的出逃。[②]并在会稽山摧毁了越防御的设施。

勾践已无力抵抗，几乎濒于绝望，发出“吾终于此乎”的哀叹。勾践广泛征求退吴的良策，说：“有能助寡人谋而退吴者，吾与之共知越国之政。”文种说：商人夏天要准备皮袄，冬天要准备细纱，干旱时准备舟船，发水时准备车辆，等到这些东西缺乏的时候，可以抛售。“今君王既栖于会稽之上，然后乃求谋臣，无乃后乎？”[③]勾践谦虚地说：“如果能听闻大夫的高论，有什么晚呢！”他拉着文种的手，商量对策。文种说，吴国有良将指挥，我们能否获胜没有把握，谋事是不能冒险玩命的。您还不如屯兵固守，同时，用卑下的辞令向吴求和，让吴国军民高兴，让吴王野心膨胀起来，认为越国已不足畏惧，而答应我们的求和。吴国也会妄自尊大，去与大国争霸，这将使它消耗国力，如遇上天灾人祸，吴国会自取灭亡。范蠡也认为应该用谦卑的言辞、恭敬的礼节，加上珍宝与女乐去求和。于是，勾践采取这“卑辞厚礼”的策略，先派大夫诸稽郢至吴通辞求和。

诸稽郢以十分恳切的语言向吴王说：我们越君派下臣来，不敢公开展现币帛等礼物表示敬意，只敢通过贵国下面的办事人员来表达意愿。过去越国祸事临头，得罪了天王，惹得天王发怒起兵。如果天王饶恕了我们，这如同让死人复生，白骨长肉一样的大恩大德，勾践是不会忘记的。停了一会，说：现在天王盛怒之下，调集军队攻伐残破的越国。越国本来就是给大王纳贡的小邑。现在勾践要求订立盟约，遣送亲生的子女，做吴宫的侍从与负责洒扫之工役，并每年向天王贡献礼品，决不懈怠。又说，大王已经扶持了越国，现在又要灭亡它，这使天王对越国的扶植变成一句空话。今后即

---

① 此处采取杨伯峻之说，见《春秋左传注》，中华书局 1981 年版，第 1605 页。另一说，夫椒在太湖中。

② 《越绝书》，上海古籍出版社 1985 年版，第 61 页。

③ 《国语・越语上》。

使四方的诸侯想臣事吴国,“则何实以事吴”？我冒昧地把话说完,只希望您根据利益与名义来处置吧！吴王听了有些心动。伍子胥在旁劝阻说,这是天把越国赏赐给我们,不要应允越国的请求。夫差听了伍子胥的话,表示不准求和,还是要把越国灭亡。

诸稽郢谈判失败的消息传到越国,勾践准备“杀妻子,焚宝器”,孤注一掷。文种制止了越王的鲁莽行动。越再派文种前去吴营议和。文种一到吴王面前就低声下气地哀求:我国君主勾践缺乏人才,没有人可以作使者,便派下臣文种前来,我不敢当面与大王直接对话,只能私下地对吴国办事的人说:我们国君的军队已不值得大王亲自前来讨伐了,越国愿意用金玉、子女来抵偿大王的责罚,把勾践的女儿送给大王,大夫的女儿送给吴国大夫,士的女儿送给吴国的士,越国宝贝重器也可以全部送给大王。寡君勾践将率领越国的士卒,跟从大王的军队,听从大王的调派。他又说,如果认为寡君的罪不可赦免,我们将要焚烧宗庙,拘囚妻儿,准备一死,将金玉沉到江里。我们武装的甲士五千人将要拼命到底,那就必定一个顶俩,等于有甲士一万人为我们国君效命。这样,“无乃即伤君王之所爱乎？与其杀是人也,宁其得此国也,其孰利乎？”①夫差将要听从越国的请求,伍子胥却坚决不同意。伍子胥说:“不可以。吴与越两国,本来就是怨仇敌对的国家。吴、越有三江环绕,百姓没有地方可迁移,有了吴国就没有越,有了越国就没吴,这是不可改变的。我听说,陆上的人习惯于居住陆地,水边的人习惯于居住在水边,那中原高地上的国家,我们进攻战胜他们,不能居住他们的土地,不能乘他们的车辆。而越国,我们进攻战胜了它,就能居住他们的土地,乘坐他们的舟船。现在是一次极有利的机会,不可失掉,君王一定要把越国灭亡。失去这次大利,虽后悔都来不及了!”这时吴国的太宰嚭在旁插话说:“我听说古人讨伐别的国家,只要服从罢了。今天越国已经服了,还要求什么呢!”原来,太宰伯嚭已接受越国八个美女的贿赂。越国使者送女后还说:“您如果能赦免越国的罪,还有比这些美女更漂亮的送给您。”因此,伯嚭出面替越国辩解。吴王这次听了文种软硬兼施的言辞,加上太宰的劝说,认为议和对吴国有利,决定议和。吴王说:“我将要攻打齐国,我将允许越国的议和,希望不要违背我的意志。如果越国已经悔改,我还有什么要求？如果它不悔改,我从齐国返回,再整顿军队来收拾它。”伍子胥见到即将功败垂成,马上谏言反对议和,说越国并不是真心讨好吴国,只是怕我国武装的强大。越国大夫文种勇敢而善于谋略,他将玩弄吴国于掌股之上,来达到他的目的。他本来就知道您君王威武而好胜,就故意谦卑其辞,来放纵您君王的意志,使您醉心追求中原周室诸国的安乐,等待您自取败亡。它将使我们吴国武器钝锈损蚀,民众流落,而国力日趋衰竭,然后

① 《国语·越语上》。

安安稳稳地收拾残局。越王守信而爱民，四方人民都归附他。越国的庄稼年年丰收，日子长了，势力将壮大而隆盛。现在，我们还可以跟它一战，“为虺(小蛇)弗摧，为蛇将若何”![1] 吴王回答说：子胥大夫为什么要吹捧越国，越国果真能成为我们的大患吗？如果没有越国作陪衬，那如何在春秋祭祀中炫耀我们的武力呢？见到吴王的意向很明显，伍子胥还要力争，认为越国的民俗勤劳而怨不露色，喜欢作乱而不受礼节的约束，喜欢诅咒而背弃盟约。这些人像鸟兽一样，与狐狸相仿，让他们生在世上将成为忧患，杀了他们是完全应该的。文种见状，拍胸啼哭，一再表示对吴国的忠诚，他杀白马，指着上天发誓，表示勾践愿意做吴王的诸侯，世代当吴的忠臣。甚至把越的妇人都可充作吴的女奴，越的大夫都可作吴的男仆，百世的珍宝都可送入吴宫。[2] 吴王见到这一情状，准备撤军，与越和解。

伍子胥在这最后关头，仍想竭力挽回这一局面，向吴王谏争：古人曾说，树立恩德越多越好，祛病除害，务必干净。夏朝时过国的浇，杀了斟灌，讨伐斟寻，消灭了依附于二斟的夏后相。但夏后相已怀孕的妻子后缗从洞中逃出来，生了少康。少康逃奔到有虞，积蓄力量，终于消灭了浇。这是历史上的深刻教训啊！现在越地大于少康，吴国的强大不如过国；而大于少康的越，可能还要变强。吴国的处境已很困难。勾践亲近下属而多施舍，不弃有功之士，不失人的拥戴。现在克越而不取，还将保存它。我们违反天意而增长寇仇的力量，以后虽后悔都来不及了。姬姓吴国的衰亡，指日可待了。吴国处在越、楚等蛮夷之间，“而长寇仇，以是求伯(霸)，必是不行矣”。[3] 但吴王被文种与伯嚭的甜言蜜语所惑，决心“用太宰嚭计”，允许越国议和。伍子胥退而告诉人说，越国经过总结教训，休养生息，二十年后，吴国宫室将废坏，成为污池。伍子胥根据客观形势，作了预测。事实证明，他的远见卓识无可伦比。在即将订立盟约的时候，越王派诸稽郢推辞说：你们以为盟誓有益处吗？前次盟誓时，口血还没有干，已足够表明结盟的信义了。你们以为盟誓没有益处吗？君王可以放弃武力的威胁，亲自来驱使就行，为什么要重视鬼神而看轻自己的威力呢？[4] 吴王居然同意诸稽郢的假话，仅作口头协议，而不进行正式盟誓，即所谓“荒成不盟”。

根据约定，勾践和夫人及其部属三百多人入吴，作为人质。越尊吴为“天王”，向吴贡纳赋税。大夫范蠡陪同来吴，由文种守国。

夫差这次重大胜利，主要靠他父亲积累的物质基础、人才资源与军备条件，加上他矢志报仇的努力，也是他初期“刚猛而毅，能行其令”，使“百姓习于战守，明于

---

①④ 《国语·吴语》。

② 贾谊：《新书》，《四库全书》本，第695册，第434页。

③ 《左传》哀公元年。

法禁"的缘故。更是他初期信以爱人,"爱民养士"的结果。[①] 勾践夫妇在周敬王二十八年(夫差四年,公元前492年)到了吴国,入宫见了夫差,表示对吴王"保全性命"的感恩之情。夫差则对勾践表示,不记前仇,从宽发落。在一旁的伍子胥见夫差如此心慈手软,不禁进言道:"飞鸟在青云之上,尚且想弯弓射它,何况就卧在池塘,集于庭屋之上呢!越王像是一头不驯的野兽,原放在南山,游在不测之地,今天幸而到了我们的地方,进入我的圈栏,正可宰杀为现成的食物,怎么能丧失这个良机呢?"但吴王却说:"我听说诛杀降伏的人,要祸及三世。我不杀勾践,实在是害怕上天的谴责和教训。"太宰嚭由于受了越国的许多贿赂,连忙出来替越王开脱,说:"伍子胥只明一时,而不通长久的安国定邦的道理。希望大王还是对勾践从宽拘役,不要轻信'小人'的话!"夫差于是打消了杀死勾践的想法,叫他在宫中服役。勾践忍辱负重,替吴王驾车养马,经常"身执干戈,为吴王洗马",[②]充当吴王的马前卒,他的地位相当于卑贱的下属。夫人也穿着陈旧短褂,不加梳饰,洒扫种养,生活十分艰苦。吴王知道越王的陪臣范蠡是个人才,要他弃越归吴,出来做官;而范蠡表示,不愿离开越王,只愿帮越王洒扫庭院,作为前驱。吴王深知范蠡终不为吴所用,就再一次把勾践与范蠡关进石室。

二 继服陈蔡

吴国征服越国的当年,因陈国曾怠慢过阖闾这一旧怨,而发兵攻陈。原来吴国攻入楚国的那年,阖闾派人召见陈怀公。陈怀公首鼠两端,犹豫不决,后听了滑逢的意见,认为现在吴国没有福德,楚国还没有祸殃,因此楚国还不能抛弃,吴国还不能跟从,便没有奉召。吴国借这个由头,侵袭陈国,进入陈境。楚国的大夫听了都很恐惧,说:"过去阖闾用兵,能使用百姓的力量,在柏举把我们打得大败。今天听说他的儿子夫差的才能超过他的父亲,我们楚国将怎么办呢?"而楚国大臣公子子西却说,不必害怕!我们同仁只要考虑自己是否和睦,不要去恐惧它。过去阖闾"食不二味,居不重席",起房屋不筑高坛,用的器物不作红色,不刻花纹,宫室不筑楼台亭阁,所用舟车,不加装饰。衣服用具,采用坚牢实用之物,而不崇尚细靡。在国内,碰上天灾疫病,能亲自去巡察慰问孤寡之人,资助穷困的人家。在军队,必待军士都分到熟食,然后自己才吃饭。能够爱护他的百姓,跟他们同甘共苦。因此,百姓不会疲劳,也知道死有抚恤,不是白死。而我国大夫子常的作法与阖闾相反,所以吴国能打败我们。而现在夫差住宿有楼台池沼,还有嫔妃宫女侍奉,即使一天在外,所要的东西必定得到,玩赏

---

① 《吴越春秋·阖闾内传》。

② 《韩非子·喻老》,《诸子集成》本,中华书局2006年版,第120页。

之物必定带走，专门积聚珍宝、观赏音乐。而对待老百姓像仇人一样，每天出新花样役使他们。最后得出结论是："夫先自败也已，安能败我？"[①]吴王这样做是自取灭亡，不能战胜楚国。子西对阖闾的评价有言过其实之处；而对夫差的分析却鞭辟入里。夫差因胜利而骄奢淫逸，严重脱离人民，刚愎自用，倒行逆施，败象已在逐步显露。吴军这次到陈国，竟砍伐神祠旁的大树，杀戮染有疫疠的病人，违反了当时的道德法则。吴军取陈三邑而退兵。退兵时，陈国太宰叫嚭的作为使者来探访吴军。吴王夫差对行人仪说：太宰嚭这个人博闻强记，多有所言，何不试着问他："我们是为了报先君的怨仇而兴兵，这次吴国出师，一定有好的名声在外，众人对吴军的看法到底如何？"叫行人仪去问陈太宰嚭。太宰嚭以责备的口气说：古代进伐的军队，不毁坏祭祀的庙宇，不斩杀行动不便的病人，不俘虏双鬓斑白的老人。现在你们斩杀病人，"其不谓之杀厉（病人）之师与"！[②] 夫差说："把土地、臣民还给你们，那么称我军是什么军队呢？"太宰嚭说："君王你讨伐我国的'罪行'，今天可怜我们而赦免，这样的军队怎么会没有好的名声呢？"陈国太宰不客气地揭露了吴军的暴行，而夫差则表现了大国霸主的嘴脸。吴国的这种军事行动，陈国等诸侯国是不满的。周敬王三十一年（夫差七年，公元前489年），吴军再一次因旧怨而讨伐陈国，胁迫陈叛楚附吴。楚昭王考虑到陈是自己的盟国，便派兵救陈，进驻北城父（今河南宝丰县西）。接着，楚军向东进发，在攻打大冥（今河南项城县南）时，因楚昭王死，秘密退兵。但这次互有胜负，吴国并没有占到多少优势。周敬王三十四年夏，楚人攻打陈国，原由是陈背楚投吴。第二年冬天，楚国子期乘吴北上征齐的机会，率军再次讨伐陈国。[③]吴国的延州来季子（是季札的子孙）带兵救陈。季子对子期说："吴、楚两国的君主，太不讲德行了，为了争夺霸权而兵戈相见，使百姓遭殃，老百姓有什么罪呢？现在，为了推行德政，安定人民，我请求一起退兵！"于是双方罢兵。这说明，吴的主张这时还有一定权威性。吴、蔡的关系这时也有了进一步的发展。周敬王二十七年（夫差三年，公元前493年），吴军进入蔡，目的是抗击楚国对蔡的侵略。楚国在周敬王二十五年（前495）灭掉了亲吴的胡国（在安徽阜阳市西北），第二年又攻打蔡国。蔡国抵挡不住楚的攻势，要求归附吴国。吴国的泄庸送聘礼到蔡，逐渐将军队混进蔡国。蔡国把反对吴军与迁都的子驷杀了，欢迎吴军入蔡。吴王就把蔡国迁到州来，进一步加强了吴、蔡的联盟关系。周敬王二十八年（夫差四年，公元前492年），蔡国把子驷的党徒公孙猎流放到吴国。次年，蔡昭公想到吴国去，公孙翩等一些大夫怕蔡国再度迁徙，便把蔡昭公射死。大臣文之锴又把公孙翩等杀死。公孙翩的同党公孙辰逃到吴国。可见吴、蔡的联姻关系很是牢

①③ 《左传》哀公元年。

② 《礼记·檀弓下》，岳麓书社1989年版，第318页。

靠,蔡国不同政治派别都把吴国作为后方落脚地。

三 征伐鲁齐

夫差时期,鲁虽不如吴,但也存在一定实力。周敬王三十二年(夫差八年,公元前488年)夏,吴国主动会鲁哀公于鄫(今山东枣庄市东),史称"鄫衍之役"。吴公子姑曹与鲁哀公订盟,竟向鲁征收百牢,即牛、羊、猪各一百头,作为享宴之用。鲁国的子服景伯回答说:"先王没有这个礼数。"而吴国人强调说:"宋国已送给我们百牢,鲁国不能落在宋国之后。而且,鲁国享宴晋国大夫,已超过十牢。现在,吴国要求百牢,不是也可以吗?"景伯解答说:"晋国范鞅贪欲特大,不遵守礼法,以大国的架势来使敝邑惧怕,所以敝邑给它十一牢。君王如果用礼法来命令诸侯,则应该有一定的数量。如果抛弃礼法,那是太过分了。周朝统治中国,制订礼法,规定上等的物品不超过十二。十二,是上天所规定的极数。今天,吴国抛弃了周礼,而一定要百牢,也只好听从你们办事者的命令。"吴人根本不听景伯的劝告,坚持己见。鲁人见吴国蛮不讲理,只得给吴国牛、猪、羊各一百头的献礼。景伯说:"吴将亡矣,弃天而背本。"[①]吴国的太宰嚭在这时召见鲁国的季康子,季康子叫子贡前来辞谢。伯嚭毫不客气地责备说:"我国君主稽留在道路上已经久远了,而你们大夫不亲自前来,这是什么礼呢?"表露出十足的霸气。而子贡解释说:"这难道是礼吗?只是惧怕大国,不敢前来使国内空虚。我们鲁君已经出行,季康作为大臣所以要留守国内。过去仲雍割发纹身,服从吴的旧俗,这难道是礼吗?因为有客观的道理,才这样做的。"事后,子贡从鄫回到鲁国,认为吴已没有什么能力办事。那年秋天,鲁国侵犯邾国。鲁国的军队攻进了邾的国都,住进了邾君的宫内。邾国的军队在绎山守卫,鲁军却在夜里抢劫,还把邾君益囚禁在负瑕(今山东兖州市西)。邾国的茅夷鸿带着五匹丝绸、四张熟牛皮的礼物,请求吴国救邾。因为吴、鲁在鄫的盟会上,双方有"不伐邾国"的盟辞,所以茅夷鸿说:"鲁国认为晋国衰弱、吴国偏远,凭借军旅众多,而违背在鄫的盟约,看不起吴国君王的执事,来欺凌我们小小的邾国。我们邾国不敢爱惜自己,怕的是吴国君王的威信不能建立,这是小国最担心的事。如果夏天订立互不侵犯的条约,到秋天就违背,鲁国向小国征发而不敢违抗,那么四方的诸侯哪个会服从您吴王呢?再说,鲁国有兵车八百辆,是君王的对手;邾国有兵车六百辆,是大王的私物。您不救邾,就是将私物送给了对手,这好吗?请君考虑!"吴王被茅夷鸿所说服,发兵救邾。

---

① 《左传》哀公七年。

周敬王三十三年(夫差九年,公元前487年),吴国为救邾准备攻打鲁国。吴王询问叔孙辄,叔孙辄认为,鲁国有名无实,攻打它,可以取胜。叔孙辄告退出来,对公山不狃说了此事。公山不狃原是鲁国季康子的家臣,因叛乱失败而逃到吴国。但公山不狃不太愿意去打鲁国,认为一个人有所怨恨,离开祖国,不能反过来祸害乡土,这不符合"礼"。吴王又去询问公山不狃。公山不狃回答说,鲁国平时没有可靠的盟国,但在危急的时候会有前来救援的国家。并认为晋、齐、楚等大国因"唇亡则齿寒",碰到鲁被侵时会前来救助。三月,吴国攻打鲁国,勉强接受先锋任务的公山不狃领兵先行,故意从小路险道前进。由一个被鲁国武城人欺侮的、以沤制菅草为生的鄫国人带路,很快攻克了武城(今山东费县西南),接着攻克东阳(今山东费县西南)。继续前进,住在五梧,第二天,驻扎蚕室(以上两地都在山东平邑县西)。吴军在夷地(今山东泗水县附近)打败鲁国的公宾庚与公甲叔子;获得同车作战而死的公甲叔子与析朱鉏的尸体,把它们送给吴王。吴王认为,两人能同车殉难,说明鲁国能任用能干的军士,因此不能轻易觊觎鲁国。第二天,吴军驻在庚宗(今山东泗水县东),"遂次于泗上"。[1]鲁国将军微虎准备在晚上袭击吴王的住所,他叫七百个士兵在幕帐外的庭院里试跳三次,然后选出三百人成行。孔子的弟子有若,也在这支队伍中。微虎的军队一直进到稷门之内。有人对季孙氏说:"微虎这样做,不足以加害吴国,反而使国家的杰出人士送了命,还不如算了。"于是,季孙下令,停止这次行动。但吴王听了却很惊恐,一个晚上搬了三次住所。吴军深入北地已久,师老力疲,要求与鲁国谈判讲和。但鲁国内部就是否要与吴谈判发生了争论。大夫子服景伯说:"过去宋国被楚军所围,已到易子而食、析骨而炊的地步,尚且没有投降。现在,我国的损失不是很大,倒要订立屈辱的城下之盟?我以为吴国的兵力不足,路途又远,不能持久,即将退走,还是等一下再说订盟的事吧。"但是季康子没有采纳景伯的意见,景伯只得背负盟书,来到莱门,与吴进行谈判。鲁本想把景伯留吴做人质,吴国已经同意。鲁国要求把吴国王子姑曹留在鲁作抵押,吴国不肯,鲁国也就撤回了原打算到吴国的人质。于是,双方不谈人质问题,订立了盟约。

几个月之后,吴与齐逼迫鲁放还上次伐邾时俘虏的、囚禁在负瑕的邾君益。但邾益放回后,却违背吴的意旨,仍然无道。吴王叫太宰子余(即伯嚭)讨伐他,把他囚禁在楼台里,用荆棘做成篱笆围了起来,并迫使邾国大夫奉太子革执政。于是,邾完全听命于吴。

周敬王三十四年(夫差十年,公元前486年),齐国因与鲁已讲和,便派公孟绰作

① 《左传》哀公八年。

为使者,去叫吴退兵。吴王听了很不高兴,说:“去年我们听齐君的命令而来,现在却改变了,使我们不知所从,我准备到贵国去讲个明白。”意思是想施行武力。

秋天,吴国为北上争霸,在江北修筑了邗城(今扬州附近),并开凿了一条从今扬州至淮安的邗沟,沟通了长江与淮河两大水系。今江苏江淮之间成为吴国的重要基地,仪征、江浦一带都出土有春秋晚期铁质工具,说明这一带手工业较为发达。次年,吴王会同鲁哀公、邾、郯的国君攻打齐国南部的边境,驻在息地。齐国鲍氏杀死了齐悼公,向吴鲁联军发了讣告,吴王到军门外边哭了三天。齐人立简公为主,鲍氏赶到前线,要跟吴国讲和。吴王考虑到吴国将军徐承率领的海军,从海上攻齐被打败,因而同意撤军回去。徐承的军队是我国历史上有正式记录的第一支海军。那年秋天,吴国派使者到鲁国,要鲁加强战备,为攻齐做必要的准备。

同年,越国发生饥荒,向吴国购粮,吴王不听伍子胥的劝阻,而同意卖粮,使越渡过难关。此时,齐国的田常为夺取政权,转移国内的矛盾,而讨伐鲁国,鲁哀公忧心忡忡。为了保存鲁国,孔子的学生子贡要求出使诸国,获得孔子的同意。子贡首先来到齐国,拜见当权者陈成恒(田常)说:鲁国城墙低薄,护城河狭浅,国君愚昧不仁,大臣无用,士兵厌战,因此,不该和鲁国作战。您还不如去攻打吴国。那吴国城墙高厚,城河宽深,甲坚兵良,弓弩强劲,有英明的大夫守卫。但是,攻吴对您来说,仍然有利。因与强吴作战,民众在国外战死,大臣带兵出征而使朝廷空虚,您就可以独揽齐国的大政。子贡叫齐按兵不动,一人来到吴国,对吴王说:称霸天下的人是不能有对手的,现在拥有万辆兵车的齐国要占据拥有千辆兵车的鲁国,正如千钧的重量,加上一铢,会改变原有的格局,因此,我替您担心。再说,援救鲁国有美好显扬的名声;讨伐齐国,可获大利,名义上是保存将灭的鲁国,实际是折损强暴的齐国与威慑强大的晋国。吴王对子贡的分析点头称是,但又担心越国在南方捣乱,表示要打败越国后再征伐齐国。子贡说:不行,越不如鲁国强,吴的强大也不会超过齐国。大王如先打越国,那齐早已独占鲁国了。大王只使小小的越国害怕,而不敢与强齐作战是一种胆怯的表现;看到小的好处,而忘记重大的危害,是愚蠢的显露。仁慈的人不因困厄而不扩大他的德行;明智的人不会放弃时机,以便建立功勋;称王天下的人不会断绝继承人,用来继承自己的道德准则。如果您担心越国的话,让我去见越王,“使出师以从下吏”①,即是使越军随吴行动。吴王表示赞同。

子贡见了越王,越王向他请教。子贡说如果没有报复的念头,而让人怀疑,是一种愚笨;有了报复的念头而让人知晓自己的心思,就会不安全;事情未做而被人听说,

① 《吴越春秋·夫差内传》。

就有危险。现在，吴王有攻打齐、晋的意思。您要送贵重的宝器，讨吴王的欢心，要以谦逊的言语向吴王行礼，让他放心去攻打。如果吴国作战失败，那是您的运气。如果吴国获胜，必然北上争霸，压迫晋国。吴军疲惫不堪，您就容易制服它的残余力量。子贡劝越王发兵助吴征齐，原因是吴王猛暴，百姓怨恨，忠臣引退，奸邪受宠，无人劝谏，败征已现。勾践听了很高兴，接受了子贡的献策。子贡见越王已接受自己的意见，便不顾越给他的黄金、宝剑、马匹等赏赐，立即回去向吴王报告："越王勾践诚惶诚恐，对您感谢还来不及，不知有其他想法。"这一番话打消了吴王的后顾之忧。过了五天，文种果然送来了护身坚甲二十套，还有屈卢的长矛、步光的宝剑，并调集三千士兵前来助战。文种说，听说大王将起义兵，伐强救弱，围攻暴虐的齐国而安抚周王室，因此带上士兵，献上武器。并说，勾践要披甲执戈，为王前驱。吴王听后大为喜悦，与子贡商量说，勾践想亲自跟随吴国伐齐，是否可以？子贡认为，已征调这个国家大量的人力物力，又要他的国君跟从在后，这是不义。因此，吴王接受了越的赠物，允许它出兵助战而谢绝了越王的跟随。

子贡又到了晋国，对晋定公说："打定主意，才可应付意外；军队事先整顿，就可战胜敌人。现在吴、齐即将交战，如果吴国失败，越国肯定在它的后方扰乱。如果吴国取胜，一定会挥师进逼晋国。晋国应修理兵器、整顿军队，来应付吴的威胁。"晋定公应允了子贡的主意。子贡完成了外交任务而返回鲁国。子贡这一策略，达到"存鲁、乱齐"的目的，产生"破吴，强晋而霸越"的后果。[①]

越王为了表示对吴的忠诚，怂恿吴征伐齐国，亲自带着越国的官兵与许多珍贵的礼物来朝拜吴王，贿赂吴人。吴人都很高兴，唯独伍子胥看透了越国的别有用心，他说："这是像畜牲一样来喂养吴国人，助养吴国的骄气！"他向吴王劝谏说："越国对于我们是心腹之患，因为吴、越同处一地，而越存有吞吴之志。"又说，他们的"驯服"是为了达到不可告人的目的，我们不如趁早灭掉它。我们取得齐国，就像得到石头田一样，根本无用。现在不把越国变成池沼，吴国就会被越国所灭。好比医生一面治病，一面说"一定要留下病根"，这种做法，是从来没有的。《尚书·盘庚》告诫说，如果有不服从命令猖狂捣乱的，要斩草除根，不留后患，不让他们的种族延续下去。这是商朝所以兴起的原因。你的做法违背了这一原则，想要吴国强大，那是很难办到的。过了一会，伍子胥又说：过去上天把越赐给大王，大王没有接受。天道往往是反复的，现在越王改变了过去的错误政策，减轻赋税，办事符合人民的需要，自己勤俭节约，而让人民富裕。这已使越国民众殷实，甲兵众多。他念念不忘的是阴谋灭吴，一直在等待

① 《史记·仲尼弟子列传》。

机会！今天我们不考虑与越作战，而以齐、鲁为忧，这是只注意癣疥之疾而忘记了根本大病。齐、鲁怎么能渡江淮来跟我们作战呢？将来从我们这里争去土地的，一定是越国！

伍子胥还滔滔而谈：大王为什么不以人为借鉴，吸取历史教训？以水作镜子，只能照见人形。过去楚灵王不像一个君主，根本不听臣下的谏诤，劳民伤财，在章华这个地方建台榭，凿石为椁，引来汉水，建得像帝舜的陵墓一样。灵王使楚国疲敝不堪，而又来窥灭陈、蔡。他不修内政，远图东方国家，化三年时间进驻于沮水、汾水之间，想征服吴越两国。楚国民众不堪劳苦、饥饿的折磨，而终于全军在乾谿发动叛乱，楚灵王独自惶惶不安地流窜于山林之中，三天后才碰上涓人畴，没有吃上东西，昏睡过去。后涓人畴离他而去，灵王醒后，自己爬着想进棘的大门，棘人不愿意接纳他。最后总算被申亥收留，灵王因无颜面而自杀。现在大王改变了过去鲧和禹治水的功业，为了享乐筑高台，修低池，使民众造姑苏台而筋疲力尽。上天用灾荒夺去了吴国的粮食，国都与边远地区连年发生饥荒，你违反天意而伐齐，吴国人民也会离开你、背叛你！国家的崩溃，就像一群野兽，一只野兽中了箭，其他的野兽就会逃散。你还能怎么收拾残局呢？“越人必来袭我，王虽悔之，其犹及乎！”[①]即使胜了，后患也无穷。收受越国厚重贿赂的太宰伯嚭，对越国特别“照顾”，在吴王面前日日夜夜替越说话。他见伍子胥力阻吴王伐齐，把矛头直指越国，赶快说：“子胥的话不对！君王的命令之所以不能在中原各国通行，是由于齐与晋的存在，君王如果伐齐取胜，将军再移兵晋国，晋国必然恐惧而听命。这样，大王一举而使两个大国服从，您的命令就可以在中原各国通行无阻。”夫差认为伯嚭的话正确而采用。伍子胥说：“这次如果战胜齐国再移兵攻晋，那吴国就要灭亡。如果战而不胜，回国吸取教训，那么吴国还有生存的希望！”但夫差不听伍子胥的谏言。伍子胥高举两袖，激愤地说：“嗟乎，吴朝必生荆棘矣。”[②]

吴王出兵前听了伍子胥激昂的陈辞，对于伐齐，心中不很踏实，又做了一个噩梦。他便叫伯嚭认真占卜，并强调不要迎合君上的心意，要如实汇报。哪知伯嚭为讨吴王的欢心，说此梦是伐齐胜利、四方诸侯前来朝拜之象，可说是大吉大利。吴王听了很是高兴，赏赐伯嚭杂色丝绸四十匹。但吴王仍半信半疑，又叫经验丰富的贵族子弟公孙圣再占卜一次。公孙圣占后伏在地上说：“可悲了！喜用船的人被水所溺，喜欢骑马的人被坠到地上，人们往往由于自己的爱好而遭到灾祸。此梦预示大王战而不胜，身死前方，又有越人入吴，摧毁宗庙、宫室的迹象！”最后说：“愿大王按兵修德，无伐于

① 《国语·吴语》。

② 《吕氏春秋·贵直论·直谏》。

齐。”这时在一边的太宰嚭与佞臣王孙雒一听，惶恐而谢罪。吴王因公孙圣的占语不合己意，竟命令力士石番用铁杖将公孙圣砸死。公孙圣临死大喊冤枉。伯嚭等人却举杯相庆，说“逆言已灭，谗谀已亡”，[①]从此，再也没有人反对伐齐了。

周敬王三十六年(夫差十二年，前484年)夏，夫差率领自己精锐的九郡之兵会合鲁国的军队对齐作战。在早一些的时候，齐国因鲁会同吴攻齐至息这件事，攻打鲁国至清(今山东长清县)。以后至鲁郊外作战，两军互有胜负。现在吴军在鲁军的配合下，进展迅速，五月攻克博(今山东泰安市南)，二十五日进至嬴(今山东莱芜西北)。二十七日，吴鲁联军与齐在艾陵(今山东莱芜东北)会战。吴军方面，由吴王亲率中军，胥门巢带领上军，王子姑曹带领下军，展如带领右军，左军估计留在国内防守，故未出动。另有鲁国军队协助。齐军方面出动的是，由国书带的中军，高无丕带的上军，宗楼带的下军。战前，吴王认为“吴声昂扬”，取胜的信心很足。他召见鲁国的将军叔孙州仇，一番寒暄，知道叔孙担任“司马”的官职后，赏赐给叔孙护身的甲具和利剑，说：“你要认真地承担你们国君交给你的任务，不要懈怠命令！”叔孙一时不知如何回答，子贡上前代答说：“州仇敬受甲具，愿跟随大王！”拜受而去。齐方不少将军也立下誓言，表示赴死的决心。陈僖子对他弟弟陈书说：“你要是战死，我会收得死事之功。”宗子阳与闾丘明互相激励，准备死拼。桑掩胥为国书驾驭战车，决心鏖战。公孙夏还在临战时命令他的徒属唱《虞殡》这首丧歌，表示赴死。陈子行命令他的部下准备好死后殓葬的含玉。公孙挥信心十足地叫他的徒属每人准备八尺绳子，用来捆绑吴俘，或穿结敌首。但也有些齐国将军表示悲观。东郭书说：据说经历三次战争的人要死亡，我这是参加第三次战争了，必死无疑。陈书曰：“此行也，吾闻鼓而已，不闻金矣。”[②]意即有去无回。这些将军的言论，或盲目自大，或缺乏信心，其精神士气比不上吴军之强。

会战开始，吴国的右军展如打败了齐国的上军高无丕，而吴国的上军胥门巢却被齐国国书的中军打败。吴国中军的兵马与吴王亲军帮助胥门巢，齐军被打得大败。吴军抓获了国书、公孙夏、闾丘明、陈书、东郭书五位将军，缴获革车八百乘，斩收齐军首级三千，用来献给鲁哀公。吴王下令将国书斩首示众。哀公派鲁太史固把国书的头放在新箧里，下面垫上红、黑的丝绸送回齐国，并在上面附了一封信。信中说，天都知道你们齐军行为不正，所以让我们鲁国来打败你！齐军被战败后，其残部只得退保泰山。从此，吴国军威大振。

由于伐齐取得全胜，鲁、卫、宋等国纷纷臣服于吴。吴军回师途中，召陈国的国君

---

① 《越绝书·外传记吴王占梦》。

② 《左传》哀公十一年。

来会面,陈国君主也只能小心谨慎地来到吴王的驻所。这时,越国也派人前来祝贺,这使吴王更加骄傲起来。艾陵之战后,吴王派行人奚斯出使齐国,完全以一个战胜者的面目出现,说:我们吴君北上,不敢暴掠齐民,只是因为与齐国过去有情谊的缘故。今齐国大夫兴师动众,来凌犯我吴军,我们只得设备防御,不料已经伤害了齐国的军队。“天若不知有罪,则何以使下国胜!”[①]要求两国退军,再次和好。齐君回答说:寡人处在北边,并没有出境的打算。你们吴国横跨江淮,千里袭击我国土地,杀戮人民。现在齐国依靠上天的哀怜而幸存下来,国家总算没有覆亡。今天吴王允许和平,怎么敢不服从呢!吴王与齐国订立和约而返。

吴国在征伐鲁、齐、陈的几次战争中,几乎都取得了胜利,吴国已达到极盛。其北部边境已到武城(今山东费县)、相(今江苏邳州)、丰(今江苏丰县)一带,西部已达今皖西、鄂东一线,南近钱塘江,西南到今江西。地方已达二千余里,甚至说带甲士兵有70余万,这未免有所夸大,但它实力雄厚,已成诸侯中的强者,亦当是事实。但吴军也不是事事顺当。吴在艾陵战后的回师途中,当楚军讨伐陈国,吴在救陈时就受到损失。那次,吴楚两军相距30里,吴军准备夜袭楚军,到了楚军阵地,见楚已有防备而退兵。楚国左史倚相认为,这时吴军的高级人士已经休息,而普通士兵还在吃饭。我们楚军可急行30里去袭击,必败吴军。楚军统帅子期依计而行,“遂破吴军”。[②] 吴军长途跋涉,往返南北,士兵疲劳,消耗国力,人民产生怨恨情绪。而吴国君主被胜利所蒙蔽,助长了霸权思想,想征服更大、更远的国家。以骄主来驱使疲民,那已极度危险了,正如李克所说,“然而国不亡者,天下少矣”。[③]

四 伍子胥被害

伍子胥的被害,是骄主的猜忌、奸臣的进谗与越国挑拨的结果。

伍子胥一贯反对与越连和,而主张把越国消灭,以绝后患。但是夫差根本不听,把忠言误作悖老的狂语,加深了对伍子胥的成见。周敬王三十五年(前485),也就是艾陵之战前一年,越国发生了饥荒,勾践十分忧惧,而范蠡劝勾践不必惊慌,可向吴国借粮。范蠡说:“今天的饥荒,是越国的福音,吴国的灾祸!吴国甚是富裕,吴王这个人目光短浅,喜欢追求一时的名誉而不顾后患。大王如果用厚利,低声下气地乞求吴国卖粮给我们,那么就可以得到粮食。得到了粮食,度过难关,则最终吴国必将为越国所有。”越依计而行,叫文种通过伯嚭见到吴王。文种说明越国地势低洼,阴阳不

① 《国语·吴语》。

② 《韩非子·说林下》。

③ 《吕氏春秋·离俗览·适威》。

调，年谷歉收，饥饿的人群充斥道路，要求购买粮食，以救穷困。吴王爽快地说："越王遵守道义，讲究信用，没有异心。现在因穷困来诉说，我怎能爱惜稻谷而不成全他的愿望呢?"伍子胥就这件事向吴王进谏，说吴、越两国是土地相接、道路相通的世仇敌国，不能相容，越国很想把吴国吞了。而北面的燕、秦、齐、晋这些国家不可能跨越五湖、九江、十七道阻隔前来占领吴国。所以说，吴、越不可并存。现在我们把粮食售给越国，这是供应仇敌，是助长敌人力量的愚蠢作法，必将使吴国失去利益而带来恶果。"君若不攻而输之粂，则利去而凶至，财匮而民怨，悔无及也。"[①]因此，伍子胥要求吴王乘机攻打越国，说这是两国相争的法则，也是先王阖闾称霸的做法。但吴王不但听不进伍子胥的正确建议，反而说什么讲义气的兵不打已降的国家，讲仁慈的人要救济饥饿的人。现在越国已经臣服，我们去攻它，就不能算义兵；越国饥荒而不给粮食，就不是仁慈的举动。现在攻打越国是不仁不义，即使有十个越国，我也不会去取。伍子胥分辩道："我认为狼子都有野心，一个人不可去亲近仇敌，不可喂养虎狼，不可放纵蝮蛇的行动。今天大王捐国家之福，以饶无益之仇；背弃了忠臣的言辞，而顺从敌人的欲望。我一定会看到越国灭亡吴国，麋鹿将在姑苏台上游戏，荆棘将在吴宫中蔓长。大王为什么不考量一下武王伐纣的事呢?"这时贪婪的太宰伯嚭忍不住插嘴说："作为纣王下属的周武王去征伐自己的君主，取殷而代之，这能算义气吗?"伍子胥说："武王就这样造就了自己的功业。"太宰回答说："杀自己的君主，成就功业，这种事，我是不会去做的。"伍子胥与伯嚭在朝廷上争吵起来。伯嚭指责伍子胥扰乱君王的爱好，违背主上的旨意，还自以为得意。伍子胥也不客气地揭穿伯嚭的黑底，说太宰嚭收受越国珍宝、美女的贿赂，力主把勾践从囚禁的石室中加以释放。又说，伯嚭是"外交敌国，内惑君主"的奸臣，希望大王细加观察考虑，不要听太宰的谎言，不要上群小的当！吴王听了伍子胥对伯嚭的揭发，心中有所触动，便对伯嚭说："你是不是不顾国家的安危，总是顺着我的脾气讲话?"伯嚭说："我只知道去救援邻国，像三王那样封赏那些亡国之君的后代，像五霸那样去帮助那些即将灭绝的世族。"最后夫差还是被伯嚭的巧言所迷惑，决定粜粮给越国。伍子胥悲叹说："君王不顾国家危亡，不听大臣忠告，却信谗言，看来命不会长了。"当吴国的一万石稻谷运到越国，越国群臣十分兴奋，高呼"万岁"。越国把这些稻谷赏赐给众多臣下与穷困的百姓。这些粮食挽救了越国的危机，增强了越国的实力。

吴国攻齐得胜回来，吴王与一些朝中之臣十分得意，只有伍子胥等少数几个人保持清醒的头脑，他们认为征伐齐国根本无用，越国才是心腹之患。如果吴不灭越，不

---

① [汉]刘向:《说苑》，上海古籍出版社 1990 年版，第 115 页。

斩断这个病根，那将养痈遗患，吴国就难成霸业。伍子胥多次强谏，但吴王一点儿也听不进去。伍子胥见吴国前途堪忧，认为自己的儿子没有必要与吴国一起灭亡，故在吴、齐之战前就趁作为使者去齐国约定交战日期的机会，“属其子于鲍氏，为王孙氏”。[①] 吴王对伍子胥越来越不满，加上伯嚭经常挑拨，怒气益增。伯嚭以前曾说：“伍子胥实在是个残忍的人，他的父兄被关押，要他回去相救，但他却不顾父兄的性命，逃亡到吴，造成他父兄的被杀。伍是假装忠吴。试想，一个连父兄性命都不顾的人，怎么会忠于您君王呢！”那时，太宰嚭的死党逢同到伍子胥家窥视。伍子胥正与好友被离坐在一起，见逢同到此，已知来意，便对逢同说：“你这个家伙讨好太宰，奉承我君，不顾国家安危迷惑主上。现在君王不明，听信小人之言，忘记国家的大利，这是太宰的罪过。我们吴国即将灭亡了。”逢同出了伍子胥的住所，装出一副受委屈忧愁的样子，去见吴王，只是哭泣。吴王说：“伯嚭是我信任的人。你有什么怨恨，直说无妨。”逢同这时才说：“我今天见到伍子胥与被离在一起，神色慌张，可能要加害于君王。今天子胥进谏，表面忠诚，内心恶如野狼，请大王多加提防！”吴王听了信疑参半。

当伯嚭知道伍子胥寄子于齐之后，如获至宝，赶快到吴王面前谗谤说：伍子胥为人刚暴，不讲恩德，疑忌心重。他的怨恨将要酿成大祸。前些日子伍子胥阻碍大王伐齐，只想以吴国的失败来显示自己的正确。大王集中兵力征齐，而伍子胥见大王未采用他的意见而装病不去。他心生怨恨，容易起祸，大王不可以不加防备。又说“其出使于齐也，乃属其子于齐之鲍氏。夫为人臣，内不得意，外倚诸侯，自以为先王之谋臣，今不见用，常鞅鞅怨望。愿王早图之”。[②] 夫差听罢，怒从心起，认为伍子胥在欺骗自己。在艾陵之战回来以后，夫差就责问伍子胥说：“过去，先王阖闾德辉圣明，开疆拓宇，攻楚入郢，成就功名，你是出了力的，但你年老后不肯享福休息，在内常动坏点子，外出让我的部队受罪。扰乱法度，妄发妖言，加害吴国。胡说越国要来袭击，不可出兵北伐。现在上天降福吴国，使齐国降服，我们取得了胜利。不是我骄傲自负，是因为这支先王的军队，取得神佑的缘故。对不起，我今天告诉你这个消息！”伍子胥听了，解下佩剑，回答说：“过去我们先王有辅佐的良臣，所以能解决疑难，当机立断，预防恶果的产生，不致陷入大的困境。现在你抛弃元老，专门与一些幼稚的年轻人商量国策，乱搞一气，你还说什么‘命令不能违抗’，我看这样的‘不违背’，正是对天意的背叛，也是导致吴国灭亡的阶梯。上天将要抛弃你，故意给你一个小小胜利的喜悦，而把更大的忧患留在后面。你伐齐如不顺利，内心或许会有所觉悟，这样吴国的世系还

① 《左传》哀公十一年。

② 《史记·伍子胥列传》。

可延续。我国先君凡是取得胜利，必定有成功的条件；凡遭失败，也有失败的原因。依靠有才能的人辅佐，可保持取得的成就，而且能及时挽救危局。现在你没有成功的条件，老天却偏偏把福禄赐给你，说明吴国的命运不会太长了。我不愿称病退避一边，而看到你被越国活擒，还是让我先去死吧！”这时，吴王不再理会伍子胥，“乃使使赐伍子胥属镂之剑，曰‘子以此死’”。[①] 伍子胥仰天长叹：嗟乎！佞臣伯嚭迷乱，而大王反要杀我。我是你父亲的忠臣，为吴谋划，制服楚越，威加诸侯，成全霸业。你被立作太子，也是我力争而来。当时那些公子都怨恨，你就差一点立不上。你刚即位做王，甚至要分一半国土给我，我却不敢有这个过分的奢望。想不到，你听了谗臣小人之言，反叫我去死！接着对自己的舍人说：我死了以后在我坟上种上楸树。这种树木，可以做棺材，伍子胥预言吴国将要灭亡，故吩咐种此树木。又说：把我的眼睛挂在东门，让我亲自看一看越军从此门打进来！吴王听了怒上加怒，把伍子胥的头放在高楼上，对他说：“日月炙汝肉，飘风飘汝眼，炎光烧汝骨，鱼鳖食汝肉，汝骨变形灰，有何所见？”[②]于是把伍子胥的尸体装入皮袋，丢入江中。此江，一般认为是苏州胥江，或说为无锡闾江，后附会作钱塘江。夫差还把伍子胥的好友被离处以剃头的髡刑，加以人身的侮辱。后世吴人对伍子胥这位为吴国强盛立下奇功的忠臣十分怀念，对他的悲惨之死十分同情，当地人在江边筑墓埋葬了子胥之尸，并立祠纪念。人们把祠边的山称作胥山。吴地关于伍子胥的传说、地名十分丰富。甚至将伍子胥奉为翻江倒水的江神或涛神，每年五月五日开展龙舟竞渡活动以作纪念。这也是后来太湖民俗端午节的缘由。[③]

夫差杀伍子胥中了越国“伐吴九术”中“强其谏臣，使之自杀”之计，成就了越国阴谋。吴国自坏栋梁，损失了富有经验的忠实的计谋老臣，使朝廷兴起谄谀之风，外强中干的吴国走向末路。

五　黄池争霸

夫差一心想称霸中原。周敬王三十七年(夫差十三年，公元前483年)至次年，夫差沿邗沟向北开拓，在淮河溯泗水北上今山东，又在今鱼台一带的泗水开通一条向西的菏水，连接济水，这样吴国水军可直达宋、鲁，以便向北扩展。菏水的开凿，有系于周敬王三十八年(前482)的，但是该年夏初夫差已顺河至黄池，开河不会如此之速，应在三十七年始凿为是。那年，鲁国的夫人孟子(原吴国公主)死了，孔子按礼吊唁，季

① 《史记・伍子胥列传》。

② 《吴越春秋・夫差内传》。

③ 此民俗与楚地人民对屈原之死的反应情况相像，国家文化部已经将这两个地区的端午节传说列为中国首批国家非物质文化遗产名录。

氏却不行夫人的丧礼。吴王与鲁哀公在橐皋(在今安徽省巢湖市西北)相会。吴国派太宰嚭与鲁重订在鄫的盟约。哀公派子贡回答说:“盟誓,目的是巩固信用,用诚心来约束,用玉帛作奉献,用语言来结盟,用鬼神使信守。寡君认为,如果原已有盟誓,就不用更改了。如果认为盟约可改,每天订盟也没有什么益处。今天,您说一定要重新订盟,双方可热情重订,也可冷冷地散盟。”子贡婉言拒绝了太宰的要求。接着,吴王夫差又命令卫君前来会盟。卫国曾杀吴国的外交使者且姚,本来就心存疑惧,又对吴的蛮横专制十分害怕,因此不想赴会。卫国大夫子羽说:“吴国正处无道之中,如果赴会,会羞辱我们国君,不如不去。”子木说:“吴国确是无道之国,但足以危害卫国。一棵大树倒下来,所碰到的东西无不被它击坏,最好的疯狗也会咬人致死,何况吴国这个大国呢!”主张卫出公与吴会盟。那年秋天,卫君来到郧(今山东莒县南,一说今江苏如皋市)会见吴人。卫出公与鲁哀公、宋皇瑗私下结盟,但终究谢绝了吴国的盟约。吴王借卫君迟到为口实,派兵包围了卫君的住所,还把卫君抓了起来,说要把卫君流放到海上。鲁国大夫子服景伯对子贡说,吴国不执行盟后馈送食物、互相道别的礼节,围住卫君馆舍,使人为难,你还是去见一见太宰吧。子贡便带了五匹锦到吴太宰伯嚭那儿替卫君疏通,说,卫君是因为是否到会这件事要与群臣商量,所以来迟了。那些主张到会的卫大夫是您的朋友,反对到会的是您的仇敌。现在您把卫君扣留,就是损害朋友而增加仇敌,使毁坏贵国名誉的人更有理由地得意起来。在会合诸侯时,拘留卫国国君,哪个敢不怕?损害朋友,增加仇敌,使他国害怕,怎能成就霸业呢?太宰听了子贡的话,把卫君放了。这次诸国相会,因郧这个地方又叫发阳,所以叫发阳之会。这一系列的外交活动,目的是要唆使一些小国拥立吴为盟主,但效果并不理想,像卫国就对吴王十分痛恨。由于凌辱小国,一些小国想报仇雪恨,吴国在诸侯中很是孤立。

周敬王三十八年(夫差十四年,公元前482年)夏,野心勃勃的夫差,不顾“不稔于岁”,即国内歉收的境况,仍然要沿新开的水道北上争霸,再次经齐国至黄池与晋争夺盟主。这是一次十分冒险的举动,出征之前,很多人进行劝谏。夫差一律拒绝,立下“有敢谏者死”的命令。太子友以含蓄的方法规谏说:刚才我在后花园游玩,听秋蝉的鸣叫,见蝉处在树梢,喝着清露,随风舞动,自以为很安全,却不知螳螂沿着枝条,拖着细腰,高举脚爪,去抓秋蝉。但又不知后面的黄雀,凭借茂密的树林,轻轻提挪脚腿,暗地前进,欲啄螳螂。黄雀只知美味的螳螂,不知我手握弹弓,用弹丸射中它的背脊。我聚精会神只顾射雀,不知坑穴就在我旁边而掉入陷阱之中。接着太子把鲁国比作蝉,齐国去攻打鲁国,如螳螂捕蝉,却不知吴国动员将士,动用资财,千里出师打它。而吴国又不知越国将进入太湖,屠杀吴人,毁灭吴宫。因此,吴军北上,可说是“天下之危，莫过于斯也”。[1] 但吴王根本听不进去，还是挥师北进，只剩一支左军给太子留守。夫差越过淮河由泗水北上。山东沂水县，曾出土一把“工敌王剑”，其铭文指明此剑是吴王北上自用，很可能是夫差的佩剑，夫差在此时把它带到了山东。夫差邀集周卿士单平公、晋定公在黄池会盟，与晋争做盟主。

这时，越国用突然袭击的方法取得吴都的消息传来。夫差十分恐慌，便召集大夫紧急密商对策。夫差说：“越国不守信用，违背盟约。现在我们离家路途遥远，或者放弃盟会而赶快归国，或者参加盟会而让晋国主盟，不知哪个有利？”年轻的王孙雒抢着说：“如果不参加盟会就回去，这就提高了越国的声望，吴国民众会因害怕而逃亡，甚至没有立足之地而背叛。齐、宋、徐、夷这些国家也会从河渠两侧乘机攻吴，我们只能一死。如让晋国当了盟主，就会居高临下地控制吴国，得意洋洋地带领我们去见周天子。因此，只有参加盟会、争当盟主这一条出路。”王孙雒又说：能面对危局转而平安，能在死亡面前求生，这是高超的智慧。晋主是不敢跟我们较量的，因这里离晋国近，可退却。而我们离本国远，没有退却的余地，必然拼死一搏。所以一定要向晋国挑战，才能安定人心。请君王激励士卒，振奋气势，用爵位与财宝作奖励，杀戮那些不努力的人。这样，晋国一定会屈服。我们掌握诸侯之长的权柄，不责求诸侯的贡赋，让它们先回国，我们就能安稳回去。吴王决定采取王孙雒的主意，封锁吴被越侵的消息，把知道这一消息的七个官吏杀了，继续与晋争盟长。在七月六日的盟会上，夫差说，在周王室中，我们的祖先泰伯是周王之兄，我吴为大。而晋君却说，在姬姓中我们历来是称霸的。双方争执不下。晋国的赵鞅已作战斗的准备，并派人到吴营侦察。吴国为了显示自己的实力，决定动用军队。吴王在黄昏时发布命令，使士卒饱餐，战马喂足。半夜时，全军穿好铠甲，缚住马舌，用行军灶的火照明。让一百名士卒排成一行，共排一百行，每行排头是官师；每十行由下大夫率领，一百行由将军率领。官师拿着金铃，旁边树旛旗，列盾牌。下大夫与将军都树旌旗，支起战鼓。每一万人组成一个方阵。共有中军、左军、右军三个方阵，各穿白、红、黑三色战衣。其军容十分壮盛。中军“皆白裳、白旂、素甲、白羽之矰，望之如荼”；左军“皆赤裳、赤旟、丹甲、朱羽之矰，望之如火”；右军“皆玄裳、玄旗、黑甲、乌羽之矰，望之如墨”。[2] 吴王亲自执斧钺立在阵中。黎明时分，吴王亲自击鼓，吴军敲响铜钲、金錞、金铎，齐声呐喊，声浪冲天，向晋军营垒进逼。

晋军大惊失色，不敢应战，只能加强防备。晋国派董褐前去问话，董褐说：“两国君主商定休兵讲和，以今天中午为期。现在贵国违背约定，来到敝营，请问乱了次序

① 《吴越春秋·夫差内传》。

② 《国语·吴语》。

是何原因?”吴王回答说,周王室眼下衰微,没有诸侯纳贡,缺乏祭告天地鬼神的供品,又没有姬姓本家来救援。现在晋君不为王室忧虑,虽拥有兵众却不去征讨藐视王室的戎狄、楚、秦,而攻打同姓国家,已起不了盟主的作用。我想保持我先君的爵位,超越先君我是不敢的;不如先君,我也心有不甘。我怕此事不成,被诸侯所笑。是我屈服于晋,还是战胜晋君让我吴当盟主,都决定在今天。你这个使者离我不远,我将亲自在营外,听取你们的决定。吴王还叫左部的军吏抓来少司马兹,并抓来五个王士,叫六个人在客使董褐面前自杀,向客人显示必死的决心,施加压力。

董褐回到晋君处复命后,向掌握晋国实权的大夫赵鞅说:“我观察吴王的脸色,内心似有很大的隐忧,或许是宠妾或嫡子死了,或许国内有叛乱。从大处而言,可能是越偷袭入吴。这种处于困境的人特别凶残,我们不可以与这种人作战,还是让这种人先歃血当盟主吧!我们不必去冒风险!当然也不能随便同意他。”晋国再令董褐前去复命。最后商定,晋国让步,并以“周无二王”的理由,以吴不称王而称“公”的条件由吴主盟,晋国退居次席。晋方参加会盟的有赵简子(赵鞅)及其子赵襄子(赵孟),司马寅(董褐)等。这次盟会夫差还送给晋国用铜锡原料制造的祭器。河南辉县出土了两件春秋时铜壶,铭文说“禺(吴)邗王于黄池,为(因)赵孟介(子)邗王之盩(敬)金以为(作)祠(祭)器”。[①] 证明了这一历史事实。会上,吴晋两国订了“好恶同之”的盟约。

黄池之会后,吴国仍摆着霸国的架势,极力掩盖其内心的恐惧。吴人带鲁哀公去见晋定公时,因鲁大夫子服景伯主张给予晋的贡品多于吴国。吴国就把景伯囚禁起来,带回去。到了户牖这个地方,景伯以要参加鲁国祭祀天帝与先王活动的名义,求得释放。吴还派大夫王孙苟(一说王孙骆)向周王报告吴国的功业。王孙苟把阖闾因楚不承担供给周王室的义务,伐楚战胜昭王,再从平定夫概内乱,到夫差披甲带剑在艾陵打败齐国的业绩,以及开掘长沟,直抵宋、鲁,连通同姓诸侯之国,陈述一遍。并说,夫差不敢自夸,是依靠周文王、武王的赐福而成大事,表示对周天子的拥戴。周天子也对吴国表示嘉勉,说过去周王室遭受天降之祸,王子朝率领民众作乱,我不能忘记王室与下土诸侯的忧患。现在吴伯能与周王室同心协力是周王室的福气。并请王孙苟转达对夫差的问候,祝夫差健康长寿,吴的道德发扬光大。并赏赐了弓弩、祭祀用的肉,增加封号。

吴王迅速从黄池撤军,在归国的路上,粮食已经吃光。吴国大夫申叔仪向他的朋友鲁国公孙有山讨米,说:“玉佩垂下来,我没有地方系住,甜酒一杯,我和穿粗布的穷

---

① 引自吴文化研究促进会编《句吴史集》,江苏古籍出版社 1998 年版,第 723 页。

老头斜视着。"意思是吴军缺粮待济。有山一听，已知其意，给吴解决了困难。这时，越军已占领吴都的消息被越来越多的人知道，吴王怕宋国军队在中途拦击，就命令王孙雒与大夫勇率领军队假装宾客，焚烧宋的外郭，杀戮宋的男子，囚禁一些妇女，作为示威。吴王回国时军队已疲敝不堪，加上饥荒，只能送上厚礼，与越议和。越王勾践也考虑到不可能一下子消灭吴国，同意撤军。但吴国力量已被大大削弱，吴、越之势已经彻底逆转。

六　夫差失国

（一）越王被释

越王勾践囚吴，前后计有三年(周敬王二十八年至三十年，前492—前490)，他与夫人小心谨慎，衣着朴素，勤劳肯干，毫无怨言。一次吴王登台远眺，看到越王及其夫人、范蠡坐在马粪之旁，不失君臣的礼节，很是感慨，油然产生怜悯之心，想放他们回国。对旁边的伯嚭说，处在穷厄之地的越王与范蠡，在孤独中还不失君臣之礼，我为他们伤感。嗅觉十分灵敏的伯嚭赶快说："愿我王用圣人的心地，怜惜孤穷的人。"吴王表示，愿为太宰赦越王回去。但吴王仍有些放心不下，说，吴、越土地相接，越王愚暗前来侵犯，我承受上天神灵的保佑与先王的遗德，诛讨穷寇，使他被囚于石室。寡人不忍心，想要赦免他，你看如何？太宰说："世上没有加了恩德而不思回报的人，放了越王，一定会取得报答。"怂恿吴王放人。

吴王想放越王的消息迅速传入伍子胥耳中，伍子胥赶入宫中上奏说："昔桀囚汤而不诛，纣囚文王而不杀，天道还反，祸转成福。故夏为汤所诛，殷为周所灭。今大王既囚越君而不行诛，臣谓大王惑之深也。得无夏、殷之患乎？"[①]太宰嚭听了，出来反驳说：过去齐桓公把燕君所至之地割给燕，获得美好的名声。宋襄公让楚军渡过河再战，《春秋》史书上赞扬他的道义。他劝夫差放掉越王，这样可以功冠五霸，使盛名超过古人。吴王听了两人的话，认为各有道理，犹豫未决。

恰巧这时吴王生了一场大病，已经三月，范蠡根据吴王的体质特征，预测吴王不会死去，即将痊愈。因此，在一次越王向他垂询时，献上一计，叫勾践去探望吴王的疾病，口尝吴王的粪便，然后根据粪便的成分，断言吴王近日必将康复，以取得吴王的信任。勾践依计而行，到吴王那儿，亲尝粪便，谄媚地拜贺说："大王的疾病到三月壬申肯定能好！我尝了粪便，味苦而涩，顺应当前春夏的节气，可知即将康复。"吴王一听，很是高兴，赞扬勾践是个"仁人"。于是叫勾践离开石室，去住宫室。不久夫差果然病

① 《吴越春秋·勾践入臣外传》。

愈，对越王的“忠诚”更加不疑。一时兴起，在文台上大摆酒席，以宾客之礼召来勾践、范蠡共饮。伍子胥看到这一场面，心中郁闷，拂袖而去。太宰伯嚭冷眼看到这一情景，趁酒酣时说：“多么奇怪！今天在座的都有话说。没有仁德的人才会逃跑，具有仁德的人会留下。我听说，同声相和，同心相求。伍相国是个刚勇的人，面对极为仁慈的越王是自己感到惭愧而离开吧。”吴王应声称是。于是范蠡与勾践一齐站起来为吴王祝千岁之寿，并吟颂祝词。祝词中歌颂吴王有“立义行仁、九德四塞，威服群臣。于乎休哉！传德无极，上感太阳，降瑞翼翼。大王延寿万岁，长保吴国。四海咸承，诸侯宾服，觞酒既升，永受万福”等句，[①]充满溢美之情。吴王听了高兴至极。第二天，伍子胥进宫劝谏，说：“大王昨天看见什么没有？我听说，有人包藏虎狼般的祸心，对外却说着漂亮的词句，只是用伪装来保存自己。豺，不可说它廉洁；狼，不可以亲近。今天您大王喜欢听快活一时的言论，却不考虑长久的危害。放弃忠直的意见，而听信挑拨是非者的言辞。不去消灭拼死流血的仇敌，不根绝心怀毒计的冤家。这就是把毛放到炉炭之上还希望它不被烧焦，把蛋放到千钧的重物之下，还指望它能保全，这难道不是很危险吗！我听说夏桀登高知道危险，然而不知道保全自己；向前碰着雪白的刀口，自己知道要死，而不知道如何保存生命。被迷惑的人会知道返回，迷路的人也不会走得太远。希望大王明察。”但鬼迷心窍的夫差却说：“寡人生病三月，不曾听说相国有一句话，是相国的不慈善。又不进献我喜欢吃的食物，心里又不惦念我，是说明相国不讲仁爱。作为人臣，不讲仁慈，能说是忠诚的吗？越王是迷惑我吗？他放弃守卫边疆的大事，亲自率领他的臣民来归附寡人，这是他的义气。他亲自到吴宫做奴仆，妻子亲自当婢女，不怨恨我。寡人有病，他亲自尝我的粪便，这是他的慈善。挖空了他的仓库，拿出他所有的珍宝礼物，供我们使用，而不计较过去的恩怨，这是他的忠信。越王有这三种品德，来奉养寡人。我如果听了相国的话而杀了越王，是寡人的不明智，而是给相国逞个人的痛快了。这岂不是辜负了上天的意志吗？”伍子胥说：“大王的话真是说反了。老虎压低姿势，正是作伺机反扑的准备；狐狸弯下身子，正是为了猎取食物。野鸡因双眼发花被网所笼住，鱼因贪嘴而死于钓饵。”伍子胥要吴王不要听表面的言辞，仅看外部表情而保全越王的性命。说：“今越王入臣于吴，是其谋深也。虚其府库，不见恨色，是欺我王也。下饮王之溲者，是上食王之心也。下尝王之恶者，是上食王之肝也。大哉！越王之崇吴，吴将为所擒也。惟大王留意察之。臣不敢逃死以负前王。一旦社稷丘墟，宗庙荆棘，其悔可追乎！”吴王对这些出自肺腑的规劝，完全听不进去，说：“相国置之，勿复言矣，寡人不忍复闻。”[②]

---

①② 《吴越春秋·勾践入臣外传》。

于是，吴王决定释放越王回国，送别到吴都的蛇门之外，群臣都来设宴饯行。吴王说："我释放你回国，希望你记住这件事的前因后果，你努力吧！"越王磕头伏地说："今天大王哀怜臣下孤独穷困，使我能活着安全回国。我与文种、范蠡这些人，一定为您效死！苍天在上，我不敢违背我的誓言。"吴王大度地说："我听说，君子一言为定，今天动身回国，你努力吧。"勾践再一次地跪伏在地上，吴王就拉越王上车，夫人跟着登上。范蠡执着马鞭，驱车而去。到了三江的渡口，越王朝天叹气，眼泪涌出，沾湿了衣服，来到浙江边上，望见"山川重秀，天地再清"，越王对夫人松了一口气说："我本来已经绝望了，怎能料到今天还能重回故乡祖国。"说罢，掩面流泪。对于越王的回归，越国的老百姓都欢天喜地，大臣们都来庆贺。

吴王把勾践限制在会稽东至六十里的炭渎，西至四十里的周宗，南到会稽山，北到今杭州湾这么一小块地方。[①]

（二）卧薪尝胆

周敬王三十年（前490）十二月，勾践回国。他一心想洗刷会稽的耻辱，决心报仇。他"焦思苦心，刻己自责"，[②]问："汝忘会稽山之耻辱耶？"为了激励自己，把一个胆囊悬挂在座侧，在进出、坐卧与饮食之前，都要尝一尝胆的苦味，表示决不忘记前仇。同时，在打瞌睡时用辣蓼来刺激，在脚寒冷时，用冷水泡它，刻苦磨练自己。冬天常抱冰块，夏天却捏着炽热的东西。这就是后人所传的"卧薪尝胆"。

为了恢复国家的尊严，勾践改变了过去"出则禽荒，入则酒荒"的生活，他亲自参加耕作劳动，夫人参加纺织生产，吃饭不用肉，不浪费粮食；穿衣不加彩饰，不穿新衣。凡不是自己种的粮食不吃，不是夫人织的衣服不穿。他勤俭节约，盛米煮饭时，用斗、概等器具，量而后食。他力戒好色的毛病，不娶姬妾，不视美好，不听钟鼓音乐，抑制任何奢侈的欲望，保持艰苦朴素的行事。

勾践为争取民心，医治战争惨败给人民带来的创伤，深入民众，慰抚人民。他存问病者，使病人得到医治；慰问死者家属，帮助料理丧葬。尊敬长老，爱护幼小，养育孤儿。勾践与老百姓同甘共苦，有酒肉饮食，分给身边的人之后，自己才敢吃。"从车载食，以视孤寡老弱之渍病困穷、颜色愁悴不赡者，必身自食之。"[③]数年如一日地坚持这些亲民举动，深得人民拥护。

勾践在实践中深知人才是增强国力、战胜吴国的重要条件，因而放下架子，以优厚的待遇招待宾客。凡从四方来投奔越国的志士，一定要在家庙中告其先君，以隆重

---

① 《吴越春秋·勾践入臣外传》。

② 《越绝书·外传本事》。

③ 《吕氏春秋·季秋纪·顺民》。

的礼节接待，让他们住清洁的馆舍，穿华美的衣服，吃饱肚子。勾践为寻访才士，有时在国内驾舟而行，遇上英俊年少之士，一定分给船上的美食，并记下姓名，以便日后任用。在他的感召之下，四方才俊，纷纷而来。勾践设专门机构招聘人才，并能广泛吸取意见，做到人尽其用。他任命范蠡主管军政与外交，文种负责内政，又叫范蠡的老师计然负责财政。

为了图谋富国强兵，范蠡多次提出了行之有效的政治纲领与具体措施。范蠡提出，处理政事要顺从"地道"。他说：大地生长万物，畜养禽兽，然后获得应有的名声与利益。大地不分美丑都能使它成长。时令不到，不能勉强叫它生长；功力不够，不能勉强成事，一切要顺应自然，等待时机。君王应与百姓一样共同从事耕织，应消除百姓的祸害，以防止灾殃。"田野开辟，府仓实"，"无旷其众，以为乱梯"。[1] 天时将有反复，伐吴要乘间隙。现在应训练教育民众，等待时机，才能获得天下的功利。又说："应节制游乐，不扰农业，不违农时，使五谷丰登、人口繁增、上下合意。""决断大事应适应阴阳与天地的变化，做到柔顺而不屈服，坚强而不僵硬，赏罚生杀都要符合法则。"范蠡还建议要取实去末。实是五谷、财物、得人心、用贤士之类，末是空洞的名声。圣主要亲行节俭，礼贤下士，使百姓丰足，而不使名过其实。要搜罗人才，训练士卒。要保人之身，才能为天下王。而保人，在于积谷；积谷又在于君王至田野观察谷物的生长与产量的多少。范蠡主张掌握季节气候变化，调和阴阳，发展农业与副业生产。勾践对范蠡这些主张，极表赞同，有些语句还用丹青写在布帛上，放在枕中，作为宝贝珍藏。

勾践的另一个谋臣是计然（或作计倪、计研）。他是葵丘濮上（今河南兰考一带）人，姓辛氏，字文子。据说他的祖先原是晋国的流亡公子，曾南游越国。他虽然年轻，范蠡却曾拜他为师。勾践多次向他征询治国之道。计然认为，"仁义是政治的门户，民众是君王的根本"。要做到开门固本，在于君王自己的"正身"，而"正身"又在谨选左右，公选于众而任贤使能。任人唯贤，便能使仁义之风蔚然而成。计然又认为，考察臣下的才德有多种方法，如派他至偏远地区以显其忠诚；告之秘密，来知道他是否守信；共同议论，以观察他的智慧。计然主张赏罚分明，使"有道者进，无道者退"。[2] 鼓励直言忠谏，如果只知阿谀奉承，不知分清正确与谬误，必然会使国贫兵弱，因而对忠谏者要"赏成其事"。又主张用人不论年龄的大小，能者用而拙者斥，这样，圣明之士会日益增多。无论是战争还是商业运作，都必须作好充分准备，积畜粮食布帛与钱财。而积蓄钱粮，又必须减轻人民赋税，鼓励百姓勤劳耕作，兴修水利，建筑塘坝，栽

① 《国语·越语下》。

② 《越绝书·计然内经》。

桑养蚕，使谷物丰收，蓄积广饶，从而可备四方不时之患。计然精于商业运作，他认为市场需要何种货物，一定要知道货物的来源。天时递变，丰歉交替。在旱灾的时候应该买船，有水灾的年头应该买车；到需要舟车时再卖出，可挣大利。粮价应该合理，贵贱适度，才能做到农商俱利。应该平稳物价，商品要讲究质量。在贸易中不要居贵不卖，资金应该流动。由于勾践采取了计然的商业经济政策，“修之十年”，国家富裕，战士待遇优厚。因而，“士赴矢石，如渴得饮，遂报强吴，观兵中国，称号‘五霸’”。[①]

勾践在政务上的主要依傍是文种。文种治政能力很强，尤其在发展经济、安定政局方面受到范蠡的推崇。文种认为，管理国家首先要爱护民众，不夺人民所爱，使人民获利；要使农民不失农时，保证收获成功。少用刑罚，使人民得到生养。减轻赋税，不建宫室，使人民省力而又高兴。否则，会激怒人民，使国家不得安宁。

勾践吸取谋臣的集体智慧，为复国大计，兴修水利，发展农副业生产，积极开垦田畴，筑塘挡水，刈除野草，多收粮食，并囤积起来。增殖人口，提倡早婚，规定十七岁的女子、二十岁的男子要及时嫁娶，如不婚配，要罪及父母。又规定“壮者无娶老妇，老者无娶壮妻”，从而保证了人口的数量与质量。国中无论生男、生女都给予物质奖励，以保证幼婴儿的健康成长。凡生三个小孩的由公家抚养，供给饭食。婴儿生养，都由国家派人护理。生男孩，国家奖励“二壶酒，一犬”，生女子，奖“二壶酒，一豚（小猪）”。[②] 这一措施，使越国人口迅速增长。

勾践还实行宽刑薄赋的政策，废除复杂的法令，减轻民间的赋税，使富人安定，穷人得利。开谷仓，借贷给贫困的人。派群臣询问民间疾苦，不断修正政令，“施民所善，去民所恶”。勾践对贵族的过分剥削进行一些抑制，而使冻馁之人得到补养。并在国内规定，如长子早亡，免除其所有赋税三年；庶子早夭，免除其赋税三个月。越国采取这些经济措施后，国家逐渐富强，十年不收租税，人民都保留了三年的粮食。还解除了兵员的后顾之忧，提高了部队的战斗力，因而国势逐渐复振。

勾践在全国实行严格的军事训练，按照闾里等基层行政组织，征集兵员，加强演习与操练。用重赏严刑整顿军纪，使官兵勇于听命。还加强水军训练，使他们熟悉水性，适于水上作战。这些措施使民众好勇而轻死，也使士兵“进则思赏”、“退则思刑”，大大鼓舞了斗志，提高了士气。

越国还提高冶铸的技术，制造锐利的武器，以宝剑最为著名，今出土有多种春秋越国名剑，其中 1965 年 12 月湖北江陵望山出土“越王勾践自作用剑”，至今仍保持耀眼的光辉。除剑之外，还有戈、矛、甲、弓、箭镞、战船等各种兵器与战具。

---

① 《史记・货殖列传》。

② 《国语・越语上》。

越国为加强战备，建设大小二城。大城周长20里72步，设水陆城门各三个。小城在大城中心，周长2里223步，设陆门四、水门一，其中建有宫台。[①] 范蠡又在浙江边筑城屯兵，形成了一道防线。通过上述措施，越国的国防力量大大增强，重新崛起为军事强国。

（三）密谋伐吴

越国在发展生产，加强兵民训练的同时，采用文种、计然的策略，开展一系列政治、经济、外交活动，用来削弱吴国的力量，并取得了预期的效果。

越王回国后，专门找来大夫文种，商量伐吴密计。文种说："我听说高翔的鸟儿死在甜美的食物上，深河中的鱼死在醇香的诱饵上。我们伐吴，先要找到吴王所喜爱的东西，迎合他的欲望，然后才能取他的土地与财物。"文种认为攻灭吴国应采取九种计策："一曰敬天事鬼，以求其福；二曰重财币以遗其君，多货贿以喜其臣；三曰贵籴粟槀以虚其国，利所欲以疲其民；四曰遗美女以惑其心，而乱其谋；五曰遗之巧工良材，使之起宫室以尽其财；六曰遗之谀臣，使之易伐；七曰强其谏臣，使之自杀；八曰君王国富，而备利器；九曰利甲兵以乘其弊。"[②]文种认为，使用这九种政术连争得天下都不难，更不要说打败一个吴国了。九术中除最后二术，讲越国自身的经济发展与军备建设外，"敬天事鬼"，实际是求得神的帮助，满足心理需求，增强伐吴信心。其他六策大都是针对吴国而实施。

越国对吴国装作十分恭顺的样子，尽管在内部全力以赴加强耕战活动，而对外却不露一丝风声，以消除吴的疑虑。越国采取"将欲取之，必先予之"的策略。为了取悦于吴，其新建的都城，故意在西北隅不筑城墙，表示对吴臣服，不敢壅堵吴国来越的通道，也满足了吴自以为是"高贵上国"的虚荣心理。越国经常送玉帛珍玩、黄金宝物给吴王，来满足其物质欲望，讨他的欢心，这就是所谓"重财币以遗其金"，"遗之好美(美女)以荧其志"。越国听说吴王要修造姑苏台，特地派人进入深山，采伐大木，据说当时派出的木工有三千多人，入山一年，采得许多大的佳木。其中有一对巨木大20围，长40丈，木质硬挺，坚实耐用。越国对这些木材作了加工，刻上花纹，镶嵌白玉，绘上色彩，绚烂多彩。这些巨大的木材由水路运至姑苏。因此，苏州市西部今存有"木渎"(运木之渎)的地名。吴王见了喜形于色，而伍子胥在旁谏道："大王不要接受这些木材，过去夏桀造起灵台，商纣砌筑鹿台，使阴阳不调和，寒暑违反季节规律，五谷不熟，老天降临天灾，人民穷乏，国家生变。如此，吴将自取灭亡。大王接受了这些美木，必将被越王所杀戮！"但吴王不听。夫差全力营造姑苏

① 《越绝书·外传记地传》。

② 《吴越春秋·勾践阴谋外传》。

台，用三年时间积聚建筑材料，五年建成，高 300 丈，广 84 丈，极其华丽。方圆 200 里内都能望见。弄得民不聊生，妨碍了人民正常的生产与生活。越国听说吴王特别喜欢漂亮的服装，特地在葛山种植一种葛草，并叫男男女女入山采葛，织成精美的细布送给吴王。越王为了答谢吴王增扩给越的封地，又派文种送去葛布 10 万匹，甘蜜 9 盒，彩纹竹箱 7 只，狐皮 5 对，晋竹 10 船。吴王以为越王小心谨慎，不忘报效，便再次增加越国的封地，使越的范围东至今宁波海边，西南至今衢州一线，北至今嘉兴海盐，纵横 800 余里，①基本恢复了原来的领土。

这时，越国又谎称本国水旱不调，年谷歉收，人民饥饿难熬，向吴国借贷口粮。由于数额巨大，使吴国仓库空虚。而在偿还粮食时，越国特地选出精粮，经蒸熟后运到吴国，吴人把它作为种子，结果颗粒无收，反使自己国家的粮食短缺，民力、财力进一步被消耗。

周敬王三十五年（勾践十二年，公元前 485 年），越国针对吴王“淫而好色”的弱点，选出美女西施与郑旦，把她们送给吴王，来助长夫差的骄淫之志。传说西施与郑旦都是苎萝山（今浙江诸暨市南）人，以卖柴、浣纱为生，长得十分匀称，容貌美丽，光彩四照，被范蠡（一说是“相者”）发现后招到越都。越国特地为西施、郑旦造了专储美人的宫殿，叫她们修饰容貌，穿上罗纱，教以歌舞仪步。经过长达三年的调教，娴熟宫廷生活后，把她们用珠宝妆扮起来，穿以鲜艳的衣服，坐上香车，由范蠡向吴王说：现有二个越国女子，下臣勾践卑陋，不敢收留。如果不嫌丑陋，“愿纳以供箕帚。”吴王见了大悦，认为越国上贡两个美女，是勾践尽忠于吴的证明。伍子胥见了劝谏说：“不可，王勿受也。五色令人目盲，五音令人耳聋。昔桀易汤而灭，纣易文王而亡。大王受之，后必有殃。”②伍子胥又说：我听说越王白天书写不倦。晚上又诵读通宵，而且聚集数万敢死之士，准备不测之事。只要这个人不死，一定会达到他的目的。越王讲究诚心，推行仁义，听取谏议，崇进贤人。只要这个人不死，必定成名。越王夏天穿着毛裘，冬天反而穿葛布衣衫，这是刻苦锻炼，只要这个人不死，必定会成为吴的怨仇。我听说，贤士是国家的宝贝，而美女是国家的祸害。夏朝的灭亡是因为妹喜，殷商的灭亡是由于妲已，周朝的灭亡在于褒姒，这是人所共知。但吴王置之不理，接受了这两个美女，把她们安置在姑苏台中，百般宠幸，优裕有加。过了一年，郑旦郁闷而死。从此，西施获得吴王的专宠。为了讨好西施，在姑苏城西三十里的灵岩山上建筑了馆娃宫，专门给西施居住。宫内设玩月、玩花等池与梳妆的井台，长庑回廊曲折，楼阁亭台相连，树木掩映，富丽而清幽。吴王纳西施后，更加沉湎酒色，更不把越国当一

---

①② 《吴越春秋·勾践归国外传》。

回事。

越国为取得吴王的欢心，勾践在犬山上畜养高大的猎犬，把猎获的白鹿进献给吴王。又派人到南社取来马鞭草，移种在适合该草生长的六山。经精心培植，制成精美的马鞭，供吴王使用。总之，声色犬马，珍奇玩物，尽量满足吴王的爱好。而吴国国内民力耗敝，官吏腐败。夫差视民如仇寇，每天必有差役，穷奢极欲，已呈败象。正如楚国大夫蓝尹亹所预测那样，夫差必将自败，吴国将要倒毙。在吴国历次北上征伐齐、鲁诸国时，越王勾践都是派人送去厚礼，充作帮凶的角色，用美言称颂吴王，诱使他一心北征，来消耗削弱吴国的实力。形势对越国越来越有利。

勾践对于攻吴实行了周密的侦察与多次的谋议。勾践九年(前488)，他归国已经三年，为报强吴之仇，召集了五个大夫商议。越王说："上次我被迫抛弃国家，成为囚虏，为天下所耻笑，今天我一心想报复，犹如瘸子不忘行路，盲人不忘视物一样，请诸大夫开导。"大夫逢同说，"我们应像猛禽出击之前，必定隐匿身形一样，不动声色。现在吴的兵锋，威临齐、晋，与楚结成深怨，名声高于天下，德少而功多，吴人一定会骄傲地虚夸，而到处横行。现在我替越国设计，最好亲近楚国、交结齐国、依附晋国，而厚赂吴国。等待吴国与各国交战时，我国联合三国，乘它的困乏一举而攻克它"。勾践听了连表赞成。接着，范蠡献计说："我听说军队出击，一定要看准时机。孟津之会，八百诸侯认为可以伐纣了，但周武王认为时机未到而婉辞。现在吴、楚两国仇怨很深，但是，齐虽不亲吴而能救吴国的困难；晋虽不附，而能为吴效力。现在吴国的大臣出谋，决断其策；邻国相通，而没有断绝援助，这正是吴国称霸而被诸侯尊重的时候。我听说，峻高的东西容易坠落，枝叶茂盛将要被摧折，太阳到中天就要西移，月亮满了会亏食，任何事物不会四时都兴盛，'五行'也不会一起行动，阴阳是互相交替的，气也有盛有衰。现在吴国逞压倒诸侯的威风，来号令天下，不知自己德薄恩浅，而树怨广泛，终有一天，会威权架空，智力衰退，兵力枯竭而威信受损，军队受挫而败退，兵众溃散而瓦解。现在让我们按兵不动，整顿师旅，等待吴国的败坏，随后进行袭击，兵不血刃，士不旋踵，吴国君臣都将成我们的俘虏。我希望大王藏匿声音，不要显出动静，仔细观察吴国的图谋。"大夫苦成认为，吴国大夫伯嚭是个狂妄的人，政事浮华；伍子胥致力于战伐，僵谏硬议；这两人掌权，一定有失误，希望大王虚心韬晦，不要显示自己的计划与策略，那么吴国就可以灭了。大夫浩说："今天，吴国君主骄横，大臣奢侈，老百姓能吃饱，军士作战勇敢，只有等到它外面有侵犯国境的敌人，内部有直言谏诤大臣的愤激，才可以进攻。"大夫皋如(句如)说："天有四时，人有五胜。昔汤、武乘四时之利而制夏、殷，桓、缪据五胜之便而列六国，此乘其时而胜者也。”[①]最后越王下令：各就本职，做好战备。

两年后，越王勾践再次召范蠡密商伐吴事宜。勾践问，现在是否可以报仇伐吴了。范蠡回答说：“还不可以，现在上天还没有成全您，应该等待天意的转变，强求的事不吉祥。得到时机而不做，反要遭殃；不遵天时，将丧失威德，灭掉名声，甚至逃亡在外而至死亡。上天对于人们有夺取，有给予，有不给予。大王不要太早地作图谋。吴国，终归是大王的吴国，大王如果过早地打主意，这事将难于预料。”勾践承诺作耐心等待。再过一年，也就是周敬王三十五年(勾践十二年，公元前485年)勾践又召范蠡商量图谋吴国。勾践说：“今天吴王浸沉于声色而忘记了百姓，扰乱农耕，违背天时，相信谗言，喜听倡优好话，憎恨辅弼老臣，因此，圣明的人隐居不出，忠臣懈倦。臣下曲意奉承，不再批判不忠之人，上下苟且偷安。现在可以报仇了吧?”范蠡回答说：“人事已经具备，但天时的征兆没有显示，客观时机未到，还是等待一下。”越王又一次答应等一等。

越国根据吴国一心称霸，与大国结仇的形势，采用大夫逢同“亲楚、结齐、附晋”的策略，实现其“三国伐吴，越承其弊”的目的，每年春秋要向这些国家赠送大量礼物，包括兽皮、钱币、玉器、丝绸，甚至是美女。特别是向楚国贡献了大批供役使与玩乐的奴隶。[②] 目的都是为了取得援助，来报复吴国。楚、越关系一向比较密切，新上台的楚惠王是越王的外甥，文种、范蠡又都是楚人。因此，这时的楚、越关系非比寻常。在越伐吴之前，楚、越两国上演了一出“两国”相争的表面好戏，用来麻痹吴国。越人假装伐楚，深入到楚国境地。接着楚公子庆、公孙宽进行“反击”，一直追赶越军到冥地(今安徽广德县东南)。双方似乎打得很激烈，造成越、楚矛盾的假象，使吴放松了戒备。越还与晋、齐等国加强往来与联络，在外交上取得主动。越国伐吴的条件日趋成熟。

(四) 吴都被袭

经过“十年生聚”、“十年教训”的越国，经济富裕，人口增多，士卒苦练，士气高涨，战斗力空前增大。周敬王三十八年(夫差十四年，公元前482年)春夏，在越国军民的一再要求下，越国准备攻吴，越军开始集结，至六月十一日正式讨伐吴国，这正是吴王会晋侯于黄池的时候。在伐吴前，越王发布动员令说：“我听说古代贤明的君主，不怕他的兵众不多，而是怕他本人的志向与操行不够高尚。现在夫差拥有披犀甲的战士十万三千。他不担心自己志向操行不高，却仍担心军队不足。现在，我将协助上天灭掉他。我不要那些只有匹夫之勇的士兵，而要能听从指挥，同进共退，严遵纪律的士

① 《吴越春秋·勾践归国外传》。

② 勾践曾派廉稽给楚王“献民”，见《韩诗外传》卷八第一章。岳麓书社1994年版，第333页。

兵。进军,要想到获奖;后退,要考虑刑罚将加于身。如此,就可有正常的赏惩。如前进时不全力听命,后退时不知羞耻,将必严惩。”越王并下了“有敢谏伐吴者,罪不赦”的禁令。[①] 军队出发,父亲勉励儿子,哥哥勉励弟弟,妻子勉励丈夫,希望为国君而拼死作战。

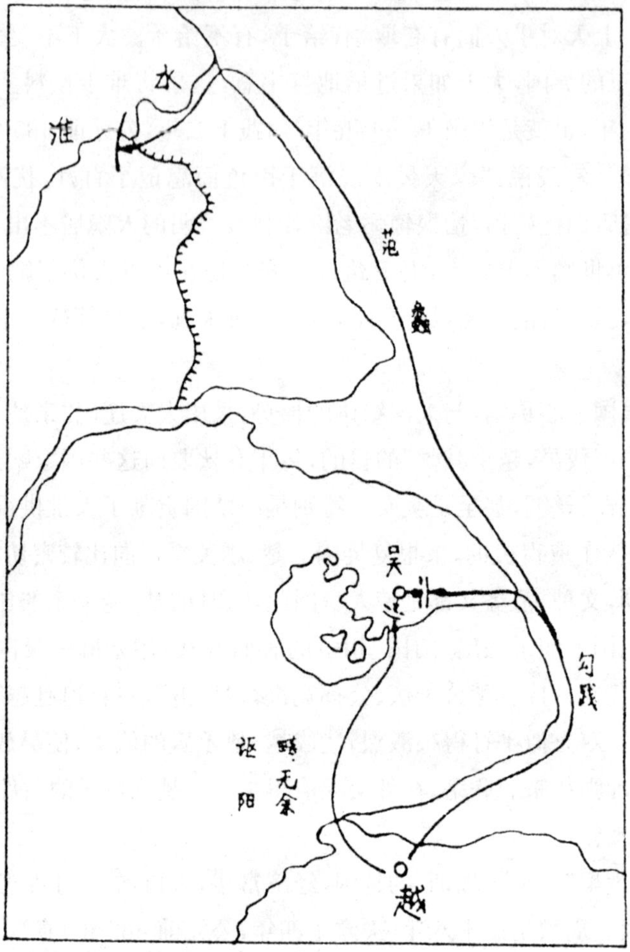

越国伐吴(《吴国史》,第 170 页。)

越国伐吴的军队总数约五万人。其中熟悉水战的士兵有两千人,经过训练的士卒四万人,国君的亲兵六千人,还有军官一千人。全军分三路,一路由范蠡与舌庸带领,从沿海进入淮河,溯淮而上,截断吴军主力从黄池回吴的退路。一路由畴无余、讴阳率领,由水路从南面直逼吴国都城的近郊。这条水道至今尚存,称“越来溪”,意思

① 《吴越春秋·勾践伐吴外传》。

是越军从此水而来。还有一路由勾践亲自率领。当畴无余、讴阳等到达吴郊,结营在溪边时,吴国留守的太子友与王子地、王孙弥庸等在泓(今苏州横山,一作踞湖山)观察敌情。王孙弥庸看到越军竖起了“姑蔑”旗帜在空中飘扬,心中不禁大怒。原来这是一面被越军俘虏的他父亲的旗帜。今天越军打出这面旗帜,是对他人身的污辱。弥庸说:“吾父之旗也,不可以见仇而弗杀也。”要求与越军决一死战。太子友说:“如果这一次战败,那是要亡国的,还是等待一下吧!”弥庸战意已决,不顾太子“坚守避敌”的主张,在王子地的帮助下,擅自集合自己的私军徒属五千人出战,一下子打了胜仗,弥庸抓获了畴无余,王子地抓获了讴阳,取得暂时性的胜利。吴军把畴无余、讴阳两人杀死了。正在这时,勾践率领大队人马从海道至吴松江,一直到了吴大城郊外,六月二十一日,双方再战。这次越王把吴军打得大败,“获吴太子友、王孙弥庸、寿于姚”。[①] 王子地由于固守壁垒未出,而逃脱了被俘的下场。第二天,越军占领了吴都,把吴国的宫殿烧了,又将吴国建造的大船运回越国。

夫差从黄池匆忙撤回,向越求和后,见国力大削,国家处于危急之中,才猛醒到杀忠臣伍子胥的错误,便到离开都城三十里的大江边祭奠伍子胥,表示忏悔。周敬王四十年(夫差十六年,公元前 480 年),楚国为声援越国,派子西、子期率军伐吴,进兵到桐汭(今皖南的广德县西南至今江苏高淳县的桐水一带),杀死吴民。这时陈国派公孙贞子,对吴遭楚的攻击表示慰问,不幸的是,公孙贞子走到良地(在吴都的郊外)就死了,副使准备把他的灵柩运进吴都城里。吴国派太宰伯嚭前去慰劳,辞谢说:“由于雨水不和,恐怕泛滥而毁损大夫的灵柩,加重寡君的忧虑,寡君谨此辞谢。”陈国的首席副使芋尹盖回答说:我国听说楚国无道,屡次侵伐吴国,派我充在使臣行列中,对吴表示慰问。不幸正使碰上天的忧戚,丧了性命,我们正加紧赶路,想早一点到达吴国都城。但您却命令不要把尸体运到城门。这是等于把陈君的命令丢弃在杂草之中,下臣听说“事死如生,礼也”。[②]我奉着灵柩,使我们国君的命令能上达到贵国,即使落入深渊,也是上天的意志,不是贵国的过错;表示要以灵柩进城。吴国听后,同意了他的要求。

这时吴国忧患相连,内外交困。周敬王四十一年(夫差十七年,公元前 479 年)吴国遇上大的饥荒,派员到越国买粮,竟被越国所拒。因此,市场无米,仓库空虚,吴军疲惫不堪,人员减少。吴国经济走向崩溃,人民割蒲草拾蚌蛤为食,生活困顿,有迁徙之心。这时,吴军为报复楚国攻吴于桐水,去攻打楚国白公胜所驻屯的慎地(也叫寊,今安徽颍上县北的江口集),竟被小小的白公胜打败,掳去武器铠甲。白公胜原来一直居住在吴国,后被楚国令尹子西召回,居住在吴、楚的边境,成为楚国大夫。

---

①② 《左传》哀公十三年。

（五）夫差自杀

周敬王四十二年(前478)，文种积极提出再次伐吴的倡议，他说："我认为吴王将进攻我们，现在他休兵不作戒备，是想麻痹我们，我们不可以松懈。往日我曾卜问上天，现在吴国疲弊，饥荒降临，粮仓空虚，它的人民必将移到东海之滨吃蒲草蚌蛤。上天已作预兆，人民不满的情绪已出现，因此不必再进行占卜，结果完全可预料。大王如果发兵与吴会战，可以夺得有利时间，不让吴国改变被动挨打的机会。吴兵在边境，远休而未至。我们乘这一机会进攻，吴王将以不应战为羞耻，一定不等远军到来，而用国都的军队与我们作战。如果事情真能顺从我们的心意，我们就可以占领吴都，吴国的边军就不可能与吴都之军会合了。如果吴国边军来救，我们用御儿的越军来牵制他。吴王如果愠怒再战，必然败奔而去。如果吴王不战而求和，大王可以得到厚利与美名。"越王认为文种的分析很正确，就动员军队，再次准备讨伐吴国。越王在出兵前广泛征求对这次战争的意见，要求大家直言相告，不得隐瞒。他首先向出使在越的楚国申包胥询问。越王说：吴国无道，企图灭亡我国，毁我宗庙。现在，我已准备好车马、武器与兵众，请问还要具备什么条件才能与吴作战？申包胥推辞再三，然后才回答说："吴国是强国，能取得诸侯的贡赋。请问君王你用什么与吴国作战呢？"越王回答说，我能做到酒肉饭菜，与周围共享，我实行节俭，不讲究饮食，不迷恋音乐。申包胥认为单靠这些还不行。越王说，在越国之中，我慰问病人，厚葬死者，赡养老人，爱护儿童，抚育孤儿。申包胥认为这是好事，但不可以出战。越王又说，在越国之中，我宽厚地对待群众，像子女一样忠心慈惠地对待他们。又说，越国奉法宽刑，满足人民所需，清除人民所恶，发扬民众的优点，制止他们的恶行。申包胥认为还是不行。越王说，在我们越国，安富济贫，补偿不足之人，调剂剩余之物，使贫富都得其利。申包胥认为，仍不可战。越王又说，我们越国，南连荆楚，西边有晋国，北边有齐国，每逢春秋都赠献礼物表示服从，从来没有间断。申包胥说，好了，不要讲了，这些都不是可以作战的理由。讲到战争，应做到"智、仁、勇"三者并举。没有智谋，就不知民心的向背；没有仁义，就不会与三军将士共担饥劳的痛苦；没有勇敢，就不能排除疑难，果决大计。越王听罢表示同意。然后，越王召见五位辅政大臣，咨询使用何法才能在对吴战争中取胜，大夫舌庸首先认为要审慎地作好奖赏，苦成认为要严格实行惩罚，大夫文种认为要切实地制定军旗的颜色，统一行动。范蠡认为要扎实地安排好守备，以防万一。皋如认为要明确钟鼓之声，加强行阵指挥。越王认为这些意见都很正确，表示赞同。①

---

① 《国语·吴语》。

越王制订、公布了严明的纪律与职责分工。他规定自己的夫人："从今以后，内政无出，外政无入。后宫事务出现差错，由你负责。外边的政事如有失误由我负全责，两者不得相混。"越王对留守的大夫规定了所负的责任，如土地分配不均，垦殖不辟，要承担后果；不能干预外边的军事聘问事务。越王严格规定军人行动准则，凡是用金、玉、饰物贿赂、破坏军纪的，不服从军令、不听君王指挥、放任自流的，当众诛杀。越王号召国人要安土守职，军中战士要安心服役。还给士兵家属、体弱重病的战士各种照顾：凡士兵父母已年老，当即送回家中奉养父母；凡有兄弟四五人都在军中的，可选出愿意回家的一人回去，以免全部牺牲于阵中；凡是眼睛昏花、体力虚弱、智力低下的，不必报告，一律放回。这些措施，使军队更加精练，士气更加旺盛。

勾践十九年(前478)三月春，越国再次发动对吴国的战争。越军进至姑苏西南的笠泽(今太湖连接松江处，也称囿)，与吴军相遇。越军在南，吴军在北，夹江对峙。勾践把军队分成三队：左军、右军，自己亲自率领的中军。中军由操行高尚的近卫人士六千人组成。第二天双方水军在江里相斗。到黄昏，越王就命令左军衔枚而上，防止口中发声，溯江上行五里待命；又命令右军衔枚下行五里待命：作为佯攻。吴军听说，大吃一惊，以为越左右两军将要夹攻吴军，于是没有等到天亮，也把军队分作二部，分别来抵挡越军。勾践瞅准这一时机，赶忙叫中军悄悄渡水，从中突破。越左右两军见状，全力反攻，把吴军分割包围，大败吴师于没地(在今吴江市境)。再败吴师于郭门之外；这时范蠡率领的部队也从太湖经今横山来会。吴溃不成军，"三战三北"，[①]退保吴大城。由于吴都墙高池深，越军一时攻不下来。勾践听从了范蠡的建议，改变战略，改强攻为久围，在郊外建筑越城(遗址在今苏州西南石湖)，加强包围，打破了吴军想出城与越决战的企图，也使城中吴人生活发生巨大困难。越王一面加紧围困吴都，一面派遣使者与齐、鲁等国联系，以便取得这些国家的支持。北方的一些诸侯国纷纷倒向越国。被吴拘禁的邾隐公从齐投越，控诉夫差的暴虐无道，勾践派人把他送回了邾国。

这时危如累卵的吴国内部矛盾进一步加剧。吴国公子庆忌(这是另一庆忌，不是吴王僚的儿子，可能是夫差之子)，见吴王已失去信心，沉迷酒色，不问朝政，便向吴王建议，坚决要求进行改革，说："如不改革现行政策，吴国必然灭亡。"但夫差听不进去。庆忌见状，离开国都，住到艾地(今江西修水县西百里龙冈坪)，又到了楚国。他听说越国又要讨伐吴国，为了促进吴、越之间实现和平，在周元王元年(夫差二十一年，公

---

① 《国语・吴语》。

元前 476 年)回到吴国,“欲除不忠者以说于越”,想杀掉对吴国不忠的大臣(如伯嚭),然后与越国讲和,但昏暗的吴王夫差反把庆忌杀了,政治更加混乱。

同年十一月,晋国新执政的赵孟(即赵襄子),为与自己同盟的吴国战事忧虑,降低了自己膳食等级,还把楚隆派到吴国去慰问。因此时吴已被越军所围,楚隆只得先到越王那儿说:“吴国冒犯上国(指越国)已经多次了,听说大王讨伐吴国,中原的人士无不欢欣鼓舞,但只怕大王灭吴的意愿不能实现,还是让我进城去看看吴军的情况吧!”越王同意了楚隆的请求。楚隆越过越军的阵地,见了吴王。他向吴王说明,早在黄池会上,晋与吴结成利害一致的盟约,现在见吴有难,本应全力相救,但晋国力量有限,无力援吴,只能表示歉意。吴王拜谢说:“寡人愚蠢,不能正确对付越国,因而让晋国大夫忧虑,感谢您远来传达赵襄子的厚意。”说着,给楚隆一小盒珍珠,让他转送给赵襄子,说:“勾践要杀寡人,寡人不得善终了。”还强作欢颜,询问曾预言“越将灭吴”的晋国史官史黯(即史墨)的近况,问:“史黯为什么能成为知识广博、道德高尚的君子?”楚隆回答说:“史黯这个人,进于朝廷,不被人所嫌恶;告老不仕,更没有人毁谤的。”吴王应声而说:“这个说法恰如其分啊。”吴王见史黯的预言即将应验,私下伤神。由于人心涣散,缺乏粮食,内部矛盾加剧,士无斗志,城门都无人守卫。经过三年,吴师出现自溃之象。周元王三年(夫差二十三年,公元前 474 年)越军再次发动进攻,进入无人阻挡的姑苏城。吴王夫差只得带领亲信大臣与重要宝器逃到吴国最后的据点姑苏台。吴王神志不清,两眼呆直,饥饿时抓生的稻谷吃,口渴时伏在地上找水喝,拾路边的生瓜吃。吴王问左右的人:“冬天路旁的瓜,人们为什么不吃?”左右回答说,这是夏天的瓜籽所生,秋霜后已不能食用。吴王自知已落到这种难堪的地步,特别是想到被杀害的忠臣伍子胥、公孙圣等,心中不是滋味,而伯嚭还在旁边说:“死与生,成与败,由天注定,难道能避开吗?”把失败推向客观。越王勾践带了三千士兵紧追至姑苏台,团团围住不放。

吴王夫差没有办法,派王孙雒到越营求和。王孙雒袒露衣服,屈膝而行,到越王面前说:孤臣夫差,大胆陈告肺腑之言,过去在会稽夫差得罪了君王,那是夫差不敢违命,与越国达成和议而回去。今天大王发兵来诛杀孤臣,孤臣一切听命。看来大王也要像前次会稽山那样来赦免孤臣的罪过。如果能得到老天的福佑,赦免我的大罪,那么吴愿意世代做越的臣妾。越王听了,觉得有些不忍,想答应吴国的请求。越国的大夫范蠡见了,进谏说:“会稽之事,天以越赐吴,吴不取。今天以吴赐越,越可逆命乎?且君王早朝晏罢,切齿铭骨,谋之二十余年,岂不缘一朝之事耶?今日得而弃之,其计可乎?”[①]又说:“我听说,圣人的成功是善于利用时机,有了时机而不抓住,形势会发生逆转。天时的转变为期不是很远,也就五年吧。小灾来得快,大难来得慢,但总有反复。前人有言:‘砍树干作斧柄,手中的斧柄就是式样,不必到远处去寻找。’越国的教训,并不远啊!现在君王不下决断,会稽的耻辱,你难道忘啦!”越王总算没有答应。而吴国的使者一次次地来,语言也越来越柔下,对越王的态度也越来越谦恭,越王又要允准议和。范蠡又进谏说:“使我们早晚不安,忧劳国事,与我们争夺三江五湖之利,不就是吴国吗?我们辛辛苦苦的谋划以十年计,怎么可以一朝放弃前功呢?上天给的东西,如果不取,反而受害!大王千万不能允许这件事!”越王勾践说:“吾欲勿许,而难对其使者,子其对之。”[②]范蠡拿着军鼓与鼓棒,答复吴国使者说:“往昔上天给越国降下灾祸,把越国赐给吴国,吴国没有接受。今天老天一反初衷,让我们报复吴国,我君怎能不听老天的命令,而听吴王的命令呢?”王孙雒说:“范老夫子!古人有言:‘不要助天为虐。助天为虐者是不吉祥的。’现在天灾人祸使吴国稻米虾蟹都光了,你助天为虐,不怕遭厄运吗?”范蠡说:“王孙大夫!以前我们先君,原封为不大够格的子爵,只能居住东海岸边,与蛙鼋鱼鳖之类同处一地。我们面貌像人,实际跟禽兽差不多,怎么知道你巧辩的语言呢?”王孙雒说:“尊敬的范大夫,将要助天为虐,助天为虐是不祥的啊!让我再次见一下越王,可向他告辞。”范蠡说:“我君已把此事全权委托我处理,让使者回去。”说着便击鼓兴兵,把包围圈收得更紧。

为了争取范蠡与文种,吴王写了一封信射向文种、范蠡之军,信上说,狡兔死了,优良猎犬就要遭烹煮;敌国灭了,谋臣就要死亡。要文、范两将军反戈一击。文种写了一封回信射给夫差,信中无情地诉说夫差滥杀伍子胥、公孙圣,不听正直之言,专喜谀佞小人,乱征乱罚无罪的齐、晋、越国等六大罪状,表示一定要消灭吴国的残余力量,恭敬地执行天的惩罚。越王这时传下话来说:“上天已把吴国赐给了越国,不敢不接受,希望吴王不要轻易去死,因为人的生命并不长,人生在地上像个过客,时光匆匆就过了。吴王投降后,寡人将把吴王安置到甬东(今舟山群岛)做个小国之长,以三百家供应吴王的衣食,可安度晚年。”夫差认为寄人篱下,只会受到耻辱,日子不会好过,推辞说:“上天给吴国降下大祸,不在前,也不在后,正是我执政的时候。社稷破碎,宗庙被毁,都是我的责任。现在吴国的土地、人民都已被越国占有,我还有什么面目见天下的人呢!况且我已经老了,不能服侍越王了。”夫差面临死亡,对没有听伍子胥的话,感到十分后悔,说:“我后悔不听伍子胥的话,竟使自己落到这一地步!”他让人去祭告伍子胥说:“假使人死后无知也就算了,如死后还有灵知,那么我还有什么面目见

---

① 《吴越春秋·勾践伐吴外传》。

② 《国语·越语下》。

你伍员呢?”夫差还想作最后的挣扎,从姑苏台突围出来,杀向西北。此时身边已无人马,只得东躲西藏。在干隧(在今苏州市西郊浒墅关之南),被越军抓住。吴王不想投降,便用大巾覆面,用越王所赐之剑自刎而死(另一说是上吊自缢而死),[1]吴国终于灭亡。

夫差之所以失国,原因是多方面的。首先是国力所限。吴自寿梦之后,屡有战功,领土扩大,但总体国力并不十分强大。虽经开发,发展很快,但总体上生产力水平与中原相比还有差距。其土质“厥田下下”,在九等中属于最次的一等,由于仓库空虚,因而在夫差后期,连一些灾荒也抗不住,吴人只得以蚌蛤为食。经济规模的有限,制约了吴国军队的数量。吴出征的主力,也就三四万人,有人估计兵车仅数千辆。由于实力不够,吴国在外所建城邑较少,且未能独立成军,后期越军攻吴时,未见各邑能拒敌自保。可见吴国的经济与军事实力并不占很大优势。吴国所以能一时称霸,主要是由于吴人敢于牺牲,加上伍子胥、孙武等将领善于用兵所致,也与阖闾与孙、伍采取的保民养士政策有关。

其次,夫差不恤民力,穷兵黩武,大肆建筑宫殿苑池,聚集珍异。夫差每住一地都要建台榭园囿,带上妃嫔,声色狗马地享受。由于战争频繁,与楚、越、齐等大国多次作战,使耕稼失时,民力耗敝。

其三,独断专横,听信谗言,残杀忠良,乱杀无辜。夫差听信奸佞,放虎归山,又残杀伍子胥等忠言直谏之士,终致国破身亡。夫差生性残忍,在黄池之会,为威胁晋国使者,竟命令军士在晋使面前自杀。当越国袭取吴都的消息传至黄池,夫差为了封锁消息,把七名知事的官吏杀了。由于寡恩薄义,因而人心涣散,败亡有其必然。正如赵襄子所说,夫差不能赏贤,又不能罚奸,“贤者不赏,有罪不罚,不亡何待”?

最后,外交与战略上,到处树敌,“轻诸侯,凌齐晋”,与楚、晋、齐、秦等强国无一不交手争斗,无暇后顾,认为越已不足为虑,而造成灭顶之灾。吴国欺凌弱小,征发无度,对鲁、宋等国征百牢,大大超过对天子之礼,当被征国提出异议时,吴王竟以“吾文身,不足责礼”的无赖语言作答。[2] 吴随意扣压不顺从的国君与大夫,甚至烧杀抢劫,吴国遭到诸侯国的普遍反对。正如越军围攻吴王时,楚隆对越王所说,中原人士听说您越王亲自讨伐吴国,无不欢欣鼓舞,只恐您的大志不能达到呢。吴国由于国力不够雄盛,忽视民情,滥杀忠良,骄淫奢侈,外交孤立,在久困无援中,终于被越国所灭。

综观吴国兴亡的历史,证实了得民心者昌,失民心者亡的真理。吴国自春秋以来,历代吴王大多能够顺从民俗,发展生产,兴修水利,因而取得相应的成就。至阖闾

---

① 《国语·吴语》。传载夫差墓在卑犹,临近太湖。

② 《史记·鲁周公世家》。

能做到改革政治，执行法律，爱护民众，松弛了庶民对领主的依附关系。他亲民如子，改革田亩制度，把土地分给庶民耕种，规定在一定时期内减免赋税。因而获得人民拥护而得到发展。从寿梦到季札直至阖闾都重视学习中原先进文化，引进中原礼乐与优良技术，广泛招揽人才，发展自己的冶铸工业及农业生产，增强了吴国的实力。夫差初期尚能继承先祖余绪，但迅速骄傲起来，杜绝忠谏，违反民意，终使吴国走向灭亡。

勾践经过22年的忍辱奋斗而报强吴之仇，达到蓄谋已久的目的。勾践占领吴国后，把“不忠信，断绝吴之世”的伯嚭以及他的妻子儿孙全部杀死。太宰嚭与奸邪小人逢同等人，被杀于离吴都17里的三台。或说伯嚭与王孙雒二人被“沉身江湖，头悬越旗”。[①] 再有一说是伯嚭被继续留任。但最后一说的可能性不大，因太宰嚭贪图重赂，奸恶不忠，祸国殃民，以勾践之明，是不会保留他的。越国献给吴王的美女西施，已完成了历史使命，勾践怕西施用迷惑吴王的那一套对待自己，使越国覆没，于是把西施装入皮袋沉入江中淹死。[②]（另一说法是，西施随范蠡漂泊五湖隐居去了。）勾践还把夫差的三个儿子流放在今安徽绩溪县西75里的地方，因而这里便叫吴村。吴太子吴鸿（当是太子友死后所立）死后所葬之山就命名为吴山。勾践灭吴后，在短时期内，“徙治姑苏台”。

第六节　越的统治

越灭吴时，楚国想乘越军疲劳的机会出兵三万、兵车千辆，争夺吴地。勾践于是把淮上由吴侵占的土地还给楚，并“割露山之阴五百里以赂之”。[③] 把在今沛县一带吴侵占的土地还给宋，给鲁以泗水东边百里见方的土地。这时，除了今连云港属于鲁的东部，今邳州市为齐的附邑薛与徐州部分地区为宋所有外，几乎全部的江苏在越国的统治之下。姑苏大城也就成了越国的都城之一，故越有时也称吴。为了加强对西部的防务，命范蠡在今南京长干里作“越城”，这是南京建城的开始。越王勾践是春秋之末、战国之初的过渡性人物。

---

① ［汉］刘向：《说苑》，上海人民出版社1990年影印本，第140页。

② 《墨子·亲士》。

③ 《韩非子·说林下》。

一 勾践称霸

越国灭吴后，下一步的打算是争霸中原。早在越军重兵困吴、稳操胜券之时，越就派使者到鲁、齐等国进行外交活动，为北上争霸作舆论准备。灭吴之役结束后，越王乘胜带兵渡过淮水，“号令中国”，与齐、晋等诸侯国会盟于徐州（今山东滕州东南），并送贡物给周王。派使者至齐、楚、秦、晋等大国，叫它们共同辅助周王室。秦君对越王之命并不奉行，勾践就命令越军将士西向伐秦。秦厉公闻讯而恐惧谢罪，越军才撤归。周元王见越国对王室十分尊重，军力雄壮，便赏赐给勾践“祭肉”。“当是时，越兵横行于江、淮东，诸侯毕贺，号称霸王”。[1]

越以“霸国”自称，归还各国被吴所侵的土地，干预诸侯国的事务。邾国国君隐公因“无道”被吴所囚禁，吴立其子革为君。邾隐公逃至鲁，再至齐，公元前473年，见吴将亡而奔越，诉说吴“拘父而立子”之“罪”。这时越王把邾隐公送回国，恢复其国君地位。邾太子革失去君位后也投奔至越，以求得越的保护。但邾隐公统治无方，越再次废掉了隐公，立太子革的兄弟何为君。齐国田恒专横跋扈，先前杀死齐简公，现在又不尊重当今的国君齐平公。勾践对田恒的篡逆行为，曾兴师问罪。鲁国在公元前472年八月，派叔青至越通好。越大夫诸鞅即回聘至鲁，“报叔青也”。鲁已把越作为重要国家。鲁国国君哀公，由于在鲁国掌实权的季孙、孟孙、叔孙三氏（号称“三桓”）的逼迫，而逃亡越国。在公元前470年取得越的支持后重回鲁国掌权。周元王六年（勾践二十七年，公元前470年）夏，卫出公因诸大夫作乱而避于边境上的城鉏，请求越帮助复国。勾践派大夫皋如、舌庸率军与鲁国叔孙舒、宋国乐筏会师后，把卫的抵抗部队打败。卫国诸大夫以厚重的礼物贿送越军，又开了几道城门，装出要接纳卫出公的样子。卫出公见城墙戒备森严，不敢进城，而此时护送的越军已经回去。卫出公的叔父就乘机攻打出公的儿子，而自立为卫悼公。卫悼公把城鉏割给越国，求得越的支持。但在卫大夫司徒期将访问越国时，卫悼公攻打司徒期，并夺取了司徒期送越的礼物。越王勾践对卫悼公的做法十分恼怒，于是把卫悼公拘到越国，使悼公客死于越。除了上述鲁、卫、宋、邾这些国家听命于越外，泗上的十二诸侯滕、薛、莒等以及郑、陈、蔡，也都来朝贺。即使如齐、晋、楚这些大国，或内部局势不稳，或战争创伤未愈，因而使越国“南面而霸天下”，有独大之势。

勾践在短短的二三年中之所以能称霸，是由于继承了关心民生、整武练军的优良作风。也是尊重周朝王室，以较公正的态度解决其内部纠纷的结果。还由于归

---

① 《史记·越王句践世家》。

还了诸侯国被吴侵占的部分土地，使这些国家获得某些利益，因而获得诸侯国的信赖。越王勾践的国内政策亦有可取之处，勾践伐吴以除暴为名，对被征服的吴国采取宽大的优抚政策，恢复生产，兴修水利，使人筑东西千步的吴塘。尊重吴人原有产业，不毁坏吴人的旧坟，使吴人生活得以安定，从而使越国的称霸有了一个巩固的后方。

但是，勾践承袭分封建侯的遗制，大封功臣子弟，当时在吴地就封有摇王、荆王、宋王、干王、烈王、襄王、越王史、周宋君、余复君、上舍君等，还在秣陵（即金陵）建邑封侯。在公田废弛、私田发展、农奴制逐步瓦解的时候，实行分封，固然能强化家族式统治，但已不适应当时的总体形势。

越国内部另一个问题是功臣的处置。在越国负有盛名之下，勾践逐步骄傲与专横，一些鉴貌辨色的功臣便主动隐退。越王从吴回来后，置酒于文台，群臣以功成为乐，越王却面无喜色。范蠡知道越王爱国土，却不惜群臣的死亡，对功臣多有猜忌，因此决心离去。范蠡为勾践深谋二十余年，他受其师计然所说勾践“不可共享乐”的影响，加上自己对勾践的观察，深知勾践之为人，因而于公元前470年左右，向勾践告辞隐退。说我范蠡之所以不死，是因为要替主君报仇雪耻。现在依靠祖宗的神灵、大王的威德，由败转强，取得灭吴的胜利，正如汤、武战胜夏、商的王业那样辉煌。“臣所以当席日久，臣请从斯辞矣。”[①]越王勾践恻然泪下，召来范蠡说：“你的品德与功业，获得全国士大夫与人民的称颂。现在你要出走，这是老天要抛弃越国与勾践，我将无所依靠。你如能留下不走，我将国土分你共享。如你去意已决，我将杀戮你的妻儿！”但范蠡不顾越王的利诱与威胁说：“臣下听说，君子善于等待时机，决定的事情不再谋划，死了不被人猜疑，内心正直，不欺骗自己。我已经辞职，我的妻子犯什么法？大王自己努力吧，让我从此辞去！”于是就乘了扁舟，从三江进入五湖。范蠡走后，为了奖赏他对越国的贡献，“环会稽三百里者以为范蠡地”。[②] 勾践封范蠡的儿子于离都城12里的苦竹城，并在宫中铸了一个铜像，可以每天“面见”。勾践又下令大夫们每隔十天向他朝拜致祭。

范蠡到底去了何方？可谓众说纷纭。《吕氏春秋》《悔过篇》与《离谓篇》、贾谊《新书·耳痹》认为范蠡沉于江湖而死。但从勾践给予封地与为之竖铜像看，不可能被勾践所杀。至于自杀，也不符合范蠡的性格。《史记·越王勾践世家》与《货殖列传》说，范蠡出走后到了齐国，改名“鸱夷子皮”。而《韩非子·说林》、《说苑·指武》说，田恒弑齐简公那年（前481），也就是越灭吴的前八年，齐国已有个叫“鸱夷子皮”的人，是田

---

① 《吴越春秋·勾践伐吴外传》。

② 《国语·越语下》。

恒的家臣。《史记·货殖列传》又说，范蠡在陶长期经商，因而“自谓陶朱公”。但刘向《新序·杂事四》载有梁王召问陶朱公的事。梁是魏迁都大梁后的称谓，这一称谓的出现已在公元前361年，离越灭吴已经一百多年。但有一点可以肯定，他是从太湖作为隐身的始点，这不但有众多文献记载，而且还有口碑资料，至今太湖周边如蠡口、蠡墅、蠡河、蠡湖等众多地名，也反映了这一事实。至于范蠡从太湖出来到过齐鲁等北方，并发财致富，这只是一种可能，很难有定论了。与范蠡相似命运的计然假装发疯，从而逃避了越王的迫害。

范蠡离开越国时，曾对好友文种说：“你赶快走吧，越王一定会杀你。”但文种认为自己有功于越，对范蠡的话不以为然。范蠡到了齐国再一次写信给文种，信中说：天有四时的变化，人有盛衰的时候。盛到极点必然走向反面，知道进退存亡而处于不败之地，才算是贤人。我范蠡虽然不才，但知道进退的时机。最后范蠡说：“高鸟已散，良弓将藏；狡兔已尽，良犬就烹。夫越王为人长颈鸟喙，鹰视狼步，可以共患难而不可共处乐。”[①]“子若不去，将害于子，明矣。”文种内心有所触动，就装病不上朝。于是有人乘机进谗说：“文种放弃了宰相的地位而使君王称霸于诸侯。现在官职没有提高，封爵没有增进，因此怀着怨恨的心理，内心愤怒，变了脸色，这是不上朝的根源。”过了几天，可能是由于文种忧心稍改，上朝见越王忧愁，就说：“吴国现在灭亡了，还有什么有忧愁的呢?”勾践对文种已有戒心，因此对文种的问话，默然不答。由于他猜疑文种，要解决这个“后顾之忧”，连鲁哀公请求越兵讨伐三桓的大事也不管了。大约在范蠡出走后一年，即公元前469年左右，越王问相国文种说：“我听说知人容易，自知难，你相国自知是怎样的人呢?”文种看出勾践要对自己动手了，只得恳求说：“可悲啊！大王只知道下臣勇敢，而不知下臣的仁慈；只知道下臣的忠诚，而不知道下臣的守信，下臣真诚地劝诫您减损声色玩乐，杜绝奢侈淫声与奇谈怪论。我竭尽忠诚，言无不尽，一定有冒犯大王的地方，一定有所得罪。臣下不因怕死而不说，也不怕说了去死。过去伍子胥在吴被夫差杀时曾说：‘狡兔死，良犬烹。敌国灭，谋臣亡。’后范蠡也有类似的话。我已看出大王的心思了。”但越王依然默不作声。大夫们见这一情景，悄然离开。不久勾践召文种前来，严厉地说：“你有阴谋兵法，可倾覆敌国。你的灭吴九术中，今天用了三策已彻底打败了强大的吴国。还有六策在你那里，希望你能够带着其余的法术，为了我的先王，到地下去谋取吴的前辈。”这话杀机毕露。于是文种仰天长叹：“啊！我听说大恩不能得报，大功不能得酬，就是这种说法了。我后悔不听范蠡的话，而被越王所杀！”越王就赐给文种一把“属镂”

① 《吴越春秋·勾践伐吴外传》。

之剑。文种得剑长叹："后百世之末，忠臣必以吾为喻矣。"[①]说罢，用剑自刎。勾践将他葬在国都西边的山上，即今天绍兴市的卧龙山。除了上述范蠡、文种、计然三大功臣谋士之外，大夫曳庸、扶同、皋如等人，也"日益疏远，不亲于朝"。勾践在灭吴之后，猜忌、疏远乃至诛杀功臣，在专制政体之下，有它的必然性。这一举措，削弱了越国的人才优势，限制了越国的某些发展，从长远而言，它在战国的舞台上逐步消歇，这也是一个原因。

为了与中原各国较量，称雄北方，鉴于原越国都城会稽与吴的故都姑苏都不能适应称霸的形势，勾践"徙都琅邪"，即今山东诸城东南。[②] 根据《今本竹书纪年》推断，周贞定王元年（勾践二十九年，公元前468年）越国建都于琅邪，建周围七里、可以直望东海的观台，又迁三万户充实于观台之下，并驻守"死士八千人，戈船三百艘"。[③] 琅邪地属丘陵，东临大海，以强大水军闻名的越国有海上的依托，进退自如，琅邪具有一定的自然条件优势。其缺点是距离吴越本土较远，有突前冒出之虞。越国自迁都琅邪后，继续推行霸权政策。就在那年春天，勾践以盟主身份派大夫舌庸到鲁国，责备鲁侵占了邾国土地。在舌庸主持下，鲁、邾双方订立以骀上（今山东滕州东南）为界址的边界协议。同年二月，舌庸代表越国调解鲁国哀公与季康子、叔孙文子与孟武伯三位卿大夫的关系，在平阳（今山东邹城）会盟。三卿都只得听命于舌庸，季康子因作为鲁国之卿而只能服从这位蛮夷大夫的指派，感到耻辱，但自己无力抗越，又后悔未用像子贡那样的善辩之人，因而一病不起。四月，季康子死，鲁哀公去吊唁时，减损常礼。到了该年秋天，鲁哀公想利用越国的兵力攻季孙等"三桓"。八月，鲁哀公至公孙有山的领邑，三桓闻讯急攻哀公，鲁哀公逃到卫国，再转邾国，随后到琅邪越王那儿讨救兵，来攻击三桓。那年冬天，鲁国人迎接哀公回国。哀公因长期流离，身心抑郁，回国不久就死在公孙有山家。越王勾践为此事发兵攻鲁，向三桓问罪，一直攻到武城。[④] 越国还干涉一些中小国家的内部事务，以霸国的身份出现。周贞定王四年（勾践三十二年，公元前465年）冬天十一月，越王勾践病重，临死前嘱咐太子与夷（又叫适郢、鹿郢、鼫与，铜器铭文中也作"者旨於赐"）说，只有小心谨慎，兢兢业业，才能保住霸主的地位。

与夷在灭吴后一直镇守吴邑，在长期的战火生活中，积累了一定的实践经验。他

① 《吴越春秋·勾践伐吴外传》。

② [北魏]郦道元：《水经注》卷二十六《潍水注》，岳麓书社1995年版，第405页。

③ 《越绝书·外传记地传》。

④ 《左传》哀公二十七年；《孟子·离娄下》。

继承了勾践的基业,“陵暴诸夏,侵灭小邦”,[①]攻占了一些小国的土地。今安徽淮南市蔡家岗蔡侯产墓曾出土铸有“戊王者旨於赐”铭文的铜剑,可证是时蔡朝服于越的事实。吴江横塥墓中曾出土战国铜编钟残片,残存一“於”字,有人分析,这一编钟可能是越王者旨於赐的钟,这也可说明,吴邑仍是越王与夷的王都之一。

二 越楚之战

战国初年,齐、晋、楚、越“四分天下以有之”,他们训练士卒,“攻伐兼并,为政于天下”。越国从与夷至不寿(盲姑)再至翁(朱句)、翳(越王授),都称霸为王。越与楚这个昔日的盟友,迅速反目成仇,互相攻伐。这时越国又灭掉或削弱了一些小国。越国利用在琅邪建都之利,在今山东半岛不断扩张,莒原服于越,在朱句十八年(前431)曾为楚所灭,后又复国。因此时的莒常被越、齐两国所侵,因此《墨子》上说,“越人夹削其(莒)壤地”,周威烈王十一年(朱句三十四年,公元前415年)越国攻灭了滕国(在今山东滕州西南)。

第二年,越国又攻占了郯国,俘虏了郯国的君主鸪。这一时期,越还灭掉了邻近的缯国(今山东峄县东),缯原亡于莒,在春秋后期复国,至越王翳时,再亡于越。越国与楚国经常在长江水域进行水战(舟战),楚军顺流而下,越国逆流而上,双方搏杀,互有胜负,但越国占据上风。在朱句元年至十年间(前448—前439),越有水战胜楚的记载。

周安王二十三年(越王翳三十三年,公元前379年),越国把首都迁到吴地,但越在北方的威望还存在。翳三十六年(前376)太子诸咎(又称诸咎越滑)弑其父王翳。原来翳宠信他的弟弟豫,豫将翳的三个儿子杀死后,又想杀太子诸咎,诸咎因“国人之欲逐豫”,乘机攻入王宫杀豫,后又把翳杀死。从此,发生一系列的内乱。诸咎三年(前363)十月,越人又杀诸咎,立孚错枝为君。第二年,大夫寺区立无余之(莽安)。无余之十二年(前351),寺区的兄弟忠,又杀其君莽安,越人立无颛(王子搜)为王。由于越国频发内乱,“三世弑其君”,实力受到相当大的损失。2004年在无锡鸿山发掘的越国贵族墓,出土2000余件随葬器物。其中玉器40余件,还有青瓷礼器、乐器等,具有战国中期的特点,从出土玉器有龙、凤、蛇的装饰看,具有王一级的标征。随葬的玲珑球是象征王权或神权的神器。[②] 此墓地的发现,证实了越王翳重迁吴都的史实。

周显王二十六年(前343),越王无强即位,他雄心勃勃,兴师北伐齐,西伐楚,两面开弓,与中原大国争强。齐国派使者至越,劝越全力攻楚。齐国使者说:如越不攻楚,

① 《后汉书·东夷列传》。

② 张敏等:《无锡鸿山越国贵族墓发掘简报》,《文物》2006年第1期,第4—22页。

大也称不了王，小也称不了霸。越之所以不讨伐楚国，而攻打齐国，是使韩、魏不亲齐而亲近越国，然后与韩、魏攻楚。但韩、魏二国是不会去进攻楚国的，因与楚交兵将覆军斩将，丧失重地。你把与韩、魏的盟约看得很重，是什么原因？越王回答说：我对韩、魏的冀求，不是去接刃交兵，更不是去攻城围邑，而只希望魏军能集结在大梁（今河南开封市）的下方，也希望齐派兵驻在南阳（今山东莒县西）、莒，集结在常邑（齐国的南地）、郯国一带，那么楚国方城（今河南叶县西南）的兵就被牵制，不能向南伐越了，淮、泗之间的楚兵也不能伐齐威胁越了，商（今陕西商州东 85 里）、於（今河南内乡县东 7 里于村）、析（今河南内乡县西北）、郦（今河南内乡县东北）以及宗、胡地方的楚兵不能威胁通往中原的大道以西的地方，也就不能抵御秦的进攻。江南及泗上的楚兵也不足以对付越国了。那么，齐、秦、韩、魏可以在楚国得志，特别是二晋（指韩、魏）可以不战而分得土地，不耕种而有收获。现在韩、魏安排兵力在黄河、华山之间，愿意为齐、秦所用。我们对韩、魏有殷切的期望，而二国考虑失策，怎能凭借它们称王呢？齐国使者回答说："越国没有灭亡，算是幸运！用眼睛看得见毫毛而看不见睫毛，那不是可贵的智慧。大王今天只知道韩、魏的失计，而自己不知越国的过错，这等于只见毫毛而不见睫毛了。大王期待韩、魏的，不是叫它们效汗马之劳，也不是和它们合军订盟，是要它们分散楚的力量。现在楚国兵众已经分散了，还等待韩、魏的什么帮助呢？"越王说："这话怎讲？"齐国使者说楚国现在由三位大夫分别率领九军，向北包围了沃（今河南陕县西 40 里）、於中（即于）以至无假之关，有三千七百里，楚景翠的军队北面聚集在鲁、齐、南阳，军队的分散，有比这个更大的吗？而且大王所希求的是使晋楚相斗，以为韩魏不与楚国斗争，越军就不能兴起，这是只知二个五，却不知道十。这时候不攻楚，越国很难称王称霸了。又雠、庞（以上两地在今湖南）、长沙（治所今湖南省省会）是楚的粮区，竟泽陵是楚的木材产地，越军如果窥测机会通过无假之关，以上四邑贡献的粮食、木材就不上贡于楚，而贡越了。臣下听说，图王不成，至少可以称霸。然而连霸都称不上，那肯定是失去了王道，希望大王转而攻楚。

越王听了，转而进攻楚国。楚威王七年（前 333），楚王兴兵抵抗越国，把越军打得大败，杀死了越王无强。在江北占领海阳（今泰州市）一带，南边占领越国江上的越城，几乎把故吴的土地全部占领了，一直打到浙江（今钱塘江）。楚在石头山上置金陵邑（今南京市清凉山后），使原越国地域纳入楚的经济范围，泗洪青阳镇战国楚蚁鼻钱的出土，说明楚钱在这里的流通。"而越以此散，诸族子争立，或为王，或为君，滨于江南海上，服朝于楚"。[1]

---

① 《史记·越王勾践世家》。

三 越齐争强

越国北方的强敌是齐国，越建都琅邪，主要是与齐较量。争夺的重点之一是两国间的小国"莒"。为莒，齐、越之间发生战争，加速了莒的灭亡，故《墨子》上说，莒国"亡于齐、越之间"。由于"缯恃齐而轻越"，于是越国乘齐国的"和子之乱"（也就是田和初立，齐国田布与公孙会的内讧）之机，灭掉了缯，这是越王翳八年（前404）的事。

至越王翳晚年，由于越一直是齐的麻烦，因而齐国大臣齐庄子要求进攻越国，问计于和子，和子回答说："无攻越，越猛虎也。"[①]齐庄子说："虽说是猛虎，而现在已经死了。"再问齐相鸮子，鸮子也答复说："猛虎虽然死了，但人民心中还认为它活着。我们凡是做什么事，应该了解民心啊。"当时越国都城虽返迁于吴，但它在北方仍留有相当实力的军事力量，故而齐国不敢轻易碰它。

越王无强在公元前343年即位后，越国力量似有所增强，北伐齐国。而这时的齐正是威王当政，他任用邹忌、孙膑等优秀的政治军事人才，整顿秩序，国力大增，当"越甲"蜂拥而来时，齐国忠臣雍门子狄向齐王请求誓死抗越，竟自刎于越军阵前，"是日，越人引甲而退七十里"。[②] 越人认为齐有这样的忠臣，可使越国灭亡，因而"引甲而归"。

齐在与越的争夺中，逐步向南扩张，占了郯和薛的下邳（今邳州）。齐曾封邹忌于下邳为成侯。越王无强既向北伐齐，又向西伐楚，双拳出击。齐威王为把越北伐的矛头引向楚，专门派使者以利劝越向西，而使越遭溃败。从越、齐争战考察，在战国的前中期，齐常采取守势。原因是越正处上升时期，兵力充足。

除了上述越与楚、齐冲突之外，在今江苏这块土地上还有宋国的彭城，常被列国所窥视，在周安王十七年（前385），韩攻入宋地彭城，俘虏了宋君。在越王无强时，楚与齐也争夺于泗上，楚亦曾占宋国彭城。楚顷襄王十三年（前268），齐与楚、魏灭宋，而三分其地，彭城属楚。其事起因于宋康王偃荒淫暴虐，所杀戮者众。传说此时宋国有雀生鹯（鹞类大鸟），宋康王叫太史占卜此事吉凶。而太史认为这是"小而生巨，必霸天下"的瑞祥，迷信的康王大喜，就起兵灭掉滕国，进伐薛国，向东打败齐国，夺取五城，南边又打败楚国，夺取了300里的土地，西边又打败了魏国。宋康王骄傲自满，以为霸业可成，叫国中人都叫他"万岁"。而宋国内部因争权夺利，分崩离析，曾继位为王的太子出走；相国唐鞅为争权驱逐戴子，宋君又杀死唐鞅。天下的人称宋康王为

① 《吕氏春秋·季秋纪·顺民》。

② ［汉］刘向：《说苑》，上海古籍出版社1990年影印本，第32页。

“桀宋”，意思指宋康王昏暴如桀。这时，“齐湣王起兵伐之，民散，城不守”。[①] 宋康王奔魏，死于客地。

第七节 楚的统治

战国中期以后，楚国一方面受到西部秦国的大举进攻，另一方面，又不断向东方发展，江苏地区成为楚国的重点扩张地区。楚国打败越国后，占领了今江苏地区大部越地，楚国成为江苏地区新的主要统治者。经过楚国的长期经营，江苏地区已经成为楚国后期的战略后方，楚国人口逐步迁移至此。文化也被楚文化所浸润，直到最后被秦国灭亡。

一 楚国削越

战国中后期，越遭楚的沉重打击，但并未灭亡。为了对付越国，楚怀王六年(前323)秦派张仪与楚、齐、魏结盟于啮桑(今沛县西南)。楚怀王十年(前319)，楚国曾筑城广陵(今扬州)以备越，[②]应该说江苏的部分土地仍在越国占领之下。十一年(前318)，周人杜赫，曾以楚国“东有越累，北无晋，而交未定于齐、秦”，[③]说明楚的孤立。越既是楚之“累”，可见越仍在袭扰楚国。楚怀王十七年(前312)，越国曾派公师隅至魏，赠送魏国一艘名叫“始罔”的大船及其他船只300余艘，箭500万支以及犀角、象牙等物品。越国仍有与楚抗衡的力量。在楚怀王元年至十八年，越人与楚军作战二胜三负，越人仍有胜绩。而楚“陈卒尽矣！有偏守新城，而居民苦矣”。周赧王三年(楚怀王十七年)，越国似仍占有今江苏一些土地。河北平山县中山王一号墓中1977年出土的一件中山譬鼎，铭文中有“(昔者燕君子哙)迷惑于子之于今”，后又说“越人修教备信，五年覆吴，克并之至于今”，[④]说明燕王哙授权国相子之引起内乱时，即公元前312年之后，越国仍“克并”某些吴地。

楚在暂时难以取胜的情况下，便派大夫滑召到越都吴邑担任越国官员，挑动越国王族内部斗争。使当时在吴邑的越宋王与摇城周宋君在语招湖(今太湖的一部分)发生战争，削弱了抗楚的力量。楚怀王在二十三年(前306)占领吴邑，在这里设江东郡。

① [宋]司马光:《资治通鉴》，中华书局1956年版，第124页。

② 《史记·六国年表》。

③ 《战国策·楚策三》。

④ 《中山王譬器文字编》，中华书局1981年版，第109页。

齐湣王(前 300 年—前 284 年在位)时,苏代在游说中有“齐、燕战而赵氏兼中山,秦、楚战韩、魏不休,而宋、越专用其兵”等语。[①] 赵兼中山是在周赧王十九年(前 296),秦楚与韩魏之间的不断战争,宋偃王的耀兵扬武,都是在公元前三世纪初。可见越在这时尚有一定的力量,故可以“专用其兵”。

楚考烈王(前 262 年—前 238 年在位)时,越国北部的琅邪地区,被楚兼并,越王亲才从江南退至浙东,长江以北的土地尽失。但越仍保留今浙江大部与苏南的某些据点。越王余复君仍占有离吴邑 80 里的马亭溪,在这里筑“复城”。楚考烈王十五年(前 248)春申君封于吴,在吴都旧墟筑城,其城有“蛇门”,是“春申君造以御越军”的。[②]《后汉书·郡国志》刘昭注引《越绝书》云:“(吴)有西岑冢,越王孙开所立,以备春申君,使其子守之。子死遂葬城中。”也就是说,即使在战国末年,越国仍据守吴地的西岑冢,与楚“分庭抗礼”。即使秦统一中国前夕,越国也曾想联合楚、燕、赵等国攻秦,秦派姚贾带着珍珠重宝,使“绝其谋,止其兵”。越国的灭亡,应是在秦始皇二十五年(前 222)秦“降越君,置会稽郡”。[③]

二　三楚划分与郡县制

楚逐步占有江苏的大部分土地,原来的越地变成楚所有。人们习惯把江北彭城之西作为西楚,汉时包括沛(今仍名,属江苏)、陈(今河南淮阳)、汝南(今河南上蔡西南)、南郡(今湖北江陵)等地,“地薄,寡于积聚”;彭城以东包括东海(今山东郯城北)、广陵(今扬州)、吴(今苏州)直至浙江,称东楚,东楚的风俗,其北部与齐、南部与越类似;衡山(今湖北黄冈西北)、九江(今安徽寿州)以及江南的豫章(今江西南昌市)、长沙(今湖南省会)称南楚,地势卑湿而多竹木。三楚既是一个地理概念,也指某些风俗的区划。江苏大部分地区属于东楚,淮北部分地区属于西楚。楚国在这里设立郡县,也有一部分作为封君的领地。郡县制是与封建社会结构相调适的一种行政管理制度。春秋五霸齐桓、晋文、楚庄、阖闾、勾践为富国强兵,争霸中原,都进行了以“重法爱民”为核心内容的改革,重法的目的,在于爱民,也就是在封建法礼的大框架下,尊重人的权利,提高民的地位。吴王阖闾“亲其民,辛苦同之”。夫差初年也能做到“信以爱人”或“爱民养士,视如赤子”。勾践更是把人作为天地之间最宝贵的东西,因而“遇民如父母之爱其子,如兄之爱其弟”。

---

① 《战国策·齐策五》。

② [唐]陆广微:《吴地记》,江苏古籍出版社 1999 年版,第 23 页。

③ 《史记·秦始皇本纪》。

"爱民"在刑法上的表现，就是依法办事，取消奴隶主生杀予夺的特权，行事置于封建法治之下。同时必须对原法令进行改造，"舍其愆令"，[①]即丢弃那些错误的过时的"法令"，进一步修订完善法律制度。在具体的执法中，"省刑去罚"，减损繁杂，使执法者便于执行，奉法者便于遵守。做到慎刑谨法，给民众以宽松，达到保护正常生活的目的。

爱民的另一表现是"富民养土"，"裕其众庶"，不要"夺民之所好"，也就是不压制他们生存发展的欲望，不剥夺他们的私有财产与生财的机会。使民不失农时，而成其田事；轻其赋征，增加收入。越国曾分给庶民一块耕作的"食土"，定期减免赋税，甚至"十年不收于国，民俱有三年之食"。[②] 保证了这些封建自耕农个体经济的发展。

为了发展民生，吴越等国改革了土地制度。一是改革了田亩的计算。在一次孙武与阖闾的对话中，他们两人几乎一致赞扬晋国赵氏的改革措施。赵氏制田"以百廿步为畹，以二百卌步为亩，公无税焉。公家贫，其置士少，主佥臣收，以御富民，故曰固国"。[③] 这就是改变西周王朝100步为一亩的田制，实行240步为亩，实际减轻了农民赋税，加上政府所设"职士"数量的减少，君主与臣下都很收敛，使人民富裕。阖闾、孙武认为，在晋国多家大夫的竞争中，赵氏一定能取胜。从这段对话可知，吴国效法了这种制度，减轻了庶民负担，调动了庶民耕种土地的积极性。

二是改土地王有制为地主所有制，确定土地私有的合法性。改变过去"田里不粥(鬻)"的规定，允许土地买卖。越国的计然在替勾践谋划时指出，防止商人在粮食丰收之时压价，国家应赶快卖出六畜、货财，来买进五谷；在粮价昂贵之时，买进田宅、牛马，抛出粮食，聚敛财货，来达到平抑物价的目的。说明当时吴越已确定土地、庄园的私有性质，流行田宅的自由买卖。

吴、越、楚把土地分给王室成员、功臣贵族。吴国除吴王自有的"吴王田"，还把土地给王子、王女为"吴王子田"、"吴王女胥主田"。吴、越的一些功臣如伍子胥、范蠡等也都封有私有的土地。甚至一技之长的医药之士乃至下级军官也能得到封地。这些土地上的剥削方式已采用地租式的封建方式，与奴隶制有显著的区别。

但必须指出，由于改革的不彻底性，农业上确定封建所有制以外，在畜牧、工商业中还保留了不少奴隶制的残余。如干将、莫邪在冶炼铜铁时"使童女童男三百人鼓橐装炭"。[④] 所谓"童"也就是奴妾之意，《说文》："童，男有辠曰奴，男曰童，女曰妾。"在越

---

① 《国语·吴语》。

② 《国语·越语上》。

③ 银雀山汉墓竹简《孙子兵法·吴问》，文物出版社1976年版，第95页。

④ 《吴越春秋·阖闾内传》。

国仍有罚罪人及其妻子儿女为奴的规定，并利用奴隶劳动经营商业牟取利益。吴、越还用男女奴隶殉葬，“夫吴越之国，以妾为殉，中国闻而非之”。在镇江丹徒的春秋晚期墓中都发现有人殉现象。以上都说明，吴、越奴隶制残余成分，在社会构成中还占有一定地位。

与封建地主经济相适应，自春秋至战国，吴、越、楚建立了由君主直辖的郡县制度。这是由于土地私有的发展与按田亩征税，因而必须改变行政管理体制。

楚国的“县”与秦、晋同时出现，时间很早。楚国从文王（前 689 年即位）开始，伐灭了周边的许多诸侯小国，在这些地方设县。楚文王时，分别在二年、十年、十六年伐灭申、息、邓三国。楚成王十七年（前 655）“楚人灭弦”，二十四年（前 648）灭黄，三十八年（前 634）灭夔。楚穆王三年灭江（前 623），第二年灭六。在这一年，“楚公子燮灭蓼”。楚庄王三年（前 611）楚与秦人、巴人联合“灭庸”。楚人把被灭之国改成县。如《左传》哀公十七年载，楚文王以彭仲爽为令尹，“实县申、息”。申、息成为最早的县。以后在楚地逐步普遍化。正如顾炎武所说：“春秋之世，灭人之国者，固为己县矣。”[①]

所灭之国都在边境地区，改建为县，由中央直辖，目的是为了加强边境防务。为了充实边境的防御力量，楚国把边疆上原有的“都邑”改置为县，成为隶属于中央的重要的军事行政区域。县内可自建军队，称“县师”。县师的给养由县本身负责，县师官兵可以在县内配田。

楚县的长官称为公，如，申县的长官称申公，最早有申公斗班，以后有申公斗克、申公子仪等。又如，蔡县的长官有蔡公弃疾。这是因为楚已僭号为王，直属于君主的县官便称公，与周天子所封公侯相对应。县官也可称“尹”，如斗缗曾做“权尹”，公孙朝曾做“武城尹”。“尹”与“公”亦可互用。如穿封戌在陈县任长官称陈公，也称陈尹。任县公（县尹）的多为楚的王族宗人，少数由士人担任。

“郡”亦为中央政权的直属单位。“郡”的地位原来要低于县，因为郡多设在边远地区。地方大而人口少，故《左传》哀公二年称“克敌者上大夫受县，下大夫受郡”。杜预注《左传》时引《周书·作雒》云：“千里百县，县有四郡。”显然，县下才是郡，但随着边地经济的繁荣，郡的建制逐步高出于县。

吴、越应该实行了郡县制。吴王阖闾死，为营造他的坟墓，动用了五郡十万民工“穿土为山”，“积壤为丘”而筑成。吴在北伐时曾发九郡兵进攻讨伐齐国，[②]可见郡是一个徭役与兵役单位，除行政功能外，还有军事训练与出兵出工的义务。

---

① [清]顾炎武：《日知录》卷二十二《郡县》，见清黄汝成《日知录集释》，岳麓书社出版社 1994 年版，第 774 页。

② 《史记·仲尼弟子列传》。

三　春申君和毋陵君治江东

楚占领今江苏后，大部分设置郡县，一部给予封君。楚考烈王十五年（前248）封黄歇于吴。黄歇（？—前238）出身于楚国贵族，以“游学博闻”成名。楚顷襄王认为黄歇有雄辩之才，命其出使秦国。当时秦国正协同韩、魏共同伐楚，欲一举而灭楚。于是黄歇上书秦昭王说：天下的强国没有超过秦、楚的，今秦伐楚，犹如两虎相斗，而受弊于劣犬。黄歇盛赞秦国兵力强大，威望高凌，但指出如依恃军队众多，武力强大而要征服天下诸侯，恐有后患。过去，智伯伐赵，而由于韩、魏的反叛被消灭。吴军全力伐齐，不知越国在后袭击，而有干隧的失败。韩、魏两国父子兄弟死于秦的有十世之久，国残庙毁，是秦的世仇，不可相信。今天大王依靠韩、魏两国来攻楚是完全错误的。秦国攻楚，只能增加韩、魏、齐的力量。大王如与楚国联合，可以威胁韩、魏，“齐右壤可拱手而取”，①从而震动燕、赵。昭王听信黄歇的上书，派出使者，送礼聘问，秦、楚订立盟约，成为与国。

楚派黄歇与太子完入质于秦，经过数年，顷襄王病重，黄歇通过秦国的应侯，说明放太子完回楚之于秦有利，并设计让太子完先回；估计太子已走远，秦人不能追及，便对秦昭王说清原委，表示愿意被赐死。这时应侯范雎说：“歇为人臣，出身以徇其主，太子立，必用歇，故不如无罪而归之，以亲楚。”②黄歇回国后三月，太子完即位，是为考烈王。楚任黄歇为相，封为春申君。黄歇有门客三千余人，都得到优厚待遇。他是与信陵、平原、孟尝君并列的战国四公子之一。春申君封有淮北地12县，地处边地，常与齐发生战争，因此黄歇要求献出这12县作为郡，并请求封至江东。楚考烈王准许了黄歇的请求。黄歇便在故吴的废墟上筑城，作为自己的都邑。

春申君做楚相后，曾带兵去援救被秦围困的赵邯郸，适逢秦兵解围，春申君回楚。春申君做楚相的第八年，借秦、赵两军长年相持之时，于公元前261年，乘机攻伐鲁的徐州。过了五年，灭掉了鲁国，把鲁君迁到莒。今江苏北端的某些地方归于楚国，楚有复强的态势。

楚考烈王二十二年（前241），楚都从陈（今河南淮阳），东迁寿春（今安徽寿县）。其时，各诸侯国对秦的攻伐不已感到恐慌，便联合起来，一致向西讨伐秦国。楚王被推为纵约长，由春申君实际管事。诸侯军到函谷关下，被秦军击散。考烈王归咎于春申君，从此对他疏远了。这时，一个极有心机的赵人李园，把自己漂亮的妹妹进献给春申君。有孕以后，李姬劝黄歇把自己进于楚王，这样，生下儿子名为楚王之子，实是

① ［汉］刘向：《新序》，上海古籍出版社1990年版，第24—25页。

② 《史记·春申君列传》。

黄歇的儿子,可成为楚的最高统治者。春申君依计而行,李姬被立为王后,其子也被立为太子。楚王让李园掌权。楚考烈王二十五年(前238),考烈王病重。春申君拒绝了朱英乘机诛杀李园而南面称王的建议。过了十七天,楚考烈王死。李园先进入城中,伏在寿春的棘门里边,待春申君到时,李园的死党刺死了春申君,并尽灭春申君的一家。《越绝书》认为楚幽王时,征春申君为令尹,至三年才被杀,其时似太晚,今从《史记》之说。

春申君离吴至楚王朝任职之时,由春申君的儿子以"假君"的名义治理封地。相传,春申君父子在吴重视农业,开发水利,疏浚河道。他们疏浚了从太湖流向长江的笠泽与今苏锡间的运河。因而笠泽便称黄浦或歇浦。在吴城堵住胥门,增开葑门等水陆城门,以缓冲太湖来水,避免城内居民受涝。在吴城之内开四纵五横的内线河流,便于城内水的蓄泄。治无锡湖为陂,凿语昭湖以东到大田。此外,还开了像申港一类的新河,修筑埭堤,如无锡的龙尾道。今苏州市相城区有地方叫黄埭,传说就是黄歇所筑,故而名之。春申君并设仓库、市场与监狱。黄歇治吴,重视民生,故后来吴人在多处地方立祠纪念他。

春申君之后封于吴的楚国封君是�陵君王子申。

第六章 春秋战国时期江苏的环境与经济、交通、城市

进入早期国家阶段之后，江苏历史上最重要的发展高峰是春秋后期。这个时期，吴国占据了江苏大部分地区，形成了局部统一。吴王阖闾营造了庞大的都城，打败楚国；夫差臣服越国，北伐中原，与晋会盟黄池，争得霸主地位。吴王阖闾成为与齐桓公、晋文公、楚庄王、越王勾践并称的春秋"五霸"之一。春秋后期吴国文化出现了空前的繁荣，江苏历史文化达到其第二个发展高潮。

由于文献匮乏，吴国的经济状况，特别是生产力发展水平已经很难完整具体描述，《史记·货殖列传》、《汉书·地理志》等有一些对江淮以南的描述，但不完全与先秦江苏的情况匹配。只能通过现在发现的墓葬、遗址所发掘的物质材料大致了解一些。经济发展的一般情况，在政治与文化各章中，已经有所记述，本章重点考察自然环境、经济发展（特别是经济的政治军事性特征）、水陆交通（特别是运河开凿）、城市兴起等方面的发展状况。

第一节 自然环境与所属区域

一 自然环境状况

历史上的江苏，包括江南，也并非天然的鱼米之乡，也曾经是一个灾害频繁出现的地区，主要灾害有水灾、旱灾、海啸、海潮、风灾、蝗虫灾害、坍江等，发生最多影响最大的是各种原因造成的水灾。在历史的漫漫长河中，水的泛滥与淤积，曾经给江苏人带来无穷的灾难，江苏的历史就是一部人与水的斗争，直至和谐共处的历史。①

① 梁白泉：《江苏历史的特点》，原载《江海学刊》1964 年第 7、8 期，收入朱庆葆主编《南京大学百年学术精品·历史卷》，南京大学出版社 2002 年版。

江苏的淮河以南，古属《禹贡》九州区划中的扬州；淮河以北，属徐州（非今徐州，今徐州当时叫彭城）。若以长江为界，长江以南称江东。

古代江苏水资源十分丰富，河流、湖泊广泛分布，河道密集。长江以北有射阳湖、硕项湖，淮、泗、沂、濉、济等；长江以南有太湖、三江、江南河、胥溪（濑、溧）等。古硕项湖在今京杭运河以东淮北平原东北部的东海、沭阳与涟水之间。

苏北地处淮河流域下游，特别是今通扬运河以南地区，地形地貌类似于太湖流域，多为低地湖泊群和长江三角洲冲积平原，河流多，水资源十分丰富。古代淮河是与长江、黄河、沇（济）水并称"四渎"的大河，曾经是一条给江苏带来充沛水源和繁荣的重要河流，《禹贡》："导淮自桐柏，东会于泗、沂，东入于海。"由山东境内自北向南的泗水、沂水、沭等河或汇入淮河，或独流通往大海，这些河流含泥沙较少，水量丰富，《左传》昭公十二年载："有酒如淮，有肉如坻"，这"是当时习以淮为巨流，拿它水量的巨大作为备酒极多的比喻"。[①] 有的河流还具有航运功能，是水路交通干线。淮河的入海口大致在今涟水一带。[②]

淮河将苏北分为淮北和江淮之间两大区域，这一带是江苏新石器稻作农业的发祥地之一，先秦淮河流域为淮夷散居，淮北受到山东境内文化的强烈影响，经济文化发展较早。淮河是中国南北重要地理分界线，淮河流域是连接黄河流域与长江流域的中间地带，战略地位极为重要：统一时期，历来是南北文化交流的通道和交汇地带，经济繁荣，所谓"走千走万，不如淮河两岸"；分裂时期，是南北对峙前沿，战争频繁，民族融合剧烈，区域发展即遭到破坏甚至中断。

苏北的海岸线曾经发生多次变化。根据研究，苏北平原沿海有 5 道沙堤，除海边分布的最新 2 道沙堤被沉积物覆盖外，其余 3 条老沙堤直接露出地面以上，无盖层。[③] "全新世以来，苏北中部高宝湖、洪泽湖以东，增长的陆地总宽度达 165km 左右；赣榆县南部平均增长约 6km。"5600 年以前海退后，形成了西沙坝子—西塘港水下砂坝，海岸位置退到板浦—阜宁一线。距海距离约 110 公里。距今约 5600 年，发生海侵，海岸后退虽只有几公里，西移到龙冈—大冈沙堤，但海水顺淮河古道内泛，西到今洪泽湖边，形成广阔的泻湖与盐沼洼地带。此后总趋势是步步向海推进。但直到汉代，3500 年间仅推进几公里，在潘冈—上冈沙堤的东侧。[④] 此后变化不大，在战国到宋金

---

① 刘起釪：《〈禹贡〉徐州地理丛考（上）》，《文史》第 44 辑，中华书局 1998 年版。

② 《山海经·海内东经》："淮水……入，淮浦北。"淮浦即今涟水。

③ 杨景春主编：《中国地貌特征与演化》，海洋出版社 1993 年版，第 65—66 页。

④ 杨达源、汪慧慧、潘涛：《全新世以来苏北海陆变迁的遥感研究》，《黄淮海平原水域动态演变遥感分析》，科学出版社 1988 年版，第 160—169 页。

以前，江苏的海岸线大致在今天的通榆运河一线。以范公堤为标志，大堤以东便是茫茫大海，早期的连云港及赣榆等与大陆分离，孤悬海中，而今天的盐城、连云港、南通的大部分地区都在苍茫大海之中。即便在范公堤之内，新石器时代的海侵也相当严重，曾经多次淹没大堤以东，最大深入到今宝应、高邮古射阳湖及京杭运河一线。淮河以南，先民主要活动在京杭运河以西；淮河以北，则分布较广。现在，海岸线已经从第一道新沙堤大大向东推进了数十公里不等。[①]

先秦秦汉时期，长江入海口在扬州和镇江一带，扬州像今天的杭州湾一样，江宽海阔，达数十里，汉代枚乘有赋津津乐道的"广陵潮"颇似今天著名的钱塘江大潮般惊心动魄。六朝时期，海潮涌浪还曾直扑建康（今南京）石头城下，毁坏舟船。唐朝瓜洲江面还有 40 里。长江流量超过 9000 立方米/秒，悬移质输沙量接近 5 亿吨，日积月累便在长江入海口建造了规模巨大的三角洲堆积体系。随着长江泥沙的不断生长和推进，长江入海口逐年东扩，南通东南部地区也生长成陆。扬州城市的兴衰和长江航道的变迁有密切关系，扬州是由原来紧贴长江边的蜀岗发展起来的，人们于邗城附近开凿邗沟，引长江水通航，后来长江主航道远离蜀岗，扬州城也远离长江数十里，需要开挖新的运河进行连结。

太湖和洪泽湖的形成与人类活动关系密切。关于太湖的形成，有多种看法，一是认为是构造湖，由构造盆地不断被沉积物充填而形成；二是认为是泻湖，由海侵形成的大海湾泻湖演变而来；三则认为是河道泛滥形成的湖泊。不过至少可以肯定，开始的太湖没有现在这么大，湖底的考古发现很多地方都是黄土层，黄土上面分布着从新石器到商周、春秋战国等不同时代的人类活动遗迹。这说明，太湖主要是由于河道不断淤塞，宣泄不畅，滞水成湖，并逐步扩大，最后成湖年代在距今 2000—2500 年左右的春秋战国时期。[②] 洪泽湖形成较晚，明代治黄保运，筑高家堰大堤导致了其最终形成。先秦这里还是比较发达的农耕地区，著名的南北孔道——善道就从这里通过。

太湖的出海水道是三江，即娄江、松江和东江。娄江大体相当于今太仓浏河，松江即今苏州河，东江向东，经嘉兴入海，早在唐代就已经淤塞。由于太湖西高东低，泥沙不断向东淤积，影响三江河道。如果太湖出水不畅，便造成太湖北边的苏州、无锡等地水患，因此需要不断疏通下游河道。江南多处有太伯、春申君等兴修水利，惠民利农的传说。

---

① 苏北海岸线变化情况，参见赵英时、吕克解、杨达源：《黄淮海平原东部全新世以来海岸变迁的遥感研究》，《黄淮海平原水域动态演变遥感分析》表 2《苏北平原古海岸线》，科学出版社 1988 年版，第 153 页。

② 孙顺才、黄漪平主编：《太湖》，海洋出版社 1993 年版。

二 先秦区域划分与江苏地区状况

司马迁《史记·货殖列传》中对先秦至汉代的天下按经济区域或自然区域的区域地理作过划分，将汉代全国划分为几个大的经济地理区域或自然地理区域，其文曰：

夫山西饶材、竹、榖、纑、旄、玉石；山东多鱼、盐、漆、丝、声色；江南出枏、梓、薑、桂、金锡、连、丹沙、犀、瑇瑁、珠玑、齿革；龙门、碣石北多马、牛、羊、旃裘、筋角；铜、铁则千里往往山出棋置：此其大较也。①

长期以来，学者据此认为司马迁将当时(汉代)的天下划分为四个经济地理区域，即“山西”、“山东”、“江南”、“龙门—碣石北”。山西和山东，指的是崤山东西。崤山在今河南三门峡市和灵宝市间。江南自以长江为限。龙门在今陕西韩城市和山西河津县之间的黄河岸边。碣石在今河北省秦皇岛附近。龙门、碣石是两座名山，界线就在两山之间。这条界线应该是由碣石西南行，过现在北京市之北，再西南越太行山，过今太原市之北，再西南越吕梁山南端，至于龙门山。如果再向西南延伸，就要经过今陕西中部——关中的北山之南，西抵陇山之下，越陇山西南行，达到了今岷山附近。②

上述评价已经作为大史学家司马迁对区域经济史、历史地理学的一项重要贡献而基本上为学界所采纳。③ 其实，按司马迁那个时代的认识水平，能够在州郡等行政区划外，按物产及自然地理类型来记录全国各区域的物产，这种观念的确是一项了不起的贡献。问题是，认为“四大经济区域划分说”是一种对司马迁所处时代——汉代全国经济区域的地理划分是不正确的，因为从文本体例分析，这四大区域古已有之，并非汉代特有，而应是先秦时期形成的“天下—四方”地域划分观念的承袭，司马迁照单记录，并具体划分了四至。说司马迁将全国(不论是汉代或汉代之前)划分为四大区域不准确，山西、山东、江南和龙门—碣石北四大区域并非指当时天下所有地区，而只是指“中国”之外的四方周边区域，换言之，司马迁实际上是将全国划分为五大区域。在这里，司马迁只是记载了东、西、南、北四方与对中国(中原、中州)商贸活动所流通的物产。这些物产，出自山西、山东、江南及龙门、碣石北地区，大多是中国所不

---

① 《史记·货殖列传》。

② 史念海：《中国历史地理学区域经济地理的创始》，《中国历史地理论丛》1996年第3期，第2—3页。

③ 侯甬坚：《区域历史地理的空间发展过程》，陕西人民教育出版社1995年版；吴宏岐：《说“史记·货殖列传”中的经济小区的数目》，《中国历史地理论丛》1998年第4期；王子今：《秦汉区域文化研究》，四川人民出版社1998年版，第13页；其他如一般论著及历史地理教材、教科书等论及经济地理区域划分时，都采此说，不胜枚举。

出产,或极少出产的。故“皆中国人民所喜好,谣俗被服饮食奉生送死之具也。故待农而食之,虞而出之,工而成之,商而通之”。上述四个地区所出产的物品,都是“中国人民”十分喜好的生产生活、祭祀风俗所必须的物品。由于有利可图,所以不需要教化征发,周边地区都乐于生产,然后“商而通之”。“日夜无休时,不召而自来。”正所谓“天下熙熙,皆为利往”。这正是春秋战国情况写照,诸侯割据,战乱不休,但各国间的商贸活动极为频繁,特别是长途贩运,十分活跃,极大促进了经济繁荣。这里的“中国”所指,正是司马迁所省略的全国最重要的地区,即天下之中的中原,这个地区只是四方物产的进贡或商业贸易、交换汇聚之处,而非生产地。故可以断定,司马迁应当是将天下划分为五个大的区域,即中国(即中原地区,包括关中在内)、山西、山东、江南、龙门—碣石北;这种划分在先秦时期还比较粗犷,并非汉代的地理划分。

上述区域的范围,按通常知识,先秦到秦汉时期,山东,指函谷关以东,那么应包括山西、中原和山东等地在内的所有关东地区,但实际上并非如此。山西,应指函谷关以西的关中地区。[①] 但这里的山东其实指的是齐地——东方沿海地区,有鱼盐之利,山东的鲁地及其他地区,包括中原并不产鱼盐。中国,主要应指周天子所在的宗周镐京(关中)成周(洛邑),河南、河内、河东三河(晋韩赵魏及中原的郑宋等华夏诸国)。相对周边,这一带属于“中国”——现在通常称“中原”,这一观念起源很早。[②]

这里的“山西”,应是指关中之外的西部秦地,山东应是故齐国为中心的齐地东部沿海地区;江南,应是以楚国为中心的楚地;龙门、碣石北,则应是以燕、晋(河东之外)的北方地区。这四个区域,都在以中原为中心的地区之外,并非真正的中心区域。上面的许多物产,在《货殖列传》讲汉代时所提到的一些边远地区中都提到,可以一一对应。

《史记·货殖列传》所记载的18个经济区与五方对照[③]

地区	农业生产条件与发展水平	区域归属
关中	膏壤沃野千里,为上田,民好稼穑,殖五谷,地重。地小人众,民益玩巧而事末,多贾,四方辐凑并至而会	中国
巴蜀	沃野,地饶卮、薑、丹沙、石、铜、铁、竹、木之器。西近邛笮,有笮马、旄牛	山西(四方)
关中外围	西有羌中之利,北有戎翟之畜,畜牧为天下饶	山西(四方)

---

① 史念海:《古代的关中》,《河山集》,三联书店1963年版。

② 于省吾:《释中国》,收入王元化名誉主编:《释中国》,第三卷,上海文艺出版社1996年版。

③ 参阅蓝勇《中国历史地理学》,表10—1,高等教育出版社2002年版,第212—213页。其资料根据侯坚甬《区域历史地理的空间发展过程》(陕西人民教育出版社1995年版)、吴宏岐《说“史记·货殖列传”中的经济小区的数目》(《中国历史地理论丛》1998年第4期)等书分区。另有说15个小区,或说13个小区的。

续表

地区	农业生产条件与发展水平	区域归属
河南	在天下之中，土地狭小，民人众，其俗纤俭习事；洛阳东贾齐、鲁，西贾梁、楚	中国
河东	亦在天下之中，地小人众；河东有畦盐	中国
河内	亦在天下之中，地小人众；温、轵西贾上党，北贾赵、中山	中国
种、代	地边胡，不事农商；中国委输时有奇羡	龙门、碣石北（四方）
赵、中山	地薄人众，民仰机利而食，邯郸亦漳、河间一都会	中国
郑、卫	俗微重而矜节	中国
燕、涿	燕亦勃、碣之间一都会，上谷至辽东，与赵、代俗相类，有鱼盐枣粟之饶	四方
齐	带山海，膏壤千里，宜桑麻，人民多文彩布帛鱼盐，临淄亦海岱之间一都会	四方
邹、鲁	颇有桑麻之业，无林泽之饶，地小人众，及其衰，好贾趋利	中国
梁、宋	陶为天下之中，睢阳亦一都会，诸侯四通，货物所交易，其俗好稼穑，虽无山川之饶，能恶衣食，致其畜藏	中国
南阳、颍川	颍川敦愿，宛亦一都会，俗杂好事，业多贾	中国
西楚	地薄，寡于积聚，江陵东有云梦之饶；陈在楚夏之交，通鱼盐之货，其民多商	中国—江南
东楚	东有海盐之饶，章山之铜，三江五湖之利，亦江东一都会	江南
南楚	江南卑湿，丈夫早夭，多竹木物产，寿春、番禺亦为都会	江南
岭南	九疑、苍吾以南至儋耳者，与江南同俗	江南

过去，讲到先秦至秦汉时期长江，甚至淮河以南的经济情况，大家引用最多的是《史记·货殖列传》中的记载：南楚“江南卑湿，丈夫早夭”。“总之，楚越之地，地广人稀，饭稻羹鱼，或火耕而水耨，果隋蠃蛤，不待贾而足……是故江、淮以南，无冻饿之人，亦无千金之家。”将江南描述得十分落后，其实，江淮以南地域广大，司马迁只是泛泛而言，所言并非是所有地区的实情。这里的江南或江淮以南，更多的应指更加偏远的南楚地区。像淮河流域、太湖流域属于西楚、东楚，应比描述的要先进得多。

对照此表，可知春秋战国至秦汉的江苏地区，大致属于西汉“三楚”之西楚和东楚，兼及宋、梁、邹、鲁、齐，是一个多元的经济区域，淮河以北“西楚”的徐、僮、取虑，与彭城以东的“东楚”东海、吴、广陵风俗大致相当，与中原接近，朐、缯则与齐地近。彭城是淮北（西楚）的中心，吴是江东（东楚）的中心，从阖闾到春申君再到吴王濞“招致天下之喜游子弟，东有海盐之饶，章山之铜，三江、五湖之利，亦江东一都会也”。战国楚之三大区域，江苏居其二，特别是战国后期，在秦国压迫下，楚国政治、军事和文化中心东移，江苏地区成为楚文化的中心地区之一，人口大量迁移，经济文化有了一定发展。①

第二节　经济状况

一　经济的政治军事性特征

经济是政治、军事的基础，春秋战国时期，吴国充分利用自然地理条件，在运河开凿、水路交通网络构建、都城营造、战船建造、青铜兵器冶炼与铸造等方面颇具特色，在中国古代历史发展中占有一席之地。从吴国在这几大方面的发展可以看出，吴国是一个带有强烈军事色彩的专制国家。吴国建立了由吴王绝对专制的政权，王权的家族世袭呈现兄终弟及与父死子继两种格局，某些时候王位继承很不稳定，统治集团内部争夺权力的斗争十分激烈，有激流勇退的“让王”喜剧，也有相互残杀的悲剧。吴王及其贵族集团控制了国家几乎所有财富资源，阖闾建立并训练了一支强大的由水军和车兵徒兵组成的军队，数量在三万以上。水军是吴国军队的主力，拥有“艅艎”这样的舟船。吴国的国家机器主要服务于战争：营造都城和军事城堡，控制日益扩大的疆域和人民；组织人民和军队，开凿运河，运输军队和粮食等物资，以保障远征的需求；扬长避短，充分发挥航运优势，建造战船，组建强大的水军；将采集的青铜矿产，冶炼铸造兵器，装备军队。它以国家资源装备军队，进行大规模的军事活动，不断发动对外战争。这种情况，和春秋时期战争频仍，被孟子斥为“春秋无义战”的历史背景是吻合的。吴国这样的边缘诸侯国，开始时弱小，为了尽快在军事上强大起来，跻身争霸大国行列，一方面，不得不将国家资源集中起来，全部投入到发展军事方面，走军事强国道路；另一方面，这正好迎合了中原大国晋、齐等国的需要，这些大国想通过帮助吴国强大，来牵制楚国，甚至能够从侧翼发动对楚战争，削弱楚国，使其不能“问鼎中原”，挑战晋、齐的霸主地位。正是在中原大国的帮助下，吴国通过学习中原和楚国先进文化，走上了军事立国的道路。通过这样的内外结合，吴国抓住机遇，成功跻身为军事强国。②

① 有关先秦与汉“三楚”情况，参见《江苏通史·秦汉卷》王健所撰秦朝部分。

② 《越绝书·外传本事第一》记吴国鼎盛时期的情况：“吴有子胥之教，霸世甚久。北陵齐、楚，诸侯莫敢叛者，乘，薛、许、邾娄、莒旁毂趋走，越王句践属刍莝养马，诸侯从之，若果中之李。”

二　社会经济状况

“夫吴自阖闾、春申、王濞三人招致天下之喜游子弟，东有海盐之饶，章山之铜，三江、五湖之利，亦江东一都会也。”[①]这里，阖闾和春申君分别是春秋战国时期的统治者，他们充分利用江东的地方资源，主要从事三个方面的经济活动，一是利用海盐之饶，可能已经组织劳力开展煮盐活动；二是利用三江、五湖之利，捕捞水产；三是开采章山之铜。

农业，主要以种植水稻为主，在新石器的遗址中已经发现有粳稻存在。吴国土墩墓中普遍发现随葬粮食的习俗，有的达上千斤，这反映当时吴国地区农业生产比较发达，粮食产量较高，出现大量剩余的情况。在中原，青铜器主要用于礼器、宗教性器物、贵族生活用具、随葬器物，作为农具的情况发现较少，生产工具仍然以石器为主。而在吴国，青铜器用作工具，特别是农具较多。有砍伐垦田的斧、锛、锯；有掘地刨土耕作锄草的镢、铲、耧犁、犁、铧、锄、锸、耨；有专门收割的铜铚和锯镰等。[②]

手工业中，煮盐业大概集中在近海有盐处。采矿方面，章山就是鄣山，今浙江湖州一带，秦故鄣郡所在，这一带有铜矿资源。不过吴国的采矿和冶炼主要在皖南的铜陵、南陵一带，少数在句容，其青铜的铸造和冶炼业比较发达。从宁镇地区发现的大量青铜器看，吴国的青铜制造业既受中原文化的影响，也具有自身的特色。学者将吴国青铜器发展分为四个时期，夏商先吴时期，点将台、湖熟文化，以湖熟文化为代表。前期（西周早、中期）分三种类型：第一种类型，中原铸造的舶来品，称之“中原型”，数目极少；第二种江南地方铸造的仿中原铜器，称之“融合型”或仿造型，数量最多；第三种类型为吴国创造型铜器，称之“土著型”。中期（西周晚至春秋早期），中原铸造铜器在江南基本不见，仿造型继续流行，但各种造型轻巧、新颖别致的地方创造型铜器大批涌现，形成吴国崭新风貌，已经完全走向成熟发展期。后期（春秋中、晚期），分三种类型：一是本地特点的造型。二是与中原系统同类器物具有共同或相似的特点。三是楚文化特点器形。这一时期吴国青铜器达到光辉灿烂时期，青铜铸造业的发展跃居列国前茅，尤其在以下方面：1. 以剑、戈、矛为代表的青铜兵器甲天下。2. 青铜农工具数量多种类齐全，在江南地区普遍使用，促进吴国农业生产。3. 刻纹铜器有新创造，全国出土的春秋晚期薄胎刻纹铜器 30 件，几乎都出自吴墓。4. 青铜铸造技术

---

① 《史记·货殖列传》。

② 毛颖：《吴国青铜农具初探》，收入肖梦龙主编《吴文化青铜器综合研究》，科学出版社 2004 年版；杨正宏、肖梦龙：《镇江出土吴国青铜器·吴国青铜器的发展与地域特征》，文物出版社 2008 年版。

水平在某些方面已超越中原。[①] 西周到春秋时期，当时的吴国西部沿江的皖南南陵—铜陵一带，分布着丰富的铜矿资源，考古已经发现有很多铜矿采矿场。当时的铜矿经过冶炼后，多被输往中原的青铜铸造中心。根据考古工作者发掘研究，皖南仅南陵、铜陵两处，发现铜矿采冶遗址几十处之多，其中南陵江木冲、铜陵凤凰山与木鱼山等三处炼址内的废渣至少在50万吨以上，加上其他地点废渣总数达百万吨以上，即按铜、渣比例1∶10推算，皖南地区产铜量至少在10万吨以上，其中相当一部分是先秦时期冶炼的。[②]

文献和考古发现证明，吴越地区是先秦到汉魏唐宋时期铜料的主要生产和最重要的铜料供给地之一。号称"吴越金锡"。[③] 运输铜矿资源的水陆道路中，涉及吴国的路线，大致和交通道路相当。学者对江南皖南吴国铜料的外运路线作过一些考证："皖南产铜地大都在沿江附近，或与长江支流如大通河、秋浦江、青弋江等相近，再由这些支流直通长江，沿江及支流沿岸城市(港口)如黄石、贵池、铜陵、芜湖自古就是商品的集散地和天然良港。所以通过长江及其大小支流的水路运输是运送包括铜锡在内的各种货物、贡品的主要途径。运抵吴越的水路还有经芜湖(古鸠兹)，通水阳江、胥溪至太湖及其沿岸的捷径；也有可能经分江水道，辅以陆行工具，越黟山达浙江上游，而下至钱塘、抵会稽。"[④]

商业，吴有市，伍子胥逃到吴时，"至吴，徒跣被发，乞于吴市三日"。[⑤] 即在吴都城的市中乞讨三天，才被发现。又《国语·吴语》："市无赤米。"《吴越春秋·阖闾内传》："吴王乃取其妻子，[⑥]焚弃于市。"《韩诗外传》卷一〇则载："吴王夫差为无道，至驱一市之民以葬阖闾。"可知吴王垄断国家资源，曾强行中止市之贸易。

三　吴国较早使用生铁

春秋战国时期，是中国古代社会的大变革时代，其中，铁器的使用被认为是一个最重要的动力因素。吴国在当时一个突出成就是金属冶炼方面，除了青铜兵器(剑)外，铁器使用也比较早。

---

① 杨正宏、肖梦龙：《镇江出土吴国青铜器·吴国青铜器的发展与地域特征》，文物出版社2008年版。

② 杨立新：《皖南古代铜矿发现及其历史价值》，《东南文化》1991年第2期，引自裘士京：《江南铜研究：中国古代青铜铜源的探索》，黄山书社2004年版，第9页。

③ 裘士京：《江南铜研究：中国古代青铜铜源的探索》，黄山书社2004年版，第9页。

④ 裘士京：《江南铜研究：中国古代青铜铜源的探索》，黄山书社2004年版，第93页所引陈怀荃《汉志分江考释》，《历史地理》第三辑。

⑤ 《越绝书·荆平王内传第二》。

⑥ 妻子：指要离妻子。

从目前发现的春秋战国铁器分布情况看，黄河中下游及长江中下游地区，即中原与周边地区都有，主要分布点有河南三门峡、陕县、新郑、淅川，陕西凤翔，甘肃灵台，山东青岛、临淄，江苏南京，江西九江，湖南长沙、常德等地。如三门峡上村岭虢国墓地 M2001 号墓，即曾出土玉茎铜芯铁剑 1 件。年代约为西周末至春秋初期，这是我国目前经科学鉴定有最早的人工冶铁实物。①

今南京六合程桥属于与吴国关系密切的东周墓葬中也发现了使用铁器的证据，一号墓出土铁丸 1 件，二号墓出土铁条 1 件，这说明江苏地区使用铁器的时间大概在春秋晚期。经专业鉴定，六合程桥墓二号墓铁条端部裂成多层，金相检查表明，铁条基本为铁素体，含碳量 0.04%以下，有大量延伸的氧化亚铁——硅酸盐夹杂，体积约占 10%，最厚达0.3—0.4 毫米，有些地方达到表面，因此造成开裂。铁条是以块铁锻成的。② 一号墓出土的铁丸，则有莱氏组织的痕迹，是用生铁铸成，为白口铸铁。③这些实物见证了从块炼铁法到生铁冶铸技术的发展过程。目前不知道所发现的铁器是否生产于吴国，但能够使用铁器当无问题。

从时代上看，生产力的进步在器物上表现为石器、青铜器、铁器三大时代。如果仅从生产工具角度看，石器使用时间最长，作用最大；其次是铁器；而青铜器主要运用于社会生活、礼仪、兵器等方面。用在生产中的青铜器发现的并不太多。而在太湖流域，反映在礼仪文化方面，玉器的使用在新石器时代也曾非常突出。

四　吴国人口

由于史料记载阙佚，现在很难弄清楚先秦江苏地区的人口数量。学者一般以兵车数量——乘为计算单位，考察先秦人口。这只能是大概的估算，其实很不准确。按此方法，估计当时吴国约有士兵 5 万人，相当于 5000 乘兵车，估计吴国应有人口 85 万。或按《国语·越语上》勾践所言："今夫差衣犀之甲者，亿有三千"之说，即夫差有 10.3 万(亿是 10 万)名衣水犀之甲的士兵的数据，推算其人口应有 170 万人。但这似乎有些夸大，同时越国有人口 81.5 万人。④ 两种推算相差一倍，显然缺乏可信度。这个数据是作者在估计春秋时期华夏人口数量为 600 万人问题的基础上推算的，吴国 170 万，占春秋华夏人口的近 30%，人口比重高得离谱；如果以 85 万计，占 14%，虽然

① 河南省文物研究所、三门峡市文物工作队：《三门峡上村岭虢国墓地 M2001 发掘简报》，《华夏考古》1992 年第 3 期。

②③ 黄展岳：《关于中国冶铁和使用铁器的问题》，《文物》1976 年第 8 期。

④ 周自强主编：《中国经济通史·先秦卷》(下)，经济日报出版社 2000 年版，第 902 页。

比重上说得过去，但春秋总人口估计太低，不太可靠。[①] 况且吴国以水军为主，兵车较少，以兵车为计算单位不符合国情。按照吴国强盛时期的疆域来看，范围南到钱塘江，北到淮河以北，西南至江西，西到安徽中部，其人口当在百万以上。

第三节　春秋战国时期江苏的水陆交通

一　水陆兼行，以水为主

经济学家认为，决定经济增长的因素很多，从自然资源方面看，“最重要的自然资源包括气候、淡水、肥沃的土壤、有效用的矿产以及便于交通运输的地形”。[②] 无论是古代还是近现代，水运都是极为重要的交通运输方式。特别是古代，“在铁路发明之前，水上交通是唯一比较便宜的运输方式，凡是靠海或有江河之便的国家，贸易最发达，财富也增长得最快。如果我们要问为什么有的国家在人类历史上比其他国家起过更有活力的作用，答案之一往往是比较靠近水路”。[③] 中国是多河流的国家，江苏又是中国河道最丰富的地区，至今拥有全国航道数量的近五分之一。特殊的水网环境，使得河流沿岸成为交通往来的最早通道，因此水陆交通关系密切，宜水则水，宜陆则陆，水陆结合，在很多地区，很难将水陆交通路线严格区分开来。总的来看，春秋战国时期江苏境内的水陆交通，水路比较发达，初步形成网络化状态，以运河为骨架的网状交通线路系统开始显现雏形。

先秦时期，关于江苏陆路交通的记载很少。太伯奔吴，肯定已经有道路可通。周人从遥远的周原来到江南水乡，筑城于梅里，自号勾吴，建立方国。这批西北移民由内陆迁徙而来，起初可能不熟悉水网生活。但很快就和荆蛮融合，习惯了以舟楫行路的水乡生活，《史记·吴太伯世家》说太伯“断发文身”，“荆蛮义之，从而归之千余家”。《集解》引应劭曰：“常在水中，故断其发，文其身，以象龙子，故不见伤害。”其奔吴之所在，按《正义》：“吴，国号也。太伯居梅里，在常州无锡县东南六十里。”

考古发现镇江北山顶春秋大型吴国墓葬中有车辆的出现，而文献记载寿梦时申公巫臣受晋国派遣在吴教授射御，训练吴人用兵乘车，掌握车战技术，说明吴国

---

① 另一种估计为西周人口 600 万，春秋战国分别为 1400 万和 3000 万，吴国人口 125 万（袁祖亮主编，焦增民著：《中国人口通史》2《先秦卷》，人民出版社 2007 年版，第 106 页及第 108 页《春秋战国诸侯国面积、人口数量和人口密度表》），可备一说。

② ［英］阿瑟·刘易斯著：《经济增长理论》，周师铭、沈丙杰、沈伯根译，商务出版社 1983 年第 1 版，第 57 页。

③ 《经济增长理论》，第 83 页。

已经有适宜车辆行驶的道路。吴国城池很多,各城池之间可能已经有道路加以联系。

在淮河流域,徐国强大时,四处征伐,36 国归附,这些小国与徐国自然会有交通往来。徐偃王带领 36 国征伐周国,自然也要依靠交通道路,这条西进路线溯淮而上,水陆兼行;而奉周穆王命前来镇压的楚军,出动了车兵,一直打到徐都,徐人逃到彭城一带去了。据说 1979 年在今淮安城南出土过周代的两轮马车,此车有辐条,结构精巧。说明周代淮安地区的陆路交通运输工具已发展到两轮车,也有了能够行驶车辆的道路。①

由徐往山东境内,或往商丘境内,也是通往中原的路线。从这里可以往齐、鲁、宋等国,直接和晋国交往。春秋以后,吴国强大,不断向苏皖交界的淮河流域发动进攻,就是要控制这个地区。

根据《左传》所记,季札周游中原列国,在邗沟未开凿之前,北上路线为:吴延陵(今常州镇江间)—今高淳固城—今芜湖—巢(安徽巢湖)—州来(今安徽凤台)—睢陵—徐—彭城—留—沛—湖陆—方舆,沿泗水入鲁国都城曲阜。

季札北上周游中原时,有多条线路可走:一是走扬州—盱眙—徐—彭城(或邳州)入鲁的线路,半水半陆,经过今洪泽湖地区的善道(善稻);二是从今安徽的和县乌江向北,经东城(今安徽定远),季札当时封在州来(今安徽凤台一带),此地已经为吴所占,季札极可能从这里启程北上;三是由延陵前往州来,也可由芜湖过江,走巢—州来—徐—彭城(或邳州)—鲁的线路。

到了彭城,往西前往中原,还有一条道路可水陆兼行,即今宿州、商丘一线。战国以后,这里有属于鸿沟水系分支的睢、涡诸水,兼有航运之利。

这一带春秋时期,大约有一个广阔的雷泽,雷泽北到菏泽,大致沿济水—菏水,南到商丘,或睢水一线。大致的线路可能就是开封—兰考—商丘—虞城—夏邑—永城—砀山—徐州一线。这条路线可能就是金元以后的黄河故道,即今天的废黄河一线。战国以后,由于鸿沟的开凿,整治了古黄河分流的河道。而在战国之前,这一带较少受到黄河的冲击,形成有若干道路,晋、齐与楚国争霸时,双方可以由此来往。战国以后,鸿沟系统直接沟通黄淮流域。据记载,公元前 656 年,齐桓公率齐、鲁、宋、陈、卫、郑、许、曹诸国军队伐楚与国蔡国,然后伐楚。楚将屈完迎战。后双方在召陵会盟,退兵。召陵,在今河南郾城一带。会盟之后,齐桓公率师返回,陈袁涛涂劝齐桓公班师时,顺道攻东夷。《公羊传》僖公四年载:"齐人执陈袁涛涂,涛涂之罪何?辟军

① 《江苏公路交通史》第一册《古代道路交通》,人民交通出版社 1989 年版,第 4 页。

之道也。其辟军之道奈何？涛涂谓桓公曰：'君既服南夷矣，何不还师滨海而东，服东夷且归？'桓公曰：'诺。'于是还师滨海而东，大陷于沛泽之中，顾而执涛涂。"沛泽，何休曰：草棘曰沛，渐洳曰泽。据学者分析，这个东夷可能就是徐国。① 陈在今河南淮阳，从郾城往陈，再经淮阳到商丘，折东便往徐国所在的彭城、泗洪一带去了。由此再往北便是雷泽，或叫雷夏泽，这条由东滨海地区到中原的道路属沼泽湖洼地带，还不太通畅。

二　古代运河的特点与定义

古代运河的称呼很多，南北方也不尽相同，有沟、渠、渎、水、漕、官河、市河、运粮河等，"运河"之名起源于宋代。按现在的词典解释，运河是人工开凿的航运渠道或河道。一是人工开挖，一是航运，两个条件缺一不可。但严格按这个定义套，"邗沟"、"胥溪运河"、"古江南运河"，甚至后来的"南北大运河"、"京杭大运河"等都是"子虚乌有"或大大缩水，因为古代相当长时期根本就没有完全符合词典定义的运河可言。显然现代的定义没有考虑到中国古代运河的特点，古代的运河大都不是全线平地开河，而有一个漫长的人工渠化过程。一开始主要是利用自然河流、湖泊运输，因为自然河流湖泊大多可以通航，如果不能互通，就疏浚沟通节点加以连接，使之能够通航，形成今天所谓的运河。所以我们给中国古代运河下的定义是：通过人工疏浚、开挖、拓宽、连缀等方法，将自然河流、湖泊贯通起来，可以通航的河道即是运河。运河应具备两个条件：人为使之贯通，可以航运。越到后来人工开挖的河段越多，如南北大运河、京杭大运河等，大多利用自然河流湖泊，故有河漕、湖漕、江漕等不同名称，只有山东段"闸漕"基本上是平地开挖的。② 江苏河流、湖泊广泛分布，长江以北有射阳湖、淮、泗、沂、潍、济等，长江以南有太湖、三江、江南河、丹阳湖、胥溪等，为了能够使航道四通八达，将原本并不直接沟通的河流衔接起来，就需要开挖人工河，通过运河开凿而衔接起来的水道，构成了以运河为枢纽的水运网络。吴国开挖的运河将境内各水系联接起来，就构成了网状水路交通线。

三　运河串连了水路交通

邗沟的枢纽作用：邗沟沟通江、淮、泗、沂诸水；菏水沟通泗、济、河。《尚书·禹

---

① 张乃格等：《徐文化研究》，江苏人民出版社 2007 年版，第 65 页。

② 《明史·河渠志·运河》。

贡》曰:“海岱及淮惟徐州……厥贡……浮于淮、泗,达于河”;[①]“导淮自桐柏,东会于泗、沂,东入于海”。可知早在战国以前淮河入海水道就是畅通的,贡物在泗水、淮水、沂水间运输。在邗沟开通之前,从长江进入淮、泗的舟船,必须由长江出海,再从海上进入淮河,溯淮入沂、泗。《左传》哀公九年(前486)载:“吴城邗,沟通江、淮。”杜预注:于邗江筑城穿沟,东北通射阳湖,西北至宋口入淮,通粮道也。今广陵韩江是。吴国开挖了邗沟,避开了海上航运的风险。故后世云:“扬州贡路,自江顺流入海,又自淮、泗入菏,溯涑入河,传谓吴王夫差始通邗沟。”[②]吴王北上争霸中原时,由运河与海道共同出击,试图两面夹击齐国。[③] 而越王句践命范蠡、舌庸“率师沿海溯淮以绝吴路”,走的是海道入淮,阻击吴水师归途。扬州古城的变化和邗沟的开凿、长江航道的变化关系密切,城址最早在高亢的蜀岗,后来由于沿运河地带的兴起,迁移到岗下的低地;淮安城市因运河而兴,城址亦因运河航道的变化而变化。

据《史记·封禅书》:“四渎咸在山东。”春秋后期吴国争霸中原,“吴兵既胜齐人于艾陵,张之于江、济,强之于黄池,故可制于五湖”(《韩非子·喻老》)。又《国语·吴语》载:“吴王夫差既胜齐人于艾陵”之后,“乃起师北征,阙为深沟,通于商、鲁之间,北属之沂,西属之济,以会晋公午于黄池”。商即宋,在今河南商丘一带,吴通过开通菏水运河,进入济水,到达黄池(黄池是黄河泛滥形成的支河,在今河南封丘南)。这说明吴国水军的确可以从沂水逆行北上,沂水在江苏境内已经和淮河、泗水形成水运网络。

邗沟当时由射阳湖至淮安末口,通过邗沟串联的有长江以北的泗水、沂水、淮河三条大的河流,以及濉溪等支流。邗沟的开凿,使淮安扼大运河与淮河、泗水交汇处:由运河转淮河可以直达海洋;往西,经徐至淮水中上游,或沿泗水北上,至菏水,再通过鸿沟,联接济水或淮河各支流,通往洛阳或大梁(开封),相传徐偃王曾“欲舟行上国,乃沟通陈蔡之间”,[④]上国,指中原国家。

这些运河,大多是在原有水道的基础上衔接、疏浚而形成的。邗沟非平地开凿邗城(今扬州蜀岗)到末口(今淮安东)的完整水道,而是开凿沟通长江与邗城、邗城与射

---

① 河,《说文》作“菏”,段玉裁《古文尚书撰异》考证定为“菏”,已经为宋以来学者公认(参见刘起釪《〈禹贡〉徐州地理丛考(上)》,《文史》第45辑,中华书局1998年版)。但《禹贡》最后成书于战国,且史料起源不一,是三代逐渐形成的史料综合而成。《史记·夏本纪》、《汉书·地理志》等均作“河”,可知“河”并不错,至少亦可通。早期这条菏水原本就是济水的分支,济水实为黄河泛滥支流,东流一支在鱼台、湖陵一带与泗水汇合,流入淮河,故《禹贡》“达于河”可能所据更早,确属是在大禹时代黄河泛滥入淮时的记录,这或是《禹贡》保留夏代资料的一条证据。

② 《书古文训》,引自《行水金鉴》卷八八。转引自《京杭运河(江苏)史料选编》第一册,人民交通出版社1997年版,第4页。

③ 《国语·吴语》载夫差“沿江溯淮,阙沟深水,出于商、鲁之间”。同时又从海道攻齐。

④ 《水经注·济水注》引刘成国《徐州地理志》。

阳湖群的沟渠，将邗城与长江和古射阳湖衔接，自高邮东北沿古射阳诸湖流向淮安的末口，绕了一个大湾，因为当时古射阳湖一带地势低洼，江、淮之水汇入湖。在当时的生产力水平下，吴国短时间开凿从邗至末口的邗沟是不可能完成的工程。当然，邗沟在当时已经是了不起的巨大工程，开创了后来京杭大运河最早的河段。

江南运河的枢纽作用：太湖流域的交通枢纽吴（今苏州），正位于太湖、三江、江南运河的交汇之处，是太湖水网的中心。春秋后期阖闾大城营建于此，形成了以江南河为枢纽的水道网络。由苏州往东北，通江运河由江阴越江达广陵，往西经今无锡可至常州甚至达镇江一带。苏州以东，有百尺渎，直通钱塘（今浙江杭州）。最近在西太湖附近考古调查的雪堰阖闾古城（无锡与常州之间）可能是吴国的一个军事重镇，正当太湖出口，东北可往江南运河，西南可越茅山往宁镇，扼守吴国宁镇与太湖之间，又是北上伐楚的西南经皖江入淮通道的起点。

胥溪运河的枢纽作用：公元前 506 年（周敬王十四年，吴王阖闾九年），为方便运输粮食准备伐楚，吴王阖闾命伍子胥开凿连接今高淳东坝到下坝高岗地带的运河，西通固城湖，东通太湖水系，南通水阳江水系，全长约 30.6 公里。后名胥溪河。胥溪沟通太湖与宁镇水系，入水阳江，在芜湖一带越江北上，经巢湖、南淝水可达淮河中游。

总之，至少从春秋后期开始，随着吴国统一长江南北，一个由运河沟通的，向四周辐射的多条水道所组成的航运网络渐显雏形：以邗沟和江南运河为骨架，沟通了太湖三江、钱塘江、长江、淮河、泗水、沂水诸河流，形成了以大运河为中轴线的早期水运网络。吴国水师最为著名，其西征楚国、南讨越国、北伐齐鲁，长途作战，走的都是水道，主要依靠舟师，充分展示了运河的军事运输功能。

四　主要水路交通线

（一）长江以北：

1. 邗沟航线，串联了长江、古射阳湖区、淮河，由淮河入泗水、沂水。

2. 淮河航线，从末口顺淮河而下，直达海洋；由末口溯河而上，或入泗水，或经淮水中上游进入中原，徐国正好位于这条航路的节点。

3. 海路溯淮入泗道。从太湖出海，或从东江入海，或从松江、浏河出长江口入海，沿古苏北海岸线往北，从淮河口溯淮而上，至淮安末口一带，接邗沟道。这条水路在伐齐中起过作用，后来越国也利用过这条水路，从海道溯淮而上，截断吴国军队的退路，大败吴王夫差。

4. 泗、沂水航线，《禹贡》有记载，从苏北沿海入淮，溯淮至泗口，折入泗、沂，分别从彭城、邳州北上齐、鲁。由泗达河（或菏）是这条航线的延伸。

泗水自山东南部今泗水县发源，西经曲阜，折南流，过鱼台，大致沿今南四湖进入江苏，经徐州、邳州，与沂水会合，南流入淮。西汉以前大概有两条入淮的河道。西边一条，为济—泗合流，古济水有一支经菏水入泗，携泗水南下入淮（入淮处当在睢陵）。[①] 沿这条航道北上，在山东鱼台西北便可以到达菏水，由菏到达天下之中（水陆枢纽）定陶，入济水，由济可入黄河。济水的主流（北济水）由豫北—鲁西往东北，大致是今天黄河下游河道的流向。或由定陶西进，通往洛阳或大梁（开封）。在开封一带还可与黄河分支（战国整治后形成的鸿沟水系）相连，往中原的宋（商丘）、陈（淮阳）、蔡、曹、许诸国。战国鸿沟水系开通后，溯淮河西进也可以入鸿沟水系进入这些诸侯国。

菏水是吴王夫差北伐中原时开凿的连接泗水与济水的运河，但也非平地开河，可能就是黄河分支济水东流形成的河道，在菏泽一带称菏水，这是春秋以前就形成的黄河支流。《禹贡》中有河（菏）的记载，水大时航道畅通，而当大禹治水，黄河不再东南泛滥时，济水便径往东北流到巨野泽去了，东南流的河道水源不足，航道不畅，使济、泗不再相通。夫差行舟到此，急于北上，便不惜代价疏浚菏泽，很快打通了济、泗，这便是夫差于争霸的“百忙”之中能够开凿一条运河的真相。否则这支缺乏粮食的军队很难有时间和气力平地开河，打通一条从今鱼台—定陶—黄池的完整运河。

（二）长江以南：

1. 古江南河及支线

太伯渎。相传为吴太伯奔吴后率领荆蛮开凿，近人以为是中国最古的运河：“征诸历史，最古为泰伯渎。”[②]位于今无锡与苏州之间，呈东西向穿越梅村镇，是一条灌溉和行舟兼用的运河。故学者据此断言中国开凿运河已有三千多年历史。[③] 太伯渎的传说很多，宋人《新唐书·地理志》和《太平寰宇记》“常州无锡县”条只记载“太伯渎”

---

① 《汉书》，《地理志》。谭其骧先生首先在《汉书地理志选译》“济阴郡”条中指出（侯仁之主编《中国古代地理名著选读》第1辑，北京：科学出版社1959年版，第72—74页），邹逸麟先生倡其说（邹逸麟：《淮河下游南北运口变迁和城镇兴衰》，《历史地理》第6辑，上海人民出版社1988年版，又载《“运河之都——淮安”全国学术研讨会论文集》，中国书籍出版社2007年版，第22—42页），他们认为《汉志》记载西汉前泗水由睢陵入淮，《水经注》记载，东汉后泗水改道由淮安附近入淮。我们认为泗水本身就有东、西两条入淮水道，不存在“改道”问题，西道从睢陵入淮，东道从淮阴角城入淮。西道的形成，是因古济水（实际上是决口黄河分流）的一支（或称南济水）由山东定陶附近东流，经菏水至鱼台附近汇合泗水，裹胁泗水所形成的河道。东汉以后王景治河，黄河安流，济水单独东北流，南济水断流，不再东南夺泗入淮，此道就淤积干涸了，而东道则是泗水由鱼台一带单独入淮通道，没有受到济水侵犯始终畅通，金元时期的古黄河大致就是沿此道夺泗入淮，夺淮入海的，现在山东南四湖入江苏后的泗水河道已经为黄河所淤塞，成为黄河故道。

② 武同举：《江苏水利全书》卷三一《太湖流域一·历史提要》，南京水利实验处印，1950年。

③ 稽果煌：《中国三千年运河史》，中国大百科全书出版社2008年版，第一章。

之名，并没有讲就是太伯所开凿。何人所开并未说明。[①] 就像《太平寰宇记》同样记载太伯墓，实际上是东汉桓帝时太守糜豹所修，这在方志中有明确记载。[②] 所以不能仅根据名称便说一定是太伯所开凿，古代假托名人十分常见，如大禹治水开禹门的传说，秦淮河为秦始皇开凿一样，都非事实。元、明、清时人才明确讲太伯渎为太伯开凿，前人不清楚的事情，后人反而说得眉目清楚，实不可信。[③] 另外有一点，现在太伯奔吴地点是否在梅村争论很大，故此运河开凿年代只能存疑。然而历史也不都是非此即彼，从传说和吴地环境分析，将天然河湖串通，形成可运输的河道，或符合史情，故此传说有一定的可信性。[④]

通江运河。苏州至江阴间原有一条古老的运河，"吴古故水道，出平门，上郭池，入渎，出巢湖；上历地，过梅亭，入杨湖；出渔浦，入大江，奏广陵"。[⑤] 据学者考证，平门为苏州北门，巢湖当即漕湖，梅亭在今无锡东南，杨湖为阳湖，在常州、无锡间，紧临江南运河，渔浦即今江阴利港，在今江阴市长江岸边，由此出江可直达扬州。现在江阴发现了春秋佘城遗址，相传季札在此也有封邑，说明其扼守北上江岸的重要价值。这条河道属于利用自然河道绕道北上的江南运河一段，虽便于出海，但至邗城则迂回曲折，又面临江海之际风浪危险，故又开镇江境内"徒阳水道"取直。这条运河应为春秋后期余祭迁吴，或阖闾迁都吴大城之后开挖沟通的，这也旁证阖闾迁都今苏州一带的可能性。漕湖正在苏州无锡之间，今无锡鸿山附近，已经发现大量越国贵族墓葬，这说明越国灭吴后，战国越人大量迁徙于此，为北上中原基地，这条运河成为北上的重要通道。

丹徒水道。或称徒阳水道，南起丹阳(古称云阳)，北由丹徒入江，大致为江南运河镇江段。江苏境内从今镇江至苏州一段江南运河，先秦时可能早已经存在，其濒河口即"徒儿浦"(今丹徒镇东)，是北通江、南通云阳的"直通"。[⑥] 但这条水道为沙泥型河段，经常淤塞不畅，历史上曾经无数次整治，直到上世纪末才基本得到控制。[⑦] 现在人们多相信镇江段运河为秦始皇时开凿的"丹徒水道"，由此断言秦朝江南运河正式

---

① [宋]乐史撰、王文楚等点校：《太平寰宇记》四，卷九二，"江南东道"："太伯渎。西带官河，东连范蠡渎，入苏州界。湮塞年深，粗分崖岸。元和八年，刺史孟简大开漕运，长八十七里。水旱无虞，百姓利之。"第1845页。

② [东汉]糜豹：《太伯墓碑记》记述，[清]华湛恩纂：《锡金志外》卷二《补遗下》，清道光二十三年刻本。

③ 后世文献只有清官修《江南通志》十分慎重，没有讲是太伯所开凿。

④ 王健：《泰伯渎为中国最早运河的可信性探讨》，《江南论坛》2011年第7期。

⑤ 《越绝书·外传记吴地传》。

⑥ 《镇江交通史》，人民交通出版社1989年版，第5页。该书举《世说新语》引《太康地记》为证。

⑦ 1990—1992年，江苏省和镇江市交通部门投资7143万元(利用世行贷款)，采用筑坝断航施工方案，完成了丹阳陵口段17公里航道的整治，解决了困扰镇江段千年的沙泥河段。参见《京杭运河志(苏南段)》，人民交通出版社2009年版，第87页。

形成。[①] 的确,如果秦朝开凿了丹徒水道,从镇江到杭州的江南运河就基本形成了。但江南河的主要河道应在秦朝之前就逐渐形成了。从吴到延陵(即常州段)可能开凿更早,吴季札封邑延陵及淹城都在这一带沿线不远。镇江一带丹徒水道何时开通,没有明确记载,但常州—镇江一线,肯定不会是在秦始皇时代才开通的,因为秦始皇巡视江南,时间很短,他在丹徒一带可能只是遇到通行的困难,组织数千人在此疏浚拓展,让淤塞的运河重新贯通而已,绝对不可能是开凿新的运河工程。有学者曾指出,吴、楚之间的通道有两条,一条在鸠兹与昭关之间,即今安徽芜湖长江地段。在江之左,有清弋江与长江相连;江之右,有裕溪与长江汇合。另一条在邗城与朱方之间,即在今扬州与镇江的长江河口地段,其具体地点先似在今扬州仪征的"胥浦"与江南下蜀(今句容北江岸)之间,后又凿"邗沟",作为北上淮泗的一条主要通道。"胥浦"传为伍子胥奔吴时的"渡江处",载在地方志内。[②] 秦始皇三十七年东巡,由吴(今苏州)北上,经江乘渡江,江乘在句容北,应就在这一带。这一带可能原本就是渡江或泛海通道。所以唐人《元和郡县图志》卷二十五润州丹徒县载:"初,秦以其地有王气,始皇遣赭衣三千人凿破长陇,故名丹徒。"丹阳县:"本旧云阳县地,秦时望气者云有王气,故凿之以败其势,截其直道使之阿曲,故曰曲阿。"《太平御览》卷一七〇《州郡部》润州下引张勃《吴录》及陈顾野王《舆地志》等也有类似记载。南朝宋人刘桢《京口记》谈及镇江京岘山前古龙目湖时说:"秦王东游观地势,云此有天子气,使赭衣徒凿湖中长岗使断,因改为丹徒,今水北注江也。"[③]学者认为"其湖疑在今猪婆滩处,正当江南运河所经,显然凿岗又与开河有关"。[④] 其实,这些材料只能说明秦始皇破坏这一带的地形,以泄王气,并非开凿交通航运的运河。据此推断秦始皇即在此开凿丹徒水道并不可信。相关的传说在南京(金陵)一带的秦淮河也有,秦淮河是一条自然入长江的河流,亦绝非始皇所凿。丹徒水道起源很早,或可能就是自然河流,后人通过疏浚沟通,与长江相连,形成丹徒段江南运河。这一带地处丘陵,地形相对高亢,经常淤塞,到秦始

---

① 王文楚、魏嵩山:《江南运河的形成及其演变过程》,原载《中华文史论丛》1979 年第 2 辑。此引王文楚著《古代交通地理丛考》,中华书局 1996 年版,第 389 页。

② 朱江:《关于开展先秦时期古吴等通道调查与研究的建议》,吴文化研究会筹备组编印:《吴文化资料选辑》第三辑,1981 年印,第 53—54 页。按:伍子胥奔吴处应在荆溪(胥溪),即芜湖至高淳之间,非此处。

③ 《初学记》卷七引。

④ 王文楚、魏嵩山:《江南运河的形成及其演变过程》,原载《中华文史论丛》1979 年第 2 辑,收入王文楚《古代交通地理丛考》,中华书局 1986 年版,第 389 页。

皇时代已经不通了，秦始皇曾组织疏通。[①]

吴国早期都城在镇江一带，但与太伯旧都保持联系，所以这段水道早就通航，只是经常淤塞，秦始皇路过时难以通行，或组织人加以疏浚，由江乘（句容北）渡江。

百尺渎。在苏州的东南，《越绝书·吴地传》："百尺渎，奏江，吴以达粮。"又称百尺浦、越王浦，在浙江海宁盐官镇钱塘江北岸，是沟通钱塘江与太湖的水道。当时的吴、越分界线，在今浙江嘉兴一带。据《越绝书》卷八《外传记地传第十》："吴王夫差伐越，有其邦，句践服为臣。三年，吴王复还封句践于越，东西百里，北乡臣事吴，东为右，西为左。大越故界，浙江至就李，南姑末、写干。""觐乡北有武原。武原，今海盐。姑末，今大末。写干，今属豫章。"越、吴征战多发生在这条水道上，如槜李、夫椒、笠泽诸战。"其渠即今越来溪，南通石湖而与古松江相接，北入横塘而通苏州。"[②]这是江南运河浙江段的前身，连接了长江与钱塘江水系。

吴、越间交通，除了百尺渎，陆路也有道路，大致是沿河道而行的陵道。[③] 陵，即陆，古时陵、陆字通用。陵道可能和吴塘有关，《越绝书》卷八《外传记地传第十》："浙江南路西城者，范蠡敦兵城也。其陵固可守，故谓之固陵。所以然者，以其大船军所置也。"道路上有要塞守卫。地在今嘉兴。"语儿乡，故越界，名曰就李。吴疆越地以为战地，至于柴辟亭。""女阳亭者，句践入官于吴，夫人从，道产女此亭，养于李乡，句践胜吴，更名女阳，更就李为语儿乡。""句践已灭吴，使吴人筑吴塘，东西千步，名辟首。后因以为名曰塘。"塘是筑于河道边的堤防建筑，类似于后来的坝，高于地面，形成堤上道路，在吴国境内，故称"吴塘"。到秦始皇时继续修筑，《越绝书·吴地传》："秦始皇造道陵南，可通陵道，到由拳塞，同起马塘，湛以为陂；治陵水道到钱唐越地，通浙江。秦始皇发会稽適戍卒，治通陵高以南陵道，县相属。"此陵道（陆道）与水路并行，从吴都至由拳到钱唐（今浙江嘉兴到杭州）。

2. 太湖三江航线

太湖流域为长江三角洲的主体，西高东低，天目山、茅山来水流入低洼的太湖平原之后汇聚成太湖，太湖之水顺势向东北至今长江口、东南到杭州湾之间的东海排泄。三江为太湖三条通海水道，《尚书·禹贡》："淮海惟扬州：……三江既入，震泽底

---

① 《镇江交通史》（第6页）说秦始皇为丹徒水道做了两件事，第一，新开丹徒口，使丹徒水道的入江口由徒几浦向西迁移了十余里，缩短了入江和邗沟的距离，改善了江南入淮的航线。第二，利用龙目湖，开凿了丹徒水道北段的新航道，并将丹徒水道南段的直道改成弯道。古代十分模糊的记载在这里演绎得如此清晰，实不可信。因为秦始皇从江乘北渡，并非由邗沟北上，而可能是经海道往琅玡。

② 王文楚、魏嵩山：《江南运河的形成及其演变过程》，收入王文楚《古代交通地理丛考》，中华书局1986年版，第388页。

③ 高出平地的陆路交通道路，由于当地地势低洼，将开挖河道泥土堆筑起来，形成道路，称陵道。

定。……沿于江海，达于淮、泗。”从太湖三江，达海，可以从淮河入海口进入淮河，进入泗水。《史记·河渠书》：“于吴，则通渠三江五湖。”五湖即太湖，西边的太湖与东边三江之间通过渠（运河）进行沟通，然后分别入海，再北上淮河、泗水，沟通中原。长江南北由此联通。最早出现的是吴淞江，“吴淞江一分为三，发育成三江：吴淞江、东江、娄江”。① 娄江与苏州娄门、葑门直接相通，从苏州经娄江直达尾闾浏河，由刘家港出海。东江则出太湖至嘉兴东出大海。

3. 太湖至皖江航线

《汉书·地理志上》丹扬郡“芜湖，中江出西南，东至阳羡入海，扬州川”。其航线是由皖江芜湖段出青弋江、水阳江经宁镇越茅山入太湖：长江—芜湖—青弋江—水阳江—固城湖—胥河—溧阳（南中河）—宜兴（南溪河、西氿、东氿）—太湖（大浦）。

茅山山脉呈南北走向，是太湖水系和秦淮河水系的分水岭。这里有发源于茅山丘陵的南河水系，沿途纳宜溧山北侧诸溪，串连西氿、团氿、东氿三个小型湖泊，于宜兴大浦港、城东港、洪巷港入太湖。南河穿过丹金溧漕河、武（锡）宜运河等南北向调节河道，与洮滆水系连通。南河上源称胥溪，溯溪西上至茅山分水岭过东坝，古称胥溪运河。②

宜兴是介于太湖与荆溪间的重要节点。据文献记载，太湖在宜兴县东四十五里。南从湖州筑城县界，古以义乡山为义兴界，今以董塘岭为界。北入晋陵县界，又入无锡县界，东入苏州吴县界。荆溪，在宜兴县南二十步。《汉志》云：“中江首受芜湖，东至阳羡入海。”即此溪也。刘穆之云：“船从义兴通江至芜湖，分水北溢为丹阳湖，东北回为洮湖，又东入震泽。”③

在茅山以东，属太湖水系，水网密布，地势低洼，湖泊较多，常州、宜兴一带分布诸多湖泊，而在茅山以西的宁镇常地区，虽然属丘陵地带，但在西南曾经有一个古丹阳湖低洼区，西南有石臼、固城诸湖。胥溪相传为伍子胥开凿，有人认为是比邗沟早二十年的人工运河。这条水路的关键是越过茅山低山丘陵，胥溪从宜溧低山间穿过，过东坝（今东坝为明代所修）便可到达高淳。

伍子胥由中原奔吴就沿此线，当时运河还未开通，水陆兼行。《越绝书》卷一《荆平王内传第二》记载：“子胥闻之，即从横岭上大山，北望齐晋……南奔吴。至江上，见

① 魏嵩山：《太湖流域开发探源》，江西教育出版社1993年版，第2页。

② 江苏省交通厅航道局、江苏省航道协会编：《京杭运河南（苏南段）》，人民交通出版社2009年版，第二章《自然地理》。

③ 《太平寰宇记》卷九二，《江南东道四》“常州”。按：《汉书·地理志》言中江到阳羡入海，一层意思可能以三万七千顷太湖为海，一是由太湖出三江通海。

渔者……船到即载，入船而伏。……渡于于斧之津……子胥遂行。至溧阳界中，见一女子击絮于濑水之中……子胥遂行。至吴。徒跣被发，乞于吴市三日。市正疑之，而道于阖庐曰：'市中有非常人，徒跣被发，乞于吴市三日矣。'"线路为：横岭—北望齐晋—南奔吴—江上—乘船渡江—于斧之津—溧阳—濑水—吴—吴市。

伍子胥奔逃渡江的地方至溧阳界濑水（溧水）沿岸，当时可能还属于楚国控制区，楚国在这一带实行有效统治，或有基层政权，重大事件能够及时告示当地普通人，所以渔夫知道楚王悬赏千金捉拿伍子胥的事情。濑水流域，深入吴国，可知在伍子胥帮助吴国强大之前，吴国的控制区域还不太大，至少茅山西南的溧水流域没有完全控制在吴国手中。

宁镇地区商周至春秋时期的土墩墓文化遗址特别丰富，"'湖熟文化'遗址共有160余处。这些遗址大多分布在河流或湖沼的沿岸，有的紧靠山冈，有的在接近山脚的山坡上，跨越多系突出周围地面的'土墩'，俗称'台型遗址'。"[①]相当于夏商时期的早期土墩墓遗址分布在南京市区的较多，有南京的北阴阳营、锁金村、西善桥等地点，正是由紫金山方向沿鼓楼岗向南到达长江岸边，或许显示过江的通道。相当于西周至春秋早中期时期的土墩墓遗址，仍然主要集中在宁镇地区，但已经不在今南京市区范围。宁镇地区的土墩墓，主要集中在茅山以西以南的线路上。主要遗址有溧水乌山、柘塘、宽广墩，句容浮山果园，高淳顾陇、永宁，丹阳大仙墩、转水墩、司母墩、马家墩、芋山墩，金坛鳖墩，丹徒南岗山、石家墩、四脚墩、大港母子墩等地墓葬。[②] 如果将这些考古地点串联，可知正在此条水道一线附近。皖南的土墩墓分布在屯溪（今安徽黄山市）和南陵千峰山一带。墓葬分期，早期自西南向北分布。长江以北则有仪征破山口出土的青铜器。仪征的地点介于南京与镇江之间，更靠近南京六合一带。土墩墓文化受北方中原文化影响很大。而北方南下渡江的地方，可能在今安徽芜湖以西至宁镇扬州境内。这一带过江的线路很多，有从今安徽马鞍山—和县一带过江，有从当涂—巢湖一带过江，有从芜湖—无为一带过江。渡过长江后，可以直接往巢湖方向，经过南淝水进入淮河。溯淮便可往西，从安徽西部和河南信阳、南阳等地入汉水，前往楚国；或者从安徽六安、大别山区往湖北，群舒即活动在这一地区。吴、楚之间的战争多由这一带展开。前541年（东周景王四年、吴余祭七年）吴国筑固城，置濑渚邑

① 张之恒、周裕兴：《夏商周考古》，南京大学出版社1995年版，第145页。

② 施劲松：《长江流域青铜器研究》，文物出版社2003年版，第221页；邹厚本：《江苏南部土墩墓》，《文物资料丛刊》(6)，1982年；刘兴、吴大林：《谈谈镇江地区土墩墓的分期》，《文物资料丛刊》(6)，1982年；杨德标：《试论皖南土墩墓》，《文物研究》第4期，1988年；杨楠：《商周时期江南地区土墩墓遗存的分区研究》，《考古学报》1999年第1期；张之恒、周裕兴：《夏商周考古》，南京大学出版社1995年版，第233—234页。

(今高淳县固城乡固城镇),经调查,城址呈长方形,有内外两重城垣。城垣多为依山而建,用泥土夯筑。此城为吴国经水阳江通往长江前往楚国的要道,吴、楚势力在此争夺。固城内外经常发现西周至春秋时期文物,带有吴楚文化特征。

从吴国重要城址分布看,有芜湖鸠兹城、高淳固城、武进淹城、南陵牯牛山古城等。重要冶铸遗址有南陵大工山、铜陵凤凰山。鸠兹城,位于安徽芜湖,南扼水阳江,俗称"楚王城"。城垣保存较好,有四座城门。此城为汉代鸠兹城而非春秋城。固城,俗称"楚王城"。南面濒临胥河(古濑水),胥河向东流入太湖,向西经固城湖可通水阳江。[①] 这里正是吴国通往长江到巢湖方向的必经之路,吴楚在此争夺,发生战争。这条路线,水路旱路并行或交替,水阳江东连固城湖,有河道往太湖,北通芜湖,与青弋江汇合,并流入长江。

学者研究指出,吴国交通中原和楚国地区的重要性,很可能和青铜原料的运输有密切关系。先秦时期曾经出现了一条"金道锡行",郭沫若最早提出东南夷与中原政权之间存着一条以金锡入贡或交易之路——"金道锡行"。[②] 当时吴国铜原料从芜湖—南陵一线,或可过长江从巢湖地区经南淝水到达淮河,再溯淮河到达江汉流域的楚国,或可往北、西北,到达中原。这条路线上,淮河有几条支流可通往中原,如颍、汝、沙、涡诸水。学者认为春秋时繁阳是重要的铜锡集散地。繁阳在今河南新蔡北之三十里汝河北岸。曾伯漆簠铭文"克逖淮夷,印燮繁汤(阳)"之后,"金道锡行得以贯通,并说到繁阳取其吉金,用作铸器,显然繁阳是一相当重要的地点"。西周时是周与淮夷反复争夺的要塞,繁阳以东以南渐为淮夷所控制、活动的区域,这一带归属随着各方势力变化而不断变化。"总的说来,有逐渐向南挤压的趋势,由淮河以北向江淮之间发展,到后来称之为淮夷的各部族已被冠以南淮夷的称号。很长时间以来,这里既是中原王朝南下、东征的要害,也是淮夷(包括后来的楚国)西征、北上的军事要塞,所以攻打淮夷、贯通东征道路,首先需要占据该邑。这样,淮夷与一江之隔的越族有了更密切的联系。春秋、战国时繁阳为楚所有,是楚楔入中原的一个军事、商贸据点,这里水陆交通便利,后来楚国北上争夺战略要地,繁阳随之成为铜锡的一个重要集散地。"[③]以上说法言之有理。西周中期以前,淮夷可能控制了由吴国往中原的铜锡交通,而到春秋中期以前,楚国控制了这一带铜锡交通。后来吴国争夺淮河,一度威胁

---

① 毛颖、张敏:《长江下游的徐舒与吴越》,湖北教育出版社 2005 年版。

② 郭沫若:《两周金文辞大系图录考释》。引自裘士京《江南铜研究:中国古代青铜铜源的探索》,黄山书社 2004 年版,第 5 页。

③ 裘士京:《江南铜研究:中国古代青铜铜源的探索》,黄山书社 2004 年版,第 94 页。按,与淮夷一江之隔的不是越族,应是吴国。

到这条交通线路。但其基本上控制在楚国手中。到了战国，楚国完全控制这条线路。学者研究认为，周穆王时，淮夷向周室发动进攻，一度控制淮河上游，其攻击路线是溯淮河，转道支流汝水，向成周进攻。周曾在汝水上游的叶与堂师一带布置防线阻止淮夷进攻。周厉王时淮夷进攻到伊、洛河流域，逼近洛阳。直到宣王时才打败淮夷，使其重新称臣纳贡。大量“俘金”、“俘吉金”、“俘戎器”的铭器大多出于厉、宣两世。淮夷因多次战败而向海滨或南退淮河下游直到长江北岸。① 将青铜铭文与史实结合起来考察，当时发动进攻的就是淮夷中最强大的徐国。

另外，在南京以东，六合至仪征、扬州地区，可能也有渡口。六合程桥发现的东周墓葬，出土了铜器和铁器。② 仪征早在 1930 年便出土有 40 多件西周青铜器，保存下来有 12 件铜器，蟠虺纹尊等与中原铜器明显不同。③ “历年来在宁镇地区也出土了大批青铜器，其中有的出自溧水等地的土墩墓，有的出自丹阳、武进等地的窖藏，有的则是零散出自溧水、溧阳、丹徒、江宁、浦口、长兴等地。这些青铜器和屯溪青铜器特点相近，反映出相近的文化面貌。” ④

仪征可能是西周时期吴国的一个重要据点，这里有方国存在。或即邗国。早期吴国中心在宁镇，向江北发展，最捷径的路线是直接越江到达六合、仪征、扬州。

吴国青铜器的发现地点，大致分布在太湖以西的宁镇地区，而走向大致沿茅山南北，一是走今京杭运河一线，即沪宁线，丹徒、丹阳、武进一线；另一条是溧阳、溧水、高淳、江宁一线。这很明显印证了当时的两条交通线路，即从太湖以西北往长江以北，或从太湖西南往长江以北，走的是古丹阳湖地区。

五　吴国水路交通开辟的意义

吴国开辟的交通道路具有重要意义：第一，方便文化交流，通过战争进行文化交流也是当时的一种主要交流形式。第二，吴国北上中原的路线，大多是水路，或以水路为主，体现了吴国的特色：以水路为主，充分利用舟楫之利。吴国水师强大，多次在与楚国作战中取得胜利。第三，吴国开凿了京杭大运河的前身古邗沟和江南运河，奠定了京杭大运河的基本走向，这条水道经过后代的改道、疏浚，至今仍然发挥一定的作用。第四，吴国交通，特别是水运交通，沟通了中国的四大河流，即南到钱塘江，北

---

① 参阅黄盛璋：《淮夷新考》，《文物研究》第 5 辑，1989 年；裘士京：《江南铜研究：中国古代青铜铜源的探索》，黄山书社 2004 年版，第 94—95 页。

② 南京博物院：《江苏六合程桥东周墓》，《考古》1965 年第 3 期；南京博物院：《江苏六合程桥二号东周墓》，《考古》1974 年第 2 期。

③ 王志敏、韩益之：《介绍江苏仪征过去发现的几件西周青铜器》，《文物参考资料》1956 年第 12 期。

④ 施劲松：《长江流域青铜器研究》，文物出版社 2003 年版，第 2 页。

到黄河，长江、淮河；另外与此相关的河流，泗水、沂水、济水、潍水、水阳江、青弋江、南淝水等支流，沟通了鸿沟水系，还沟通了太湖、古丹阳湖、古射阳湖、古巢湖等湖泊。

吴国“古称东南僻远之邦，然当其盛强，往往抗衡上国”。[①] 正是凭借四通八达的水道，训练了一支能够纵横于江淮河济之间的强大水师，使其一跃成为具有重要影响的区域性大国。

第四节　古国古城的分布特点与主要城市

城市是人口、财富最集中的地方，体现了一个地区时代社会的进步和文化的发展水平。在早期国家，城市的出现也标志着社会分层、阶级分化到了一定程度。按地域统治居民、征收税收这两大国家职能可能最早在城市实现。考古学界将城市（包括城、城堡或大型复杂的礼仪设施）、金属器（青铜器、铁器）和文字，视为国家文明出现的重要标尺。古国都城、贵族封邑、军事性城堡等是中国古代城市的主要形态，而经济性城市则产生在战国以后。江苏地区，早在龙山文化时代便已经出现大型高等级的聚落和祭祀等复杂的礼仪设施，这在良渚寺墩遗址和山东龙山文化藤花落遗址中得到反映。商周时代出现了一些古国都城和城邑；到了春秋时期，城邑大量出现；延至战国，楚国统一江淮，封邑和郡县结合，它们在秦朝统一实行郡县制后，多成为早期的县治所在。下面，重点介绍江苏先秦城市的空间分布特点和主要城市状况。

一　沿河流呈线型分布是先秦江苏城市布局的主流

先秦时期，江苏古国、古城、邑主要分布在淮河、泗水、沂水、江南河诸河流及太湖等自然水域沿线，以及通往周边地区的水陆交通线路的节点上，特别是由人工开凿的运河沟通的河流、湖泊边上。少数分布在长江沿岸。

由于拥有丰富的河流资源，“中国人喜欢选低平的城址，与占优势的农业人口稠密地区分布在泛滥平原、河谷、山间盆地以及山麓地带的小块绿洲等低地有密切关系”。“因为城市化发展起来要为农村人口经济、政治和社会的基本需要服务，城市自然会沿着可通航水道兴起，因为通航水道是把它们与乡村社区或其它城市连接起来的重要手段。”“水也许是影响城址选择的最重要因素，因为它在运输、防卫、给水以及

---

① ［元］徐天祜音注：《吴越春秋·序》，江苏古籍出版社 1999 年版。

通过灌溉间接地影响粮食供给等方面起了重要的作用。正如从中国各地区的详图中所看到的，最有利的城址是在河岸上。""城治与水体的联系往往从地名上反映出来。"①江苏早期城市，特别是古国、都城、军事城邑等的选址，可能更重视水陆交通、王和属下层级之间上传下达信息的传递等军事、政治功能，因为当时人们的活动地点还不太多，城多是孤立的政治、军事据点，需要靠水道或沿水道边的陆地交通相互沟通，形成由点到线的串联，便于王权政治、军事专制需要。江苏古代的城市，充分利用了境内丰富水体方便运输的便利，绝大多数是在河流、湖泊、海洋等水体沿线建立起来的。古城名称直接体现了这种以水为城的情况，如江乘、高淳、丹徒、溧阳、荆溪、淹、娄、末口、泗水、淮浦、淮阴、睢陵、沛、射阳，大都与河流有关，其次是湖泊。这些河流有长江以北淮河及其支流泗水、沂水、潍溪；长江以南的长江、太湖及其三江（主要是娄江、松江）、宜溧山区荆溪、溧等河流。

二　古运河连结的水道沿岸文化遗址密集

从古城的分布和出现时代看，江苏城市兴起和发展具有分布于运河所沟通的水系沿线的特色。江苏古城地点的选择，一直和运河相联系，古城大多分布在太湖—太伯渎—古江南运河—古邗沟—泗、沭水与太湖—胥溪—秦淮、长江两条南北通道沿线。

新石器时代，苏北地区所在的黄淮海平原有丰富的人类考古文化遗址分布。近年来，在安徽北部、江苏淮北陆续发现了与山东泰山以南基本相同的、完整的新石器时代繁荣期考古文化，如已发现的北辛文化—大汶口文化—山东龙山文化—岳石文化等类型新石器文化，包括当初命名为"青莲岗文化"的新石器文化遗址，基本上都分布在淮河及沂、泗、沭流域以及后来的邗沟沿岸。包括大墩子、刘林、藤花落等著名遗址。近年来又在淮河以南的邗沟东线（古邗沟）沿线的高邮龙虬庄、郫墩、兴化南荡及海安青墩等地发现了距今6000—4000年的新石器文化遗址；这些分布呈线型的聚落遗址，实为后来城市兴起的物质基础。

长江以南，太湖流域著名的马家浜文化、崧泽文化、良渚文化系列文化遗址，在苏州、无锡、江阴、常州等地都有大型聚落遗址发现，高级别的遗址大墓显示出社会分层的状况十分明显。像苏州、昆山一带的草鞋山、赵陵山等，常州的寺墩，都分布在古江南运河、太湖三江沿岸。特别是寺墩遗址，代表了良渚文化后期的强盛，或可能良渚后期中心已经向太湖西北转移，是为北上中原还是躲避海侵、水患尚未可知。寺墩遗

① 章道生：《城治的形态与结构研究》，载施坚雅主编、叶光庭等译：《中华帝国的晚期城市》，第91—92页。

址还显示出宁镇地区文化与良渚文化在此汇合。到了青铜文化的商周时期,太湖东面上海马桥文化增补了良渚文化的空白,西面扩展到江阴长江沿岸,现在发现了夏商时期的云亭花山遗址,附近有一座古城佘城,这可能和南北交通由此渡江的节点有关,人工开凿的太伯渎正是由太湖经无锡通往江阴渡江的捷径。最近在张家港发现的东山村遗址,正位于长江岸边,或说明这一带也是由太湖越江北上的一个渡口节点。

宁镇地区,以茅山为界与太湖平原分割。由太湖往北,越过茅山便是宁镇丘陵,其北边后来有古江南运河沟通,镇江谏壁、丹徒大港一带是西周至春秋中期吴国文化的中心。而西南,在宁镇的高淳、溧水、句容、溧阳一带的古丹阳湖区,属于秦淮河、固城湖—水阳江水系。古胥溪运河将茅山东西水系联接起来,句容、溧水、高淳、江宁、南京一带发现了大量新石器至青铜时代的遗址。北阴阳营文化—江宁点将台—湖熟文化等,可以建立大致的文化序列。这些遗址主要分布在上述主要由胥溪运河沟通的河流沿线,这条通道走向是:无为—长江—芜湖—青弋江—水阳江—固城湖—胥河—溧阳(南中河)—宜兴(南溪河、西氿、东氿)—太湖(大浦)。大浦与常州无锡间的阖闾城相距很近。以上河流沿线的遗址文化为后来的早期城市出现奠定了基础。

三 先秦时期的古国古城

1. 彭城,活动于殷商时期,地点在徐州市区。

2. 吴国都城,数量多、传说复杂而且地点难确定。主要有以下四处:

梅里之吴。商末太伯和其弟仲雍放弃王位,奔吴,远途跋涉来到江南荆蛮之地。"太伯奔吴"之地,唐以来大量文献都说在今无锡梅村一带,这里当是最早的吴人聚落,属于早期都城,但目前没有确凿的考古学证据。[①]

宜。西周康王时,吴国改封宜地,中心已经转移到宁镇地区,在镇江丹徒一带活动。宜便是吴国最早的都城。宜,根据出土资料,应在今丹徒大港烟墩山附近,这一带发现了大批吴国王公贵族墓葬,可能是吴王墓葬区。北山顶也发现了大型墓葬群。镇江丹徒一带当有都城。有学者认为吴国都城有一个从西向东的迁移过程,即西周

① 据学者研究,文献所载吴国古城有:《左传》:鸠兹城、固城、朱方城;《吴越春秋》:阖闾城;《越绝书》:吴大城、吴小城、伍子胥城、居东城、麋湖城、欐溪城、巫欐城、摇城、古城、无锡城、毗陵城、毗陵县南城、曲阿城。参见毛颖、张敏《长江下游的徐舒与吴越》(湖北教育出版社2005年版)。文献记载的城考古发现不多,考古所见城又不见于文献,这的确是传世文献与考古的矛盾之处,二重证据法在吴国文化研究中遇到了难题,所以,尚难完全否定梅里为太伯奔吴所在。况且东汉人就认为太伯在此活动,并修建太伯墓。

时期，都镇江“宜”，春秋早中期，迁至常州武进的淹城，春秋晚期迁到苏州。[①]

阖闾大小城。春秋后期时期，吴国中心转移到太湖流域的苏州一带，阖闾命伍子胥营造了阖闾城，即吴大城与吴小城。大多数学者认为这个城是后来苏州古城的前身，地址两千多年没有发生大的变化。但也有学者提出阖闾大城与今之苏州古城不是一个地方，过去混淆了，地点应在灵岩山至木渎一带，今苏州城最早建于汉代。[②]“苏州城是宋代平江府，只不过沿用了旧名而已。吴大城与吴小城应为春秋时期的姑苏城，是吴王阖闾败越之后所筑，因其地有姑苏台，故亦称为姑苏城。”[③]

吴国都城情况，据《越绝书》卷二《外传记吴地传第三》记载：“昔者，吴之先君太伯，周之世，武王封太伯于吴，到夫差，计二十六世，且千岁。阖庐之时，大霸，筑吴越城。城中有小城二。徙治胥山。后二世而至夫差，立二十三年，越王句践灭之。”[④]

阖闾所建都城，主要建筑有：

(1) 阖庐宫，在高平里。射台二，一在华池昌里，一在安阳里。

(2) 南城宫，在长乐里，东到春申君府。

(3) 秋冬治城中，春夏治姑胥之台。旦食于纽山，昼游于胥母，射于鸥陂，驰于游台，兴乐石城，走犬长洲。

此为吴王游乐、活动场所，包括：城中、胥之台、组山、胥母、鸥陂、游台、石城、长洲。

(4) 吴大城，周四十七里二百一十步二尺。陆门八，其二有楼。水门八。南面十里四十二步五尺，西面七里百一十二步三尺，北面八里二百二十六步三尺，东面十一里七十九步一尺。阖庐所造也。吴郭周六十八里六十步。

(5) 吴小城，周十二里。其下广二丈七尺，高四丈七尺。门三，皆有楼，其二增水门二，其一有楼，一增柴路。

(6) 东宫，周一里二百七十步。路西宫在长秋，周一里二十六步。秦始皇帝十一年，守宫者照燕失火，烧之。

(7) 伍子胥城，周九里二百七十步。

---

① 肖梦龙：《吴国的三次迁都试探》，原载《吴文化研究论文集》，中山大学出版社 1988 年版；王玉国、肖梦龙、陆九皋编著：《镇江吴文化研究》，中国文史出版社 2006 年版，第 123—132 页。

② 钱公麟首倡其说，参见：《春秋时代吴大城位置新考》，《东南文化》1989 年第 4—5 期；《论苏州城最早建于汉代》，《东南文化》1990 年第 4 期，陆雪梅、钱公麟：《春秋时代吴大城位置再考——灵岩古城与苏州城》，《东南文化》2006 年第 5 期。

③ 毛颖、张敏：《长江下游的徐舒与吴越》，湖北教育出版社 2005 年版，第 137 页。

④ 明明是吴城，为什么叫吴越城？可能是《越绝书》作者为越地人，把越拉进去。也可能是吴亡之后，越国曾迁居吴都城，就称吴越城了。这里，“吴越”是作为两个承接的时代来使用的。春申君府在城内，秦始皇时宫殿烧毁。

邑中径从阊门到娄门，九里七十二步，陆道广二十三步；平门到蛇门，十里七十五步，陆道广三十三步，水道广二十八步。

吴国都城规模很大，大城周长 47 里多，城呈不规整的四边形，东南长，西北短，南面 10 里，西面 7 里，北面 8 里，东面 11 里，外郭周长达到 68 里。小城周长 12 里多。内有西宫，周长 1 里多。都城设施齐全。对比越国都城情况，可知吴国都城之盛。《越绝书》卷八《外传记地传第十》："句践小城，山阴城也。周二里二百二十三步，陆门四，水门一。今仓库是其宫台处也。周六百二十步，柱长三丈五尺三寸，霤高丈六尺。宫有百户，高丈二尺五寸。大城周二十里七十二步，不筑北面。而灭吴，徙治姑胥台。""山阴大城者，范蠡所筑治也，今传谓之蠡城。陆门三，水门三，决西北，亦有事。到始建国时，蠡城尽。"

考古所见阖闾城。又相传在无锡胡埭乡与武进雪堰桥乡之间有一阖闾城，东距太湖约 1 公里，最新考古调查已经完成，调查者认为这里是伍子胥所筑阖闾城。① 但从位置上和规模上看，这个城作为军事性城池的可能性更大。最近，苏州木渎春秋古城遗址发掘已取得初步成果。

3. 徐国，西周春秋时徐夷建立的方国，地在今泗洪县东南大徐台子（洪泽县南）。地扼古善道枢纽，是北上中原的主要水陆通道。

4. 淹城，相传为周初奄人从曲阜一带逃亡而至营建的奄国都城。但考古调查确定，此为我国保存完整的唯一地面春秋古城。四面环水，具有水城特色，发现有古舟。或说淹城为吴国都城。②

5. 古邗（干）国，今扬州蜀岗附近。商代可能就存在，春秋初为吴国所灭，夫差时建立邗城，开凿邗沟运河。

6. 钟吾国，春秋时小国，在新沂南。《左传》昭公二十七年载：吴内乱，"公子烛庸奔钟吾"。

7. 邳国，一名下邳国，战国时有邳国，在今睢宁县西北古邳镇东。《史记·楚世家》：楚顷襄王十八年，"驺、费、郯、邳者，罗龙鸟也"。地点在古沂、泗水交汇处。

8. 越都姑苏，战国初期，越国曾迁都姑苏。③

春秋战国时期，越国都城主要在会稽（今浙江绍兴）。但此之前，越国都城有过多次迁徙。《越绝书·地传》，禹时"更名茅山曰会稽"，"无余初封大越，都秦余望南，千

---

① 此城调查成果入选 2008 年全国十大考古发现，但仍然存在争议。

② 肖梦龙：《吴国的三次迁都试探》，原载《吴文化研究论文集》，中山大学出版社 1988 年版；王玉国、肖梦龙、陆九皋编著：《镇江吴文化研究》，中国文史出版社 2006 年版，第 126 页。

③ 主要参阅南京博物院、江苏省考古研究所、无锡市锡山区文物管理委员会编著：《鸿山越墓发掘报告》，文物出版社 2007 年版。

有余岁而至句践，句践徙山北”。越先祖原居茅山，无余时都秦余山，句践都秦余山北。商代至西周早期，古越人可能在湘江一带活动。西周中晚期，越国都城大致在安徽屯溪（今黄山市）一带。① 春秋中、晚期，即越王允常之前，越国都城可能在浙江安吉一带，这里发现了越国大型城址和大型贵族墓葬。② 到了春秋晚期，越国都城迁到绍兴，绍兴印山已经发现了越王允常陵墓。③ 到了灭吴之后，越国曾经一度将都城迁到姑苏。《越绝书·外传记地传》：越“灭吴，徙治姑胥台”。《越绝书·外传记地传》：“允常子句践，大霸称王，徙琅玡，都也。”越灭吴为公元前 473 年，灭吴后五年（前 468）又由姑苏迁到琅玡。由此可知，越国曾都江苏境内建都约三年。姑苏一带无疑成为战国初期越国的政治中心。鸿山大墓的发现，为寻找姑苏越都提供了最新的考古资料。

2004 年至 2005 年，南京博物馆等单位在仅次于无锡、苏州两市交界的无锡鸿山镇，对东周越国贵族土墩墓群进行了抢救性发掘。2007 年出版了包括发掘报告、礼器、乐器、玉器图版在内的四本一套的《鸿山越墓发掘报告》。④ 鸿山镇距无锡与苏州各约 20 公里，鸿山本是鸿山镇北部的一座小山，传说东汉隐逸梁鸿曾居此，故名，镇以山名。这一地区土墩墓的分布范围，东至苏州黄埭镇、南至苏州浒墅关镇、西至无锡鸿山镇、北至无锡鹅湖镇，分布范围约 24 平方公里，保存着大小土墩近百座。从 2003 年 3 月到 2005 年 6 月上述地区共发掘战国时期越国贵族墓葬 7 座，可分小型、中型、大型和特大型四个等级。而根据随葬器物的种类、质地和组合关系，7 座墓葬可进一步分为五个级别。鸿山墓地在镇东北约 1 公里处，墓葬的年代可定为战国早期，在公元前 470 年左右，墓主可能为越大夫。在《鸿山越墓发掘报告》中，编著者进一步认为越国贵族墓地大致年代为春秋末期至战国早期，与战国初期越都姑苏有关，年代应为公元前 473—前 468 年之间。越王僭越为天子，仅次于越王的越国贵族，根据墓葬的规模和随葬器物的数量、等级判断，其享用的墓葬的规模和随葬器物的等级当与中原的诸侯相当，故推测邱承墩墓主的身份应相当于春秋战国时期的诸侯。邱承墩贵族墓为仅次于浙江绍兴印山越王墓的特大型墓葬，因此墓主应为仅次于越王的越国大夫。推测可能为范蠡或文种的家族墓地。⑤ “鸿山越国贵族墓地当属春秋战

---

① 南京博物院、江苏省考古研究所、无锡市锡山区文物管理委员会编著：《鸿山越墓发掘报告》，文物出版社 2007 年版，第三章《相关问题的讨论》。按，以前有观点认为屯溪八座西周墓葬为吴国墓葬，此可备一说。

② 程亦胜：《早期越国都邑初探》，《东南文化》2006 年第 1 期。

③ 浙江省博物馆、绍兴县文物保护管理局：《印山越王陵》，文物出版社 2002 年版。

④ 南京博物院、江苏省考古研究所、无锡市锡山区文物管理委员会编著：《鸿山越墓发掘报告》，文物出版社 2007 年版。

⑤ 南京博物院、江苏省考古研究所、无锡市锡山区文物管理委员会编著：《鸿山越墓发掘报告》，文物出版社 2007 年版，第三章《相关问题的讨论》。

国时期吴越的政治中心姑苏的外围墓地。”[①]结合鸿山以南12公里处的苏州真山，曾经发现春秋晚期的真山越国贵族墓地的情况，[②]可以推断，鸿山、真山一带，与姑苏越都相距不远。鸿山墓地主要集中在伯渎河流域，伯渎河西起运河，东达蠡湖，全长24公里，支流九曲河正通过墓地范围。从交通上看，这里正是由太湖经江南运河至伯渎河往江阴至常熟方向长江渡口的一个捷径，当时正有运河相通。从姑苏“出平门，上郭池，入渎，出巢湖；上历地，过梅亭，入杨湖；出渔浦，入大江，奏广陵”的吴古故水道，就在鸿山的东北面。越王勾践将姑苏作为北伐中原的前进基地，将政治中心迁移此一带，随后北上今山东，在琅玡建立了新的都城，逐鹿中原，参与中原争霸活动。

上述八国都城，尤以吴国、越国最复杂，都城迁徙多变。吴国可能拥有数都，这种情况在先秦时期比较普遍，一个原因是经常迁徙，另一原因为吴王众建都邑以控制全国并向四周拓展。雪偃乡发现的阖闾古城，正在太湖西北角，地扼太湖至东北和西南两条交通线的中间点，或可能是吴国向北发展的重要军事都城。但吴国后期都吴大城(今苏州)是确定无疑的，据此可以控制整个太湖流域，并借助水道南下或北上发展。

江苏地区的古国古城，大多出现在春秋时期。位于邗沟沟通的淮、沂、泗、邗沟及江南运河沿线，河流特色十分明显。其中，邳州、新沂在沂水流域，其余城邑多在运河、泗水沿线，属于淮河、泗水、太湖流域，便于利用运河沟通，利于航运。可知水路交通发达是古代城市兴起的必备条件。

江苏境内还有一些城邑，大都也在河流沿线。

延陵：吴公子季札封地，今常州与镇江一带。有说即今常州武进东南淹城遗址。

云阳邑：春秋吴地，今丹阳。

朱方县：治所在今丹徒东南。《春秋》中有朱方。《吴太伯世家》载：“吴予庆封朱方之县，以为奉邑。”

南武城：春秋吴地，西汉属娄县，在今昆山西北。

彭城：大彭国灭亡后，徐国一度迁徙于此。春秋属宋国，为重要城邑。战国后为楚国攻占。

留邑：春秋宋地，今沛县东南。

吕邑：春秋宋地，在今徐州东南吕梁山(俗称坷垃山)下。

中城：春秋鲁地，在沭阳西北，沂河流域。

---

① 《鸿山越墓发掘报告》，第5页。

② 苏州博物馆：《真山东周墓地》，文物出版社1999年版。按：原报告认为是吴国墓葬，墓主为吴王阖闾，鸿山发掘者持否定观点，可从。

固城：即平陵，俗称“楚王城”。南面濒临胥河（古濑水），胥河向东流入太湖，向西经固城湖可通青弋江。其城去金陵东南120里，当溧水、溧阳之间，古称濑渚县，盖吴所筑。

到了战国，曾出现一个邳国，扼沂、泗交汇处。沛邑，今沛县沛城镇。常邑，齐国属地，在今邳州东。广陵邑，今扬州蜀岗上，楚地。金陵邑，在南京西北石头山上，楚设置。沛—邳—常—广陵邑在运河沿线，金陵邑在长江沿岸。

长江沿岸城邑不多。南京在先秦地位不显，根据朱偰的《金陵古迹图考》，金陵（南京）在春秋时为吴地，未有城邑。《左传》襄公三年（前570），楚令尹公子婴齐伐吴，克鸠兹，至于衡山。按，鸠兹在今芜湖当涂一带，衡山为今江宁横山。楚悬军深入，始及边鄙，则金陵为吴地而非楚地可知；旧说吴头楚尾非也。市内最早的城为冶城，在春秋末出现，在石头东。第二个古城为越城。周元王四年（前472），越王勾践用范蠡谋灭吴，将图楚，称伯江淮，乃筑城于金陵长干里，以强威势。城周2里80步，在今中华门外长干里，俗呼越台。金陵有城邑自此始。南京的第三个古城为楚国统治时期所置的金陵邑。周显王三十六年（前333），楚灭越，尽有吴故地，乃擅江海之利，因山立号，置金陵邑于石头后之石城。金陵之名，实始于此。《康熙江宁府志》云：金陵邑城，周显王三十六年，楚威王所置；孙吴即其地筑城曰石头城，即今石城门近清凉门处。[①] 这些古城规模都很小，大概都是军事据点性质的城池。当时南京城市还没有真正兴起。

综上可知，先秦时期江苏境内的古国或城市，绝大多数在河流，特别是由古运河沟通的河流沿线。自北向南，已知的运河沿线城市有：彭城—留—吕—徐—邗—朱方—云阳—延陵—吴—娄。淮河以北最多，其次在扬州以南至常州一线。以上城邑呈线型分布。秦朝时，这些城邑都成为县治所在。只有棠邑在今南京市六合境内，属滁河流域，为楚国伸入吴国的重要军事据点，后来为吴国夺取。六合程桥发现东周墓葬，根据出土青铜器及铭文分析，这一带可能是吴国在江北的重要聚落或与国。

先秦江苏古国古城分布一览表

县(市)及分布	淮河以北	江淮之间	长江以南	合计
古国	彭祖国(大彭国)、钟吾国、邳国	徐国、邗国	吴国	6
其中古运河沿线	彭祖国、邳国	徐国、邗国	吴	5
古城	彭城、留邑、吕邑、中城	邗城、棠邑	云阳、朱方、延陵、南武城	10
其中古运河沿线	彭城、留邑、吕邑	邗城	云阳、朱方、延陵、南武城	8

注：根据《江苏省志·地理志》(江苏古籍出版社1999年版)资料整理。

① 朱偰：《金陵古迹图考》，中华书局2006年版，第73—75页。

第七章　春秋战国时期江苏地区的文化与生活

春秋战国时期是中国历史上大变革的时代。在这个动荡的社会时期，各国的社会、政治、经济、军事制度等都发生了重大变化。历史上江苏地区存在的几个诸侯国，也不例外。春秋时代的吴、越，早先虽然被中原华夏诸国视为夷蛮之国，这时也先后登上历史舞台，称霸于诸侯，成为"春秋五霸"中最后两个霸主。除了政治、军事的发展之外，还赖于经济的发展，特别是吴地的青铜冶炼技术已在诸侯国中享有盛名。与中原地区青铜器精于礼器不同，吴地的青铜器以兵器闻名于世。从近年来在各地出土的春秋时期的吴国青铜器来看，兵器和工具数量在其中的比例要远远高于中原地区。从青铜器到铁器的铸造和使用，又促进了农业、手工业和商业的发展。这一切体现在风俗、饮食、服饰、丧葬等物质和精神文化方面，吴越地区与长江以北的徐淮地区各有不同；战国时期楚文化对江苏地区的浸润和影响也极大。在科学和思想文化方面，各地的医药、天文及吴越地区的礼乐文化、歌舞、书法、绘画艺术都达到了很高的水平。儒家思想在吴地得到了传播，吴人子游是孔门"文学"高弟。更值得一提的是孙武和他的《孙子兵法》——这部中国古代最著名的军事著作，也是世界上最古老的兵书，与吴国的关系最密切。作者孙武虽是齐人，但他的军事实践却是在吴国，其军事理论在战争中得到完善，所以汉代历史学家班固的《汉书·艺文志》特别标明为《吴孙子》。

本章就从上述几个方面展开论述，以凸现江苏文化的地域性特色，同时说明江苏地域文化也是中华文化中的重要部分，对中华文化的发展作出了重要贡献。

第一节　风俗、饮食、丧葬、语言

一　风俗

春秋时期，吴、越两国接壤为邻。司马迁言吴、越乃古国，吴为周太王长子太伯之后，越为夏少康庶子之裔。当时的伍子胥、大夫种、范蠡也说两国不仅语言相同，习俗也相近。以至于有学者认为，两国之语言、习俗既皆相同，则其人民宜为同一民族。虽其统治者王室或云出自华夏，近世出土吴、越铜器，其文字系统与华夏同。“此当为华夏文化之影响，无与于广大人民之族别也。”[①]根据《史记·吴太伯世家》所记载：

吴太伯，太伯弟仲雍，皆周太王之子，而王季历之兄也。季历贤，而有圣子昌，太王欲立季历以及昌，于是太伯、仲雍二人乃奔荆蛮，文身断发，示不可用，以避季历。季历果立，是为王季，而昌为文王。太伯之奔荆蛮，自号句吴。荆蛮义之，从而归之千余家，立为吴太伯。

太伯为了让贤逃至荆蛮之地，“荆蛮义之”，这说明了荆蛮之民对中原文化有一定程度的认同，从而“归之千余家，立为吴太伯”。吴太伯在到达“荆蛮”以后，凭借中原地区先进文化的优势，在吴地获得了“荆蛮”的拥戴，那么早期吴国的文化受中原地区的影响是不言自明的。但是太伯在到达吴地以后即“文身断发，示不可用”，《左传》哀公七年载，仲雍在吴，“断发文身，臝以为饰”。《谷梁传》哀公十三年也说：“吴，夷狄之国也，祝发文身。”由此看来，断发文身乃是吴地原来的风俗，吴太伯来了以后，为了更快的融入当地人中，而采取了顺应当地民俗的做法。此外，春秋时期的吴文化在发展过程中，还受到了越文化的影响，风俗上亦然。后世往往吴、越并称，将二者等同起来，比如《越绝书》就说：“吴、越同俗并土。”《汉书·地理志下》也说：“吴、粤之君皆好勇，故其民至今好用剑，轻死易发。”尽管今人将吴、越划在一个文化区内，[②]但实际上吴与越的风俗还是有所不同的，吴在今江苏南部，都于吴（苏州），越居今浙北，都会稽（今绍兴）。《新书·耳庳》中记载了伍子胥的话：

越国之俗，勤劳而不慍，好乱胜而无礼，谿徼而轻绝，俗好诅而倍盟。放此类者，鸟兽之侪徒，狐狸之丑类也，生之为患，杀之无咎，请无与成。

应该说这不仅仅是伍子胥劝说吴王夫差杀勾践的一时之词。就吴越文化的起源而言，据《史记·越王句践世家》：

① 蒙文通：《越史丛考》，《百越民族考》，人民出版社1983年版，第18页。

② 李学勤：《东周与秦代文明》，文物出版社1984年版。

> 越王句践，其先禹之苗裔，而夏后帝少康之庶子也。封于会稽，以奉守禹之祀。

又，《越绝书·外传记地传》：

> 昔者，越之先君无余，乃禹之世，别封于越，以守禹冢。……无余初封大越，都秦余望南，千有余岁而至句践。

由此看来，吴、越皆是古国，吴为周太王长子太伯之后，越为夏少康庶子之裔，二国皆华夏后裔。越受夏文化的影响较大，吴受周文化的影响较大，地域上吴更接近中原地区，二者的文化差异是存在的。公元前544年，吴国的季札在鲁国听到各国的歌曲，能一一辨别其特点，这足以说明吴国受中原礼乐文化的浸染之深，这与越"好乱而无礼"形成了鲜明的对比。吴与越的文化和习俗在春秋战国之际的征伐和兼并中不断融合、接近，到了秦汉以后，这一地区才逐步成为一个单独的文化区了。

与中原地区相比，在春秋的早中期吴地的家族意识较为淡薄。由于吴国在耕作条件上并不像中原那样田陌连阡，有一望无垠的整块土地，所以没有条件像中原地区那样将上千人集中在一块土地上进行耕作。同时由于金属农耕具较早得到运用，使得吴人更多实行个体家庭的劳动组合方式，北方重宗族，南方好分居，这是劳动组合方式不同而产生的结果。同时在吴地没有像中原那样的严格的礼法限制，吴王寿梦在楚地观周公礼乐，因见礼仪之繁，乃叹而去，曰："孤在蛮夷，徒以椎髻为俗，岂有斯之服哉？"从考古学材料得知，吴越居民自西周开始就使用夹砂红陶鼎，一般可以任意随葬。直到春秋末吴国受到中原礼乐文化较深浸染，才有公子季札在鲁观礼，表现出对礼乐文化的娴熟。[①] 同时《吴越春秋·王僚使公子光传》记载了寡妇殉节事，更说明了在春秋末期中原礼法观念对吴地风俗的影响之深。伍子胥由楚逃亡吴途中，在饥饿的时候遇见一女子，供给他食物，食毕，女子叹曰："嗟乎！妾独与母居三十年，自守贞明，不愿从适，何宜馈饭而与丈夫，越亏礼仪，妾不忍也。子行矣。"在伍子胥走后，她投河自杀，以身殉节。

好剑，是春秋时期吴国的风尚，这一方面和吴人的好勇尚武之风有关，"吴、粤之君皆好勇，故其民至今好用剑。"[②]另一方面和吴国发达的冶铸业有关，如《周礼·考工记》说："郑之刀，宋之斤，鲁之削，吴粤之剑，迁乎其地，而弗能为良，地气然也。"[③]《淮

---

① 杨建华：《吴越思想文化论》，《东南文化》1989年第3期。

② 《汉书·地理志下》。

③ 《周礼》，卷三六《冬官考工记第六》，上海古籍出版社1990年版。

南子·修务训》:“夫宋画、吴冶,刻刑镂法,乱修曲出,其为微妙,尧舜之圣不能及。”[①]

从目前出土的产于吴国的剑来看,有的剑已经不仅仅只是一种实用的兵器,而且附加了观赏的功能,如1976年2月发现于河南辉县的吴王夫差剑,[②]除了常见的剑身铭文外,剑身满布花纹,剑格镶嵌绿松石,具有明显的审美功能。又如,1964年,江苏六合程桥一号东周墓出土的一件吴王夫差剑,该剑“圆形剑首,茎作圆柱状,茎上有两周凸棱,剑格刻有饕餮纹作为镶嵌饰物,隆脊有棱”。[③] 近年来出土的吴国剑,例如“吴王夫差剑”出于山西峙峪;“吴王光剑”出于安徽寿县蔡侯墓。“吴王光剑”的火焰状花纹,表现出明显的特色。这两把铜剑铸造都十分精美,剑锷锋甚犀利,银光闪耀,保存如新,至今犹能断发。剑身装饰物和花纹的出现说明吴人对剑的重视,这种对剑的喜好在春秋时期的吴国是一种普遍的风俗。《史记·吴太伯世家》曰:

> 季札之初使,北过徐君。徐君好季札剑,口弗敢言。季札心知之,为使上国,未献。还至徐,徐君已死,于是乃解其宝剑,系之徐君冢树而去。从者曰:“徐君已死,尚谁予乎?”季子曰:“不然。始吾心已许之,岂以死倍吾心哉!”

季札作为吴国的使节佩剑出行,吴人好剑之风可见一斑。此外,据《越绝书·吴地传》记载:

> 阖庐冢,在阊门外,名虎丘。下池广六十步,水深丈五尺,铜椁三重,坟池六尺,玉凫之流,扁诸之剑三千,方圆之口三千。时耗、鱼肠之剑在焉。[④]

吴王阖庐冢以大量的剑——号称“扁诸之剑三千、方圆之口三千”来陪葬,可以看出剑在当时人心目中的位置,同时也说明剑在吴人社会生活中的重要性。

与好剑相联系的是当时吴地尚武轻死、多豪侠之士,《汉书·地理志》说吴人“至今好用剑,轻死易发”。在这种风尚的影响下,有勇士专诸“其怒有万人之气,甚不可当”,应伍子胥之召刺杀王僚;有“细人”要离,为吴国百姓生活安定,免受兵革之灾,自断一臂刺杀吴国第一勇士庆忌,被后人引为美谈。这在吴越地区不是个例,而是当时这一地区普遍存在的好战尚武观念的产物。春秋时期,吴国和越国虽长期处于交战

---

① 《淮南子》,卷一九《修务训》,上海古籍出版社1989年版。

② 崔墨林:《河南辉县发现吴王夫差铜剑》,《文物》1976年第11期。

③ 《江苏六合程桥东周墓》,《考古》1965年第3期。

④ 上海古籍出版社1985年版。按:别本“坟”作“澒”,通汞,水银。文义亦通。

状态，但却“同气共俗”，“吴之与越也，接土邻境，壤交通属，习俗同，言语通。”①两国都盛行崇尚武力的社会风气。越人“水行而山处，以船为车，以楫为马，往若飘风，去则难从，锐兵任死”，②吴人“以王刚猛而毅，能行其令，百姓习于战守，将明于法禁”。他们崇尚好勇斗狠，鄙视恻隐忘仇，以所谓“灭沥血之仇”、“绝怀毒之怨”为做人信条，③前面所提到的吴人好剑实际上就是这种尚武之风的体现。

吴越地区尚武风气的形成，并不是偶然的，而是受地理环境、历史文化诸方面影响的结果。

从地理环境来看，在上古时期，由于江南地区气候过分湿热，大部分地区为原始森林所覆盖，榛莽丛生，沼泽四布，虫蛇虎豹，瘟瘴呕泄，处处威胁着人类生存。尽管个别地区已有农业，然而由于土质紧密，种植品种又主要是花费劳动力多、生产技术要求高的水稻，在原始生产工具和技术条件下，很难大量垦殖。这造成了江南地区的经济生产和社会生活必然长期陷于十分原始的状态。《史记·货殖列传》讲楚越地区时说：

> 地广人希，饭稻羹鱼，或火耕而水耨，果隋蠃蛤，不待贾而足，地执饶食，无饥馑之患，以故呰窳偷生，无积聚而多贫。是故江、淮以南，无冻饿之人，亦无千金之家。

如此看来，当时吴国的多数地区社会尚未得到开发，物质财富并不十分丰富，“无冻饿之人，亦无千金之家”，贫富分化也并不剧烈，这样势必为氏族制度某些残余的保存提供丰厚的土壤。④受血族关系支配的氏族制度，产生出来“绝对承认的血族复仇的义务”，这就造成了人们“必须相互援助、保护，特别是在受到外族人伤害时，要帮助报仇”。⑤ 根据《左传》、《史记》和《国语》等文献的记载，春秋时期江南地区多次的对外战争都有血族复仇的特征。《吕氏春秋·察微》叙述的吴、楚鸡父之战甚为典型：

> 楚之边邑曰卑梁，其处女与吴之边邑处女桑于境上，戏而伤卑梁之处女。卑梁人操其伤子以让吴人，吴人应之不恭，怒杀而去之。吴人往报之，尽屠其家。卑梁公怒，曰："吴人焉敢攻吾邑？"举兵反攻之，老弱尽杀之矣。吴王夷昧闻之怒，使人举兵侵楚之边邑，克夷而后去之。吴、楚以此大隆。吴公子光又率师与

---

① 《吕氏春秋》，卷二三《知化》，陈奇猷：《吕氏春秋新校释》，上海古籍出版社 2002 年 2 版。

② 《越绝书》，卷八《外传记地传第十》。

③④ 曹文柱：《六朝时期江南社会风气的变迁》，《历史研究》1988 年第 2 期。

⑤ 《家庭私有制和国家的起源》，《马克思恩格斯选集》，第 4 卷，人民出版社 1972 年版，第 83 页。

> 楚人战于鸡父，大败楚人，获其帅潘子臣、小帷子、陈夏啮，又反伐郢，得荆平王之夫人以归，实为鸡父之战。

在带有血族复仇观念的战争中，每个社会成员都把勇敢杀敌当成自己义不容辞的责任，“子而思报父母之仇，臣而思报君之仇，其有敢不尽力乎?”在他们看来，弃仇不报是愚蠢的表现。越灭吴，越大夫文种历数吴王夫差六大过，其一曰：“昔越亲戕吴之前王，罪莫大焉。而幸伐之，不从天命，而弃其仇，后为大患。”文种身为越臣，竟视夫差不杀越王勾践为大过，正是血族复仇观念的反映。

此外，吴越两国都有“断发文身”、信鬼的习俗。断发就是剪发，冒首代冠。文身则是在身上黥出龙蛇图纹，“刻其肌，以丹青涅之”。[1]《淮南子・泰族训》：“刻肌肤，镵皮革，被创流血，至难也。然越为之以求荣也。”高诱注：“越人以箴刺皮为龙文，所以为尊荣也。”[2]另，《史记・封禅书》说“越人俗鬼，而其祠皆见鬼”。这种原始的图腾崇拜和信鬼习俗，也在一定程度上养成了吴越人喜欢文身和尚武的习俗风尚。

氏族旧制、图腾鬼神意识赋予了民众好战尚武的观念，这符合统治者的利益。统治者把这一观念固定成为全社会的道德规范，因此有意识地对这种社会风气进行倡导，这不仅是吴越的风气，其他各国也大致如此。《汉书・地理志》中也提到了统治者的倡导对于风俗形成的作用：

> 凡民函五常之性，而其刚柔缓急，音声不同，系水土之风气，故谓之风；好恶取舍，动静亡常，随君上之情欲，故谓之俗。

吴国统治者鼓吹：“父母之仇不与戴天履地，兄弟之仇不与同域接壤，朋友之仇不与邻乡共里。”[3]而父母、兄弟、朋友之仇又是与“臣而思报君之仇”联系在一起的。吴人还强调军队应该“唯王所欲用之，虽赴水火犹可也”。《韩非子・内储说上》有一段典故：

> 越王问于大夫文种曰：“吾欲伐吴，可乎?”对曰：“可矣。吾赏厚而信，罚严而必。君欲知之，何不试焚宫室?”于是遂焚宫室，人莫救之。乃下令曰：“人之救火者死，比死敌之赏；救火而不死者，比胜敌之赏；不救火者，比降北之罪。”人涂其

---

① 《史记・赵世家》集解引郑玄注。

② 《淮南子》，卷二〇《泰族训》。

③ 《吴越春秋・王僚使公子光传》。

体，被濡衣而走火者，左三千人，右三千人。此知必胜之势也。

以上例证都可视为统治者对尚武精神的有意识树立和引导。班固解释江南尚武民风形成的因果关系为“吴粤之君皆好勇，故其民至今好剑，轻死易发”。这是颇有见地的。这种习俗渐渐成为全社会普遍认可的行为规范。

自秦汉以后，虽然政治背景发生了翻天覆地的变化，但是几百年来沉淀、积聚下来的社会心理并未马上发生变化。[①] 据研究，吴地的这种尚武风气一直保持到西晋前期。[②]

二 饮食与服饰

“断发文身，羸以为饰”、“以椎髻为俗”是《左传》哀公七年和《吴越春秋·吴王寿梦传》对吴人形象的具体描绘，这种风格显然不同于中原地区。据近年来在江苏丹徒北山顶春秋墓出土的青铜鸠杖镦下的人像来看，其后盘有双髻，中间有发辫，应为“椎髻”之像。悬鼓环上五个跪坐像为裸体，髡顶，前有短发，散披于额前和耳上，脑后有双髻，中有发辫，脑部、背部、臀部、股部皆有图案花纹，这可能是吴人“断发文身，羸以为饰”的具体形象。[③] 而作为吴国春秋刻纹铜器上具有地方特色的短发者形象则更说明了“断发”是吴地的重要风俗，以镇江王家山的刻纹铜盘为例，这件器物的画面，除部分残损外，尚见刻有各式人物三十四人。其中短发者十七人，占有一半数量。[④] 同时，对于投降吴国的人，也必须随从他们的断发椎髻之俗，《左传》昭公三十年（前512）：“吴灭徐，徐子章禹断其发，携其夫人，以逆吴子。”所谓“断其发”，杜预注：“断发自刑，示惧。”表示遵从吴国习俗，臣服于吴。

吴人的文身，为“刻画其身以为文也”，即“刻肌肤，镵皮革，被创流血”，然后上身以“丹青”染纹。由于吴越地区河湖交错，当时人们的生产和生活活动无不经常与水打交道，“陆事寡而水事众”。加之炎热的气候，“于是民人被发文身，以像鳞虫，短绻不绔，以便涉游，短袂攘卷，以便刺舟，因之也”。[⑤] 同时出于自然崇拜、图腾崇拜和巫术信仰的意义，为了避免水中动物的伤害，特别是被吴越人视为“水神”的“蛟龙”的伤害，故而“文其身，以像龙子”。吴越人以“丹青”作为“文身”时的颜色染料。“丹青”或

---

① 曹文柱：《六朝时期江南社会风气的变迁》，《历史研究》1988年第2期，第55页。

② 王卫平：《吴文化与江南社会研究》，群言出版社2005年版，第109—110页。

③ 《江苏丹徒北山顶春秋墓发掘报告》，《东南文化》1988年第5期。

④ 刘建国：《春秋刻纹铜器初论》，《东南文化》1988年5期，第83页。

⑤ 《淮南子》，卷一《原道训》。

曰“青丹”，为一种矿物质染料，同时也可作为药物，而根据国内以及世界民族学材料，凡“文身”民族使用的染纹颜料皆是植物的汁液或锅烟、炭墨之类。吴越人所使用的矿物质颜料“丹青”与其相比不仅染纹色彩更为鲜明，而且丹类具有药理功能，用之填涂刻纹流血的伤口可以防止感染，促使愈合，这对经常在水中活动的吴越人来说不可忽视。吴越人选用丹青矿物染料纹饰其身，可谓具有一定的科学性。①

关于吴越人“文身”的花纹图案，在历史文献中没有具体描述，只是讲到其形象“以像龙子”（《说苑·奉使篇》）、“为蛟龙之状”和“像鳞虫”（《淮南子·原道训》及高诱注），以及“作鱼龙、飞仙、鬼神等像”（宋代高承语。《事物纪原》），丹徒大港北山顶和浙江绍兴出土吴越“文身”人像的纹饰都作云雷纹。

吴人在“断发”、“椎髻”之后，还要插笄为饰。《国语·吴语》载越王勾践夫妇从吴国被释放归越以后，他的夫人在宫室内“去笄，侧席而坐”，可以想见吴地的风俗是要插笄的。近年来的考古发现也证实了这一点，在江南地区的新石器时代至“湖熟文化”即吴文化遗址中出土过不少骨笄，镇江谏壁烟袋山出土过不少骨笄的形制为“细杆式，质坚，刺部尖锐”。墓葬方面如常州圩墩一座墓的人骨架头部随葬 5 件骨笄。这些考古发现都证实了当时吴地的人们“断发”、“纹身”、“插笄”的习俗。而在先秦的历史文献中往往都特别强调吴越人“断发”，因为这与中原地区“身体发肤，受之父母，不敢毁伤，孝之始也”的观念相异，从而忽视了其“束发结笄”的一面。此外，吴人还有戴冠的习惯，《战国策·赵策》说大吴之国人用“鳀冠”，《广雅·释鱼》注：“鳀，大鲇，以其皮为冠。”是说吴人用鲇鱼皮缝制帽子。关于吴人戴冠史料，还见于《吴越春秋·阖闾内传》，要离刺庆忌，“将渡江于中流，要离力微，坐于上风，因风势以矛钩其冠，顺风而刺庆忌”。

可以看出，当时吴国在服饰上融合了原来“荆蛮”的习俗，如“断发文身”，同时也受到了中原地区在服饰方面的影响而“束发结笄”。春秋时期吴人的这种装束正是吴国在保留自身习俗同时又积极接受中原文化影响的表现。

当时，吴地服装的主要材料有丝绸、葛布。吴国盛产丝绸，据《越绝书·外传记·吴王占梦》记载，吴王夫差一次就赐给太宰伯嚭杂缯四十匹；《左传》襄公二十九年记述了吴公子季札到郑国聘问，送给子产白绢大带，子产则回赠给他苎麻织成的衣服。葛也是吴地的主要服装材料，《越绝书·外传记地》记载了越王勾践被吴国打败后，在葛山改野生葛为人工培植，使葛产量大增，以葛布贡纳给吴王夫差。

饮食文化方面，传世文献记录很少。江苏六合程桥出土的东周时期刻纹铜片上

---

① 肖梦龙：《吴越“断发文身”习俗探索》，《东南文化》1988 年第 4 期。

有贵族饮宴时侍者进献食物的形象，其中一位手执长柄餐叉，似从大鼎或其他器物中捞取食物。[①] 另据江苏六合程桥二号墓出土的一件铜器残品，上有线刻的对饮人物及捧豆侍者等画像，为贵族宴饮图。这可能是吴国贵族进食的形象。

吴地的食器目前见于出土铜器刻纹上的还有烹饪之鼎及一种形同牛角的角形饮具，江苏六合程桥刻纹盘，镇江王家山刻纹匜和舟等的刻纹图像中，均见有烹饪之鼎，其造型皆为深弧腹，蹄形足，设附耳；在程桥"盘"残片和王家山"舟"的残部上均见有一戴冠者持角形饮具于口部作饮喝状。[②]

在食物方面，《吴越春秋》中记载了伍子胥逃亡途中在楚国吃了渔夫供给的麦饭和鲍鱼羹，吃了吴国女子所送的米饭和盎浆。其中的羹，在《楚辞·招魂》提到了一些具体的烹调方法，即"和酸若苦，陈吴羹些"，也就是说羹要调和酸苦两味。专诸为了刺杀王僚，特意"从太湖学炙鱼，三月得其味"。后在炙鱼中置匕首刺死了王僚。另据《阖闾内传》记载，伍子胥从楚国凯旋，吴王阖闾为了犒劳他，"治鱼为鲙"，"鲙"即切细的鱼肉，据说"吴人作鲙者，自阖闾之造也"。这些史料说明，在南方无论贵族还是百姓均主要食鱼、米。由此可见，南方与北方以小米、肉食及菜肴为主食的饮食传统已经不同。

三 丧葬

吴地的葬制形式可上溯到西周或更远的时代，主要有土墩墓、石室墓及浅坑土墓等几种形式。西周早中期中原文化对这一地区的葬制产生过较大的影响，这在丹徒宜侯夨墓、母子墩墓等表现得极为深刻，其随葬品中刻有铭文的"夨簋"、"伯簋"等为中原铸器，其他铜、陶器物多见有模仿中原铜器的造型和纹饰。吴地固有的具有地方特色的葬俗仍然保持，即使可以判定墓主为周贵族的宜侯夨墓、母子墩墓等，也未出现一例像中原文化的竖穴土坑木椁墓，反映了吴地在传统葬俗方面的顽固性和排他性。春秋中晚期，吴国墓葬开始明显受到中原文化的影响，以粮山石穴墓为例，其深挖竖穴、设置二层台以及殉人祭牲等，都与中原墓葬的传统格局相似。到春秋晚期这种趋势更加明显，如苏州虎丘墓的竖穴土坑、夯筑填土、设置棺椁等，与中原葬制几乎如出一辙，表现出多方面的一致性。而据史籍记载，吴国后期的上层社会确曾流行着模仿中原的葬制形式。据《越绝书·吴地传》记载：

阖庐冢，在阊门外，名虎丘。下池广六十步，水深丈五尺，铜椁三重，坟池六

---

① 王仁湘：《中国古代进食具匕箸叉研究》，《考古学报》1990年第3期。

② 刘建国：《春秋刻纹铜器初论》，《东南文化》1988年第5期。

尺。玉凫之流，扁诸之剑三千，方圆之口三千。时耗、鱼肠之剑在焉。

《吴越春秋·阖闾内传》：

吴王有女滕玉……(女)乃自杀。阖闾痛之，葬于国西阊门外。凿池积土，文石为椁，题凑为中，金鼎、玉杯、银樽、珠襦之宝，皆以送女。乃舞白鹤于吴市中，令万民随而观之，还使男女与鹤俱入羡门，因发机以掩之。杀生以送死，国人非之。

考古和史籍两方面的相互印证，说明吴国葬俗有了明显的“华夏化”的倾向，但本地葬俗和中原相比仍有一定差异，而且也没有完全取代这一地区传统的土墩墓、石室墓和浅土坑墓。中原地区的葬俗和吴地的葬俗并存，这成为吴国文化后期在丧葬方面的一个特色。

同时，吴国在春秋时期还残留着人殉等制度。在粮山石穴墓二层石台上的儿童殉人和马牲的设置，有力地证明了这一点，墓葬中除了出土有陶、瓷、铜、玉饰等随葬器物以外，还有一未成年儿童的骨架。在春秋时期，奴隶制已经日趋衰微，人殉现象在中原地区已属少见，但在中原以外的国家，如秦、莒、宋、吴等国还有此类现象存在，这在史籍中亦有记载，如楚国，“庄公卒，先葬以车五乘，殉五人”；宋国，“宋文公卒，始厚葬，用蜃炭，益车马，始用殉”；而吴国，“阖庐子女冢……舞鹤吴市，杀生以送死”。另外在粮山石穴墓的二层台上，与人殉一起还出土有马的肢骨和牙齿，但并无马饰伴出，应是作为一种牺牲。设牲作为礼制的重要组成部分，在早期的吴国并不甚完备。与中原地区相比，春秋时期的吴国葬制、文物制度等，亦多有与周礼不合之处。但从上述的材料中可以看出，吴国的葬制在不断吸收中原葬俗的同时也保留了自身的特点。①

四　语言

江苏地区在春秋、战国时期分属于不同的诸侯国，地域上的差别导致了语言也有很大的不同。笼统一点说，吴、越语言与中原有明显的不同。这种差异至今仍然存在，造成不同的方言区，这也正好说明了这个地区历史上原先不同民族语言的遗存。《吕氏春秋·知化篇》记载，吴王夫差将伐齐，伍子胥谏止之，他认为：

---

① 刘建国：《江苏丹徒粮山春秋石穴墓——兼谈吴国的葬制及人殉》，《考古与文物》1987年第4期。

> 夫齐之与吴也，习俗不同，言语不通，我得其地不能处，得其民不得使。夫吴之与越也，接土邻境，壤交通属，习俗同，言语通，我得其地能处之，得其民能使之。越于我亦然。

伍子胥以为吴国与齐国交战，即使获胜，攻占了齐国对于吴国意义也不大，还是不能役使他们的人民，原因就是两地习俗不同，语言不通。然而吴、越两国情况就不同了，“接土邻境，壤交通属，习俗同，言语通”。又，《吴越春秋》记载越国军队围困吴王，大夫文种将讨伐书射进吴军阵中，内数吴王之罪，其中有“且吴与越同音共律，上合星宿，下共一理”等语，[①]《越绝书》也有伍子胥言“吴越为邻，同俗并土，西州大江，东绝大海，两邦同城，相亚门户，忧在于斯，必将为咎”云云。[②] 从以上所引材料，可知吴、越两国语言相通。

吴、越语言相通，史有明证，然具体记录两地的语言材料极少。今天只能从扬雄的《輶轩使者绝代语释别国方言》（简称《方言》）等古籍中略窥一斑。《方言》中将吴、越划为同一方言区，书中举了不少例子，如：“怜职，爱也。言相爱怜者，吴、越之间谓之怜职。”中夏言相爱怜，吴、越叫“怜职”。又，“茹，食也。吴、越之间凡贪饮食者谓之茹”。又，“竘、貌，治也。吴、越饰貌为竘，或谓之巧”。又，“煦、煆，热也，干也。吴、越曰煦、煆。”[③]

吴、越语言相通，不等于完全相同。《越绝书》记载了一些有特色的越语词语，如《吴内传第四》所载：

> 越王句践反国六年，皆得士民之众，而欲伐吴。于是乃使之维甲。维甲者，治甲系断。修内矛赤鸡稽繇者也，越人谓“人铩”也。方舟航买仪尘者，越人往如江也。治须虑者，越人谓船为“须虑”。亟怒纷纷者，怒貌也，怒至。士击高文者，跃勇士也。习之于夷。夷，海也。宿之于莱。莱，野也。致之于单。单者，堵也。

这里的“维甲”、“人铩”，指准备甲、矛等军事装备。“须虑”是指船。“亟怒纷纷”是形容愤怒的样子，指愤怒到了极点。“夷”，是海的意思。“莱”，指野。“单”，为堵的意思。又同书《地记传》中说：“姑中山者，越铜官之山也。越人谓之铜姑渎，长二百五十步，去县二十五里。”越人将铜官山称为“铜姑渎”。又说：“朱余者，越盐官也。越人谓

---

① 《吴越春秋》，卷五《夫差内传》。

② 《越绝书》，卷第六《纪策考第七》。

③ 以上四例均见《方言笺疏》卷七，中华书局 1991 年版。

盐曰余，去县三十五里。”地名盐官称为“朱余”，呼“盐”为“余”。

吴、越中心区外的边远地区，语言又稍有不同。《方言》中说的“越之垂瓯，吴之外鄙”之类即是。今长江以北的广大地区语言又不同，即《方言》中所举的两淮、宋、鲁等语言。同是“怜”，意思是“爱”，陈楚江淮就叫“怜”，与吴、越又不同。

吴越地区语言相近可通，但其与华夏则大不同，相互间交往“必待译而后通”。[①]相对于华夏地区而言，吴越地区形成自己的方言区。从形成过程来看，吴语除结合古越语底层外，汉语方面可能有楚与中原话两源，吴为越并，语言并无多大变化，越后又为楚国所灭，吴地被列为三楚之一的“东楚”内。这表明是楚人给吴越地区带来了华夏语的基础，同时根据太伯奔吴的记载，也不能排除中原话为早期吴语汉语的源头。

目前存世的吴越语言文献资料很少，现在所见的仅有刘向《说苑·善说》中《越人歌》和《勾践为甲令》等少数资料。此外大量的地名、人名以及扬雄《方言》中有关“吴越”、“瓯越”语言材料的记录和《越绝书》中的相关材料也反映了先秦时期吴越语言的面貌。[②] 如《说苑·善说》记载鄂君子皙之泛舟于新波之中，“榜枻越人拥楫而歌”的事。歌辞曰：

> 滥兮抃草滥予，昌枑泽予，昌州州，𩜱州焉乎，秦胥胥，缦予乎，昭澶秦踰，渗惿随河湖。

鄂君子皙说：“吾不知越歌，子试为我楚说之。”于是乃召越译，用楚语翻译为：

> 今夕何夕兮，搴舟中流（原作“搴中洲流”，从孙诒让《札迻》改）。今日何日兮，得与王子同舟。蒙羞被好兮，不訾诟耻。心几顽而不绝兮，得知王子。山有木兮木有枝，心说君兮君不知。

这是当时划船的人所唱的歌，这首歌当时曾用汉字记音，同时做了意思上的翻译。鄂君子皙是楚国人，楚越同处南方，却听不懂彼此的语言，可见当时吴越地区语言与周围地区语言相差甚远，不经翻译不得相通。据考证这首歌所使用的语言跟壮语关系密切。[③] 可见当时的吴越语言并不是诸夏语言的一种方言，而很可能是壮侗语族的母语。

---

① 《盐铁论·相刺》。

② 董楚平、金永平等撰：《吴越文化志》，上海人民出版社1998年版，第244—255页。

③ 韦庆稳：《越人歌与壮语的关系试探》，《民族语文论集》，中国社会科学出版社1981年版。

第二节 科学、文化与艺术

一 青铜艺术(吴冶)

春秋时期吴地的青铜冶炼技术已在诸侯国中享有盛名,与中原地区青铜器精于礼器不同,吴地的青铜器精于兵器。从近年来在各地出土的春秋时期的吴国青铜器来看,兵器和工具数量在其中的比例要远远高于中原地区。[①]

屈原在《九歌·国殇》提到"操吴戈兮披犀甲",说明了吴地兵器在战国时依然享有盛誉,是武士在作战时首选的利器。吴地先进的兵器制造技术首先是与其发达的青铜冶铸业分不开的。吴地的青铜冶铸与中原相比起步较晚,迟至相当于商代和西周的湖熟文化遗址中,才有小件青铜器的发现,在湖熟文化层中,出土有小刀、鱼钩、镞、凿、斧等工具。在南京北阴阳营遗址的湖熟文化层中,出土有一件陶钵,内壁粘有一层铜液,说明这钵是炼铜用具,当地能生产青铜器。到了西周时春秋时期,吴地的青铜冶铸业已经非常发达。宁镇地区的贵族大墓普遍出土有青铜礼器、车马器及兵器。吴地的青铜冶铸业突出表现在兵器和生产工具的制造上。目前出土的吴国兵器不但数量多,而且工艺水平特别高,是中原地区各国无法比肩的。

春秋时期吴国的青铜器归纳起来可分为三种类型:一种是输入江南的中原铸造铜器,目前以几件铸铭西周早期青铜器为代表,如丹徒大港烟墩山宜侯墓出土的夨簋,乔麦山母子墩墓伯簋,仪征破山口"子作父宝鼎"以及屯溪一号墓父乙尊、三号墓公卣等,这类器在江南所见数目虽然少,但是它是吴文化的一个重要组成部分。第二种类型是模仿中原的江南铸造铜器,是吴国青铜器的主体。第三类即江南吴地所独见的奇特型铜器。这类器在吴地屡有发现,诸如宜侯墓角状器、屯溪墓五柱器、母子墩墓叉形器及淹城出土三轮铜盘和"牺匜"等。[②]

在融合了中原青铜器的风格和特点的基础上,吴地青铜器呈现出丰富多样的类型,就目前出土的铜器来看,有在造型上如鼎的型器,其风格多为三足聚于底部,给人不稳定感,且出现在吴地较早,多见于春秋时期;此外也有浅腹撇足风格的鼎,遍见于太湖流域、皖南地区。这两类鼎都是仿照当地陶鼎制造的,为中原所少见。此外还有

---

① 董楚平、金永平等撰:《吴越文化志》,上海人民出版社 1998 年版,第 200 页。

② 肖梦龙:《镇江博物馆藏商周青铜器——兼谈江南吴器的地方特色》,《东南文化》1988 年 5 期,第 72 页。

形体矮胖的宽体尊，与中原瘦长的铜尊明显不同；也有作为吴地特有的青铜乐器的句镏；作为具有吴地特色的礼器青铜鸠杖，以及上面提到的角状器、五柱器、叉形器、三轮盘等等。

最能体现吴地特色的青铜器非兵器莫属，早在相当于商代的遗址中，宁镇地区就出土有铜钺，形制与中原铜钺别异，而且纹制别具地方特色。据学者研究，春秋晚期至战国前期，吴越地区的剑较以前增宽加长。长度一般在 55—56 厘米。剑体加长后，需要增强韧度，而韧度增强会降低硬度（锋利）。为了兼顾韧度与硬度，吴越匠师首创嵌铸剑，亦称复合剑、双色剑。即剑脊与剑刃（两从）分开浇铸。剑脊的锡少于两从（锋锷）的锡。剑脊锡少则韧性好，不易折断；锋锷锡多则硬性好，比较锋利。剑脊与两从先分铸，然后合成，故称“复合剑”。由于剑脊与两从成分不同，颜色也明显有异，故称“双色剑”。通常剑体都有铭文，多书剑主人名，或作剑原因，少者二字，多则二十字以上。[①]

关于春秋时期吴国的造剑情况，文献有记载。《吴越春秋·阖闾内传》说吴王请干将铸作名剑二枚。干将是吴人，与另一铸剑名匠欧冶子同师。

> 干将作剑，采五山之铁精，六合之金英，候天伺地，阴阳同光，百神临观，天气下降，而金铁之精不销沦流。于是干将不知其由。莫耶曰：“子以善为剑闻于王，使子作剑，三月不成，其有意乎？”干将曰：“吾不知其理也。”莫耶曰：“夫神物之化，须人而成。今夫子作剑，得无其人而后成乎？”干将曰：“昔吾师作冶，金铁之类不销，夫妻俱入冶炉中，然后成物。至今后世，即山作冶，麻绖蒌服，然后敢铸金于山。今吾作剑不变化者，其若斯耶？”莫耶曰：“师知烁身以成物，吾何难哉？”于是干将妻乃断发剪爪，投于炉中，使童女童男三百人鼓橐装炭。金铁乃濡，遂以成剑。阳曰干将，阴曰莫耶。

莫耶，又作莫邪、镆铘。这段关于干将莫耶铸剑记载，虽然有许多夸张的成分，不过依然可以从中了解到当时铸剑的一些情况。如工匠铸剑首先要选择上等的材料，即“五山之铁精”、“六合之金英”。这是铸成好剑的前提。同时要选择铸剑的时机，把铸剑的过程和整个自然界的活动联系起来，作为自然的一部分，即“候天伺地，阴阳同光，百神临观，天气下降”，这颇有些道家的味道。如果以上的条件都满足而“金铁之类不销”的话，就要以人的肉身投身于炉，干将的师傅、师母就因为这个原因，“投身于炉”，

---

① 董楚平、金永平等撰：《吴越文化志》，上海人民出版社 1998 年版，第 206 页。

而莫邪以头发和指甲做替身投于炉。这反映了早期冶炼业中存在的以身殉炉的迷信习俗。在古代人们认为这样祭炉神可以帮助冶炼成铁，所以这种习俗一直沿用至明清。“使童女童男三百人鼓橐装炭。金铁乃濡，遂以成剑”，通过这段记载可以发现，当时的青铜冶铸业，特别是冶剑业有着相当大的规模，一件青铜器的制成需要合众人之力，并按照一定的程序组织起来进行。用橐鼓风，在简本《老子》中也提到“天地之间，其犹橐籥与？虚而不屈，动而愈出”。据考证，橐与皮囊相似，一边有把手，一边用鼓风管——籥，通至炼炉，用时不断鼓动橐，压缩空气进入炉子，促进炼炉中木炭的燃烧。①

而当剑从模子里浇铸出来以后，只是“始型”，不是成型。据《淮南子·修务训》说：“夫纯钩、鱼肠之始下型，击则不能断，刺则不能入，及加之砥砺，磨其锋锷，则水断龙舟，陆钊犀甲。”这段描写大致反映了吴国宝剑纯钩、鱼肠从模子出来以后的成型锻造过程，只有经过“砥砺”、“磨”加工，才能使刀剑之刃坚固锋利，这中间可能还要经过锻打的过程。

就目前各地出土的吴越兵器来看，最为著名的是 1965 年 12 月出土于春秋战国时期楚国郢都纪南城遗址 7 公里处的望山一号墓的越王勾践剑。该剑刚刚出土的时候，装在黑色漆木剑鞘内，寒光闪闪，毫无锈蚀，试之以纸，20 余层一划而破。剑身一面近格处有鸟篆铭文两行八字，经过专家的讨论，认定为越王勾践所用剑。宝剑虽已穿越两千多年的时光，却锋利不减，寒光闪闪，足见当时吴越地区铸剑工艺的高超。此外 1961 年在山西浑源出土的“王子孜戈”，错金鸟篆文，是吴王僚为其子所作的用器。1983 年在湖北江陵出土的“吴王夫差矛”等，以及一些没有铭文的吴越剑、戈，都很精良。②

由于有发达的青铜工艺和鲜明的艺术个性作为基础，吴国还产生了独具特色的刻纹铜器。吴地所见刻纹铜器都有一个显著特点，就是器壁很薄，并多锤打成形，有的最薄处仅一毫米，这对青铜铸造来说需要很高的技术水准。春秋前期的吴国的青铜艺术表现出浓郁的江南地方风格，当时吴国被称为蛮夷之邦，在其青铜器文化的发展中，中原传统文化的影响未占主导地位，地方性的特色比较浓郁，风格也显得自由、活泼，兼容并蓄，富于创造性。在表现手法上，如丹徒夔龙纹鼎所饰“顾龙”是以吴地铜器惯用的线条构图，这与中原此类图案一般采取平雕艺术迥然不同。中原平雕主体纹上再刻细部花纹，周围填衬雷纹地，形成三层花纹，而吴地铜器纹饰都不施地纹，这使得吴国铜器显得粗犷、简练并且充满自由化。在内容上，吴国的青铜纹饰打破了

① 杨宽：《中国古代冶金炉的鼓风设备》，《大众科学》1955 年第 2 期。
② 董楚平：《吴越文化新探》，浙江人民出版社，1988 年第 1 版，第 228 页。

传统的兽面纹装饰模式，代之以表现人和社会生活的艺术题材，反映了吴国特有的人情风俗和社会面貌。到春秋晚期，吴国青铜器的纹饰运用了新的线刻工艺。江苏六合程桥二号墓出土的一件青铜残品，上有线刻的树林、野兽、对饮的人物及捧豆侍者等画像的贵族宴饮和狩猎的残图。镇江谏壁王家山关墓出土的青铜匜、盘、舟内有线刻的宴饮、乐舞、射侯、舟旅等贵族生活画面。这些纹刻细如发丝，纹饰以楔形短线构成，它们是我国最早的线刻工艺品。战国刻纹题材除继续保留"礼乐"的内容以外，同时还较多地增加了神怪和攻战的成分。这一特点，在江苏淮阴高庄战国墓出土的20余件刻纹铜器中反映得最为典型和突出。这些刻纹铜器中，神怪题材几占刻纹大半。相似的神怪形象，亦出现在属战国时期的六合和仁墓及分水岭12号墓的刻纹匜上。而这一时期刻纹的布局，更加趋于合理紧凑，空间内图像的密度加大；特别是一些反映神怪群像的作品，开始采用全方位，四方连续的表现手法，增强了画面的宏大气氛。图像中物体的比例已比较准确，形象的刻划也较前成熟和细腻。

二　陶瓷

春秋时期，吴国的陶瓷手工业在诸侯国中也独具特色。早在20世纪前期，在南京、常州地区就发现了大量的几何印纹陶和原始青瓷。印纹硬陶是质地坚硬，扣之有磬声的夹砂陶器，器表纹饰大多为几何形图案，如水波、折尺、蓝条、方格、叶脉、席纹等，颜色以呈紫黑色者为多，灰色和泛红色较多，这是含铁量不同所致。烧成温度比一般陶器要高，约在800—1100摄氏度。原始青瓷是以瓷土作胎，经1200度高温烧成，无吸水性或吸水性很弱，胎质坚硬，扣之有金属声。器表施有高温釉，呈青、青黄和褐色，已具有一般瓷器的特点，但不完善，是成熟瓷器的前身。原始青瓷自二里头文化开始出现，商周时逐渐增多，至春秋时主要集中在长江下游以南的吴越境内，近年来有大量出土，并在该地区发现了许多原始青瓷的遗址。从目前出土的春秋早期陶器来看，陶质有印纹硬陶、夹砂陶、泥质陶、和釉陶、原始青瓷等，而以原始青瓷和几何形印纹硬陶多见。原始青瓷的数量甚至在有的墓葬和遗址中超过印纹硬陶，有的墓地，像德清皇坟堆，随葬的则全部是原始青瓷。夹砂陶器有鼎、釜、甑、鬲和角形器等，尚有泥质灰陶罐、盆和细把豆等几何印纹陶器。一般器壁较薄，器形更规整，体态更丰满；多为丰肩，不见圜底，而习见平底和假圈足，器肩常见贯耳或双身兽形耳、双泥条并合系等，前期常见的双圆泥饼的装饰已渐趋少见。常见的器物有坛、罐、瓿、盂等。到春秋晚期至战国时期，吴越地区几何形印纹陶开始逐渐走向简化和衰退，突出表现为几何形纹饰种类大大减少，而另一方面原始青瓷进入了大发展的时期，这一时期青釉器的器类增多，几乎遍及生活的各个领域，除了大量的碗、钵、罐、盅、匜等实用器外，还有做明器用的仿造铜器造型的鼎、盉、匜等。其造型规整，器形多样，纹饰丰富，釉色青润。有人将这一时期的青釉器称为“早期青瓷”，这既不同于早期的原始青瓷，也不同于后来的东汉以后成熟的青瓷。①

夏鼐先生将吴越地区的原始青瓷称为原始的“吴越青瓷”，并且认为：“原始瓷(Proto—Porcelain，即加釉硬陶)的烧造……当为南方长江中下游地区的发明……原始瓷后来在长江下游地区逐渐改善，终于在汉末出现了瓷器，成为中国文明的特点之一。”②从夏氏的这一高度评价中可以看出，吴越陶瓷成就对中华文明作出了巨大贡献。

三 医药

早在新石器时代，位于今江苏境内的古邳地居民就具备了一定的医疗知识，这在考古发现中得到了证实。山东胶县三里河遗址人头骨变形和侧门牙被拔除的情况，在江苏邳县大墩子新石器时代遗址中也有相似发现。这种拔除和变形，绝不会是外伤所致，而是出于美观或是其他需要而进行的手术所致。类似的医疗手段在《史记·扁鹊仓公列传》也有记载：“上古之时，医有俞跗，治病不以汤液醴灑……乃割皮解肌，诀脉结筋，搦髓脑，揲荒爪幕，湔浣肠胃，漱涤五藏练精易形。”可见，古籍中关于上古外科治疗技术的记载是有一定根据的。

春秋时期，吴国和宋国已拥有很发达的医药知识。《吴越春秋·勾践入臣外传》记载了勾践通过品尝吴王夫差的粪便来诊断疾病的事。越王勾践在吴国囚禁期间，为了取得吴王的信任早日返国，以图东山再起，采用了谋臣范蠡的计策，通过占卜预先得知了吴王的病会在乙巳日痊愈。第二天，勾践求见吴王，正好碰到太宰嚭端着吴王的粪便往外走，便请求取来品尝。他通过分辨味道，得出了“今者臣窃尝大王之粪，其恶味苦且酸楚。是味也，应春夏之气”的结论，并将早已通过占卜得到的病愈日期告诉吴王，后来果然应验。勾践通过品尝粪便诊病取得了吴王的信任。这段记载同时也说明，当时在吴越地区已经具备了相当丰富的疾病诊断知识。

《庄子·逍遥游》中记述了“不龟手之药”。宋国有一家人世代以漂絮为业，即使冬天在水中漂絮也不致冻伤手，其秘诀就在于掌握了“不龟手之药”，有人听说了以后就用重金购买了这种药的配方，然后献给了吴王。后来越国攻打吴国，在冬天水战的时候，由于有不龟手药的帮助，大大提高了士兵的作战能力，吴国因而战胜了越国，献

① 详见彭适凡《中国南方古代印纹陶》一书，文物出版社1987年版。

② 夏鼐：《中国文明的起源》，《文物》1985年第8期。

药的人也因此而获得了吴王“裂地而封”的奖赏。《庄子》一书寓言甚多，其事虽未必尽然，但“不龟手之药”多少反映了当时的医药水平，则可以信之。

四　歌舞艺术

先秦时期，吴越的民歌被称为“吴歈越吟”，在诸侯国中享有盛名，具有浓郁的地方色彩和民间特色。《楚辞·招魂》：“吴歈蔡讴，奏大吕些。”左思《吴都赋》云：“发东歌，操南音，胤阳阿，咏韎任。荆艳楚舞，吴歈越吟，翕习容裔，靡靡愔愔。”这里的“歈”、“讴”都是歌。从上面的描述中可以知道，吟唱吴歈要操南音同时还要用乐器伴奏，即“奏大吕些”。目前见于史籍中的吴歈，既有贵族吟唱的，如《左传》哀公十三年：吴申叔仪乞粮于公孙有山氏曰：“佩玉蘂兮，余无所系之；旨酒一盛兮，余与褐之父睨之。”杜预注：一盛，一器也。睨，视也。褐，寒贱之人。言但得视，不得饮。① 也有当时的劳动人民吟唱的，如《说苑》中记载的《越人歌》和《吴越春秋》中记载的《渔父歌》、《乌鹊歌》和《采葛歌》。《吴越春秋·勾践阴谋外传》中所记载的最著名的是《弹歌》：

> 于是，范蠡复进善射者陈音。音，楚人也。越王请音而问曰……陈音曰：“古者，人民朴质，饥食鸟兽，渴饮雾露，死则裹以白茅，投于中野。孝子不忍见父母为禽兽所食，故作弹以守之，绝鸟兽之害。故歌曰：‘断竹续竹，飞土逐宍’之谓也。”

断竹，把竹子砍下来；续竹，把竹子接起来，作成弓箭；飞土，打猎时尘土飞扬；逐肉，箭头在追逐猎物。这虽不是吴越民歌，但它是流传于吴越地区最早的民歌了。刘勰《文心雕龙》云：“黄歌《断竹》，质之至也；《断竹》黄歌乃二言之始。”这首《弹歌》，又称为《断竹歌》，仅有 8 字，却包含了一幅宏大、喧闹的狩猎场面，代表了吴越民歌的最重要的特点，即简洁、质朴，同时不失生气，刘勰称其为“质之至也”是一点都不过分的。

西汉刘向在《说苑·善说》中，记载了《越人歌》，这首民歌不仅用当时的楚国语言记载了歌曲的内容，还记录了当时吴越的语音。歌曲的内容是一个划船女子对自己心上人的表白，感情真挚而热烈，是一首典型的情歌。原来的歌词很简洁，只有 38 字，很有《弹歌》特点；被译成楚语后，有 64 字，从楚语的翻译来看，歌词的内容是很质

---

① 《春秋经传集解》，上海古籍出版社 1988 年版，第 1793 页。

朴的，没有什么修饰和夸张，这与《楚辞》风格完全不同。

此外，在《吴越春秋·王僚使公子光传》中，亦记载了两首吴地民歌，其一为《渔父歌》。事情的原委是伍子胥从楚国出逃奔吴，后有追兵。伍子胥到了江边，见江中有渔夫乘船从下方溯水面上，便喊“渔父渡我！”渔父正欲救他，见旁边有人窥之，因而歌曰：

日月昭昭乎侵已驰，与子期乎芦之漪。

子胥即止芦之漪。见伍子胥躲藏好了，渔父又歌曰：

日已夕兮，予心忧悲；
月已驰兮，何不渡为？
事寖急兮，当奈何？

子胥入船后，渔父知其为逃亡之人也，乃渡之千浔之津。子胥既渡，渔父乃视之，有其饥色。乃谓曰：“子俟我此树下，为子取饷。”渔父去后，子胥疑之，乃潜身于深苇之中。有顷，父来，持麦饭、鲍鱼羹、盎浆，求之树下，不见，因歌而呼之，曰：

芦中人，芦中人，岂非穷士乎？

这样唱了数遍，子胥才从芦中出来相见。
清人沈德潜在《古诗源》中将其合一：

日月昭昭乎侵已驰，与子期乎芦之漪。
日已夕兮，予心忧悲；月已驰兮，何不渡为？
事寖急兮，当奈何？
芦中人，芦中人，岂非穷士乎？

这首渔父歌是渔父即兴创作的，其中已经运用了比兴的手法，感情也略显深沉，但依然不失质朴，同时还表现出渔夫诙谐、豁达的性格。

古吴歌对吴地产生深远影响，后世流传大量吴歌，文化的源头当溯于此。①

与民歌不同，吴国的贵族音乐则带有中原礼乐文化的影响。目前为止，出土了大量的吴国具铭礼乐铜器，其中钟 32 件，勾镭 2 件，钟与句镭都是乐器，合计 34 件，此外还有大量无铭的乐器，数量更多，材料遍及金、石、皮、木、丝竹、瓷等，器类除了编钟和句镭外，还有镎于、铙、钲、鼓琴、编磬等，可见吴越器乐艺术受中原文化浸淫之深，面貌之繁盛。②

此外，作为贵族文化的一部分，史籍中也记载了吴国相当发达的歌舞文化。《吴越春秋·夫差内传》记载太宰伯嚭为夫差解梦：

> 太宰嚭曰："美哉！王之兴师伐齐也。臣闻：……后房箧箧鼓震有锻工者，宫女悦乐，琴瑟和也。前园横生梧桐者，乐府鼓声也。"

当然其中乐府的记载可能是赵晔附会汉代的乐府制度，但是关于"宫女悦乐琴瑟"则未必不是当时吴国贵族宫廷生活的一个场景。

除了吴国的民歌和贵族的宫廷歌舞以外，宋国的杂技和巫术表演也独具特色。据《列子·说符篇》记宋有兰子者以技干宋元君的故事。"兰子"是指"妄入宫掖者"，即走江湖的人。据说"宋元召而使见其技：以双枝长倍其身，属其胫，并趋并驰，弄七剑迭而跃之，五剑常在空中"③。就是一面使用高跷一面驱驰，一面以双手轮流飞跃七剑，使五剑常在空中飞舞，这是使用高跷表现"弄剑"的杂技。此外，宋国还用巫术对敌国进行诅咒，这种诅咒过程近乎于表演。据记载，宋偃王曾铸造敌国君主之像，安放在所筑的台上，穿以甲胄，并用大皮囊盛着血挂在像上。然后在天神像面前一面诅咒一面加以射击，要"弹其鼻"而"射其面"，还要射中盛血的皮囊，使鲜血下流，象征着射死了敌国的君主，因而宋王左右观看的人，都欢呼："王之贤过汤武亦！"一时室中、堂上堂下的观众都高呼万岁，甚至门外庭中也呼应了，这就是诅咒敌国君主的巫术表演。

五　书法绘画

春秋时期，受楚系书法的影响，吴、徐等国的书法，具有明显的鸟虫体的特征。鸟虫体属于楚系书法，是在西周传统书法衰微的基础上发展起来的一种新的书体，首先

---

① 参见顾颉刚等辑、王煦华整理：《吴歌·吴歌小史》，江苏古籍出版社 1999 年版。

② 董楚平、金永平等：《吴越文化志》，上海人民出版社 1998 年版，第 233 页。

③ 严北溟、严捷撰：《列子译注》，上海古籍出版社 1986 年版，第 210 页。

在楚国出现，随后这种新的书体蔚然成为风尚，在楚系广阔的范围内流行开来，并且由南向北影响到中原的晋系以及黄河中下游的齐系。[①] 作为春秋战国时代书法的一种极端形态，从饰笔到缀笔直到缀加鸟虫一类的物象符号，极尽妍巧夸饰之能事。以徐王义楚盘、王孙钟、沇儿钟、吴王光鉴为代表，楚系文字由于很少饰笔，显得气息更加纯净简洁。但字势结构的理法是共通的，都是以三两为一组的平行线条重新分割空间，在疏密对比中建构新的均衡的秩序，体态也都是颀长而舒展的。王孙钟、沇儿钟等徐器，都以弧曲的线条为主，故体势舒展，轻松多变；吴器时有劲爽之气。除少量礼器以外又多施于兵器。吴国的有王子孜戈、大王光戈、攻敔光剑等。这几件作品大都随形布势，与器形妙合无间。错彩镂金与戈戟相映成趣，笔画的交织组构与鸟虫缀蚀编织出一个个极富想象力与创造性的空间，使人涵泳无尽。

这种书体在战国晚期在吴地有了更进一步的发展，出土于江苏无锡的鹅陵君豆，笔势展促俯仰，线条恣意横出，这种更为潦草和怪诞的书体风格，可谓楚人对文字使用富有创造性诡秘异想之内心世界的又一次再现。[②] 从战国晚期滑入低谷的楚国所处的环境，还可以窥见作者造器制铭时对楚王之心毫无察觉的心情，国家日益衰落，楚考烈王焦虑不安，急急君封王子于鹅陵；而刻铭器的官署依然沉浸在考烈王当年北上灭鲁的欣喜之中，所以刻铭时创造性地融入了楚国人固有的踔厉精神和一种勃勃欲飞的生气。

此外，宋国的画在当时也很有名气，是与吴冶并称的具有地方特色的技艺，据《淮南子·修务训》记载："夫宋画、吴冶，刻刑镂法，乱修曲出，其为微妙，尧舜之圣不能及。"可见其在当时所享有的盛名。

第三节　中原文化、楚文化和吴文化之间的交流

一　中原礼乐文化对吴地的影响

礼乐文化在吴地的传播是从春秋晚期开始的，吴太伯、仲雍虽然都是周太王的儿子，出自于周文化，但在到达吴地以后，为了取得当地人的认同，方便进行统治，首先在服饰上"文身断发"，入乡随俗。另一方面，这也说明吴国的上层贵族文化实际上出自中原文化，《史记·吴太伯世家》所记载的太伯让王一事，是后来吴国上层贵族融入中原文化，取得中原文化认同的重要契合点：

---

① 王镛主编：《中国书法简史》，高等教育出版社 2004 年版，第 23—26 页。

② 秋子：《中国上古书法史》，商务印书馆 2000 年版，第 229 页。

吴太伯，太伯弟仲雍，皆周太王之子，而王季历之兄也。季历贤，而有圣子昌，太王欲立季历以及昌，于是太伯、仲雍二人乃奔荆蛮，文身断发，示不可用，以避季历。季历果立，是为王季，而昌为文王。

至吴王寿梦时，吴国才逐渐开始与中原各国经常往来，接受中原文化的熏陶。寿梦在位期间，多次与中原诸侯会盟，如成公十五年的钟离之会、襄公五年的善道之会、襄公十年的柤之会等。通过这些会盟，吴国开始较多的接触到中原礼乐文化，加强了与中原地区的交流。特别是寿梦十年的钟离之会，吴王寿梦在朝见完周天子之后，参加了诸侯在楚国钟离的会盟，并且考察了诸侯礼乐，还向鲁成公详细询问了周公制订的礼乐制度。鲁成公向他介绍了先王的礼乐，并吟诵了夏、商、周三代民谣，寿梦表现出对中原文化的景仰和崇敬，他说："孤在夷蛮，徒以椎髻为俗，岂有斯之服哉？"认为吴国地处蛮夷之地，比不上中原地区先进的礼乐文化。从寿梦开始，礼乐文化至少在吴国贵族中逐渐盛行起来。这从季札的言行和子贡入吴的谈话中可以得到印证。

季札是吴王寿梦的第四个儿子，在兄弟之中最为贤明。寿梦病卒时，想立他为国君，但季札以"礼有旧制"为理由，认为不应该废长立幼，破坏礼的规定，拒绝继承王位。在诸樊当政后，按照寿梦的要求再次向季札让位，季札以同样的理由坚辞不受，认为"宗庙社稷之制"是不能随意改变，并且"弃其室而耕"，忠实地执行礼制的要求。据《史记·吴太伯世家》，吴王馀祭四年时，吴国派季札出使鲁国，季札在鲁国请求观看周乐，乐师先演奏了《周南》、《召南》，季札评论道："美哉，始基之矣，犹未也。然勤而不怨。"演奏《邶》、《鄘》、《卫》，季札评论道："美哉，渊乎，忧而不困者也。吾闻卫康叔、武公之德如是，是其《卫风》乎？"乐师又演奏了《王》、《郑》、《齐》、《豳》、《秦》、《魏》、《唐》、《陈》、《小雅》、《大雅》、《颂》、《象箾》、《南籥》、《大武》、《韶濩》、《大夏》，直至《韶箾》，季札都一一给予了精当的评论，他称赞《韶箾》一章："德至矣哉，大矣，如天之无不焘也，如地之无不载也，虽甚盛德，无以加矣。观止矣，若有他乐，吾不敢观。"季札对礼乐文化的修养，使他能够见微知著，得到当时的贤者如齐国的晏子、郑国的子产的认可。孔子说："延陵季子，吴之习于礼者也。"这应该是对季札习于礼乐的最高评价了。季札对中原文化的熟悉，对礼乐制度的精通，正是寿梦以来吴国与中原地区交流不断加强的结果，是积极学习中原文化的结果。

到吴王夫差时，礼乐文化对吴国上层的影响进一步加深，吴国开始加入中原地区诸侯争夺霸主地位的行列。其缘起正是从子贡为了挽救鲁国而展开的外交活动开始的。从子贡在吴国的活动也可以发现，对于礼的观念和诸侯争霸的共同政治原则，实际上已经为吴国所接受，吴国自身也逐步融入了华夏的争霸行列。

《史记·仲尼弟子列传》中简略地记载了子贡游说诸侯的缘起：

> 田常欲作乱于齐，惮高、国、鲍、晏，故移其兵欲以伐鲁。孔子闻之，谓门弟子曰："夫鲁，坟墓所处，父母之国，国危如此，二三子何为莫出？"子路请出，孔子止之。子张、子石请行，孔子弗许。子贡请行，孔子许之。

《越绝书·内传陈成恒》中也有大致相同的记载。子贡这次出使诸侯是因为齐国的田常为了在国内擅权，想通征伐鲁国提高自己的威望，打击高、国、鲍、晏等贵族。为了解除来自齐国的战争威胁，孔子派子贡游说诸侯。子贡在孔门"四科"中被归入言语类，很有口才，能言善辩。子贡首先到齐国拜见田常，《史记·仲尼弟子列传》中记载子贡与田常的对话：

> "君之伐鲁过矣。夫鲁，难伐之国，其城薄以卑，其地狭以泄，其君愚而不仁，大臣伪而无用，其士民又恶甲兵之事，此不可与战。君不如伐吴。夫吴，城高以厚，地广以深，甲坚以新，士选以饱，重器精兵尽在其中，又使明大夫守之，此易伐也。"田常忿然作色曰："子之所难，人之所易；子之所易，人之所难。而以教常，何也？"子贡曰："臣闻之，忧在内者攻强，忧在外者攻弱。今君忧在内。吾闻君三封而三不成者，大臣有不听者也。今君破鲁以广齐，战胜以骄主，破国以尊臣，而君之功不与焉，则交日疏于主。是君上骄主心，下恣群臣，求以成大事，难矣。夫上骄则恣，臣骄则争，是君上与主有郤，下与大臣交争也。如此，则君之立于齐危矣。故曰不如伐吴。伐吴不胜，民人外死，大臣内空，是君上无强臣之敌，下无民人之过，孤主制齐者唯君也。"田常曰："善。虽然，吾兵业已加鲁矣，去而之吴，大臣疑我，奈何？"子贡曰："君按兵无伐，臣请往使吴王，令之救鲁而伐齐，君因以兵迎之。"田常许之，使子贡南见吴王。

子贡指出了田常伐鲁的原因是起于"忧内"，"三封而三不成，大臣有不听也"，要改变这种局面就要通过"攻强"来提高自己的威望，而非攻打鲁国这样城薄池狭的小国家，同时他承诺为田常弃鲁攻吴提供出师的借口。使田常改变了原先攻打鲁国这个所谓的"难伐之邦"的打算。子贡接着到吴国去见夫差，游说道：

“臣闻之，王者不绝世，霸者无强敌，千钧之重加铢两而移。今以万乘之齐而私千乘之鲁，与吴争强，窃为王危之。且夫救鲁，显名也；伐齐，大利也。以抚泗上诸侯，诛暴齐以服强晋，利莫大焉。名存亡鲁，实困强齐。智者不疑也。”吴王曰：“善。虽然，吾尝与越战，栖之会稽。越王苦身养士，有报我心。子待我伐越而听子。”子贡曰：“越之劲不过鲁，吴之强不过齐，王置齐而伐越，则齐已平鲁矣。且王方以存亡继绝为名，夫伐小越而畏强齐，非勇也。夫勇者不避难，仁者不穷约，智者不失时，王者不绝世，以立其义。今存越示诸侯以仁，救鲁伐齐，威加晋国，诸侯必相率而朝吴，霸业成矣。且王必恶越，臣请东见越王，令出兵以从，此实空越，名从诸侯以伐也。”吴王大说，乃使子贡之越。①

按照《越绝书·内传陈成恒》所载，后来子贡对越王勾践说：“夫吴王之为人也，贪功名而不知利害。”子贡能够说动吴王放弃伐越而先攻齐国，似乎是因为吴王性格上好大喜功的弱点，也就是“且夫救鲁，显名也；伐齐，大利也”，其中的“大利”实际上也是包含在显名之中的，也就是最后能达到“诸侯必相率而朝吴”的目的，其中并无在政治名义之外的实际利益的争夺。

当然，《越绝书》所说仅仅是表面原因，在《史记》中就并没有这样的记载。子贡之所以能够说动吴王，是因为他提到了春秋时期诸侯争霸共同承认的一些原则，如“存亡继绝”，“仁”、“义”等礼制的观念。这些政治观念已经为当时熟悉中原文化的吴国贵族所熟悉，所以在争霸的背景下，一向被作为蛮夷看待的吴国，可以承担与中原诸侯一样的“存亡继绝”的政治使命，这对于吴国的地位来说无疑是一种提升。《左传》哀公七年中记载了一次子贡与吴国的外交活动，当时吴国和鲁国会于鄫：

太宰嚭召季康子，康子使子贡辞。太宰嚭曰：“国君道长，而大夫不出门，此何礼也？”对曰：“岂以为礼，畏大国也。大国不以礼命于诸侯，苟不以礼，岂可量也？寡君既共命焉，其老岂敢弃其国？大伯端委以治周礼，仲雍嗣之，断发文身，臝以为饰，岂礼也哉？有由然也。”反自鄫，以吴为无能为也。

在与吴大夫嚭的对话中，子贡认为吴国是一个不懂礼的“大国”，虽然是周室之后，但也是蛮夷之邦。而在哀公十一年为挽救鲁国而游说吴王的对话中，则将吴国看成是一个可以承担“存亡继绝”大任的周室诸侯。而对于处于当时中原文化圈边缘地区的

① 《史记》,《仲尼弟子列传》。

吴国来说，子贡的到来正好提供了吴国进入中原地区参与诸侯争霸的一个重要契机。这也是在政治动机之外，吴王夫差放弃攻打越国能够得到的实际利益，而参与诸侯争霸的一个重要原因。

紧接着子贡又到了越国向越王陈述了利害，使越王勾践暂时放弃了向吴国复仇的打算：

> 越王除道郊迎，身御至舍而问曰："此蛮夷之国，大夫何以俨然辱而临之？"子贡曰："今者吾说吴王以救鲁伐齐，其志欲之而畏越，曰'待我伐越乃可'。如此，破越必矣。且夫无报人之志而令人疑之，拙也；有报人之志，使人知之，殆也；事未发而先闻，危也。三者举事之大患。"句践顿首再拜曰："孤尝不料力，乃与吴战，困于会稽，痛入于骨髓，日夜焦唇干舌，徒欲与吴王接踵而死，孤之愿也。"遂问子贡。子贡曰："吴王为人猛暴，群臣不堪；国家敝以数战，士卒弗忍；百姓怨上，大臣内变；子胥以谏死，太宰嚭用事，顺君之过以安其私，是残国之治也。今王诚发士卒佐之以徼其志，重宝以说其心，卑辞以尊其礼，其伐齐必也。彼战不胜，王之福矣。战胜，必以兵临晋，臣请北见晋君，令共攻之，弱吴必矣。其锐兵尽于齐，重甲困于晋，而王制其敝，此灭吴必矣。"①

子贡对越王的说辞，立足点与对吴王完全不同。他没有把越国放入维护礼的框架中，也不提诸侯争霸，而是从复仇能否成功出发，向越王勾践陈述了眼下的利害关系。这使得越王不得不听从他的建议。之后子贡又回到吴国，做越国的内应。坚定了吴王伐齐救鲁的决心，使吴王相信越国并没有发动复仇战争的打算。最后他来到晋国，提醒晋君做好防备吴国的准备，"修兵休卒以待之"，然后就返回了鲁国。

子贡返鲁后，吴国很快发动了对齐国的战争，"吴王果与齐人战于艾陵，大破齐师"。正如子贡所料，吴王并未收兵而是继续北上与晋国争霸，两军相遇于黄池，吴国为晋国所压制，又为越国所袭。吴王夫差最终身死国裂。这不能不说是春秋时期的政治理想和现实政治相冲突的一幕悲剧。

二 无锡鸿山越墓及墓中反映的中原文化因素

鸿山越国贵族墓发现于无锡市锡山区鸿山镇东部，经调查，其分布范围，南至苏州的浒墅关，北至无锡的鹅湖，东至苏州的黄埭，西至无锡的鸿山，东南距苏州市区 20

---

① 《史记·仲尼弟子列传》。

公里，西北距无锡市区20公里，该地区保存着大小土墩近百座，分布在东西6公里、南北4公里的地域内。根据《无锡鸿山越国贵族墓发掘简报》，墓葬的年代可定为战国早期，在公元前470年左右，墓主可能为越大夫。在《鸿山越墓发掘报告》中编著者进一步认为大致年代为春秋末期到战国早期。与战国初期越都姑苏有关，年代应为公元前473年一前468年。越王僭越为天子，仅次于越王的越国贵族，根据墓葬的规模和随葬器物的数量、等级判断，其享用的墓葬的规模和随葬器物的等级当与中原的诸侯相当，故推测邱承墩墓主的身份应相当于春秋战国时期的诸侯。邱承墩贵族墓为仅次于浙江绍兴印山越王墓的特大型墓葬，因此墓主应为仅次于越王的越国大夫。推测可能为范蠡或文种的家族墓地。①

从2003年3月到2005年6月上述地区共发掘战国时期越国贵族墓葬7座，可分小型、中型、大型和特大型四个等级。而根据随葬器物的种类、质地和组合关系，7座墓葬可进一步分为五个级别。②

第一级为丘承墩，封土东西向长68.2米、宽40.6米、高3.95米，墓葬位于土墩近中部，竖穴、深坑，平面呈“中”形，墓坑残长56.7米，由墓室、后室、墓道三部分组成，墓室长23.6米、宽6.3米，后室长11.9米、宽3.2米，墓道长21.2米、宽3.65米，有壁龛早年被盗，随葬器物达1008件，其中有大量的佩玉、葬玉，成组成套的仿铜礼器和乐器均为青瓷器，另有琉璃釉盘蛇玲珑球形器、成组成对的青瓷角形器和璧形器。

第二级别为老虎墩，长方形覆斗状封土，埋葬方式为平地铺木，随葬器物500余件，其中有大玉瑗等玉器，成组成套的仿铜乐器中既有青瓷器，亦有硬陶器，而仿铜礼器则均为硬陶器，生活用品为硬陶器和泥质陶器。

第三级别为万家坟，与老虎墩的封土规模和平地铺木的葬制相同，随葬器物共计519件，然而其中仅有成组的硬陶乐器而不见青瓷乐器，仿铜礼器和生活用品均为硬陶和泥质陶器。

第四级别为曹家坟和杜家坟，为长方形覆斗状封土，墓葬长8—9米，随葬器物约为100件。

第五级别为老坟墩和邹家墩，为长圆形馒首状封土，墓葬长约4米，随葬器物约为50件。

---

① 南京博物院、江苏省考古研究所、无锡市锡山区文物管理委员会编著：《鸿山越墓发掘报告》，文物出版社2007年版，第三章《相关问题的讨论》。

② 南京博物院考古研究所：《无锡鸿山越国贵族墓发掘简报》，《文物》2006年第1期；南京博物院、江苏省考古研究所、无锡市锡山区文物管理委员会编著：《鸿山越墓发掘报告》，文物出版社2007年版。

如此大规模而且有秩序的墓葬的形成显然非一日之功，公元前 473 年越灭吴，[①] 其后又建都琅玡，而墓葬的年代大致为战国早期，当时正是越灭吴之后强盛的越王勾践时代。这一时期正是越国开始正面接触中原文化的开始，这一点从墓葬中出土的器物也可以得到证实。

在邱承墩墓的随葬物中，墓主生前佩戴的是“五璜佩”，而埋葬时又使用了玉覆面，其规格在春秋战国时期大致与诸侯相当。青瓷乐器中，既有中原系统的钟、镈和磬，亦有越系统的句鑃、錞于、丁宁、悬铃，还首次发现了悬鼓座、振铎和三足缶，其中錞于、振铎均出现了模仿中原礼制的“特悬”。其乐器的数量之庞大，等级和规模之高，亦不亚于春秋战国时期中原的诸侯。青瓷礼器中，鼎、豆、壶的组合显然模仿中原礼制，而用鼎的数量又不合周代礼制，明显出现僭越。冰酒器、温酒器等高级的青瓷酒器和罍、鉴等大形体的青瓷器，无不显示出墓主生前显赫的地位。

根据《简报》、《报告》的分析，从墓葬的规模和随葬器物的数量、等级来看，邱承墩墓主的身份应相当于春秋战国时期的诸侯。得出这一结论的前提在于，越国在允常之际，“拓土始大，称王”，已出现僭越。勾践灭吴之后，横兵于江淮，号称霸王。越王既僭为天子，仅次于越王的越国贵族，其享用的墓葬的规模和随葬器物的等级当与中原的诸侯相当。应该说，这种现象的出现与越国受中原地区的葬制的影响不无关系。

三　儒家思想在吴地的传播

自吴王寿梦以来对中原礼乐文化的吸收以及和中原地区交流的加强，为儒家思想在吴地的传播制造了有利的条件。邻近鲁国的地理位置也使得思想的传播和接受更为便利。春秋晚期吴地也出现了儒家文化的追随者和传播者，其中有名的就有言偃和澹台灭明。

言偃，字子游，比孔子小四十五岁，约生于公元前 506 年。《史记·仲尼弟子列传》司马贞《索隐》认为他是吴郡人，曾经在鲁国做过武城宰。在孔门四科（德行、言语、政事、文学）中，位列文学之首，他精于礼，注重礼乐教化。《仲尼弟子列传》记载，言偃在武城做官，孔子经过时听见城里传出弦歌之声，知道是言偃欲以弦歌讽诵治理武城，因此“莞尔笑问”：“割鸡焉用牛刀？”言偃却严肃地回答：“以前我听老师您说，君子如果能学习道，就知道怎样去爱惜百姓，百姓学习道就会更容易听从命令。”孔子听过之后不得不纠正自己先前的说法。孔子又问言偃道：你在这里得到什么人才没有？言偃回答说：有一个叫澹台灭明的人，走路不抄小道，不是公事从不到我屋里来。言

① 《左传》哀公二十二年：“冬十一月丁卯，越灭吴。”

下之意是此人行为端正。这说明言偃很能识别人才。《论语》中多处记载了子游的言论以及他和孔子、子夏的对话，充分显示了他对儒家文化的精通。言偃就学北方，后来回到南方，在吴地讲学，吴人风闻向学，“从之者游者以千计”，实现了孔子“吾门有偃，吾道其南”的愿望，言偃也因此而赢得了“南方夫子”的尊称，成为道启东南的文化始祖，受到后人的膜拜。[①]《吴地记·后集》中载有言偃桥，据注释：《重修琴川志》：“文学桥，在县东北百五十步，旧名言偃桥，俗呼醋库桥。按旧《图经》，言偃桥在县东一百五十步，文学桥在县东北一里，而前志并二桥为一，未知何故？”按：今虞山东麓言子墓前石牌坊内影娥池上跨石拱桥一座，即为文学桥。言子称文学子游，故以此名桥。[②]

除子游外，澹台灭明也在吴地传播过儒学。《大戴礼·五帝礼》有载，澹台灭明投师孔子门下之后，孔子见他相貌丑陋而不愿收其为徒。因有碍于自己“有教无类”的主张，加上子游的力荐，勉强收为弟子。后发现澹台灭明品德高尚、学风端正，于是感慨地说：“以貌取人，失之子羽。”澹台灭明听从孔子的教诲，刻苦学习，并加强自身修养，终于学有所成。他到吴国讲学，其门徒达三百之众，“名施乎诸侯”，成为享誉江南的一代名师。今日苏州城南还有澹台湖及其讲学遗迹，《吴地记》载：

> 澹台湖在吴县东南十里。孔子弟子澹台灭明，字子羽，宅陷为湖，湖侧有坟。[③]

可见子游、澹台灭明在吴地的活动，使儒家思想得以传播，对后世的影响很大。

四　楚文化对吴越文化的浸润

西周初期，吴、楚已在长江中下游地区立国。楚国在春秋初期开始强大，吴国则兴盛于春秋后期。春秋末期越灭吴。战国中期楚灭越，在吴越故地置江东郡，统一了长江中下游地区。春秋时期，吴、楚通过政治上的争霸、会盟、聘问，军事上的战争、征服、灭国，经济上的战争掠夺、商业往来，以及人才和技术的交流和引进，文化方面的互相通婚、吸收等，进行多种渠道的交流，使两地在经济发展水平上逐渐接近，文化上也出现了融合趋同的趋势。战国时期，吴楚地区在经济、文化方面的区别已不明显。

（一）楚国对吴地的人才输送及其影响

楚国对吴地的人才和智力方面的输出，具有代表性的人物在春秋晚期当属伍子

---

① 杨载江：《言子春秋》，同济大学出版社 1992 年版，第 99 页。

② ［唐］陆广微：《吴地记》，《后集》，曹林娣校注，江苏古籍出版社 1999 年版，第 158 页。

③ ［唐］陆广微：《吴地记》，江苏古籍出版社 1999 年版，第 41 页。

胥，战国中后期当属春申君黄歇。

伍子胥对吴国在江南的兴起具有决定性的意义。他将楚地先进的文物制度全面输入吴地，使吴国的面貌发生了巨大的变化。特别是伍子胥对吴姑苏城的设计蓝图更体现了这一点。吴姑苏城建于吴王阖闾初年，其设计出自伍子胥。《吴越春秋·阖闾内传》记载，阖闾刺杀王僚继位后，首先问伍子胥如何“安君治民”，伍子胥回答“凡欲安君治民、兴霸称王、从近制远者，必先立城郭，设守备，实仓廪，治兵库。斯则其术也”。阖闾听从了他的建议，并让他负责吴姑苏城的修建。

作为楚人，伍子胥以他所熟悉的楚国都城建筑模式作为吴姑苏城的设计蓝图。这一点在楚纪南城的考古中得到了印证。首先从吴姑苏城的规模来看，根据《吴越春秋·阖闾内传》的记载吴大城四周长度相加约为37里161步，约为今天的15202米，据《楚都纪南城的勘查与发掘》报告，纪南城垣的周长约为15506米，二城面积、规模几乎相近。其次，吴姑苏城设有“水门八”、“陆门八”，这不仅有利于城内外水道交通，同时也有利于蓄水和泄水。纪南城也有水门，已发现三座，是迄今所知最早的城池水门设施，有可能为楚人所创，吴姑苏城的水门设置无疑是仿效纪南城的设计。此外，从吴姑苏城设置八座水门推测，当时城内的水道是纵横交错的。而楚纪南城亦引流入城，这一特点为二者共有。

公元前306年，楚大败越，尽取故吴地，东至于浙江，楚以江东为边野，并设立了江东郡，但由于面临与中原诸国的战争，一直无暇治理。战国中后期，据《越绝书》载，楚考烈王“以吴封春申君，使备东边”。春申君坐拥水陆交通发达的吴地，战略意义重大。到吴地后，苦心经营，加强守备，巩固了楚在东方的战略纵深，也在吴地传播了楚文化。春申君从修监狱、设宫室、造城门、揽人才、修道路五方面加强吴地的政治、军事治理；又在经济上，重商兴农，推均输，建市场，兴水利，为楚在后方提供资源上的支持。春申君对吴地的治理，使得楚风东渐，推动了吴楚之间的融合。

春申君治吴前，楚人统治吴越已80多年。但是，战乱频仍，他们抽不出手来对江淮吴越进行大规模的改造。“当时，楚人没有过多地触动诸方国原来的社会组织形式。吴越文化也因此保持着相对的完整性”。[①] 而春申君到来后，以楚为范，传播政治文明。楚民族“抚夷属夏”的开放精神，“筚路蓝缕”的进取精神，“鸣将惊人”的创新精神都得到传播，推动了楚吴民族融合。先秦时期，百越包括吴越故地仍然处于较为落后的蛮荒状态，他们有较强的部族观念，而国家观念尚不强烈。虽然百越的一支于越建立了地区强国越国，但楚破越后“越于此散，诸族子争立”，再也没有组建起强大的

① 刘和惠：《楚文化的东渐》，湖北教育出版社1995年版，第73页。

国家机器。春申君治吴，完善郡制，营建宫室，设立监狱，修建城门，对吴人进行安抚，推行王化教育，灌输国家一统观念，无疑强化了楚国国家政权的统治，传播了楚国先进的政治文化和君国观念。

同时，春申君也积极推动吴楚互惠，交流科技知识，最典型的当属两地手工业技术相互取长补短。例如春申君从楚国腹地的原封地淮北十二县，带来先进的冶铁技术，制造农业生产器械，大力发展经济。吴越铸剑技术发达，春申君发扬楚国先辈们好学铸剑技术的传统，进一步推动兵器的生产。他组织大量人马，在锡山开采锡矿，制造锡具，促进了当地锡产品的铸造工艺。春申君又将齐鲁的纺织技术带到江南，与江南的蚕丝结合，为未来的丝绸鼎盛打下基础。

（二）青铜器及墓葬方面的影响

西周时中原文化在江南地区曾有过相当大的影响，一直到春秋中期这种情况仍然在延续，中原铜器及其仿铸品与土著型青铜器在吴墓中共存的现象很多。到春秋晚期楚文化兴起，上述状况开始发生变化。春秋晚期的吴墓出土的文物，以及战国早期和中期的越墓所出土的文物，都打上了楚文化的烙印。

从吴越地区墓葬来看，目前发现的春秋晚期墓葬主要有江苏丹徒北山顶墓，粮山1、2号墓，王家山墓，六合程桥1、2、3号墓，和仁墓，吴县何山墓，苏州虎丘墓等。这些墓葬与前期吴墓比较，面貌显然不同，除仍保留有土著文化特色外，已具有楚文化的因素，而中原文化系统的器类、器型大大减少。楚文化的影响在这些墓葬中主要是从葬俗和随葬青铜器形制及风格两方面体现出来的。

就葬俗方面看，春秋晚期之前的江南地区盛行土墩墓，一般不挖墓坑，平地封土成冢，墓底多垫石块、烧土或草木灰，不见葬具。西周时期的大型墓葬如丹徒烟墩山宜侯夨墓只有0.44米的浅坑，大港母子墩墓则用石块堆砌一个长方形的边框，不言而喻，这都是作为墓葬范围周界而设置的。上述春秋晚期的墓葬则均挖墓坑深埋，如丹徒北山顶墓坑深1.45米，苏州虎丘墓深2.8米。同时各地的墓地遗迹均有葬具。到战国时，江南地区平地起冢的葬俗基本消失，这是很大的变化。葬俗上的这种变革不能仅仅解释为中原文化的影响，楚文化的东渐可能是其中更为重要的原因。[①] 另一方面，吴地的葬俗也对楚人产生了影响，春秋之前，楚墓地面上均无封土，而到战国时，墓坑上面普遍出现了封土堆，墓主身份愈高，封土堆也愈大。这种文化的双向互动导致两地葬俗也日趋于一致。

此外，吴墓随葬品的青铜器类及其组合变化也是非常明显的。和过去一些大墓

---

① 刘和惠:《楚文化的东渐》,湖北教育出版社1995年版,第74页。

中土著与中原两个系统器物并存的情况不同，出现了许多前所未见的新器类。如盥缶、尊缶、提梁盉、簠、匜、盤以及新制鼎等，均系典型的楚式器。这种随葬器物与之前相比是有变化的，如鼎、簠的组合就有别于过去的鼎、缶组合，鼎、缶组合就有别于中原的鼎、罍组合，楚器特有的组合为鼎、簠、缶，鼎是各地区随葬物组合共有的，区别在于簠和缶。各墓中随葬品比较齐全的如吴县何山墓，遗物中有鼎、簠、缶、盘、匜，这是春秋中晚期到战国初期典型的楚式组合，其余墓葬残存器有簠，或有缶。另外，有的墓葬中椁周围还填有白膏泥、青膏泥。这种状况显然是受楚风的影响。

第四节　兵家与吴地的军事文化

春秋晚期能在诸侯中称霸的国家，无不是在征伐战争中建立起自身威信的，因此对于战争经验的总结十分重视。《左传》中有多处对话谈论到的"军志"，实际上就是各国对于军队作战经验的总结。处于中原礼乐文化圈边缘地区的吴国，民风好勇尚武，在春秋晚期，阖闾、夫差展开多次争霸战争，兵威远震，西破强楚，南伐越人，北逼齐晋。这正是军事家如伍子胥、孙子展露自己杰出军事才能的舞台。在总结本国及诸侯国军事经验和自身实战经验的基础上，春秋晚期的吴国出现了对后世产生重要影响的兵学著作《蓋庐》、《孙子兵法》等。代表人物有伍子胥和孙武。

一　伍子胥与《蓋庐》

（一）伍子胥的生平

伍子胥，名员，原来是楚国人。伍子胥的祖父伍举，以直谏事楚庄王，被视为忠臣。自伍举开始伍氏三世为忠臣，后来因为楚平王听信费无极谗言，夺太子建妇，并欲诛杀太子建，身为太傅的伍奢也受到牵连。楚平王以免伍奢之罪为诱饵，召伍子胥及其兄伍尚前往，结果为伍子胥所识破，而其兄出于父子之情前往，与伍奢一起被楚平王处死。伍子胥带着太子建先后在宋、郑等国流亡。后来因为太子建做内应配合晋国偷袭郑国事泄，被郑国诛杀，伍子胥又带领太子建之子胜奔吴国。初为吴王僚所用，后来助公子光取而代之，即位为阖闾，伍子胥由此成为吴王阖闾的重要谋臣。

伍子胥无论在治国或是军事上都可以称得上是一位具有长远目光的战略家，据《吴越春秋·阖闾内传》，阖闾即位之初即向伍子胥询问强国之道：

> 仁未施，恩未行，恐国人不就，诸侯不信，乃举伍子胥为行人，以客礼事之，而

与谋国政……子胥良久对曰："臣闻治国之道，安君理民，是其上者。"阖闾曰："安君治民，其术奈何？"子胥曰："凡欲安君治民、兴霸成王、从近制远者，必先立城郭，设守备，实仓廪，治兵库。斯则其术也。"阖闾曰："善！夫筑城郭，立仓库，因地制宜，岂有天气之数以威邻国者乎？"子胥曰："有。"

这段谈话，可以看出伍子胥的一些治国思想，他认为在没有以仁义取信于民的情况下就要先立国君之势，以势服民。即所谓"从近制远"，筑造城池，设置兵士守卫，充实国库等。其意义就在于加强国君的力量，为国君制造威势，同时，这也是为进行对越国和楚国的战争，加强战备，兴王称霸。而接下来建造城池的过程，显示了伍子胥作为兵阴阳家的一面：

子胥乃使相土尝水，象天法地，造筑大城，周回四十七里。陆门八，以象天八风。水门八，以法地八聪。筑小城，周十里。陵门三，不开东面者，欲以绝越明也。立阊门者，以象天门，通阊阖风也。立蛇门者，以象地户也。阖闾欲西破楚，楚在西北，故立阊门以通天气，因复名之破楚门。欲东并大越，越在东南，故立蛇门以制敌国。吴在辰，其位龙也，故小城南门上反羽为两鲵鱙，以象龙角。越在巳地，其位蛇也，故南大门上有木蛇，北向首内，示越属于吴也。①

城池的建造，运用了风角之术，用"天气之数""以威邻国"，同时，也体现了吴国对楚、越的战略方针。

对战争资源的战前整合，还包括在平时注意选拔军事人才，训练士卒。孙武就是经过伍子胥的多次举荐而得到吴王阖闾信任，在吴国的争霸战争中发挥巨大作用的，就连后来成为伍子胥政敌的伯嚭，也是经过伍子胥的举荐才有机会在吴国建立功业。他对士兵的训练注重击敌技巧，"习术，战骑射御之巧"。同时也对兵种进行了分类，以适应战争的需要，如破楚入郢之战中，吴军有"多力者五百人，利趾者三千人"。

同时伍子胥也很注意战术思想的运用，在对楚国的征战中，面对楚国强大、吴国实力稍逊一筹的情况，他提出了"扰楚"、"疲楚"的战术，《左传》昭公三十年(前512)具体描述了这种战法：

吴子问于伍员曰："初而言伐楚，余知其可也，而恐其使余往也，又恶人之有

① 《吴越春秋》，卷四《阖闾内传》。

余之功也。今余将自有之矣。伐楚何如?”对曰:“楚执政众而乖,莫适任患。若为三师以肄焉,一师至,彼必皆出。彼出则归,彼归则出,楚必道敝。亟肄以罢之,多方以误之。既罢而后以三军继之,必大克之。”阖庐从之,楚于是乎始病。

用这种车轮战不断对楚国边境的不同地方进行骚扰,机动而多变,使得楚军疲敝不堪,顾此而失彼,是一种很有特色的战术,它利用我方的灵活主动去制造敌方的疲敝,从而削弱对方,为我方进攻创造了有利的条件。特别是其中“亟肄以罢之,多方以误之”的思想,制造假象迷惑敌人,误导敌人,与孙子的“兵者诡道也”、“兵不厌诈”有相通之处。在吴越夫椒之战中,伍子胥用诈兵,在夜里奇袭越兵,使得“勾践大恐,振服降旅”。这正是伍子胥利用疑兵作战的具体记载。

此外伍子胥还善于利用间谍在敌国中散布谣言,传递虚假情报离间敌人,从敌人内部对其进行瓦解。《韩非子·内储说上》记载:

吴攻荆,子胥使人宣言于荆曰:“子期用,将击之;子常用,将去之。”荆人闻之,因用子常而退子期也。吴人击之,遂胜之。

为了削弱楚国的力量,伍子胥使用间谍在楚国散布谣言,使子期这样的劲敌不能得到任用,大大减少了进攻吴国的阻力,可谓是用间的典范。

同时伍子胥主张穷寇必追,除敌务尽,《左传》哀公元年记载,夫差败越,越王求和,子胥谏曰:“不可,臣闻树德莫如滋,去疾莫如尽。”但吴王听信太宰伯嚭的谗言,多次错过了消灭越国的机会,使勾践能够复国,再次积聚力量反过来消灭了吴国。这也造成了伍子胥一生最大的悲剧,正如前人所言“夫差听嚭,不杀仇人。兴师十万,与不敌同。圣人讥之,是以《春秋》不差其文。故《传》曰:‘子胥贤者,尚有就李之耻。’此之谓也。”①

(二)伍子胥的著述

《汉书·艺文志》记载了两种《伍子胥》,一种属于兵家技巧类,有《伍子胥》十篇,班固自注:图一卷。一种属于杂家,有《伍子胥》八篇,兵技巧家,班固将之定义为:“技巧者,习手足,便器械,积机关,以立攻守之胜者也。”这是讲究军事技能和器械的一派。但此处的伍子胥更接近于兵阴阳家。班固对兵阴阳家的定义是:“阴阳者,顺时而发,推刑德,随斗击,因五胜,假鬼神而为助者也。”也就是说,兵阴阳家的特点就是讲求顺应阴阳时令,按照天道运行、天象指示、五行相胜和借助鬼神进行军事活动的

① 《越绝书》,卷九《越绝外传计倪第十一》。

一派。这个概括有些泛泛，实际上从先秦的典籍来看，兵阴阳家还掌握卜筮、望气、占梦等多种数术。就伍子胥造城池的过程来看，体现出他作为兵阴阳家的一面。汉以后古籍中，如宋李昉《太平御览》卷三一五引用到的《越绝书·伍子胥水战兵法内经》中记载有关伍子胥制造战船的记录：

伍子胥水战法：大翼一艘，广丈六尺，长十二丈，容战士二十六人，櫂（棹）五十人，舳舻三人，操长钩矛斧者四，吏、仆射长各一人，凡九十一人。当用长钩矛、长斧各四，弩各三十四，矢三千三百，甲、兜鍪各三十二。[1]

《文选》卷二二颜延年《车驾幸京口三月三日侍游曲阿后湖诗》有"万轴胤行卫，千翼泛飞浮"句，唐李善注云："万轴谓车也；千翼为舟也。《越绝书·水战兵法内经》云云。"《武经总要》前卷十一《水战》对这段材料也有引用。特别是《太平御览》卷七七〇《舟部·舟门》所引《越绝书》："阖闾见子胥，'敢问船用之备何如？'对曰：'船名大翼、小翼、突冒、楼船、桥舡。今船军之教，比陵军之法，乃可用之。大翼者，当陵军之车；小翼者，当陵军之轻车；突冒者，当陵军之冲车；楼舡者，当陵军之行楼车也；桥舡者，当陵军之轻足剽定骑者也。'"舡，即船之异体字。与北方作战重视兵车的作用不同，在水网密布的南方，船是主要的战具，在作战中对战船的运用，体现了吴越地区的地理特点，说明早期吴国水战理论和实际操作的水战兵阵已经非常成熟。由此观之，伍子胥还擅长制造战船，重视作战器械，是兵技巧家。这在《吴越春秋·阖闾内传》中也有记载：

城郭以成，仓库以具，阖闾复使子胥、屈盖馀、烛佣，习术战骑射御之巧。未有所用，请干将铸作名剑二枚。

（三）兵法《盖庐》

近年来出土的张家山汉简《盖庐》，学界多认为是战国后期或秦汉之际的作品，尽管并非是伍子胥本人著作，但毕竟为伍子胥及其军事思想的研究提供了可供讨论的材料。从《盖庐》一书来看，伍子胥的兵法多侧重于兵阴阳家，这和目前传世文献所见的零星记载也大致相符。如前面提到的伍子胥为吴国规划建设都城；《越绝书·外传纪策考》中记伍子胥初到吴，根据星相、望气断定吴国未来堪忧；檇李之战前夕，夫差

① 中华书局影印本，1992年版。

得噩梦而恐骇，伍子胥则以“越在南，火；吴在北，水。火制水，王何疑乎”之类的解说来劝说夫差再战；更值得注意的是《越绝书·外传记军气》一篇中，有所谓“子胥相气取敌大数”，详述青黄赤白黑五色气在敌军之上的吉凶和战法。另外，就《隋书·经籍志》所录魏晋以来托名于伍子胥的阴阳家著作来看，如《伍子胥式经章句》、《遁甲诀》、《遁甲文》、《遁甲孤虚记》等，也反映出伍子胥作为数术家对后世的影响。

《盖庐》全书可分为九章，第一章总论治理天下之道：要讲究道义德政，同时指出这些原则的运用都要建立在“得天时”的基础上。第二章运用阴阳五行思想对“天之时”做出了解释。第三、四、五章是运用兵阴阳的理论指导怎样利用地形行军、安营、布阵，怎样利用天官四时五行作战，这三章都是典型的兵阴阳理论。第六、七章讲如何观察敌军，利用有利的形势发起进攻，同时我方应该避免犯哪些错误，其中特别突出的是示形误敌的思想。第九、十章回到了治国理民上，提出要打击“害民”者的十条办法，并以此作为救民之道，同时要利用敌国的混乱加以攻击。可以发现《盖庐》中治民与用兵是联系非常紧密的，虽然在篇章的次序上安排不尽合理，将对敌国发起进攻的几个前提准备放在了最后两章，但是对于政治和军事之间的关系却分析得很透彻。

《盖庐》一书推崇黄帝，以黄帝之道作为全书论述的出发点，黄老思想的色彩鲜明，这也是全书的主体思想。司马谈《论六家之要旨》讲黄老之学的特点是：“其为术也，因阴阳之大顺，采儒墨之善，撮名法之要。”也就是说黄老之学是包含了阴阳、儒、墨、名、法各家学说要点的新的道家思想体系。这可以在《盖庐》中得到印证。除了大量充满黄老思想色彩的语句外，书中还有些文句内容接近于儒家，如“凡有天下，无道则毁，有道则举。行义则上，废义则下。治民之道，食为大葆。刑罚为末，德政为首。使民之方，安之则昌，危之则亡，利之则富，害之有殃”。这正是黄老思想包容其他各派学说的体现。

作为一部兵阴阳家的著作，《盖庐》的特色是十分鲜明的，其中有些兵阴阳的叙述是当时其他文件所未见的，如“黄帝之征天下也，太上用意，其次用色，其次用德，其下用兵革，而天下人民、禽兽皆服”。[①] 此外，还有一些用阴阳五行原理决定用兵时间、朝向等，都早于有相似记载的其他文献。

《盖庐》的兵法思想十分丰富。与《孙子兵法》相似，《盖庐》也将战争看做是牵动整个国家力量的重大活动，但与之相比，《盖庐》把天道作为比国家社会更高的一个前提。故而开篇即将顺天、治民与用兵之道放在一起加以讨论，把军事活动看做是与自然、社会息息相关的活动。所谓：“凡有天下，无道则毁，有道则举。行义则上，废义则

---

① 绍鸿：《张家山汉简〈盖庐〉研究》，文物出版社 2007 年版，第 16 页。

下。”治民要“循天之时”、“行地之德”，用兵要“必得天时”。“天时”在《盖庐》中占有重要的地位，明显具有黄老思想的特色。以遵循天时为中心，下及治民、用兵之道。对于征服天下，在手段上列出了这样一个有顺序优先性的选择：“黄帝之征天下也，太上用意，其次用色，其次用德，其下用兵革，而天下人民、禽兽皆服。”即“用意”、“用色”、“用德”最后才是“用兵革”。这一点，《盖庐》与《孙子》很相近，都把军事活动看做是政治活动最后的选择。所谓“太上用意”乃是“心无所虑”之意，无为而贵无私。“用色”是“察五色”、“立五运”，这是战国时期阴阳家的思想：以五色与五行相配，并要求按照五德终始的规律确定各王朝所应崇尚的特定颜色和五行，以与天道相应，即所谓“五德转移，治各有宜”。从这四种的提法来看，正是道家、阴阳家、儒家及法家思想在治国方略上各自的侧重点，这体现了黄老之学融合各家之长的同时又以道家与阴阳家作为其思想主体的特点。

《盖庐》除了主张运用黄老之道来治理天下，还强调运用兵阴阳术数进行行军作战。如讲依据“天之八时”、“日有八胜”来把握战机，运用五行相克的原理来针锋相对地攻击敌人。以今天的观点看来，其中充满了神秘色彩，忽视人作为战争主体的作用，而是过多地依赖于神秘的阴阳五行的运行。而与其时代相近的《孙子兵法·用间篇》强调：“先知者，不可取于鬼神，不可象于事，不可验与度，必取于人，知敌之情者也。”认为运用天象、观气、星占来预测和指挥军队作战并不符合战争规律。

《盖庐》在兵法上独具特色的地方体现在以下几点：

首先，《盖庐》善于运用天时地利，并将天时地利等自然因素在战争中的作用发挥到了极限。如《盖庐》开头讲到了如何行军布阵：

> 军之道，冬军军于高者，夏军军于埤者，此其胜也。当陵而军，命曰申固；倍陵而军，命曰乘势；前陵而军，命曰范光；右陵而军，命曰大武；左陵而军，命曰清施。倍水而军，命曰绝纪；前水而军，命曰增固；右水而军，命曰大顷；左水而军，命曰顺行。军恐疏遂，军恐进舍，有前十里，毋后十步。此军之法也。

其中强调要根据时节、地形安营布阵，避开不利于己方的因素。但另一方面，从整体看来，《盖庐》虽然强调在作战时去调动军队和指挥者的积极性和能动性，但其中杂糅了很多兵阴阳家的神秘思想，如利用天时地利五行等因素来帮助己方取胜等，将战争的胜利寄托在客观的因素上，有降低人在战场上主体能动性的倾向。

其次，《盖庐》中讲到“鼓于阴以攻其耳，阵于阳以观其耳目，异章惑以非其阵，毋要堤堤之期，毋击堂堂之阵，毋攻蓬蓬之气，是谓战有七术”。这是强调战争中要关注敌方、迷惑敌方,积极寻找战机出击取胜。

《盖庐》中又谈到"攻军之道"的问题,说:

> 凡攻军回众之道,相其前后,与其进退,慎其尘埃,与其炎气。旦望其气,夕望其埃,清以如云者,未可军也。埃气乱孳,浊以高远者,其中有动志,戒以须之,不去且来。有军于外,甚风甚雨,道留于野,粮少卒饥,毋以食马者,攻之。甚寒甚暑,军数进舍,卒则劳苦,道则辽远,粮食绝者,攻之。军少则恐,众则乱,舍于易,毋后援者,攻之。军众则靡,将争以乖者,攻之。军老而不治,将少以疑者,攻之。道远日暮,疾行不舍者,攻之。军急以却,甚风甚雨,众有惧心者,攻之。军少以恐,不□□不动,欲后不敢者,攻之。此十者,攻军之道也。

这里具体阐述了"攻军之道"的十个问题,这也是战争实际中总结出来的经验,对后来的军事家有很大借鉴作用。

作为受黄老思想影响较大的兵法著作,《盖庐》强调在作战过程中贵柔守雌,等待时机,以上列举的十种情况,就是要求指挥者在敌方出现失误和混乱时主动发起攻击,这又体现出积极进攻的一面。同时,《盖庐》也强调,在敌军力量旺盛和强大的时候,不能冒然而动,即"毋要堤堤之期,毋击堂堂之阵"。

第三,《盖庐》在军事思想上的另一个特色是,不但善于把握战机,而且还强调要善于创造战机,要明了敌军的情况,制造我军易受攻击的假象伪装自己,迷惑敌人,为己方作战提供有利条件,诱敌出击,然后歼敌。另一方面,主张要以逸待劳,主动攻击疲惫之敌。这与《孙子兵法·计篇》所说有相似之处:"兵者,诡道也。故能而示之不能,用而示之不用,近而示之远,远而示之近。利而诱之,乱而取之,实而备之,强而避之,怒而挠之,卑而骄之,佚而劳之,亲而离之。攻其无备,出其不意。此兵家之胜,不可先传也。"

《盖庐》很重视利用敌人行军造成的疲惫和懈怠发起攻击:

> 凡击敌人,必以其始至,马牛未食,卒毋行次,前垒未固,后人未舍,徒卒饥恐,我则疾呼,从而击之,可尽其处。

这就是说对于在不利条件下远途跋涉、十分疲劳的敌军,要毫不犹豫地坚决攻击之。

同时,《盖庐》还强调在作战中制造假象,迷惑敌人,造成其在判断上的失误,从而为我方提供有利战机，如："鼓于阴以攻其耳，陈于阳以观其耳，目异章惑以非其阵。"或者当敌人汹汹来攻之时，不要与敌人正面硬战，而要或采取"吾示以悲"、设伏待之，使敌人产生判断失误，藐视我军而疏于防范，进而对其发起进攻；或是"与之小利"，引诱敌人来追，乘敌军混乱无备，"从而触之，可使毋去"。

总体看来，与《孙子兵法》相比，《蓋庐》更强调贵柔守雌，强调利用天时、地利，或示形误敌寻找作战时机，体现出战国中后期在阴阳五行思想指导下的兵法著作的显著特点，但其中对阴阳五行理论对作战指导作用的过分强调，导致了对战争规律的神秘化倾向，这大概也是这部兵书不得其传的一个原因吧。

二　孙武与《孙子兵法》

（一）孙武的生平

春秋战国时代，是一个思想解放、群星灿烂的时代。在这些色彩各异的群星中，《孙子兵法》的作者孙武就是其中杰出的一位。《孙子兵法》作为我国成书最早的系统化论述战略战术问题的军事著作，在世界上享有盛誉。

孙武，字长卿。[①] 春秋末年齐国安乐（今山东惠民）人。生卒年月已不可考，大致与孔子（前551—前479）同时。孙武的祖先原是陈国的公子陈完。陈完是陈厉公的儿子。公元前672年，陈国发生内乱。陈厉公之侄杀厉公自立，是为庄公。其后庄公的弟弟又杀太子御寇，自己当了国君，是为陈宣公。陈完与太子御寇关系密切，怕受株连，于是逃出陈国。

陈完来到齐国，正是齐桓公即位的第四年（前682）。齐桓公要立他为卿，陈完推辞不就，说："我是逃难在外的人，哪能得到这样的高位呢？"桓公就让他当了齐国的工正（管理工匠的官），陈完到齐后，改名叫田完。[②] 田完的第五世孙田书，因为攻打莒国立了大功，齐景公便把乐安封给他作为采邑，并赐姓孙氏。这样，田书又叫孙书。孙书就是孙武的祖父。

后来，齐国发生内乱，孙武便离开了齐国，南下到了吴国。孙武在吴国一面灌园种地，一面勤奋读书，写作兵法。后来，吴国发生内乱，吴公子光利用吴国大军伐楚、国内空虚的机会，发动政变，刺杀了吴王僚，夺王位自立为吴王阖闾。即位之初，阖闾重用伍子胥，广求人才，振兴吴国。伍子胥把孙武隐居著书这件事报告了吴王，并前后七次向吴王推荐，终于打动了吴王。吴王叫伍子胥把孙武写的兵法带进宫来，让他看一看。

---

① 据《新唐书・宰相世系表》及宋代邓名世《古今姓氏书辨证》。

② 陈与田古声相近，或谓其食邑在田，故以田为氏。

孙武通过伍子胥多次推荐，得以晋见吴王。吴王认为他所说是纸上谈兵，便让孙武当场试验训练宫女。孙武将从宫中唤出的美女180人分为两队，以吴王的宠姬二人为队长，命令她们持戟待令。安排就绪后，孙武问宫女们："你们知道心与左右手及背吗？"宫女们回答知道。孙武发令道："击鼓令前，则视心；令左，视左手；令右，视右手；令后，即视背。"妇人们回答："是。"军令既已布置明白，孙武乃置斧钺，并三令五申："如有发令不从者，诛。"言毕击鼓令右，妇人并不听令反而大笑，孙武于是自责："约束不明，申令不熟，这是将领的过错。"然后又把军令重复数遍，再击鼓令左，宫女们依然大笑不止。孙武这时召集军吏，下令："兵法上说：'约束不明，申令不熟，将之罪也；既已明而不如法者，吏士之罪也。"于是下令斩左右队长。吴王阖闾在台上观看，见马上要杀自己的两个宠姬，大为惊骇，急忙派使者下令："寡人已知将军可以用兵了，寡人非此二姬，食不甘味，但愿勿斩。"孙武回答道："臣既已受命为将，将在军，君命有所不受。"随即斩二队长以严肃军纪，用其次者为队长。再下令击鼓，宫女的动作无不符合军令，大家都认真听命。于是孙武派使者报告吴王："兵已整齐，王可以下来观看。只要您一声令下，即使赴汤蹈火也没有问题。"吴王因为失去爱姬，心中不快，对使者说："将军回去休息吧，寡人不愿下观。"孙武说："王徒好其言，不能用其实。"通过了解孙武的兵法和指挥能力，吴王知道他善于用兵，就任命他为吴国的将军。阖闾即位后的第三年，经过充分准备，与孙武、伍员、伯嚭一起开始伐楚。经过长期的战争攻克了楚国的都城郢。孙武后来又帮助吴王夫差"北威齐、晋，显名诸侯"。[①]可见他一生的战绩是非常辉煌的。

（二）孙子的著述——《孙子兵法》

孙武一生的军事成就，除了他生前的战功外，还有传世的兵法《孙子》13篇，共计5000余字。东汉末年，曹操对当时传世的兵书进行了整理，为《孙子》做了注，即《孙子略解》。他在《序》中说："世人未之深亮训说，况文烦富，行于世者，失其旨要，故撰为《略解》焉。"经过他的整理，基本上奠定了今日传世《孙子》版本的基本面貌。

我国古代对军事的研究可谓源远流长，相传在黄帝时即有对军事经验的总结。《孙子·行军篇》说："凡此四军之利，黄帝之所以胜四帝也。"之后西周初年的吕尚，也是深通兵法之人，《史记·齐太公世家》说他"其事多兵权与奇计，故后世之言兵及周之阴权皆宗太公为本谋"。可见他在兵法上是很有成就的。进入春秋时期，诸侯之间的征伐加剧，军事经验的积累也日益丰富，已经出现了一些专门记述军事原则和作战经验的书，但没有专门的命名，在当时接近于典志一类，只是统称为《军志》，如《左传》

① 《史记·孙子吴起列传》。

僖公二十八年记载楚成王引《军志》曰："允当则归"、"知难而退"、"有德者不可敌"。昭公二十一年记载宋厨邑大夫濮曰："《军志》有之，'先人有夺人之心，后人有待其衰'。"这种《军志》是对战争经验的总结，但并没有形成一种体系化的理论，也没有撰述者的名字。直到齐国景公时，齐国将军田穰苴开始对兵法进行总结，也就是在战国时经由稷下学者整理，合"古者《司马兵法》，而附穰苴于其中"的《司马穰苴兵法》中的一部分。但《司马穰苴兵法》至今已大部不存，只有5篇传世。在传世兵书文献中，目前只有《孙子》较为完整的流传下来，仅这一点就足以说明它的珍贵价值。

《孙子》13篇所论，以制敌取胜的战略战术为主，全书形成一个严密的体系。第一篇提出战争之前应该先观察形势，制定战略计划；第二篇《作战篇》，讲述作战时要遵循的几个基本原则，如"因粮于敌"、取敌辎重来补充自己；第三篇《谋攻篇》，讲述进攻敌人要善用计谋，以智取胜，最上策是"兵不顿而利可全"；第四篇《形篇》，讲述如何加强战备，做好战争前的准备工作；第五篇《势篇》，讲述在具体作战的过程中，运用各种方法，形成对敌优势；第六篇《虚实篇》，讲述在战争中如何调动敌人，为自己创造有利战机，有效打击敌人；第七篇《军争篇》，讲述在两军相争时的一些具体原则，如快速灵活、以逸待劳、避锐击惰等；第八篇《九变篇》，讲述如何利用地形条件趋利避害进行作战；第九篇《行军篇》讲述在行军过程中遇到各种具体情况应该如何处置而不至于使自己陷入混乱；第十篇《地形篇》，分析了各种地形的优劣利弊，指出为将者应该根据具体情况判断形势；第十一篇《九地篇》，把交战状况分为九种，指出这九种情况各有其特殊的作战规律；第十二篇《火攻》和十三篇《用间篇》，讲述用火进攻和使用间谍等作战方法。这13篇各有侧重却又浑然一体，对战争中的每一个环节都有所涉及，并且进行了透彻的分析，对作战具有很强的指导意义。

（三）《孙子兵法》的思想内容分析

《孙子兵法》作为一部杰出的军事著作，有着极其丰富的理论内涵，对军事上所要研究的各类重大问题几乎都有阐发。除了军事思想之外，《孙子》本身还包含了丰富的哲学道理，表达了对政治以及政治与军事之间关系的看法。

《孙子兵法》在军事理论方面，围绕着军队的组织和建设、作战时应该遵循的战略原则、战争中取敌制胜的规律，临阵击敌的战术技巧、军队的后勤保障等几个方面展开论述。这是孙武对之前战争经验的总结，也是他对现实作战的体会。

1. 取得作战胜利的条件

《孙子兵法》开篇讨论的就是要取得作战的胜利所要具备的条件。孙子认为决定战争胜负的因素有以下五个方面，首先是作为一种政治趋势的"道"。"道"在战争中是决定胜负的首要因素，这种"道"实际上是民心，一个君主如果能取得民众的支持，在政治上能够做到富国安民，那么这个国家在战争中就能做到"令民与上同意"，就可以在战争过程中发挥出最大的威力。

其次是一个国家的经济状况。这是进行战争的重要保障，也是决胜的重要依据，《孙子·形篇》称："兵法：一曰度，二曰量，三曰数，四曰称，五曰胜。地生度，度生量，量生数，数生称，称生胜。""度"、"量"、"数"，实际上就是指疆域的大小、物产的多少、人口的多寡。这些要素构成了"称"，也就是实力的强弱，这个要素关系到战争的胜负。在孙子看来，一个国家的土地面积、粮食产量、人口数目、经济实力，对战争起着直接的制约作用。

第三是军事实力。敌对双方的军事力量的强弱对战争的胜负起着主要的作用。军事实力的构成，不仅仅是军队人数的多寡、武器的优劣，还要看许多其他的情况，《孙子·计篇》提出这样一个反问："将孰有能？……法令孰行？兵众孰强？士卒孰练？赏罚孰明？"这说明，在孙子看来，只有将将帅的才能、士兵的训练程度、军纪的严明与否、作战指挥是否得当等因素综合起来，才能代表一支军队的真正实力。

第四是外交。在战争发动之前和战争中，通过外交的途径争取别国的支持，孤立敌国，是制胜的一个重要方面。《孙子·谋攻》篇："故上兵伐谋，其次伐交，其次伐兵。"《九地》篇："是故不争天下之交，不养天下之权。"这种情况是符合春秋时期诸侯林立的现实情况的，"伐交"是征伐活动中不可缺少的一环。孙子认为，主要靠自身力量，外交活动也有积极的作用，可以减少打击面，形成优势，导致对战争的胜利。

第五个因素是自然因素，《孙子·计篇》谈到了与战争胜负相关的自然因素天和地，"天者，阴阳、寒暑、时制也；地者，远近、险易、广狭、死生也"。《地形篇》又说："夫地形者，兵之助也。"天气和地形等自然条件在战争中也起着不可忽视的重要作用。

在以上五个要素中，"道"也就是民心是战争取胜的关键、首要因素，其他因素同样不可或缺，这都是孙子对历史经验和实战经验的总结，不仅在古代，即使是现在也对战争的决策有着重要意义。

2. 将领的素质

带兵之道也是《孙子兵法》军事理论的一个重要方面。作为军队的组织者和指挥者，将帅的能力首先制约着军队的战斗力。

《孙子兵法》认为，将帅必须具备"智、信、仁、勇、严"①。"智"就是足智多谋，能够在复杂的情况下对形式做出正确判断，找到克敌制胜的方法，也就是孙子所说的能

① 《孙子·计篇》。

"因敌变化而取胜";[1]"信"就是赏罚有信,在士卒中有作为将领的威信;"仁"就是关爱自己的士卒,也就是"视卒如婴儿","视卒如爱子";[2]"勇"就是临敌不俱,敢打敢拼;"严"就是军纪严明,令行禁止。这五种品质之间是一个整体,相辅相成。

相反,孙武也从反面指出了将帅身上的一些毛病:"必死,可杀也;必生,可虏也;忿速,可侮也;廉洁,可辱也;爱民,可烦也。"[3]也就是说将帅蛮干死拼,容易冲动,勇而无谋,只顾保全自己的性命和廉洁的名声,这将是"用兵之灾也"。此外如果将帅对于士卒"厚而不能使,爱而不能令,乱而不能治,譬若骄子,不可用也",[4]那么他们在战争中很可能会因为自己造成的过失而导致战争的失败。

3. 军队的组织和建设。

一支有强劲战斗力的军队,除了指挥官的要素之外,还要在平时对士卒进行严格的训练,所谓"士足孰练"。[5] 加强军队的训练首先就要能够统一号令,步调一致:"夫金鼓、旌旗者,所以一民之耳目也。民既专一,则勇者不得独进,怯者不得独退,此用众之法也。"[6]而在具体的训练时要"凡治众如治寡,分数是也;斗众如斗寡,形名是也"。[7] 也就是说指挥军队参加战斗,必须合理进行组织编制,化繁为简,再用旌旗金鼓加以号令,这样才可以提高指挥效率。《孙子》主张军队要有明确和具体的发令,同时将帅能够严格执行它,才能运用赏罚制度来激励士气。《孙子》所说的法有着广泛的含义,"法者,曲制、官道、主用也"。在严密的法制之下要赏罚分明,保证法的执行,《孙子》说:"夫战胜攻取而不修其功者凶,命曰费留。"同时他提出了具体的对战场作战行之有效的奖励措施:"故杀敌者,怒也;取敌之利者,货也。故车战,得车十乘以上,赏其先得者。"[8]在战场上用财货奖赏士卒,使其得胜之后有利可图,可以大大激发士卒的杀敌积极性。"赏"要施无法之赏,可以不按常规进行奖赏,但对于"罚"则要慎重运用,因为"卒未亲附而罚之则不服,不服则难用也;卒已亲附而罚不行,则不可用也"。运用惩戒手段时要特别注意士卒的具体的心理状况,这样才能做到赏罚得当。怎样维护军心的稳定和士卒的团结,也是《孙子》带兵之道的一个重要方面。军队如果能够内部团结,士气旺盛,那么就胜敌有望。孙武论述官兵关系认为:"(将)视卒如婴儿,故可与之赴深溪;视卒如爱子,故可与之俱死。"[6]同时将帅要与士卒"上下同

---

① 《孙子·虚实篇》。

②④ 《孙子·地形篇》。

③ 《孙子·九变篇》。

⑤ 《孙子·计篇》。

⑥ 《孙子·军争篇》。民,一作人。

⑦ 《孙子·势篇》。

⑧ 《孙子·作战篇》。

欲”,指挥者能够对士卒多加体恤,做到与士卒同甘共苦,就可以形成旺盛的士气,产生巨大的战斗力。

4. 指导战争的总体原则和战略思想

《孙子》对于已经展开的战争,提出了很多具有全局意义的战略指导原则。

《孙子》主张在战争开展之前,必须要对敌我力量有清楚的了解,要“经之以五事,校之以计而索其情”。也就是要考察“道”、“天”、“地”、“将”、“法”五件大事,比较双方各自的实力。具体的过程就是庙算,即谋算战争中各自的消耗,兵力的对比,道路的远近,战争所需要的时间等,庙算实际上就是一个知己知彼的初步过程,“夫未战而庙算胜者,得算多也;未战而庙算不胜者,得算少也。多算胜,少算不胜,而况于无算乎”![①] 也就是说,通过庙算可以对敌我双方的实力有一个初步的估计和了解,这样在战争开始以后才能够把握作战的具体尺度。此外还要加强己方的防守,所谓“昔之善战者,先为不可胜,以待敌之可胜”、“善战者,立于不败之地,而不失敌之败也,是故胜兵先胜而后求战”,[②]这也是孙武关于战前准备的战略思想。

在对敌的策略上,孙武更崇尚智谋,主张以智谋来取胜,“上兵伐谋,其次伐交,其次伐兵,其下攻城”。他认为不战而屈人之兵是最好的策略;其次是运用智谋克敌,这也是上策;以硬拼的方式攻城,这是下策。在这种对敌策略中体现出来的对武力使用的审慎态度,表明了孙子对待战争的理性态度。孙子看到了用兵不是越多越好,“兵非益多也,惟无武进。足以并力、料敌、取人而已。夫惟无虑而易敌者,必擒于人”,[③]如果仅仅依仗兵多而冒进,那么反而可能成为失败的前兆。

在作战过程中,《孙子》也提出了几个具有全局意义的战略问题。

首先是要掌握主动权,“善战者,致人而不致于人”,也就是要让敌人跟着自己的行动走,而不是被敌人调动。要做到这一点,《孙子》提出“能使敌自至者,利之也;能使敌不得至者,害之也”。也就是说要吸引敌人前来,就要给敌人甜头,要使敌人不敢接近自己就要给它苦头吃。用这种方法调动敌人“佚能劳之,饱能饥之,安能动之”,使敌人疲于奔命,削弱其战斗力;同时己方要树立进攻作战的观念,时刻保持进攻态势,用进攻来摆脱被动境地。

有了进攻的主动权,就要尽量在运动中攻其薄弱环节,调动敌人,与之周旋,也就是“故善动敌者,形之,敌必从之;予之,敌必取之。以利动之,以卒待之”。[④] 在整个作

① 《孙子·计篇》。

② 《孙子·形篇》。

③ 《孙子·行军》。

④ 《孙子·势篇》。

战过程中，还要隐蔽地行动，不让对方摸清自己的动向，他在《虚实篇》中说："善攻者，敌不知其所守；善守者，敌不知其所攻。微乎微乎，至于无形；神乎神乎，至于无声，故能为敌之司命。"这是作战中的军事保密原则，能做到这一点，就可以使我军行动神秘莫测，尽可能地掩盖战场中己方的真实情况。

战争是对国家财力、人力、物力的高消耗活动，所以，《孙子兵法》提出要兵贵神速，速战速决。持久的战争必然耗费巨大，即使获胜也是得不偿失的。在《作战篇》中孙子提出："其用战也（贵速）胜，久则钝兵铿锐，攻城则力屈，久暴师则国用不足。夫钝兵铿锐、屈力殚货，则诸侯乘其弊而起，虽有智者，不能善后矣。故兵闻拙速，未睹巧之久也。"这就是说，只要能快速决胜，就是"拙速"也是对战局有利的，如果要巧取敌人，还要久费时日，则万万不可取。

在作战过程中，主帅要面对瞬息万变的战场情况，所以孙子主张指挥者要在作战时享有充分的、独立的指挥权，这种指挥权不应该受到远离战场的君主的干涉，这也是取胜的一个重要原则。在《九变篇》中，孙子提出"凡用兵之法，将受命于君，合军聚众……途有所不由，军有所不击，城有所不攻，地有所不争，君命有所不受"。虽然将帅受命于国君，应该听命于国君，但是由于国君远离战场，不了解情况，其命令就会有不适宜的地方，会对军情带来不利，在这个前提下将帅可以不执行国君的命令。对于君主的命令和战场指挥权之间的关系，孙子有详细的说明。他强调指挥权的独立性，"将能而君不御者胜"。对于君主干扰指挥权所带来的弊端，他认为有三点："君之所以患于军者三：不知军之不可以进而谓之进，不知军之不可以退而谓之退，是谓縻军；不知军之事而同三军之政者，则军士惑矣；不知三军之权而同三军之任，则军士疑矣。三军既惑且疑，则诸侯之难至矣，是谓乱军引胜。"①

5. 临阵击敌的战术原则

《孙子兵法》不但对战争有着完善的战略构想和原则规定，也提出了许多临阵击敌的具体战术原则。

首先，孙子认为"兵者，诡道也"，②用兵要出其不意，使敌人不能预测到我军的作战动向，并且造成一定的假象来迷惑敌人。有一些具体的方法可以运用："能而示之不能，用而示之不用，近而示之远，远而示之近；利而诱之，乱而取之，实而备之，强而避之，怒而挠之，卑而骄之，佚而劳之，亲而离之；攻其不备，出其不意。"③运用这些方法可以造成敌人的错觉和失误，扰乱其阵脚，从而为我军取胜创造条件。另外，军队要有奇兵和正兵，尤其是奇兵，如果运用得好，可以成为取胜的关键，《势篇》："凡战

---

① 《孙子·谋攻篇》。

②③ 《孙子·计篇》。

者，以正合，以奇胜。故善出奇者，无穷如天地，不竭如江河”。作战时，根据情况调整正兵和奇兵的位置，可以出其不意地打击敌人。

其次，在两军对阵的时候，要善于调节士气，调动士兵作战的积极性，《孙子·军争篇》说：“朝气锐，昼气惰，暮气归。故善用兵者，避其锐气，击其惰归，此治气者也；以治待乱，以静待哗，此治心者也；以近待远，以佚(逸)待劳，以饱待饥，此治力者也；无邀正正之旗，勿击堂堂之阵，此治变者也。”其中治气、治心、治力、治变，都是冷兵器作战时代下，调动己方士兵的积极性，化解敌方锐气的办法。治气，就是要鼓动士兵的勇气，善于抓住时机，在敌方气衰、己方气盛的时候出击。治心，就是锻炼主将的战场意志，使其在面对复杂情况时能够沉着、镇静、果断，所谓的“以治待乱，以静待哗”、“主不可怒而兴师、将不可愠而致战”就是治心的具体做法。治力，就是在作战时，使己方保持充沛的精力，使敌方精疲力竭，这样就更容易取胜，“以近待远，以佚待劳，以饱待饥，此治力者也”。治变，就是“无邀正正之旗，勿击堂堂之阵”，避实击虚，寻找敌人破绽进行进攻。

第三，要集中兵力对敌发动进攻，“用兵之法，十则围之，五则攻之，倍则分之，敌则能战之，少则能逃之，不若则能避之”。[①] 也就是说在己方兵力占绝对优势的情况下就可以发动进攻，如果兵力少于敌方，就要避开。但这一点并不是绝对的，在作战过程中，通过集中己方力量，分散敌人兵力，照样可以集中少数兵力为优势兵力，消灭敌方分散使用的兵力，也就是“我专为一，敌分为十，是以十攻其一也，则我众而敌寡；能以众击寡者，则吾之所与战者约矣”。[②] 如果把高昂的士气和兵力的优势结合起来，同时能利用好地形条件，就可以在作战时形成一种“势”，也就是“因利而制权”。在实际作战中，这种势的作用十分重要，“善战人之势，如转圆石于千仞之山”。[③] 可以沉重地打击敌人，所谓“激水之疾，可以漂石”就是这个道理。

第四，《孙子兵法》特别重视地形对作战的影响，认为地形是“兵之助也”。[④]《孙子》多处对在不同地形条件下作战的原则进行了总结，对战场上可能遇到的各种地形都有所总结。在《地形篇》中，他将地形分为“通形”、“挂形”、“支形”、“隘形”、“险形”、“远形”六种，并且指出了如何利用这几种地形条件形成战场优势，避免不利局面的出现。《九地篇》中，孙子又根据具体的战争形势，将作战环境分为九类，并对相应的应对方式进行了总结：“散地则无战，轻地则无止，争地则无攻，交地则无绝，衢地则合

---

① 《孙子·谋攻篇》。

② 《孙子·虚实篇》。

③ 《孙子·势篇》。

④ 《孙子·地形篇》。

交，重地则掠，圮地则行，围地则谋，死地则战。”此外在《行军篇》中，还论述了“处山之军”、“处水上之军”、“处斥泽之军”、“处平陆之军”如何在各自的地形条件下展开行动，并且特别提出了几种在行军过程中应该提高警惕的地形情况：“凡地有绝涧、天井、天牢、天罗、天陷、天隙，必亟去之，勿近也”，“军行有险阻、潢井、葭苇、山林、翳荟者，必谨复索之，此伏奸之所处也”。

第五，孙子对于两军对阵时布阵的方法也特别重视，他特别强调要结合地理环境和军队的具体情况来布阵，各部分之间紧密配合，协同作战，使整个军队“携手若一人”。《孙子》中特别提到了两种阵法，《势篇》中描述其中一种阵法，“纷纷纭纭，斗乱而不可乱也；浑浑沌沌，形圆而不可败也”。这应该是一种看上去有些混乱但实质上很严密的阵法。另外，《九地》篇描述了另一种阵法，“善用兵者，譬如率然。率然者，常山之蛇也，击其首则尾至，击其尾则首至，击其中则首尾俱至”。这是一种可守可攻、首尾相连的阵法。

第六，在战场上保持主动态势、有所作为的前提下，孙子还提出了有所不为的八种情况：“用兵之法，高陵勿向，背丘勿逆，佯北勿从，锐卒勿攻，饵兵勿食，归师勿遏，围师遗阙，穷寇勿迫。”[①]也就是说，为将者有八条不能违反的原则：居于高地上的敌军有居高的优势，不要仰攻；背靠山丘的敌军也有地形优势，不要主动迎击；假装失败的敌军可能在撤退的途中有伏兵，不要追击；对于敌军的精锐部队，由于对方占有人员和装备上的优势，不要贸然攻击；敌方作为诱饵的小股部队，后面可能会有埋伏，不要去追击它；正向本国归去的敌军部队，由于回家心切，士气旺盛，必能勇战，所以也不能攻击；对于被包围的军队不能堵死，应该留个缺口；对陷入绝境的敌军不能过分地逼迫，否则对方抱定鱼死网破的决心反而会勇气倍增，给我军重创。

6. 运用火攻和间谍进行的特种作战

《孙子兵法》在常规的作战方式之外还特别探讨了一些特殊的作战方式。如对于火攻的讨论，集中在《火攻篇》。在这一篇中，孙子将火攻分为五种，分别是“火人”、“火积”、“火辎”、“火库”、“火队”，也就是用火攻的方式来攻击敌方的士卒、粮草、辎重、仓库和通道，并详细交代了发起火攻的条件和要注意的问题。他指出发动火攻要有各种条件的配合，如天气、风向、易燃物等，同时在敌方最好有我方的内应，这样可以“火发于内，则早应之于外”。但是火攻并不是总能奏效，如果火烧起来以后，敌方不躁动，那么最好不要急于进攻，以免有诈。又如在两军对垒的过程中，使用间谍刺探情报，离间其内部关系，并误导敌人，为我军胜利创造条件。用间之所以重要，其意

① 《孙子·军争篇》。

义在于可以在战争中做到“先知”,“知敌之情者也”。而间谍本身应该是一个很有智谋的“上智”之人,并且必须能够得到厚赏,这样他才能应付复杂的环境,取得准确的情报,并且为我方死心塌地的工作。《用间篇》还对间谍的种类做了划分,有因间、内间、反间、死间、生间五个种类,职责各不相同,五种间谍也可以同时使用,“五间俱起,莫知其道,是谓神纪,人君之宝也”。

7. 关于战争的后勤准备

《孙子兵法》还对战争时的后勤工作进行了探讨。在孙子看来,后勤的重要性在于“军无辎重则亡,无粮食则亡,无委积则亡”。后勤工作主要包括了武器供给、人员补充、粮食运输三个方面。武器的供给不仅要靠国家,也要做好夺取敌人的准备;人员的补充除了从国内户籍中抽取外,也可以使用俘虏;粮食的补充既要依靠国内的补给,也要“务食于敌”。

8.《孙子兵法》中蕴含的哲学思想

《孙子》一书在讨论军事理论的同时也渗透了丰富的哲学思想。孙子讲对战争的指挥要充分发挥人的能动性,“不可取于鬼神”、“禁祥去疑”,包含了朴素的无神论观念,这在依然重视用占卜决事的春秋时代,无疑有着积极的意义。《孙子》一书中还包含着丰富的辩证思维,在论述一个问题时,通常能够把矛盾的对立面联系起来,详细说明,同时还注意到了对立面的相互转化,如“乱生于治,怯生于勇,弱生于强”,[①]“投之亡地然后存,陷之死地然后生”。[②] 他主张要积极去推动对立面的转化,发挥战场上人的主观能动性,而不是消极等待,如《军争篇》:“军争之难者,以迂为直,以患为利。故迂其途,而诱之以利,后人发,先人至,此知迂直之计者也。”

当然,依照今日的观点看来,《孙子兵法》的某些论断还存在着某种片面性与绝对性,如《作战篇》中过分强调对于速胜的要求,而没有注意到在敌我力量悬殊的情况下持久战的积极意义,又如“穷寇勿迫”忽视了我军在胜利在握的情况下可以乘势将敌方力量消灭干净的可能性,等等。但其本身对于战争分析的深刻性和全面性,并不因此而受到影响,可以说《孙子兵法》不仅总结了春秋时期诸侯争霸战争的宝贵军事经验,而且也包含了孙子本人对于战争的看法和军事理论的总结创新,代表着春秋末年军事理论的最高水平。正如明人茅元仪所言:“先秦之言兵者六家,前孙子者,孙子不遗;后孙子者,不能遗孙子。谓五家为孙子注可也。”[③]这是对《孙子兵法》很中肯的评价。

---

① 《孙子·势篇》。

② 《孙子·九地篇》。

③ 《武备志》,卷一《兵诀评序》。

从本章阐述和分析中，我们可以看出，第一，在江苏历史发展的长河中，春秋战国时期，以吴国为代表的春秋文化达到了一个发展的高峰，在某些方面奠定了后来江苏发展的坚实基础；第二，由于分属吴、越、楚等国，各种文化互相交融，呈现出丰富多彩的一面；第三，由于江苏特殊的地理位置，在南北与东西文化交流中起着桥梁作用，自有其特殊地位。凡此这些，无不体现了江苏地区的先民用勤劳的双手创造了灿烂的物质文化，同时，在思想文化上对中国文化的发展也作出了巨大的贡献。

附　录

一　大事记

（一）旧石器时代

约35万年前

1993年至1994年，在南京市江宁区汤山镇西雷公山葫芦洞发掘“南京人”头盖骨化石2具、牙齿化石1枚及动物化石2000余件，年代为距今约35万年的旧石器时代，相当于北京人中期文化层偏晚，早于安徽和县人。这是目前江苏地区发现的最早的人类活动遗迹，证明江苏是中国晚期直立人的起源地之一，标志着江苏人类历史的开端。

距今约30万—10万年

1999年在句容市放牛山发现旧石器文化地点三处，属于南方砾石文化传统文化遗址，年代距今约30万—10万年。

距今约5万—4万年

1954年6月，相当于更新世晚期的人类化石“下草湾人”股骨化石1段在今宿迁市泗洪县双沟镇东南8公里的下草湾引河岸上发现。这是江苏地区最早发现的古人类化石，处于由猿人向现代人过渡阶段。年代距今约5万—4万年。

约2万年前

1981年，在今镇江市润州区蒋乔乡檀山村白龙岗北坡的莲花洞发现了属于“莲花洞人”的牙齿1颗及15种哺乳动物化石，形态特征接近现代人，为智人阶段，地质时代为晚更新世，年代距今约2万年。

约1万年前

1978年在苏鲁交界马陵山区今连云港东海县山左乡大贤庄西南约2公里发现爪墩山等旧石器遗址,年代超过1万年。

1977年至1978年,在今南京溧水区回峰山北麓神仙洞出土发现了"神仙洞人"右颞骨化石及20余种距今约1.1万年的更新世晚期至全新世早期的动物骨骼、牙齿化石。

1985年在位于苏州市境内太湖三山岛西北小山的溶洞发掘出土一批打制石器和具有使用痕迹的石器,同时还出土了一批动物化石。时代与神仙洞接近,距今超过1万年,属于由旧石器时代向新石器时代过渡的文化遗址,这是迄今在江苏太湖地区发现的最早的人类活动遗迹。

(二) 新石器时代

约8000年前

1989年发现的位于长江边的张家港金港镇(原南沙镇)东山村新石器遗址,经过多次发掘,遗址跨度长,最早文化层距今8000余年,为目前太湖流域最早,将江苏新石器文化年代提前了1000余年。发现稻谷遗物,超过马家浜和河姆渡遗址年代。

距今约7000—4000年

江苏境内新石器文化初步呈现太湖、宁镇、淮北、江淮四个地方类型。太湖流域新石器时代文化序列为马家浜—崧泽—良渚文化;宁镇地区新石器时代文化为句容下沙地—南京北阴阳营文化;淮北地区为北辛文化—大汶口文化—山东龙山文化,主要遗址有刘林、大墩子,山东龙山文化遗址有新沂花厅遗址;江淮地区为青墩、龙虬庄遗址文化,受太湖、宁镇与淮北新石器文化的影响,具有过渡性质。遗址年代多在距今6000—4000年之间,属新石器文化中晚期。

1. 太湖流域

马家浜文化遗址大量发现,年代多为距今6000年左右。因1959年浙江嘉兴市马家浜文化遗址发现得名,分为四期,江苏境内主要遗址主要属于三、四期,经考古发掘的主要遗址有苏州吴江梅堰、吴中草鞋山、苏州越城、常州武进圩墩、潘家塘等下层文化。草鞋山遗址出土的粳稻谷粒是目前我国发现的最早粳稻。碳化纺织物残片,是我国迄今所知年代最早的纺织品实物之一。

太湖流域崧泽文化遗址大量发现。因20世纪60年代最早发现于上海青浦崧泽遗址而得名。年代距今约6000—5200年。江苏境内主要遗址有苏州吴中区草鞋山中层、吴中区张陵山下层、苏州越城、常州圩墩上层、常州武进潘家塘上层、寺墩下层等。张家港东山村遗址发掘有崧泽文化时期高等级墓葬,其出土玉器,为寻找良渚文化源头提供了丰富资料，此成果列为2009年全国十大考古发现之首。

良渚文化遗址大量发现。因1936年浙江余杭良渚镇发现新石器时代晚期的良渚文化遗址得名，距今约5200—4000年，江苏太湖流域发现的主要遗址有苏州澄湖、昆山赵陵山、常州武进寺墩等。遗址分布密集，规模和内涵呈等级差异，寺墩遗址有大型祭坛等祭祀遗址，精美琮、璧、钺、柱等玉礼器，大型高台墓葬、刻划符号，表明在良渚文化后期，良渚文明的社会政治、经济中心迁移至太湖西、北地区，其社会性质由于贫富差距扩大、社会分层，已经接近早期国家门槛。

2. 宁镇地区

1955—1958年发掘了南京鼓楼岗北阴阳营遗址、镇江市句容丁沙地遗址和城头山遗址、镇江丹徒大港磨盘墩遗址、常州市金坛西岗镇三星村遗址。丁沙地遗址文化年代早于北阴阳营文化，城头山遗址年代晚于北阴阳营，宁镇地区新石器中期以来的考古文化序列基本建立。

3. 江淮地区

为江淮之间过渡带，1951年，在今淮安市废黄河（淮河）大堤南岸的青莲岗发现了新石器时代文化遗址，这是新中国江苏境内发现的第一处新石器文化考古遗址。1956年被命名为“青莲岗文化”，其意义在于打破了以往中国新石器文化“仰韶—龙山”一统天下的局面。该命名现已较少采用，为更加典型的大汶口文化刘林、大墩子等遗址取代。

在江淮东部的南通市海安县，发现了青墩文化遗址，有穿柄的陶斧。文化年代距今6000—5600年，相当于崧泽文化时期。扬州市高邮龙虬庄遗址，年代最早距今6500年，这两个遗址文化面貌具有太湖、宁镇、淮北、中原同时期文化的多样影响，反映了周边文化对其的深刻影响。

4. 淮河以北

受山东南部北辛—大汶口—龙山序列文化影响较深。徐州—邳州—新沂—连云港一线南北，分布着大墩子、刘林、新沂花厅、泗洪赵庄、连云港藤花落等遗址，建立了从新石器时代早期、繁荣期到晚期完整考古文化序列。大墩子下层发现了新石器早期北辛文化中、晚期遗址，年代距今6800年。大汶口文化遗址主要有大墩子、刘林、花厅、赵庄等遗址，揭示了大型聚落遗址。

邳州四户镇大墩子遗址，经过四次发掘，出土大量墓葬和数千件遗物。刘林遗址中有中原文化因素。花厅遗址发现良渚文化遗物，如玉器及典型器物，反映良渚文化北上影响。龙山文化时期，连云港1952年至1989年，新沂县东南的花厅村先后发掘新石器时代墓葬86座。大墓中人殉人祭现象普遍，对于探讨等级社会出现和中国早期国家起源具有典型意义。藤花落遗址发现了古水稻田遗址。龙山文化城址，由内外两道城址组成，城的出现说明这一带社会已经在早期国家文明的门槛前徘徊。

连云港市海州锦屏镇将军山崖岩壁画，距今约 4000 年，是反映我国农业社会原始崇拜的最早岩画，被誉为“天书”。

相当于中国古史的传说时代（新石器时代晚期），江淮及东南沿海活动着一些原始居民，如黑齿人、裸国人；徐州一带有大彭人，相传帝尧举彭祖为官；帝尧时，三苗在江淮等地数为乱，舜平之。

（三）夏、商、西周

公元前 841 年之前的年代根据为夏商周断代工程《夏商周年表》研究成果（参见夏商周断代工程专家组：《夏商周断代工程 1996 年—2000 年阶段性成果概要》，《文物》2000 年第 12 期）。

约前 2070—前 1600 年

夏朝时期。

夏王相元年，征淮夷。

约前 1600—前 1046 年

商朝时期。

帝乙、帝辛统治时期，商征伐东夷人方。人方在东南沿海，包括今江苏北部。

1965 年，徐州市铜山丘湾发现大型商代社祭遗址，该遗址为迄今发现的全国唯一的社祭遗址。杀人祭社为东夷人的社祀习俗，这一带为商代东夷人活动中心，商代晚期商人势力可能进入这一带。

相传黄帝后裔彭祖，夏商时封于大彭国（今徐州）。

太伯、仲雍奔吴。商朝末年（商王帝辛在位：前 1075—前 1046 年），周太王古公亶父长子太伯、次子仲雍“让王”其弟季历，从陕西岐山周原“奔吴”，筑城于梅里（今无锡市锡山区梅村），断发文身，与江南荆蛮共同生活，建立句吴国。这是吴国历史的开端。

相传太伯开挖沟通今苏州、无锡间的人工河道，名太伯渎。这是传说中江苏境内最早的一条人工河道。

太伯卒，弟仲雍立，是为吴仲雍。

约前 1046 年

周武王伐商，建立周王朝，史称西周。周武王（前 1046—前 1043 年在位）求太伯、仲雍后，得仲雍四世孙周章，为吴君，周封其为诸侯（吴伯）。

约前 1042—前 1021 年

周成王在位。管、蔡、殷武庚作乱，徐（今江苏泗洪县南为中心，占据江苏西北部和安徽东北部）、奄（今山东曲阜城东）、淮夷（今江苏淮河以北）随之叛乱。周公东征三年，残奄，迁其君蒲姑（今山东博兴县），伐淮夷。相传奄君南逃至淹筑城（今常州武进淹城）。

约前 1020—前 996 年

周康王在位。康王分封虞侯于宜（今镇江丹徒一带），句吴中心迁至今宁镇地区。1954 年在镇江丹徒大港烟墩山铜器墓，出土刻有 120 余字长篇铭文的宜侯夨簋，使江苏有文字可考的历史提前到距今 3000 多年的西周早期。宁镇地区发现大量西周土墩墓遗址。

约前 976—前 922 年

周穆王在位。徐国强大，地方 500 里，徐偃王率九夷 36 国侵伐东周洛邑，西至河上，穆王被迫命徐偃王为方伯，以控制东方诸侯。穆王以造父御驾归周平乱，令楚伐徐，攻灭徐，偃王携民万数败走彭城武原东山，改名徐山（今宿迁境内）。

前 877—前 841 年

周厉王在位。厉王无道，淮夷入寇，王命虢仲征之，不克。

前 827—前 782 年

周宣王在位。四处征伐，史称"宣王中兴"。曾命大臣率师征伐荆蛮、徐戎、淮夷。《左传》昭公元年载：夏有观、扈，商有姺、邳（古国，今邳州市），周有徐、奄。

商周时期，太湖流域分布有马桥青铜文化，苏南发现较少。宁镇地区广泛分布湖熟文化遗址，以台形（土墩）遗址为特色。1951 年，南京博物院在江宁湖熟镇发掘，1959 年，曾昭燏、尹焕章发表《试论湖熟文化》，将这一类型遗址文化命名为湖熟文化。该文化属于荆蛮。目前这类文化遗址共发现 300 多处，经科学发掘的有 10 多处。年代经碳 14 测定，早期为公元前 1540±90 的商代初期，晚期为公元前 1195±105 年的西周初期。湖熟文化上承几何印纹陶文化，下接西周青铜文化，为宁镇地区一支与商文化平行发展、又受到商文化影响的一种地方青铜文化。

江苏境内西周青铜文化，主要分布在宁镇地区，是北方周文化南下，与当地荆蛮文化结合形成的以土墩墓为特色的青铜文化。青铜文化序列基本建立，主要有镇江丹徒烟墩山、团山、磨盘墩、句容浮山果园、高淳顾陇、溧水乌山、金坛鳖墩等墓葬。

今常州武进区湖塘镇西南有淹城遗址，相传为奄君所建西周古城，经考古调查，淹城系土筑城垣，东西长约 850 米，南北宽约 750 米，总面积约 65 万平方米。淹城有层层相套的三道护城河和三重城垣，从里向外分别为子城、内城、外城。淹城形制独特、城壕深广，水乡特色鲜明。淹城出土了一些西周至春秋时期的文物，引人注目的是 4 条春秋独木舟的出土。它是我国目前保存最完整的春秋古城城址。

（四）春秋战国

前 770—前 221 年

今江苏境域内先后出现吴国（今江苏大部）、钟吾国（今徐州新沂南）、徐国（今宿迁泗洪县东南）、邗（今扬州西北）、淹（常州武进淹城）等古国；淹城（延陵邑，常州武进）、云阳邑（今镇江丹阳）、朱方县（今镇江丹徒东南）、南武城（今苏州昆山西北）、濑渚邑（又称固城，南京市高淳县）、棠邑（今南京六合西北）、彭城（今徐州市区）、留邑（今徐州沛县东南）、吕邑（今徐州东南吕梁山）、中城（今沭阳县西北）等城邑。

前 657 年，周惠王二十年

徐人夺取舒国。

前 645 年，周襄王八年

楚人伐徐，齐、曹伐厉以救徐，楚败徐于娄林。

前 643 年，周襄王十年

齐、徐伐楚附庸英氏，以报娄林之役也。

前 685—前 643 年，齐桓公在位期间

《管子·小问篇》载齐桓公使管仲求宁戚，说到昔吴灭干国事。

前 601 年，周定王六年

楚灭舒、蓼，盟吴、越而还。吴、越始见于《左传》记载。

前 586 年，周定王二十一年

吴君去齐卒，子寿梦立。

前 585 年，周简王元年，吴王寿梦元年

寿梦称王，吴国见于《春秋》自此年，吴有纪年之始。据者减钟铭文，吴国称王始于皮（毕轸）时，早于寿梦两世。

前 584 年，周简王二年，吴王寿梦二年

吴伐郯（今山东郯城西南），迫郯成盟。吴国势力进入山东，为进攻中原诸侯国之始。

楚臣申公巫臣投奔晋国后为晋派遣到吴国，使吴通好于晋，教吴乘车战陈，其子为吴行人。吴始伐楚、伐巢、伐徐，楚令尹子重奔命。马陵之会，吴入州来。州来（今安徽凤台）为淮河中游战略要地。史载楚国大臣率救兵一岁七奔命。蛮夷属于楚者，吴尽取之。吴国在晋国帮助下逐步强大，抑制了楚国向中原的进攻。

前583年，周简王三年，吴王寿梦三年

晋侯使申公巫臣如吴，假道于莒。

前582年，周简王四年，吴王寿梦四年

晋欲会盟吴，吴人不至。

前576年，周简王十年，吴王寿梦十年

晋、鲁、宋、卫、郑、郳会吴于钟离，始通吴也。

前574年，周简王十二年，吴王寿梦十二年

舒庸(安徽舒城一带)因楚师败于鄢陵，引导吴国围巢，又恃吴而疏于防备，为楚所袭灭。

前573年，周简王十三年，吴王寿梦十三年

楚、郑伐彭城，命以三百乘戍居之，助宋五大夫守。次年降晋。彭城(今江苏徐州)属宋，地处泗水与济、濉诸水往中原交汇点，也是吴国北上中原的重要通道，战略地位重要。

前570年，周灵王二年，吴王寿梦十六年

楚子重率精锐之师进攻吴国，克鸠兹(吴邑，在今安徽芜湖东南)，至于衡山(吴地，南京江宁与安徽当涂交界地带)。又派邓廖帅组甲三百、被练三千，侵吴。吴人要而击之，获邓廖。吴人伐楚，取驾(安徽无为，一说芜湖西南鲁港)。此役重创楚军精锐，楚人责备子重，子重遇心疾而卒。这是吴、楚近百年频繁交锋的开始。

晋侯使荀会盟吴于淮上，吴子不至。

前568年，周灵王四年，吴王寿梦十八年

吴王使寿越出使晋国，解释推辞鸡泽之会的原因，欲与诸侯和好。晋欲会盟，让鲁、卫告吴盟期，鲁、卫会吴于善道(今江苏盱眙北，为江淮间陆路通道)。

晋与吴国在戚(河南濮阳东北)会盟，吴国正式参加中原国家对抗楚国的同盟。

前563年，周灵王九年，吴王寿梦二十三年

晋率诸侯会盟吴王寿梦于柤(今江苏邳州泇河口)。

前561年，周灵王十一年，吴王寿梦二十五年

秋，吴子寿梦卒。

前560年，周灵王十二年，吴王诸樊元年

吴乘楚共王死侵楚，战于庸浦(今安徽无为江岸)，楚大败吴师，获公子党。

前559年，周灵王十三年，吴王诸樊二年

吴告败于晋。晋率诸侯会吴王于向(今安徽怀远西)，为吴谋楚故，但不愿为吴出兵伐楚。

吴子诸樊既除丧，将立季札。季札辞，弃其室而耕，以避之。

楚子囊师于棠（今南京六合西北）以伐吴，吴人不出而还。吴人自皋舟之隘要而击之，获楚公子宜谷。

前549年，周灵王二十三年，吴王诸樊十二年

夏，楚子为舟师以伐吴，不设赏罚，无功而还。

吴召舒鸠（今安徽舒城）人叛楚。

前548年，周灵王二十四年，吴王诸樊十三年

舒鸠人叛，楚令尹子木伐之，吴人救之。楚军大败吴师，楚灭舒鸠。

十二月，吴子诸樊伐楚，以报舟师之役。入巢（今安徽巢湖市）城门，被巢牛臣用箭射杀。

前547年，周灵王二十五年，吴王余祭元年

楚、秦侵吴至雩娄（河南、安徽交界大别山区），闻吴有备而还。

前545年，周灵王二十七年，吴王余祭三年

齐国庆封专权骄横，遭公族栾氏等驱逐奔吴，吴王将其安置在朱方（吴邑，今镇江丹徒南），聚族而居，富于其旧。

前544年，周景王元年，吴王余祭四年

吴王伐越，俘获越人，以为阍，使守舟。吴子余祭观舟，阍以刀弑之。吴王夷末派季札通使鲁、齐、郑、卫、晋等诸侯国，至鲁国，观周乐，往返途经徐国。

前542年，周景王三年，吴王夷末二年

吴王夷末使狐庸聘于晋，开通北上道路。

前541年，周景王四年，吴王夷末三年

吴国筑固城，置濑渚邑（今高淳区固城乡固城镇），经调查，城址呈长方形，有内外两重城垣。城垣多为依山而建，用泥土夯筑。此城为吴国经水阳江通往长江前往楚国的要道，吴楚势力在此争夺。固城内外发现西周至春秋时期文物，带有吴楚文化特征。

莒国展舆奔吴。

前538年，周景王七年，吴王夷末六年

楚俘吴国所立徐君。

楚灵王率诸侯伐吴，讨伐齐叛臣庆封，使屈申围朱方，执庆封，尽灭其族。

吴伐楚，入棘（今河南永城南）、栎（河南新蔡北）、麻（安徽砀山东北），以报朱方之役。

前537年,周景王八年,吴王夷末七年

楚灵王率诸侯及东夷伐吴,以报棘、栎、麻之役,越派兵参加。吴败楚于鹊岸(今安徽无为与铜陵之间长江北岸)。

楚王率师从罗汭(今河南罗山县)攻吴,因吴有防备而还。楚师巢、雩娄一带防吴。

前536年,周景王九年,吴王夷末八年

徐太子仪楚(后为徐王)聘于楚,为楚俘,后逃归。楚伐徐,吴救之。楚令尹子荡伐吴,师于豫章(今安徽霍邱、六安至湖北英山一带),次于乾溪(今安徽亳州东南),吴败楚于房钟(今安徽蒙城西南)。

前530年,周景王十五年,吴王夷末十四年

楚王冬猎于州来,次于颍尾(颍水入淮口),命楚军围徐以威胁吴国。

前529年,周景王十六年,吴王夷末十五年

吴败楚于豫章,获其五帅。

晋侯会吴王夷末于良(今邳州市东南),吴王以水道不通辞。当时邗沟还未开凿,没有直达水道。

吴灭州来。

前527年,周景王十八年,吴王夷末十七年

吴子夷末卒,季札让王,立夷末子僚。夷末墓位于今丹徒区大港乡北山山顶,1984年墓葬被发掘。

前526年,周景王十九年,吴王僚元年

春,齐伐徐。齐师至于蒲隧,徐以甲父(古国名,今山东金乡)之鼎贿赂齐君。

前525年,周景王二十年,吴王僚二年

吴伐楚,大战于长岸(安徽当涂与和县相对江岸)。楚司马子鱼战死,楚师继之,大败吴师,获吴战船余皇。吴公子光夜袭楚军夺回余皇。

前523年,周景王二十二年,吴王僚四年

楚人城州来,挑衅吴国。

前522年,周景王二十三年,吴王僚五年

楚王听信楚大夫费无极谗言,以为太子建与伍奢背叛楚国,太子建奔宋。楚杀伍奢及长子伍尚,次子伍员(伍子胥)逃往吴国,投奔公子光。

前521年,周景王二十四年,吴王僚六年

宋华登以吴师救华氏,齐、宋败吴。

前519年,周敬王元年,吴王僚八年

吴人伐州来,楚率诸侯援救。为吴阻击于钟离。战于鸡父(河南固始),吴先击溃诸侯弱师，楚师随之溃败。吴入蔡，取太子建母与其宝器而回。

前518年，周敬王二年，吴王僚九年

楚子战船威胁吴国，吴追击楚，遂灭巢及钟离而还。

前515年，周敬王五年，吴王僚十二年

公子光弑吴王僚。

吴王僚欲因楚平王丧而伐楚，使公子掩余、公子烛庸帅师围潜（安徽霍山北），使延州来季子聘于上国，遂聘于晋，以观诸侯。吴师遭楚军夹击，进退两难。吴公子光（阖闾）乘机命专诸刺杀王僚。光伏甲于堀室，刺客专诸将剑藏于鱼腹突袭刺杀僚。吴公子掩余奔徐，公子烛庸奔钟吾，楚师闻吴乱而还。

前514年，周敬王六年，吴阖闾元年

伍子胥奉吴王命营建阖闾大城（今苏州）为新都。都城规模：大城周47里210步2尺，陆门八，水门八。吴郭周68里60步；吴小城周12里。过去认为，阖闾城奠定了苏州城市基础，此后两千年主城没有发生位置变化。但2010年考古学家在苏州木渎发现春秋古城遗址。

今无锡市胡埭镇与常州武进区雪堰镇一带相传有“阖闾”城，原考古调查认为此城平面呈“E”字形，中间有一城墙将城一分为二，无城墙的一面对着太湖。“E”字形的竖笔长1300米，横笔长800米。城址内尚存兵器库、点将台、练兵场等遗迹，应是当时修筑的屯扎水师的城堡。但第三次全国文物普查，进行了全面系统的调查勘探，局部地点还作了试掘。除进一步弄清内城东、西二小城内建筑基址的布局、道路，还发现了已全部掩埋于地下的东西长约2100米、南北宽约1400米、面积约2.94平方公里的外城，发掘者推断阖闾城遗址为阖闾所建都城（目前尚有争议）。该发现被评为2008年全国考古十大发现之一。

吴王阖闾命在郁洲（今连云港市）沿海煮海盐。

前512年，周敬王八年，吴王阖闾三年

吴王阖闾命徐执掩余，使钟吾人执烛庸，二公子奔楚。楚王封其于养（今河南沈丘东南），予城父、胡（安徽阜阳）土地，以为吴患。

吴执钟吾子，伐徐，从防山以水淹徐城，灭之。徐子章禹断其发，携其夫人降吴王。楚师救徐，弗及。

吴王阖闾在伍子胥的帮助下准备伐楚，从此楚国处于吴的进攻之下。

前511年，周敬王九年，吴王阖闾四年

吴人侵楚，伐夷（即城父，今河南沈丘），侵潜、六。吴用子胥之谋，侵扰楚国，楚国疲于奔命。

前510年,周敬王十年,吴王阖闾五年

吴伐越,始用师于越也。从此吴越间战争不断。

前508年,周敬王十二年,吴王阖闾七年

楚伐吴。吴王阖闾使舒鸠氏诱楚人,楚伐吴,师于豫章。吴人见舟于豫章,而潜师于巢。吴败楚于豫章,遂围巢,克之,获楚公子繁。

前506年,周敬王十四年,吴王阖闾九年

为方便运输粮食准备伐楚,相传吴王阖闾命伍子胥开凿连接今高淳东坝到下坝高岗地带的运河,西通固城湖,东通太湖水系,南通水阳江水系。后名胥溪河,这是最早的运河之一。

柏举之战。伍员为吴行人,伯州犁之孙嚭为吴大宰,辅佐吴王,楚自昭王即位,年年受到吴国的进攻。

吴王阖闾与蔡侯、唐侯伐楚。舍舟于淮汭,自豫章与楚夹汉。二师陈于柏举(今湖北麻城)。吴五战连捷,攻入楚都郢。楚昭王逃入云中,奔郧。昭王逃至随,大夫申包胥前往秦国求救,秦未允。包胥依于庭墙而哭,日夜不绝声,勺饮不入口七日,感动秦君,派步卒七万救楚。

言偃(前506—前443),字子游,孔子学生,七十二贤之一。吴人,相传为常熟人。擅长文学,通礼,被誉为“南方夫子”,对吴地开化与儒家文化传播有很大贡献。

前505年,周敬王十五年,吴王阖闾十年

越王允常乘吴师在外,内部空虚,攻入吴国。

申包胥引导秦五百乘以救楚。秦先让楚与吴战,秦夹击,大败阖闾弟夫概于沂(河南正阳县)。又败吴师于军祥(湖北随州)。夫概返回吴国,自立为王,被阖闾打败逃往楚国,受封为棠溪氏。吴被秦楚联军打败,楚昭王返回郢都。

前504年,周敬王十六年,吴王阖闾十一年

吴太子终累败楚舟师。楚又败于繁扬。楚令尹子西请迁都于鄀(今湖北宜城东南),革新政治,以定楚国。

前496年,周敬王二十四年,吴王阖闾十九年

吴王阖闾乘越王允常去世之际伐越,越子勾践御之,双方对峙槜李(今浙江嘉兴南)。越王勾践用敢死队以自杀方式打乱吴阵,越主力乘机冲击吴军,吴国败退。此役阖庐伤及指,死于陉(距槜李七里)。阖闾临死前嘱咐其子夫差一定不忘越杀父之仇。阖闾时吴国强大,西破强楚,北威齐、晋,南伐于越。相传阖闾葬于今苏州北郊虎丘山。

1992年在苏州浒墅关真山发现春秋中晚期的吴国贵族墓葬,一说为吴王墓葬,

1994—1995年发掘。

前494年，周敬王二十六年，吴王夫差二年

楚子围蔡，报蔡随吴伐楚败于柏举之仇。蔡于是请迁于吴。

吴王夫差败越于夫椒，报槜李也。遂入越。越子以甲楯五千保于会稽，派大夫种说服吴大宰嚭请求夫差同意越降。吴王拒绝伍子胥乘胜灭越建议，同意越降服，使越国获得喘息时机。越王勾践卧薪尝胆，“越十年生聚，而十年教训”，最终一举灭吴。

前493年，周敬王二十七年，吴王夫差三年

吴师入蔡，蔡请迁于州来。

前491年，周敬王二十九年，吴王夫差五年

盗杀蔡侯申。蔡公孙辰出奔吴。

前489年，周敬王三十一年，吴王夫差七年

鲁会吴于柤。

吴伐陈，楚救陈，师于城父。楚昭王攻大冥，卒于城父。

前488年，周敬王三十二年，吴王夫差八年

鲁会吴于鄫(山东枣庄东)。景伯预言吴弃天背本，必将亡。

前487年，周敬王三十三年，吴王夫差九年

吴为报复鲁伐邾，伐鲁。鲁人欲袭吴王，吴惧，与鲁人盟而还。

前486年，周敬王三十四年，吴王夫差十年

秋，吴城邗，沟通江、淮。古邗沟，又称邗江，从邗城东北经古射阳湖往淮安末口，为沟通长江与淮河水路的人工运河，这是京杭大运河最早的河段之一。有学者认为吴国最早的运河是胥溪，比邗沟早二十年。

前485年，周敬王三十五年，吴王夫差十一年

吴王夫差率师北伐齐。吴大夫徐承帅舟师将自海入齐，齐人败之，吴师乃还。这可能是文献记载的最早的海战。

楚子期伐陈，吴延州来季子救陈。

前484年，周敬王三十六年，吴王夫差十二年

艾陵之战。吴伐齐。吴、鲁联军与齐战于艾陵(山东莱芜东，一说泰安南)，齐师败绩。吴王夫差倾全国之力北上伐齐，争夺霸主地位，伍子胥力谏不可，要吴王防备越国进攻。夫差不听，借口伍子胥与齐鲍氏通好，赐剑命其自尽。伍子胥临死前哀叹吴国将亡于越。一说伍子胥绝望，请求自杀。

吴地人民对伍子胥之死深切同情与怀念，相传苏州端午节传说与风俗是为纪念伍子胥之死。苏州被确定为中国端午节非物质文化遗产来源地之一。

前483年,周敬王三十七年,吴王夫差十三年

吴与鲁会橐皋,吴大宰嚭寻求结盟。

卫侯会吴于郧。

前482年,周敬王三十八年,吴王夫差十四年

黄池之会。吴开凿菏水旧河道,沟通泗水与济水之间水道,吴水师由济水入黄河,直达黄池(今河南封丘南)。吴王与晋、鲁等诸侯在黄池会盟。河南辉县出土青铜器铭文印证了此事。

吴太子友、王子地守国,越王句践乘机发兵攻吴,大败吴师。获太子友、王孙弥庸、寿于姚,攻入吴都。又命范蠡率水师沿海溯淮切断吴水师后路。夫差闻讯继续争霸。吴、晋争夺霸盟主地位,夫差抢得先机,勉强称霸。吴师缺粮撤兵,厚赂越以请和。

前480年,周敬王四十年,吴王夫差十六年

楚子西、子期乘吴败退之际攻吴,至桐汭(桐水入丹阳湖处,今南京高淳南)。

前479年,周敬王四十一年,吴王夫差十七年

吴人伐慎(今安徽颍上北),楚守巢大夫白公败之。

前478年,周敬王四十二年,吴王夫差十八年

越王句践伐吴,吴王夫差御之笠泽(今吴淞江),夹水而陈。越大败吴师。

前475年,周元王元年,吴王夫差二十一年

历史进入战国。

吴公子庆忌谏吴王革新国政,"不改,必亡"。吴王不听,庆忌出居艾(吴邑,今江西修水西),临近楚地而至楚。闻越将伐吴而请归,欲除吴国佞臣以取信越国,被吴人杀害。

越军包围吴国。

前473年,周元王三年,吴王夫差二十三年

吴国在越国进攻下屡战屡败,夫差退居馀杭山(今苏州吴中阳山),向越乞降,遭越拒绝。十一月,越灭吴,请吴王居甬东(越地定海入海口)。夫差不从,自杀。吴国自太伯建国,到夫差灭亡,传国六百余年,影响深远。江东吴地尽归越,江北吴地大部为越所占,后为楚、宋、鲁、齐诸国析分。

越灭吴后,在今苏州城南凿"通江陵道",即开河挖土筑堤成陆行大道。

1964年、1972年南京博物院先后在南京六合程桥发掘了两座东周古墓,一号墓出土了铁丸,二号墓出土了铁条。经北京钢铁学院金相鉴定,铁丸系白口生铁铸成,为中国最早的生铁,比欧洲早1900余年。铁条系块炼铁锻成。在中国冶金史上有重要意义。

前 471 年，周元王五年，越王句践二十六年

越灭吴后，步其后尘，积极北上争霸。渡过淮河，与齐、晋等诸侯会于徐（今山东滕州东南），共“尊”周天子，周元王封句践为伯（诸侯之长）。越灭吴，上征上国，宋、郑、鲁、卫、陈、蔡执玉之君皆入朝。越国成为新霸主。

越以淮上地与楚，归吴所侵宋地与宋，与鲁泗东地 600 里。越横行江淮东，遂霸诸侯。句践号称霸王。

前 468 年，周定王元年，越王句践二十九年

句践曾将政治中心和人民迁往北方，迁行都于琅邪（今山东黄岛区），筑造观望浩瀚东海的高台，欲称霸中原。赣榆县地属越。

越国后期，都城一度迁往吴（今苏州）。

2003 年，在无锡市新区鸿山镇发掘战国时期的越国贵族墓葬，分布范围 7.5 平方公里，在已挖掘的七座墓葬中，共出土珍贵文物 2300 余件。其中特大型墓葬邱承墩出土珍贵文物礼器、乐器、玉器共 1100 余件，是迄今为止仅次于浙江绍兴印山越王陵墓的第二大墓，也是继苏州真山吴王陵及楚国贵族墓群和浙江绍兴印山越王陵发掘之后又一重大发现。

前 333 年，东周显王三十六年，楚威王七年

楚大破，杀越君无疆，尽取吴地。占领长江以南越国江东地区，今江苏南部属楚，楚在越城附近石头山（今南京清凉山）上修筑金陵邑作为军事要地。

前 319 年，周慎靓王二年，楚怀王十年

楚占领了越邗沟城（今扬州市），修建广陵城。

前 306 年，周赧王九年，楚怀王二十三年

楚乘越乱攻占越国都城吴（今苏州市），在原吴国江东地区设置江东郡。

前 262 年，周赧王五十三年，楚考烈王元年

楚考烈王即位，任用黄歇为令尹，封其为春申君，赐淮北地十二县。

前 248 年，楚考烈王十五年

黄歇以淮北靠齐地，请献封邑建为郡，求改封于江东。楚王许之，改封春申君为江东君，徙封于吴（今苏州市）。春申君在吴重建都邑，开发吴市，建宫殿、粮仓，治水松江，浚通黄浦（浙江吴兴之水），开挖运河。

前 238 年，楚考烈王二十五年

楚考烈王死，朱英建议春申君自立为王，杀王舅李园（故春申君门客），春申君未允。李园谋杀春申君，尽灭其家，夺其令尹职位。1999 年 5 月，苏州市博物馆在真山发现春申君家族墓。

前 223 年，楚王负刍五年

秦将王翦、蒙武破楚，项燕兵败自杀，楚王负刍被虏，楚国灭亡。

前 222 年，秦王政二十五年

秦将王翦平定楚江南地，降服越君，置会稽郡，郡治吴（今苏州）。

前 221 年，秦王政二十六年

秦灭齐，统一全国，并在江苏境内实行郡县制。

二 主要参考文献

(一) 古籍注疏史料集类

《十三经注疏(附校勘记)》,北京:中华书局1980年影印本。

《四库全书》,上海:上海古籍出版社1987年版。

《续修四库全书》(经、史),上海:上海古籍出版社版。

《诸子集成》,北京:中华书局1954年版。

《新编诸子集成》,北京:中华书局1986年版。

《百子全书》,杭州:浙江人民出版社景清扫叶山房本。

[战国]左丘明:《国语》,上海:上海书店1987年影印;上海古籍出版社1988年新1版。

《战国策》,上海:上海书店1987年影印。

[汉]贾谊:《新书》,《四库全书》本。

《贾谊集》,上海:上海人民出版社1976年版。

[汉]司马迁:《史记》,北京:中华书局标点本,1985年第2版。

[汉]刘向:《新序》,上海:上海古籍出版社1990年影印。

[汉]刘向:《说苑》,上海:上海古籍出版社1990年影印。

[汉]班固:《汉书》,北京:中华书局标点本,1985年版。

[汉]许慎:《说文解字》,北京:中华书局1963年影印。

[汉]袁康、吴平:《越绝书》,上海:上海古籍出版社1985年版。

[汉]赵晔:《吴越春秋》,南京:江苏古籍出版社1986年版。

[晋]杜预:《春秋左传集解》,上海:上海人民出版社1977年版,1988年新1版。

[晋]皇甫谧:《帝王世纪》,《丛书集成》本。

[南朝宋] 范晔:《后汉书》,北京:中华书局1965年标点本。

[北魏]郦道元:《水经注》(《永乐大典》戴震校本),长沙:岳麓书社1995年版。

[南朝梁]萧统编、[唐]李善注:《文选》,上海:上海古籍出版社1986年版。

[唐]陆广微:《吴地记》,南京:江苏古籍出版社1999年版。

[宋]司马光:《资治通鉴》,北京:中华书局1956年版。

[宋]朱长文:《吴郡图经续记》,南京:江苏古籍出版社1999年版。

[宋]范成大撰,陆振岳校点:《吴郡志》,南京:江苏古籍出版社1999年版。

[明]杨循吉等著,陈其弟点校:《吴中小志丛刊》,扬州:广陵书社2004年版。

[清]顾炎武著、黄汝成集释:《日知录集释》,长沙:岳麓书社 1994 年版。

[清]顾祖禹撰,贺次君、施和金点校:《读史方舆纪要》,北京:中华书局 2005 年版。

[清]顾栋高撰,吴树平、李解民点校:《春秋大事表》全三册,北京:中华书局 1993 年版。

[清]焦循、江藩:《扬州图经》,南京:江苏古籍出版社 1998 年版。

[清]顾震涛:《吴门表隐》,南京:江苏古籍出版社 1999 年版。

[清]金友理:《太湖备考》,南京:江苏古籍出版社 1998 年版。

[清]崔述著,顾颉刚编订:《崔东壁遗书》,上海:上海古籍出版社 1983 年版。

《大清一统志》,《四库全书》本,上海:上海古籍出版社 1987 年版。

《中国地方志集成·江苏府县志辑》,南京:江苏古籍出版社 1991 年版。

侯仁之主编:《中国古代地理名著选读》第一辑,北京:科学出版社 1959 年版。

陈奇猷:《韩非子集释》,上海:上海人民出版社 1974 年版。

方诗铭、王修龄:《古本竹书纪年辑证》,上海:上海古籍出版社 1981 年版。

杨伯峻:《春秋左传注》,北京:中华书局 1981 年第 1 版;《修订本》1990 年第 2 版。

赵善诒:《说苑疏证》,上海:华东师范大学出版社 1985 年版。

杨载江:《言子春秋》,上海:同济大学出版社 1992 年版。

周春生:《吴越春秋辑校汇考》,上海:上海古籍出版社 1997 年版。

《京杭运河(江苏)史料选编》(1—3 册),北京:人民交通出版社 1997 年版。

吴文化研究促进会编:《勾吴史集》,南京:江苏古籍出版社 1998 年版。

李民、王健:《尚书译注》,上海:上海古籍出版社 2000 年版,2004 年新 1 版。

陈奇猷:《吕氏春秋新校释》,上海:上海古籍出版社 2002 年 2 版。

(二) 考古、古文字、工具书类(以下按出版时间排列)

胡厚宣:《甲骨学商史论丛初集》、《二集》,1944、1945 年,成都;《甲骨学商史论丛初集》(外一种),石家庄:河北教育出版社 2002 年版。

郭沫若:《金文丛考》,北京:人民出版社 1954 影印本。

杨树达:《积微居小学金石论丛》,北京:科学出版社 1955 年版。

陈梦家:《西周铜器断代(1—6)》,《考古学报》1955 年第 9、10 册,1956 年 1—4 期。

王国维:《观堂集林》(全四册),北京:中华书局 1959 年版。

郭沫若:《殷周青铜器铭文研究》,北京:科学出版社 1961 年新 1 版。

银雀山汉墓竹简整理小组:《孙子兵法》,北京:文物出版社 1976 年版。

《文物考古工作三十年》,北京:文物出版社 1981 年版。

《中山譽器文字编》,北京:中华书局 1981 年版。

郭沫若:《卜辞通纂》,《郭沫若全集·考古卷》二,北京:科学出版社 1983 年版。

中国社会科学院考古研究所编:《殷周金文集成》(1—18),北京:中华书局 1984—1994 年版。

《新中国的考古发现与研究》,北京:文物出版社 1984 年版。

《楚文化考古大事记》,北京:文物出版社 1984 年版。

唐兰:《西周青铜器铭文分代史征》,北京:中华书局 1986 年版。

《中国大百科全书·考古卷》,北京:大百科全书出版社 1986 年版。

张习孔、田珏主编:《中国历史大事编年》第一卷,北京:北京出版社 1986 年版。

《中国历史地名辞典》,南昌:江西教育出版社 1986 年版。

谭其骧主编:《中国历史地图集》(1—3 册)(精装本),北京:中国地图出版社 1987 年第 1 版,1996 年第 2 次印刷。

陈梦家:《殷墟卜辞综述》,北京:中华书局 1988 年版。

顾玉珉:《江淮宽齿猿,中国远古人类》,北京:科学出版社 1989 年版。

《文物考古工作十年》,北京:文物出版社 1991 年版。

南京博物院:《北阴阳营——新石器时代及商周时期遗址发掘报告》,北京:文物出版社 1993 年版。

《中国历史地名大辞典》,广州:广东教育出版社 1995 年版。

杨树达:《积微居金文说》(增订本),北京:中华书局 1997 年版。

《京杭运河志(苏北段)》,上海:上海社会科学出版社 1998 年版。

郭沫若:《两周金文辞大系图录考释》(上下),上海:上海书店出版社 1999 年版。

王宇信、杨升南主编:《甲骨学一百年》,北京:社会科学文献出版社 1999 年版。

《新中国考古五十年》,北京:文物出版社 1999 年版。

邹厚本主编:《江苏考古五十年》,南京:南京出版社 2000 年版。

张亚初编著:《殷周金文集成引得》,北京:中华书局 2001 年版。

吴汝康、李星学主编:《南京直立人》,南京:江苏科技出版社 2002 年版。

南京博物院:《新沂花厅——新石器时代墓地发掘报告》,北京:文物出版社 2003 年版。

绍鸿:《张家山汉简〈蓋庐〉研究》,北京:文物出版社 2007 年版。

《鸿山越墓出土礼器》、《鸿山越墓乐器》、《鸿山越墓玉器》,北京:文物出版社 2007 年版。

杨正宏、肖梦龙:《镇江出土吴国青铜器》,北京:文物出版社2008年版。

孟世凯:《甲骨学辞典》,上海:上海人民出版社2009年版。

《江苏省2009年国民经济和社会发展统计公报》。

《江苏省统计年鉴2009》,中国统计出版社2009年版。

《江苏省文物地区集》,北京:中国地图出版社2009年版。

江苏省地方志编纂委员会:《江苏省志·总述》、《江苏省志·大事记》、《江苏省志·民俗志》、《江苏省志·地理志》、《江苏省志·文物志》等。

《京杭运河志(苏南段)》,北京:人民交通出版社2009年版。

南京博物院、江苏省考古研究所、无锡市锡山区文物管理委员会编著:《邱承墩:太湖西北部新石器时代遗址发掘报告》,北京:科学出版社2010年版。

南京博物院编:《东南文化200期目录索引》,南京:南京大学出版社2010年版。

(三)著作类

《江苏六十一县志》,1936年商务印书馆铅印本。

吴越文化史地研究会:《吴越文化论丛》,1937年版,上海:上海文艺出版社1990年版。

郭沫若主编:《中国史稿》第一册,北京:人民出版社1976年版。

吴汝康、吴新智等:《人类发展史》,北京:科学出版社1978年版。

童书业:《春秋左传研究》,上海:上海人民出版社1980年版。

梁方仲:《中国历代户口、田地、田赋统计》,上海:上海人民出版社1980年版,1993年第2版。

杨宽:《战国史》,上海:上海人民出版社1980年版。

南京师范大学地理系编:《江苏城市历史地理》,南京:江苏科技出版社1982年版。

[英]阿瑟·刘易斯著:《经济增长理论》,周师铭、沈丙杰、沈伯根译,北京:商务印书馆1983年1版,2002年第3次印刷。

陈正祥:《中国文化地理》,北京:三联书店1983年版。

金景芳:《中国奴隶社会史》,上海:上海人民出版社1983年版。

蒙文通:《越史丛考》,北京:人民出版社1983年版。

江苏省吴文化研究会编印:《吴文化资料选辑》第二辑,1984年。

《苏秉琦考古学论述选集》,北京:文物出版社1984年版。

江苏省地质矿产局:《江苏省及上海市区域地质志》,北京:地质出版社1984年版。

李学勤:《东周与秦代文明》,北京:文物出版社1984年版。

郑杰祥:《夏文化论文选集》,郑州:中州古籍出版社1985年版。

李世源:《古徐国小史》,南京:南京大学出版社1985年版。

徐旭生:《中国古史的传说时代(修订本)》,北京:文物出版社1985年版;桂林:广西师范大学出版社2003年版。

谭其骧:《长水集》(上下),北京:人民出版社1985年版。

傅崇兰:《中国运河城市发展史》,成都:四川人民出版社1985年版。

周振鹤、游汝杰:《方言和中国文化》,上海:上海人民出版社1986年版。

张光直:《考古学专题六讲》,北京:文物出版社1986年版。

《太湖水利史论文集》,中国水利学会水利史研究会等1986年编印。

张正明:《楚文化史》,上海:上海人民出版社1987年版。

彭适凡:《中国南方古代印纹陶》,北京:文物出版社1987年版。

《第四纪冰川与第四纪地质论文集》,北京:地质出版社1987年版。

《长江三角洲现代沉积研究》,上海:华东师范大学出版社1987年版。

史念海:《中国运河史》,西安:陕西人民出版社1988年版。

中国科学院遥感应用研究所编:《黄淮海平原水域动态演变遥感分析》,北京:科学出版社1988年版。

陈槃:《春秋大事表列国爵姓及存灭表撰异》,《历史语言研究所专刊之五十二》,台北:1988年3版。

董楚平:《吴越文化新探》,杭州:浙江人民出版社1988年版。

江苏省吴文化研究会编:《吴文化研究论文集》,广州:中山大学出版社1988年版。

白寿彝总主编:《中国通史》,白寿彝主编:第一卷《导论》,上海:上海人民出版社1989年版。

《中国近海及沿海地区第四纪进程与事件》,北京:海洋出版社1989年版。

林剑鸣:《秦汉史》(上下),上海:上海人民出版社1989年版。

李学勤:《新出青铜器研究》,北京:文物出版社1990年版。

《中国大百科全书·中国历史》(三卷),北京:中国大百科全书出版社1992年版。

董楚平:《吴越徐舒金文集释》,杭州:浙江古籍出版社1992年版。

陈伟:《楚东国地理研究》,武汉:武汉大学出版社1992年版。

石琪主编:《吴文化与苏州》,上海:同济大学出版社1992年版。

王文清主编:《江苏史纲(古代卷)》,南京:江苏古籍出版社1993年版。

王友三主编:《吴文化史丛》(上),南京:江苏人民出版社 1993 年版;《吴文化史丛》(下),江苏人民出版社 1996 年版。

《南京博物院建院 60 周年纪念文集》,南京:南京博物院 1993 年印。

杨宽:《中国古代都城制度史研究》,上海:上海古籍出版社 1993 年版。

《西周史论文集》(上下),西安:陕西人民教育出版社 1993 年版。

杨景春主编:《中国地貌特征与演化》,北京:海洋出版社 1993 年版。

孙顺才、黄漪平主编:《太湖》,北京:海洋出版社 1993 年版。

魏嵩山:《太湖流域开发探源》,南昌:江西教育出版社 1993 年版。

高燮初主编:《吴文化资源研究与开发》(吴学研究专辑 1),南京:江苏人民出版社 1994 年版;《吴文化资源研究与开发》(吴学研究专辑 2),苏州:苏州大学出版社 1995 年版;《吴文化资源研究与开发》(吴学研究专辑 3),上海:同济大学出版社 1997 年版;《吴文化资源研究与开发》(吴学研究专辑 4),陕西旅游出版社 1999 年版;《吴文化资源研究与开发》(吴学研究专辑续 5),西安:陕西旅游出版社 2002 年版。

王迅:《东夷文化与淮夷文化研究》,北京:北京大学出版社 1994 年版。

郭克煜等著:《鲁国史》,北京:人民出版社 1994 年版。

《华人·龙的传人·中国人——考古寻根记》,沈阳:辽宁大学出版社 1994 年版。

白寿彝总主编《中国通史》,苏秉琦主编、严文明、张忠培撰稿:第二卷《远古时代》,上海:上海人民出版社 1994 年版。

白寿彝总主编:《中国通史》第三卷《上古时代》,上海:上海人民出版社 1994 年版。

陈剩勇:《中国第一王朝的崛起——中华文明和国家起源之谜破译》,长沙:湖南出版社 1994 年版。

徐少华:《周代南土历史地理与文化》,武汉:武汉大学出版社 1994 年版。

王震中:《中国文明起源的比较研究》,西安:陕西人民出版社 1994 年版,1998 年第二次印刷。

李学勤、徐吉军主编:《长江文化史》,南昌:江西教育出版社 1995 年版。

谢维扬:《中国早期国家》,杭州:浙江人民出版社 1995 年版。

刘和惠:《楚文化的东渐》,武汉:湖北教育出版社 1995 年版。

蒋赞初:《南京史话(上)》,南京:南京出版社 1995 年版。

张之恒、周裕兴:《夏商周考古》,南京:南京大学出版社 1995 年版。

王少华:《吴越文化论——东夷文化之光》,1995 年南京印刷。

中国自然资源丛书编撰委员会:《中国自然资源丛书》(江苏卷),北京:中国环境科学出版社 1996 年版。

《文明的曙光——良渚文化》,杭州:浙江人民出版社 1996 年版。

徐湖平主编:《东方文明之光——良渚文化发现 60 周年纪念文集(1936—1996)》,海口:海南国际新闻出版中心 1996 年版。

王文楚:《古代交通地理丛考》,北京:中华书局 1996 年版。

贺云翱:《历史与文化》,北京:中国人事出版社 1996 年版。

李学勤:《走出疑古时代》(增订本),沈阳:辽宁大学出版社 1997 年版。

李学勤主编:《中国古代文明与国家形成问题研究》,昆明:云南人民出版社 1997 年版。

《海岱地区考古研究》,济南:山东大学出版社 1997 年版。

应岳林、巴兆祥:《江淮地区开发探源》,南昌:江西教育出版社 1997 年版。

邹逸麟主编:《黄淮海平原历史地理》,合肥:安徽教育出版社 1997 年第 2 版。

杨楠:《江南土墩墓遗存研究》,北京:民族出版社 1998 年版。

徐中舒:《徐中舒历史论文选辑》(上下),北京:中华书局 1998 年版。

王元化名誉主编:《释中国》第三册,上海:上海文艺出版社 1998 年版。

马世之:《中原古国历史与文化》,郑州:大象出版社 1998 年版。

林华东:《良渚文化研究》,杭州:浙江教育出版社 1998 年版。

董楚平、金永平等:《吴越文化志》(《中华文化通志·地域文化典》),上海:上海人民出版社 1998 年版。

陈希祥:《江苏徐淮地区第四纪地质》,北京:海洋出版社 1998 年版。

程德祺、郑亚楠主编:《吴文化研究论丛》,苏州:苏州大学出版社 1998 年版。

《良渚文化研究——纪念良渚文化发现 60 周年国际学术讨论会文集》,北京:科学出版社 1999 年版。

苏秉琦:《中国文明起源新探》,北京:三联书店 1999 年版。

张光直:《中国青铜时代》,北京:三联书店 1999 年版。

张光直:《中国考古学论文集》,北京:三联书店 1999 年版。

杨宽:《西周史》,上海:上海人民出版社 1999 年版。

蒙文通:《古史甄微》,《蒙文通文集》第五卷,成都:巴蜀书社 1999 年版。

王长俊主编:《江苏文化史论》,南京:南京师范大学出版社 1999 年版。

熊月之主编,马学强著:《上海通史》第二卷《古代》,上海:上海人民出版社 1999 年版。

陈桥驿:《吴越文化论丛》,北京:中华书局 1999 年版。

王卫平、王建华:《苏州史纪》,苏州:苏州大学出版社 1999 年版。

[美]施坚雅:《中华帝国晚期的城市》,北京:中华书局中译本 2000 年版。

徐湖平主编:《东方文明之韵——吴文化国际学术研讨会论文集》,广州:岭南美术出版社 2000 年版。

周自强主编:《中国经济通史·先秦卷》(上中下),北京:经济日报出版社 2000 年版。

陈吉余:《陈吉余(尹石)2000:从事河口海岸研究五十年论文选》,上海:华东师大出版社 2000 年版。

蒋赞初:《长江中下游历史考古》,北京:科学出版社 2000 年版。

徐采石主编:《吴文化论坛(2000 年卷)》,北京:作家出版社 2000 年版。

顾德融、朱顺龙:《春秋史》,上海:上海人民出版社 2001 年版。

叶书宗等主编:《长江文明史》,上海:上海教育出版社 2001 年版。

戈春源、叶文宪:《吴国史》,北京:人民出版社 2001 年版。

徐永生:《徐国史研究》,北京:中国文联出版社 2002 年版。

吴恩培:《勾吴文化的现代阐释》,南京:东南大学出版社 2002 年版。

罗宗真:《探索历史的真相——江苏地区考古、历史研究文集》,南京:江苏古籍出版社 2002 年版。

高崇文、安田喜宪主编:《长江流域青铜文化研究》,北京:科学出版社 2002 年版。

《洪泽湖志》,北京:方志出版社 2003 年版。

郑学檬:《中国古代经济重心南移和唐宋江南经济研究》,长沙:岳麓书社 2003 年版。

张驰:《长江中下游地区史前聚落研究》,北京:文物出版社 2003 年版。

施劲松:《长江流域青铜器研究》,北京:文物出版社 2003 年版。

童书业:《童书业历史地理论集》,北京:中华书局 2004 年版。

张之恒:《长江下游新石器时代文化》,武汉:湖北教育出版社 2004 年版。

浙江省文物考古研究所、萧山博物馆编著:《跨湖桥》,北京:文物出版社 2004 年版。

《长江下游地区文明进程研讨会论文集》,上海:上海书画出版社 2004 年版。

王健:《西周政治地理结构研究》,郑州:中州古籍出版社 2004 年版。

张乃格:《江苏民性研究》,南京:江苏人民出版社 2004 年版。

裘士京:《江南铜研究:中国古代青铜铜源的探索》,合肥:黄山书社 2004 年版。

许树东主编:《古都苏州新天堂——吴文化与苏州(续集)》,沈阳:白山出版社

2004 年版。

毛颖、张敏:《长江下游的徐舒与吴越》,武汉:湖北教育出版社 2005 年版。

高蒙河:《长江下游考古地理》,上海:复旦大学出版社 2005 年版。

王卫平:《吴文化与江南社会研究》,北京:群言出版社 2005 年版。

冯天瑜、何晓明、周积明:《中华文化史》(全 2 册),上海:上海人民出版社 2005 年第 2 版。

王震中:《中国古代文明的探索》,昆明:云南人民出版社 2005 年版。

顾颉刚、刘起釪:《尚书校释译论》(全 4 册),北京:中华书局 2005 年版。

高燮初主编:《吴地文化通史》,北京:中国文史出版社 2006 年版。

宋镇豪:《夏商社会生活史》(上下),北京:中国社会科学出版社 2006 年第 2 次印刷。

朱偰:《金陵古迹图考》,北京:中华书局 2006 年版。

王玉国、肖梦龙、陆九皋编著:《镇江吴文化研究》,北京:中国文史出版社 2006 年版。

逄振镐:《山东古国与姓氏》,济南:山东人民出版社 2006 年版。

王明珂:《华夏边缘——历史记忆与族群认同》,北京:社会科学文献出版社 2006 年版。

张学海:《龙山文化》,北京:文物出版社 2006 年版。

张乃格、周先林、单明然:《徐文化研究》,南京:江苏人民出版社 2007 年版。

段渝:《酋邦与国家起源:长江流域文明起源比较研究》,北京:中华书局 2007 年版。

林志方:《淹城探秘》,哈尔滨:黑龙江人民出版社 2007 年版。

叶文宪:《吴国历史与吴文化探秘》,北京:文物出版社 2007 年版。

袁祖亮主编、焦培民著:《中国人口通史》(2 先秦卷),上海:上海古籍出版社 2007 年版。

王心喜:《杭州史前文化研究》,北京:人民出版社 2007 年版。

黄展岳:《先秦两汉考古论丛》,北京:科学出版社 2008 年版。

张富祥:《东夷文化通考》,上海:上海古籍出版社 2008 年版。

马雪芹:《古越国兴衰变迁研究》,济南:齐鲁书社 2008 年版。

嵇果煌:《中国三千年运河史》,北京:中国大百科全书出版社 2008 年版。

董文虎等著:《京杭大运河的历史与未来》,北京:社科文献出版社 2008 年版。

《江苏人文精神概论》,南京:凤凰出版社 2009 年版。

后 记

《先秦卷》为江苏省社科院组织编著的多卷本《江苏通史》第一卷，采取主编负责制，主编诚请作者分工撰写，集体合作完成。具体分工如下：导论（王健）；第1—3三章（夏寒）；第4章（张广志）；第5章（戈春源）；第6章（王健）；第7章（申屠炉明、任志方）；大事记、主要参考文献（王健）。初稿完成后，主编审读，提出修改意见，由作者修改，最后主编统一修改送审。本卷聘请南京博物院考古研究所原所长张敏研究员审稿，张先生精心审阅，严格把关，提出许多宝贵意见，同时真挚相助，赠送或借阅许多考古书刊，为本书增色良多，特此表示感谢。根据审稿意见，作者再次修改，主编审阅、核对主要引文资料并补正改定。本卷策划多年，过程曲折，因诸多原因未能成稿。我于2009年4月奉命担此任务，立即组织专家参与其事，在一年多的时间里，紧张工作，终于完成这项艰巨工作，不胜感慨：没有各方面的积极参加和热情帮助，我纵有三头六臂也难以在短期内完成本卷撰写任务。因此，特别要感谢参与撰稿的各位作者，他们多为先秦史、考古领域专业学者，或为前辈学长、著名学者，或出自名师，为学术中坚，不计名利，放下手头事务，克服个人诸多困难，以最大的努力从事研究和写作，保证了本卷的最后完成。院领导关心督促，科研处、历史所领导组织、协调，保证了工作的顺利进行；南京市博物馆考古部王志高主任提供部分图片；乐康俊协助编务工作，在此一并表示衷心感谢。另尚需说明，本卷所使用之部分图片因未确知拍摄者之姓名与联系方式，故未能及时付与稿酬，在此除表示感谢与歉意外，亦望有关拍摄者知悉后与本卷作者联系，以便付与相关稿酬。最后，还要感谢凤凰出版社，责任编辑汪允普先生，一丝不苟，精益求精，审阅、校正许多差错；出版项目负责人陈晓清女士不断督促，鼓励有加，这种高度负责的敬业精神令人难忘。本卷参考了大量文献，吸收了学界的丰硕成果，尽可能在注释或参考文献中标出，未尽之处，深以为谢。由于时间仓促，制约了研究的深度和广度；集体项目，文字风格和观点未能完全统一；加之主编学识浅薄，错误不当之处恳请批评指正，以裨再版时修改完善。

王 健

2010年12月10日

2011年11月8日再记

JIANGSUTONGSHI

江苏通史

中华民国卷

总主编　宋林飞
本卷主编　孙宅巍　王卫星　崔巍

凤凰出版社

中华民国临时大总统孙中山

临时大总统孙中山办公室

南京国民政府大门

1921年建成的海门大生三厂

中央大学大礼堂

繁华的南京商业街——中华路街景

紫金山天文台

江都邵伯闸工程

南京永利硫酸铔厂全景

1940年向黄桥挺进的新四军

日本投降南京受降会场内景

1949年4月23日，第三野战军第八兵团占领南京

目 录

导 论

1911年爆发的辛亥革命推翻了清王朝的专制统治，孙中山先生领导的这场民族、民主革命，开创了中国历史发展的新道路，使中国进入了一个新的历史时期。1912年在南京成立的中华民国临时政府，是孙中山先生领导的中国民族、民主革命的直接成果，标志着中华民国38年历史的开端。

本卷是《江苏通史》的中华民国卷，其研究的对象是中华民国时期江苏的历史，从这一角度来说，这是一部断代史。

近年来，中国大陆的民国史研究已经有了一个较好的基础。一些大学、研究机构和档案机构的学者们经过多年的努力，出版或发表了一批有质量、有影响的学术专著和论文。这些研究成果为撰写民国时期的江苏历史奠定了坚实的基础。然而，就民国时期江苏地方史而言，前人的研究尚显不足。迄今已有的研究成果多为论文形式，学术专著屈指可数。目前已经出版的相关学术专著主要有：江苏省社会科学院历史研究所《江苏史纲》课题组编撰的《江苏史纲》、王树槐的《中国现代化的区域研究——江苏省(1860—1916)》等；已经出版的论文集主要有：《江苏史论考》、《江苏现代经济史论文集》等。其他一些论文则散见于各学术期刊。前期研究成果的不足增加了本卷的研究难度，这就迫使我们必须搜集、查阅大量的原始资料，并根据这些浩瀚的史料，梳理出民国时期江苏历史发展的基本脉络。

历史研究有一个体系问题，作为地方史研究同样面临这样的问题。所谓体系，就是以什么样的思路、观点和立场来研究历史，以什么样的思路和方法来构建不同历史时期的基本脉络和框架。20世纪六七十年代，由于人们受到“左”的思潮影响，在构建中国历史脉络和框架时，往往以“社会形态”来进行历史分期和研究，在这一思路和框架下，人们将人类的历史划分为“原始社会”、“奴隶社会”、“封建社会”、“资本主义社会”、“社会主义社会”……等不同的历史时期。然而，这种以“社会发展史”为基本脉络的历史分期与研究方法，在某些特定的历史时期并不能完整地解释历史发展的客观规律,尤其是1840年鸦片战争以后的历史更是如此。于是,人们又以阶级分析法来从事历史研究,并以此为基本脉络,将1840年鸦片战争以来的历史划分为旧民主主义革命和新民主主义革命两个迥然不同的历史时期,这就是中国革命史的基本框架。然而,这种阶级分析法也有其明显的局限性,并严重制约着人们的思想观念。以这种思路来分析研究复杂多变的民国时期江苏历史,同样无法完整、准确地阐释和论述政权的更替和社会的变动,更无法对民国时期江苏的历史作出完整、准确和科学的分析与判断。

近些年来,随着思想的解放和社会的进步,在史学研究领域,人们开始突破传统的思维模式,从人类文明史的视角来研究、考察历史,以传统的中国如何艰难曲折和缓慢地走向近代社会,并向现代社会迈进为基本线索来构建民国史的基本架构。"围绕这一基本线索和架构,将中国人民为建成现代化国家,在政治、经济、社会、文化等领域的奋斗历程,构建一个有紧密联系、有丰富内涵的系统网络,形成一个科学性时空整体。它既不是一大堆杂乱无章的历史事实的堆砌,也不是对历史过程的片面取舍。历史事实、历史过程都必须围绕建设现代化中国这一主线而展开。"[①]研究民国时期的江苏历史,也应当根据这一主线和基本架构,充分展现民国以来江苏政治、经济、社会、文化等各领域由近代社会向现代社会过渡的基本状况。

现代化并不是一个静止的社会历史形态,而是一个现今世界仍在持续的历史进程。从这一视角出发,民国期间是中国社会由传统向现代过渡的一个历史时期,是一个承前启后的历史过程。当然,民国时期的江苏历史并不能等同于中华民国史,但又不能偏离民国史这一大的历史环境,将民国时期的江苏史与中华民国史人为地割裂开来。根据这一基本思路,民国时期的江苏历史既要涉及到中央政府的相关活动,又要论述江苏省政府和江苏境内政治、经济、社会、文化、教育等方方面面的发展状况。

由于历史的原因,民国时期江苏省的行政区划与现今有所不同。江苏自建省以来,行政区划多有变动,尤其是在民国时期,这种变动更为频繁。例如,1927年南京国民政府建立以前,上海市隶属于江苏省,南京市为江苏省省会。而1927年南京国民政府成立以后,南京成为中华民国的首都,并从江苏省行政区划中划出,设立了南京特别市,同时上海市也从江苏省行政区划中划出,设立了上海特别市,由国民政府行政院直辖。上海市从江苏省划出后,其周围的崇明、松江、宝山、嘉定等县仍然隶属于江苏省。此外,民国时期,今属安徽的萧县、砀山县等亦隶属于江苏省。这种行政区划的变更,给地方史研究带来了一定的困难。为方便起见,本卷作者认为,在研究

① 张宪文主编:《中华民国史》第1卷,南京大学出版社2006年版,第3页。

过程中，按照中华人民共和国成立后现今的行政区划来界定江苏省的区域范围较为适宜。虽然由于资料等方面的原因，在研究中难免涉及到江苏以外的地区（如上海市等），但就总体来说，仍应以现行的行政区划来界定江苏省的地理及行政区划范围。

在中国历史发展过程中，各地的发展是不平衡的，正是由于各地在发展过程中的不平衡，从而形成了自身的发展特点。江苏也不例外，在民国时期 38 年的历史进程中逐步形成了自身的发展特点。

第一，自 1912 年中华民国临时政府在南京成立以来，江苏逐渐成为全国的政治中心。尤其是 1927 年国民政府定都南京后，南京成为中国的政治中心，江苏也成为京畿，成为国民政府统治的中心区域。在抗日战争前的十年间，国民政府及江苏省政府加强了南京及江苏的各项建设，江苏的社会经济、文化教育事业均有了较快的发展。在这十年间，应该说是国民政府时期现代化建设取得令人瞩目成就的十年。虽然由于日本的侵略，国民政府在抗战时期内迁重庆，江苏沦为日伪统治的中心区域，但抗战胜利后，国民政府还都南京，江苏再次成为国民党政权统治的中心区域。

江苏也是中国共产党创建和活动的主要地区。早在 1921 年 5 月，中国共产党的组织就在江苏开展活动，中国第一个共产主义小组就建立在当时隶属于江苏省的上海，中国共产党第一次全国代表大会也是先在上海举行的。北伐战争期间，中国共产党在江苏积极开展活动，先后三次领导了上海工人武装起义，最终取得了胜利，有力地配合了国民革命军的北伐。抗日战争期间，中国共产党领导的新四军以江苏等地为敌后抗日根据地，进行反扫荡、反“清乡”斗争，积极开展敌后游击战争，为抗日战争的最后胜利作出了积极贡献。抗战胜利后，蒋介石发动内战，中国共产党领导的武装力量由战略防御转向战略进攻，并以占领南京为主要目标，以推翻国民党政权的统治。

第二，由于优越的地理条件和工商业环境，江苏经济发展较为迅速，是中国近代工业起步较早的地区之一，也是中国的经济大省。民国以来，江苏的经济基本上按照晚清时期形成的格局继续发展。北京政府时期，虽然政局动荡不止、军阀混战不休，但政府却任用了张謇等具有改革创新精神的人担任政府经济部门的首脑，出台了一系列经济法规和政策措施，推动了江苏经济的发展。1927 年南京国民政府建立后，任用了一批曾在西方接受过现代教育的人担任政府经济部门的首脑。这些人对现代经济学已有了理性的认识，并运用政府的宏观经济政策和产业调控手段来干预经济的发展，使资源配置朝着有利于国家的方向发展。这一时期，南京国民政府制定了一系列经济法规和政策措施，试图使工商业的发展步入“法制化”的轨道。为了创造工商业发展的良好环境，江苏率先废除实行了几十年的厘金制度，在宏观经济层面为民族工商业的发展创造了条件。与中央政府宏观调控手段不同，这一时期江苏省政府则采取一些具体的帮助和指导措施，以促进江苏民族工业的发展。以蚕丝业为例，20年代以来，由于劣质蚕种充斥于市，使江苏蚕茧的质量下降，进而导致江苏生丝出口不畅。为了促进江苏蚕丝业的健康发展，打击不法商贩坑农害民的不法行为，江苏省政府对蚕种、茧行实行了统制。与此同时，江苏省政府还设立了蚕种试验场、蚕业指导所等机构，积极推广优质蚕种，并指导农民改进桑蚕技术，试图从原料抓起，以提高江苏生丝的质量。[①]

民国时期的江苏近代工业以轻纺工业为主。江苏近代工业从一开始就继承了前工业化时代那些传统行业的结构特征。棉纺织、缫丝、面粉、碾米、榨油等行业早在明清时期就是江苏的传统手工行业，已具有相当的规模，并营造出一定的市场环境。同时，轻纺工业的投资相对较少，且见效较快，适合于民间投资。此外，江苏是中国著名的产棉区，同时又是著名的桑蚕产区。丰富的原料供应，也为江苏轻纺工业的发展创造了有利的条件。另一方面，江苏的矿产资源相对贫乏，除徐州有一定的煤炭储量外，其他地区只有少量的矿产资源。这种自然条件，制约了江苏基础工矿业的发展。此外，基础工矿业投资多、风险大、见效慢，一般私人不敢问津，因此，以棉纺织、缫丝、面粉三大行业为支柱的轻纺工业在江苏蓬勃发展，形成了具有江苏地方特色的近代工业格局。

从江苏近代工业发展的地区结构来看，南北发展不平衡，呈现出“南强北弱”的特征。江苏这种工业发展的地区不平衡性，从19世纪后半叶江苏近代工业的兴起时起，持续了100多年，直到20世纪末，仍没有从根本上改变。江苏的苏南地区土地肥沃，河网密布，气候适宜。优越的地理条件使苏南地区成为中国著名的产棉区和桑蚕产区。早在前工业化时代，苏南地区的农业和手工业就相当发达，商品经济也较为繁荣，这就为近代工业的兴起和发展创造了自然及人文条件。苏南地区交通较为发达，东西横贯的长江是水路交通的大动脉。20世纪初，沪宁铁路的通车，进一步改善了苏南地区的交通条件。这种便捷的交通，为商品的流通创造了优越的条件。苏南地区，特别是苏州、无锡等地邻近当时中国最大的通商口岸上海，许多商品都是通过上海输往国外的。由于上海通商口岸的辐射作用，促进了苏南地区工业的发展。

从文化背景来分析，苏南地区属吴文化区域。所谓吴文化区域（或称吴地），是指以太湖为中心，东至上海（包括长江北岸的南通），西至南京，南至浙江的三角地带。将这一区域人民有机地联系起来的并不仅仅是地理因素，而更重要的是文化本身。

---

① 参见高景岳、严学熙：《近代无锡蚕丝业资料选辑》，江苏人民出版社1987年版，第349页。

正如美国人类学者露丝·本尼迪克(Ruth Benedict)所说:“真正把人联系起来的是他们的文化,亦即他们共同具有的观念和标准。”[①]现代的学者通过对吴文化的深入研究,认为在吴文化中蕴含着勇于开拓的精神、对外开放的精神、重经创业的精神和重教尚文的精神。[②] 在这种文化氛围中熏陶出来的吴地人民,较易接受符合历史发展潮流的思想观念。一旦商品经济的价值观念与这种开拓进取的文化精神相融合,就会对社会经济的发展产生巨大的推动作用。

从江苏近代工业的所有制结构来看,民营工业占主导地位,而国营工业相对较少。这种格局的形成,是由当时特定的历史环境决定的。

19 世纪末,清政府先后创办了一批近代工业企业,但主要偏重于军事工业和基础工矿业,对于轻纺工业,清政府则主要鼓励民间投资兴办。1895 年后,江苏民营工业开始兴起。这一时期创办的民营工业企业,大多为棉纺织业、缫丝业和面粉业等轻纺工业。

民国成立后,北京政府直接投资创办的厂矿不多,其原因主要是政局动荡、军阀割据、战乱不休。这一时期,江苏地方政府创办了几家厂矿,如金陵电灯官厂等,但为数甚少,与同期新办的民营厂矿相比,更是相形见绌。

南京国民政府统一全国后,试图建立一套完整的国营工业体系,尤其是“九一八事变”、“一·二八事变”后,国民政府更加快了国营基础工矿业的建设步伐。然而,国民政府已经意识到,“在我国海防空实力未充时,重要之国防工业,如炼钢厂、兵工厂、航空制造厂、化工工厂,诚未便设在沿江海都会,致随时有被敌摧毁之虞,亟应通盘筹划,择定安全地点,为国防工业中心区,庶各项工厂俱得从速建设。”[③]江苏濒江临海,处于海防前线,而且南京为当时的首都,一旦战争爆发,必将成为敌人首要的进攻目标,就国防上考虑,不适合在此建立基础工业。因此,抗战爆发前,政府在江苏投资创办的厂矿极少。

抗战胜利后,随着国民政府的还都,原先在内地的一些国营工矿企业也纷纷东迁。与此同时,战后对敌伪工矿企业的接收,使国民政府国营工业的实力迅速增强。江苏不少日伪资产被政府接收,虽有一部分发还给了原业主,但仍有相当部分转化为国营企业。此外,国民政府为了加强战后的重建工作,在江苏(尤其是南京),新建了

---

① [美]露丝·本尼迪克:《文化模式》,华夏出版社 1987 年版,第 12 页。

② 黄士良:《积极研究和弘扬吴文化精神》,《吴文化资源的研究与开发》,同济大学出版社 1997 年版,第 76—80 页。

③ 参谋本部国防设计委员会档案:《国防设计委员会提案》,中国第二历史档案馆藏。

一批大型国营工业企业，如中央有线电器材有限公司、中央绝缘器材有限公司等等。[①]在上述因素的作用下，抗战胜利后，江苏民族工业的所有制结构发生了相应的变化，即国营工业的比重呈上升趋势，但就整体而言，民营工业仍占主导地位。

第三，民国时期，江苏文化教育事业发展较快，成为全国的文化教育中心。民国建立后，受西方教育思潮的影响，国内教育改革的呼声也日益增高。在此情况下，北京政府进行了教育改革，颁布了《学校系统改革令》，把学校教育分为初等、中等、高等三个大的阶段，采用大学预科制和中学的三三制，废除原先的读经课程，并对中等职业教育也作出了规定。

民国时期，江苏的新式教育在幼儿教育、初等教育、中学教育、高等教育、职业教育、社会教育等层面都呈现出新的局面。在学校建设方面，经过多年的建设，江苏的各类学校形成了公立、私立和教会学校三足鼎立的局面，并成为全国各类学校最为集中的省份之一。

在文化建设方面，由于南京是中华民国的首都，江苏有其特殊的区位优势，在文化资源的配置上，国民政府明显向南京及江苏倾斜。1928 年，国民政府在南京设立了中央研究院，开展自然科学和人文科学的研究。在公共文化设施方面，国民政府及江苏省政府加大了对文化设施的投入，各地先后建立了图书馆、美术馆、体育场等文化场馆。1928 年 5 月，国民政府大学院在南京召开全国教育会议，决定筹建国立中央图书馆。1933 年 4 月，国民政府教育部派蒋复璁为国立中央图书馆筹备处主任，同时租用南京沙塘园民房，迁入办公。以国民政府教育部北京档案处图书 4.6 万册为基础，同时征集图书、购置新书，使馆藏图书有了一定的规模。1936 年，国立中央图书馆迁入南京成贤街原中央研究院旧址，正常对外服务。早在 1912 年 2 月，原江南图书馆更名为“江南图书局”。1913 年 7 月又更名为“江苏省立图书馆”，1919 年改称“江苏省立第一图书馆”，1927 年 9 月更名为“第四中山大学国学图书馆”，1928 年 5 月，该馆又更名为“中央大学图书馆”，直到 1929 年才最后定名为“江苏省立国学图书馆”。

20 世纪二三十年代，鲁迅、蔡元培、徐悲鸿、颜文樑等文化艺术界知名人士多次呼吁建设美术馆。国民政府接受了该建议，在南京兴建“国民大会堂”的同时，兴建了国立美术陈列馆。1936 年 8 月，中国第一个专业美术馆——国立美术陈列馆在南京建成。

第四，民国以来，江苏境内战争不断，自然灾害频繁。从辛亥革命以来的各个时

① 《资源委员会公报》第十一卷第四、五合期，第 163—173 页。

期，江苏境内几乎都发生过战争。1913年“二次革命”爆发后，“讨袁军”与北洋军就曾在江苏激战。当北洋军阀控制了北京政权后，军阀间为争夺对上海及江苏的控制权，也在江苏境内展开混战。1927年，为推翻北京政府的统治，国民革命军北伐至江苏时，也与北洋军阀的军队进行过激烈的战斗。1927年南京国民政府成立后，江苏境内虽然没有发生大规模的战争，使江苏大地得以休养生息，但随着抗日战争的全面爆发，江苏再度成为激烈的战场。尤其是日军在南京进行的大屠杀及日伪在江苏的扫荡和“清乡”，江苏人民遭受了前所未有的灾难。抗战胜利后，蒋介石发动了内战，江苏又一次陷入战火之中。频繁的战争给江苏的社会经济造成了极大的破坏，并给人民的生活带来了巨大的灾难。

此外，严重的自然灾害也影响着江苏经济的发展。民国时期，江苏境内两大水系长江和淮河频繁发生水灾。例如1931年长江、淮河流域发生了大水灾，仅淮河流域受灾农田即近7800万亩，受灾人口达2000万人。其中江苏省被淹农田32317481亩，受灾人口为6538116人，损失达201835586元。[①] 在这次大水灾中，太湖流域的损失亦十分惨重，“被灾区域以吴兴、宜兴、无锡、吴县、吴江、昆山、青浦为最重，计面积约为五百九十二万余亩，占全面积百分之十七。歉收米约六百八十余万石，棉七十七万余担，约计估值一万万元。”[②]1934年，太湖流域又遇大旱，“被灾区域，以溧阳、金坛、宜兴、丹阳、桐乡、嘉兴、余杭、吴兴为最重。而溧阳尤甚，收成仅约百分之二十。金山最轻，约得百分之八十五。计全流域歉收米一千四百余万石，合百分之五十四。棉一百零一万八千担，合百分之二十五。统计损失达一万一千余万元。”[③]这些严重的自然灾害，造成江苏农业的严重损失，进而通过产业的关联，影响到江苏的轻纺工业。虽然国民政府和江苏省政府成立了专门的治水机构，试图从根本上治理长江和淮河，但是这些治理措施并没有从根本上解决水患的问题。

纵观民国时期江苏38年的历史，可以看出这是一个社会经济取得较快发展的时代；与封建体制相比，是一个在政治上有所进步的时代。然而，由于国民党政权顽固坚持一党治国的理念，拒不接受中国共产党和其他民主党派提出的民主要求，最终导致国民党政权的垮台。当人民解放军占领南京后，政治天平上的砝码发生了根本性的改变。这一改变，预示着一个新时代的到来。

---

① 李书田：《中国水利问题》下册，商务印书馆1937年版，第271页。此处的“亩”为旧亩。

② 李书田：《中国水利问题》下册，商务印书馆1937年版，第397页。

③ 李书田：《中国水利问题》下册，商务印书馆1937年版，第399页。

第一章　中华民国南京临时政府的建立与“二次革命”

第一节　南京临时政府的建立

一　南京临时政府的建立

辛亥革命后，经过多次酝酿，根据各省代表的投票选举，孙中山当选为中华民国临时大总统。1912年1月1日，中华民国临时政府在南京正式宣告成立。

1月1日上午，孙中山与南京各省代表会议临时议长汤尔和、副议长王宠惠等人一同从上海启程前往南京。当日下午5时，孙中山一行抵达南京下关车站，受到了各省代表和各国驻南京使领馆官员的欢迎。

中华民国临时大总统府设在原两江总督衙门。当晚，在这里举行了中华民国临时大总统受任典礼。

孙中山在典礼上宣读了临时大总统誓词：“颠覆满清专制政府，巩固中华民国，图谋民生幸福，此国民之公意，文实遵之，以忠于国，为众服务。至专制政府既倒，国内无变乱，民国卓立于世界，为列邦公认，斯时文当解临时大总统之职。谨以此誓于国民。”①在就职典礼上，孙中山还发表了《临时大总统就职宣言书》，指出：“夫中国专制政治之毒，至二百余年来而滋甚，一旦以国民之力踣而去之，起事不过数旬，光复已十余行省，自有历史以来，成功未有如是之速也。国民以为于内无统一之机关，于外无对待之主体，建设之事，更不容缓，于是以组织政府之责相属。”“是用黾勉从国民之后，能尽扫专制之流毒，确定共和，以达革命宗旨，完成国民之志愿，端在今日。”②孙中

---

① 国史馆档案，全宗号：三十四/(2)34，中国第二历史档案馆藏。

② 《临时大总统就职宣言书》，中国第二历史档案馆编：《中华民国史档案资料汇编》第二辑，江苏古籍出版社1987年版，第1页。

山在《宣言书》中还强调了临时政府的政务方针在于“五个统一”。他指出:“国家之本,在于人民,合汉、满、蒙、回、藏诸地于一国,即合汉、满、蒙、回、藏诸族为一人。是曰民族之统一。”“所谓独立,对于清廷为脱离,对于各省为联合,蒙古、西藏意亦同此行动既一,决无歧趋,机枢成于中央,斯经纬周于四至。是曰领土之统一。”各地起义“虽编制或不一,号令或不齐,而目的所在则不同。由共同之目的,以为共同之行动,整齐画一,夫岂其难。是曰军政之统一。”“今者各省联合互谋自治,此后行政期于中央政府与各省之关系,调剂得宜,大纲既挈,条目自举。是曰内治之统一。”“此后国家经费,取自于民,必期合于理财学理,而尤在改良社会经济组织,使人民知有生之乐。是曰财政之统一。”①在对外关系上,《宣言书》指出:“临时政府成立以后,当尽文明国应尽之义务,以期享文明国应享之权利。满清时代辱国之举措,与排外之心理,务一洗而去之。持和平主义与我友邦益增睦谊,将使中国见重于国际社会,且将使世界渐趋于大同。循序以进,不为幸获。”②

原先拟定的《中华民国临时政府组织大纲》只设大总统,而未设副总统,于是宋教仁提议增设副总统一职。这一提议得到各省代表会议的同意。

1912 年 1 月 2 日,临时政府颁布了《修正中华民国临时政府组织大纲》,增设了副总统一职。1 月 3 日,各省代表选举黎元洪为副总统。

经过充分讨论和酝酿,临时政府还确定了政府各部总长名单,③他们是:

陆军总长	黄　兴	次长	蒋作宾
海军总长	黄钟瑛	次长	汤芗铭
外交总长	王宠惠	次长	魏宸组
内务总长	程德全	次长	居　正
财政总长	陈锦涛	次长	王鸿猷
司法总长	伍廷芳	次长	吕志伊
教育总长	蔡元培	次长	景耀月
实业总长	张　謇	次长	马君武
交通总长	汤寿潜	次长	于右任

① 《临时大总统就职宣言书》,中国第二历史档案馆编:《中华民国史档案资料汇编》第二辑,江苏古籍出版社 1987 年版,第 1—2 页。

② 《临时大总统就职宣言书》,中国第二历史档案馆编:《中华民国史档案资料汇编》第二辑,江苏古籍出版社 1987 年版,第 2 页。

③ 国史馆档案:《南京临时政府内阁简任员名单》(1912 年 1 月 1 日),卷宗号:三十四/(2)34,中国第二历史档案馆藏。《民立报》1912 年 1 月 5 日,转引自李新:《中华民国史》第一编“中华民国的创立”(下),中华书局 1982 年版,第 428 页。

中华民国临时大总统选举会代表合影

除了上述各部之外，南京临时政府还设立了法制局、印铸局、公报局、稽勋局、铨叙局等，另外在总统府内还设有秘书处。

1月11日，各省代表会议最后确定了中华民国的国旗方案，决定以五色旗为中华民国国旗，寓意五族共和。

南京临时政府成立后，即着手建立临时参议院。1912年1月28日，各省代表会依据《临时政府组织大纲》的有关规定，各派3名代表组织临时参议院，在南京召开临时参议院正式成立大会，各省代表共40余人参加了会议，参加会议的江苏代表分别为陈陶怡、杨廷栋、凌文渊。孙中山亲自参加了临时参议院成立大会，并发表祝词说："中华民国既建，越二十有八日，参议机关乃得正式成立，文诚忻喜庆慰……革命之事，破坏难，建设尤难……建一议，赞助者居其前，则反对者居其后矣。立一法，今日见为利，则明日见为弊矣……立法事业，在与戎机相待为用。破坏、建设之二难，毕萃于兹。诸君子勉哉！各尽乃智，竭乃力，以固民国之始基，以扬我族之大烈，则不徒文一人之颂祷，其四万万人实嘉赖之。"[①]根据孙中山的阐述，临时政府的总方针在于对内实现民族、领土、军政、内政、财政的统一，对外"当尽文明国应尽之义务，以期享文明国应享之权利。满清时代辱国之举措与排外之心理，务一洗而去之，与我友邦益增

① 《临时大总统祝参议院成立文》，中国第二历史档案馆编：《中华民国史档案资料汇编》第二辑，江苏古籍出版社1987年版，第17页。

睦谊，持和平主义，将使中国见重于国际社会，且将使世界渐趋于大同”。这一主张民族团结、国家统一与睦邻友好、维护民族尊严的内外政策，体现了现代国家的基本准则，尤其是强调团结与统一的对内政策，对于促进各自为政的独立各省团结一致，具有重要的现实意义。

二 《中华民国临时约法》的颁布

中华民国临时政府的成立，是中国历史上具有划时代意义的大事，它推翻了在中国延续两千多年的封建统治，建立了具有民族性、民主性和时代进步性的政权。南京临时政府成立不久，1912 年 3 月 11 日，孙中山以中华民国临时大总统的名义，颁布了《中华民国临时约法》。这是一部代表南京临时政府民族性、民主性和进步性的重要文件。

《中华民国临时约法》共七章五十六条。在其《附则》第五十四条中明确指出：“中华民国之宪法，由国会制定。宪法未实行以前，本约法之效力与宪法等。”①

在《中华民国临时约法》第一章《总纲》中规定：“中华民国由中华人民组织之”；“中华民国主权属于国民全体”；“中华民国以参议院、临时大总统、国务员、法院行使其统治权。”

在《中华民国临时约法》第二章《人民》中规定：“中华民国人民一律平等，无种族阶级宗教之区别。”“人民享有左列各项之自由：一、人民之身体，非依据法律，不得逮捕、拘禁、审问、处罚。二、人民之家宅，非依法律，不得侵入，或搜索。三、人民有保有财产，及营业之自由。四、人民有言论、著作、刊行及集会、结社之自由。五、人民有书信秘密之自由。六、人民有居住迁徙之自由。七、人民有信教之自由。”此外，《约法》还规定了人民有请愿、诉讼、考试、选举和被选举等权利，以及纳税、服兵役等义务。

在《中华民国临时约法》第三章《参议院》中规定：“中华民国之立法权，以参议院行之。”“参议员，每行省、内蒙古、外蒙古、西藏各选派五人，青海选派一人。其选派方法，由各地方自定之。参议院会议时，每参议员有一表决权。”关于参议院之职权，规定：“一、议决一切法律案。二、议决临时政府之预算决算。三、议决全国之税法、币制，及度量衡之准则。四、议决公债之募集，及国库有负担之契约。五、承诺第三十四条、三十五条、四十条事件。六、答复临时政府咨询事件。七、受理人民之请愿。八、得以关于法律及其他事件之意见，建议于政府。九、得提出质问书于国务员，并要求其出席答复。十、得咨请临时政府查办官吏纳贿违法事件。十一、参议院对于

① 《中华民国临时约法》，中国第二历史档案馆编：《中华民国史档案资料汇编》第二辑，江苏古籍出版社 1987 年版，第 110 页。

临时大总统，认为有谋叛行为时，得以总员五分之四以上之出席，出席员四分之三以上之可决弹劾之。十二、参议院对于国务员，认为失职或违法时，得以总员四分之三以上之出席，出席员三分之二以上之可决弹劾之。”此外，《约法》还规定：“参议院以国会成立之日解散，其职权由国会行之。”

在《中华民国临时约法》第四章《临时大总统、副总统》中规定：“临时大总统、副总统由参议院选举之”；“临时大总统代表临时政府，总揽政务，公布法律”；“临时大总统，统帅全国海陆军队”；“临时大总统代表全国，接受外国之大使、公使”；“临时大总统受参议院弹劾后，由最高法院全院审判官互选九人，组织特别法庭审判之。”

在《中华民国临时约法》第五章《国务员》中规定：“国务总理及各部总长，均称为国务员”；“国务员辅佐临时大总统负其责任”；“国务员受参议院弹劾后，临时大总统应免其职，但得交参议院覆议一次。”

中華民國大總統孫文宣言書

中華民國締造之始而文以不德膺臨時大總統之任夙夜戒懼慮無以副國民之望夫中國專制政治之毒至二百餘年來而滋甚一旦以國民之力踣而去之起事不過數旬光復已十餘行省自有歷史以來成功未有如是之速也國民以爲於內無統一之機關於外無對待之主體建設之事更不容緩於是以組織臨時政府之責相屬自推功讓能之觀念以言文所不敢任也自服務盡責之觀念以言則文所不敢辭也是用黽勉從國民之後能盡掃專制之流毒確定共和以達革命之宗旨完國民之志願端在今日敢披瀝肝膽爲國民告國家之本在於人民合漢滿蒙回藏諸地爲一國即合漢滿蒙回藏諸族爲一人是曰民族之統一武漢首義十數行省先後獨立所謂獨立對於清廷爲脫離對於各省爲聯合蒙古西藏意亦同此行動既一決無歧趨樞機成於中央斯經緯周於四至是曰領土之統一血鐘一鳴義旗四起擁甲帶戈之士遍於十餘行省雖編制或不一號令或不齊而目的所在則無不同由共同之目的以爲共同之行動整齊畫一夫豈其難是曰軍政之統一國家幅員遼闊各省自有其風氣所宜前此清廷強以中央集權之法行之遂其僞立憲之術今者各省聯合互謀自治此後行政期於中央政府與各省之關係調劑得宜大綱既挈條目自舉是曰內治之統一滿清時代藉立憲之名行斂財之實雜捐苛細民不聊生此後國家經費取給於民必期合於理財學理而尤在改良社會經濟組織使人民知有生之樂是曰財政之統一以上數者爲政務之方針持此進行庶無大過若夫革命主義爲吾儕所昌言萬國所同喻前此雖屢起屢躓外人無不鑒其用心八月以來義旗飈發諸友邦對之抱和平之望持中立之態而報紙及輿論尤每表其同情鄰誼之篤良足深謝臨時政府成立以後當盡文明國應盡之義務以期享文明國應享之權利滿清時代辱國之舉措與排外之心理務一洗而去之與我友邦益增睦誼持和平主義將使中國見重於國際社會且將使世界漸趨於大同循序以進不爲倖獲對外方針實在於是夫民國新建外交內政百緒繁生文自顧何人而克勝此然而臨時之政府革命時代之政府也十餘年來從事於革命者皆以誠摯純潔之精神戰勝所遇之艱難即使後此之艱難遠逾於前日而吾人惟保此革命之精神一往而莫之能阻必使中華民國之基礎確定於大地然後臨時政府之職務始盡而吾人始可告無罪於國民也今以與我國民初相見之日披布腹心惟我四萬萬之同胞共鑒之

大中華民國元年元旦

中华民国大总统宣言书

在《中华民国临时约法》第六章《法院》中规定：“法院以临时大总统及司法总长分别任命之法官组织之。法院之编制，及法官之资格，以法律定之”；“法官独立审判，不受上级官厅之干涉。”①

综观《中华民国临时约法》，充分体现了以孙中山为代表的民族、民主进步力量一

① 《中华民国临时约法》，中国第二历史档案馆编：《中华民国史档案资料汇编》第二辑，江苏古籍出版社 1987 年版，第 109—110 页。

贯推崇的民主精神，也充分体现了1905年《同盟会宣言》中提出的奋斗目标。中华民国成立伊始，南京临时政府就以根本大法的形式，宣布全国各族人民一律平等，确立了人民享有的各项民主权利。这与统治中国两千多年的封建专制制度相比，具有明显的时代进步性。

三　南京留守府的设立

南京临时政府虽然成立，但北京的清政府并没有被推翻，南北仍处于对立的状态。早在南京临时政府成立之前，起义各省的都督和部分民众团体就酝酿进行北伐，以武力推翻清政府。南京临时政府成立后，1912年1月9日，以黄兴为总长的陆军部正式成立。不久，陆军部就制定了北伐的计划。

但是，在酝酿北伐的同时，议和的呼声也日益高涨。南京临时政府成立后，议和的主张占据了上风。孙中山在回国之初曾表示：“革命之目的不达到，无议和之可言也。”①然而，孙中山迫于内外压力，最终采取了议和的方针。

此时，袁世凯也积极活动，以期达到自己掌权的目的。他一方面胁迫清帝退位，另一方面探询清帝退位后自己能否当上中华民国的总统。对此，孙中山明确表示：“如清帝实行退位，宣布共和，则临时政府决不食言，文即可正式宣布解职；以功以能，首推袁氏。”②

袁世凯在得到孙中山的明确答复后，立即加紧逼迫清帝退位。而此时的清皇族内部，围绕清帝是否退位的争论也在激烈进行。一些王公亲贵组成所谓的宗社党，竭力反对清帝退位。正在此时，同盟会员的一次暗杀行动改变了局面。1月26日，京津同盟会员彭家珍在北京投炸弹刺杀宗社党首领、军咨使良弼，彭当场牺牲，良弼在受重伤后也于第二天死去。这一刺杀事件发生后，竭力反对清帝退位的宗社党徒纷纷逃离北京，避入天津、大连、青岛等地的外国租界。袁世凯认为时机成熟，暗中唆使北洋文武官吏“请愿共和”，迫使清帝退位。

就在同盟会员彭家珍在北京投炸弹刺杀宗社党首领良弼的当天，段祺瑞率湖北前线北洋军将领46人联名电奏清政府，要求“定共和政体”，若不答应，则率北洋军进京。在这种情况下，南北议和的进程明显加快了。经过南北双方的多次协商，议定了清帝退位的优待条件，其内容主要有：“清帝逊位之后，其尊号仍存不废”；“岁用四百万元，由中华民国付给”；“暂居宫禁，日后移居颐和园，侍卫殿照常留用”；“其宗庙陵

---

① 《建国方略》，《孙中山选集》上卷，人民出版社1969年版，第185页。

② 黄季陆编：《总理全集》下册“电文”，第8页。

寝，永远奉祀”；“其原有私产，由中华民国特别保护”；“清王公世爵，概仍其旧”；“清皇族免兵役之义务”等等。

在各方的压力下，清廷被迫接受了优待条件，于1912年2月12日颁布了清帝退位诏书，称：“今全国人民心理多倾向共和，南中各省既倡议于前，北方诸将亦主张于后，人心所向，天命可知。予亦何忍因一姓之尊荣，拂兆民之好恶。是用外观大势，内审舆情，特率皇帝将统治权公诸全国，定为共和立宪国体，近慰海内厌乱望治之心，远协古圣天下为公之义。袁世凯前经资政院选举为总理大臣，当兹新旧代谢之际，宜有南北统一之方，即由袁世凯以全权组织临时共和政府，与民军协商统一办法。”①

清帝退位诏书颁布后，孙中山于1912年2月13日在参议院发表辞职引退咨文表示：“清帝鉴于大势，知保全君位必然无效，遂有退位之议。今既宣布退位，赞成共和，承认中华民国，从此帝制永不留存于中国之内，民国目的亦已达到。当缔造民国之始，本总统被选为公仆，宣言誓书，实以倾覆专制，巩固民国，图谋民生幸福为任。誓至专制政府既倒，国内无变乱，民国卓立于世界为列邦公认，本总统即行解职。现在清帝退位，专制已除，南北一心，更无变乱，民国为各国承认，日夕可期。本总统当践誓言，辞职引退。”孙中山同时提出：“一、临时政府地点设于南京，为各省代表所议定，不能更改。二、辞职后，俟参议院举定新总统亲到南京受任之时，大总统及国务各员乃行辞[解]职。三、临时政府约法为参议院所制定，新总统必须遵守颁布之一切法制章程。”②

孙中山此举显然是为了让袁世凯在南京就职，并以《临时约法》约束袁世凯。而袁世凯清楚地知道北京是自己的势力中心，离开了北京，其势力将大受影响，因此，在南北议和时他就坚持以北京为中华民国的首都。在袁世凯被推举为临时大总统后，孙中山多次催促袁世凯南下就职，并且派蔡元培前往北京迎接，而袁世凯表面上不公开反对南下，但却借口北方的秩序不易维持，军旅如林，须加以部署，无法立即启程。③

受孙中山的委派，蔡元培等人于2月27日抵达北京，以迎接袁世凯南下。29日，曹锟的陆军第三镇两营发动兵变，变兵“直扑总统府第，未入。又攻南使馆，即南京新来唐、蔡诸人等，亦未入。遂焚掠东华门丁字街一带铺户，大街以南尽成焦土。又出崇文门将衣兜市打磨厂铺户抢毕，前门大街、大栅栏、西河沿、煤市街等处尤甚，被焚

---

① 中国史学会编：《辛亥革命》(八)，上海人民出版社1957年版，第183页。

② 《孙文为辞职引退致参议院咨》，中国第二历史档案馆编：《中华民国史档案资料汇编》第二辑，江苏古籍出版社1987年版，第80—81页。

③ 李新主编：《中华民国史》第一编“中华民国的创立”(下)，中华书局1982年版，第492页。

者亦有数家”①。3月1日晚，受北京的影响，保定也发生兵变，骚乱持续两昼夜。3月2日，天津亦发生兵变，变兵到处劫掠，许多民房、店铺被焚毁。

北方兵变发生后，北京的外交团立即召集会议，决定出兵保护外国人权益，“以强有力的外国部队每天在通衢大道担任巡逻”。

面对复杂的局势，蔡元培等致电南京临时政府，不再坚持袁世凯南下就职，提议准许其在北京宣誓就职。

3月6日，南京临时政府参议院议决袁世凯在北京受职办法六条：“一、由参议院电知袁大总统，允其在北京受职。二、袁大总统接电后，即电参议院宣誓。三、参议院接到宣誓之电后，即覆电认为受职，并通告全国。四、袁大总统受职后，即将拟派国务总理及各国务员姓名电知参议院，求其同意。五、国务总理及各国务员任定后，即在南京接收临时政府交代事宜。六、孙大总统于交代之日始行解职。以上各条经咨达孙大总统，并电知蔡专使等。请君接电之日迅即照办。”②

3月10日，袁世凯在北京宣誓就任临时大总统，4月1日，孙中山正式解除临时大总统职。同日，孙中山发表通告称：“仅国务总理唐君南来，国务员已各任定，统一政府业已完全成立，于四月初一在南京交代，本总统即于是日解职，是用宣布周知。此后一切政务，悉取决于统一政府……本总统受任以来，栗栗危惧，深恐弗克负荷有负托。赖国人之力，南北一家，共和确定，本总统藉此卸责，得以退逸之身，享自由之福，私心自庆，无以逾此。”③

3月31日，袁世凯以大总统的身份发布命令，任命黄兴为南京留守。④ 4月1日，黄兴就任南京留守，总辖南洋各军，负责裁军整编事宜。⑤

南京留守府下设参谋处、军务处、政务处、总务处、副官处等，参谋处长耿觐文、军务处长张孝准、政务处长马相伯、总务处长何成濬、副官处长徐少秋。⑥

4月13日袁世凯公布《南京留守条例》，《条例》规定：“南京留守，直隶大总统，有维持整理南方各军及南京地面之责”；“凡南方陆军、水师、要塞，均归留守处理，随时通报陆海军部及参谋部”；“南方如有事变不及申请大总统时，留守得先调遣军队，相

---

① 《关于北京兵变焚掠情形函》，中国第二历史档案馆编：《中华民国史档案资料汇编》第二辑，江苏古籍出版社1987年版，第90页。

② 《参议院议决袁世凯在北京受职办法六条电》，中国第二历史档案馆编：《中华民国史档案资料汇编》第二辑，江苏古籍出版社1987年版，第104页。

③ 《孙文通告解职令》，中国第二历史档案馆编：《中华民国史档案资料汇编》第二辑，江苏古籍出版社1987年版，第135—136页。

④ 《袁世凯任命黄兴为南京留守令》，中国第二历史档案馆编：《中华民国史档案资料汇编》第二辑，江苏古籍出版社1987年版，第140页。

⑤⑥ 郭汉章：《黄兴南京留守府见闻》，《江苏文史资料集粹》(政治卷)，江苏文史资料编辑部1995年版，第14页。

机处理,随时申报大总统,并通报陆海军部及参谋部”;“关于南京府知事、交涉巡警所管事务,均归留守统”;“南方各军及南京地方各官厅之人员,统由留守会同江苏都督任免,申报大总统”;“南京留守府,俟南方军队整理就绪,即行裁撤”。①

南京留守府的主要任务是裁军。武昌起义后,各地革命党人纷纷组建军队,自立名号,同时还有前清起义的部队,军队编制繁杂,纪律松懈,扰民之事时有发生。孙中山在解职时,就将裁军整编的任务交给黄兴全权处理。

南京卫戍总督署

就在南京留守府成立不久,4 月 11 日,驻南京第七师所部赣军一旅发生兵变,变兵冲出营房,沿街大肆抢劫。这次兵变,系赣军内部“宗社党”、“九龙会”分子以索欠军饷为由,趁机制造混乱。兵变发生时,黄兴正在上海与唐绍仪商议政事,当 12 日黄兴赶回南京时,驻宁各军虽已及时平息了兵变,但黄兴仍严厉处置了兵变的责任人,兵变被判死刑者达 200 余人。②

兵变的发生,使黄兴充分认识到有兵无饷的危险性,因而开始大规模裁遣军队,不论是杂牌军队还是革命军的主力,均一视同仁加以裁撤,最后将剩余部队编为八个师,而被遣散的官兵流离失所,怨声载道。③

---

① 《袁世凯公布南京留守令》,中国第二历史档案馆编:《中华民国史档案资料汇编》第二辑,江苏古籍出版社 1987 年版,第 141—142 页。

② 李新、李宗一主编:《中华民国史》第二编“北洋政府统治时期”,第一卷(1912—1916 年)(上),中华书局 1987 年版,第 123 页。

③ 郭汉章:《黄兴南京留守府见闻》,《江苏文史资料集粹》(政治卷),江苏文史资料编辑部 1995 年版,第 14—16 页。

1912年5月，黄兴鉴于军队整编基本告一段落，为谋机关统一，遂决意撤销南京留守府，并解南京留守之职。袁世凯采纳了黄兴的建议，决定撤销南京留守府。黄兴在6月3日致袁世凯的电文中称：“奉命准予取消留守府，此后行政可期统一，无任庆幸。本府交代清楚，已经办齐，兴准于本月六日实行解职，请大总统电令程都督刻日来宁接收为盼。”①6月14日，南京留守府正式撤销，②黄兴也将地方行政权力移交给了江苏都督程德全。

第二节　“二次革命”中的江苏

一　黄兴南京起兵讨袁

袁世凯就任中华民国临时大总统后，南北虽在形式上趋于统一，但在政治层面上，南北对峙的形势仍然存在。

南方各省的地方政权大多由同盟会领导，即使是立宪派和旧官僚掌握的南方省份，虽然拥护袁世凯的中央政权，但也继续保持相当程度的独立性，而北方各省则是袁世凯的势力范围，掌控在袁世凯的手中。同盟会期望通过地方政权，保存和发展革命的力量，建立一个民族、民主的共和国，而袁世凯则企图利用所攫取的中央政权，铲除革命力量，维护自己的专制统治。

1912年8月25日，在宋教仁的主持下，同盟会联合其他四个党派，改组为国民党。此后，国民党在国会积极活动，以扩大影响，争取国会选举的胜利。同时，宋教仁还猛烈抨击袁世凯政府，主张组成国民党政府。宋教仁的言行引起了袁世凯集团的极大不满。1913年3月20日，宋教仁在上海准备乘火车前往北京时，在上海车站被暗杀。

另一方面，为了削弱南方的革命势力，袁世凯还借裁军、整编军队之机，裁撤南方的军队，而自己却在北方大力扩军。

1913年4月26日，袁世凯与英、法、德、俄、日五国银行团签订了带有强烈政治色彩的2500万英镑《中国政府善后借款合同》，即所谓的“善后大借款”。袁世凯的卖国行径遭到了孙中山、黄兴、胡汉民等国民党人的坚决反对。为此，黄兴于4月26日通电指出：“临时政府将遂告终，国势未安，百政莫举，掌财政者全无计划足以昭示国人，

① 《黄兴奉命取消留守府并于六日解职致袁世凯电》，中国第二历史档案馆编：《中华民国史档案资料汇编》第二辑，江苏古籍出版社1987年版，第157页。

② 郭汉章：《黄兴南京留守府见闻》，《江苏文史资料集粹》（政治卷），江苏文史资料编辑部1995年版，第16页。

骤须巨款，用途安在？此小之表示政府之不诚，大之人民得坐政府以破坏约法、蹂躏国会之罪。今宋案证据已经发表，词连政府，人心骇皇，倘违法借款之事同时发生，则人心瓦解，大局动摇，乃意计中事。”“深望政府俯从民意，非得人民代表之画若，一文不敢苟取。”[①]参议院议长张继、副议长王正廷也通电全国，谴责袁世凯政府的违法借款。

袁世凯得到这笔借款后，大肆扩军备战，仅段芝贵和倪嗣冲的军队就各扩充25个营。北洋军的实力已经大大超过了革命党人所掌握的军队。与此同时，袁世凯还针对南方作了军事部署。4月30日，袁世凯召开秘密军事会议，一方面部署军队，另一方面决定制裁刊登反袁文章的报纸。5月6日，总统府召开第二次秘密军事会议，决定了对湘、赣、皖、苏诸省的作战方针。此次会议后不久，按照既定部署，北洋军大举南下，气势咄咄逼人。

革命党的主要领导人原先一直对袁世凯抱有幻想，宋教仁案发生后，使革命党人猛然醒悟。1913年3月25日，孙中山从日本回到上海。是夜，孙中山与陈其美、居正、戴季陶、黄兴等会晤，商讨宋案的应对之策。戴季陶认为，对付袁世凯，必须用武力的手段，主张进行二次革命。而黄兴则认为“南方武力不足恃，苟或发难，必致大局糜烂”。[②] 他主张用法律的手段推翻袁世凯的统治，同时采取暗杀的手段，“以其制人之道，还制其人之身”。孙中山并不赞成暗杀的手段，对法律解决也不抱希望，他指出：“袁氏手握大权，发号施令，遣兵调将，行动极称自由。在我惟有出其不意，攻其不备，迅雷不及掩耳，先发始足制人。”“宋案证据既已确凿，人心激昂，民气愤张，正可及时利用。否则时机一纵即逝，后悔终嗟无及。”[③]显然，孙中山已经决心发动武装革命来推翻袁世凯的统治。

6月，袁世凯政府又先后免去了革命党人江西都督李烈钧、广东都督胡汉民、安徽都督柏文蔚的职务。面对袁世凯咄咄逼人的气势，孙中山决定进行“二次革命”，武装抗击袁世凯政府。1913年7月12日，李烈钧按照孙中山的指示，在江西湖口起兵，宣布江西独立。“二次革命”由此爆发。

江苏是革命党人掌握的主要省份之一，也是革命党人核心力量所在。因此，“二次革命”发生后，江苏是最早起兵响应的省份之一。起先，江苏革命党人还一时踌躇不定，驻防南京的第八师高级将领还缺乏必胜的信念和决心。南京其他革命党将领章梓、洪承点等人认为：“苏省军队的命脉，完全在上海高昌庙的制造局，所有枪炮子

---

① 《民立报》1913年4月27日。

② 《孙中山全集》第三卷，中华书局1981年版，第165页。

③ 《孙中山全集》第六卷，中华书局1981年版，第218页。

弹的补充都在局中，现在袁氏已先发制人，派臧致平率兵一团南下，驻扎在局，如果上海其实没有办法，苏省军队实在危险。”①他们要求陈其美、黄兴先宣布上海独立，然后南京再通电响应。陈其美先打算由黄郛运动驻扎在制造局的旧部第六十一团先行发动，但该团的部分部队已调往龙华，全团被北方军分割监视，不敢发难。继又期望调宁波顾迺斌旅来沪发动，但此时尚未宣布独立，顾旅师出无名，不便动作。在此情况下，陈其美只得请南京先行发难。②

此时南京第八师的下级军官情绪激昂，跃跃欲试，而该师旅长王孝缜、黄恺元举棋不定，于是赴上海向黄兴报告，并提出请黄兴赴南京任讨袁军总司令，他们一致服从，同时认为此时孙中山不要去南京，“须俟南京独立稳固后，再请孙先生去组织政府”。③

此时孙中山决意赴南京“亲统六师”，他面晤黄兴，商讨大计。黄兴认为孙中山“不善戎伍，措置稍乖，遗祸匪浅”④，表示自己愿代替孙中山前往南京指挥。孙中山对此勉强表示同意。

1913 年 7 月 14 日，黄兴从上海秘密来到南京，并连夜在第八师召集江苏都督府军务司长章梓、第三师师长陈懋修、第七师师长洪承点、第八师师长陈之骥、江宁四路要塞司令吴绍璘等举行军事会议，商讨起兵讨袁事宜。会议上，黄兴历数了袁世凯倒行逆施的罪状，并传达了孙中山起兵讨袁的指示。章梓、洪承点、陈之骥当即表示拥护，而吴绍璘、陈懋修等犹豫不定，颇有难色。翌日清晨，章梓派人切断了都督府的电话线，使都督府无法与外界联系，同时第八师的士兵开进了都督府，黄兴、陈之骥带领卫兵进入江苏都督程德全的寓所，说明讨袁大义，并请程协助，“要求宣告独立”。⑤ 程德全虽然不敢贸然同意，但迫于形势，乃虚与委蛇，附和独立讨袁，“表明为事权统一，愿从旁协助”。⑥ 于是，由章士钊起草了讨袁通电，以程德全、应德闳、黄兴三人的名义，宣布江苏独立，并以程德全的名义委任黄兴为江苏讨袁军总司令。通电称：“近日北军无端入赣，进逼德安，横挑浔军，迫之使战。又复陈师沪渎，威逼吾苏。溯自政府

---

① 《仁斋文选》，第 523 页，转引自李新、李宗一主编：《中华民国史》第二编“北洋政府统治时期”，第一卷（1912—1916 年）（上），中华书局 1987 年版，第 315 页。

② 李新、李宗一主编：《中华民国史》第二编“北洋政府统治时期”，第一卷（1912—1916 年）（上），中华书局 1987 年版，第 315 页。

③④ 李书城：《辛亥革命后黄克强先生的革命活动》，政协全国委员会文史资料研究委员会编：《辛亥革命回忆录》（一），文史资料出版社 1961 年版，第 207—208 页。

⑤ 中国社会科学院近代史研究所中华民国史研究室主编，朱宗震、杨光辉编：《民初政争与二次革命》下编，上海人民出版社 1983 年版，第 624 页。

⑥ 中国社会科学院近代史研究所中华民国史研究室主编，朱宗震、杨光辉编：《民初政争与二次革命》下编，上海人民出版社 1983 年版，第 584 页。

失败，狙害勋良；私借外款，暮夜签押。南方各督稍或抗之，意挚词温，有何不法？政府乃借辞谴责，罢斥随之。”“政府乃复于各军凝静之时，浮言甫息之会，耀兵江上，鞠旅海嵎。逼迁我居民，蹂躏我秩序，谣诼复兴，军纪大乱。政府倒行逆施至此，实远出意料外。吾苏力护中央，夙顾大局，今政府自作昏愦，激怒军心致使吾苏形势岌岌莫保。德全对于政府，实不能负保安地方之责，兹准各师长之请，于本日宣布独立。即由兴就任江苏讨袁军总司令，安良除暴，本职所存，出师讨贼，惟力是视。”①

通电发表后，黄兴立即组织讨袁军总司令部，由黄兴为总司令，黄恺元为参谋长，何成濬为副官长，王柏龄、徐少秋为高级副官，许崇灏、江遂为参议。而程德全、应德闳则分别离开南京前往上海。程德全到上海后，立即通电声明："本月 15 日，驻宁第八师等各级军官要求宣布独立，德全苦支两日，旧病剧发，刻难撑柱，本日来沪调治"②。7 月 27 日，程德全又致电袁世凯，称："彼时各军均已被胁，一切电文，假用德全名义号召，亦非口舌所能抗争。"③以推卸南京独立的责任。

在南京起义的当天，第一师师长章梓派兵捕杀了反对讨袁独立、倾向袁世凯的第三师师长陈懋修、江宁四路要塞司令吴绍璘、南京讲武堂副堂长濮健等人。同时，黄兴表示："当即誓师北伐，殄此神奸！"黄兴任江苏讨袁军总司令后，立即命令徐州前线部队于当夜向张勋、周自齐部发起攻击，师长冷御秋亲赴前线督战，在韩庄与敌激战，"酣战数昼夜，夺敌军火炮粮秣无算"④。后因该师骑兵团长张宗昌叛变投敌，形势逆转。冷部虽奋勇抵抗，终因援军不继，徐州失守。北洋军张勋、姜贵题部约两万人，趁势沿津浦路南下。

就在讨袁军形势不利的情况下，逃往上海的程德全等一面发表通电开脱责任，一面致电黄兴等，胁迫其取消独立："诸君如必欲德全至宁，则应取消讨袁名义，投戎释甲，痛引自咎，以谢天下。如尚坚执成见，必以江苏之生命财产，为孤注之一掷，既违全国公意，即系江苏公敌。"⑤应德闳离开南京到苏州后，也立刻与第二师师长朱熙联合发出通电，反对江苏独立。程德全、应德闳的通电发出后，产生了很大的负面影响，动摇了军心。

---

① 中国社会科学院近代史研究所中华民国史研究室主编，朱宗震、杨光辉编：《民初政争与二次革命》下编，上海人民出版社 1983 年版，第 488—489 页。

② 《时报》1913 年 7 月 18 日。

③ 中国社会科学院近代史研究所中华民国史研究室主编，朱宗震、杨光辉编：《民初政争与二次革命》下编，上海人民出版社 1983 年版，第 624 页。

④ 《民立报》1913 年 7 月 22 日。

⑤ 中国社会科学院近代史研究所中华民国史研究室主编，朱宗震、杨光辉编：《民初政争与二次革命》下编，上海人民出版社 1983 年版，第 625 页。

第八师师长陈之骥系冯国璋女婿，在起兵讨袁之初，他倾向革命，当讨袁军形势不利时，他开始动摇，转而拥护袁世凯。在程德全的唆使下，陈之骥采用恐吓的手段，逼迫黄兴出走。陈之骥对黄兴表示：“事不可以为矣，兵心悉变，卫队且将不利于公之身，公曷不速去，为明哲保身之计。”[①]在多方的压力下，黄兴看到大势已去，于28日夜乘日轮“静冈丸”去沪，因无法上岸，遂随该轮去了日本。此后，章梓、洪承点等将领也相继离去。黄兴等人走后，陈之骥随即率兵包围了讨袁军总司令部和都督府，并进行搜捕。黄兴在南京的起兵就此失败。

二　何海鸣继起讨袁独立

就在黄兴离开南京的第二天，代理江苏民政厅长蔡寅、第八师师长陈之骥等人见风使舵，宣布取消独立，并“迭电催请程都督回宁速筹善后”[②]。但是程德全已经无意从政，只是派杜淮川到南京出任第一师师长。

在此之前，袁世凯任命冯国璋为第二军军长、江淮宣抚使。冯部于7月24日从天津沿津浦铁路南下。袁世凯命令其沿铁路进军，速取临淮，同时命张勋部取道清江、扬州，由水路进取镇江，并与冯部会攻南京。至8月11日，冯军先头部队施从滨部进抵浦口，张勋部则已经进抵南京东郊的龙潭。

在此形势下，激进的革命党人何海鸣、韩恢来到南京，以期重整旗鼓，挽回败局。

何海鸣，国民党人，原为上海《民权报》记者，是一个热血的革命青年。“二次革命”爆发后，他奔走江西、上海等地，积极参与讨袁斗争。7月底，他在镇江得知黄兴离开南京后，“心甚焦灼，亟请韩恢星夜入宁，谋补救”[③]。程德全虽任命杜淮川为第一师师长，但杜根基不深，威望不高，而第一师等部队的下级军官和士兵对取消独立颇为不满，北军进抵南京近郊更激起了他们的愤怒，决心誓死抵抗。

韩恢抵达南京后，因其与第一师士兵有着广泛的联系，遂从第一师下级官兵入手，广泛发动。此时，革命党人戴季陶、詹大悲也已抵达南京，但是他们没有与何海鸣、韩恢取得联系。8月7日，何海鸣召开有关军队代表会议，会上，大家都表示应立即展开行动，并公推何海鸣为江苏讨袁军临时总司令。于是何海鸣决定是夜发动起

---

① 何海鸣：《金陵纪战》，中国社会科学院近代史研究所中华民国史研究室主编，朱宗震、杨光辉编：《民初政争与二次革命》下编，上海人民出版社1983年版，第590页。

② 中国社会科学院近代史研究所中华民国史研究室主编，朱宗震、杨光辉编：《民初政争与二次革命》下编，上海人民出版社1983年版，第626页。

③ 中国社会科学院近代史研究所中华民国史研究室主编，朱宗震、杨光辉编：《民初政争与二次革命》下编，上海人民出版社1983年版，第589页。

义,以富贵山信炮为号。

8月7日夜,何海鸣入住悦宾楼,而起义指挥部设大观楼。8月8日凌晨2时,富贵山上发炮两响,但炮声甚小,起义指挥部没有听到炮声,一些部队也没有听到炮声,即使听到炮声的部队,因不见指挥,不敢贸然行动。而第一师师长杜淮川为炮声所震慑,连夜出逃,至浦口报告进抵该地的冯军。天亮后,何海鸣至司令部,根据新的情况召开紧急会议,商讨对策。会议决定"决计一竟昨夜未成之功"①。何海鸣立即调常寿昆师由汉西门入城,以加强城内起义部队的力量。8日中午,何海鸣率百余名士兵占领了都督府,宣布"卷土重来,恢复独立"②,何海鸣自任江苏讨袁军临时总司令,推陈之骥为江苏都督,并派代表迎接陈就任,同时讨袁军司令部在城内满贴讨袁军总司令的布告,布告云:"民贼袁世凯违叛共和,恢复帝制,兵屠江西,罪大恶极,普天同愤。吾江南军民,愤魔王之暴戾,痛民国其云亡,同心协力,宣布独立,首建义旗,声罪致讨,无非为除暴安良,求真正共和计也。乃者,贼党程德全反复欺诞,暗助桀虐;乘黄兴有事他适,使其心腹爪牙,威胁军民,取消独立……现乘江东豪杰卷土重来,恢复独立,重整军队,续师讨袁。誓必达此诛奸歼恶之志,完奠民国丕基。"③

被推为都督的陈之骥,起初不愿答应,后派其参谋首斌与何海鸣接洽,表示:陈自带卫队立即前来都督府视事,何海鸣掌握的军队应移驻第一师司令部。接着,陈之骥又授意部下电告都督府,表示陈就任都督,何海鸣等人应受其指挥;陈到都督府时,何海鸣等应出门迎接。何不知其阴谋,复电表示同意。陈即派其心腹,率得力士兵两队前往,并将何海鸣等二十余人拘捕,押往第八师司令部。陈见部下得手后,立即以第八师师长的名义贴出布告,宣布取消独立,并称:"此次独立,业经压迫取消。所有倡首痞徒,大半闻风远逃。此间地方治安,本师一力担保。谕尔居民人等,其各安堵勿惊。"④同时,陈之骥将都督府讨袁军司令部的12万银元军费运走,作为军官的奖赏。至此,何海鸣等发动的江苏第二次独立宣告失败。

三　讨袁军第三次宣布独立

8月8日,陈之骥将何海鸣软禁在第八师司令部后,原准备第二天将其押送上海。但是由于陈之骥镇压起义,引起了部分同情起义的官兵不满。第八师第二十九团和

---

① 中国社会科学院近代史研究所中华民国史研究室主编,朱宗震、杨光辉编:《民初政争与二次革命》下编,上海人民出版社1983年版,第594页。

②④ 《时报》1913年8月11日。

③ 中国社会科学院近代史研究所中华民国史研究室主编,朱宗震、杨光辉编:《民初政争与二次革命》下编,上海人民出版社1983年版,第631页。

第三团，以及据守汉西门的常寿昆部对陈的态度尤其不满，第一师对何海鸣讨袁独立也表示理解和同情，并声言将进攻第八师司令部。鉴于当时军情不稳，陈之骥对何海鸣不敢贸然处置，并想利用何来缓和矛盾。8 月 10 日，陈之骥经由英国领事的联系，与宪兵司令茅迺封渡江至浦口冯国璋部，商谈和平解决方案。

就在陈之骥去浦口的当晚，第八师第二十九团的下级军官和士兵击毙了企图阻止起义的该团团长李浚，与第一师的官兵联合起来，冲入第八师司令部，解救了何海鸣，将其转移至小营的第二十九团团部，并宣布解散第八师司令部。何海鸣的到来，得到了广大下级官兵的欢迎。

11 日下午，何海鸣宣布第三次讨袁独立，并表示将补发拖欠官兵的军饷。随后，何海鸣在第一师官兵的护送下进入都督府。

此时，第八师的高级军官纷纷外逃，第八师师长陈之骥得知情况后火速赶回，当他回到南京时，见大势已去，便在日本领事馆人员的护送下，乘上日本军舰前往上海，后又赴日本。

何海鸣进入都督府后，立即重新组建了讨袁军司令部，自己仍担任临时总司令，邱鸿钧为参谋长，钱通为卫戍司令，李华侬为军需长，李维为临时卫兵长。8 月 11 日下午，讨袁军司令部贴出了江苏第三次独立布告，布告称：“袁逆世凯，违反共和，黄总司令兴宣布独立于前，为程贼德全破坏。本司令重行宣布于后，又为陈贼之骥所推翻。人天共愤，万众不容。幸各军深明大义，于昨夜又行建树义旗。本司令承各军士推戴，仍任临时总司令。凡有地方安全，军队之接济，本司令当竭力维持，毋敢稍懈。”①

由于各师高级军官大多外逃，军队群龙无首，指挥混乱。为了建立指挥系统，统一指挥，何海鸣在都督府召集各部军官开会。会议决定由何海鸣为临时总司令，都督一职暂不设置，并推举徐海为第一师师长，王兆鸾为第八师师长。然而王兆鸾第二天即不辞而别，后李可钧自命为第八师师长，并调王宪章为参谋长。

尚在何海鸣第一次宣布独立时，革命党人戴季陶就从上海来到南京，但是两人并没有取得联系。后因起义失利，戴季陶原准备回上海。此次独立成功后，第二十九团派人将戴季陶接到团部。希望戴季陶能活动上海方面，对江苏的起义给予支援。戴季陶对何海鸣表示，自己必须回上海一趟，以谋取上海方面的支援；南京方面，应以知兵者为司令，而钮永建可担当此任。然而，上海的高级军官均踌躇不前，没有一人来

① 《何海鸣再次独立布告》，中国社会科学院近代史研究所中华民国史研究室主编，朱宗震、杨光辉编：《民初政争与二次革命》下编，上海人民出版社 1983 年版，第 632 页。

到南京，经费筹措也十分困难。

江苏再三独立，使袁世凯深感忧虑，他命令北军迅速向南京推进。8月13日，北军张勋部进抵龙潭，准备向天堡城攻击，北军冯国璋部占领浦口后，也准备向大胜关、三汊河迂回，企图渡过长江，占领雨花台，与张勋部由东、南两面夹击南京城。14日凌晨，张勋所部的先头部队即与江苏第四师徐宝珍部突袭紫金山和雨花台，江北的冯国璋部也渡江偷袭。由于南京的讨袁军事先得到情报，早有准备。在紫金山方面，当徐宝珍部进入讨袁军的火力射程内时，讨袁军枪炮齐鸣，一弹即炸毁徐军的军旗。讨袁军发起反击，徐军大败，其旅长方更生足部被炮弹炸伤，团长赵振东也被流弹击伤，第四师伤亡六七百人。在雨花台方面，张勋部也遭到失败，被毙伤五百余人。冯军的一支小部队约200人偷渡长江后潜伏在下关的一个小客栈中，企图出其不意发起攻击，但其阴谋被讨袁军发现，双方发生激战，冯军死伤七八十人，余被生擒。

是夜，浦口的冯军以夜色掩护，偷渡长江，被讨袁军发现，讨袁军当即向正在渡江的冯军炮击，冯军数条船只被击毁，死伤甚多。14日，冯军从大胜关以南渡江，在怡和公司码头登陆，讨袁军随即发起反击，冯军死伤甚众。

在紫金山的战斗中北军虽然损失惨重，但双方争夺激烈。14日，北军出其不意占领了紫金山和天堡城。紫金山为南京的最高峰，占领该峰，即可俯瞰南京城，整个城区亦在其炮火射程之内，战略地位十分重要，历来是兵家必争之地。为了夺回紫金山阵地，讨袁军立即在富贵山炮台的支援下，向该峰发起反击，并于中午时分夺回阵地。16日，北军集中优势兵力再次向紫金山发起攻击，紫金山再度易手。17日，何海鸣重新进行了反击部署，命令富贵山和朝阳门外的炮台向紫金山和天堡城阵地猛烈轰击，并亲自上阵，率第八师部队进攻，终将天堡城夺回。18日，紫金山阵地也重新掌握在讨袁军手中。

正当讨袁军和北军在南京城郊激战的时候，南京城内也不安定，讨袁与拥袁的斗争也进入了白热化。新任第一师师长徐涛、第八师师长李可钧、旅长兼卫戍团团长吴浩等人联络南京地方维持会，企图趁双方军队在城郊激战之时在城内发难，推翻何海鸣的独立，献城叛变。16日，他们渡江去浦口面晤冯国璋，企图收买何海鸣，商定发洋5万元送何海鸣，并命其出城，如果何拒绝，则武力解决。17日夜，徐涛、吴浩等人按计划开始行动，逼迫讨袁军何海鸣等主要领导人离开南京。面对复杂的局势，何海鸣一面派人做说服工作，争取和平解决，一面通令各军：徐涛、吴浩等人谋反，要准备抗击。18日，徐涛、吴浩等人急不可耐，勒令何海鸣等于下午2时退出都督府，否则将进攻都督府。何海鸣采取缓兵之计，在其卫队的护送下撤出了都督府，后避入金陵医院。是夜，叛将发出了取消独立的命令，命令称：“照得南京两次独立，凡我父老昆弟均受惊骇，现由各师长及本司令会同取消独立，以保全我全城生命财产，亦均保卫治安为宗旨，人道为主义，凡我父老昆弟由此重见太平焉。”①在此情况下，何海鸣紧急调遣得力部队进城守卫。第八师第二十九团、第一师第三团等部的部分官兵返回城内，在都督府恰巧遇到吴浩，官兵随即开枪射击，吴被吓跑。徐涛的叛逆行为也遭到了第一师下级官兵的反对，官兵们起而轰之，将徐赶走，南京城内的叛乱至此平息。

18日，何海鸣发出布告，宣布城中防卫稳固，号召军民坚持讨袁斗争。同时，讨袁军还设置了临时行政机构，举张尧卿为临时都督，何海鸣自兼第八师师长，韩恢任第一师师长。然而，何海鸣是文人出身，不懂军事，因此，这些领导人在军队中缺乏威望，甚至韩恢也表示：“余等之举何海鸣为总司令，不过儿戏而已。何为文人，彼岂知兵哉？”②临时都督张尧卿因前在镇江独立未成，转入南京，在军中亦无基础。因此，南京重新独立后始终缺乏一个强有力的领导集体。

就在此时，曾任安徽都督的柏文蔚来到南京。“二次革命”爆发后，柏文蔚为安徽讨袁军总司令。黄兴在江苏独立失利后，安徽的讨袁运动也偃旗息鼓。正当柏文蔚在芜湖策划继续讨袁之时，他听到何海鸣在南京再次独立，重新举起讨袁大旗的消息，遂于8月18日带数名随从来到南京。柏文蔚在革命党人中有很高的威望，他的到来，受到南京讨袁军的热烈欢迎，并被推举为江苏都督兼第八师师长。柏文蔚表示：“但能有利于公众，无论如何牺牲，在所不顾。”③19日，安徽的讨袁军也开到南京，大大增强了南京的讨袁力量。柏文蔚上任后大力整顿军队，调整领导成员，并另组军务部，以王宪章为部长。同时他还充实兵员，在一周内各部队兵员已达到8000余人。④ 柏文蔚的到来，使南京讨袁军的军心大振，士气高涨。

四　讨袁军激战南京城

就在讨袁军与北军相持于南京城下的时候，8月17日，加拿大人马林和日本人后藤前来讨袁军司令部，要求停战。对此，何海鸣立即明确答复说：“同室操戈，本非所愿。因彼屡次南犯，实不得已为民请命。如彼不来犯，我可暂不往讨。”⑤然而北军则

---

① 中国社会科学院近代史研究所中华民国史研究室主编，朱宗震、杨光辉编：《民初政争与二次革命》下编，上海人民出版社1983年版，第654—655页。

② 《时报》1913年9月21日。

③ 柏文蔚：《从辛亥革命到护国讨袁》，中国人民政治协商会议江苏省委员会文史资料研究委员会编：《江苏文史资料选辑》第6辑，江苏人民出版社1981年版，第26—27页。

④ 江苏省社会科学院《江苏史纲》课题组：《江苏史纲》（近代卷），江苏古籍出版社1993年版，第284页。

⑤ 《民立报》1913年8月21日。

提出了非常苛刻的议和条件："（一）将总司令何海鸣交出。（二）张勋之兵入城勿抵抗。（三）守军当缴械解散。"[①]北军提出的条件无异于让讨袁军投降，这理所当然地遭到何海鸣的拒绝。马林等人多次到南京说降，讨袁军虽有犹豫，但始终没有让步。马林曾说："余因欲作南京降城之调停人，力劝韩恢退出，惟军民等皆深惧张勋淫掠，以复前仇，犹豫不决。"[②]

议和以失败而告终，双方在南京城下展开更为激烈的战斗。

8月19日，张勋部又一次进攻天堡城，讨袁军虽奋力抵抗，但寡不敌众，天堡城再度被张勋部占领。有了天堡城为依托，张勋部遂猛攻太平门。讨袁军早已察觉北军的意图，在太平门埋设地雷，并高悬红旗，以诱敌深入。张勋部不知有诈，大队人马蜂拥而入，此时预埋地雷轰然炸响，北军伤亡惨重。当北军欲退出太平门时，守军四面出击，截断退路。张勋部四散奔窜，大败而归。

张勋部在太平门的惨败，鼓舞了讨袁军的士气。20日清晨，第八师第二十九团、第三十二团及炸弹队等部乘胜向天堡城反攻，柏文蔚亲率皖军潜行出城，取道下关，绕至东南城垣，从后方奇袭北军。"南军勇不可言，与敌彻夜鏖战"[③]。柏文蔚在谈到这次战斗时说："我步兵第二十九团一鼓作气，将天堡城夺回。但一日间三得三失，而敌我两军伤亡士兵，已在3000人以上。我步兵第二十九团原数5700余人，至此点验只余890余人。此种壮烈牺牲，余之心胆碎矣。"[④]当时的报纸也记载："当民军进攻之时，袁军炮火纷纷向下面发，民军在枪林弹雨之中毫不退却，奋力前扑，卒竟厥功。袁军之驻扎其地者，溃走无遗。有不及避者，多从山上跌下，以至陨命。于是天堡城、紫金山两处复悬民军旗帜。居民从远处望见，欢呼之声如春雷……中外人士，无不钦敬。"[⑤]讨袁军虽英勇奋战，但在强敌猛攻之下，紫金山、天堡城最终还是被张勋部占领。

当张勋部与讨袁军在南京郊外激战之时，驻扎江北浦口的冯国璋部一直在保存实力，隔江观战。直到22日，见张勋部确实占领了紫金山和天堡城，冯国璋才命令其第二师和第五师于第二天向太平门及神策门发起进攻。同时，冯国璋又指示部队：

① 《民立报》1913年8月22日。

② 《时报》1913年9月21日。

③ 中国社会科学院近代史研究所中华民国史研究室主编，朱宗震、杨光辉编：《民初政争与二次革命》下编，上海人民出版社1983年版，第649页。

④ 柏文蔚：《从辛亥革命到护国讨袁》，中国人民政治协商会议江苏省委员会文史资料研究委员会编：《江苏文史资料选辑》第6辑，江苏人民出版社1981年版，第27页。

⑤ 《民立报》1913年8月25日。

“本军首天攻击，早迟必定成功，无须太为着急。”①显然，冯国璋仍然想让张勋担任主攻，以便自己坐收渔人之利。24日，袁世凯担心南京久攻不下，他处再节外生枝，局面将无法控制，遂命令海军总长刘冠雄“会合海陆各军迅速荡平，切勿延缓，致牵动大局。陆军大队尚未渡江，望刘使（时刘任南洋巡阅使）速设法护渡”②。同日，第七师师长雷震春率部由上海乘海军舰船在镇江登陆，海军舰船也开抵南京下游的卸甲甸，准备掩护冯军渡江。

就在袁军大兵压境的时候，南京城里内乱再起。第一师师长韩恢因不受官兵的欢迎，转任新组建的第三军军长，然而第三军由新募之兵组建，实际上是徒有虚名。曾任临时都督的张尧卿也对柏文蔚占据都督职位表示不满。柏文蔚见何海鸣威望不高，无法控制局面，再加上内部矛盾重重，在大兵压境之下，他觉得前途无望，便留书何海鸣，欲带领第八师出走，但遭到第八师官兵的反对，就连他自己的卫队大多也不愿随从。于是，柏文蔚于8月25日仅率少数人从水西门出城，离开南京，中途又被袁军击溃，柏文蔚等数人化装成工人，逃往上海，后亡命日本。柏文蔚出走后，南京的局势更显不利。为了稳定军心，何海鸣重整旗鼓，亲自任江苏都督兼第八师师长，全权指挥南京的战斗。何海鸣在南京坚持战斗，为维系军心起到了很大的作用。

25日夜间，北洋海军“海深”、“应瑞”、“楚有”三舰驶往南京上游，抵达大胜关，并以舰上炮火掩护袁军第四师等部渡江。26日，北军倾其全力攻击南京。张勋的马队一度突入朝阳门，张宗昌第三师一部也攻入神策门。张勋闻讯大喜，忙电告北京报捷。然而，张勋的马队一入城即遭到讨袁军既设阵地的阻击，马队被全歼。张宗昌部也遭到城垣两侧火力的封锁，被迫退到城外。遭此惨败后，冯国璋也不敢贸然行事，他命令部下与海军协同，并联合张勋部一同进攻。28日凌晨，守军第八师第二十九团一部约百余人由仪凤门果断出击，出其不意占领了宝塔桥，并攻击至长江边的幕府山下，距第三师司令部仅数百米。第三师司令部的卫队虽拼死抵抗，但在伤亡40余人后，司令部还是不得不后撤。

然而在南京上游的芜湖，8月26日，袁军汤芗铭率海军攻击芜湖上游的要地荻港。27日，芜湖下游的东梁山也被庐州夏永伦部占领。28日，袁军倪嗣冲部、安徽第一旅顾琢塘部等与海军协同攻占了芜湖。芜湖的失陷，使南京陷入孤立之中。

8月29日，袁军完成了对南京的包围，旋于31日向南京发起总攻击。9月1日，朝阳门守军司令胡炳炎趁守军兵力单薄，与张勋部勾结，企图献城。胡炳炎在城门上插上红旗，谎称太平门失守。何海鸣闻讯，亲自率领护卫团和宪兵队前往镇压，将红

---

① 北京政府陆军部档案：《第二军参谋处通报》，中国第二历史档案馆藏。

② 《冯国璋收电簿》，《近代史资料》，1962年第1期。

旗砍倒。随后,混成一支队之第三团又行叛变,并占领了巡警局和都督府,沿街插满了袁军的红旗。在这紧急的情况下,何海鸣与第三军军长韩恢立即决定派兵镇压。何海鸣又率护卫团之张霞营,以及第三军之警备队一部,镇压了都督府之叛军。韩恢率第六师之一部,消灭了巡警局之叛军。同时,第五师师长钱通率该师一部向朝阳门、太平门之敌发起反击,至晚上 7 时,将袁军击退。讨袁军的战斗得到了广大民众的支持,“居民见民军来,无不以茶水献祷,祝民军之胜利”。①

就在讨袁军解决内乱的时候,张勋部与冯国璋部也乘机猛烈攻城。9 月 1 日,袁军一面用大炮轰击城垣,一面在太平门城墙下开挖地道,埋设炸药,将城墙炸塌后攻入城内。守军虽然节节抵抗,但袁军占绝对优势,守军抵挡不住袁军的进攻,败下阵来。翌日,袁军直攻都督府,何海鸣在不利的形势下,决定退出都督府,率余部撤退。当向南京南门方向撤退的讨袁军行进至小菜场时,与张勋部遭遇。何海鸣率部击退了张勋部,并冲出了南门。此时在雨花台,冯军与雷震春部正步步逼近,形势对讨袁军不利。讨袁军第一师第三团与第八师第二十九团全力抗击,毙伤雷震春部千余人。何海鸣带领部队与袁军血战,冲出南门后,在雨花台与第八师会合,但部队伤亡也很大,兵员所剩无几,何海鸣本人也负伤,倒在山坡之上。当士兵前来搀扶时,他一跃而起,高声呐喊率兵冲向前去,直至伤亡殆尽,仅剩两名兵员。何海鸣在伤兵的搀扶下退到山坡下休息。此时恰遇别路讨袁军自城内撤退至此,何海鸣复与韩恢等人率领众将士冲上雨花台,与袁军展开肉搏。但是,袁军人多势众,何海鸣等伤亡惨重,不得不且战且退。在江宁织造府附近,何海鸣为保护地方商民,在身负重伤的情况下,仍指挥部下与张勋、徐宝珍部激战,最后撤出南京城。

讨袁军在南京与袁军的激战,也给予袁军以重创,消灭了袁军的大量有生力量,“计战事终了,北军之死散者,计张勋之兵二十余营,雷震春之兵五营,刘冠雄之兵二百余人,徐宝珍之兵二旅,冯国璋之兵一营。”②袁军所剩部队,张勋部不足 1000 人,徐宝珍部 200 人,雷震春部不过 800 人。③

袁军进城后,按照事先划分好的地盘,大肆进行掠夺。张勋在进攻南京时就“宣布如城破之日,准士兵大抢三日”④。袁军进城后,下关被冯国璋部付之一炬,张勋部

---

① 《民权报》1913 年 9 月 7 日。

② 中国社会科学院近代史研究所中华民国史研究室主编,朱宗震、杨光辉编:《民初政争与二次革命》下编,上海人民出版社 1983 年版,第 663 页。

③ 江苏省社会科学院《江苏史纲》课题组:《江苏史纲》(近代卷),江苏古籍出版社 1993 年版,第 287 页。

④ 《民立报》1913 年 8 月 24 日。

在太平门一带“官兵所掠之物堆积如山”[①]。古城南京又遭到一次浩劫。

南京的陷落是“二次革命”最后失败的标志，南京保卫战虽然以讨袁军的失败而告终，但是讨袁军的英勇奋战却给人们留下了深刻的印象。正如加拿大医生马林后来所说：“第八师兵士实为今此革命之特色（第八师中尤以第二十九团为最优），足以当英雄之名而无愧，故彼等之声誉，当永远留于中国之历史。”[②]

---

① 《时报》1913 年 9 月 21 日。

② 《民权报》1913 年 9 月 22 日。

第二章　北京政府时期的江苏

第一节　直系势力进入江苏

一　省行政公署的设立与冯国璋督理江苏军务

1912年，中华民国临时政府成立后，江苏省行政公署也随之成立，民政长为行政公署的最高行政长官，主管全省政务，由中央任命。江苏省行政公署首任民政长为应德闳。1913年9月6日，韩国钧继应德闳之后，接任民政长之职。

江苏省行政公署下设总务处及内务、财政、教育、实业四司。1913年7月，在原徐州道所辖地设立了徐州观察使。8月，在原淮扬道所辖地设立了淮扬观察使。同年9月，设立国税厅筹备处。1914年1月，又在原苏松道所辖地设立了上海观察使。国税厅整理国税，观察使则办理道行政事务，仍受省行政长官管辖和监督。

行政公署所设员额，依据1913年1月8日北京政府划一令的规定，由各省民政长拟具相当人数，经国务院总理，呈请总统核定。江苏全署为150人至200人。1913年3月，国务院拟定各省行政公署办事章程，行政公署所设员额随之大加裁减。根据该章程规定：行政公署所设人员，除司长、秘书、技正、技工及雇员外，其余科长、科员等不得超过60人。其后，复因财政窘迫，经国务会议议决，各省行政公署除司长以上人员及雇员不计外，只设秘书1人，科长13人，技正1人，科员43人，技工2人，总共60人，较之行政公署办事章程所规定者又为减少。

总务处的主管范围是：(1) 关于机要事项；(2) 关于印信事项；(3) 关于统计及报告编制事项；(4) 关于职员履历及进退记录事项；(5) 关于文件之收发、分配、保管、编纂事项；(6) 关于会计及庶务事项；(7) 其他不属于各司事项。总务处设秘书、科长分办杂务，而以民政长之名义行之，必要时可酌情聘用雇员。秘书、科长、技正统为荐任，由民政长呈国务总理，荐请大总统任命。科员及技士则由民政长委任。

内务司职掌关于选举、公共团体、赈恤救济、公私慈善事业、征兵征发、人民户籍、行政区划、土地调查、官产官物、行政司法警察、著作出版、道路土木工程、水道工程、土地使用、整饬礼俗、宗教、保存古物、医院卫生、传染病预防、检疫及地方交通行政等事项。

财政司职掌关于监督征收地方税及税外之收入、地方税违法征收之处分、滞纳地税处分之诉愿、监督地方岁出、编制地方预决算及地方公债、金融等事项。

教育司职掌关于公立学校职员、教育会议、图书审查会、教育博览会、学校卫生、公立学校修建、师范学校、中小学、蒙养园、普通实验学校、盲哑学校、特种学校、私立大学校、专门学校、外国学生、动植物园、阁书馆、博物馆、美术馆及文艺、音乐、演剧等事项。

实业司职掌有关农业改良、农事试验场、蚕丝业改良和检验、地方水利建设、耕地整理、天灾虫害预防及善后、农会、农林渔牧团体、畜牧改良、种畜检查、公私有林监督保护、苗圃林业试验、狩猎监察、工业调查、水产试验监理保护、经营工业、度量衡之检查推广、工厂调查、工厂监督检查、工人教育保护、商品陈列、输出品奖励、保险业商业之监督、工商团体、矿业调查监督、矿夫保护、矿税稽核等事项。

1914 年 5 月 15 日，国务院又颁布了省官制，江苏省行政公署奉命改为江苏巡按使公署，行政长改为巡按使。江苏巡按使公署的机构设置，一律废除了行政公署各司名称，而在政务厅内分设总务、内务、教育、实业诸科，财政与国税厅则改组为财政厅，各观察使改设金陵、沪海、苏常、淮扬、徐海五道。

巡按使为省内最高行政长官，执掌省内一切职权。巡按使为特任职，由大总统任命，并无资格限制。巡按使有专任者，亦有由所在省份军政长官兼任者，任期不定，而以中央之意旨以定去留，巡按使在任职期内不得任意离职，如必须离职时，例须呈请中央批准，由中央派员代理。江苏省巡按使为齐耀琳。

政务厅为巡按使公署之内部机关，设厅长一人。根据署官制度的规定，厅长由巡按使荐任，但事实上则多由巡按使经内政部呈请大总统简任。政务厅承巡按使之命主管厅务。

江苏巡按使公署设总务、内务、教育、实业四科，各科设科长一人，职掌各科事务。科长概由巡按使委任。然官职虽系委任，但待遇则同荐任。各科职掌、全署员额基本上沿袭江苏省行政公署各处司之规定，即总务科类同与上届总务处；内务、教育、实业三科类同与上届内务、教育、实业三司，具体职掌事项略有增减。

巡按使公署财政厅管理全省财政及监督所属财务行政人员，总理省税出纳，执行各种税法，催促各属款项，筹计中央需要，支配全省经费，办理预算、决算等等。

文官普通惩戒委员会是巡按使公署唯一专设的一个委员会。依照 1914 年 1 月

21日颁布的文官惩戒委员会职掌规定，文官普通惩戒委员会设于中央及地方各署，旋经内务部呈准，各省仅于巡按使公署设立之，主管文官惩戒事宜。文官普通惩戒委员会设委员长1人，由各该官署长官兼任，委员2至4人，由官署长官在五等、六等文职官员中临时选派充任。

江苏巡按使公署行政会议依照1915年3月江苏巡按使公署行政会议章程规定，行政会议由财政厅长、金陵关监督兼交涉员、政务厅长、咨议处长、金陵道尹、江宁地方审检厅长、江宁县知县、巡按使公署之咨议及各科科长组成。会议以巡按使为会长，开会时，以会长为主席。该会议无一定会期，开会与否由会长决定。会议议案依照章程分为两种：一为巡按使所提议者，二为各会员所提议者。会议决议案并无限制巡按使之效力，惟经巡按使核准执行者，则主管官员于下次会议时，须将执行经过报告会议。行政会议设在巡按公署，并设书记官长1人，书记官2人，主持一切文牍事宜。书记官长及书记官均由公署人员兼任。

1914年7月，江苏都督府改为将军行署。1916年7月，北京政府官制变更，将军行署又改为督军公署。同时，北京政府令改各省军务长官为督军。江苏督军公署首任督军为冯国璋，由中央任命。江苏巡按使公署虽为江苏省最高行政机关，但实权却掌握在督军手中。

“二次革命”失败后，袁世凯的势力已深入江苏，江苏落入北洋军阀的统治之下。1913年12月16日，袁世凯任命张勋为长江巡阅使，任命冯国璋为江苏都督（后改为督军），江苏这块富庶的土地，落入北洋军阀直系势力的手中。1913年12月29日，冯国璋正式接任江苏都督之职，到1917年北上担任总统为止，他在江苏统治达三年半之久。

冯国璋督理江苏期间，首先对中华革命党和省内的反袁势力及活动实行严厉镇压。在冯国璋上任初期，由于江苏是“二次革命”的主要地区之一，因此，冯国璋便在江苏境内大肆搜捕革命党人。他宣布：“设有藏匿匪人、暗设机关等情，应由附近邻居密报，警察究办，倘敢通同徇隐，一经发觉即一并严惩不贷。”①为了镇压革命党人和维护统治，冯国璋还在南京设立了以陈调元为司令的宪兵司令部，专门缉查、镇压革命党人的反袁活动。在宪兵司令部的控制下，南京城内经常实行戒严，若有“乱党”，即予处决。除了南京之外，在江苏的其他地方，如南通、扬州、苏州等地，冯国璋也责令各地方官员“严密防范侦缉，党人务获究惩，以遏乱萌”②。

---

① 《申报》1914年1月8日。

② 《申报》1914年2月23日。

然而，在冯国璋的严厉镇压下，江苏的革命党人并没有放弃武装斗争。革命党人陈其美坚持开展武装斗争。在他的领导下，中华革命党在袁世凯复辟帝制前后，开展了较大规模的武装起义。1915 年 11 月 10 日，上海镇守使郑汝成为革命党人所刺杀。1916 年 4 月中旬，革命党人在江阴发动起义，占领了江阴炮台，并成立了江苏护国军，宣布江苏独立。同年 4 月 18 日，革命党人联络浙军，攻占了吴江县并宣布独立。与此同时，苏州、无锡、常熟、镇江、扬州、南通等地的革命党人也十分活跃，纷纷策动地方独立。面对革命党人的反袁活动，冯国璋采取了严厉镇压的措施。他派军队进攻占据江阴的江苏护国军，在击败护国军后，又转而攻占了宣布独立的吴江县城。为了加强自身的力量，冯国璋还在安徽招募了 5 个营的新兵，组成了陆军巡缉队。在短短数月中，冯国璋在南京、镇江、扬州、南通、苏州、无锡等地处决了数百名所谓的革命党嫌疑犯。

在加紧镇压革命党人的同时，冯国璋还加强了内部的控制，他命令全省各级行政长官、陆军营长以下军官，以及警察署长以下警员具结连保，保证不宣布独立，否则便一律撤职。

冯国璋督理江苏期间，为扩大北洋势力，对地方进行限制和压制。江苏省民政长韩国钧任职以来，主张“军民分治”、“苏人治苏”，各重要政府部门均掌握在江苏官员手中，而北洋势力的候补官员绝大多数都得不到重用。为此，冯国璋和韩国钧在用人问题上经常发生矛盾。1914 年 6、7 月间，冯国璋趁各省民政长改为巡按使、都督改称将军之机，亲自北上，力劝北京政府撤换韩国钧。尽管韩国钧深得袁世凯的青睐，但是在冯国璋的压力下，韩国钧还是被调为安徽巡按使，另调吉林巡按使齐耀琳接任韩国钧，任江苏巡按使的职务。齐耀琳是吉林人，曾任冯国璋家乡直隶河间县知府，与冯国璋的私人关系颇深。齐耀琳上任后，大量任用北洋官员，大大削弱了江苏的地方势力。

1913 年，在“二次革命”期间，南京曾遭到张勋辫子兵的洗劫，这对南京的商民来说是一个沉重的打击。为此，南京商民代表曾多次晋京，要求北京政府赈恤灾民，但均未果。冯国璋督苏后，即和韩国钧一起召集商绅开会，商议赈济办法。据江苏省警察厅调查核定，南京兵燹，共有 4 万余户受损失，总价值 1600 万元。[①] 于是，冯国璋、韩国钧命令江宁赈抚局赈济受灾商民 20 万元，并商请财政部代借外债 600 万元，以江苏省印花税作抵押，但是，该项贷款因外国银行拒绝放贷而未能如愿。在此情况下，北京政府又决定调拨民国元年 6 厘公债票 200 万元作为救济金，以抚恤灾民，但

---

① 《冯国璋、韩国钧致北京政府电》，《申报》1914 年 5 月 21 日。

是上海大多数银行不愿意押现，仅有一二家表示愿意，“但息扣太重，期限太促，每百万仅押现三四十万”[①]。最后，北京政府以灾民损失100元以下者发现洋，100元以上者发给公债票的办法，一律按照实际损失的十分之一来进行赔偿。这被时人讥讽为“二百万元之公债票，徒拥画饼，难以充饥，可望而不可及”[②]。然而，南京商民因战祸损失而得到一定的赔偿，这在当时还是不多见的，这对稳定北洋军阀在江苏的统治起到了一定的作用。

袁世凯对冯国璋拥兵自重，坐镇财赋甲于天下的江苏很是担心，于是千方百计地削弱冯国璋的势力，人为地制造江苏军政上的分裂。当时，江苏行政区域划分为金陵、苏常、沪海、淮扬、徐海五道，军事上则设置了长江巡阅使、江北护军使和江宁、镇江、苏州、上海、松江、通海、徐州七个镇守使（郑汝成被刺后，上海、松江并为松沪护军使）。其中驻节徐州的长江巡阅使张勋的实力雄厚，浦口以北津浦铁路和徐海地区等，冯国璋根本无法染指。江北护军使蒋雁行是袁世凯的心腹，负有监视冯的使命。上海镇守使郑汝成和松江镇守使杨善德，一个是袁世凯的鹰爪，一个是段祺瑞的悍将，均不直接听命于冯。冯国璋势力仅限于金陵、苏常两道。为此，冯国璋对袁世凯极为不满，在袁世凯称帝前后，他采取了若即若离的态度。袁世凯为迫使冯国璋交出江苏地盘，数度调他担任参谋总长和征滇军总司令，冯国璋均托病加以拒绝。

冯国璋一面联络段祺瑞、王士珍、靳云鹏、李纯、陈宧、汤芗铭等北洋大员劝袁世凯“敝履尊荣，早作退计”[③]，一面以调解人自居，劝西南各省罢兵。1916年5月18日，冯国璋召集北方17省代表在南京开会，想利用江苏的特殊地位造成第三种势力。袁世凯死后，冯国璋担任了副总统，但他不肯到北京就职，仍坐镇南京，以直系力量控制着长江中下游地区。

冯国璋任职期间，大肆搜刮江苏人民的财富。北洋军阀是靠军事力量建立起统治的，因而军饷便成为江苏人民的沉重负担。江苏境内的北洋军队原有4师1旅，冯上任不久又扩充了20个营，再加上张勋的一部分辫子兵，每年军费近千万元，这笔费用北京政府明确规定由江苏财政支出。同时，江苏人民还要承担省政务费和调拨中央的费用各400万元，仅此几项相加，每年财政支出达1800万元，但当时江苏省的关、盐两税收入每年仅2000万元，已全部被中央政府接收。田赋收入每年约900万元，加上其他税捐，全年财政收入仅1500万元，根本无力承担上述开支。于是，冯国璋加紧对江苏人民的盘剥，以各种名目开征苛捐杂税。如1914年开征的铺捐、征收

① 《冯国璋、韩国钧致北京政府电》，《申报》1914年5月21日。

② 《申报》1914年5月18日。

③ 《冯国璋致黎元洪、徐世昌、王世珍、段祺瑞电》，《申报》1916年5月1日。

费、地方附税和验契费;1916年加征的统捐、国家税和地方税的分征、各种新税加征一成等等,不胜枚举。冯国璋还迫使江苏商绅大量认购公债,仅1918年就达120万元。各地方长官还随意克扣、截留地方收入,加征税捐,使人民困苦不堪。

1914年,江苏全省大旱,蝗灾蔓延,至8月间,"高邮、宝应、泰县等地颗粒无收,淮安、宁、镇各属枯禾满野,苏松属田……十稻九空,徐海各属匪盗遍地",人民"多弃田里,携儿擎女为逃荒之业"[①]。次年,苏北又遭水灾,人民流离失所,哀鸿遍野。

兵匪亦是江苏人民的一大灾难,张勋复辟失败后,一部分辫子军在1917年7月12日深夜,于徐州、东海及附近县镇发动兵变,变兵四处抢劫,杀人放火,使人民生命财产蒙受重大损失。徐州城内"火焰烛天,枪声盈耳",熊熊大火焚烧了5个小时,南关外大街"门面数百间皆成为一片焦土"[②],变兵到处索银抢财,杀害民众。而北京政府官员们则不恤民苦,整天沉浸于花天酒地之中。冯国璋不仅在南京拥有钱庄,还与张謇在苏北合办盐垦公司。1917年1月初,冯国璋六十大寿之时,仅酒宴一项就花银十余万两,而此时"天寒日暮,穷民无衣无食之日,正吾副大总统开厨延客,大举寿典之辰,于是全国之行政官吏,以为小民可不恤,副大总统之寿礼不可不丰也","副大总统堂上之珍,皆小民辛苦输将之泪与血矣,伟哉副大总统,竟以小民之泪与血为称觞上寿之资耶"[③],这是对冯国璋的辛辣讽刺。另外,各县行政亦"多不合法,由省遣派之各种调查员,未能尽职,人民控诉行政官之举不胜其烦,终以一查了之","各税所厘局之弊更无论矣","实业亦无旺气"[④]。冯国璋的统治,给江苏人民带来深重的灾难。

二 直系军阀李纯割据江苏

张勋复辟失败后,北洋派推举冯国璋代理大总统。1917年7月31日,冯国璋赴京就任代理大总统之职,临行前,他任命江西督军李纯接任江苏督军之职。李纯为直隶天津人,曾任北洋军第六师师长,是冯国璋的心腹,直系的核心人物之一。李纯的上任,使段祺瑞以皖系倪嗣冲或卢永祥督苏的企图成为泡影。8月21日,李纯在南京正式就职。在他发表的就职讲话中,强调要在江苏实行"军民分治",声称"军民两政不能有所倚重,舍军政不足以维持地方之秩序,舍民政无以敦促政治之进行","自今以后,办理本省事务,无论关于军政或民政,均宜和衷共济,不宜有所侵越……不容有

① 《申报》1914年8月2日。

② 《徐州兵变记》,《申报》1917年7月15日。

③ 《民国日报》1917年1月7日。

④ 《申报》1914年5月7日。

一毫芥蒂存乎其间"[①]。李纯还踌躇满志地宣布治苏三项政策,第一,"力除隔阂";第二,"重办贪官","本省官吏如有贿赂情事,诸君尽可直言,俾余有所知觉……必当依法重办";第三,"为民除害","凡有害于人民者莫不设法屏除之"[②]。在对待革命党的问题上,李纯采取了较为温和的政策,一改冯国璋时代的铁腕政策和恐怖气氛。对于革命党要人,他"一一加以联络,每致函电,措词均极谦恭","其赴宁谒见者亦殷殷招待"[③]。他禁止军警以搜查革命党人为借口,私入民宅,侵扰百姓;严禁军人出入戏馆、娼寮等地任意寻衅滋事。1917 年 10 月,段祺瑞为向日本筹借军费 2.2 亿日元,竟答应日本政府的要求,签订了中日合办南京凤凰山铁矿和浦口钢铁厂的草约,从而激起了全国人民,尤其是江苏民众的抗议活动。李纯亦联合湖北督军王占元、江西督军陈光远通电反对该项草约。李纯还单独致电段祺瑞,指出凤凰山在江苏境内,理应先征求地方政府的意见才能签约,并表示他不允许日本人来南京开矿。

江苏人民反对段祺瑞武力统一的政策,要求南北实现和平。苏州总商会鉴于"国本无安宁之日,商务绝复活之机,南瞻北顾,控诉无门"[④],而于 1918 年发起"泣求和平"运动,全省各界亦纷纷电请李纯出面促成南北议和。李纯在冯国璋授意下,藉口民意,联合鄂、赣督军呼吁和平,并拒绝北洋军队假道江苏南下进攻南方各省。奉命南下的冯玉祥旅在浦口停滞不前,并在李纯的怂恿下,将北洋第二路军施从滨师阻于滁县。因此,在 1918 年至 1919 年间,李纯在政治上颇获时誉,并一度被举为议和北方总代表。

但是,李纯在江苏并没有像他任职之初所许诺的那样实行军民分治,也没有革除贪官,进行廉政建设,而是继续扩充军队,并利用江苏的经济实力及在全国举足轻重的地位,割据一方。政治上,江苏徒有军民分治之名,而无分治之实。李纯任职以来,"军队日增,土匪日炽,江淮一带民不聊生,焚杀架赎,习为风气"。对于这一切,李纯视若罔闻,"惟日以扩张军权,搜刮民财为事"[⑤]。养兵争权是军阀的重要特征之一,李纯也不例外。自他督苏以来,先后扩充了 1 个师又 4 个混成旅,使江苏人民继续背负着沉重的债务负担。当时,江苏年财政收入约为 1800 万元左右,但是充作本省之用者,还不足六分之一,其余皆被用作军费或被解纳中央。直皖战争前,李纯为了扩张势力,计划扩招军队五个混成旅,但因财权掌握在财政厅长胡翔林手中,饷糈无从筹

---

① 《申报》1917 年 8 月 24 日。

② 《申报》1917 年 8 月 28 日。

③ 《李纯轶事》,上海世界书局,1920 年版,转引自江苏省社会科学院《江苏史纲》课题组:《江苏史纲》(近代卷),江苏古籍出版社 1993 年版,第 294 页。

④ 《苏州总商会关于发起"泣求和平"运动的通知》。

⑤ 《申报》1920 年 10 月 8 日。

措，于是他在督署中设立民政临时办事处，以劣迹昭著的金陵道尹俞纪琦为处长，越权命令全省“六十县应将积存赋税汇解督署，以济军需”[1]。这种千方百计敛财的方法使苏省人民十分愤怒。李纯还私自派员向上海汇丰银行等借外债150万元充作军费，并许诺以某项省产作为抵押。消息披露后，民情更为激愤。李纯、齐耀琳等北洋大员每年生日作寿，送礼宾客都要花费巨资。1917年9月30日李纯53岁生日时，大摆宴席，仅帐帏及贵重礼品就收了2000余份，价值数十万元。而此时恰逢苏北水灾、苏南蝗祸，无数饥民嗷嗷待哺。1920年，江苏“各地奇灾，死亡载道，社会方停宴助赈”，而李纯“犹称寿延宾”[2]。特别是1920年7月关于淞沪军区改制问题，引起了江浙两省发生战争的危机，卢永祥派兵进入南翔，李纯令朱熙第二师进驻昆山，沪宁铁路运输也被迫中断。江苏人民对此种军阀争权的战争十分反感，群起反对，呼吁保障江苏的和平，在民众的压力下，李纯才未敢发动战争。

此时，江苏人民对北京政府及北洋军阀的统治已经到了忍无可忍的地步，一场反对李纯的群众运动终于爆发了。江苏民众反对李纯的第一个步骤是驱逐省长齐耀琳。齐耀琳治苏6年，不仅重用北洋派，排斥地方势力，而且纵庇贪官污吏，江苏最臭名昭著的三个县知事蓝光策、张锐寰、杨梦龄在李纯、齐耀琳的庇护下，不仅逃脱惩罚，还受到重用。北洋派官吏俞纪琦先后担任政务厅长、金陵道尹等要职，为虎作伥，深为江苏人民所痛恨，但齐耀琳却秉承李纯的旨意，撤掉了筹措军饷不力的财政厅长胡翔林，调俞继任。这一做法遭到江苏民众的强烈反对。省议会议员联名弹劾齐耀琳，迫使齐于1920年9月18日辞职下台。

江苏人民的第二个目标便是对准李纯。齐耀琳辞职后，江苏民众要求实行“苏人自治”，推举苏人担任省长。可是李纯却向北京政府举荐名声不佳的北洋政客王克敏。消息传出，江苏各界纷纷函电北京政府，力拒王克敏，并推荐张一麐。最后北京政府改任另一北洋政客王瑚为江苏省省长。王瑚摄于江苏人民的反对，迟迟不敢南下就职，并许诺江苏赴京代表，将以严家炽为财政厅长。但是李纯不愿财政大权落入苏人手中，于是任命文和为财政厅长，并屡次电催北京政府正式发表，声称如中央不同意，他就辞去苏、皖、赣三省巡阅使和江苏督军的职务。文和是李纯的干儿子，在担任省烟酒公卖局长、两淮盐运使任内，劣迹昭彰，因此这一任命引起轩然大波。江苏人民痛斥文和“若长财厅，则侵吞克剥，卖官借债，无所不为，尽为李纯养兵争权，瘠公

---

① 《李纯轶事》，上海世界书局，1920年版，转引自江苏省社会科学院《江苏史纲》课题组：《江苏史纲》（近代卷），江苏古籍出版社1993年版，第295页。

② 《申报》1920年10月8日。

肥私作用，吾苏省财政命脉，必断送于若辈小人之手"[1]，并表示"文和一日在任，吾苏人一日不纳税"[2]。各团体和各界人民亦纷纷电函北京政府，要求"明令准其休息，以苏民命而惠地方"[3]。他们斥责李纯"身任兼圻，竟视江苏为个人私产，并藉此为要挟中央之工具"，表示李纯"既以去就相要于前，我苏民本不乐有此夺主之喧宾，中央亦何贵有此跋扈之藩镇？应请明令解职"[4]。省议员还建议李纯将三省巡阅使署移驻九江、当涂。1920年10月10日下午，省议会议员和苏社会员召开反对李纯、文和会议，出席者一致认为李纯"今则悍然不顾，视苏人为鱼肉，吾苏人不再作彻底之觉悟，必致蹈湖南覆辙"，遂决定扩大逐李运动。会议决定，第一，广泛宣传军人掌握财政的危险；第二，省议员、苏社会员组织临时团体，与宁、沪一致进行反对文和督财的斗争；第三，联合皖、赣士绅，以废督要求中央；第四，李纯既以去就力争，即择日开欢送会。[5]

李纯素好功名声誉，认为"在苏数年，抚衷自问，良心上实在可对得住江苏人，今为一财政长，如此毁我，有何面目见人"[6]，再加上李纯患有精神失常症，受不了刺激，遂于1920年10月12日凌晨自杀身亡。

第二节　经济发展状况

一　中央及省政府的经济发展政策

中华民国成立，确立了共和政体，新兴的中国资产阶级正在成长壮大，先进的资本主义生产方式正逐步取代落后的封建生产方式，这已成为中国社会经济发展的潮流和趋势。在这种潮流的推动下，北京政府也制定和采取了一系列政策法规，以促进中国经济的发展。1912年3月，北京政府设立了工商部，1913年9月，任命张謇为工商总长兼农林总长。同年12月，工商、农林两部解散，组合成立了农商部。1917年，农商部又行解散，重新成立了农工、实业两部。与中央政府机构变动相适应，江苏省也于1917年设立了实业厅，执掌全省实业行政事宜。

民国成立后，民国政府先后颁布了一系列有利于工业发展的政策法规，尤其是江苏著名实业家张謇在任农商总长期间，更是积极推动工业的发展。这一时期民国政

---

①②③ 《申报》1920年10月8日。

④ 《民国日报》1920年10月10日。

⑤ 《申报》1920年10月10日。

⑥ 《李纯轶事》，上海世界书局1920年版，转引自江苏省社会科学院《江苏史纲》课题组：《江苏史纲》（近代卷），江苏古籍出版社1993年版，第297页。

府颁布的促进工业发展的法规和政策措施主要有：1913 年 3 月颁布的《暂行工厂统制》；1914 年 1 月颁布的《公司条例》和《公司保息条例》；1914 年 3 月颁布的《矿业条例》；1914 年 7 月颁布的《公司条例实行细则》等等。与此同时，政府也对民族工业企业给予奖励。1915 年 3 月，农商总长张謇在致袁世凯的呈文中提出了对工厂的奖励政策："名义上之奖借，诚不容缓。故此次请奖工厂一案，即择成效卓著之厂，由大总统特给匾额，以示尤异。次者由部酌给褒奖，其在外侨商，有热心倡办工厂者，由领事查明，汇报核奖，俾资鼓励。此外如发明改良工艺品，业经订有章程，予以特许之权，借以督促国民技术之进步"。同时他还提出："将来国家财力，稍为充裕，尚拟指定有望之商品，得力之工厂酌给补助金，以收实效。"[①]为了使奖励政策得以实施，北京政府还制订了一些具体的配套措施，并随即付诸实施。

张謇还大力提倡国货，倡议政府各部门"以公家力量，限定购用"，"但使内外能协力进行，不独国货销场可以扩充，在办理工厂者，资本上既无停滞之虞，则制造上自有改良可望"[②]。为了推动国货的销售，张謇主持下的农商部在 1915 年 10 月 1 日至 20 日，在北京举办了国货展览会。全国 18 个省选出产品参展，其中江苏送展的部分产品，如棉纱、面粉、生丝等，获得展会的奖励，其获奖品种之多，在全国名列前茅。此外，这一时期，政府还提倡引进外资、减免厘金和税费等，在政策层面为工业发展创造较为良好的环境。

在北京政府颁行的有利于工业发展的政策与措施影响下，江苏省政府也采取了一些有利于经济发展的政策措施。如 1912 年，由江苏省政府批准，在吴县浒墅关成立江苏省立女子蚕业学校，以培养蚕丝业技术人才。1915 年，江苏省议会议决成立扬州蚕桑模范场；1918 年由江苏省拨款，设立了江苏省立无锡育蚕试验所。这些蚕桑学校、试验场所的设立，在人才和技术方面，促进了江苏丝织业的发展。在农业方面，1916 年，江苏省在清江成立省立第一农业试验场，主要从事小麦、谷类等粮食作物的育种、耕作方法等研究，以改良全省尤其是苏北的麦类作物品种。1924 年 4 月，江苏省实业厅按照省政府要求，在南汇县租地 60 余亩，成立江苏省立棉作试验场，进行棉花育种、耕作方法等研究，并种植优良棉花品种及推广良种，以期达到示范作用与改良全省棉花品种的目的。[③] 1925 年，江苏省实业厅在吴县成立了省立稻作试验场，以改良水稻品种，推广水稻良种。这些农业试验场的设立，一方面推广优良品种，另一方面也起到了示范的效应，为江苏农业的发展起到了积极的推动作用。

---

① 沈家五编：《张謇农商总长任期经济资料选编》，南京大学出版社 1987 年版，第 274 页。

② 吴根荣、徐友春主编：《吴江蚕丝业档案资料汇编》，河海大学出版社 1989 年版。第 33 页。

③ 《江苏省立棉作试验场之概况及组织》，《江苏实业月志》第 75 期，1925 年 4 月。

二 金融业的发展

民国初期，随着中央与江苏地方政府出台了一系列推动经济发展的政策和措施，江苏的经济有了较快的发展。经济的发展需要大量的资金支持，于是，民国初期江苏的金融业也有了很大的发展。一方面，旧式的钱庄业一度发展较快，另一方面，新式银行业也在江苏各地纷纷涌现。

江苏的钱庄业始于上海，其他如南京、扬州、无锡等地的钱庄业，在清光绪年间亦已发达。民国以后，江苏的钱庄业采取稳健经营的策略，业务渐有起色，各地钱庄也纷纷开办，截至20世纪30年代初，江苏各地几乎均创办了钱庄。总数达到386家。详见下表。

20世纪30年代初江苏各地钱庄一览表

地区	家数	资本总额	营业总额	备注
上海	76	12340000两 附本2423000两		以加入钱业公会者为限
镇江	9	282000	3080000	
南京	56	336400		
武进	20	604400	5400000	
吴县	30	485000	7500000	
无锡	18	1220000	13350000	
铜山	10	162000	198000	
靖江	2	7000	100000	
泰县	14	15000		资本缺11家
六合	7	176000	3500000	
宜兴	2	26000	350000	
淮阴	10	78600	187000	
南通	14	300000	980000	资本缺4家，营业额仅4家
淮安	12	42400	171000	资本、营业额缺2家
盐城	7			
灌云	1	30000	300000	
丹阳	9	90000	155000	
昆山	2	40000	1500000	
松江	4			
常熟	5	145000元 20000两	1500000元	
江阴	8	88000		

续上表

地　区	家　数	资本总额	营业总额	备　　注
吴江	3			
太仓	4	89000	730000	
溧水	1	10000	80000	
仪征	3	38000	320000	
启东	1	20000	100000	
海门	1	16000	300000	
宝应	4	100000	360000	
泰兴	4	35000	600000	
东台	3	28000	280000	
阜宁	4	25000	270000	资本、营业额缺 1 家
兴化	4	14000	100000	资本、营业额缺 1 家
如皋	5	56500	187000	
东海	2		800000	
溧阳	3	80000	500000	
金山	3	12000	230000	
扬州	13	829000 元	8800000 元	
高邮	12	565000		

资料来源:《中国实业志》(江苏省)第十编“金融机关”,实业部国际贸易局 1933 年 2 月编印,第 41—44 页。

若从钱庄创办的时间来分析,从民国创立至 1927 年是一个较快发展阶段。据不完全统计,江苏各地从 1912 年到 1927 年间新开办的钱庄家数为:镇江 2 家、武进 7 家、吴江 11 家、无锡 12 家、铜山 3 家、泰县 9 家、南通 4 家、淮安 6 家、盐城 3 家、丹阳 6 家、昆山 2 家、江阴 1 家、太仓 2 家、溧水 1 家、仪征 1 家、海门 1 家、宝应 3 家、泰兴 3 家、东台 2 家、如皋 4 家、东海 1 家、溧阳 2 家、金山 1 家、扬州 11 家。①

从各地钱庄的资本额来看,上海规模最大,资本额超过 10 万两者达 64 家,而其他地区钱庄的规模较小,据 20 世纪 30 年代初的调查统计,江苏其他地区钱庄资本超过 10 万元者仅 5 家。②

这一时期,江苏的钱庄大体可以分为两类:第一类是按照营业规模和等级进行划

① 《中国实业志》(江苏省)第十编“金融机关”,实业部国际贸易局 1933 年 2 月编印,第 59—80 页。
② 《中国实业志》(江苏省)第十编“金融机关”,实业部国际贸易局 1933 年 2 月编印,第 44—47 页。

分，如上海钱庄分为汇划庄、挑打庄、零兑庄；第二类是按照钱庄资本进行划分，如武进的大同行、中同行、小同行。无论何类钱庄，就营业项目而言，江苏钱庄业的主要经营业务为商业放款，同时还从事存款、贴现、汇兑、生金生银买卖、代卖股票债券、货币兑换、买卖公债等，一些规模较大的钱庄还代理发行银行纸币。此外，一些钱庄还从事一些非金融性业务，如有些钱庄经营地产，即购买土地出租给他人，租期一般为 20 年或 30 年，租借土地者在租借地上所建建筑，在土地租期届满后归钱庄所有，以抵付地租。①

民国成立后的十余年间，是江苏钱庄业的快速发展时期，这主要是因为第一次世界大战期间及战后数年间，江苏经济有了快速的发展，从而带动了钱庄业的繁荣。但是，江苏的钱庄业由于仍然沿用旧式的经营组织形式和经营理念，这使钱庄业在快速发展的过程中埋下了危机的隐患。

在行业组织方面，江苏的钱庄业带有明显的血缘和地缘色彩，无论在钱庄内部或是行业组织中，都强调家族关系或是同乡关系，有些则是以旧式的帮会关系为纽带，以维持钱庄的正常运营。在业务经营方面，钱庄也以这种家族、地缘或帮会为依托扩展业务。在吸纳存款、商业放款等经营活动中，往往需要家族、同乡或是帮会成员的介绍。此外，钱庄的业务经营往往具有投机性，一但经济发展出现波动，由于钱庄这种家族、地缘、帮会的纽带关系，常常发生连锁反应，纷纷倒闭。钱庄这种旧式的组织形式和经营理念，显然不适应现代经济发展的需要。

进入 20 世纪 20 年代后，尤其是 20 年代后期，伴随着江苏新式银行业的兴起与发展，旧式钱庄业也逐渐衰落。

江苏最早的银行是 1857 年在上海成立的英商麦加利银行。1897 年，盛宣怀在上海创立了中国通商银行，这是中国新式银行之鼻祖。民国之初，随着经济的发展，银行业的发展显得相对滞后。为此，农商总长张謇在给大总统的呈文中表示："窃我国地大物博，夙擅天府之称，惟农工各业，囿于小成，未能宏大规模，扩充营业，推原其故，端由农林、垦牧、水利、工矿等项，非有雄厚资金，不足发展事业，而环顾国内，金融机关，既未偏设，农工贷借，尤苦无从，遂使地利未获尽辟，富源不克大兴，国计民生，胥受其困，亟待特设银行，藉以劝导实业。"②到 1915 年，随着中国的经济进入快速发展期，银行业也有了迅速发展，江苏各地纷纷成立银行总行或分行，其中尤以上海为最。从光绪三十二年(1906)到宣统三年(1911)，江苏仅有银行 4 家，民国成立后，到

① 《中国实业志》(江苏省)第十编"金融机关"，实业部国际贸易局 1933 年 2 月编印，第 56 页。

② 沈家五编：《张謇农商总长任期经济资料选编》，南京大学出版社 1987 年版，第 283 页。

1916 年，江苏的银行已经达到 16 家。①

1912—1926 年江苏省银行数目表

年　　份	银行数目
1912—1916	16
1917—1921	10
1922—1926	15

资料来源：《中国实业志》（江苏省）第十编“金融机关”，实业部国际贸易局 1933 年 2 月编印，第 2—3 页。

从上表可以看出，从民国成立到 1916 年，江苏的银行业发展较快，从晚清的寥寥几家发展到 16 家。这说明在江苏经济快速发展的带动下，为适应经济发展的需要，银行业也有了较快的发展。然而，在 1920 年前后，特别是 1922 年，上海爆发了北洋军阀奉系和直系为争夺上海控制权而进行的“江浙战争”，从而引发了“上海信交风潮”。由于战争发生在上海市区和郊区，上海市场受到极大影响，一些持有公司债券的人争相抛售债券，引起市场恐慌。当时的《申报》以醒目的标题指出：“自奉直军阀对峙，上海商市大受影响，洋厘飞涨，公债大跌，叫货庄（即拍卖行）停拍，棉纱市见疲。”②而代理债券的信托公司为逃避责任，也纷纷宣告破产，在几个月里，上海的信托公司倒闭了 80%。上海及江苏其他地区的许多银行也受到了巨大冲击。一些实力较弱，经营不善的银行先后倒闭。使江苏的银行家数锐减。此后，随着战争的结束和经济的复苏，江苏的银行业再趋活跃。

上海是中国银行最集中的地区。晚清时期，随着外资银行在上海的开办，中国人自己的银行也相继创办。民国成立后，据不完全统计，到 1927 年，上海除晚清时期创办的银行外，国人新创办的银行计 34 家。③

与外资银行和股份制银行不同的是，民国成立后，江苏有了第一家省立银行，即江苏银行。江苏银行成立于 1912 年 1 月，总行设于上海，分行设于南京、苏州、镇江、通州、无锡等江苏主要市县。江苏银行“额定资本银一百万元。开办时先由省库拨发六十万元，民国二年春间始奉拨足规定之额。嗣因赣宁肇乱，省中军需急迫，复在资本款内提用四十万元，是以现存资本仍系六十万元。内有津浦铁路债票一万九千三

① 《中国实业志》（江苏省）第十编“金融机关”，实业部国际贸易局 1933 年 2 月编印，第 2—3 页。

② 《申报》1922 年 4 月 20 日。

③ 中国第二历史档案馆编：《中华民国史档案资料汇编》第三辑“金融”（二），江苏古籍出版社 1991 年版，第 556—588 页。

百镑,合银十九万三千元。”[①]与一般商业银行不同的是,作为省立银行,江苏银行在创办之初曾有发行钞票之权,除了办理普通银行的业务外,江苏银行还有代理省库之权。[②]

除上海之外,江苏其他地区也纷纷设立银行,据不完全统计,从民国成立至1927年,江苏其他地区先后成立银行13家。详见下表。

1912—1927年江苏成立银行一览表

行　　名	性　　质	地　　点	创办时间	批准注册时间
常州商业银行	股份公司	武进	1918年	1918年
苏州储蓄银行	股份公司	苏州	1921年	1921年
江苏典业银行	股份公司	苏州	1921年	1928年
中华民国商业储蓄银行	股份公司	徐州	1921年	1922年
太仓银行	股份公司	沙溪	1921年	1924年
常熟商业银行	股份公司	常熟	1922年	1923年
嘉定商业银行	股份公司	嘉定	1922年	1926年
江丰农工银行	股份公司	吴江	1922年	1922年
大兴实业银行	股份公司	常熟	1923年	1923年
吴县商业银行	股份公司	苏州	1923年	1923年
江苏裕沛银行	股份公司	沛县	1923年	1923年
昆山银行	股份公司	昆山	1924年	1924年
海州实业银行	股份公司	灌云	1925年	1927年

资料来源:中国第二历史档案馆编:《中华民国史档案资料汇编》第三辑“金融”(二),江苏古籍出版社1991年版,第556—588页。

这一时期江苏银行业以私营银行发展较快,其原因主要得益于经济增长的拉动。民国成立后,人们的观念发生了变化,社会风气也随之改变,加上政府出台了一系列鼓励经济发展的政策,使中国的经济有了较快的发展。尤其是第一次世界大战期间及战后数年,中国的经济更是有了长足的发展。江苏各地一批工业企业纷纷创办,对外贸易也趋活跃。工商经济的快速发展,对资本市场提出了新的要求,原有的少数银行和旧式钱庄已不能够满足工商业发展的需要,在这种形势下,一些有实力者即纷纷

① 《财政部关于江苏银行原委及现状节略》,中国第二历史档案馆编:《中华民国史档案资料汇编》第三辑“金融”(二),江苏古籍出版社1991年版,第759—760页。

② 《中国实业志》(江苏省)第十编“金融机关”,实业部国际贸易局1933年2月编印,第4页。

投资开办银行。1915年，江苏银行业的资金在全国银行业总资金中所占的比重已达到15%，[1]为江苏经济的发展提供了资金的保证。

三　工业的波动发展

从民国成立到20世纪20年代初，江苏的工业呈现加速发展的态势，但是，在发展的同时，波动性也较为明显，成为这一时期江苏工业发展的特点之一。

这一时期江苏工业之所以加速发展，除了各级政府鼓励工商业和农业发展的政策措施外，还由于第一次世界大战带来的机遇。

首先，西方主要资本主义国家对中国的商品出口明显减少。第一次世界大战爆发后，西方大多数国家都程度不同地卷入了战争。为了适应战时的需要，卷入战争的西方国家重点发展军事工业，从而明显减少了对中国的商品输出。1919年"五四运动"爆发后，由于中国抵制外货、提倡国货运动的发展，主要资本主义国家对中国的商品（主要是轻工业产品）输出进一步减少，为江苏乃至全国民族工业的发展提供了相当有利的条件。

其次，国际社会对轻工产品的需求大增。第一次世界大战爆发后，由于各参战国均加紧军需品的生产，其轻工产品大多依赖进口，这就为中国的轻工业产品提供了广阔的市场。这一时期中国商品的出口量大增，其中尤以面粉出口量增长最为显著，1915年中国面粉进出口贸易出超57000余担，1920年为3449000余担，5年间增长了60倍左右。

江苏的民族企业家抓住这一难得的发展机遇，设立工厂、增加资本，积极扩大生产，扩展销路，获得了丰厚的利润。各主要行业均呈现出兴旺发达的景象，特别是以纺织、面粉、缫丝为主的轻工业更处于全国民族工业发展的领先地位。

江苏棉纺织业自清末开始就已经进入机器纺织时代，经过数十年的发展，到1913年，江苏已有八家纱厂，共有纱锭17.14万枚，占当时全国民族资本纱锭总数的35.4%。[2] 1919年，全省棉纱产量已达12.7万余件，品种以10、12、14、16、20支纱为大宗，也有少数32、42支纱。[3] 江苏棉纺织厂主要集中在南通、无锡、常州三地，从而形成了江苏三大纺织中心，其中尤以南通最具代表性。

在南通，张謇的大生系统企业在该地棉纺织业中占绝对主导地位。大生一厂于

---

① 王树槐：《中国现代化的区域研究：江苏省（1860—1916）》，台湾"中央研究院"近代史研究所1985年印行，第329页。

② 江苏省地方志编纂委员会：《江苏省志·纺织工业志》，江苏古籍出版社1997年版，第2页。

③ 江苏省地方志编纂委员会：《江苏省志·纺织工业志》，江苏古籍出版社1997年版，第67页。

1915年增置纱锭2.06万枚,日产棉纱192件。同年,该厂又建立织布车间,添购梭织机400台。这是江苏运用机器织布的开始。由于纺、织并举,营运日见兴旺,获利颇丰。1919年,其利润高达269.4万两。[①] 1921年,该厂兼并宝昌等小纱厂,至1922年,拥有纱锭76360枚、布机720台,股本增至规银250万两。[②] 大生二厂于1907年正式投产后,销路顺畅,获利亦丰厚。1915年又增股15.7万两,使总资本达102.2万两。该厂还添置纱锭4000枚,使纱锭总数达到3万枚,日产棉纱86件。

在大生一厂、二厂的基础上,张謇决定再新建大生三、四、五、六、七、八、九厂,后因资金短缺和市场变化等原因,至1921年,仅有设于海门的大生三厂投产。该厂共筹得资金200万两,其中张謇兄弟投资10万两。该厂拥有纱锭30300枚,布机200台,1000马力蒸汽引擎1台,锅炉4座及发电机1台。其注册商标为"彩魁",产品质量优于大生一、二厂,市场销售良好。至1921年,大生纺织集团逐渐发展壮大,已积累了雄厚资本,生产规模达到顶峰,成为当时中国最大的纺织工业集团。全集团共拥有资本508.8万两,纱绽16万枚,织机1300余台(包括筹建中的大生八厂)。这一时期,大生一厂共获纯利11613万两,大生二厂共获纯利501.67万两。

无锡是江苏另一重要的棉纺织中心。1919年,荣宗敬、荣德生兄弟集股150万元,在无锡筹建申新三厂。该厂由荣宗敬任总经理,荣德生任经理,于1922年2月投产,同年10月又新增500台织机,其设备为当时国内一流,棉纱年产量达30000余件,棉布年产量亦达到约30万匹。荣氏兄弟之所以选择在家乡无锡开办新厂,主要是为了摆脱或减轻上海外商纱厂尤其是日商纱厂的竞争和排挤,并且利用家乡及周邻地区原料丰富、市场广大以及廉价劳动力等条件,以求更大发展。申新三厂建成后,由于荣氏比较重视质量,因而在1922年棉纱价格下降,市场景况逆转,一些纺织厂生产已见萎缩的情况下,其产品仍深受用户喜爱,销路颇佳,当年盈利50.1万元。

1916年,荣氏兄弟在上海创办的申新纺织公司

① 《大生系统企业史》编写组:《大生系统企业史》,江苏古籍出版社1990年版,第126—129页。

② 张季直先生事业史编纂处编:《大生纺织公司年鉴(1895—1947)》,江苏人民出版社1998年版,第163页。

在常州，时任武进商会会长的钱以振等人于1915年投资筹办大经纱厂，但由于集资困难等原因而中途夭折。1921年11月，常州布商蒋盘发等集股60万元筹建的大纶纱厂在常州投产。该厂拥有纱锭1万枚、布机260台。此为常州第一家近代化的棉纺织厂。1921年，钱以振等人联合无锡荣氏兄弟创办的常州纱厂投产，该厂总股本60万两，购买了英国设备，拥有纱锭12800枚，其产品为“仙女”牌粗纱。

除以上几家纱厂外，由于纺织行业的厚利，引发了新一轮办厂热潮。1917年，杨瀚西、杨昧云，以及北京政府财政总长周学熙，集资100万元，在无锡创办广勤纱厂，拥有纱锭近2万枚、布机52台。1921年，方寿颐等人集资80万元，在无锡创办了豫康纱厂，拥有纱锭1.4万枚，年产棉纱1.3万件。1921年，唐保谦、蔡缄三等人集资83万元，在无锡创办庆丰纱厂，拥有纱锭14800枚、布机250台。1922年，张一鹏等人在武进创办利民纱厂。同年，武进广新纺织厂投产，该厂股本24万元，拥有纱锭5600枚。1923年，刘国钧在常州创办了广益二厂，该厂为当时常州最大的织布厂。

这一时期，与棉纺业发展密切相关的染织业等也得到了较快发展。1915年，江阴华澄公司二厂投产，此后又购置了新式铁织机120台，以及漂染、刮绒等设备，以扩大生产。此为江苏机器色织业之发端。1918年，常州新开的恒丰盛布厂设置染部，这是江苏使用机器生产漂、染布之开始。1920年，无锡布商唐骧廷、程敬堂等集资50万元，创办无锡丽新纺织印染整理股份有限公司，并于1922年建成投产，拥有织机400台、纱线丝光机3台、轧光机3台，以及全套漂染整理设备。

这一时期，江苏的针织业也开始逐步使用机器生产。1919年，无锡人侯涵平购买电动织袜机18台，在无锡开设协盛袜厂，虽然其规模还比较小，但其开了江苏机器织袜业之先河。

第一次世界大战期间，以无锡为中心的江苏缫丝业也得到了快速发展。早在1910年时，该地已有茧行140多家，加上无锡水陆交通便利，附近几县所产蚕茧也多集中到无锡销售，这为无锡的缫丝工业发展提供了优越的条件。无锡缫丝业中最具影响者为永泰丝业系统。

上海永泰丝厂业主薛南溟于1910年租办（后买下）设于无锡的锡金丝厂（后改名“锦记”）后，1918年又出银5.2万两在无锡买下隆昌丝厂，同时还以白银5万两创办永盛丝厂，稍后再以白银4.8万两创办永吉丝厂。这样，薛南溟便拥有包括上海永泰丝厂在内的5家丝厂，缫丝车近1800台。1925年，薛南溟决定将设于上海的永泰丝厂迁到无锡。1926年，该厂即迁建投产，从而使永泰的丝业系统成为江苏规模最大的缫丝企业集团，其资本也由初建时的8万两增至1920年的30.5万两。该企业集团所产生丝质量优良，其“金双鹿”牌生丝闻名世界，售价也比一般生丝贵40%左右，并于1921年荣获美国万国博览会金奖。

在无锡缫丝业中,规模仅次于永泰系统的是乾甡丝业系统。乾甡丝厂于1909年建成投产后,1914年由程炳若接任经理,此后其不断了解市场行情,加强生产管理,提高产品质量,该厂生产的"三跳舞"牌生丝逐渐打开了国际市场。1918年国际市场丝价猛涨,乾甡厂利润大增。1919年,程炳若等租赁福纶丝厂,该厂由王贻蒜任经理,为乾甡丝业系统企业,拥有丝车256台,从而使乾甡系统企业的生产能力扩大了一倍。1926年,乾甡又兴建五丰丝厂,购置丝车272台。至此,乾甡在无锡已拥有3家丝厂,丝车700余台。

此外,无锡还有一家振艺丝厂。该厂由许稻蒜、丁汝霖等于1910年创办。其创办之初便颇具规模,丝车多达500多台,后又增至820台,成为当时江苏乃至全国拥有丝车最多的缫丝厂。随着国际市场丝价的攀高,该厂获利丰厚。这一时期,无锡华商机器缫丝厂的发展情况详见下表。

1912—1920年无锡丝厂发展一览表

年份	厂数	丝车(台)	年份	厂数	丝车(台)
1912	5	1914	1917	9	2978
1913	6	2170	1918	10	3276
1914	8	2746	1919	11	3756
1915	8	2746	1920	14	4580
1916	9	2978			

资料来源:高景岳、严学熙编:《近代无锡蚕丝业资料选辑》,江苏人民出版社、江苏古籍出版社1987年版,第52—55页。

无锡是江苏缫丝业的中心,机器缫丝厂大部分集中在无锡,而其他地区的缫丝厂仅苏州有3家,镇江有2家,分别拥有丝车700多台和400多台。根据北京政府农商部1916年的实地调查,苏州、镇江缫丝厂的情况如下表。

1916年苏州、镇江缫丝厂情况一览表

地区	厂名	车数	原厂名
苏州	源盛	336	苏经
	源盛	200	恒利公司
	延昌恒	200	延昌永
镇江	富成	208	大纶
	余记	248	九纶

资料来源:陈真编:《中国近代工业史资料》第4辑,三联书店1961年版,第170页。

从总体来看，这一时期江苏机器缫丝业发展较快，且较为集中，其凭借原料丰富、交通便捷等有利条件，获利颇丰。

面粉业是江苏另一大支柱产业，第一次世界大战期间，由于外国面粉的输入明显减少，中国制粉业抓住机遇迅速扩展，其产品不仅占领国内大部分市场，而且还出口国外，在国际市场占有一席之地。江苏机器面粉业分布广泛，苏南、苏北各地均有机器面粉厂，这是江苏机器面粉业发展的特点之一。

江苏面粉业之所以发达，一是苏北及其周边的山东、河南、皖北等地区人口稠密，市场广阔，而且还可凭借便利的水陆交通，使产品销往其他省份乃至海外。二是苏北地区是小麦的主要产区，原料丰富。如徐州地处苏、鲁、豫、皖四省交界处，津浦、陇海两铁路在此交汇，使该地成为四省数十县粮食集散地，年成交量达 200 万石。又如苏州、无锡、常州以及南京、镇江，虽处江南，但邻近小麦产区，且水路、陆路交通便利，能够大量调进小麦。三是邻近大都市上海（当时上海隶属江苏省），既利于产品的销售、出口，又较容易融通资金，购买机器，引进技术等。民国成立的次年即 1913 年，江苏共有 12 家商办机器面粉厂，详见下表。

1913 年江苏机制面粉厂一览表

厂　家	资本额（千元）	日生产能力（包）	厂　家	资本额（千元）	日生产能力（包）
茂新（无锡）	279	5000	亨裕（高邮）	140	2000
九丰（无锡）	280	2300	合兴（镇江）	180	1000
宝新（无锡）	40	1500	泰来（泰州）	120	2000
惠元（无锡）	150	1600	裕亨（扬州）	280	1000
海丰（东海）	280	1500	复新（南通）	140	1200
大丰（淮阴）	140	1700	永丰（宿迁）	200	1500

资料来源：上海市粮食局等编：《中国近代面粉工业史》，中华书局 1987 年版，第 33 页；中国科学院经济研究所等编：《旧中国机制面粉工业统计资料》，中华书局 1966 年版，第 210—213 页；《江苏省政府公报》，第 2309 期，1936 年 6 月 23 日。

江苏面粉业中实力最强者数荣宗敬、荣德生兄弟的茂新粉业系统。早在 1903 年，荣氏兄弟就改造扩充茂新一厂，并在 1905 年、1909 年两次扩充后，于 1913 年和 1918 年再添设备，使日生产能力已达 8000 包，资本总额增至 60 万元，所产“兵船”牌面粉逐渐打开了销路，畅销国内外市场，并成为后来上海面粉交易所的标准牌号。

茂新一厂的成功更坚定了荣氏家族发展面粉业的信心。1916 年，由于第一次世界大战等原因，面粉价格大涨，荣氏兄弟抓住机遇，租赁了无锡惠元面粉厂。该厂原为经营钱庄的吴玉君、方寿颐两人集资 16 万元于 1913 年创办，但因经营不善而亏损停业。荣氏以年金2万元租赁了该厂，并在管理、经营等方面加以整顿，将所产面粉更名为“兵船”品牌，当年即开始获利。两年租期届满后，荣氏又以16万元买下该厂，正式命名为茂新二厂，并于1918年扩建，日产面粉达6000包。

1916年，荣氏还租赁了无锡泰隆面粉厂。该厂为安徽人孙伍伯与无锡人过惠平等集资20万两于1914年创办，日产面粉1800包，后因为经营不善而亏损。荣氏租下该厂后更名茂新三厂，以冯屺怀为经理。两年租期届满后，孙伍伯虽收回该厂，但时盈时亏。荣氏退租后于1920年在茂新二厂附设苞米粉厂，仍称茂新三厂。

1917年，荣氏又租赁了无锡宝新面粉厂。该厂由唐首铭于1916年创办，日生产能力1500包，但因资金不足，经营困难，遂租给荣氏。荣氏租赁该厂后，将其更名为茂新四厂，以荣月泉为经理，日生产能力提高到约2000包。1919年租期届满后，该厂为原厂主收回。据统计，1921年，荣氏茂新系统连同福新系统在内，共拥有机器粉磨294台，日产能力达7.6万包，占全国华商面粉厂日产总量的31.4%，占全国面粉厂日产总量的23.4%。而茂新一厂在创办之初仅有粉磨4台，日产面粉300余包。在以后的18年间，荣氏粉业集团的粉磨拥有量、日产能力分别增长了75倍和253倍。[①]

无锡另一家规模较大的九丰面粉厂，由蔡缄三、唐保谦等集资10万两于1910年创办，次年投产。其所产“山鹿”牌面粉畅销苏、浙、津、辽等地。1914年、1918年，该厂又两次扩建，日产能力由创办时的2300包提高至8000包。九丰厂之所以能获得较大发展，除了第一次世界大战带来的机遇外，还与其总经理蔡缄三在当时工商界、金融界有较高信誉，以及善处各方面关系有关，同时其协理唐保谦又长于经营管理，于是蔡、唐二人互相配合，各施所长，从而使企业稳步发展。该厂年获利最高达60万元。1919年，九丰面粉厂投资20万元在无锡再建九丰分厂，日生产能力2500包，此后又向纺织等行业发展。

这一时期江苏面粉业在全国面粉业中已具有重要地位。1921年，江苏全省共有面粉厂17家，占全国面粉厂家总数的12.44%，日产面粉约为4.02万包，占全国日产面粉总量的12.86%。[②] 该统计尚不包括当时隶属江苏省的上海，由此可见江苏面粉业之发达。

除了茂新一厂、二厂及九丰厂外，这一时期江苏其他面粉厂规模都比较小，日产面粉大多在2000包以下。现将1915年至1922年江苏各地新设之其他主要面粉厂情况列表如下。

---

① 中国科学院经济研究所等编：《旧中国机制面粉工业统计资料》，中华书局1966年版，第183、187页。

② 江苏省地方志编纂委员会：《江苏省志·粮食志》，江苏人民出版社1994年版，第325页。

1915—1922年江苏各地新设主要面粉厂基本情况表

创办年份	名　　称	地点	创办人或主持人	资本额（万元）	日产能力（包）	商标名称	钢　磨（部）
1915	贻成面粉公司	镇江		20	2000	金山寺	13
1920	恒丰面粉厂	常州	浦耆生 朱质斋	20	3000	双　狮	10
1921	宝兴面粉厂	徐州	杨春曦	20	1500	大　钱	12
1922	大同面粉公司	南京	卞筱卿	50	2100	月兔等	24
1922	长丰面粉二场	无锡	陆维镛	50	1850	炮车等	14

资料来源：上海市粮食局等编：《中国近代面粉工业史》，中华书局1987年版，第428—442页。

除了纺织、缫丝、面粉三大支柱产业外，江苏其他轻工业也有了较快发展。碾米业是江苏仅次于面粉业的粮食加工业之一，并具有自身的特点：一是西方国家在第一次世界大战前对江苏并没有大量碾成米输出，大战中则更是如此，而外商在江苏也没有大规模投资设立碾米厂；二是江苏碾米厂的厂家数量虽较多，但规模较小，分布也较广；三是产品主要供应江苏本地及周边地区，基本上不向国外出口。因此，江苏碾米业来自国外的竞争不大，但来自同行的竞争则比较激烈，使其难以有较快的长期稳定发展。

从地域分布来看，江苏碾米业主要集中在苏南沿江地区，尤其是无锡等地。当时无锡为全国四大米市之一。1913年至1918年，随着沪宁、津浦、陇海铁路相接，无锡的米市更趋繁荣。米市的繁荣又进一步推动了无锡碾米业的发展。

早在1907年，徐翔周即在无锡开设第一家机器碾米厂，即大丰机米厂，此后，无锡碾米厂如雨后春笋纷纷创办，至1912年，无锡已有宝新、邹成泰、华兴、恒裕、同仁等5家碾米厂，年碾米量达108万石。1915年，无锡又新创办了德源、永和、益源、民育、复成、复昌、大通、永昌、协和、永济等机器碾米厂，厂家已增加到15家，年产白米260万石。

南京地处长江南岸，津浦、沪宁铁路在此隔江相望，为南北交通之要冲。民国以来，南京城市人口逐年增加，从而带动了碾米业的发展较快。1913年，唐鉴庭在南京下关凤仪里开设了德和米厂，这是南京最早的机器碾米米厂。随后，机器碾米厂纷纷创办，其中较具规模的有1915年创办的永泰机米厂；1916年创办的信昌机米厂、天福机器米厂；1918年创办的震丰机米厂、振昌机米厂；1919年创办的义丰祥机米厂、丰余米厂；1920年创办的高荣昌碾米厂；1921年创办的天盛机米厂；1922年创办的周锦记米厂、泰和机米厂、黄复昌机米厂、高锦元米厂；1923年设立的隆和机米厂、涌甡和机米厂;1925年创办的华丰机米厂、杜天兴机米厂、金厚丰机米厂等。[①] 这一时期,除了无锡和南京之外,江苏其他地区也纷纷创办碾米厂,其中亦有规模较大者,如1919年,东台县张树典、陈钦创办的达富机器碾米公司,资本5万元;1920年,泰县顾伯言、刘季明创办的达安机器碾米厂,资本2万元;1921年,如泉张相、张梧创办的震丰机米厂,资本2万元。[②] 此外,1921年,张春、张譬兄弟集资1万元,在南通利用大生纱厂多余电力,创设大达公电机碾米公司,代客碾米。由于创办碾米厂投资少,见效快,所以这一时期各地碾米厂纷纷设立,生产能力过剩,致使许多厂家赢利微薄。1915年,无锡邹成泰米厂率先发起组织机器碾米厂同业公所,维护同业利益。15家米厂以该业"厂多米少,供过于求,历年亏耗巨本"为由,向无锡县知事呈请限设米厂。经常州府尹转巡按使批准,允以5年为限。1920年限期满后,邹成泰等十数家米厂又呈请江苏省实业厅批准再限5年。因此在这10年中,无锡再没有创办新的米厂,从而在一定程度上保障了已有米厂的利益。

就榨油业而言,江苏榨油业产品中的成品油基本上是自产自销,市场主要在国内,而豆饼则几乎全部出口。1913年,无锡业勤纱厂经理杨翰西和他人在厂内创办小型机器榨油厂,取名润丰机器榨油厂,日榨黄豆数十石。次年该厂从业勤厂内迁至南尖,并扩大规模,日榨黄豆200石,这是无锡第一家机器榨油厂。1915年,该厂租与唐保谦等经营,更名润丰昌记油饼厂,由唐保谦任经理。1918年,浦文汀投资10万元创办无锡恒德油饼厂,次年建成,每日可加工黄豆6万斤,产品之一为50斤重的"海饼"(以运销南洋海外而得名)。1920年后,该厂又陆续增添设备,日用黄豆达30万斤。

除以上两厂外,在无锡还创办了其他一些油厂或油饼厂,1915年,孙亮初开办了俭丰油饼厂,邹复威开设了邹成茂油饼厂。同年,尤源吉、刘三和还分别将他们原有的油坊改用机器生产油饼。1916年至1919年,先后又有振华、侄源、陆同和、张源大、大昌等5家油饼厂开设。1920年至1921年,源泰、恒丰泰、源丰等油厂或油饼厂亦相继创立。

与无锡相比,常州的榨油业也较为发达。1913年,常州马公桥裕源油坊的谢文新首先提倡装用引擎和轧磨、轧豆机等机器设备,从而开了常州地区机器榨油业之先河,使榨油效率大为提高。在其示范效应下,常州许多油坊相继改装机器,旧有利用畜力的生产方式逐渐被淘汰。在常州改装或新建的油厂或油饼厂中,以1915年设立

---

① 南京图书馆特藏部等编:《江苏省工业调查统计资料(1927—1937)》,南京工学院出版社1987年版,第411—413页。

② 杜恂诚:《民族资本主义与旧中国政府》(1840—1937),上海社会科学院出版社1991年版,第365页。

之宝兴泰、1920年设立之协丰两厂规模最大，其大小木车之设备，多至150格之巨；其动力之设备，引擎大小不等；其轧豆机与磨件，均与生产量配合而增大。[1]

除了无锡和常州之外，江苏其他各市县也多有设立榨油厂者，其规模大小不一。例如，1913年，于立三、于少甫在镇江创设大源机器油饼厂，资本10万元。江苏各榨油厂、油饼厂的原料分为四大类，即棉籽、黄豆、菜籽、花生，分别榨出清油、豆油、菜油和生油。各厂或专榨一种，或兼榨几种。成品油多在苏、浙、皖、沪、赣等地销售，也有部分出口国外。同时，各榨油厂还出产油饼，有些厂则以生产油饼为主，油饼多销往日本等国家和地区。榨油业季节性强，受油料作物收获及上市季节的限制，所以榨油厂时产时停，生产能力不能充分发挥。同时，一些日商在上海等地也设立榨油厂，这就从原料和市场两个方面对江苏的榨油业形成冲击。因此，这一时期江苏的榨油业从整体上看虽有发展，但并未出现赢利丰厚的兴旺景象。

在机械工业方面，这一时期江苏的机器制造与修理业也有了长足的发展。第一次世界大战给江苏的机器工业带来了难得的机遇，外国机器进口量较战前明显减少，江苏的机器制造和修理业由此兴起。

1912年，张謇派张謇之子张敬孺兼任资生冶厂与铁厂经理。张敬孺又聘请归侨沈全英为机工，沈在南洋及法国做过机工，有制造柴油引擎的经验。1913年，资生厂为大达内河轮船公司建造机动小火轮十余艘，同时还仿造许多炮车、小炮和其他轻武器。为了支持资生铁厂，张敬孺还让上海大达轮步公司将需要检修的“大和”轮开到南通让资生厂检修，张謇也曾命资生铁厂为大生一厂、二厂仿造国外的部分织布机等。同时，资生铁厂还积极向外地纺织厂推销机器，并于1916年新建了办公大楼，增添了机器设备。然而好景不长，该厂因所造布机质量不及进口货而滞销，并导致资金周转困难，直到1921年，才陆续将积压布机卖与创办中的大生三厂。此后，资生铁厂还为垦区试制抽水机，并利用厂内的发电设备兼办照明发电，以补助厂内开支。到1918年前后，经营不佳的资生铁厂已负债累累，甚至已到资不抵债的地步。资生铁厂曾试图开辟新的生产领域，如1920年，南通人邢卡吾创制农田耕作器，配有耕田、削草、播种等机具，该厂即生产出此耕作器40台，投放垦牧公司使用，这是江苏省使用农机之开始。总之，资生铁厂在这一时期未能很好地抓住机遇，终因各种内外原因的交互作用而陷入困境。

无锡的机器制造业虽然起步相对较晚，但发展较快。1912年时，无锡已有数家机器厂，如协记机器厂、渭鑫机器厂等。1913年，业勤、广勤纱厂工头冯勤泉、张彦卿

---

① 1950年8月常州油饼厂业同业公会报。

等人合资6000元，创办协勤机器厂，主要从事机械修配业务。1919年，无锡地方政府应工业发展急需，创办工艺传习所，招收青年徒工学习机械原理和修配技术，但当年就因经费困难而停办。1922年，著名企业家薛南溟接办传习所，集资2万元，添置20多台生产设备，招募工人90人，并定名为工艺机器厂，主要生产柴油引擎、戽水机、轧米机、轧豆机、面粉机、烘茧机、新式丝车及大口径离心泵等，产品一时畅销各地。在其示范作用下，一些规模不大的机器厂相继设立，使得无锡的机器修造业呈现繁荣的景象。

这一时期，常州的机器修造业也有较快发展。1913年，武进秀才莫九如创办了常州厚生机器制造厂，当年即仿制成功8马力煤油发动机，成为江苏省最早生产内燃机的厂家。第二年，该厂将自制的3马力煤油发动机用于带动木槽龙骨水车戽水，在国内首创机器灌溉新方法。1915年，该厂还试制成功5马力煤油发动机，用于农田排水。1920年、1923年，该厂又相继制成8.8千瓦、12.5千瓦煤油发动机投放市场。同时，该厂还制造粮油加工机械等。这些产品为厚生机器厂带来丰厚的利润。除厚生机器厂外，常州还相继创办了其他机器厂。1919年，陆汉民、万福耀、万全金等人集资创办常州机器厂，但经营年余效益不佳，遂于1920年售予万鉴明、庄汉宝等人。并改为万盛铁工厂，主要生产内燃机、戽水机、碾米机等。

在南京，1912年，曾被裁撤的官办金陵机器局重新恢复开办，增添机器设备，制造枪弹。1918年至1923年间，边隆丰机器厂、协昌机器厂、建业机器厂、姚裕泰钢铁机器厂、慎昌五金机器厂等先后创办，使南京的机器制造业达到了一定规模。在徐州，1912年，袁世凯之弟袁世传接办贾汪煤矿公司，引进推广一些工业技术和装备。为使设备正常运转，他还先后设立维修用的机器场、翻砂场、熟铁场、修理场等，其中修理场有大小车床4部，用以配制零件和修理机械设备。1915年，随着陇海铁路修到徐州，徐州北关、东关分别设立津浦及陇海机车车辆修理厂。1918年，邓子澄开设益丰铁厂，收有工人、学徒30余人，这是徐州新型翻砂铸造业的开端。在镇江，自1910年周千著、陈有根创办茂昌机器厂、曹仲达创办达昌祥铁工厂，从事内河航运机器加工和锅炉维修等。1916年，拥有职工20余人的兴昌翻砂厂亦集资兴办。

这一时期江苏机器制造与修理业的发展，一是迎合了当时纺织与粮油加工业发展的需求，二是迎合苏南地区农村开始使用机械排灌的需求。在此时期逐步形成的较为广阔的农机市场，为不同型号的内燃机的仿制带来了机遇。但就总体来说，机器制造业尚处起步阶段，产品质量不高且不稳定，而且还受到其他行业如冶铁业等发展缓慢的制约。此外，产品基本仿造外国，缺乏创新能力。

由于江苏近代工业企业纷纷创办，且规模扩大，因而使用更经济、快捷、方便、高效的电动机以取代蒸汽机、内燃机已形成一种趋势。同时,广大城镇日益增长的照明需求,又为电力工业的发展提供了广阔的市场。因此,在1911年已拥有镇江大照、无锡耀明、苏州振兴、南京金陵电灯官厂,以及苏纶纱厂、大生一厂自备发电100千瓦的基础上,江苏电力工业又有了进一步发展,且发展速度较快,甚至一些县城、集镇也纷纷兴办电灯公司。1912年,拥有100千瓦发电机组的原金陵电灯官厂由江苏省实业厅接办,更名为"江苏省立南京电灯厂",并于1920年在下关建立分厂,定名为南京电灯厂下关发电所。同年10月,该所第一台1000千瓦汽轮发电机组建成发电。

1913年,无锡振新纱厂首先安装无锡地区第一台1350千瓦汽轮发电机组,此后各厂亦纷纷仿效。同年,扬州振明电气公司3台32千瓦发电机组建成发电。4年后该厂改组为振扬电气公司。1913年,祝大椿、吴树棠等集资10万元在武进创立振生电灯公司,次年,180千瓦发电机组投入运营,供应全城电灯照明。1917、1918两年,该厂又分别添加200、300千瓦发电机组各一座,并增资为22万元。[①] 1914年,长江巡阅使公署电灯官厂的1台40千瓦发电机组在徐州建成发电,初期仅供城区少量照明用电,1920年改为商办,更名为耀华电气股份有限公司。1915、1918年,昆山、丹阳等地也办起民营电灯公司,但规模较小。

1916年,南通通明电气公司向大生纱厂购自备发电机组余电,架线专供照明,这是南通地区供电事业的初始。后该公司自行购机发电,自1918年起以4千伏电压供城区用电。同年,苏北淮阴利淮电灯公司40千瓦发电机组建成发电。1920年,又有新东电灯公司76千瓦发电机组在新浦建成发电。1921年,苏州电气股份有限公司300千瓦发电机组、盐城兴业电灯公司85千瓦发电机组也分别建成发电。

电力工业的起步,对于江苏社会经济的发展有着重要的积极意义,同时就发电厂自身来说,多数也取得了较好的效益。当然,在这些发电厂中,也存在着规模过小、供电不稳等问题,而且在一些地方亦存在着地方势力及陈旧观念对发电事业的干扰和阻挠。

除上述行业外,第一次世界大战期间及其前后,江苏其他近代工业行业如造纸业、火柴业、水泥业等也有了一定的发展。

江苏的机器造纸业在国内起步较早,自1906年尹克昌在镇江筹建机器造纸公司后,蔡际云于1917年在苏州创办华盛纸版厂,1920年建成投产,为中国第一家专产黄版纸的机器造纸厂。1924年,祝兰舫也购机在苏州创办华章造纸公司。这两厂的主

---

① 《中国实业志》(江苏省)第八编,实业部国际贸易局1933年2月编印,第639—641页;南京图书馆特藏部等编:《江苏省工业调查统计资料(1927—1937)》,南京工学院出版社1987年版,第289—290页。

要设备分别购自日本和德国，以当地稻草为原料，产品主要销往上海、江浙地区。

江苏第一家火柴厂是1917年张春投资2万银元在南通兴办的通燧火柴厂，主要设备有排梗机10台，年产火柴9200箱。1920年，实业家刘鸿生集资12万元，创办苏州鸿生火柴公司，主要设备有排梗机12台，职工750多人，第二年即生产火柴1.34万箱。[①] 在1920—1921年间，镇江荧昌火柴厂、上海樊昌火柴公司苏州分厂、扬州耀扬昌记火柴公司也相继开业。

这一时期，江苏水泥业新设厂家虽然不多，但规模较大。1921年，实业家姚锡舟联合陈光甫、朱吟江、吴麟书等人在南京龙潭创办中国水泥股份有限公司，资本最初为100万元，厂区面积1800亩，沪宁铁路自此经过。该厂机器均为德国制造，有转窑1座，初期每日可生产水泥500桶左右。因交通便利，原料供给丰富，其"泰山"牌水泥行销于长江一带。同年，薛南溟长子薛育津也集资150万元筹建太湖水泥厂，翌年试车生产。在电力供应正常情况下，日产水泥可达2000桶。

在化工方面，江苏兴办的化学工业厂家不多。1918年，荣德生、薛明剑在无锡创办允利实业公司，生产碳酸、氯气等。1919年，王巳劲、周季诚在南通兴办通耀洋烛石碱及其他化学品公司。同年，陈蝶仙投资3万元，在无锡创办中国第一镁制造厂，生产牙粉和作为化妆品原料的碳酸镁。该厂拥有制镁机、磨粉机各1台，年产碳酸镁750吨。

江苏矿业发展较为落后，近代所探明的矿藏量堪称贫薄，唯徐州地区煤矿储量较丰。民国初年，袁世凯之弟袁世传接办位于徐州铜山境内的贾汪公司。袁去世后，由严敦和组织远记公司代办。1911年，袁世传还集资122万元，在徐州铜山开设利国驿铁矿有限公司，招工千余人，但因兵祸而两度中断，采矿工程仅开了数道浅槽，正式开采尚未展开，后因袁氏积欠矿息甚巨，遂由江苏省农矿厅收回矿权。[②]

总之，江苏近代工业在1914年至1922年期间，形成了其历史发展中的第二次高潮。这一时期，一些原有厂家赢利的增加及市场需求的拉动，刺激了具有相当实力的实业家、官僚、买办或地主等投资创办新厂和扩建老厂。这一现象不仅出现在苏南较为发达的城市，而且向全省其他地区扩展。这一时期，江苏的工业以轻工业为主，形成了纺织、面粉、缫丝三大支柱产业，并带动了机械、电力、化工等近代工业的兴起和发展，形成了南通、无锡、常州三个在江苏乃至全国都具有重要影响的新兴工业城市。这对推动江苏乃至全国工业的发展，都具有重要意义和积极作用。

---

① 江苏省地方志编纂委员会:《江苏省志·轻工业志》,江苏科学技术出版社1996年版,第8页。

② 江苏省地方志编纂委员会:《江苏省志·冶金工业志》,江苏古籍出版社1994年版,第48页。

然而，在1922年前后，随着第一次世界大战的结束和外国资本、商品的再次涌入，江苏的工业从快速发展逐渐走向低谷，呈现出波动发展的态势。

第一次世界大战结束后，一度萎缩的中国进出口贸易迅速恢复。1919年，中国进出口净值分别为64699.8万海关两和63080.5万海关两，入超1618.9万海关两，[①]而到1920年，入超猛增为2.2亿多海关两，1921年竟突破3亿海关两。在外国商品再次大量涌入中国市场的同时，外国资本也纷纷涌入中国。早在1914年时，各国在华投资（不包括庚子赔款）共计16724亿美元，其中英、法、俄、德、日、美六国即占97%。从1920年至1930年间，外国在华投资增长80.8%，其中直接投资增长93.9%。

1922年至1927年间，在外国商品、资本卷土重来的同时，中国国内政局也动荡不安，内战连年，这既阻碍了商品流通，直接影响或破坏生产，又使社会凋蔽，加上自然灾害频仍，民众生活困苦不堪。在这些因素的制约下，江苏的工业基本上陷入艰难发展的境地。从行业来说，棉纺织业最先受到严重冲击。此时恰逢国外纺织品重新开始大量涌入中国市场，特别是日本因其国内原棉不足，遂一方面在中国收购棉花运往日本，促使花价上涨，另一方面日商一改对华输出纱布为在华设厂，抢占中国纱布市场，从而导致了中国纺织业生产萎缩。

在棉纺织业中，大生纱厂首先陷入困境。1922年，大生一厂亏损39.6万余两，二厂也亏损31万余两。在此情况下，两厂不得不向银行、钱庄借款，借款额分别达到709.80万两和125.58万两。而当时一厂的固定资产为515.3万余两，二厂的固定资产为123.3万余两，一厂举债额已占其固定资产数的137.74%，二厂也占其固定资产数的101.85%。[②] 由于债务越陷越深，经营环境日见不利，从而使大生纱厂从发展巅峰急速衰落。

1922年和1924年，张謇先后试图向日本和美国实业界借款，均未果。在此情况下，1924年，大生一厂债权人南通张德记等9家钱庄组织了一个“维持会”来经营大生一厂。自该年10月至12月，“维持会”经营了三个月，采取竭泽而渔的掠夺式经营方式，甚至在未添设备的情况下，反而东拆西补乱卸机件，从而使设备的生产能力大为下降。就在这种非正常的生产条件下，“维持会”赚取了27万余元的利润。然而这仍未能促使大生一厂的营业状况根本好转，反而使原有矛盾更加激化。1924年，大生一厂向中南等四家银行再次借款70万两，借款合同规定：“纱厂需用棉花时，按纱一

---

① 许涤新、吴承明主编：《中国资本主义发展史——旧民主主义革命时期的中国资本主义》第2卷，人民出版社1993年版，第719页。

② 《大生系统企业史》编写组：《大生系统企业史》，江苏古籍出版社1990年版，第220—221页。

件棉花350斤,布30匹、棉花350斤的标准,或将纱交银行照收如数发给棉花;纱厂出售纱布后,应将种类、数量、价格开单,连同现款或殷实庄票,交与银行代收入存款户帐。"[1]按照这一合同规定,银行实际上已全部控制了企业资金的来源与使用权。

大生三厂于1921年秋开车纺纱,但第二年即遭遇棉纺织业的不景气,"不幸适逢厄运,艰困之状非当事者不能知之。本届原料之逐昂,销路之呆滞,为我国有机器纺织以来所未见。销路滞则银根受紧,银根紧则采办原料不能相机而行,受货不无迁就,于进价更巨,成本更重,而出品之贱如故也。此足以致纺织业之必败。而况开办伊始,基础未固,如我厂哉!"[2]大生三厂在如此不利的环境下勉强维持了一段时间后也陷入负债和亏损的境地。

大生八厂于1924年建成投产,虽然其原始股本中并无大生集团的投资,但其部分基建投资是由大生一厂出面担保借来的。该厂在筹建中为购置机器设备,在生产前便将正在建造的厂房低价租给永丰公司。1926年,永丰公司因在他处投机失败而不愿继续经营该厂,于是大生一厂将其收回自办,称为"大生副厂"。因大生纱厂的连年亏损及所欠债款数额巨大,1925年,中国、交通、金城、上海四家银行和永丰、永聚钱庄组成银行团,以清算和接办大生各纱厂。7月,银行团正式接办大生一厂、二厂、三厂、副厂,以及为大生各厂采办物料、筹措资金之大生上海事务所。1925年至1927年间,被银行团接办后的大生各厂仍受债务的困扰,在经营方面未见多大起色。1926年8月24日,张謇溘然长逝,这使大生集团遭受重大打击。此后,大生集团再也没能恢复到1920—1921年巅峰时期的水平。

在1922—1927年间,除了大生系统迅速衰落外,其他纺织企业的发展也出现滞缓。如常州大纶纱厂1921年投产后便遇市场萧条而连年亏损,1924年便停产清理,1925年由债权人上海保大、久大银团接办,更名为"大纶久记纺织股份有限公司"。常州纱厂于1921年开工生产,1923年便因经营困难而停业,1925年被荣宗敬以15万元租办(自1925年6月至1927年12月),[3]定名为"租办常州纱厂申新第六纺织公司"(即申新六厂)。此后,荣氏对其进行技术改造、改革管理制度,遂使该厂扭亏为盈。常州利民纱厂1922年创办后,也因不善经营而严重亏损,1925年被黄溯初等以规银23万两承购,易名"通成纱厂"。与此同时,也有一些纺织厂在不利环境下惨淡经营。为增强企业竞争力,各厂努力扩大资本,增添纱锭布机,如广勤纱厂、豫康纱厂和丽新染织厂等。自1923年后的几年时间内,江苏新创办的纺织厂极少,完全没有

---

① 《大生系统企业史》编写组:《大生系统企业史》,江苏古籍出版社1990年版,第226页。

② 张季直先生事业史编纂处编:《大生纺织公司年鉴(1895—1947)》,江苏人民出版社1998年版,第168页。

③ 上海社会科学院经济研究所编:《荣家企业史料》上册,上海人民出版社1962年版,第179页。

了几年前那种竞相设厂的景象。

颇具实力的荣家申新三厂也难以摆脱经营滑坡的窘境。尽管该厂凭借技术、设备、管理、品牌优势，1922 年仍有盈利，但自 1923 年起产量开始下降。1924 年申新三厂的棉纱、棉布产量分别为 28367 件和 205615 匹，比 1923 年分别下降了 12.5%和 35.5%。1923 年至 1924 年，该厂更是连续两年亏损，亏损额分别达 5.9 万元、23.4 万元，并导致债台高筑，使企业的生产出现困难局面。申新三厂如此，其他厂家的困难可想而知。1923 年前后，仅无锡一地便有 14 家色织厂因为产品滞销及资金周转不畅而歇业。为了渡过难关，申新等厂曾呼吁北京政府暂行禁止国棉出口，并免征花纱布税厘，以抑制棉花价格的涨势，维持纱厂的正常生产，但因遭到众议员的反对和各国公使团的阻挠而作罢。

1925 年"五卅运动"的爆发在很大程度上抑制了外国资本、商品，特别是日本、英国资本及商品涌入中国，英、日在华纱厂中国工人的几次大罢工，使其纱、布产量锐减。荣氏兄弟及所属企业抓住机遇，公开倡导国货，并在报纸上刊登推销国货的广告。经过努力，加上 1925 年棉花丰收，花价下跌，申新各厂营销情况逐渐好转，其中申新三厂 1925 年纱、布产量比 1924 年分别提高 24.4%和 99%，并扭亏为盈，年盈利 11.2 万元。1926 年该厂产量虽有所下降，但仍超过 1924 年的水平。在 1925—1926 年间，除申新系统外，江苏其他纺织厂的经营业绩也不同程度好转。

机器面粉业的生产自 1922 年后增长幅度也开始趋缓。1922 年，中国华商机器面粉厂有 146 家，资本额为 3513.6 万元，日产能力为 343953 包，而到 1927 年，实存厂数仅比 1922 年增加了 7 家，资本额为 4071.9 万元，日产能力为 381620 包，[①]分别比 1922 年增加了 15.9%和 10.95%。增长速度明显趋缓。

与上述两行业生产不景气不同，中国机器缫丝业的发展状况良好。第一次世界大战后西方国家逐渐恢复丝织工业，生丝的进口量明显增加，在这种情况下，华丝出口较为顺畅。1923 年日本发生关东大地震，严重影响了日丝的出口，这为华丝扩大出口带来机遇。1922 年，上海、无锡、广东三地缫丝厂开工家数为 264 家，丝车 113544 部，而到 1926 年分别增加至 310 家和 122365 部，增长幅度为 17.4%和 177%。

在第一次世界大战中蓬勃发展的中国华商火柴业，1922 年至 1927 年间发展趋缓。从苏、浙、皖、赣、粤、冀、鲁七省火柴产量看，1921 年约为 488920 箱，1927 年微增

---

① 许涤新、吴承明主编：《中国资本主义发展史——旧民主主义革命时期的中国资本主义》第 3 卷，人民出版社 1993 年版，第 142 页。

至约496000箱，显然，这是受到进口火柴冲击的结果。1925年进口火柴为57106箱，1926年则高达74063箱，1927年更增至120516箱，[①]比1925年增加了111%。

第一次世界大战中一度发展较快的中国机器造纸业也陷于困境，其原因主要也是受到进口洋纸的冲击。另外，矿业受多种因素（如外国在中国大量投资开矿，进行垄断经营等）的制约，发展颇为缓慢，年增长率约在2%左右。水泥业、电力工业发展较快。水泥业虽然同样受到进口水泥的冲击，但作为基础建材，其市场较为广阔，因而该业比较景气。电力工业除了受外商在中国投资设立电厂的竞争压力外，不存在进口电力的冲击，而且作为基础产业，其在城乡有着广阔的市场和发展前景，故而发展颇快。

通过对江苏工业各行业的考察与分析可以发现，第一次世界大战结束后，由于外国商品与资本重新涌入中国，省内各工业行业都程度不同地受到影响，但因行业内各企业的产品销路、技术水平以及管理和资本运作效果的不同，有的继续发展，有的停产倒闭，而有的则勉强维持。这显现出江苏近代工业在20世纪20年代中期发展的不平衡性。尽管这一时期江苏的工业发展呈现出明显的波动性，但从1912年到1927年的16年间，仍然是江苏近代工业发展史上的一个重要时期。在这一时期，江苏工业积累了大量资金，一批企业家在办厂实践中取得了许多宝贵经验，从而为江苏近代工业的进一步发展奠定了良好的基础。

四 农业的发展

江苏是全国粮食生产大省，尤其是江南地区，更是全国著名的鱼米之乡。民国建立之初，江苏的农业生产基本上延续清代的生产方式，粮食种植面积与产量也在低水平徘徊。以稻米为例，1914年，江苏全省水稻种植面积为2512.4万亩，平均亩产330.1斤，而到1920年，全省水稻种植面积增加为2956.7万亩，平均亩产也略有增加，为379.2斤。详见下表。

1912—1920年江苏水稻种植面积与产量

年　份	种植面积（万亩）	单　产（斤）	总产量（万担）
1914	2512.4	330.1	8293.0
1915	2587.1	360.7	9333.3
1916	2634.5	344.1	9066.7

① 许涤新、吴承明主编：《中国资本主义发展史——旧民主主义革命时期的中国资本主义》第3卷，人民出版社1993年版，第155页。

续上表

年　份	种植面积(万亩)	单　产(斤)	总产量(万担)
1917	—	—	—
1918	3061.8	360.5	11037.9
1919	2830.2	356.5	10090.7
1920	2956.7	379.2	11210.7

资料来源:江苏省地方志编纂委员会:《江苏省志·农业志》,江苏古籍出版社1997年版。

麦类是江苏又一主要粮食作物。麦类中以小麦为主,小麦种植大多集中于苏北地区以及沿海垦殖地。苏南地区(包括上海周边地区)也有少量种植。1914年,全省小麦种植面积为1048.6万亩,总产量为13946.8万石,而到1920年,小麦的种植面积有所扩大,达到2551.4万亩,总产量也达到22412.8万石。但就单产而言,产量尚属偏低。除了小麦之外,大麦也是江苏主要的麦类作物。1914年,全省大麦种植面积为1069.5万亩,总产量为9773.6万石,而到1920年,大麦的种植面积达到1302.5万亩,总产量也达到16540.1万石。详见下表。

1914—1920年江苏麦类种植面积与产量

年　份	小　麦		大　麦		合　计		
	面　积(万亩)	总产量(万石)	面　积(万亩)	总产量(万石)	面　积(万亩)	总产量(万石)	单　产(石)
1914	1948.6	13946.8	1069.5	9773.6	3018.1	23720.4	0.78
1915	1904.5	19650.4	1259.0	12316.5	3163.5	31966.9	1.01
1916	1931.9	15526.8	1155.0	12875.3	3086.9	28402.1	0.92
1917	—	—	—	—	—	—	—
1918	2418.3	20257.1	1344.5	16415.3	3762.8	36672.4	0.97
1919	2350.1	19661.3	1346.3	15732.1	3696.4	35393.4	0.957
1920	2551.4	22412.8	1302.5	16540.1	3853.9	38952.9	1.01
平均	2184.1	18575.9	1246.1	13942.1	3430.2	32518.0	0.947

资料来源:江苏省地方志编纂委员会:《江苏省志·农业志》,江苏古籍出版社1997年版。

棉花是江苏省重要的经济作物。民国初期,江苏棉花的主要产区有沿江地区、沿海地区、淮北地区、里下河地区等。从棉花种植面积来看,从民国初年到1927年,江苏的棉花种植面积呈扩大趋势,而1920年以后则趋减少。从棉花单产来看,江苏棉花的亩产一般均保持在二三十斤,亦有年份只有十余斤。详见下表。

1913—1927年江苏棉花种植面积及产量

年　份	种植面积(亩)	总产量(担)	平均单产(斤)
1913	7282195	2904700	39.8
1914	9536010	2221187	23.3
1915	10021700	2386580	23.8
1916	10390730	1744800	16.8
1917	—	—	—
1918	9825860	2672500	27.2
1919	19278307	2763160	14.5
1920	12474700	3022210	25.1
1921	11812600	1283660	11.7
1922	9605978	2446650	27.1
1923	8194751	1489084	18.5
1924	7790893	2768781	39.4
1925	7815016	2242475	32.0
1926	8129000	1920849	24.1
1927	7328619	1637590	23.3

资料来源:1913—1918年统计见江苏省地方志编纂委员会:《江苏省志·农业志》,江苏古籍出版社1997年版。1919—1927年统计见中国第二历史档案馆编:《中华民国史档案资料汇编》第五辑第一编"财政经济"(七),江苏古籍出版社1994年版,第367页。

江苏为全国的产棉大省,江苏的棉产量约占全国总产量的三分之一。根据全国纱厂联合会的统计,1919年至1922年,全国棉花总产量分别为9316390担、6750403担、5438220担、8310355担,[①]同期江苏棉产量占全国总产量的比重分别为29.7%、44.8%、23.7%、29.4%。[②] 可见,江苏的棉产在全国占有重要的地位。

这一时期江苏农业发展的一个特点是沿海农垦业的兴起。早在1901年,张謇就在苏北沿海滩涂成立了通海垦牧公司,总资本达到40万两。经过20年的经营,该公司开垦滩涂123277亩,其中可耕面积达到90650亩。张謇在谈到创办垦牧公司的原因时说:"因念纱厂工商之事也,不兼事农本末不备,辄毅然担任,期辟此地,广植棉产

① 《民国十二年中国全国棉产统计概况》,《江苏实业月志》第60期,1924年3月。

② 根据中国第二历史档案馆编:《中华民国史档案资料汇编》第五辑第一编"财政经济"(七),江苏古籍出版社1994年版,第367页《江苏棉产状况及改进方案》中有关统计,及《江苏实业月志》第60期所载《民国十二年中国全国棉产统计概况》有关统计计算得出。

以厚纱厂自助之力"①。张謇还认为："江北并海，自海门至赣榆十许州县，积百年有余荒废不治之旷土，河翅数万倾。今即通海之一隅，仿泰西公司集资堤之。"②正是出于这一考虑，张謇于1914年又在南通县北部沿海创办了大有晋公司，集资80万元，围垦滩涂20余万亩。公司主要以植棉为业，也兼营盐业。

除了从事农垦业外，张謇家族还积极从事盐垦开发。从1916年至1921年，张謇家族充分利用江苏沿海滩涂荒地，先后设立了大豫、集成、大丰、裕华、大纲、通燧、遂济、大祐、新南、中孚等12家盐垦公司。在张謇及家族的示范带动下，一些商人和官僚也纷纷效仿，在苏北沿海滩涂开设盐垦、农垦公司。1912年，苏北有垦殖公司27家，1917年增加至34家，而到1921年则达到46家之多。这些垦殖公司共围垦土地585万亩，其中开垦田地400万亩以上。③ 详见下表。

1914—1922年江苏垦殖公司一览表

公司名称	资本(万元)	垦地(万亩)	创办人	创办时间	地　址
大有晋	72	24	张　謇	1914年	南通三余镇
大　豫	150	48	张　謇	1916年	如皋掘港东
华　丰	40	2	邵铭之	1915年	如皋掘港东
大　啬	80	13	张　詧	1917年	东台角斜
宝　丰	10	2	金季平		东台角斜
益　昌		2	陈桂一		丰　利
泰　源		30	韩国钧		丰　利
东　兴	40	10	张东甫	1919年	安　来
中　孚	80	52	张　詧	1920年	潘　家
遂　济	16	15	张　詧	1919年	丁　溪
通　燧	35	40	张　謇	1918年	小　海
裕　华	500	27	陈　仪	1922年	西　团
大　丰	200	85	张　詧	1918年	小港镇
瑞　丰	20	1	汪鼎和		西　团

① 张謇：《垦牧公司第一次股东会演说公司成立之历史》，《张啬庵实业文钞》卷二。转引自陆仰渊、方庆秋主编：《民国社会经济史》，中国经济出版社1991年版，第190页。

② 张謇：《通海垦牧公司集股章程》，《张啬庵实业文钞》卷二。转引自陆仰渊、方庆秋主编：《民国社会经济史》，中国经济出版社1991年版，第190页。

③ 大生系统企业史编写组：《大生系统企业史》，江苏古籍出版社1990年版，第179页。

续上表

公司名称	资本(万元)	垦地(万亩)	创办人	创办时间	地　址
同　丰	10	2			刘　庄
大　和		6	岑春煊 周孝怀	1919 年	盐城伍佑
大　祐	75	20	张孝若	1920 年	盐城伍佑
通　兴		10			
大　纲	120	24	张　詧	1919 年	盐城上冈
华　成	120	75	冯国璋 张　謇	1917 年	阜宁鲍家墩
阜　余	60	6	章静轩	1919 年	海河镇
阜　通	12	2	张海珊		苇荡营
大　生	40	7	杨维成 章维善	1919 年	洋河南
合　德	50	6	束昂成	1919 年	洋河南
藕庚堂	10	1	蒋蝦堂	1918 年	洋河南
大　新	20	75	顾愉青		通洋港
众　志	0.6	0.3	束昂严		
恺宜堂	5	1	张佩南	1919 年	洋河南
同　仁	4	0.4			洋河南
庆　余	3	0.3	秦亮夫 徐陶庵	1920 年	洋河南
永　业		0.8	张忍百		海神庙
四　友		0.4	陈友慈		苇荡营
三　益					
新　通	12	13	张孝若 许洋初	1917 年	老黄河北
余　泽		0.2			北双洋边
新　南	50	27	张　謇	1920 年	老黄河北
习善堂		0.25	张佩年	1919 年	北　涧
阜　康					洋河南
张亚记		0.5	张亚威		苇荡营
赵云记		0.5	赵鹏飞	1918 年	黄河南

续上表

公司名称	资本(万元)	垦地(万亩)	创办人	创办时间	地　址
通　益	30		吴寄元		
合盛仓	20	1		1920 年	大兴镇
新　农	20	8	刘石荪 殷汝耕	1921 年	八滩镇
南通大学	45	10		1920 年	八滩镇
总　计	2009.6	585.6			

资料来源：陆仰渊、方庆秋主编：《民国社会经济史》，中国经济出版社 1991 年版，第 191—193 页。

这一时期的垦殖公司，使江苏沿海的面貌发生了巨大变化，围海造田的垦殖活动，将黄海的海岸线向东推移了 10 公里。随着垦殖区内的植棉种稻，使这些地区成为江苏的棉粮高产区，不仅为城镇人口提供了粮食，也为棉纺织业的发展提供了丰富的原料。垦殖公司也是中国近代以来具有资本主义性质的农业企业，尽管这些公司仍部分沿用封建的经营方式，但与旧式的封建地主剥削还是有所区别的，也为中国集约化农业作出了有益的尝试。

第三节　民主革命的新时期

一　"五四运动"在江苏

1918 年 11 月，第一次世界大战以德、奥等同盟国的最终失败而宣告结束。翌年 1 月 18 日，战胜的协约国集团在法国巴黎凡尔赛宫召开了处理战争遗留问题及战后国际秩序安排的国际会议，史称"凡尔赛和会"。这次会议虽有 27 个战胜国参加，但真正起主导作用的只有美、英、法、意等少数几个大国。作为战胜国之一，中国南北政府派遣了由北京政府外交总长陆徵祥、驻美公使顾维钧、驻英公使施肇基、驻比公使魏宸组及南方军政府代表王正廷等 5 人组成的全权代表团出席会议。他们向会议提交了要求收回战前被德国掠取的在山东的权益的说帖，又以照会的形式要求废除袁世凯政府时期与日本签订的"二十一条"，并提出了七项希望，即：废弃势力范围；撤退外国军队巡警；裁撤外国邮局及有线、无线电报机关；撤销领事裁判权；归还租界地；归还租界；关税自主。①

① 北京师范大学历史系中国现代史教研室编：《中国现代史》(上)，北京师范大学出版社 1991 年版，第 19 页。

由于美、英、法等国在处理国际事务时需要日本的合作，并希望日本能加入到西方干涉苏俄的阵营中，便不顾中国方面的正当要求，不仅拒绝取消在华的各种特权，而且还决定把原来德国在山东掠夺的权益转让给日本，并将此写入了和约文本。对于这一严重侵犯中国主权、损害中国国家利益的和约，北京政府竟准备签字。

列强的蛮横和政府的软弱激怒了中国社会各界，也成为爆发"五四运动"的导火索。1919 年 5 月 4 日，北京 3000 多名学生在天安门前集会，强烈抗议巴黎和会关于中国的无理决定，要求政府惩办曹汝霖、陆宗舆、章宗祥等亲日官员，并拒绝在和约上签字。他们高呼"抵制日货"、"还我青岛"、"废除二十一条"、"拒绝在巴黎和会上签字"等口号。集会后，学生们举行了游行示威，还火烧了曹汝霖的住宅，痛打了正在曹宅的章宗祥。北京政府立即出动大批军警对学生进行镇压，当天就逮捕了 30 多人，教育部随即下令各校学生不得参加集会。次日，北京全市学生宣布总罢课，抗议政府的行径。

北京学生的爱国行动立即得到了全国各地的响应，也点燃了江苏大地上的爱国怒火。6 日，江苏教育会及部分学界人士致电北京政府，强烈谴责亲日官员的卖国罪行，并明确指出"大学生举动全国赞成，倘卖国群小危害我大学生，全国学校应俱散学，全国学生应与俱死"[①]，表达了与爱国运动共命运的坚强决心。这是江苏社会对"五四运动"的最初响应。随后，爱国运动便在江苏大地上风起云涌。

7 日，南京高等师范等 13 所学校的代表在鸡鸣寺集会，决定声援北京学生、开展爱国运动，并议定 5 月 9 日为"国耻纪念日"，举行大规模示威游行。9 日上午，6000 多名学生及工商界人士齐聚小营演武厅，法政学校校长钟叔进、南京高等师范教务主任陶行知等登台演讲，谴责了日本对中国的侵略和北京政府的卖国行径。集会者随即开始游行，并向江苏督军李纯、省长齐耀琳请愿，提出收回在山东的权益、释放北京被捕学生、南北政府和解，共同解决国家重大问题等要求。

江苏其他地方也掀起了爱国运动的高潮。在苏州，东吴大学等校的学生于 8 日召开国耻纪念会，进行宣传演讲，并于次日举行游行示威，发出要求拒签丧权辱国的和约、释放北京被捕学生、禁止武人干政的通电。无锡各校的学生也于同日为纪念国耻而罢课一天，并于 11 日上街示威，喊出了"抵制日货、莫用日币"[②]的口号。此外，武进、太仓、扬州、徐州、松江、嘉定等地的学生和市民也纷纷举行集会、示威，或发表通电，要求政府拒签和约、释放被捕学生、收回山东权益等。

---

① 《新闻报》1919 年 5 月 8 日。

② 中共江苏省委党史工作委员会、江苏省档案馆编：《江苏革命斗争纪略》，档案出版社 1987 年版，第 4 页。

随着运动的深入开展，江苏各地学生感到有必要加强彼此的协调与联系。于是，他们决定建立独立的学生组织。5月10日，苏州学生率先组织了学界联合会，并发出“联络全国学界共策进行”的呼声。[①] 18、19两日，南通、扬州两地学生响应苏州学生的号召，分别成立了学生联合会。随后，常州、无锡、镇江等地的学生联合会也相继成立。5月下旬，以南京高等师范学校学生黄曝寰、金陵大学学生吉斌俊为正、副会长的南京学生联合会也宣告成立，并迅速成为全省规模最大、组织最严密、开展活动最多的爱国学生组织。

各地学生联合会成立后，主要在两个方面开展工作。一是克服了以往游行活动分散、无序的弊端，组织学生在适当时机举行规模大、影响广的游行活动。如南京的学联会6月2日组织的有数千名学生参加的全市学生大游行，在市民中引起了很大反响。二是加强爱国宣传，向广大民众阐明这次运动的意义。各地学联会组织了学生宣传队，在各城市的街衢闹市之处散发传单，并向民众演讲。常州女师学生演讲队连续在公园演讲，听众时常都在六七百人以上。海州学生的“十人宣讲团”到处演讲，以激励人心。南京夫子庙的牌楼前也动辄聚集大批民众，“有学生讲演团提倡国货，举动和平，惟语极沉痛”[②]。此外，徐州、淮阴、镇江、南通的学生演讲团还深入厂矿及农村，向工人、农民进行宣传鼓动。这些举动在社会上产生了很大影响，也使爱国运动不再局限在学生的圈子内，为唤起工农大众投入爱国运动起到了积极作用。

为了把这场爱国运动继续深入地开展下去，全国各地的学生又开始酝酿成立全国性的学生组织。6月1日，上海、南京、北京、天津及留日学生代表在上海集会，商讨成立中华民国学生联合会的问题，并制定了该会的章程。16日，全国学联成立大会在上海大东旅社召开，各地学生代表50多人出席。江苏派出的代表有南京的曹公瑾、吴邦杰，南通的罗元恺、潘润夫，苏州的尤敦信、周承澍，扬州的孔庆洙等人。[③] 全国性学生团体的成立，标志着爱国学生的组织性有了很大提高，其中涌现出了一批骨干分子，长期活跃在中国社会的舞台上。江苏学生的积极参与，说明江苏已经成为“五四”爱国运动的重要地区。

在江苏各地的学生投入爱国运动的同时，工商界也行动起来。5月8日，苏州总商会会长庞廷祚召开了由200多名商会会员参加的紧急大会，作出了不装日本船、不用日本货、不用日本币三项决定，并立即停用了与日商勾结的振兴电灯公司的电力，还规劝社会各界均不用日货。9日，全省许多商铺门前均挂出了“勿忘此日、誓雪国

① 《新闻报》1919年5月16日。

② 彭明主编：《中国现代史资料选辑》（第一、二册补编），中国人民大学出版社1991年版，第24页。

③ 中共江苏省委党史工作办公室：《中共江苏地方史》，江苏人民出版社1996年版，第26页。

耻”的旗子。次日，南京总商会开会决定支持学生的爱国行动，并作出三项决议：誓死力争收回青岛；释放被捕学生；坚决抵制日货。镇江的各商家也发表声明，不再与日商进行交易。该市南货客商明确表示：“不代下户经办日货，自身不用日货。”[①]纺纱业十分发达的无锡纱界作出了不用日纱、专用国货的决定。该市商界爱国人士还组成了无锡救国会、救国十人恒心团、救国励志团等进步团体，参加爱国运动。22日，扬州的市董专门开会讨论抵制日货，并决定对市面上的日货情况进行调查。此外，徐州、松江、淮阴、南通等地的商家也纷纷采取行动抵制日货，并要求释放被捕学生。一时间，是否抵制日货成了中国人是否爱国的标志。到5月底，全省60余县都加入到了抵制日货的行列。

声势浩大的“五四”爱国运动显示了中国人民的巨大力量，也给予日本在华经济利益以一定程度的打击，还使北京政府和各省地方当局感到十分恐慌，他们急于平息事态。5月25日，北京政府下令学生必须于3日内复课，在遭到拒绝后于6月3、4两日对学生进行了大逮捕，上千名学生被投入监狱。在江苏，省长齐耀琳于5月7日就放话给本省民众，要其不得响应北京学生，也不得成立爱国团体。齐耀琳随即又召开南京中等以上学校校长会议，要求各校长阻止学生的“过激行动”。督军李纯则下令全省军警停止休假，随时待命，摆出了镇压的姿态。齐、李又联名发出布告，反对学生游行演讲，反对商家抵制日货。但学生和民众并没有屈服，而是继续把这场爱国运动继续推向深入。5月20日，南京就有部分学生开始罢课。28日，全市21所大、中学校的数千名学生举行集会，宣布集体罢课，并发表了罢课宣言。同日，苏州万余名中等以上学校学生也公开集会，宣布从即日起罢课，还发表声明，提出惩办亲日官员、保障学生行动自由等六项要求。6月4日，常州中等以上学校开始罢课。6日，无锡辅仁中学学生率先罢课，并迅速带动全市学生共同罢课。南通、徐州各校学生也先后罢课。罢课浪潮席卷全省各地。

6月3日和4日北京大逮捕的消息传到各地后，更激起了全国人民的义愤。6月5日，上海8万多工人举行同盟总罢工，声援北京学生。上海工人的行动迅速得到全国各地工人的积极响应，江苏其他地区的工人也以饱满的战斗热情投入其中，工人的罢工斗争也随即展开。早在5月底，南京就有部分黄包车夫和码头工人拒绝为日本人拉车和搬运货物。在日资厂、店做工的员工也自动离职。6月初，苏州的苏经、延龄、三星等纺织厂的工人开始罢工。6月7日，南京下关、浦口的码头工人在全市率先

① 中国社会科学院近代史研究所《近代史资料》编辑组编：《五四爱国运动》（上册），中国社会科学出版社1979年版，第245页。

罢工，致使水陆货物停运。城区的工人也随之罢工。无锡全城的工人也于9日开始集体罢工。沪宁铁路工人也于10日罢工，火车停运。长江沿岸的航运工人罢工，也使长江航运陷于停顿。

在学生罢课、工人罢工的同时，江苏的商人也开始罢市抗争。6日，南京、松江开始全城罢市。7日，镇江总商会发表罢市宣言，表明该市商人“暂行罢市，不纳捐税，以促政府之反省”。但其又说明：“倘能慰释学生，惩办国贼，商人仍当服从政府，安心营业。”[①]部分商铺门前挂出“牺牲私利”、“共挽狂澜”、“急救学生”、“一致救国”的旗子。[②] 8日，苏州商人也实行罢市，各店铺均闭门歇业。扬州、无锡、徐州、南通、常州等地的商人也先后罢市。

以学生罢课、工人罢工、商人罢市为标志，“五四运动”在江苏已经进入了一个新的阶段，即从仅由学生参与转变为社会各阶层共同参与的全民性的爱国运动，斗争的方式也由最初的集会游行及稍后的抵制日货扩大为罢工、罢市等比较激烈的经济斗争手段。特别是工人的加入显示出了强大力量，表明江苏与全国其他地区一样，进入了民主革命的新阶段。

“三罢”运动开始后，学生和工人还注意彼此互相支援。6月7日，南京部分大、中学生在花牌楼、大行宫、下关仪凤门等地演讲，警察厅长王桂林下令出动马队驱散学生，一些学生当场被刺刀戳伤，被捕者多达数十人，酿成惨案。警察的暴行激起了民众更大的反抗。8日，南京各界万余人举行了声势浩大的抗议游行，要求当局惩办凶手，释放被捕学生，抚慰受伤学生。在强大社会舆论的压力下，当局只好作出妥协。南京下关警察署长王固磐宣布辞职，王桂林也被迫向学生公开道歉。[③]

汹涌澎湃的爱国运动使江苏省政府和督军署感到难以应付。齐耀琳急忙向北京发出急电，要求大总统徐世昌尽快罢免曹汝霖、陆宗舆、章宗祥3人以平息事态。面对全国人民的强大压力，北京政府被迫于10日将这3人罢免，“五四”爱国运动取得了初步胜利。从11日开始，江苏各地的商人逐渐开市，学生陆续复课，工人也回到了工作岗位。但这场爱国运动并没有就此止步，江苏人民与全国人民一起继续投入了反对签署巴黎和约的斗争。经过全国民众的抗争，6月28日，参加巴黎和会的中国代表拒绝在和约上签字。至此，“五四”爱国运动的直接斗争目标实现了。江苏的学生和民众也在这场斗争中经受了锻炼，并为运动的胜利作出了贡献。

---

① 《申报》1919年6月9日。转引自中共江苏省委党史工作办公室：《中共江苏地方史》，江苏人民出版社1996年版，第28页。

② 中共江苏省委党史工作委员会、江苏省档案馆编：《江苏革命斗争纪略》，档案出版社1987年版，第13页。

③ 中共江苏省委党史工作办公室：《中共江苏地方史》，江苏人民出版社1996年版，第31页。

1919年下半年，当大规模的民众运动已经在全国处于退潮之际，江苏的学生和民众仍然投入到了声援山东、福建人民反抗地方官吏的残暴行径和抗议日本政府偏袒杀害中国人凶手的斗争中。[①] 南京学生联合会在其中起到了领导和协调的作用。此外，抵制日货运动仍然在全省深入开展。江苏人民积极投入到“五四运动”中不是偶然的。当时，江苏是东部重要的工商业省份，苏南又靠近上海，苏州、南通、无锡、南京等都是工商业比较发达的城市，工人数量较多，战斗力也较强。南京、苏州还有不少高等学校，各种新思潮和爱国理念得以广泛传播。所以江苏人民容易被唤起而投入到爱国运动中去。“五四运动”不仅是一场爱国运动，也是一次重要的思想启蒙运动。此后，救亡便成为社会思潮的主流。

二 国共江苏地方组织的建立与发展

“五四运动”使江苏大地经历了一次重要的政治洗礼。风暴过后，各种社会思潮便纷至沓来，在这其中，马克思主义的广泛传播无疑具有划时代的重要意义。

早在“五四运动”前几年，以陈独秀创办《新青年》杂志为标志，新文化运动就已经如火如荼地在神州大地开展。但南京、苏州等地的思想界却不如北京、上海等地活跃，基本上没有本地宣传新思想的出版物，《新青年》、《每周评论》等进步杂志的读者也不是很多。“五四运动”之后，这种状况得到了改变。南京学生联合会成立后，于1919年6月23日创办了《南京学生联合会日刊》，由南京高等师范学校学生阮真担任主编，这是南京的第一个宣传新思想的进步刊物，河海工程专门学校学生张闻天、沈泽民等人是该刊的重要撰稿人。其中张闻天撰写的《社会问题》一文，运用马克思唯物史观的方法分析了人类社会的发展过程，又根据中国当时的社会实际，认为要想拯救中国，必须分两步走，首先要“铲除士大夫阶级”，实行民主政治，然后实行社会主义革命，“劳动者把资本家推翻，由劳动者自己组织一切……生产机关收归共有……各尽所能，各取所需”。[②] 这不仅是迄今发现的南京地区最早的宣传马克思主义的文章，而且还初步提出了中国革命的具体步骤。此外，张闻天还摘录了《共产党宣言》的部分内容。因此，张闻天是南京地区接受并传播马克思主义的第一人。

此外，时任南京高等师范学校教授的杨杏佛也在传播马克思主义方面有相当的

---

① 1919年7月，山东督军张树元和济南镇守使马良镇压民众，逮捕并杀害了山东回民外交后援会会长马云亭等人，酿成济南惨案。11月16日，数十名日本人在福州寻衅，打伤多名中国人，致使其中一人死亡。而日本政府却依据领事裁判权把已经被中国警方逮捕的凶手领回，日本军舰还开入闽江示威。山东、福建的事件发生后，包括江苏在内的各地民众掀起了新一轮的抗暴浪潮。

② 《江苏党史资料》(1989年第一辑)，第10页。

贡献。“五四运动”后，他先后撰写了《社会自救与中国政治之前途》、《中国近三十年之社会改造思想》等文章，又通过各种演讲、讲座、学术报告等形式，宣传科学社会主义的思想。他的名言是“爱因斯坦的革命就是科学，马克思的科学就是革命”。[①]

除了《南京学生联合会日刊》，南京的其他一些刊物在宣传马克思主义方面也起到了一定的作用。如由南京基督教救国会于 1919 年 11 月创办的《宁声》杂志曾于次年 4 月发表文章，赞扬俄国“十月革命”和此后建立的劳农专政的社会制度。1919 年 12 月由南高师学生创办的《少年社会》杂志和 1920 年 1 月创办的《少年世界》杂志，开辟了一些专题栏目，探讨社会问题，鼓励青年认真思索拯救中国的道路，并发表了一些介绍马克思主义原理、赞扬俄国新制度的文章，如《1919 年之俄罗斯》、《新俄罗斯建设之初步》、《苏维埃教育之成绩》等，这些文章对推动马克思主义的传播起到了良好的作用。

随着马克思主义理论的传播，马克思主义团体也随之出现。1919 年 11 月 1 日，少年中国学会南京分会成立，南京高等师范学校教师杨贤江任书记。《少年社会》与《少年世界》也由他负责编辑。次年，杨又在南京秘密组织了一个马克思主义研究小组。这两个团体团结了部分青年，开展了深入的理论探讨和社会调查，并在工人中进行了一定程度的宣传鼓动工作。如 1921 年的五一劳动节，他们和南高师的部分学生在城内散发传单，宣传劳工神圣，鼓动工人为自身的权益而与资本家斗争。[②] 这两个团体的部分骨干分子，如宛希俨、吴亚鲁（吴肃）、谢定远等人后来都加入了中国共产党。

徐州是当时江苏又一个传播马克思主义的重要地区。早在“五四运动”前，徐州的同文书局就经销过许多介绍马克思学说的书籍，在当地的省立第七师范学校学生中产生过很大影响。1920 年，北京大学马克思学说研究会成员陈德荣来到徐州，与省立第七师范学生陈家安、徐怀云等人秘密成立了马克思主义学习小组，并发展了 10 余人加入。他们时常在一起学习并互相交流心得。随着该小组在徐州青年中的影响逐渐扩大，小组成员于 1921 年初公开成立了一个新的组织——赤潮社，吸收了 30 多名成员，并出版刊物《赤潮旬刊》，这是徐州地区第一个公开宣传马克思主义的刊物，由陈家安任主笔，赤潮社成员撰稿。刊物发行后在社会上影响很大，但也引起了当局的不满。徐州镇守使陈调元勒令其停刊。于是，《赤潮旬刊》在仅仅出版 4 期后就被查封了，但其在中国马克思主义传播史上仍然具有一定地位。

1920 年 8 月和 10 月，陈独秀、李大钊分别在上海和北京成立了中国共产党的两

---

① 《江苏党史资料》（1989 年第一辑），第 12 页。

② 《江苏党史资料》（1989 年第一辑），第 16 页。

个发起组。随后,武汉、长沙、济南、广州等地也先后成立了中共的早期组织。徐州的马克思主义学习小组和赤潮社的骨干成员在中共北京发起组的帮助下,秘密成立了名为"中国共产党徐州支部"的组织。① 这是中共正式成立前在江苏境内已知的唯一中共早期组织。1921年春,北京发起组曾通知他们派人赴上海参加筹备成立中共的会议,但他们因故未能参加中共"一大",也未能与在"一大"上产生的中共中央发生联系,但他们的活动仍然持续到1923年后才逐渐停顿。

1921年7月23日至31日,中共召开了第一次全国代表大会,中国共产党正式成立。8月,中共建立了中国劳动组合书记部,作为专门领导工人运动的机关,并出版《劳动周刊》杂志。年底,中共又建立了以陈望道为书记的上海地方委员会,次年改组为中共上海地方兼区执行委员会,徐梅坤任书记,负责江浙等地中共的工作。② 1922年2月,中央局书记陈独秀派中国劳动组合书记部干事、《劳动周刊》编辑、中共党员李震瀛到陇海铁路徐州站开展工运,并发展党员。李在徐州的铜山站吸收了姚佐唐、程圣贤、黄钰成等几名工人入党,并成立了中共陇海路徐州站支部,姚佐唐任书记,隶属中共北京地委领导。

南京浦口是另一个在1922年建立中共组织的地区。1921年底,中国劳动组合书记部北京分部负责人、中共党员罗章龙来到浦口浦镇,与浦镇机厂工人王荷波、王国珍等人建立联系,并于1922年夏天发展他们入党。随后,中国劳动组合书记部又派中共党员王振翼来到浦镇,协助王荷波等人开展工作。王荷波又在浦镇机厂发展了几名工人入党,并成立了中共在南京地区的第一个组织——浦口党小组,王荷波任组长。

徐州和浦口的党组织是中共诞生后在江苏建立的最早的党组织,姚佐唐、王荷波等人也是中共党史上第一批工人党员。1923年"二七"大罢工后,因姚佐唐等人遭到当局通缉而被迫离开徐州,徐州支部未能继续下去。

1922年和1923年,在南京,吴亚鲁、谢定远、李国琛、宛希俨等一批青年学生和知识分子纷纷加入了共产党。1923年10月,中共上海地方兼区执行委员会决定成立南京党小组,谢定远为组长。12月,由南京和浦口两个党小组合并组成了中共南京地方委员会,谢定远仍为负责人,共有党员20余人。③ 1924年4月,根据中共"三大"决议,中共中央将中共上海地方兼区执行委员会改组为上海地方委员会,不再设立上海区建制,南京地委直接归中共中央领导。这样,中共在南京的组织趋于健全。

---

① 《江苏党史资料》(1989年第三辑),第13页。

② 中共江苏省委党史工作委员会、江苏省档案馆编:《江苏革命斗争纪略》,档案出版社1987年版,第47页。

③ 《江苏党史资料》(1989年第一辑),第29页。

南京和徐州是中共在江苏最早建立组织的地区，但在1925年以前，中共在江苏的组织发展依然进展不大，党员人数十分有限。1924年1月，国民党在广州召开“一大”，国共合作实现。随后，中共在江苏的组织进入了快速发展时期。

早在1923年9、10月间，中共上海地方兼区执行委员会就分别派党员张效良和糜文溶去无锡开展党的工作。但直到1925年5月，中共才分别在无锡、江阴、苏州等地成立了支部。1924年冬，吴亚鲁赴徐州发展朱务平等人入党，徐州的中共组织得到了恢复，并在次年得到很大发展。随着国共合作的实现，丹阳、武进、常熟及苏北的扬州、泰兴、睢宁、南通等地的中共组织也都先后建立。为了适应新的斗争形势，1925年8月，中共中央决定把中共上海地方委员会改组为上海区委员会（即江浙区委），尹宽任书记。此后，江苏的中共组织得到了进一步发展。1925年底，中共已建立了南京地委，徐州特支，无锡、苏州、丹阳独支等组织。到1926年底，全省有18个县建立了中共组织，共有党员525名。[①] 到1927年2月，南京地委已经下辖16个支部，有党员232人。同月，江浙区委决定把无锡、江阴、常州、苏州等地的中共组织合并，建立无锡地委。不久，徐州也成立了地委。[②]

1927年2月11日至15日，中共江浙区第一次代表大会在上海召开，52名代表出席，代表全区5157名党员。彭述之代表中共中央作了《中国目前经济政治状况及第三国际扩大会议的新决议》的政治报告，罗亦农代表江浙区委作了《江浙两省政治经济状况与今后工作进行之方针》的政治报告，赵世炎作了《党务报告》，其他代表分别作了职工运动、学生运动、妇女运动的报告。大会通过了党务、政治、工运等6项决议，选举出正式区委委员15人，候补委员7人，还选出了出席中共“五大”的代表。这次会议成为中共江苏省党的“一大”。2月16日，新区委举行第一次全体委员会议，选举罗亦农为中共江浙区委书记，赵世炎负责组织工作，尹宽负责宣传工作，何松林负责职工工作。罗、尹、赵、何4人组成区委主席团，并成立职工运动、农民运动、军事等6个委员会。江苏许多地方党的领导人都是区委农委会的委员。这次会议标志着中共在江浙地区组织系统的健全。

这一时期，国民党在江苏也建立并发展了自己的组织。自从民国初年袁世凯解散国民党后，在很长一段时期内，国民党在江苏境内几乎没有活动。1913年，孙中山在日本组织中华革命党，但并没有立即在江苏建立组织。直到1919年8月，中华革命党才在南京建立了支部，这是该党在江苏境内建立的第一个党组织。同年，孙中山

---

① 中共江苏省委党史工作办公室：《中共江苏地方史》，江苏人民出版社1996年版，第67页。

② 《1921年至1927年上海、江苏、浙江党组织发展概况》，《党史资料》1984年第二辑。

将中华革命党改组为中国国民党，这个支部也奉命改称中国国民党南京支部，南京建邺大学校长张曙时为支部长。1923 年 6 月，中共在广州召开"三大"，正式作出了全体中共党员和社青团员以个人名义加入国民党，以党内合作的形式进行国共合作的决议。根据"三大"精神，成立不久的中共南京地委全体中共党员和社青团员于 12 月底全部加入了国民党。鉴于国民党"一大"召开在即，国共两党在南京的全体成员召开了联席会议，共同推举张曙时和东南大学教授陈去病（陈佩忍）为南京地区出席国民党"一大"的代表。

国民党"一大"的召开使该党在江苏的组织发展进入了一个黄金时期，中共也为发展国民党组织做了大量工作。1924 年 1 月 22 日，当国民党"一大"在广州召开之际，中共上海地方兼区执行委员会就专门开会讨论国民党的组织问题。"一大"闭幕后，张曙时等回到南京，召开了全体党员大会，传达了大会的决议，并立即着手在江苏建立组织。随后，国民党南通县党部建立。2 月，国民党中央召集江苏出席国民党"一大"的代表开会，决定组建省党部。5 月，国民党江苏省临时党部在松江成立。8 月 23 日，国民党江苏省党部正式在上海成立，柳亚子、朱季恂、侯绍裘、宛希俨、张应春等 9 人为执行委员。省党部的首要任务就是发展党的组织。在南京，国民党先后组建了 3 个区党部。第一区党部以东南大学为中心；第二区党部负责城南；第三区党部在城西龙蟠里、清凉山一带活动。6 月，柳亚子受国民党临时省党部的委派，组织了吴江县党部，8 月，金山县党部也成立了。随后，国民党在江苏其他地区的组织也相继成立。到 1926 年初，国民党江苏省党部下辖南京、苏州两个市党部；松江、吴江等 9 个县党部以及若干区党部或区分部。到 1926 年 5 月，全省已有县市党部 27 个，4251 名党员。[①] 这些党部大多设立了专门从事民众运动的农民协会、工会、妇女协会、学生会等机构。中共党员在其中起到了很大作用，在有的机构中甚至起主导作用。

随着国共两党在江苏组织的建立和发展，江苏的工农运动也开始蓬勃发展起来。

三 工农运动的高涨

中共成立后，全党首先集中力量领导工人运动。[②] 1921 年 11 月发轫于徐州的陇海铁路工人大罢工则是中共参与领导的最早的工人运动，也是中国近代史上江苏境内较早的工人运动。

---

① 中共江苏省委党史工作办公室：《中共江苏地方史》，江苏人民出版社 1996 年版，第 68 页。

② 北京师范大学历史系中国现代史教研室编：《中国现代史》（上），北京师范大学出版社 1991 年版，第 85 页。

陇海铁路是清政府向法国、比利时借款修建的一条铁路,在徐州至洛阳段通车后,其管理权仍被法、比两国把持。1921 年 2 月上任的机务总管法国人若里对中国工人十分严苛,到 11 月,徐州机务段的工人已被拖欠了 3 个月的工资,引起广大工人的强烈不满。11 月 8 日下午,当徐州北站的工人下班时,其通道八号门突然被资方关闭。工人们随即与看门者发生冲突,并强行把门挤开拥了出去。事后,资方便以聚众闹事为借口,宣布开除冲在前面的两名工人,这就是所谓的"八号门事件"。17 日,陇海路的洛阳西厂又发生了副厂长比利时人蒂蒙无端打骂、开除工人的事件。这两起事件是罢工的导火索。工人们在其自发组织"老君会"的领导下,成立了罢工委员会,并在全路各机务段串联,酝酿罢工。他们向资方提出接回被开除工人、增加工资、资方保证今后不再虐待工人、撤换若里等条件。由于资方对此置若罔闻,罢工委员会决定全路工人大罢工。20 日,大罢工开始,从洛阳到徐州的陇海铁路全段停运。徐州段的罢工负责人姚佐唐当众宣读了罢工宣言——《敬告全国各路同胞同业兄弟们,恳求声援》,历数了工人们遭受的种种虐待,声明:"同人等不能忍作亡国奴之耻,作无人格之工人。务恳我各路工人协力,与本路工人作同一之举动,以救同人,为中国争人格,不受外人无理之欺凌。不但同人之苦可伸,亦诸君之幸福之所在也。"①

陇海铁路工人罢工的消息迅速传遍全国,成为社会关注的焦点,也引起新成立的中共的高度重视。中共中央局决定由中国劳动组合书记部参与领导。21 日,劳动组合书记部北方负责人罗章龙到达洛阳,会晤了洛阳段工人领袖游天洋。协商之后,工人们坚定了罢工的决心,罢工委员会决定把"老君会"改组为工会,并接受中国劳动组合书记部对罢工的领导。经过全路工人一周的坚定斗争,挫败了中外资方的威逼利诱和分化瓦解,终于在 27 日迫使资方接受了工人提出的全部条件,并撤换了若里。罢工取得了胜利。

这次罢工揭开了北方产业工人斗争的序幕,是中共领导的中国第一次工人运动高潮的先声,在江苏乃至全国工人运动史上占有重要地位。中共中央局书记陈独秀闻讯后十分兴奋,他写信给罗章龙称:"这是我党初显身手的重大事件"②。

此后几年,江苏的工农民众仍不断抗争,工农运动持续不断。如 1922 年 4 月,苏州发生运煤和黄包车工人要求增加工资及反对资方加重车租剥削的罢工;1922 年 7 月,徐州郊区的农民因反对铜山县湖田局强征黄河滩一带农田而组织农民团进行抗争;1923 年 2 月,南京浦口、浦镇机务段工人为抗议港务处无理开除工人,并声援京汉

---

① 中共江苏省委党史资料征集委员会、江苏省档案局编:《江苏革命史料选辑》(第九辑),1983 年 12 月,第 185—186 页。

② 《江苏党史资料》(1989 年第三辑),第 34 页。

铁路工人的“二七运动”而举行罢工;1923 年 11 月,无锡发生人力车工人为反对车行变相加租而捣毁人力车的事件;1924 年 1 月,铜山、睢宁两县部分红、白枪会会众与农民为抗议官田变价而举行的花神湖暴动;1924 年 8 月,苏州万名铁、木机织工为要求增加工资而举行的罢工等等。这些斗争大多取得了一定的成果,打击了地主及中外资本家的势力,显示出江苏人民不畏强权、勇于抗争的意志,并为即将到来的工农运动高潮奠定了深厚的民众基础。

在 1925 年的“五卅运动”中,江苏的工农运动被推向了高潮。1925 年 5 月 1 日,第二次全国劳动大会在广州召开。这次会议决定把中国劳动组合书记部改组为中华全国总工会,作为领导全国工人运动的总机关,林伟民当选为委员长,刘少奇、邓培、郑泽生为副委员长。会议通过了工人阶级与政治斗争、工农联盟、经济斗争、组织问题及加入赤色职工国际等决议案。这次会议预示着全国工人运动高潮的到来。

“五卅运动”发端于上海。1925 年 2 月初,上海日商内外棉第八厂工人因反对资方虐待工人并逮捕工人代表而罢工。中共党员邓中夏、刘华成为领导者。上海 22 家日资纱厂的 7 万名工人迅速加入到罢工行列,规模迅速扩大。上海各界纷纷表示声援,并成立了后援会,发表宣言和捐赠钱物。这次罢工成为“五卅运动”的先声。① 2 月上旬,上海日资纱厂的工人为抗议厂方以“养成工”代替成年男工而举行罢工,并取得了一定的成果,工会组织得到了发展。5 月 15 日,日本纱厂资方对罢工工人进行报复,枪杀了中共党员、工人顾正红,并打伤十多人。该事件成为“五卅运动”的导火索。在中共的号召下,两万多纱厂工人举行了大罢工。28 日,巡警报复,开枪打死 8 名工人,重伤十多人,逮捕 70 多人。中共中央立即决定开展政治罢工斗争,并在 5 月 30 日在上海外国租界举行大规模示威游行。

5 月 30 日上午,2000 多名学生在公共租界游行,并散发传单及演讲,号召民众起来抗议外国资本家杀害中国工人、逮捕学生的罪行。下午,外国巡捕上街镇压,大批学生被捕。这时,上万群众聚集在南京路老闸巡捕房,要求释放被捕学生。英国巡捕竟然开枪,13 人被打死,数十人重伤,酿成了“五卅惨案”。

这一令人发指的暴行激起了中国人民更加强烈的反抗。上海总工会决定举行同盟总罢工。随后,学生罢课、工人罢工、商人罢市的“三罢”斗争席卷整个上海。中共中央于 6 月 5 日发表告全国民众书,“号召全国各种被压迫阶级的群众来反抗帝国主义残暴野蛮的大屠杀”②。

---

① 中共江苏省委党史工作委员会、江苏省档案馆编:《江苏革命斗争纪略》,档案出版社 1987 年版,第 96 页。

② 彭明主编:《中国现代史资料选辑》(第一、二册补编),中国人民大学出版社 1991 年版,第 313 页。

"五卅惨案"的消息传到江苏，各地的学生、民众迅速掀起了声援上海人民、反对外国巡捕暴行的怒潮。31日，南京学生联合会急电当局，要求与英国严正交涉。6月1日，东南大学学生上街游行，宣布开始罢课。随后，东南大学教授组成了沪案外交后援会，并聘请有关专家向民众作专题演讲，讲述英国、日本对中国的侵略历史、对此次"五卅惨案"的感想及国民的自卫等问题。[①] 3日，南京各界3万多人召开市民外交大会，宣布"三罢"，还通电全国，吁请国人"努力奋起，破釜沉舟，义无返顾"。[②] 6月1日，苏州东吴大学、苏州工专等校的学生沿街散发传单、集会演讲，告知民众"五卅惨案"的真相，并举行罢课抗议。2日，昆山、无锡、镇江的学生和工人纷纷进行集会示威，还组成了一些如锡社、救国五七团等爱国团体，声援上海人民的斗争。3日，南京48个团体的万余民众集会，宛希俨发表演讲，大会向当局提出严惩凶手、抚恤遇难者家属、释放被捕学生等要求。同日，南通学生联合会也电请政府向外国使团严正交涉，要求伸张正义、洗雪国耻。随后，徐州、扬州等地的学生和民众也分别集会，声援"五卅运动"，抗议外国巡捕的血腥暴行。为了在经济上对上海人民的"三罢"斗争进行支援，东南大学教授于6月26日首先倡议拿出该校应得的"金佛郎案"的款项去救济因罢工而失业的上海工人。[③] 此项倡议立即得到了社会各界的一致好评和响应，江苏各地随后发起了为支援沪案募捐的活动。

在"五卅运动"的洪流中，南京下关和记洋行的工人罢工斗争是江苏工人爱国行动的具体体现。和记洋行是一家在香港注册的大型英资企业，主要从事家禽家畜的屠宰及其副产品的加工生产。"五卅惨案"的消息传来，工人们当即决定从6月5日起开始罢工，并发表声明："英捕惨杀同胞，举国同愤。兹公决自今日起，全体罢工，为被害同胞后援。"[④]他们向英国厂主提出了"厂主应电请沪英领事，抚恤五卅伤亡及惩办凶手"、"工资应以十二元为最低限度，以大洋记"、"罢工期间，工资照发"等7项条件。[⑤] 不久，由中共南京支部领导的罢工委员会又将复工条件增加到12项。次日，罢工工人在南京城内举行了大规模游行。

这次罢工轰动了整个南京，并在苏南地区产生了很大影响，令英国资本家损失惨重，也使南京地方当局处于十分尴尬的境地。厂方与官府使用了各种软硬手段都未

---

① 中国第二历史档案馆编：《五卅运动和省港罢工》，江苏古籍出版社1985年版，第32页。

② 北京师范大学历史系中国现代史教研室编：《中国现代史》(上)，北京师范大学出版社1991年版，第143页。

③ 中国第二历史档案馆编：《五卅运动和省港罢工》，江苏古籍出版社1985年版，第86页。

④ 《申报》1925年6月6日。

⑤ 《宁隶书关于英商和记洋行罢工运动给钟兄的报告》(1925年6月5日)，中共江苏省委党史资料征集委员会、江苏省档案局编：《江苏革命史料选辑》(第二辑)，1981年8月，第11页。

能达到让工人们复工的目的。7月中旬，市总商会和下关商会出面调停。厂方表示：在工人提出的复工条件中，除了要求厂主电请英国领事抚恤、惩凶一条是外交大事，商人不能对此擅自表示主张之外，其余各项都可以商量。[①] 罢工委员会考虑到长期罢工，经济上难以支持等具体困难，于是决定在厂方接受工人的全部经济条件后于7月17日复工。

然而，这仅仅是厂方的缓兵之计。7月31日，英商突然以缺乏原料为借口，宣布自8月1日起和记洋行停产，并辞退了数百名工人，还拒绝按复工条件向工人们足额发放工资。工人们感到受到欺骗。正当他们与厂方交涉时，停泊在长江中英国军舰上的英国水兵强行上岸，与当地警察一起前往弹压。他们悍然向工人开枪，重伤6人，酿成了"七·三一惨案"。

这一事件再次点燃了南京民众的怒火。南京学生联合会等团体于8月1日向江苏省长提出了派兵保护华人生命安全、禁止随意逮捕工人及惩凶、道歉、赔偿等要求。4日，南京市民举行了大规模示威游行，抗议英国水兵和警察的野蛮行为。中共中央和共青团中央11日发表了《为南京、青岛的屠杀告工人学生和士兵书》，强烈抗议英国侵犯中国主权、杀害中国公民的残暴行为。同时，全国各地和社会各界也纷纷通电声援和记洋行工人的勇敢抗争精神。

"五卅运动"显示了中共领导民众运动的能力，扩大了中共在全国民众中的威望，使其真正成为具有全国影响的政党。在江浙，中共组织在"五卅运动"后也发展很快。为了指导这一地区快速发展的工农运动，中共江浙区委于1927年2月召开第一次代表大会，通过了《职工运动决议案》。该案明确表示："江浙区的职工运动，为中国职工运动的中心"，又指出了工人运动的必要性："工人在经济的改良上，地位的提高、工会的公开等事，均非和平要求而能奏效的，只有在艰苦的不断的斗争中可以得之，只有在有实力为后盾的要求中可以得之。"[②]

在"五卅运动"前后，江苏各地的工人受到革命思潮的影响，不断起来抗争。1925年3月，镇江仁章、新华、光华三绸厂的女工和淮阴的盐业工人举行罢工，要求增加工资，他们不顾军警的镇压和资方的利诱，坚持斗争，终于部分达到了目的。5月下旬，镇江的瓦木工人又为抗议顾正红被杀以及要求改善自身待遇而举行罢工，并捣毁徐广记瓦木工厂，后因遭到军警镇压，斗争失败。从7月21日开始，无锡庆丰、振新、申新等纱厂的工人因厂方无理开除工人和为废除16小时工作制及改善劳动条件而罢

---

① 《申报》1925年7月10日。

② 中共江苏省委党史资料征集委员会、江苏省档案局编：《江苏革命史料选辑》（第二辑），1981年8月，第2—3页。

工离厂。这次罢工历时一周，产生了较大的社会影响，最终迫使资方撤换了厂长和总管。12 月，苏州天孙铁机丝织厂的工人因工头无理欺压工友而举行罢工，并得到了三星、振亚、苏经三厂工人的响应。苏州地方当局进行镇压，逮捕了一些工人，但工人们仍坚持斗争，最终迫使厂方同意了工人提出的要求。

在工人运动蓬勃发展的同时，江苏农民的斗争运动也呈逐渐增多的趋势。1925 年 2 月，泰兴横港一百零八庄的农民为抗交猪仔捐，先后在余学善、余大化的领导下举行暴动。他们火烧了八家地主庄园，令当地土豪惶惶不可终日。这次暴动虽然被军警镇压下去，但猪仔捐也被迫取消。这年夏秋，中共党员周水平在江阴组织"佃户合作自救会"，领导江阴、无锡、常熟三地农民反抗地主在灾年仍不减轻租额的不义之举。孙传芳以"宣传赤化"的罪名逮捕了周水平，并于 1926 年 1 月 17 日将其杀害。11 月，苏州郊县的部分农民因遭受蝗灾、作物减产而群起抗租，声势浩大，县政府和地主不得不同意减免部分田租。此外，在常熟、江阴、崇明等地，也都爆发了规模不等的农民抗租运动。为了进一步推动农民运动的深入开展，1926 年，中共江浙区委派出干部到江苏部分农村建立了一些农会组织。到 1927 年上半年，全省接受中共领导的农会会员已经达到 30 多万人。随着全国农民运动的兴起，江苏的农民也卷入到国民革命的洪流中去。

与全国一样，江苏的工农运动在 1924—1927 年间风起云涌。这些运动有的是自发的，大多数则是受全国革命形势高涨的影响并由国共两党领导的，中共在其中扮演了十分重要的角色。正是由于其在工农运动中的卓越表现，使中共赢得了民心，凝聚了来自社会基层的力量，也壮大了自己的实力，为其后进行土地革命创造了条件。

1927 年 2 月，北伐军逼近江浙。中共组织立即发动民众，配合北伐军的进军。江浙区委于 2 月 18 日和 3 月 7 日两次号召江浙全体党员和民众，为迎接北伐军做准备，同时在军事上也进行了准备。区委书记罗亦农于 1 月到无锡检查中共的基层工作，要求大家为即将到来的新的革命高潮做准备。在北伐军进抵无锡时，无锡的数万工人发动了同盟总罢工，配合北伐军兵不血刃地占领了无锡。南京地委为迎接北伐军专门成立了军委，文化震为负责人。地委、军委在若干工厂和码头组织了工人纠察队，部分党员进入兵工厂做工，还计划在必要时发动暴动，夺取武器弹药。3 月 20 日，北伐军兵临南京城下。地委一方面派人秘密向北伐军送情报，另一方面千方百计破坏守城部队的防御工事和军需仓库，截断守军的运输线路。工人纠察队主动上街散发传单、维持秩序，消除普通市民的恐惧心理。在工人实际行动的感召和北伐军强大力量的震慑下，守军军心动摇。当北伐军攻城时，中区警察署署长打开通济门，迎接北伐军入城。此外，常州、苏州、镇江等地的国共组织也迅速行动起来，广泛发动民众,采取各种方法配合北伐军进军苏南。正是由于民众的积极配合,北伐军没有付出太多的牺牲就占领了苏南地区。江苏民众迎接北伐军的行动是几年来当地工农运动发展的高潮,推动了江苏人民的觉醒和社会进步,为江苏的历史写下了辉煌的篇章。

第四节　科学教育文化事业的发展

一　新式教育的发展

民国建立后,江苏的新式教育也开始迅速发展起来。1912 年,南京临时政府设立了教育部,蔡元培为教育总长。该部颁布了《普通教育暂行办法》、《普通教育暂行之标准》等法规,开始了民国政府推广新式教育的进程。随后,江苏各地地方教育行政机构也逐渐完善。最初,江苏都督府在民政司下设教育科,不久就升为独立的教育司。1914 年,该司被裁撤,教育事务归省巡按使公署管理。直到 1917 年 12 月,省教育厅才正式成立,掌管全省教育事务。

在民国建立的最初几年,南京临时政府和北京政府先后采取了若干教育改革措施。同时,受西方教育思潮的影响,国内教育改革的呼声也日益高涨。1921 年 10 月,在第七届全国教育会上,教育界提出了改革学制的议案。教育部于 1922 年在济南召开了"学制会议"。11 月,北京政府以"大总统令"的形式颁布了《学校系统改革令》,把学校教育分为初等、中等、高等三个大的阶段,采用大学预科制和中学的三三制,废除原先的读经课程,并对中等职业教育也作出了一些规定。这次改革的标准是:"一、适应社会进化的需要;二、发挥民治教育精神;三、谋个性的发展;四、注意国民经济力;五、注意生活教育;六、使教育易于普及;七、多留各地方伸缩余地。"①这次改革即"壬戌学制",确定了现代中国教育的基本制度。

这一时期,江苏的新式教育在各教育层次都呈现出全面开花的新气象。在幼儿教育方面,"壬戌学制"把幼儿教养机构的名称从"蒙养园"改为"幼稚园",并正式将其纳入学制。张謇首先于 1912 年在南通唐闸镇建立了一所现代幼稚园,后又于 1917 年和 1921 年在南通城区建立了两所。在这前后,南京、无锡、苏州、扬州、常州、镇江、盐城、徐州等城市也相继建立了新式幼稚园。1923 年,陈鹤琴在南京创立了中国第一个幼教实验中心——私立南京鼓楼幼稚园,并对园内的课程、教材、教法、设备等方

---

① 江苏省社会科学院《江苏史纲》课题组:《江苏史纲》(近代卷),江苏古籍出版社 1993 年版,第 354 页。

面进行了实验研究并加以推广。[1] 该园的建立标志着中国的幼教事业进入了全新的时期。民国初年，江苏的幼教事业走在了全国前列。

江苏也是全国开展新式小学教育较早的省份。1912 年，江苏就全面规划地方小学教育，规定市、乡设置初等小学，县设置高等小学，并实行男女同校。1914 年，“教育部视察第三区（苏、浙、皖）学务，在江苏视察小学 58 所及女子小学 23 所，对江宁第一高等小学、师范附属小学、第二高等小学，吴县师范附属小学、吴县县立第一高等小学、第二高等小学吴县大同女学，无锡县立第一高等小学、第二高等小学、无锡竞志女学特加赞许，并称道竞志女学校长侯鸿鉴办学精勤，以教育为己任。民国元年（1912）8 月至民国 5 年（1916）7 月四个学年度，江苏小学校数、学龄儿童入学人数逐年增加”[2]。详见下表。

1912—1916 年度江苏小学校数、入学儿童人数

年　　度	1912 年 9 月—1913 年 7 月		1913 年 8 月—1914 年 7 月		1914 年 8 月—1915 年 7 月		1915 年 8 月—1916 年 7 月	
项　目	学校数	学生数	学校数	学生数	学校数	学生数	学校数	学生数
数　量	5283	231758	5515	234839	5920	260484	6214	292433

资料来源：江苏省地方志编纂委员会：《江苏省志・教育志》，江苏古籍出版社 2000 年版，第 152 页。

从上表中可以看出，在民国建立的最初几年，江苏的小学校数和学生数都在稳步增长，但增幅并不是很大。不久，因国内政局混乱，教育事业的发展也受到了影响，但江苏的小学教育仍在艰难中继续前进。到 1926 年，江苏各道人口及小学教育情况统计如下表：

1926 年江苏各道人口及小学教育统计表

项目＼道别		金陵道	苏常道	沪海道	淮扬道	徐海道	合　计
人口	男	1822999	4893440	2270628	4917177	2897980	16802224
	女	1457062	4146491	1971729	4433370	2569104	14577756
	总	3280061	9039931	4242357	9350547	5467084	31379980
小学校数		1274	2732	1801	1663	1310	8780
学 生 数		49317	193483	173701	68638	37641	522780

资料来源：江苏省地方志编纂委员会：《江苏省志・教育志》，江苏古籍出版社 2000 年版，第 152 页。

---

① 江苏省地方志编纂委员会：《江苏省志・教育志》，江苏古籍出版社 2000 年版，第 106 页。

② 江苏省地方志编纂委员会：《江苏省志・教育志》，江苏古籍出版社 2000 年版，第 152 页。

尽管江苏的小学教育在这一时期获得了很大发展，但能够接受小学教育的儿童人数仍然只占学龄儿童的少数。1927 年，省民政厅统计全省共有学龄儿童 5183397 人，其中已入学的 1344131 人，约占总数的 26%。[①]

这一时期，江苏的新式中学教育也开始蓬勃发展。1912 年，南京临时政府成立后，省政府对省立新式中学进行了统筹规划。“江宁府中学改为省立第一中学校；苏州府中学并入吴县一中后改为省立第二中学校；松江府中学堂改为省立第三中学校；太、嘉、宝、崇公立中学堂改为省立第四中学校；常州府中学堂改为省立第五中学校；镇江府中学堂改为镇江中学校后改省立第六中学校；通海五属公立中学堂改为省立第七中学校；扬州两淮中学堂与扬州府中学堂合并改称淮扬合一中学校，不久又改为省立第八中学校；淮安府中学堂改为省立第九中学校；徐州府中学堂改为省立第十中学校；东海中学堂改为省立第十一中学校。南菁文科高等学堂改为公立南菁中学校。这时，中学教育以省立中学为主，但当时除省立中学外，江苏还有南京金陵中学、苏州东吴大学附属中学、苏州振华女校等一批教会中学及私立海门中学、宜兴私立和桥中学等一批私立中学。据民国 5 年统计，全省计有省立、私立普通中学 27 所，学生 4016 人，居全国第六位”[②]。这些学校构成了江苏中学教育的骨干学校，奠定了日后江苏中学教育大发展的基础。

“五四”前后，受新思潮的影响，女子教育开始受到重视，江苏开始兴办女子中学。1920 年，省立第一、第二女子师范学校分别附设了两所女子中学，这使江苏成为全国较早开办女子中学的省份之一。“壬戌学制”颁行后，虽然其中规定中学仍以省办为主，但“各县如经费充裕，设备完善，并有相当之校舍、师资，亦得设初级中学”。于是，江苏各县设立初级中学的日渐增多。到 1924 年，“江宁、盐城、高邮、南通、上海、淮阴、如皋、青浦、阜宁、涟水、沛县、高淳、宜兴、睢宁等 14 个县试办了县立初级中学”[③]。

这一时期的中学教育还有一个显著特点，就是教会学校，特别是基督教会所办中学发展较快。“据民国 11 年统计，全省基督教会中学 51 所，占全国基督教会中学总数 291 所的六分之一强，有学生 3323 人，在基督教会中学中居全国首位，其中男生 2705 人，占学生数 81%，女生 618 人，占学生数 19%。全省中学生仅有 9216 人，基督教会中学生占全省中学生总数的 36%”[④]。从以上数据可以看出，教会中学已经在江苏的中学教育中占有重要地位。

江苏的新式高等教育在民国初年经历了调整、重组的时期。清末，江苏官办及私

---

① 江苏省地方志编纂委员会:《江苏省志·教育志》，江苏古籍出版社 2000 年版，第 153 页。

② 江苏省地方志编纂委员会:《江苏省志·教育志》，江苏古籍出版社 2000 年版，第 229 页。

③④ 江苏省地方志编纂委员会:《江苏省志·教育志》，江苏古籍出版社 2000 年版，第 230 页。

立的大学堂有 15 所，但大多规模较小，办学力量薄弱。民国成立后，这些学校多数停办或转向，全省大学只剩下教会所办的位于苏州的东吴大学堂、位于南京的金陵大学堂和东方医科大学(该校于 1913 年改为金陵大学医科)3 所。东吴大学和金陵大学因受到教会的大力资助，逐渐发展成为学科齐全、办学条件优越的综合性大学，成为江苏高等教育的骨干。南京临时政府把学堂改称学校，并允许私人开办高等学校。这是中国官方首次肯定私立高等教育机构的法律地位。因此，民国初年，社会曾短暂出现了开办私立大学的高潮。“据《江苏教育行政报告书》民国 2 年不完全统计，全省有 50 余所私立高校，其中 80%以上为法政学校”①。这些学校大多不具备办学条件，后大多自生自灭了。只有张謇在南通创办的以职业教育为主要目的的几所学校合并而成的南通大学，设置了农科、纺织科和医科，成为由江苏本省人创办时间最长的私立高校。

民国时期，江苏的官办高等教育肇始于南京高等师范学校的开办。南高师是在清末的三江师范学堂和两江师范学堂的基础上于 1915 年 9 月正式开办的，原通州师范学堂堂长江谦为首任校长。它与北京高师、武昌高师和广州高师是中国成立最早的 4 所高等师范学校。1920 年，南高师首次招收女生，成为国内首家男女同校的高等学府。南高师是为培养中学师资而成立的，但随着学校事业的发展，其科目已经初具现代综合性大学的雏形。1921 年，南高师改组为国立东南大学，设置了文、理、农、工、商、教育等科，留美博士郭秉文为首任校长。南高师遂于次年完全并入东大，停止招生，其原有在校生于 1926 年全部毕业。东大学科齐全、精英荟萃，尤以理工科为特色，成为继北京大学之后中国第二所综合性国立大学。当时有“北大以文史著称，东大以科学名世”之说。后来，东大又改名国立第四中山大学，并于 1928 年再次改名国立中央大学，成为中国的最高学府。

此外，张謇于 1915 年在南京创办的隶属于全国水利局的河海工程专门学校，在 1924 年发展成为河海工科大学，为中国培养了大批现代水利科学人才，并进行了深入的水利科学研究。同年，中国最早的女子大学——由美国基督教会、长老会等宗教组织创办的金陵女子大学在南京成立。1920 年，前清官员、学者唐文治在其家乡无锡创办了无锡国学专修馆，向学生系统讲授中国传统的文化典籍，培养了许多国学人才。

可以看出，民国成立以后，江苏的高等教育事业在曲折中得到了发展，在去粗取精、优胜劣汰之后逐渐形成了官办、私立、教会三足鼎立的局面。当时的高等学校数

---

① 江苏省地方志编纂委员会:《江苏省志·教育志》，江苏古籍出版社 2000 年版，第 447 页。

量虽然不多，但办学质量很高，且系科设置齐全、文理兼达、中西兼备，初步形成了完善的高等教育体系。

民国建立后，江苏的职业教育和特殊教育也获得了发展。张謇在其中作出了开创性贡献。1914 年 11 月，他在南通创办了盲哑学校，开江苏特殊教育之先河。在职业教育领域，张謇于 1912 年创办了私立南通纺织专门学校，次年又创办了私立南通甲、乙两种农业学校，后又与他人合作创办了私立南通医学专门学校。这是江苏职业教育的开端。这几所学校开办后因其出色的办学业绩而广受社会好评，其办学条件也不断改善，最后合并组成了南通大学。

总之，民国初年，江苏的教育继续了自清末以来的转变进程，加速从中国传统的书院、私塾等旧教育形式向西式学堂转变。进入 20 年代后，新式教育已经成为教育的主流。从政府教育行政部门的职能到高、中、初各级教育机构，再到课程的设置，都已跨入了新式教育的行列。但这时，旧式私塾仍在城乡各地普遍存在，从而形成了新、旧教育并存的局面。

二　科学的进步

自洋务运动以来，西方近代科学知识系统传入中国。随着清末新政和民国的建立，中国人向西方探究科学的热情高涨，国内的科学水平也不断提高。江苏地处东部，上海（当时属江苏）又是中国受西方影响最深的地区。因此，进入民国后，以西方科学知识的普及和发展为标志的科学事业的进步在江苏表现得尤为突出。

这一进步首先表现在江苏高等学校中现代科学学科的建立和逐渐完备。南高师在建立后就设置了理化部，专门招收学习自然科学的学生，并进行学术研究。南高师改组为东南大学后，成为国内为数不多的综合性大学之一，其理、工、医类学科逐步完备，还聚集了一批造诣精深的学术大师。“数学方面有熊庆来、邹鲁。化学方面有张子高、孙洪芬。生物方面有秉志、胡光炜、陈桢、钱崇澍。物理方面有胡刚复、胡明复”①。金陵大学为外国教会所办，从 1910 年定校名开始，自然科学教育和研究就受到高度重视。1914 年，金大建立了农科，开国内四年制农科之先河。该科不仅进行教学，而且根据中国农村的实际情况进行农学的研究，研究推广“三一制”，倡导并实施植树造林，以防水土流失。农科还在南京、安徽等地购买土地，建立实验农场，培育优良品种。“20 年代初，美国教会曾派一位教授来金大，专教棉花育种试验，后培育成第一号优良棉种，称为‘百万棉’，在江苏、安徽等农村推广。继棉花之后，农科又培

---

① 江苏省政协文史资料委员会编：《江苏文史资料集粹》（教育卷），江苏文史资料编辑部 1995 年版，第 3 页。

育成稻、麦新品种，从事推广，收效不小。”[①]当时，金陵大学已经成为全国农学教学和科研的中心，开设了农艺、动物、森林、蚕桑、园艺等分支学科，为中国农业科学的发展起到了很大的作用。不久，校方又把文理学院分开，分别建立了文学院和理学院。理学院在最初只有数理专业的基础上又增添了化学工程和电机工程等专业，并建立了化学研究所。这样，金大就成为江苏高等院校中较早开展自然科学研究的大学之一。从 1922 年开始，金大理学院就使用在当时十分先进的电化手段进行教学，还举办了电化教育的专业，包括电影和幻灯的制作与翻译。这也是中国最早的电化教育和电化人才的培养，为引进、吸收西方科学和自主研究提供了有效的手段。此外，由于金大为教会学校，十分重视英语教学，学生英语水平普遍较高，这就为他们学习、引进和研究西方自然科学知识提供了良好的条件。与金陵大学一样，同属教会大学的苏州东吴大学也是当时江苏科学进步的基地。进入民国后，东吴大学扩大规模，开设了文理各科，理工类有物理、化学、数学、生物等学科，构成了比较完整的现代自然科学教育体系。尤其值得一提的是，“1925 年增设生物材料处，创办体育专修科。生物材料处(亦称生物标本供应所)所制各种生物标本除供应国内需要外，还远销南洋一带和英美等地，影响较大”[②]。

医学的进步是当时江苏科学进步的一个亮点。这一进步包括中医及西医两个方面。在中医方面，江阴人赵承嘏(1885—1966)对中药有效成分的化学分析，使中医跨入了现代科学的门槛。长期以来，人们无法提炼中药中的有效成分，也就无法对中医中药进行科学分析。赵承嘏先后在英国和瑞士留学，系统学习了现代化学知识后于 1922 年回国，在南高师及东南大学任教及研究，对植物化学，特别是生物碱的分离结晶有独到见解。他创立了碱磨苯浸的新方法，避免了先前乙醇浸泡法的许多弊端。于是，“他和他的学生们系统研究了雷公藤、细辛、三七、贝母、常山、防己、延胡素、钩吻、莽草、闹羊花等 30 多种中草药的化学成分，得到了许多新生物碱结晶，提供药理工作者进行药理研究”[③]。在西医方面，由加拿大人马林于 1892 年在南京鼓楼创立的医院于 1914 年由美国教会改名为“金陵大学鼓楼医院”，作为金大医科的实习医院。该院也是南京最早的西医院，它的建立，对江苏乃至全国的医学发展、医疗人才的培养和医疗条件的改善作出了很大的贡献。

科学进步的另一个表现是造就了大批科技人才。这首先是由于国内高校开设了

---

① 江苏省政协文史资料委员会编:《江苏文史资料集粹》(教育卷)，江苏文史资料编辑部 1995 年版，第 44 页。

② 张梦白:《苏州东吴大学》，江苏省政协文史资料委员会编:《江苏文史资料集粹》(教育卷)，江苏文史资料编辑部 1995 年版，第 106 页。

③ 江苏省政协文史资料委员会编:《江苏文史资料集粹》(科技卷)，江苏文史资料编辑部 1995 年版，第 326 页。

比较完整的自然科学专业教育课程，一些人才便脱颖而出。但当时中国的大学数量毕竟很少，能够接受高等教育的人更少，再加上国内的自然科学基础薄弱、条件简陋，难以培养出世界顶尖的科学人才。于是，出国留学就成了造就中国科技人才的另一条重要途径。中国近代史上第一次民间留学热潮始于清末新政时期。进入民国后，这股热潮继续保持，但出现了一些新的特点。第一，留学的目的地已从清末的日本转向欧美地区。这主要是由于民国时期中国知识阶层对欧美民主制度的向往造成的。第二，留学生所学科目也由清末以人文社会科学为主转为以自然科学为主。这是由于许多留学生有感于中国科技落后的现实，萌生了科技救国的理想，而欧美国家科技发达，为中国学生所景仰。第三，民国时期的留学生学成回国后大多从事与其所学专业相关的科技工作，没有过多地卷入政治斗争的漩涡，而清末的留学生则大多参加了立宪运动或反清革命。1927 年以前从江苏去西方国家留学，后回国并对中国的科学事业作出较大贡献的代表人物大致如下：

赵燏黄，常州人，1883 年生。1905 年赴日本留学，3 年后又考取清廷的官费生，在东京帝国大学药学科深造。民国建立后，他在卫生部门主管药政，后又在多所大学教授植物、生物化学、医药学等课程，并在北平研究院长期从事药理研究，提出了许多独创性观点，把中国传统的中草药学与西药学进行了有机结合。

邹秉文，吴县人，1893 年生。1910 年赴美国求学，在康乃尔大学获得农学学士学位，1916 年回国后长期在中央大学任教，在植物学和植物病理学方面有突出成就。他也是东南大学农科的首任主任、中央大学农学院的主要创办人。

茅以升，镇江人，1896 年生。1916 年赴美国留学，仅用 3 年时间就在康乃尔大学先后获得桥梁建筑的硕士和博士学位，于 1919 年底回国，在国内多所大学及研究机构从事桥梁建筑研究、教学和实践，主持建造了钱塘江大桥等著名桥梁，是中国现代桥梁建筑学的奠基人和重要实践者。

潘菽，宜兴人，1897 年生。北京大学毕业后于 1921 年赴美留学，获芝加哥大学博士学位，回国后长期在南京中央大学从事心理学研究，介绍并引进了西方现代心理学的主要学说，并加以创新，是中国现代心理学的主要奠基人之一。

陈章，苏州人，1900 年生，从小就对电机有浓厚的兴趣，在交通部上海工业专门学校（上海交通大学前身）先后完成了中学和大学学业。1924 年赴美国普渡大学攻读电机专业，获得硕士学位。回国后，在广州、南京、杭州等地的高校及研究机构任职，大大拓展了中国无线电学科的研究领域。

周培源，宜兴人，1902 年生。1923 年就读于北京清华学校时就发表过水平较高的数学论文，显示出了科学才华。1924 年赴美留学，先后就读于芝加哥大学和加州学院，主修物理学，并获得了博士学位。随后，他又前往德国从事了一段时期的研究工作。回国后，在清华大学任教并从事科研，为中国流体物理学的发展作出了杰出贡献。

留学风气的盛行和大批科技人才的涌现是民国以来江苏不同于前代的一个重要特点，这正说明这一时期中国已从传统的宗法社会逐步走向了现代工业文明社会。许多中国人先前从未涉足或涉足不深的科学领域等待着人们去探索，而江苏（特别是苏南）受西方科技及商业文化的影响较深，这就激发了江苏人去探究未知世界的兴趣，所以才能够在科技领域造就出大批人才并取得辉煌成就。民国以来，江苏籍的科学家对中国的科技事业所作出的贡献是其他任何地方都无法比拟的。这些科学家所研究的学科包括数学、心理、物理、化学、生物、农学、医药，几乎囊括了所有现代自然科学领域。①

留学生不仅推动了中国自然科学水平的提高，而且促成了国内最早的民间科学组织——中国科学社的建立。该社最初是于 1915 年由一批在美国的中国留学生建立的，他们还创办《科学》杂志作为会刊。不久，胡明复、秉志、过探先、杨铨、邹秉文、任鸿隽等发起人及骨干社员先后回国并任教于南京东南大学，中国科学社总部及《科学》杂志社也于 1918 年从美国迁回南京。该社宗旨为推广科技知识、促进科学研究、推动中国科学事业的发展。该社主要做了以下几个方面的工作。首先，广泛收集科学资料，建立图书馆。该社收藏了大量国内外各学科的科技杂志及书刊，积累了十分丰富的馆藏资料，为中国的科学事业提供了大批珍贵资料。在这一方面，社员胡刚复主持其事，出力最多。其次，该社在南京期间收集了大量科学标本，其陈列室吸引了许多社会上的参观者，实际上是南京第一座自然历史博物馆。在此基础上，该社做了大量科学普及工作，编写了若干科普读物。第三，广泛联络国内同行，加强学科内和学科间的交流。1918 年中国科学社迁到南京时有社员 435 名，东南大学成为社员活动的重要基地。1922 年该社召开第七次年会选出的 11 名理事（竺可桢、胡明复、任鸿隽、王进、丁文江、寝汾、杨铨、赵元任、孙洪芬、秉志、胡刚复）中有 8 人是东南大学的教授。1931 年该社迁往上海，到 1934 年时已有 1500 多名会员，②基本囊括了国内有名的科学工作者。同时，该社还开展学术交流，经常在社内举办专题讲座，每年在各地举行学术会议，还邀请外国科学家来华研讨。如法国物理学家朗之万、美国生物学家尼登等都曾受邀来华为社员作报告。此外，中国科学社还多次派员出席国际学术

---

① 高燮初主编：《吴地文化通史》，中国文史出版社 2006 年版，第 240—242 页。

② 柳定生：《蜚声海内外的中国科学社》，江苏省政协文史资料委员会编：《江苏文史资料集粹》（科技卷），江苏文史资料编辑部 1995 年版，第 9 页。

会议。如1926年在美国召开的国际植物学会议、同年在日本召开的泛太平洋第三次科学会议等。[①] 1928年中央研究院成立之前，中国科学社是中国最大、最重要的科学家组织，为中国科学事业的发展作出了杰出的贡献。

民国初年，与全国一样，江苏的现代科学事业处于基础开拓时期。这一时期，现代科学及事业虽没有取得辉煌的成就，但却为今后的科学事业奠定了基础。

三 新文化运动与文化的繁荣

新文化运动兴起后，江苏各地也普遍受到了影响，各种新文化刊物在江苏的发行量不断增加。"当时，流行于苏州、无锡、常州、南京、徐州、南通等城市的进步刊物有《新青年》、《星期评论》、《新潮》、《响导》、《民国日报》等。其中《新青年》在全国的61个分销处中江苏就占了11个。以地区而言，据1922年徐州社会主义青年团的统计，该地区发行的进步刊物有《响导》50多份，《中国青年》40份，《民国日报》70多份"[②]。在全国大潮的影响下，江苏一些地方也出现了若干新文化团体和新文化刊物。

1919年6月23日，为了声援上海"六三"运动，南京学生成立了学生联合会，并创办《南京学生联合会日刊》，阮真任主编。该刊除了及时报道各地学生运动状况之外，还就"改良社会"这一主题进行了深入讨论。其赞同《新青年》的许多观点，对旧习俗、旧制度、旧思想进行了抨击，宣传科学与民主，介绍各种新社会思潮。8月19日到23日，该刊登载了张闻天撰写的《社会问题》一文，介绍了马克思学说中的唯物史观部分，并以此分析了当时的中国社会，还摘译了《共产党宣言》第二章的10条纲领。这是迄今为止江苏发现的最早传播马克思主义的文章。《南京学生联合会日刊》在连续出版了七十号之后，于9月11日因学联会改组而停刊。该刊也是在江苏创办的第一份宣传新文化的刊物。南京学生联合会于1920年4月29日解散。1919年12月1日，南高师学生创办了《少年社会》杂志。该刊的会员与少年中国学会关系密切。其宗旨是在中国建设一个"少年的社会"、"德谟克拉西的社会"。因此，它还要求开展"少年的运动"，并反对任何威权的压制，要求"推翻恶官僚，打破军阀派，抑制资本家"，主张通过教育使人人树立"互助的、社会的，也就是'德谟克拉西'的人生观"[③]。《少年社会》的宗旨带有理想主义色彩，反映了中下层知识分子和城市平民的愿望，对于反对封建主义的道德观具有积极意义，但它过于空泛和模糊，提不出切实可行的实施方案，并宣扬一种无政府主义的思想。

---

① 江苏省政协文史资料委员会编:《江苏文史资料集粹》(科技卷),江苏文史资料编辑部1995年版,第10页。

② 江苏省社会科学院《江苏史纲》课题组:《江苏史纲》(近代卷),江苏古籍出版社1993年版,第343页。

③ 江苏省社会科学院《江苏史纲》课题组:《江苏史纲》(近代卷),江苏古籍出版社1993年版,第345页。

1919年11月1日，少年中国学会南京分会成立。这是江苏地区十分重要的新文化团体，初始会员有左学训、黄仲苏、黄忏华、沈泽民、蒋锡昌、杨贤江、阮真、赵叔愚、谢循初等12人。[①] 1920年1月，该学会创办《少年世界》月刊作为会刊，也是在《少年中国》之后作为少年中国学会总会的第二会刊。《少年世界》由南京的会员编辑，张闻天、沈泽民负责校勘。该刊物注重实际调查，强调解决现实问题。其发刊词指出："(一)这本月刊是一本注重记载事实的月刊。它记的事实，不是以中国为范围，是以世界为范围。要把中国人村落的眼光，改变方向直射到世界上去。(二)自从欧战的和约成立，我们不仅晓得中国的老年不可靠，同时证明世界的老年不可靠。全世界的事业和一切待解决的问题，应完全由世界的少年采'包办主义'。我们既是世界少年团体的一个，所以把它标出来，以表明中国青年要与各国青年共同负责改造世界的责任。"[②]《少年世界》开辟了"妇女世界"、"儿童世界"、"世界大事"、"社会批评"、"地方调查"、"学术世界"等栏目，发表的文章内容丰富，对于江苏和全国的马克思主义传播和青年思想启蒙都起到了积极作用。李大钊、蔡和森、罗学瓒、沈泽民、恽代英、王若飞、赵世炎等人都曾在该刊发表过文章。《少年世界》于1920年12月停刊。

与此同时，江苏其他地方也有一些新文化团体和刊物问世。1919年下半年，丹阳青年戴盆天在吕城镇组织"范社"，成员主要是教育界人士和旅外大中学生共五六十人。他们提倡互助精神、男女平权、服务社会等。并发行《蒙语报》，办义务学校教育农民，同时还举办通俗演讲，开展农村市镇的新文化运动。[③] 1920年，徐州学生在北京大学马克思主义研究会的帮助下成立了一个马克思学说研究小组，并发展成为"赤潮社"，还出版《赤潮旬刊》。同年5月，《妇女评论》创刊于苏州。该刊的中心议题是"妇女解放"，热情赞颂刚刚取得十月革命胜利的俄国在苏维埃制度下妇女儿童事业的发展，指出这是中国学习的榜样，并抨击中国的当政者对妇女儿童问题的漠视，提出"经济独立"是妇女解放的先决条件。《妇女评论》在创刊时为半月刊，第一卷共出版了6期，从第二卷起改为月刊，在苏南地区产生了广泛影响，瞿秋白、叶圣陶等曾多次为其撰搞。1920年9月25日，由无锡一些具有爱国思想的店员组成的"救国五七团"组织发行了《五七月刊》，在社会上也产生了积极的影响。《五七月刊》在其发刊词中声明，其宗旨是"伸张公理，去打破世界强权；拥护正义，去推倒国家的暴力；发扬人道，去铲除社会的财阀"[④]。这样的表述虽过于空泛，但还是表达了其追求公平和正

① 中共江苏省委党史工作委员会、江苏省档案馆编：《江苏革命斗争纪略》，档案出版社1987年版，第21页。

② 江苏省社会科学院《江苏史纲》课题组：《江苏史纲》(近代卷)，江苏古籍出版社1993年版，第343页。

③ 中共江苏省委党史工作委员会、江苏省档案馆编：《江苏革命斗争纪略》，档案出版社1987年版，第24页。

④ 中共江苏省委党史工作委员会、江苏省档案馆编：《江苏革命斗争纪略》，档案出版社1987年版，第33页。

义的思想。《五七月刊》的立场比较温和，不主张采取激烈的手段进行社会变革，而是希望通过改良的方式实现社会的正义。12月5日，江苏的另一份新文化刊物《宜兴评论》在宜兴创刊。这是一份比较激进的刊物，鼓吹通过革命来扫除旧思想、旧道德并树立新观念、新习俗。该刊还对封建思想和封建势力进行了揭露和批判。

总之，在“五四运动”后到中共成立之前，江苏大地上普遍兴起了新文化运动，宣传各种社会思潮，也使马克思主义得到迅速传播。

在意识形态领域的新文化运动如火如荼开展的同时，民国初年，江苏在传统学术和艺术方面也取得了骄人的成就。不少江苏籍学者和艺术家创造了许多新的成就。在古籍整理方面，罗振玉的成就较大。罗祖籍浙江上虞，生长于江苏淮安。他是甲骨文研究的主要开拓者，于1912年到1918年间先后编成《殷墟书契前编》、《殷墟书契精华》、《殷墟书契续编》。这些著作奠定了甲骨文研究的基础。此外，罗振玉还在铜器铭文、汉晋手书木简和敦煌学领域取得了很大成就，并且参与整理了大量明清档案史料。历史学方面则以吕思勉为代表。吕是常州武进人，于1920年参与了由胡适发起的关于中国古代井田制的讨论，并在当年写成了中国第一部白话通史著作《白话本国史》。这是中国历史学界具有划时代意义的一部著作。吕思勉在该书中强调要“用新方法整理旧国故的精神”[①]。他在书中提出了许多新的概念和观点，特别是社会历史变迁进化的观点，令人耳目一新。他认为春秋战国时期是社会经济、阶级关系“大变迁”的时代，是中国历史发展的“界限”。此外，他还提出中国封建社会长期停滞和中国历史的分期等问题。这些课题在当时提出无疑具有重大意义。

在江苏民间文化方面，最突出的成就是苏州刺绣艺术的完善。苏州刺绣是一门有着悠久历史的民间工艺，在苏南地区的妇女中广泛流传。她们飞针走线，在薄纱上绣出各种精美的图案，绣出一件件艺术品。清末民初，吴县女子沈寿对刺绣艺术的发展作出了划时代的贡献。沈寿生于1874年，从小酷爱刺绣。由于她的作品绣艺超绝，所绣图案惟妙惟肖，所以在慈禧太后七十大寿时被选为贡品，并受到慈禧的喜爱。此后，清廷在农工商部设立绣工科，任命沈寿为总教习。这使这门民间技艺首次进入官方学堂。1914年8月，由张謇在南通创办的女工传习所开办，沈寿被聘为所长。南通女工传习所在沈寿的主持下培养了大批刺绣人才，刺绣也在苏南乡村和城市更加普及，这门民间工艺被推向了一个新的高度。1915年，美洲巴拿马举办世界博览会，沈寿的刺绣作品《全世界救世主耶稣绣像》以其精湛的做工和精美的造型被评为一等

① 陈吉龙：《历史学家吕思勉》，江苏省政协文史资料委员会编：《江苏文史资料集粹》(教育卷)，江苏文史资料编辑部1995年版，第230页。

奖，使江苏的民间技艺登上了世界艺术的最高殿堂。此外，滩簧的发展也引人注目。滩簧俗称常锡文戏，即锡剧的前身，据说起源于乾隆二十年(1755)左右，曲调来源于江南农村的山歌，委婉幽雅、悦耳动人。但这种戏曲诞生后发展却十分缓慢，在清代，只有一些民间表演艺人组建简单戏班，在苏、锡、常的乡村为农民演唱，影响十分有限。民国初年，滩簧的观众群体扩大，并开始进入城市，此后，上海、南京及安徽的城市也有了戏迷。到20年代初，女性加入到演出的行列，加速了这门民间艺术走向成熟，一些优秀剧目久唱不衰。滩簧表演艺术在民国初年的不断完善，为日后发展成为独立的地方戏曲剧种——锡剧打下了坚实的基础。

总的来说，民国初年，江苏在辛亥革命和新文化运动的影响下，意识形态领域呈现出思想活跃的新气象，文学艺术上也有了新成就，并正在向更高层次发展。

四 学衡派与各种社会思潮的流行

意识形态的斗争总是矛盾对立的。在新文化运动蓬勃兴起、马克思主义迅速传播的同时，代表传统社会势力的相对保守的思想派别也随之出现。由于这股势力深深根植于中国社会生活的土壤中，有着强大的群众及思想基础，因而也在当时形成一股社会思潮，与新文化运动相抗衡。提倡传统文化的人认为：应以儒家思想来“统整”西洋学说，使之“融合于吾固有文明之中”[①]。这股思潮的代表，除了《东方杂志》的主编杜亚泉之外，就是以南京东南大学一批学者为主体的“学衡派”。

“学衡派”的形成是以《学衡》杂志的创办为标志的。1922年1月，东南大学教授梅光迪、柳诒徵、吴宓等在南京创办了《学衡》杂志，并声称以“讲究学术、阐明真理、昌明国粹、融化新知”为宗旨。随后，以该杂志为中心，迅速在其周围形成了一个以主张发扬中国传统文化学术为主，有选择地抵制外来思潮的学术派别。当时，许多著名学者都对学衡派持肯定态度，有的还直接参与了他们的活动，包括陈寅恪、王国维等著名的国学大师。首先，他们对马克思主义的传播持怀疑态度，认为中国与俄国的国情迥异，“中国人万不可煽俄之风，受俄之贿”[②]。其次，他们对新文化运动激烈的反孔立场不以为然，坚持高度评价孔子的历史地位，强调孔子不仅是中国古代文化的集大成者，而且是与西方苏格拉底、柏拉图、亚里士多德并驾齐驱的世界文化伟人。他们甚至认为中国问题的根源在于不行孔教，并竭力鼓吹三纲五常。但学衡派也是有理性的，他们并不主张盲目尊孔，也反对神化孔子，只是认为孔子是个“丝毫无神学意味和

① 李侃等：《中国近代史》，中华书局1994年版，第488页。

② 《答诸问中国可否公产》，《学衡》第54期。

玄学意味的人”[①]。从这一点上说，学衡派并不是顽固的守旧派，他们对待中西文化的态度是真诚和理性的，只是反对新文化运动中“全盘西化”的片面主张。但学衡派没有理解新文化运动的真正意义，只是通过提出一些看似十分激进的口号和主张来否定封建文化和伦理，倡导科学与民主。新文化运动貌似对中国传统文化的全面否定，实则想打破一个旧世界，建立一个新世界，其意义早已超出了学术的范畴。而学衡派对中西文化及其相互关系的分析基本上停留在学术层面，这就使其显得理性有余而激情不足，给人留下“顽固守旧”的印象也就不足为奇了。第三，学衡派主张学者回归学术研究本位，继续研究、整理、发扬国学。在这方面，他们做了大量工作，也取得了不小的成就。在他们的推动下，东南地区掀起一股研究国学的热潮，不少国学研究团体也应运而生，大中学校也开设了许多国学讲座，一些知识分子还受其影响投入了国学研究，并且也取得了不小的成绩。因此，学衡派在中国学术发展史上具有重要地位。但其主张与当时中国的社会现实显然是格格不入的，体现的是一种让知识分子脱离现实的消极思想。

学衡派在当时中国的知识界产生了广泛而深刻的影响，《学衡》杂志也拥有众多读者，并一直存在到1933年。随着中国民族危机的日益加深，救亡成为中国社会的主旋律，学衡派的主张也就逐步走向了没落。

除了学衡派之外，当时流行于国内的相对保守的社会思潮还有实用主义。这与胡适的极力鼓吹是分不开的。胡适称实用主义为实验主义，其思想根源是他的老师，美国学者杜威。“实用主义否认世界的客观存在和真理的客观标准，认为‘实在’可以由人们主观任意创造，就像一个‘很服从的女孩子’，百依百顺地由我们‘涂抹装扮’。真理是‘人造的’、‘造出来供人用的’。因为它们‘大有好处’，所以才给它们‘真理的美名’”[②]。杜威于“五四”前夕来华讲学，总共在中国长达两年又两个月，到过11个省。1919年5月，杜威在江苏省教育会作了“实验主义之教育”的讲座。次年，他又来到南高师开设了教育、哲学等课程，他还在上海、苏州等地作了“专门教育的社会观”、“社会进化”、“公民教育”、“科学与人生观之关系”等有关教育和哲学的演讲。他的思想在江苏学术界和教育界产生了很大影响。他在华的讲义也大多被刊登在《新青年》上。实用主义成为当时中国十分流行的社会思潮。

---

① 郑师渠：《古今事无殊，东西迹岂两》，《近代史研究》1998年第4期，第71页。

② 北京师范大学历史系中国现代史教研室编：《中国现代史》（上），北京师范大学出版社1991年版，第35页。

第五节　北洋军阀在江苏的争斗

一　江浙战争

1920年10月12日，江苏督军李纯自杀身亡后，北京政府遂于10月15日任命直系军阀齐燮元为江苏督军。由于直皖势力在北京围绕中央政权明争暗斗，这种争斗不可避免地在地方上反映出来。

江苏和浙江是直、皖势力接壤的地区，皖系军阀卢永祥控制着浙江和上海，而直系军阀齐燮元控制着江苏。从当时的行政区划来看，全国重要的经济中心和港口城市上海隶属于江苏省管辖，而上海实际由皖系势力控制。这一不正常的状况，最终导致了直、皖间的"江浙战争"。

直系军阀齐燮元执掌江苏后，急切想从皖系势力手中夺回上海的管辖权，但是由于时机尚未成熟，齐燮元不敢轻举妄动。为了谋求表面的和平，江浙两省还签订了"江浙和平公约"，以"保境安民"。到了1923年，形势发生了急剧变化。这年10月，由于曹锟贿选总统，卢永祥公开通电不承认曹锟的总统地位。为了对抗直系势力，卢永祥还与奉天的张作霖、广东的孙中山结成反直三角同盟，这就不可避免地激化了卢永祥与直系势力之间的矛盾。面对这种局面，直系军阀一方面在关内部署重兵，以防奉军入关，另一方面派孙传芳进入福建，联络广东军阀陈炯明，对孙中山形成压力，并从福建、江西、安徽对浙江的卢永祥形成三面包围之势。1924年5月，北京政府任命周荫人为福建督理，任命孙传芳为闽粤边防督办，但周荫人和孙传芳之间矛盾重重，难以在福建共存。而此时他们的触角还不敢向广东革命根据地伸入，于是谋求向浙江发展。他们在曹锟、吴佩孚的支持下，由江苏督军齐燮元、安徽督军马联甲、江西督军蔡成勋、福建督理周荫人等订立了联合图浙的计划。在此情况下，浙江的卢永祥则与淞沪镇守使何丰林组建浙沪联军加以对抗。双方剑拔弩张，加紧备战，一场大战即将爆发。

1924年8月24日，齐燮元以卢永祥"招纳叛亡"，收编被孙传芳打败后退入浙江境内的福建军阀臧致平、杨化昭部为借口，呈请曹锟下令讨伐浙江的卢永祥。8月26日，齐燮元下达江苏全省动员令。9月7日，北京政府下令"褫卢永祥、何丰林官勋，并免本兼各职，令齐燮元督部剿办"。江浙战争由此全面爆发。

为了应对战争，江浙双方均作了周密的军事部署。直系军阀齐燮元联合皖、赣、闽等省的直系或与直系有关系的部队8万余人，兵分四路攻守：第一路由宫邦铎、马玉仁等指挥，进攻上海，其进攻路线又分为左、中、右三路，左路由浏河、太仓以指吴淞腹背；中路由昆山、安亭直趋黄渡、南翔而达上海；右路由安亭分兵攻朱家角、青浦，进而横趋松江。第二路由陈调元等指挥，驻守宜兴，分张渚、罗山、乌溪三线防守。第三路由皖军王普指挥，进攻广德。以上三路由齐燮元任总司令。第四路由孙传芳任总司令，翻越仙霞岭，进攻浙江腹背，以配合直军的正面进攻。

浙军方面，以浙江、上海，以及刚从福建退入浙江的部队组成浙沪联军，共计 9 万余人，以卢永祥为总司令。浙沪联军分三路攻守：第一路以何丰林为司令，下辖朱广声、臧致平、杨化昭等部，守卫上海，其防线包括黄渡、南翔、浏河、青浦、嘉定等外围据点；第二路以陈乐山为司令，攻长兴，并以一部进逼宜兴、常州，以截断沪宁铁路，扼制南京；第三路以潘国纲为司令，驻江山、衢州一线，守卫仙霞岭，以防孙传芳及赣军从背后袭击。此外，双方的海军也参加了此次战争。

1924 年 9 月 3 日凌晨，江浙两军发生战斗，齐卢之战正式爆发。战争伊始，直军即在黄渡方面向浙军连续发起攻击，但均被击退。9 日，浙军防线不但未被击破，反而由黄渡进展至安亭以西。在宜兴方面，当浙军在黄渡、浏河连续击退直军的进攻时，浙军第二路陈乐山部在炮兵的配合下，即以"攻势分渡太湖"，企图绕太湖以西，占领宜兴，进窥武进，以攻击直军之侧背。10 日，浙军进攻宜兴，其右路占领乌溪关，左路攻陷犒涧里，至 12 日，浙军已逼进宜兴县城，直军形势危急。为了缓解浙军的压力，直军 2 万余人急从南京驰援。在浏河方面，太仓直军马玉仁、吴恒瓒两部 1 万余人，于 4 日起先后向浙军发起攻击，并一度占领浏河。次日，浙军组织反攻，重新夺回浏河，两军于浏河隔河对峙。13 日，直军在各路援军的配合下实施反攻，浙军连战失利，渐感不支，于 14 日退守乌溪关，旋又退守蓝山。18 日，浙军陈乐山部奉命撤退，"改调松沪，以御昆山之战"。其后，战事便趋重于宝山、嘉定、松江方面。

正当苏浙两军在浏河、嘉定、黄渡、白鹤港、青浦一线拼力相持的时候，防守仙霞岭的浙军一部倒戈，孙传芳部孟昭月旅越仙霞岭长驱入浙，于 9 月 16 日攻占江山，杭州大震。卢永祥见大势已去，决定放弃浙江，予浙人"自治"，自己则于 9 月 18 日通电"移沪督师"，将所部集中于松江、上海一带，并建司令部于龙华，继续与齐燮元、孙传芳部作战。

卢永祥退守上海后，北京政府于 9 月 20 日任命孙传芳为闽浙巡阅使，并督理浙江军务，齐燮元兼淞沪护军使。25 日，孙传芳进入杭州后，随即移赴嘉兴，与陈调元等筹划合攻淞沪。

10 月 1 日，为了便于指挥，直军将司令部迁往苏州，并命令部队向黄渡方面的浙沪联军进攻。而青浦方面的浙沪联军为解黄渡之困，向直军猛烈进攻，并克重固，然后分兵三路进攻白鹤港，双方展开激战。另一方面，直军占领金山后，即以孙传芳部会攻上海外围重镇松江。8日，松江守将王宾携家眷逃往上海，松江被直军孙传芳部占领。卢永祥为了夺回松江，急调各路部队猛攻直军，并改任何丰林为第三军司令。17日，浙军总攻失利，退守莘庄以西的曹家庄，而青浦、嘉定也先后于9日和12日被直军乘虚攻占。13日，卢永祥以淞沪半失，士气涣散，被迫通电下野，与何丰林逃往日本。14日，直系鄂军援前总指挥张允明与"联军"妥协，并进入上海。15日，张允明通电声明，为齐燮元之先头，至沪维持秩序。至此，混战一个多月的江浙战争结束。"联军"残部分别被齐燮元、孙传芳收编。这场战争给江苏人民带来了深重的灾难。散兵游勇劫掠烧杀、奸淫掳掠，无所不至。据调查，嘉定、宝山、太仓、昆山、宜兴、上海、松江、青浦、金山、奉贤等县，先后"为齐燮元所蹂躏而损失者约计六千万元有奇"[①]。其中如浏河"被炮火全毁之房产，计一百五十四户，共一千五百二十九间，炮弹炸坏房屋，约三千三百余间，综计损害断在七十七万元以上，而屋内之财物不与焉。"[②]"昆山夏桥乡人烟断绝，十室十空"，松江城内商店"以存货倾尽，关门者达百分之九十五"。无锡受战争影响，纱厂"大都停工，工人生活困苦万分"。所以，当江浙战争爆发时，中共中央在1924年9月10日发表的《第三次对时局宣言》中就指出了这次战争的性质，号召人民组织起来，"在国民革命的旗帜之下"，推翻军阀及帝国主义在中国的一切势力。

二 奉系军阀在江苏的扩张

第二次直奉战争后，张作霖、冯玉祥控制了北京政府，并推段祺瑞为中华民国临时执政府执政。1924年12月初，奉系张作霖为进一步向南方扩张，接连召开军事会议，谋划解决长江流域各省办法。12月7日，在天津的军事会议上，张作霖决定提请段祺瑞免去齐燮元江苏督军的职务，并决定如齐燮元不从，则立即派张宗昌率奉军南下。[③] 然而，军阀之间个人都有自己的打算，段祺瑞企图为自己的亲信恢复一些地盘，以巩固自己的地位，因此他同意奉军进兵江苏。12月11日，段祺瑞下令免去齐燮元苏皖赣巡阅使和江苏督军的职务，并裁撤江苏督军缺，以江苏省长韩国钧兼办江苏军务善后事宜，并特派卢永祥为苏皖宣抚使。卢永祥为皖系骨干，原任浙江督军，江浙战争失败逃往日本后，时刻想报江浙战争失败之仇。他受命后即于18日在天津先行组织宣抚使署，并宣告就职，准备南下。同时，卢永祥又派何丰林、陈乐山到上海招纳

① 北京政府内务部档案：《浏河兵灾善后会致内务部呈》(1924年12月17日)，中国第二历史档案馆藏。

② 北京临时执政府档案：《江苏兵灾各县联合会致临时执政府呈》(1925年5月24日)，中国第二历史档案馆藏。

③ 《东方杂志》1924年大事记；《国闻周报》第一卷 第二十一期。

旧部。12 月 24 日，陈乐山赴浙江招收被孙传芳收编的第四师旧部，驱逐该师师长夏兆麟，宣布自己复任第四师师长之职。在此情况下，浙江督军孙传芳派兵攻打陈乐山，并于翌年 1 月 2 日夺回第四师。孙传芳夺回第四师后，改派谢鸿勋为师长。于是，张作霖以援助卢永祥为名，按照段祺瑞“饬酌拨军队若干，暂归卢使节制调遣”[①]的指示，编定了三个军，以张宗昌为第一军军长，韩麟春为第二军军长，吴光新为第三军军长（因第十七、十八两梯队原系吴光新部，故仍由吴光新任军长）。随后，张宗昌率奉军第一军随卢永祥首先开赴江苏。

奉军南下，齐燮元因势单力薄，不得不按段祺瑞临时执政府的命令办理交卸。12 月 14 日，齐燮元将苏督印信移交韩国钧兼理，同时又与孙传芳秘密联络，企图共同抗拒奉军和卢永祥。因此，齐燮元在办理交卸后，仍不肯离开南京，以便观望动静。齐燮元被免职后，苏军各将领为保持江苏现状，通电表示拥护韩国钧，但反对段祺瑞另派军事大员入苏，危害苏皖。江苏绅民及各社会团体也认为卢永祥是江浙战争的罪魁祸首之一，没有“宣抚”江苏的资格，纷纷通电反对卢永祥南下，从而掀起了“江苏废督和上海永不驻兵”运动。在这种情况下，齐燮元拟宣布独立，改称江苏保安总司令，退守镇江、无锡一带，以抵御卢永祥及奉军南下。12 月 19 日，他致电陈调元，令其率第四师阻止卢永祥通过徐州，并派魏朝彦赴沪，调宫邦铎第十九师驻守苏州、常州一线，接着，他又命第二师吴恒瓒部移防南京。但是，由于齐燮元大势已去，苏军将领多不从命，陈调元甚至通报奉张，公开对抗，并于 22 日赴济南与张宗昌商议奉军南下事宜，旋又将所部苏军第四师撤离徐州，移驻萧县、砀山一带。驻苏州的第三师第三旅不服调遣，于 24 日哗变，推炮兵营长秦洸为总指挥，宣布对抗“独立”，“服从中央”。淮扬镇守使马玉仁、海州镇守使白宝山也不从调遣，袖手观望，宫邦铎则托病请假，均不配合齐燮元作战。齐燮元自秘密下达动员令后，因各军多未奉命出发，因此退守镇江、抵抗奉军的计划落空。12 月 27 日，他不得不离开南京去上海。28 日，张宗昌率奉军 3 万人进驻徐州，翌年 1 月 7 日又进至浦口。同时，原驻南京的齐燮元旧部奉韩国钧命令，调往镇江。1925 年 1 月 10 日，卢永祥趁张宗昌到南京之后，段祺瑞临时执政府又于 1 月 13 日派陈调元为“督办江苏军务善后事宜”之机，招集旧部，进兵沪宁线，企图彻底清除齐燮元的势力。

齐燮元被免职，以及奉张、卢永祥的军事进逼，使浙江的孙传芳深感忧虑。他一方面加强对淞沪方面的戒备，另一方面则支持齐燮元反抗奉、卢。齐燮元在孙传芳的支持下，积极活动于上海租界，商讨组织江浙联军对抗奉张的计划。他们计划，第一

---

① 北京临时执政府档案：《张作霖致段祺瑞密电》(1924 年 12 月 16 日)，中国第二历史档案馆藏。

步，驱逐盘踞在闸北一线的淞沪镇守使宫邦铎；第二步，齐、孙军联合解决盘踞上海南部的淞沪护军使张允明，而后进军沪宁线，抗击奉军。1925 年 1 月 10 日，当卢永祥进入南京的时候，齐燮元即策动驻沪苏军第六师及第十九师旧部驱逐师长宫邦铎，将第十九师收归自己手中。1 月 11 日，齐燮元与孙传芳的军队联合进攻龙华的张允明，张兵败逃入法租界，齐燮元与孙传芳控制了上海。控制上海之后，齐燮元即自称淞沪联军第一路军总司令，孙传芳自称第二路军总司令，并联名发表宣言，拒绝奉军南下。1 月 14 日，齐、孙联军占领苏州，驱逐了秦洸，并与驻守苏州的齐燮元旧部联成一气。卢永祥在南京闻上海有变，即于 1 月 14 日组织"宣抚军"，以奉军军长张宗昌为总司令兼第一路军总指挥，参谋长臧致平兼第二路军总指挥，军务督办陈调元兼第三路军总指挥，准备东进上海，打击齐、孙联军。

面对复杂的局势，段祺瑞深恐事态扩大，决定采取安抚孙传芳，离间齐、孙关系的策略。正在此时，上海总商会也深恐沪地成为奉、浙两军的战场，向段祺瑞政府提出上海永不驻兵、不设军职，并将兵工厂移设他处的要求。孙传芳因军备尚未充实，赞同上海总商会的意见，于 1 月 15 日和齐燮元通电表示：一、撤退在上海地区的所有两省驻军；二、废除护军使及镇守使等名目，并且以后不再设此职；三、兵工厂亦于即日择地迁移。同日，段祺瑞也下令：一、淞沪护军使一职，即行裁撤；二、上海嗣后永不驻兵，亦不得再设任何军事机关；三、上海兵工厂着陆军部饬令停止军用生产，以便招商承顶改组为商业工厂，并委托上海商会暂行接收保管。① 接着，段祺瑞政府又于 16 日下令免去韩国钧兼办江苏军务善后的兼职，任命卢永祥兼"督办江苏军务善后事宜"（简称江苏督办或苏督）。同时，为表示对浙闽无侵吞之意，段祺瑞政府还任命孙传芳督办浙江军务善后事宜，孙荫人督办福建军务善后事宜。除此之外，段祺瑞政府还下令斥责齐燮元挑动战争，并派陆军总长吴光新南下，以查办齐燮元，协同卢永祥处理上海事件为名，调和奉张与孙传芳的关系。事实上，段祺瑞政府的这些措施确实起到安定孙传芳、孤立齐燮元的作用。在此情况下，孙传芳以"中央挞伐"为借口，停止出兵援齐，采取观望态度。而奉军将领张宗昌则抓住战机，率军从浦口渡江与卢军会合，沿沪宁铁路向齐军步步进逼。

1925 年 1 月 17 日晨，卢军开始发起进攻，当日即有一路攻占镇江，另一路于 18 日攻占丹阳、常州。在卢军的压力下，齐军节节败退至无锡。正在此时，孙传芳部于 23 日突然撤回，开赴无锡、苏州援助齐燮元的部队，孙传芳部卢香亭师随即也将上海的军队撤至松江，并称此行动为班师回防。于是，卢军集中兵力，兵分三路于 25 日向

---

① 《民国日报》1925 年 1 月 17 日。

齐军进攻。齐燮元早闻奉军来攻，便在无锡大肆焚掠。1月27日，奉军占领苏州，齐燮元败逃上海，于28日宣布下野，随即败走日本。齐燮元败逃后，韩国钧以省长名义令宫邦铎收抚齐部败军。

29日，张宗昌率万余奉军抵达上海，并以“宣抚军第一军军长”的名义委派各级官吏，接收税务机关，缴械并收编齐燮元的部分残败官兵。原驻上海的浙军则退出上海，集中在龙华驻扎。齐卢战争至此结束。这场战祸，给苏南，特别是无锡地区带来了深重的灾难。战争结束后，穆藕初曾向段祺瑞呈文称：齐燮元祸苏，“无锡受灾独重，数十年经营惨淡之商场悉成瓦砾，汗血所得之资财尽付东流。盖自无锡车站至城垣及城垣周围三十里之内，莫不被劫，有连劫七八次之多者”，致使“全邑工厂商场完全停顿。而人民颠沛流连于境外者，欲归不得，欲留亦不得，困顿情形，笔难宣达。”①

齐燮元出走后，由于奉军源源开进上海，奉、浙两军分据闸北和沪南，各自招募溃兵游勇。上海各团体深恐奉、浙两军再开战事，要求段祺瑞下令双方撤兵。外国驻沪公使团也出面干涉，照会北京临时执政府，“不许中国军队开至外侨住所或外国租界附近”②，并通知张宗昌应按照临时执政府关于不在上海驻兵的命令，早日退出上海。于是，奉、浙两军在吴光新的斡旋下，进行撤兵谈判。为此，江苏省长韩国钧还于2月1日决定划上海为“淞沪特别市”。2月8日，吴光新主持的江浙二次和平条约，经孙传芳与张宗昌签字后生效，奉、浙两军先后撤出上海，浙军退至松江，奉军退至昆山以西，上海兵工厂则移交总商会接收保管。然而，奉张并不是真正想从上海撤兵，他舍不得上海这块财富之地，根本就没有从上海撤退奉军之意，所谓新的和平条约只不过是其缓兵之计。因此，当浙军撤出上海后，奉军迟迟没有撤出上海的动作，直到张宗昌决定接受段祺瑞任命的苏皖鲁剿匪总司令一职，于8月19日返抵南京，并将所部移调徐州后，南北的战云始渐消散。但是，齐卢之战后，奉张为了实现其控制江苏的野心，竭力排斥卢永祥，以“苏人治苏”为借口，要求段祺瑞于2月14日任命他的秘书长江宁人郑谦为江苏省长。接着，他还为在齐卢战争中打头阵的张宗昌谋取山东的地盘。段祺瑞不敢违背，于4月24日任命张宗昌为鲁督，而将郑士魁调任皖督。这样，奉张就实际控制了山东。其后，张作霖又乘“五卅惨案”之机，以维护上海秩序为名，公然违反江浙二次和平条约中有关上海永不驻兵的条款，派张学良于6月13日率2000名奉军进驻上海。虽然这支军队于6月21日撤出上海北返，但姜登选、邢士廉等奉系将领又率领大批奉军进驻上海。翌日，郑谦以江苏省长名义宣布淞沪戒严，

①② 北京临时执政府档案，中国第二历史档案馆藏。

并委邢士廉为戒严司令。这样,奉系势力实际控制了上海,上海成为了奉系军阀的势力范围。在此情况下,卢永祥进退两难,他受命后,因处境艰难,始终未就江苏督办职。他还通电主张废除江苏督办与苏皖宣抚使两职。8 月 11 日,卢永祥通电辞去苏皖宣抚使及督办江苏军务善后事宜职。此后,段祺瑞又按奉张的意图,于 8 月 29 日特任杨宇霆为督办江苏军务善后事宜,姜登选为督办安徽军务善后事宜。这样,奉系的势力范围,除原有的东北三省外,还拥有直隶、山东、安徽、江苏和热河等省,其触角已经伸到了长江下游地区。

三　孙传芳控制江苏

齐卢战争刚刚结束,在江苏控制权的问题上,随着孙传芳与奉系之间的矛盾逐渐加深,终于爆发了争夺江苏控制权的奉浙战争。

奉系势力从江苏驱逐出齐燮元以及在东南地区的军事扩张,震动了直系军阀浙督孙传芳,他深知奉系军阀张作霖夺取江苏、控制上海,实为图谋浙江的前奏。孙传芳为了自保,并逐步发展其在江苏的势力,遂积极备战。一场争夺江苏地盘的奉浙战争如箭在弦,一触即发。

1925 年 9 月,杨宇霆接任江苏督办后,随即为扫除江苏的非奉系势力,要求段祺瑞电令孙传芳交出松江各属。与此同时,直系在江苏及长江流域各省的军阀也均不满杨宇霆督苏,准备反抗。于是,孙传芳采取先发制人的策略,以"双十节"会操为由,调集大军于松江、长兴一线,并暗中联络旧苏军第一师师长白宝山(驻海州)、第三师师长马玉仁(驻清江)、第四师师长陈调元(驻南京)、第十师师长郑俊彦(驻南京),以及福建、安徽、江西等省的直系军阀,组织浙、苏、皖、赣、闽五省联军,孙传芳自任五省联军总司令。10 月 18 日,孙传芳首先发难,率浙军分五路向奉军进攻:第一路军司令陈仪(浙军第一师师长),第二路军司令谢鸿勋(浙军第四师师长),负责从松江进攻上海;第四路军司令卢香亭(浙军第二师师长),第五路军司令周凤岐(浙军第三师师长),负责从长兴向苏州进攻;第三路军司令由孙传芳亲自兼任,居中策应,并以孟昭月为杭州戒严司令,留守后方。杨宇霆获悉浙军集结的情报,即于 10 月 14 日令驻沪奉军邢士廉部刻日移防苏州,旋退常州。16 日,浙军第二路谢鸿勋部进占上海,第四路卢香亭部进占宜兴。见形势对浙军有利,孙传芳即出嘉兴,居中指挥,追击奉军。同日,孙传芳与浙江省长夏超、闽督周荫人等联名发表讨奉通电,指责奉张趁"五卅案起,全国震惊,正国民椎心泣血之时,为私人攘利夺权之举",破坏"上海永不驻兵之议",奉军入沪"数月以来,喋血贩烟,腾笑中外,杀人越货,苦我人民,秽德腥闻,众目共见"。为"顺民意","服从中央",遵行上海"永不驻兵"之令,特"率我偏师,缴其枪械,放归回里”[①]。10月17日,由于驻沪奉军邢士廉部已退出上海,段祺瑞便以临时执政府名义下令停止战争,令浙军撤回原防地。与此同时,皖督姜登选也发出和平通电,保证“苏督杨君决不犯浙”,希望孙传芳顾念同学之情,“勿相煎太急”。[②] 但是,孙传芳并没有如他在通电中所说的那样“服从中央”,也不顾同学之情谊,而是紧急从嘉兴赶至上海,进一步作军事部署,令五路浙军水陆并进,继续追袭奉军后卫部队。17日晚,卢香亭部占领常州,18日又占领丹阳、镇江,周凤岐部也进抵溧阳,准备向南京进击。19日,孙传芳在常州召开军事会议,参加者除孟昭月、周凤岐、谢鸿勋等高级军官外,各部团长以上军官也列席了军事会议。会议主要讨论进攻南京的计划。

在孙传芳不宣而战,突然发动袭击的情况下,奉军因部署未周,不得不采取迅速退兵的策略。在奉军形势不利的情况下,苏军各部及湖北、安徽、江西等省军阀伺机纷纷通电响应孙传芳讨伐奉军。10月17日,苏军第一师师长白宝山、第二师师长马玉仁、第四师师长陈调元、第十五师师长郑俊彦,以及江宁镇守使朱熙等联名通电:“响应浙军,会师浦镇,驱逐奉军”,并请吴佩孚出山“主持大计,表示全苏将士,愿听指挥”[③]。由于南京苏军不稳,18日,杨宇霆、郑谦命令奉军全数由浦口北上。于是,陈调元、郑俊彦于19日“同举义旗”,“立将驻屯省城奉军第八师部队全数解除武装”,“俘虏八师长丁喜春”,并将“退至下关并分驻浦口”的奉军第二十师部队“一律缴械”,“其沿津浦线窜至乌衣之兵车数列”,也被“歼灭殆尽”。[④] 苏督杨宇霆北遁,郑谦亦去职逃跑。

10月20日,孙传芳抵南京,会晤苏军各将领,商讨追击奉军计划,决定派苏军陈调元部乘胜追击奉军。21日,联军先头已达滁州,并与奉军激战于张八岭,奉军不敌,退守蚌埠。[⑤] 23日,姜登选弃职逃跑,奉军又从蚌埠退往徐州。24日,浙军大队抵达蚌埠,同日即会同皖军攻击前进,追击奉军,其先头直逼符离集。27日,孙传芳为准备大举进攻徐州,进行了军事部署,除原有五个军外,又正式任命白宝山为第六军司令、马玉仁为第七军司令、陈调元为第八军司令、郑俊彦为第九军司令、张仁奎为第十军司令、倪朝荣为第十一军司令、王普为第十二军司令、邓如琢为第十三军司令、马祥斌为第十四军司令、高世读为第十五军司令、华镛章为第十六军司令。

此时,奉张为确保徐州战略要地,决定派奉军入关助战,同时命鲁督张宗昌坚守徐州。10月21日,张宗昌抵徐州,以白俄兵及奉鲁军约10万人,分五路备战。这时,

---

① 国民政府国史馆档案:《中华民国史史料长编稿》(1925年10月),中国第二历史档案馆藏。

② 北京临时执政府档案,中国第二历史档案馆藏。

③④ 北京临时执政府档案:《陈调元、郑俊彦通电》(1925年10月19日),中国第二历史档案馆藏。

⑤ 《申报》1925年10月21、22日。

从苏、皖等地撤退的奉军也迅速在徐州集结，与张宗昌部会合，伺机反攻。于是，奉鲁军与集结于蚌埠的联军相持于宿县至夹沟一线。

10月26日，为了扭转不利局面，奉军张宗昌部突然发起进攻，沿陇海线路的新安镇直逼海州。苏军白宝山、马玉仁连战失利，退守清江浦待援。27日，奉军邢士廉部占领海州后，又沿运河南下，直取清江浦。孙传芳急令第四师陈调元及第十师郑俊彦出兵驰援，始遏阻了奉军在东线的攻势。31日，孙传芳进驻临淮关，并下达对奉军的总攻击令。11月1日，张宗昌也从津浦路发动进攻，两军激战于固镇。起初，奉鲁军由白俄兵组成的铁甲车队突击前进，前线皖军畏缩不敌，从任桥败退至固镇以南。11月2日，孙传芳智破铁甲车队，奉鲁军大败，联军攻占固镇。是役，奉鲁军伤亡惨重，其铁甲车队悉数被毁。浙军俘获奉鲁军前敌总指挥、山东军务督办施从滨，并将其押解到蚌埠斩首示众。8日，孙传芳由临淮关进抵蚌埠督战，联军连下任桥、西寺坡、宿州（县），直逼符离集，而奉鲁军则退守夹沟顽抗。5日，孙传芳再次下达总攻击令，联军分左、中、右三路，于6日猛攻夹沟，孙传芳和张宗昌均到前线督战，双方激战一昼夜，奉军败退徐州。此时，奉张因冯奉战争即将爆发，为持久防御计，又调整部署，分任了五个方面的军团司令：以李景林为第一方面军团司令，警戒近畿及直隶南部；以张宗昌为第二方面军团司令，警戒徐海经砀山至曹州一线；以张学良为第三方面军团司令，警戒京通及直隶口北一带；以姜登选为第四方面军团司令，警戒津浦路北段，并援助第二方面军团；以张作相为第五方面军团司令，警戒热河西部至沽北口一线。此外，为保存实力，奉张还令张宗昌收缩战线，津浦路方面由徐州退临城；大运河方面由泗阳退海州。接到命令后，张宗昌于7日命令部队后撤，以徐州为第一防线，临城为第二防线，兖州为第三防线，并将指挥中枢移设济南。由于奉鲁军的撤退，苏军于11月7日夺回被奉军占领的海州，8日，联军又进占徐州。在东线大运河方面，苏军于7日重新攻占海州。至此，津浦路南段的战事基本告一段落。9日，孙传芳赴徐州，召集岳维峻、卢香亭、谢鸿勋等举行军事会议。这时因北方的冯奉战争爆发，而在第二次直奉战争中失败的吴佩孚也想乘机争夺地盘，于是孙传芳认为占领徐州后已经达到了目的，下一步进攻山东的行动应由岳维峻、邓如琢担任，自己可以脱身，遂将前线指挥权移交总指挥卢香亭和白宝山，徐州防务由第一军军长陈仪担任，并任命陈锡璋为徐海道尹，自己则于11月21日通电返回杭州。25日，段祺瑞免去杨宇霆的江苏督办职务，任命孙传芳为江苏督办，孙传芳又自任为“五省联军总司令”兼江苏总司令。至此，孙传芳执掌了江苏大权，江苏在直系军阀的掌控之下，沦为直系的地盘。

第六节 北伐军的进军与北京政府在江苏统治的崩溃

一 国民革命军进军江苏

1926年，国共合作下的广东国民政府积极准备北伐。1926年3月，中共湖南地方组织在长沙发动社会各界举行示威游行，要求湖南省政府出兵讨伐吴佩孚，并吁请广东国民政府出兵北上。3月8日，唐生智率部开赴衡山，并逼近长沙，以驱逐赵恒惕。但是，在唐生智占领长沙并宣布代理湖南省长后，吴佩孚任命叶开鑫为湘军总司令，配合直军前后夹击唐生智。在此情况下，唐生智不得不退出长沙，并吁请广东政府出兵支援。

5月初，广东政府派国民革命军第四、第七军一部，以及叶挺独立团入湘援助唐生智，从而揭开了北伐战争的序幕。

国民革命军出师北伐后，盘踞江苏并自称苏浙皖闽赣五省联军总司令的孙传芳，打着“保境安民”的旗号，拥兵自固，通电宣称“人不犯我，我不犯人”。但在北伐军于两湖打败吴佩孚主力后，他即撕下“中立”的面纱，把五省军队编为五个方面军，集中部署在江西，企图阻止北伐军北进。

1927年1月，国民革命军总司令部制定了进军长江下游的作战计划，决定“以先攻略杭沪，击破孙传芳之主力，会师南京”①，并根据这一战略进行了部署，随后又将北伐军编为东路军、中路军和西路军，兵分三路向长江下游挺进。东路军以何应钦为总指挥，白崇禧为前敌总指挥，由闽、赣分道入浙，进窥淞沪；中路军由蒋介石兼任总指挥，沿江而下，攻取苏、皖，同时以主力进攻南京。中路军又分为江左军和江右军，江左军以李宗仁为总指挥，由宿松、望江进取安庆，协助江右军攻取南京；江右军以程潜为总指挥，出景德镇、祁门，沿九江而下，进取芜湖、南京。西路军以唐生智为总指挥，自湖北孝感沿京汉铁路北进，以防河南之敌。1927年2月，东路军在总指挥何应钦和前敌总指挥白崇禧的率领下攻克杭州，3月中旬进抵上海郊区。

北伐军各路按既定作战计划迅速行动。由于陈调元、王普起义，中路军于1927年2月4日占领安庆，6日进占芜湖，17日又占当涂，其先头直趋南京。

东路军于2月18日克复杭州后，即分兵向上海挺进。这时，从浙江败退下来的孙传芳残部驻守在苏浙省境的松江、枫泾、吴兴、宜兴一线，企图保住江苏，以图反攻。

---

① 《北伐战史》(二)，台湾“国防部”史政局1959年印行，第606页。

因此，东路军为防止敌军利用沪宁铁路在上海与南京间相互策应，决定先截断沪宁铁路，而后再进攻上海。具体部署为：一、由白崇禧所部"第一、二、三各纵队循沪杭铁路前进，攻略上海"；二、何应钦率"第四、五、六各纵队及第二军经宜兴、溧阳，向常州、丹阳前进，占领常州、丹阳后，以一部右旋向无锡、苏州，协同前敌部队歼灭上海附近之敌，以主力左旋向南京前进，与江右军协同略取南京"①。根据这一作战方针，在西线方面，由何应钦率领的第四、五、六各纵队攻取宜兴、溧阳，以进取常州、丹阳；东线方面由白崇禧率领的第一、二、三各纵队，从宜兴进取淞沪。西线方面于3月13日开始进攻，15日在戴埠与敌展开激战，击退敌军并攻占张渚、蜀山等地。3月16日，北伐军攻占宜兴、溧阳、溧水，接着又于20日连克武进、常州、丹阳等地，截断了沪宁铁路，达到了预期的作战目的，并大败鲁军常之英的援军。东线方面也于3月16日向淞沪发起进攻，18日，右翼第二十六军破当面之敌周荫人部，占领松隐镇，20日又渡过黄浦江进逼松江，21日与敌激战后攻克松江。左翼第二十一师于18日攻克吴江后，于21日占领苏州。东路军前敌各部连克松江、苏州后，即乘胜前进，包围上海。残敌冯绍闵、白宝山、常之英及毕庶澄等部向镇江、南京败退。

从1926年10月到1927年3月，为配合国民革命军北伐，上海工人先后举行了三次武装起义。

1926年10月，孙传芳所部夏超趁孙传芳势力削弱之机，宣布浙江独立。上海中共组织决定利用这一时机，发动上海工人组织工人纠察队，联合国民党的钮永建，举行武装起义。但是，由于准备仓促，组织不力，再加上与钮永建配合不力，以及力量悬殊过大等原因，最终导致上海工人第一次武装起义失败。

1927年2月，北伐军占领杭州，消息传来，上海工人为配合北伐军进军上海，决定再次举行武装起义。2月19日，上海工人举行大罢工，两天后，罢工转为武装起义。然而，由于没有得到北伐军的有力配合，这次起义再度失败。

两次武装起义失败后，中共上海党组织总结了两次起义失败的经验和教训，决定发动第三次武装起义。2月23日，北伐军东路军占领嘉兴。在这种形势下，中共中央和上海区委决定组织第三次武装起义。在第二次武装起义失败后，中共中央和上海区委召开了联席会议，会议决定"扩大武装组织，准备暴动"，"扩大并充实市民公会，并宣传市民政权"。在这次会议上，成立了以陈独秀、周恩来、罗亦农、赵世炎、何松林等8人组成的特别委员会，还成立了以周恩来为首的5人军事委员会，以及以尹宽为

① 陈训正：《国民革命军战史初稿》第一辑第一卷，台湾文海出版社1966年版，第337页。

首的5人宣传委员会。[①] 特别委员会成为第三次武装起义的决策和领导机关。3月19日，北伐军先头部队已进抵松江附近，再次进行武装起义的时机已经成熟。19日下午3时，罗亦农召集各部委负责人会议，下达了举行第三次武装起义的预备动员令，并确定了罢工罢市、响应北伐军、建立上海市民革命政权等起义口号。3月21日，上海工人举行总罢工。由于准备充分，在很短的时间内，罢工工人就达到80万人。同时，各商店也纷纷歇业。[②] 罢工开始后，工人们拥向街头，按照预定计划，勇敢地冲向警察署等既定目标。上海工人第三次武装起义就此爆发。

武装起义在上海七个区同时举行，工人们在起义中占领了兵工厂和军械库，缴获了大量武器弹药，并与军阀部队展开了激烈的巷战。广大上海市民积极支持起义工人，他们有的直接参加战斗，有的帮助工人们构筑街垒工事。在市民的支持下，武装起义进展顺利。

22日上午，当巷战正在激烈进行时，上海市第二次市民代表大会召开，到会团体千余个，代表达4000余人。在这次会议上，临时执政委员会推举白崇禧、杨杏佛、虞洽卿、罗亦农、汪寿华等19人为市政府委员，并组成上海临时市政府。会议还提议"请北伐军火速来沪，剿灭直鲁溃军"[③]。当天下午，上海市民召开欢迎北伐军大会，推举代表赴龙华，请白崇禧火速派部队支持武装起义的工人。然而，白崇禧迟迟未能派出部队。这时，北伐军第一军第一师师长薛岳主动请缨，并派出部队赶赴上海。当薛岳的部队到达上海时，上海的巷战已接近尾声。

23日，上海市政府委员召开了第一次会议，选举钮永建、白崇禧、杨杏佛、王晓籁、汪寿华为常务委员。会议决定，除工人纠察队外，上海工人于24日上午10时全面复工。这次会议的召开标志着上海工人第三次武装起义取得了全面胜利。这次起义，充分显示了中国工人阶级的力量，沉重地打击了军阀势力，为北伐军顺利进军上海扫清了道路。

何应钦为与白崇禧会攻上海，并配合江右军进攻南京，命令所部"第五纵队攻取无锡、江阴后，向苏州、常熟等地前进，并与进攻淞沪各部会师；第四纵队以一部经镇江、龙潭，以主力经孟塘、汤水镇，第六纵队经白虎、新塘市，向南京前进"。3月22日，何应钦进驻镇江。至此，北伐军各路会攻南京的部队除江左军所部外，主要还有第六军第十七师、第十九师，第二军第四师、第五师、第六师，东路军第一军第三师、第十四师和第十四军，以及北路军第三十七军所部。南京已处在北伐军的三面包围之中，仅

---

① 上海市档案馆编：《上海工人三次武装起义》，上海人民出版社1983年版，第136—137页。

② 《申报》1927年3月22日。

③ 《申报》1927年3月23日。

有津浦铁路一线退路。而军阀部队此时仅有孙传芳所部约四个师分布于秣陵关、陶吴镇、江宁镇一带，其大部已撤至江北，南京由直鲁联军防守，其兵力有直鲁军 10 万余人及白俄兵一个团，以直鲁联军副司令兼前敌总指挥褚玉璞任南京城防司令，而张宗昌则在蚌埠与徐州间指挥作战。孙传芳见形势危急，也将其指挥部移往扬州，企图负隅顽抗。由于东路军与江右军共同担任进攻南京的任务，因此，江右军总指挥程潜制定了与东路军会攻南京的作战计划。其基本作战方针是："先击破秣陵关东西地区之孙军，威胁敌之后路，以一部在淳化镇龙都镇之线警戒句容方面，掩护右侧。"[①]向秣陵关、江宁镇的进攻原定于 3 月 21 日展开，但 19 日直鲁军徐源泉和谢文炳所部约四个混成旅及白俄兵一个团由陶吴镇分道向朱门镇、濮塘镇反扑，程潜遂命令各部提前发起总攻击。

20 日晨，江右军第一纵队第六军所部第十九师第五十五团、第五十六团向东善桥之敌发起攻击，但遇到敌军的激烈抵抗，双方激战至下午，东善桥才被北伐军占领。接着，左侧支队第十七师也于当晚攻占铜井镇，进而于 21 日又进占江宁镇，接着，在预备队的配合下，进而攻占陶吴镇和秣陵关。同日，右侧支队也在湖熟镇方面击退孙传芳残部，并进占龙都镇。22 日，左侧支队第十七师等部力破板桥附近之敌后，与敌激战于牛首山西侧，接着进占淳化镇。同日，总预备队第十九师也在上石马、观音山一带与敌军激战。[②]

江右军第二纵队自 3 月 15 日攻占溧水后，第二军第四师、第五师即于 19 日先后推进至石塘和曹村镇以北地区，第六师也集结于洪蓝埠附近。此时，进驻镇江的何应钦得悉敌企图死守南京待援的情报，而东路军进攻南京的部队仅八个师，兵力不敷分配，于是电请江右军担任紫金山、孝陵卫、仓波镇等处及以西地区的攻击，而东路军则可在南京北部使用重兵，以攻占南京。23 日，江右军继续与敌军激战于观音山、尖山、幕府山一带，并在雨花台方面大败敌军。南京城里的敌军闻讯，蜂拥退至下关，褚玉璞也逃至下关滬州旅馆，其所部官兵争相北窜。当日晚，江右军第六军第十九师占领南京，"敌退江北，溃不成军"。[③] 这时，东路军的先头部队也进抵栖霞街、东流镇一线。江右军占领南京后，武汉国民政府即以程潜为江苏政务委员会主席。何应钦得悉江右军攻占南京的消息，即令第五纵队在无锡、江阴待命，第六纵队在汤水镇附近待命，并亲率第四纵队于 3 月 25 日进驻南京。至此，北伐军攻取南京，完全控制了江苏省长江以南地区，取得了北伐战争的阶段性胜利。

---

①② 陈训正：《国民革命军战史初稿》第一辑第二卷，台湾文海出版社 1966 年版，第 358 页。

③ 国民革命军总司令部参谋处：《北伐阵中日记》(1927 年 3 月 24 日)，《近代稗海》第十四辑，四川人民出版社 1988 年版，第 230 页。

二 列强炮击南京

1927年3月中旬，当北伐军江右军逼近南京时，南京“城内地痞流氓勾结敌人余孽，乘机蠢动，打家劫舍，全城惶恐，并及外侨”①。3月23日晚，江右军先头部队进抵南京，守卫南京的直鲁联军纷纷退入城内，并大肆抢劫。一些企图从下关渡江的守军官兵在江边争抢渡江器材，未能渡江的溃兵则返回城内再次抢劫。此外，溃兵还抢劫了英国领事馆。“据英领事派管事尹质卿报称：二十四日有溃兵滋扰。”②翌日上午7时，北伐军各部开始入城，沿途鸣枪搜索，搜捕溃军残兵，还搜查了英、美、日等国领事馆附近的街区，并进入领事馆内询问溃兵踪迹。至傍晚7时左右，江右军所属第二、第六、第四十军主力，未经过激烈巷战，便顺利占领了城区以及下关地区。随着大肆抢劫的溃兵被北伐军逐渐肃清，人们的恐惧感也随之而去，“那个时候，人们并不害怕南方的军队，但对北方军队却充满了恐惧感”，“当南方军队事实上已进入城市之时，女孩子们似乎普遍感到，所有的恐惧已经过去……学生们做好了欢迎的旗帜，准备出去欢迎南方军队。”③

然而，北伐军中的一些官兵，在广东国民政府“打倒帝国主义”、“打倒封建军阀”等口号的影响下，并没有理解这些口号的真正意义，反而滋长了一种盲目排外的狭隘民族主义情绪。3月24日，一些进入南京的北伐军官兵开始进行大规模的排外抢劫，从上午8时一直延续到下午5时，城内的一些外国领事馆、外侨住宅、外侨教堂及外国人开办的学校、商店等遭到了不同程度的抢劫，即使一些在下关趸船上的外国侨民也遭到了抢劫。④ 一些士兵还在街上拦截抢劫外国人的财物。两名西方人来到了金陵女子大学，“讲述了他们多次被士兵拦截以及他们的家被抢劫的经历。先是士兵来到他们家中，将钱、手表、戒指以及他们喜欢的其他物品抢走，接着，一些乱民又趁火打劫，将士兵们抢剩下的东西抢去，家里已经一无所有。”⑤一些不法士兵在拦路抢劫时还开枪杀人。“3月24日上午快到9点的时候，鲁斯先生赶来了，气喘吁吁，面色苍白。鲁斯带来了一个不幸的消息，金陵大学副校长文怀恩博士被一个南方士兵枪杀了，尸身躺在他住房附近的马路边上。他身边的其他人也被枪杀了，没有人知道下一

---

① 《江右军总指挥部政治部李世璋报告南京事件电》(1927年3月15日)，中国第二历史档案馆藏。

② 国民政府档案：《国民革命军宁垣特派员章杰关于南京浦口一带秘密工作情况敬告民众书》，中国第二历史档案馆藏。

③ 德本康夫人、蔡路得著，杨天宏译：《金陵女子大学》，珠海出版社1999年版，第65页。

④ 《申报》1927年3月26日。

⑤ 德本康夫人、蔡路得著，杨天宏译：《金陵女子大学》，珠海出版社1999年版，第66页。

个该轮到谁。当时，士兵们拦住文怀恩博士行劫，文怀恩不愿意交出自己的手表，和一个士兵发生争执，很可能还稍事抵抗，这时，另一个士兵向他头部开了一枪，将他当场击毙。”①当时被杀的英、美等国侨民共7人，另有包括英国总领事在内的多人受伤。② 此外，北伐军的一些官兵还强奸、轮奸外国妇女，其中英国领事夫人也被轮奸。

23日晚，当直鲁联军的溃兵大肆劫掠时，即有许多有组织的工人到各处前去制止。③ 24日，北伐军江右军的一些下层官兵进行劫掠时，北伐军的高级军官也曾加以制止。江右军第二军第六师党代表、共产党人萧劲光就曾赶到日本领事馆，驱逐正在抢劫的士兵，并派卫兵保护领事馆，同时张贴布告：“外侨住所，不准入内，如有侵犯，立予枪决。”④

英、美、日三国驻南京海军当局在北伐军逼近南京时，即制定了应对“排外骚乱”的合作计划，3月7日，他们又制订了《南京联合警备计划》，并进行了部署，以应对各种可能发生的混乱局面，并掩护外交人员和侨民安全撤离。

当时停泊在长江南京水域的外国军舰有英国军舰“绿宝石”(Emerall)号、美国军舰“诺亚”(Noa)号和“普雷斯顿”(Preston)号，以及日本军舰“桃”号、“桧”号、“榛”号和“滨风”号等。各国驻南京海军官兵近300人，与进入南京的北伐军相比，力量悬殊。在此情况下，强行冲入城内保护领事馆、外交人员和侨民，可能导致与北伐军的正面冲突，由于力量悬殊，各国驻南京海军未敢贸然行事。3月24日下午3时许，逃到美孚石油公司的美国领事戴维斯向英、美军舰发出信号，接着英、美军舰便向南京城内进行报复性炮击，历时一个多小时。当英、美军舰向南京炮击时，江右军总指挥程潜一方面采取措施制止抢劫，另一方面通过红卍字会的代表与英、美军舰联系，吁请其停止炮击。英、美军舰开炮一个多小时后停止，城内的抢劫风潮至下午5时也基本平息。这就是轰动一时的“南京事件”。

事件发生后，据多方调查，中国军民在炮击中死亡30余人，伤数十人，房屋被毁十余处。⑤ 国民革命军第二军“被外炮击毙特务连长一名，士兵死二十三名，重伤七名，老妇死二人，重伤四人，小贩及居民死十三人，重伤命危者十五人”⑥。

---

① 德本康夫人、蔡路得著，杨天宏译：《金陵女子大学》，珠海出版社1999年版，第65—66页。

② 李恩涵：《近代中国外交史事新研》，台湾商务印书馆2004年版，第252—253页。

③ 《时事新报》1927年7月27日；《上海国民日报》1927年3月29日、4月29日。

④ 《矢田致币原函》(1927年4月5日)，《日本外务省档案》，PVM26。转引自《中华民国史》第二编 第五卷，杨天石主编：《北伐战争与北洋军阀的覆灭》，中华书局1996年版，第341页。

⑤ 中国国民党中央委员会党史委员会编：《革命文献》第14辑，台湾中央文物供应社1977年版，第606—615页。

⑥ 《李世璋报告南京事件电》(1945年4月5日)，《革命文献》总第2382页。

4月14日，武汉国民政府就南京事件向英、美、日、法、意驻汉口领事递交答复照会，在承认北伐军侵害各国侨民生命财产的同时，指出："屠杀友邦人民，为国际公法及文明各国之通例所严禁，而对友邦人民在己国领土内者，施屠杀之行为，其情形尤为重大。而轰击友邦城市之行为，亦悬为厉禁……"，并列举"五卅"惨案和沙面惨案中英法等国水兵枪杀中国人民之事，以示抗议。[①] 在照会的其余部分，武汉国民政府提出由国际委员会调查南京事件，若出于国民革命军之过失，则对侵害外国侨民的行为进行道歉。此外照会还允诺保护外国人生命财产，并提议取消不平等条约。1928年3月30日，南京国民政府就南京事件与列强达成协议，向美、英、法、意等国道歉、赔款，并表示"惩办肇事兵卒及其他人。"[②]

三　孙传芳的反攻与龙潭战役

由于英、美等帝国主义国家的干涉和蒋介石集团的加紧反共，国民革命军的北伐在南京事件后暂时停顿了下来。

1927年7月下旬，退到山东腹地的北洋军阀孙传芳、张宗昌部，趁国民党宁汉纷争之机，大举进行反攻。南京国民政府的北伐部队兵败徐州，蒋介石也被迫下野。北伐部队全线撤退，一部退合肥、六安，主力退守长江南岸。孙传芳认为这是大举反攻的好时机，便命令所部跟踪进抵长江北岸。1927年4月中旬，孙传芳部在浦口、江都、泰兴等地集中了6万余兵力，欲趁机攻占南京，直鲁联军也沿津浦铁路反扑，进抵浦口。在此形势下，北伐军被迫退回江南。南北两军形成了隔江对峙的局面。1927年4月19日，武汉国民政府开始了第二期北伐，随后，蒋介石也于5月1日制定了"北伐方案"，拟兵分八路进行攻击：第一路以何应钦为总指挥，由镇江向扬州进攻；第二路由蒋介石兼任总指挥（白崇禧代），担任津浦路正面作战；第三路以李宗仁为总指挥，由芜湖渡江，奔袭津浦路侧翼，并援救皖北六安、合肥被围各军。该"方案"限5月8日集结完毕，10日开始总攻击。5月15日，南京国民政府北伐军第二路部队全部渡江完毕，并于16日起，连克江浦、全椒、滁县、明光、临淮关、定远等地。第三路部队于5月11日渡江，克西梁山、越含山、巢县，于15日大破敌军于合肥城下，21日又攻克蚌埠，张宗昌部溃退徐州。第一路部队也于5月20日拂晓渡过长江，21日克瓜洲，23日占领靖江、扬州，孙传芳部溃退高邮。5月24日，北伐军刘峙部攻占南通、如皋。同

---

① 复旦大学历史系中国近代史教研组编：《中国近代对外关系史资料选辑（1840—1949）》（下卷）第一分册，上海人民出版社1977年版，第133页。

② 复旦大学历史系中国近代史教研组编：《中国近代对外关系史资料选辑（1840—1949）》（下卷）第一分册，上海人民出版社1977年版，第156—157页。

日，北伐军重新调整作战部署，继续追击敌人。第一路于6月1日攻克高邮，8日攻克盐城，5日克淮安；第二路于6月5日克清浦，9日克海州；第三路于5月25日克六安，26日克宿州。6月2日，南京国民政府北伐军前敌总指挥王天培指挥部队攻占徐州，孙军全线瓦解，张宗昌残部退守临城、韩庄，孙传芳残部则放弃淮阴，经海州退入山东境内。

在南京国民政府北伐军占领徐州之前，武汉国民政府北伐军已于5月30日占领了郑州。北伐军既下郑州、徐州，原可以乘胜北上，直趋京、津，一举完成北伐重任，但这时蒋介石却忙于部署所谓“西征”军事，再一次让北方军阀得到喘息的机会。

南京国民政府北伐军攻克徐州后，蒋介石于6月17日抵徐州，并准备到郑州拜访冯玉祥。冯闻讯于19日到徐州与蒋介石会晤，并于6月20日至21日举行了徐州会议。这次会议由于冯玉祥调和了宁汉争端，进而促成了宁汉合一。“七一五”清共事件后，武汉国民政府亦走上了公开背叛革命的道路。

然而，武汉国民政府虽已实行“分共”政策，但其“东征军”唐生智部已进军苏、皖，这使南京方面受到了很大压力。蒋介石为防武汉东下之师，从前线抽调了约5万军队南下，加强南京的守卫力量。因而退据山东境内的孙传芳、褚玉璞等部又趁机反扑。7月19日，褚玉璞、许焜部向徐州的第三路之第十军及第三十三军第二师发起进攻，迫使其退守运河以南。23日，南京国民政府北伐军前敌总指挥王天培率部退出徐州。蒋介石赶到蚌埠督战，也未能挽回颓势，徐州终于在7月24日陷落。蒋介石为挽回颓势，随即制定了“反攻徐州作战计划”，令白崇禧为第二路总指挥，贺耀组、王天培为右翼和左翼总指挥，向徐州的孙传芳、张宗昌部发动钳形反攻。孙传芳军在陇海路以西顽强阻击，并突破第三十三军、第四十四军的结合部，迫使第三十七军后撤，形势对南京国民政府北伐军十分不利。为此，蒋介石又于8月2日亲赴徐州云龙山督战。孙传芳诱其深入，即出异军于其左翼，攻其侧背，王天培的黔军不敌孙军，全军阵势大乱，全线溃败。数日之间，淮河以北之地尽失。8月6日，蒋介石不得不撤回到南京。南京国民政府北伐军在徐州的败退，令蒋介石气急败坏，迁怒于人，以王天培不遵职守、贪图玩乐等罪名，将其枪毙于国民政府西花园。

孙传芳在徐州得手，南京方面已处在武汉国民政府和北方军阀的两面挟制之下，由于徐州的失利和武汉方面的压力，蒋介石被迫下野，将军事指挥权交给了何应钦、李宗仁和白崇禧，自己则“引退”回浙江奉化溪口老家，伺机东山再起。在此情况下，孙传芳决定乘此时机挥师江南，恢复其失去的江浙地盘。而此时张作霖也召开军事会议，商讨收复江南的全盘计划，决定“暂以恢复江北为止，俟党军内部变化，再乘机进取江南”①。根据这一思路，张作霖劝告孙传芳勿急于过江，恐逼迫过紧，后防空虚，发生意外。②而孙传芳则认为“沪宁一带，自蒋去后，形势已非”，决意乘胜大举渡江，攻取南京。

然而，孙传芳的进攻显然具有冒险性，“事前并未开过军事会议，孙传芳只根据国民党内部政治情况有变，蒋介石下野的事件，便与参谋长孟星奎、秘书长万宏图几个人随便谈谈，决定发动 6 万大军进行敌前抢渡长江的军事冒险计划。”③

孙传芳的兵力有 11 个师和 6 个混成旅，其具体部署为：兵分三路渡江，第一路以郑俊彦为总指挥，以郑的第十师为主力，由浦口附近选择有利地点强渡长江，并占领下关，进攻南京；第二路以刘士林为总指挥，以刘的第十三师、李宝章的第二师（后改为马葆衍的第十一师）、上官云相的第四师、段承泽的第九师、崔景湝的第八师、陆殿臣的第十二师为主力，集结于六合、大河口等处，在大河口附近选择有利地点强渡长江，抢占龙潭车站附近高地，掩护大军渡江，会攻南京；第三路以马玉仁为总指挥，以马师张定奎旅等为主力，由扬州向镇江进攻，以牵制上海方面之白崇禧部。总部移驻六合，以便统一指挥。④

蒋介石下野后，桂系的李宗仁加快了与武汉方面和解的步伐，他一面赴庐山与汪精卫、唐生智谈判，缓和宁汉矛盾，缓解武汉方面“东征军”的压力，以便腾出手来对付孙传芳，另一方面加紧军事部署，以迎击孙军的进攻。其具体部署为：兵分八路扼江防守：第一路由何应钦指挥第一、第十四、第二十六、第三十一等 6 个军，担任南京东部乌龙山到上海一线的防务；第二路由陈调元指挥第二十七、第三十七及新编第十、暂编第十 4 个军，担任西梁山以西长江上游防务；第三路由李宗仁亲自指挥第七、第十九、第四十、第四十四各军，担任乌龙山至东梁山一线的南京防务。

孙传芳深知长江天险易守难攻，正面攻击不易得手，因而他把一小部分兵力集中于安徽和县的兔耳矶附近，佯攻南京上游的大胜关，以转移南京守军的注意力，而将重兵集结于南京下游的六合望江亭、划子口、大河口等处，并选定乌龙山、栖霞山和龙潭一线为突破口。同时，孙军还于 8 月 22 日至 24 日，从南京下关长江对岸的浦口炮击南京，以吸引南京守军的主力。8 月 24 日拂晓，孙军以少数部队从南京上游的乌江集、兔耳矶向江宁镇、大胜关一带偷渡，被守军第十九军第一师发现，将其击退。25

①② 《一周间国内外大事评述》，《国闻周报》第四卷第三十二期。

③ 马葆衍：《孙传芳五省联军的形成与覆灭》，《江苏文史资料集粹》（军事卷），江苏文史资料编辑部 1995 年版，第 55 页。

④ 马葆衍：《孙传芳五省联军的形成与覆灭》，《江苏文史资料集粹》（军事卷），江苏文史资料编辑部 1995 年版，第 56 页。

日夜，孙军又在八卦洲、十二圩等处偷渡，以吸引守军的注意力。8 月 26 日凌晨，天降大雾，孙传芳集中主力，分兵三路，由乌龙山、栖霞山、龙潭一带趁大雾强渡长江。一路由望江亭渡江攻占乌龙山，一路由划子口渡江攻占张家湾和高家村，一路由大河口渡江攻占龙潭车站。孙军左右两翼的渡江部队虽被击退，但在乌龙山方面的强渡却取得成功，不到半天时间，孙军即占领了乌龙山，并突然向守军第一军第二十二师发起进攻，接着占领了栖霞山及龙潭车站，截断了沪宁铁路。孙军渡江后根据地既固，部队便源源渡江，且有白俄兵助战，所占范围东自高资、西至尧化门。孙传芳的突袭，使何应钦、李宗仁措手不及。此时，白崇禧恰好从上海返回南京途中，于无锡及时组织向杭州方面撤退的第一军回守镇江，并亲自前往镇江坐镇指挥，才堵住了孙军攻取镇江之路。至此，何应钦、李宗仁始断定孙传芳袭取龙潭等地实为其主力渡江登陆之支点，乃决心调第一、第七两军主力由东、西、南三路会攻龙潭。其具体部署为：何应钦率第一军一部前往麒麟门督师，收容前方退却的部队，攻其南面；李宗仁留守南京部署防务，其第七军由副军长夏威率领，自江边及沪宁铁路沿线攻其西北；在镇江坐镇指挥的白崇禧则速调下游之第一军，由东面会攻龙潭，并抽调第四十军即日至南京为总预备队；海军出动军舰，游弋于八卦洲、划子口、大河口、乌江镇等处江面，协同作战。

孙传芳集结于龙潭的军队有第二、第四、第七、第八、第九、第十、第十一、第十二、第十三、第十四、第十五、第二十七、第二十九各师和独立第一混成旅等，共 5 万余人，分别据守龙潭以西之黄龙山和南面的青龙山、虎头山，以及北面的大石山等险要。孙传芳则亲自在龙潭中国水泥厂坐镇指挥，他下令将所有渡船悉数驶往江北，以示破釜沉舟、背水一战之决心。

南京方面的反攻首先从争夺栖霞山车站开始。第七军、第十九军首先向栖霞山发起反攻，栖霞山车站三度易手。双方激战至 8 月 27 日，栖霞山车站终于被占领。同时，第一军第十四师卫立煌部也夺回了龙潭车站。然而，孙军不断增援，龙潭再告失守。28 日，南京方面部队被迫撤退至南京城外，南京已相当危急。

8 月 29 日，李宗仁、何应钦迅速调整南京城郊部队，决定次日发起反攻。8 月 30 日拂晓，白崇禧指挥东路军第一、第二两师由龙潭东面发起进攻，在下蜀附近与孙军遭遇，双方展开激战。在第一、第二师的猛攻下，孙军渐感不支，不得不向西退却，并依靠龙潭附近高地继续抵抗。此时，何应钦亲自率领第一军一部和第七军向龙潭附近的青龙山、黄龙山猛攻，江面的海军也来助战，用舰炮猛轰孙军阵地。在三面受攻的情况下，孙军全线动摇，青龙山和黄龙山也被攻克，孙军开始溃退。下午 5 时，南京国民政府的军队占领龙潭，孙军向江边溃退，拥挤在龙潭和长江边狭长的地带。是夜，南京方面部队并没有乘胜歼灭孙军，于是，孙军调整部署，组织反攻。

31日凌晨5时，孙军全面反攻龙潭中国水泥厂和龙潭车站。然而，何应钦的部队和白崇禧的部队已经会师龙潭，于是，两军配合作战，组织第一军、第七军、第十九军等部队进行反击。当日三度易手的龙潭又被第七军等部队攻占。孙军一部渡江北逃，其余均被缴械俘虏。

此次龙潭战役，全歼渡江的孙传芳军5万余人，其中俘虏4万余人，毙伤1万余人，缴获枪支4万支，弹药无数。南京方面也阵亡8000余人。孙军自龙潭惨败后，孙传芳化装成士兵，只身逃往扬州，后率残部五六千人远遁临淮关、蚌埠，再退徐州，再也无力反攻江苏了。

龙潭之战后，南京国民政府决定乘胜再次渡江北伐。1927年10月，由何应钦任总指挥的第一路军，以肃清江北、克复徐州为目标，集结于滁州一带；由白崇禧任总指挥的第二路军则集结于南京附近，为总预备队。11月8日，北伐军向盘踞于蚌埠的孙军主力发起总攻击。11月中旬，北伐军连克临淮关、蚌埠、固镇，并与冯玉祥所部会攻徐州。12月初，冯玉祥部连克砀山、萧县，直逼徐州。孙传芳见形势危急，亲自率兵赴援，会同张宗昌、褚玉璞部，以2万余人的兵力，自12月13日起与北伐军展开激战。15日，何应钦下令向徐州发起总攻击，第一军、第九军、第四十军及新十军先后突破徐州外围阵地，并于次日占领徐州，孙、鲁军向韩庄溃退。与此同时，北伐军第二十六军与第十七军也先后于16、17两日攻克宿迁、灌云、海州。至此，江苏境内的战事基本结束。

第三章　南京国民政府成立后的江苏十年

第一节　南京国民政府的建立

一　国民党在江苏的“清党”

在上海工人取得第三次武装起义的胜利后，1927 年 3 月 26 日，蒋介石抵达上海，北伐军东路军总司令白崇禧便下令解除上海工人纠察队的武装，由军队来维持上海的社会秩序。[①] 由此，国共两党的冲突更加公开化。3 月 28 日，在上海的国民党中央监察委员吴稚晖、张静江、古应芬等人召开会议，商讨“清党”问题。4 月 2 日，所谓“国民党中央监察委员会全体紧急会议”在上海召开，出席者有吴稚晖、张静江、古应芬、蔡元培、黄绍竑、李石曾、陈立夫、陈果夫、白崇禧等人。吴稚晖在会上提出“致中央监察委员会请查办共产党函”，声称“现在汉口中央执行委员会为共产党及附和共产党之各员奉俄国共产党煽动员鲍罗廷而盘踞”，对此，“举凡中央执行委员会内叛逆有据之共产党员及附逆委员，应予查办。”[②]白崇禧在会上说“上海自我军占领之后，工人就组织纠察队封锁租界。他们有自己的武器，有自己的指挥系统，不服从军事长官的指挥”，并表示“如果这种情况长此下去，我们的军队也要发生变化”。[③] 这次会议确定了蒋介石集团反共清党的基本方针。

4 月 5 日，蒋介石、宋子文、柏文蔚、李济深、李宗仁、黄绍竑、白崇禧、古应芬、蔡元

---

① 中共中央党史研究室第一研究部译：《联共(布)共产国际与中国国民革命运动(1926—1927)》(下)，北京图书馆出版社 1998 年版，第 10 页。

② 《国民政府公报》宁字第一号，1937 年 5 月 1 日，转引自史全生、高维良、朱剑：《南京国民政府的建立》，河南人民出版社 1987 年版，第 65 页。

③ 黄绍竑：《四・一二政变前的秘密反共会议》，《文史资料选辑》，文史资料出版社 1964 年版，第 12 页。

培、李石曾、吴稚晖、张静江等人在上海再次召开秘密会议。由于到会的国民党中央执行委员及监察委员是少数，无法代表中央，于是决定由吴稚晖在会上向国民党中央监察委员会提出一个检举共产党谋反的呈文，并以所谓“国民党中央监察委员会”的名义咨请国民党中央执行委员会、国民革命军总司令蒋介石及地方军事当局作“非常紧急处置”。① 蒋介石在接到该呈文后表示：“中正接奉四月二日贵会全体紧急会议决议举发共产党谋叛证据来咨……事关叛乱党国，中正所辖各军迅地已十万火急通电令行照办，静候中央执行委员会全体会议共议处分矣。”②

在此期间，蒋介石与上海帮会头目黄金荣、杜月笙等成立了“中华共进会”和“上海工界联合会”，以对抗上海总工会，协助清党。4 月 8 日，白崇禧、陈果夫、钮永建等人在蒋介石的指使下成立了“上海临时政治委员会”，并宣称该委员会得以会议的方式决定上海市一切军事、政治之权，并指导当地党务。③ 与此同时，蒋介石还颁布了《战时戒严条例》，禁止集会、罢工、游行等活动。4 月 9 日，吴稚晖等人以中央监察委员会的名义发表所谓的《护党救国通电》，攻击武汉国民党中央和共产党。

在一切准备就绪后，蒋介石于 4 月 9 日离开上海前往南京，筹备另立中央。而白崇禧则根据蒋介石的密令指挥上海的“清党”。11 日下午，驻沪第二十六军与“上海工界联合会”人员，布防街市。深夜，租界当局拘捕共产党员和工人群众 1000 多人。当晚，杜月笙的流氓便衣队还秘密谋杀了上海市总工会委员长、共产党人汪寿华。

蒋介石在秘密加紧筹划“清党”的同时，还制造一系列假象，以蒙蔽上海工人武装。4 月 6 日，蒋介石亲派军乐队给上海工人纠察队送去一面“共同奋斗”的锦旗，对上海工人纠察队表示“敬意”，以使工人纠察队放松警惕。

4 月 12 日凌晨，约 15000 名青红帮武装分子，身着蓝色制服，袖佩“工”字臂章，在第二十六军配合下，向上海总工会纠察队的驻地闸北、南市、浦东、吴淞等处发起攻击，袭击并占领了闸北总工会会所湖州宾馆、闸北商务总厂、闸北商务俱乐部（纠察队总指挥处）、闸北天通庵路天主堂、南市华商电车公司、南市三山会馆、浦东三区警察署等处。而大批军队以调解“工人内讧”为名，全面收缴工人纠察队的武装，打死打伤 300 多人，并抢去工会纠察队驻所一切物品。13 日，上海 20 多万工人举行抗议罢工和游行，并向第二十六军第二师司令部请愿，当游行队伍冒雨行至宝山路时，遭军队开枪射击，死亡 100 余人，伤者无数。14 日，白崇禧指挥军队继续捕杀共产党人和工人群众，查封上海特别市临时市政府、上海特别市党部以及进步团体——上海学生联合会等。据不完全

① 黄绍竑：《四·一二政变前的秘密反共会议》，《文史资料选辑》，文史资料出版社 1964 年版，第 13—14 页。

② 黄绍竑：《四·一二政变前的秘密反共会议》，《文史资料选辑》，文史资料出版社 1964 年版，第 15 页。

③ 《时报》1927 年 4 月 9 日。

统计，在事件发生的三天中，300多人惨遭杀害，被拘捕者达1000多人，流亡失踪者5000多人。中共上海区委领导人陈延年、赵世炎等都在此次事件后不久牺牲。

为了达到另立中央的目的，蒋介石在筹划上海“四一二”事件的同时，还授意亲信在其他地区制造“清共”事件。4月9日，蒋介石到达南京后，便亲自导演了南京“四一〇”事件。就在蒋介石抵达南京的当天下午，国民党江苏省党部和南京市党部原定在公共体育场召开迎汪复职大会。由于蒋介石的到来，迎汪复职大会临时改为迎蒋大会。然而就在同时，成立于4月初的所谓“南京劳工总会”组织了一批地痞流氓，冲砸国民党江苏省党部和南京市党部，强行搜去了大量文件信函，并将共产党人戴盆天、黄竞西、高尔伯等人殴打后抓走。10上午，南京10万民众集会，向蒋介石提出切实保护省、市党部和南京市总工会，严惩反动分子，武装南京工人纠察队等七项要求。会后，集会群众举行游行示威，并来到国民革命军总司令部门前，派出代表要求面见蒋介石，陈述请愿要求。而面对民众的请愿示威，蒋介石拒不答应请愿要求。在双方僵持了数小时后，“南京劳工总会”再次派出流氓打手，手持凶器，冲击民众示威队伍，当场打死请愿民众数十人。当晚，中共南京地委举行紧急会议，商讨对策。然而由于不慎走漏了风声，军警包围了会场，与会的共产党人侯绍裘、谢文锦等十余人被捕，并先后被杀害。

南京“四一〇”事件后，江苏其他地区也相继发生了“清共”事件。3月21日，北伐军占领苏州，就在北伐军占领苏州后的第二天，共产党人就在苏州大力开展工人运动。当天，苏州民众在公园路草桥中学召开苏州总工会成立大会，与会代表200余人，大会推举共产党人舒正基、葛炳元为苏州总工会正、副委员长。苏州总工会成立后，其下又成立了若干个行业工会，加入工会的工人有数万之众。3月23日，国共合作的国民党苏州市党部也公开活动，配合驻苏州的北伐军开展各项政治活动。

然而，苏州警备司令张镇却对工人运动十分不满。张镇并未参加过北伐，他原是孙传芳省防军驻苏州的一个团长。北伐军占领苏州时，张镇易帜，参加了国民革命军。4月8日，张镇派人冲砸苏州市总工会，接着又以警备司令的名义发布布告，声称要严惩反动分子。

4月12日，在上海发生“清共”事件的同一天，白崇禧电令苏州警备司令张镇取缔苏州总工会。张镇接到命令后，立即宣布苏州戒严。第二天中午，张镇派武装人员冲进总工会，四处乱砸，随意抓人。苏州总工会委员长舒正基从后院撤离。至此，苏州总工会被封闭，各工厂的工会组织也遭到取缔。4月17日，国民党苏州市党部召开各区党部负责人会议，商讨对策，最后决定派代表与张镇交涉。然而，国民党的代表与张镇交涉，抗议其封闭苏州总工会时，张置之不理，并于17日下令查封并宣布解散国民党苏州市党部。

在北伐军占领无锡时，无锡县政府、市党部、市政厅的领导权实际上已经落入国民党右派手中。右派还在无锡成立了无锡市总工会，以抗衡由共产党及国民党左派掌握的无锡县总工会。4月4日，当英美军舰炮击南京的消息传到无锡后，中共无锡地委、无锡县总工会、无锡县农民协会等在无锡车站广场召开大会，抗议英美军舰炮击南京，推动北伐，并揭露国民党右派的真相，反对右派分裂工人队伍。中共无锡地委在会上发表了《告民众书》。会后，集会民众举行了游行示威。示威民众愤怒地砸毁了市政厅的牌子，并冲入国民党市党部。在这一过程中，民众与无锡市政厅人员发生了冲突。国民革命军第十四军军长赖世璜派兵包围了现场，拘捕了工人纠察队和示威民众二三十人。

4月8日，蒋介石由上海前往南京的途中在无锡停留，在火车上召见了第十四军军长赖世璜，布置清党事宜。就在这一天，国民革命军第十四军军部发布了《制止暴动八条规定》，称："本邑各市乡时有不明党纪党义之徒任意暴动"，应"照土匪条例治罪。"[①]4月14日晚，第十四军出兵封锁了城门，并包围了崇安寺。当晚，市警察局纠集商团200余人包围了崇安寺无锡县总工会所在地，并冲入寺内。总工会委员长秦起率领工人纠察队进行反抗，但寡不敌众，当场牺牲十余人，被捕70余人。第二天，无锡到处都在大肆搜捕共产党人和工会积极分子，以国共合作为基础的无锡革命运动就此被镇压下去。

1927年3月20日，北伐军第十七军占领了常州后，委派该军司令部参谋巢镜深担任武进县长。北伐军的到来，促进了常州工农运动的高涨。以共产党员和国民党左派为骨干的国民党武进县党部也公开办公。中共常州党组织任命王寿生为总工会委员长兼工人纠察队总指挥，工人运动在常州蓬勃开展起来。

在蒋介石的统一部署下，武进县长巢镜深与北伐军第二师补充团团长邱新山密谋后，纠集一帮流氓打手包围了县总工会，与工人纠察队对峙。巢镜深玩弄两面手法，以调停人身份请工人纠察队总指挥王寿生到县署商谈。当王寿生到达县署后，立即被巢镜深扣押。同时，县特务队长率大批军警收缴了工人纠察队的武器，大肆搜捕总工会人员，并查封了国民党县党部和县总工会。4月15日，武进县当局召开所谓"拥蒋迎汪护党"大会，并在会上宣布成立"武进县党部临时执行委员会"。然而，当大会公布临时执行委员会名单时，遭到与会的部分国民党员和群众反对，一时会场秩序大乱，会议无果而终，临时执行委员会也未能成立。此后，当局开始通缉共产党人，一些共产党员被迫转入地下工作。

---

① 《锡报》1927年4月8日。

在镇江，驻扎该地的国民革命军第十七军于 4 月 14 日宣布解散镇江总工会，15 日，又在镇江戒严。由国民党左派掌握的镇江党部也被勒令解散。至此，镇江也被国民党右派势力所控制。

在上海"四一二"事件、南京"四一〇"事件、苏州"四一四"事件，以及其他地方的"清共"事件发生后，蒋介石集团的"清党"告一段落，其在南京另立中央的障碍基本清除，随即开始着手建立南京国民政府。

二 南京国民政府的建立

早在蒋介石集团发动"四一二"事件之前，国民党中央就决定迁都南京。然而，当上海"四一二"事件的消息传到武汉，迁都之事被暂时搁置下来。在这样的形势下，蒋介石为了尽早使迁都之事确定下来，并使之"合法化"，于 4 月 14 日在南京召开部分国民党中央执行委员会委员、中央监察委员会委员会议，决定于 4 月 15 日在南京召开国民党二届四中全会。由于武汉的国民党中央委员没有来南京，于是，15 日的"全会"改为了所谓"谈话会"。在这次"谈话会"上，在南京的中央执行委员会委员、中央监察委员会委员作出了在南京成立国民政府的决定，以与武汉国民政府和武汉国民党中央对立。第二天，"谈话会"在南京继续举行，在会上，胡汉民提出在南京召开国民党中央政治会议的提议，该提议得到了与会人员的赞同，并获得通过。

南京举行庆祝国民政府成立大会

4月17日，所谓“国民党中央政治会议”在南京举行，会议推胡汉民为中央政治会议主席，另增加萧佛成、蔡元培、邓泽如、何应钦等为中央政治会议委员。会议还推举钮永建为国民政府秘书长。在这次会议上还决定4月18日在南京成立国民政府，并于当日开始办公。

1927年4月18日上午9时，南京国民政府在湖南路江苏省议会举行成立典礼。蒋介石、吴稚晖、张静江、胡汉民、柏文蔚、蒋作宾、蔡元培等人出席了成立典礼。在成立典礼上，蔡元培代表国民党中央党部授印，胡汉民代表国民政府受印。胡汉民、张静江、伍朝枢、古应芬被选举为南京国民政府常务委员。在典礼仪式上，胡汉民发表了演讲，他在演讲中“痛斥共党叛党祸国阴谋及罪行，号召国民革命军将士一致拥护蒋总司令”。在典礼仪式上，还举行了阅兵式。此外，4月18日在南京还召开了“庆祝国民政府建都南京与恢复国民党党权大会”，蒋介石、胡汉民等人在会上进行了演讲。会议还通过了“取缔跨党分子，从事清党，审查武汉非法议决案”、“请汪兆铭、谭延闿来南京行使职权”等议案。①

当天，还发表了《中国国民党中央执行委员会政治会议宣言》、《国民政府奠都南京宣言》、《国民政府告国民革命军全体将士文》等文件。《国民政府奠都南京宣言》称：“政府谨遵总理遗志，接受多数同志之主张，依据中央政治会议决议，于四月十八日在南京开始办公。南京地位在党务上、政治上、军事上、地理上均较武汉重要，定都以后，本政府所负领导国民革命与建设民国之责任愈益重大。”《宣言》还指出了南京国民政府的奋斗目标为：“秉承总理全部遗教，继续努力，一方面集中全国革命分子于三民主义之下，共同奋斗，务使一切帝国主义、残余军阀及一切反革命派断绝根株；尤须于最短期间开国民会议，废除不平等条约，实现三民主义，使中华民国成为独立自由国家，中华民族成为自由平等之民族，同享民有民治民享之幸福。”《宣言》还公布了南京国民政府的四大方略：“一曰使党军愈益与人民密切的相结合；二曰造成廉洁之政府；三曰提倡保护国内之实业；四曰保障农工团体之利益并扶助其发展。”②

由于原来的国民政府委员和主要官员大多在武汉，所以在南京国民政府成立的当天，政府的一些主要机构并没有立即成立。4月19日，南京国民党中央政治会议决定先成立外交、财政两部，伍朝枢任外交部长，古应芬任财政部长。5月，交通部成立，王伯群任交通部长。6月，司法部成立，王宠惠任司法部长。同月，南京国民政府成立大学院，蔡元培任院长。8月，南京国民政府民政部成立，薛笃弼任民政部长。

---

① 中华民国史事纪要编纂委员会编：《中华民国史事纪要》(1927年1—6月)，台湾中华民国史料研究中心1977年印行，第736页。

② 《国民政府公报》宁字第一号(1927年5月1日)。

至此，南京国民政府的基本架构才逐渐完善起来。

南京国民政府清楚地认识到军队的重要性，只有靠军队才能巩固新成立的南京国民政府。4 月 18 日发表的《国民政府告国民革命军全体将士文》要求军队效忠党国，接受蒋介石等人的领导。4 月 29 日，南京国民党中央政治会议通过了《中华民国国民政府军事委员会组织大纲》，其中规定："军事委员会为国民政府之军事最高机关"；"军事委员会委员由中央执行委员会遴选负有军事重责及富有军事政治学识经验者若干人交由国民政府特任之"；"在战时为指挥统一起见，得设国民革命军总司令，由中央执行委员会于军事委员会中遴选一人交由国民政府特任之。"①4 月 21 日，蒋介石以国民革命军总司令的名义发布通电，宣布军事委员会由广州迁至南京，26 日，又宣布在南京成立国民革命军总司令部政治部，任命吴稚晖为政治部主任，刘文岛为副主任。

5 月 2 日，南京国民党中央政治会议又通过了《国民革命军总司令部组织大纲》，其中规定：凡编入作战军战斗序列之陆海空军均归总司令指挥；战时政务委员会由国民政府特派民政、财政、交通、外交等部负责人组成，受总司令之指挥，处理作战区域内之政务，并任作战上各种要素之筹备调节分配。②

在蒋介石加强对军队控制权的同时，4 月 20 日，国民革命军陆海军军事会议在南京召开，会议发表了由杨树庄、何应钦、白崇禧等人联名签署的通电，同时公布了会议作出的六项决议："一、拥护南京中央党部及国民政府，恢复党权；二、拥护四月二日中央监察委员会建议案；三、否认武汉由非法扩大联席会议所产生之所谓第三次执委会会议议决案及由此产生出之机关之一切命令；四、欢迎武汉及各地纯粹国民党之中央执监委来宁；五、打倒破坏国民党及国民革命之共产分子及一切叛党卖国的党员；六、陆海军团结一致，完成北伐。"③

南京国民政府成立后，其初期的首要工作就是"清党"。1927 年 5 月 17 日，"国民党中央清党委员会"在南京正式成立，邓泽如担任主任委员。"国民党清党委员会"成立后，制定了所谓的"清党条例"十一条，其主要内容为：(一) 清党事项由中央清党委员会负责办理；(二) 中央清党委员会任命清党委员，以组织各地清党委员会，负责办理各地"清党"事宜；(三) 各地自"清党"之日起停止发展新党员；全体党员必须填写党员审查表，并每半月呈报工作报告，经区、县级党部审查后报当地清党委员会，各地清党委员会接到报告和各级党部审查意见后，清除共产党员、土豪劣绅、贪官污吏、反

①③ 《国民政府公报》宁字第一号(1927 年 5 月 1 日)。

② 《国民政府公报》宁字第二号(1927 年 5 月 11 日)。

动投机腐化等分子;(四)经各上级清党委员会将审查合格的党员呈报中央清党委员会再行审查,然后由中央清党委员会决定发给新党证;(五)如有捣乱、阻碍"清党"者,由军警或行政机关严加查办。[①] 南京国民政府"清党条例"出台后,各地先后开始"清党"。在南京,组织了清党审判委员会,负责南京地区的"清党"事宜。

南京国民政府虽然成立,但是按照国民党中央政治会议的解释,这一政权属于"军政时期"的过渡政权,政权之组织以及人选均由国民党中央政治会议决定,实际上是采取了"以党治国"的政府组织形式。南京国民政府的建立,标志着北洋军阀在江苏统治的彻底结束,国民党政权在江苏统治的开始。

第二节 江苏省各级政府的建立

一 江苏省政府的组建

南京国民政府成立后,由于南京成为国民政府所在地,并定都南京,所以江苏的地位日趋重要。为了巩固首都,南京国民政府成立伊始,就将江苏省政府的组建放在了重要的位置。

1927年4月26日,南京国民政府刚刚建立,就发布训令,在南京建立江苏省政府。同日,江苏省政务委员会在南京成立。南京国民政府任命钮永建、何应钦、陈辉德、叶楚伧、陈和铣、张乃燕、甘乃光、杨树庄、郑毓秀、高鲁、贺耀组、陈铭枢、朱炎、何玉书、白崇禧、张寿镛等16人为政务委员会委员。1927年5月2日,江苏省政务委员会第一届会议在南京湖南路国民政府会议室举行,会议由何应钦主持。会议宣布江苏省政府在南京正式成立。次日,发表了《江苏省政府宣言》。

江苏省政府下设民政、财政、建设、司法、教育、军事、农工等7个厅,各厅厅长由省政务委员会委员兼任。钮永建任民政厅厅长、张寿镛任财政厅厅长、叶楚伧任建设厅厅长、陈和铣任司法厅厅长、张乃燕任教育厅厅长、何应钦任军事厅厅长、甘乃光任农工厅厅长。

5月14日,江苏省政府迁入省长公署办公。在江苏省政府成立初期,名义上省政府已经成立,但实际上仍处于筹备阶段。为了规范各省政府机构的运作,6月27日,国民党中央政治会议第109次会议讨论通过了《省政府组织法》,7月9日,该《组织法》正式颁布实施。

---

① 史全生等:《南京国民政府的建立》,河南人民出版社1987年版,第82页。

关于省政府的机构设置，《省政府组织法》规定：省政府在“中国国民党指导之下，奉国民政府命令，综理全省政务”，其机构由“国民政府任命，委员九至十五人，组织省政府委员会，行使其职权”；“省政府委员会，设主席一人，由委员互选之；每日以委员轮流值日，协助主席执行日常事务”，省主席的职权为：召集省政府会议，担任省政府委员会会议主席；代表省政府，执行省政府之决议案，监督全省行政机关职务之执行；处理省政府日常及紧急事务。省政府下设秘书处及民政、财政、建设、教育各厅。于必要时待增设农工、实业、土地等厅，分管省行政事务。各厅设厅长一人，由国民政府任命省政府委员兼任之。

关于省政府的职权，《省政府组织法》规定：“省政府可颁布省单行章程。但不得与政治会议之决定或国民政府之法相抵触”；“省政府对于所辖地方官吏之命令或处分，认为违背法令或侵越权限，或妨碍公益时，得停止或撤销之”；“省政府有弹劾省属各机关简任官吏之权。”等等。①

由于国民政府颁布了《省政府组织法》，江苏省政府遂于 8 月 5 日依据《省政府组织法》对省政府进行了改组。

根据钮永建等人的建议，10 月 18 日，国民政府通过并批准了江苏省政府改组案。改组后的江苏省政府由叶楚伧等 11 人(后增至 13 人)任委员。钮永建出任江苏省政府主席。省政府下设的 7 个厅中，除民政厅厅长改由茅祖权担任、建设厅厅长改由陈世璋担任以外，其余各厅厅长均无变化。至此，江苏省政府的筹备工作基本结束。

1927 年 11 月 18 日，江苏省政府委员会发表了《宣言》，《宣言》指出：“同人等军事垂定，训政开始之时，被命而来，主持苏政，论职责不可无一言以示设施之方，度能力不敢多一言以滋侈陈之咎”；“以江苏民众为基础，同人等乃役于人民，而以人民为役者，今而后若不能适应人民之需要，解除人民之痛苦，指导之如师友，接见之如兄弟，则同人愿受人民之督责制裁”；“为增进人民幸福计，凡贪官污吏，劣绅土豪，必严厉剪除”；“凡邪说辟辞，以及误解自由平等之行动，必须切实纠正”；“凡煽惑农工、破坏安宁、伤害实业之暴行，必郑重制裁。”等等。②

1927 年 11 月，江苏省政府进行了第二次改组。由于南京已成为中华民国的首都，将江苏省政府设于南京显然不合适宜。1929 年 2 月 19 日，江苏省第三届政府以及政府各部门从南京迁往镇江，镇江遂成为江苏省的省会。

从 1927 年江苏省第一届省政府委员会成立，直至 1937 年抗日战争爆发后，同年

---

① 《江苏省政府公报》，1927 年第一期。

② 《江苏省政府宣言》，《江苏省政府公报》，1927 年第十期。

12月日军侵占镇江，江苏省政府被迫迁往淮阴为止，江苏省政府委员会先后共历九届。具体如下：

第一届 1927年4月26日—1927年11月8日，为江苏省政务委员会，未设主席。

第二届 1927年11月9日—1928年11月1日，为江苏省政府委员会，主席钮永建。

第三届 1928年11月12日—1930年2月，为江苏省政府委员会，主席钮永建。

第四届 1930年3月—1931年11月，为江苏省政府委员会，主席叶楚伧。

第五届 1931年12月—1933年9月，为江苏省政府委员会，主席顾祝同。

第六届至第九届 1933年10月—1937年11月26日，为江苏省政府委员会，主席陈果夫。

二 各级基层组织的建立

南京国民政府成立后，除了分别建立省级政权外，还积极建立省以下政权。1928年10月，南京国民政府颁布了由国民党中央政治会议通过的《县组织法》，1929年，《县组织法》又加以重订。根据《县组织法》的规定，省以下设立县、区、村三级行政机关(以后在区以下又增加了乡一级)。江苏省共划分为61个县，并以各县面积与人口数量，再划分为三等。具体情况如下：

一等县14个，分别为：镇江、武进、无锡、吴县、常熟、吴江、上海、南通、如皋、江都、盐城、阜宁、铜山、江宁。

二等县17个，分别为：丹阳、金坛、宜兴、江阴、昆山、松江、青浦、南汇、太仓、泰县、东台、高邮、兴化、泰兴、淮安、涟水、溧阳。

三等县30个，分别为：句容、扬中、溧水、高淳、奉贤、川沙、嘉定、宝山、金山、海门、崇明、启东、靖江、宝应、仪征、六合、江浦、淮阴、泗阳、宿迁、丰县、沛县、萧县、砀山、邳县、东海、灌云、沭阳、赣榆、射阳。

除了以上61县之外，国民政府还将南京市设为中央直辖市，将61县中的江宁县设为中央直辖县。

根据国民政府颁布的《县组织法》规定，县行政机关由县长、秘书及县政府总务科、县政会议、县行政会议组成。“县政府设县长一人，由省政府任用之，综观其政，监督所属职员。”县长的任职资格为考试取得或由学历及经历取得，其任期分为试署期及实授期，试署期为一年，实授期为三年。县长的职权为：负责综理全县行政事务；任

宿迁县政府

命县政府职员；可兼任军事法官。县政府设公安、财务、建设、教育四局。[①] 1932 年，国民政府进行了县级机构改革，实行裁局设科，规定将县属四局裁为三科，将教育、建设两局合并为一科，公安、财政两局更名为科。裁局改科后，县对省各厅的行文均以县政府的名义，省各厅对县的对口部门也不再直接指导监督。通过裁局改科，县长的地位大大提高，同时缩减了县行政机关，精简了人员，节省了行政开支。

县政会议由县长、秘书、科长和各局局长组成。“以县民选举之议员组织之，任期三年，每年改选三分之一”[②]。

县政会议的职权为：一、议决预决算及募债事项；二、议定县单行规程；三、建议县兴废事项；四、审议县长交议事项。

县行政会议由县长、县政府各科科长、各局局长、各区区长、地方团体首领或地方士绅由县长聘请者组成。县行政会议由县长主持，每半年开会一次，主要讨论县长交议的事项及各方提交的议案等。

根据《县组织法》的规定，县行政长官由省行政长官任命，而不是由县民选举产生。县参议会虽规定由选举产生，但实际仍由地方士绅组成，而且其职责也仅限于“审议预决算”、“募债”等事宜，并没有实际权力。

---

①② 《江苏省政府公报》，1927 年第五十三期。转引自江苏省社会科学院《江苏史纲》课题组：《江苏史纲》(近代卷)，江苏古籍出版社 1993 年版，第 365 页。

根据《县组织法》第六条的规定,“各县按其户口地形,分别若干区。除因地方习惯或地形限制及有其他特殊情形外,每区至少应以二十村、里组成之。”“区置区公所,设区长一人,管理自治事务”。“区长由区民选之,并由县政府呈报民政厅备案”,“区公所设区务会议,由区长、区助理、村长及里长参加”。①

《县组织法》规定:“凡县内百户以上之乡村地方为村,其中不满百户者,得联合数村为一村。村置村公所,设村长一人;里设里公所,设里长一人,管理各该村、里自治事务。”②

《县组织法》还规定,社会的基层组织为闾和邻,但不是基层一级的政权机构。“村里的居民以二十五户为闾,五户为邻。”③闾设闾长一人,邻设邻长一人。闾长、邻长由本闾、邻居民会议推选之,选定后由村长或里长转报县政府备案。据统计,1933年之前,江苏全省共有闾 238996 个;邻 1181514 个。④

此外,《县组织法》还明确规定:“区、村、里得于不抵触中央及省、县法规之范围内,制定自治公约。”然而,现实中全省各地的基层政权建立后,并没有真正制定过所谓“自治公约”,仅“邻、闾、乡、镇长副之民选,而区长仍属政府委任,故可谓官办的地方自治”。⑤

按照江苏省政府的地方行政机构建设计划,各级基层行政机构分批分期完成,规定,县政府及各局之机构于 1929 年 10 月至同年 12 月建立完成;区公所之机构于 1929 年 11 月至同年 12 月建立完成;村(乡)公所之机构于 1929 年 11 月至 1930 年 3 月建立完成;闾、邻之组织于 1930 年 4 月至 6 月建立完成。然而,未等到村(乡)、闾、邻之机构建立完成,国民政府即开始施行保甲制度,村、闾、邻等基层组织被保甲制度所取代。

三　行政督察专员公署与南京特别市

20 世纪 30 年代前半期,蒋介石开始大规模围剿红军及红军根据地,为了配合围剿,国民政府创设了“行政督察专员公署”制度,并在全国推行。

1933 年 3 月,江苏省政府委员会第 570 次会议通过了《江苏省试设各区督察专员公署组织章程》以及《实施细则》。根据这一《组织章程》,江苏将全省划分为 13 个行政区。同年 10 月,陈果夫任江苏省政府主席,随后将 13 区改划为 9 区,每区设置行政督察专员公署,设专员一人,由省政府委派。督察专员的职责为:一、承省政府主

---

①②③⑤ 《江苏省政府公报》,1927 年第五十三期。转引自江苏省社会科学院《江苏史纲》课题组:《江苏史纲》(近代卷),江苏古籍出版社 1993 年版,第 366 页。

④ 陈果夫编:《江苏省政述要》,“民政”编,台湾文海出版社有限公司 1983 年版,第 23 页。

席，各厅、处长之命，办理本区事务；二、指挥监督本区县政府奉行法令事宜；三、考核本区县长及县政府公务员之有无贪污怠惰及其他不法事件；四、查办本区盗匪及考查本区保卫事宜；五、各机关事宜；六、各县相关事宜。①

由此可以看出，所谓“行政督察专员公署”实际上是取代省政府督察各县执行政策和法令法规的情况，以及对各级公务人员进行考察的机构，而并非是一级行政机构。督察专员之责为代表省主席督察所在地区官员是否履行职责。

1927 年 5 月，在江苏省政府成立以前，南京、上海两市在行政区划上均隶属于江苏省，但行政、经济等实际权力已由国民政府直接管辖。同年 5 月 7 日，国民党中央政治会议通过并公布了《上海特别市暂行条例》。《暂行条例》规定：“本市为中华民国特别行政区域，定名为上海特别市”；“上海特别市直隶中央政府，不入省县行政范围。”由此，上海从江苏省划出，成为中国第一个直辖（特别）市。6 月，国民政府又设立了南京特别市，直隶国民政府。上海、南京成为直属于中央而与省平行的特别市。

1928 年 7 月 3 日，国民政府颁布《特别市组织法》和《普通市组织法》，规定市分特别市和普通市两种，特别市直属国民政府，普通市隶属于省政府。凡首都和人口满百万以上的都市，以及其他有特殊情形的都市，经过中央政府批准，可以设为特别市。根据这个法规，全国先后设立南京、上海、北平、天津、青岛、汉口、广州等 7 个特别市。

1930 年 5 月，国民政府又颁布《市组织法》，废除原先的特别市与普通市，将市分为直隶于行政院的院辖市与直属于省政府的省辖市两种。院辖市设立的标准，依照该法规定，凡首都或人口在百万以上者，以及政治上、经济上有特别情形者，得直隶行政院，设为院辖市，但以上各项均以非省政府所在地为限，如为省政府所在地者，该市应隶属于省政府。到 1933 年 5 月，国民政府又取消了省会不设院辖市的规定。

新设立的南京特别市，初期“直辖于国民政府，其地位与各省政府相等”。南京特别市的所辖范围“以城厢内外原有区域及八卦洲为其区域，但西南可划入大胜关、江心洲一带，东北可划入乌龙山一带。”②

1927 年 4 月 24 日，当北伐军占领南京时，南京市政机构为市政厅，6 月 1 日改为南京市政府。南京市由国民政府直辖后，其名称改为南京特别市，1929 年更名为首

---

① 江苏省社会科学院《江苏史纲》课题组：《江苏史纲》（近代卷），江苏古籍出版社 1993 年版，第 367 页。

② 《江苏省政府公报》，1928 年第二十九期。

都特别市，1930年又更名为首都市。

根据《南京特别市暂行条例》的规定："本市设市长一人，由中央任命之，任期三年。"从南京特别市设立到1937年抗战爆发前，历任南京特别市市长如下：

第一任市长：刘纪文（1927年5月25日—1927年11月23日）

第二任市长：何民魂（1927年11月23日—1928年7月14日）

第三任市长：刘纪文（1928年7月14日—1930年4月14日）

第四任市长：魏道明（1930年4月14日—1932年1月6日）

第五任市长：马超俊（1932年1月6日—1933年3月24日）

第六任市长：石瑛（1932年3月24日—1935年3月27日）

第七任市长：马超俊（1935年3月27日—1937年全面抗战爆发）

南京市政府大门

1927年成立之初的南京特别市政府，下设秘书处、社会局、教育局、财政局、土地局、工务局、卫生局、公安局（1929年改组为首都警察厅，划归国民政府内务部直接管辖）。1932年，南京市政府进行改组，改组后的市政府将原教育局与社会局合并；将原土地局并入财政局；将卫生局撤销。[①]

1932年改组后的南京市政府组织机构如下：

秘书处：该处设秘书长一人，下设第一、第二、第三科。第一科设有文书股、会计股、庶务股、外务股；第二科设有审核股、统计股、编译股；第三科设有监务股、清洁股。

① 叶楚伧、柳诒徵主编：《首都志》（上），正中书局1935年版，第523—524页。

社会局：该局设局长一人，下设第一、第二、第三科。第一科下设事务股、文书股；第二科下设农工商股、公益股、人事股；第三科下设学校教育股、社会教育股、研究实验股。该局还下设有管学室和统计室。此外，社会局还设有10个附属机构：体育委员会、健康教育委员会、救济院、旗民管理所、度量衡检定所、粮食管理所、合作事业指导委员会、市立图书馆、实验民众教育馆、下关办事处。

财政局：该局设局长一人，下设第一、第二、第三科。第一科下设总务股、编审股、收支股；第二科下设税捐股、市产股、稽征股；第三科下设审查股、登册股、契照股、地亩股、测绘股。此外，财政局还设有4个附属机构：营业税征收处、大小黄洲管理处、八卦洲管理处、下关办事处。

工务局：该局设局长一人，下设第一、第二科。第一科下设总务股、审勘股、公用股；第二科下设计划股、营造股、材料股。此外，该局还设有两个附属机构：自来水工程处、下关办事处。

卫生事务所：该所设所长一人，下设第一至第六卫生诊疗所和市立传染病医院。

此外，市政府还设有铁路管理处和公园管理处，并在市政府以下设有下一级行政机构，即第一至第八区公所。[①] 至此，南京市政府机构设置基本完备。

第三节　中共在江苏的活动

一　中共江苏省委的成立

“四一二”清共事件以及随之而来的“清党”使东南地区完全陷入白色恐怖之中。中共在该地区已处于“非法”的地位，其全部组织和活动都被迫转入地下。为了适应新的政治形势，中共中央根据“五大”制定的新党章中关于一省有两个市或县委以上的可以组织省委的规定，决定撤销江浙区委，分别成立浙江省委和江苏省委。

中共江苏省委于1927年6月26日正式成立。[②] 陈延年、赵世炎、郭伯和、韩步先、康生等30多人为委员，陈延年为书记，郭伯和为组织部长，韩步先为秘书长兼宣传部长。26日当天，省委委员们在上海北四川路施高塔路恒丰里104号(今山阴路恒丰里90号)秘密召开了省委成立会议。由于有人事先告密，会址泄露，军警监视会场，陈延年为掩护其他人撤离而与郭伯和、韩步先三人被捕。随后，韩步先叛变，向敌

① 叶楚伧、柳诒徵主编：《首都志》(上)，正中书局1935年版，第522页。

② 史料表明，中共江苏省委在6月上、中旬已开展活动。

人指认了陈、郭的身份，二人被杀害。作为中共江苏省委的首任书记，陈延年虽然只正式任职一天，但他在中共江苏省委的历史上仍然具有重要地位。

陈延年被捕后，赵世炎代理省委书记职务。但同样由于韩步先的出卖，赵于7月2日被捕，19日被杀害。中共中央在赵世炎被捕后，立即指定由王若飞、袁达时、饶来杰、吴雨铭、顾作霖5人组成临时省委，由王若飞任代理书记。

中共江苏省委是在极其危险的白色恐怖的政治环境中成立的，其刚成立就制订了一份大胆的工作计划："一、集中一切力量，勇猛坚决的向资产阶级进攻，在小资产阶级中扩大我们的影响，夺取革命的领导权；二、加紧反对蒋介石的政治鼓动与宣传，尽量暴露蒋的罪恶；三、扩大反帝宣传；四、准备第四次武装暴动。"[①]这既表现出了中国共产党人不畏屠刀的顽强革命意志，但同时也说明"左"倾盲动主义已经在党内出现。

"八七会议"之后，中共中央任命邓中夏为江苏省委书记，组成新的省委班子，袁达时为组织部长，陈乔年为宣传部长，王若飞为农运部长，何叔衡为秘书长。此后，省委的工作逐渐趋向正常。1928年初，中央调邓中夏任广东省委书记，项英接任江苏省委书记。江苏省委是在国民党统治的中心地区从事地下斗争的，省委机关时常遭到破坏，领导干部也随时有被捕的可能。1928年2月16日，由于浦东区委书记唐瑞麟在前一天被捕叛变，陈乔年、许白昊、郑覆他等省委委员被捕，6月1日，3人被杀害。1929年8月24日，又由于地下交通员兼省委秘书白鑫告密，中共中央政治局委员、中央农委书记兼江苏省委军委书记彭湃，中共中央政治局候补委员杨殷，江苏省委军委委员颜昌颐、邢士贞及江苏省委干部张际春等5人被捕。30日，彭、杨、颜、邢4人被秘密杀害于龙华的淞沪警备司令部。

每一次重要领导干部的被捕都使省委机关遭到重大损失，但每一次又有新人递补跟进，接替战友的岗位。中共江苏省委成立后，主要在以下几个方面开展工作：

首先，建立或恢复中共在江苏省内的各级党组织。省委成立时，中共在江苏省内的各级组织因国民党的镇压而遭到严重破坏，不少市、县、区委与上级失去联系，一些党员被杀害，有的被捕，有的声明退党，省委仅下辖南通、蚌埠、铜山3个特委。从1927年8月开始，省委就陆续派出许多干部到各地恢复组织。吴雨铭到南京，黄平万到无锡，蒋宗麟到常州，张慰民到金山，俞甫才到崇明，王寿荃到扬州，李诚到泰县，成风采到兴化，黄进到盐城，李润生到阜宁，宣益东到东台，陈治平到淮安，顾亦人到昆

① 中共江苏省委党史工作委员会、江苏省档案馆编：《江苏革命斗争纪略》，档案出版社1987年版，第243页。

山，赵步坤到淮阴，寇先瑶到宿迁。不久，这些地区的党组织逐步恢复。[①]

但恢复后的各市、县党组织又时常被破坏，省委又派人再次恢复，如此多次反复。以南京市委为例，吴雨铭恢复市委后，工作逐渐展开，到 1927 年 12 月，已有党员 400 人。1928 年 3 月，吴雨铭调走，省委任命孙津川为南京市委书记。7 月，因内部有人告密，孙与团市委书记贺瑞林及在铁路部门从事军事工作的重要干部姚佐唐等多人被捕，并被杀害，市委受到严重破坏。11 月，省委又重建南京市委，任命游无魂（尤崇新）为新的书记（后游于 1929 年 3 月调离，由黄瑞生接任）。1929 年 4 月，又由于有人告密，南京市军委的 32 人被捕，5 月，市委书记黄瑞生也被捕，市委机关再次遭到严重破坏。6 月中旬，省委又派王培槐到南京再次重建市委，并任命王为书记。

经过不懈努力，到 1927 年 12 月，江苏省委已经下辖上海、南京两个市委（上海市委由江苏省委兼），无锡、苏州等 13 个县委，并在许多县、区派有特派员，全省党员已达到 3128 人。中共"六大"之后，江苏各地的党组织得到进一步发展。到 1929 年 3 月，据省委组织部的统计，全省已有党员 20020 人，支部 1182 个。[②]

其次，江苏省委积极组织农民暴动和工人运动，开展暴力革命。从 1927 年秋季开始，省委在中央的部署和指导下，先后发动了宜兴、江阴等地的江南秋收暴动和南通、如皋、泰兴的苏北农民暴动，建立了红十四军，还在南通、无锡、苏州、南京等工商业较发达的市县进行了罢工斗争。

第三，省委还进行了一定程度的宣传鼓动工作。由于环境的险恶，中共平时不能公开向群众宣传其理论和政策主张，但仍通过各种秘密渠道进行宣传。1928 年 9 月，中共江苏省委的秘密机关刊物《多数》创刊，成为省委的宣传喉舌。1929 年 4 月，由省委主办的专门针对上海工人的刊物《上海报》创刊并公开发行，李求实（李伟森）、谢觉哉等负责编辑。为了便于掩护，该刊曾先后使用《白话日报》、《小沪报》、《天声》、《晨光》、《沪江日报》等名称。[③] 此外，省委还利用秘密集会演讲和在组织工农运动的时候进行宣传。如江南秋收暴动中发表的《农民革命宣言》、《农民革命委员会告民众书》等文件，都历数了农民所受的苦难，号召农民起来反抗国民党统治。

第四，1929 年下半年，江苏省委配合中共中央开展了反对党内托洛茨基取消派的斗争。由于对中国革命的见解不同，陈独秀于 1929 年 7、8 月间连续给中共中央写

---

① 中共江苏省委党史工作委员会、江苏省档案馆编：《中共江苏党史大事记》，中共党史资料出版社 1990 年版，第 64—65 页。

② 中共江苏省委党史资料征集委员会、江苏省档案局编：《江苏革命史料选辑》（第三辑），1981 年 12 月，第 27—31 页。

③ 中共江苏省委党史工作委员会、江苏省档案馆编：《中共江苏党史大事记》，中共党史资料出版社 1990 年版，第 84 页。

信，反对中央自“六大”以来的路线和政策，他还要求就此问题在全党展开讨论，并不经中央同意就把他的观点在部分党员中传播。除此之外，陈独秀等人还组成了若干小团体，从组织上进行分裂党的活动。江苏省委系统的部分党员如彭述之、郑超麟等人参与了这些活动。中共中央在回信劝告陈独秀等人放弃其观点和停止其活动无效的情况下，于10月15日作出了《关于反对党内机会主义与托洛茨基主义反对派的决议》，决定对他们在理论上进行反驳，在组织上给予制裁。江苏省委贯彻了中央的决议，在8月30日就作出了《反对托洛茨基主义和中国机会主义之决议》，对托派观点进行了理论上的反驳，后又于10月21日作出了《江苏省委为开除彭述之、汪泽楷、马玉夫、蔡振德及反对党内机会主义与托洛茨基反对派的决议》，开除了上述4人的党籍，并请求中央开除陈独秀的党籍。这一决议于11月15日得到了中央的批准。此后，陈独秀、彭述之等81人又联名上书中央，系统地提出了他们的政治主张。12月20日，江苏省委又开除了在其中签名并属于江苏省委系统的郑超麟、尹宽、刘伯庄、李季、陈碧兰、杜琳、谢庄、薛农山8人的党籍。中共中央及江苏省委反对托派的斗争在当时对维护中共的完整统一具有重要意义。

二 江南秋收暴动

中共“八七会议”确立了开展土地革命和武装反抗国民党统治的总方针，并相应作出了《最近农民斗争议决案》等一系列决定。1927年9月，中共中央机关从武汉迁到上海之后，江苏省委就成为唯一一个与中央同在一座城市的省委。

为了贯彻中央的方针，在广大的江苏农村开展土地革命，江苏省委于1927年秋制订了《江苏农民运动计划》。《计划》分析了目前江苏农村的形势，提出了组织农民暴动的手段和目标。计划指出：“目前正当农村中秋收还租纠纷最多时期，接着又是冬天农闲匪多之时，而宁汉军阀战争又于此时开始，这都是造成我们在农村中煽动组织农民暴动最便利的条件。我们应该在这几个月内，加紧的工作，造成乡村中普遍农民的骚乱，号召农民暴动抗租抗税，农民暴动没收地主土地，农民暴动杀豪绅官吏，农民暴动消灭军阀战争，农民暴动实行耕者有其田，农民暴动建设乡村革命政权，农民暴动组织农民革命军，农民暴动实行一切乡村政权归‘农民委员会’”[①]。这份计划把江苏全省的农民运动分为12个区域。随后，省委决定在江苏农村组织秋收暴动。

暴动首先在苏南宜兴开始。1927年9月中共宜兴县委成立后，在农民中开展了一些宣传和组织工作，集结了暴动队伍。不久，省委特派员万益、段炎华与团省委特

① 中共江苏省委党史资料征集委员会、江苏省档案局编：《江苏革命史料选辑》(第三辑)，1981年12月，第57页。

派员匡梦苏(匡亚明)来到宜兴,并与宗益寿、史砚芬组成了5人“行动委员会”,统一指挥暴动。他们迅速集结了队伍,于11月1日趁新任县公安局长张大纲举行就职典礼的时机发动了暴动。起事当天,数千农民手持各种武器冲进县城,迅速占领了国民党县党部和县公安局,驱逐了官吏和警察,占领了全城。他们还打开监狱,释放囚犯。“行动委员会”随后召开了群众大会,万益宣布成立红色政权“宜兴工农委员会”,并发表《告全县人民书》,提出六条纲领:(1) 一切政权归工农委员会;(2) 枪毙劣绅土豪及反动分子;(3) 没收公产及大地主产业;(4) 废除一切债权,取消一切封建制度;(5) 保护革命的教育;(6) 维持正常的秩序。① 这六条纲领明显受到了苏俄“十月革命”的影响。

宜兴暴动发生后,国民党江苏地方当局立即调集大批军队前来镇压。起义队伍为了保存力量,于2日撤离了县城。这时,参加暴动的大部分人员已经回家,匡梦苏、史砚芬回上海向中央和江苏省委汇报,万益、段炎华、宗益寿带领少部分骨干队伍向苏浙边境转移。商团头目徐邃初也配合国民党军队围剿暴动队伍。由于双方力量对比过于悬殊,队伍被迫分散隐蔽,段炎华化装逃脱,万益被捕后遭杀害。

宜兴暴动打响了共产党人在江苏武装反抗国民党统治的第一枪。

在发动宜兴暴动的同时,江苏省委又决定在无锡发动农民暴动作为策应。早在10月,江苏省委就派夏霖前往无锡,协助无锡县委成立了“无锡农民革命委员会”,由严朴为委员长,并组织了“无锡农民革命军”,由杭果人为总司令。11月上旬,江苏省委作出了在全省开展暴动的决议,要求凡是有党组织的地方都要在11月15日之前发动农民暴动。11月7日,中共江苏农委书记王若飞来到无锡具体指导暴动。11月9日,暴动开始,来自怀上、怀下、北上、北下等13个村镇的数千名农民在严朴、杭果人的带领下,手持大刀、长矛等武器,分路向地主庄园和国民党乡村基层政权据点进攻。经过战斗,暴动队伍占领了安镇、泽上、西仓、成家桥等十几个村镇。他们在安镇处死了恶霸地主安守仁,捣毁了各地的地主住宅,还烧毁了田契、账簿、借据等,在当地造成了很大的声势。

国民党无锡地方当局立即调集力量进行反扑,军警到处搜捕暴动的组织者和参加者,暴动队伍溃散,其领导人隐蔽逃脱。11日,无锡县委再次被破坏,省委派到当地了解情况的夏霖和段炎华等人被捕并立即被杀害。无锡暴动被镇压了下去。

无锡的农民暴动刚平息,江阴农民又揭竿而起。1927年10月,钱振标(又一说名钱正表)奉江苏省委之命回江阴建立县委,并任书记。江阴县委讨论了在当地发动农

---

① 中共江苏省委党史工作办公室:《中共江苏地方史》,江苏人民出版社1996年版,第149页。

民暴动的问题，选定了距县城20公里，国民党方面防守力量薄弱的后塍镇作为突破口。为此，县委组织了附近乡镇的1000多农民组成了江阴农民革命军，由钱振标任司令、茅学勤任副司令。11月14日，钱、茅二人率领暴动队伍从东兴桥出发，攻占了县公安局第三分局和禁烟所，缴获若干枪支，又焚毁了乡行政委员俞道沛的房屋和田契、债据等。随后，县公安局长张品泉率警队反攻，捕去了一些暴动参加者。12月21日，钱振标、茅学勤再次组织了300多农民发动第二次后塍暴动。他们与警队激战4小时后再次攻占公安局，救出了部分被捕者，并四处张贴鼓动暴动的标语。随后，为了躲避敌人的追剿，暴动队伍主动分散隐蔽。

两次后塍暴动在当地农民中产生了很大影响。1928年2月和3月，江阴的杨舍镇和峭岐镇又先后发生了规模较大的农民暴动，猛烈地冲击了国民党在江阴的统治秩序，迫使其县长辞职而去。但是，在占优势敌人的反扑下，这些暴动都先后失败。

此外，中共还在海门、丹阳发动了农民暴动。1927年9月，中共党员陆铁强受江苏省委的派遣来到海门建立县委，担任书记，并伺机组织农民武装斗争。11月9、10两日，下沙、沙家仓等地的农民为反对地主欺压农民和强行收租而举行声势浩大的示威活动。12日上午，县委会同农民协会开会部署举行农民暴动事宜。海门县长施述之派第六公安分局局长钱敏棠率军警前往捕人。农协会员用木棍与军警搏斗，多人被打死。陆铁强为掩护同志撤退而被敌人逮捕，于第二天被杀害。暴动计划未能付诸实施。丹阳在国民党"清党"后首先由夏霖恢复了党组织，夏担任县委书记。1927年秋，夏霖被调往省委，县农会副会长兼秘书长管文蔚接任书记职务。不久，县委接到省委关于农民暴动的指令。管文蔚召集骨干进行策划，决定在吴家桥、里庄桥、蒋墅、方子庄等中共基础较好的村镇组织暴动。11月下旬，因暴动日期泄露，只有吴家桥和里庄桥发动了暴动，参加者达数千人之多。暴动队伍打死一名乡长，缴获20多支枪。县委召开群众大会，号召抗租抗税。不久，镇江的军警前来镇压，地主武装保安团也乘机反扑，暴动失败，管文蔚等20多名骨干被迫秘密转移。

这一时期，中共江苏省委还先后组织了崇明、青浦等地的农民暴动。1927年江苏秋收暴动是中共在各地组织武装暴动和开展土地革命的重要组成部分，充分显示出共产党人不屈不挠的革命意志。但由于力量对比悬殊和计划准备不周，这些暴动都告失败。

三　如、泰农民暴动和红十四军

江苏省委在江南组织农民暴动的同时，也筹划在江北组织农民暴动。1927年12月5日，省委向各市县党委发出《江苏农民运动之第三次计划》，对前一阶段各地秋收暴动失败的经验教训作了总结，并提出下一步的任务是："仍然是要在江北努力造成农民割据的局面，在江南努力游击式作战去发动领导群众革命斗争，造成乡村中普遍骚乱局面，亦即创造总暴动的局面。"① 为了具体实施江北的暴动计划，省委又制定了"江北农暴计划"，并于12月下旬和次年4月先后派何孟雄和王若飞到苏北巡视，向当地党组织传达中央及省委的各项决定和精神，做好暴动的准备。1928年2月，中共地方组织在淮安组织了一次农民暴动。这次暴动于2月10日在淮安横沟寺开始，有几千名农民参加，袭击了10多个地主据点，处死了当地的大恶霸地主董玉藩。后国民党淮安地方当局出动军队将这次暴动镇压了下去。

1928年4月底、5月初，如皋、泰兴又爆发了一次由中共领导的规模较大的农民暴动，并组建了活跃在苏北的红十四军。如、泰地区土地高度集中，个别地方佃农竟占总农户的十分之九，再加上沉重的高利贷剥削，农民与地主的矛盾十分尖锐。1927年底，中共如皋、泰兴两县县委相继建立。次年2月，省委派黄逸峰前往南通成立了专门领导暴动的南通特委，暴动准备工作紧锣密鼓地进行。4月13日，如皋县委成立了由军事、交通、宣传、经济四部门组成的暴动委员会。不久，如、泰两县县委又召开了联席会议，决定5月1日举行暴动，泰兴以刁家网为中心，如皋以卢港、江安为中心。两县暴动队伍互为犄角，互相策应。随后，暴动的准备工作加紧进行。4月22日，如皋西乡因打造暴动用刀不慎被警察发现，引起地方当局的怀疑。28日，泰兴县委书记沈毅为筹集武器以利暴动而派人在横家垛的八字桥设伏击毙了4名巡警，缴获了4支步枪和100多发子弹。这一行动震惊了敌人，泰兴县长丁作则立即要求省政府派军队前来协防，并与如皋县政府秘密商议，计划搜捕中共党员和农会干部。由于形势骤变，泰兴县委决定提前一天暴动。

4月30日，数百名以中共党员为骨干的暴动队伍聚集在刁家网刁氏宗祠广场，沈毅宣布暴动开始。队伍被编为4个大队，分别由孟运怀、刁九善、戴奎、王庆生4人统领，沈毅任总指挥。随后，暴动队伍首先袭击了恶霸地主刁智甫、刁善甫的住宅，分了他们的粮食和财物，烧毁了他们的房屋，又处死了另一名恶霸地主何裕仁。附近农民纷纷前来响应，暴动声势不断壮大，在两天之内，暴动队伍发展到20000多人，袭击了86家地主，分掉粮食50多万担，还缴获了一批枪支弹药。②

如皋的党组织在得知泰兴提前暴动的消息后也立即响应。5月1日，如皋西乡区委书记徐芳德首先在芹湖东山寺集合群众，袭击了县公安局大队。当天晚上，省委特

① 江苏省档案馆编：《江苏农民运动档案史料选编》，档案出版社1983年版，第82页。

② 《江苏党史资料》(1988年第四辑)，第37页。

派员杭果人召集骨干开会,并成立了“如皋县暴动总指挥部”,由顾仲起任总指挥,苏德馨为肃反委员,葛显功为经济委员。很快,四邻八乡的千余人汇聚起来,徐芳德宣布暴动开始。誓师大会后,队伍兵分两路,分别攻打地主庄园和公安局。他们向农民宣讲中共的政策主张,还把缴获的地主财产分给农民。2日晚,两路队伍在福兴庵会师,又攻入了卢港附近的卢姓大地主据点,前进到了距如皋县城只有十几里的地方。3日下午,县委和暴动总指挥部在孙严墩宣布成立如皋县苏维埃政府。

如、泰农民暴动的消息震惊了国民党江苏省政府,他们急忙调集军警镇压。5月1日和2日,南通公安局警察分队会同泰兴、如皋、靖江等地的警队分路向暴动队伍扑来,几艘军舰还在长江上游弋,防止暴动队伍向江南转移。这时,两县的暴动队伍试图汇合,但在占优势敌人的夹击下未能实现。在武装镇压已经开始的情况下,随暴动队伍行动的大批普通群众很快散去。沈毅带领泰兴的骨干队伍边战边退,于5月3日晚撤到刁家网村。大家分析了目前的形势,决定保存力量、以图再举。随后,他们埋藏了武器,沈毅等暴动骨干也化装隐蔽。4日,军警向如皋的暴动据点孙严墩发动进攻,暴动农民英勇反击,战斗持续了一整天。5日下午,在几乎弹尽粮绝而后援无望的情况下,暴动者决定分散隐蔽。

国民党当局随后在暴动地区进行了大规模清洗,数百名中共党员和暴动农民被杀。两县政府四处悬赏缉拿暴动骨干分子。不久,苏德馨、徐芳德、沈毅等人被捕,他们在拒绝了敌人的劝降后都被杀害。戴奎、杭果人等逃脱,回到上海。

如、泰“五一暴动”失败后,省委及时总结了经验教训,决定停止发动大规模暴动,改以游击战争的形式在农村开展斗争。7月,几经破坏的如皋县委得到恢复,不久就组织了名为“中国工农红军江北总指挥部”的游击小组,并接连袭击了吴窑、九华山、车马湖等地的公安局,开始了中共领导的江北游击战争。随后,泰兴也组织了一支由刁九善、戴奎领导的特务队,与如皋的游击小组互相配合,在如、泰边地区开展游击斗争。9月,中共南通特委成立,范森担任书记,统一领导如皋、海门、启东、靖江、泰兴、泰县、东台等地的中共组织。① 特委于12月在海门茅镇召开会议,提出要根据中共“六大”精神,引导群众开展武装斗争,在农村组织赤卫队,并逐步向红军发展。如、泰两县的游击小组和特务队发动了数十次袭击地主和地方警察的行动,取得了一些战果,缴获了一批武器。1929年3月,泰兴县委也得到恢复。如皋的游击小组则改称镇涛红军游击队,扩大了游击范围。8月,这两支武装在如皋西乡宝庆寺合并为如泰工

---

① 中共江苏省委党史工作委员会、江苏省档案馆编:《中共江苏党史大事记》,中共党史资料出版社1990年版,第77页。

农红军，共有120多人，80多支枪，由如泰中心县委书记兼泰兴县委书记王玉文和如皋县委书记韩铁心共同指挥，下设两个支队，于咸、戴奎分别任队长。随后，如泰红军分别袭击了石桥头，活捉了江安区公安分局局长，又围攻了若干“保安团”据点和地主庄园，缴获了一些枪支，并向农民分发了粮食。9月，这支红军队伍已经发展到200多人，改编为大队，省委任命薛衡竞为大队长，并派黎昌圣、张爱萍等军事干部到军中工作。1930年1月18日，他们袭击了泰县高庄，俘虏了40多名敌人，缴获了3挺机关枪和数十支长短枪。到1930年初，如泰红军已经开辟出了东至镇涛，西至季家市、黄桥，南至长江边，北至通扬运河的大片游击区。[①]

根据中共中央关于加强红军和苏维埃政权建设的要求，江苏省委报请中共中央军委批准，决定把活跃在江北的几支红军游击队统一改编为中国工农红军第十四军，省委书记李维汉（罗迈）亲自起草了有关文件。1930年3月，由通海游击队和如泰红军合并而成的红十四军建立，军长何昆，政委董畏民（后为李超时），参谋长薛衡竞。通海游击队编为第一支队，支队长刘廷杰，如泰红军编为第二支队，支队长由何昆兼任。初创时全军共500多人。随后，红十四军公布了十大政纲：（一）推翻帝国主义在华的统治；（二）没收帝国主义在华的工厂、企业和银行；（三）推翻地主资产阶级的军阀国民党政府；（四）建立工农兵苏维埃代表会议政权；（五）统一中国承认民族自决权；（六）实行八小时工作、增加工资、失业救济和社会保险等；（七）没收地主阶级土地归农民；（八）改良士兵生活，分给土地和工作；（九）取消军阀在地方强征的苛捐杂税，实行统一累进税；（十）联合全世界无产阶级和苏联。[②] 3月26日，省委组织南通、海门、启东、如皋、泰兴五县县委书记召开联席会议，决定将南通特委改为通海特委，领导上述五县党的工作和游击战争，并通过了《通海区党的政治任务及中心策略决议案》。发展壮大红十四军是通海特委的主要任务之一。4月上旬，通海特委在如皋县江安区贲家巷召开建军大会，公开打出了红十四军的旗号。

红十四军刚一建立就主动出击，在广阔的通海地区对国民党政权展开了游击战争。3月上旬，一支队袭击了北兴桥的保安团和公安局，毙伤警员多名，缴获几十支枪和数千发子弹。下旬，何昆和薛衡竞又率部攻打了如皋的地主据点卢家庄，并与接警而来的县警队激战了数小时。3月底、4月初，红十四军所部又跨县攻打了靖江西来庵的保卫团和南通骑岸镇的国民党据点，在当地造成了很大的声势。

正式建军后，红十四军的活动更加频繁。4月16日，二支队在何昆率领下攻打如

---

① 中共江苏省委党史工作办公室：《中共江苏地方史》，江苏人民出版社1996年版，第194页。

② 中共江苏省委党史工作委员会、江苏省档案馆编：《江苏革命斗争纪略》，档案出版社1987年版，第470页。

皋西南的土豪据点老户庄。这是一个易守难攻的据点，敌人火力很猛，附近的国民党正规军又前来支援。何昆身先士卒，中弹阵亡，进攻失利。24日，二支队又袭击泰县顾高庄，激战了两个多小时，因蒋垛、黄桥的国民党援军赶到，红军子弹消耗巨大，只得撤出战斗。参谋长薛竞衡掩护部队转移，在战斗中牺牲。但红十四军在以后仍然取得贲家巷等战斗的胜利，其游击区域不断扩大，队伍人数也持续增加。

省委为了加强红十四军的建设，以正规军的编制对该军进行整编。6月，红十四军被编为两个师，全军共两千多人。省委又派出一些军事干部到军中工作。何昆阵亡后，政委李超时接任军长职务，他原先兼任的通海特委书记一职则由刘瑞龙接替。7月，红十四军发表了《告工农及一切劳苦群众书》，明确自己是工农大众的武装，表示要"实现苏维埃第一次代表大会的十大政纲"。[①]

红十四军的活动引起了国民党当局的恐慌。江苏省政府除加强驻通海如泰地区的第五师第十三旅的力量之外，又调遣第五师第十四旅一部进驻南通，还命令省警察总队总队长李长江率部前往如泰地区，并要求各县进行协防，随后又在黄桥成立了"剿共总指挥部"，专门负责进剿红十四军。当地地主民团也纷纷招兵买马、强化戒备。

1930年6月中下旬，数千国民党军分八路向红十四军一师驻地发动围剿。一师采用集中优势兵力攻其一点的战术，在如皋乡的六甲桥伏击了来犯敌军，歼灭了一个整连，缴获了不少武器装备。7月，二师主动出击，连续攻克华丰盐垦公司和徐家园两个敌据点，又打退了地主武装"白龙党"的进犯。这两次战斗是红十四军自建军以来取得的最大胜利。

李立三取得中共中央的领导权之后，制定了十分大胆而又冒险的要求各地红军攻打大城市的行动计划。江苏省委根据中央的指示，命令红十四军进攻南通，并准备进攻南京、上海。这对于仅有两千多人、武器又远比国民党军低劣的红十四军来说，显然是不切实际的。7月29日，通海特委召集了如、泰地方党组织领导和红军指挥员开会，决定发动总暴动，拔除黄桥的"剿共总指挥部"，并认为这是"江北革命政权与反革命政权的最后决战"。特委还要求各县要动员几万农民作为暴动的后援力量。

8月3日，暴动开始，红十四军一师派出部分兵力佯攻古溪、蒋垛、老叶庄等据点，吸引敌军增援，主力则埋伏在黄桥周围，准备乘虚攻入。开始时战斗进展顺利，西路红军已突入镇内，北路也打开了缺口。就在黄桥镇即将被攻克之际，别动队长李吉庚和特务连长李治平突然反戈助敌，命令东路攻城部队撤出战斗，并与省保安大队包抄

---

① 《江苏党史资料》(1988年第四辑)，第176页。

红十四军后路。这时，城内敌军也趁机反扑，红十四军腹背受敌，伤亡很大，被迫撤出战斗。

黄桥暴动失败后，国民党当局加紧对红十四军进行围剿。8 月 20 日，江苏省政府召集南通、如皋、泰兴、泰县、靖江五县县长开会，决定了“先从泰兴入手，次及各县”的围剿方针。李吉庚投敌后，又多方拉拢策反，红十四军中的不坚定分子李大、顾仁武等人相继投敌，通海特委委员王玉文和二师大队长陈宗恒则等一批骨干被杀害（韩铁心已于红十四军正式建军前在战斗中牺牲）。这时，红十四军的处境越来越困难，8 月下旬，其一部挺进镇涛，试图开辟新的活动区域，也曾主动发起过五接桥等战斗，取得了一些战果，但始终未能改变被动局面。9 月上旬，李长江督率数千军警，以黄桥为中心，分别向江安、镇涛、丝鱼、车马湖等地推进，对红十四军形成包围态势。面对险恶的形势，李超时、张世杰等红十四军领导决定把部队化整为零，编成 4 支游击队，分散活动。不久，军部在镇涛田家铺又遭到敌军袭击，损失很大，而各支游击队也先后被打散。到 10 月初，在几乎弹尽粮绝，全军已不足 300 人枪的情况下，红十四军被迫宣布解散，李超时、刘瑞龙等领导人转移到上海。

红十四军的斗争共坚持了 7 个多月，在苏中地区产生了很大影响，为后来中共领导的苏中抗日根据地打下了良好的基础。在当时，除了红十四军之外，江苏还有在徐海地区的红十五军、江南的江阴游击队等中共领导的武装。此外，中共还领导了睢宁、金坛、无锡等多地农民暴动。

四　工人运动的发展

“八七会议”后，中共确立了开展土地革命的总方针，但由于受到苏联经验和共产国际的影响，仍然十分重视工人运动，并希望通过城市武装暴动夺取政权，“八七会议”还专门为此通过了《最近职工运动议决案》。中共领导人瞿秋白在中央机关刊物《布尔塞维克》第一卷第十期上发表《武装暴动的问题》一文认为，城市的暴动“将成为工农暴动在大范围内胜利的中心和指导者”。

江苏省委成立后，为了在全省范围内深入开展工人运动，采取了许多措施。首先，设立了专门领导工人运动的机构。1927 年 8 月，省委把职工部改为职工运动委员会，项英等重要领导人亲自领导该委员会。在这前后，省委又发出了《关于恢复赤色工会》的通告，要求各地尽量摆脱国民党黄色工会的控制，建立由中共领导的工会。此后，江苏许多城市的企业内部都建立了秘密赤色工会，发展了一批会员。上海恢复了总工会，镇江等少数地方还建立了由中共秘密领导，但却公开对外办公的工会。1929 年 6 月，省委又决定成立工会联合会（工联会），作为公开与工人联系，维护其利益的组织。其次,经过不懈努力,在"四一二"清共事件后被打散的一些厂矿的中共组织又得到了恢复。6月以后,南京造币厂、金陵兵工厂、英商和记洋行、陇海铁路徐州站、浦镇机厂的中共支部首先恢复。年底前后,京沪①、沪杭铁路,南通大生纱厂,苏州铁机厂等企业的党组织也得到恢复。各地的市委、县委以及企业的党组织在领导工人运动方面发挥了很大的作用。1928年1月18日,中共中央指示江苏省委,要求省委注意以党支部代替工会的现象,强调要扶助工会独立组织的发展。②

"四一二"清共事件后,江苏的工人运动虽然受到国民党的镇压而一度有所沉寂,但由于资本家剥削的加重,工人自发的罢工斗争仍然不断发生。中共江苏省委成立后,各地党组织加强了宣传鼓动工作,工人运动又出现了复兴的势头。

1927年10月,苏州三星丝织厂的工人反对资方卖掉部分厂房设备导致部分工人失业而举行罢工。苏州铁机厂的工人首先起来声援,并组成了罢工委员会。随后,36家丝织厂数千名工人举行联合罢工。19日,罢工工人到苏州总商会请愿,在其条件遭到拒绝后冲进了商会,痛打、捆绑了会长。警察抓走了罢工领导人和部分罢工工人,但工人也抓了一些特务侦探。这一事件在苏州产生了很大的社会影响,不少资本家逃往上海。罢工一直持续到11月下旬,资方无奈,被迫答应释放被捕工人,不再卖厂房设备,罢工胜利结束。

1928年3月13日,南通大生一厂的工人在中共南通县委的领导下,举行了反对厂方无理开除工人的罢工,但遭到厂方和当局的联合镇压,罢工在坚持了10天后终告失败。次年1月,该厂工人又因厂方无理克扣上一年的年终分红而再次举行罢工并取得了胜利。5月,启东大生二厂工人又举行罢工。启东县委高度重视这次罢工,决定全体委员参加,还组织了罢工委员会,向厂方提出了三项条件:一、开除欺压工人的工头朱德慧;二、增加工资;三、不得无理处罚工人。这次罢工坚持了三天,虽未完全实现复工条件,但迫使厂方同意罢工期间工资照发,中共党组织则扩大了在工人中的影响,有不少工人加入了赤色工会。10月,海门大生三厂的工人又举行了要求增加工资、改善劳动条件和反对厂方无故开除工人的罢工,中共党员朱有喜和该厂支部书记黄志祥为罢工的领导者。经过斗争,厂方同意部分满足罢工工人的条件。

1928年4月,徐州贾汪煤矿成立了煤炭产业工会,傅宗歧为常务理事,王振远为指导员。不久,中共党员鹿周继受指派来到煤矿做工,他发展了数名矿工入党,并于9月组织了中共贾汪煤矿特别支部,鹿任书记,该支部积极寻找机会发动工人运动。12

① 南京至上海的铁路,因南京为首都,故名。

② 中共江苏省委党史工作委员会、江苏省档案馆编:《江苏革命斗争纪略》,档案出版社1987年版,第301页。

月下旬，经营煤矿的上海远记公司向矿工收购窑木，但却只打欠条不给现金，引发了矿工的强烈不满。特支抓住机会，以讨要收购款的名义发动了罢工。鹿周继和中共铜山县委书记赵龙云亲自带领工人前往矿场经理李剑池的办公室，与李交涉，最终迫使他答应付清拖欠工人的窑木款。罢工取得了胜利。这次窑木事件扩大了中共在矿工中的影响，也使工人受到了鼓舞。

1929 年 10 月 10 日，特支又趁国民党在贾汪矿举行“双十节”庆祝活动的机会，组织工人当众演讲，要求矿方立即无条件发放拖欠工人的工资，并要求退出黄色工会，建立并扩大工人独立的工会组织。随后，傅宗歧和鹿周继领导工人举行罢工，还组织了工人纠察队包围了李剑池的住宅。不久，工人与保护李的军警发生冲突，有多名工人受伤。傅宗歧等立刻到徐州向全国发出通电，揭露资方和军警的暴行。随后，在全国舆论的压力下，资方被迫答应了工人的要求，补发了工人的工资，并出钱为受伤工人疗伤。罢工再次取得胜利。

1930 年 6 月，因矿方借口煤矿改组而裁减工人导致不少工人失业，贾汪矿工在傅宗歧和王振远的领导下再次举行罢工。这次罢工坚持了 10 天，经过谈判，迫使资方答应增雇工人，并发给失业工人解雇费。[①]

上述罢工事件都是发生在这一时期规模较大的工人斗争事例，造成了较大的声势，在社会上产生了广泛的影响。有的是反复罢工，有的引起了众多企业的同盟罢工。中共组织大多在这些斗争中起到了领导作用。这些斗争打击了资本家，也在一定程度上冲击了国民党在江苏的统治秩序。

此外，1928 年 11 至 12 月，上海法商电车、水电工人举行罢工，在全市引起很大轰动。江苏省委组织了行动委员会，直接参与领导，但由于斗争策略不当和国民党当局的镇压，罢工失败。1930 年 2 月至 4 月，英资南京和记洋行的工人罢工也曾引起了很大的社会反响，但同样由于遭到当局和英国资本家的联合镇压而失败。

除此之外，这一时期还发生了许多工人斗争事件。其中影响较大的有：1928 年 6 月的苏州木机工人抗议资方克扣工资的罢工事件；6 月至 7 月的宿县烈山煤矿矿工罢工事件；10 月的苏州绸绫染坊工人罢工事件；1929 年 2 月至 3 月的无锡纱布工人罢工事件；7 月的无锡面粉业工人罢工事件；8 月的津浦铁路浦镇段工人罢工事件等等。

五　中共“左”倾错误在江苏的危害

自国民党“清党”和“分共”后，共产党人遭到了野蛮屠杀。于是，一股复仇怒火就

---

① 参见《江苏党史资料》(1989 年第三辑)，第 60—63 页。

在中共党内形成并蔓延。1927年11月，中共中央临时政治局在上海召开扩大会议，认定“现时全中国的状况是直接革命的形势”，并据此制定了在全国实行武装暴动的总策略，这标志着“左”倾盲动路线在中共党内的形成。当时，江苏省委不遗余力地贯彻这一政策。在1927年江苏秋收暴动和次年的如泰暴动中，“左”倾盲动的色彩已经十分明显。这些暴动往往事前没有制订周密的行动计划，对参加暴动的人员也没有（或根本不可能）进行严格的思想、组织以及军事技能方面的训练，往往是仓促组织，一哄而起，开始时造成很大声势，但遭到镇压后没有几天就失败了，不少骨干被捕或被杀，中共地方组织损失惨重。后人在总结这段历史时指出：“在一些党组织力量单薄而敌人拥有强大武力的地区，也发生不顾一切的蛮干，盲目举行武装暴动，如无锡暴动、宜兴暴动等。这类暴动大多很快被镇压下去。大革命失败后保存下来的有限的革命力量进一步蒙受重大损失。”①

在1928年6月至7月召开的中共“六大”上，中共中央确立比较符合实际的路线和方针。这时，国民党忙于北伐以及随后而来的内部派系纷争，力量分散，也给中共的发展创造了空间。经过全党的努力，中共的力量有所恢复，不仅在国统区的组织得到发展，党员人数增加，而且其影响的基层群众也有所扩大，同时还开辟了若干农村根据地，壮大了红军队伍。尽管如此，对中共来说，敌强我弱的基本力量对比并没有发生实质性变化。

但中共党内产生“左”倾错误的根源不仅没有消除，反而随着形势的变化而强化。1929年下半年后，在国内，中共力量有所增强的同时，国民党内的派系斗争却日益激化。在国际上，资本主义世界陷入了空前的经济危机之中，而社会主义的苏联却开始蓬勃发展。面对如此形势，中共中央的李立三等人便过高地估计了自己的力量，开始犯新的“左”倾错误，江苏省委也被卷入其中。

1929年11月18日至26日，中共江苏省第二次代表大会在上海秘密召开，这是土地革命时期中共江苏省委召开的唯一一次代表大会。中共中央和江苏省委都十分重视这次会议，中共中央领导人李立三、周恩来等和江苏省委书记李维汉以及上海各区委书记、各地方组织负责人及代表数十人参加了会议。李立三代表中共中央作了《政治报告》，李维汉代表江苏省委作了《江苏政治状况与党的任务和策略》的报告，周恩来作了中央组织问题的报告，康生作了省委组织问题的报告，陈云作了江苏农民运动的报告，徐锡根作了江苏职工运动问题的报告。这次会议提出了一些切合实际的理论和政策，选举出了以李维汉为书记的新的省委班子，对指导中共在江苏的工作具

① 胡绳主编：《中国共产党的七十年》，中共党史出版社1991年版，第82页。

有促进作用。但会议在总体上仍笼罩在“左”的理论支配下。李立三提出，中国的革命形势已经走向成熟的复兴，国民党的统治正在从削弱走向崩溃。他甚至认为革命形势的高涨与党的主观力量无关。因此，中共应采取全面进攻策略，斗争方式应从总同盟罢工向全面的武装暴动发展，争取一省或数省的首先胜利。以沪中区委书记何孟雄为代表的另一些人不同意这种看法，他们认为革命形势只是开始复兴，还没有达到成熟的地步，斗争方式也要注意各地具体的客观条件，不能采取过于冒险的行动。但这种意见被斥为右倾调和主义而受到批判，会议通过的各项决议都贯穿着李立三的“左”倾理论。会后不久，省委就发出第一号通告，认为“江苏劳苦群众革命斗争已经是成熟的复兴，它必然继续发展到走向革命高潮”，并指责持不同看法的人：“谁怀疑它必然走向革命高潮，谁便堕入取消主义泥坑而成为革命群众的尾巴，必然陷入右倾的机会主义。”①

中共江苏省“二大”闭幕后，省委制定了《目前形势与党的中心策略》，并通过了《中共江苏省委接受国际对中国职工运动决议的通告》，分别向南京、苏州、徐海、通如泰、盐淮、淞浦等地的中共组织发出指示，要求其发动群众举行政治罢工、同盟罢工，发动兵变，扩大游击战争。

1930 年 6 月 11 日，中共中央政治局通过了李立三起草的《新的革命高潮与一省或几省的首先胜利》的决议，“左”倾冒险主义者取得了中共中央的领导权。江苏省委为贯彻中央中央决议，于 7 月 14 日决定实行大改组，停止党、团、工会的正常工作，将其统一合并为“江苏省总行动委员会”，由李立三亲自兼任书记，一切工作都围绕准备以南京暴动为中心的全省暴动开展。当时中共在南京的力量仍十分薄弱，不足以发动武装暴动，但中共南京市委为执行中央和省委的命令作出了许多努力，也有“左”倾蛮干的倾向。市委曾计划发动全市范围的罢工、罢课、罢市，但都没有发动起来。市委又决定于 7 月 16 日在夫子庙举行飞行集会，但事前竟然在国民政府对面的围墙上涂写了“7 月 16 日到夫子庙示威去！C. P.”的标语，向敌人泄露了行动计划。7 月 16 日下午，行动刚开始，总指挥石俊便被军警逮捕，9 月被杀害于雨花台，这次集会就此流产。市委还决定在 8 月 1 日发动暴动，攻打国民政府。南京市也仿效省委，合并了党、团、工会，成立了南京市行动委员会。这次暴动主要以设有中共秘密支部的国民党军队教导一师通讯营为基干力量。但行动委员会的人在准备暴动时到处散发标语传单，引起了国民党方面的警觉，通讯营遭到搜查，部分宣传品被查获，一些士兵党员

---

① 《省委通告第一号——第二次全省代表大会的总结和精神》，中共江苏省委党史资料征集委员会、江苏省档案馆编：《江苏革命史料选辑》（第四辑），1982 年 6 月，第 79 页。

被捕。此时,市行委原先提出的一个月内组织4000人工农武装的计划也无法实现。7月29日,市行委在秘密开会研究暴动计划时又被侦缉队发现,市委书记李济平、市行委委员夏雨初等6人被捕,后被杀害于雨花台。这次暴动未及发动就失败了。此后,市委又根据上级指示,计划于8月底再次暴动,首先在浦口、浦镇破坏铁路,然后过江攻入城中。但这次暴动同样由于计划不周和当局的镇压而未能发动。中共在南京的组织在这些冒险行动中遭到重创,"从6月到8月,有100多名党、团员牺牲,其中市行委委员6人。有3个区委的干部全部牺牲,15个支部全部或大部分被破坏。7月统计,全市有210名党员,32个支部;11月统计只有47名党员,8个支部"①。

同时,中共在江苏其他地区的力量也因这次"左"倾错误而损失惨重。苏州、镇江的党组织原计划在7月举行暴动,但分别由于计划泄露,领导人被捕并被杀害,以及未能与基层党组织取得联系而失败。红十四军也因冒险发起黄桥暴动而失败。不久,通海、徐海两个特委也被破坏,全省除上海外仅剩下两个特委,22个县委。这次"左"倾错误产生的原因,除了中共领导人过高估计革命形势的发展和自身力量之外,也有与前次"左"倾盲动错误一样的根源,即"他们还缺乏处理复杂问题的足够经验。对敌人野蛮屠杀的愤恨和复仇的渴望,对右倾机会主义错误的憎恶,像一团烈火那样燃烧在许多革命者的胸中,使他们产生一种近乎拼命的冲动"②。

从9月开始,在共产国际的帮助下,中共中央逐渐纠正了李立三的错误做法。9月24日至28日,在瞿秋白和周恩来的主持下,中共召开六届三中全会,李立三离开了中央领导岗位。随后,江苏总行委被撤销,改设江南省委,领导江苏、浙江、安徽3省的工作,李维汉任书记。12月,共产国际代表米夫来到上海,直接干预中共的人事安排,强令中共中央给其亲信王明安排重要的领导职务。于是,中共中央决定恢复江苏省委,由王明担任书记。1931年1月7日,在米夫的操控下,中共召开六届四中全会,王明又在"拥护国际路线,反对立三路线"的旗号下成为政治局委员,进入了中共的核心领导层。在这前后,王明还写了《为使中共更加布尔什维克化而斗争》(即《两条路线》)的小册子,提出了十分系统的"左"倾理论。同时,王明又一次打击了何孟雄等持有不同意见的干部。

由于江苏省委处在王明的直接控制之下,所以"左"的倾向更加明显。1月25日,省委通过了《中共江苏省委对"四中全会"的总结及目前任务的决议》,提出江苏的中共组织"要继续不断地发动罢工的斗争,准备与发动农民游击战争,准备与发动革命

---

① 《江苏党史资料》(1989年第一辑),第38页。

② 胡绳主编:《中国共产党的七十年》,中共党史出版社1991年版,第83页。

的兵变，去捣乱国民党的政权与实现拥护苏联与反抗国民党进攻红军苏维埃，反对国民会议”①。

但六届四中全会的召开却使中共党内出现了思想混乱，并导致了严重的党内斗争。全国总工会党团领导人罗章龙公开要求成立“中央非常委员会”，江苏省委委员王克全则宣布退出省委，另组第二省委。何孟雄等人虽然反对六届四中全会，但并不赞成从组织上分裂党。不久，中共中央先后开除了罗章龙和王克全的党籍，何孟雄等20多名重要干部因有人向国民党当局告密而被捕，随后被枪杀，江苏省委再次遭到重大破坏。4月和6月，中共又发生了特科负责人顾顺章叛变和政治局主席向忠发被捕并被枪杀的事件，中共在上海的地下活动遭到重大挫折。随后，中共中央开始把大批干部输送到农村根据地，中共临时中央政治局也于1933年初迁入江西苏区，在上海成立了中央局，负责国统区的中共组织工作。

这时仍留在上海的江苏省委处境变得越来越艰难。王明在向忠发被杀后代理了向的职务，但不久就去了莫斯科担任中共驻共产国际代表团团长，王云程继任江苏省委书记。新的省委不顾客观形势，继续推行“左”倾冒险政策，要求各地党组织每逢重大纪念日都要发动群众示威，强行举行飞行集会，并提出“武装保卫苏联”等不切实际的口号，结果招致更加严厉的镇压。1932年7月，王云程调团中央工作，章汉夫担任新的江苏省委书记。年底，曾在江苏省委担任过重要领导职务的徐锡根和胡均鹤等人被国民党逮捕，随即声明脱离中共。1933年2月，王云程也在被捕后声明退党。5月，省委书记章汉夫、军委负责人陶铸等也被叛徒出卖而被捕。在此前后，江苏各地的中共组织也接连遭到破坏。1934年上半年，与省委联系的各地组织只有盐淮特委，无锡、南通两个中心县委，泰县、崇明两个县委和南京特支。② 江苏省委下属的中共组织呈现出瓦解的趋势。

在日益艰难的环境下，中共在江苏的组织仍然表现出顽强的斗争意志。在“一·二八”淞沪抗战期间，省委发出《为庆祝十九路军士兵反日胜利周的工作》的指示，要求下属组织利用各种方法去支援十九路军。1933年2月，省委又就国联李顿调查团的活动发表告民众书，揭露其虚伪性。各地的许多组织也经历了建立—破坏—再建立—再破坏—再建立的反复过程。在这一过程中，许多共产党员被捕，他们中的不少人视死如归，慷慨就义，也有一些人则动摇变节，声明脱离中共，甚至帮助敌人诱捕自己昔日的同志。

中共曾力图挽救其在江苏的组织。1933年6月，上海中央局指定袁孟超为新的

---

① 中共江苏省委党史资料征集委员会、江苏省档案局编：《江苏革命史料选辑》(第六辑)，1983年3月，第53页。

② 中共江苏省委党史工作办公室：《中共江苏地方史》，江苏人民出版社1996年版，第249页。

江苏省委书记,组成新的省委班子。11月,中共中央又作出关于江苏党的工作的决议,批评省委领导人的官僚主义作风导致其工作脱离群众,要求省委加强薄弱环节,建立基层反帝非战组织,成立区分会并加强工会工作,还撤换袁孟超,任命孔二为省委书记。但这并未能使江苏的中共组织摆脱困境,此后省委仍然接连遭到破坏。1934年春,孔二和省委宣传、组织等部部长先后被捕,赵立人担任代理书记。6月和10月,上海中央局又被国民党破获,李竹声和盛忠亮等领导人先后被捕并叛变。随后赵立人等也被捕。此后,虽然宝尔(许包野)和吕文远先后担任省委书记(吕实际上未到职),但省委已经很难开展工作。1935年上半年,上海中央局和省委又接连被国民党破获,被迫停止了活动,外地组织与省委联系也随之中断。

这时,在上海的中共组织只剩下文化系统的部分党员,并与中央失去了联系。1936年2月,这些人组成了以邓洁为书记的党、团、工会统一的领导机构——中共江苏省临时工作委员会,按救国会系统管理党员。3月,中共中央派冯雪峰到上海,与他们恢复了组织联系。

在中共江苏省委被迫停止活动以后,共青团江苏省委基本上仍然组织健全并继续活动。1935年5月,团江苏省委与团中央接上联系后成立了新的团省委,许亚为代理书记,陈国栋为组织部长、王兴让为宣传部长、徐建楼为秘书长。[①] 团省委总结了过去的经验教训,布置了今后的工作。6月,团省委决定抓住华北事变之机展开工作,并就华北局势发出紧急通知,指出国民党对日投降,对内屠杀工农,并号召一切不愿当亡国奴的青年团结起来,参加抗日会和中华民族武装自卫会,发动武装起义。7月,团中央遭到破坏,团江苏省委因及时转移而未遭破坏,但失去了领导。许亚等人一面派人积极寻找上级组织,一面坚持工作。这时,团省委在上海仅存数百名团员,有闸北、法南、沪东、沪西4个团区委,经费来源基本断绝,在外地仅与天长县的组织有联系。[②] 在这种形势下,团省委改变了斗争方式,不再组织飞行集会和示威游行,改以日常的经济抗争和在青年学生中讨论时事,间接而委婉地宣传中共主张为主。1935年11月,长征到达陕北的中共中央决定根本改造共青团,要求团员参加现有的青年群众的公开合法组织,并大批吸收团员加入中共。1936年春,团省委从其他渠道获悉了中共中央新的政策,决定对外停止使用共青团名义,停止发展团员,但保留团的秘密组织。4月,许亚等被捕,但没有暴露身份,被判处8年徒刑。7月,其他团省委干部组成临时团省委。抗战爆发后,临时团省委解散,部分团员转为党员。

---

① 中共江苏省委党史工作委员会、江苏省档案馆编:《江苏革命斗争纪略》,档案出版社1987年版,第711页。

② 中共江苏省委党史工作委员会、江苏省档案馆编:《江苏革命斗争纪略》,档案出版社1987年版,第714页。

1927年至1936年，中共在极其险恶的环境下在江苏进行革命活动。这些活动打击了国民党的统治，扩大了中共在江苏各地的影响，为抗战爆发后中共在江苏建立根据地打下了良好的群众基础。

第四节　地方统治的强化

一　保甲制度的实施

保甲制度是中国封建时期长期延续的一种社会统制手段，其本质特征是以"户"（家庭）为社会组织的基本单位，而不同于西方的以个人为单位。

民国成立之初，由于受西方以个人为社会组织单位的政治观的影响，废弃了保甲制度。但地方实力派在自己所控制的地区内，仍实行着类似的制度，如广东的"牌、甲制"，广西的"村、甲制"、云南的"团、甲制"，北方不少省份的"闾、邻制"等。

南京国民政府成立后，在《县组织法》中规定区以下每百户为乡（镇），乡镇以下每25户为闾，闾以下每5户为邻。

民国保甲制度提出于国民党对工农红军进行军事"围剿"之时，蒋介石以军事委员会委员长身份督师江西，认为剿共不力的原因之一是民众不支持政府。于是在"剿匪总司令部"所属党务委员会内专门设立了地方自卫处，研究保甲制度，草拟法规，先在江西试行。

1931年6月，蒋介石划定江西修水等43县编组保甲，将原有闾、邻等自治组织一律撤销。次年，以蒋介石兼总司令的鄂豫皖三省"剿匪"总司令部颁布《剿匪区内各县编查保甲户口条例》，规定十户为甲、十甲为保，联保连坐。1934年，国民党"中政会"第432次会议议决由行政院通令各省市切实办理地方保甲，据此，行政院于同年12月通知各省，普遍实行保甲制度。于是，保甲制度便由"剿匪"区向全国推广。

江苏省是实行保甲制度较早的省份。早在1933年10月，江苏省政府第605次省务会议就曾提出在江苏建立保甲制度的初步计划，但暂未实施。1934年2月，江苏省政府第633次会议再次作出决定，定于1934年4月1日正式开始建立保甲制度，并指定先在南通、盐城、淮阴、东海、铜山五个行政督察专员公署所辖之27个县推行。同年11月，江苏省政府又令无锡、松江、东海、江都、江宁五个行政督察专员公署管辖的33个县（江宁县除外）实行保甲制度，[①]并规定在四个月内完成。

---

① 国民政府内政部年鉴编纂委员会编：《内政年鉴》，商务印书馆1936年版，第366页。

根据江苏省实行保甲制度的要求，各县开始编查工作，其编查程序为：先编组保甲，后清查户口。编组以户为单位，一户设一户长；十户为甲，设甲长；十甲为保（城区以二十五甲为保），设保长；五保至十保为一乡镇。其中不满一甲之户，六户以上，可另设一甲，五户以下并入邻近之甲。不满一保之甲，六甲以上（城区十五甲以上），可另设一保，五甲以下（城区十四甲以下），并入邻近之保。每户确定户长后，依次推定甲长、保长、乡镇长，并设立甲长办公室、保长办公处及乡镇公所。

保甲编组完成后，即开始清查户口。凡普通住户、船户之户长及其亲属及同居者之姓名、性别、婚否、年龄、籍贯、教育程度、有无残疾、居住年数、职业，以及家中有无枪械等均在清查登记之列。

由于保甲编查工作十分繁杂，各县在推行保甲制度时均设编查委员，并由各县县长召集区长、区助理员、编查委员等进行培训，并加强对民众的宣传。

江苏省各县保甲编组完成后，接着就开展了户口异动登记。在城区或市镇，已设有公安机关者，在区、乡镇保甲长的协助下，由公安机关主管办理。对未设公安机关或公安机关不健全的地方，则在县户籍警的协助下，由乡镇保甲长等负责办理。

推行保甲制度需要大量经费的支持。在推行保甲制度之初，江苏省政府就决定："办理保甲各县，移地方自治经费之全部，为办理保甲使用。"然而，各县的自治经费仍不能满足实际需要，对此，江苏省政府又决定："各县保甲经费，以原有自治经费，及在地方总预备费项下支给为主，必要时得由省政府酌量另行指拨之。"这样，推行保甲过程中经费不足的矛盾才有了缓解。另外，根据江苏省清查户口编组保甲规程规定：一、保甲户长均为无给职。二、保甲经费就地方原有自治经费或保卫费，由县政府统筹分配，其分配标准依法规定之。三、保甲经费之收支，除编制预算决算清册，并逐级呈报县长核查外，应按月将收支实际数额于保长办公处公布。①

编查户口工作完成后，江苏省还进行了保甲人员的训练。乡镇长的训练按照行政督察专员公署分区进行，规定每一行政区设立一乡镇长训练所，分批训练辖区内的乡镇长，每批进行三个星期的训练。训练的内容有：国民党党义、保甲须知、公民常识、新生活须知、军事训练等等。江苏省较早设立训练所的行政区有南通、盐城、淮阴、东海、江宁，其训练所于1934年11月即已设立。由于无锡、松江、江都、溧阳、江宁五区当时尚未设立行政督察专员公署，所以各区下属各县乡镇长由省政府民政厅负责，分批在省会进行训练，至1935年训练完成。

对保长的训练，江苏省政府规定按三种方法进行训练。第一种为保甲长分区混合

---

① 国民政府内政部年鉴编纂委员会编：《内政年鉴》，商务印书馆1936年版，第369页。

训练;第二种为保长分区集中训练;第三种为全县保长集中城区训练。训练时间和内容与乡镇长相同。从1934年12月至1936年6月,江苏全省各县保长均已训练完毕。

对甲长的训练,大多以区为单位,设立训练所进行训练,并根据文化程度的不同,将受训人员分为甲、乙两类。识字者为甲类,文盲为乙类。甲类按照所规定的内容进行训练,而乙类则在听讲的同时,接受初步识字训练。1935年,启东、海门、如皋、崇明、丰县、砀山、淮阴、武进、南通、青浦等十县先后开始进行甲长训练,其他各县则在1936年开始训练。

在对保甲长进行训练的同时,江苏省还对壮丁进行训练。各县在完成保甲编组后,省民政厅随即开始拟定壮丁训练办法,并会同保安处先行在淮阴、铜山进行壮丁训练试点,接着,武进县也列入试点地区。由于壮丁训练需用经费及干部一时无法全部解决,于是,江苏省民政厅、教育厅会同保安处,负责利用各县社教经费,在各地分设中心民众学校和乡镇民众学校,专门进行壮丁训练。

保甲制度推行后,截至1936年度,江苏全省共有联保数为8066个(联保数为乡镇数),保数为68360个,甲数为717786个。保甲经费则为2299581元。全省所有保长均接受了训练,甲长接受训练者占全省甲长总数的54.21%。[①] 全省共设立壮丁训练中心民众学校462所、乡镇民众学校885所,共训练壮丁305770人。[②]

南京特别市保甲制度的推行基本参照江苏省的办法,拟定南京市各乡区清查户口编组保甲规程,呈报行政院备案。1935年1月,南京市先令各乡镇选送一名熟悉地方情况的人员为编查员,并先行培训,使其掌握编组保甲的方法。同年2月,经过训练的编组人员分赴各乡镇编组保甲和清查户口。经过两个月的工作,南京市的保甲编组即告完成。随后,南京市开始进行户口异动登记。

对于区和乡镇保甲长的训练,南京市采取分散进行的方法,即在各区和乡镇举行会议期间,分别派员加以训练。对于壮丁的训练,则由首都军事训练委员会办理。

截至1936年度,南京市的保甲数为291保,2869甲,接受训练的甲长占该市甲长总数的52.28%。[③]

二　保安队的组建

20世纪30年代初,国民政府开始围剿红军及中共根据地,为了与军事行动相配合,国民政府加强了对各地的控制,强化地方统治。保安队由此应运而生。

---

①③　内政部统计处编:《战时内务行政应用统计专刊》第二种"保甲统计",1938年印行,第25页。

②　内政部统计处编:《战时内务行政应用统计专刊》第二种"保甲统计",1938年印行,第3—4页。

江苏省政府建立后，为了配合国民政府的军事围剿，强化地方统治，省政府采取“标本兼治，军事与政治力量同时运用”[①]的手段，于1930年开始组建江苏省保安队。

首先，1930年4月，江苏省政府在其政府机构中设立了保安处，直接隶属于省政府。保安处下属部队有四个保安团和一个特务营。保安处设有参谋、副官、经理、军医、军法、谍报等六科，其职责为“综理全省保安事宜”。

在江苏省保安队成立的同时，江苏各县也先后建立了县警察队、保卫团、商团等武装。但这些武装管理不善，指挥混乱，没有形成一个统一的组织模式和指挥系统，其“由地方各自办理，名目纷歧，靖卫未彰，转多流弊”[②]。

1930年10月，江苏省政府决定将各县保安团的训练、指挥、征召、退役等事宜划归省保安团统一办理。1934年1月，又将各县保安团和县警察队等合并整编为县保安队，统归省保安处管辖。同年7月，江苏省又制定了工作大纲，将全省划为若干个保安区，并将各县的保安队集中到各保安区。江苏全省的保安队共编为43个大队，并成立了“江苏全省保安司令部”，由省政府主席陈果夫兼任保安司令，将原保安处的六个科合并为五个科，原省保安处的职责也相应调整为“承全省保安司令之命，掌理全省保安事宜。”此外，还设立了1个防空所、11个监视所、79个监视哨。[③]

根据《修正江苏省行政督察专员公署兼保安司令部组织规程》的规定，各行政督察专员区均成立了保安司令部，区内所有保安队、公安机关等一切武装自卫组织与人员均归其统一管辖指挥。至此，江苏省政府基本完成了地方保安团队的统一组织、统一管辖和统一指挥系统。

由于各督察专员区的保安司令部统一管辖区内的保安队和公安机关，所以江苏省政府对各地公安机关也进行了整顿和加强。使之成为了保安队之外的又一自卫武装力量。

民国时期的公安系统分为陆上和水上两个部门。各县原则上均设有陆上公安局，重要的市镇或区设立公安分局或分驻所、派出所等机构。

为了配合保甲制度的实施，1934年1月，江苏省政府制订并颁布了《江苏省整理各县公安局办法》。根据这一《办法》，各县分别等次设立公安局，其基本原则为：凡警额在500人以上，月经费在7000元以上者，为一等局；凡警额在500人以下，月经费在4500元以上者，为二等局；凡警额在120人以上、360人以下，月经费在2000元以上者，为三等局；凡警额及月经费不及此数者不设局。同年8月，江苏省政府又通过

① 陈果夫编：《江苏省政述要》，“保安”编，台湾文海出版社有限公司1983年版，第5页。

②③ 陈果夫编：《江苏省政述要》，“保安”编，台湾文海出版社有限公司1983年版，第1页。

了《修正江苏省公安局组织章程》，该《章程》规定："县公安局视县区大小，事务之简繁，经费之多寡，分设一、二、三等，但经费特少之县不得设局，于县政府设公安科或股，管理全县警政"；"公安分局应设警额 40 名以上，分驻所应设警额 20 名以上，派出所应设警额 10 名以上。"①

经过调整和整顿，江苏全省设有公安局的县有：丹阳、宜兴、无锡、武进、江阴、常熟、太仓、昆山、吴江、吴县、松江、金山、奉贤、南汇、上海、嘉定、青浦、南通、如皋、海门、靖江、江都、泰兴、泰县、盐城、东台、淮阴、淮安、沛县、宿迁、铜山等 31 县；全省设公安科的县有：溧阳、金坛、镇江、高淳、扬中、高邮、阜宁、兴化、宝应、东海、涟水、沭阳、赣榆、萧县、睢宁等 15 县；全省设公安股的县有：句容、溧水、川沙、宝山、崇明、启东、仪征、六合、江浦、泗阳、灌云、丰县、砀山、邳县等 14 县。截至 1936 年 9 月底，江苏全省共设有公安局 32 个、公安科 19 个、公安股 11 个，公安分局 88 个，全省公安人员共 16993 人。②

水上公安原隶属于警察厅，共划分为五个区，分别负责长江、内河、外海水域的巡防。1927 年江苏省政府成立后，水上公安机构曾划改为七个区，隶属江苏省民政厅。而后又改为八个区，分辖 25 个水上公安队。此外另设有一个游击队和一个特务队。全省水上公安人员共有官佐 859 人，警士 5240 人。而到 1933 年，因经费困难，水上公安裁并为四个区，19 个水上公安队。水上公安人员共有官佐、警士 2968 人，拥有巡逻舰艇 14 艘，其他船只 158 艘。③

三　司法体系的建立

1912 年国民政府创立之初，在南京成立了江苏省第一高等审检分厅，但于 1914 年裁撤。1913 年，裁撤了提法使，并入第一、第二初级审检厅于江宁地方厅。1916 年，江苏地方审检厅设立简易庭。1922 年，江宁地方审检厅原管辖之武进、无锡、江阴、宜兴、靖江、溧阳六县的初级管辖之上诉案件，划归吴县地方审检厅办理。1923 年，又将丹徒、丹阳、金坛、扬中、江都、泰县、如皋、仪征等县的初级管辖之上诉案件，划归丹徒地方审检厅办理。④ 就整体而言，这时江苏的司法体系尚很不健全。

1927 年在江苏省政府建立之初，虽在省政府中设有司法厅，但很快就被裁撤，由国民政府特种刑事法庭取而代之。直到 1932 年，国民政府仿效法国立法，制订并颁布了法院组织法，采用三级三审制，并于 1935 年开始实行。至此，江苏的司法体系和

①② 江苏省社会科学院《江苏史纲》课题组：《江苏史纲》(近代卷)，江苏古籍出版社 1993 年版，第 390 页。

③ 陈果夫编：《江苏省政述要》，"保安"编，台湾文海出版社有限公司 1983 年版，第 5 页。

④ 叶楚伧、柳诒徵主编：《首都志》(上)，正中书局 1935 年版，第 609 页。

司法机构才逐步建立并逐步完善。

江苏省司法机构分为司法和监狱两部分。

1927 年南京国民政府成立后，确立了三级法院制度。三级法院的职权为："地方法院审判案件以推事一人行之，但案件重大者，得三人合议行之"；"高等法院审判案件，以推事三人合议行之"；"最高法院审判案件以推事五人或三人合议行之。"①

根据国民政府的有关规定，省设高等法院。高等法院设院长一人，综理全院事务。高等法院除下设民事庭、刑事庭外，还设有专业法庭、公议辩护人室、刑事资料室、书记室、人事室、会计室、统计室等部门。此外，高等法院院长还直接管辖监狱。

市或县设地方法院，地域辽阔的市县还可设地方法院分院。地方法院设院长一人，综理全院事务。地方法院下设民事庭、专业法庭、民法执行庭处、公议辩护人室、公证处、登记处、提存所、观护人室、书记室、人事室、会计室、统计室等部门。

根据国民政府的规定，江苏省设立了高等法院和地方法院，此外还设有县法院。江苏省高等法院设于苏州，即苏州高等法院，另在上海、镇江、淮阴、铜山设立了四个高等法院第一至第四分院。江苏省高等法院设院长一人，法院下设民事庭和刑事庭，各设庭长一人，各庭设审判案件的推事八人。四个分院的机构设置与此相同。

除了高等法院之外，江苏全省还设有江宁、上海、吴县、镇江、江都五个地方法院。各地方法院设院长一人，此外还有庭长、推事、检察官、书记员、法医、律师、警吏等，具体负责各地方民事诉讼和刑事审判案件的审理。

县法院原本是过渡性法院，江苏全省仅松江、武进、无锡、南通四县设有县法院。1935 年后这四个县法院改组为地方法院，不再受理二审初级上诉案。其他未设法院之县，由各县政府兼理司法职责。

监狱是江苏省司法体系的重要组成部分。江苏省的监狱有四所，即江苏省第一监狱、上海第二监狱、苏州第三监狱（附设分监狱一所）和南通第四监狱。

江苏省第一监狱始建于清光绪三十三年（1907），位于南京大石桥南侧。辛亥革命时多次遭兵祸焚烧，毁坏严重。民国成立后，于 1914 年进行重修，并更名为江宁监狱，1917 年 3 月又更名为江苏省第一监狱。该监狱占地 65 亩，可容纳监犯 800 人以上。江苏省第一监狱设典狱长一人，由国民政府司法行政部呈荐任用。监狱设有三科，共有主科看守长三人，由司法行政部任用。第一科主管文书、款项、人犯名册、指纹等事项；第二科主管戒护、纪律、训练、看守、清洁等事项；第三科主管作业事务。监狱还配有候补看守长四人、女候补看守长一人，均为委任待遇；主任看守 10 人、男女

① 司法行政部档案：《法院组织法》，中国第二历史档案馆藏。

看守共90人。

江苏省第一监狱内分东西监、南监、病监、女监四部分。此外，监狱内还设有教诲室、教育室、医务所、手术室、浴室、职员办公室、职员宿舍、伙房等。关于监狱的经费，根据1933年地方司法费出概算书记载，江苏省第一监狱每年经费预算为70608元，其中江苏省财政厅每年实际拨付67608元，不足部分由监狱自身的预算外收入中支出。①

江苏省第一监狱等四所监狱，主要关押政治犯和刑期较长的犯人，当时有部分共产党人就被关押在这四所监狱中。

除了上述四所监狱外，江苏省内还设有江苏军人监狱。民国元年(1912)，江苏都督府军政司在旧长洲县监狱原址设陆军监狱，关押被判刑的军人。因监房狭窄潮湿，卫生条件极差，加之被克扣囚粮，横遭虐待，在押监犯患病者很多，在监房病毙者屡有发生。北伐战争后，该军人监狱被撤销。

1929年1月，国民政府军政部设立江苏陆军军人监狱(简称江苏军人监狱)。狱址设在苏州盘门外，占地1.2万平方米。监房36间，可容纳监犯800人。1937年8月，因日军侵华战事危急，该监狱撤离苏州。

江苏军人监狱由军政部直辖，受所在地最高军事机关监督。行政机构设总务科、戒护科、作业科、教务所、医务所。监狱官吏全系军人，监狱长为中校。收押范围是由上海、南京、徐州等地城防指挥部和宪兵司令部军法处判刑的人犯。其中有犯罪军人(又称军事犯)，也有“视同军人”、“依法令非军人而受军事裁判者”，主要是共产党人和其他爱国志士，即所谓政治犯。在押人犯一律穿蓝色囚衣，背部缝一块编号白布，彼此只准叫号码，不准喊姓名。对判处徒刑10年以上者，均加戴脚镣。被囚人犯稍有不满，即施以40板以下掌责的处罚。对政治犯看管更为严密，并经常搜抄监房。1931年12月，从杭州浙江陆军军人监狱移押来120名政治犯。1932年10月，又从上海漕河泾江苏第二模范监狱移押来78名“犯人”(系当年7月17日因中共江苏省委领导，于上海共舞台戏院召开“江苏民众援助东北义勇军反对上海停战协定代表大会”而被捕判刑的共产党员和爱国青年)。这些政治犯中的共产党员在狱中秘密成立党支部，张维桢、徐迈进先后担任党支部书记。共产党员用代号保持联系，与敌人开展针锋相对的斗争。

1930年，国民党首先在长沙设立了湖南反省院，由湖南省主席何键直接控制。后来，各省相继建立反省院，这些反省院按组织系统隶属于法院。

---

① 叶楚伧、柳诒徵主编:《首都志》(上)，正中书局1935年版，第616页。

江苏反省院成立于1931年，“四一二”清共事件后，国民党在对共产党人和工农革命群众进行镇压的同时，还推行“感化政策”。司法行政部训令“各省应在高等法院所在地设立反省院”，“江苏为首都所在地，成立犹不容缓”。1928年5月，《江苏反省院章程（草案）》出台。1930年5月，经江苏省政府决定，择址苏州盘门内清末铜元局旧址，筹建江苏反省院。1931年5月，江苏反省院正式成立。

江苏反省院占地1.6公顷，首任院长由江苏省高等法院院长林彪兼任，1933年8月改组后由刘云任院长，下设总务、管理、训导三科，并设有办公室、守卫室、接见室、谈话室、医疗室、讲堂、伙房、监房、太平间等，有助理员44人，看守和工役96人。此外，1933年10月，江苏反省院还创办了《江苏反省院半月刊》。

江苏反省院主要收押的是“犯危害民国紧急治罪法”、“受反革命罪刑之执行无期徒刑逾10年、有期徒刑逾二分之一而有后悔实据者”，“依共产党人自首法之规定移送者”，以及“经中央党部议决送反省院者”，也有少数原属中统，后被认为对组织不忠，违反特务纪律的人在此关押。实际上收押的都是共产党人和爱国志士。容纳定额为208人，实际收押人数最多时达400余人。入院“反省”人员均需填身份调查表，拍照片、按指纹、查身体特征、换穿灰色“院服”，并强迫写“自白书”。在“反省”期间，强行灌输国民党“党义”，并受训育员的“指导”和“纠正”。对“思想行状不良”或“不吐实情”的“反省”人员，使用皮鞭抽打、吊打、上老虎凳等酷刑。1931年被酷刑摧残致死的达20人。另外还胁迫引诱“反省”人员写“悔过自新”文章。1934年6月，又策划成立反省人“自治委员会”，以“自治”之名，行“分化”之实。江苏反省院用尽软硬兼施手段，在精神、肉体上摧残迫害“反省”人员。1937年10月，因抗日战争爆发，该院转移至吴县东山叶家祠堂，后为战事所迫，将百余名“反省”人员全部释放，宣告解散。

四 新生活运动的开展

南京国民政府建立后，国民党虽统一了全国，并建立了国民党一党专政、蒋介石个人独裁统治的体制。但是，当时国民党内派系林立，不管在思想上还是政治上，国家并未达到真正的统一。“九一八事变”后，中日矛盾激化，国内要求抗日的呼声日益高涨，而蒋介石却继续执行“攘外必先安内”政策，向中共根据地和红军发动围剿。

随着国家的统一和国际形势的变化，蒋介石认为，社会觉醒的时候已经到来，他想“通过激发起国人的爱国热情和自我牺牲精神，他便能够把国民党团结起来，使他准备与共产党进行斗争，并把四分五裂的中国统一起来”①。蒋介石曾表示：“新生活

① ［苏］弗拉季连·沃龙佐夫：《中国的拿破仑——蒋介石的命运》，红旗出版社1992年版，第116页。

运动为目前救国建国与复兴民族最有效之运动”，要“发扬‘四维八德’”，要求国民“修其孝悌忠信，入以事其父兄，出以事其长上。”[①]因此，必须净化和统一国民的思想与行为。蒋介石一直主张要以“三民主义”统一国民思想，大肆鼓吹“一个主义”、“一个政党”，并认为“法西斯之政治理论系进化阶段中最有效能者”[②]。因此，加强国民党一党专政和蒋介石个人独裁统治是新生活运动的主要目的之一。

蒋介石认为，“不剿平赤匪，即不能抗日，不剿平叛军（两广势力），即不能攘外”，“国内不统一，与敌既不能言战，亦不能言和”，正是在江西“剿共”的过程中，蒋介石逐渐形成了新生活运动的理论和方法。他认为，对付共产党的根本方法就是用“礼义廉耻”去“整饬”国民生活，使国民“明礼义”、“知廉耻”、“守纪律”、“知本分”、“尊长上”，妄图以封建伦理纲常、四维八德整治人们的思想，禁锢国民的言行，其实质是要求国民服从既有的社会规范与秩序，摆脱共产主义思想的影响。在农村，要求“各县绅耆服务桑梓，协助‘剿匪’”，“清查户口”，“整顿保甲”。[③]正因为如此，蒋介石在“九一八事变”后，采取了“攘外必先安内”方针。由此可以看出，反共是新生活运动发起的另一目的。

1934 年 3 月 11 日，新生活运动从南昌正式开始，并成立了运动领导机构——“新生活运动促进会”，蒋介石自任会长，何应钦、陈果夫、张群、杨永泰等国民党要员为指导员，钱大钧、邓文仪任正、副主任干事，康泽、蒋孝先等任干事。在前后四个月中，蒋介石连续发表了《新生活运动之要义》、《新生活运动之中心准则》等六篇长篇演说，主持制定了《新生活运动纲要》、《新生活运动须知》两个文件，为新生活运动制定了理论和方针，后在汪精卫的赞同下，在南京、北平等地设立了运动的分支机构。

新生活运动的主要内容为：一、以“礼义廉耻”（四维）为准则，“务使一般国民的衣食住行统统能合于‘礼义廉耻’，如此我们的社会才容易进步，国家和民族才可以复兴”。二、从改造国民的“衣食住行”等日常生活入手，“衣”即“洗净宜勤、缝补残破”、“拔上鞋根、扣齐钮扣”；“食”即“食具须净、食物须净”；“住”即“剪甲理发，沐浴勤加，和洽邻里，同谋公益”；“行”即“乘车搭船，上落莫挤，先让妇孺，老弱扶持”。三、以“整齐、清洁、简单、朴素、迅速、确实”为具体目标。四、以生活艺术化、生产化和军事化为追求目标，尤以军事化为重。作为中国传统道德规范的“礼义廉耻”，是新生活运动的中心内容和宗旨，其本质就是要国民服从、维护现存秩序。

为了加强对运动的领导，1934 年 7 月 1 日，蒋介石在南昌设立了新生活运动促进

①③　荣孟源：《蒋家王朝》，中国青年出版社 1981 年版，第 125 页。

②　荣孟源：《蒋家王朝》，中国青年出版社 1981 年版，第 80 页。

总会(1935 年 11 月迁往南京),各省、市、县也先后设立了新生活运动促进会。据统计,到 1936 年初,全国约有 20 个省以及汉口、北平、南京、上海 4 个直辖市成立了新生活运动委员会,1335 个县设立了新生活运动促进会分会。[①]

随着新生活运动的开展,江苏省也成立了新生活运动促进会,并制定了一、二、三期工作实施纲要。根据这一纲要,江苏的新生活运动第一期自 1935 年初至同年 5 月底。在第一期内,主要推进公民行为的规范和卫生清洁等工作。第二期自 1935 年 5 月底至同年 12 月底。这一期着重推行"三化",即"生活军事化"、"生活生产化"和"生活艺术化",并在大中小学中组织"劳动模范团"和"童子军"。

南京成立新生活运动促进会,并附设新生活劳动服务团,图为该团成立典礼

1935 年上半年,江苏省各县也相继成立了县新生活运动促进分会,促进分会由县长、国民党县党部、县教育局、县公安局等部门组成。其工作深入到各乡镇,在乡镇各级学校中推行新生活运动。

从新生活运动的实施效果来看,新生活运动开展初期,曾取得了一定成效。如在南京、上海、南昌等大城市,卫生状况明显好转。为了整顿社会秩序,国民政府颁布了一系列法令,如禁止饭店、舞厅夜间营业、禁止鸦片等等。同时,新生活运动对抗战的精神准备也起到了一定的推动作用。

---

① 《革命文献》(第 68 辑),台湾中国国民党中央委员会党史委员会编,中央文物供应社 1975 年印行,第 208 页。

然而，新生活运动从本质上说，仍代表了当权者的利益，通过对民众精神层面的“引导”和灌输，以达到巩固国民党统治的目的。另外，由于新生活运动采取官方推广的形式，并不断进行考评、竞赛，从而使运动流于形式。“各地推行新运，往往遇到将要有人考察的时候，临时特别紧张一下，过后随即松懈下来，无人过问”，“新运促进会的刊物大多是公函、会议记录、演说词等，而实际工作的记录却很少，新生活运动只是停留在公文、标语、口号的层次上”①。

五　禁烟运动

近代以来，中国就开展了多次禁烟运动。1912 年中华民国成立后，孙中山先生决心坚决查禁鸦片，在半个月内发布了三个禁毒法令。北京政府时期，国内军阀混战，禁毒工作几乎无从谈起。1927 年南京国民政府成立后，中国的毒品问题又发展到清末以来的最高潮。国民政府于 1928 年 3 月 10 日颁布的《中华民国暂行新刑法》及 1935 年 1 月 1 日颁布的《中华民国刑法》中都设专章规定了烟毒罪。在此时期，还先后出台了一系列与之配套的禁毒单行法规及地方规章，形成了一套较为完备的禁毒法规。但国民政府在频繁立法的同时，仍沿袭晚清政府征收鸦片烟税的做法，在当时落后的工商业背景下，鸦片烟税往往是国民政府重要的财政来源，所以，法令的执行很难奏效。军权在握的地方军阀甚至有意放任扩大，一些地方政府也借禁烟之名，行征税之实。加之民国时期战事紧迫，中央政府无暇顾及禁毒法规的具体落实。除 1935 年 4 月开始的“六年禁毒计划”取得了一定成效以外，国民政府的禁毒法规和政策并没有收到明显实效。

就江苏省而言，1928 年，江苏省政府明令各县设立禁烟局实施禁烟，但“禁烟局完全为流氓地痞所把持，舞弊营私，不但无补国库丝毫，并且使烟痞放肆，民怨沸腾。”②在民众的一片反对声中，各县的禁烟局逐渐销声匿迹了。1931 年，江苏省政府又设立了禁烟查缉处。然而该查缉处的工作重点在于查缉私贩烟毒，而对禁烟则毫无作为。到了 20 世纪 30 年代初，全省吸食鸦片者达到 30 万人以上。③

面对这种局面，江苏省决定在推行新生活运动的同时，开展禁烟运动。1933 年 2 月，江苏省政府通过了《江苏省禁烟委员会组织章程》，同年 6 月，正式成立了江苏省禁烟委员会。为了表明政府对禁烟运动的重视，由江苏省政府主席担任禁烟委员会的委员长，江苏省民政厅长、公安局长等担任禁烟委员会委员。此外，该委员会还吸

---

① 曹艺：《新生活运动和国民精神总动员论析》，《民国档案》1999 年第 2 期。

② 《革命文献》（第 68 辑），台湾中国国民党中央委员会党史委员会编，中央文物供应社 1975 年印行，第 375 页。

③ 江苏省社会科学院《江苏史纲》课题组：《江苏史纲》（近代卷），江苏古籍出版社 1993 年版，第 395 页。

纳社会公正人士参与。除了省属禁烟委员会外,各县也分别成立了禁烟委员会,由各县县长、公安局长和社会公正人士三人组成。

根据国民政府禁烟总监的训令,禁烟工作由监察和执行两部分组成,"监察机关为省、县禁烟委员会,委员由省政府遴聘地方热心禁烟公正人士充任之,其职掌为关于禁烟之监察、督促、稽核、宣传、调查、建议事项,执行归诸省县行政机关,省执行事宜由民政厅添设第五科办理,县执行事务交县政府添设禁烟科办理"①。

江苏全省的禁烟运动分三个阶段进行。第一阶段以统制为主,进行烟民登记。"烟民得其统制,禁烟政令有所归着",因此,烟民登记是实施禁烟的基础。烟民登记分三期进行。第一期为总登记,从 1934 年 6 月 1 日至 9 月 1 日,由地方保甲配合各地公安机关进行烟民自行登记。然而,由于各地烟民对这次登记的意义和目的认识不足,故而大多采取观望态度。自行登记结束后,接着开始了强行登记。强行登记的期限为一个月。经过四个月自行与强行登记,第一阶段共登记烟民 185000 人。② 由于总登记的结果与实际烟民人数差距较大,于是又进行了第二期补登记。补登记从 1934 年 11 月 28 日至 12 月 31 日进行,共补登记烟民 12700 多人。由于第二期补登记的效果仍不甚理想,因此又进行了第三期补登记。第三期补登记又称为"自新登记",自 1936 年 1 月至 1936 年 2 月 15 日,共登记烟民 107700 多人。经过三次登记,全省共登记有烟民 305432 人,其中领取"戒烟证"者为 278129 人。③

第二阶段为戒烟期。这一阶段,烟民在登记的基础上,必须领取戒烟执照,并限期戒断烟瘾。根据有关规定,自 1934 年 10 月 1 日起,戒断烟瘾分四年进行,要求每年戒断烟瘾者占烟民总数的 25%,并规定"年在三十岁以下者,至迟于第一年度戒绝,三十一岁至四十岁者于第二年度戒绝,四十一岁至五十岁者于第三年度戒绝,五十一岁以上者第四年度戒绝"④。

第三阶段是在上述两个阶段的基础上,设立戒烟院或戒烟所,对那些不能自行戒毒的人实施强制戒毒。到 1936 年,江苏全省先后在镇江设立了一所戒烟院,在其他地方设立了 60 所戒烟所,共可容纳戒毒人员 3527 人。

在禁烟运动开展的同时,江苏各地还严厉取缔罂粟的种植,并对贩卖烟土的烟铺实行登记,领取执照,限量出售。

经过四年的禁烟,江苏全省吸食鸦片者日渐减少,根据 1936 年江苏省公布的统

① 陈果夫编:《江苏省政述要》,"民政"编,台湾文海出版社有限公司 1983 年版,第 61 页。

② 江苏省社会科学院《江苏史纲》课题组:《江苏史纲》(近代卷),江苏古籍出版社 1993 年版,第 395 页。

③ 江苏省社会科学院《江苏史纲》课题组:《江苏史纲》(近代卷),江苏古籍出版社 1993 年版,第 396 页。

④ 陈果夫编:《江苏省政述要》,"民政"编,台湾文海出版社有限公司 1983 年版,第 63 页。

计资料，江苏已经有 127935 人戒了毒。① 从戒毒者的人数来看，尚不足江苏吸食鸦片者的一半，其原因主要有三个方面：第一，各级政府和禁烟机构禁烟不力，一再拖延，使许多吸食鸦片者明报戒烟，实际仍在吸食。第二，对烟土贩卖店是“禁而不止，照常贩卖，没有断绝烟土的来源，难以使吸食者戒绝”。第三，吸食鸦片者大多为地主、官僚、军阀等有权势者，他们与禁烟机构有着千丝万缕的联系，禁烟措施对其难以奏效。②

第五节　省政府的财政经济政策与经济发展

一　财政体系与预决算制度

北京政府时期，由于军阀割据，战争频仍，政府的财政经济状况混乱不堪。1927 年南京国民政府成立后，于 5 月 26 日成立了财政部。由于军费开支过于庞大，因此，南京国民政府成立之初的财政状况不容乐观。

在这样的大环境下，江苏省政府成立之初的财政状况也十分混乱，各级政府和部门大多处于“自收自支”的状况。省政府虽然设立了财政厅，但几乎无法统一管理全省财政。各机关的经费支出也是随意发放，“漫无标准，亏累丛生”。在 1934 年以前，省财政厅从来没有正式核定过预决算，各机关的账册仍沿用旧式簿记。税收更是混乱不堪，税率也不统一。

1934 年，省政府决定整顿全省财政，统一财政收支，并建立预决算制度和设立金库制度。

在统一财政收支方面，江苏省政府将全省财政收支划分为“省款”和“县款”两种类型，分别加以管理。“普通省款系由省财政厅处理，而各种专款之收支，则向由其他主管之机关处理”。为了做到省款和县款的划分，首先决定“凡征收机关征起税款，一律解入省金库，除教育专款外，所有发放手续，均由财政厅处理，废除拨字支付书，缴款书式亦改从简易，俾县府及其他征收机关手续便利。”③就县款而言，省政府决定，县税收的征收权集中于县政府。各县在县政府机关中设立地方捐款征收处，并废除招商承包，统一捐票格式。对于其他非县政府征收之款项，则由被征收单位直接上缴入金库。经过一年的财政收支整顿，1935 年度江苏的财政收入比 1934 年度有了明显的增长。详见下表。

---

① 陈果夫编：《江苏省政述要》，“民政”编，台湾文海出版社有限公司 1983 年版，第 65 页。

② 江苏省社会科学院《江苏史纲》课题组：《江苏史纲》（近代卷），江苏古籍出版社 1993 年版，第 395—396 页。

③ 陈果夫编：《江苏省政述要》，“财政”编，台湾文海出版社有限公司 1983 年版，第 1 页。

1934—1935 年度江苏省财政收入统计表

项　目	1934 年度(元)	1935 年度(元)	收入增加额(元)
田　赋	10217197	11831188	1613991
契　税	1544189	1724917	380728
营业税	3608655	4135126	526417
地方财产收入	260472	314565	54093
地方事业收入	453333	741346	288013
地方行政收入	602969	722084	119115
司法收入	94074	195347	101273

资料来源:陈果夫编:《江苏省政述要》,"财政"编,台湾文海出版社有限公司 1983 年版,第 1 页。

在统一财政收支后,江苏省建立与完善了预决算制度。从 1930 年度起,江苏省就开始编制全省财政的预决算,但是由于当时财政收支不统一,所编制的预决算实际上并未认真执行。1933 年度,全省财政收支基本统一后,省财政厅才正式开始编制财政预决算,各项财政收支均按照预决算执行。

从 1933 年度至 1936 年度的财政收入预算来看,最大的收入项目为田赋,这表明农业是江苏省财政收入的最主要来源。其次是营业税,四年中江苏营业税的预算收入逐年增长,1933 年度为 3846000 元,1934 年度为 4216000 元,1935 年度为 4906000 元,1936 年度为 4954675 元,表明这一时期江苏的工商业发展是较为迅速的。详见下表。

1933—1936 年度江苏省岁入预算表

项　目	1933 年度(元)	1934 年度(元)	1935 年度(元)	1936 年度(元)
田　赋	10720000	11320000	12670000	12742343
契　税	1090000	1042000	1292000	1378560
营业税	3846000	4216000	4906000	4954675
地方财产收入	262672	316672	346607	506061
地方事业收入	279976	291396	815496	1321497
地方行政收入	160000	300000	912424	400000
补助款收入	2134003	3117309	5439994	2781242
司法收入	—	—	—	544512
借款收入	2782651	6000000	4400000	—
其他收入	577652	355522	961997	315700
合　计	21852854	26958899	31644428	24944790

资料来源:陈果夫编:《江苏省政述要》,"财政"编,台湾文海出版社有限公司 1983 年版,第 3—4 页。

从1933年度至1936年度的财政支出预算来看,1933年度,财政支出的最大项目是文教费,其次是公安费和建设费。而1934年度,建设费成为最大的支出项目,并保持增长的趋势。详见下表。

1933—1936年度江苏省岁出预算表

项目	1933年度		1934年度		1935年度		1936年度	
	金额(元)	%	金额(元)	%	金额(元)	%	金额(元)	%
党务费	192960	0.88	192960	0.88	203760	0.64	203760	0.73
行政费	2396914	10.77	2439166	9.02	2628151	8.31	2719861	9.74
司法费	2453475	11.23	2645297	9.8	2802366	8.86	2932302	10.49
公安费	2835321	15.49	3414839	12.67	3616506	11.43	3685660	13.19
财务费	731280	3.35	848340	3.18	1234244	3.9	1235956	4.51
文教费	4468084	24.44	4465680	16.36	4758028	15.04	5743188	20.55
卫生费	52418	0.24	203543	0.75	243410	0.17	22954	0.82
建设费	2791831	12.77	8452431	31.15	10312676	37.59	5536576	19.81
营业资本	80488	0.37	75520	0.28	54000	0.17	80000	0.29
协助费	724456	3.32	755804	2.8	859074	0.71	902305	3.23
抚恤费	—	—	30000	0.8	130000	0.41	130000	0.47
债务	4174626	19.11	3137252	11.94	4390082	13.87	4009612	14.33
预备费	400000	1.83	298060	1.11	411909	1.3	312130	1.85
合计	21852854	100.00	26958899	100.00	31644428	100.00	27944790	100.00

资料来源:陈果夫编:《江苏省政述要》,"财政"编,台湾文海出版社有限公司1983年版,第4页。

从全省各县的财政预算情况来看,从1934年度至1936年度,岁入明显增加,其中田赋仍是各县财政岁入的主要项目。详见下表。

1934—1936年度江苏各县岁入预算表

项目	1934年度(元)	1935年度(元)	1936年度(元)
田赋	20778758	21790827	22382746
契税	702112	748969	903223
屠牙税	396174	383873	392878
地方捐	2555231	1995452	1795871
地方财产收入	1259286	1392096	1444676
地方事业收入	176172	241365	280782
补助款	546306	758364	1583403

续上表

项　目	1934年度(元)	1935年度(元)	1936年度(元)
捐　款	209076	177463	123226
其他收入	1292943	123001	1382199
合　计	27916073	28742412	30289002

资料来源:陈果夫编:《江苏省政述要》,"财政"编,台湾文海出版社有限公司1983年版,第5页。

从全省各县的岁出预算来看,1934年度至1936年度,各县的岁出预算以文教费为最大的支出项目,其次为公安费,而卫生费支出则最少。详见下表。

1934—1936年度江苏各县岁出预算表

项　目	1934年度(元)	1935年度(元)	1936年度(元)
党务费	804418	845930	845455
行政费	2570530	3262593	3499536
公安费	6075143	5749646	6071508
卫生费	96996	196216	543296
财务费	297785	1379545	1587300
文教费	8351805	9277453	9866164
建设费	2504509	2241566	2424109
救济费	211829	1081153	1121159
其他经费	5423054	4708307	4330464
合　计	27916073	28742412	30289002

资料来源:陈果夫编:《江苏省政述要》,"财政"编,台湾文海出版社有限公司1983年版,第6页。

税收是财政收入的主要来源,然而,在江苏省政府成立之初,江苏的税制非常混乱,税种繁多,且很不统一。仅田赋一项,其附加税就多达100多种,超过正税十余倍。至于杂捐,仅后来废除者就"多达六百三十二种,捐额达一百二十四万三千多元"。[1]

面对这一局面,江苏省政府于1933年开始,决定对税制进行整顿。在田赋方面,首先从整顿册串入手,废除旧册串,使用新式的一式四联册串,以统一税制和税率。其次改革征收办法,一律由银行代为征收。同时对税款征收机构也予以了整顿。此外,对各种附加税也进行了归并统一,核准税率,对任意增加税赋严加限制。对于原有之田赋杂办,包括就地课税和就户物税等,则另开征营业税、烟酒牌照税和房契税等等。

① 陈果夫编:《江苏省政述要》,"财政"编,台湾文海出版社有限公司1983年版,第43页。

在营业税方面，江苏省依据国民政府颁布实施的《营业税法》，于1933年起开办营业税。该税由商户直接向税务机关缴纳。对于临时性、季节性的营业，如棉花、蚕茧等的购销，则开征临时营业税。

国民政府财政部于1927年10月设立烟酒税处。翌年11月，国民政府公布的《划分国家收入与地方收入标准案》中明确规定，烟酒税为国税，由国民政府财政部负责管理征收。1929年1月30日，国民政府财政部成立整理烟酒税务委员会，负责领导推动整理工作，同年5月，公布《财政部直辖各省烟酒事务局章程》，规定烟酒税费均由各省烟酒事务局接收办理，使烟酒税权收归国民政府财政部，并形成一套隶属国民政府财政部的烟酒税费垂直管理机构。在财政部负责征收烟酒税期间，江苏省（包括南京和上海两市）每年缴纳烟酒税约50万元，财政部每年再拨付给江苏省约25万元。从1934年起，烟酒税改由省、市自行征收，江苏省由营业税局兼办，年征收烟酒税约470万元。

在整顿税制的同时，江苏省还适当调整税率，如田契、房契税，由原来的“卖九典六”改为“卖六典三”，从而降低了税率。此外，江苏省还适当减轻了各县附加税的税率。经过税制的整顿和税率的调整，江苏省契税总额不但没有减少，反而有所增加。1933年度江苏全省实征契税101637元，1934年度增加到1302280元，到1935年度，更达1635149元。①

裁撤厘金是南京国民政府为促进经济发展而采取的一大举措。厘金又称“厘捐”、“厘金税”，江苏等地称之为“货物税”。经过几十年的演变，厘金已成为民族工商业的一大沉重负担。原来厘金税率为1%，可后来许多地区高达5%—10%。同时货物每经一厘卡，都要缴纳厘金，如货物长途贩运数省，则须重复缴纳厘金，其占货值的比重达20%以上。1928年，全国总计设有厘卡735个，其中江苏即达58个，高居各省之冠。②

从清末至民初，裁厘事宜屡经商议，但最终总是不了了之，其中最重要的原因是厘金为各地的重要税收来源。据1928年国民政府财政部的估计，仅江苏一省的年厘金收人即达900万元。③

1927年7月15日，国民政府在财政部下设立“裁厘委员会”，讨论裁厘方案，并决定于1927年10月31日前实行裁厘。1927年7月20日，国民政府发布布告指出：

---

① 江苏省社会科学院《江苏史纲》课题组：《江苏史纲》（近代卷），江苏古籍出版社1993年版，第403页。

② 《中国年鉴》（1928年），第574页，转引自陆仰渊、方庆秋主编：《民国社会经济史》，中国经济出版社1991年版，第274页。

③ 财政部档案：《财政部编制江苏等五省厘税年额约计表》，中国第二历史档案馆藏。

“吾国国民经济日形衰落，固由政治组织不良，亦缘最近数十年来，外感协定关税之压迫，内受厘金制度之摧残，以致商货艰滞，实业不振。本政府受国民之付托，夙夜兢兢，深知欲图国民经济之发达，非将万恶之厘金及类似厘金之制度彻底清除，不足以苏民困……爰本此旨，决定在最短期间内，实行裁厘，并宣告关税自主……今决定先在江苏、安徽、浙江、福建、广东、广西六省，将此数十年之弊政恶制，根本铲除。”①

1928年12月，财政部召集苏、浙、闽、皖、赣五省裁厘会议，决定在五省率先实行裁厘，裁厘后的财政损失，以新开特种消费税加以弥补。特种消费税征收品目有油、茶、纸、棉花等日用消费品及奢侈品等共16种，并按照日用品、半奢侈品、奢侈品分类，日用品征收2.5%—5%、半奢侈品征收7.5%—10%、奢侈品征收12.5%—17.5%。②

国民政府原打算裁厘后之财政损失由提高进口关税来弥补，开征特别消费税只是一项临时措施。但是，裁厘仅在五省实行，因此，货物进出五省时，常常会出现既纳厘金又征特税的重复纳税现象。同时，1929年2月实行新的关税税则后，关税年收入将增加1亿元以上，远远超过每年6000万元的厘金收人。因此，以征收特税来弥补裁厘损失一说也无法使人信服。③

从1929年起，各地商会纷纷请愿要求全国统一裁厘，并停征特种消费税。全国商会联合会、上海特别市总商会、南京特别市总商会等15家商会联合致函行政院指出：“国民政府统一宇内，始毅然宣布关税自主，实行裁撤厘金。凡属国民，靡不欢声鼓舞。惜乎度文大吏求利太切，用意过当，关税既加，厘金未裁，而特种消费税候忽繁具，以聚敛相尚，以苛刻相驱，万民愁苦，怨声载道，循是以往，不予更张，势必利归个人，而怨归于党国甚矣……是以各省人民不期而合，吁请停办，闽省素沫党化，热忱革新，独于此税，竟至停运以请命，此尤足证特种消费税之不恰与情扞格而难行，代表等用敢昧死上闻，请愿停办特种消费税。”④在这种情况下，国民政府工商部长孔祥熙呈文行政院称：“我国自设立厘金，妨害商民，久为世所诟病，而近年以来，时局不靖，于厘金之外，又有类似厘金之捐税，本部迭据各方商民呼吁，佥以各项捐税名目纷繁，局卡林立，征费之外，既有查验装拆之损失，复有需索留难之情事，且货物因时日久稽，屯积蚀耗，迨及运往市场，往往失其时效，不合行销。至各地捐税名目多不相同，或一物强分数类，或临时随意附加，遇有取缔，则改易名称仍留实际，种种情词极为迫切，

① 财政部档案：《国民政府为裁撤厘金并实施关税自主的布告》，中国第二历史档案馆藏。
② 财政部档案：《财政部就江苏等五省裁厘会议议决裁厘要点十项等事致行政院呈》，中国第二历史档案馆藏。
③ 财政部档案：《浙江商联会呈请取消特税案》，中国第二历史档案馆藏。
④ 行政院档案：《行政院秘书处为停办特种消费税事致财政部函》，中国第二历史档案馆藏。

本部以此种情形实足为工商业前途发展之障碍，并呈国府明令，自十月十日起，所有全国厘金及类似厘金之一切税捐一律裁撤，故对于废除苛捐杂税之进行不容或缓。”①

1930 年 10 月 11 日，代理行政院长宋子文向财政部发出训令：“查全国厘金及类似之一切税捐，前经明令，自本年十月十日起一律裁撤在案。兹据财政部陈称，现因军事尚未结束，请予展缓两月施行，等语，应准暂行展缓，仍须积极筹备，务于民国二十年一月一日以前实行。”②此后，裁撤厘金在全国范围内展开。

江苏省于 1931 年裁撤了在中国实行了五十余年的厘金制度，全省裁撤了 58 个厘卡。裁撤厘金后，货物流通日趋通畅，为社会经济发展创造了有利条件。在裁撤厘金的同时，对工业品改征货物税。然而，由于各地的税额和征收办法未经统一，各种捐税仍十分繁多，于是，江苏省从 1934 年开始，分五批废除苛细杂捐。第一批于 1934 年 6 月废除，计 42 种，捐额为 100174 元；第二批于 1934 年 7 月废除，计 98 种，捐额为 132707 元；第三批于 1934 年 12 月废除，计 88 种，捐额为 95521 元；第四批 1935 年 10 月废除，计 276 种，捐额为 850000 元；第五批于 1936 年 7 月废除，计 29 种，捐额为 65000 元。上述五批共废除苛细杂捐 632 种，捐额高达 124 万余元。③ 至此，困扰中国经济发展数十年的厘金制度被铲除。

二　地方银行的设立

20 世纪 20 年代以后，随着江苏经济的较快发展，金融业也日趋繁荣，各地纷纷设立银行。为了规范金融业的发展，国民政府于 1931 年 3 月 28 日颁布了《银行法》，规定：“银行为公司组织，非经财政部核准，不得设立。”“凡营下列业务之一者为银行。一、收受存款及放款。二、票据贴现。三、汇兑或押汇。”又规定：“股份有限公司、两合公司、股份两和公司组织之银行，其资本至少达五十万元。”④

1934 年 7 月 4 日，国民政府又颁布了《储蓄银行法》，规定：“储蓄银行，应为股份有限公司组织，非经财政部核准，不得设立。”普通银行“得兼营储蓄银行业务，但以收足资本至少达国币一百万元者为限。”“储蓄银行之资本总额，至少须达国币五十万元。”“储蓄银行，除下列各款业务外，不得兼营其他业务。一、随时收付活期存款。二、整存整付之定期存款。三、零存整付，或整存零付及分期付息之定期存款。四、保管业务。五、代收款项及汇兑。六、代理买卖有价证券。七、公益团体及

---

① 行政院档案：《孔祥熙拟具废除苛捐杂税方案》，中国第二历史档案馆藏。

② 财政部档案：《行政院关于务于 1931 年 1 月 1 日实施裁厘训令》，中国第二历史档案馆藏。

③ 陈果夫编：《江苏省政述要》，“财政”编，台湾文海出版社有限公司 1983 年版，第 43 页。

④ 财政部档案：《财政部关于转发银行法令》，中国第二历史档案馆藏。

合作社之款项收付。八、公益团体及合作社之通知存款。”“储蓄银行至少应有储蓄存款总额四分之一相当之政府公债库券及其他担保确实之资产，交存中央银行特设之保管库，为偿还储蓄存款之担保。”[①]国民政府颁布的这些法令法规，虽然限定了银行开设的门槛，但亦规范了银行的经营活动，保护了储户的利益。

至20世纪20年代末、30年代初，江苏的银行业在前20年的发展基础上，继续保持发展的势头。继江苏银行之后，江苏省另一家省营银行——江苏省农民银行于1928年成立。

1927年江苏省政府成立之后，为了解决农民的生产资金问题，省政府在6月9日江苏省第十四次政务会议上，建设厅长叶楚伧、财政厅长张寿镛等提议，将孙传芳征收未完的两角亩捐，作为江苏省农民银行基金继续征收，待基金收足四分之一后，即行着手筹设江苏省农民银行。该办法呈报中央后，经中央政治会议核准，分令财政、建设两厅将江苏省农业银行营业区域、组织方法会同筹拟。同年8月，省政府聘请薛仙舟为农行筹备主任，后又改聘马寅初、唐有壬、过探先等为筹备委员，并于同月成立筹备委员会。1928年2月，监理委员会成立，负责审定章程、保管基金和推选总副经理，7月16日，江苏省农民银行正式成立，其总行设于镇江。

江苏省农民银行的组织分为行政和监察两部分。行政以总行为最高机关，下设分行、分支行和营业处，总行总揽全行事务，并指挥、监督各分行。监察为监理委员会，其职权为管理基金和监督业务，对农行除每月底审查营业报告外，每半年结账及全年结账时，还要负责审核盈亏状况，并上报省政府。江苏省农民银行总行成立后，即行着手设立分支行。依照监理会决议，报解监理会保管的基金实数在应征六成以上各县，由总经理提议，监理会核准，即可设立分行或代理处。

江苏省农民银行自1928年成立后，除了设在镇江的总行外，还在南京、上海、丹阳、江阴、武进、无锡、苏州、吴江、常熟、昆山、青浦、嘉定、松江、如皋、盐城、徐州等地设立了分行、办事处或分理处。到抗战爆发前夕，江苏省农民银行共设立了77个分支行及办事处。[②] 但是，从地域上看，分支行及办事处的设立极不均衡，江南地区有总行1所，分支行17所，淮扬地区4所，徐海地区2所；江南地区有办事处29所，淮扬地区17所，徐海地区5所。[③] 从分行、办事处或分理处设立的时间来看，1933年以前几乎全部集中于江南地区，此后江北地区渐次设立，1935年后才大幅增加。

---

① 财政部档案：《国民政府颁布之储蓄银行法》，中国第二历史档案馆藏。

② 江苏省农民银行档案：季可宗：《江苏省农民银行史略》，江苏省档案馆藏，全宗号：1039—Z—2。

③ 江苏省农民银行档案：《江苏省农民银行战前及胜利后复业总分支行处一览表》，江苏省档案馆藏，全宗号：1039—Z—2。

江苏省农民银行资金主要来源于基金和存款两部分。基金部分由孙传芳时期经征未完的亩捐拨充,共计应征10829807元,除去孙传芳已征及抵借部分,尚应征500余万元。自1927年5月到1930年6月止,共解库222万余元[①],不足应征半数,其原因是缴纳亩捐的县份以江南各县为主,江北地区徐海各属均未缴纳,淮扬地区也只缴纳一半。但随着业务扩大,江苏省农民银行现有基金不敷周转,1935年江苏省政府主席陈果夫下令财政厅划拨宿迁骆马湖官田27.6万亩,以最低田价估值86.5万元,作为该行资本。同年,各县陆续缴解亩捐56万元,此外,江苏省政府又拨还旧欠31万元,基金合计实收393万余元,经监理委员会核定,将江苏省农民银行资本总额确定为400万元,并获财政厅批准,并下令停止征收亩捐。资金来源的另一渠道为存款。由于该行成立期短,存息又低,吸收存款甚属不易,但经多方努力,存款逐年增长,存款余额1928年至1929年为5万元,1930年29万元,1931年129万元,1932年上半期94万元,1933为147万元,1934年为541万元,1935年为964万元,1936年达到1508万元,1937年上半期更达1770万元。[②] 由此可见,江苏省农民银行存款自1931年起大幅增长,1934年后远远超过基金,这是江苏省农民银行对农村放款的主要资金来源。

就放贷来看,江苏省农民银行1928年放贷额为125000元,1929年为680000元,1930年为2784000元,1931年为5291000元,1932年为5898000元,1933年为3408471元,1934年为8799948元,1935年为13900333元,1936年为21677454元。[③] 虽然放款金额有限,呈现逐年增长的趋势,但在一定程度上缓解了农村金融的困难。

1927年南京国民政府成立后,南京成为中华民国的首都,南京的政治、经济地位较以往有了很大的提高。在这样的形势下,1927年以后,南京市也创办了地方银行。1927年12月,南京市政府创办了南京市民银行,资本总额100万元,由南京市政府直接管理。[④] 1928年12月,南京农民银行创办,其总行设在南京,实收资本总额50万元,主要承办存放款、汇兑、储蓄等业务,并代理市库。[⑤]

此外,江苏一些县在1927年以后也成立了县立银行。如1929年,在铜山县成立

---

① 江苏省农民银行档案:季可宗:《江苏省农民银行史略》,江苏省档案馆藏,全宗号:1039—Z—2。

② 孟文庄:《江苏省农民银行十年回顾》,《农行月刊》第三卷第十二期,1936年12月15日;江苏省农民银行:《民国二十五年江苏省农民银行业务报告》,《银行周报》第二十一卷第二十一号,1937年6月2日;季可宗:《江苏省农民银行史略》,江苏省档案馆藏,全宗号:1039—Z—2。

③ 中央银行经济研究处编:《中国农业金融概要》,商务印书馆1936年版,第221页;江苏省农民银行:《民国二十五年江苏省农民银行业务报告》,《银行周报》第二十一卷第二十一号,1937年6月2日。

④ 江苏省社会科学院《江苏史纲》课题组:《江苏史纲》(近代卷),江苏古籍出版社1993年版,第405页。

⑤ 叶楚伧、柳诒徵主编:《首都志》(下),正中书局1935年版,第1075页。

了国民银行,资本总额为256100元。1930年,在邳县成立了县立新邳银行,资本总额为20000元。1931年,在丰县成立了县立农工银行,资本总额为20000元。[①]

地方银行,尤其是县立银行的建立,为缓解农村融资困难的矛盾,促进农村经济发展起到了一定的作用。

三 经济行政管理机构的设立与经济发展的政策措施

1927年南京国民政府成立伊始,即着手制定自身的财政经济政策,以发展经济,建立国家资本主义经济体制。

南京国民政府成立之初,全国经济十分混乱,加之庞大的军费开支,使国家财政不堪负重。同时,各省工商界人士也呼吁:

> 中国之国计民生日趋衰落,虽军阀之弄兵,与帝国主义之压迫,原因虽非一端,而经济问题实为其重心。关税自主与裁厘加税,同为解决经济问题之惟一政策,但即就此两事而论,已引起关税税率、管理、收征、保管及出厂税则,影响中国工厂之种种严重问题,而因之连累所及之各项经济法案,亦须早行制定,藉以免除各种经济纠纷。惟是制定关于经济之法案与施行手续,如不经关于经济团体之讨论决议,虽未始不能审慎周详,然如能集思广益,当尤为无懈可击。……呈请钧府采取德国经济议会立法制度,于最短期间(至多不超过四个月)召集经济会议,容纳关于经济团体,如农、工、商、学与劳资两方等代表及政治、法律、财政、经济、外交专家为委员,讨论决议新税税则及关税管理、保管、征收等重要问题,并创制一切关于经济之法案,由该议会呈请钧府公布施行。[②]

在这种情况下,南京国民政府于1928年6月、7月间,分别在上海、南京召开了"全国经济会议"和"全国财政会议"。出席这两次会议的有中央及各省的财政官员、银行界人士和部分财政经济专家。会议着重就财政经济问题听取了各方面的意见和建议,其中主要有:统一货币,废两改元;关税自主,提高进口税率,保护民族工商业;裁撤厘金,开设统税等等。

1929年3月,中国国民党第三次全国代表大会在南京召开。这次大会确立了南京国民政府的财政经济基本方针。大会通过的《对于政治报告之决议案》指出:

---

① 《中国实业志》(江苏省)第十编"金融机关",实业部国际贸易局1933年2月编印,第314—315页。

② 国民政府档案:《各省区商民协会为召集经济会议讨论经济法案及关税税则呈》,中国第二历史档案馆藏。

必须确定财政整理之计划，而预定其实行之步骤。……大会认为是项计划与政策所恃以为根本之原则，不外下列十点：

（一）统一全国之财政。（二）确定国家行政经费、省行政经费、县行政经费及地方自治经费之分配。（三）依国家财务行政统一进行之步骤，编制全国之精确预算，以期预算制度之确立。（四）划分国税与地方税，凡应归国家征收之税，各省不得截留。（五）整理国税与地方税制，并杜绝收税机关之一切积弊。（六）根据第一次全国代表大会宣言对外政策各款，分别整理外债，并筹备偿还外债之方法。（七）权衡国家建设政策之轻重缓急，节省政费，裁并一切骑枝之机关。（八）依本国生产力之情况与世界经济之大势，整理币制，巩固金融。（九）在保护本国商业及国民经济之原则上，统一货币之铸造权与货币发行权，使外国货币不得充斥于国内市场。（十）依照建国大纲所定经济建设之原则，凡土地之岁收，地价之增益，公地之生产，山林川泽之息，矿产水力之利，皆为县政府所有，而用以经营地方人民之事业。各县天然富源与大规模之实业，本县资力不能发展与兴办者，当由中央政府为之协助，而其所获之纯利，中央与地方各占其半。①

在1930年3月召开的国民党三届三中全会上，通过了《关于建设方针案》。该案在指出了交通、水利、电力等社会基础设施建设重要性的同时，还特别强调："煤铁矿之已开采有成绩而无逆产之关系者，应准其继续开采。其有逆产关系，只收其逆股，作为公私合办，惟规定该项矿地为国家公有，在若干年之内政府不取租金，以后每年纳租金，至某年完全收归国有……"对于一般工业，"在政府之提倡农业增加原料，减轻原料之价格及政府施行保护税则之范围内，准其自由发展"，对于特种工业，"在总理实业计划内所规定应新创设之厂，均由政府计划办理，并得借用外资及人才。"②

综观南京国民政府的上述政策，系在统一财政、整顿金融、统一货币的基础上，重点进行交通、电力等社会基础设施建设，为今后的经济发展创造有利条件。同时，兴修水利，促进农业发展，在农业发展的基础上，促进以农产品为原料的轻纺工业的发展。对于钢铁、机械、化工、特种矿产等基础工矿业，则主要由国家来创办经营。

南京国民政府成立之初，即分别设立了工商、农矿两部，作为工商业和农业、矿业的经济行政管理机构。1931年，国民政府将工商部和农矿部合并，成立了实业部。实业部隶属于行政院，职掌全国工业、农业、矿业、商业、林业、渔牧业行政事务。根据

---

① 荣孟源主编：《中国国民党历次代表大会及中央全会资料》（上），光明日报出版社1988年版，第640页。

② 国民党中央执行委员会秘书处档案：《中国国民党历次代表大会及中央全会资料——训政时期经济建设纲要》，中国第二历史档案馆藏。

1931年1月17日国民政府公布的《实业部组织法》规定，实业部下设总务、农业、工业、商业、矿业、渔牧、劳工七司。工业司职掌国营化学、机械、冶炼及其他工业之筹设管理；民营化学、机械、冶炼及其他工业之奖励、保护、监督、改良、推广；工业制造品的征集、试验和鉴定；工业专利及特许事项；国货的证明及奖励；工厂、工业技师、工业团体的登记、考核及监督事项；工业标准及度量衡的制造、鉴定、推行；工业的调查与统计等事项。矿业司职掌国营矿业的筹设、管理；民营矿业的监督、保护、奖进；矿权特许及撤销；矿业登记；矿区税之拟订、征收；矿业争议；矿警管理；矿业调查统计；矿区勘定及矿质分析；矿业用地；地质调查等事项。劳工司职掌劳工团体之监督；劳工生活改良及保障；工矿、厂卫生设备之指导、监督检查；工人知识增进、失业及伤害救济，劳动保险及工人合作社事项；劳资纠纷及劳资协作；工人与工会纠纷；国际劳工；劳工移植及侨工保护；劳工统计等事项。

与中央政府的机构设置相配套，1927年后，江苏省政府也设立了相应的工业经济行政管理机构。1927年，江苏省政府将北京政府时期的省实业厅改组为江苏省建设厅，主管全省的交通、水利、农林牧渔、工矿商电、市政建设、气象测候、度量衡器等等。1934年2月，为了统一管理全省蚕桑业，提高生丝质量，江苏省政府在建设厅下设立了"江苏省蚕业改进管理委员会"。该委员会的委员长由建设厅长兼任，其职掌为："（一）关于秉承实业部及根据江浙蚕业统制委员会所拟定之改进方案或原则，斟酌情形，按步实施事项；（二）关于本省蚕种之审择及分配事项；（三）关于本省各县养蚕指导所之设置事项；（四）关于规定茧价之标准及监督茧行之收茧事项；（五）关于筹划改进及指导经费事项；（六）关于其他本省蚕丝业之改进事项。"[①]此外，1927年后，江苏省还设立了农矿厅，主管全省的农业和矿业。30年代初，省农矿厅改组为实业厅，首任厅长为何玉书，其职掌范围扩大到农业、工业和矿业。

1929年7月31日，南京国民政府公布实施了《特种工业奖励法》，该法案规定："凡中华民国人民所办工业，合于左列各款之一，确着成绩者，得依本法，呈请奖励之。甲、创办基本化学工业、纺织工业、建筑材料工业、制造机器工业、电料工业及其他重要工业者。乙、制品能大宗行销外国者。丙、自己发明或输入外国新发明，首先在一定区域内制造者。丁、应用机械或改良手工制造洋货之代用品者。"其奖励办法为："（一）准在一定区域内有若干年专利权。但至多以五年为限。（二）准减若干年国营交通事业运输费。但至多以五年为限。（三）准免或准减若干年材料费。（四）准免

① 《工商半月刊》第六卷第六号，实业部国际贸易局编，1934年3月15日。

或准减若干年出品税。”[1]1934年4月20日，南京国民政府又颁布实施了《工业奖励法》，该法案规定：“凡中华民国人民所办工业，合于左列各款情形之一者，得依本法奖励之。（一）应用机器或改良手工制造货物，在国内外市场有国际竞争者。（二）采用外国最新方法，首先在本国一定区域内制造者。（三）应用在本国享有专利权之发明，在国内制造者。”其奖励办法为：“（一）减低或免除出口税。（二）减低或免除原料税。（三）减低国营交通事业之运输费。（四）给予奖励金。（五）准在一定区域内享有五年以下之专利权。”该法案还规定：“凡参有外资之工业，不得受本法之奖励。”[2]

国民政府认识到科学技术在经济发展中的重要作用，为了促进科学技术的进步和鼓励民族工业的健康发展，于1932年9月30日颁布实施了《奖励工业技术暂行条例》。该条例规定：“凡中华民国人民研究工业技术，对于工业上之物品或方法首先发明者，得依本条例呈请奖励。”“本条例之奖励为给予专利权十年或五年。前项专利权，以全国为区域。”[3]

为了使工矿企业的经营活动逐步纳入法制化的轨道，国民政府于1929年12月26日公布实施了《公司法》，1931年2月21日，国民政府又公布实施了《公司法施行法》。1929年，南京国民政府在北京政府《暂行工厂通则》的基础上，拟订了《工厂法草案》。同年12月30日，国民政府正式公布实施了《工厂法》。《工厂法》共13节，77条，其内容涉及工人工资、工作时间、童工女工、工人福利、劳动保护、工人津贴及抚恤等方面。

1930年12月16日，国民政府又公布施行了《工厂法施行条例》，该条例对《工厂法》中的一些事项作了具体的规定。

国民政府公布施行的《工厂法》，显然是参照西方资本主义国家的工厂立法而制定的，从这一法令的内容来看，工人的权利得到了一定的保护，待遇也有了相应的提高。然而，《工厂法》从起草时起，就遭到了工厂主的反对，他们致函国民政府，声称工厂“所以尚能维持生存，因工作时间较长，工价原料亦低，如采用八小时原则，即无以维持原状”[4]。在这种压力下，国民政府于1932年12月16日公布施行了《修正工厂法》及《修正工厂法施行条例》，对一些规定作了修改。尽管国民政府迫于厂方的压

---

① 中国第二历史档案馆编：《中华民国史档案资料汇编》第五辑第一编“财政经济”（五），江苏古籍出版社1994年版，第1—2页。

② 中国第二历史档案馆编：《中华民国史档案资料汇编》第五辑第一编“财政经济”（五），江苏古籍出版社1994年版，第113—114页。

③ 中国第二历史档案馆编：《中华民国史档案资料汇编》第五辑第一编“财政经济”（五），江苏古籍出版社1994年版，第82页。

④ 行政院档案：《中华工业联合会主席黄菩臣致行政院函》，中国第二历史档案馆藏。

力，对《工厂法》作了一些有利于资方的修改，但从总体上来说，《工厂法》的公布施行，劳资双方的权利和义务都有了明确的法律依据，工人的地位也有了一定的提高，其不失为一部具有近代意义的经济法规。

除了上述几个重要的经济法规之外，国民政府还于 1931 年 1 月 1 日施行了《商标法》。《商标法》共 40 条，对商标的注册、使用年限、商标权的转移等均作了详细的规定。《商标法》的施行，避免了商标使用中的不正当竞争，使商标专用权所有者受到了法律的保护，为民族工商业创立自己的国货品牌创造了有利的条件。

江苏省立蚕丝试验场附设讲习所，图为学员进行蚕种培育实习

江苏省政府鉴于本省工业的特点，也制定了一些相应的政策措施，以促进民族工业的健康发展。缫丝业是江苏的主要工业行业之一，然而，20 年代末、30 年代初，由于劣质蚕种流行于市，既坑害了桑农，又导致生丝的质量下降，使苏产生丝在国际市场上无法与日本生丝竞争，造成江苏缫丝业的严重损失。对此，江苏省农矿厅厅长何玉书曾表示："蚕业为苏省出品大宗，惟近来出品日劣，国外贸易销场日细，故农厅现拟竭力改进，以谋挽回。"[①]1929 年，江苏省农矿厅在江都设立省立蚕桑试验场，在无锡设立省立蚕丝试验场及蚕种检验所，以培育优质蚕种，提高蚕茧质量。其中无锡蚕

① 《苏农矿厅改进全省蚕丝计划》，《工商半月刊》第一卷 第七号，1929 年 4 月 1 日。

丝试验场“面积一百八十亩，内分总务、蚕桑、蚕丝、检验、推广五部，专以试验研究为目的”①。30年代，江苏省政府为杜绝劣质蚕种的蔓延，促进蚕丝业的健康发展，对全省桑蚕业实行了统制，并先后颁布了《江苏省取缔蚕种业暂行办法》、《江苏省蚕种统制办法》、《江苏省茧行统制办法》等。

从江苏省实行的对桑蚕业的统制来看，政府并没有实行垄断，也没有压榨民营工商业之意。从当时江苏桑蚕业的实际情况来看，实行统制是必要的，有利于提高江苏缫丝业的产品质量，进而促进缫丝业的健康发展。

在30年代，南京国民政府为了改善财政状况，促进工商业的发展，还采取了一系列相关的政策措施。这些政策措施有些与工业有直接的关系，有些则有间接的关系。这些政策措施的施行，对民族工商业产生了直接或间接的重大影响。

关税自主，提高进口关税是南京国民政府为发展民族工业而采取的又一重大举措。南京国民政府成立后，即发表外交宣言：“对于一切不平等条约，特作下列之宣言：（一）中华民国与各国间条约之已届满者，当然废除，另订新约。（二）其尚未满期者，国民政府应即以正当之手续解除而重订之。（三）其旧约业以期满而新约尚未订定者，应由国民政府另订适当临时办法，处理一切。”②

1928年7月25日，美国驻华公使马克谟与财政部长宋子文率先签订了《中美关税条约》。此后，德、挪、比、意、丹、荷、英、瑞典、法、西等国先后与中国签订了《关税条约》或《通商条约》。这些国家都声明放弃在中国的一切关税特权，承认中国的关税自主权。然而，在列强中仅有日本迟迟不肯签约。为此，中国政府与日本进行了多次磋商，同时，中国人民也开展了抵制日货运动。直到1930年5月，日本才迫于压力，勉强与中国签订了《中日关税协定》。

关税自主之后，国民政府即着手修订进出口税则。1928年12月7日，国民政府颁布了第一个《海关进口税则》，自1929年1月1日起施行。该《税则》将税率分为7级，分别为7.5%、10%、12.5%、15%、17.5%、22.5%、27.5%。对日常用品及机械设备、原料等课以10%以下的低税，而对烟酒等奢侈品课以20%以上的高税。1930年5月，中日签订关税协定后，国民政府第一次修订了进口税则，该税则将税目分为16类、647目，税率分为12级，税率分别为5%、7.5%.10%、12.5%、15%、20%、25%、30%、35%、40%、45%、50%。该税则提高了进口税率，其中烟酒为50%，而机械、动力机等税率为5%—7.5%。

“九一八事变”后，日本侵占了中国东北，中国的关税收入损失惨重。为了增加财

① 无锡县政府、无锡市政筹备处编：《无锡年鉴》（第一回），1930年4月印行。

② 财政部档案：《中华民国国民政府外交部关于重订新约之宣言》，中国第二历史档案馆藏。

政收入，国民政府于1933年5月22日再次修订了进口税则，将税率分为14级，分别为5%、7.5%、10%、12.5%、15%、17.5%、20%、25%、30%、40%、50%、60%、70%、80%。新税则再次提高了进口税率。

1934年7月1日，国民政府对进口税则进行了第三次修订。该税则与1933年税则相比，税率增加的有388项，降低的有66项，其最高税率仍为80%。①

在增加进口税率的同时，国民政府对出口税则也进行了三次修订。以前中国无论何种商品的出口税率均为7.5%，经过三次修订，税率大大降低，大部分商品的出口税率约为3%，有些商品还予以免税。

国民政府收回海关及关税的自主权，提高进口关税，遏制了外国商品在中国的倾销势头，有效地保护了民族工商业的利益，为民族工业的发展及拓展海外市场创造了有利条件。同时，国民政府的关税收入也明显增加。1928年，中国海关进出口税收为7200万元，出口税收为4200万元，而到1937年，海关进口税收增加到2.6亿元，出口税收反降为2900万元。②

统一度量衡是国民政府促进经济发展的另一举措。民国以前，中国的度量衡极为混乱，各朝各代有所不同，各地也有差异。以度器为例，苏州地区旧营造尺每尺等于0.728市尺；旧织物尺，每尺等于0.935市尺。上海所用之旧工尺每尺等于0.848市尺。③ 再以南京为例，"南京的度器，长短很没一定，加以两头有斜切的，有半圆的，更没有标准，裁尺一尺，由法定尺的一尺〇四分到一尺一寸四分，平均合法定尺一尺〇九分。木尺一尺，由法定尺九寸八分，到一尺〇二分，平均合法定尺一尺。"④度量衡的混乱，严重阻碍了中国经济的健康发展，尤其对近代工业而言，由于无法实行工业标准化，其危害更为严重。

1929年2月，国民政府公布了《度量衡法》，并决定于1930年1月1日施行。该法案规定，中国采用"万国公制"为标准制，并暂设辅制"节用制"。同年10月，"全国度量衡局"成立，吴承洛为首任局长。由于中国经济发展不平衡，国民政府决定按不同地区分三期统一度量衡。江苏、浙江等16省及各特别市为第一期统一度量衡地区，并规定于1931年底以前完成。1933年后，全国度量衡基本统一，为经济发展创造了有利条件。

---

① 《中华民国海关进口税税则(1934)》，上海总税务司署统计科1946年印行。

② [美]杨格：《1927—1937年中国财政经济情况》，中国社会科学出版社1981年版，第55页。

③ 吴承洛：《中国度量衡史》，商务印书馆1937年版，第300页。

④ 林光澄、陈睫：《中国度量衡》，商务印书馆1936年版，第89页。

第六节　工业发展状况

一　棉纺织工业

棉纺织业是江苏的支柱产业之一。自20年代初结束了第一次世界大战以来的繁荣时期，随着外货的不断涌入，棉纺织业进入了萧条时期。1925年由于国内抵制日货运动的开展，中国的棉纺织业开始进入缓慢发展时期，这一缓慢发展时期一直延续到20年代末、30年代初。

1927年南京国民政府成立后，尽管国民政府推行了一系列促进民族工商业发展的政策与措施，但这些政策措施大多在20年代末、30年代初才开始施行，况且政策效果的显现也不可能立竿见影，因此，20年代后半期，江苏的棉纺织业并没有出现生机。在中国棉纺织业不景气的大环境下，即使江苏棉纺织业中一些有实力的大企业也困难重重，经营惨淡。以大生企业为例，海门大生第三纺织公司"近年营业，皆受花贵纱贱之影响，不易获利。惟持隔年储花，春盘售纱，以成本划售价，略有赢余，几成惯例"①。1926年，大生第三纺织公司尚盈利10.3万两。1927年，"本届自春入夏，虽值大军邻境，交通阻滞，商市萧条，办事人兢战自持，上半届结账，尚余银十四万余两，此诚出意料之外，夏秋之交，花市新陈不接，停车三月之久，致耗上半届所盈之半。九月开车，时局未平，花纱价格，仍不时倒置。所幸相机应付，售未失时，免可维持。全年盘点，计余银七万六千余两"②。而到1928年，"上半届以隔年存花，底价甚廉，惆于往年之军事影响，未敢扳价。春初尽量抛售，一面收花抵补，不料纱甫售出，而花价步高，以致亏折六万余金。下半届甫能消息时机，稍收桑榆之效。全届出入相抵，差赢二万余金。"③

由于棉纺织业的不景气，与第一次世界大战时期及20年代初的建厂高峰不同，从1927年至1931年间，江苏棉纺织业新办工厂只有常州福大纺织公司一家，而且该厂于1929年开办不久即告停业。1926年后，无锡的"业勤"、"庆丰"、"申新"、"豫康"等纱厂都曾被迫停业，其中"业勤"纱厂因亏损停业达4年之久。

自20年代上半期即已开始的棉纺织业兼并、改组、租办风潮，至1927年后并未停止。据不完全统计，从1927年至1931年间，江苏先后有6家棉纺织厂被兼并、改

①② 南通市档案馆等编：《大生企业系统档案选编》，南京大学出版社1987年版，第459页。

③ 南通市档案馆等编：《大生企业系统档案选编》，南京大学出版社1987年版，第464页。

组或收买他厂,其中无锡“业勤”纱厂1929年冬被复兴公司租办;刘国钧于1930年购买了常州大纶久记公司,并更名为大成纺织染公司。江苏棉纺织业的这一兼并、改组、租办风潮,主要是企业经营者为了在不景气的大环境中扩大资本,以求生存。

1929年,世界资本主义国家爆发了严重的经济危机,然而这场大危机并没有迅速波及到中国,直到1931年,这场大危机才开始对中国的民族工业造成严重的冲击。以上海市场棉纱价格为例,1931年16支“人钟”纱每件为237.6元,为1927年以来的最高点,从1932年起,棉纱价格才逐渐下跌。为什么与国际市场联系较为密切的中国轻纺工业在世界经济危机过程中显现出“滞后”的特点?其主要原因在于当时中国的货币制度采用“银本位”制。1929年世界经济危机爆发时,西方主要国家物价暴跌,进而引起银价下跌。由于中国仍然采用银本位制,银价坚挺,因此大量白银流入中国,使中国的银根较为宽松。同时,大量白银流入中国,也支撑了中国国内的物价,使中国的物价不但没有受到经济危机的影响,反而有所上升。因此,在20年代末世界经济危机爆发后,中国的棉纺织业尚表现出相对繁荣的景象。而到1931年下半年,英国等资本主义国家先后放弃了金本位制,导致世界白银价格骤然上升,白银购买力也相应得到提高。其结果,使中国的白银大量外流,国内银根紧缩,利率高涨,物价暴跌,世界性经济危机开始波及到中国。

由于世界经济危机的波及,中国棉纺织业出现了自第一次世界大战以来的第二次萧条,并持续到30年代中期。1936年,中国农业获得丰收,农村经济逐渐复苏,购买力也相应提高,与此同时,江苏的棉纺织业也出现了转机。

从1932年起,国内棉纱售价开始下跌。1927年,上海棉纱市场16支“人钟”纱的批发价格为每件192.92元,1931年达到最高点为237.6元,1932年开始下跌,为220.32元,到1935年达到最低点,为170.03元。1936年后,棉纱价格才开始回升。

在棉纱价格下跌的同时,国内棉花市场的价格也逐渐回落,但回落幅度较棉纱为小。1927年,上海棉花市场江苏通州花批发价格为每担39.63元,1931年为44.24元。从1932年起逐年回落,1932年为38.49元,到1934年跌至34.86元。详见下表。

1927—1936年上海市场棉纱、棉花批发价格变动表

年　份	棉纱(16支人钟)每件,元	棉花(通州花)每市担,元
1927	192.92	39.63
1928	225.89	41.91
1929	237.54	41.71
1930	221.91	40.91

续上表

年　份	棉纱(16支人钟)每件,元	棉花(通州花)每市担,元
1931	237.60	44.24
1932	220.32	38.42
1933	188.77	35.76
1934	175.58	34.86
1935	170.03	35.07
1936	209.92	42.92

资料来源:上海社会科学院经济研究所编:《荣家企业史料》上册,上海人民出版社1962年版,第617页。

纱价的下跌,使江苏棉纺织业的利润下降,各家纱厂均感困难。1933年4月,荣宗敬致函行政院称:

吾国以资金不能集中,政府之不能维护,民众之不能团结,以致外贸进口额与年增加。以近年天灾、匪祸、内乱、外[侮]相继而作,无时或息,不独轻重工业毫无创设企图,甚至主要农品亦须仰给外国,于是此相激相荡之倾销怒潮,乃向太平洋西岸澎湃汹涌而来。以工业幼稚之我国当之,几如摧枯拉朽,莫可抵御。近两年来,以入超大过之故,内地黄金输出几尽,现在贸易全赖少数银块、银元以为市易,似此情形实属惶惶不可终日,有识之士未尝不深抱殷忧。就目前本国工业言,资本较为雄厚,制品较为繁多,可以代替一部分外货者,棉纺织业可称首屈一指。然自关税自主以还,各国对我经济侵略日益加甚,以从前购买我国原料加工制造,转售与吾之方法,尚认为不能彻底也,进而设工厂于吾国,输入最新之机器,任用熟练之技师,与华厂巍然对峙,上海、青岛、汉口、天津到处皆是,以制我棉业之死命……凡此种种,即在平时华厂与之相较,无不相形见绌,况前年长江一带之巨灾,去年“一·二八”之惨祸,东北即已沦亡,平津时闻警报。现在农民有破产之虞,金融有枯竭之象,更何能与彼全国一系大规模之倾销相抵抗!是以近数月来,我国纱厂停闭者,已有隆茂、同昌、永豫、裕中四家,现全国纱厂因存积日多,议决自四月二十二日至五月二十一日每星期六、星期日停止工作,即减工百分之二十三,此系不得已救急之计。若不谋根本救济之方,恐此后全国纱厂源源停闭者不在少数。①

① 行政院档案:《荣宗敬报告上海华商纱厂危机并拟具救济方案致行政院呈》,中国第二历史档案馆藏。

在这次萧条中，许多华商纱厂不得不停工或减锭，开工率下降。1931年上半年，全国停工纱锭数为49055锭，而到1936年下半年则达到1596224锭。从纱厂开工率来看，1931年上半年，全国纱厂的开工率尚有92.5%，而到1936年上半年则不足78%。[①] 据1936年4月底的统计，全国纱厂停工者为17家，其中江苏有无锡振新纱厂和大生二厂两家，占全国停工总家数的11.1%。[②]

据不完全统计，在1927—1937年的10年间，江苏先后有6家纱厂发生过10次以上的租办、改组、监管等，有5家被收买或兼并。[③] 其中包括具有一定规模的大生二厂。1927年后，大生二厂经营状况一直不佳，出现严重亏损。1934年，大生二厂不得不解散职工，宣告停产。当1935年大生纺织公司对该厂进行清算时，发现该厂已负债201万元，占大生二厂总资产226万元的88.9%。[④] 于是不得不将大生二厂以40万元拍卖给扬子公司。

造成江苏棉纺织业萧条的原因是多方面的，归纳起来主要有以下几个方面：

第一，国内棉纱的需求下降。中国农村手工织布业相当发达，江苏农村土布业尤其如此。这种农村手工织布业每年所需机纱占全国机纱总耗用量的52%左右。[⑤] 20年代以来，外国，尤其是日本的洋布大量涌入中国，对手工织布业产生严重的冲击，夺取了手工织布业的大量市场。1931年"九一八事变"后，由于日本侵占了中国东北，对江苏的土布业打击巨大。"东三省亦为江苏土布之一大销场……民国十年前后，由上海运销东北者，每年约三四十万包……至'九一八事变'发生，东北全部在混乱状态之中，土布销路，急转直下。"[⑥]与此同时，机制棉布的迅速发展也给予土布织造业巨大的冲击。

农村土布业的萎缩，影响了机纱的销路。"长江向为销纱最多之区，年来京沪路沿线各县之织业日趋衰落，织机大半停工，致内地一带，购纱甚微。"[⑦]

南通土布业向来发达，但自20年代中后期至30年代中期，南通土布业日渐衰落，导致以本地土布业为主要市场的通州大生一厂，在本地区的销售量自1928年的40531件，下降到1934年的20183件。[⑧]

第二，日本在华纱厂的竞争。20年代前半期，日本在华投资兴办棉纺织厂出现

① 严中平等编：《中国近代经济史统计资料选辑》，科学出版社1955年版，第212页。

② 严中平等编：《中国近代经济史统计资料选辑》，科学出版社1955年版，第246页。

③ 严中平：《中国棉纺织史稿》，科学出版社1955年版，附录1。

④ 《大生系统企业史》编写组：《大生系统企业史》，江苏古籍出版社1990年版，第248—249页。

⑤ 南京图书馆特藏部等编：《江苏省工业调查统计资料(1927—1937)》，南京工学院出版社1987年版，第606页。

⑥ 《中国实业志》(江苏省)第八编，实业部国际贸易局1933年2月编印，第91—92页。

⑦ 《社会经济月报》第一卷第一期，第51页。

⑧ 南京图书馆特藏部等编：《江苏省工业调查统计资料(1927—1937)》，南京工学院出版社1987年版，第607页。

了一个高潮，但 1925 年后，日本的投资策略发生了变化，即不以设立新厂为主，而是在原有工厂的基础上扩大生产规模。1928 年，日商在华纱厂纱锭总数为 1374123 锭，1931 年上升至 1701748 锭，而到 1936 年则达到 2141216 锭。[①] 随着日商纱厂生产规模的扩大，其在全国棉纱销售总量中所占的份额也逐渐增加，与此同时，华商纱厂所占的份额却日趋减少。1932—1933 年，在全国棉纱销售总量中，日商占 28.5%，华商占 69.1%，而在 1935—1936 年时，日商所占比重上升为 32.6%，而华商所占比重却下降为 66.1%。[②] 上海特别市执行委员会常务委员潘公展 1931 年 4 月在致国民党中央执行委员会的函中惊呼："窃查我国现况，政治虽经鼎革，而帝国主义之经济压迫仍日甚一日，如中国纱厂业前途已伏极大危机，不再设法挽救，恐将完全为日人操纵。"[③]

日商纱厂在全国棉纱销售总量中所占的份额虽不及华商纱厂，但在与华商纱厂的竞争中仍处于优势地位。荣宗敬在分析日商纱厂在竞争中占优势的原因时指出："（一）日厂恃领判权之保护，不受党部之干涉与工潮之影响，故训练管理日臻于合理化。（二）日厂资本雄厚，贷款利息极微，较之华厂每包成本相差六七元之多。（三）日厂以东棉、日信、江商等行，为其采购原料、推销熟货之机关，在世界遍设分行，原料每担可省一元以外，熟货销行畅旺无阻，无形利益不计数计。华商无此便利。（四）日本设立纺织专门学校计达二十四所，人才辈出，技术日精。我国则除南通一校，别无所闻，人才缺乏，遑言竞争。（五）华厂须摊派公债，负担印花、营业等税，地方军警、教育、慈善公益等捐，种种额外开支不可胜计，为日厂所绝无。（六）日厂分设我国者，以近五年为最多，其机械之新颖、产量之宏多，欧美人闻之皆为咋舌。我国号称有二百五十万锭，其中十分之四机械皆在二十年以上。至于最新之厂足与日人比拟者，不及十分之一。"[④]由此可见，由于上述种种原因，华商纱厂在与日商纱厂的竞争中处于不利的地位就不足为怪了。

第三，社会购买力的低下。30 年代初，中国经济处于严重的萧条之中。这一时期，战争频仍、自然灾害严重，先后发生了蒋、冯、阎、桂中原大战、"九一八事变"、"一·二八事变"、国民党军剿共等战争，以及江淮流域的大水灾等。这些天灾人祸，使一些地区的百姓流离失所，生活在困苦之中。频繁的战争、多年不遇的自然灾

---

① 杜恂诚：《日本在旧中国的投资》，上海社会科学院出版社 1986 年版，第 197 页。

② 严中平：《中国棉纺织史稿》，科学出版社 1955 年版，第 215 页。

③ 中国第二历史档案馆编：《中华民国史档案资料汇编》第五辑第一编"财政经济"（六），江苏古籍出版社 1994 年版，第 7 页。

④ 中国第二历史档案馆编：《中华民国史档案资料汇编》第五辑第一编"财政经济"（六），江苏古籍出版社 1994 年版，第 15—16 页。

害,使大批农民流离失所,农村经济趋于破产,进而引起社会购买力的急剧下降。国内需求的低迷,直接影响到棉纺织业的发展。“过去两年,天灾外[侮],接踵而至……农民流离,遑论衣着。布匹之消费既少,棉纱之去路自稀。”①

1927—1936年期间,尤其是在30年代前半期,在江苏棉纺织业萧条的过程中,有一个值得注意的问题,即纺织、整染各业萧条的程度不同,在棉纺业严重萧条的同时,棉织整染业却相对繁荣。这种相对的繁荣,主要是由于进口棉布锐减所致。

在中国进口棉布中,日本产品占主导地位。20年代,日本对中国棉纺织品的输出,逐渐由向中国输出棉纱为主转变为向中国输出棉布为主,而棉纱则主要采取在中国设厂的方式加强与中国棉纺织业的竞争。日本对华棉纺织品输出的这种变化,导致棉纱在“战后十余年内,中国进口几至全部停止,而棉布却仍有庞大的数量”②。从1929年起,南京国民政府在收回关税自主权后,数次修订进口税则,使棉织品的进口税大幅度提高,从而导致棉织品输入量的急剧减少。

在棉织品进口量急剧减少的同时,国内棉纱价格也不断下跌,从而造成江苏棉染织业的相对繁荣。在这一相对繁荣时期,江苏各地新建了一批棉染织厂。据1932年的统计,江苏各地已开工生产的棉染织厂达86家。

1932年江苏各地棉染织厂统计表

地区	厂名	资本(元)	工人数	机械(台)	出品量(匹)
无锡	申新	—	—	1476	600000
	庆丰	—	—	250	262086
	广勤	—	—	50	42000
	振新	—	—	250	—
	丽新	602800	670	650	105000
	劝工	40000	210	400	20000
	南昌	5000	29	20	3000
	瑞生	9000	85	70	7000
	丽华	40000	240	360	20000
	华森成	—	—	200	—
	大生	12000	84	70	7000

① 南京图书馆特藏部等编:《江苏省工业调查统计资料(1927—1937)》,南京工学院出版社1987年版,第608页。

② 严中平:《中国棉纺织史稿》,科学出版社1955年版,第232页。

续上表

地　　区	厂　　名	资本(元)	工人数	机械(台)	出品量(匹)
无　锡	光　华	10000	130	150	5000
	怡　盛	—	—	20	—
	新　艺	7500	105	100	7000
	竞　华	10000	242	210	6000
	恒　华	3000	33	30	4000
	永　华	—	—	40	—
	新　华	10500	85	30	7000
	振　华	—	—	50	—
	大　华	10000	55	20	4000
	华　丰	2500	54	20	4000
	同　亿	—	—	100	—
	大　新	—	—	150	—
江　阴	美裕布厂	39000	287	162	40000
	美利发润记布厂	3000	112	80	25000
	恒勤布厂	10000	78	42	10000
	永裕布厂	5000	46	24	6000
	蓉西和记织布厂	5000	88	50	13000
	绳云布厂	4500	165	70	15000
	华澄织布股份公司	72000	11000	550	50000
	勤康布厂	20000	181	103	37000
	慎源布厂	20000	89	52	18000
	美纶布厂	4000	79	54	18000
	振裕布厂	3000	128	120	13500
	勤生布厂	—	65	42	15000
	公益布厂	30000	216	108	3000
武　进	振新染织厂	20000	179	89	55000
	工华棉织厂	70000	189	71	54000
	恒　裕	3000	63	50	4000
	协　盛	9000	88	35	24000

续上表

地　区	厂　名	资本(元)	工人数	机械(台)	出品量(匹)
武　进	久　成	45000	176	82	50000
	大成染织一厂	1400000	498	221	360000
	志成染织厂	6000	72	42	9800
	鼎成染织厂	26000	147	54	3500
	东亚棉织厂	3000	45	23	450
	民华染织厂	50000	180	84	50400
	恒丰德记染织厂	40000	251	92	50000
	利　达	48000	140	69	—
	益民染织厂	36000	122	56	37620
	利源布厂	23000	337	130	82000
	裕民布厂	30000	198	85	50000
	协成染织厂	10000	150	62	41800
	永成恺记染织厂	80000	332	128	100000
	协源染织厂	30000	205	74	40000
常　熟	业勤染织厂	6000	146	120	13400
	中兴布厂	6000	242	160	14000
	辛丰豫	10000	250	250	20000
	尚技布厂	4500	270	180	40000
	协丰裕布厂	4000	300	—	54000
靖　江	震　余	500	32	30	2200
	善　余	10000	45	35	6000
南　通	大生一厂	4000000(两)	2995	1245	240000
	大生织造厂	10000	—	40	—
	光华布厂	2000	66	30	4800
	章源织染工场	1000	20	10	600
	庆华布厂	1000	12	10	600
	通华布厂	9000	90	35	6000
吴　县	振丰织布厂	10000	19	—	30000
	苏纶纺织厂	600000	3130	420	137900

续上表

地　区	厂　名	资本(元)	工人数	机械(台)	出品量(匹)
宜　兴	勤　益	800	25	20	3300
	陆炳记	600	23	18	3300
	德　兴	400	20	20	3000
南　京	源　盛	20000	53	—	—
	裕　工	5000	—	—	—
	汤兰记	1000	8	—	—
	公　正	3000	24	—	—
	晋　记	1500	19	—	—
丹　阳	平民工艺厂	20000	105	56	3500
昆　山	平民工艺厂	10000	51	40	1900
海　门	大生第一纺织公司	—	—	597	—
	大生厂	3000	100	80	7000
	立豫染织公司	2500	70	47	3000
宿　迁	惠民工厂	15000	62	49	1354
启　东	大生第二纺织厂	—	—	200	80000
	启　新	5000	25	10	2000
泰　兴	震泰织布厂	5000	40	35	4000

资料来源:《中国实业志》(江苏省)第八编,实业部国际贸易局1933年2月编印,第75—85页。

无锡和常州是江苏省棉纺织业较为集中的地区。至抗战爆发时,无锡共有棉纺织厂23家,其中11家是1927年以后创办的。[①] 常州在1927年前有棉染织厂近10家,1927年后,新创办的染织厂如雨后春笋般涌现,至1937年抗战爆发前夕,常州共有棉染织厂40余家,布机达6300余台,此外,尚有六七百台正在筹备开机的布机。[②] 1927年后,尤其是30年代前半期,棉染织厂的大量创办,足以说明当时江苏棉染织业的相对繁荣。

① 《中行月刊》第九卷第五期,1934年11月,第100—101页。

② 常州市纺织工业局编史修志办公室编:《常州纺织史料》第1辑,1982年印行,第20页。

二 缫丝工业

缫丝业是江苏纺织工业的又一支柱产业。1927—1937年的10年间,江苏缫丝业经历了由盛到衰,由衰到缓慢复苏的发展过程。

20年代是中国缫丝业发展的黄金时期。江苏历来就是缫丝业集中和发达的地区之一,因此,中国缫丝业的黄金时期,亦是江苏缫丝业发展最为迅速的时期。1927年后,江苏的缫丝业在20年代前半期迅速发展势头的带动下,发展势头依然强劲。无锡是江苏缫丝业集中和发达的地区,据统计,1936年无锡有丝厂51家,占全省丝厂总数的92.27%;拥有丝车15562台,占全省丝车总台数的95.13%。[①] 因此,考察江苏的缫丝工业,当以无锡为重点。

1927—1937年,无锡缫丝工业的发展可分为两个阶段:第一阶段从1927—1930年,这一阶段是无锡缫丝业迅速发展的时期。第二阶段从1931—1937年,这是无锡缫丝业由盛到衰,由衰到缓慢复苏的时期。

在第一阶段,无锡缫丝业的快速发展,直接的表现在于缫丝厂家的迅速增加。1925年时,无锡有缫丝厂13家,1927年增加到19家,而到1930年猛增到49家。1927至1930年新设立的缫丝厂数超过了此前历年设厂数的总和。[②]

在厂数增加的同时,无锡缫丝业缫丝车的台数也在迅速增加,1925年,无锡有缫丝车6240台,1927年为7980台,而到1930年则达到15326台。[③] 除了无锡之外,据1932年11月的调查,江苏的缫丝厂还有镇江2家、苏州2家和吴江1家。

在厂家及丝车台数不断增加的同时,各缫丝厂获利也颇丰,一些丝厂的利润率达到100%以上。

1927年无锡部分丝厂利润统计表

厂 名	营业资本(万元)	利润(万元)	利润率(%)
乾生、乾丰、五丰	约24.6	约28	113.83
裕昌、慎昌	9.8	约15	153.06
振 艺	14	9	64.29
锦记、永泰	14	13	92.86
泰 字	7	4.2	60.00

① 《无锡近百年经济概览》,无锡市地方志编纂委员会办公室1986年编印,第31页。

② 高景岳、严学熙编:《近代无锡蚕丝业资料选辑》,江苏人民出版社、江苏古籍出版社1987年版,第84—85页。

③ 高景岳、严学熙编:《近代无锡蚕丝业资料选辑》,江苏人民出版社、江苏古籍出版社1987年版,第8页。

续上表

厂　名	营业资本(万元)	利润(万元)	利润率(%)
义　丰	5	约 3.5	70.00
振　丰	—	约 3.5	70.00
泰和顺	3	约 3.5	70.00
乾　记	6	1	16.67

资料来源:高景岳、严学熙编:《近代无锡蚕丝业资料选辑》,江苏人民出版社、江苏古籍出版社 1987 年版,第 64 页。

1927—1930 年,江苏缫丝业之所以能在 20 年代前半期迅速发展的基础上继续发展,主要是由于生丝需求旺盛。中国生丝一向以出口欧美市场为主,1927 年后,中国的生丝出口继续保持增长势头。1927—1929 年,中国生丝出口量增加了 18.74%。[①] 以往中国生丝的年出口量除 1921 年达到 15.1 万担以外,均未超过 15 万担。从 1925 年开始,中国生丝出口量一举突破 15 万担,直到 1930 年,每年的生丝出口量均超过 15 万担,其中 1929 年为最高,达到 19 万余担。

1927—1933 年中国生丝出口量值表

年　份	数　量(千担)	价　值(千两)
1927	160	128706
1928	180	145443
1929	190	147681
1930	152	109181
1931	136	84681
1932	78	32932
1933	77	48246

资料来源:[美]李明珠:《中国近代蚕丝业及外销(1842—1937)》,上海社会科学院出版社 1996 年版,第 87 页。

美国是世界上最大的生丝消费国,亦是中国生丝主要的输入国之一,同时美国纽约也成为最重要的国际丝市中心。1916 年,美国进口生丝约 23.3 万担,而到 20 年代末,达到 45 万担。[②] 美国生丝消费量的增加,促进了中国生丝的生产与出口。详见下表。

---

① 严中平等编:《中国近代经济史统计资料选辑》,科学出版社 1955 年版,第 78 页。

② [美]李明珠:《中国近代蚕丝业及外销(1842—1937)》,上海社会科学院出版社 1996 年版,第 95 页。

1927—1930年华丝输美数量、金额表

年　份	数　量(磅)	金　额(元)
1926—1927	11871798	57681685
1927—1928	9421348	40370279
1928—1929	12307434	54328233
1929—1930	12403495	47367922

资料来源:《江苏建设月刊》第三卷 第三期,1936年3月15日。

另一方面,1927—1929年间,美国华丝市价跌落了12.98%,至1930年,美国华丝市价跌落几近一半。[①] 美国华丝市价的下跌,使中国生丝在国际市场上更具有竞争力,从而进一步带动了国内的生丝生产。

20年代后半期,江苏缫丝工业能够持续发展的另一个原因是原料的丰富和价格的低廉。无锡是江苏主要的蚕茧产区之一,1927年,无锡蚕茧产量为13万担,每担价格为55元;1928年,无锡蚕茧产量上升为14.5万担,每担价格为50元;1929年,无锡蚕茧产量为14万担,每担价格降为40元。[②] 蚕茧产量的增加以及价格的下跌,使江苏缫丝业在国际市场生丝价格下跌的情况下仍能获得丰厚的利润,从而促使了江苏缫丝业的较快发展。

20年代末,无锡各业的统计资料显示,缫丝业的投入产出比明显高于其他行业。据1930年的统计,1929年无锡纱厂的投资额为616万元,占各业投资总额的比率为52.33%,而该年各纱厂的营业总额为1831余万元,占各业营业总额的18.53%。相比之下,1929年无锡各缫丝厂固定资产投资总额为238.8万元,仅占各业投资总额的20.29%,而该年无锡各缫丝厂的营业总额却高达5408.4万元,其占各业营业总额的比率亦高达54.73%。这一比率甚至超过了纱厂和面粉厂的总和。[③] 可见,在投资额相对固定的情况下,投资缫丝厂能获得更多的利润,这是江苏缫丝业在20年代后半期得以迅速发展的又一个重要原因。

江苏的缫丝工业基本上是外向型的,其产品大部分供应国际市场,因此江苏缫丝业与国际市场的联系较其他行业更为密切。这种联系固然能为缫丝业提供广阔的国际市场,但又极易受到世界经济波动的影响。20年代江苏缫丝业持续发展的势头,到30年代初因世界经济危机而受到了严重的挫折,缫丝业出现了严重的危机。

---

① 严中平等编:《中国近代经济史统计资料选辑》,科学出版社1955年版,第78页。

② 高景岳、严学熙编:《近代无锡蚕丝业资料选辑》,江苏人民出版社、江苏古籍出版社1987年版,第88—89页。

③ 高景岳、严学熙编:《近代无锡蚕丝业资料选辑》,江苏人民出版社、江苏古籍出版社1987年版,第86页。

1929年，西方国家发生了经济危机，在这次大危机中，各国物价下跌，失业率上升，购买力下降。美、英等国为了摆脱危机，纷纷增加出口，减少进口。西方国家的经济危机很快波及到中国，对中国的缫丝工业造成了严重的冲击。首先，由于美国等主要生丝输入国减少了生丝进口量，使中国的生丝失去了很大的市场，生丝出口量随之减少。1929年，中国的生丝出口量达到历史最高水平，为19万担，此后，生丝出口量逐年下降，到1934年仅为5.4万担。① 在出口减少的同时，生丝价格也大幅下跌。1930年，上海生丝市场平均市价为每担1484.75元，而到1934年则下降为每担526.83元。②

生丝出口量的锐减、丝价的暴跌，使江苏许多缫丝厂亏损，甚至停业。"苏浙沪各丝厂，丁此厄运重重，亏蚀资金，均已超过资本额一二倍，大都均感无法维持。自去年八月迄今，苏浙沪各丝厂以无法周转而致停业者，已超过三分之一，即以锡地而论，原有丝厂四十八家，为内地丝厂业最发达之区，但自去年以来，停闭之丝厂，先后已有瑞丰、德大裕、锦泰、大丰、德丰等十五六家，现存者仅三十余家，失业工人已达二万余人。"③此后情况继续恶化。据1932年11月的调查，江苏缫丝厂停业者达36家，占全省丝厂的半数以上。④

在缫丝业危机的同时，江苏的桑农也遭受了惨重的损失。"蚕丝为江浙两省之特产，本省年产鲜茧五十余万担，值洋三千数百万元，以蚕桑为正副业，及间接以此为生活之资者，无虑一千万人，近年受日丝压迫，又值全世界经济不景气，江苏丝业，遂一落千丈，往岁生丝每担，值银一千余两，今年暴跌至五百余两，丝厂停闭者，十之六七，蚕户亦亏累不堪，愤而毁桑植稻，以示决绝者，比比然也。"⑤

在中国生丝出口减少，丝厂大半停工的情况下，日本却凭藉其丝质的优良和价格的低廉，在国际生丝市场大量挤占了华丝的份额。在19世纪七八十年代时，日本政府对本国丝厂实行补贴，使日丝能以相对低廉的价格挤占世界市场份额。在中国生丝出口量暴跌的情况下，日本生丝的出口量却没有明显下降。⑥ 日丝的大量倾销，挤占了国际市场份额，更使中国缫丝业雪上加霜。

除了上述一些客观原因外，在世界经济危机的冲击下，江苏缫丝业自身在繁荣时

---

① ［美］李明珠：《中国近代蚕丝业及外销(1842—1937)》，上海社会科学院出版社1996年版，第96页。

② 高景岳、严学熙编：《近代无锡蚕丝业资料选辑》，江苏人民出版社、江苏古籍出版社1987年版，第190页。

③ 高景岳、严学熙编：《近代无锡蚕丝业资料选辑》，江苏人民出版社、江苏古籍出版社1987年版，第194页。

④ 南京图书馆特藏部等编：《江苏省工业调查统计资料(1927—1937)》，南京工学院出版社1987年版，第135—139页。

⑤ 《江苏省主要实业实施方案概要》，《江苏省实业厅半月刊》第十期，1932年6月30日，第2页。

⑥ ［美］李明珠：《中国近代蚕丝业及外销(1842—1937)》，上海社会科学院出版社1996年版，第96页。

期被忽视或被掩盖起来的一些问题也充分暴露了出来。

在企业经营方面，江苏缫丝业"有一种较普遍而又特殊的经营方式，其特点是固定资产和生产经营之相脱离。这就是以厂房和机器设备作为'实业厂'，出租与另一部分以现金投入经营者为'营业厂'。在承租期限内，营业厂按照契约，按月向实业厂支付租金，所有盈亏概由营业厂承担，与实业厂无关。有的实业厂的资本家，专门坐收租金，不作经营。有的实业厂的出资人，'一身而二任焉'，除照收租金外，同时也参加经营厂，作为合伙人之一"①。这种工厂所有者和经营者相分离的经营组织形式存在诸多弊端。"厂房所有者，恃租出厂房以牟利，经营制丝者，恃租借厂房以缫丝，故厂房所有者，未必尽诸制丝技术，建筑之方法，遂往往不适于制丝需要之条件，同时制丝经营者，因厂房即系租借而来，不免因陋就简，即设备偶有未周，亦不得不勉强迁就，故工厂建筑之方法，制丝机械之进步，虽日新月异，而苏省丝厂，仍不改旧观，且投机之制丝家，因有现成之厂房可租，不必筹措固定资本，遇丝价昂贵之时，购入少数蚕茧，即可租厂开工，及丝价稍低，或收茧困难，营业略有不利，即可退租厂房，停业经营，故经营即属短期，不特技术之训练，丝质究应如何改进，不复顾及，甚且以种种不正当之手段，粗制滥造，以图一时之利，国际市场上之信用，益以堕落。综上以观，租厂制，除制丝家可免固定资本之负担为有利外，无论就何方言之，皆为有害无益之制，故言苏省丝业之改善，首应消灭租厂制，俾制丝与厂房合而为一，如此，则厂房之建修，机械之装置，均可措置适宜，无所顾虑，而欲以短期经营谋一时之投机之利者，亦无从施其伎俩。"②此外，"苏省丝厂，不特所招女工，毫无技术上之训练，即对于女工生活，亦多漫不注意，且采用日工给资制，而工人之升降，又无一定标准，即无法引起工人之努力，复无其他激励之方，于是产量与品质，两受其损"③。

在技术与设备方面，"苏省制丝机械，除土丝不计外，厂家所用，几全为意大利直缫式，不特胶着无法避免，即管理检验，亦感困难，且煮茧方法，认为不足轻重，仍采过去之打盆法，兼之多数使用童工，不特煮熟作用，内外不匀，致缫丝困难，品位降低，而童工粗暴之打盆，亦易使茧之表层，大部变成屑物，增加生产费与原料费之负担，故欲谋生丝品质之优良，及原料费生产费之减轻，第一应废弃童工打盆，改用煮茧机，第二应废弃直缫式，改用再缫式"。"苏省丝厂之生产量，素极低微，每日每车产量，多不过十四两，少则五六两，每年平均成绩，多者十二两，少则八九两，而生丝品质，因女工未经训练，技术不精，出品大都参差不齐，不合绸厂之用，至于品质检验，或因设备不周，

① 高景岳、严学熙编：《近代无锡蚕丝业资料选辑》，江苏人民出版社、江苏古籍出版社1987年版，第66页。

②③ 易廷鉴：《江苏省蚕业之回顾与前瞻》，《江苏省实业厅半月刊》第二期，1932年2月29日，第2页。

或因图减少供检料之损失，检验每仅及于极小之局部，而于产品全部之真正品质，每发生出人意表之差误。”①

在产品营销方面，“我国厂丝，向以外国市场为销纳之地，而苏省厂丝之输出，历来假手于洋商，故外国市场需要供给之变化，及需要者希望之条件等，厂家多无所闻知，一凭洋商之垄断操纵，以视日人在丝销要地，设立公司，而将市场状况及需要条件，随时报告国内制丝家者，相去不可以道里计，苏省厂丝，在国际市场上之失败，此实为重大原因，故欲恢复丝业，在国际市场上原有之地位，不得不谋贸易方法之改进，而生丝直接输出事业之经营，遂为必要之图”②。

面对缫丝业自身存在的上述问题，从20年代末起，江苏一些有实力的丝厂开始进行了一系列改革。改革的重点在于设备的更新、人才的培养和经营管理的变革。

薛南溟是江苏丝业大王，1926年他将永泰丝厂由沪迁锡，从此，他在无锡乃至江苏的缫丝业中占有重要的地位。薛南溟之子薛寿萱曾留学美国学习经济，回国后到永泰、锦记等丝厂任协理。后来薛南溟将永泰系统各厂的经营权交给了薛寿萱。薛寿萱在美国曾学到了一些近代西方工厂的管理制度，进永泰后，他见到其“金双鹿”牌生丝已打开国际市场，但由于设备老化和管理落后，产量和质量都无法提高。于是他从1928年起，对永泰丝厂的设备、技术和管理等进行了改革。为了筹划改革方案，薛寿萱曾到日本考察，并劝说永泰丝厂的其他主要经营者去日本考察。考察了日本缫丝厂后，“乃知我国工厂机械陈旧，不适现代之用”。③ 1929年，永泰从日商增泽商店购进长工式煮茧机，并开始改小篗扬返。到1933年永泰系统各缫丝厂全部改为小篗扬返。

为了培养熟练工人，建立”模范实验”工厂，1930年，薛寿萱以永泰丝厂名义出资40万元，在无锡兴建了“华新制丝养成所”。所谓“养成所”，实际上就是丝厂，主要招收女工加以培训。至于“养成所”的缫丝设备，薛寿萱决定自行仿制日本最先进的御法川式立缫车。该立缫车为20绪，是坐缫车的4倍。日本为了保持缫丝业的优势地位，禁止出口这种御法川式立缫车。永泰丝厂留日学生邹景衡等技术人员，从画报上得到了该机的图样，在上海环球铁工厂的协助下，试制成功了中国第一台立缫式丝车。此后，华新制丝养成所均使用这种先进的立缫车。

1931年，华新制丝养成所正式开工，首任所长为薛祖康，工务部长为邹景衡。该所招收的女工，在进行为期6个月的培训后，即可正式进入永泰系丝厂工作。在华新

---

①② 易廷鉴:《江苏省蚕业之回顾与前瞻》,《江苏省实业厅半月刊》第二期,1932年2月29日,第2页。

③ 高景岳、严学熙编:《近代无锡蚕丝业资料选辑》,江苏人民出版社、江苏古籍出版社1987年版,第326页。

制丝养成所成立后的五六年内，共培训女工3000多人。[①]

除了永泰系丝厂外，江苏其他一些缫丝厂也纷纷进行改革。从1929年起，无锡乾甡丝厂开始引进外国的先进设备，先后购买了美国钦纳兄弟公司出产的用于检验生丝质量的“黑板机”，日本产长工式煮茧机、千叶式煮茧机。从此，该厂由童工劳累的打盆索绪改为煮茧机械化。1932年，乾甡丝厂还安装了复摇缫丝车，改直缫为再缫，以适应国际市场的需要。

无锡瑞纶丝厂原来是一所大篗直缫的旧式工厂。1932年在丝业衰退中，厂主吴申伯已意识到改进设备的必要性，于是瑞纶丝厂在江苏女子蚕校的协助下，委托无锡合众铁工厂和上海环球铁工厂研制出蚕式立缫车，经试用，效果颇佳。

此后，江苏省立女子蚕丝学校与瑞纶厂商定，由女蚕校承办改造瑞纶丝厂，“经营上分资产（建厂屋）、丝蚕、加工三个部门分别负责。资产方面，必须把所有设备以现代化为目标，以合理的折旧计算，定为适当的租金。加工方面，必须提高生丝品质，减少加工成本。其加工生产部门，完全由[女蚕校]推广部负责经营，宛如租厂经营代缫的性质。产业、设备部门，完全由推广部负责改造，由双方协定其折旧金额。丝蚕推销收购原料部门，对生丝推销，由吴氏负责，对蚕茧收购，由推广部协助其技术改进”[②]。经过改造，瑞纶丝厂改名为玉祁制丝所，成为继“华新制丝养成所”之后又一家立缫丝厂。

江苏缫丝业在改造旧设备的同时，还注重培养和吸收人才。永泰系丝厂在这方面尤其突出。尚在“华新制丝养成所”成立以前，薛寿萱即在永泰丝厂开设练习班，训练练习生。薛祖康任班主任，并兼国文及工厂管理教员，邹景衡教授制丝学，赵南教授日文。练习班共办了8期，每期毕业约20人。

薛寿萱曾留学美国，在管理永泰系丝厂时，他将在美国学到的管理经验运用到工厂管理中。他召集一批专家，聘任为工厂的技术管理骨干。其中主要有经营蚕茧方面的周元勋（时任江苏省无锡县蚕桑模范区副主任）、收茧行家袁端甫、工人生活管理行家朱钰宝（留美女学生，曾在上海工部局任职）、缫丝专家邹泰仁（毕业于日本东京高等蚕业学校）等等。薛寿萱等一批留学生，将国外的先进管理方法带到永泰系丝厂，他们重视技术与管理，注重产品质量，层层把关，在工厂实行奖惩制度，使永泰系丝厂在江苏缫丝业不景气的情况下，仍能坚持生产，最终渡过了难关。

以往江苏生丝的外销，大都通过上海的洋行。这种销售方式存在两大弊端，一是厂家与国际市场相脱离，市场信息不灵；二是生丝价格操纵在洋行手中。为了改变这

① 高景岳、严学熙编：《近代无锡蚕丝业资料选辑》，江苏人民出版社、江苏古籍出版社1987年版，第329页。

② 高景岳、严学熙编：《近代无锡蚕丝业资料选辑》，江苏人民出版社、江苏古籍出版社1987年版，第330页。

种受制于人的状况，1929 年至 1930 年间，永泰、乾甡、瑞纶丝厂先后与上海通运公司合作，各厂分别在通运公司投资 5000 元，由通运公司运丝到美国，直接销售给各家丝织厂。

为了进入国际市场，1933 年，无锡永泰丝厂投资 5 万元，在美国纽约成立“永泰公司”，直接销售永泰生丝。此后，永泰公司又在纽约交易所购得经纪人席位一个，直接介入美国的生丝交易。此外，永泰公司还在法国、英国、澳大利亚等国确定了销售代理人，作为永泰产品的代理商。

经过销售方式的改革，无锡的一些丝厂获利颇丰。1931 年，华新丝厂外销的一批 300 件生丝，经外汇结算后的纯利润，比经过洋商销售的其他同业，超过一倍以上。①

在江苏缫丝业进行自身改革的同时，国民政府及江苏省政府也采取了一系列措施，以挽救衰退中的缫丝业。1932 年，在国民政府行政院第 18 次会议上，原则通过了由实业部长陈公博提出的救济江浙蚕丝业办法案。该提案指出：“中国为蚕丝生产之国，蚕丝事业向占极重要地位。每年生丝出口，价值达一万数千万两，居出口货之第二位。近年以来，外受日丝竞争之打击，及世界经济衰落之影响，内以灾害连年，茧量歉收，原料不良，以致蚕丝事业日见衰败，对外贸易，一落千丈。益以本年上海事变，所有江浙两省蚕丝事业遂陷绝境。……江苏蚕丝事业之重要，略次于浙省，而直接间接依赖斯业者，亦近四十县。是蚕丝业之盛衰，其予江浙两省，关系至为重要，而于国家经济，亦有重大影响，急应设法救济，俾吾国蚕丝事业，免至破产。”提案提出“准予江浙两省政府发行江浙丝茧定期兑换券一千万元，以利收买鲜茧，而利蚕户；豁免生丝出口税及增加外洋入口人造丝入口税”②等救济办法。

1931 年 3 月 11 日，国民政府财政部、实业部发行“民国二十年江浙丝业公债”800 万元。1932 年 10 月 1 日，江苏、浙江两省政府发行“民国二十一年江浙丝业短期公债”300 万元，以救济江浙两省丝业，便于收购蚕茧、改造设备。为了减轻蚕丝业负担，1935 年国民政府铁道部降低蚕丝业运价，其中“鲜桑业一项，从前原列二等运价，现已改列为五等，所减去之运费，各路有多至百分之六十二，少亦百分之四十”，“蚕子原列一等运价，现改为二等，所减去之运费，各路有多至百分之七十九，少亦百分之五十七”③。

① 高景岳、严学熙编：《近代无锡蚕丝业资料选辑》，江苏人民出版社、江苏古籍出版社 1987 年版，第 361 页。

② 行政院档案：《行政院抄发实业部救济江浙蚕丝业办法提案给江苏浙江省政府训令》，中国第二历史档案馆藏。

③ 中国第二历史档案馆编：《中华民国史档案资料汇编》第五辑第一编“财政经济”（六），江苏古籍出版社 1994 年版，第 262—263 页。

蚕种的优劣，直接关系到蚕茧及生丝的质量。1929 年后，江苏省农矿厅在无锡、吴县、吴江、常州、丹阳、昆山等八县，设立县育蚕场，并于江都设立江苏省立蚕桑试验场，于无锡设立省立蚕丝试验场及蚕种检验所，同时要求各场分设蚕桑指导所 30 余处，以改进蚕桑品种，提高质量。① 1930 年春，江苏省农矿厅在无锡设立"江苏省蚕丝取缔所"，同时颁行《江苏省取缔蚕种业暂行办法》及《施行细则》，对蚕种生产者实行许可证制度，对劣质蚕种的生产和销售严加禁止。1933 年春，江苏、浙江两省政府成立了苏浙蚕业联合统制委员会，作为苏、浙两省蚕业统制的最高机构。嗣后，1934 年 2 月，江苏省政府设立"江苏省蚕业改进管理委员会"。根据《江苏省蚕业改进管理委员会组织规程》的规定，该委员会的职掌为："（一）关于秉承实业部及根据江浙蚕业统制委员会所拟定之改进方案或原则，斟酌情形，按步实施事项；（二）关于本省蚕种之审择及分配事项；（三）关于本省各县养蚕指导所之设置事项；（四）关于规定茧价之标准及监督茧行之收茧事项；（五）关于筹划改进及指导经费事项；（六）关于其他本省蚕丝业之改进事项。"②

蚕业统制机构设立后，江苏省先后颁布施行了《江苏省蚕种统制办法》和《江苏省蚕行统制办法》，从生产和销售两个环节，取缔劣质蚕种和蚕茧。在取缔劣质蚕种的同时，江苏省还于 1934 年 4 月设立了"无锡蚕桑模范区"，在"模范区"下又设立了五个中心指导所，"管理蚕业改进之基础，切实改善蚕农技术，增加蚕农利益，使蚕业经营合理化，以谋蚕业之复兴"。蚕桑指导所设立后，"成绩颇著，及得农民信仰"，"一般农民已有领导，育蚕技术，亦渐见进步"③。

由于江苏缫丝业自身的改革以及政府的统制和指导措施，再加上世界经济开始复苏，从 1935 年起，江苏的缫丝业也开始复苏，生丝出口逐渐增加。据美国全国织物联合会公布的数据："一九三五年七月至八月，中国丝（仅上海丝）输入美国计二千三百四十包，比之去年同期之七百四十二包，激增百分之二百十五点三。此数与日本丝输美额七万八千八百零四包虽尚不及其百分之三，但日本本年七八两月之输出额比之去年仅增加百分之十一点九。此未始不是中国丝渐呈起色之现象。""考其中国丝在美最近激增之原因，即为价值之比较日本丝贱若干。即据最近纽约生丝市场，自九月九日至十四日一周，中国上海'21 中 78 点'生丝平均现物市价为每磅一点七美元。即中国丝比日本仅贱美金四分。"④

---

① 高景岳、严学熙编：《近代无锡蚕丝业资料选辑》，江苏人民出版社、江苏古籍出版社 1987 年版，第 349 页。

② 高景岳、严学熙编：《近代无锡蚕丝业资料选辑》，江苏人民出版社、江苏古籍出版社 1987 年版，第 262 页。

③ 高景岳、严学熙编：《近代无锡蚕丝业资料选辑》，江苏人民出版社、江苏古籍出版社 1987 年版，第 292—293 页。

④ 高景岳、严学熙编：《近代无锡蚕丝业资料选辑》，江苏人民出版社、江苏古籍出版社 1987 年版，第 365 页。

上海是江苏生丝最主要的出口地。1934 年，通过上海出口的江浙白厂丝为 10863 包，而 1935 年则激增至 38006 包。

1934—1935 年上海生丝出口统计表

生丝别	1934 年出口数(包)	1935 年出口数(包)	增减(%)
江浙白厂丝	10863	38006	228.80
其他白厂丝	30	140	366.67
辑里丝	1354	3983	194.17
白土丝	950	1684	77.26
江浙黄厂丝	89	84	−5.62
其他黄厂丝	2094	1701	−18.77
黄丝	1370	1691	23.43
黄土丝	3254	3247	−0.22
灰丝	1896	2380	25.53
双宫丝	1432	2096	46.37

资料来源：《江苏建设月刊》第三卷 第三期，1936 年 3 月 1 日。

从全国生丝出口量及出口值中，亦能反映出缫丝业的复苏。1934 年，中国生丝出口量为 5.4 万担，价值 2351.9 万两，而 1937 年，全国生丝出口量上升为 6.9 万担，出口值达到 4586.6 万两。[①] 就出口值而言，1936 年的出口量虽不及 1935 年，而出口值却有所增加，这说明国际生丝市场的价格在逐渐上扬。

在蚕丝业复苏的情况下，江苏原来一些停工的工厂也纷纷开工恢复生产，且获利颇丰。以无锡为例，1935 年"春蚕讯后，各厂力谋复业达三十余家，乃秋后茧价大涨，业余茧者更居奇以待善价而沽。……至各丝厂及业茧业者，上年结束，均获盈利，多至十余万元，少亦数万元，薛氏经营之丝厂盈余之数在百万元以上"[②]。

正当江苏蚕丝业渡过了衰退期，出口渐有起色的时候，日本发动了全面的侵华战争，从此，江苏的蚕丝业陷入了日伪的魔掌。

三 面粉工业

机制面粉业是江苏的支柱性产业之一。1927—1936 年，江苏的机制面粉业仍然

① [美]李明珠：《中国近代蚕丝业及外销(1842—1937)》，上海社会科学院出版社 1996 年版，第 96 页。

② 高景岳、严学熙编：《近代无锡蚕丝业资料选辑》，江苏人民出版社、江苏古籍出版社 1987 年版，第 376 页。

处于缓慢发展阶段。这一时期,江苏面粉业由于地理位置的不同,以及产品销售地区的不同,其自身发展也不平衡。

从江苏面粉业的厂家数来看,1927 年至 1929 年的 3 年间,江苏没有设立新的面粉厂。1930 年后,江苏各地先后新设立了 6 家面粉厂,分别是 1930 年在南京设立的扬子面粉厂以及太仓面粉厂、1930 年在常州设立的鼎泰面粉厂、1933 年在江都设立的扬州面粉厂、1936 年在无锡设立的广丰面粉厂以及同年在苏州设立的太和面粉厂。①

1927—1936 年,中国面粉工业发展的大环境对江苏面粉业不利。就面粉的进口数量而言,1927—1936 年,外国面粉的进口数量总体呈上升趋势,其中 1929 年达到历史最高点,为 11935296 关担,1930—1932 年,外粉进口量虽回落到年均 557 万关担,但仍超过 1928 年以前的水平。外粉的大量输入是造成江苏面粉业发展缓慢的重要原因之一。在外国面粉大量输入的同时,中国每年也有一定数量的面粉出口国外,但出口量远低于进口量,因而造成中国面粉的大量入超。从 1934 年起,外粉进口才呈下降趋势。

1927—1936 年中国面粉进出口量及入超量统计表

年　份	进口量(关担)	出口量(关担)	出入超(关担)
1927	3824674	118099	−3706575
1928	5984903	85633	−5899270
1929	11935296	26748	−11908548
1930	5188174	4685	−5183489
1931	4889275	25014	−4864261
1932	6636658	541322	−6095336
1933*	1957113	397408	−1559705
1934	595748	64572	−531176
1935	510496	3863	−506633
1936	310068	92172	−217896

资料来源:中国科学院经济研究所等编:《旧中国机制面粉工业统计资料》,中华书局 1966 年版,第 70—71 页。

* 1933 年起单位改为公担。

在外国面粉大量涌入的情况下,江苏一些实力较小的面粉厂不得不停业、转让。以无锡为例,1931 年该地仅有 4 家面粉厂开工生产。即使这些勉强开工的面粉厂,其产量也达不到应有的生产能力。30 年代初,无锡各面粉厂年生产能力为 420 万包,而

---

① 上海市粮食局等编:《中国近代面粉工业史》,中华书局 1987 年版,第 448—458 页。

实际产粉为276万包，仅为生产能力的66%；南京各面粉厂的年生产能力为290万包，而实际产粉238万包，为生产能力的82%。江苏其他地区各面粉厂情况稍好，其年生产能力为531.6万包，实际产粉490.5万包，为生产能力的92%。①

造成上述各地面粉业生产发展不平衡的主要原因在于原料的供应。无锡、南京等地以种稻为主，小麦产量甚少，而苏北等地区小麦种植较多，原料丰富。这种原料供应的不平衡，导致了各地生产发展的不平衡。②

1927年南京国民政府成立后不久，即宣布禁止面粉北运，虽然此项禁运令不久即被取消，"而其影响已使洋粉输入聚增，粉业呈报不安之现象"③。1931年"九一八事变"后，日本侵占了中国东北，并在东北设关，对国产物品输入东北者开关征税，使东北市场面粉销路断绝。对于以东北、华北为重要销售市场的无锡面粉业来说，无疑是一个沉重的打击。而江苏其他地区面粉业的产品销售主要以本埠或邻近地区为主，因此所受影响不大。1929年世界经济危机爆发后，国产面粉在国际市场上销售受阻，这对无锡面粉业来说又是一个沉重的打击。上述原因，造成了苏南无锡等地面粉业发展缓慢，而江苏其他地区面粉业发展相对较快的状况，从而导致了这一时期江苏面粉业发展不平衡的局面。

造成江苏面粉业发展缓慢的原因，除了外粉的竞争、东北市场的丧失、世界经济危机的影响外，还有以下几个方面的原因。

第一，面粉业赋税的沉重。南京国民政府成立后，即宣布裁撤厘金。裁厘本为减轻企业负担，然而国民政府为了弥补裁厘后财政的损失，开征了特税，这非但没有减轻企业的负担，反而加重了面粉业的负担。为此，各地面粉业纷纷要求政府减免赋税。上海市面粉业同业公会和苏浙皖内地机制面粉厂公会在1931年7月25日致国民政府实业部的呈文中称：

> 窃查吾国自逊清甲午以后，小麦始征产销税，每担银四分。而面粉则通行全国，概免厘金。至民国十七年七月，始奉部令，小麦免税改征特税，每包大洋一角。考世界各国小麦、面粉例不征税，但对于外粉进口则征税甚重。当颁布麦粉特税条例时，正北伐告战，建设伊始，商民之表示服从，原冀统一后，政府自动废止，以应世界之潮流，而慰商民之渴望。乃征税以来于今三年，粉商尽义务不可谓不多，而对于外粉至今仍无进口税，听其尽量输入，实行倾销。中国面粉工业

①② 《中国实业志》(江苏省)第八编，实业部国际贸易局1933年编印，第352页。

③ 上海社会科学院经济研究所编：《荣家企业史料》上册，上海人民出版社1962年版，第205页。

尚在幼稚,何力抵抗,且麦粉之征特税,本为抵补麦厘起见。今营业税粮食项下,小麦并未除外,虽征税之性质、名目不同,而实际上等于已恢复以前麦厘状况。查营业税对于粮食只征千分之二、三例,以麦粉每包纳统税一角,即征百分之三,相去奚啻霄壤。况粉号运粉须纳营业税后方准行销,是小麦有税,麦粉出厂有税,行销又有税,一物三税,而谓商民能胜负担乎。现值金价腾贵,五金物料无一不昂,粉厂成本加重,而销售则因外粉之倾销无法抵制,再加统税百分之三,厂商岌岌不可终日,担负困难,国家不得已始征及民食,应请将麦粉统税税率酌情减轻,以示宽大,商业民生均有裨益。一方面对于外粉进口则援各国先例,重征进口税,以塞漏卮。[①]

从上述呈文中不难看出面粉业负担的沉重。

第二,面粉价格的不断下跌。20 年代以来,国内面粉价格呈上升趋势,到 1927 年达到最高点。以上海面粉市场为例,1927 年上海面粉市场每包面粉的价格为 3.258 元,为历年的最高点。此后,面粉价格呈下跌趋势,到 1934 年,每包面粉的价格仅为 2.241 元。其后,面粉价格才逐渐回升。

1927—1937 年上海市场面粉价格表

年　　份	面粉价格(元/包)	年　　份	面粉价格(元/包)
1927	3.258	1933	2.404
1928	3.073	1934	2.241
1929	3.149	1935	2.546
1930	3.431	1936	3.368
1931	2.963	1937	4.073
1932	2.774		

资料来源:中国科学院经济研究所等编:《旧中国机制面粉工业统计资料》,中华书局 1966 年版,第 144 页。

面粉价格的下跌主要是由于外国面粉的激烈竞争所致。在上海市场,美国及加拿大面粉的销售价格通常比国产面粉低。详见下表。

① 中国第二历史档案馆编:《中华民国史档案资料汇编》第五辑第一编"财政经济"(六),江苏古籍出版社 1994 年版,第 283 页。

1927—1931 年上海市场中外面粉价格比较表　　单位：元

年　份	上海粉	美国粉	加拿大粉	上海粉与美粉差价	上海粉与加粉差价
1927	2.346	2.337	—	0.009	—
1928	2.213	2.168	2.148	0.045	0.065
1929	2.272	2.266	2.218	0.006	0.054
1930	2.479	2.486	2.433	−0.007	0.046
1931	2.149	2.135	2.085	0.014	0.064

资料来源：中国科学院经济研究所等编：《旧中国机制面粉工业统计资料》，中华书局 1966 年版，第 147 页。

1931—1934 年上海市场中外面粉价格比较表　　单位：元

年　份	红日当天牌(美)	金钟牌(加拿大)	茂新绿兵船牌(无锡)	申大双马牌(上海)
1931 年全年	2.984	2.914	3.005	2.977
1932 年全年	2.729	2.677	2.739	2.712
1933 年 1 月	2.717	2.682	2.822	2.787
1933 年 2 月	2.643	2.643	2.696	2.661
1933 年 3 月	2.517	2.483	2.500	2.500
1933 年 4 月	2.449	2.407	—	—
1933 年 5 月	2.450	2.400	—	—
1933 年 6 月	2.450	2.400	—	—
1933 年 7 月	—	—	2.363	—
1933 年 8 月	—	—	2.275	—
1933 年 9 月	—	—	2.263	—
1933 年 10 月	2.200	2.175	2.150	2.125
1933 年 11 月	2.225	2.200	2.200	2.175
1933 年 12 月	2.263	2.213	2.275	2.250
1933 年全年	2.419	2.381	2.394	2.249
1934 年 1 月	2.163	2.113	2.163	2.138
1934 年 2 月	2.163	2.113	2.163	2.138
1934 年 3 月	2.075	2.025	2.075	2.050

资料来源：中国科学院经济研究所等编：《旧中国机制面粉工业统计资料》，中华书局 1966 年版，第 148 页。

由上表可以清楚地看出，国产面粉在洋粉的激烈竞争下，不得不低价销售，这进一步加重了中国面粉业的困难。面粉业主叫苦不迭。中华工业总联合会 1934 年 5 月 2 日在呈实业部文中称："窃中国机制面粉，两月以前，由市价每袋二元三角跌至每袋二元另五分，开历来未有之记录。揆其原因，有谓供过于求及洋麦跌价，有谓农村破产及购买力虚弱，但事实几经调查与剖判，得考知其价跌之主要原因，则完全系实业受虚业之压迫，中间于跌价之过程中，在交易所市场内，多头筹码，不能与空头轧平，遂造今日一跌不涨之局势。……粉厂于此情况下，惊慌失措，怨声交加。长此以往，倘政府不为筹维救急，则将于短时期内，全国粉厂可一溃无余，而三十年来国人所经营缔造之粉业，亦将于此永绝其生命。"[①]苏浙皖内地机制面粉厂公会 1934 年 7 月 4 日也在呈实业部文中称："窃我内地面粉厂自东北沦陷以后，华粉销路已受重大之打击，益以洋粉倾销，农村破产，民众购买力薄弱，销路日益呆滞，以致存粉充斥，粉价惨跌，为空前所未有，粉厂营业之凋敝已与棉纺织厂有同一之现象。"[②]由此可见，粉价的下跌是造成中国面粉业经营困难的重要原因之一。

第三，中国机制面粉业虽然发展了几十年，但土磨坊仍有相当大的势力，并未被机器面粉业所取代。在二三十年代，机器面粉厂的产量呈增长趋势，但这种增长并不是排挤土磨坊的结果。土磨坊的产量长期以来稳定保持着庞大的数量，并超过机制面粉业的产量。土磨坊仍然处于手工业的生产形态，其经营方式主要为小规模生产商品面粉以及代客加工，其产品的销售也以本地为主。土磨坊的生产规模虽然小，但磨坊数量却相当庞大，其产量约占中国商品面粉总产量的四分之一至三分之一。土磨坊的大量存在，挤占了机器面粉业的市场。

在机制面粉业发展的同时，以自给自足为主要目的的自然经济面粉业依然保持着强大的势力。自然经济面粉业以家庭为生产单位，其产品主要为自己食用，多余部分才作为商品销售。如果将中国面粉总产量按商品面粉和自然经济面粉加以区分，则可清楚地看出自然经济面粉业势力的强大。从 1913 年到 1936 年，自然经济面粉产量占全国面粉总产量的比重均超过半数，这种强大势力，阻碍了中国机制面粉业的进一步发展。

---

① 中国第二历史档案馆编：《中华民国史档案资料汇编》第五辑第一编"财政经济"（六），江苏古籍出版社 1994 年版，第 284 页。

② 中国第二历史档案馆编：《中华民国史档案资料汇编》第五辑第一编"财政经济"（六），江苏古籍出版社 1994 年版，第 286 页。

1913—1936 年面粉业各经济类型生产量比重变化表

项　　目	1913 年	1921 年	1936 年
总产量合计(千包)	213642.03	247197.28	309980.99
1. 商品面粉(%)	45.64	45.15	46.30
机器面粉生产(%)	10.05	18.36	18.40
机器磨坊生产(%)	0.19	1.13	2.21
土磨坊生产(%)	35.40	25.66	25.69
2. 自然经济面粉(%)	54.36	54.85	53.70

资料来源:上海市粮食局等编:《中国近代面粉工业史》,中华书局 1987 年版,第 105 页。

上表表明,机制面粉业产量的增加,只是来自面粉消费总量的增长,而不是排挤、取代土磨坊和自然经济面粉业的结果。这种势力强大的土磨坊和自然经济面粉业的存在和发展,使机制面粉业的市场无法进一步扩大,阻碍了机制面粉业的发展。

四　其他轻工业

火柴业

20 年代以来,江苏的火柴业发展较快。1927 年前,江苏原有 3 家火柴厂,分别设立于苏州、南通和镇江。1927 年后,江苏各地先后又新设立了 5 家火柴厂,其中苏州 2 家,江都、徐州、赣榆各 1 家。然而,正当江苏火柴业稳步发展的时候,瑞典火柴开始大量输入中国。一次大战结束前,在中国进口的火柴中,日本火柴数量最多,每年进口达 27 万多箱,占全国进口火柴总量的 80%。[①] 1919 年"五四运动"以后,由于受到历次抵制日货的打击,日本火柴的进口量逐年下降,到 1928 年,下降为 17 万箱左右。在日本火柴进口量逐年下降的同时,瑞典火柴的进口量却不断增加。瑞典是欧洲的一个小国,而其火柴业却十分发达,拥有几百家火柴厂及火柴原料厂。当时,瑞典火柴几乎垄断了全世界的火柴市场。1919 年前,瑞典火柴输入中国的数量仅占中国火柴进口总量的 0.17%,此后,瑞典火柴厂商趁日本火柴在中国市场份额减少的时机,大举进军中国市场。到 1930 年,瑞典火柴的进口量已占到中国火柴进口总量的 27.13%。

瑞典火柴业在其产品大量输入中国的同时,还在中国收购火柴厂,以便就地生产和销售。1928 年,瑞典火柴厂商在中国东北大举收购日商火柴厂,大量生产廉价火柴倾销东北、华北地区。与此同时,瑞典厂商还在上海、香港等地囤积了大量火柴,低价向华中、华南地区倾销,以挤垮中国民族火柴工业,其火柴的销售价格,有些甚至

① 张圻福、韦恒:《火柴大王刘鸿生》,河南人民出版社 1995 年版,第 35 页。

"跌至成本之半"。[①] 此外，瑞典厂商为了进一步挤占中国市场，又设法在中国的经济中心上海收购了日商火柴厂，企图利用上海便利的交通条件将瑞典火柴打入中国内地省份。

在瑞典火柴厂商的激烈竞争下，中国民族火柴业陷入了困境，一些规模较小、设备简陋的火柴厂家纷纷倒闭或停产。根据全国火柴业联合会的调查，截至 1929 年，全国倒闭或停产的火柴厂共有 38 家，其中江苏(包括上海)有 9 家。[②]

陷入困境的民族火柴业为了摆脱困境，纷纷向政府请愿，要求政府采取措施，阻止外国火柴的倾销。1930 年 6 月 12 日，苏州火柴业工会、镇江荧昌火柴工会、上海浦东大华火柴厂等致函国民政府称："呈为外商设火柴厂于中国，实行经济侵略，中华全国数百万火柴工人命危旦夕，不得已特行前来请愿，请求钧府力予救济，以期援助劳工生存事。窃属会等于十八年十一月为瑞典火柴大批运入贬价贱售，侵略日亟，曾经呈请钧府力予设法救济在案。近悉瑞商在上海周家渡地方，收买前日商燧生火柴厂地，扩大范围，购地二三十里，厂内制造全用机器(不用人工)。该商以上海为吾国之商业之中心，销运非常便利，设厂于此，就可制吾国火柴业之死命……请求钧府严行设法制止，并通令全国各级党政机关、各团体一律购用国货火柴，抵制外国火柴。"[③]

在吁请政府设法救济的同时，中国的火柴业经营者也认识到了在与外国火柴业竞争中自身的不足。中国火柴业规模较小、设备简陋、成本较高。为了扩大生产规模、降低生产成本，中国火柴业开始走上联合之路。1928 年，上海火柴大王刘鸿生与荧昌火柴厂主朱子谦联合发起成立了"江苏火柴同业联合会"。1929 年 11 月，辽宁、吉林、广东、山东、江苏、安徽、江西、浙江、河北、河南等十余省的代表集会上海，商讨"挽救国货火柴业之方案"。在这次会议上，与会代表决定成立"中华民国全国火柴同业联合会"，并通过了联合会章程。会议推举刘鸿生为联合会常务委员会主席。同年 12 月，全国火柴同业联合会向国民政府工商部呈请备案，呈文中称："窃以火柴业受外商经济侵略，已有不能维持之势，各厂停工倒闭，前后相望，处兹阽危，亟应联合全国，一致进行，共谋挽救。举凡外货侵害应如何抵抗，国货停销应如何提倡，以及技术之改良，业务之联络，均非集思询谋，无以收通力合作之效，非共任艰巨，无以挽千钧一发之危。"[④]

---

① 张圻福、韦恒：《火柴大王刘鸿生》，河南人民出版社 1995 年版，第 35 页。

② 张圻福、韦恒：《火柴大王刘鸿生》，河南人民出版社 1995 年版，第 36 页。

③ 中国第二历史档案馆编：《中华民国史档案资料汇编》第五辑第一编"财政经济"(六)，江苏古籍出版社 1994 年版，第 337 页。

④ 中国第二历史档案馆编：《中华民国史档案资料汇编》第五辑第一编"财政经济"(六)，江苏古籍出版社 1994 年版，第 326—327 页。

全国火柴同业联合会成立不久，1929 年 12 月，刘鸿生分别致函荧昌、中华火柴公司的董事长、总经理，提出三家公司合并的建议。荧昌和中华公司均表示赞同。1930 年 7 月，鸿生、荧昌、中华三家火柴公司正式合并，并改名为大中华火柴公司，资本总额达 191 万余元。由于三家公司的合并，镇江荧昌厂、苏州鸿生厂均成为大中华火柴公司的下属厂。此外，刘鸿生还收购了业已停工的扬州耀扬火柴厂。

在大中华火柴公司成立后的几年里，几乎每年均向下属各厂投资，增添设备，其中大中华镇江荧昌厂改造了齐梗房，添购了旋转理梗机、新型球式磨磷机以及动力设备。大中华苏州鸿生厂添设了磨磷机、新式糊机、轧碎机、升降机、旋转理梗机等等。

设备的改进和生产技术的提高，使大中华火柴公司的产量大大增加，而成本却不断下降。如果将大中华公司镇江荧昌火柴厂与其他火柴厂进行比较，即可看出大中华公司的生产效率。

大中华公司镇江荧昌厂与其他火柴厂生产效率比较表

厂　　名	年产量(箱)	工 人 数	人均年产量(箱)
大中华镇江荧昌厂	20000	606	33.03
南通通燧火柴厂	4500	310	23.90
徐州江北火柴厂	3340	200	16.70

资料来源：张圻福、韦恒：《火柴大王刘鸿生》，河南人民出版社 1995 年版，第 49 页。

设备的更新与技术的进步，还使大中华公司的产品质量大幅度提高，该公司不仅能生产普通火柴，而且还能生产高级药水梗火柴，这在当时中国民族火柴业中是第一家。

经过联合与改造，大中华火柴公司发展迅速，产销量猛增。据统计，1930 年大中华火柴公司四家厂(上海荧昌厂、镇江荧昌厂、苏州鸿生厂、周浦中华厂)的年产量为 122037 箱，占全国火柴总产量的 22.43%，为华中地区火柴总产量的一半。该年大中华公司 4 厂共销售火柴 111052 箱，占全国火柴总销售量的 22.25%，为华中地区火柴总销售量的一半。①

正当中国民族火柴业走向联合，以抵御外国火柴竞争的时候，1931 年 1 月，南京国民政府为保护民族火柴业，又将火柴进口关税从 7.5%提高到 40%，这对外国火柴业来说无疑是一个沉重的打击。由于火柴进口关税的提高，外国火柴的进口量逐年下降。

---

① 张圻福、韦恒：《火柴大王刘鸿生》，河南人民出版社 1995 年版，第 51 页。

1930年,外国火柴的进口量为176661箱,此后火柴进口量不断下降,1931年为50521箱,1932年为7351箱,1933年更降为1461箱,1934年稍有回升,为2196箱。[①]

随着外国火柴进口量的减少,江苏民族火柴业的产量呈回升之势,并逐渐将已被外商挤占的市场夺了回来。详见下表。

1931—1934年江苏、上海火柴业产量及外商产量比重表

类　别	1931—1932年(箱)	1932—1933年(箱)	1933—1934年(箱)
华　厂	112554.0	158637.1	140624.0
外　厂	30479.5	44312.2	21815.5
外厂比重	21.31%	21.38%	13.43%

资料来源:陈真编:《中国近代工业史资料》第4辑,三联书店1961年版,第642页。

由于瑞典火柴低价倾销的势头得到了遏制,火柴价格呈回升之势。1929年,国内上等乙级安全火柴的价格由上年的每箱30元跌至24元。此后,由于国民政府大幅度提高火柴进口关税,瑞典火柴的价格上涨,1931年1月涨至每箱67.77元,2月更涨至77.26元。与此同时,华商火柴的价格也随之上涨。以大中华镇江荧昌火柴厂所产上等乙级安全火柴"渔樵"牌为例,1931年3月,每箱价格涨至65.30元。在此后的几年中,"渔樵"牌火柴的年平均价格维持在每箱50元至60元之间。[②]

20年代末以来,江苏火柴业通过合并、改组,扩大了生产规模,提高了产品质量,降低了生产成本,再加上国民政府大幅度提高了火柴进口关税,使江苏火柴业逐渐摆脱了困境,并得到进一步发展。

机器碾米业

从20年代后半期到30年代前半期,江苏的机器碾米业发展较为迅速。以往,上海碾米业较为发达,江浙地区的一些大米行号将稻谷运至上海托碾米厂代碾。20年代以来,柴油机及电动机开始普及,而且价格低廉,柴油机每部不过一千六七百元,电动机则价格更廉。一部20余匹马力的动力机即可拖动两部碾米机。况且国内一些机器厂亦能生产动力碾米机,尤其是在30年代初,无锡邹成泰机器碾米厂主邹颂范发明了谷米分清机,以代替旧时的人工米筛,其大者有门51个,每小时可分米35.7石,小者每小时可分米21石,相当于12人用人工筛米,因此,江苏的常熟、昆山、无锡、镇江等地纷纷设立机器碾米厂。由于电动机的不断普及,在江苏无锡、镇江等米市,一些较大的米行米店,也多能添购动力碾米机自行碾米,不再托碾米厂代碾。

---

① 陈真编:《中国近代工业史资料》第4辑,三联书店1961年版,第630页。

② 陈真编:《中国近代工业史资料》第4辑,三联书店1961年版,第648页。

上海碾米厂其稻谷须由苏、浙、皖等地运入,碾好后复行运出,碾米厂不仅要支付运费,而且还要给米客佣金,再加上上海的劳动力价格较高,生产成本也相应较高,因此,上海碾米业日渐衰落。反观江苏各地的碾米厂,其稻谷可直接在本地收购,人员工资也较上海为低,再加上江苏人口较多,且多食大米,市场广大。因此,在上海碾米业衰落的同时,江苏的碾米业却发展较快。到30年代,中国有上海、武汉、芜湖、无锡、镇江五大碾米业中心,江苏占其二,可见江苏碾米业发展之快。30年代初,江苏各地共有大小碾米厂258家。

1932年江苏各地碾米厂统计表

地　区	厂家数	资本额(元)	年碾米量(石)
无　锡	27	157000	700000
镇　江	25	53400	93500
南　京	39	111600	850000
昆　山	18	130000	740000
武　进	8	22000	80000
常　熟	11	未详	192100
江　阴	15	未详	150000
宜　兴	5	未详	200000
江　浦	3	3500	18000
苏　州	14	57350	151600
高　邮	15	101700	164300
高　淳	42	50000	85000
南　通	3	88000	250000
靖　江	1	10000	2500
阜　宁	1	500	20
兴　化	21	未详	105000
六　合	10	46500	60000

资料来源:《中国实业志》(江苏省)第八编,实业部国际贸易局1933年2月编印,第364—365页。

二三十年代,江苏的机器碾米业在发展过程中有两个特点:其一,厂家众多,而规模较小。就资本而言,在江苏(包括上海)的388家碾米厂中,资本额在500—1000元者,占总数的4.84%;1001—5000元者占49.09%;5001—10000元者占35.75%;10001—20000元者占7.27%;20000元以上者占3.05%。[①] 就工人人数而言,据不完

① 《中国实业志》(江苏省)第八编,实业部国际贸易局1933年2月编印,第367页。

全统计,江苏碾米厂平均每厂工人数为14人。由于碾米业生产有季节性,因此各厂工人大多为散工,忙时则来,闲时则去。其二,由于季节性原因,江苏碾米业每年开工期仅为4个月,因此,一些碾米厂还在闲时兼营其他业务,如米行、榨油、电灯、轧花、面粉等等,以充分利用动力设备。

榨油业

江苏为全国榨油业集中的地区之一,江苏各县均有榨油厂。据30年代初的统计,江苏各地共有榨油厂649家。详见下表。

1932年江苏各地榨油厂统计表

地　区	厂家数	资本额(元)	生产总值(元)
无　锡	8	183000	3370000
武　进	19	775000	5055000
丹　阳	20	120000	109500
昆　山	1	10000	103142
宜　兴	1	40000	237392
溧　阳	1	30000	188000
江　阴	25	50000	1005000
灌　云	7	175000	300000
阜　宁	17	88000	1426802
宿　迁	35	17500	1170000
邳　县	45	35000	353355
睢　宁	109	250000	1275500
兴　化	9	4500	100000
铜　山	105	350000	833000
丰　县	133	105000	200165
沛　县	35	17500	154000
南　通	3	490000	3306500
高　淳	34	170000	1000000
东　海	7	30000	742500
赣　榆	30	105000	470000
六　合	6	285000	354600

资料来源:《中国实业志》(江苏省)第八编,实业部国际贸易局1933年2月编印,第388—390页。

江苏榨油厂虽多，但生产发展缓慢。虽然许多榨油厂已使用机器榨油，但仍有一部分厂家依然沿用传统的畜力甚至人力榨油。这一时期，江苏榨油业发展缓慢的原因主要有以下几点：第一，生产受季节性限制。据资料记载，榨油业“每年至多只能开厂六个月，甚或只能开厂三四月者”，“旺月而外，各厂几皆歇业。以是之故，油厂之开支既不能紧缩，而收入则大形减少，此实榨油事业未能发展之一大原因也。”[①]第二，国际市场需求下降。江苏榨油业的产品主要包括油类和饼类。油类除供本地及国内其他省区外，尚有部分通过上海输往外国。饼类则大多出口日本等国。在 30 年代初，当世界性经济危机开始影响中国后，中国榨油业产品的出口锐减。以豆饼为例，在 1929 年至 1931 年的三年中，中国共出口豆饼 12427082 公担，年均为 4135694 公担，而到 1933 年则降为 37576 公担，1934 年又降为 23552 公担，到 1935 年更降至 4454 公担，直到 1936 年才回升为 213635 公担。[②] 就榨油业而言，饼类的产量较油类为多，绝对产值也多于油类。饼类出口量的暴跌，对江苏榨油业来说无疑是一个沉重的打击。第三，原料不敷供应。二三十年代，“我国每年所产棉子，为数不过三百万担，二十年因水灾之故，产量尚不及此数，而苏省各棉子榨油厂若尽量制造，则需二百万担，是则本国所产供本国制造，所余已属无几，今每年被日本收买者，达一百二十万担以上，宜乎苏省油厂因原料不敷而致暂时或永久停业者也。”[③]

由于上述原因，江苏榨油业举步维艰。就油类产量而言，在 1929 年至 1931 年间，江苏（包括上海）榨油业的油类产量不仅没有增加，反而出现负增长。

1929—1931 年江苏、上海油类产量统计表

名　称	1929 年		1930 年		1931 年	
	产量（担）	产值（元）	产量（担）	产值（元）	产量（担）	产值（元）
棉　油	592356	6385429	281315	4927618	211999	4027981
菜　油	62235	1350041	59061	1005425	50600	860200
豆　油	561224	6789510	541000	6987425	419363	5743289
生　油	79256	2049895	72113	1931504	63428	1141704
麻　油	48340	954321	45201	854329	38575	655775
总　计	1343411	17529196	998700	15706301	783965	12429949

资料来源：《中国实业志》（江苏省）第八编，实业部国际贸易局 1933 年 2 月编印，第 398 页。

---

① 《中国实业志》（江苏省）第八编，实业部国际贸易局 1933 年 2 月编印，第 338 页。

② 严中平编：《中国近代经济史统计资料选辑》，科学出版社 1955 年版，第 74 页。

③ 《中国实业志》（江苏省）第八编，实业部国际贸易局 1933 年 2 月编印，第 395 页。

造纸业

20年代以来，随着中国文化事业的发展，江苏新式造纸业开始兴起。1927年后，江苏造纸业虽然没有创办新厂，但原有企业在改组、扩充的基础上稳步发展，到30年代初，华盛造纸厂的资本已达30万元，华章纸板厂的资本达60万元，利用造纸厂的资本亦达50万元。[①] 在江苏三家造纸厂中，1927年后，除无锡利用造纸厂外，其余两家均进行了改组。1930年5月11日，苏州华盛造纸厂进行了改组。1931年9月，原华章纸板厂改组，并易名为大华纸板厂。此外，由于上海江南造纸公司发明了用芦苇造纸技术，1929年，该公司在镇江高资芦苇产区设立了分厂，专门制造芦苇浆，每日需用芦苇300担。[②]

就生产而言，20年代末，江苏造纸业在外国纸张大量进口的情况下，生产发展较为缓慢。1931年"九一八事变"后，国人掀起抵制日货运动，此后，外国纸张进口呈下降趋势。与此同时，国产纸张产量开始上升。

1929—1935年外国纸张输入值表 单位：千元

年份 纸别	1929	1930	1931	1932	1933	1934	1935
印刷用纸	31627	35301	38763	30529	21634	18210	20616
包扎用纸	8188	8142	20998	16880	15077	12020	10839
书写用纸	2737	3094	3639	2731	2892	3109	3110
美术用纸	2552	1664	3860	2401	2797	2007	1630
纸质货品	—	—	—	5318	5408	3872	7528
木　浆	39	39	11	816	1090	1484	1393
未列名纸	8251	10043	3481	728	1361	1913	2577
总　计	52294	58283	70752	59403	50259	42615	47693

资料来源：陈真编：《中国近代工业史资料》第4辑，三联书店1961年版，第533页。

江苏造纸业的产量虽因缺乏具体统计资料难以考察，但根据30年代初的调查，江苏三家造纸厂的产量已较前有了明显的提高。利用造纸厂已能生产连史纸、毛边纸和灰报纸，年产量约为5000令。华盛造纸厂可生产各类纸板，年产量约为4000吨。大华纸板厂亦生产各类纸板，年产量亦为4000吨。[③]

---

① 南京图书馆特藏部等编：《江苏省工业调查统计资料(1927—1937)》，南京工学院出版社1987年版，第287—290页。

② 《中国实业志》(江苏省)第八编，实业部国际贸易局1933年2月编印，第635页。

③ 《中国实业志》(江苏省)第八编，实业部国际贸易局1933年2月编印，第638—640页。

印刷业

20年代以来，在新文化运动的影响下，江苏的新闻出版事业发展迅速。同时，文化、教育事业也有了较快的发展。尤其是1927年国民政府定都南京，以及江苏省政府迁址镇江，更促进了江苏印刷业的发展。据20年代末的统计，江苏各地(不包括南京)共有大小印刷所133家，其中1927年后成立的达62家，几近半数。[①]

1927年国民政府定都南京后，在南京成立了几家大型官办印刷厂，如中央党部印刷所、中央日报社印刷所等。1928年，江苏省政府迁址镇江后，在镇江设立了江苏省政府印刷局等印刷机构。中央党部印刷所总资本达16万元，在江苏是实力最雄厚的印刷机构。中央日报社印刷所资本为5万元。1929年3月成立的江苏省政府印刷局，资本总额亦达3.5万元。这些官办的印刷机构，其资本远大于一般私营印刷厂。

官办的印刷厂印刷业务较多，并且有稳定的业务来源，一般不承接外来印刷业务。中央党部印刷所主要承印国民党各机关的文件、资料、布告等；中央日报社印刷所主要印刷《中央日报》；江苏省政府印刷局主要印刷江苏省政府各机关的文件、资料、刊物等，如《江苏省公报》、《江苏教育概览》、《江苏省建设厅法规汇编》等等。

除了官办的印刷机构外，1927年后，由于中央政府、江苏省政府，以及各社会团体的印刷业务较多，江苏各地一些商办的印刷机构应运而生。这些印刷机构主要承接官方的印刷业务，同时也印刷一些图书和刊物等。据30年代初的统计，江苏各地规模较大、资本额在10000元以上的印刷机构共有23家，详见下表。

1932年江苏省主要印刷机构一览表

地　区	厂　家	资本额(元)	备　注
南　京	京华印书馆	60000	
	中央党部印刷所	160000	官办
	南京印刷公司	30000	
	大陆印刷馆	50000	
	中央日报社印刷所	50000	官办
	仁德印刷所	10000	
	美丰印书馆印刷所	25000	
	华东印务局	18000	

① 《江苏各县印刷事业调查表》，南京图书馆特藏部等编：《江苏省工业调查统计资料(1927—1937)》，南京工学院出版社1987年版，第292—307页。

续上表

地　区	厂　家	资本额(元)	备　注
无　锡	锡成印刷公司	50000	
	协成印刷所	20000	
	中华印刷所	20000	
	民生印刷所	20000	
吴　县	中新印刷公司	15000	
	大苏印刷公司	15000	
	利苏印刷公司	20000	
	文新印刷公司	25000	
武　进	振群印刷所	15000	
镇　江	新苏印书馆	10000	
	江南印书馆	20000	
	省政府印刷局	25000	官办
铜　山	新中华印刷公司	20000	
	新徐印刷公司	15000	
	元章印刷所	15000	

资料来源:《中国实业志》(江苏省)第八编,实业部国际贸易局1933年2月编印,第1053—1054页。

在江苏商办的较具规模的印刷机构中,不少设备较先进的厂家都能承接到官方的印刷业务。如镇江江南印书馆承印了《江苏警察》、《苏农通讯》、《县政月刊》等官方刊物。而那些设备较陈旧的厂家,只能印刷一些单据、本子、信封信纸,以及一些地方小报等等。

1927年后,江苏虽然还有相当数量的小型印刷厂仍然采用旧式的石印机等无动力的设备,且生产仍停留在手工操作的水平上,但就总体而言,由于印刷设备的更新和技术的进步,1927年后,江苏印刷业的整体水平有了明显的提高,尤其是那些官办的印刷机构更是如此。例如,江苏省政府印刷局已采用电动印刷设备,拥有铅印机、铸字机、压纸机、浇铅版机等,且大多是当时先进的进口设备,因而技术先进,出品精良。1927年后,一些商办的印刷厂也纷纷添购设备,运用先进的印刷技术,以拓展业务。例如南京汉文正楷印书局在吸收了汉文正楷活字技术的基础上,灵活加以运用,打破了外国印刷厂对汉文正楷印刷的垄断。据30年代统计,江苏各地印刷机构已拥有铅印机、胶印机、凹版印机、印书机、印版机、白铁印机、浇铅印机、铸铅字机、雕锌版机、切纸机、订书机、雕刻机、电镀机、烫金机、磨铅皮机、落铅皮机、轧墨机、打眼机等印刷装订机械，其总体机械能力是 1923 年的 5 倍。[①]

五　基础工矿业

1. 电力工业

1927 年至 1937 年，江苏经济有了一定的发展，电动机的广泛使用，使工业用电的需求量剧增，电灯的普及亦刺激了人们对日常生活用电的需求，尤其是国民政府定都南京后，南京的党政机关、社会团体云集，用电量大增。在这些因素的作用下，为了满足各方面对电力的需求，1927 年后，江苏的电力工业有了较快的发展。

在江苏电力工业中，规模最大，发展最为迅速的首推建设委员会所属的首都电厂。

首都电厂 3300 伏发电机组

首都电厂原为“江苏省立南京电灯厂”，该厂设于南京西华门，并在南京下关设有“江苏省立南京电灯厂下关发电所”。1927 年南京国民政府将南京市由江苏省划出，成立“南京特别市”，并于同年将“江苏省立南京电灯厂”划归南京特别市管理，更名为“南京市电灯厂”。此时，该电厂用户仅为 3000 余户。由于电力供应不足，“灯光晦暗

① 《中国经济年鉴》(下)，《工业、文化工业》，1934 年版，转引自张宪文等：《民国时期江苏出版史》，江苏人民出版社 1993 年版，第 239 页。

日甚，全市深感不便，市民莫不怨声载道”[①]。1928年4月，国民政府决定将“南京市电灯厂”划归建设委员会管理经营，同时该厂更名为“首都电厂”。

建设委员会接管首都电厂后，先后投资170万元，对西华门发电所进行整理扩充。1929年3月，西华门发电所装机容量由656千瓦增至1255千瓦；下关发电所于1929年2月增设一台美国“奇异”公司制造的750千瓦汽轮发电机组，1930年又安装了一台瑞士制造的1600千瓦汽轮发电机组，使首都电厂的装机容量增加到4605千瓦。[②]

然而，扩充后的首都电厂仍不能满足南京及周边地区日益增长的用电需求。在这种情况下，1929年3月，建设委员会决定首都电厂筹建新发电所。为了建设新发电所，在原下关发电所旁购地50亩。建设新发电所需要较多的资金，建设委员会决定用发行电气公债的办法筹集资金。1929年12月23日，国民政府公布实施了《电气公债发行条例》，该《条例》规定：电气公债定额为250万元，年息8厘，期限为8年。这样，资金问题得以解决。接着，建设委员会同上海德商西门子洋行达成协议，下关发电所一期工程由德国西门子公司代为设计，并采用西门子公司的发电设备。

1931年8月，“首都电厂下关发电所扩建工程处”成立，经过两年的建设，1933年，第一台5000千瓦汽轮发电机组正式并网发电，同年，第二台5000千瓦汽轮发电机组也并网发电。至此，南京市的电力全部由下关发电所提供，西华门发电所的机组全部停机，设备分别拆往安徽省馒头山煤矿和淮南煤矿。

下关发电所一期工程结束后，建设委员会即开始着手进行二期扩建工程。二期工程全部由首都电厂的工程技术人员自行设计，设备经过招标，采用美国燃烧工程公司的两台50吨/时煤粉锅炉、德国西门子公司两台1万千瓦汽轮发电机组、英国茂伟公司等7家制造厂的电气设备和其他附属设备。二期工程自1934年动工兴建，经过一年多的紧张施工，第一台1万千瓦机组于1935年11月竣工发电。第二台机组于1937年秋安装完成。就在第二台机组准备发电之时，日军飞机轰炸了南京，下关发电所电气控制室被炸弹击中，该机组安装竣工后未能发电。下关发电所原有的三台机组于1935年至1937年分别被拆往西京电厂和江宁县上坊门，作为战时备用电力。

经过几年的扩建，到1937年，首都电厂共有4台机组，装机总容量达到3万千瓦。[③] 首都电厂不仅供应南京市区的全部电力，而且还架设电线，为龙潭的中国水泥厂和江北的永利硫酸铔厂提供电力。此外，1933年1月，首都电厂还在句容县开办了

---

① 《中央日报》1937年4月27日。

② 《下关发电厂志》，江苏人民出版社1994年版，第7页。

③ 《下关发电厂志》，江苏人民出版社1994年版，第10页。

分厂，安装了一台由西华门发电所拆卸的100千瓦发电机，向句容地区供电。

1937年5月14日，国民党中央政治会议决定，吸收银行界投资，与建设委员会合股，成立“扬子电气股份有限公司”，将建设委员会所属的首都电厂和戚墅堰电厂划归该公司管理经营，同时将首都电厂更名为“扬子电气公司首都电厂”。至此，首都电厂由“官办”改为“官商合办”。

戚墅堰电厂原为1923年商办的“戚墅堰震华电厂”。“在震华时代先后营业5年，始即以资本不足，借德商西门子洋行巨额债款，继与无锡耀明公司以契约及营业范围之故迭起纠纷，至十七年六月两公司合并为永兴公司，遂酿成停电风潮。”①1928年10月，建设委员会在震华股东及常州、无锡两地用户的请求下接办了震华电厂，并退还了商股。

建设委员会接办戚墅堰电厂后即着手进行整理和改造。1935年7月，戚墅堰电厂向德国订购的一台7500千瓦汽轮发电机组装竣发电，同时又订购了美国赖莱(Riloy)公司1020立方米锅炉一座，并于1936年装竣，投入使用。到1935年，戚墅堰电厂的装机总容量已达17100千瓦，②其供电范围也扩展到无锡、常州、武进、丹阳等市县。③

除了建设委员会所属的电厂外，1927年至1937年，江苏民营电力工业也有了较快的发展。

镇江大照电气公司是江苏省规模较大的电厂之一，就其资本而言，1923年大照电气公司总资本为35万银元，1927年大照公司增加资本，达到70万元，1932年再次增资后，其总资本为100万元。④ 大照公司增加资本后即扩充设备。1929年，该公司添设一台1700千瓦发电机组，1934年6月，又订购了一台瑞士卜郎比公司制造的3500千瓦汽轮发电机组，同时还订购了一台美国燃烧工程公司制造的锅炉，该机组于1936年10月装竣发电。至此，大照电气公司的装机总容量已由1924年的990千瓦增加到1936年的5950千瓦。⑤

苏州电气厂是江苏省最大的民营电厂。1927年后，该电厂通过兼并和扩建，发电能力不断提高。30年代初，该厂发电容量增加到8150千瓦。⑥ 1935年，苏州电气厂又订购了一台德国制造的3200千瓦汽轮发电机组，以及捷克产锅炉，并于同年12

---

① 陈真编：《中国近代工业史资料》第3辑，三联书店1961年版，第777页。

② 《江苏建设月刊》第二卷第六期“报告”，1935年6月1日出版，第65—72页。

③ 《建设》第十九期“调查报告”，1936年6月，第105—107页。

④⑤ 杨正元：《历经坎坷的大照电气公司》，《镇江文史资料》第15辑，第33—35页。

⑥ 《中国实业志》(江苏省)第八编，实业部国际贸易局1933年2月编印，第1132页。

月装竣发电，使苏州电气厂的装机容量增加到12550千瓦。[①] 1936年，苏州电气厂兼并了经营不良的吴县电灯公司，同年9月又兼并了浙江嘉兴新腾镇振新电气厂。经过扩充和兼并，苏州电气厂的供电范围已扩大到吴江、浙江嘉兴等地。此外，苏南各地的中小规模电厂，如武进电气厂、吴县洞庭东山启昌电气厂、常熟电气厂、昆山泰记电气公司、太仓沙溪耀娄电气公司及友华电灯厂、江阴华明电灯公司等等也进行了设备改造和扩充。1927年后，由于苏南地区电厂发展较快，所以苏南电网已初具雏形。

苏北地区虽然经济发展相对落后，但随着工农业的发展，以及导淮工程的需要，1927年后，苏北的电力工业也有了一定的发展。

大生集团创办的南通通明电气公司因用户增加，电力不敷供应，遂于1933年增加资本20万元，并购置了200匹马力发电机，使电力供应量大为增加。1931年，大生集团董事会与银团达成协议，决定在南通天生港兴建大生电厂。从1933年6月起，各种设备陆续购回，主要包括英国拔柏葛公司制造的CTM式锅炉两座、德国产5000千瓦气轮发电机一座，以及300千瓦柴油发电机等。[②] 1934年底，该电厂设备装竣开始发电。当天生港电厂发电后，南通通明电气公司即不再发电，而改为购电经营。此外，江都振扬电气公司1935年向德国西门子公司订购了一台2000千瓦汽轮发电机组，并于1936年4月装竣发电；东台东耀电气公司于1936年增加资本3万元，作为扩充电厂之用，并向南通通明电气公司购置了一台200马力柴油机用于发电；泰县耀光电气厂于1936年7月扩充资本，向武进电厂购置了一台200马力煤气发电机组，并装竣发电。原先没有电厂的宿迁，也由商民李子香等于1936年10月发起集资兴办了耀宿电灯厂。宝应、淮阴等地也于1936年前后筹办了新电厂。[③]

1927年以来，江苏的电力工业经过数年的发展，到1935年，电厂分布已遍及江苏32个县，资本额及其容量均有了增加，现将1935年江苏各地电厂数、资本额及装机容量列表如下。

1935年江苏各地电力工业统计表

地　区	厂　家　数	资本额(元)	装机容量(千瓦)
南　京	1	3500000	14620
武　进	3	3116000	13330

① 《江苏建设月刊》第二卷第六期“报告”，1935年6月1日，第65—72页；《建设》第十九期，《调查报告》，1936年6月出版，第106页。

② 张季直先生事业史编纂处编：《大生纺织公司年鉴(1895—1947)》，江苏人民出版社1998年版，第332—333页。

③ 《江苏建设月刊》第四卷第六期“报告”，1937年6月1日，第42—51页；《江苏建设月刊》第三卷第六期“报告”，1936年6月1日，第3—9页。

续上表

地　区	厂　家　数	资本额(元)	装机容量(千瓦)
镇　江	2	876000	3086
吴　县	5	2465000	9461.5
江　阴	2	149400	425
江　浦	1	18000	32
铜　山	1	300000	560
东　海	1	74000	76
淮　阴	1	100000	40
兴　化	1	50000	90
东　台	3	102000	146
海　门	1	60000	100
阜　宁	1	9000	18
太　仓	3	112500	165
常　熟	4	236000	896.3
昆　山	5	235000	393
丹　阳	2	45000	158
金　坛	1	40000	100
溧　阳	3	88000	342
高　淳	1	6000	12
宜　兴	4	136000	148
无　锡	1	20000	(未详)
吴　江	5	211000	533.5
泰　县	4	205000	221
如　皋	3	145000	265
启　东	1	10000	25
泰　兴	3	80000	223
仪　征	1	70000	80
江　都	4	587600	1570
南　通	2	200000	5680
高　邮	2	90000	70
靖　江	1	10000	32

资料来源:《江苏建设月刊》第二卷第六期"统计",1935 年 6 月 1 日,第 8—9 页;张季直先生事业史编纂处编:《大生纺织公司年鉴(1895—1947)》,江苏人民出版社 1998 年版,第 332 页。

在1927—1937年江苏电力工业发展的过程中，有一个值得注意的特点，即电厂家数逐渐减少，而发电机总容量却不断扩大。1932年，江苏共有电厂95家，装机容量为26474.5千瓦，而到1936年，电厂家数减至63家，但装机容量却扩大了近5倍，达128735.3千瓦。

1932—1936年江苏电厂家数及总装机容量表

年　份	电　厂　家　数	总装机容量(千瓦)
1932	95	26474.5
1934	81	50715.5
1935	73	63422.3
1936	64	128735.3

资料来源：根据下列资料综合统计：《中国实业志》(江苏省)第八编，实业部国际贸易局1933年2月编印，第1115—1139页；《江苏省政府公报》第1816期，1934年11月10日，第11—19页；《江苏建设月刊》第二卷 第六期"统计"，1935年6月1日，第8—9、65—72页；张季直先生事业史编纂处编：《大生纺织公司年鉴(1895—1947)》，江苏人民出版社1998年版，第332页。

从上表可以看出，在1927—1937年的10年间，江苏电力工业的规模不断扩大。这种规模的扩大主要有两条途径，一是在原有电厂的基础上增加投资，扩充发电设备；二是一些有实力的电厂收购兼并一些小电厂。二三十年代，江苏电力工业发展较快，主要是由于经济的发展和生活水平的提高所带动，电力工业的发展反过来又进一步促进了江苏经济的发展。

2. 机器制造业

20年代以来，随着江苏轻纺工业的发展，江苏的机器制造业也有了一定的发展。20年代上半期，江苏机器制造业尚以为棉纺、丝绸等轻纺工业修理设备和配制零部件为主，1927年后，江苏的机器制造业则在修配的基础上，逐步走上了整机生产的道路，并快速发展。据30年代初的统计，江苏全省共有机器厂69家(不包括官办工厂)，其中1927年后成立者为37家，超过1927年以前历年的总和。①

无锡、苏州、武进等地是江苏棉纺织和丝绸工业的集中地。以往，轻纺工业的机器设备大多送往上海修理，而1927年后，苏南地区，尤其是无锡的机器制造业发展迅速，这些机器厂不仅能够修理机器，而且还制造整机，于是，国内各省许多客商纷纷到无锡订购机器设备，使无锡的机器制造业更为繁荣。仅1927年至1931年的5年间，无锡就新设立了23家机器厂。②除无锡外，南京、镇江、淮阴等地也新开办了一些机器厂。

①② 《中国实业志》(江苏省)第八编，实业部国际贸易局1933年2月编印，第793—799页。

1927年后，江苏机器制造业的快速发展，主要是由轻纺工业所带动。就江苏机器制造业的制造水平而言，1927年后也有了较大的提高。以往江苏机器制造业只有少数厂家能够制造整机，而且以燃油引擎为主，而1927年后，可以制造各式引擎者，有无锡实业铁工厂、震旦机器厂、南京协昌机器厂、常州厚生机器厂等17家，每年可以生产各式引擎300余台，约3000余匹马力，[①]其中仅常州厚生、万盛两家机器厂的产量即占半数。除燃油引擎外，江苏一些机器厂家还可以生产水泵、织布机、轧花机、榨油机、面粉机、碾米机、纺纱机、针织机、新式丝车、烘茧机、灭火机、轧豆机、挖泥机，以及船用机器零件等等。随着整机制造能力的提高，一些厂家也从简单的仿制开始走向自行研究开发。1929年，无锡工艺机器厂主薛南溟聘请了一批留日、留美技术人员，自行设计研制立缫机，到1930年，无锡工艺铁工厂与合众铁工厂合作制造出了中国第一台32绪立缫车，此后进一步改进为20绪立缫车。[②]新式立缫车研制成功后，薛南溟不仅保证了国际品牌“金双鹿”的优质高产，而且还采用290余台新式立缫车开办了华新制丝养成所。无锡工艺铁工厂新式立缫车的研制成功，促进了无锡等地缫丝业的进一步发展，一些厂家纷纷淘汰了老设备，而采购新式立缫车。为了满足市场需求，无锡其他一些机器厂也仿制成功多绪立缫车，以满足缫丝业的需要。

1929年成立的无锡合众铁工厂于1933年仿制德国“道施”牌柴油机获得成功，生产出了四冲程狄塞尔柴油机，功率从14匹马力到70匹马力不等。该机首次采用油泵油咀供油系统，使产品质量大幅度提高。该机试制成功后，很快成为无锡等地小型纱厂、布厂、碾米厂、榨油厂的主要动力机。[③]

常州是棉纺织业的集中地之一，棉纺织业的发展带动了常州机器制造业的繁荣。常州一些规模较大的机器厂，如厚生、万盛等，均能生产纺织用布机、筒子车、纡子车、经纱机、浆纱机、码布机等纺织机械。据估计，在30年代初，常州各纺织厂的布机，有一半以上是厚生机器厂制造的。[④]

江苏省河网密布，农业较为发达。早在清末民初，江苏一些地区即开始使用抽水机进行农田灌溉。到20年代后期和30年代前期，抽水机的用户越来越多，从而促进了机器制造业的抽水机生产。尤其是1927年后，无锡仿制成柴油引擎，并用柴油引擎带动抽水机，使排灌机械得到改良，受到用户的欢迎。30年代初，无锡、常州、南京

---

① 《中国实业志》(江苏省)第八编，实业部国际贸易局1933年2月编印，第802页。

② 无锡地方志编纂委员会办公室编：《无锡近百年经济概览》，第45页。

③ 无锡地方志编纂委员会办公室编：《无锡近百年经济概览》，第46页。

④ 常州市地方志编纂委员会办公室、常州市档案局编：《常州地方史料选编》第1辑，1982年印行，第193页。

等地许多机器厂均能生产抽水机，年产量无锡约为175台，常州约360台，南京约300台。[①]

由于江苏机器制造业与轻纺工业的联系十分密切，所以在1931年后，当江苏轻纺工业受到世界经济危机的冲击，以及“一·二八”淞沪战事的影响而纷纷停业倒闭时，机器设备的订货量大为减少，进而也影响到江苏的机器制造业。“民国二十年，丝厂停闭，二十一年沪战发生，机器销路，一落千丈。”[②]部分规模较小、品质欠佳的机器厂不得不停业或倒闭。世界经济危机的冲击过后，江苏机器制造业得以复苏，但发展速度已逐渐放缓。据1936年的不完全统计，江苏全省共有民族机器厂86家，资本总额70.22万元。详见下表。

1936年江苏省机器厂统计表

地　区	厂家数	资本额(元)
南　京	17	74800
无　锡	43	180700
武　进	16	119300
南　通	4	210000
镇　江	4	15000
淮　阴	2	1500
苏　州	不详	100943

资料来源：国民政府全国经济委员会编印：《机械工业报告书》，1936年版。

1927年后，国民政府的一些部门和江苏省政府也在江苏设立了机器制造厂，一些1927年前创办的官办机器厂也有了一定的发展。

铁道部津浦铁路局浦镇机厂位于南京江北的浦镇。1927年以来，该厂发展较为迅速，到1936年，该厂职工总数已达到982人。[③] 京沪铁路局吴淞机厂原设立于上海，1936年，国民政府军事委员会出于国防上的考虑，要求该厂迁移至安全地区，以免遭战时损失。经铁道部与京沪铁路局反复研究，决定将吴淞机厂迁至常州戚墅堰。“民国二十五年十一月十日，吴淞机厂首批重要机械设备21台运到戚墅堰”，“采用边生产，边搬迁的方法，按生产工序完一项拆迁一项地进行，并将旧厂拆下来，可用建材、工艺装备、材料、配件，利用修竣之出厂车，装载63辆货车，陆续运到戚墅堰。”[④]

① 《中国实业志》(江苏省)第八编，实业部国际贸易局1933年2月编印，第803页。

② 《中国实业志》(江苏省)第八编，实业部国际贸易局1933年2月编印，第778页。

③ 陈真编：《中国近代工业史资料》第4辑，三联书店1961年版，第812页。

④ 陆俊：《解放前的戚墅堰机车车辆厂》，《常州文史资料》，第10辑，1992年，第11页。

1937年8月，吴淞机厂全部搬迁完毕。铁道部决定该厂更名为戚墅堰机厂。

江苏省农业较为发达，但二三十年代江苏的农业机械化程度较低。据江苏省实业厅统计，“全省农民对于农产物的耕作和收获所使用的人力尚占62.3%，使用畜力占36%，使用机器力只有1.7%”①。为此，江苏省实业厅“为谋提倡改良农具，制造各种农业机械用具，廉价供给农民起见，十六年六月曾经提案省政府委员会，议决筹设江苏省立农具制造所于苏州”②。

1929年2月，江苏省立农具制造所在苏州正式成立。该所在创办时资本额为6万元、流动资金2万元，后来经逐步扩充，资本额增加至10万元，连同经常费合计共为25万元，各项经费均由江苏省政府拨付。

江苏省立农具制造所成立后发展迅速，到1931年底，该所共拥有44马力柴油引擎、电动机、车床、铣床、镗床、磨床、钻床、刨床、剪床、木车床、锯床等机械设备40余台。

3. 基本化学工业

江苏省的基本化学工业较为薄弱。1927年以前，基本化工厂家只有无锡的中国第一镁制造厂一家。1927年后，南京、无锡先后成立了几家化工企业，江苏的基本化学工业才有了较快的发展。

中国第一镁制造厂于1919年创办，主产碳酸镁等化工原料。然而在20年代，日本的碳酸镁大量涌入中国，并逐渐垄断了中国市场，在此情况下，中国第一镁制造厂产品积压，不得不减产甚至停产。1930年后，该厂被迫关闭。

1927年，无锡人薛明剑、华少庚、张仁山等人鉴于无锡所需石灰大多由宜兴供应，往往供不应求，便集资8000银元，创办了无锡第一石灰有限公司。该公司创办之初，仍沿用中式传统土窑生产，月产石灰不足800吨，后经逐步改进，到1932年，已拥有德式连续窑机窑一座、日式小窑两座和中式土窑7座，资本增加到4万元。1933年，无锡第一石灰有限公司与嵩山石矿合并，成立允利化学工业公司，资本总额达到8万元。允利化学公司成立后，生产迅速发展，其产品已不限于石灰，还可生产碳酸钙。碳酸钙的月生产能力为300吨。③ 1934年，该公司以盈余2万元扩充资本，使资本总额达到10万元，并添设了氯气厂，生产漂白粉和液体烧碱。1935年8月，该公司经政府批准，生产工业用盐，使公司业务又上了一个台阶。至1937年抗战爆发时，允利化学工业公司注册资本为10万元，而实际资产总值达30万元以上（包括银行贷款、职

①② 《中行月刊》第五卷第四期，1932年10月，第103页。

③ 薛禹言：《建国前无锡最大的化工企业——允利化学工业公司》，《无锡文史资料》第33辑，第153页。

工存款等债务在内)，[1]下设石矿厂、石灰厂、碳酸厂、氯气厂等工厂，职工总数约 200 余人。

早在 1917 年，范旭东等人即在天津塘沽创办了永利化学工业公司，经过 10 余年的发展，到 30 年代初，该公司已具有相当的规模。此时，范旭东又萌生了再创办一家硫酸铔厂的念头，并为此四处奔波。1933 年秋，经多方努力，永利化学公司与上海商业储蓄银行、浙江兴业银行等 4 家银行达成了口头协议，4 家银行向永利公司放贷 1200 万元。1933 年 11 月 22 日，永利公司正式向国民政府实业部呈请备案，拟在南京筹建硫酸铔厂。从 1933 年底到 1937 年初，硫酸铔厂的筹建工作进行了 3 年多的时间。1937 年 2 月，永利化学工业公司硫酸铔厂在南京正式建成投产。

就技术和设备而言，南京硫酸铔厂的技术和设备均从外国引进，是当时中国技术设备较先进的化工企业。硫酸铔厂的总体设计由美国淡气公司负责，机械设备由欧美的专业公司提供。美国淡气公司还负责中国技术人员的培训，并派员来华进行工厂基建和设备安装的指导工作。[2] 硫酸铔厂的建成，使江苏乃至中国的民族化学工业在技术上跃上了一个新的台阶。

南京永利硫酸铔厂外景

① 薛禹言:《建国前无锡最大的化工企业——允利化学工业公司》,《无锡文史资料》第 33 辑,第 153 页。

② 全国政协文史资料研究委员会:《文史资料选辑》第 19 辑,文史资料出版社 1988 年版,第 106—107 页。

就产品而言，南京硫酸铔厂投产后，其产品计有阿摩尼亚、硫酸、硫酸铔、硝酸铔、硝酸石灰等6种，年总产量达5万吨，[①]从而打破了外国厂商垄断中国化工原料市场的局面，正如范旭东在南京硫酸铔厂建成投产时所感慨的："列强争雄之合成铵高压工业在中华于焉实现矣。"[②]

4. 水泥工业

1927年至1937年，是江苏水泥工业发展较快的时期。30年代中期，由于江南水泥厂的建成，江苏水泥厂发展到两家。

1927年前，中国水泥厂的资本为100万两，到1928年，中国水泥厂增资到200万两，其中普通股100万两，优先股100万两。1933年，南京国民政府实行废两改元，此时，中国水泥厂也出现了一个筹集资金的小高潮，普通股扩展为160万元，优先股扩展为140万元，总资本达到300万元。1934年12月和1935年12月，中国水泥厂先后增资150万元，用于添购设备。1937年5月26日，中国水泥厂股东会鉴于生产发展，决定再增加资本90万元。至此，中国水泥厂的总资本达到540万元。[③]

1927年后，中国水泥厂为了在激烈的市场竞争中求得生存，不断地利用外国先进技术和设备进行企业改造与扩充。1926年，正准备筹建上马的无锡太湖水泥公司因资金短缺，不得不停建，该公司有意出售两座尚未开封的德制旋窑及磨机等附属机件。中国水泥厂毅然以全部资产向银行抵押，贷款100万两，买下了太湖水泥公司的设备，在原厂旁扩建新厂。1927年，新厂房建成，两台旋窑及附属设备也安装竣工，总投资达130万两。至此中国水泥厂的日产能力达到2500桶（每桶170公斤）。此外，"该厂有动力房一所，内置特等发电机两具，电力约一千启罗瓦特，是供全厂发动力及发光之用"，该厂"尚有烘煤室、试验室、包装室、储藏室，及办公室、医院等。厂外西端兴建有工人宿舍。在开石山坳，尚有碎石机一座。全厂制造工作，均用电力，设备极为完全，所有机器，均属最新颖者。"[④]

1933年，中国水泥厂总经理姚锡舟与德籍工程师克思盟研究提出设备改造方案，以30万元向德国米亚格厂购买了料浆蒸发机3套，在一、三、四号窑尾安装，这是中国水泥厂建厂10余年来首次进行的设备改造，也是全国水泥业中首家安装这一设备的厂家。1934年料浆蒸发机装竣后，窑尾排出的温度从688℃降至154℃，日产量由2500桶增加到3000桶，煤耗从每桶52.4公斤降至40公斤，年增效益13550元，效

---

①② 全国政协文史资料研究委员会：《文史资料选辑》第19辑，文史资料出版社1988年版，第106—107页。

③ 南京市政协文史资料委员会、南京市工商业联合会、中国水泥厂编：《搏浪前进——中国水泥厂史料专辑》，南京出版社1995年版，第4页。

④ 《工商半月刊》第七卷 第十六号"撰述"，1935年8月15日，第11—16页。

果十分显著。1935 年，中国水泥厂又投资 36 万元，添购了一套新旋窑，使水泥产量进一步提高。

随着设备的添购和技术改造，中国水泥厂的年产量大幅度增加。1927 年，该厂水泥产量只有 17534 吨，1931 年上升为 109990 吨，到 1934 年达到最高点 143351 吨，1937 年仍保持在 131167 吨。[①]

20 年代中期以来，中国水泥厂为了将其“泰山”牌水泥在上海打开销路，不惜压低价格与上海市场上“马牌”和“象牌”水泥竞争。以 1924 年为例，该年“泰山”牌水泥每桶成本价为 4.02 两，而销售价仅为 2.86 两。在压价销售的过程中，中国水泥厂始终处于亏损状态。到 1930 年累计亏损 33 万两。[②] 由于“泰山”牌水泥质优价廉，到 20 年代末，已在上海市场赢得了声誉。

1931 年，随着产量的增加和成本的下降，中国水泥厂首次盈利，当年盈利即达 55.7 万元，除还清历年亏损的 33 万两外，尚盈余 22.7 万两，此后连年盈利，1934 年盈利达到 109.7 万元。详见下表。

1927—1937 年中国水泥厂产量盈利表

年份	产量(吨)	销售量(桶)	盈利(元)
1927	17534	—	亏损
1928	50864	—	亏损
1929	75089	—	亏损
1930	93972	—	亏损
1931	109990	609400	557560
1932	85529	374718	413417
1933	122216	796000	961082
1934	143351	845700	1096553
1935	98206	—	—
1936	111350	—	—
1937	1311167	—	—

资料来源：南京市政协文史资料委员会、南京市工商业联合会、中国水泥厂编：《搏浪前进——中国水泥厂史料专辑》，南京出版社 1995 年版，第 19 页。

① 南京市政协文史资料委员会、南京市工商业联合会、中国水泥厂编：《搏浪前进——中国水泥厂史料专辑》，南京出版社 1995 年版，第 201 页。

② 南京市政协文史资料委员会、南京市工商业联合会、中国水泥厂编：《搏浪前进——中国水泥厂史料专辑》，南京出版社 1995 年版，第 19 页。

在产量、盈利不断增加的同时，"泰山"牌水泥的销路也不断扩大。到 30 年代中期，中国水泥厂的"泰山"牌水泥不仅畅销上海、南京以及苏、浙、赣、皖、鲁、粤等省市，而且还少量出口香港、南洋等地。同时，由于"泰山"牌水泥质优价廉，一些政府部门也纷纷订货，如军政部、铁道部、资源委员会、中央信托局等等，以至于"政府特派要员驻厂等候提货"[①]。这进一步拓展了"泰山"牌水泥的销路。

正当中国水泥厂生产稳步发展的时候，江苏另一家水泥厂——江南水泥厂于 1934 年开始筹建。江南水泥厂为原驻俄大使颜惠庆等人集资创办，厂址位于南京栖霞山东侧之摄山渡。这里水泥原料丰富，且水陆交通十分便利。该厂于 1935 年正式开工兴建，"初期计划，资本定额 240 万元，全年水泥产量 60 万桶，继复添资 160 万元，尚拟再增 50 万元，合成 450 万元，预期全年产额可达 150 万桶。"[②]江南水泥厂引进美国最新式水泥生产设备 2 套，设计生产能力为日产 4500 桶(750 吨)。到抗战爆发时，该厂设备基本装竣。然而，正当江南水泥厂准备开车试生产的时候，抗日战争爆发，随后，日军占领了南京，该厂陷于停顿。

5. 矿业

江苏省矿产资源较为贫乏，除铜山贾汪煤矿、江宁凤凰山铁矿较具规模外，其他各矿几乎无开采价值或价值极低。

铜山贾汪煤矿由于设备陈旧、管理落后，以及军阀混战等原因，至 20 年代中期已陷入困境，不得不于 1927 年 4 月宣告停业。1929 年 1 月，上海远记公司与贾汪煤矿负责人袁仲瑜签订了"垫款代办合同"。合同规定：贾汪煤矿的矿业权仍属于袁氏所有，由上海远记公司代办经营(为期两年)；远记公司出资 12 万元用于修理矿井，恢复生产。此项垫款，以后袁氏须如数归还远记公司；远记公司在代办经营期间，无论盈亏，概由自己负责，袁方股东一律不加过问。[③]

上海远记公司代办贾汪煤矿后，即对煤矿原有的一、二、三号矿井及设备进行了修复工作。在一、二、三号井基本修复开工后，远记公司又着手修复四、五号井。由于矿井基本修复，煤矿的生产也出现了转机，每天产煤量最高时达到 500 余吨，基本恢复到袁传兴时期的平均水平。1928 年，即远记公司经营贾汪煤矿的第一年，共产煤 68528 吨，[④]比上年度虽有所增加，但与 1923 年 18 万余吨的年产煤量相比，仍有相当的差距。1928 年下半年后，由于远记公司在经营上缺乏计划，管理不善，再加上原贾

① 陈真编：《中国近代工业史资料》第 1 辑，三联书店 1961 年版，第 560 页。

② 陈真编：《中国近代工业史资料》第 1 辑，三联书店 1961 年版，第 564 页。

③ 余明侠：《徐州煤矿史》，江苏古籍出版社 1991 年版，第 202 页。

④ 《中国实业志》(江苏省)第七编，实业部国际贸易局 1933 年 2 月编印，第 12 页。

汪煤矿积弊太深,以及军阀混战、日军占领济南,交通阻滞,原煤积存太多等原因,使远记公司经营不灵,无法维持。至1929年夏,“远记耗费,前后竟八九十万元之巨,更无余款进行工作”①,不得不宣布破产。

上海远记公司破产后,上海著名实业家刘鸿生决定接办贾汪煤矿。1929年12月,刘鸿生与有关方面达成协议,由刘鸿生成立华东煤矿公司接办贾汪煤矿。1931年2月7日,华东煤矿公司正式成立。公司拥有股金16万元,采取股份合作制组织形式。公司除设有董事长、总经理外,还设有监察人,监督煤矿的经营管理。

华东煤矿公司成立后,为了尽快恢复生产,对原煤矿的经营管理进行了改革。

第一,在人事上任用贤能,公司任用江山寿为矿长。江山寿曾留学美国,毕业于科罗拉多矿业大学,获硕士学位。他既有精深的理论知识,又有办矿的实践经验,是一个不可多得的人才。此外,公司还任用顾学林为总经理。顾曾任陇海铁路车务处处长,与铁路部门关系密切。煤炭的运输离不开铁路,顾学林任总经理后,在煤炭的运销方面确实起到了不小的作用。第二,建立董监事会议制度。全矿的重大决策,由董事会讨论,并采取投票的方式决定之。监察人可列席董事会议,并可提出质问。第三,完善会计制度,健全材料管理制度。据档案资料记载:“华东会计处簿计分项,甚有条理。各种表格,简明综核,且于工程材料等课,为互相监察(Chock system)。无论工资、材料及煤斤产运,均一日一清,故甲月决算,于乙月十日全部办竣。用人不多,办事迅速。其会计制度,实有可以取法之处。”②在材料管理上,做到账目清楚,管理严谨,杜绝不必要的浪费和损失。第四,努力增产,降低成本。为了提高产量,公司制定了严格的奖惩制度,对工作勤奋者,不论是工人还是管理人员,一律予以提拔、加薪等奖励。对于那些不称职或违章舞弊者,则予以扣薪甚至辞退。为了提高职工的生产积极性,公司还对一些必要的生活设施如宿舍、医疗、子女入学等方面的设施予以改善。在提高产量的同时,公司还加强核算,注重节约,以进一步降低生产成本。

经过一系列的改革,华东煤矿公司的经营状况与远记公司相比,有了明显的改观。华东煤矿公司成立的第一年,即1931年,煤炭产量即达88000余吨。同时,生产成本也不断下降。1931年2月至5月,华东公司平均日产煤炭130吨,平均每吨煤炭的生产成本为10元,而到同年10月至12月,日产煤量上升到500吨,每吨煤炭的生

---

① 实业部档案:《津浦铁路沿线煤矿调查报告》,第126—127页,转引自余明侠:《徐州煤矿史》,江苏古籍出版社1991年版,第235页。

② 实业部档案:《津浦铁路沿线煤矿调查报告》,第126—127页,转引自余明侠:《徐州煤矿史》,江苏古籍出版社1991年版,第282页。

产成本则降为 4 元。[1]

为了进一步提高煤炭产量,华东公司在经营管理上进行改革的同时,也注重煤矿设备的技术改造。原来矿井内的煤车只有单轨,运煤时时常阻滞而至窝工。为此,华东公司增设了轨道,使单轨变为双轨,提高了运煤效率。同时,公司还改进了煤车,新煤车不仅装煤多,而且轻便灵活,一般只需一人即可推动。此外公司还开凿新井,扩大矿区。在新开的矿井中,公司全部采用新式运煤车,一个工人可推行 4 辆,运煤量达 2 吨多。在排水与通风方面,公司也进行了改造,使工作条件有了明显改观,工伤事故大为减少。

从 1930 年开始,华东煤矿公司在原有 5 座矿井的基础上,又新开了六号、七号两座矿井。由于工程进展顺利,1931 年初即已出煤,日产煤炭 150 吨左右。到同年 10 月间,六、七号井的日产量就上升到 400 吨。1932 年后,六、七号井的日产量达到 650 吨左右。华东公司接办贾汪煤矿后,又增购煤田,扩大矿区。该公司先后增加了两个矿区,即石山子矿区和夏桥矿区。石山子矿区面积为 2638 亩,夏桥矿区面积约 1219 亩。至此,华东煤矿公司共拥有 8 个矿区,合计面积为 22589 亩。

经过华东公司的不断努力,煤炭的产量也逐年增加。1931 年,公司产煤量为 88328 吨,而到 1936 年则达到 347230 吨。由于华东公司加强了煤炭的销售,打开了煤炭的销售渠道,所产煤炭除销售给津浦、陇海铁路局外,还运销南京、上海、宁波等都市。1931 年,华东公司共销煤 56116 吨,而到 1936 年则达到 375956 吨。在产销两旺的情况下,华东煤矿公司也于 1933 年扭亏为盈,当年赢利 129645 元。详见下表。

1931—1937 年华东煤矿公司煤产销量及盈亏表

年　度	产　量(吨)	销售量(吨)	盈亏额(元)
1931	88328	56116	−153765.78
1932	109861	142089	−20907
1933	219733	202209	129645
1934	246675	259306	117492
1935	295653	303031	66975
1936	347230	375956	10581
1937	266056	306659	123869

资料来源:余明侠:《徐州煤矿史》,江苏古籍出版社 1991 年版,第 327 页。

① 余明侠:《徐州煤矿史》,江苏古籍出版社 1991 年版,第 285 页。

江苏省铁矿资源十分有限,“除句容县之西堰岗,东海县之朐山,前由李伟侯、沈云沛领采,因藏量有限业已停止外,由实业部设定国营矿业权者二区,计江宁县凤凰山一区,面积为二百二十三公顷八十公亩;铜山县之王家营一区,面积为二十四公顷二十三公亩八十公厘。”①江宁县凤凰山铁矿于 1932 年 9 月核准成立,铜山王家营铁矿于 1932 年 10 月核准成立。江宁县凤凰山铁矿经核准成立后即开始着手进行开采,而铜山王家营铁矿因规模较小,故由矿商赵威权承租,但到 1934 年初,该矿尚未着手开采。

此外,一些小型铁矿,如江宁县牛头山、青龙山及前山洼铁矿、镇江高资镇西金山铁矿等等,均因矿质不佳,地质结构复杂等原因而停业。

江苏省笔铅矿资源蕴藏于高资以西、龙潭之东约 25 公里的狭窄地区。1929 年以前,“上海及内地各埠所用笔铅,完全仰给于舶来。自十八年以后,始有国产之笔铅流行于市面。然因其成分不一,各矿以资本短绌,无力用新法提选,致不能与外货抗衡。”②1927 年后,该地区先后成立了 6 家矿区从事开采,其中面积最大者不足 400 公亩,最小者仅 89.5 公亩。各矿所采矿品大多运销上海。30 年代初,各矿每年运销上海的矿品约 20000 担左右。③

江苏省磁土矿集中于吴县和丹阳县境内。1927 年后,吴县先后成立了 4 家矿区从事开采。由于吴县距上海较近,故各矿矿品均运销上海。到 1934 年底,该县 4 家矿区中已有 2 家进行开采,每年出磁土各为三四千吨。④ 丹阳县在 1927 年前即有 1 家矿区从事磁土开采,1934 年又经核准成立了 1 家,其矿区面积达到 2000 公亩以上。

据 1934 年的统计,江苏全省经核准共有矿业权者 40 家,其中 1927 年以后成立者达 32 家。详见下表。

1934 年江苏省各矿一览表

矿业权者	矿区地址	矿质种类	矿区面积(公亩)	核准年月
国　营	江宁县凤凰山	铁	22381.000	1932.9
国　营	铜山县王家营	铁	2423.800	1932.10
唐　彬	江宁县磨子山	铜	190.000	1934.1
郑日昌	江宁县晏公庙	铅	11.813	1919.11
华东公司	铜山县贾家汪	煤	33489.243	1920.3

① 《江苏建设月刊》第二卷第二期“报告”,1935 年 2 月 1 日,第 1 页。

②③ 《江苏建设月刊》第二卷第二期“报告”,1935 年 2 月 1 日,第 7 页。

④ 《中国实业志》(江苏省)第七编,实业部国际贸易局 1933 年 2 月编印,第 83 页。

续上表

矿业权者	矿 区 地 址	矿质种类	矿区面积(公亩)	核准年月
华东公司	铜山县大沿沟	煤	13090.995	1920.4
华东公司	铜山县青山泉	煤	25183.000	1920.3
华东公司	铜山县韩杨村	煤	13078.000	1930.6
华东公司	铜山县夏桥	煤	8124.743	1932.11
江苏省建设厅	萧县白土寨(甲区)	煤	51770.000	1934.3
江苏省建设厅	萧县白土寨(乙区)	煤	25453.570	1934.3
姚锡舟	句容县龙潭镇青龙山	煤	1677.312	1922.1
金宝之	江宁县栖霞山林山	煤	1735.680	1925.5
袁甘伯	江宁县北固乡老山	煤	4828.262	1934.4
吴友芝	江宁县北固乡夏家洼	煤	3981.312	1929.11
杨润身	溧阳县惠德区潘家山	煤	1706.680	1930.4
陈绍基	高淳县东游乡麒麟山	煤	4675.800	1930.6
刘连会	高淳县东南乡花山	煤	2248.000	1930.12
夏殿选	江宁县青龙山凳子山	煤	8357.000	1931.8
夏殿选	江宁县青龙山凳子山	煤	1960.000	1931.8
陶俊民	宜兴县洪水塘	煤	1453.000	1932.7
王问樵	句容县解高岗山	煤	1359.000	1933.4
赵伯余	金坛县游仙乡煤宕山	煤	1468.310	1933.5
陶瑞春	金坛县薛埠镇荫山	煤	1350.000	1933.4
谢石遗	江宁县淳化镇老虎山	煤	5063.000	1931.7
田继堂	句容县下蜀镇湾山	煤	1676.900	1934.2
沈善制	句容县馒头山	煤	2732.320	1934.2
沈　蕃	东海县锦屏山	煤	13324.984	1919.11
李承铨	句容县东堰岗	笔铅	1693.041	1929.8
龚志藩	句容县石涧山	笔铅	186.135	1932.9
龚志藩	句容县一颗星山	笔铅	89.510	1932.8
崔吉生	句容县西石涧山	笔铅	196.000	1932.3

续上表

矿业权者	矿区地址	矿质种类	矿区面积(公亩)	核准年月
钱璞	句容县苍头镇	笔铅	123.015	1932.4
刘古香	句容县红家山	笔铅	382.070	1934.2
朱君方	吴县阳山	磁土	339.333	1930.12
戴天乐	吴县阳山	磁土	336.667	1930.10
李汉章	吴县阳山	磁土	102.660	1932.5
劳振源	吴县阳山	磁土	1376.270	1934.5
郭昭明	丹阳县高桥镇	磁土	940.032	1920.9
冷晓山	丹阳县高桥镇	磁土	2023.640	1934.6

资料来源:《江苏建设月刊》第二卷第二期"报告",1935年2月1日,第8—9页。

江苏省具有矿业权者虽40家,但大多规模较小,有些尚处于勘探阶段,未从事开采。即使是已开采的小矿,也大多因地质复杂、矿区狭小、资金短绌等原因而无法采用机器设备,仍然沿用手工开采。

第七节 交通建设

一 铁路、公路与航空

民国以前,江苏境内即有沪宁铁路(1927年后改称京沪铁路)、津浦铁路和陇海铁路三线。

京沪铁路从南京至上海,此外尚建有吴淞支线。该铁路在民国前即已建成。民国以来,该铁路主要承担铁路沿线的客货运输。从货运方面来看,由于有长江水道与铁路平行,因此,笨重且需长途运输的货物大多由水路运输,而铁路则主要承担短途货物的运输,其中最主要是沿线的农产品,其次为工业品和矿产品。1931年5月,京沪铁路的货物运输量即达103468.092吨,营业收入达245001.31元。[①] 从客运方面来看,京沪铁路的客运量呈逐年增加趋势,光绪三十年(1904),该路的客运量为122417人次,而到1921年则达到8579837人次,此后客运量继续增加,仅1932年6月一个月内,其客运量就达到635413人次。详见下表。

① 《中国实业志》(江苏省)第十一编,实业部国际贸易局1933年2月编印,第6页。

1904—1932 年京沪铁路客运状况表

年　　份	客运人次	营业收入(元)
光绪三十年	122417	—
宣统元年	3490125	—
1912 年	4744353	—
1921 年	8579837	—
1931 年 1 月	595845	522413.29
1931 年 2 月	542848	453070.01
1931 年 3 月	655940	656325.06
1931 年 4 月	635417	732844.70
1931 年 5 月	568248	644996.71
1931 年 6 月	485890	587399.03
1931 年 7 月	483403	550791.14
1932 年 1 月	531251	577575.86
1932 年 2 月	264904	214416.87
1932 年 3 月	295396	211668.72
1932 年 4 月	287916	183677.80
1932 年 5 月	345959	300727.14
1932 年 6 月	635413	823685.50
1932 年 7 月	676767	836967.45

资料来源:《中国实业志》(江苏省)第十一编,实业部国际贸易局 1933 年 2 月编印,第 7—8 页。

津浦铁路建成于民国以前,民国以来,该铁路的客货运输有了较大的增长,是民国时期重要的南北大动脉。该铁路每日上下行列车共 12 列。1931 年客运总量为 3067379 人次,货运总量为 1698677 吨,营业收入为 16588519 元;1932 年客运总量为 3011264 人次,而货运总量达 2268697 吨,营业收入为 16803482 元。①

陇海铁路在民国以前原本分为汴洛线、开徐线、徐清线、清海线、洛潼线、潼西线、西兰线,各线单独筹办建设。1912 年 9 月,北京政府与比利时铁路电车公司签订陇秦豫海铁路借款合同,此后,由比利时承办全线,并统称为陇海铁路。中华民国成立后,陇海铁路未通车各段继续建设。

① 叶楚伧、柳诒徵主编:《首都志》(下),正中书局 1935 年版,第 859 页。

陇海铁路连云港站大楼工程

陇海铁路开徐段自开封至徐州,全长277公里。该段民国以前即开始建设,在中国与比利时电车公司签订借款合同前,该线开封至吴家庄之铺轨工程已经竣工,到1914年,该段全线通车。

1920年5月,北京政府又与比利时和荷兰签订了借款合同,续建陇海铁路东段即徐海段,该段自徐州至海州的大浦全长198.3公里,此段为陇海铁路最东一段线路,由荷兰公司承建,从徐州和海州两端同时动工修筑,1925年7月1日该路段竣工通车。

南京国民政府建立后,随着社会经济的发展和国防建设的需要,国民政府加快了铁路建设步伐。

1934年,国民政府开始筹建京湘铁路,该路自南京经安徽芜湖、江西南昌至湖南株洲。该铁路修筑工程由江南铁路公司承建,经过一年多的努力,南京至芜湖段建成,其中江苏境内仅为南京中华门至铜井段,全长38公里。京芜铁路的通车,缓解了京沪铁路的压力,加强了江苏、安徽两省的经济联系。就京湘铁路全线而言,至1935年,南京至江西段"全线定线测量,完成88%。用地测量完成50%。土石方工程完成65公里。涵渠工程完成69座。临时材料厂及炸药库,完成各一座。"①

① 《铁道部五届三中全会工作报告》,中国第二历史档案馆编:《中华民国史档案资料汇编》第五辑 第一编"财政经济"(九),江苏古籍出版社1994年版,第95页。

1932 年"一·二八"淞沪抗战爆发后，国民政府与日本签订《淞沪停战协定》，其中规定今后中国军队调动不能经过上海。出于国防备战的需要，国民政府于 1934 年春正式决定修建苏嘉铁路，1935 年 2 月，苏嘉铁路正式破土动工，工程总投资 500 万元，于 1936 年 7 月 15 日建成通车。该铁路自苏州起，沿运河南下，经相门、吴江、八坼、平望、盛泽、王江泾六站，止于浙江嘉兴，全长 74.44 公里，在江苏境内为 52 公里。苏嘉铁路的建成通车具有重要的意义。该铁路缩短了南京至杭州的路程，促进了沿线经济的发展，又使江浙两地的铁路交通避开了上海，缩短了路程 110 公里。同时，该铁路的军事价值也十分重要，成为吴福国防线的重要组成部分。

在修筑新铁路的同时，国民政府还对原有的铁路进行改造。国民政府定都南京，与上海的联系趋于密切。1930 年，铁道部改造京沪线路轨及设施，并从德国进口三套优质蓝钢专列投入使用，而火车头购自英国，功率为全国之冠，从南京至上海，中途停靠镇江、常州、无锡、苏州四站，只用五个半小时，在当时已是全国一流水平。京沪快车最初一天仅对开一班，票价贵于普客三分之一，但车票仍供不应求。九节车箱中有二至三节专为欧美日侨商、各国外交官及家属而备留，另有一节车厢则为国民党军政要员、家属等特权人物专用。

中华民国建立初期，由于军阀混战，江苏并没有形成较为完善的公路网络，也没有建立统一的公路建设和管理机构。

北京政府时期，江苏的公路建设基本上处于旧路改造阶段，新路建设相对较少。1912 年，在南京成立了"马路工程处"，同年，南通也成立了"南通路工处"，主要从事道路的改造。随着汽车的出现，江苏原有的一些道路已经不能满足汽车行驶的需要，于是出现了一个旧路改造的时期。

1914 年，南通成立了马路工程处，开始改造港闸、城渣、城港、城山四条道路。1915 年，荣宗敬在无锡投资，修筑了 7.5 公里的开源路。1919 年，由南汤山兴业公司等捐款，组织因水灾流落南京的难民，用以工代赈的方式，修筑了南京至汤山的土路，该路虽然简陋，但可以通行汽车。从 1923 年至 1927 年，由南京马路工程处组织修筑的市郊道路主要有：安德门至铁心桥和高家库至牛首山的石板路；南门外小市口至西善桥的石板路；南门外施家井至东善桥的石板路；太平门外岔路口至尧化门的石板和碎石路；中山门至明孝陵的石子路等等。

除了由各地政府组织修筑的公路外，这一时期，商办公路也开始修筑。1920 年 12 月，在上海经商的一些太仓人在"太仓旅沪同乡会"上首次提出修筑上海至太仓的公路，并开办沪太长途汽车公司的设想。1921 年 5 月，"沪太路筹备所"成立，开始进行前期准备工作。不久，沪太路工程开工建设，并于 1922 年 3 月建成通车。该公路全长37.25公里,总投资30余万元。沪太路建成后,大大便利了上海与太仓之间的交通。

1918年,为改善苏北地区交通落后的状况,扬州士绅卢殿虎倡议集资开办长途汽车公司,并利用运河大堤修筑扬州至清江的公路。同年11月,筑路工程开始进行前期勘探工作。该公路在军阀混战中时建时停,到1921年12月,扬州至六圩的土路终于修成。

1927年南京国民政府成立后,江苏省对行政机构进行了改制,1928年1月,在江苏省建设厅下设立了公路筹备处,同年11月,在公路筹备处的基础上成立了江苏省公路局,内设工务、设计、管理、总务四科,另设有路工大队和测量队,分别隶属管理、设计两科。省公路局是全省公路建设、车行营业和管理的政府机构,但实际上更侧重于公路勘测和修筑。1931年10月,省公路局被撤销,1933年12月,在江苏省建设厅下又成立了公路管理处,以取代原公路管理局。

江苏省建设厅公路管理处

江苏省建设厅主管公路建设后,于1928年拟定了《江苏省修筑公路条例》,并经省政府委员会第59次会议修正后通过,于1928年5月28日颁布实施。该《条例》将全省公路划分为省道、县道和乡道,并明确了划分省、县、乡道的标准。《条例》还规定了省道各类公路的最小宽度:省道宽9米、县道宽7米、乡道宽6米。省道由省建设厅修筑,县、乡道则由各县建设局会同县政府在省建设厅的督导下修筑。①

① 江苏省交通志编纂委员会编:《江苏公路交通史》第一册,人民交通出版社1989年版,第92页。

《江苏省修筑公路条例》颁布实施后，省建设厅即制订了全省公路网规划。1932年11月，国民政府军事委员会在汉口召开苏、浙、皖、赣、鄂、湘、豫七省公路会议，会议拟定了联络七省的11条主干线，其中有8条干线经过江苏省境内。同月，江苏省建设厅召开全省建设会议，根据“七省公路会议”拟定的公路干线，调整了江苏公路网建设规划，确定全省以“八干线九分段三十七支线”为整体规划。1933年，省建设厅制订了进行江苏公路网建设的“三年实施计划”。此后，全省公路建设大规模展开。

从1928年初至1932年11月，是江苏公路网建设的第一阶段。在这一阶段，共修筑完工5条省道，有5条公路的部分路段修竣，另外尚有一批道路在建设中。详见下表。

1928—1932年江苏省省道修筑情况一览表　　单位：公里

省道名称	起讫及经过地点	总里程	完工路段	里程	完工时间	备注
京杭路宁父段	南京、句容、天王寺、溧阳、宜兴父子岭	190	南京至父子岭	190	1929年	1931年6月完成碎石路面工程
宁芜路宁铜段	南京、江宁镇、铜井镇	35.04	南京至铜井镇苏皖交界处	35.04	1932年	
沪杭路沪金段	上海、南桥、金丝娘桥	75.83	上海至金丝娘桥	58.75	1932年	
福禾路	福山镇、常熟、苏州、吴江、王江泾	91				
京镇路	南京、东阳镇、下蜀、高资、镇江	62				
镇沪路	镇江、江阴、常熟、太仓、嘉定、南翔、真如、上海	274				
镇句路	镇江、石马庙、东昌街、洛阳观、句容东门	40.6	镇江至句容	40.6	1932年	
镇广路	镇江、丹阳、金坛、溧阳	104				
宜熟路	宜兴、漕桥、雪堰桥、无锡、羊尖、常熟	105.11				
东滁路	启东、海门、南通、平湖、靖江、泰兴、口岸、江都、仪征、六合、雷官集	350				南通、海门县内82.5公里成于1921年
徐海路	徐州、八义集、新安镇、山后街、东海	202.5				完成测量，未修筑
泗邳路	泗阳、宿迁、炮车、邳县	125	泗阳县内	24	1931年	土　路

续上表

省道名称	起讫及经过地点	总里程	完工路段	里程	完工时间	备注
沭郯路	沭阳、新安镇、红花埠	40				
徐宿路	徐州、睢宁、宿迁	133.5	徐州至宿迁	133.5	1930年	土路
江淮路	乌江镇、江浦、浦镇、六合、天长、蒋坝、淮阴	262.66	江浦至浦口	9	1930年	土路
			浦口至六合	33.66	1931年	
			蒋坝至淮阴	60	1931年	
淮海路	淮阴、沭阳、灌云、东海、墟沟	167	墟沟至沭阳 沭阳至淮阴	122	1930年	土路。沭阳至钱家集至淮阴40公里土基于1926年筑成
			沭阳县内	30	1929年	
瓜渔路	瓜洲、六圩、扬州、高邮、宝应、淮阴、泗阳	184.3				六圩至扬州14.56公里于1923年筑成；宝应至泗阳100公里土基于1926年筑成
瓜渔路徐丰段	徐州、铜山、敬安集、丰县	88.26	铜山至丰县	57.4	1930年	土路
通榆路	南通、如皋、东台、盐城、阜宁、灌云、东海、赣榆	405	盐城境内	28	1932年	南通至如皋67公里成于1921年
			阜宁境内	25	1932年	
			灌云至东海	60	1931年	
浦乌路	浦口、东葛	36				
京建路	南京、秣陵关、禄口、溧水、洪兰埠、东坝、望牛墩	104				
江句路	江宁镇、秣陵关、湖熟、句容	59				完成测量，未修筑
环湖路	董塘、宜兴、无锡、望亭、善人桥、苏州、平望、震泽	76.75				扣除重复线路里程
苏澄路	江阴、无锡、木渎、苏州	98	江阴至无锡	39.17	1931年	
沪松路	松江、颛桥、北桥、上海	19.18	上海县内	7.48	1930年	
			松江县内	11.7	1932年	
苏太路	苏州、昆山、太仓	52	苏州至昆山	35	1932年	土路
高毛路	高淳、毛家埠	18.5	高淳至毛家埠	18.5	1930年	土路

续上表

省道名称	起讫及经过地点	总里程	完工路段	里程	完工时间	备　注
淮陈路	淮阴、涟水、新安镇、陈家港	141	涟水至新安镇	38	1932年	土路。淮阴至涟水35公里土基于1926年筑成
启港路	启东惠隆镇、鸭头港	7	惠隆镇至鸭头港	7	1932年	土　路
如新路	如皋、新生港	28	如皋至新生港	28	1931年	土　路
崇陈路	崇明、桥镇、南北堡、向化、陈家港	42.8	崇明至向化	34	1930年	土　路
敬沛路	敬安集、张集、沛县	28	张集至沛县	12.4	1930年	土　路

资料来源：江苏省交通志编纂委员会编：《江苏公路交通史》第一册，人民交通出版社1989年版，第97—99页。

从1931年11月至1937年7月是江苏公路网建设的第二阶段。1932年“七省公路会议”后，公路的分类由国道、省道和县道改称为干线、支线和县道。在干线方面，1934年，京沪干线镇江至江阴段建成。1935年京沪干线常熟至上海段竣工。1936年京鲁干线浦天段、京陕干线浦和段建成。在支线方面，先后建成京杭、沪杭、京芜、京建、镇溧等19条道路。

经过近十年的建设，江苏省的公路初具规模。但是，从各地区的公路建设情况来看，苏北地区的公路网建设远不如苏南地区。

江苏在公路建设方面，县道远不如干线和支线。1928年以前，江苏全省已建成的县道为336.14公里，而到1936年底，县道总里程也仅为1488.45公里。①

随着公路的修建，全省汽车数量也有了较大的增加。1933年，全省共有民营汽车760辆，1934年则增加到900余辆，到1937年更增加到1000余辆。据1935年的统计，全省公共汽车客运里程达到1100公里，乘客达到110万人次，汽车客运收入为765000余元。②

中国航空事业始于1909年。当年有法国人渥罗(Vallon)在上海驾机试飞，虽然飞机坠毁，但却开了中国航空业之先河。民国以后，政府为了加强航空建设，北京政府在国务院之下设立了航空事务处，此外，交通部下也成立了筹办航空事宜处和国务院航空事务处。1921年2月，航空事务处改名航空署，下设总务处及军事、机械、航

① 江苏省交通志编纂委员会编：《江苏公路交通史》第一册，人民交通出版社1989年版，第106页。

② 陈果夫编：《江苏省政述要》，“建设”编，台湾文海出版社有限公司1983年版，第120页。

1932 年 8 月 1 日，出席江南汽车公司第一次股东大会代表在莫干山合影

运、经理四厅，此外其附属单位有南苑航空学校、清河航空工厂、东三省航空处、京汉航空管理局等。

1930 年 7 月，国民政府交通部与美国飞运航空公司在南京签订备忘录，决定组建中美合资的中国航空公司。公司总资本 1000 万元，其中中方占 55%，美方占 45%。至 1936 年 6 月，中美双方所缴资本已达 416 万元。该公司总部设于上海广东路 3 号。

该公司初期经营三条航线，即沪汉线、汉渝线和沪平线，其中沪汉和沪平航线均经过江苏省。沪汉线自上海经南京至汉口，全长 914 公里。该航线除星期一停飞外，其余每天有上下行航班各一班。其中上海至南京飞行时间为 3 小时 15 分，而南京至上海只需 2 小时 15 分。上海至南京段的票价，初期为单程 60 元，后改为单程 48 元，往返 84 元。沪平线自上海经海州、青岛、天津至北平，全长 1427 公里。上海至北平每周二、四、六各飞一班；北平至上海每周三、五各飞一班。上海至海州段单程票价为 75 元，往返票价为 140 元。①

此外，中国航空公司还在全国许多地方设有办事处，其中在江苏省内的办事处有设于南京西华门四条巷的南京事务所和设于海州东门大街牌坊的海州事务所，专门经营航空客票等业务。该公司在江苏境内还设有飞机场，南京飞机场设于明故宫，海

---

① 《中国实业志》(江苏省)第十一编，实业部国际贸易局 1933 年 2 月编印，第 277 页。

中国航空公司所属“南京”号飞机

州飞机场设于杨圩。[①]

中国航空公司自成立后的数年间连年亏损，自 1930 年 7 月至 1933 年 6 月的三年间，第一年亏损 1011 万元，第二年亏损 95.5 万元，第三年亏损 48.5 万元，三年累计亏损 1155 万元。[②] 1933 年 4 月，美国泛美航空公司接替了飞运公司管理中国航空公司，此后，公司业务有所好转，1935 年首次扭亏为盈。从该公司的客货运输量来看，从公司成立至 1937 年 7 月，公司的客货运输量呈逐年增长趋势，详见下表。

1930—1937 年中国航空公司航空概况表

年度	职员人数	飞机架数	航空线路（km）	飞行里程（km）	航空运输			营业收支	
					客运（人）	货运（kg）	邮运（kg）	收入（元）	支出（元）
1930	107	6	1652	591566	2915	—	26245	514638.37	1527588.84
1931	122	12	1652	741230	2784	—	43712	825927.96	1778994.39
1932	150	14	4884	811408	2699	—	48954	946628.40	1540908.14
1933	150	15	4884	1299954	4215	—	57577	1309461.75	1391187.64
1934	202	15	5673	1612942	6729	12788	70261	1676142.34	1473492.61
1935	240	16	5556	2110997	14812	42086	73795	2519024.37	2254001.44
1936	—	15	5151	2720286	20198	48848	102285	3163033.89	2788753.80
1937	284	15	4049	1377711	11610	56193	93486	3003174.80	2353727.11

资料来源：中国第二历史档案馆编：《中华民国史档案资料汇编》第五辑第一编“财政经济”（九），江苏古籍出版社 1994 年版，第 483 页。

① 《中国实业志》（江苏省）第十一编，实业部国际贸易局 1933 年 2 月编印，第 276 页。

② 《交通杂志》第二卷第一期，交通杂志社 1933 年 11 月，第 155 页。

1931 年 2 月,国民政府交通部与德国汉莎航空公司合资成立了欧亚航空公司,公司总部设在上海仁记路 97 号。根据中德双方签订的合同,公司总资本为 300 万元,分为 3000 股,中方占 2000 股,德方占 1000 股。该公司在上海和南京均设有事务所。南京事务所设于南京四条巷良友里 12 号。

欧亚航空公司成立后,先后开辟了沪满线、沪兰线、平粤线、兰包线等多条航线。1931 年 5 月,该公司开辟由上海至满洲里的航线,该线从上海经南京、济南、北平、林西至满洲里。当年 9 月,因为"九一八事变"的爆发,该航线被迫取消。1931 年 10 月,该公司又开辟了上海经南京、洛阳、西安至兰州的航线,全长 1860 公里。

欧亚航空公司成立后的前几年,虽然业务量逐年增加,但一直处于亏损状态,直到 1937 年才扭亏为盈。详见下表。

1931—1937 年欧亚航空公司航空概况表

年度	职员人数	飞机架数	航空线路(km)	飞行里程(km)	航空运输			营业收支	
					客运(人)	货运(kg)	邮运(kg)	收入(元)	支出(元)
1931	97	4	2280	144615	941	4151	412	44101.17	452611.77
1932	107	6	4225	347608	652	16391	2858	218640.95	840304.27
1933	134	6	4450	487182	1074	43192	4170	529462.05	953063.48
1934	156	7	6930	702574	2109	58881	8796	359886.44	1456039.62
1935	163	6	4700	828832	3597	114386	19420	1491856.10	2129786.30
1936	168	12	6690	999160	7775	201257	16335	1866953.78	2894516.85
1937	176	14	5520	1294900	11600	189079	101017	3497206.34	3249407.78

资料来源:中国第二历史档案馆编:《中华民国史档案资料汇编》第五辑第一编"财政经济"(九),江苏古籍出版社 1994 年版,第 484 页。

1937 年 8 月,"八一三事变"爆发,以上两家航空公司被迫迁移到中国大后方继续营运。

二 港口建设与航运业

江苏的港口分为沿海港口和内河港口。民国以来,随着轮船运输业的发展,港口的建设也日趋加快。

1925 年,陇海铁路已修筑至新浦。为了与水运连接,陇海铁路东段临时延伸到大浦。1930 年以来,由于大浦港已不能满足日益增长的需要,于是,建设海港和修筑新浦至海港的铁路已日显迫切。1932 年 2 月,国民政府决定即将兴建的海港定名为连云港,属国有铁路港口。1933 年 5 月 3 日,陇海铁路管理局与荷兰治港公司签订了

《建筑陇海路线终点海港码头合同》，荷兰方面以 300 万元承包一号码头工程。1934 年，陇海铁路管理局又与荷兰治港公司签订了修建二号煤炭专用码头的合同。1936 年 1 月，一号码头建成，同年 5 月，二号码头也全部竣工。建成后的连云港已经初具规模，根据 1936 年 4 月制订的《陇海路连云港暂行规则》，连云港被划分为外港、内港和码头区，港区面积达 14 平方公里。[①]

连云港水陆联运码头

连云港 1 号码头，全长 450 米，宽 60 米

① 《陇海路连云港暂行规则》，港区，1936 年，转引自江苏省交通史志编纂委员会：《江苏航运史》（近代部分），人民交通出版社 1990 年版，第 131 页。

江苏沿海除了连云港之外，还有一些小型港口也得到了发展。1916年，济南盐场的公济公司在燕尾港的基础上，建成面积为2880平方米的港区，并投资8万元建成一座木质码头。1929年，公济公司又将木质码头改建成钢筋混凝土码头。此外，济南盐场及其他一些公司也先后在江苏沿海兴建码头。1918年，大源公司在陈家港修建了大源码头，1919年，大阜、大德、大有晋三公司合资3.8万元在堆沟建成可停泊3000吨级船舶的德阜晋码头，并建有可储存5000吨原盐的露天堆场。1920年，裕通、庆日两家公司出资3.9万元，在陈家港建成了木质的裕庆码头。

此外，1930年前后，在杨集港先后建成了五油坊码头、陈码头、杨公丰码头、郑大行码头和殷家码头。

在内河港口方面，最为重要的是南京港。国民政府定都南京后，于1929年公布了《首都计划》，在港口计划方面，《首都计划》指出："现在大南京为津浦、京沪两路干路之终点，津浦路在江北，京沪路在江南下关，将来京粤铁路完成更足以达不能通航之各地。自浦口至南京，有可不必费巨资而即可直接通车者，以可以采用火车轮渡办法也。"[①]1930年，为了连接津浦、京沪两大铁路线，在国民政府铁道部的主持下，南京火车轮渡码头在长江两岸同时动工。经过三年的建设，1933年10月22日，南京火车轮渡码头竣工，并被命名为首都铁路轮渡，直属铁道部管辖。同时，铁道部从英国购入了"长江"号渡船，甲板上有三条铁轨，每条铁轨可容车厢七节。火车轮渡的建成，大大提高了津浦、京沪两大铁路的运输能力，同时也是南京港最重要的建设项目之一。

1930年南京火车轮渡工程

① （民国）国都设计技术专员办事处：《首都计划》，南京出版社2006年版，第134页。

从英国购买的火车轮渡船"长江"号抵达南京浦口

1930年，南京港中山码头开始扩建，1935年扩建工程竣工，1936年3月，中山码头正式开始投入营运。到1937年，南京港共有21座码头，其中长江南岸有生泰恒、中山、日清、太古、招商、协和、和记等18座，长江北岸有津浦、火车轮渡、永利铔厂三座。

镇江作为长江下游的重要商埠，其港口地位也十分重要。但是，近代以来，由于镇江港区淤浅现象越来越严重，港口状况日趋恶化，虽因中国的民族航运业有所发展，曾使镇江港出现一线生机，但又因总的衰落局面已经形成，地位逐渐下降。

1912年以后，虽然镇江港口总的客、货运输由于铁路的通车受到一定的影响，但由于苏北运河沿岸的客、货运输仍需经运河由水路进出，所以镇江港经营内河运输的小轮业在这段时间也得了发展，到1937年抗战爆发时，在镇江港内小轮有160余艘，小轮航线也在原有的基础上有了较大发展。

1927年12月，国民政府通过航政局组织法，规定有关船员之登记、船舶之检查及丈量载线标志、管理海员航路等事宜，均为航政局职掌。1931年11月，镇江航政办事处成立，其主要职责为：镇江港辖区内运价的管理、港口公用码头的设置与管理等。镇江航政办事处的成立对加强港口的航政管理，保证船舶的航行安全以及对镇江的港航建设都起到了一定的作用，对收回镇江的部分航权也产生一定的影响，具有积极的意义。

1911年以后，镇江港口的航道水域情况越加恶劣。由于北岸瓜洲至六圩之间坍塌严重,再加上长江上游带来的大量泥沙使征润洲的淤涨不断向四周扩展,至1921年,征润洲的洲头已越过蒜山,形成了庞大的沙洲,不仅堵塞了码头,商务也受到影响。鉴于长江江面沙洲不断扩张的恶劣形势,1929年,江苏省水利局专门对此进行了调查,对征润洲的面积、涨势产生的后果及其对港口的潜在威胁作出了详细的调查报告。随着江面淤浅,沙洲日长,导致船只不能直接停靠码头载客装货,这使得镇江的商业和商埠地位遭受了重大影响和打击。

针对镇江港所面临的严重局势,国民政府也曾多次计划整治,从1923年到1930年提出过6次整治计划,其中规模最大、设计较完备并曾着手实施的要数1930年开辟象山新港的计划。但由于整治港口经费或移充他用,或被一些官员借名敛财,中饱私囊,港口的整治计划始终未能实现。

江阴港是江苏境内长江上又一重要港口。民国以来,江阴附近的无锡、苏州、常州等地人口稠密,工厂较多,轻纺工业十分发达。随着苏南工业化的进程,江阴港也日趋繁忙。为了适应经济发展的需要,1923年春,火柴大王刘鸿生委托江阴实业家吴汀鹭为之购买了自黄田港东侧至韭菜港之间的约200亩滩涂,动工兴建煤炭码头,经过三年多的建设,1926年冬,煤炭码头建成,并成立了"中华煤业码头公司"。公司成立后,业务日趋兴旺。

1927年初,江阴商人尹仲仁见"中华煤业码头公司"业务兴旺,便与上海煤商沈锦洲合资10万元,在黄田港西侧购买了滩涂70余亩,并于当年秋动工兴建煤码头。经过三年的建设,1930年5月,煤码头竣工。然而,码头虽然建成,但几乎没有机械设备,基本靠人力装卸。①

上述两个煤码头的建成,标志着近代江阴建港的初步形成,为该港日后的建设奠定了一定的基础。

由于江苏东临东海,且长江与大运河纵贯东西和南北,因此,江苏的航运业向来十分发达。

在海运方面,连云港是江苏最主要的沿海港口,连云港建成后,其货运吞吐量呈明显上升趋势。1935年是1934年的2.15倍,1936年又比1935年增长36%,而1937年上半年则达到1936年的82%。详见下表。

---

① 高鼎传主编:《江阴港史》,武汉出版社1989年版,第32—33页。

1934—1937 年上半年连云港货物吞吐量统计表

年　份	进　港	出　港	合　计	备　注
1934	151761	2275.67	174518.67	孙家山临时码头及一号码头一泊位
1935	279255.4	68511.4	374806.8	一号码头一二泊位及二号码头一泊位
1936	409011.02	100646	509657	
1937(上半年)	356913	6129	418203	

资料来源：江苏省交通史志编纂委员会:《江苏航运史》(近代部分),人民交通出版社 1990 年版,第 134 页。

在内河航运方面,民国以来,随着江苏民营小轮航运业的兴起,以长江和京杭大运河为主要航道,逐渐形成了以苏州、无锡、常州、镇江、南京为中心的内河航运网。

苏州河网密布,水路交通十分发达。1921 年至 1936 年期间,苏州内河轮运业有了快速发展。其中主要有苏沪线、苏杭线和苏虞线。苏州至上海的航线是苏州内河航运业开辟最早的主干航线之一。原由日清、戴生昌、招商内河和公茂四家轮运企业经营。1915 年,日清退出此线。1921 年,招商内河、戴生昌各以小轮 1 艘、公茂以小轮 3 艘隔日行驶其间。后来,源通轮船局和中央轮船局也经营此线。另有专营商货运输和内河转运业务的通商公司也"置有小轮货船间日往返苏沪,装运两地商货",1927 年因亏损停业。数月后,该公司由苏州商人集资接办,改名为通商恒记内河转运公司,在苏州老阊门外太子码头及上海德安里一弄分设苏州和上海两个公司,继续经营内河轮船转运业务。1932 年初,淞沪战事爆发,上海北火车站被毁,铁路交通阻断,许多居民纷纷乘坐轮船至苏州避难,乘客拥挤不堪,使该线路一度出现畸形繁荣。此时,招商内河轮船公司增添了"利亨"、"永胜"、"河安"3 艘小轮,戴生昌也增添了"源吉"、"同荣"2 艘小轮行驶苏沪线。源通轮船局在 5 月间又"特备快轮加放苏沪早班",每日早晨 6 时开往上海,中班仍在每日上午 11 时照常开航。中央轮船局也以"楚泰"、"永兴"两小轮单放,各在单、双日往来于苏州、上海之间。在此期间,有些人也乘机使用陈旧的小轮纷纷组织沪苏临时专班,超载多装,不顾旅客安全,抬高票价,牟取暴利。一时间苏沪线上,船只骤增。

苏州至杭州的航线由苏州经由吴江、震泽、湖州至杭州,全程 117 公里。1915 年,日清公司退出此航线后,又有源通轮船局、顺生商号等加入该航线的营运。1934 年 11 月,又有苏锡福记与裕新元记两公司开辟了苏州至杭州的日间航班。

苏州至常熟航线南与京沪铁路相连,北接浒浦镇。该航线原客流量较大,但是 1935 年后,由于苏州至嘉兴的公路苏州至常熟段建成通车,该航线客流量随之日趋萎缩。

民国以来，无锡工业发展较快，人口迅速增加，再加上无锡濒临太湖，因此很快形成了以无锡为中心的内河航运网。其重要的航线有：锡沪线、锡溧线和锡澄线。锡沪线原有戴生昌、公茂、日清等公司运营，1915 年，日清公司退出了该航线。1924 年，公茂轮船公司将该航线由客运改为了货运。1927 年，中华恒裕轮船公司、大江南公司、招商局和苏皖航运局也先后开辟了无锡至上海的货运航班。1930 年，振记公司也曾一度开辟了无锡至上海的货运航班。由无锡经宜兴至溧阳是无锡主要的航线之一。该航线原由招商局内河经营，后来中华轮船公司、新商和轮船公司也加入了该航线的运营。1914 年以后，又有常州源兴轮船局、永固轮船公司、利江公司等九家公司先后加入该航线的运营。锡澄线由无锡至江阴，该航线最早由招商内河轮船公司开辟。1915 年，利澄公司加入了该航线的运营。1928 年严东公司也投入到该航线。1936 年初，又有翔康轮船公司加入该航线。使这一航线由四家公司竞争。

常州素为大江南北的主要物资集散地。由于这一原因，民国以来，以常州为中心的内河航运业蓬勃发展。常州主要有常溧线、常滏线、常扬线等航线。常溧线由常州至溧阳，原由招商局内河航运公司运营，1928 年新成立的新华电船局也开始经营此航线。常滏线由常州至宜兴湖滏镇。1917 年，常州新商河轮公司首先开辟了此航线，1936 年，新商佩记公司也营运此航线。

常扬线由常州经长江至扬中，是常州的一条重要航线。1917 年，新商河轮公司开辟了该航线。1928 年，新华电轮公司也开始在该航线运营。1930 年，利民航轮公司也经营该航线。此外，常州还有 14 条短途城乡航线，使常州与周边乡村的联系更加紧密。

大达轮步公司码头

镇江为长江和京杭大运河的交会处，水路交通十分便捷。镇江主要有镇清线、镇扬线等。镇清航线由镇江至清江，原由立生洋行开辟，民国以前有五家公司在该航线运营。1917 年，利通公司也加入到该航线的运营。1927 年至 1929 年，慎记、镇通、江泰三家公司也先后在该线运营。至 1934 年，在该航线上运营的公司达 15 家之多。

镇扬线也是镇江的重要航线。由于该航线客流量较大，许多公司在该航线上运营。到 20 世纪 30 年代中期，在该航线上运营的公司达十余家。到 1936 年，镇江的小轮航线有 16 条，总里程达 1581 公里。[①]

民国以来，南京的小轮航运业也有了较快的发展。民国初年，泰丰、泰昌、扬子、大安等小轮公司在南京设立了分号，开办长江短途和内河小轮航运业务。南京的小轮航线主要有南京至芜湖、南京至六合、南京至扬州、南京至溧水、南京至湖熟等。

1927 年国民政府定都南京后，南京的铁路和公路发展迅速，此外长江大轮也开始沿长江航行，因此，南京小轮的运营受到了一定的影响。

除了苏南的内河航运网以外，民国以来，苏北的航运业也有了较快的发展。其主要航线有通扬线、盐泰线、通盐线等等。详见下表。

苏北地区小轮航线概况表

航线起讫	里程(公里)	经过地
南通—扬州	200	唐闸、白蒲、如皋、海安、姜埝、泰州、宣陵、仙女庙、邵泊
南通—二甲	44	西亭、金沙、金余、余西、四甲、五灶、六甲
南通—盐城	220	白蒲、丁埝、如皋、海安、安丰、东台、白驹、刘庄、伍佑
泰州—东坎	216	周庄、兴化、沙沟、东夏庄、湖垛、永兴集
泰州—青沟	178	周庄、兴化、沙沟、东夏庄、湖垛
泰州—湖垛	125	周庄、兴化、沙沟
盐城—泰州	137	冈门、秦南仓、古殿褰、兴化、花家庄、周庄
盐城—千秋港	92	永丰、上冈、兴桥、合兴、耦耕桥
海安—东台	50	仇湖、安丰、梁垛
兴化—刘庄	74	西鲍、安丰、大营、白驹
兴化—高邮	53	河口、新庄、三垛、二沟、一沟
兴化—东台	54	湖东口、大垛、唐子镇、戴窑镇、丁溪镇
益林—沙沟	63	杨集、马荡、射阳湖
高邮—大营	125	二沟、三垛、兴化、北安丰、白驹

① 江苏省交通史志编纂委员会：《江苏航运史》(近代部分)，人民交通出版社 1990 年版，第 115 页。

续上表

航线起讫	里程(公里)	经过地
如皋—掘港	75	丁埝、双甸、岔河、马塘
扬州—清江	140	都伯、高邮、界首、氾水、宝应、径河、平桥
清江—灌云	150	西坝、涟水、时码、新安集、张店
清江—宿迁	98	码头镇、杨庄、众兴镇、仰化集
邳县—杨庄	190	窑湾、皂河、宿迁、众兴

资料来源:江苏省交通史志编纂委员会:《江苏航运史》(近代部分),人民交通出版社1990年版,第120页。

从全省的情况来看,江苏的航运网络,基本以城镇为中心,向周围辐射,把江、河、湖、海连为一体,形成发达的水运网络。据1934年的不完全统计,江苏全省有39个县可通小轮,共有小轮385艘。便捷的水路交通,有利于江苏社会经济的发展。

三 邮电业

清光绪四年(1878),中国在北京、天津、烟台、牛庄、上海开办五处邮局,江苏省邮政事业由此开始。但是,在1922年以前,江苏许多地区的邮政事业均由外国人把持。

民国以来,随着社会经济的发展,中国的邮政事业有了较快的发展。

江苏省原有两个邮区,即江苏邮区和上海邮区。1930年,江苏邮区与安徽邮区合并,称苏皖邮区。截至1932年,在江苏省境内,除上海邮区外,共设有邮务管理局1所,一等邮局4所,二等邮局69所,三等邮局54所,支局26所,代办所632所,总计为876所。此外,在一些城镇,还设有邮柜134处,村镇邮柜463处,村镇邮站389处,邮票代售处165处,总计1151处。①

苏皖区邮务管理局设于南京,统一管理全区各邮局,该管理局在江苏境内管辖的邮局分布在南京、吴江、常熟、无锡、江阴、武进、宜兴、江宁、淮阴、涟水、阜宁、砀山、丰县、江都等47个市县。各市县各类邮局分布情况如下表。

江苏省邮局分布一览表

地区	邮务管理局	一等邮局	二等邮局	三等邮局	总数
南京市	1		2		3
吴江县			2	5	7
吴县		1	3		4
常熟县			2	1	3

① 《中国实业志》(江苏省)第十一编,实业部国际贸易局1933年2月编印,第197页。

续上表

地　区	邮务管理局	一等邮局	二等邮局	三等邮局	总　数
无锡县		1		2	3
江阴县			1	1	2
武进县			2	2	4
宜兴县			1	3	4
溧阳县			1		1
高淳县			1		1
溧水县			1		1
江宁县			1		1
句容县			1	3	4
江浦县			2	1	3
六合县			1		1
仪征县			2		1
镇江县		1	2	4	7
金坛县			1		1
丹阳县			1	1	2
扬中县				1	1
泰　县			3		3
江都县			4	2	6
高邮县			3		3
宝应县			1	1	2
淮安县			1	1	2
淮阴县			2		2
泗阳县			1	1	2
宿迁县			1	3	4
睢宁县				1	1
铜山县		1		2	3
萧　县				2	2
砀山县			1		1
丰　县				1	1
沛　县			1		1
邳　县			2	3	5

续上表

地　　区	邮务管理局	一等邮局	二等邮局	三等邮局	总　　数
沭阳县			1		1
东海县			2		2
灌云县			1	2	3
赣榆县			1		1
涟水县				1	1
阜宁县			2	1	3
盐城县			3	2	5
东台县			1	3	4
泰兴县			4	1	5
如皋县			2		2
靖江县			1		1
南通县			3	3	6
总　计	1	4	69	54	128

资料来源:《中国实业志》(江苏省)第十一编,实业部国际贸易局 1933 年 2 月编印,第 206—210 页。

上海邮区设邮务管理局 1 所,二等邮局 32 所,三等邮局 13 所,支局 25 所,代办所 85 所,邮票代售处 79 处。此外,上海邮区还设有城镇邮柜 28 处,村镇邮柜 224 处,村镇邮站 408 处。①

上海区邮务管理局设于上海,统一管理区内上海、南汇、松江、青浦、金山、嘉定、宝山、太仓、海门等 14 个市县的各类邮局。该邮区各类邮局具体分布情况如下。

上海邮局分布一览表

地　　区	邮务管理局	二等邮局	三等邮局	总　　数
上海市与上海县	1	7	1	9
南汇县		2	2	4
奉贤县		1		1
松江县		2	2	4
川沙县		1		1
青浦县		2		2

① 《中国实业志》(江苏省)第十一编,实业部国际贸易局 1933 年 2 月编印,第 210 页。

续上表

地 区	邮务管理局	二等邮局	三等邮局	总 数
金山县		2		2
昆山县		1	2	3
嘉定县		2	2	4
宝山县		1	1	2
崇明县		2	2	4
太仓县		3		3
海门县		3	1	4
启东县		3		3
总 计	1	32	13	46

资料来源:《中国实业志》(江苏省)第十一编,实业部国际贸易局 1933 年 2 月编印,第 213—214 页。

民国以来,随着中国社会经济的发展,邮政业务也呈上升趋势,现将 1919 年至 1929 年江苏省及上海邮区邮件业务量列表如下。

1919—1929 年江苏省历年寄递邮件统计表

年 份	普通邮件	特种邮件		
		挂号邮件	快递邮件	保险邮件
1919	25747400	1586500	884800	656
1920	31778100	1932900	891400	576
1921	29019000	1770200	820400	599
1922	25973300	1582600	714900	430
1923	28348900	1149600	730100	500
1924	31453900	1283300	827000	800
1925	34398300	1344200	891800	600
1926	36536500	1401800	905400	500
1927	31638200	1200500	859800	2700
1928	52614500	1717400	1255000	4600
1929	55364200	2212900	1471200	3800

资料来源:《中国实业志》(江苏省)第十一编,实业部国际贸易局 1933 年 2 月编印,第 215 页。

1919—1929 年上海邮区历年寄递邮件统计表

年　份	普通邮件	特种邮件		
		挂号邮件	快递邮件	保险邮件
1919	68612300	1788000	983600	2929
1920	79132500	2075900	1116100	2204
1921	92460900	2686600	1344600	2064
1922	69424800	1592100	920100	2300
1923	92457500	2333100	1333400	7408
1924	108339500	2742200	1109900	15133
1925	114527900	2914000	1107600	18063
1926	130460900	2998600	1071700	20100
1927	122757300	2551600	1037300	24800
1928	137415895	3361100	1342000	35200
1929	161866300	4031600	1514400	33100

资料来源:《中国实业志》(江苏省)第十一编,实业部国际贸易局 1933 年 2 月编印,第 216 页。

江苏省邮政管理局营业大厅

20世纪30年代以后，由于南京国民政府成立后全国行政趋于统一，便于邮政事业的发展。同时，随着社会经济的进一步发展，民众对邮政业务的需求量也在不断增加。根据国民政府邮政总局1933年度的邮政事务年报，该年度全国共收寄邮件“计有七万八千七百万件，较上年度增加四千八百万余件，约合6.5%”，“再就各邮区收寄邮件之总数，与上年度比较，大抵多有增加，其中苏皖邮区增加一千一百四十九万四千五百件，上海邮区增加一千九百六十万九千九百件”[①]。

在电信方面，民国以来，江苏的电信业务主要为有线电报、无线电报、长途电话、普通电话四种。

全国有线电报分为21区，江苏为其中之一区。根据1929年的调查，江苏区内设有电报管理局1所，特等电报局1所，一等电报局2所，二等电报局3所，三等电报局6所，四等电报局19所，此外，还设有电报支局52处。全区电报线路长达3764余公里，拥有电报机217台。[②] 1929年，江苏区共发送中外文电报690242份。[③]

江苏境内最早建设的无线电通信电台为1913年建立的吴淞海岸电台。该电台设于吴淞炮台附近，专供船舶通信之用。南京国民政府成立后，国民政府规定，全国无线电台统一由建设委员会主管办理，此后，江苏的无线电通信电台有了较快发展，仅1928年至1930年的3年间，江苏境内又增设了3座电台，分别建于南京、上海和崇明。

南京的无线电通信电台有电报机4台，从1928年3月开始办理收发报业务，主要办理与上海、福州、长沙、广州、汉口、北平、青岛、南昌、安庆、芜湖等地的无线电报收发业务，当年即收发电报18325份。[④]

上海的无线电通信电台分为上海国际无线电台和上海无线电台。上海国际电台于1930年建成使用，主要办理与美国、德国、法国、菲律宾、越南、香港等国家和地区的无线电收发报业务。上海无线电台于1928年8月开始办理国内无线电报收发业务。

崇明设有两处无线电台，一曰崇明电台，建于崇明，1928年7月开通；二曰崇堡电台，设于堡镇，于1929年9月开通。崇堡电台除了与上海间的民用无线电通信外，还兼任国防通信任务。

1930年以后，随着无线电报业务的发展，江苏省境内又增设扬中、松江、铜山、东海、南通、灌云、盐城、奉贤、南汇、金山、连云港、赣榆、睢宁、沛县、丰县、萧县、砀山、扬

---

① 《邮政总局1933年度邮政事务年报》，中国第二历史档案馆编：《中华民国史档案资料汇编》第五辑第一编“财政经济”(九)，江苏古籍出版社1994年版，第565页。

② 《中国实业志》(江苏省)第十一编，实业部国际贸易局1933年2月编印，第241页。

③ 根据《中国实业志》(江苏省)第十一编，实业部国际贸易局1933年2月编印，第244—245页分月统计表计算。

④ 《中国实业志》(江苏省)第十一编，实业部国际贸易局1933年2月编印，第264页。

州、启东、淮阴等 26 处无线电台。

民国以来，交通部在江苏境内共设有两条长途电话线，一为京沪长途电话线，二为江苏江北长途电话线。

京沪长途电话线路全长 544 公里，于 1926 年设立，该线路可以在南京、上海、吴淞、南翔、昆山、苏州、常熟、吴江、嘉兴、无锡、常州、镇江、芜湖等地间通话。南京国民政府成立后，该电话线路业务日趋增长，营业收入颇丰。据国民政府交通部的统计，1930 年京沪长途电话线路通话次数为 107160 次，盈余 85730 元，而 1931 年通话次数就增加到 131409 次，盈余 110860.92 元。①

江苏江北长途电话线路全长 2119 公里，该线路可以在镇江、扬州、仪征、沭阳、睢宁、徐州、高邮、宝应、淮安、宿迁、砀山、阜宁、清江浦、泰兴、海安、南通、海门、泰州、如皋等地间通话。该线路从 1924 年开通以来，业务发展迅速，1924 年，该线路通话次数为 31700 次，1925 年为 35282 次，1926 年为 44915 次，1927 年为 50923 次，1928 年为 56860 次，1929 年达到 109936 次。②

到 1936 年，全省已经有 43 个县开设长途电话业务，共拥有单线 4439 公里，双线 3034 公里，挂线植杆 7417 公里。③

在市内电话方面，国民政府交通部在南京、上海、吴县、江都、镇江设有五处国营电话局，其他电话公司多为民营。根据交通部 1932 年出版的统计年报，南京的电话线路全长 185.84 公里，全市拥有电话机 2742 部。上海电话局有线路 209.19 公里，全市拥有电话机 2332 部。吴县电话局线路全长 134.55 公里，用有电话机 1802 部。镇江电话局线路全长 35.79 公里，拥有电话机 582 部。江都电话局线路全长 27.34 公里，拥有电话机 306 部。④

民国以来，江苏的民营电话公司发展较快，据国民政府交通部 1929 年的调查，江苏全省有民营电话公司 16 家，具体见下表。

江苏省民营电话公司一览表

公司名称	电话机数(部)	资本总额(元)	公司性质
无锡电话公司	1400	400000	股份公司
武进电话公司	840	30000	股份公司
南通大聪电话公司	570	85000	股份公司

①④ 《中国实业志》(江苏省)第十一编，实业部国际贸易局 1933 年 2 月编印，第 267 页。

② 《中国实业志》(江苏省)第十一编，实业部国际贸易局 1933 年 2 月编印，第 272—273 页。

③ 王培棠：《江苏省乡土志》上册，商务印书馆 1938 年版，第 156 页。

续上表

公司名称	电话机数(部)	资本总额(元)	公司性质
常熟电话公司	450		
太仓电话公司	450	40000	股份公司
江阴电话公司	450	60000	
松江电话公司	300	12500	股份公司
海门电话公司	210		
昆山电话公司	200	20000	股份公司
淞阳电话公司	200		
泰县电话公司	200	20000	股份公司
盛泽电话公司	200	1500	股份公司
徐州电话公司	200	37500	两合公司
高邮电话公司	150	20000	股份公司
溧阳电话公司	100	10000	股份公司

资料来源:《中国实业志》(江苏省)第十一编,实业部国际贸易局 1933 年 2 月编印,第 274—275 页。

民国以来,特别是南京国民政府成立后,江苏邮电事业的快速发展主要是因为社会经济发展的带动,同时国民政府定都南京,由于政务的需要,也推动了江苏邮电事业的发展。

第八节　农村经济发展状况

一　"农村复兴计划"与省政府的农业政策

江苏省以平原为主,水网密布。由于优越的地理位置与环境,江苏省的农业一向发达。据 1933 年统计,江苏全省面积为 316000 平方市里,其中耕地 91688554 亩,占全省总面积的 54%。[①] 江苏省在推行保甲制度时,曾于 1936 年进行过全省保甲编户统计,根据这一统计,江苏全省共有农户 5056536 户,农业人口达 25300000 人左右,占全省总人口约 73%。[②] 然而,自民国以来,由于连年战争,自然灾害频繁,使农村的发展受到了严重制约,农业生产萎缩不前。南京国民政府成立后,根据当时中国农村

① 王培棠:《江苏省乡土志》上册,商务印书馆 1938 年版,第 80 页。

② 江苏省社会科学院《江苏史纲》课题组:《江苏史纲》(近代卷),江苏古籍出版社 1993 年版,第 419 页。

的实际状况,中央政府于1933年5月成立了农村复兴委员会,以复兴农村经济。该委员会隶属于行政院,由行政院长兼任农村复兴委员会委员长,国民政府内政部、实业部、铁道部、交通部、教育部等部长为该委员会的委员,蒋介石、汪精卫、孙科、宋子文、孔祥熙五人为常务委员。农村复兴委员会的职掌为:(一)处理土地及其他不动产所有权之争执;(二)被毁坏之地界的整理;(三)所有权未确定及无主土地代行管理或官有荒地之管理;(四)土地耕佃之分配及田租之决定;(五)农村合作社之提倡,等等。实际上,国民政府拟定的所谓"农村复兴计划",一方面是为了促使农村经济的复苏,另一方面也是为了解决原中共根据地,即所谓"收复区"的土地归属问题。

在国民政府推动"农村复兴"的大背景下,江苏省政府也制订了一系列政策措施,以促进本省农村经济的发展。

第一,成立稻作试验场、麦作试验场,推广粮食作物品种的改良,以提高粮食产量。1924年,江苏省立苏州稻作试验场成立,1929年,江苏省建设厅又在松江县南门外购置原大校场土地260余亩,作为江苏省稻作试验场松江分场,次年开始种植良种水稻。1935年,松江分场改为江苏省稻作试验总场,原苏州试验场改作分场。试验场除繁育稻、棉、麦良种外,还养鸡、养蜂,并建立鱼苗养殖场,试验稻田养鱼等。截至1936年,该稻作试验场已推广水稻新品种3万亩以上。

1917年,江苏省实业厅在淮阴成立了江苏省第一农事实验场,并在徐州成立江苏省第二农事实验场。1923年,淮阴第一农事试验场改为江苏省立杂谷试验场,从事大豆、玉米等品种选育,并在淮北诸县设繁殖、推广农场。1929年,徐州第二农事试验场改为江苏省立麦作试验场,专门从事小麦育种工作。

除了省立农作物试验场外,一些县政府也设立了农作物改良机构。1919年,松江县公署实业科筹建松江县农业试验场,场址在松江西门外秀野桥西北。1923年,该试验场由吴履刚接办,名为私立大有农场,始有土地26亩,以栽桑及种植园艺作物为主。1928年,沈叔贤接手经营该试验场,并改名为大有蚕种场,以栽桑、养蚕及制蚕种为主。1930年,高君藩接手经营,面积扩大为80亩,侧重水稻和树苗。1928年,松江县农业改良场成立,总场设于亭林镇东首,占地60余亩,分场设于松江县城内小北庵,占地30余亩。1933年,松江县农业改良场分场改名为松江县农业推广所,隶属于县公署建设科。同时,将总场改为种苗场,分场改为树苗场。松江县农业推广所办公地点设于小北庵树苗场内。主要培育树种,推广种植。

第二,成立棉业试验场,改良棉花品种。江苏省是全国主要的棉花产区,以此为原料的棉纺织业亦十分发达。1928年,江苏省建设厅将北京政府时期设于南通的原农商部第二棉业试验场改为江苏省立棉作试验场,接着,又在南汇县设立了分场。省立南通棉作试验场主要进行江南棉花品种的改良，并在苏北盐垦区推广中美棉良种的种植。该棉作试验场培育的青茎鸡脚棉新品种，是适合江苏沿海地区种植的优良品种。同时，在各县设置植棉指导所，“除示范及指导植棉外，并可繁殖良种，补县场之不及。”[①]此外，引进的美国岱字棉、斯字棉等优良品种也得到了较好的推广，从而促进了江苏的棉花产量和品质。

第三，农业新技术的推广。中国的农村向来使用农家肥，20 世纪 20 年代以后，随着化肥的进口和国内化肥的生产。一些较为富裕的农户已经开始使用化肥，但并没有广泛使用。省建设厅为了推广化肥，制定了化肥搭配使用方法，以便于农民掌握。经推广后，到 20 世纪 30 年代中期，全省化肥的使用量已有较大的增加。据 1934 年的统计，当年全省销售硫酸铔、过磷酸、氯化钾等化肥共 28588 包，价值 408808 元。[②]

在病虫害防治方面，江苏省政府针对本省蝗虫、螟虫和棉虫多发的特点，在 1935 年螟虫灾害爆发之后，令各县、区、乡政府，进行防治螟虫知识的的宣传和普及。

第四，改良桑蚕品种，提高生丝的产量和质量。太湖流域向来是桑蚕业发达之地。所产生丝主要供给国际市场。然而民国以来，尤其是第一次世界大战后，日本的桑蚕业迅速发展，其生丝在国际市场上占据了主导地位。面对这种局面，江苏省政府采取了一系列措施，以促进省产生丝的产量与质量。

第五，大力推广新式农具。江苏省在农业机械使用方面是起步较早的省份。早在民国初年，在无锡、苏州、常州等经济较为发达的地区，就开始使用柴油抽水机，到了 20 世纪 30 年代，电动抽水机也逐步进入农家。然而，就全省来说，新式农具的使用还不是普遍现象。1928 年江苏省政府为了推广新式农具，在苏州设立了苏州农具制造厂，主要生产柴油机、榨油机、轧豆机、碾米机、中耕机、条播机、玉米脱粒机等等，年产值达 10 万元左右。

第六，推进苏北农村副业计划。于苏南相比，苏北农村的发展相对滞后。为了推动苏北农村经济的发展，1934 年，江苏省建设厅成立了“苏北农村副业设计委员会”，计划在苏北 34 个贫困县改良农业，发展副业生产，并制定了一个家畜养殖、桑蚕养殖、果树栽培、酿酒、编织等农村副业的整体计划。然而，虽有好的计划，但因地方政府推广不力，以及资金问题无法解决等原因，该计划的推进并没有取得大的成效。

---

① 《江苏棉产状况及改进方案》，中国第二历史档案馆编：《中华民国史档案资料汇编》第五辑第一编“财政经济”（七），江苏古籍出版社 1994 年版，第 368 页。

② 陈果夫编：《江苏省政述要》，“建设”编，台湾文海出版社有限公司 1983 年版，第 74 页。

二 水利建设

江苏省境内河网密布，民国以来，长江、太湖及淮河流域水灾、旱灾频繁。1931年，长江、淮河流域发生了大水灾，仅淮河流域受灾农田即近7800万亩，受灾人口达2000万人。其中江苏省被淹农田32317481亩，受灾人口6538116人，损失达201835586元。[①] 在这次大水灾中，太湖流域的损失亦十分惨重，"被灾区域以吴兴、宜兴、无锡、吴县、吴江、昆山、青浦为最重，计面积约为五百九十二万余亩，占全面积百分之十七。歉收米约六百八十余万石，棉七十七万余担，约计估值一万万元"[②]。1934年，太湖流域又遇大旱，"被灾区域，以溧阳、金坛、宜兴、丹阳、桐乡、嘉兴、余杭、吴兴为最重。而溧阳尤甚，收成仅约百分之二十。金山最轻，约得百分之八十五。计全流域歉收米一千四百余万石，合百分之五十四。棉一百零一万八千担，合百分之二十五。统计损失达一万一千余万元"[③]。

面对频繁发生的自然灾害，国民政府和江苏省政府在20世纪30年代，开始对淮河、大运河等河道进行整治。

清朝末年，黄河虽然北迁，淮河流域却水系混乱，出海无路、入江不畅，洪涝旱灾交相侵袭，淮河成了一条闻名于世的害河。淮河的连年灾害，严重影响了各级政府对土地赋税的征收。从清末到北京政府时期，政府都从其自身利益出发，提出过不少"复淮"、"导淮"的计划和方案。到了1929年，国民政府考虑到淮河地处中原腹地和南北交通要冲，在经济发展中地位十分重要，加上当时各界呼声高涨，于是决定着手治理淮河。

1928年，国民政府在全国建设委员会下设置了导淮图案整理委员会，内设总务、工务、财务三处，其任务是收集整理清朝末年及民国以后各种治淮机构制定的导淮计划、测量资料、图表等，为导淮提供技术资料。既定任务完成后，该机构于1929年1月撤销。

1929年7月1日，国民政府在南京成立了导淮委员会，隶属于国民政府实业部，其职责为"掌管淮河流域测量，改良水道，发展水利及一切筹款、征地、施工事务"。淮河流域所辖的河南、安徽、江苏三省的治淮事业，按工区设立工程局、处，由导淮委员会直接领导。委员会内机构有总务、工务、财务三处。1932年，经国民党中央政治会议通过，并提交立法院审议了《导淮委员会修正组织法》，规定会内办事机构改为总

---

① 李书田等：《中国水利问题》下册，商务印书馆1937年版，第271页。此处的面积单位"亩"为旧亩。

② 李书田等：《中国水利问题》下册，商务印书馆1937年版，第397页。

③ 李书田等：《中国水利问题》下册，商务印书馆1937年版，第399页。

务、工程、土地三处。导淮委员会设委员长、副委员长各 1 人，委员 23 人。委员长由蒋介石担任，后由陈果夫代理；副委员长由黄郛挂职，陈立夫、庄松甫、陈仪、陈其采、沈百先、陈辉德、何玉书、杨永泰、许世英、沈怡等担任委员。其下属机构有工程管理局、运河船闸管理局、公地整理处、测量队、水文站和镇江水利职业学校等。1935 年 1 月，国民政府为了统筹全国水利行政工作，将导淮委员会改隶全国经济委员会。1937 年，导淮机构内部又发生了变化，把原有三处改为工程、秘书两处。这年，由于抗日战争爆发，大片国土沦陷，导淮委员会全班人马跟随国民政府撤往重庆，方案、图表、计划、仪器等也一同带走。

导淮工程工地民工夯土

导淮委员会成立后两个月，工务处在淮阴组织查勘队实地勘察，研究淮、运、沂、沭等河现状，为制定导淮计划做准备。1932 年，全国经济委员会聘请国联水利工程专家潘利尔、高德斯维金、蒲得利等，组织考察团，审核导淮计划。国联考察团在淮河流域查勘结束后，基本肯定了工程处拟定的计划，并提出了修改意见。工程处根据当时的财力，拟定出两年施工计划。这一计划包括防洪工程和航运工程两大部分。防洪工程有入江入海水道，中游筑堤，六塘河疏浚等；航运工程主要是在苏北运河上建立船闸，调节水位，提高运河通航能力。导淮入海水道工程，上起洪泽湖，经张福河、废黄河至套子口入海，全长 200 多公里。第一段工程是开挖张福河，全长 31 公里，1933 年 1 月开工，7 月告成。该段是入海水道的咽喉，又是引淮济运的水道，理应开掘出一个高标准的宽深河道，才能真正起到泄洪的作用，可是由于经费太少，只挖出一条底宽 32 米的窄小河沟，对排泄洪水不起多大作用，只对改善运河航运稍有益处。

第二段工程，从淮阴至入海口，由江苏省政府征工办理，从1934年冬开始，用三个冬春的时间挖河，人数最多时达30万人。原计划河宽120米，深约7米，两堤间距350米，由于施工困难，经费被挪用，只好缩减计划，将河宽减至35米，堤距减至230米，泄洪量从每秒1000至1500立方米，减到每秒300至500立方米。导淮入海水道上兴建的两座活动坝，一座位于淮阴西北的杨庄，是洪泽湖水进入海道之口门，可控制淮水入海量，并能调节运河水位，坝全长60米，设有5孔，每孔宽10米，闸门升降设备全从英国进口。1935年冬开工，建筑费50万元，最大泄水量只有每秒750立方米。另一座是周门活动坝，是入海水道下游的一座节制闸，位于阜宁县周门，用其控制淮水入串场河及沿海新运河，供苏北滨海垦区灌溉之用。三河活动坝是排泄淮水、调节洪泽湖水位的关键工程。该工程1936年8月开工，预计1938年底完工。设计坝长750米，共60孔闸门，每孔宽10米，高5.5米，坝墩之上跨建公路桥，以利交通。但1937年12月，日军进犯盱眙，工程就此停顿下来。

淮河中游干支流淮堤，经过1931年大水的破坏，堤身低矮，残破不堪，每到汛期时有漫溢，造成灾害。1932年冬，导淮委员会和国民政府救济水灾委员会，联合办理工程，兴修淮堤，经过一年的时间，共修大小河堤1000公里，建沿淮涵洞24座。

为了打通沂、泗两河出海尾闾，1934年1月至7月，由江苏省政府征召民工疏浚了六塘河、培修了堤防，可保一般大水年的防洪安全。导淮的另一项任务就是航运工程。原计划从蚌埠至入海口建船闸4座，以调节航道水位，保证从蚌埠乘船可以直达苏北灌河临洪口出海；在运河沿线建船闸7座，使长江与黄河间终年通航900吨的大船。但是，由于经费困难，蚌埠至入海口的4座船闸工程被迫放弃，运河上的船闸由7座减到3座，即以后建成的邵伯、杨庄、刘老涧3座船闸。但这3座船闸过小，闸室长只有100米，宽10米，闸门开关以人工为主。闸室内只能容纳900吨船一艘或40吨小木船10艘。这3座船闸于1936年夏竣工。

运河是纵贯江苏南北的重要水道。但由于年久失修，运河的泄洪与航运能力大大降低。1921年7月，运河水位猛涨，大堤决口达20余处。1931年苏北大水，运河大堤又决口27处。民国以来，政府曾多次疏通运河。1915年，在苏北里运河段，曾集中4艘挖泥船挖掘各处浅段。1916年，江苏又添置两艘挖泥船整治运河。1927年以后，江苏省成立了“江苏省运河工程局”，以“以工代赈”的方法，对运河进行整治。江苏曾多次组织挖泥船疏通运河河道。仅1935年11月6日至1936年5月4日，挖泥船就在运河扬州南门外宝塔湾挖泥7500余立方米。①

---

① 江苏省交通史志编纂委员会:《江苏航运史》(近代部分)，人民交通出版社1990年版，第142页。

在整治河道的同时，政府又对运河河堤进行了加固。1934 年 4 月，导淮委员会组织测量队，对里运河西堤进行勘察测量。当年 12 月，加固全堤工程动工，工程中将与灌溉、航运无关的三洞、六闸、十缺口加以堵塞，同时将有利于灌溉和航运的五洞及南闸加以修理，并配置洞门或闸门，以便开合。经过四年的加固疏浚，至 1936 年 6 月，此项工程初步完成。

六塘河为苏北地区泄洪入海的重要通道。1932 年黄河开封段决口，洪水泛入江苏丰县、邳县境内。为了迅速泄洪，江苏省政府决定疏通六塘河。该疏通河道工程西自宿迁之五花桥，经泗阳、淮阴、涟水、沭阳、东海，至灌云县的龙沟为止，全长 150 公里。整个工程动用 5.8 万民工，进行挖深河道、加高河堤等工程。1934 年 7 月，经过 7 个月的施工，工程全部完工，共耗资 35 万元。

经中央政府和江苏省政府多年的建设，江苏境内的河水泛滥、河道壅塞不畅等现象有所改观。

三　农业发展状况

稻米是江苏省最主要的粮食作物，"全省六十一县中，几乎无不产米者，仅产量有多少之分而已。其中产米最富县份，当推常熟、昆山、无锡、江阴、武进、吴县、溧阳、宜兴、松江、句容、东台、盐城、宝应、丹阳、金坛、镇江、淮安、江都、如皋诸县。"[①]就稻米品种而言，江苏所产稻米主要为粳米、糯米和籼米。其耕作面积，各年略有差异，据 1930 年的调查，江苏省籼稻耕作面积，以盐城为最，为 1606000 亩，高邮次之，为 1294000 亩，以下依次为兴化 1253000 亩，江都 1198000 亩，宜兴 951000 亩，南通 925000 亩。播种面积最少者为宿迁，仅有 9000 亩。糯稻耕作面积最多者为吴县，为 928000 亩，盐城、川沙、上海、宝山等县播种面积最少，仅为 1 万余亩。详见下表。

1930 年江苏省各县稻田面积表　　单位：亩

县　别	籼　稻	糯　稻
南　汇	312000	60000
奉　贤	73000	24000
松　江	572000	—
川　沙	53000	11000
上　海	129000	14000

① 《中国实业志》(江苏省)第五编，实业部国际贸易局 1933 年 2 月编印，第 1 页。

续上表

县　别	籼　稻	糯　稻
青　浦	341000	36000
金　山	205000	37000
吴　江	547000	182000
吴　县	668000	928000
昆　山	891000	223000
嘉　定	188000	43000
宝　山	165000	12000
崇　明	288000	58000
太　仓	197000	39000
常　熟	849000	104000
无　锡	823000	198000
江　阴	534000	174000
武　进	860000	138000
宜　兴	951000	81000
溧　阳	807000	237000
高　淳	370000	58000
溧　水	110000	63000
江　宁	858000	129000
句　容	497000	29000
江　浦	136000	36000
六　合	528000	56000
仪　征	460000	99000
镇　江	490000	60000
金　坛	309000	374000
丹　阳	488000	306000
扬　中	175000	28000
泰　兴	365000	29000
江　都	1198000	—
高　邮	1394000	107000

续上表

县　别	籼　稻	糯　稻
宝　应	797000	584000
淮　安	593000	113000
淮　阴	—	—
泗　阳	50000	—
宿　迁	9000	—
睢　宁	—	—
铜　山	—	—
萧　县	—	—
砀　山	—	—
丰　县	—	—
沛　县	—	—
邳　县	—	—
沭　阳	135000	135000
东　海	42000	42000
赣　榆	63000	84000
灌　云	56000	—
涟　水	—	—
阜　宁	350000	233000
盐　城	1606000	10000
兴　化	1253000	—
东　台	630000	42000
泰　县	781000	62000
如　皋	849000	332000
靖　江	430000	47000
南　通	925000	—
海　门	225000	32000
启　东	42000	42000
总　计	25917000	5985000

资料来源:《中国实业志》(江苏省)第五编,实业部国际贸易局 1933 年 2 月编印,第 10—13 页。

上表为1930年调查之结果，在此后的三年中，江苏省的水稻播种面积呈增加趋势。1931年，江苏省籼粳稻的耕作面积为24714000亩，1932年为25777000亩，而到1933年，则达到32968000亩。①

从稻米的产量来看，由于受到自然灾害、战争以及年成丰歉的影响，江苏的稻米产量各年不一。据1932年的调查，当年江苏稻米产量最多的地区大多集中于苏南，主要有宜兴、江都、江宁、溧阳等县。而苏北地区产量相对较少，其中泗阳、睢宁、萧县、丰县、沭阳、沛县等县，或没有种植，或产量极少。详见下表。

1933年江苏各县稻米产量表

单位：石

县　别	籼　粳　稻	糯　　稻	合　　计
南　汇	653640	66870	720510
奉　贤	294000	880	294880
松　江	1500300	1500	1501800
川　沙	120000	10000	130000
上　海	334340	25510	63850
青　浦	1098960	43380	1142340
金　山	440000	110000	550000
吴　江	2250000	250000	2500000
吴　县	1995448	589548	2584996
昆　山	1321159	64181	1385440
嘉　定	170315	42579	412894
宝　山	165900	51500	217400
崇　明	721000	180000	901000
太　仓	4000000	30000	430000
常　熟	2500000	500000	3000000
无　锡	2600100	100000	2700100
江　阴	1334000	334000	4668000
武　进	1600000	100000	1700000
宜　兴	3928460	329670	4258130

① 《实业部中央农业实验所1931年—1933年各省主要作物种植面积》，中国第二历史档案馆编：《中华民国史档案资料汇编》第五辑第一编“财政经济”（七），江苏古籍出版社1994年版，第509页。

续上表

县　别	籼粳稻	糯　稻	合　计
溧　阳	3004760	750600	3755360
高　淳	1300000	80000	1380000
溧　水	1200000	20000	1220000
江　宁	3600000	120000	3720000
句　容	1583369	234573	1817924
江　浦	450000	20000	470000
六　合	416000	4200	420200
仪　征	500000	2000	502000
镇　江	288000	96000	384000
金　坛	730000	800000	1530000
丹　阳	949220	636860	1586080
扬　中	400200	5500	451700
泰　兴	620000	—	620000
江　都	3472000	144800	3716800
高　邮	500000	400000	900000
宝　应	1365100	794640	2159750
淮　安	1087000	1581000	1245100
淮　阴	—	—	—
泗　阳	—	—	—
宿　迁	2600	—	2600
睢　宁	—	—	—
铜　山	4500	—	4500
萧　县	—	—	—
砀　山	—	—	—
丰　县	—	—	—
沛　县	—	—	—
邳　县	—	—	—
沭　阳	—	—	—
东　海	180000	61900	241900

续上表

县别	籼粳稻	糯稻	合计
赣榆	86900	115900	204800
灌云	116900	—	116900
涟水	—	—	—
阜宁	550000	100000	650000
盐城	2462100	14800	2476900
兴化	—	163382	163382
东台	924000	61600	985600
泰县	1250100	90400	1340500
如皋	1510400	590900	2101300
靖江	455500	211000	666700
南通	800000	235000	1035000
海门	52000	7800	59800
启东	20000	—	20000
总计	57208171	8899573	66107744

资料来源:《中国实业志》(江苏省)第五编,实业部国际贸易局1933年2月编印,第14—16页。

小麦、大麦、裸麦为江苏另一重要的粮食作物,几乎各县均有种植。就种植区域而言,江南种植相对较少,而苏北地区各县则均有种植,详见下表。

1930年江苏省三麦种植面积表

单位:亩

县别	小麦	大麦	裸麦
南汇	588000	60000	
奉贤	122000	122000	
松江	202000	106000	
川沙	85000	30000	
上海	305000	102000	
青浦	52000	52000	
金山	19000	19000	
吴江	638000	46000	50
吴县	1021000	186000	
昆山	851000	223000	

续上表

县　别	小　麦	大　麦	裸　麦
嘉　定	346000	224000	
宝　山	306000	31000	
崇　明	184000	541000	
太　仓	331000	126000	
常　熟	628000	208000	
无　锡	1076000	190000	
江　阴	746000	174000	
武　进	1376000	258000	206
宜　兴	870000	194000	170
溧　阳	584000	584000	
高　淳	303000	96000	
溧　水	316000	132000	
江　宁	501000	629000	200
句　容	417000	88000	
江　浦	200000	45000	
六　合	417000	371000	
仪　征	337000	328000	
镇　江	497000	151000	
金　坛	365000	44000	
丹　阳	590000	397000	
扬　中	63000	109000	
泰　兴	701000	204000	
江　都	1219000	577000	86587
高　邮	1137000	493000	
宝　应	797000	390000	9889
淮　安	1460000	649000	225
淮　阴	798000	290000	103
泗　阳	1213000	396000	
宿　迁	465000	103000	

续上表

县 别	小 麦	大 麦	裸 麦
睢 宁	746000	142000	
铜 山	2351000	392000	
萧 县	1355000	226000	200
砀 山	993000	86000	20
丰 县	1050000	113000	
沛 县	754000	109000	200
邳 县	1057000	4200	
沭 阳	1485000	371000	9750
东 海	861000	315000	
赣 榆	1505000	190000	
灌 云	751000	751000	
涟 水	897000	617000	100
阜 宁	466000	1165000	12
盐 城	453000	1091000	198
兴 化	771000	674000	67
东 台	945000	63000	
泰 县	1028000	493000	
如 皋	1660000	1143000	1640
靖 江	355000	505000	380
南 通	666000	2183000	1114
海 门	193000	1206000	
启 东	104000	614000	
总 计	42127000	2210000	110994

资料来源:《中国实业志》(江苏省)第五编,实业部国际贸易局1933年2月编印,第48—50页。

就小麦的亩产量而言,由于受年成丰歉的影响,各地各年的三麦单位面积产量不一。据20世纪30年代初的调查,小麦的亩产量以川沙、青浦、南通、宝山等地最高,亩产约230斤,无锡、江阴、如皋、淮安、海门、启东各县亩产约180斤,而高淳、六合、丰县、邳县、沛县等地亩产均不及百斤。

就各地的小麦总产量而言,根据1931年的估计,如皋总产量最多,达3022287

石，其次为江都，为1883300石。产量最少者为金山、吴县、江浦、扬中等县，产量均仅有数万石。①

江苏为棉纺织大省，因此棉花为江苏的重要农作物之一，江苏也是中国主要的产棉区之一。江苏的棉花产区主要集中在常熟、太仓、嘉定、江阴、上海、宝山、川沙、南汇、奉贤、松江、金山、青浦、通州、海门、如皋、东台等县。全省主要棉花品种有通州棉、常阴沙棉、太仓棉和上海棉。

从棉花播种面积来看，南通最多，这与南通棉纺织业的发展有着密切的关系。其次为崇明，最少者为丰县。详见下表。

1926—1932年江苏各县棉田面积估算表　　单位：亩

年份 县别	1926	1927	1928	1929	1930	1931	1932
南　通	1700000	1190000	1662000	1718061	1316643	1417956	1189426
海　门	660000	528000	711000	748469	723513	718487	720193
如　皋	1340000	871000	1406000	1045696	710000	490500	480690
崇　明	900000	800000	1000000	500000	500000	372600	800000
泰　兴	30000	30000	40000	15000	9000	8000	290000
靖　江	50000	60000	50000	90000	112500	112500	256729
东　台	200000	200000	250000	750000	630000	420000	600000
泰　县	50000	50000	50000	60000	5000		
盐　城	200000	130000	250000	320000	229342	161888	150000
阜　宁	180000	200000	250000	300000	192580	134805	375918
江　阴	70000	121000	100000	125000	86000	90000	
常　熟	330000	400000	410000	480000	461874	450000	470000
太　仓	400000	494619	500000	520000	588000	563000	551740
嘉　定	350000	380000	400000	343286	367708	300712	346000
上海县	200000	272000	250000	134400	120000	130000	145000
宝　山	300000	337000	240000	216000	191807	192600	188748
南　汇	720000	700000	700000	780000	577092	558396	507332

① 《中国实业志》(江苏省)第五编，实业部国际贸易局1933年2月编印，第54页。

续上表

县别＼年份	1926	1927	1928	1929	1930	1931	1932
奉贤	312000	330000	330000	396000	335000	234500	229810
川沙	137000	135000	125000	141426	140000	115000	115000
启东				500000	800574	555000	550000
松江				120000	119552	230000	240000
金山				70000	57330	57300	57500
青浦				115000	48472	93000	95000
丰县							56743
江浦				21428	4000		
上海市						250000	
总计	8129000	7328619	8824000	9511179	8625235	7656144	8254829

资料来源:《中国实业志》(江苏省)第五编,实业部国际贸易局1933年2月编印,第129—131页。

从棉花产量来看,根据华商纱厂联合会的统计,1929年江苏全省棉花产量为2276613担,1930年为1084835担,1931年为616480担,1932年为1668731担。从地区来看,南通产棉为全省之最。详见下表。

1929—1932年江苏各县棉产统计表 单位:担

县别＼年份	1929	1930	1931	1932
南汇	138680	27726	71200	150677
奉贤	65340	72360	22324	54694
松江	14880	40320	13800	39600
川沙	38468	26040	11385	22770
上海	36557	23760	12870	64680
青浦	36057	4945	5580	26600
金山	10710	5676	3009	5175
嘉定	105009	48537	11414	79926
宝山	58752	22824	8169	44922
崇明	140000	87500	42476	166400
太仓	145600	59976	27868	11761

续上表

年份 县别	1929	1930	1931	1932
江　阴	36000	7600	4455	
江　浦	6396	1056		
上海市		39984	14750	
丰　县				12710
阜　宁	42000	12864	6697	53286
盐　城	47850	19195	10648	24000
东　台	120000	52500	27720	84000
泰　县	15840	825		
如　皋	223988	63560	30705	97580
靖　江	22050	13781	7425	79072
南　通	508546	102805	98483	270594
海　门	136620	78409	53570	63813
启　东	83400	118496	49876	45375
总　计	2276613	1084835	616480	1668731

资料来源:《中国实业志》(江苏省)第五编,实业部国际贸易局1933年2月编印,第140—141页。

从全国范围来看,根据中华棉业统计会的估算,1932年,全国12个主要产棉省的棉花总产量为8094863担,其中江苏省产棉1769860担,占12个主要产棉省总产量的21.86%。[①] 由此可见,江苏省是中国最主要的产棉省份,在全国棉花生产中占有举足轻重的地位。到20世纪30年代中期,江苏的棉花生产有了进一步的发展。1935年,全省棉花种植面积达到10102837亩,年产量达到11712174担。[②]

除了上述主要农作物外,江苏的豆类作物产量也相当可观,其品种主要有大豆、蚕豆、红豆、绿豆、豌豆等十余种。其中大豆的产量最多,据估算,1932年,江苏大豆种植面积为23404933亩,产量为13487500担。[③]

在1927年至1937年的十年间,江苏的农业有了一定的发展,并成为全国农业较为发达的省份之一。但是,由于频繁的自然灾害,以及农村的基本生产关系并没有发生重大的变革,因此,江苏农村大多仍然沿用传统的劳动工具,持续着传统的农业生产方式。

---

① 《中国实业志》(江苏省)第五编,实业部国际贸易局1933年2月编印,第136—137页。

② 王培棠:《江苏省乡土志》上册,商务印书馆1938年版,第58页。

③ 《中国实业志》(江苏省)第五编,实业部国际贸易局1933年2月编印,第99页。

第九节　科学、教育、文化和卫生事业

一　科学事业

南京国民政府建立后，随着政局的相对稳定和社会经济的较快发展，在1927年至1937年的十年间，江苏的科学事业有了长足的进步。

在医学研究方面，1932年，国民政府在南京成立中央卫生实验处，下设防疫检验、寄生虫学、化学药物、妇婴卫生、社会医学、工业卫生、卫生工程与环境卫生、卫生教育、生命统计等9个系，对各地疾病保健问题进行调查、研究、实验、示范和人员培训。在20世纪二三十年代，猩红热、白喉、伤寒、肺结核等尚无有效药物，一般医院的外科只能实行下腹部手术，仅少数医院有50—100毫米的X光机。1935年开始，原设于北京的中央防疫处迁来南京，主要从事抗毒素疫苗、诊断用血清等生物制品研制。此外，1937年，国民政府又在南京成立中央药物所，主要从事药理学研究和实验。

在生物研究方面，1928年，胡先啸在南京燕子矶发现秤锤树，这是中国植物界发现的第一个新物种。1929年，国民政府在紫金山南麓划地240公顷，为总理陵园纪念植物园。植物园除了观赏功能外，还从事植物学的研究工作。1932年国民政府在南京成立了中央农业实验所，对全国农作物的品种进行试验。此时农业研究已开始采用西方先进的农业试验方法。1935年金善宝等研究了大豆形态性状、油分蛋白质的关系，获得了丰硕的科研成果。此外，中央大学和金陵大学也分别进行了稻麦育种研究，取得了多项成果。金陵大学育成水稻品种金大1386号、江宁洋籼、东莞白、帽子头，以及小麦品种金大26号、金大2905号、南京红壳、武进无芒、江东门、东宿州等新品种。

同时，江苏畜牧兽医科研事业也开始起步，1935年中央农业实验所成立了畜牧兽医系，正式开展生物药品的研制及疫病防治的基础研究工作。同年在南京成立兽医学会，并建立中央种畜场，推广种畜及进行疫病防治。

1928年淮北地区发生蝗灾后，在灌云设立了蝗虫研究所。此外，1933年昆虫局撤销，在中央农业实验所设病虫害系，融研究与防治于一体。朱凤美等采用离心原理研制出小麦线虫汰除器，在国际上首创用机械防治小麦线虫病。

1927年至1937年的十年间，中国的科学研究基地也先后在江苏建立。其中最重要者当属中央研究院。1927年5月，国民党中央政治会议在南京举行第90次会议，决议成立中央研究院筹备处。1927年11月20日，国民政府决定在南京成立中央研究院筹备委员会，1928年6月9日，蔡元培主持召开首次中央研究院院务会议，宣布中央研究

院正式成立，蔡元培为首任院长。从中央研究院的成立到1937年，中央研究院分别在南京、北平、上海等地建立了9个研究所。其中在南京的自然科学研究机构有天文所、气象所、地质所、自然历史博物馆及其后的动植物所等。

天文研究所　1928年创建，1934年在南京紫金山建立了中国第一座天文台，开始了现代天文学的研究，为中国天文学的研究中心。该所在20世纪30年代主要从事太阳、行星、恒星研究，并对日象、星云、新星等进行观察，拍摄照片。该所研究员陈遵妫从1930年到1937年先后出版有《流星论》、《宇宙宏观》、《星体图说》、《恒星图表》等研究专著。该所每年还编制民国历及国历摘要。

紫金山天文台

气象研究所　创建于1928年，将任教于东南大学并于1921年在该校建立气象测候站的竺可祯调任该所所长。该所设于南京北极阁，主要从事雨量和水旱灾、高空探测、太阳热力与微尘量、古代气候等方面的研究，并初步建立了全国气象预报网，以及地震监测和气候的调查等。1930年1月，该所开创了中国领土和海域由中国人自己发布天气预报的历史。

中央研究院气象研究所

地质研究所　原建于上海，1933年9月迁至南京，李四光任所长。该所进行了多项地质、矿床结构的研究，完成了宁镇、滇桂、鄂东、闽浙等地的地质调查，取得许多成果，并创立了地质力学学说。

自然历史博物馆 成立于1930年1月，1934年7月改为动植物研究所，伍献文任所长。该所成立后，先后到云南、海南、东沙岛、华北沿海及江西等地进行动植物调查，并进行研究，其成果丰硕。该所秦仁昌所著的《中国蕨类植物图谱》是“东亚研究蕨类最重要的图谱”。胡先骕、陈焕镛合著的《中国植物图谱》，胡先骕、秦仁昌合著的《中国蕨类植物图志》，是中国生物学界的重要典籍，深受学界推重。

除中央研究院外，1935年，全国经济委员会还在南京成立中央水工试验所，这是中国历史上最早的水利科研机构。

二 教育事业

南京国民政府成立后，国民政府进行了教育行政机构的调整。在中央政府方面，撤销了教育部，改设大学院。在地方政府方面，则与中央政府机构的调整相一致，也撤销了各省教育厅，并在各省设置大学区。这一调整和改革首先在广东、浙江和江苏三省试行。1928年6月13日，国民政府公布了《修正大学院组织法》，规定：“中华民国大学院为全国最高学术教育机关，直隶于国民政府，依法令管理全国学术及教育行政事宜。”“大学院对于各省及各地方最高行政长官之执行本院主管事务，有指挥监督之责。”“大学院主管事务对于各省各地方最高行政长官之命令或处分，认为违背法令或逾越权限者，得呈请国民政府变更或撤销之。”[①]但是大学院制实行两年后，由于存在许多问题，难以推行，1929年，国民政府撤销了大学院制，恢复了教育部。同年，江苏省也恢复了教育厅。

1927年以来的十年间，由于战乱较少，社会生活趋于稳定，经济发展较快，再加上政府采取了一系列扶持教育的举措，所以这一时期江苏的教育事业发展较快，各类公立私立学校剧增。

在初等教育方面，江苏省政府采取了一系列措施，以推动初等教育。

第一，加强对小学教师的培养，鼓励教学第一线的教师进修。1933年9月，省教育厅还创办了《小学教师》半月刊，并规定该刊为小学教师的必读刊物。1935年，省教育厅还明确规定了小学教师的年度进修目标。

第二，编写小学教材。1933年，国民政府颁布了小学课程标准，根据这一标准，江苏省根据本省的实际，先后组织力量重新编写了国语初级教材9册、初级常识教材8册，并编写了山川、风俗、人物等特殊教材及其他各类教材66册。[②]

---

① 《南京国民政府公布修正中华民国大学院组织法》，中国第二历史档案馆编：《中华民国史档案资料汇编》第五辑第一编“教育”(一)，江苏古籍出版社1994年版，第33—34页。

② 陈果夫编：《江苏省政述要》，“教育”编，台湾文海出版社有限公司1983年版，第25页。

第三，推进组织“小学协进团”。多年来，由于江苏省“各县地方小学散布四乡，校与校间，往往缺少固定联系办法，以致行政令、举办事业，常常发生时间延迟，力量涣散等弊。”[①]为了提高教育行政效率，加强各校之间的联系，以及合作进行教师培训等，江苏省政府颁布了《江苏省各县小学协进团组织大纲》，要求各县于 1936 年 3 月 15 日前一律组织成立“小学协进团”。截至 1936 年 6 月，江苏各县均组织成立了若干个“小学协进团”，其中武进最多，达 55 个，其次为南通，有 45 个，最少者为川沙，仅 9 个。[②]

第四，推进义务教育。南京国民政府成立后的前三年，江苏的义务教育形势不容乐观。“全省共有 8321 校，入学儿童共 580825 人，约占省学龄儿童百分之十三左右，去普及距离甚远。”“苏省素称教育发达，然以往义务教育普及情形，非但不能与先进诸邦相比，即较之国内其他省份，亦未尽能并驾齐驱。”[③] 为此，江苏省一方面积极筹措资金，增加学校数量，另一方面“规定初级小学学级人数标准，饬令各县局严限各校，切实招收足额，每级实到人数须达五十人”[④]。经过努力，在 1933 年和 1934 年，入学儿童逐渐增加。1935 年，江苏省政府根据中央政府的要求，成立了江苏省义务教育委员会，此后，全省义务教育方面的工作，均由该委员会推进。经过学级的扩充，“除少数县份，因灾情特重，未能举办，或举办未全外，余均悉数完成。综计苏省二十四年度扩充义务教学级之结果：省会设立六十三级，内短期学级十三级，普通学级五十级。各县共设一千一百四十六级，内短期学级六百七十九级，普通学级四百六十七级。总共一千二百零九级。学生计省会有三千八百四十一名，各县计有八万一千四百八十四名，总共八万五千三百二十五名。”[⑤]从入学儿童的人数来看，从 1933 年度到 1935 年度，入学儿童的人数也在逐年增加，详见下表。

1933—1935 年度江苏省入学儿童人数表

年　度	学龄儿童总数	已入学儿童总数	失学儿童总数
1933	5103546	806171	4297375
1934	5233645	838140	4395505
1935	5233645	929624	4304021

资料来源：陈果夫编：《江苏省政述要》，“教育”编，台湾文海出版社有限公司 1983 年版，第 27 页。原注：1935 年度学龄儿童总数因正在调查统计，暂沿用 1934 年度数字。

---

① 陈果夫编：《江苏省政述要》，“教育”编，台湾文海出版社有限公司 1983 年版，第 25—26 页。

②③④ 陈果夫编：《江苏省政述要》，“教育”编，台湾文海出版社有限公司 1983 年版，第 26 页。

⑤ 陈果夫编：《江苏省政述要》，“教育”编，台湾文海出版社有限公司 1983 年版，第 27 页。

中等教育包括普通中学、师范学校和职业学校。为了推进中等教育，对中等学校教学进行严格管理，江苏省政府于20世纪30年代采取了一系列措施。

首先，先后颁布了《江苏省督学抽考中等学校学生学业成绩暂行办法》、《江苏省中等学校电调成绩考核办法》、《江苏省中等学校举行成绩展览会办法》和《江苏省中等学校成绩展览会视察团组织办法》等法令法规，以加强对中等学校教学质量的考核。

其次，根据各中等学校教学进度和教学质量不一的状况，组织编写中等学校教科书，颁布统一的课程标准。1933年5月，省教育厅聘请各科专家组织编纂委员会，从事各科教科书的编写及教学进度表的编制，先后编写了高中公民、国文、英文、算学、历史、地理、物理、化学、生物、理论等十种；初中公民、国文、算学、历史、地理、物理、化学、动物、植物等九种教科书。教学进度表编制完成后，各中等学校均照此执行，教学质量明显提高。以中等学校会考成绩为例，1932年度会考及格率为57.92%，1933年度及格率上升为66.18%，1934年度增加到81.86%。而到1935年度更上升到91.54%。①

第三，组织中等师范各科教学研究会，推进中等师范教育。省教育厅聘请教有专长的教师组成国文、英文、算学、理化、史地五个专家组，每组五人，组成教学研究委员会，编写各种教学参考材料，以推动全省中等师范学校的教学工作。为了尽快培养小学教师，1932年，江苏省改变原来由普通中学培养师范生的做法，将原省立镇江、淮阴、无锡、太仓、如皋、东海等中学和徐州、苏州两所女子中学改为中等师范学校。同时，颁布改进江苏全省师范教育大纲，并编制全省小学师资供求统计表，以加快小学教师的培养。

第四、增加职业教育经费，推动职业教育。与普通中学和中等师范学校相比，江苏省中等职业学校的发展相对滞后。1931年度，"苏省省立中等学校中，普通学校为七十一级，师范为五十三级，而职业学校则远不达此数。"②1933年9月，教育部颁发各省、市中等学校设置及经费支配标准办法，其中规定：中学占全部经费的40%，师范占25%，而职业学校应占35%。根据教育部的要求，江苏省也相应增加了对职业学校的投入，并将省立松江中学、盐城中学、连云港简易乡村师范学校改为职业学校；将公立宜兴职业学校收归省立，改办高级农林科；为苏州工业学校添设纺织机械工场，并开办机械科等等。江苏省瓷土资源较为丰富，为了尽快培养相关人才，1935年，江苏省投资106500元，在宜兴创办了省立江苏省瓷工学校，该校除了教学外，还设有实

---

① 陈果夫编：《江苏省政述要》，"教育"编，台湾文海出版社有限公司1983年版，第8页。

② 陈果夫编：《江苏省政述要》，"教育"编，台湾文海出版社有限公司1983年版，第13页。

验工场。

在推动职业教育的同时，江苏省还加强了农工学校的建设，增加农业、工业职业学校的班级数量，以适应社会对人才的需求。到1935年，全省农工类学校的班级数有了明显增加，一般均超出其他各类学校。详见下表。

1935年度江苏省立各职业学校设级表

校　名	高　级	初　级	初　中
苏州工业学校	8		
苏州农业学校	8		
淮阴农业学校	7		
女子蚕业学校	5	2	
水产学校	6		
宜兴农林职业学校	2	1	5
宿迁玻璃职校	1	2	3
宜兴陶瓷科职校		2	
松江化工科职校	2		
盐城化工科职校	2		
上海中学(商科工科)	7		
苏州中学(土木科)	3		
苏州中学(化工科)	3		
连云港水产初级职校		2	
总　计	54	9	8

资料来源：陈果夫编：《江苏省政述要》，“教育”编，台湾文海出版社有限公司1983年版，第15页。

在1927年至1937年的十年间，江苏省中等教育发展迅速，呈现出普通中学、中等师范学校和中等职业学校并驾齐驱的发展势头。至1936年，江苏全省共有省立、县立和私立的普通中学、中等师范学校、中等职业学校213所。详见下表。

江苏省各市县中等学校一览表

市　县	省立			县立			私立			合　计
	普通	师范	职业	普通	师范	职业	普通	师范	职业	
镇　江	1	1			1	1	1		5	10
江　宁	1	1								2
句　容				1						1

续上表

市县	省立			县立			私立			合计
	普通	师范	职业	普通	师范	职业	普通	师范	职业	
溧水										
高淳				1						1
江浦										
六合							1			1
丹阳				1					1	2
金坛				1						1
溧阳							1			1
扬中										
上海				1	1				1	3
松江	1		1	1	1	1	2			7
南汇				2						2
青浦				1		1				2
奉贤				1	1					2
金山				1						1
川沙										
太仓	1			1					1	3
嘉定	1			1		1				3
宝山				1						1
崇明	1						3		1	5
启东				1	1				1	3
海门				1			6			7
吴县	1	1	4	1	1	1	12	2	6	29
常熟				1	1	2				4
昆山				1	1	1				3
吴江		1		1		1	1			4
武进	1			1	1	1	9		1	14
无锡			2	2				5	5	14
宜兴					2	1	2			5

续上表

市　县	省　立			县　立			私　立			合　计
	普通	师范	职业	普通	师范	职业	普通	师范	职业	
江　阴	1			1			3			5
靖　江				1						1
南　通	1			1	1		4	1	2	10
如　皋		1		1		1			1	3
泰　兴				1			1			2
淮　阴		1	1						1	3
淮　安	1			1						2
泗　阳				1						1
涟　水		1		1		1				3
阜　宁				1		1	1			3
盐　城			1	1			4			6
江　都	1			1		2	3		1	8
仪　征				1						1
东　台				1			1			2
兴　化				1					1	2
泰　县				1		1	1			3
高　邮		1		1						2
宝　应										
铜　山	1	1			1		2		2	7
丰　县				1						1
沛　县				1						1
萧　县					1					1
砀　山						1	1			2
邳　县		1								1
宿　迁			1	1	1					3
睢　宁										
东　海	1									1
沭　阳				1						1

续上表

市县	省立			县立			私立			合计
	普通	师范	职业	普通	师范	职业	普通	师范	职业	
赣榆										
南京市	1									1
上海市			2							2
连云港市			1							1
总计	11	15	13	46	13	16	66	3	30	213

资料来源:陈果夫编:《江苏省政述要》,"教育"编,台湾文海出版社有限公司1983年版,第19—20页。原注:省立南京中学本年下半年迁移至镇江,因校舍新建落成需时,须迟至10月后始开学。

在高等教育方面,至20世纪30年代中期,江苏全省共有高等学校17所,其中约半数设于南京,其余设于无锡、苏州、镇江、南通等地,专业涉及文、理、法、教育、农、工、医、商等等。

1927年国民政府改行大学院制后,国民政府决定将东南大学、南京河海工科大学、江苏医科大学、南京工业专门学校、苏州工业专门学校、上海商业专门学校、江苏第一农业学校、上海商科大学等校合并,改建为国立第四中山大学。1928年5月,国民政府又将第四中山大学改为国立中央大学,下设文、理法、教育、农、工、医、商等七个学院,其中医学院和商学院设于上海。中央大学鼎盛时期在校学生人数达4021人,成为当时中国规模最大的大学。1932年,由于中央大学学生因"九一八事变"中国外交失败,举行了抗议活动,蒋介石下令,除在上海的医学院和商学院外,中央大学其他各学院解散,并成立中央大学整理委员会,对学校进行整顿。整顿结束后,国民政府派原清华大学校长罗家伦接替朱家骅,出任中央大学校长,同时,将设于上海的医学院和商学院由中央大学划出,改名为国立上海医学院和国立上海商学院。1935年,中央大学重新设立医学院,该年6月,又在医学院下创办了国立牙医专科学校。国立中央大学是民国时期中国培养人才最多的大学,也是中国最著名的大学之一。

1927年以前成立的一些教会大学,在1927年后也有了一定发展。

1927年后,随着中国民族主义意识的高涨,在西方人创办的教会大学中,掀起了一场以收回教育权为主旨的"本土化"运动,在这种大背景下,金陵大学文理科科长、留美博士陈裕光成为金陵大学第一位中国人校长。1928年,该校按照国民政府大学院颁布的条例呈请立案,同年9月20日立案照准,为国内教会大学最先立案者。改组后的金陵大学,进行了若干改革,如撤销了宗教系,宗教课程由必修改为选修,宗教仪式改为自愿参加,学校的各级行政工作也逐步改由中国人主持等等,这在当时教会大学中开风气之先河。1930 年，按教育部颁布的大学章程，金陵大学将文理科改建为文学院和理学院，农林科改建为农学院，同时成立了与三院并列的中国文化研究所。1935 年，该校又按教育部章程，先后设立了文科研究所史学部、理科研究所化学部、农科研究所农业经济学部，为今后的进一步发展奠定了坚实的基础。

1927 年后，在南京的另一所教会大校——金陵女子大学也进行了一系列调整和改革。在“本土化”运动的推动下，1928 年，吴贻芳正式出任金陵女子大学校长。1930 年，金陵女子大学在国民政府教育部注册立案，更名为金陵女子文理学院。在吴贻芳校长的领导下，金陵女子文理学院有了较快的发展。1927 年，该校增设了中国语文系；1928 年增设了经济系和哲学系；1929 年增设了数学系和体育简易科；1930 年增设了政治系；1933 年增设了地理系和护预科；1934 年增设了物理系。随着学校的发展，金陵女子文理学院的学生人数也在不断增加，1928 年，该校共有学生 132 人，而到 1936 年，学生人数增加到 259 人。①

除了原有学校的合并、改组之外，在 1927 年至 1937 年的十年间，江苏各地先后筹备成立或成立了一批新的高等学校。

金陵女子文理学院

经国民党中央执行委员会研究决定，1927 年 5 月 5 日，在南京成立国民党中央党

① 张连红主编：《金陵女子大学史》，江苏人民出版社 2005 年版，第 113 页。

务学校，校长由蒋介石兼任。1927年6月，国民党中央党务会议决定，将中央党务学校更名为中央政治学校。该校设有政治、财政、地方自治、社会经济四个系，1930年增设外交、教育两系，1935年又增设了新闻系、地政系、计政学院和合作学院。1927年7月，该校招收了第一批学员，共314人，学习期限一年（学制后改为四年）。主要课程有：三民主义、中国近代史、五权宪法、国际关系、合作运动、帝国主义侵略史、社会主义史、西洋近代哲学、政治与经济地理等。[①]

1936年，国民政府教育部决定成立国立药学专科学校，并派孟目的、薛培元、朱章庚等为学校筹备委员。同年8月，该校承租南京原盐业银行旧址为临时校舍，并开始招生。1937年，教育部拨款在南京丁家桥中央大学农学院园艺场建设药学专科学校校舍。其后，随着抗日战争的爆发，正在建设中的学校西迁汉口。

1935年10月，在国民党中央委员陈立夫、张道藩等人的建议下，经国民党中央执行委员会通过，在南京成立了国立戏剧学校（后更名为国立戏剧专科学校）。该校直隶于国民党中央宣传部，张道藩任校务委员会主任委员，余上沅任校长。该校的办学宗旨为"研究戏剧艺术，养成实用戏剧人才，辅助社会教育。"

1927年后，由于实行了大学区制，原苏州省立医学专门学校改为学院，并由苏州迁往上海，后并入第四中山大学。此后，该学院又改为上海医学院。1933年，江苏省鉴于全省没有一所医科学院，遂决定筹办省立医政学院。1934年9月1日，江苏省立医政学院在镇江成立，学院设有卫生行政科、医科、卫生教育科和卫生特别训练班。

1928年，教育家庆棠利用省教育经费，在苏州创办了一所民众教育学校，同年6月，该校更名为民众教育学院，随后，该校迁往无锡。1929年2月，江苏省立教育学院在无锡正式成立。该学院设有民众教育和农事教育两系，学制四年，同时还设有民众教育和农事教育两个专科，学制两年。1934年又增设电影播音教育专修科，并将农事教育专科改为劳作师资专修科。

除了上述学校外，1927年至1937年的十年间，江苏还创办了其他一些学校，主要有：1927年张孝若在南通创办的私立南通学院；1930年钮永建在南京创办的私立首都女子法学院；1934年在南京成立的中央国术馆体育专科学校；1935年章太炎在苏州创办的私立章氏国学讲习会；1936年在浒墅关成立的江苏省蚕丝学校；1937年在镇江成立的江苏省立银行专科学校等。

在社会教育方面，省政府采取了一系列措施，加强社会教育，以提高民众的文化水平。首先，创办民众教育馆、实验农民教育馆。1933年，全省共设有省立民众教育

---

① 江苏省教育志编委会：《江苏高校变迁》，1988年内部发行，第84页。

馆5所，县立民众教育馆、农民教育馆及民众教育区共309所。在此后的三年时间里，全省又增设了省立民众教育馆3所，实验农民教育馆8所，以及政教合一的实验教育区4处。[①] 其次，培训社会教育服务人员。省政府教育厅令全省各省立教育馆自1935年度起，举办各类民众教育服务人员培训班，以培养基层民众教育馆之教育人才。第三，开办各类民众识字班，以扫除文盲。根据1935年的不完全统计，全省各地开办的民众识字班达18240个，参加识字班学习的人数达到910200人。[②]

三 文化事业

民国成立后，特别是1927年以后，江苏的文化事业有了较快的发展。

在公共文化设施方面，国民政府及江苏省政府加大了对文化设施的投入，各地先后建立了图书馆、美术馆等文化场馆。早在1912年2月，原江南图书馆更名为"江南图书局"，1913年7月又更名为"江苏省立图书馆"，1919年改称"江苏省立第一图书馆"，1927年9月更名为"第四中山大学国学图书馆"，1928年5月，该馆又更名为"中央大学图书馆"，直到1929年才最后定名为"江苏省立国学图书馆"。该馆先后隶属江苏省教育厅、南京市政府、国民政府教育部管辖。1927年6月，该馆聘请著名国学家、史学家柳诒徵任馆长。

1928年5月15日，国民政府大学院在南京召开全国教育会议，决定筹建国立中央图书馆。1933年4月8日，国民政府教育部派蒋復聪为国立中央图书馆筹备处主任，同时承租南京沙塘园民房，迁入办公。以国民政府教育部北京档案处图书4.6万册为基础，同时征集图书、购置新书，使所藏图书有了一定的规模。1936年，国立中央图书馆迁入南京成贤街原中央研究院旧址，正常对外服务。

二三十年代，鲁迅、蔡元培、徐悲鸿、颜文樑等文化艺术界知名人士多次呼吁建设美术馆。国民政府接受了该建议，在南京兴建"国民大会堂"的同时，以11万余元兴建了国立美术陈列馆。1936年8月，中国第一个专业美术馆——国立美术陈列馆在南京建成，馆址位于国府路上，占地面积4165平方米，建筑面积1326平方米，主楼建筑四层，三层陈列面积共1700平方米。该馆建成后，国民政府于1937年4月在此举办第二次全国美术展览会，共有展品2084件。不久，因抗日战争爆发，该馆被迫关闭。

在文学方面，民国以来，江苏的文学日趋繁荣。尤其是左翼革命文学家尤显活

---

① 陈果夫编：《江苏省政述要》，"教育"编，台湾文海出版社有限公司1983年版，第33页。

② 陈果夫编：《江苏省政述要》，"教育"编，台湾文海出版社有限公司1983年版，第37页。

跃。中国左翼作家联盟还在南京等地成立了小组开展活动，其作品大多在上海等地的刊物上发表。1928年，南社在苏州虎丘举行建社20周年纪念会，其成员大多是中国文化界的知名人士。1930年，柳亚子编辑出版了《南社诗集》和《南社词集》，并产生了很大的影响。包天笑是南社成员，被称为通俗文学的"无冕之王"。他主编过不少"鸳鸯蝴蝶派"的重要刊物，提携了不少该派的作家。他的作品难计其数，《一缕麻》是他短篇小说的代表作之一。该作描写一位美女，本来与一位才子相恋，可是家庭却逼她嫁门当户对的傻子。她结婚次年患了白喉，傻子不怕传染悉心照料。待她病愈，傻子却染白喉而死，美女从此为傻子守节。作者对旧事物既批判又留恋，这种矛盾性正体现了"鸳鸯蝴蝶派"的整体风格。

叶圣陶早在1914年就在一些通俗刊物上发表小说，1919年开始白话文学创作。20年代就出版有短篇小说集《隔膜》、《未厌集》等。《潘先生在难中》是他这个时期的代表作，描写了军阀混战期间江南某镇小学校长潘先生携家逃难的经历。叶圣陶30年代的代表作《一篇宣言》，描写了某中学语文教师王咏沂因起草一篇宣传抗日的爱国宣言被解职，揭露了国民党对爱国人士的迫害。

钱锺书的短篇小说集《猫》，收短篇小说4篇，其中《猫》和《纪念》是代表作。《纪念》描写了少妇曼倩与丈夫的表弟私通，曼倩"止乎礼义"的理念在肉欲冲击下顷刻破灭。《猫》以小动物猫为介物，描写了周旋于知识界的一对夫妇明争暗斗，暗讽了30年代文坛上的人物。

以美文著称的朱自清，早期也是以诗涉足文坛的。他有诗集《踪迹》，另外还有17首诗收在与叶圣陶等合印的《雪潮》中。从总体上看，他的诗揭露黑暗，鞭挞腐朽，表达了对下层人民的同情。同时，他热切地向往光明，借赞美发光体和向阳物表达自己的理想。朱自清的散文是公认的现代散文和现代汉语的典范，他把古典与现代、文言与口语、诗情与哲理完美地结合起来。作为散文大家，朱自清也写过《生命的价格——七毛钱》、《白种人——上帝的骄子》、《执政府大屠杀记》等抒发愤激之情的文章。他的散文代表作还有1925年写的《背影》，1927年写的《荷塘月色》。

在文学日趋繁荣的同时，这一时期，江苏各地也涌现出了一批文学社团。其中重要的有：

阳光社　1928年8月成立于常熟。该社旨在宣传反帝反封建、研究新文艺，曾出版《阳光》月刊。1930年该社在常熟《大报》创办副刊《一周文艺》，并与上海"左联"反文化"围剿"相呼应，发表关于普罗文学的文章。《一周文艺》因宣传无产阶级文艺，被国民党常熟县党部于1930年5月查封。

狂风社　1927年成立于苏州，由顾摩女发起组织，以研究文艺为宗旨，1928年在苏州《新苏导报》上出《狂风》副刊。该社解散后，顾摩女、陆默及程丹唇另组织有十余人参加的“文艺座谈会”。

苏州碧社　1928年9月由周仲衔、章群鹤等发起组织，为纯文艺团体，出版刊物《碧波》，张锦任编辑。

秋月学社　1928年9月成立，由苏州振声中学顾雪、锁翎等发起组织，宗旨为联络感情，研究文艺，附设平民教育机构，发行刊物，并接受委托撰写诗文、绘作书画、镌刻金石等，社址在振声中学内。

珞社　1928年12月成立于苏州，由汪绮中、胡秋魂、汪心痕、程蕴玉等发起组织，宗旨为“集合相当之新青年，创作文字，切磋文学，努力青年之使命，共谋青年之正当娱乐”。社刊《珞社》在《苏州明报》副刊定期出刊。

艺社　在郑山尊1929年创办以文艺为主的《苏州生活报》的基础上发展而成。1934年艺社正式成立。社员姜逸萍编:《文学旬刊》，共出版3期，第2期上刊载了聂绀弩、孔厥、朱学信的作品，另有社员郑觉因编:《妇女专刊》、谢宗鼎编:《星海》、孙松青编:《琳琅》和《波浪》等。社员还通过《早报》副刊《平坦》等刊物发表进步作品。1935年9月，吴县警察局先后逮捕了姜逸萍、郑觉因和陈廉贞，次年1月艺社被迫解散。

prometheus文艺社　1929年春成立于南京，中央大学政治系学生杨晋豪与潘溶等组建，曾为《中央日报》编:《文艺周刊》，为《新京日报》编:《前哨周刊》。后因宣传革命文学被查禁。

白华文艺研究社　1929年10月由东吴大学学生朱雯、陶亢德和邵宗汉发起组织，同年创办《白华》文艺周刊，1930年1月停刊。

中国文艺社　1930年成立于南京，由王平陵、钟天心、左恭等主持，社内设绘画组、戏剧组、音乐组等；曾创办《文艺月刊》、《文艺新地》月刊、《中国文艺》月刊、《文艺周报》及《中央日报·大道》等。

曙光文艺社　1930年成立于无锡。曾在无锡《民国导报》创办《曙光》文艺周刊，发表短论、散文、白话诗。1931年该社在小学教员中发展社员100余人，组织小教同志联合会，向县教育局请愿，为小学教师争取福利。该社于1932年春解散。

流露社　1930年成立于南京，社务由翰萧、卓林主持，成员还有林适存、庄心在等，曾创办《流露月刊》，左漱心编辑。该社1934年1月创办《中国文学》月刊，陆印全、庄心在任编辑，同年8月终刊。

线路社　1930年6月成立于南京，主要成员有阿乃黄、许少顿、杨昌溪、周乐山、郑影子、郭敏学、杨晋豪等，创办《橄榄》月刊，共出版39期，另出版“线路丛书”多种，

1934年解散。

前锋社 1930年6月成立于南京，出版《前锋周报》、《前锋月刊》，鼓吹民族主义文艺运动。

开展文艺社 1930年7月成立于南京，潘孑农任社长，主要成员有曹剑萍等，先后创办《开展月刊》、《青年文艺》等，鼓吹民族主义文艺，在杭州和宁波设有分社，分别由娄之匡、刘湘和左询、周文夫主持。

青春文艺社 1931年成立于南京，主要成员有向培良、戴望峰、朱之倬等，曾分别在《全民日报》、《市民日报》、《中山日报》上创办《青春周刊》、《我们》五日刊、《青春》月刊，并组织冻雨剧社。该社还经常举办画展、雕塑展、音乐会等活动。次年迁至湖南长沙。

超社 1931年苏州美专学生王栖霞发起组建，社长黄颂尧，名誉社长朱梁任，校内外社员50余人，社刊分诗选、词选、文选三部分，出版4期终刊。

朝霞文艺社 创建于20世纪30年代初，活动持续到40年代末，向锦江等发起，韩北屏等相继加入，1932年创办刊物《朝霞》，1936年在《江苏省报》上开辟《文艺工作》专栏。

甚么诗社 1931年夏秋间成立于南京，由当时任国民党中央通讯社副主任的聂绀弩和南京《新民报·葫芦》副刊主编金满成发起组织，成员多达100余人。该社曾在南京一些日报上刊出《甚么诗刊》，并出版过专门刊登新诗的《甚么月刊》。"九一八事变"后，南京成立文艺青年反日会，该社遂解散。

琴波诗社 1931年成立于如东栟茶镇，何晴波发起并任社长，成员有徐静渔、徐希祖、蔡迪、蔡暹等人，社名由何晴波名字谐音而来。该社崇尚现实主义诗风，社员诗作除在该社所办《琴波诗刊》发表外，还载于上海《新时代文艺月刊》、《文艺之友》、《诗星》、《新诗》等刊物，1934年至1935年间，该社加入如皋春泥社。

白门文会 1932年成立于南京，主要成员有黄其起、吴漱予、段可情等，曾出版《彗星月刊》等，次年停止活动。

文艺之友苏州分社 汪迪民在1932年1月成立的原雪雁文艺社基础上改组而成，总社设上海。苏州分社社员有16人，始在《苏州明报》副刊上逢星期二、五刊出《苏州文艺之友》，在《晓报》上逢星期三刊出《苏州文艺之友分社社刊》；1934年自办《文艺之友》，先后出版3卷10余期。

霞光艺术社 1933年由苏州中学学生尤玉琪等发起，有20余名学生参加，出过两期《萌芽》月刊，第1期载浪漫主义色彩作品，第2期载普罗文学，还在报纸上刊出《奔流》、《新苑》两副刊，后者曾出《悼高尔基专刊》。

综流文艺社 1933年在盐城成立，社章明确社员对象为盐城各中学学生，有两人介绍即可加入。社员40余人，理事会由5人组成，理事长乔冠军，理事有陈小可、还佩琮、胡扬等。该社创办《海霞》半月刊，刊登诗歌、散文、小说和文艺评论，也翻译一些苏联革命文艺作品，名义上乔冠军主编，实际上由胡乔木负责，主要撰稿有胡乔木、乔冠军、朱耀章、张景炎等。《海霞》共出3期2册，第2、3期合刊，后改名《文艺青年》，出过4、5期，1933年夏终刊。

土星笔会 1934年成立于南京，同年9月创办小型刊物《诗帆》，共出版3卷17期，于1937年5月终刊，另以诗社名义出版诗集。主要成员有孙望、程千帆等。他们喜欢引用古人的诗词和选取奇异的题材，注重字句的雕琢磨练和行列的整齐美观，有着艺术至上的倾向。

如社 1935年春成立于南京，主要成员有树年、夏仁沂、石凌汉、林昆翔、仇埰、孙浚源、夏仁虎、吴锡永、吴梅、陈世宜、汪东、程龙骧、唐圭璋、卢前、吴白匋、杨胜葆及廖恩焘、乔大壮、寿石工等。前后共12次雅集，每集取同一词牌，限韵而不限题。1936年出版有《如社词钞》，收词226阙。约在1936年上半年停止活动。

辰风社 1936年成立于苏州，社员数十人，理事长陈默，编有综合性刊物《辰风》。1937年抗战爆发后解散。

菜花诗社 1936年成立于苏州，同年9月创办《菜花》诗刊，仅出1期，11月又创办《诗志》双月刊，共出3期。主要撰稿者有欧外鸥、吴奔星、徐迟、金克木、戴望舒、陈江帆、周煦良等。

江苏文艺协会 由易君左等人发起组织，1937年6月13日成立于镇江，成立时发表中国民族文艺活动宣言，创办刊物《天风》，并在《新江苏》设《文艺青年》专栏。

在戏剧方面，20世纪二三十年代，现代话剧的传播与地方戏曲的蓬勃发展，是江苏戏剧发展的主流，涌现出一批优秀的作品。话剧源于欧洲，20世纪初才传入中国。早期独幕剧的创作在中国现代话剧发展史上占有相当重要的地位。这一时期的主要代表人物有丁西林。他的创作以幽默、机智的喜剧而著名，从1923年到1930年陆续发表了《一只马蜂》、《亲爱的丈夫》、《酒后》、《压迫》、《瞎了一只眼》、《北京的空气》等多部独幕剧。

1927年，苏莱等人以"戏剧是革命的种子，改造社会的原动力"为指导思想，在苏州组织了黄花剧社，从此，现代话剧由校园开始向社会拓展。接着，匡亚明、任禹成（于伶）、程丹唇、曹孟浪、郑山尊、吴天石、赵丹、赵光涛等先后在苏州、南通、南京等地组织剧社，演出进步戏剧。左翼剧联也先后在南通、南京建立分盟。

洪深早在清华读书时就参加戏剧演出，1922年从美国回来后的成名作是《赵阎王》。1931年至1932年他创作的《农村三部曲》，是最具影响的代表作。其中最为成功的是《五奎桥》，描写江南某乡村农民和封建地主围绕拆桥还是保桥所展开的尖锐斗争。作者试图通过生活中的偶然事件，来反映农民与地主之间阶级斗争的必然性。剧中人物语言极富个性。有较好的舞台演出效果，标志着洪深的剧作走向成熟，体现了他严谨、朴实又富于变化的艺术风格。

在美术方面，这一时期江苏画坛呈现出一派新的气象。一方面，民国初年江苏一大批爱国青年画家远涉重洋，赴国外学习西洋画。他们中的许多人成为西洋画创作的骨干，有的则是新美术教育的拓荒者，其中，徐悲鸿、刘海粟、颜文樑和吕斯百等人堪称是中国现代美术教育和创建中国油画学派的一代宗师。宜兴人徐悲鸿以欧洲古典绘画的表现观念与中国绘画"师造化"的艺术传统相结合，在中国画坛开辟了一条全新的道路；常州人刘海粟则认为作画应该"不为形役，不求合矩，但求笔与物化，心与天游"，他以"艺术叛徒"之美誉活跃于中国画坛。与此同时，也有一批画家主张立足中国画传统进行革新。这一时期木刻版画也取得长足发展。20世纪30年代，鲁迅在上海倡导新兴木刻运动，南京、苏州、南通、扬州、徐州相继涌现"创作木刻"的版画家和木刻艺术团体。

徐悲鸿自画像

20世纪以来的现代中国画发展，与江苏关系至为密切。宜兴人徐悲鸿(1895—1953年)，早年留学日本、欧洲，有志弘扬民族绘画。早在20年代便写出《中国画改良论》，提出"古法之佳者守之，垂绝者继之，不佳者改之，未足者增之，西方之可采入者融之"。他将西画写实手法和中国传统水墨画技法相结合，将惟妙惟肖的造型和关注民生的思想相结合，所作《愚公移山》、《九方皋》及奔马、雄狮等，形神兼备。他先后担任中央大学艺术系、北平艺专和中央美术学院的领导工作，开创了"徐悲鸿学派"，丰富了中国画的表现力，影响深远。另一位开拓性的人物是常州人刘海粟(1896—1994年)，早在1912年他就创办了中国第一所美术学校上海美专，曾旅欧传播中华艺术，接受现代观念，强调发挥个性。其山水画豪放奔逸，花鸟画雄健如生。此外，丹阳人吕凤子(1886—1959年)创办了正则艺专，培养书画工艺人才。吕凤子的人物、罗汉别具一格，古雅奇肆，所著《中国画法研究》，阐明传统绘画理法颇有见地。《四阿罗汉》、《庐山云》是其代表作。

20世纪二三十年代，是江苏以油画为主的西画得到发展的重要时期。早在1916年，苏州“美术画赛会”为中国早期的美术展览，每年元旦举行，连续举办十余届，展出的西画作品每年递增。1928年春节，南京大中桥通俗教育馆举行“首都美术展览会”，展出有林风眠的《人道》、王子云的《江干》及吴大羽、乌叔养等人的油画作品，荟萃了当时全国西画高手的精华作品。1927年，徐悲鸿从法国留学归来后，用三年时间创作完成了《田横五百士》，此画场面宏大，人物众多，堪为中国早期油画的巨制，体现了画家善于选择历史题材以影射社会现实的艺术手法。1936年，吕斯百、吴作人、刘开渠在南京举办三人画展，是江苏早期较有影响的油画展之一。1937年，国民政府教育部在南京举办“第二次全国美展”，其中以油画为主的陈列品有225件。这些作品除徐悲鸿倡导的写实主义画风之外，尚有不少深受西方近现代艺术流派影响的作品。如潘玉良、汪亚尘倾向于印象派画风，刘海粟、王济远接受后期印象派的风格较多，邱代明、陈宏则属于新印象派，而“决澜社”组织者庞薰琹、倪贻德则以野兽派风格为好尚。

在新闻出版方面，1927年以后，随着国民政府定都南京，江苏的新闻出版事业有了快速的发展，一改以往出版机构大多集中于上海的局面。

1928年，国民政府颁布《设置党报办法》，规定在首都设《中央日报》。1928年5月，《中央日报》在南京发行，首任社长为国民党中央宣传部长叶楚伧。《中央日报》是国民党中央机关报，因此发行量迅速增加，由发行之初的数千份增加到1935年的3万余份。

中央通讯社1924年成立于广州，直属国民党中央党部。1927年6月，该社开始在南京发稿。1932年中央通讯社改组，不再隶属国民党中央党部，形式上实行“独立”。此后，中央通讯社总社迁来南京，并配备了先进的收发报机。到1937年，中央通讯社向全国250余家报社提供新闻稿，同时该社还与英国路透社等外国通讯社签订了交换新闻稿的合同。

1928年8月1日，中央广播电台在南京正式开播。电台发射功率最初为500瓦，每天播出4小时的新闻、政府的施政报告、演讲、气象预报、音乐等内容。1932年11月，中央广播电台又新建了一座75千瓦的大功率发射台，这是当时亚洲发射功率最大的广播电台。

这一时期，江苏的出版事业也有了快速的发展。1933年，国民党官办的出版社正中书局在南京成立。该书局由陈立夫创办并自任总经理，总局设在南京，在上海、北平、天津、汉口等地还设有分局或发行所。“正中书局在中国出版界虽然是一个没有多少年历史的后辈，但是自成立以来，就以突击作战的方式向读书界、向出版商都表现了急起直追的精神。"[①]从正中书局成立到1937年,该书局先后出版了《当代名人传记丛书》、《国学丛书》、《中国文艺社丛书》、《卫生教育丛书》、《首都志》、《外交丛书》等等。除了正中书局外,这一时期官办的出版机构还有1928年成立的军用图书社、1932年成立的拔提书局等。

南京国民政府成立后的十年间,江苏的民营新闻出版机构也有了较快的发展。1927年10月,成舍我在南京创办《民生报》,这是国民政府定都南京后最先创办的报社。1929年,国民党中央通讯社的几位编辑创办了《新民报》,由陈铭德、邓季惺负责。该报的宗旨为"为办报而办报,代民众以立言,超乎党争范围之外"。1933年,王公弢在南京创办了《朝报》。该报与上海《晨报》互换电讯,报道生动而详尽。据国民政府内政部统计,1927年4月前,南京共有报社31家,而到1932年则增加为92家,1934年更增加到211家。南京的报纸约占全国各类报纸总数的十分之一。[②]

1927年以前,南京的民营出版业尚不发达,而1927年以后的十年间,南京的出版业有了长足的发展。据统计,到1933年,南京已有天一书局、钟山书局、京华书局、花牌楼书局、青白书局、新亚洲书局、新京书局、群众图书公司等出版机构数十家,其中规模较大、较具特色的是钟山书局。钟山书局1931年创办于南京,地址设于南京四牌楼。该书局以出版学术书籍和中小学教科书而著名。此外,钟山书局还出版《国风半月刊》、《方志月刊》、《地理学报》、《科学世界》等定期刊物。

除南京之外,江苏其他地方的新闻出版事业也发展迅速。

1927年至1937年,江苏省属国民党党报数量居全国之首。1929年,国民党江苏省党部设立了"推行社会事业委员会",新闻事业是该委员会推动的主要工作之一。在该委员会的推动下,国民党江苏省党部将全省划分为六大报区,分别是:苏报区(15个县),设于江苏省会镇江;淮报区(7个县),设于淮阴;吴报区(16个县),设于吴县;海报区(16个县),设于东海;通报区(9个县),设于南通;徐报区(8个县),设于铜山。其中《徐报》在1937年发行量达到4000份,是徐州地区最大的报纸。除了上述六大报区的报纸外,江苏一些国民党县党部也纷纷创办报纸,总数达40余份。

在南京之外,这一时期,江苏各地的民营报社也纷纷建立,主要集中于镇江、无锡、徐州等地。其中镇江就有《新江苏报》、《新镇报》、《旭报》等等。无锡在1927年至1937年的十年间,先后出版过30余种报纸,其中主要有《新无锡报》、《锡报》、《无锡商报》、《大无锡报》、《轰报》、《人报》等等。徐州的报纸也有20余种,其中重要的有《中

① 正中书局档案,中国第二历史档案馆藏。转引自张宪文、穆纬铭主编:《江苏民国时期出版史》,江苏人民出版社1993年版,第195页。

② 张宪文、穆纬铭主编:《江苏民国时期出版史》,江苏人民出版社1993年版,第215页。

山日报》、《民众晚报》、《徐州民报》、《徐州晚报》、《新晚报》等等。根据国民党中央宣传部 1935 年 8 月的统计，江苏地区的报社总数为 237 家。[①]

这一时期，江苏其他地区的图书出版业也有了较快发展，但各地的发展很不平衡，出版机构一般均集中于苏南的镇江、常州、苏州、无锡等地，而苏北地区则很少。镇江主要有镇江书店、南华书局、中央书局、新五洲书局、大同书局、启渊书局、润德堂书局等等。其中南华书局和中央书局总局设于上海，在镇江设立了发行分所。启渊书局和润德堂书局历史较久，主要从事国学旧籍的翻印等业务。常州有世界书局分局、日新书局、新群书局、文化书局、新新书店、宛委山庄等。苏州有文怡书局、交通图书店、振新书局(后改名为东吴书局)、立达书局平江书店、小说林书店等。无锡有新新书局、文华书局、大同书局、世界书局等。松江有世界书局分店。除了苏南地区以外，苏北也有少数书局分布各地。扬州有梅枝书局等，徐州有中华书局分店等，南通有翰墨林印书局等。

在体育方面，1927 年以后，国民政府加强了体育方面的工作。1929 年 4 月，国民政府颁布了《国民体育法》，1934 年 5 月又作了若干修正。《国民体育法》规定："中华民国男女青年有受体育之义务，父母或监护人应负责督促之。""各级学校均以体育为必修科，高中或与高中相当以上之学校同时并须实施公布之军事教育方案。各该校学生如无该两科之成绩，不得升级及毕业。小学体育成绩不及格者不得毕业。""各县市应该设置公共体育场，各区乡镇应该设置公共体育场或简易体育场。前项公共体育场、简易体育场均应附儿童游乐园。"[②]

国民政府为推动体育运动，加强国术研究，于 1927 年在南京成立了国术研究馆。1928 年改组为中央国术馆，张之江为馆长，直隶国民政府行政院。中央国术馆原设有武当、少林两门，1929 年后改组为教务、编审、总务三处和一个参事室。馆内还设有初级班和高级班，学生均由各省、市国术馆推荐和保送。为了传承和弘扬国术，国民政府于 1928 年 10 月在南京举行了第一次国家级国术考试，应考者有中央和各地国术馆人员 400 余人。1933 年 10 月，国民政府在南京举行了第二次国家级国术考试，共有来自河南、山东等地的 21 个省、市的 427 人参加。[③]

南京国民政府成立后先后举办了多次全国运动会，其中第五届全国运动会 1933 年 10 月在南京举行。为了举办此次运动会，国民政府拨出专款 143 万余元，在南京陵园区东侧建筑了中央体育场。该体育场分田径场、棒球场、网球场、篮球场、排球

---

① 曾虚白主编:《中国新闻史》，台湾三民书局股份有限公司 1989 年版，第 353 页。

② 国民政府教育部档案:《国民政府体育法》，中国第二历史档案馆藏。

③ 史全生主编:《中华民国文化史》，吉林文史出版社 1990 年版，第 822 页。

场、国术场、游泳场和跑马场等，堪称远东第一体育场。参加第五届全国运动会的单位共33个，运动员共2275人。竞赛项目有田径、游泳、垒球、国术、摔跤、射箭等等。“本届运动会成绩优良，计男女田径赛部分平远东纪录及打破全国纪录者二十一项，全能运动五项、十项，均破全国纪录，男子游泳破全国纪录五项，女子游泳均创全国新纪录。”①

第五届全国运动会闭幕式

除了在南京举办的第五届全国运动会外，20世纪30年代，江苏还举办了四次全省运动会。1930年3月18日—23日，江苏省第一届运动会在省立南京公共体育场举行。这届运动会主要是为了选拔代表参加第四届全国运动会而举办的。此次运动会的比赛项目有：田径、篮球、排球、足球、国术等。

1931年9月21日—23日，江苏省第二届运动会在省立镇江公共体育场举行。这届运动会正值“九一八事变”刚刚爆发，因此，运动员群情激愤，部分运动员要求停止举行运动会。因运动会准备工作一切就绪，故仍决定如期进行比赛。此次运动会的比赛项目有：田径、篮球、排球、足球、网球、国术等。

1933年9月19日—22日，江苏省第三届运动会在省立镇江公共体育场新址举行。这届运动会以13个行政区为参加单位，运动员共686人。比赛项目有：田径、篮球、排球、网球、垒球；表演项目有国术等。

1935年9月12日—15日，江苏省第四届运动会在省立镇江公共体育场举行。参加单位由上届13个区调整为8个区，运动员共670人（其中女选手195人）。比赛项目有：田径、游泳、篮球、排球、足球、网球、垒球、国术等。

江苏省第五届运动会原定于1937年举行，各项工作已筹备就绪，各区也先后召开了区运动会选拔代表，因“七七事变”爆发，此届运动会因战争而停办。

---

① 国民政府教育部档案：《第五届全国运动会概况》，中国第二历史档案馆藏。

除了省运动会之外，江苏各地也先后举办过县级运动会。如丹阳县分别在 1930 年、1933 年和 1935 年举办了县运动会。

四　卫生事业

民国以来，尤其是 1927 年以后，江苏的卫生事业有了较快的发展，与卫生相关的法令法规逐渐完善，卫生医疗机构也在各地纷纷建立，全省卫生医疗体系也初具规模。

在卫生行政管理方面，1912 年，江苏省卫生行政由都督府民政司警务科掌管，同年 12 月改由行政公署内务司第二科掌管，1922 年又改由政务厅第二科第二股掌管。南京国民政府成立后，1928 年，省民政厅第五科设卫生股。1929 年 7 月，省民政厅在镇江市小码头成立省立医院，隶属民政厅，兼理全省卫生行政。

南京市在 1912 年由市政府庶务科管理卫生事务。1927 年国民政府定都南京后，于当年 6 月成立市卫生局，9 月撤销，并在公安局设卫生科，次年改为市政府卫生处，1919 年 1 月改为卫生局，1932 年又裁并于市政府第三科，同时成立南京市卫生事务所，主管全市医疗卫生行政工作。

在公立医院的建设方面，1912 年，松江建立了全省第一所县立医院。据江苏省政府内务司于同年 11 月报告，全省有公立县医院 18 所，医士 186 人；官立种痘局 17 所，公立种痘局 51 所；防疫及检疫所各 1 所。至 1937 年，江苏全省共有公立医院和卫生事务所、黑热病研究队及妇婴保健所、产院等 101 所，高等医药院校 4 所，中等医学校 4 所。

在卫生法规方面，1912 年，由省行政公署内务司第二科兼理。1928 年 12 月，国民政府卫生署颁布《全国卫生行政系统大纲》，要求各省设卫生处，市、县设卫生局，江苏的卫生管理改由省民政厅第五科兼理，1929 年，又改由省警察局二科兼理，在市、县多由公安(警察)局兼理。其间，陆续颁布了省、市、县医院及一些专科医院的组织管理章程，以求完善全省医疗管理体制。

1937 年 8 月，江苏省政府颁布《江苏省卫生人员非常时期统制办法》，规定医师、药师、兽医、药剂生、护士、助产士、其他卫生化学有专门技能人员称为卫生人员，其指挥监督，省会由省立医院、省会警察局会同办理；各县由县政府负责办理，县政府视需要可以随时调遣卫生人员办理战地防毒救护、战地防疫、战地环境卫生、协助防毒救护等 4 项业务，各县和省会警察局于必要时可以勒令卫生人员在一定时期内停止原有业务；卫生人员非因特殊事故呈经县政府核准，不得擅自离开其原有服务机关或居住地点；违犯本办法之规定者，由监督机关按情节轻重处以 100 元以下罚款及业务处分。

1913年，江苏省行政公署内务司颁布的《筹备江苏省立第一医院办法》确定：医院设院长1人，下辖内科、外科、眼科、产科（小儿、神经、精神、花柳皮肤、耳鼻喉、妇人等科附属于四科以内），各科设医长1人，医员3人，另设药剂长、服务长各1人，药师1人，药剂生2人，杂务员2人（兼理会计、书记），护员2人，看护员25人。同时，鉴于西方各国医院都含有研究学术之性质，故附设学术研究室。这是江苏省早期的医疗管理体制。

1930年，省民政厅颁布《江苏省立医院章程》，明确医院以救济贫病为宗旨，兼理普通医院业务及化学检验事项。医院经费按月向省财政厅照领。医院设院长1人，由民政厅荐请省政府任命，其余职员由院长呈请民政厅委任。院长总管院务，下设医务长，协助院长管理医药及化验事项，另设事务长，协助院长管理事务各部分；各科设主任医师，主持本科一切事宜。医务部门分：内科、小儿科、外科、妇产科、训练班、电疗科、爱克斯光科、皮肤科、花柳科、眼科、耳鼻喉科。事务部门分：文牍、会计、庶务、管理。

1935年，江苏省政府委员会通过《江苏省各县县立医院组织规程》，规定县立医院隶属于县政府，掌理疾病治疗、预防等事项。医院对于疾病之治疗、预防，视业务之繁简分科办理。医院设院长1人，总理院务，由县政府遴选合格人员，呈请民政厅核委，必要时由民政厅直接委派。医师、助产士由院长遴选合格人员呈请县政府委任并呈报民政厅备案；设调剂员1人，掌理配制药剂及保管药品事项，由院长选任，呈报县政府备案；配备护士若干人，掌理看护事项。配备事务员1人或2人，办理文牍、会计、庶务等事项，由院长雇佣之。县立医院设于县政府所在地，如因医务上之必要，可以设分诊所。

1928年10月，南通学院医科附属医院首次使用急救车。1934年，南京卫生事务所备置巡回救护车，在市区行驶，如发现路倒及贫苦病人，即送收容所收容。另租定马车若干辆，加以布置，分配区域，来回梭巡，发现病人，送该所诊治。

1936年，江苏省执行国民政府颁布的《非常区域救护事业大纲》，组织救护委员会，附设相应的救护机关，办理临时救护工作。1937年2月，江苏召开省会救护委员会筹备会。同年，抗日战争爆发，当局在苏州、无锡、南京等处组织救护队、急救队，设立临时救护医院24所，救治伤员4万人，转送后方医院2万人。

江苏最早建立的公立妇幼卫生机构，是1932年在镇江建立的江苏省妇婴保健事务所。至抗日战争爆发，省内共有各类妇婴保健所、产科医院、妇婴保健院、平民产院等22所。这些机构，有的兼管妇幼卫生行政工作。南京当时为特别市，也设立妇婴保健事务所，负责南京地区妇幼卫生工作。县级妇幼卫生机构，由当时的药物学家、江苏省助产学校教务长黄胜白倡议，要求各县都设立平民产院，既做业务又兼行政管理，但因财力不足，至1934年，全省61个县中只设立了16所。省内规模较大的是镇江平民产院，有一幢二层楼房，20余间房间，设病床20张、助产士4名，每月由县政府拨款170多元。业务工作开展较好的是无锡平民产院，有4名助产士，担任住院、外出接生和产前检查。据1934年、1935年的两年统计，该院共接生712次，施行产钳、横位、足位、臀位、颜面位等难产手术38次，产前检查1032次。上述公立单位到1937年抗日战争爆发后，除中央高级助产职业学校附设产院内迁四川外，全部停办。

第十节　江苏民众的抗日救亡运动

一　“九一八事变”与江苏民众的救亡运动

1931年9月18日夜，根据《辛丑条约》驻扎在中国东北的日本关东军故意炸毁了沈阳附近南满铁路的一段路轨，并反诬是中国军队所为，还诬称中国军队袭击日军，并据此向中国东北军驻地北大营和沈阳发动进攻。东北地方当局秉承南京国民政府的意志，对日军的进攻不予抵抗，沈阳于19日失守。这就是震惊中外的“九一八事变”。随后，日军向东北各地发起全面进攻，于9月间占领了辽宁（除辽西外）、吉林两省，11月间占领了黑龙江省，1932年1月又侵占锦州。至此，整个东北近百万平方公里国土、3000万人口沦入敌手。

日本帝国主义侵占中国东北，极大地震动了全国各阶级、各阶层民众，使中国的政治形势发生了极大的变动，全国人民的抗日救亡运动从此蓬勃兴起。江苏，特别是南京及苏南地区，地处国家的政治中心，更是走在了全国救亡运动的前列。

江苏的抗日救亡运动首先是从青年学生中发起的，普通市民也随后响应，后迅速扩展到商界，形成了全民救亡的高潮。1931年9月20日，无锡县各界首先集会，讨论组织无锡县各界抗日救国会的问题。与此同时，扬州中学学生率先罢课，扬州其他各校学生也立即响应。南京的中央大学和金陵大学学生发表宣言，指出中华民族处于生死存亡的危急关头，全国同胞应团结一致。这是江苏民众对“九一八事变”的最初反应。21日，苏州各界反日会成立，并发表宣言，抗议日本的侵略，反对国民政府的不抵抗政策。苏州东吴大学的部分学生首先组成学生军，接着，500多名学生组成了义勇军。不久，全市大部分大中学生都参加了抗日活动。南通民众则举行大会，会后致电政府，希望严肃对待日本的侵略。24日，南通学院附中学生成立了救国义勇队。

26日,南通抗日救国会也宣告成立。22日,省会镇江各界人士举行集会,通过了敦促政府对日交涉,速做军事准备等7项提案。[①] 同日,在南京的1000多名东北籍学生率先到国民党中央党部请愿,强烈要求出兵抗日。南京各大中学校的学生开始走上街头宣传抗日,并要求政府出兵收复失地。全国其他地区的民众也发出了抗日救亡的吼声。

中国共产党对"九一八事变"迅速作出了反应。9月20日,中共中央发表宣言,谴责日本的侵略及国民政府的不抵抗政策。22日,中共中央又作出《关于日本帝国主义强占满洲事变的决议》。中共江苏省委也于23日向全省各级党组织发出了紧急通知,要求广泛动员民众,开展抗日救亡运动,并提出了《对满洲事变的几个具体策略》。南京国民政府对民众的爱国热情反应冷淡,这更激起了广大民众的强烈不满。23日,南京市民20多万人在公共体育场举行了大规模的反日救国大会,要求政府对日宣战,还表示愿做政府抵抗日本侵略的坚强后盾。大会通过了告全国同胞书和停止内战、一致抗日的决议。会后,民众举行了声势浩大的示威游行。24日,"首都各界反日救国大会"成立,并通电全国请求声援,还吁请国际社会主持公道,维护世界和平。中央大学、金陵大学等大中学校的学生也纷纷罢课,并自发成立学生爱国抗日团体,走上街头向市民广泛宣传。

在江苏,学生爱国运动已经从大中城市向小城镇及乡村地区扩展。南京栖霞山乡村师范学校的师生于23日成立救国会,还组织了20个宣传队,到各乡村宣传。25日,句容初级中学的师生232人通电提出抗日办法:一、立息内争共御外侮;二、集中武力准备宣战;三、刻日宣告对日绝交;四、迅速将日本横暴举动向国际宣传;五、通令全国禁用日货;六、特许举国民众一律武装。[②] 太仓中学生成立了反日会,深入乡村宣传。

国民政府对汹涌澎湃的民众抗日怒火感到十分恐惧,担心局势失控。23日,国民党在南京中央大学礼堂召开南京市国民党员紧急大会,蒋介石在会上说:"此刻必须上下一致,先以公理对强权,以和平对野蛮,忍痛息愤,暂取逆来顺受态度,以待公理之判决"[③]。他还要求国民党员"务须劝告民众,严守秩序,服从政府,遵守纪律,勿做轨外之妄动"[④]。蒋的这番表态更加激起了民众的愤怒,抗日救亡运动开始从单纯

---

① 中共江苏省委党史工作委员会、江苏省档案馆编:《中共江苏党史大事记》,中共党史资料出版社1990年版,第116页。

② 蒋顺兴:《九一八期间江苏学生的抗日爱国斗争》,《江苏史论考》,江苏古籍出版社1989年版,第427页。

③ 转引自江苏省社会科学院《江苏史纲》课题组:《江苏史纲》(近代卷),江苏古籍出版社1993年版,第437页。

④ 《民国日报》1931年9月23日。

的街头集会向以行业为纽带的团体同盟发展，参加人员从学生和普通市民扩大到不少专业人士。不少中小城镇也爆发了示威。9月下旬，江苏的泰县、六合、如皋等地纷纷爆发了民众反日示威，要求政府出兵收复失地。戚墅堰电厂的工人还自觉发起捐款活动，捐出自己一天的工资支援东北的抗日义勇军。各界人士相继成立了"妇女抗日团"、"商界抗日救国会"等组织。同时，各地学生汇集南京，与南京学生共同发起了新的示威浪潮。9月28日，中央大学等校和上海来京学生共数千人，冒雨到国民党中央党部，提出八点要求：一、完成和平统一；二、对日下最后通牒；三、撤换不力的外交当局；四、恢复民众运动；五、切实实施军事训练；六、改委胜任外交官；七、责成疆吏守土；八、厉行革命外交。丁惟汾代表中央党部出来与学生见面，但只是敷衍塞责。学生们又来到外交部，并当面质问外交部长王正廷。王对学生态度傲慢，被学生殴打。蒋介石被迫出面接见示威学生，表示理解与支持他们的爱国行动。从10月到11月初，已有部分外地请愿学生到达南京。11月5日，全国学联在南京召开第二次代表大会，讨论学界如何开展抗日救亡运动的问题，还成立了"全国学生抗日救国联合会"。22日，江苏全省学生抗日救国会各县代表大会在无锡召开，决定全体代表率京沪线全体同学到南京请愿。24日，无锡学生开始总罢课，大批学生赶赴南京示威请愿。

这一时期，商界也加入了抗日救亡运动。江苏商界对"九一八事变"的最早反应在9月22日。这一天，武进县商会召开紧急会议，主张政府对日宣战，并通告全县商铺于次日下半旗为东北死难同胞志哀，并要求商人对日经济绝交、销毁日货。27日，在镇江的江苏商会也发表宣言，并限全省商人在9月底停止经营日货，10月10日销毁。10月5日，南京商界抗日救国会成立，通电不卖日货，不给日资工厂补充原料，还发表了告世界工人书。镇江各商铺决定从10月16日到11月15日封存全部日货，逾期如再发现日货，除充公外，还严厉处罚。由于江苏各界抵制日货，使江苏的日资企业几乎陷于停顿，也使日本的出口减少。与此同时，中国的民族工业却得到了发展，"苏州、无锡、常州、江阴、常熟、上海等地的实业家集资纱线求过于供，价格飞涨，而准备扩充纱锭60万支"①。这时，甚至连农界也加入到抗日救亡的行列。10月15日，南京农界抗日救国义勇团成立，并决定尽快组成28个大队。随后，该义勇团通电全国农界团体，号召农界人士积极开展救亡活动。全省各舞团、剧社也纷纷排练，上演反映日军在东北的暴行，号召全国民众奋起救亡的剧目。南通新民剧社的《铁蹄之下》、《山河泪》等都在民众中产生了很大的反响，许多观众为之动容。文艺界人士以

① 蒋顺兴：《九一八期间江苏学生的抗日爱国斗争》，《江苏史论考》，江苏古籍出版社1989年版，第438页。

集会、发表通电等形式敦促国民政府尽快出兵抗日。许多日资企业的中国员工也举行罢工或离开工厂,以示对日本侵略东北的抗议。

11月12日至23日,国民党在南京召开"四全大会"。蒋介石在会上表示:"个人决心北上,竭尽职责,效命党国。"[①]学生们立即据此发起了"送蒋北上抗日运动"。从11月中旬起,全国各地更多的请愿学生陆续到达南京,其中尤以南京周边地区的学生居多,上海学生约3000多人;苏州学生2000多人;无锡学生也有1000多人。此外,还有来自广州暨南大学的学生400多人,北平学生180多人,还有来自杭州、山东、徐州等地的学生。11月26日上午,来自各地的学生列队来到国民政府门前示威,要求蒋介石明确出兵北上的具体日期。下午,数万学生们又在公共体育场召开"送蒋北上"大会,并在会后再次游行到国民政府门前,要求蒋给予具体答复。学生们不顾疲劳,在雨中等候了一夜。次日中午,蒋介石被迫接见学生,并信誓旦旦地表示:"三天之内不出兵收复失地,杀我蒋某的头以谢国人。"但蒋说此话只是为了敷衍学生,他暗中已在策划镇压学生的请愿运动。12月5日,北京大学示威团在南京成贤街被军警殴打,180多人被捕,数十人受伤。这是国民政府第一次对因"九一八事变"而示威的学生大规模使用暴力,但这激起了学生们更大的怒火。一连几天,国民政府门前示威不断,学生们强烈要求当局释放被捕学生,立即出兵抗日。大量外地学生又陆续赶到南京,还成立了联合办事处,以协调大家的行动。在学生抗争和社会舆论的强大压力下,被捕学生于7日获释。

这时,由于国民党内部的派系纷争,蒋介石决定采取以退为进的策略,于12月15日宣布辞职下野,但他仍暗中控制着政局。国民党决定由林森任国民政府主席,孙科任行政院长。国民政府为尽快平息学潮,决定中央大学和南京的中学提前放寒假。此举遭到了学生的坚决反对。12月14日,江苏省学生抗日救国会举行会议,决定全省各校于17日总罢课,要求"蒋介石实践前言即日出兵北上,收回失地"、"政府明令保障学生抗日救国运动"[②]。中共中央也决定在南京发动一次全国学生总示威,中共江苏省委指示南京市委尽可能动员更多的学生参加,还派人到南京作了具体部署。12月17日上午,来自南京、北平、上海、济南、武汉、苏州等地的1万多名学生前往国民政府和国民党中央党部示威。当游行队伍路过珍珠桥附近的中央日报社时,因该报前一天曾发文诬称示威学生是"共匪",愤怒的学生捣毁了报社的编辑部和排字房。大批军警立即赶到,对手无寸铁的学生进行武力镇压,一名学生受伤后坠入河中死

---

① 《中央日报》1931年11月20日。

② 中共江苏省委党史工作委员会、江苏省档案馆编:《江苏革命斗争纪略》,档案出版社1987年版,第593页。

亡，30多人受重伤，60多人被捕，这就是“一二·一七”南京珍珠桥惨案。18日凌晨，国民政府首都卫戍司令部派出大批军警包围中央大学，在出口处架起机枪，全副武装的士兵冲进校园，强行把来自外地的学生拖出校园，押解到下关码头和火车站，遣送回原地。19日，国民政府明令禁止学生示威游行，随后宣布放寒假。学生运动暂时被镇压了下去。但迫于社会各界的压力，国民政府也很快撤走了进驻中央大学的军警，释放了被捕学生。

“九一八事变”后，江苏和其他各地学生及民众的抗日救亡运动在当时具有重要的意义。它发出了全国人民不甘做亡国奴，坚决要求抵抗日本侵略的呼声，标志着中国人民民族意识的进一步觉醒。同时，国民政府对发出正义呼声的爱国学生和民众进行镇压，使自身成为正义的对立面，并在全国人民面前显得十分孤立。这一环境给中共在政治上创造了条件，使其建立抗日民族统一战线成为可能。同时，这次运动也预示了全国抗日救亡运动的高潮的到来，而国民党的统治也从此出现了危机。

二　江苏人民支援“一·二八”淞沪抗战

日军在侵占东北之后，加快了侵华的步伐。1932年1月28日，日军在上海闸北突然向中国军队发起进攻。驻上海的第十九路军在军长蔡廷锴、总指挥蒋光鼐和淞沪警备司令戴戟的率领下奋起抵抗，这就是“一·二八事变”。日军发动“一·二八事变”的目的是借此转移国际社会的注意力，并逼迫国民政府承认其占领东北的既成事实。[①] 由于这次日军是在国民政府统治的心脏地区挑起战火，震撼力极大。国民政府急忙决定迁都洛阳，同时也向上海派出以张治中为军长的第五军作为增援部队。第十九路军的官兵对日军的进攻进行了一个多月的英勇抵抗，日军的伤亡达10000多人，三次更换主帅却始终难以向前推进。3月1日，得到增援的日军在浏河七丫口登陆，开始全线总攻击。中国军队面临腹背受敌的险境，被迫放弃江湾、闸北阵地，撤退到昆山至福山一线。3月14日，中日双方在英国公使兰普森的调解下决定停战，随后开始谈判，并于5月5日签订了《淞沪停战协定》。

在第十九路军与日军激战的一个多月时间里，与全国人民一样，江苏人民也给予参战部队极大的物质和精神支持。“一·二八事变”刚爆发，镇江各界就成立了“一·二八国难救济会”，下设救济、救护、经济等职能部门，从事募捐、收容、遣送难民，以及救护、医治伤员、掩埋战死者遗体等工作，还推举冷御秋为常务主席。1月30日，南京中央大学寒假留校学生500多人游行到国民政府，反对解散抗日救国会。同日，南京

① 北京师范大学历史系中国现代史教研室编：《中国现代史》(上)，北京师范大学出版社1991年版，第304页。

各界抗日救国会要求国民政府对日绝交，并组织义勇军抵抗侵略。南京工界抗日救国会向第十九路军发出了慰问电，还为其募捐。31日，4名中大学生赴上海投军参战，300多名学生决定组织义勇军和宣传队。中央大学部分教授也上书国民政府，指出政府必须对日强硬，应迅速调集军队对日作战，再不能压制民众的抗日运动。在1月底之前，江苏各地人民普遍开展了支援第十九路军的活动。武进县群众募捐了3000大洋慰劳上海的抗日军民，还成立了江南民众自救团、各界抗日后备军等民众抗日组织。昆山的民众自发缝制棉衣、烹煮干粮送到前线慰劳官兵。无锡的市民捐献大量食品和日用品；妇女和医务人员组成慰问队和救护队，到前沿战壕中去救护伤员。

进入2月后，随着战事的日趋激烈，江苏人民支援前线的热情也进一步高涨。2月1日，南京抗日救国宣传团举行成立大会，共推周四维、熊国璋为执行委员，还决定派人到各地进行抗日宣传。同日，南京的中下级军官会同军官学校学员以及部分大、中学校学生和救护队员共170多人组成“中国抗日义勇铁血军”，在明孝陵宣誓后奔赴上海前线。沿途群众热烈欢送。[①] 中央政治学校全体600多名学生分赴京沪、津浦铁路沿线，负责领导、训练义勇军。

中共也对第十九路军的抗战表示敬意。2月2日，中共江苏省委发表《告十九路军士兵弟兄书》，鼓励该军士兵英勇抗日，指出第十九路军只有与工农群众联合起来才有出路。

这时，江苏各地人民支援淞沪抗战的热情已经达到高潮。2月8日，中大学生前敌后援队赶赴苏州第十九路军指挥部接洽到前线参战。10日，南京工界抗日救国会也决定到上海前线参加运输工作，还通告各工会征募队员。南京市民募集了20万只麻袋作为军用物资送往前线。南京部分受过战地救护训练的医护人员赶赴上海前线参加救护工作。溧阳组织了有60多人参加的大刀队，赴上海前线参战。扬州的学生连日上街进行抗日宣传，并举行爱国义演。泰州、如皋的民众开展募捐行动，各地民众纷纷解囊。据不完全统计，从2月1日到3日的3天内，无锡人民捐现款1255元、银元82枚，还有大量食品和日用品，不少医务人员自发到前线抢救伤员。在淞沪抗战进行的两个月中，仅常州人民就捐献了大洋9675元，国币2140元，大米及馒头等熟食品25000多公斤，干酱1500多公斤，麻袋11000多只，军毯、毛巾等军需品5914件[②]。津浦铁路全体职员每人捐出两日薪金，工人捐出一日薪金，慰劳第十九路军。此外，江都、太仓、南通等地的商人和普通民众也向前线捐献了大量钱物。

---

① 中共江苏省委党史工作委员会、江苏省档案馆编：《江苏革命斗争纪略》，档案出版社1987年版，第602页。

② 中共江苏省委党史工作办公室：《中共江苏地方史》，江苏人民出版社1996年版，第265—266页。

离战场较远的徐州人民的爱国热情丝毫不逊于苏南人民。2月14日，蒋介石、汪精卫的专车途经徐州前往河南。徐州学生抗日救国团的代表30多人到徐州车站向蒋、汪请愿，并提出了三项要求：1. 宣布对日绝交；2. 援助第十九路军；3. 维护爱国运动。汪精卫代表蒋介石接见了学生，并口头答应了他们的要求。20日，徐州各工会代表千余人集会，宣布对日永久经济绝交。在淞沪会战期间，江苏人民的支前热情始终没有减退。

江苏和全国其他地区人民支援第十九路军抗战的行动极大地鼓舞了该军将士英勇作战的勇气，也是他们在面临强敌进攻时能坚守不退的物质和精神动力。第十九路军曾对江苏人民的支持表示感谢。2月12日，第十九路军总指挥致电南通医科大学，对学生们热心救护伤员表示感谢，还敦请该大学派医护人员到南翔参加战地救护工作。①

"一·二八事变"后江苏抗日救亡运动的兴起，改变了1931年12月以后救亡运动的沉寂局面，表明抗日已经成为全国政治生活的主题。国民政府已难以用强力进行压制了。

三　新安旅行团的抗日救亡活动

在轰轰烈烈的全民抗日救亡运动中，有一支来自江苏淮安，全部由小学生组成的旅行团格外引人注目。该团在几年时间内旅行数万里，足迹遍布全国各地，到处宣传抗日救亡，在国人中引起了极大反响，产生了积极的社会效果。这就是新安旅行团（简称"新旅"）。

1926年6月，南京晓庄师范学校校长陶行知为实现其普及乡村教育的主张，派他的学生李友梅、刘文梯在苏北淮安的里下河镇莲花街创立了私立新安小学，陶本人兼任名誉校长。李、刘两人都是中共党员，他们招收的学生也以穷苦人家的子女为主。1932年，李、刘调走，陶行知派他的另一名学生汪达之接任校长职务。汪十分推崇陶行知的"生活即教育，社会即学校"的教育理念，决心做一次带领学生走向社会，在实践中学习和锻炼的大胆尝试。1933年10月，汪达之校长组织了一个由7名本校学生组成的"新安儿童旅行团"，到上海、镇江等地进行了为期50天的旅行。他们以卖报等勤工俭学的方式筹措经费，深入到工厂、学校中去，参观了"一·二八"淞沪抗战的事迹，进行爱国主义演讲，唱爱国歌曲，还以表演节目的形式进行抗日救亡宣传。在这些鲜活的社会实践中，年幼的学生增长了见识，丰富了阅历，增强了他们的社会使

① 中共江苏省委党史工作委员会、江苏省档案馆编：《江苏革命斗争纪略》，档案出版社1987年版，第604页。

命感。同时,新安旅行团的活动也产生了广泛的社会影响,许多民众为这些小学生的抗日爱国宣传所感动。《时代画报》专门刊登了 7 人的照片,《扬子江报》、《苏报》、《经济日报》、《镇江晨报》等许多报纸也进行报道,成为轰动一时的新闻。

这次旅行成功后,汪达之决心组织一个规模更大、旅行范围更广的旅行团,进一步深入向民众宣传抗日救亡。当时,全国民众的抗日救亡运动不断高涨,新安旅行团的计划也得到了社会各界的大力支持。一些机构组织向他们捐赠了旅行和宣传的必要设备,陶行知也给予他们很大的精神鼓励。经过筹备,汪达之组成了一个由 14 名少年儿童组成的旅行团,汪担任顾问,团员中最大的 17 岁,最小的 12 岁,他们是:朱金山、嵇钰(纪宇)、徐志贯(徐之光)、靖秉铎、杨永鑫、程昌林、张俊卿、张俊鑫、曹维东、张敬茂、左义华、曾兆寿、靖秉铨、刘昭朗。旅行团的口号是:宣传孙中山先生的遗嘱,实践陶行知先生的教育思想。[①] 汪达之要求团员们为抗日救国的事业而奋斗。

1935 年 10 月 10 日,新安旅行团团员穿着草鞋,背着挎包,手拿写着"江苏淮安新安旅行团"字样的小旗,携带上海友人捐助的一套电影放映设备和《民族通史》、《一二八战地写真》等黑白无声电影的拷贝踏上了征途。他们先后到达镇江、南京,又沿京沪线于 1936 年 5 月到达上海。在上海,他们除了进行抗日救亡宣传、组织学生开展歌咏活动、参加上海救国会发起的抵制日货运动外,还与上海的社会各界广泛交流,与具有进步思想的部分文化艺术界知名人士冼星海、吕骥、孟波、孙冶方、艾思奇等交流思想。这更坚定了新旅成员走遍全国、宣传动员民众的信心。新旅在上海期间还吸收了 3 名新团员。

新旅从淮安出发,沿途先后经过江苏、浙江、山东、河北、山西、察哈尔、绥远、甘肃、宁夏、陕西、河南、湖北、湖南、广西等 14 个省和南京、上海、北平、天津、西安、武汉、长沙、桂林等城市,向汉、满、蒙、回、藏、苗、瑶等民族的民众进行宣传。[②] "七七事变"爆发时,新旅正在宁夏,他们听到这个消息后立刻决定到邻近抗日战场的地方作进一步宣传。1938 年 2 月,新旅到达兰州,借宿在省立民众教育馆。他们除向民众口头宣传外,还放映《小武义》、《民族痛史》、《保卫大西北》、《儿童的抗战》等爱国影片。当地报纸称赞道:"新安旅行团放映的《小武义》是一部暴露敌人六年来侵略我国的一个简史。"[③]在兰州,新旅与八路军驻兰州办事处取得联系,有 3 名团员加入了中共,并在团内建立了中共支部。5 月,新旅全体成员在西安受到中共领导人林伯渠的接见。林对新旅的工作给予了高度评价。

---

① 中共江苏省委党史工作办公室:《中共江苏地方史》,江苏人民出版社 1996 年版,第 281 页。

② 江苏省地方志编纂委员会:《江苏省志·教育志》,江苏古籍出版社 2000 年版,第 154 页。

③ 《甘肃民国日报》1938 年 3 月 3 日。

四　“一二·九运动”前后江苏抗日救亡运动的高涨

1935年，日本加快了侵华步伐。7月，日本迫使国民政府签订有损中国主权的《何梅协定》。9月，日本华北驻屯军司令官多田骏策动所谓华北五省“联合自治”。11月，河北省滦榆区行政督察专员殷汝耕在日本的支持下，在河北通县组织所谓“冀东防共自治政府”。面对日本咄咄逼人的侵略势头，南京国民政府依然寻求对日妥协，决定12月在北平成立具有很大独立性的冀察政务委员会，由宋哲元出任委员长。华北事变使原已十分尖锐的中日矛盾更加突出，中国民众普遍产生了“国之将亡”的紧迫感。为了力挽狂澜，中国社会各界又一次掀起了抗日救亡运动的高潮。12月9日，数千名北平学生向国民党华北当局请愿，并举行了声势浩大的示威游行，喊出了“反对华北自治”、“打倒日本帝国主义”、“停止内战一致抗日”等口号。随后，抗日救国的呼声便响遍了全国。

与全国一样，江苏人民也展开了轰轰烈烈的抗日救亡运动。11月30日，在“冀东防共自治政府”成立仅几天后，南京妇女文化促进会的曹孟君、王枫等就发起、联络了50多个学校、机关、团体的400多名代表集会，要求国民政府严惩殷汝耕，并成立首都妇女救国会，其成员多为女学生、女职员、女教师等。12月2日，南京中央大学全体学生以通电的形式要求国民政府制裁殷汝耕，并成立了中央大学救国会。不久，由中央大学几个学术团体为基础的南京文化界救国会成立。金陵大学学生自治会、南京女子中学等随后发出全国通电，要求惩办汉奸，出兵抗日。吴贻芳、潘菽等184名大学教授和大中学校师生也发表宣言，要求政府维护国家主权。12月4日，南京91个学术团体举行救国联席会议，通过了通电：(一)电请宋哲元、商震等保持疆土完整；(二)声援北平各大学教授努力奋斗，该会愿为后援。会上还决定筹组全国学术团体救国会。① 许多社会团体都发出了反对“华北自治”的声明。

北平学生“一二·九”游行的消息传到江苏后，全省青年学生和民众立即响应。12月12日，中央大学救国会发表《告全国民众书》，响应北平学生的行动，反对华北自治。14日，省立无锡师范学校、省立教育学院、无锡县中学等校学生发表通电或宣言，声援北平学生，反对华北自治。17日，南京各校学生在中央大学开会讨论采取进一步行动，决定次日罢课游行，要求政府迅速出兵抗日。消息传到国民党中央，国民党中央党部连夜派秘书长赶到中央大学，要求学生取消次日的行动，遭到学生的坚决拒绝。19日，以中央大学为首的南京各校学生5000多人举行示威游行。学生们高呼

---

① 中共江苏省委党史工作委员会、江苏省档案馆编：《江苏革命斗争纪略》，档案出版社1987年版，第721页。

"反对华北特殊化"、"立即出兵抗日"、"收复东北失地"等口号，游行到国民党中央党部请愿。19 日，8000 多名学生举行了更大规模的游行。游行学生来到行政院门前，要求释放北平被捕学生，立即出兵收复失地。行政院秘书长翁文灏表示政府将认真考虑学生们提出的各项要求。

"一二·九运动"中南京学生在国民政府门前示威请愿

在南京学生举行示威游行的同时，江苏其他城市的学生也行动起来。苏州、无锡、镇江、扬州、南通、徐州等地的学生纷纷走上街头，举行示威游行或向民众演讲，以唤起民众的爱国之心。苏州东吴大学的学生组成了五个大队的抗日救亡宣传队，分赴昆山、常熟等地进行宣传。徐州的学生除举行示威游行之外，还致电北平市长秦德纯，要求释放被捕学生，保障爱国运动。南通的学生于 23 日成立了学生救国联合会，通过了声援北平学生、扩大宣传等提案，随后游行到专员公署请愿，要求各地释放被捕学生，保障爱国运动。淮安中学的学生于 26 日成立了学生救国会，并于 29 日集会游行。

12 月中、下旬之后，外地学生到南京请愿的逐渐增多，但遭到各地政府的阻挠。南京市首先出动军警，把来自华北的学生押解回原地。此举引起了南京各界的愤怒。12 月 18 日，首都妇女救国会及南京学术团体救国会筹备处联合在《新民报》上刊登"寻人启事"表示抗议。22 日，中央大学学生又举行记者会，向中外媒体介绍北平爱国运动的情况，呼吁社会各界给予援助。中央大学学生代表薛宝鼎、李庚在欢迎北平清华大学学生自行车宣传队到南京时被捕，数百名学生包围了教育部，迫使当局释放了他们。23日，3000多名上海学生准备乘火车到南京请愿，在青阳港被预伏的军警拦截，未能抵达南京。中央大学全体学生决定从26日起停课3天，揭露当局阻挠爱国运动的事实，但原定的示威游行却被当局严令禁止。26日，许多外地到南京请愿的学生又被阻挡。上海复旦大学等12校的1700多名请愿学生在无锡皋桥被宪兵阻拦，并押解回沪。无锡的学生为此冒雨举行了抗议示威。南通学院的学生到天生港占领大和轮船，被军警阻拦后进行绝食抗议。河南焦作工学院的学生也在徐州被阻。这引起了徐州学生的义愤，他们在城内张贴标语，说明事实真相，支持焦作学生的行动。30日，常州的1700多名学生也准备乘火车到镇江向江苏省政府请愿，学生们在火车站进行卧轨抗议，致使铁路中断。江苏省教育厅长周佛海派人到常州，答应将学生们的要求转告国民政府。

受知识界和学生的影响，救亡运动开始向社会其他阶层扩大。12月26日，国民革命军第一军参谋长续范亭，为表达对政府不抗日的义愤，在中山陵剖腹自杀，只因用刀不够锋利而未致死。这件事在社会上引起很大轰动，说明国民政府内的部分军政官员也对政府的对日政策感到不满。28日，无锡的印刷工人全体罢工，声援学生，全市各报馆也为宪兵司令部禁止报道学生运动的消息而停刊一日以示抗议。首都被服厂工人曾友竹、熊仁勇、马国宝等秘密组织了读书会，宣传抗日救国。1936年5月，南京职工界也成立了救国会。

在全民抗日救亡运动高涨的形势下，一些知名学者和社会名流酝酿成立全国统一的抗日救国团体。1936年5月31日到6月1日，"全国各界救国联合会"在上海成立，宋庆龄、何香凝、马相伯等40余人为执行委员，沈钧儒、章乃器等14人为常务委员。全国各界救国联合会发表宣言，称该会是"一个全国统一的联合救国阵线"，现阶段的主要任务是"促成全国各实力派合作抗日"。[1] 南京的代表孙晓村、曹孟君、狄超白、王枫等出席了成立大会，孙、曹还被选为执行委员会常委。8月中旬，南京也成立了各界救国联合会，孙、曹、狄、王为负责人。南京救国会以举办学术讲座、开展文学艺术和体育活动的形式向普通民众宣传抗日救亡。同时，南京救国会也注意联络国民党上层人士。绥远抗战爆发后，江苏各界又投入到支援绥远抗日军民的运动中去。11月20日，苏州各界集会，成立了吴县各界绥远卫国将士后援会。29日，无锡也成立了援绥宣传队，重点向农民进行宣传。在冯玉祥的支持下，南京救国会联络了孙

① 北京师范大学历史系中国现代史教研室编：《中国现代史》(上)，北京师范大学出版社1991年版，第424页。

科、居正等国民党上层人士，发起了支援绥远抗日军民的活动。11月21日，救国会发起的援绥大会召开，国民党元老张继主持会议并讲话，经亨颐、柳亚子等部分监察委员和立法委员到会。大会决定成立首都各界援绥抗敌后援会。这次会议掀起了南京的抗日救亡运动的高潮，社会各界普遍开展宣传和募捐运动。

国民政府对高涨的全国抗日救亡运动采取敌视态度。11月23日，国民党当局在上海逮捕了全国各界救国会的沈钧儒等"七君子"。28日，孙晓村、曹孟君等南京救国会负责人也被逮捕。12月初，南京职工救国会负责人也被逮捕。南京救国会被迫收缩活动范围，部分不宜公开活动的骨干分子隐蔽起来或向外地转移。

第四章　全面抗战时期的江苏

第一节　江苏抗战的开始

一　国民政府迁都

1937 年 7 月 7 日，日军制造了卢沟桥事变，中国守军奋起抵抗，吹响了中国全面抗战的号角。经激战 20 余日，平津失陷。8 月 13 日，驻沪日军突然向闸北发动进攻，占领八字桥和持志大学，并以海军舰艇猛轰上海市区，中国陆海空三军全面出击，淞沪战役正式爆发。

在淞沪战局危急、日机不断轰炸南京的严峻形势下，中国政府决定迁都重庆。

重庆被选作首都迁移的地点，自有其多重的原因和条件。

四川地处中国腹地，周围地形复杂，形势险要，在国防上具有特别重要的地位。在民族战争中，四川是理想的大后方。其东有长江各险要关隘，尤以宜昌至奉节间的三峡最为险峻；西有号称世界屋脊的青藏高原作为自然屏障；北有大巴山、秦岭横阻；南有云贵高原屏障安全。四川人口约占全国人口的十分之一。四川又有“天府之国”之称，物资丰富；各种矿产资源，莫不尽有，具有发展国防工业的优良条件。

重庆则是四川这块风水宝地上的一座重镇。长江、嘉陵江两江在此汇合。以重庆为起点的川黔公路，全长 550 余公里，将四川与贵州贯通。这里自然成为中国西部的重要水陆交通枢纽和战略要地。

正是由于四川独特的地理、资源条件，蒋介石从战略方面考虑，对它自是情有独钟。

10 月 9 日，蒋介石在国防会议上作了《国民政府迁都重庆与抗战前途》的报告，第一次正式提出迁都的问题。在此前后，蒋介石与四川省政府主席刘湘商定了关于整理四川财政及加强川省国防建设等事项，为中央政府西迁入川作了安排。11 月 12

日，身为国防最高会议主席、军事委员会委员长和行政院长的蒋介石，经与国民政府主席林森会商，决定了迁都重庆大计。蒋介石在11月13日的日记中写道："抗战最后地区与基本战线，将在粤汉、平汉两铁路以西。"①

此时，国民政府的迁都工作已秘密开始进行。11月15日，中共中央驻京代表博古发给中共中央军委主席毛泽东、中共中央总书记张闻天一份电报，报告了国民政府迁都的最新动态。电报全文如下：

> 毛、洛：本日消息(一)国府迁都四川已决定。再调四川之一军巩卫首都。(二)军委会移南昌，铁道、交通部移长沙。闻本日均已开始秘密移动。博。15日16时。②

11月16日，国民政府在南京各机关开始公开大规模地向重庆、汉口、长沙等地迁移。国民政府主席林森于当天在南京登"永绥"舰启程赴川。在内迁的各政府机构中，行政院、立法院、司法院、监察院、考试院直接迁重庆；财政部、外交部、卫生署迁汉口；交通部暂迁长沙；部分军事机关暂留南京。随后，英、美、苏等各国大使馆，亦迁至外交部办公地点汉口。

国民政府于11月20日正式发表移驻重庆宣言。宣言肯定了全面抗战三个月来的战绩和精神，宣示了国民政府移驻重庆的目的和持久抗战的决心。宣言称：

> 迩者暴日更肆贪黩，分兵西进，逼我首都，察其用意，无非欲挟其暴力，要我为城下之盟。殊不知我国自决定抗战自卫之日，即已深知此为最后关头，为国家生命计，为民族人格计，为国际正义为世界和平计，皆已无屈服之余地。凡有血气，无不具宁为玉碎、不为瓦全之决心。国民政府兹为适应战况，统筹全局，长期抗战起见，本日移驻重庆，此后将以最广大之规模，从事更持久之战斗，以中华人民之众、土地之广、人人抱必死之决心，以其热血与土地凝结为一，任何暴力，不能使之分离。外得国际之同情，内有民众之团结，继续抗战，必能达到维护国家生存独立之目的。③

国民政府关于迁都重庆的宣言发表后，中国军政首脑以及四川地方政府，纷纷就

---

① [日]古屋奎二主笔《蒋介石秘录》第4卷，湖南人民出版社1988年版，第36页。

② 中共南京市委党史办公室等编：《抗战初期的八路军驻南京办事处》，南京大学出版社1987年版，第37页。

③ 《申报》1937年11月21日。

此发表声明、讲话，进一步阐明迁都之举的意义，并作出相应的表示和安排。

蒋介石当天发给各省、市党部和各省、市政府的一份秘密电报中说："国民政府为适应战略统筹全局起见，业于本日率同中央各机关移驻重庆，并经发布宣言，昭示全国，谅已周悉。此项措施，在使中枢不受敌人暴力之威胁，贯彻我全国持久抗战之主旨，以打破日寇速战速决之迷梦。国民政府迁渝以后，不唯我前方抗战军事仍本既定方针，照常进行，绝无牵动；且中枢移驻内地，首脑既致安固，则耳目手足，更能发挥其效用；就整个抗战大计而言，实为进一步展开战略之起点。"他还表示："中正以身许国，必与我全体将士同胞共安危、同生死，竭尽责职，以求得民族光荣之胜利。"[①]蒋介石还于21日发出一份致各战区司令长官、各总司令、各军团长、各军长、师长、旅长的密电，通报国民政府迁都的举措，号召全体官兵，"宜抱破釜沉舟之决心，益坚最后胜利之自信，寸地尺土，誓以血肉相撑持，积日累时，必陷穷寇于覆灭；遵有计划有步骤之策略，作更坚决更勇敢之奋斗。"[②]

行政院副院长孔祥熙于22日在汉口就迁都一事答记者问，表示："敌人逞其暴力，威胁我首都，以为我国即此可以屈服，不知我最大之决心，早经确立。此次国府移驻之举，初非放弃首都，实不过就长期抗战之阶段，对于国民及友邦表现其更坚决之意志，予敌人以警觉而已……我人人抱必死之决心，以其热血与土地凝结为一，纵敌人逞其暴力，如深入我内地，终必为我摧毁。"孔祥熙强调："各地方长官善导民众，各就所业，安心努力，镇定经营，则于长期抗战，裨益尤多。"[③]

军事委员会秘书长张群于24日举行茶会，招待在京中外侨民及外报代表。他说："政府为继续抗战之决心所驱使，迁离南京，但南京仍将为中国之首都。"并表示：在国民政府移驻重庆之后，南京市的民政由市长马超俊办理，治安由他本人负责维持。中国军政当局对于京中法纪的维持，予以极大注意，将竭力保护外人之生命财产。尽其力之所能，消除外人生命财产将受之危险。为了加强与外人的联系，互通信息，将于每晚9时，由当局代表在国际俱乐部会晤外侨与报界人士，讨论大局，答复问题；如有必要，他本人将亲自到场。[④]

四川省政府主席刘湘于国民政府迁渝宣言发表的当天，即致电国民政府主席林森："顷读我政府宣言，知为适应战况，统筹全局长期抗战起见，移置重庆。有此坚决之表示，益昭抗敌之精神，复兴既得根据，胜算终自我操，不特可得国际之同情，抑且

---

①② 秦孝仪主编：《中华民国重要史料初编——对日抗战时期》第2编，第2册，台湾中国国民党中央委员会党史委员会1981年编印，第212—213页。

③ 《申报》1937年11月23日。

④ 《申报》1937年11月25日。

愈励川民之忠爱。"①

事实上,国民政府各机关的西迁,早自10月即已陆续开始,到11月中旬,国防最高会议作出迁都决定后,则进入大规模搬迁阶段。11月20日国民政府发表移驻重庆宣言时,各机关其实已大体迁毕。据中央通讯社于《宣言》发表当日报道:"政府各机关,陆续迁移,今日迨已搬运完毕,各办公处与各工厂所有贵重设备,现皆拆卸净尽。"②八路军驻京代表叶剑英和八路军驻京办事处主任李克农在11月20日写给中共中央的一份报告中,生动地描述了政府机关搬迁的情形:"你什么时候走,已成为见面的寒暄话头。各机关纷纷迁移,马路上只见汽车洋车载满行李往车站码头上跑,下关行李堆积如山,往汉口船票已卖至月底。"③当然,国民政府及所属各机关的突击西迁,不可避免地在社会上和市民中造成了一种紧张、不安的情绪。政府的搬迁,引起了市民更大规模的逃难。11月中旬出版的《时事半月刊》介绍说:"京芜、京沪、京(津)浦几条铁路和长江的轮船,忙得天昏地黑,有的搬到津浦沿线小城市里去住;有的跑苏州、无锡;有的跑芜湖、广德、宣城;有的上扬州、淮阴。更有的跑远些上广东,到湖南,去四川。"④

11月22日,林森所乘的"永绥"舰在经过五个昼夜的航行之后,抵达长江的咽喉之地宜昌。自宜昌往上,长江一下变窄了许多,不似下游之开阔浩渺。考虑到前方川江水落,军舰不能通过,于是,林森等在宜昌换乘民生公司设备条件较好的"民风"轮,于23日清晨启锚西上,至26日抵达重庆。

随林森迁四川的国民政府文官、参军、主计三处职员,先后于29日、30日乘"民政"、"民贵"轮抵重庆。30日这一天,国民党中央执行委员会秘书长叶楚伧、中央监察委员会秘书长王子庄及执行委员吴稚晖、丁惟汾、钮永建等抵达重庆。

12月1日,国民政府在重庆简陋的新址正式开始办公。新址设于曾家岩原重庆高级工科中学内。重庆市政府工务科在得悉国民政府决迁重庆之令后,便紧急组织力量,昼夜赶工,于11月25日改建完成。这一天,行政院通电知照各单位已迁渝办公。

一周后,国民党中央党部于12月7日正式在范庄举行迁渝后的首次执监委联席会议,并开始正式办公。

以林森抵达重庆为代表的国民政府迁渝,在一定程度上具有某种象征意义。因为此时国民政府与国民党的党、政、军机构,多数已迁至武汉以及长沙等地。在武汉

---

①② 《申报》1937年11月21日。

③ 中共南京市委党史工作办公室等编:《抗战初期的八路军驻南京办事处》,南京大学出版社1987年版,第39页。

④ 《我们钢铁般的国都》,《时事半月刊》,第一卷 第三期。

失陷前，中国战时的指挥中心并不在重庆，而是在武汉。

由长江这一纽带串联着的三大城市南京、武汉、重庆，此刻都在一定意义上发挥着首都的作用，代表着国家和政府。这是中国抗战初期特有的奇特现象。

二　工业内迁

江苏是中国近代民族工业集中的地区。自"七七事变"爆发后，日本侵华战争的迅速扩大，已是必然趋势。为了挽救中国的民族工业，使工厂免遭战火破坏与日本侵略者的劫掠，江苏民族工业界积极响应上海实业界人士的倡议，要求政府协助各工厂迁徙远离战火的内地。

迫于形势，国民政府行政院于 1937 年 8 月 10 日第 324 次会议作出决议，通过了资源委员会提出的关于上海工厂内迁的议案，责令资源委员会会同财政部、军政部、实业部共同组织工厂迁移监督委员会，以资源委员会为主办机关，资源委员会专员林继庸为主任委员，主要负责上海工厂的内迁。此后，国民政府又设立了工矿调整委员会，任命行政院秘书长翁文灏为主任委员，负责全国各地工厂的内迁。根据其拟定的《厂矿迁移工作大纲》规定：工矿调整委员会下设厂矿迁移审查委员会，由军事委员会第三部专审国防工业厂矿之迁移，第四部则审查国防工业以外民生必需工业之迁移；厂矿迁移审查委员会之职权，为决定该次补助迁移费的总数与分配方法，以及将来融通的金额。迁移的厂矿范围为："迁移工厂除自动者外，尚有国策必须强制迁移之矿厂"，具体为："(1) 国防上即可利用者。(2) 现在民生必需者。(3) 不属以上两种而可藉培植工业中心者。(4) 保全资源免资敌用者。其优先次序按以上顺序为准。"迁移的手续，以利用既有之机关为宜，苏浙区域的工厂迁移，即可在已有上海工厂迁移监督委员会的基础上，充实人员，加以利用。①

在淞沪会战紧张进行，上海工厂纷纷内迁或准备内迁的形势下，与上海毗邻的江苏各工厂也预见到局势的严重和内迁之势在必行，不断向国民政府提出按照上海迁厂办法给予补贴的要求。10 月 13 日，有固定资本 5 万元、流动资金 10 万元、占地 6 亩的武进万盛铁工厂经理万祥耀，致资源委员会呈文称，该厂"专门制造冷进引擎抽水机器、油米厂机器、纱布厂机器，闸坝工程、排水工程以及各种机器，现有存货(已成件及未成件)计值 10 万余元，制造军需甚为合适，但厂址接近战区，危险堪虞，为特具文呈请钧会赐予鉴核，伏乞准予按照上海迁厂办法津贴协助迁移，实为德便。"10 月 19 日，资源委员会在此呈文上批示："查上海迁移工厂补助办法，仅适用于上海一部

① 中国第二历史档案馆编：《抗战时期工厂内迁史料选辑(一)》，《民国档案》1987 年第 2 期。

分工厂，现已截止登记。至内地厂家迁移办法，政府已在筹划之中，仰候有通行办法，再为呈请核夺。”①

11月1日，军事委员会第四部与工矿调整委员会派员，与江苏省政府主席陈果夫及主管人员，就有关苏省工厂内迁的方针、重点及经费等问题进行了商谈。其要点为：(1) 方针：“迁移各业工厂，应先视较其工厂之性质，分别规定办法，凡认为应即迁移一部分厂家之工业宜择其设备较新且较精者先令迁移。”(2) 重点：“纺织业应先注重纱厂，但不必全部迁移。”“布厂只迁力织铁机部分。”纺织业、针织业、面粉业、造纸业工厂可择其设备较新且较精、规模较大者内迁；火柴业、榨油业可不必迁移。(3) 迁移地点：纺织厂以湖北襄阳(老河口)、沙市、宜昌，湖南长沙、常德、岳阳，江西樟树、宜春，陕西西安等处为宜；纱厂可配置于皖南、川北；针织厂宜迁武汉；造纸厂迁江西、湖南；锡、常一带的机器厂可选择在武汉以外较有需要的城市；江南及上海附近的小规模厂家，应指导迁往江北安全地带；迁移地点需避免集中于武汉一地。(4) 迁厂补助费：“应就工厂种类及地点远近妥为规定，不宜过宽，但须早日呈请委员长核定一巨数，由财政部拨交工矿调整会妥为支配。”商谈中还拟定了28家迁厂名单，包括：纺织业的无锡申新三厂(先迁动力设备及扩充之纱布机)、庆丰纺织染厂(先迁第二厂)、丽新纺织染厂(先迁纺织部分)、广勤纺织厂(先迁一部分较新机器)、豫康纺织厂(先迁一部分较新机器)、协新毛织厂、赓豫毛织厂，武进大成纺织染厂(先迁第二厂)、民丰染织厂(先迁动力设备及较新之一部分机器)、南通大生纺织公司第一厂及副厂(先迁移一部分)、启东大生纺织公司第二厂、江阴利用纺织厂、太仓利泰纺织厂、吴县苏纶纺织厂、美纶织造厂(先迁纱罩及宽紧带部分)；针织业的无锡中华针织厂；缫丝业的无锡华新缫丝厂、永泰缫丝厂；造纸业的无锡利用造纸厂、吴县华盛造纸厂；机器制造业的无锡公益铁工厂、公艺机器厂、广勤机器厂、震旦机器厂，武进万盛机器厂、厚生机器厂。②

由于淞沪战事的急转直下，江苏地区的工厂内迁计划，多数未及实施，只有少数对国防有直接影响的军事工厂和一些动手较早的民用工厂，实现了部分搬迁。

时为行政院直辖市、国民政府所在地的南京，拥有一批大中型的军事、化工、水泥及机器、轻工工厂。在这些工厂中，金陵兵工厂和永利铔厂进行了全部和部分的内迁。

金陵兵工厂自1928年由原金陵机器制造局改建以来，成功进行了扩建，至1937年时，已达年产马克沁重机枪626挺、八二迫击炮440门、八二迫击炮弹35万发的能

①② 中国第二历史档案馆编：《抗战时期工厂内迁史料选辑(三)》，《民国档案》1987年第4期。

力，员工也已增加到4000余人。[①] 为了保存与加强中国军事制造能力，该厂于1937年11月16日，接奉军政部关于全厂西迁重庆的命令，历时半月，将机枪、迫击炮制造工具，发电设备等4300吨机械材料，于当月底基本拆装完毕，撤离南京，经汉口西运。各船队于1938年一二月间先后抵渝，并购得江北簸箕石原蜀丝厂厂址、租得燮和火柴厂厂址，加以整修改建，因陋就简，建起简易厂房，安装好1000余台机器，于3月1日部分恢复生产，并根据兵工署命令，改称兵工署第二十一兵工厂。原金陵厂厂长李承干继续担任第二十一厂厂长。李承干的口号是："开工第一！出货第一！"他说："我不赞成等山洞开好、机器进洞再开工的办法，我们的抗战不能等呀。我主张事先要有重建的准备，敌人把我们炸了，我们再盖新的，只要我们的人不死，我们总会有办法来复工。"[②]全厂员工爱国心切，复工以后，每日工作均在12小时以上，除完成正常生产任务外，还加工赶制出一批"爱国"号马克沁高射机关枪和八二迫击炮。[③]第二十一兵工厂迅速成为大后方军工生产的主要骨干企业，得到最高军事当局的重视。之后，又陆续接收了汉阳兵工厂的步枪厂，以及第二十兵工厂和第四十兵工厂的轻机枪厂，先后建立专门生产枪炮弹的綦江分厂，专门生产八二迫击炮弹的安宁(云南)分厂。到抗战胜利前夕，该厂本部已有工人近万人，连同各分厂共达1.4万余人，拥有机器设备3500台，主要产品达19种，八二迫击炮弹最高月产量达8万发、最高年产量达56万余发，成为战时中国最大的兵工厂。

南京永利硫酸铔厂为民族实业家范旭东创办，设在江北卸甲甸(今南京市六合区)，在民族危机深重的年代里，历经3年时间，于1937年2月刚刚建成投产，其生产能力可达日产硫酸铔250吨、硝酸40吨，产品主要为国防与农业服务。该厂设备先进，号称"远东第一"。"八一三事变"发生后，该厂受兵工署委托，以硝酸改制炸药，为中国抗战战事所亟需。正因如此，永利硫酸铔厂成为日军飞机空袭的重要目标。在淞沪会战期间，日机曾三次空袭该厂，致其遭到严重破坏。12月初，在日军兵锋直指南京的危急情况下，工厂厂长兼总工程师侯德榜利用太古公司"黄埔"号轮船驶来南京的机会，将铁工部的全部机件及其他一小部分机件装船西运，计有大小机器500余台、电焊机9台、生铁80吨、铁皮18吨、铁板20吨及硫酸铔成品一批，总计200余吨。[④] 此后，永利化学工业有限公司总经理范旭东，又趁武汉"黄埔"号轮船最后一次东下的机会，派出9名技术人员，率领部分工人，准备再拆迁一部分重要部件，不能拆运的则予以技术上的破坏；运不出去的图纸、文件、资料等，亦一概付之一炬。但是，

---

①③　赵志中：《金陵兵工厂——第六十兵工厂》，《江苏文史资料》第28辑，1988年版。

②　戚厚杰：《抗战时期兵器工业的内迁及在西南地区的发展》，《民国档案》2003年第1期。

④　苏智良等编著：《去大后方——中国抗战内迁实录》，上海人民出版社2005年版，第109页。

当轮船下行至南京城外三汊河口时，南京城已经失陷，永利硫酸铔厂亦同时被日军占领，此行的目的未能实现。这部分技术人员和工人，只好由陆路徒步经合肥、六安而至麻城，由公司派汽车接返汉口。范旭东原拟以撤出的部分技术人员、工人，以及机器设备为基础，在大后方再建永利铔川厂，曾将从南京撤出的一套唯一的造水泥机器变卖，作为公司运作的开支，为聚拢人才、开办新厂而努力。但后来终因资金筹措困难，难圆新建川厂之梦。

常州的棉纺织业，在中国近代经济史上占有重要地位。由民族实业家刘国钧创办的常州大成纺织染股份有限公司，在30年代中期，已经分别在常州拥有大成一厂、二厂、三厂，在汉口拥有大成四厂的大部分股份。1937年9月，淞沪会战的战火波及常州，在日机的狂轰滥炸中，大成二厂几乎全毁。刘国钧立即安排，将大成一厂的存棉生产完毕，尽快售出成品，换取资金。刚刚安装好设备，尚未开工的大成三厂，自10月中旬起，分两批拆迁机件，先驳运至镇江，再改由民生公司从镇江转运至汉口，并入大成四厂。其中，第一批运载从常州厚生机器厂订购的250台布机，安全到汉，在大成四厂安装生产；第二批运载部分由瑞士进口的纱锭，因途中遭日机轰炸，经辗转苏北再至汉口时，已残缺不全，不能使用。1938年夏，由于武汉战事日紧，刘国钧将并入三厂部分机件设备的大成四厂，提前结束与合股厂的合作关系，携部分资金与纱机，复迁重庆，后与其他厂合作，建成大明布厂，拥有纱锭5000枚、织布机250台，继续生产经营。

荣氏企业在江南一带历来享有盛誉。但是在工厂内迁问题上，由于该类企业多为轻工业，不属国民政府规定重点内迁的范围，加之荣宗敬、荣德生兄弟对战局估计上的失误，以致造成了严重的损失。按照荣氏兄弟的分工，无锡申新第三纱厂的经营和内迁，由荣德生负责。荣德生指挥申新三厂分两批拆迁，于9月迁出第一批纱机3部和新布机200台，10月迁出第二批布机40台及部分棉花、棉纱、棉布。这两批设备、物资运至镇江后，均遭镇江海关的刁难，坚持要见到资源委员会开具的内迁证明后才予放行。与此同时，停泊在镇江的船只、物资，又不断遭到日机的轰炸。几经周折，这些设备与物资，散落到无锡近郊及苏北各地，最终多被侵占的日军劫走。在荣氏江苏企业的内迁过程中，只有无锡公益铁工厂取得了部分成功。该厂为荣氏集团用以加工面粉、纺织机械零部件的机器厂，有各种车、刨、钻床100余台。抗战开始后，公益厂被用于生产手榴弹、地雷等军工产品。11月中旬，上海沦陷后，该厂仓促内迁，将70余吨轻型机器拆卸后，装船西运，途中复遭日机轰炸，不少物资散落于苏北各地，最终到达重庆的，只有一小部分工作母机、几十名工人及技术人员。其未能运出者,除大型机器外,还有生铁450余吨、钢条320余吨、紫黄铜元50余吨。[①] 1938年6月,该厂在重庆菜园坝租地建厂,定名复兴铁工厂。复兴厂开始以生产手榴弹、地雷等军工产品为主,嗣后又迁至江北黑石子,发展为颇有名气的公益纺织面粉机器厂。

在当时工厂内迁的过程中,还有一些零星小厂,由于人员与设备不多,只要有适当的人事关系,能解决运输问题,搬迁便可以实现。无锡合众铁工厂的内迁便是一例。该厂厂长谈家骏,聘有3名技工、6名学徒。他们连人(含家属)带设备共装了6辆卡车,由南京机械化学校与南京方山战车营营部工厂的有关人员带领,先从漕桥转常州,经金坛、句容到南京,再从南京汉中门转三汊河上木船,以轮船拖带,溯长江而上,至岳阳上岸,再经长沙到湘潭金凤庙,建厂生产,后又先后转至广西全州五里牌、龙岩洞,以生产汽车零件和部分兵器为主,取名"陆军第五军修造厂"。1940年以后,原合众铁工厂的人员、设备,逐渐脱离第五军修造厂,先后在衡阳建成立达机器厂,生产造纸机械及龙门刨、牛头刨等机床;在桂林、重庆建循规机器厂,生产汽车活塞环等零配件。

在江苏工厂内迁的同时,也有部分工厂,由于种种原因,不及或不能内迁,只好向东迁到上海的外国租界中。如:无锡庆丰纺织漂染整理厂于"七七事变"后,共搬迁6120枚纱锭至上海租界,创办了保丰纱厂,又称庆丰二厂;常州大成纺织染公司有新从国外进口的2万枚纱锭与几百台布机,暂存上海,或由常州再返运上海,以英商"安达纱厂"的名义挂牌开业。据统计,常州小染织厂迁沪的厂家有8家之多,占常州染织厂总数的30%左右。[②]

江苏地区工厂的内迁,虽然数量不多,但意义重大。这些内迁的工厂,为中国民族工业保存了基础,避免了日本侵略者的劫掠和利用,同时,也为大后方的工业建设、夺取持久抗战的胜利,作出了贡献。

三 文教机构内迁

人文荟萃是江苏地区的重要历史文化特色。在抗日战火燃及江南大地的情况下,江苏地区的学校、文化机构,面临着繁重的内迁任务。各高等学校是教育机构内迁的重点。

四所设于南京的国立大学均先后内迁。

---

① 《申总函稿汇登》,无锡申新三厂收藏史料。

② 孙宅巍等主编:《江苏近代民族工业史》,南京师范大学出版社1999年版,第335页。

国立中央大学是内迁最迅速、最完整的学校。至抗战全面爆发前,该校已设有文、法、教育、理、工、农、医7个学院、34个系科,校长为罗家伦。1937年10月,在罗家伦主持下,中大7个学院的1500余名学生、1000名教职员工及家属,总共4000人,随携图书、仪器共1900余箱,西迁入川,最后一批学生于11月中旬抵达重庆。新校址设于重庆沙坪坝松林坡,12月1日正式开学。另有医学院及农学院畜牧兽医系,借用成都华西大学校舍开课,后因中大学生骤增,又在离沙坪坝25里的柏溪建立分校,作为一年级之校舍。

中央政治学校乃为国民党培养"新政治人才"的专门学校,由蒋介石亲兼校长,1937年时共设大学、研究2部,地政、计政、合作3学院,以及蒙藏、边疆2学校。"七七事变"后,该校首迁江西庐山,复迁湖南芷江,1938年再迁重庆。

国立药学专科学校于1936年刚筹建,校长孟目的,以丁家桥中央大学农学院园艺场为校址。"七七事变"发生时,学校建筑工程尚未竣工,即行西迁汉口,并在汉口续招新生一次。12月,迁重庆,暂借四川教育学院校舍上课,后在歌乐山购民田40亩,自建校舍。

国立戏剧学校创立于1935年10月,校长余上沅。全面抗战爆发后,该校始迁长沙,复转重庆,1939年再迁四川安县,1940年更名国立戏剧专科学校。

五所分设于无锡、苏州、镇江的省立大学也先后内迁。

江苏省立教育学院于1930年由民众教育学院与劳农学院合并成立,院长高阳。1937年11月上海失陷后,日军兵锋直指苏南,该校被迫西迁,辗转汉口、长沙,最终到达桂林,在七星岩建校舍复课,1941年因经费困难,被迫停办。

江苏省立苏州工业专科学校创办于1912年,至1937年时,设有染织、机械、土木三科,校长邓邦逖。淞沪会战期间,该校决定内迁,但刚迁至常州,常州即随苏州之后沦陷,其师生员工被迫退至常州乡间埠头镇暂避。1938年下半年迁至上海租界复课。1941年日军进占上海租界后,学校在失去经费来源的艰难情况下,仍以"工业补习社"名义继续坚持办学。1942年后,纳入私立上海纺织工业学校。

江苏省立蚕丝专科学校于1937年上半年刚刚建成,校舍在浒墅关,校长郑辟疆。1938年迁至四川乐山,与江苏省高级蚕丝职业学校合办;曾短期在上海设立分校,不久,分校停办。

江苏省立医政学院于1934年9月成立于镇江,由江苏省政府主席陈果夫兼任院长。1937年11月,学院西迁湖南沅陵,西迁后,陈果夫不再兼任院长,而由原教务长彭定安继任。1938年8月,与南通学院医科合并,更名为国立江苏医学院。同年12月迁贵阳,次年4月再迁重庆北碚。

江苏省立银行专科学校由江苏银行与江苏农民银行奉江苏省政府命令于1937年上半年联合创办，校址设镇江。建校不久，全面抗战爆发，遂西迁湖南桃源，再迁乾城所里，更名江苏省商业专科学校，1939年改为国立商业专科学校，旋又改为国立商学院。[①]

其他六所分设于南京、无锡、苏州、南通的私立大学同样先后内迁。

私立金陵大学，是一所历史悠久、国内著名的教会学校，由美国基督教各教会共同创办于南京，1937年时已设有文、理、农三学院，史学、化学、农业经济学三学部及中国文化研究所，校长陈裕光。淞沪会战结束后，日军挥师西进，局势险恶，金大匆忙于11月25日、29日及12月3日，分批西迁，共携图书仪器400余箱，约125吨及随行员生300余人，历时近3月，经汉口、宜昌、万县、重庆而达成都华西坝，于1938年3月1日正式开学，时有教职员145人、学生387人。理学院的一部分借用重庆上清寺求精中学校舍上课。[②]

私立金陵女子文理学院为民国初年由北美多家教会联合创办，1937年时，由留美博士吴贻芳女士为校长，分设文、理2学院，共有10个科系。"八一三"淞沪会战爆发后，吴贻芳校长决定，将全院分设武昌、上海、成都三个办学中心，分区施教。9月中旬起，始由龙冠海、陈品芝博士先后率社会学、生物学等系科学生去武昌的华中大学办学。10月初起，在蔡路德、克馥兰等教师的带领下，另一部分学生来到上海韦尔路999号的上海分校临时总部报到上课。随着抗战形势的发展，以及学校人力、财力的限制，先后于1938年1月和3月，武昌教区和上海分校分别结束教务，统一集中去成都办学。

私立东吴大学由美国监理公会于清光绪年间在苏州创办，1937年时校长为杨永清，设有文、理、法律三学院，共有学生500名。在淞沪战火蔓延的情况下，其文、理学院始迁湖州，辗转去湖南长沙与安徽黟县，1938年初再迁上海租界，1941年后迁转广东曲江仙女庙，而终至重庆。其法律学院则辗转至福建邵武、四川重庆等地，在极其艰苦的条件下，与其他多所高校在重庆联合组建法商工学院，学生由近百人增加至400人。

私立苏州美术专科学校由画家颜文樑等人创办，颜任校长。1937年11月中旬苏州沦陷后，该校由颜校长亲率40余名学生，东迁上海开办沪校。1941年冬上海租界被日军占领后，美专沪校改称画室，继续坚持办学。

---

① 江苏省教育志编委会：《江苏高校变迁》，1988年内部发行，第159页。

② 孟国祥：《大劫难：日本侵华对中国文化的破坏》，中国社会科学出版社2005年版，第128页。

私立无锡国学专修学校于1920年冬初创,由前清署理工商部尚书、南洋大学校长唐文治主持创办,并任校长。1937年11月,该校由无锡内迁长沙,1938年2月再迁桂林,1944年9月以后,先后辗转广西蒙山、金秀瑶区及北流山围一带;1939年2月,复于上海租界设立分校。

私立南通学院于民初由民族实业家张謇创办,1930年改称现名,并设农、医、纺织三科。抗战全面爆发后,其农科、纺织科迁至上海,医科西迁湖南沅陵,1938年8月与省立江苏医政学院合并,更名为国立江苏医学院,后又先后迁校至贵阳与重庆北碚。

江苏地区各内迁高校的师生员工,发扬抗战精神,在战火中克服重重困难,于新址因陋就简办学,为国家和民族保存了教育精英,不断培养与造就各方面人才,并增强了中国西南地区高等教育的力量。这对江苏乃至全国日后教育的振兴、经济和文化事业的发展,都有着重要意义。

与此同时,江苏地区的一些中学,也实行了内迁。首先,一些大学附中,随主管大学一道内迁。如中大附中迁至贵阳,金大附中迁至靠近重庆的万县,东吴大学中学部先后迁至浙江南浔、安徽黟县和上海。其次,一些职业中学在内迁中与专科学校合并,或升格为专科学校。如设于苏州的江苏省高级蚕丝职业学校与江苏省立蚕丝专科学校一道内迁四川乐山;设于丹阳的艺术类正则女校于丹阳沦陷后,迁往四川璧山,更名私立江苏省正则职业学校蜀校,1942年6月复经教育部批准,升格为私立正则艺术专科学校。再次,少数普通中学也进行了内迁。如南京市立钟南中学内迁入川,南京私立东方中学于1937年冬经苏皖豫鄂辗转迁至重庆。据1938年底统计,江苏省共有3所中学迁至外省,[①]由江苏省部分省立迁川中学在合川成立了国立第二中学。[②] 这些中学的内迁,为保存和培养国家建设的后备人才同样作出了积极的贡献。

四 学术研究机构内迁

建立于1928年,由著名教育家蔡元培任院长的国立中央研究院,是民国时期全国最高的科学、学术研究机构。其总办事处设于南京成贤街57号法制局旧址和58号民房内。至1937年上半年,全院共设有10个研究所,其中,物理、化学、工程三所在沪,地质、天文、气象、历史语言、心理、社会科学、动植物七所在京。1937年7月,抗

---

① 孟国祥:《大劫难:日本侵华对中国文化的破坏》,中国社会科学出版社2005年版,第192页。

② 斯大等著:《1937—1938年南京政府大撤退》,团结出版社1998年版,第260页。

日战争全面爆发，8月，上海战事爆发，日军并有西进攻略南京之势。11月，中央研究院奉命西迁。其在京机构辗转迁移情况如下：

总办事处：1937年11月由南京迁到长沙圣经书院，1938年2月迁到重庆，先后设址于曾家岩隐庐、上清市聚兴村8号、牛角沱生生花园内，1944年春，迁至国府路337号中央研究院新址。

地质研究所：由京迁湘，转桂林、三江，复移桂林，1944年6月由桂林疏散，经贵阳，11月抵重庆。

天文研究所：1937年8月下旬，即分批迁抵湘省南岳，12月8日由南岳迁广西桂林，1938年4月18日离桂林，25日抵云南昆明。

气象研究所：1937年9月初由京迁汉口；12月底分批由汉迁渝，1938年1月底全部抵达。初在通远门兴隆街设办事处，2月转曾家岩隐庐，1939年5月迁北碚。

历史语言研究所：由京经湘至昆明，1941年复迁南溪县李庄。

心理研究所：1937年8月由京至长沙；10月迁衡山南岳圣经学校，12月底由南岳经桂林迁阳朔，1938年12月又经柳州至三江县云丹洲乡，1940年12月复迁桂林；1944年6月由桂林疏散，经贵阳，11月迁抵重庆北碚。

社会科学研究所：自京经湘，转阳朔；复迁昆明，1941年再迁南溪李庄。

动植物研究所：由京经湘，转阳朔，1940年12月转重庆北碚。

由南京内迁的中央研究院各机构，占了全院机构的绝大部分。这一具有战略意义的举措，为国家基本完整地保存了这些多学科的全国最高学术机构及其人员和重要的资料、仪器、设备。这对于推进科学、教育、文化事业的发展，加速国家现代化的进程，夺取抗战胜利，都有着深远的意义。

五　文物、图书及相关机构的内迁

在抗日战争的硝烟中，最为瞩目并带有神秘色彩的文物及其机构的大迁移，当属北平故宫博物院及其收藏文物的内迁。故宫博物院在地理上本与江苏地区并无联系，但由于其中近半数的文物，乃先保存于南京，再由南京经水、陆两路西迁，并成立了故宫博物院南京分院，因此其内迁的行动，便与江苏、南京有了不可分割的关系。

1931年"九一八事变"后，日本侵略者迅速侵占东北，并觊觎华北。国民政府为了不使国宝落入日本侵略者手中，制定了周密的南迁故宫及北平文化珍宝的计划。自1933年2月6日至5月15日，在故宫博物院马衡院长的精心组织下，分5批将该项文物南运上海、南京，其中计有故宫博物院13491箱、古物陈列所5415箱、颐和园

640箱、国子监11箱，共装有秦朝以来的书法、绘画作品6411幅，商代青铜器4402件、玉器3894件，南宋瓷器23780件等24万多件珍贵国宝。[①] 其中古物、图书暂存上海租界，档案暂存南京行政院大礼堂。后经故宫博物院常务理事会决定，将南京朝天宫作为设立南京分院及建筑文物仓库的地点，这一工程于1936年8月竣工后，暂存上海的文物珍宝便陆续运存南京朝天宫的新建库房中。

1937年"七七事变"爆发、平津相继失陷后，故宫博物院决定将暂存京沪地区的文物分水、陆两路运往西南大后方。除存上海文物9331箱取中路，沿长江经汉口、宜宾而分藏乐山、峨眉外，原存南京朝天宫新建库房的文物分南北两路西运入川。南路运出者，以1936年曾赴英国伦敦参展的精美文物为主，分装为80铁皮箱，于1937年8月由招商局"建国"轮运抵汉口，再以车送长沙、贵阳，1938年冬迁至安顺华严洞，并成立故宫博物院安顺办事处。北路运出者，计有故宫及古物陈列所、颐和园、国子监等处文物7288箱，于同年11月以火车输送，从南京经津浦、陇海路运抵宝鸡，1938年5月再以卡车经汉中、秦岭，往返承运，历时10月才全部运抵成都，1939年7月，复运峨眉，并成立故宫博物院峨眉办事处。

位于南京中山门内的中央博物院筹备处，系于1933年由蔡元培倡议设立，1936年成立理事会，由蔡元培任理事长，并将北平历史博物馆并入。该院以原内政部所属古物陈列所收藏的清内府文物为基本藏品。在文物内迁中，筹备处暨馆藏珍品亦随故宫文物一并西迁至重庆。1939年6月，因重庆屡遭日机空袭，遂分三批迁往昆明，小部存四川乐山。1940年8月，日机轰炸昆明，中央博物院筹备处及其存昆文物，复迁四川南溪李庄。1942年至1943年间，该院还会同中央研究院史语所、地理所、动植物所，共同组成"西北史地考察团"，赴甘、宁、青一带进行科学考察。

江苏地区文物机构所藏文物以及中转文物的内迁，是保存中国历史文化精华的重要举措，从一个侧面，也充分体现了文物战线仁人志士顽强不屈的民族精神。在战火中，历尽千辛万苦，保存下来的文物及其专门人才，是一笔无法用金钱估量的宝贵民族财富。

此外，设于南京的两家著名的公共图书馆——中央图书馆和国学图书馆，也进行了部分的搬迁。

中央图书馆筹建于1933年，至1937年时已有藏书15万册。1937年11月18日奉命西迁，20日携重要图书130箱约1万余册离南京赴武汉，12月15日再雇民船至岳阳，后转宜昌，1938年2月1日抵重庆，假川东师范大礼堂办公，1939年3月，因重

① 孟国祥：《大劫难：日本侵华对中国文化的破坏》，中国社会科学出版社2005年版，第87页。

庆频遭敌机轰炸，奉命疏散至白沙，1941 年 2 月 1 日，重庆两浮支路新馆建成，正式对外开放。[①] 位于南京清凉山麓龙蟠里的国学图书馆，初建于清道光年间，至 1937 年已有藏书 24 万余册。日机空袭南京后，该馆在将一部分图书珍品藏于朝天宫地库的同时，复将一部分丛书及地方志 3 万余册，船运至苏北兴化收藏，后兴化藏书大部分为日军焚毁、劫掠，一部散失。[②] 中央图书馆的西迁与国学图书馆对图书的努力迁藏，为保存南京及国内的图书精华，尽了最大的努力。但是，两馆的大部分图书均遭日军焚毁、劫掠，或在战乱中散失，此乃中华文化的重大损失，也是日本侵略者对中国人民欠下的无法弥补的文化孽债。

六　苏南各地沦陷

自 1937 年"八一三"开始的淞沪抗战中，中国方面动用了 70 万大军，与 20 余万装备精良的日军鏖战三月，终因敌我力量对比悬殊，以及中国军事当局指挥失当而失败。11 月 12 日，上海失陷。

上海的失陷，标志着淞沪会战的结束，同时又预示着日军大举西进，直扑南京的开始。因为早在当年 8 月，松井石根被任命为日军上海派遣军司令官时，便曾狂妄宣称："别无它途，只有拿下南京，打垮蒋介石政权，这就是我必须完成的使命。"[③]在日军进军南京的行动中，苏南地区首当其冲。

时属江苏省管辖的淞沪地区各县，多于上海沦陷前后相继失陷。其中，宝山县境的战事发生较早，双方争夺激烈，于 9 月 5 日县城失陷。11 月 5 日，日军第十军于杭州湾金山卫成功登陆，同日占金山县城。在中国军队已决定自淞沪战场撤退的情况下，日军于 8 日占南汇，10 日占川沙，11 日陷青浦；奉贤、嘉定二县则与上海同于 12 日陷落，一周后，松江县城于 19 日被占。

日军的野蛮暴行，首先在上海周围的县城不断发生。到处是焚烧后的断垣残壁，尸横遍野。在被占淞沪各县中，受害最为严重者，当数金山、宝山两县。日军于金山卫登陆后，一路烧杀淫掠，仅金山卫山阳一带，就有 351 名无辜农民被杀害，被烧房屋达 4177 间，被烧水稻及棉花达 5300 余亩；据对金山县 19 个乡镇的统计，共有 2933 人被杀，26418 间房屋被毁。[④] 在日军于川沙登陆后的 100 天内，仅宝山罗泾乡一地，即有 2244 人被杀害，占乡民总数的 80%；月浦沿江一带被杀无辜百姓 2782 人，其中

---

① 刘建业等主编：《迁都重庆的国民政府》，北京出版社 1994 年版，第 297 页。

② 孟国祥：《大劫难：日本侵华对中国文化的破坏》，中国社会科学出版社 2005 年版，第 22 页。

③ [美]戴维・贝尔加米尼：《日本天皇的阴谋》上册，商务印书馆 1984 年版，第 54 页。

④ 近代史资料编辑部等编：《日军侵华暴行录》(三)，北京出版社 1997 年版，第 13—20 页、34—35 页。

男性1622人,女性1160人。宝山全县在淞沪会战期间被日军残杀平民总数达11233人,其中有老人4706人、小孩2580人。①

日军以上海和太湖以东为最初的出发地,经过苏州、嘉兴一线的短期集结,分作三路,攻向南京。右翼:上海派遣军所属之第九、第十六,以及第三、第十一、第十三师团,沿京沪线及其两侧的公路,从东北方向,向南京进击。中路:第十军所属之第六、第一一四师团,从太湖以南地区出发,绕经太湖背面,沿京杭国道及其附近公路,与右翼平行前进,从正面攻击南京。左翼:第十军所属之第十八师团和国崎支队,沿太湖南岸一直向西,占领芜湖,切断长江航道,并派出一部渡江,沿江北岸直趋浦口,完成从江北对南京城的包围。

在中国方面的军事布局上,苏南被划入第三战区的作战范围。自1937年10月起,战区司令长官由军事委员会委员长蒋介石亲自兼任。中国军事当局为拱卫首都南京的安全,用了两年多时间,在苏南地区构筑了吴福、锡澄两道国防线。吴福线北起长江边的福山,中经常熟、苏州,沿太湖东岸向南直至吴江;锡澄线北起江阴要塞,向南直至无锡。但是,由于中国军队自上海撤退过于仓促,对国防线工事的管理又不到位,因此这两道国防线,并没有发挥多大的阻遏作用,就被日军突破。

11月13日,从大连南调的日军第十六师团与吴淞地区的重藤支队,同时从福山东南面的白茆口登陆,一部分向福山攻击前进,另一部分则向西直击常熟。15日,中方第九十八师部队在三里桥阵地,奋战3小时,击毁敌战车2辆,迫敌循原路退回。次日,该部又集中了二三百名步兵、配以18辆战车向敌军反扑,激战半日,再次将日军击退。17日,守卫福山的独立第三十四旅之第七〇二团,以轻重机枪猛烈阻击,将试图以橡皮船从福山强行登陆的日海军一股击退,打死10余人,伤二三十人。同日,在常熟以北的徐家桥发生了更加激烈的战斗。阵地多次失而复得,双方进行了极其残酷的拉锯战。守军第四十八军特务营长夏演生、第一七六师代理团长蔡朝锟、第一七一师团长徐志恒等先后牺牲在阵地上。经终日激战,日军在付出重大伤亡后,才占领徐家桥及常熟周围的李家桥与虞山等地。19日,中方第十五集团军曾组织力量,反攻虞山,敌我伤亡均重,但终因日军炮火太猛,未能得手。与此同时,南线日军第十一师团于14日占领太仓,第九师团于15日占领昆山,并从17日起,将苏州至昆山间的各主要阵地突破。至此,吴福线已经很难坚守。第三战区左翼军总司令薛岳于19日发出自吴福线撤退的命令,苏州、常熟遂于当日失陷。

日军在向吴福线攻击前进时,不断对平民施以野蛮暴行。仅白茆口附近的吴市

---

① 近代史资料编辑部等编:《日军侵华暴行录》(三),北京出版社1997年版,第13—20页、34—35页。

一带，即有居民 571 人被杀，374 名妇女被奸，3800 余间房屋被烧毁，总计在日军进军常熟过程中，沿途各乡镇共有 3000 余名平民被杀、3 万余间房屋被烧。日军攻入县城后，又杀害无辜百姓 1500 余人，烧毁全城三分之一的房屋。仅在南门附近，即将搬运食盐的市民用机枪扫射，枪杀 300 多人，致死尸遍地，血流成河。古城苏州失陷后，城郊遭到血腥屠杀，城内大火燃烧了三天三夜，计有 6774 人被杀，其中城区为 3738 人。据吴县知事公署统计，该县 13 个乡镇共有 7927 间房屋被烧毁、破坏。①

日军于攻破吴福线后，立即以第九、第十一和第十六师团向锡澄线攻击前进。中国军队在转进锡澄线的过程中，与正面追击的日军多次发生激烈战斗。11 月 23 日至 25 日间，守军第一六〇师在祝塘、璜塘、石塘一线，与步炮协同的 1000 余日军对峙，沉着应战，"俟敌进至最近距离，即以机枪猛烈射击、毙敌甚多"。② 25 日，向无锡城进攻的日军部队，遭独立第三十四旅、第一师部队顽强抵抗。独立第三十四旅官兵以手榴弹炸毁敌坦克 3 辆，连长牟恩光在攻击敌坦克时阵亡；第一师部队官兵在轻机枪掩护下，派出敢死队，各携手榴弹 10 余枚，又将敌坦克炸毁 4 辆。26 日，中国守军在锡澄线进行了最后的抵抗之后，决定在坚守江阴据点的同时，放弃锡澄线，主力一部向常州、一部向皖赣边境撤退。27 日，京沪线上重要的工业城市无锡陷落。攻占无锡的日军各师团，复分别沿京沪铁路、江南大运河、太湖及太湖北岸公路追击中国军队，29 日陷常州。与此同时，集结在长兴、湖州一带的日军第十军之第一一四师团，于 28 日占领宜兴。

日军攻陷无锡后，大规模纵火焚烧城区，大火燃烧七昼夜，同时大量屠杀无辜平民。据统计，日军在占领无锡最初的两三天，从间口桥到吴桥，被杀的平民尸体即达 2000 余具，加上沿途屠杀，后来经无锡县伪自治会组织卫生队收埋的尸体达万具以上。在从无锡攻向常州的途中，日军也是一路烧杀，仅常州、戚墅堰等地，即毁房 9000 余间，被杀 4000 余人。常州城东北河口等乡镇，有一半街道化为灰烬。③奔牛镇的三里长街被日军放火焚烧，成为"火街"，被毁民房 1742 间，枪杀无辜百姓 401 人，其中在西园巷空地上用机枪扫射而死者有 40 多人。据不完全统计，武进全县（常州时属武进县）在沦陷期间，共被日军烧毁房屋 36580 余间，枪杀无辜百姓 8790 余人，被奸妇女 2570 余人。④ 宜兴沦陷后，其有数字可稽者，计有 631 人被无辜残杀，6094 户房

---

①③　孙宅巍：《论南京大屠杀的准备、实施和延伸》，《江海学刊》2000 年第 5 期。

②　《陆军第一六〇师战斗详报》（1938 年 4 月），中国第二历史档案馆编：《抗日战争正面战场》（上），江苏古籍出版社 1987 年版，第 438 页。

④　陈鹤锦、孙宅巍主编：《侵华日军在江苏的暴行》，中共党史出版社 2000 年版，第 63—64 页。

屋被焚毁。①

攻占了无锡、常州的日军，以第十三师团的一个旅团，携重炮10余门、战车30余辆沿锡澄公路，以该师团的两个步兵混成联队，沿常澄公路，同时向锡澄线的最北端江阴推进。时驻防江阴的中国守军，由江防总司令刘兴指挥，辖第一〇三师何知重部、第一一二师霍守义部、江防部队欧阳格部、要塞部队许康部，以及海军炮队。江阴守军与日军进行了英勇惨烈的战斗。11月30日，守军第一〇三师之第六一八团定山阵地，遭敌猛袭，发生激战，一度丢失，后由夏民安连长率领预备队拼死反攻，经四五个小时激战，方将敌驱逐，夺回高地。双方伤亡均较重，夏民安连长亦在战斗中阵亡。该团还组织敢死队，爬上敌坦克，向观察孔和炮塔盖口投掷手榴弹，或以集束手榴弹爆炸敌坦克履带，共炸毁敌战车7辆。当夜，第一一二师一部，突袭南闸，冲入日军司令部，毙伤日军一批，至拂晓前，复撤回原出发地。12月1日后，战情更趋白热化。日军依仗其绝对优势的空中、海上和重炮火力，将江阴各炮台火炮及通信设备大量击毁。在战局大势失控的形势下，刘兴经请示南京卫戍司令部，下达了撤退令，步兵由夏港突围，向镇江、南京撤退，要塞于毁坏火炮、工事后，撤至江北。江阴遂于12月2日为日军占领。

攻入江阴的日军，见人便杀，将躲避于杜康巷红十字会内的50余人，绑于空场上，以机枪扫射而死。花山附近的陆家村，有100余村民被日军绑成一串，先以刺刀刺杀，再连死带活，一齐推入池塘。一支过境顾山村的日军，共残杀村民90人，奸污妇女49人，烧毁房屋338间，毁稻谷约50多万斤。其中裁缝陈根福一家八口被赶至西街轮船码头，面河而跪，以刀砍毙命，连未满周岁的婴儿也被摔死在河潭里。②

12月1日，日军华中方面军对所属上海派遣军和第十军下达分途直取南京的命令。2日，第九师团占金坛，第十六师团占丹阳，第一一四师团占溧阳；4日，第一一四师团占溧水；5日，第十六师团占句容；7日，国崎支队占高淳；8日，第十三师团与第十一师团之天谷支队占镇江。至此，苏南地区除南京外，皆陷于日军的铁蹄之下。日军在12月上旬的攻击行动中，仍然不断遭到中国军队的英勇抵抗。12月5日，200余名日军进抵句容土桥，企图骚扰守军后方，遭第七十四军将士的猛烈打击，被毙六七十名，机枪被缴20挺。一度在句容被日军包围的第一六〇师之第四七八旅，以伤亡300余人的代价，英勇突围，共歼敌300余名。据报载，该旅的两个团，"在日军四面包围中，抗战三日有半，牵制日军前进，收得极大效果……该两团忠勇士兵，以牺牲过重，弹药亦将用罄，乃由梁卓芬、翟洪宇两团长命令，以最后之弹粒，冲出重围，一时

① 江苏文史资料编辑部：《腥风血雨——侵华日军江苏暴行录》，1995年版，第225页。

② 陈鹤锦、孙宅巍主编：《侵华日军在江苏的暴行》，中共党史出版社2000年版，第52—54页。

交战至烈。”[①]镇江方面，早在12月初，第八十七师官兵就在镇江南部的竹林寺、鹤林寺等地顽强抵抗，并将配有6辆坦克的日军进攻部队击退。镇江要塞区组织了有113名队员的敢死队，坚守阵地，拒止日军。面对冲进阵地的日军，象山、焦山两炮台守军，以密集炮火还击，步兵敢死队勇敢拒敌，曾毁敌坦克3辆，迫敌后退。[②]

分途向南京进击的日军，所到之处，烧杀淫掠无恶不作。丹阳皇塘、横塘两地被杀107人，其中胡姓、尹姓村民12人被用火活活烧死，被毁房屋606间。[③]溧阳被占后，其旧县、施家桥的房屋有90%以上被焚毁，别桥镇广惠寺有10名僧人、工匠遭到残杀。金坛县城被无辜枪杀的市民达200余人，城内当铺中的金银宝物被洗劫一空，街道上千余间房屋被付之一炬。侵占溧水的日军，在丰安寺村一次就枪杀农民25人，又在庙山沟刑场将14名居民用刀砍死。日军在侵占高淳后，共枪杀平民517人、刀杀平民674人，烧毁房屋3664家。[④]句容倪塘村有40多人被活活烧死，80多名农民被用机枪射杀，黄梅乡罗家庄共有55人遇难。镇江沦陷后，据调查，被日军屠杀者在万人以上，仅红十字会即掩埋尸体1500余具，全城大火，数日不熄，仅城区被焚毁的房屋就在1.2万间以上。许多妇女，因不堪日军淫虐，以死抗争，草巷一家有6名女子投井，仁章路一家有3名女子投井。日军所到之处，无所不抢，全城公私财产损失达1亿元之巨。[⑤]

第二节　南京大屠杀

一　南京保卫战

自中国军事当局下令由淞沪战场撤退、日军追逐西进起，首都南京的防卫问题，就正式提到了议事日程上来。

蒋介石多次召开高级幕僚会议，并个别征求过一些高级将领的意见，商讨南京之守与不守的问题。大多数将领均主张不守或只作象征性的防守，而唐生智认为：“南京是我国的首都，为国际观瞻所系，又是孙总理陵墓所在，如果放弃南京，将何以对总

① 《申报》1937年12月9日。

② 《镇江要塞区作战经过概要》，中国第二历史档案馆藏。

③ 陈鹤锦、孙宅巍主编：《侵华日军在江苏的暴行》，中共党史出版社2000年版，第79—82页。

④ 陈鹤锦、孙宅巍主编：《侵华日军在江苏的暴行》，中共党史出版社2000年版，第87页。

⑤ 陈鹤锦、孙宅巍主编：《侵华日军在江苏的暴行》，中共党史出版社2000年版，第68—69页。

唐生智

理在天之灵?”[①]蒋介石的看法与唐生智相近,主张对南京作短期固守。

蒋介石于19日以手令特派唐生智为南京卫戍司令长官。20日,唐生智走马上任,并随即将自己执掌的军委会执行部改组为卫戍司令长官部。24日,国民政府正式发布任命唐生智为南京卫戍司令长官的公告。

新组建的首都卫戍部队最初的战斗序列为:“(一)司令长官唐生智。(二)第七十二军孙元良部。(三)第七十八军宋希濂部。(四)首都警卫军谷正伦:(甲)桂(永清)总队;(乙)宪兵部队。(五)其他特种部队之一部。”[②]

后来,随着锡澄线被突破,日军日益向南京郊区逼进,南京卫戍部队阵容不断扩大。12月6日,正式明令以罗卓英、刘兴为南京卫戍副司令长官。

南京卫戍部队,除配属性质的运输、炮兵、防空、装甲、通信、特务等部队外,其主力部队共为13个建制师又15个建制团(教导总队11个团,宪兵部队4个团),计15万人。

唐生智在接受南京卫戍司令长官的任命之后,便在南京现有人员和装备的基础上,制定了首都城防计划的概略:

(一)利用雨花台、天堡城、红山及幕府山已完成的若干工事编成核心阵地;

(二)命要塞用全力掩护长江的封锁线,并协同核心守备队战斗;

(三)各守备部队须作物资及械弹上准备,都要有独立作战的能力。[③]

12月上旬,激烈的战斗在南京外围地区逐次展开。

句汤线战斗 12月5日下午,日军突破我句容防线,由步炮协同之部队3000余人到达土桥镇,并有向新塘市前进企图,另一队1000余人,经牧马场向汤水镇前进。此两路日军之深入前进,使我防守句容之第一六〇师第四七八旅陷入重围。该旅于6日与敌搏击终日,顽强守卫阵地,并于7日全旅突围成功,到达白家场附近集中。在

① 中国人民政治协商会议全国委员会文史资料研究委员会《南京保卫战》编审组编:《南京保卫战》,中国文史出版社1987年版,第9页。

② 《蒋介石颁布首都卫戍部队战斗序列代电》(1937年11月25日),中国第二历史档案馆藏。

③ 吴相湘:《第二次中日战争史》上册,台湾综合月刊社1973年版,第399页。

突围战斗中，第四七八旅共歼敌300余名，而该部官兵亦伤亡300余人。

孟塘、大胡山战斗　12月7日，第四十一师之第二四二团、二四六团，在石洞山附近，共同对敌激战，经反复冲锋，终夺得乌山、丁家山、鸡笼山、东山头等阵地，毙敌甚多，我部亦伤亡过半。8日，第一六〇师自拂晓起，全线发起攻击，在大胡山方面取得进展，面对日军后续部队源源到达，该师“官兵咸抱与阵地共存亡之决心，不稍后退”[①]，直至奉命调整阵地。第四十一师部队在东西斗山、丁家山一带与日军进行激烈争夺。据战史档案资料载，该处“终日肉搏，旋失旋得，该师官兵伤亡甚伙，迄至十八时仍固守原阵地”[②]。至晚，该师及刚到之第四十八师，奉命撤退至乌龙山至杨坊山一线。

湖熟、淳化战斗　守卫湖熟、淳化一线的中国军队，为刚由淞沪战场撤下来的第七十四军之第五十一师王耀武部。自5日以来的三天战斗中，日军向淳化附近一带阵地发起全力进攻不下10余次，但都为守军击溃。我共缴获敌步枪30余支、战旗13面、地图2幅，毙敌200余名，伤敌300余名，守军官兵伤亡亦达900余人。至12月8日，战斗更达到白热化程度。“战况之烈，炮火之密，前所未有”。守卫宋墅、淳化的第五十一师部队，“虽在硝烟弹雨中仍拼死撑持，与敌肉搏冲锋，杀声振天”[③]。在这一天的战斗中，第五十一师损失严重，第三〇一团代团长纪鸿儒重伤，连长伤亡9人，排长以下伤亡1400余人。[④]当晚，第五十一师接到唐生智司令长官的命令，放弃淳化、方山阵地，向河定桥、麻田之线转移。

牛首山战斗　守卫牛首山阵地的中国军队为第七十四军之第五十八师冯圣法部。12月7日，日军从早至晚，以陆空联合部队，向牛首山阵地发动持续猛攻。中央通讯社对第五十八师坚守牛首山的战况报道说：“我据高临下，以手榴弹及钢炮弹阻截敌机械化部队。我某师一营死守山前高地，为敌射击之的，牺牲殆尽，另一营立即挺至，继续奋战。”[⑤]9日，日军向牛首山阵地重又发动新的攻势。第五十八师官兵严守阵地，与日军血战终日，终因其右侧部队过早撤退，阵地益显孤立。

至8日前后，位于南京东南两面的大弧形外围阵地，已有多处被突破，少数虽未被突破，但也已呈现不支之势。鉴于外围战斗和部队调动的实际情况，南京卫戍军总部于当晚下达“卫参作字第二十八号”命令，决定退守复郭阵地。该复郭防线，西自靠长江边的板桥镇、牛首山，向东延伸至河定桥、紫金山，再至杨坊山、乌龙山，而达下游长江边。

---

① 《陆军第一六〇师战斗详报》，中国第二历史档案馆藏。

② 《淞沪会战史稿》，中国第二历史档案馆藏。

③④ 《第五十一师战斗详报》，中国第二历史档案馆藏。

⑤ 《大公报》1937年12月9日。

12月9日上午，日军华中方面军司令官松井石根，用飞机在南京上空散发了数千份《劝降书》，以最后通牒的口吻，规定中国军队必须于12月10日中午，派代表到中山门外句容道的警戒线上，谈判投降，否则，日军“将断然开始进攻南京”。①

南京守军，在唐生智的指挥下，用猛烈的炮火和激烈的战斗，回答了日军的劝降之举。

日军为中国军队的拒降而恼羞成怒，他们按照“最后通牒”中规定的时间，于10日午后1时整，正式下达了对南京的总攻击令。

自此，中日两军，在南京城的东、南、西郊，开始了更加猛烈的战斗。其主要战况为：

紫金山战斗 12月10日，日军第十六师团之第三十三联队，从麒麟门出发，向紫金山麓发起猖狂进攻，并放火烧山。守军沉着应战，屡次击退日军的冲锋。经白刃格斗，日军以重大伤亡夺取紫金山第三峰。是夜，日军继续向第二峰猛攻。守军以手榴弹顽强抵抗，并组织200余名官兵从左侧进行反冲击，毙敌甚众。据日军第三十三联队野田部队的羽田武夫报告称：“在我重火器部队的掩护射击和其他部队的增援下”，“经过三天的殊死战斗”，方于12日下午6时，占领紫金山。② 事后连松井石根也不得不承认，“南京的教导总队曾发挥了相当勇猛的抵抗”③。

杨坊山战斗 12月10日，日军开始向第四十八师防线中之和尚庄发动猛攻，经守军痛予回击，未能得逞。11日晨，日军以大炮30余门、飞机10余架，连续不断向杨坊山发起攻击，先将山上工事毁平，续以坦克16辆掩护2000余名步兵，将该山包围，频频实施冲击。我守卫杨坊山阵地之第二八八团第三营官兵，在营长陈庆勋指挥下，顽强抗击，与日军反复混战，终因日军炮火猛烈，第三营官兵全部壮烈牺牲，陈营长亦身负重伤，被救下火线，该阵地遂为日军占领。日军占领杨坊山之后，紧接着又向附近的银孔山发起攻击，“轰炸惨烈，尤倍于前”。据第二军团战斗详报记载：“我守该山283R第一营营长单喆渊、连长孙卉考，身先士卒，血战半日，饮弹殉国，而全营官兵亦伤亡殆尽。”④银孔山遂为日军所占。

光华门战斗 12月9日拂晓，由淳化、高桥门方向攻击光华门的日军先头部队步兵约2000人及坦克10余辆，已攻占光华门外的大校场及通光营房。日军将野山炮推进至高桥门附近，向光华门轰击，致洞穿二穴，百余日军从砖块隙孔中爬入，立被守

---

① 松井石根：《劝降书》，中国第二历史档案馆藏。

② ［日］田中正明：《“南京大屠杀”之虚构》，世界知识出版社1985年版，第134页。

③ 《松井与山本对话》，张一正译，《文摘》第11号，1938年2月8日。

④ 《第二军团增援南京战斗详报》，中国第二历史档案馆藏。

军歼灭。南京卫戍军在战斗报告中称：光华门"几濒于危者三数次，赖八十七师后续部队之反攻及直属特务队之增援，至午后四时，始将大校场之敌击退，但盘踞通光营房内及城门内之少数敌人则始终顽抗。"①10日，战斗更趋激烈。城外第八十七师之第二五九旅与第二六一旅，自下午2时开始对进至光华门附近的日军实施反击，一度将这股日军赶至中和桥以远，第二五九旅旅长易安华、团长谢家珣等在战斗中牺牲。是夜，城里的守军，为了将白天潜藏在城门洞里的少数日军歼灭，"一五六师选敢死队坠城，将潜伏城门洞内之少数敌军焚毙，将盘踞通光营房之敌歼灭，光华门及通济门方面遂转危为安。"②

雨花台战斗 12月9日，日军以一个联队向雨花台发起进攻，遭守军奋勇反击，向后败退。下午，日军又增加一个联队，再次发起进攻。守军第二六四旅旅长高致嵩亲自率部反击，毙伤日军数百人，高部本身也付出了很大的伤亡代价。10日至11日，日军加强了轰炸、扫射与进攻，战况十分惨烈，阵地仍为第八十八师坚守，迄未动摇。12日的战斗，达到了白热化的程度。清晨，日军即集中大批轰炸机和数十门重型大炮，配合数千名步兵，向雨花台阵地发起猛攻。二六二旅旅长朱赤、二六四旅旅长高致嵩亲临第一线，身先士卒，率部浴血奋战，击退日军一次次的集团冲锋。在激烈的战斗中，朱赤、高致嵩两旅长相继牺牲，全师官兵也大部殉难，雨花台阵地遂告失守。

中华门战斗 12月10日下午4时许，日军一部在两辆坦克的掩护下，企图通过架设在中华门外河上的军桥，向中华门攻击。守军第五十一师之第三〇六团，集中步兵炮数门，同时瞄准日军坦克射击，将该两辆坦克击中，使其摔入河中，日军步兵失去坦克的掩护，纷纷后退。接着第三〇六团以一个加强连出击，毙敌数十，士气为之一振。12日中午12时，日军第六师团之第四十七联队的三明保真中队，在中华门附近的城墙下架起竹梯，利用城墙上长出的小树帮助攀登，冲上了城墙。守军第三〇六团迅以炮火集中射击，与登城日军展开肉搏战，再实施反冲击，日军伤亡重大。日方形容此次战斗，"双方短兵相接，刺刀见红，其情景宛如一幅'地狱图'"③。后来日军又有援军登城，方于是日下午，逐次占领了中华门城楼两侧城垣。

水西门战斗 12日晚9时，水西门至中华门间的一段城垣被日军突破，日军攻城士兵利用绳梯陆续爬上城墙。正在城墙上指挥战斗的第五十一师第三〇六团团长邱维达，立命第三营营长胡豪率100名敢死队员前往堵击，同时组织机枪、火炮等火力为之掩护。经1小时格斗、冲杀，将突入城垣之日军全部消灭，并生俘10余人。

---

①② 《南京卫戍军战斗详报》，中国第二历史档案馆藏。

③ [日]田中正明：《"南京大屠杀"之虚构》，世界知识出版社1985年版，第132页。

第三〇六团的勇士们在战斗中也付出了重大伤亡，少校副团长刘历滋与营长胡豪，均壮烈牺牲。[①]

赛公桥战斗 12月12日，第五十一师所辖之第三〇二团之一部，受命防守赛公桥至关帝庙以东之线。日军集中炮火轰击赛公桥及西南城角，旋以坦克10余辆、飞机20余架掩护步兵发起进攻。守卫赛公桥一带的官兵奋起抵抗，反复冲杀，使日军遭受了重大伤亡。第三〇二团团长程智亲临第一线指挥战斗，以"与阵地共存亡"的口号，激励全团官兵，最后壮烈牺牲在阵地上。是役中，赛公桥虽数次为日军所占，但每次均被中国军队夺回，直至该部奉命撤退。据中国军方档案记载：在赛公桥战斗中，共毙敌500余名，缴获轻重机枪10余挺、步枪40余支，击毁敌战车4辆，而中国军队亦伤亡1700余名。[②]

自日军10日正午开始对南京城发动总攻后，各路日军即从不同方向，倚仗其军事实力的极大优势，对南京复郭阵地，施行猛烈、全面的进攻。中国军队据城坚守，浴血奋战，虽形势极为严重，但其守土抗敌的决心，惊天地而泣鬼神。

二 南京安全区国际委员会的活动

11月中旬，日军逼近南京，南京城面临着一场血战。为了解决南京战事爆发后的难民问题，由金陵大学董事会董事长、中英文教基金会总干事杭立武博士等中外人士发起，邀约部分留在南京的热心公益的外侨代表，援照上海设立难民区的先例，成立一个国际救济机构，定名为"南京安全区国际委员会"(The International Committee for the Nanking Safety Zone)，并设置了安全区，以便在情势最危急的时候，使未及撤离的难民有一个最后躲避的场所，并避免战火。11月21日，由杭立武与美国长老会牧师米尔斯、金陵大学教授斯迈思、贝德士四人联名拟就的筹组难民区报告送交南京市政府。11月22日，安全区国际委员会正式成立。

南京安全区国际委员会委员共有15人，其中德国籍者3人，英国籍者4人，丹麦籍者1人，美国籍者则有7人。他们是：拉贝(John H. D. Rabe)，德国，西门子洋行；斯迈思博士(Lewis S. C. Smythe)，美国，金陵大学；福勒(P. H. Munro-Faure)，英国，亚细亚火油公司；马吉牧师(John Magee)，美国，美国圣公会；希尔滋(P. R. Shields)，英国，和记洋行；汉森(J. M. Hanson)，丹麦，德士古火油公司；潘丁(G. Schultze-Pantim)，德国，兴明贸易公司；麦凯(Jvor Mackay)，英国，太古公司；皮克林(J. V.

---

① 邱维达：《我参加南京保卫战经过》，《江苏文史资料选辑》第16辑。

② 《第五十一师战斗详报》，中国第二历史档案馆藏。

Pickering)，美国，美孚煤油公司；施佩林(Eduard Sperling)，德国，上海保险公司；贝德士博士(M. S. Betes)，美国，金陵大学；米尔斯牧师(W. P. Mills)，美国，长老会；利恩(J. Lean)，英国，亚细亚火油公司；特里默(C. S. Trimmer)，美国，鼓楼医院；里格斯(Charles Riggs)，美国，金陵大学。①

委员会推德国西门子中国公司驻南京的代表拉贝为主席，在苏州出生的美国基督教青年会秘书长菲奇为总干事，杭立武为中方总干事，德国礼和洋行职员克勒格尔为财务主管，汤忠谟为中方秘书处主任，德国上海保险公司职员施佩林为总稽查，美籍金陵大学教授斯迈思博士为秘书。委员会下设粮食、住房、卫生等委员会，分由韩湘琳、许传音、沈玉书任主任。拉贝以极大的热情投身于这项人道主义工作。他甚至以国社党南京小组组长的名义给希特勒发电报，试图以此让日本人承认国际委员会的存在。②

同时，为管理与看护南京受伤军民，安全区国际委员会还发起并呈请上海国际红十字会和中国红十字会承认，组织了"国际红十字会南京委员会"(The International Red Cross Committee of Nanking)。该委员会与安全区国际委员会密切合作，由马吉牧师担任主席，南京中国红十字会李春南(译音，Li Chuin-nan)与洛威(W. Lowe)任副主席，福斯特牧师(Ernest H. Forster)任秘书，克勒格尔(Christian Kroeger)任会计，委员还有安全区国际委员会委员福勒、特利默、贝德士、拉贝、斯迈思、米尔斯，以及特维内姆夫人(Mrs Paul Dewitt Twinem)、魏特琳女士(Miss Minnie Vautrin)、威尔逊医生(Dr. Robert O. Wilson)、麦卡勒姆牧师(Rev. James Mcgallun)、波德希沃洛夫(Mr. Cola Podshivoloff)、沈玉书牧师(译音，Pastor Shen Yu-shu)。

安全区亦称"难民区"，以美国大使馆所在地和金陵大学、金陵女子文理学院等教会学校为中心，占地约 3.86 平方公里。四面以马路为界：东以中山路、中山北路为界，自新街口起，止于山西路口；北以山西路及其以北一带至西康路之线为界；西以西康路为界，自汉口路口向东南划斜线，至上海路与汉中路交叉路口；南以汉中路为界，自上海路至新街口。安全区内分设交通部大厦、五台山小学、汉口路小学、陆军大学、小桃园南京语言学校、军用化学厂、金陵大学附中、圣经师资训练学校、华侨招待所、金陵神学院、司法部、最高法院、金陵大学蚕桑系、金陵大学图书馆、德国俱乐部、金陵女子文理学院、法学院、农村师资训练学校、山西路小学、金陵大学宿舍等 20 余处难

---

① 《拉贝日记》，江苏人民出版社第 1997 年版，第 120—121 页。

② 《拉贝日记》，江苏人民出版社等 1997 年版，第 106 页。

民收容所。[①]

安全区不再挂青天白日满地红旗，而改为民国初年使用的五色旗，并以红圈加红十字图案作为安全区标志。在安全区周围，以旗帜作记号，旗帜一律为白底，印有红圈内加红十字的安全区标志。

南京安全区成立以后，曾经通过多种渠道，同中、日双方进行交涉，希望能够获得中、日双方的承认与尊重，要求承认安全区的中立地位，不驻扎军队，不设立军事机关，不加轰炸，使其免受战事侵扰。

国际委员会的这一要求和建议，得到了中国方面的积极支持和配合。12 月 1 日，南京市长马超俊把难民区的行政权交给了国际委员会，其中包括警察、重要公用事业、消防、住宅、食物及卫生各项职权，同时交给国际委员会 450 名警察、3 万担米、1 万担面粉、一些盐，并拨交 10 万元现金，以应付过渡的紧急时期。[②] 首都卫戍司令长官唐生智也推诚合作，应国际委员会要求，拆除了难民区内的军事设施，并于 12 月 7 日下令所有军队一律撤离安全区，同时在万分困难的情况下，供给国际委员会 3 辆卡车，以便他们运送米、煤。

但是，日本方面对于国际委员会的建议和呼吁，则表现出骄横、傲慢的态度，拒绝承认安全区的存在。日本当局通过美国驻中国大使馆转来电报。其中 12 月 1 日电称，对“建立安全区的申请”，“不得不遗憾地对此予以否决”；12 月 5 日的电报更公然声称，“日本政府不承担在未来对所述区域免遭炮击或轰炸的保证义务”，同时又表示，“日本军队无意对未被中国军队使用的地点或不存在军事设施或没有部署中国军队的区域发动进攻”。[③]

面对日本当局无视安全区的蛮横无理态度，一些国际友好人士毅然将建立南京安全区的工作付诸实施，并于 12 月 8 日发布《告南京市民书》，正式宣告了安全区的建立。《告南京市民书》以满怀热情和善意的口吻说：“这个区域以内的人民，当然比他处的人民平安得多啦，市民可以请进来吧！”[④]

在南京失陷前的最后几天，成千上万的难民如潮水般拥入安全区。南京沦陷后，在日军的淫威、暴行之下，又有更多的市民避入安全区，寻求保护。至 12 月 16 日，难民收容所已增加到 25 所，安全区难民总数达 20 余万人，最多时达到 29 万人。麇集在这个不到 4 平方公里的狭小范围内者，绝大多数是南京市民和从外地逃来的难民，

---

① [澳]田伯烈著，杨明译：《外人目睹中之日军暴行》，国民出版社 1938 年版，第 247—248 页。

② [澳]田伯烈著，杨明译：《外人目睹中之日军暴行》，国民出版社 1938 年版，第 13 页。

③ 《拉贝日记》，江苏人民出版社 1997 年版，第 124、135 页。

④ 《拉贝日记》，江苏人民出版社 1997 年版，第 149 页。

少数是放下武器、换上平民服装的中国士兵。

日军自12月13日攻陷南京的当天，便开始了在安全区的屠杀。当天上午，就有因惊吓而奔跑的20名难民被日军击毙。接着，凶残的日军便以搜捕中国士兵为名，在安全区内的难民收容所中，将大批难民、警察和放下武器的军人，集体屠杀，使成千上万的青壮年惨死在罪恶的屠刀下。安全区中的分散屠杀，更是面广量大，工人、农民、医生、学生、商人、小贩等各种不同身份和职业的人无不成为日军屠杀的对象。除了疯狂的屠杀外，日军还在安全区内肆意奸淫、放火、抢劫。

参加安全区工作的外侨，面对日军的野蛮暴行，不顾个人安危，挺身而出，保护平民与放下武器的军人的生命安全。12月16日早晨，当国际委员会委员里格斯发现，日军在军官的指挥下，将一批难民和50名警察，从法学院和最高法院押出准备枪毙时，便"不断向该军官解释真相，竭力避免使平民遭殃"，里格斯因此竟遭到日本军官"三次以军刀威胁"，并被"痛殴其胸部"。次日，鉴于日军在安全区各难民收容所的暴行愈益疯狂，国际委员会和国际红十字会南京委员会的工作人员便分工到各难民收容所及医院"分班轮流值班"。贝德士博士到金陵大学，麦卡勒姆牧师到鼓楼医院，米尔斯牧师、斯迈思秘书到金陵女子文理学院。当总干事菲奇送米尔斯和斯迈思来到金陵女子文理学院门口时，遭到了日军搜索队的阻止。菲奇在当天的日记中写道："我们面对刺刀被粗暴地从车里拉出来，我的车钥匙被拿走，排成一行搜身以寻找武器，帽子被丢掉，电筒对着我们的脸，并且检查护照并诘问来此目的。"[①]这批前来保护难民的外侨，先后被日军扣留了1个多小时，才恢复自由。

一些德国侨民还利用自己德国人的身份救助了不少难民。拉贝在他的广州路小桃园10号住宅内收容了600多名妇孺，负责供给食物。日本兵多次偷偷爬墙而入，都被拉贝赶了出去。

这批热心于人道、慈善事业的外侨，运用自己的中立地位，不断向日方提出各种保护难民的措施和要求。在日军进城之初，由于屡次侵入安全区进行屠杀和奸淫、抢劫，国际委员会于12月18日致函日本大使馆，提出关于约束士兵的四项建议：（一）由宪兵日夜巡逻难民区；（二）日军当局应设法阻止士兵闯入难民区滥施奸淫、掳掠、屠杀；（三）派兵驻守各难民收容所，阻止士兵越墙而入；（四）张贴日文布告于各收容所门口，说明收容所的性质，禁止入内骚扰。[②] 12月底，在日本当局准备强行迫使难民迁出难民区时，安全区国际委员会又及时提出日方必须满足下列三项最

① 张宪文主编，章开沅编译《南京大屠杀史料集·美国传教士的日记与书信》，江苏人民出版社、凤凰出版社2005年版，第73页。

② ［澳］田伯烈著，杨明译：《外人目睹中之日军暴行》，国民出版社1938年版，第244页。

低限度的条件，始能谈到平安居住："第一，保证不再发生伤害奸淫掳掠的罪行；第二，食粮的供给，经常而可靠，四郊通行无阻，菜蔬可以入城；第三，日军不再放火焚毁住宅商店。"该委员会还强调，在难民"重返故居之前，必须感受到生命安全确有保障。"①

国际委员会的努力，发挥了明显的作用和影响，在一定程度上减缓了日军的暴行。总的来说，日军残暴成性，国际委员会没有能够阻止日军在安全区滥施暴行。但是，由于国际委员会的干预和牵制，使日军不能不多少有所顾忌，因此在安全区内的暴行，相对安全区以外要轻些，拿安全区与非安全区相比，难民们确实多了一层保障，少了一份侵害。

在国际委员会的努力下，安全区难民在生活上也得到了某些救济和保障。

早在安全区设立之初，国际委员会即于12月1日至11日期间，在日军猛攻南京，"四门紧闭"的紧急情况下，不避艰险，抢运南京市政府拨给国际委员会作为救济之用的米和面粉，将米1万担、面粉1000袋运入难民区。国际委员会开办了粥厂，每日准许手无分文的难民领取稀饭充饥，还建立了稻米和面粉配给点，将食粮或分发难民，或平价出售，使难民区内难民的生活有了初步的保障。

南京沦陷后，由于日军烧杀抢掠，无所不为，秩序混乱，全城笼罩在一片恐怖气氛之中，据国际委员会函件称，此时安全区内"所有各收容所米煤的供给，均有敝处西籍委员和职员负责装送"，就连在金陵神学院收容所为2500名难民值班的外侨索恩，也不得不暂时离开自己的岗位，前去护送供给各收容所的大米。一位外侨在给朋友的信中写道："有几个时期，如无外国人挺身而出，和日本兵抗争，简直什么都不能搬动，甚至装了米的卡车也不许通行。""我们照顾难民的食住两项问题，查究发生的每一件事情而向日方交涉抗议，并努力保护难民区的安全。"②他们中，有的负责分配食米，有的负责分配燃煤，各司其职，努力克服困难，保证难民的基本生活。

根据后来国际救济委员会提供的工作报告资料，国际委员会（含后来的国际救济委员会）从1937年12月17日至1938年5月31日，共免费发送价值109700.96元的9916袋大米、价值7098元的2028袋小麦，按保守估计，有55000人得到此项救济；免费发放1077袋蚕豆、75袋面粉、22袋盐，总价值9334.94元；以接近标准的价格出售1886袋大米、804袋面粉、243袋盐，总价值26574元。③

为了保证安全区内难民的生活供给，国际委员会还千方百计地保存、筹集了一批

---

① [澳]田伯烈著，杨明译：《外人目睹中之日军暴行》，国民出版社1938年版，第275页。

② [澳]田伯烈著，杨明译：《外人目睹中之日军暴行》，国民出版社1938年版，第61页。

③ 张宪文主编，张生等编：《南京大屠杀史料集·英美文书·安全区文书·自治委员会文书》，江苏人民出版社、凤凰出版社2006年版，第398—399页。

现金，以备机动使用，救济难民。日军当局曾多次迫令该委员会交出手中现金与物资，均遭到拒绝。据国际委员会文件记载：至 1938 年 1 月 28 日止，该委员会尚有款项 10 万元，在上海方面存有 57000 元，同时，又从美国咨询委员会争取到部分捐款。

南京安全区国际委员会对南京难民的救助活动，使在苦难中挣扎的南京人民，得到了物质上和精神上的巨大支援，减少了由于日军暴行、饥饿和疾病所造成的痛苦与损失。

三　南京沦陷与南京大屠杀

南京安全区正式成立后没有几天，中国军队对南京的防守，便进入了最后的阶段。

12 月 11 日中午，唐生智收到蒋介石发来的“真侍参”撤退令，内称：“如情势不能久持时，可相机撤退，以图整理，而期反攻。”[①]

数小时后，蒋介石于当晚又一次发来“真戌侍参”撤退令，内容同前。

12 日下午 5 时，唐生智在唐公馆召开了师以上高级将领会议，副司令长官罗卓英、刘兴、参谋长周斓、副参谋长佘念慈等均出席。在唐生智宣读蒋介石前一天两次发来的撤退令后，随即由参谋长周斓将印刷好的撤退命令，发给每人一份。

这个由南京卫戍司令长官召集的最后一次高级指挥官会议，一共只进行了大约 20 分钟，便宣告结束。由于复郭、城垣阵地已有多处被突破，撤退命令又需要迅速贯彻执行，因此，与会者散会后大多立即部署了本部队的撤退方案。一些被打乱的，以及撤退行动较早的部队，很快便离开了原阵地，向江边运动。

按照唐生智发布的撤退命令，南京守军应“大部突围，一部渡江”，即只有各直属部队、第七十八军，以及宪兵部队渡江；但到了召集师长以上指挥官开会宣读撤退令时，他又口头命令，第八十七师、第八十八师、第七十四军（含第五十一、五十八师）及教导总队，“如不能全部突围，有轮渡时可过江，向滁州集结”。[②]而当时卫戍司令部手中，一共只掌握了几艘小火轮和为数不多的民船，一夜之间，要运送约两师以上的部队，已属不易；经口头命令宣布后，又使渡江部队一下子猛增 5 个师以上，形成“大部渡江，一部突围”的局面。这是当时的运输力量以及所能争取到的时间，根本无法承受的。

第七十八军宋希濂部奉命维持渡江秩序，凡未经命令批准渡江的部队，一律不得通过挹江门，并开枪加以制止。在通往江边的道路上，有被相互间枪战打死的，有被

---

①② 《南京卫戍军战斗详报》，中国第二历史档案馆藏。

踩死的，靠少量部队维持秩序，根本制止不住拥向江边的狂潮。宋希濂曾这样描述："因载重过多，船至江中沉没者有之；因争夺船只，互相开枪毙伤者有之；将船击毁沉没者亦有之。许多官兵拆取店户门板，制造木筏，行至江中，因水势汹涌，不善驾御，惨遭灭顶者数以千百计。哀号呼救之声，南北两岸闻之者，莫不叹伤感泣，真可谓极人世之至惨。"①

身为南京卫戍司令长官的唐生智，在 12 日下午向高级将领宣布撤退命令后，于晚 9 时，与副司令长官罗卓英、刘兴等高级指挥官乘小火轮渡江，撤退至江北。

在南京失陷前后，15 万守军中，约有 1 万名战斗伤亡，5 万名安全撤退后方，而有多达 9 万人滞留于城内、江边，既不能安全撤离，又不能组成有战斗力的武装集团。这 9 万名群龙无首的官兵或成建制地被俘虏遭集体屠杀，或换上便衣混入民间后又被日军搜出加以杀害。

第一线防守部队交替撤守的过程，大约进行到深夜。至 13 日凌晨，各路日军已经蜂拥进城。其第六、第一一四师团从中华门、水西门入城；第九师团以及第三师团的先遣队从光华门入城，第十六师团从中山门、太平门入城；第十三师团的山田支队则从乌龙山、幕府山，攻入和平门。13 日这一天，南京城终告失陷。这是南京人民和全中国人民最感耻辱和最为悲惨的一天。

南京城的失陷，标志着南京保卫战的结束，从此，南京人民开始了一段腥风血雨、惨遭杀戮和蹂躏的悲惨经历。

日军侵入南京后，对无辜的居民和放下武器的士兵，进行了长达 6 个星期的野蛮、血腥的大屠杀。古城内外，尸横遍野，江水为之赤，死难同胞达 30 万人以上。其屠杀规模与残酷的程度，在世界现代史上，登峰造极。

侵华日军在南京进行的大屠杀，基本可分作两类，即集体屠杀与分散屠杀。

根据历史档案记载，千人以上的集体屠杀有：12 月 15 日，在汉中门外屠杀 2000 余名军警；同日，在鱼雷营江边屠杀 9000 余人；16 日，在中山码头屠杀由华侨招待所押来之 5000 余名难民；同日，在下关屠杀由难民区大方巷押来之青年 4000 余人；17 日，在煤炭港屠杀被拘禁者 3000 余人；18 日，在草鞋峡屠杀军民 57000 余人；12 月，分别在水西门外上新河一带屠杀 28000 余人，在城南凤台乡、花神庙一带屠杀军民 7000 余人，在燕子矶江边屠杀放下武器之军民 50000 余人，在宝塔桥、鱼雷营一带屠杀军民 30000 余人。②

---

① 宋希濂：《鹰犬将军》，中国文史出版社 1986 年版，第 133 页。

② 《谷寿夫战犯案件判决书》及其附件，中国第二历史档案馆藏。

至于遍布城郊的分散屠杀，则更是面广量大，手段残忍，骇人听闻。日军使用种种别出心裁的方法，残酷折磨遇难者，杀人取乐。如：砍头、锥刺、活埋、活剐，或以活人作靶供日军士兵练习刺杀、先浇煤油再开枪射击等。

日本侵略军在南京城郊进行的“杀人竞赛”暴行，更令人发指。日军第十六师团的少尉炮兵小队长向井敏明和少尉副官野田毅，在攻击南京的途中相约，开展“杀人竞赛”，谁先杀满 100 人，谁就是胜者。12 月 10 日，两人又相遇在紫金山下，《东京日日新闻》的随军记者从紫金山麓发出电讯称：向井少尉已杀死 106 人，野田少尉已杀死 105 人，但不能决定谁先杀死 100 人。现两人同意不以 100 人为标准，而以 150 人为标准。在此次竞赛中，向井少尉的刀锋，已略受挫损，因为他把一个中国人，连钢盔及身体劈成两半。①

下关江边的屠杀惨状

要统计在这场惨绝人寰的大屠杀中死难同胞的数字，不是一件容易的事情。但是，人死了，总有尸体；有尸体，就需要掩埋和处理，而对尸体的掩埋和处理，却正给我们提供了一个观察估计屠杀规模的机会。南京当时参与掩埋和处理活动的，有慈善团体、市民群体、伪政权和日本军人等四个方面：

1. 慈善团体收尸 19.8 万余具。其中包含世界红卍字会南京分会埋尸 43123 具、

① 《东京日日新闻》1937 年 12 月 13 日。

世界红十字会八卦洲分会埋尸1559具、崇善堂埋尸112266具、中国红十字会南京分会埋尸22683具、同善堂埋尸7000具、南京代葬局埋尸1万余具、顺安善堂埋尸1500具、顺德慈善堂埋尸700余具。

2. 市民群体收埋4.2万具。包括：湖南木商盛世征、昌开运等在水西门外江东门、上新河、双闸一带收尸28730具，市民芮芳缘、张鸿儒、杨广才等在中华门外雨花台山下、望江矶、花神庙一带收尸7000余具，回民掩埋队在左所巷、广州路东、桂花坞、峨嵋岭和东瓜市等地收埋回民尸体约400具，北家边村民掩埋队在东北部尧化门附近的乌龙村一带收尸6000余具。

3. 伪政权收尸1.6万余具。包括：伪南京市卫生局掩埋队埋尸9317具，伪第一、第二、第三区、下关区埋尸4500余具，由伪南京市政督办高冠吾经办，在中山门外灵谷寺至马群一带收埋遗骸3000余具。

4. 日军焚尸灭迹15万具。据日军战俘太田寿男供述，他与安达少佐曾共同指挥800名士兵，动用汽车、小船，抛尸长江及烧埋了10万具尸体，而由其他部队投江的尸体有5万具。①

在上述四个方面中，对于南京大屠杀遇难同胞尸体的收埋，其有据可查者，计有：各慈善团体收尸19.8万具，市民群体收尸4.2万余具，伪政权收尸1.6万余具，为日军毁尸灭迹者15万具，若简单相加，总计已达40万具以上。考虑到有关埋尸之间、毁尸之间、埋尸与毁尸之间可能出现的交叉，以及部分未及掩埋的阵亡官兵尸体，扣除其中若干万具，认定有30万以上同胞被屠杀，应当是没有疑问的。通过以上对收埋尸体数字的分析与研究，可以判定，1947年中国审判战犯军事法庭在谷寿夫战犯案件判决书中认定，南京同胞"被杀害总数共三十余万人"的统计，是有充分依据的。

在日军的暴行中，受难最深的要算妇女。她们除了与男人一样，到处遭到屠杀外，大多还要先被强奸或轮奸，遭受各种非人的凌辱。据后来远东国际军事法庭判决书称："在占领后的一个多月中，在南京市内发生了二万左右的强奸事件。"②

白日强奸 一位外侨在致友人的信中说："在神学院内，十七个兵白昼宣淫，连续强奸一个女人。实则三分之一的强奸是在白天干的。"③仅据《南京安全区档案》中辑录之日军暴行记录，在1937年12月中旬至1938年2月底期间，其明确记载为白天奸淫的事件，就达17起，受害妇女在27名以上。

---

① 尸体处理的统计数字，见孙宅巍著：《澄清历史——南京大屠杀研究与思考》，江苏人民出版社2005年版，第188—248页。

② 《远东国际军事法庭判决书》，群众出版社1986年版，第485页。

③ [澳]田伯烈著，杨明译：《外人目睹中之日军暴行》，国民出版社1938年版，第58页。

在安全区和外侨住宅中强奸 12月20日,3名日军士兵在汉口路小学难民收容所办公室强奸了两名妇女。日军还经常在夜间窜入主要收容妇女的金陵女子文理学院,“楼上楼下,乱摸一起,摸着哪个,不准说话,被其奸污。”[①]日军还不顾国际信义和国际惯例,任意闯入外侨拉贝、里格斯、福斯特等人住宅,强奸妇女。

奸淫对象不分老幼和孕妇 根据安全区国际委员会记录的日军暴行报告,12月25日数名日本兵在圣经师资培训学校强奸一名12岁幼女;2月7日,一名12岁幼女在大方巷家中被日军强奸,致下肢发肿,不能行动;1月30日,3名日本兵进入二条巷一户住宅,其中一名士兵强奸了12岁的幼女,另2名士兵则轮奸了一名老妇;12月21日,五台山小学难民收容所的一名孕妇和一名13岁的姑娘,同时遭到日军强奸。[②]

轮奸摧残 12月16日,日本兵从陆军大学内架去7名16岁至21岁的姑娘。他们每人每天都要被轮奸六七次之多。另一位住在圣经师资培训学校附近草棚中的妇女,从日军一进城时,即被抓去城南某处,每天都要被奸污7次到10次之多,染上了性病,至次年1月中旬才被放回。1937年底,日军将锏银巷6号内的6名妇女掳往一伤兵医院中,白天为日军官洗衣服,黑夜则被强奸,年纪较大的,每夜被轮奸10次到20次;年纪轻和面貌漂亮的,则每夜多被轮奸40次。[③]日军为满足其兽欲,还经常有组织地使用卡车,将南京妇女集体运往军营,供士兵们轮奸。

逼人乱伦 在日军进城的第4天,一伙日军闯入水西门一刘姓家中,见一少女,“强令脱去衣服,迫其父母各执一足,然后轮流强奸”,后又令其父脱去衣服,奸其女,父不从,日兵则以刺刀猛刺,父女同时毙命。[④] 据郭岐在《陷都血泪录》中所述,仅他个人所闻,南京已发生了四五次逼着儿子奸淫母亲的事。日军在奸淫之后,甚至逼令和尚行奸,和尚不从,日军即凶残地将其生殖器割去而致死亡。

强征慰安妇和设立慰安所 慰安所开始时有“慰安营”、“俱乐部”、“行乐所”、“安乐所”等五花八门的名称,后一般称慰安所。林娜在所著《血泪话金陵》一文中称:“在城中设立了17个慰安所,到外面强迫美貌女同胞作日人的牺牲品。在这个所谓的慰安所中,不知道有多少女同胞被蹂躏牺牲了。”[⑤]1937年12月中旬,在南京下关煤炭港附近已建有慰安营。此处是用木板搭成的简易房子,被强掳来的300多名妇女均一丝不挂,躺在地板上,遭受日军奸淫。与此同时,还由日本特务机关长大西勾结汉

---

① 郭岐:《陷都血泪录》,1938年8月连载于西安《西京平报》。

②③ 《南京安全区国际委员会搜集的日军暴行记录(1—470件)》,孙宅巍著:《澄清历史——南京大屠杀研究与思考》附录一。

④ 《日军暴行实录》,国民政府军事委员会政治部编印,1938年7月。

⑤ 《宇宙风》第七十一期,1938年7月。

奸乔鸿年于12月22日正式开办了慰安所。大西任慰安所主任,乔鸿年任副主任。慰安所分设傅厚岗和铁管巷两处。傅厚岗处专为日军将校服务,铁管巷处为日本士兵服务。相继成立的还有"人民慰安所"(贡院东街2号)、"大华楼慰安所"(白下路213号)、"东云慰安所"(利济巷普爱新村)、"青南楼慰安所"(太平路白菜园)、"浪花慰安所"(中山东路)、"共乐馆慰安所"(桃源村3号)、"菊水馆慰安所"(湖北路娄子巷25号)、"满月楼慰安所"(相府营)、"鼓楼饭店中部慰安所"(鼓楼饭店)等。①

侵入南京的日军,除了采用残忍的屠杀和奸淫的暴行,来残害我南京同胞的肉体外,还肆意纵火、抢劫,将六朝古都破坏殆尽。

随着日军铁蹄的侵入,南京城陷入一片火海之中,据中国军事法庭审判战犯判决书认定:"日军锋镝所至,焚烧与屠杀常同时并施。我首都为其实行恐怖政策之对象,故焚烧之惨烈,亦无与伦比。城陷之初,沿中华门迄下关江边,遍处大火,烈焰烛天,半城几成灰烬。我公私财产损失殆不可以数字计。"②目睹日军放火暴行的军医蒋公穀记述:"自日军入城之日起,纵火乱烧,日必七八起。初将所有高大建筑,除被其占用外,殆已烧尽,不能焚毁者亦被破坏之,继则普通民居亦难幸免。"③国际委员会主席拉贝在1938年1月14日写给德国西门子中国公司上海理事会的信中证实,日军纵火行为已持续了一个月,城中大批房屋被毁。他写道:"德国60幢房屋有40幢遭受不同程度抢劫,4幢全部烧毁。这座城市约三分之一被日本人毁。纵火行为仍在继续。"④

日军长时期的纵火焚烧,给南京人民和南京城造成了巨大的损失。据美国斯迈思博士"尽量保守"的调查统计,在所有遭到破坏的房屋中,有24%毁于纵火焚烧;城外有62%的房屋被烧毁,通济门外被烧房屋达78%。⑤

安全区国际委员会成员贝德士曾在远东国际军事法庭上作证时揭露了日军有组织的抢掠南京市民和外侨物资的暴行。他说:"在日军占领的最初日子里,估计约50000日本士兵,从难民那里抢走大量卧具、炊具和食物。实际上,在占领的头六七周,城内每所房屋都被成群的游荡士兵进入许多许多次。有若干案例,抢劫是在官员指挥下利用成队军车有组织的和成系列的。"⑥对外侨,日军大肆抢劫他们的汽车、家

---

① 高兴祖:《日军南京强奸事件与慰安所的出现》,《民国春秋》1993年第3期。

② 《谷寿夫战犯案件判决书》,中国第二历史档案馆藏。

③ 蒋公穀:《陷京三月记》,《侵华日军南京大屠杀史料》,江苏古籍出版社1985年版,第91页。

④ 《拉贝致上海理事会信》,载《德国档案馆中关于侵华日军南京大屠杀档案资料》,《抗日战争研究》1991年第2期。

⑤ [美]斯迈思:《南京战祸写真》,《侵华日军南京大屠杀史料》,江苏古籍出版社1985年版,第286页。

⑥ 章开沅编译:《天理难容——美国传教士眼中的南京大屠杀(1937—1938)》,南京大学出版社1999年版,第73页。

具和什物。不拘大小，一概都抢。资料显示：日军抢去了美国大使馆的 5 辆汽车、英国大使馆的 11 辆汽车和 2 辆卡车。在 60 户德国人的住宅中，有 40 户受到不同程度的劫掠，其中有 4 户完全被毁。

日军对南京的抢劫，由于面广量大，时间较长，其所造成的损失，几乎无法作出精确统计。仅战后不完全的调查统计，计有：器具 2406 套又 309232 件；衣服 5920 箱又 914725 件；金银首饰 6345 件又 14222 两；书籍 15 箱 2859 套又 148619 册；字画 28482 件；古玩 73214 件；车辆 956 辆；粮食 12087975 石，合值国币 2300 多亿元。①

作为南京社会生产支柱的近代工业，在浩劫中被摧残殆尽。1938 年 1 月，南京永利铔厂正式为日本三井物产株式会社侵吞。之后，日本侵略者又将该厂全套设备，包括 8 座吸收塔、1 座氧化塔、1 座浓硝塔等共 1482 件，550 吨重，全部劫往本国，安装在大牟田东洋高压株式会社横须工厂，用于军事生产。② 日军又以"军事管制"名义，将日产 500 余吨水泥的中国水泥厂，交给日本三菱公司所属磐城水泥株式会社经营，并将许多机器设备拆卸劫走。据统计，整个南京工业，因日军破坏，损失率高达 80%。③

对中国图书的掠夺，历来是日本侵华政策的一个重要组成部分。日军士兵在文化特务的指挥下，从 70 余处机关、学校，劫掠了大量的图书、文献，用卡车运往珠江路地质调查所内。在这 70 余处劫掠目标中，中文图书数量较大者有：中央研究院 33319 册，国学图书馆 167923 册，国立中央博物院筹备处 1365 种，中央文化教育馆 58735 册。④

由于日军肆无忌惮的纵火和劫掠，使工商业素称发达的南京，市面萧条冷落，生产停滞，经济破败。昔日的六朝古都，变得满目疮痍，不堪言状。这是日本侵略者在大肆屠杀平民、奸淫妇女的同时，犯下的又一项无可推卸的严重罪责。

四　南京人民的反抗

南京人民并没有为日本侵略军大规模屠杀、奸淫和烧抢的淫威所吓倒，他们在巨大的痛苦与屈辱之中，仍然用种种方式进行抗争，决不屈服，决不投降。

许多同胞，在敌人的屠刀和机枪面前，怒目而视，高呼口号，威武不屈。一些同胞在身受酷刑时，怒骂日军，直至停止呼吸。据目击者记述，"受难的同志，全身鲜血淋

① 孟国祥等著：《中国抗战损失与战后索赔始末》，安徽人民出版社 1995 年版，第 49—50 页。

② "南京大屠杀"史料编辑委员会：《侵华日军南京大屠杀史稿》，江苏古籍出版社 1987 年版，第 179 页。

③ "南京大屠杀"史料编辑委员会：《侵华日军南京大屠杀史稿》，江苏古籍出版社 1987 年版，第 179—180 页。

④ 中央档案馆等编：《南京大屠杀》，中华书局 1995 年版，第 942 页。

漓”,“依然叫骂怒视”。当日军在汉中门外、中山码头等地进行集体屠杀时,都发生了遇难军民呼喊“打倒日本帝国主义”的口号而壮烈牺牲的场面。在草鞋峡的大规模屠杀中,被难军民,不顾敌军机枪的扫射,高喊:“夺枪!夺枪!”他们赤手空拳,冲向敌人,直至全部牺牲。日本记者本多胜一根据日军第十三师团山田旅团第六十五联队一位下士的叙述,报道:在这次屠杀中,“由于俘虏的反抗,杀掉了一个少尉,因而传来了‘小心’有俘虏要夺刀”的警告。[①]

日军第十三师团山田支队一名33岁的辎重兵,在战后披露了发生在乌龙山麓的一次难民的壮烈反抗。在2万名已有一个星期没有进食的难民中,有一大群人,面对喷射着子弹的机枪,向日军猛扑过来,使刽子手们惊慌失措,只是靠了另一支部队的支援,才用汽油燃起的烈火,把反抗的人群镇压下去,并且活活烧死。[②]

数十名被强迫攀登司法院四层楼屋顶的被俘士兵,自知不是中途摔死,就是被日军纵火烧死,便奋不顾身地去夺取敌人手中的武器,甚至用牙齿咬住敌人的耳朵或腿部。他们虽然全部牺牲了,但是也当场打死了几个日兵。[③]

南京陆郎桥十八村的村民,因不堪日军蹂躏,奋起杀敌。据李克痕《沦京五月记》记载:

> 一日,有敌兵三名,到该处要猪鸡等,并找女人,当有王姓少女被其奸污,旋即去。当地居民皆愤慨,便决定如敌兵再来骚扰,必加以抵抗。第二天果有敌兵六名前来,居民大愤,奋起抵抗,当即枪杀敌兵三名,余三名逃走。[④]

在一些分散的场合,难民们临危不惧,在死亡威胁面前,独自抵抗日军的侵害。难民范有林在与母亲、姐妹四人逃难至赵家桥芦苇荡附近时,被三四名乘坐汽艇的日军抓住。日军因汽艇在浅水搁浅,便强令范有林背他们过河去芦苇荡。范深知芦苇荡里有许多避难的同胞,若将日军送去,避难同胞必遭劫难。于是,他在将一名日军背至河中心时,身子一斜,把敌兵歪倒在河里,并在河中展开了一场搏斗。最后,范有林被日军开枪打死;他的姐姐范兰甫亦跳河壮烈牺牲。[⑤] 一次,日军将七八名青年赶进一个院子,命他们脱去棉上衣,跪成一排,用刺刀逐一将他们刺杀。青年左润德宁

---

① [日]本多胜一:《通向南京之路》连载第二十一,日本《朝日周刊》1984年。

② [日]洞富雄:《南京大屠杀》,上海译文出版社1987年版,第71—72页。

③ 汉口《大公报》1938年2月23日。

④ 李克痕:《沦京五月记》,《侵华日军南京大屠杀史料》,江苏古籍出版社1985年版,第109—110页。

⑤ 《范兰珍证言》,《侵华日军南京大屠杀史料》,江苏古籍出版社1985年版,第466页。

死不屈，徒手与敌搏斗，终于死里逃生。他自述道：

> 我和一个邻居跪在一起，在日本兵开始用刺刀捅人时，我看不跑不行了，就用胳膊碰了碰邻居，于是我们两人突然站起，夺门奔逃，日本兵端起刺刀面向我刺来，我一侧身子，刺刀划破了我胸部的皮肤。我抓住刺刀柄，把日本兵推倒在地，我趁这个空档急忙向后门跑去，日本兵连开两枪，打偏了，我跑了出来，得以死里逃生。[①]

另一位青年李书海，利用武术勇斗日军。当一名日军头目持刀冲进他的家门时，他操起一杆红缨枪阻挡。日本兵见他反抗，便挥刀向他头部横劈过来。李书海使了个"缩头蹲身"势让开，夺门而逃。在巷子里又被埋伏的两个日本兵抓住。这时，他一运气，用"封心掌"将这两名日军打倒，得以虎口脱身。[②]

许多南京市民，决不屈服于日军的淫威，拒绝与其合作，表现了民族的凛然正气。一次，汉奸通令南京市民持"欢迎皇军"的旗帜，去大行宫"欢迎"新开到南京的日军。这时，一位老人，突然从人群中站出来，振臂高呼："和平，奋斗，救中国！"他因此惨遭杀害。[③] 各公司、商店，在日军进城之初，一律紧闭大门，以示拒绝。据蒋公穀在《陷京三月记》中记述："自来水厂及电灯厂的工友，在敌进城时，被害殉难的很多，最近敌人急欲恢复起来，而一般工友绝不愿意合作。"[④]于是，敌人只得利用大队宪兵，将水电厂工人"押赴厂内工作"。日军为方便其官兵通信，急于恢复邮政，但南京邮政职工拒绝合作。直至1938年3月26日，在日方答应不检查我同胞信件和不改变邮局公务员帽徽之后，方始试行复邮。另据张文全作证称，其父被日军抓差，因坚决不从，后被日军放出军犬活活咬死。永利铔厂的司炉工王加利，反对日军强行开工，至死不屈，后被敌兵杀害，并挖去其心脏。[⑤] 居住中华门里船板巷18号的李氏老太，在日军刺刀的威逼下，仍拒绝为日军带路搜捕中国士兵，结果遭到枪杀。[⑥]

19岁的汽车司机梁志成，被日军抓去。敌人强迫他把满载机枪子弹的汽车开到下关。他知道，这是用来集体屠杀同胞的弹药。这时候，他又被推到驾驶室的座位

---

① 《左润德证言》，《侵华日军南京大屠杀史料》，江苏古籍出版社1985年版，第484页。

② 《南京日报》1982年8月14日。

③ 白芜：《今日之南京》(B)，南京晚报社1938年版，第4页。

④ 蒋公穀：《陷京三月记》，《侵华日军南京大屠杀史料》，江苏古籍出版社1985年版，第87页。

⑤ 《新华日报》1951年3月4日。

⑥ 《南京日报》1982年8月8日。

上，一名日军官坐在旁边用手枪对着他。梁志成横下一条心，死也不送这批弹药。于是，他猛地一拳把坐在旁边的日本军官打倒，接着扑到他身上，用双手扼其喉咙。押车的日军发现后，跳下来用刺刀乱刺梁志成；那个被打倒在地的军官也爬起来，捡起手枪，向他射击。梁志成被枪击刀刺，倒在血泊之中，昏死了过去。待他渐渐苏醒后，便挣扎着爬回家里。因受伤太重，他知道自己活不成了，便对姐姐说："你要活下去，告诉我的朋友，我是给日本人杀的，我至死也没有帮助日本鬼子做过一件事。"①

许多南京同胞，为了维护中国妇女的尊严，同企图对妇女施暴的日军展开了殊死的搏斗。居住在三茅宫附近的一位青年妇女，被一群日军从家拖出，将遭奸淫。她的丈夫挺身而出，怒斥日军，并与之搏斗。他在被敌捆住，周身遭戳的情况下，仍骂不绝口，直到气绝。在场的另一名青年，抑制不住满腔的愤怒，大骂日军，并将一名日军压倒在地。后来，这位见义勇为的青年被几个日军捆在电线杆上，碎割而死。② 柏果树妇女傅如芬，为了保护邻居家刚生孩子的产妇，挺身而出，与日军搏斗，最后为免遭日军污辱，而与产妇一家7口人，一齐投塘自尽。③

世居南京的回民中，也出现了不少见义勇为、不让日军污辱妇女的动人事迹。中华门外西街清真寺四师傅张巴巴，为保护其媳妇不让日军奸污，大骂肇事日兵是畜牲，被日军当场打死。另一位长乐路清真寺的老阿訇白庆元，见日军闯入寺中，欲强奸老太太蔡氏，禁不住怒火填膺，奋不顾身上前阻止，被日军连刺两刀，伤重而亡。家住木屐巷的回民张长生，人高体壮，有武功。某夜，见日军闯入宅院，欲行强奸邻家妇女，他怒不可遏，轮起大木棍打倒了一名从房间里钻出来的日兵；当他又准备狠揍第二个日兵时，遭到枪杀。④

许多妇女宁死不辱，表现了高尚的民族气节。记者范式之报道说："城内所有妇女因不愿或不堪敌之蹂躏而自杀者，平均日必数百起。"⑤下浮桥清真寺老阿訇杨桂芳的两个女儿，为抗拒日军奸污，而至沙洲圩跳水自杀。在马府街44号，日军欲强奸少女丁振清。丁坚决不从，以手护住胸部，被日军当场枪杀。逸仙桥附近的几位妇女，被日军抓到后，虽已被强行剥去衣服，但仍至死不从，拼死搏斗，并痛骂敌兵。她们有的被割去耳朵，有的被割去舌头。⑥一位家住江心洲的女青年，见日军企图前来强奸，

---

① 《至死不屈的梁志成》，《新华日报》1951年3月3日。

② 郭士杰：《日寇侵华暴行录》，联合书店1951年版，第11页。

③⑥ 《新华日报》1951年3月3日。

④ 《幸存者的控诉》，南京市政协编：《史料选辑》第4辑，1983年版。

⑤ 范式之：《敌蹂躏下的南京》，《侵华日军南京大屠杀史料》，江苏古籍出版社1985年版，第121页。

借口说需上船过了水塘，到后面的树林中去。这名日军便跟着上船。待船行至塘中央，她便将船掀翻，使日军掉入塘中淹死。因宁死不辱，拼死相搏，被敌兵枪击、砍劈、水淹、窒息而死的，还有状元街46号吕王氏，雨花台20号王蔡氏、1号陈筱香、26号张陈氏，沙洲圩梁杨氏、周丁氏、王朱氏，任家花园周奚氏，珍珠巷陈徐氏，评事街169号哈栋臣之弟媳，中华门土城头三少女，闾林小学教师吴素琴，雨花台郭明华之侄女，等等。①

有的妇女，勇敢地痛斥日军兽行。一位妇女，已经多次机智地逃过了日军的魔掌，但她深知日军绝不肯罢休，于是，有一次她穿戴整齐，待日军又来时，从容地挥笔大书“日本兵是禽兽”数字，最后牺牲在日军的乱枪之下。②

有的妇女寻找机会，杀死敌兵。有位小学女教师，曾5次遇到日军的纠缠。后来，她设法弄到一支枪，藏在床下，待日兵又来时，一连打死5名敌人，最后她自己也从容就义。③

有的妇女，智杀日军。下关保善街一位妇女马氏，在日军前来强奸时，用酒把敌人灌醉，然后在丈夫和邻居的帮助下，用切西瓜的大刀，杀死了这名日本兵，并悄悄将其尸体运到野藕塘里埋掉。④

有的妇女舍己救人。一次，3名日军挟持3名妇女，要把她们带回营地施暴。其中一名妇女站出来，要求日军放走其他两名妇女，由她一个前去营地“慰劳”。日军遂放走两名妇女。不料，当走到难民救济会门口时，这位自告奋勇留下来的妇女，突然夺过日军身上的刺刀，向自己颈上刺去，立即流血倒地，以自己的生命保护了两位姐妹。⑤

下关鲜鱼巷一位女青年勇斗日军的事迹，为人们广泛传颂。家住鲜鱼巷79号的青年女子朱二姑娘，为了躲避日军，女扮男装，与其父逃到二板桥一个茅棚里。不料，一伙日军闯进茅棚，用推上了子弹的枪指着她说：“中国兵此地有，你的出来。”说着便把她往外拖。她先和这伙日军对揪，后由于日军人多力大，实在顶不住时，便猛地夺下日军腰间的佩刀，和他们拼命。当朱二姑娘刚刚举起刀的时候，周围的日军已经凶猛地往她腹部一连戳了三刀，至当场流血身亡。⑥

被称为“奇女子”的李秀英，反抗日军奸淫暴行的行为，更为感人。南京沦陷时，

---

① 《谷寿夫战犯案件判决书》，中国第二历史档案馆藏。

②⑤ 《沦陷区惨状》第5册，中国第二历史档案馆藏。

③ 《新华日报》1951年2月26日。

④ 《新华日报》1951年3月2日。

⑥ 《一个不屈的姑娘》，《新华日报》1951年3月1日。

她因已有7个月身孕，行动不便，便和父亲一同躲在五台山一所小学的地下室里。12月19日上午，日军欲将她和其他十多名妇女强行拉走。她为了不受日军污辱，便一头撞在墙上，头破血流，昏倒在地。待日军走后，才由父亲和难友把她抬回地下室休息。就在这天中午，又来了3名日本兵，将男人都赶走，将她和另外两名妇女分开，准备分别强奸。一名日军上来解她的纽扣，她自幼跟父亲学过一点武术，便将那名日军腰间挂着的佩刀夺过来，与敌人拼搏。她在后来叙述这场搏斗时说：

> 我趁机握住刀柄，日军见状大惊，同我争夺刀柄。我刀不能用，就用牙咬，咬住日军不放。日军被咬痛了，哇哇直叫。隔壁屋里的两个日军听到喊声，就跑过来帮助这个日军。我一个人对付这三人，没有办法，但我紧紧抓住刀柄不放，和这个日本兵在地上滚来滚去搏斗，其他两个日军就用刺刀向我身上乱戳。我的脸上、腿上都被戳了好几刀。最后，一个日军向我肚子上刺来，我立即失去了知觉，什么事情也不知道了。①

日军走后，李父以为她已经死了，便找来几个邻居，准备用门板把她抬到五台山旁埋葬。她被抬出门以后，才在冷风的刺激下苏醒过来。经医院检查，她身上共被刺了37刀，嘴唇、鼻子、眼皮都被刺破了。第二天，她又出现了流产。后来，她经7个月的医治，才恢复了健康。

屈辱中的抗争，反映了南京人民和中华民族爱憎分明、勇敢无畏的崇高品质。这是南京人民的光荣与骄傲。

第三节　国民党在江苏的抗战

一　江苏省政府的抗日活动

1937年全面抗战爆发后，江苏省政府即积极筹备，准备抗战。就在“八一三事变”爆发的当天，由国民党江苏省特派员和江苏省政府各厅处局长及其职员400余人参加的联合纪念周上，省政府委员、省民政厅长余井塘作了《我们如何努力抗敌救国》的报告，表示：“现在我们已经到了民族存亡的最后关头了。我们不能不起来抗战，这一次的抗战，是一个民族的抗战，我们要用全国的力量，全民族的力量来抵抗敌人的

① 《李秀英证言》，《侵华日军南京大屠杀史料》，江苏古籍出版社1985年版，第482页。

侵略……大战如果爆发，那就不管前方后方……所有全体人民，不分男女老幼，都要一样抱定牺牲的决心”，“无论何人，都应十分紧张的努力工作”，把力量“用到有关抗敌救国的种种工作上去”。余井塘最后提出：“组织分子的意志要统一”，“组织的系统要统一”，“组织的权力要集中”，“我们要绝对信任领袖，服从政府命令。”①

8月27日，江苏省政府主席陈果夫发布训令称：“此次抗战，为我民族生死存亡之最后关键，亦即我国民效忠报国之最后时刻，地方官吏，责在守土，尤宜淬励僚属，表率民众，以尽救国之天职”，并提出了八项要求：“（一）县长须领导同僚，抱城存与存，城亡与亡之决心，未奉命令，不得离城。（二）在城内万一有迁地办公之必要，应立即一面呈报上级机关，一面通告驻军长官及地方法团，以免失去联络。（三）凡属防空自卫等必要设备，应以最经济最敏捷之方法完成，可不必拘泥于平时手续。（四）军队需要地方供应者，应事前联络绅耆，妥为准备，临时急需，亦应迅速筹给，不得借故拖延。（五）地方秩序，须竭力维持，人心尤宜设法镇定，官吏不得仓惶失措，致民众自相惊扰。（六）密查间谍，严禁造谣，以免影响军事，扰乱治安。（七）联络地方团体，统治生活必需品，尤宜严禁奸商，居奇涨价。（八）难民之安置，伤害之救护，须联络各方，妥为筹划。”训令强调：“以上八项，无论如何危险，无论如何困难，务须切实做到……在此千钧一发之时，苟有天良，决不应有个人利害得失之虑，更不宜有临事畏怯回避之心，且战时军律，已明令公布，弃城溺职，罪在不赦，良心之谴责固严，法律之制裁尤重，务望我全省地方官吏，懔国家处境之危难，念自身职任之重要，竭精殚力，冒险犯难，努力完成应尽之任务，以期无负于国家，无愧于人民，有厚望焉。”②

陈果夫还在江苏省党政机关第三十六次联合总理纪念周上表示：“我们知道国家已到了非常时期，民族已达进了严重阶段，凡属国民尤其是公务人员，均当各尽其责，各展所长，有力的出力，有钱的出钱。就江苏说，现在很多的县份，已处于最前线的地位，所遭的创痕既深，所抱的抗敌意识，也应当特别高涨，更当将所有的人力财力，整个的献给国家。”③

8月28日，江苏省政府召开会议，决定在省政府总预备费中先行拨付13000元，并派两名专员，代表江苏省政府到战区慰问负伤的中国官兵，并按照“中级军官十元，下级军官五元、军士二元、兵一元”的标准发放慰问金。④

抗战开始后，国民党中央决定，各战区省政府主席须由军人担任，由于江苏省政

① 《江苏省政府公报》，第2658期，第10—11页，江苏省档案馆藏。

② 《江苏省政府公报》，第2667期，第26—27页，江苏省档案馆藏。

③ 《江苏省政府公报》，第2668期，第26页，江苏省档案馆藏。

④ 《江苏省政府公报》，第2667期，第20页，江苏省档案馆藏。

府主席陈果夫是文官，因此，1937年11月，陈被免去了江苏省政府主席的职务，同时，国民政府任命第三战区副司令长官顾祝同兼任江苏省政府主席。此后，顾祝同又担任第三战区司令长官兼第三集团军总司令、第二十四集团军司令等职。由于顾祝同身兼数职，无暇顾及江苏省政府的工作，于是他推荐江苏省民政厅长韩德勤代理江苏省政府主席一职。

韩德勤，江苏泗阳人，1891年出生，早年就读于保定军官学校，是顾祝同的亲信。顾祝同推荐韩德勤任江苏省政府代主席后，江苏省政府的实权实际上已经落入韩德勤的手中。

江苏省省会设于镇江，而镇江为长江要塞，也是南京的门户。当日军上海派遣军沿京沪铁路向南京进击，并接近丹阳时，江苏省政府决定省政府向江北转移，先迁至扬州，当日军第十一师团天谷支队准备由镇江渡江进犯扬州时，省政府又由扬州迁往淮阴，完全失去了对苏南26个县的控制。经国民政府批准，1939年1月，在皖南绩溪成立江苏省江南行署，代行省政府职权，冷欣为行署主任，行署下设"秘书、民政、财政、建设、教育等科，除秘书科长由王豫甫（原任第三战区司令长官部参议）担任外，其余都是江苏省政府各厅派来的。"[①]江南行署成立后，冷以军队为后盾，向江苏溧阳等地推进。

韩德勤指挥的部队集中在以淮阴为中心的苏北地区，其所属部队有：新组建的第八十九军，直属第三战区建制的独立第六旅，从山东调来的第五十七军第一一二师，中央财政部所属税警总团陈泰运的四个团，鲁苏皖边区游击总指挥李明扬、李长江的十一个纵队。韩德勤主持省政府后，为扩充军事力量，将原地方常备团扩建为十个保安旅，总兵力约10万人。韩将主力配置在淮阴周围，一部分驻扎在海州以西的灌云、涟水、沭阳等地，税警团、鲁苏皖边区游击总指挥部则在泰州姜埝一带活动。

日军华北方面军早有攻占淮涟沭灌地区的企图，1939年2月下旬，日军第二十一师团的五个步兵大队和两个炮兵大队从宿迁、泗阳向东南方向进攻；第五师团步兵第二十一联队第一大队，（欠两个中队）和第一一四师团步兵一个大队，第二十一师团步兵一个大队，另配备了炮兵、飞机等，组成"东挺进队"，从黄海北潮河口登陆，溯河而上，向淮阴进攻。韩德勤只进行了微弱的抵抗，即放弃了淮阴等十几座县城。于是日军决定不等集中全部力量后直接攻占淮阴，而是决定击溃在宝应附近狭长地区以北之中国军队，并立即命令第二十一师团及第五师团一部向淮阴方向追击。"第二十一师团以主力从大运河以西地区突破不良的道路，向淮阴快速前进，3月2日占领该地。

① 邵南骥：《江南行署始末》，《江苏文史资料存稿选编·政治卷》（下），江苏人民出版社2007年版，第68页。

接着，追击南面之敌，3 日占领淮安，5 日占领宝应。”[①]此时，东路日军 2 月 28 日进抵北潮河口，3 月 1 日换小艇西进，当天占领新安镇、响水口。3 月 2 日占领大伊山镇，4 日占领灌云、海州、涟水，7 日占领阜宁。

淮海地区沦陷后，韩德勤只得将江苏省政府迁到兴化，将苏鲁战区副总司令部迁到东台。

日军的主要矛头虽然指向坚决抗日的新四军和根据地的地方武装、抗日政府和抗日民众，但对于没有投降日军的江苏省政府韩德勤的部队和鲁苏皖边区游击总指挥部等各种地方部队，也企图全部消灭，以便完全控制江苏。

日军对付中国军队的手段基本有两种，一种是诱降，另一种是扫荡。日军通过汪伪国民党中央执行委员、立法院副院长缪斌牵线，以 50 万发子弹和 50 万元为诱饵，招降鲁苏皖边区游击副总指挥李长江，李长江率所部六个纵队 7000 余人公开投敌。鲁苏皖边区游击总指挥部，经此次打击，已基本垮掉，总指挥李明扬带着残部千余人转移到泰州北乡。随后又有杨仲华、潘干臣等一批军官率部投敌，从而严重削弱了韩德勤的实力。

韩德勤的江苏省政府和所辖军队，都集中在兴化周围地区。日军为扩大地盘，掠夺物资，于 1941 年 2 月中旬，进行了一次所谓“苏北作战”。日军调集了独立混成第十一、第十二、第十三旅团进行扫荡。独立混成第十二旅团集结高邮，由于高邮到兴化路程最近，该旅团 16 日从高邮出发，19 日完成了对兴化城的包围。20 日晨 7 时，日军攻入城内。据日方资料记载：“敌遗弃尸体三千三百具、被俘九百六十人，缴获小炮十五门、步枪八百六十九支、米麦二千袋及其他。”[②]日军“苏北作战”的目的有以下三点：“一、消灭江北兵匪，尤其是新四军，覆灭其地盘。二、扩大江北占据地区，打开物资流通途径。三、解决李长江部队（或投降或消灭）。”[③]由于李长江的投降，兴化城内的江苏省政府及韩德勤部队损失惨重。

由于韩德勤受到日军的沉重打击，只得率残部退至淮安、宝应、阜宁三县交界处的车桥、曹甸、泾口地区。

韩德勤虽然势力大衰，但在日军心目中，韩的势力还存在，所以仍然是其消灭的目标之一。1943 年 2 月，日军又集中第十七师团、第三十五师团、第十五师团、独立混成第十二旅团所部共万余人，在伪军八九千人的配合下进行大扫荡。日伪军 12 日开始出动，15 日，日军分路向韩德勤部和由山东南下增援韩军的第一一二师霍守义部

---

① 日本防卫厅防卫研究所战史室：《中国事变陆军作战史》第二卷 第二分册，中华书局 1983 年版，第 174—175 页。

②③ 日本防卫厅防卫研究所战史室：《中国事变陆军作战史》第三卷 第二分册，中华书局 1983 年版，第 140 页。

进攻。16日晚,日军占领了韩、霍两部的防地凤谷村、曹甸、车桥等地。霍部向山东撤退,韩军一部被歼,少数突围。日军原计划扫荡一周,因韩部一触即溃,因此扫荡比预计顺利得多,三天即达到了目的。韩德勤的这次惨败,重庆国民政府称之为"淮东事件"。关于这一事件,在江苏省政府的档案中有如下记载:"本府所在地之淮东,忽于二月十三日猛遭敌寇进犯,以致地区沦陷。本府向泗阳、睢宁一带转进,各机关人员暂行疏散,事务因之停顿。迨七八月间,本府呈准暂迁江南溧阳办公,各机关人员至九月中旬甫渐奉召前往,业已开始办公。"①

在韩德勤部遭日军进攻时,新四军第三师为牵制日军,对其发动攻势。当韩德勤走投无路时,新四军又允许韩军撤退到由新四军控制的苏北根据地,根据地政府还供应粮秣,让其休整。因在江苏境内已无处安身,韩德勤遂率残部西渡运河,撤退到皖北地区。虽然韩部与日军作战不利,但仍牵制了日军部分兵力。

二 徐州会战

徐州是津浦铁路和陇海铁路的枢纽,也是江苏、山东、河南、安徽四省的要冲,并位于日军华北和华中两个战场之间,使日军华北、华中两个战场相对孤立。为了打通南北两个战场的联系,日军南北兵力北上南下,企图在徐州会合,一举歼灭徐州附近的中国军队主力,同时沿陇海铁路西进,直逼平汉线,进而进占武汉。国民政府军事委员会和第五战区长官部曾经制订了保卫徐州的作战计划,其要旨是利用黄河和淮河,对日军的攻势分别加以遏制。但是,韩复榘丢弃黄河天险,不战而退守鲁西南,使日军得以迅速推进到鲁南,并立即从南北三路夹击徐州。中国军队的计划被打乱,只得临时调兵,仓促应战。

1937年12月南京失守后,日军第十三师团随即渡江北上,并于1938年1月占领滁县、明光、池河、藕塘一线。北线日军南下时,由于韩复榘畏敌避战,不战而退,日军长驱直入,轻取山东大部分战略要地,对整个会战造成极为不利的影响。日军先后集中24万人的兵力,于1938年1月下旬开始南北夹击徐州。然而,在中国第五战区司令长官李宗仁的指挥下,中国军队在徐州一带与日军展开了大规模会战。

中国方面极为重视徐州地区的防御作战。第五战区先后调集约60万大军防守徐州地区,主力集中于徐州以北,抗击北线日军南犯,以一部兵力部署于津浦铁路南段,阻止南线日军北进。

板垣征四郎的第五师团是由华北南下的日军左翼,其主力沿胶济路西进,至潍县

① 《江苏省政府三十二年度政绩比较表》第177号,江苏省档案馆藏。

后，沿台潍公路南下，企图夺取临沂，从东路包抄徐州。2 月 21 日，日军第二十一旅团长坂本顺率三个步兵联队、一个炮兵联队、一个骑兵大队等部队和伪军一部，共约两万人，向临沂突进，沿途遭到庞炳勋第三军团、沈鸿烈海军陆战队，以及保安队、游击队的节节抵抗。日军连陷诸城、莒县、沂水，于 3 月 5 日进抵临沂以北之汤头、白塔、尤家庄一线，距临沂仅十余里。10 日，日军近万人，在战车、大炮和飞机的掩护下，向临沂猛攻。

坚守临沂的中国军队仅有五个团的兵力，面对日军的进攻，守军伤亡极大，连电告急。第五战区即令第五十九军从滕县附近紧急驰援临沂，第五战区参谋长徐祖诒也亲赴前线指挥。

第五十九军于 12 日抵达临沂北郊之沂河西岸。14 日拂晓奉命以主力分由船流、钓鱼台等地强渡沂河。向白塔、沙岭、徐太平、亭子头方向攻击前进。第一八〇师在亭子头遭到日军的顽强抵抗。第三十八师一部攻克白塔、汤佛崖，但由于日军在飞机、战车和大炮的掩护下拼命反击，该师被迫退至沂河西津。同时，第四十军亦从正面向日军反攻，其右翼部队占领了相公庄，并向青墩寺、尤家庄一带进攻。15 日，该军攻克了东西沙庄、郑家寨、黄家墩、柳行头以南一线，并从右翼迂回至贾家庄、汤头一线。同日，刘振三第一八〇师攻下亭子头，日军向东、西水湖崖撤退；黄维纲第三十八师再渡沂河，占领沙岭。下午，日军千余人在战车的配合下，向第一八〇师阵地猛烈反扑，守军沉着应战，并派部队实施侧击，日军向左家官庄退却。

16 日，日军又调集 4000 余人，在飞机的配合下，由汤佛崖渡河，向第五十九军石家屯东南至大安子、崖头、刘家湖、钓鱼台一线阵地猛攻，守军伤亡虽重，但仍然坚守阵地。至 17 日晨，日军全力攻击崖头、刘家湖、茶叶山阵地，守军阵地均被密集炮火摧毁，日军占领该三处阵地。张自忠急令两个旅增援，奋力反攻，阵地几度易手，终将丢失的阵地全部夺回，日军大部被歼。同日，庞炳勋军团也发动攻势，激战一昼夜，先后占领尤家庄、傅家屯、东西水湖崖、沙岭一线，日军退守李家五湖、傅家池、草坡一带。18 日，张、庞两军从东、南、西三面夹击汤头、王疃、傅家池、草坡附近日军，经过三天激战，先后攻克李家五湖、车庄、前湖崖，日军被完全击溃，其残部大部向莒县逃窜，一部仍在汤头固守待援。

正当张、庞两军准备围歼汤头日军之时，第五战区令第五十九军急调费县，准备向泗水、滕县转进，仅留一个旅在临沂。20 日夜，张军主力全部西撤。与此同时，日军增援部队会同汤头之残部再度向庞军反攻，庞军孤军奋战，亭子头、东庄屯阵地均被日军突破，乃退至桃园、石埠岭、黄山一线阵地。此时庞军兵力仅存 2000 余人，临沂再度告急。23 日，已到达费县附近的张军又奉命回师，24 日晨抵达临沂附近，并在韦家屯、桃园一带与日军激战。次日，第三十八师夜袭桃园、三官庙，并攻克桃园。26日，日军一部由船流渡过沂河西进，另一部约一个联队也到达临沂以西30余里的义堂集一线，准备围攻临沂城。张自忠急派主力于城西北之王家岔河、八里屯、小岭、古城一线布防拒敌。尽管日军连续三天以飞机和大炮猛烈攻击，但由于张军将士奋勇御敌，日军始终未能越过临沂半步。由于台儿庄方面日军战况吃紧，29日夜，日军退守义堂集、艾山一线，抽出坂本旅团主力两个步兵联队、一个野炮兵联队驰援台儿庄，仅留一部在义堂集附近与中国军队对峙，等待援军。

临沂保卫战的胜利，使日军第五师团主力始终不能与津浦路北段的第十师团按预定计划会师台儿庄，从而使冒险突进到台儿庄的濑谷旅团处于孤立无援的境地。

在津浦路正面进攻的日军矶谷廉介第十师团，自1月上旬占领兖州、济宁、邹县一线后，自认为当面中国军队不堪一击，攻占徐州易如反掌，便沿津浦铁路向南突进。

在南线，1938年1月26日，日军第十三师团向安徽凤阳、蚌埠进攻。守军第十一集团军第三十一军在池河西岸地区逐次抵抗后，向定远、凤阳以西撤退。至2月3日，日军先后攻占了临淮关和蚌埠。9日和10日，日军第十三师团主力分别在蚌埠、临淮关强渡淮河，向北岸发起进攻。第五十一军与日军展开激战，伤亡甚重，12日向澥河、浍河方向撤退。第五战区以第五十九军军长张自忠率部驰援，进至固镇地区，协同第五十一军在淮河北岸地区顽强抗击日军。同时，在淮河南岸，以第二十一集团军第四十八军固守炉桥地区，第七军协同第三十一军迂回攻击定远日军侧后，迫使日军第十三师团主力由淮河北岸回援。第五十九军、第五十一军乘势反攻，至3月初恢复淮河以北全部阵地。第二十一集团军和第三十一军旋由淮河南岸向北岸集结。至此，中日两军在南线形成隔河对峙的局面，日军南路受阻，其南北夹击的计划无法实现。

在北线，为了阻滞日军南下，以争取时间使中国援军在徐州附近部署，2月7日，李宗仁令第三集团军反攻济宁、汶上。

济宁、汶上日军为第十师团步兵第三十九联队，其中济宁驻有3000余人，配有火炮二十余门、战车十余辆，汶上有日军500余人戒备，配有火炮六门、机枪十余挺。

12日夜，展书堂师由开河镇渡过运河。次日零时，部队分由汶上城西北、东、南三面攀登城垣，实行夜袭。其中一部由城西北冲入城内，与日军展开激烈巷战。日军即由济宁派兵800人增援，在汶上城南之辛店遭到展书堂师一个团的阻击。14日，日军逐次增援千余人。汶上城内日军则以机关枪、平射炮架于屋顶，向中国攻击部队猛射，敌机数架亦反复轰炸。经过两昼夜的激战，双方伤亡惨重。至17日晨，日军由泰安、兖州、宁阳驰援2000余人。由于展师已同汶上之敌激战四昼夜，官兵伤亡达2000

余人,共毙日军七八百人,乃奉命向开河镇附近运河一线撤退。

在展师反攻汶上的同时,孙桐萱即令第五十五军及第二十二师向济宁攻击。12日晚,谷良民师一个旅,配备山炮两个连,由济宁西北之大长沟强渡运河,翌日晨攻克北关。13日午,曹军也从南面之河长口向济宁反攻,其步兵两个团逼近济宁南围子门。14日,谷良民师两个团先后攻入济宁城内。日军利用街巷既设阵地负隅顽抗。血战终日,谷师因伤亡过重,兼以弹药不足,乃撤出济宁城。15日,日军千余人,配备火炮八门,战车二十余辆,分由泰安、宁阳、兖州来援济宁,直趋大长沟,企图截断中国军队退路。谷良民遂派两个团分别在戴五屯、二十里铺迎击。同日,谷师一部攻入济宁城。至傍晚,谷师伤亡已达五六百人,更因腹背受敌,乃乘夜撤至肖王庄附近。16日凌晨,日军向大长沟进犯,被谷师两个团夹击,继由第二十师一个团附炮兵两个连增援,终将该敌击溃,残部200余人据前薛家顽抗。17日晨,曹军两个团附山炮四门,猛攻济宁城南关和西关。同日下午,日军800人,炮十余门,坦克十余辆再次突出济宁城,在八里屯与谷师一个团激战,该团伤亡惨重。同时,谷师三个团在二十里铺、前薛家一带同日军血战,共歼敌数百人,击毁日军装甲车五辆,中国军队亦伤亡数百人。是日夜,该师主力撤回运河西岸,仅留一个团固守东岸之朱庄。18日,日军千余人、炮八门、坦克十余辆向朱庄猛攻,其飞机亦向守军狂轰。

鉴于日军主力全面反攻,中国军队伤亡较重,攻势无法取得进展,19日,孙桐萱命令全线撤退。曹军主力撤至运河西岸唐家口、河长口、傅庄一线,一部据守河西之安居镇、西正桥、小流店附近,对济宁之敌实行警戒,谷师也后撤至嘉祥一线。24日,日军以全力突破第二十师新桃河、杏花村阵地。次日嘉祥陷入敌手,第三集团军主力乃撤至万福河南岸。济宁、汶上反攻虽未获成功,但是,此战斗吸引了日军第十师团一个旅团主力,有力地支持了津浦路正面的作战。

3月14日拂晓,日军第三十三旅团在飞机掩护下,兵分四路向界河进攻。一部3000余人,由石墙攻陷中国军队第一二四师大小山、季寨阵地,从西路包围界河,另一部3000余人则从香城向界河突进,包围了龙山陈离第一二七师阵地。界河正面日军3000余人攻占黄家山阵地,另一股日军3000余人绕过龙山直扑滕县。15日,日军连陷界河、龙山,并向滕县以北之北沙河第一二二师一个旅猛攻。同时,日军一部已抵达滕县附近。孙震急令第一二二师师长王铭章死守滕县,等待汤恩伯军团的增援。其时滕县守军仅有两个营,王铭章急令第三六六旅由太平邑赶赴滕县增援,但该旅在城头村附近遭到日军阻击,并被截成数段,仅一个营突入滕县。

16日晨,日军步骑兵约5000人进抵滕县东郊,以重炮向东关猛轰,日机亦猛烈轰炸滕县。同时,日军在坦克掩护下乘机向城垣猛攻,守军官兵与日军激战,击退日军多次进攻，但伤亡惨重。是夜，王铭章将北沙河的两营调回滕县。孙震鉴于滕县守军兵力单薄，迭电军委会，要求汤军团第四师速解滕县之围，但该师一个团在滕县东南关被日军阻击。

17日凌晨，日军又以重炮、坦克发动进攻，东城墙被轰毁多处，南城墙也被轰塌两丈宽的缺口，守军堵塞缺口时伤亡惨重。王铭章及各旅、团长分途率部堵击日军。王铭章并致电孙震，表示"决以死力拒守，以报国家，以报知遇"[①]。下午，南城缺口被敌炮火越轰越大，日军在飞机、大炮的掩护下冲入城内十多次，均被守军奋勇击退。不久，日军又集中炮火猛轰城墙，数百日军乘机占领了西门和南门，中国守军被迫与日军展开巷战。王铭章在西城备战，腰部中弹后，仍击毙日军三人，壮烈殉国。第一二二师参谋长赵渭滨、第一二四师参谋长邹绍孟、团长王磷均于城破之时，督部血战，以身殉国。18日凌晨，滕县陷落，守军仅数百人由北门突围，其余两千余人均壮烈牺牲。滕县虽失守，但王铭章部坚守两昼夜，为汤、孙两部在台儿庄一线部署作战赢得了宝贵的时间。

台儿庄位于徐州东北约30公里之大运河北岸，北连津浦路，南接陇海线，战略地位十分重要。日军如攻下台儿庄，既可南下攻取徐州，又可北上策应板垣师团，截断中国军队的后路。

3月20日，日军第十师团濑谷支队向南进击，连陷临城、枣庄、韩庄后，不顾第五师团和第十师团在其两侧进攻受阻，孤军深入，向台儿庄突进，企图一举攻占徐州。李宗仁以第二集团军总司令孙连仲率部固守台儿庄，池峰城第三十一师附配备炮兵一营先期到达台儿庄布防，第二十军团军团长汤恩伯率部让开津浦铁路正面，转入兰陵及其西北云谷山区，诱敌深入，待机破敌。3月23日，日军由枣庄南下，在台儿庄北侧的康庄、泥沟地区与守军警戒部队交火。24日起，日军反复向台儿庄猛攻，多次攻入庄内，守军池峰城部顽强抗击，与日军展开激烈的争夺战。第五战区以第二十军团主力向台儿庄机动，攻击日军侧背，与第二集团军形成内外夹击之势，并令第三集团军进至临城、枣庄以北地区，断其后路。日军为解台儿庄正面之危，速以第五师团坂本支队从临沂驰援，当其进至兰陵以北之秋湖地区，即被第二十军团第五十二军包围。4月3日，第五战区发起全线反攻，激战四天，歼灭日军濑谷支队大部、坂本支队一部共万余人。其余日军于4月7日向峄城、枣庄撤退。是为抗战史上著名的"台儿庄大捷"。

---

① 国民政府军令部战史会档案：《王铭章致孙震电》(1938年3月17日)，中国第二历史档案馆藏。

台儿庄中国军队的重机枪阵地

台儿庄一战，中国守军依靠步枪、手榴弹、机关枪和少量重武器，以伤亡近两万人的代价，击溃了日军精锐之第五、第十师团对台儿庄的进攻，歼敌万余人，击毁战车十余辆，野重炮十余门，取得了抗战以来中国军事上的重大胜利，打破了日军不可战胜的神话。

日军在台儿庄的惨败，使其清醒地认识到徐州附近集结着中国的精锐部队。为了迅速消灭中国军队主力，使中国尽快丧失抵抗能力，日本大本营决定华中派遣军与华北方面军从南、北两面夹击徐州。

蒋介石此时也为台儿庄的局部胜利所陶醉，力图坚守徐州，调来了大批精锐部队，使徐州附近地区的部队达到 64 个师又三个旅，共 60 余万人，摆出了决战的阵式。而日军改以部分兵力在正面牵制对方，主力向西迂回，企图从侧后包围徐州，歼灭第五战区主力。4 月 18 日，日军第十师团、第五师团分别从山东峄城（今属枣庄）和临沂西北的义堂地区南进，对守军第二集团军和第二十、第三军团及第二十七军团第五十九军实施牵制性进攻。守军顽强抗击，至月底，将日军阻止在韩庄、邳县和郯城一线。5 月 5 日，日军开始从南北两个方面向徐州西侧迂回包围。在南面，第九、第十三师团从蚌埠地区分别沿北淝河、涡河西岸北进，至 13 日，陷蒙城、永城后，向江苏萧县、砀山进攻；第三师团由蚌埠进入大营集地区，向宿县（今宿州）进攻。在北面，第十六师团由山东济宁渡运河，至 14 日，连陷郓城、单县、金乡、鱼台后，向江苏丰县、砀山推进；第十四师团从河南濮阳南渡黄河，陷山东菏泽、曹县后，直插河南兰封。同时，第十师团将韩庄、台儿庄地区的作战交由第一一四师团接替后，在夏镇附近渡过微山湖，向沛县进攻。由于日军已形成对徐州的四面合围态势，5 月 15 日，中国最高军事会议决定放弃徐州。16日,第五战区命令各部队分别向豫、皖边界山区突围。19日徐州陷落。日军沿陇海铁路西进,6月6日占领开封。为阻止日军前进,蒋介石9日下令在郑州东北花园口附近炸开黄河大堤,河水经中牟、尉氏沿贾鲁河南泛。日军被迫向黄泛区以东地区撤退,徐州会战至此结束。

此役,中国军队广大官兵英勇奋战,首先在南线将日军阻止在淮河南岸,打破其与北线日军会合的企图,继而在北线将东路日军击败于临沂地区,又将西路日军之右翼阻止在嘉祥地区,粉碎了日军在台儿庄会师的计划。在台儿庄地区作战中,第五战区采取积极防御战法,以一部担任内线防御,另一部置于外线作战,攻防结合,灵活机动,获得大捷。随后,最高军事当局不顾敌强我弱的总体形势,调集大军在徐州附近,企图与日军决战,因而使会战在后期陷于被动。尽管如此,这次会战消耗了日军的有生力量,迟滞了日军进攻速度,为部署武汉会战赢得了时间。

三 国民党军在江苏的游击战

全面抗战爆发后,国民党军在各正面战场与日军展开激战的同时,也注重在敌占区开展游击战争,以袭扰日军。在徐州会战时,第五战区司令长官李宗仁就将韩德勤第二十四军部署在江苏,负责“长江北岸江苏省地区之游击”。[①] 在徐州会战时,根据李宗仁的统一部署,国民党军第一游击区第五十七军第一一一师向津浦路南段挺进,展开游击战争,一度突入明光县城,第八十九军也一度收复了六合县城,有力地配合了正面战场的作战。

江南是国民党军敌后游击战开展较早的地区之一。1937年12月,日军在占领了上海、南京、杭州、芜湖等地后,一时无力在江南再扩大占领区。1938年初,第三战区所属部队沿赣西、皖南、苏皖边、浙西至浙东建立了新的防线,并十分注重发挥游击战的效用,以正规军挺进敌后,开展游击战争。1938年初,第三战区颁发《对江南游击战区作战指导计划》,指出:“本战区以摧毁倭寇在京沪杭一带根据[地]之[为]目的,决派国军之一部进入京沪杭游击战区,袭击敌军,攻占要点,破坏交通,并树立政权,领导民众,扑灭伪组织,打破敌人政治经济设施,巩固我全民抗战之基础”,并命

江苏省政府主席
兼鲁苏战区副总司令韩德勤

① “国防部”史政编译局编:《抗日战史·徐州会战》,台北,1981年印行,第4页。

令第十集团军以正规军“一师一旅为基干，配合沪杭路一带之挺进部队，编成攻击军，向沪杭路一带地区挺进”；第三十二集团军以正规军“两个师为基干，配合京沪路一带之挺进部队，编成攻击军，向京沪路一带地区挺进”，“应于广德、宜兴、溧阳、高淳、郎溪一带，构成作战根据地”；“首先截断京沪路宜兴、溧阳、句容附近之交通，尔后以一部进入无锡、武进附近，破坏敌军京沪交通，主力进入镇江、丹阳、句容附近，攻击敌军”；“应由浙江省政府、省党部与江苏省政府、省党部派遣一部人员，随同攻击军行动，指挥各行政专员、区党务指导员，各县政府、县党部，领导民众协助攻击军之作战；并随攻击进展，巩固游击区内之政权”。①

第三战区于1938年4月又拟定了《第三战区第二期作战指导方案》(第一号)，决定将战区所辖之三个集团军分别组成四个野战兵团和四个游击兵团。并规定“各游击兵团无论何时何地及任何时机，应以一部散置于敌前进路之两侧及其侧面，不断施行机敏果敢之袭击，以遂行游击任务，而疲劳及消耗敌之战斗力；大部应对敌逐次抵抗，努力迟滞敌主力之前进，并掩护我野战兵团之攻击行动”；“野战兵团与游击区，不分割集团军之建制，统属集团军总司令指挥，使正面抵抗部队与侧击游击部队协同动作。”②第三战区的这一部署，为后来策应徐州会战和武汉会战，均发挥了积极的作用。

第三战区面对日伪统治核心京沪杭地区，防守浙、皖、赣的任务艰巨，对游击战一直比较重视。该战区开展敌后游击战的力量，一是游击队，二是正规军。顾祝同认为：“游击的主要任务，还有待于正规部队来担任。”并决定“野战兵团与游击区，不分割集团军之建制，统属集团军总司令指挥，使正面抵抗部队与侧击游击部队协同动作。”③1938年初，该战区制定了《对江南游击战区作战指导计划》，命令所辖第十、第三十二两个集团军，分别以正规军一师一旅或两个师为基干，组成攻击军，向沪杭铁路和京沪铁路沿线敌后挺进。其中以第六十二师师长陶柳为第十集团军攻击军指挥官，指挥第六十二师和独立第四十五旅，配备炮兵、工兵等部队，携带火炮两门，挺进浙西，破坏沪杭铁路交通。第三十二集团军组织两支攻击军，右路以第六十七师师长莫与硕为指挥官，指挥第六十七师，配备炮兵一个连，携带战防炮两门，由皖南挺进苏南无锡、常州附近；左路以第五十二师师长冷欣为指挥官，指挥第五十二师和新四军，各配炮兵一个连，携带战防炮四门，由皖南挺进苏南镇江、丹阳、句容一带，两路的目标都是破坏京沪铁路交通。各攻击军还指挥挺进队、铁道工人队、浙江国民抗敌自卫

---

① 战史会档案：《第三战区对江南游击战区作战指导计划》，中国第二历史档案馆藏。

② 战史会档案：《第三战区第二期作战计划》(第一号)(1938年4月20日)，中国第二历史档案馆藏。

③ 王平：《抗战八年》(上)，沈云龙主编：《近代中国史料丛刊续编》第71辑，第705册，台湾文海出版社有限公司1967年版，第93—94页。

团、忠义救国军等游击部队。但是，第二游击区的部队，初期有第五十二师和挺进第二纵队。第五十二师为正规军，而挺进第二纵队是临时拼凑起来的，在京沪杭沦陷时的大量散兵游勇和一些土匪武装，再加上二十二补训处酌一个新兵团，合编为挺进第二纵队第四、第五、第六三个团。这个部队，抗战不力，扰民有余。冷欣承认，"挺进第二纵队，则非常复杂……抗战不足，扰民有余"，"以后虽经初步整理编拼……但仍野性难驯"①。

1938 年 4 月，第三战区根据《第二期作战指导方案》，将所辖各集团军划分为野战兵团和游击兵团两类，分别承担正面防守和敌后游击作战任务，第十集团军分为一个野战兵团和一个游击兵团，第二十八军军长陶广担任第一游击兵团长，下辖第十六、第六十二、第六十三 3 个师；第十九集团军分为两个野战兵团和两个游击兵团，其中第二游击兵团长由第二十五军军长万耀煌担任，下辖第七十九、第一〇八师和独立第四十五旅，第三游击兵团长由第七十三军军长王东原担任，下辖第十五、第一〇五师；第二十三集团军分为一个野战兵团和一个游击兵团，第二十三军军长潘文华担任第四游击兵团长，下辖第一四八师、独立第十四旅和新四军。此外，各兵团长还指挥游击队、挺进队和地方保安部队。合计该战区担任游击任务的国民党正规军为 8 个师又 2 个旅，约 8 万人。

1939 年，第三战区在敌后主要开辟了浙西和苏皖边两个游击区，两游击区内共有五个师和一个旅常驻，约 5 万人。此外，当需要策应正面战场会战，军委会要求第三战区加强敌后游击战时，独四十五旅和第五十二、新七、新二十一师有时进入第一、第二游击区内短期作战，有时与上述五师一旅换防。另外，唐式遵第二十三集团军的第五十、第二十一、第二十五军共六个师经常担负挺进长江布雷和炮兵游击长江日军舰船的任务，以及出击苏皖边、皖南、苏南，挺进敌后承担临时性游击作战的任务。②

1942 年底，在游击队整顿中，第三战区第一、二两个游击区指挥部的编制被撤销，但两个游击区之上的指挥机构浙苏皖边区游击总队司令部（也称浙苏皖边区游击指挥部）改称浙苏皖边区挺进军总司令部，仍由第三十二集团军副总司令陶广担任挺进军总司令，仍领导浙西、苏皖边、浙皖边原第一、二游击区范围内的游击战。1943 年，正规军担任游击战的部队和 1942 年一样，仍是第二十八军的三个师。

1943 年 9 月中旬，日军抽调第七十、第五十、第十五、第一一六师团和第五十六旅团等各一部，约两万人，分由浙西、苏南、皖南向第三战区苏浙皖边敌后游击区进攻，

① 冷欣：《从参加抗战到目睹日军投降》，《传记文学》第 5 卷 第 1 期，台湾传记文学出版社 1967 版，第 58—59 页。

② 战史会档案：《第三战区抗战指导》（1940 年 10 月 4 日），中国第二历史档案馆藏。

企图解除抗日武装对长江下游的威胁，保证京、沪、杭三角地带的安全。10月1日，石濑（余杭西北）、武康日军第七十师团约4000人，宜兴日军第五十六旅团一部约1000人，天王寺（金坛、溧水间）日军第十五师团约2000人，高淳、水阳镇日军第五十师团一部约2000人等，分别向黄湖（武康西南）、塍头（武康西）、张诸（宜兴西南）、上兴埠（天王寺南）、郎溪、宣城、泗安（长兴西）等地进犯。10月2日，由宜兴西犯的日军第五十六旅团一部，在新桥突破江苏保安第四纵队的阻击后，西进广德；由天王寺南进上兴埠之日军第十五师团第五十一联队，在德山突破挺进第二纵队第四团的阻击后，转攻梅渚。日军第五十师团一部10月1日由高淳、水阳镇进攻郎溪，在攻陷郎溪后，日军一部又转攻梅渚，而主力直趋广德。2日，广德在日军三面进攻下沦陷。同时，日伪军又进攻忠义救国军王岭根据地。忠义救国军为保卫根据地与日军激战三日，最后被迫放弃王岭，向西南方向撤退。8日，日军第五十六旅团主力攻陷溧阳。日军在攻占孝丰、广德、水东镇一线之后，遭遇国民党游击部队的顽强抵抗，未能继续深入。第三战区指示第二十八军调整部署，于10月中旬开始反攻，将日军赶出根据地。第二十八军命令第六十二师第一八四团增援孝丰方向，配合第一九二师反攻；第一四四师第四三二团由泾县增援宣城，协助第五十二师收复水东镇，并相机收复郎溪；忠义救国军以一部协助第二十八军作战，主力挺进敌后展开游击战，并相机收复广德、泗安等地。第三战区挺进第二纵队、江苏保安第一、第四团，在宜兴、溧阳、郎溪、广德各地袭扰日军后，奉命撤回原防地休整。①

第四节　中共领导的敌后游击战争

一　新四军挺进江苏敌后

全面抗战爆发后，八路军和新四军被编入国民革命军序列。其中，新四军隶属以顾祝同为司令长官的第三战区，但中共中央决定开展独立自主的游击战争。抗战初期，由于日军主力大多在正面战场与国民党军队作战，敌后沦陷区出现了一定程度的军事真空。新四军决定挺进敌后，开辟根据地，开展敌后游击战争，打击日本侵略者。1938年2月15日，毛泽东电告项英、陈毅，同意了他们提出的新四军的行动原则，并指出："目前最有利于发展的地区是江苏境内的茅山山脉。"要求新四军"以溧阳、溧水地区为中心，向着南京、镇江、丹阳、金坛、宜兴、长兴、广德线上之敌作战，建立根据

① 洪小夏：《抗日战争时期国民党敌后战场研究》（1937—1945），南京大学未刊博士论文，2007年2月，第98页。

地，扩大新四军基地。”①

根据中共中央的这一指示，新四军决定首先向苏南敌后挺进，创建茅山根据地。4 月，第一、二、三支队抽调 400 多名指战员，组成先遣支队，由粟裕任司令员，钟期光任政治部主任，向苏南挺进。5 月 19 日，先遣支队到达江宁铜山，进入苏南。6 月 17 日，先遣支队在镇(江)句(容)公路的韦岗附近设伏袭击了一支日军运输车队，经半小时战斗，毙伤日军 20 多人，击毁汽车 4 辆，缴获一批枪支。韦岗战斗是新四军苏南抗战的首战，它的胜利起到了鼓舞士气的作用。国民政府军事委员会也为此向新四军发出了嘉奖电。

先遣支队出发不久，新四军第一、二支队也纷纷挺进苏南。6 月中旬，一支队副司令兼第一团团长傅秋涛和副团长江渭清率部来到江宁、当涂、溧水、高淳一带活动。随后，二支队司令张鼎丞也率部进入苏皖边界的当涂、芜湖地区。他们广泛发动群众，摧毁伪政权，改编人民自发的抗日武装，整顿地方秩序，逐步建立了以茅山、瓦屋山为中心的苏南抗日根据地。不久，陈毅等新四军领导人也到达茅山地区。

活跃在洪泽湖上的新四军

在创建根据地的同时，新四军对日军展开了以伏击战、偷袭战为主要形式的游击战。1938 年 7 月 1 日，一支队二团袭击了京沪铁路的新丰火车站，歼灭日军 40 多人，破坏了一段铁路。14 日，一支队一团趁夜袭击了南京郊外西善桥的日军据点，并破坏了宁芜铁路的一段路轨。8 月 12 日，二团夜袭了句容县城，摧毁了伪维持会，消灭

① 中共江苏省党史工作委员会、江苏省档案馆编：《中共江苏党史大事记》，中共党史资料出版社 1990 年版，第 157 页。

了 40 多名伪军。23 日，该团又在丹阳附近伏击了日军船队，毙敌 30 多人。此外，新四军各部队还先后取得了新塘、竹子岗、仓头、当涂等大小百余次战斗的胜利。进入 1939 年后，新四军又先后取得了芜湖官陡门、东湾、丹阳延陵等战斗的胜利。敌后游击战争已如火如荼地开展起来。

日军在连续遭到新四军的打击后决定反击，企图一举消灭活跃在苏南地区的新四军。从 9 月开始，日军调集数千人的兵力，采用分进合击、多路围攻的战术，对新四军频繁活动的地区进行了多次扫荡。新四军在日军以优势力量扫荡时化整为零，跳到外线，继续以游击战的形式打击来犯之敌。二支队先后经历了鸡笼山、护驾墩、当涂、陶吴等反扫荡战斗，挫败了日军消灭新四军的计划。一支队也在前隍的华山粉碎了日军的合围。新四军反扫荡战斗的胜利起到了巩固苏南抗日根据地的作用。不久，中共苏南特委成立，接受中共中央东南局的领导，下属句容、丹南、镇丹、丹北 4 个县委。此外，为了加强对江南新四军的统一指挥，军部于 1939 年 8 月成立了江南指挥部，由陈毅、粟裕分任正、副总指挥。

1938 年 9 月，中共扩大的六届六中全会在延安召开，重申了中共独立自主的抗日游击战争的方针，决定把工作重点放在敌后，还提出了“大力巩固华北、发展华中”的方针。新四军在初步巩固了茅山根据地之后，决定继续向京沪铁路的东部和江北地区发展。早在 1938 年 5 月，中共中央就对新四军的行动提出了明确要求：“在茅山根据地大体巩固起来之后，还应准备分兵一部进入苏州、镇江、吴淞三角地区去，再分一部分渡江进入江北地区。”[①]1939 年春，周恩来又来到新四军军部，与项英等人商定了“向南巩固、向东作战、向北发展”的战略任务和作战方针。

在此前的 1938 年秋，一支队就派出小股部队向东侦察前进。该部与江阴地区的中共组织取得联系，收编改造了梅光迪、朱寿松两支民间抗日游击队，称为江南抗日义勇军(“江抗”)第三路军。1939 年春，陈毅为贯彻中共中央的决定，决定大力向江苏东南水乡地区发展。他派新四军一部会同“江抗”第三路军，使用江南抗日义勇军的番号，以梅光迪为总指挥，叶飞、何克希为副总指挥，于 5 月从茅山到达无锡梅村，随后就会同中共江南特委，成立了中共东路工作委员会，由叶飞担任书记。随后，“江抗”就在苏州、常熟、青浦、嘉定等地展开游击战争，先后取得了黄土塘、浒墅关等战斗的胜利，还袭击了上海虹桥机场。同时，“江抗”又开展了根据地的建设工作，他们发展中共组织，改编地方武装，建立中共领导的基层政权。到 8 月底，“江抗”已由出发

① 中国人民解放军历史资料丛书编审委员会编：《新四军文献》(1)，解放军出版社 1988 年版，第 111 页。

时的1000多人发展到5000多人,装备也大为改善。[①]

新四军在东路的发展引起国民党第三战区的不满,他们指责"江抗""越界活动",并派兵追剿。双方发生了军事冲突,互有伤亡。为了维护国共两党团结抗战的大局,陈毅与国民党江南行署经过谈判后达成协议,议定双方同时撤军。这避免了双方的进一步冲突。"江抗"在西撤后留下部分部队继续在东路活动。这部分部队首先由中共江苏省委领导,11月,江南抗日义勇军东路司令部成立。"江抗"东路部队在苏州、无锡和上海周围地区展开了针对日伪军的游击战争,自身也得到了较大发展。1940年春,中共中央东南局决定在东路地区成立军政委员会,并把江南抗日义勇军东路司令部改称江南抗日义勇军东路指挥部,由谭震林任司令员。此后,"江抗"东路部队多次挫败日军的扫荡,又主动袭击了日军据点,开辟了大片的游击区域,并建立了根据地,与西路的茅山根据地相互配合。"江抗"东路军自身也得到了更大的发展。

随着江南根据地的开辟和巩固,新四军的队伍也不断扩大。1939年6月,新四军第五支队成立,罗炳辉任司令员。不久,成立了第六支队,彭雪枫任司令员。此后,新四军决定按既定计划渡江向江北发展。中共中央认为:长江以北、津浦路以东、黄海以西、陇海路以南的苏北地区地域广阔,日伪和国民党的力量都比较薄弱,且中共已经在山东、苏南、皖东北、淮南等地建立了根据地,进入苏北可以使其得到更大发展。[②]早在新四军创建苏南根据地的时候,陈毅就派管文蔚率领中共地方武装"江南抗日义勇军挺进纵队"渡江北上,攻占了长江中的第二大岛扬中,并在扬州、泰州等地开展活动,1939年冬,陶勇等又率新四军苏皖支队到达六合、仪征、天长等地,为新四军主力的北渡建立了前沿阵地。1940年6月中旬,粟裕率领江南新四军主力,不顾国民党军队的阻挠,渡过了长江,与挺进纵队、苏皖支队和先期渡江的陈毅会合。7月下旬,新四军苏北指挥部成立,陈、粟分任正副指挥。7月25日,苏北指挥部率部东进黄桥,在消灭了前来阻挠的国民党军何克谦部后于29日占领黄桥。随后,新四军开始以黄桥为中心建立了苏北根据地。他们成立了黄桥军民联合办事处,后又成立了通如靖泰临时行政委员会,主持地方行政和后勤工作。不久,中共苏北区委员会成立,陈毅、陈丕显分任正副书记,主持中共党的工作,同时撤销苏北特委和江北特委。在外围,他们又成立了泰兴、如皋两个中心县委,共领导9个县的工作。此外,苏北指挥部还下达了《对于创建黄桥大根据地的指示》,着重指出:"目前的工作任务是:积极充实主力,严格整训部队,努力民众运动,建立民主政权的基础,随时准备迎接反扫荡、反摩

---

① 中共江苏省委党史工作办公室:《中共江苏地方史》,江苏人民出版社1996年版,第325页。

② 中共江苏省委党史资料征集委员会、江苏省档案局编:《江苏革命史料选辑》(第六辑),1983年3月,第73页。

擦的胜利。”[①]此外，他们还开展了政权建设和减租减息等许多工作。陈毅等领导人又亲自拜访当地士绅，争取其支持。经过努力，由中共领导的，以黄桥为中心的苏北抗日根据地逐步建立了起来。

周恩来与新四军领导干部合影。左起：叶挺、朱克靖、周恩来、傅秋涛、粟裕、陈毅

二　八路军挺进苏北

全面抗战爆发后，八路军在河北、山东开辟了若干抗日根据地，接着便着手从山东进入江苏境内扩大根据地，发展势力。1938 年春，徐州会战还在进行期间，中共苏鲁豫皖边区特委通过第五战区游击部队总指挥李明扬的关系取得了“人民抗日义勇队”的番号。这支队伍在徐州失守前曾配合国民党军与日军作战。徐州失守后，他们又在微山湖以西地区对日军开展游击战。

1938 年 5 月，中共中央决定把山东省委扩大为苏鲁豫皖边区省委，郭洪涛任书记。不久，苏鲁豫皖边区特委被撤销，在湖西地区组建苏鲁豫特委，归苏鲁豫皖边区省委领导。这样，中共在鲁南微山湖以西的领导机构趋于完善。1938 年秋，苏鲁豫皖边区省委把“人民抗日义勇队”一部改编为八路军山东纵队挺进支队。不久，八路军第一一五师主力进入山东，其第三四三旅六八五团来到湖西地区，并改编为苏鲁豫支队，彭明治任支队长。他们与挺进纵队互相配合，于 12 月底取得了打击盘踞在丰县崔庄、韩庄的日伪军战斗的胜利。随后，挺进支队也并入苏鲁豫支队。1939 年春，该支队又在沛县成功改造了土匪武装籍兴科部，把他们编为苏鲁豫支队下属的独立

① 中共江苏省委党史资料征集研究委员会苏中史编写组：《苏中抗日斗争》，江苏人民出版社 1987 年版，第 41 页。

大队。丰县、沛县都属徐州地区。苏鲁豫支队是最早在江苏地区活动的八路军部队。此后,该支队又成功粉碎了日军对湖西根据地的多次扫荡。1938 年 12 月,苏鲁豫皖边区特委改称中共山东分局。1939 年 5 月,山东分局决定撤销苏鲁豫特委,改设苏鲁豫区党委,并在其下建立了基层政权和抗日人民团体,湖西根据地日益巩固。

早在徐州失守后不久,中共中央就发出了《关于徐州失守后华中工作的指示》,指出在津浦路以东、陇海路以南、长江以北的广大区域内开展游击战争的重要性。山东省委根据中央精神于 1938 年 8 月成立了中共苏皖特委,邵幼和任书记,以邳县、睢宁、铜山为中心活动区域,并迅速辐射到东海、灌云、沭阳、淮阴等地。这些地方普遍建立了中共组织和抗日游击队。苏皖特委请求山东分局派部队南下,到津浦路以南地区开辟根据地,打击日军。12 月 21 日,苏皖特委和部分八路军指挥员在邳县许楼召开会议,成立了八路军山东纵队陇海南进游击支队,钟辉任司令员,梁海波任副司令员,李浩然任政治部主任。从 1939 年 1 月起,该部对驻扎在丰县、邳县、徐州等地的日军展开了袭击,先后取得了老滩镇、官湖南镇等战斗的胜利。2 月 23 日,游击支队攻克邳县县城,擒获了伪维持会长,在当地造成了很大的声势。4 月下旬,中共中央批准山东分局关于派八路军深入陇海路以南地区的请求。陇海南进游击支队随后组成了先遣第一支队,由李浩然率领,向洪泽湖地区开进。这是第一支南下到陇海路以南的八路军部队。该部队进入到了古邳、魏集、宿迁皂河地区之后,对日军展开了一连串的打击,同时自身也得到了很大的发展。到 1940 年初,先遣第一支队已从初创时的 200 多人枪发展到 1500 多人枪,下辖 7 个大队和两个独立营,初步打开了徐州东南地区的抗战局面。①

此后,陇海南进游击支队和苏皖特委相互配合,积极开展开辟淮海抗日游击根据地的工作。他们收编了若干支民众抗日武装,顶住了当地国民党军的阻挠和压力,使自身获得了进一步发展。1939 年 9 月,山东分局把徐海和洪泽湖地区的部队统一整编为八路军苏皖纵队,江华任司令员兼政委,陇海南进游击支队改为其下属的陇海南进支队。

1939 年 6 月,苏鲁豫支队一部从微山湖西根据地南下,跨过陇海路,来到睢宁、宿迁等地,开展抗日游击战争。1940 年春,随着国共在江苏摩擦的加剧,国民党军加紧进攻苏北新四军。中共中央决定增派八路军进入苏北,支援新四军。4 月 1 日,中共中央和中央军委发出了《关于目前华北、华中军事方针的指示》,认为:"我八路军有足

① 中共江苏省委党史工作办公室:《中共江苏地方史》,江苏人民出版社 1996 年版,第 339 页。

够力量南下华中增援新四军，打退反动派进攻，消灭投降反共势力。”[①]5月，在山东的八路军第一一五师第三四四旅等部由黄克诚率领南下，于6月中旬在皖东北的青阳镇与彭雪枫统率的新四军第六支队会师。随即，两支部队合编为八路军第四纵队。彭雪枫为司令员，黄克诚为政委。不久，中共中央又命令黄克诚率第三四四旅的三个团东进，与先前从山东南下的第一一五师教导一旅再次整编为八路军第五纵队。为了加强对苏北八路军的统一领导，统一部队番号，中共中原局报请中央批准，将苏鲁豫支队也并入第五纵队，成为其下属第一支队；将八路军新二旅的两个团和第三四四旅的一个团编为第二支队；将新四军第六支队和陇海南进游击支队编为第三支队。3个支队共9个团，大约两万人。八路军第五纵队在广阔的黄淮海地区对日军展开了大规模游击战争。9月中旬，一支队在高沟、杨口地区伏击了日军的扫荡部队，歼敌百余人，使淮海地区的日军遭到了沉重打击。不久，他们又建立了中共领导的基层政权组织，即淮海区专员公署，吴法宪任专员，下辖涟水、灌云、东海等县。二支队则来到淮阴、宝应等地发展力量。

这时，南下的八路军与渡江北上的新四军已经在苏北、苏中地区形成遥相呼应、互相配合的形势。中共中央要求由黄克诚所部八路军发展在阜宁、淮安、盐城等地的力量，陈毅所部新四军则大力经营泰县、如皋及其以东地区。这些地方的中共组织及其领导下的武装力量得到了较快的发展。不仅主力部队发展很快，地方游击队也发展迅猛。

中共力量的迅速发展引起了驻扎在兴化的国民党江苏省主席韩德勤的强烈不满。1940年10月初，韩调集军队向新四军黄桥根据地发动进攻，黄桥战役由此爆发。为配合新四军作战，中原局命令黄克诚率八路军第五纵队一支队的三个团和二支队的一个团奋力东进、南下。该部在涟水东渡盐河，分路向阜宁、盐城出击，迅速突破韩军的防线，于6日到8日期间相继攻克佃湖、东沟、八滩、益林、阜宁、东坎、建阳、湖垛、苏家咀、峰谷村等镇，并攻占了盐城。他们沿途歼灭了韩军保安第二旅、第八旅和第十旅各一部，动摇了韩军的北面防线，并威胁到韩的大本营兴化，从战略上有力地配合了新四军在黄桥的战斗。不久，黄克诚率部进入车桥、平桥一带，第五纵队机关也进驻东沟。[②]

黄桥战役胜利后，新四军于10月7日进占海安，8日又进入东台。这时，占领盐城的八路军第五纵队也继续南下。10日，两军的先头部队在东台的白驹镇、刘庄会师，从而打通了华北、华中两大地域中共部队的联系，壮大了力量，便于中共中央加强

① 中央档案馆编：《皖南事变》，中共中央党校出版社1982年版，第55页。

② 马洪武等编：《新四军征途纪事》，江苏人民出版社1988年版，第148页。

对八路军和新四军的统一领导和开辟并扩大根据地。10月下旬，刘少奇等率中原局机关从皖东迁到苏北阜宁，11月6日又迁到盐城。11月17日，华中八路军、新四军总指挥部在海安成立，由叶挺任总指挥（在叶未到职前，由副总指挥陈毅代理总指挥职务），刘少奇任政委，赖传珠任参谋长，统一指挥陇海路以南、长江以北的八路军和新四军。23日，总指挥部机关也移驻盐城。这样，盐城就成为华中敌后抗日根据地的指挥中心和中共联系华北、华中两大地域的根据地和武装力量的枢纽。中共在这些地区的力量不断得到增强。

三　扫荡与反扫荡

中共领导的敌后抗日根据地的建立和扩大给日军造成了日益严重的威胁。为了巩固后方，日军不得不从正面战场抽调更多的兵力回援占领区，对抗日根据地进行扫荡，以期达到消灭敌后抗日力量的目的。

“扫荡是日军摧残抗日根据地的一种主要手段。扫荡分季节性扫荡，主要是麦收、秋收季节，以抢夺粮食物资为主；蚕食性扫荡，主要对据点和交通线附近扫荡，扩大伪化区；报复性扫荡，日军受到抗日军民打击后，派大队日军到事件发生地点实行烧杀；袭击性扫荡，发现哪里有抗日军队，立即出动袭击；战役和战略性扫荡，对一整个解放区的扫荡，或配合其总行动的扫荡”。[①] 抗日根据地军民反击日军扫荡的斗争称为反扫荡，通常是调动一切可以调动的力量，军民联防，坚壁清野，在运动中消耗敌人，先使日军找不到扫荡的目标，然后伺机对日军发动突然袭击，以粉碎日军的扫荡。

从1941年初新四军在盐城重建军部不久，日伪军就对包括江苏在内的华中抗日根据地发动了持续的大规模扫荡，抗日根据地进入了艰苦斗争阶段。1月13日，中共苏北区党委根据各方情况判断，得出了“敌人有企图大规模扫荡苏北根据地的模样”的结论。因此，区党委“号召各党各派各军人士团结一致，苏北全体人民动员起来，武装起来，保卫根据地、保卫民主政权、保卫乡土、保卫自家生命，反对敌人的扫荡”[②]。同时，区党委还提出了进行反扫荡的政治动员、建立与健全情报组织、抢运救国公粮、各级组织各种工作迅速完成战斗准备、发动群众武装斗争等五条具体措施。这些措施也是中共领导的敌后抗日根据地反扫荡斗争的通常做法。

2月13日，国民党苏鲁皖边区游击副总指挥李长江在“曲线救国”的幌子下率数

① 江苏省社会科学院《江苏史纲》课题组：《江苏史纲》（近代卷），江苏古籍出版社1993年版，第493—494页。

② 《苏北区党委关于粉碎敌人扫荡的指示》，江苏省档案馆藏。

千部队公开投降汪伪政权，并被委任为伪第一集团军司令，泰州沦入敌手，李明扬带残部退走。日军苏中驻军随即向新四军苏中根据地发起了大规模扫荡。新四军却出其不意地于20日袭击并占领了泰州，重创了李长江部，又于次日主动退出泰州，沿途破坏日伪的交通线，并长途奔袭并攻克了古溪、蒋垛等日伪据点，迫使日伪的扫荡草草收场。

盐城是中共在华中地区的政治、军事中心，地位十分重要。1941年夏，日伪集结了第十二旅团和第十五、第十七师团一部及伪军共17000多人，在第十三军司令官泽田茂的带领下，于7月19日从东台、射阳、兴化、陈家港四路扑向盐城。这是自徐州失守后日军在江苏境内采取的最大规模的军事行动。新四军事先已得到情报，军部和华中局机关于17日就主动撤离盐城。第三师在盐城外围阻击日伪军，给予其重大杀伤。22日，日伪军开进了早已是一座空城的盐城，随后又占领了阜宁、东沟等地，但这些地方的新四军都早已转移。此时，新四军第一师已在苏中地区发起反击，攻克了黄桥、孤山、天星桥等日伪据点，并围攻姜堰、泰州等地。日伪军急忙于8月初抽兵回援，这就减轻了对苏北新四军的压力。第三师趁机发起内线反攻，先后收复阜宁、东沟、裕华等地。日伪又被迫调兵北上以巩固占领区。他们虽然占领了李堡、栟茶、马塘等据点，但却没有达到歼灭新四军第一师主力的目的。同时，新四军和苏中地方部队化整为零、分散游击，到处打击日伪军。这样几经折腾，日伪军疲惫不堪，终于在9月间停止了对苏北、苏中的大规模扫荡。

此次反扫荡作战历时40多天，新四军作战135次，共毙伤日伪军近4000人，击沉汽艇13艘，破坏公路345里，缴获大批武器装备，[①]并获得了在平原水网密布地区反击日伪扫荡的宝贵经验。日伪则增加了若干据点。

在对苏中、苏北的抗日根据地的扫荡吃尽苦头之后，日伪又于11月28日开始，集中3000多人的兵力对苏南的新四军第六师十六旅所在地溧阳塘马村进行扫荡。第六师参谋长兼十六旅旅长罗忠毅、旅政委廖海涛率部阻击敌人，掩护机关和百姓突围，最后罗、廖与270多名指战员英勇牺牲。这是苏南根据地遭受的一次比较严重的损失。不久，新四军军部决定第六师师长谭震林亲自兼任十六旅旅长，钟国楚任政委。

进入1942年，日伪的扫荡又有了一些新的特点。太平洋战争爆发后，日军战线过长、兵力不足的困境日益突出，于是更加注重使用伪军，伪军也因此在一定程度上得到了加强。此外，日本为缓解经济、资源方面的紧张状况，加紧推行“以战养战”的策略，季节性掠夺扫荡十分频繁。在战术上，日伪增筑据点、昼伏夜出、多修公路，极

---

① 《新四军军部关于苏北反“扫荡”之特点及经验教训》(1941年10月)，江苏省档案馆藏。

力寻找抗日军队主力进行决战。在江苏,日伪发动了对各区的分区扫荡。

6月上中旬,日军独立混成第十二旅团一部及数千伪军,在南浦旅团长带领下,采用加强封锁、分进合击的战术,对苏中第四分区进行扫荡。新四军第一师采用运动战,跳出日伪封锁,出其不意地打击敌人,先后袭击了海门茅镇等日伪据点,迫使日伪结束了这次扫荡。7月,日伪又对苏中第三分区发动清剿。新四军第一师第一旅趁敌不备,攻克芦港,并在水洞口重创伪军一部。8月9日和21日,第三旅又攻打了南通石港和海门灵甸港。日伪看这次清剿捞不到什么便宜,只好草草结束。9月,日伪集中兵力对苏中第一分区发动扫荡。25日,新四军第一师第三旅第七团在谢家渡伏击了日伪军400多人,经一夜激战,共消灭日军第五十二大队大队长保田中佐等共70多人,俘获3人,挫败了日伪的这次扫荡。①

1942年,日伪在对苏中抗日根据地的扫荡中,使用了十分残酷的手段屠杀了大批平民,制造了许多无人区。根据地缩小,部分游击区变成了敌占区,中心区变成了游击区。但抗日军民不畏艰难,顽强坚持抗战,打击日伪。

1942年11月14日,日军第十七师团及独立混成第十三旅团各一部及伪军两个师,对淮北根据地泗洪的半城、青阳地区发动了规模空前的扫荡。新四军第四师主力转移到外围,根据地内的民众坚壁清野。日伪占领青阳等地后设立据点、抢修公路,企图长期据守,但抗日军民不断骚扰日伪,新四军又不断袭击日伪,致使日伪军日夜不得安宁,特别是12月10日新四军第四师第九旅第二十六团在泗洪朱家港与日军金子联队的遭遇战,二十六团以伤亡100多人的代价,毙伤日军280多人。此外,新四军还于12月2日和12日两次取得了袭击马公店的胜利。日伪军在连续遭袭、伤亡惨重、疲于奔命的困境下,被迫从青阳、金锁镇、马公店等新近占领的据点撤退。

1942年11月中旬,日军第十七师团第五十四联队及伪军第三十六师共8000多人,从泗阳、淮阴、涟水等地出发,向淮海根据地的小胡庄、张圩子等地再次发动扫荡。淮海区党政机关及时转移,新四军主力则避敌锋芒,绕到日军背后分散游击,从侧翼打击日伪。面对新四军的打击,日伪实行堡垒战术,打通附近公路,增设据点,分区合围,加大扫荡力度。新四军发动淮海当地民众开展了一次大规模的交通破袭行动。两万多军民在很短的时间内破坏了300多里的公路。日伪军因交通瘫痪,无法行动,被迫撤出了已经占领的据点。

1943年后,日军在各条战线上连续失利,力量受到很大削弱,已经不能随心所欲地对根据地发动扫荡,只能在某一时间内集中兵力进行扫荡,而更多地采取“蚕食”战

---

① 中共江苏省委党史工作办公室:《中共江苏地方史》,江苏人民出版社1996年版,第381页。

术，即依托重要交通线建立据点，然后再向周围扩张辐射，挤压抗日军民的活动空间，逐步蚕食抗日根据地的地盘。华中局客观分析了抗日战争和世界反法西斯战争的形势，指出："摆在我们面前的局势，一方面是全世界反法西斯已更加接近胜利，另一方面是我们抗战局面更加日趋困难。"华中局认为："我们只要咬紧牙关，渡过敌后最艰苦的两年，就是胜利"。[①] 为此，华中局对江苏敌后根据地提出了精简机关、开展敌占区工作、加强统一战线、加强共产党的一元化领导等具体措施。

2月，日军调集第十七师团、第三十五师团、第十五师团和独立第十二混成旅团各一部及伪军共两万多人，在海军的配合下，对苏北盐阜根据地发动大规模扫荡，企图一举消灭新四军军部和华中局机关。但此时军部和华中局早已转移到淮南根据地。17日到26日，日军先后占领了东坎、八滩等地。新四军第三师以一部在内线与日伪军兜圈子，主力则分散隐蔽，待机而动。日伪军寻找不到新四军主力，便又设立据点、修建公路，以便加强封锁，逐步蚕食。第三师跳出封锁线，对敌新筑据点发起频繁的袭扰。不久，新四军军部部署淮海、苏中、淮南等地军民对当地日伪据点发动袭击，以配合盐阜地区的反扫荡斗争。第三师也趁势发起反攻，在3月中下旬先后取得了黄营子、陈集、八滩等战斗的胜利，消灭日军数百人、伪军千余人，缴获大批武器装备。到4月中旬，日伪军在到处被袭、十分被动的情势下被迫结束了这次扫荡。此后，日伪再也无力对盐阜根据地发动大规模扫荡了。

在这次反扫荡作战中，抗日军民也付出了很大的牺牲。3月17日，第三师参谋长彭雄、第八旅旅长田守尧等在奉命去延安的途中，其乘坐的船只在连云港海域遭日军巡逻艇袭击。新四军官兵用步枪和手榴弹与日军进行海战，彭、田等16人牺牲，其余人在登岸后脱险。3月18日，第三师第七旅第十九团四连在淮阴刘老庄被大队日伪军包围，全连82名官兵在连长白思才、指导员李云鹏的率领下，与日伪军血战一整天，最后全部壮烈殉国。

对盐阜根据地的扫荡，是1943年日伪在江苏境内发动的唯一一次较大规模的进攻作战，显示出日伪的力量已接近强弩之末。在这一年中，新四军与地方部队及民兵积极配合，主动出击，通过偷袭、破袭交通、拔除日伪据点等方式反击日伪的"蚕食"，有力地打击了日伪的气焰，使其不敢肆意扫荡。此外，新四军还开始主动打击日伪。特别是第三师于5月在淮海地区对日伪发动了具有一定规模的夏季攻势，在四个多月时间内作战200多次，消灭了数千日伪军，争取了一批伪军反正，还清除了大量敌据点，恢复了70多个乡的抗日政权。这表明新四军已经在战场上逐步摆脱了被动

---

① 《华中局关于坚持敌后艰苦斗争的指示》(1943年1月28日)，江苏省档案馆藏。

局面。

在苏南，新四军的活动范围更加扩大，甚至挺进到了江宁、溧水等南京外围地区，迫使日伪调集重兵回防，加强其统治中枢的防卫，同时对苏南根据地进行疯狂扫荡。在战斗中，新四军指战员和中共地方组织都表现出了不怕牺牲的精神。苏皖区党委副书记邓振询等一些优秀干部壮烈殉国。11月20日，新四军第十六旅在溧水、高淳交界处的战斗中取得重大胜利，生俘伪副师长，粉碎了日伪的扫荡，根据地也得到巩固和扩大。

经过三年艰苦卓绝的反扫荡作战，江苏的抗日战争形势与全国一样，渡过了最困难的时期，并从1944年开始，进入了局部反攻阶段。

四 “清乡”与反“清乡”

除了扫荡之外，日伪对付抗日力量的另一种方式就是“清乡”。所谓“清乡”，就是在中日战争长期化的背景下，日伪当局在华中地区通过在军事上打击抗日游击力量，在经济上掠夺当地物资，在政治和意识形态上实行伪化措施和奴化教育，从而达到强化日伪统治，支援在中国以及太平洋战场上的日军，在总体上实行“以战养战”的一种手段。

由于日军经常遭到敌后抗日力量的打击，迫切希望在占领区内“治安肃正”，而汪伪政权建立后也得不到广大民众的支持，其政令难以达到社会基层和偏远地区，日伪都希望强化在沦陷区的统治，于是双方一拍即合，决定合作“清乡”。1941年春，日军第十三军军事顾问部主任晴气庆胤和汪伪警政部长李士群共同制定了《治安肃清要纲》，提出分期对占领区进行“清乡”。“清乡”又分为政治“清乡”和军事“清乡”两部分，且采取“三分军事、七分政治”的策略。汪精卫对这一做法大加赞赏，将其定为“国策”。5月22日，汪伪在南京正式成立了“清乡委员会”，汪精卫亲自担任委员长，周佛海、陈公博任副委员长，李士群任秘书长。“清乡”区内的伪省政府主席为委员，于是，伪江苏省政府主席高冠吾也成为委员。

苏南是日伪在华统治的中心地区，被定为首期“清乡”的地区。6月，日伪双方签订了《关于苏州地区清乡工作之日华协定》，规定由日方担任作战和封锁等军事任务，汪伪方面则担任政治工作，参加“清乡”的伪军也归日方指挥。汪伪随即在苏州设立了“清乡委员会”驻苏州办事处，李士群任主任，“清乡”区域包括丹阳、常州、无锡、吴县、昆山、太仓、吴江、常熟、镇江等9县。① 汪伪中央政府下令在各地设立清乡公署，

① 马洪武等编：《新四军征途纪事》，江苏人民出版社1988年版，第197—198页。

拼凑“清乡”政治工作团，并扩编警特组织，培训“清乡”人员。“清乡”手段包括清剿抗日武装，修筑竹篱笆、铁丝网等封锁设施，编制户口、建立保甲制度，实行物资统购、核定田赋捐税，开展“和平、反共、建国”运动等。从此，“清乡”与反“清乡”就成为战争的另一种主要斗争形式。

江南新四军第六师迅速投入到反“清乡”斗争中去。7 月 17 日，第六师发表告江南同胞书：“号召江南同胞，不分贫富、不分党派，全体一致动员起来，行动起来，武装起来，为保卫我们的生命、财产和自由，同日伪做坚决的斗争，粉碎日伪的‘清乡’计划，保卫抗日民主根据地。”①第六师十八旅组织了类似敌后武工队的部队进入“清乡”区域，在内线活动，十六旅在茅山地区对日伪的 17 个据点发动袭击，消灭了部分伪军，并一度逼近江阴近郊。但由于对日伪“清乡”的残酷性认识不足，以及双方力量对比过于悬殊，十八旅在内线的作战行动未能取得预期效果。日伪在各地进行严格的户口清查，致使从事反“清乡”的党政干部和部队的行踪不断暴露，不少抗日人员被逮捕并被杀害。在形势严峻之际，部队又没有及时转移到“清乡”区域以外，而是化整为零，在原地坚持斗争。直到 8 月，在形势进一步恶化，部队继续遭受损失的情况下，剩余的 200 多名指战员才奉命突围到外线。

新四军军部及时总结了此次反“清乡”的经验教训，分析了敌我双方的特点，指出：“在‘清乡’中，敌伪能集结优势的人力，封锁一个小地区，给我以彻底打击或‘清剿’，能威胁并相当的组织民众，这是敌伪‘清乡’的长处。但由于敌伪兵力不足，兵力分散，敌伪无法在各个地区同时实行‘清乡’。而在‘清乡’之前，必须有长期的准备；敌人与伪军伪组织间的矛盾仍然存在；各派伪军各派流氓之间的矛盾亦存在；而敌伪与顽军及忠义救国军之矛盾亦未减弱。因之，我军我党只要能运用正确灵活的策略与战术，使敌伪‘清乡’失其效力，是可能的。”②为此，军部提出了先发制人，打破封锁线；及时转移已经暴露的党员，留下便衣武装秘密活动；执行统一战线政策等 6 项具体的反“清乡”策略。

8 月中旬之后，日伪因兵力不足，改“全面清乡”为“机动清乡”。第六师主力事先转移到江北，划归苏中区领导，地方干部采取合法斗争方式，组织小股游击队，伺机打击敌人。

1942 年下半年后，日军在太平洋战场上连遭失败，被迫转入战略防御，并企图从中国掠夺更多的物资。汪伪当局也决定扩大“清乡”范围。1943 年 3 月 4 日，日军镇

---

① 马洪武等编：《新四军征途纪事》，江苏人民出版社 1988 年版，第 199 页。

② 《新四军军部对敌伪“清乡”政策的指示》（1941 年 10 月），江苏省档案馆藏。

江地区指挥官山内正文与李士群签订了《关于镇江地区清乡工作之中日协定》，成立该地区的清乡主任公署，划定此次“清乡”范围是镇江、丹阳、扬中3县全境和武进、无锡两县一部，面积约3200平方公里，人口190多万。日伪首先集结重兵，对抗日武装进行大规模围剿，然后便在长达600多华里的封锁线上不分昼夜地修筑竹篱笆和据点，又在内线调查人口、颁发“良民证”，还开动宣传机器反复向民众宣讲汪记“和平”理论和“大亚洲主义”。伪乡、保长组织壮丁训练并向各家各户摊派各种捐税。

中共党组织和新四军及地方武装对此展开了针锋相对的斗争。江南区党委建立秘密组织，严格执行隐蔽工作纪律，并组织民众展开了破坏竹篱笆封锁线的行动。在茅山地区，仅在3、4两个月里民众就进行了50多次破坏竹篱笆的行动，烧毁两万多担竹子，破坏竹篱笆60公里，[①]致使日伪的封锁线迟迟不能建立。此外，抗日军民还不时地奇袭日伪据点、捕杀伪“清乡”工作人员。在部分地区，伪“清乡”工作队被吓得魂飞胆散，不敢下乡开展工作，许多“清乡”措施也就无法落实。经过半年多的艰苦斗争，苏南根据地坚持了下来，日伪的“清乡”也不了了之。

1942年底，汪精卫决定把“清乡”范围扩大到江北。次年4月，日伪双方签订了《苏北第一期清乡工作实施协议》，决定在南通、海门、启东全县和如皋东部的3600平方公里内的270多万人口中实行“清乡”。汪伪特意为此次“清乡”建立了苏北清乡主任公署、政治工作团等机构，实行与江南一样的“清乡”措施。日伪还从江南调来了参加过“清乡”的部队、警察和行政人员，并对当地伪军进行统一整编和训练，总共集结了15000多人的庞大兵力。

日伪的“清乡”地域位于苏中第四区范围内。新四军军部及时向第四区中共组织发出了指示，一方面分析了苏中反“清乡”不同于苏南的特点，另一方面具体指出了地方中共组织和新四军应采取的应对策略，主要是在党、政、军、民中进行动员与教育、建立坚强统一的指挥机构、减少电台联络以防敌人侦察，必要时可先发制人地打击敌人。在军事上，军部强调要实行全民武装，如敌入境则处处喊打，使其草木皆兵；加强民兵与便衣短枪队的锄奸行动；组织游击队、群众进行全面的破袭、突袭和伏击；在外围进行必要的配合作战等。[②] 第四区建立了对敌工作委员会，并发动群众破路、拆桥，创造有利于游击战的地形条件。全区还成立了300多个锄奸小组，坚决镇压查实的汉奸，以震慑日伪的嚣张气焰。

日伪对第四区的“清乡”从3月底开始。日伪军首先发动连续大规模军事围剿，

---

① 中共江苏省委党史工作办公室：《中共江苏地方史》，江苏人民出版社1996年版，第394页。

② 江苏省档案馆编：《苏中人民反扫荡反清乡斗争》，档案出版社1985年版，第123—124页。

企图寻找抗日政权的党政机关和新四军主力予以歼灭。但抗日力量神出鬼没，日军连续扑空。此后，日伪便大规模修筑封锁篱笆150多公里，又增修据点50多个，然后还划定区域，强迫群众编制保甲，加入反共亲日团体，并杀害任何敢于反抗的人。如7月下旬，日伪在南通县的十总店逮捕民众200多人，并将其中53人活埋。

此时，新四军主力在外围对日伪据点不断发动袭击。在4、5两个月内，他们进行了50多次战斗，毙伤数百名日伪军，摧毁40多座碉堡。在内线活动的短枪队、锄奸小组与群众互相配合，开展了破坏交通和铲除汉奸两大行动。6月17日和7月1日，抗日军民两次采取行动，焚毁了几百里的竹篱笆，日军数百里的交通线陷于瘫痪。他们又在"4、5两个月内，镇压了如皋、岔河、南通摇网港大检问所主任，海门四甲镇伪区长、保甲指导员，启东7乡办事处主任等274人，使汉奸、特工谈虎色变，有的伪区长躲在南通城里不敢下乡就职，有的清乡人员开了小差"[①]。

日伪对第四区的"清乡"无法在预定时间内达到目的，被迫在10月之后又进行了更加残酷的"延期清乡"和"高度清乡"，实行"特务武装化"和"行动诡秘化"，甚至采取野蛮的"三光政策"。"清乡"区域内的中共组织一度遭到严重破坏，许多党员干部和抗日军民被捕杀。但此时的中共组织及新四军早已积累了丰富的反"清乡"斗争经验，他们通过隐蔽和疏散干部、锄奸镇反以及在外线配合作战等方式，使日伪军疲于奔命，无法集中力量进行"清乡"。到1944年上半年，日伪对第四区的"清乡"基本被粉碎，双方回到了"清乡"前的态势。

五　新四军在盐城重建军部

1940年下半年到1941年上半年是国共在各地摩擦频繁的时期。这一时期，中共的力量发展迅速，国民党内的反共情绪也随之日益高涨。黄桥战役的失败既使国民党感到不服，也使其产生了强烈的报复心理。为了遏制中共力量的继续壮大，国民党于1940年7月提出了一个取消陕甘宁边区、限制八路军、新四军发展及作战区域的"中央提示案"，但遭到中共中央的拒绝。10月19日，何应钦、白崇禧又以国民政府军委会正副参谋总长的名义向八路军正副总指挥朱德、彭德怀和新四军正副军长叶挺、项英发出皓电，对两军的行动进行了严厉指责，并限令黄河以南的八路军和新四军于一个月内转移到黄河以北。对此，中共中央于11月9日以朱、彭、叶、项的名义向国民党发出了答复何、白的佳电，拒绝了皓电的大部分要求，但表示为了维护统一战线，同意把皖南的新四军部队转移到长江以北。后经双方协商，国民党同意皖南新四军

---

① 江苏省社会科学院《江苏史纲》课题组：《江苏史纲》(近代卷)，江苏古籍出版社1993年版，第501页。

部队经苏南、镇江过江撤到江北。

但此时第三战区司令长官顾祝同及下属将领上官云相早已在途中设下了伏兵。1941 年 1 月 4 日，驻皖南泾县云岭的新四军军部及其所属部队 9000 多人开始转移。5 日，当他们到达茂林地区时，遭到了国民党军队的突然袭击。次日，上官云相等部 7 个师 8 万多人向新四军发起总攻击。两军进行了 7 昼夜的血战，新四军终因寡不敌众，于 14 日遭到失败。军长叶挺在冒险赴上官云相处谈判时被扣押，副军长项英和副参谋长周子昆在突围后被内部的叛变分子刘厚总杀害，政治部主任袁国平在突围中阵亡。全军只有约 2000 人在黄火星、傅秋涛率领下突出重围。17 日，蒋介石宣布新四军是“叛军”，取消其番号，并将军长叶挺交付“军法审判”。这就是震惊中外的“皖南事变”。

“皖南事变”的发生使国共关系恶化到了抗战以来的最低点。中共中央出于战略全局的考虑，决定不使统一战线全面破裂，但要在政治上全面反击，在军事上做必要的自卫准备。当时，国民党也不敢使两党关系完全破裂。20 日，中共中央革命军事委员会发布重建新四军军部的命令，任命陈毅为代理军长，刘少奇为政治委员，张云逸为副军长，赖传珠为参谋长，邓子恢为政治部主任。25 日，新四军重建军部大会在盐城举行。经过整编，活动于陇海路以南的八路军和新四军都编入新的新四军序列，全军共有 7 个师和 1 个独立旅。第一师由原苏北指挥部所属部队编成，师长粟裕，政委刘炎，活动于苏中地区；第二师由原江北指挥部所属部队编成，师长张云逸兼，政委郑位三，活动于淮南地区；第三师由原八路军第五纵队编成，师长兼政委黄克诚，活动于淮海、盐阜地区；第四师由原八路军第四纵队编成，师长兼政委彭雪枫，活动于淮北地区；第五师由原豫鄂挺进纵队编成，师长兼政委李先念，活动于鄂豫边地区；第六师由原新四军第二支队和“江抗”东路军合编而成，师长兼政委谭震林，活动于苏南

新四軍將領就職通電

全國各界公鑒：頃奉中國共產黨中央革命軍事委員會號日命令內開：任命陳毅為國民革命軍新編第四軍代理軍長，張雲逸為副軍長，劉少奇為政治委員，賴傳珠為參謀長，鄧子恢為政治部主任等因，奉此，遵即宣誓就職，敬當茲強寇深入，奸偽橫行之際，敢不謹遵三民主義，實行總理遺教，與日寇及其走狗中國親日派作殊死戰，惟望全國抱深忠誠，共本抗日之忠誠，勿為奸人所利用，力臻團結，一致對敵，民族興亡之前途，實深利賴，謹電奉聞，敬候明教。

國民革命軍新編第四軍
參謀長 賴傳珠
副軍長 張雲逸
代理軍長 陳毅
政治委員 劉少奇
政治部主任 鄧子恢
一月二十三日

中共中央军委发布重建新四军的命令后，1941 年 1 月 23 日，新四军将领发布就职通电

地区；第七师由原无为游击队、第三支队挺进团和“皖南事变”突围部队编成，师长张鼎丞，政委曾希圣，活动于皖中地区；独立旅由原八路军第一一五师教导第五旅编成，旅长梁兴初，政委罗华生，直属军部指挥。全军共计9万余人。

自从中原局和华中八路军、新四军总指挥部移驻盐城以来，盐城已成为中共在华中地区的政治、军事中心，有完善的党政机构和军事指挥系统。重建的新四军军部以总指挥部为基础，所属部队也基本上是原总指挥部的下属部队。这次重建军部和部队的整编在新四军的发展史上具有十分重要的意义。

首先是彻底摆脱了国民党对新四军的制约。新四军初创时是受国民政府的委任，在名义上也接受国民政府军委会的领导。项英副军长则过多地考虑维护统一战线，这并不利于新四军的发展。而重建的军部则是直接由中共中央委任，全军完全由中共领导。这就有利于新四军摆脱束缚，获得更大的发展。

其次，中共通过这次重建军部和部队整编，加强了对新四军的政治思想工作，特别是恢复了政治委员制度，使中共军队传统而有效的治军方法得以重新应用于新四军，使这支部队的战斗力和思想政治觉悟都得到了较大的提高。

第三，自从新四军挺进到苏北和皖北，八路军也南下到苏、皖境内之后，中共在华中地区部队的番号比较混乱，华中地区八路军、新四军总指挥部所属部队互相配合、协调作战的程度不够理想。经过重建新四军军部和部队整编，陇海路以南的中共部队都编入新四军序列，部队番号得到统一。这有助于加强军事上的统一指挥，进一步提高战斗力。

江苏是整编后的新四军重要的活动区域。不仅军部设在苏北盐城，第一、第三、第六师全部和第二、第四师一部都在江苏境内活动。中共在江苏力量的不断加强为其在当地建立稳固的根据地创造了良好的条件。

不久，为了加强对各地方武装的领导，苏、皖地方也相继成立了一些军事领导机关。1941年3月，淮海军区成立，覃健任司令员；4月，苏中军区成立，粟裕任司令员；9月，盐阜军区成立，洪学智任司令员。安徽的淮北和淮南也成立了军区机构。在此基础上，1941年5月20日，中共中央军委华中分会成立，刘少奇任书记，张云逸、陈毅、赖传珠、邓子恢等任委员。分会特别强调共产党对军队的绝对领导，也在提高战斗力方面做了大量工作。至此，新四军已呈现出日后解放军第三野战军的雏形。

六 国共在江苏的摩擦

1938年10月，广州、武汉失守后，抗日战争进入相持阶段。在沦陷区，由于日军的战线过长，兵力不足，只能据守较大城镇和主要交通干线。日军扶持的伪政权因得不到民众支持，其统治力也难以达到社会基层。于是，国民党在中小城镇和广大农村地区仍然派驻了数量可观的军队，保持了各级政权组织。中共的力量由于八路军、新四军深入敌后抗战而得到了很大发展，军队人数和根据地面积都迅速增长。这种状况引起了国民党的疑虑。1939 年 1 月，国民党召开了五届五中全会，确立了"防共、限共、溶共"的方针，并在会后制定了《限制异党活动办法》、《异党问题处理办法》等文件。此后，国共在各地的摩擦日益增多。

在江苏，新四军于 1938 年开辟了以茅山为中心的苏南根据地。1939 年春，陈毅又派出"江抗"向京沪铁路东线出击。该部在苏、锡、常的农村地区得到了很大的发展，并已挺进到了上海外围。他们多次袭击日军的据点，取得了不少胜利，使京沪铁路不能正常运输。但是，这种状况却引起了国民党江苏省政府属下的江南行署的嫉恨和不满。行署主任冷欣多次指责"江抗"是"越界活动"、"违反军令"。第三战区还电饬新四军军长叶挺撤回其中的第六团。9 月初，国民党第三十二集团军司令王敬久和"忠义救国军"总指挥俞作柏就奉命向"江抗"部队发动进攻。9 月 8 日，"江抗"和"忠救军"在无锡以东的白丹山、太平桥、鞋山、胶山一带发生了规模较大的军事冲突，双方都有一些伤亡。第三战区命令新三十师协助"忠义救国军"围剿"江抗"，新四军也派出第二团在周庄与"江抗"会合，双方更大的冲突一触即发。这时，陈毅等人冷静分析了形势，决定为了团结抗战的大局而作出让步。29 日，陈毅与冷欣谈判，达成了双方同时撤军的协议。随后，"江抗"除留下在原地休养的伤病员和少数部队外，主力转移到扬中等地休整，并与管文蔚部合编为挺进纵队，渡江北上。[①] 主力撤走后，隐蔽在阳澄湖芦苇荡中休养的夏光、刘飞等几十名伤病员得到了当地人民的掩护和照顾，躲过了日军和"忠救军"的搜捕，队伍很快得到了发展壮大。11 月，根据上级的指示，他们组织了"江抗"东路司令部，夏光任司令员。这支队伍收编了常熟当地的人民抗日自卫武装，开展反对日伪的游击战争。这就是人们熟知的"沙家浜"故事的由来。

由"江抗"东进所引起的风波平息不久，第三战区就下令江南新四军只能在以茅山为中心的方圆几十公里的狭小地域内活动。新四军的发展受到很大限制。1940 年 6 月中旬，冷欣指挥国民党第六十三师、第四十师一部又向茅山新四军江南指挥部发动进攻。指挥部为避免冲突，被迫退到了溧武公路以北。国民党军紧追不舍。粟裕率 3 个团的兵力于 18 日在句容东南的西塔山组织反击，击溃了国民党军两个团。这才稳定了茅山根据地的形势，但江南的游击活动区域也大为缩小。这也是促使新

---

① 中共江苏省委党史工作委员会《苏南抗日斗争史稿》编写组：《苏南抗日斗争史稿》，江苏人民出版社 1987 年版，第 45 页。

四军主力向江北发展的原因之一。

“江抗”与“忠救军”的冲突只是国共在江苏摩擦的开端。此后，双方的矛盾加剧，摩擦事件不断增多。随着江南新四军北渡过江，主要冲突地区已转到苏北。1939 年 11 月 21 日，国民党铜山县保安团团长耿继勋率部袭击了中共设在铜山以北千里井的办事处，杀害了副主任阎树棠等 20 多人。这一事件揭开了国共在苏北摩擦的序幕。1940 年 3 月 22 日，国民党制定了《剿办淮河流域及陇海路东段以南附近地区非法活动之异党指导方案》，确定了把江苏境内的新四军压迫在狭小地域内相机消灭的原则，并竭力阻止新四军与八路军取得联系。

徐州失守后，新四军第四、第五支队在津浦路以东、淮河以南、大运河以西、长江以北的苏皖交界地区建立了游击根据地。1940 年 2 月底，国民党安徽省第六区专员兼保安司令盛子瑾因国民党内部的矛盾而率其所部“苏皖边区游击总指挥部第十三纵队”南渡淮河，准备到泰州投奔李明扬。该部途经来安县半塔集时被新四军第五支队缴械。该部大多数官兵参加了新四军。3 月 21 日，江苏省政府主席韩德勤集中了 10 个团 1 万多人的兵力对津浦路东的新四军根据地发动了进攻，重点围攻半塔集的第五支队机关。当时，新四军主力在津浦路以西作战。少量留守部队在当地民兵的配合下，与韩军激战 7 昼夜，守住了半塔集阵地。新四军江北指挥部火速派第五支队、第四支队一部和苏皖支队回援，挺进纵队也从江都地区增援。各路新四军向韩军发动反攻，迫使其撤回到洪泽湖三河闸以北地区。

面对国共摩擦增多的趋势，中共中央于 5 月 4 日向东南局发出了《放手发展抗日力量，抵抗反共顽固派的进攻》的指示，要求各地中共组织在一切敌后地区和战争区域不受国民党的限制，独立自主地放手扩大军队和根据地。对江苏地区，该指示特别强调：“在江苏境内，应不顾顾祝同、冷欣、韩德勤等反共分子的批评、限制和压迫，西起南京、东到海边、南至杭州、北至徐州，尽可能迅速地，有步骤、有计划地将一切可能控制的区域控制在我们手中，独立自主地扩大军队，建立政权，设立财政机关，征收抗日捐税，设立经济机关，发展农工商业，开办各种学校，大批培养干部。”①6 月，刘少奇向中央汇报了华中地区国共双方的摩擦态势，并提出了向东发展、向西防御；集中主力，先解决苏北，再解决皖东北的行动原则。

1940 年 5 月，向北渡过长江的新四军挺进纵队来到泰州西北 15 公里的郭村休整。这时，李明扬及其副手李长江认为郭村是他们的防区，新四军来到该地是抢了他

---

① 中共江苏省委党史工作委员会、江苏省档案馆编：《中共江苏党史大事记》，中共党史资料出版社 1990 年版，第 187 页。

们的地盘,便数次要求新四军撤走。韩德勤趁机与二李联络,鼓动其进攻新四军。于是,二李调集了13个团1万多人的兵力,于5月28日向郭村的挺进纵队发动大规模进攻。挺进纵队在叶飞的指挥下沉着应战,打退了李军的进攻。29日,苏皖支队陶勇部奉命赶来增援。30日,隐蔽在李军内部的中共地下党员、李部第三纵队第八支队支队长陈玉生、第四大队大队长王澄各自率部战场倒戈,转向新四军方面。挺进纵队趁势全力反攻,李军全线溃退,三个团被歼。

这样,新四军便在泰州外围造成了对己方极为有利的态势,泰州已经唾手可得。但陈毅却抓住这个机会,主动向二李示好。他不仅不派兵进攻泰州,还下令释放了在郭村俘获的李部官兵,归还了缴获的武器,同时派出代表与二李谈判,表示愿意与他们合作抗日。新四军还向李部归还了郭村等地。这些行动使得二李在日后新四军与韩德勤的较量中保持了中立,解除了新四军开辟以黄桥为中心的苏中根据地的后顾之忧。

攻占黄桥之后,新四军与韩德勤部已处于尖锐对立状态。韩下令对黄桥实施封锁,双方爆发冲突在所难免。这时,陈毅利用国民党的内部矛盾,通过中共地下党员、国民党战地党政委员会中将设计委员黄逸峰的关系,争取了驻泰县姜堰镇的税警总团陈泰运部保持中立。8月21日,韩德勤在东台向所部下达了进攻黄桥新四军的命令:"我军以歼灭该匪之目的,拟向分界、黄桥地区攻击前进。"[①]他任命李明扬为进剿军总指挥,第八十九军军长李守维和李长江为副总指挥,调集第一一七师、独立第六旅、保安第一旅等部,分左右两路向黄桥地区攻击前进。8月30日,韩军集结完毕,9月初,进攻开始。这时,右路军李明扬、陈泰运部并不卖力,持观望态度。只有左路的第一一七师、独立第六旅和保安一旅于5日攻占了营溪,但很快就被新四军收复。6日,新四军从古溪发动反攻,保安一旅的一个团千余人被消灭。其余韩军则退回到姜堰、海安一线。韩德勤部的这次攻势被击退了。随后,新四军释放了保安一旅的被俘官兵,促成其也不再紧紧追随韩德勤。

此役后,韩德勤下令把陈泰运部调出姜堰,由保安第九旅张少华部接防,并采取"堡垒"对策,加紧对黄桥进行封锁。新四军为了打破封锁、疏通粮道,借营溪、古溪战胜之余威,于13日对姜堰发起攻击,经一昼夜激战,于次日攻占了姜堰,歼灭了张少华部1000多人。

这两次胜利使新四军士气大振,也使其在与韩德勤的斗争中处于十分有利的地位。但陈毅等新四军领导人为了维护统一战线的大局和争取舆论的支持,于27日在

---

① 马洪武等编:《新四军征途纪事》,江苏人民出版社1988年版,第140—141页。

姜堰召开了苏北军民代表会议，并表示愿意退出姜堰。30日，新四军把姜堰交给李明扬部接防。

接连的失败使韩德勤恼羞成怒。他决定孤注一掷，调集大军向黄桥发动大举进攻，一举消灭苏北新四军。10月初，韩军兵分三路，向黄桥扑来。中路军包括八十九军第三十三师、第一一七师和独立第六旅，共约15000人，都是韩的嫡系部队，实力最强。左路军包括江苏保安第一、五、六、九旅及第十旅的一部，约7000多人。李明扬、陈泰运两部共12000多人组成右路军。三路军总兵力共26个团（另一说25个团），34000多人。

面对优势兵力的来犯，陈毅等人十分冷静。他们深知此役成败关系到新四军能否在苏北立足。10月1日，陈毅发出《为黄桥决战告指战员同志书》，号召新四军官兵勇往直前，为保卫黄桥根据地而战。① 当时，苏北新四军总共只有3个纵队9个团共7000多人。陈毅、粟裕决定采用诱敌深入，集中力量在运动战中先打垮其中路军，再各个击破的作战方针。新四军苏北指挥部首先积极疏通与李明扬、陈泰运两部的关系，又对各保安旅开展攻心战术，使他们采取观望态度，这就大大减轻了左右两翼的压力。在兵力配置上，第一纵队叶飞部和第二纵队王必成部隐蔽集结于黄桥西北顾高庄、横港桥一带，第三纵队陶勇部坚守黄桥镇，正面阻击敌军。3日，韩军开始进攻。4日上午，第三纵队顶住了第三十三师对黄桥的正面猛攻，使其受阻于东门之外。下午，独立第六旅以一字长蛇阵队行向黄桥进攻，进入了新四军的伏击圈。第一、二纵队及时出击，将其截成数段，并阻断了其与第一一七师的联系。经过3个小时的激战，该旅被全歼，旅长翁达自杀。5日，第二、第三纵队联合围歼第三十三师。同日，第八十九军军长李守维率军增援第三十三师，企图再攻黄桥，但被新四军包围在黄桥东北的野屋基。当日夜，新四军发起总攻。至次日，第八十九军军部和第一一七师被歼，李守维在逃跑途中落入沟中溺毙。新四军乘胜追击，连下海安、东台。韩德勤只好带残部逃回兴化。是役，新四军大获全胜，歼灭韩德勤部国民党军11000多人，俘获第三十三师师长孙启人和第一一七师参谋长张晤等高级军官。

黄桥战役的胜利使新四军在苏北站稳了脚跟，10月10日与八路军第五纵队的会师，又使中共军队在当地取得了军事优势。韩德勤部遭到重创，退守宝应、淮安、兴化一线，但仍寻找机会企图卷土重来。不久，韩与山东国民党军第一一二师霍守义部采取联合行动，于11月15日向八路军第五纵队驻地逼近，并占领了若干据点。中原局和华中总指挥部为挫败霍、韩两军，向中共中央请求主动向韩军发起进攻，消灭该军，

① 马洪武等编：《新四军征途纪事》，江苏人民出版社1988年版，第146—147页。

彻底解决苏北问题。中共中央曾在黄桥战役结束后指示中原局,对韩德勤不宜采取彻底消灭的政策,但在收到中原局有关韩、霍两部有可能会师,对苏北的中共军队造成威胁的情况下,批准了中原局进攻韩军的请求。华中总指挥部遂决定向韩军据守的曹甸镇据点发起攻击。曹甸镇位于宝应县城东北,是一个水网密布的地区,易守难攻。对于发起这次战役,黄克诚曾提出过不同意见,他认为曹甸战役是己方发起,不同于上次黄桥的防御战,且新四军与八路军会师不久,还没有互相配合作战的经验,又缺乏在水网地区攻坚作战的武器,所以不宜发起此次作战。但他的意见没有被采纳,曹甸战役于 11 月 29 日开始。新四军第一、第二纵队和八路军第五纵队配合作战,相继攻克北宋庄、蒋营、陶家林等据点。12 月 13 日,总攻曹甸镇的战斗打响。八路军和新四军突破了韩军前沿阵地,但遭遇韩军的顽强抵抗,加之水网地形的限制,未能攻克其核心阵地,被迫于 16 日主动撤出战斗。这次战役历时 18 天,新四军和八路军伤亡数千人。

击退中共军队对曹甸的进攻又使韩德勤产生了幻想。12 月 26 日,他指使苏北游击第六纵队司令徐承德,趁新四军第三纵队调往海安之机,率数千人进攻如皋掘港的新四军据点。第三纵队主力在获悉情况后火速返回增援,双方激战 3 天,徐的进攻被击退。此后,国共两军在苏北便形成了共存对峙的局面。

国共在江苏摩擦的重点转向苏北之时,双方在江南的冲突也未完全停止。1940 年 8 月 1 日,国民党苏南第一行政区专员汪国栋联络当地刀会组织,并会同国民党军向江宁横山的中共机关和新四军发起攻击。江南新四军第三团参谋长傅狂波和政治处主任彭冲率部边抵抗边转移,于 3 日突出重围,来到句容郭庄庙地区,但新四军和中共组织遭到了较大损失。

"皖南事变"发生后,国共关系虽急剧恶化,但顾及抗战大局,双方都不愿关系彻底破裂。虽然全面内战并未爆发,但国共两军在江苏和其他地方的摩擦有增多的趋势。1941 年 2 月下旬,日军攻占兴化,韩德勤及江苏省政府只好退守淮安、宝应、阜宁交界的车桥、曹甸、泾口一带。韩随后派兵占领了盐阜根据地的洪家桥、蒋营等地。4 月 13 日,新四军第一、三两师所属部队向进占两地的韩军发动反攻,经一周激战,歼敌 1500 多人,收复了蒋营。3 月,国民党第三战区制定了由"忠救军"和苏嘉沪挺进纵队进攻苏南新四军的计划。不久,"忠救军"就与新四军淞沪游击纵队在淀山湖附近发生战斗,新四军遭到损失。此后,两军不断发生冲突。9 月 22 日,"忠救军"大举进攻新四军第六师所属部队,但在西石桥被击退。

7 月底,韩德勤又乘新四军忙于对日伪的反扫荡作战之机,派其部属王光复、吴卫九等部攻占了泗阳县西北运河沿岸的交通要道程道口、史家集等地,并随后构筑了防御工事,准备接应汤恩伯和李仙洲两部东进。如果这三股国民党军会合,将给中共在苏中、苏北的抗日根据地构成很大威胁,新四军决定发动反击作战,收复程道口。参战的新四军部队是第二、第三、第四师各一部和独立旅全部。10 月 15 日,新四军包围了程道口,并相继攻占了史家集、仰化集、丁庄、毕庄、大兴庄等外围据点,阻止了韩部两个团对程道口的增援,随后就挖坑道向程道口中心逼近。20 日傍晚,新四军对程道口发起总攻,经过数小时激战,新四军突破了韩部的立体防御网,将敌军分割包围,再经过惨烈的巷战,于 22 日完全收复了程道口。韩军除王光复带百余人逃走外,其余 1000 多人全部被歼,其中大部被俘。随后,新四军进一步扩大战果,横扫了苏北运河沿线和淮南、徐州附近的国民党军,把淮南、淮北、淮海、盐阜 4 个根据地连成一片。此战的胜利再次重创了韩德勤部,使其一时无力向新四军发动进攻。

1943 年初,日伪军即将进攻苏北地区的国共军队。韩德勤主动向新四军示好,双方还签定了互相配合作战的协定。不久,日伪军首先进攻韩军,并使其遭受了重大损失。国民党第五战区将领王仲廉派 3 个团从安徽紧急驰援韩德勤,韩又希望与王部会师,然后共同对抗新四军,便于 3 月 14 日占领了淮北根据地的金锁镇、山子头。新四军当即决定乘王、韩两军尚未会师之际,消灭韩德勤部。这次战斗由彭雪枫和邓子恢指挥,调动了第二、第三、第四 3 个师的部分部队。战斗于 17 日开始,新四军向山子头的韩军发起猛烈反击。次日,战斗结束,韩部被歼,保安第三纵队司令王光复和独立第六旅旅长李仲寰战死,韩德勤本人和其部下 1000 多人被俘。但新四军出于维护抗日民族统一战线的考虑,决定释放俘虏,并向他们发还被缴获的武器,还为他们划出了防区。4 月 1 日,陈毅等亲自礼送韩德勤出境。此战之后,在长江以北、陇海线以南的江苏境内,国民党军再也无力对抗新四军了。

但在苏南地区,国共仍然摩擦不断。1942 年 7 月,国民党军新七师进攻驻溧水的新四军第六师第十六旅旅部,但被击退。1943 年 3 月以后,第三战区又调动第五十二师、第一九二师、保安一团和"忠救军"等集结在溧阳、溧水地区。4 月 12 日,第三十二集团军副总司令陶广指挥上述部队向溧水境内新四军第十六旅大举发动进攻。新四军阻击 3 昼夜,进行了 6 次战斗后,主力转移到溧武公路两侧活动。不久,第十六旅发表《为反对进攻新四军,残害江南人民,破坏团结抗战,向友军提出的严重抗议书》,并使用统战策略,争取国民党军的下层官兵反对搞摩擦,并提出改善国共两党、两军关系、共同抗日的建议。6 月以后,国民党军采取步步为营的堡垒战术,多次向两溧地区的新四军发动进攻。新四军进行了抵抗。双方打打停停,互有胜负。这种状况一直延续到 1944 年以后。

在整个抗战时期,国共双方在江苏始终摩擦不断,但中共力量一直在发展壮大。

七　最后的反攻作战

进入1944年，江苏的抗战形势进一步向着好的方向转变。这时，日军在太平洋战场上节节败退，又准备在正面战场发动打通大陆交通线的豫湘桂战役，兵力严重不足，不得不从敌后战场抽调出若干部队。2月，日军驻苏中、苏南的第六十四师团被调走，代之以主要由5个大队的新兵编成的第四野战补充团，战斗力大为削弱。苏北地区仍由日军第六十五师团驻防，但也以新兵居多。于是，日军的士气低落、兵力不足的矛盾十分突出。为了节省兵力、收缩战线，日军不得不把许多据点移交给伪军据守。而新四军经过几年的战斗磨炼，士气高涨，战斗力大大增强，已经开始具备展开局部反攻的条件。

中共中央和新四军军部及时把握了局势的变化，对1944年的任务作出了部署。元旦这天，第三师师长黄克诚就在《盐阜大众报》上撰文，提出苏北军民当年的任务是：动员与组织根据地的一切力量，粉碎敌伪的扫荡、蚕食，准备反攻敌人。[①] 2月，第一师师长粟裕也要求苏中根据地军民"更顽强地坚持斗争阵地和更有效的增长斗争力量。"[②]4月，毛泽东在延安高级干部会议上也提出了中共领导的敌后抗日根据地军民独立自主地向日伪发动反攻的问题。此时，江苏及全国敌后战场形势的特点是，敌我力量对比已经发生显著变化，但敌强我弱的态势还没有完全改变。于是，1944年江苏敌后战场的特点是日伪的扫荡和"清乡"及新四军的局部反攻交错进行，双方态势犬牙交错，战斗更加激烈。

年初，新四军第三师在淮海和盐阜地区对日伪发动了春季攻势，到3月，先后攻克可史集、王集等30多处据点，收复了日伪在1942年冬季大扫荡时占领的大部分根据地。这次攻势揭开了新四军在江苏对日伪局部反攻的序幕。

苏北的胜利激励了江苏各地军民的斗志。为了进一步扩大战果，打通苏北和苏中各根据地之间的联系，新四军第一师决定对日伪的车桥据点发动一次具有一定规模的攻势作战。车桥是位于淮安与宝应之间的一个较大的集镇，曾经是国民党江苏省政府所在地，于1943年2月被日军攻占。国民党和日伪方面都在此修筑了坚固的防御工事。1944年初，这里驻扎着日军第六十五师团的一个小队40多人和伪军一个大队500多人。新四军选择车桥作为攻击目标是因为"车桥的位置是苏中、苏北、淮南、淮北的一个中心点。车桥一打下来，那么运河这一段，从淮安到宝应这段封锁线

---

① 马洪武等编：《新四军征途纪事》，江苏人民出版社1988年版，第321页。

② 粟裕：《论目前苏中形势和任务》，《苏中报》1944年2月18日。中共江苏省委党史资料征集研究委员会苏中史编写组：《苏中抗日斗争》，江苏人民出版社1987年版，第391页。

基本上可以打破，整个华中这个大的地区可连成一片。对于准备反攻，打击敌人，壮大自己的力量，发展我们的根据地，都有很重要的战略意义。”[①]第一师师长粟裕亲自主持拟定了作战方案，副师长叶飞担任指挥。3 月 5 日凌晨，第三旅七团突袭了车桥镇，战斗持续到下午，镇内的日伪军都被肃清，残敌退入碉堡继续抵抗。下午，日军第六十五师团驻淮安、淮阴等地的部队急忙赶来增援。但新四军早有准备。当日军进入芦家滩时，埋伏在那里的新四军一旅一团突然开火，给敌以重大杀伤。残敌被迫退往韩庄一带。当晚，另一批日伪增援部队赶到。叶飞当即命令将战场重点转移到韩庄，经一夜激战，日军大部被歼，第六十六联队长三泽大佐也被击毙。同时，另一路驰援车桥的日军也在小马庄附近遭到新四军伏击，损失惨重。到 6 日晨，新四军基本实现了战役意图，并按计划撤出战斗。7 日，日军派飞机增援，掩护车桥日军退往淮安。

此次战役，新四军共歼灭日军 465 人、伪军 483 人，取得了空前的胜利。8 日至 13 日，新四军乘车桥战役胜利之势，在民兵和当地群众的配合下，先后拔除了曹甸、泾口等 12 处日伪据点，收复了淮阴、宝应地区上百里的国土。

4 月，淮海根据地军民又对伪军据守的高沟、杨口据点发起进攻。战斗从 19 日开始，新四军淮海军分区的部队攻入高沟镇，战斗一直持续到 25 日，镇内的伪军被全歼。26 日，新四军又乘胜追击，攻打杨口镇的伪军。新四军首先扫除了杨口外围的伪军，又于 28 日在汪小圩、吴二圩等地伏击了从南新安镇前来增援的日伪军。经过激战，新四军打退了日伪的增援，并于 5 月 4 日发起总攻，杨口镇内的伪军孤立无援，被迫投降。此次战役全歼伪军第七十二旅，收复了六塘河两岸地区，使盐阜区和淮海区连成一片，是继车桥战役后的又一次重大胜利。

5 月初，新四军第三师乘胜利之势，又在盐阜区的沿海地区发动攻势，目标是位于灌河口的陈家港镇等日伪据点。该镇不仅是苏北沿海的交通要道，而且是日伪的屯盐之地，常驻守军达 800 多人。新四军从 5 月 3 日起对日伪发动进攻，经过一个星期战斗，不仅攻克了陈家港，缴获了大量食盐，而且拔除了周围日伪据点。

此后，新四军在江苏各地都对日伪展开了积极的攻势作战。6 月上旬，第四师在睢宁、泗县地区对日伪发起进攻，经一个月作战，收复了大片国土。不久，新四军再接再厉，消灭了位于泗县张楼的伪淮海省的“剿匪支队”，控制了睢泗公路。下旬，苏中新四军又在掘港以东地区采用围点打援的战术攻克了日伪据点南坎镇，并全歼了敌增援部队。盐阜军民也在大兴镇与合顺昌公司的战斗中消灭了数百日伪军。

---

① 中共江苏省委党史资料征集研究委员会、江苏省档案局编：《江苏革命史料选辑》(第 13 辑)，1984 年 12 月，第 204 页。

苏南的新四军也在1944年夏季对日伪发动了局部反攻。8月23日，新四军在宜兴、长兴地区向日伪军发动进攻，经数日激战后攻克了13处据点，并一度攻入了长兴县城，收复了太湖西南岸的一些地区。10月，新四军又在溧阳地区发起了攻势作战，于24日攻克周城，并伏击了敌增援部队，歼灭伪军约700人。12月15日，新四军又攻克位于宜长公路上的敌据点泗安镇，消灭了伪第一三四团大部。8月下旬，苏中新四军又在如皋汤家园地区发动了历时10天的攻势，攻克了杨家码头、靴简池等12处日伪据点。

在新四军于江苏连续取得胜利的情势下，中共中央指示新四军抓住当前有利时机，向外省扩展势力，新四军随即开始向河南和浙江进军。自1944年4月日军发动豫湘桂战役后，驻河南的国民党军丧失了大片国土，河南大部已成敌后，但这也为中共领导的武装开辟敌后根据地提供了广阔的空间。进军河南的是新四军第四师主力。8月15日，该部主力从洪泽湖畔的半城出师。经过数月战斗，第四师开辟了大片根据地，扩大了部队。9月12日，第四师师长彭雪枫在战斗中牺牲。中共中央迅速任命张爱萍继任师长，第四师继续西进。

随着日军在太平洋战场的节节败退，中共中央决定加速发展在东南沿海的力量，以策应盟军可能在中国沿海地区登陆。9月27日，中共中央指示华中局："为了准备反攻，造成配合盟军作战的条件，对苏浙皖边区工作应有新发展的部署，特别是浙江工作，应视为发展方向。"①华中局及新四军军部迅速贯彻中央指示，决定派遣第一师主力会同在江南的第十六旅渐次南下，向浙西方向进军。12月底，第一师师长粟裕率部返回苏南，并于次年1月就任新成立的苏浙军区司令员。不久，第一师副师长叶飞也由苏中南下。他们会同苏南新四军，组成了由三个纵队组成的南下部队，扩展苏南，进入浙江。这支部队很快占领了武康、德清等县，开辟了莫干山、天目山根据地，部队也得到了很大发展。

1945年后，江苏军民和全国一样，更加猛烈地向日伪展开反攻，收复了大片国土。日伪在面临彻底失败的命运之际，也在做垂死挣扎，不时集中一些兵力对抗日军民进行扫荡和"清乡"，但早已没有了原先的气势和力度。新四军于4月和8月先后发动了阜宁、高邮和苏南东坝等战斗，消灭了大量日伪军。

《波茨坦公告》的发表、苏联红军对日宣战以及美国在日本广岛、长崎投下原子弹，加速了日本军国主义的灭亡。从8月中旬开始，江苏的新四军遵循中共中央和毛泽东主席关于《对日寇的最后一战》的声明，向各地日伪军发起了全面反攻作战。苏

---

① 中国人民解放军历史资料丛书编审委员会编：《新四军文献》(4)，解放军出版社1988年版，第549页。

南新四军先后攻占了金坛、长兴、溧阳、溧水、句容、高淳等地。苏中、苏北新四军攻占了六合、天长、泗阳、扬中、宝应、靖江、启东、海门、东台、兴化、涟水等地。“江苏境内共有26座县城和100多个重要市镇被新四军、八路军解放，共歼敌5万余人，收缴大批武器装备”[①]。同时，在江苏境内的八路军、新四军等中共领导的部队也得到了迅速发展，根据地面积大为扩展，中共在全省的力量空前壮大。这为日后中共与国民党较量积累了实力。

9月2日，日本正式签署了无条件投降书。9月9日，中国战区的受降仪式在南京举行。经过艰苦卓绝的斗争，中国人民终于取得了抗日战争的伟大胜利。

第五节　江苏敌后抗日根据地建设

一　中共江苏地方组织的重建

由于中共设在上海的中央局和江苏省委及其下属的地方组织在1935年相继遭到破坏，中共在江苏的活动一度陷于沉寂。在上海，只有原中共中央文化工作委员会等少数组织在与中共中央失去联系的情况下坚持开展地下斗争。1936年后，国内局势开始缓和，已经长征到达陕北的中共中央决定在国统区重建组织。3月下旬，冯雪峰受中央委派来到上海，与一些左翼知名人士和地下党员取得联系，恢复了上海中共组织与中央的联系。7月，中共中央又派潘汉年来到上海，成立了上海办事处，潘为主任，冯雪峰为副主任，开展情报和统战工作。12月，冯雪峰又组成了临时工作委员会，负责整理中共上海组织，为恢复江苏省委做准备。1937年5月，中共中央又派刘晓到上海，整顿和恢复那里的中共组织。中央负责人对此事十分重视，毛泽东、刘少奇、张闻天分别与刘晓谈话，提出了积蓄力量、注意隐蔽、长期打算的工作原则。7月初，刘晓抵达上海。

经过紧张的筹备工作，11月初，中共江苏省委在上海正式重建，刘晓为书记，刘长胜为工委书记，张爱萍为军委书记，王尧山为组织部长，沙文汉为宣传部长。11月12日，上海被日军攻占，省委机关退入租界，进行“孤岛”斗争。这时，全国已经进入了抗日战争时期，省委的中心工作是支援抗日前线和反抗日伪在沦陷区的统治。首先，省委派出大批干部到各地恢复组织。1938年初，省委建立了浦东工委，并在其下建立了南汇县保卫团的两个中队和奉贤县人民自卫团等抗日武装。5月，中共京沪

① 中共江苏省委党史工作办公室：《中共江苏地方史》，江苏人民出版社1996年版，第482页。

线工作委员会成立，林枫任书记。10月，该委员会改称江南特委，下辖常熟、无锡两县委和苏州工委，并掌握了若干支抗日武装，开辟了游击区域。8月，江苏省委又根据中共中央关于在津浦铁路以东、陇海铁路以南、长江以北的区域建立工委、开展游击战争的指示，成立了中共江北特委，唐守愚为书记。江北特委利用当时苏北地区除少数城镇和交通干线被日军占领、广大农村仍被国民党军控制、各地方派别又矛盾重重的有利时机，大力发展中共组织，组建抗日武装。

随着日本占领军对上海和江苏城市占领局面的相对稳定，中共逐渐建立以"局"为名称的大地区机构作为领导该地区抗日游击战争和农村根据地各项工作的机关(如"中原局"、"华中局"等)。江苏省委则隐蔽在上海，主要从事城市地下活动和统战、情报收集等方面的工作。直到1942年9月，中共中央指示江苏省委从上海转移到华中根据地。刘晓及刘长胜、王尧山、沙文汉、潘汉年等省委主要领导及已经暴露身份的中共党员200多人陆续撤离了上海，但还有部分党员留下来坚持地下活动。1943年1月，中共中央决定撤销江苏省委，设立华中局敌后工作部(又称城市工作部)，刘晓任部长，刘长胜任副部长，负责领导江苏、上海地下党和统战工作。4月，该机构在淮南根据地成立。

此外，1937年9月，在中共负责与国民党谈判的代表博古的指示下，以流亡南京的平津学生中的中共党员为基干力量，成立了中共南京市委，李华为书记。这是自1934年南京市委遭到破坏之后中共在南京首次恢复市委。随后，中共南京市委又在无锡、丹阳、扬州等地建立和发展了组织。但随着日军向南京进攻，李华等人撤往武汉，市委停止了活动。

在中共恢复江苏地方组织的同时，其领导下的武装也奔赴抗日前线。1937年8月，根据国共两党达成的协议，西北红军改编为国民革命军第八路军，9月又称第十八集团军。10月，主力红军长征后分布于湘、赣、闽、浙、豫、皖、粤、鄂8省的红军游击队被改编为国民革命军陆军新编第四军，叶挺为军长，项英为副军长，张云逸为参谋长，周子昆为副参谋长，袁国平为政治部主任，邓子恢为副主任。初创时，新四军下辖4个支队，分别是：第一支队司令员陈毅，副司令傅秋涛；第二支队司令员张鼎丞，副司令粟裕；第三支队司令员张云逸(兼)，副司令谭震林；第四支队司令员高敬亭。12月14日，中共中央军委成立了新四军分会，项英为书记，陈毅为副书记。12月下旬，新四军军部在汉口成立，次年1月又迁往南昌，4月初又迁到皖南泾县云岭。新四军的成立对中共在江苏的工作及江苏的抗战形势产生了重大影响。

二　民主建设

在新四军和八路军挺进江苏敌后创建抗日根据地的初期，由于国民党已经在沦陷区建立了政权机构，并委派了各级官吏，中共为了维护统一战线，没有立即建立自己的政权组织。1939下半年后，国共摩擦增多，中共决定在根据地内加速建立自己的政权。1943年3月，中共中央向党内发出了《抗日根据地的政权问题》的指示，强调华北、华中各根据地应不受国民党的限制，独立自主地建立抗日民主政权。毛泽东指出，这种政权，在性质上是抗日民族统一战线；在人员构成上则采取“三三制”，即“共产党员占三分之一，无党的左派进步分子占三分之一，不左不右的中间派占三分之一”①。这就为中共领导的各抗日根据地如何建立政权确立了原则。

在华中，淮南根据地的政权机构建立较早。1940年4月，皖东津浦路东人民抗敌联防委员会成立，其办事机构是联防办事处，行使政府职权。首任主任贺希明。1941年1月13日，津浦路东第一届临时参议会召开，邓子恢作了《一年来的施政报告》，并当选参议长及第二任联防办事处主任。1942年2月，该办事处改为淮南苏皖边区行政公署，方毅为主任，汪道涵为副主任，“是年7月统计，辖7个县政府，4个直属区，345个乡。完全能控制的人口670000”②。1943年春，路东路西合并成立淮南行政公署，方毅、汪道涵仍为正副主任。

黄桥战役后，1940年10月中旬，中共中央特地就在华中根据地建立政权的问题致电中原局，要求在新四军已确立优势的情况下，“应大力进行根据地建设，继续团结地方实力派及士绅，尊重他们的中立态度，实行三三制政权，注意吸收知识分子，注意调节各阶层利益”③。在行政区划方面，各根据地决定建立小省制，华中根据地被划分为八个战略区；在政权机构方面，各根据地借鉴陕甘宁边区的做法，逐级设立了“参议会—行政委员会—行政公署—专员公署—县政府”的政权框架体系。其中参议会（参政会）为最高权力机关，在县及其以上的政权中建立；行政委员会为最高执行机关，行政公署是行政委员会设立的政务机关。此后，包括江苏在内的华中各抗日根据地的政权逐步建立起来。

11月15日，苏北临时参议会在海安召开，来自江都、高邮、泰县、扬中、丹阳、泰兴、靖江、如皋、南通、海门、崇明、东台、盐城、兴化等14个县的代表388人参加，中共党员占三分之一。刘少奇、陈毅在会上讲了话。会议选举北京政府时期曾任江苏省

---

① 《毛泽东选集》（合订本），人民出版社1967年版，第736页。

② 江苏省社会科学院《江苏史纲》课题组：《江苏史纲》（近代卷），江苏古籍出版社1993年版，第504页。

③ 中共江苏省委党史资料征集研究委员会苏中史编写组：《苏中抗日斗争》，江苏人民出版社1987年版，第60页。

长的韩国钧为名誉议长，黄逸峰为议长，朱克靖、朱履先为副议长，管文蔚为苏北临时行政委员会主任。会议还通过了施政纲领，决议各县都成立参议会。苏北行政委员会实际管辖的是苏中根据地。次年3月，苏北临时参议会改为苏中参政会。

“皖南事变”后，中共加快了政权建设步伐。1941年2月，中共江南区委把苏南东路根据地划分为3个行政区：苏常太地区为第一行政区；江阴、无锡等地为第二行政区；青浦、昆山、嘉定、南汇等地为第三行政区。各行政区都建立了行政督察专员公署，并任命了专员。在此基础上，江南行政委员会于4月1日成立，何克希任主任，吴达人任秘书长。不久，第四、五、六各行政督察专员公署也相继成立，分别管辖武进、茅山、句容等地。至此，江南行政委员会下辖6个行政公署及以下的23个县政府、1个三县行政委员会、两个特区和两个行政办事处，共28个县级抗日民主政权。随后，江南行政公署的筹建工作也提上了议事日程。但此后不久，日伪开始了残酷的“清乡”，苏南根据地损失很大，政权建设被迫中断。直到1943年3月，苏南各县才召开县长联席会议，选举产生了苏南行政公署，江渭清为主任、邓振询为副主任，下辖13个县级抗日民主政权，并在部分地区召开了参政会。

在苏北根据地，1941年5月，淮海地区的专区级参议会成立，并于次年5月改为行署级参议会。1941年9月和1942年3月，分别成立了盐阜和淮海两个区行政公署。前者辖9个县政府，后者辖8个县政府和1个县级办事处。盐阜公署的首任主任为宋乃德，第二任为曹荻秋。淮海公署的首任主任为李一氓。两个行政公署在1942年内分别召开了参议会，且都依照“三三制”原则组织了政府机构。淮北苏皖边区行政公署于1941年10月成立，主任为刘瑞龙、副主任刘玉柱。1942年10月，在淮北苏皖边区第二届参议会上，决定在行署和县政府之间设立“联防办事处”一级机构。1944年12月，联防办事处调整为专员公署。

由于处在残酷的战争环境中，江苏各抗日根据地的区域和人口数量时常发生变化，行政区划有时也随之而调整，但中共却始终如一地在根据地内进行民主制度的建设。中共把在抗日根据地内建立的政权定位为抗日民族统一战线性质，且是统一战线的最高形式。由“三三制”原则组织起来的参议会不仅是权力机关，也是立法机构。在根据地内处于执政地位的中共各级组织及其领导人十分重视发挥参议会的作用，行政领导人定期在参议会上作施政报告，并听取参议员对于政府工作和根据地各项事业的意见。1940年11月苏北参议会召开时，刘少奇、陈毅等中共领导人都亲自到会指导。随后他们又多次召集各界人士座谈会，广泛听取批评和建议。如1942年5月，盐阜行政公署召开了盐城、滨海等8县开明士绅和教育人士座谈会。陈毅、黄克诚等领导人参加，行署主任宋乃德报告施政情况，大家踊跃发言，畅谈自己的看法。

阜东县参议长庞友兰对一些地方强迫地主借粮超过所能负担的情况提出批评；阜宁县参议长计雨亭对参议会不落实、区乡行政范围不明确问题提出质询；盐城县副参议长建议发展根据地手工业，打破敌人经济封锁。[①] 陈毅等虚心听取了大家的发言，并对根据地民主建设的成就表示满意。在淮海区行署级参议会1942年5月召开的成立会议上，地主参议员和农民参议员就春夏、夏秋之交地主向贫农借贷的问题发生争执。经过协商，双方达成折中协议，既保障了农民的生活，也保护了地主的利益，得到了大家的一致首肯。

立法是各级参议会的一项重要工作，各级政府也十分重视通过立法来保障人民的各项权利。1941年1月召开的津浦路东第一次参议会就通过了6项法令。12月，淮海区参议会通过了《淮海区修正人权保障条例》；淮北苏皖边区参议会通过了《淮北苏皖边区保障人权财产权及保护工商业条例》。1942年5月召开的淮海区行署级参议会有229名代表参加，通过了《行政公署的改组及行政公署的组织法》、《第二届参议会组织条例》、《减租条例》、《增加工资条例》等十几个法规。1943年3月，盐阜区行政公署颁布了《盐阜区行政公署保障人权条例》。同月，在苏南根据地，中共苏皖区委召开苏南各县县长联席会议，通过了《苏南施政纲领》，除了规定加强统一战线，集中人力、物力进行抗日战争及发展生产、改善人民生活之外，还对根据地政权的民主建设和人民的民主权利作出了规定。《苏南施政纲领》明确指出："改造与健全基层行政，逐步民选各级民意机关及政府，裁缩骈枝机关，增强行政效率，厉行廉洁政治，严惩贪污浪费，禁止任何公务人员假公济私之行为，实行俸以养廉之原则。""保障一切抗日人民（地主、资本家、农民、工人等）之人权、财权、物权及言论、出版、集会、结社、信仰、居住、迁徙之自由权。"[②]

这些由参议会通过或由各级政府颁布的法规及施政纲领具有明显的时代特征，首先是保障人民享有抵抗日本侵略的权利及义务；其次是法规十分注意调节不同阶级（如工人与资本家、农民与地主）和阶层的利益，尽量巩固和扩大爱国统一战线；第三是让人民充分享有政治、经济、文化、教育等各方面的民主权利。这些法令大多数都得到了有效的贯彻，但由于根据地处在战争环境中，有些法规来不及贯彻或无法深入实施，但仍然对提高中共在民众中的威望，巩固抗日根据地，壮大中共领导的军队等方面发挥了很大的作用。

对基层政权的改造也是中共在江苏抗日根据地的政权建设和民主建设的另一个

---

① 中共江苏省委党史工作办公室：《中共江苏地方史》，江苏人民出版社1996年版，第414页。

② 中共江苏省委党史工作委员会《苏南抗日斗争史稿》编写组：《苏南抗日斗争史稿》，江苏人民出版社1987年版，第176页。

重要方面。由于根据地的政权是自上而下建立起来的，在根据地建立初期，乡、镇以下的基层政权基本保持原样。这对团结各界人士从事抗战，巩固统一战线起到了一定的作用。但以保甲制度为特色的基层政权的组织形式带有浓厚的封建色彩，无法保障人民的基本权利，也与中共倡导的新民主主义主张大相径庭。在江苏抗日根据地初步巩固及人民的思想认识水平得到提高之后，中共决定进行基层政权的改造，以适应不断深入发展的客观形势。

江苏抗日根据地的基层政权改造是从1942年开始的。这一年春，中共召开华中局第一次扩大会议，确定了改造原则：要将千百年来便利封建阶级统治人民的政权机构加以彻底改造，使下层政权掌握在共产党员与进步分子手中，用新乡制代替保甲制，建立起"三三制"的、实行民主集中制的统一战线政权。随后，各地基层政权的改造工作逐步开展起来。

江苏最早实行基层政权改造的是盐阜、淮海抗日根据地。1942年初，盐阜行政公署就发表了告民众书，提出本年度总的施政目标是：继续改造基层政权，彻底实现民主政治，巩固盐阜抗日根据地。[①] 2月，为了培养干部，以便于基层政权改造的深入展开，公署又成立了行政学院，刘丹和戴伯韬相继担任负责人，共培养了近千名区、乡级基层干部。4月，公署又颁布《盐阜区乡（镇）公所暂行组织法》。不久，淮海区参议会也通过了《淮海区县、区行政委员会及乡镇组织法》，对县以下基层政权的组织形式、任期、职权范围等都作出了明确的规定。6月20日，淮海行政公署召开行政会议，李一氓主任对改造工作亲自作了部署。这两地的基层政权改造都采取了广泛征求群众意见，然后在个别乡镇试点，待取得经验后再在全区范围推广的做法。在改造过程中，中共同时推行精兵简政措施，并建立人民陪审员和巡回调解制度，以保证人民的民主权利。在新的基层政权成立之时，各地纷纷隆重召开新的区、乡公所成立大会，借以提高民众参政、议政的积极性。经过改造，贫、中农担任乡、镇长的比例上升到60％以上，削弱了封建势力在当地的影响。

淮北根据地的基层政权改造吸取了邻近根据地的经验，除了确定"适合简政、民主、便于行政领导、便于进行抗战动员、便于工作深入"的原则之外，还颁布了许多切实可行的制度条令，将原来的县、区、乡、保、甲五级基层政权改为县、区、乡三级，废除旧保甲制，代之以人民代表大会制，县、乡人民代表都由人民直选产生。到1944年夏，淮北区的基层政权改造工作基本完成，人民参政的热情空前高涨，根据地进一步巩固。这里的一大特色是妇女参政的程度大大提高，涌现出以涟水县祠堂乡乡长尤

---

① 马洪武等编：《新四军征途纪事》，江苏人民出版社1988年版，第220页。

福英为代表的一批妇女干部。

江苏抗日根据地基层政权改造的高潮在1943年后逐渐到来。1942年12月19日，苏中区党委作出了《关于改造基层政权机构，加强民主建设的决定》，苏中根据地的基层政权改造工作开始启动。次年6月1日，苏中行署颁布《苏中区乡镇政府组织法》等法规，并确立用四种办法来改造基层政权：（一）正规民主的新乡制；（二）乡政府机构的初步民主，即成立临时乡政府；（三）由区署聘定的乡政府；（四）由委任或民选改造乡镇长。[①] 这是为了适应不同地区的具体情况而采取的不同政策。如在比较巩固的根据地就采用第一种方式，在敌我争夺的游击区域则采用第三种方式。到1943年底，苏中根据地1560个乡中，实行新乡制的76个，实行半正规改造的387个，实行人事改造的693个，共计1156个乡经过了政权改造，占根据地总乡数的74%，共有500多名中共党员担任乡长、副乡长。[②] 在推行新乡制的同时，苏中区党委还贯彻"三三制"、精兵简政等民主措施，加强了中共的领导地位。

苏南抗日根据地的基层政权改造起步较晚，直到1944年才开展起来。中共苏皖区党委在年初提出要"分期分批改造基层政权，吸收各阶层人民群众参加政权组织"[③]。各地通过直接选举方式选出了以中共党员和农救会骨干为主体的乡、保（村）长。县、区两级也成立了参政会，县参政员任期一年，区参政员任期半年。区、县参政会的议长多数由非中共党员担任。各种重大事情都经过县、区参政会或村（保）的行政委员会讨论，政府也尊重参政会的意见。

中共在江苏各抗日根据地进行的基层政权改造是在局势相对稳定的抗日战争中、后期进行的，在地域上也是自北向南逐渐展开的。通过改造，中共自上而下建立了比较巩固的、由中共领导的抗日民族统一战线性质的政权。随着保甲制的废除和新乡制的推行，农民和地主等各阶级、阶层的利益都得到有效保障，他们的抗日积极性也空前高涨，对中共也更加拥护，这就提高了中共在江苏各地下层民众中的威望，为日后的土改打下了坚实的群众基础。因此，中共在江苏进行的基层政权改造具有重大意义。

---

① 中共江苏省委党史资料征集研究委员会苏中史编写组：《苏中抗日斗争》，江苏人民出版社1987年版，第162页。

② 中共江苏省委党史资料征集研究委员会苏中史编写组：《苏中抗日斗争》，江苏人民出版社1987年版，第163—164页。

③ 中共江苏省委党史工作委员会《苏南抗日斗争史稿》编写组：《苏南抗日斗争史稿》，江苏人民出版社1987年版，第177页。

三 减租减息

全面抗战爆发后，中共中央在陕北洛川召开政治局扩大会议，制定了中共在抗日战争时期所奉行的各项基本政策。其中对于农村及土地政策明确指出："以减租减息作为党在抗战时期解决农民问题的基本政策"[①]。江苏的各级中共组织始终忠实地贯彻了这一政策。

1938年10月，当新四军刚刚挺进江苏境内并创立茅山根据地不久，第一支队司令部、政治部就拟定了减租减息办法9条，规定："一、田租地租利稻概照原订租额减低二成半交纳；二、如收成特别荒歉者，得由主佃双方会同乡保长及农民抗敌协会按照当地情形斟酌再减之；三、灾区内之灾民租稻尤须特别减折，利息全免；四、平常借款利息，须按照政府规定年利最高不得超过20%；五、地主不在家，租稻由地主托人代收者一律拒绝，所有该田本年租稻，按照折准成数由原佃户保管之，但须得该处乡保长担保；六、凡本年所借米稻利息及放稻债麦债者，亦以按照年息二分为原则，由乡保长会同农民抗敌协会，按照当地情况分别规定之；七、借米借稻者，一律还稻，不得将稻折钱，计钱还稻，致贫苦民众吃亏过大。放稻债者，收稻时稻价不得过低，由乡保长会同抗敌协会，公平规定之；八、十分贫苦无法还债者，得由债务人邀请乡保长会同农民抗敌协会，向债权人商量延期归还本利；九、包利应照实际借款数目还本，另记利息，不照票面。赤贫无力还付者，准先付息后还本。"[②]

这是中共在江苏制定的第一个关于减租减息的法规，对以后制定类似政策确立了范例。但在1941年之前，中共军队在江苏主要忙于创建根据地，减租减息还没有深入开展。1940年12月，中共中央发出了《关于苏北抗日根据地各项政策》的文件，提出在创立"三三制"抗日政权初期，实行部分减租减息，避免劳动政策过左，既有利于争取基本农民群众，又保证地主、资本家能够有所得。这是中共为了最广泛地团结国内各阶层支援抗战并壮大中共力量而采取的民族统一战线政策的一部分。此后，随着敌后抗日根据地的巩固，各地减租减息蓬勃开展起来。1942年5月，华中局发出《关于如何执行土地政策的指示》，这是华中局对所辖各根据地进行减租减息工作制定的指导性文件，《指示》明确指出："减租减息政策的目的是扶助农民，减轻封建剥削，改善农民生活，提高农民抗日和生产的积极性；实行减租减息后，须实行交租交息，保障地主的地权、财权和人权，以联合地主阶级一致抗日；对于富农则削弱其封建

① 北京师范大学历史系中国现代史教研室编：《中国现代史》(下)，北京师范大学出版社1991年版，第498页。

② 中共江苏省委党史工作委员会、江苏省档案馆编：《中共江苏党史大事记》，中共党史资料出版社1990年版，第166页。

部分,鼓励其资本主义部分的发展。”①

1941年4月,津浦路东根据地召开淮南苏皖边区农民抗敌协会第一次代表大会,制定了“三七分租”、“二五减租”、“分半给息”、“老债还本”等实施办法。这是涉及江苏敌后抗日根据地减租减息最早的具体实施方案。紧接着,各根据地也相继出台了有关法规。在苏中根据地,从1941年夏季起,地租按抗战前的租额减去25%,利息最高不超过一分半。这就是“二五减租”和“分半给息”的含义。次年5月,《苏中区土地租佃条例》和《淮海区重订减租条例》等法规陆续出台。1942年1月,盐阜区行政公署召开第二届行政会议,确定减租减息作为盐阜根据地当年的主要施政任务之一。不久,《盐阜区减租条例》、《盐阜区减息条例》等法规相继公布。3月5日,苏南根据地公布了《苏南行政区处理土地问题暂行条例》,8月,又召开苏南民运工作会议,对本区秋收减租事宜作出了具体部署。6月20日,淮北行政公署颁布《淮北苏皖边区减租缴租条例》,对不同地区不同减租率作出了规定。“这些条例的相同之处是明文规定了地主对出租土地的所有权、收租的收益权以及借贷双方的债权和关系。所不同的是,在二五减租、分半给息的一般标准下,各地对减租减息的幅度各有差异”②。在苏南根据地,地租不得超过收获总量的37.5%。盐阜根据地规定佃户与地主的作物分配比例是六比四等。这些条例和实施办法都经过了各根据地参议会或参政会的民主讨论,是在充分听取了地主、农民双方意见以及综合照顾到各方利益并考虑到抗战大局的基础上形成的,具有广泛的群众基础,也是江苏抗日根据地民主建设的具体实践。

法规制定后,各根据地还特别重视贯彻落实工作,让减租减息的实惠切实落到农民头上。各地的通常做法是上级组织首先抽调大批干部,组成民运工作队,深入到村、组,挨家挨户地进行宣传,反复宣讲减租减息的宗旨和方法,并耐心解答农民的疑问,打消农民的顾虑。此外,工作队还召开群众大会,大张旗鼓地进行鼓动,发动减租要求最迫切的贫雇农群体首先起来,造成强大的社会氛围。许多地方喊出了“二五减租,改善人民生活”、“减租为了抗战”、“拥护抗日民主政府,实行二五减租法令”等口号。由于减租减息不可避免地要触及到地主的眼前利益,工作队便召开士绅座谈会,对他们进行说服教育。在这样的环境下,大多数地主都能按照法规落实减租措施。对于少数顽固抗拒政府法令的地主,工作队则发动群众,进行针锋相对的斗争,迫使他们遵守法令。如苏中区泰东县的杭姓地主拥有土地八九千亩,是全县有名的大地主,但在1941年夏季当地开展减租减息后,他拒不执行减租法令,又认为群众也奈何

---

① 中共江苏省委党史工作委员会、江苏省档案馆编:《中共江苏党史大事记》,中共党史资料出版社1990年版,第225—226页。

② 中共江苏省委党史工作办公室:《中共江苏地方史》,江苏人民出版社1996年版,第426页。

不了他。工作队一方面发动群众展开声势浩大的斗争，另一方面则直接与杭家进行直接交涉。在根据地政府和群众力量的威慑下，杭姓地主被迫答应依法减租减息，并增加雇工工资。东台县则公开处决了拒绝减租，并杀害农民抗敌协会干部的地主丁紫庭。[①] 这些措施震慑了不法地主，使减租减息得以比较顺利地在江苏各抗日根据地开展。

在具体工作实践中，各根据地还针对当地的实际情况，采取了灵活的工作方法。苏南茅山根据地地委详细调查了本地的土质和农村阶级、阶层分布情况，总结出五种类型：土质宜种麦，中农经济发达的地区；土质宜种稻，富农、小地主经济发达，雇工多的地区；土地集中，大地主多的地区；土地较贫瘠、分散，自耕农多的地区；靠近大城市，耕地少，百姓经商多的地区。工作队在坚持执行减租法规的原则下，又对不同状况的地区采取了不同的处理方式，规定公田、社田、族田都应取消转佃关系，由佃户直接向管理机关或法定管理人承租，以免转佃人从中剥削；鼓励主佃双方订立长期租佃契约，减租后出租人不得无故拔田。此外，当地党委还制定了对抗日军属和鳏寡孤独等生活困难群体的进一步优待措施。[②] 在苏中地区，中共组织充分发挥农民抗敌协会的积极性，让农民在减租实践中锻炼自己。根据地成立苏中临时农抗总会，并在下属13个县成立分会。农抗会随着减租减息的开展而不断壮大，农民的组织性也随之不断增强。淮北根据地早在1940年就开始了减租运动，但直到1942年夏收时才大规模开展。那里的中共组织充分尊重佃户的民主权利，主要依靠由佃户自己组织起来的佃户小组与地主交涉减租，而中共组织和农抗会则进行政策指导。

经过各方共同努力，江苏各抗日根据地的减租减息工作取得了很大成就。据不完全统计，在1942年7月至9月的3个月实践中，苏中区有32000多农户、87万亩农田实行了减租，农民得益租粮约30000石，雇工工资也得到了提高。苏南茅东、丹阳、句容3县有92%的地主实行减租，共减租稻260万斤，得益农户3482户，占佃农总数的36%。盐阜区减租地主有12000户，减租粮食750万斤，使23000户农民得益。淮北区有22个区，98个乡共减租9000多石，得益农户9000多户。[③] 在此基础上，江苏各抗日根据地的减租减息工作继续深入开展。据1943年7月至9月各地不完全统计，淮北区减租区域由上一年的39个区、196个乡增加到65个区、412个乡。在盐阜

---

① 中共江苏省委党史资料征集研究委员会苏中史编写组：《苏中抗日斗争》，江苏人民出版社1987年版，第80页。

② 中共江苏省委党史工作委员会《苏南抗日斗争史稿》编写组：《苏南抗日斗争史稿》，江苏人民出版社1987年版，第138页。

③ 中共江苏省委党史工作委员会、江苏省档案馆编：《中共江苏党史大事记》，中共党史资料出版社1990年版，第229页。

区，中心区减租佃户达到85%，边缘区和游击区也达到60%和45%。[①] 在整个减租减息过程中，中共各级组织始终牢牢掌握领导权，既把减租实惠切实落实到农民头上，也防止减租过多和过分侵害地主利益等过“左”做法。

减租减息是中共在抗日战争时期实行的一项十分明智的政策。通过这一政策，中共既争取到广大农民的支持，也得到了地主士绅的理解，由此在农村根据地真正建立了最广泛的抗日民族统一战线政权。这对于壮大中共自身的力量和争取抗日战争的胜利都起到了十分重要的作用。同时，减租减息使中共进一步积累了在农村进行土地和分配制度变革的经验，为日后的土改运动打下了群众基础。

四 中共华中局第一次扩大会议的召开

在中共加强对华中地区军队管理的同时，其政权机构的整合及管理工作也相应得到了加强。起初，“由于我们在华中敌后的军队和党的组织，最初是通过江南、华北及中原各方面的关系去建立的，是各方面合拢来的，各有各的建制及领导关系、指挥关系等，在行动上、政策上最初也是各干各的，彼此联系很少，因此，在斗争中不能彼此协助”[②]。为了改变这种状况，中共中央决定增派得力的领导干部，并合并、重组该地区的领导机构。1941年3月，中共中央派中原局副书记饶漱石、中原局委员曾山去苏北，同时撤销东南局，东南地区国统区的中共地下党仍由中原局管辖。4月27日，根据中共中央的指示，刘少奇主持召开了中原局会议，决定把中原局改组为华中局，由刘少奇、陈毅、饶漱石、曾山兼委员，刘少奇为书记，饶漱石为副书记，曾山兼组织部长，饶漱石兼宣传部长。华中局管辖陇海路以南区域，陇海路以北区域则由北方局管辖，原东南局管辖的地区也由华中局管辖。随后，华中局又对所辖区域内的行政区划和各地领导班子作了调整，在盐城建立了华中党校，培养大批干部，并作出了《华中局关于组织根据地人民大多数的决定》等政权建设文件。华中局与中央军委华中分会是同步建立的，这使中共在华中地区的党、政、军领导体制进一步完善。

华中局建立后，首先在高级干部中统一了思想认识。5月16日，该局在盐城召开了由各区党委，各师主要负责人参加的高干会议，会议传达和学习了《中共中央关于项、袁错误的决定》等文件，刘少奇也作了《关于新四军问题的报告》。与会者一致表示拥护中央的决定。

为了“进一步了解各根据地各方面之情况，总结过去各方面工作的经验及更具体

---

① 中共江苏省委党史工作委员会、江苏省档案馆编：《中共江苏党史大事记》，中共党史资料出版社1990年版，第250页。

② 《刘少奇选集》上卷，人民出版社1981年版，第285页。

确定今后华中各根据地工作计划”[①]，华中局经请示中共中央批准后决定召开第一次扩大会议，以统一认识并为今后的工作确立蓝图。

这次会议于1942年1月20日至3月5日在阜宁县单家巷召开，出席会议的有华中局委员刘少奇、饶漱石、陈毅、曾山；华中各战略区的党、政负责人及新四军军部，各师，独立旅的指挥员赖传珠、彭康、李一氓、刘玉柱、刘子久、吴芝圃、邓子恢、金明、罗华生、刘顺元、张劲夫、罗炳辉、张爱萍、江渭清、邓振询、黄克诚、刘彬、吴法宪、彭雄、宋乃德、陈丕显、管文蔚、谭光廷、刘炎、钟期光、叶飞等26人。鄂豫皖区及新四军第五、第七师因交通不便等原因未能派代表出席。列席代表有钱俊瑞等70人。会议成立了军事工作委员会、党与群众工作委员会、政权工作委员会、四师和豫皖苏边区党委工作检讨委员会，负责对各方面工作进行分析检讨并提供材料。

从1月20日到2月13日为预备会议。在此期间，大会共听取了16位来自各区域、各部队的代表关于本地区、本部队工作的汇报，其中14人的汇报涉及到江苏。2月14日，正式会议开始，刘少奇在会上作了《目前形势，我党我军在华中三年工作的基本总结及今后任务》的主题报告，陈毅作了《论军事建设》的报告，饶漱石作了《关于根据地群众团体建设中的几个具体问题》的报告，曾山作了《关于政权建设问题》的报告，黄克诚作了《目前军事建设中的部队政治工作》的报告。会议总结了过去三年中共及其领导下的军队在华中地区的工作，肯定了所取得的成绩，指出新四军在与日伪和国民党的三角关系中虽然在总体上还处于最弱地位，但在农村地区已经形成了一定程度的优势。同时，刘少奇还对今后工作提出了九项具体要求：1. 粉碎日伪的扫荡和“清乡”，巩固根据地；2. 加强统一战线工作；3. 加强军队建设，提高战斗力；4. 积极调动根据地内人民群众的积极性，改善他们的生活；5. 改造根据地的基层政权，使之成为真正的抗日民族统一战线政权；6. 发展生产，加强粮食、财政、经济的保障能力；7. 发展根据地的教育工作；8. 健全根据地的保安工作，清查奸细和破坏分子；9. 加强党的建设，在政治、思想、组织上使党更加布尔什维克化。[②] 此外，刘少奇还根据华中各区域的不同特点，对各地的工作提出了具体要求。大会最后通过决议，完全同意刘少奇的报告，要求各级党组织迅速将此报告向全党全军传达，作为今后的奋斗目标和行动路线。[③] 大会还通过了各委员会起草的工作条例和《关于四师及豫皖苏边区党委在反摩擦自卫斗争中错误的决定》等文件。3月5日，大会闭幕。

中共华中局第一次扩大会议是在华中根据地建设处在关键时期在江苏召开的一

---

① 《华中局关于召开扩大会议决定的通知》(1941年11月14日)，江苏省档案馆藏。

② 中共江苏省委党史工作办公室：《中共江苏地方史》，江苏人民出版社1996年版，第372—373页。

③ 《华中局第一次扩大会议决议》，江苏省档案馆藏。

次十分重要的会议。从总结和布置一个区域的工作角度来说，这次会议的会期之长、参加人数之多，在中共历史上是很少见的。会议进一步统一了华中地区中共党员和军队的思想，加强了中共在根据地的一元化领导和统一战线工作，明确了今后一个时期的任务，对中共力量在华中地区的巩固和发展起到了十分重要的作用。会议结束不久，刘少奇奉中共中央之命回延安工作，华中局书记和新四军政委的职务由饶漱石代理，华中军分会书记的职务由陈毅代理。

五　经济政策和生产发展

中共在各地建立的抗日根据地都地处农村，经济不发达。为了坚持抗战、壮大自身力量和改善当地人民生活，中共组织必须想方设法发展生产，增强经济实力。因此，制定恰当的经济政策并组织生产就成为各根据地中共组织一项十分重要的工作。

江苏的抗日根据地在1940年后得到初步巩固，经济工作也随即展开。1940年12月2日，中原局发出了《关于财经工作的指示》(以下简称《指示》)，要求华中各根据地中共组织高度重视经济工作，在深入调查研究的基础上，应时应地制定经济法规，成立强有力的财经机构，选派得力人员主管财经工作。对于具体的财经政策，也作出了7条明确规定：1. 除赤贫者外，各阶层民众一律承担捐税义务；2. 在根据地不巩固时，不宜实行复杂的累进税制，只宜实行一律征粮征税9%的简单累进税制。在根据地巩固以后，可以实行合理的累进税制；3. 各地须准备至明年夏收以前的粮食，并准备在明年以田赋与救国公粮合并征收，一律以粮食实物交纳田赋，同时准备统制与管理粮食；4. 成立贸易局，准备统制进口贸易；5. 停止向富人征收特税、特捐及借款，停止以打汉奸为财政收入的政策；6. 切实节省与限制使用民力，订出征用民力的法律；7. 各种税则及征收粮食的办法，征用民力的法规等，均须召集各民众代表讨论，吸收民众意见。[①]《指示》是指导华中各根据地从事经济工作总的原则，它既保证了中共领导的敌后抗战的物资来源，也充分照顾了各阶层民众的实际利益及合理负担，还注意发扬民主、维护统一战线，是华中敌后抗日根据地经济工作的纲领性文件。1942年华中局制定了《华中抗日根据地财政经济草案》，进一步明确指出财政工作的基本任务是："保证抗战经费，实行合理负担，废除苛捐杂税，改善人民生活。"

随后，江苏各抗日根据地就开始制定各自有关经济的法规。1941年11月，盐阜区行政公署颁布了《盐阜区各县验契章程》，保证人民享有不动产的所有权。1942年3月，苏南根据地公布了《苏南行政区处理土地问题暂行条例》，对土地、房屋债权的

---

① 中共江苏省委党史工作委员会、江苏省档案馆编:《中共江苏党史大事记》,中共党史资料出版社1990年版,第200页。

私有权、继承权、承种人的承佃权等都作出了明确的规定。6月，淮北行政公署制定《淮北苏皖边区减租缴租条例》和《增加雇工工资、调剂劳资关系办法》，使各种经济活动有法可依。1943年7月，苏中行政公署公布了《苏中经济建设方案》，确定了发展经济的方针：在农业上争取粮食自给，改善人民生活并支援原地抗战；在工业上重点发展军需和民用工业；积极扩展贸易，调节根据地内的供需关系并力求打破敌人的封锁。该方案还对农业合作组织、水利及农副渔业等都进行了规划。此外，各根据地中共组织还多次发出指示，强调增产节约的重要性。

江苏各抗日根据地大多地处水患灾害频繁的黄淮、江淮地区，兴修水利是一项重要而迫切的任务。长期以来，盐阜根据地的阜宁县饱受海水倒灌之苦。1941年春，该县成立了以县长宋乃德为主任的修堤委员会，以盐税作抵押，拨款100多万元，抽调部分新四军官兵，还用以工代赈的方式动员了大批民工，并说服当地士绅共同出力，花了两个多月时间修筑了一条长90华里、高9尺的大海堤。这项工程在当年夏天大海潮到来之前竣工，并立即发挥了作用。当地百姓把它与宋朝名臣范仲淹在苏北修筑的"范公堤"相媲美，称之为"宋公堤"。1942年夏天，淮河发生大洪水，淮河大堤在大柳港段有十多处决堤，新四军第四师师长彭雪枫闻讯后，立即率领驻军和群众日夜抢修，大堤被及时修复，减少了水灾的损失。当地群众也把这段大堤称之为"雪枫堤"。此外，在苏中、苏北，中共组织领导根据地军民兴修或加固了东台开河、里下河、如皋范公堤、盱凤嘉的淮河大堤、泗南的双峰大堤、高邮湖西大圩等水利工程，仅在淮北地区就使379万余亩农田受益，还对部分河道清淤疏浚，恢复或增强其航运和灌溉的功能。在苏南，根据地军民疏浚了沙洲县的南北套河、一千河、川港和金鸡港等30多条大小河流，以及江阴县的祝家河，江阴、武进交界的舜河等。这些水利工程发挥了很大功效。如祝家河工程解决了沿河两岸2000多亩农田的灌溉问题。舜河工程的受益农田也有20多万亩。① 各根据地还采取政策扶持措施发展农业生产，发放农业贷款是其中重要的一项。当时，政府百分之七八十的经济建设经费都用作农贷。苏中根据地在1942年冬季拨出农贷粮食5万石、现金600万元，234352户得到了贷粮和贷款。② 淮海地方银行也在1942年10月决定通过各县农救会发放秋耕贷款，发放对象主要是贫农，中农、富农可根据实际情况酌情贷给，每户为100元（淮海币）为限，利息为一分一厘。这次总共发放了价值30万元的肥料和种子。盐阜区在1944年初向农户发放1000万元的生产贷款，都以粮食或折抵粮食的形式贷出，贷期

---

① 中共江苏省委党史工作委员会《苏南抗日斗争史稿》编写组：《苏南抗日斗争史稿》，江苏人民出版社1987年版，第109页。

② 江苏省社会科学院《江苏史纲》课题组：《江苏史纲》（近代卷），江苏古籍出版社1993年版，第511页。

一年，到期以等额粮食收回，不记利息。这些农贷对当地的耕作、收获及农户度过青黄不接的困难季节都起到了重要的作用。

租税制度是江苏各抗日根据地经济政策的一个重要方面。《指示》对租税制度作了规定。各根据地政府既要保证抗战经费，又要减轻人民负担、改善人民生活，于是提出了各阶层合理负担租税的原则。各地取消了原来的苛捐杂税，征收的税种有货物税、契税、屠宰税、普通营业税、牙税、烟酒印花税等 8 种。农业税只征收田赋和公粮两项，并实行粮赋并征。不久，各根据地又把土质好坏、收获量大小和人年平均收获量等因素考虑进去。1941 年 9 月，江南根据地成立江南财经局路南办事处，每亩田赋统一征收 3 元。当年第十六旅所辖地区共征收田赋 250 万元。[①] 苏中根据地在 1941 年全年征收公粮 30 万石，税收额达 1500 万元。次年由于加强了生产建设，并配备了得力干部，仅夏收就征集公粮 53 万多石，超过了上一年的总和。[②] 盐阜各区实行了累进税制：3—5 亩免征，在此基础上，土地越多，税率也越高，但累进的最高额不超过总收入的 5%。1942 年苏中、盐阜、淮海等根据地的征收标准如下表：

1942 年苏中、盐阜、淮海等根据地田赋征收表　　　　单位：斤

土地等级亩数	苏中区	盐阜区	淮海区
甲等田以 10 亩田征收额计算	70	65	20
乙等田以 10 亩田征收额计算	55	65	12
丙等田以 10 亩田征收额计算	40	65	8
甲等田以 20 亩田征收额计算	140	130	80
乙等田以 20 亩田征收额计算	110	130	48
丙等田以 20 亩田征收额计算	80	130	32
甲等田以 50 亩田征收额计算	350	350	300
乙等田以 50 亩田征收额计算	275	350	180
丙等田以 50 亩田征收额计算	200	350	120
甲等田以 100 亩田征收额计算	767.5	808	808
乙等田以 100 亩田征收额计算	600	808	484.5
丙等田以 100 亩田征收额计算	454.5	808	323.2

资料来源：江苏省社会科学院《江苏史纲》课题组：《江苏史纲》（近代卷），江苏古籍出版社 1993 年版，第 513 页。

① 中共江苏省委党史工作委员会《苏南抗日斗争史稿》编写组：《苏南抗日斗争史稿》，江苏人民出版社 1987 年版，第 107 页。

② 管文蔚：《苏中抗日根据地的政权建设》，中共江苏省委党史资料征集研究委员会苏中史编写组：《苏中抗日斗争》，江苏人民出版社 1987 年版，第 519 页。

在货币政策方面，根据地原先使用国民政府发行的法币。汪伪政权建立后，在上海成立伪中央储备银行，发行伪币“中储券”。1942年，汪伪政府下令禁用法币，伪币于是在沦陷区泛滥，并涌入了根据地。这期间，由于通货膨胀和日伪的封锁，法币的通货地位日益动摇。中共组织决定在根据地成立主持财经工作的机构，并自办银行，以粮、棉、盐等物资做担保，发行抗币。1941年和1942年，江苏各根据地的银行先后成立。如淮南区成立了淮南银行，发行淮南币。淮北区成立淮北地方银号，发行淮北边币。淮海区成立淮海地方银行，发行淮海币。盐阜区成立盐阜银行，发行盐阜币。苏中区成立了江淮银行，发行江淮币。苏南区成立惠农银行，发行惠农币。这些抗币不搞财政性发行，相互间可以承兑，但不能流通。对于法币，根据地政府采取既保护又限制的政策，发行了若干种法币的辅币，让其与抗币共同在根据地内流通使用，并逐渐确立抗币本位，取代法币，对伪币则坚决禁止。通过这样的货币政策，江苏的抗日根据地遏止了恶性通货膨胀的势头，稳定了财政经济，保障了人民的利益。这些抗币在抗日战争胜利后完成了它们的使命，结束流通。

太平洋战争爆发后，日伪加强了扫荡和“清乡”。同时，由于国共关系的恶化，国民党也加紧封锁，中共领导的抗日根据地出现了严重的物资供应困难。为了摆脱困境，中共中央向全党发出了“自己动手，丰衣足食”的号召，率先在陕甘宁边区开展“大生产运动”，并迅速向全国各根据地推广。1943年3月和10月，华中局两次向各根据地下达《开展生产运动的指示》，指出：“我们今后解决财政经济困难的基本方法，必须从积极方面打算，必须放到依靠自己动手、自己劳动的生产上面。”①华中局要求各根据地领导人亲自负责，广泛发动群众，制定生产计划，在群众自愿的基础上成立生产合作组织，开展劳动竞赛，争取依靠自己的力量解决军民的吃饭穿衣问题。当年，江苏各抗日根据地的大生产运动全面展开。

大生产运动主要集中在农业和手工业两个行业，同时也兼顾商业和交通运输业。努力扩大粮食产量和纺织产品产量是核心任务。中共的各级组织和新四军部队与地方群众一边开展反扫荡和反“清乡”等抗日武装斗争，一边从事生产。大家都有明确的生产任务。从1942年到1944年的3年中，盐阜区就开垦荒地100多万亩。苏中东台县也在1944年上半年开荒25000多亩。驻淮南的新四军第二师在1943年一年中就生产粮食13607石、蔬菜196万斤及大量棉花、大豆等产品，并饲养家禽、家畜

① 《华中局关于开展生产运动的指示》(1943年3月)，中国人民解放军历史资料丛书编审委员会编：《新四军文献》(3)，解放军出版社1988年版，第46页。

30830 头(只),[①]基本做到了军粮自给,既改善了部队生活,又减轻了民众负担。在生产实践中,各地还组织起了一些劳动合作组织,如互助组、变工组、运销合作社等,成为农业合作化运动的早期组织。1943 年,淮南根据地路东 7 县在半年中就成立了互助组近 8000 个,淮南和盐阜两区参加互助组的农民达 66 万人。苏南句容县也在当年组织了 603 个互助组、换工队等。

在开荒种地、扩大粮食生产的同时,各根据地也广泛推动纺织业,力求打破日伪和国民党的封锁,自行解决军民的穿衣问题。淮南根据地创立了惠民和新新两家纺织厂,盐阜根据地创立了阜宁县实验纺织厂和惠民织布厂,拥有 300 多台织布机。这些厂既有公营,也有公私合营。此外,各根据地民众也自发组织起来,兴起了家庭或互助小组织布的热潮。1944 年春天,淮南路东的纺织小组就有纺纱车 5500 多架,淮北 9 个直属县的纺纱车达 36680 架、织布机达 2686 架。各地的棉花种植面积也在 1942 年以后大幅增加。1944 年 8 月 10 日,淮海行署决定:禁止白洋布进入根据地,要求机关干部使用自制土布。这一决定进一步推动了当地纺织业的发展。

中共在江苏各抗日根据地实行了切合实际的财政经济政策,并领导军民开展了大生产运动。这对粉碎日伪的扫荡和"清乡"、打破日伪及国民党的封锁,巩固根据地都起到了重要作用。

六　文化教育宣传事业

在日军对江苏各地的进攻和占领过程中,当地的文化教育事业受到了很大的破坏。中共领导的抗日根据地得到初步巩固之后,决定重新建立全新的文化教育体系,以适应抗战需要。1940 年,中共在江苏各根据地实施的文化教育事业逐步开展,其指导思想是马列主义与中国的新民主主义理论,其宗旨是培养有利于抗战事业的人才。

根据地的教育体系分为国民教育和党政干部教育,以前者为主。1940 年 11 月,苏南根据地成立了东路教育委员会,颁布了《东路小学暂行规程》,除了整顿、恢复原有学校之外,还建立新校,举办了六期师资培训班。各中小学在课程设置上进行了改革,加入了抗战教育和反日伪奴化教育的内容。据 1941 年 1 月统计,仅澄锡虞地区就有小学 400 多所、中学 8 所、教职员 1200 多名、中学生 1000 多名。1940 年 12 月,苏北盐阜根据地的阜宁县在硕集西边的董庄举办了有 300 多名教师参加,为期一个多月的教师讲习班。县长宋乃德等亲自讲授《新民主主义论》、教育方针等内容。以

---

① 中共江苏省委党史工作委员会、江苏省档案馆编:《中共江苏党史大事记》,中共党史资料出版社 1990 年版,第 254 页。

此为标志，盐阜根据地的抗日教育事业走上正轨。盐阜行署制定了一系列有关法令法规，编成了《文教法令汇编》，下发各地。盐阜根据地积极推行陶行知的“教学做合一”的教育方法，强调读活书，提倡启发式教学。教学内容除了思想教育和书本知识之外，还训练学生过半军事化生活以及种菜、纺织等生活技能，还设立化工厂，让学生自己动手制造肥皂。1941 和 1942 两年，盐阜区的国民教育事业获得了较快的发展。盐阜行政公署在阜宁县境内先后建立了盐阜联立中学、盐阜师范、盐阜职业中学。1943 年，阜宁县初级中学也建立了起来。[①] 在苏中根据地，到 1941 年底，全区已有 44 所中学，有 1622 所小学。中学教师在四分区和泰东就有 218 人。小学教师四分区和泰东、泰兴有 2528 人，中学生有 7919 人，小学生有 9408 人。[②] 这一时期，淮南津浦路东根据地的学校教育事业也有了较快发展。到 1942 年冬，该地小学增加到 271 所，每乡每保都有一所小学。该区还设立了淮南联中、淮南师范、淮南艺术专科学校。1942 年 9 月，上海之江、大夏大学的一些教师和学生在华中局的安排下来到淮北根据地，成立江淮大学。这样，中共领导下的江苏抗日根据地就有了高等教育。不久，江淮大学为躲避日伪的扫荡而迁到淮南根据地的新浦镇办学。1943 年 10 月，该校又迁到淮北根据地的淮宝县仁和集。

根据地的学校是在严酷的环境中办学的，不仅物质条件很差，而且又常常因战争而无法保持教学的连续性。各地学校在平时教学中都注意加强战备教育和物资储备，坚持分散办学原则。碰上日伪的扫荡或“清乡”时，各校在当地军民的帮助下采取疏散师生、迁地教学等措施。战备警报解除后，学校又及时组织复课，恢复正常教学。1942 年 9 月，抗大第四分校学员夏陶然在反扫荡战斗中负伤后来到淮北根据地的泗南县(今泗洪县)中潼小学任校长。他带领全校师生，在极其艰苦的条件下采取教育与劳动相结合的办学方针，取得了很大成绩，被誉为“夏陶然的路”。这一经验被推广到其他各根据地。

到了抗战后期，各地的办学条件有所改善。1944 年 7 月，淮海行政公署召开了中等教育会议，除了研究一般教育事项之外，还决定自当年秋季学年起一律免收中学学费和讲义费。这一时期，华中各根据地的中小学教育有了很大发展。据 1944 年 8 月统计，盐阜区有中学 13 所，学生 1878 人，教师 207 人；小学 1186 所，学生 67453 人，教师 2064 人。基本做到乡有小学，区有完全小学，县有中学。到年底，淮北区的小学数达 806 所，学生 58104 人；中学 7 所，学生 1863 人。苏南区有小学 895 所，学生 75611

① 中共江苏省委党史资料征集委员会、江苏省档案局编：《江苏革命史料选辑》(第七辑)，1983 年 6 月，第 189 页。

② 《陈丕显 1942 年 2 月 7 日在华中局扩大会议上的汇报》，《陈丕显文选》(第一卷)，中共党史出版社 2000 年版，第 28—29 页。

人;中学 34 所,学生 4452 人;私塾 307 所,学生 5386 人。[①]

在国民教育体系中,除了学校教育之外,还有针对老百姓的识字扫盲和传授生活技能的社会教育。江苏各抗日根据地往往利用冬季农闲时节开展社会教育运动,即冬学运动。在苏南东路地区,1940 年,冬季识字运动十分火热。常熟、苏州两县为了达到"至少要在冬学运动中减少 6000 个文盲"的目标,培养了大批扫盲工作人员,专门编印了识字课本。各地普遍举办了成人识字班,动员了占农村总人口 80%的不识字者参加学习。[②] 在淮南根据地,当地军民在 1942 年的冬学中办起了 232 处民校,入学者超过 22000 人。在苏中根据地,1942—1943 年的冬季是冬学运动的高潮,根据地内三分之二的小学教师、六分之一以上的中学教师担任了识字教员。全区开设的识字班达 1400 多所、识字站 60 个。苏中行署文教处编印了《万事通》作为教材,全区有 12 万多基层人员参加了学习。各地在冬学运动中不仅对群众识字扫盲,而且还进行政治教育,提高他们的抗战觉悟和文化水平。

由于历史的原因,各根据地内还存在一定数量的私塾。私塾作为学校教育的补充,在当时的历史条件下是一种有益的教育形式。根据地政府对私塾采取了加强管理、逐步改造的政策。各地教育主管部门首先对塾师进行资格认定,对合格者颁发了证书,紧接着又对私塾的教学内容进行改革,使之适应抗战和现代生活需要。这样,私塾教育也很快走上正轨。

在开展国民教育的同时,根据地对培养党政军人才的教育也非常重视。1940 年 3 月,新四军第六支队随营军校扩建为抗日军政大学第四分校,彭雪枫任校长。1941 年 5 月,第四分校从河南转移到津浦路东的洪泽湖畔办学。彭雪枫牺牲后,为了纪念他,该校于 1944 年 10 月更名为雪枫军政大学。该校在 5 年半时间内开办了 37 期训练班,培训了 5000 多名干部。1940 年秋,苏中根据地在泰兴营溪创办了一所抗日军政学校。八路军和新四军在苏北会师后,该校和八路军第五纵队教导队及新四军江北指挥部军政干校的两个大队合并,在盐城成立了抗大第五分校,陈毅任校长。1941 年 10 月,以第五分校为基础的抗大华中总分校成立,陈毅仍担任校长,副校长赖传珠、韩振纪,教育长谢祥军。总分校只存在了一年多时间,开办了两期干部培训班,1943 年初因精兵简政而撤销。1942 年 5 月,属新四军第一师领导的,以抗大苏中大队为基础的抗大第九分校成立,粟裕任校长。1943 年 2 月,第九分校迁到苏南溧水整

① 中共江苏省委党史工作委员会、江苏省档案馆编:《中共江苏党史大事记》,中共党史资料出版社 1990 年版,第 273 页。

② 中共江苏省委党史工作委员会《苏南抗日斗争史稿》编写组:《苏南抗日斗争史稿》,江苏人民出版社 1987 年版,第 112 页。

编，粟裕仍兼任校长，军事上改由第十六旅指挥，下辖3个大队，1000多名学员。1944年2月，苏中区党委又决定以九分校为基础创办苏中公学。

为了进一步加强党政干部的培养工作，华中局于1941年5月在盐城成立了华中党校，刘少奇任校长，彭康任副校长。党校主要开设哲学、政治经济学、联共(布)党史、社会发展史等理论课程。刘少奇曾亲自在华中党校授课，作了《论党内斗争》、《论共产党员的修养》等讲座。抗大各分校注重实际工作培训，主要开设马列主义、时事政策、群众工作、军事斗争等实用性课程。学员在党校或抗大分校结业后被分配到部队或地方政府部门工作。

在培养党政人才的同时，中共领导的江苏抗日根据地也十分重视培养艺术人才。1941年2月，以新四军江北指挥部抗敌剧团、新四军江北指挥部战地服务团等单位为基础组成的鲁迅艺术学院华中分院在盐城成立。刘少奇、彭康分别兼任正、副院长。学院下设文学、戏剧、音乐、美术4个系。学员们在艰苦的环境中取得了很大的成绩，在短时期内就排演出了《皖南事变》、《反投降》等有影响的剧目。1941年夏，日军对盐阜根据地发动大扫荡。7月24日，分院师生200多人遭到日伪军袭击，经过战斗，大部分师生脱险，教导主任丘东平、剧作家许晴、新安旅行团总干事张平等20多人牺牲。8月下旬，华中局为适应新的斗争环境，决定解散鲁艺华中分院，把学员分散到各部队从事宣传和文艺工作。

中共组织十分重视文化宣传工作，江苏各抗日根据地的文化宣传事业也蓬勃发展。陈毅等领导人时常召开文艺界人士座谈会，听取他们对各项工作的意见，鼓励他们创作出反映鲜明时代主题的优秀文艺作品。在中共文艺统一战线政策的影响和中共组织的协调下，许多文化界知名人士如作曲家贺绿汀、著名记者范长江、邹韬奋、作家阿英等从大城市来到江苏抗日根据地，直接与抗日军民一起工作和生活，以便于他们的创作。1942年夏，为了妥善安排这些人的工作和生活，华中局在阜宁县卖饭曹村建立"文化村"，把文化界人士集中于此。不久，"文化村"内的40多名文化人成立了"湖海艺文社"，专门从事抗战文艺的研究和创作。1941年4月16日，苏北文化协会代表大会在盐城召开，刘少奇作了《苏北文协任务》的主题发言，指出文协的任务是保护文化教育事业中一切人员的利益；普遍深入开展苏北新文化运动；使苏北文协成为苏北文化界的集体组织等三项。[①] 会议通过了《苏北文化协会第一次代表大会宣言》等文件，并选举出文协的理事会成员。1942年1月，新安旅行团从桂林辗转来到苏北根据地，受到刘少奇、陈毅等人的接见。该团在盐城设立团总部，创办了《儿童生

① 中共江苏省委党史工作办公室：《中共江苏地方史》，江苏人民出版社1996年版，第443页。

活》、《儿童画报》等刊物。陈毅也为此刊物题了词。

1942年5月，毛泽东在延安文艺座谈会上发表讲话，提出了民族、科学、大众的文艺观。这迅速成为江苏和全国其他根据地文艺工作的指导纲领，文艺工作者也创作出了更多的优秀作品。同时，群众性的文艺团体也应运而生并蓬勃发展。如淮南东路地区在1944年底就有剧团80多个。苏南大众剧团创作的《盲哑恨》、《中秋之夜》、《傀儡的末日》及历史剧《郑成功》等都在根据地内外产生了广泛的影响。1944年1月9日，淮南区党委召开文艺座谈会，总结了当地新文艺运动实验的经验。14日，淮南路东专员公署又召开第一届民间艺人代表大会，还组建了新四军第二师抗敌剧团、淮南大众剧团等。到次年春节，路东地区不脱产的农村剧团达到300个。[①] 1944年，为了响应中共中央要求全党学习郭沫若的《甲申三百年祭》一文，防止骄傲自满情绪在党内滋长，淮海实验剧团在苏北根据地演出了李一氓创作的评剧《九宫山》。阿英也为此编写了五幕历史话剧《李闯王》。

在报刊宣传方面，华中局在1940年12月2日发行了机关报《江淮日报》。1944年10月，苏南区党委的机关报《苏南报》创刊，并于次年改名为《苏浙日报》。这些报纸积极宣传中共的各项主张，为中共在江苏抗日根据地的发展争取到了舆论阵地。

第六节 日伪统治下的江苏

一 各地伪政权的建立

拉拢、利用汉奸，在占领区建立伪政权，实现“以华制华”，是日本侵略中国的一项重要策略，这一策略贯穿于日本侵华的全过程。“九一八事变”及日本占领东北后，关东军就建立了伪满洲国。1937年卢沟桥事变后，日军于7月30日和8月1日分别在刚刚陷落的北平和天津成立了治安维持会。这两个“维持会”帮助日军清理因战争造成的瓦砾废墟、遣散安置难民、恢复地方治安、筹措军需物资等，从而开启了日军占领地区建立伪政权的一种模式，各地纷纷效仿，而“自治委员会”、“治安维持会”等也就成为各地伪政权的最初级、最原始的形式。

10月1日，日本首相、外相、陆相和海相共同研究决定了“中国事变处理纲要”，明确规定了在华北地区利用中国人建立伪政权的目标，对华中、华南，该“纲要”提出要

① 中共江苏省委党史工作委员会、江苏省档案馆编：《中共江苏党史大事记》，中共党史资料出版社1990年版，第256页。

"期于华中、华南地区使之出现适于增进日华通商贸易及持续发展之状态"。在这里，"持续发展之状态"是一个有着很大伸缩空间的概念，[①]为日本在华中、华南地区建立新的伪政权提供了政策依据。在这项政策指导下，伪政权在各地不断粉墨登场。在华北，1937年11月，伪蒙疆联合委员会成立，管辖察哈尔、热河、绥化等蒙古族聚居地区。12月，由汤尔和、王克敏等为头目的伪中华民国临时政府也在北平成立，管辖长城以南的华北地区。淞沪会战开始后，国民党在苏南的政权机构趋于瓦解，但随着战事呈现胶着状态，日军速战速决的战略图谋也破产了。为适应战争的长期化，日本不得不考虑在华中占领区建立伪政权以充当日本的代理人来统治沦陷区的人民。9月23日，还在淞沪会战激烈进行之际，部分汉奸就在日军的卵翼下，在沦陷不久的宝山县成立了华中第一个伪政权组织——宝山县自治委员会。上海于11月12日沦陷后，日本占领军于12月5日建立了伪上海大道市政府，以苏锡文为市长。苏是福建人，精通日语，卖力为日本占领军服务。从11月中旬开始，日军沿京沪线向南京方向发起追击。11月中旬，日军先后占领嘉定、常熟、苏州等地，下旬又攻陷无锡、常州。12月初，江阴也告失陷。随着日军自东向西深入江苏境内，江苏各地的伪政权也纷纷建立。无锡的"自治委员会"于12月14日成立。苏州和吴县的伪组织分别于12月1日成立(苏州的伪政权初始名称为治安维持会，陈则民、潘振霄等为头目)。11月20日，中国政府宣布迁都重庆。这意味着即使首都南京失守，中国仍将继续抵抗，战争开始向长期化发展。这时，日本方面越发感到建立伪政权、辅助日军统治占领区的重要性。12月24日，日本内阁会议作出决定："上海方面的处理方针：在军事占领区，应一俟时机成熟，即考虑成立与华北新政权有联系的新政权。目前应组织治安维持会。"[②]这就非常清楚地表明了日本的策略：先在华中地区建立各自独立的维持会性质的初级伪政权，等时机成熟，再把这些政权升格、合并为与华北类似的较大的区域性伪政权，为建立全国统一的中央级伪政权做准备。当时一位日本军官冈田西次从日本的角度对这些伪政权组织的建立、人员构成和作用作了比较准确的叙述："面对战后的瓦砾废墟，为避战火而离家园的各地元老及一些开明人士纷纷从避难地返回，在占领军的协助下着手组建治安维持会。随着回流难民的日益增多，本着'相互扶持'的精神，以'当前的生活和战后的重建'为目的，又组建了自治委员会。这些组织模仿中国的旧制度，与当时中国的保甲形成连带责任制，为维持治安、民众生计及恢复经

① 张生等：《日伪关系研究——以华东地区为中心》，南京出版社2003年版，第27页。

② 复旦大学历史系编译：《日本帝国主义对外侵略史料选编》，上海人民出版社1975年版，第255页。

济做出了自己的努力。”[①]这说明，日本占领军在建立维持会、自治会一类的伪政权时，是考虑到中国的文化传统和民众的心理习惯的。这些组织都由在民间较有威望的士绅出任首领，以民众已经习惯的保甲制的形式出现，表面上也做一些维持秩序、恢复公益事业的工作，但在本质上仍然是日本占领军的工具。

随着日军在江苏境内占领区域的不断扩大，冠以地名的维持会、自治会等伪组织也在各地纷纷出现，但其管辖地域并不完全与中国原有的行政区划相一致，而是与日军的作战区域有一定的关系，这在管理上造成了一些混乱。到1938年3月伪维新政府在南京建立之时，江苏各地建立维持会、自治会等伪政权组织的地区如下：

抗战初期江苏各地伪组织一览表

地　方	机构种类	成立时间	备　注
无　锡	自治委员会	1937年12月14日	
吴　县	同上	1937年12月1日	
苏　州	同上	1937年12月1日	
常　州	同上	1937年12月29日	
南　京	同上	1937年12月23日	1938年元旦开成立大会
太　仓	治安维持会	1938年1月1日	
吴　兴	自治委员会	1938年1月16日	
常　熟	同上	1938年1月23日	
丹　阳	同上	1938年2月1日	3月27日改称“自治总会”
东　山	同上	1938年2月19日	
湖　熟	同上	1938年2月19日	又一说名“联合自治会”
扬　州	同上	1938年3月27日	又一说名“自治总会”
镇　江	同上	不详	同上
金　坛	同上	不详	同上
吴　江	同上	1938年3月27日	同上
昆　山	同上	1938年3月27日	同上

资料来源：根据伪维新政府行政院：《维新政府的现状》，1939年8月印行，冯桂已编：《近代中国外谍与内奸史料汇编》，台北“国史馆”1986年版，第588—590页综合整理。

① 张宪文主编，王卫星编：《南京大屠杀史料集》第十册《日军官兵与随军记者回忆》，江苏人民出版社、凤凰出版社2006年版，第419页。

在伪维新政府成立前，日军在江苏境内的占领区主要集中在长江以南，在江北只有扬州等少数据点，因此自治会、维持会等大多也在江南地区出现。以下通过"南京市自治委员会"的情况来说明当时江苏境内这类伪政权是如何运转的。

日军于1937年12月13日占领南京，占领军随后便开始在当地筹建伪自治会，并物色为其服务的中国人。12月23日，"南京市自治委员会"成立。该会最初由陶锡三出任会长，孙叔荣、程朗波出任副会长。委员会下设顾问室和秘书室，并成立了总务、财务、救济、工商、交通、警务6个课的职能部门。该会把市区划分为第一区、第二区、第三区等5个区，后又在郊区划分出上新河、燕子矶、孝陵卫、安德门等几个区，并分别建立了区公所，任命了"区长"。该会自称是"由南京市居民共同组成，以维持治安，促进自治为主旨"，其给自己规定的任务是：解除人民困难；恢复地方秩序、劝导工商复业；恢复地方交通。① 日军在挑选"自治会"负责人时要求其愿意与日本占领当局合作，并有一定的经济实力，在社会上有一定的威望和影响。"自治会"的三名正、副会长中，陶锡三、孙叔荣两人都有留学日本的经历，通晓日语。孙叔荣曾充当过日本间谍，陶锡三和程朗波都是商人，家境富裕。

伪南京市自治委员会成立后，立即配合日军，在以下几个方面开展工作。首先是组织人力物力，清理掩埋部分因日军屠杀而暴露在外的尸体。其次是劝导在各处躲避的大量难民回家，强行解散由西方人士设立的收容难民的"安全区"。伪自治委员会派人到处劝导难民回家，并承诺日军将保护他们的人身安全。不久，他们又向同意返家的难民发放所谓"安居证"，并提供了少量生活用品。随后，各区公所就在所辖范围内重新登记户口。如第二区公所在1938年1月20日到27日的登记人口数为19897人；第三区公所在2月1日到5日的登记人口数为6992人。② 在大多数难民回家之后，"自治委员会"又开始在居民中办理保甲事项，主要是清查遗失在民间的武器枪支，以防止"无莠民"的袭击破坏，并采取若干措施防止治安案件的发生。此外，"自治委员会"还组织了一些如打扫卫生、清理市容、修复若干被日军破坏的建筑和市政设施等一般性工作。在社会秩序大体安定之后，"自治委员会"在1938年1月下旬召集工商界人士开会，劝导商店营业、工厂复工，并承诺给予税收优惠。

由日本占领当局一手扶持的"南京市自治委员会"，从1937年12月23日成立到4月20日日本占领当局下令解散，共存在了4个月时间。其间，会长陶锡三于2月辞职，由副会长孙叔荣继任，直到该会解散。

---

① 《南京市自治委员会简章》，南京市档案馆馆藏。全宗号：1002、目录19、案卷5。

② 伪南京市自治委员会档案，南京市档案馆馆藏。全宗号：1002、目录19、案卷30。

江苏境内其他城市的“自治会”、“维持会”与“南京市自治委员会”的运转模式基本相同。1938 年 5 月徐州失守后，青帮头目李蔼堂在 6 月 1 日仿效苏南地区类似组织，出面组织了当地的维持会。这是苏北地区第一个维持会组织，但其仅存在了几个月即宣告解散。

面对日军在其占领的地区频频建立伪政权的事实，中国政府于 1938 年 1 月 19 日发表了《维护领土主权及行政完整的声明》，宣告：“中国政府于任何情形之下，必竭全力以维护中国领土主权与行政完整，任何恢复和平办法，如不以此原则为基础，决非中国所能忍受；同时在日军占领区内，如有任何非法组织潜窃政权者，不论对内对外，当然绝对无效。”

二　伪维新政府的成立

随着日军在华中地区占领区域的扩大，日本当局开始制定针对该地区的新的政策，以期强化对该地区的统治。1938 年 1 月 16 日，日本政府发表对华声明，声称其“不以国民政府为对手”，并表示要建立新政权来“调整两国邦交”①。这个声明否认了国民政府的合法性，为日本在华建立地区和中央级的依附于日本的伪政权提供了法理方面的借口。1 月 18 日和 27 日，日本陆军省又相继拟定了《华中政务指导方案》和《华中新政权建立方案》，对在华中地区建立伪政权的指导原则和行动计划作出了规定：该政权的行政区域最初在苏、浙、皖 3 省的日军占领区，并逐渐扩大；“政府”所在地先设在上海，日后再迁到南京；旗帜定为五色旗；首先建立中央级的行政和立法部门，再建立省及其以下的地方各级政权。

有了方案之后就要物色适当的人选组建“政府”。时任日军华中方面军司令官的松井石根大将为此成立了以方面军特务机关长臼田宽三为首的秘密机关，专门负责物色适当人选。“臼田机关”把目光放在了在中国政坛上曾经发挥过重要影响，但后来失意，与蒋介石政府有矛盾的政客，特别是原北京政府旧官员的身上。他们选定了前清重臣、民国第一任内阁总理唐绍仪、原安福系中心人物梁鸿志和原国民政府内政部次长陈群等人。梁、陈二人同意与占领军合作，而唐绍仪则对此事犹豫不决，派他的私人代表温宗尧与日方接触。温曾任广东军政府外交部长，是个老牌反蒋政客。华中日军特务部长原田熊吉与唐、温、陈进行了会晤，并引荐他们见了松井石根。随后，他们在“臼田机关”的操纵下，在上海开始了建立伪政权的活动。他们决定把政权名称定为“中华民国维新政府”；实行三权分立的“民主”政体；旗帜为“五色旗”；该“政

① 复旦大学历史系日本史组编译：《日本帝国主义对外侵略史料选编》，上海人民出版社 1975 年版，第 259 页。

府"所在地为南京。但是,这个伪政权的建立并不顺利。1938年3月7日,其内定的伪军政部长周凤岐在上海被国民党军统人员暗杀,震慑了部分伪维新政府的参与者。内定的伪司法院长章士钊也拒绝出任。日军急忙把梁鸿志、陈群、温宗尧等人接到日军重兵保护下位于上海虹口的新亚饭店继续密谋。经过紧锣密鼓的筹备,"中华民国维新政府"于1938年3月28日在南京宣告成立。

3月28日,伪维新政府成立典礼在南京原国民政府大礼堂举行。梁鸿志宣读了《维新政府成立宣言》,宣言认为正在进行的中国抗日战争是"自杀",称伪维新政府的唯一使命是使领土恢复到战前状态,让国民免受战争之祸,并与日本和睦相处。伪维新政府也知道其政权的临时性和地方性,宣布其管辖的范围只是江苏、安徽、浙江三省和南京、上海两特别市;与北平的伪临时政府"无对抗之心","向来中央所管事项之不可分析者,仍由临时政府会商办理。一俟恢复交通,即与临时政府合并。"①

根据所谓三权分立原则,伪维新政府的中央机构也由行政、立法、司法三院组成。梁鸿志任伪行政院长,温宗尧任伪立法院长。章士钊拒任伪司法院长后,这一职位找不到适当人选,只好空缺,所以伪维新政府实际只有行政、立法两院,本该隶属伪司法院的伪司法行政部、行政法院等机构只好归伪行政院管辖。梁鸿志、温宗尧和伪内政部长陈群三人组成"议政委员会",作为最高议政机构。伪行政院是伪维新政府的主要部门,下设秘书厅和铨叙、考试、统计、典礼、印铸、侨务六局,以及内政、外交、绥靖、教育、财政、实业、交通、司法行政八部。原来还计划设置军政部,但在周凤岐被暗杀后取消了这一设置。伪行政院各机构的官员是:伪秘书长吴用威;伪内政部长陈群、次长夏奇峰;伪外交部长陈箓、次长廉隅;伪交通部长梁鸿志(兼)、次长胡礽泰;伪绥靖部长任援道、次长高冠吾;伪教育部长陈则民、次长顾澄;伪财政部长陈锦涛、次长严家炽;伪实业部长王子惠、次长沈能毅。不久,陈则民改任伪江苏省长,伪教育部长由顾澄接任。梁鸿志兼任的伪交通部长也由江洪杰接任。1938年5月,许修直被任命为伪司法行政部长,但7月26日又改由胡礽泰继任。1939年2月19日,陈箓又被军统人员暗杀,廉隅继任伪外交部长职务。后廉改任伪实业部长,夏奇峰接任其职。这些人都是经日本占领当局精心挑选的,他们基本上都有一个共同特点:大多是北京政府时期的旧官僚,在社会上有一定影响,在南京国民政府成立后失势。

伪维新政府开张后立即公布了所谓"政纲":"一、实行三权分立之宪政制度,消

① 《新闻报》(上海)1938年3月29日。

灭一党专制。二、极力扑灭共产主义，使赤化危险远离东亚，以定国本而清乱源。三、外交以平等为原则，以不丧失国权为宗旨。务求适应世界现状，谋东亚之和平，更与缔盟各国确保永久之睦谊。四、对于各省灾区难民，力筹使之归还原地之方法，俾得从事于本来业务；又在未经战祸之地方，应速设保安组织，讨伐匪贼，绥靖地方。五、救济失业、开发资源、振兴工业、改良农业等问题，应在国家指导之下，极力与友邦提携，并希望国外资本之普遍投资。六、辅助既成商工业及金融组织，使之稳健发展，增加国富。七、本中国固有之道德文化，吸收世界之科学知识。以养成理智精粹体力强健之国民。从前之矫激教育怪诞学说皆须根本廓清。八、财政注意收支适合，减轻人民负担，节省冗费，藉谋增进全国人民之福利，凡从前不急之务及有害人民之苛捐杂税，当一律革除之。九、起用人材，使有学识者，可充分为国尽力；言论公开，使人民可随时批评政府。十、严惩官吏紊乱纪纲，厉行赏罚，改革行政机构，以肃正吏治。"①

伪维新政府成立之初，南京刚经历了空前惨烈的大屠杀，到处是断壁残垣，原国民政府的各办公机构有的被毁，有的被日军占用。堂堂"政府"居然找不到一处办公场所。梁鸿志等人只好在"政府"成立典礼结束之后，在日军保护下重又回到上海虹口的新亚饭店，被时人讥讽为"饭店政府"。到 1938 年 4、5 月之后，南京市恢复了平静，日军也逐渐退出了一些占据的房舍。从 6 月下旬开始，伪维新政府的各机构陆续迁回南京，伪行政院也从 10 月 1 日起入住原国民政府大院，该"政府"的运作才大体正常。

在伪维新政府的中央机构成立后，其地方政权机构也开始建立。由于南京被伪维新政府定为"首都"，建立南京市的伪市政机构自然就成为一件急迫的事情。伪维新政府于 4 月 20 日下令裁撤原伪南京市自治委员会，成立伪南京市政公署取而代之。该伪公署初建时设有 2 室 7 处，即参事室和秘书室，以及社会、财政、教育、工务、卫生、实业 7 个处，后又增设赈务委员会。当时各机构的头目为：伪市政公署督办任援道、伪秘书长孙叔荣、伪参事室参事黄震，伪秘书室秘书金国书，伪社会处处长王承典，伪财政处处长邵鸿铸，伪教育处处长杨九鸣，伪工务处处长赵公瑾，伪卫生处处长卫锡良，伪实业处处长赵威叔。后成立的伪赈务委员会主席由黄震兼任。此外，南京市的警察由伪警察厅管理，该厅以徐仲仁为厅长，开始曾隶属于伪市政公署，但不久就被划归伪内政部管理。9 月 13 日，任援道去职，高冠吾接替其职。但此时伪南京市政公署还不是正式的伪南京市政府。1939 年 3 月 2 日，

---

① 《维新政府公报》(第一号)，1938 年 4 月 11 日。

该伪公署才改为伪南京特别市政府，高冠吾仍为伪市长，原来伪公署下属的“处”也都升格为“局”。

在建立南京市的伪政权机构不久，伪维新政府也着手建立伪江苏省政权。1938年4月9日，陈则民被任命为伪江苏省省长，伪省政府设在苏州。5月23日，伪江苏省政府在苏州正式成立，下设秘书、警务二处及教育、建设、财政、民政4厅。这些部门的负责人为：伪秘书长徐果人，伪警务处长王桂林，伪教育厅长潘震霄，伪财政厅长陈则民（兼），伪民政厅长于宝轩，伪建设厅长潘子义。不久，伪省政府又进行了人事调整，潘震霄改任民政厅长，秦冕钧接任教育厅长，财政厅长改为郝鹏，警务处长改为袁逸波。

伪省政府成立后，江苏各地的自治会、维持会等也都纷纷“转正”为当地的伪公署。“至1940年4月3日止，伪江苏省政府所属的县公署，计有吴县、吴江、武进、昆山、扬中、江宁、金山、金坛、松江、丹徒、江都、句容、丹阳、江浦、江阴、宜兴、南通、常熟、如皋、青浦、海门、太仓、六合、无锡、溧水、靖江等39个”①。在1938年6月以前，日军在江苏的占领区主要在江南地区，在江北只有少数几个城镇，伪省政府的下属县公署完全是随着日军占领区的扩大而建立的。徐州会战后，日军占领了苏北的部分地区，当地的伪维持会、自治会也随之建立。1939年，在初级伪政权的基础上，伪苏北行政专员公署成立，下辖伪徐州市公署和伪铜山县公署。这样，伪维新政府在江苏的行政机构基本建立起来。

除了南京和江苏地区之外，伪维新政府在上海、浙江和安徽也建立了伪政权。1938年4月28日，伪上海市督办公署成立。10月14日，该公署改组为伪上海特别市政府，傅宗耀出任伪市长。1938年6月22日，伪浙江省政府在杭州成立，汪瑞闿出任伪省长。10月28日，伪安徽省政府在蚌埠成立，倪道烺出任伪省长。至此，伪维新政府的各级政权组织基本建立。

伪维新政府成立后，为了显示其政权的“民众基础”，于1938年6月成立了“大民会”。该会是陈群按照日军华中派遣军的授意成立的，仿照伪满的“协和会”与北平的伪临时政府的“新民会”运行模式，以“民众团体”的面目出现。该会开始名叫“兴亚会”，总部设于上海，7月15日改为“大民会”，并于10月初迁到南京。梁鸿志和温宗尧任会长，陶锡三任副会长。“大民会”在南京、上海及苏、浙、皖3省广泛发展组织，吸收会员。伪维新政府规定其官吏一律要参加。该会的宗旨是宣传中日亲善和所谓建设东亚新秩序的理念，经常组织一些民众集会。1939年9月，“大民会”又决定增设

① 章伯锋等主编：《抗日战争》第六卷《日伪政权》，四川大学出版社1997年版，第741页。

“总裁”一职作为其最高职务，并由梁鸿志担任，副总裁兼会长由温宗尧担任。在汪伪政权建立后，该会于 1940 年 12 月宣告解散。

伪维新政府的经费最初由日军拨付，但根本不敷使用。1938 年 5 月，英国驻日本大使馆与日本外务省签署协议，规定由英国把持的中国海关在日本占领区所征收的关税须存入日本横滨正金银行。这样日本就掌握了中国海关的收入。日方把部分关税收入转交给伪维新政府作为经费，又协助伪维新政府创办“华兴银行”发行伪币，还默许其贩卖军火和毒品。

日本占领军对伪维新政府施行严密的控制，这个伪政权的一切都由日本人说了算。日本的主要控制手段是向伪维新政府各部门派驻所谓顾问。日本顾问主要来自日军华中派遣军和驻上海附近的日本海军。华中派遣军特务部长原田熊吉与梁鸿志签署了一份顾问约定书，规定日方向伪维新政府派遣顾问无须征求后者意见；没有与日本顾问协商，伪维新政府不能实行任何政务。不久，日本顾问就事实上把持了伪维新政府各部门的实权，原田熊吉本人也成为该“政府”的最高顾问。到 1939 年 7 月，日方向伪维新政府派驻的顾问达 27 人之多。[①]

伪维新政府成立后，其与北平的伪临时政府之间的关系就是一个需要解决的问题。这两个伪政权分别由日本华中派遣军和华北方面军扶持成立，都被日方定位为地方性的临时政权，将来须合并为伪中央政府。但华中派遣军和华北方面军之间存在矛盾，都不愿意放弃自己手中的傀儡，而两个伪政权之间也为争取“正统”地位而暗中较劲。在日方的安排下，1938 年 4 月 4 日，原田熊吉带领梁鸿志、任援道、陈箓等前往北平，与伪临时政府的头目王克敏、汤尔和、董康及日军华北方面军特务部长喜多诚一等协商，双方就“统一”事宜达成初步共识。4 月 29 日，王克敏等到上海回访了梁鸿志等。这时，日军正在与中国军队进行武汉会战，对招降国民政府还存在幻想。7 月 8 日和 22 日，日本内阁相继通过了《中国中央政府投降（或不投降）时的对策》及《从内部指导中国政权的大纲》，制定了对中国政府投降和不投降的不同对策。对在日占区的伪政权则采取“分治合作”的策略，即由临时和维新两个伪政权组成“联合委员会”，并要“在联合委员会或新中央政府之下，在华北、华中、蒙疆等各地，各自组织适应其特殊性的地方政权，给予广泛的自治权，进行分治合作”。[②] 在这一政策指导下，日方安排这两个伪政权和伪蒙疆政府于 9 月在大连进行了进一步磋商，并达成协议，决定组成所谓“中华民国联合委员会”。9 月 22 日，临时、维新两伪政权在北平举

① 章伯锋等主编：《抗日战争》第六卷《日伪政权》，四川大学出版社 1997 年版，第 739 页。

② 复旦大学历史系编译：《日本帝国主义对外侵略史料选编》，上海人民出版社 1975 年版，第 274 页。

行了“联合委员会”的预备会议和成立典礼，并决定了人事安排：由双方共6人担任委员，分别是伪临时政府的王克敏、朱深、王揖唐和伪维新政府的梁鸿志、陈群、温宗尧。王克敏为主任委员；朱深、温宗尧为常务委员；王揖唐、梁鸿志、陈群为委员。“联合委员会”设立了事务部作为执行机关，由陈箓充任部长。当天，这个伪联合委员会发表了《中华民国联合委员会宣言》，称两伪政权的目的在于“缓和战祸，恢复邦交，救中国垂死之遗黎，兼以树东亚百年之大计也”。这份宣言还抱怨蒋介石政权“执迷不悟，倡言容共，为饮鸩止渴之谋”，并咒骂共产党“乘中国之危机，诡私统一之方……将来以赤化中国。此则尽人皆知，无待复说”①。

伪中华民国联合委员会虽然成立了，但并没有起到伪中央政府的作用，原来的伪临时、维新两政府各自的实体依然存在，且这两个伪政权和伪中华民国联合委员会从来没有得到包括日本在内的任何一个国家的正式外交承认，所以也难以有什么作为。1938年12月，汪精卫从重庆叛逃，并发表“艳电”，准备与日本合作，日方也把成立伪中央政府的希望寄托在汪的身上，对临时、维新两个伪政权和伪中华民国联合委员会开始冷落。于是，伪维新政府的大员们都在为自己的仕途打算，希望在即将成立的以汪精卫为首的新的伪中央政权中占据一个重要职位。这样，所谓“中华民国联合委员会”也就名存实亡、流于形式了。

三 汪伪政权的成立

汪伪政权是由日本扶持，在抗战时期在名义上统治着除东北地区以外的所有沦陷区的伪中央政府。该伪政权的中央机构所在地为南京。

汪伪政权是由国民党副总裁汪精卫在日本的策划和引诱下，经过一系列紧张筹备之后建立的。汪精卫在战前就是国民政府内的亲日派。中日战争爆发后，他对抗战前途悲观失望，认为中国继续抵抗必将自取灭亡。早在1938年初，汪就派遣他的亲信外交部亚洲司司长高宗武和立法委员、香港南华日报社社长林柏生等与日军参谋本部的官员影佐祯昭、今井武夫等进行秘密接触。10月下旬，汪指定高宗武和艺文研究会国际问题研究所副主任梅思平为他的全权代表，与日本深入交涉。这时，日本也希望有像汪精卫那样有影响的人与其合作。双方一拍即合，初步决定由汪精卫出面组织伪中央政府。

日军占领广州、武汉之后，日本政府于11月3日发表第二次“近卫声明”，认为由

① 北京《实报》1938年9月23日，转引自章伯锋等主编：《抗日战争》第六卷《日伪政权》，四川大学出版社1997年版，第260页。

于日军攻占了大片中国领土，国民政府已经成为一介地方政权。因此，日本提出："帝国所期求者即建设确保东亚永久和平的新秩序"，并认为"此种新秩序的建设，应以日、满、华三国合作，在政治、经济、文化等各方面建立连环互助的关系为根本，希望在东亚确立国际正义，实现共同防共，创造新文化，实现经济结合。"对国民政府的政策，日本也改变其一度声称的"不以国民政府为对手"的提法，而声称："如果国民政府抛弃以前的一贯政策，更换人事组织，取得新生的成果，参加新秩序的建设，我方并不予以拒绝。"①这就对国民政府发出了诱降信号，但该声明要求中国放弃抵抗，承认伪满洲国，这是国民政府不可能接受的，且"更换人事组织"的条件含有逼蒋介石下台的意味，也是蒋本人和国民政府无法接受的。但这个声明却使国民党内的汪精卫集团受到鼓舞，他们决心与蒋介石主导的国民政府决裂，而与日本公开合作，建立伪政权。12 月 18 日，汪精卫等人离开重庆，在昆明停留后于 19 日到达越南河内，投入日本人的怀抱。

22 日，日本政府发表了第三次"近卫声明"，表示要"和中国同感忧虑、具有卓识的人士合作，为建设东亚新秩序而迈进"，并提出："日、满、华三国应以建设东亚新秩序为共同目标而联合起来，共谋实现相互善邻友好、共同防共和经济合作。"该声明还要求：为防止"共产国际的势力"，国民政府应允许日本在"特定地点"驻军，并以内蒙地方为特殊防共地区；中国政府承认日本人在中国内地有居住、营业的自由；中国应向日本提供在华北和内蒙进行开发资源的便利等。② 12 月 26 日，蒋介石驳斥了该声明，指出这是"敌人整个的吞灭中国，独霸东亚，进而企图征服世界的一切妄想阴谋的总自白。"③然而，身在河内的汪精卫却于 12 月 29 日发出"艳电"，赞扬日方提出的"善邻友好、经济提携、共同防共"三原则，并"以为国民政府即以此为根据，与日本政府交换诚意，以期恢复和平。"④"艳电"的发出把汪精卫亲日、降日，准备充当日本傀儡的立场公开暴露在了世人面前。为此，国民党中央执行委员会常务委员会于 1939 年 1 月 1 日宣布永远开除汪的党籍，撤销其一切职务。

从此，汪精卫集团与日本展开了紧张的关于建立伪中央政府的谈判。2 月底，高宗武与影佐祯昭商定了成立伪政府的原则：由汪精卫出面，以改组国民党和"国府还都"的名义在南京建立汪伪政权，并重新解释三民主义，加入反共亲日的内容。不久，日本政府同意了这一原则。5 月 6 日，汪精卫等人在日本特务的严密保护下从河内来

---

① 黄美真等编：《汪精卫集团投敌》(汪伪政权资料选编)，上海人民出版社 1984 年版，第 95 页。

② 黄美真等编：《汪精卫集团投敌》(汪伪政权资料选编)，上海人民出版社 1984 年版，第 368—369 页。

③ 北京师范大学历史系中国现代史教研室编：《中国现代史》(下)，北京师范大学出版社 1991 年版，第 531 页。

④ 《新闻报》(上海)1939 年 1 月 1 日。

到上海，开始组建伪国民党。28日，汪向日本提出了《关于收拾时局的具体办法》，设计了建立伪中央政府的步骤：由汪主持召开伪国民党全国代表大会，并授权他组织伪中央政治会议，负责改组伪国民政府；召开伪中央政治会议，实行改组伪国民政府；伪国民政府以“还都”的名义在南京正式建政，解散南北两个伪政权。[①] 随后，汪又于5月底携周佛海、梅思平、高宗武、陈耀祖、董道宁、周隆庠及影佐祯昭等人赴日本。汪先后与日本首相平沼骐一郎、陆相板垣征四郎、海相米内光政等举行会谈，得到了日方支持其建立伪中央政府的保证。回国后，汪又先后到平津及京沪，与王克敏、梁鸿志等进行商谈，着重讨论未来伪中央政府内的人事安排。8月28日，汪精卫在上海召开了伪国民党第六次代表大会，来自各地的240多名代表参会。会议选举了伪中央委员会，决定党内实行主席制，汪精卫为主席；授权汪与党外人士组织伪中央政治会议，做“还都”的准备工作。会议制定了所谓《中国国民党政纲》，承认日本的“善邻友好、共同防共、经济提携”三原则。9月5日，汪精卫主持召开了伪国民党六届一中全会，成立了伪中央党部。陈公博、周佛海、梅思平、林柏生、丁默邨、陶希圣、高宗武、焦莹为伪中央执行委员会常务委员。陈璧君、顾忠琛、褚民谊为伪中央监察委员会常务委员。褚民谊为伪秘书长，梅思平为伪组织部长，陶希圣为伪宣传部长，丁默邨为伪社会部长。6日，伪国民党中央又决定组建伪江苏省和上海市党部，由奚则文、茅子明、李志云为伪江苏省党部常务委员，蔡洪田为伪上海市党部主任委员。18日，汪精卫与周佛海、梅思平、陶希圣、高宗武等人到达南京，与王克敏、梁鸿志等就成立伪中央政府的细节进一步磋商，议定召开伪中央政治会议来决定所谓政府名称、国旗、首都等事项，并决定在伪中央政府成立后，设伪中央政治委员会负责议政。在该委员会的人员构成中，伪国民党占三分之一，伪临时及维新政府占三分之一，伪蒙古联合自治政府及其他党派和无党派人士占三分之一。

日本希望即将成立的汪伪政权完全按照日本的意志行事。日汪双方经过秘密谈判，于12月30日签订了所谓《日支新关系调整纲要》（即《日汪协定》）及《秘密谅解事项》，其中规定：汪伪政府承认伪满洲国；汪伪政府承认日本在内蒙、华北、长江下游、福建、海南岛等地的特殊权益，包括驻兵权和资源开采权；设立“华北政务委员会”，并享有在财政经济、人事，以及与日、“满”交涉方面的自主权；在伪政府各机构中聘请日本顾问，确保日汪双方在政治、经济、军事、文化教育各领域的“合作”关系。

经过周密筹备，汪精卫于1940年3月19日公布了《中央政治会议组织条例》、《中央政治会议组织纲要》及其该机构的组成人员。伪中央政治会议的组成人员为：

---

① 蔡德金等：《汪精卫伪国民政府纪事》，中国社会科学出版社1982年版，第20页。

伪国民党中央执监委员陈公博、周佛海、褚民谊、梅思平、林柏生、丁默邨、曾醒、刘郁芬、李圣五、叶篷;伪华北临时政府的王克敏、王揖唐、齐燮元、朱深、殷同;伪维新政府的梁鸿志、温宗尧、陈群、任援道、高冠吾;伪蒙古联合自治政府的卓特巴扎布、陈玉铭;国家社会党的诸青来、李祖虞;中国青年党的赵毓松、张英华;无党派人士赵正平、杨毓珣、岑德广、赵尊岳。列席者为广东的彭东原和湖北的何佩瑢。3 月 20 日到 22 日,汪精卫在南京召集伪中央政治会议,商定建立伪中央政权的一些具体措施。会议决定:伪中央政权定名为国民政府;"首都"设在南京;"国旗"为青天白日满地红旗(按照日方要求加上一块写着"和平反共建国"字样的黄布条)。会议又通过了所谓《国民政府政纲》、《中央政治委员会组织条例》、《修正国民政府组织系统表》等伪政权的组织法规。会议决定解散临时、维新两伪政权,设立伪华北政务委员会;在中央机构内设立中央政治委员会。[①] 这次会议还决定了汪伪政府的人事安排:伪国民政府主席林森(汪精卫代理)、伪行政院长汪精卫、伪立法院长陈公博、伪司法院长温宗尧、伪监察院长梁鸿志、伪考试院长王揖唐、伪司法院最高法院院长张韬、伪华北政务委员会委员长王克敏、伪军事委员会委员长汪精卫(兼)。伪行政院下属系统的重要部门负责人为:伪内政部长陈群、伪外交部长褚民谊(兼)、伪海军部长汪精卫(兼)、伪军政部长鲍文樾、伪财政部长周佛海、伪教育部长赵正平、伪司法行政部长李圣五、伪工商部长梅思平、伪农矿部长赵毓松、伪铁道部长傅式说、伪交通部长诸青来、伪社会部长丁默邨、伪宣传部长林柏生、伪警政部长周佛海(兼)、伪赈务委员会委员长岑德广、伪边疆委员会委员长罗君强、伪侨务委员会委员长陈济成、伪水利委员会委员长杨寿楣、伪行政院秘书长陈春圃。在伪中央政治委员会的人员组成中,汪精卫任主席,伪五院院长及伪华北政务委员会委员长为当然委员,伪五院副院长为列席委员,此外还有若干指定委员。汪伪政权各机构在南京城内各处分别设立了办公机构:伪国民政府、伪中央政治委员会、伪行政院和伪外交部设于北平东路华林园原国民政府考试院旧址。伪立法院、伪考试院和伪监察院设于国府路原国民政府大院内。伪司法院和伪最高法院设于夫子庙附近金陵路 1 号原南京市政府原址。伪财政部设于中山东路 164 号原国民政府财政部原址。伪内政部设于夫子庙原伪维新政府所在地。伪军政部、伪社会部、伪边疆委员会、伪侨务委员会、伪赈务委员会等机构设于丁家桥原国民党中央党部旧址。伪教育部设于山西路原中英庚款董事会旧址。伪工商部设于成贤街原国民政府教育部旧址。伪交通部和伪铁道部设于国府路原国民政府东院。伪海军部设于中山北路 346 号原国民政府海军部旧址。伪水利委员会设于瞻园路原国民政府

---

① 蔡德金等:《汪精卫伪国民政府纪事》,中国社会科学出版社 1982 年版,第 51 页。

内政部旧址。伪警政部设于鸡鸣寺附近原国民政府中央研究院旧址。伪司法行政部则是新建房屋办公。

3月29日,伪维新政府发表声明,宣布解散。30日,伪临时政府及伪中华民国联合委员会也宣告解散。伪华北政务委员会成立,徐州—连云港一线以北地区划归其管辖。30日,汪伪国民政府在南京正式成立,其主要成员宣誓就职。汪精卫在就职典礼上宣读了《还都宣言》,表示伪国民政府要全力推动"实现和平、实施宪政"两大任务,并与日本共存共荣,还宣布"全国以内,只有此唯一合法的中央政府。重庆方面如仍对内发布法律,对外国缔条约协定皆当然无效"[1]。同时,汪伪政府公布了政纲:"一、本善邻友好之方针,以和平外交,求中国主权行政之独立完整,以分担东亚永久和平及新秩序建设之责任。二、尊重各友邦之正当权益,并调整其关系,增进其友谊。三、联合各友邦共同防御共产国际之阴谋及一切扰乱和平之活动。四、对于拥护和平建国之军队及各地游击队分别安辑,并建设国防军,划分军政军令大权,以打破军事独裁制度。五、设立各级民意机关。网罗各界人才,集中全国公意,以养成民主政治。六、召集国民大会,制定宪法实施宪政。七、欢迎各友邦资本与技术之合作,以谋战后经济之恢复及产业之发展。八、振兴对外贸易,求国际收支之平衡,并重建中央银行,统一币制,以奠定金融之基础。九、整理税则,减轻人民负担,复兴农村,扶绥流亡,使其各安生理。十、以反共和平建国为教育方针,并提高科学教育,扫除浮嚣空泛之学风。"[2]

日本对汪伪政府还是比较重视的,于4月23日派前首相阿部信行为专使,到南京"祝贺国民政府还都"。26日,汪伪政府在南京国民大会堂举行了颇为隆重的"还都典礼",并组织了近万名市民举行庆祝游行。汪精卫和汪伪政府大员以及阿部信行等日本使团成员全都出席。11月,日本正式在外交上承认了汪伪政权,并与之签订《日本国与中华民国关于基本关系的条约》及其附属秘密协约。汪伪和日本、伪满也签订了所谓《日满华共同宣言》。

汪伪政权的中央机构成立后,各地方伪政权也随之成立。6月20日,伪中央政治委员会决定:改组伪江苏省政府和伪南京市政府,把原伪省政府的省长制改为主席制,任命高冠吾、董修甲、张仲寰、季圣一、茅子明、虞钊文、郭增基、潘子义为伪江苏省政府委员,任命高冠吾为伪省主席兼民政厅长,董修甲为伪财政厅长,张仲寰为伪教育厅长,季圣一为伪建设厅长,汪曾武为伪省政府秘书长。伪江苏省政府仍设在苏

---

① (上海)《中华日报》1940年3月30日。

② 黄美真等编:《汪精卫国民政府成立》,上海人民出版社1984年版,第823页。

汪精卫宣誓就任伪国民政府代理主席兼伪行政院长

州。随着日军的进攻和扫荡，江苏境内大部分县级以上城镇都被日军占领，汪伪当局也在这些地方建立了基层政权。当时江苏境内建立汪伪县级以上政权的地方除了南京、镇江、南通、无锡、苏州等大中城市外，还有常熟、武进、宝应、盐城、高邮、阜宁、宜兴、江阴、吴县、丹阳、金坛、扬中、溧水、六合、海门、靖江、如皋、太仓、昆山、吴江、句容、江宁等地。此外，当时属于江苏省的奉贤、嘉定、宝山、松江、川沙、南汇等地也建立了汪伪县级政权。1940 年 5 月，伪江苏省政府共辖 41 个县。汪伪当局把南京、上海、汉口 3 市定为特别市。伪南京特别市政府直接隶属于伪行政院，与伪省政府同级。原伪南京市长高冠吾调任伪江苏省省长后，其遗缺由伪工商部政务次长蔡培接任。7 月 9 日，汪伪行政院任命了伪南京特别市政府的主要成员：蔡培任伪市长，盛开伟任伪社会局长，卫锡良任伪卫生局长，徐公美任伪教育局长，马先聪任伪财政局长，谢学瀛任伪工务局长，胡政任伪地政局长。这样，汪伪政府的政权体系基本建立起来了。1941 年 9 月 15 日，伪军事委员会又在泰州设立了伪军事委员会委员长驻苏北行营，任命臧卓为主任，下设 3 厅 15 处，管辖 6 个行政督察区共 14 县，这些县有泰县、泰兴、东台、盐城、兴化、高邮、宝应等。1943 年 6 月，该伪行营撤销，改设伪军事委员会驻苏北绥靖公署(仍驻泰州)，汪精卫兼任主任。1940 年 5 月，汪伪把伪维新政府设立的伪苏北行政长官公署改为“苏北行政专员公署”，与各伪省政府同级，管辖徐州及其周边的铜山、丰县、砀山、宿迁、泗县、沛县、睢宁、邳县等 21 个县。1942 年 1 月，伪中央政治委员会决定撤销该公署，建立伪苏淮特别行政区公署，郝鹏举任伪行政长官，直接隶属伪中央政府。1944 年 1 月，汪伪政府又决定把伪苏淮特别区扩大为伪淮海省，并设立伪徐州绥靖公署，郝鹏举任伪省主席兼绥靖主任，仍管辖原来的21个县。[①]

在汪伪政权存在的5年多时间内，其地方行政大员时常变换。如汪伪政权建立不久，伪华北政务委员会委员长王克敏就提出辞职，王揖唐接任其职。1941年12月，伪中央政治委员会决定改组伪江苏、安徽两个省政府，高冠吾调任安徽省政府主席，李士群接任伪江苏省政府主席。1942年1月，蔡培去职，周学昌任伪南京市长。

汪伪政权在本质上仍是日本的傀儡，是日本侵略中国的工具。但其在形式上有完整的行政体系，也有一套政策措施，还得到世界上若干国家的承认，比原来的伪维新政府更像一个"国家政权"，也比伪维新政府有了更多的自主权。

汪伪政权的成立激起了全国各界的强烈谴责。在重庆，国民政府外交部照会各国，否认汪伪政权的合法性，要求各国不予承认。在延安，中共中央也向党内发出指示，要求在全国一切有共产党组织的地方，极力扩大反对汪伪政权的宣传，并号召全国人民团结起来打倒汪精卫及其伪政权。[②] 汪伪政权在全国人民中是十分孤立的。

四　日伪在江苏的统治

伪维新政府和汪伪政府相继在南京登场。从1939年10月1日起，日军中国派遣军总司令部也设在南京，统一指挥除关东军以外的侵华日军。因此南京及苏南地区就成为日伪在华统治的中心，江苏也成为日伪极其重视的地区。他们想方设法稳固在江苏各地的统治。

日伪双方都在江苏派驻了大量军队，以维持其统治秩序。起初，日军华中派遣军驻扎在江苏各地。不久，随着日军战线越来越长，占领区不断扩大，许多部队调走。到后来，除南京及其附近尚有较多的日军外，只有日军第六十四师团常驻苏中，第六十五师团常驻苏北。

日军兵力不足，便大量利用伪军。伪维新政府的"绥靖部"负责组织和训练伪军，其编组的伪军也就称为"绥靖军"。此外，在各地方还有不少以"保安队"等名目出现的地方伪军组织。伪维新政府虽然建立了伪军部队，但规模不大、人数较少，只执行一些维持地方治安的辅助性任务。汪伪政府建立后，伪军开始急剧膨胀。

首先，汪伪政府建立了一套比较完整的军事指挥体系。汪伪在中央成立了由汪精卫亲自担任委员长的军事委员会，在行政系统下设立了陆军部、海军部、航空署等

---

① 江苏省地方志编纂委员会：《江苏省志·民政志》，方志出版社2002年版，第84页。

② 北京师范大学历史系中国现代史教研室编：《中国现代史》(下)，北京师范大学出版社1991年版，第559页。

部门，分别管理陆、海、空军。其次，汪伪政府大力加强南京和江浙地区的军事力量，通过接受伪维新政府原有的军队、自己建立新军和收编重庆政府投降军队等方式，大大扩充了军队。汪伪政府成立几天后，伪江浙绥靖军总司令部就于 1940 年 4 月 4 日在南京成立，任援道为总司令，管辖南京、苏州等 7 个绥靖区。仅南京地区就驻有伪中央警卫军的两个师。当时，在江苏地区驻防的伪军有：由接收伪维新政府的“绥靖军”而编成的伪第一方面军。该军由第二、三、四三个师、独立第八、九旅和教导旅组成，主要驻扎在苏南、淮南地区；由国民政府第五战区原苏鲁皖游击副总指挥李长江率部投汪后编成的伪第一集团军。李长江于 1941 年 2 月投降了汪伪，7 月被汪精卫任命为第一集团军司令。该军由 4 个师和 2 个独立旅组成，主要驻扎在苏中地区（该军于 1943 年改编为伪第五集团军）；由国民政府江苏省保安旅等部投降后编成的伪第二集团军。该军由伪暂编第三十二、三十三、三十四、三十五 4 个师组成，伪司令为杨仲华，主要驻扎在东台、盐城一带。此外，苏北地区还驻有直属伪军委会的伪暂编第十九、第二十二和第二十八 3 个师。到 1944 年春，在江苏各地驻防的伪军有 18 个师共 5 万多人。“在一个省区内，集结如此之多的正规伪军，在全国绝无仅有”[①]。除了正规伪军外，汪伪政府还在江苏各地组建了一些伪地方保安大队，每个大队约有百人，以维持地方治安，协助当地伪政权征收租税为主要任务。1942 年 1 月 1 日，汪伪政府成立了伪江苏省保安司令部，统一管辖全省各地的伪保安队。这样，日伪在江苏构建了一个庞大的军事体系，围剿抗日力量，压制人民的反抗，以维持日伪的统治。

汪伪政府还利用特务组织进行统治。早在 1939 年汪精卫从河内到上海后，便着手建立自己的特务组织。1939 年 9 月，在上海召开的伪国民党六届一中全会作出了建立“中国国民党中央执行委员会特务委员会”的决定。该委员会下设“特工总部”，以丁默邨为主任，李士群、唐惠民为副主任。[②] 伪特工总部设在上海沪西极司非尔路 76 号，因此，“76 号”就成为汪伪特务组织的代称。“76 号”在各地设立了分支机构。1939 年 9 月，唐惠民在南京颐和路 20 号设立了“特工总部南京区”，在南京建立了汪伪特务组织。“南京区”又下分东分区、西分区、南分区、北分区和下关分区。“南京区”还兼管扬州站、无锡站、镇江站。随后，“76 号”又在江苏设立了“江苏实验区”、“苏北区”等分部，汪伪在江苏的特务系统基本形成。“76 号”的总部和各分部都设有“治安科”、“总务科”、“组训科”、“警卫队”、“情报科”、“电务室”等下属部门，拥有数量众多、训练有素的特务队伍，平时除了侦缉抗日阵营在沦陷区的地下组织，为日本侵

---

① 江苏省社会科学院《江苏史纲》课题组：《江苏史纲》（近代卷），江苏古籍出版社 1993 年版，第 487 页。

② 黄美真等：《汪伪“七十六号”特工总部》，上海人民出版社 1984 年版，第 47 页。

略者充当鹰犬外,也监视普通民众的言行。“76 号”行踪诡秘、手段毒辣,一般百姓谈虎色变。

尽管日伪在江苏派驻了大量军队,并使用特务手段,但其统治依然十分薄弱。汪伪政权的政令只能到达较大的城镇和铁路沿线,县以下行政单位和广大乡村地区基本都控制在抗日力量手中。日本方面承认:“汪政权的政治力量进入 1941 年后还是极其薄弱,‘说是政府的威令不出于南京城也不为过言’”①。随着中日战争的长期化,日本国力不足、难以支撑长期战争的弱点逐渐暴露,迫切希望用“以战养战”的手段继续战争。汪伪政权也希望肃清抗日力量,使其统治的触角触及社会基层。于是,日伪从 1941 年起开始在华中地区开展以消灭抗日力量、掠夺物资以便继续战争和控制县以下基层为目的的所谓“清乡”运动。

1941 年 5 月 22 日,汪伪政府设立了伪清乡委员会,由汪精卫担任委员长,陈公博、周佛海担任副委员长,李士群任秘书长,伪江苏省政府主席高冠吾等“清乡”区域内的伪省政府主席任委员。汪精卫发表了《清乡工作之意义》的讲话,认为该委员会的两大任务是“确立治安”和“改善经济生活”。由于苏南是日伪在华统治的心脏地区,日伪感到稳固在这里的统治对他们极为重要,因此日伪在江苏的“清乡”是从苏南地区开始的。6 月 18 日,日伪双方签订了《关于苏州地区清乡工作之日华协定》,规定日方负责作战及封锁,汪伪负责“政治工作”。在“清乡”期间,日方可以调遣伪军。所需费用由双方共同分担。从 1941 年夏季开始,日伪便开始在以苏州为中心的苏南地区开始了第一期“清乡”。随后,日伪的“清乡”范围渐次扩大。1942 年以后,“清乡”的范围逐渐由苏南向苏中、苏北地区扩展,又进行了第二、第三期“清乡”。在抗日力量活跃的地区还进行了“延期清乡”和“高度清乡”。在“清乡”中,日伪使用了十分残酷的手段。在军事上,日伪军建立封锁线、修筑铁丝网和篱笆,压缩抗日力量的生存空间,并对其进行反复清剿。在封锁区内,日伪强迫民众重新登记户口及颁发“良民证”、编制保甲、组织所谓“民众自卫团”并进行高强度军事训练。在政治上,地方伪政权纷纷扩编伪保安队,限制民众的人身自由,还强迫民众学习汪精卫的所谓“和平反共建国”理论,进行思想灌输。日伪在“清乡”区域内实行严格的物资配给。1941 年 7 月 10 日,伪清乡委员会发布《清乡地区物资统制及运销管理暂行办法》,明确规定在封锁线内实行物资运输的统制,不但把枪械弹药和药品列为绝对禁运品,还把火柴、布匹、酒、盐、面粉等生活必需品也列为严格管制的物品。其他许多物品由境内口岸载运出境或运往上海也须经当地伪清乡督察专员公署和日军核发许

---

① 余子道等编:《汪精卫国民政府“清乡”运动》(汪伪政权资料选编),上海人民出版社 1985 年版,第 155 页。

可证。这样的规定严重阻碍了物资的正常流通，对经济发展十分不利。此外，日伪还十分重视在"清乡"地区建立保甲制度，试图以此阻断抗日力量与广大民众的联系。江苏的各级地方伪政权层层建立了严密的保甲制度。苏南地区的保甲行政人员曾被全部调到南京地区集训。1941 年 7 月 30 日，伪清乡委员会颁布《清乡地区整理保甲肃清零匪暂行办法》，规定："在新收复之区域，流亡多数未归，应先就已有之民众组织、壮丁队以图自卫，俟流亡渐集，然后进行保甲之组织；在秩序安定之地方，应即着手保甲之组织。"[①]办理保甲的民众严格登记户口，随时向基层伪政权报告家庭人员变动情况，连短暂的外出都要向保甲长请假。此外，日伪还强迫参加保甲组织的民众实行联保连坐，对于任何"知情不报"者都要进行严厉的处罚。日伪还利用保甲拼凑"青年团"、"自卫团"、"爱乡会"等伪组织，制造一种民众拥护"清乡"的假象。"76 号"也参与"清乡"。从 1942 年开始，李士群就在江苏的部分"清乡"县建立了特工大队。特工大队每队 60—80 人，专门以特务手段监视百姓，清查抗日人员。[②]

1941 年 9 月，汪精卫在周佛海等人陪同下到苏州视察"清乡"情况

尽管日伪在江苏的"清乡"无所不用其极，但仍然达不到预期目的。抗日力量和民众积极配合，开展了反"清乡"斗争。到 1944 年，日伪在江苏的"清乡"趋于失败。

1941 年 11 月，汪精卫召开伪国民党六届四中全会，决定开展所谓"新国民运动"。汪伪当局声称："新国民运动就是使人人认定和平反共建国为中国唯一出路，要集合

① 余子道等编：《汪精卫国民政府"清乡"运动》(汪伪政权资料选编)，上海人民出版社 1985 年版，第 223 页。

② 潘敏等：《论日伪对江苏地区基层社会的政治统治》，《江海学刊》2004 年第 1 期，第 173 页。

人力物力，以促进全面和平的实现"[①]。"清乡"运动是日伪为了加强其对县以下社会基层的控制而发动的，主要在乡村中展开。而"新国民运动"的重点则是城市，企图通过向民众灌输汪精卫的所谓"和平反共建国"理论来凝聚人心，成为日伪的工具。"新国民运动"的构想提出不久，日本就发动了太平洋战争（日伪称之为"大东亚战争"），汪伪立即把二者结合起来。12 月 31 日，伪中央政治委员会第 76 次会议通过了《新国民运动实施纲要》，要求："为完成大东亚战争，树立新精神，从此以后，把爱中国爱东亚的心，打成一片。团体要组织化，行动纪律化，要以积铢累寸的精神，求发达国家资本。"[②]这实际上是要把中国绑在日本的战车上，以中国的资源满足日本发动侵略战争的需要，并驱使沦陷区人民在思想和行动上都接受日伪的控制。1942 年 6 月 2 日，伪行政院决定成立伪新国民运动促进委员会（简称"促委会"），由汪精卫担任委员长，周佛海、陈群、李圣五、梅思平、林柏生、丁默邨、陈春圃为常务委员，林柏生为秘书长。随后，南京等江苏各城市都成立了分会。"新国民运动"主要在教育领域加以贯彻。江苏各地由汪伪政权控制的学校纷纷成立了"童子军"、"青少年团"等组织。为了培养专门从事"新国民运动"的人员，"促委会"决定在南京建立"中国青年干部学校"，集中培训从江苏和其他地区挑选出的人员。课程主要是"中日亲善"、"和平反共建国思想"等。学员结业后就成为"中国青年模范团"成员，回到地方协助当地伪政权开展"新国民运动"。

所谓"新国民运动"是汪伪当局在沦陷区进行统治的一种手段。汪伪也与任何专制统治者一样，在使用军警维持统治的同时，也注重思想灌输，企图使民众在思想上接受其统治。

五　江苏经济的凋敝

江苏，特别是苏南，是中国经济比较发达的地区。战前，江苏各地的工农业和金融商业都位居全国前列。日军的进攻使江苏经济受到了极大破坏，不仅物质损失难以估量，原有的经济秩序也被打破。以农业为例，随着日军的进军，农民四处逃难，乡村盗匪横行，地契和田赋征册大多被毁或遗失。秩序稍微安定之后，地主很难再按原来的租佃关系向佃农收取地租，伪政权也难以从地主手里收到田赋，以致出现了财政困难。为了恢复农村原有的土地关系及保证伪政权的财政收入，伪政权在苏南地区实行了所谓"租税并征制度"。"所谓租税并征，是联合官厅与业主之力，共同征收田赋与田租。由官厅首先协助业主征收田租，再由官厅将收到之田租，划分应得之田赋

① 蔡德金等著：《汪精卫伪国民政府纪事》，中国社会科学出版社 1982 年版，第 136 页。

② 蔡德金等著：《汪精卫伪国民政府纪事》，中国社会科学出版社 1982 年版，第 143 页。

及征收费用"[1]。这就改变了战前农村中地主向农民收地租，官府再向地主征田赋的传统做法，而是直接动用政权力量向农民收租。这一制度主要在常熟、吴县、昆山、江阴、太仓等地实行，而这些地方又是全省最富庶的地区。这些地方的田赋收入很快就超过了全省田赋收入的总和。由于当时田赋是一省之内最大的地方税源，租税并征给伪江苏省政府带来了可观的财政收入。从 1939 年到 1943 年 5 月，伪江苏省政府的财政收入情况如下表所示：

1939 年—1943 年 5 月伪江苏省政府财政收入表

年　度	实 收 总 数
1939	3323858 元 6 角 1 分
1940	5801455 元 9 角
1941	8948968 元 6 角
1942	94950255 元 6 角 6 分
1943 年 1—5 月	75554515 元 7 角

资料来源：江苏省社会科学院《江苏史纲》课题组：《江苏史纲》(近代卷)，江苏古籍出版社 1993 年版，第 490 页。

从上表可以看出，在这几年中，伪江苏省政府的财政收入始终增长较快，其中田赋收入的快速增长是其中最主要的原因。租税并征从伪维新政府时期就开始实行，一直延续到汪伪政府时期。1941 年 10 月 1 日，伪江苏省政府颁布"江苏省租赋并征征收大纲"，把租赋并征大权交给了伪县财政局。伪省政府希望借此将租赋并征制度永久化，以使给其带来更多的收入。但这一制度却严重损害了广大农民甚至地主的利益。动用官府力量征收田租必然增加许多行政费用，这些支出都加在农民头上。参与征赋的基层伪政权官吏又趁机盘剥百姓、贪污中饱。在划分留给地主的地租和上缴给伪政府的田赋时，基层伪政权又依仗行政势力多拿多占，致使地主得利大减。普通农民更是在地主和伪政权的双重剥削下大量破产。在农村各界的强烈反对下，伪省财政厅于 1942 年 9 月决定废止租税并征，而恢复租税分征。

在苏北农村地区，日军占领的地方较少，许多地方都由抗日力量与日伪军反复争夺。日伪为了消灭抗日力量，不仅对抗日根据地反复进行扫荡和"清乡"，而且实行非常严格的物资流通管制。战争再加上频繁的自然灾害，给苏中、苏北的农业生产带来了十分不利的影响。1940 年江苏的棉花产量只有战前的 47%。1941 年苏北等地的

---

① 余子道等编：《汪精卫国民政府"清乡"运动》(汪伪政权资料选编)，上海人民出版社 1985 年版，第 64 页。

小麦种植面积比1937年减少16%。[①] 同时,由于日本推行“以战养战”政策,侵华日军的军粮大多由驻在地供给。1941年9月18日,日伪双方签订了《关于苏浙皖三省食米运输谅解事项》,规定把江苏主要的产粮地区——松江、吴县、太仓、昆山、无锡、常熟、青浦、江阴、宜兴、常州等都列入为日军供应军粮的区域。这使本已遭受重创的江苏农业又增添了额外的负担。日本还加强了对江苏农业资源的掠夺,如日方在南通成立了具有垄断性质的“江北实业公司”,使用各种手段压低棉价,将苏中地区的棉花完全控制,导致当地棉农几乎无利可图。日方还想方设法掠夺苏北的盐业资源,把大批海盐运回日本国内,获得了大量利润。

江苏的民族工业在日本的侵略和占领下同样遭到了重创。苏南地区是江苏民族工业的集中之地,棉纺织业和缫丝业在全国占有重要地位,甚至在世界上也占有一席之地。纱布和生丝还是中国出口创汇的主要商品。“中国和日本是世界上两个产丝大国,两国产丝数量占世界生丝总产量的90%”[②],所以中日两国互为棉纺织业和生丝业的主要竞争对手。为了削弱中国的工业基础及打击竞争对手,日军在从上海到南京的进军途中,对中国的工业企业进行了轰炸和破坏。苏州、无锡、常州等地棉纺织企业集中,日军在进攻上海时就派飞机对这些城市的纺织厂进行轰炸,在占领这些城市后又对厂房、设备进行焚烧。苏州的苏纶纱厂,无锡的业勤、广勤、豫康纱厂,常州的大成、通成纱厂等都是中国著名的民族棉纺织企业,全都在日军的铁蹄下遭到了巨大破坏。只有南通的大生纺织公司因在战前挂上了德商工厂的招牌才得以幸免。缫丝企业同样也逃脱不了厄运。无锡是中国缫丝企业最集中的城市。“无锡丝厂被日军炮火全部摧毁的有裕昌等17个厂,被毁丝车6502台;部分设备遭毁坏的有乾甡等11个厂;破坏较小的有14个厂。”[③]除了棉纺织业和缫丝业,日军同样对江苏其他行业的企业进行了野蛮破坏。如戚墅堰发电厂、南京首都电厂、无锡茂新面粉厂、南京龙潭中国水泥厂、徐州贾汪煤矿等都遭到严重破坏。日军的进攻使江苏的民族工业遭受了一场空前的浩劫。

日伪在江苏的统治相对稳定之后,便希望把沦陷区变为其后方基地,为侵华战争和日伪的统治服务。因此,日伪着手恢复江苏的工业生产。日方处理中国企业的方式主要有:“军管理”、“委任经营”、“中日合办”、“租赁”、“收买”等。“‘军管理’,即军队直接夺取工厂,逼着工厂开工生产;‘委任经营’,即日军将夺得的工厂交日本厂商经营,日商掌握经营权,日军掌握产权。以上两种手段,在日军占领初期使用教多。‘中日合办’,按日本华中株式会社条例,中国以企业现物(即厂里原有设备器材等)为

① 中共江苏省委党史工作办公室:《中共江苏地方史》,江苏人民出版社1996年版,第421页。

②③ 孙宅巍等主编:《江苏近代民族工业史》,南京师范大学出版社1999年版,第338页。

资本,占 51%;日本出资占 49%,合办企业”。① 汪伪政权建立后,日方多采用“租赁”、“收买”的方式,即对于那些日军仍然需要的企业,由日商出面“租赁”或“收买”下来。对于其他企业,日军先把其转交给汪伪政府,然后再由汪伪把企业“发还”给原企业主,但企业主必须向日方支付一笔昂贵的“保管费”。无锡荣氏的申新三厂、庆丰纱厂、常州的大成纱厂等在“发还”时,都被迫向日军支付了巨额的“保管费”。但日军并不是把所有强占的企业都发还,那些生产重要战略物资的企业,日军就拒不发还。如徐州的贾汪煤矿,日军就始终没有“发还”。即使对于已经“发还”的企业,日军也规定其生产必须为日本的侵略战争服务。如无锡的申新棉纺织厂,在被“发还”后的生产就被迫首先满足日军的需要后才能面向市场。②

在日伪的严密控制和种种限制政策之下,江苏民族工业的生存状况十分恶劣,许多企业倒闭,一些大企业被迫把机器设备转移到日伪统治力量相对薄弱的乡镇地区,以求生存。1939 年,苏州的丝织厂只有 46 家开工,只占战前的 50%。在这时候,新开办的棉纺织企业多以小型企业为主。无锡、常熟、太仓等地的小纱厂逐渐增多。“在无锡城里,据 1944 年统计,有小纱厂 10 多家,小布厂 54 家。在常州先后兴办了小型色织布厂 19 家”。③ 缫丝业的状况也很不理想。在被称为“丝都”的无锡被日本占领几年后,恢复生产的丝厂只及战前的 20%左右,许多企业都是惨淡经营,勉强度日。也有一些小丝厂在这一时期兴办。太平洋战争爆发后,生丝外销受阻,丝厂也开始大量倒闭。

日伪希望在沦陷区建立自己的经济体系。1941 年 1 月 6 日,汪伪在南京建立了自己的伪中央银行——中央储备银行,并发行伪币——中央储备券(中储券)。1942 年 5 月 31 日,汪伪公布了《整理旧法币条例》,中央储备银行公布《收回旧法币办法》,宣布从 6 月 8 日到 21 日为中储券和旧法币的兑换期,在这之后,中储券就成为江苏、安徽、浙江、南京、上海的唯一法定货币。从此,中储券逐渐在江苏地区泛滥。然而,中储券不仅没有给江苏带来经济的稳定,反而因汪伪政权的脆弱和战争的破坏而使通货膨胀继续加剧,沦陷区人民的生活更加困苦。

汪伪政权于 1941 年 1 月 8 日成立了直属伪行政院的伪全国经济委员会。该机构的主要任务是:恢复“和平区”经济;“合理”调整物资统制;拟定中日经济“合作”方案;准备长期经济建设计划。④ 为了迎合日军,汪伪政府时常颁布一些有利于日方的

---

① 孙宅巍等主编:《江苏近代民族工业史》,南京师范大学出版社 1999 年版,第 342 页。

② 孙宅巍等主编:《江苏近代民族工业史》,南京师范大学出版社 1999 年版,第 343 页。

③ 孙宅巍等主编:《江苏近代民族工业史》,南京师范大学出版社 1999 年版,第 352 页。

④ 蔡德金等著:《汪精卫伪国民政府纪事》,中国社会科学出版社 1982 年版,第 97 页。

法规。如日方于1938年8月成立了"华中蚕丝株式会社",引诱苏南地区的部分缫丝厂加入该社,企图控制中国缫丝业,不使其成为日本丝厂的国际竞争对手。汪伪建政不久就颁布《工商部管理小型制丝工场暂行规则》,严格限制小型丝厂的原料收购和设备更新,让其难以发展壮大。日伪的限制政策是江苏民族工业不断凋敝的主要原因。

六 奴化教育在江苏

在日伪统治江苏时期,江苏的教育被打上了很深的奴化教育的烙印。伪维新政府成立后,江苏沦陷区在日伪把持下,其教育体系逐渐建立。首先,伪维新政府设立了伪教育部,陈则民和顾澄等先后出任"部长",各市也先后设立了伪教育局。如伪南京市教育局在1938年成立,杨九鸣充任首任伪局长。这样,伪政权的各级教育主管部门先后建立。其次,伪维新政府确立了教育方针。在公布的"政纲"中,伪维新政府声称:"本中国固有之道德文化,吸收世界之科学知识,以养成理智精粹体力强健之国民。从前之矫激教育怪诞学说皆须根本廓清。"从而确立了日伪奴化教育的根本宗旨。所谓"理智精粹体力强健之国民"也就是身体健康,但却忠实服从日伪统治的顺民。所谓"矫激教育怪诞学说"则是指中国传统的优秀文化和共产主义思想,以及为加强中华民族的凝聚力、抵抗外来侵略所进行的爱国主义教育。此后,伪维新政府又陆续出笼了《师范学校法》、《专门学校法》、《高等学校法》、《小学法》、《暂行中学法》等。这些文件的第一条都无一例外地写着各类学校都"应遵照中华民国维新政府的教育宗旨及其施政方针",从而确立了奴化教育的意识形态。

日伪十分重视对教师的思想控制。1939年1月,苏州的日本特务机关无锡班,通知伪县公署召集小学校长及主要教员举行恳谈会,策划"整饬维新教育",[①]并着手调查全省的中小学校数和教师、学生数。江苏各地的伪教育局不断举行所谓教师讲习所。对于举办这种讲习所的目的,伪南京市教育局直言不讳地说:"讲习所开办主旨,注重精神训练,学科尚在其次。训练要点,不外实施新教育宗旨,树立东亚永久和平,谋与友邦提携亲善。"[②]为了确实把握教师的思想动态,伪南京市教育局于1939年5月12日对全市的小学教师进行了一次问卷式的思想测验,凡被认为思想"有问题"的教师都被清除出了教师队伍。

日伪对于学生的思想控制和灌输同样十分重视。伪维新政府认为:"盖今日局势

---

① 江苏省地方志编纂委员会:《江苏省志·教育志》,江苏古籍出版社2000年版,第155页。

② 《南京新报》1938年8月25日。

变更，凡中日合作、经济提携等意义，亦应从幼输入。从前仇外抗日之教育，务须一律及早禁除。”[①]伪行政院长梁鸿志对青少年的思想改造提出了四项要求，即“敦品行、定宗旨、审时势、禁邪说”。在这四项中，前两项是所谓“德育之谓”，要求青少年学生以“今日新道德”来约束自己。也就是把日伪当局所确立的那一套卖国媚日的道德规范作为自己行动的准则。“审时势”是“智育之谓”，就是要求学生“明了近今大势”，即明白日本强大，不可战胜，惟有亲日卖国，才能生存。而“禁邪说”则主要是针对共产主义思想的。

除了进行思想灌输外，伪维新政府也不忘用高压专制手段压制学生中的爱国救亡思想。与其他地区一样，江苏的学生（特别是年龄稍长，有是非判断力的学生）也受到了全国抗日救亡大气候的影响，与日伪展开了各种形式的斗争。1938 年 9 月，伪江苏省教育厅承认：“年来吾国青年学生，每有受邪说之煽惑，供人利用，借种种虚名，作越轨行动，以致学风日下，殊堪痛心。”当局哀叹：“长此以往，教育前途何堪设想。”于是，伪教育行政部门命令各学校：“急宜从严督察，倘有越轨行动，即予从严惩处，稍勿姑息。”[②]

伪维新政府在江苏地区也建立了一些学校。1938 年 10 月，伪教育部决定在南京开办一所国立大学，作为沦陷区的最高学府。这所大学起初被定名为“国立中华大学”。当局为此特别设立了筹备处，还暂定伪教育部代部长顾澄为校长。

然而事情的发展并不顺利。首先是该校的校名引起了日本方面的不满。日方认为该校定名“中华大学”过于突出民族色彩，不利于“中日亲善”。伪维新政府把校名改为“国立南京大学”。接着遇到的就是经费问题。由于南京原有大学的图书、设备在日军攻城和南京大屠杀期间几乎损失殆尽，而创办一所新大学所需的经费数量庞大，超过了伪维新政府原先的预计，且伪政权也难以延聘到足够的师资，原定 1939 年春天开学的计划也就无法实现了。

随后，尽管伪维新政府使出各种办法多方筹措资金，罗掘俱穷，但仍然难以完全落实开办这所大学的经费。此外，校址问题也无法解决。伪教育部原打算把该校设立在战前的中央大学和遗族学校两处，但这两处都被日军占用，且拒不交出。对此，伪维新政府无可奈何。直到 1939 年秋，所谓“国立南京大学”还是纸上谈兵。伪教育部只好又找出一些“理由”搪塞开脱，再次延长了筹备期限。在这之后，由于汪伪政权建立在即，伪维新政府的大员们多为自己的仕途奔走，对设立大学一事兴趣日淡，筹备处也形同虚设，所谓“国立南京大学”也就在无形中不了了之了。

---

① 《对于教育意见之贡献》，《南京新报》1938 年 11 月 23 日。

② 《南京新报》1938 年 9 月 14 日。

伪维新政府还在江苏全省开办或恢复了一些中小学校。据1939年第二学期的统计,当时江苏省和南京市的初等教育规模如下表所示:

1939年第二学期江苏省、南京市初等教育状况表

省市别	类别	学校数	学级数	学生数	教职员数
江苏省	省立	1	7	295	19
	县立	782	2260	127310	3551
	私立	170	603	35124	1001
	合计	953	2870	162729	4571
南京市	市立	49	379	21657	700
	私立	22	137	7007	240
	合计	71	516	28664	940

资料来源:江苏省地方志编纂委员会:《江苏省志·教育志》,江苏古籍出版社2000年版,第156页。

在伪维新政府时期,江苏沦陷区的中等教育机构因遭日军的严重破坏,尚未恢复起来,因此中学的数量和接受中等教育的学生人数都很少。伪江苏省政府于1938年在苏州和吴县分别设立了"省立苏州中学"和"县立吴县中学"。伪南京市教育局也于1938年设立了两所"市立中学",还于1940年初开办了一所市立女子中学。

汪伪政权建立后,江苏沦陷区的教育状况有了一些新的变化。汪伪当局在伪政权建立后不久就由伪教育部出面,于1940年6月20日至22日在南京召开"教育行政会议"。江苏、安徽、浙江、湖北四省伪教育厅长和南京、上海两市的伪教育局长参加。汪精卫亲自接见了与会人员,并发表讲话称:"和平反共建国,为一切施政方针,也即教育方针。"[①]他还要求沦陷区的教育要与日本建设大东亚新秩序的意识形态相一致。

汪伪当局十分重视教科书,决定删除原教科书中所谓不适当的内容,删除的原则是:"教育方针既确定在于反共,则凡各级学校的教科书上含有阶级斗争,或有足以引起阶级斗争的一切思想,皆当全部删除";"又教育方针既确定在于和平,则凡各级学校的教科书上含有民族国家间的仇根,或足以引起将来的民族国家间的仇根的思想,亦当加以适当的修正。"[②]不久,伪教育部钦定的部分中小学教科书出笼,删除了所有讲述中国爱国主义传统和反侵略事迹的内容。除此之外,南京市的大中小学生还被

① 蔡德金等:《汪精卫伪国民政府纪事》,中国社会科学出版社1982年版,第70页。

② 杨鸿烈:《国民政府还都后的"文化"政策》,《中日文化月刊》第一卷第二期。

强迫学习一种名为“和平反共建国中心思想教育大纲”的补充教材，日语也被列为必修课。

日伪当局十分重视利用被其篡改曲解的中国儒家文化对学生和民众进行奴化教育。日本方面认为：“孔子所怀有的理想是和日本的道德同流一轨”，所以要提倡孔子学说以“促进中日精神上的提携。”①汪伪政权承袭了伪维新政府的尊孔复古政策，并变本加厉地加以推行。伪国民政府于1940年8月颁布《先师孔子诞辰纪念办法》，规定孔子的诞辰日为全国假日，各界一律集会纪念，其宣传要点特别强调要讲述“国父孙中山先生革命思想与孔子之关系”。

汪伪新建了一些学校，使江苏沦陷区的教育规模比伪维新政府时期有了一些扩大，教育事业得到一定程度的发展。这首先表现在高等教育的恢复方面。由于汪伪政权是以“国府还都”的名义建立的，因此凡事都要打着“恢复”战前体系的幌子。1940年4月15日，也就是汪伪建政仅半个月后，伪行政院就作出了在南京“恢复”原国立中央大学的决定。汪伪接管了伪维新政府的“南京大学筹备委员会”，并将其改为“中央大学复校筹备委员会”，由伪教育部长赵正平担任委员长。经过一系列筹备工作，该校于1940年开始在南京、上海、北平、苏州、杭州、武汉、广州7城市招生。“第一年即招收学生600余人，以后逐步扩大到1000余人。这是当时沦陷区规模较大的一所大学。”②7月，伪国民政府正式宣布中大“复校”。伪国民党中央执行委员樊仲云被任命为校长。1941年8月，伪江苏省教育厅又在苏州建立了江苏省教育学院，汪北禾为校长。这两校就是汪伪在江苏开设的官办普通高等教育。此外，江苏还出现了若干所私立大学，如南京的南方大学、中国公学，徐州的淮海学院等。汪伪举办高等教育的初衷是培养为日伪在沦陷区的统治所效劳的高级人才，但历史的车轮并没有向他们所希望的方向行驶。这些学校的成立至少改变了江苏沦陷区高等教育一片空白的状况，而且后来的事实证明，其培养出来的绝大多数学生并没有成为日伪的御用工具。不仅如此，由于许多具有爱国进步思想的青年和若干中共及重庆国民党人员考入这些学校，从而造就了一支充满活力的大学生群体，为抗日力量在日伪统治的心脏地区开展反日爱国运动提供了有利条件。

这一时期，处于日伪统治下的各城市人口增长很快，需要接受基础教育的儿童数量也大幅增加。各地官办、私立和教会创办的学校也都有所增加。以中学为例，汪伪政府于1940年建立了苏州女子中学、扬州中学、南通中学。太平洋战争爆发后，汪伪

---

① [日]中山久日郎：《日本之道与孔子之教》，《政治月刊》第四卷第三期。

② 中共南京市委党史工作办公室编：《南京人民革命史》，南京出版社1991年版，第212页。

又接管了部分英美教会学校,将其改为伪官办中学。

1940年江苏沦陷区中学概况如下表:

1940年江苏沦陷区中学概况表

学校性质	学校数(所)	学生数(人)	教职员数(人)	备注
省立	8	1981	238	
县立	16	4260	345	含教会中学
私立	10	2725	181	
合计	34	8966	764	

资料来源:江苏省地方志编纂委员会:《江苏省志·教育志》,江苏古籍出版社2000年版,第234页。

"清乡"运动开始后,伪江苏省教育厅于1941年成立了伪清乡地区教育委员会,并在吴县、常熟、昆山、太仓、武进、无锡、江阴7县成立分会,颁布了《清乡地区教育实施计划大纲》、《清乡地区中小学教师信条》等文件,强制实施"清乡教育",取缔或限制私校及私塾,统制教科书等。"此外,清乡期间,还在一些县进行所谓'刷新教育',即教育制度改革实验。8月,伪省教育厅因常熟为'清乡最先完成之县份',便以常熟为'刷新教育'的实验县,在虞山等10镇试点,借以'树立近代之教育制度',使学校机构强化,经费分配合理,人事支配适当'。继而选择无锡参照常熟成例进行实验。1944年,伪省教育厅又规定吴县、太仓、昆山3县继续办理'刷新教育'。是年8月,伪省教育厅在《两年来江苏之教育》中宣称:'当前,已有省立小学10所,县立完全小学325所,初级小学1668所';同时承认小学校舍破旧,设备简陋,师资低落,'求一初级师范毕业之教员,已寥若晨星'。"①

"新国民运动"开始后,各市的伪教育局纷纷把推行该运动的情况列入考核各学校工作人员业绩的重要指标之一。伪南京市教育局号召各校学生"爱中国、爱东亚,为争取大东亚战争的胜利作贡献,并深入开展新国民运动"。该市的具体做法是:"(一)扩充童子军组织;(二)组织青少年团;(三)组织训练童军;(四)训练指导人员;(五)体魄训练;(六)整洁训练;(七)宣传。"②伪清乡地区教育委员会也颁布了《清乡地区小学新国民运动教导实施方案》,先对教师举办培训班,然后再强迫教师对小学生进行"新国民运动"的教育。

在1943年后,日伪统治开始走下坡路,汪伪的主要意识形态变为曲解孙中山思

① 江苏省地方志编纂委员会:《江苏省志·教育志》,江苏古籍出版社2000年版,第156页。

② 伪南京市教育局:《南京特别市教育局工作报告》(1942年11月),南京市档案馆馆藏。全宗号:1002、目录7、卷号60。

想中的“大亚洲主义”。1924年11月底,孙中山在赴北京途中路过日本时,应日本商界的邀请,以“大亚洲主义”为题发表演讲,认为亚洲是人类文明的发源地之一,亚洲各国应团结一致,抵御欧美的殖民主义和侵略政策。在论及中日关系时,孙中山认为只要日本尊重中国主权、废除包括“二十一条”在内的不平等条约,中日两国就可以建立友好合作关系。孙中山当时是希望包括中日两国在内的亚洲各国在互相平等的基础上团结合作,为被压迫民族向欧美争取民族自决权,同时也希望利用日美矛盾达到打倒帝国主义的革命目的,但前提是日本必须尊重中国的主权、废除不平等条约。孙的这一主张在当时的背景下是可以理解的,在一定程度上也是可行的,但同时也说明孙中山对日本仍抱有一些不切实际的幻想。汪伪当局只字不提日本应与包括中国在内的亚洲各国平等相待,片面强调英美的殖民主义并以此掩盖日本对亚洲的侵略。汪伪所说的爱亚洲其实就是爱日本,“大亚洲主义”就是以抵抗欧美为借口而驱使中国人民接受日本的侵略和奴役。

汪伪把“大亚洲主义”视为其政权“合法性”的理论基础,并以此来证明自己是孙中山理论衣钵的正统继承,并一再强调:“总理遗教中以大亚洲主义为最后主张,此一理论经二十年之湮没,始为事实证明其为真理。和平理论固以大亚洲主义为理论根据。即大东亚战争亦为大亚洲主义之实践。”[①]他们不仅要求各级公务人员、知识分子和学生要明白这一主义,而且要求普通民众也要了解这一点,于是有关“大亚洲主义”的宣传充斥于沦陷区的各宣传机器,也写进了各级学校的教材,还不断举行培训班,培训青年学生,甚至把青年对汪记大亚洲主义的理解程度视为培养后备干部的标准。这种教育一直持续到汪伪政权灭亡。

七 江苏民众的反抗斗争

日伪在江苏的统治激起了江苏民众的反抗。从1937年到1945年,江苏民众反抗日伪统治的斗争从来没有停止过。起初,民众的反抗是小规模的,到日伪统治的后期,民众的反抗次数增多,规模变大。特别是发生在1943年到1944年的“三禁运动”,是沦陷区各种矛盾的一次集中爆发,强烈地震撼了日伪的统治秩序,预示着日伪的统治即将崩溃。

早在伪维新政府时期,江苏沦陷区就有人自发拿起武器,组成各种形式的暗杀队,伪维新政府的官员经常遭到袭击,一些高级伪官也被杀丧命。这些暗杀事件有一些是重庆方面实施的,也有一些是民间人士所为。这使伪官们惶惶不可终日,一

---

① 汪伪政府档案,中国第二历史档案馆馆藏。

些人因畏惧而不敢出任伪职。日军只好加强对高级伪官的人身保护，伪官们出行都十分谨慎。

汪伪政府建立后，民间的反抗斗争仍在继续，且形式也有了一些新的变化，许多民众通过各种方式表达对日伪统治的不满。1940 年春夏之际南京曾发生了中小学生拒绝购买汪精卫像章的事件。汪伪“还都”不久，伪宣传部就设计制造了大量印有汪精卫头像及“和平、反共、建国”字样的像章，强制民众购买佩戴。伪教育局分到 20000 枚，下令各中小学以每枚 2 角的价格卖给学生，校方可得手续费 2 分。各校见有利可图，纷纷不顾“自愿购买”的原则，用各种手段向学生强卖。“有的学校用诓骗方法谓各学生须购买校章每枚二角，无校章者不得入学校大门，追各学生缴费后所发乃汪主席像徽。”其中汉口路小学“用高压方法当乃威吓学生，如不购买汪主席像徽即加体罚（打手心）。”[①]广大学生和家长对这种以势强卖的做法表达了强烈的不满并进行了坚决抵制。各校费了九牛二虎之力才卖出 4926 枚，[②]离销售 20000 枚的目标相差甚远。中学生年龄稍长，更加具有辨别能力。他们议论说该像章的市价只有几分钱，而学校竟要 2 角之多，又说汪精卫只值两毛钱。伪教育局不无忧虑地指出：“此等情形不但使学生以学校借汪主席之名而敛财，且易引起青少年轻视。”[③]不久，一些中小学校长上书伪教育局，请求减价。在此情形之下，强卖汪精卫像章的闹剧只得草草收场。1941 年 7、8 月间，南京市内多处广告栏中的汪精卫像被人涂抹，当局对此极度恐慌，如临大敌。他们除调集警察、特务严密查办之外，还“转饬本市教育局各小学教师规戒小学生注意，以维法纪。”[④]于是各校在 9 月开学之后纷纷利用周会和精神讲话“讲述应尊重主席照相之意义”，又“于公民训练时由担课教师分别讲解主席倡导和平，建设新东亚，谋中日永久和平之种种方案计划等，以焕发儿童之崇仰。”[⑤]可这种做法却是越描越黑，更使人看清汪伪政权色厉内荏的虚弱本质。在教育领域，广大师生还通过抵制汪伪政府编纂的教科书的方式反抗日伪的奴化教育。汪伪建政后就开始按照其奴化教育理论编订中小学各科教科书，并由其指定的印刷公司负责承印。到 1941 年初，公司已印毕各科教科书 2938000 多册。但发行的结果却使日伪当局大失所望，各级伪教育行政部门费了很大力气才卖出 870500 多册。不仅私立学校、教会学校拒购，就连许多伪政权建立的公立学校也加入到抵制“国定教科书”的行列。这

---

①②③ 伪南京市教育局档案，南京市档案馆馆藏。全宗号：1002、目录 7、卷号 37。

④ 伪南京市教育局：《宣传部公函》（函事字第 112 号，1941 年 8 月 15 日），南京市档案馆馆藏。全宗号：1002、目录 7、卷号 88。

⑤ 伪南京市教育局：《市立洪武路小学致伪教育局函》（1941 年 9 月 17 日），南京市档案馆馆藏。全宗号：1002、目录 7、卷号 88。

种现象在“首都”南京表现得尤其突出。许多教师(尤其是文史地等科教师)宁可自编讲义也不使用“国定教科书”。印刷公司的老板为此叫苦不迭:“如此情形,资金已不能流通,营业将无法继续。”①汪伪当局对此十分恼火,下令“自二十九年度第一学期开始,一律尊用国定课本”②,强迫各级学校使用。

在江苏,不仅城市民众反抗日伪统治,农民也加入到反抗的行列。1942年9月,日伪军组织了百余人的抢粮队到如皋县的乡村向农民强行征粮,激起了当地农民的反抗。3万多农民以农具为武器,与抢粮队进行搏斗,歼灭了敌人,并乘胜攻入日伪据点,杀死了十多名日伪军。这在当时成为轰动一时的重大事件。另外,在江苏一些地区,在伪军中也发生了反抗日伪统治的事件。伪军的来源大多是贫苦农民,特别是下级军官和普通士兵,是被日伪当局强征入伍的。他们中的许多人受到抗日救国思想的影响,不愿为侵略者效力,伪军反正事件时有发生。1942年春,因日军兵源紧张,不得不强拉壮丁以扩充伪军。日伪在涟水强征了800多人,分成8个中队进行集训。其中部分地痞流氓到处劫掠当地百姓,这引起了伪军中有正义思想的人的反感。5月初,40多名伪军在孙友才的带领下,打死团副徐书楼,焚毁了3座炮楼碉堡,携带枪械投奔了新四军。

在日伪统治后期,江苏民众的反抗斗争进一步高涨,尤其是以学生为主体的反抗日伪统治的斗争更具规模,产生了广泛的社会影响。南京中央大学、江苏教育学院等高等学校建立后,一些具有进步思想的青年考入高校,江苏沦陷区出现了一支思想活跃、充满朝气的青年知识分子群体。他们受到抗日救国思潮的影响,开展了各种形式的反抗日伪统治的斗争。1943年5月,南京中央大学首先爆发了要求驱逐校长樊仲云的运动。1943年后,沦陷区的经济状况更加恶化,学生的生活待遇也每况愈下。可就在这时,樊仲云竟然勾结不法奸商贪污学生的伙食费,激起学生的公愤,特别是那些家境贫寒和来自东北、华北的流亡学生,有人几乎到了学业难以为继的地步。5月,部分东北流亡学生首先提出驱逐樊仲云的要求,并得到广大学生的一致赞同。经过筹划,学生们决定向汪精卫请愿,要求罢免樊仲云的校长职务。这一倡议得到广大学生的支持。学生骨干丁璇和王家谟起草了请愿书。5月31日凌晨2时,1000余名南京中央大学学生排着整齐的队伍,浩浩荡荡地向颐和路汪精卫官邸进发。他们一路高呼“我们不要贪污犯当校长”的口号,要求汪精卫亲自接见。汪深夜被惊醒,被迫出来会见了学生,听取了他们的要求,并答应妥善处理。学生的要求得到了初步满足。当天下午,他们宣布罢课三天,并由11名学生组成临时校务委员会,代行校长职

①② 汪伪行政院第49次会议记录,1941年3月4日。

权。中央大学学生的这次行动在南京引起了广泛的社会反响，造成了很大的声势。樊仲云不法行为的曝光也使当局十分尴尬。汪精卫被迫派林柏生和伪教育部长李圣五到校与学生谈判。几天后，伪政府宣布撤销樊的校长职务，由李圣五取代。倒樊斗争取得了胜利。

这次运动的胜利鼓舞了学生和民众，不久，学生们又发起了更大规模的禁绝烟、赌、舞的三禁运动。当时，在日伪统治下的沦陷区，日本侵略者有意实行毒化政策，在当地大量倾销鸦片，开设赌场、舞厅，致使社会风气败坏，吸毒、跳舞、赌博成风。以毒品在南京地区的泛滥为例：早在1938年，南京就有50000多中国人吸食鸦片，占当时南京人口的八分之一。1939年，南京有30多家领得执照的毒贩商人，开设了175家“合法”的鸦片烟馆，全市每天平均卖出鸦片烟3000多两，营业收入66000多元。伪维新政府在苏、浙、皖3省对鸦片征税，每月可得300多万元，成为其“政府”收入的主要来源。许多伪政权的官员也趁机中饱私囊，导致官场腐败之风蔓延。日方每月因此获利超过500万元，[①]设在上海的宏济善堂是日方把持的最大的鸦片烟商。由于鸦片生意获利丰厚，各方都想从中大捞一把，也就引起了日伪双方的利益冲突。日方更是企图凭借势力垄断这一行当。

汪伪政府成立后，鉴于烟、赌、舞泛滥引起的社会问题日益严重，也迫于公众舆论的压力，曾与日本占领当局交涉，要求日方取消宏济善堂，由伪方成立禁烟机构，掌握鸦片的专卖权，但遭到拒绝。周佛海也认为：“此事日人恐不愿放手，惟鸦片问题，余亦不愿力争，当斟酌情形，妥为应付。”[②]日伪内部由此产生矛盾。在此情形下，汪伪政府宣传部长林柏生决定鼓动青年学生提出要求，发动一场“三禁”运动。

1943年初冬，林柏生派人到中央大学活动，物色合适人选。这时，进步学生厉恩虞（陈震东）和王家谟认为正好可以利用这个机会发动一场声势浩大的学生运动，打击黑暗势力。学生们的计划得到中共南京地下组织的赞同和支持，重庆方面的地下组织也暗中进行了策动。经过周密筹划和发动，中央大学和部分中学生共300多人首先于12月17日晚在南京城内采取行动，他们捣毁了街面上的多处烟馆，缴获了一批烟具，并向群众宣传禁烟。随后几天，学生们又接连采取行动，捣毁了南京城内的赌场、舞厅和烟馆。学生们趁热打铁，于12月下旬公开成立了“首都青年学生清毒运动总会”，作为这场运动的领导机关，又发动了更多的游行请愿，把从27日（星期一）开始的一周定为清毒宣传周。清毒运动总会除了在南京的大、中学校设立分会外，还

---

① 中共南京市委党史工作办公室编：《南京人民革命史》，南京出版社1991年版，第217页。

② 蔡德金编：《周佛海日记》，中国社会科学出版社1986年版，第266页。

派出骨干分赴外地进行宣传鼓动。在南京学生运动的影响下，周边许多城市的学生也加入到"三禁"运动的行列中来。上海、苏州的学生于 12 月 19 日首先通电支持。22 日以后，江苏各地的学生也都行动起来。不久，运动又扩大到浙江、安徽等地，甚至远在千里之外的广州等地也受到了波及。12 月 27 日，清毒运动总会发表宣言，号召广大青年投身到民族振兴的伟大事业中去，并表示他们愿意为此而牺牲一切。[①] 进入 1944 年后，这场运动继续深入开展。1 月 29 日，学生们在丰富路揪出了大毒枭曹玉成，并在他的家中搜出大量海洛因。迫于民众的压力，汪伪当局不得不下令枪毙曹。由于沦陷区学生和民众的英勇斗争，日方被迫同意取消宏济善堂。这对日本利用贩卖毒品在沦陷区牟取暴利是一个打击。"三禁"运动是日伪统治时期沦陷区规模最大的一次学生爱国运动，收到了扩大爱国抗日力量的影响、打击日伪势力的效果。

---

① 《中报》1943 年 12 月 27 日。

第五章　抗战胜利后的江苏

第一节　抗战胜利之初的江苏

一　国民政府还都

江苏人民和全国人民一道，经过八年艰苦抗战，终于迎来了抗日战争的最后胜利。1945年8月10日，日本政府发出乞降照会；8月15日，日皇裕仁向全国广播了《停战诏书》，宣布无条件投降；9月2日，日本政府正式向盟国签字投降；9月9日，侵华日军总司令冈村宁次在南京向中国政府签署无条件投降书。

日本投降，中国抗战胜利，使国民政府重返南京一事提上了议事日程。1946年2月15日，蒋介石在重庆官邸举行外国记者招待会，正式宣告了迁都南京的时间。他宣布："政府准备5月还都南京，重庆将永久成为中国陪都。"

按照还都计划，国民党中央党部将于1946年4月15日前全部迁还南京；行政院所属各部会自4月25日起，将在南京受理一切公文，同日起，由军事委员会副参谋总长朱绍良兼任主任的"中央党政军机关留渝联合办事处"正式开始办公，负责处理中央各机关在渝结束事务和还都事务，并保持与重庆党政军方面的联系。

为了配合4月的搬迁高潮，并解决重庆对外交通拥挤问题，国民政府责成航空公司从4月中旬起，大幅增加航班。每天以20架次的飞行密度，将军政机关人员送往南京，到了4月下旬，飞往南京的飞行密度更达到每天50架次。

4月8日，身兼国民党总裁和国民政府主席的蒋介石，在国民政府大礼堂召见重庆市全体参议员，拉开了迁都前一系列告别活动的序幕。蒋介石在讲话中，盛赞重庆市民对抗战所作出的卓绝贡献，并允诺今后政府将力助重庆的建设。接着，国民政府于4月23日发布命令，决定恢复重庆行营。"行营"者，乃委员长于首都之外各重要地点之驻在机关。该命令称：

军事委员会委员长重庆行营，前因政府移往重庆，经于二十八年一月令饬撤销，改设成都行辕有案。兹以政府还都在迩，为期西南各省之建设工作加速完成，及协助复员未竟工作起见，着将该重庆行营恢复设置。其原设之成都行辕，并即撤销，所有业务，归并重庆行营办理。特派何应钦为军事委员会委员长重庆行营主任，何应钦未到任前，特派张群兼任。此令。①

4月24日，重庆各界在军事委员会礼堂隆重举行了“庆祝国府胜利还都大会”。会场四周悬挂蓝、白、红三色象征和平的旗帜，主席受礼台前的“V”字形弧光突显“凯旋”二字，重庆市市旗直立于会场中央，蒋介石、于右任、戴传贤、周钟岳、吴铁城等政府要员及川、康籍国大代表、重庆市参议员、各机关团体代表共600余人参加了庆祝大会。会上，蒋介石发表了热情洋溢的讲话，称重庆为他的“第二故乡”，表示对重庆同胞“必念久不忘”。他说：

我们政府在抗战局势艰难危急的时期迁都重庆，经过长期艰苦的奋斗，终于获得最后的胜利，这固然是全国军民同胞一致努力的结果。然而我们重庆同胞与政府同甘苦，共患难，生死成败相一致的关系，较之其他各地尤为密切……至于重庆市民在抗战期间输财输力之多，尤为全国其他各地之冠，这种伟大的贡献，在将来抗战史上必将大书特书，而永垂国民效忠国家的良好模范。②

蒋介石在出席了重庆的庆祝大会之后，偕夫人宋美龄同去成都，告别川中要人及民众。27日，蒋介石假中央陆军军官学校公宴各机关、团体领袖、社会贤达、军校官佐、阵亡遗属及在蓉外侨，并致告别词，盛赞四川在国民革命历史上的光荣、在抗战中的重要地位及在今后建国时期的重要性。蒋介石说：“这次抗战中，我们四川的武装同志，自李总司令家钰、王军长铭章、许师长国璋以下，各级官长和士兵，为守土卫国而牺牲的，更是不胜枚举。所以本人以为这次抗战的胜利，我们四川同胞的输财、输粮、征工、征兵的数量和成绩，都在各省之上……今日的四川，已成为全国最安乐、最富庶的一省了。而四川同胞之所以能有今日这种进步与安乐，乃是由于各位父老贤达和全体文武同志，都能够明大义，识大体，爱国家，爱民族，以身作则，努力倡导的结

① 《新蜀报》1946年4月24日。转引自重庆抗战丛书编纂委员会编：《重庆国民政府》，重庆出版社1995年版，第389页。

② 朱汇森主编：《中华民国史事纪要（初稿）——中华民国三十五年（一九四六）四月至六月份》，台湾“国史馆”1989年印行，第295—296页。

果”。“希望各位一致认识我们四川,关系国家治乱盛衰之密切,从而更进一步的,认清四川同胞对建国所负的责任,实非其他各省的同胞所能比拟。”①

国民政府复于4月30日颁布了《还都令》,明确宣布定于5月5日还都。《还都令》称:

> 国民政府前为持久抗战,于二十六年十一月移驻重庆。八年以来,幸赖我忠勇将士,前仆后继,壮烈牺牲;全国官民含辛茹苦,紧(坚)韧奋斗;与夫同盟各国海空齐进,比肩作战,卒使敌寇降伏,肤(膺)功克奏。兹国土重光,金瓯无缺,抗战之任虽繁(竟),建国之责加重,政府爰定于本年五月五日凯旋南京,以慰众望……而四川古称天府,尤为国力根源,重庆襟带双江,控驭南北,占战略之形胜,故能安度艰危,获致胜利。其对国家贡献之伟大,自将永光史册,弈弃不灭。当兹还都伊迩,钟陵在望。缅维南京收复之艰难,更觉巴蜀关系之重要。政府前于二十九年九月明令定重庆为陪都,近更以四川为全国建设实验区,应即采其体制,崇其名实,着由行政院督同各该省市政府,妥为规划,积极进行,使全川永为国家之重心,而树全国建设之楷模,有厚望焉。②

为筹备还都盛典,国民政府专门成立了“还都庆典筹备委员会”,国民政府秘书长吴铁城任主任委员,南京市长马超俊为副主任委员,下设总务、布置、典礼、宣传、交际、交通、警卫等专门小组,全部预算经费达400余万元。赶在还都前夕,南京大校场机场至光华门的道路重新铺修,国民政府大院油漆粉刷一新,国府路上搭起了两座过街牌楼,各条主要马路都悬挂起“欢迎国民政府还都”、“欢迎蒋主席胜利归来”等大幅标语。南京市洋溢着一派节日的气氛。

5月5日,还都庆典在中山陵隆重举行。中外人士5000余人出席庆典。9时整,庆祝国民政府还都及革命政府成立纪念典礼开始,鸣礼炮101响。蒋介石、宋美龄立于灵堂中央,两边分列宋子文、何应钦、居正、吴铁城、孙科、吴鼎昌、吴敬恒(即吴稚晖)、朱家骅等党国要员。蒋介石向孙中山坐像敬献了花篮,率文武官员向孙中山像三鞠躬,为抗战阵亡将士及死难同胞默哀3分钟,并绕行灵寝一周。接着,他向全体谒陵人员作了简短的致词,追述了八年抗战历史,提出了今后的努力方针。

---

① 朱汇森主编:《中华民国史事纪要(初稿)——中华民国三十五年(一九四六)四月至六月份》,台湾“国史馆”1989年印行,第323页。

② 朱汇森主编:《中华民国史事纪要(初稿)——中华民国三十五年(一九四六)四至六月份》,台湾“国史馆”1989年印行,第342—343页。讹误字已于括号内核明。

1946 年 5 月 5 日，国民政府在南京举行还都庆典

10 时 35 分，蒋介石与文武官员出席了在国民大会堂举行的首都各界庆祝国民政府还都大会。会上，蒋介石再次发表讲话。他说：

今天是我们国父二十五年前在广州成立革命政府的纪念日，而我们国民政府亦于今日还都南京了，我们对日八年抗战，赖我全国同胞，始终一致拥护抗战国策，服从中央命令，百折不回，再接再厉，浴血牺牲，历久弥坚，卒能获得今日最后胜利，而且取消了一切不平等条约，涤除了我们中华民族百年来的国耻。今日中正与我们同胞，仍能在首都相见，聚首一堂，这是何等欣慰！实在是我们中华民国最值得纪念的一天……我们在此胜利还都欢声沸腾之中，抚今思昔，更觉我们获得胜利之艰难，建国机会之可贵。务希我全体同胞，同心一德，实事求是，人人以刻苦耐劳，笃实践履自矢，以共同一致，互助合作相勉，务使我中华民族黄帝子孙，永永远远不再受过去八年间那样异族侵凌蹂躏的惨祸与耻辱。

蒋介石在讲话的最后，向大家提出六点要求：一要戒浪费，二要尚节约，三要明礼义，四要知廉耻，五要负责任，六要守纪律。[①]

隆重的庆典宣告了国民政府还都南京正式完成。但是，在这隆重与欢愉的背后，却潜藏着巨大的政治、经济、军事等方面的危机。刚刚摆脱了日伪黑暗统治的江苏人民正面临着新的血与火的考验。

---

① 《中华民国国民政府公报》第 202 册，台湾成文出版社有限公司发行，第 2513 号。

二 江苏省政府回迁

在日本宣布投降的时候，江苏省政府尚远在安徽阜阳县之公立桥李寨。原江苏省政府辖区，被汪伪政权分割为多块：徐海地区划为由郝鹏举任“省长”的伪淮海省；淮扬地区由孙良诚任“主任”的伪苏北“绥靖”公署控制；上海周边的上海、宝山、青浦等7县均归属周佛海兼任“市长”的伪上海特别市；苏南之江宁、常州、苏州、松江等10余县则在任援道任“省长”的伪江苏省管辖下。1945年8月18日，江苏省政府主席王懋功率政府机关，由李寨启程，取道六安、合肥、江浦，于9月1日抵南京，12日，奉陆军总部之接收命令，赶赴伪江苏省政府所在地苏州，将省党部、省政府于该地设置办公。10月15日，省政府迁回镇江，11月党政分立，12月1日，组建了新的省政府。是时，省政府委员为王懋功、陈言、王公屿、钮长耀、董辙、陈石珍、董赞尧、贾韫山、葛建时。陈言任秘书长，王公屿任民政厅长，董辙任财政厅长，董赞尧任建设厅长，陈石珍任教育厅长，钮长耀任社会处长，贾韫山任省保安副司令。① 各县政府建制，则分设秘书、社会两室，民政、财政、教育、建设、社会、军事、地政、田粮8科。

省主席王懋功确定当时省政府的中心工作有二：一为“肃清共匪，恢复秩序”；二为“巩卫南京，使中央政府早日还都”。为从新四军和人民武装手中夺回已解放的地区，省政府严令：“于收复军事开动之始，县市长必须率领县府人员及县保安团队与剿匪国军齐头并进，每收复一地，随即恢复基层组织，重编保甲，清查户口，整理交通，缉除残匪，组织民众自卫队，保护难民还乡，恢复学校及一切生产事业。”②

为了标榜民主，于1946年6月6日，成立省临时参议会。由于当时江苏省政府的管辖区域只限于苏南，苏北广大地区已成为中共领导下的解放区，故按规定省不能成立正式省参议会，只能由省政府遴选名单，报送行政院圈定临时参议员后，组成省临时参议会。最后，出台的江苏省临时参议会议长为江苏元老冷遹，副议长张九如，秘书长刘平江。与此同时，各县、市临时参议会亦先后成立。

为加强对各县的控制，于省、县之间，设行政督察区。1946年初，省政府将连云港、徐州两市外的61县，分为9个行政督察区，每区设行政督察专员公署兼保安司令部，合署办公，专员兼保安司令。第一区含镇江、江宁、丹阳、句容、金坛、溧水、高淳、溧阳、宜兴9县，专员吴春科；第二区含无锡、武进、吴县、江阴、常熟、太仓、吴江、昆山8县，专员王醒民；第三区含松江、南汇、上海、青浦、金山、奉贤、川沙、嘉定、宝山9县，

① 郭卿友主编：《中华民国时期军政职官志》(上)，甘肃人民出版社1990年版，第722—723页。

② 王懋功：《自传》(下)，台湾《江苏文献》第7期。

专员于陶生；第四区含南通、如皋、海门、启东、靖江、崇明 6 县，专员徐谟嘉；第五区含江都、高邮、泰县、泰兴、扬中、仪征、江浦、六合 8 县，专员邓崇熙；第六区含盐城、东台、兴化、宝应 4 县，专员刘永懋；第七区含淮阴、淮安、涟水、泗阳、阜宁、宿迁 6 县，专员徐家棠；第八区含东海、灌云、沭阳、赣榆 4 县，专员夏鼎文；第九区含铜山、丰县、沛县、萧县、砀山、邳县、睢宁 7 县，专员冯子固(后派)。

至于社会基层组织，省政府仍沿用抗战前的保甲制，于 1946 年 2、3 月间，制定了《江苏省各县清查户口整编保甲施行细则》，以加强其对人民的控制和统治。其中规定，原则上以 10 户为 1 甲，10 甲为 1 保，10 保为 1 乡镇，分设户长、甲长、保长和乡镇长、副乡镇长；在商业繁盛、人口密集区，则以 10 至 30 户为 1 甲，10 至 30 甲为 1 保，“同甲各户应实行联保连坐”，“互相劝勉监视，不为匪、通匪、纵匪，如有违反，他户即密报，倘瞻徇隐匿，联保各户，均予连坐”；各保长需“辅助军警搜捕匪犯”，“察看管束不良分子”，“分配督率保内住民应办之防御公事”。[①] 据 1946 年底的统计，江苏省政府将其所控制的苏南 27 县之 12153087 人，编为 238778 甲，22926 保，2193 乡镇；苏北 22 县之 7246841 人，编为 116832 甲、10972 保、1158 乡镇。[②] 为了对付中共的秘密活动和严密封锁解放区，省政府还在实行保甲制的基础上，给 8 岁以上的居民普遍发了国民身份证。至 1946 年 10 月底前，苏南各县和苏北已控制的 14 县市，已基本完成了这一工作。

省政府于迁回镇江后，恢复、加强了各级警察机构。镇江设省会警察局，下辖 5 个分局、19 个分驻所、1 个派出所，以及保安警察队、水警队、刑事警察队、消防队等，各县共有 127 个警察分局、162 个分驻所、115 个派出所，以及 20 个刑事警察队、3 个消防队。省设警察大队，下辖 4 个中队，各县共有 33 个警察中队。恢复后的省水上警察队共有 5 个总队，每总队下辖 4 个队，每队下辖 3 个分队，各县有 7 个水警队。此外，苏北还成立还乡团 35 个大队、101 个中队，共有官佐、队员 20000 名。

全省地方武装由省保安司令部统辖，自 1946 年 1 月起，由省主席王懋功兼任省保安司令。抗战胜利之初，省保安司令部由皖北返境，时辖 4 个纵队、8 个团，旋将收编伪军的 8 个团加入，整编为 8 个纵队，共 16 个团。至 1945 年底，复缩编为 4 个纵队，8 个团，官兵 12000 余人，余均拨编为区、县保安团。1946 年 7 月，省保安司令部下辖之 4 个保安纵队予以撤销，8 个保安团改编为 4 个保安总队，一个独立大队和一个特务队，编制兵员近 8000 名。各区、县分设保安大队或保安团。据 1945 年 12 月

① 《江苏省各县清查户口整编保甲施行细则》(1946 年 3 月 2 日公布)，《江苏省政府公报》第一卷 第八期，江苏省档案馆藏。

② 《江苏省政府三十五年度政绩比较表》，中国第二历史档案馆藏。

统计,共有3个区保安大队、一个区保安团、43个县保安大队、7个县保安团和一个保安中队,至1946年12月,共有3个区保安大队、6个区保安中队、59个县保安大队、5个县保安团。此外,各县还编组了非正规的民众自卫队,以加强保甲组织对人民的控制。至1946年底,全省共有54个市、县建立了民众自卫队,计51个总队、20个大队、141个中队、2925个分队,共有人员140000名。[①]

迁回镇江后的江苏省政府,竭力重建和强化对江苏地区的统治,使江苏人民在抗战胜利之后,迅即重新陷入水深火热之中。不过,此时的江苏省政府,已不能完整地控制其辖区。苏南地区各县,虽已全部被其占领,但人民武装力量仍到处活动,尤以茅山、太湖一带最为活跃。苏北地区的点线虽全部为其占领,但广大农村则仍属解放区所有,与抗战前国民党政权在江苏的统治相比,"一统江山"的状况,已经一去不复返了。

三 国民政府在江苏的经济接收

抗战胜利后,随着江苏大地的光复,对原在日伪控制下的工矿企业及各类物资的接收工作,也立即提上了议事日程。

为了开展收复区的经济接收工作,国民政府早于1945年8月制定了《行政院各部会署局派遣收复区接收人员办法》,规定:"行政院各部会署局为办理接收收复区直属各机关及事业机关,可派遣特派员或接收委员。特派员及接收委员,一律由各部会署局呈行政院核转中国陆军总司令部派,并受中国陆军总司令部之指导监督。"[②]9月5日,国民政府决定在陆军总部之下,成立党政接收计划委员会,各省、市亦相应设立党政接收委员会,由各战区军事长官主持。10月间,经行政院长宋子文呈请蒋介石批准,成立行政院收复区全国性事业接收委员会,由行政院副院长翁文灏主持,各地区、各省市相应设立敌伪物资产业处理局。为了统一各区的敌伪产业接收、处理工作,又分区设立了院长办公处,其中苏皖区办公处,辖江苏、浙江、安徽3省及上海、南京2市,总处设上海,分设驻南京、无锡、杭州、芜湖4办事处,以及徐海区接收专员办公处。

江苏、南京经济接收的重点,同其他省、市一样,均以工矿企业及相关物资接收为主。

南京曾是汪伪政权的"首都",为日本侵略者和汪伪政权重点经营,故成为战后接

① 《江苏省政府三十五年度政绩比较表》,中国第二历史档案馆藏。

② 《中华民国重要史料初编——对日抗战时期》第7编"战后中国"(4),台湾中国国民党中央委员会党史委员会1981年编印,第10页。

收的重点城市。经济部共接收东和制革厂、晃明铁工厂、伪实业部酒精厂、三共兴业第一酒精厂、太平产业汽水酒精厂、嘉来肥皂厂、青柳洋行、富士铁工所、伪陆军部首都酒精厂、中华理化学工业酒精厂、建兴洋行、首都电厂、永利化学工业公司硫酸铔厂、京华印书馆、京华砖瓦厂、天津砖瓦厂、建隆酒精厂、太平产业酒精厂、三河谷产酒精厂、义合东砖瓦厂、福东煤矿公司、汤山酒精厂、三共兴业第二酒精厂等 23 个单位；资源委员会共接收凤凰山矿业所、栖霞山矿业所、下关三汊河仓库、日本制铁公司等 4 个单位；海军司令部共接收三亥铁工厂、农产化学工业酒精厂等 2 个单位；农林部共接收华中水产出张所、帝国水产株式会社等 2 个单位；南京市政府共接收友华公司、鲤城洋行、国际木行、宝酿造工厂、清凉山砖窑、大二锯木厂、扬子锯木厂、中华烟草公司等 8 个单位；粮食部共接收长江产业公司、有恒面粉厂、三河谷产第十二碾米厂、中国制油厂等 4 个单位；军政部共接收东肥工厂、恒和酿造株式会社、太平产业酱油厂等 3 个单位，总计接收 46 个单位。其中机械工业 16 个单位，化学工业 18 个单位，粮食工业 5 个单位，烟草工业 1 个单位，印刷工业 1 个单位，其他工业 5 个单位。[①]

徐州是江苏北部重镇、交通枢纽，沦陷期间，曾先后为汪伪苏淮特别行政区和淮海省政府的所在地，日伪亦曾着力经营工业，敌伪工厂较为集中。军政部接收了日产重工业工场，粮食部共接受东亚面粉厂、徐州油厂、顺康工业等 3 个单位；经济部共接受横山生活有限公司、帝国水产公司、顺康工业公司（造纸部分）、东亚烟草公司、兴亚造酒厂、大基工厂第二工场、兴淮兴业公司、淮海兴业公司、徐州水电厂、镰仓公司、明治食品公司、兴南公司、淮海化学研究所、华阳化学公司、中华出光公司、贾汪柳泉煤矿、大中煤矿等单位，[②]计接收 25 个单位。其中纺织工业 1 个单位，化学工业 2 个单位，造纸工业 1 个单位，烟草工业 1 个单位，其他工业 20 个单位。

苏州是汪伪江苏省政府的所在地，又有丰富的纺织工业和食品加工工业原料，日伪置厂较多。总计在该地区接收 28 个单位。其中纺织工业 2 个单位，机械工业 1 个单位，化学工业 2 个单位，粮食工业 6 个单位，造纸工业 2 个单位，其他工业 15 个单位。

无锡工业基础素称发达，尤其纺织工业具有雄厚基础，日伪利用该地区的原料和技术力量，办了一批工厂。总计在该地区接收 26 个单位。其中纺织工业 9 个单位，机械工业 3 个单位，化学工业 3 个单位，粮食工业 5 个单位，其他工业 6 个单位。

设于各地的办事处还在常州地区接收 9 个工厂，内含纺织工业 2 个单位，机械工业 1 个单位，化学工业 4 个单位，粮食工业 2 个单位；在镇江地区接收的 10 个工厂，

① 《中华民国重要史料初编——对日抗战时期》第 7 编"战后中国"(4)，台湾中国国民党中央委员会党史委员会 1981 年编印，第 285—286 页。

② 夏柏林：《抗战胜利后徐州敌伪工矿接收简况》，《铜山文史资料》第 10 辑，铜山县政协文史资料委员会编印。

内含粮食工业2个单位,造纸工业1个单位,其他工业7个单位;在南通地区接收3个工厂,内含化学、粮食和其他工业各1个单位;在时属江苏的松江地区接收3个工厂,内含粮食工业1个单位,其他工业2个单位。

综计江苏、南京共接收敌伪产业150家,其中纺织工业14家,机械工业21家,化学工业30家,粮食工业21家,造纸工业5家,烟草工业2家,印刷工业1家,其他工业56家。就行业而论,以化学工业为最,占接收总数的20%。其次则为粮食加工工业与机械工业,均占接收总数的14%以上。就地区而论,南京为46家,占总数的30%以上,苏州、无锡、徐州分别为28家、26家和25家,均占接收总数的16%以上,镇江为10家,常州为9家,南通、松江均为3家。各行业、各地区的接收情况如下表:

江苏各地接收敌伪产业分类统计表

类别 \ 地区		南京	无锡	苏州	常州	镇江	南通	徐州	松江	总计
纺织工业	家数		9	2	2			1		14
	设备(吨)		约800		100			25		约925
机械工业	家数	16	3	1	1					21
	设备(吨)	约685	约50		20					约755
化学工业	家数	18	3	2	4		1	2		30
	设备(吨)	约650	约150		47			10		约857
粮食工业	家数	5	5	6	2	2			1	21
	设备(吨)	约260	约80		50	360			8(部)	约7508(部)
造纸工业	家数			2		1	1	1		5
	设备(吨)					0.65		12		12.65
烟草工业	家数	1						1		2
	设备(吨)	约10								约10
印刷工业	家数	1								1
	设备(吨)	约3								约3
其他工业	家数	5	6	15		7	1	20	2	56
	设备(吨)	约40	约30			585		1320	43(部)	约197543(部)
合计	家数	46	26	28	9	10	3	25	3	150
	设备(吨)	约1648	约1110		217	945.65		1367	51(部)	5287.65(部)

资料来源:《中华民国重要史料初编——对日抗战时期》第7编"战后中国"(4),台湾中国国民党中央委员会党史委员会1981年编印,第292、304页。

国民政府各部门还从敌伪工厂、仓库中，接收了大量的工业原料，主要有：棉纱6119.9件，棉花55760.23担，人造丝325箱，蚕丝6担，各种五金材料590699.5公斤、127069件、60担、576平方英寸、246英尺、548.47磅，各种化工等其他工业原料312035公斤、130455.9加仑、365.81担、6815件、69.5磅。其各地区接收工业原料的具体情况如下表：

江苏各地接收工业原料统计表

类　别	南京	无锡	苏州	常州	镇江	南通	徐州	松江	总　计
棉纱(件)		1223.9	1108	225	40	3523			6119.9
棉花(担)	4	3564.21	198	110		50224.84		1663.18	55764.23
人造丝(箱)				325					325
蚕丝(担)			6						6
五　金	375099公斤 124572件	30610公斤	12000公斤 111件	51900公斤	115211公斤	60担 3274件 576平方英寸 246英尺 548.47磅	12件	5879.5公斤	590699.5公斤 127069件 60担 576平方英寸 246英尺 548.47磅
其他工业原料	174660.5公斤 130455.9加仑					365.81担 6815件 69.5磅	240公斤		312035公斤 130455.9加仑 365.81担 6815件 69.5磅

资料来源：《中华民国重要史料初编——对日抗战时期》第7编“战后中国”(4)，台湾中国国民党中央委员会党史委员会1981年编印，第294、305页。

此外，还在江苏、南京地区接收了房产1332幢、教育文化机构20所、码头仓库27座、农场7处、各类船舶579只(80776.6吨)、各种车辆292部、煤630.1吨、汽油25843加仑、主要粮食111479包又303710担又20660公斤、金银现钞及有价证券折合法币184800789.60元。其各地区接收情况如下表：

江苏各地接收其他各类经济物资统计表

类别＼地区	南京	无锡	苏州	常州	镇江	南通	徐州	松江	总计
房产(幢)	612	70	170	7	29	53	390	1	1332
教育文化机关(所)	5	1	4	2	8		5		20
码头仓库(座)	22		3	1	1				27
农场(处)	2		3		2				7
船舶(只)	333 (74309.36 吨)	40 (760 吨)	7 (50 吨)	1 (1 吨)	186 (5656.24 吨)	10	1	1	579 (80776.60 吨)
车辆(部)	77	3	40	3	104	59	6		292
煤(吨)	87	221.54	117		117.24	14.32		13	630.10
汽油(加仑)	24800	50	15			978			25843
主要粮食(包、担、公斤)	6 包 5001 担 20660 公斤	89312 包 271646.9 担	6139 包 12545.8 担	3616 包 1837 担	12 包 8175.77 担	2786.61 担	11449 包 598 担	945 包 1119.36 担	111479 包 303710.44 担 20660 公斤
金银现钞及有价证券合法币(元)	179019902.73	1511817.05	33450		4029198.42	24141.35	2280.05		184800789.60

资料来源:《中华民国重要史料初编——对日抗战时期》第7编“战后中国”(4),台湾中国国民党中央委员会党史委员会1981年编印,第290—312页。

国民政府及江苏地区的各级政府机构在接收敌伪工厂的同时,还面临着对这些工厂、设备、物资的处理问题。为了消化、吸收这些接收过来的敌伪工矿企业,以经济部为主的国民政府有关部门及江苏各有关单位,区别不同情况,进行了处理。

1945年11月23日,行政院明令颁布《收复区敌伪产业处理办法》,规定以全国性事业委员会为接收、处理产业的中心机关,并在重要区域设敌伪产业处理局,办理各区包括德侨产业在内的敌伪产业处理事宜。各收复区原有之接收、处理敌伪产业机关,一律撤销,移交处理局。苏、浙、皖地区(含上海)设有苏浙皖区敌伪产业处理局,下设驻京、苏、浙、皖各办事处,其驻京办事处主任高鋆;驻苏办事处设于无锡,主任羊冀成。下辖常州、苏州、镇江、南通、徐州、松江6个分处,何名忠、赵叔翼和朱禄曾、李国瑊和李志远、乔云直、陈普扬、段子骏分别为该6个分处的主任。《处理办法》还明确了处理敌伪产业的各项原则:(一)产业原属本国、盟国或友邦人民,经查明确实证据,系由日方强迫接收者,应发还原主。(二)产业原属华人与日伪合作者,其主权均收归中央政府。(三)产业原为日所有或已归日侨出资收购者,其产权均收归中央政府所有;凡与资源委员会所办国营事业性质相同者,交该会接办;纱厂及其必需之附属工厂,交纺织业管理委员会接办;面粉厂交粮食部接办;规模较小或不在前列各项范围以内者,以公平价格标售。(四)敌伪产业之负债,应就各该资产总值范围以内分别清偿,其欠日伪之负债,应偿还中央政府。①

经济部将本部接收的工矿企业,又分为5类:(一)凡属敌伪产业,其性质与本部所办国营事业相同者,由经济部直接接收经营;(二)凡属敌伪产业,其性质与资源委员会或其他部门所办国营事业相同者,移交各该有关部门接管;(三)凡属敌伪产业而其性质合于民营条件者,以标售方式交予民营;(四)凡属国人或盟邦人民产业被敌伪强占、强买者,在查明后发还或赎还原业主;(五)凡决定处理又未标售者,则由各区特派员办公处暂行保管,并选择经营。②

全省各地所接收敌伪工厂,按照上述处理原则、办法,分别以拨交有关中央部门经营、发还原主、标售或价让以及暂时维持生产等渠道进行处理。

据苏浙皖敌伪产业处理局1946年统计,全省标售敌伪工厂共收入10.4亿元,其中无锡地区最多,收入为6亿元,占全省标售所得的58.1%;次为南京地区1.6亿元,占15.4%;再次为苏州地区1.4亿元,占13.8%;南通、徐州两地区则尚未有标售收入。各地区标售工厂收入及所占百分比如下表:

江苏各地区标售工厂收入统计表

地区	收入(元)	百分比
南京	159933500	15.4%
无锡	605723475	58.1%
苏州	144012000	13.8%
常州	42534225	4.1%
镇江	52378000	5%
南通		
徐州		
松江	37009708	3.6%
总计	1041590908	100%

资料来源:《中华民国重要史料初编——对日抗战时期》第7编"战后中国"(4),台湾中国国民党中央委员会党史委员会1981年编印,第288、313页。

① 《中华民国重要史料初编——对日抗战时期》第7编"战后中国"(4),台湾中国国民党中央委员会党史委员会1981年编印,第45—47页。

② 国民政府经济部档案,中国第二历史档案馆藏。

总的说来，国民政府及江苏省政府在抗战胜利后，为了巩固本身的统治，对经济接收和处理工作是重视的，政策的制定是认真的，就主观动机来说，是想把这项工作做好，并借此推动和复兴中国的民族工业。各级政府及有关部门，为了有序地接收和处理敌伪资产，建立了各种组织和制度，制定了多种措施和方案。这些努力，也确实收到了一定的效果，将数量巨大的工矿企业及相关资产，从敌伪手中接收过来，并逐步地发挥其经济效用，从而为江苏工农业生产与经济的恢复及有限度的发展创造了一定的条件。

但是，由于国民党政权的腐败，又使江苏的经济接收工作，弊病丛生，民众怨声载道，其具体弊端为：

你争我夺。参加接收江苏、南京敌伪资产的单位，有从中央到地方的党、政、军部门10余家，如军政部、海军总部、陆军总司令部、联勤总司令部、军统局、经济部、粮食部、农林部、苏浙皖区敌伪产业处理局、江苏省政府、江苏省田赋粮食管理处、江苏省党政接收委员会和南京市政府等。各接收机关，"一接再接，甚至三接四接"，"而每多一次交接，即多一次损失，及其流弊所至，行如一洗再洗，如梳如篦。"[①]南京农产化学工业酒精厂为南京最大的酒精厂，原应由经济部派员接收，但却为海军部抢先强行接收。军政部接收组在徐州接收了烟草公司和酱油厂等民用企业，还强词夺理地说："当兵的不能吃纸烟吃酱油么，谁说不属军用。"[②]

贪污盗窃。一些接收大员，趁接收混乱之机，将接收工厂物资贪污中饱。1946年8月，国民政府"清查团"到江苏各地清查接收情况时，到处都接到大量的检举揭发材料，如南京、苏州地区收到17件，徐州地区收到20件。徐州接收官员蒋纪珂隐匿三羊公司、安清道义会的磨粉机12箱，该地还有满蒙毛织厂的大批机器漏查，待到"清查团"到达时，方"函请分别点收，聊资点缀"。[③]其中贪盗问题可想而知。又如由江苏省党政接收委员会接收的苏州太丸工厂，"内存物资，接收移交时盗窃一空"[④]，至"清查团"抵苏清查时，该厂已成为一座小学。

锈蚀损坏。许多接收的工厂设备、原料，由于保管不善，无人过问，致锈蚀、霉烂，不堪使用。经济部徐海接收委员会在徐州接收的日商工厂中，有19所"或因机械不全，或因破坏太甚，或因军队占据"，"已奉令移交处理局标卖"。[⑤]在南京接收的中央路汽车修理厂，堆放各种类型汽车500余辆，任其日晒雨淋，锈蚀严重，连南京市长马超俊想要十余辆卡车改装公共汽车，一时也不可得。

对敌伪产业、物资的接收，使大量工厂、设备、物资回到国人手中，这本来是江苏

---

①②③④⑤ 《接收处理敌伪物资工作清查团报告》，中国第二历史档案馆藏。

经济发展的大好契机。但是，由于上述种种腐败、流弊现象的存在，极大地限制了江苏经济接收和处理工作的顺利进行，影响了江苏工农业发展潜力的进一步发挥。层层接收，账目不清，造成物资的过程性流失；贪污盗窃、浪费，造成物资的人为流失；处理缓慢、效率低下，造成各类资源的闲置浪费。至于接收过程的腐败，给江苏经济界心理上造成的压力和信心的丧失，其负面的影响则更加无法估量。腐败导致了接收的弊端，腐败又在接收中膨胀和发展。这种恶性循环，严重地破坏了江苏、南京地区的经济基础。

四　“南通惨案”和“下关惨案”

在江苏北部解放区不断巩固、发展的同时，内战的危机也日益增长。国民党当局为镇压人民的反内战运动，在江苏国统区，先后制造了“南通惨案”和“下关惨案”。

1946 年 3 月中旬，由共产党、国民党和美国三方代表组成的军事调处执行部淮阴执行小组，决定到南通调处该地区日益频繁的军事冲突。南通县国民党当局为了应付执行小组的到来，强迫市民填写污蔑共产党的“请愿书”，动员潜逃通城的汉奸组成“流亡人民代表团”要求“还乡”，还部署了“中统”、“军统”和三青团等特务分子监视人民的行动。

3 月 17 日上午，由青年艺术团、诚干剧团和南通省中、县中、女师等剧团、学校联合组成的南通文艺协会，假实验小学召开成立大会。到会的 100 余名会员在得悉执行小组将于次日抵通的消息后，立即决定参加执行小组的活动并进行游行。

18 日，参加文艺协会的各团体、学校代表数百人，打着“欢迎三人执行小组莅通”的横幅，高呼“彻底实行政协会议五项决议”、“反对一党专政，取消特务机关”等口号，前往城闸公路的起点大码头，欢迎执行小组的到来，并由 3 名代表向执行小组递交了文艺协会的公开信和南通学生建议书。

19 日下午，南通文艺协会在女师举行招待会，由随同执行小组前来的新华社记者介绍了解放区的情况，与会者还揭露了国统区的黑暗。

南通文艺协会群众连续三天的反内战争民主行动，使国民党当局恼羞成怒。22 日，民主运动的积极分子顾永愭、郑英年、孙日新 3 人被秘密逮捕；25 日，积极参加营救被捕人员的新闻记者孙平天又遭捕。4 月 2 日，执行小组离通后，全城复大肆搜捕；4 日，在天生港江面发现孙平天尸体，“手脚用铁链紧绕，并缚以大石，眼鼻为刀挖去状极凄惨”。[①] 在 3 日至 5 日间，又有文协会员季天择、因参加游行被开除的记者戴西

---

① 《为南通惨案告各界人士书》，江苏省档案馆藏。

青、进步教师钱素凡和进步青年罗镇和4人被秘密逮捕,并于5日夜间押解至天生港附近,“将他们剥光衣服,用绳子捆起来,用刺刀戳破胸腹部,丢入长江。”[①]至5日,被捕人数已达23名,惨遭杀害者共达8人之多。是为震惊全国的“南通惨案”。

惨案发生后,南通文艺协会、省立南通中学、南通女子师范、青年艺术团和诚干剧团随即发出《为南通惨案告各界人士书》,“向全国有良心的人民疾呼”,“南通已陷入腥风血雨中”,“人民随时有被抓杀失踪的危险”,呼吁全国各界人民“用一切力量来制止”国民党当局的暴行。[②] 4月11日,为避免迫害而流亡上海的10余位南通青年,在有100余名文化界人士参加的招待会上,详细介绍了“南通惨案”的经过,激起与会者的公愤。马叙伦教授指出:“民主的争取要血的代价。”周建人大声疾呼:对于血债,“我们应该追究到底”。许广平气愤地说:“要盯住施用两面政策的最高当局,我们要由昆明惨案清算起”,实行“总的清算”。[③] 4月26日,延安《解放日报》以“南通惨案”为题发表社论,号召全国人民一致行动,“坚决要求立即严厉惩处制造南通惨案及一切特务暴行的罪犯,解散一切特务组织,保障人身自由”。

然而,人民对和平的呼吁,并没有能阻止国民党当局的倒行逆施。“南通惨案”发生不久,国民党当局又在南京制造了骇人听闻的“下关暴行”。

6月上、中旬,上海人民团体联合会为反对内战、争取和平,推选前代理教育部长马叙伦、迁川工厂联合会主席胡厥文、四明医院董事长蒉延芳、雷石化学公司董事长包达三、中兴实业公司董事长张䌹伯、开美科药厂董事长盛丕华、大明公司总经理阎宝航、基督教全国青年会总干事吴耀宗、东吴大学教授雷洁琼(女),以及东吴大学学生会主席陈立复、上海学生团体联合会主席陈震中共11人组成上海人民和平请愿团,以马叙伦为团长,准备赴南京请愿。

消息传到南京,国民党当局一片惊慌。国民党中统局长叶秀峰、国防部保密局副局长毛人凤与宪警单位的代表,密谋策划,力图破坏和平请愿团的活动。他们除电令上海中统组织对和平请愿团进行分化破坏外,又布置中统江苏省调查统计室于镇江设法阻拦,部署中统津浦铁路调查统计室主任陈叔平等在下关车站准备行动。[④]

6月23日上午11时,上海人民和平请愿团冲破重重阻挠,乘上驶往南京的列车。下午5时,在过镇江车站时,有一批自称是“苏北难民”的特务、暴徒登车,将代表们包围,恣意辱骂,扬言要将他们“扣留”在镇江,再加以“收拾”。吴耀宗、阎宝航立即严正

---

① 中共江苏省委党史工作委员会编:《江苏解放风云录》,中共党史资料出版社1989年版,第173—174页。

② 《为南通惨案告各界人士书》,江苏省档案馆藏。

③ 《上海学者马叙伦等对南通惨案正义的抗议》,江苏省档案馆藏。

④ 张文:《“中统”特务如何制造南京下关事件》,《文史集萃》第1辑,文史资料出版社1983年版。

声明:“我们是去南京请愿的,不能中途停车。”雷洁琼教授对窗外人群大声说:“我们去南京请愿,正是因为国家打内战,老百姓太痛苦了。我们要去见蒋主席,见共产党的周恩来先生,请国共双方不打内战,好叫老百姓不受苦。”①由于代表们据理力争和车站、乘客的支持,这伙暴徒阻挠请愿团赴京的阴谋才没有得逞。

傍晚 7 时,列车抵达南京下关车站。请愿团下车后刚踏上月台,就被预伏在站内的大批特务、暴徒团团围住。暴徒们仍然打着“苏北难民代表”的旗号,以挑衅的口气责问请愿团:“你们来的动机是什么?”“内战的责任归谁?”并且不等请愿团答复,便蜂拥而上,大打出手。令人奇怪的是,当特务、暴徒愈集愈多,行凶打人的时候,车站上的宪兵、警察却寥寥无几,这些国民党宪警,不仅不驱散暴徒,维持治安,相反却要求请愿团乘夜车返回上海。国民党宪警的这一无理要求,理所当然地遭到了请愿团的严词拒绝。与此同时,车站外的广场上,前来采访的高集、浦熙修、徐斌、徐士年 4 名记者亦遭到围殴。混乱中,马叙伦、雷洁琼、陈震中、陈立复被推拉至候车室,南京的叶笃义和几名记者也进了候车室,盛丕华、蒉延芳、吴耀宗、阎宝航等人则被挤进了西餐厅,候车室外的暴徒高声叫嚷:“打倒马叙伦!”“打倒周恩来!”“打倒共产党!”并对从候车室出来准备讲话的阎宝航狂叫:“跪下来!”“共产党跪下来!”阎宝航愤怒地说:“我在东北打了几年游击,从来没有向日本人屈膝。跪,办不到!你们枪毙我好了!”②

夜 11 时,聚集在下关车站的特务、暴徒,在一片喊声中,打破玻璃窗,冲进候车室。他们用桌椅板凳、木棍、玻璃瓶等物品,对请愿代表乱打、猛掷,达数十分钟之久。经过这一顿毒打,马叙伦的头部、胸部、腰部均被打伤;阎宝航受伤多处,以面部受伤最重;雷洁琼女士头部遭木棍猛击,胸部被皮鞋踢伤,口吐鲜血;学生代表陈震中头部、胸部被殴伤,连民主同盟前往车站欢迎请愿团的代表叶笃义,也遭到凶殴。在马叙伦等被殴伤的同时,他们随身所带的钢笔、手表、钞票等物也被一抢而空。雷洁琼女士的手提包、手表和眼镜都被暴徒抢走,手提包内还有请愿团致美国总统特使马歇尔的备忘录副本和 100000 余元现金。

直至深夜 12 时许,经中国共产党和民主同盟代表辗转交涉,以及国民党人士冯玉祥、李济深等人的努力,请愿团被打伤人员才被送到太平路中央医院分院,其余代表也同时离开车站,由民主人士罗隆基陪同,下榻于鼓楼兴华旅馆。在这次暴行中,请愿团代表、在场记者及欢迎人员,共有 12 人被打伤。这就是轰动全国的“下关惨

---

①② 雷洁琼:《血溅金陵忆当年——一九四六年“下关事件”亲历记》,《文史集萃》第 1 辑,文史资料出版社 1983 年版。

案”。

“下关惨案”的发生，引起了社会各界人士的极大愤怒和震动。他们纷纷抗议特务、打手的暴行，声援和平请愿团的斗争。中国共产党代表周恩来、董必武等，翌日凌晨2时许赶到医院，慰问伤员。第二天，周恩来向美国特使马歇尔和国民党当局递交了一份备忘录，严正抗议国民党政府放纵暴徒行凶的做法，并提出6点要求：1. 惩办凶殴上海和平请愿代表的祸首；2. 追究地方宪警之责任，并予严惩；3. 取消军统、中统等特务机构；4. 保护人民向政府请愿及申诉的权利；5. 负担受伤者医药费及赔偿损失；6. 保护各代表居住行动的安全。[①] 中共领导人毛泽东、朱德向请愿团代表发出了慰问电。上海沪西工人反内战民主促进会、上海学生争取和平联合会等团体纷纷发表宣言和抗议书，强烈要求国民党当局严惩凶手、保障人民的自由权利、实现永久停战。上海各界还踊跃捐款，慰问请愿团代表，3天中捐款已达100余万元。

国民政府迫于全国各界人民的压力，抓了8名下关事件的“嫌疑犯”，并将该管区的警察所长撤职，下关警察局局长记大过一次，首都警察厅厅长予以申诫。那8名“嫌疑犯”，事后经“侦讯”和“审讯”，均无结果，不了了之。

请愿团在南京期间，在中共代表团驻地梅园新村，受到了周恩来等人的亲切接见。同时，他们还出席了国民参政会，会见了美国特使马歇尔。蒋介石和宋美龄分别接见了蒉延芳和雷洁琼代表。请愿代表在各种场合陈述了上海人民反对内战、要求和平的强烈愿望。蒋介石在接见代表时，虚伪地表示，就是谈判不成功，也决不打内战。但此时，在他的秘密命令下，30万国民党军队已经向中原解放区发起了大规模的进攻，点燃了全面内战的战火。

“南通惨案”和“下关惨案”，进一步暴露了国民党与人民为敌，镇压人民反内战运动的真实面目。江苏人民在血的事实面前，更加紧密地团结起来，为反对国民党的独裁统治而斗争。

第二节　中共领导下的苏北

一　区划调整与政权建设

抗战胜利后，国共两党都意识到，抗战胜利后的国内局势已经完全改变，国共之间的冲突将上升为主要矛盾。为了在今后与对方的斗争中取得更多的筹码，国共双

---

① 《新华日报》1946年6月28日。

方从8月中旬起就分别派出军队，分头抢占被日伪占领的地区。从全国范围看，国民党在军事力量和交通工具方面占有巨大优势，又有美国的帮助，因而占领了国内的大多数城市和交通干线。中共则在局部地区具有距离沦陷城市近、深得民心等优势，因而也收复了大片沦陷区。在江苏，抗战胜利时，新四军已经对国民党军形成了优势。8月24日，中共中央命令驻江苏新四军："应迅速占领运河沿线及串场河沿线各城市，将苏中、苏北、淮南、淮北连成一片"[①]。新四军迅速出击，从8月底到12月下旬，先后发起了两淮、盐城、高邮等战役，并收复了这些地区。9月6日和22日，新四军第三师分别攻克淮阴和淮安。以此为标志，中共在江苏长江以北的淮北、淮南、盐阜、苏中等根据地基本连成一片。9月21日，新四军军部和华中局机关迁到淮阴。11月上旬，新四军又开始攻打盐城，驻守该地的原伪军军长赵云祥反正，率部参加了新四军，被编为"解放第四军"，赵云祥被委任为军长，盐城随即被新四军攻占。从12月19日开始，中共方面新成立的华中野战军第七、第八两个纵队开始进攻苏中重镇高邮。经过7天激战，攻克了高邮。这样，江苏长江以北的大部分地区都被中共军队占领，共收复了27个县城。中共领导下的江苏抗日根据地得到很大扩展。

从8月28日到10月10日，以毛泽东为首的中共代表团在重庆与国民党进行谈判并签订了《双十协定》，国内和平呈现出一线曙光。中共为显示其追求和平的诚意，将军事力量向有利地区集中，同意撤出皖南、苏南、浙东等8块根据地，并确立了"向北发展、向南防御"的战略方针。10月上、中旬，新四军苏浙军区第一、第三纵队主力及军区机关分批向北渡过长江。华中局随后决定成立中共苏浙皖特委，归新成立的华中分局领导，负责留守工作，还在茅山、郎广、浙西等地设立若干工委并派驻特派员，并配备了武工队。根据中央指示，华中局和新四军军部及第二、第四、第七师又从淮阴转移到山东临沂。陈毅兼任山东军区司令员。不久，中共中央命令华中新四军抽调部队，随同全国各战略区的部队开赴东北，建立东北根据地。9月下旬至10月上旬，新四军第三师3万余人离开江苏，向东北进军。这样，留在苏北地区的新四军部队就不足4万人了。

由于时局变化很快，中共在江苏长江以北地区的控制区域急剧扩大，原先的苏中、苏北、盐阜、淮海等根据地的名称已经不能反映新的江苏政治地图现实，所设立的地方领导机构也已经无法适应新的形势。因而，重新调整区划、建立新的地区领导机构就成为中共在江苏的一项紧迫任务。10月初，华中局向中共中央提出了建立华中分局、苏皖军区（即苏中军区）和苏皖边区政府的申请。中共中央很快批复同意。10

---

① 中共江苏省委党史工作办公室：《中共江苏地方史》，江苏人民出版社1996年版，第490页。

月25日，华中分局在淮安成立，邓子恢任书记，谭震林任副书记，正、副书记及张鼎丞、曾山、粟裕、刘晓共6人为常委，张爱萍、陈丕显、管文蔚、吴芝圃、刘瑞龙、肖望东、方毅、黄岩、赵汇川、周骏鸣、吴仲超、钟期光、李一氓、李坚真、章蕴等为委员。这时，华中局已遵照中共中央的决定与山东局合并，组成华东局，华中分局则受华东局领导。华东局由饶漱石任书记兼新四军及山东军区政委，陈毅任副书记。根据新的形势需要和根据地状况，华中分局决定重新划分下属党组织：保留淮南区党委，肖望东任书记；撤销苏中、苏北、淮北3个区党委，将以上4个区党委所辖范围再次划分为8个地委，在江苏境内的原苏中第三、第四两个地委合并为华中第一地委，书记钟民；原苏中第一地委改为华中第二地委，书记陈光；原淮南路东、路西地委分别改为华中第三、第四地委，书记分别为李世农、黄岩；原盐阜地委改为华中第五地委，书记曹获秋；原淮海地委改为华中第六地委，书记万众一；原淮北、淮南路东地委分别改为华中第七、第八地委，书记分别为赖毅、吴芝圃。

在党政领导机构调整的同时，军事领导机构也相应进行了调整。10月25日，遵照中共中央决定，华中军区和华中野战军在淮安成立，张鼎丞为华中军区司令员，邓子恢为政委，粟裕为副司令员兼华中野战军司令员，参谋长刘先胜。此外，与8个地委的建制相配套，华中军区下属也成立了8个军分区。华中军区成立后，原苏北、淮北两军区撤销，苏中、淮南军区保留，司令员分别为管文蔚、周骏鸣。第三军区由淮南军区兼，各军分区的政委由地委书记兼任。其余各军分区司令员分别为：第一军分区张震东、第二军分区钟国楚、第四军分区陈庆先、第五军分区谢祥军、第六军分区覃健、第七军分区张震球、第八军分区张太生。1946年1月，新四军军部与山东军区正式合并，陈毅任新四军军长兼山东军区司令员，饶漱石任新四军政委兼山东军区政委，张云逸任新四军第一副军长兼山东军区第一副司令员，黎玉任新四军副政委兼山东军区副政委。新四军北调山东的部队与原在山东的部队组成山东野战军，陈毅兼司令员，黎玉兼政委。山东野战军下辖两个纵队和两个独立师，共7万多人。到1947年1月，在苏皖边区被国民党占领，华中野战军主力已退入山东的形势下，华中与山东两野战军及华中与山东两军区遵照中共中央军委的命令正式合并，组成华东军区和华东野战军。陈毅任华东军区司令员、华东野战军司令员兼政委，饶漱石、张云逸、黎玉分别担任华东军区政委、副司令员和副政委，粟裕、谭震林分别担任华东野战军副司令员和副政委。华东野战军下辖苏中、苏北、鲁南、鲁中、胶东、渤海6个军区，总兵力达30万人。

在党、军机构调整之后，地方政权机构也随之进行了调整。10月29日，原苏中、苏北、淮南、淮北4个根据地的参议会负责人和部分地方士绅等共13人在淮阴举行联席会议，作出了统一行政机构，成立苏皖边区政府的决定。边区政府的领导机关是苏皖边区临时行政委员会（临委会），李一氓被推举为主席，刘瑞龙、季方、韦悫、方毅为第一、第二、第三、第四副主席，方毅、白桃、江上峰、任崇高、汪道涵、李一氓、季方、吴仲超、吴觉、计雨亭、连柏生、韦悫、曹荻秋、陈荫南、章蕴、粟裕、张鼎丞、张凯帆、彭笑千、贺希明、刘瑞龙、刘季平、邓子恢、郑抱真、郑伯川、樊玉琳、谭震林 27 人（以姓氏笔画为序）为委员。临委会下设秘书处、民政厅、教育厅、建设厅、公安总局、交通总局、高等法院等机构。边区首府设于靖江，管辖的地域横跨苏、皖、豫 3 省，南到长江、北到陇海路、东到大海、西到淮南铁路和涡河。与华中分局的 8 个地委相一致，边区共分为 8 个行政区，53 个县，人口约 3000 万。其中在江苏境内有 32 个县，在安徽境内有 18 个县，在河南境内有 3 个县。① 30 日，临委会举行首次会议，决定了下属各部门的负责人。12 月下旬，苏皖边区临时参议会也在淮阴成立，田丰当选为参议长，吴月波、朱履先、郑抱真、朱雨江当选为副参议长，共 27 名驻会委员，5 名候补委员。由于原定的苏皖边区人民代表大会一直未能举行，其立法职权就始终由边区临时参议会行使。这样，中共在苏皖边区的党、政、军的政权组织趋于完善。苏皖边区的党组织和行政区划是在局势相对稳定的环境中划分的，后来随着战争形势的变化而发生了变化。如 1946 年 8 月苏中区党委的恢复、12 月淮南区党委的撤销、1947 年 2 月苏北区党委的重建等。行政区的划分也随着中共领导机构的调整而调整。

苏皖边区政府十分重视民主施政。李一氓主席在临委会成立不久就表示，“他的任务是协助政府，团结人民，推行民主”。② 他为此提出了统一法令、进一步推进民主和巩固边区等 3 项边区政府的任务。1946 年元旦，临委会提出了比较系统的施政纲领。该纲领共 10 条内容，分别是：1. 保障人民的人权、财权及公民权；2. 巩固与扩大人民自卫武装；3. 加强民主建设；4. 贯彻改善民生政策；5. 增加工农业生产；6. 实行财政收支统一；7. 提高人民政治文化水平；8. 改进与健全适合人民需要的司法制度；9. 确立男女一律平等；10. 主张民主平等。③ 为了切实贯彻纲领，华中分局和临委会采取了一系列具体措施。1946 年 3 月 6 日，中共中央向各根据地发出了关于精兵简政问题的指示，指出：“无论将来情况如何，我们均须精兵简政，减轻民负，方有利于解放区之巩固与坚持。”④在苏皖边区的领导机构中，“三三制”得到了切实贯彻。临委会下属机构中有 40％是无党派人士和开明士绅，如民政厅长陈荫南、卫生处长江上峰、

---

① 《苏皖边区政府宣告成立》（1945 年 11 月 1 日），《淮阴党史资料》第 11 辑。

② 《新华日报》（华中版），1945 年 12 月 10 日。

③ 《新华日报》（华中版），1946 年 1 月 1 日。

④ 《中共中央关于精兵简政问题的指示》（1946 年 3 月 6 日），中央档案馆藏。

建设厅长计雨亭等。参议长田丰也是一位士绅，后来加入了中共。1945年12月24日到31日（另一说到1946年1月14日），边区第一次参议会在清江召开，117名代表出席了会议。这次会议除追认了苏皖边区政府的成立外，还审议通过了42项提案及《苏皖边区临时参议会组织法》、《苏皖边区政府组织法》、《苏皖边区临时行政委员会施政纲领》等重要法规。其中参议会组织法规定，参议会的职权是：1. 选举权；2. 审查通过本边区的施政纲领；3. 讨论边区政府提交决定之1946年度工作纲要；4. 讨论人民及团体应兴应革提案；5. 号召与推动本边区人民完成政府工作；6. 考察下级政府工作人员①。这次会议被称为苏皖边区民主政治建设的"号角"。

要巩固政权，就要发展壮大中共组织。重视党的建设是中共的一贯方针，被视为中国革命的三大法宝之一。日本投降后，中共部队新收复了江苏在长江以北的大片地区，需要在这些地区建立中共组织。1946年1月，华中分局就这一问题发出指示："在新解放区，应抓紧掀起群众运动，在反奸、增资、减租、减息等民主斗争及在广泛组织工农青妇之中，将先进的、积极的、有阶级觉悟的工人、贫农、城市贫民、革命知识分子，及其他愿为共产主义奋斗到底的优秀分子吸收入党，使新解放区党的组织普遍建立，使党深入群众，并与群众亲密结合，以加强党在群众中的领导，建立党与群众的密切联系"②。这一指示强调发展组织要与群众利益密切相关的增资和减租减息活动联系起来，这对于中共在新收复地区扩大影响，争取人民拥护起到了不可低估的作用。

苏皖边区政府采取另一项政权建设措施就是改造农村基层政权，彻底废除保甲制度。在抗战时期，中共已经对江苏的基层政权进行过改造，但尚未彻底废除保甲制度。1946年2月18日，边区政府召开民政会议，讨论实行普选民意机构问题。这次会议提出要在该年上半年一律废除全区1791个乡的保甲制，代之以新型的"乡村制"，并要求各地于6月15日前完成县、乡两级选举。4月1日，边区政府正式发布了废除保甲制的通令，并颁布《乡（镇）组织条例及选举条例之原则》。各地中共组织和政权组织广泛发动民众参与政权改造。通过选举，许多德才兼备的人士当上了乡长或村长。1946年上半年的苏皖边区基层选举巩固了中共政权，初步建立起了民主制度。基层政权的改造达到了目的。

为了彻底肃清日伪统治所造成的影响，赢得广大民众的信任，边区政府于1945年底颁布了《苏皖边区惩治叛国罪犯（汉奸）暂行条例》。该《条例》明确指出，其目的是"为发扬民族正气，整饬国家纲纪，彻底肃清敌伪残余势力"。《条例》不仅详细规定

① 中共江苏省委党史工作办公室：《中共江苏地方史》，江苏人民出版社1996年版，第497页。

② 中共江苏省委党史工作办公室、中共淮阴市委党史工作办公室编：《苏皖解放区》，1999年印行，第123页。

了必须严加惩处的18种汉奸犯罪行为，也详细规定了对嫌疑人的逮捕及审判程序，还规定了可以酌情减轻处罚的6种情形。该条例的意义不仅在于对汉奸的严惩，还在于制定了比较完整的、合乎现代文明标准的审判程序，是苏皖边区司法进步的具体体现。

为了进一步加强军队的战斗力，并融洽军民关系，华中分局于1946年1月10日作出了拥军优抗的决定。《决定》指出，拥军优抗是"为了保卫人民既得的抗战民主果实，保卫和平，贯彻全国民主改革，更需要依靠我党和我军的继续奋斗，启发人民从回忆往事中体念我党我军和他的血肉关系"[①]。《决定》要求各根据地领导机关反思过去一年的拥优工作，提出了冬学、组织拥优文艺宣传、照顾抗属生活、动员逃亡战士归队、加强荣誉军人工作、提高民夫待遇、各级政府健全抗属协会等7项拥优的具体措施。随后，苏皖边区各地的拥军优抗工作广泛开展起来。拥军优抗政策的实行使中共军队扩大了兵源，进一步改善了军民关系。这也是华中分局加强苏皖边区政权建设的一项重要内容。

从1945年秋季到1946年上半年，中共在苏北的占领区域迅速扩大，并在国共两党重庆谈判取得成果，国内和平出现希望的基础上，在江苏北部、安徽东部及河南部分地区建立了苏皖边区政府。此后，中共又采取了一系列措施，使边区的政权组织系统不断完善，各项社会事业也蒸蒸日上。这就为中共在比较广大的地区建立政权并实施有效治理提供了宝贵的经验。虽然苏皖边区在江苏境内的控制区在内战爆发后不久就被国民党军队占领，但中共军队已经在此前短暂的和平环境下得到了休养补充，增强了战斗力，为日后反攻创造了条件。

二 工商业的恢复

在长达八年的抗日战争中，江苏各地的经济遭到了很大破坏。抗战胜利后，中共在长江以北建立了苏皖边区，并出现了短暂的和平时期。于是，迅速恢复并尽可能发展经济就成为华中分局和苏皖边区政府的一项迫切任务。1946年1月9日，华中分局向各地方政府发出了生产工作的指示，要求各地："必须抓紧今年一年的时间，切实组织和发展生产，要在整个华中解放区开展一个广大的生产运动，其规模与成绩应超过任何以往一年"[②]。对于工商业，华中分局针对苏皖边区的实际状况，提出了3项要求：首先"已经普及全边区的纺织事业必须以大力支持，使之继续发展提高"；其次，

① 《中共华中分局关于拥军优抗的决定》(1946年1月10日)，江苏省档案馆藏。

② 《华中通讯》1946年3月15日。

"开始建立的日用品工业必须继续发展逐渐做到自给";再次,"食盐的运销产三者必须大力发展,以打开盐业的广大前途。"①

当时,边区所辖的大部分地区都深受著名实业家张謇实业救国思想的影响,张謇所办的企业也曾遍布苏中地区。抗战时期,中共也曾在苏中、苏北的根据地开展过一些经营实业的活动,因而苏皖边区在发展轻纺、食品工业方面具有一定的有利条件。由于政府财政并不富裕,边区对投资实业一般采取官办、官商合办及民办三种方式,鼓励私人兴办与民众生活密切相关的轻纺工业。早在1945年2月5日,中共中央曾经就如何对待根据地内的私人企业问题给邓子恢发去指示,提出了许多具体的政策措施,并明确指出中共的政策是"奖励私人企业,提倡私人资本主义之发展。我们当前的任务是发展生产,发展解放区的经济建设"②。边区政府根据各地的实际情况,本着"公私兼营、劳资两利"的原则,先后制订了不少法令法规,以促进工商业的发展,如《苏皖边区公营商业暂行条例》(1945年12月)、《苏皖边区政府产销税征收暂行条例》(1945年12月)、《苏皖边区政府关于颁布商标注册办法》(1946年4月18日)、《中共华中分局关于各机关生产公营事业统一步调之指示》(1946年6月22日)等。一时间,苏皖边区出现了兴办实业的热潮。以第六行政分区为例,该区共有公私工厂1000多家,总资本263万元,其中私人资本占到五分之三。

日本宣布投降后,华中新四军在对日伪的反攻作战中占领了一些城市,因而原先在根据地兴办的部分企业从农村迁到城市,生产规模也有所扩大。新四军第二师创办的新群烟草公司于1946年迁到盱眙县城,添置了设备,产量迅速增加。另一家华新烟草公司通过增资招股,资金很快扩充到30万元,并成为全区第一个机械工厂。对于与军民生活密切相关的行业,如纺织业等,更是受到重视。苏皖边区政府直接出面组织了公有民办的利丰棉业公司,招股集资达3000万元,在东台建厂。其他如化工、食品等工业企业也纷纷建立。如生产漂白粉的建华化学总厂、清江面粉厂等。从1945年底到1946年上半年,苏皖边区各地出现了短暂的商业繁荣局面。以边区首府所在地清江为例,该市在被中共军队收复后仅4个月,商店和固定小摊点就发展到1457家,资本总额540万元,平均月营业额为550多万元。③ 当时在边区受到扶持而发展较快的行业主要是纺织、造纸、肥皂、牙粉、皮革等。

在积极发展工业的同时,边区政府还十分注重劳工权益的保护。1946年3月,边区召开劳工代表大会,提出了《苏皖边区保护工厂劳动暂行条例》草案,不仅明确规定

---

① 《中共华中分局关于生产工作的指示》(1946年1月9日),《华中通讯》1946年3月15日。

② 《中共中央关于对解放区私人企业的政策方针问题给邓子恢的指示》(1945年2月5日),中央档案馆藏。

③ 中共江苏省委党史工作办公室、中共淮阴市委党史工作办公室编:《苏皖解放区》,1999年印行,第11页。

工人每天的工作时间不得超过10小时，还规定了工人的休息、工资、劳动合同等方面的权益，并且对于童工、女工也有特殊的照顾。《条例》规定：不满12岁的儿童不能受雇做工，12到16岁的都算童工，只能做轻便的工作。[①] 从保护劳工方面来看，这些规定在当时都是走在国人前列的。

苏中、苏北沿海地区拥有十分丰富的盐业资源，仅两淮盐场就有300多万亩，产量占全国总产量的约20%。边区政府决定充分利用这一资源，以加快经济发展和增加财政收入。1945年12月14日，边区政府成立了两淮（淮南、淮北）盐务总局，总揽与盐业有关的业务。总局在淮北盐场设立了总办事处和分管销售的6个盐务局，在淮南设立了盐务管理局。1946年2月，盐务总局在淮阴召开了盐政扩大会议。4月，边区政府发布了《苏皖边区淮盐生产管理条例》，对食盐品级的鉴定标准、生产、运销环节、从事盐业企业的资质及工人的健康标准等作出了十分详细的规定，使边区的盐业生产走上了有法可依的轨道。在1945年对日伪的反攻作战中，新四军曾缴获了大量存盐。为了尽快把存盐销售出去，边区政府动员了大批人力、物力进行抢运。从1945年10月到次年1月的4个月中，共运出原盐10万吨以上，创汇华中币1亿元。由于边区政府的重视，苏皖边区的盐业生产在短时期内就得到很大发展。两淮盐场在1946年的产量达到了1000万担，边区政府的盐业收入成为仅次于工商税收的第二大财源。

金融事业是经济发展的重要保障。在抗日战争时期，中共就在江苏各根据地建立了银行。如江淮银行、盐阜银行、淮南银行等，并发行区域性抗币，如淮南币、盐阜币等。抗战胜利前夕，华中局就已开始考虑统筹规划全华中金融的问题。1945年8月1日（另一说8月底），华中银行总行在盱眙县张公铺正式成立，陈穆任行长，其主要任务是筹建隶属于总行的金融分支机构，发行统一的货币。8月中旬，华中币开始发行，并暂时与江苏各地方的抗币等价流通。9月初，华中银行总行迁到淮阴，还建立了第一家支行——清江支行。苏皖边区政府成立后，各地方银行就成为总行的各支行。江淮银行在如皋和高邮改组为第一、第二支行；淮南银行在天长改为第三支行；盐阜银行在益林改为第五分行；盐阜银行的淮海分行在沭阳改为第六支行；淮北地方银号在泗县改为第七支行。这样，苏皖边区的8个行政区除了第四分区和第八分区以外，都有了华中银行的支行。[②] 10月以后，华中银行开始对原各抗日根据地的金融进行整顿，首先将物价和一切有价证券都折合成华中币，禁止伪币、法币和银元

① 《新华日报》（华中版），1946年3月26日。

② 《新华日报》（华中版），1946年4月25日。

流通，随后开始收回抗币，使华中币成为苏皖边区内唯一合法的流通货币。在具体执行的过程中，边区政府及总行也充分照顾到各地具体情况及民众利益。如在新四军新收复地区，在抗币和华中币还未取得硬通货地位的时候，暂准面额在1000元以下的伪币和法币流通，但不收兑，仅作为过渡性措施。到1946年6月底，华中银行总行及各分行共收兑地方抗币132亿元，平稳地实现了苏皖边区的币制统一，避免了物价因局势变动而出现大的波动。从1946年3月1日起，清江直属支行与各支行之间的汇兑业务开始办理。在统一币制的同时，华中银行还发放低息贷款，支持工农业生产。工商业贷款分信用贷款与抵押贷款两种，定期工贷最长6个月，利息3分；商贷2个月，信用贷款利息为4分，抵押贷款为利息3分6厘。小本借贷分集体借款与个人借款两种，期限最多3个月。集体借款利息为月息1分5厘，个人借款2分4厘。[①]华中分局还计划在1946年上半年尽可能让华中银行拨付2000万元(华中币)投入造币、肥皂、纺织、榨油等生产事业中去；以1000万元投入贸易事业中去；以800万元交淮南(北)、苏中(北)四个地区(每地区200万元)代办收购，以尽快统一苏皖边区的货币经济。[②]

边区政府在开办官办银行的同时，也注意利用民间闲散资金。1946年6月5日，边区政府颁布《苏皖边区银行钱庄注册暂行条例》，允许私人开办金融机构，并对开办者的身份条件和资金储备等都作了详细规定：开设钱庄者，资本额不得少于10万元；开设银行者，资本额不得少于50万元。[③]

除了通过银行使用金融手段稳定经济之外，边区政府还成立了华中货管总局和华中贸易公司，统筹调配物资。仅在1946年7月，货管局和清江市各公营商店就向市场抛出了价值5713.04万元的货物，有力地打击了囤积居奇，平抑了物价。在税收政策方面，边区政府征收的税种，首先是传统的田赋公粮。由于抗战胜利后中共在华中控制区域的扩大，征税的土地面积增加，因此尽管税率比日伪统治时降低，但边区政府的收入还是有所增加，且农民的负担也有所减轻。如在淮南的新控制地区，1945年秋收后田赋公粮至少能多收5万石。对于几项主要物产，如盐、棉、油、烟、酒、茶叶等，一律改为统一的产销税，就地征收。这些货物在产地征过税后，在边区内部流通，不再重复征税。对于从日伪手中收复的较大城市，在社会秩序安定、工商业恢复后再征收营业税。这些措施无疑有助于商业的发展和市场的繁荣。

---

① 中共江苏省委党史工作办公室、中共淮阴市委党史工作办公室编：《苏皖解放区》，1999年印行，第275页。

② 《华中财委会对华中财经工作的意见》(1945年12月)，中共江苏省委党史工作办公室、中共淮阴市委党史工作办公室编：《苏皖解放区》，1999年印行，第89页。

③ 《新华日报》(华中版)，1946年6月5日。

发达的交通不仅具有重要的军事意义，也是促进流通、发展经济的必要条件。苏皖边区政府十分重视交通网络的建设。当时，边区内还不具备独立修建铁路的条件。于是，公路和水运就成为交通建设的重点。华中分局和边区政府拨付大笔资金，从1945年12月起，动员了大批民工，用以工代赈的方式，进行大规模公路建设。边区建设厅决定，以东西两线为主。东线主要是淮盐路，西线主要是淮睢路。西线桥梁较少，施工较易；东线桥梁工程大，施工难度高。到1946年春季，共修复了1100多公里的公路。苏皖边区的公路以淮阴为中心，共有24条，通达50多个县。如从淮阴出发，向南可直达南通、启东、海门；向东可直达阜宁、盐城，并延伸到山东境内；向西经泗县到达津浦铁路；向北经沭阳与陇海铁路连接。水路则以运河、串场河、射阳河等为重要干线，共有15条河道可通轮船。1946年4月20日，清江还成立了永丰运输公司，拥有一批汽车、汽轮、大拖船等运输工具，从事客货运输业务①。此外，边区政府还通过接管日伪的邮政机关，以及自行建立的方式，在短时期内建成了遍布边区各地的邮政网络，共计14条邮政支线，1600多公里邮路。

华中分局和苏皖边区政府，采取符合实际的政策，紧密团结边区民众，抓紧时间建设，在短时期内使边区工商业得到恢复和发展，经济出现了繁荣的局面。这既改善了人民生活，也为加强中共的军事实力奠定了物质基础。

三 农业生产与土地改革运动

抗战刚取得胜利，中共就计划在江苏抗日根据地内医治战争创伤，进行经济建设。各地首先拨出粮款救济新收复地区的人民。如苏北行政区就在1945年9月调拨了160万斤小麦，淮阴区也拨出42万斤小麦赈济灾民以及10万元扶持贫苦。② 在规划战后经济建设时，中共意识到：加强农业生产，保障粮食供应是经济建设的基础。在1946年1月9日华中分局下发的关于生产的指示中明确提出："进一步提高粮食生产，仍为今后生产工作的重心。"

1946年春，新成立的苏皖边区政府在农村遇到的难题首先是救济大量的灾民。1945年，苏皖地区遇到了多年不遇的水、旱、蝗等自然灾害，粮食生产受到很大影响。第二年开春后，缺粮现象在边区内蔓延，700多万人受到波及，其中420万人断粮。面对严重的灾情，华中分局于3月15日发出了《关于紧急救灾工作的指示》，指出救灾既要靠互助互济，也要自力更生。边区的各级党、政、军组织筹措了3.84亿元的救济

① 中共江苏省委党史工作办公室：《中共江苏地方史》，江苏人民出版社1996年版，第508页。

② 中共江苏省委党史工作委员会、江苏省档案馆编：《中共江苏党史大事记》，中共党史资料出版社1990年版，第292页。

粮款。3月20日,边区政府又发行了月息为2分的9200万元的救灾公债,其中40%用于直接救灾,60%用于以工代赈。具体以各地灾情严重程度加以分配,具体为:第一行政区3000万元;第二行政区1500万元;第三行政区500万元;第四行政区200万元;第五行政区1500万元;第六行政区600万元;第七行政区1100万元;第八行政区600万元;边区直属200万元。[①] 公债的发行对象主要是地主、富农、资本家、商人。边区政府规定:本次公债须在4月10日前完成发行。边区政府还想方设法让农民开展副业生产,以贸易方式换取资金和粮食,并以运盐、疏浚河流等方式向灾民提供工作机会,以粮食折抵工资。经过政府和民众共同努力,边区终于平稳度过了这次灾荒。

严重的灾情使中共组织和边区政府意识到了提高农业生产力的重要性。从1945年冬到1946年春,在边区各级政府的倡导和带领下,各地普遍掀起了兴修水利的热潮。这些水利工程涉及京杭运河苏北段、废黄河、淮河等河流。其中邳县至高邮的300多公里运河段工程是1946年边区修筑的最大的水利工程。该项工程于3月23日开工,各地共动员了超过4万的民工,投资6400多万元,沿岸经过了第二、第五、第六和第七行政区的管辖范围。到6月,工程竣工,使13个县的15万灾民受益。此外,较大的水利工程还有第三行政区疏浚天长县南山河并开挖新农抗河的工程、第五行政区淮宝县张渔河的工程、第六行政区拆除妨碍行洪的部分堤坝的工程等。在这次兴修水利的热潮中,全边区共疏浚河流97条,总长650多公里。这些水利工程大大加强了苏北地区的农业基础设施,提高了抗御水旱灾害和农业生产能力,受益农田在200万亩以上。

苏皖边区政府积极通过华中银行发放低息贷款支持农业生产。农业贷款分实物和现金两类,期限最长为6个月。现金贷款利息为月息1分2厘;实物贷款有耕牛、种子、肥料、青苗等,利息6个月为10%、3个月5%。此外,地方合作社也有农贷,最长期限达6个月,利息1分5厘。[②] 1946年3月,边区政府就发放了5000万元农贷,且三分之二是直接发到农民手中的。受灾最重的第六分区获得的贷款最多。这些贷款对缓解农民的燃眉之急,做好边区各地1946年的春耕生产及抑制农村高利贷等方面,都发挥了积极的作用。

1946年以后,中共在江苏及其他各农村根据地实行的影响最为深刻的政策就是土地制度改革。抗战时期,中共为了维护国内最广泛的抗日民族统一战线,在农村实

---

① 《新华日报》(华中版)1946年3月20日。

② 庄大道:《华中银行介绍》,《新华日报》(华中版),1946年4月25日。

行了减租减息的土地政策。抗战胜利之初,苏皖边区政府仍然延续这一政策。在新收复地区,中共厉行减租减息,李一氓主席还发表了《论减租政策的彻底执行》的文章。在战后初期的惩奸反霸运动中,部分农民已经直接没收汉奸和盘剥较重的地主的土地归为己有。这时,由于国内的主要矛盾已经转变,中共也意识到争取占国内人口绝大多数的农民的支持是其能否发展壮大的关键,而解决农民的土地问题则是争取其支持的最有效的方法。1946 年 5 月 4 日,中共中央发出了《关于清算减租及土地问题的指示》(简称《五四指示》),明确指出:"在广大群众的要求下,我党应坚决拥护群众从反奸、清算、减租、减息、退租、退息等斗争中,从地主手中获得土地,实现耕者有其田。"这是中共土地政策一次具有划时代意义的转变,其目的是要在中国消灭地主阶级,让农民成为土地的真正主人。此外,中共还详细规定了对待农村其他阶级、阶层的政策。如不侵犯中农土地,保护中农利益;对富农既要限制,又要保全其自耕部分的土地;对抗日有功的开明士绅及抗日军人属于地主成份的家属,要谨慎处理、适当照顾,用调解仲裁的方式体面地处理他们的土地;对于中小地主要适当照顾他们的生活,与大地主、豪绅区别对待;对汉奸、豪绅、恶霸地主则进行坚决的斗争,但也要给他们留下维持生活必须的土地等。

《五四指示》一经发布,立即在全国各中共控制区域得到贯彻执行,土改运动迅速在各地展开。华中分局为此专门召开了各分局和各地委书记联席会议,研究具体部署土改工作。5 月 28 日,华中分局发出了《关于贯彻党中央五四土地政策新决定的指示》,对华中根据地分配地主土地的做法、妥善处理贫农与中富佃农之间因分配耕地所产生的纠纷、不得侵犯地主、富农经营的工商业、在战备的状态下进行土改等问题作出了具体说明。《指示》指出:土改"是减租减息的进一步发展,我们工作已不能停止在减租减息,而是进一步消灭封建剥削,根本改变土地关系,使耕者有其田。并使所有的同志了解农村的阶级划分,我党的阶级政策及斗争策略,群众路线的方法"①。

为了尽快取得土改的经验并向全区推广,华中分局选定了淮安县石塘区的鹅钱乡作为试点。该乡由 8 个自然村落组成,共计 728 户、3318 人,其中贫佃农有 510 户、2235 人,占全乡总人口的 70%。全乡土地 6600 多亩,贫佃农仅占有 270 多亩,占全乡土地总量的 4.2%。② 这个乡人多地少,地租额高,农民受到的剥削程度重,要求获得土地的愿望也十分迫切,是进行土改试点的合适地方。5 月 18 日,华中分局任命分

---

① 《中共华中分局关于贯彻党中央五四土地政策新决定的指示》(1946 年 5 月 28 日),江苏省档案馆藏。

② 中共江苏省委党史工作办公室:《中共江苏地方史》,江苏人民出版社 1996 年版,第 538 页。

局民运部副部长李坚真为土改工作队队长，王文长为副队长。李、王立刻率队进驻鹅钱乡。鹅钱乡的土改大致分为三个阶段。第一阶段是调查登记，也就是广泛发动贫佃农清算受地主的剥削及查清地主占有土地的详细情况。经过耐心的说服教育及组织动员，绝大多数贫佃农的思想顾虑被打消，他们都投入到土改运动中来。不少人举报地主私自隐瞒的土地，迫使地主认账。第二阶段是精确统计全乡的土地、人口状况，制定出分田的标准和操作办法。工作队本着对民众负责的精神，经过仔细调查，掌握了全乡详细的土地和人口数量、结构等资料，摸清了“家底”。随后，工作队又个别走访了部分家庭，召开了贫佃农、中农、富农会议，听取他们对土改工作的意见，再结合中共中央及华中分局的政策精神，制定了“力求其平”和“不论男女老幼一律平分”的平均分配原则，并在广泛征求意见的基础上制定了具体的分田方案，划分阶级成份，采用“抽多补少、抽肥补瘦”的方法，尽可能做到公平合理，并张榜公布。到6月28日，全乡平均每人分得2亩土地。此后，工作队又认真组织群众焚毁老地契，颁发新地契，把土改成果以法律形式固定下来。第三阶段，在分田之后，广大农民的生产积极性被调动起来，工作队又帮助他们制定生产计划，还牵头组织农民间的互助组织。在土改过程中，一些表现出才干的村民加入了中共组织。鹅钱乡的这次土改试点取得了很大的成功。该乡的基本经验是：“中间不动两头平。”即中农土地不动，地主、富农与贫佃农土地拉平。这既符合中共政策，也满足了农民的迫切愿望。后来，这次试点的经验向整个苏皖边区乃至其他中共控制区域推广。

从1946年6月开始，土改运动在苏皖边区各地推广开来。各地普遍学习鹅钱乡的做法，经过调查统计、斗争清算、制定方案、张榜公布、分田到户、核发地契等步骤，各地边实践边总结，摸索出不少行之有效的方法。在计算可分田地数量时，主要有地主献田和农民清算两种方法。在中共控制时间较长、民众对中共政策都比较了解的地区，这两种方法同等使用；在抗战胜利后新收复地区，则强调发动民众清算斗争，打破地主的优势。分田之后，中共组织还帮助农民向地主追索地契，不让其留下日后翻供的证据，将土改进行到底。在此基础上，华中分局又发出《中共华中分局关于在减租减息清算中解决土地问题办法的指示》，对土改中一些深层次和新出现的问题及解决原则再次作出说明。对于土改目的，华中分局指出：不仅要使农民获得土地，还要“使分得土地者得到午收租粮的全部和一部”、“在清算中要免除农民所欠地主高利贷者的债务”、“在清算中要使农民从地主手中得到适当的农具、房屋、牲口等”[1]。在计算应分配土地的范围时，为避免田多村与田少村发生纠纷，各地基本上以行政村或新

① 《华中通讯》1946年7月5日。

划乡为计算范围，而不以区或几个乡的平均数来计算。在清算可分配的土地时，各地主要清算了地主土地、富农出租及承租土地、祠堂庙宇土地、公田学田、教会土地、屯垦公司土地和湖边沙田草地等。在计算一个村的土地时，以该村村民所耕之地统筹计算，不按该村地主所有土地来计算。在分配土地时，优先分给少地或无地的贫佃农，工作队还特别照顾中共军队军人本人及其家属、阵亡军人家属、复员退伍军人，尽量让他们得到好地。此外，鳏寡孤独等弱势人群也得到了适当照顾。

各地中共组织十分注意及时纠正土改过程中出现的一些偏差。如土改开始时，一些地方强调照顾地主、富农及保护中农，因而忽视了贫佃农利益，给地主保留的土地过多，富农土地不动，贫佃农所分土地寥寥无几。这影响到贫佃农参与土改的积极性，认为分不分田无所谓。华中分局及时发现并纠正了这种做法，指出必须优先照顾贫佃农，让他们得到足够的土地。另一种偏差是侵犯中农土地。“有些地区出田户占全村人口总数15%甚至25%，个别多达30%以上。把超过全人口之地平均数以上者当中农，把富裕中农当作富农，因此引起一些中农的不满，分局发现这个偏向后在8月初即发电报、文件，并写文章纠正这一偏向，土地已分配的就从公地或在瞒地中补还中农，无地可补还者则照价收买或还以粮食，并向中农解释道歉”[①]。各地根据当地的人均土地数及肥沃程度、产量等确定了中农标准。如淮安县陈圩乡以3亩为标准，阜东益里村以外滩田不超过3亩、里滩田不超过4亩为标准。此外，参加土改的少数中共党员干部也存有私心，特别是家庭成份是地主、富农的。土改开始后，有的干部突击变卖自家的田产，还有的干部利用手中职权，以维护中共政策为借口，阻挠群众清算地主土地，包庇自己的地主亲友。针对这些现象，中共组织各级干部学习党的政策，要求他们保持党性，经受住考验，同时也区别具体情况，照顾与中共合作多年的开明士绅，切实保障地主的基本生活。对土改态度消极，甚至暗中作梗的干部，中共组织则进行批评教育，如经教育仍不改变者，轻者调离原岗位，重者撤职或清除出党。

土改在各地展开时，国共关系已急剧恶化，国民党军队即将向中共控制地区发动全面军事进攻，有些地区因备战而放松了土改工作。中共敏锐地意识到争取农民的支持对取得战争胜利的极端重要性。1946年6月30日，华中分局发出了《关于在紧张的战争动员情况下，抓紧时间进行土地改革的指示》，要求各级中共组织“无论战争动员如何紧张，决不应放松土地改革，这是发动农民参加战争支援战争的基本一环”。对此，该指示进一步解释道：“总要农民得到土地，他便会为保卫既得的土地而拼命，否则他对战争便不是那样积极甚至旁观，如此则战争将受失败。”该指示要求：“各地

① 《中共华中分局关于华中土地改革三个月的总结》(1946年10月1日)，《斗争生活》第40期。

党决不可借口战争而放松土地改革，相反地无论环境如何紧张都必须加紧土地改革工作，必须时刻抓住时机不能以任何借口而松懈下来。”[①]中共对当时的土改形势作了评估，认为在经历了八年抗战之后的华中中共控制地区是可以实现土改的，并更加明确了紧紧依靠贫雇农，在团结贫雇农的基础上再去争取中农的土改方针。为了赶在国民党军进攻之前完成分田，苏皖根据地在加紧备战的同时也加快了土改的进程，“一手拿枪，一手分田”、“男的前方打仗，女的在后方分田”。有的地方提出了“力求其平”、“力求其快”的口号。经过4个月的紧张工作，到10月初，苏皖边区的土改工作取得了很大的进展，盐阜、淮海地区的两个分区，苏中的3个分区全部完成了土改。靖江、如皋、南通等地在国民党军队占领之前也分完了田。在第一分区，共分配了510多万亩土地，近180万亩土地从地主、富农手中转到了贫雇农手中，符合分田条件的贫雇农全都分到了土地。在第三分区，仪征、盱眙的某些地区已经分田，其余地区没有来得及分田。在第五分区，有占总人口的55%，共200万人分到了田。在第六分区，共有600多个乡进行了土改，占全区总面积的94%。第七分区因战争到来过快，只有泗南、泗宿的某些地区开展了土改，其余则基本未动。从总体上看，苏中地区的土改最彻底，得地农民占85%以上；苏北地区稍逊；淮北地区有69个乡进行了土改。据不完全统计，大运河以东的苏皖边区共有土地3900万亩，通过土改有约1000万亩转到农民手中，有720万至930万农民分得了土地，占边区1550万总人口的40%—60%。[②]

由于内战的爆发迫在眉睫，不少地方土改时间仓促，如东台县从6月下旬到8月10日花了近50天时间进行清算查田，但为了在国民党军进攻前完成土改，仅在15天内就分了田。因此一些地方存在执行政策粗糙的问题，如报田不实、分田不平、得田不公、新老地契没有正常交接、该免除的债务没有免除等。为了巩固土改成果，在敌后环境中继续得到广大农民的支持，中共华中分局于9月发出指示，要求“土地改革已经分配完毕地区，应即从下而上，从上而下进行复查”、“在土地改革拖延迟缓地区，应即打破机械性阶段论，放手发动群众自己动手分配土地”。[③] 各区乡村完成土改的立即成立了以贫雇农代表为领导，吸收中农参加的复查委员会进行复查，未完成的则仍采用“中间不动两头平”的办法加紧分田。复查工作取得了一定的成效，一些不符合中共政策的做法得到纠正。不久，随着内战的爆发，苏皖边区自南向北逐步被国民党军队占领，中共军队主力退入山东，部分部队在苏北坚持敌后游击战争。土改与复

---

① 《中共华中分局1946年6月30日的指示》，《江苏党史资料》（第三十五辑）。

② 陈丕显：《华中土改工作总结》，《陈丕显文选》第一卷，中共党史出版社2000年版，第211—212页。

③ 《中共华中分局关于团结中农的指示》（1946年9月1日），江苏省档案馆藏。

查工作也曾因此而一度中断，但中共组织仍在敌后的艰苦环境中，在苏中、苏北中心区恢复复查。也因为环境的复杂，中共地下工作人员和游击队不仅要面临国民党军队的“清剿”，还要与地主“还乡团”作斗争。土改及复查工作也曾出现过偏差，有些地方斗争手段过激，甚至出现盐阜区的开明士绅杨芷江被批斗致死的恶性事件。

1947年下半年后，形势开始好转，中共军队开始收复苏北的部分地区。华中分局于6月20日发出了《对土改复查的指示》，要求各地中共组织继续深入开展土改。7月至9月，中共中央工作委员会召开了全国土地工作会议，并于10月10日公布了《中国土地法大纲》，宣布要彻底废除封建地主土地所有制，实行耕者有其田的土地制度，以无论男女老幼一律按人口平分土地作为土改原则。中共华中工委在结合本地区实际的基础上认真贯彻中共中央的精神，确定了“依靠雇贫农，团结中农，中立富农，消灭地主，改造二流子”的更加积极的土改方针。从此，华中地区的土改进入了彻底平分土地的阶段。由于这一时期形势继续向有利于中共的方向转化，土改的力度也随之加大。据1948年1月的不完全统计，华中地区彻底平分土地的地区有：第一分区8个县，68个区，647个乡，4657个村；第二分区5个县，22个区，132个乡，768村；第五分区7个县，63个区，650个乡，1022个村；第六分区4个县，33个区，255个乡，543个村；第七分区8个县，35个区，237个乡，1048个村；第九分区4个县，31个区，255个乡，2025个村，合计36个县，252个区，2176个乡，10063个村。[①]

1948年2月12日至4月29日，中共华中工委在射阳耦耕镇召开了土地会议，学习了中共中央的土地政策，系统总结了华中地区近两年来的土改工作，并部署今后的任务。华中工委书记陈丕显作了总结发言。此后，华中地区的土改随着中共军队的胜利而深入开展。到1948年底，土改基本完成，每人平均分得两亩左右的土地。

中共在1946—1948年间进行的土改是中国历史上一次具有深远意义的重大事件，它废除了中国农村已经存在了几千年的封建土地所有制，极大地推动了中国社会的进步。同时，土改也使中共获得了广大农民的支持，扩大了中共的社会基础，对加快其在全国胜利的步伐，起到了难以替代的政治动员作用。

四 文化教育事业的发展

中共十分强调文化教育对社会的教化功能，也向来重视在根据地内发展文化教育事业。苏皖边区政府继承了这一传统。1945年12月2日，也就是在边区政府成立

---

① 中共江苏省委党史工作办公室：《中共江苏地方史》，江苏人民出版社1996年版，第576页。

1个月后，部分文化界知名人士就在淮阴举行会议，决定发起成立华中文化协会，推举阿英、孙冶方、江上峰、韦悫等7人为筹委会常务委员。随后，筹委会又决定筹建文艺协会、新闻记者联合会、社会科学联合会、自然科学协会、教育界联合会、诗歌协会、美术学会等团体，作为华中文化协会的下属组织。这些团体汇集了不少文化、教育、新闻出版方面的知名人士，如孙冶方、冯定、夏征农、黄源等。他们开办讲座，举办展览，进行丰富的学术活动。当时，随着政协会议的召开，民主宪政成为大家关心的问题。这些学者便依托学术团体，以讲座的形式，用通俗的语言，向民众讲授中外宪政历史和有关知识，主要有苏联的社会主义宪政和英美的资本主义宪政。边区还成立了实验剧团和大众剧团，前者以改造平剧为主，后者以研究地方戏剧为主。由此可以看出当时苏皖边区文化事业的繁荣景象。

为了加强宣传工作，华中分局的机关报《新华日报》(华中版)于12月9日在淮阴创刊，邓子恢任该报党委书记，著名报人范长江任社长兼总编辑。此后，恽逸群也曾任社长兼总编辑。这份报纸是华中分局和边区政府的宣传喉舌，在边区的所有出版物中发行量最大、影响最广，对宣传中共的政策主张和边区的各项成就起到了不可替代的作用。此外，许多其他刊物也相继创刊，其中著名的有《清江工人报》、《民主建设》、《江淮文化》、《生活》、《华中少年》等。一些地方分区也创办了一些刊物，如一分区的《江海导报》、二分区的《人民报》、五分区的《盐阜大众》、六分区的《淮海报》等。中共自主创办的新型图书发行机构新华书店也在各分区内较大的城镇设有分店，发行的书籍达60多种。在如皋建立的韬奋书店也在图书发行和销售方面发挥了重要作用，并在各地有多家分支机构。

在教育方面，苏皖边区在短时间内也取得了很大成就。边区政府对教育十分重视。临时行政委员会在施政纲领中对教育提出了具体的要求："提高人民政治文化水平，普及成人教育，提倡民办学校，改进小学私塾，开展民间文化活动，兴办各种专门学校，改订学制课程，救济失学青年，改善教师生活，促进文化教育界民主团结，扶助文化教育团体之建立及出版事业，保障学术研究，奖励科学发明，优待专家学者及技术人才。"[①]1946年3月18日至4月26日，华中分局、华中军区和苏皖边区政府联合召开了华中宣传教育会议，881名代表到会。这次会议总结了过去的宣传工作，明确今后的工作方向是进一步为工农兵服务。[②] 4月，边区政府制定了《教育工作方案(草案)》，指出边区教育的总方针是普及新民主主义思想，培养新公民及各种专门人才。

---

① 《苏皖边区临时行政委员会施政纲领》，《新华日报》(华中版)，1946年1月1日。

② 中共江苏省委党史工作委员会、江苏省档案馆编：《中共江苏党史大事记》，中共党史资料出版社1990年版，第305页。

边区教育的基本精神有两条，一条是坚持人民的民族立场，另一条是贯彻科学的实事求是的学用一致精神。

抗战胜利后，华中根据地的教育事业获得了很大的发展。据1945年底的不完全统计，边区内有近94所中等以上学校，约10000所小学，[①]中小学生达817184人。到1946年，边区的中小学教育又有了进一步发展。6月，仅六分区就有2064所小学，115876名学生，3572名教师。淮阴、涟水等地已经村村有小学。盐城县共有230所小学，其中公办学校160所，比战前增加了4倍以上。[②] 1946年春季，春荒波及苏皖边区，许多中小学生停学在家。边区政府在紧张的备战救灾中拨出款项，救助了许多面临失学的儿童。土改后，分到土地的农民也兴起了自己集资办学的热潮。盐城县农民自办民营学校428所。

这期间，边区的高等教育和职业教育也得到了快速发展。共计有4所专科以上高等学校(不包括干部培训学校)和若干所职业学校：一所建设大学，即华中建设大学(华建)；一所教育学院，即苏皖教育学院；一所工业专科学校，即苏北工业专科学校；一所新闻专科学校，即华中新闻专科学校；两所医务学校，即华中医科学校、华中医务职业学校；一所农业学校，即华中畜牧兽医学校。这些学校共有超过2000名学生。在当时，华建与张家口的华北大学、临沂的山东大学、邢台的北方大学同为中共领导的四所著名大学之一，被誉为"新民主主义之花"。1946年2月，华建第二期学员500多人毕业。李亚农担任新校长。在党政干部培训方面，最重要的学校是雪枫军政大学(1946年4月更名为华中雪枫军政大学)，它诞生于抗日的烽火中，起到了华中分局党校的作用。此外，还有财经干部学校等。到1946年夏，边区总共有近百所中等以上学校，约1万所小学，教职工21.4万人，在校学生45万人。这相当于抗战胜利时的3倍。[③] 为了发展学校教育，边区政府教育厅在很短的时间内组织专家学者，编印了24种中小学各科教材，发放到各地学校使用。

在学校教育之外，苏皖边区的社会教育也开展得轰轰烈烈。社会教育主要是指针对普通民众进行的识字扫盲和生活、生产技能的培训。各分区利用中小学校舍开办了一些国民学校，利用业余时间给民众授课。在农村，各地方政府利用各种教育资源办了成人识字班。在农闲时节，组织冬学、夏学。村民在乡村干部的带领下组织起了比较固定的学习小组，或半娱乐、半学习的群众性松散组织，如阅报组、识字组、农村剧团等。经过扫盲教育的农民的文化水平基本上达到高小水平。

---

① 刘季平：《苏皖边区的教育》，《解放日报》1946年4月3日。

② 江苏省社会科学院《江苏史纲》课题组：《江苏史纲》(近代卷)，江苏古籍出版社1993年版，第551页。

③ 中共江苏省委党史工作办公室、中共淮阴市委党史工作办公室编：《苏皖解放区》，1999年印行，第7页。

政协会议后，边区政府制订了《苏皖边区国民教育实施法》，明确规定保障人民接受教育的权利。这既是为了配合民主宪政的实行，也是为提高国民的整体文化素质，为国家的长远发展打基础。当时的《新华日报》(重庆版)全文刊载了这部法律，并评论："这是中国共产党领导下的民主政府对实施(政协)政治决议之充分准备与具体步骤"①。

苏皖边区在文化教育领域取得了很大的成就，在短时间内建立了包括高等教育、基础教育、职业教育、社会教育在内的相对完整的教育体系。学校数、教职工人数和在校生人数不仅比抗战前有了巨大增长，而且在1946年就比上一年增长了数倍，取得了显著的成就。同时，在教育内容上，边区的学校不仅传授文化知识，还强调用中共主张的新民主主义理论启发人们的政治觉悟，使中共的思想、政策深入人心，为中共扩大影响、凝聚人心发挥了积极的作用。这是苏皖边区政府在教育上最大的收获。

由于内战爆发，苏皖边区的文化教育事业未能继续发展下去，原来已经初步建立起来的文化教育体系也被打破，学术、文化初步繁荣的局面不复存在，大量少年儿童再次失学。这固然是当地百姓的损失，但也使百姓痛恨发动内战的国民党，反而增加了百姓对中共的向往。因此，土改和战后教育的发展为日后中共的胜利打下了坚实的物质和精神基础。此外，苏皖边区的文化教育也为中共今后发展文化教育事业提供了许多值得借鉴的经验。

第三节　卷入内战的江苏

一　中共代表团在南京的活动

还都在即，国民党当局党、政、军领导机构陆续由重庆迁至南京，由周恩来、董必武率领的中共代表团，亦于1946年5月由重庆迁至南京，在梅园新村设立了中共代表团南京办事处，继续与国民党方面进行谈判。5月3日，周恩来率邓颖超、陆定一、廖承志、齐燕铭、章汉夫、钱瑛、王炳南、童陆生、宋平、章文晋等10余人飞抵南京。16日，中共代表团成员董必武、李维汉、刘宁一、宋黎等抵京。中共代表团南京办事处对内称中共中央南京局。南京局内部各机构的分工为：外事工作委员会，周恩来兼书记，廖承志、王炳南任副书记；地下工作委员会由董必武负责；群众工作委员会由邓颖

① 《新华日报》(重庆版)，1946年11月27日。

超负责；宣传部由陆定一负责；组织部由钱瑛负责；党派组由齐燕铭负责；军事组由童陆生负责；资料（情报）组由吴克坚负责；办公厅由钱之光负责；政治研究室由宋平负责。[①]

周恩来飞抵南京当晚，即在梅园新村举行记者招待会，指出："首先应停止中原内战，以免发展为全国内战。重申东北应实行无条件停战，再谈其他问题。"[②]在中共代表团的努力下，终于迫使国民党方面与美方同意就地"调处"，并于5月10日，由国共双方代表在汉口签订了《关于停止中原内战的协议》，使中原内战爆发的时间得以推迟，为中原解放区李先念部6万余人的突围创造了有利条件。

5月下旬，在国民党军进占长春，并沿中长铁路向北推进的严峻形势下，中共代表团据理力争，迫使蒋介石于6月6日下达了为期15天的东北停战令，后又延期8日，促成了6月东北地区事实上的休战。6月14日，中共代表团发言人对当前时局发表谈话，揭露了国民党当局的好战本质，表明中共方面为民主和平而努力的真诚愿望。"谈话"严正指出："这一次十五天的休战，在实质上还未能使国民党内好战分子改变自己的政策。同时，我们也正告国民党中的好战分子，休战的日期已过了一半，问题非解决不可，但是可以一个一个解决的。和平民主是中国的出路，也是大家的出路。内战的前途是毁灭，进攻的对面是抵抗，谁要玩火，谁就会先烧了自己。"[③]

还在东北休战期间，国民党当局即出动30万大军，于6月26日向宣化店地区的人民武装发起进攻，从而正式点燃了全面内战的战火。接着，又以重兵在华东、晋冀鲁豫、晋察冀和东北等地区向解放区发起大规模进攻，一时全国硝烟弥漫，战火四起。

与此同时，国民政府于7月4日单方面宣布，将于11月12日召开国民大会。中共代表团随即提出书面抗议，痛斥国民党当局的拙劣表演，指出："贵方此种举动，是否表示不管各党派意见如何，抑或将置政协于不顾，不能不令人发生疑虑。""关于国大诸问题，在未得协议以前，敝方不受贵方任何片面决定之拘束。敝方并仍坚持速开政协综合小组，商讨国大及其有关问题之主张。贵方如仍予拒绝，并因此而引起纠纷，其责任应由贵方负之。"[④]

中共代表团为了揭露国民党当局的政治欺骗行为，教育中间力量和全国人民，在

---

① 中共中央文献研究室编：《周恩来年谱（一八九八——一九四九）》，中央文献出版社等1996年版，第662—663页。

② 中共中央文献研究室编：《周恩来年谱（一八九八——一九四九）》，中央文献出版社等1996年版，第663页。

③ 《中共代表团发言人对当前时局发表谈话》（1946年6月14日），中共代表团梅园新村纪念馆编：《国共谈判文献资料选辑（1945.8—1947.3）》，江苏人民出版社1980年版，第217—218页。

④ 《中共代表团对国民党单独决定召开国大提出书面抗议》（1946年7月7日），中共代表团梅园新村纪念馆编：《国共谈判文献资料选辑（1945.8—1947.3）》，江苏人民出版社1980年版，第272页。

国民党当局一意孤行、扩大战争的情况下，仍坚持与之就停战、军队整编、恢复交通等问题进行谈判。中共方面虽在军队驻地与数量等问题上一再作出让步，但终因国民党方面不断转移谈判焦点，提出无理要求，而致谈判终陷僵局。

中共代表团在与国民党当局开展停战谈判的同时，还卓有成效地开展了爱国民主统一战线工作，成功地团结了绝大多数民主党派与无党派民主人士，使他们逐步走上与中共共建和平民主新中国的道路。中共代表团成员曾多次拜访宋庆龄、冯玉祥等国民党左派人士，同他们交换对时局的看法，争取他们对中共方针、政策的理解与支持。周恩来、董必武、李维汉、邓颖超等经常在梅园新村、上海周公馆会见来访的各界人士，或去民主党派总部及其领导人家中拜访，阐明中共对时局的态度，商讨共同的对策。周恩来还先后给张澜、李济深、蔡廷锴、蒋光鼐、陈嘉庚、彭泽民、萨空了等民主人士写信，以加强理解与沟通。5 月 23 日，周恩来分别致信国民党民主促进会成员、淞沪抗战中的第十九路军总指挥蒋光鼐与民盟南方总部主席彭泽民，指出当前局势之极端严峻，亟盼各方多做工作，“反对内战，力挽狂澜”。经过中共代表团的多方工作，多数民主党派及其领导人，对中共的方针、政策有了清楚的理解，从而在反内战、争取和平民主的斗争中，成为中共的有力支持者。

此外，中共代表团还在外事宣传、策反国民党军、营救“政治犯”、领导进步出版物等方面做了大量工作，取得了显著的效果。周恩来在南京先后会见了美国著名记者斯特朗、李勃曼，哥伦比亚大学教授裴斐，加拿大友好人士文幼章等人，争取国际民主进步力量对中共方针政策的同情与支持。周恩来与国民党军第九十六军军长吴化文、第三绥靖区副司令(中共秘密党员)张克侠，董必武与国民党军第四十六军军长韩练成等人，都进行了秘密联络，直接促成了这些部队并带动相关部队在日后实行战场起义或放弃作战。中共代表团通过邵力子、张治中等人，使被关押在苏州的 100 余名“政治犯”获释，营救了被关押在杭州的 10 余名新四军江南留守干部，解救了被关押在新疆的 129 名中共人员及家属。南京局还秘密领导了在不同阶层中有一定影响的刊物，如《联合晚报》、《青年知识》、《现代妇女》、《科学时代》等，在团结教育群众、提高人民觉悟方面发挥了重要作用。

10 月 11 日，国民党军攻占北方重镇张家口。国民政府于当日发布命令，国民大会将于 11 月 12 日召开，后经延期 3 日，由国民党一手包办的国民大会于 11 月 15 日在南京正式开场。国共谈判之门由此关闭，和谈就此破裂。次日，周恩来在南京举行记者招待会，发表了《对国民党召开“国大”的严正声明》及讲话，指出：

我们中国共产党人坚决不承认这个“国大”。和谈之门已为国民党政府当局一手关闭了。一党“国大”中将要玩的一切把戏，乃至改组政府，我们决无一顾之必要。参加了这一个“国大”，承认了这个把戏，就必然推翻了政协决议，破坏了政协以来和平民主团结统一的轨道。中间的道路是没有的。进攻解放区的血战方殷，美国政府援蒋内战的政策依然未变，假和平假民主绝对骗不了人。我们中国共产党愿同中国人民及一切真正为和平民主而努力的党派，为真和平真民主奋斗到底。①

在和谈之门已经关闭的情况下，中共代表团团长周恩来及其部分成员李维汉、邓颖超等10余人，于11月19日离开南京，飞返延安。董必武等人则遵照中共中央关于“非赶不走”的斗争策略，继续留在南京从事联络和宣传工作。中共代表团南京办事处亦改为中共驻京办事处，由董必武主持。周恩来回到延安后，于11月21日出席有毛泽东、刘少奇参加的三人会议，报告了参加国共谈判的情况，说：经过谈判，中国共产党的和平民主方针与蒋介石的独裁内战方针为群众所认识，我们的方针是和平、民主、团结、统一，而以武装斗争为根本。② 中共中央的这次高层会议充分肯定了中共代表团同国民党当局谈判的成果，认为和平虽不可能，但为了教育人民，谈判是必须的。对此，周恩来在后来谈及与国民党方面一年来的谈判及其前途时指出：

我们把谈判作为教育人民的工作，这个方针，连马歇尔也对叶剑英参谋长说：周将军最近几个月来，并不是为谈判而谈判，而是为宣传而谈判。这句话有一半道理，但责任并不在我，因为对方不愿解决问题，我们就告诉人民是他不愿解决，用以教育人民。③

随着国内局势的不断恶化，一切国共间的公开联系已不可能。1947年1月29日，美国国务院发表声明，表示美国政府决定退出三人会议，并撤回美方派驻军事调处执行部的人员。国民党当局亦采取各种手段，逼迫中共代表团及其公开联络机关撤离南京。南京卫戍司令部于1947年2月28日致电中共代表团，声称：“本部为维持地方治安，应请贵处将居留本京人员，于本年三月五日前全部撤退，并将现在驻京人员姓名、性别、年龄、籍贯、职务，即速造册函送本部，以便护送离境。”④

---

① 周恩来：《对国民党召开“国大”的严正声明》，《周恩来选集》上卷，人民出版社1980年版，第244页。

② 中共中央文献研究室编：《周恩来年谱(一八九八——一九四九)》，中央文献出版社1996年版，第706页。

③ 周恩来：《一年来的谈判及前途》，《周恩来选集》上卷，人民出版社1980年版，第258—259页。

④ 中共代表团梅园新村纪念馆编：《国共谈判文献资料选辑(1945.8—1947.3)》，江苏人民出版社1980年版，第536页。

3月7日,中共代表团根据中共中央的决定,全部返回延安。董必武在离京时,发表书面谈话,对国共联系从此中断深感遗憾,并表明了中共仍将为争取和平民主奋斗到底的决心。他说:

> 必武等今日离此,感慨莫名。十年来从未断绝之国共联系,从此断矣。观此一举动,系企图配合政府之改组,借以鼓励士气,镇定人心。战事显将继续,人民之灾祸必将更大更深。目前虽战祸蔓延,中共党员,仍将一本初衷,竭力为和平民主奋斗到底。当兹握别之际,必武等愿以此与全国一切爱好和平民主人士共勉。

董必武与中共驻京沪两地办事处及《新华日报》全体人员并发表启事称:"政府当局既不惜最后决裂关死和谈之门,必武等惟有撤退一途……当此世界趋向和平,国人厌战已极之际,必武等虽与各方友好暂时睽隔,再见之期,当不在远。"①在董必武等中共人员撤离之后,中共代表团在南京的活动宣告结束。

中共代表团在南京前后工作达十个月之久,与国民党当局进行了艰苦的谈判,曾取得局部停战的效果;同各民主党派与各界人士进行了广泛的接触和沟通,取得了他们对中共方针政策的理解和支持。在谈判中,表明了中共争取和平民主的真诚愿望,团结了多数民主党派及无党派民主人士,教育了广大人民,为国共关系和建立新中国的历史写下了重要的一页。

二 苏中战役和鏖战苏北

内战爆发后,国民党当局即在各个战场,向解放区发动了全面进攻,苏中解放区与国民党政府首都南京隔江对峙,战略地位十分重要,成为国民党军进攻的主要方向之一。

进攻苏中解放区的国民党军队,由第一绥靖区司令李默庵指挥,下辖整编第四十九师王铁汉部、整编第六十五师李震部、整编第八十三师李天霞部、整编第二十五师之第一四八旅、整编第二十一师之新七旅和整编第六十九师之第九十九旅,共15个旅约12万人,此外,还有空军第五大队和交通警察总队等地方部队相配合。其作战方针是:"为确保京沪安全,逐次肃清苏北匪部之目的,以有力一部由泰县,主力分由

① 中共代表团梅园新村纪念馆编:《国共谈判文献资料选辑(1945.8—1947.3)》,江苏人民出版社1980年版,第544—545页。

南通靖江，向如皋海安之匪进剿。”[①]

迎战国民党军的苏中解放区部队，为司令员粟裕、政治委员谭震林所率华中野战军主力，下辖由粟裕兼师长、政委的第一师2个旅6个团，由谭震林兼师长、政委的第六师2个旅6个团，由管文蔚任司令员、吉洛（姬鹏飞）任政委的第七纵队4个团，由谢祥军任司令员、刘培善任政委的第十纵队3个团，共19个团，后又增加淮南第二师第五旅的3个团和华中军区特务团，共达23个团。华中野战军遵照中共中央军委关于“先在内线打几个胜仗，再转至外线”[②]的指示，决定在苏中解放区的前沿地区江都至如皋一线，摆开战场，迎歼敌军。是役先后共经7次战斗。

一战宣家堡、泰兴。华中野战军出敌不意，集中第一师、第六师和第七纵队3支主力，以6∶1的优势，于7月13日向宣泰地区的整编第八十三师发起攻击，激战两天，歼其2个团又2个营，共3000余人。

二战如（皋）南。华中野战军攻击宣泰地区的3支主力，在取得初战胜利后，实行长途奔袭，选择在东南歼击整编第四十九师。经7月18日至21日4天战斗，国民党军虽占领如皋，但其整编第四十九师之师直和第二十六旅被全歼，第九十九旅被歼大部，计损失1万余人。

三战海安。30日，国民党军整编第六十五师和整编第八十三师共5万余人，分别由如皋、姜堰，合击海安。华中野战军为保存实力，歼灭敌人有生力量，只以第七纵队的4个团，在海安外围打运动防御战，在歼敌3000余人后，遂于8月3日主动撤离海安。

四战李堡。华中野战军趁驻李堡之国民党军换防之机，集中第一师、第六师和第七纵队主力，歼敌于运动之中。经8月10日至11日激战，歼灭整编第四十九师、整编第六十五师共1个半旅，计9000余人。

五战丁堰、林梓。华中野战军以主力第一师、第六师和新增第二师第五旅、华中军区特务团，插敌侧后，于8月21日至22日围歼敌交警总队5个大队及第二十六旅的1个营，计3000余人。

六战邵伯。23日，国民党军整编第二十五师沿运河北上，进攻江都县邵伯镇，以配合进攻华中解放区心脏地区淮阴、淮安的军事行动。华中野战军以大部主力“攻黄（桥）救邵（伯）”，而仅以5个团的兵力坚守邵伯。经激战四昼夜，整编第二十五师慑于华中野战军已在如（皋）黄（桥）路奠定胜局，不敢恋战，遂于26日在伤亡2000余人

---

① 《绥靖第一年重要战役提要》，国防部史政局1948年编印，第13页。

② 《一九四六年七月九日给刘伯承、邓小平、陈毅、华中局的电报》，《毛泽东军事文选》，中国人民解放军战士出版社1981年版，第286页。

后,撤回扬州。

七战如黄路。华中野战军以第一师、第六师、第五旅、特务团主力,于 26 日用 10 个团将第九十九旅 2 个团围歼于分界,27 日,又以 15 个团将整编第六十五师第一八七旅等 3 个团围歼于加力。如黄路一仗,国民党军共损失 2 个半旅,计 1.7 万余人,其中被俘近万名。

苏中战役,历时 40 余天,是全面内战爆发后发生在江苏地区的第一个重大战役。是役,国民党军以损失 6 个旅又 5 个交通警察大队 5.3 万余人的代价,攻占了苏中解放区重镇如皋、海安等地,并基本控制了苏中地区的重要交通线。华中野战军在 7 次战斗中,"每战集中绝对优势兵力打敌一部","战无不胜,士气甚高","指挥正确,既灵活,又勇敢"。中共中央军委通电各战略区,肯定华中野战军在苏中战役中,"造成辉煌战果","取得伟大胜利",创造了"很好的经验"。① 解放区军民称之为"七战七捷"。国民党军事当局哀叹:此次战役中,解放区部队"行动自如,情报灵活",而国民党军则"时有盲目作战之感","进剿之兵力不够充分","分散防守",被"各个击破,招致重大之损失"。②

国民党军于付出重大伤亡,基本控制了苏中地区的点线之后,便将在江苏的作战重点移向苏北。自 1946 年 9 月至 12 月,在苏北地区,先后发生了两淮(淮阴、淮安)、涟水、盐(城)南、宿(迁)北等较大的战役和战斗。

两淮之战。国民党军的进攻部队由苏北绥靖军总司令李延年统率,下辖第七军钟纪部,整编第七十四师张灵甫部,整编第二十八师李良荣部,整编第六十九师戴之奇部,又 3 个工兵团,共约 10 个旅。两淮解放区原驻防部队为第九纵队张震部和皮定钧旅,为保卫两淮地区,华中野战军、山东野战军又调北线之第七师谭希林部和南线第一师、第六师及第二师之第五旅等部前往增援。国民党军以整编第七十四师张灵甫部打头阵,自 9 月 10 日起,由洋河镇出发,向泗阳进击,12 日下泗阳,旋沿运河前进,直取淮阴;先后于吴家镇、南新集、陈家集、高兴桥等处,遭遇解放区部队奋勇阻击,"战斗激烈异常,反复冲杀"③,损失 5000 余人。后解放区部队由于主力未能及时赶到,各作战部队配合有误,为了避免处于被动,不与敌人拼消耗,便主动撤离两淮。国民党军于 19 日占领淮阴,21 日复占淮安。

---

① 《毛泽东军事文选》,中国人民解放军战士出版社 1981 年版,第 291 页。

② 《戡乱简史》,台湾"国防部"史政局 1959 年编印,第 43 页。

③ 《绥靖第一年重要战役提要》,国防部史政局 1948 年编印,第 20 页。

1946 年 9 月 10 日，国民党军向江苏淮安、淮阴进攻，
图为参加两淮战役的华中野战军某部通过浮桥开赴战场

涟水之战。10 月 19 日，国民党军整编第七十四师在将两淮防务交由整编第二十八师接替后，便倾其全部兵力，分 3 路扑向涟水。华中野战军为了创造在涟水大量歼敌的条件，将第一师、第六师、第九纵队、第十纵队、皮定钧旅等参战部队部署于涟水外围，而以第五旅防守涟水。其间，国民党军向涟水进行了一周的猛烈进攻，战斗十分激烈，华中野战军第十纵队司令员谢祥军阵亡。自 27 日起，华中野战军各部于涟水南面的钦工、茭菱、顺河一带全线出击，至 11 月 1 日，共歼灭国民党军 8000 余人，其中生俘 2000 余人。华中野战军在总结此战役时认为："涟水之战，由于部署欠妥方针未定，部队往返调动，不仅战略战役上处于被动，且战斗上也处于被动(敌兵力火力均已展开，且一部已突入城内)，故我伤亡较大，俘获不多。"①此后，华中野战军主力为避免消耗，争取主动，撤出涟水，国民党军占领该地。

继涟水战斗之后，国民党军第七军又向淮(阴)沭(阳)公路上的丁家塘坊、汤集等据点发动进攻，遭华中野战军坚强有力的反击。经 11 月 17 日至 25 日 9 昼夜之紧张战斗，国民党军以被歼 4000 余人的结局失利。

盐南之战。国民党军继占领西线的两淮、涟水后，又于 11 月下旬至 12 月上旬，向东线的盐城发起进攻。11 月 26 日，李默庵率领整编第八十三、第六十五、第二十五师的 4 个旅，在飞机掩护下，从东台、兴化等地分路用兵盐城。华中野战军第一师、第六师、第十纵队和皮定钧旅迎战敌军于盐南伍佑、卞仓一带。双方激战 14 日，国民党军被歼 5000 余人，被击落飞机 1 架。华中野战军在大量歼灭敌人有生力量后，主动

---

① 粟裕：《涟水战役的检讨及今后作战部署》(1946 年 11 月 2 日)，《粟裕文选》第 2 卷，军事科学出版社 2004 年版，第 178 页。

撤出盐城。

宿北战役。12月上旬，国民党军在进行苏北东线作战的同时，又将整编第十一师胡琏部从冀鲁豫战场调来苏北西线，与整编第六十九师戴之奇部相配合，由徐州绥靖公署副主任吴奇伟统一指挥从宿迁分左右两路，于30日分别向新安镇和沭阳进攻。由陈毅指挥的华东野战军、华中野战军主力第一、第二、第九纵队和第七、第八师等部，共24个团的兵力，按“阻其右路，歼其左路”的方案，于宿北迎战国民党军。战斗开始后，国民党右路整编第十一师被阻于来龙庵，左路整编第六十九师被分割包围于晓庄子、人和圩一带。据国民党军战史记载：“人和圩被困时久，伤亡甚大”，“外无应援，内无弹药，我官兵牺牲殆尽。”[①]是役，国民党军被歼3个半旅共2万余人，整编第六十九师师长戴之奇自戕，副师长饶少伟以下1.3万人被俘；华东野战军伤亡、损失8000余人，并自新安镇、沭阳等地撤退。

在苏中、苏北各战役、战斗中，解放区地方武装、民兵和人民群众积极参加和支援了自卫战争。据如皋、泰州两地统计，在7、8月份的参军热潮中，如皋有3400人参军，其中送主力部队1800人；泰州有3000多人参军，其中1500人送主力部队。[②]

射阳、沭阳两地在40天内，共有2400多名青年农民自动参军，5万多人参加后勤工作。[③]第一、二军分区的地方武装，直接参加了海安、邵伯保卫战，并协助野战军牵制敌人。广大民兵踊跃参战，发挥了巨大的作用。丁堰、林梓地区，有一位村长徒手俘虏了8名蒋军，缴获1部电台。这里的民兵总共俘虏国民党军130人，缴获2部电台。[④]

涟东县民兵参战团，为支援主力部队作战，一昼夜就挖好了长达460余丈的战壕。各地民工支前的景况更为动人。苏中战役中，共动员民工30万人次，担负运送粮弹、转移伤员的任务。在皋南战斗中，仅13万人口的南马塘区，就先后动员5万民工支前。苏北支前后方办事处在宿北战役中，与山东解放区的后勤部门，共同动员了40余万民工为战地服务。涟水、涟东县，为了支援涟水战斗，专门设立了后勤司令部，由县委书记和县长分别担任政委和司令，共组织了2万余名民工，抬担架，搞运输。人民群众还自动慰问军队、保守秘密和传送情报。

解放区军民的团结一致，紧密配合，取得了苏中、苏北各次战役、战斗的重大胜利，歼灭了进犯的国民党军大量有生力量，有力地配合了其他解放区的自卫作战。但是，由于当时国民党军在总体上占据优势，因此，自苏中战役后，苏中解放军开始转入

---

① 《绥靖第一年重要战役提要》，国防部史政局1948年编印，第24页。

②③ 《苏中区党委关于如皋、泰州参军运动总结与靖江、东台参军工作起色记录》，江苏省档案馆藏。

④ 《满布解放区的民兵》，《群众》第十二卷第十二期。

敌后。自宿北战役后，华东野战军主力转移山东，留下第七、第十纵队在苏中、苏北坚持，江苏北部解放区全面转入敌后。从此，国民党军占领了江苏北部的全部县城和主要集镇，控制了公路水路干线，解放区军民则控制着广大乡村和中小集镇，开始了艰苦的坚持敌后斗争时期。

三　“清剿”与反“清剿”

江苏省军政当局，在占领江苏北部地区的点线之后，便对广大农村不断发动“清剿”和扫荡。其重点地区有三，即：南线沿江之泰州、泰兴、靖江、如皋、南通、启东、海门一线；北线陇海路南之东海、灌云、沭阳、宿迁一带；中线运河线之泗阳、淮阴、淮安、宝应、高邮、江都、溱潼一带。为了配合军事行动，国民党当局还加强了对乡镇保甲的控制，实行“连保连坐”，强化“民众自卫队”组织。徐州绥靖公署制定了《绥靖区乡镇保甲纵横连坐办法》，规定“于五户横的连保连坐外，复加乡镇保甲长的连保连坐”，以使“纵横上下，互为监督，互为保障”；严令绥靖区内人民“一不当匪，二不窝匪，三不通匪，四不济匪，五知匪即报，六知匪即捕”。[①] 江苏省政府颁行了《江苏省加强民众自卫队暂行组织办法》，规定：“各级民众自卫队之组织以协助国军清剿工作及维持地方治安为主要任务”；其指挥系统为县设民众自卫总队部，区设民众自卫队，下辖各乡民众自卫队、侦察班、向导班、救护组、供应组、运输组、工程组。[②] 在“清剿”行动中，江苏省政府并饬令各专员、县长，“指定配属各路军事长官指挥，军队到达一地，立即征工征料，配合军事。凡军行所至，修路修桥，恢复交通，便利军事等等工作，都应及时完成”。[③] 江苏省政府主席王懋功并向全省民众提出六项要求：

> (甲)配合国军保卫家乡。对一切军事需要，如交通运输以及构筑工事通讯情报等等，都要有钱出钱有力出力尽到最大的努力。(乙)每一个区乡镇和村庄都要有坚强的自卫力量，合力构筑防御工事。一般壮丁更要自动参加民众自卫队，用自己的力量来保卫地方的治安，以免牵掣国军前进。(丙)保甲组织要严密，户口异动要办得确实，不能让匪类潜伏，有危害家乡的机会。(丁)要实现军民合作，尽量帮助国军，如在行军时预备茶水及休息处所等等，藉尽慰劳的义务。(戊)许多战斗勤务，我们都要能自己担任，不可遇事拖累国军……(己)大家要提

---

① 国民政府行政院绥靖区政务委员会档案，原件拟订于1946年11月3日，中国第二历史档案馆藏。

② 该办法于1946年9月16日公布，《江苏省政府公报》第一卷第二十八期，江苏省档案馆藏。

③ 《王主席十月十四日在省党政联合纪念周报告》(1946年10月14日)，《江苏省政府公报》第一卷第三十期，江苏省档案馆藏。

高奋斗情绪，决不要怕匪，我们到处要予匪以重大的打击。[①]

国民党在“清剿”和扫荡过程中，到处构筑梅花桩据点和碉堡，对解放区进行封锁和分割。仅在苏中海(安)泰(州)线南纵百里、横 300 里的沿江地区就筑有据点 400 余处，公路上一里一个碉堡。据江苏省政府不完全统计，至 1946 年 12 月，江苏北部地区共建碉堡 2770 座，其中碉堡数较多的县份有：宿迁 504 座，东海 477 座，萧县 243 座。[②] 国民党军队依靠这些据点、碉堡，配以还乡团，日夜出动，多路合击，实行频繁持续的“兜剿”、“搜剿”、“驻剿”，以至“血洗清剿”，不惜效法日本侵略军之残酷的“三光”政策，以求达到摧毁解放区和消灭人民武装力量的目的。

面对国民党军队对江苏北部解放区的“清剿”和扫荡，中共中央华中分局于 1946 年 10 月作出指示，强调在坚持敌后的情况下，“游击战争应提到第一等重要的地位”，“各地民兵及分区乡武装之基本任务是消灭土顽及还乡团、特务，破坏敌人交通”，“各县团及主力兵团则依自己力量大小，寻找敌人的弱点，神出鬼没给进攻清剿之敌以歼灭打击，以求集小胜为大胜之目的”。[③] 华中分局还要求：“各级党委、各级干部一定要有就地坚持、就地游击的信心和决心，依靠群众坚决斗争，保持自己政权，保持革命阵地”，“各级党委一定要掌握武装，保持武装，发展武装。”[④]江苏北部解放区军民，坚决响应中共中央华中分局的号召，以高昂的斗志，同来势汹汹的敌人作殊死的斗争。干部与群众订立生死同盟，咬紧牙关，坚决做到“不被吓倒，站稳脚跟”。

海安、启东 20 万群众以“替敌人造死路，替自己造生路”为口号，挖掉敌人行走的大路，筑起上千条便于自己行走的小路、暗坝，与敌周旋，坚持斗争。

国民党军在苏中战役后直至 1947 年 7 月，对江苏北部解放区的扫荡和“清剿”，大体分为 3 个时期。

第一期，1946 年 9 月至年底，国民党军集中 6 个正规师的兵力，并有保安队、还乡团等地方武装配合，用兵于南线泰兴、如皋等地。他们长途奔袭，分进合击，军事行动在先，保甲登记在后，竭力强化对占领区的控制。解放区民众，不分男女老幼，一致动员，勇敢自卫，粉碎了敌人的扫荡、“清剿”。11 月 27 日，泰兴 10 万群众趁国民党军整编第六十五师北调之际，同时在 5 条封锁线上，焚烧、捣毁碉堡，将国民党军几十

① 《王主席纪念九三抗战胜利周年并告全省各界父老昆弟诸姑姊妹》(1946 年 9 月 3 日)，《江苏省政府公报》第一卷第二十六期，江苏省档案馆藏。

② 《江苏省政府三十四、三十五年政情述要》，中国第二历史档案馆藏。

③ 华中分局：《关于发动敌后广大游击战争的指示》(1946 年 10 月 2 日)，《华中通讯》第九期，江苏省档案馆藏。

④ 华中分局：《关于开展群众性游击战争实行就地坚持全面抵抗蒋军进犯的指示》(1946 年 10 月 30 日)，《华中通讯》第九期，江苏省档案馆藏。

里长的封锁线破坏得七零八落。该县蒋华区群众积极开展破坏敌人通讯线路的工作,仅9月至年底的3个多月中,就缴获了1000多根木杆、6000多斤铅丝和大批毛竹。[①]

第二期,1947年1月至3月,国民党军以4个师的主力及保安队、还乡团,对一、二、九分区实行全面"清剿",3个月中,村村"驻剿",日夜"会剿",残杀解放区群众2万余人,并使解放区更加缩小。解放区军民则实行"空舍清野"、大跑反,组织狙击组,到处袭击敌人。活跃在敌后的靖江独立团,在1月19日对整编第四师某营的伏击中,即毙伤敌人20余人,俘虏连长以下150余人,缴获小炮1门、轻重机枪10挺、长短枪152支。到2月份,这个团已经靠自己的力量,实现了全部装备"美械化"。[②] 在这一时期中,华东野战军第十一纵队于1月底南下,在地方武装的配合下,打下沈灶,歼敌主力4个连,又于2月上旬,进行了栟北战斗,打乱了国民党军的"清剿"部署。

第三期,1947年4月至7月,国民党军调集主力及保安队武装8万余人,同时对南线和北线进行扫荡、"清剿"。苏中、苏北解放区600万军民,开展了更加顽强的反扫荡、反"清剿"战斗。华东军区第十一纵队会同地方武装部队,于4月初李堡战役中,连克海(安)、栟(茶)线之李堡、栟茶、角斜等大小11个据点,摧毁碉堡100余座,歼敌主力及地方武装2700余人,缴获轻重机枪60余挺、山炮10余门及大批枪支、弹药;4月21日,再克大中集,歼敌1200余名。与此同时,苏北部队于4、5月间,攻克胡集、汤沟等一批据点,歼敌2000余名,6月10日攻入响水,再歼敌军600余名。从4月至7月3个月中,苏中、苏北解放区军民共歼敌2万余名,牵制敌军8万余人,有力地支援了其他解放区战场的斗争。

据统计,自1946年10月至1947年8月的10个月中,江苏北部解放区军民,在反扫荡、反"清剿"的战斗中,共歼灭国民党军5万余人,使其扫荡、"清剿"的行动遭到了惨败。国民党军整编第四十九师师长王铁汉感叹,解放区部队"以灵活之情报,机敏之行动,全神对我,我虽有精良之武装无异废铁,虽有优势兵力,亦无异乌合"。[③] 江苏北部解放区军民,以英勇的战斗、顽强的意志,度过了在敌后坚持阶段中最艰难困苦的时期,迎来了胜利的曙光。

四 盐城战役与华东野战军的局部反攻

江苏北部地区在经过了一年的"清剿"和扫荡较量之后,国民党军的扫荡和"清

---

① 《不屈的斗争》,《新华日报》(华中版)1949年3月5日。

② 《穿插苦斗在"清剿"区的独立团》,《新华日报》(华中版)1949年3月5日。

③ 《华中结束了坚持局面成为进攻敌人最前线》,《新华日报》(华中版)1949年1月10日。

剿"遭到了惨败,解放区军民在十分艰难困苦的条件下,终于坚持了下来,并逐步开创了局部反攻的新局面。

1947年8月初,华东野战军第十一、第十二纵队,决定发起"叶挺城战役"。[①] 为此,组织了"叶挺城战役前线指挥部",由第十一纵队司令员管文蔚任总指挥,第十二纵队司令员陈庆先任副总指挥。盐城自1946年12月为国民党军占领后,便成为其联勤总部在苏北的重要补给基地之一。叶挺城战役前,该驻地有国民党军郝鹏举部第四十二集团军的两个团,加上盐城县保安团和还乡团等地方武装,计有近万兵力。战役自8月6日开始,华东野战军第十一、第十二纵队在地方武装的配合下,分别从北面和南面扫清盐城外围的据点,11日形成合围态势,12日对该城发起攻击,经猛烈攻坚,一举攻克。人民解放军在此战役中,歼灭守敌7200余名,其中生俘第四十二集团军副参谋长韩伊明、第一师师长李铁民以及盐城县县长以下6700余人,收复伍佑、卞仓等城镇10余处,使通榆公路200里长的刘庄、阜宁段及其两侧8000平方里的土地得到解放,[②]取得了苏北地区坚持敌后作战以来的首次大捷。这一胜利,使苏北解放区联成一片,有了较大的稳定的后方,开始了"一面坚持、一面反攻"的新阶段。

11月,中共中央华东局决定,成立以陈丕显为书记的华中工委,统一领导华中地区的党、政、军工作。同时,在行政方面成立了以曹荻秋为主任,贺希明、陈国栋为副主任的华中行政办事处。在军事系统上,成立了以管文蔚为司令员、陈丕显兼政委的华中指挥部。同时,撤销苏北、苏中两个区党委、两个军区和两个行政办事处。1948年1月底,中共中央军委为发展华中战局,决定华东野战军第二纵队进入华中地区,会同第十一、第十二纵队,组成苏北兵团,韦国清任司令员,陈丕显兼政委,同时成立苏北军区,撤销华中指挥部。华中地区党政军机构的重新调整,对于彻底粉碎国民党军的"清剿",发展有利局势,具有重要的意义。

国民党军在遭到盐城战役的失败后,已无力进行"全面清剿",不得不改行"重点驻剿"、"机动清剿"、"追剿"、和"军政经合一"的"总体战"。国民党当局还加强对基层保甲组织的控制,以配合军事行动。蒋介石于1947年11月,密令江苏省政府,"严密保甲组织",对各地区专员、县长需"严加考核";若发现有乡镇长以下基层人员与解放区暗通者,"各该专员、县长,应予连坐论罪,决不宽贷"。[③]

江苏北部解放区军民,在进入"一面坚持、一面反攻"的新阶段后,士气更加高涨,

---

① 为纪念不幸遇难的新四军军长叶挺,盐城县经苏皖边区政府批准,自1946年4月23日起更名为叶挺县,盐城更名为叶挺城,1949年4月22日恢复原名。

② 《人民报》1947年8月23日。

③ 《一元侍字第51455代电》(1947年11月13日),中国第二历史档案馆藏。

连连取得反"清剿"的新胜利。

1947年11月底，华中野战军第十一、第十二纵队，自东台海边挥师南下，对海栟线发动强大攻势。经激战3日，终再克李堡，同时攻占栟茶、角斜、丁所等据点，歼敌正规军和地方武装3100余人。接着，12月上旬，国民党军拼凑了由1个师、2个旅及3个团组成的"追剿纵队"，由淮阴、涟水南下东台；下旬，于北归途中，在盐城南面，进入华东野战军第十一、第十二纵队和盐阜独立旅的伏击圈，经4昼夜激战，其整编第四师、整编第五十一师各一部，共7000余人被歼。

解放区部队遂乘胜于1948年初发起全面的春季攻势。苏中地区，1月下旬，地方武装发动了岔(河)石(港)战役，歼敌2400余名，解放了如东县大部。3月中旬，第十一纵队南下，一举攻下通如地区的掘港、石港、三余三大镇。苏北地区，3月5日攻克沭阳，11日解放阜宁，19日，苏北兵团第二纵队在第十一、第十二纵队和地方武装力量的配合下，攻克两淮和盐城之间的重镇益林，歼俘敌军6000余人，整编第五十一师第一二三旅旅长王匡被活捉。4月上旬，第十二纵队之第三十五旅，在五、六分区地方部队的配合下，攻克陈家港、响水口、燕尾港、杨集等东北部重镇。4月底，国民党军从正面战场调来整编第二十五、第七十二、第八十三师，加上原有的整编第四师，组成南北两个"追剿"兵团。南线兵团由整编第四、第二十五师组成，黄百韬任指挥，从东台出发，沿通榆公路两侧攻击前进；北线兵团由整编第七十二、第八十三师组成，张雪中任指挥，从沭阳之钱集、胡集地区出发，经沭阳和涟水以北，向东进击阜宁；顾祝同兼任总指挥，企图通过南北合击，围歼苏北兵团。5月下旬，苏北兵团主力第二、第十一、第十二纵队密切配合，又在盐南卞仓一带实施阻击，歼敌3000余人。据统计，自4月25日至6月15日的50天中，苏北军民共歼灭进犯解放区的国民党军1.4万余名。

6月3日，中共中央军委根据华中野战军、苏北兵团的请示报告，复示华东局、粟裕并苏北兵团：

(一)在目前华中敌情紧张的情况下，苏北兵团应采取临时分散作战的方针，避开敌人主力追剿，配合地方武装游击以疲惫敌人，寻求歼灭分散的敌人之战机。此种分散或者全军在苏中、苏北就地分散，或者以1个纵队转至外线待情况变化后，再集中兵力作战，由你们按照当前情况决定。(二)苏北兵团的作战方针，应以华中的当前敌情为依据，决定自己的独立作战计划，或集中或分散，或作战或休整，或在内线或在外线，一切均以有利于调动敌人，减少自己损失和争取打胜仗为目的。只要你们能达到这种目的，就是对于全国作战的有力配合。[1]

苏北兵团遵照中共中央军委的指示精神，自主地依据战场形势，成功组织了苏北地区的一系列战斗。6月中旬，苏北兵团第二纵队与第十二纵队一部，利用苏北战场敌军西调豫东之机，向陇海路东段发起猛烈攻势，一举攻克海州外围的庐山、阿湖、城头等据点，歼敌4000余人，使淮海解放区北部的大片地区得以恢复。7月，涟水、泗阳、宿迁等地获得解放。涟水一役，即毙俘国民党正规军和地方武装3000余人。10月，解放区部队又攻克东台。这样，昔日被分割成小块的解放区，又重新联成大片，为全面反攻奠定了基础。

在江苏北部解放区军民一面坚持、一面反攻的过程中，地方武装和民兵的力量迅速壮大，英勇参战，广大群众也积极支前。解放区人民在"迎接大反攻，参加主力军"的口号下，踊跃参军，到1948年6月为止，华中地区已有20万群众参加解放军，使这一地区解放军与国民党军的力量对比发生了很大的变化。以一分区为例，内战爆发时，国民党军地方武装与解放区地方武装的比例为12.2∶1，到1948年6月已变为1∶2.1。[2] 在1947年8月的盐城战役中，叶挺县(盐城)、盐东县共出动担架1400副，大小船只700艘，挑夫500名，支前民工总数达10300人。南通三余棉区的地方武装和民兵团结一致，连续坚持84天，取得了反"驻剿"、反抢棉斗争的胜利。在1948年7月涟水战役中，解放区地方武装涟东总队、武工队，以及各区区队、联防队和广大民兵，积极配合苏北兵团主力，担任警戒，封锁消息，组织担架，运送粮草，发挥了重要作用。涟东总队还活捉了国民党保安团副团长及参谋长以下的300余人。[3] 解放区地方武装、民兵和人民的英勇斗争，为最后结束敌后坚持的局面，作出了重要的贡献。

五 "五二〇"血案

江苏被再次卷入内战战火之后，江苏人民重新陷入战乱的痛苦之中。国统区人民广泛开展了"反饥饿、反内战、反迫害"运动。青年学生在这一运动中，起到了先锋作用。江苏、南京地区的学生，继1946年底、1947年初抗议美军暴行的运动之后，5月又掀起了"反饥饿、反内战、反迫害"运动的新高潮。

学生运动在5月达到高潮的直接原因，是学生不堪忍受物价的猛烈上涨，要求政府增加副食费。以1947年5月的物价同1946年12月相比，大米已上涨5.2倍，猪肉

---

① 《第三野战军战史》编辑室：《第三野战军征战日志》，江苏人民出版社1995年版，第195—196页。

② 《华中结束了坚持局面成为进攻敌人最前线》，《新华日报》(华中版)1949年1月10日。

③ 《盐阜大众报》1948年7月22日。

为4倍，大豆为6倍，豆油为3.8倍，煤球为2.5倍，平均为4.3倍。以1946年12月副食费为2.4万元计，1947年5月副食费最低限度应增为10万元。[①] 但大学生的每月副食费却只提高了1倍，为4.8万元。为此，中央大学于5月12日首先向教育部提出，将学生每月副食费增加到10万元，并按月就米价上涨情况予以调整，同时宣布自13日起实行罢课，直至教育部接受增加公费要求为止。15日，中央大学、国立音乐院和南京戏剧专科学校共4000多学生，打着"要求增加副食费至10万元"的横幅和"我们要饭吃"等标语游行，到教育部和行政院请愿。17日，中央大学、国立音乐院、国立药专和国立剧专4校的学生代表在中央大学开会，决定于5月20日，即国民参政会四届三次会议开幕的那天，去参政会和行政院请愿。在此期间，上海交通大学、暨南大学、同济大学、复旦大学等8院校学生代表联席会议决定，为增加副食费派代表赴京请愿；北平、天津学生宣布为反饥饿、反内战而罢课，并成立了华北学生反饥饿、反内战联合会。

国民政府对以江苏、南京地区为中心掀起的新的学生运动高潮十分惶恐，遂于18日，由蒋介石主持召开临时国务会议，通过了《维护社会秩序临时办法》。其中规定：人民团体与学校学生"不得越级请愿"，请愿时"其代表人数以十人为限"；禁止罢课、罢工、罢业，否则将"采取必要措施或予以解散"；凡"妨害公共秩序，阻碍交通，妨碍公务，毁损公私财物，或伤害他人身体者"，"当地政府应采紧急措置，作有效之制止，其触犯刑法者，并送由司法机关处理"。[②] 蒋介石于同日发表了《整饬学风维护法纪》的讲话，指责学生"时有越轨骚扰之行动及违理逾分之要求，旷废课业，相习成风，假游行请愿之名，为扰乱治安之举"，并点名中央大学和金陵大学等校学生，"因公费生膳食问题，或因学校本身细故，而罢课请愿，竟至包围公署，妨害公务，行同暴徒，实已越出常轨"，声称学生的行动，"决非政府所能许可，亦决不能有所姑息"，对此"将不能不采取断然之处置"。[③]

国民党当局对学生运动的压制，激起了各地学生的无比愤怒和坚决反抗。上海、北平、天津等地的学生纷纷举行罢课和游行示威。19日，中央大学召开学科代表大会，通过了抗议政府"请愿办法"的决议，决定坚持5月20日进行游行请愿的行动。连日来，上海、杭州、苏州一批学校的学生代表陆续抵达南京请愿。19日晚，京、沪、苏、杭4地的中央大学、金陵大学、国立音乐院、国立药专、高工建训班、复旦大学、同济大学、交通大学、暨南大学、上海医学院、上海机械学院、上海音专、吴淞商船学校、

---

① 中国学生联合会编：《向炮口要饭吃》(1947年7月)，《五二〇运动资料》第1辑，人民出版社1985年版，第152页。

②③ 《文汇报》1947年5月19日。

社会教育学院、浙江大学、英士大学等16所专科以上学校的代表，举行联席会议，研究次日游行、请愿的具体事项，确定了"全国教育经费需至总预算百分之十五"，"五月份学生副食费应增至十万元"，"专科以上学校一律享受公费待遇"等5项请愿原则。[①]

国民政府在得悉各校学生将于5月20日举行游行请愿的消息后，如临大敌。他们一方面通过国民党、三青团组织，在中央大学等校学生中成立所谓"复课委员会"，盗用学生名义"要求复课"，分化瓦解学生运动；另一方面，由首都卫戍司令部、首都警察厅、宪兵司令部、三青团中央、教育部等组成"联合学运小组"，具体策划镇压学生运动的办法。首都卫戍司令部发布了关于执行《维持社会秩序临时办法》的布告，通令："嗣后如有违反上项规定，存心捣乱，或受人利用，假游行请愿之名，为扰乱治安之实者，本部职责所在，自当执法以绳，决不姑宽"，该部还为禁止游行，专门给中央大学校长吴有训发了代电，重申学生必须"守法重纪，不得再有聚众请愿游行示威之举动"。[②]为了镇压即将发生的学生游行，首都警察厅警备中队专门建立了6个小组：1. 障碍小组，"以二十人至三十人为一组，用有刺铁丝拒马横断冲面"；2. 水龙小组，"以消防人员任之"；3. 瓦斯小组，"以特种化学警察任之"；4. 徒手部队组，"以能忍耐、性情和平、体力强健之警宪任之，专司阻挠冲突之责"；5. 行动组，"以体格强健者、便衣及制服警宪若干人，专任逮捕非法为首及打人之分子，分布于其行列及各组封锁线上待机行动"；6. 照相组，"专拍摄各项对我有利，对彼不利之照，以为尔后宣传及在法院与讼时之证据，分布于各封锁线上"。[③]

5月20日上午，京、沪、苏、杭16所专科以上学校学生5000余人举行了"挽救教育危机联合大游行"。游行的中心口号是"反对饥饿"、"反对内战"。中央大学、中大丁家桥分校、国立音乐院和金陵大学等校的学生，分别冲破了包围本校的国民党军警的封锁，或翻越墙头，或化整为零，冲出重围，终于在鼓楼附近会合。

游行队伍在珠江路口遇到了国民党宪警设置的第一道封锁线。约400名宪警当街横站，两辆消防车已接上了数条水龙，附近500米范围被划为戒严区。学生队伍在交涉无效，决定强行通过的时候，遭到了水龙、皮鞭、皮带和木棍的袭击，造成了严重的流血事件。据"五二〇血案处理委员会"的调查，"赵海伦（女）被警察十几人围打，扑倒马路，伤头、胸部、两肘、两膝，跌倒后，有警员跳起来踏她的身躯，因而又造成严重的内伤。赵之巽（女）头部受木棍毒击倒地，警员五六人左右用脚互踢。孙傲沧的伤，据医生说是复杂骨折，是用铁器猛击，腿骨斜折粉碎，躺在加油筒旁，鲜血汩汩流

---

① 中央大学学生自治会档案，《五二〇运动资料》第1辑，人民出版社1985年版，第228—229页。

② 《五二〇运动资料》第1辑，人民出版社1985年版，第240页、245页。

③ 国民政府首都警察厅档案，中国第二历史档案馆藏。

出。黄斌同学是为援救女同学时右肋被木杠猝击，立刻呕血昏厥。”[①]在这一流血事件中，学生重伤19人，轻伤104人，被捕28人。[②]

游行队伍冲过珠江路口之后，继于国府路（今长江路）遭到5层军警的阻拦。第一层是骑着高头大马的骑兵队，第二层是穿黑色服装的警察防护团，第三层是全副美式装备的青年军，第四层是武装宪兵，第五层是机关枪队。游行学生冒着瓢泼大雨伫立，高呼反内战口号，高唱《团结就是力量》、《你这个坏东西》等歌曲，高喊“我们愿与天地同声一哭”，激情感动天地，斗志益加旺盛。在双方僵持中，学生派出代表同首都卫戍司令部参谋长卫持平进行了谈判，提出释放被捕同学、负担受伤同学医药费、严惩凶手和撤退武装宪警等四项要求。[③] 后由国民参政会秘书长邵力子出面斡旋，首都卫戍司令部接受了严惩凶手、医疗伤者、释放被捕学生、撤退武装宪警、让出给学生队伍通过的道路等条件。于是，宪警撤防，学生整队返校。

“五二〇”血案在全省乃至全国引起了巨大反响，“反饥饿、反内战、反迫害”的呼声传遍全国。参加“五二〇”游行的16校学生决定无限期罢课。京沪苏杭18所学校成立了学联会，并发表《告全国同胞书》，宣告：“枷锁和枪炮吓不倒我们，我们要用汗和血去换取一个真正独立、民主、和平、康乐的自由新中国。”[④]北平、天津等城市学生纷纷罢课抗议。上海学生联合会宣告成立，并领导了全市学校的总罢课。镇江国立江苏医学院、苏州东吴大学、江苏蚕丝专科学校、无锡国学专科学校和首都电厂、南京永利铔厂等学校、工厂纷纷写信、捐款表示慰问。一封寄自苏南武进小村的来信写道：“是你们鲜红的血液，泼在中国的首都，它将化成千万条霞光，照亮人民的眼睛，让人民认识应走的道路。”[⑤]无锡国学专科学校致信中央大学学生自治会，决定组织后援会，并罢课3天，以示抗议。知名人士郭沫若在慰问信中说：“你们的爱国的热诚感动了全国全世界，中国就靠着你们生出了希望。”柳亚子奋笔题词：“我完全同意你们的行动。”全国各地学生在各界、各阶层民众的广泛支持下，在同国民党当局的斗争中，密切了联系，加强了团结，于6月18日在上海成立了中国学生联合会。

“五二〇”血案，是江苏和全国学生运动中的著名事件。新华社于5月30日发表了毛泽东的文章《蒋介石政府已处在全民的包围中》，指出：“中国境内已有了两条战线。蒋介石进犯军和人民解放军的战争，这是第一条战线。现在又出现了第二条战

---

① 《南京五二〇血案纪实》，《五二〇运动资料》第1辑，人民出版社1985年版，第260—261页。

② 总统府档案：《中央大学学生为“五二〇”血案告全国同学书》，中国第二历史档案馆藏。

③ 《抗议政府屠杀学生五二〇血案纪实》，总统府档案，中国第二历史档案馆藏。

④ 总统府档案，中国第二历史档案馆藏。

⑤ 《“我以热泪迎接你们的行列！”——林霜自武进小村寄来的信》（1947年5月22日），《五二〇运动资料》第1辑，人民出版社1985年版，第474页。

线,这就是伟大的正义的学生运动和蒋介石反动政府之间的尖锐斗争。"[①]"五二〇"学生运动充分暴露了国民党当局镇压民众运动的凶残面目,标志着国统区人民政治觉悟的提高,密切了全国各地区学校之间和学生与各阶层民众之间的联系,牵制了国民党军向解放区发动的重点军事进攻和在苏北地区实行的"清剿"行动,加速了国民党政权的崩溃。

第四节　战后经济的恢复与衰落

一　工业的恢复与发展

抗战胜利后,国民政府在政治和经济等方面面临着错综复杂的局面,其工业的恢复与发展,除了存在大量接收敌伪工矿产业的大背景外,天时、地利、人和等条件,均与战时截然不同,且亦非简单地重复战前情况。这就要求国民政府在新的形势下,制定出新的工业政策,以维持自身的统治与适应社会的发展。

战后国民政府负责管理工业的部门主要是经济部,以及由经济部分出、直隶于行政院的资源委员会。国民政府行政院及经济部、资源委员会有关工业管理方面的法规、措施繁多,其基本政策,主要是大力加强国营工业,努力扶植民营工业和采取多种措施促进各类工厂迅速复工。这些政策的本身,无疑是有利于振兴民族工业的,但是,政策在全国各地区贯彻执行的情况千差万别,效果各不相同。兹结合江苏的具体情况,将各项政策的内容分述如下:

一、加强国营工业。国民政府自建立以来,一直重视国营工业的创办与发展,抗战前在电力、钢铁、煤炭、石油等大型厂矿方面,即已打下初步基础;抗战期间,又因战争需要,在西南建成一批为战争服务的大型国营企业。抗战胜利后,由于有大批敌伪工矿企业可供接收,其中大部分大型工矿企业,均由政府各有关部门接收,成为新的国营工业。此时,在官方拟定的国营事业标准中,明确规定下列工矿事业,其规模在政府规定之数额以上者,即应归于国营:(一)电力业(电力网全归国营);(二)与冶金有关之炼焦烟煤及大规模之烟煤矿;(三)石油之采炼及汽油制炼;(四)铁、钢、铜、铅、锌、铝、镁、金之采炼及钨、锑、锡、汞、铋、钼等之冶炼及运销;(五)动力机、主要工业机器及飞机、机车、卡车、轮船等之制造;(六)发电机、电讯机及主要电工器材之制造;(七)主要之基本化学工业;(八)其他经政府认为必须国营之事业。[②]由此可见,

① 《毛泽东选集》(合订本),人民出版社1967年版,第1120—1121页。

② 翁文灏:《中国工业政策纲要试拟案》,《资源委员会公报》第十二卷第五期。

国营工业涵盖了电力、钢铁、冶金、机械、电机、煤炭、石油、化工等主要重工、化工、矿业的大型企业，可谓握有国家经济命脉。1945 年 12 月，资源委员会副主任委员钱昌照曾提出在工业资本方面，“国家资本毫无疑义的应该发展”，“政府对重工业应该多负些责任”等主张。[①] 这也明白无误地表明了国民政府加强国营工业，尤其是加强重工业中国营资本的态度。

为了达到加强国营工业的目的，在行政院制定的《收复区敌伪产业处理办法》中规定，将重工业、大型纱厂、大型面粉厂分别交由资源委员会、纺织业管理委员会及粮食部接办，只有“规模较小或不在前列各项范围以内”的工厂，方“以公平价格标售”。

在管理国营工业的政府机构中，首屈一指者当数资源委员会。成立于抗战前的资源委员会，在抗战中通过对国家重要战略物资的开发、生产和贸易活动，已发展成为专门管理重工业等基础工业的重要的国家经济行政管理机构。抗战胜利后，资源委员会负责对日伪重工业资产设备的接收工作，1946 年 5 月迁回南京后，又从经济部划出，成为国民政府行政院的直属机构。其职责为：（一）创办及管理经营国营基本重工业；（二）开发及管理经营国营重要矿业；（三）创办及管理经营动力事业；（四）办理政府指定之其他国营工矿电事业。[②] 该委员会接收的日伪资产总值，估计在 18 亿美元左右，因此经过接收，实力大为增强，至 1946 年底，其所拥有的固定资产账面价值在法币 10 万亿元以上。据 1947 年统计，资源委员会控制了全国电力的 83.3%、钢的 90%、石油及有色金属的 95%以上。[③] 资源委员会还在全国设立了 11 个办事处，作为其派出机构，其中包括南京办事处。在资源委员会直接控制的各类大型企业中，江苏及南京地区所占比重不大，其电工类企业有：中央电工器材公司所属南京电工厂、南京电子管厂，中央无线电器材公司所属南京无线电厂、南京无线电研究所，中央有线电器材公司所属南京有线电厂，中央电瓷公司所属南京电瓷厂等。

另一个庞大的国营工业企业是中国纺织建设公司。1945 年秋，在国民政府行政院第 722 次会议上，行政院长宋子文提出，将接收的日伪工业企业分别建立几家由国家统一经营的公司，于是一批国家垄断资本企业相继建立，其中以中国纺织建设公司的规模最大。中纺公司拥有全国纱锭数的 70%、布机数的 56%，棉布产量占全国的 70%。该公司依仗政府、官僚的势力，以及自身雄厚的资本实力，垄断了全国一半左右的棉花收购、进出口业务及纱布的销售。中纺公司在江苏各产棉区遍设收花行庄，购进廉价的原棉供公司所属各厂生产。该公司在江苏的收棉活动，直接影响到江苏

① 钱昌照：《关于工业建设的几个问题》，《资源委员会公报》第十卷第一、二合期。

② 《资源委员会组织法》（1946 年 9 月 12 日），《资源委员会公报》第十一卷第四、五合期。

③ 陆仰渊、方庆秋主编：《民国社会经济史》，中国经济出版社 1991 年版，第 766 页。

民营棉纺织业的生产。

此外,1946年建立的中国蚕丝公司也是具有垄断性质的国家资本企业,其总公司设上海,在江苏的苏州、镇江、常州、丹阳、无锡等地均设有分支机构或工厂、仓库。该公司垄断了苏、浙、沪等省、市的蚕茧收购、生丝及丝织品生产,对江苏的丝织业影响巨大。

抗战胜利后,江苏的国营工业与一些重工业发达的省份及本地区的民营工业相比,虽不具优势,但经过战后的接收、调整和加强,已成为江苏民族工业的一个重要组成部分。江苏地区国营工业的迅速膨胀,使江苏的工业结构与工业所有制结构都发生了重要变化。抗战前,江苏的基础工业比较薄弱,抗战期间,日伪为了战争的需要,在江苏创办了一批基础工业,抗战胜利后,这批日伪的基础工业为国民政府有关部门及江苏地方政府所接收,从而增加了江苏工业结构中基础工业的比重。另一方面,在抗战前,国民政府与江苏省政府也试图建立完整的国营工业体系,并使之成为工业的主导,但战争打断了这一国营工业的发展进程,致使江苏的国营工业于战前只在电力、机械、矿业等少数行业中占有一定的份额。就全局而言,江苏的民营工业仍在工业结构中占有绝对优势。抗战胜利后,由于接收了大量敌伪企业,从而使国营工业在江苏工业结构中所占的份额明显提高。江苏工业结构与工业所有制结构的变化,对战后江苏工业发展的走向,甚至江苏全境解放后工业的恢复与发展,都有着深远的影响。

二、扶植民营工业。在战后国民政府拟定的工业政策中明确规定:"政府对于民营工矿事业之能依照工业建设计划切实进行者,应竭诚重视,认真护助。国营民营,不过方法之异,绝无轻重之别。故对于民营事业应由国立银行予以资金汇兑运用之便利,水陆运输之协助,机器材料之分配,劳工组织之注意,俾可顺利进行,不受阻碍。"①

1947年5月,资源委员会委员长翁文灏宣布:对处于初创时期有困难的民营工矿业,采取保息保本的措施,以保证其投资的安全。同时,在电力价格、水陆运费及税则方面,确保民营与国营同等待遇。翁文灏还将资源委员会的资金运作分为两种类型,一为举办国营事业,组织股份有限公司,于其中容纳民股,收容民资;二为向交与民营的较小规模事业"投入资本,照股东地位共为进行"。② 国民政府有关方面还表示,为了大力扶植民营工业,准备有计划地将一批规模较小、宜于民营的敌伪电力、机械、造

---

① 翁文灏:《中国工业政策纲要试拟案》,《资源委员会公报》第十二卷第五期。

② 翁文灏:《资源委员会第一届委员会开会辞》(1947年8月4日),《资源委员会公报》第十三卷第二期。

纸、化工等工厂出让、标售给民营企业。

国民政府希望通过扶助民营工业，使实业振兴、经济发展，从而巩固自身的统治。苏南地区的民营工业素称发达。战后国民政府扶助民营工业的既定方策，无疑给江苏民营工业的复苏及一定程度的发展提供了有利条件。但是，由于国民政府官场黑暗，大的政治和经济格局均千疮百孔，故民营工业真正得到扶植、保护之实惠者屈指可数，相反，受到国营工业及政府行政措施之制约、排挤者却不少见。包括江苏在内的许多地区，“扶植民营”的政策成为一句空话。

战后苏南各纱厂的民营业主，曾寄希望于“代营”敌伪纱厂，以便利用自身的管理优势和敌伪纱厂的人力、设备，大力发展民营事业。但是事实使他们大失所望。1945年秋，中纺公司建立后，将一切日伪纱厂尽收自己账下。中纺公司一家的纱锭拥有量，远多于全国所有民营纱厂的纱锭总数。这势必要与广大民营纱厂争利，引起民营纱厂业主的强烈不满。无锡著名实业家荣德生直言不讳地认为：“日本纱厂接收后，全部改为国营，亦是与民争利，以后民营纱厂恐将更不易为也。”他指出：“能用民力，不必国营，国用自足；不能使用民力，虽一切皆归官办，亦是无用。因官从民出，事不切己，徒然增加浪费而已……”①

即使原来属于民营的工厂，在战后“接收”的大潮中，要回到原业主的手中，亦是十分艰难。由荣德生一手创办并经营多年的无锡茂新第二面粉厂，是无锡茂新三个面粉厂中唯一未被战火破坏者，战后为政府接收。荣德生为要求发还该厂，亲自出面交涉，历时三月，耗费大量资财与精力方才收回。此一过程，使荣氏感慨万千，印象至深。他说：“接收茂新二厂，手续之烦，过于创建。当年兴办，三言两语，即告成功；今则周折多端，来往公文，奔走联络，接收到手，时逾三月，用去车旅费、看守费等，已不资矣。”②茂新二厂经三月交涉，能回到原业主手中，尚属幸运者，另有许多工厂以及机器、设备，交涉经年，劳而无功，则更令民营业主唏嘘不已。

三、力促工厂复工。经过八年艰苦抗战的中国，胜利后百废待兴。在这千头万绪的工作中，工农业生产的恢复乃为不可稍怠的大事。农业生产的恢复，尚比较简单，只要有了适宜的土地、赋税政策，靠一家一户的劳动，即可实现。工业生产的恢复，则需要有厂房、设备、技术、资金等条件，缺一不可。

资源委员会副委员长钱昌照于1947年2月谈及收复区敌伪工矿事业接收、处理原则时曾强调：“接办事业，以迅速恢复生产为鹄的。”③钱昌照认为：“工厂复员之重

---

① 李占才、张凝：《著名实业家荣氏兄弟》，河南人民出版社1993年版，第223页。

② 荣德生：《乐农自订行年纪事续编·1945年》。

③ 《中国国民党第六届二中全会决议案行政院办理情形报告表(附件五)》，中国第二历史档案馆藏。

点，不在于敌伪产业之接收，而在于原有工矿设备之尽速恢复利用，故其处理方式虽有划策、发还、标售与保管经营之不同，然语其目的，则无非在使有用设备迅速复工……”①

国民政府为使各地工矿生产尽快恢复，采取了以下几项主要措施：一是办理复工贷款。由经济部出面，与四联总处商筹贷款，分别贷给各地区，以助复工。同时，对于抗战胜利前后，由财政部发放给后方各工厂的紧急工贷，准予延期两年偿还，并免除全部利息。这样，实际上减轻了部分收复区工厂在资金上的压力。二是统筹燃料供应。设立地区性燃料管理委员会，协助各煤矿增产，以保供应。经济部煤焦管理处特派专员唐世勋到江苏徐州，负责该地煤炭的调配、运输事宜。三是增加电力供应。将各区接收的电厂，尽先发还或交资源委员会整理经营，恢复发电，并协助其充实设备，扩充容量。江苏地区的南京、徐州、戚墅堰电厂均优先恢复生产，为各地区工厂的复工提供了有利条件。四是代售工业原料。因长期战乱，农产品产量锐减，直接影响轻纺工业的生产。为此，经济部特向美国洽购部分棉花，以应急需。为解决江浙一带缫丝业对蚕茧的需求，特通过驻日盟军，由日本运来蚕种300万克。

此外，江苏省政府为了迅速恢复与发展本省工业生产，也采取了一些相应的措施，主要有：

第一，进行工厂登记，建立工业指导机构。为了整顿民营工业，对新老工厂加强管理，省建设厅对全省民营工厂，一面进行调查，摸清情况，一面派员督导，厉行登记。在严格登记的基础上，对于各厂存在之资金周转困难、生产设备缺乏、技术人员难聘等问题，“就其实际需要，或为商请低利贷款，或为洽拨燃料，或为商购国外器材、车辆，或派技术人员予以指导”②，给予不同程度的帮助与支持。同时，省建设厅还专设了工商指导处，在各县亦相应设立工商指导员，以宣传工商法规，指导办理工商登记。

第二，整理矿权，发展矿业。矿业为基础工业的原料来源，对于省内工业的发展至关重要。省建设厅在抗战胜利后，立即着手矿权整理，登报催令在战前已登记矿权的矿商从速复工，并查禁私自采矿，限令依法呈请设立矿权。至1946年10月，已呈请矿权者共有44区，内含煤矿36区、石墨矿4区、磁土矿2区、方解石矿1区、颜料石矿1区。③ 这一数字，比战前几乎增长了1倍。

第三，整理电气事业，加速电业发展。电业为近代工业的重要动力来源。抗战胜

---

① 《钱委员长对国民参政会驻会委员讲词》(1947年2月28日)，《资源委员会公报》第十二卷第三期。

② 王懋功主编：《江苏省政府政情述要》建设部分，台湾文海出版社有限公司1983年版，第14页。

③ 王懋功主编：《江苏省政府政情述要》建设部分，台湾文海出版社有限公司1983年版，第15—16页。

利时，全省能勉强发电的电厂不足10所，仅占战前的8.8%。[①] 经省建设厅派员分赴各地，就业务、线路、机务三项分别指导、整顿，注册，复工的电厂已大幅增加。为了帮助各电厂解决燃煤问题，省政府一面向经济部燃料管理委员会接洽配购燃煤，一面帮助配备、组织船只运输。为提高苏北地区电力事业水平，省政府复着手于徐州、海州、淮阴、扬州、南通建立5座中心电厂，并使之并网发电。

上述各项举措，为江苏工矿业的恢复与发展发挥了明显的作用。江苏各地的国营、民营工厂，在战后迎来一个全面恢复和相对发展的新局面。不过，其间国营、民营争利，优惠不能公平分配，计划不能完全兑现，银行贷款限制过严等现象也频频出现，还有一些地方的规定和政府行为直接妨害了民营工业的生计。这也潜伏着江苏民族工业走向衰败的危机。

战后江苏国统区的工业，遇到了较好的机遇，主要由于以下几个原因：第一，抗战胜利，人心振奋，资方、劳方恢复与发展生产的积极性较高；第二，接收的大批敌伪产业，为发展国营、民营工业提供了相当的机器、设备和技术力量；第三，国民政府发展国营工业、扶植民营工业、努力恢复生产的政策，给工业的恢复与发展提供了一个良好的环境和氛围。因此，江苏国统区的工业生产，曾一度得到恢复。据江苏省政府1946年10月统计，苏北共设32家工厂，内含东海12家、南通5家、泰兴7家、靖江4家、江都2家、睢宁1家、启东1家；苏南共设525家工厂，内含无锡351家、武进72家、松江36家、昆山20家、吴江13家、宝山8家、太仓7家、吴县7家、溧阳7家、青浦3家、镇江1家。总计为557家。其按行业区分则为：纱厂32家、布厂88家、面粉厂23家、植物油厂30家、针织厂52家、丝厂35家、机器厂101家、碾米厂73家、染织厂49家、油厂25家、纺厂15家、其他34家。[②] 又据经济部全国经济调查委员会的调查，至1948年4月，南京共有888家工厂，计有职工12010人；动力机726台，合18077.5马力。[③]

棉纺织业历来是江苏民族工业中的支柱产业，战后该业一度有了长足的发展。据1946年统计，全省共有70家棉纺织厂，拥有纱锭1222606枚，比战前增长98.6%，拥有布机9400台，比战前略多。[④]

无锡是江苏纺织工业最发达的城市。据1946年成立的第六区棉纺织工业同业公会锡澄武办事处统计，无锡战前有棉纺织厂7家，纱锭235832枚，布机3196台，职

---

① 王懋功主编：《江苏省政府政情述要》建设部分，台湾文海出版社有限公司1983年版，第15—16页。

② 王懋功主编：《江苏省政府政情述要》建设部分，台湾文海出版社有限公司1983年版，第5—6页。

③ 秦孝仪主编：《中华民国经济发展史》第2册，台湾近代中国出版社1983年版，第774页。

④ 陈真编：《中国近代工业史资料》第4辑，三联书店1961年版，第235、367页。

工11279人，资金1516万元，全年产棉纱111800件。业勤、广勤、豫康三厂在抗战期间被毁，战后也未能复业。申新三厂、庆丰、丽新、振新四厂于战后都修复了厂房、设备，增加了投资，增添了设备。上述四厂在恢复初期有纱锭31000枚，为战前的14.7%，到1947年，增加到172748枚，为战前的82%；开动布机2340台，为战前的73%。[①] 申新三厂曾于1945年12月、1946年6月和1947年5月三次增资，使资本额由原法币100万元逐步增至3.5亿元、14亿元和70亿元。扣除通货膨胀的因素，其增资额度亦属巨大。1946年时，该厂共修复纱锭5.5万枚、布机500余台，并修建了发电厂，1947年又新建800余平方米的第二工厂，向美国H·B公司订购新式纺纱机4万锭。1948年新工厂竣工，全厂纱锭数达9.5万枚，布机740台，并配有捻线设备。此时纱锭数已比战前的7万枚增长了35.7%，总体水平大大超过战前，成为江苏省棉纺织业中的第一大厂。庆丰厂在1946年初开工时共有2.2万枚纱锭，124台布机，同年4月，增资1.08亿元，先后添置了一批纺织、漂染、发电等设备，逐步从纱锭52000枚、布机364台发展到纱锭57220枚、布机500台。此外，还有柴油机6台、4000千瓦发电机组1套。至1947年，该厂纱锭已增至62728枚，加上在常熟、太仓开工的4000枚纱锭，总数已超过战前64768枚的水平。丽新厂战前曾达纱锭4万余枚、织机1200台，战后经积极修复，到1947年底，纱锭已达3万余枚，织机达700台。振新厂于1945年11月开始复工，其纱锭仅3000枚，后经向瑞士订购2万枚纱锭，使旧观稍复。

此外，无锡在抗战期间及战后开设的中小型纱布厂，发展速度也一度较快。其规模一般在纱锭两三千枚左右，少数厂家可达万枚。这批工厂的存在，在一定程度上壮大了无锡纺织业的力量，使无锡的棉纺织业在全省乃至全国更具竞争力。其中特别值得一提的是，荣德生于1947年出资200亿元创建了天元麻毛棉纺织厂，同年部分投产，1948年全部竣工投产。该厂采用廉价处理的军用物资与英国制造的织机，共有纱锭1万枚、亚麻纺锭2440枚、麻织机70台，能生产"双熊"牌麻胶布、毛布、西装衬布和本色绒布，不仅畅销锡、沪，还远销香港、东南亚等地，开创了国内亚麻和省内苎麻纺织事业。

常州是江苏另一纺织业发达的城市。由实业家刘国钧主持的大成纺织染股份有限公司，迅速修复大成一、二、三厂，恢复生产，并从美国购进2万枚旧纱锭，安装于大成三厂，并给三个厂分别安装了从美国进口的发电机，使三厂发电量自给有余。到1948年，大成公司在常州共拥有纱锭74300枚、布机1780台和日产5000匹布的漂染

---

① 赵永良：《解放前无锡社会经济状况述评》，《两种命运的决战和新中国的建立》，中国矿业大学出版社1990年版，第260—261页。

设备，从而成为常州纺织业中的最大企业。另一家大型纺织企业民丰纺织公司，在战后迅速整修好被破坏的厂房、设备，1946 年开足纺机；1947 年又向美国订购 12800 锭纺机全套，建造了新的厂房，并补充部分梳棉并条机、粗纺机。至 1948 年，该厂已拥有纺锭 28496 枚、布机 300 台，资本总额达法币 60 亿元。[①] 协源染织厂是一家老企业，战后只用了三四个月，即将 240 台布机全部开足。1946 年内，常州共开工永大盛、大同、协兴德、经纶、忠远、利生、协丰等 25 家布厂，占原有布厂数的三分之一，其中大部系由纱布号转业或投资兴办。之后，又有协和、振兴、元中、庆丰等 19 家小布厂开工，其中部分厂家只有一二十台布机。从中可以看出，常州的工业布局，具有织布业发达和小厂众多的特点。据 1948 年统计，常州纺织、印染工厂计有 113 家，拥有纱锭 111796 枚、布机 6774 台，月产棉布、印染能力均达 35 万匹。其主要产品士林蓝布、纱咔叽、印花布销售至东北、华北、长江中下游、华南及南洋群岛一带。

苏州战后共有苏纶纺织染厂、泰利实验工场、苏州纱厂、源康纱厂、永明纱厂、勤业纱厂等 6 家大小纱厂，据 1948 年统计，该六厂共有纱锭 4.98 万枚、职工 3998 人。[②] 老字号苏纶纱厂在 1945 年底即将 2.5 万枚纱锭全部开足。1947 年至 1948 年间，该厂又投资法币 150 万元，购置机器设备，除重建了被焚毁的第一纺织工厂外，又建造了新的厂房，增加了纱锭，添置了印染设备，使苏纶发展为纺、织、染功能齐全的纺织企业。1948 年，该厂共有纱锭 3.7 万枚、布机 1000 台、职工 3100 余人。[③] 棉纱主要销往京沪、津浦沿线，再辗转至苏北、鲁南及安徽等地，棉布则销往广东、江西、河北、台湾及南洋各地。

南通的近代纺织业因大生企业而闻名。战后，大生第一纺织公司的一厂、副厂和大生第三纺织公司的三厂，共有纱锭 149928 枚、织机 1509 台，但设备陈旧，破损严重。1946 年春，三厂先后复工，共开动纱锭 19000 枚。后经向银行贷款，逐步整修机器设备，至 1946 年底，一厂、副厂的 80528 枚纱锭已完全开动，织机开动数亦达 142 台；三厂开动纱锭 19385 枚。[④]

面粉业是江苏三大支柱产业之一。战后，江苏面粉业迅速得到恢复，并一度有所发展。在抗战期间，全省有机制面粉厂 32 家，日产面粉 6.2 万包。1946 年后，面粉厂增至 42 家，日生产能力为 7.3 万包，分别增长了 31%和 18%。

无锡的面粉业较为发达。据统计，战后无锡机器面粉厂达 14 家，有钢磨 160 部，日产能力为 43870 包，职工 1164 人。其工厂数和生产能力分别占全国的 7%和 8%，

---

① 《江苏近现代经济史文集》，江苏省中国现代史学会 1983 年编印，第 180 页。

② 苏州市地方志编纂委员会编：《苏州市志》第 2 册，江苏人民出版社 1995 年版，第 98 页。

③ 徐仁官：《苏纶纱厂纪略》，《江苏文史资料集粹》（经济卷），江苏文史资料编辑部 1995 年版。

④ 《大生系统企业史》编写组：《大生系统企业史》，江苏古籍出版社 1990 年版，第 278 页。

在全国所占的比重超过了战前，在江苏面粉工业中雄居首位。[①] 其中茂新二厂于1945年底由荣德生从江苏省田赋粮食管理处收回自营，备有700马力发动机1台、英制钢磨24部。茂新二厂恢复生产并获利后，荣氏又兴办了茂新三厂，并使两厂的日生产能力达到万包。此后，荣氏又调剂资金，重建茂新一厂，以10万美金购置英制先进面粉设备1套，日生产能力达到5000包。

镇江、常州、苏州也是江苏面粉业较为发达的城市。镇江面粉厂是具有悠久历史的民族资本企业，抗战期间为日本侵略者所据有，完全转化为敌产。抗战胜利后，由江苏省田赋粮食管理处负责接收和经营，1946年春复工后，拥有24部钢磨，日产面粉3000包，主要生产“绿金山”、“蓝金山”、“红金山”三种高、中、低档不同的品牌面粉。常州在1946年共有面粉厂、米粉厂7家，日产能力在万包以上。其中成余、鼎泰两厂，日生产能力分别为2300余包和2000余包，“孔雀”、“多福”两品牌也颇具名声。苏州战后顺利复工的有太和、新丰、大华三个中型粉厂，日产面粉均在2000包以上。

缫丝业是江苏的另一支柱产业。无锡缫丝业十分发达，战后以6000部丝车、6.2万名丝工的实力，位居全国之首。战后在无锡丝厂同业公会整理委员会登记的丝厂共104家，拥有丝车6348台。其中立缫车120台、坐缫车6228台。在104家中不满80台缫车的小厂有68家，占丝厂总数的65.4%。[②] 1946年7—8月间，无锡共有32家丝厂复业，实际开工者有永泰、美新、江南、中丝、鼎新等大小10余厂，共运转丝车2500余台。此时美国市场丝价每磅12美元，合苏南每担丝价法币430余万元，而每担鲜茧时价13万元，尚有利可图。永泰丝厂于1946年4月复业，因生产情况尚好，居住美国的实业家薛寿萱曾汇回150万美元，以求发展生产。美新丝业公司经营情况也较好，于1946年6月和1947年春两次添机，共有丝车196台、工人500余人。

在苏州，战后主要有四家丝厂复工。原华中蚕丝公司苏州丝厂由经济部、农林部接收，改称中国蚕丝公司苏州第一实验丝厂，属国家资本，拥有坐缫车296台。原三元丝厂于1947年扩建后改名江南丝厂，有立缫车192台。原江苏省立女子蚕桑学校实习工场，于1946年改称该校实验缫丝厂，有立缫车104台。原泰纶丝厂于1947年易主，改称新华丝厂，有坐缫车40台。上述四厂维持生产至1949年时，尚有缫丝车614台、工人1756人，年产生丝85吨。[③]

就其他行业而言，机械工业在江苏素有相当基础。战后资源委员会在接收敌伪产业的基础上，在南京建立了一批国营机械企业，包括中央电瓷有限公司南京电瓷

---

① 王赓唐、汤可可主编：《无锡近代经济史》，学苑出版社1993年版，第192页。

② 钱耀兴主编：《无锡市丝绸工业志》，上海人民出版社1990年版，第459页。

③ 苏州市地方志编纂委员会编：《苏州市志》第2册，江苏人民出版社1995年版，第42页。

厂,此外还有中央工业试验所机械厂、中央标准局所属度量衡制造所、中国农业机械公司所属南京分公司,共有机床设备200余台、职工4000余人,主要生产电瓷瓶、抽水机、锅炉、轧花机等。[①] 由原金陵兵工厂改组的兵工署第六十兵工厂,于1946年8月在南京中华门外原址成立,主要产品有冲锋枪、步枪、八二迫击炮等。

无锡的机械工业也得到一定的恢复和发展。1946年,无锡有机械、翻砂、五金工厂100家,共有车床286台、钻床110台、刨床65台、铣床2台、钳床101台。1947年春,荣德生又集资16.05亿元,开办开源机器厂,共置办各种机床105台,大多来自联合国善后救济总署的剩余物资和日本的赔偿物资,此外还添置热处理、铸工、锻工设备4套,从申新三厂搬去320马力柴油发电机组1套。[②] 该厂的兴建,大大提高了无锡机械工业现代化的水平。

常州的机器制造业在抗战胜利后也有所发展,先后开办协大、华成、复兴等中小机器厂33家,使机器工厂总数达73家,共拥有工作母机316部、1—3吨通天冶铸炉14座、职工929人,主要生产蒸汽机、抽水机、农产品加工机、动力织布机等,生产能力仅次于无锡。[③] 常州戚墅堰机厂是一家著名的铁路机厂,主要业务是维修各种铁路车辆。战后,其由交通部京沪区铁路管理局派员接收,拨专款修造了280间工房,并在内部管理上做了不少改进,生产有所恢复。1946年该厂共修理机车210台、客车180辆、货车1971辆;1947年业绩全面上升,共修理机车263台、客车575辆、货车2092辆;1948年维持了前两年的平均水平,共修理机车189台、客车542辆、货车1991辆。[④]

电气业是江苏战后发展较快的行业。据官方统计,至1946年底,江苏有注册电厂20家,均已复工,装机总容量51420千瓦,占全国总容量的11.5%,仅次于上海、山东,名列全国第三位。[⑤]

南京首都电厂在检修损坏设备的基础上,1946年发电量达到7382万千瓦时,相当于战前最高发电量的82%;1948年,增装3台2000千瓦机组,装机容量增至3.6万千瓦,年发电量达13168万千瓦时,比1946年增长了78.4%,比战前最高发电量增长了50.4%;至年末,用电户增至31298户,其中动力用电户为1096户,分别比抗战胜利时增加了64%和291.4%,电力用户数创最高记录。[⑥] 此外,南京还有一批用电

---

① 南京市人民政府研究室编:《南京经济史》(上),中国农业科技出版社1996年版,第399—400页。

② 王赓唐、汤可可主编:《无锡近代经济史》,学苑出版社1993年版,第193—194页。

③ 《江苏近现代经济史文集》,江苏省中国现代史学会1983年编印,第182页。

④ 陆俊:《从吴淞机厂到戚墅堰机厂》,《江苏文史资料集粹》(经济卷),江苏文史资料编辑部1995年版,第91、92页。

⑤ 此统计不包括东北、台湾及冀察热绥区。

⑥ 谭恩容主编:《当代南京电力工业》,江苏人民出版社1993年版,第429页。

单位在战后逐步恢复或新建了发电设备。如中国水泥厂的 2 台汽轮发电机，容量为 2580 千瓦；浦口电厂的 2 台汽轮发电机，容量为 1200 千瓦；南京永利铔厂于 1948 年安装了 550 千瓦的发电设备。这些拥有自备发电设备的厂家共有 10 家，装机总容量达 5000 千瓦。① 苏南另一家规模较大的电厂为戚墅堰电厂，战后由于无锡、常州一带工商业的复苏，该厂也获得一定发展。该厂初由经济部接收，后发还扬子电气公司执业，官商合办。1947 年 11 月，该厂从英国购进的 2500 千瓦列车发电设备投入运行，装机容量达 1.96 万千瓦。在 1946 年至 1948 年的三年间，该厂发电量逐年递增，1946 年为 5510.65 万千瓦时，即已比战前 1936 年的发电量增加了 13.9%，1947 年为 6693.8 万千瓦时，1948 年又提高至 7068.5 万千瓦时，为 1936 年发电量的 146.1%。②

战后的电子工业在接收和内迁复员的基础上初具规模。南京成为新兴的电子工业基地。1946 年秋，资源委员会下属的三家电子工业公司都在南京设立了分厂，包括中央有线电器材有限公司南京厂、中央无线电器材有限公司南京厂、中央电工器材厂南京厂。1947 年，国民政府国防部第六厅也在南京设立了特种电信器材维修所，并将台北特种电信器材所并入，翌年更名为雷达研究所。上述电子工厂、所主要生产电话机、交换机、电灯、电子管收音机及无线电设备。这些厂、所的设立，为江苏、南京的电子工业日后的发展奠定了一定的基础。

化学工业因受原料、燃料的影响，其产量一直未能达到设备的设计水平。江苏最大的化工企业南京永利铔厂自 1945 年 10 月开始复建，直到 1947 年后才逐步恢复生产，日产硫酸铵 120 吨。1947 年、1948 年共停产近 200 天。1948 年产硫酸铵 2.78 余万吨，仅相当于设计能力的一半左右。③ 此外，资源委员会还在南京新建了中央铔肥有限公司筹备处和以生产阴丹士林染料为主要产品的中央化工厂筹备处，进行前期的工程筹备工作。

此外，设于南京的淮南矿路股份有限公司，隶属资源委员会，战后，其下属各矿也开工生产。徐州贾汪、柳泉煤矿于 1945 年底由经济部接收，主持恢复工作，据 1947 年底统计，共有矿警员工五六千人，但每日实际工作者约为 1500—2000 人。④ 南京中国水泥厂借战后营造业快速发展之机，产量大幅提高，1947 年共生产水泥 98584 吨、

① 谭恩容主编：《当代南京电力工业》，江苏人民出版社 1993 年版，第 429 页。

② 根据吴俊卿：《常州戚墅堰电厂的历史变迁》，《江苏文史资料集粹》（经济卷），江苏文史资料编辑部 1995 年版，第 130 页有关数据计算得出。

③ 南京市地方志编纂委员会办公室编：《南京简志》，江苏古籍出版社 1986 年版，第 318 页。

④ 夏柏林：《抗战胜利后徐州敌伪工矿接收简况》，《铜山文史资料》第 10 辑，政协铜山县文史资料委员会 1990 年编印。

熟料113583吨,创建厂以来的最高纪录。[①]

作为江苏支柱产业之一的火柴业,战后也有一定程度的复苏。镇江荧昌、苏州鸿生及民生火柴厂先后由实业家刘鸿生经营,生产也得到了一定的发展。

二　农村经济的短暂复苏

日伪的统治和长期的战乱,给江苏的农业带来的损失尤为严重。据1946年底的统计,江苏农村在抗战中耕地荒芜28%,农具损失42%,耕牛、房屋损失各70%,渔业损失30%,农村工业损失50%。抗战胜利后,经一年恢复,其成效并不明显,耕地只恢复2%,农具10%,房屋5%,农村工业10%。[②]地处黄泛区的苏北农村,日伪统治期间则遭到更大的破坏。苏北黄泛区20县共死亡529990人,逃亡687470人,失去耕地者2112400人,共计3229860人,占当地原有人口数的27%。[③]

鉴于江苏农村在抗战期间遭受的巨大损失,国民政府免去了江苏省和南京市1945年的田赋,并在同年度实行"二五减租"的办法,即"佃农应缴地租一律照租约或本年度之应缴额减四分之一"[④]。江苏省政府也出台了一系列政策措施,以恢复农业生产,复兴农村。

第一,迅速恢复农业科技试验机构。抗战以前,江苏省原有稻作试验场、麦作试验场、棉作试验场、林业试验场、渔业试验场、农机制造所等农业科技和农业机械推广机构。抗战期间,这些机构均遭到不同程度的破坏。战后,江苏省政府为复兴农村,对这些农作物试验机构进行了整理和恢复,以期在恢复农业生产中发挥作用。

第二,组织民众防治虫害。1946年春,江苏镇江、句容、溧水、江宁、丹阳、六合、江浦、连云港等地发生蝗灾,且呈蔓延之势,江苏省建设厅组织技术人员,携带杀虫药物,深入灾区组织民众进行防治工作。此外,同年夏秋之季,苏、锡、常等地出现稻田螟虫。灾情发生后,省建设厅制订了灭虫计划,并派出技术人员深入灾区,指导农民灭虫。

第三,设立农林推广机构。为了能尽快推广农林科技,江苏省自战后复员以来,成立了区级农业推广辅导区1处,即第二农业推广辅导区。此外,还先后在镇江、江宁、丹阳、句容、金坛、溧阳、宜兴、无锡、吴县、昆山、嘉定、南通、泰兴、扬中、铜山等县

---

① 南京市政协文史资料委员会、南京市工商业联合会、中国水泥厂编:《搏浪前进——中国水泥厂史料专辑》,南京出版社1985年版,第24页。

② 国民政府善后救济总署档案:《行政院善后救济总署苏宁分署呈报辖区灾情概况代电》,中国第二历史档案馆藏。

③ 国民政府善后救济总署档案:《黄泛区损失统计表》(1945年9—10月),中国第二历史档案馆藏。

④ 《江苏省田赋粮食管理处粮字第549号训令》(1945年2月21日),《江苏省政府公报》第一卷第一期。

成立了36个县级农业推广所。县以下的基层农业推广组织为农产改良会,到1946年已经成立了约200家。[①] 在这些农业推广机构和组织的推动下,在苏州、无锡、徐州等地先后推广了优良稻种和麦种。在棉种方面,1945、1946年间,江苏全省推广优良棉种共11330亩。[②]

第四,拨助种子、肥料和农具。战后,鉴于江苏省在日伪时期农村经济凋敝,国民政府农林部及行政院善后救济总署的救济物资中有蔬菜种子、肥料、农具等,江苏省根据本省的实际情况,特别商请上述机构优惠拨付救济物资。为此,国民政府农林部及行政院善后救济总署给江苏省下拨了菜种431桶(计10000袋)、农药39袋、喷雾器180具、化肥1000吨、小型农具1000套。为此,江苏省有关部门制定了分配办法,其中菜种转拨农民,共种植蔬菜27000亩。[③]

第五,制定苏北农林复员计划。为了恢复苏北农村经济,江苏省政府制订了《苏北复员计划纲要》,并逐步实施。同时,江苏省利用农林部农业推广委员会和行政院善后救济总署苏宁分署拨付的救济面粉780吨,在徐州、砀山等地收换优良麦种1.9万余担,贷放于徐州、淮阴、南通、如皋等县。此外,还办理种子、农具、耕牛贷款等,以资助难民复耕。

上述政策和措施,在一定程度上促进了江苏农村经济的恢复。但是,由于内战的再度爆发和国统区经济的衰退,江苏广大农村经济在经历了短暂的恢复后,重又陷入危机之中。

三 苏南社会经济的恶化

以抗战胜利为契机,江苏国统区经济曾一度复苏。但这种复苏又有很大的局限性,只是某些行业(棉纺、面粉、机械、电力)在较短的时间(1948年8月以前)内表现得较为明显。随着内战的再度爆发和国统区社会、经济危机的全面加深,江苏的经济迅速陷于全面的危机和衰败之中。直接导致这一状况的原因主要有以下几个方面:

第一,内战的氛围造成资金、原料、燃料的紧缺。巨额军费的开支,使银行无法给工业提供大量的贷款。战火的不断扩大,使苏北的粮食、棉花不易收购、运销到苏南的工业城市,也使东北、华北的煤炭不能顺利南调。

第二,国家垄断资本严重侵害了民营工业的利益。国家资本实力雄厚,在资金、设备、原料等方面占据绝对优势,民营工厂多方受到压制。1946年秋,无锡50余家丝

①② 王懋功主编:《江苏省政府政情述要》建设部分,台湾文海出版社有限公司1983年版,第11页。

③ 王懋功主编:《江苏省政府政情述要》建设部分,台湾文海出版社有限公司1983年版,第12页。

厂因原料缺乏，“相率停闭已达二十余家之多”，不得已，该县缫丝业公会致代电行政院转饬中蚕公司，要求将所存原料配给各厂，以维持生产。[①]

第三，民营工厂不堪苛税、公债摊派的重压。1946年最高所得税率累进至85%，致使一般工厂无力进行正常维修和扩大再生产。1947年4月1日起发行的美金公债，硬性摊派，纺织厂每一纱锭摊派4.477美元，更使民营业主叫苦不迭。

第四，对部分原料和产品的限销、限价。国民政府为了防止工业品流入中共解放区，实行“限额转口”办法，给生产带来严重影响。如对棉纱、棉布实行管制运销后，使常州、无锡200余家布厂“棉纱来源断绝”，“六万余工人先后将被迫停工”[②]。同时，国民政府还对民营纱厂所产棉纱的一半实行统制政策，低价收购。如1947年2月每件20支标准纱的最高限价为250万元，而当时成本却需要412万余元，使民营纱厂蒙受了巨大的损失。[③] 至1948年“八一九”限价后，由于汇率的变动和黑市原料价昂等因素，民营工厂亏损严重，难以为继。国民政府立法委员刘友琛曾就此向工商部提出质询，指出：在8月19日之前，各工厂购买1美元原料，只合900万元法币，现在由于1美元合4元金圆券，相当于旧法币1200万元，因此购买1美元原料，实际支出增加了30%以上，而售价却要冻结在8月19日的水平，其结果是造成工厂的亏本。

战后在江苏一度复苏、稍现繁荣的棉纺织业，随着时间的推移，亦显艰难。棉纺织业素称发达的无锡，受棉纱配额供应的限制，生产受到极大影响。资料显示，在1948年8月时，无锡布厂每月共需棉纱4000多件，而“纺管会”每月只配给160件，占需要量的三十分之一，且所配纱价昂贵，甚至超过黑市价，致使许多布厂在原料恐慌和成本增加的双重压力下，纷纷被迫停产。纱锭曾一度增加到8.1万枚的申新三厂，也因经不起货币贬值、强行限价而陷入困境。到1949年人民解放军占领无锡前夕，无锡四大纺织厂中，申新三厂实开纱锭仅为16040枚，庆丰厂为13088枚，丽新厂为28000枚，振新厂为7123枚，合计为64251枚，只相当于1947年开动纱锭数的37.2%。[④] 常州著名棉纺织企业民丰纱厂，生产经营状况也日渐恶化。该厂1947年产棉纱13293件（不含本厂织布用纱）、棉布254491匹；1948年棉纱产量降为9712件，棉布产量为237596匹，比上年分别减少了27%和6.6%。[⑤] 无锡、常州的一些中小棉纺织企业，因经受不起打击，纷纷濒于破产。1948年7月17日《武进新闻》刊登

---

① 《无锡县缫丝业产业公会致行政院代电》（1946年11月28日），中国第二历史档案馆藏。

② 《虞铭甫致行政院长张群电》（1947年5月10日），中国第二历史档案馆藏。

③ 李占才、张凝：《著名实业家荣氏兄弟》，河南人民出版社1993年版，第270页。

④ 王赓唐、汤可可：《无锡近代经济史》，学苑出版社1993年版，第204页。

⑤ 《江苏近现代经济史文集》，江苏省中国现代史学会1983年编印，第182页。

常州染织业消息称:“本邑染织厂业,在此棉花生产奇缺,纱价猛烈剧涨之际,全城各厂二万台布机行将停工,数万男女职工,均有遭受失业之危机……”

面粉业在恢复、发展的同时,也遇到多方面的挫折。其中包括:政府限制转口,影响了面粉的销路;强行低价调运,造成粉厂的大量亏损;“八一九”限价,又把政府和社会的危机转嫁到私营业主的身上。仅1947年5月,粮食部北调常州茂新等面粉厂10万袋面粉至平津一项,即因限价每袋10万元,大大低于成本、运费15.7万元的支出,而使茂新粉厂损失40亿元之巨。[①] 大型粉厂经营尚且如此艰难,中小型粉厂的遭遇更可想而知。1946年底《文汇报》一篇关于沪、苏、锡、常四地面粉工业的报道称:“小型厂已纷纷倒闭,就是现在还在开工的几家中型粉厂,也时停时开,在勉强拖延日子。据一般观察,今年阴历年关,恐难安全度过。”[②]据调查,到1946年12月,各地已关闭的面粉厂计有:苏州的元和、裕丰、禾丰、五丰、大陆等,无锡的顺丰、安丰、永安、民丰等,常州的广丰新、宝丰、大德、恒益、盈丰、宝泰等。

缫丝业是战后最不景气的行业之一。缫丝业的衰退,很大程度上是受到不合理价格的影响。如1946年秋,苏南一带干茧收购价格高昂,缫丝一担成本需600万元,而政府收购限价只380万元,迫使20%—30%的丝厂停工。无锡著名的永泰丝厂被迫出租给中蚕公司,另有一家拥有200余部丝车的隆昌丝厂也只得遣散工人歇业。到1946年底,无锡只有42家丝厂的4214台丝车时开时停,还不到战前的三分之一。[③] 至1948年12月,缫丝生产成本与售价倒挂的现象更趋严重。有人统计:缫丝一担,用煤2吨,为2600元,缫丝工按15.4倍生活指数计算,计4650元,其他水电、运费、捐税、利息、劳务开支等,约需3296元,总计连原料干茧在内总成本为20200元。按市价每担15000元出售,每担缫丝净亏5200元。[④] 因此,到1948年底,无锡城乡仅剩的2000余部丝车,又停了80%,到1949年2月初,则已全部停工。

除了纺织、面粉、缫丝几个大的行业外,受整个政治、经济等因素的影响,江苏民族工业中的其他各行各业,也大多处于风雨飘摇之中。五金、机器、水泥、火柴等工业,均呈衰退之势。如机器制造业有相当基础的常州,战后初期该业曾拥有大小工厂73家,工人近千名,至1949年解放前夕,仅剩600余名职工。该地在1948年8月时,制造一台布机限价金圆券710元,承接定货后,收取50%的定金,到制造完成交货时,一台布机的全部售价,尚不足支付运力(900元),致使该业亏本严重,工厂发不出工

① 李占才、张凝:《著名实业家荣氏兄弟》,河南人民出版社1993年版,第271页。

② 陈真编:《中国近代工业史资料》第4辑,三联书店1961年版,第418页。

③ 王赓唐、汤可可:《无锡近代经济史》,学苑出版社1993年版,第203页。

④ 《经济周报》1948年12月16日。

资，连工人的伙食费也难以支付。[①] 江苏最大的化工企业南京永利錏厂，至1949年前后，生产日渐萎缩，日产硫酸铵降至百吨左右，而到1949年2月以后则完全停工。

在农业方面，由于内战的爆发和政府恢复农业生产的政策未认真落实，江苏农村经济也陷入危机。在恢复农业政策方面，江苏省虽然减免了田赋，但是，减免田赋期未过，江苏省政府已开始预征1946年度的田赋。江苏省政府主席王懋功电令各县政府，限期"征齐拨交指定单位，如有贻误，该县长责难旁贷"[②]。即使在减免期间，当局仍以各种办法，对农民进行盘剥。宜兴县政府在抗战胜利后的9个月中，先后两次向"余粮户""劝售"军粮，名为"劝售"，实则硬性摊派。县政府将定额分摊到各区公所，区又分摊到各乡镇，再至各保、各甲、各户。以宜兴为例，第一次共征米3万石，每石价4400元，扣去警察所、区分所的杂捐，到农民手中，每石米只剩下3500元，而该价款还要在5个月中分三次付清，有些农民在拿到米款时，市场每石米价已涨到3.2万元。第二次征粮1万石，市价每石5万元，但征粮时只付给每石3万元，农民叫苦不迭。[③]

1946年7月，国民政府重新恢复田赋征实和借征的政策，江苏省政府要求各县征粮。无锡县政府将2万石糙米的份额，分派由城区各行业摊借8000石，各区乡摊借12000石。该县长称：凡对抗征借者，立即拘捕严惩。正处于青黄不接之际的无锡农民，只得向城区粮行购粮缴纳征借。在常熟，县政府人员悉数出动，分赴各区征缴1946年度的田赋。吴江县各区公所则配以武装征缴大队到农民家中征缴。据国民政府有关部门统计，1945年整个国统区田赋额5900余万担，而到1946年则猛增为11756.7万担。[④] 沉重的田赋，使苏南农村经济陷入危机之中。

四　国统区经济的深重危机

抗战胜利后的江苏国统区经济，基础残破，百废待兴，虽然由于山河恢复、经济接收，曾经出现过重振经济的有利条件，某些行业也有过局部的恢复和发展。但是，国民党当局挑起的全面内战，又把江苏国统区的经济推向危机的深渊。到1949年，随着国民党政权在这一地区军事防御和政治统治的崩溃，江苏国统区的经济也面临着深重的危机。

在工业方面，素以纺织业闻名的无锡原有80余家丝厂，战后不断停产、倒闭。至

---

① 《江苏近现代经济史文集》，江苏省中国现代史学会1983年编印，第182—183页。

② 江苏省政府1946年9月10日代电，《江苏省政府公报》第一卷第二十六期，江苏省档案馆藏。

③ 王其：《宜兴人民在呻吟》，《群众》第十一卷第六期。

④ 陆仰渊、方庆秋主编：《民国社会经济史》，中国经济出版社1991年版，第844页。

1946年7月底，几乎全部停顿。无锡在抗战胜利时只有4家纱厂恢复生产，纱锭数仅有31000枚，为战前的13.1%。著名的振兴、新裕二布厂亦先后倒闭。战前全省共有登记的各类企业、公司54家，而至1946年10月，尚开业者只有29家，其中苏北1家，苏南21家。在苏南的这21家公司中，染织业有3家，纺织业有2家，面粉业有2家，农业有2家，其他行业13家。[①] 全省电力供应所遭破坏尤为严重。战前全省原有发电厂113家，占全国总数的20%强；发电量约13万千瓦，占全国总发电量的35%。而抗战胜利之初，勉强能发电者不足10家。经过一年的恢复，有32家电厂发电，占抗战前电厂数的28.3%；发电量为5.3万千瓦，只占抗战前发电量的41%。[②] 战后的矿业破败不堪，全省在抗战前共有矿区39个，其中煤矿21个、石墨矿6个、磁土矿7个、云母矿2个、磷矿2个、铜矿1个，而到抗战胜利时，原有各矿除华东煤矿公司尚可勉强维持外，其他各矿均完全停顿，无法开采。[③]

在工业危机的同时，各地的商业也十分萧条。仅1946年6月份，无锡即有恒裕、永安等30余家商店宣告停业。苏州的商业中心观前街，常至下午，商店即行关门，街道凄凉冷清。

农业凋敝，农民负担沉重。长期的战乱，给农业带来的损失尤为严重。战后经过一年的恢复，成效甚微。为此政府曾试图恢复农村经济，但其政策措施未能落实，加上沉重的赋税以及战争的破坏，江苏农村经济也陷入了危机之中。

在财政方面，政府财政赤字，人民生活艰难。全省1945年度预算总额为234795000元，连同历次追加，达到957407988元，按物价上涨1000倍计算，此预算效用，仅及抗战前1936年度的3.5%；1946年度预算总额原为270亿元，后被核减为60亿元，按物价上涨3000倍计算，此预算仅及1936年度的7.4%。[④]1946年10月，江苏省编制的1946年度下半年预算，岁入总额为10821745525元，岁出总额为18354854510元，财政赤字达75亿多元，几乎相当于岁入总额的70%。[⑤] 这种入不敷出的现象，在各县市亦相当严重。为弥补财政赤字，国民政府行政院发出训令，批准各县市可举办三种“田地制宜捐税”，“以各县市境内特产为课税对象”。据此，在1946年内，江苏即有溧阳、江都、宜兴、句容、江阴、吴县、常熟、吴江、南通、泰县等县征收土布、丝绸、山货、水产、锡箔、植物油等类物产的捐税。

经济的不景气，使物价腾贵。如以1937年1—6月的趸售物价指数为100，则南

---

① 王懋功主编：《江苏省政府政情述要》建设部分，台湾文海出版社有限公司1983年版，第14页。

②④ 《江苏省政府三十四、三十五年政情述要》，中国第二历史档案馆藏。

③ 王懋功主编：《江苏省政府政情述要》建设部分，台湾文海出版社有限公司1983年版，第15页。

⑤ 《江苏省政府委员会第六十次会议记录》(1946年10月8日)，《江苏省政府公报》第一卷第三十期。

京1946年1月达170158，6月更达到472978；镇江1946年1月为228560，6月达到497000。[①] 物价的上涨直接影响到百姓的生活。以粮食价格为例，1945年10月，全省各地粮价一般在每石米3000元左右，一个月后，即11月，米价便突然涨至1万元以上。盛产稻米的吴县，至1946年2月底，每石米已涨至2.5万元。粮价的不断上涨，造成社会动荡，人心惶惶。国民党京沪卫戍区绥靖工作督导团分团，不得不在镇江邀请省会警察局、省田赋处、宪兵队、米业公会、镇江县政府和省社会处等十多家单位，共同商讨粮荒对策。尽管如此，江苏省政府仍无法控制粮食和各种物价的飞涨。

上述情况说明，经过八年战乱的江苏，在抗战胜利之初，经济面临着十分严峻的局面。

1946年6月，国民党当局挑起了大规模内战，江苏地区又一次被卷入战火之中。随着内战的爆发，江苏国统区经济恶化的趋势进一步加深。国民党当局挑起全面内战，苏北地区首当其冲，是内战的主要战场之一，战火的破坏和国民党当局对江苏国统区的加紧搜刮，使本已惨淡的江苏国统区经济危机更加深重。

首先，城市工商业进一步萧条。古城苏州，在1946年最后两个月中，即倒闭商店110余家。首都南京也直接受到全国和苏北战事的影响。经过7、8两个月的苏中战役，南京在9月一个月中便倒闭工厂、商店30多家。据《解放日报》1947年初的报道，南京又有500家工厂、商店关门，失业工人达1.5万人，商店损失15000亿元。该报还报道称：这"很可能是南京经济完全破产的信号"[②]。在历史上负有盛名的苏南缫丝业，此时也一落千丈。抗战前，苏南鲜茧每担价约合米7石左右，至内战爆发后，每担鲜茧价为9万元左右，折米1.5石。不仅如此，就丝商而言，总计茧本、燃料、工资、厂租、零耗等项，每担丝的成本已达290万元，而一担高匀度丝只值250万元，不仅无利可图，且大大亏本。为此，1946年7月22日，江苏省临时参议会第一次会议通过了《请拯救蚕丝业以争取国外市场》的决议案，内称，丝商已"岌岌可危"，"丝商为不能维持，则鲜茧必不能销售"；鲜茧价廉，"农民岂不能为自己打算挖桑，以致种稻棉等植物乎？长此以往，桑树势必绝迹，遑论乎蚕"。[③]

无锡是战后经济恢复较快的地区，其缫丝业也抵挡不住成本急剧增加的冲击。无锡县缫丝业公会在1946年11月呈行政院的一份代电中称："最近各厂以原料缺

---

① 秦孝仪主编：《中华民国经济发展史》，台湾近代中国出版社1983年版，第917—919页。

② 《解放日报》1947年1月16日。

③ 国民政府行政院档案，中国第二历史档案馆藏。转引自孙宅巍：《略论战后江苏国统区经济》，《学海》1992年第1期。

乏，秋茧成本加重，相率停闭已达20余家之多，整个丝业即将全面破产。使二万余缫丝工人威胁于失业之境，前途不堪设想。”[①]素有丝绸之乡美誉的吴县，因丝厂纷纷停业减产，至1946年12月，全县失业工人已达43597人，其中大部分为丝织业工人。

国民党当局的军事围剿，使江苏农村横遭劫掠。广大苏北农村在国民党军的“围剿”、扫荡中，农民背井离乡，土地荒芜，加之地主的反攻倒算，农业生产遭到了严重破坏。

在苏南农村，经日伪八年的蹂躏，经济方欲复苏，又值国民党当局挑起内战，水利失修，抽丁征粮，苛捐杂税，敲榨勒索，广大农民复陷于困境之中。素有鱼米之乡美誉的常熟县，在水灾、粮荒、兵灾的多重压力下，农村经济已逐渐走向绝境。据报道，至1946年10月，全县160万亩农田，被淹的就有50万亩，“稻茎腐烂，颗粒无收”[②]。在灾荒威胁下的广大苏南农村，还要承受“征借军粮”的重负，被强令缴出赖以为生的口粮。当国民党军苏南驻军被纷纷派往江北战场时，江苏省田粮处急电各县，强迫征粮，规定1946年8、9两个月的军粮，必须由预征田赋来解决。常熟县政府也宣称，“万事莫如军粮急”，县政府人员全体出动，分赴各区域提征1946年度的田赋。吴江县各区公所，则于8月初配以武装大队，到农户家中强行征借。在种种摧残下，苏南农村日益破败。

在内战爆发后的一年半中，南京、镇江两地的趸售物价上涨了22倍左右。[③] 仅在1946年6月一个月中，南京的米价即由每石2.5万元上涨到7万元以上。1947年2月，苏南地区米价普遍超过每石10万元。到4月底，南京、镇江等地米市，则已涨至每石15万元以上。[④] 粮价和其他物价的不断上涨，使公教人员的生活愈益窘迫，虽然国民政府不断为其增加薪金的基数和倍数，但其生活水准仍在急剧下降。1946年6月，经蒋介石亲自批准，南京市公教人员薪金的基数定为7万元，加倍数380倍。8月，公教人员的薪金，南京市为基数11万元，加720倍。苏、锡、常、镇为基数9万元，加540倍。国民政府立法院在1946年10月29日的例会上指出：自1945年9月至1946年10月，南京等地的物价上涨了17倍，而公教人员薪金平均只增加了7倍。南京公教人员的生活指数，1946年10月上旬为7580倍，中旬为7920倍，而其薪金及生活补助费合并计算，尚未达到1000倍。[⑤] 另据南京物价委员会发表的统计报告，若以

① 《无锡县缫丝业产业公会致行政院代电》(1946年11月28日)，中国第二历史档案馆藏。
② 《群众》第十三卷第二十期。
③ 秦孝仪主编：《中华民国经济发展史》，台湾近代中国出版社1983年版，第917—919页。
④ 《镇江市粮食商业同业公会致江苏省社会处函》，江苏省档案馆藏。
⑤ 《武汉日报年鉴》(1947年)，武汉日报社1947年版，第18页。

1937年上半年物价为基数,至1947年4月,南京的生活指数已上涨了1万余倍。

米价的猛涨和生活费用的激增,使全省各地不断掀起抢米风潮和怠工事件。1947年5月初,无锡米价已涨至每石26万元,比一个月前猛翻两番。5日至6日间,无锡爆发了全城性的抢米风潮。5日晨,无锡市场已无米出售,唯北门外成泰米行在抬价零售,饥民遂蜂拥而入,将该米行一抢而空。随后,数千饥民分两路在北门一带各米行、面粉厂抢米、抢面,经宪警镇压,至中午时分,北门一带甫告平息。午后,抢米风潮再起,且声势浩大,波及全城。被抢对象,达于大小米行,并兼抢面粉、棉纱,竟夜不息,一直延续到6日下午,后为宪警武力镇压。此次抢米风潮,持续两日,被抢米店、米行达72家,共抢米4000余石,有21人被捕。[①]

5月7日,南京郊区浦镇也发生了抢米和工人怠工事件。7日晨,浦镇米价在数小时内连续飞涨,由每担19万元一跃突破30万元大关。浦镇众多铁路工人拥往金汤街与米商论理,"言语不合,冲突起来,各米店遂遭捣毁,存米为之一空。"[②]该地混乱状态持续达1小时之久,方由军队及宪兵以武力驱散,当场逮捕抢米饥民及无辜居民9人。事件发生后,浦镇机厂千余工人为抗议国民党军宪乱捕工人及米价猛涨而怠工。三日后,怠工工人在领得救济费用后方予复工。

随着国民党军在内战的各个战场由战略进攻转入战略防御,江苏国统区的经济也日趋走向崩溃。

国统区经济走向崩溃的重要标志是物价猛涨,如洪水决堤,无法收拾。据南京市政府1947年统计,该市趸售国货价格较1937年上涨了104004倍,其中金属类上涨最剧,为178377倍;零售国货上涨了100505倍,其中以燃料为最,达159245倍;公务员生活费指数上涨83931倍;工人生活费指数上涨63301倍。[③] 接着,全省趸售国货价与抗战前相比已增至20万倍以上;零售国货价涨至约21万倍。[④] 此时,南京工人的生活费指数已达到1937年上半年的16.3万余倍,燃料类达25.6万余倍。同一时间,镇江工人生活费指数增加近21.6万倍,燃料类更高达33.1万余倍。江苏省主席王懋功惊呼:"物价波动几为脱缰之马,不可制止,人心浮动,社会不安","粮食恐慌已成普遍,像升斗小民,皇皇不可终日。"[⑤]

物价之腾飞猛涨,加之军费浩繁,地方财政入不敷出,致使工厂纷纷倒闭,交通状

---

① 无锡市粮食局编:《无锡粮食志》上卷,1984年印行。

② 《大公报》1947年5月9日。

③ 南京市政府统计处档案,《五二〇运动资料》第1辑,人民出版社1985年版,第85—86页。

④ 《江苏省经济会报第90次报告》,江苏省档案馆藏。

⑤ 国民政府行政院档案,中国第二历史档案馆藏。

况严重恶化,农民亦不堪重负。

纺织业素称发达之无锡,各小型纱厂,早在1947年初已靠政府工贷维持,11月,工贷停止。各厂只有靠贱价出售棉纱勉力维持员工生活,其生产形势,多已岌岌可危。抗战胜利之初,参加同业公会之无锡布厂尚有90余家,至1948年初,“开工之布厂,不满五十家,且少数呈半工休止状态”。由于原料飞涨,工资激增,各布厂常于成品出厂后,“因时日之迟,恒不能与购进之纱价相合”①。

战后生产一直艰难的无锡丝厂,原有丝车2000部,至1948年底,已停1600部,到1949年初则全部停车。著名的美纶、惠大、庆丰等丝厂,亦均关闭。② 盛产丝绸的吴江县,因工厂倒闭,开工不足,1945年所产绸缎7930000码,销7500000码,至1949年上半年,只产865117码,销834977码,产销数均仅及抗战胜利时的11%左右。③ 与此同时,全省交通状况亦危机四伏。在物价飞涨之下,汽油、养路材料等涨价尤甚。以1948年6月下旬的长途汽车运价为例,21日刚提定新价,又因“旬日以来,物价疯狂上涨,汽油黑市每加仑160余万元,成本骤增一倍以上”,“又养路材料亦猛涨不已,养路经费不敷颇巨”,故于29日的江苏省政府委员会第180次会议上,又议决自7月1日起,“按原行价额增加一倍”④。

农村经济亦因农民不堪重负而愈益破败。各县政府因预算不能平衡,纷纷加紧对农民进行搜刮。金坛县政府决定将农民1948年度应缴纳的田赋,由每元附加谷6升5合,翻为1斗3升;无锡县则决定将每元附加谷6升5合增加4升。⑤ 农民所缴田赋,本已十分沉重,还不断承受各种苛捐杂税、额外负担,加之抽丁、劳役之苦,实已无法维持正常的生产和生活,致苏南农村经济陷入绝境。

1948年8月19日,国民政府在全国发行金圆券,并实行“限价”政策,南京、江苏地区亦一体遵照施行。但是,江苏各地的金融、物价只是在政府的强力压制下平静了很短的时间。从10月份起,无锡等地就已出现抢购物品的现象,致“食米限购五斗,鲜鱼、鸡蛋绝迹”⑥。此后,通货恶性膨胀,黑市充斥各地,全省人民陷入一场巨大的灾难之中。

江苏国统区城乡经济的进一步恶化,使社会秩序动荡不安,人们用各种方式进行

---

① 《无锡工商大集》,中国第二历史档案馆藏。

② 《经济周报》第七卷第二十四期,第八卷第五、六期。

③ 吴江县档案馆编:《吴江蚕丝业档案资料汇编》,河海大学出版社1989年版,第422页。

④ 《江苏省政府公报》第三卷第二十期。

⑤ 《江苏省政府公报》第三卷第三期。

⑥ 江南:《蒋经国传》,中国友谊出版公司1984年版,第176页。

挣扎和抗争。

江苏各地公教人员不堪生活费用的激涨，纷纷游行示威，要求改善生活待遇。1947年下半年，泰州县政府因配合国民党军的“驻剿”、“追剿”等军事行动，财政空虚，竟拖欠了公办学校教师4个月的薪金，该地教师遂于10月陆续组织游行和罢教，以示抗议，并前往县政府索薪。泰州县政府虽采取种种威胁、恫吓等手段，仍不能制止，最后只得答应三日后发薪。[①]

在南京，虽然军警如林，戒备森严，仍不断发生抢购面粉和抢米事件。1948年5月初，南京夫子庙地区的永乐号、新福记两家粮行，刚由宪兵押送40袋特粉前来，即被民众抢购一空，一时“秩序大乱，押车宪兵于劝阻不听时，对空鸣两枪，群众仍不理”，有15人被当场拘捕。[②] 11月上旬，南京又发生抢米风潮。9、10两日，自石鼓路裕丰米厂被抢后，风潮迅速蔓延全市，“抢米饥民二三百人或数十人一伙不等，见有米店即将店门冲开，一拥而入，强行取走”，抢米者“男、女、老、幼、士、农、工、商，各色俱全”，两日间，共有22家米店的2505石米被抢。[③]

除首都南京外，苏北、苏南各地，随着粮价的猛涨，饥民抢米事件迭起。1948年6月，泰州城内米价由每石700万元一跃至1200万元，致使贫民无力买米。21日，2000多贫民冲进米店抢米，共有16家米店被抢。由于国民党军警的镇压，这次抢米风潮方得平息。时隔数日，长江南岸的无锡又起抢米风潮。1947年这里发生抢米风潮时，每石米价为26万元，而一年后的1948年已涨至每石1670万元，黑市价更高达2000万元，上涨了六七十倍。由于抢购者甚众，米店停业，人心惶惶，只有20%左右的居民可以买到“平售米”，致使市民叫苦不迭，走投无路。6月25日晚，首由七八十名饥民于西门恒兴新米行抢米十六七石和蚕豆6石多，旋为宪警驱散，随后，北门又聚数百名抢米者。不久西门被驱散之饥民又复聚集拥至大丰鼎记米行，将该行约200石稻米全部抢完，直至翌晨1时半，方为军警平息。此次抢米风潮，共有9家米行、500多石米被抢，饥民被捕者达五六十人。[④]

席卷江苏各地的抢米风潮，暴露了国民党当局和江苏省政府面临深刻的经济、政治危机，是国统区经济走向崩溃的集中体现。江苏国统区经济走向崩溃，加速了国民党军在江苏战场的失败和国民党政权在江苏统治的垮台。

---

① 《解放前夕泰州城区群众斗争纪实》，《扬州革命史料选》第2辑。

②③ 国民政府粮食部档案，中国第二历史档案馆藏。

④ 《抢米风潮损失统计》，《锡报》1948年6月28日。

第五节 战后的文化与教育

一 文化事业的恢复

抗日战争胜利后，为了肃清日伪统治时期的奴化文化影响，江苏省政府加强了对文化事业的管理。江苏国统区的各项文化事业主要仍归教育行政机构管理。为加强新闻控制，1946年12月江苏省政府成立了新闻处，直属江苏省政府，凡与新闻有关的文化事业，如广播电台、报社、刊物及摄影、电影等，均归其管理。

抗战胜利后，江苏省政府即着手恢复文化场馆。在日伪统治时期，江苏的文化设施和文化事业损失严重。抗战前，全省共有公立、私立各级民众教育馆276所、图书馆49所、公共体育场85所、博物馆5所。江苏沦陷后，所有文化机构一律停办，除省立苏州图书馆特藏图书被密藏东、西洞庭山，尚称完好外，余均损失一空。南京民众教育馆、公共体育场等设施，竟至片瓦无存。抗战胜利后，江苏省政府着手恢复文化设施和文化事业。因此类文化设施损失过巨，经费困难，故恢复速度甚为缓慢。以江苏省立国学图书馆为例，抗日战争爆发后，江苏省立国学图书馆奉命将图书转移，人员撤离，图书资料损失惨重。抗战胜利，该图书馆馆长柳诒徵从重庆返回南京，召集原馆同仁，千方百计查找散失图书，并与国民政府南京区清点接受封存文物委员会商洽，将分散在伪文物保管委员会、伪中央图书馆、陈群"泽存书库"的书籍、财物、家具等清理收回。到1946年5月，共收回图书近16万册及一些古物、书版字画等。1946年8月1日，江苏省立国学图书馆恢复开放。此外，至1946年底，全省共整理、恢复了镇江、徐州、南通3所省立民众教育馆及30个县市的32所县立民众教育馆，以及国学、镇江、苏州3所省立图书馆及17个县市的17所图书馆；9个县市的9座公园。[①]同时，抗战胜利后，国立中央图书馆也陆续将藏书及人员迁回南京，恢复了位于南京成贤街的阅览室，并一直到1948年10月。此后，国立中央图书馆的珍籍分三批先后运往台湾，共计12.1万余册善本，5581幅金石拓片和汉简、古器物，185箱中外文图书期刊、报纸、档案等。第四批图书在启运台湾时，在国民政府代总统李宗仁的命令下停运，才得以留在了南京。

战后，一些文学艺术界人士也创作了一批有影响的文学艺术作品，推动了战后江苏文化事业的恢复和发展。

---

① 国民政府教育部档案：《江苏省三十五年度教育工作总检讨报告》，中国第二历史档案馆藏。

文学方面，战后，一些作家推出了自己的优秀作品。路翎1947年出版的小说集《求爱》，显露出作者的另一个自我。小说集中的一篇《王家老太婆和她的小猪》，典型地显示出以胡风为首的“七月派”的流派色彩。陈瘦竹于1945年10月出版了短篇小说集《奇女行》，收录了《奇女行》、《囤积》等5篇小说。《奇女行》描写“奇女”柳莺因故乡沦陷，假称未婚女子寻访胞兄，与各种麻烦巧妙周旋。1946年1月，葛琴在上海出版了短篇小说集《一个被迫害的女人》，收录了《一个法官太太》、《罗八堂之死》、《一个被迫害的女人》等7篇小说。其中《一个被迫害的女人》描写了农村妇女周嫂无辜遭受迫害而不敢反抗、逆来顺受的悲惨故事。1946年6月，钱锺书的短篇小说集《人·鬼·兽》由上海开明书店出版，收录了《猫》、《灵感》、《上帝的梦》、《纪念》等4篇小说。作者以奇特的想象，构思了上帝、人间、地狱的种种故事，通过写人、写兽、写鬼来讽刺暴露20世纪40年代黑暗社会的种种时弊，特别是人与人之间关系的虚伪、狡诈。钱锺书的长篇小说《围城》于1946年在上海《文艺复兴》杂志第1卷第2期开始连载，1947年5月由上海晨光出版公司出版单行本。小说描写了一群知识分子在抗战时期求职与婚恋等一系列问题的变迁浮沉，展现了沦陷后上海的骚乱和奢华，战时后方的凋零和腐败，从一个侧面深刻地反映出当时中国的时代形象。作品在艺术上取得了较高的成就，它以中国传统的白描手法为基础，吸取了近代西方文学细腻逼真的人物心理描写，在人物塑造上深刻而精致，着笔不多，形象生动。深刻生动的心理描写、机智幽默的揶揄嘲讽、丰富精辟的比喻，构成了作品独特的艺术风格。此外，菡子、吴绮缘、程造之等在战后也先后出版了长篇小说或短篇小说。

戏剧方面，抗战胜利后，一些剧作家发表了他们的戏剧作品，其中重要的有：洪深的《鸡鸣早看天》，重庆华中图书公司1945年10月出版，剧本描写发生在川北公路旁一家小旅店里的故事。一群因抗战胜利纷纷归家的人们，由于汽车抛锚暂时聚居于此，“洪深通过此剧揭示出抗战胜利背后的混乱和阴暗。各种丑类仍在危害社会，昔日作恶的汉奸摇身一变成为隐患，实现真正的民主自由还需斗争。剧名‘鸡鸣早看天’寓示人们辨别晴雨明晦，抛弃黑暗走向光明”。

陈白尘早期从事小说创作，从创作讽刺喜剧《恭喜发财》、历史剧《金田村》开始，标志着他由小说转入戏剧创作。抗日战争时期是陈白尘戏剧创作的活跃时期，计有讽刺喜剧《魔窟》(1938)、《乱世男女》(1939)、《未婚夫妻》(1940)和《岁寒图》、《禁止小便》(1941)等。1945年10月，陈白尘完成了他最重要的代表作《升官图》。这部政治讽刺喜剧的背景是民国初年，两个逃避追捕的强盗，在油灯下做了一个升官发财的美梦。在梦中，他们冒充县长和秘书长，与大小官员既勾结又倾轧，干尽了坏事，最后是愤怒的人们将他们捉住，美梦才被惊醒。这场梦，是作者对当时现实社会的真实写照。作者高度夸张,制造出许多离奇怪诞的笑料,主题在笑声中展开,体现了陈白尘善于学习外国喜剧创作的思路和艺术手法。

1946年后,吴祖光发表《捉鬼传》,1947年又发表了《嫦娥奔月》。《捉鬼传》借助民间传说"钟馗捉鬼"的故事,发泄了作者对"盟友、长官、将军、恶霸"当道社会的愤懑,发出了"加倍的反抗才有生路"的呼声。钟馗捉尽了人间之鬼后大睡一千年,醒后发现"遍地是鬼",已无能为力。该剧揭露了社会的黑暗,鞭挞了国民党政府勾结帝国主义残害百姓。《嫦娥奔月》描写嫦娥为反抗后羿的暴行,偷吃灵药奔往月宫过幸福生活,暗喻国民党统治的凶残,表达了人民对和平幸福生活的向往。

这一时期,一批文学译著也先后出版,其中重要的有:法国大仲马著《基督山恩仇记》,徐蔚南译,南京独立出版社1945年11月出版。俄国陀思妥耶夫斯基著《白痴》,耿济之译,上海开明书店1946年出版。英国狄更斯著《匹克威克外传》(上、下),蒋天佐译,上海骆驼书店1947年2月出版。法国巴尔扎克著《高老头》,傅雷译,上海骆驼书店1947年6月出版。法国雨果著《欧那尼》,陈瘦竹译,群益出版社1947年出版。法国安得列·纪德著《窄门》,卞之琳译,上海文化生活出版社1947年9月出版。苏联罗果夫编:《普希金文集》,戈宝权译,上海时代书报社1947年12月出版等等。

战后,文学社团又再度活跃,江苏各地一批文学社团纷纷涌现。其中重要的有:

苏州文艺社 1945年10月成立于苏州。由张嵩坡发起组织并任社长,先后在《苏州日报》上出版《每周文艺》副刊,在《大江南报》出版《星火》副刊。1947年张嵩坡代表该社去上海加入中国作家协会,同年出《"五四"纪念特刊》,郭沫若、茅盾为刊物题词,还曾出纪念高尔基和鲁迅等人的特辑。11月,该社去沪召开纪念性座谈会(参加者有胡风、曹靖华、梅林等人)。返回苏州时,3名社员在车站被捕,社址被搜查,被迫停止活动。后部分社员参加群社。

拓荒文艺社 1946年春成立于常熟,出版《拓荒》杂志,刊发新诗、散文、杂文、译作、文艺评论等,出至第7期时被禁停刊,转而开展演剧活动,上演过陈白尘的《结婚进行曲》,还办过义务小学。1948年秋停止活动。

江苏文艺作者联谊会 1946年7月4日在镇江召开发起人会议,公推洪为法为临时主席,洪为法、钦鲍雨、蒋啸尘、笪沛霖及姚谷良5人为筹备员,并就起草宣言和章程、筹备经费、试办茶座、出版周刊等问题作出决定。同年8月18日正式成立。

文苗笔会 1946年4月成立于徐州,先后出版《溪语》周刊和《灯》月刊,均由欧阳恢绪主编。该会曾召开关于诗歌方向的讨论会,研究诗歌的大众化问题。1948年8月《灯》月刊终刊,文苗笔会也停止了活动。

文炬社 1947年初成立于镇江,在《新江苏报》设有《文炬》副刊,刊登新诗、散文等。

牧野文艺社　1947年五六月间成立于苏州，是以苏州美专学生为主的文艺社团。其宗旨是“共同研究，学习写作，发现那荒野里的小宝藏，为苦难者呼喊”。同年10月创办《牧野》刊物，内容有时评、短论、散文、诗歌、小品、小说、杂感等，编辑史若萍等。1948年出至第2期后终刊。

荒芜社　1948年成立于镇江，成员为爱好文学的青年学生，在《东南晨报》设副刊《荒芜》，发表散文、诗歌等文艺作品。

新声文艺社　1948年9月成立于镇江，在《江苏省报》设《新声》半月刊，发刊词中说：“这是一些爱好文艺青年的集会，目的是为了去研究文艺和提高写作的兴趣。”

在美术方面，1946年5月，中国木刻研究会部分成员由重庆到达南京，另有求学于丹阳正则艺专的吴俊发加入了木刻研究会，其作品参加了1947年11月在上海举办的“第二届全国木刻展览会”。1947年夏，全国木刻协会主办的“第三届全国木刻展览”由版画家麦杆带至南京展出。同年6月26日，常州也举办了“全国木刻展览会”，展出作品119件。11月，全国木刻协会再次举办“第四届全国木刻展览会”，巡展于苏州国立社教学院及南京中央大学。

在新闻出版方面，抗战胜利以后，江苏出版业经历了一个从战后回迁恢复，再到萎缩的过程。抗战一结束，战时迁至后方的江苏各大报馆、出版社纷纷派遣人员回江苏各地接收和重建报馆、出版社。这一时期江苏的出版机构，或关停，或合并，或重建，或扩充，使战时因日伪摧残而萧条的江苏出版业有所恢复。但是，由于国民政府重新修订的出版法更趋严苛，再加上战后很快爆发了内战，国统区经济迅速陷入危机等因素，许多报社、出版机构纷纷倒闭，江苏出版业因此遭到了巨大的打击。

抗战胜利后，国民政府委任汪伪海军部长、苏浙皖绥靖主任任援道为南京先遣军总司令，同时派遣大批官员到收复区接收敌伪资产。与此同时，国民党中央宣传部也积极筹划接收各地新闻出版事业，企图迅速重建国民党的新闻出版体系。后方若干战前原设在京、沪、平、津等大都市的报社、杂志社、出版机构、印刷厂等纷纷派遣人员前往收复区，接收、恢复、重建和扩充自己原来的地盘。

在江苏，抗日战争快结束的时候，南京在日伪统治下继续出版的只有两张报纸，即伪《中央日报》和《中报》。日本投降后，国民党中宣部立即派遣《中央日报》总编辑陈训畬为南京特派员，偕李荆荪、卜少夫等飞抵南京，接收伪《中央日报》、《中报》等报社和兴中印刷社，并积极筹划国民党《中央日报》的复刊工作。在此之前，安徽屯溪中央日报社利用其便利的交通条件，曾先期派人到南京将伪中央日报社的房屋、器材全部接收，并且接收了汪伪的《南京新报》，改组为一张四开的《中央日报》，于1945年9

月初发行。另外，汪伪《中报》的设备也准备移交。9月5日，陈训畲一行来到南京，立即以中央名义重新全部接收伪《中央日报》，并在南京受降典礼的第二天，《中央日报》在南京原址正式发行。

北平《世界日报》的成舍我是国民党新闻出版界的知名人士，抗战胜利后，他也以重庆大员的身份来到南京，接受了汪伪中央电讯社和民国日报社的房屋设备，准备在南京出版《民生报》，以扩大自己的影响，后由于国民党的控制，被迫放弃了这一计划。《救国日报》总编辑龚德柏，在陆军总司令何应钦的帮助下，也飞抵南京，接收了本该由中央日报社接收的《中报》及全部印刷设备和纸张，使《救国日报》得以在南京顺利出版。

抗战期间，江苏的伪官方报纸，在日军宣布投降之后全部停刊。即使一般私营报刊，亦多暂告停顿。其原主持人过去有涉及汉奸嫌疑之言论行为者，则由工人暂时维持，其中部分由先遣工作单位接管，或由后方迁回之原所有者接收。同时，因抗战爆发而被迫停刊停业的原江苏境内的报刊、出版机构，也纷纷复刊和重新营业。如南通的《国民日报》、扬中的《扬中日报》、武进的《武进中山日报》、《晨报》，南京的独立出版社、徐州的章福记书店，等等。

抗战爆发时，各著名报刊、杂志社、出版机构大多随政府迁到内地，全国出版方面的人才也大量集中在后方各省。抗战胜利后，全国政治经济文化中心东移，于是他们又纷纷东下，且集中在东南沿海的上海和南京。到1946年5月，重庆国民政府迁返南京之前，原江苏境内的各大报社、杂志社、出版社及书店等均基本上完成了接收与回迁的工作。

1945年9月1日，国民党中宣部宣布取消战时新闻检查制度，开放报禁，全国各地特别是收复区趁着抗战胜利的激情出现了一个创办、复兴报刊杂志的热潮，而尤以京、沪、平、津及沿海一带为最。作为首都所在地的江苏省更是奋勇当先，省内各大中小城市纷纷恢复战前的报刊杂志，同时创办新报、新刊。

根据国民党中央宣传部档案所载，1946年，江苏境内（含南京特别市）登记在册的报纸约有110家（其中南京特别市约40家），①而到1947年8月底，就增至189家（其中包括南京特别市87家）。②

1947年，由于国民党中宣部制定了报纸减篇幅办法，要求南京、上海的各大报纸由原来三大张以上缩减为三大张，其他地方报纸则缩减为两张半或以下，从而使各报

① 《各省市新闻纸登记册》，中国第二历史档案馆藏。转引自张宪文、穆纬铭主编：《江苏民国时期出版史》，江苏人民出版社1993年版，第398页。

② 曾虚白：《中国新闻史》，台湾三民书局1989年版，第453页。

纸的规模受到了很大的限制。另一方面，战后物价的飞涨使许多新闻出版机构入不敷出，再加上政府的纸张配给制，许多新闻出版机构不堪重负，纷纷停刊或关门。随着国民党军在战场上的节节败退，国民党当局加强了对言论的控制，一些新闻出版机构无法生存。这一切，使江苏的新闻出版业走向衰落。

二　教育事业的恢复与发展

抗战时期，由于江苏一直处于日伪的统治之下，因此，抗战胜利后，江苏面临着百废待兴的局面。在教育方面，“胜利以来，原有教育事业，经暴敌之彻底摧毁，校舍夷为废墟，图书化为灰烬，一切设备荡然无存。”[①]1945 年 12 月，江苏省政府各厅恢复建制以后，省教育厅紧急分拨国民政府下拨的教育复员费 1.7 亿元，不久，再拨付教育复员费 4 亿元，以恢复教育事业。

为了使教育事业得以尽快恢复，江苏省政府在回迁镇江后，迅速制定了教育复员计划，分四期实施。第一期自 1945 年 10 月至 1946 年 1 月，主要“按照教育复员紧急措施办法，接收伪省立教育机关，恢复收复区一部分省立学校及社教机关，督促收复区各县赶办教育复员工作，调查省立教育机关战时损失”。第二期自 1946 年 2 月至 1946 年 8 月，主要“改组临时学校，并继续恢复收复区省立学校及社教机关，甄审收复区中等学校员生，修缮省立各教育机关，并添置设备”。第三期自 1946 年 9 月至 1947 年 1 月，“继续恢复收复区省立学校及社教机关，添设省立师范学校、职业学校及中学”。第四期自 1947 年 2 月至 1947 年 8 月，“继续修缮省立各教育机关并补充设备”。[②]

根据上述计划，江苏省教育厅主要进行了以下几个方面的工作：（一）接收伪省立教育机关。省政府拟定了“接收伪省立教育机关处理办法”，并根据这一“办法”接收伪省立教育机关。（二）督促收复区各县赶办教育复员工作。江苏省政府拟定了“江苏省收复区各县教育复员紧急办理事项”十八条，要求各县迅速恢复教育行政机构，办理教育复员工作。（三）甄审收复区中等学校师生。省教育厅根据教育部颁发的《收复区中等学校教职员甄审办法》和《收复区中等学校学生甄审办法》，分别拟定了本省的实施办法，并成立了甄审委员会，第一期甄审教职员 236 人，其中甄审合格 16 人；对伪校的 3145 名学生进行了甄审，其中合格者为 2883 人。[③]（四）调查省立各教育机关战时损失。经过调查，江苏全省校舍损失达到 625 亿元以上，设备损失达

---

① 王懋功主编：《江苏省政府政情述要》教育部分，台湾文海出版社有限公司 1983 年版，第 1 页。
② 王懋功主编：《江苏省政府政情述要》教育部分，台湾文海出版社有限公司 1983 年版，第 2 页。
③ 王懋功主编：《江苏省政府政情述要》教育部分，台湾文海出版社有限公司 1983 年版，第 3 页。

1188亿元。[①]（五）修缮省立教育机关，并添置设备。国民政府为迅速恢复教育事业，先后拨付给江苏省教育复员紧急措施费1.7亿元及教育复员费4亿元。根据省政府委员会议议决，决定分拨给省立各教育机关，以修缮校舍、添置设备。（六）整理省立教育机关校产。省教育厅组织整理委员会，着手调查整理省立教育机关的校产。（七）召开省立中等学校校长会议、各县市教育科长会议及省立小学校长会议。1946年7月、8月和12月，上述三个会议分别召开，主要部署教育复员各项工作和商讨在实际工作中遇到的问题。

随着教育复员计划的实施，战后江苏省教育事业逐步得到恢复，并有了一定的发展。

在初等教育方面，江苏省教育厅分三期恢复省立各实验小学和师范学校附属小学。1945年10月，第一期恢复了省立镇江实验小学、苏州实验小学、上海实验小学、扬州实验小学等。1946年2月，第二期恢复了省立无锡师范学校附属小学、太仓师范学校附属小学、东海师范学校附属小学、徐州女子师范学校附属小学、吴江乡村师范学校附属小学等。1946年9月，第三期恢复了省立苏州女子师范学校附属小学、黄渡乡村师范学校附属小学、洛社乡村师范学校附属小学，并增设江宁师范学校附属小学等。除了省立小学外，其他各类小学和国民学校也纷纷恢复。1945年第二学期，江苏全省共有各类小学及国民学校5355所，其中中心国民学校1043所，国民学校2195所，私立小学289所，还有未改设国民学校之小学1845所，[②]在校学生525746人。[③]

在中等教育方面，江苏省教育厅根据教育复员计划，首先，自1945年10月起，分期恢复省立中等中学。第一期恢复了省立中学6所，省立师范学校3所，省立职业学校2所；第二期恢复了省立中学3所，省立师范学校4所，省立乡村师范学校2所，省立职业学校1所，并增设省立师范学校1所；第三期恢复了省立中学1所，省立乡村师范学校1所，省立职业学校1所，并增设省立中学4所，省立师范学校1所和省立职业学校3所。此外，尚有部分学校被毁严重，一时难以恢复。其次，对战时开设的一些省立临时中学进行裁并。详见下表。

---

① 王懋功主编：《江苏省政府政情述要》教育部分，台湾文海出版社有限公司1983年版，第3页。

② 王懋功主编：《江苏省政府政情述要》教育部分，台湾文海出版社有限公司1983年版，第18—20页。

③ 王懋功主编：《江苏省政府政情述要》教育部分，台湾文海出版社有限公司1983年版，第26页。

江苏省立临时中学裁并概况表

学　　校	地　址	班级数	学生数	复员后归并学校	裁并时间	备　　注
省立旅川中学	重　庆	11	400	省立溧阳中学	1945 年 9 月	
省立江苏临时中学	皖南绩溪	15	500	省立溧阳中学	1945 年 9 月	
省立第一临时中学	东台溱潼	3	127	省立南通中学	1945 年 11 月	
省立第二临时中学	苏　州	6	195	省立苏州中学	1946 年 4 月	复员时由宝应迁于苏州
省立第三临时中学	泰　县	3	95	省立盐城中学	1946 年 2 月	
省立第四临时中学	泰县姜堰	4	163	省立扬州中学	1946 年 2 月	
省立第五临时中学	皖南绩溪	11	500	省立溧阳中学	1946 年 9 月	
省立第六临时中学	宜兴武进边区	5	220	省立常州中学	1945 年 10 月	
省立第七临时中学	宜兴蜀山	3	140	省立苏州中学及宜兴农业职业学校	1946 年 2 月	
省立第八临时中学	阜阳公立桥	15	750	省立徐州中学	1946 年 2 月	

资料来源：王懋功主编：《江苏省政府政情述要》教育部分，台湾文海出版社有限公司 1983 年版，第 14—15 页。

在恢复省立中学的同时，省教育厅还增设了省立中等职业学校。1946 年 9 月，在崇明增设省立水产职业学校，吸纳原国立四川水产学校的江苏籍学生。学校设有捕捞、养殖、制造三科，共 13 个班。在苏州增设高级工业职业学校，并将原省立苏州工业学校并入，学校设应用化学、土木、电机三科，共 8 个班，同时还附设有高级和初级商科 4 个班。在江阴增设省立江阴农业职业学校，设有高级班 3 班和初级班 1 班。此外，省教育厅还令各县恢复和增设县立师范学校和初级职业学校。

由于战争时期新设立的私立学校较多，且大多没有办理审核备案手续，为此，省教育厅着手整顿各私立中等学校，要求其办理相关手续。对手续完备且条件较好的私立学校予以奖励，而对于办学条件较差的学校则予以取缔。至 1946 年 12 月，战前已经立案，现核准恢复的学校、战后新核准的学校以及正在呈请立案的私立中等学校共 162 所，其中师范学校 2 所，职业学校 12 所，普通高级中学 72 所，初级中学 76 所。①

① 王懋功主编：《江苏省政府政情述要》教育部分，台湾文海出版社有限公司 1983 年版，第 9 页。

在高等教育方面，随着省政府的回迁及国民政府的还都，江苏省的一些大专院校也纷纷迁回江苏，一些高校也先后恢复。1946 年 1 月，省立江苏教育学院在无锡社桥原址复校，学院设有社会教育系、农业教育系、劳作师资专修科等，共 10 个班。1946 年 8 月，该校又增设电化教育专修科，全校共有学生 390 人。1946 年 1 月，省立江苏学院由福建三元迁回扬州，后根据教育部的命令，迁移至徐州。学院设有文史、外语、机工、数理、政治、经济、行政管理 7 个系及社会教育专修科，共 14 个班。其中行政管理系和社会教育专修科于 1946 年 7 月停办，从 1946 年 8 月起，改设中文、历史、外语、机工、数理、政治、经济、法律 8 个系，共 20 个班，在校学生 458 人。① 1946 年 2 月，江苏省立蚕丝专科学校由四川乐山迁回苏州浒墅关，学校设有蚕丝科 3 个班，有学生 72 人。1946 年 2 月，江苏省立苏州工业专科学校由上海迁回苏州，学校设有纺织、化工、机械、土木 4 科共 4 个班，1946 年 8 月又增设了 8 个班，学生达到 424 人。此外，抗战胜利后，江苏恢复的大专院校有：国立教育学院、江苏医政学院（镇江）、南通学院、东吴大学（苏州）、江南大学（无锡）、正则艺术学院（丹阳）、苏州美术专门学校、无锡国学专修学校等。另外，还有在南京的国立中央大学、私立金陵大学、私立金陵女子文理学院等。

在逐步恢复高校的同时，江苏也成立了一些新的大学。1946 年 8 月，国立政治大学在南京成立。该校前身是国民党中央政治学校，蒋介石任校长。抗日战争胜利后，该校迁回南京，与培养三青团干部的中央干部学校合并，改为国立政治大学。校长顾毓琇，名誉校长蒋介石，其办学宗旨不变。1949 年，国立政治大学迁广州，后再迁台湾建校。

1947 年，实业家荣德生在无锡创办私立江南大学。他认为“教育由实业兴，实业因教育昌”。该校的董事会成员大多为荣德生所经营的申新、福新、茂新三个公司的负责人，办学经费由申新系统各厂调拨，不少专业课由公司的工程技术人员兼任教师，同时聘请学术造诣较高的教授到校任教。学生定期到工厂实习，以培养他们的动手能力，学校与工厂密切结合，是该校办学的主要特色。

第六节　人民解放军占领江苏全境

一　行宪国大召开与蒋介石引退

国民党当局在内战战场节节失利、分区防御战略破产的情况下，为使其统治合法

---

① 王懋功主编：《江苏省政府政情述要》教育部分，台湾文海出版社有限公司 1983 年版，第 4 页。

化，标榜其实行“民主宪政”，迫不及待地筹备召开“行宪国大”。

1947年6月13日，成立了以张厉生为首的“选举总事务所”，11月，又成立了以孙科为主任的“国民大会筹备委员会”。同时，国民党中央也成立了选举指导委员会，负责筹办国大的一切事宜。11月21日至23日，国大代表的选举工作在全国各地同时仓促举行。由于国民党内部的派系矛盾，国民党与民社党、青年党之间的明争暗斗，使选举工作矛盾迭起，事端丛生。当局不得不宣布“国大”延期召开。

1948年3月29日，“行宪国大”在一片混乱中于南京匆匆开幕，1679名代表出席了开幕典礼。蒋介石主持会议并致开幕词，称此次会议是“中华民国实行民主宪政的开始”，指出“戡乱与行宪应该同等重视”，不应“因戡乱而延缓宪政的实施”。强调此次“国民大会的使命，只是行使选举权，以完成中华民国政府的组织”。① 会上，蒋介石作了《施政报告》。国防部长白崇禧、财政部长俞鸿钧、经济部长陈启天、交通部长俞大维、粮食部长俞飞鹏、外交部长王世杰、内政部长张厉生、教育部长朱家骅和社会部长谷正纲，分别作了国防、财政、经济、交通、粮食、外交、内政、教育、社会等方面的工作报告及其检讨。这些报告和检讨无不承认形势之严重，但一触及到具体情况都掩过饰非，谎话连篇。因此，与会者不感兴趣，有的代表干脆逃会，出席会议的代表也精神不振，窃窃私语者有之，闭目养神者有之，嗑瓜子者有之，猛抽烟者更有之，会场气氛十分冷落。反之，一到讨论报告之检讨时，不仅代表们到得齐，而且争先恐后地要求发言，登记发言者辄达二三百人之多。虽然蒋介石在《施政报告》中一再规劝各位代表：“切不可重视细节，议论纷纷，争持不决”，甚至恳求大家，“为了国家，程序愈简单愈好，议程的进行愈迅速愈好。”②但代表们不理睬蒋的意见，对部长们的报告进行了“尖刻批评”。特别是北方代表在台上大骂政府，台下代表为之鼓掌喝彩。也有代表在台上颂扬政府，台下代表则发出嘘声、尖叫声、跺脚声，会场吵成一片。日后，当司徒雷登忆及这一场面时，对“会场秩序混乱，人们大喊大叫，行为恶劣”，仍有极其深刻之印象。③

选举总统、副总统是本次“行宪国大”的主要内容。按照1946年12月通过的《中华民国宪法》之规定，如总统宣布重大法令时，得经立法院同意或事后追认同意，若立法院不予赞同，则有权作出撤销错误法令的决定。这是宪法对总统权力的限制。现在要选举总统，国民党当局的绝大部分成员，都认为此职非蒋介石莫属。但蒋介石并不甘心只当一个有职无权的虚位之首，因此在4月4日举行的国民党第六届中央执

---

① 《国民大会实录》第1编，第117—119页，中国第二历史档案馆藏。

② 《国民大会实录》第1编，第152页，中国第二历史档案馆藏。

③ 司徒雷登：《在华五十年》，北京出版社1982年版，第185页。

委会临时全体会议上，出人意外地提出，自己不参加总统的竞选，只“愿担任政府中除正副总统外之任何职责”，而建议由一具备条件的“党外人士为总统候选人”。[①] 后来，国民大会专门通过一项《请制定动员戡乱时期临时条款案》，其中心内容为：“总统在动员戡乱时期，为避免国家或人民遭遇紧急危难，或应付财政经济上重大变故，得经行政院会议之决议，为紧急处分，不受宪法第三十九条或第四十三条所规定程序之限制。”[②]如此，宪法对总统权力仅有的限制，便予解除，实际上给了总统至高无上的权力。蒋氏遂放弃原议，同意参加总统“竞选”。19日，蒋介石以2430票获胜，而陪选的居正仅得269票。

在蒋介石如愿以偿地当上了有职有权的总统之后，副总统的选举却经历了一场风波。参加副总统竞选的候选人，有国民党的李宗仁、孙科、程潜、于右任，民主社会党的徐溥霖，社会贤达中的莫德惠。其中最有力的竞争者为李宗仁和孙科。李宗仁是桂系的首脑人物。桂系是在南京政府时期能与蒋抗衡的最大实力派，同时美国政府也支持李竞选副总统。蒋介石及国民党内元老派则支持时任国民政府副主席兼立法院长的孙科竞选该职。从20日起，竞选副总统的角逐进入高潮。各候选人、助选人，甚至候选人的夫人，都一齐出动，不分昼夜地进入代表住所，紧张地进行拉票活动。设宴招待，在酒店免费供应餐饮，赠送礼品等等，无所不用其极。短短几天，李宗仁花去招待费金条1000多根；蒋介石为孙科支付的费用，亦不在少数。结果在首次副总统选举中，6位候选人无一人过法定半数，按选举法规定，在前三人李宗仁、孙科、程潜中再次选举。其间，候选人之间互相进行人身攻击，甚至大打出手。揭露孙科私生活丑闻的救国日报社遭打砸，工作人员被打伤多人。第二次副总统竞选投票，三人中仍未有人过法定半数，李宗仁得票继续领先。由于不满蒋介石的出面干预，李宗仁一度扬言退出竞选，致使三名候选人均声称退出竞选，造成了选举危机。后经各方劝说，又经二次选举，李宗仁方以1438票对1295票胜出孙科，当选为南京政府的第一任副总统。

对于李宗仁的当选，国民党权威人士董显光感到“出人意表”，深叹“这是少数人对党中多数派之首次严重反抗”。[③] 司徒雷登则认为：这“对于公开决意支持孙科的蒋介石是一个严重的挫折”，这是“国民党内反对分子，对以CC派和黄埔派为中心的政

① 《蒋委员长在国民党中央执行委员会上之演词》(1948年4月4日)，《中美关系资料汇编》第1辑，世界知识出版社1957年版，第858页。

② 《国民大会实录》第1辑，第345页，中国第二历史档案馆藏。

③ 董显光：《蒋总统传》(三)，台湾中华文化出版事业委员会1952年版，第479页。

党机器的独裁进行挑战的胜利”。[①]

行宪国大共开了1个月零4天，耗资巨大，于5月1日闭幕。24日，蒋介石以翁文灏为行政院长。31日，翁组成新内阁，国防部长一职，由何应钦取白崇禧而代之。蒋于同日委白崇禧为华中“剿匪”总司令，迫其离开南京，以防李、白合谋。同时蒋又设长沙绥靖公署，由程潜任主任，以牵制白崇禧。蒋桂之间从此进一步交恶。

蒋介石登上总统宝座之日，亦即国民党政权政治、经济、军事全面走向崩溃之时。蒋介石的“动员戡乱”方针迄1948年底，已遭到彻底失败。徐蚌决战接近尾声，杜聿明集团被围困于青龙集、陈官庄，全军覆没无可避免，华北傅作义集团被人民解放军分割包围，平、津两城处于欲战无力、欲守不能之危急境地，军事的全面溃败之势已成定局。国统区经济随着金圆券的急速贬值，引起物价飞涨，抢购、囤积物资的现象比比皆是，以至发展到京、沪一带抢米风潮日必数十起，使业已崩溃的经济愈发不可收拾。翁文灏内阁因币制改革失败而倒台，蒋介石初属意于胡适，胡适以缺乏政治才力和心脏病为由，不愿就任行政院长职。蒋又邀张群组阁，张也以婉言力辞。最后蒋介石只好逼令刚动过手术的孙科就任行政院长。孙科在邀请核心人物入阁时，亦一再遭到拒绝。

正当蒋介石一筹莫展之时，坐镇汉口的桂系实力人物白崇禧，突于12月24日向蒋介石发出通电，表示民心军心都不能再战，要求：“（一）相机将真正谋和诚意转知美国，请美、英、苏出面调处，共同斡旋和平。（二）由民意机关向双方呼吁和平，恢复和平谈判。（三）双方军队应在原地停止军事行动，听候和平谈判解决。”[②]白崇禧当时是南京政府华中“剿匪”总司令，他手中握有30万能战之兵，驻守在长江中游南北两岸。自从东北、华北、华中会战以来，国民党军嫡系主力损失殆尽，唯有这支力量尚保持完整，因此，白崇禧成为举足轻重的人物。白崇禧抢先打出“和谈”旗号，实为借机向蒋介石施加压力，逼蒋下野，好由桂系取而代之。25日，副总统李宗仁、长沙绥靖公署主任兼湖南省政府主席程潜发出通电，倡议与中共和谈，并要求蒋介石下野。30日，河南省政府主席张轸和湖南、湖北、河南、广西4省参议会议长亦发出请蒋下野的通电。同日，白崇禧再次发出通电主和，并警告说：“无论和战，必须速谋决定，时不我与，恳请趁早英断。”[③]

美国驻华大使馆其时已转变立场，和白崇禧等人主张一致，认为蒋介石退职为必要之举。实际上，早在10月23日，当南京政府形势恶化，司徒雷登大使在向华盛顿

---

① 《中美关系资料汇编》第1辑，世界知识出版社1957年版，第867页。

② 程思远：《蒋介石发表求和声明的经过》，《文史资料选辑》第66辑，中国文史出版社1979年版，第78页。

③ 程思远：《蒋介石发表求和声明的经过》，《文史资料选辑》第66辑，中国文史出版社1979年版，第79页。

请示对华方针时，即已提出："可以劝告蒋委员长退休，让位给李宗仁或者国民党内的其他较有前途的政治领袖，以便组成一个没有共产党参加的共和政府"，"更有效地进行反共战争。"[①]当时，由于美国政府还没有把握预见将来事态的发展变化，因此，暂时未采纳司徒雷登大使的意见。孙科就任行政院长后，司徒雷登的中国顾问傅泾波往访行政院时，明确告诉孙科：蒋下野为进行和议所必须。次日，孙科特为此事复访司徒大使，司徒雷登的答复是："以美国大使的地位，他不能发表正式意见；但以私人资格言，确实衷诚赞助和议运动。"[②]

蒋介石在内外交困的情况下，不得不被迫作出下野的决定。此时他亲笔写下了"冬天饮寒水，雪夜渡断桥"这样两句话，[③]以作万般无奈之长叹！

12月31日下午，蒋介石邀国民党中央执监委约40人，在黄埔路官邸聚餐，由张群代为宣读次日他将发表的新年文告，以征求意见。当争论到是否要公开表示下野时，蒋介石终于按捺不住愤怒，喊道："我并不要离开，只是你们党员要我退职；我之愿下野，不是因为'共党'，而是因为本党中的某一派系。"[④]随后，便拂袖而去！显然蒋所指某一派系，即指李宗仁、白崇禧为首领的桂系。

1949年元旦，蒋介石发表新年文告，表示："只要共产党一有和平的诚意，能作确切的表示，政府必开诚相见，愿与商讨停止战事，恢复和平的具体方法。"接着蒋介石强调，和议必须"无害于国家的独立完整，而有助于人民的休养生息"，"神圣的宪法不由我而违反，民主宪政不因此而破坏，中华民国的国体能够确保，中华民国的法统不致中断，军队有确实的保障，人民能够维持其自由生活方式与最低生活水准"。最后蒋介石表示："和平果能实现，则个人的进退出处，绝不萦怀，而一惟国民的公意是从。"[⑤]可见，蒋介石所作出的要"和谈"和"引退"的表态，其核心仍为维持南京政府的统治。

蒋介石下野后，仍以国民党总裁的身份在幕后操纵政府，进行了一系列紧张的活动，特别是把心腹安排于关键岗位上。12月29日，由行政院通过任命陈诚为台湾省政府主席，而国民党中常会通过蒋经国为台湾省党部主任委员，以便日后大陆撤守，该省可成为国民党军的最后一块坚守地。1949年1月10日，蒋介石派蒋经国赴上海访中央银行原总裁俞鸿钧，洽谈将中央银行现金转移存至台湾，以保安全，为以后国

---

① 《中美关系资料汇编》第1辑，世界知识出版社1957年版，第327页。

② 董显光：《蒋总统传》(三)，台湾中华文化出版事业委员会1952年版，第509页。

③ 蒋经国：《风雨中的宁静》，台湾裕文书局1967年版，第31页。

④ 董显光：《蒋总统传》(三)，台湾中华文化出版事业委员会1952年版，第509—510页。

⑤ 《中央日报》1949年1月1日。

民党政权在经济上留一线生机。12日，蒋介石又派蒋经国及总统府第三局局长俞济时等秘密前往溪口，部署、架设通信网，以便尔后退至溪口，仍如往日在南京一样，直接指挥各方。14日，蒋介石召集陆、海、空军将领会议，为继续贯彻"戡乱"方针，确定目前"以战求和"之对策，要求三军务必要提高警惕，免为共军所乘。与此同时，还展开了外交攻势，令行政院副院长兼外交部长吴铁城，于1月8日照会美、英、苏、法4国，说明政府"剿共"战争力主结束，决心恢复和平，希望这些国家从旁帮助。20日，4国的答复是："甚愿中国早日恢复和平，但在目前情况下，碍难出任媒介。"[①]这样，蒋介石企图借助外力以压服中共言和的阴谋，亦告失败。

在作了以上各项部署后，蒋介石遂发表文告，称："依据中华民国宪法第四十九条'总统因故不能视事时，由副总统代行其职权'之规定，于本月二十一日起，由李副总统代行总统职权。"他在宣布暂时引退后，即于当日下午4时乘"美龄"号专机，离京飞杭州，在笕桥空军学校停留一夜，次日又乘原机离杭，飞抵奉化溪口老家。

1月21日，李宗仁接替蒋介石就任代总统。李宗仁接手的是一个分崩离析、内外交困的烂摊子。显然，他的上台，同蒋的下野一样，同样都不能改变南京政府走向覆亡的历史命运。

二　淮海战役与解放军占领苏北

在解放战争进入第三个年头后，人民解放军在全国各战场已转入全面反攻阶段，江苏北部中共控制区也由过去被分割成小块的状况逐步连成大片。1948年11月6日，人民解放军在取得了辽沈战役全胜的形势下，由中原、华东两野战军联合发动了淮海战役。战场以徐州为中心，东起海州，西至商丘，北起临城，南达淮河。苏北地区正处于这一战役的东线，与战役有着密切的联系。淮海战役需要利用苏北战场，离不开苏北地区人力、物力的支持，而苏北解放区又只有依靠人民解放军在华东战场取得战略决战的胜利，方能进行全面的反攻，实现苏北的全面解放。

是役，国民党军由徐州"剿总"司令刘峙统辖。开始时，其李弥部第十三兵团驻守徐州及其附近，黄百韬部第七兵团和邱清泉部第二兵团分置徐州之东、西，冯治安部第三绥靖区配置于徐州东北贾汪矿区一带，刘汝明部第八兵团和李延年部第六兵团驻蚌埠及其附近，孙元良部第十六兵团驻防蒙城，周喦部第一绥靖区驻防淮阴、淮安及苏北沿江地区。战役过程中，并调国防部直属之黄维部第十二兵团由平汉线驰援徐州；后期，又增设第六十六军、第二十军、第二十八军为预备队。上述部队计7个兵

---

① 蒋经国：《风雨中的宁静》，台湾裕文书局1967年版，第134页。

团、2个绥靖区,含34个军、82个师,共约80万人。①

人民解放军参战部队,为由陈毅、邓小平所率中原野战军和华东野战军共23个纵队、62个师(旅),计60余万人。中共中央军委在《关于淮海战役的作战方针》中要求:战役的第一阶段重心,是"集中兵力歼灭黄伯(百)韬兵团,完成中间突破";第二阶段"攻歼海州、新浦、连云港、灌云地区之敌,并占领各城";第三阶段"可设想在两淮方面作战"。并指出,担任牵制、阻击的兵力,必要时要用一半以上。② 战役过程中,中共中央军委决定,由刘伯承、陈毅、邓小平、粟裕、谭震林5人组成淮海战役总前委,刘伯承、陈毅、邓小平3人为常委,邓小平为总前委书记。中共中央军委于11月16日在发给中野、华野、中原局、华东局的电报中指出:"中原、华东两军,必须准备在现地区作战三个月至五个月(包括休整时间在内),吃饭的人数连同俘虏在内,将达80万人左右,必须由你们会同华东局、苏北工委、中原局、豫皖苏分局、冀鲁豫区党委统筹解决。此战胜利,不但长江以北局面大定,即全国局面亦可基本上解决。望从这个观点出发,统筹一切。"③

战役开始后,人民解放军首先造成围攻徐州的声势,并将集结于徐州以东的黄百韬兵团包围。中原野战军以4个主力纵队,从西面向徐州攻击。华东野战军以2个纵队,在冀鲁豫军区武装部队的配合下,从西北面威逼徐州;以3个纵队主力,从北面杀向徐州;以1个纵队,在江淮军区武装部队的配合下,从东南方面攻击徐州;以9个纵队,从山东临沂及其以东地区南下,直扑黄百韬兵团。恰逢此时,担负拱卫徐州东北韩庄、贾汪、台儿庄一线的第三绥靖区副司令张克侠、何基沣率第五十九军两个师、第七十七军一个半师共2.3万余人宣布起义,"先期开放台儿庄、韩庄间运河防线",致使解放军得以"长驱南下,威胁徐州,切断第七兵团后方联络线"④。随着战场情况的发展,华东野战军旋以7个纵队分割围歼黄百韬兵团,以8个纵队阻援。至11月22日,将第七兵团15.5万余人于徐州以东碾庄地区全歼,兵团司令官黄百韬自戕,战役的第一阶段遂告结束。这一阶段,徐州附近及徐州以东陇海路沿线各县城均告解放,人民解放军华东军区滨海、淮海军分区武装部队配合野战军主力部队,于11月6日收复海州,7日下新浦,守敌第四十四军军长王泽浚率部撤逃;9日解放连云港,迫敌3000人投降。与解放新海连地区同时,解放军还于11月上旬先后解放新安镇(今新沂县)、砀山县;中旬,连克东海、灌云、邳县、丰县、沛县、赣榆、萧县和睢宁等县城。

---

① 徐州市《淮海战役史》编写组:《淮海战役史》,上海人民出版社1983年版,第246、255页。

② 《毛泽东选集》合订本,人民出版社1967年版,第1245—1246页。

③ 中共江苏省委党史工作办公室:《中共江苏地方史》,江苏人民出版社1996年版,第272页。

④ 《戡乱简史》,台湾"国防部"史政局1987年编印,第186页。

中共中央向参加战役的全体指战员发出贺电，指出第一阶段的胜利，“使徐州之敌陷于完全孤立地位，使山东、苏北两大解放区连成一片”。[①]

从11月23日至12月15日，国民党军第十二兵团12万人在宿县双堆集地区被全歼，兵团司令官黄维、副司令官吴绍周被俘，此为战役的第二阶段。在人民解放军的强大阻击下，蒋介石原定南北对进，打通徐蚌交通线的计划落空。国民党军事当局遂于11月28日决定放弃徐州，将主力西移永城，并解黄维兵团之围。23日，邱清泉、李弥、孙元良3个主力兵团，以及国民党地方党政机关、后方人员等共30万人，自徐州分多路西撤，蜂拥而出，狼狈逃命，溃不成军。12月1日，解放军华东野战军司令部立即命令山东兵团渤海纵队迅即占领徐州。徐州地处陇海、津浦二铁路之枢纽，素为历代兵家必争之地，又兼为屏障南京之北方门户，战略地位十分重要。徐州的解放，标志着国民党当局在华东战场军事力量的彻底瓦解，也为人民解放军夺取淮海战役的最后胜利，创造了极为有利的条件。中共中央于2日电贺华东野战军和中原野战军，内称：“徐州是南京的门户”，是国民党进行内战的“巨大军事基地”；“徐州的迅速解放，对于全国战局极为有利。”[②]解放后的徐州，立即成为支援淮海前线的前哨基地和粮食储存、转运中心，大批武器、弹药、装备和粮食，通过这里源源运往前线。人民解放军对徐州的占领，使淮海战场的国民党军一片震惊。12月2日，国民党军第一绥靖区司令部和第五十一军军部撤离淮阴，沿运河南逃，淮阴遂为人民解放军占领。随后，解放军又于13日占领兴化，14日占领盱眙。

从12月16日起至1949年1月10日，国民党军第二、第十三、第十六兵团共26万余人在永城东北陈官庄、青龙集地区被全歼，徐州“剿总”副司令杜聿明被生俘、第二兵团司令官邱清泉被击毙，此为战役的第三阶段。这一阶段，主战场虽在河南永城一带，但人民解放军的磅礴气势，使华东地区的国民党军已成惊弓之鸟，不堪一击。解放军以摧枯拉朽之势，迅速解放了苏北全境。1948年12月16日，高邮解放。1949年1月3日，华东野战军苏北兵团长江纵队收复了联系泰兴、泰县、如皋、靖江的交通枢纽黄桥，歼敌3000人，活捉守敌第二三〇师副师长苏桂卿。这一战役，打乱了国民党军沿江的防御体系，打开了解放军在沿江阵地开展战略进攻的局面。1月下旬，海安、如皋、泰兴、泰州、扬州、六合、靖江、启东、海门等一批县、市和主要集镇又获解放。2月2日，苏北重镇南通解放。7日，联系扬州与六合之间的重要据点仪征解放。至此，除江浦和极少数沿江据点外，苏北全面解放。

---

① 《中共中央致参加淮海战役全体指战员的贺电》(1948年11月25日)，淮海战役纪念馆藏。

② 中共徐州市委党史办公室编印《徐州党史资料》第4辑，1983年印行。

在围歼黄维兵团时,华东野战军以5个纵队南下阻击国民党军,
图为解放军某部顽强阻击国民党军

淮海战役中,人民解放军共歼灭国民党军1个"剿总"司令部、5个兵团、1个绥靖区、22个军、56个师、共55万余人。① 淮海战役的胜利,使江苏淮河南北和长江以北地区完全解放,为人民解放军横渡长江,直捣南京,席卷江南,解放全中国,奠定了胜利的基础。国民党方面认为,徐蚌决战大败,使"长江下游全部失去了屏障",解放军只要"稍加调整,即可随时进攻"②。作为国民党政权政治、经济中心的京沪地区已完全暴露在中国人民解放军的兵锋之下。

苏北解放区人民,为夺取淮海战役的胜利和实现苏北全境的解放,作出了巨大的贡献。淮海战役一打响,中共华中工委、苏北军区、华中行政办事处就联合发出《支前动员令》,要求战区的地方武装,"协同主力,坚决执行阻击、钳制、袭扰、爆破、侦察、警戒等任务,加强战区后方的治安工作,严防特务阴谋捣乱";非战区的地方武装,"加强发动攻势,勇猛的出击,不失时机地追击以至拔除敌人的据点",在战争发展到本地区时,"直接配合主力作战,打击与杀伤敌人";"凡是可以动员的人力、车力、牲口、船只,

① 徐州市《淮海战役史》编写组:《淮海战役史》,上海人民出版社1983年版,第257页。
② 董显光:《蒋总统传》(三),台湾中华文化出版事业委员会1952年版,第501页。

都要为前线服务”，“勇敢的抢救伤员，迅速的转运伤员，及时的供应粮草，满足前线的一切需要”。[①] 随后，又于1948年11月22日成立了华中支前司令部，贺希明任司令员，曹荻秋任政委，下设政治、民力动员、财粮3个部及参谋处，统一领导苏北、江淮人民的支前工作。苏北解放区广大人民群众，在华中支前司令部和各级民主政府的领导下，以“一切为了前线，一切为了胜利”的英雄气概，从物资、民工、交通等多方面，千方百计努力支前。战役一开始，就从长江边将2300万斤粮食运到淮海地区。海安县干部在动员群众借粮支前时，提出“宁愿自己吃点苦，不叫部队饿肚皮”的口号，带头克服困难，多借粮食，超额完成了借粮任务。在战役进行的两个多月期间，苏北各地共有50万民工涌上前线，担负运输与担架任务。泰县群众提出了“要得享太平，大家忙后勤”的战斗口号，出色地完成了组织支前民工任务。该县钱荡乡在组织支前民工时，从动员到集中，只用了两个小时。民工们还以“爱护伤员好，群众纪律好，团结友爱好”的“三好”标准，严格要求自己。宿迁大兴区短勤运输大队的千余民工，推着907辆小车，不怕风雪泥泞和饥寒交迫，长途运输400里，成功地将9万余斤大米运到战地。泗水县运输团，日夜兼程，把10万斤加工粮运到目的地后，接着又装运面粉、油盐送上前线。参加长途运输的民工们，宁愿自己忍饥挨饿，不动车上的一粒粮食。在整个战役中，华中一共组织民工168万多人，其中苏北出动民工达107万人。尤其是靠近战区的第五、第六行政区，出动民工达96万人，占两区总人口的16%。第一阶段决战地邳县，11月下旬组织了由6500人、1300副担架组成的担架转运团，在一个多月时间里，两次远征转运了2300名伤员。[②] 各地群众还以高度的热情修桥补路，保证战时运输，开拓通往胜利的道路。徐州铁路工人积极抢修铁路，做到部队打到哪里，铁路通到那里。淮海、盐阜两区数十万群众，在两个月中，先后抢修公路950里，大路370里，桥梁150座。在热火朝天的支前运动中，妇女是一支重要的生力军。六分区平均每天约有6000名妇女磨面6万斤左右，在两个月中，做军鞋17393双，支援前线。东台县富安区的妇女商定，要把支前的军鞋鞋底，做到65针28行，每双半斤重。淮阴县张集乡33岁的女担架员李兰贞，在转运伤员时，别人两人抬一头，她一人抬一头，还不要别人换肩，在战火中荣立一等功。

三 “中统”、“军统”在江苏的活动

国民党当局为了加强对江苏的控制，配合在江苏地区的军事行动，在抗日战争胜

---

① 中共徐州市委党史办公室编印《徐州党史资料》第4辑，第23—24页。

② 中共江苏省委党史工作办公室：《中共江苏地方史》，江苏人民出版社1996年版，第602页。

利后，恢复并加强了“中统”、“军统”这两大特务系统在这一地区的活动。内战进入中期以后，江苏北部解放区已转入反攻阶段，国民党在江苏的统治已出现崩溃的征兆。在这种情况下，“中统”、“军统”在江苏的活动，便更加猖獗。

“中统”的全称是“中国国民党中央执行委员会调查统计局”，以国民党各级党部为其活动基地。抗战胜利后，1945 年 11 月在镇江重建了“中统”江苏省调查统计室，属中统局直接领导，代号“苏重光”，由季璞任主任，下设秘书室、电台和组训、侦行、情报、总务 4 科，并负责管辖各行政区室。

1946 年 5 月，国民党当局在挑起全国性内战前夕，对江苏省“中统”组织进行了大规模调整和加强。将季璞免职，改由俞嘉庸以“中统局驻苏特派员”的名义，设立办事处，实际主持江苏省调查统计室的工作。其时，组织代名为“吴建亚”、“张乃成”，情报代名为“苏公信”。下设第一(组训)、第二(党派)、第三(党政)、第四(总务)科及秘书室、电台；原各行政区室撤销，改置督导员，于南通、泰州、淮阴 3 地增设战地临时工作团第一、二、三团，并以江苏省建国通讯社和江苏省磨砺学社为其外围组织，以镇江慧民典当为其控制机构，用作进行“特种汇报”，又名“党政军联席会议”的掩护机构。

1946 年下半年，国民党军在付出重大伤亡代价后，占领了苏北、苏中解放区各县城及交通干线的集镇，华中解放军主力部队北移山东。“战地临时工作团”第一、第二团于年底撤销建制。江苏省“中统”组织在人事和机构设置方面，又做了进一步调整。1947 年 4 月俞嘉庸调浙江任职，遂由江苏省主席王懋功侄婿戴天强任省室主任，对内恢复旧名“中统江苏省调查统计室”，组织代名为“祝永年”、“裘胜安”，内部机构设置仍维持原状，各行政区室予以恢复。4、5 月间，国民党中统局因疯狂镇压民主运动、迫害爱国人士，在全国人民一致反对的压力下，被迫改组为“中央党员通讯局”，“中统”江苏省调查统计室亦改名为“江苏省党员通讯组”。以后，为进一步蒙骗舆论，“中统”江苏省室还以“转业”为名，将一批省室人员安排到江苏省政府统计处，增设第三科，以利用公开的政府机构来掩护其特务活动。“中统”江苏省室对内仍然继续存在，其机构设置亦未改变。这一时期，还增设了江苏省生产建设学会为其外围组织，增加了无锡永义粮行、常州永仁粮行为其控制机构。邢汉刚、窦履中曾被任命为江苏省政府统计处帮办兼第三科科长。王淦被任命为南京市政府统计处帮办兼第三科科长。1948 年 7 月，戴天强去职，8 月，由周汝唐接任江苏省室主任，其内、外部机构设置大体同前，组织代名改为“裘志清”、“顾怀仁”。①

抗战胜利后，“中统”在南京各地区的特务组织，开始称“南京临时办事处”，处长

① 《伪中统江苏省调查统计室》，江苏省公安厅档案处藏。

邓达谧，1945年底，改称为南京区，区长仍为邓达谧。1946年春邓去职，先后由陈庆斋、王秀春、徐兆麟、田纯玉继任。1947年春夏，“中统”改称“中央执行委员会党员通讯局”后，南京区区长仍由田纯玉担任；1949年11月26日，改由苏麟阁任留京办事处主任，直至南京解放前夕留京办事处撤销为止。①

江苏省“中统”特务组织，自抗战胜利至撤离南逃，在江苏地区进行了大量活动，主要有以下三个方面：

第一，搜集情报，进行策反，破坏中共地下组织及其活动。全面内战爆发后，其“战时临时工作团”第一、二、三团，在苏北大肆展开特务活动，侦查中共秘密组织，配合军事“清剿”。该三团均配有电台，分别领导所属该县的工作，到处以“联合商会”的名义，组织所谓“策反委员会”。俞嘉庸在任职期内，到处建立搜集情报的据点，派特情人员打入中共和民盟内部，仅南通地区就建立了11个特情据点。内战爆发初期，鉴于徐州在军事上的特殊地位，“中统”特别组建了“徐州临时工作站”，由徐州陇海铁路特别党部主任张春帆兼任该临时工作站主任，专事搜集情报，策反游散武装，以及发展特务，组织“还乡团”等项特务活动。② 1949年1月，省调查统计室在无锡召集京沪沿线各县及江阴、宜兴、溧阳等县室主要负责人开“行动”会议，布置在京沪沿线地区立即进行大逮捕，妄图垂死挣扎。

第二，采用各种手段，破坏国统区群众的爱国民主运动。1946年6月23日，当上海人民和平请愿团所乘列车途经镇江时，“中统”江苏省室主任俞嘉庸受中统局指示，率特务分子及苏北逃亡地主、恶霸数百人，以“难民”名义，阻挠请愿；“中统”江苏省省会实验区室的特务，将赴京请愿的民主人士拉下火车，要请愿代表看看所谓“共产党赶出来的难民”，并提出要“向共产党去请愿和平”。此外，省调查统计室还通过控制学校校长，指使有特务身份的教师恐吓学生等手段，破坏镇江中学、东南职中和江苏医学院等校的罢课斗争。

第三，在败退台湾前夕，布置应变，企图长期潜伏。1948年10月18日至21日，由省调查统计室主任周汝唐在镇江召集长江两岸各县室及松江区室、海防区室的负责人举行“应变”会议，宣布江苏省“中统”已进入“应变”阶段，指示各级组织积极、秘密地发展新的组织关系，撤销外围组织，遴选“灰色同志”作为潜伏对象，立即转入隐蔽活动。1949年3月，周汝唐在无锡再次召集京沪沿线各县及上海办事处所属各县室负责人开会，继续部署潜伏工作，强调潜伏重点应在工厂，要求各县室立即在工厂

---

① 江苏文史资料编辑部：《中统特工秘录》，1991年版，第329页、339页。

② 江苏省政协文史资料研究委员会编：《中统内幕》，江苏古籍出版社1987年版，第195页。

内积极开展活动。[①]

随着人民解放军在淮海决战中的完全胜利,国民党政权及其在江苏的统治已经摇摇欲坠。至1949年初,江苏江北地区已全部解放,人民解放军即将渡江南进,国民党江苏省调查统计室先后随国民党江苏省政府撤驻苏州、上海,后又撤至台湾,其在大陆的活动,遂告土崩瓦解。

"军统"的全称是"国民政府军事委员会调查统计局",以军方的黄埔系为基础。抗战时期,军统局江苏站的公开名称为"江苏省政府调查统计室",随江苏省政府设于安徽省太和县,主任张寿谦,在沦陷各县分设小组,苏北地区各组统由余化东领导。抗战胜利后,省站由皖境迁至镇江,主任曹秦予。抗战胜利前后,苏南地区设有军统局东南特区苏南站,黄毅斋为站长,范植元副之,1945年12月改组,由季仲鹏主持该站全面业务。站部先后设于武进、苏州、无锡,内设情报股、侦行股、总务股及电台;其外勤单位有无锡、苏州、镇江3分站,上海特组及武宜、昆太、丹阳、常州、常熟5组,并在苏南16县设立联络参谋;掩护名义先后为"军委会忠义救国军苏南行动总队"、"陆军第三方面军无锡情报搜集所"和"无锡城防情报组"。

1946年7月,在国民党军挑起全面内战后,军统局的秘密核心部分改组为国防部保密局。保密局接管江苏站后,将其组织一分为二,即苏南站与苏北站。苏南站设于无锡,由季仲鹏负责公开单位,朱崇文负责秘密单位。其本部设书记、情报、总务、肃奸、工厂警卫等部分,外勤设无锡、苏州、上海、镇江、常州各组,在江南28个县市设有联络参谋。12月,苏南站改称苏南组,负责人朱崇文,1947年3月,改由富英负责。苏北站设于扬州,负责人为朱剑农,公开名称为"陆军第二十五军高级参议室",外围机构为"中国新社会事业建设协会苏北分会",重点负责江都、泰州、高邮、仪征等地的情报工作。1947年春,朱因案去职,苏北站名义撤销,另由卞晓春组织苏北行动组。

1947年5月,在国民党军基本控制了苏北、苏中所有城镇的情况下,江苏"军统"组织由分转合。保密局江苏站重新成立,站长毛森,站址设上海。12月,江苏站改组,由蒋剑民任站长,站部由沪迁南通,其业务重心,在于协助第一绥靖司令部布置苏北解放区的据点工作,下辖淮安、高邮、南通、苏州、泰州、宝应、扬州各小组。苏南地区初为富英主管的苏南分组,设于无锡,自1948年1月起,改称苏南分站,站长魏光清,站部设于苏州,内部设情报编审、军需会计两部分,外勤设无锡、苏州两组,各县分设通讯员、应用员。苏北方面,1947年秋,卞晓春因案去职,原苏北行动组缩小为扬州组,又称"三人小组",由姜涌代理组长。

---

① 江苏省"中统"特务组织的活动,除已注名出处者外,均见《伪中统江苏省调查统计室》,江苏省公安厅档案处藏。

1947年8月，苏北重镇盐城解放，1948年1月，人民解放军组建苏北兵团和苏北军区。这时，国民党军在苏北的“清剿”遭到失败，解放区全面反攻的态势逐渐形成。面对这样的形势，“军统”重又对江苏的组织机构做了调整。1948年2月，军统局江苏站撤销，原江苏站被划分为苏南、苏北、国际三直属甲种站。苏南地区，由原江苏站秘书曹正元任苏南站站长，副站长顾盼，站部设于无锡，以“首都卫戍司令部无锡指挥所情报室”的名义为掩护。内部设情报、特研、侦防、工运、电台、总务等部，外勤有镇江、丹阳（亦说溧水）、溧阳、江阴、沪郊5组，并于部分县市设直属员、义务交通员。自10月起，苏南站站长改由李修凯担任，顾盼仍为副站长，以“京沪杭卫戍总部谍报第五组”和“江苏省保安司令部视导室无锡组”为掩护番号。苏北地区于1948年2、3月间，重新恢复苏北站建制，陈铁珍为站长，副站长王其永，下设淮安、扬州、宝应、泰州、高邮、南通、淮阴、启东、六合、东台10组。1949年1月，苏北全面解放，陈铁珍率苏北站逃到镇江。

1949年4月23日，在人民解放军渡江南进、挥戈苏南的情况下，保密局决定将苏南、苏北两站撤并为江苏站，由张达任站长，李修凯副之。但因李修凯不愿就任副职，经疏通关系，保密局乃恢复苏南站建制，仍由李任站长，以“第一绥靖区警察总队”为掩护番号。苏南站于5月间迁往南汇县周浦镇，继撤崇明，再移舟山定海。

此外，活动于江苏北部徐海地区的“军统”特务组织仍有保密局徐海站。该站组织人员为：1946年至1947年间，站长项乃光，化名徐建成，副站长王祥，督察员曾翰。1947年8月至1948年4月，站长王祥，化名仍使用徐建成，副站长王立中，督察李尚贤。1948年4月直至江苏全境解放，站长陈楚之，化名彭城潜；副站长王祥；督察李尚贤。站部除正、副站长外，设督察、人事、心战专员，会计、警卫、军情、台长等职，分置运河、临沂、永城、临城、海州、金乡、徐州7组。

江苏的“军统”特务组织，在整个内战期间，为配合国民党政权在江苏地区的统治，主要进行了下列活动：一是搜集情报。搜集对象包括中共、各民主党派、国民党内各派系、青年党与社会党、苏联及各社会主义国家以及资本主义国家等。“军统”苏南站，长期使用“无锡火车站10号信箱”这一代号，秘密汇集各项情报。二是进行心战。按月由保密局确定下月“心战”的纲领和内容，分城市、乡村两部分实施，通常采用“中国共产党非常委员会中央局”、“民主同盟革新委员会”、“中国反共同志会”、“苏北知识青年联谊会”等名义，编造各项谣言散布。三是策反活动。利用中共叛徒，对中共秘密组织进行分化破坏。中共华中第十地委书记金柯，即在被捕叛变后，担任“军统”苏南站的特研组长，对苏南中共地下组织的破坏很大。四是侦查防暴。凡触犯所谓《危害民国紧急治罪条例》和《戡乱时期紧急治罪条例》的政治集团和个人均作为侦查对象。国民党立法委员许闻天所组织的“孙文主义革命大同盟江苏支盟”即曾被江苏“军统”组织侦破，10 人被逮捕。五是潜伏应变。江苏全境解放前夕，苏南站布置苏州、无锡、丹阳、宜溧、浦东 5 个潜伏组，苏北站布置扬州、泰州、南通、兴化、东台 5 个潜伏组，两站还制定了将各“清剿”区警察和保安队集中于太湖、宜溧、浦东 3 地区，整编为“地下武装”的计划。①

至 1949 年 6 月初人民解放军解放崇明岛，江苏全境均已获得解放，军统局江苏站、徐海站在江苏土地上已无立足余地，它们同国民党江苏省政府一道，被历史宣告覆灭。

四　苏南人民的反抗与斗争

自内战爆发以来，苏南人民在中共地下组织和新四军留守部队的领导下，坚持同国民党政权的地方组织和武装，进行了各种形式、勇敢坚决的斗争，以实际行动，支持了人民解放军在江苏境内的作战，迎接江苏全境的解放。

自粟裕、叶飞率江南新四军主力，于 1945 年 10 月撤离苏南后，新四军留守人员及当地人民武装进入了一个十分艰苦的时期。国民党军迅速占领了苏南的所有县城、集镇，并严格保甲编制，实行军事“清剿”。江苏省政府主席兼保安司令王懋功，于 1945 年 12 月作了如下“清剿”部署：保安第六纵队 2 个团归第一行政区保安司令部指挥，配属第七十四军，负责“清剿”江宁、镇江、丹阳、句容、金坛、溧阳、溧水、高淳、宜兴等县境；保安第九团归第二行政区保安司令部指挥，配属第四十九军，负责“清剿”无锡、武进、吴县、江阴、常熟、太仓、吴江、昆山等县境；保安第六团归第三行政区保安司令部指挥，配属第七十军，负责“清剿”松江、南汇、上海、青浦、金山、奉贤、宝山、川沙、嘉定、崇明等县境；保安第三纵队驻镇江城，担任镇江城防。② 自 1946 年 6 月国民党当局发动全面内战并大举进攻江苏北部解放区以来，其对苏南的军事控制亦更加严紧，并召开了江南绥靖会议，成立了金坛、武进等“五县联防委员会”，“无锡、江阴、武进联防会”和“首都卫戍司令部无锡指挥所”等军事机构。同时，还在苏南地区遍设碉堡。据江苏省政府 1946 年 12 月的统计，在苏南人民武装较活跃的 20 个县中，共建水泥碉堡 21 个，砖石碉堡 592 个，竹木、土木碉堡 44 个，总计 657 个。③ 1946 年下半年，又先后设立了茅山、苏浙皖边、阳澄湖、淀山湖等“清剿”区和浦东、常丹、崇明、锡

① 《国防部保密局苏南站概况调查》、《保密局本部及苏北站组织概况、系统表》、《保密局苏南站演变经过》等，江苏省公安厅档案处藏。

② 《王懋功呈国民政府行政院报告》（1945 年 12 月 14 日），中国第二历史档案馆藏。

③ 王懋功主编：《江苏省政府政情述要》保安部分，台湾文海出版社有限公司 1983 年版，第 22—23 页。

澄等联防区。至该年底，复调整为茅山、苏浙皖边两个“清剿”区和常丹、崇明两个联防区[①]，1947年3月，再划镇江、丹阳、武进、扬中为一“清剿”区。在上述“清剿”地区中，以茅山地区为其重点。该“清剿”区又称茅山警备区、茅山卫戍区，指挥部设于句容，下辖溧水、句容、金坛3个分区，每分区驻内政部警察1个大队，计3个中队（相当于步兵连）。此外，3县尚有保安大队及县自卫总队。[②] 在各“清剿”区和联防区内，不断发动对人民武装的进攻和镇压。但是，国民党当局的残酷镇压和恐怖统治，并没有能吓倒苏南人民。他们先后在中共中央南京局、上海局，苏浙皖边区特委，华中分局十地委和华中江南工委的领导下，采取化整为零、分散隐蔽的方法，坚持进行英勇卓绝的斗争。

1946年7月1日，中共华中分局指示苏浙皖边区特委：江南、皖南留守武装的任务是“放手发动群众，壮大人民力量，积极开展群众游击战争，打击反革命势力，壮大革命武装力量，争取江南人民的革命胜利，配合解放区粉碎国民党军阀之内战”[③]。当月，由苏浙皖边区特委委员熊兆仁、倪南山率领的特委部队由皖南返回宜兴一带，与郎广、太滆武工队一道，连续向敌人发起进攻，两次消灭宜兴太华乡的反动武装，袭击溧阳金鸡岕、郎溪毕家桥的敌人堡垒，击溃江苏省保安队和安徽省广德保安队共3个连。太滆武工队袭击了庞家街王婆桥和东下埠等地的反动武装。[④] 在丹（阳）、金（坛）、武（进）地区，游击队基本控制着一块东西20里、南北10余里的地域。在这里，“离镇三五里还可宿营，一二人白天行动尚不成问题”；“一般保长都住在家里，还是两面性，可以代我们收一些经费”；“伤病员还可以在老百姓家打埋伏”。[⑤] 7、8月间，在宜兴县与安徽省广德县、浙江省长兴县交界处，组成了一支300余人的人民武装。8月中旬，这支游击队缴获了宜兴县大涧乡、戴埠镇等地国民党军的3挺机枪和60余支步枪。在他们的影响下，宜兴湖㳇镇自卫队、张渚区联防队以及部分广德县属自卫队员数百人，先后起义加入游击队。[⑥] 与此同时，太湖区域的民众武装发展到了7000余人。他们竖起了“江南民主联军”的旗帜，拥有土火箭炮、汤姆式冲锋枪、迫击炮等武器，活动地区遍及苏州、无锡、吴江、宜兴等县。其中尤以苏州、无锡之间的芙蓉山、胶山、鸿山、和城、杨亭一带，更为活跃，每支武装自数十人至数百人不等，“不时进行

---

① 王懋功主编：《江苏省政府政情述要》保安部分，台湾文海出版社有限公司1983年版，第3页。

② 《对于茅山警备、卫戍、清剿区指挥部工作报告之研究》，江苏省档案馆藏。

③ 中共江苏省委党史工作委员会编：《江苏解放风云录》，中共党史资料出版社1989年版，第244页。

④ 中共江苏省委党史工作办公室：《中共江苏地方史》，江苏人民出版社1996年版，第564—565页。

⑤ 萧森：《茅山地区斗争一般报告》（1947年3月），江苏省档案馆藏。

⑥ 胡立：《民变四起》，《群众》第十二卷第十一期。

破路及伏击兵车"[①]。1946年下半年，茅山地区的游击队，先后进行了臧村、吕墟(2次)、蒋庄、东安、南西、厚余共7次战斗，计击毙国民党乡长以下20余人，俘自卫队员百余人，缴获轻机枪2挺、木壳枪7支、手枪2支、步枪60余支。[②] 他们"以三五人为一小组，昼伏夜出，飘然无定，有较大行动时，即化零为整，一呼即可集合五六十人，或百余人，均枪械齐全"[③]。据江苏省政府1946年底统计，当时在镇江、丹阳、句容、金坛、高淳、溧阳、宜兴、无锡、武进、吴县、江阴、常熟、太仓、吴江、昆山、南汇、青浦、宝山18个县有"奸匪流窜"、"散匪潜伏"[④]。

随着全国各个战场人民解放军转入战略进攻和江苏北部解放区开始局部反攻，苏南人民武装的斗争更加广泛、活跃。1947年秋，武进、金坛一带，有一支百余人的人民武装积极活动，国民党地方团队对之"无可奈何"；其正规"清剿"部队，则又"鞭长莫及"[⑤]。南汇县的护丁总队，在反"清剿"斗争中，发展为人民解放游击总队，不断缴获自卫队的武器，扩大自己的武装。11月初，他们在一次战斗中，就缴获了机枪1挺、冲锋枪4支、步枪33支。[⑥] 到1948年下半年，国民党军在全国和江苏战场上节节败北，苏南人民武装的战果更加显著。7月，武进县游击队伏击汤庄乡自卫队，一次就击毙35人，俘虏10余人，缴获长短枪10余支。据国民党当局大大缩小了的估计，1947年7月，苏南各地人民武装，"合约人枪千条"，"大多化整为零，潜伏乡区，加强地下活动"；"扩展地方武力"，至1948年6月，"合约人枪八百三十余"。[⑦] 活跃在武进县郊的武进武工队，于1949年4月9日，在地下党员潘志尚的引导下，摸进敌人万塔据点，将正在睡梦中的敌军士兵全部俘虏，缴获轻机枪1挺、步枪8支、短枪7支、子弹3000余发、手榴弹30多枚。[⑧]

苏南广大农村在坚持武装斗争的同时，还在中共地下组织的领导下，开展了抗粮、抗捐和抗丁的"三抗"斗争。1947年秋，中共华中工委发出指示："党对一切抗粮、抗丁、抗捐税、抗捕杀、反清剿、反黑暗统治、救灾荒等群众斗争，必须参加争取领导，发展党、锻炼党，但要注意适当隐蔽。"[⑨]苏南各地中共组织根据这一指示，积极发动群众，实行"三抗"。新成立的苏浙皖边区工委领导农民，在全区范围内，共分掉国民党

① 胡立：《民变四起》，《群众》第十二卷 第十一期。
② 萧森：《茅山地区斗争一般报告》(1947年3月)，江苏省档案馆藏。
③ 《无锡、武进等地军民反"清剿"获捷》，《解放日报》1946年11月9日。
④ 王懋功主编：《江苏省政府政情述要》保安部分，台湾文海出版社有限公司1983年版，第23—24页。
⑤ 《茅山匪情参考资料》，国民政府档案，中国第二历史档案馆藏。
⑥ 《浦东人民游击总队艰苦坚持斗争三年》，《新华日报》1949年6月14日。
⑦ 《政情通讯》(1948年7月15日)，国民政府档案，中国第二历史档案馆藏。
⑧ 中共江苏省委党史工作委员会编：《江苏解放风云录》，中共党史资料出版社1989年版，第272页。
⑨ 中共江苏省委党史工作委员会编：《江苏解放风云录》，中共党史资料出版社1989年版，第336页。

政权的军粮、公粮以及恶霸地主的租粮2000余石，还在不少地方挫败了国民党区、乡政权征收捐税、强派壮丁的计划。[①] 各地农民，不断集体抗租，退还催租单，摧毁租栈。他们还以请愿报荒的办法，拒绝征粮、购粮。1949年初，在太仓县沙溪镇，为反抗乡公所和保安队残暴殴打无力纳税的贫苦老人，三四百农民拿着扁担、铁搭等农具，冲进苏家湾乡公所，捣毁了办公用具。武工队警告当地保长：不准收捐，不准报复。中共地下组织和武工队还在各地提出“不当炮灰”、“不打内战”的口号，号召青年农民不当壮丁。许多乡村挖地洞、筑夹墙，躲避抽丁。武工队纷纷出动，打击下乡抓丁的敌人。一些乡保长只好用钱买地痞闲汉去充数当兵。无锡县的一批新兵1221人，体检不合格的竟达400余人。常熟县的第二批征兵计划是1594人，结果只征得135人。[②] 在苏南农村广泛发动的“三抗”斗争，直接保护了农民群众的利益，挫败了国民党政权在苏南实行“清剿”以及继续进行内战的计划。

苏南城市的工厂、学校及各行各业，也在中共地下组织的领导下，有效地进行了罢工、罢课、护厂、护校等斗争，以实际行动支援解放军在江苏和全国各战场的作战，迎接苏南和江苏全境的解放。

中共中央上海局和中共华中江南工委在苏南解放前夕，领导该地区的各级地下党组织，为迎接解放，做了大量组织、宣传和发动工作。淮海战役前夕，中共中央上海局指示中共南京市委：“认真做到在充分准备，抓紧时机，跳跃发展的总方针下，加强与扩大自己的力量，争取群众的优势，建立战略堡垒，深入敌人心脏，来有效的发扬第二战线作战，加强与支援解放战争。”[③]中共南京市委在接到这封指示信后，决定迅即建立策反部门和文化、警察、公务员3个工作委员会，积极开展工作，以适应迅速发展的政治、军事形势。随后又决定，“组织群众护厂护校，保护机关、仓库，维持地方治安”[④]。中共华中工委也明确布置江阴、无锡、常熟等地党组织，“工人工作的主要任务是保护工厂，不被敌人破坏”，“必须对工人进行宣传教育”，“组织工人准备策应”。[⑤]

各地工厂不断爆发罢工，其中以戚墅堰机车车辆厂工人的罢工影响最大。1949年2月，地处京沪线中段的戚墅堰机车车辆厂工人，在中共特别支部的领导下，进行了为期10天的大罢工。起初，工人因不堪物价上涨，要求年终发薪改发大米，厂方不允，遂于7日起罢工，京沪线上之客车堵于戚墅堰，直接影响了国民党军物资的运输。

---

① 中共江苏省委党史工作办公室：《中共江苏地方史》，江苏人民出版社1996年版，第565页。

② 中共江苏省委党史工作办公室：《中共江苏地方史》，江苏人民出版社1996年版，第567页。

③ 《关于南京局势及工作布置的讨论》(1948年10月27日)，《南京党史资料》第2辑，1982年版。

④ 陈修良：《我们战斗在敌人的心脏——南京》，《江苏党史资料》(1986年第二辑)。

⑤ 《华中地委江南工委副书记张志强的指示信》(1949年4月)，江苏省档案馆藏。

8日，得到上海铁路工人罢工支持，京沪间火车终至全部停驶。15日，戚厂工人以“要饭吃，要活命”为口号，开列车去上海铁路局请愿，受阻于南翔。路局慑于战局之恶化，只好答应工人条件，罢工遂于17日结束。这次罢工，虽为经济之内容，但是，却造成了重大的政治影响，有力地配合了人民解放军即将南下的军事行动。

各校师生，通过罢课、游行、请愿等办法，同国民党当局进行坚决的斗争，尤以南京大专学校为著。1949年4月1日，南京中央大学、国立政治大学、金陵大学、金陵女子文理学院、国立东方语文专科学校、国立戏剧专科学校、国立药学专科学校、国立音乐院、建国法商学院、国立边疆学校等10所专科以上学校师生员工5000余人，[①]举行了争生存、争自由、争取真正和平的请愿游行，至总统府前向代总统李宗仁请愿，要求提高师生待遇，实行“七项诺言”，[②]停止征兵、征粮、扩编军队等。游行结束后，国立戏剧专科学校的67名学生，在返校途经大中桥时，遭国民党军官收容总队千余名军人以木棍、石块等凶器袭击，伤57人。国立政治大学学生100余人，闻讯后分乘三辆卡车，赶往出事地点救援，复遭围殴，司机陈祝三伤重身亡。中央大学、建国法商学院、边疆学校的数百名学生，随即再次集合前往总统府请愿，抗议国民党军队对学生的暴行。讵料“容总”军人数百名，竟手执木棍、石块、菜刀等凶器，亦乘车赶至总统府门前，对手无寸铁的学生复行殴打，其状至惨。据统计，各校师生在大中桥和总统府两处，共被打伤200人以上，其中含中央大学教授刘庆云、吴传颐；重伤者70余人，内10余人处危险状态，死亡三人。除前述陈祝三外，又有中大学生程履绎、成贻宾伤重身亡。[③]“四一”血案在国统区引起了强烈的反响，学生的正义行动得到了广泛的声援和支持。南京大专学生进行的英勇斗争，沉重打击了行将崩溃的国民党政权。

苏南各地的工厂、学校，还有组织地进行了护厂护校的斗争。国民党当局预见到自己在苏南的统治即将垮台，为了阻挠和抗拒人民政权对苏南城市的接收，策划了对重点工厂、学校的迁移和破坏。但是，这一阴谋，遭到广大工人、教师和学生的抵制，大多未能实现。南京政府社会部曾决定将南京的大型私营企业永利铔厂搬迁到广州或台湾，若不迁即行炸毁，扬言“不留一颗螺丝钉给共产党”。该厂中共地下支部得悉这一消息后，提出了“职工团结，劳资合作，保厂护家，共渡难关”的口号，争取了厂长

① 游行人数有多种说法，另说为6000余人，此处采用国民政府行政院4月3日训令中的说法。

② “七项诺言”即李宗仁于1949年1月23日令行政院施行的所谓七项“和平措施”：(1) 各地“清剿”总部一律改为军政长官公署；(2) 取消全国戒严令（接近前线者例外）；(3) 裁撤戡建大队，交归国防部另外安置；(4) 释放政治犯；(5) 启封一切在戡乱期间因抵触戡乱法令而被封之报纸、杂志；(6) 取消特种刑庭、废除特种刑事条例；(7) 通令停止特务活动，人民非依法不得逮捕。

③ 惨案中伤亡数字见《南京大专学校“四一”血案与善后处理会致立法院的呈文》，中国第二历史档案馆藏。

的支持，组织了保厂护家指挥部，终于把这家大型化工企业完整地保护了下来。中央无线电器材有限公司南京厂的工人、职员，积极做厂方的工作，使已经运到下关装船的机器设备，又卸了下来，回到了人民手中。国民党军联勤总部设在南京的3家汽车修配厂和首都被服厂的工人，不仅以实际行动同搬迁和破坏进行了斗争，而且还机智地拖延了修配汽车和缝制军装的时间，将100多辆汽车和8万套单军衣、8万套衬裤交给了人民解放军。无锡、常州等地，成千上万产业工人，在“保卫工厂就是保卫自己的生命”，“不准敌人破坏一台机器”的口号下，成立了护厂委员会，组织纠察队，巡逻放哨，维持秩序。南京和京沪线各主要城市的电厂、水厂工人，也秘密组织起来，保证城市水电的正常供应。苏南地区各学校师生在解放前夕，还普遍开展了反迁校、反破坏的斗争。中央大学师生员工一致动员，坚决反对国民党当局迁校的决定，并自动组织起来，守卫图书馆、实验室等要害部门。苏州各校以中共地下组织领导的学联为主，在声援“四一”血案的基础上成立了“应变委员会”，并发动不迁校签名运动，造成了强大的护校声势。无锡、常州、镇江等地的学生，也纷纷进行游行请愿，“要饭吃，要书读，要活命”，挫败了国民党当局迁校和破坏学校的计划。

活跃在各种不同岗位上的中共地下党员，在苏南临近解放的关键时刻，进行了勇敢无畏的斗争。常州的中共地下党员，向该市各工厂、学校、群众团体邮寄了中共武进城市工作委员会印发的《告民众书》，宣传了即将解放的大好形势，安定了人心。南京老江口水上警察局的秘密地下党员，利用在岗楼值勤的机会，冒着生命危险，以机枪扫射报警，阻止了国民党军爆炸轮渡栈桥的企图，维护了大江南北铁路运输的畅通。该城西郊警察分局的地下党员，于解放前夕，提前进驻中央广播电台，保证了这一大功率电台及时向全世界播出“南京解放”的消息。南京大校场的中共地下党员，在南京解放前夕，发动电台、塔台的工作人员起义，使机场通讯、指挥中断，飞机无法起飞和降落。

苏南国统区人民，在各条战线上开展的斗争，打击了国民党在苏南的统治，从物质上和兵源上挫败了国民党当局继续进行内战的企图，防止了其对苏南城市的破坏，保证了这些城市完整地回到人民手中，为苏南大地的解放创造了极为有利的条件。

五　民主党派在江苏的活动

在国统区人民为迎接解放而进行的斗争中，各民主党派设在江苏、南京地区的组织及其成员，是活跃在各条战线上的一支重要力量。他们在抗战胜利后，积极拥护中共中央关于和平民主的主张，坚决反对国民党的一党专政和内战政策。在解放战争转入战略进攻阶段以后，他们又热烈响应中国共产党关于“打倒蒋介石，解放全中国”

和“各民主党派、各人民团体、各社会贤达，迅速召开政治协商会议，讨论并实现召集人民代表大会，成立民主联合政府”①的号召，为摧毁国民党的独裁统治，实现江苏全境的解放作出了贡献。

早在国民党当局挑起全面内战前后，各民主党派就在江苏地区开展了一系列反内战、反独裁的爱国民主运动。

1946年6月在全国内战爆发前夕，在赴京请愿的上海人民和平请愿团中，团长马叙伦和成员雷洁琼，是中国民主促进会的主要发起人；请愿团成员阎宝航、盛丕华、张炯伯、包达三和请愿团秘书胡子婴、罗叔章是中国民主建国会的主要成员或理事。6月23日晚，在国民党特务、暴徒于南京下关车站对请愿团成员进行殴打的暴行中，马叙伦、雷洁琼、阎宝航，以及民主同盟前往车站欢迎请愿团的代表叶笃义，都被打伤。他们为中国人民的解放事业不怕流血和牺牲，进行了英勇的斗争。为了营救请愿团代表，护送他们到医院和旅馆，民盟领导人罗隆基连夜活动，多方奔走，做了大量工作。次日凌晨，民盟在京常委沈钧儒、黄炎培、罗隆基、梁漱溟、张申府等人，便赶到太平路中央医院分院探望并慰问受伤代表。25日，民盟在京政协代表梁漱溟、黄炎培、章伯钧、罗隆基、张申府联名致函孙科等国民党代表，抗议下关暴行，强烈要求国民党政府“切实保证人民之各项自由”。②

内战爆发后，国民党当局为暂时的军事“胜利”冲昏了头脑，为了尽快使其统治披上“合法”、“民主”的外衣，竟不顾政协决议，于11月15日强行召开了国民大会。国民党当局的倒行逆施，遭到全国人民的同声抨击。江苏、南京地区的民主党派组织和个人，纷纷发表声明、演说，坚决不承认国民党一党操纵召开的国民大会及其将要通过的宪法。24日，民主同盟在南京龙门酒家招待新闻记者，由罗隆基、章伯钧、张申府等主持，发表书面谈话称，“这次召集的国大违背了政协决议的整个精神，破坏了政协决议的程序，并且这次国大不是全国团结统一的制宪会议”，“因此我们只有超然置身事外的途径，以求良心之所安”。罗隆基在回答记者问题时尖锐地指出，“关于此次政府所公布之‘政协宪草’”，“民盟不予承认，且对该宪草中若干条深表不满，声明保留批判权利”③。1947年1月25日，在中央大学举行的“一·二五”大游行④周年纪念会上，民盟中委李相符应邀致词，强调全国人民决不承认一党国大及其所通过的宪

① 《中共中央发布纪念“五一”劳动节口号》，《中共党史参考资料》（六），人民出版社1979年版，第413—414页。

② 《新华日报》1946年6月28日。

③ 《民盟在南京招待新闻记者发表保持第三者地位的声明》，《中国民主同盟历史文献》，文史资料出版社1983年版，第249—250页。

④ 1946年1月25日，中央大学曾举行拥护政协召开的游行示威。

法，并强烈谴责国民党的内战政策和独裁统治。[①] 李相符的讲话，博得了3000名集会师生的热烈鼓掌。接着，江苏、南京地区的民主党派，参加、声援了震动全国的“五二〇”学生运动。作为运动中心的中央大学，其学生会的3名领导成员中，即有两名为民主同盟盟员。他们与中共地下组织密切配合，积极领导和组织了学生的游行、请愿等活动。国民党军警镇压游行学生的血案发生后，设在南京的民盟总部向中央大学捐助了慰问金，支持学生的罢课斗争。民主同盟、民主建国会、农工民主党和救国会[②]等组织的领导人先后到中央大学等校发表演讲，赞扬学生的斗争，抗议南京政府的暴行。中国农工民主党主要负责人、民盟常委章伯钧于5月26日亲往中央大学发表演说，对学生的行动表示坚决支持。他说：“实际说来，这些学生运动是现今政府制造的，现在的战火漫天，经济破产，还封报馆，不许人们讲话，只有青年学生有血气，有勇气敢喊出人民的声音，说出人民不敢说出的话。”他还向国民党当局提出取消应付学生的“请愿法”、让被封闭的杂志刊物自由出版和允许在野党的自由存在等3项要求。[③] 三民主义同志联合会[④]南京分会筹备处于25日向中大学生捐助10万元，并致函慰问，内称：“我们，以及本会所有的同志，毫无保留地都将永远作你们的后盾，为中国底和平、民主、统一、进步而共同奋斗到底！”[⑤]

1947年10月27日，南京政府内政部发言人称，民主同盟“勾结共匪，参加叛乱”，宣布其为“非法团体”。民盟中央常委黄炎培、中委叶笃义随即奉派由上海到南京，吁请美国大使司徒雷登出面斡旋，遭拒绝，复与国民党当局举行谈判，行政院长张群表示：“民盟总部如不号召解散，各地干部将有700余人继续被捕，罗隆基等有生命危险。”[⑥]在此险恶形势下，民盟总部被迫由张澜主席忍痛发表了《中国民主同盟总部解散公告》。此后，民盟与农工民主党、人民救国会、民主促进会、民主建国会、九三学社等各民主党派，均陆续转入地下，同独裁、专制的国民党当局展开更为艰苦、坚决的斗争。南京市民盟支部秘密建立了由黄大能为召集人的区分部主任联席会议，代行原市民盟临时工作委员会职权，并推派代表2人，去上海秘密面见罗隆基，“反映意见，声明南京盟员绝不停止活动”[⑦]。

---

① 《解放日报》1947年2月2日。

② 救国会全称为中国人民救国会，主要领导人为沈钧儒，在解放战争时期致力于民主和平爱国运动。

③ 《五二〇运动资料》第1辑，人民出版社1985年版，第409—410页。

④ 三民主义同志联合会是中国国民党内一部分爱国民主人士建立的政治组织，主要负责人有谭平山、柳亚子、王昆仑等，后来与国民党民主促进会等组织联合，组成中国国民党革命委员会。

⑤ 《五二〇运动资料》第1辑，人民出版社1985年版，第426页。

⑥ 姜平：《中国民主党派史》，武汉大学出版社1987年版，第340页。

⑦ 姜平：《中国民主党派史》，武汉大学出版社1987年版，第342页。

活跃在江苏地区的民主党派，为了提高自身的斗争水平，扩大政治影响，还加强了对中国共产党关于新民主主义理论、方针、政策以及迅速发展的革命形势的学习和宣传。民盟南京支部在1948年组织学习了毛泽东的《新民主主义论》、《论联合政府》等文章。1948年秋成立的民盟苏州支部，从成立直至苏州解放，先后秘密出版过《简讯》3期、《民工通讯》4期和《光明报》5期。像传单一样的《简讯》，及时向苏州和苏南人民报道了解放军在辽沈战役中取得的伟大胜利和东北全境解放的消息，鼓舞了苏南人民坚持斗争、迎接解放的士气。《民工通讯》则报道了人民解放军在淮海战役中的辉煌战果，提出了"联合一切民主力量，彻底消灭蒋家王朝"的响亮口号。《民工通讯》于1949年1月改名为《光明报》，初为油印小报，至苏州解放前夕，则利用国民党《苏报》馆的印刷设备，出版了较为正规的报纸，及时报道了苏州解放的消息，宣传了人民解放军的城市政策，对于稳定人心、安定社会秩序，起了很好的作用。除民盟设在江苏地区的支部进行的宣传工作外，九三学社也是宣传战线上的一支劲旅。由该社领导人潘菽主编的刊物《科学工作者》，于1948年11月1日在南京创刊。潘菽在创刊号社论《本刊宗旨(代发刊词)》中提出了团结广大科学工作者，迎接新中国的建设的出版宗旨。他还在文章中指出："动荡困苦的局面应该是不会长久的。我们要透过现在而看到将来。今天的阴云密布，风狂雨骤，未必不能就是明天天朗气清的前奏。"他号召科学工作者"抛除苦闷为争取发展中国的科学而努力"①。九三学社的另一位领导人、著名森林学家梁希，则著文阐述："科学离不开政治，政治好比土壤，科学好比植物，植物得土壤之力才生长，科学得政治之力才发扬。""科学工作者想逃避政治，政治却时时刻刻跟着科学工作者不放，它渗透到科学界的每一个角落，每一个人甚至每一个人的每一根毫毛，正像土壤水的渗透到植物的每一个细胞一样。"②

各民主党派在搜集情报方面，做了大量的工作。农工民主党成员刘启伦就曾经从国民政府军令部搞到了"1948年国民党后备军力量"的统计情报，从南京警察厅搞到了"南京城防工事地图"与南京警察厅的兵力和装备情报。这些情报，都秘密送到了中共地下组织，对人民解放军的渡江和解放南京，发挥了重要作用。③

1949年2月，在人民解放军进行渡江战役的前夕，民主党派在南京的地下组织，还筹划了震惊国民党当局的"南京暴动"事件，发动了轰动全市的"警察罢岗"事件。南京暴动事件系由民革南京分会筹划。该会于1948年夏，由民革上海临时工作委员会负责组建，由孟士衡任主任委员，至南京解放前夕，共发展地下成员140余人。从

---

① 《抛除苦闷为争取发展中国的科学而努力》，《科学工作者》第2期，1948年12月1日。

② 《科学和政治》，《科学工作者》创刊号，1948年11月1日。

③ 姜平：《中国民主党派史》，武汉大学出版社1987年版，第375页。

1949年1月起，民革南京分会运用在国民党军、警、宪中有一定群众基础的有利条件，为配合人民解放军渡江南进，筹划在南京发动一次以起义的国民党军、警、宪官兵为主体，由大、中专学生与市民配合的5000人大暴动，以“迅速控制机场码头及京沪间主要交通干线；扣押留京的国民党军政首脑；建立南京市人民临时政府；迎接中国人民解放军渡江”[①]。后因特务告密，暴动的主要组织者孟士衡、吴士文、肖俭奎被捕并遭杀害。孟士衡在刑车上仍高呼“三民主义万岁”、“共产党万岁”、“打倒蒋介石”的口号。临刑前从容执笔，致遗书其妻，谓“我为革命而成仁，死而无憾”。暴动计划虽遭破坏，但“京沪暴动案”的消息已通过报纸广为传播，这对于动摇国民党统治，配合人民解放军的胜利进军，产生了极大的影响。在民革南京分会筹划“南京暴动”的同时，三民主义同志联合会南京分会在南京警察系统的成员，利用职务之便，扣押了首都警察厅长黄珍吾准备撤逃去闽浙山区建立游击基地的车辆，既揭露了黄开溜的丑闻，又破坏了其妄图建立所谓游击基地的阴谋，继之，又利用黄珍吾扣发警察疏散费的机会，鼓动全市交通岗、守望岗警察罢岗，致使社会骚动，人心惶惶。

在苏南解放前夕，民盟、民革、农工民主党等党派在江苏、南京地区的组织，还发动本组织成员和广大群众，对国民党军警进行策反，宣传中共的政策和主张，护厂护校，有力地配合了人民解放军对苏南城市的解放和完整的接收。九三学社领导人、著名教授梁希和潘菽领导成立了中央大学校务维持委员会，拒绝迁校，号召同学继续上课，同时组织师生员工日夜守卫图书馆、实验室等要害部门。三民主义同志联合会南京分会的成员，机智地保护了全市户籍档案和户口卡的完整无损，并动员旧警人员在南京解放时，协助维持地方秩序，保护人民生命财产的安全。

解放战争时期，各民主党派在江苏、南京地区的积极活动和英勇斗争，标志着江苏地区在中国共产党领导下统一战线的巩固和扩大，是江苏地区各民主党派同中国共产党风雨同舟、患难与共、并肩战斗的一段光荣历史。这是江苏全境得以迅速解放的一个十分重要的因素。

六　渡江战役与人民解放军占领苏南

苏南国统区人民、各民主党派迎接解放的战斗，为人民解放军渡江南进的作战行动奠定了基础，而已获得解放的苏北地区，则成了人民解放军渡江作战的前哨阵地和进军江南的后方基地。华中、苏北地区的各级中共组织和民主政府、军事机关，为支援渡江作战，开展了大量的工作。

---

① 夏琫瑛：《解放前夕“民革”筹划“南京暴动”经过》，《南京史志》1984年第6期。

1949年2月13日，中共华中工委发出《关于渡江作战支前工作的指示》，指出“华中地近江南，为渡江的基地”，“华中党协助主力完成渡江任务，是一个光荣而艰巨的任务，必须全党动员”，部署了支前、生产、城市和检查纪律四个方面的工作。[①] 3月初，在华中工委和华中行政办事处的领导下，于泰州成立了苏北支前司令部。22日，苏北支前司令部颁发了《关于支援大军渡江的紧急动员令》，要求苏北全体党政军工作同志、一切支援前线和服务后勤的革命人民和各级各部门的支前员工，“一致紧急动员起来，立即加紧工作，提高速度，提高效率，提高技术，不懈的努力”，“高度发扬革命的集体英雄主义，掀起立功运动，造成支前热潮”。[②] 为了支援解放军渡江作战，苏北解放区共动员了随军渡江的民工123714人，内含船工41510人，乡以上干部约6000人，携带担架6243副，挑子23680副，小车4152辆，渡江船只8302只；二线服务民工77300人，内含船工42000人，乡以上干部4500人，携带担架1200副，挑子4500副，小车5900辆，转运船12675只；后方修路修桥及短途运输民工146.4万人；供应粮、草220000000斤；修建公路1946公里，修造桥梁421座。[③]

在人民解放军渡江作战、解放江南的条件日益成熟的情况下，南京政府竭力阻挠人民革命战争的胜利发展。他们玩弄起“和平谈判”的花招。蒋介石于1949年元旦放出“和谈”空气后，复于21日宣布“引退”，由李宗仁代理总统的职务。以张治中为首席代表的南京政府代表团于4月1日抵达北平，旋即开始同中共代表团举行和平谈判。另一方面，国民党当局又集重兵于长江防线，企图据江顽抗。长江下游的防务，由京沪杭警备总司令部(汤恩伯任总司令)统辖，计有：首都卫戍总司令张耀明部、淞沪警备司令陈大庆部、浙江警备司令周喦部、第六兵团李延年部、第八兵团刘汝明部、第一绥靖区丁治磐部、第七绥靖区张世希部，[④]共25个军，约450000人。其中直接担任江防者，计18个军，49个师。此外，还配置海军第二舰队全部及第一舰队一部，共有军舰26艘、炮艇56只；[⑤]空军第四军区所属第一、第三、第五、第八大队的各种型号飞机58架。[⑥]

由于南京政府并无实现和平的诚意，和平谈判当然不会成功。4月20日，南京政府断然拒绝在《国内和平协定》(最后修正案)上签字。21日，中国人民革命军事委员

---

① 中共江苏省委党史资料征集研究委员会、江苏省档案局编：《江苏革命史料选辑》第11辑，1984年6月，第1页。

② 《支前报》1949年3月25日。

③ 苏北支前司令部：《关于渡江战役——苏北支前工作总结》(1949年7月1日)，江苏省档案馆藏。

④ 《戡乱简史》，台湾“国防部”史政局1959年编印，《国军战斗序列表》插表第12，第190—191页。

⑤ 《戡乱简史》，台湾“国防部”史政局1959年编印，第262页。

⑥ 《戡乱简史》，台湾“国防部”史政局1959年编印，第384页。

会主席毛泽东和中国人民解放军总司令朱德向各野战军全体指战员和南方各游击区人民解放军发布向全国进军的命令。是日凌晨起，人民解放军第二野战军和第三野战军共24个军约100万人，在以邓小平为书记的总前委统一领导下，分西、中、东3路，强渡长江天堑。

中路为谭震林指挥的第三野战军第七、第九2个兵团，共7个军30万人，首先于4月20日午夜，在裕溪口至枞阳段发起进攻，21日，占繁昌、铜陵，22日，继克南陵，23日，再下芜湖。主力迅速向宣城方向急进。

西路为刘伯承、邓小平指挥的第二野战军第三、第四、第五3个兵团，共9个军约35万人，于21日晚，在枞阳至望江间渡江，22日，解放贵池、彭泽等地，俘敌30000余人。西路各兵团迅速向敌纵深发展，猛插浙赣线。

东路为粟裕、张震指挥的第三野战军第八、第十2个兵团，共8个军35万人，于21日晚，与西路大军强渡长江同时，在江苏境内的三江营至张黄港段，实施渡江作战。这时，国民党军江阴要塞炮台总台长唐秉琳(中共地下党员)率部起义，逮捕要塞司令戴戎光，使东路左翼在江阴东西60里长的江面上未受阻击，顺利突破国民党军在该段的长江防线。该路大军曾于20日至21日间在镇江、江阴段渡江作战中受到英国4艘军舰的炮击挑衅，经猛烈回击，3艘英舰向江阴以东逃逸，其“紫石英”号军舰被击伤搁浅于镇江附近江面。22日，人民解放军东路大军于渡过长江后，分别占领扬中、江阴，并在江阴两侧地区，与顽抗守敌激烈战斗，击溃敌军，挥戈向南。在渡江战役中，数千名船工，冒着枪林弹雨，随军渡江。靖江特等功臣严声甫，在阔7里的江面上，一夜间送8趟大军过江，创最高记录。扬州担运三团特等功臣郭德胜，在3里宽的江面上，一夜往返13次，并在渡船受损的情况下，奋勇下水推船，使全船指战员转危为安。

4月23日，人民解放军东路作战集团解放镇江、丹阳、常州、无锡一线。镇江是江苏省政府所在地，由第四军驻守。在长江防线全面崩溃的情况下，第四军于4月22日逃离镇江。23日，国民党海军第二舰队司令林遵率舰艇25艘在南京东北江面起义，镇江江面的22艘军舰也投诚。镇江市遂于当天被占领。

4月24日，人民解放军完全占领南京。担任攻占南京任务的第八兵团第三十五军，自20日起，由滁县以南一带，开始向“三浦”地区攻击，21日拂晓，攻占江浦县城，22日，再克浦镇、浦口。同日，汤恩伯匆忙宣布全线总退却，南京守军退往杭州方向。一时间，中山门外的京杭公路上，挤满溃兵和车辆，争先恐后，车翻人仰，一片溃败惨象。23日上午，南京政府代总统李宗仁、行政院长何应钦、参谋总长顾祝同等飞离南京，南京政府各残存机构，亦如鸟兽散，于忙乱中急迁广州。当晚，南京下关发电厂工人以运煤小火轮接运首批解放军过江。接着，由国民党首都警察厅水上警察局中共地下党员发动组织的“人民解放军水上挺进队”，亦率8艘巡艇开到北岸，参加运输。人民解放军第三十五军的3个师遂连夜过江，先后占领了紫金山、狮子山、清凉山、五台山等制高点和市区。第一〇四师的先头部队，于24日凌晨2时许，占领了总统府，将一面红旗升上总统府的门楼。在晨曦中迎风招展的红旗，象征着中国人民革命的决定性胜利。是日上午，人民解放军威武雄壮的行列，在几十万市民的夹道欢呼中，自下关经挹江门源源入城。捷报传出，举国欢腾。新华社以“庆祝南京解放”为题发表社论，指出：“南京的解放正式地表示了国民党统治的灭亡。”[①]中共中央在致人民解放军第二、第三野战军的贺电中强调，人民解放军占领南京，是“前线将士英勇善战，后方军民努力支援，江南民众奋起协助，其他野战军一致配合行动所获的结果。”[②]毛泽东主席闻讯，挥笔写下了“钟山风雨起苍黄，百万雄师过大江。虎踞龙盘今胜昔，天翻地覆慨而慷”的激昂诗篇。

继占领南京之后，人民解放军于4月下旬，又先后占领了江宁、句容、宜兴、金坛、溧阳、常熟、吴江等县城。27日，占领苏州。

继续东进的人民解放军第三野战军主力部队，于5月11日占昆山、太仓，15日，与由杭州北上的部队并肩战斗，先后解放上海市周围的嘉定、松江、奉贤、金山、南汇、青浦、川沙、上海等县城，31日在崇明岛登陆，6月2日晨全部占领崇明，守敌投降。至此，人民解放军占领江苏全境。[③] 历尽苦难的江苏人民从此获得了新生，为尽快恢复生产，建设人民自己的新江苏而努力奋斗。

在人民解放军席卷大江南北，江苏大地逐步获得解放的形势下，国民党江苏省政权亦处于风雨飘摇、人马换班、治所迁移的危局之中。1948年9月，江苏省政府主席兼省保安司令王懋功被免职，改由丁治磐接任。4月，于解放军渡江前夕，省政府迁往苏州，苏州解放后，续于5月迁崇明，并于上海设省政府办事处，上海解放后，再迁时属江苏南汇县之嵊泗列岛枸杞岛，随将嵊泗升格为嵊泗县，1950年5月，舟山群岛解放，5月30日，台湾当局明令撤销江苏省政府建制。

七　各地新政权的建立

随着江苏北部解放区的日益扩大，许多原来被国民党军分割占领的城市得到了

① 新华社南通分社《快报》第5号，1949年4月25日。

② 《淮海报》1949年5月3日。

③ 时属江苏省建制的嵊泗列岛，于1950年5月为人民解放军占领，1953年划归浙江省建制。因嵊泗原未单独设县，属南汇县建制，故习惯以崇明解放作为江苏全境解放的标志。

解放。为了确保对新解放城市的顺利接管，迅速建立新的秩序，人民解放军遵照中共中央的有关指示，在5万人口以上的新解放城市，建立了军事管制委员会，“在军事管制委员会领导之下，一方面可成立委任式的临时市政府，另一方面，凡带紧急性、临时性或试验性的处置，均可以军管会的命令行之。”①在这一新的形势下，江苏大地，除盐城地区在战火中，较早地建立了有连续性的人民政权外，其他各新解放城市，都按上述精神，先后建立起军管会和市、县政府，接收、改造旧的政权及各业机构，建设人民自己的新家园。

1948年11月9日，在淮海战役的烽火中，刚刚获得解放的新海连地区，便成立了中国人民解放军华东鲁中南新海连临时军事管制委员会，谷牧为主任，王晓为副主任。军管会以“坚决制止抢掠、建立革命秩序、加强宣传工作、全面地进行接管”为方针，坚持“慎重从事，宁缓勿乱”的原则，把全市分为13个部门，有组织地对各项物资进行接管。12月12日，临时军事管制委员会撤销，成立了隶属中共鲁中南区委的中共新海连特委，谷牧为书记。特委下辖中共新海、连云两市委及云台工委，刁一民、李葵元分任两市委书记，梁如仁任工委书记。同时，山东省政府命令，成立新海连特区行政专员公署，李云鹤任专员。特区下辖新海、连云二市，及云台办事处，张云榭、刘洪若分任二市市长，李国栋任办事处主任。新政权成立后，在特区范围内迅速取消了旧的保甲制度，建立了区、镇、闾民主政权机构，以恢复和发展生产为中心，立即开展了剿匪肃特、稳定社会秩序、生产救灾和支援前线等各项工作。

12月2日，华东军区宣布对新解放的徐州市实行军管，成立了中国人民解放军徐州特别市军事管制委员会，傅秋涛为主任，冯平为副主任，袁也烈任徐州警备区司令，周林任徐州特别市委书记兼市长，华诚一任市委副书记，后又增加方毅为军管会第一副主任。同时，中国人民解放军华东军区司令部、政治部颁发布告，与华东境内各新解放城市的全体人民及各界人士“约法七章”，宣布了“保护城市各阶层人民生命财产，民主自由”，“保护民族工商业及私人资本”等政策。② 为了做好徐州市的城市接管工作，中共中央华东局从地方和部队共抽调3602人分多批奔赴徐州，按金融、工商、财粮等17个部开展工作，其接管总方针为：“分别系统，由上而下，原封不动，全面接管；人员重于文件，文件重于物资。”③新政权在解放初期，对徐州市原有的95保、1804甲的原保甲人员，采取“利用、改造”的政策，有条件地指定他们代办一些事情。至5

---

① 中共中央政策研究室编：《政策汇编》，中共中央华北局1949年6月印行，第108页。

② 《大众日报》1948年12月4日。

③ 陈鹤锦主编：《城市的接管与社会改造》(江苏卷·苏南苏北分册)，中共党史出版社1997年版，第46页。

月底，全市已建立了 86 个街政委员会、10 个乡政委员会、2693 个区、1976 个居民小组。① 这些新生的人民政权，逐步取代了旧的保甲组织。

古城淮阴和淮安于解放后，合并建制为两淮市，于 12 月 5 日成立了中国人民解放军苏北军区两淮市(淮阴、淮安)军事管制委员会，张凯为主任，吴觉为副主任，温凤山任两淮市警备司令部司令员，吴觉任政委。随后，两淮市政府于 12 日成立，市长吴觉，第一副市长叶胥朝，第二副市长夏仲芳。市政府根据苏北军区颁布的政策精神，发出布告：保护人民生命财产，保护民族工商业，对放下武器的国民党军政人员不加逮捕，解散国民党一切特务机关，欢迎外逃的地主、富农、资本家回乡生产。② 军管会与市政府还狠抓社会治安，理顺社会关系，大力开展禁赌、禁毒、禁烟、禁娼运动，严厉打击刑事犯罪活动，稳定了社会秩序，巩固了新生的人民政权。1949 年 5 月，中共华中六地委、第六行署改为中共淮阴地委、淮阴专员公署，李广仁任地委书记，陈亚昌任专员，下辖淮阴、涟水、沭阳、泗阳、宿迁、睢宁、灌云、新安、邳睢、淮宝等 10 县。

1949 年 1 月 21 日，泰州解放。22 日，同时成立了军管会、中共泰州市委、泰州市政府与泰州市警备司令部。泰州市军管会初由苏北军区第一军分区建立，主任陈直斋，副主任莫珊。2 月 14 日，原军管会撤销，改由苏北军区直接建立，主任钟民，副主任陈直斋。中共泰州市委初由莫珊任书记，李维任副书记，4 月 30 日，改由周伯藩任书记，李维任第一副书记，陆荫任第二副书记。市长由顾维汉担任，其中短期曾由张岳侯担任。警备司令部初由游玉山任司令员、莫珊任政委，6 月 25 日调整，钟玉祥任司令员，邵幼和任政委。市军管会的接管方针为：实行军事管制，肃清残余匪特；实行军事清剿，消灭散匪；加强政策宣传，调查研究，接收物资；正确执行政策，密切联系群众、确立革命秩序。③ 该市的接管工作，以粮食仓库和机关为重点。市委、市政府采取有力措施，加强了社会治安，稳定了社会秩序。

古城扬州是苏北的商业中心。该地于 1 月 25 日解放的当天，便成立了扬州市军事管制委员会，刘先胜为主任，陈光、宋学武为副主任。不久，中共扬州市委与扬州市政府成立，杜干全任书记兼市长，杨德和为副书记。4、5 月间，中共扬州地委与扬州专员公署成立，陈扬、杜干全分任地委书记与专员。扬州市军管会与党、政领导机关，积极领导全市人民，在做好接管城市工作的同时，努力加强党、政、工、团组织的建设，大力开展经济领域斗争，使社会经济迅速恢复，社会秩序日趋稳定。

苏北重镇南通于 2 月 2 日解放后，随即成立了苏北军区南通军事管制委员会，贺

---

① 陈鹤锦主编：《城市的接管与社会改造》(江苏卷·苏南苏北分册)，中共党史出版社 1997 年版，第 54 页。

② 陈鹤锦主编：《城市的接管与社会改造》(江苏卷·苏南苏北分册)，中共党史出版社 1997 年版，第 68 页。

③ 黄家骏主编：《泰州革命斗争大事集》，1989 年印行，第 212—213 页。

希明任主任，周一峰、谢克东任副主任。旋根据华中行政办事处决定，划唐家闸、天生港、南通城、陆洪闸、狼山一带地区，新建为南通市。中共华中南通工作委员会入城后，即改称中共南通市委，书记赵琅。同时成立的南通市政府和南通警备司令部，分由叶胥朝任市长，张震东为司令员。4、5 月间，中共南通地委和南通专员公署成立，王野翔、叶胥朝分任地委书记和专员。参加南通市接管工作的乡级以上干部约 1000 人，在军管会统一部署下，按性质、部门，分别进行接收。对旧政权的原保甲人员，暂时加以利用，并对他们进行集中训练，逐步改造；对国民党旧机关工作人员，基本上采取"包下来"的政策，予以留用，责成他们负责保管资财档案。军管会连续发出布告，并领导公安部门，采取一系列行动，有效地加强了社会治安，稳定了社会秩序。

在江苏北部解放区相继建立军管会和人民政权后，为了适应苏北地区全面解放的形势，加强对这一地区的领导，于 1949 年 4 月 21 日，成立苏北行政公署，管辖原苏皖边区第一、二、五、六、九等行政区，贺希明任主任，行署驻节泰州市，原华中行政办事处撤销。此前，成立了中共苏北区委员会，肖望东任书记，赖毅、万众一任副书记。当时，苏北行署辖扬州、泰州、南通、盐城、淮阴 5 个专区，下属 39 个县(市)，共有人口 2080 余万，面积 6.2 万余平方公里。[①] 原属江苏的徐州市、新海连市及其附近 10 县，分属安徽、山东两省。5 月，苏北总工会筹委会成立。7 月，苏北民主妇女联合会成立。苏北行署建立后，进一步加强了对全区城市工作的领导，接管工作有序进行。在行署建立后的一年多时间里，各市、县先后召开了各界人民代表会议，使党政机关与群众的联系更加密切，发扬了民主，促进了城市工作的开展。在苏北区党委和苏北行署的领导下，苏北新解放地区的接管工作完成，各级民主政权日渐巩固，社会秩序稳定，为工农业生产的恢复和经济建设的全面开展，打下了良好的基础。

南京是中华民国的首都，南京的解放，标志着南京政府的崩溃。南京解放后，总前委刘伯承、邓小平、陈毅、粟裕相继抵达南京，于 4 月 26 日与中共南京市委书记陈修良、副书记刘峰等会面。4 月 28 日，成立中国人民解放军南京市军事管制委员会，刘伯承任主任，宋任穷任副主任，后由粟裕任主任，唐亮任副主任。5 月 1 日，在中共中央华东局直接领导下，召开了解放区南下干部和南京地下党干部共约 3000 人的会师大会。这是南京解放后的首次重要会议，会议"充分肯定了南京地下党为迎接解放和配合接管南京所做的艰苦细致的工作，要求曾经在两条不同战线上战斗和工作的同志，不光要在组织上会师，更必须在思想上会师，做到相互尊重，相互学习，团结一

① 《当代中国的江苏》编委会：《当代中国的江苏》(上)，中国社会科学出版社 1989 年版，第 45 页。

致，进一步做好接管工作”。[1] 5月7日，中共南京市委成立，刘伯承为书记，宋任穷为副书记。不久由粟裕为书记，唐亮为第一副书记，江渭清为第二副书记。5月10日，成立南京市人民政府，刘伯承兼任市长，柯庆施、张霖之任副市长。

中共南京市委与南京市军管会根据中共中央和华东局的指示，在接管工作中，按照“各按系统，原封不动，自上而下，先接后分”的方针，采取了多种行之有效的方法，包括：“自上而下的行政方式与自下而上的发动群众相结合”；“依靠工人、团结职员，特别是其中的进步的积极分子，帮忙点收清查”；“重点接收，分清轻重缓急，确定先后配备力量”；以及在步骤上，“作好接管前的准备工作”，“通过群众路线进行清点移交”，“进行重点复查”，然后转入处理旧人员、恢复业务等工作。[2] 全面接管工作，自1949年5月1日开始。南京市军管会下设军事、财经、交通、政务、文化教育5个接管委员会，分别由孔从周、段君毅、刘宠光、罗士高、徐平羽负责。至8月底，共接管国民党党政机构923个单位，其中中央系统机关749个单位，地方机关174个单位；文教机关218个单位，其中研究及文物机关16个单位，大专学校13所（有学生3734人），公立中学16所（有学生8215人），公立小学173所（有学生51370人）；各种企业机构，含工厂、银行、邮局及交通机构共50个单位；房产994处，另代管房产936处；接收大、小炮800多门，各种枪支10余万支，各种子弹2000万发；大米1325万公斤，面粉4000袋，各种汽车1200辆，汽油8万加仑；黄金903两，银元38617枚，金圆券715亿元。[3] 军管会与人民政府顺利接管了国民党政权各类各级机构。6月4日，市军管会下令解散在南京的国民党、三青团组织，解散国民党政府内政部调查局、国防部保密局及其所属的一切组织，并没收其所有公产与档案。军管会和人民政府还严厉打击特务分子及各类坏分子的破坏活动，有效地维护了社会秩序的稳定。6月24日，市人民政府下令解散旧保甲组织，废除保甲制度，责令保甲人员交代治安情况，改恶从善。经一个月的努力工作，即将各区范围内的394个保、7705个甲废除，从根本上摧毁了国民党统治时期在南京的基层组织。市军管会成立后的4个月内，共破获特务案件41件，逮捕重要特务115人；接受反动党团、特务分子345人自新登记；破获其他各类案件775件。[4]南京市军管会和南京市政府对南京的成功接管和接收，保证了南京社会秩序的稳定、生产的逐步恢复和人民政权的巩固。

在人民解放军准备渡江作战，苏南城市即将被占领的形势下，中共中央华东局于

---

① 江渭清：《七十年征程——江渭清回忆录》，江苏人民出版社1996年版，第325—326页。

② 《市委关于接管工作总结》（1949年下半年），南京市档案馆藏。

③④ 《柯庆施在一届一次各界人民代表会议上所作关于市军管会、市政府工作报告》（1949年9月6日），南京市档案馆藏。

1949年4月1日发出了《关于接管江南城市的指示》，指出："对于新收复的人口在5万以上的城市或工业区，均应实行一个时期的军事管制制度。""军管会为该城市最高权力机关，凡入城部队及党政军民机关与各接管工作人员，均须接受军管会的统一指挥。"①

4月24日，解放军无锡市军事管制委员会成立，管文蔚任主任。中共无锡市委、无锡市政府同时成立，市委书记初由管文蔚兼任，旋改由钟民担任，谢克东、高山任副书记；顾风任市长，包厚昌任副市长。市军管会自4月26日起，分别对政务、财政、经济、军事、文化教育、公安、交通、工商各部门进行了接管，至6月中旬，接管工作基本完成。共接管23个旧政府机关、24个公办企业、31个公共文教事业单位，计3000余人。② 市军管会、市政府还抓紧采取剿匪肃特、登记反动党团组织和成员、保护工商业、筹措军粮等多种措施，为巩固人民政权，支援解放全中国作出了贡献。

在无锡市军管会成立的当天，解放军镇江军事管制委员会成立，袁仲贤任主任。不久，中共镇江市委和镇江市政府宣告成立，韦永义为市委书记，储江为副书记，刘烈人为市长，何冰皓为副市长。中共镇江地委、专员公署，早在渡江前夕已经组建，地委书记为陈光，专员为刘烈人。市军管会及时向全市人民发出通告，宣告国民党军队已在城郊大部被歼，残余部队正在溃退，要求旧政府机关的工作人员，安心工作，负责保存公物，使其不受损失，并准备移交事项。镇江原是国民党江苏省政府所在地。省、县两级旧政权机构及各项公办事业单位，均由市军管会负责接管。由于执行了正确的接管方针，接管人员严格遵守纪律，人民群众积极支持，接管工作进展顺利，城市各项生产和工作迅速走上正常轨道。军管会共接管军事单位8个、2000多人，国民党、三青团省、县级机关100多个，警察局、所24处。③ 市军管会和镇江军分区还开展了剿匪肃特反霸工作。

解放军占领常州后，于4月28日成立了常州市军事管制委员会，吴觉为主任。中共常州地委、常州专员公署和中共常州市委、常州市人民政府同时成立，吴觉为地委书记，陆平东为专员，辛少波为市委书记，诸葛慎为代理市长。军管会接管了国民党的武进县政权机构与所属的8个镇公所，以及交通、邮电、警察、司法、文化、金融等机构，其所接管的较大工厂有戚墅堰机车车辆厂、戚墅堰发电厂、永成面粉厂等，学校有21所中学和40所小学。8个市属镇在接管后成立了镇人民政府，8月，又将8个

---

① 中共江苏省委党史工作委员会、江苏省档案馆编：《苏南行政区》，中共党史出版社1993年版，第34页。

② 中共无锡市委党史工作委员会、无锡市档案局编：《无锡革命史料选辑》第14辑，1989年9月，第69页。

③ 韦永义：《镇江城乡沐春风》，中共江苏省委党史工作委员会、江苏省档案馆编：《苏南行政区》，中共党史出版社1993年版，第583页。

镇合并为4个区，建立了区人民政府。军管会根据“先接后管、接管并举”的方针，对所接管的各类机构分别不同情况，作了不同的处理。同时，军管会还发动城乡群众，进行清匪反霸斗争，摧毁残余反革命势力。

4月30日，解放军苏州市军事管制委员会成立，韦国清任主任。同时成立了中共苏州地委、苏州专员公署、中共苏州市委和苏州市政府，宫维桢为地委书记，李干成为专员，惠浴宇为市委书记兼市长。军管会全面接管了苏州地方旧的党政机构和一切公办企业。在军事管制期间，建立了各级人民政权，大力开展剿匪肃特工作，保证了全市社会秩序的安定，以及工商企业和各项公共事业的正常营运。

当时隶属江苏的松江也于5月16日成立了松江军管会、中共松江地委和松江专员公署，陈华堂任军管会主任，张彦任地委书记，顾复生任专员。新建立的党政军领导机关对旧政府与各公办机构的接管，对境内残匪特务的清剿，以及支前工作的开展，保证了社会治安的稳定，直接支持了上海和江苏全境的解放。9、10月间，松江县召开了各界人民代表会议，制定了减租减息、合理负担、处理劳资纠纷等实施办法，取得了良好的效果。这一做法与经验，获得中共中央和毛泽东主席的肯定，并在各新解放区加以推广。

解放军占领苏南地区后，迅速建立了新的行政区领导机关。5月1日，苏南行政公署建立，管文蔚为主任，刘季平、陈国栋为副主任。此前，已成立中共苏南区委，陈丕显为书记。苏南行署辖无锡市和镇江、常州、苏州、松江4个专区，下辖29个县(市)、1335个乡(镇)，人口1250余万，面积2.5万余平方公里。[①] 1949年9月，苏南总工会筹委会成立。同年11月，苏南妇女联合会筹委会成立。

在苏南区党委和苏南行署的领导下，全区接管工作按照“先城市后乡村，以城市为主兼顾乡村”的原则顺利进行。[②] 据统计，至7月苏南城乡接管工作告一段落时止，全区已接管县级政府机关21个，中等以上学校88所，小学4100所，电讯、邮政、银行等单位50多个；[③]接管工厂、企业51家，职工11613人。全区剿匪肃特工作取得重大成绩，至7月底，苏南地区毙俘及争取投诚匪特近6000人，缴获长短枪6300余支、轻重机枪200余挺。[④]苏南广大城乡，社会秩序安定，生产逐渐恢复。

---

① 《当代中国的江苏》编委会：《当代中国的江苏》(上)，中国社会科学出版社1989年版，第45页。

② 管文蔚：《关于接收工作情况及今后任务》，中共江苏省委党史工作委员会、江苏省档案馆编：《苏南行政区》，中共党史出版社1993年版，第77页。

③④ 中共江苏省委党史工作委员会、江苏省档案馆编：《中共江苏党史大事记》，中共党史资料出版社1990年版，第366页。

八　中共稳定社会和恢复经济的努力

解放军占领江苏、南京的初期，各地新政权十分重视稳定社会和恢复经济工作，采取各种切实有效措施，抗洪救灾、平抑物价、恢复工农业生产。

江苏地处江、淮、沂、沭、泗五大河流下游，上中游洪水均经江苏入海，历来是“洪水走廊”。由于连年战争，河道失修，堤防残破，水患严重，尤以苏北地区为最。1949年7月初至8月初，江苏地区连降大雨，沂、沭两河洪水暴涨，先后出现三次洪峰，堤岸决口百余处，淮北平原洪水横流。7月26日，又遇第6号台风过境，江水猛涨。海潮倒灌，苏南海塘工程有许多被冲毁，江堤严重损坏，沿江两岸洼地普遍被淹。南京江心洲全部被淹没。江苏被淹农田达2750多万亩，其中成灾面积达2420多万亩，倒塌房屋100余万间，灾情严重的有20余县。

苏北、苏南、南京市都先后成立了生产救灾委员会，领导生产救灾工作。苏北提出“生产自救，就地坚持”，“不饿死一个人，不荒一亩田”的号召。苏南提出抓好“防水、救灾、生产、节约”四个环节，以战胜严重的灾荒。各受灾县也成立了生产救灾委员会，集中器材、人力、财力抢修江、海、河堤险段。对积水农田，组织力量突击排水。在水退地区抢种晚秋作物。合作社、贸易公司向灾区贷放晚秋作物种子，帮助灾民解决缺少耕牛、农具等困难；推动和扶助灾民从事织席、打草包、捕捞、狩猎等副业生产；收购灾民生产的副业产品，解决销路问题。各地还开展社会互济活动，在机关、部队、工厂、学校普遍掀起省吃俭用节约救灾运动，开展“一两米”、“一件衣”、“一日所得”等形式的捐献活动。与此同时，政府还拨款给地方，对江、海、河、湖的水利设施进行修复，实行“以工代赈”，解决上工灾民的口粮。通过上述种种措施，暂时解决了灾民的严重困难，维持了社会的稳定。

由于江苏地区农业在工农业产值中所占比例很大，农业人口众多，农村工作十分重要，因此在江苏全境解放后，虽然中共的工作重心已由乡村转向城市，但各级党组织与各地新政权都十分注意加强农村工作，迅速恢复农业生产。苏北农村大部分是老解放区，相对来说，社会比较稳定。1949年9月，苏北区党委明确提出：“苏北已全面解放，我们的中心任务就是生产建设，尤以恢复和发展农业生产为目前生产的中心环节。”其奋斗目标，要使1950年比1949年增产一成，“在两三年内使农业生产能恢复到战前水平的基础”[①]。苏南地区城市多，农村又刚解放，苏南区党委根据这一实际

---

① 中共苏北区委：《关于开展秋耕秋种的指示》(1949年9月23日)，江苏省档案馆藏。

情况提出，在“接管城市工作告一阶段后，必须加强农村工作的领导”[①]，并决定由部、处长带队，组织1万名干部下乡开展农村工作。在江苏、南京各级党组织和人民政府的正确领导下，江苏农村工作得到加强，遭到连年战争和自然灾害破坏的农业生产开始得到恢复。

在国民党政权统治江苏的最后时期，物价暴涨是破坏市场与社会稳定的最重要因素，这一严重的社会问题，仍是新政权面临的重要社会问题之一。由于不法资本家和投机商人以高价大量收购银元，扰乱金融秩序，哄抬物价，牟取暴利，一度使银元价格暴涨。1949年6月8日，无锡银元价格狂涨14次之多，上涨344%。随着银元价格的波动，其他商品价格也跟着暴涨。苏南6月1日至8日，白粳米上涨337%，面粉上涨466%，20支双鱼纱上涨226%，12磅双鱼细布上涨214%。南京市7月份与5月9日物价指数相比，食物类上涨496%，燃料类上涨459%，建筑材料类上涨537%。苏北物价上涨更加厉害，一般商品上涨6—7倍，粮棉上涨8倍。不法投机商活动猖獗，严重危害了国计民生。根据中共中央华东局的指示，南京市政府、苏南行署、苏北行署于6月13日采取了统一行动，封闭银元市场，取缔金银买卖，逮捕制裁一大批不法奸商。同时，中国人民银行举办折实储蓄，贸易部门对职工和集体伙食单位实行平价配售粮食。由于人民政府及时采取有力的政治、经济措施，使银元价格急剧下跌，并退出市场。至7月中旬，狂涨的物价便得到了平抑。

工业是社会经济的命脉。江苏各级人民政府一经建立，立即制定、颁发相关的工业政策，使原国统区残破的工业迅速得到恢复。

1948年11月上旬，淮海战役打响后，海州、新浦、连云港最早获得解放。新海连人民政权以恢复和发展生产为中心，部署了各项工作。海州发电厂自1946年起，即因资金枯竭、煤源中断而停产，设备锈蚀短缺。该地解放后，军管会立即派员接管电厂，并组织力量，尽快修复，并于1949年元旦，开始向海州、新浦送电，6月，510千瓦发电机组修复，投入运行。[②] 新海连特区生产局还决定，将原有胜利、泰丰和万昌植记3家面粉厂合并为公营的新海面粉厂，共有干部、工人120人左右，主要设备包括13台钢磨、2台电机、1台15马力的柴油机、3台净面机，主要生产“金星”牌三个等级的面粉。[③]

12月初，解放军占领苏北战略要地徐州后，由徐州特别市军管会接收的工厂有：徐州食油厂、大源油厂、贾汪煤矿、徐州电厂、自来水厂、修械厂等10家公营厂矿。

---

① 中共苏南区委：《对准备开展农村工作给华东局的报告》(1949年7月)，江苏省档案馆藏。

② 陈鹤锦主编：《城市的接管与社会改造》(江苏卷·苏南苏北分册)，中共党史出版社1997年版，第34页。

③ 《建国初期连云港市经济》，《连云港市文史资料专辑》第9辑，连云港市政协文史委员会编印，第49—50页。

新生的人民政权把恢复生产、支援前线作为头等大事来抓。据统计，在该市解放后的一个多月中，被接管的10家公营工厂就有5家复工，18家私营面粉厂中就有14家恢复了生产。[①] 徐州电厂于该市解放后的第二天就恢复供电。1949年2月，该厂与三官庙军用自来水厂合并，改名为“徐州水电厂”。当年徐州共有发电设备6446千瓦，全年发电1325万度。贾汪煤矿解放前最高日产量为1821.3吨，解放后半个月即恢复出煤，不到一年的时间，即创造了日产煤2900.1吨的最高记录。[②] 徐州汽车修理厂在解放后的20天内，就抢修了57部汽车，投入支前运输。公营工厂大上海火柴厂，在红五月的生产竞赛中，产量迅速由3月份的日产81篓提高到5月份的108篓。

1948年12月上旬，重新获得解放的苏北重镇淮阴，迅速恢复了华新烟厂、光华化工厂和淮海印刷厂等重点工厂的生产。广大职工生产积极性空前高涨。华新烟厂的技师们，将6尺旧车床加以技术改造，代替12尺车床修理长轴，修好了英制凯儿滨式引擎1台。光华化工厂通过技术改造，使每人每天由平均产皂99条提高到171条，提高产效73%。[③] 淮海印刷厂开展“红五月”生产竞赛，产量平均提高三十七分之一。[④]

长江下游的重要工业城市南通于1949年2月初解放后，南通区军管会强调本着“发展经济，保障供给”和“公私兼顾，劳资两利”的原则，迅速恢复生产。大生电厂于2日当晚即照常发电，苏北最大规模的纺织厂——大生第一、第八两纺织厂，也在军管会和广大职工的共同努力下，于10日复工。

自1949年初苏北地区全面解放后，由于环境稳定，解放区连成一片，收购原料更加方便，产品销售市场扩大，全区工业生产的恢复和发展获得了有利条件。人民政府将苏北原有41个公营工厂合并为9个，加上进入城市后新接收的泰州铁厂和泰州区油米厂，共计11个(扬州区未统计在内)。其中烟厂、牙刷厂、化工厂、棉织厂各1家，铁工厂2家，油米厂5家。上半年每月主要物品的产量为：香烟14万条、布500匹、肥皂12万条、洋纱1820包、牙刷3万支、豆油7.74万公斤、毛巾3.2万条、豆饼17.82万片。[⑤] 下半年，苏北行政公署召开了苏北公营(含代管、公私合营)厂长、经理

---

① 陈鹤锦主编：《城市的接管与社会改造》(江苏卷·苏南苏北分册)，中共党史出版社1997年版，第59页。

② 陈鹤锦主编：《城市的接管与社会改造》(江苏卷·苏南苏北分册)，中共党史出版社1997年版，第280页。

③ 《淮海报》1949年6月30日。

④ 陈鹤锦主编：《城市的接管与社会改造》(江苏卷·苏南苏北分册)，中共党史出版社1997年版，第71页。

⑤ 江苏省财政厅、江苏省档案馆、财政经济史编写组合编：《华中解放区财政经济史料选编》第7卷，南京大学出版社1987年版，第259—260页。

会议，制定了各公营工厂下半年的主要生产指标：大众牙刷厂，牙刷26.5万支；华新烟厂，纸烟130万条；光华化工厂，肥皂168万条；大华棉织厂，毛巾223040条、棉布3225匹；淮南纱厂，洋纱1.28万包。[①] 这些公营工厂下半年的生产指标，都比上半年的实际产量，有了大幅度的增长。人民政府在狠抓公营工厂生产的同时，还采取了各种措施，大力扶助私营工厂的生产。

苏南获得全面解放后，中共苏南区委将"发动群众，大力恢复生产，繁荣经济"作为苏南全区工作方针的重要内容，并要求同时抓好公营和私营企业。

无锡是苏南最大的工业城市。刚解放时，无锡有大小工厂800余家，但由市军管会接管的原国民党公营工厂只有农具实验制造厂、机米厂等少数几家工厂，其工业产值只占全市工业总产值的2.4%。原南京政府农林部所属无锡农具实验制造厂，是无锡重要的重工业工厂，军代表接管后，迅速组织恢复生产，市政府拨款50万元（折合新币，下同），不久又贷款500万元。该厂只用了10天时间，即全面恢复生产，5月份产量比解放前的平均产量增加了50%。无锡机米厂是苏南地区最大的碾米厂，到解放时已停产4个月，被接管后，迅速恢复生产，生产管理费用比原来下降23%，不仅实现了"保本自给"，而且迅速出现了盈余。[②] 解放后，人民政府采取多种有力措施，帮助缫丝业迅速复业。人民政府在收购各厂存丝的同时，还委托厂商租用茧行，代购蚕茧。中蚕苏南公司采取"以丝易茧"、"加工代缫"等办法，帮助丝厂尽快恢复生产。7月3日，华昌丝厂首先开工复业，9月14日，协成新记丝厂复工生产，9月底，全市丝厂业于劳资双方签订《劳资集体协议》后，相继全部复工。

常州解放后共接收了戚墅堰机厂、戚墅堰电厂、永成面粉厂、中华酿造厂、正成米厂、利农米厂等公营工厂。常州发达的纺织业基本上是私营的天下。人民政府认真贯彻扶植私营工商业的政策，但因种种客观原因，纺织工厂普遍开工不足，裕民、恒丰盛、诚孚、久华等厂一度停产。据统计，常州棉纺织行业，解放前夕共有82家工厂、布机5285台，其中白织厂74家、色织厂8家。解放后，有43家染织厂在政府扶植下陆续开工。8月，津浦铁路恢复通车，常州棉布销路畅通，各染织厂加开日夜班生产，又有一批停业工厂复工。

苏州解放前夕，生产力遭到严重破坏，城区虽有大小工厂301家，但有260多家停产。解放后，市军管会和市政府立即颁发布告，号召各行业尽快复工复业，恢复正常经济生活。市军管会接收了中蚕公司、苏州面粉厂和太湖西山煤矿等3家

---

① 江苏省财政厅、江苏省档案馆、财政经济史编写组合编：《华中解放区财政经济史料选编》第7卷，南京大学出版社1987年版，第265页。

② 陈鹤锦主编：《城市的接管与社会改造》（江苏卷·苏南苏北分册），中共党史出版社1997年版，第146页。

厂矿，军代表组织发动工人，努力克服困难，为早日恢复生产创造条件。人民政府对私营工商业实行了积极扶持的方针，采取政府贷款、收购产品、加工订货和调整公私关系等多项优惠政策。如给予苏纶、勤业、永明等几家大型纱厂专项贷款，3个月内共发放4亿元人民币（旧币），帮助厂方有计划地恢复生产，维持到新花上市，渡过了难关。[①]

镇江解放后，市军管会坚持实行抓接管与抓生产相结合、以接管促生产的方针。5月2日，镇江电厂遭敌机轰炸，受到严重破坏，经半个多月的抢修，5月19日即恢复供电。人民政府在资金、原料等方面，给予各工厂企业以及时帮助。如贷给水厂、电厂燃料1300吨、面粉2500袋，保证了全城水电的正常供应；市人民银行向私营工商业户共贷款17万余元人民币，市工商部门向棉织业供应大量廉价棉纱。[②] 全市在解放后的1个月内，即有18家碾米厂复工，270余台纺机开机，火柴厂也恢复了正常生产。国营镇江面粉厂的日产量达8000袋，超过了解放前的最高生产水平。

作为国民党政权首都的南京，解放前为行政院直辖市，解放后由中共中央直接管理。解放之初，市军管会共接收大小工矿企业38家，主要有：华中矿务局、马鞍山矿场、中央电照厂、中央电瓷公司、皖南电厂、首都电厂、中央无线电公司南京厂、中央化工厂等。[③] 私营企业中，规模较大者有永利铔厂、有恒面粉厂、中国水泥公司等14家。人民政府在建立和发展国营工业的前提下，对私营工业采取了多种积极扶持、促进发展的措施，如贷款、收购产品等。仅在解放后的头4个月中，即向工商业户提供贷款100多万元。在私营工厂中，解放前已经停业的较大工厂如永利铔厂、有恒面粉厂、景丰面粉厂、新毅纺织印染厂等，解放后都先后复工。人民政府为支持永利铔厂迅速复工，发放贷款5210万元，调拨廉价华北焦炭，架设供电专线，收购产品，使该厂于6月14日顺利点火复工，日产硫酸铔由原来的100吨增加到150吨。有恒面粉厂得到政府订粉10万袋，解决了资金周转的困难，产量迅速提高，从日产1000袋增至4000袋。景丰面粉厂刚复工时，日产面粉500袋，至8月日产量增至1100袋。新毅纺织印染厂因得贷款2000万元及订货4000匹的贷款，产量亦迅速提高，6月份日染布6000匹，7月份工效提高了1倍，政府还收购染布2万匹，将销路拓展至苏北、皖北、皖南一带。[④]

---

① 陈鹤锦主编：《城市的接管与社会改造》（江苏卷·苏南苏北分册），中共党史出版社1997年版，第127页。

② 陈鹤锦主编：《城市的接管与社会改造》（江苏卷·苏南苏北分册），中共党史出版社1997年版，第178—179页。

③ 《中共南京市委关于接收工作向中共中央及华东局之报告》（1949年5月30日），南京市档案馆藏。

④ 《南京私营工业材料》，《苏北日报》1949年8月16日；《柯庆施在南京市一届一次各界人民代表会议上所作关于市军管会、市政府工作报告》（1949年9月6日），南京市档案馆藏。

江苏全境解放后,各级政府采取多种措施,恢复生产,发展经济,使解放前面临绝境的残破工业,重新获得生机。由于江苏各级新政权实施的正确政策和措施,以及解放后城乡人民空前高涨的政治热情和生产积极性,使江苏城乡各地社会秩序迅速稳定,社会经济得以恢复。

附　录

一　大事记

1912 年

1 月 1 日　中华民国临时政府在南京成立，孙中山任临时大总统。

1 月 19 日　经江苏省临时议会议决，江苏都督府颁布《江苏暂行地方制》条例，实行省、县两级制，各县由省直辖。

1 月 31 日　江苏银行总行在苏州成立。

3 月 10 日　南京临时参议院通过《中华民国临时约法》。

3 月　奉江苏都督令，各县改知县为民政长，由县临时议会推举。

3 月　张謇在南通创办私立南通医学专科学校。

4 月 1 日　孙中山前往南京临时参议院解职。袁世凯任命黄兴为南京留守，统辖南方各军。

4 月 8 日　南京临时参议院迁往北京，南京临时政府正式结束。

4 月 13 日　北京政府正式任命程德全复任江苏都督。

5 月　江苏都督府由苏州迁驻南京。

7 月　津浦铁路全线通车。1913 年 3 月正式运营。

本年　江苏省民意机关由咨议局改为临时省议会。

1913 年

1 月 1 日　武进秀才奚九如创办常州厚生机器制造厂。

1 月 8 日　江苏省依据北京政府《划一现行各县地方行政官厅组织令》的规定，行政长官仍称民政长，省行政机关由省政府改称省政府公署。

2月22日 江苏省第一届议会在南京举行第一次常委会,选举许鼎霖为议长。

5月 陇海铁路徐州至开封段动工兴建。

7月12日 李烈钧在江西湖口起兵,“二次革命”爆发。14日,黄兴秘密到南京,与江苏都督程德全等会晤后于15日发表通电,宣布江苏独立,黄兴被举为江苏讨袁军总司令。

8月10日 第八师第二十九团下级官兵起义,推举何海鸣为讨袁军总司令。18日,推举张尧卿为江苏临时都督,后推举曾任安徽都督、安徽讨袁军总司令的柏文蔚为江苏都督。

8月31日 北洋军向讨袁军发起总攻,“二次革命”失败。张勋率部占领南京。

9月6日 韩国钧任江苏省行政公署民政长,任期至1914年7月15日,后调任安徽巡按,由齐耀琳接任至1916年7月。

9月 北京政府废南京府,设江宁县,隶属江苏省。

9月 北京政府任命张勋接任江苏都督。

11月 美国北长老会等在南京筹设金陵女子大学,德本康夫人为校长,1915年9月正式开学。

12月16日 袁世凯调张勋任长江巡阅使,任命冯国璋为江苏都督。

1914年

1月 江苏省华亭县改称松江县、太平县改称扬中县、山阳县改称淮安县、清河县改称淮阴县、桃源县改称泗阳县、安东县改称涟水县。

5月23日 北京政府颁布地方官制,改行省、道、县三级制。依照设道规定,江苏全省置金陵、苏常、沪海、淮扬、徐海5道,统辖各县。其中:金陵道辖江宁、句容、溧水、江浦、六合、高淳、丹徒、丹阳、金坛、溧阳、扬中11县;苏常道辖吴县、昆山、常熟、吴江、武进、无锡、宜兴、江阴、靖江、南通、如皋、泰兴12县;沪海道辖松江、奉贤、金山、上海、川沙、南汇、青浦、太仓、崇明、嘉定、宝山、海门12县;淮扬道辖淮安、阜宁、盐城、淮阴、涟水、泗阳、江都、仪征、高邮、兴化、宝应、泰县、东台13县;徐海道辖铜山、萧县、砀山、丰县、沛县、邳县、宿迁、睢宁、东海、灌云、赣榆、沭阳12县。江宁、吴县、上海、淮阴、铜山5县分别为金陵、苏常、沪海、淮扬、徐海5道道治。道设道尹公署,改原观察使为道尹。

5月25日 江苏省行政公署奉命改为江苏巡按使公署,行政长官改为巡按使。

5月 江苏省财政厅成立,直隶省巡按公署。

9月23日 江苏省立第二图书馆在苏州可园创办,江苏官书局归属该馆,改名官书印行所。

9月 孙中山在日本改组国民党，吸收部分国民党员成立中华革命党。该党江苏支部在东京成立，由孙中山委任吴藻华为支部长。

1915年

5月9日 袁世凯接受日本提出的“二十一条”密约，江苏各地学生先后上街游行示威，开展抵制日货运动。

6月 国立南京古物保存所成立。

7月1日 金陵关宣布浦口津浦码头对外轮开放。

1916年

1月 由蒋盘发、赵锦清等创办的大纶机织布厂建成投产。

4月15日 中华革命党人在江阴发动反袁起义，成立江苏护国军，反对袁世凯复辟称帝。

7月8日 英商和记有限公司（又称“和记洋行”）在南京成立。

10月30日 国会参、众两院补选江苏督军冯国璋为副总统，但冯仍坐镇南京。

本年 江苏省第一农业试验场在清江成立，1929年改为省立杂谷试验场。

1917年

5月 南通通明电气股份有限公司成立。

6月6日 江苏省长齐耀琳公布《江苏省取缔茧行暂行条约》，实行茧行统制。

7月 江苏省长齐耀琳、副总统兼江苏督军冯国璋发表声明，拥护共和，反对帝制。

8月3日 北京政府任命李纯为江苏督军，同月21日李纯在南京正式就职。

12月 江苏省教育厅成立，直隶省长公署。

本年 北京政府将农商部分为农工、实业两部。江苏省亦设立实业厅。

本年 张謇在南通兴办通燧火柴厂。

本年 蔡际云、钟麟等人在苏州创办华盛纸版厂。

1918年

1月10日 道德学社南京分社成立，江苏督军李纯任社长，并出版《道德浅言》月刊。

10月10日 江苏省第二届议会在南京举行第一次年会,选举钱崇固为议长。

本年 江苏省立南京公共体育场在南京公园路建成。

本年 由留美学生任鸿隽、杨铨、赵元任、胡明复、周仁、秉志等发起组成的中国科学社(1915年10月25日成立于美国)迁回国内,在南京、上海设事务所。

1919年

1月1日 颜文樑、杨左匋发起组织的第一届苏州美术画赛会开幕,开创国内美术展览先河。会后成立苏州美术会,并刊行《美术》半月刊。

4月 镇江至扬州长途电话开通。

5月14日 南京万余人举行国民请愿大会。声援北京学生,并开展抵制日货运动。

6月8日 南京各界万余人集会,抗议军警武装镇压学生反帝爱国运动。会后举行示威游行。南京铁路工人、航运工人、黄包车工人亦相继罢工。

6月20日 无锡爱国店员成立无锡"救国五七团",以"永久抵制日货,不用日布"为宗旨。

6月23日 南京学生联合会召开全市学生代表大会,声援北京学生"六三"运动。并决定于同日编辑出版《南京学生联合会日刊》。

6月 中华革命党南京支部成立。

1920年

1月1日 少年中国学会南京分会主办的宣传马克思主义的刊物《少年世界》在南京创办,12月停刊。

2月 江苏省警务处成立,直接管辖全省各县警务。

4月29日 江苏省长公署下令解散南京学生联合会。

5月1日 《妇女评论》在苏州创刊,主要撰稿人有瞿秋白、叶圣陶等。

6月 直皖战争爆发,江苏督军李纯积极备战,并断绝江浙交通。

8月 江苏省议会因欺压民众、贪污卑劣、枉法贪赃等,弹劾省长齐耀琳。

9月25日 无锡"救国五七团"编印的《五七月刊》出版。该刊宗旨是:伸张公理,去打破世界的强权;拥护正义,去推倒国家的暴力;发扬人道,去铲除社会的财阀。

9月 北京政府免去齐耀琳江苏省长职务,任命王瑚接任江苏省省长,任期至1922年6月。

12月3日 北京政府任命齐燮元代理江苏督军。

1921年

1月 省立徐州第七师范学校学生30余人组织赤潮社,创办《赤潮》旬刊,宣传革命思想。

1月 东南大学胡先骕、梅光迪、吴宓等创办《学衡》杂志。

3月14日 津浦铁路浦镇机厂成立中华工会,工人王荷波任副会长(后任会长)。

6月 江苏发生大水灾,遍及60个县。微山湖地区发生蝗灾,铜山、沛县等沿湖地区农作物损失惨重。江苏成立赈灾委员会、华洋义赈会。

9月3日 实业家姚锡舟等人在南京龙潭创办中国水泥股份有限公司,吴麟书为董事长,姚锡舟为总经理。

11月8日 徐州机务段无理开除工人,引发工人罢工。罢工得到了中共北方区委的指导和帮助,斗争取得了胜利。

1922年

1月1日 江苏省昆虫局在东南大学农科成立,成为中国第一个农作物保护专业机构。

2月 徐州铁路工人罢工骨干分子姚佐唐等人加入中国共产党,组成江苏第一个中共支部,姚佐唐任支部书记。

6月15日 韩国钧任江苏省省长。

6月 南京浦镇机厂工人王荷波和浦口铁路机务段工人王国珍,先后加入中国共产党,他们是南京地区最早的中共党员。

10月4日 在中共中央执行委员邓中夏的领导和推动下,南京社会主义青年团发起成立民权运动大同盟并发表宣言,要求民主权利,并提出打倒军阀、打倒帝国主义等口号。

10月26日 经北京政府批准,辟无锡为商埠,委杨寿枏为商务督办。

11月 中国劳动组合书记部派北大学生、共产党员王振翼(王仲一)到浦镇机厂,协助王荷波筹建津浦铁路总工会,并建立了党小组,王荷波任党小组长。此为南京地区建立最早的中共地方组织。

12月11日 南京女权运动同盟会成立。

12月16日 扬州至瓜洲马路工程竣工。

本年 中华革命党南京支部改组为中国国民党南京支部。

本年 江苏省长公署设政务厅。

1923年

1月 镇江至六圩之间开设轮渡,这是镇江轮渡之始。

2月8日 为声援"二七"大罢工和反对浦口港务处开除工人,王荷波率领铁路工人举行总罢工。

8月20日—25日 中国社会主义青年团第二次全国代表大会在南京举行。

8月 江苏督军齐燮元在南京建立江苏陆军航空队。

10月21日 南京社会主义青年团地方执行委员会召开成立大会(1927年10月改称中国共产主义青年团南京市委员会),谢远定为委员长。

10月 柳亚子与叶楚伧、邵力子、陈望道等人发起成立"新南学社"。柳亚子还与毛啸岑等创办了《新黎里》半月刊。

11月8日 中共上海区执委会批准成立中共南京地方委员会。12月,中共南京地方委员会正式成立。

11月11日 北京政府任命齐燮元为苏皖赣巡阅使。

12月25日 陈调元通电任苏、皖、鲁、豫四省剿匪总司令。

本年 陈鹤琴创办东南大学教育科实验幼稚园。

本年 震华电厂在武进戚墅堰镇成立。

1924年

1月31日 中国国民党一届一中全会决议在上海等地设立中央执委会执行部,统辖上海、江苏、浙江、安徽、江西的党务工作。

4月1日 锡社在无锡创办《无锡评论》。

5月1日 南京平民教育促进会创办的平民工余读物《平民旬报》创刊。

5月 国民党江苏省临时党部在松江成立,7月,临时省党部迁往上海。

9月3日 江苏督军齐燮元和浙江军务善后督办卢永祥为争夺对上海的控制权发生了江浙战争。

9月 苏州工业专业学校设置建筑科,在国内首开近代建筑科学的教育。

12月 北京政府任命江苏省省长韩国钧兼江苏军务善后事宜督办。

本年 江北长途电话局创办。

1925年

1月3日 江苏省省长韩国钧通电辞职。

1月10日 以张宗昌为总司令的"宣抚军"东进上海,与齐燮元、孙传芳的浙沪联军激战。27日,"宣抚军"攻占苏州。齐燮元于28日宣布下野,"宣抚军"进入上海。齐卢战争结束。

1月 北京政府令江苏省长韩国钧免兼江苏军务督办,任命卢永祥兼理江苏军务督办。8月,又令郑谦暂兼江苏军务督办。9月,改任杨宇霆为江苏军务督办。

6月 江苏全省已有南京、浦口、无锡、苏州、丹阳、江阴和徐州7个中共支部,56名党员。

8月21日 中共中央局决议将中共上海地方委员会改组为中共江浙区委员会(中共上海区委员会),领导江浙地区中共的工作。

9月 中共徐州特别支部成立,吴亚鲁任书记,属中共江浙区委领导。

11月4日 国民党苏州市党部成立。

11月 北京政府令孙传芳为江苏军务督办,免去杨宇霆江苏军务督办之职。

11月 孙传芳在南京正式宣布成立浙、闽、苏、皖、赣五省联军,并任总司令兼江苏总司令。江苏省长亦由徐鼎康代理。

12月1日 孙传芳任命陈陶遗为江苏省长。

本年 江苏省实业厅在吴县成立省立稻作试验场。

1926年

1月7日 无锡申新等纱厂工人发起成立公所组织。这是无锡产业工人最早的行业性组织。

1月10日 国民党南京市党部(左派)成立,执行委员有曹壮父等8人,其机关刊物为《"五卅"青年》。

3月12日 南京隆重纪念孙中山逝世一周年,国民党在紫金山举行中山陵奠基典礼。

5月10日 苏州电话局沪宁长途电话线路竣工,开通上海、南翔、无锡、南京等处长途电话。

10月24日 在北伐战争向长江下游发展的形势下,上海工人在中共中央和江浙区委领导下举行第一次武装起义,但遭军阀孙传芳部队镇压而失败。

10月 因国民革命军逼进江浙,江苏省长陈陶遗去职。孙传芳于12月24日任命徐鼎康为江苏省长(任期至1927年3月18日)。

1927年

2月11日—18日 中共江浙区第一次代表大会在上海举行。

2月22日 上海36万工人举行总罢工，接着发动第二次武装起义，但起义再告失败。

2月28日 张宗昌、孙传芳在南京设立联军司令部，将张部直鲁联军与孙部五省联军合组为七省联军。

3月4日 无锡县召开农民代表会议，成立无锡县农民协会，安友石为主席。

3月15日 中华教育改进社陶行知、赵叔愚等创办的试验乡村师范学校在南京太平门外晓庄开学。

3月21日 上海工人举行第三次武装起义，并成立上海特别临时市民政府，选举白崇禧、钮永建、杨杏佛、罗亦农、汪寿华等人为政府委员。

3月21日 北伐军进入苏州。

3月24日 北伐军占领南京，孙传芳退往江北。

3月24日 英、美等国以“保护侨民”为由，命令停泊在下关江面的军舰向南京城内开炮，制造了轰动一时的“南京事件”。

4月1日 蒋介石以国民革命军总司令的名义，裁撤以程潜为主席的江苏省政务委员会，另行建立江苏省临时政务委员会、临时军事委员会和临时财政委员会。

4月12日 蒋介石在上海发动了“四一二”清共事件。

4月16日 中共中央决定陈延年代理中共江浙区委书记。

4月18日 蒋介石在南京建立国民政府，并定都南京。

4月26日 江苏省政府第一届委员会组成。5月3日，江苏省政府第一届委员会发表《省政府宣言》，宣告省政府成立。

5月7日 国民党中央政治会议第八十九次会议议决，上海改为特别市，直隶国民政府。

5月 江苏省会公安局成立，直隶于省政府民政厅。

6月1日 国民党中央政治会议议定设南京市和上海市，将江宁县城及邻近城区地方和江浦县之浦口镇置南京市，将上海、宝山、嘉定、松江4县部分地方置上海市。6日，国民政府决定将南京、上海两市正式划为特别市，直辖于国民政府行政院。

6月26日 中共江苏省委在上海召开成立大会，但被特务发现，陈延年等人被捕。7月4日，陈延年等在上海龙华被杀害（陈延年被捕后，赵世炎代理江苏省委书记）。

6月 南京国民政府教育行政委员会颁布《大学区组织条例》，暂在江苏、浙江等省试行，并在江苏省大学区设第四中山大学。7月8日，南京国民政府令江苏省裁撤教育厅，颁行大学区制。

7月2日 中共江苏省委代理书记赵世炎在上海被捕，19日被杀害。

8月18日 中共江苏省委发出《通告》，决定成立“暴动行动委员会”。

8月19日 武汉国民政府宣布迁都南京，发表《迁都南京宣言》。

8月26日 孙传芳部强渡长江，与李宗仁、何应钦部激战，龙潭战役爆发。31日，孙军败出龙潭。

8月 中共中央任命邓中夏为中共江苏省委书记，并组成新的省委。

10月21日 成舍我主办的《民生报》在南京创刊。

10月28日 国民政府第十一次常务会议决议，将江苏省政务委员会改组为省政府委员会。

11月1日 中共宜兴县委领导农民举行了秋收暴动，打响了江苏农民武装反抗国民党统治的第一枪。

11月3日 江苏省政府第二届委员会组成，任命钮永建为委员会主席。

11月 京(南京)沪(上海)长途电话开通。

11月 中央国术馆在南京成立，张之江任馆长。

本年 江苏省设立无线电管理处。

本年 国民政府在明故宫遗址建明故宫机场。

1928年

1月1日 中共江苏省委制定了《江苏各县暴动计划》。

1月20日 中共中央决定中共江苏省委书记邓中夏调离，由项英接任。

1月 国民政府设立首都建设委员会，负责制定《首都建设计划》。

2月4日—7日 中国国民党二届四中全会在南京召开，谭延闿为国民政府主席。

2月9日 国民革命军总司令蒋介石设北伐军总司令徐州行营，并于4月9日发布北伐总攻击令。

2月28日 第四中山大学改组为江苏大学。5月3日，又改称中央大学。

2月 国立中央研究院气象研究所在南京成立，竺可桢任所长。

2月 江苏民众教育学校在苏州创办，6月改称民众教育学院。同时，教育家余庆棠在无锡筹办劳农学院。1930年6月，两院合并，改称江苏省立教育学院。

3月6日 国民党中央陆军军官学校(原黄埔军校)在南京开学。

3月31日 蒋介石在徐州督师北伐。第二期北伐战争全面爆发。

3月 中共江苏省委任命孙津川为中共南京市委书记。

5月1日 中共泰兴县委、如皋县委在泰兴县和如皋县联合举行“五一”武装暴动。

5月11日 江苏省政府通过《江苏省修筑公路条例》，将全省公路分为省道、县道、乡道三种等级。

7月1日 江苏省长途电话管理处成立。

7月16日 江苏省农民银行开业，总行设南京，后迁镇江。

7月17日 江苏省政府第九十次例会议决，定镇江为省会，并将丹徒县改名镇江县。1929年2月4日，江苏省政府迁往镇江。

8月1日 国民政府中央广播电台在南京举行开播典礼。

9月10日 中共江苏省委机关刊物《多数》创刊。

11月2日 国民政府通过江苏省政府改组方案，仍任命钮永建为省主席。

11月27日 苏州实行县（吴县）市分治，并以吴县城区设置苏州市，陆权任市长。12月10日，苏州市政府正式成立。

11月 中共江苏省委派游无魂（龙崇新、郁伍文）到南京重建市委并任书记。

1929年

1月 国立中央研究院筹建自然历史博物馆。李四光、李济等7人被聘为筹备处委员。

2月1日 国民党中央机关报《中央日报》在南京出版。

2月8日—16日 国民党江苏省第一次全省代表大会在南京举行。

2月17日 南京特别市改称首都特别市，直辖于国民政府行政院。

2月 江苏省立农具制造所在苏州正式成立。

3月15日—28日 中国国民党第三次全国代表大会在南京召开。

5月1日 中国航空公司在南京成立，孙科任理事长。

5月 在南京、上海间试办传真电报。

6月1日 国民党党政军各机关及南京各界在中山陵园举行奉安大典，将孙中山灵柩移葬中山陵。

7月1日 江苏省立医院在镇江落成，10月11日正式开业。

8月29日 中共如（皋）、泰（兴）中心县委将如泰地区的游击队编为如泰工农红军，在如泰地区开展游击战争。

8月29日 导淮委员会在南京成立（1947年改称淮河水利工程局）。

8月 江苏省以各县收入为标准划分各县等级，一等县13个，二等县26个，三等县22个。

9月 英国驻华公使蓝普森与国民政府外交部长王正廷互换收回镇江英租界照会。11月15日,在镇江英国领事署正式举行镇江英租界交还仪式。

10月21日 中共江苏省委作出《江苏省委为开除彭述之、汪泽楷、马玉夫、蔡振德及反对党内机会主义与托洛茨基反对派的决议》,并通告全党。

11月18日—27日 中共江苏省第二次代表大会在上海举行。

12月31日 首都建设委员会正式公布《首都建设计划》。

本年 吴贻芳担任金陵女子大学校长。这是中国教育史上第一次由中国女性担任大学校长。

本年 江苏省农矿厅在江都设立省立蚕桑试验场,在无锡设立省立蚕丝试验场及蚕种检验所。江苏省政府对全省桑蚕业实行统制,先后颁布《江苏省取缔蚕种业暂行办法》、《江苏省蚕种统制办法》、《江苏省茧行统制办法》等。

1930年

2月20日 国民政府工商部和卫生部指定无锡县为全国模范工业区。

3月14日 国民政府决议改组江苏省政府,任命叶楚伧为主席。

3月18日 第一届全省运动会在省立南京公共体育场举行。

3月27日 江苏省政府令,撤苏州市并入吴县。

4月3日 南京和记工厂英国厂主撕毁同罢工工人达成的复工协议,激起工人抗议。当局派军警镇压,酿成"四三"惨案。

4月3日 红十四军在如皋西南乡正式成立。何坤任军长,李超时任政委。

4月16日 红十四军第二支队分三路袭击如皋西南国民党军重要据点老户庄,战斗失利,军长何坤阵亡。随后,中共江苏省委决定,李超时任红十四军军长兼政委。

4月25日 魏道明就任南京特别市市长。

5月 江苏省土地局成立,隶属省民政厅。

7月14日 李立三改组中共江苏省委,将中共江苏省委与共青团江苏省委、江苏省工会联合会合并组成江苏省总行动委员会,由李立三任书记。

9月9日 红十四军在镇涛区田家铺召开赤卫队和群众大会时,遭李长江部偷袭。10月,红十四军在泰兴县宣告解散。

10月 中共江苏省总行动委员会撤销,中共江南省委成立。

11月1日 国民党江苏省党部机关报《苏报》在镇江创刊,首任社长为马元放。

11月1日 国民政府特任张之江为江苏"绥靖"督办。

12 月 24 日 中共中央根据共产国际代表米夫的提议，任命王明为江南省委代书记。

1931 年

1 月 1 日 江苏执行全国财政会议决定，通令裁撤厘金等捐税。

1 月 1 日 江苏、安徽两邮区合并为苏皖邮区，管理局设于南京。

1 月 17 日 中共江南省委改组为中共江苏省委，王明任书记。

4 月 20 日—26 日 江苏省举行全省识字运动宣传周。21 日，江苏省政府会议通过《江苏省奖励办理民众学校办法》。

5 月 5 日 国民党江苏省党部直属党报《徐报》在铜山创刊。

5 月 23 日 国民政府司法行政部在苏州建成“江苏反省院”，对被押人员实行所谓“精神感化”。

6 月 王云程任中共江苏省委书记。

7 月 长江、淮河、大运河、黄河中下游地区发生特大水灾。长江沿岸城市交通几乎断绝，受灾严重。

8 月 15 日—22 日 国民党江苏省第二次代表大会在镇江举行。

9 月 21 日 第二届全省运动会在省立镇江公共体育场开幕。

9 月 22 日 南京各大、中学校罢课并召开抗日救国大会，抗议日本发动“九一八事变”。

11 月 12 日—23 日 中国国民党第四次代表大会在南京举行。

11 月 26 日 南京学生和上海、杭州赴京学生结队到国民政府门前示威，要求蒋介石出兵抗日，蒋介石出面接见学生。

12 月 17 日 北平、天津、上海、无锡、苏州、武汉、广州等地学生代表到南京，联合南京学生举行总示威，到国民党中央党部和国民政府请愿，要求抗日，学生捣毁了《中央日报》编辑部。当游行队伍经过珍珠桥时，遭到军警镇压，酿成“一二·一七惨案”（即“珍珠桥惨案”）。

本年 江苏省农业推广委员会成立，并颁布《江苏省农业推广委员会组织章程》。

1932 年

1 月 26 日 江苏省政府委员会会议通过：原省立稻作、棉作两试验场合并改为省立第一农事试验场；麦作、杂谷两试验场合并改为省立第二农事试验场。

1 月 30 日 “一·二八事变”后，国民政府宣布迁都洛阳。5 月 5 日，国民政府与日本签订了《淞沪停战协定》。5 月 30 日，国民政府各机关由洛阳迁返南京。12 月 1 日，国民政府在南京举行返都典礼。

2 月 23 日 美国人肖特驾"宝灵"号飞机在苏州上空迎战日机，以身殉难，年仅 27 岁。

4 月 16 日 导淮工程举行开工典礼。

4 月 江苏省商会联合会在镇江宣告成立。

5 月 1 日 江苏省立徐州民众教育馆成立。

6 月 江苏省政府议决，设立江宁自治实验县，直属省政府。

6 月 江苏省建设厅会同中国合作学社在吴县光福区举办全国第一个合作实验区。

7 月 章汉夫(史通)接任王云程为中共江苏省委书记。

8 月 国立编译馆主办的《图书评论》在南京创刊。

9 月 22 日 南京首都电厂架设第一条长江过江电缆。

11 月 12 日 中央广播电台在南京开播。

11 月 江苏省政府委员会第五四九次会议决议裁撤实业厅，其主管事业交由建设厅兼管。

本年 王福昌在南京新街口建成"福昌饭店"(胜利饭店)，是江苏旅游饭店中建设历史最早的饭店。

1933 年

1 月 13 日 江苏省政府委员会将镇江等县划为蚕桑改进区。

1 月 24 日 江苏省政府委员会通过《江苏省县政府组织通则》，调整县政府内部设置，裁撤县政府各局，规定县政府列第一、第二、第三科和技术室。

1 月 江苏省建设厅测候所开始在当地报刊登载天气预报。

2 月 10 日 国民政府推行地方自治，决定以江宁县为全国第一个自治实验县，直隶江苏省政府。

2 月 25 日—30 日 国民党江苏省第三次全省代表大会在镇江举行。

5 月 21 日 中共江苏省委书记章汉夫等人在上海被捕，后由袁孟超(化名宋三)接任省委书记。

7 月 江苏省长途电话管理处在镇江成立，并接收京沪、江北两管理处。

9 月 19 日 省立镇江公共体育场新址竣工。19 日—22 日，在新体育场举办江苏省第三届运动会。

10月10日 第五届全国运动会在南京中央体育场开幕。

10月 江苏省政府第六届委员会成立，陈果夫为省主席。

10月 江苏省主席陈果夫颁布《限定禁烟办法大纲》。

11月22日 永利制碱公司总经理范旭东呈文国民政府实业部请求承办硫酸铔厂。1934年2月29日，国民政府实业部批准建厂。

11月 江苏省公路管理处成立，直隶省政府建设厅（1940年8月改名为江苏省公路管理局）。

本年 国民党江苏省党部直属党报《淮报》在淮阴出版。

本年 江苏省省立医院成立，直属省政府民政厅。

本年 江苏省省立救济院成立，直属省政府民政厅。

本年 无锡永泰丝厂在美国纽约开设永泰贸易公司，直接销售永泰生丝，并在纽约交易所购得经纪人席位，直接介入美国的生丝交易。

1934年

1月7日 徐州正式施行编组保甲制，全面推行保甲制度。

1月 江苏省政府重划铜山行政督察区，下辖铜山、萧县、丰县、邳县、沛县、砀山、睢宁7县。

2月 江苏省政府决定在省建设厅下设立江苏省蚕业改进管理委员会。

3月16日 鉴于中共江苏省委遭到破坏，中共中央决定组建中共江苏临时省委，任命赵立人（赵跃珊、黑大汉）为书记。

5月4日 江苏省政府委员会通过《江苏省禁烟委员会组织章程》和《江苏省县禁烟委员会组织章程》。

5月8日 江苏省政府委员会通过《江苏省推进江北农村副业实施方案》，倡导各种农村副业的生产。

5月 江苏省棉产改进处成立，直属省建设厅。

6月26日 中共江苏临时省委书记赵立人等被捕，中共江苏临时省委遭严重破坏。

7月 中共中央调厦门中心市委书记许包野任中共江苏省委书记，组建新的江苏省委。

9月1日 江苏省立医政学院在镇江创办，为江苏省最早的官办高等医学院校，省府主席陈果夫兼任院长。

9月20日 长江下游治江委员会在镇江成立。

9月 江苏省导淮入海工程处成立,直属省政府。

10月4日 江苏省第一座海港码头在连云港建成。

10月 江苏省各县全面推行保甲制度。

11月1日 苏北导淮入海水道破土开工,至抗战爆发前夕初步完成。

12月1日 南通大生纺织公司天生港电厂投产。

本年 国民政府航空委员会在南京大校场建飞机场。这是南京唯一的空军基地。

本年 江苏省成立保安司令部。

1935年

1月7日 共青团江苏省委书记郑征夫被捕,团省委遭严重破坏。

2月18日 江苏省农业技术会议在镇江召开。

2月22日 苏州至嘉兴的苏嘉铁路动工兴建。翌年7月15日通车运行。

5月1日 颜惠庆、王仲刘等人在南京栖霞山筹建江南水泥厂。

5月 共青团中央决定建立新的共青团江苏省委,任命许亚为团省委书记。

7月1日 江苏省广播电台正式开播。

8月 南京地质陈列馆成立。

9月12日 江苏第四届全省运动会在省立镇江公共体育场举行。

11月12日—23日 中国国民党第五次全国代表大会在南京召开。

11月 国立美术陈列馆在南京奠基破土,次年8月竣工。

11月 中国国民党史料编纂委员会在南京设国民党史料陈列馆。

12月12日 南京中央大学学生救国会、各中等学校自治协会联合发表《告全国民众书》,响应北平学生抗日爱国运动,反对"华北自治",要求政府出兵抗日。

本年 中国第一所牙医学校——南京国立牙医专科学校成立。

1936年

1月12日 南京中央商场开业。

3月25日 中共中央派冯雪峰到上海工作,从此,江苏的中共组织与中共中央取得了联系。

6月 薛寿萱等组织成立无锡兴业制丝有限公司,并在美、英、法等国设有该公司的办事处或代销处。

8月 江苏省棉业改进处在南通成立。

本年 国立药学专科学校在南京建立。这是中国最早独立设置的国立高等药学专科学校。

1937年

1月26日 南京永利铔厂生产出第一批合格硫酸。

2月15日—22日 中国国民党五届三中全会在南京举行。

5月14日 国民党中央政治会议决定成立扬子电气股份有限公司，并于7月1日将建设委员会所属的首都电厂和戚墅堰电厂划归该公司。

7月11日 全面抗战爆发后，陈绍宽督率海军第一舰队驶赴江阴进行封江作业。

7月20日 镇江各界组成江苏省会各界抗敌后援会，并电请蒋介石收复失地。

8月15日 日机轰炸苏州，苏州城遭受严重破坏。

8月15日 日机首次空袭南京。

9月28日 江苏省政府设立非常时期难民救济委员会江苏分会。

9月 中共代表博古在南京主持成立中共南京市委，李华任市委书记。11月底，中共南京市委停止活动。

10月13日 日机首次空袭镇江。

11月14日 无锡伪"自治委员会"成立。

11月17日 金陵大学董事会董事长、中英文教基金会总干事杭立武和留在南京的外籍人士决定成立南京安全区国际委员会，推德国人拉贝为主席，美国人斯迈思博士为秘书，杭立武为总干事。

11月19日 苏州沦陷。

11月20日 国民政府正式发表迁都宣言。

11月21日 江苏省政府决定迁离镇江。26日，省政府主席陈果夫宣布省政府暂迁江都(成立行署)。

11月24日 唐生智被任命为南京卫戍军司令官，部署南京保卫战。

11月25日 日军进占无锡。

11月27日 国民政府任命顾祝同、韩德勤、李明扬等人为江苏省政府第七届委员会委员。

11月29日 日军进占常州。

11月 中央大学、东吴大学、金陵大学、金陵女子文理学院迁四川重庆、成都等地，江苏医政学院、江苏教育学院、无锡国学专科学校迁湖南长沙等地。

11月 中共中央决定在上海重建中共江苏省委，任命刘晓为书记。

12月1日 伪苏州地方自治委员会(俗称“维持会”)成立,会长陈则民。

12月5日 日军攻占句容。

12月10日 日军向南京发起总攻击。

12月13日 日军占领南京城,随即展开了长达6个星期的“南京大屠杀”。

12月14日 日军侵占扬州。

本年 江苏省政府公布了《江苏省、市、县兵役协会组织实施办法》。本年共征兵16018人。

1938年

1月1日 伪南京市自治委员会举行成立大会。

1月 常熟梅李地区3000余名农民举行暴动,摧毁了伪政权,并成立了由中共领导的第一支抗日武装——常熟人民抗日自卫队。

1月 由戴笠亲自策划组织的敌后武装“忠义救国军”成立。

2月15日 毛泽东复电项英、陈毅,同意新四军向苏浙皖边境行动,并指出,最有利于发展的地区是茅山地区。

2月19日 苏北抗日同盟总会在淮阴成立,并通过了《苏北抗日同盟会章程》和《苏北抗盟告苏北人民书》。

3月3日 国民党军官陈文组织的抗日义勇团在扬州附近伏击日军,毙伤日军20余人。

3月12日 日军袭击驻无锡马山国民党军田文龙部,并在马山实行大屠杀,杀害平民1500多人,烧毁房屋3600多间,击沉渔船40多条。

3月28日 伪中华民国维新政府在南京成立,梁鸿志为伪行政院长。

3月 日军集中24万兵力攻打徐州,企图打通津浦线。李宗仁指挥40万中国军队,与日军在台儿庄会战,歼敌10000余人,是为“台儿庄大捷”。4月中旬,日军重新部署,攻击徐州。5月19日,中国军队奉命撤出徐州,徐州会战至此结束。

4月26日 日军侵占盐城。

4月28日 新四军组成先遣支队,由粟裕任司令员,并于5月19日挺进苏南敌后。

4月 日本以与华商合作为名在无锡组成惠民制丝公司。8月,日本又在上海扩建华中蚕丝股份有限公司(即华中蚕丝株式会社),统制苏、浙、皖三省蚕丝生产和经营。

5月1日 伪江苏省政府在苏州成立,陈则民任伪省长。

5月14日 日机轮番轰炸徐州,平民死亡700余人,为徐州遭空袭以来损失最惨重的一次。

5月20日 日海军侵占江苏连云港。至此,江苏全省沦陷。

6月3日 徐州治安维持会成立,会长王蔼堂,次年2月改组为伪江苏省公署徐州办事处。

6月13日 新四军到达茅山,开始创建以茅山为中心的苏南抗日根据地。

6月13日 沛县、丰县、砀山县等抗日武装在丰县会合,组成苏鲁人民抗日义勇队第二总队。

6月17日 粟裕率新四军先遣支队在镇江附近的韦岗伏击日军运输车队,取得了新四军挺进江南后的首战胜利。

7月 江苏省政府在溧阳成立江南办事处,下辖3个督察区、26个县。

8月 李明扬、李长江率国民革命军苏北第四游击区总指挥部由睢宁移驻泰州,后改为国民革命军苏鲁边区游击总指挥部,李明扬任总指挥。

9月18日 中共苏南特委成立,吴仲超任书记。

10月6日 江南抗日义勇挺进队首次挺进扬中。翌年5月,组成国共两党联合的扬中县抗日动员委员会。

11月29日 苏州城区始行公共汽车。

1939年

1月1日 国民党江苏省政府江南行署在安徽屯溪附近的海林成立,冷欣任行署主任。同一时期还设置了徐海行署。

1月14日 国民政府军事委员会将山东和江苏北部(长江以北)划分为苏鲁战区,于学忠任总司令,沈鸿烈、韩德勤任副总司令。

1月 新四军第一支队司令员陈毅派参谋长胡发坚率江南人民抗日义勇军(简称"江抗")第三路军向东开辟抗日根据地。

1月 新四军第一支队所属挺进纵队进入扬中,后成立扬中办事处。

2月8日 新四军第二团在句容天王寺附近袭击日军,攻克敌人据点,毙伤日军百余名。

3月2日 在日军进攻下,江苏省政府代理主席韩德勤率省政府和军队由淮阴退至兴化。

3月6日 日军企图偷渡洪泽湖,被韩德勤部炮击,日军被全歼。

5月1日 叶飞率领的新四军第六团与"江抗"部队合编成立江南人民抗日义

勇军。

5月3日—6月5日 国民党第十集团军第六十七师在漕桥、和桥、屺亭桥一带与日军激战，歼敌400余人。该师先后在湖西嘉泽、成章、沈家桥一带与日军激战，毙伤日军600余人。

5月8日 南京永利铔厂被日本三井物产株式会社等以合作的方式组成永礼化学工业株式会社。

5月19日 伪苏北行政专员公署成立。伪徐州市公署也随之成立。

5月25日 日军中将司令官岩松由宁赴扬视察，在瓜洲下轮船时，被便衣游击队击伤。

5月31日 国民党"忠义救国军"副总指挥何健在苏南率部5000人投降日军。

6月7日 "江抗"在黄土塘毙伤日伪军近百人。

7月 国民党江苏省江南行署由溧阳移驻高淳下坝东皇庙，后迁定埠石桥头。江苏省第一督察行政区成立后，随江南行署迁移。

8月 新四军江南指挥部成立，陈毅、粟裕分任正、副指挥。

9月24日 "江抗"与"忠救军"在白丹山一带发生战斗。29日，陈毅与江苏省江南行署主任冷欣会晤，双方同时撤军。

9月 日本大本营决定撤销华中派遣军司令部。10月1日，在南京设立中国派遣军总司令部，西尾寿造任司令官，板垣征四郎任参谋长。

10月4日 新四军第二支队第四团一部伏击仓头、龙潭之间的日军。炸毁一列火车，毙伤日军120余人。

10月13日 国民政府免去顾祝同江苏省政府主席职务，任命韩德勤为省政府主席兼江苏省保安司令。

10月26日 "江抗"与"挺纵"在扬中会师，并合编为新四军挺进纵队，管文蔚任司令员。

11月8日 新四军新六团等部队在地方武装配合下，在九里镇、贺甲一带猛攻扫荡之日军，毙伤日军武村大队长以下168人，俘获3人。

11月21日 国民党反共分子张开岳率2000多人，协同铜山县耿继勋部袭击共产党铜北千里井办事处和四区区公所，制造了"千里井惨案"。

1940年

2月1日 在淮北地区活动的新四军游击支队，正式改编为新四军第六支队，彭雪枫任司令员。

3月12日 国民党韩德勤部向新四军驻地黄桥进攻。新四军实行反击,歼灭2000余人,生俘1000余人。

3月19日 在蒋介石的策划下,韩德勤部围攻新四军第五支队领导机关驻地盱眙县半塔集地区。新四军打退了韩部的进攻,歼灭韩军1000余人,击退了韩德勤、李品仙部的东西夹击。

3月30日 "维新"、"临时"两伪政权宣布解散。汪伪国民政府在南京正式成立,并举行国民政府"还都"典礼。伪政府主席汪精卫及其他主要人员宣誓就职。

4月4日 伪苏浙皖绥靖军总司令部在南京成立,任援道任总司令。

5月17日 新四军挺进纵队一部由皖东地区返回苏中途中,遭日伪军袭击后,转移至李明扬、李长江部防区郭村一带休整。

5月 日本兴亚院华中联络部在华中振兴株式会社内设立临时盐业部,开始掠夺淮盐。

6月20日 汪伪中央政治委员会第十一次会议决定改组伪江苏省政府及伪南京特别市政府,改省长制为主席制。7月1日,任命高冠吾为伪省主席兼伪民政厅长。

6月28日 国民党苏鲁皖边区游击副总指挥李长江在韩德勤的策动下,向驻守在江都郭村的新四军挺进纵队进攻。挺进纵队在叶飞等指挥下坚守阵地,并在新四军陶勇部配合下展开反击,全歼李部三个团,并于7月4日取得郭村保卫战的胜利。

9月3日 韩德勤调集驻苏北的国民党军和保安武装向新四军黄桥驻地发动进攻,6日,新四军苏北指挥部所部开始反击,一举歼灭其先头部队保安第一旅两个团。

10月3日 韩德勤部向黄桥大举进攻,新四军展开反击,全歼韩部11000余人,生俘第三十三师师长孙启人、九十九旅旅长苗瑞林,并乘胜攻占海安、东台。6日,黄桥自卫战胜利结束。

11月15日 中共领导下的苏北临时参政会在海安召开,刘少奇在会上作《关于抗日民主政权工作的报告》,会议通过苏北地区临时参政会施政纲领和各县成立参政会的决议;成立苏北临时参政会和临时行政委员会,公推韩国钧为参政会名誉议长,选举黄逸峰为议长。

11月25日 汪伪建立"东亚联盟中国同志会",汪精卫自任会长。1941年2月1日,"东亚联盟中国委员会"总会在南京正式成立,汪任会长。

11月29日 新四军总指挥部集中主力发起曹甸战役,历时18天,歼灭国民党军8000余人。

本年 淮海区专员公署成立。

1941年

1月11日 日伪军3000余人占领苏北黄桥，并向黄桥以南地区扫荡。

1月13日 中共领导的皖东津浦路东抗日根据地召开第一届临时参议会，会议通过了《人权保障法》等6项法令，选举邓子恢为参议长。

1月16日 日军第十五师团开始扫荡苏南地区。

1月20日 "皖南事变"后，中共中央军委发布重建新四军军部的命令，任命陈毅为新四军代军长，刘少奇为政委。25日，新的新四军军部在盐城建立，全军扩编为7个师，1个独立旅。

1月 江淮银行在盐城成立，行长由新四军财政经济部部长朱毅兼任，直属新四军军部。

1月 汪伪中央储备银行在南京成立，并发行"中储券"。

2月13日 国民党军李长江部被汪精卫招降，李长江在泰州公开投敌。2月18日，新四军第一师发起讨李战役，至20日攻克泰州，歼李部3000余人。

2月 鲁迅艺术学院华中分院在盐城开办，刘少奇兼任院长。

3月15日 苏皖边区第三届各界人士代表大会在泗洪县召开，并成立了苏皖边区临时参议会，选举孔祖南为参议长。

3月19日 八路军发起赣榆青口镇战役，攻克海头等日伪军据点，扩大了滨海抗日根据地，打通了华中、胶东地区的联系。

3月24日 汪伪中央政治委员会举行会议，决定成立清乡委员会。

3月 南京被改为伪行政院特别直辖市。

4月12日 日伪军扫荡苏中三分区。新四军在泰兴至黄桥一带歼日军30人，俘日军2人，歼伪军500余人。

4月20日 江淮银行在盐城成立。

5月11日 汪伪政权在南京正式成立清乡委员会。汪精卫自任委员长。

5月20日 中共中央批准将中原局与东南局合并成立华中局，刘少奇任书记。

7月7日 日伪扫荡苏中国民党军陈泰运、李明扬部，并企图合击新四军盐城军部。17日，新四军撤离盐城，22日，盐城沦陷。新四军第一、二、三师密切配合，在一个多月的反扫荡中，共作战130余次，毙俘日伪军3800余人，击沉汽艇30余艘，粉碎了日伪军对华中敌后根据地规模最大的一次扫荡。

9月20日 新四军向涟水城东北郑潭口日伪据点发动攻势，全歼日伪军800余人，取得苏北根据地首次大规模攻坚战的胜利。

10月15日 新四军发起程道口战役。此役对巩固苏北抗日根据地，稳定新四军在华中敌后抗战的战略布局起到了积极作用。

10月20日 汪伪军事委员会在泰县设置"军事委员会委员长驻苏北行营"，以加强对苏北汪伪统治区军事与政治的控制，臧卓任主任。

1942年

1月10日 盐阜区行政公署召开第二届行政会议，确定了1942年改造下级行政机构、彻底实行减租减息法令等十大施政方针。

1月15日 汪伪政权决定将"苏北行政长官公署"改为"苏淮特别区行政长官公署"，设于徐州。

1月20日—3月5日 中共华中局在阜宁县召开第一次扩大会议，提出了华中今后工作的总任务。

2月12日 日军南北合击，扫荡盐阜区新四军黄克诚部。经新四军多处袭击日军，使其顾此失彼，于3月中旬结束了扫荡。

2月18日 日伪军在苏州地区的第三期"清乡"开始，并修筑了长达300余公里的封锁线。

2月 淮南银行在盱眙成立，并发行淮南抗币。

3月15日 在华日人反战同盟苏中支部在苏中根据地成立，香河正男任支部长。

4月10日 盐阜银行成立，并发行盐阜抗币。

5月10日 苏中行政公署公布《苏中区土地租佃条例》。

5月14日 朝鲜青年联合会苏北分会在阜宁成立，王信虎任会长。

5月16日 淮海区第二届参议会在沭阳县召开。会议通过了《行政公署组织法》、《第二届参议会组织条例》等提案和条例，选举金明为议长，李一氓为行政委员会主任。

5月 苏中区行政公署成立，下辖六个行政分区。

9月25日 新四军第一师第三旅第七团进行了夏家渡战斗，歼灭日伪军400余人。

9月 新四军代军长陈毅邀请著名文化人士范长江、钱杏邨、胡考、贺绿汀、黄源等在阜宁县卖饭曹成立了"文化村"，该村由杨帆负责。

10月21日—31日 苏北盐阜区首届临时参议员大会在阜宁县召开。

11月14日 日军开始向淮北、淮南、淮海、津浦路西等地区进行大扫荡。各地军民展开了历时一月余的反扫荡作战。

12月1日 中国水泥股份有限公司由日本磐城水泥株式会社租赁生产，并改名为磐城水泥株式会社南京工场。

1943年

1月1日 汪伪政权在苏州成立伪苏北地区清乡主任公署筹备处，张北生任主任，并拟定了《苏北地区第一期清乡工作总纲》。

1月13日 中共中央决定撤销中共江苏省委，设立华中局敌后工作部（又称城市工作部），刘晓任部长。

2月12日 日伪军约2万人向车桥等地的韩德勤部主力合围，韩部损失近半，韩率领残部突围。新四军出兵解围，接应韩部转移到淮海区，后又移驻皖东北地区，并给予支援。

2月15日 韩德勤受日军压迫，与新四军接洽，双方达成《临时约定》。

2月28日 日伪军开始对镇江、丹阳、武进、扬中地区以及京沪线以南的茅山等地进行"清乡"，抗日军民相继展开了反"清乡"斗争，粉碎了日伪的"清乡"计划。

3月1日 韩德勤部突然侵占泗阳县里仁集、程道口地区，杀害抗日干部和群众。16日，新四军发起反击，于18日歼灭韩部主力，生俘韩德勤。25日，陈毅将韩释放，并发还部分人枪，划出睢宁、宿迁间的一块地方作为其驻地，促其共同抗日。

4月12日—15日 国民党第二十三集团军进攻驻苏南抗日根据地溧水、溧阳的新四军第十六旅和抗大第九分校。该旅和该校被迫反击，并于15日奉命撤出战斗。

5月1日 中共淮北区委发出《关于反蚕食斗争的指示》，全面开展反蚕食、反伪化斗争。

5月27日 汪伪政权将苏北行营改为伪"军事委员会苏北绥靖主任公署"（简称伪"苏北绥靖公署"），汪精卫自兼主任。

5月31日 南京中央大学学生开展"驱樊"运动，要求撤换校长樊仲云，改善学生伙食。汪精卫被迫答应了学生的要求，将樊仲云撤职。

8月3日 中共苏南区委副书记邓振询在江宁地区反扫荡斗争中阵亡。

8月20日 日伪军开始对东台、如皋、泰州、泰兴实施报复性扫荡。各地抗日武装不断袭扰日伪军，歼灭日伪军1000余人，粉碎了日伪军的扫荡。

9月6日 汪伪江苏省主席李士群在上海应日本驻上海宪兵司令部特高课课长冈村之邀赴宴被毒害。9日，李毙命于苏州。

10月1日 日军向苏浙皖边区的国民党军大举进攻。该区驻军仓皇后撤，溧阳、广德、宣城等县相继沦陷（谓之"苏南事变"）。江苏省政府迁往安徽太和县。

10月 日伪军开始在苏北地区推行“治安肃正”运动。新四军第三师开展反“治安肃正”斗争，至12月下旬，粉碎了日伪军的第一次“治安肃正”运动。

12月17日 南京学生掀起“清毒”运动。

本年 国民党江苏省政府对全省的十个行政区所辖县再次进行了调整。

1944年

1月2日 日伪军扫荡句容地区，被新四军粉碎。

1月11日 “朝鲜独立同盟华中分盟”、“朝鲜义勇军华中支队”在淮北根据地成立。

1月13日 汪伪中央政治委员会决议撤销苏淮特别区，设立伪淮海省。2月1日，伪淮海省成立，郝鹏举任伪淮海省主席兼省保安司令。

1月20日 国民党军保安第七旅副旅长胥金城率一个团在东台堤西起义，与新四军一部合编为新编第七纵队。

3月5日 新四军叶飞部发起车桥战役，共歼灭日军三泽大佐以下460余人（其中生俘日军24人），歼灭伪军500余人，使苏中、苏北、淮南、淮北四区连成一片。

4月19日 新四军第三师发起高（沟）杨（口）战役。至25日，新四军连续攻克高沟、杨口等据点，全歼伪军一个旅和一个大队，毙伤日军140余人。

6月1日 中共苏中区委作出《开展夏季对敌全面攻势的决定》，要求全区军民开展全面攻势。

8月20日 美国驻华第十四航空队少校萨沃埃等人执行轰炸日本本土的任务，返航途中迫降于建阳县（今建湖县）境内。日军倾巢出动，企图俘获机组人员。盐阜独立团及该县地方武装与日军激战两小时，救出萨沃埃等5名美国飞行员，后转送成都空军基地。

11月2日 汪伪国民政府任命任援道为伪江苏省主席和伪军事委员会驻苏州绥靖公署主任。21日，伪行政院又任命任援道为伪江苏省保安司令。

11月12日 汪精卫死后，汪伪国民政府宣布陈公博继任伪行政院院长、代理伪国民政府主席、伪军事委员会委员长等职。

1945年

1月10日 国民政府任命王懋功接替韩德勤任江苏省主席，并兼任国民党江苏省党部主任委员、第十战区中将司令官。

1月13日 中共华中局和新四军军部奉中共中央军委的命令，决定建立新四军苏浙军区，粟裕任司令员。

1月15日 苏北公学创立，王阑西任校长。

2月 国民党江苏省政府改组，撤销民政、教育、建设三厅，成立政务厅；撤销财政厅，成立总务厅；成立军事厅，原保安处、挺进军司令部等统归军事厅管辖。

4月1日 中共领导下的盐阜区召开第二届临时参议会，通过了《盐阜区村政府选举法、组织法》、《盐阜区区政府选举法、组织法》等法规。

4月15日 新四军第四师在津浦路以东地区发动春季攻势，历时一个月，攻克泗阳县城众兴集等日伪军据点，毙伤日伪军550余人，俘2500余人。

7月1日 新四军政治部根据盐阜区临时参议会的建议，决定将淮海、盐阜两行政区合并为苏北行政区，成立苏北临时行政委员会，李一氓任主任委员。

8月11日 华中各根据地军民展开反攻作战。

8月15日 江苏军民向拒不投降的日伪军发动进攻，攻克了29座县城，使苏中、苏北、淮南、淮北的中共控制区基本连成一片，达7万平方公里，人口约2000万。

9月1日 江苏省主席王懋功率领江苏省政府机关抵达南京，接收设在苏州的汪伪省政府。至10月15日，省政府由苏州迁返镇江。

9月5日 国民党军汤恩伯部开始占领南京、上海和京沪沿线各地。同日，国民党军顾祝同部进入苏南。7日，国民党军陈大庆部进入徐州。

9月9日 中国战区日军投降签字仪式在南京举行，何应钦接受日军投降书并签字。日军中国派遣军司令官冈村宁次代表日本政府在投降书上签字。

9月10日 国民党中央机关报《中央日报》在南京复刊，马星野任社长。

9月19日 为贯彻中共中央“向北发展，向南防御”的方针，新四军主力奉命开赴山东，一部去东北，江南的党政军机关陆续向江北转移。

9月19日 中共中央决定，中共华中局北移山东，与山东分局合并，组成华东局，华中另组分局，受华东局领导。

9月28日 永利化学工业公司开始接收永利铔厂，至1946年8月20日恢复生产。

9月 江苏省政府党政分开，恢复原建制，撤销政务厅，成立民政厅。

10月25日 国民政府任命王懋功为江苏省主席。12月1日正式成立省政府。

10月29日 中共领导下的苏中、苏北、淮南、淮北边区参议会负责人、行政首长和地方士绅在淮阴举行联席会，决定成立苏皖边区政府，推举李一氓为边区政府主席。

10月 江苏省政府将铜山县第一区划出，成立徐州市，隶属江苏省。11月16

日，徐州市政府成立，骆东藩任市长。

12月1日 江苏省抚慰救济委员会成立。

12月21日 国民政府设立徐州绥靖公署，任命顾祝同为绥靖公署主任。

1946年

1月1日 《苏皖边区临时行政委员会施政纲领》公布。

1月29日 江苏省行政长官会议在无锡召开，讨论加强地方武装力量问题。

3月18日 南通爱国学生不顾当局的禁令，至军调部淮阴执行小组驻地桃之华旅馆门前递交请愿书，要求和平，反对内战，国民党特务先后逮捕了领导游行的孙平天等人，并加以杀害，制造了“南通惨案”。

5月5日 国民政府还都南京。

5月10日 中共华中分局委员和各地委书记召开联席会议，传达中共中央《关于清算减租及土地问题的指示》，决定在苏皖边区全面开展土地改革运动。

5月18日 中共华中土改工作组到淮安县石塘区鹅钱乡进行土地改革试点。

5月27日 中共华中五地委在淮安召开扩大会议，讨论部署土改工作。

6月23日 以马叙伦为首的上海人民和平代表团来南京请愿，在下关车站遭到国民党特务包围毒打，酿成“下关惨案”。

6月29日 苏、常(熟)、昆三县国民党保安队和青年军，对苏、常、昆、太地区中共领导的武装发动“清剿”。

7月13日 全面内战爆发后，国民党军向苏中发起进攻，华中野战军展开反击，宣泰战斗打响。此役为苏中“七战七捷”的第一仗。

7月16日 国民党军大举进攻苏皖边区。

7月18日 苏中战役如(皋)南战斗开始，激战三日，歼国民党军1万余人。此役为苏中“七战七捷”第二仗。

7月30日 国民党军李默庵部合击海安，华中野战军连续阻击四昼夜，于8月3日主动放弃海安。此战歼敌3000余人。此役为苏中“七战七捷”第三仗。

8月10日 华中野战军11日晨全歼驻李堡国民党军一个团，随后又歼灭驻杨家庄的一个团大部，8月11日，又伏击海安新七旅一个团，共歼灭国民党军9000余人。此役为苏中“七战七捷”第四仗。

8月21日 苏中战役丁(堰)林(梓)战斗开始。至22日，华中野战军全歼国民党交通警察总队和第二十六旅共3000余人。此役为苏中“七战七捷”第五仗。

8月23日—26日 华中野战军主力一部在邵伯、乔野一带粉碎了国民党军黄百掐部的进攻,共毙伤国民党军2000余人。此役为苏中"七战七捷"第六仗。

8月25日 苏中战役如黄路战斗开始。至27日,华中野战军于分界、加力、谢家甸歼国民党军第九十九旅、第一八七旅1.7万余人。此役为苏中"七战七捷"的最后一仗。

9月1日 中共华中分局发出《关于团结中农的指示》,开展土改复查工作。

9月15日 国民党军猛攻苏皖解放区首府淮阴。华中野战军经过五天激战,于19日撤出淮阴。苏皖边区政府同日撤离。9月19日国民党军攻占淮阴。

9月23日 山东野战军和华中野战军两个指挥部合并,陈毅为司令员兼政治委员。

9月26日 江苏省政府发出搜集日本战史资料的训令。

10月19日—11月1日 国民党军进攻涟水城,华中野战军共28个团展开涟水保卫战,激战14个昼夜,歼灭国民党军队9000余人,华中野战军也伤亡8000余人,其中第十纵队司令员谢祥军阵亡。

11月15日 国民政府在南京召开制宪国民大会,并通过宪法。

11月19日 中共代表团周恩来、邓颖超、李维汉等15人撤离南京,飞返延安。

1947年

1月10日 国民党军占领沭阳。至此,苏北各县城均为国民党军控制。

1月23日 中共中央军委命令,撤销新四军番号。同时,山东军区、华中军区合编成华东军区,陈毅任司令员,饶漱石任政治委员;山东野战军和华中野战军合并,组成华东野战军。

1月 金陵大学、中央大学等校学生2000多人两次游行,抗议美军强奸北京大学女学生沈崇的暴行。

1月 中国第一所国立神经精神病专科医院——南京精神病防治院成立。

5月5日 无锡城爆发大规模抢米风潮。

5月20日 京、沪、杭地区16所专科以上学校6000多人,在南京举行"反饥饿、反内战、反迫害"的游行,向国民参政会请愿,当游行队伍到达珠江路路口时,遭军警镇压,伤110多人,28人被捕,是为"五二〇"惨案。

9月12日 中共华东局决定成立中共华中工作委员会、华中行政办事处和华中指挥部。

10月27日 民族实业家荣德生创办的江南大学举行开学典礼。

11月10日 中共华中工委、华中指挥部、华中行政办事处正式成立,撤销苏北、苏中区党委,苏北、苏中军区,苏北、苏中行政办事处。

1948年

1月 江苏农田水利协进会在镇江成立,直属省建设厅。

2月8日 中共华中工委在射阳县召开土地工作会议,认真贯彻《中国土地法大纲》规定的"中间不动两头拉平"的新方针,规定不同类型地区完成土改复查的时间。

3月14日 中国人民解放军华东野战军第二纵队由山东南下阜宁,与华东野战军第十一、第十二纵队组成苏北兵团,韦国清任司令员,陈丕显兼政治委员。

3月28日 淮北津浦路西豫皖第三分区和路东第七分区合并成立淮北军区,饶子健任司令员。华东野战军淮北挺进支队扩编为淮北独立旅。

6月14日 国民党徐州"剿总"司令部成立,刘峙任总司令。8月12日,杜聿明任徐州"剿总"副总司令,9月4日,又兼任剿总前进指挥部主任。

6月15日 江苏省政府建立民食调配委员会。

9月 国民党第十一届江苏省政府成立,国民政府任命丁治磐为省主席。

11月6日 淮海战役开始,至1949年1月10日结束。解放军参战部队60万人,国民党军先后出动兵力80万人,历时65天,人民解放军共歼灭国民党军55万余人。

12月1日 华东野战军第十二纵队占领徐州。徐州特别市军事管制委员会成立,傅秋涛任主任。次日,徐州市人民政府成立,周林任市长。华东军区徐州特别市司令部成立,袁也烈为司令员,傅秋涛为政治委员。

12月9日 华中大学在盐城正式成立,苏北军区司令员管文蔚兼任校长。

本年 实业家荣德生在无锡创建了开源机器厂,专营棉、麻纺织机械制造。

1949年

1月1日 华东野战军长江纵队发起城(泰兴城)黄(桥)线战役。2日,在黄桥歼灭国民党军3200余人。

1月13日 江苏省政府主席丁治磐兼任第一绥靖区司令。

1月24日 中国人民解放军先遣部队进入扬州城郊,次日占领扬州城,并成立中共扬州市委员会,杜干全任书记。1月26日,人民解放军扬州市军事管制委员会成立,刘先胜任主任。

2月1日 徐州新华广播电台正式成立并播音。同年9月,该台改名为徐州人民广播电台。

2月2日 国民党江苏省政府部分机关由镇江移驻苏州。

3月11日 第三野战军领导机构进驻泰州，30日在泰州白马庙设立渡江作战指挥部，统一指挥第三野战军渡江作战。

4月1日 国民党和谈代表赴北平。南京大专学校学生6000人举行游行，要求国民党接受共产党的八项和平条件，遭到军警镇压，死3人，伤194人，酿成“四一”惨案。

4月15日 经中共中央和华东局批准，中共苏北区委员会成立，萧望东任书记。

4月21日 人民解放军发起渡江战役，一举突破了长江防线。

4月21日 国民党江苏省政府迁至崇明岛（在上海设办事处），后又迁到嵊泗列岛，不久迁到台湾。

4月21日 苏北行政公署在海安成立，贺希明任行署主任。

4月23日 人民解放军占领南京。

4月23日 镇江市军事管制委员会成立，袁仲贤任主任。中共镇江地方委员会、镇江行政专员公署成立，陈光任地委书记，刘烈人任专员。

4月23日 人民解放军占领无锡。

4月23日 国民党海军第二舰队司令林遵率领所部25艘舰艇在南京东北笆斗山附近长江江面起义，加入人民解放军。同日，人民解放军华东军区海军领导机构在泰县白马庙成立。5月1日，人民解放军华东军区海军司令部正式成立，张爱萍任司令员兼政治委员。

4月24日 无锡市军事管制委员会成立，管文蔚任主任委员。同日，无锡市军管会发布命令，划无锡为市，中共无锡市委员会成立，管文蔚任代书记；成立无锡市人民政府，顾风为市长。

4月26日 南京市军事管制委员会成立，刘伯承任主任，宋任穷任副主任。

4月26日 苏南行政公署在无锡成立，管文蔚任主任，下设镇江、苏州、松江、武进四个行政区及无锡直辖市。

4月28日 常州市军事管制委员会、常州市警备司令部成立，吴觉任军管会主任，张克辛任警备司令，陈直斋任政治委员。

4月30日 苏州市军事管制委员会成立，韦国清任主任。成立中共苏州地委，书记宫维桢。划苏州市及吴县、常熟、昆山、吴江、太仓五县为苏州行政区，李干成为苏州行政专员公署专员。成立中共苏州市委、苏州市人民政府，惠浴宇任市委书记兼市长。

5月1日 中共苏北区委机关报《苏北日报》在泰州创刊，社长李超然。新华社苏北分社同时建立。

5月10日 南京市人民政府成立。市长刘伯承，副市长柯庆施、张霖之。

5月16日 以国民党海军“重庆”号巡洋舰起义人员为基础，在南京组建中国人民解放军海军学校，邓兆祥为校长，朱军为政治委员。

6月13日 中国人民解放军华东军政大学成立，陈毅兼任校长。校址分设南京、苏州。

9月1日 无锡人民广播电台正式成立并播音。

9月7日 粟裕、唐亮继宋任穷之后任中国人民解放军南京市军管会副主任。粟裕任南京市委书记，唐亮任第一副书记，江渭清任第二副书记。

二 主要参考文献

(一) 历史档案

1. 中国第二历史档案馆馆藏档案

2. 江苏省档案馆馆藏档案

3. 南京市档案馆馆藏档案

(二) 档案、史料汇编

1. 中国第二历史档案馆编:《中华民国史档案资料汇编》第一—第五辑,江苏古籍出版社 1987—1999 年版。

2. 中国史学会编:《辛亥革命》(八),上海人民出版社 1957 年版。

3. 中国社会科学院近代史研究所中华民国史研究室主编,朱宗震、杨光辉编:《民初政争与二次革命》,上海人民出版社 1983 年版。

4. 中国社会科学院近代史研究所《近代史资料》编辑组编:《五四爱国运动》,中国社会科学出版社 1979 年版。

5. 中国第二历史档案馆编:《五卅运动和省港罢工》,江苏古籍出版社 1985 年版。

6. 荣孟源主编:《中国国民党历次代表大会及中央全会资料》,光明日报出版社 1988 年版。

7. 中国第二历史档案馆编:《抗日战争正面战场》,凤凰出版社 2005 年版。

8. 秦孝仪主编:《中华民国重要史料初编——对日抗战时期》第 2 编,台湾中国国民党中央委员会党史委员会 1981 年印行。

9.《中华民国重要史料初编——对日抗战时期》第 7 编“战后中国”(4),台湾中国国民党中央委员会党史委员会 1981 年编印。

10. 上海市档案馆编:《上海工人三次武装起义》,上海人民出版社 1983 年版。

11. 张宪文主编:《南京大屠杀史料集》(第 1—8 卷),江苏人民出版社、凤凰出版社 2005 年版。

12. 张宪文主编:《南京大屠杀史料集》(第 9—28 卷),江苏人民出版社、凤凰出版社 2006 年版。

13. 张宪文主编:《南京大屠杀史料集》(第 29—55 卷),江苏人民出版社 2007 年版。

14. 中央档案馆等编:《南京大屠杀》,中华书局 1995 年版。

15. 复旦大学历史系编译《日本帝国主义对外侵略史料选编》,上海人民出版社1975年版。

16. 彭明主编:《中国现代史资料选辑》(第一、二册补编),中国人民大学出版社1991年版。

17. 章伯锋等主编:《抗日战争》第六卷《日伪政权》,四川大学出版社1997年版。

18. 黄美真等编:《汪精卫集团投敌》(汪伪政权资料选编),上海人民出版社1984年版。

19. 余子道等编:《汪精卫国民政府"清乡"运动》(汪伪政权资料选编),上海人民出版社1985年版。

20. 江苏省档案馆编:《江苏农民运动档案史料选编》,档案出版社1983年版。

21. 中共代表团梅园新村纪念馆编:《国共谈判文献资料选辑(1945.8—1947.3)》,江苏人民出版社1980年版。

22. 中共中央党校党史教研室编:《中共党史参考资料》,人民出版社1979年版。

23.《五二〇运动资料》第1辑,人民出版社1985年版。

24. 中国民主同盟中央文史资料委员会编:《中国民主同盟历史文献(1941—1949)》,文史资料出版社1983年版。

25. 中共中央党史研究室第一研究部译:《联共(布)共产国际与中国国民革命运动(1926—1927)》,北京图书馆出版社1998年版。

26. 中共中央政策研究室编:《政策汇编》,中共中央华北局1949年6月印行。

27. 中共江苏省委党史工作委员会、江苏省档案馆编:《苏南行政区》,中共党史出版社1993年版。

28. 中共江苏省委党史资料征集委员会、江苏省档案局编:《江苏革命史料选辑》。

29. 中国人民解放军历史资料丛书编审委员会编:《新四军文献》(1),解放军出版社1988年版。

30. 中央档案馆编:《皖南事变》(资料选辑),中共中央党校出版社1982年版。

31. 江苏省档案馆编:《苏中人民反扫荡反清乡斗争》,档案出版社1985年版。

32. 沈家五编:《张謇农商总长任期经济资料选编》,南京大学出版社1987年版。

33. 张季直先生事业史编纂处编:《大生纺织公司年鉴(1895—1947)》,江苏人民出版社1998年版。

34. 中国社会科学院经济研究所等编:《旧中国机制面粉工业统计资料》,中华书局1966年版。

35. 南京图书馆特藏部等编:《江苏省工业调查统计资料(1927—1937)》,南京工学院出版社1987年版。

36. 上海社会科学院经济研究所编:《荣家企业史料》,上海人民出版社1962年版。

37. 南通市档案馆等编:《大生企业系统档案选编》,南京大学出版社1987年版。

38. 严中平等编:《中国近代经济史统计资料选辑》,科学出版社1955年版。

39. 高景岳、严学熙编:《近代无锡蚕丝业资料选辑》,江苏人民出版社、江苏古籍出版社1987年版。

40. 上海社会科学院经济研究所编:《荣家企业史料》,上海人民出版社1962年版。

41. 陈真编:《中国近代工业史资料》第1辑,三联书店1961年版。

42. 陈真编:《中国近代工业史资料》第3辑,三联书店1961年版。

43. 陈真编:《中国近代工业史资料》第4辑,三联书店1961年版。

44. 南京市政协文史资料委员会、南京市工商业联合会、中国水泥厂编:《搏浪前进——中国水泥厂史料专辑》,南京出版社1995年版。

45. 吴江县档案馆编:《吴江蚕丝业档案资料汇编》,河海大学出版社1989年版。

46. 江苏省财政厅、江苏省档案馆财政经济史编写组编:《华中解放区财政经济史料选编》第7卷,南京大学出版社1987年版。

(三) 文献、史志

1.《孙中山全集》,中华书局1981年版。

2.《毛泽东军事文选》,中国人民解放军战士出版社1981年版。

3. 中共中央文献研究室编:《周恩来年谱(一八九八——九四九)》,中央文献出版社1996年版。

4. 宋希濂:《鹰犬将军》,中国文史出版社1986年版。

5. [德]拉贝:《拉贝日记》,江苏人民出版社1997年版。

6. [澳]田伯烈:《外人目睹中之日军暴行》,国民出版社1938年版。

7. 德本康夫人、蔡路得著,杨天宏译:《金陵女子大学》,珠海出版社1999年版。

8. 蔡德金编:《周佛海日记》,中国社会科学出版社1986年版

9.《绥靖第一年重要战役提要》,国防部史政局1948年编印。

10. [美]司徒雷登:《在华五十年》,北京出版社1982年版。

11. 陈果夫编:《江苏省政述要》,台湾文海出版社有限公司1983年版。

12. 王懋功主编:《江苏省政府政情述要》,台湾文海出版社有限公司1983年版。

13. 朱汇森主编:《中华民国史事纪要(初稿)——中华民国三十五年四月至六月份》,台湾“国史馆”1989年印行。

14. 中国国民党中央委员会党史委员会编:《革命文献》第 68 辑,台湾中央文物供应社 1975 年版。

15. 中国国民党中央委员会党史委员会编:《革命文献》第 14 辑,台湾中央文物供应社 1977 年版。

16. 全国政协文史资料研究委员会编:《辛亥革命回忆录》(一),文史资料出版社 1961 年版。

17. 中共江苏省委党史工作委员会、江苏省档案馆编:《江苏革命斗争纪略》,档案出版社 1987 年版。

18. 中共江苏省委党史工作委员会、江苏省档案馆编:《中共江苏党史大事记》,中共党史资料出版社 1990 年版。

19. 全国政协文史资料研究委员会本书编审组编:《南京保卫战》(原国民党将领抗日战争亲历记),中国文史出版社 1987 年版。

20. 中共江苏省委党史工作委员会编:《江苏解放风云录》,中共党史资料出版社 1989 年版。

21. 江苏省政协文史资料委员会、南京市政协文史资料委员会编:《腥风血雨——侵华日军江苏暴行录》,江苏文史资料编辑部 1995 年版。

22. 江苏省政协文史资料委员会编:《江苏文史资料集粹》,江苏文史资料编辑部 1995 年版。

23. 江苏省政协文史资料委员会编:《江苏文史资料存稿选编》,江苏人民出版社 2007 年版。

24. 中共无锡市委党史工作委员会、无锡市档案局编:《无锡革命史料选辑》。

25.《连云港市文史资料专辑》。

26.《第三野战军战史》编辑室:《第三野战军征战日志》,江苏人民出版社 1995 年版。

27. 中共江苏省委党史工作办公室、中共淮阴市委党史工作办公室编:《苏皖解放区》,1999 年印行。

28. 郭卿友主编:《中华民国时期军政职官志》,甘肃人民出版社 1990 年版。

29. 叶楚伧、柳诒徵主编:《首都志》,正中书局 1935 年版。

30.《中国实业志》(江苏省),实业部国际贸易局 1933 年 2 月编印。

31. 王培棠:《江苏省乡土志》,商务印书馆 1938 年版。

32. 无锡县政府、无锡市政筹备处编:《无锡年鉴》(第 1 回),1930 年 4 月印行。

33. 江苏省地方志编纂委员会:《江苏省志·大事记》(中),江苏古籍出版社 2001

年版。

34. 苏州市地方志编纂委员会编:《苏州市志》第2册,江苏人民出版社1995年版。

35. 南京市地方志编纂委员会办公室编:《南京简志》,江苏古籍出版社1986年版。

36. 常州市地方志编纂委员会编:《常州市志》第1册,中国社会科学出版社1995年版。

37. 钱耀主编:《无锡市丝绸工业志》,上海人民出版社1990年版。

38. 本书编写组:《下关发电厂志》,江苏人民出版社1994年版。

39. 戚墅堰发电厂编:《戚墅堰发电厂志》,上海三联书店1992年版。

(四) 报刊

1.《民立报》

2.《时报》

3.《民权报》

4.《申报》

5.《民国日报》

6.《中央日报》

7.《大公报》

8.《文汇报》

9.《锡报》

10.《新华日报》(华中版)

11.《大众日报》

12.《盐阜大众》

13.《群众》

14.《华中通讯》

15.《淮海报》

16.《国闻周报》

17.《国民政府公报》

18.《江苏省政府公报》

19.《资源委员会公报》

20.《时事半月刊》

21.《建设》

22.《工商半月刊》

23.《江苏建设月刊》

24.《江苏省实业厅半月刊》

(五) 论著

1. 张宪文主编:《中华民国史》(全四册),南京大学出版社 2005 年版。

2. 李新主编:《中华民国史》第一编"中华民国的创立"(下),中华书局 1982 年版。

3. 李新、李宗一主编:《中华民国史》第二编"北洋政府统治时期",第一卷(1912—1916 年)(上),中华书局 1987 年版。

4. 许涤新、吴承明主编:《中国资本主义发展史——旧民主主义革命时期的中国资本主义》,人民出版社 1993 年版。

5. 江苏省社会科学院《江苏史纲》课题组:《江苏史纲》(近代卷),江苏古籍出版社 1993 年版。

6. 荣孟源:《蒋家王朝》,中国青年出版社 1981 年版。

7. 史全生主编:《中华民国文化史》,吉林文史出版社 1990 年版。

8. 马洪武等编:《新四军征途纪事》,江苏人民出版社 1988 年版。

9. 马振犊:《国民党特务活动史》,九州出版社 2008 年版。

10. 姜平:《中国民主党派史》,武汉大学出版社 1987 年版。

11. [美]杨格:《1927—1937 年中国财政经济情况》,中国社会科学出版社 1981 年版。

12. 南京市人民政府研究室编:《南京经济史》,中国农业科技出版社 1996 年版。

13. 日本防卫厅防卫研究所战史室:《中国事变陆军作战史》第二卷,中华书局 1983 年版。

14. 洪小夏:《抗日战争时期国民党敌后战场研究》(1937—1945),南京大学未刊博士论文,2007 年 2 月。

15. 陈鹤锦主编:《城市的接管与社会改造》(江苏卷·苏南苏北分册),中共党史出版社 1997 年版。

16.《当代中国的江苏》编委会:《当代中国的江苏》,中国社会科学出版社 1989 年版。

17. 李书田等:《中国水利问题》,商务印书馆 1937 年版。

18. 张连红主编:《金陵女子大学史》,江苏人民出版社 2005 年版。

19. 江苏省教育志编委会:《江苏高校变迁》,1988 年内部发行。

20. 张宪文、穆纬铭主编:《江苏民国时期出版史》,江苏人民出版社 1993 年版。

21. 曾虚白主编:《中国新闻史》,台湾三民书局股份有限公司 1989 年版。

22. 余明侠:《徐州煤矿史》,江苏古籍出版社 1991 年版。

23. 江苏省交通志编纂委员会编:《江苏公路交通史》第一册,人民交通出版社 1989 年版。

24. 高鼎传主编:《江阴港史》,武汉出版社 1989 年版。

25.《江苏航运史》(近代部分),人民交通出版社 1990 年版。

26. 吴相湘:《第二次中日战争史》上册,台湾综合月刊社 1973 年版。

27. 杜恂诚:《民族资本主义与旧中国政府》(1840—1937),上海社会科学院出版社 1991 年版。

28. 陈训正:《国民革命军战史初稿》第一辑,台湾文海出版社 1966 年版。

29. 董显光:《蒋总统传》(三),台湾中华文化出版事业委员会 1952 年版。

30. 蒋经国:《风雨中的宁静》,台湾裕文书局 1967 年版。

31. 徐州市《淮海战役史》编写组:《淮海战役史》,上海人民出版社 1983 年版。

32. 张宪文主编:《抗日战争的正面战场》,河南人民出版社 1987 年版。

33. 谭恩容主编:《当代南京电力工业》,江苏人民出版社 1993 年版。

34. 李占才、张凝:《著名实业家荣氏兄弟》,河南人民出版社 1993 年版。

35. 陈鹤锦、孙宅巍主编:《侵华日军在江苏的暴行》,中共党史出版社 2000 年版。

36. 秦孝仪主编:《中华民国经济发展史》,台湾近代中国出版社 1983 年版。

37. 李恩涵:《近代中国外交史事新研》,台湾商务印书馆 2004 年版。

38. 史全生、高维良、朱剑:《南京国民政府的建立》,河南人民出版社 1987 年版。

39. 陆仰渊、方庆秋主编:《民国社会经济史》,中国经济出版社 1991 年版。

40. 许维雍、黄汉民:《荣家企业发展史》,人民出版社 1985 年版。

41.《北伐战史》(二),台湾"国防部"史政局 1959 年印行。

42.《大生系统企业史》编写组:《大生系统企业史》,江苏古籍出版社 1990 年版。

43. 孟国祥等:《中国抗战损失与战后索赔始末》,安徽人民出版社 1995 年版。

44. "南京大屠杀"史料编辑委员会:《侵华日军南京大屠杀史稿》,江苏古籍出版社 1987 年版。

45. 王树槐:《中国现代化的区域研究:江苏省(1860—1916)》,台湾"中央研究院"近代史研究所 1985 年印行。

46. 中共江苏省委党史资料征集研究委员会苏中史编写组:《苏中抗日斗争》,江苏人民出版社 1987 年版。

47. 中共江苏省委党史工作办公室:《中共江苏地方史》,江苏人民出版社 1996

年版。

48. 中共江苏省委党史工作委员会、《苏南抗日斗争史稿》编写组:《苏南抗日斗争史稿》,江苏人民出版社 1987 年版。

49.《戡乱简史》,台湾"国防部"史政局 1959 年编印。

50. 张生等著:《日伪关系研究——以华东地区为中心》,南京出版社 2003 年版。

51. 高燮初主编:《吴地文化通史》,中国文史出版社 2006 年版。

52. 孙宅巍等主编:《江苏近代民族工业史》,南京师范大学出版社 1999 年版。

53. 孙宅巍:《澄清历史——南京大屠杀研究与思考》,江苏人民出版社 2005 年版。

54. 中共南京市委党史工作办公室编:《南京人民革命史》,南京出版社 1991 年版。

55. 严中平:《中国棉纺织史稿》,科学出版社 1955 年版。

56. 王赓唐、汤可可主编:《无锡近代经济史》,学苑出版社 1993 年版。

57. [美]李明珠:《中国近代蚕丝业及外销(1842—1937)》,上海社会科学院出版社 1996 年版。

58. 吴承洛:《中国度量衡史》,商务印书馆 1937 年版。

69. 杜恂诚:《日本在旧中国的投资》,上海社会科学院出版社 1986 年版。

60. 张圻福、韦恒:《火柴大王刘鸿生》,河南人民出版社 1995 年版。

61. 上海市粮食局等编:《中国近代面粉工业史》,中华书局 1987 年版。

62. 蔡德金等著:《汪精卫伪国民政府纪事》,中国社会科学出版社 1982 年版。

63. 尹法声、周豪主编:《中国资本主义工商业的社会主义改造》(江苏卷),中共党史出版社 1992 年版。

64. [日]古屋奎二:《蒋介石秘录》,湖南人民出版社 1988 年版。

65. 中共南京市委党史工作办公室等编:《抗战初期的八路军驻南京办事处》,南京大学出版社 1987 年版。

66. 孟国祥:《大劫难:日本侵华对中国文化的破坏》,中国社会科学出版社 2005 年版。

67. 斯夫等著:《1937—1938 年南京政府大撤退》,团结出版社 1998 年版。

68. 刘建业等主编:《迁都重庆的国民政府》,北京出版社 1994 年版。

69. [美]戴维·贝尔加米尼:《日本天皇的阴谋》,商务印书馆 1984 年版。

70. [日]洞富雄:《南京大屠杀》,上海译文出版社 1987 年版。

后　记

《江苏通史》自课题启动以来，在江苏省社会科学院的大力推动下，在《江苏通史》编辑办公室的具体指导下，本卷经过5年的编写，终于得以完稿。

本卷提纲由王卫星拟订初稿，孙宅巍最终审定。本卷的具体编写分工为：孙宅巍撰写第四章第一节、第二节；第五章第一节、第三节、第六节。王卫星编写第一章；第二章第一节、第二节（其中第三目参考了孙宅巍、蒋顺兴、王卫星主编的《江苏近代民族工业史》中由杨颖奇执笔的第五章的部分内容）、第五节、第六节；第三章第一节、第二节、第四节、第五节、第六节、第七节、第八节、第九节；第四章第三节；第五章第四节、第五节。崔巍撰写第二章第三节、第四节；第三章第三节、第十节；第四章第四节、第五节、第六节；第五章第二节。大事记由王卫星、崔巍编撰；主要参考文献由王卫星整理；历史图片由王卫星搜集。

在本卷的编写过程中，得到了南京大学历史系茅家琦教授、南京大学中华民国史研究中心主任张宪文教授等专家学者的关心和支持。张宪文教授还就本卷提纲提出了具体意见和建议。中国第二历史档案馆副馆长马振犊研究员认真审阅了本卷初稿，并提出了许多宝贵的意见和建议；中国第二历史档案馆副馆长曹必宏研究员、史料编辑部主任郭必强研究员对本卷的撰写工作给予了大力支持，并提出了建设性的意见和建议。江苏省社会科学院图书馆为《江苏通史》的编写，主动整理了馆藏图书，为本卷的编写提供了资料的保证，使编写工作得以顺利进行。对他们这种认真负责的工作精神和治学态度，我们深表敬意，并表示衷心的感谢。另尚需说明，本卷所使用之部分图片因未确知拍摄者之姓名与联系方式，故未能及时付与稿酬，在此除表示感谢与歉意外，亦望有关拍摄者知悉后与本卷作者联系，以便付与相关稿酬。

著　者

2011年10月22日

江苏通史

晚清卷

总主编　宋林飞
本卷主编　徐梁伯　蒋顺兴

JIANGSUTONGSHI

凤凰出版社

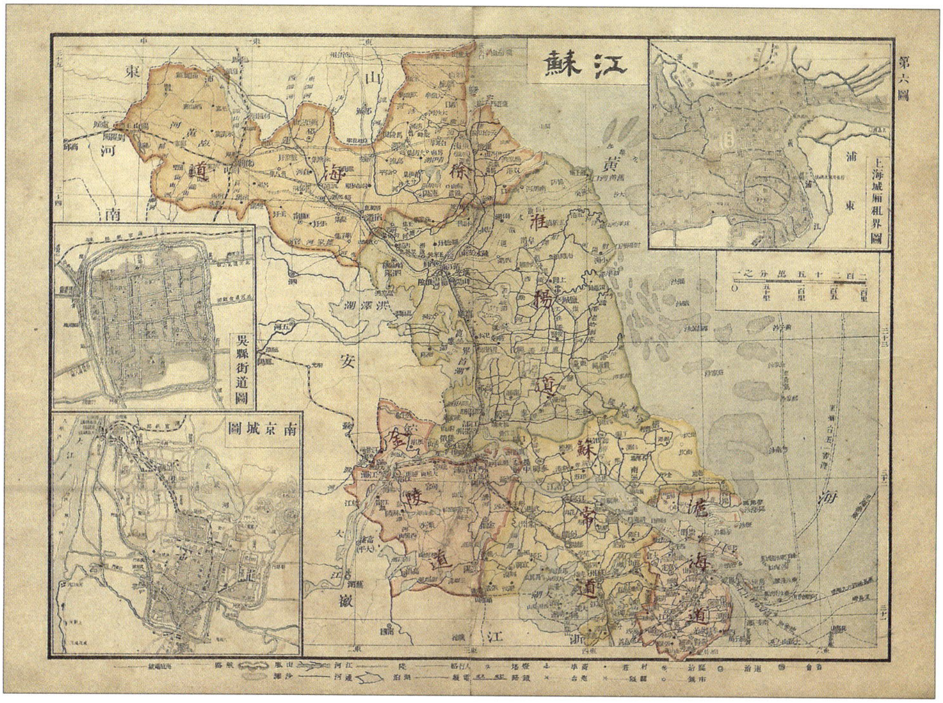

晚清江苏政区图

林则徐画像

张　謇

荣宗敬

荣德生

1910年6月在南京举办的南洋劝业会正门大道

南社成员在苏州虎丘合影

两江师范学堂全体教职员合影

徐寿、华蘅芳、徐建寅(右起)在江南制造总局翻译处

会攻南京的江浙联军

江苏省咨议局

目　录

导　论

本书是《江苏通史》的晚清卷，是明清江苏史的继续，研究的是晚清时期江苏地区的历史。

晚清江苏史的“晚清”，是指清代的晚期，即从第一次鸦片战争开始至辛亥革命清帝退位止。这是一个特定的历史时期。与以往流行的“中国近代史”时期相重合，但是，“晚清”不等同于“中国近代”。中华人民共和国成立初期，有些史学家称晚清这段历史为中国近代史。然而，“近代”这个历史概念有很大的相对性，不同历史时期的人所说的“近代”所指的时空内涵是不一样的。今天史学界所说的“中国近代”，是指鸦片战争到中华人民共和国成立前这一历史时期。半个世纪前的史学家常说的“中国近代”是指鸦片战争到辛亥革命这一历史时期。这两个“中国近代”所包含的历史内容是不一样的。本书所指的“晚清”就是从清道光二十年(1840)至清宣统三年(1911)。“晚清江苏”的时间范围与此一致。

晚清江苏的行政区域，与清康熙至乾隆年间建省时期的辖区相同。全省设8府：江宁府、苏州府、淮安府、徐州府、扬州府、常州府、镇江府、松江府。3个直隶州：海州、通州、太仓州。1个直隶厅：海门厅。3个散州：泰州、高邮州、邳州。4个散厅：太湖厅、靖湖厅、太平厅、川沙厅。全省共设60个县。民国以来，省的行政区划有所变动，1927年南京国民政府成立后，南京、上海先后从江苏划出，设立特别市。1955年，中央人民政府将安徽省的泗洪、盱眙两县划给江苏，江苏的萧县和砀山县划给安徽省。1958年，国务院又将江苏的上海、嘉定、松江、川沙、南汇、奉贤、金山、崇明、青浦、宝山等10县划归上海市管辖。经过这几次的变动，也就形成了今天江苏省的行政区域。本书论述的地域范围以现今江苏省所辖行政区域为准，有时因研究、论述的需要，也会涉及邻近地区，特别是上海地区。

从人类文明史的角度考察研究晚清中国历史，我们会清楚地看到这个时期社会发展的方向：一个古老、传统的社会，正缓慢地走向近代化。我们所说的近代化，是指世界近代史上发展起来的资本主义文明。近代文明，是以机器工业的产生、商业经济的发展和民主政治制度的确立为标志的。晚清江苏社会的发展，正是近代化起步，资本主义文明不断增长的过程。这主要体现在以下几个方面：

一、民众的吁请和抗争推动着清王朝政治制度的变革。

清帝国在鸦片战争中被打败，中国大门洞开。但是，清政府并没有从失败中接受教训，改变国策，对外开放，引进西方的物质文明和精神文明，而是继续闭关锁国，这严重阻碍了晚清社会近代化的进程。

与此相反，英军的炮声、鸦片战争的失败，却惊醒了先进的中国人。他们面对西方国富兵强、中国落后挨打的现实，开始意识到必须了解西方，学习西方，以救国救民，"挽大厦于将倾"。为此，江苏的民众进行了艰辛而可贵的探求。他们呼吁"师夷之长技"，引进"美法良政"。清咸丰九年(1859)，太平天国的重要领袖干王洪仁玕在南京写就《资政新篇》，提出应"审时度势"，变革政治制度，实行民治，"写票公举"，"以多人举者为贤能"，"以多议是者为公"。接着，江苏涌现出维新派四大家：冯桂芬、王韬、薛福成、马建忠，他们"倡言变法"，改良社会。这种变革政治的思潮成为日后变法维新运动的思想基础。常熟人翁同龢、宜兴人徐致靖和徐仁铸父子，都是这场变法的积极参与、推动者。戊戌变法后，以张謇为首的资产阶级立宪派又登上了政治改革的舞台。张謇认为，清王朝的"法当改"，应将封建专制制度改为君主立宪制，实行民主制度。宣统元年(1909)，江苏成立省谘议局，张謇被推举为议长。张等以省谘议局为基地，联络各省立宪派人士，上书北京，敦促清政府速开国会，在全国范围内掀起了声势浩大的请愿国会活动。

然而，政治制度的变革之权并不操之于有识之士手中，起决定作用的还是统治当局。清王朝的君臣们大多比较守旧，特别是顽固派，死抱着传统君臣观，固守封建政治制度。他们一再宣扬，"可变者器，不可变者道"。这个"道"就是封建制度。所以，张謇等人提出变革封建制度的主张遭到了统治者的拒绝，翁同龢等人参与变法，推进政治制度近代化的活动遭到了以西太后为首的封建顽固派的镇压。这也是晚清的中国没有能像日本、俄罗斯等国那样实行君主立宪的民主制度的原因所在。

20世纪初，在以孙中山为首的资产阶级革命派领导的武装斗争的猛烈冲击下，清政府不得不在改革政治制度、仿行宪政等方面有所作为。于是，在光绪三十二年(1906)上半年派出一个高规格的官方代表团，包括戴鸿慈、载泽等五大臣赴西方考察政治。五月(7月)下旬，五大臣先后返回，接连上奏，并觐见西太后和光绪帝，要求尽快实行变法，逐步建立宪政体制。七月十三日(9月1日)，清政府正式宣布预备立宪，准备启动政治制度近代化的改革。但为时已晚，革命风暴正席卷而来，从容改革的时间已经错失。宣统三年八月十九日(1911年10月10日)武昌新军起义，辛亥革命爆发。江苏民众在革命党人的领导下，纷起响应，推翻了清王朝在江苏的统治，易帜独立，建立新政权。九月十九日(11月5日)，在苏州，将巡抚署改为都督府，大门口挂起“中华民国军政府江苏都督府”的木牌，传统落后的政治制度为革命浪潮所淹没。

二、在洋务运动中，近代经济起步早，发展快

江苏经济近代化的启动，得益于洋务运动。洋务大员曾国藩、左宗棠、李鸿章都曾在南京当过两江总督，李鸿章还较长时间出任江苏巡抚。他们在江苏地区执政，提倡近代经济的发展。他们认为：“中国欲自强，则莫如学习外国利器。欲学习外国利器，则莫如觅制造之器，师其法而不必尽用其人。”①因而极力主张引进机器设备和先进技术。两江总督曾国藩是第一个仿造西方船炮的人。早在咸丰十一年(1861)他就创设军械所，聘请江苏籍科学家华蘅芳等人，先后研制成功小火轮1艘、大型明轮式汽船1艘。江苏巡抚李鸿章紧随其后，在同治二年(1863)底购买美国的机器设备，聘用洋技师，创办苏州洋炮局。不久，迁往南京，改称金陵制造局，仿造了大量的洋枪洋炮。这两个兵工厂，都是以蒸气为动力，使用机器和先进的技术进行生产。从19世纪70年代开始，洋务运动进入“求富”阶段。如何“求富”？洋务大员们认为，应向西方学习，开矿设厂，兴路通航，举办民用工业。光绪八年(1881)秋天，左宗棠出任两江总督。他一到南京就提出开办徐州煤矿，并派候选知府胡恩燮筹办。第二年即成立利国驿矿务局，用机器开挖煤矿。这是江苏第一个近代化的民用企业。甲午战争后，在民族危机日益深重的时期，一些爱国官绅、商民，充分利用政府较为宽松的经济政策，投身近代实业，省内民族工业迅速兴起，在短短的五年中，接连兴建了无锡业勤纱厂、苏纶纱厂、大生纱厂等9家厂矿。

庚子之役使清王朝受到重创，清政府意识到，要维护统治，就必须进行改革，所以在经济方面推出了一系列振兴和奖励实业的举措。在举国“新政”的背景下，江苏民族工业在清末有了快速的发展，工厂总数达50多家，是早期的6倍。

纵观晚清江苏民族工业的发展情况，有以下特点：第一，近代工业企业只有少数是由手工工场或作坊发展而来，大多数是引进西方国家的机器设备而创建的，并“仿用西法”经营，也就是说，是直接引进外来先进生产方式而发展起来的。第二，近代工业企业，在初创时期，以官办、官督商办为主，创办者基本上是官府和官员，包括一部分退休或候补官员。光绪二十六年(1900)后，省内新建的企业，只有少数是官办的，大都是商办的民营资本主义企业。第三，基础工业薄弱，只有几家煤矿、铁厂、电厂，实力有限，不能为其他工业的发展提供匹配的支撑。其余几十家厂都是轻工企业，所

① 孙毓棠编：《中国近代工业史资料》第1辑上册，科学出版社1957年版，第262页。

以江苏轻工业占绝对优势。其中,棉纺、缫丝、面粉三个行业最为发达,已初步形成江苏近代工业的三大支柱。第四,就地区而言,发展不平衡,绝大多数工厂集中在南通、无锡、苏州、镇江。其中,在南通有十多家企业,已初显地区性近代经济发展的中心;无锡近代企业比较集中,有15家,已初具苏南地区经济发展的中心。

晚清江苏的农业经济也出现了一些近代性的新变化:第一,农产品商品化程度有所提高,尤其表现在经济作物和种植面积不断扩大上。第二,清末新政时,江苏兴办了苏州农业学堂、苏北农林学堂等农务学校,培养了一批具有近代农业知识的人才。各地组织农会,开垦荒地,改良作物品种,引进技术。第三,建立近代农业公司。光绪二十七年(1901),张謇创办的通海垦牧公司,对苏北沿江、沿海农业的近代化影响很大。

三、教育、文化由传统逐渐走向近代。

自晚清以来至19世纪末,江苏的教育同全国各地一样,是传统教育模式。直到20世纪初才有所变革。光绪三十年(1904),两江总督端方在苏州、江宁各设一个学务处(后改提学使司),负责在全省推行新式教育。实行"癸卯学制",将中学学习年限由四年改为五年;课程除设修身、读经讲经外,还设有中国文学、外国语、历史、地理、算学、理化、法制经济、体操等。创办各种类型的新式学堂,派遣留学生,吴县的张祥和于同治十二年(1873)公费赴美国学习,是晚清江苏留学的第一人。在教育近代化过程中,江苏涌现了一批教育家,马相伯、唐文治和张鹤龄是其杰出的代表。

晚清的江苏,在文化方面颇有创新,文学领域谴责小说异军突起,一批反清革命文人成立文学团体——南社。在文化事业方面,大力创办近代报刊、杂志和书局,出版新书、白话报和杂志,宣传维新变革思想。同时,开办图书馆和博览馆,以保存古代文化,展现近代文明。

西医学在江苏的传播比较早,同治年间,法国天主教会在扬州、镇江开办了西医诊所。清末,教会医院陆续兴起,遍布南京、无锡、苏州、太仓、江阴、六合、宿迁等地。光绪三十二年(1906)在南京创立了江苏第一所官办医院——金陵中西医院。随之,创办了一批医校,其中有苏州的高级护士学校。晚清时期,江苏学者赵元益、丁福保、管茂材等人翻译了大量西医书籍,对西医学的传播作出了一定贡献。也引进了一些新技术、新疗法,苏州博习医院在光绪二十四年(1897)就引入简易X光机。在西医传播过程中,省内有些中医学者开始兼习西医,注意中西医的结合。

西方体育传入江苏较早,始于洋务运动将西方兵操引进新军的训练。清末,省内各类新式学堂均开设体育课。田径、球类等运动项目开始引进,南京、苏州等地大学先后成立篮球队。竞技体育开始兴起,光绪三十一年(1905)无锡市20多所学校召开了第一次联合运动会。宣统二年(1910),在南京举行了第一届全国运动会。

由此可见，晚清的江苏社会，是我国民族民主运动的重要舞台，是近代经济起步早、发展快的地区，更是中西文化交汇、融合之地，是近代文化的中心。总之，晚清江苏社会的近代化有了初步的发展，在全国名列前茅。

第一章 《南京条约》与晚清江苏的开端

清道光二十年五月(1840年6月),英国侵略者为"鸦片走私利益而发动了第一次对华战争"①。道光二十二年五月(1842年6月),英军为控制长江、运河交通要道,截断漕运,威胁北京,发动了"扬子江战役",入侵江苏,先后侵占吴淞、上海、镇江等地,并陈兵南京江面。清政府在英军入侵江苏的过程中,见清军节节败退,难以抵敌,转而采用"抚夷"政策,不断向英军头目发送照会,要求和谈。七月上旬(8月中旬),中英双方代表在静海寺举行了和谈预备会,形成了和约草案。七月十五日至二十一日(8月20日至26日),中英双方全权代表进行会见和谈判,敲定了和约文本。七月二十四日(8月29日),中英代表在南京签订了《南京条约》。这是中国近代史上第一个不平等条约。晚清江苏的历史由此启开。

第一节 江苏第一次遭遇的西方侵略

英国殖民主义者为开拓市场,保护肮脏的鸦片走私贸易,于清道光二十年五月(1840年6月),对中国发动了侵略战争。从广州开始并沿海北上,先后攻占厦门、定海、镇海、宁波。道光二十二年五月(1842年6月),英军为控制长江、运河交通要道,卡住南北运输咽喉,迫使清政府就范,决定发动"扬子江战役",入侵江苏,抢占战略要地。

一 英国发动侵华战争

从18世纪到19世纪上半叶,欧美各国特别是产业革命的发源地英国的资本主义得到了迅速发展。接着,经过大约半个世纪的发展,确立了资本主义的社会政治制

① 马克思:《新的对华战争》,《马克思恩格斯选集》第2卷,人民出版社1972年版,第56页。

度。18 世纪 80 年代，英国又发生了“工业革命”，机器工业逐步代替了工场手工业，生产力得到极大的提高。“工业革命”带动了农业、商业、交通运输、矿业等整个社会经济的发展。清嘉庆二十五年(1820)时，英国的工业生产量占全世界工业生产总量的一半；道光二十年(1840)时，英国的贸易占世界贸易总额的 25%。英国已是世界第一号资本主义强国。

马克思在《致路·库格曼》中说，“掠夺是一切资产阶级的生存原则”①。英国资产阶级亦是如此。英国政府随着资本主义的迅速发展，不断开拓新的殖民地，为大量商品提供广阔的市场。16 世纪末、17 世纪初，英国殖民势力侵入印度、阿富汗、波斯等国，并在印度建立东印度公司，垄断东方贸易。乾隆五十七年(1792)，英国政府为扩大对华贸易，派遣特使马戛尔尼等人赴华，与清政府交涉。第二年，“英国使节和他的六百箱礼物”②抵达北京。乾隆皇帝接见了他们。马戛尔尼提出：“请于浙江宁波、珠山(珠舟音近，珠山即舟山也)暨直隶、天津，维舟通市，并依俄罗斯故事，于都门别立一行交易，仍给附近珠山一小岛，附近广东省城一小地，俾有定居，或令澳门寓居之夷，得出入自便，又自广州城下澳货物，由内河行走，或不税，或少税。”乾隆帝对英国使节提出开放商埠，给予居住地，减免税率的侵略要求严辞拒绝：“宁波、天津无通事洋行，交易未便，且俄罗斯自立恰克图以后，久不在京寄寓，都下为万方拱极之区，岂容外藩开设行店？若夷商抵广，例不得入省城，以杜民夷之争论，立中外之大防，今欲居珠山海岛，并广东附近省城地，华夷参错，尤不可行，其诸番出入往来，亦应地方有司，督洋行随时讥察，不得全无限制。至贸易纳税，皆有定则，不能以其国夷船多，使税则独为减少，所请均属格碍。”③英国政府运用外交手段没有能打开中国的大门，于是就变换手法，多次派兵船侵扰中国沿海。

当时的中国是自给自足的自然经济，西方的工业品一时难以在华找到市场。清政府对外采取闭关自守的政策，对外贸易限制在广州一口，外商销售和采购商品都必须通过“行商”，即“十三行”，对外商进行多方限制。这种政策不利于西方国家特别是英国工业品在中国的销售。相反，他们要花大量白银购买中国的茶叶、丝绸等产品。据统计，乾隆四十六年至五十五年(1781—1790)的 10 年中，英国购买中国茶叶耗资 9600 万银元，而同期(1781—1793)英国在中国销售的工业品只有 1600 万银元。英国必须用银元抵付贸易差额。

英国为改变这种状况，就不择手段，卑鄙地利用鸦片这种特殊商品，打开中国的

---

① 《马克思恩格斯选集》第 4 卷，人民出版社 1972 年版，第 390 页。

② 马士：《中华帝国对外关系史》第 1 卷，生活·读书·新知三联书店 1957 年版，第 60 页。

③ 中国史学会主编：《鸦片战争》第 1 册，神州国光社 1954 年版，第 24—25 页。

大门。鸦片,俗称大烟,是毒品,吸食后会严重损害身体健康。18 世纪初,英国就将鸦片输入中国。18 世纪 70 年代,英国政府就确定了在印度大批种植罂粟,向中国输入大量鸦片的政策。进入 19 世纪,英国殖民者不顾清政府的禁令,勾结中国官吏、私贩,大搞鸦片走私贸易。因此,输入中国的鸦片逐渐增加。据统计,1800 年输入中国的鸦片只有 2000 箱,1820 年输入 5147 箱,1834 年为 21785 箱,1837 年猛增至 3.9 万箱①。在这 30 年里,英国东印度公司输入中国的鸦片增加了将近 20 倍。随着鸦片输入的激增,中英之间的贸易剧变,中国由出超变为入超。中国每年要向英国支付白银数百万元。

鸦片的泛滥,给中国社会带来了深重的灾难。从官员到百姓、从绅商到军人,吸食的人越来越多。道光十五年(1835)时,全国吸食鸦片的人数超过 200 万。烟民的生命财产受到严重的摧残和损失。鸦片的泛滥,使中国的白银大量外流。从道光元年到二十年(1821—1840)间,中国白银外流在 1 亿元以上。白银的外流,造成银贵钱贱,从 18 世纪末到 19 世纪 30 年代,白银上涨了 60%。银贵的直接后果就是百姓多交 60%的税,因清政府规定完粮纳税要用白银。税收大幅度增加,百姓不堪重负,造成严重的社会问题。

清政府为维护自己的统治,改变鸦片泛滥的局面,于道光十八年(1838)下令各省严禁鸦片。接着,清道光帝任命林则徐为钦差大臣,南下广州查禁鸦片。第二年二月(3 月)林抵广州。林在当地官民的支持下,雷厉风行,大张旗鼓地查禁鸦片。林命令烟贩缴出鸦片,要"尽数缴官","不得丝毫藏匿"②。英国烟贩被迫交出鸦片近 2 万箱(其中 1000 多箱是美国烟贩所交)。对这些鸦片,清廷指示:"即在海口销毁,毋庸解京。"从道光十九年四月二十二日(1839 年 6 月 3 日)起,"林则徐会同督抚,于虎门监视销毁"③。虎门销烟,维护了民族尊严,打击了西方侵略者的嚣张气焰。

中国的禁烟国策使英国工商业界的巨头和鸦片贩子损失惨重,纷纷要求英国政府发动侵华战争。其中有个叫安德鲁·韩德生的叫嚣说:"中国方面的无理举动,给了我们一个战争的机会。这对英国是很有利的,因为这可以使我们终于乘战胜之余威,提出我们自己的条件,强迫中国接收。这种机会也许不会再来,是不能轻易放过的。"④也有人宣称:我们向中国政府所提出的要求,"只有表现充分的武力,才能有希

① 中国史学会主编:《鸦片战争》第 1 册,神州国光社 1954 年版,第 4—6 页。

② 马士:《中华帝国对外关系史》第 1 卷,生活·读书·新知三联书店 1957 年版,第 246 页。

③ 中国史学会主编:《鸦片战争》第 6 册,神州国光社 1954 年版,第 107 页。

④ 中国史学会主编:《鸦片战争》第 2 册,神州国光社 1954 年版,第 661 页。

望得到。"[①]在一阵喧嚣之后,英国政府于11月初决定采取军事行动,派遣一支舰队到中国沿海。道光二十年五月(1840年6月),英国政府全权代表兼侵华军总司令乔治·懿律率领由军舰16艘、载炮540门、武装轮船4艘、运兵舰1艘、运输船27艘及各兵种陆军4000余人组成的远征军抵达广东海面[②]。

五月二十九日(6月28日),英军封锁广州海面。六月初二日(6月30日),懿律率英军舰队北上,一路攻占厦门、舟山,于七月(8月)进犯至天津白河口,递交了英国外交大臣巴麦尊给清政府的照会,提出割地、赔款、增开通商口岸等要求。英军到达天津后,道光帝命直隶总督琦善与英军首领谈判。琦善向英方表示:林则徐、邓廷桢等人查禁鸦片实属办理不当,保证重治其罪,要求英军撤回广东,静候清政府全权代表公正处理,保证能代伸冤情。懿律对此答复表示满意,即率舰队南下。

道光二十年十一月(1840年12月),钦差大臣琦善在广州与英方新任全权代表义律进行谈判。琦善除答应赔偿烟价600万元外,对割地、增开口岸等问题没有同意。英方为迫使琦善屈服,于十二月(1841年1月)出兵攻占大角、沙角炮台。道光二十一年正月初三日(1841年1月25日),英军又强占中国领土香港。同时,义律与琦善进行所谓"穿鼻草约"的谈判。此时清廷对英方的态度发生剧烈变化,谈判难以继续。英军的肆意侵略,激怒了道光帝。正月初五日(1月27日),清廷下诏对英宣战。道光帝将琦善革职查办,任命御前大臣奕山为靖逆将军,率军赴广东,伺机歼灭英军。但奕山等人昏庸无能,在四月初(5月下旬)广州的对英作战中,清军大败,在城头上竖起白旗。四月初七日(5月27日),奕山与英方代表义律达成停战协定,清方同意将清军撤出广州60里以外的地方驻扎,缴纳600万元的所谓"赎城费"等。四月十九日(6月8日)英军从广州撤至香港。

英国政府认为义律在外交、军事上的"态度不够强硬",所获权益甚少,深为不满,而于"一八四一年四月改任璞鼎查为全权代表"[③]。"璞鼎查是一个极端狡猾的政客,他在印度前后近四十年。他愚弄印度的土王,扩大英人侵略,极尽纵横捭阖的能事"[④]。六月二十四日(8月10日),璞鼎查和新任侵华海军司令巴加少将抵达澳门。璞鼎查的东来,是要完成英国政府给他前任的各次训令中的任务。此外,巴麦尊还专门有指示:重新占领舟山,与清方的交涉对象应是政府全权代表,谈判地点应选择在舟山或天津,清方应赔偿鸦片款、远征军经费和商欠费计300万英镑,允许鸦片贸易

---

① 中国史学会主编:《鸦片战争》第2册,神州国光社1954年版,第653页。

② 马士:《中华帝国对外关系史》第1卷,生活·读书·新知三联书店1957年版,第296页。

③ 中国史学会主编:《鸦片战争》第6册,神州国光社1954年版,第449页。

④ 中国史学会主编:《鸦片战争》第6册,神州国光社1954年版,第448页。

合法化[①]。璞鼎查抵澳门的当天就照会两广总督祁𡍼，说明来华的使命。七月初五日(8月21日)，英军舰队向北开进，重新占领厦门。八九月(10月)间，英军又攻占舟山、镇海、宁波等地。至此，英军因兵力不足，加上北风时令即将到来，而停驻浙江，没有继续向北推进。

二　险恶的“扬子江战役”计划

道光二十二年四月(1842年5月)，气候温暖，已是南风时令，英国驻浙江的远征军决定北上，发动“扬子江战役”，进攻江苏。这一行动计划是由前任全权代表义律在道光二十一年五月初三日(1841年6月21日)致奥克兰勋爵函中提出的：远征军的“一个主要目标，据我的判断，应该是对运河进口的控制，就在它和扬子江的交叉点上，并且如果以后的情报证实对南京的进攻可以办到，我将认为在这支兵力的力所能及范围内，没有再比这更加重要的成就了；没有一个联合军事行动的使用会比这更加有利；也没有一件事会比这不单把(中国)朝廷而且把整个帝国打击得更加惊惶失措”[②]。这一计划得到英国政府批准。八月中旬(9月底)，英国政府还“训令印度政府‘在四月间集中他们一切可能调度的海陆军于新加坡’，这样才可以尽可能快地将压力加在‘足以割断中华帝国主要内陆交通线的一个据点’。并且强迫中国政府签订一个令人满意的条约。”[③]英军为什么要发动“扬子江战役”呢？主要原因是：

第一，截断漕运，威胁北京清政府。

漕粮，时为清廷大政。北京为清政府首都，是中国政治、军事中心，其庞大的官僚和军队所需的官俸、军饷和宫廷糜费，主要来源是南方的漕粮。当时，江苏、浙江、江西、湖南等6省共交漕粮431万石，其中江苏承担129万石，占2/7。江南5府除正额漕粮外，还要交纳供宫廷用的白粮。江南各地所交的这些粮都要通过漕运送到北京。运输线路主要是通过长江转运大运河，可见，漕运是京城的生命线。

这一点，英国侵略者看得十分清楚。柏纳德在《复仇神号轮舰航行作战记》中说道：“对于这条巨大的扬子江，我军必须将其全部贸易加以切断，而对于大运河亦必实行封锁。在中国，每年都有大批漕船，装运大量的货物开往京都北京，这些漕船不但供给帝都居民的食粮，还为帝王的财库缴上贡税，我们打算赶上这个时机，把这批漕

① 马士：《中华帝国对外关系史》第1卷，生活·读书·新知三联书店1957年版，第325、748页。

② 马士：《中华帝国对外关系史》第1卷，生活·读书·新知三联书店1957年版，第744页。

③ 马士：《中华帝国对外关系史》第1卷，生活·读书·新知三联书店1957年版，第331页。

船拦截下来。”①而江苏的南京和镇江是水陆交通要道，控制着江南地区长江、运河的运输。英军马礼逊曾说：“燕京漕运，以江宁为咽喉，今但盘踞江面，阻绝南北，即可要挟，所求当无不如志。”②

事实正是如此，当英军沿长江向镇江、南京进攻，封锁长江、大运河水面后，大批商船和漕船被拦截。《复仇神号轮舰航行作战记》记其事道：“就在我们封锁运河后不到几天的时间内，约有七百条漕船为我军扣留下来。这个举动对于中国远近各地所引起的恐慌，要比我方在军事上取得的成功所给予的影响大得多了。”③截断漕运，对清政府的打击很大。两江总督牛鉴在给清廷的奏稿说到：“臣职兼盐漕，该逆据我咽喉之地，若再因循岁月，使我粮艘不能归次，漕米何以兑开？仪征不能捆盐，游徒何所得食？兼之江苏一带，专待川楚之米源源接济，而道路梗塞，商贩不前，其祸患之深，诚有不堪设想者！臣昼夜焦思，忧心如焚，非徒虑江宁省城之横遭蹂躏也。伏愿皇上饬下耆英、伊里布迅速妥办，及早了结，于国计民生，均关至要。”④

可见，控制长江、大运河，切断漕运，击中了清政府的要害。正如钦差大臣伊里布的家人张喜所说：“扬子江乃咽喉之地，天下大局，全在于斯。彼既断我盐漕，绝我商旅，非疥癞之疾，乃心腹之患也。”⑤

第二，控制江南，迫使清政府妥协。

江南地区，气候温暖，土地肥沃，交通便利，农工商业都比较发达，财富甲于天下，苏杭地区更是鱼米、丝绸、棉布、茶果之乡，素有天堂之誉。这里是清政府的财库，在经济上具有举足轻重的地位。谁掌握了江南地区，谁就控制了中国的经济命脉。这方面英国殖民侵略者也了如指掌。英军舰长利洛在《英军在华作战末期记事》里说：“我们只要沿着扬子江攻入中国的心脏地带——江苏、安徽，甚至河南，占领南京，控制吴淞江和最重要的大运河，再占有苏州府的财富，开采那里的铁和煤，并占领乍浦和上海，控制住全国主要的航道，我们就可掌握中国工业的主要部门，例如杭州府的丝绸、景德镇的瓷器等等。这样，北京就自然成为我们的囊中物了。届时，北京政府就无法继续拒绝我们的正当要求，否则，它就要冒因工商业陷于停顿而引起全国人民

---

① 中国科学院上海历史研究所筹备委员会编：《鸦片战争末期英军在长江下游的侵略罪行》，上海人民出版社1958年版，第71页。

② 中国科学院上海历史研究所筹备委员会编：《鸦片战争末期英军在长江下游的侵略罪行》，上海人民出版社1958年版，第12页。

③ 中国科学院上海历史研究所筹备委员会编：《鸦片战争末期英军在长江下游的侵略罪行》，上海人民出版社1958年版，第105页。

④ 中国科学院上海历史研究所筹备委员会编：《鸦片战争末期英军在长江下游的侵略罪行》，上海人民出版社1958年版，第280页。

⑤ 中国史学会主编：《鸦片战争》第5册，神州国光社1954年版，第363页。

不满的危险;同时,由于京城内生活必需品失去供应,会立即使城内各阶层人士感到不便,这就会使北京政府受到更大的压力。"①

南京不仅是江南的经济中心,而且是中华文化发祥地之一,为六朝古都,历史名城;亦是两江总督府所在地,辖江苏、安徽、江西,为江南政治中心,军事重镇。所以,英国侵者认为,进攻南京,"占领这个中国的古都","这种胜利可以使大官员们出来谈判"②。

不出英军所料,当六月底七月初(7月底、8月初)英国七八十艘兵船向南京进发时,两江总督牛鉴十分惊恐,连忙派员与英军联络,并照会璞鼎查,愿议和,接受有关条款。清道光帝接报,即发出上谕,要耆英、伊里布等人"相机妥办","便宜行事"③。

第三,在军事上避实就虚,乘虚而入。

清政府对英军的进攻方向始终未摸准。英国侵略者十分狡猾,在道光二十二年五月(1842年6月)由吴淞口沿长江向镇江、南京进军时,为掩盖其真实意图,采取了声东击西的策略,不断叫喊北上天津,并派出少数兵船骚扰苏北、山东沿海,摆出北攻天津的架式。

不过,海内有识之士却看清了侵略者的意图。举人包世臣认为,英军"必入长江"④,并上书江南军事当局,提出:"英夷久据宁波,渔船悉为所用,是大江之路,不可不防。况瓜洲为漕运咽喉,若夷逆于来春以巨舰横截瓜仪之间,粮艘不能北达,相持数月,都下难免惶遽,此其可忧,较之直犯杭州,波及乍浦、上海,奚翅十倍?"⑤他建议在长江一线加强设防,修造战船,佐以火箭,添筑炮台,配以各式大炮,互相配合,以资夹击。但是,此说没有引起统帅们的重视,奕经、牛鉴"莫有然其说者"⑥。

清政府为英军的假象所蒙蔽,始终认为英军将继续北上,"一定沿着白河,要向北京进攻"⑦。所以,清廷集中力量加强天津至北京一线的防御,而完全忽视江南地区的防御建设,江苏沿海、沿江一带的防守力量十分薄弱。在入江口的吴淞,只配备2000

---

① 中国科学院上海历史研究所筹备委员会编:《鸦片战争末期英军在长江下游的侵略罪行》,上海人民出版社1958年版,第145页。

② 中国科学院上海历史研究所筹备委员会编:《鸦片战争末期英军在长江下游的侵略罪行》,上海人民出版社1958年版,第12页。

③ 中国科学院上海历史研究所筹备委员会编:《鸦片战争末期英军在长江下游的侵略罪行》,上海人民出版社1958年版,第278页。

④⑥ 中国科学院上海历史研究所筹备委员会编:《鸦片战争末期英军在长江下游的侵略罪行》,上海人民出版社1958年版,第333页。

⑤ 中国史学会主编:《鸦片战争》第4册,神州国光社1954年版,第471页。

⑦ 中国科学院上海历史研究所筹备委员会编:《鸦片战争末期英军在长江下游的侵略罪行》,上海人民出版社1958年版,第11页。

人马防御。江阴要塞,没有驻扎一兵一卒,所筑炮台被废弃。江防最重要的关口镇江只派 1600 人驻守。“他们甚至将奉命开往苏州府的军队调回,指挥他们立刻开往天津,以便保卫通往首都的外围地区。”①在军事设施上,只是残存一些简单而原始的江防设备。清廷屡诏镇江等地“诸军水勇,雇小船,伏苇洲,备火攻”②。于是,沿江各地“鸠工堵塞,连木牌以为梁,伐大树以沈水”,“投石沉舟”,“下铁锚阻英船”③。

因清方偏重于天津、北京的防御,忽视长江方面的防守,所以当英军乘虚发动“扬子江战役”时,清军无招架之力,一败涂地。英国海军上校军官奥特隆尼在《在华作战记》里写道:“教士们传递消息说,自从宁波为我军攻陷以后,清政府即用上一切力量,在预料我军所要进攻的道路上布防,建筑起各式各样的障碍物。清政府把天津看成是北京的一个海港,因而特别重视天津,希望将天津变成头等的防御阵地。我们这时收到传教士们从长城外寄来一些信,他们住在长城口外属热河的一个满军边界镇市上,信中述及:就在这种属于满族地区出产生铁的许多村庄里,铸成各种口径为数甚巨的新的铁炮,而且这些大炮终日源源不绝地向北直隶省输送。根据那条路上赶骆驼的人和挑运夫回来叙述,大炮已于最后运至通往天津的大路上。他们看到沿路一排一排最坚强的炮台和许多壕沟,并看到从各地运来的大炮,已使那边的道路弄得拥挤不堪。”“然而清政府竟没有能够发觉我军所已选择的进攻地点——帝国的心脏要害,而茫然以为我军将向京城进击,因此,他们所忙于防守的,却是北京这个大城。以此之故,扬子江上游的防御乃完全遭受忽视;及至他们后来有所发觉,清政府已不及采取恰当的措施,从而对我军的前进,给以有效的阻挠。到 1842 年,当我军积极进攻的时候,清朝政府虽想调兵遣将,抵抗我军的进攻,已无能为力了。”④

英军基于上述原因,认为发动“扬子江战役”是最好的进攻途径。所以他们说:“我们完全有理由可以相信:现在我军所采用的作战方式要比直接攻打北京为佳,因为不但所有作战的实际目标可以迅速达到,而且可以产生同等深刻的精神效果。”⑤战

---

① 中国科学院上海历史研究所筹备委员会编:《鸦片战争末期英军在长江下游的侵略罪行》,上海人民出版社 1958 年版,第 77—78 页。

② 中国科学院上海历史研究所筹备委员会编:《鸦片战争末期英军在长江下游的侵略罪行》,上海人民出版社 1958 年版,第 335 页。

③ 中国科学院上海历史研究所筹备委员会编:《鸦片战争末期英军在长江下游的侵略罪行》,上海人民出版社 1958 年版,第 334 页。

④ 中国科学院上海历史研究所筹备委员会编:《鸦片战争末期英军在长江下游的侵略罪行》,上海人民出版社 1958 年版,第 10—11 页。

⑤ 中国科学院上海历史研究所筹备委员会编:《鸦片战争末期英军在长江下游的侵略罪行》,上海人民出版社 1958 年版,第 145 页。

争的进程证实了英军这一预言。英军仅用两个多月的时间就从吴淞口打到南京，陈兵下关江面，迫使清政府签订了丧权辱国的《南京条约》。

第二节　江苏军民的抗英壮举

道光二十二年五月初八日（1842 年 6 月 16 日），英军进攻吴淞，开始发动“扬子江战役”。英军在占领吴淞、上海后，沿江而上，一路攻掠至南京。沿江江苏军民，对英军的入侵进行了英勇的抗击。

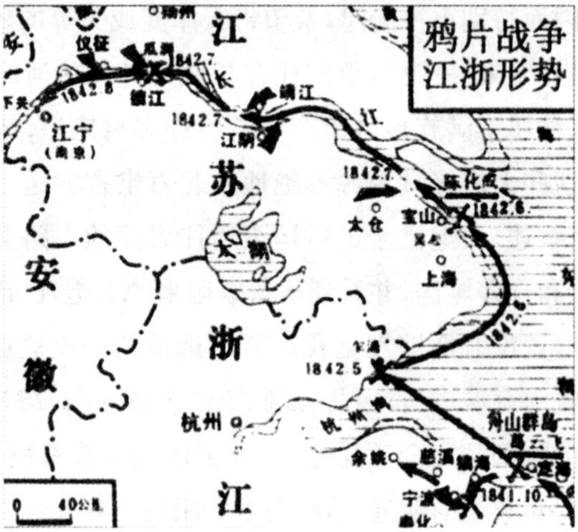

鸦片战争江浙形势

一　陈化成血战吴淞口

吴淞位于长江和黄浦江的交汇处，是长江的门户，在军事上是战略要地。英军要控制长江、运河的航运和占领镇江、南京等重要城市，就必须首先攻占吴淞口。

早在道光二十年六月（1840 年 7 月），英军第一次攻占定海时，江苏当局开始重视沿海地区特别是吴淞地区的防务。两江总督伊里布、牛鉴先后赶赴吴淞布防。其时，实际主持吴淞地区防务的是道光二十年（1840）初新任江南水师提督陈化成。他在英军攻占定海后即率部驻守吴淞，并在两江总督牛鉴等人的支持下，修筑海塘，增设炮位，调兵把守。道光二十二年五月（1842 年 6 月）英军入侵时，吴淞地区的布防大体是：黄浦江东岸土塘有火炮 20 位，驻兵 1000 多人，由川沙营参将崔吉瑞率领。黄浦江西岸土塘设火炮 134 位，驻兵 1000 多人，由陈化成督率。宝山县城及其附近驻有防兵计4000余人，由两江总督牛鉴统率。宝山县城西北的小沙背驻兵700名，由总兵王志元督率。在吴淞口内江面上还布有师船、水轮船，以防英军兵船直入内河。

正当牛鉴、陈化成在吴淞备战之时，英国侵华舰队已抵达长江口外的鸡骨礁。这是一支船坚炮利、装备精良的军队，它拥有战舰8艘、武装汽轮船6艘，还有运输船十多艘，运送英陆军约2000人。这支舰队由英国驻华海军司令巴加统领，"皋华丽"号为旗舰。五月初五日（6月13日），巴加率舰队进抵吴淞江口。接着，英军派轮船调查了土塘前水道的情况，为舰队的进攻指明航道。

江南提督陈化成画像

五月初八日（6月16日）清晨，英军向吴淞炮台进攻。"皋华丽"号、"布朗底"号等主力舰向西岸土塘进攻。陈化成下令开火回击。于是，吴淞镇上的炮台全线开火，多次击中敌舰。一位亲历吴淞战役的英军军官记其事道："我方舰队自与中国军队作战以来，中国人的炮火以这次为最厉害。我军旗舰被击中多次，后樯被击中三炮；'布朗底'号被击中十四次，希威特海军中尉（Lieut. Hewitt）在甲板上被一颗炮弹击中而阵亡。"[①]

与此同时，清军还出动了几十艘兵船，在吴淞口内江面上向来犯英兵船开火。但清军武器太落后，炮火射程短，打不到英兵船。当英军"复仇神"号、"弗莱吉森"号等兵船反扑过来时，中国兵船无法招架。"除掉两条兵船得以逃走而外，中国的舰队全部遭到毁灭"[②]。

在西岸土塘激战之时，英军"西索斯梯斯"号和"谭那萨林"号向黄浦江东岸土塘进攻。清军全力还击，"西索斯梯斯"号被击中11次，但清方炮火威力小，英兵船损伤不大。不多时，东炮台被英军攻占。

吴淞战役打响后，作为此役清方的最高指挥官的牛鉴，"即至南门城外亲往督战"，在其行至校场时，遭英军炮弹袭击，"随兵被击毙者十余人"，他立即退回宝山城内[③]，随后带兵西逃嘉定。驻守小沙背的王志元亦率兵西撤。中午时分，英国陆军在吴淞西岸登陆，进攻宝山。其时，清军已撤走，英军很快就占领了这座空城。

---

① 中国科学院上海历史研究所筹备委员会编：《鸦片战争末期英军在长江下游的侵略罪行》，上海人民出版社1958年版，第228页。

② 中国科学院上海历史研究所筹备委员会编：《鸦片战争末期英军在长江下游的侵略罪行》，上海人民出版社1958年版，第50—51页。

③ 《筹办夷务始末・道光朝》第4册，中华书局1964年版，第1916—1917页。

陈化成在宝山、小沙背、东炮台等阵地丢失、腹背受敌的情势下，仍然手执红旗，指挥战斗，抗击英军的进攻。英军在优势炮火的支持下，围攻西炮台。陈率部以长矛与英军肉搏，战斗异常激烈。陈身受创伤8处，鲜血直淌，最后壮烈牺牲。在场的侵略者事后大为赞叹："凡是亲眼看到中国的士兵，以那种顽强的斗志和决心来保卫他们阵地的人，没有哪一个能够对中国士兵的英勇，拒绝给予充分尊重的。"①陈化成的遗体由其部下刘国标背至芦苇丛里掩藏起来，7天后才转移到嘉定入殓。人们对于这位英勇杀敌、壮烈牺牲的民族英雄，怀着深深的敬意，以各种形式纪念他。严钖的《吴淞口吊陈忠愍公》诗云：

妖烽煽焰烛天紫，呼啸鬼声白昼起。
飙轮快若并州刀，直剪吴淞半江水。
公时移节来江南，大势聚米军前谈。
敌人畏公谓公虎，虎目视敌光眈眈。
鲸鱼拔浪沧溟涌，压阵坏云如墨重。
时危战苦天地愁，高坐层台兀不动。
援师已绝公掣肘，公怒张髯作虎吼。
见危授命真男儿，北望涕零九顿首。
一星芒角坠军门，六射须眉成木偶。
生竭臣心死报国，遗骸七日芦中匿。
僧庐函首面如生，犹若挥刀呼杀贼。
朝廷下诏褒公忠，当时谁与公心同？②

英军占领吴淞、宝山后，于五月十一日(6月19日)进攻上海。城内居民早在英军攻打吴淞时就纷纷逃走。守备官员无心抵抗，苏松太道巫宜禊在五月初九日(6月17日)就带着银两、文卷等避走松江府城。知县刘光斗、典史杨庆恩等人虽未逃走，但也不作战守准备。只有右营游击封耀祖在城外李家厂炮台防守。是日，英军炮击李家厂守军，炮台被轰塌，封耀祖败走。英军未遇到什么抵抗就占领了上海城。一名英国军官记其事道：

① 中国科学院上海历史研究所筹备委员会编：《鸦片战争末期英军在长江下游的侵略罪行》，上海人民出版社1958年版，第53页。

② 江苏人民出版社编：《江苏近代反侵略诗歌选》，江苏人民出版社1960年版，第16页。

当我军进抵上海北门口时，那边显然没有准备进行什么抵抗，我们看到城门口仅有的两门大炮，对于我们似乎也不足为害。实际上，城门口已经找不到一个中国兵。我军派出两三名士兵，设法爬过城墙，把城门打开，其余的士兵也就由此进了城。我们这时才知道，中国地方当局于前一天晚上，已经离开了这个地方。①

英军占领上海城后，虽贴出安民告示，但抢劫、掳掠之事仍时有发生。五月十五日(6月23日)，英军在向清政府勒索了30万元的“赎城费”后，全部撤出上海。

二 镇江守军浴血抗战

英军为尽快西进，占领镇江、南京，在道光二十二年五月十六日(1842年6月24日)前后派来大批援军。其时，吴淞口江面上集中了大约70多艘舰船，海陆军兵力共有7000多人，具有很强的作战能力。大多数士兵均携有毛瑟枪，配备着炮队，各种军用物资应有尽有。海军部队3000人，拥有15艘战舰、5艘带桅帆的汽轮巡洋舰及5艘平底轮船。“整个舰队分成5个纵队，每纵队包括8至12艘运输舰，由一艘战舰率领，并接受该舰舰长的指挥。每一纵队还配备一艘轮船，以便于必要时给予运输舰以援助。”②另外，由“皋华丽”号、“克里欧”号、“基尔德斯”号、“复仇神”号、“伯鲁多”号等12艘战舰或轮船组成先行舰队。

侵华英军总头目、全权公使亨利·璞鼎查在舰队启航前夕，散发《布告》，以殖民主义者的逻辑阐发继续发动侵华战争的理由：中国政府“严禁鸦片进口”、“限与洋商十三行买卖”、“不诚无信”、“妄杀俘人”等“四大不端”。因此，英国政府要兴师问罪，进行“争战”。并声称，中国政府要想结束战争，“善定事宜，修复旧和”，必须派出“奉皇帝钦赐全权，准其自行酌商办理”的大臣，接受英方的三点要求：“即赔还所夺之货物，及年来相战之仗费，一也；其两国官员，以友理相待，平行通交，二也；割让海岛，以给英人居住贸易，免致再酿争端，三也。得此三者，[其余事端]，不难善定也，本公使大臣，恐尔民人等被官员诱惑，令尔向我兵弁相害，致惹军师怒气，累及家眷，特先列

① 中国科学院上海历史研究所筹备委员会编：《鸦片战争末期英军在长江下游的侵略罪行》，上海人民出版社1958年版，第60页。

② 中国科学院上海历史研究所筹备委员会编：《鸦片战争末期英军在长江下游的侵略罪行》，上海人民出版社1958年版，第80页。

情晓示。”[①]这份《布告》，是英国殖民侵略者侵入长江下游、继续发动侵华战争的宣言书。此《布告》最初在吴淞地区张贴，后入侵长江时，又在瓜洲等地张贴。

五月二十八日(7月6日)，璞鼎查统率庞大的舰队，沿长江向镇江、南京进攻。出发前，英军在吴淞留下“北极星”号等两艘战舰，负责封锁长江口。它的任务是扣留一切装有粮食及供应品的商船，不让它们驶往长江上游，也不让它们到达吴淞[②]。

当天，英军舰队抵达江阴江面，一路上并未遇到什么抵抗。英军军官柏纳德记其事道：“对于我方舰队向扬子江上游推进，中国当局并未作过什么抵抗的准备。在扬子江的右岸即福山和江阴两镇毗连的地方，本来修筑了两座小炮台，由于我军的迫近，这两座小炮台上的几门大炮也被拆除；他们深怕如果对我军进行抵抗，就不免引起战争，致使这两镇的生灵遭受涂炭。”[③]但是，当英舰在江阴长山滩停留，派人上岸劫掠时，“村民怒集，群起奋击”，英舰被迫离去。六月初四日(7月11日)，英舰停泊江阴北门，“时城内戍兵他调，英军闯然上岸，居民一见‘马上关门闭户，罢起市来’。”[④]

六月初五日(7月12日)，英军舰队过江阴，进入镇江江面。初六日(13日)，英舰到达圌山关以北的三江营江面。

镇江，古称京口，位于长江南岸、大运河东岸，为交通枢纽。镇江既是府城，亦是军事重镇，设副都统，驻有八旗兵1200人。鸦片战争爆发后，清政府在镇江的圌山、焦山和象山等地建筑炮台，并设有多尊大炮。两江总督伊里布还调江宁旗兵400多人驻防镇江。他的后任牛鉴撤走江宁旗兵，调来青州旗兵。道光二十一年(1841)，海龄任京口副都统，认真整训军队，修理城墙，加固防御工事。海龄为保证士兵的生活，曾请两江总督“预支半岁钱米给营卒”，“又奏请添兵，交牛制军议”，牛“以无庸驳覆”[⑤]。

吴淞战役后，清政府对英军下一个攻击目标做了错误的判断，以为将北攻天津、北京。两江总督牛鉴等人认为，英舰退出吴淞，苏省战事将结束，“毋庸再事征调”，不必派参赞大臣带兵援苏[⑥]。耆英、牛鉴等人也不相信英军会溯江而上，五月底(7月

---

① 中国科学院上海历史研究所筹备委员会编：《鸦片战争末期英军在长江下游的侵略罪行》，上海人民出版社1958年版，第15—17页。

② 中国科学院上海历史研究所筹备委员会编：《鸦片战争末期英军在长江下游的侵略罪行》，上海人民出版社1958年版，第69—70页。

③ 中国科学院上海历史研究所筹备委员会编：《鸦片战争末期英军在长江下游的侵略罪行》，上海人民出版社1958年版，第83页。

④ 江阴市志编纂委员会：《江阴市志》，江苏人民出版社1993年版，第895页。

⑤ 中国史学会主编：《鸦片战争》第3册，神州国光社1954年版，第55页。

⑥ 《鸦片战争档案史料》第5册，天津古籍出版社1992年版，第128页。

初)时曾说:“扬子江为南北扼要之区,纵使该逆大船,未必能入。”[①]可悲的是,当六月初三日(7月10日)英军舰队在江阴江面一带进行种种侵略活动,当地居民为避战祸纷纷出走之时,牛鉴还贴出安民告示:“某都司妄报,已经参革,实商船也。且料其夷人断不敢深入,尔民可以高枕。”[②]在此思想指导下,牛鉴和江苏巡抚程矞采都没有积极备战。

六月初二日(7月9日),道光皇帝见“英军不肯戢兵”,并有“欲犯江宁之说”,即发出“上谕”,要耆英、伊里布、牛鉴、程矞采“专意剿办,无稍游移”[③]。于是,耆英、牛鉴等人急忙增兵镇江。六月上旬(7月中旬),参赞大臣齐慎率兵700人,署江南提督刘允孝率兵1000名、江西援兵1000人,先后赶到镇江。这些援军由齐慎统一指挥,驻镇江城外。海龄则率1600名旗兵,在城内防守。六月初六日(7月13日),牛鉴赶到镇江,组织火攻。他“委太仓州徐家槐等购办船只,装载柴薪,伏于沿江及焦山一带”[④]。

六月初六日(7月13日),镇江外围的抗英战斗打响。是日下午,英军派出“伯鲁多”号和“复仇神”号两艘兵船,至圌山江面进行侦察、测量。当时,圌山关设有两座炮台、大炮20位、守军80人。当英兵船靠近时,守军立即开炮,英军还以火箭,双方激战一小时。“一炮适中后艄,数贼落水”,英船退回三江营[⑤]。次日,英军调集“摩底士底”号等战舰,向圌山炮台开火。“击去炮台,弁兵遂轰然而散,溃入城中,圌山竟不复设备。”[⑥]

六月初九日(7月16日),英军派“司塔林”号等兵船上行侦察、探水,侵入焦山江面。当英舰驶入焦山、象山间的狭窄航道时,焦山守军开炮轰击。英军还击,并很快压住了守军的炮火。接着,英军登岸。“这时炮台蒙旗守军一百名,在云骑尉巴扎尔带领下,与英军展开白刃战。巴扎尔率部英勇抗击,打死打伤不少侵略军,终因寡不敌众,除去泅水至南岸回城报信的二人外,全部壮烈牺牲。”[⑦]当天下午,英舰驶近金山江面时,又遭到船民们的火攻。

至六月十二日(7月19日)英舰均已抵达镇江江面,旗舰“皋华丽”号也在临近运河入口处停泊。当天,英军欲在焦山南岸强行登陆,守军阻击,其时正在北门城楼上

---

① 中国科学院上海历史研究所筹备委员会编:《鸦片战争末期英军在长江下游的侵略罪行》,上海人民出版社1958年版,第270页。

② 中国史学会主编:《鸦片战争》第3册,神州国光社1954年版,第76页。

③ 中国科学院上海历史研究所筹备委员会编:《鸦片战争末期英军在长江下游的侵略罪行》,上海人民出版社1958年版,第270—271页。

④⑤ 中国史学会主编:《鸦片战争》第3册,神州国光社1954年版,第102页。

⑥ 中国史学会主编:《鸦片战争》第3册,神州国光社1954年版,第76页。

⑦ 中国人民政治协商会议江苏省镇江市委员会文史资料研究委员会编:《镇江文史资料》增辑(内部资料),1982年镇江印刷厂承印,第114页。

的副都统海龄立即令青州兵前往冲杀，将首先登陆的十多名英军斩落江中。英军被迫退回。次日凌晨，清军用火筏顺江东下，火攻英舰。英军将战舰上的小船开出，将火筏加以驱散或拖走。因而，火攻对英军舰队未能受到什么损害。是日，英军还“派了一队陆战队在金山登陆，没有遇到任何抵抗”。随之，“英国国旗在金山宝塔的最高一层上面升了起来”①。

英军在扫清镇江外围据点后，根据镇江所处地理环境和清军防御情况，对攻城作战进行了部署。

攻城前英军控制了镇江附近水域。英军以璞鼎查的名义发出《布告》：“长江出入船只，不准通行，如果不遵，开炮击之。”②英军派“布朗底”号舰长胞诅率领的先遣舰队，开到镇江上游地方，负责封锁长江江面和运河的入口处，同时也封锁其他内地的河流。

攻城任务主要由陆军承担。参战的陆军总人数将近 7000 名，分编成四个旅：由萨勒顿少将统率第一旅，计有官兵 2318 人；由叔得少将率第二旅，计有将士 1832 人；由巴特雷少将率领第三旅，计有官兵 2155 人；由蒙哥马利中校率领炮兵旅，计有官兵 602 人。具体作战部署是：以主力消灭驻扎在镇江城外的清军。英军第一和第三两旅加上一部分炮兵，从镇江西郊，即金山对面登陆。萨勒顿少将率第一旅攻打清军营，陆军总司令郭富爵士则率第三旅及余下的炮兵，向镇江西门及其近郊攻击。叔得少将率第二旅，在镇江城的北面登陆，进攻北门。

陆军总司令郭富对清军镇江城防侦察结果认为：“城内万籁无声，城垒上看不到巡逻的卫兵，操场上没有军队在集合，大街上没有行人，看起来，全城的人似乎都已走光，镇江这座城已被他们所放弃了。”因而，做出了轻敌的判断：“当我军进占镇江城时，不会遇到什么抵抗。”③

六月十三日（7 月 20 日）下午，陆军总司令郭富发出命令，要求全军作好准备，“于 7 月 21 日破晓时登陆”，各旅向指定目标发动进攻④。

六月十四日（7 月 21 日）清晨 7 时，英军大部分完成了登陆行动，没有发生什么

---

① 中国科学院上海历史研究所筹备委员会编：《鸦片战争末期英军在长江下游的侵略罪行》，上海人民出版社 1958 年版，第 234 页。

② 中国科学院上海历史研究所筹备委员会编：《鸦片战争末期英军在长江下游的侵略罪行》，上海人民出版社 1958 年版，第 21 页。

③ 中国科学院上海历史研究所筹备委员会编：《鸦片战争末期英军在长江下游的侵略罪行》，上海人民出版社 1958 年版，第 192—193 页。

④ 中国科学院上海历史研究所筹备委员会编：《鸦片战争末期英军在长江下游的侵略罪行》，上海人民出版社 1958 年版，第 193 页。

战事。

萨勒顿少将指挥第一旅人马向镇江西南山坡上的清军营地推进,走过三四里崎岖不平的道路后到达目的地。萨勒顿将一旅人马分成两个纵队,一个纵队向右移动,袭击清军左翼阵地,另一纵队则向清军的右翼逼进,以切断清军退路。在英军逼近营地时,清“参赞、提督向山僻处仓皇列阵,乘舆督战”,从他们阵地的左右两边,发出圆型炮弹和葡萄弹,并用大抬枪、火绳枪进行射击。萨勒顿命令部下将轻型野炮移到阵地的正面,向清军营轰击。随之,英军猛扑过去。清军将领见“夷人径前,遂下舆换马先奔,众兵大溃,弥山遍谷,向丹阳大路而走”①。

叔得少将率领第二旅登陆后,迅速占领镇江城东北面的一些高地。镇守北门的清军发现英军来犯,即先发制人,以强烈的炮火轰击第二旅。叔得命令皇家炮兵向城垒清军发射火箭,“奥克兰”号军舰也向守城清军发射炮弹。这种异常凶猛的炮火,给守城清军带来巨大威胁。于是,副都统海龄从南门等地调集兵力,向北门增援。在守军火力被压下去后,英军第五十五团和马德拉斯土著步兵第六团在来福枪队的掩护下开始爬城。他们利用云梯,很快登上城墙。此时,北门守军个个精神振奋,拼命抵抗。他们用卫所和岗哨作掩蔽,步步为营,誓死抵抗。“青州兵奋勇格杀,至血积刀柄,滑不可握,犹大呼杀贼。”②“一青州兵持长矛,贯一夷,未及拔,复贯一夷,矛不能举,夷拥斫之。”③一个亲眼见到清军英勇作战的英军军官记道:“很多这些满兵直向我军的刺刀冲上前来。有的时候,满军冲到我军警卫哨来,将我方士兵捉住,然后抱起来一起跳下城墙去。还有一两次,满军士兵在被我军刺刀刺伤以前,居然能够把我方士兵摔下城墙去。”④不久,北门为英军攻占。

在这同时,陆军总司令郭富率领第十八团、二十六团、四十九团进攻西门。他们抢占护城河边的房屋,用毛瑟枪向城垛上的清军射击。守军见英军攻城,随即开火还击。蒙哥马利中校的炮兵也向城头上的守军开炮。战斗一直相持着,英军无法攻进城去。

这时发生了清军袭击英军运输船队之事。英军为支援西门陆军的进攻,派出“布朗底”号的几只小船,装载 4 门野炮、榴弹炮及 100 名炮兵,从大运河口顺水开往城墙

---

① 中国史学会主编:《鸦片战争》第 3 册,神州国光社 1954 年版,第 79 页。

② 中国科学院上海历史研究所筹备委员会编:《鸦片战争末期英军在长江下游的侵略罪行》,上海人民出版社 1958 年版,第 341 页。

③ 中国科学院上海历史研究所筹备委员会编:《鸦片战争末期英军在长江下游的侵略罪行》,上海人民出版社 1958 年版,第 337 页。

④ 中国科学院上海历史研究所筹备委员会编:《鸦片战争末期英军在长江下游的侵略罪行》,上海人民出版社 1958 年版,第 91 页。

附近。当英军运输船队驶近西门城墙时，守城清军用大抬枪、火绳枪向英船开火。经过十几分钟的战斗，英军 24 人受伤，被迫弃船逃走。后英军派"皋华丽"号舰长理查滋和"摩底士底"号舰长华生率 500 多官兵增援，才抢回被弃置的运输船和大炮。接着，理查滋和华生率援军直奔西门。

进攻西门的英军，经过仔细侦察，决定改变进攻办法，用炸药将外城门炸开。中午，由皮尔士上尉率领的爆破小组，带着 3 个火药包，冲到城门下掩埋。少顷，一声巨响，炸开外城门。郭富立即率部冲进长拱门，占领月城。其时，理查滋和华生率领的援军已赶到城下。他们以海军炮火作掩护，架云梯，登城楼。守城清军奋起反击，组织交叉火力，给登城英军以重大杀伤，华生舰长亦身中三弹。但援军还是登上了城楼，并在叔得少将之第一旅的配合下占领了西门。战斗激烈进行时，巴特雷少将所率第三旅也赶来，并随郭富部冲进城去。清军仍顽强抵抗，一名英国军官事后回忆说："在第三旅沿着城墙脚下集合的时候，一队满兵突然向其打来激烈的炮火，因此，我方两名军官阵亡，两名军官受伤，还有几名士兵被打倒在地上。"①

英军从北门、西门攻入城内后，所剩不多的清军边抵抗边撤退。在此危难时刻，副都统海龄向撤至旗营的将士们大声疾呼，"鼓励他们再作一次努力去挽回今天的命运，叫他们宁愿做一个英勇的战士战死疆场，不愿在可憎的野蛮的侵略者面前苟延残喘。最后他向全体愿意保持军旗光荣的满兵战士号召说：宁可自杀，决不投降"②。清军又重新振奋起来，运用各种手段打击侵略者。一队英军由西门向南门巡查，搜索至果园地时，一队清军在两名军官的带领下，敏捷而沉着地在果园里散开，向着暴露在他们面前的英军，发出最猛烈最致命的射击，以致在第一排枪弹射出后，英军就有两名军官和许多士兵阵亡，还有许多人受伤。在城内进行巡查的英军，随时都会遇到个别或成群清军的袭击。一名隐藏在范公桥西的清兵，在看到一队英军走近时，突然跃起，挥刀砍死两名英国侵略者，直到力尽壮烈牺牲。另有一名清军士兵，举着火绳枪奋不顾身地冲向英军海军司令巴加，在拼斗中英勇牺牲。入夜后，枪声不断，幸存的清军战士仍不时袭击英军步哨、卫兵和住房，使英军不敢休息。

海龄随后就骑上马，率部分士兵来到战场，与英军第十八团等部队进行了殊死的战斗。最后，"就退到屋内，坐在中间的一张椅子上，吩咐他的侍从在他所坐的地方放

---

① 中国科学院上海历史研究所筹备委员会编：《鸦片战争末期英军在长江下游的侵略罪行》，上海人民出版社 1958 年版，第 98 页。

② 中国科学院上海历史研究所筹备委员会编：《鸦片战争末期英军在长江下游的侵略罪行》，上海人民出版社 1958 年版，第 217 页。

火，他就这样自焚而死”[①]。海龄的死引起英军的议论，很多人“敬佩他这种英勇不屈的行为”，认为“像他这样为国牺牲，可以称为英雄”[②]。道光二十三年六月(1843年7月)，镇江人民“念青州兵死事之烈”，而“建忠烈祠于城西”[③]。

英军虽然占领了镇江，但伤亡169人。其中，陆军阵亡33人，负伤109人，失踪3人；海军阵亡3人，负伤21人。英军事后哀叹：“在镇江战役中所遭受的损失，比起以往任何战役来都要惨重。”[④]“中国军队方面的损失，据报阵亡的人数军官有四十名，士兵有一千名。”[⑤]

三 靖江人民击退英军的骚扰

道光二十二年七月初九日(1842年8月14日)，英军又来到靖江抢掠行凶，靖江民众给侵略者以迎头痛击。据程兆炳的《书靖江县事》中说：“初九日(8月14日)，有十数夷人至靖江南城外，斩门劈棺，肆无忌惮。有白鬼夷者乘间入城，借以窥探城中虚实，而城上人投石击之，白夷死；城外人复掷伤黑夷数人，夷乃窜去。”[⑥]

英军的侵略被击退了，但靖江民众估计到英军“明日必来复仇”[⑦]，所以知县杨凤翩当夜即召集有关人士议战守。“典史王善翔谓夷人船坚炮利，难与争锋，且靖邑弹丸之地，势本单弱，又奉有收兵宪令，恶敢多事，惟有求和之一法”。绅士陈斗六坚决主战，他说：“乞和，既乖国家之体，复灰士卒之心，非公等所宜出此言也。今宜乘此锐气，鼓励兵民并力御之，是为上策。若如诸君议和之举，必非旦夕可成。今日应变之谋，惟有背城一战。请速作准备以待非常，倘再游移，岂不同为齑粉乎？”[⑧]后来陈斗六的主战说为多数人所同意，县令杨凤翩也以为然。

战守之议既定，当夜就进行了积极的备战。首先拨出库中修城所捐的余钱有6万

---

① 中国科学院上海历史研究所筹备委员会编：《鸦片战争末期英军在长江下游的侵略罪行》，上海人民出版社1958年版，第237页。

② 中国科学院上海历史研究所筹备委员会编：《鸦片战争末期英军在长江下游的侵略罪行》，上海人民出版社1958年版，第225页。

③ 中国科学院上海历史研究所筹备委员会编：《鸦片战争末期英军在长江下游的侵略罪行》，上海人民出版社1958年版，第340页。

④ 中国科学院上海历史研究所筹备委员会编：《鸦片战争末期英军在长江下游的侵略罪行》，上海人民出版社1958年版，第103页。

⑤ 中国科学院上海历史研究所筹备委员会编：《鸦片战争末期英军在长江下游的侵略罪行》，上海人民出版社1958年版，第238页。

⑥⑦ 中国科学院上海历史研究所筹备委员会编：《鸦片战争末期英军在长江下游的侵略罪行》，上海人民出版社1958年版，第350页。

⑧ 中国科学院上海历史研究所筹备委员会编：《鸦片战争末期英军在长江下游的侵略罪行》，上海人民出版社1958年版，第351页。

多,作为军费,地方上主战的绅士、富户也纷纷出钱支持。当夜即组织了一支强壮兵勇300余人的队伍,搜寻过去旧有的抬枪、鸟枪作武器,其不足则“削竹竿为兵器”①。

七月初十日(8月15日)黎明前,杨凤翮和陈斗六作了战斗部署。令把总马廷栋、水师马军头领何鼎勋率兵勇至江边圩口;萧凤书、周仲元等率兵埋伏在巽河两岸;分派民勇各执器械伏江堤,以为应援。

是日,英军果然来犯。靖江军民奋起抗击,给来犯敌人以沉重的打击,《沧江平浪记》云:“巳刻,鬼子百余乘杉板船三只来靖。”靖江军民“约千余人列阵圩岸上施放抬枪。持械士兵喊以助威,乡人和之,声振林谷。鬼子船甫泊定,即有十余鬼畀炮上岸。何鼎勋请乘其未定先击之,遂施抬枪,毙贼数名。贼船向东退缩,随以火箭大炮拒敌……相持两时许,西风大发,潮水骤落,贼船不能上,其火药一盆置船头上,为我兵抬枪所中,全行焚毁。未几,大雨如注,我兵奋勇攻击,毙贼八名,伤五名。既复合放抬枪,贼船被击,振荡盘旋与风车相似。贼惧,遂遁去”②。

英军的侵扰又一次被击退了,但他们仍不甘心。未过几天,英军“又乘夜登岸,仅半里许,忽火把四起,锣声如雷,贼大骇奔走”③。

靖江军民在抗英斗争中,还缴获英军指挥刀一把。这把指挥刀现藏南京博物院④。

英军的几次进犯,由于靖江军民的英勇抵抗,都未得逞。靖江民众取得几次胜利后,继续加强防卫,把乡民都组织起来,“凡五六村为一连,于当地庙中醵钱饮酒,相约一村有警,鸣锣为号,则各村相应,人众聚往会剿。富者出钱办饮食,人各持耨锄为兵器,或削竹竿尖锐,煎油焠之以铦其锋。自城东至天生港、柏木桥皆然。西乡刘斗沙业田者按田十五亩出一丁,以佃户充役,授之器械,延师教之”⑤。由于靖江有备,后来英军也就一直未敢来侵犯。

就在靖江人民不断取得抗英胜利的时候,两江总督牛鉴却在“请旨议和”。当他听到靖江抗英斗争胜利的消息时,很不高兴,即“以大胆生事,切责县令”⑥。后来这支

---

① 中国科学院上海历史研究所筹备委员会编:《鸦片战争末期英军在长江下游的侵略罪行》,上海人民出版社1958年版,第351页。

② 中国科学院上海历史研究所筹备委员会编:《鸦片战争末期英军在长江下游的侵略罪行》,上海人民出版社1958年版,第351—352页。

③ 中国史学会主编:《鸦片战争》第3册,神州国光社1954年版,第101页。

④ 靖江县志编纂办公室:《靖江县志》,江苏人民出版社1992年版,第681页。

⑤ 郑汝英:《沧江平浪记》。

⑥ 中国科学院上海历史研究所筹备委员会编:《鸦片战争末期英军在长江下游的侵略罪行》,上海人民出版社1958年版,第355页。

抗英武装也为投降派解散。

四 沿江民众奋勇打击侵略者

除了吴淞、镇江、靖江军民的抗英斗争外，江苏沿江两岸民众的自发抗英斗争也很普遍。

英军攻占吴淞、宝山、上海后，曾驾舢舨船从苏州河窜至无锡、江阴一带骚扰，当地民众进行了抗击。据《中西纪事》记："夷人自陷宝山、上海，驾三板舟游弋于内地，被沿江士民之狙杀者不少。故无锡、江阴一带，经团练之乡兵，驱逐出境，始由福山放洋，闯入大江。"①

道光二十二年五月十四日(1842 年 6 月 22 日)，英军兵船 3 只，企图进犯苏州"驶至横潦泾，掳民人王在坤，使为导引"。王在坤机智地将侵略者引至浅水的泖湖，使英军兵轮"为水草所胶"，不能继续西上，无法进犯苏州②。

后来英军侵犯无锡皋桥，恣意淫掠，皋桥民众诱敌深入，将敌围困，"击杀者无数，嗣后英夷遂不敢上岸"③。

当英军进犯镇江的时候，镇江四郊人民纷纷组织起来抗击侵略者。据朱士云《草间日记》载："一闻郡城将被兵，市肆被掠，鸣锣集众，若干村若五七村，联络为一。守望相助，号曰议宗，不得劫略(掠)，不得通匪，人有外侮，则鸣锣放铳，家出一人，无论男妇。"④在镇江四乡民众的打击下，驻扎在镇江的英军，几次出城掳掠，都未得逞。七月十三日(8 月 18 日)，一队英军至大港抢掠，被当地手执大刀、马叉的乡勇围攻、追杀。自此，英军再也不敢去窥探大港了。至今，在大港民间还流传着这样几句话："大港武人多，恶人不敢靠，狠人不敢摸，英国夷鬼老远的躲。"

英军侵入长江后，瓜洲、仪征一带的盐民曾多次打击英兵船。瓜洲、仪征地区是盐民屯聚之地，有数千之众。他们"划船破浪，其驶如飞"，"习于战斗，好胜轻生"⑤。他们的活动有一定的组织，为首的名大仗头，其次名副仗头。盐民们常五六百人或二三百群集在一起，"皆强狠有技能者，炮位、鸟枪、长矛、大刀、鞭锤之器毕具，平日争

---

① 中国科学院上海历史研究所筹备委员会编：《鸦片战争末期英军在长江下游的侵略罪行》，上海人民出版社 1958 年版，第 356 页。

② 中国史学会主编：《鸦片战争》第 3 册，神州国光社 1954 年版，第 97 页。

③ 中国科学院上海历史研究所筹备委员会编：《鸦片战争末期英军在长江下游的侵略罪行》，上海人民出版社 1958 年版，第 357 页。

④ 中国史学会主编：《鸦片战争》第 3 册，神州国光社 1954 年版，第 82 页。

⑤ 王检心、刘文淇等纂：《仪征县志》卷二三"武备志"。

奋，马头打仗，过于战阵”[①]。盐民驾船疾驶江上，“见夷船，即放抬枪”[②]，打击侵略者。英军害怕盐民武装力量的堵击，《镇城竹枝词》中有一首写道：“火轮一路到南京，头队先将抵太平。远看盐船江上走，放开火炮怕屯兵。”[③]英军舰只为了自己在江面上的安全，寻找一切机会，打击盐民势力。因此，发生了六月十一日（7月18日）英军向仪征老河影盐民聚住处开炮轰击的惨剧。据袁陶愚的《壬寅闻见纪略》记载：是日仪征大商人颜崇礼叩见璞鼎查，表示“愿馈番银五十万，幸勿遣兵入，璞许诺”。接着又向英军头目说：“尔船初入我境，盐枭即乘机骚扰……方（英军头目）问何为盐枭，颜遥指老河影一带云：‘此中数百家，聚亡命之徒数千，皆平日贩私，官不能禁者。’方召一白夷入，语移时，不可解，夜将半，忽炮声四起，方携颜出仓，见火焰烘空，数千私枭，几无噍类矣。”[④]盐民遭屠杀，是英军头目与仪征大汉奸勾结密谋的结果。

英军在南京四出掠夺，激起郊区四十八社村民和花山寺二百僧众的反抗、追杀。有一次英军在南门外淫掠妇女，百姓“捽而殴之”，打伤英军数人。第二天，英军要来报复，江宁布政使黄恩彤急登洋船“谢罪”。

民众的这种自发抗英斗争在长江两岸极为普遍。据当时河道总督麟庆奏称：“又据候补运判郑士彦禀称：查明沿江各洲及夹河各乡，现在绅民捐资团练义勇，计九万余名，声势极为联络。”[⑤]

但是，民众自发的抗英斗争，却遭到清政府的阻挠。民间的抗英武装，有的被强迫遣散，有的被“招抚”，有的被血腥镇压。人们对于统治者的这种对外妥协、对内抑制民众的抗英斗争的行径无不感到悲愤。当时南京人民讽刺两江总督牛鉴说：

总督实大度，把夷认作父。
宁可欺我君，不可欺我父。[⑥]

另外，越伊优亚生的《万民含愤》诗中云：

---

① 中国科学院上海历史研究所筹备委员会编：《鸦片战争末期英军在长江下游的侵略罪行》，上海人民出版社1958年版，第365页。

② 中国科学院上海历史研究所筹备委员会编：《鸦片战争末期英军在长江下游的侵略罪行》，上海人民出版社1958年版，第366页。

③ 江苏人民出版社编：《江苏近代反侵略诗歌选》，江苏人民出版社1960年版，第45页。

④ 中国史学会主编：《鸦片战争》第3册，神州国光社1954年版，第103页。

⑤ 中国科学院上海历史研究所筹备委员会编：《鸦片战争末期英军在长江下游的侵略罪行》，上海人民出版社1958年版，第383页。

⑥ 江苏人民出版社编：《江苏近代反侵略诗歌选》，江苏人民出版社1960年版，第7页。

百三十万聚奇男，义启遥传江以南。
气愤椎牛雄赳赳，视同猛虎志耽耽。
议和无奈攻心蠹，丧耻偏容食叶蚕。
我听蒹葭秋水外，恨声常与浪声涵。①

第三节 兵临城下的清廷乞和

英军入侵江苏后，清政府消极避战，不组织军民进行有效的抵抗。钦差大臣耆英、两江总督牛鉴按照清廷的旨意，对英军采取妥协、求和的方针。他们在英军从吴淞到南京的一路上，不断向璞鼎查发出照会，要求和谈，但均遭英方拒绝。直到清方同意英军所提各项要求和出示钦差大臣“便宜行事”的上谕后，英方才同意和谈。道光二十二年七月上旬(1842 年 8 月中旬)，清廷钦差大臣耆英、英方全权公使璞鼎查各派代表，在静海寺举行了和谈预备会。经过几次会议，形成了条约草案。

一 英军陈兵南京城下

英军占领镇江后，即溯江西上，准备攻打南京。

英军舰队启航前，留下一部分军队，驻守镇江，留守的部队是：“第五十五团、第九十八团的一个连、马德拉斯土著兵第二和第六团，以及炮兵和工兵。”②他们占领城东北角的北固山和运河南段入口处的高地，以控制镇江全城和运河、长江的交通。

这时，英军中“霍乱及沼泽地带产生的热病流行起来，很多士兵，特别是那些新来到的士兵，因此送命”③。贮藏船“欧琴”号上除了三个水兵和一个侍者得免于难外，其他的人，从船长到军官和绝大部分水兵都病死了。第九十八团病死 60 多人。

英国侵华陆军，由于种种原因，减员甚多，“实际上能够供郭富爵士指挥并向南京城进攻的军力，除军官外，一共只有三千四百人”④。

① 江苏人民出版社编：《江苏近代反侵略诗歌选》，江苏人民出版社 1960 年版，第 4 页。

② 中国科学院上海历史研究所筹备委员会编：《鸦片战争末期英军在长江下游的侵略罪行》，上海人民出版社 1958 年版，第 115 页。

③ 中国科学院上海历史研究所筹备委员会编：《鸦片战争末期英军在长江下游的侵略罪行》，上海人民出版社 1958 年版，第 103 页。

④ 中国科学院上海历史研究所筹备委员会编：《鸦片战争末期英军在长江下游的侵略罪行》，上海人民出版社 1958 年版，第 119 页。

在启航前,英军将掠夺来的大批财物搬上船,其中,有"大批的绸缎,是南京制造的最好的一种绸缎"[①],"有纹银六万元"[②],等等。

英军起程前,照会江苏、南京地区最高行政、军事长官牛鉴、德珠布,炫耀武力,敲榨赎城费,恫吓清政府同意英国侵略者所讨各款。道光二十二年六月十九日(1842年7月26日),英军将领巴加、郭富致牛鉴、德珠布照会:

> 大英统领水陆军门巴、郭,为照会事:本军门等,因奉君命,在中国义战,昨已攻破镇江,虽经守城旗汉等兵,尽力挡抵,终不能挡住,致使旗(下似脱一汉字)殉命者甚多,而我兵突进据守,本军门等适将前往江宁,心怀仁义,不愿害生灵,特先照会贵将军、部堂,得派委员面议赎省免战之祸,仍应明晰咨知,若无计可施,足办赎江宁,则本军门等不得不破城池。但省会蒙赎而免战,然皇帝不准照英国所讨诸款,则本军门等亦不能全行罢兵,今将赎救省会之计,惟望贵将军、部堂熟思之。[③]

六月二十三日(7月30日),英国全权公使璞鼎查致牛鉴照会。文中说到:

> 夫和好之皆赖皇帝以善定,宜照本国管理通外事务大臣,前经照会贵国宰相直陈之各款,准即商办其各款,即于贵部堂已阅仪征县抄呈本公使所贴之告示中,亦曾略行叙述,倘蒙皇帝降旨照此商办善定,就可早行戢兵,则其中华官员,年来背情违理办事,致贻祸众民,害已深极,当时即得止息。本全权公使,专心慕求和好,惟望皇帝畀赐全权命臣,前来与本公使酌商事宜,而未蒙命臣以先,我统领水陆军门巴、郭,仍必钦遵君命行兵,本公使亦无由善办也,惟贵部堂熟思之。[④]

六月二十六日(8月2日),英军舰队启航,但由于无法逆流上驶,只得暂时停航。

六月二十七日(8月3日),英侵华海军司令巴加率领旗舰"皋华丽"号等几艘军舰向南京驶去。第二天上午,抵达南京江面。"第一艘欧洲船,一艘装有七十四门大炮

---

① 中国科学院上海历史研究所筹备委员会编:《鸦片战争末期英军在长江下游的侵略罪行》,上海人民出版社1958年版,第251页。

② 中国科学院上海历史研究所筹备委员会编:《鸦片战争末期英军在长江下游的侵略罪行》,上海人民出版社1958年版,第167页。

③ 中国史学会主编:《鸦片战争》第5册,神州国光社1954年版,第458页。

④ 中国史学会主编:《鸦片战争》第5册,神州国光社1954年版,第462页。

的英国炮舰，停泊在中国故都设防的城墙之外”①。

六月二十九日（8月5日），英国全权公使璞鼎查，在陆军司令郭富的陪同下，乘坐“马良”号军舰，率领部分舰队到达南京。七月初五日（8月10日），舰队的最后一批船只开到，全体舰队会齐。当天，各舰船按照指定位置停泊。“皋华丽”号、“布朗底”号以及几艘较大的舰只都停在适当的位置，以船舷面向城墙停泊，准备于必要时，炮轰南京城墙。

二 清廷求和

在英军大炮的威胁下，清政府在南京地区的统治者由主战转为主和，由“剿夷”走向“抚夷”，专事“羁縻”。

道光二十二年二月十七日（1842年3月28日），清廷就发出谕旨，对英军要“设法羁縻”。同一天，清廷派耆英前往浙东，署理杭州将军，并要伊里布同去，在浙江军营效力。二月二十七日（4月7日），道光帝又颁给耆英“钦差大臣”关防。这样，耆英将以清政府全权代表的身份与英方交涉。四月初九日（5月18日），英军攻占乍浦，并随即北上，兵锋直指江苏。在此情势下，道光帝于四月二十七日（6月5日）责成耆英专办“羁縻”之事。吴淞、宝山失守后，乍浦副都统伊里布在耆英的指使下，立即照会英方，请求“戢兵”议和。五月十二日（6月20日），侵华英军海、陆军司令收到照会，当即复照，坚持停战议和的两个条件：一是皇帝“钦派大臣讲和”，二是“按照大英国家所著之条款办行也”②。耆英觉得自己的身份符合英方的要求，即以“将军宗室”的名义与伊里布联衔照会英方，提议在浙江的镇海或江苏的松江进行和谈。五月十九日（6月27日），英方全权公使璞鼎查复照说，“本公使大臣断不能劝令统领军师大宪等戢兵，不与相战”，因耆英、伊里布未有“钦赐全权”，难以“会同议论酌商”③。

耆英、伊里布在遭到英方拒绝后，并没有回过头来备战，而是继续求和。五月二十六日（7月4日），伊里布照会璞鼎查说：“本阁部堂与耆将军，皆系大皇帝特派来善议之大臣，现在苏州居住，候讲善定事宜，但愿崇信郭（疑当作敦）义，亟应定地议商，重开交市之利，共享太平之福。”④照会送往吴淞时，英军舰队已开往镇江去了，所以璞鼎查到六月十一日（7月18日）才收到伊的这份照会。璞鼎查在复照中说：“既到镇

---

① 中国科学院上海历史研究所筹备委员会编：《鸦片战争末期英军在长江下游的侵略罪行》，上海人民出版社1958年版，第172页。

② 中国史学会主编：《鸦片战争》第5册，神州国光社1954年版，第449—450页。

③ 中国史学会主编：《鸦片战争》第5册，神州国光社1954年版，第451页。

④ 中国史学会主编：《鸦片战争》第5册，神州国光社1954年版，第456页。

江，不日又将与本国统领军门等前往江宁，即应与贵阁部堂、耆将军相定，就在两江省城江宁面会为善。”[①]继续拒绝和谈。

六月十九日（7月26日），正当道光帝为英军拒绝议和而焦虑时，又得悉英军围攻镇江，大为震惊，即下旨：“著耆英、伊里布遵照前奉谕旨，开诚晓谕，设法羁縻，有应便宜从事之处，即著从权处理，此事但期有成，朕亦不为遥制。”[②]同日，道光帝又通过军机处谕令两江总督牛鉴：“本日已有旨谕知耆英、伊里布作为钦差大臣，前往京口，妥为办理，万一该逆驶至省城肆扰，准该督暂事羁縻。如该逆游移不信，即告以业已降旨，交耆英、伊里布专办此事，该夷到彼，即知底细也。”[③]于是，耆英、牛鉴等人便一味向英方求和。六月二十八日、二十九日（8月4日、5日）两天，牛鉴在英方正向南京进军的情况下，接连向英方发出六道照会，道道求和，并允诺交纳所谓的赎城费。六月二十九日（8月5日），牛鉴致璞鼎查照会说：

本部堂三次奏明皇上，业已明降谕旨，交钦差大臣广州将军耆、乍浦都统前阁部堂伊，专办通商和好之事，本部堂业于昨日备文照会贵公使在案。又因贵国军门巴、郭来文有赎省会以免战祸之言，本部堂深知贵国费用浩繁，已饬省城绅民，商同凑集银两，公文内未便明言，面饬陈柏龄、张攀龙当面陈述，旋因贵国兵船已到，又差弁邱永安、龚辰照会贵国军门矣。兹已凑足三十万之数，即日专弁送交。现在城中富户多已避兵外出，一时难以凑齐，望贵公使转致贵国军门，将兵船退出数十里之外，即当招集富户，再凑银三十万两，续行致送，决不食言。[④]

然而，英方并不领情，当天由英海、陆军司令巴加、郭富照复牛鉴，文中说：

窃本军门等，前次照会即将前往江宁，请赎省会免战等由，系因不忍坐视居民之害，欲俾贵部堂暨省中大宪等，设法拯救子民免祸，而贵部堂所云，饬民凑办，原非在本军门之意。前维江宁，系贵国古京，今为省会重城，如贵部堂暨城中大宪等，能为皇帝缴银三百万圆，为大英战费之项，则本军门等应准不攻进城内，惟如贵部堂所请船退去数里之外，在本军门碍难照行，且未据依照全权公使叠次

① 中国史学会主编：《鸦片战争》第5册，神州国光社1954年版，第456页。
② 《鸦片战争档案史料》第5册，天津古籍出版社1992年版，第701页。
③ 中国史学会主编：《鸦片战争》第5册，神州国光社1954年版，第472页。
④ 中国史学会主编：《鸦片战争》第5册，神州国光社1954年版，第468页。

照会之处，妥行酌商以先，本军门等亦碍难稍为戢兵，仍当力行争仗，足供奉委之职也。[①]

两江总督牛鉴求和不成，束手无策。无奈之下，于六月二十九日(8月5日)派员赴无锡，向钦差大臣耆英、伊里布求救："逆夷大帮船只，俱至江宁，定于七月初二日开炮攻城，势甚危急。请将军、中堂速来金陵，以解倒悬。"[②]耆、伊会商后，决定派伊的得力助手张喜"先赴南京，往见夷酋，使强夷万勿开炮，候我们到彼，从权办理，以成抚局"。张表示："喜凭此愚诚，试往说之。该夷如果受抚，乃苍生之福，天下从此即安。但恐凶焰过炽，此时不肯受抚。"[③]七月初一日(8月6日)早上，张喜冠戴耆英亲自送来的五品顶戴，与六品军功顶戴谢继超、耆英随员刘建勋等人同赴南京。次日，张至两江总督署，叩见牛制台。但牛未立即派张赴英舰"往见夷酋"。七月初三日(8月9日)，伊里布赶到南京。当天，伊与牛鉴商量后即命张喜、陈志刚、刘建勋携带公文赴英舰，面见璞鼎查。张至英舰，递上伊里布照会。"马礼逊向璞鼎查说知，遂即拆阅，阅毕，向璞夷详述文中之意，璞鼎查等数夷，俱各张手摇头，互商良久，均有可笑之容，又有为难之状。"马对张喜说："伊中堂此文，俱系空话，于事何益?"又说："今日之事，非昔日可比，必须打破了南京，一路上去，打了安徽、江西、湖广，取了四川。一面分船由天津攻到北京，才好讲话。"张辩解说："伊中堂现已奉旨会同耆将军办事，即是钦差便宜行事，即与贵国全权字样相同，钦差关防只有一颗，现在耆将军处，耆将军之关防也，即伊中堂之关防也。皇上既然准尔通市，就该听候钦差办理。"接着，马礼逊提出了结束战争的条件："若能依我们告示所说，并屡次照会所言，便可了事。""皇上若服了错"，"给了赎城银子，赔了烟价，给了战费，还了行欠，准了码头，便可了事。"还提出，"赎南京要银三百万"。张问各项赔款的具体数额。马说："前者已经照会明白，共三千万。果然如此，即可罢兵息战，其余小事，均好商议，否则即便攻城。"[④]张喜临走时，马礼逊说："如今就依了张大老爷，暂停开炮，能以了结大事更好，若不能了结大事，先给赎城银三百万，就不攻打南京。"[⑤]张答以容回去禀商后再说。

七月初四日(8月9日)，牛鉴为表示议和的诚意，照会璞鼎查说："贵军门统带兵船惊我百姓，占我江口，本部堂因皇帝已允议和，不肯再启争端，是以先期收兵入城，谕饬带兵官，镇静防守，不准开枪放炮，城外并无伏兵，沿江各营，谨守汛地，不为暗箭

---

① 中国史学会主编：《鸦片战争》第5册，神州国光社1954年版，第470页。

②③ 中国史学会主编：《鸦片战争》第5册，神州国光社1954年版，第364页。

④ 中国史学会主编：《鸦片战争》第5册，神州国光社1954年版，第366—367页。

⑤ 中国史学会主编：《鸦片战争》第5册，神州国光社1954年版，第370页。

伤人之事。”还答应“送一百万元，以为犒劳贵国军士之资”[①]。但是，英方不予理睬，并继续进行军事恫吓。七月初五日（8月10日）深夜去英舰取公文的张攀龙、陈志刚匆匆返回，禀报云：“该夷闻得各处谣言甚多，议和之事，该夷不能深信，以致言语决裂，不给回文。定欲天明开炮攻城。”[②]伊里布、牛鉴、德珠布大为惊慌。消息一经传出，全城恐慌，乱成一片。伊里布急命张喜再去交涉。四更之后，张持伊里布致英方照会前往英舰。这道照会的具衔是“钦差大臣头品顶戴花翎前阁部堂署乍浦都统红带子伊”，显示了全权代表的身份。照会说：“本大臣此次钦奉谕旨，会同耆大臣便宜行事，从权办理，所有烟价、码头及平行各条，均可酌商定议，写立合同。”照会附有《军机处寄耆英、伊里布便宜行事上谕》：“军机大臣密寄钦差大臣耆英、伊里布，道光二十二年六月十九日，奉旨谕：‘前因该夷恳求三事，已有旨密谕耆英、伊里布，会同筹商妥办。惟前据该夷照复，似以耆英、伊里布不能作主为疑，著耆英、伊里布剀切开导，如果真心戢兵，定邀允准，不必过生疑虑。该大臣等，经朕特简，务须慎持国体，俯顺夷情，有应行便宜行事之处，即著从权办理，朕亦不为遥制，勉之。钦此！’遵旨寄信前来。”[③]张等出城，至江口，“望见该夷船上俱扯红旗，满江俱是舢板，舢板之上，俱有铜炮，各船夷兵纷纷登岸”，摆出一副攻城的架势。至英舰，张先后递上名片公文。接着，张对马礼逊说：“贵国如果诚心戢兵，而钦差大人，必能了得此事。”英方对伊里布的照会比较满意，马礼逊表示：“我们提督大人，原要今日开炮攻城，诸位屡次辛苦前来，只可稍迟，俟耆大人则来，再为商议。”[④]双方约定，初七日或初八日（12日或13日）在英舰进行谈判。

三　静海寺中的谈判预备会

道光二十二年七月初六日（1842年8月11日），钦差大臣耆英由无锡抵达南京。耆英是中英议和中方的全权代表，是个关键人物。他一到南京就派出代表与英方璞鼎查的代表在静海寺进行会谈，为全权代表的议和谈判作准备。

七月初七日（8月12日），张喜、盛京佐领塔芬布受钦差大臣耆英、伊里布的委托，出城与英方全权公使璞鼎查的代表麻恭少校、马礼逊和罗伯聃进行谈判。至英舰，马礼逊提议说：“天气炎热，我们船上坐处甚窄，诸多不便，此去不远，有一静海寺，我们俱到静海寺中议事何如？”于是，张等急赴静海寺，吩咐僧人打扫，准备茶水，招呼当地

---

① 中国史学会主编：《鸦片战争》第5册，神州国光社1954年版，第477—478页。

② 中国史学会主编：《鸦片战争》第5册，神州国光社1954年版，第372页。

③ 中国史学会主编：《鸦片战争》第5册，神州国光社1954年版，第480页。

④ 中国史学会主编：《鸦片战争》第5册，神州国光社1954年版，第372—373页。

居民不要惊疑。中午，英方麻恭一行来到寺院。双方坐定后，马礼逊将英方议和条件逐条讲解，并用纸笔详细开列，交清方人员。接着，英方向张喜讲明两点：“老先生回去，将此条款照录一份，如有不合之处，请在你们所誊单上批驳，如在我们原单上批驳，惟恐我们看不清楚。并祈明日将此原单带来，亦好议事。”“耆将军、伊中堂，既有便宜行事字样，须将皇上原来谕旨，给我们一见就放了心了，亦免众人猜疑。我们明日亦将英吉利国国王所颁敕命带来给两位大老爷观看。”①

英方所列议和条件共八款，主要是割地、赔款、平行外交、五口通商等内容。张喜在《抚夷日记》中对赔款3000万元一项记得比较清楚，并感到“其所开银数过多，恐难照准”，遂向英方“逐细讲论”，大加砍杀。麻恭等人商量后说：“不给伊中堂与张大老爷为难，减去九百万元。”

会后，张喜、塔芬布回两江总督府，向耆英、伊里布、牛鉴三大宪回报，并将英方所言一切，详细说明。“并将该夷所开大端三纸，呈与三宪，并请三宪早定大局为要。三宪并不观看，就命送与幕宾，幕宾略观数行即曰窒碍难行，便置之高阁。”②

七月初八日(8月13日)，耆英、伊里布仍派张喜、塔芬布去静海寺谈判。但对英方的要求如何答复，耆英则一言不答，伊里布则轻松地说：“汝可变着方法去说。”张临走时索要英方要求“三大纸”，以便退还，但幕宾出门拜客未归，无法拿到。无奈，张只能两手空空“变着方法”去应付英方代表了。

中午，中英和谈预备会第二次会议在静海寺进行。会议一开始，英方代表“就问可将上谕带来”？“昨日开载各条，钦差准了几条，可将原开之件带来?”“喜告以所奉谕旨，寄给扬威将军阅看，尚未寄回。”“昨日所开三件，钦差留下，逐条斟酌，商议明白，自然照复。”英方代表大为光火，指责清方代表说：“昨日所开各条，既无回话，上谕又不给看，便是无心讲和。”罗伯聃写条子给麻恭说：“是处处相欺，并不是诚心了事。”马礼逊则直截了当地说：“你们议和，尽是缓军之计。”最后，马礼逊与麻恭等人熟商之后对张喜说：“我们候至天明为度，天明若无回信，即便开炮。”③

张喜、塔芬布立即赶回督府，向耆英等人回报谈判决裂情形。三大宪大惊失色，茫无主见，立即叫来幕宾，找出英方所开条款，逐条商议，决定“将其所要大端，一概允准”。当晚，耆英等人为应付眼前的危机，派张喜、塔芬布持耆、伊双衔照会及便宜行事谕旨送英方代表阅看。同时，又改派江苏臬司黄恩彤、四等侍卫前吉林副都统咸龄前往静海寺，与英方代表议和谈判。是夜子时，张喜等出城，天亮前赶到江边，登上英

---

① 中国史学会主编：《鸦片战争》第5册，神州国光社1954年版，第374—375页。

② 中国史学会主编：《鸦片战争》第5册，神州国光社1954年版，第375页。

③ 中国史学会主编：《鸦片战争》第5册，神州国光社1954年版，第376—378页。

船，投送公文，并“说明钦差大人另委大员，在静海寺等候议事”。英方表示：“既是如此，诸位似可先回，我们洗了脸，换了衣服就赴静海寺。”[①]同意重开谈判。

七月初九日(8月14日)上午，黄恩彤、咸龄与英方代表麻恭等人重开谈判。会上，英方代表将璞鼎查的全权证书展开，给黄、咸等中方人员阅看，并有马礼逊用汉语翻译一遍给清方代表听。接着，黄、咸对英方“请求各款，逐加诘辩”。对2100万元赔款问题，“咸龄等诘以烟价已由广东还银，六百万岂得重索，商欠宜由洋行清理，何能官为偿还，至尔国所用兵费，更不能取偿于中国，向其反复驳辩”。但英方仍强辞夺理辩解说：被烧两万箱鸦片，“前给之六百万，不及原价一半，是以仍须补还”；商欠三百万“须官为保交”；赔战费一节，因“此时业经议和，兵船均应犒赏遣散，所费不赀，若不蒙议给，则兵船之愿退与否，渠等不得过问，倘争战不息，恐中国将来费用不止此数，若和好通商，所入税银，三年之内，数足相抵，不致有亏公币”。对割让香港和五口通商问题，清方代表认为，“香港业经尔等建造房屋，尚可乞恩准予借居，其广州等五处贸易，未免为地过多，至贸易输税各条例，亦应及早详议”。英方则声称“以香港为寄居之地，必须广州等五处，为销货之所，如果不准给与，渠等现在占踞之厦门、宁波、镇海、定海、乍浦、宝山、上海、镇江各处，亦不退还”[②]。

七月初十日(8月15日)，中英议和谈判预备会在静海寺继续进行，清方要求英方在五口通商后，退还占领的舟山、招宝山和鼓浪屿。英方未接受，后来表示愿先退还招宝山。当天，英方人员郭士立等人，根据前几天议和情况，起草和约条款。在条约文本基本谈妥后，英方又提出要中、英两国君主批准，并盖用印信，清方代表咸龄说：“中国无此体制。”英方马礼逊说：据了解，中国过去颁发给各国的诏书，都盖有御宝。条约文本亦务必奏请皇上钤盖御宝。如果不盖，我们回去无法使女王陛下相信。此事，黄、咸请示钦差大人，耆英不敢作主，即上报朝廷。道光帝阅后批有：“可恶可恨之至！”[③]但也未说不同意。七月十七日(8月22日)，道光帝被迫同意，批有：“该夷不以汝等印信为凭信，而以御宝为凭信，虽属可恶，尚不失尊崇之意。向来颁给各国敕书，均用御宝，著准其钤盖。”[④]

七月十二日(8月17日)，清方派张攀龙至英舰取回条约草案。草约增至十三款。

---

① 中国史学会主编：《鸦片战争》第5册，神州国光社1954年版，第379—380页。

② 中国史学会主编：《鸦片战争》第5册，神州国光社1954年版，第417—418页。

③ 中国科学院上海历史研究所筹备委员会编：《鸦片战争末期英军在长江下游的侵略罪行》，上海人民出版社1958年版，第291页。

④ 中国科学院上海历史研究所筹备委员会编：《鸦片战争末期英军在长江下游的侵略罪行》，上海人民出版社1958年版，第293页。

七月十三日(8月18日),清方答应送英方"一百五十万元,但璞鼎查爵士拒绝接收,要求先签字"①。

七月十四日(8月19日),双方代表在"布朗底"号军舰上再次会议。清方代表听取了英方对条约的说明,没有提出异议。

第四节 中国第一个不平等条约在南京签订

从道光二十二年七月十五日到二十一日(1842年8月20日到26日),中英双方全权代表进行了两次会见和一次谈判,议定了和约文本。七月二十四日(8月29日),中、英代表在停泊于南京江面的英军旗舰"皋华丽"号上签订了《南京条约》。这是中国政府被迫与外国政府签订的第一个不平等条约。自此,中国步入了灾难深重的近代社会。所以,《南京条约》是中国近代屈辱史的起点和标志。

一 中英代表的会谈

英国侵略者在和约条款已草就,和谈预备会已顺利结束的情况下,感到胜利在望。英国海军军官柏纳德说:"当时,各事的进行完全顺利。事情很明显,中国对于我方所提任何要求,已经准备表示同意了。"②英国政府全权代表璞鼎查认为,会见中国钦差大臣的时机已成熟。道光二十二年七月十四日(1842年8月19日),麻恭在中、英代表和谈预备会结束时,告诉中方代表:亨利·璞鼎查爵士准备明天在"皋华丽"号军舰上会见中国钦差大臣,请通知他们出席。接着,麻恭又说:过一天,璞鼎查爵士"要进南京城去回拜"。对于这一点,"中国代表们显然感觉恐慌,马上拒绝"。"因此这次进南京城的问题未得解决"③。

第二天,两国全权代表在英军"皋华丽"号军舰上会见。这一天,"旗舰的甲板上,呈现了非常辉煌的景象,士兵们都脱去了朴素的制服,换上蓝紫色鲜艳的新服装,舰长的卫队都手执武器,留出孔道,将小轮船'麦都萨'号派往运河,去迎接将要来临的贵宾"④。上午10点多钟,"皋华丽"号舰长理查滋迎接清方钦差大臣耆英等人登上"麦都萨"号轮船。离岸时,鸣炮三响。当耆英一行由"麦都萨"号轮船登上"皋华丽"

① 中国史学会主编:《鸦片战争》第5册,神州国光社1954年版,第508页。

② 中国科学院上海历史研究所筹备委员会编:《鸦片战争末期英军在长江下游的侵略罪行》,上海人民出版社1958年版,第124页。

③④ 中国史学会主编:《鸦片战争》第5册,神州国光社1954年版,第509页。

号时,英方热烈欢迎,鸣放礼炮,卫队举枪致敬,军乐齐奏,璞鼎查、海军司令巴加、陆军司令郭富出迎。宾主在海军司令船舱就坐,主人献上咖啡、茶、酒、糖果和樱桃等。会见时,耆英大谈兵争之害、友好通商之利。并表示:我皇上格外开恩,即将与贵国缔约,永结和好。英军头目非常高兴,个个嗯嗯哈哈。耆英一行略用茶点后,在海军司令巴加的邀请下,就在舰上参观。耆英"对于每件武器都表示很大兴趣,并加以询问,他对乐队也很注意"①。他们在参观时,发现"船头有被掳京口兵,哀求救命",耆英立即命张喜"传话吩咐,现已和好,即日便当释放,众兵一齐叩头"。不一会,英方翻译马礼逊传话说:"璞大人说,略迟即当释放。"②第二天,9 名俘虏全部获释。

耆英、伊里布、牛鉴等登英舰参观后,恐惧之感陡增。他们在给道光帝的奏折中写道:"该夷船坚炮猛,初尚得之传闻,今既亲上其船,目睹其炮,益知非兵力所能制伏。臣等前折所请捐巨费以全大局者,实出于万不得已。"③道光皇帝本就反对耆英等人上英舰,与英人会见,一再强调"切勿轻上夷船","总以不见面为是"④,又加上其奏折中大吹英军船坚炮猛,怒上心头,朱笔一挥"可恨"! 这一批,耆英、伊里布、牛鉴个个毛骨悚然。按照往日,道光帝非治他们的抗旨之罪不可,但现在要靠他们去同横冲直撞的英军进行周旋,所以只好按捺住胸中之火,听之任之。后来,耆英等人上奏时经常加上"从重治罪"之类的话,而皇上也有针对性地批有"所请从重治罪之处,著毋庸议"⑤。

原定七月十七日(8 月 22 日)璞鼎查一行到静海寺作礼节性回访。是日,大雨滂沱,难以成行。英方就让汉奸颜崇礼告诉清方代表:今日雨大,不便前来答拜,只可改期。七月十九日(8 月 24 日),璞鼎查等人回访。上午 10 时,英方 40 只小艇满载着海、陆军官们离开"皋华丽"号,向静海寺进发。在前面引领的第一只小艇上,坐着全权公使璞鼎查和海、陆军司令。当璞鼎查一行由护城河登岸时,清方鸣礼炮 3 响,钦差大臣耆英等人到静海寺门口的路上迎接,并在鼓乐声中陪同进入寺院,然后踏着红地毡入厅堂就坐。主人设酒果相款,英人俱各喜欢。

正当中、英双方的大员们在大厅客套热闹之时,鹿泽长道台和舒恭寿同知按照耆

---

① 中国史学会主编:《鸦片战争》第 5 册,神州国光社 1954 年版,第 510 页。

② 中国史学会主编:《鸦片战争》第 5 册,神州国光社 1954 年版,第 384 页。

③ 中国科学院上海历史研究所筹备委员会编:《鸦片战争末期英军在长江下游的侵略罪行》,上海人民出版社 1958 年版,第 295 页。

④ 中国科学院上海历史研究所筹备委员会编:《鸦片战争末期英军在长江下游的侵略罪行》,上海人民出版社 1958 年版,第 287 页。

⑤ 中国科学院上海历史研究所筹备委员会编:《鸦片战争末期英军在长江下游的侵略罪行》,上海人民出版社 1958 年版,第 290 页。

英的指示,在殿基之旁、柳荫之下,与英方马礼逊谈和约中有关条款问题。当天,耆英接到上谕,内有不准在福州通市的指示:“其福州一处,内地系属陆路,且山径丛杂,商旅不便,闽省既有厦门通市,自不得复求福州,著耆英等再行商酌,将福州一处撤去。即万不得已,或于闽省泉州附近,酌与通商,均著妥行定议。”①鹿、舒根据这个精神,与马礼逊谈福州不予通市之事。马立即回绝:“黄、咸两大人已将各事说定,此时不可更改,况今日不是讲公事之期,此处又非谈公事之地,请二位不用再谈。”②

会见结束时,英方提出,希望在城内进一步讨论和约文本问题。耆英颇感为难,“虑惊百姓,向其辞复”。璞鼎查则声称,“止带随从数人,不带一兵,只求派兵迎护入城,以示两无猜忌等语”。耆英见其“词甚谆切”,且“大局将定,不得不俯顺其情”③。于是,商定七月二十一日(8 月 26 日)在城内上江考棚进行商谈。

然而,这些耀武扬威的英军头目出寺后,却在老百姓面前碰了一鼻子灰。在他们过桥时,有不少人围观,有的人指着他们的鼻子唾骂。有一位年少气盛者甚至将泥沙瓦砾掷过去,砸伤了一个英国人的额头和颧骨,引起市民哄然大笑。璞鼎查对此非常恼火,指责耆英。耆英则斥责上元、江宁两县令。两位县令无法查出是谁干的,只好在监狱中拖出一个轻罪犯,伪称是掷瓦砾者,在英国侵略者面前混过去了。

七月二十日(8 月 25 日),清方由前上元县知县吴廷献出面请英方马礼逊等人游报恩寺,拉关系,以求英方将所劫江宁将军德珠布之奏折缴还。报恩寺内有千佛绿琉璃塔一座,侵华英军称其为天下中外八大景之一。所以,“英夷屡登其塔,将南京全景绘去,并将塔上琉璃砖搬去数块”④。

七月二十一日(8 月 26 日),中、英双方首席代表的会谈如期进行。这是一次十分重要的会谈,对和约条款作最后的敲定。是日,璞鼎查并非如他事先所允诺的“不带一兵”入城的那样,而是一反前言,仍带着全副武装的卫队,前呼后拥,耀武扬威地由汉西门直奔上江考棚。张喜在《抚夷日记》中记有:“喜随侍三宪赴上江考棚,与璞酋会议和约。该夷璞鼎查、麻恭、马礼逊、罗伯聃、郭士力俱系便衣骑马而来,戎装夷官一名,率领马兵十二名,戎装黑衣官一名,率领黑夷十数名,亦俱骑马而来。其马高大异常,而俱翦鬣,鞍前斜插小火枪二杆,鞍后俱跨火药囊一个。”⑤钦差大臣耆英、伊里

---

① 中国科学院上海历史研究所筹备委员会编:《鸦片战争末期英军在长江下游的侵略罪行》,上海人民出版社 1958 年版,第 289—290 页。

② 中国史学会主编:《鸦片战争》第 5 册,神州国光社 1954 年版,第 385—386 页。

③ 中国科学院上海历史研究所筹备委员会编:《鸦片战争末期英军在长江下游的侵略罪行》,上海人民出版社 1958 年版,第 294 页。

④⑤ 中国史学会主编:《鸦片战争》第 5 册,神州国光社 1954 年版,第 388 页。

布和两江总督牛鉴亲自出迎，并以各种点心和奇特的菜品宴请。用餐时，耆英对英人特别殷勤。英人利洛在《缔约日记》中说："最后耆英为了表示致敬，要求亨利爵士将嘴张开，用灵巧的手法扔进几块大的糖饯梅子。我永远不会忘记亨利爵士发现抗议无用，只得忍受的表情，同时我更不会忘记耆英站在亨利爵士之前，如像一近视眼老太太穿针的姿势，将糖果拿在手中向内扔的姿势。"①

宴请结束，开始议事。会上，璞鼎查将英军截留的江宁将军德珠布奏折一份交耆英，以示和好。接着，英方宣读了英文本和翻译成中文的条约文本。耆英等人一一传看。耆英认为："战费、赎城等字俱属不雅，须另换字样。"英方不同意，并说："夷字不美，嗣后望勿再用。"清方咸龄则说："孟子曰：'舜，东夷之人也。父王，西夷之人也。'夷字载之于圣经，有何不美，彼此争论字义，良久未定。"②清方代表还对英方"要求占据舟山，以作为中国交纳二千一百万元赔款作为保证，表示不同意，并要求将福州府不要作为通商口岸"③。除此之外，清方代表对条约的内容和形式均无异议。在场的一位英国军官事后写道："在欧洲，外交家们极为重视的条约中的字句与语法，中国的代表们并不细加审查，一览即了。很容易看出来他们所焦虑的只是一个问题，就是我们赶紧离开。"④

英方代表很精明，也很阴险。在中、英双方对和约条款谈妥后，英方代表又提出了新的问题，为以后对中国的敲榨勒索开启方便之门："英国方面向中国钦差大臣们明确指出，关于最后关税的解决，英国人的眷属在各通商城市及其附近居住的问题，完全取消行商的垄断，以及由我们自己领事管理商业的问题，都因需详细讨论，故暂时不谈。但是这些都是极关重要的问题，将来提出讨论时，如中国方面加以拒绝或拖延态度，必至严重影响两国间方在开始的和平。"⑤所以，第二年英国侵略者又逼清政府签订了若干新的条约，攫取了许多新的特权。

会上，英国全权大使还谈到："这次英国换约之后，也许遣派一公使到北京，他愿知道，中国方面能满意招待，予以相当的尊敬吗?"耆英马上就回答："敢担保大皇帝一定很喜欢接见这样一位代表。"耆英又说：上次，阿美斯德爵士来中国时，一些当政的大臣在他那里拨弄，我很觉抱歉⑥。

清方代表在承认和约条款后，迫不及待地要求英方全权代表将英军舰只撤出南

① 中国史学会主编：《鸦片战争》第5册，神州国光社1954年版，第513页。

② 中国史学会主编：《鸦片战争》第5册，神州国光社1954年版，第389页。

③ 中国史学会主编：《鸦片战争》第5册，神州国光社1954年版，第513—514页。

④⑤ 中国史学会主编：《鸦片战争》第5册，神州国光社1954年版，第514页。

⑥ 中国史学会主编：《鸦片战争》第5册，神州国光社1954年版，第515—516页。

京。老奸巨猾的璞鼎查回答说:"等到条约签订后,这个封锁就可解除,等到第一期的六百万赔款全部偿还后,英方必将扬子江的每一个城和每一个炮台交还于中国。"①

会谈结束前,璞鼎查"在一切问题都圆满的解决了"以后,大谈"引起这次战争的最大原因——他指的是鸦片贸易"。中方代表则没有兴趣,"都一致的不愿再谈这个问题"。但璞鼎查还是以"私人谈话"的名义讲下去了。中方代表一再打断他的讲话,提出问题:"英国方面因何不禁止在英国属地内种植鸦片? 因何不严加禁止这害人的贸易? 因何对中国如此不公道?"璞鼎查回答说:"这是不合乎英国宪法的,这是做不到的。他并且说:即使英国政府是用专制的权力禁止鸦片的种植,对中国亦毫无益处。中国人不将吸烟的习惯彻底扫除,这只能使鸦片的贸易从英国手中转到别国手中去。"接着,他又说:"事实上,鸦片问题应由你们自己负责,假使你们的人民是具有道德品质的,他们绝不会染此恶习;假如你们的官吏是廉洁守法的,鸦片便不会到你们国中来。所以在我们的领土以内,鸦片种植的前途,主要的责任是在中国,因为几乎全印度所产的鸦片全销于中国;假设中国人不能革除吸食鸦片的恶习,假设中国政府的力量不能禁止鸦片,那么中国人民也要设法得到鸦片,不管其法律如何。因之,若将鸦片的入口,使之合法化,使富户与官吏都可参加合作,这样便可将走私的方便大加限制,下便人民,上裕国课,岂不甚好?"②显而易见,璞鼎查的一番说教,是用侵略者的强盗逻辑,歪曲历史事实,将鸦片贸易的罪恶和发动战争的责任强加于中国,并企图将鸦片贸易合法化。

七月二十二日(8 月 27 日),耆英等人接奉批折,知北京仍不同意将福州列入通商口岸,随即派黄恩彤、咸龄等人赴静海寺,与英方交涉。但遭英方婉言拒绝。马礼逊说:"此事我不能主张,须向璞大人商议明白,再来回话。"③

二 《南京条约》的签订

道光二十二年七月二十一日(1842 年 8 月 26 日),耆英、伊里布在承认和约条款后,为使英军尽快离开南京,撤出长江,而提议立即签字,但遭英方拒绝。原因是璞鼎查他们想另找时间,安排一个盛大的仪式来庆祝他们取得的胜利。经中英代表商定,于二十四日(29 日)在英舰"皋华丽"号上举行签约仪式。

七月二十二日(8 月 27 日),耆英等人接到上谕:"耆英等奏,连日与英夷会议粗定条约一折,览奏忿恨之至! 朕因亿万生灵所系,实关天下大局,故虽愤闷莫释,不得不

① 中国史学会主编:《鸦片战争》第 5 册,神州国光社 1954 年版,第 514 页。
② 中国史学会主编:《鸦片战争》第 5 册,神州国光社 1954 年版,第 514—515 页。
③ 中国史学会主编:《鸦片战争》第 5 册,神州国光社 1954 年版,第 389 页。

勉允所请，借作一劳永逸之计。”又说：“该大臣等务当告以大皇帝相待以诚，所求无不允准，从此通商，永相和好。”[①]这为耆英、伊里布赴英舰签约壮了胆。

七月二十三日(8月28日)，耆英拜会牛鉴，看望正在生病的伊里布，商量明日签约事，伊告以“明日能去”。事后伊里布说：“耆将军惟恐英夷将其扣留，若果有其事，我当与逆夷拼此老命。”[②]

签约仪式如期举行。七月二十四日(8月29日)，清政府的全权代表耆英、伊里布，以及两江总督牛鉴等一行都到场，特别是伊里布还拖着病体强撑着去，结果无力登上军舰，英方派了四个人把他抬上舰去。英国侵略者为炫耀对清帝国的征服，让校级以上军官全部参加。尤其令人不能容忍的是，还让法国“爱丽贡”号军舰的佘西尔舰长到场。签字仪式设在“皋华丽”号中舱，舱中设一圆桌，英方代表璞鼎查和中方代表耆英、伊里布、牛鉴四人围坐。和约用洋纸书写，前用汉文，后用英文，合订为一本，一式四本。耆英、伊里布代表中方，璞鼎查代表英方，分别在和约上签名，并盖官印。签字以后，清王朝的黄龙旗也随着礼炮的轰鸣升了起来。英军不时欢呼女王万岁！这一结果，英方十分满意，英军军官宾汉在其回忆录《英军在华作战记》的结束语中，得意地写上了一句令中国读者非常生气的话：“中国已经被一个女子(指英国女王)征服了。”[③]璞鼎查在一片欢呼声中对耆英说：“蒙大皇帝逾格天恩，俯允所请，断不敢久占长江，亦不敢滋扰他处。一俟探明水路，即行退兵。”[④]耆英则说，关于要先付的600万元赔款将陆续交付，待贵军退出长江以后再盖用御宝。

条约签订后，英方开始退兵，第一批开走十多艘舰只。自此，“一切商贾行旅渡江船只，该夷亦不拦阻”[⑤]。八月初二日(9月6日)，道光帝发出上谕：英军所开各款，“朕详加披阅，俱著照所议办理”[⑥]。八月初九日(9月13日)，耆英即委侍卫咸龄等前往英舰宣示“上谕”内容，“该夷酋等感戴欢欣，手舞足蹈，即据璞鼎查照会内称，渠因恭奉大皇帝谕旨，知前议各款，均蒙恩准施行，实属万幸，已飞饬带兵官，将兵船迅速

---

① 中国科学院上海历史研究所筹备委员会编：《鸦片战争末期英军在长江下游的侵略罪行》，上海人民出版社1958年版，第292—293页。

② 中国史学会主编：《鸦片战争》第5册，神州国光社1954年版，第389页。

③ 中国史学会主编：《鸦片战争》第5册，神州国光社1954年版，第318页。

④ 中国科学院上海历史研究所筹备委员会编：《鸦片战争末期英军在长江下游的侵略罪行》，上海人民出版社1958年版，第299页。

⑤ 中国科学院上海历史研究所筹备委员会编：《鸦片战争末期英军在长江下游的侵略罪行》，上海人民出版社1958年版，第306页。

⑥ 中国科学院上海历史研究所筹备委员会编：《鸦片战争末期英军在长江下游的侵略罪行》，上海人民出版社1958年版，第302页。

退出长江等语。当于初十日为始，每日开行兵船，自三只、九只至十二只不等，现在停泊尚有二十六只，较前已退大半”①。八月下旬(9月底)，清方已付清第一期赔款。八月二十八日(10月2日)，英“兵船全数出江，诸大臣派员护送至圌山关外，入海扬帆南去。镇江、宝山、上海、厦门、乍浦、宁波、镇海次第收复”②。据此，耆英立即上奏，请求皇上将和约盖用“御宝”。九月二十四日(10月27日)，道光帝发出和约已用宝的上谕：“览奏均悉。该夷船业经全数退出长江，拟前赴广东分帮回国，朕因轸惜黎民，勉从下策，借此戢兵，休养生息。前已准令该大臣便宜从事，现在夷民相安，自应俯允所请，于呈递纸样，如式用宝。”③

道光二十三年五月二十九日(1843年6月26日)，中英两国大臣在香港互换条约文本。《南京条约》共十三款，其主要内容为：

一、中国割让香港一岛，由英国“任便立法治理”。

二、中国开放广州、福州、厦门、宁波、上海等5处港口，任英国通商贸易，并可设立领事馆，英人可以带家属自由居住。

三、中国赔款2100万元，其中600万元是鸦片烟费，300万元是所谓公行所欠英商之款，1200万元为英军侵华损耗费。600万元本年交清，其余分4年交付，到期不付要加利息，“每年每百元加息五元”。

四、允许英商自由贸易。清政府的对外贸易本全归公行承办，现条约规定废除公行制度，“凡有英商等赴各该口贸易者，勿论与何商交易，均听其便”。

五、中国丧失海关自主权。中国海关进出口货物的税率，应由中国自主决定。但条约规定：“英国商民居住通商之广州等五处，应纳进口和出口货税、饷费，均宜秉公议定则例，由部颁发晓示，以便英商按例交纳。”从此，英国侵略者操纵了中国的海关。

《南京条约》签订后，有些问题没有明确，执行有困难，如关税税率、英商在广州等通商口岸的活动和管理问题，都没有一个说法。中英双方都认为需要进一步商谈，以明确一些问题。道光二十三年(1843)，清政府先后任命伊里布、耆英为钦差大臣，与英国驻华公使亨利·璞鼎查在广东继续谈判。同年八月(10月)，耆英与璞鼎查签订了中英《五口通商章程及税则》和《虎门条约》(即《通商附粘善后条款》)两个文件，作

① 中国科学院上海历史研究所筹备委员会编：《鸦片战争末期英军在长江下游的侵略罪行》，上海人民出版社1958年版，第306页。

② 中国史学会主编：《鸦片战争》第5册，神州国光社1954年版，第418页。

③ 中国科学院上海历史研究所筹备委员会编：《鸦片战争末期英军在长江下游的侵略罪行》，上海人民出版社1958年版，第308—309页。

为《南京条约》的补充。英国从中又攫取了大量特权：

一、得到片面最惠国待遇。《虎门条约》第八款中规定：倘若“将来大皇帝有新恩施及各国，亦应准英人一体均沾，用以平允”。这就是说，以后任何西方国家在中国获得侵略权益，英国亦同样享有。这为英国和其他西方列强在侵华活动中互相勾结，共同夺取权益提供了条约依据。

二、拥有领事裁判权。《虎门条约》规定，英人在华违背禁约，“交英国管事官依情处罪”。《五口通商章程》更明确规定：英人在华“倘遇有交涉词讼，管事官（英国领事）不能劝息，又不能将就，即移请华官公同查明其事，既得实情，即为秉公定断，免滋讼端。其英人如何科罪，由英国议定章程、法律发给管事官照办”。英人可以在中国无法无天，胡作非为，而清政府对此不能过问，这是对中国司法审判权的严重侵犯。

三、取得军舰进泊通商口岸权。《虎门条约》规定：“凡通商五港口，必有英国官船一只在彼湾泊，以便将各货船上水手严行约束，该管事官亦即藉以约束英商及属国商人。”所谓官船就是“水师之船”，即军舰。由此，英国在“约束”侨民的借口下，将通商五港口成为其军舰自由出入的码头。这样，通商口岸始终处在英国炮舰的威胁之下。

四、可以在通商口岸租赁土地房屋。《虎门条约》第七款规定，在五口通商地区，中国地方官必须与英国领事官“议定于何地方，用何房屋或基地，系准英人租赁”。不久，西方列强就援用此款，划定所谓“居住处”，然后发展为租界。

从《南京条约》及其补充文件的内容看，中国不仅要割地、赔款，而且还要释放为英国侵略者效劳的汉奸。同时，英方还攫取了关税自主权、片面最惠国待遇、领事裁判权、军舰进泊通商口岸权、在通商口岸租赁土地房屋权，等等。可见，《南京条约》是一项不平等的条约。

第五节　鸦片战争对江苏社会的影响

鸦片战争和《南京条约》的签订，使中国历史进程发生了巨大的变化，由独立自主的封建国家开始走向半封建半殖民地社会。所以，有人称这种变化是“数千年未有之变局”。鸦片战争的最后一个战役——“扬子江战役”是在江苏地区进行的，和约也是在江苏南京签订的，所以江苏有许多百姓亲历了这场战争。战争对江苏的社会经济影响较大，主要表现在两个方面：一是深受战争之害，给社会经济造成很大的破坏；二是被迫对外开放。

一 战争对江苏社会经济的破坏

英国侵略军发动“扬子江战役”，从吴淞攻至南京，一路抢掠不断，到处敲诈勒索，给江苏带来很大灾难。

1. 大肆抢掠。英军在道光二十二年五月十一日（1842 年 6 月 19 日）占领上海后，抢掠不断。曹晟在日记中记其事道：“比及门，已有数洋人持械破门。予念家眷在，纵死不宜两地，挺身阻之，为所执。入室倾箱倒箧，凡一切银钱首饰，细而软者，虽微必攫。追抄掠毕，以刃加予颈，索蓄藏，曰：‘番饼！番饼！’者良久。予力告以困苦状，且手示之，得释。又至侄居，予应之，洋人略搜数处，皆书籍，舍而去。又至族叔少园门，予亦启搜如前。又叩砂雨兄居，予出户往应之，匪各笑指而去，门勿入也。是日至者凡数大队，率如前状。妻子所躲之区，幸勿及，天佑也。”[①]乔重禧在《夷难日记》中记下了目击英军抢掠的罪行：“夷匪在上海城，白鬼子日则上岸，夜则宿船；红鬼、黑鬼子沿门抄掠，土匪乘以抢掠，各乡镇皆然。”“夷匪由郁氏高墙跳入我宜园及前门来者，至十四日，凡七次，骨董物件，内外一空。”[②]令人发指的是，英军在长江口抢掠民船物资时，竟打开死人的棺木劫夺财宝。

2. 英军在镇江的抢掠活动更为频繁。朱士云《草间日记》说：“北门听任出入，夷鬼户户搜掠金银，及妇人首饰，其衣服则掷付贫民。”[③]六月十五日（7 月 22 日），英军“启北门，放民出，必先搜检，凡携带什物银钱者，概夺下”[④]。此外，英军还利用一些街头无赖进行抢掠：“夷鬼令北门奸民，并力抢掠，所得衣物器用塞户，至不能出入，亦不敢少离，反畏侵夺也。忽群鬼至，迭污其妇女，比户惊散，只身奔进，并其所固有者，皆为夷鬼所得。”[⑤]英军还将抢掠来的衣物出卖，变成现金：“二十三日，夷人卖衣。所掠之衣，列肆北门外卖，有买之者，其价甚廉，但只受洋钱也。”[⑥]六月十六日（7 月 23 日），英军“拥至学宫，毁棂星门入，搜掠而去”[⑦]。

3. 到处敲诈勒索。这在江苏地区主要表现在两个方面：一是英军以武力为后盾，逼迫当地居民供给鸡、鸭、牛、羊、蔬菜等食物。英国海军舰长利洛供认：“崇明岛上的居民，被我军胁迫交来八十头左右水牛，这是一种强迫性的勒索。”他们也知道，

① 中国史学会主编：《鸦片战争》第 3 册，神州国光社 1954 年版，第 131—132 页。

② 中国科学院上海历史研究所筹备委员会编：《鸦片战争末期英军在长江下游的侵略罪行》，上海人民出版社 1958 年版，第 326 页。

③ 中国史学会主编：《鸦片战争》第 3 册，神州国光社 1954 年版，第 82 页。

④⑦ 中国史学会主编：《鸦片战争》第 3 册，神州国光社 1954 年版，第 105 页。

⑤ 中国史学会主编：《鸦片战争》第 3 册，神州国光社 1954 年版，第 83 页。

⑥ 中国史学会主编：《鸦片战争》第 3 册，神州国光社 1954 年版，第 87 页。

“农民们是用它们来耕地生产的”，但又认为，“由于我军的需求”，必须加以掠夺①。这是强盗的逻辑。五月二十六日(7月4日)，英军在浏河口贴出布告，要求当地居民在5天之内，“急办送来”“牛百、鸡千、鹅百、鸡子万，并蔬菜等物”②。六月初二日(7月9日)，“马礼逊过孟河，遣汉奸登岸，征索牛羊，民间惶惧”，武进县绅士马某出面“向各铺户凑资七百金，购得牲牢食物，送至京口”，交英军头目马礼逊③。六月十二日(7月19日)前后，英国驻华全权公使璞鼎查在丹徒贴出布告，要百姓“办黄牛二百只，鸡一千只，鸭二百只，火腿一百只，鸡蛋鸭蛋百石，果子三百石，青菜四百石，该价若干，送到给还；如若不办，调兵上岸，务须总办”④。七月十五日(8月20日)，英军又在丹阳发布告，云：“京口羊牛菜果告匮，须仰食于丹阳，限一日送至，迟则统兵自取之。”⑤第二天，丹阳官民被迫采办送去：“五更时，夷鬼数十登京岘山，了望丹阳人馈礼。侵早丹阳人至，四人冠带，乘舆押礼牛二十头，羊、鸡、鸭、菜果称是。”⑥

二是英军每到一地，以“赎城”为名，向各地勒索“赎城费”。而且所索“赎城费”数额巨大。五月十一日(6月19日)，英军占领上海后即声言：中国人要收回上海必须付出赎金100万银元。《壬寅闻见纪略》说：“有上海职员周熬者，与报税行经纪朱某同赴夷船，伪为贩买鸦片，以探消息，贼以书一函使交提督巡道，书中索洋银一百万元，许即退去。”⑦中方没有如数同意，最后“双方同意的数字是三十万元”⑧。五月二十九日(7月7日)，英军头目马礼逊、郭士立在常熟进行勒索，提出：“素闻常熟为鱼米之乡，得十万金始许退出。”⑨六月初十日(7月17日)，璞鼎查勒令仪征“须备赎城银百万”，要求“迅速措备，解交毋缓”。三天后，仪征方面以“商力疲乏，愿馈番银五十万”了事⑩。英军向南京当局勒索的“赎城费”，更是狮子大开口。他们认为南京是“省会重城”，又是“古京”，应“缴银三百万元”⑪。后因《南京条约》条款很快谈妥，南京“赎城

① 中国科学院上海历史研究所筹备委员会编：《鸦片战争末期英军在长江下游的侵略罪行》，上海人民出版社1958年版，第149页。

② 中国史学会主编：《鸦片战争》第3册，神州国光社1954年版，第99—100页。

③ 中国史学会主编：《鸦片战争》第3册，神州国光社1954年版，第101页。

④ 中国科学院上海历史研究所筹备委员会编：《鸦片战争末期英军在长江下游的侵略罪行》，上海人民出版社1958年版，第21页。

⑤ 中国史学会主编：《鸦片战争》第3册，神州国光社1954年版，第86页。

⑥ 中国史学会主编：《鸦片战争》第3册，神州国光社1954年版，第87页。

⑦ 中国史学会主编：《鸦片战争》第3册，神州国光社1954年版，第98页。

⑧ 中国科学院上海历史研究所筹备委员会编：《鸦片战争末期英军在长江下游的侵略罪行》，上海人民出版社1958年版，第66页。

⑨ 中国史学会主编：《鸦片战争》第3册，神州国光社1954年版，第100页。

⑩ 中国史学会主编：《鸦片战争》第3册，神州国光社1954年版，第103页。

⑪ 中国史学会主编：《鸦片战争》第5册，神州国光社1954年版，第470页。

费"事被搁一旁。

除了英军的侵略活动给江苏带来很大的灾难外，清政府的巨额军费开支也使江苏人民背上沉重的经济包袱。鸦片战争，清军虽在本土作战，但费用亦甚巨。中国在这场战争中究竟花了多少钱，是个未知数，没有准确之统计。据茅海建教授研究的结论是：鸦片战争中清政府支出的军费约2500万两，若包括来自民间的捐钱，当超过3000万两。江苏是军费开支浩大的省份之一，列入正规报销的有130.24万两，以捐输银支付军费（包括一部分赔款）的有344.73万两、钱30.67万串。共支出470多万两。江苏军费支出之多，在全国仅次于浙江、广东两省，居第三①。这些军费都是百姓的血汗钱，百姓不堪重负。总之，英国侵略者发动的鸦片战争给江苏社会经济带来了深重的灾难。

二 江苏口岸逐步对外开放

马克思说："清王朝的声威一遇到不列颠的枪炮就扫地以尽，天朝帝国万世长存的迷信受到了致命的打击，野蛮的、闭关自守的、与文明世界隔绝的状态被打破了。"②所以，清政府在战败、签订《南京条约》后，中国社会发生了很大的变化。这种变化，很重要的一点就是对外开放。

鸦片战争后，江苏是中国对外开放最早的地区之一，并随着西方列强殖民侵略的深入，开放的步伐也就加快。这种对外开放主要表现在：

上海首先对外开放。《南京条约》第2条规定："自今以后，大皇帝恩准英国人民带同所属家眷，寄居大清沿海之广州、福州、厦门、宁波、上海等五处港口，贸易通商无碍；且大英国君主派设领事、管事等官住该五处城邑，专理商贾事宜。"③根据条约的规定，英国派了一个以巴富尔上尉为首的代表团，于道光二十三年九月十七日（1843年11月8日）抵达上海。第二天，巴富尔一行拜访了清苏松太道宫慕久，宫设宴欢迎。九月十九日（11月10日），宫等登上英舰"麦都萨"号，回访了巴富尔等人。随后，宫与巴富尔就开埠问题进行了商谈。双方在领事馆选址问题上意见不一，宫意在城外选址，巴富尔反对，要在城里选。未几，英方在东门和西门之间的一条街上找到了房子。九月二十三日（11月14日），英国驻上海领事馆设立，巴富尔为第一任领事。3天后，上海正式开埠。道光二十五年十月（1845年11月），苏松太道宫慕久被迫公布了他与英国驻上海领事巴富尔商定的《上海土地章程》。文中规定了租地范围，也明确了英

① 茅海建：《天朝的崩溃：鸦片战争再研究》，生活·读书·新知三联书店2005年版，第420、421、466、467页。

② 《中国革命和欧洲革命》，《马克思恩格斯选集》第2卷，人民出版社1972年版，第3页。

③ 褚德新、梁德主编：《中外约章汇要》（1689—1949），黑龙江人民出版社1991年版，第70页。

国侵略者在租地范围内的租地、建房、居住、经商和部分市政管理权。第二年，宫与巴富尔划定了英租界的四周，面积约 830 亩。这就是上海的第一个租界。苏松太道宫慕久在上海开埠的过程中，也做了一些相应的工作，如设立西洋商船盘验所，征收进口货税。

西方列强以上海为基地，不断向江苏内地扩张，迫使清政府随后开放镇江、南京等长江两岸地区。咸丰八年(1858)，《中英天津条约》第十款规定："长江一带各口，英商船只俱可通商，惟现在江上下游均有贼匪，除镇江一年后立口通商外，其余俟地方平靖，大英钦差大臣与大清特派之大学士尚书会议，准将自汉口溯流至海各地，选择不逾三口，准为英船出进货物通商之区。"[①]咸丰十一年(1861)，英国政府在镇江设立领事馆，正式开埠。镇江开埠之初，进口货物主要由上海洋行转来销售。至同治十一年(1872)才开始办理直接进口业务。各国洋行到镇江销售的货物很多：鸦片、棉布、煤油、呢绒、食糖、罐头食品、五金等。其中最多的是鸦片。根据咸丰八年(1858)《中英通商章程善后条约》第四款的规定，鸦片可以"洋药"的名义，"听商遵行纳税贸易"[②]。自此，鸦片贸易猖獗，英国怡和洋行是最大的鸦片商，每年运进镇江的鸦片在上万担。光绪二十一年(1895)，根据中日《马关条约》的规定，苏州又被列入增开的商埠。第二年正式开埠。光绪二十三年(1897)，日本在苏州设立日租界。

口岸开放影响很快由政治、经济扩大到宗教文化层面。道光二十四年(1844)中美《望厦条约》规定，中方准许西方列强在通商口岸建造教堂。同年，中法《黄埔条约》不仅规定"佛兰西人亦一体可以建造礼拜堂"，还言明"倘有中国人将佛兰西礼拜堂、坟地触犯毁坏，地方官照例严拘重惩"[③]。这为殖民主义者利用宗教进行侵略活动提供了保护伞。英国在上海开埠后，侨民包括许多传教士络绎而来，其中有著名传教士麦都思。他们不仅在上海传教，而且到内地活动。道光二十八年二月初四日(1848 年 3 月 8 日)，麦都思、雒魏林和慕维廉三名英国传教士，违反上海开埠时中英双方议定的关于外人行走之地，以一日往还，不得在外过夜的规定，至离上海 90 里外的青浦县城隍庙散发传单，宣传基督教义，民众争相索取，教士竟用拐杖在民人头上乱击，激起众怒，出手还击，三个教士都受伤。事后，英国驻上海领事阿礼国借端殴辱苏松太道咸龄，并停付关税，用军舰封锁长江口，派副领事罗伯逊率"爱司比格"号军舰前往南京，向两江总督李星沅示威。结果，清政府被迫将咸龄革职，10 人判刑，赔款 300 银两，这为中国近代教案的处理开了屈辱的先例。上海

---

① 褚德斯、梁德主编：《中外约章汇要》(1689—1949)，黑龙江人民出版社 1991 年版，第 133—134 页。

② 褚德新、梁德主编：《中外约章汇要》(1689—1949)，黑龙江人民出版社 1991 年版，第 156 页。

③ 褚德新、梁德主编：《中外约章汇要》(1689—1949)，黑龙江人民出版社 1991 年版，第 100 页。

开埠后，法国传教士很快跟进，并在徐家汇强占土地修建教堂。第二次鸦片战争后，英、法、俄、美四国分别与清政府签订的《天津条约》规定：传教士可以自由深入内地传教，“嗣后所有安分传教习教之人，当一体矜恤保护，不可欺侮凌虐”①。自此，洋教士们披着合法的外衣进入扬州、镇江、丹阳、南京等江苏各地，打着“劝人行善”的传教旗号，进行种种殖民主义侵略活动。

在对外开放中，清政府和江苏地方当局增设了相应的机构，并安排了较为适当的人选。鸦片战争后，广州、上海等五口开放，通商交涉事务纷繁。清政府为应付这种局面，于道光二十二年九月(1842年10月)任命曾以钦差大臣身份多次与英方交涉，并与英国全权代表签订《南京条约》的耆英为两江总督，兼管五口通商交涉事宜，史称“五口通商大臣”。道光二十四年(1844)，耆英转任两广总督，仍兼五口通商大臣一职。咸丰八年十二月十六日(1859年1月29日)，清廷下谕：“至上海现办通商事宜与广东相距较远，著即授两江总督何桂清为钦差大臣，办理各国事务。所有钦差大臣关防，著黄宗汉派员赍交何桂清祗领接办。”②这样，钦差五口通商大臣一职即由广州移设上海。人们习惯称其为“上海钦差大臣”。在上海开埠前后，两江总督耆英曾积极物色对外通商交涉人才。他首先看中的是四等侍卫咸龄。咸是与英方交涉、商谈《南京条约》具体内容的主要人员之一。耆英称他“文义通畅，事理明白，遇有委办事件，不避艰险，能耐劳苦，随机措置，各得其宜。年余以来，深得该员之力，各国夷人皆极信服”③。鸦片战争后，咸龄被留江苏，参与外交，主要办理上海方面的夷务。后任苏松太道。督抚们又将懂夷务的译员沈炳垣提为松江同知，并命吴健彰协助苏松太道的工作。

如何看待鸦片战争后的中国对外开放？

中国包括江苏地区的这种开放，不是政府自身改革追求的战略目标，而是在外力压迫下不得不为的结果。当时的中国是一个闭关自守、墨守陈规的封建国家，是英国侵略者用大炮打开了大门，并强迫清政府接受其侵略要求，其中有废除广州一口通商和行商制度，实施五口通商，关税有中英双方协定等经济贸易条款。所以上海等五口的对外开放，是英国强加的，是强权的表现。中国的这种对外开放，付出了沉重的代价，除在政治上逐步半殖民地化外，在社会经济方面也逐渐成为西方列强的商品市场、原料产地。但是，我们还必须看到，这种开放在客观上有利于古老自闭的中国融入国际社会。18、19世纪的西方列强，通过推行自由贸易，逐步建立起自由市场经济

① 褚德新、梁德主编：《中外约章汇要》(1689—1949)，黑龙江人民出版社1991年版，第129页。

② 中国史学会主编：《第二次鸦片战争》(三)，上海人民出版社1978年版，第603页。

③ 《筹办夷务始末·道光朝》卷六十九，中华书局1964年版，第2742页。

模式，并确立了近代国家制度。西方列强用强权迫使清政府对外开放，是想把中国纳入世界贸易体系。这样，中国在西方资本主义大潮的冲击下，对外贸易开始发展，小农经济转向近代工商经济、传统国家向现代国家的转型由此起步。

第二章　江苏地区的太平天国运动(上)

鸦片战争后,中国民众蒙受中外政治势力的双重压迫,各地民众的反侵略、反封建斗争连绵不绝。其中,太平天国起义是规模最大、影响最为深远的一次农民起义。清道光三十年十月(1850 年 11 月),拜上帝会民众在金田村起义。洪秀全、杨秀清率起义军突破重围北上,经两年多的奋战,抵达武汉。接着,太平军沿长江东下,于咸丰三年二月十一日(1853 年 3 月 20 日)攻克金陵,建都于此。太平天国颁布《天朝田亩制度》,制定一系列政策。清廷为挽回败局,剿灭太平军,调集四五万人马,围攻南京、镇江、扬州等地。太平天国则积极开展防御战,经过 3 年艰苦作战,先后击溃清军江北、江南大营,天京、镇江之围立解,扬州又被重新攻克。太平天国起义形势的发展已达巅峰。

第一节　太平天国建都南京

道光三十年十月初一日(1850 年 11 月 4 日),洪秀全领导拜上帝会民众在广西金田村起义。太平军经过两年多时间的艰苦奋战,打破清军重重包围,北上攻占武汉。咸丰三年正月初三日(1853 年 2 月 10 日)顺江东下。数十万人马,势如破竹,于二月十一日(3 月 20 日)攻克南京。4 月初,南京改为天京,成为太平天国的首都。

一　太平天国缘起

鸦片战争后,英、法、美等西方列强,利用不平等条约中的有关条款,向中国倾销廉价商品,中国传统的自然经济难以为继,其间鸦片走私进口变本加厉,年年激增。据记载,道光二十年(1840)时进口 20619 箱,1850 年则增至 52925 箱。与此相应的是中国白银外流大量增加。鸦片战争后的几年里,中国每年大约流出 1000 万银元。清政府为向英国侵略者支付2100万元的巨额赔款，下令由各省分摊，最后还是转嫁到老百姓头上。这又加重了民众的负担。其时，灾荒连年，尤其是两广地区水、旱和蝗灾不断。这一切进一步激化了民众与统治者之间的矛盾，各地的抗争不断升级。鸦片战争后的十年内，全国各族人民的起义多达百余次。两广地区天地会的起义此起彼伏。洪秀全所领导的金田起义就在这样的社会背景下爆发。

洪秀全，嘉庆十八年(1813)生于广东花县，农民家庭出身。“秀全自幼即好学，七龄入塾读书。五六年间，即能熟诵四书、五经、孝经，及古文多篇，其后更自读中国历史及奇异书籍，均能一目了然。读书未几即得其业师及家族之称许”[①]。洪按照业师和家庭的期望，走“学而优则仕”的道路。道光八年(1828)，他到广州应考秀才，结果名落孙山。随后，他一面当村塾教师，一面读书，继续应试，但屡试不中。洪秀全因应试失利，再加上科场的弊病，对统治当局深为不满。道光二十三年(1843)，他第四次应试无果返乡后，翻到了几年前在广州得到的传教士梁发的基督教布道小册子《劝世良言》。书中宣传上帝是独一真神，应拜上帝，不该崇拜邪神。只要坚信上帝，最后必能登天堂极乐世界，等等。洪带着不满现实社会的情绪“潜心细读”了此书，遂“大觉大悟”，“觉已获得上天堂之真路，与及永生快乐之希望”[②]。于是，洪秀全与他的李姓表兄“依照书中所言，及按是时自己所明白此典礼者，自行施洗。彼等复对上帝祈祷，许愿不拜事邪神，不行恶事，而恪守天条。彼等于是自己灌水于顶上，自言：‘洗除罪恶，去旧从新。’既毕，彼等觉满心充满快乐”[③]。洪还写下悔改诗：

吾侪罪恶实滔天，幸赖耶稣代赎全。
勿信邪魔遵圣诫，惟从上帝力心田。
天堂荣显人宜慕，地狱幽沉我亦怜。
及早回头归正果，免将方寸俗情牵。[④]

从此，洪秀全积极宣传教义，劝人拜上帝。他“最先感服两密友，即均皈依其新教，此两人即冯云山与洪仁玕是也”。在“书塾中为二人施洗礼”。接着，将“书塾中之偶像尽行除去”。并写诗一首：

① 中国史学会主编：《太平天国》第6册，神州国光社1954年版，第838页。
② 韩山文著：《太平天国起义记》。
③ 中国史学会主编：《太平天国》第6册，神州国光社1954年版，第846页。
④ 中国史学会主编：《太平天国》第6册，神州国光社1954年版，第847页。

神天之外更无神，何故愚顽假作真。
只为本心浑失却，焉能超出在凡尘。①

他还将家中供奉的偶像牌位毁掉。

道光二十四年二月(1844年4月)，洪与冯云山离开花县赴广州、顺德等地劝人拜上帝。后至广西省贵县赐谷村宣传，信教者渐多，受洗民众有100多人。八月(9月)间，冯云山到达紫荆山区。他一面教书，一面传教，宣传和发动群众。“紫荆山拜上帝之教徒未久即有逾二千之多，其数且日增”②。其中有杨秀清、萧朝贵、石达开、卢六等人。

十月(11月)，洪秀全回到广东花县。“一八四五、一八四六两年，秀全留在家中，仍执教鞭为业。在此期间，彼曾做数篇文章，问答，及诗歌，均发挥宗教真理者”③。其中，最重要的是《原道救世歌》和《原道醒世训》。文中宣传“真神惟上帝”④，它主宰一切，人人应该拜上帝，不拜邪神。宣传“普天之下皆兄弟，灵魂同是自天来，上帝视之皆赤子”⑤的平等观。书中号召民众为建设一个“天下一家共享太平”⑥的理想社会而斗争。所以，这两篇文章在一定程度上反映了民众的意愿和要求。道光二十七年(1847)，洪秀全去广州罗孝全处学习基督教教义，研读有关书籍后，写就了《原道觉世训》。洪在文中指出：“近代则有阎罗妖注生死邪说，阎罗妖乃是老蛇妖鬼也，最作怪多变，迷惑缠捉凡间人灵魂。天下凡间我们兄弟姐妹所当共击灭之惟恐不速者也。”⑦并怒斥清王朝的皇帝：“皇上帝乃是帝也。虽世间之主称王足矣，岂容一毫僭越于其间哉……耶稣尚不得称帝，他是何人，敢靦称帝者乎？只见其妄自尊大，自干永远地狱之灾也。”⑧这为拜上帝的人们指明了斗争方向，就是推翻清廷的统治。

道光二十七年七月(1847年8月)，洪秀全来到紫荆山区，会见了冯云山，看到这里已是拜上帝人活动的基地，非常高兴。《太平天国起义记》中说：洪秀全“到紫荆山时不特欢喜与云山重会，而且欢喜得新信徒如此之多，尤乐于在其中宣讲圣道”。洪、冯在紫荆山区把宣传发动群众拜上帝的活动不断推向周边地区的贵县、平南、藤县等

---

① 中国史学会主编：《太平天国》第6册，神州国光社1954年版，第847页。
② 中国史学会主编：《太平天国》第6册，神州国光社1954年版，第857页。
③ 韩山文著：《太平天国起义记》。
④ 中国史学会主编：《太平天国》第1册，神州国光社1954年版，第87页。
⑤ 中国史学会主编：《太平天国》第1册，神州国光社1954年版，第88页。
⑥ 中国史学会主编：《太平天国》第1册，神州国光社1954年版，第92页。
⑦ 中国史学会主编：《太平天国》第1册，神州国光社1954年版，第93页。
⑧ 中国史学会主编：《太平天国》第1册，神州国光社1954年版，第97页。

地，形成了几个活动基地。

随着拜上帝人数的不断增加，影响也越来越大，与当地封建势力的矛盾也逐步尖锐起来。地主豪绅武装企图压制拜上帝民众的活动，教民们则不断反抗、斗争，双方多次发生冲突。《李秀成自述》记有："团练与拜上帝之人两有分别。拜上帝人与拜上帝人一伙、团练与团练一伙，各自争气，各自逞强，因而逼起。"十一月（1848年1月），紫荆山区的团练头目王作新率团练逮捕了冯云山、卢六等人。洪秀全闻讯即赶往广州设法营救。在这危难时刻，杨秀清挺身而出，假托"天父上帝"下凡附体，传言拜上帝人，稳定人心。杨等拜上帝人集体为冯云山"所传之真理声辩"，桂平县当局不得不释放冯、卢等人。

冯云山回紫荆山区后，与信教的有关领导人会商，决定秘密制造武器，准备起义。是年冬天，冯回花县找洪秀全。道光二十九年（1849）夏天，洪、冯重返紫荆山。这时，广西社会动荡，到处都发生群众性的反抗斗争，大批民众入教，拜上帝，参加起义。《太平天国起义记》载："如今不特有患难之村民，而且被官兵击散之贼匪，均视拜上帝会为逋逃薮，老幼男女携眷挟财产大队加入，情景大不同前时。与官吏发生冲突，势所难免。"[①]洪面对这一时势，决定顺势一搏，效仿刘邦、朱元璋，率众起义：

近世烟氛大不同，知天有意启英雄。
神州被陷从难陷，上帝当崇毕竟崇。
明主敲诗曾咏菊，汉皇置酒尚歌风。
古来事业由人做，黑雾收残一鉴中。[②]

一场震惊世界的农民大起义即将爆发。

道光三十年（1850）夏天，洪秀全"通告各县之拜上帝会教徒集中于一处"[③]。于是，成千上万的教徒向金田村汇集。起义领导人按照军事编制建立"团营"队伍。十月初一日（11月4日），洪秀全命令胡以晃率部从花洲进攻思旺，打响了金田起义的第一枪。十一月二十二日（12月25日），杨秀清派蒙得恩领兵由西南面攻击思旺，大败清军副将李殿元部。十一月二十五日（12月28日），"接天王徙营出思旺，上金田"[④]。

① 中国史学会主编：《太平天国》第6册，神州国光社1954年版，第868—869页。
② 中国史学会主编：《太平天国》第6册，神州国光社1954年版，第869页。
③ 中国史学会主编：《太平天国》第6册，神州国光社1954年版，第870页。
④ 中国史学会主编：《太平天国》第2册，神州国光社1954年版，第755页。

十二月初十日(1851 年 1 月 11 日),起义军在金田村宣布建国号为“太平天国”[①],宣布了五条纪律:“一遵条命;二别男行女行;三秋毫莫犯;四公心和傩,各遵头目约束;五同心合力,不得临阵退缩。”[②]

金田起义后,太平军开抵大湟江。清廷命钦差大臣李星沅统率万余清军围剿太平军,向荣为前线指挥。咸丰元年正月(1851 年 2 月),向荣率部两次攻击起义军,均遭失败。二月初八日(3 月 10 日),洪秀全率领起义军辗转到达武宣县东乡。二月二十一日(3 月 23 日),洪“登极”,正式就任天王,将部下分为五军。中军主将杨秀清,前军主将萧朝贵,后军主将冯云山,右军主将韦昌辉,左军主将石达开。

六月初四日(7 月 2 日),起义军从象州折回紫荆山区。闰八月初一日(9 月 25 日),攻占永安。太平军在此驻守了半年多时间。十一月初六日(12 月 17 日),天王发布封王诏旨:

> 今特褒封左辅正军师为东王,管治东方各国;褒封右弼又正军师为西王,管治西方各国;褒封前导副军师为南王,管治南方各国;褒封后护又副军师为北王,管治北方各国;又褒封达开为翼王,羽翼天朝。以上所封各王,俱受东王节制。[③]

咸丰二年二月十五日(1852 年 4 月 4 日),太平军在永安因“粮草殆尽,红粉亦无,妖魔数十万四面重围,无路可出”,不得不“移营冲围而出”[④]。当天,洪秀全向起义军发布突围令:

> 通军男将女将千祈遵天令,欢喜踊跃坚耐威武,放胆诛妖,任那妖魔千万算,难走天父真手段……男将女将尽持刀,现身着衣仅替换,同心放胆同杀妖。[⑤]

次日,起义军以罗大纲部为先锋,向桂林挺进。太平军围攻桂林一日之久,未克,于四月初一日(5 月 19 日)撤围北上。四月十六日(6 月 3 日)攻全州,洪秀全亲自率队攻入城中。但是,“破全州之后,南王在全州阵亡”[⑥]。这是太平天国的一大损失。第二天,太平军撤离全州,向湖南道州前进。四月二十三日(6 月 10 日),在蓑衣渡遭

---

① 中国史学会主编:《太平天国》第 2 册,神州国光社 1954 年版,第 850 页。

② 中国史学会主编:《太平天国》第 1 册,神州国光社 1954 年版,第 63 页。

③⑤ 中国史学会主编:《太平天国》第 1 册,神州国光社 1954 年版,第 68 页。

④ 中国史学会主编:《太平天国》第 1 册,神州国光社 1954 年版,第 368 页。

⑥ 中国史学会主编:《太平天国》第 2 册,神州国光社 1954 年版,第 790 页。

清军伏击。四月二十五日(6月12日),太平军在冲破清军的阻截后,攻占道州。继克湘南重镇郴州。西王萧朝贵提议:"闻长沙城卑防疏,若假轻兵数千,倍道袭之,垂手可得。"[①]洪、杨等领导人均表赞同,并拨兵2000交西王。七月二十八日(9月11日),萧率部"由醴陵夜驰二百里,晡时竟薄长沙城下,踞城外高屋发炮轰击"。"哄声如雷,城内屋瓦皆震,昼夜不辍者六日"[②]。西王在指挥攻城时不幸中炮受伤,不治身亡。天王、东王得悉萧牺牲,即亲率大军,直奔长沙。九月十九日(10月31日),太平军在长沙城外水陆洲大败清军向荣部,"杀死官兵数千"[③]。长沙,为湖南省城,清廷派重兵驻守。太平军久攻不下,"军粮莫继,油盐柴炭皆缺,只得解围而出"[④]。十月十九日(11月30日)撤离长沙,由宁乡向北攻击。十月二十二日(12月3日)克益阳,获得大量军需物资。《镜山野史》记载:"益邑当铺大店服物金银米粮,并资江大小船只,掳洗一空。"接着,太平军"兵出临淄(资),过洞庭。初五日,踏破岳阳"[⑤]。"百姓纷纷迎贼入城"[⑥]。太平军在岳州又缴获一批大炮、火药和船只。太平军从益阳到岳州,一路上所得船8000余艘,为太平军水营的建立奠定了基础。十一月初七日(12月17日),太平军"祭起吴王炮药,从岳州起程,千船健将,两岸雄兵,鞭敲金镫响,沿路凯歌声,水流风顺,计数日驻营鹦武洲"[⑦]。十一月十二日(12月22日)占汉阳,数日后克汉口。紧接着攻武昌。陈徽言的《武昌纪事》记道:咸丰二年十二月初四日(1853年1月12日)黎明,"黑雾中闻大声震动,文昌门城颓二十余丈,盖贼于地道以柩盛火药轰烈也,时守城兵勇有入帐就睡者,有下城买菜物者,贼八人扬旗先登,见垛口疏落,招飐大呼,逆党继之,复四围乘梯攻入,兵勇纷纷走避,城遂陷"[⑧]。湖北巡抚常大淳、布政使梁星源等毙命。

二 太平军攻克南京

南京,是杨秀清早就确定要夺取的目标。《发逆初记》中说:"杨秀清出广西全州时,已有窥窜江宁之计,石达开劝令先行入川,再图四扰,杨逆不从。"[⑨]咸丰二年七月(1852年8月)在道州时,杨明确提出:"今日上策,莫如舍粤不顾,直前冲击,循江而东,略城堡,舍要害,专意金陵,据为根本,然后遣将四出,分扰南北,即不成事,黄河以

---

①② 中国史学会主编:《太平天国》第3册,神州国光社1954年版,第291页。

③ 《李秀成自述》。

④⑤⑦ 中国史学会主编:《太平天国》第3册,神州国光社1954年版,第5页。

⑥ 中国史学会主编:《太平天国》第7册,神州国光社1954年版,第16页。

⑧ 中国史学会主编:《太平天国》第4册,神州国光社1954年版,第590页。

⑨ 中国史学会主编:《太平天国》第4册,神州国光社1954年版,第458页。

南，我可有矣。”[①]洪秀全等人亦“深然之”[②]。十二月初四日(1853年1月12日)，太平军攻占武昌，全军声势大震。洪、杨等领导人在武汉对军队进行整顿的同时，对下一阶段作战目标进行讨论。据《盾鼻随闻录》载，当时有两种意见：太平军女将卞三娘等主张“由襄樊一路直取河南，进据中原心腹。杨秀清觊觎江浙财富之区，欲由长江径取江宁为巢穴，争论不绝，秀清遂托天父降凡，令其直犯江南”[③]。从当时清军驻防情况看，北面的河南驻兵二万多人，钦差大臣琦善及提督陈金绶正督师驰援，是清政府重点防守之区；南面，钦差大臣向荣率数万大军正向武昌包围过来；西面，亦由重兵把守；东面，江防兵力仅4000人左右，且分散驻守各地，力量较弱。太平军正可乘虚东下。当时，清廷也已看出，太平军“窥伺东路兵单，势必水陆下窜”[④]。太平天国作出进军金陵的决策是可行的。

咸丰三年正月初三日(1853年2月10日)太平军撤离武汉，由胡以晃、李开芳等人率领陆路起义军，由杨秀清、韦昌辉、石达开等人率领水师，共数十万人，浩浩荡荡，压江东下。时人描写太平军东下的情形时说：

> 其由武汉下江南也，帆幔蔽江，衔尾数十里……行则帆如叠雪，住则樯若丛芦，炮声遥震，沿江州邑，无兵无船，莫不望风披靡。[⑤]

正月初八日(2月15日)，太平军先头部队抵达湖北东部老鼠峡。此地飞岩峭壁，地势险峻，为船只必经之地。两江总督陆建瀛派寿春镇总兵恩长督领水师3000人在此峡防守，陆本人还带数百亲兵在老鼠峡附近的龙坪驻扎。正月十一日(2月18日)，太平军水师发起攻击，大获全胜。据《两江纪略》载：“十一日，在黄石港接仗，贼兵骤至，恩镇军挥兵前进，炮沉贼船十余只，突有青旗贼船百余号驶来夹攻，恩镇军正在指挥攻杀之际，风忽回转，炮子陷入左胯，站立不定，坠江而死，坐船亦被飞炮击碎，同舟弁兵尽行覆没，仅有四船逃回”[⑥]。陆建瀛“仓猝闻报，弃营退走，各路将士纷纷溃散，建瀛乘坐小舟黑夜奔逃小孤山，地踞险要，尚有营盘未破，可以扼守，弃之不顾”[⑦]。这位总督大人一路狂逃至金陵，“深居内堂，连日不出，僚属白事者概不接见”[⑧]。太平

---

① 中国史学会主编：《太平天国》第3册，神州国光社1954年版，第290—291页。

② 中国史学会主编：《太平天国》第3册，神州国光社1954年版，第291页。

③ 中国史学会主编：《太平天国》第4册，神州国光社1954年版，第367页。

④ 中国史学会主编：《太平天国》第7册，神州国光社1954年版，第20页。

⑤ 中国史学会主编：《太平天国》第3册，神州国光社1954年版，第141—142页。

⑥⑦ 中国史学会主编：《太平天国》第4册，神州国光社1954年版，第373页。

⑧ 中国史学会主编：《太平天国》第4册，神州国光社1954年版，第374页。

军继续顺江东下，正月十一日（2月18日）占九江。正月十七日（2月24日）克安庆，毙安徽巡抚蒋文庆。正月二十四日（3月3日），克芜湖。正月二十七日（3月6日），攻占东、西梁山，福山镇总兵陈胜元中炮落水而死。太平军一路前进，连战皆捷，经采石、慈湖进入江苏，兵锋直指金陵。

正月二十九日（3月8日），太平军先头部队抵达金陵，约二十余营，“每营多者二三百人，少者五六十人”①。次日，水师亦至金陵江面，控制了夹江水道。对金陵清守军发动骚扰战。正月三十日（3月9日）黎明，太平军数百人进占雨花台，并趁势攻击南门，“直薄城下”，清军“泼水下石，相持数时”。接着，太平军“又运仓圣庙中之炮，置报恩寺第三层，向城轰击，城上开炮对轰，砰礴之声，一日不绝”②。随之，太平军又分兵至通济门、洪武门、朝阳门、太平门、神策门骚扰，清守军开火，枪炮声络绎不绝。期间，太平军大部队开抵江宁，特别是水师船只“自新洲戴胜关上游，夹江泊起，至七里洲下游夹江泊止”③，船队十分庞大。水师当即分兵占领长江北岸的浦口。二月初三日（3月12日），太平军完成了对金陵的合围。

太平军在组织攻城的同时，也注意防范南来的向荣追兵，北来的琦善之部，东来的杨文定的镇江援军。据向荣《由芜湖登陆驰救金陵折》中说：

> 连日于途次迭据探报禀报：逆匪于正月二十八日至金陵城外，焚烧民房，上下十余里水道，俱有贼艘湾泊；南岸一带，南门通太平府陆路，东门通镇江府陆路，距城七八里远，俱扎营筑有长堡，防我后路追兵。金陵对面浦口地方，亦有贼匪把守，并时有贼船多只，往来芜湖县城，搬运漕米，城内仓廒，亦有逆匪守粮等语，闻之殊深发指。④

向荣在《救援金陵迟误请旨治罪折》中也说：

> 臣即于十八日驰抵江宁县之板桥，查看近城扎营处所，讵该逆先于城外多掘陷坑，密布竹签里许，并于长寿桥左右筑有土城，连扎营数座，防备甚严，以阻我兵进路。⑤

---

① 中国史学会主编：《太平天国》第4册，神州国光社1954年版，第649—650页。

② 中国史学会主编：《太平天国》第4册，神州国光社1954年版，第690页。

③ 中国史学会主编：《太平天国》第4册，神州国光社1954年版，第650页。

④ 中国史学会主编：《太平天国》第7册，神州国光社1954年版，第63页。

⑤ 中国史学会主编：《太平天国》第7册，神州国光社1954年版，第70页。

可见，太平军在兵力布置上做好了攻城与防御两手的准备。

二月初五日(3月14日)，太平军开始攻城，在南门及“水西、汉西、仪凤等门，不分昼夜，四面环攻”[①]。他们用“穴地攻城法”破城，在仪凤门外的静海寺开挖地道。为掩护挖掘工作，攻打仪凤门的太平军加强对守城清军的攻击，并在面对敌军火力点处“筑起土墙遮拦炮子”[②]。江宁将军祥厚督守仪凤门，见军情吃紧，“急添兵守御，安八千斤大炮于城右之狮子山，不时轰击”[③]。二月初五日(3月14日)，清守军“探得贼在仪凤门挖地道”，即在城内相应之处埋缸，设地听。太平军掘地进展很快，二月初九日(3月18日)已掘成，并置放炸药。

在攻城的同时，太平军派间谍潜入城内，开展各种活动。史书载：二月初九日(3月18日)“晚，城北居人笼烛巡街，忽见各家门墙或画红圈，或画白圈，或一或两，或朱书天字，或大字，或刀十字，周环二三里，家家俱遍”，致使守城清军“群相惊疑，知有奸细”[④]，神经紧张。

二月初十日(3月19日)黎明，仪凤门一声巨响，“房屋动摇，有如地震”，“狮山正面城垣，颓卸砖石数层，宽约两丈许，官绅兵勇皆骇散”，太平军数百人迅即攻入城内[⑤]。入城太平军兵分两路，一向鼓楼，另路“循金川至神策”，“由柳巷上鸡笼山”。攻上山的太平军又分两支，一支经成贤街、小营、黄家塘，奔向满军驻防城，在黄家塘路口正遇仓惶逃走的两江总督陆建瀛一行。陆的卫队和轿夫闻太平军至，吓得各自逃命，陆躲在轿中不敢出来，为太平军杀死。随后，与清军巷战，寡不敌众，退回鸡笼山。另一支太平军经旧府学宫向东，在太平门与清军激战，结果败回鸡笼山。清军乘胜追杀。太平军由原路败出仪凤门。冲向鼓楼的一路太平军也跟随退出。仪凤门清守军又将缺口堵塞。

攻仪凤门的太平军虽入而复出，但影响很大，守城官兵军心动摇，纷纷逃走。《金陵省难纪略》说：“城破督死之说，传至南门，兵勇陆续皆遁，城守官弁亦遁，水西、汉西两门兵勇，闻风俱解去。”[⑥]二月初十日(3月19日)午后，进攻南门的太平军“探知城守无人”，即“支云梯由南门之右名曰矮城，相牵而登”，又登上水西门、汉西门，于是“三门大开”[⑦]。二月十一日(3月20日)清早，太平军从南门、水西门、汉西门同时入

---

① 中国史学会主编:《太平天国》第7册，神州国光社1954年版，第70页。

② 中国史学会主编:《太平天国》第4册，神州国光社1954年版，第691页。

③ 中国史学会主编:《太平天国》第4册，神州国光社1954年版，第690页。

④⑤ 中国史学会主编:《太平天国》第4册，神州国光社1954年版，第692页。

⑥⑦ 中国史学会主编:《太平天国》第4册，神州国光社1954年版，第693页。

城,“杀奔满城”。这时,城东北诸门“弁兵闻南门已破,无心拒守,乡勇走散,满兵奔回满城”[①]。于是,进攻仪凤门、神策门的太平军迅即破门而入,越鸡笼山直奔满城,与其他各路太平军合力攻打旗兵。清江宁将军祥厚、副都统霍隆武率部顽抗,战斗异常激烈,“枪炮之声与……喊杀之声,震彻数里”,清军死守,太平军“悉众攻薄,死者无数”,战至中午,满城被攻破,祥厚、霍隆武等将领战死[②]。至此,南京为太平军所攻占。

太平军攻占南京,民众欢欣鼓舞,这是太平天国起义以来所取得的最重要的胜利,它为太平天国下一步的斗争提供了可靠的基地。这对清政府来说是个沉重的打击。当时英国政府蓝皮书中载有:

> 据可靠消息:革命军(即太平军)一往无阻,现已直薄南京……南京经过短期围攻后,已被革命军攻下,官军方面死亡甚多……如南京陷落一成事实,中国政府将受到自变乱发动以来所未曾有之严重打击。所以者何?中国古都之地位,以及其在历史上之关系,在中国人心中如何重要,姑置不论;即以地势言,南京城在扬子江岸,大而且要,居帝国之中央,接近运河,实足以阻碍一切交通,切断米粮运往北京之路;今竟被强有力的大队武装叛徒所占据,此事诚未可忽视,尤不应随意加以掩饰。[③]

三 建都南京

历代统治者对建都地点的选择,无不慎重对待。太平天国也不例外,他们认为:“王者建都之法,必视乎地之形势,极乎恢廓,据乎险要,乃可以卜邦基之永固焉。”[④]又说:“今夫非常之君,必择非常之地以处之。地也者,人君之所甚系者也。地利而万物备矣,诸邪去矣,万方万国共尊矣。”[⑤]

太平天国的建都与洪秀全所提出的“小天堂”口号是紧密联系在一起的。咸丰元年七月(1851年8月),洪秀全在紫荆山时曾向起义的将士们提出到“小天堂”的口号。后在永安又重申了这一口号。洪要求人们“顶天扶主,立志勤王”[⑥],艰苦奋斗,勇往直前,杀尽清妖,太平一统,回到“小天堂”享福。所谓“小天堂”,洪秀全在《钦定前遗诏

① 中国史学会主编:《太平天国》第4册,神州国光社1954年版,第693—694页。

② 中国史学会主编:《太平天国》第4册,神州国光社1954年版,第694页。

③ 中国史学会主编:《太平天国》第6册,神州国光社1954年版,第881—882页。

④ 中国史学会主编:《太平天国》第1册,神州国光社1954年版,第273页。

⑤ 中国史学会主编:《太平天国》第1册,神州国光社1954年版,第269页。

⑥ 中国史学会主编:《太平天国》第1册,神州国光社1954年版,第390页。

书批解》中有个解释：

> 神国在天，是上帝大天堂，天上三十三天是也；神国在地，是上帝小天堂，天朝是也。上帝大天堂是灵魂归荣享福之天堂，凡间小天堂是肉身归荣上帝荣光之天堂。

抹掉神秘的色彩，对现实的太平军将士来说，他们期望“小天堂”即地上人间的天堂，就是太平天国天朝，是太平天国将士们取得胜利后享福的地方。

据《天情道理书》说：

> 我们弟妹务须坚耐到底，合力同心，顶起上帝纲常，指日扫尽妖氛，太平一统。那时天父开恩，论功封赏，富贵显扬，使我们一班兄弟室家相庆，夫妇和偕，猗欤休哉！

洪秀全在《谕兵将立志顶天真忠报国到底诏》中说：

> 上到小天堂，凡一概同打江山功勋等臣，大则封丞相、检点、指挥、将军、侍卫，至小亦军帅职，累代世袭，龙袍角带在天朝。朕实情谕尔，我等既幸得为天父子女，又幸得为天兄弟妹，在世则威风无比，在天则享福无疆。

这是太平天国领导人为人间“小天堂”所绘制的美丽的图画，也是为开创天朝所制订的起义目标。这幅图画对千百万劳苦大众有着巨大的吸引力，也极大地鼓舞着将士们为实现这一美好的理想而英勇奋斗。

“小天堂”是美好的，“天朝”是令人向往的。但是，“小天堂”放置在何处呢？这对洪秀全、杨秀清等领导人来说，是一个非常现实、亟待解决的问题。于是，他们在起义队伍向南京进军的一路上，不断探寻、落实立业为家的基地。他们曾先后将湖南、河南作为“小天堂”的设想，但由于种种原因，他们放弃了这种设想。在武昌时，太平天国领导人中有人主张把“小天堂”放在南京，议论中意见不一，但决定进军南京。太平军攻占南京后，洪、杨等人没有马上决定将天京设在这里，而且想继续进军。《李秀成自述》说：“此时天王与东王上[尚]是计及分军镇守江南，天王心欲结往河南，欲取得河南为业。”也有史书记载：“金陵已破，洪、杨二贼议欲分军，洪留南而杨往北。”[①]

在太平军进占南京前后，太平天国内部就建天京于南京的问题开展了一场大讨论。半窝居士《粤寇起事记实》说：

> 赭寇过岳州，掳一舟子蒋某，道州人……杨秀清甚喜之……蒋某云：“北方少水乏米，南人甚不相宜，且旗营马队极多，势不能敌，不如占都金陵，据长江之险，分扰东南，徐图北窜。”洪、杨皆韪其语，北犯之谋遂止。

《李秀成自述》载有：

> （攻破金陵后，）有一老年湖南水手，大声扬言，亲禀东王，不可往河南，云：“河南河水小而无粮，敌困不能救解。尔今得江南，有长江之险，又有舟只万千，又何必往河南。南京乃帝王之家，城高池深，民富足余，上[尚]不立都，尔而往河南何也？”他又云：“河南虽是中洲[州]之地，足备稳险，其实不及江南，请东王思知[之]！”后东王复想，见这老水手之言，固[故]而未往。此水手是架[驾]东王坐[座]舟之人。被该水手说白，故而改从，后即来往，移天王驾入南京。

许多人从历史、地理、政治、经济、文化等各个方面论述了南京是太平天国建都的最合适的地方。马之沄说：

> 立国建都，必择其地里之广延，山河之峻险，城郭之坚固，人物之丰盈者而后定都焉，始足为千万国来朝之朝，亿万年不拔之基也。金陵地连三楚，势控长江，地理不为不延广矣；群山屏围，长江襟带，山河不为不峻险矣；钟阜旋绕如蟠，石城屹立相距，城郭不为不坚固矣；地则五方杂处，市则百货骈臻，人物不为不丰盈矣。[②]

叶春森论说：

> 真主必本于天生，而建都尤贵乎地势。故得地利者则昌，自然之理也。金陵

① 《太平天国史料丛编简辑》第1册，中华书局1963年版，第15页。

② 中国史学会主编：《太平天国》第1册，神州国光社1954年版，第253页。

为王气所钟，襟三江而带五湖，包东吴而连北越，得其人主之，出可以战，处可以守。今也天生真主，授以重地，建永年不拔之基，立万世常新之业。且带甲百万，粟支拾年，国家有事，遣大将征之，西通川广，东望浙闽，仁者无敌，立见金瓯永固矣。国家无事，名山大川，生滋浩繁，共享上帝真福，诚天京之雄也。①

袁名杰论说：

建都必先择地，而择地尤必取广大。金陵为天下一大都会，虽地势稍下，而紫金山高凌云表，城内各山，亦不平衍，此天父预设，所以待我天王来登大宝也。外此若河南为天下之中，四达之地，土厚水深，而要不若天京雄踞东南，足以壮天威而成王业者也。将见万国来朝，太平一统，有传之万万世而无既者矣。②

可见，太平天国在建都问题上，从上到下、从洪秀全到水手，意见基本一致，建天京于南京。

太平天国何时建都南京？史书的记载没有一个明确的日期，只有一个大概的说法。《李秀成自述》说：杨秀清“移天王驾入南京，后改天京”。洪秀全进城有明确的记载，是二月二十日(3月29日)，那么建都日期当在此之后。天王进城以后还对金陵作了一番考察。据《建天京于金陵论》说：“我主驾至金陵，度其形势，览其山河，相其城郭，稽其人物，默感天父恩德，天兄权能，觉天下舆图之胜，无过于此，遂为之建天京于金陵焉，盖实足于万斯年永奠厥基者也。”③另据史书载，洪秀全是在太平军攻克扬州后才在金陵登位的，而扬州是二月二十三日(4月1日)占领的，建都当在此之后。

太平天国建都南京，结束了没有后方基地的流动作战状态，进入以南京地区为基地的战争阶段，对稳定军心、保证军需供应起着重要的作用。从政治上说，天京的存在，形成天有二日、与清王朝分庭抗礼的局面，使清王朝大为震惊。但是，建都后加速了太平天国封建化的进程，洪、杨等领导人以传统的王朝模式进行政权建设，所谓“天国”实是人间的传统王朝。

---

① 中国史学会主编：《太平天国》第1册，神州国光社1954年版，第254—255页。
② 中国史学会主编：《太平天国》第1册，神州国光社1954年版，第254页。
③ 中国史学会主编：《太平天国》第1册，神州国光社1954年版，第253—254页。

第二节　太平天国的内政外交政策

建都立国后，洪秀全、杨秀清等人为巩固政权，推进与清王朝的斗争，积极开展各项工作：颁发《天朝田亩制度》，推行照旧交粮纳税政策，实施新的文化政策，实行全民军事化的社会组织制度，加强城防建设。在外交上则采用天朝上国对属国的封建政策。

一　颁布《天朝田亩制度》

《天朝田亩制度》是太平天国的一项重要制度。据罗尔纲先生研究，它“颁布于太平天国癸好三年冬十一月”[①]，亦即公历1853年12月5日至1854年1月4日。这一文件内容十分丰富。也就是有关土地的制度设计，它包含三方面的内容：一是解决土地问题的指导思想；二是划分土地质量的等级标准；三是土地分配的方法。

《天朝田亩制度》

《天朝田亩制度》在解决土地问题上的指导思想是：“凡天下田，天下人同耕，此处不足则迁彼处，彼处不足则迁此处。”[②]太平天国的领袖们，企图通过平分土地实现“有田同耕，有饭同食，有衣同穿，有钱同使，无处不均匀，无人不饱暖也”[③]的理想。

《天朝田亩制度》为把天下田平分给天下人，而把田亩按其产量多少，分为三类九等。其标准为：

> 凡田分九等：其田一亩，早晚二季可出一千二百斤者为上上田；可出一千一百斤者为上中田；可出一千斤者为上下田；可出九百斤者为中上田；可出八百斤者为中中田；可出七百斤者为中下田；可出六百斤者为下上田；可出五百斤者为下中田；可出四百斤者为下下田。上上田一亩当上中田一亩一分，当上下田一亩二分，当中上田一亩三分五厘，当中中田一亩五分，当中下田一亩七分五厘，当下上田二亩，当下中田二亩四分，当下下田三亩。

---

① 罗尔纲著：《太平天国史》第2册，中华书局1991年版，第781页。

②③ 太平天国历史博物馆编：《太平天国印书》(上)，江苏人民出版社1979年版，第409页。

文件中将上上田一亩产量的标准定为1200斤、下下田定为400斤，但在当时，无论是旱谷作物地区的北方，还是水稻作物地区的江南，都达不到这么高的产量。

接着，太平天国把分成等级的田亩平均分配给治下臣民百姓。其分田方法，文件规定：

凡分田照人口，不论男妇。算其家口多寡，人多则分多，人寡则分寡，杂以九等，如一家六人，分三人好田，分三人丑田，好丑各一半。

文中又规定：

凡男妇每一人自十六岁以上，受田多逾十五岁以下一半，如十六岁以上分上上田一亩，则十五岁以下减其半，分上上田五分；又如十六岁以上分下下田三亩，则十五岁以下减其半，分下下田一亩五分。

《天朝田亩制度》对产品和生活物资的分配也作了明确规定：

凡当收成时，两司马督伍长，除足其二十五家每人所食可接新谷外，余则归国库。凡麦豆苎麻布帛鸡犬各物及银钱亦然。

同时又规定：

凡二十五家中设国库一，礼拜堂一，两司马居之。凡二十五家中所有婚娶弥月喜事俱用国库，但有限式，不得多用一钱。如一家有婚娶弥月事给钱一千，谷一百斤，通天下皆一式，总要用之有节，以备兵荒。

这是太平天国分配的基本方针。

文件对农村的社会组织制度作了明确的规定：

凡设军，每一万三千一百五十六家先设一军帅，次设军帅所统五师帅，次设师帅所统五旅帅，共二十五旅帅；次设二十五旅帅各所统五卒长，共一百二十五卒长；次设一百二十五卒长各所统四两司马，共五百两司马；次设五百两司马各所统五伍长，共二千五百伍长；次设二千五百伍长各所统四伍卒，共一万伍卒。通一军人数共一万三千一百五十六人。

可见，太平天国的农村社会，是按照其军事组织的体系建立起来的，即以军、师、旅、卒、两司马的编制，而以两司马所统的25家为基层组织。

文件又规定："每军每家设一人为伍卒。有警则首领统之为兵，杀敌捕贼；无事则首领督之为农，耕田奉上。"每军每家，既立足农业生产，又从事军事活动，所以每个军是兵农合一的农村行政单位。

《天朝田亩制度》还以较多的篇幅对职官、司法、文化、教育等有关法规作出了规定。例如，对各级职官的保举与黜陟，文件说："凡天下官民，总遵守十款天条及遵命令尽忠报国者则为忠，由卑升至高，世其官；官或违犯十款天条及逆命令受贿弄弊者则为奸，由高贬至卑，黜为农。民能遵条命及力农者则为贤为良，或举或赏；民或违条命及惰农者则为恶为顽，或诛或罚。"这种保举每年进行一次："凡天下每岁一举，以补诸官之缺。举得其人，保举者受赏；举非其人，保举者受罚。"乡官的保升奏贬，都是由上级保升奏贬下级。文件还规定，每三年对各级职官进行一次考核，根据其行迹或升或贬："凡天下诸官三岁一升贬，以示天朝之公。凡滥保举人及滥奏贬人者，黜为农。当升贬年，各首领各保升奏贬其统属。"

以上是《天朝田亩制度》的基本内容，而土地制度是其核心。

太平天国提出的"凡天下田，天下人同耕"，"凡分田照人口，不论男妇"的原则，主张平分土地，并拿出一套分田的具体方案，这与历史上各次农民起义所提出的纲领、口号相比，具有历史性的进步。《天朝田亩制度》中朴素的平等思想和平分土地的主张，反映了人民群众的强烈愿望。它像磁铁一样，吸引着广大贫苦农民。这对动员和鼓舞千百万农民群众参加和支持太平天国起义起着重要的作用。

但是，《天朝田亩制度》有很大的局限性，存在着严重的空想性。这种空想首先表现在它所提出的社会理想上。《天朝田亩制度》写道："务使天下共享天父上主皇上帝大福，有田同耕，有饭同食，有衣同穿，有钱同使，无处不均匀，无人不饱暖也。"这是一幅美妙的理想图。但是，这种理想只能写在纸上，在现实社会是行不通的，任何社会都做不到"无处不均匀"。其次，反映在分配制度上。《天朝田亩制度》规定，每当收成时，每家每人所留粮食除供吃到接上新谷外，其余都交国库。另外还规定，两司马统领的25家的婚丧喜庆等事，采取"通天下皆一式"的限式从圣库支付。这里有两点值得注意：一是农民虽是劳动者，但他们毕竟是私有者，总希望自己发财致富，要他们长期把所有的剩余产品交给太平天国的圣库是绝对办不到的。二是《天朝田亩制度》要求农民把所有剩余产品交国库，过着通天下皆一式的最低生活水平，手上没有任何可以用来交换的商品，这样太平天国的社会也就成了没有商品交换的社会。太平天国颁布《天朝田亩制度》之时，正是中国开始向近代社会转化，历史发展的方向是走向资本主义。所以,关于取消商品经济的规定,明显地违背了时代潮流,在现实生活中也是行不通的。

《天朝田亩制度》的这些思想属于什么性质呢? 当然是封建性的。《天朝田亩制度》是以洪秀全、杨秀清为代表的农民阶级提出来的。农民阶级,包括太平天国的农民们,虽然有共同的阶级利益,但不能形成一个独立的阶级;他们虽然有共同的理想,但不能形成科学的思想体系。他们只能由别的阶级来代表自己,他们的思想只能受占统治地位的阶级思想的影响和制约。马克思、恩格斯在《费尔巴哈》一书中指出:“统治阶级的思想在每一时代都是占统治地位的思想。这就是说,一个阶级是社会上占统治地位的物质力量,同时也是社会上占统治地位的精神力量。支配着物质生产资料的阶级,同时也支配着精神生产的资料,因此,那些没有精神生产资料的人的思想,一般地是受统治阶级支配的。”[①]所以,在清封建王朝统治下的农民,他们的思想也不能不受占统治地位的地主阶级思想的支配和约束。这就是说,洪秀全、杨秀清他们的思想(连同空想)不能不打上封建的烙印。

《天朝田亩制度》设计的是一个封建的政权,是一切权力都归洪秀全的封建专制社会。洪自起义不久即称天王,并沿袭封建帝王的做法,龙袍加身,以皇上的口气称朕。《天朝田亩制度》则完全以封建皇帝的模式来塑造洪秀全。翻开这个文件,到处都可以看到“诏书”、“诏旨书”、“御制”、“钦定”、“钦命”、“降旨”的字眼,用来维护洪最高权威的尊严。这种思想还渗透在他们所设计的“理想社会”的各个方面:

第一,在经济方面,文件规定:“盖天下皆是天父上主皇上帝一大家,天下人人不受私,物物归上主,则主有所运用,天下大家处处平匀,人人饱暖矣。”这个“主”当然是洪秀全。这样,洪也就成了包括土地在内的一切财物的所有者。正如太平天国《百姓条例》里所说的“百姓之田皆系天王之田,收取子粒全归天王”。这颇有“溥[普]天之下,莫非王土。率土之滨,莫非王臣”的意味。

第二,在政治上,洪秀全掌握着一切生、杀、予、夺大权。《天朝田亩制度》规定:“凡一军一切生死黜徙等事,军帅详监军,监军详钦命总制,钦命总制次详将军、侍卫、指挥、检点、丞相,丞相禀军师,军师奏天王,天王降旨,军师遵行。”文件又规定:“或各家有争讼,两造(按:指原告和被告)赴两司马,两司马听其曲直;不息,则两司马挈两造赴卒长,卒长听其曲直;不息,则卒长上其事于旅帅、师帅、典执法及军帅;军帅会同典执法判断之。既成狱辞,军帅又必上其事于监军,监军次详总制、将军、侍卫、指挥、检点及丞相,丞相禀军师,军师奏天王。天王降旨,命军师、丞相、检点及典执法等详

① 《马克思恩格斯选集》第1卷,人民出版社1972年版,第52页。

核其事无出入，然后军师、丞相、检点及典执法等直启天王主断。天王乃降旨主断，或生或死，或予或夺，军师遵旨处决。”这样，太平天国的司法大权操诸洪秀全一人之手。文件规定，各级官员的升贬、保举委任都由“天王主断”。《天朝田亩制度》里也严重地沿袭了封建的世袭制。文件中规定：“功勋等臣，世食天禄”，“由卑升至高，世其官。”在王位交替上，洪秀全按照封建帝王家天下的思想，明确诏令“幼主万岁”，由他的长子洪天贵福继位。

第三，在思想文化方面，洪秀全推行的是神权至上的封建迷信，向臣民灌输的是绝对服从的忠君思想。《天朝田亩制度》规定：“其二十五家中童子俱日至礼拜堂，两司马教读《旧遗诏圣书》、《新遗诏圣书》及《真命诏旨书》焉。”文中又规定：“凡天下诸官，每礼拜日依职份虔诚设牲馔奠祭礼拜，颂赞天父上主皇上帝，讲圣书。”从臣民百姓到儿童所学的、听的、读的及讲的都是“圣经”和洪秀全的“诏旨书”。而这些书中充斥着神权至上、天命思想和封建礼教的内容。在这种思想的禁锢下，广大人民群众只能成为封建统治下的一个虔诚的宗教徒和顺民。

以上可见，《天朝田亩制度》的内容，从上层建筑到经济基础的论述，都浸透着封建帝王思想。太平天国的设计师们要建设的是君主专制社会，要建立的是洪氏王朝。

《天朝田亩制度》有没有实施？这应当根据它的各项内容进行具体分析，有的实行了，有的没有实行。

关于地方政权建设、城乡社会组织制度方面有些内容是实行了的。据记载：“初，贼所破州县……未尝设官据守。自窃占江宁，分兵攻陷各府州县，遂即其地分军，立军帅以下伪官，而统于监军，镇以总制。监军、总制皆受命于伪朝为守土官。自军帅至两司马，为乡官。乡官者，以其乡人为之也。先必大彰伪谕，声以兵威，令各州县并造户册，即于乡里公举军帅、旅帅等，议定书册并各户籍敛费，呈于伪国宗检点，申送江宁，是谓受降。其军帅假以令旗，得操征调之柄，催科理刑，皆专责成。自师帅至两司马，悉设公堂刑具，建三角旗，以旗长短为尊卑之分。”[①]又说：“贼于各乡遍置乡官，以一万二千五百家为一军，并颁给所刻伪军册，胁令填注，胁令详造家册呈送。”[②]这与《天朝田亩制度》里关于设立乡官，建立地方政权的规定是一致的。

在教育和司法制度方面有些内容也得到了实施，如颁刻书籍、举行考试，“讲道理”，每军设“典执法”审理民刑案件等都在不同程度上实行了。就拿“讲道理”来说，《贼情汇纂》记有：“逆贼所踞之地，动辄鸣锣传集贼众百姓，于何日何时齐集何处听讲

① 中国史学会主编：《太平天国》第3册，神州国光社1954年版，第109页。

② 中国史学会主编：《太平天国》第3册，神州国光社1954年版，第124页。

道理。”[①]通过讲道理,要求大家“从此要敬拜上帝,练习天情,顶天报国”[②]。

其他,如官员的“保举奏贬”的精神,也有所实施。

关于土地制度方面的规定,太平天国始终没有实行。未实施的原因很多,诸如战争的环境和土地分配上的复杂情况等等。但最主要的原因还是这种土地制度是绝对平均主义的空想,农民们无法接受那种剥夺剩余产品的分配制度。这仅仅是一种幻想,无法实行。

二 改行“照旧交粮纳税”政策

尽管《天朝田亩制度》的规定是空想的,但太平天国领导人并没有放弃这一理想,而且试图实行。太平军西征途中曾不断宣传“天下之田皆天王之田,天下之货皆天王之货”[③]等思想,张德坚在《贼情汇纂》卷十里记有:

> 乡民因承平日久,罕见兵革,贼至迁避一空,任贼虏劫,此壬子癸丑冬春情形……设立乡官之后,则又出示曰:“天下农民米谷,商贾资本,皆天父所有,全应解归圣库,大口岁给一石,小口五斗,以为口食而已。”

另据记载,东王杨秀清至咸丰四年五月(1854 年 6 月)仍持有均田均产的思想。他在《答复英人三十一条并质问英人五十条诰谕》中说到:“一复:田产均耕一事是也,人人皆是上帝所生,人人皆当同享天福,故所谓天下一家也。”[④]以上记载,与《天朝田亩制度》的有些内容是相一致的。这表明,太平天国在西征初期的一段时期内曾试图实行田亩制度的一些规定。

但是,情况很快发生了变化,《天朝田亩制度》虽经颁布,但在当时战争环境下一时无法彻底贯彻执行,只能仍旧采用“照旧交粮纳税”的政策。这项重要措施是东王杨秀清、北王韦昌辉、翼王石达开联衔上奏洪秀全请办的:

> 小弟杨秀清立在陛下,暨小弟韦昌辉、石达开跪在陛下,奏为征办米粮以裕国课事:缘蒙天父天兄大开天恩,差我主二兄建都天京,兵士日众,宜广积米粮,以充军储而裕国课。弟等细思安徽、江西米粮广有,宜令镇守佐将在彼晓谕良民,照旧交粮纳税,如蒙恩准,弟等即颁行诰谕,令该等遵办,解回天京圣仓堆积。

---

①② 中国史学会主编:《太平天国》第 3 册,神州国光社 1954 年版,第 266 页。

③ 南京大学历史系太平天国史研究室编:《江浙豫皖太平天国史料选编》,江苏人民出版社 1983 年版,第 314 页。

④ 太平天国历史博物馆编:《太平天国文书汇编》,中华书局 1979 年版,第 302 页。

如此缘由，理合肃具本章启奏我主万岁万岁万万岁御照施行。

天王洪秀全接此本章即批曰："胞等所议是也，即遣佐将施行。钦此。"①

"照旧交粮纳税"政策是何时颁行的？据罗尔纲先生考证是1854年夏历"六七月间"②。这距《天朝田亩制度》的颁布只有半年，离杨秀清给英国使臣关于田产均耕的答复才一个月。在这短暂的时间里，是什么原因迫使太平天国不得不实行"照旧交粮纳税"政策？

二三十万太平军不断征战，和跟随起义的几十万兄弟姐妹，都需要有大量的钱财、粮食和各种物资来支撑。妥善解决经济问题是太平天国起义发展、天京政权巩固的关键问题。起义初期，太平军所需钱粮主要是从清方缴获。太平天国建都天京之初，则采取"告示安民，叫百姓进贡"的办法③。如1854年3月，太平军到黟县索贡，当地绅富"即以数万金纳贡"④。但是太平军的"索贡"具有强制性，而且数额不定，次数不限，问题很多，越来越受到老百姓的抵制，索钱索粮也越来越困难。所以，这种临时性的办法，不能解决太平天国的财政经济问题。洪秀全、杨秀清面对着巨大的困难，摸索探求新的办法，先后颁布了《待百姓条例》、《天朝田亩制度》，宣布田产王有，按人口均分，私人经营，收获交国库，计口留粮。但这些措施民众不赞成："此示一出，被惑乡民方如梦觉，然此令已无人理，究不能行。"⑤《天朝田亩制度》不能实行。这表明，太平天国必须制订出新的既能保证供给、又能为民众所接受的政策。这是政策转变的第一个原因。第二个原因是，咸丰四年（1854）夏天，太平天国财政经济出现危机，粮食开始紧缺。太平天国建都天京时，经济情况良好，钱粮丰足，库藏金银有千万两之多。至咸丰三年（1853）底，天京总圣库尚"存银二百六十三万两，银首饰一百二十五万两，赤金叶条饼锭首饰实存金十八万四千七百余两，钱三百三十五万五千串"⑥。但开支很大，用钱如流水，至咸丰四年二三月（1854年3、4月）间，库银"只存百万不足"⑦。经济危机开始显现。最紧迫的问题是，天京出现粮荒。据记载，太平天国"圣粮馆分丰备仓、复成仓、贡院三处，屯贮截至癸丑年终共存谷一百二十七万石，米七十五万石。江宁群贼口粮每月约放米三十余万石，合计米谷足支四月"⑧。由于太平天

① 中国史学会主编：《太平天国》第3册，神州国光社1954年版，第203—204页。

② 罗尔纲：《太平天国史事考》，生活·读书·新知三联书店1985年版，第208页。

③ 南京大学历史系太平天国史研究室编：《江浙豫皖太平天国史料选编》，江苏人民出版社1983年版，第294页。

④ 《何桂清等书札》，江苏人民出版社1981年版，第121页。

⑤ 中国史学会主编：《太平天国》第3册，神州国光社1954年版，第275页。

⑥⑧ 中国史学会主编：《太平天国》第3册，神州国光社1954年版，第278页。

⑦ 中国史学会主编：《太平天国》第4册，神州国光社1954年版，第774页。

国没有实行一项行之有效的征收钱粮的政策,解决粮食的来源问题,所以几个月以后天京的粮食供应就成了问题。《贼情汇纂》记有:“甲寅四五月间,江宁贼粮几尽,故下令除伪王外概食淖糜,有敢吃饭者斩首。”因此,天京民众的口粮供应也大为减少。“男子牌面,每日每名发米半斤,牌尾四两,女子每日每名,湖南以前,发米六两,湖北以下,发米三两,均以稻代,悉令人食粥,否则杀。其时男馆逃走者多,新附者少。”[1]太平天国面对粮荒,寻求稳定、可靠的粮食来源,不得不把空想的田亩制度的规定搁置一旁,采取“照旧交粮纳税”的政策。

太平天国为维持并巩固其统治地位而把“照旧交粮纳税”定为国策。所谓“照旧”,就是在承认封建地主对土地所有权的前提下,仿照过去清王朝统治时的田赋制度,地主完粮,佃农交租。不论是交租还是完粮,都是土地制度在分配领域里的表现形式。所以,这一政策的推行,说明太平天国沿袭了封建土地制度。

“照旧交粮纳税”政策,在太平天国辖区内得到普遍的贯彻。《金陵杂记》载有:

> 皖、楚、江右,沿江内外,逆匪所陷各省府县,亦照旧设立伪郡、县,如某府即伪立某郡总制,县即伪立某县监军,均给木刊伪戳。伪郡总制每日只收县伪监军每处钱二千文。其县伪监军系搜查从前征册,索收钱漕、渔、芦、牙税。[2]

安徽是太平天国统治时间比较长的地区,推行“照旧交粮纳税”的政策也较早。据储枝芙的《皖樵纪实》载:在潜山县,咸丰四年(1854)“秋七月,贼勒征地丁银。贼勒户米,每户出米三十斤,曰报效米”[3]。在铜陵县,太平天国当地政府于咸丰四年八月初一日(1854年9月22日)开始“征收钱米”。在庐州,太平天国亦是在咸丰四年闰七月(1854年9月)开始征收钱漕。在江西亦实行了“照旧交粮纳税”政策。咸丰五年二三月间(1855年4月),太平天国曾派大员到江西“催办钱漕,兼收贡税”,要求“粮户等,亦宜谨遵天定,暂依旧例章程,扫数如期完纳”。“今值三月之期,正为应完地丁之候,所有一切应完地丁,以及芦课鱼课等项,无论富户贫民,务宜一体完纳,不得迟延拖欠。”[4]太平天国实施“照旧交粮纳税”政策比较顺利,民皆乐从,安徽各地百姓“相率输

---

① 中国史学会主编:《太平天国》第4册,神州国光社1954年版,第664—665页。

② 中国史学会主编:《太平天国》第4册,神州国光社1954年版,第642页。

③ 《太平天国史料丛编简辑》第2册,中华书局1963年版,第92页。

④ 《前玖圣粮刘晓谕粮户早完国课布告》,太平天国历史博物馆编:《太平天国文书汇编》,中华书局1979年版,第118页。

将”。在江西，“所有各府州县，无不闻风向化，输将踊跃”①。

“照旧交粮纳税”政策的实行，为太平天国的官兵和民众谋得了比较可靠、稳定的钱粮供应，解决了财政困难和粮食问题。据记载，咸丰六年(1856)夏天时的天京粮食非常充裕。“在南京城里有足够供应六七年的大米，在第二位(东王府)[即东王]被杀之后，好几个星期内有八千到一万人忙着把他的粮库的米运到另外的仓库去”②。

三 思想文化方面的变革

太平天国在其统治区特别是南京，对思想文化作了一些变革，主要是：

在宗教方面，崇拜上帝，排斥异教。太平天国的宗教组织称拜上帝会。它是洪秀全、冯云山等人为发动农民起义借用基督教传教小册子、梁发的《劝世良言》中某些内容，结合古今实际，用儒家思想阐发创立的。洪秀全所写《原道救世歌》、《原道醒世训》、《原道觉世训》、《十款天条》等作品，形成了拜上帝会教义。洪认为，上帝是独一真神，人人当拜；天下男女都是兄弟姐妹，应共同奋斗，创建地上人间天国，实现“天下一家，共享太平”；上帝号召信徒民众斩邪留正，杀尽妖魔鬼怪。

天京当局大力宣传拜上帝会的理论，要求官民认真学习教义。《天朝田亩制度》规定：“凡内外诸官及民，每礼拜日听讲圣书，虔诚祭奠，礼拜颂赞天父上主皇上帝焉。每七七四十九礼拜日，师帅、旅帅、卒长更番至其所统属两司马礼拜堂讲圣书教化民。”“凡礼拜日，伍长各率男妇至礼拜堂，分别男行女行，讲听道理，颂赞祭奠天父上主皇上帝焉。”洪秀全、杨秀清等领导人，为组织官民宣传和学习拜上帝会教义，动员民众积极参加起义斗争，编印了不少书籍。咸丰四年(1854)颁行的有：《天父上帝言题皇诏》、《天父下凡诏书》(两部)、《天父圣旨》、《天命诏旨书》、《旧遗诏圣书》、《新遗诏圣书》、《天条书》、《太平诏书》、《太平礼制》、《太平军目》、《太平条规》、《颁行诏书》、《颁行历书》、《三字经》、《幼学诗》、《建天京于金陵论》、《天朝田亩制度》、《天情道理书》等20多部。通过学习教育，使天下官兵百姓，“九州万郭，莫不知今是而昨非，悉洗心而革面，共同赞美天父天兄之权能，而皆真心悔罪，修好炼正，以为天父子女矣”③。

孔孟的封建儒家学说，重人道而不敬鬼神，与拜上帝会的教义相抵触。太平军抵达南京不久，即掀起一场大的反孔反儒的运动，毁孔庙，烧孔孟之书。天京当局宣布：

---

① 太平天国历史博物馆编：《太平天国文书汇编》，中华书局1979年版，第118页。

② 北京太平天国历史研究会编：《太平天国史译丛》第2辑，中华书局1983年版，第70页。

③ 中国史学会主编：《太平天国》第1册，神州国光社1954年版，第303页。

"凡一切孔孟诸子百家妖书邪说者尽行焚除，皆不准买卖藏读也，否则问罪也。"[①]并贴出告示："凡一切妖书如有敢念诵教习者，一概皆斩。""凡一切妖物妖文书一概毁化，如有私留者，搜出斩首不留。"[②]对以孔孟为代表的儒家学说进行了猛烈的冲击。天京领导人对孔孟书籍和儒家思想全盘否定，而割裂传统文化是行不通的。未久，东王杨秀清假托天父圣旨说：孔、孟之书，其中有合于天情道理亦多，"未便一概全废"。于是，太平天国命令何震川、曾钊扬、卢贤拔等设删书衙删书。出告示："俟删定颁行，方准诵习。"[③]天王洪秀全还亲自删改《诗经》，并下诏说："咨尔史臣，万样更新，诗韵一部，足启文明。今特诏左史右史，将朕发出诗韵一部，遵朕所改，将其中一切鬼话、怪话、妖话、邪话一概删除净尽，只留真话、正话，抄得好好缴进，候朕披阅刊刻颁行。"[④]所删之书主要是四书、五经。据《金陵省难纪略》载："始以四书、五经为妖书，后经删改准阅，惟周易不用，他书涉鬼神丧祭者削去。"

拜上帝会规定，独一真神唯上帝，"上帝当拜，人人所同"[⑤]。太平天国反对崇拜其他偶像，所以《太平诏书》说："皇上帝之外无神也。"洪、杨基于这种信仰，用政治、军事的力量排斥异己，严禁当时社会上盛行的佛教、道教。洪秀全批评说："明明有至尊至贵之真神，天下凡间大共之天父，所当朝朝夕拜而不拜，而拜专迷惑缠捉人灵魂之妖鬼，愚矣！""所当朝朝夕拜而不拜，而拜无知无识之木石泥团纸画，各偶像有口不能言，有鼻不能闻，有耳不能听，有手不能持，有足不能行之蠢物，抑又愚矣！"[⑥]所以，洪、杨废佛又废道。张德坚的《贼情汇纂》说：太平军所到之处"见庙宇即烧，神像即毁"。咸丰三年正月三十日(1853 年 3 月 9 日)，太平军抵达南京城下时就将西天寺、仓圣庙等地的菩萨一扫光。四月(5 月)，太平军在六合县南关，把彤华宫各神像捣毁。

在教育方面，太平天国并不重视文化教育。他们对成人仅进行一般的宗教教义、宗教知识教育，别无其他。对孩童青少年的教育也是如此，没有为孩子们设立一所学文化科学知识的学校。不过，也有它的特点。天京设育才书院，主要招收"各官子弟"，由育才官教读。各王府也设有育才官[⑦]。这些育才官都是从太平天国的进士中选聘来的。可见，育才书院是为官家子弟服务的。百姓子弟只能同成人一样，接受一般的宗教教育。《天朝田亩制度》规定：每两"二十五家中童子俱日至礼拜堂，两司马

---

① 中国史学会主编:《太平天国》第 1 册，神州国光社 1954 年版，第 313 页。

② 中国史学会主编:《太平天国》第 3 册，神州国光社 1954 年版，第 232 页。

③ 中国史学会主编:《太平天国》第 3 册，神州国光社 1954 年版，第 327 页。

④ 中国史学会主编:《太平天国》第 3 册，神州国光社 1954 年版，第 190 页。

⑤ 中国史学会主编:《太平天国》第 1 册，神州国光社 1954 年版，第 87 页。

⑥ 中国史学会主编:《太平天国》第 1 册，神州国光社 1954 年版，第 96 页。

⑦ 中国史学会主编:《太平天国》第 4 册，第 709 页；第 3 册，神州国光社 1954 年版，第 95 页。

教读旧遗诏圣书、新遗诏圣书及真命诏旨书焉”。这种以宗教教育代替文化教育的做法,是行不通的。

在选拔人才方面,太平天国沿用了唐宋以来的科举考试制度,不过,进行了较大的改革。定都天京初,各地科举考试没有统一制度。在天京地区有天王洪秀全生日的天试,还有东王杨秀清、北王韦昌辉、翼王石达开生日的东试、北试、翼试。这种考试的特点:一是废除清王朝科举考试对出身的限制,“不论门第出身”,一律平等,都有权利参加。二是试题“皆出伪书,不本四书五经,及子史文集”①。三是开女科,咸丰三年(1853)曾举行女试,傅善祥考中第一名。这可谓科举史上的一个突破。

太平天国选拔人才除科举之外,还有招贤的办法。定都不久,就出招贤榜:“江南人才最多,英雄不少,或木匠,或瓦匠,或铜铁匠,或吹鼓手,你有那长,我便用你那长,你若无长,只可出出力的了。”②有时为寻求某一专门人才亦出榜招贤。咸丰四年四月(1854年5月),韦昌辉贴出《招延良医诫谕》说:

> 照得前蒙东王仰体天父好生之德,屡经诰谕招访良医。查此处地当孔道,为良医聚集之所,类如大小方脉、内外专科、眼科、妇科以及专理小儿急慢惊风等症,可以立奏奇效者,必不乏人。乃迄今并未见有医士应招而来,为此不惜重赏,再行诫谕。凡有精通医理能治各项病者,即宜应命前来。又眼科为天朝所尤重,抑或专精眼科者均即到该镇守将佐衙门报名,以便送至天京录用。果能医治见效,即赏给丞相;如不愿为官;即赏银一万两,并使其回家安享,以奖其艺。③

正是采取了这些措施,太平天国招到了诸匠营、百工衙所需的各种人才,这在一定程度上满足了其对各类人才的需求。

在文学艺术方面,太平天国设绣锦衙,把民间有美术特长的画士、画工组织起来画画,从事壁画创作。天京地区许多房屋建筑的墙壁、门窗都画有壁画,天王府和各王府按照封建等级配有相应的壁画。涤浮道人在《金陵杂记》中写道:“两湖贼有知画者,为伪绣锦,掳胁各处并省中画士,为之画旗、画伞、画轿衣,各贼首巢穴门扇墙壁,无一不画,登高上壁勉为设色,笔墨遭难矣。……如洪逆之门画双凤,谓之凤门,杨、韦之门画龙虎,伪丞相门画象,以下画狮、豹、鹿、兔,墙壁画鱼、雁、鹅、鸭等类,不准绘人物。”南京堂子街某王府有一幅山水壁画《望楼》,是一幅天京江面的写实画,颇有绘

---

① 中国史学会主编:《太平天国》第3册,神州国光社1954年版,第112页。

② 赵烈文:《落花春雨巢日记》卷三,见罗尔纲著:《太平天国史》第2册,中华书局1991年版,第1314页。

③ 罗尔纲著:《太平天国史》第2册,中华书局1991年版,第1315页。

画技巧。画士、画工们主要是为王爷将相们服务的，壁画也是随新贵们的心意而作，如南京如意里的《蜂猴图》(为“封侯”的谐音)，意祝升官发财。诗歌是文学创作的一种形式，太平天国领导人洪秀全、冯云山、石达开等人常用诗歌宣讲道理，激奋群众，为推翻清王朝而战斗。太平天国有一些诏旨、诰谕也是用诗歌写成的。不过，写诗作歌要有较高的文学修养，一般民众是难以做到的。天京当局也不提倡，曾下令：“凡各馆书士如有编造歌谣及以凡情歪例编成诗文，迷蒙兄弟者，斩首不留。”①演戏本是宣传群众、丰富百姓文化生活的一种文艺形式，但太平天国不赞成。天京政府曾贴出告示：“凡邪歌邪戏一概停止，如有聚人演戏者全行斩首。”②这种规定，有违民意。

四　天京实施全民军事化的社会组织制度和城防建设

太平天国定都天京之初，对京城的社会组织、生活等方面进行了一次大的变革，实行全民军事化。天京当局对全城居民分别男行、女行，实行营馆制度，衣、食、住等生活资料由圣库供给，私营工商业被取消，城中手工业者被编入诸匠营和百工衙。

(一) 设“男馆”、“女馆”的制度

太平天国起义之初，拜上帝会民众大都是全家同来参加。为了作战行军的需要，起义人员不得不暂时放弃家庭生活，分建男营女营，儿童则由妇女营携带。《太平条规》说：“要别男营女营，不得授受相亲。”③男营的主要任务是军事斗争，对敌作战，女营主要做后勤工作，是男营的辅助力量。这一制度的实施，对太平天国初期的胜利斗争起了一定的作用。

太平天国曾将这一制度推行于民间。陈徽言的《武昌纪事》载有，太平军在武昌时，“贼使妇女归馆，以数姓并居一家，亦以二十五人为率”④。建都天京后，太平天国在京城遍设“男馆”、“女馆”。咸丰三年(1853)夏天，京中人口约 24 万，其中男 10 万多，女 14 万。谢介鹤的《金陵癸甲纪事略》云：

> 其时，男馆广西约千五百人，广东约二千九百人，湖南约万人，湖北约三万人，安徽约三千人，各省约二千人，金陵约五万人，镇江、扬州约五千人。女馆广东、西约二千五百人，湖南约四百人，湖北约二万五千人，安庆约三千人，镇、扬约万人，金陵约十万人。

① 中国史学会主编:《太平天国》第 3 册，神州国光社 1954 年版，第 231 页。
② 中国史学会主编:《太平天国》第 3 册，神州国光社 1954 年版，第 232 页。
③ 中国史学会主编:《太平天国》第 1 册，神州国光社 1954 年版，第 155 页。
④ 中国史学会主编:《太平天国》第 4 册，神州国光社 1954 年版，第 595 页。

编入女馆的妇女要参加劳动。据汪士铎《乙丙日记》卷三载:“贼本山乡之人,其妇女耕耘织染无非素习,而不知金陵妇女不能也。于是以己之能谓人必能,凡负米、舂稻、伐竹、挖壕、担砖、割麦、获稻、负盐、担水之事皆责其各自为谋,各自效力。”《金陵杂记》也说:“妇女入馆后,日以劈竹签、挑砖、负米为事,不堪其苦。”馆中妇女,稍有“不从者,轻则鞭扑,重则项枷”。“如查得其家有男丁送米来馆者除抢去外,妇女又受枷责”。

太平天国在城市居民中实行男营女营的制度,拆散了家庭,否定家庭生活,违背人伦性情,遭到民众的反对。他们认为,男女分馆,是“荡我家资,离我骨肉,财物为之一空,妻孥忽然尽散”的人间惨剧。人们为了避免这种不幸,而大量逃亡。他们利用外出劳动的机会设法逃出城。太平天国建都天京一个多月后,“城内借买菜、刈草逃出者,约有数万人”①。咸丰四年八月(1854 年 10 月),京城粮食紧张,太平天国令编入男馆的人全部“出城割稻自食,人多逃散”。八月二十七日(10 月 18 日),又动员京城妇女“八九万人出城,至乡圩割稻,藉此逃脱者数万”②。

在广大居民的强烈反对下,这一制度很难继续实施下去。咸丰四年底(1855 年初),才下令解散“女馆”、“男馆”,恢复家庭制度,社会生活有了相应的安定。

(二) 实行圣库制度

圣库制度,是太平天国的一项重要制度。它是根据“天下皆是天父上主皇上帝一大家,天下人人不受私,物物归上主,则主有所运用,天下大家处处平匀,人人饱暖”③的原则建立起来的一种分配制度。罗尔纲先生对“圣库”有个解释:“圣”是太平天国宗教对上帝的尊称,“圣库”就是上帝的仓库,也就是表示人人公有共享的意思。

这一制度是建立在一切公有,不允许私藏财物的基础上的。洪秀全为贯彻财物归公的原则,保证圣库制度的实行,多次颁布诏令,教导全体将士。咸丰元年(1851),天王在永安时下诏说:“各军各营众兵将,各宜为公莫为私,总要一条草,对紧天父天兄及朕也。继自今,其令众兵将,凡一切杀妖取城,所得金宝绸帛宝物等项,不得私藏,尽缴归天朝圣库,逆者议罪。”④咸丰二年(1852),洪秀全在长沙时又颁发诏令:“通军大小兵将自今不得再私藏私带金宝,尽缴归天朝圣库,倘再私藏私带,一经察出,斩首示众。”⑤

---

① 中国史学会主编:《太平天国》第 4 册,神州国光社 1954 年版,第 752 页。

② 中国史学会主编:《太平天国》第 4 册,神州国光社 1954 年版,第 665 页。

③ 中国史学会主编:《太平天国》第 1 册,神州国光社 1954 年版,第 322 页。

④ 中国史学会主编:《太平天国》第 1 册,神州国光社 1954 年版,第 65 页。

⑤ 中国史学会主编:《太平天国》第 1 册,神州国光社 1954 年版,第 69 页。

圣库制度从起义开始就实行了。在金田时，参加起义的农民大多是举家前往。"彼等已将田产屋宇变卖，易为现金，而将一切所有缴纳于公库。全体衣食俱由公款开支，一律平均。因有此均产制度，人数愈为加增，而人人亦准备随时可弃家集合"①。这一制度，首先是在军中实行。《贼情汇纂》卷三载有："凡陆营、水营，除正职官外，亦设各典官，与伪朝所立大同而小异……凡掳得银钱衣物，及油米等项，则设典圣库、典买办、典圣粮、典油盐总之，亦正副二人，分司典守出纳。"太平天国建都天京后在"水西门灯笼巷中"设总圣库②。与此同时，对京内居民实行圣库供给制。所有的金钱、米粮、布帛均归圣库，统一定量分配各军、各镇。据《贼情汇纂》记载："每二十五人每七日给米二百斤，油七斤，盐七斤而已，虽掳劫极多，亦毫无加增。"圣库制度在农村没有实行过。

太平天国圣库钱物的来源是多方面的：一是参加起义人员所交给圣库的钱粮。韦昌辉、石达开等人都非常富有，起义时把家里全部资财捐给了圣库。二是从清方缴获、没收的财物。太平军攻克武昌后，"悉掳金银缯布，器械米盐，载以百艘"③。三是在其辖区内征收的农、商税。四是百工衙的生产品。还有靠"进贡"、"打先锋"所得财物。

圣库制度是一种绝对平均主义的供给制度，它可以在军事手段的强制下推行于一时，但它不可能在以私有经济为基础的社会里长期实行。

（三）诸匠营与百工衙

太平天国在天京的治理中，实行了诸匠营与百工衙制度。南京是手工业比较发达的大城市，仅私营丝织业缎机即达3万多张，并有一批较大的手工工场。太平天国定都南京之初，将手工业收归国有，集中各种工人，按行业和技能分别编入诸匠营和百工衙，进行有组织的生产。

设立诸匠营与百工衙，首先在军中实行。张德坚《贼情汇纂》里说到："攻我坚城，则全恃开挖地道，将藉所掳煤山人为土营，设立诸匠营及各典官，使被胁百工技艺各有所归，各效其职役，凡军中所需，咄嗟立办。"太平军最早成立的是土营。咸丰二年(1852)，太平军曾用土营挖地道攻克全州。太平军领导人见设土营颇有成效，即在军队里设立各种管理生产的典官。攻占天京后，在城内设立多种匠营，除水营、土营外，"又有木营，其卒皆木工。金匠营，其卒皆金银匠。织营，其卒皆织机匠。金靴营，其

---

① 中国史学会主编:《太平天国》第6册，神州国光社1954年版，第870页。

② 中国史学会主编:《太平天国》第4册，神州国光社1954年版，第764页。

③ 中国史学会主编:《太平天国》第4册，神州国光社1954年版，第572页。

卒皆靴鞋匠。绣锦营,其卒皆男绣匠。镌刻营,其卒皆刻字匠"①。这些匠营均依军制编组。《贼情汇纂》说:"各营以指挥统之,其总制至两司马亦如土营水营之制。"诸匠营,以织营为最大,人数最多时有1.4万人。

同时设立的还有百工衙。据罗尔纲先生研究有39种典官衙,按性质可归为9类:

1. 军事方面:有制造枪炮的典炮衙,制造铜炮的铜炮衙,铸造铅弹的铅码衙,煎熬硝磺的典硝衙,生产火药的红粉衙,制造兵器、铁器的典铁衙,制造战船的战船衙,制造弓箭的弓箭衙,生产旗帜的旗帜衙。

2. 食品方面:有舂碾粮食的舂人衙,宰割牲畜的宰夫衙,生产豆腐的豆腐衙,生产酱、小菜及作料的浆人衙,制醢的醢人衙,生产糕饼的茶心衙,生产茶叶的天茶衙。

3. 衣服方面:有负责织绎丝桩缎的典织衙,主缝纫衣服的缝衣衙,生产冠帽的国帽衙,生产靴鞋的金靴衙,制作梳篦的梳篦衙,生产花粉装饰品的典妆衙。

4. 建筑方面:有负责建造房屋的典木衙,油漆房屋的油漆衙。

5. 交通方面:有生产舆轿的整舆衙,制造船只的金龙船衙。

6. 日用品方面:有制造铜器的典铜衙,生产竹器的典竹衙,生产石器的典石衙,生产洋伞的洋遮衙,修理钟表的钟表衙,修理八音盒的风琴衙。

7. 印玺器饰货币方面:有铸印并熔金银器饰的典金衙,雕琢玉器的玉器衙,铸钱的铸钱衙。

8. 印刷方面:有雕刻木印和书籍的镌刻衙,刷印书籍及告示的刷书衙。

9. 美术方面:有画壁画、画旗、画伞、画轿衣的绣锦衙,有主管张挂灯彩事的结彩衙②。

太平天国在天京所设的百工衙并不止这些,据《金陵杂记》说,有59种匠作,生产各种杂货。在生产的组织领导方面,视各衙的重要性分别设官掌管。如典炮衙比较重要,派第三级官阶职同指挥的领导;金龙船衙的重要性属一般,派第五级官阶职同总制的来领导;钟表衙并不重要,则派国家第六级官阶职同监军的任领导。百工衙与诸匠营不一样,除了管好制造外,还要对"所典之事,俱兼司收发"③。

诸匠营与百工衙的设立,对太平天国军事物资的供应和京城百姓经济生活作出了积极贡献。这在一定程度上做到了"各储其材,各利其器,凡有所需,无不如意"④。

① 中国史学会主编:《太平天国》第3册,神州国光社1954年版,第139页。

② 罗尔纲著:《太平天国史事考》,生活·读书·新知三联书店1979年出版,第232—236页。

③ 中国史学会主编:《太平天国》第3册,神州国光社1954年版,第101页。

④ 中国史学会主编:《太平天国》第3册,神州国光社1954年版,第139页。

但诸匠营与百工衙制度存在着致命的弱点，对手工工人实行生活资料的绝对平均主义的分配，主要是供给口粮。在《金陵癸甲新乐府》中有一首诗写道："木工瓦工千万人，营营扰扰晨至昏。但有口粮无雇钱，妻孥冻馁空忧煎。"这种"但有口粮无雇钱"的做法，对于资本主义萌芽出现后而产生的雇佣关系中的货币工资，是个严重的打击。而且这种诸匠营与百工衙的生产，完全是按行政命令办事。上面要生产多少，就干多少，要多少人生产，就派多少人。它们的产品不投入市场的流通，内部没有由利润转化而来的资金积累。所以，它们永远也不会产生资本主义。再说，生产的好坏与劳动者的经济利益是相脱离的，他们除了得到温饱没有任何报酬，这当然不可能发挥劳动者的积极性和创造性。由此可见，这种制度束缚和摧残着资本主义萌芽的发展，是逆历史潮流而动的。他们除了靠大刀、长矛的军事权威能暂时维持一个时期，但终究是要垮台的，事实上，那些手工工匠一有机会就逃跑。据《金陵杂记》记载，被编入土营的泥、木、油漆匠，未多久便"逃亡已过半矣"。织营人数虽多，但被抽调和逃亡者亦甚众，"自夏徂冬，所存只四分之一"。

（四）取消私营商业

太平天国建都之初，在天京城内，依据"人无私财"的原则，不准百姓私人经营商业。《待百姓条例》规定，"铺店照常买卖，但本利皆归天王，不许百姓使用"①。另有史料记载："贼谓凡物皆天父赐来，不须钱买。"②这表明太平天国在天京取消私营商业，把商人的资本货物收归国有，纳入圣库，统一调拨分配。由于私营买卖取消，物资供应紧张，天京当局不得不创办公营商业。《金陵省难记略》云：太平天国"令老贼出城买物，设肆于北门桥，转卖之各馆。人有愿为某业者，禀佐天侯给照，赴圣库领本，货利悉有限制。有杂货、玉玩、绸缎、布匹、米油、茶点、海味各店，其店皆有贼文凭，称天朝某店，不准私卖。间有自藏珠玉玩物求售者，巡查没其物，责其人"。天京的太平军"立五市于北门桥，不准人出城买物，并不准在各街买物，悉归五市"③。所谓"五市"，就是五大商行。城里各衙、各店都向五大商行购买，然后转手销售。这个"五市"是天京当局设立的总商店，具有垄断性。所以，《金陵癸甲新乐府》有诗云："城中设立五大行，自出买办奇货藏。兄弟姐妹买之卖，什一逐利充饥肠。"但是，公有商店无法解决全城百姓对货物的需求，供求矛盾突出。因货源缺少，物价飞涨，各方均感不便，即建议撤销"五市"。天京总商店开了两个多月就停歇了。

天京当局出于防务安全的考虑，不许商贩在城内经营，而在城外设立允许商人自

① 中国史学会主编：《太平天国》第4册，神州国光社1954年版，第750页。

② 中国史学会主编：《太平天国》第4册，神州国光社1954年版，第716页。

③ 中国史学会主编：《太平天国》第4册，神州国光社1954年版，第663页。

由经营的买卖街。他们在太平门外、南门大街、驯象门外、神策门外、栅栏门外、江东门等处都设有这样的商业区。据涤浮道人的《金陵杂记》载，买卖街是“城中之贼，逐日来此购买食物之所”①。

由此可见，天京当局一面禁止私商在城内经营，而不得不创办公营商店；一面在城外设立买卖街，提倡集市贸易，自由买卖，保留私营商业。城内、城外两种不同的商业政策，同时并举。应当指出，禁止城内私营商业是错误的，对城市的商业打击不小，阻碍了商品经济的发展。保护私营商业的政策，是符合时代发展方向的。

五 外交政策

太平军占领南京不久，英国驻华公使文翰即于咸丰三年三月二十日(1853 年 4 月 27 日)前往访问。十月底至十一月中旬(11 月底至 12 月中旬)，法国驻华公使布尔布隆一行也到天京访问。第二年，美国驻华公使亦来了。他们走访天京的目的，一是向太平天国领导人表达“和平志愿与中立地位”；二是“搜集有关在中国进行的大变革，特别是有关宗教和天主教权益的确切情报”，了解天京政权对西方国家的态度②。

英、法、美等国公使的到访，给天京领导人提出了如何处理对外关系的问题。当时的中国，已被卷进世界资本主义潮流之中，与欧美资本主义各国有所联系。但由于太平天国领导人大多出身广西偏辟乡村，没有世界的眼光，不可能处理好对外关系。

从天京政权头几年的实践看，在对外关系的处理上有几点值得注意：

(一) 缺乏国际知识，不主动开展外交活动

天京当局对世界上有哪些国家？各国的地理位置怎样？中国在地球的哪个方位？都一概不知情。美国驻华公使麦莲说：太平天国“诸王及其兄弟们几乎全然不知世界上到底有哪些王国和国家，但他们统治全世界的要求却十分明确”③。富礼赐在《天京游记》中讲到，他在天王府一间屋子里“看见一幅‘太平天国万岁全图’。这真是一张极奇异可笑的图籍，中有一大方地，四围是洋海，地即中国；中又有四方地，围有四墙，是为天京。香港没有存在，日本是一小点，北京也没有存在。在西北方有两小岛名为英吉利及法兰西。其他欧洲诸国大概都为《天条》所屈服了，而全个亚细亚洲——中国除外——大概已被龙吞去了。”④

---

① 中国史学会主编：《太平天国》第 4 册，神州国光社 1954 年版，第 633 页。

② 中国史学会主编：《太平天国》第 6 册，神州国光社 1954 年版，第 894 页；北京太平天国历史研究会编：《太平天国史译丛》第 2 册，中华书局 1983 年版，第 24 页。

③ 北京太平天国历史研究会编：《太平天国史译丛》第 2 辑，中华书局 1983 年版，第 46 页。

④ 中国史学会主编：《太平天国》第 6 册，神州国光社 1954 年版，第 949 页。

正是这种无知和传统的皇权思想，蒙住了洪、杨等人的眼睛，不了解天下大势，不考虑与别的国家打交道，只关心推翻清政府的事。洪、杨在南京立国后，并没有派出使者开展外交活动，也没有打算跟哪个国家建立外交关系，争取它们保持中立，以孤立清王朝。他们只是以天朝上国自居，坐等世界各国来京朝拜。当他们弄清楚西方大国的使者不是来朝拜进贡时，对使者们的接待也就异常冷淡。1854 年 6 月，英国公使约翰·包令派麦华陀、麦勒西等人乘军舰去天京访问。天京当局得悉英人是来摸情况和买煤后，就持不理不睬的态度，拒绝接待。英舰停在天京江面 10 天，没有一个太平天国官员和当地百姓登舰交往或参观。据麦华陀他们说：这是因为天京政府“下了一道严格的命令，禁止人民和我们发生任何交往”①。还说：“关于他们对外国人的倾向，我们有责任说明白：它是极端排外的，在傲慢无礼方面甚至超过了现政权中的满洲官员，没有迹象说明他们寻求外国人的接近。”②可见，太平天国领导人不愿打开国门，与世界各国交往，争取他们的承认。

（二）狂妄自大，自封天下万国真主

天京领导人神化自己，把洪秀全打扮成救世“真主”。洪自称：“今仰蒙天父上主皇上帝暨救世主天兄基督大开恩，亲命天王下凡救世，又命东王及列王为之辅翼，以天情真道化醒世人，俾天下万世脱尽凡情，共享天福。”③杨秀清在《答复英人三十一条并质问英人五十条诰谕》中说：“我主天王是上帝亲子，天兄胞弟，为天下万国太平真主，是天父上主皇上帝所立，暨救世主天兄耶稣所立。”④韦昌辉在英人问及太平王时答说：“太平王即真主”，“中国君主即天下之君主，他是上帝次子，全世界人民必须服从及跟随他。”“真主不仅是中国之主，他不仅是我们的主，也是你们的主。”⑤对这些奇谈怪论，英、法、美等国派来天京的使者都表示十分可笑。咸丰四年六月初五日（1854 年 6 月 29 日），英国外交官们曾明确表示：“我们不相信太平王是被上帝指定为世界各国的真主。”“太平王自称是世界各国之真主，这是一个最没有证据的臆测。他抛掉这个称号愈快愈好，因为这样他才能避免触怒其他国家的国君，避免他自己卷入困境。”⑥

他们塑造了洪天王这尊“万国之真主”的神后，就要求世界各国都到天朝来朝拜

---

① 茅家琦：《太平天国对外关系史》，人民出版社 1984 年版，第 98 页。

② 茅家琦：《太平天国对外关系史》，人民出版社 1984 年版，第 108 页。

③ 《太平天国印书》(下)，江苏人民出版社 1979 年版，第 515 页。

④ 太平天国历史博物馆编：《太平天国文书汇编》，中华书局 1979 年版，第 299 页。

⑤ 中国史学会主编：《太平天国》第 6 册，神州国光社 1954 年版，第 904 页。

⑥ 茅家琦：《太平天国对外关系史》，人民出版社 1984 年版，第 102 页。

进贡，敬天从主。《地官又正丞相地官又副丞相致美国水师提督布嘉南札谕》中说："我主天王为天下万国太平真主，则天下万国皆当敬天从主，知所依靠者。""尔等果能敬天识主，我天朝视天下为一家，合万国为一体，自必念尔等之悃忱，准尔年年进贡，岁岁来朝。""然输诚者必须备办奇珍宝物，来享来王，以表尔等识天之心。"①杨秀清还说："不到天国朝上主皇上帝，朝救世圣主，朝万国真主，便是妖魔。"②太平天国这种蛮横无理的要求，立即遭到来访使者的指责、反对。英人麦多士对太平天国夏官副丞相赖汉英说："英国人拜上帝即彼之所谓天父者已九百年，但在地上只能尽忠大英帝国君王一人而已；抑且英国人虽准备承认中国人所自择或服从之任何人为中国之君主，但除英王之外，凡英国人对任何人皆不认为国君。"③英人麦勒西舰长明确指出："我们来到这里，是抱着今后建立商务关系的观点，调查事件的现状。至于臣服，我的回答是：英国不表示臣服。"④杨秀清、石达开等人见此情形，心中甚为不快，即责问英国使者："因何不见尔等各国具些圣物进贡上帝，进贡耶稣，进贡万国真主，还敢大胆强蛮无礼，诡向天国讨取煤炭。尔等各国自想叛逆上帝为何如？叛逆耶稣为何如？叛道上帝真命万国真主为何如？请问合得天情否？尔亦当自思也！"⑤

他们以天朝上国对属国的封建礼仪接待来访使者。咸丰三年三月二十日（1853年4月27日），英使随员麦多士与斯普拉特访问韦昌辉、石达开，一进门就听到一片"喊跪之声"，要行跪拜之礼。然而，来访者"坚拒不从"，只是"进前脱帽"，说明来意⑥。咸丰三年十一月初十日（12月10日），法国公使布尔布隆在天京访问天官正丞相秦日纲。秦高坐在讲台的一把安乐椅上，"但是根本没有一只专门为法国公使的贵宾座位"，让法使"在台前的一张椅子上就座"。这种不平等的礼遇，激怒了来使。"布尔布隆先生要他的翻译官回答说：在这样的条件下他不能接受会见；如果不是立即为他在台上安放一张安乐椅，他就告退"。后在法使的建议下，秦被逼同意到隔壁的客厅，作"不拘礼节地继续会谈"⑦。太平天国官员们在会见来使时，"他们总是独自威严地坐着接见，不打算站起来欢迎"，最后也不陪送出门⑧。

太平天国从天王到各级官员，凡与外国使者来往照会、公函均称"诏"、"诰谕"。洪秀全发出的函中常提到"朕诏西洋番弟明"、"朕实诏尔番弟知"。这表明洪秀全在

① 太平天国历史博物馆编：《太平天国文书汇编》，中华书局1979年版，第298页。

②⑤ 太平天国历史博物馆编：《太平天国文书汇编》，中华书局1979年版，第307页。

③ 中国史学会主编：《太平天国》第6册，神州国光社1954年版，第905页。

④ 茅家琦：《太平天国对外关系史》，人民出版社1984年版，第101页。

⑥ 中国史学会主编：《太平天国》第6册，神州国光社1954年版，第902页。

⑦ 北京太平天国历史研究会编：《太平天国史译丛》第2辑，中华书局1983年版，第23页。

⑧ 北京太平天国历史研究会编：《太平天国史译丛》第1辑，中华书局1981年版，第39页。

用封建君主命令本国臣民的方式处理对外关系，这对交往国家的主权极不尊重。杨秀清在函中则常用“诰谕夷弟知悉”。“诰谕”是我国封建社会里上级吩咐下级的用词，绝不能用在别的国家使者头上。这种违反外交惯例的做法造成恶劣的影响。十一月(12月)，韦昌辉写信：“邀请法国公使去看望他，信的大意如下：‘北王命令法国兄弟来到本藩之前，接受口头谕知。’布尔布隆先生理所当然地对这样的傲慢言词感到愤怒，回答道：只有法国皇帝对他和其他法国兄弟发布命令，因此他决不前往参加以这种口吻邀请的会晤。”①所以，布尔布隆未能与韦昌辉会晤。

（三）同教皆兄弟，模糊了民族立场

太平天国创立拜上帝会，认为：“天下万郭，人人皆是天父上主皇上帝所生养、所保佑，是天父上主皇上帝乃天下万郭人人大共之父，无一人不当感戴，无一人不当敬拜。”②他们又认为皇上帝创造了世界，创造了一切，西方各国亦敬拜上帝，信的是同一教，大家都是朋友、兄弟。咸丰三年十一月初七日(1853年12月7日)，太平天国夏官正丞相黄玉昆、夏官副丞相赖汉英接待法使随员顾随时说：“既然你们和我们一样崇拜上帝，既然咱们大家只有一位唯一的造物主，你们不单是我们的朋友，而且是我们的兄弟。”③天京诸王的头脑中也充满着“同拜上帝者皆兄弟”的思想。咸年三年三月(1853年4月)，韦昌辉、石达开接见英人麦迪乐时，首先询问是否敬拜上帝？“知有《天条》否？”麦答：信奉上帝，“英人行之已八九百年于兹矣”。《天条》“大概熟悉”，并将“第一条之原文背述之”。韦听后很高兴，立即用手拍打麦的肩膀说：“同我们的一样！同我们的一样！”并表示“今后不特彼此相安无事，而且还可以成为亲密的朋友。”“现在南京可以登岸，并随意到处游逛。”④太平天国镇江守将罗大纲致英国驻上海领事馆书中说得更明白：“贵邦有兄弟戴作士带来各书，俱已收到。既系同拜上帝，皆系兄弟，所阅来书，两相符合，总属一条道路也。”⑤但是，这些西方使者不是什么洋兄弟，而是殖民侵略者。这就模糊了国家民族的利益界限。就是那位镇江守将罗大纲在三月二十日(4月27日)致书英国驻华公使文翰说：“自伪妖肆虐，攘窃天朝，内毒人民，外犯邻国。前者贵国以正当之理由用兵于我国，此皆胡虏之咎，非同胞之罪也。”⑥这完全颠倒了是非，是英国为扩张资本主义，对中国进行殖民侵略而发动了鸦片战争，

① 北京太平天国历史研究会编：《太平天国史译丛》第2辑，中华书局1983年版，第27页。

② 太平天国历史博物馆编：《太平天国印书》(下)，江苏人民出版社1979年版，第517页。

③ 北京太平天国历史研究会编：《太平天国史译丛》第2辑，中华书局1983年版，第21页。

④ 中国史学会主编：《太平天国》第6册，神州国光社1954年版，第903页。

⑤ 太平天国历史博物馆编：《太平天国文书汇编》，中华书局1979年版，第295页。

⑥ 中国史学会主编：《太平天国》第6册，神州国光社1954年版，第911页。

而不是有什么"正当之理由"。又如,咸丰三年(1853)太平军攻占宁、镇、扬地区,在沪各国殖民主义者一片惊惧,他们非常害怕太平军东进苏常,攻打上海,不断向太平天国官员打听太平军何时进攻上海。这些官员如实向"洋兄弟"泄露了军事动向。美国使者说:"镇江与南京官员反复向我们声明:他们的部队不会进军上海,而且目前不准备对广州城采取行动。"①

（四）对外通商,严禁鸦片贸易

太平天国对开展对外贸易并不排斥。咸丰三年三月二十一日(1853年4月28日),罗大纲、吴如孝致书英国驻华公使文翰说,太平天国"怀柔远人,和洽中外,通商不禁,货税不征"②。同年五月(6月),杨秀清在答复英人31个问题时说到:"平定时不惟英国通商,万国皆通商,天下之内兄弟也。立埠之事,候后方定。""前月花旗国炎轮船来京者,经诰谕他,不但许伊国通商,至万国亦许往来通商,但通商者务要凛遵天令。凡欲来天国通商者,准到镇江焦山下,听守镇江大员办理。"③太平天国虽主张对外通商,但反对鸦片贸易。罗大纲在镇江曾警告过英人,"不应再卖鸦片"。英人却答以"鸦片之买卖即如满洲官吏之购买船只一样,英政府对之向来不加理会。对于从事鸦片业者,听凭中国当局处理之"④。言外之意要继续进行鸦片贸易。杨秀清针对英人的顽固态度明确答复说:贸易中,"害人之物为禁","凡食洋烟","我主天王遵天父圣旨斩邪不赦也"⑤。英方使者也意识到太平天国禁烟是认真的:"彼等将必准许通商,但就彼等之书籍之故与行动而言,鸦片将被严厉禁绝,非同现在只有禁烟之虚名,将必实行禁绝也。"⑥

总之,太平天国建都立国后,因缺乏国际常识,不重视对外关系,不主动开展外交活动。所以没有与一个国家建立外交关系。当英、法、美等西方国家的使者陆续访问天京时,天京领导人又极其傲慢,要求各使者臣服天朝,拜倒在天王脚下。这些使者,作为主权国家的代表理所当然拒绝这种蛮横的要求,都一一离去。结果是他们把一再宣示中立的西方各国推向了清王朝的一边。这是天京政权走向失败的重要原因之一。

---

① 北京太平天国历史研究会编:《太平天国史译丛》第2辑,中华书局1983年版,第49页。

② 中国史学会主编:《太平天国》第6册,神州国光社1954年版,第911页。

③ 太平天国历史博物馆编:《太平天国文书汇集》,中华书局1979年版,第300页、302页。

④ 中国史学会主编:《太平天国》第6册,神州国光社1954年版,第907页。

⑤ 太平天国历史博物馆编:《太平天国文书汇编》,中华书局1979年版,第300页、303页。

⑥ 中国史学会主编:《太平天国》第6册,神州国光社1954年版,第917页。

第三节　清军和太平军以南京为中心的攻防大战

清廷为挽回败局,收复南京地区,调集四五万人马,围攻南京、镇江、扬州等地。太平天国为巩固天京的地位,发展斗争形势,积极开展防御战。经过三年艰苦作战,先后击溃清军江北、江南大营,天京、镇江之围立解,扬州又被重新攻克。太平天国军事形势的发展已达巅峰。

一　清军紧围南京、扬州、镇江

太平军攻占南京不久,清钦差大臣向荣率 1.7 万多人尾追而来。咸丰三年二月十八日(1853 年 3 月 27 日)向荣部至江宁的板桥镇,然后由秣陵关转城东沙子岗,并分兵进占孝陵卫。向荣在此扎营 19 座,是为江南大营。大营清军的目标就是夺取天京。其统帅上奏时曾说:“贼众兵单,势难多拔,实深焦急,因思逆首现在江宁,惟有攻其必救,悉力赶紧进兵,若日内能夺占钟山,即可进攻省城,谅分股之贼,必然缩回,为围魏救韩之计,然不派兵先扼要害,究欠周密。”[①]二月二十七日(4 月 5 日),在孝陵卫立足未稳的清军即进袭驻守钟山的太平军,守军还击,“大炮密如骤雨”,清军见“势难攻入,即令官兵撤转”[②]。两天后,向荣又“传令各营出队攻打钟山各贼营,兵勇直逼贼营环攻”,遭守军反击,被迫撤回,“兵勇阵亡十一名,受伤一百八十名”[③]。向荣在与天京太平军交手的过程中意识到,强攻硬打难以取胜,企图设计谋夺,云:“惟是现在兵力,战胜有余,而省城过大,围攻不足;非潜通消息,运奇设谋,一时难以力争。”[④]又说:“金陵之贼,刻下防守甚严,必须潜通内信,里应外合,较易得手。”[⑤]因而,向荣派人联络、勾结天京城内反对太平天国的势力,如张继庚集团,谋内外夹攻,夺取天京,但为天京当局所识破,事遂未成。然而清帝则严令向荣速取金陵。于是,向荣从五月(6 月)开始,乘太平天国分兵西征,留守天京兵力大为减少的机会,发动进攻。五月初八日(6 月 14 日)令总兵音德布攻神策门;五月初十日(6 月 16 日)派总兵马龙等袭太平门;七月二十二日(8 月 26 日)由江宁将军苏布通阿领军攻雨花台,由提督邓

---

① 中国史学会主编:《太平天国》第 7 册,神州国光社 1954 年版,第 76 页。

② 中国史学会主编:《太平天国》第 7 册,神州国光社 1954 年版,第 74 页。

③ 中国史学会主编:《太平天国》第 7 册,神州国光社 1954 年版,第 74—75 页。

④ 中国史学会主编:《太平天国》第 7 册,神州国光社 1954 年版,第 114 页。

⑤ 中国史学会主编:《太平天国》第 7 册,神州国光社 1954 年版,第 96 页。

绍良打朝阳门。守城太平军在杨秀清、韦昌辉等人的指挥下，凭借坚固高大的城墙，开展防御战，挡住了江南大营清军的进攻。清军虽不断紧逼各城门，但均无法攻入，形成相持的战局。江南大营清军的围攻，对天京威胁很大，特别是挡住了太平军东进的道路。

其时，清政府为阻遏太平军北上，夺回扬州，配合江南大营攻占南京，命钦差大臣琦善率马队步卒在扬州西北郊扎营，直隶总督陈金绶、内阁学士胜保在离扬州城三里的司徒庙扎营，称江北大营。琦善为统帅，全营约二万多兵马。大营建立伊始，清廷曾多次下令琦善尽快拿下扬州。琦善不敢怠慢，于咸丰三年三月二十二日（1853 年 4 月 29 日）令陈金绶、总兵双来分路向扬州西门、北门进攻，为守城太平军林凤祥部击退。三月二十九日（5 月 6 日），琦善又分兵数路再攻，太平军失利，退入城内坚守。四月初一日（5 月 8 日），林凤祥由扬州分军西上，准备北伐，留“曾立昌守扬州，伪指挥陈世保副之”①。曾立昌在加强城防外，十分重视江防，以“铁索横诸江，加木马如笮桥，朝夕驰应，水师战艘为所扼”②。5 月下旬，四川总督慧成，左副都御史雷以诚奉命率军至扬州，分驻湾头、仙女庙。扬州已被清军包围。五月二十七日（7 月 3 日），琦善令陈金绶、雷以诚、双来等将领分路攻城。未久，双来和雷以诚部用炮轰毁城垣多处，并陆续登城。在这危急关头，守城太平军突然举火烧“跑马楼”，一时烈焰四起，大火熊熊，在城清军退避不及，大多被烧死，余部溃逃。咸丰帝闻报大怒，将琦善革职留任，陈金绶则摘去顶戴。然而，此时扬州四面被清军围困，守城太平军的接济非常困难，粮食将尽。太平天国认为扬州没有死守的必要，即令曾立昌率部撤出。十一月二十四日（12 月 24 日），太平天国派夏官副丞相赖汉英率万余援军赶赴扬州，击败清军冯景尼、雷以诚等部，在扬州城下与曾立昌部会合。十一月二十六日（12 月 26 日）夜里，赖汉英、曾立昌率队退出扬城，途经瓜洲，返回天京。

太平军撤出扬州不久，又于十二月初十日（1854 年 1 月 8 日）放弃仪征，在扬州地区仅守瓜洲。琦善见江北太平军兵单势薄，即移营秦家桥，准备围攻瓜洲。瓜洲军务归镇江守将吴如孝统一指挥。太平军在瓜洲、镇江之间设有横江铁链，两地联络，交通便捷，也有力地阻击着敌船的进攻。从咸丰四年正月初九日（1854 年 2 月 6 日）起，清军不断攻击瓜洲太平军。清总兵瞿腾龙等由运河西岸，参将鞠殿华等由运河东岸，向瓜洲进犯。太平军凭垒固守，几次将其击退，并斩杀瞿腾龙和游击王礼。但双方兵力悬殊，太平军只能退守洲地，与敌长期周旋，两军处相持中。

向荣在南京地区与太平军的争战中意识到，南京、镇江、扬州“三城形势，镇江最

①② 中国史学会主编：《太平天国》第 5 册，神州国光社 1954 年版，第 106 页。

为扼要”,应“先复京口”[1]。为此,他派总兵李瑞率兵2000人驻常州,继派江南提督邓绍良带兵1000人驻丹阳,又派总兵音德布领兵2200人至镇江,加上原驻旗兵,集结镇江的清军约达8000人。另外,由总兵和春、总兵叶长春统率的师船,停泊丹徒港口,配合陆师行动。清军多次进袭镇江太平军。如四月二十二日(5月29日),和春、邓绍良分别率水师、陆师合击镇江,为守军击退。六月十三日(7月18日),镇江太平军主动出击,邓绍良部军营被毁,兵士溃散,邓本人逃至丹阳。清帝得报,将邓革职,由和春署江南提督。七月(8月),和春率部进扎京岘山,九月九日(10月11日)攻镇江,太平军凭城死守,被击退。不久,由已革湖南提督余万清接统镇江军务。余接任后,气势汹汹,于咸丰四年三月二十四日(1854年4月21日)兵分六路猛攻镇江,吴如孝率守军3000余人“拼死抵御,枪炮频施”,打伤总兵刘开泰,余部败走[2]。闰七月十六日(9月8日),余部又攻镇江,互有伤亡,不分胜负。余万清在武力攻打的同时,对守军分化瓦解。闰七月(9月)间,太平军金山守将汤培南在敌人的利诱下准备投降,事为吴如孝察觉,立即擒拿斩杀之。九月二十五日(11月15日),天京方面派丞相杨正潮率领2000多人马,由栖霞、高资一路赴镇江,准备与吴如孝部会合。叛徒唐省三将此军事机密泄露给了清将余万清,余立即组织兵力截击。第二天,杨部在高资遭清军东西夹击,损失惨重,杨正潮战死。吴如孝出兵支援,亦被余部伏兵击回。十月初五日(11月24日),天京派两艘大船下驶镇江,结果又为清水师夺走。接着,清军紧逼镇江,挖地道攻城。咸丰五年正月初一日(1855年2月17日),江苏巡抚吉尔杭阿被任命为清江南大营帮办,负责镇江军务。其所统3000人马亦于3月移驻镇江。太平军镇江的军事形势日趋严重。

一年多来,清军在南京地区的作战,虽围困宁、镇等地,但“并未能即时克复城池”[3],没有攻占一座城市。扬州是太平军主动撤出的,瓜洲、镇江、天京的守军坚持防御反击,清军无法攻占。清政府在分析“剿办未能得手”[4]的原因时,认为很重要的一点是这三个城镇的守军互相应援,声势联络。并由此提出解决问题的办法:“先净扫逆艅,肃清江面,断贼应援,拟先剿洗瓜洲,趁势南面夹攻,克复镇江。至金陵贼船尤众,必须大帮仗船,方足痛加扫荡。”[5]咸丰四年五月二十二日(1854年6月17日),曾任清军总兵的叶长春、陈世忠等人奉琦善命令,率师船向瓜洲江面进攻,斩断太平军的横江铁链,驶过瓜洲,分驻南北两岸,控制镇江、瓜洲以上江面,阻断了镇江与天京、

① 中国史学会主编:《太平天国》第7册,神州国光社1954年版,第95页。

② 中国史学会主编:《太平天国》第7册,神州国光社1954年版,第284页。

③ 中国史学会主编:《太平天国》第7册,神州国光社1954年版,第282页。

④⑤ 中国史学会主编:《太平天国》第7册,神州国光社1954年版,第291页。

镇江与瓜洲之间的水上交通。清帝还谕令琦善派员迎提“广东所备炮船”。六月二十二日(7月16日),两广总督叶名琛将红单船50只由粤放洋,驶抵瓜洲江面。红单船是当时比较先进的战船。史书载云:“查红单各船,大者可安炮三十余位,小者亦可安炮二十位,左右船头,三面轮放,周流不息,舵工运掉如飞,无论炮弹所中,可以洞穿数船,即乘风击撞,亦复当之立碎。”[①]红单船的到来,大大增强了清军长江水师力量。向荣与琦善商定,红单船由瓜洲附近江面西上,“节节扼剿”,“先扫沿江贼艓,然后径赴太平一带,扼住芜湖,来回剿洗”[②]。《向荣奏稿》载:七月三十日(8月23日),总兵吴全美统率红单各船在浦口江面与叶常春所率水师会合。第二天,吴率师船“行至下关江面,见贼炮台、炮堤层层遮护”,即将船队“逼近炮堤,连环轰击”,太平军开炮还击。守军损失较大,“先后毁去炮台七座,大小贼船一百余只”,“七里洲水营两座烧毁,贼党焚溺无数”[③]。闰七月初二日(8月25日),太平天国燕王秦日纲率大队水师300余艘战船,由上游直冲下关江面,围攻吴全美水师。吴部为精锐之师,燕王之师虽船多人众,则不堪一击。当日,两军一经接仗,吴部迅即击溃燕王大队师船,“夺获大小船二百六十余只,生擒贼匪二百余人,凡江上所遇贼艓,一扫而空,并获军火炮械、马匹、衣物、粮食极多”[④]。秦日纲中炮落水,后“逃往和州”[⑤]。吴部继续上驶,驻三山营江面。韦昌辉在下关水战失利后,立即组织天京水师反击。闰七月初四日(8月27日),天京出动大船200只,乘风直扑清水师。吴部会同总兵叶常春所率拖罾船6只,分队包抄过去,火箭、大炮齐发,太平军水师“船相继火起,立时击碎七八十船”,被清水师掠走52只,“余船各向江边逃逸”[⑥]。不一会,韦昌辉又派顶天侯张显率师船150只冲向三山营江面,“接应打仗”[⑦]。结果,又被“围逼江心,冲荡剿洗”,“无一船漏网”,全军覆没[⑧]。十月初十日(11月29日),吴率红单船队协助江北大营李德麟师船等攻占浦口九洑洲太平军防地。咸丰五年(1855)二三月间,清方纠集南京至镇江水师,猛攻太平军在天京、浦口间所设拦江铁链,天京派遣大小战船200只迎战不胜,铁链被斩断。至此,清水师已掌握南京以下江面,割断了天京与镇江、镇江与瓜洲的水上联系。

---

①④ 中国史学会主编:《太平天国》第7册,神州国光社1954年版,第318页。

② 中国史学会主编:《太平天国》第7册,神州国光社1954年版,第307页。

③ 中国史学会主编:《太平天国》第7册,神州国光社1954年版,第317—318页。

⑤ 中国史学会主编:《太平天国》第4册,神州国光社1954年版,第670页。

⑥⑦ 中国史学会主编:《太平天国》第7册,神州国光社1954年版,第323页。

⑧ 中国史学会主编:《太平天国》第7册,神州国光社1954年版,第324页。

二 太平军挥师东进

咸丰五年十二月(1855年底至1856年初)前后，太平天国天京地区的军事形势十分严峻。太平军在江北仅有瓜洲一个据点，而且处在江北大营优势兵力的包围之中。在天京，向荣在加强陆路围攻的同时，派出强有力的水师，控制天京上游江面，断绝天京的水上交通。情况最为严重的是镇江，吉尔杭阿部“攻剿甚急”，守军外援断绝，军需粮食非常困难。太平军镇江守将吴如孝不断派员“前往金陵求救”①。天京方面多次出兵救援，未能成功。杨秀清认为瓜洲、镇江是天京下游的战略要地，必须集中优势兵力，打通宁镇交通，解镇江之围。他从皖北、芜湖抽调陈玉成、涂镇坤、李秀成、周胜坤、陈仕章等部，组成东援大军，由秦日纲任统帅。杨秀清要求各路人马在十二月十五日至二十五日(1月22日至2月1日)在天京集结，然后“水陆齐进，下援瓜、镇”②。

十二月二十二日(1月29日)，秦日纲派出先头部队，沿江开抵栖霞、石埠桥一带，筑垒据守。十二月二十五日(2月1日)，秦日纲援军2万多人东进，江南大营派余万清及秦如虎、德安部堵击，两军长期相持于下蜀地区。

东王杨秀清派秦日纲率军东援后，又于正月初十日(2月15日)左右诰谕镇江太平军首领吴如孝，“镇江为金陵之咽喉，必应坚守”，并令其攻占高资，接应东援之军③。但此令为江南大营清军截获，未能到达镇江。所幸的是，吴如孝在2月上旬就得到天京已派出援军的消息，并主动出击接应援军。吴如孝多次派出大队人马，分路西攻，但均为江苏巡抚吉尔杭阿部击败，被迫撤队返回。

3月中旬，秦日纲为与镇江守军接上头，即派陈玉成坐一小舟，顺江而下，舍死直冲到镇江，与吴如孝当面议定东西夹攻清军之事。3月18日，吴如孝率守城太平军击溃企图攻占镇江的吉尔杭阿部，并乘胜出队西攻。驻守在汤头一带的太平军东援部队，见镇江的太平军已经出动，向西追杀清军，异常兴奋，即乘夜攻占汤头岔河清军旧营。3月19日，秦日纲部在镇江守军的配合下，一举歼灭江南大营张国梁部。两军会合，欢天喜地，声势大振。3月20日，秦、吴两军联合作战，击毁清军营垒16座，进占金山、金鸡岭、九华山等处，镇江之围立解。

---

① 中国史学会主编:《太平天国》第8册，神州国光社1954年版，第560页。

② 中国史学会主编:《太平天国》第8册，神州国光社1954年版，第557页。

③ 中国史学会主编:《太平天国》第8册，神州国光社1954年版，第571页。

三　大破江北大营，再克扬州

秦、吴两军会合，京、镇接通，镇江之围立解。但此时的镇江粮道不通，军民食粮紧张。“扬州为江北门户”，里下河“各州县为产米之区，仙女庙系各路米粮聚集之所，江浙两省民食兵糈，咸赖于此”[①]。所以，太平军只要攻占扬州，即可打通粮道。咸丰五年(1855)十一月，江北大营清军攻瓜洲，筑营垒，建长围，瓜洲被困。太平军几次出击，均败回。据此，杨秀清令秦日纲率军北上，攻打江北大营，开辟粮道，解瓜洲之围。

秦日纲在北攻前，作了一些安排：一是派二千余人，沿江下攻[②]，摆出进攻苏、常的姿态，以吸引清江南大营的注意力；二是收缩阵地，由周胜坤留守仓头，拖住清军。二月二十七日(4月2日)，秦率陈玉成、李秀成、吴如孝等各部人马“由金山连夜渡过瓜洲”[③]。江苏巡抚吉尔杭阿侦悉此动向，“当即密函知会托明阿、陈金绶、雷以诚，加意防范，严阵以待”[④]。托明阿接信后，立即与陈、雷等高级将官会商，“传知各营，同时出队”[⑤]。

二月二十八日(4月3日)黎明，秦军出击。他们选择仪征土桥清军营作为突破口。仪征官吏弃城逃走。秦军一阵猛攻，即破马营。随之，清军大败。“托明阿不知所为，急走入毛三元壁，贼踵逐之，三元固守，托明阿惧甚，汉中营参将某请力战，贼尽注之，参将愤甚，凭垒誓拒，叱戮逃者。日过午，火药竭，贼入其壁，参将奋斗，手杀数人死，所部五百人无不死”[⑥]。托明阿见势不妙，即带数十骑连夜逃走三汊河，后退秦家桥。一夜之间，清江北大营漕河以西各营，都被摧毁。次日夜间，秦军由清军投降的兵勇引导，向江北大营漕河以东军营发动进攻。一路上，唯有“陈金绶带兵五百名扼住八里堡，奋力攻剿”，其余各营垒守军“纷纷逃走”[⑦]。陈与雷以诚逃沙头。经两天战斗，太平军大破江北大营，击毁营垒120余座，清军逃散。

三月初一日(4月5日)，秦日纲乘胜攻打扬州。守城兵士闻讯逃跑。“环城千堞，荡无一卒”[⑧]。扬州知府世焜、参将祥林，以百余名囚犯为兵勇，欲闭城困守。其时，太平军派往江北大营清军中活动的张洪春部下一些战士，立即配合秦日纲军攻城，“缚枪为梯”入城打开城门。太平军冲入城中，“执世焜于署，诱之降不从，拘诸三汊河”[⑨]。

---

①⑤⑦　中国史学会主编：《太平天国》第8册，神州国光社1954年版，第597页。

②　中国史学会主编：《太平天国》第8册，神州国光社1954年版，第588页。

③　太平天国历史博物馆编：《太平天国文书汇编》，中华书局1979年版，第493页。

④　中国史学会主编：《太平天国》第8册，神州国光社1954年版，第596页。

⑥　中国史学会主编：《太平天国》第5册，神州国光社1954年版，第115页。

⑧　倪在田：《扬州御寇录》。

⑨　中国史学会主编：《太平天国》第5册，神州国光社1954年版，第116页。

后吴如孝把他押到瓜洲审讯，世焜“痛哭不与语，遂自缢”①。清廷得报，调兵遣将，守徐、淮，以阻太平军北上。清帝将托明阿、陈金绶、雷以诚革职查办，授副都统德兴阿为钦差大臣，统领江北大营，少詹事翁同书帮办军务。

秦日纲等人既破江北大营，再克扬州，解瓜洲围，并征集米粮运送瓜洲、镇江，任务已完成，“欲领兵回京”②。但这时长江南岸各重要据点为清军占领，切断了回京之路。秦改由经仪征、六合、浦口渡江返京。杨秀清为接应秦部返回，从天京派国宗杨某率将士数千人渡江北上，于三月初十日(4 月 14 日)攻占江浦，十二日(16 日)又克浦口。天京派兵接应，引起江南大营向荣的注意，急令“总兵张国梁、副将蔡应龙管带兵勇二千四百名，由石埠桥渡过六合”③驰援。三月十四日(4 月 18 日)，国宗杨某率天京援军攻六合，遭张国梁部狙击，败退浦口。张国梁乘胜追击，杨部撤出两浦，返回天京。秦日纲军队迟至三月十三日(4 月 17 日)才全部撤出扬州，急急西行，一路遭清军堵截，耽误时日，错过了与天京援军会合的时机。5 月 26 日，秦日纲放弃由浦口渡江返京的路线，折回瓜洲，改从瓜洲南下，“仍由金山渡江而回”④。

四　击溃江南大营，扭转天京战局

秦日纲大破江北大营后，杨秀清决定移兵摧毁江南大营。咸丰六年三月(1856 年 4 月)中旬，东王令翼王石达开率军从江西回京，与秦日纲部合作攻打江南大营。石达开行动迅速，三月二十八日(5 月 2 日)占领宁国。四月初七日(5 月 10 日)，又攻克窑湾，击毙蔡应龙。据向荣《上游逆众下窜及秣陵关连获胜仗摺》说：5 月，“石达开率党三万余人，已由上游窜回金陵，分股在小丹阳镇、陶吴、元山、朱门一带盘踞，声言欲来攻抢秣陵，内窜溧水，并由东北窜扑大营，四出冲窜”。

四月二十四日(5 月 27 日)，秦日纲部由金山南渡，直扑黄泥洲、便民河地区。向荣称：秦日纲部“自金山出扑黄泥洲，瓜镇贼党踵至，众逾数万，蔓延便民河南北，挖筑贼垒炮台十余座，势极鸱张”⑤。江苏巡抚吉尔杭阿派江宁知府刘存厚、总兵虎嵩林率军堵击。两军激战于高资。四月二十八日(5 月 31 日)吉领兵增援，结果兵败身亡。李秀成回忆此役时说：“是日攻破清营七个，余四个大营未及攻下。吉帅由九华山领兵来救此营，当被天朝官兵逼吉帅逃入高资山中。那时吉帅是夜逃出，入其高资营

① 中国史学会主编：《太平天国》第 5 册，神州国光社 1954 年版，第 117 页。

② 《李秀成自述》。

③ 中国史学会主编：《太平天国》第 8 册，神州国光社 1954 年版，第 603—604 页。

④ 太平天国历史博物馆编：《太平天国文书汇编》，中华书局 1979 年版，第 493 页。

⑤ 中国史学会主编：《太平天国》第 8 册，神州国光社 1954 年版，第 621 页。

中，被我天朝官兵四困，内外不通。吉帅自己用短洋炮当心门自行打死。清兵见主帅自死，各军自乱营。”吉尔杭阿的七八十座军营的兵勇，“不战自逃”[①]。江宁知府刘存厚、副都统绷润兵败自杀。太平军攻克高资，打败吉尔杭阿主力后，马不停蹄，继续追击溃败之清军。

向荣闻吉尔杭阿在高资败亡，“倍深忧愤”，“五内焦急”，认为“贼势披猖已极，今九华山又复不守，兵勇溃退丹阳，则苏常更形震动”。他为“扼贼内犯”，随即抽调人马，增援镇江。“选派最为得力兵勇三千名，交臣福兴督同统领往援，于初三日寅刻拔队，由龙潭直超高资。令游击李定太带楚兵七百五十名，自句容六里店驰出迎会。札饬张国梁统赴镇江西路，先援周兆熊各营，以挫贼锋，力保镇营全局”。清江北大营统帅德兴阿亦“调陕甘固原河州兵七百名，练勇一千名，交总兵李志和、参将毛三元管带，渡江援剿”[②]。这时，江南大营则人少势薄，不堪一击。翼王部即趁江南大营兵力空虚，进占大胜关一带，分驻太平、神策门外，准备与秦日纲部联手围攻向荣大营。

秦日纲兵团在击溃九华山清军后陆续西撤，于五月十一日(6月13日)由东阳绕越石埠桥，翻山至甘家巷，入天京观音门、燕子矶一带驻扎。次日，清军福兴、张国梁等部亦回孝陵卫大营。与秦日纲回京的同一天，石达开分兵攻克溧水县。向荣闻溧水失守，不胜骇异，因溧水咫尺东坝，接连溧阳，为苏常要道。因而马上飞檄江长贵，将所统兵勇1400名，饬令明安泰横水桥一军，星夜拔队，赶往溧水围剿。

秦日纲抵京，杨秀清即令其与石达开会攻清江南大营。参与会战的李秀成曾说：“东王令下，要我将孝陵卫向帅营寨攻破，方准入城。”[③]但是，秦及其部下主要将领陈玉成、李秀成、涂镇兴、陈仕章并“不欲攻打向营”，认为“向营久扎营坚，不能速战进攻”。他们一道入京，“同东王计议”，提出了这个看法。结果，“东王义怒，不奉令者斩”[④]。于是，秦立即部署作战，在太平、神策门外扎营。五月十五日(6月17日)清晨，秦由太平门外龙脖子出兵数千，“窥视前敌各营”。晚间，又由神策门出兵七八千，在仙鹤门附近扎营。向荣当即“派副将王浚统带马步官兵二千余名，前赴仙鹤门；并抽调栖霞石埠桥及仙鹤桥原防兵勇，合力攻剿”[⑤]。这样，秦日纲部从南北两翼压迫江南大营。第二天黎明，王浚督同参将张腾蛟、游击李定太等，分三路进攻秦部北翼，秦军南北两翼密切配合，击退清军。这时，石达开率2万人马自天京西南移驻尧化门、仙鹤观一带，与秦日纲部互相联络，切断清军大营与仙鹤门、石埠桥的联系。石、秦两

①③ 《李自成自述》。

② 中国史学会主编：《太平天国》第8册，神州国光社1954年版，第622页。

④ 太平天国历史博物馆编：《太平天国文书汇编》，中华书局1979年版，第494页。

⑤ 中国史学会主编：《太平天国》第8册，神州国光社1954年版，第637页。

军从东、南、北三面对向荣大营进行包围。向荣见此情势，甚为惊恐，于是，他密饬总兵张国梁抽调兵勇1000余名，由溧水星夜赶回大营。同时“札饬总兵虎嵩林由丹阳抽调游击虎坤元所带兵勇五百名，游击张玉良亲军小队五百名，并由秣陵抽调水勇三百名，均饬赶回大营策应”[①]。五月十六日(6月18日)深夜，都司冯子材带广勇500名，偷袭黄马群石达开部新筑的两个营垒。守军猝不及备，两垒被毁。次日天未明，秦日纲部出兵数千，进攻仙鹤门清副将王浚等部，不分胜负。五月十八日(6月20日)晨，石达开部2万余众分十多路攻击马群张国梁、福兴部营盘。正当两军相持之际，钟山上冲下两股太平军，直扑山脚敌营。杨秀清又组织数千人马，从天京南门、通济门杀出，直扑七桥瓮捷勇营盘。向荣急调1200人，亲自率队往救。战至午时，秦日纲部四五千人由灵谷寺后翻山围扑副都统德崇额马队营盘。顿时，“营盘四座同时火起，继而台勇苏兵二营亦被焚陷”[②]。这时，洪武、朝阳各门守军发起进攻，连破孝陵卫清军营盘20余座。在各路太平军的攻击下，江南大营溃败。向荣为避免全军覆没，于当日深夜在张国梁部的护卫下，冲出包围圈，退至淳化镇。随后又撤至丹阳。这是太平天国在扬州大破江北大营以来取得的又一个重大胜利，解除了天京长期被困的形势，达到了军事上的全盛时期。

咸丰帝得报，“实深愤懑”，认为向荣“调度乖方，辜恩溺职”，将其“革职拔去花翎，仍留钦差大臣督办军务。西安将军福兴着革职留任，拔去花翎，仍帮同向荣奋勉力攻，以赎前愆”[③]。向荣兵败革职，郁郁成病，于七月初九日(8月9日)在丹阳逝世。

---

① 中国史学会主编:《太平天国》第8册，神州国光社1954年版，第638页。

② 中国史学会主编:《太平天国》第8册，神州国光社1954年版，第639页。

③ 中国史学会主编:《太平天国》第8册，神州国光社1954年版，第641页。

第三章 江苏地区的太平天国运动(下)

清咸丰六年至七年(1856—1857),太平天国领导集团发生内讧,元气大伤,起义形势急转直下。咸丰九年(1859),洪仁玕来到天京,总理朝政,并提出带有资本主义色彩的《资政新篇》。咸丰十年(1860),洪仁玕、李秀成摧毁清江南大营,并乘胜东进,攻占苏南地区,建立苏福省,太平天国衰而复振。不久,中外反动势力联合围剿太平军,先后攻陷苏州、常州地区。同治三年六月(1864 年 7 月),天京陷落,太平军在江苏的活动结束。

第一节 "天京内讧"和重振声威的努力

咸丰六年八月至七年五月(1856 年 9 月至 1857 年 6 月),太平天国领导集团内部发生了一场争权夺利的斗争,杨秀清、韦昌辉先后被杀,官兵被害两万余人。第二年五月(6 月),洪秀全与石达开之间的矛盾激化,石带数千人马离京出走,自立一军。内讧使太平天国元气大伤,由盛转衰。咸丰九年(1859),洪仁玕来到天京,总理朝政,太平天国有了新的领导核心。他提出了带有资本主义性质的政治纲领,团结太平天国将士,重新奋起,再次摧毁清江北、江南大营,并东进攻占苏、常地区,太平天国衰而复振。

一 领导成员间的矛盾激化

天京内讧,是历史的必然。在封建社会里,农民阶级不是一个独立的阶级,它附属于地主阶级。农民作为一个阶级,他们没有自己的主义,因为他们受占统治地位的地主阶级思想的支配和约束。政治上,他们提不出属于本阶级的斗争纲领。农民起义不管取得多大的胜利,包括推翻封建王朝的统治,他们最终都要走上封建化的道路。这种封建化的重要表现是，在起义取得一定胜利后，其领导者互相争权夺利，包括争抢皇位。所以，在农民起义的队伍中，经常发生领导人员之间的权力转移，而这种转移是通过内讧来实现的。

太平天国起义是单纯农民运动，它的领导人洪秀全、杨秀清、韦昌辉、石达开等人在定都南京不久，为争夺最高权力而酿成内讧。

起义之初，太平天国领导人面对着紧张的军事斗争，能聚商共决，团结战斗，生死与共。正如张德坚的《贼情汇纂》卷六所说："夫首逆数人起自草莽结盟，寝食必俱，情同骨肉。且有事聚商于一室，得计便行。机警迅速，故能成燎原之势。"①当时，他们没有一块根据地，没有自己的统治区域，物质资料没有固定的来源，生活条件非常艰苦。太平天国领导人能与战士们同甘苦，共患难。史书载："贼由粤西至长沙，尚皆布衣蓝褛，缝数寸黄布于衣襟，以为记号，囚首垢面，鹑衣百结者，比比皆是。"②"洪、杨诸首逆亦自敝衣草履，徒步相从。"③"伪官虽贵为王侯，并无常俸。"④这种战争环境和艰苦的物质条件，决定着太平天国的领导人必须紧张地应对与清军的作战，指挥全军胜利进军，解决起义队伍的军需和生活问题，不可能去闹个人的地位和生活享受。这就制约着领导集团内部个人权利之争暂时不会激化。

但是，随着形势的发展，客观条件的变化，情形就大不一样了。咸丰三年(1853)，太平军从广西一路打到金陵，取得了很大的胜利，并建天京于金陵。自此，太平天国领导人被这些局部的胜利冲昏了头，认为大功告成，可以共享天堂之福了。咸丰六年(1856)上半年，太平军在西线攻克武汉，占领湖北、安徽、江西的大部分地区，东线则大破江南大营，解除了清军对天京的威胁，形势甚好。随着斗争形势的巨大变化，外部清方的压力减轻，天京领导人也就飘飘然起来，认为自此"无外忧"。洪、杨等领导人，在暂时比较安定的环境里，忘乎所以了，固有的私有观念和权势欲开始膨胀起来。再加上太平天国定都金陵后，统治着一大片繁华富庶的市镇和乡村，有着极其丰富的物资。这为洪、杨他们享受欲的恶性发展提供了客观的物质条件。据史书记载：洪秀全、杨秀清等"现踞江宁，侈营宫室，盛陈仪卫，恣情快意。似亦知来日无多，乘时自娱。"⑤又说：他们"今踞江宁，为繁华迷惑，养尊处优，专务于声色货利"⑥。

洪秀全、杨秀清等人进入大城市后，昔日的"苦力王"开始变为新权贵，享受欲日炽，生活极尽奢华。一到南京，杨秀清就会同韦昌辉、石达开等人奏请兴工建造天朝

---

①②⑥　中国史学会主编：《太平天国》第3册，神州国光社1954年版，第172页。

③　中国史学会主编：《太平天国》第3册，神州国光社1954年版，第179页。

④　中国史学会主编：《太平天国》第3册，神州国光社1954年版，第277页。

⑤　中国史学会主编：《太平天国》第3册，神州国光社1954年版，第163页。

宫殿。洪秀全则求之不得。咸丰三年四月(1853年5月)开工,改两江总督署为"天朝宫殿,毁行宫及寺观,取其砖石木植,自督署直至西华门一带,所坏官廨民居不可胜记,以广基址,日驱男妇万人,并力兴筑,半载方成,穷极壮丽"。但,"工甫成,即毁于火"[①]。第二年2月,又重新修建。宫殿规模宏大,豪华无比。《贼情汇纂》卷六有一段记载:

城周围十余里,墙高数丈,内外两重,外曰太阳城,内曰金龙城,殿曰金龙殿,苑曰后林苑,雕琢精巧,金碧辉煌,如大兰若状。惟外面纯用黄色涂饰,向南开门,曰天朝门,门扇以黄缎裱糊,绘双龙双凤,金沤兽环,五色缤纷,侈丽无匹。其宫殿堂庑,下及厕箬庖湢,无不如是。且以黄绸十余丈挂诸门外,朱笔大书,字径五尺,其文曰:"大小众臣工,到此止行踪,有诏方准进,否则雪云中。"……门之两傍设东西朝房二所,内外各三层,亦皆宽敞高广。门外用红黄绸绉扎成彩棚,风雨任其淋漓,月余即更换一次。门前丈余开河一道,宽深二丈,谓之御沟,上横三桥以通往来。过桥一里,砌大照壁,高数丈,宽十余丈,照壁适中搭造高台,名曰天台……台傍数丈,外建木牌楼二,左书"天子万年",右书"太平一统"。牌楼外有下马牌,东西各一。此洪逆伪宫之大概也。[②]

从此,洪秀全深居宫中,养尊处优,享受着封建皇帝所享受的一切,进取心渐渐淡漠。史书载有:"初至江宁,杨逆日朝洪逆所,近则洪、杨诸贼深居不出,妄拟垂拱而治,必有大喜庆事,方设朝会。如杨逆有事要见,亦必请伪旨批定日时,大抵午未时居多……一切军务皆由杨逆主裁。"[③]

东王杨秀清和其他各王,也都有着强烈的享受欲。他们都有王府,"穷极工巧,骋心悦目,以耀同侪,百姓震惊,以为尊严无比"[④]。他们"争奇斗富","互相夸胜,而穷奢极欲"[⑤],比威风,摆阔气,讲排场。杨秀清的排场特别大,时人记曰:

杨逆每出必盛陈仪仗,开路用龙灯一条,计三十六节,以钲鼓随之,其次则绿边黄心金字衔牌二十对,其次则铜钲十六对,用人肩挑,后飘数尺黄旗,墨书"金锣"二字,其次绿边黄心绣龙长方旗二十对,其次同上色绣正方旗二十对,其次同

①② 中国史学会主编:《太平天国》第3册,神州国光社1954年版,第164页。

③ 中国史学会主编:《太平天国》第3册,神州国光社1954年版,第171—172页。

④ 中国史学会主编:《太平天国》第3册,神州国光社1954年版,第165页。

⑤ 中国史学会主编:《太平天国》第3册,神州国光社1954年版,第180、165页。

上色绣蜈蚣旗二十对,高照提灯各二十对,虽白昼亦用之,其次画龙黄遮阳二十对,提炉二十对,黄龙伞二十柄,参护背令旗,骑对马约数十对,最后执械护卫数十人,绣龙黄盖一柄,黄轿二乘……每一出府,役使千数百人,如赛会状,以此炫骇愚民,以为尊贵无比,若天神然。[①]

可见,太平天国定都金陵后,其领导人随着环境、地位、生活等条件的变化,思想意识也迅速封建化。他们讲究享受,追求权势,互相妒忌,勾心斗角。这样一来,领导成员之间就出现"往之倚为心腹股肱者,今乃彼此睽隔,猜忌日生",彼此"气脉不通,已成麻痹不仁之象"[②]。随着天京政权的封建化,太平天国原来多头领导的政体不可能长期保持下去,原来权力分配的平衡也难以稳定,通过内讧达到权力的再分配,已不可避免。

太平天国领导集团的问题,最重要的是洪秀全与杨秀清之间的矛盾。洪是拜上帝会的缔造者,具有仅次于天兄耶稣的宗教地位,自命为"真命主"。他和杨秀清都是"上帝爱子",洪为兄,杨为弟,杨称洪为"二兄"。杨是天父在人间的替身,具有"代天父传言"的特殊身份。在"传言"时,"东王所言,即是天父所言也"[③],东王就成了"天父"的代表。但从治理国家的权力来说,洪是统治天下的天王,封"万岁"。杨是佐辅天王的正军师,封"九千岁"。洪好似国家元首,而杨为政府首脑。洪与杨在行政上是君臣关系。太平天国军国大事由杨秀清领头奏请洪秀全,洪"旨准"后颁布施行。然而,当杨秀清代天父传言时,杨可直进天朝宫殿,或把洪召至东王府,要洪跪下来,听他口传所谓"天父圣旨"。在宗教上洪与杨又成了"仆从"与"主宰"的关系,洪必须听命于杨。这种颠倒混乱的体制,形成了洪、杨之间不君不臣的微妙关系,互相不服气。所以,《金陵癸甲新乐府》中称:"制军署作天王府,黄泥冈作东王府,东西对峙相抗衡,不辨谁臣又谁主?"[④]

无论是洪、杨,还是韦昌辉、石达开等太平天国诸王,都是皇权主义者,在一定条件下他们都想谋取王位。建天京于金陵后,他们之间的权位之争就日益明显起来。洪秀全拼命维护着"天王"宝座,不允许任何人染指。洪发布了许多太平天国的官书,宣传封建思想,神化天王,强调天王的威权。其中,有部官书说:"以天王体天行道,克享天心,视天下犹一家,中国犹一人。用特大展鸿猷,称戈比干,利乃锋刃,兴仁义之

---

① 中国史学会主编:《太平天国》第3册,神州国光社1954年版,第179—180页。

② 中国史学会主编:《太平天国》第3册,神州国光社1954年版,第172页。

③ 中国史学会主编:《太平天国》第1册,神州国光社1954年版,第36页。

④ 中国史学会主编:《太平天国》第4册,神州国光社1954年版,第737页。

师，伐暴救民。本淑身以淑世，由正己以正人。因以金陵为王气所钟，而建业于兹土矣。由是肃体统，大一尊，一人垂拱于上，万民咸归于上[下]。"[①]《幼学诗》中说："天朝严肃地，咫尺凛天威，生杀由天子，诸官莫得违。""一人首出正，万国定咸宁，王独操威柄，谗邪遁九渊。"[②]

但是，杨秀清是个"威风张扬，不知自忌"[③]的人，他独揽大权，不买洪秀全的账。在天京，因洪"深藏不出，秀清则盛陈仪卫，巡行闾市。凡有军务议定奏上，无不准者，每批'旨准'二字。不时颁赐衣饰食物，每奏谢必优语答之。"杨"自恃功高，一切专擅，洪秀全徒存其名。秀清叵测奸心，实欲虚尊洪秀全为首，而自揽大权独得其实。"[④]杨为显示他的权威，有时竟敢跟洪对着干。《金陵甲癸纪事略》记有："杀必请于天贼，然天贼曰杀，东贼必不杀。（天王）曰勿杀，东贼必杀之，谓出天父意也。"[⑤]杨还当众凌辱洪秀全。《贼情汇纂》卷一载："秀清自恃功高，朝见立而不跪，每诈称天父下凡附体，令秀全跪其前，甚至数其罪而仗责之。"咸丰三年十一月（1853 年 12 月），杨假借天父下凡，怒责洪秀全杖责女官事："秀全，尔有过错，尔知么？"天王跪下说："小子知错，求天父开恩赦宥。"杨继续以天父口气说："尔知有错，即杖四十。""其时北王与众官俯伏地下，一齐哭求天父开恩，赦宥我主应有之责，小子等愿代天王受杖。""天父不准所求，仍令责杖天王。天王对曰：'小子遵旨。'即俯伏受杖。天父诏曰：'尔已遵旨，我便不杖尔……'言毕天父回天。"[⑥]洪遭杨凌辱，怀恨在心，难以容忍，曾写诗泄愤："这个又冲，那个又冲，尔主那得安乐在宫中？这个不然，那个不然，尔主那得安乐在高天？这个又赦，那个又赦，尔主那得安乐管天下？这个又饶，那个又饶，尔主那得安乐坐天朝？"[⑦]可见，洪、杨之间争权的矛盾一触即发。

与此同时，杨秀清与韦昌辉之间的矛盾日趋尖锐。韦读过书，"颇知文义"，"小有才，为杨秀清所忌"[⑧]。韦为人阴柔奸险，以高呼万岁骗得天王的信任。对东王亦是这一套，《金陵癸甲纪事略》说，韦昌辉"事东贼甚谄，舆至则扶以迎，论事不三四语，必跪谢曰：非四兄教导，小弟肚肠嫩，几不知此"[⑨]。韦奉承拍马是想伺机搞倒杨，以取而代

---

① 中国史学会主编：《太平天国》第 1 册，神州国光社 1954 年版，第 261 页。

② 中国史学会主编：《太平天国》第 1 册，神州国光社 1954 年版，第 232 页。

③ 《李秀成自述》。

④ 中国史学会主编：《太平天国》第 3 册，神州国光社 1954 年版，第 46 页。

⑤ 中国史学会主编：《太平天国》第 4 册，神州国光社 1954 年版，第 668 页。

⑥ 中国史学会主编：《太平天国》第 1 册，神州国光社 1954 年版，第 30—32 页。

⑦ 中国史学会主编：《太平天国》第 2 册，神州国光社 1954 年版，第 470 页。

⑧ 中国史学会主编：《太平天国》第 3 册，神州国光社 1954 年版，第 48 页。

⑨ 中国史学会主编：《太平天国》第 4 册，神州国光社 1954 年版，第 669 页。

之。所以史书载:“昌辉位下杨贼一等,其奸诈相似,阳下之而阴欲夺其权。”[1]杨对韦的阿谀逢迎是有警惕的,并加意防范。杨不让韦担任独当一面的军事要职,只是留在自己手下出任京城防守工作。后韦昌辉权力渐大,杨又将石达开从安庆调回,以“分其权”[2]。咸丰四年三月(1854年4月),杨秀清因韦昌辉派部属张子朋出师湘潭,激变太平军水营,“杖昌辉数百”[3]。同时,杨还常以天父附体为名来为难、打击韦。对此,韦异常愤恨,但又不得不忍着。清方情报人员早就预计到,“杨贼与昌辉互相猜忌,似不久必有并吞之事”[4]。

杨秀清与秦日纲的矛盾亦日益尖锐。燕王秦日纲是发动金田起义的领导人之一。太平军一路打到金陵时,秦的权位仅次于洪、杨、韦、石,排第五。他长期带兵作战,屡建战功。东王对秦猜忌,限制其权力。据《金陵癸甲纪事略》载:咸丰三年八月(1853年9月),秦日纲奉命赴皖守安庆后,其部增加了2000多人,杨即“以此忌之,乃调罗大纲往替。日纲归,东贼分取其统下伪将使等为伪东参护、伪东典舆,以少其众”[5]。东王还寻找机会打击燕王秦日纲。时人谢介鹤记有:咸丰四年四月(1854年5月),秦的部下“牧马某甲坐门前,见东贼同庚叔未起,东贼叔怒,鞭某甲二百”。东王叔还不肯罢休,又将此案送给主持天朝刑部事务的石达开岳父黄玉昆处理,黄未进一步加罚。东王叔很不满意,即直接诉于东王,“东贼大怒”,命“杖日纲一百,承镕二百,玉昆三百,某甲五马分尸”[6]。忠王在《李秀成自述》中评论此事时说:“东王威逼太过,此三人积怨于心,口顺而心怒,北、翼二人,同心一怒于东。”

以上是太平天国领导成员之间的主要矛盾,位高权重的杨秀清是矛盾的焦点。太平天国的权力结构很奇特,洪是虚君,杨为权臣,神权、君权、兵权等权力复杂交织,领导人之间的争斗和权力转移不可避免,内讧随时会爆发。

二 天京内讧

“逼封万岁”,洪、杨关系破裂,天京内讧爆发。“逼封”的情形张汝南在《金陵省难纪略》中有所述及:

> 东贼旧托天父下凡以惑众,谓天父之言,藉传于东王金口,兵机政要,皆由天定,人莫得违。及破南省,众权独揽,虽洪贼亦拱手受成,北翼贼无论矣。六年五

①③④ 中国史学会主编:《太平天国》第3册,神州国光社1954年版,第48页。

② 中国史学会主编:《太平天国》第4册,神州国光社1954年版,第669页。

⑤ 中国史学会主编:《太平天国》第4册,神州国光社1954年版,第670页。

⑥ 中国史学会主编:《太平天国》第4册,神州国光社1954年版,第671页。

月，向帅移营丹阳，贼颇狂獗，先时仅据省城，东贼便称江山一统，至是又据溧水、句容，颇觉其事指顾可成，使北贼寇江西，翼贼寇宁国，率意指挥，益自尊大，有去洪贼而自称天王意。一日，诡为天父下凡，召洪贼至，谓曰："尔与东王均为我子，东王有咁大功劳，何止称九千岁？"洪贼曰："东王打江山，亦当是万岁。"又曰："东世子岂止是千岁？"洪贼曰："东王既万岁，世子亦便是万岁，且世代皆万岁。"东贼伪为天父喜而曰："我回天矣。"洪贼归，心畏其逼而无如何也。①

李秀成也说：杨秀清"要逼天王封其万岁。那时权柄皆在东王一人手上，不得不封，逼天王亲到东王府封其万岁"②。

"万岁"，是封建帝王所享有的尊号，是神圣不可侵犯的。杨秀清要洪秀全封其为"万岁"，是对王位的觊觎，洪大为惊恐。洪面对杨的威逼，一面在天王府外"所筑土城上密布枪炮，恐杨来暗算；一面遣腹贼至江西调北贼韦昌辉回金陵"③。

咸丰六年八月初三日（1856 年 9 月 1 日）夜里，韦昌辉率 3000 人马抵达天京城外。第二天凌晨，韦等闯进京城，打着奉诏靖难的旗号，袭杀杨秀清。《裨治文关于东王北王内讧的通讯报道》说：

北王本人及其随从部下将士，未被怀疑，当即取得许可进城，在短短数小时内，其部下已按预定计划，分布在各要害地点。所有通向东王府的道路，完全为进攻军所占领：断然的打击，有如霹雳突然自天而降。到翌晨拂晓曙光照耀的时刻，东王及其部下文武官吏隶役（包括男女老幼），都浸沉在自己的血泊中。有些人被斩去首级，另一些人为长矛刺死，没有谁能够幸免逃命。④

韦昌辉还将杨秀清首级献天王，"请标为老奸头，榜诸罪状示众"⑤。

韦昌辉杀死杨秀清及东王府部分官员后，即闭城袭杀东王部下将士。据《金陵续论》载，在一个多月的时间内，"东党为北贼杀者约万人，尸由西水关流出至下关江口不计其数"⑥。接着，韦又设计诱杀杨部将士五六千人。

---

① 中国史学会主编：《太平天国》第 4 册，神州国光社 1954 年版，第 702—703 页。

② 中国史学会主编：《太平天国》第 2 册，神州国光社 1954 年版，第 792 页。

③ 中国史学会主编：《太平天国》第 4 册，神州国光社 1954 年版，第 640 页。

④ 北京太平天国历史研究会编：《太平天国史译丛》第 2 辑，中华书局 1983 年版，第 74 页。

⑤ 中国史学会主编：《太平天国》第 4 册，神州国光社 1954 年版，第 703—704 页。

⑥ 中国史学会主编：《太平天国》第 4 册，神州国光社 1954 年版，第 641 页。

其实洪秀全让韦返京，并没有要他去杀杨秀清。洪、杨之间的矛盾虽尖锐，但也没有激化到你死我活的地步，洪还没有形成非杀杨不可的想法。《石达开自述》说："韦昌辉请洪秀全杀杨秀清。洪秀全本欲杀杨，口中不肯，且故意加杨秀清万岁，韦昌辉忿气，把杨秀清杀了。"洪秀全是不是要杀杨秀清，是"欲杀"，但口中又说不许，实际上是犹豫不决。正是这种态度，洪就不可能密诏韦回京杀害杨秀清。所谓密诏杀杨是韦的谎言。所以，当杨秀清被杀，洪即派人指责韦昌辉："尔我非东王不至此，我本无杀渠意，而今已拿戮之，此属又何辜，毋乃伤天父好生心，以宽纵为宜。"韦听后非常恼火，怒曰："我为渠除大害，今反责我而欲沽名耶?"①可见，杨秀清不是被洪秀全诏杀的，而是给韦昌辉擅杀的。

杨秀清被杀后，韦昌辉大权在握，愈益专横。《金陵省难纪略》云：韦"诸务皆自专，所为益横于东贼，洪贼愈畏其逼而亦无如何也。又急使人召翼贼"②。其时，石达开在湖北武昌督师，在得悉天京变乱的消息后，立即与丞相曾锦谦、张遂谋等人赶往天京。"9月上旬，翼王石达开在天京露面，对北王和顶天侯(指秦日纲——引者)严厉谴责，据说并不是因为他们诛戮了那妄图篡位的东王，而是因为他们株连过广，竟然杀死那么多的无辜弟兄。等到翼王发觉他自己也将顷刻成为下一个阴谋陷害的对象时，便火速集合尽可能找到的旧部下，就在到达天京仅仅数小时后，趁茫茫黑夜，打开一条血路出城，安全地回到他的安徽大营。"③石逃走后，韦昌辉将石家属悉数杀害。不仅如此，他还"派遣顶天侯率领大军，载乘小舰队，溯江而上，追击翼王"④。接着，又以天王名义发出悬赏捉拿石达开的诏令。《金陵杂记》载："韦贼张示四乡，有能拿获者赏千金，封万户侯。"⑤石达开则积极应对，调集兵力，积聚力量，准备东讨韦昌辉。十月十一日(11月8日)，他率数万人马至泾县，后移师宁国。同时，"奏禀天王，要求取得韦昌辉的头颅"，并说，"假若该项要求被拒，即将班师回朝，攻灭天京"⑥。

权欲熏熏的韦昌辉在杀死杨秀清，追击石达开至安徽后，矛头直指洪秀全，准备篡夺最高领导权。据史书载：有一天，韦昌辉"率众至洪贼居请朝，索翼贼，洪惧不敢见。薄暮，陈三千人于洪居前，谓不出翼妖，即火攻，洪乘墉与对垒，枪炮互施，逾时无胜负。洪居服役亦女人，悉使裹发效男装，各持械启门则竖伪制翼贼旗，大呼出冲阵。

---

①② 中国史学会主编：《太平天国》第4册，神州国光社1954年版，第704页。

③ 北京太平天国历史研究会编：《太平天国史译丛》第2辑，中华书局1983年版，第86页。

④ 北京太平天国历史研究会编：《太平天国史译丛》第2辑，中华书局1983年版，第87页。

⑤ 中国史学会主编：《太平天国》第4册，神州国光社1954年版，第641页。

⑥ 北京太平天国历史研究会编：《太平天国史译丛》第2辑，中华书局1983年版，第76页。

北贼不意其遂出，又见翼旗，谓石果久伏洪所，与同谋，大惊，众遂溃”①。

韦昌辉“不分清白，乱杀文武男女”，追杀石达开，攻打天王府，彻底暴露了他的狰狞面目，激起天京军民的极大愤慨，纷纷离他而去。洪秀全在石达开大军东进、京内军民的支持下，发动了诛韦战役。据《金陵省难纪略》说：洪“比晓传令，北贼所属皆不问，第知北奸隐处者急首告”。三天后，有人在内桥栅口处见到韦昌辉，即“大呼捉北奸，四街守栅人俱至，围而擒获之，果北贼”。“缚送洪，令支解之，割其肉方二寸，悬城中各栅”。因韦的“党羽只是极少数”，所以“诛戮韦昌辉的事件，仅仅付出了斩杀二百人和交战两天的代价”②。不久，天京派兵至西林镇，“把顶天侯（秦日纲——引者）押解回朝，随即被处斩”③。

当石达开移营芜湖附近一个村庄时，天京方面将“北王的首级被盛在盐箱里，解送到营，就挂在全营将士行军所必经的大路口的旗杆上”④。11月底，“翼王统率大军，由芜湖登船启程，沿江顺流而下，直达天京”⑤。石在军民的一片欢呼声中进入城内。“合朝同举翼王提理政务，众人欢说”⑥。

在天京内乱后，杨秀清被杀，韦昌辉被诛，朝中无重臣主政的情况下，推选翼王辅政是非常合适的。石达开不仅是一个英勇善战的将领，也是一个具有卓越才能的政治家。李秀成说他是一个文武兼备，谋略甚深的人。当时在太平天国统治区内活动的美国人麦高文说：

> 在残存的首领中，除翼王石达开外，其状况几乎一无所闻。这位青年领袖（指石达开——引者），作为目前太平军的中坚人物，各种报道都把他描述成为豪侠好义——勇猛无畏，耿介正直，无可非议，可以说是太平军中的培雅德（是15世纪末叶至16世纪初的法国民族英雄和有名将领，抵御西班牙大军的入侵，勇猛无畏地捍卫了祖国的疆土）。他的性情温厚，赢得万众的爱戴。⑦

这一评说是比较恰当的。

石达开回京主政之际，正是太平天国军事形势急转直下之时，清军乘太平军内乱，攻占武昌，直逼九江，在东线则激攻句容、溧水，威胁天京。翼王为稳定太平天国局势，部署了攻守兼备的战略：坚守东、西线战略要地句容、溧水、九江等城镇；进攻皖

---

① 中国史学会主编：《太平天国》第4册，神州国光社1954年版，第704页。

②③④⑤ 北京太平天国历史研究会编：《太平天国史译丛》第2辑，中华书局1983年版，第88页。

⑥ 太平天国历史博物馆编：《太平天国文书汇编》，中华书局1979年版，第487页。

⑦ 北京太平天国历史研究会编：《太平天国史译丛》第2辑，中华书局1983年版，第90页。

鄂边境地区，进逼武昌。太平军成功地实施了这一战略。石达开将带到天京的4万靖难之师，大多增援各战略重镇，仅句容一地就派去数千人马。太平军坚守九江，清水师不敢东下活动；在东线，清廷钦差大臣和春督军多次强攻句容、溧水等地，均被守军击退。石达开提拔了年轻有为、足智多谋的将领陈玉成、李秀成，由他们挂帅出征皖鄂地区。咸丰七年(1857)春天，他们先后攻克舒城、六安、正阳关、霍丘、英山，并在四月(5月)把战争推进到湖北东部地区，使清方军事重镇处在太平军的虎视之下，清方不得不派重兵驻守。这一攻一守就基本上扭转了太平天国因天京内乱引起的不利的军事形势。

但是，未久，太平天国领导集团内部又出现了新的矛盾和危机，结果是石达开离京出走。这是天京变乱的继续。

咸丰七年五月初(1857年5月底)，石达开带着他的随员及亲兵，出聚宝门，至雨花台。他在此向将士们"讲道三天"，宣布离京出征。五月十一日(6月2日)，他率军由江宁县的铜井镇过长江，至和州，二十五日(16日)到达安庆。后折入赣、浙、闽、湘、桂、黔、滇、川等省活动，离开太平天国统治中心——天京越来越远，再也没有回去。石达开离京时带走了一部分人马。《李秀成自述》说是"翼王将天朝之兵尽行带去"。这太夸张了，其实只带走数千人。据《福济等奏金陵内讧请饬鄂赣相机防剿折》中说："兹据无为州在籍教谕郑英等禀称：五月十八日石逆由金陵带其党与[羽]数千，道经该州前往上游，到处张贴伪示，传谕各贼。"到安庆以后，归附的人才多起来，"不下数万"①。

翼王为何要出走？主要原因是洪秀全的逼迫。

石达开回京辅政，满以为能得到洪秀全的信任和支持。但是，实际情况并非如此。石出掌政务后，天王"有不乐之心"②。洪秀全没有从天京内乱中吸取教训，反而怕石达开会成为第二个杨秀清，以致不信外臣，专用洪姓，封其大哥洪仁发为安王，二哥洪仁达为福王，让安、福二王主持朝政。对石达开"不授以兵事，留城中不使出"③，并"有谋害之意"④。石在此情况下，离京西走。正如《李秀成自述》所说：

> 翼王回京，合朝同举翼王提理政务，众人欢说。主有不乐之心，专用安、福两

---

① 《历史档案》1981年第1期。

② 中国史学会主编：《太平天国》第2册，神州国光社1954年版，第792页。

③ 中国史学会主编：《太平天国》第4册，神州国光社1954年版，第704页。

④ 《石达开自述》。

> 王。安王即是王长兄洪仁发，福王即王次兄洪仁达。主用二人，朝中之人甚不欢说。此人又无才情，又无算计，一味古(固)执，认实天情，与我天王一样之意见不差，抑制翼王，是以翼王与安、福三人结怒(怨)，被其押制出京，今而远征未肯回者，因此之由也。

石达开离京去安庆的一路上，广贴五言韵文告示，将其心迹及被逼出走的情形布告天下：

> 为沥剖血诚，谆谕众军民：自恨无才智，天国愧荷恩。惟矢忠贞志，区区一片心；上可对皇天，下可质古人。去岁遭祸乱，狼狈赶回京；自谓此愚忠，定蒙圣君明。乃事有不然，诏旨降频仍，重重生疑忌，一笔难尽陈。用是自奋励，出师再表真；力酬上帝德，勉报主恩仁。精忠若金石，历久见真诚；惟期妖灭尽，予志复归林。为此行谆谕，遍告众军民，依然守本分，照旧建功名。或随本主将，亦足标元勋；一统太平日，各邀天恩荣。①

石在《布告》中所说的出走原因有一定道理。天王对翼王确是疑忌甚重，但石达开也有猜忌洪秀全的一面。李秀成曾说："主上信任不专，因东、北、翼三王弄怕，故未肯信外臣，专信同姓之重。"②显然，石达开也是"弄怕"天王的三王之一。翼王在内乱中不仅逼天王杀韦昌辉，还有谋害天王之意，威胁要"攻灭天京"。这些错误的做法，容易致使洪秀全产生种种疑忌。所以，石达开的出走，自身也有一定的责任。

石达开在《布告》中说自己"愚忠"太平天国，离京出征也是为"再表真"。翼王忠于太平天国，这是事实，特别是在天京事变中，他兴师靖难，在一定程度上挽救了太平天国。在离京出征期间，他亦未变初衷，始终举着太平天国的旗帜，与清政府作斗争。他自己也一直沿用"真天命太平天国圣神电通军主将翼王石"的头衔。清安徽巡抚福济闻石达开离京出走，至皖，立即致书劝降，要其归心清朝，倒戈相向，立功自赎。石未予理睬，坚持走太平天国的路。

石达开出走远征，导致了严重的后果。石离京后，天京方面不断派人追他，劝其返京。闰五月十一日(7月2日)，德兴阿说："十三日又据温绍原禀称，探得金陵自石逆去后，洪逆屡遣人追赶，皆为石逆所留，或竟遭其杀害。"③洪秀全对石达开的出走，

---

①③ 《历史档案》1981年第1期。

② 太平天国历史博物馆编：《太平天国文书汇编》，中华书局1979年版，第491页。

还能从太平天国事业的大局出发，屡屡派人前去相劝，百计挽留。洪、石之间虽有猜忌，但反清斗争的大目标是一致的，没有根本的利害冲突，没有不可调和的矛盾。石本应听人劝，抛弃前嫌，回京与洪重修于好，共创太平天国的新天地。然而，石没有这样的胸怀，拒绝了洪和大家的劝留，一意远行，再没折回。可是，洪秀全没有灰心，继续争取石达开返京。在翼王驻军安庆之时，天王又遣使邀请他回京辅政，并捧还翼王金牌，为石所拒绝。石达开出走一个月，天京形势发生逆转，溧水为清军攻占。洪秀全在情急之下，屡求石达开救援，但石没有出手相救，采取坐观其成败的态度。由此可见，石达开已不接受太平天国中央的领导，拒绝洪秀全的指挥，一切都自行其是，俨然自立一军，客观上走上了分裂的道路。

三　洪仁玕总理朝政

洪仁玕，是太平天国后期总理朝政，仅次于洪秀全的第二号人物。咸丰九年(1859)，他为重振太平天国，曾向洪秀全提出了新的施政方案，即《资政新篇》，这是一个提倡学习西方，发展近代资本主义的文本。

洪仁玕，道光二年(1822)生于广东花县。他比洪秀全小 9 岁，为天王族弟，也是拜上帝会最早的会员之一。金田起义后，洪仁玕曾组织人马，但未赶上起义队伍，折返广东。因当地统治者对起事者严查重惩，他在家乡无法居住下去，即亡命香港，在一个牧师家里当家庭教师。咸丰四年(1854)，他想经上海去天京，因外国传教士的阻挠，再加“上海城内红兵”不相信他是“天王之弟”，未能去成。滞留上海期间，“在夷馆学习天文历数”，“是冬返回香港，仍习天文，授教夷牧”[①]。洪仁玕在香港前后呆了七八年，广泛地接触了西方人士，阅读了大量西方书刊，了解许多西方社会情况，接受很多资本主义思想，掌握不少近代政治、经济、文化和科学技术知识。咸丰八年(1958)，洪仁玕在“洋人助路费百金，由广东省到南雄，过梅岭，到饶州”，一路北上“到湖北黄梅县”，复乔装商人，“在龙坪办货物下江南”，一路上跋山涉水，不避艰险，于咸丰九年三月(1859 年 4 月)抵达天京。洪仁玕抵京，天王喜出望外，当即被“封福爵”，后又“封义爵加主将”，四月初九日(5 月 11 日)“改封开朝精忠军师顶天扶朝纲干王”[②]。李秀成说：天王“见其弟至，格外欢天”，“到京未满半月，封为军师，号为干王，降照[诏]天下，要人悉归其制”[③]。洪仁玕“恐将心不服，屡辞，未蒙恩准”。于是，他下决心“竭力

---

① 太平天国历史博物馆编:《太平天国文书汇编》,中华书局 1979 年版,第 545 页。

② 太平天国历史博物馆编:《太平天国文书汇编》,中华书局 1979 年版,第 546 页。

③ 太平天国历史博物馆编:《太平天国文书汇编》,中华书局 1979 年版,第 533 页。

效忠，以报知遇之恩”[①]。

洪仁玕来到天京之时，太平天国还处在危难之际。领导层的内讧虽已过去三年，但由于洪秀全排斥异己，重用亲贵嬖臣，造成人心涣散，事权不一，出现严重的统治危机，再加上太平天国初期制订的平均主义政策，无法实行，致使社会各方面出现许多急待解决的问题。洪仁玕出掌朝政后，针对太平天国的实际情况，并结合他对世界资本主义的认识，提出了治国施政的方案。他说：“治国必先立政，而为政必有取资。本军师恭膺圣命，总理朝纲，爰综政治大略，编成《资政新篇》一则。”[②]

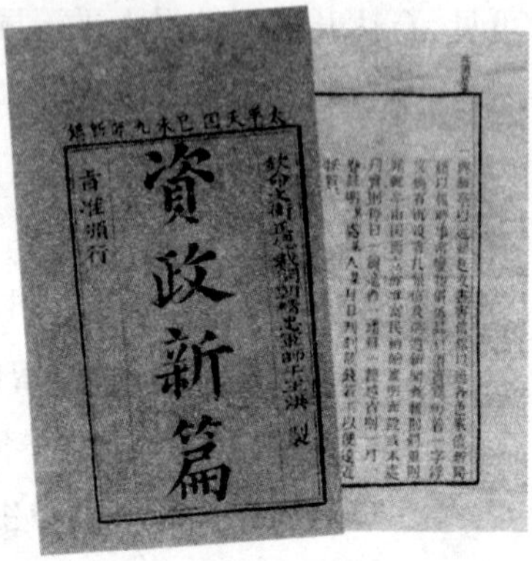

《资政新编》

洪仁玕认为：“夫事有常变，理有穷通，故事有今不可行而可预定者，为后之福；有今可行而不可永定者，为后之祸，其理在于审时度势与本末强弱耳。然本末之强弱适均，视乎时势之变通为律……其要在于因时制宜，审势而行而已。”[③]这就是说，世间万物都在不断发展，处理世上事情的道理也必须跟着变化，治理国家的方针大计也要根据当时的“时”和“势”来制定。洪仁玕提出《资政新篇》的“时”和“势”是什么呢？一是洪仁玕总理朝政时太平天国的实际情况，包括存在问题；二是世界发展的态势。洪仁玕在书中纵论天下资本主义发展的大势：英国“于今称为最强之邦，由法善也”。“米其坚，礼义富足，以其为最”。该国以“有能者册立为官，是其义也。邦长五年一任，限以俸禄，任满则养尊处优，各省再举。有事各省总目公议，呈明决断，取士、立官、补缺及议大事则限月日置一大柜在中廷，令凡官民有仁智者写票公举，置于柜内，以多人举者为贤能也，以多议是者为公也”。“日耳曼邦内分十余邦，不相统属，……而德则独最也，亦有大船往各邦贸易”，“风雨票[镖、表]、寒署针先出此邦之花兰溪”。俄罗斯彼得大帝，派人去西欧国家“学习邦法，火船技艺，数年回邦……大兴政教，百余年来声威日著，今亦为北方冠冕之邦也”。日本“近与花旗邦通商，得有各项技艺以为法则，将来亦必出于巧焉”。泰国“近于英邦通商，亦能仿造火船、大船往各邦采买，今亦变为富智之邦矣”。这些国家，能顺应时代潮流，作适当变通，运用近代的民主和科技手段，迅速致富致强。

洪仁玕根据这种“时”“势”观编写了《资政新篇》一书。该书分四类问题述说：用

① 太平天国历史博物馆编：《太平天国文书汇编》，中华书局1979年版，第546页。

② 中国史学会主编：《太平天国》第2册，神州国光社1954年版，第523页。

③ 中国史学会主编：《太平天国》第2册，神州国光社1954年版，第523—524页。

人察失类,风风类,法法类,刑刑类。从内容看,主要是:

(一) 经济方面

1. 发展交通。造火车,修铁路。书中说:“兴车马之利,以利便轻捷为妙。倘有能造如外邦火轮车,一日夜能行七八千里者,准自专其利,限满准他人仿做。若彼愿公于世,亦禀准遵行,免生别弊。先于二十一省通二十一条大路,以为全国之脉络,通则国家无病焉。”造轮船,疏浚河道:“兴舟楫之利,以坚固轻便捷巧为妙……兹有火船气船一日夜能行二千余里者,大商则搭客运货,国家则战守缉捕,皆不数日而成功,甚有裨于国家焉。若天国兴此技,黄河可疏通其沙而流入于海,江淮可通有无而缓急相济,要隘可以防患,凶旱水溢可以救荒,国内可保无虞,外国可通和好,利莫大焉。”

2. 设立银行。洪仁玕说:“兴银行,倘有百万家财者先将家资契式禀报入库,然后准颁一百五十万银纸,刻以精细花草,盖以国印图章,或银货相易,或纸银相易,皆准每两取息三厘。或三四富民共请立,或一人请立,均无不可也。此举大利于商贾士民,出入便于携带。”

3. 办理邮政。《资政新篇》说,“邮亭由国而立”,“以通朝廷文书,书信馆以通各色家信”。

4. 创办工业。书中提倡技艺,许其专利:“兴器皿技艺。有能造精奇利便者,准其自售;他人仿造,罪而罚之。即有法人而生巧者,准前造者收为己有,或招为徒焉。器小者赏五年,大者赏十年,益民多者年数加多,无益之物有责无赏,限满他人仿做。”同时鼓励开发矿产资源:“兴宝藏。凡金银铜铁锡煤盐琥珀蠓壳琉璃美石等货有民探出者,准其禀报,爵为总领,准其招民探取,总领获十之二,国库获十之二,采者获十之六焉。”“此为天财地宝,虽公共之物,究亦枕近者之福,小则准乡,大则准县,尤大者准省及省外之人来采也。”

5. 兴办水利。洪仁玕主张:“立丈量官。凡水患河路有害于民者,准其申请,大者发库助支,小者民自捐助。而屋宇规模,田亩裁度,俱出此官。”

(二) 政治方面

1. 加强中央领导。文中强调:“要自大至小,由上而下,权归于一,内外适均而敷于众也。”在具体做法上要“禁朋党之弊”:“朝廷封官设将,乃以护国卫民、除奸保良者也。倘有结盟联党之事,是下有自固之术,私有倚恃之端,外为假公济私之举,内藏弱本强末之弊。为兵者行此而为将之军法难行;为臣者行此而为君之权谋下夺。良民虽欲深倚于君,无奈为所隔绝,是不可以不察也。”洪仁玕认为,用人要得当,抓好赏罚:“器使群材,赏罚严明”,“盖器使则人无乱法,严明则人皆服法;无乱而服,即效命取胜之根也。”无疑,这些措施是有助于加强中央领导的。

2. 设乡官、乡兵。“兴乡官,公义者司其任,以理一乡民情曲直吉凶等事,乡兵听其铺调”。乡兵则“大村多设,小村少设,日间管理各户洒扫街渠……夜于该管之地有失,惟守者是问”。这有利于基层政权的建设。

3. 建公库,设税务机关。“兴省、郡、县钱谷库,以司文武官员俸值公费,立官司理,每月报销”。“兴市镇公司,立官严正,以司工商水陆关税,每礼拜呈缴省、郡、县库存贮或市镇公务支用”。

4. 采用新的刑法制度。洪仁玕在文中说:“罪人不孥。若讯实同情者及之,无则善视抚慰之,以开其自新之路。若连累及之,是迫之使反也。”“善待轻犯,宜给以饮食号衣,使修街渠道路,练其一足,使二三相连,以差人执鞭刃掌管。轻者移别县,重者移郡移省,期满释回,一以重其廉耻,二以免生他患,庶回时改过自新,此恩威并济之法也。”

5. 反贪污,反迷信,禁鸦片,禁贩卖人口等恶习。

(三) 文化、社会福利方面

1. 兴办文化事业。提倡设立“学馆”,领导要“亲临以隆其事,以奖其成”。“兴各省新闻官”。“专收十八省及万方新闻篇有招牌图记者,以资圣鉴,则奸者股栗存诫,忠者清心可表,于是一念之善,一念之恶,难逃人心公议矣”。同时“设新闻馆以收民心公议及各省郡县货价低昂,事势常变,上览之得以资治术,士览之得以识变通,商农览之得以通有无,昭法律,别善恶,励廉耻,表忠孝,皆借此以行其教也”。洪仁玕反对“不务实学,专事浮文”的不良文风:“文士之短简长篇,无非空言假话;下僚之禀帖面陈,俱是谗谄赞誉;商贾指东说西,皆为奸贪诡谲;农民勤俭诚仆,因为愚妇愚夫。”他竭力主张:“文以纪实,浮文在所必删;言贵从心,巧言由来当禁。”“存真去伪,一洗颓风。”“况现当开国之际,一应奏章文谕,尤属政治所关,更当朴实明晓,不得稍有激刺、挑唆、反间,故令人惊奇危惧之笔。”①

2. 办医院。“兴医院以济疾苦。系富贵好善,仰体天父天兄圣心者,题缘而成其举,立医师必考取数场然后聘用,不受谢金,公义者司其事”。

3. 办社会福利、慈善事业。“兴士民公会,富贵善义、仰体天父天兄好生圣心者,听其甘心乐助,以拯困扶危,并教育等件”。“兴跛育(盲)聋哑院。有财者自携资斧,无财者善人乐助,请长教以鼓乐书数杂技,不致为废人也”。“兴鳏寡孤独院,准仁人济施,生则教以诗书各法,死则怜而葬之”。

(四) 外交方面

主张独立自主,“与番人并雄”。西方列强“技艺精巧,国法宏深,宜先许其通商,

---

① 中国史学会主编:《太平天国》第2册,神州国光社1954年版,第616页。

但不得擅入旱地”,“许牧司等并教技艺之人入内教导我民,但准其为国献策,不得毁谤国法”。“凡于往来言语文书,可称照会交好,通和,亲爱等意,其余万方来朝,四夷宾服及夷狄戎蛮鬼子一切轻污之字,皆不必说也。盖轻污字样是口角取胜之事,不是经纶实际,且招祸也”。

洪仁玕向洪秀全提出的这套方案,充满着资本主义的气息,特别是在经济方面,主张仿照西方列强,用先进的科技和资本主义方式兴办工矿企业和邮政、金融事业。洪仁玕的这些建议,既符合世界资本主义发展的潮流,也适合中国社会发展的需要。这与洪秀全用平均主义建立农业社会的《天朝田亩制度》相比,有着本质的不同,是一大进步。所以,他在向西方学习方面,超越了太平天国和当时中国所有的人。

洪秀全认真审读了《资政新篇》,对书中的各项新政逐条进行批示。对多数条款表示赞同,批“钦定此策是也”,有的批“此策是也”,也有的批“是”。对少数条款批缓行或不表可否。如在兴各省新闻官一条上批“此策现不可行,恐招妖魔乘机反间,俟杀绝残妖后行未迟也”;在“勿杀”一条上批有“爷今圣旨斩邪留正,杀妖杀有罪不能免也”;在“大罪宜死”一条上批有“爷诫勿杀,是诫人不好谋害妄杀非谓天法之杀人也”。在“与番人并雄之法”一条上则未加批示。洪秀全基本上是赞成《资政新篇》的。他审阅后批“此篇傅镌刻官遵刻颁行”。

但是,《资政新篇》并未实施。究其原因,主要是两条:一是得不到支持。洪秀全虽旨准颁行《资政新篇》,但这并不表明他同意洪仁玕发展资本主义的主张。因为他只是一个皇权主义者,在起义开始时,为号召百姓起来反对清王朝,而提出平均主义的《天朝田亩制度》,一当这个方案在现实生活中无法实施时,就退回到“照旧缴粮纳税”的封建老路,而对资本主义制度一无所知,不可能实施带有资本主义性质的《资政新篇》。洪仁玕曾坦率地对他的朋友说过,“他是孤立的,没有人支持他和拥护这些建议”①。二是没有一个安定的环境。《资政新篇》颁行后,太平天国始终处在战争状态中,太平军无日不与清军作战,天京亦数度被围,天国的重要领导人包括陈玉成、李秀成和洪仁玕本人都不得不统兵作战,以打破敌人的围困。在此情况下,军事斗争高于一切,无法他顾,不具备实施新政的条件。

四　太平军二破江南大营,重振声威

天京内乱和石达开带兵出走后,太平天国的军事形势急转直下,清军又重新围攻

---

① 广西太平天国史研究会、广东太平天国史研究会编:《太平天国史论文集》(续集),广西人民出版社 1989 年版,第 256 页。

天京。咸丰七年五月二十日(1857年6月11日),清军攻占溧水县城。随后,清军总兵张国梁"进兵攻打句容","句容守将周胜富败退,清将收得句容,顺下再困镇江"①。李秀成、李世贤奉命从庐州赶来救援,但疲劳之师难以克敌制胜,只是救出城内守军,镇江于十一月十二日(12月27日)失守。在清军围攻镇江期间,清政府任命江南提督和春为钦差大臣,督办江南军务,由他和张国梁统领江南大营。经过一年半的时间,清军江南大营又重整旗鼓。

张国梁攻占镇江后,立即"同和帅复困天京"②。咸丰七年十一月二十四日(1858年1月8日),清军提督张国梁、总兵李若珠率部进驻天京城东南的高桥门,副将张玉良部驻扎钟山龙脖子,总兵傅振邦驻兵城南,虎视秣陵关。钦差大臣和春设大营于孝陵卫南面的小水关。和春指挥清军逐步向天京进逼,咸丰八年二月十四日(1858年3月28日)攻陷秣陵关,二月二十六日(4月9日)又占大胜关。江南大营为对天京长围久困,而掘长濠,筑高垒,和春说:"此时金陵围攻,自城北之上元门至西路之三汊河、乐心寺江干上,共长一百三四十里,大小营盘约一百三十余座,兵勇约四万有奇。"②

在张国梁部攻占镇江的同一天,江北大营的清军也攻陷镇江隔江对岸的瓜洲。不久,江北大营的统帅德兴阿移营于浦口,会同江南大营合攻天京。

为解天京之围,李秀成等太平天国领导人决定先解决江北大营的问题。咸丰八年二月(1858年3月),李秀成离京至芜湖,"与家弟李世贤斟酌,一人敌南岸,一人敌北岸"③。李世贤力挡南岸一方,李秀成则率精兵5000渡江北上,先后克昭关、和州,继而进占全椒、滁州、来安等地。四月下旬(6月初),李部南下,扎营大刘村,准备进攻浦口的江北大营。德兴阿和都统胜保亲率1.5万人由浦口北上应战。初战,太平军胜,再战,李部失利,"新旧之营概行失守,失去官兵千余"④。李总结独自解京围的教训说:"我独自一人无计解救京围,此是八年之话。交滁州与李昭寿后,我自回全椒,无兵可用,主与我母被困在京,那时在全邑日夜流涕,虽招有张乐行之众,此等之人听封而不能听调用也。那时只有部将陈坤书、吴定彩、苏招生、谭绍光、陆顺德各

太平天国忠王李秀成

①② 中国史学会主编:《太平天国》第2册,神州国光社1954年版,第800页。

② 罗尔纲著:《李秀成自述原稿注》,中华书局1982年版,第192页。

③ 罗尔纲著:《李秀成自述原稿注》,中华书局1982年版,第161页。

④ 罗尔纲著:《李秀成自述原稿注》,中华书局1982年版,第171页。

将,愿拼死救京都。当调精锐,不足五千,欲先扫清两浦,隔江通信,以安京内人心。"[①]于是,李"通文各镇守将,凡是天朝将官概行传齐",于六月中旬(7 月下旬)"到枞阳会议"。到会将领"各誓一心,订约会战",全力攻打清江北大营[②]。

会后,陈玉成立即发兵,七月十五日(8 月 23 日)攻占庐州,击毙清守将肖开甲。随后,陈一面派吴如孝率部北进攻占店铺、梁园、定远,一面亲率大军"由界牌而下滁州"。李秀成则由枞阳回全椒整队,率领人马到滁州,在乌衣与陈玉成会师。那时,清军德兴阿和胜保正发动江北大营人马,分别由小店和水口向北进击。八月十九日(9 月 25 日),陈玉成、李秀成率军在乌衣地区大战德兴阿部,清军惨败。陈、李大军"乘胜而追,那德军(指德兴阿江北大营清军)失去三四千众"[③]。次日,追至江浦县小店,遇江南大营派来的援军冯子材部,经激战,冯部大败,溃不成军。太平军顺势追到浦口,陈玉成攻清军德兴阿部之前阵,李秀成打德兴阿军之后方,前后夹攻,"德军大乱,死于浦口一万余人"[④]。这就是太平军二破江北大营的浦口之战。陈、李又乘大破江北大营之余威,继续攻城掠地,陈部攻占江浦、六合,李部克天长、扬州。此役,太平军横扫江北清军,打通了天京与两浦之间的通道。随后,太平军又取得了三河之战和桐城之役的胜利,天京与江北之间的道路全面打通。

清军江北大营被摧毁,虽缓和了天京被围的局势,但没有从根本上解围,江南大营的清军仍三面包围着天京。所以,江南大营一日不除,天京就一日被围。两浦之战胜利后,李秀成镇守浦口。他默察太平天国内外形势,感到十分忧虑。他说:"我守甫[浦]口日久,又无军饷支兵,外又无救,南岸和、张两帅之兵又雄,无兵与其见仗,营中所用火药炮子具[俱]无,朝无佐政之将,主又不问国事,一味靠天,军务政务不问,我在天朝实无法处。力守甫[浦]口,后又被见疑,云我有通投清朝之意。"[⑤]李在无可奈何的情况下,决定"轻奇[骑]回京奏主。主又不从,当金殿与主辦[辨]白,问主:'留我镇甫[浦]口,尔外救应望何人?'将主国臣筹算,与主周详算:'前军主将陈玉成在潜、太、黄、宿被曾帅之兵敌,不能移动;韦志俊业投清朝;刘官芳、赖文鸿、古隆贤有其名未能为用;杨辅清为中军主将,在池郡英家会[殷家汇]、东流,亦有曾帅之军制战;左军主将李世贤已在南宁[陵]湾趾[沚]一带;京城四门具[俱]被和、张两军重困深濠,朝内积谷无多,主又不准我出,[谁]为外来救?我主意何为?'与主力辦[辨]。当被严责一番,又无明断下诏……不得已,后而再行强奏,定要出京,主见我无可而留,准我出京。"[⑥]李秀成在要求出京解京围的同时,与干王洪仁玕讨论如何解京围的问题。商讨决定,采用中国古代军事上的"围魏救赵"之策,派兵

①②③④ 中国史学会主编:《太平天国》第 2 册,神州国光社 1954 年版,第 803 页。

⑤ 罗尔纲著:《李秀成自述原稿注》,中华书局 1982 年版,第 187 页。

⑥ 罗尔纲著:《李秀成自述原稿注》,中华书局 1982 年版,第 188 页。

围攻杭州、湖州，以救天京。洪仁玕分析说："此时京围难以力攻，必向湖、杭虚处，力攻其背。彼必返救湖、杭，俟其撤兵，远去，即行返旗自救，必获捷报也。"[①]洪仁玕的判断是有根据的：一是"知和、张两帅军饷具[俱]出在苏、杭、江西、福建、广东，此是出奇兵而制胜，扯动和、张两帅江南之兵"的根本原因[②]；二是和春有"兼办浙江军务"之责，湖、杭被围，必派兵相救。

出兵奇袭杭州以救天京的计划很快得到洪秀全的批准。咸丰十年正月初六日(1860年1月28日)，忠王率谭绍光、陈坤书等将领由六合渡江，"奉旨南征"[③]。李在芜湖召开各路将领会议，制定了围攻江南大营的方案。李于正月十九日(2月10日)到南陵，二月初三日(2月24日)攻克广德。在奔袭中与李世贤部会合，并进入浙江。二月初八日(2月29日)攻占安吉，二月十三日(3月5日)克长兴。然后兵分两路，由李世贤率所部攻打湖州，李秀成则率六七千人马，打着清军旗帜号衣，由妙西到武康，日夜兼程，直奔杭州。二月十九日(3月11日)，太平军抵杭州，经几天部署，二月二十八日(3月19日)发起强攻，将城西清波门城垣轰塌，攻入城内，清军溃败，巡抚罗遵殿被击毙。但杭州将军瑞昌则顽抗到底，满营未被攻破。

太平军攻湖、杭，震动浙江统治当局，巡抚罗遵殿迅即报告江南大营统帅部，向和春求救。二月十八日(3月10日)，和春派总兵张玉良率1.3万人援浙。三月初二日(3月23日)，李秀成得知江南大营援浙军队到达杭州后，非常高兴："和、张两帅果派江南救兵来救杭郡，令张玉良统带到杭郡武林门，两家会话，知是江南和、张之兵分势，中我之计。"[④]三月初三日(3月24日)，李秀成"欲退攻大营以解金陵之围，乃决意弃城，出清波、涌金门走"[⑤]。李在撤出时，"将杭[郡]新制造旗帜以作疑兵"，张玉良信以为真，城内有大批太平军在防守，所以在太平军"退出一日一夜，未敢入城"[⑥]。李部安全撤出杭州后，经余杭，过临安，走天目山，出孝丰，到广德。三月十八日(4月8日)，李秀成部攻占建平。李在此召集李世贤、杨辅清、刘官芳、赖文鸿、古隆贤等太平天国高级将领会议，商讨"会战，救解京城"之事。会议决定分路围攻江南大营：辅王杨辅清部于三月二十一日(4月11日)攻占东坝，第二天克高淳，一路北上，先后克溧水、秣陵关，闰三月十二日(5月2日)攻至雨花台；侍王李世贤部由溧阳、句容向江南大营进攻，于闰三月初二日(4月22日)攻至天京北门外洪山、燕子矶一带；救天义陈坤书、右军主将刘官芳部随李世贤至秣陵关后，折向高桥门，直逼江南大营；英王陈玉

① 太平天国历史博物馆编：《太平天国文书汇编》，中华书局1979年版，第553页。

②④⑥ 罗尔纲著：《李秀成自述原稿注》，中华书局1982年版，第191页。

③ 太平天国历史博物馆编：《太平天国文书汇编》，中华书局1979年版，第246页。

⑤ 中国史学会主编：《太平天国》第4册，神州国光社1954年版，第572页。

成依约于闰三月上旬(4月底)率部南下,攻至江宁一带;李秀成部于闰三月初七日(4月27日)攻至淳化镇,向紫金山挺进。至此,各路太平军均已到达天京,和春的江南大营处在李秀成指挥的10万大军的包围之中。

闰三月十二日(5月2日),各路太平军向江南大营清军开火。天京城内守军也从七桥瓮、上方门、安德门出击,配合各路大军的进攻。闰三月十五日(5月5日),英王陈玉成部大败清军,攻破天京西南的长濠。《粤匪纪略》记其事道:

> 十五日立夏,辰刻风雨交加,兼带冰雹,城内逆匪被围紧急,见外援已到,遂大股突出,连抛火罐,落于副将雷安邦营内,火药轰发,人声鼎沸,登时大乱,梁克勋、张威邦营盘均在附近,并不开放枪炮,即带兵勇溃退……援贼趁势扑至,内外夹攻,顷刻之间,得胜门至江边一带官军营垒五十余座,全行失陷。陕西延绥镇总兵黄靖、副将马登富、雷安邦等均殁于阵……官兵死者数万人。

当天晚上,太平军乘胜向前推进,横扫江南大营:

> 闻枪炮不绝,人声喧哗,探得逆已大股出巢,攻扑孝陵卫街口营盘,经参将罗大春督兵轰击,顷而钟山遍处皆火,势已危极。总理营务处副将衔参将广霖请大帅速起,而大帅犹然酣睡,复经其甥副将常亮、巡捕游击王传训、都司侯定贵、徐坤等将其唤醒,告以危急情形,尚复不起,请之再三,始穿衣上马出营。维时远与许中丞得知,随偕候补知府朱守履恒踉跄奔出,漏夜就道,雨湿路滑,一路颠扑,狼狈不堪……而张副将营内存银十余万,军火局内所存枪炮火药铅子等项不计其数,尽以资贼。[1]

闰三月十六日(5月6日),张国梁率残兵败将退至镇江。和春则从丹阳逃往苏州。至此,清江南大营被摧毁,天京解围。

三月二十一日(5月11日),太平天国的重臣和高级将领,因天京解围,登朝庆贺,并讨论下一步军事行动问题。

侍王李世贤主张进军闽、浙。因偏于一隅,难成大事,得不到大家的支持。

英王陈玉成主张打湘军,救安庆。当时,曾国藩、胡林翼在清政府的支持下,全力镇压太平军,以主力围攻安庆。安庆,是天京在长江上游的屏障,对太平天国来说十分重

① 罗尔纲著:《李秀成自述原稿注》,中华书局1982年版,第205页。

要。洪仁玕曾说到安庆的重要性："自古取江山，屡先西北而后东南，盖由上而下其势顺而易，由下而上，其势逆而难。况江之北，河之南，自[古]称为中洲渔米之地，前数年京内所恃以无恐者，实赖有此地屏藩资益也。""夫长江者，古号为长蛇，湖北为头，安省为中，而江南为尾。今湖北未得，倘安徽有失，则蛇中既折，其尾虽生不久。"①洪仁玕在肯定英王意见的同时又认为，既大破清江南大营，应"乘胜下取"，夺取苏、常，然后"沿长江上取。另发兵一支，由南进江西，发兵一支，由北进蕲、黄，合取湖北。则长江两岸俱为我有，则根本可久大矣。"②这一意见得到忠王李秀成等重要将领的支持。

天王洪秀全很快批准了这一计划，并命令陈玉成、李秀成、李世贤等人率军东征，限"一月肃清回奏"③。闰三月二十五日(5月15日)，陈玉成、李秀成等率军自天京出发。

闰三月二十三日(5月13日)，张国梁率1.3万人由镇江抵丹阳驻防。闰三月二十九日(5月19日)，太平军趁黎明时的大雾，打着清军旗帜，冲至丹阳黄土桥清军营垒前，搏战一个多小时，毙清军江北提督王浚、总兵熊天喜，清军败退。张国梁见太平军蜂拥而来，立即督队压住阵脚，相持数小时。不久，太平军攻占城西土山，掌握制高点，下山攻西门，斩清军副将蔡其荣，占领长桥。太平军在土山上以炮俯击城墙，守兵不能支，城中大乱。太平军乘势冲进城去。和春见城不能守，即与许乃钊出东门逃走。此时，张国梁亦上马，拟从东门挤出城，但因"溃兵瓮阻，马不能行，贼已追及，即策骑蹦水而过，无如河深人众，遂殁于水"④。此役，清军"死者万人"⑤。

太平军攻占丹阳后，继续东进，直奔常州。

两江总督何桂清，早在咸丰七年(1857)就驻守常州。何在此，仗着官高权重，极尽奢华，强占民女，征歌筵宴。在太平军二破江南大营期间，军情渐紧，他为自保而截留回救江南大营，路过常州的广西提督张玉良部，并调扬州大名镇总兵马德昭部来常州驻防。闰三月三十日(5月20日)，李秀成部在奔牛天喜闸遭清军张玉良部和马德昭部阻击，太平军英勇还击，张、马两军大败，"死者三千余人，血流入河如瀑，故两将皆丧胆"⑥。

闰三月三十日(5月20日)，钦差大臣和春及帮办军务许乃钊由小道逃到常州。何桂清见清军溃败，常州危急，立即调亲兵自卫，并上奏：和春已至常州，军务仍归督办，臣即驻苏州筹饷接济。四月初一日(5月21日)，何桂清赴苏州。但常州士绅遮道

---

①② 太平天国历史博物馆编：《太平天国文书汇编》，中华书局1979年版，第554页。

③ 中国史学会主编：《太平天国》第2册，神州国光社1954年版，第810页。

④ 罗尔纲著：《李秀成自述原稿注》，中华书局1982年版，第210页。

⑤ 《李秀成自述》。

⑥ 中国史学会主编：《太平天国》第8册，神州国光社1954年版，第739页。

挽留。何不允。“众复往跪香”。总理粮台查文经出面劝说,但士绅们均不走。何大怒,“挥亲兵枪伤数人,乃退”[①]。随之,常州知府平翰、武进县知县冯誉驹、阳湖县知县何庆澂亦都逃走,“郡城为之一空”。四月初二日(5月22日),李秀成率部抵常州城外,攻击清军,守城清军、团练“皆结盟固守”,一时难以攻下。初三日(23日),太平军射书城中劝降,“常州以二十万犒师者,当越城不攻,东往无锡。若不愿降,可开东门出走,誓不相杀”[②]。地主团练拒不投降,太平军下令攻城。初六日(26日),太平军猛攻小南门,架云梯登城,至中午时攻入城内,占领常州。

四月初六日(5月26日),清张玉良部由常州败退无锡后,与无锡营守备蒋志善一道调度守城。四月初八日(5月28日),太平军从常州沿运河直扑无锡。在高桥,与张玉良部激战,未能取胜。初九日(29日)晚,李秀成在保持正面攻击无锡的同时,抽调兵力从石塘湾强渡运河,袭取钱桥、惠山,绕攻西门,另派一军绕攻南门,使守城清军腹背受敌。四月初十日(5月30日),太平军在惠山居高临下,由西门突入城中。清张玉良部败逃苏州。

李秀成息兵片刻,继续挺进苏州。

苏州,是清江苏省的省城。时任巡抚为徐有壬。他命令各地地主士绅加紧团练,注意巡防。清江南大营溃败后,他在校场检阅“民团”、“义勇”,准备抗拒太平军对苏州的进攻。太平军东进神速,一路披靡,20多天就抵达苏州外围。四月初三日(5月23日),两江总督何桂清逃到苏州,江苏巡抚徐有壬不许其入城,何只得转走常熟。钦差大臣和春因何桂清退往苏州,亦随之,徐有壬照样闭城,不让其入城。和退至浒墅关,“悔恨交集”,于四月初五日(5月25日)午间,“以烧酒吞服洋烟”,第二天“未刻身故”[③]。四月初六日(5月26日),和春尸体运进城,败兵溃军涌向苏州,富豪士绅不断向东逃难,兵荒马乱,人心惶惶。徐有壬命马德昭加强城防。马“告徐抚,欲守城者必尽焚城外民房而后可。徐抚遂出三令箭与之,首令民装裹,次令移徙,三令纵火。马部兵以三令同时出,顷刻火光烛天”[④]。凡放火之处,掳掠一空。受焚掳居民哭声震天。正是:“溃军十万仓皇来,三日城门扃不开。抚军下令烧民屋,城外万户成寒灰。健儿应募尽反颜,弃甲堆积如丘山。”[⑤]苏州秩序大乱,徐有壬亦无法控制。四月十一日(5月31日),清总兵马德昭率部逃往浙江。四月十二日(6月1日),清提督张玉良率溃兵2万余人进入苏州。当晚,张“扁舟独遁”。是日,太平军前锋已抵苏州阊门

---

①② 中国史学会主编:《太平天国》第8册,神州国光社1954年版,第739页。

③ 罗尔纲著:《李秀成自述原稿注》,中华书局1982年版,第212页。

④ 中国史学会主编:《太平天国》第8册,神州国光社1954年版,第740页。

⑤ 董蔡时著:《太平天国在苏州》,江苏人民出版社1981年版,第43页。

外。四月十三日(6月2日)清晨,把守胥门、阊门一带的清候补道李文炳、候补知府何信义率部开门迎接太平军进入苏州城内,“看阊门街方等村百[姓]多有来迎,街上铺店民房门首具[俱]贴字样云:‘同心杀尽张、和两帅官兵’”①。清军降者达五六万人。清江苏巡抚徐有壬自杀。同日,太平军进占江阴。

太平军占领苏州后,继续东攻南进。二十六日(15日)占嘉兴、昆新,二十八日(17日)占太仓,五月初四日(22日)克嘉定,五月十二日(6月30日)克青浦,五月十三日(7月1日)占领松江,太平军已抵达上海周边地区。

太平军东进,上海官绅十分恐惧。由于当时上海地区的清军兵力薄弱,难以抵御太平军向上海的进逼,他们立即向在沪的西方殖民主义者求救。英、法侵略者为保护自己在上海的利益,答应承担保护上海的安全。咸丰十年四月初六日(1860年5月26日),英国驻华公使普鲁斯在上海发布公告说:“查上海已开放为通商要埠,华商和洋商之间贸易极为发达。若上海一旦沦为内战战场,商业必遭到严重打击,和平经商的商人,不分中外,将一律蒙受巨大的损失。”“有鉴于此,特商请皇家海陆军当局采取适当措施,以防止上海居民遭到抢劫屠戮之苦,并协助弭平一切不法叛乱,保卫上海,抵抗任何攻击。”②第二天,英、法侵略军在上海布防:董家渡天主堂附近驻法军200人,城西驻英军200人。四月十四日(6月3日),英、法又增派五六百人,驻江湾和徐家汇等地。与此同时,两江总督何桂清下令江宁布政使薛焕和苏松太道吴煦筹饷募勇。吴煦和买办杨坊雇佣美国人华尔、白齐文等,组建了一支以菲律宾人为主的“洋枪队”。五月二十八日(7月16日),“洋枪队”乘驻扎松江的太平军出城去上海的机会,偷袭并占领了松江。六月十三日(7月30日),清军包括华尔所率洋枪队袭击青浦县城守军。守城太平军在周文嘉的带领下进行了英勇抵抗,击退清军的进攻,华尔身负重伤。六月二十二日(8月8日),以洋枪队为前锋的清军再攻青浦,周文嘉向苏州告急。忠王立即带兵援救,“是日由省开舟,次日到浦,当即开兵。洋鬼出兵迎战,两阵交锋,自辰至午,鬼军大败,杀死鬼兵六七百人,得其洋枪二千余条,得其大炮十余门,得洋庄一百余口,得其舟只数百余条,当解青浦之困,顺流破得松江”③。

七月初二日(8月18日),李秀成率兵至上海的徐家汇地区。李认为,在沪的英、法、美等“西洋番弟”,与太平军同拜上帝,同敬耶稣,是朋友,对他们不能以武力相向。所以,他去上海,“只携带卫队及非正规部队三千人作为护随”④。李秀成率军离开苏

① 罗尔纲著:《李秀成自述原稿注》,中华书局1982年版,第208页。

② [英]呤唎著、王维周译:《太平天国革命亲历记》上册,中华书局1961年版,第205页。

③ 中国史学会主编:《太平天国》第2册,神州国光社1954年版,第812页。

④ 呤唎著、王维周译:《太平天国革命亲历记》上册,中华书局1961年版,第206页。

州时，曾致书英、法、美三国公使，指出："本军即将进抵上海，凡贵国人民之住宅及商行，届时均应悬挂黄旗作为特殊标地；本藩已下令我军官兵，对此等地方严禁侵扰。"①七月初二日(8月18日)，李秀成率军"已抵七宝，迅将进抵上海城下"时，仍向英等三国公使声明："本军即将前来上海，凡本军所经各乡镇，各贵国如设有教堂，务望派人守候门前，并对本军说明情由，以免误会。""敬烦贵公使转令贵国各商民，于其门首悬挂黄旗，关门闭户，守候屋内，不必惊恐。余已命令兵士等认明黄旗符号，不准侵扰。"②但是，在上海的"西洋番弟"，并没有把太平军当成朋友，而视为敌人。当太平军进抵上海城外的时候，城内的英、法军队便协助清军，"开了许多大炮轰击太平军"③。英国人白伦在《中国太平叛党志》中写道：

> 在星期六，即8月18日，攻击开始了。叛军紧紧地逼近城下，他们已经预先驱逐了驻在城外的清军。可是在这里，他们却遭遇到我们山炮的霰弹和榴弹的剧烈射击；我们的水兵用他们的恩费耳德来福枪，塞克兵用他们的旧式的布朗贝斯毛瑟枪也使他们蒙受了重大损害。叛军在发现他们的努力无望以后，便于夜间退却到射程以外的地区去了……在星期一，叛军又来攻城……全作单线行动，每人都拿一面旗子。我们炮火的有效杀害使他们改变了进军路线，他们在英国居留地的郊区附近继续前进。就在这个地点，从我们海军炮兵所发射的火箭和榴弹有效地保证了他们的退却。夜间，快炮船"先锋"号溯江前进，向他们的营地发射了一些13英寸口径大的炮弹。这个最后的军事行动达到了完全阻止太平军任何进一步攻击上海的结果，于是他们毁弃了营地，并且在射程以外的地区逐渐退却。④

李秀成对洋人如此无情地以炮火相见，深为怨愤，但又无可奈何。这时，嘉兴方面太平军连续告急，李秀成不得不撤兵。

第二节　苏福省的设置和终结

太平军攻克苏州后即宣布建立苏福省。建省后，实施多项政策，安定民心，稳定

① 北京太平天国历史研究会编：《太平天国史译丛》第2册，中华书局1983年版，第4页。

② 北京太平天国历史研究会编：《太平天国史译丛》第2册，中华书局1983年版，第5页。

③ 中国史学会主编：《太平天国》第6册，神州国光社1954年版，第939页。

④ 牟安世著：《太平天国》，上海人民出版社1959年版，第279页。

局势,恢复和发展社会经济。但两三年后,形势逆转,中外反动派互相勾结,合击太平军,先后攻占苏州、无锡、常州,苏福省瓦解。

一 苏福省的建立

太平天国对清政府所划分的省区没有重新改划,但对有些省名作过变更。例如,把直隶省改称为罪隶省,山东省改为珊东省,贵州省改为桂州省,曾称安徽省为安省。

在太平天国立国的十多年时间里,在其天京统治区内,曾新设三个省:天京省、天浦省和苏福省。这三个省基本上是从江苏省的地盘内分划出来的。天京省,是太平天国后期天国的领袖们在天京附近地区建立的一个新的行政区域,其辖区主要是江宁郡和镇江郡。天浦省,大约是在咸丰八年(1858)底以六合、浦口、江浦等地为地域建立起来的新的省区。《天王命薛之元镇守浦口手诏》云:

> 诏弟统兵镇天浦,兼顾浦口拓省疆。朕昨令弟排拨官兵五千,亲自统带,星速赶赴六合镇守。今朕复思天浦省乃天京门户,弟有胆识,战守有方,足胜镇守之任。爰特诏弟统齐兵士,赶赴天浦省垣,协同将帅黄连生弟等实力镇守,安抚黎庶,造册举官,团练乡兵,以资防堵;征办粮饷,源源解京;鼓励将兵,严密堵剿,毋些疏虞。今特命保天福刘庆汉、欢天福林世发、侍卫黄钦元、陆凤翔等捧诏前来,令弟星速带齐官兵,前赴天浦省实力镇守,并排薛之武弟带同一队官兵,前赴浦口镇守。弟等见诏,实力奉行,放胆雄心,力顶起爷哥朕江山万万年也。[1]

天浦省确实存在,但资料不多,详情不明。

苏福省,又称苏馥省。这是太平军东征攻克苏州后,由李秀成负责建立的省区,省会设苏州。太平天国之所以要建立这个新省,是因为这里是江南鱼米、丝绸之乡,东南财富之地,对太平天国政权的巩固和发展,特别是军需供应有着十分重要的作用。幼主《谕忠王李秀成诏》中说:

> 朕思秀叔劳心征剿,克复天爷、天爹暨爹及朕版图,并念及京库欠丰,筹办解运,以充国用,虽各项银物俱是天爷所赐,亦由秀叔诛绝妖氛,开疆拓土之力,实堪嘉尚。叔见诏格外欢心,妥酌镇抚,宜善筹裕课长策,永远裕爷爹爹朕军需万

---

① 中国史学会主编:《太平天国》第2册,神州国光社1954年版,第671页。

万年也。[1]

苏福省始建何时？据龚又村《自怡日记》咸丰十年四月十二日(1860年6月1日)条载："岂料是日辰刻，潮勇逃兵引长发贼抵城……涌进阊门，是日城遂失陷。贼据城后，遍构城廓，改苏郡为苏福省。"查太平军攻占苏州为清咸丰十年四月十三日，即1860年6月2日。据此，太平军攻克苏州的当天就宣布建立苏福省。该省地处苏南地区的中部和东部，辖有常州郡、苏州郡、松江郡和太仓郡。其属县主要有：武进、阳湖、宜兴、荆溪、江阴、无锡、金匮、常熟、昭文、昆山、新阳、镇洋、吴江、东山、青浦、吴县、长洲、元和等地。

初时，苏福省的军政大事由李秀成亲自主持处理，后因忠王军务繁忙，带兵南征北战，遂委后军主将陈坤书主持军务，由逢天安刘肇钧、左同检熊万荃总理民政。

建省后，立即发出告示："给予百姓封凭，俾其各居各室，同为天国良民。各队官兵人等，毋须入扰肆行。如有仍然滋扰，拿获即正典刑。"[2]李秀成还给苏州四乡谆谕：

本藩恭逢天命，统师克复苏城。现下城池已克，急于拯济苍生。除经严禁兵士，不准下乡等情。为此剀切先谕，劝尔百姓安心。不必徘徊瞻望，毋庸胆怯心惊。照常归农乐业，适彼乐土居民。绅董可速出首，来城递册投诚。自无流离失所，永为天国良民。[3]

李秀成曾"亲身带数十舟只直入民间乡内"，"舍死一命来抚苏民"，向百姓说清道理，说服民众归顺天国，由此"民心顺服"，"三日将元和之民先抚，七日将元和、吴县、长洲、安清平服，以近及远，县县皆从，不战自抚，是以苏、常之民归顺。"[4]

太平天国苏福省建立后，在安民的同时，积极推行乡官制度，建立各级基层政权。他们在苏州各地张贴李秀成号召四乡百姓造册举官谆谕，告示说：

为谆谕四乡百姓举官造册事：……查尔百姓当大兵云集之时，多有流亡失所之惨，每一念及，痛不可支。业已委令逢天安左同检在此镇抚，已经谆谕在案，谅尔等已共见共闻矣。

---

① 太平天国历史博物馆编：《太平天国文书汇编》，中华书局1979年版，第64页。

② 董蔡时著：《太平天国在苏州》，江苏人民出版社1981年版，第58页。

③ 太平天国历史博物馆编：《太平天国文书汇编》，中华书局1979年版，第121—122页。

④ 《李秀成自述》。

但不举官则民事无人办理，不造册则户口无从核查，何以为安抚之地乎？为此再行谆谕，仰尔百姓一体知悉：凡乡邻熟识之人，举为乡官，办理民务，其五家举一伍长，二十五家举一两司马，一百家举一卒长，五百家举一旅帅，二千五百家举一师帅，万二千五百家举一军帅。盖所举之人，必度其干事才能称职者充当其任。尔等一面开造民册，一面将所举之人，令其概行来城，听候铺派。

兹并将册式粘后，限五日内照样造齐，呈送阊门外总局查核，以便给发门牌，则尔民得安堵之常，本藩亦慰抚绥之念。①

于是，各地民人开始投诚进贡，送民册，举乡官。如东山地区“聚八图父老议，每图出洋二十元”，举席耀明为代表到太平天国苏州阊门外民事总局“投诚进贡”。总局对席耀明等人“各授伪职”，让“每村竖黄旗书‘投诚纳贡’四字，各家给门牌张挂门首”②。常熟王市乡民，请与太平军有联系的安庆篾匠汪胜明介绍，带着册籍、“白银千两，洋钱千元”进常熟城，投诚进贡，太平天国常熟守将“黄文金用好言抚慰，各款酒筵”，“乃定以汪胜明为贼监军”，发给“告示，安民旗”，要百姓“回家开店，各安生业”③。谢家桥东圣堂道士陈文扬与汪素有交情，也当了谢家桥的师帅。也有地主富户当乡官的。如常熟福山的归姓，颇有资财，是当地富户，任军帅。东永昌团练头子徐少蘧、周庄枪匪头子费秀元等利用“投诚进贡”的机会，假意接受太平天国招安，分别被封为抚天豫、镇天豫。他们独霸一方，暗中密谋反对太平天国。苏福省乡官成员的情况比较复杂。

表3-2-1 吴江、震泽、昆山、新阳乡官情况表

县名	乡官出身提要	乡官出身在史籍中的记载	资料出处
吴江震泽	钟志成疑是阴阳先生“圩甲”	“伪监军钟志成……伪军帅顾人祥（原文下有眉批：志成原名之英，字芍田）年近六旬，颇涉风角壬诸书。……顾人祥向充圩甲”。	《庚癸纪略》
	封建知识分子“贱屠狗”	“月赋年征遍村野，贪生昧廉耻，牛马效奔走，腼颜儒衣冠，何况贱屠狗？居然腐鼠能吓人，短衣窄拖红巾，……炎炎炙手势绝伦”。	《梦余赘笔》
	“下践［贱］者”	同里镇“由车坊进贡苏城，……贡使四人，镇上人”（原为下践者，后涂改）。	《吴江庚辛纪事》

① 太平天国历史博物馆编：《太平天国文书汇编》，中华书局1979年版，第122页。

② 汪氏：《虎窟纪略》，《太平天国史料专辑》，上海古籍出版社1979年版，第25页。

③ 汤氏辑：《鳅闻日记》，见中国社科院近代史研究所：《近代史资料》1963年第1期，第87—90页。

续表

县名	乡官出身提要	乡官出身在史籍中的记载	资料出处
吴江震泽	药店职工	盛泽乡官汪心耕，苏州桃花坞人，吴九峰行医苏州，“汪贼为其药房”。	《盛州稗乘》
	富户庶子	小王五官原任“伪军帅”，富户王永义庶出子	《盛州稗乘》
	“曾充帮役”	“伪右营师帅宋德顺，……曾充帮役”。	《盛州稗乘》
昆山新阳	生员	“陈骏台系乙酉科经魁陈竺生之子，现已游廪食粟。朱南畇系新举孝廉方正朱纲之子，亦早已名列成钧，乃皆甘心从贼”。	《庚申年陈墓镇纪事》
	团练头目“市侩奸徒”、“公正庸懦者”	“市侩奸徒王文竹”与“勇头郑焕章”“即办就礼物赴苏”纳贡。“伪师帅郑焕章接印，先带乡勇游街示威，……又传伪谕，添设师帅、百长等项名目伪官，其中乐于从事者固不乏人，而素称公正庸懦者如姜汉儒、唐焕文诸人，亦皆被逼报充”。	《庚申年陈墓镇纪事》

资料来源：董蔡时：《太平天国在苏州》，江苏人民出版社 1981 年版，第 82—83 页。

从以上情况可知，充当乡官的有篾匠、帮工、道士、阴阳风水先生、原保甲长、士绅、地主富户、团练头目，士农工商各方人员都有。太平天国苏福省在选聘乡官时，只考虑“其干事才能”，而不“涉及到乡官的阶级成份”问题。

二　巩固新政的措施

李秀成等领导人，在加强苏福省各级政权建设的同时，开展对敌斗争，恢复社会秩序，发展经济：

坚决镇压地主武装。太平军攻占苏、常地区后，清王朝并不甘心，一面增派清军进攻，一面在苏南各地组织地主武装，内外夹击太平军。咸丰十年(1860)，清政府任命在籍内阁学士常熟庞钟璐、吴县潘曾玮、吴江杨振甫等为江南督办团练大臣，令其办理团练。庞以常熟、昭文为活动基地，设立团练总局，并以王元昌等人为骨干，联络徐少蘧、华翼纶等人，极力组织民团，扩大地主武装。逃亡在上海的江苏巡抚薛焕则“委倪宝璜为七邑(为常州府属的七个县)团练总办，设局靖江”①。在太平军东征前夕，苏南地区有些官绅地主就开始组织民团。太平军进入苏南地区后，“苏常各属绅士”，“赴各乡激厉民团”，如“常熟知县周沐润暨各绅募沙洲义勇千人，令练目许玉彬、

① 王铭西：《寇变纪略》。

徐浩统带防堵，继复增勇二千”。“江阴议叙千总王聚源素慷慨仗义，闻城陷，急招集万余人”①。各地民团纷起，《纪无锡县城失守克复本末》记：“民团以白布裹头，别于贼，号白头。各乡团练名白头局者蜂起：东南界长洲之荡口镇局，已革江西永新县知县华翼纶主之。东北界江阴之河塘桥镇局，在籍户部陕西司额外行走员外郎杨宗濂主之。二局称最强，境内后桥、安镇至望亭，邻境东南至永昌，北至祝塘，皆一呼可集。余如礼社、顾山、六贤桥、甘露、方桥、谈家巷等处，皆集团。”②苏常一带，乡团“有数十万”之多③。

苏南各地的民团，始终与太平天国苏福省政府为敌，严重地威胁着太平天国在苏南地区的统治。为此，苏福省政府对各地团练进行了坚决的镇压。如，咸丰十年四月初七日(5 月 27 日)，太平军从常州进攻无锡，在阳湖县的乌路桥遭当地六乡数千地主武装的袭击。李秀成立即以后队作前队，集中优势兵力进行围剿。团练溃散，死亡甚多，“前后相压挤于河者几千人”④。再如，四月二十二日(6 月 11 日)，王元昌等团练，在庞钟璐的指挥下，乘太平天国驻守江阴部队东移作战的机会，攻占江阴城。李秀成则调集人马，于五月十六日(7 月 4 日)派黄文金率队反击，打垮地主武装，再克江阴。又如，武进县森庄地区以江正会为首的团练，依仗着森庄塘“周围数十里，中有芦滩，广可数百亩”的有利地形，广积财粮，“结庐其上，四面筑垒”。他们集结“义民”数千，不时袭击太平军，残害乡官，扰乱社会。同治二年五月十三日(1863 年 6 月 28 日)，护王陈坤书采取果断措施，调集大军，夜袭森庄，江正会团练被彻底消灭。据史料记载：“数万贼围塘，正会等日夜死拒。贼伪退，塘中人劳瘁，暂息。夜，值大雾，贼乘雾负小舟下塘，塘中人猝不及防，遂尽为所屠，死者数千，塘水为赤。”⑤太平军的坚决镇压，使大批地主武装被歼灭，残留的团练感到势孤胆寒，不敢张牙舞爪。

征收钱漕。太平天国定都天京后曾颁发《天朝田亩制度》，企图用平均主义的办法来解决农村的土地问题，结果无法实施，只好依旧交粮纳税。咸丰十年(1860)，太平天国攻占苏常，建立苏福省后，不再提《天朝田亩制度》，不改变土地所有制，照旧向地主征收钱漕。九月二十日(11 月 2 日)，洪秀全向苏福省颁发诏旨说：

---

① 中国史学会主编：《太平天国》第 5 册，神州国光社 1954 年版，第 236—237 页。

② 中国史学会主编：《太平天国》第 5 册，神州国光社 1954 年版，第 251—252 页。

③ 中国史学会主编：《太平天国》第 5 册，神州国光社 1954 年版，第 436 页。

④ 庄毓宏：《武进志余·附武阳团练纪实》，第 17 页。

⑤ 南京大学学报丛书：《太平天国史论丛》第 2 辑(1980 年)，第 308 页。

朕诏苏省及所属郡县四民知之：爷哥朕幼坐天京，救民涂炭拯民生，民有饥溺朕饥溺，恫瘝在抱秉至情。何况尔民新归附，前遭妖毒陷害深，复经天兵申天讨，遗家弃产朕悯怜。上帝基督带朕幼，照见民困发政仁，酌减征收舒民力，期无失所安众心……

朕览秀胞本奏，历述苏省所属郡县新附四民，前经胡妖抽捐抽税，竭尽尔等脂膏，厚敛重征，同天打斗。兹经天朝统率大众，奉行天讨，救民水炎之中，同申万郭归爷天义。勖哉四民！既列版图，各宜遵守条命，信实认真，克守天教。朕又念前时天兵征剿，尔等四民畏惧天威，抛弃家产，今虽欣然就抚，各安农业，际此新天新地之期，未有余一余三之积，朕格外体恤民艰，于尔民应征钱漕正款，今[令]该地佐将酌减若干。尔庶民得薄一分赋税，即宽出无限生机。其各体谅朕心，益坚信认，安居乐业，同顶爷哥朕幼纲常，同享真福于万万年也。①

天王《诏旨》，要求苏福省四民安居乐业，遵守太平天国各项政策、条命；命令李秀成在全省开征钱漕，实行轻赋政策。《诏旨》表明，洪秀全已抛开《天朝田亩制度》，从空想回到现实，沿袭封建土地所有制，向土地所有者包括自耕农、半自耕农和地主征钱粮。

太平天国为支持规模庞大的战争，在苏福省成立不久，即根据天王《诏旨》的精神，开征漕粮。常州郡的无锡、金匮早在咸丰十年四五月(1860 年 6 月)就开征。昭文县横塘市在十一月(12 月)开始征收。同月，吴江县监军钟志成命令同里镇乡官开征钱漕。这年冬天，苏福省各县农村陆续启征。田赋征收情况，董蔡时的《太平天国在苏州》有详细汇集。

表 3-2-2　各地田赋征收情况表

地名	史　籍　记　载	资料出处
吴县	咸丰十年九月(1860 年 10 月)，太平军“出示，胁人完粮，熟田每亩完米三斗，荒田每亩完米五升，其有业主徙避他方者，佃户代完，皆乡官造册办理”。	汪氏：《虎窟纪略》
常熟	咸丰十年十一月初六日“有长毛告示，要收钱粮，谕各业户、各粮户，不论庙田、公田、学田等俱要造册，收租完粮。倘有移家在外，远出他方，即行回家办租、完粮，如不回来，其田着乡官收租、完粮充公，佃户亦不准隐匿分毫等语”。	佚名：《庚申避难日记》

① 太平天国历史博物馆编：《太平天国文书汇编》，中华书局 1979 年版，第 51—52 页。

续表

地名	史籍记载	资料出处
常熟	咸丰十年十一月中旬,乡官说:"刻下大概造册要收租完米,限期一月完毕,册子起限征收。"	佚名:《庚申避难日记》
常熟	咸丰十年十一月初二日,"伪帅听旧书吏王某言,拟每亩办粮三斗二升,贴费钱二百十四,各乡官经理,余如门牌、船凭亦须一二千文,统归各帅"。	龚又村:《自怡日记》
常熟	"贼之征粮,十一之冬(笔者按:指咸丰十年冬),花田每亩六七百文,稻田每亩三四斗,业户不得收租。"	佚名:《避难纪略》
无锡金匮	咸丰十年五月,"着军帅,旅帅……遍造烟户人丁册,刊发门牌……令农民不分业、佃,随田纳款"。	佚名:《平贼纪略》
昭文	咸丰十年十月下旬,太平军出示"着旅帅、卒长按田造花名册,以实种作准,业户不得挂名收租……完现年漕米,补完现年下忙银两,限到年一并清割。幸是年秋收大熟,各项皆能依示,惟收租度日者及城中难民无业无资者,甚属难过"。	顾汝钰:《海虞贼乱志》
昭文	咸丰十年十一月十三日,"查造佃户细册呈送,不得隐瞒。着旅帅严饬百长、司马照佃起征"。十二月二十日,太平军"设局太平庵,着佃起征田赋"。	柯悟迟:《漏网喁鱼集》
太仓	咸丰十年十二月初二日,"长毛设局收粮,已定价,州县境每亩四百八十文,乡人均乐输纳,业田者从此休矣"。	佚名:《避兵日记》
太仓	咸丰十年冬,太平军"计亩造册,着佃收粮"。	王祖畲:《太仓州志》卷一四
吴江	咸丰十年十一月初二日,"午前接外父札,知梨局(指黎里镇)租、粮已定,馆主俞公之意,皆照额三折,租收四斗半,内归粮六升,局费内扣。公局收租,概用折色。先归租,俟业主收清票,租户持执票完粮,某日收某等圩,预为悬牌"。	《柳兆薰日记》
吴江	咸丰十年十一月二十一日,"外父自梨来……知梨局租粮(四斗半)公收局中人作主,业主须俟粮务开销有余方始去领"。	《柳兆薰日记》
吴江	咸丰十年十一月二十三日,"闻北舍、莘塔着佃办粮,租米无着矣"。	《柳兆薰日记》
吴江	咸丰十年十一月二十三日,"今冬收租……拟初一日起限,至初五,四斗五升。初六至初十,五斗。尚须斟酌减去三二升……二十五左右必须通知各田保"。	《柳兆薰日记》
吴江	咸丰十年十二月十四日,"饭后同中兄二公到芦局完粮,付钱一百千,洋九百五十四,见长毛督催光景,别有世界"。	《柳兆薰日记》

资料来源:董蔡时:《太平天国在苏州》,江苏人民出版社1981年版,第124—127页。

以上资料表明,太平天国在苏福省对旧有的土地制度没有任何变动,在具体的实践中,无论是征粮还是捐税,都是在承认地主土地所有制的前提下进行的。

恢复社会秩序。太平天国苏福省,在加强对敌斗争和建立地方政权的同时,在恢复社会秩序方面也作了多方努力。

与天国的前期一样,苏福省的太平军独崇上帝,劝人拜上帝、修善,做礼拜,颂赞皇上帝恩德。据记载,苏州的太平军"亦奉天主教,与外洋夷人是一是二,每逢七日一礼拜,口中讽诵二十八句赞美词,首句云:'赞美上天'。第三句云:'赞美天父'。第五句云:'赞美天兄'。天兄即夷人所谓耶稣也……凡掳去者为新到弟兄,各抄示一纸,责令熟诵,以赴七日之会;或愚、或懒、漫不省记,至期滥厕其中,随便胡诌,与众和声,彼亦不与计较"①。拜上帝就不信别的神,所以在苏南有的地方除"毁坏庙宇神像之外,凡侍从皂隶诸像,贼更任意戏侮,小者玩诸股掌,敲残抛弃,大者舁去,或置城头,或植路口,执旗持灯以骇人耳目"②。

太平天国规定,凡是拜上帝的人都要蓄发、戒烟和戒奸淫。蓄发,在苏福省曾普遍推行。施建烈在《纪无锡县城失守克复本末》中说到,"吾境诸乡皆蓄发"。

在城市里也实行过"男女分行"。太平军在苏南地区每占领一个城市,对居民实行"分别男女设馆,不许同室"。并"严立奸淫之禁"③。违令者"鸣锣示众","枭首游街"。这种废除家庭生活的做法在任何文明社会里都是行不通的。由于老百姓特别是妇女的反对,太平军不得不撤销女馆,恢复居民的家庭生活。所以,"有今日立馆明日便散者,有早晨设馆午后旋逐者"的情况④。

严禁鸦片,反对吸烟。潘钟瑞在《苏台麋鹿记》中说:太平军"不许民间吸烟,见烟袋辄拗折毁弃","鸦片之禁尤酷,而搜夺烟膏及老枪等具,喜形于色"⑤。

开科取士,是苏福省政府的一项重要举措。苏福省领导根据各级地方政权的陆续建立和军队扩编,需要大量吸纳人才特别是知识分子。他们为招揽人才曾贴出招贤榜,提出:"凡民间有材力可任使者,来辕禀明录用:一、通晓天文星象算学者;一、习知地理山川形势扼塞者;一、熟读孙武书,知兵法阵图者;一、熟悉风土民情利弊者;一、熟悉古今史事、政事得失者;一、善书记笔札者;一、民间豪杰能习拳棒、武艺、骑射者;一、绿林好汉能弃邪归正者;一、江湖游士以及方外、戏班中人有能飞行走跳者;

---

① 中国史学会主编:《太平天国》第5册,神州国光社1954年版,第290页。

② 中国史学会主编:《太平天国》第5册,神州国光社1954年版,第286页。

③⑤ 中国史学会主编:《太平天国》第5册,神州国光社1954年版,第284页。

④ 中国史学会主编:《太平天国》第5册,神州国光社1954年版,第276页。

一、医士之能内外科者。"[1]开科取士是吸收人才的重要途径。科举考试分文、武两种,应试者不论出身,录取人数亦不作明确规定,而是从实际出发,凡有专才、专长的均被录用。省内考试程序分乡、县、郡、省四级,规定乡试录取中,文的称信士,武的称艺士,封职同伍长。县试录取中,文的称秀士,武的称英士,封职同两司马。郡试录取中,文的称俊士,武的称毅士,封职同旅帅。省试录取中,文的称博士(后改为约士),武的称猛士,封职同监军。应试的考生,也能得到政府一些资助。《纪无锡县城失守克服本末》中载有:"七月,贼勒伪乡官举行伪试……资馈试者,按图报名。"参加省试的考生可以得到"十余千文"的补贴。苏福省政府所出的考题,大多选自天国的"圣书",而不是从四书五经选取。《苏台麋鹿记》云:"期年之后,开科取士,贼之命题不于四书五经,而于赞美词中。"有的是根据当时斗争形势的需要进行命题的。如 1860 年 9 月,省试的题为"治兵安民策"。

太平天国苏福省政府对考试选材工作十分重视,在省及所属各郡、县、乡普遍举行了考试,并选用了一批人才。以下是 1860—1862 年的省试情况:

表 3-2-3　苏福省省试情况简表

时　间	史籍中关于考试情况的记载	资料出处
1860 年秋	"九月,贼出示招考。贼开伪科,秀才曰秀士,举人曰博士……首题:同顶天父天兄纲常。次题:禾王作主救人善。诗题:一统山河乐太平。吴邑投考二人,皆取伪博士,一横塘人,不知其姓氏。一名周兆奎,素不工文,为村学究,取伪博士,日游街市。"	汪氏:《虎窟纪略》咸丰十年九月条。见南大、江师编:《太平天国史料专辑》第 26 页。
1860 年 9 月 25 日至 9 月 29 日	咸丰十年八月初六日(1860 年 9 月 20 日),"有行文告示到镇(笔者按:指吴江县同里镇)招文武生员,由本县送苏福省应试。镇上赴试者四人,先到江城,次到省,稍有佽助。十一日(9 月 25 日)乡试头场头题:同顶天父天兄纲常。二题禾王作主救人善。三题:能正天所视。诗题:一总[统]山河乐太平。十五日(9 月 29 日)二场:策题:治兵安民策。论题:真道根据唯一正。诗题:万郭来朝。镇上中式三人,名新科博士,钟志成、计、任……"	知非:《吴江庚辛纪事》。见《近代史资料》1955 年第 1 期第 38 页。
	"闻苏……苏城试士",题为(笔者按:与《吴江庚辛纪事》相同,惟头场三题为:"正天所视"。诗题为:"一统山河乐太平。"	龚又村:《自怡日记》。见《丛编简辑》第四册,第 369 页。

① 太平天国历史博物馆编:《太平天国史料丛编简辑》(四),中华书局 1963 年版,第 73—74 页。

续表

时　间	史籍中关于考试情况的记载	资料出处
1860年9月25日至9月29日	“其时有新阳廪生孙启楙，号吟秋，考中长毛解元……长毛未到时持刀强借敦善六堂局钱……孙公查知其恶，饬提案审办而逃”。	王德森：《岁寒文稿》卷三，第21页，“先世遗闻”。
1861年夏	咸丰十一年六月初三日(1861年7月14日)，苏州省试，“镇上中式二人，称伪约士(钟小四，监军子)，任姓”。	倦圃野老：《庚癸纪略》。见《太平天国资料》第102页。
	咸丰十一年六月初六日(1861年7月13日)，闻苏福省省试，“题为：天父有主张，天兄有担当，积善之家必有余庆论。诛残妖以安善良策……复试题：颁行天历富国强民策。榜出，吾邑中式者三十三人，遗一人，分博士、约士、杰士等第。旧识胡少卿国治、姚治斋在熔、范亦韩钟伟、钱念耕、金子湘沅、曹和卿敬、屈允斋允升为博士，即举人。黄绣珊秀山、邹兰汀为杰士，为廪生。约士则为副榜。喜帖书大人，或老爷……苏福省伪示内云：九月天京会试，准举、贡、生、监、布衣一齐入场，不拘新举子，亦借求才之意，诱进群儒，修文善策也”。	龚又村：《粤匪陷虞实录》辛酉六月初六日条。
1862年夏	同治元年六月十九日(1862年7月15日)，“蔡仲坚茂才过访，知吾乡钱筑奚、张素阁中伪文举，城厢如陈桐轩、姚少江、谭小石、平吉孚、季懋修、赵芝香、陆竹轩、钱琴斋、钱筑奚、屈华卿等皆旧雨，大约为生计所逼，不得不然也。中伪武举者有蔡菊轩……蒋吟梧、席鲁园、赵心葵”。	龚又村：《粤匪陷虞实录》同治元年壬戌六月十九日条。

资料来源：董蔡时：《太平天国在苏州》，江苏人民出版社1981年版，第96—97页。

恢复和发展经济，是苏福省政府的一项重要任务。李秀成重视农业生产，察看农村，关注禾苗生长情况，并下令保护耕牛：“牛用耕田，有宰食者杀无赦，于各城门令人巡察，见贼众牵牛而入者，抽刀断鞅俾逸去。”①注意兴修水利。据《庚癸纪略》载：太平天国吴江县监军命令有关乡镇官员，组织民工，疏通从夹浦桥到瓮金桥的河道，“计程五十里，各派地段，居停薪水，该地伪旅帅供给。”苏南地区，在太平天国统治的几年里，农业生产情况良好，“五谷丰而百货萃”②。

---

① 中国史学会主编：《太平天国》第5册，神州国光社1954年版，第276页。

② 太平天国历史博物馆编：《太平天国史料丛编简辑》(二)，中华书局1963年版，第178页。

李秀成、熊万荃等人在建省后，采取了一些保护、恢复商业的措施。由政府在苏州城区开设商店，“开市颇盛，牌署天朝，掌柜者俱土人”[①]。常熟太平天国当局还“开张渔行，招浒浦等港鲜鱼船，先付银子，到福山贸易，价格公道，各不欺心”[②]。政府还在苏州阊门外设买卖街，让居民开设各种店铺，集市贸易。各地乡镇官员鼓励商人经商贸易。商人应领取商凭，依法经营。金匮县《黄兴和头绳花布店商凭》上载有：“颁给商凭以裕国课而利民生事……仰黄兴和收执此照后，一切货物务须公平交易，既不得奇货可居，亦不得高抬市价，如敢垄断渔利有害民生者，准尔铺户指明禀究。凡是置办货物，尚下客商，尤须询明来踪去迹，不准容留匪类，自贻后悔。”[③]缺乏本钱的商人还可以请地方当局帮助解决。《苏台麋鹿记》说：“无资本者具呈请领本钱，或呈明何业认领何等货物，仍估定货价，于售卖后缴还钱七成，留三成，俾其永远藉以运转。”各地方当局为保护商业正常进行，规定军民一律公买公卖，违者严惩。史书记载：苏州买卖街开设后，生意兴隆，城中太平军“各馆闻之，竞出争买，日益轰闹，有不偿价者。熊(指熊万荃——引者)立为民拿二贼，枭首悬示，众皆帖然；各乡传播，船来日多，售亦日盛，乡民过午，满载而归，奚止利市三倍”[④]。对商业的税收比较轻，一般是根据商人资本的大小征收的。金匮县荡口镇税卡是“每值千钱，收捐四文”[⑤]。由于苏福省当局措施得力，省内各地的商业活动逐步得到恢复。江阴有关港口、乡镇“商贾云集”。宜兴县大浦镇商业繁华，货物堆山，每日交易达数十万，商人、百姓都得厚利。

太平天国苏福省当局在恢复本地区商业的同时，也注意到了与外商之间的贸易关系。苏南和杭嘉地区盛产丝绸，生丝及其丝织品是对外贸易的重要商品。太平天国在产地设立官方的丝行，负责管理生丝的收购。生丝贸易颇为畅旺，通过代理商运销上海洋行。太平军建立苏福省前一年里出口生丝 69137 包，建省后一年内“丝的出口增至 88754 包；在 1861—1862 年度中达到了 73322 包，在 1862—1863 年度中，达到了 83264 包”[⑥]。

三　清政府实施“中外会防”联合剿杀太平军

从咸丰十一年(1861)下半年开始，太平天国的斗争形势发生了逆转。曾国藩攻

---

① 太平天国历史博物馆编：《太平天国史料丛编简辑》(四)，中华书局 1963 年版，第 397 页。

② 汤氏辑：《鳅闻日记》，《近代史资料》1963 年第 1 期，第 121 页。

③ 罗尔纲：《太平天国文物图释》，第 252 页。

④ 中国史学会主编：《太平天国》第 5 册，神州国光社 1954 年版，第 300 页。

⑤ 华翼纶：《锡金团练始末记》。

⑥ [英]呤俐著、王维周译：《太平天国革命亲历记》下册，中华书局 1861 年版，第 669 页。

下安庆,并将太平军在安徽的根据地扫荡一空,湘军直逼天京。不久,曾又派李鸿章率淮军开赴上海,与英、法等殖民者相勾结,在东线进攻太平军。

咸丰十年九月(1860 年 10 月),清政府与英、法签订了《北京条约》。自此,中外之间出现了短暂的"和好"局面。西方殖民侵略者在太平天国和清政府之间,经过权衡利弊,决定支持清政府。美国驻华公使麦莲曾说:假如太平军"成功地建立起新王朝,外国政府与之交往将会感到比目前与帝国统治者(指清政府)交往更为困难"①。因此,他们向清政府表示,愿派兵协助清军攻打太平军。法国公使葛罗向清恭亲王奕䜣表示:"愿为中国攻剿发逆。"②俄国公使伊格那提福也表示,发逆在江南等处横行,请令中国官军于陆路统重兵进剿,俄国拨兵三四百在水路会击,必可得手③。

清廷对法、俄等国提出的"助剿"之事,拿不定主意,即于十月十一日(11 月 23 日)向东南督抚征求意见:"著曾国藩等公同悉心体察,如利多害少,尚可为救急之方,即行迅速奏明,候旨定夺。"④十一月十八日(12 月 29 日),署理钦差大臣江苏巡抚薛焕上奏,极力主张借兵助剿,他说:"臣与各司道连日悉心体察,系属利多害少,如蒙俞旨准行,应请敕下恭亲王奕䜣等,照会俄、弗二国使臣,迅速赶办。"⑤十一月二十五日(1861 年 1 月 5 日),钦差大臣两江总督曾国藩上奏,认为西方国家"船坚炮大","其请用兵船助剿发逆,自非别有诡谋",理应"奖而允之,许其来助,以示和好而无猜"⑥。十二月初二日(1861 年 1 月 12 日),杭州将军瑞昌、浙江巡抚王有龄奏称:"江、浙两省,兵力不敷剿办,借资外国之兵,有无格外要求虽难预料,但彼由京陈请,亦足征同仇敌忾之诚,如果照议举行,可期迅速应手。"⑦十二月初三日(1861 年 1 月 13 日),恭亲王奕䜣、大学士桂良、户部左侍郎文祥综合曾国藩等人的意见,发表对形势的看法,提出内政、外交方针:"自换约以后,该夷退回天津,纷纷南驶,而所请尚执条约为据。是该夷并不利我土地人民,犹可以信义笼络,驯服其性,自图振兴,似与前代之事稍异。""臣等就今日之势论之,发、捻交乘,心腹之害也;俄国壤地相接,有蚕食上国之志,肘腋之忧也。英国志在通商,暴虐无人理,不为限制则无以自立,肢体之患也。故灭发捻为先,治俄次之,治英又次之。"⑧咸丰皇帝因对英、法等西方国家的疑惧未消,所以

① 北京太平天国历史研究会编:《太平天国史译丛》第 2 辑,中华书局 1983 年版,第 33 页。
② 《筹办夷务始末·咸丰朝》第 7 册,中华书局 1979 年版,第 2541 页。
③ 《筹办夷务始末·咸丰朝》第 7 册,中华书局 1979 年版,第 2609 页。
④ 《筹办夷务始末·咸丰朝》第 7 册,中华书局 1979 年版,第 2610 页。
⑤ 《筹办夷务始末·咸丰朝》第 8 册,中华书局 1979 年版,第 2660 页。
⑥ 《筹办夷务始末·咸丰朝》第 8 册,中华书局 1979 年版,第 2667—2668 页。
⑦ 《筹办夷务始末·咸丰朝》第 8 册,中华书局 1979 年版,第 2673—2674 页。
⑧ 《筹办夷务始末·咸丰朝》第 8 册,中华书局 1979 年版,第 2674—2675 页。

对奕䜣的建议未置可否。“北京政变”以后，肃顺等封建顽固派被诛戮，亲西方的恭亲王奕䜣等洋务派成了清廷的重要决策者，这使西方殖民者的“助剿”成为可能。

咸丰十一年十月十八日(1861 年 11 月 20 日)，清廷任命支持奕䜣借兵助剿的曾国藩为钦差大臣、两江总督，节制苏、浙、皖、赣四省军事，独揽东南军政大权。其时，逃亡在上海的苏州士绅冯桂芬、潘曾玮等人对江苏巡抚薛焕既不能防守上海，又不能反攻克复苏州，极为不满，把希望寄托在安徽的两江总督曾国藩身上，他们在西方殖民势力的支持下，策划了一场“安庆请兵”的行动。十月(11 月)底，士绅们派钱鼎铭、张瑛为代表，从上海坐船到安庆，向曾呈递《公启曾协揆》，请曾出兵上海。曾允诺。但湘军长围金陵，久攻不下，难以分兵东下。于是，曾国藩就让李鸿章在安徽就地招募团练，仿照湘军营制，编练了一支约 8000 人的军队，号称淮军。同治元年三月(1862 年 4 月)，李鸿章率军抵达上海。

英、法等国为巩固既得的侵略利益，不希望上海等开放口岸成为太平天国与清政府的内战区域。咸丰十一年(1861)底，英国政府要求太平天国的军队继续不进入上海和吴淞周围 100 里以内地区。这一无理要求遭到太平天国的坚决拒绝：“我天朝军队不能仅考虑到你们的商务而不进攻这两个地方。”[①]咸丰十一年十二月初(1862 年 1 月)，李秀成率大军在攻克绍兴、宁波、杭州后，对上海地区发动了第二次进攻。十二月初六日(1862 年 1 月 7 日)，在大军启程时，忠王发出了对上海、松江军民的谆谕，书中警告殖民侵略者：“至于在尚海贸易之洋商，去岁在苏已有成约，各宜自受，两不相扰。自谕之后，倘不遵我王化而转助逆为恶，相与我师抗敌，则是飞蛾扑火，自取灭亡，无怪本藩师到而大肆杀戮之威，有伤天地之和也。”[②]十二月十一日(1862 年 1 月 10 日)，太平军已进入上海地区。

太平军的进兵动向，引起上海官绅们的注意，他们为防守上海而紧张活动：扩编洋枪队，加入一部分清军兵勇，人数增至 5000 多。江苏巡抚薛焕将洋枪队改名“常胜军”，交道台吴煦督带。“常胜军”经费充足，武器先进，颇有战斗力，是上海统治当局镇压太平军的重要工具。与此同时，官绅们不时前往英、法领事处，要求派兵会防。英国极力赞成。据《洋兵纪略》记载：“日前，英国参赞大臣巴夏礼，屡与某等接见，倾谈之次，邀其调集西兵，助中国官军保守上海，克复宁波，次及苏州、江宁等处。巴夏礼深识大体，亦以贼氛肆毒，民不聊生，甚为叹恨。惟云：‘事关中国大计，必得中丞据实陈奏，巴夏礼亦可一面禀商该国，以便赶紧议办。’”[③]于是，在沪的杨坊、冯桂芬、潘

---

① 茅家琦：《太平天国对外关系史》，人民出版社 1984 年版，第 215 页。

② 中国史学会主编：《太平天国》第 2 册，神州国光社 1954 年版，第 743—744 页。

③ 中国史学会主编：《太平天国》第 4 册，神州国光社 1954 年版，第 529 页。

曾玮、周弢甫、殷兆镛等人联名敦请江苏巡抚薛焕上奏清廷“请借英法官兵剿贼”。清廷迅即谕令:“所有借师助剿,即着薛焕会同前次呈请各绅士,与英法两国迅速筹商,克日办理。但于剿贼有裨,朕必不为遥制。”①

在清政府办理交涉“借师助剿”的过程中,太平军已于咸丰十一年十二月(1862年1月)中旬攻克奉贤、南汇等地,大队人马进入吴淞地区。在沪的中外头目大为震惊,亦非常恼火。英国海军提督何伯表示要进行干涉:“这些军事活动(太平军的军事活动)就在附近一带进行,并不尊重占领这个县城的英法军队,也不顾到粮食供应和当地贸易将要受到影响。”“对于上海很关重要的商业,虽未被完全切断,亦已遭到了严重的阻碍。有此种种原因,我认为有进行干涉的必要。”②道台吴煦立即吁请中外各方联合防守上海,以抵制太平军的进攻。于是,中外会防会议于咸丰十一年十二月十三日(1862年1月12日)在英国领事馆举行。英国领事麦华陀主持会议,英国驻华海军司令何伯、法国驻沪领事爱棠,以及吴煦、应宝时、潘曾玮、顾文彬、杨坊等人参加了会议。会上决定设立“中外会防局”,中外各方均派代表驻扎局内,会办各事,“商酌集饷、调兵、设探报、备供应诸务”③。通过这些活动,以达到防守上海,收复宁波、苏州,最后与湘军会合攻取金陵。所以,“中外会防局”是上海中外反动派联合围剿太平军过程中的联络、组织、后勤、情报机构。

实施中外会防后,高桥之役是第一仗。咸丰十一年十二月二十一日(1862年1月20日),太平军慕王谭绍光部3万多人已占高桥,围吴淞,逼近英国领事馆。江苏巡抚薛焕见军情紧急,立即召道台吴煦商量,决定调集兵力击退驻扎高桥的太平军。于是,“吴煦飞调常胜军来沪”。同时,与英、法等外方人员商酌调集军队,协同作战等问题。同治元年正月十八日(1862年2月16日),华尔“邀同英国水师提督何伯,假扮西洋打猎商人,亲入贼巢,察看周围形势”④。正月二十三日(2月21日)早上,华尔率常胜军抵达高桥天灯港口,英军提督何伯、法军提督卜罗德“各带枪炮队伍,并炮船轮船十一只,齐抵该处”⑤。辰刻,华尔率队登岸,首先攻入高桥,英、法军队列阵于镇西配合进攻。太平军在敌方优势火力的攻击下,节节败退,损失很大。薛焕奏报说:“是役也,华尔与英法两提督所带兵勇,不过一千五百余名,而敌悍贼二三万之众;攻破贼垒六座,炮台五十余处,杀贼三千数百名,生擒五百余名。”⑥清政府对英、法军队在高桥

①④⑤ 中国史学会主编:《太平天国》第4册,神州国光社1954年版,第533页。

② [英]呤俐著、王维周译:《太平天国革命亲历记》下册,中华书局1961年版,第347—348页。

③ 太平天国历史博物馆编:《太平天国史料丛编简辑》(六),中华书局1963年版,第169页。

⑥ 中国史学会主编:《太平天国》第4册,神州国光社1954年版,第534页。

战役中"协剿出力","大挫贼锋"非常满意,认为"友邦谊笃,始终不渝"[①]。

高桥之役后,中外会防活动更加频繁,联系密切。正月二十四日(2月22日),何伯带着胜利的兴奋致函英国驻华公使卜鲁斯,提议增加兵力,与法军、清军合作,将太平军赶出上海周围30英里以外的地区。卜鲁斯赞同,他在二月初四日(3月4日)发出的公函中说:"上海危急,供应断绝,叛军将要因为我们毫无表示的消极态度和他们在宁波所获得的成功而更形猖獗……我们对叛军采取攻势行动是完全正当的。"[②]不久,英国驻华陆军司令士迪佛立率大批援军至沪。中外会防局不断催促曾国藩派兵东下,并与英国驻沪领事麦华陀商妥,用英国轮船接淮军到沪。三月初十日(4月8日),第一批淮军2000多人顺利抵达。三月二十七日(4月25日)清政府任命李鸿章为江苏巡抚。四月十五日(5月13日)李接印上任。这样,上海中外反动武装力量空前强大,太平军遇到了更为凶恶的敌人。

接着,中外反动派在上海郊区大开杀戒,首先攻击七宝的太平军。三月初五日(4月3日),"何伯带英国兵一千一百余名,卜罗德带法国兵五百余名,并约同新到之俄国兵数十名,携带大小车炮,及会防局炮勇,由上海驰至七宝"[③]。第二天,常胜军1200名和大队清军亦赶至七宝。中外各军联合一致,立即进攻王家寺太平军军营。守军虽作英勇抵抗,并击伤何伯,但未能顶住,七宝失守。三月初七日(4月5日),太平军又失龙珠庵军营9座。在以后的一个多月时间里,清军与英法联军相配合,接连攻占南翔、嘉定、青浦等地,在距上海30英里以内地区的太平军据点都被其攻占。

太平军在上海吃败仗的消息传到苏州,李秀成立即率兵亲赴上海前线。四月十九日(5月17日),进兵太仓,"破清营三十余座,得其大炮洋枪不计其数"[④];击毙候补知府李庆琛,所部5000人马"全军覆没"[⑤]。中外反动派组织力量进行反击。当天,"英提督何伯、翻译官阿查理、法提督卜罗德,共带西兵三千余名;副将华尔带常胜军二千余名,会防局委员候补知县倪葆仁等,管炮勇民夫,随同进发",攻击驻守南桥镇的太平军。守军全力抗击,"法提督卜罗德猝被枪子穿胸阵亡,余众亦有伤毙"[⑥]。但守军挡不住敌军猛烈的炮火,牺牲500多人,余众撤出南桥。次日,江苏巡抚李鸿章命淮军将领程学启、刘铭传等人率4000多人马进抵周浦。四月二十二日(5月20日),攻打杭头太平军,"贼即纷纷逃窜,立将贼卡垒平毁净尽,杀毙数百人,生擒40数

---

① 中国史学会主编:《太平天国》第4册,神州国光社1954年版,第535页。

② [英]呤俐著、王维周译:《太平天国革命亲历记》下册,中华书局1961年版,第391页。

③ 中国史学会主编:《太平天国》第4册,神州国光社1954年版,第540页。

④ 中国史学会主编:《太平天国》第2册,神州国光社1954年版,第822页。

⑤ 中国史学会主编:《太平天国》第6册,神州国光社1954年版,第498页。

⑥ 中国史学会主编:《太平天国》第4册,神州国光社1954年版,第542页。

人,追至南汇城下”[①]。淮军锋芒初露。但李秀成不为所动,继续率军挺进,四月二十八日(5月26日)克复嘉定、南翔,士迪佛立率英、法联军逃走。太平军乘胜前进,进围松江,大败华尔。五月十三日(6月9日)克复青浦,俘“常胜军”副领队法尔思德,把“洋鬼子”的嚣张气焰打了下去。李秀成说:“那时洋鬼并不敢与我见仗,战其即败。”[②]此时,何伯等西方侵略者想暂时停下来,与李秀成谈判,以结束这场冲突。李也因太平天国西线吃紧,要撤兵回救天京。于是,忠王在五月二十一日(6月17日)与“西洋番弟”达成协议:1. 太平军不进攻上海市区,英法联军不出市区攻击太平军。2. 太平军尊重30英里线,英法方面禁止外人官兵越出30英里线[③]。第二天,太平军从上海撤退。

同治元年六月(1862年7月)中旬,太平军主力开始西进,准备投入天京保卫战。两个月后,忠王亦已抵达天京外围,指挥作战。但是,李秀成没有认识到,英法联军之所以答应不出上海市区攻击太平军,是由于自身力量不足,一旦条件成熟,他们会毫不犹豫地把太平军赶出上海郊县,并继续西攻。英法殖民者和李鸿章利用李秀成主力西移的机会,大力整军,建立新式军队。李在淮军中挑选3000人交英国军官训练,并换用西方近代化武器,建立了一支“洋枪队”式的近代化部队。这时,英国大批援军也从天津、印度开到上海。在此情势下,在沪的中外反动头目认为走出上海攻击太平军的时机已到,“于是再度进行挑衅”[④]。

李鸿章认为,青浦、嘉定“为苏沪门户,我与贼所必争”。他与英军提督何伯等人常聚会“筹商进剿”之事,决定先攻青浦[⑤]。七月十二日(8月7日),李鸿章派副将程学启率关字三营,副将滕嗣武率林字两营,副将华尔、参将李恒嵩率“常胜军”围攻青浦。守城太平军退入城内,“坚伏不出”。第二天,清军再攻,亦未奏效。七月十五日(8月10日),各路人马分门合攻,“华尔将南门城墙轰裂十余丈,急督勇丁冒烟扑上,喷筒洋枪齐施,城头悍贼纷纷倒地,官军一拥直进,当将青浦县城克复。逆众由西北两门夺路窜逃,经程学启等挥兵截杀,追逐十余里,统计生擒逆匪四百余名,杀毙溺毙之贼三四千名,夺获旗帜刀矛枪炮无算”[⑥]。

接着,嘉定成了攻击的目标。九月初一日(10月23日),李鸿章调派三品顶戴白齐文、参将李恒嵩管带“常胜军”1500名,英法教练勇、会防局炮勇千余名,知县李鹤

---

① 中国史学会主编:《太平天国》第4册,神州国光社1954年版,第543页。

② 罗尔纲著:《李秀成自述原稿注》,中华书局1982年版,第281页。

③ 《上海通史》第3卷《晚清政治》,上海人民出版社1999年版,第114页。

④ [英]呤唎著、王维周译:《太平天国革命亲历记》下册,中华书局1961年版,第462页。

⑤ 中国史学会主编:《太平天国》第4册,神州国光社1954年版,第546—547页。

⑥ 中国史学会主编:《太平天国》第4册,神州国光社1954年版,第545页。

章、总兵况文榜各带所部,"会同法国官兵并英国提督何伯等兵,齐抵嘉定城外。何伯指挥西兵,连夜筑成炮台,连环轰击,轰倒南门城墙十余处,贼势不支"。淮军乘势而上,西兵同时登城,与守城太平军激战。战至第二天,太平军损失惨重,牺牲 3000 多人,嘉定失守[①]。太平天国侍王李世贤立即派大队人马救援,李鸿章则派重兵堵截:"白齐文率英兵一队五百人,清兵约一万人及炮兵一队携炮二十门,攻打前去收复失地的太平军。""太平军在这次不幸的战役中,阵亡了二千三百人,仅在战壕的一处就遗下了六百具尸体,被俘七百人,这些俘虏后来全被俘获他们的人野蛮地处死。"[②]

就在淮军攻占嘉定前后,天京外围的攻防战正在激烈进行,太平军急攻湘军大营,险情不断。曾国藩致函李鸿章说:"以大股援贼麇聚金陵,攻扑官军壕垒,自闰八月二十日至今,更番迭换,昼夜不息,危险万状。"要李鸿章派兵"赶赴金陵援剿"[③]。李令"常胜军"赴援,"饬派署藩司苏松太道吴煦、前苏松粮道杨坊,督同白齐文,赶紧筹措行装,驶往金陵,协力援应"[④]。后因种种原因未能成行。

与此同时,李鸿章大军西压,强攻苏州,迫使李秀成分兵东顾,减轻对曾国藩的压力。苏州,是太平天国苏福省的首府,是太平天国东南地区的指挥中心,也是天京的物资供应地,战略地位十分重要。所以,太平天国的最高军事长官李秀成长期坐镇于此。李鸿章为争夺苏州,首先对其外围的几个县进行蚕食。

清军首先占领的是常昭地区。早在咸丰十一年末(1862 年初),太平天国常昭佐将钱桂仁、太平天国苏福省民务总理熊万荃、团练头子徐少蘧、枪匪头子费秀元等人结成一伙,准备十二月十九日(1862 年 1 月 18 日)发动叛变,袭取苏州。后因李秀成于十二月十六日(1 月 15 日)回到苏州,钱桂仁等未敢轻举妄动。钱等图谋不逞后,又于同治元年(1862)夏天托程学启向李鸿章"乞降"。同年十月十九日(12 月 10 日),李要钱桂仁、徐少蘧等人抓紧时间实施暴动,"建立奇功"。钱与其部将骆国忠、徐少蘧等人会商谋叛部署。十一月二十八日(1863 年 1 月 17 日),骆国忠与淮军水师游击周兴隆等人叛变,杀死太平军福山守将高凤子等数百人,占领常昭。李秀成闻变,立即派慕王谭绍光统兵讨伐。十二月初二日(1863 年 1 月 20 日),谭部由周塘北上,在渭泾塘一带打退了由道员徐佩瑗所率团练的拦击。四天后,太平军直逼常昭城下,猛攻迎春门,击毙叛降的水师统领董正勤。不久,太平军攻占虞山,常昭指日可下。在这同时,太平天国听王陈炳文率军赴常昭平叛,重点攻击沿江叛军,收复了福山、白茆、浒浦等沿江口岸。李鸿章为援救常昭,"檄调松江常胜军应遣回宁波之勇五百名,配

---

① 中国史学会主编:《太平天国》第 4 册,神州国光社 1954 年版,第 547 页。

② [英]呤唎著、王维周译:《太平天国革命亲历记》下册,中华书局 1961 年版,第 468—469 页。

③④ 中国史学会主编:《太平天国》第 4 册,神州国光社 1954 年版,第 548 页。

齐炸炮药弹等件,乘坐轮船,于十六日由松江启行,驶往福山进口,援剿常熟”[①]。十二月二十五、二十六日(1863 年 2 月 12、13 日),“常胜军”会同黄翼升统率的淮扬水师等分路进攻福山太平军。清军数次攻扑,未能得手,黄部退至鹿苑港,“常胜军”撤回松江。同治二年正月(1863 年 3 月初),李鸿章“复调驻防浦东之记名道潘鼎新、副将刘铭传、参将张树珊等,抽带三千陆军,附搭轮船,由海道统赴福山,会合黄翼升等师船,相机进击”[②]。并令戈登统带“常胜军”赶至福山。二月十八日(4 月 5 日),在“常胜军”以大炮轰击城墙、太平军营垒后,清军各路人马发起冲锋,经数次冲扑,占领福山。当天,太平军亦撤出常昭。

李鸿章认为,“太仓为常昭门户”,要稳住常昭的局势,就必须攻占太仓,以打通常昭与上海之间的通道[③]。早在常昭失守前,太平天国太仓守将钱寿仁已向江苏巡抚李鸿章密约投诚。李派程学启、李鹤章率部进抵太仓附近,以便内外夹击攻占太仓。后太仓佐将会王蔡元隆察知钱的阴谋,即对其严密监视和防守。李鸿章见阴谋败露,而采用重兵强攻的手段。同治元年十二月二十七日(1863 年 2 月 14 日),李鸿章派奥伦率“常胜军”2500 人,“携带着重炮、野战炮、臼炮二十二门”,会同程学启、李鹤章部7000 多人,分路攻打太仓[④]。太平军在“常胜军”近代化武器的轰击下退守城内。第二天,清军发起强攻,轰塌城墙,渡过浮桥,攀城直上。其时,不动声色地伏在防御工事后面的太平军,突然跃起,“以千余洋枪死抵缺口,子落如雨,兵勇伤亡甚多,又值浮桥骤断,后队不能接应,以致仍复退下”[⑤]。“常胜军”、淮军落荒而走。这次攻城战,“常胜军”“有五个军官被击毙,十六人负伤。协同作战的清军溃不成军,损失在二千人以上”。太平军亦伤亡 1000 多人[⑥]。“常胜军”统领粤伦也因此而去职,由戈登接任。李鸿章在进行军事进攻的同时,派人到太仓城内策动太平军守将叛变。会王蔡元隆以诈降相应,慨然答应投诚。同治二年三月初九日(1863 年 4 月 26 日),淮军李鹤章、程学启派兵分扎太仓四门受降。是日中午,太仓各门走出大队太平军,佯作投降,在接近清军时,突然拿出武器进行冲杀,淮军措手不及,死伤累累,大败而回。李鸿章闻讯,急忙命令“常胜军”等有关部队进行救援。三月十五日(5 月 2 日),“常胜军”和淮军程学启部进抵太仓城下。戈登用大炮猛轰 4 个多小时,守军牺牲很大,“十丧其九”,防御工事被摧毁。会王蔡元隆领导守军顽强抵抗后撤出太仓[⑦]。

---

① 中国史学会主编:《太平天国》第 4 册,神州国光社 1954 年版,第 554 页。

②③ 中国史学会主编:《太平天国》第 4 册,神州国光社 1954 年版,第 557 页。

④ [英]呤俐著、王维周译:《太平天国革命亲历记》下册,中华书局 1961 年版,第 481 页。

⑤ 中国史学会主编:《太平天国》第 4 册,神州国光社 1954 年版,第 555 页。

⑥ [英]呤俐著、王维周译:《太平天国革命亲历记》下册,中华书局 1961 年版,第 484 页。

⑦ [英]呤俐著、王维周译:《太平天国革命亲历记》下册,中华书局 1961 年版,第 486 页。

清军攻占太仓后，由李鹤章派兵防守。第二天，程学启部进扎昆新城下。程部屡攻昆新，都为太平天国守将刘肇均挫败。为此，李鸿章急召"常胜军"救援。三月二十八日(5 月 15 日)，戈登率部 2500 人、炮兵 600 名，赶到昆新。慕王谭绍光闻讯率兵增援。四月十二日(5 月 29 日)，清军再次发动进攻，但仍未得手。戈登根据实际情况，改变战术。他认为，昆新城西是阳澄湖，北为巴城湖，南则是青阳江，淮军和"常胜军"的水师可控制这些水面。昆新只有经正仪镇的一条旱路通往苏州。于是，戈登决定"不直接攻城"，而是先取正仪，切断太平军的退路，断绝守军的接济。次日，清军袭占正仪镇。这样，昆新太平军四面被围。"昆山守军查觉这一行动，发现他们难以在此据守，就急速自城内撤退。"[①]四月十五日(6 月 1 日)，昆新失守。接着，清军乘胜攻占唯亭、界浦、角直等乡镇，逼近苏州。

李鸿章在清军进驻昆山后，与其部将和"常胜军"的头目戈登等人商讨了攻夺苏州的问题。不久，形成了一个思路，向清政府报告说："江南地势，各郡县一线平铺，四水环绕，本属不易攻取；臣由松沪进兵，嘉兴在其南，常州居其北，苏州界其中，面面贼巢，若萃我兵力，专攻一处，各路之贼，必包抄而入，不但苏州城难克，即已复之城，亦难尽守。是以克复昆太后，臣纡筹全局，必须分路前进，或犄角取远势以制大敌，我可抄贼之后，贼不能抄我之后，渐逼渐紧，渐击渐败，使贼大势不振，筋脉不舒，则苏州一城，早迟可克，克亦易守。"[②]在这一思想的指导下，他制订了稳扎稳打、三路进兵、四面包围的作战计划。

李鸿章将所部一分为三：

以程学启部为中路，由昆新西进，直逼苏州。

以李朝斌统率的水师为南路，从泖淀湖、太湖进占吴江，切断苏州与浙江方面太平军的联系。

以李鹤章、刘铭传部为北路，由常昭南进，插入苏州和无锡、金匮之间，割断苏州与锡、金、常州和天京的通道，配合中路和南路的清军，对苏州四面合围。

黄翼升率领的淮扬水师随北路行进，配合北路、中路作战。戈登的"常胜军"驻扎昆新，援应各路。李鸿章还派潘鼎新、刘秉璋、杨鼎勋等部分别驻扎金山卫、泖泾、张堰，钳制杭州、嘉兴的太平军。

六月十一日(7 月 26 日)，中路军会同"常胜军"，从昆山出发，开始发动进攻。他们不是直接攻苏州，而是南下，经淀山湖，袭击吴江。第二天，程学启与戈登率军攻占

---

① [英]呤唎著、王维周译：《太平天国革命亲历记》下册，中华书局 1961 年版，第 490 页。

② 中国史学会主编：《太平天国》第 4 册，神州国光社 1954 年版，第 559 页。

吴江与苏州间的重要关卡——夹浦，太平军抗击半天后突围他走。接着，清军又攻占同里镇、吴江城，太平军守将率部开门投降，吴江失守。七月初九日(8月22日)，李朝斌水师攻下东山。从此，苏州与浙江的水陆交通全被切断。

随之，清军向苏州围攻，程学启率水陆师13个营，会同戈登率领的“常胜军”2900多人进扎苏州娄门外的外跨塘。程学启另以5个营兵力驻扎胥门附郭。这表明苏州城的攻防战即将开始。

八月中旬(9月下旬)，北路清军在李鹤章的率领下由江阴折转南下，在苏、锡、澄三角地带抢占军事要地，控制百渎港、大运河一线，割断苏州与无锡、常州方面太平军的联系。李秀成闻讯，亲赴苏州，与其部将商定，兵分四路，北出常昭，东进昆沪，从内线转到外线作战，变被动为主动，以挽救危局。八月十六日(9月28日)至十月十八日(11月28日)，李秀成督率十多万大军，在锡澄地区奋战两月，但未能取胜。

在西线激战期间，中路、南路清军不断攻击苏州城郊太平军据点。程学启、李朝斌、戈登先后攻陷五龙桥、黄埭、浒墅关、虎丘，苏州城郊太平军据点全部丧失。从此，苏州的太平军被清军围困。

十月十三日(11月23日)，侍王李世贤率军回溧阳。十月十八日(11月28日)，忠王李秀成率卫队千余人，从灵岩、木渎小路进入苏州。次日，忠王召集苏州太平军将领会议，主张“放弃苏州”，守军全部转移。在无法再守的情况下，实行战略转移，无疑是正确的。但是，慕王谭绍光“反对此议，主张坚守，奋战到底”。“其他诸王因为想要投降也不同意忠王的意见”[①]。慕王的做法使苏州太平军付出了惨重的代价，是不可取的。十月二十一日(12月1日)凌晨，李秀成在朦胧的月色中与谭绍光“恸哭而别”，率部出胥门，离苏州，驻茅塘桥。

清军对苏州的围攻，由戈登的“常胜军”打头阵。十月十八日(11月28日)凌晨，戈登率部突袭娄门太平军。当“常胜军”部分官兵在黑夜中进抵栅寨、爬入城墙工事时，太平军立即开火，不停顿地射出葡萄弹、霰弹和步枪子弹。戈登立即命令炮队开火，于是炮弹纷纷落入太平军工事内。太平军战士“以大丈夫的气概，冒着二十门左右的大炮在三小时内射出的猛烈炮火，始终据守在自己的阵地上”，“寸土不退”[②]。“当夜慕王在石垒长城前沿围桩内，像普通士兵一样，没有穿上鞋袜，赤脚奋勇作战”[③]。破晓时，戈登鉴于太平军顽强抵抗，且城内又开出数千援军，决定撤退。戈登

① [英]呤俐著、王维周译:《太平天国革命亲历记》下册，中华书局1961年版，第568页。

② [英]呤俐著、王维周译:《太平天国革命亲历记》下册，中华书局1961年版，第565页。

③ 北京太平天国历史研究会编:《太平天国史译丛》第3辑，中华书局1985年版，第266页。

所部损失不小，“除了军官中有大批伤亡外，士兵死五十名，伤一百三十名”[①]。

戈登夜袭受挫后，心里不服，想报复，于是决定重新发动攻击。当天晚上，他将所有的大炮，共46门都架入进攻阵地，步兵亦随之跟进。第二天早上八点，进攻开始，戈登部“所有的大炮立即射出了各色炮弹，有的向着娄门的栅寨轰击，有的向着左右栅寨防线轰击”。程学启率数千人马协助戈登军作战。李鸿章也到娄门清军栅寨中观战。“十一时左右，双方炮火猛烈，攻城大炮亦进入距叛军工事百码之内，阵雨般的葡萄弹纷纷落入叛军阵地，但叛军在他们的首领慕王的亲身激励之下，像欧洲兵士一样屹立不动”[②]。在太平军的拼死抵抗下，戈登军被迫退回。

清军的几次进攻都被守军击退了。李鸿章深深感到苏州“城大且坚，猝难攻破”，因而又主张使用“招抚”的一手[③]。他命令程学启、郑国魁等人，对太平天国苏州的将领纳王郜永宽、康王汪安钧、宁王周文佳等人要“反复开导，晓以利害，多设方略，胁以兵威”[④]。戈登竭力支持，他曾对程学启说：在11月27日和29日两次战争中，我的官兵死伤太多，你们不能希望我准可以打下苏州，太平军只要在那座长七十码的大桥上稍作抵抗，就可以把我们击溃，因此我盼望李抚台尽力赞助谈判。

于是，程学启等人积极策划太平军将领的叛变活动。李鸿章手下的副将郑国魁，曾从清军投至太平军，后又跑到淮军，他与太平军在苏州的将领颇有关系。李鸿章利用郑拉拢郜永宽、汪安钧、周文佳、伍贵文等人，暗中结成一个叛变集团。十月十八日(11月28日)，汪安钧通过郑国魁，“密约程学启单骑相见于城北洋澄湖”，商谈叛降事宜。汪表示“愿献城投降，并要求合作陷害慕王，因为慕王极为忠诚，将会使这一阴谋归于失败”[⑤]。十月二十二日(12月2日)，郜永宽出城会见程学启、戈登，“希望戈登继续攻城，他和他部下戴白头巾的士兵不协助抵抗，交换条件是，当清军进城时，他们务要受到保护”[⑥]。后又告诉程，决定“在城上捉住慕王”，把他推下城去，交给清军做俘虏。但是，李鸿章不同意，他说：“谭逆坚忍凶狡，百倍寻常，从前杭州、湖州各城，均系该逆攻陷，必须除此巨患，勒令该降众等，或生擒忠逆，或斩慕逆首级来献，始准收抚”[⑦]。这就是说，纳王郜永宽等人必须拎着慕王的头颅才能去投降。于是，在十月二十四日(12月4日)下午发生了郜永宽等人刺杀谭绍光的惨剧。

这天中午，慕王谭绍光在其府上召集诸将开会。“在共进午餐并祈祷后，他们身

---

① 北京太平天国历史研究会编：《太平天国史译丛》第3辑，中华书局1985年版，第267页。

② [英]呤唎著、王维周译：《太平天国革命亲历记》下册，中华书局1961年版，第566页。

③④⑦ 中国史学会主编：《太平天国》第4册，神州国光社1954年版，第562页。

⑤ [英]呤唎著、王维周译：《太平天国革命亲历记》下册，中华书局1961年版，第567页。

⑥ 北京太平天国历史研究会编：《太平天国史译丛》第3辑，中华书局1985年版，第268页。

披长袍，戴上王冠，步入客厅，在墩台上的会议桌旁依次就座，慕王坐在首席。后来他们之间的讨论，似乎渐趋激烈，慕王坚决认为，只有广西、广东的人可靠，该项说法，在非广西、广东出生的其他诸王听来，当然感到厌恶。当讨论趋于更加激烈时，康王汪安钧站了起来，并且脱去长袍；当慕王问他究竟意图何在时，他拔出匕首，接连刺入慕王的脖子和脊背。慕王向前倒在会议桌边，不久被其他诸王砍掉首级。就这样把一个英俊而有才识的人物卑鄙的谋害了”①。然后，他们将慕王的首级送到了清军营程学启处。郜永宽率部驱赶和杀害慕王的部下。当晚，程学启派“郑国魁、郑国榜带两队伍入城弹压”②。第二天，大批清军入城。十月二十六日(12 月 6 日)，郜永宽等 8 位叛将兴致勃勃地“准备出城谒见巡抚，随即移交省城”③。李鸿章认为，郜永宽等人“久在贼中为大头目，狼子野心，恐其难制”，“宜乘其穷蹙，设法驱除，免至尾大不掉，另生支节”④。当天，李鸿章接见了他们，“温语慰藉，各赏红顶大帽一具。旋密令龚生阳骈诛之”⑤。郜永宽等人如此下场，真是活该。

李鸿章攻克苏州后，立即向清政府作了报告。同治帝“览奏实深欣慰”，即于十一月初四日(12 月 14 日)颁发上谕，表扬奖励攻下苏州的李鸿章等一批高官：“李鸿章自简任江苏巡抚以来，悉心调度，谋划万全，迭下坚城，战功屡著，此次督军克复苏州省城，尤堪嘉尚，着加恩赏加太子少保衔，并赏穿黄马褂，以示优奖。黄翼升、李朝斌均着赏给云骑尉世职，并交部从优议叙。程学启着赏给云骑慰世职，并赏穿黄马褂。”⑥“常胜军”的头头戈登亦得到奖赏。上谕说：“江苏省总兵戈登，带领所属洋枪队助剿，足见其洞悉机谋，精于作战之技能，竭其全力，终建殊勋。着即赏给该总兵头等功牌一枚，白银一万两，以示嘉奖。”⑦

四　苏福省的终结

李鸿章攻下苏州后，继续挥军西进，兵锋直指常州郡。常州郡是太平天国苏福省的最后一块疆土，也是太平天国赖以生存的根据地。所以，清军与太平军在常州地区发生了激烈的争夺战。

清军首先攻占无锡。从同治二年八月三十日至十月二十七日(1863 年 10 月 12 日

① 北京太平天国历史研究会编:《太平天国史译丛》第 3 辑，中华书局 1985 年版，第 268—269 页。
②④ 中国史学会主编:《太平天国》第 4 册，神州国光社 1954 年版，第 563 页。
③ 北京太平天国历史研究会编:《太平天国史译丛》第 3 辑，中华书局 1985 年版，第 272 页。
⑤ 罗尔纲著:《李秀成自述原稿注》，中华书局 1982 年版，第 304 页。
⑥ 北京太平天国历史研究会编:《太平天国史译丛》第 3 辑，中华书局 1985 年版，第 277—278 页。
⑦ 北京太平天国历史研究会编:《太平天国史译丛》第 3 辑，中华书局 1985 年版，第 277 页。

至12月7日)，太平军与清军先后在后宅大桥角、东亭鸭城桥和白水荡发生三次大的战斗，太平军败退，无锡外围各重要据点为清军所占领。十月二十八日(12月8日)，李秀成和洋将吟唎率太平军在白荡圩大败清军水师。但是，这无法改变无锡的危局。其时，无锡已被清军重重包围。锡、金两县守将潮王黄子隆，率众7万积极构筑工事坚守。李鹤章指挥清军猛攻四城，太平军分路抗击，坚守四城，激战三昼夜。十一月初一日(12月11日)，东、南、北三城门外的土城守营尽失。初二日(12日)，太平军城西的军营亦失守，清军水、陆两路同时入城，守军奋起巷战。黄子隆率五六千人杀开血路突围北门，被清军周寿昌部切断退路。黄子隆与部下冲杀十几次无法突出重围，力竭被俘。最后慷慨就义。黄子德懋、军帅侯谦保、主将樊玉田也被俘就义①。

占领无锡后，李鹤章奉命率所部西进，攻打常州。十一月初八日(12月18日)，李派提督周盛波、道员张树声带兵进驻戚墅堰。初九日(19日)，张部攻占白家桥。同日，提督刘铭传部进占常州北门郑陆桥，随后攻占羊头桥。淮军主力直扑常州东门、北门。驻守常州的太平军亦分两路迎敌，接战数日，东门、北门外的十多座营垒被清军攻破。太平天国常州的主要领导人护王陈坤书率部众出城反击，虽给清军迎头痛击，并打伤清将刘铭传，但未能夺回营垒。十一月十七日(12月27日)，北门外一座大土城也被清军攻占。

清军在攻占常州城外太平军据点的同时，不断派员打进守军内部做策反工作。结果，常州西路奔牛、罗墅湾、石桥的太平军守将邵小双、夏芝山、张帮佐等率部2000人向刘铭传乞降。护王陈坤书闻悉，即于十一月十三日(12月23日)派军由西门出攻投敌叛军营垒，孟河太平军也从西向东猛攻。结果未攻成，护王退回。次日，孟河为清军攻陷②。奔牛，是常州西面30里的一个重镇，是常州至丹阳、南京的交通要道。李鸿章为阻止太平军从西路增援常州，而派都司唐殿魁、副将黄桂兰各率一营进驻奔牛。忠王李秀成为争夺奔牛，派忠二殿下李容发、章王林绍璋等自句容率军增援，攻破罗墅湾、石桥、孟河等地叛军营垒，斩杀叛徒张帮佐。叛徒邵小双与唐殿魁、黄桂兰败退奔牛。太平军筑营垒，围困奔牛。清军拼死抵御。李鹤章见形势危急，不断增兵，内外夹攻，太平军失利，退守丹阳、句容。

接着，李秀成采用挺进敌后、转攻江阴、常熟吸引清军的战术以解常州之围。2月中旬，李秀成命英王叔陈承琦、章王林绍璋、忠二殿下李容发等率军数万至常州，在城北与清军鏖战。同治三年二月初四日(1864年3月11日)，陈承琦等率部乘敌不

① 无锡市地方志编纂委员会编:《无锡市志》第3册，第2473—2474、3272页。

② 江苏省武进县县志编纂委员会编:《武进县志》，上海人民出版社1988年版，第656页。

备,循江东进,抵达江阴东南的周庄、华墅、杨舍。二月十一日(3 月 18 日),进占福山重镇。又攻常熟、无锡。太平军的攻势震惊苏、沪地区清朝统治者,他们急忙调兵,四出堵截。戈登的"常胜军"也奉李鸿章之命由溧阳赶至华墅。二月二十四日(3 月 31 日),淮军会同"常胜军"向太平军发动进攻。太平军早有准备,在坚守华墅营垒的同时,分兵设下伏击圈。当戈登军气势汹汹地冲过来时,太平军步步退让,"太平军一退到他们所修筑的工事和不平的洼地就消失不见了,接着他们又马上从两翼折返回来,几乎完全包围了敌人"。"这时太平军从正面和两翼一齐向敌人开火。戈登军略一抵抗,阵线即被突破,全体雇佣军望风而逃,损失英国军官七人及兵士二百人以上"①。戈登率败军退回昆山。

三月十六日(4 月 21 日),"常胜军"经过整顿补充后,在淮军的支持下,又向驻守华墅、杨舍的太平军发动进攻。"他们鉴于前次失败的教训,全恃炮轰,而太平军却无一炮回击。力量悬殊的守军终于被轰出没有掩护的城墙,伤亡重大"。太平军溃退,在三河口渡河时又遭清军截击,8000 多人惨遭杀害②。

太平军在华墅、杨舍的反击战失利后,常州的军事形势发生了逆转。太平军向常州撤退时,清军进行了追击,"常胜军"更是直逼城根。"是时,各处清军纷纷赶来,云集于常州,数日之间,这座城市就被为数十万以上的清军所包围"③。护王陈坤书率守军七八千人,准备与清军决一死战。

三月十日(4 月 15 日)李鸿章抵达常州,决定先攻西门附近的太平军。三月十七日和三月十九日(4 月 22 日、24 日),刘铭传两次发动攻击,"西南、西北诸垒均被攻陷"。十八日(23 日)张树声、周盛波合攻小南门,刘铭传、郭松林合攻西门,城根营垒均被攻陷,太平军全部退入城内④。

三月二十一日(4 月 26 日),李鸿章督率各路人马攻城。由戈登攻大南门,刘士奇打小南门,刘铭传攻击北门。下午 3 时,大南门城墙被轰开一道缺口。清军发起冲锋,穿越城壕、防栅,进至缺口处。太平军则"勇气百倍地据守缺口作殊死之战,击败了敌人的进攻,斩杀甚众,第一天的进攻至此告一结束"⑤。晚上,守城太平军利用暂时停战的时机,在缺口处修筑了防栅。第二天,清军和"常胜军"继续攻城,大炮不停地轰击着,各门城垣都被轰开了缺口。护王陈坤书与各将领分兵抵抗。大南门的攻

---

① [英]呤俐著、王维周译:《太平天国革命亲历记》下册,中华书局 1961 年版,第 604 页。

② [英]呤俐著、王维周译:《太平天国革命亲历记》下册,中华书局 1961 年版,第 606—607 页。

③ [英]呤俐著、王维周译:《太平天国革命亲历记》下册,中华书局 1961 年版,第 607 页。

④ 江苏省武进县县志编纂委员会编:《武进县志》,上海人民出版社 1988 年版,第 657 页。

⑤ [英]呤俐著、王维周译:《太平天国革命亲历记》下册,中华书局 1961 年版,第 608 页。

防战尤为激烈。至中午时分，大批清军向着大炮轰开的两道缺口处冲锋。太平军坚守阵地，拼死抵御，“不屈不挠地涌向缺口，在敌人掩护炮火的猛轰下成批地阵亡，可是他们空的位置马上就被后面的人冲上站满，这些人坚忍不拔，奋勇力战”①。攻城军被迫退回。下午两时半，清军和“常胜军”又重新发起进攻，迅速冲到缺口处。一部分人冲到城上，并以精良的武器向守军扫射，“太平军被敌人的滑膛枪成批地射倒”。“在这紧急的时刻，护王身先士卒，作殊死之战。这个勇敢的首领重新鼓起士气，他率领着全部没有负伤的兵士奋战”②。淮军和“常胜军”因炮弹用尽，天雨不止，攻城暂停。在此次战斗中，“常胜军”的军官被击毙10名、伤19人。太平军志王陈志书阵亡。

四月初五日(5月10日)，清军和戈登部又开始攻城。戈登、刘士奇、刘铭传分别以炮队轰击南门、东南角、北门。一时间，炮声震天，屋瓦皆飞。护王陈坤书则严阵以待，“拥众死守”③。战至次日午刻，攻城军又以大炮猛轰，城墙洞穿，南门被轰开两道巨大的缺口，北门及东南角城墙也被轰塌。于是，在南门，“势如潮水的清军冲入了那两道新轰开的缺口，残存的太平军奋勇力战，壮烈地牺牲了许多人，活着的仍死战到底，他们虽被迫退下城墙，穿过街道，但始终作着顽强的抵抗，寸土必争”④。护王面对潮涌的敌人，“身先士卒，激励将士，奋勇力战”，逐巷搏斗。当太平军退至护王府时，“犹扎石卡，以枪炮对击”。陈坤书“率领着几个军官和三四十个兵士，在自己的王府前面作最后的死战”。他们“为效忠于自己的高贵事业而死，这些人一个接着一个地在护王周围倒下去了。这时他单独一个和大批敌人鏖战”。“终于，排山倒海的敌人把他击倒在地，可是在他倒下去之前，许多敌人已死在他那柄大刀之下”⑤。

陈坤书被俘后，李鸿章对他进行了审讯。护王在李面前昂然挺立，准备尽忠。时人记道：“他被押到抚台面前时，拒绝投降，拒绝对抚台表示任何恭顺，他说，嗯！要是没有教练军(戈登所率)的帮助，抚台的全部军队也不能从他手中攻下这座城市。”⑥他还说：我守常州，以为金陵犄角，现既失败被俘，“只有尽忠”。李鸿章对陈坤书“愤怒切齿”，当即下令将其凌迟处死，悬首东门。但是，护王首级当夜就被太平军“窃去”⑦。

---

① [英]呤俐著、王维周译：《太平天国革命亲历记》下册，中华书局1961年版，第608页。

②⑦ 庄毓宏：《武阳志余》卷五《兵事》。

③ [英]呤俐著、王维周译：《太平天国革命亲历记》下册，中华书局1961年版，第609页。

④ [英]呤俐著、王维周译：《太平天国革命亲历记》下册，中华书局1961年版，第610页。

⑤ [英]呤俐著、王维周译：《太平天国革命亲历记》下册，中华书局1961年版，第610—611页。

⑥ [英]呤俐著、王维周译：《太平天国革命亲历记》下册，中华书局1961年版，第611页。

李鸿章攻下常州后，杀害了许多军民。据记载：城内除数百人逃出外，其余平民“一万二千人及其家属全部遭到了残杀，而守军尚不在内”①。

第三节　太平天国在江苏的溃败

咸丰十一年八月初一日(1861 年 9 月 5 日)，曾国藩攻占安庆。同治元年二月(1862 年 3 月)，湘军由安庆沿长江东下，不两月即攻至雨花台。湘军水师亦泊金陵护城河口。天京处于湘军的刀枪之下。同年秋天，李秀成统率大军由苏州回救天京，结果兵败，未能解围。同治二年(1863)春天，李秀成又实施“进北攻南”策略，太平军遭湘军堵截，损兵折将，解围又失败，天京被围。正当太平军与清军浴血奋战之时，天王洪秀全病逝。不久，天京失陷。李秀成虽冲出重围，但未几又被俘，为曾国藩杀害。

一　天京被围和洪秀全病逝

咸丰十一年(1861)是太平天国军事形势发生逆转的一年。咸丰十年(1860)上半年，在太平军以主力大破江南大营和东征苏南地区时，曾国藩指挥湘军乘机东进，向安庆包围过来。咸丰十年八月(1860 年 9 月)，太平天国决定进行第二次西征，分别由陈玉成、李秀成率军，沿长江两岸西攻，于第二年春天在武昌会师，以解安庆之危。李秀成为经营自己的地盘——苏福省，而“逆主之命”，“不欲扫北”②。陈玉成按期至湖北，因得不到李秀成的配合，而不得不回师，致使第二次西征失败。陈玉成部在安庆外围与湘军血战，洪仁玕率军增援，以救安庆。但各部均被湘军击垮。咸丰十一年八月初一日(1861 年 9 月 5 日)，安庆失守。于是，曾国藩坐镇安庆，筹划对天京的进攻。他制订了三路围攻的计划，由其弟曾国荃率湘军主力东下，正面进攻天京；李鸿章率部进攻苏南，逐步向西推进；左宗棠率部攻打浙江，牵制太平军。

曾氏兄弟没有匆忙东进，而首先肃清皖北江岸地区的太平军。未几月，湘军乘攻占安庆的余威，迅速进占桐城、池州、宿松、英山、蕲州等地。陈玉成被迫退守庐州。这为湘军进攻天京提供了可靠的后方。同治元年二月二十四日(1862 年 3 月 24 日)湘军自安庆出发，向天京进犯，曾国荃率军自安庆沿长江东下，至四月(5 月)底，占领芜湖，攻克金柱关、东梁山，一路攻至板桥、秣陵关，直逼雨花台。湘军水师也攻占头

① [英]呤唎著、王维周译：《太平天国革命亲历记》下册，中华书局 1961 年版，第 611 页。

② 太平天国历史博物馆编：《太平天国文书汇编》，中华书局 1979 年版，第 513 页。

关、江心洲、蒲包洲，泊金陵护城河口。湘军主力压境，天京形势紧张。天王洪秀全深居简出，不知天下大势，一无对策。执掌朝政的洪仁玕认为："我军最重大之损失，乃是安庆落在清军之手。此城实为天京之锁钥而保障其安全者。一落在妖手，即可为攻我之基础。"[①]他也预料到湘军占领安庆后，"必顺流东下进攻天京，但从未准备彼等能突如其来如是之速"[②]。这时，执掌太平天国军权的李秀成却仍然把战略重点和主要兵力放在苏杭地区，没有以天京之忧为忧，没有立即统兵西进应对湘军的进攻。

五月(6 月)初，洪秀全在湘军兵临城下之时，急诏李秀成回师解天京之围。李"因严诏之逼"[③]，由上海前线退回苏州召开军事会议，商讨救京之策。李秀成认为："曾帅之兵初来之势，锐精之雄，这鼓气壮，我不肯来争。"因而决定"待廿四只[个]月之后，再与其战，解京围，其兵久而必无斗战之心，然后再与其战"[④]。所以，李秀成在军事部署上没有作任何重大的调整，只是从苏福省调了一些米粮物资运送京城，并派李明成部赶去加强防守。洪秀全见李秀成迟迟不动，又差官去催，严斥："三诏追救京城，何不启队发行？尔意欲何为？尔身受重任，而知朕法否？若不遵诏，国法难容！"[⑤]在此情况下，李秀成被迫于七月十一日(8 月 6 日)在苏州再次召开军事会议，补王莫仁葵、襄王刘官芳、奉王古隆贤、堵王黄文金、首王范汝增、未王陆顺德等人参加，一致同意立即出兵解天京之围。会上决定兵分三路：由李秀成、李世贤率主力攻打紧逼天京之湘军；由陈坤书率所部进攻芜湖地区，截断湘军粮道；由杨辅清、黄文金率所部攻打宁国，以牵制敌人的增援部队。李秀成在会上还提出："如欲奋一战而胜万战，先须联万心而作一心。"[⑥]号召各路将领振奋精神，万众一心，打败湘军。八月二十一日(9 月 14 日)，李率 10 万大军西进，经宜兴、溧阳至高淳，向秣陵关、雨花台湘军进攻。李秀成仗着优势兵力，想速战速决。闰八月二十日(10 月 13 日)，他下令太平军围攻雨花台附近的曾国荃军营。李秀成所属各部轮番作战，强打硬拼，昼夜不息，打得湘军寸步难行，被歼 5000 多人，副将朱林桂等人毙命，曾国荃也被击伤。曾国荃在《八贤手札》中说："贼之火器精利于我者百倍之多，又无日不以开花大炮子打垒内，洋枪队多至二万杆，所以此次殒我精锐不少，伤我士卒不少。"曾国荃大营"濒于危者屡矣"[⑦]。为此，曾国藩十分焦虑。他在给李续宜的信中说：

---

① 太平天国历史博物馆编：《太平天国文书汇编》，中华书局 1979 年版，第 555 页。

② 太平天国历史博物馆编：《太平天国文书汇编》，中华书局 1979 年版，第 555—556 页。

③ 太平天国历史博物馆编：《太平天国文书汇编》，中华书局 1979 年版，第 524 页。

④ 太平天国历史博物馆编：《太平天国文书汇编》，中华书局 1979 年版，第 525 页。

⑤ 太平天国历史博物馆编：《太平天国文书汇编》，中华书局 1979 年版，第 524—525 页。

⑥ 中国史学会主编：《太平天国》第 6 册，神州国光社 1954 年版，第 594 页。

⑦ 罗尔纲著：《李秀成自述原稿注》，中华书局 1982 年版，第 288 页。

“鄙人心已用烂,胆已惊碎。”[1]但,李秀成部也损失万余人[2]。经过45天的战斗,双方不分胜负。十月初五日(11月26日),李秀成无意再打,即宣布退兵。其原因,《李秀成自述》记有:“因八月而来,各未带冬衣,九十月正逢天冷,兵又无粮,未能成事者此也。”这也许是事实。但是根本的原因还是李人在天京,心在苏杭。这时,东部战场失利,九月初二日(10月24日)英、法侵略者占领嘉定,九月二十二日(11月13日)谭绍光部在青浦战败。这些消息牵动着李秀成的神经,随时想离京赴苏杭。李秀成心思不在天京,无意再打,使天京解围战半途而废。

解围战失败后,李秀成遭到洪秀全的责罚。《李秀成自述》说:“自攻未下,我主严责革爵,调我当尸[殿]明责,即饬我进兵北行,不得不由,从雪而往。”洪秀全的“进兵北行”计划,是想恢复太平天国江北粮产要地,以确保天京的军需民食,同时联系在江北活动的陈德才部南下,联合攻打清军,迫使曾国藩调兵北上救援,以解天京之围。这项战略决策无疑是正确的。李秀成虽同意执行此计划,但心里并不乐意,行动上也不太积极。直到十月中旬(12月初)他才命章王林绍璋、对王洪春元等人率部由下关渡江北上。是月,攻占安徽含山、巢县、和州等地。同治元年十一月二十五日(1863年1月14日),李秀成率护王陈坤书、顾王吴如孝、爱王黄崇发等部约20万人马北上西进。老谋深算的曾国藩一眼就看出李秀成进兵北上的目的是“进北攻南”。他在同治二年三月二十七日(1863年5月14日)《近日军情片》中说:太平军“将由舒城、六安而上英、霍、麻城、宋埠,一出黄州,一出汉口,扰犯湖北,意欲掣我南岸之兵以援北,掣我下游之兵以援上,无非图解金陵之围”[3]。于是,曾国藩坐镇安庆,调动兵马,积极布防,堵截北上西进的太平军。所以,当李秀成部在进攻巢湖、庐州、舒城、桐城、六安时,都遭到湘军的顽强抵抗,无法攻克。后李秀成借口“行兵赶到六安,正逢青黄不接,那时想去会陈德[得]才之军,此地无粮,不能速去,不得不由迎军返佩[辔],由寿春边近而回”[4]。正当李秀成部由江浦、浦口渡江返京之时,又遭到湘军水师、陆师的联合截击,太平军伤亡惨重。李秀成说:“此举前后失去战士数万余人。”[5]

曾国藩在调兵截击李秀成北行西进部队的同时,仍集中兵力进攻天京外围地区。雨花台是战略要地,太平天国为保卫天京而在此建筑了要塞。这一要塞,雄视着湘军曾国荃的军营。所以,雨花台要塞是湘军进攻天京的拦路虎。四月二十七日(6月13

① 罗尔纲著:《李秀成自述原稿注》,中华书局1982年版,第288页。

② 中国史学会主编:《太平天国》第6册,神州国光社1954年版,第594页。

③ 罗尔纲著:《李秀成自述原稿注》,中华书局1982年版,第290页。

④ 《李秀成自述》。

⑤ 太平天国历史博物馆编:《太平天国文书汇编》,中华书局1979年版,第527页。

日)，清军乘黑夜偷袭雨花台，一举成功。赵烈文《能静居士日记》同治二年五月十四日(1863年6月29日)记有："录本处近事，雨花台前月十[廿]七夜，后营官李臣典率亲兵四千人，乘贼不备而入，杀贼无多，我兵死亦止二人，遂获十余年未得之要隘，洵奇功也。"曾国荃立即调兵驻守雨花台。洪仁玕曾组织太平军反击，但无济于事，反而伤亡数千人。

五月初十日(6月25日)，湘军水师将领彭玉麟、杨岳斌率部与浙江提督鲍起部联合进攻江浦和浦口。据彭玉麟《会奏攻克江浦、浦口及九洑洲折》中说：守城太平军"闻风宵遁"，湘军"舟师截江围击，贼不得渡，争向芦苇中骇窜"，太平军"死者骈积，以数万计"。当天，两浦为清军占领。

接着，湘军又将进攻的矛头指向九洑洲。此洲为天京地区长江南北两岸的交通枢纽，太平天国在此驻有重兵。湘军水师在攻九洑洲前先攻下关等处。据曾国荃《与官中堂书》中说："厚菴、雪琴两帅亲督戈船及李镇朝斌太湖水师，自初十早起至十三日，将草鞋峡、下关一带石垒一律攻克，死贼无算，夺大炮数百尊，烧贼拖罟长龙舢板以及粮草辎重各船数百只。"①然后，湘军水师集中15个营的兵力，围攻九洑洲太平军。守军顽强反击，千炮环轰，片刻不息，苦战六昼夜，毙湘军营官3人，哨官若干员，打死打伤士兵2000余人。但洲上太平军孤立无援，全军2万多人殉难。五月十五日(6月30日)失守。

五月十八日(7月3日)，曾国荃率军攻占长干桥，湘军已逼近天京的南门。

七月初七日(8月20日)，清军猛攻印子山，太平军守将佩王冯真林率军抵抗，壮烈牺牲，阵地失守。印子山是太平天国天京城东的一个军事要地，它的丢失对天京的安全有一定的影响。因印子山失守，清军即可进犯七桥瓮、孝陵卫，截断天京东面的交通。所以，李秀成亲率辅王杨辅清、梯王练业坤出京反攻，争夺印子山，为清守军击败，梯王阵亡。

不久，曾国荃部候补提督萧庆衍、知府陈湜分别攻占上方桥、江东桥。

九月二十日至二十五日(11月1日至6日)，曾国荃部在天京东南地区发动攻势，进占中和桥、双桥门、七桥瓮、方山、上方门、高桥门、秣陵关等地。随后，又攻占淳化镇、龙都、湖熟、三坌镇等要地。十月十五日(11月25日)，曾国荃率部驻扎孝陵卫。至此，天京东南地区百里之内的太平军驻点全部被拔除，均为清军所控制。天京东、南、西三面已为清军所包围，进出京城的十个门只有太平门和神策门还可以与外界相通，势如累卵。

---

① 罗尔纲著：《李秀成自述原稿注》，中华书局1982年版，第295页。

面对着危在旦夕的严峻形势,李秀成于十一月初十日(12 月 20 日)从丹阳赶回天京,第二天上朝向天王洪秀全提出撤出天京,别作他谋的意见。他说:“京城不能保守,曾帅兵困甚严,濠深垒固,内无粮草,外救不来,让城别走。”[①]走到哪里去?他没有说明。但他在十月十九日(11 月 29 日)曾对太平军诸将领说到,要准备“放弃苏州和南京,将全部太平军转移至广西”[②]。在太平天国政权生死存亡的关头,让城别走,实行战略转移,无疑是正确的。但洪秀全大怒,并严责李秀成。忠王“不得已跪上复行再奏:若不衣[依]从,合城性命定不能保了,九帅得尔雨花台,绝尔南门之道,门口不能尔行;得尔江东桥,绝尔西门,不能为用出入;得尔七公[瓮]桥,今在东门外安寨,深作常[长]濠,下关严屯重兵,粮道绝门,京中人心不固,老少者多,战兵无有,具[俱]是朝官,文者多,老者多,小者多,妇女者多,食饭者多,费粮费饷者多,若不衣[依]臣所奏,没绝定也”[③]。但是,洪秀全听不进去。他迷信上帝会保佑他的江山,主张坚守天京。他又严责李秀成:“朕奉上帝圣旨、天兄耶稣圣旨下凡,作天下万国独一真主,何具[惧]之有。不用尔奏,政事不用尔理,尔欲出外去,欲在京,任由于尔。朕铁桶江山,尔不扶,有人扶。尔说无兵,朕之天兵多过与[于]水,何具[惧]曾口[妖]者乎!尔怕死,便是会死,政事不与尔干,王次兄勇王执掌,幼西王出令,有不遵幼西王令者合朝诛之。”[④]李秀成见洪秀全“万不从”,即“含泪而出朝门”[⑤]。

“让城别走”的主张被拒绝后,天京之围怎么解?洪秀全没有正面回答这个问题,但他实际上采取听天由命的方针。他“不问国中军民之事,深居宫内,永不出宫门”。大臣们“欲启奏国中情节保邦之意,凡具奏言,天王言天说地,并不以国为由[事]”[⑥]。其时,京中粮食紧张。李秀成说:“城中穷家男女数万人缠我救其命,度日图生,我今无法。”[⑦]于是,他匆匆进天王府,“奏闻主云:合城无食,男妇死者甚多,恳求旨降,应何筹谋,以安众心”。洪秀全并不重视这个问题,他不仅不想办法解决粮食问题,而且还号召大家去吃甜露:“合城具[俱]食甘[甜](露),可以养生。”什么甜露,就是各种杂草,吃几天也许能忍受,长期吃下去必死无疑。因此,朝臣一致反对:“此物不能食得。”[⑧]然而他根本不听,进而亲自“将百草之类,制作一团,送出宫来,要合朝衣[依]行毋违”,还表示“朕先食之”[⑨]。不久,洪秀全“因食甘[甜]露病起”,而且不肯吃药。

①③④ 《李秀成自述》。

② [英]呤俐著、王维周译:《太平天国革命亲历记》下册,中华书局 1961 年版,第 568 页。

⑤ 太平天国历史博物馆编:《太平天国文书汇编》,中华书局 1979 年版,第 528 页。

⑥⑧ 太平天国历史博物馆编:《太平天国文书汇编》,中华书局 1979 年版,第 531 页。

⑦⑨ 太平天国历史博物馆编:《太平天国文书汇编》,中华书局 1979 年版,第 532 页。

据李秀成说:“此人之病,不食药方,任病任好,不好亦不服药也。是以四月廿一日而亡。”[①]天王并非死于天历四月二十一日。洪仁玕和幼天王都说,洪秀全逝世于天历四月十九日,亦即公元 1864 年 6 月 1 日。洪秀全的遗体被埋葬在天王府内。具体地点,一说葬在西花园水池的石舫下面,一说洪的遗体用绣龙缎包裹,埋葬在金龙殿正中挖的一个坑内[②]。洪秀全病逝后,其子洪天贵福即位,称幼天王。幼天王 16 岁,“提政无决断之才”,一切由李秀成主持。

二 天京陷落

李秀成因提出“让城别走”遭天王训斥后,虽有些心灰意冷,但仍从大局出发,主持朝政,肩负起保卫天京的重任。其时,京城粮荒日益严重,饿毙者众多,民众不断到李门前跪求救命。为此,忠王在“府会议粮务,补王莫仕葵、章王林绍璋、顺王李春发、王长兄长子洪和元、次子利元、干王长子洪葵元在我府内会议”[③]。李一面约定侍王李世贤到江西、安徽搞粮食,接济天京,一面到天王府向洪秀全“求放穷人之生命”。然而,天王仍对李加以严责:“不体国体,敢放朕之弟妹外游。各遵朕旨,多备甜露,可食饱长生,不由尔奏。”[④]李秀成对洪的“天话”不予理睬,“不得已即已强行密令城中寒家男妇,准出城外逃生。我在城内,得悉九帅在外设有救难民局,所悉此之由,正合我意,可久[救]民生,密令放行。去年至今,各门分出足有十三四万之数”[⑤]。这比较符合人道精神。如此,京城军心、民心稍安。

李秀成在安定民心的同时,积极主持守城事宜,一面傍城增筑营垒,加强防御能力,一面带兵作战。所以,京城一时比较稳固。曾国荃在《复李季荃》中说:“城逆自忠酋至后,死党益多,守志益切,力攻之外,无可希冀。”[⑥]

曾氏兄弟一刻也没有放松对天京的进攻。他们指挥湘军围城环攻,守城太平军则以优良的洋枪进行还击,抑制了湘军的进攻。曾国荃命其部在朝阳、神策、金川等门开挖地道,向城内进攻。太平军亦挖地道对攻,予湘军以严重杀伤。

接着,湘军集中兵力围攻天堡城。天堡城为紫金山的第三高峰,是太平军为保卫天京而构筑的要塞。同治三年正月二十一日(1864 年 2 月 28 日),曾国荃亲督所部合围镇守天堡城的太平军。各将弁攀岩直上,火球火箭从垒后直入,守军难挡湘军攻

---

① 太平天国历史博物馆编:《太平天国文书汇编》,中华书局 1979 年版,第 537 页。

② 韩品峥著:《天京史事论考》,南京出版社 1993 年版,第 103 页。

③ 罗尔纲著:《李秀成自述原稿注》,中华书局 1982 年版,第 330 页。

④⑤ 太平天国历史博物馆编:《太平天国文书汇编》,中华书局 1979 年版,第 535 页。

⑥ 罗尔纲著:《李秀成自述原稿注》,中华书局 1982 年版,第 316 页。

势,冒火突出,天堡城失守。是日,李秀成亲率大队人马出城袭击湘军龙脖子军营,以阻敌人的围攻。同治三年正月(1864年2月),曾国荃《致黄南皮》说:“弟于灯节后,陆续分布各营扼札神策门一路。城逆见我军围逼渐紧,二十一日(2月28日),忠逆指挥马步贼数千人,猛扑龙膊子营垒,为背城借一之计。”①但湘军早有准备,李部经苦战无功而返。

湘军攻占天堡城后,又在洪山、北固山新筑两座营垒,堵住神策门大路。这样,湘军对天京形成了合围之势。李秀成为解围,写了一封血书给湖州的侍王李世贤、堵王黄文金求救。同治三年三月(1864年4月),曾国藩《复严渭川》中丞说:“伪忠王以血书乞援于湖州侍、堵诸酋,其书为舍弟军中搜获。该酋许以三月内赴援金陵。”②后因江南地区缺粮,援军未能前来。

五月三十日(7月3日),太平军城外最后一个军事要塞地堡城失守。据曾国藩说:“自得天堡城后,城中防守益密,地堡城扼住隘路,百计环攻,无隙可乘。直到五月三十日(7月3日)始经……攻克,占取龙膊[脖]子山阴,居高临下,势在掌握。”③龙脖子“左路地势甚高,利于声攻,右路地势极低,利于潜攻”④。所以,曾国荃选择龙脖子作为攻城的主要突破口。曾命总兵李臣典率部在右边地势极低处向城墙根开挖地道,准备用炸药轰塌城墙,攻进城去。同时,在左路地势高处,距城十多丈地方修筑炮台数十座,称先锋炮台。湘军在此架炮百余尊,昼夜不停地向城内攻击,使城上太平军不能立足。李臣典部在炮火掩护下,地道挖掘甚速,五天即成。

清军在龙脖子挖地道、修炮台的活动,使李秀成马上意识到京城形势非常危急。他说,“见势真不得已,知曾帅立破我城在即”⑤。忠王为解燃眉之急,破坏清军的地道,于六月十五日(7月18日)凌晨,乘天未亮,亲率精兵数百,由太平门城根出发,对清军地道大垒发动突然袭击;另派数百人身着清军号衣,由朝阳门东角出发,直奔先锋炮台,准备放火延烧各炮垒。但遭湘军李臣典部和伍维寿部的堵截,未能成功。

六月十五日(7月18日),曾国荃到龙脖子察看,见攻城准备工作基本就绪,即在天堡城设攻城指挥部。第二天凌晨,李臣典到指挥部报告,龙脖子地道的火药已安装好,随时可以点火起爆。这天上午,曾国荃调兵遣将,驻扎各城门外,以随时发动攻击。朱洪章、萧孚泗等各率所部在太平门外,等候行动。午时,湘军对装满火药的龙脖子地道点火。霹雳一声,炸开城墙20余丈。城破后,清军大队拥入。李秀成率太平军奋力抵抗,与敌军展开了一场血战。首批登城进来的400名清军,悉数被歼。由

①② 罗尔纲著:《李秀成自述原稿注》,中华书局1982年版,第317页。

③④ 罗尔纲著:《李秀成自述原稿注》,中华书局1982年版,第335页。

⑤ 太平天国历史博物馆编:《太平天国文书汇编》,中华书局1979年版,第538页。

朱洪章率领的3000人的先锋队冲进来时，也被杀伤半数。事后，朱洪章曾凄惨地回忆说："不易当年克此城，今朝却是倍伤神，精兵四百遭全没，壮士三千只半生！"[①]不久，太平军寡不敌众，纷纷溃退。清军入城后，兵分四路，向各指定目标进攻。

正当太平门城墙被炸开缺口、太平军拼死抵抗、与湘军在"龙膊山相持不下"[②]的时候，水西门破了。这是由于城门外的两营太平军投降清军的结果。"水西门之破由官军售米起，官军围城时，贼列营城外相抵拒，炮不可破。城垂下，城外犹余二营，为死守计。城内乏食，乃与官军通，购官军米，石五十金。事为陈湜所闻。湜乃扬言售米，诱贼酋至，迫使降，酋矢不从。湜拘之营中。龙膊[脖]子之穴道既成，湜告兹酋曰，城破有日，曷早为计，酋仍倔强不逊。迨官军入城树帜山上，湜使酋望之，酋乃匍匐乞命。湜曰：无患，若能导吾军入城，则贷若。酋仓皇归营语群贼，贼大奔。官军随贼入水西门，门者见官军犹欲下千金闸格之，湜部下有善走者与贼同入门，出死力抵闸，闸得不坠。湜拥大队入城，遂复。降酋及抗闸者后均保至总兵。"[③]在这同时，清军对其他各门亦都发起猛攻。李金洲部从通济门月城缘梯而上。罗逢春部从聚宝门之西旧地道缺口攻入。"那时九帅官兵，四门扒城亦入"[④]。

城破时，城内尚有3万多人，除居民之外，太平军还有万余人，"能守城者不过三四千人"[⑤]。清军入城后，太平军仍坚持战斗。下午，在天王府北面，太平军与湘军朱洪章部遭遇，在战斗中天王次兄洪仁达被俘。同日晚上，在天王府南门，太平军千余人与湘军萧孚泗部激战，700多人牺牲，玉玺2方、金印1方为萧部所抢夺。

清军"入城后，贪掠夺，颇乱伍"[⑥]。天王府大批珍宝财物被抢掠一空，宫妃、宫女亦被抢掳而去。湘军为毁灭罪证，放火烧毁了后宫。洪秀全的遗体也被他们挖出焚毁。

城破之后，李秀成由太平门赶往天王府，"直到朝门，幼主已先走到朝门，及天王两个小子并到向前问计。斯时我亦无法处，独带幼主一人，其余不能提理"[⑦]。李带着幼天王，辞别老母，往清凉山暂避。当时，跟随至清凉山的太平军、文武将官"亦有数千余人"。李秀成决定突围，冲出天京。是日将夜，李秀成带着1000多人，"欲冲北门而出"，但湘军防守严密，未能成功。后改由太平门缺口处冲出，李"舍死领头冲锋"，突出重围[⑧]。曾国藩在《金陵克复全股悍贼尽数歼灭折》中说到："是夜四更，有

① 罗尔纲著：《李秀成自述原稿注》，中华书局1982年版，第336页。

②③ 《柳诒徵日记》，藏柳后人处。

④⑦⑧ 太平天国历史博物馆编：《太平天国文书汇编》，中华书局1979年版，第538页。

⑤ 中国史学会主编：《太平天国》第2册，神州国光社1954年版，第845页。

⑥ 赵烈文：《能静居士日记》同治三年六月十六日（1864年7月19日）。

贼一股,假装官军号衣号補,手持军器洋枪,约千余人,向太平门地道缺口冲突,经昆字湘后左右各营截击,多用火桶火弹焚烧人马,死者已多,约尚有六七百人,骑马冲出,向孝陵卫、定林镇一路而逃。伍维寿、杨钾南、陶立忠等急率马队跟追。”①

三　李秀成被俘

同治三年六月十六日(1864 年 7 月 19 日),忠王李秀成带着幼天王出太平门后,直奔孝陵卫,过清军营卡门后,将部队分为前后两队,前队保护幼天王往句容急走,自己率后队抵敌拒追兵。李秀成且战且退,拖住清军。但由于众寡悬殊,终难以抵挡,队伍被冲散。李因坐骑不得力,赶不上大队,而流落江宁县方山。当他到山顶破庙停息之时,来了一群百姓。村民走近一看,认得他是忠王,并表示愿意帮助他。百姓们劝他薙发,但他不同意。李对百姓说:“我为大臣,我国破主亡,若不能出,被获解送大清帅臣,我亦不能复语。若果有命,能逃出去,亦难对我官军。”②于是,忠王被一部分民众密藏起来。后因坏人告发被拿获,解送清营。

曾国荃一见李秀成即暴跳如雷,企图立即置他于死地。据丁国钧《荷香馆琐言》记载:“伪忠王李秀成擒获时,曾忠襄憾其四十余日攻围之力,短衣握锥,独身走出,向李股上直刺。李顾曰:老九!为何如此?各人做各人事,何须生气?赵知州惠甫等劝阻,忠襄乃入。”曾国荃将他关在一个大木笼里。曾国藩听到李秀成被抓获的消息后即从安庆赶来南京,亲自审讯,并要他写出详供。于是,李秀成在木笼里,不顾炎暑,一连七八天,直到被杀害,赶写了洋洋数万言的《自述》。曾国藩为了抄报清政府,并刊刻传布,而将《自述》作了删改。曾国藩的弟子并在曾军营工作的朱仲我说:“渠所见原稿(指《李秀成自述》)经曾文正删改,去其前后重复及誉湘军处。”③当然,实际删改的情况要复杂得多。从台湾世界书局 1962 年影印出版的《李秀成亲笔手迹》看,曾国藩用红笔砍了 5000 多字。有去了重复的,如“蛇虎伤人”这句话,从第 1 页到第 3 页就出现过 3 次,曾把后面重复出现的两次都勾掉了。也删削了不少吹捧湘军的话,如“老中堂恩惠甚深,中承[丞]大人智才爱众”之类的话,在《自述》中前后重复有数十次之多,大部分为曾国藩所删。而更重要的是作了篡改,如忠王被俘的情况,《自述》写的是“然后这帮百姓密藏于我,那帮百姓得我宝物,民家见利而争,带我这帮百姓,去问那帮百姓,两欲分用。……两家并争,因此我而藏不往[住],是以被两国[个]奸民获拿,解送前来”。而曾国藩将“是以被两国[个]奸民获拿”改为“遂被曾帅官兵拿获”。

---

① 罗尔纲著:《李秀成自述原稿注》,中华书局 1982 年版,第 337 页。

② 太平天国历史博物馆编:《太平天国文书汇编》,中华书局 1979 年版,第 539 页。

③ 《柳诒徵日记》,藏柳后人处。

关于曾国藩是否撕毁一部分《自述》原稿问题，史学界说法不一。有人说《自述》的末尾和中间第50页后两处被撕毁。其实，这两处原来就是这样。先说《自述》末尾，即第74页的问题。末尾写的是“实我不知知[之]也，如知”，从文气上看没有完，还有话。但从实际情况看，李秀成尽管有话要说，但没有写下去，就到这里结束了。根据《李秀成供》末附曾国藩的“批记”可知，李写《自述》“自六月二十七日至七月初六日(7月30日至8月7日)”。七月初二日(8月3日)，曾国藩与其幕僚赵烈文商量后，决定不等清廷的命令就杀害李秀成。初六日(8月7日)，也就是李秀成被杀的那一天，曾国藩叫李眉生去李秀成那里，“告以国法难逭，不能开脱”①。正在赶写供状的李秀成，突然听到这个消息，自然十分震惊。想乞降而写供状的李秀成，晓得马上要被杀，哪有心思去写供状呢？看来，李眉生去通知李“伏法”时，他正写到“如知”两字。所以，《自述》的末尾也就如此。再看中间一段的问题。《自述》从第1页到50页，句句相联，页页相接，没有被撕毁的痕迹。第50页末尾最后是“业今”两字，这句话没有完。而第51页已是重新开头：“前部[簿]已呈”，明显不接。这种不接是正常的。因为李秀成在前一天就写到“业今”为止，而且簿子已写完，送给了曾国藩。从“前部已呈”起，是后一天用好笔和新簿子写的。他在后一天写的时候，因为前簿已呈，最后几个字是什么，他也不一定记得，所以写起来与前天的不连了。从写的内容来看，也不一定要连，因为前一天末尾是写的要纸要笔之类的题外话，在后一天，当他拿到新的簿子和好笔重写的时候，就用不着接上去再写那些题外话了。而且李秀成也知道前后两天写的凑在一起，“语句两不合章”②。所以，《自述》的第50页到51页接不上。

如何评价《自述》?

从史料角度说，它是一部系统记述太平天国起义的史书，具有重要的史料价值。它记载了太平天国金田起义、天京事变、六解京围、反对外国侵略等重要事件，它提出了天朝十误，总结了起义失败的原因。所以，从一定意义上说，《自述》是太平天国的兴亡简史。

从对李秀成评价的角度说，《自述》是李的供状，是乞降书。这主要表现在以下几个方面：

《自述》美化了敌人。太平天国把清朝皇帝斥为“老蛇妖鬼”，一切反动官吏、恶霸地主视为“妖徒鬼卒”，号召天下兄弟姐妹“共击灭之”。但是，到了李秀成的笔下，这个“老蛇妖鬼”却成了“大清皇上”或者“圣上”，完全被倒过来了。曾国藩和曾国荃兄

---

① 赵烈文：《能静居士日记》同治三年七月初六日(1864年8月7日)。

② 太平天国历史博物馆编：《太平天国文书汇编》，中华书局1979年版，第525页。

弟两个是镇压太平军的刽子手,是太平天国的死敌。李秀成曾跟他们打过多年的仗,这一点他是清楚的。然而,李秀成却在《自述》里,对曾氏兄弟竭尽阿谀奉承之能事。他左一个“老中堂”,右一个“中承[丞]大人”,还说什么“满天同歌而颂赞中堂、中承[丞]大人恩德巍峨”。显而易见,李秀成丧失了一个农民起义领袖应有的立场。

与此同时,李秀成丑化了太平天国起义。他在《自述》里,把太平天国反帝反封建的斗争,说成是“忽[屈]误英雄”,“误死世民”,“违犯天命”,“逆天行事”,“不良不义”,“害民害众”之乱世行为。在他的笔下,广大太平军将士成了“作乱”的“众匪”。最后甚至胡说什么:“何生天王而乱天下,何我不才而佐他乎?”李秀成把洪秀全、杨秀清等人领导的太平天国起义的正义事业描绘成一幅伤天害理、乱世害民的暴动,这显然是丑化和歪曲了太平天国起义的历史。

更有甚者,李向曾国藩兄弟俩乞降。他在《自述》里向曾氏兄弟说,“先忠于秦,亦丈夫信义,楚肯容人,亦而死报”。意思很清楚,只要清方肯容纳他,愿效犬马之劳,以死相报。他甚至为敌人出谋献计,提出“收齐章程”,要帮助清政府招降正在大江南北继续与清军浴血奋战的几十万太平军。《自述》说:“今见老中堂恩惠甚深,中承[丞]大人智才爱众,惜士恩良,我愿将部下两岸陆续收荃,而酬高厚。我为此者,实见老中堂人[仁]爱……愿收齐人众,尽义对大清皇上,以赎旧日有罪愚民。”他为了使曾氏兄弟相信,竟提出以自己的脑袋来担保。他说:“老中堂以及中承[丞]大人肯容此举,实大清皇上格外之福,万民同占中堂雨露之恩。若我能此本事收复,恐防我他心,仍祈刑正国法,如办不成,正国法是定。”李秀成的这种行为,无疑是对农民阶级的背叛,是对太平天国起义的出卖。

同治三年七月初六日(1864 年 8 月 7 日),李秀成被曾国藩杀害了。李在被绑赴刑场的时候,镇静自若,泰然处之,挥笔写了 10 句《绝命词》。赵烈文在《能静居士日记》同治三年七月初六日(1864 年 8 月 7 日)记道:“傍晚赴市,谈笑如自若。复作《绝命词》十句,无韵而俚鄙可笑,付监刑庞省三,叙其尽忠之意,遂就诛。”李秀成在得到即将“伏法”的通知后,立即意识到乞降是没有用的,曾氏兄弟也绝不会允许他存在。所以,李秀成在最后一刻又回到太平天国起义的立场,对天国表示尽忠之意。《绝命词》正是这种思想的强烈反映。

第四章　江苏近代民族工业的出现

有些学者将近代工业的启动模式分为两种:“早发内生型”和“后发外生型”。中国近代民族工业的起步属于后者。江苏是我国近代民族工业兴起较早的地区。早在清同治二年(1863),江苏巡抚李鸿章就在苏州创办了洋炮局,后迁南京,改称金陵制造局。光绪八年(1882),候补知府胡恩燮在徐州开办了利国驿煤矿。甲午战争后,江苏民族工业接连兴建了9家厂矿。

第一节　江苏近代民族工业的序幕

江苏民族工业的出现不是社会生产方式自然演进的产物,而是在欧美列强武力和经济侵略的刺激下,一些有识之士为求强求富,在学习西方近代技术和管理经验的基础上,才开始了江苏地区工业化的历史进程。金陵制造局,从使用机器设备和资金来源等方面看,具有一些近代工业的特征。所以,金陵制造局的创办,揭开了江苏民族工业的序幕。

一　有识之士“借法自强”

道光二十年至二十二年(1840—1842)的鸦片战争,清政府被迫与英国签订了丧权辱国的《南京条约》。从此,西方列强就以不平等条约为护身符,加强对中国进行侵略,独立的中国开始步入半殖民地半封建社会。封建的压迫、剥削和西方列强的侵略,进一步激化了社会阶级矛盾。道光三十年十月(1850年11月),洪秀全在广西发动武装起义,建号太平天国。太平军经过两年多的苦战,辗转到达武昌。咸丰三年二月十一日(1853年3月20日)攻克东南重镇南京。太平天国的胜利进军震惊中外,清朝统治者一片惊慌,亦引起西方各国的密切关注。

清王朝为维护自己的统治，在无力镇压的情况下，竟把希望寄托在西方侵略势力的“援助”上。咸丰三年正月、二月间(1853 年 2、3 月份)，江苏巡抚杨文定、钦差大臣向荣先后指令苏松太道吴健彰迅速去上海英国领事馆，请英国派兵船驶入长江，拦击太平军。不久，咸丰皇帝三次发出谕旨，要杨文定、向荣、吴健彰设法权宜办理，请求西方侵略者助剿。英、美、法等国经过一段观望以后决定支持清政府，打击太平军。咸丰六年(1856)，英、美、法等国以出兵帮助攻打太平军为诱饵，向清政府提出“全面修约”的要求，以攫取更多的特权。清政府虽指望西方列强出师助剿，但对它们贪得无厌、破坏“天朝”尊严的做法非常反感，没有表示同意。咸丰六年(1856)，英、法为扩大侵略发动了第二次鸦片战争，对清廷施加军事压力，率军北上。清政府在列强的炮口下又先后签订了《天津条约》、《北京条约》，答应外国公使驻北京，开放长江，增开商埠，鸦片也如同别的商品一样进入中国，沙俄则乘机侵占中国大片领土。侵略者为了能得到清政府的“承诺”，又不得不扶持清政府，与清军联合镇压太平天国。

为处理与西方各国的关系，咸丰十一年(1861)，清政府建立了总理各国事务衙门，以恭亲王奕䜣为首负责处理清廷的涉外事务，如外交、政治、经济、文化、军事，向西方购买船、炮、机器，雇佣技术人员，设置海军，操练新军；兴办工矿、交通、电讯企业；办同文馆，派人出国留学，培养洋务人才，翻译书籍等等。从此以奕䜣为首的洋务派，打着“借法自强”的旗号，掀起了洋务运动。

江苏，特别是苏南地区，是太平天国的重要根据地，是太平天国存在和发展的依托。这里也是中外反动势力集结的场所，他们以重兵围剿太平军。湘军头目曾国藩、淮军头目李鸿章在镇压太平天国的过程中，深深地意识到洋枪、洋炮的威力。李鸿章曾说，西洋炸炮“击厚攻坚，殆同摧枯”①。他们非常希望得到这类先进武器，开始通过种种途径向西方购买了一部分。但西洋火器价格昂贵，买一颗英国炮船上普通的 12 磅炮弹要花费 30 两银子，买 1 万粒劣质的子弹铜帽也得花费 16 两银子。所以，要大批购进洋枪、洋炮是不可能的。在此情况下，曾国藩、左宗棠、李鸿章等洋务派官僚开始萌生自己设立近代兵工厂的想法。他们认为，“中国欲自强，则莫如学习外国利器。欲学习外国利器，则莫如觅制器之器，师其法而不必尽用其人”②。

两江总督曾国藩是第一个仿造西方船炮的人。咸丰十一年十一月(1861 年 12 月)，他在安庆设军械所，“制造洋枪洋炮”。我国近代著名科学家华蘅芳、徐寿、徐建寅等人应召入军械所，接受制造火轮船的任务。他们经过 3 个月的努力，制成轮船汽

---

① 孙毓棠编：《中国近代工业史资料》第 1 辑上册，科学出版社 1957 年版，第 259 页。

② 孙毓棠编：《中国近代工业史资料》第 1 辑上册，科学出版社 1957 年版，第 262 页。

机的模型。曾国藩非常满意，说："华蘅芳、徐寿所作火轮船之机来此试演。其法以火蒸水气贯入筒，筒中三窍，闭前二窍则气入前窍，其机自退而轮行上弦；闭后二窍则气入后窍，其机自进而轮行下弦。火愈大则气愈盛；机之进退如飞，轮行亦如飞。约试演一时。窃喜洋人之智巧我中国人亦能为之，彼不能傲我以其所不知矣。"[①]接着，华、徐等人按照曾国藩的意见，花费一年多的时间，试制成功一艘木质小火轮，并于同治二年十二月二十日（1864 年 1 月 28 日）下水试航。曾国藩亲自上船观察试航，说："新造之小火轮船，长约二丈八九尺，因坐至江中行八九里，约计一个时辰可行二十五六里，试造此船将以此放大续造。"[②]同治三年（1864），天京失陷，太平天国败亡，安庆军械所随曾国藩迁往南京。军械所迁宁后，曾国藩即命华、徐等人制造一艘大型的明轮式汽船，第二年竣工，命名为"黄鹄"号。该船"载重二十五吨，船长五十五华尺。高压蒸汽机，单式汽缸，倾斜装置，直径一华尺，长二尺，主轴十四尺，直径二寸四分，汽锅长十一尺，直径二尺六寸。锅炉管四十九支，长八尺，直径二寸。各舱俱在主轴位置之后，机器几乎占船体之前半。全盘结构中仅有的外洋材料为用于主轴、锅炉及气缸配件的钢料。此种钢料系购自舶来之圆钢及钢板，因土产者不能视为十足可靠之故。全部工具器材，连同螺栓、活塞、汽压计等，均徐氏父子亲自监制，并无外洋模型及外人之协助"[③]。该船时速约 30 华里。这是我国造船工业史上的一大创举。

两江总督曾国藩

二 李鸿章创办苏州洋炮局

李鸿章紧随曾国藩，也积极筹办军工厂。同治元年三月（1862 年 4 月），李率淮军至上海，由东线进攻太平天国，开始执行他的"以沪平吴"计划。李为求得大批洋枪、洋炮，想方设法就地设立洋炮局。开始时，他让参将在上海设局仿造西洋军火。同治二年八月（1863 年 9 月），他又把丁日昌调来另设一局，造短炮及新式炮弹。接着，他部下一位原英国军人马格里建议说："欧洲各国都开办大工厂制造军火，中国若为本身利益着想，也应该建立这样的制造厂。"[④]马并毛遂自荐，愿意筹建一个新的兵工厂。李鸿章颇感兴趣。马格里为取信李鸿章，很快在他所属的部队里造出一颗炮弹、几个

① 孙毓棠编：《中国近代工业史资料》第 1 辑上册，科学出版社 1957 年版，第 249—250 页。

②③ 《无锡文史资料》第 10 辑，无锡市政协文史资料委员会 1985 年编印，第 44 页。

④ 孙毓棠编：《中国近代工业史资料》第 1 辑上册，科学出版社 1957 年版，第 253 页。

药引和几支炮门纸管自来火。李鸿章对这些制造品没有马上表态，经拿给英国士迪佛立将军看，征求意见，得到称许后，方授权马格里、知州刘佐禹共同主持另一局，雇佣50个人，在松江附近一座庙宇里筹建兵工厂。

马格里(1833—1906)，英国人，曾任英国陆军第九十九联队军医，参加过克里米亚、印度等战争，第二次鸦片战争时随军来到中国。同治元年(1862)，他经英方同意，脱离英军，加入李鸿章的淮军，担任步兵两队和炮兵一队的统领。在接受李鸿章交给的筹建兵工厂任务后，即采用土洋结合的办法，搞了一个能制造火药、子弹、炮弹的小厂，并用这些弹药进行了一次实弹演习，结果比预想的要好。实弹演习的成功，增加了李鸿章对马格里的信任。

同治二年十月二十四日(1863年12月4日)，淮军攻占苏州，小兵工厂也随军迁入城内，设于太平天国纳王府内，定名苏州洋炮局。该局仍由马格里、刘佐禹负责。

这时，出现了一个新的情况，为苏州洋炮局的发展提供了新的机遇。

同治元年(1862)春，恭亲王奕䜣在英驻华公使普鲁斯等人的支持下，决定委托回国休假的总税务司李泰国在英国购买船炮，以建立新式海军。不久，李在英国购买了7艘船舰和1艘趸船，还有一个专为舰队维修、制造军火的“水上兵工厂”。但是，李泰国毕竟是个殖民主义者，事事都从殖民者的利益出发，他在买下兵船后，即着手组织舰队，在英国召募官兵600多人，聘阿思本上校为这支舰队的总司令。更为严重的是，他擅自作主与阿思本签订合同，规定舰队事事由阿思本作主，而不听命于中国当局。这样一来，舰队的指挥权就落到英国殖民主义者手中。这理所当然地遭到中国的反对。同治二年八月(1863年9月)，阿思本抵达中国后，与李泰国等人威逼奕䜣，必须按照原合同办理，让他拥有舰队的指挥权，否则撤回英国。奕䜣在曾国藩、李鸿章等军界领导人的支持下，决定解散阿思本舰队。

马格里得悉此事后即劝说李鸿章买下阿思本舰队的“水上兵工厂”，用来扩充和发展苏州洋炮局。李鸿章同意，“但他不想出面替政府购买”，便“组织了一个小团体出钱，马格里也是其中之一人”①。于是，李鸿章授意马格里赴上海与阿思本交涉。经过艰苦的谈判，马格里终于以4944两银子买下了“水上兵工厂”。这个“水上兵工厂”的主要设备有：蒸汽锅炉、化铁炉、铁水包、车床、铣床、磨床等。李鸿章对这些设备是否有用表示怀疑。马格里说：“当李鸿章看见那些箱子和一块块的铁和钢横在地上时，他冷笑地说这些恐怕都是无用的废物，钱是白白地丢掉了。”② 当这些设备在苏州洋炮局安装妥当举行开工典礼时，马格里“把李鸿章引入工场，静悄悄地环视了一周

①② 孙毓棠编：《中国近代工业史资料》第1辑上册，科学出版社1957年版，第256页。

之后，马格里发出信号，机器立刻就开始转动。李鸿章得到了深刻的印象，因此他对马格里的推崇也就愈高了”①。这些机器设备引进苏州洋炮局后，生产效率大大提高，成为我国近代史上第一个机械化的兵工厂。据《北华捷报》1864 年 4 月 22 日报道：“现在每星期可以生产一千五百到二千发的枪弹和炮弹，除了炮弹、药引及自来火之外，还造了几种迫击炮弹，不久的将来就要有毛瑟枪和铜帽加在产品单子上了。”苏州洋炮局为清军，特别是淮军提供了大量的新式武器。李鸿章正是运用这些新式武器，在苏浙地区进攻太平军屡屡成功。薛福成曾说：“淮军各营，皆颇自练洋枪队助军锋，所用开花炮，大者可攻城，小者以击贼阵、破贼垒，遂能下姑苏，拔常州，连克嘉湖诸郡。设非借助利器，殆不能若是勍且捷也。”②

由于苏州洋炮局办得颇有成效，引起了清政府的重视。同治三年四月二十八日(1864 年 6 月 2 日)，同治皇帝发出上谕，要求京营“饬火器营于曾经学制军火弁兵内，拣派武员八名，兵丁四十名，发往江苏一体学习”③。马格里也因办洋炮局有功，在李鸿章的奏请下，赏给了三品顶戴。

三 金陵制造局的建立

同治四年(1865)，李鸿章由江苏巡抚升任两江总督，赴南京就任时，“他决定把他这兵工厂和在他身边协助很久的英国人一齐带往南京”④。迁移后的洋炮局改名为金陵制造局。

两江总督李鸿章

金陵制造局的厂址选定在雨花台，即瓷塔山。工厂于同治五年六月(1866 年 7 月)竣工。金陵制造局的常年经费由清政府拨给，每年经费 10 万两白银，从光绪九年(1883)起增加到 11 万两。马格里被任命为局的督办，刘佐禹为总办。生产技术主要由马格里及所雇技师负责。

制造局建成后，清政府为提高生产能力，曾多次进行扩充。

第一次是同治十一年至光绪十年(1872—1884)。同治十一年九月(1872 年 10 月)，李鸿章在天津召见马格里，“派他赴欧洲一行”，要他

① 孙毓棠编：《中国近代工业史资料》第 1 辑上册，科学出版社 1957 年版，第 256—257 页。

② 孙毓棠编：《中国近代工业史资料》第 1 辑上册，科学出版社 1957 年版，第 255 页。

③ 孙毓棠编：《中国近代工业史资料》第 1 辑上册，科学出版社 1957 年版，第 266 页。

④ 孙毓棠编：《中国近代工业史资料》第 1 辑上册，科学出版社 1957 年版，第 324 页。

"设法增加制造局的设备和技术人员"[①]。同治十二年七月十日(1873 年 9 月 1 日),马格里由南京启程赴欧。他在英国、法国、奥地利考察了一些钢铁厂和军工厂,还在维也纳参观了国际博览会军事馆。同治十三年正月(1874 年 3 月),马格里回到中国,带回了一些机器设备和原材料。制造局运用这些设备和材料进行了扩建,面目一新,全局有 3 个机器厂,2 个翻砂厂,2 个铁厂,2 个木铁厂,还有乌龙山炮台机器厂、火药局、火箭分局等。在这一阶段,制造局下还兴建了金陵洋药局。此局设通济门外九龙桥,光绪八年(1882)开工,光绪十年(1884)建成投产,费银 18 万多两。局中"所有的机器材料都是最新式的",由"英国军火商黑鲁(Hall)洋行代为购置"。厂房由洋行的波列士哥德设计监督建造,"全部厂地四周有 12 尺的高墙环绕着;有 8 个烟囱,从 45 英尺至 80 英尺;4 架机器,从 10 马力到 25 马力;6 个锅炉和 6 架抽水机。厂中还挖了一条小河"[②]。该局开工后,每日能生产 1000 磅火药。

第二次是光绪十二年至十三年(1886—1887)。光绪十一年(1885),两江总督曾国荃因制造局所造后膛炮供不应求,同时添造后膛抬枪,需用 10 万银两增添机器设备和厂房,遂向清政府提出报告,要求拨款。清廷同意在海关洋税项下拨银 10 万两。此工程由江苏候补道郭道直负责,从美国购买了价值 67310 银两的机器设备,于光绪十二年正月(1886 年 2 月)开工,光绪十三年四月(1887 年 5 月)竣工,"一切造法悉洋式"。

第三次是光绪二十二年(1896)。据史料记载,"制造局机器、熟铁两厂所用锅炉,系同治初年安设,迄今二十余载,终年运用,锅炉愈烧愈薄,炼补已多,汽机愈用愈松,旋转无劲,屡经修理,仍属此修彼坏,敷衍运动。上年军务吃紧,加工赶造,锅炉之气磅加足,汽机之马力全开,不惟炉机两项受伤,即汽缸亦因之磨蚀,以致损坏尤甚,势非更换不可"[③]。有鉴于此,两江总督刘坤一在江海关洋税项下拨银 11347 两,对锅炉作了更新。

制造局经过几次扩充,生产能力大大提高。其产品主要有:开花炮、两磅后膛炮、来福炮、过山炮、一磅子快炮、前、后膛各式抬枪,以及各种枪炮子弹,产量也很可观。光绪二十五年五月二十七日(1899 年 7 月 4 日),两江总督刘坤一致总理各国事务衙门电中说到:"现就机器力量及近年制造成数计之,宁局每年可造后膛抬枪一百八十支,两磅后膛炮四十八尊,一磅子快炮十六尊,各项炮弹六万五千八百颗,抬枪自来火子弹五万粒,毛瑟枪子弹八万一千五百粒。"这些军火"以供南北洋操防备战之需"[④]。

---

① 孙毓棠编:《中国近代工业史资料》第 1 辑上册,科学出版社 1957 年版,第 325 页。

② 孙毓棠编:《中国近代工业史资料》第 1 辑上册,科学出版社 1957 年版,第 335—336 页。

③ 孙毓棠编:《中国近代工业史资料》第 1 辑上册,科学出版社 1957 年版,第 333 页。

④ 孙毓棠编:《中国近代工业史资料》第 1 辑上册,科学出版社 1957 年版,第 334 页。

这就是金陵制造局发展变化的基本情况。那么,它的经济性质是什么呢?

一个企业的经济性质,从大的方面说,是由它所处的时代性质及历史条件决定的。19世纪60年代的中国,正处在由古老的封建社会向半殖民地半封建的近代社会转型的开始阶段。当时的社会,就其基本的一面来说,仍然是封建的,但发生了部分质的变化,正迅速走上半殖民地化的道路。地处国际资本侵略前沿的江苏,更鲜明地显现了这种特色,无论是苏州洋炮局还是继起的金陵制造局,无不打上时代的烙印。

金陵制造局的经济性质,主要是封建的。考察一个企业的性质,应从其生产关系着手。制造局是清政府官办的,"系在两江总督管辖之下"[①],长期掌握在曾国藩、李鸿章等封疆大吏手中;制造局的"督办"、"总办"都是清政府任命的,而且那些被调来当局领导的人,除马格里外,诸如刘佐禹、郭道直、段寿和、龚照瑗、孙传越等都是道员级的官员。从资金来源说,苏州洋炮局的经费179969银两是李鸿章从军费中拨的;金陵制造局的开办费29万两是清政府从海关洋税及江南筹防局、防营支应局划拨的,常年经费亦主要是海关洋税。可见,资金来源于国家财政。从企业内部阶级关系说,开办初期,劳力主要来自淮军士兵,他们在军法强制下劳动,不是自由劳动者。工人的劳动强度比较大,每日工作11小时以上,两星期才休息一天。普通工人的工资每月七八元。产品由政府向有关地区调拨,不进入市场。所以这种生产不是商品生产,不是为了获得利润,也根本谈不上有积累进行扩大再生产的问题。由此可见,金陵制造局并非资本主义性质的企业,而是封建主义的生产关系占着支配地位。

但是,制造局毕竟创建于19世纪60年代,而且是按照洋务派大官僚的意旨办的,因此,它有许多近代资本主义的因素。例如,制造局以蒸汽为动力,使用机器和先进的技术进行生产,这是近代资本主义的生产力。厂内"终日辘轳运转,轰轰有声"[②],机器的轰鸣声震动着江苏大地,传递着近代化的信息。这种生产力虽不能决定企业的性质,但它却是企业近代化的重要标志。从资金来源说,传统的官办手工工场都是政府拨款,制造局的资金虽也是从国家财政调拨,但其内容有所不同,不全是封建地租转化来的。制造局从同治二年至光绪二十年(1863—1894),共用资金约280万两,其中有近200万两是海关洋税。这种洋税,已不是封建收入,而是一种近代赋税。这种新的赋税,带有资本原始积累性质。从劳动者状况看,也出现了新的情况,制造局招聘了一部分技术人员和熟练工人。马格里从英国聘来了"几个有训练的技师",还从上海等地招来了一批技术人员和熟练工人。这些人不是强征来的,是以高薪招进

---

① 孙毓棠编:《中国近代工业史资料》第1辑上册,科学出版社1957年版,第334页。

② 孙毓棠编:《中国近代工业史资料》第1辑上册,科学出版社1957年版,第337页。

厂的，外国技术人员月薪均在100元以上，国内熟练工人的月薪也在30元以上。所以，这批人是自由的雇佣劳动者。这些都表明，金陵制造局已不是纯粹的封建经济，已具有一些资本主义性质，是国家资本主义的雏形。

第二节　江苏第一个煤矿的诞生

洋务派在兴办军事工业的过程中，首先碰到的问题是急需大量的煤炭。徐州地区煤藏量丰富。两江总督左宗棠提议开办徐州煤矿。胡恩燮父子挺身而出，在左宗棠的支持下，经过长期艰苦的工作，终于办成了江苏省近代第一个煤矿。

一　徐州煤矿的创办

洋务派在经营军事工业的过程中，一直为两大问题所困扰：一是制造枪炮、铁船所需的钢、铁和煤炭依靠进口，一旦有变，断绝供应，那些军工工厂就变成废铁一堆。李鸿章曾说："炮船机器之用，非铁不成，非煤不济。英国所以雄强于西土者，惟藉此二端耳！"而"设有闭关绝市之时，不但各铁厂废工坐困，即已成轮船，无煤则寸步不行，可忧孰甚"①。二是资金不足。当时，清政府岁入约为白银8000万两，地方政府所费占一半，再加上内外战争不断，所剩无几，财政困窘万分。所以，清政府感到"利源之涸日甚一日"②。洋务派在民穷财尽的情况下，开始意识到"求强"必须有一定的经济基础，"必先富而后能强，尤必富在民生，而国本乃可益固"③。

如何"求富"？他们认为，应当向西方学习，开矿设厂，兴路通航，举办民用工业。这不仅能致富，还能与列强争夺利权："与其任洋人在内地开设铁路电线，又不若中国自行仿办，权自我操，彼亦无可置喙。"④同治十三年(1874)，李鸿章和船政大臣沈葆桢向清政府提出了请开煤矿的建议。第二年，清政府批复同意。于是，从光绪二年(1876)开始，台湾基隆煤矿、安徽池州煤矿、河北开平煤矿、山东峄县煤矿等陆续兴办。徐州利国驿煤矿也就是在这样的背景下创办的。

徐州地区煤藏量丰富，开采和使用的历史亦很悠久。余明侠在《徐州煤矿史》前言中说到："徐州煤矿的开采可以上溯到北宋中期，当时徐州太守苏轼利用河道将白

---

① 吴汝纶编：《李文忠公(鸿章)全集》奏稿第19卷，台湾文海出版有限公司印行，第49页。

② 吴汝纶编：《李文忠公(鸿章)全集》奏稿第40卷，台湾文海出版有限公司印行，第41页。

③ 吴汝纶编：《李文忠公(鸿章)全集》奏稿第43卷，台湾文海出版有限公司印行，第43页。

④ 《筹办夷务始末·同治朝》第五十五卷，第16页。

土镇之煤运往利国监炼铁,所造武器犀利异常,在国防上具有重要意义。南宋以后,徐州煤铁工业均衰落。至鸦片战争后,徐州地区虽有土窑采煤,但工艺陈旧,成本高而产量低,根本不能与西方资本主义国家的采煤技术相比。"

徐州利国驿煤矿的创办与左宗棠的倡议和支持是分不开的。光绪七年(1881)秋天,清政府命左宗棠总督两江,兼南洋通商大臣。他一上任即"议饬徐州利国矿务"①。并上书清廷,"言北洋筹办防务,制造船炮,及各省机器轮船,所需煤铁最为大宗,请开办江苏利国驿煤矿"②。清廷准予立案。于是,他一面谕令徐州道程国熙摸清徐州历史上开采煤矿的情况,另一面"饬令候选知府胡恩燮延聘洋矿司入山探险",了解煤铁的储量和质量。调查结果是,"煤铁均堪开采"③。左宗棠鉴于此,即决定在徐州利国驿设矿开采。

两江总督左宗棠

左宗棠委派胡恩燮去徐州筹办利国驿煤铁矿,并委胡的儿子胡碧澂为"提调矿务",作为胡的助手。胡恩燮,南京人,书生,但科举道路不畅,屡试不中。咸丰三年(1853)太平军攻克南京时,他在城内,不久与张继庚密谋同清军相勾结,企图"内应击贼"。胡恩燮事败后,投向向荣江南大营,率水师攻打太平军,因军功擢升为候补知府,但始终未实授,曾在江北办理厘金,后闲居南京家中。光绪八年(1882)春天,胡恩燮走马上任,肩负创办徐州利国驿矿务局的重任。他在深入调查研究的基础上,全面规划,统筹安排,领官山、购民地、集资金、建厂房、购机器等,使各项工作有条不紊地进行。胡在积极筹办矿务局的过程中,精心制定了《徐州利国招商章程》。这个《章程》共有 12 条,主要内容为:

1. 阐明了爱国为民的办矿宗旨。章程开宗明义,指出:"徐州铜山县利国驿一带煤矿铁矿,奉准招商开采,系为开利源塞漏卮,兼为徐郡养民弭盗,裨益地方起见。"当时清政府的财政极其困难,还要用六七百万两白银去进口洋铁、洋煤,这是一笔很大的开支。胡恩燮设矿开煤采铁,正是为了国家"开利源塞漏卮",具有强烈的爱国主义思想。设矿招工,主要是"雇佣附近土著",解决当地老百姓的生计,体现了"养民"的思想。

2. 在企业经营方式上,实行"官督商办"。"官督"主要表现在以下几点:一是由官方任命官员负责经营。《章程》写有:"如此项矿务将来办有头绪,事务繁多,届时拟请援照各省矿局之例,刊发徐州利国矿务总局木质关防一颗用昭钤信,一面可否先行

① 胡碧澂:《灌叟撮记》第 5 页,转引自余明侠:《徐州煤矿史》,江苏古籍出版社 1991 年版,第 41 页。
② 孙毓棠编:《中国近代工业史资料》第 1 辑下册,科学出版社 1957 年版,第 1106 页。
③ 孙毓棠编:《中国近代工业史资料》第 1 辑下册,科学出版社 1957 年版,第 1109 页。

由道札委该职员驻局总办，以一事权，伏候宪裁。”又说：“一俟办有端倪，应于在股人员中，择其品行端方才具出众者，禀请札委会办或帮办，以备随时接替而资熟手。”胡恩燮早就为左宗棠看中，被任命为利国驿矿务总局总办，负全责。二是企业遇有地方交涉事宜时，要请示徐州官府。《章程》载有：“地方交涉事宜应移请徐州府衙门经理及由道督办”，这明显是“督办”关系。三是矿局的治安保卫工作亦由徐州道来管。《章程》最后一条说：“设厂开采处所，人夫萃集，且系银钱汇聚之区。查利国驿本有巡检及驻防营哨，拟即由道饬派弹压梭巡，以昭慎重。”

《章程》在肯定“官督”的前提下，竭力主张商办。《章程》明确规定，“此项矿务不请官本，概招商股办理，应给股票并由该职员签名”，“资本盈亏商自任之，不得稍有推诿”。同时规定“招集商股银五十万两”，“招集商股每漕平足银一百两为一股，自一股至千百股，悉听入股者自便，以招集五千股为止。银两按期交清，给予股票并取利股折，俟煤铁运售之日起，每届一年结算一次。先提官利一分，下余花红银两，以二成酬劳办事诸人，八成按股均分。并刊刻账略，交由股人公司阅核”。显然，这是招商集资的资本主义经营方式。

3. 力主引进先进的技术设备开矿。胡恩燮认为土法采煤太落后，主张用“西法开采，出煤必多”。所以，他在《章程》里写有：“购买机器铁炉，酌雇管理机器二洋人。”一再强调要购买机器，“创办之始，购机炉开窑设厂，不惜资本始能立有矿基”。所以，当他招商集资至一定银两时，就亲自去上海瑞生洋行，用 2 万两白银定购了一批机器。主要有：勘探用的钻探机，矿井运煤的提煤机，排除矿井积水的抽水机，还有安全灯等。这些机械设备在当时都是比较先进的，为徐州煤矿的近代化奠定了基础。同时，他还考虑到了技术人才的培养问题。《章程》中规定：“随时招集学童学制机器，俾数年、十数年之后，事事皆可自主。”胡恩燮还提出选拔若干聪明好学的青年分赴英国、法国煤矿学习，学成归来代替洋技师，真正做到“权自我操”。

由此可见，《章程》是“仿用西法”经营近代化企业的纲领。

光绪八年(1882)夏天，胡恩燮将拟定的《章程》报请官府批准。两江总督左宗棠在同年秋天作了批复，原则上同意：“查核章程，大致尚属妥协。”但在有些具体问题上提出了一些意见，如雇佣“洋人管理机器”事，必须“写立合同”，按照规定办事，以免扯皮；招募工人时，“只准雇募就近土著”；在矿局与地方官府的关系上，比较强调“官督”。批文中说：“商本赢亏，虽有商任”，徐州道“亦当随时查察，勿任滥用，以免亏本，续招为难”，每年“应将结账大略”及煤炭“按月销售总数各情”写成“简明清折呈报，以备查考。”[①]

---

① 《申报》光绪八年十二月初六日(1883 年 1 月 14 日)。

直隶总督李鸿章也对这个《章程》作了批示。他说："据禀徐州利国驿一带所产煤铁等矿，业经候选知府胡恩燮带同英国矿师入山探看，煤铁皆好。禀由该道详奉南洋大臣批准招商集股，官督商办。所呈开采煤铁章程十二条，甚为周妥，仰即督饬妥慎经理，荒僻之处添开利源，当于地方生计有益，乃俟正办后，将如何办理情形及销售总数，随时开折报查。"[①]李鸿章对《章程》持肯定态度，认为周详妥当，可以照章办理。

胡恩燮在《章程》得到官方认可后，于光绪八年八月二十四日(1882 年 10 月 5 日)正式成立利国驿矿务局。

二 胡恩燮父子对江苏早期民族工业的开拓

矿务局成立后，胡恩燮父子全力经营。经过一年多的努力，在蔡山开掘的第一口煤井，于光绪九年十二月二十八日(1884 年 1 月 25 日)出煤。在青山泉、泉旺头等地方的勘探结果也令人鼓舞，都发现了煤田，特别是"青山泉地方挖出煤层深一丈二尺，煤质亦佳"[②]。当蔡山煤井开采数月，挖完第一层煤，继续深掘时，遇到了地下水太大的难题。抽水机开足马力，日夜抽水，亦无济于事。在此情况下，胡家父子不得不放弃蔡山矿井的开采，而转至青山泉掘新井。

光绪十年(1884)秋天，青山泉煤井开始出煤，且品质优良，销售情况也不错，"四方来购者日盛一日"[③]。据光绪十一年三月十八日(1885 年 5 月 2 日)《申报》载："出煤仅数月，余利已得数千金。"青山泉煤矿开采的成功使胡氏父子信心大增，准备继续集资，开掘新井。当时矿务局年采煤量约 3 万吨。

胡恩燮父子在创办徐州矿务局的过程中，也遇到了很多问题和困难，这主要是：

1. 地方落后势力的干扰。当时的徐州是一个偏僻闭塞、贫穷落后、庐墓风水之说颇为流行的地区，当地民俗把祖先的坟墓、自己的宅地风水看得很重，认为这关系到家庭和子孙后代的吉凶祸福。胡恩燮办矿，领荒山，购民田，辟矿区，有些庐墓、宅基势必要迁移，也就不能不涉及到传统民俗问题。一些土豪劣绅乘机敲榨勒索，煽动一部分人闹事，阻挠开矿。胡氏父子为排除干扰，从两方面入手：一是请官府出面做工作。两江总督左宗棠曾饬令徐州道程国熙给予支持，出面解决，要求徐州道、府、县各级政府"妥为照料"。二是主动与当地各界搞好关系。光绪九年(1883)，矿局曾贴出布告，说明"本总局创开煤铁，原为利国利民"[④]。矿方还主动结交正直开明士绅，阐明办矿既有利于国家，又有益于地方，并无破坏风水之害，再通过这些士绅做地方民

① 《申报》光绪八年十二月初六日(1886 年 11 月 12 日)。

②③ 孙毓棠编：《中国近代工业史资料》第 1 辑下册，科学出版社 1957 年版，第 1111 页。

④ 孙毓棠编：《中国近代工业史资料》第 1 辑下册，科学出版社 1957 年版，第 1110 页。

众的工作,化解一些矛盾。同时,对于地方多做善事,如办学校,解决矿局职工子弟和附近儿童入学的问题;对职工家属和矿区附近贫困户给予适当救济;凡增添职工,均就地招收,以解决矿区附近百姓生计问题。这些善举使当地民众受益非浅,遂不再有阻挠办矿采煤之事。

2. 资金严重短缺。胡恩燮本想集资5000股,每股100两。但事与愿违,至光绪九年(1883)春天,只认购1500股左右,股本募集不足33%。在这种情况下,胡征得左宗棠的同意,续招5000股,并对集资对象亦稍作变通,不仅招一般商人,而且招官商投资。当时认购情形甚好,很快为浙江、广东等地官商所认购。然而未几,风云突变,中法战争爆发,形势紧张,市场混乱,银根奇紧,上海、南京等地出现金融风潮,作为徐州利国驿矿务局资金重要支柱的金陵裕泰、源丰两个钱庄,因亏折倒闭。各官私商人怵于时势,不愿出钱购股,已认股的不肯交钱,即使已出钱购股的也要求退还。一位姓郑的商人,本已出资10万两,又立即索回股金。集股困难,资金短缺,给生产带来了严重威胁。胡家父子面对现实,采取相应的对策:一是修订计划。原计划想从采煤着手,以煤炼铁,达到煤铁兼兴的目的,现从实际出发,弃铁营煤。于是,他们在光绪十年(1884)秋天,召开股东会议,各股东一致赞成集中力量专营煤矿的方针。这种调整是识时务的,使煤矿的开采工作能继续进行下去。二是吁请各级政府给予帮助。左宗棠得知徐州煤矿在经济上陷入困境,非常着急。他认为,"该处矿务办理以来,业已有效可睹,若经费支绌,半途中止,弃货于地,未免可惜"。他左思右想,决定挺身而出,代为向清廷奏请,拨出一部分银两救急。清政府同意了这位封疆大吏的意见,"饬江宁藩司酌提闲款,派员会同胡太守经理。俟有余利,先将官项摊还,仍由原局妥为筹办"①。这样,徐州煤矿在左宗棠的支持下又度过了一次难关。

3. 营销困难。这是胡氏父子感到十分头疼的问题。从当时市场需要来说,上海、南京等地需要大量的煤。仅金陵制造局每天耗煤上百吨,一年需三四万吨,而当时徐州矿局所产煤供应南京一地都不够。尽管徐州煤矿在南京、上海都设有办事机构,推销煤炭,但始终没有多大成效。其原因在于煤价太高,而造成煤价过高的主要原因是运输成本太高。徐州地处穷乡僻壤,交通十分落后,所生产的煤难以运出。徐州煤南下,首先要经过上百里的旱路,这只能靠人挑牛驮,然后经运河南运,而水运亦非常艰难。"运河则由泉河出口,既苦水有涨涸,且自韩庄至清江多浅濑悬流,大小闸凡数十道,船运艰阻,坐耗时日,正不独偷漏居奇,幻诈百出也"②。它与当时安徽池州

① 孙毓棠编:《中国近代工业史资料》第1辑下册,科学出版社1957年版,第1112页。

② 孙毓棠编:《中国近代工业史资料》第1辑下册,科学出版社1957年版,第1116页。

煤矿的运输条件相差甚远。池州煤矿座落在江边，煤一上船就可直达南京、上海，费用低廉。光绪十二年十月十七日（1886年11月12日）的《申报》曾说：徐州煤矿"地限淮右，距水次稍远，途费更不若池州之廉且便"。所以，在煤炭市场上，徐州煤难以与池州煤竞争。同样，也无法与洋煤相抗争。因洋煤进口时，外商利用"协定关税"的特权，交税少，只是"值百抽五"，每吨交税银五分。徐州煤经左宗棠奏请清廷"援案"减税后，还得每吨完税银一钱，比洋煤高出一倍。这就导致在煤炭市场上，洋煤具有较强的竞争力。所以，徐州煤在沪宁市场上、在内外煤的竞争中，很难销得出去。结果，徐州煤矿往往出现"存煤山积，坐亏成本"的局面①。胡氏父子为摆脱困境，作了多方努力。他们曾提出学习开平煤矿，改用新式煤井，以便多出煤；以煤炼焦炭，增加品种；修筑铁路，改善运输条件，以降低成本。但是，由于缺少资金，这一切均无从着手，只能是纸上谈兵。他们也曾决定"就近土销"，在徐州设立门市部，但销售很有限，不能在根本上解决煤炭销售市场问题，以致"积煤至数千吨"。存煤太多，资金周转困难，只能"停工待售"②。

光绪二十三年（1887），胡恩燮因年老多病辞去总办之职。同年，两江总督曾国荃任命胡碧澂为矿局总办。胡碧澂（1846—1930），本姓王，生父王一山，为胡恩燮过继其姐之子。他自幼喜好读书，考中秀才，曾应徐州道高之浦的聘请主办文牍，亦曾供职两淮盐运司，为盐运判，后随父创办徐州煤矿。

胡碧澂接任总办后，为使徐州煤矿能继续办下去，毅然于当年赴天津上书直隶总督李鸿章，请求接办利国驿矿务局。他提出"将全矿归公，由海军衙门筹款大办"③。李鸿章采纳他的意见，作如下批示：

> 据禀：徐州利国铁矿所产铁质甚美，煤亦合用。又近在微山湖滨，由韩庄经运河至天津，下达江海，一水可通。如将来添设机器，制造军需，南北均能接应。兴办铁路，尤为取材适中之地。屡有洋人往勘，谓与外洋克虏伯厂相似，如开炉鼓铸，可取用不穷。只以股份不足，未能兴举。拟请选派矿师，赴徐履勘，再行议办。饬会办招商局马道等，询明美商黄腾培克，如带有矿师来华，可就近往勘。果否铁质熔铸，苗线是否广运可采，有无利益？详细查明，据实禀覆核夺。④

---

① 孙毓棠编：《中国近代工业史资料》第1辑下册，科学出版社1957年版，第1116页。

② 《申报》光绪十一年三月十八日（1885年5月2日）。

③ 孙毓棠编：《中国近代工业史资料》第1辑下册，科学出版社1957年版，第1118页。

④ 《申报》光绪十四年十一月二十二日（1888年12月24日）。

从批文看，李鸿章对开发徐州煤铁矿很感兴趣。在上海轮船招商局担任会办之职的马建忠，接到李鸿章的命令后，立即带着洋矿师去徐州查勘，结果令人满意，徐州煤铁的质量确实与德国克虏伯铁厂所用的煤铁不相上下。于是，李鸿章准备接办，并让盛宣怀具体负责。盛一面派人到徐州"勘估一切"，一面与胡碧澂磋商接办事宜。光绪十六年(1890)，盛宣怀提出了大办徐州煤铁业的方案。按照这个方案，没有三四百万两白银是不能动工的，但李鸿章无法筹集到这笔巨款，只好作罢。胡碧澂感到异常失望："事已有端绪矣，旋复中止。噫嘻，地利之兴殆有时日，吾利国煤铁举国知其利，而卒无大力以包举之，可慨也已！"①

胡碧澂在请求官府接办的同时，仍千方百计苦撑危局，继续经营煤矿。皇天不负有心人，他在艰难的查勘中，在贾汪发现了优质煤田，并立即投入开采，矿局也由青山泉移至贾汪。贾汪煤矿的开采，使胡碧澂的矿局有了新的转机。

贾汪优质煤的发现，引起了拥有巨资的官商们的注意，曾任道员的周少逸、候补知府吴味熊先后到徐州洽谈接办矿局事。光绪二十三年(1897)，吴味熊与胡碧澂签订了接办合同，并得到了两江总督刘坤一的批准。第二年，吴向清政府户部备案，领取执照，改名为"徐州贾汪煤矿公司"。吴准备集资200万元，先收足80万元。他在贾汪先后开了5个井，4个井投入生产。矿局共有正式职工约500人，日产煤数十吨至百余吨，常年产量约3万吨。这样，徐州煤矿在吴味熊的经营下又得以延续。

胡恩燮父子在左宗棠的支持下，创办了江苏第一个民用企业——徐州利国驿煤矿，在苏北大地上第一次引进了资本主义生产方式，使用机器和近代科学技术进行生产。特别令人瞩目的是，徐州煤矿不再实行"官办"，而是"官督商办"。左宗棠和胡恩燮思想比较开通，都认为"官办之弊，防不胜防"，主张"依西洋公司之法"经营。这种"官督商办"实际上是以商办为主体的经营方式。这表明资本主义的生产关系在煤矿占着主导地位。吴味熊接办煤矿后，干脆改为"徐州贾汪煤矿公司"，甩掉了"官督商办"的外衣，使形式与内容相一致，成了名符其实的民营企业。所以，徐州煤矿的创办，在江苏近代民族工业史上占有重要的位置。

第三节　民用工业的兴起

甲午战争后，民族危机日益深重，江苏省一些爱国官绅、商民，充分利用清政府比

① 孙毓棠编：《中国近代工业史资料》第1辑下册，科学出版社1957年版，第1118页。

较宽松的经济政策，投身近代实业，以抵制西方殖民主义者的侵略，挽回利权，迅速兴办了一批近代工矿企业。

一　纺纱厂的创办

甲午战争后，江苏在短短的5年中，接连兴建了9家近代厂矿。其中纺纱厂有3家：

无锡业勤纱厂　该厂由杨宗濂、杨宗瀚兄弟创办。杨氏兄弟，无锡人，因其父杨菊仙的关系都成为李鸿章的幕僚。杨宗濂因镇压太平天国有功，被委为直隶通永道。杨颇具才干，深得李鸿章的赏识，又被委为上海机器织布局总办。杨宗瀚曾随刘铭传赴台湾，"总办商务洋务，兼开埠事宜"，又"督办全省水陆营务处，兼办台南北铁路"。后因杨宗濂在北方公务缠身，一时难以南下，于是，杨宗瀚被召去接办上海机器织布局的业务，成为该局的实际负责人。光绪十九年九月（1893年10月），织布局毁于大火，杨宗濂、杨宗瀚也就此退出了织布局。

两江总督张之洞

光绪二十年（1894）秋，两江总督张之洞为在江苏地区创办棉纺厂和缫丝厂，"特电邀府君（杨宗瀚）赴宁，商榷要政。乙未（1895）夏，张公又电邀府君赴宁……府君爰请于无锡创设机器纱厂，以开风气"[①]。自此，杨氏兄弟在无锡积极筹办纱厂。建厂原始资本24万两白银，杨氏兄弟各认4万两，刘鹤笙、刘叔培合认4万两，另外再招商股12万两。但是，时至光绪二十二年（1896）厂房建成，刘氏兄弟所交股本还不及一半，其他各股亦在观望未交。杨见资金筹集不易，非常焦急，就赴宁求见新任总督刘坤一。刘很帮忙，即在省积谷公款中划拨10万银两。接着，杨氏兄弟继续招得4万两，又借到2万两，这样，总算凑足了24万两资金。杨氏兄弟在无锡东门外购地100亩，从英国进口细纱机38台、双汽缸蒸汽机1台、发电机1台等设备，计有10192枚纱锭。厂里招工1070人，以女工为主，有800人，另有男工200人，童工70人。业勤纱厂于光绪二十二年（1896）建成投产，主要生产14支粗纱，注册商标为"四海升平"。产品运销附近农村，经营情况不错。据1897年5月28日《北华捷报》载："去年（1896）完工的无锡业勤纱厂，为当地一个联合组织所创办，由退休的一位杨道台主持，现在业务极兴旺，该厂产品供销常州、江阴、镇江

① 汪敬虞编：《中国近代工业史资料》第2辑下册，科学出版社1957年版，第931页。

及本县其他市镇。该厂虽然昼夜开工，对于常州府和苏州府的各个乡镇对该厂的需要，尚无法全部供应。……这个纱厂的盛况是少有的，在富有效率的经营之下，该厂股息最少将为25％。”

苏纶纱厂　由陆润庠创办。陆润庠，字凤石，苏州人，同治十三年（1874）考中状元，授翰林院修撰，曾任内阁大学士、工部侍郎、国子监祭酒。光绪二十一年（1895）初，张之洞奏准在苏州设立商务局，由丁忧在家的陆润庠经理局务，筹建苏纶纱厂和苏经丝厂。陆受命，“一力肩持，不辞劳怨”①，全力以赴。

陆润庠算是个不小的京官，但办厂集资并不顺利。当时确定，筹办两厂额定资本100万两。陆与苏州官绅多次合议，都以为商股一时难以筹集，决定商请张之洞、江苏巡抚赵舒翘帮助解决。张、赵主张利用即将清还的中日战争时期息借的苏属商款作为苏州商务局股本，借户即作股东。张之洞认为，以苏借之款兴办苏州商务，属情理中事。苏属指苏州、松江、常州、镇江、太仓五地。这笔借款中有民款60余万两。陆根据绅商的意见，将此款中款额在200两以内者，仍还各借户，实收民款约57万两。后因经费不敷，又息借积谷、水利公款23万余两。经过一年多的努力，苏纶纱厂于光绪二十二年（1896）夏试车开工。厂内设有纱锭1.82万枚，主要生产12支和16支粗纱，“约用工人2200名，分两班更番，作弹棉纺棉等工”，“有一英人总办，有一英人机器匠，其机器为英国某公司承办”②。该厂所出的纱比较好，“足与上海有名厂相埒”③。光绪二十四年（1898），陆润庠丁忧期满，“例应入都供职，集众筹议，由襄理厂务之绅士候选郎中祝承桂取具殷实的保，订立章程合同，承租包办五年。各股及存款之息，依期照付，盈亏均与老股无涉。并举在籍之广东候补知府吴景萁为总董，翰林院修撰费念慈、内阁中书潘祖谦相助为理，遇事由江苏藩司会同商务局督察商办，以期官绅协力，维持厂务，益臻妥善”④。

大生纱厂　由张謇创办。张謇，字季直，号啬庵，通州人，祖辈务农。青少年时代热衷科举，中秀才、举人，光绪二十年（1894）高中状元。曾入吴长庆幕，随军赴朝鲜平乱。他是一位热血沸腾的爱国者，甲午战争闻清军战败，即上书清廷，弹劾“李鸿章主和误国”，并在光绪二十一年（1895）写的《代鄂督条陈立国自强疏》中提出“速讲商务”、“讲求工政”的主张。文中说：“世人皆言外洋以商立国，此皮毛之论也。不知外洋富民强国之本在于工。讲格致，通化学，用机器，精制造，化粗为精，化少为多，化贱为贵，而后商贾有懋迁之资，有信莼之利。”他认为，中国要富强，一定要改变“仅恃农

① 汪敬虞编：《中国近代工业史资料》第2辑下册，科学出版社1957年版，第598页。

② 汪敬虞编：《中国近代工业史资料》第2辑下册，科学出版社1957年版，第688页。

③④ 汪敬虞编：《中国近代工业史资料》第2辑下册，科学出版社1957年版，第687页。

业一端”的思想，应大兴工商业。

他不仅是一个以工商立国的思想家，而且是身体力行的实业家。光绪二十一年(1895)，他以状元之尊回家乡办工厂。其时，张之洞奏准在通州设立商务局，并要张謇主办，在通州地区招商集资，筹办纱厂、丝厂。张謇经过激烈的思想斗争，接受了这项任务。他在《啬翁自订年谱》里说：

> 先是南皮以中日马关约，有许日人内地设立工厂语，谋自设厂，江南北苏州、通州各一。苏任陆凤石润庠，通任余，各设公司，集资提倡，此殆南皮于学会求实地进行之法。余自审寒士，初未敢应。既念书生为世轻久矣，病在空言，在负气，故世轻书生，书生亦轻世。今求国之强，当先教育，先养成能办适当教育之人才。而秉政者既门陪蔽不足为谋，拥资者又乖隔不能与合。然固不能与政府隔，不能不与拥资者谋，纳约自牖，责在我辈，屈己下人之谓何？踟躇累日，应焉。

光绪二十一年(1895)冬，张謇开始筹建纱厂。办厂首先要解决资金问题，张为一介书生，拿不出巨额资金，只能按张之洞说的办：邀集绅商，剀切劝导，以厚股本。他奔走于南通、海门、上海之间，经过两三个月的游说，在沪绅商潘华茂、郭勋、樊时勋，通州地区的刘桂馨、沈敬夫、陈楚涛等6人，同意一起集股办厂。张謇原先打算在通州办一座2万枚锭子的纱厂，集资60万两，即由潘华茂等3人在沪集资40万两，由刘桂馨3人在通州地区集资20万两。这个设想得到大家的同意，并订立合同。但集资不易，那些有钱的地主、官僚、商人把上万两银子交给一个书生是很不放心的。其时，上海纱市行情又不好，已办的一些纱厂，或欲停办，或欲出卖。所以张謇说：“凡以纱厂集股告人，闻者非微笑不答则掩耳却走。”①

正当张謇集资办大生纱厂遇到极大困难时，江宁商务局总办、江宁布政司桂嵩庆受两江总督兼南洋大臣刘坤一之托，与南通方面联系，表示愿意将搁在上海杨树浦码头的4万多枚纱锭机器设备贬价50万两作为官股投入大生厂，商股亦相应筹集50万两，官商合办。桂还表示，此事办妥后还可帮大生集资六七万两。这使处在困境中的张謇有了新的希望。官商合办虽遇到大生厂沪方董事的反对，但张謇还是决定接受刘坤一的建议，并于光

两江总督刘坤一

① 张季直先生事业史编纂处编：《大生纺织公司年鉴(1895—1946)》，江苏人民出版社1998年版，第80页。

绪二十二年十一月初二日(1896 年 12 月 6 日)签订了《官商合同》。文中规定:“商务局将南洋纺织局现有纱机四万七百余锭,连同锅炉引擎全副,作为官本规银五十万两。大生招集商本规银五十万两,建造厂房、购花、行本。合计成本规银一百万两,按每股一百两,作为一万股,官商永远合办。逐年获利,按股均分,如有亏折,亦按股摊认,利害相共,两无异说。”“厂中用人、理财各事,全归商董经理。另行公举官董一员,由商务局禀请南洋大臣给委,到厂随时稽查账目、调护商情。”①

然而,上海方面的商董对“官商合办”深为疑虑,因而在集资方面裹足不前。南通方面经过半年多的努力,集股情况亦不理想,官商合办的道路困难重重。针对这种情况,刘坤一又提出:愿将官机对半分开,各作 25 万两,由张謇、盛宣怀各领 2 万多纱锭,分别办厂。官机作为官股,官方只取“官利八厘”,“无庸仍照原约,请派官董”②。张謇同意,并于光绪二十三年七月十九日(1897 年 8 月 16 日)签约。大生厂的沪董反对这一做法,随后退出。

这时,张謇和几个董事,经过两年的努力,集股收银已达 18 万多两。这样,大生纱厂的原始投资已经有 44.51 万两。张謇为集股筹款吃尽了苦头,其子张孝若在《南通张季直先生传记》中记述:

> 这四年间,我父奔走南京、湖北、通、沪各处……官绅的接洽说话,一天几变,捉摸不定。有钱人的面孔,更是难看,推三阻四,上面的总督虽然赞助,而底下的官员没有一个不拆台。旁人也没有一个不是看好看。所谓人情冷暖,世态变幻,我父是亲尝而身受了,又是气愤,又怕办不成功。在集资筹股的时候,以一个穷读书人,虽有了名,但是名不能当钱用,试问从哪里能够叫人家相信呢?而且这边筹到款用,那边又不够了;今天筹到款用,明天又不够了。天天过年三十夜。

经过 4 年多时间的筹办,张謇终于于光绪二十五年(1899)年在通州城西北约 15 华里的唐闸建起了大生纱厂。工厂占地 68 亩。机器设备有:“大引擎飞轮地轴全副(1200 马力,能带动 4 万多纱锭);大锅炉 4 具;头道清花机 3 部,二、三道清花机各 5 部;钢丝梳棉机 54 部;头道粗纱机 7 部,每座 80 锭,皮棍 3 排;二道粗纱机 9 部,每座 120 锭,皮棍 3 排;三道粗纱机 19 部,每座 160 锭,皮棍 3 排;细纱机 68 部,每座 300 锭;摇纱车 80 部;打包车 10 部。”③全厂职工约有 3200 人,洋工程师 1 人,洋匠 1 人。

---

① 张季直先生事业史编纂处编:《大生纺织公司年鉴(1895—1946)》,江苏人民出版社 1998 年版,第 9 页。

② 张季直先生事业史编纂处编:《大生纺织公司年鉴(1895—1946)》,江苏人民出版社 1998 年版,第 19 页。

③ 《大生系统企业史》编写组:《大生系统企业史》,江苏古籍出版社 1990 年版,第 25 页。

光绪二十五年四月十四日(1899 年 5 月 23 日),大生纱厂正式开工,主要生产 10 支、12 支、14 支粗纱。由于堆放在上海杨树浦的纺纱机经过 3 年多的风吹雨打,有许多板、箱、机件锈腐断烂,损失不小,正式投产时只能开出 9000 锭,日产棉纱 23 件;后来又从国外进口一批零部件才使纱锭增加到 1.44 万锭,日产棉纱 36 件。大生厂所生产的棉纱以“魁星”为商标,产品主要供应通海地区土布织户和上海市场。纱的质量在全国名列前茅。张謇在《承办通州纱厂节略》中说到:“纱色光洁调匀,冠于苏沪锡浙鄂十五厂,凡业纱厂者,皆能言之。”①

二 丝厂和其他厂矿的兴办

在纱厂兴起的同时,江苏又有 4 家丝厂陆续问世。

最先创办的是镇江的四经丝厂和大纶丝厂。四经丝厂是扬州盐商李维之集资 15 万元,于光绪二十一年(1895)在镇江金山河东创建的,“模式仿照上海工厂,管理和技术人员及缫丝女工均在上海招聘,原料主要采用无锡蚕茧。日产生丝 50—75 公斤,产品大部销往国外”②。同年,“盐商尹汉台集资 18.5 万元,在小码头西津坊建镇江大纶丝厂,其规模与四经丝厂相仿,置茧灶 200 部,每日可产丝 70 公斤,是当时资本额最多的厂家”③。因镇江地区蚕桑业不太发达,蚕茧产量不高,所以两厂开工不足。后“经过两家公司的协商,两厂不再同时开工,但因蚕茧缺乏,常常两家都不能开工”④。

苏州亦办了两家缫丝厂,其中一家是苏经丝厂。该厂由陆润庠在筹建苏纶纱厂的同时创办,光绪二十二年(1896)夏开工。厂里有意大利式丝车 208 部,职工 500 多人,聘用意大利工程师 1 名,月薪 250 银两(折合 347 元),聘用汪存志为代理经理,月薪 41 元。该厂开工后又增添设备,光绪二十三年(1897),新增机器设备全部安装完毕,丝车增为 336 台,职工增至 857 人,每天工作 12 小时。苏州、无锡地区盛产蚕茧,原料不成问题。光绪二十二年至宣统三年(1896—1911),苏经丝厂还自设 6 家茧行,它们的行号和行址分别是:

元记茧行	金匮县属三灞桥
亨记茧行	金匮县属查家桥
利记茧行	金匮县属陈家桥
贞记茧行	江阴懋墅桥
怡和茧行	苏州葑门外觅渡桥

---

① 《承办通州纱厂节略》,见《张季直九录·实业录》卷一,中华书局 1931 年版,第 17 页。

②③ 镇江市地方志编纂委员会编:《镇江市志》上册,上海社会科学院出版社 1993 年版,第 872 页。

④ 汪敬虞编:《中国近代工业史资料》第 2 辑下册,科学出版社 1957 年版,第 704 页。

黄公和茧行　　　　　苏州木渎镇[1]

由于苏经丝厂的原料均就近采购，无需长途贩运，所以厂里“所用之茧，免纳一切常例厘金”。该厂日产丝170—200斤，年产500—600担，商标为“半人”牌[2]，丝的质量亦属上乘。当时《中外日报》记有：“苏经厂中所出之丝，光细而洁，曾经西人考验，推为苏、沪第一。”[3]产品由上海洋行转销英、法、美等国，每担售价为740—760两。光绪二十四年(1898)，陆润庠赴京任职，苏经丝厂改为招商承办，由纸商祝承桂承租，并派陈少岩为工厂经理。原股东按股收息，股息由原来的年息七厘改为五厘，对厂的盈亏不负责任。当年因发生戊戌政变，政局动荡，生产不景气。光绪二十五年(1899)，国际丝市趋旺，苏经丝厂产品畅销西欧多国，丝价上扬，每担由800余两涨至1000多两。

另一个厂是吴兴缫丝厂，该厂于光绪二十三年(1897)建成投产，由一位华商经营，资金比较雄厚，投入55.9万元。

除以上纱厂、丝厂外，苏北连云港还有一个临洪油饼厂。此厂为沈云沛于光绪二十四年(1898)所建。沈云沛为前清进士，“由翰林院编修历任农工商部参议、右丞，邮传部侍郎，又署理邮传部尚书。后以参政院参政任浦信铁路督办”[4]。沈在《海州各属农工商进步迟速表》中对该厂情形有一个简要说明：“海州产豆，而向无榨油工作，其以饼、油运售青口者，率自山东来，然土法未良，多夹泥滓，故只销内地，而他国无过问者。乙未岁，云沛就本地合资二十万两，参用石碾、引重各压法，出饼如镜面，遂渐销售洋庄。”[5]

这一时期，江苏还出现了机器碾米厂。明清时期，江苏碾米业大都用畜力牵转木砻，将稻谷加工成糙米，再用人力脚踏缸臼把糙米加工成白米。光绪十八年(1892)，镇江王福源首用柴油机作动力碾米[6]。

此外，南京还办了青龙山、幕府山煤矿。此矿为道员胡云台于光绪二十四年(1898)所创办。起初，胡以官款7万多银两开办，虽“日有起色”，但开采规模过大，包括“青龙山、幕府山、幕府寺、磁山、华山、朱家凹、王家窝、武冈山八处烟煤、白煤，又沧波门外之铜夹山、句容所属之铜冶山、石壁硐、老虎硐、蝙蝠硐五处铜矿，共十三处”，

---

① 王启之：《苏经丝厂史略》，见《苏州史志资料选辑》第5辑，苏州市地方志编纂委员会办公室等1985年编印，第52页。

② 东亚同文会编印：《支那省别全志·江苏省》六册之四，第15卷，第752页。

③ 汪敬虞编：《中国近代工业史资料》第2辑下册，科学出版社1957年版，第702页。

④ 汪敬虞编：《中国近代工业史资料》第2辑下册，科学出版社1957年版，第939页。

⑤ 汪敬虞编：《中国近代工业史资料》第2辑下册，科学出版社1957年版，第941页。

⑥ 江苏省地方志编纂委员会编：《江苏省志·粮食志》，江苏人民出版社1994年版，第314页。

原有资本已显不足，所以“拟招商股二十万两，每股规元一百两，先交三成”[①]，但招股设想未能实现。

三 甲午战争后江苏近代民用工业兴起的原因

以上是甲午战争后江苏近代民族工业迅速兴起的简要情况。人们不禁要问：江苏地区民族工业的兴办，为什么在这段时期内能很快形成一个小小的高潮？其中原因很多，但主要是两点：

一是清政府甲午战败，官民激愤，吁请设厂自救。光绪二十一年(1895)，中日战争结束，清政府被迫与日本签订了屈辱的《马关条约》，不仅割让台湾、澎湖列岛、辽东半岛，赔款两亿银两，而且允许日本在华设厂开矿。西方列强则群起以“利益均沾”为由，在华取得与日本同样的特权。消息传开，举国震惊，全国同胞悲愤交集。张謇愤慨地指出了这一条约的危害性：“此次和约，其割地驻兵之事，如猛虎在门，动思蚕噬；赔款之害，如人受重伤，气血大损；通商之害，如鸩酒止渴，毒在脏腑。及今日力图补救，应以夜继日，犹恐失之。若再因循游移，以后大局，何堪设想？”[②]在这样的情势下，民间兴起办厂热潮，发展实业以救国。如张謇认为应从兴办实业开始，走实业救国的道路。盛宣怀向清政府提出自强大计，认为“必兴商务，然后可以扩利源”，要“广制造、兴矿政，以开源也”[③]。两江总督张之洞对《马关条约》的签订甚为悲愤，“寝食难安”，力主办工厂，兴实业，开拓工商之利，“以保利权”。总之，由于《马关条约》的签订，民族矛盾异常突出，致使全国上下抵制外国资本主义侵略，开拓利源，堵塞漏卮，设厂自救的呼声日益高涨。

二是清政府的经济政策有所调整，有利于近代工矿企业的创办和发展。长期以来，清政府对民族工商业的发展采取束缚的政策，但到甲午中日战争后情况有所改变，对经济政策作了较大的调整。光绪二十一年(1895)闰五月，《马关条约》签订不久，清廷就发出上谕：“迭据中外臣工条陈时务，详加披览，采择施行，如修铁路、铸钞币、造机器、开各矿、折南漕、减兵额、创邮政、练陆军、整海军、立学堂”等，如能“破除情面，实力讲求，必于国计民生两有裨益”。表示要“以恤商惠工为本源”，并要求“各地方官悉心妥筹，酌度办法，限文到一月内分晰复奏”[④]。由此可见，清政府对工商业的态度发生了重大的变化，由限制工商业一变为要以发展工商为本源。一个月后，清

① 汪敬虞编：《中国近代工业史资料》第2辑上册，科学出版社1957年版，第540页。

② 《代鄂督条陈立国自强疏》，见《张季直九录·政闻录》第1卷，中华书局1931年版，第13页。

③ 中国史学会主编：《戊戌变法》第2册，神州国光社1953年版，第438、440页。

④ 朱寿朋编：《光绪朝东华录》，中华书局1958年版，总第3631页。

政府又下达谕旨，取消限制民间兴办工矿企业的禁令。“亟应从速变计，招商承办”，应“遴派廉干妥实之员，迅赴各该处宣布朝廷意旨，劝谕首事绅董等设法招徕，该商人如果情愿承办，或将旧有局厂令其纳资认充，或于官厂之外，另集股本，择地建厂。一切仿照西例，商总其事，官为保护”①。这表明清政府对发展民族工商业，特别是民营企业，在政策上有了重大的转变。同时，清政府在一些具体做法上也体现了这种政策的转变。例如，光绪二十四年五月二十四日（1898 年 7 月 12 日）清政府颁布了《振兴工艺给奖章程》。该《章程》第一款规定：“如有自出新法，制造船、械、枪、炮等器，能驾出各国旧时所用各械之上……应如何破格优奖，俟临时酌量情形，奏明请颁特赏，并许其集资设立公司开办，专利五十年。”第二款规定：“如有能造新器切于人生日用之需，其法为西人旧时所无者，请给工部郎中实职，许其专利三十年。”第三款规定：“或西人旧有各器，而其制造之法尚未流传中土，如有人能仿造其式，成就可用者，请给工部主事职衔，许其专利十年。”第五款规定：“或著新书发明专门之学，如公法、律例、农学、商学、兵法、算学、格致之类，确有心得，请赏给庶吉士、主事、中书实职，发交总署及出使各国大臣、各洋务省分因才器使，或派往京师及各省大学堂专门分教习。凡每一人所著书，必在二十万言以上，乃得请奖，以杜冒滥。既得奖后，其书亦准自刻，专售二十年。”②这是清政府鼓励绅民学习西方科学技术，引进先进生产力，发展近代企业的具体表现。

第四节　江苏早期民族工业经营模式评析

江苏早期民族工业厂矿的经营大体上有三种途径，即官办、官督商办、商办。

一　官　　办

所谓官办，就是由清政府出钱，引进西方的机器设备、科学技术，兴建近代化的企业，并由政府派员管理经营。江苏最早的两个军工厂就是由官府直接经营的：

① 朱寿朋编：《光绪朝东华录》，中华书局 1958 年版，总第 3637 页。

② 汪敬虞编：《中国近代工业史资料》第 2 辑上册，科学出版社 1957 年版，第 638 页。

表 4-4-1 苏州洋炮局、金陵制造局创办情况表

局 厂	所在地	设立年	创办人	情 况	经 费
苏州洋炮局	苏州	1863	李鸿章	中国最早使用西洋机器进行生产，造子弹、炮弹、火药。1865年移南京。	由军费开支。在苏州一年多，经费支出110657两。
金陵制造局	南京	1865	李鸿章	规模较大。1865年苏州洋炮局移南京，成为金陵制造局的基础。造枪、炮、子弹、火药。	常年经费初为100000两，后增至110000两。由清政府在海关洋税和军费中划拨。

资料来源：孙毓棠编：《中国近代工业史资料》第1辑上册，科学出版社1957年版，第565页。

这两个厂都由李鸿章指派道员主持。在企业中主要采用传统管理方法组织生产。所以，从生产关系说，虽有一些近代的因素，但占主导地位者仍然是封建性的。不过，有一点应当肯定，这两个厂都引进先进的技术，使用机器生产，从西方移植了近代生产力。李鸿章是江苏近代史上第一个移植西方生产力的人，就这一点而言，其功不可没。

为什么像李鸿章这样的封建大官僚能成为江苏最早移植西方近代生产力的人？这是在当时的历史条件下形成的。道光二十年(1840)以前的中国，是一个封建古国。鸦片战争后，西方列强利用所取得的特权，对中国进行政治、经济、文化、军事等种种侵略。特别是廉价商品像潮水般涌进来，严重地冲击着中国的社会经济。马克思在《共产党宣言》里说到，资本主义侵略者“商品的低廉的价格，是它用来摧毁一切万里长城，征服野蛮人统治的仇外心理的重炮”。正是这种重炮的轰击，改变了中国传统发展的道路。翻开江苏近代民族工业发展的历史，便可以看到，早期的13个厂矿企业，没有一个是从手工工场发展起来的。由于这种特殊历史条件的限制，移植资本主义生产力的这一任务，不能不落在具有新思想的开明官僚和绅商身上。江苏巡抚李鸿章之所以成为江苏第一个用新的生产力创办企业的人，就是这种历史必然的具体表现。(1) 李鸿章较早耳闻目睹西方的先进生产力。同治元年(1862)三月，他奉命率军至上海，开辟进攻太平军的东线战场。上海是中国五口通商口岸之一，西方列强经过20年的经营，办起了一批近代企业，使之成为对华经济侵略的基地。这里也是华人、洋人杂居区，是东西方文化汇集之地。李鸿章处在这样的环境里，不断与西方在沪的各界人士接触，看到不少“西洋景”。这里先进的科学技术，近代化的企业和神奇的洋枪、洋炮，无不吸引着他。李鸿章也曾带领淮军与英、法联军共同进攻太平军，更指挥过用洋枪、洋炮武装起来的“常胜军”，他看到了西方军队队伍整齐，器械精良，

特别是“落地开花炸弹，真神奇也”①。（2）为镇压太平军，他急切需要得到先进的科学技术，制造大量的洋枪洋炮。他曾说，“我军惟有多用西洋军火”，才能对太平军战而胜之。因而他密令淮军将士注意学习西人秘法，“若学得一两件好处于军事及通商皆有小益”②。（3）他手握大权，既是江苏巡抚（后为两江总督兼南洋通商大臣），又是淮军统帅；既有权势，又有经费。所以，李鸿章有着良好的主观和客观条件。当他充分利用这些条件，并参照历史上政府创办手工工场的传统经验，聘用西方技术人员时，创办洋炮局就成为现实。

二　官督商办

官督商办，是江苏近代民族工业起步时的一种重要模式。这种企业由官府倡议兴办，商人集资经营，自负盈亏，官方支持，并派员督察。官督商办企业，不仅引进新的生产力，而且移植了资本主义生产关系。这在江苏近代历史上，第一次出现了比较完全意义上的近代化企业。以下的 3 个厂矿就是按官督商办的模式经营的：

表 4－4－2　徐州煤矿、苏纶纱厂、苏经丝厂创办情况表

厂　名	创办年代	所在地	资本额	创办人	基本情况
徐州煤矿	1882	徐州	15 万两	候补知府胡恩燮	1882 年左宗棠奏准开办，派胡恩燮总办，集资商办。先是煤铁并举，后因资金短缺停铁开煤。年产约 3 万吨。
苏纶纱厂	1896	苏州	与苏经丝厂同建，两厂共投资 80.585 万两左右。	国子监祭酒陆润庠	1895 年张之洞奏准开办，派陆润庠督办。1898 年陆回京复职，由商人祝承桂承租经营，吴景萁为业主总董。
苏经丝厂	1896	苏州	与苏纶纱厂同建，两厂共投资 80.585 万两左右。	国子监祭酒陆润庠	1895 年张之洞奏准开办，派陆润庠督办。1898 年陆回京复职，由商人祝承桂承租经营，吴景萁为业主总董。

资料来源：① 余明侠：《徐州煤矿史》，江苏古籍出版社 1991 年版；② 汪敬虞编：《中国近代工业史资料》第 2 辑，科学出版社 1957 年版；③ 孙毓棠编：《中国近代工业史资料》第 1 辑，科学出版社 1957 年版。

---

① 吴汝纶编：《李文忠公（鸿章）全集》，《朋僚函稿》第 1 卷，第 20 页。

② 吴汝纶编：《李文忠公（鸿章）全集》，《朋僚函稿》第 1 卷，第 54 页。

官督商办企业是李鸿章等洋务派官僚官办近代军事工业发展的结果。清政府从“自强”出发,移植了新的生产力,办起了新式军事工业,也确实加强了军事力量。但是,近代军事工业不可能孤立地存在和发展,它必须与相应的近代工业、交通体系密切联系在一起。当时的中国,缺乏近代社会经济发展的基础,这给近代军工企业的生产带来不少困难。如经费奇缺,原材料、燃料完全靠进口,人才缺乏,技术落后,领导体制、管理制度混乱等。洋务派首领为解决这些问题,决定围绕军工生产兴办民用企业。这些企业如何办?李鸿章等人本想依靠政府创办,但又苦于缺乏资金,不可能包下来。因而他们又把目光移到了富绅巨商身上,拉有钱人参与投资。然而,他们又怕“数十年后,中国富农大贾必有仿照洋机器制作以自求利益者”①,担心私商发展企业,与政府抗争。为了达到既能招商集资、为政府谋利,又能管束“富农大贾”的目的,洋务派精心设计了一个方案,这就是“官督商办”或“官商合办”。按照李鸿章的规定,官督商办企业都得招商入股,组织股份公司,设商董作为商股的代表。但企业必须“由官总其大纲,察其利病”,也就是说,由政府委派督办、总办、会办、帮办等高级官员,掌握企业大权。这样一来,股商无权支配股金,不能按照自己的意愿经营,只能听天由命,坐视盈亏。以李鸿章为首的北洋派系在19世纪70—80年代兴办过几十个近代企业,大多采用这种模式。

值得指出的是,江苏3家官督商办企业与李鸿章、盛宣怀他们的官督商办模式不太一样,有自己的特点:

1. 李鸿章规定官督商办企业要领取“官本”,江苏的3家企业则不设官股,由绅商出资。《徐州利国驿矿务招商章程》明确规定:“利国驿矿务招集巨资,仿用西法办理。”“此项矿务不请官本,概招商股办理。”苏纶纱厂在筹建时,两江总督张之洞想叫苏州商务局用他从湖北运放在上海的纺纱机器设备,折价60万银两作为官股。但股商不从,“群起为难”,陆润庠也趁势提出辞职,张之洞还算识大体,不再苛求,同意该厂另购新机。

2. 李鸿章等人在上海、天津等地办的官督商办企业,强调“官督”,强化官权的力度,企业的领导人都由政府委任,以便于控制企业的用人、财务、经营权。这些企业的官员,想的不完全是为办好企业,而往往是为贯彻政府特别是李鸿章的意图,控制股商资本,为官谋利,以等待机遇调动升迁。而江苏省的官督商办企业,比较尊重股商的权力,注重商办。徐州利国驿矿务局除总办胡恩燮由官方直接委任外,其他会办、帮办等都“于在股人员中,择其品行端方才具出众者,禀请札委”;官商协作,按照“西

---

① 中国史学会主编:《洋务运动》(4),上海人民出版社1961年版,第14页。

洋公司之法"办理矿务，矿中"一切工作运售事宜，均以中国商民为之"；"资本盈亏，商自任之"，官方不得干预。

由此可见，除江苏以外的官督商办，"官督"色彩较浓，实际上是官权处于支配地位，官权侵害商利。而江苏的这 3 个企业，从性质上来说虽也属官督商办，但"官督"较宽松，官权亦淡化得多，"商办"气息较浓，商利得到一定的保证。

为什么江苏官督商办的企业有如此特点，主要原因是：

1. 主持兴办江苏官督商办企业的封疆大吏思想比较开明，适应时代潮流，顾及绅商权利。如左宗棠，他不仅是著名的爱国将领，而且也是近代实业家，曾先后兴办福州船政局、兰州织呢局。他审时度势，总结了实践中的经验教训，指出："为政先求利民，民既利矣，国必与焉。"[①]"兴利之道，首重民生"，"开利之源，自以因民所利而利之为善。盖源开而流弊自少，故为民争利，不若教民兴利之为得也"。他依据这个原则，指出办厂须由"官办开其先，而商办承其后"，因"官办之弊，防不胜防，又不若包商开办，耗费少而获利多"[②]。他认为应先由官府提倡、开路，后由股商设厂经营管理。这就是左宗棠的官督商办思想。显然，他与李鸿章的官督商办思想有着很大的区别。所以，左到南京出任两江总督，在江苏倡办实业时，就扶助筹办了一个商办倾向较明显的官督商办企业——徐州利国驿矿务局。

2. 江苏绅商对官督商办企业内部以官权控制商利的问题存有戒心。江苏这类企业兴办较迟，徐州利国驿矿务局算是办得最早的一个，亦在光绪八年(1882)，后于李鸿章创办轮船招商局 10 年。苏州的两个官督商办企业更是甲午战争以后才办的。正由于办得迟，可以考察了解已办厂的情况，吸取一些经验教训。李鸿章等洋务派首领，在 19 世纪七八十年代先后办有 47 个官督商办、官商合办企业，但到甲午战争时只剩 30 个。在这一时期中，官督商办企业内部矛盾已充分显露，官权侵商的问题普遍存在。刘坤一曾一针见血地指出，官督商办企业内，"无事不由官总其成，官有权，商无权，势不至本集自商，利散于官不止。招股之事迭出，从未取信于人。即招商、织布等局，成效可观，究之经理归官，利又无几，于商情终形隔膜"[③]。因此，时人对这些现象不断加以批评，并力主商办。王韬曾说："愚见以为官办不如商办，官办费用浩繁，工役众伙，顾避忌讳之虑甚多，势不能尽展其所长。商办则以殷实干练之人估价承充……"[④]江苏绅商对官督商办的弊病耳闻目睹，所以当他们在官方倡议下筹办企

---

① 《左宗棠全集》(16)，上海书店 1986 年版，第 14373 页。

② 《左宗棠全集》(15)，上海书店 1986 年版，第 12928 页。

③ 《刘坤一遗集》第 2 册，中华书局 1959 年版，第 883 页。

④ 王韬：《近上广州府冯太守书》，见陈恒、方银儿评注：《弢园文录外编》，中州古籍出版社 1998 年版，第 301 页。

业时，对官府涉及企业的一举一动都存有戒心。光绪二十一年(1895)，张之洞出于好意，想利用即将清还的中日战争时息借的苏属商款，由苏州商务局用来筹建丝、纱两厂。结果苏州绅商认为将息借款作股本，是以私作公，甚至有人说这是张某人想借公款名目捞好处。搞得张之洞哭笑不得，自觉此举“可谓大愚”①。苏州绅商的这种戒心，是丝、纱两厂办成以商办为主的官督商办企业的原因之一。

三 商 办

所谓商办，就是按照西洋公司之法经营企业的模式。这是一种比较规范的近代化企业模式。商办企业，江苏起步较迟，光绪十八年(1892)才办了第一家。甲午战争以后陆续兴办了一批，现列表如下：

表 4-4-3 江苏首批商办企业创办情况表

厂名	创办年代	所在地	资本额	创办人	基本情况
王福源碾米厂	1892	镇江	不详	王福源	江苏近代第一个用柴油机作动力的碾米厂。
镇江四经丝厂	1895	镇江	15万银元	盐商李维之	管理和技术人员及熟练女工均在上海招聘，生丝大部销国外。
镇江大纶丝厂	1895	镇江	18.5万银元	盐商尹汉台	基本情况同四经丝厂。置蚕灶200部，日产生丝70公斤。
无锡业勤纱厂	1896	无锡	24万银两	杨宗濂 杨宗瀚	招商集资，从英国进口纺纱机，有纱锭10192枚，生产“四海升平”牌14支粗纱，销常州府、苏州府等地。
吴兴缫丝厂	1897	苏州	55.9万银元	华商	详情不明。
临洪油饼厂	1898	海州	20万银两	沈云沛	在本地招商集资，土洋结合榨油压饼。

① 汪敬虞编：《中国近代工业史资料》第2辑上册，科学出版社1957年版，第597页。

续表

厂 名	创办年代	所在地	资本额	创办人	基本情况
大生纱厂	1899	通州	44.51万银两	张 謇	招商集资，并领用官机2万多纱锭。主要生产10支、12支及14支粗纱，以“魁星”为商标，产品主要供应通海地区土布织户和上海市场。

资料来源：①江苏省地方志编纂委员会编：《江苏省志·粮食志》，江苏人民出版社1994年版，第314页。②镇江市地方志编纂委员会编：《镇江市志》上册，上海社会科学出版社1993年版，第872页。③《大生系统企业史》编写组：《大生系统企业史》，江苏古籍出版社1990年版。

这些商办企业有如下特点：

1. 企业的创办人，主要是大绅士、大商人。大生纱厂的张謇是状元，当过翰林院修撰，后弃官返乡，从事实业活动；无锡业勤纱厂的杨宗濂、杨宗瀚兄弟都当过道员级官员，也从事过实业活动，如杨宗濂在天津与人合伙办过天津自来火公司，杨宗瀚在台湾负责实业、商务，后又主持上海机器织布局；临洪油饼厂的沈云沛是进士，当过翰林院编修。这些人都是当时江苏的大绅士，他们有名望，有地位，又有一定的财力，与官府的关系也相当密切。他们能成为江苏第一批商办企业的创办人，跟这些优越的条件是分不开的。另一类是大商人，如镇江的两个丝厂是盐商办的，李维之、尹汉台都是腰缠万贯的巨商；苏州的吴兴丝厂由一位华商所办，就资本来说当时该厂是首屈一指的。他们虽没有显赫的功名和仕途，但有雄厚的资金。正是因为这一点，使他们能跻身于江苏第一批商办企业家之列。

2. 官府支持商办企业。这种支持主要表现在以下几方面：一是提出设厂蓝图。张之洞于光绪二十年十月至二十一年十二月（1894年11月至1896年1月）出任两江总督，他在任期间对江苏情况作了考察研究，曾“邀集官绅商董，反复筹议，并向苏、沪商贾洋人，广为询访”[①]，提出苏省应着重发展棉纺业和缫丝业，“酌量地方情形，增设纱、丝各厂”[②]。这种设想是符合实际情况的，对那些正欲投资设厂的富绅大贾颇有启发和影响。二是设立商务局，推进工商业的发展。张之洞曾上书朝廷，主张各地设立商务局，“专取便商利民之举”，得到清廷赞同。张闻风而动，立即在江宁、镇江、苏州、通州等地设立商务局，并委派当地“乡望素孚，商民信服”的绅士督办[③]。商务局是半

① 汪敬虞编：《中国近代工业史资料》第2辑上册，科学出版社1957年版，第593页。

② 汪敬虞编：《中国近代工业史资料》第2辑上册，科学出版社1957年版，第595页。

③ 汪敬虞编：《中国近代工业史资料》第2辑上册，科学出版社1957年版，第596页。

官方的机构，它起着了解商情、消除官商隔阂、通官商之情的作用；它设商务公司，招商集资，筹建企业，大生纱厂就是由张謇主持的通州商务公司筹建起来的；它鼓励商民用西方先进的科学技术发展实业，规定凡仿照西法制造各项产品，经当地官商绅民查实，给予承办人制造营销专利若干年。三是帮助解决办厂中的实际问题。商民们在兴办工业企业的过程中，遇到很多问题，突出的问题是集资难，资金少。光绪二十五年(1899)春天，大生纱厂建成，但缺少流动资金，难以收购棉花，储备物料，无法开工生产。张謇四出活动，东挪西借，均无济于事。在无可奈何的情况下，张謇向两江总督刘坤一求救。刘毫不推辞，立即出面疏通通州地方官，将其存在典当生息的几万两公款拨存大生厂，这样才解了张謇的燃眉之急。又如，无锡业勤纱厂光绪二十二年(1896)秋已建成，经试车运行正常，但流动资金拮据，纱厂面临夭折的危险。杨宗瀚在百般无奈的情况下，赴宁面请刘坤一帮助解决。刘毅然决定借给杨宗瀚苏省积谷公款 10 万两，救活了业勤纱厂。

江苏早期民族工业经营的三种模式，从表面上看，似乎先后间出，有着发展的阶段性，即从官办军事工业到官督商办的民用企业，再到商办的各种企业；由引进新的生产力到移植新的生产关系，再到建成比较完整的资本主义企业。这种现象是江苏的特殊历史条件形成的。这三种经营模式，后一种都比前一种更进步，更近代化。但是，它们并不是先后嬗替、循序渐进的。也就是说，没有发展的必然。江苏在光绪八年(1882)出现了官督商办企业，然而在光绪二十三年(1897)又出现了官办的青龙山、幕府山谋矿，而且官办的军工企业在这一时期始终存在。从全国来说，当同治十一年(1872)李鸿章创办我国第一家官督商办企业——轮船招商局时，我国的第一家商办企业——广东的继昌隆缫丝厂亦已问世。显然，官办、官督商办、商办三种经营模式，几乎是并存的，没有从前者发展为后者的规律性。至于哪种方式先出现，这由各地的历史条件所决定。

第五章　江苏近代民族工业的初步发展与农业、手工业的新变化

从清光绪二十六年(1900)到宣统三年(1911),是清政府统治的最后12年。在清政府推出一系列振兴和奖励实业的具体政策和措施的影响下,江苏棉纺织、缫丝、面粉工业发展较快,初步形成了江苏三大支柱产业的雏形,其他工业也获得不同程度的发展,从而使江苏近代民族工业进入初步发展阶段。与此同时,江苏农业开始出现一些新变化,传统手工业也发生较大嬗变。

第一节　新政时期清政府振兴实业的政策和措施

在遭受八国联军侵华的沉重打击下,清朝统治者意识到,不能再固守过去的保守政策,必须进行改革,仿效列强实行新政。光绪二十六年十二月十日(1901年1月29日),清政府发布了著名的新政诏书,并由此拉开了清末新政运动。其中,最为重要的内容是在经济方面推出了一系列振兴和奖励实业的具体政策和措施。

一　成立工商管理机构

甲午战争战败后,特别是戊戌变法时期,江苏、山西等省先后设立商务局。当时设立的商务局,一般也只有总办、会办若干人主持局务,并无具体的办事机构。它们实际上只负责协助创办若干工厂,并不涉及对于整个工商业的调查、规划和管理。各省的商务局完全听命于当地督抚。虽然戊戌变法期间中央一度设立农工商总局,但戊戌政变后即被裁撤,因而清政府缺乏统一管理与推行全国实业发展和规划的权威机构。

清政府实行新政时,已在很大程度上改变了传统的重农抑商的观念,更加重视工

商业。清政府在上谕中说:“通商惠工,为古今经国之要政。自积习相沿,视工商为末务,国计民生,日益贫弱,未始不因乎此。亟应变通尽利,加意讲求。”①光绪二十八年(1902),清政府派载振赴欧美及日本考察商务。光绪二十九年(1903),清政府谕令设立商部,由载振任商部尚书,伍廷芳和陈璧分别任左右侍郎。在当时清政府机构排序中,商部仅次于外务部,可见对其重视的程度。

商部的设立,意味着清政府从此有了专门管理工商业的行政机构。作为全国性统一管理机构的商部,先后制定了一系列经济法规和一些有利于工商业发展的政策。由于商部是中央的权威部门,它在一定程度上突破地方督抚的权力控制,加强对各地工商业的督察和指导,有力地推动全国工商实业的发展。因此,有人认为,中国“实业之有政策,以设商部始”②,足见商部在振兴实业中的重要作用。光绪三十二年(1906),清政府又将原来的工部并入商部,改称农工商部,但其职能与商部基本相同,没有多大变化。

与此同时,在清政府的督促下,商务局或农工商局在各省普遍建立起来,其职能和权力也得到进一步的强化。此时的商务局同时接受商部和督抚的双重领导,不再具体经办厂矿,而是对本地区工商业进行全面管理和指导。如审查和批准公司的设立,奖励和保护工商,进行商情调查,联络工商人士,兴办商学和开启商智等。此时的商务局或农工商局,一般已设有办事机构。

光绪二十五年(1899),在江宁成立了江南商务总局。光绪二十六年(1900),在苏州成立了苏省商务局,由吴硕卿担任局长。光绪二十八年(1902),无锡保兴面粉厂建立时,厂主朱仲甫利用与其同僚、时任苏省商务局局长吴硕卿的关系,顺利得以注册,并取得10年专利权。光绪三十二年(1906),为了推广使用江南劝业机器工艺总局仿日本样式新制的织布木机,江南商务总局将该机图样印制1000张,分送两江各府县,苏省商务局也分送图样,劝谕各地商民仿造传习③。光绪三十三年(1907),苏省农工商务局设立。

光绪三十三年(1907),清政府决定改革地方官制,在各省增设劝业道,掌管全省实业、交通等事宜,兼管驿传。劝业道的常务机构为公所,下设总务、农务、商务、工艺、矿务、邮传等6科。省以下各厅、州、县设劝业员一人,受劝业道及地方官的指导,掌管所在厅、州、县的实业和交通事宜。宣统二年(1910),两江总督张人骏会同江苏巡抚宝棻,奏设江宁劝业道,奏请李哲濬补新设劝业道缺。张人骏等还奏说,筹设劝

---

① 朱寿朋编:《光绪朝东华录》,中华书局1958年版,总第5013页。

② 《东方杂志》第9卷第7号,“实业篇”,第87页。

③ 朱英:《晚清经济政策与改革措施》,华中师范大学出版社1996年版,第172页。

业道拟援照“藩学两司之例，宁苏各设一员”，先设江宁劝业道，待有合适人选后再设苏属劝业道[①]。随后，江宁劝业道于同年春正式成立，但苏属劝业道却始终未设立[②]。

二　颁布一系列经济法规

随着新政的推行，清政府先后制订了一系列经济法规。光绪二十九年(1903)，清政府颁布实行《商人通例》和《公司律》(两者常常被合称商律)。光绪三十年(1904)颁布了《公司注册试办章程》和《商标注册暂拟章程》。光绪三十二年(1906)颁布了《破产律》等。此外，清政府还制订了有关矿务、铁路、银行及商品赛会的经济法规。

清政府制订颁布的经济法规第一次从法律上肯定了中国人自由创办、经营工商业的合法性，使商民获得了自由兴办实业的权利。《公司律》明确规定商办企业与官办、官商合办企业处于平等地位，“享一体保护之利益”[③]。此前，清政府一直未从法律上确立华商投资举办近代工矿、交通运输企业的权利，致使华商担心无法有效地维护自身的权益，因而只得附股于洋商，或托庇于洋务企业。各种经济法规颁布后，华商可以之为武器，与地方封建势力和落后的行会制度进行斗争，从而维护自身的权益。这就增强了华商投资兴办近代工业的积极性，他们不再过分依赖外人和官僚的保护，纷纷集资创办企业。

这些经济法规规范了各类经济活动，保障了工商业者的合法权益。如《公司律》规定所有股东不论有无官职或官职大小，一律享有同等的权利，“均只认为股东，一律看待”[④]；《破产律》规定了呈报破产的条件，对亏损、意外事故导致的破产和存心诈骗作出不同处理，既一定程度地给破产商人留下必要的财产，也维护了债权人的权益；《商标注册暂拟章程》对有关商标的注册、注销、保护、惩罚均作了具体规定。其中指出，如有侵害商标专用权者，“准商标主控告，查明责令赔偿”。光绪三十三年(1907)，因无锡业勤纱厂“未按商律办事”，“经理人账目从未报告”，引起许多股东不满，上告到商部。商部根据《公司律》的规定，为了维护股东权益，责令该厂按照商律办事，公布账目[⑤]。

这些经济法规中有些是专门奖励兴办工商实业的，旨在提高工商业者的地位，改善发展工商业的社会环境，从而促进工商业的发展。在长期的封建社会中，就整体而

① 叶楚伧、柳诒徵：《首都志》(下)，正中书局1935年版，第1054页。

② 《东方杂志》第8卷第7号《宣统三年七月各省职官录》中只有江宁劝业道。

③ 《东方杂志》第1年第1期，“商务”，第16页。

④ 《东方杂志》第1年第1期，“商务”，第18页。

⑤ 杜恂诚：《民族资本主义与旧中国政府(1840—1937)》，上海社会科学院出版社1991年版，第99页。

言，商人为四民之末，社会地位极其低下。“向来官场出资经商者颇不乏人，惟狃于积习，往往耻言贸易，或改名换姓，或寄托他人经理，以致官商终多隔阂。”①这种传统的价值观念，严重地阻碍着人们投资近代工业。

为了破除成见，广开风气，清政府多次颁布法规奖励兴办工商实业者。光绪二十九年(1903)，商部颁布《奖励公司章程》，规定凡集股50万—5000万元以上的工商业者，分别奖以议员或商部头等顾问等职位，并加赏七品至头品顶戴。若获奖者已有职衔在所定等级之上，则递加一级，还可以移奖给兄弟子侄。光绪三十三年(1907)，农工商部又对该章程进行修改，把集资额大幅降低，凡集资20万—2000万元以上的工商业者，即可获同样的待遇。光绪三十二年(1906)，商部颁布《实业赏爵草章》，规定凡创办1000万元以上实业者赏男爵；2000万元以上者赏子爵。同年，商部颁布《奖给商勋章程》，规定能制造新式机器者、翻新工艺者、精工制造者，奖给六品至二品的顶戴，五等至一等商勋。在实际执行过程中，清政府往往放宽奖励条件。光绪三十年(1904)，清政府聘请张謇为商部头等顾问官，并加三品衔。光绪三十一年(1905)，周舜卿被商部聘为三等顾问官，后又被赏给二品顶戴。光绪三十三年十二月二十二日(1908年1月25日)，祝大椿被赏给二品顶戴，许鼎霖被赏正二品封典。为了使一般的工商业者也能得到获奖的机会，以提高其社会地位，商部还提出援照军功外奖酌给功牌成例，对于资本在1万—8万元以上经营有实效者，酌给奖牌顶带，“用昭激励”②。

奖励工商实业法规的颁布和执行，在一定程度上破除了千百年来的贱商陋习，提高了商人的社会地位，从而激发了人们投资近代实业的热情。当时有人感叹说：“中兴名臣曾国藩仅赏侯爵，李鸿章不过伯爵，其余百战功臣，竟有望男爵而不可得者，今以子男等爵，奖励创办实业之工商，一扫千年贱商之陋习，斯诚稀世之创举。”③

三 设立商品陈列馆和举办“赛会”

设立商品陈列馆(有时称为劝业场、商品陈列所)和举办“赛会”(包括劝业会、劝工会、物产会等)，一方面是为了通过展出各地商品，使工商者互相观摩，激励其竞争劝奖意识，促进商品的改良和创新，当时被称为“勉工艺”；另一方面是为了开通风气，提高民智，推动商品的宣传和销售，当时被称为“兴商务”。但陈列馆和“赛会”有所不同。陈列馆是常设的，所陈列的商品相对来说较为有限，其功能侧重于销售商品即“兴商务”；而商品“赛会”是在一定时期临时设立的，所展出的展品通常较为广泛，其

① 汪敬虞编：《中国近代工业史资料》第2辑上册，科学出版社1957年版，第641页。

② 朱寿朋编：《光绪朝东华录》，中华书局1958年版，总第5738页。

③ 转引自朱英：《晚清经济政策与改革措施》，华中师范大学出版社1996年版，第212页。

功能偏重于展示商品以劝奖竞争、交流技术，即"勉工艺"。

最初，美国和日本等外国人在中国设立商品陈列馆。光绪二十六年（1900）后，国人也逐渐仿行，武汉、天津等地也先后设立商品陈列馆。光绪三十一年（1905），商部下文各地商会，责成商会开设劝工场，要求将陈列物品中的优良者送部评选，酌量给奖。为了起一个示范作用，清政府率先于当年成立京师劝工陈列所。从此，各省相继大量仿办。除上海外，江苏最先开办者为江宁（南京）。光绪三十一年（1905），江宁在商务局内附设陈列馆，陈列中国、亚洲、欧美等国商品。通州、苏州分别于光绪三十二年（1906）、宣统元年（1909）设立商品陈列所[①]。宣统三年（1911），苏省商品陈列所在苏州成立。同时，全省各府县也纷纷成立各自的商品陈列所。

晚清时期曾出现各种名目的劝业会、劝工会、物产会等，时称"赛会"，与现代商品博览会性质相似。鉴于欧美发达国家和日本无不"以赛会而兴商业"[②]，国人也积极举办各种赛会。光绪三十二年（1906）天津首开风气，创办劝业博览会，其他各地相继仿行。其中规模较大者，除天津劝业博览会外，还有宣统元年（1909）举办的武汉劝业奖进会和宣统二年（1910）在江宁（南京）举办的南洋劝业会。

两江总督端方

光绪三十四年（1908）冬，两江总督端方和江苏巡抚陈启泰联名上奏清政府，提请创设第一次南洋劝业会。清政府批准了端方等人的提议，并予以高度重视和大力支持，不仅同意对参加赛会物品沿途概免厘税，而且指令各省督抚预先筹办协会出品等事宜予以赞助。南洋劝业会由官商合办，所需经费 50 万两由两江总督和宁沪等地商人各筹一半。其会场设在"江宁城内公园紫竹林一带"，占地 700 余亩。南洋劝业会以两江总督端方为正会长，下设南洋劝业会事务所。宣统元年二月十四日（1909 年 3 月 5 日），南洋劝业会事务所在江宁（南京）花牌楼成立，分设文牍、调查、庶务、工程 4 科（后增出品、编纂、审查等科），分途从事具体的筹备工作。不久，端方北调，张人骏继任两江总督，继续筹办南洋劝业会。其后，经费增加 20 万两，仍由官商分筹。

南洋劝业会的筹备工作较为完备，宣传比较充分，组织亦颇严密。当时人们对南洋劝业会期望颇大，将之比喻为"全国之大钟表也，商人之大实业学校也，商品之大广告场也，输运本国货以向外国之轮船、铁道也"。时人还高度评价劝业会的作用，认为

---

① 王树槐：《中国现代化的区域研究：江苏省（1860—1916）》，台湾"中研院"近代史研究所 1984 年印行，第 429—430 页。

② 《东方杂志》第 6 年第 3 期，"记事"，第 9 页。

是“一日观会，胜于十年就学”[①]。除了负责具体筹备的南洋劝业事务所外，两江各地以及各省、各大商埠还普遍设立了“联络各地官绅实业各界”的协赞会。两江所属的各府州分别举行了30个物产会，挑选优质产品送往南洋劝业会参展。各省各大商埠也纷纷举办出品协会，挑选赴会赛品。甚至连南洋的泗水、三宝城、爪哇以及新加坡等地，都曾创办若干个出品协会，为参加南洋劝业会做准备。

两江总督张人骏

经过精心准备，宣统二年四月二十八日（1910年6月5日），南洋劝业会在江宁（南京）正式开幕。会场设农业、医药、教育、工艺、武备、机械、美术等9个展览馆和1个劝工场。会场还另设暨南馆1所和参考馆3所，分别陈列南洋华侨和国外产品。南洋劝业会参展物品达百万件，分24部420类。会期延续6个多月，前往观摩者达数十万人次，甚至连美国和日本也派实业代表团前来参观。劝业会还进行了大规模的评奖工作，评奖原则为“专以奖进实业，提倡公司局厂为先”，“或励其工作之良，或旌其销场之广，无不拔殊尤予以优奖”[②]。会上评出奏奖66名，超等奖214名，优等奖426名，金牌奖1218名，银牌奖3345名[③]。会场设有大小商店30余处，附设店铺200余家，销售颇为旺盛。

南洋劝业会劝工场

南洋劝业会的召开是清末推动实业发展的一件盛事。天津劝业博览会和武汉劝业奖进会所收集的展品虽然较多，也颇为成功，但其规模毕竟有限，影响仅及本省及邻省而已。相比之下，南洋劝业会是清末惟一一次全国性的商品博览会，它规模宏大，影响深远。当征集产品时，全国农工商界都“争相琢磨，以期出人头地”，到会议闭幕时，又颁发奖品，使农工商界“人怀奋励之心”。同时，南洋劝业会也使社会各界人士广开眼界，促进了社会风气的开通。

此外，光绪三十一年（1905）商部奏准颁发《出洋赛会章程》，鼓励和劝导实业界人士参加国际商品赛会，并提供具体的帮助。在此推动下，中国工商业者积极参加国际赛会，如光绪三十二年（1906）参加意大利密拉诺（米兰）博览会，宣统三年（1911）参加

① 《东方杂志》第6年第4期，“实业”，第49页。

② 沈嘉荣主编：《江苏史纲》（近代卷），江苏古籍出版社1993年版，第206页。

③ 《东方杂志》第9卷第7号，“实业篇”，第93页。

意大利都朗博览会等。在都朗博览会上，中国获奖物品达 256 个，计为 4 个卓绝奖、58 个最优奖、79 个优等奖、65 个金牌奖、60 个银牌奖、17 个铜牌奖和 6 个纪念奖[①]。其中，大生集团获得了 4 个最优奖和 1 个优等奖[②]。这不仅提高了中国商品在国际市场上的知名度，扩大了中国对外出口，同时也推动了中国出口商品的改进和创新。

四　劝办商会、兴办商报和实业学校

清政府振兴工商业的另一个重要措施是在全国范围内大力劝谕成立商会。当时人们已意识到，西方的工商业发达，在很大程度上得益于商会的设立。反观中国，商人多受传统行会的束缚限制，各行业之间相互壁垒森严，鲜通声气，"不特官与商隔阂，即商与商亦不相闻问；不特此业与彼业隔阂，即同业之商亦不相闻问"[③]。因此，华商在与外商竞争中，显得"势涣力微，相形见绌"[④]，致使中国实业不振，利权外溢。为了改变这种状况，当务之急是成立商会，把分散隔绝的各行各业商人结合成统一的整体，增强商人抵御外商的实力。光绪二十八年(1902)，上海率先成立商务总会。光绪三十年(1904)初，清政府颁布《商会简明章程》，谕令各省设立商会。当年，江苏各地就设立了 4 个商会。此后连续 5 年，每年都有 10 个左右商会设立。到宣统三年(1911)，江苏共有 55 个商会(不含上海及松江地区)[⑤]。

商会的成立，打破了行业和区域的界限，成为联络工商业的统一性组织。由于商会具有联络工商、调查商情、兴商学、办商报、接受商事诉讼、保护工商利益等职能，因而有力地推动了工商业的发展。

与此同时，清政府还兴办实业学校，努力培养工商业人才。新政之初，部分省份就已开办了一些实业学校，并逐年增加。光绪三十一年(1905)，清政府设立学部，下设五司，实业司为五司之一。当时国人认为，"国计民生，莫要于农工商实业，兴办实业学堂有百利而无一弊，最宜注重"[⑥]。因此，各地纷纷开办各种实业学堂。到宣统元年(1909)，全国共有实业学堂学生 16649 名，其中江苏有实业学堂 21 所，学生达 1512 名[⑦]。

---

① 《东方杂志》第 8 卷第 10 号，"意大利会场之中国出品"，第 26 页。经统计，各类奖项相加为 289 项，而非 256 个，可能原文有误。

② 大生纺织公司的"大生公司历史及写真"和"仿花旗布"、张謇的"通州实业写真"、阜生公司的"烘茧、经丝、通绸"获最优奖，同盐泰盐业公司的"制盐"获优等奖。

③④ 朱寿朋编：《光绪朝东华录》，中华书局 1958 年版，总第 5122 页。

⑤ 王树槐：《中国现代化的区域研究：江苏省(1860—1916)》，台湾"中研院"近代史研究所 1984 年印行，第 427—428 页。

⑥ 朱寿朋编：《光绪朝东华录》，中华书局 1958 年版，总第 5162 页。

⑦ 王树槐：《中国现代化的区域研究：江苏省(1860—1916)》，台湾"中研院"近代史研究所 1984 年印行，第 242 页。

清政府也非常重视举办商报以开启商智，沟通商情。在商部兴办《商务官报》前后，一些地方的商务局或农工商局也兴办了商报，如宣统二年(1910)初江南商务总局的官报《江南商务报》创刊，其宗旨是开通商智，沟通官商感情。

五 实施保护和扶持工商业的政策和措施

近代工业企业在创建过程中，往往会遭到来自封建迷信等习惯势力、当地乡绅乃至当地官府的阻力。对此，清政府还在一定程度上对工商业提供政治保护和支持，使其得以顺利创建和发展。光绪三十一年(1905)镇江大照电灯公司在沿街立杆架线时，因当地绅民迷信风水而备受阻挠，经丹徒县署发布告示，阻力才大为减轻，并由公司经理郭礼征率工人登门协商，耗时7个月才得以完成①。光绪三十二年(1906)，苏州商人欧阳元瑞等筹设瑞丰轮船公司，苏省商务局接苏州商务总会报告后，即咨文苏州关，请予立案，给予保护。同时还饬令各处巡警尽力维持，以免滋扰②。

在工业企业创建后，清政府特别是商部和各地商务局或农工商局还采取了一些具体的保商措施。为了保护商人利益和避免官司的拖累，商部赋予商会调解商事纠纷的权力。不少地方商会都成立了商事裁判所，受理纠纷。由于商会本身是商人自己的组织，对商界情况比较熟悉，又与广大工商业者的利益密切相关，因而在商事裁判中，往往能切中症结，迅速结案，一扫官府借机敲诈和拖延不决等种种陋习。江苏各地商会在调解商事纠纷中发挥了重要的作用。然而，商会毕竟只能起到一定的调解作用，有些案件仍不能迅速了结。因此，宣统元年(1909)苏省农工商务局在局内添设裁判员，专管商界债务诉讼。凡商会不能调解的案件，都可由农工商务局裁判员审断，"以期随到随讯随结，以涤官气，不扰商民"③。

清政府对于近代工矿企业的创建和发展，在经济上和政策上也给予一定的扶持和帮助。为了解决企业资金短缺的困难，清政府还借贷官款给企业，或参与公股。光绪二十九年(1903)，常镇道署拨给镇江大照电灯公司官地9亩作为建厂地基(宣统元年即1909年作价6000两转为官股)，并从江边船坞工程中借银1万两给大照电灯公司用于建厂④。江苏耀徐玻璃公司采用新法制造玻璃，曾因缺乏资金而陷入困境，后由两江总督借给沪道运司存款30万两，以资周转⑤。清政府借款给企业的年利率一般多在6%—8%，比银行的年利率10%—12%低得多。这一时期的官股只享有与一

---

①④ 镇江供电局编:《镇江电力工业志》，江苏人民出版社1993年版，第24页。

② 朱英:《晚清的经济政策与改革措施》，华中师范大学出版社1996年版，第172—173页。

③ 《东方杂志》第6年第3期，"记事"，第9页。

⑤ 王晓秋、尚小明:《戊戌维新与清末新政》，北京大学出版社1998年版，第273页。

般商股相同的权利，但实际上仅仅是领取官利和红利而已，并不干预厂务。

为了扶植民族工商业，鼓励和支持人们投资于近代工业，清政府还采取给予专利和减免厘税等具有奖励和优惠性质的政策和措施。早在李鸿章创办华盛织布厂时，即申请了独家经营10年专利。甲午战争后，特别是庚子事变后，清政府也对民营企业实行专利政策，给予创制新法新器者和率先兴办新式工业者在全国或一定地区内享有若干年的专利权。光绪二十八年（1902），无锡保兴面粉厂取得了10年专利权；同年，南通大兴面粉厂也取得了5年之内在南通、海门一带独家设厂的专利①；光绪三十年（1904）耀徐玻璃公司经商部批准，获得“在徐州境内专办十年”②。光绪三十一年（1905），镇江开成笔铅罐厂获准在镇江境内专办10年③；光绪三十三年（1907）商部给予大生纱厂在百里之内享有20年专利权④。这些专利权的给予，极大地调动了工商业者的积极性，使他们竞相兴办新式工业。在减免厘税方面，大生纱厂开办后，援引上海机器织布局成例，产品在本地销售免税，运往各处销售只完一道正税，沿途厘金概行宽免。光绪二十八年（1902），大兴面粉厂获得在南通、海门地区产、运、销免完捐税5年的权利⑤。光绪三十一年（1905）开成笔铅罐厂获得优惠政策，只须“完纳值百抽五正税一道”，概免其他捐税⑥。同年，清政府为了同“向准免税”的洋粉竞争，对所有国产机器面粉“一概准其暂免税厘”⑦。

综上所述，清政府制定和出台了一系列振兴和奖励实业的政策和措施，有力地推动和促进了中国近代工商业的发展。在此影响下，在清末最后十多年间，江苏民族工业获得了较快发展。

必须指出的是，清政府的上述政策和措施仍存在着很大的局限性。商部和商务局、农工商局等都是封建官僚机构，并没有完全打破官商之间隔阂；政府颁布的一些经济法规还不够完善，实际上也没有完全得到切实执行；政府对工商业提供政治和经济上的保护和支持，往往限于某些与官府有密切联系的企业。同时，清政府仍然实行厘金制度，加上官员的贪污腐败，使民族工商业负担过重，无法与洋货竞争。因此，中国民族工业的发展依然面临着重重困难。

---

①⑤　《大生系统企业史》编写组：《大生系统企业史》，江苏古籍出版社1990年版，第95页。

②③⑥　汪敬虞编：《中国近代工业史资料》第2辑下册，科学出版社1957年版，第1118页。

④　《大生系统企业史》编写组：《大生系统企业史》，江苏古籍出版社1990年版，第43页。

⑦　《大清光绪新法令》，转引自王晓秋、尚小明：《戊戌维新与清末新政》，北京大学出版社1998年版，第276页。

第二节　近代棉纺织、缫丝、面粉工业的发展

随着清政府采取一系列振兴工业的政策，在清末最后12年中，江苏棉纺织、缫丝、面粉等工业获得较快发展，在全国占有相当重要的地位，初步形成了江苏三大支柱产业的雏形。

一　棉纺织业的迅速发展

江苏的棉纺织业在清末最后12年中获得较大发展，除了原有3家纱厂外，还新建了5家纱厂，到宣统三年(1911)，江苏共计有8家纱厂。详见下表。

表5-2-1　1911年江苏纱厂概况一览表

厂名	设立时间	所在地	创办人	设立时纱锭(枚)	资本额(万元)	增锭情况(枚)
业勤	1895	无锡	杨宗濂 杨宗瀚	10192	33.6	1903年增2548枚;1906年增1092枚
苏纶	1897	苏州	陆润庠	18200	42	1905年增4368枚
大生	1899	南通	张　謇	20400①	158.2②	1903年增20400枚③
裕泰	1905	常熟	朱幼鸿	10192	69.9	
济泰	1906	太仓	蒋伯言	12700	69.9	
振新	1906	无锡	荣瑞馨 荣宗敬 荣德生	10192	27.08④	1909年增2184枚
大生二厂	1907	崇明	张　謇	26000	86.37	
利用	1908	江阴	施子美 严惠人	15040	42	
总计				122916	495.45	30592

资料来源：严中平著：《中国棉纺织史稿》，科学出版社1955年版，第139页和附表"中国纱厂沿革表"；汪敬虞编：《中国近代工业史资料》第2辑下册，科学出版社1957年版，第892—893页。其中，①②③根据《大生系统企业史》(江苏古籍出版社1990年版)略作修改；④根据《荣氏企业资料》(上)(上海人民出版社1962年版)第18页有关数字修改。需要说明的是，为了保证表格的简洁，表中一律采用公历纪年，以后各表也同样处理，不再一一说明。

从上表可以看出，这一时期，江苏棉纺业的发展具有明显的阶段性，光绪三十一年(1905)前发展缓慢，之后则进入快速发展时期，这也与全国民族纺织业的发展趋势相一致。

中国棉纺织业在光绪二十一年(1895)后开始有所发展，在短短几年内设立了众多纱厂，造成棉花价格和劳动力价格大幅上涨；加之自光绪二十五年(1899)起，棉纱进口量激增，致使纱价受抑。因此，全国棉纺织业从光绪二十五年(1899)起开始进入低潮，到光绪三十年(1904)无1家纱厂新设，原有的纱厂也大都处境困难。光绪三十年(1904)，日俄战争爆发后，棉布销路大畅，纱价回升。光绪三十一年(1905)，中国人民掀起抵制美货运动，使占中国进口粗布半数以上的美国棉布大受影响。于是，各纱厂处境大为好转。在此刺激下，中国又一次掀起投资兴建纱厂的热潮。到宣统三年(1911)，全国共新建纱厂11家，其中江苏新建裕泰、济泰、振新、大生二厂、利用等5家纱厂，约占全国新建纱厂总数的一半。江苏5家新建纱厂的纱锭数为74124枚，占全国新建纱厂纱锭总数176408枚的42%①。

宣统三年(1911)，全国华商纱厂共有22家(已毁或出卖给外商者除外)，纱锭总数为510008枚②。其中江苏有纱厂8家，纱锭数为153508枚，分别占全国总数的36.4%和30.1%。可见，此时江苏棉纺业已在全国占有重要地位。尽管纱锭数不能全面反映纱厂的整体状况，但它是最能反映纱厂的基本状况的重要数据。为了进一步确定清末最后12年中江苏棉纺业的发展速度，我们可以从分析江苏纱厂纱锭的增长情况入手，并与全国的总体情况加以比较。详见下表：

表5-2-2　1900—1911年江苏纱厂与全国华商纱厂纱锭数比较表　1900年=100.0

年份	江苏纱锭数		全国纱锭数	
	锭数(枚)	指数	锭数(枚)	指数
1900	48792	100.0	349232	100.0
1901	48792	100.0	349232	100.0
1902	48792	100.0	325320	93.2
1903	71740	147.0	333188	95.4
1904	71740	147.0	353588	101.2
1905	86300	176.9	368148	105.4

① 严中平：《中国棉纺织史稿》，科学出版社1955年版，第139页。

② 丁昶贤：《中国近代机器棉纺织工业设备、资本、产量、产值的统计和估量》，见《中国近代经济史研究资料》(6)，上海社会科学院出版社1987年版，第87页。

续表

年 份	江苏纱锭数		全国纱锭数	
	锭数(枚)	指 数	锭数(枚)	指 数
1906	110284	226.0	393340	112.6
1907	136284	279.3	429876	123.1
1908	151324	310.1	451796	129.4
1909	153508	314.6	482148	138.1
1910	153508	314.6	510008	146.0
1911	153508	314.6	510008	146.0

资料来源:江苏纱锭数见表5-2-1,全国纱锭数见丁昶贤:《中国近代机器棉纺织工业设备、资本、产量、产值的统计和估量》,见《中国近代经济史研究资料》(6),上海社会科学院出版社1987年版,第87页。

从上表可以看出,在清末最后12年间,江苏棉纺业纱锭数增长了214.6%,年均增长17.88%,远高于全国总增长46.0%和年均增长3.8%。其中,光绪三十一年(1905)前全国纱锭数仅增长1.2%,到光绪三十一年(1905),也仅增长5.4%,而江苏光绪三十一年(1905)前增长47.0%,到光绪三十一年(1905)增长76.9%。光绪三十二年(1906),全国纱锭一跃增长12.6%,以后逐年增加,至宣统二年(1910)增长46.0%。光绪三十二年(1906),江苏纱锭增长猛升为126.0%,此后年年增加,至宣统元(1909)增长214.6%,其增幅近全国水平的5倍。

这一时期江苏棉纺织业的发展有以下几个特点:

首先,江苏纱厂大都集中在产棉区或邻近产棉区,特别集中于南通和无锡两地。形成这种布局的原因主要有两点:一是获取原料方便。如大生纱厂和大生二厂所在地南通和崇明,裕泰纱厂、济泰纱厂、利用纱厂所在地常熟、太仓、江阴均是著名的产棉区,振新纱厂所在地无锡是有名的棉花集散地。在这些地区,不但棉花供应不成问题,还可以节省运费。二是便于销售。产棉区及其附近大都有发达的手工织布业,对机纱有旺盛的需求,各纱厂的机纱可就近销售。江苏纱厂大都具有这两方面的优势,特别是大生纱厂更为明显。苏州苏纶纱厂在上述两方面的优势则稍显逊色。因苏州素不产棉,所以该厂只好到太仓、江阴、常熟、南通等地采办棉花,机纱也主要向无锡、江阴、常熟、通州、海门等地销售。"自各处设立纱厂,该厂大受影响,常因出纱搁积而停工"①。为了避免搁积,该厂不得不改为运沪转销直、鲁、皖、湘、蜀等省。

其次,这一时期江苏纱厂都专事纺纱,没有一家兼营织布。鸦片战争后,除印度

① 《江苏省纺织业状况》,江苏省实业厅第三科编印,第56页。

向中国输出棉花外，外国还向中国输出洋纱和洋布，对中国的棉花市场、棉纱市场、棉布市场产生了不同程度的冲击。洋布主要输往大中城市，排挤了部分土布市场，但这个过程是缓慢的，幅度也是很小的。在甲午战争前一年，机织布（包括洋布和国产的机织布）仅挤占了土布 14.15%的市场[①]。在清末最后 12 年间，机织布增长迅速，并开始向农村土布市场进军，但数量仍属有限。洋纱在甲午战争前，主要输往非产棉区（尤其集中于闽、粤地区），排挤部分土纱。与此同时，洋纱也开始向产棉区渗透，如光绪十年（1884）前后，印度机纱已运往南通地区销售，最初数量不多，大多为 10 支、12 支的棉纱，“因其条干匀均，不易断头，渐为织户所乐用，作为经纱”[②]。光绪二十一年（1895）后，洋纱大举向产棉区推进，先是部分代替土纱（即织户用洋纱作经，土纱作纬），接着全面排挤土纱。除南通外，松江、江阴、太仓、常熟等地也出现机纱大量代替土纱的现象。机制纱代替土纱的过程远较机织布代替土布要来得迅速而猛烈，其原因在于从 19 世纪末到 20 世纪初的十多年里，机器纺业和织业具有不同的生产效率。据严中平估计，机纺与手纺效率之比为 80∶1，而机织与手织效率之比为 4∶1[③]。因此，不仅机器纺业比机器织业具有更强的竞争力，而且投资于纺业获取的利润远较投资于织业为多。再者，中国手工纺织业者可以在机器纺业的强大压力下放弃纺业，转而专营织业或从事相近的行业，但织布是农民的主要副业，不易放弃。相反，织户可以利用机制纱织布，以获取更多的收益。如果说在光绪十六年到二十一年（1890—1895）间，中国民族纺织工业主要是与洋布争夺市场，所建工厂主要是从事织布，那么，在光绪二十一年（1895）后，特别是在清末最后 12 年中，中国的民族纺织企业除了少数兼营织布外，大都是专营纺纱。

再次，这一时期江苏纱厂大都资本不足、设备陈旧、管理落后，经营状况不甚理想。虽然江苏各纱厂的资本多在几十万元左右，在当时工业企业中相对较多，但就纱厂本身的需要来看，仍显不够。各厂的资本几乎全部用于建厂和购买机器设备，有的还不够，而流动资金则大多靠借贷维持。各厂的设备多为英式纺纱机，出纱多是 16 支以下的粗纱，尤以 12、14 支居多。在管理上，各纱厂都采用落后的工头制。因此，江苏纱厂经营状况不甚理想，市场上一有风吹草动，便出租、改组或减工。但相对而言，江苏纱厂的总体状况要好于全国，没有一家纱厂出售给人。光绪三十一年（1905）前，在全国纺业的不景气中，大生纱厂却一枝独秀，发展顺利，不仅盈利甚多，还于光

---

① 许涤新、吴承明主编：《中国资本主义发展史——旧民主主义革命时期的中国资本主义》第 2 卷，人民出版社 1990 年版，第 958 页。

② 林百举：《南通土布史》，南京大学学报编辑部 1984 年印行，第 30 页。

③ 严中平：《中国棉纺织史稿》，科学出版社 1955 年版，第 267 页。

绪三十年(1904)添置2万多枚纱锭。业勤纱厂也颇有盈利,略有增锭。只有苏纶纱厂在祝承桂租办期间,亏损很大,特别是光绪二十六年(1900)由于北方时局动荡,银根收紧,苏纶厂存纱"堆积如山,绝无买主"①。光绪二十九年(1903),苏纶纱厂改由费承荫租办,局面迅即改观,止亏转盈。光绪三十一年(1905)后,江苏原有纱厂状况更加转好。苏纶纱厂于光绪三十一年(1905)增锭4368枚,获利增多,特别是次年盈利更为历年之冠。大生一厂的盈利连年增加,光绪三十一年(1905)和光绪三十二年(1906)分配的官利和红利,分别是其资本总额的50.75%和43.42%②。然而,新厂经营情况普遍不佳。振新纱厂开创之初,多有亏损,至宣统元年(1909)后才扭转局面,渐有盈利,但在宣统二年(1910)、宣统三年(1911)又两度面临危机。大生二厂最初数年屡亏不止,到宣统三年(1911)才开始盈利。裕泰纱厂开工后无利可获,不得不出租给他人。济泰纱厂因购买了过于陈旧的机器,开工不及2年,亏损十余万元,只好出租给他人。利用纱厂初集资本30万两,实际用去54万两,除股本外,不敷24万两,遂于次年以全厂资产为抵押向苏州厚生公司借款,并把公司出租给厚生公司经营。

二 缫丝业的兴起

光绪二十六年(1900)前,江苏建成了4家缫丝厂,其中苏经丝厂和恒利丝厂(即吴兴丝厂)在苏州,大纶丝厂和永利丝厂在镇江。进入19世纪90年代后,这些丝厂虽然仍然存在,但困难重重,难以维持,只好反复出租,或不时停工歇业。如苏经丝厂在光绪二十四年(1898)到光绪二十七年(1901)间,由祝承桂租赁经营,继由钜开公司徐开甫、祥茂盛公司沈联芳各租赁一年。在光绪二十九年到三十三年(1903—1907)又由费承荫租营5年。在此期间,费承荫又将其先后转租给福康公司、和丰公司、森记公司等。光绪三十四年(1908),该厂才由股东收回自办。

光绪二十六年(1900),苏州新建延昌永缫丝厂。该厂由杨信之与意大利商人康度西集资10万两,在葑门外灯草桥建成。该厂有丝车200台,主要是华商集资而成,但以意商名义经营,由康度西任经理。其后,在无锡和南通地区,还新建6家缫丝厂。光绪三十年(1904),张謇在南通创办阜生蚕桑染织公司,自缫自织,规模甚小,经营毫无起色。其余5家缫丝厂则均建在无锡。

无锡第一家机器缫丝厂是光绪三十年(1904)周舜卿开办的裕昌丝厂。周舜卿是无锡东南乡东埄人,13岁即到上海利昌铁号当学徒,后结识英人帅初,得其信任与器

---

① 汪敬虞编:《中国近代工业史资料》第2辑下册,科学出版社1957年版,第702页。

② 《大生系统企业史》编写组:《大生系统企业史》附表"大生一厂盈余分配情况表(1899—1921)",江苏古籍出版社1990年版。当时大生资本为113万两,1905、1906年嬴利分别为57.35、49.06万两。

重。帅初出资让周开设震昌五金煤铁号，委任周为总经理。3年后，帅初病故，其子来华处理父亲遗产，除了将历年盈余3万两收回外，其余资产悉数赠予周舜卿。此后，周即以震昌为基础，再开升昌铁行，并在国内多处和日本长崎开设分号，由此而致巨富。光绪十八年(1892)后，周舜卿在家乡开了裕昌祥茧行，为怡和洋行收购蚕茧[①]。光绪二十二年(1896)，周舜卿与薛福成长子薛南溟在上海合伙开办永泰丝厂，这是无锡人投资机器缫丝业的开始。永泰丝厂开办初期，经营颇不理想，大为亏损，周舜卿于次年退出股份。光绪二十八年(1902)，丝市不振，怡和洋行因丝茧无利可图，对裕昌祥代收的原茧，借口茧质不佳而拒收。周舜卿为了处理自己的原茧，就从上海丝厂购得旧丝车96部，在裕昌祥茧行自行缫丝。该厂开工后，适值丝市回升，获利颇多，于是次年接着生产，但因茧行失火致使丝车全部被毁。光绪三十年(1904)，周舜卿出资在东埄购地建成裕昌丝厂。为了寻求保护和抬高自身的地位，周舜卿还特地奏请清廷同意在厂门口建有"奏办"的砖额。他自行雇佣工匠仿制意大利式直缫车96台，比购买要节省15%的费用[②]。其后，该厂又两次增加丝车，使丝车总数达到330台。裕昌厂开办初期，经营比较平稳，年年有盈余，年均约2万—3万元。于是，其他丝厂亦纷纷在无锡建立。

永泰丝厂在周舜卿退股后，由薛南溟独资经营。薛氏曾几度将厂出租或委托他人代为经营，均未见成效。直到光绪三十年(1904)，薛南溟聘请到既懂技术又精于管理的徐锦荣为永泰厂经理，情况才大为改观。徐锦荣加强对工人的管理，不仅在车间设立考工簿，还亲自下车间查考，严厉监督。同时，徐也重视技术训练，把工艺技术要求编成口诀，传授给工人。徐还选用优质蚕茧，不惜牺牲缫折，精心制造高级丝，很快就创立名牌"金双鹿"，在缫丝业中站稳了脚跟，为永泰的发展奠定了坚实的基础。在裕昌丝厂创建的同时，洋行买办王毓文挪用经手巨款，购得缫丝车40台，在无锡筹建锡金丝厂。工厂尚未建成，即被洋行发现，王毓文被控告关入上海工部局。此后，王毓文卖身自赎，该厂由查仲康接办，后转入徐焕文之手。宣统元年(1909)，徐焕文经营锡金丝厂不利，该厂停工关闭，时有丝车180台[③]。次年薛南溟和徐锦荣租用锡金丝厂，改名锦记，两人按7∶3的比例投资1万元。开车一年后，获利3万多元，即将该厂买下，实际上使它成为永泰在无锡的分厂，也称永泰二厂或永泰第二。

宣统元年(1909)，无锡籍上海买办商人祝大椿(兰舫)在无锡黄埠墩创办源康丝

---

① 高景岳、严学熙：《近代无锡蚕丝业资料选辑》，江苏人民出版社、江苏古籍出版社1987年版，第31页。

② 汪敬虞编：《中国近代工业史资料》第2辑下册，科学出版社1957年版，第952页。

③ 高景岳、严学熙：《近代无锡蚕丝业资料选辑》，江苏人民出版社、江苏古籍出版社1987年版，第48页。

厂,初时有丝车256台,后增为320台①。宣统二年(1910),无锡县商会总办、石塘湾地主孙鹤卿在通运桥创办乾生丝厂,有丝车208台②。由于孙不懂业务,最初几年业绩平平。同年,曾在上海公永和丝厂任职,后在苏州租办丝厂的许稻荪在清明桥创办振艺丝厂,有丝车208台③。

薛南溟与"金双鹿"牌商标

到宣统三年(1911),无锡已有丝厂5家,成为江苏的缫丝中心。但此时江苏丝厂在全国并不占有重要地位,无锡还远不能与广东、上海两大缫丝中心相比。1912年,广东有丝厂162家,丝车65000台;上海有丝厂48家,丝车13392台;而无锡虽位居全国第三,却只有丝厂5家,丝车1748台④。但从发展速度来看,这一时期,无锡缫丝业异军突起,其发展速度远远超过广东和上海。在清末最后12年中,无锡各家丝厂与上海丝厂一样,都是采用意大利式直缫车,这种意大利式直缫车比广东普遍采用的法国式丝车要好,在19世纪末,尚属先进,进入民国以后,才渐显落后。

无锡各丝厂资本额多为几万元,丝车二三百台。各家丝厂基本还是自有自营(即自己建厂自己经营),只是宣统元年(1909)薛南溟、徐锦荣短暂租用过锡金丝厂,但不久即将其买下。租赁经营的方式在1912年后特别是第一次世界大战后才在无锡广为流行。

在清末最后十余年间,无锡的缫丝业之所以有较大的发展,主要原因在于无锡周围有着发达的蚕桑业,同时无锡距离生丝出口中心上海又很近。江苏境内原来只有靠近浙江嘉兴、湖州的吴江、吴县等部分地区蚕桑业较兴盛。从19世纪60年代开始,蚕桑业在整个太湖流域普遍发展起来,特别是在无锡得到迅速发展。到19世纪80年代,"吴地(指吴江、吴县——笔者注)新丝转不如金锡(金匮、无锡两县,辛亥革命后合并为无锡县——笔者注)之多,而丝之销场亦不如金锡之旺"⑤。上海机器丝厂设立后,纷纷到无锡收购蚕茧。光绪二十二年(1896)苏经丝厂成立后,也到无锡收购蚕茧。于是,无锡出现大量茧行,薛南溟和周舜卿等都曾在此开过茧行。充足的蚕茧供应为无锡设立缫丝厂提供了有利的条件:第一,可以减少交纳厘金和其他捐税,节

① 高景岳、严学熙:《近代无锡蚕丝业资料选辑》,江苏人民出版社、江苏古籍出版社1987年版,第65页。

② 高景岳、严学熙:《近代无锡蚕丝业资料选辑》,江苏人民出版社、江苏古籍出版社1987年版,第50—51页。

③ 高景岳、严学熙:《近代无锡蚕丝业资料选辑》,江苏人民出版社、江苏古籍出版社1987年版,第38页。

④ 许涤新、吴承明主编:《中国资本主义发展史——旧民主主义革命时期的中国资本主义》第2卷,人民出版社1990年版,第876页。

⑤ 高景岳、严学熙:《近代无锡蚕丝业资料选辑》,江苏人民出版社、江苏古籍出版社1987年版,第6页。

省运费，从而降低成本。如果把蚕茧运往上海缫丝，每缫100斤丝的蚕茧需交55.39两的税金，而在无锡缫丝后再运到上海，每100斤蚕丝只要交税38.46两左右。同时，将生丝运往上海出口也比把蚕茧运到那里缫丝的运费要少。此外，在产地直接收购蚕茧，价格相对低廉。据估计，由于前述优势，无锡丝厂的蚕丝每担成本比上海丝厂的蚕丝要便宜30两①。第二，可以及时灵活地收购蚕茧。无锡靠近蚕茧产地，意味着无锡缫丝厂可以比上海丝厂提前半个月至一个月收到蚕茧，这对于具有很强季节性、充满激烈竞争和带有浓厚投机性质的缫丝业来说，无疑是一个不可忽视的优势②。而且蚕茧的产量和质量因气候、年成而异，在无锡设厂则能及时了解有关信息，采取灵活手段加以收购，能以合适的价格收购到质地优良的蚕茧。如果说，光绪二十八年(1902)周舜卿为了处理积茧而在无锡自行缫丝，尚属不得已之举，那么在短时间内就显示出丝厂设在无锡的优势之后，光绪三十年(1904)周舜卿在无锡正式创办裕昌丝厂，便是有意而为。从此，在无锡开设丝厂便成风气。一些在上海开办丝厂的人(如薛南溟、祝大椿)或参与经营丝厂的人(如许稻荪)都转而在无锡开设丝厂，这样，无锡的丝厂便迅速发展起来，这为后来无锡缫丝业的繁荣奠定了基础。

三　面粉业的创建

清末最后12年是中国民族面粉工业的创建和初步发展阶段，也是江苏面粉工业的发轫阶段。民族面粉工业是随着洋粉的进口而发展起来的。鸦片战争后，洋粉免税进口到中国，开始主要是供应给通商口岸的侨民，后来也逐渐向国人推销。起先，中国人对食用洋粉存有疑虑，而且其价格比较高，很少有人问津。但随着时间的推移，城市中的中国人也开始食用洋粉，因而洋粉市场逐渐扩大。光绪二十年(1894)，全国洋粉进口值突破十多年一直徘徊的70万海关两，一跃而超过100万海关两，次年又上升到每年150万海关两左右。光绪二十六年(1900)后，洋粉进口值直线上升。光绪二十六年(1900)为300多万海关两，次年激增为470余万海关两，到光绪三十三年(1907)更高达1400万海关两。此后3年洋粉进口值明显下降，到1912年才有所回升。

洋粉市场的迅速扩大为机器面粉工业的产生提供了市场条件。于是，外商在上海等地相继开设面粉厂。与此同时，中国也开始出现一些机器面粉厂或机器磨坊。光绪二十六年(1900)，中国第一家民族面粉企业——上海阜丰面粉厂正式投产。当时，正值八国联军进犯京津，北方发生粮荒，上海面粉畅销北方，阜丰盈利甚多，这就

①② ［美］李明珠：《中国近代蚕丝业及外销(1842—1937)》，上海社会科学院出版社1996年版，第185页。

极大地推动了中国民族面粉工业的发展。江苏的民族面粉工业正是在这种情况下创立和发展起来的。

光绪二十六年(1900),荣宗敬、荣德生兄弟看到上海"各业平淡,惟面粉厂增裕、阜丰反好……粉是无捐税之货,大可仿制",遂决意兴建面粉厂①。不久,他们与官僚朱仲甫在无锡合资兴办保兴面粉厂。光绪二十八年(1902)该厂建成投产,次年改组为茂新面粉厂,这是江苏省第一家近代面粉工业企业。与此同时,镇江的合兴面粉厂和南通的大兴面粉厂也先后建立起来。稍后,清江的大丰面粉厂和海州的海丰面粉厂又相继建成。

光绪三十年(1904)日俄战争爆发,俄商在哈尔滨等地开办的面粉厂大都停工减产。由于日俄双方的军需用粉大量增加,导致南方对北方的面粉销售急剧上升,上海阜丰、华兴都获得巨额利润,茂新的利润也大增。在此刺激下,全国面粉业蓬勃发展起来。江苏的茂新、大兴、合兴和大丰等厂相继去掉石磨,改用钢磨,产量大增。与此同时,泰来、裕亨、永丰、九丰等厂也先后建立起来。至宣统三年(1911),江苏已有9家机器面粉厂。详见下表:

表5-2-3 1911年江苏面粉工业企业一览表

设立年代	厂名	所在地	创办人或主持人	资本额(万元)	日生产能力(包)
1903	合兴面粉厂	镇江	朱芗倚 刘舜年	18	1000
1903	茂新面粉厂(由保兴面粉厂改组而来)	无锡	荣宗敬 荣德生 朱仲甫	10①	2500②
1905	海丰面粉厂	海州	许鼎霖	28	1500
1905	大丰面粉厂	清河	刘寿祺	14	1700
1906	裕亨面粉公司	高邮③	朱畴	14	2000
1907	泰来面粉厂	泰州	杨金绶	12	2000
1909	复兴面粉厂(由大兴改组而来)	通州	张謇	14	1200
1909	永丰机器面粉厂	宿迁	刘更年	20	1500

① 上海社会科学院经济研究所编:《荣氏企业史料》上册,上海人民出版社1962年版,第9页。

续表

设立年代	厂　　名	所在地	创办人或主持人	资本额(万元)	日生产能力(包)
1911④	九丰面粉厂	无锡	唐保谦 蔡缄三	28⑤	2300
共　计	9家			158	15700

资料来源：上海市粮食局等编：《中国近代面粉工业史》，中华书局1987年版，第418—423页。其中部分数字根据有关资料作了修正。具体情况如下：

① 上海社会科学院经济研究所编：《荣氏企业史料》上册，上海人民出版社1962年版，第105页。

② 无锡市粮食局编：《无锡粮食志》，吉林科学技术出版社1990年版，第248页。

③ 厂址原设在高邮，高邮当时属于扬州。1931年遭水淹停产，迁移到扬州市区。《中国近代面粉工业史》误认为高邮和扬州各有一家面粉厂。

④ 另据《无锡粮食志》，该厂于1909年开始筹建，1913年建成投产。

⑤ 另一说为10万两规银。

根据《中国近代面粉工业史》中有关资料统计，到宣统三年(1911)，全国近代民族面粉工厂共有37家，实际资本总额为642.8万元，日生产能力为48695包，该年江苏面粉工业企业有9家，资本总额为158万元，日生产能力为1.57万包，分别占全国总数的24%、25%和32%。该年上海面粉工业企业只有7家，但资本总额为209万元，日生产能力为1.97万包，较江苏稍多一点①。由此可见江苏面粉工业已在全国占有重要地位。

综观这一时期江苏面粉工业的发展，有以下几个特点：

第一，发展较快，但基础薄弱。

由于面粉厂所需资金不像纱厂那样巨大，开办面粉厂也就相对容易。又因机制面粉色白质好，与土粉相比有明显的优势，所以能在市场竞争中不断排挤和取代一部分土粉。同时，随着城市人口的逐渐增长和人们消费习惯的缓慢改变，食用机制面粉的人渐渐增多，特别是一些交通发达的中小城镇尤其如此。这样，机器面粉业发展较为迅速，仅十余年就出现9家工厂，日生产能力达到1.57万包。

但另一方面，面粉工业基础颇为薄弱，资本不大，设备较为落后，生产能力不高，在初期表现尤为明显。如荣氏兄弟和朱仲甫创办保兴厂时，股本只有3.9万元，使用法式石磨4部，日产面粉300包；南通大兴厂初办时也仅有4万多元资本，有石磨4部，日产面粉400多包。它们虽用机器作动力，但仍用石磨磨粉，有人称之为机器磨坊。实际上，当时除一些资金雄厚的大厂和外资企业外，大多数面粉厂在1905年前

① 上海市粮食局等编：《中国近代面粉工业史》，中华书局1987年版，第418—424页和附录11“民族资本近代机器面粉工厂一览表”。

都用石磨，江苏更是如此。合兴面粉厂原先使用石磨，光绪二十九年(1903)由瓜洲迁至镇江，增加股份扩大经营，兴建三层楼制粉间，安置14英寸的磨粉机6部，日产面粉200袋①。光绪三十一年(1905)建成的清江大丰面粉厂在1910年前也是使用石磨②。光绪三十一年(1905)及其后，由保兴改组而来的茂新、大兴、合兴、大丰等厂也先后改添钢磨，面粉质量有较大提高，产量大幅增加，其资本亦随之增加。光绪三十一年(1905)后新建的面粉厂则一般直接采用钢磨。到宣统三年(1911)，各厂状况大体上如前表所示，资本多在10万元到20万元之间，多者也不过28万元，日生产能力多在1000包到2000包之间，最高者也只有2500包，较之外资面粉厂和上海的大厂便显得较小。

第二，阻力甚大，经营艰难。

洋粉与洋纱不同。洋纱长期渗透和冲击着江南棉纱市场，终于凭其质量和价格优势，打开了机制纱的市场，使民众逐渐认同直至完全接受机制纱。同时，机制纱市场已经形成，因而不会与其他利益集团发生摩擦和冲突。这样就为民族纱厂的发展创造有利条件。相比之下，由于洋粉只是打入通商口岸及大中城市的市场，尚未冲击到广大农村市场，因而江苏面粉工业在发展中面临着诸多问题和阻力。一个是市场问题，民族面粉厂的机制粉不仅必须在通商口岸和大中城市同洋粉争夺有限的市场，还必须在土粉一统天下的农村和土粉占绝对优势的中小城镇，艰难地开拓市场。其间最大的阻力是，城镇居民和农民在消费习惯和心理上一时难以接受机制粉这一新生事物。如保兴面粉厂出粉后，人们认为机制粉经过了机器磨制，营养成分遭到了破坏，又因其色太白，怀疑掺有洋药，因此，保兴面粉售价比土粉还低，有时为了便于销售，竟要混合到土粉中去，即使如此，该厂还是积压了不少面粉③。这同洋纱最初进入棉纱市场时的遭遇如出一辙。那时织户必须把洋纱掺入土纱织布才能销售，有时还会因使用了洋纱而被收布者剔除。无锡是较为发达的商业中心，机制面粉尚且如此难以销售，其他地方就更可想而知。

面粉厂面临的另一个问题是它建立后所引起的利益摩擦和冲突。由此带来的阻力，有时会给面粉厂造成严重后果。这在苏北数厂表现最为明显。面粉厂建立后，广为收购小麦，小麦价格大为上涨，引起面粉厂与一般城镇居民间关系紧张，更使得一些粮行和土粉作坊的生意受到很大影响，激起了他们的愤恨和敌意。宣统二年(1910)春，苏北发生大水灾，大丰、海丰、永丰等厂遭到饥民不同程度的哄抢。三月八

---

① 镇江市地方志编纂委员会编：《镇江市志》上册，上海社会科学院出版社1995年版，第853页。

② 淮阴市地方志编纂委员会编：《淮阴市志》上册，上海社会科学院出版社1995年版，第743页。

③ 上海社会科学院经济研究所编：《荣氏企业史料》上册，上海人民出版社1962年版，第13页。

日(4月17日)，清江饥民聚集千余，向大丰面粉厂索麦，捣毁机器楼房，后因官方及时干预，事态才得以控制，但大丰的5艘麦船在宿迁关被饥民抢劫一空。三月十三日(4月22日)，海州饥民万余人聚集于海丰厂前，厂家见势不妙，即关闭厂门，饥民遂砸毁牌楼棚栅门，将厂门撞穿一洞，院墙毁坏三段，焚烧后门，并爬越厂门和越过毁墙向厂内冲击。厂方开枪力拒，击毙数人，众始退出。其后，饥民又将该公司正在运输途中的麻袋夺取烧毁。永丰厂刚刚建成，收购了小麦，正待开工，三月十八日(4月27日)遭饥民万余人哄抢，厂房大部被焚，5000担小麦被抢走和毁坏，仅剩余150担小麦[①]。在此次风潮中，3家面粉厂损失不小，尤以永丰厂损失最为惨重，被迫停产。

3家面粉厂被抢，最主要的原因是麦(粉)价上涨导致贫民无以为食，但是，长期积累起来的利益摩擦和冲突也是一个重要因素。一般城镇居民长期以来对麦价上涨早有不满，适逢灾年歉收，麦价更为昂贵，饥民艰于购食，又有传闻说小麦为面粉厂大量囤积，于是人们对面粉厂的愤恨达到顶点[②]。加上一些与面粉厂有利益冲突的粮行和土磨坊乘机煽风点火，推波助澜，更使事态难以控制。如劣绅殷克勤、葛润田等，一向开设粮库牙行，包揽海州粮食外销，因海丰厂建立后用麦不少，既影响他们的生意，又使他们不能随意压低麦价，便唆使同行与海丰公司为敌。后为赈灾事宜，殷、葛等人与海丰总理许鼎霖发生尖锐冲突，更是非要置公司于死地不可。他们先是散发难民公启，继而唆使他人出面发电控告海丰公司，还蒙骗赈灾官员缓发赈粮，让饥民无粮可食，以诱使饥民抢劫面粉公司[③]。

第三，分布于交通便利并靠近产麦区或粮食市场的通都大邑，苏南发展快于苏北。

苏南面粉厂在无锡有2家，在镇江有1家，此两处交通方便，又是重要的粮食集散地。在苏北，海丰厂所在地新浦是新开的商埠，附近就是产麦区。大兴厂(后改为复新)所在地南通也离产麦区较近。永丰(宿迁)、大丰(清江)、裕亨(高邮)厂从北往南，分布在京杭运河沿线[④]，其中永丰和裕亨厂还分别靠近骆马湖、高邮湖，运输都较为便捷。永丰、大丰、裕亨厂周围都是重要的产麦区。

苏北是产麦区和食粉区，就面粉销售市场和原料收购而言，在苏北办面粉厂条件似乎应比苏南优越，但实际并非如此。如前所述，广大苏北农村还是土粉市场一统天下，城镇也只是消费少量机制面粉，大部机制面粉还是通过镇江、新浦、上海销往其他

---

① 中国第二历史档案馆编:《中华民国史档案资料汇编》第1辑，江苏人民出版社1979年版，第45—46页。

② 中国第二历史档案馆编:《中华民国史档案资料汇编》第1辑，江苏人民出版社1979年版，第39页。

③ 《东方杂志》第7卷第6号，“中国大事记补遗”，第40页。

④ 大丰、裕亨厂都紧靠大运河，见东亚同文会编印:《支那省别全志》第15卷(江苏省)，6册之4，第824—827页。

大中城市和通商口岸。因此，苏北各厂在面粉销售上并不比苏南厂家占据优势。在原料收购上，苏北各厂在丰收的年成稍占优势，而到了歉收时也须到外地收购，其优势就不复存在。此外，苏北的商品经济也远不如苏南发达，加上前述由利益摩擦和冲突引起的阻力，都是苏北各厂突出的不利条件。因此，苏北面粉厂反而不如苏南面粉厂发展快。在苏北，面粉厂效益普遍不佳。南通大兴面粉厂开办后，亏折甚大，直到宣统元年(1909)改组为复新面粉公司后才扭亏为盈。清江大丰面粉公司和泰州泰来面粉公司则一直亏折，处境艰难。宿迁的永丰厂未及开工即遭抢劫，被迫停产。惟有海丰面粉公司，“产地销场均占优胜地位”，故“营业较为发达”①。宣统元年(1909)，该厂“除付官利八厘外，尚获余利四万五千九百余两”②。但该厂数年间两遇水灾，难免受到影响，加上该厂在资金上大力资助耀徐玻璃公司，也带来不少拖累，到宣统二年(1910)，老股存本20万两，共“欠官利余利十二万八千七百余两”③。

在苏南，无锡面粉工业发展较为迅速，颇为引人注目。到宣统三年(1911)，无锡有两家面粉厂即茂新和九丰厂。茂新厂的资本由建立之初3.9万元，经过两次扩充设备和增添资本，达到10万余元，日生产能力增为2500包，产品质量大为提高，其“兵船”牌面粉已在市场上赢得信誉，可与外资面粉和阜丰厂的“老车”牌面粉并驾齐驱。九丰厂于宣统三年(1911)正式投产，资本为28万元，日生产能力为2300包，其“山鹿”牌面粉畅销江苏、浙江等地④。尽管无锡面粉厂只有2家，但其资本总额为38万元，日生产能力达4800包，分别占全省面粉厂总资本158万元和总生产能力1.57万包的1/3左右，由此可见无锡在江苏面粉业中的重要地位，此时无锡作为江苏制粉中心的地位已初显端倪。

第三节　近代其他各类工业的兴办

在清末最后12年中，江苏除了纺织、面粉、缫丝三大行业发展较快外，电力、食品、日用品、机械制造和采矿等近代工业也相继创建，并得到一定程度的发展。

一　水电业的兴办

19世纪末，江苏已经开始使用电力照明，最早是由工厂自备发电。光绪二十三

①③ 《东方杂志》第7卷第6号，“中国大事记补遗”，第37页。

② 汪敬虞编：《中国近代工业史资料》第2辑下册，科学出版社1957年版，第807页。

④ 上海市粮食局等编：《中国近代面粉工业史》，中华书局1987年版，第220页。

年(1897)苏州苏纶纱厂装置了3台直流电机，供应厂内电灯照明①。光绪二十五年(1899)大生纱厂装置1000马力蒸汽机，用来拖动4万多纱锭，并带动50千瓦发电机发电，供厂内照明用②。进入20世纪后，江苏省开始出现专业电厂，至宣统三年(1911)，先后建成4家电厂③。

20世纪初，镇江拥有长江与京杭大运河联运的优势，商业发达，加之英租界内洋行林立，有发展电气事业的需要。光绪二十九年(1903)，镇江英租界工部局拟兴办电厂。候补知县郭礼征为了维护民族利益，以"开通风气，自固利权"，首倡兴办电灯公司，获得了他的老师、实业家张謇的大力赞助，张謇称此为"江南要事之一"，参与投资并担任总董。地方政府对此也相当支持，常镇道在给江苏巡抚的呈文中说："电气灯简便灵捷，保无火险，上海等处行之已久，镇江为商务繁盛之区，若不捷足创办，瞬将为洋商所占，与其听利权外溢，不若筹抵于事先，华商先设电气，以收利权，与地方、商务均有裨益。"江苏巡抚随即予以批准立案。经过艰难筹建，光绪三十一年(1905)冬，镇江大照电灯公司建成发电，这是江苏第一家电厂④。该公司最初安装了75千瓦的直流发电机2台，主要供应镇江城区官署、大商店、少数住户照明及路灯用电，每天发电6小时，供应城区电灯1000盏。光绪三十四年(1908)改装190千瓦交流发电机2台，用3000/2220伏交流电网供电，供电范围已延至近郊，供应电灯3000盏，并开始供应碾米等工业用电⑤。

关于苏州的电灯公司，汪敬虞和杜恂诚等先生都认为有生生电灯公司和振兴电灯厂两家。这种说法不确切。实际上，这两家厂是同一家。光绪三十二年(1906)，宁波籍人蒉梅贤拟开办苏州电气事业，独资组建生生电灯厂，因资金不足，筹建工作难以为继，遂于光绪三十四年(1908)委请同族人蒉敏伯与买办祝大椿、苏州钱业界人士洪少圃、龚杰等合股续办。宣统元年(1909)生生电灯公司正式改组为振兴电灯股份有限公司(简称振兴电灯公司)，并由上海商务总会转报农工商部批准立案。厂址选在靠近环城河的阊门南濠街，资金总额为10万两，由祝大椿任董事长兼经理。宣统元年(1911)该厂装竣175千瓦的交流发电机2台，于辛亥革命苏州光复日正式供电，

① 苏州市地方志编纂委员会编：《苏州市志》，江苏人民出版社1995年版，第615页。

② 南通供电局修志办公室编：《南通电力工业志》，江苏人民出版社1992年版，第9页。

③ 根据现有工业史资料整理，1900—1911年间江苏有电厂9家，分别是大照电灯公司、生生电灯公司、亨耀电灯厂、振兴电灯厂、无锡电灯公司、南通电灯厂、耀明电灯厂、金陵电灯厂、广照电灯厂。经考证，亨耀和广照实际上并未建成，南通电灯厂尚不存在，生生和振兴是同一家，无锡和耀明是同一家。详见叶扬兵：《清末江苏水电厂考订》，《学海》1995年第5期。

④ 镇江供电局编：《镇江电力工业志》，江苏人民出版社1993年版，第23、24页。

⑤ 镇江供电局编：《镇江电力工业志》，江苏人民出版社1993年版，第87页。

供电区域仅限于城区局部地区①。

宣统元年(1909)春夏之交,无锡孙鹤卿、薛南溟等人集资6万元(申请注册时声称10万元),在无锡北门外购地6亩多,筹建耀明电灯股份有限公司,并于同年冬呈请清政府农工商部注册批准。翌年建成发电,供城区夜间照明之用。当时,耀明电灯公司只有2台50千瓦直流发电机②。汪敬虞和陈真等先生在其各自的资料中都没提及无锡的耀明电灯厂,而杜恂诚先生则误认这一时期无锡有1909年设立的无锡电灯公司和1910年设立的耀明电灯厂两家,实际上只有1家。

关于南京的电厂,据汪敬虞、陈真、杜恂诚的资料来看,最早的电厂是光绪三十二年(1906)李经楚创办的资本为28万元的亨耀电灯厂。但是,一般方志认为,南京最早使用电灯是在宣统二年(1910)开幕的南洋劝业会上,当时购有40千瓦的发电机发电供会场内照明用。汪书和杜书的出处是光绪三十四年(1908)清政府农工商部第一次统计表,这至少表明公司已创设并在筹建之中,问题在于亨耀厂是否建成?据《东方杂志》载,宣统元年七月二十八日(1909年9月12日),南洋劝业会协赞会召开第三次会议,决定"电灯改归官办,俾使会务不致竭蹶"③。文中虽未说明改归官办的就是亨耀电灯厂,但从此前南京只有亨耀电灯厂在筹建这一事实来看,文中所说的电灯厂即是亨耀电灯厂。由此可知,亨耀电灯厂并未建成,后来改归官办后,才建成发电供应南洋劝业会会场照明用。

至于金陵电灯官厂,汪敬虞、陈真均未提及,只有杜恂诚才简单地提到它。这里根据有关方志资料稍作介绍。宣统元年(1909),江南财政局提调许星璧向新任两江总督张人骏建议,在南京城内建造电灯厂,供总督府及其所属官署夜间照明用。张人骏接受了建议,将拟建的电灯厂定名为金陵电灯官厂,委任许星璧为总办(厂长),并从地方财政中拨银20万两作为建厂经费。该厂厂址选在明皇城西华门外旗下街南段,同年破土动工建造厂房,同时向上海的德商西门子洋行订购100千瓦发电机3台。次年,第一台100千瓦的发电机安装竣工,开始向总督署和会议厅供电,稍后也陆续向社会上供电。南洋劝业会结束后,劝业会所用之发动机也转让给金陵电灯官厂。宣统三年(1911)冬,另2台100千瓦发电机也装竣发电。此时,金陵电灯官厂的电灯用户约800户,装了近万盏16瓦的电灯④。

清末最后12年是江苏电力工业的发轫期,所建电厂数量少,规模也很小,主要分布于镇江、苏州、南京、无锡4个城市,基本上用于城区生活照明,只有极少量供应工

---

①② 苏州市地方志编纂委员会编:《苏州市志》,江苏人民出版社1995年版,第615、621页。

③ 《东方杂志》第6年第10期,"记事",第314页。

④ 南京市地方志编纂委员会等编:《南京电力工业志》,方志出版社1997年版,第14、15、243页。

业用电。

这一时期，镇江、南京都有建立自来水厂的尝试，但未获得成功①。因镇江租界内已有自来水厂，地方人士也于光绪三十二年(1906)开始集股筹办自来水厂，并由任建瑄等负责。由于其擅自与比利时人签订合同，私招洋股，被两江总督下令废约停办。该厂后由朱中孚接办，到1916年也未办成②。直到20世纪20年代，镇江才建成民族自来水厂。光绪三十二年(1906)，江宁李光瑜等集股在江宁创设自来水厂，拟招股本30万两③。该厂次年开工兴建，公司设于安品街，水台建于水西门和汉西门之间④。这就是汪敬虞、陈真、杜恂诚等资料中所说的1907年的金陵自来水厂。但该厂筹建并未成功，光绪三十四年(1908)《申报》曾登有金陵自来水公司的退股启事⑤。实际上，直到1933年，南京才首次建成自来水厂。

二　食品工业的发展

在清末最后12年中，江苏除面粉业有较大发展外，其他食品业也有不同程度的发展，其中以机器榨油工业发展最快。光绪二十四年(1898)沈云沛在海州创办的临洪饼油厂规模较大，有资本28万元。光绪二十六年(1900)后，江苏又有7家榨油厂相继兴建，加上原有的1家，共有8家。详见下表：

表5-3-1　1900—1911年江苏榨油厂一览表

年　代	厂　名	所在地	资本额(万元)	创办人
1898	临洪饼油厂	海州	28	沈云沛
1900	生和隆榨油厂	泰兴	3	不　详
1901	源丰实业公司	淮安	4.2	陈琴堂
1902	广生油厂	南通	7	张　謇
1906	大均饼油厂	常州	30	恽祖祁

① 汪敬虞、陈真、杜恂诚等所编的资料，都肯定了金陵自来水厂的存在；汪敬虞虽然在《中国近代工业史资料》第2辑下册第882页中引用了《时报》上的一段文字："近有富商席月楼等，纠集股本，在镇江创办自来水公司，业已禀请镇关道荣心庄观察，转请南洋大臣核示遵办。"但并未将镇江自来水厂正式列入水电厂的表中，这无疑是很谨慎的。然而，有些论著如江苏省中国现代史学会1983年编印的《江苏近现代经济史文集》第50页中仍然认为有镇江自来水厂。

② 王树槐：《中国现代化的区域研究：江苏省(1860—1916)》，台湾"中研院"近代史研究所1984年印行，第506、507页。

③ 《东方杂志》第3年第8期，"商务"，第106页。

④ 《东方杂志》第4年第11期，"商务"，第173页。

⑤ 南京市地方志编纂委员会编：《南京公用事业志》，海天出版社1994年版，第379页。

续表

年 代	厂 名	所在地	资本额(万元)	创 办 人
1906	镇泰饼油厂	镇江	5	江业恒
1906	赣丰饼油厂	赣榆	42	许鼎霖、张謇
1909	源升榨油厂	镇江	4	汪瑜述

资料来源:汪敬虞编:《中国近代工业史资料》第2辑下册,科学出版社1957年版,第910页;杜恂诚:《民族资本主义与旧中国政府(1840—1937)》,上海社会科学院出版社1991年版,第388—390页。

在清末最后12年中,全国共新建榨油厂38家,资本总额为485.6万元(其中有1家为中日合资,故按一半计算,另有6家因厂主及资本不详未计在内),加上原有3家,共41家,资本总额为547.6万元。其中江苏榨油厂为8家,资本总额为123.2万元,分别占全国总数的19.5%和22.3%。可见,这一时期江苏榨油业在全国占有比较重要的地位。但同时也可以看出,这些榨油厂大都资本不大,多在3万—7万元之间,只有3家厂超过7万元。其中,赣丰饼油厂规模最大,与汉口的允丰饼油厂、上海的立德榨油厂资本同为42万元,位居民族榨油厂的前列。只有中日合资的三泰油坊资本比它们大,为50万元,但中方只占一半即25万元①。赣丰饼油厂在创办时曾获商部批准享有5年专利。开办之初,由于"所购外洋汽机,不合榨豆之用",受亏甚巨,旋即改用螺丝压机,仅几个月时间,不但弥补了亏空,还获有官利余利②。赣丰饼油厂营业较为兴旺,除个别年份因水灾黄豆歉收,须到外埠购豆而致亏折外,一般年份均能获利。

光绪十八年(1892),镇江王福源首用柴油机作动力碾米,由此出现江苏第一家机器碾米厂。光绪二十六年(1900)后,作为粮食集散地的无锡和苏南主要产粮区常州等地也开始使用动力碾米。其中,以无锡的机器碾米业最为兴盛。

无锡是苏南产米区的中心,加之交通便利,很早就成为米稻贸易的集散地。到明朝万历年间,无锡已成为闻名全国的"米码头"。到清朝前期,无锡的米稻贸易规模更趋扩大,交易数量大增,成为自湖、广、江西至东南诸省间的粮食丰歉调剂市场。从光绪十四年(1888)起,江、浙两省集中在无锡采办漕粮,年办漕米130万石。同时,浙江、上海等地依靠无锡供应粳、籼、糯米,加上江苏产棉区不断开拓,所需稻米多数也到无锡购买。于是,无锡成为南供民食、北输漕粮的大米市,年交易量在600万—700万石之间③。

---

① 杜恂诚:《民族资本主义与旧中国政府(1840—1937)》,上海社会科学院出版社1991年版,第388—390页。

② 《东方杂志》第7卷第6号,"中国大事记补遗",第36页。

③ 无锡市粮食局编:《无锡粮食志》,吉林科学技术出版社1990年版,第26页。

传统的稻米加工场所是砻和臼坊，一般都附设在粮食堆栈内。光绪三十三年(1907)，在无锡的30家堆栈中已设有牛砻99部，臼坊32间，装有脚踏缸臼1000余台。该年，徐翔周开设了无锡第一家机器碾米厂——大丰机米厂，装有2台碾米机，以立式柴油机为动力，日产白米120石，是脚踏缸臼生产的30倍。后因营业清淡而亏蚀关闭。光绪三十四年(1908)，茂新面粉厂以60马力柴油机作动力，安装6台碾米机，专门代客加工。同年，东仁兴臼坊撤除缸臼设备改装为4台碾米机，更名华兴机米厂。宣统元年(1909)，恒裕、同仁堆栈的臼坊也改用碾米设备，专为漕粮、田赋粮加工。同年，茂新面粉厂厂主荣德生和钱镜生合资1万元，开设宝新碾米厂，设备由原茂新面粉厂的6台碾米机扩装为8台，是当时无锡最大的机器碾米厂。宣统二年(1910)，邹海范将其臼坊中的缸臼改装为80马力水汀引擎1台和碾米机6台，正式建成邹成泰机器碾米厂。至宣统三年(1911)，无锡共有宝新、邹成泰、华兴、恒裕、同仁等五家机器碾米厂①。

宣统三年(1911)，奚九如和吴康在常州西门外日晖桥试购柴油机和碾米机加工碾米成功，常州开始出现机器碾米厂②。

这一时期，江苏的碾米厂以无锡最为发达，其特点主要为：大部分是由手工作坊或手工工场发展而来，小部分是直接投资兴建而成；规模一般不大，资本也很少；在生产上，只把糙米碾成白米，而把稻谷加工成糙米的过程仍需由木砻进行；在经营上，以代客加工为主，收取加工费。

此外，江苏食品企业还有光绪三十一年(1905)王西星在镇江创办的同茂永蛋厂，张謇在南通创办的颐生酿酒公司，光绪三十三年(1907)董楷生在苏州创办的颐和罐食厂，杨色喜在高邮创办的裕源涌蛋厂。这些厂规模不大，资本只有一二万元，颐生酿酒公司资本稍大，但也不过7万元。

三　日用品工业的兴办

玻璃工业　江苏宿迁盛产玻璃砂，但数千年来，国人一无所知。光绪二十八年(1902)，当地民众见英人出重金购买砂地，便密取砂样往告许鼎霖，经转交化学家检验，方知为上等玻璃原料。于是，许鼎霖遂与张謇等出资选购砂地3000多亩，并收购英人所买的近200亩砂地。光绪三十一年(1905)，由张謇领衔向商部奏设耀徐玻璃

---

① 无锡市粮食局编：《无锡粮食志》，吉林科学技术出版社1990年版，第92—93页。

② 于定一："武进工业调查录"，转引自《常州地方史料选编》第1辑，常州市地方志编纂委员会办公室等1982年编印，第4页。

公司，获得商部批准，并获准“在徐州境内专办十年”[①]。该厂与英人福斯德订立合同，厂方购买福斯德新发明的专利玻璃机器，聘请其为工程师，进行技术指导；福斯德则向厂方保证，每星期出平片、滚片15万方尺，每日出瓶罐3万个。该厂经过两年筹建，于光绪三十四年(1908)初竣工试产。产品始则多有炸裂和泡点之弊，经反复试验改进后，方才正常。此时，福斯德请许鼎霖派人来记录出数，每小时可出平片520方尺，以此推算，每星期可出平片7.5万方尺，加上滚片出数，达到合同规定的15万之数。许鼎霖要求试足一星期后再统计，福斯德则声称：每开一部机，每班须用洋匠4人，日夜3班，须用洋匠12人；全部开动4部机器，则须用洋匠48人，现只有洋匠4人，仅够试机一部之用。如果能将艺徒48人全部教练娴熟，或者再聘足洋匠40人，一定能达到合同所规定的出数。许鼎霖与之辩论，福斯德竟连夜将机器私拆，携带洋匠回沪。许鼎霖追至上海，聘请律师，预备诉讼，福斯德则称病回避。后经英领事调解，仍由福斯德指派洋匠4人往宿迁装机，厂方则付清福斯德的工资欠账。继续开工后，发现福斯德所装的熔炉容量太小，“仅能化八时之料，而不能化二十四时之料”，且“费煤过巨”，因此，生产无法正常进行，耀徐玻璃公司陷入困境。其时，公司先后招集到43万两股本，而所用之款已及百万[②]。后来，许鼎霖又多方筹集资金，聘请澳大利亚人维斯罗为工程师，更新机器设备，建立一座澳洲熔炉，生产才走上正轨，每日产玻璃约7000片。其所出之器皿，陈列南洋劝业会中，颇为中外称道。但因未能开拓市场，没有刊登广告，而运往上海的费用甚贵，“竟致不可能和廉价的日本货竞争”[③]。加之，该厂本来债务包袱就很重，遂于宣统三年(1911)倒闭。

印刷业 光绪二十八年(1902)，张謇创设了通州师范学校。他为了印刷教科书和讲义，决定集股2.5万两，创设翰墨林印书局。最初实收股金仅590两，营运资金全靠大生纱厂调拨。该局初创时设备简陋，以石印为主。光绪三十年(1904)由大生纱厂投资16690两，购置铸字、印刷机械，正式建立机械印刷工场。到宣统元年(1909)，翰墨林已有大小印刷机7台，铸字机4台，职工50余人[④]。

宣统年间，江苏武进也有人开始使用机器印刷。“机械印刷，自清宣统间，原有人

---

① 汪敬虞编：《中国近代工业史资料》第2辑下册，科学出版社1957年版，第1118页。

② 《东方杂志》第7卷第9号，“中国调查录”，第84—86页。

③ 汪敬虞编：《中国近代工业史资料》第2辑下册，科学出版社1957年版，第847页。按原引资料为镇江口报告，并未明确说明是耀徐玻璃公司。但根据其内容及《江苏省工业调查统计资料(1927—1937)》(南京工学院出版社1987年版，第311、312页)等分析，镇江口报告中所指的就是耀徐玻璃公司。

④ 《大生系统企业史》编写组：《大生系统企业史》，江苏古籍出版社1990年版，第97、98页。

工印刷刻字作坊，设于千秋坊之杨日升，开始改办，是为机械铅印之始”①。

光绪三十三年(1907)，两江总督端方利用停铸的江宁造币厂荒废房屋，加以改造，创建南洋印刷官厂。该厂创办经费由两江总督饬令财政局随时筹拨，计购买机器、修改厂房用去近6.6万两。到宣统元年(1909)，薪资、厂用开支花了2.5万余两。该厂除印刷粮串、钞票及官用文书簿册、盐务厘金各种票照等官用品外，还印刷呈词状纸、契券、合同、婚帖、当票、账簿、经折等民用品。两江总督利用行政权力强行推销该厂产品，规定官用民用各物，“则统由该厂定式印行；凡非该厂所印行者，于法律上视为无效，到官即置之不理”。最初，该厂所定价格太高，各属府县购用者甚属寥寥，后该厂将价格酌减，方有所改观②。

造纸业　光绪三十三年(1907)，尹克昌等发起招集股银25万两，在镇江北固山下创办机器造纸公司。因股本存于一家银行，嗣后银行倒闭，致使该公司股本无着，被迫登报出售公司的房屋和机器③。光绪三十四年(1908)，张謇等在南通创设大昌造纸厂，初议资本2万元，实收1.1万元。原拟为纱厂提供包纱纸和为翰墨林印书局提供印刷用纸，但因设备简陋，质量很差，不能适应需要，更无法对外推销，很快就宣告闭歇④。

皂烛业　光绪二十八年(1902)，张謇创办大隆皂厂，利用广生油厂的下脚油脂制造肥皂。该厂原始资本2万元，系大生纱厂拨款。该厂因产品质量低劣，销路呆滞，一直亏折，于光绪三十三年(1907)停办⑤。光绪二十九年(1903)，薛熙宇在武进创办宝升烛皂厂，资本为1万元。

此外，光绪三十二年(1906)，汪家声在南京创办金陵机器火砖厂，拥有资本2万元。光绪三十三年(1907)，朱祖荣在如皋创办广源制靛厂。

四　机器制造业和矿业的发展

在清末最后12年中，江苏民用机器工业除了原来建立的江苏惟一的一家机器制造厂——南京胜昌机器厂外，又建成2家机器制造厂。光绪三十二年(1906)，张謇在南通创办了资生铁厂；宣统三年(1911)，胡珊海在无锡创办渭鑫机器厂。渭鑫机器厂规模很小，只有3000元资本，主要业务是翻砂。

---

① 于定一：“武进工业调查录”，转引自《常州地方史料选编》第1辑，常州市地方志编纂委员会办公室等1982年编印，第67页。

② 汪敬虞编：《中国近代工业史资料》第2辑上册，科学出版社1957年版，第630页。

③ 汪敬虞编：《中国近代工业史资料》第2辑上册，科学出版社1957年版，第631页。

④ 《大生系统企业史》编写组：《大生系统企业史》，江苏古籍出版社1990年版，第99页。

⑤ 《大生系统企业史》编写组：《大生系统企业史》，江苏古籍出版社1990年版，第100页。

资生铁厂于光绪三十一年(1905)开工兴建,次年建成投产。该厂虽曾制订集股章程,而实际从未招股,其资本是由大生纱厂从当年盈利中拿出22万两(折合30万元)投入的。起初,资生铁厂有工人70多名,一年后增为200多人。其设备有:车床90台、镟床1台、锤床1台、冲床2台、钻床19台、螺旋绕床3台、水汀榔头(空气锤)2台、600马力蒸汽引擎、全套卧式锅炉、小型发电机1台,以及铁炉、红炉等。该厂营业范围初期主要应大生集团各企业机器制造修理之需,后来业务逐渐扩大。

光绪三十二年(1906),张謇等主持商办苏路公司时,资生铁厂承包苏路公司南段(苏州至嘉兴)的工程,负责修建铁桥37座,制造铁篷车4部和载石车10部,还承包苏路北线清江至西坝的铺轨工程。这是资生铁厂对外承接的第一批大宗业务,但后来这段铁路并未建成,资生铁厂准备用来铺轨、修路的大量器材于宣统三年(1911)因战乱而损失殆尽。光绪三十四年(1908),资生铁厂仿造日式轧花车1000多部,在通州、崇明、海门一带农村十分畅销,连两淮地区也来订货。同年,资生铁厂新添90英寸牛头刨床和特大型冲床等设备,还在厂北建立船坞,为大达内河航运公司及汉口船商制造了内河小轮和机动轮船十多艘①。

在清末的中国民族机器工业中,资生铁厂规模较大,仅次于上海求新机器轮船制造厂和汉口扬子机器厂,其设备较为先进,具有较强的生产能力。

光绪三十年(1904),张謇、许鼎霖等集股14万元,在镇江螺蛳山附近创立开成笔铅罐厂,将笔铅制成罐式以供炼金、银、铜、铁之用。因所出笔铅并非上品,"运销各埠,皆以不甚合用,难于行销",该厂只得停办②。

19世纪末,粤商吴味熊从胡碧澂手中收购徐州煤矿的全部产权,向清政府户部申请备案,"领有部照",并在贾汪开凿新井,不久即投入生产,产煤尚旺。光绪二十六年(1900)贾汪煤矿因运输困难,存煤山积,亏耗成本甚巨。吴味熊多方设法,百般努力,均归无效,于光绪三十二年(1906)忧劳成疾而逝。光绪三十三(1907),胡碧澂在徐州地方士绅的力邀下,重新集资,接办贾汪煤矿。胡迅速恢复生产,积极打开销路,并新开2井,扩大产量。由于煤质优良,运销状况好转,一时贾汪煤颇为畅销。于是,胡碧澂在上海开设贾汪煤矿公司驻上海办事处,"专销矿煤"。其后,贾汪煤矿基本上能保持正常生产。宣统三年(1911),胡碧澂因年老体衰和运销问题难以解决,兼之时局动荡,将煤矿转卖给袁世传。

金陵制造局自同治四年(1865)在南京建立后,经过多次扩建和增加经费,该局人

① 《大生系统企业史》编写组:《大生系统企业史》,江苏古籍出版社1990年版,第73、74页。

② 汪敬虞编:《中国近代工业史资料》第2辑下册,科学出版社1957年版,第830页。

员由初期400余名增加到1200余名，生产能力有很大提高，制造火炮、枪械、炮弹、枪弹、水雷等多种产品。光绪二十六年（1900），因庚子事件，时局紧张，金陵制造局的生产能力达到顶峰。该年共制造各种炮194尊，新式后膛抬枪280杆，各种炮弹7.32万颗，子弹28.21万个，大铜火600万粒，炮车208辆，门火7.75万枝①。此后，金陵机器局业务逐渐衰落。从光绪二十八年（1902）起，因库存过多，开始减产一成，经费减少半成。光绪三十二年（1906），金陵机器局停造火炮等产品，以生产子弹、炮弹和抬枪为主，常年经费由11万两减为8.4万两。光绪三十三年（1907），该局减产五成，经费减少一半②。鉴于金陵制造局规模缩小，工费不多，两江总督端方拟将其附属于江南制造局，但江南制造局拒绝接受。光绪三十四年（1908），金陵制造局添置机器，改良制造子弹的设备，从此，改为专造子弹。宣统二年（1910）宁藩司议请裁撤金陵制造局，由江南制造局接受。宣统三年（1911），金陵制造局停工③。

第四节　南通大生集团的形成和张謇的经济思想

在清末最后12年中，张謇创办的大生纱厂发展顺利，扩展迅速。在此基础上，张謇又创办了十多个新企业，到宣统三年（1911），已形成了以大生一厂为核心的大生集团。与此同时，张謇的经济思想也已基本成熟和定型。

一　大生纱厂的迅速发展

如前所述，在清末十多年中，中国民族纺织企业大都处境困难，许多纱厂被迫出卖或改组，但大生却能保持一枝独秀，发展极其迅速。

大生纱厂的发展首先表现为纱锭数和资本额的不断增长。光绪二十九年（1903），大生纱厂增加纱锭20400枚，使纱锭总数达到40800枚，仅次于湖北官布局的50064枚。由此，大生纱厂的生产规模一跃而位居全国民族纱厂第二。光绪二十六年（1900），大生纱厂资本增为51.9万两，其后三年资本额分别增为56.95万两、78.75万两、113万两④。光绪二十九（1903），该厂资本额113万两，比光绪二十五年

---

① 《江苏近代兵工史略》（江苏文史资料第28辑），江苏文史资料编辑部1989年编印，第33页。

② 《江苏近代兵工史略》（江苏文史资料第28辑），江苏文史资料编辑部1989年编印，第58—59页。

③ 江苏省地方志编纂委员会：《江苏省志·军事工业志》，江苏人民出版社2000年版，第143页。

④ 《大生系统企业史》编写组：《大生系统企业史》附表“大生一厂盈余分配情况表（1899—1921）”，江苏古籍出版社1990年版。

(1899)末的44.51万两增加了154%。

在光绪二十九年到宣统三年(1903—1911)间,大生纱厂的资本额和纱锭数未再增加。必须指出,纱锭数固然可以反映一个纱厂的生产能力,但并不就等同于纱厂的实际产量。光绪二十九年(1903),虽然大生纱厂纱锭增为4.08万枚,但是其生产能力却未得到充分发挥。此后,大生纱厂虽没有增加纱锭,却因提高设备的利用率,而使实际产量有较大增长。光绪二十九年(1903)后,大生的资本额未增加,这并不意味着大生纱厂的生产经营规模就此停滞不前。由于企业往往借债经营,因而不是企业的资本额,而是企业的总资产才能更真实地反映企业的总体经营规模。总资产是企业拥有和控制的全部资产,除实收资本外,还包括企业以负债形式借入的、可以为企业带来经济利益的那一部分经济资源。如从光绪二十五年到二十九年(1899—1903)的5年中,大生纱厂的总资产分别为66、77、106、130、228万两,都大大超过同期的资本额。光绪二十九年(1903)后,大生的总资产除了宣统三年(1911)降为225万两外,均呈增长趋势,多在250万两以上,光绪三十二年(1906)和宣统元年(1909)两度高达320万两,这反映大生纱厂的生产经营规模在总体上也呈扩大之势①。

再从大生纱厂的盈利情况来看,在光绪二十六年到宣统三年(1900—1911)间,该纱厂年年盈利,其数额(包括官利和红利)分别为11.89万两、15.04万两、23.32万两、34.42万两、31.55万两、57.35万两、49.06万两、12.13万两、22.43万两、27.28万两、13.05万两、20.15万两②,其资本盈利率分别为22.89%、26.41%、29.61%、30.46%、27.92%、50.75%、43.42%、10.73%、19.85%、24.14%、11.55%、17.83%,总计盈利约为317.67万两,年均盈利26.475万两。不难看出,大生纱厂的盈利是非常丰厚的。

为什么大生纱厂在全国棉纺织业整体不景气的环境中能一枝独秀,原因很多,但不外乎主客观两方面的因素。

就客观因素而言,大生纱厂的成功主要得益于南通地区相对优越的市场环境。

首先,南通地区有着丰富而优质的棉花,为大生纱厂提供了优越的原料市场。南通地区居于江淮之尾、东海之滨,土带碱性,极宜植棉。光绪三十二年(1906)清政府农工商部通报各省:“查各省产棉之区,以江苏之通州、海门、崇明、太仓、宝山等处为最盛。

---

① 汤可可、钱江:《大生纱厂的资产、盈利和利润分配——中国近代企业史计量分析若干问题的探讨》,见《近代改革家张謇——第二届张謇国际学术研讨会论文集》下册,江苏古籍出版社1996年版,第763页表“大生一厂资产负债表”。

② 《大生系统企业史》编写组:《大生系统企业史》附表“大生一厂盈余分配情况表(1899—1921)”,江苏古籍出版社1990年版。

通、海岁产约一百三十余万担，崇明、太仓、宝山等处岁产约八九百万担。”[①]通州之棉不仅产量最丰，而且质地优良，尤多产各种鸡脚棉，远近驰名。张謇在创办大生纱厂时曾说，通州为“亚洲产棉胜处”，“通产之棉，力韧丝长，冠绝亚洲”[②]。20 世纪初，日本棉商也说：“中国棉花出产之众，首推通州，即通、崇、海三处，因花之性质，色白丝软，不难媲美于花旗，由此中外各纱厂乐于购用。”[③]丰富而优质的棉花为大生纱厂提供了较为优越的原料市场。一方面，大生纱厂利用优质棉花作原料，能保证产出的棉纱有较高的质量。据张謇说，当时大生所出的棉纱“纱色光洁调匀，冠于苏沪锡浙鄂十五厂”[④]。另一方面，大生纱厂可充分利用本地丰富的棉花，就地收购，节省运费，从而降低成本。据统计，清末民初，每担通州皮棉运往上海的费用(不包括厘金)约银 2 元，若留本地，可省去上下驳、运费、回扣等费用约 1.4 元。大生纱厂增锭后，每年耗用棉花 19 万担，可节省成本 16.8 万元(大约相当于 12 万两)，这是非常可观的[⑤]。

其次，南通地区有着庞大的棉纱市场。南通的土布业在清后期已相当发达，外销量日益增长，尤其是销往东北的关庄布发展更为迅速。19 世纪 80 年代后，洋纱开始在南通销售，因其条干匀均，不易断头，而渐被采用，销量逐年增加，至光绪二十一年(1895)已达 20 大包。与此同时，关庄布由土经土纬发展到洋经土纬，进而向洋经洋纬发展。由于洋纱的采用，关庄布质量明显提高，产量大幅度增长。这反过来又刺激对洋纱(即机纱)的旺盛需求。光绪二十五年(1899)关庄布年产销由 10 万件向 15 万件发展，日需机纱 120 余件。大生开车投产后，日产机纱 45 件，其中 12 支纱 40 件，只占全部所需机纱的 1/3。光绪二十九年到三十年(1903—1904)，关庄布年产销量突破 15 万件，年需机纱 6 万多件，而增锭后的大生全年 12 支纱产量不足 3 万件[⑥]。光绪三十三年(1907)大生二厂投产后，年产机纱 1.5 万箱，也仅占崇明年销机纱 3 万箱的一半[⑦]。如此庞大的棉纱市场使大生纱厂的机纱经常处于供不应求的状态，大生纱厂不仅可以迅速销售棉纱，而且还可获得优厚的利润。光绪二十五年(1889)大生“魁盘(大生纱厂的商标为‘魁星’)一开，获利数十万计”。光绪三十二年(1906)大生第一次“开盘”(订货)，将上半年全部机纱 1.6 万多箱，全部抛售一空，而当时各纱号竟要

---

① 李文治：《中国近代农业史资料》第 1 辑，生活·读书·新知三联书店 1957 年版，第 417 页。

② 《厂约》，见《张季直九录·实业录》卷一，中华书局 1931 年版，第 7 页。

③ 转引自严学熙：《论大生纱厂早期成功的原因——张謇的企业家精神》，《中国近代经济史研究资料》(8)，上海社会科学院出版社 1987 年版，第 52 页。

④ 《承办通州纱厂节略》，见《张季直九录·实业录》卷一，中华书局 1931 年版，第 17 页。

⑤ 转引自严学熙：《论大生纱厂早期成功的原因——张謇的企业家精神》，《中国近代经济史研究资料》(8)，上海社会科学院出版社 1987 年版，第 53 页。

⑥ 林百举：《南通土布史》，南京大学学报编辑部 1984 年印行，第 145—146 页。

⑦ 张季直先生事业史编纂处编：《大生纺织公司年鉴(1895—1947)》，江苏人民出版社 1998 年版，第 103 页。

纱 2.8 万余箱,“索纱者且以为憾”①。

再次,南通地区还有着丰富而廉价的劳动力。南通地区纺织业素为发达,“论人工则通习纺织,女工不待远求”。且大生初期季节性开工,农忙时停工让工人回家干农活,因而工人的工资较上海等城市为低。

南通地区上述市场条件使得大生纱厂处于十分有利的地位,这是清末最后十余年中大生纱厂在全国棉纺织业的不景气中能一枝独秀的客观原因。

就主观因素而言,大生纱厂的成功得益于张謇等人的经营策略。前述南通地区优越的市场条件是大生获得成功的重要原因。但优越的市场条件只是大生获得成功的外部条件,要把这种优势充分发挥出来,还取决于经营者的主观努力。

首先,张謇根据南通地区优越的棉花和棉纱市场条件,制定了“土产土销”的经营方针。一开始,由于资金不足,张謇拟将纱厂出租,却遭承租者百般刁难。张謇进退维谷,万般无奈,只好采取助手沈敬夫“尽花纺纱,卖纱买花,更续自转”的建议。结果,当年大生即有盈余,站稳脚跟,次年又获厚利。至此,“土产土销”遂成为大生的经营总方针。

其次,张謇为大生纱厂建立强大而有力的市场网络,并采取灵活的经营策略。张謇在南通地区遍设门庄、分庄、抄庄和下庄等四种收花机构,直接到产地收购棉花。在收购棉花时,张謇密切注意天气变化和棉花长势,及时作出收花决策。光绪二十九年(1903)棉花歉收,张謇一开始就放价收购,获得足够棉花。光绪三十年(1904)棉花丰收,日本纱厂效法大生上年的策略,放价收购,致使市面混乱。张謇令各收花机构,保持冷静,不为所动,等到上海市场的棉花价格逐渐下落,才开始少量收购,待到市面大跌时,方大量收购。光绪三十一年(1905)因飓风造成棉花产量锐减,张謇便抬价收购,共收棉近 6 万包,不仅备足了当年使用,且可供第二年半年所需。光绪三十二年(1906)棉价大涨,即使不纺纱,仅棉花已获利 14 万元。

再次,在棉纱销售上,张謇首先牢牢地抓住关庄布号,并利用它们同各纱号的联系,协助大生推销棉纱,迅速占领和控制南通的棉纱市场。在大生打开局面后,张謇便将售纱方式改为批发,每年开盘 3—5 次,定期向用户(多为纱号)抛售期货。为了吸引纱号购买大生厂纱,张謇采取让利的方法,“使买通纱者所获之利,常优于贩沪纱”②。有时,张謇还采取短期赊售的方式,向纱号出售棉纱,然后让纱号在约定的期

① 《通州大生纱厂第八届说略》,南通市档案馆等编:《大生企业系统档案选编》,南京大学出版社 1987 年版,第 37 页。

② 《通州大生纱厂第八届说略》,南通市档案馆等编:《大生企业系统档案选编》,南京大学出版社 1987 年版,第 23 页。

限内付清欠款。这样,在清末最后十多年间,大生纱厂年年棉纱销售一空,没有库存。大多数年份,棉纱都能收回现款,只有光绪三十二年(1906)、光绪三十三年(1907)、光绪三十四年(1908)有少量赊销款未收回。

由于南通地区具有相对优越的市场环境,加上张謇等人采取了灵活有力的经营策略,因而大生纱厂获得异乎寻常的发展,成为全国纺织工业中一枝独秀的奇葩。这就有力推动了大生集团其他企业的创建,为大生企业集团的形成奠定了坚实的基础。

二 大生集团的形成

在大生一厂迅速发展的基础上,张謇又在南通地区相继建立十多个企业,从而形成了以大生一厂为核心的大生企业集团。

大生纱厂的成功,引起了其他商人在南通地区开设纱厂的兴趣。早在光绪二十六年(1900),朱幼鸿就拟在崇明创设纱厂,被张謇呈文商部"劝阻"。光绪二十九年(1903),朱幼鸿在海门筹建裕泰纺织公司分厂,又被张謇呈文商部加以制止。为了充分利用通海地区的优越市场条件,扩大大生纺织企业的生产能力,确立大生企业在当地纺织业的绝对优势,张謇便积极筹备在崇明开办分厂。选择在崇明建厂,一是这里供销市场俱佳,"岁销机纱近三万箱"①,"北沙(指崇明外沙)产棉五倍于本沙(指海门)";二是从大生企业的整体布局考虑,在崇明设厂,可与大生一厂构成一东一西的犄角之势,使海门处于"两厂堂奥之内",从而预防他人在海门开设纱厂②。

光绪三十年(1904),张謇等正式集资筹建崇明大生分厂即大生二厂。在大生一厂连年获利的情况下,集资进展非常顺利,到光绪三十二年(1906)春即集股 60 多万元。经过 3 年筹建,大生二厂于光绪三十三年(1907)建成投产,拥有 2.6 万枚纱锭。分厂建成后,设立了统管正厂和分厂的大生纺织公司,呈报商部注册,并经商部批准,在百里之内由大生享有 20 年专利,不准别家设立纱厂。这样,大生共拥有 6.68 万枚纱锭,在全国民族纺织行业中规模最大,并完全垄断了通海地区的棉纺业。大生二厂初期营业不利,但官利依然照付,致使账面连年亏损,到宣统三年(1911)才扭亏为盈,从此它为大生企业集团增添了巨大活力。

除了大生一厂和大生二厂外,宣统三年(1911)前建成的企业有以下各厂:

大兴面粉厂和复新面粉公司 光绪二十六年(1900),大生纱厂因蒸汽机动力有余,便加一皮带,拖石磨面粉机试制面粉。后因大生将添纱锭,遂由徐翔林发起集股

---

① 张季直先生事业史编纂处编:《大生纺织公司年鉴(1895—1947)》,江苏人民出版社 1998 年版,第 102 页。

② 张季直先生事业史编纂处编:《大生纺织公司年鉴(1895—1947)》,江苏人民出版社 1998 年版,第 103 页。

组织大兴面粉厂。徐翔林原为大生纱厂杂务董事,至光绪二十七年(1901)辞去大生职务,在张謇的支持下,出面集股倡办大兴面粉厂。徐翔林等集资2万元(以后实收4.27万元),于光绪二十八年(1902)建成大兴面粉厂。当时该厂仅有石磨4部,6英寸锅炉、15马力引擎各一台、厂房十多间,日产面粉460包(每包44斤)①。由于小麦须从外地采购,捐税繁重,而设备又过于陈旧,营业不利,入不敷出。光绪三十一年(1905)改用钢磨,支出更多,负债累累,到光绪三十四年(1908)总负债达27万两之多,不得不宣布停办。大兴停办时将机器和房屋分别作价7万元和3万元作为新股摊给债权人和通海实业公司,另由张謇、张詧兄弟筹股4万元,于宣统元年(1909)成立复新面粉公司。与大兴面粉厂相比,复新面粉公司营业状况良好,第一年即盈利1万余元。

通海垦牧公司 光绪二十七年(1901),张謇等人集资创办了通海垦牧公司,开创了近代中国在沿海荒滩进行农垦事业的先例。经过10年艰苦卓绝的努力,到宣统二年(1910),垦地达到3万多亩,其中专门种植棉花者2.9万亩,棉花与小麦和杂粮混种的近千亩,通海垦牧公司终于初具规模。

通海垦牧公司在初创时,毫无收入,而工程建设浩大,开支甚巨,全靠大生纱厂提供资金予以维持。随着垦地日增,通海垦牧公司为大生纱厂提供了大量优质而廉价的棉花,进一步促进了大生纱厂的发展。同时,其本身收入也相应增加,到宣统三年(1911),公司获利大增,开始分红。通海垦牧公司为了保证供应大生所需的棉花,特别注意改进农业技术,提高棉花产量和质量,并引进美国棉花进行试种。宣统二年(1910)通海垦牧公司的棉花(中棉和美棉)均获得南洋劝业会农产品展销的“优等奖牌”。

广生油厂 光绪二十七年(1901),盛宣怀的华盛纱厂拟与外商合股在通州、海门分设轧花榨油厂。如此一来,势必引洋商入内地,因而遭到南洋大臣魏光焘制止。后经交涉,决定由华盛和大生纱厂合办,将华盛所购榨油机的1万两费用由大生、华盛各认一半,在唐闸大生纱厂附近筹设广生油厂。经初步测算,油厂需资本5万元,除大生、华盛各认5000两外,其余另招新股。后新股并未招足,仍由大生纱厂投资,至光绪二十九年(1903),油厂建成投产。广生油厂以大生纱厂的棉籽为原料,产品主要是棉籽油和棉饼。该厂最初仅用华盛所购旧机榨油,规模甚小,一年只用棉籽四五万担,略有盈余。随后,该厂又续招股银10万两,在原厂址东边添建东厂。宣统元年(1909),广生油厂第一次股东大会决定,继续增加资本15万两为西厂换购新机。当

① 严法声、周豪主编:《中国资本主义工商业的社会主义改造·江苏卷》(下),中共党史出版社1992年版,第504页。

时，油厂实有资本21.3万两，至1914年资本达到30万两以上①。广生油厂在初创十余年间发展很快，是大生集团中效益较好的企业。广生油厂第三届说略写道："谈者谓通海实业之发达，能赓续大生者厥为广生"；第五届说略上有"于是广生立于通州实业界上颇亦占优胜之地位"等语②。

大隆皂厂　光绪二十八年(1902)，为了利用广生油厂的下脚油脂制造皂烛，张謇倡议创办大隆肥皂公司。该厂原始资本2万元，系大生纱厂拨款。该厂效益不好，一直亏折，于光绪三十三年(1907)停办。

同仁泰盐业公司和大咸盐栈　当时淮北盐业生产和经营，弊端丛生，既减少政府收入，也影响社会治安。为了改善国计民生，腾出草滩，种植棉花，为棉纺工业提供原料，张謇于光绪二十九年(1903)集资10万规元收购连年亏损的吕四场旺长发盐垣，并改名为同仁泰盐业公司，探索改革盐业生产和管理的方法。张謇首先进行大力整顿，力去种种陈规陋习，加强基础设施建设，并派人到日本和山东、浙江等地学习制盐方法。但因天气不佳，"历时三年，诸法毕试，迄无良效"。浙江法、山东法因土质不合，没有成功。日本法虽试制成功，但成本太高，无法推广。光绪三十二年(1906)，改用松江板晒法，所产之盐，"色味俱胜，成本亦较用煤草为省轻"③。当年精制盐"运赴意大利赛会者，各国评议，称为色味俱佳，获优等奖牌"④。盐业公司在改进生产技术中，花费巨大，因此，到宣统二年(1910)底结亏16万余两，这还不包括工程建设费近3万元。光绪三十四年(1908)，张謇取得在通、如、海一带食盐销售的垄断权后，设立大咸盐栈作为同仁泰盐业公司的销售机构。大咸盐栈以"齐永昌"的名义立案经营，原始资本"38000千文"。因享有垄断权，盐栈获利甚多，为同仁泰盐业公司偿还了部分债务。

资生冶厂和资生铁厂　这两厂初名资生铁冶厂，光绪三十一年(1905)同时兴建。张謇充分认识到机器在社会生产中的巨大作用，"今中国兴工业而不用机械，是欲驱跛鳖以竞千里之逸足也；用机械而不求自制，是欲终古受成于人"。当他创立纱厂及其他企业后，更感到有发展机械工业的迫切需要。于是，他在唐家闸开设资生铁厂，目的是为了"备置农工诸器，以便有志农工业者之求"，也就是为大生集团各企业制造机器设备，为垦区制造农垦机具⑤。

---

① 《大生系统企业史》编写组：《大生系统企业史》，江苏古籍出版社1990年版，第94页。

② 王象五、闵仲辉：《解放前南通工业成长的过程及特点》，见《文史资料选辑》第2辑，南通市政协文史资料研究委员会编印，第9页。

③ 《为盐业事致两淮运司函》，见《张季直九录·实业录》卷三，中华书局1931年版，第18页。

④ 《同仁泰盐业公司丙午年说略》，见《张季直九录·实业录》卷三，中华书局1931年版，第24页。

⑤ 《通州资生铁冶公司集股启》，见《张季直九录·实业录》卷三，中华书局1931年版，第5页。

资生铁冶厂

张謇知道，机械工业并不像棉纺业那样能迅速赚钱，便决定先办资生冶厂，制造铁锅，希望以冶业的利润来支持机器工业的发展。光绪二十九年(1903)，张謇集资 2.1 万元。光绪三十一年(1905)，资生冶厂建成投产。起初，试制的铁锅不尽合用，销路呆滞。后来，厂方考察通常所用铁锅式样、大小和轻重情况，进行改良，销路渐广。除第一年亏折 2932 两(连开办费)，以后都盈多亏少。从光绪三十二年(1906)至 1947 年，每年都发股息红利。资生铁厂的情况前面已有介绍，不再重复。

大达轮步公司和大达小轮公司 光绪三十年(1904)张謇在南通建立通州大达轮步公司，并建立通州天生港趸船码头。此前，张謇于光绪二十七年(1901)租用小轮“大生”1 艘，往返通沪之间，为大生纱厂运输物资，并带客以增收入。次年，又添“大新”轮 1 艘，开辟申沙和通沪两条航线。光绪三十一年(1905)，张謇与汤寿潜合作，在上海建立上海大达轮步公司。同时，张謇还在光绪二十九年(1903)创办大达小轮公司，拥有小轮 1 艘，往返于唐家闸(大生纱厂所在地)和吕四港之间，把通、崇、海等产棉区的棉花运到大生纱厂，把大生棉纱运往通、崇、海手工织区。光绪三十年(1904)，增辟南通—海安和南通—扬州线，沟通了南通与如皋、海安和里下河地区的联系。大达轮步公司和大达小轮公司的建立，极大地改善了南通地区的交通状况，促进了南通地区的经济发展，尤其直接推动了大生纱厂的发展。

此外，张謇在南通地区创办的企业还有：光绪二十九年(1903)的翰墨林印书局、光绪三十年(1904)的阜生丝蚕桑公司、光绪三十一年(1905)的泽生水利(船闸)公司和颐生酿酒公司等。在南通以外地区，张謇与许鼎霖等集资于光绪三十年(1904)在镇江创办开成笔铅罐厂，于光绪三十一年(1905)在宿迁创办耀徐玻璃厂。

综上所述，到宣统三年(1911)，大生企业集团已基本形成。大生集团有几个明显的特点：

第一，强烈的非盈利性。张謇具有强烈的“经世”“爱国”情怀，他创办大生集团完全是为了实践其“实业救国”的思想。“利润的追逐并不是他的惟一的、甚至也不是主要的驱动力”①。他创办大生时，想到的不是为自己赚大钱，而是“为通州民生计，为中国利源计”②。正因为如此，他才能够以坚韧不拔的毅力，克服大生创办过程中的重重

---

① 章开沅：《开拓者的足迹——张謇传稿》，中华书局 1986 年版，第 3 页。

② 《厂约》，见《张季直九录·实业录》卷一，中华书局 1931 年版，第 7 页。

困难。在大生集团扩张问题上，张謇也不完全以是否盈利为转移。能盈利的企业他要办，不能盈利的企业，若他认为是通州经济民生所必需，也要努力去办。为此，他曾与一些追求最大化利润的股东发生激烈冲突。在光绪三十二年(1906)大生股东大会上，有些股东指责张謇用大生的公积金去办其他公司，要求“应专一于纺者”。对此，张謇强硬声明：“为公仆可，为众仆不可。”[①]也就是说，他明确表示可以为大多数民众利益而投身实业，但决不屈身为少数股东赚钱。当然，不是说张謇完全不考虑企业的盈利问题，他本身也希望企业都能盈利，还必须在能实现自己理想的同时满足股东们赚钱的愿望。此外，大生集团还花了大量资金来办教育、慈善等非盈利的公益事业，使南通成为当时中国乃至东亚乡村社会发展的楷模典范。

第二，鲜明的区域性。其表现之一是布局上的区域性。大生企业集团主要以南通为基地，只有少数工厂设于外地。其中，有七八家公司集中于大生纱厂所在地唐闸镇。如资生铁厂、资生冶厂和广生油厂在大生纱厂北面，复新面粉厂和阜生蚕桑染织公司在大生厂南面。这既与企业间的密切联系有关，也体现出张謇发展和繁荣南通地方经济的思想。其表现之二是市场的区域性。大生集团的企业基本上都立足于本地资源的开发和利用，其产品多数也销于本地，这在“土产土销”的大生纱厂表现得特别明显。这种市场区域性的后果是，使大生纱厂沾染上“重商轻工”的作风。这一方面能充分利用和开发本地的资源，迅速有力地占领和控制本地市场；另一方面又因缺乏足够的竞争，阻碍企业生产技术的提高和改进。如果地区市场条件未发生不利的变化，那么，大生纱厂尚可继续保持一片繁荣景象。一旦南通地区的棉纱市场因关东布市场萎缩而急剧缩小时，缺乏足够外向竞争力的大生纱厂就会陷入极大的困境。

第三，罕见的全面性和系统性。大生企业集团行业众多，门类齐全，这在近代中国是非常罕见的。大生企业集团以工业企业为主，同时还有农业企业、商业企业和交通运输企业。其行业涵盖面非常广，包括纺织、盐垦、航运、冶铁、面粉、榨油、酿造、油皂、造纸、印刷、玻璃等。同时，大生集团内部各企业又具有比较密切的联系，形成了一个较为完整的系统。大生企业集团是以大生纱厂(即大生一厂)为核心的，其他企业都是在大生一厂迅速发展的基础上，或由大生一厂直接投资兴办，或由大生一厂垫款兴办。大生集团以纺织业为支柱产业，其他企业或直接为大生纺织企业服务，或间接地围绕大生纺织企业运行。因此，“南通实业，咸肇始于大生，故其对内对外往来，

---

① 《通州大生纱厂第八届说略》，见南通市档案馆等编：《大生企业系统档案选编》，南京大学出版社 1987 年版，第 37 页。

咸认大生为主体"[①]。这种全面性和系统性,一方面使得各企业间能互相支持,特别是大生纱厂为其他企业提供了有力的支持,带动整个南通地区经济的迅速发展;另一方面,也使得集团投资面过宽,战线过长,尤其是多数企业盈利甚少乃至亏本,一旦为整个大生集团输送资金的大生纱厂发生亏损后,整个集团便会陷入全面危机之中。

三 张謇的经济思想

张謇创办实业的经济活动是在他的经济思想指导下进行的,而创办实业的实践活动又进一步丰富和充实了他的经济思想。因此,在考察张謇经济活动的同时,有必要对张謇的经济思想作一些探讨。

张謇的经济思想早在光绪二十一年(1895)前后就初步产生,在清末最后的12年间则已基本形成,此后又有所发展。这里主要介绍张謇有影响的宏观经济思想,至于他的企业经营管理思想,因在前面已经论及,这里从略。

1. 首倡"实业救国"思想

19世纪后期,早期资产阶级改良派常用"商务"一词来概括近代工商业,用"振兴商务"、进行"商战"来表达发展民族资本主义经济以振兴国家的要求。张謇则是中国近代最早用"振兴实业"来代替"振兴商务"的人,他实际上是"实业救国"思想的首倡者之一。他对"实业"作了这样的阐述:"实业者,西人赅农工商之名,义兼本末,较中国汉以后儒者重农抑商之说为完善,无工商则农困塞。"[②]他又说:"实业在农、工、商,在大农、大工、大商。"[③]这清楚地表明,张謇所说的"实业",主要是指以大机器生产方式进行的近代资本主义农工商业。

光绪二十一年(1895)《马关条约》签定后,西方列强获得在华投资设厂的权力,除了继续对华输出商品外,还纷纷在华开设工厂,这给中华民族带来深重的危机。面对严峻的形势,人们呼吁"设厂自救"以抵制外资侵略和挽回利权。当时洋纱是外国对华输出的大宗商品,在不少地方抢夺了市场。通州盛产棉花,被日本纱厂大量收购,制成洋纱,再倾销到通州。在张謇看来,这"无异沥血肥虎,而袒肉以继之,利之不保,我民日贫,国于何赖"[④]。张謇认识到,利权不保,将导致人民更加贫穷,从而使中国面临更严峻的危机。与此相对应,张謇认为,"策中国者,首曰救贫,救贫之方,首在塞

① 《大生纺织公司查账委员会报告书》,见南通市档案馆等编:《大生企业系统档案选编》,南京大学出版社1987年版,第179页。

② 《记论舜为实业政治家》,见《张季直九录·文录》卷二,中华书局1931年版,第4页。

③ 《为南通保坍会及垦地致陈省长函》,见《张季直九录·自治录》卷四,中华书局1931年版,第18页。

④ 《厂约》,见《张季直九录·实业录》卷一,中华书局1931年版,第7页。

漏”[①]，而塞漏则必须兴办实业。于是，他毅然踏上艰难的实业救国征途。此时，张謇的“实业救国”思想已大致形成。

其后，张謇更明确地指出：“中国之弱，由于民贫。余观列强致富之源，在于实业。兴实业为救贫之药剂，非振实业不能济贫。”[②]他还强调“救贫之法惟实业，致富之法亦惟实业”[③]。从这里，我们可以看到，张謇的“实业救国”思想是在早期改良派思想的基础上发展而来。马建忠、郑观应等认为“治国以富强为本，而求强以致富为先”[④]，而要致富则必须振兴商务，尤其要大力发展对外贸易，同列强进行商战。显然，张謇吸收其中有益的成分，只是他用“实业”代替了“商务”。这反映张謇已突破早期改良派过分强调商业特别是对外贸易的偏颇，开始认识到发展工业生产的重要性。

张謇历来重视教育的作用。他认为治国、立国，首在人才，而人才需由教育培养，因此“求国之强，当先教育”。但是，办教育需要经费，当时的政府是无法依靠的，必须自己兴办实业获得利润以资助教育。否则，赤手空拳是难以进行的。于是，张謇产生了“父教育而母实业”和“以实业教育迭相为用”的思想，开始进行实业、教育同时并举，以实业辅助教育，以教育改良实业的实践。这样，张謇的“实业救国”和“教育救国”思想便融为一体。此后，张謇进一步把他的上述思想纳入地方自治思想范畴：“国家之强本于自治，自治之本在实业、教育，而弥缝其不及者，惟赖慈善。”[⑤]显而易见，“实业救国”思想是张謇整个思想的基础和核心。

2. 协调发展农工商业

如何来振兴实业，具体地说，怎样处理农、工、商三者之间的关系呢？张謇对此作出了有益的探索。

张謇高度评价工业的作用。早在光绪二十一年(1895)，他就指出“外洋以商务立国”之说是不正确的，认为“外洋富民强国之本实在于工”[⑥]。他以欧美和日本的发展为例进行论证，指出：“欧美各国，工列专科，日本崛兴，先图工业。”[⑦]他还进而分析了西方近代工业优势所在，主要是“讲格致，通化学，用机器，精制造，化粗为精，化少为多，化贱为贵”[⑧]；特别是大机器生产具有无比的优越性：“一机所成，小者当人工数

---

① 《大生纱厂章程书后》，见《张季直九录·实业录》卷一，中华书局1931年版，第18页。

② 转引自张连莹：《“父实业、母教育”之卓识伟绩》，见《近代改革家张謇——第二届张謇国际学术研讨会文集》下册，江苏古籍出版社1996年版，第1019页。

③ 《拟请酌留苏路股本合营纺织公司意见书》，见《张季直九录·实业录》卷五，中华书局1931年版，第5页。

④ 侯厚吉、吴其敬主编：《中国近代经济思想史稿》(2)，黑龙江人民出版社1983年版，第253页。

⑤ 《拟领荒荡地为自治基本产请分期缴价呈》，见《张季直九录·自治录》卷二，中华书局1931年版，第10页。

⑥⑧ 《代鄂督条陈立国自强疏》，见《张季直九录·政闻录》卷一，中华书局1931年版，第20页。

⑦ 《请设工科大学公呈》，见《张季直九录·教育录》卷二，中华书局1931年版，第14页。

十，稍大者当马牛数十，更大者当数百或至千，其力匀，故其成也精，其用常不息，故其出也多，其母本核而俭，故其卖也常以市于我而得倍息。”[①]此外，张謇也从中国古代的经济思想中汲取有益的成分。他说：“史记货殖传，中国人待农而食，虞而出，工而成，商而通，工固农商之枢纽矣。”[②]在他看来，工业能“化粗为精”，“化少为多”，“化贱为贵”，可以把原料加工成制成品，转“生”为“熟”，从而为商业提供获取大利的条件。没有工业，农业原料不能变成工业制成品，商业获利也无从谈起。因此，张謇高度评价工业在生产、流通过程中所起的作用，将之视为农业和商业的枢纽。

与此同时，张謇也非常重视农业。光绪二十三年(1897)，他提出工与农为立国之本，后来又明确提出“工商之本在农，农困则工商之本先拔”[③]。因为“盖农不生则工无所作，工不作则商无所鬻”[④]。这倒不是张謇对工业重视的立场发生变化，而是从农业能为工业提供原料，并使工业能为商业提供货源的角度强调农业的重要性。这也不同于中国古代重农抑商的农本思想，其意在于强调在发展工商业的同时，不能忽视发展农业。

张謇重视农业和工业，有时也将商业称为“末”。但他称商业为“末”有其特定的含义：一是商业本身不能生产原料，不能制造产品，其利依赖于农工之利，对农工而言为“末”；二是在整个生产流通过程中，农业生产原料于前，工业加工产品于中，商业则出售产品于后。从先后顺序看，商业为“末”。但这并不说明张謇不重视商业，相反，他认为商业同样为社会生活所不可缺少，“商不出则三宝绝”[⑤]。

基于上述认识，张謇认识到农业、工业、商业是一个不可分割的整体。他以棉花的种植、生产和销售过程为例作了精辟的论述：“棉之始，农之事；棉之终，商之事；其中则工之事。……无始无以资于人，无终无以资人，而无策于中，则无以资人资于人。”其中，最为关键的是工业，而农业和商业同样不可或缺。因此，张謇主张农工商协调发展，齐头并进。

3. 提倡“棉铁主义”

如果说，协调发展农工商业尚属振兴实业的总体原则，那么，提倡“棉铁主义”则是张謇振兴实业的一项具体而明确的主张。

“棉铁主义”酝酿甚早，在甲午战争后几年内。面对外商将要在华设厂的严峻形

①② 《通州资生铁冶公司集股启》，见《张季直九录·实业录》卷三，中华书局1931年版，第5页。

③ 《上度支部大垦淮徐海荒地为规复海军及地方自治教育费基本说》，见《张季直九录·政闻录》卷三，中华书局1931年版，第14页。

④ 《请兴农会奏》，见《张季直九录·实业录》卷一，中华书局1931年版，第6页。

⑤ 《棉业季刊序》，见《张季直九录·实业录》卷六，中华书局1931年版，第4页。

势，人们呼吁"设厂自救"，以抵制外资侵略和挽回利权。因当时洋纱是外国对华输出的大宗商品，张謇毅然挺身而出，筹办大生纱厂。经过苦心经营，大生纱厂发展迅速，盈利甚丰。在此基础上，张謇又创办大生二厂，并先后创办了十多个企业，其中包括资生冶厂和资生铁厂。在这过程中，张謇已朦胧地意识到棉纺织业和机器工业在经济中的重要地位，其"棉铁主义"正在酝酿之中。

宣统二年(1910)，张謇在参观南洋劝业会过程中，看到光绪年间的海关进出口贸易的统计资料，得知外货进口价值以棉织品为最大，次则钢铁。他"如寐始觉"，原来朦胧意识上升为清醒认识，于是提出："我国实业，当从至柔至刚之两物质，为应共同注意发挥之事。"[①]这里所说的至柔之物就是指棉纺织业，至刚之物就是指钢铁业。至此，"棉铁主义"被张謇明确地提出来。此时，张謇的"棉铁主义"已具有很强的理论色彩。

为什么要实行"棉铁主义"？张謇从两个方面进行论证：首先，实行"棉铁主义"，是振兴实业以改变中国贸易逆差的当务之急。当时外国大量商品向中国输出，造成中国严重的贸易逆差，而这贸易逆差比赔款更为可怕。"暗中剥削，较赔款尤甚。若不能设法，即不亡国，也要穷死"[②]。因此，中国振兴和发展实业也必须以改变我国贸易逆差为出发点。而当时棉纺织品是中国进口最大宗货物，钢铁产品次之，它们在很大程度上造成了中国的贸易逆差。为此，"惟有并力注意输入额最高之物"，实行"棉铁主义"，"为捍卫图存之计，若推广植棉地纺织厂是；又惟有开发极大之富源，以驰逐于世界之市场，若开放铁矿，扩张铁厂是"[③]。其次，实行"棉铁主义"是确定中国振兴和发展实业重点目标的必然选择。张謇认为，必须确定某些重点目标，集中国家财力、物力和人力，以点带面，才能振兴中国实业。他说："农工商业为类至多，政府人民财力均困，若事事并营，力分而益薄。……故与其分而致薄，无宁合而可厚。"[④]又说："实业亦必有的。……无的则备多而力分，无的则地广而势涣，无的则趋不一，无的则智不集，犹非计也。"那么，"的"(即重点目标)何在呢？张謇认为，"在棉铁，而棉尤宜先"[⑤]。这里，除了前述改变中国贸易逆差的考虑外，张謇还看到棉铁业与国计民生有密切关系，是最基本的工业。棉为人民生活所必需，铁为制造生产工具尤其是机器制造业所不可缺少，必须发展棉铁工业，才"可以操经济界之全权"，抵制外来经济侵略，

---

① 《海关进出口货价比较表序》，见《张季直九录·实业录》卷四，中华书局1931年版，第29页。

② 《辛亥五月十七日召见拟对》，见《张季直九录·政闻录》卷三，中华书局1931年版，第37页。

③ 《实业政见宣言书》，见《张季直九录·政闻录》卷七，中华书局1931年版，第3页。

④ 《宣布就部任时之政策》，见《张季直九录·政闻录》卷七，中华书局1931年版，第5页。

⑤ 《对于救国储金之感言》，见《张季直九录·政闻录》卷三，中华书局1931年版，第31—32页。

取得国家经济独立。同时,他也考虑到棉铁业特别是棉纺织业有利可图。“可富之业,私以为无过于纺织,纺织中最适合于中国普通用者惟棉”①。

“棉铁主义”主张以棉纺织业和钢铁工业为中心,来带动其他部门发展,内而建立独立的民族工业体系,外而抵制帝国主义的经济侵略,实现民富国强的目标。对于当时振兴民族经济来说,“棉铁主义”确是一项较为合乎实际,也比较切实可行的主张。可以说,“棉铁主义”是张謇经济思想的重要内容和特色,在近代民族经济思想史上具有相当的影响。

综上所述,前述三个方面构成了张謇的主要经济思想。其中,“实业救国”是其出发点和归宿点,协调发展农工商业则是其总体原则,“棉铁主义”则为具体措施。它们紧密联系在一起,形成了一个有机的整体。

必须指出,张謇经济思想具有很强的实践性。它不单是纯粹理论思维的产物,而是与张謇的经济活动紧密相连,既指导经济活动,又从经济活动中得到充实和发展。一方面,张謇经济思想使得其实业活动获得了巨大成功;另一方面,张謇成功的实业活动又为其经济思想增添了不少光彩,使其产生较大影响。

第五节　荣氏兄弟初创企业的活动

荣氏集团在中国近代民族工业发展史上,尤其在纺织、面粉业中占有极其重要的地位。在清末最后十多年间荣氏集团尚未形成,但荣氏兄弟已经开始了他们的近代企业初创活动。他们先后参与创办和经营了茂新面粉厂、振新纱厂,并取得较大的发展,从而为荣氏集团的形成和发展奠定了坚实的基础。

一　荣氏兄弟最初的经济活动

荣宗敬(1873—1938),名宗锦,字宗敬;荣德生(1875—1952),本名宗铨,字德生。兄弟二人均生于无锡。其父荣熙泰少时曾在铁坊习业,壮年时因家计困窘,到浙江乌镇一家冶坊任账房。光绪九年(1883),他随太湖水师提督王青山到广东,次年由其时在张之洞营务处的族叔荣俊业推荐,随同太仓人朱仲甫同往磨刀口厘金局任职。后又随朱到三口厘金局任职、到肇庆府任总账。阅历大增的荣熙泰认定儿子以从事经商为宜,让读了几年私塾的两个儿子先后到上海当学徒。

---

① 《拟请酌留苏路股本合营纺织公司意见书》,见《张季直九录·实业录》卷五,中华书局1931年版,第5页。

荣宗敬14岁时到上海铁锚厂习业，旋因病中辍。次年，他改去上海永安街源豫钱庄当学徒。期满后，在森泰蓉汇划字号当跑街，专管无锡、江阴、宜兴三地的汇兑收解业务。荣德生15岁时到上海永安街通顺钱庄习业，学成后赴粤就三水常关的司账职务，增加不少阅历。

光绪二十一年(1895)，荣熙泰、荣德生父子因任职到期，又无新差，遂回无锡。荣宗敬也因字号失利停歇而回家。当时开钱庄风气较盛，不少人因此而发财，荣氏父子极为羡慕，便决定开办钱庄。光绪二十二年(1896)，荣氏兄弟与人合伙在上海开设广生钱庄。钱庄总资本为3000元，荣氏兄弟出资一半，由荣宗敬任经理，荣德生管账房。不久，广生钱庄在无锡设立分庄，荣德生为分庄经理。无锡分庄兼营江阴、宜兴汇兑，次年业务推展到常熟、常州、溧阳等地。

荣氏兄弟在开办钱庄的同时，还兼营收茧业务。最初他们的父亲曾与人合伙开茧行，后来自己开设茧行。茧行就在荣家私宅后面，每年可从中获利二三千元。广生钱庄最初盈利甚微，其他股东不愿再做，抽回股金，从光绪二十四年(1898)起便由荣氏兄弟独资经营。光绪二十五年(1899)冬，荣德生应朱仲甫之召，前往广东任税局账房。光绪二十六年(1900)，义和团运动迅速发展，荣德生恐战事扩大，托故请假回上海，仍到广生钱庄任职。

二 创办机器面粉厂

光绪二十六年(1900)，荣氏兄弟在上海相聚，商议今后大计。当时，广生钱庄汇兑业务甚好，颇多盈利，但荣氏兄弟在外多年，屡见兴新业者往往获得大利，心生羡慕。他们已不满足于开设钱庄赚取微利，决定要自己投资实业以获取更大利润。荣德生在广东任职期间，得知面粉为免税货物，输入数量最大，“名为外人所需，实则华人之需要亦颇巨”①。他在返回上海途中，路经香港，见面粉也为大宗营业。荣宗敬也在经营广生的业务中发现，每年春夏之交，由上海汇往无锡、常州等地采购小麦的钱款数额极大。光绪二十六年(1900)，上海各业倍受战事影响，惟独小麦和面粉仍然畅销，英商增裕、华商阜丰等面粉厂均获厚利。因此，荣氏兄弟决意兴办面粉厂，此议得到同年秋从广东离职的朱仲甫的赞成。双方商定在无锡兴办一面粉厂，集股3万元(实收3.9万元)，各认一半，或自出，或招来，由朱负责疏通官场，办理开厂立案事宜，由荣氏兄弟负责购买土地和机器，主持建厂事务。此厂就是保兴面粉厂。

保兴面粉厂在创办过程中遇到不少困难。当时，中国只有天津贻牟来、芜湖益

---

① 上海社会科学院经济研究所编:《荣家企业史料》(上册)，上海人民出版社1962年版，第10页。

新、上海增裕和阜丰4家面粉厂，各厂在技术上对外实行严密封锁。荣氏兄弟想了解有关技术设备和生产过程，均不得其详。保兴面粉厂资本只有3万多元，无力购置价值10万元的美国先进设备，只好采用英机和法磨合用，购有法制石磨4部、60马力发动机、3道麦筛、2道粉筛，每日仅能生产面粉300余包。

保兴面粉厂在创办过程中还遭到地方封建势力的阻挠和刁难。光绪二十七年(1901)，保兴厂正式动工兴建不久，即遭一些地方封建势力的反对。他们指责荣氏私圈公地，说工厂烟囱高大有碍地方"风水"，要求县官从速阻止建厂。知县一面勒令停工，一面请示上级。股东朱仲甫多方疏通，花费800元获得两江总督的批准，保兴才得以继续兴建。后封建势力仍不甘心，再度联名上告，借口有碍风水，要求制止建厂。为此，常州知府特到现场勘察。直到年底，两江总督再次批文允准。双方经过调停，达成协议，建厂风波终于平息，但已使建厂工程拖延了10个月。

光绪二十八年(1902)初，保兴厂正式开工投产。其时，建厂和购置机器共花费4.3万元，超出原先的集资额3.9万元，透支4000元。保兴投产后，有30多名工人，每日消用小麦一百三四十担，出粉300包。小麦多在本地购买，也有部分来自高邮一带。面粉一般供应本地市场需要，部分由上海运往北方销售。荣氏兄弟的分工是，荣宗敬在上海负责联系对外业务(同时经营广生钱庄)，荣德生在无锡负责管理生产。当时机制面粉在无锡市场上还是第一次出现。无锡人素以米食为主，保兴面粉厂只好以面馆、点心店为主要销售对象。但人们习惯食用土粉，对机制粉则颇多怀疑。有的怀疑机制面粉颜色太白，可能掺入洋药。有的怀疑机制面粉营养被破坏，且不易消化。因此，保兴的面粉售价比土粉还低，有时甚至要掺入土粉才利于销售，但仍然销售不畅，积存不少。后荣氏兄弟特聘王尧臣、王禹卿兄弟帮其将面粉推销到北方市场，才解决了面粉积存问题，保持正常生产，并略有盈利。

光绪二十九年(1903)，朱仲甫见保兴厂盈利甚少，决定退股不干。荣氏兄弟决心继续把保兴办下去，将原有的股份增加，再由上海的买办祝大椿(字兰舫)、张石君认购部分股份，保兴厂的资本额增为5万元。年底，保兴厂盘点了结，改组为茂新面粉厂。荣宗敬任经理，荣德生任批发经理，张石君任总董事，荣瑞馨任副董事。

茂新厂开工生产后不久，日俄战争便在我国东北爆发。东北面粉大为畅销，上海增裕、阜丰、华兴等厂的面粉大量运往北方，获得巨额利润。茂新厂也趁此大好时机，积极向北方市场进军。光绪三十年(1904)夏，王禹卿赶到营口推销茂新面粉，兼售美粉，仅3个月就推销了20万包面粉，获利2万余元。但茂新的业绩与增裕、阜丰、华兴相比，简直微不足道。荣氏兄弟倍感自己机器设备落后，难以提高产量和产品价格，决心进行设备改造。

光绪三十一年(1905)春,荣氏兄弟以分期付款的方式,向怡和洋行订购18英寸的英国钢磨6部,其他辅助机器则自行仿造。将原有厂房拆去,改建成3层楼的新厂房。3个月后正式开车,每日可出粉500包。加上旧有的石磨,每日出粉800包,比原来产量增加一倍半。同年,抵制美货运动遍及全国,使美粉输入锐减,国产面粉大为畅销。这时沪宁铁路的沪锡段已通车,茂新用自备专用的小火轮来往车站,直接将面粉运往上海,然后转运东北。茂新的面粉销售量大大增加,经营额也激增。这时,茂新每日可赚500两白银,到光绪三十一年(1905)底,实际盈利5.8万两。这时,茂新的账面资本额也由5万两增至6万两,这为茂新厂打下了较为稳固的基础。同时,茂新面粉也开始在东北市场上占据一席之地。

可惜好景不长,从光绪三十二年(1906)开始,小麦价格因水灾歉收和新建面粉厂增多而大幅攀升。同时,洋粉大量进口充斥市场,不仅造成面粉难以销售,而且导致面粉价格大幅下跌。茂新在光绪三十二年(1906)、三十三年(1907)、三十四年(1908)连续亏损,数额不小。特别是光绪三十四年(1908),裕大祥因投机失败而倒闭,加入其中的荣宗敬亏本很大。再加上,茂新定运面粉的一艘货轮在海上触礁沉没,损失达5万元之巨。因此,茂新出现危机。有些股东信心不足,以每股十余两的低价出售票面价值100两的股票,荣宗敬和王禹卿各购进14股。所幸茂新在以往几年中奠定了一定的经济基础,在荣氏兄弟的积极努力下,终于勉强度过危机。

为了应付危机,使茂新走出困境,荣氏兄弟于光绪三十三年(1907)增添碾米机6部,兼营代客碾米。光绪三十四年(1908),又联合上海的华兴、阜丰等6家面粉厂共同成立了"办麦公会",减少同业在收麦时的倾轧,共同压低麦价。遗憾的是,这些并未产生明显的效果。由于当时振新纱厂状况也不佳,荣氏兄弟处于投资办厂以来最为困难的时期。为了保全茂新面粉厂和振新纱厂,荣氏兄弟被迫将广生钱庄关闭,"专心二厂"①。

使茂新情况发生根本转变的是荣氏兄弟大胆更新机器设备。为了降低生产成本,提高生产效率,加强自身的竞争能力,荣氏兄弟于宣统元年(1909)夏,以分期付款的方式购置当时最为先进的美式钢磨18部,并改建制粉车间,新添400匹马力引擎。宣统二年(1910)装成投产,产量比光绪三十年(1904)增加10倍,质量也大为提高,茂新经营情况也随之好转。

宣统二年(1910),茂新推出"兵船"牌商标。因其面粉品质良好,推销很顺利,但由于是新创的品牌,价格一时还上不去,仍低于华兴、阜丰的品牌。宣统三年(1911)

---

① 上海社会科学院经济研究所编:《荣家企业史料》(上册),上海人民出版社1962年版,第25页。

全国发生大水灾，各栈厂积存的小麦多受潮气影响。阜丰等厂收购了许多受水浸泡和霉烂变质的小麦，导致粉质下降。而茂新厂不仅注意避免积存小麦受潮气影响，而且在收麦时严格把关，保证粉源质量。因此，茂新面粉在市场上大受欢迎，赢得很高声誉。其后，茂新厂又于1912年以较低的价格获得了大批质量很好的四川小麦，使得茂新的"兵船"牌面粉声誉鹊起。由此，"兵船"牌成为全国名牌，可与阜丰的"老车"牌并驾齐驱，售价还高2分。

三　创办振新纱厂

荣氏兄弟在创办实业之初，就有投资衣食两类工业的设想。光绪二十九年(1903)，荣德生曾参观过通益公纱厂的生产情况，并作了详细笔记。可见，荣氏兄弟对办纱厂早有一定的思想准备。光绪三十一年(1905)，荣氏兄弟的茂新面粉厂经营状况良好。当时，棉纱也大为畅销，不少纱厂获得厚利。这使荣氏兄弟颇为羡慕，便拟实施其办纱厂的设想，积极向棉纺织业发展。

光绪三十一年(1905)夏，荣瑞馨在上海北京路寿圣庵打醮，请一些关系密切的工商界人士吃饭。荣瑞馨是荣氏兄弟的族人，曾在鸿源纱厂当华商代办，后任怡和洋行、丰泰洋行买办。当时，荣瑞馨已在茂新拥有股份，并任副董事。光绪三十一年(1905)，他和西门子洋行买办叶慎斋、禅臣洋行买办张石君、大丰布号老板鲍咸昌、保康当铺老板徐子仪以及荣宗敬等开办裕大祥，从事投机活动，并在上海筹办振华纱厂。那天，荣德生在赴寿圣庵前，就拟好了在无锡开办纱厂的章程。席间，荣德生出示章程，建议在无锡开一纱厂，得到荣瑞馨、叶、张、鲍、徐诸人一致赞成。众人议定厂名为振新，由上述诸人及荣氏兄弟为发起人，集资30万元，7个发起人各认3万，其余分头招募。

振新实际筹集到的资本额为27.08万元。以茂新多余的8亩地为基础，四处购买、租用土地，共计28亩。机器则向瑞生洋行定购英国道白生牌纱机。经过两年筹建，振新纱厂于光绪三十三年(1907)初建成开工。其时拥有10192枚纱锭，以蒸汽为动力，用油灯照明。经理为张云伯，副经理为徐子仪，大权实际操纵在荣瑞馨手中。荣氏兄弟没有被安排实际职务。由于经理长驻上海，副经理只知读书，振新亏损很大，到当年中秋就积欠裕大祥30余万。在张石君、叶慎斋等支持下，荣德生到厂视事，实际负责管理生产。荣德生先是迅速出售存纱，偿还债务，接着又加强对企业生产管理，力求减少开支，增加产量，提高质量。仅仅几个月，就"颇见功效"，改变了振新初期严重亏损的状况。

光绪三十四年(1908)，荣宗敬因裕大祥投机失败倒闭而损失很大，加之茂新厂接连几年亏损，荣氏兄弟忍痛关闭广生钱庄，全力维持茂新和振新。因此，振新虽然受到一定影响，但仍能维持正常生产。宣统元年（1909），上海、无锡两地股东发生争吵，结果上海股东退出振新，股权由无锡股东并进。除荣瑞馨和荣氏兄弟并进一部分外，还有无锡唐水臣也并进一部分。振新内部还进行了人事改组，由荣宗敬任董事长，荣德生任总经理。荣德生正式就任后，即对厂内生产管理进行全面整顿，在生产经营的主要环节配备得力人手，努力降低产品成本，提高产品质量。为此，荣德生经常亲临生产现场，进行督察。与此同时，荣德生还扩充设备，于宣统元年（1909）增锭 2184 枚。这样一来，振新的生产经营大为好转，渐有盈利。当时振新棉纱在市场上可与"蓝鱼"牌日纱售得同样价格。振新每日出纱 32 件，每件纱用棉 342 斤，成本只有 200 元，1 件纱可赚 10 元。

然而，宣统二年（1910）和宣统三年（1911），振新又两次陷入危机之中。宣统二年（1910），荣瑞馨投机"橡皮股票"失败，亏欠巨款，便把存放在董事唐水臣（唐是荣瑞馨的姻亲）处的振新房地产单契拿去，并骗盖了茂新面粉厂的图章为担保，向怡和银行抵押 16 万两。由于到期未能清偿，振新几乎被查封。荣氏兄弟四处奔走，托人借款，费了很大气力才将地契赎回。

宣统三年（1911），长江大水泛滥，10 月又爆发辛亥革命，时局动荡，银根紧缩。振新资金短绌，无法周转，一度停工月余。在这种情况下，荣氏兄弟一方面凭他们的良好信誉和与金融界的密切关系，设法筹得一些资金，勉强维持生产。同时，他们请商务印书馆印了 2 万元工资票，以工资票向职工发放工资，工人凭工资票可在指定的几家商店购买物品，从而解决了给工人发工资的困难。于是，振新又得以继续生产。

四　荣氏兄弟企业初创活动的分析

如前所述，荣氏兄弟先后创办了茂新面粉厂和振新纱厂，并取得较大发展，但此时还远谈不上荣氏企业集团的创办和形成，充其量只能算是荣氏兄弟的企业初创罢了。

茂新和振新是荣氏兄弟发起并参与创办的，实际上也主要是由荣氏兄弟经营的。但是，茂新和振新都是股份有限公司，而荣氏兄弟资本有限，未能拥有完全控制企业的绝对多数股份。其具体情况是，荣氏兄弟在茂新所占份额较大，基本上对茂新具有控制权，而在振新所占的份额较小，对振新则不具有控制权。

保兴厂初创时，实收资本 3.9 万元，分 13 股，每股 3000 元。除 2 股已不可考外，其余 11 股的情况是：朱仲甫为最大股东，有 5 股 1.5 万元，荣瑞馨有 3 股 9000 元，荣秉之 1 股 3000 元，而荣氏兄弟只占 2 股 6000 元。由于朱仲甫是官僚，无心经营，又与荣氏兄弟关系亲密,荣瑞馨也远在上海,故经营权掌握在荣德生手中。光绪二十九年(1903)朱仲甫退股,保兴改组为茂新,资本增为5万元,荣氏兄弟资本增为2万元,张石君、祝兰舫各认股4000元。其余股份不变,按3000元作4000元增值计算[①]。此后,荣氏兄弟变成茂新的最大股东,对茂新具有控制权。当然,由于茂新是股份有限公司,荣氏兄弟也还多少受到董事会和股东大会的制约。

振新初创时,实收资本27.08万元,荣氏兄弟、荣瑞馨、张石君、叶慎斋、鲍咸昌、徐子仪7人各认3万元,其余散股共6.08万元。虽然荣氏兄弟合占6万元,但荣瑞馨在其他股东中影响很大,实际控制着振新大权,一开始把荣氏兄弟排除在振新的管理层之外。后来由于振新亏空太大,在部分股东的支持下,荣德生才得以实际主持振新业务,并在改组时又正式出任总经理。这样,在荣氏兄弟的经营管理权和其他股东特别是荣瑞馨的控制权之间便存在着矛盾。当荣氏兄弟的经营方针得到其他股东的支持时,这种矛盾还暂时潜伏着;一旦荣氏兄弟的经营方针与其他股东尖锐对立时,尤其是又夹杂着权力斗争时,这种矛盾就公开猛烈地爆发出来。1915年荣氏兄弟退出振新就是这种矛盾激化的结果。由此可见,荣氏兄弟并不能控制振新纱厂,再考虑到后来荣氏兄弟退出振新,因此不宜将振新算成荣氏企业。鉴于振新的教训,荣氏兄弟后来创办申新系统时,采取了无限责任公司形式,以确保股权相对集中和便于集权经营,从而保持荣氏兄弟对企业的控制权。

尽管荣氏兄弟处于企业初创时期,但茂新和振新二厂却涵盖后来荣氏集团的纺织、面粉两大行业。荣氏兄弟在近十年的经营活动中不仅积累了一定资本,而且也逐渐摸索和积累了经验,为荣氏集团的形成和发展奠定了坚实的基础。与此同时,荣氏兄弟也在办厂过程中,初步形成了其经营风格。具体说来,有以下几点:

第一,赚取利润和振兴民族经济的双重创业动机。荣氏兄弟兴办民族工业无疑是想获得丰厚利润,但同时也有振兴民族经济的思想。这在初期表现十分明显。荣氏兄弟目睹大量洋货进口,痛感国家利权外溢,萌生了创办实业的思想。荣宗敬回顾自己的创业动机时说:"余年未弱冠,即习商贾之事,往来申、锡间,见夫生齿日繁一日,舶来品日盛一日,不禁兴起创办实业思想。"荣德生也是如此,他于光绪二十六年(1900)自粤返申,"在港候船,日见大批洋粉进口,因起堵塞漏卮、挽回利权之想"[②]。

第二,以纺织、面粉行业为主的经营格局。创业之初,荣氏兄弟对当时的各业都

① 钱钟汉:《抗战前无锡六个民族工业系统的原始资本及其发展变化》,见《江苏近现代经济史文集》,江苏省中国现代史学会1983年编印,第98页。

② 《茂新、福新、申新三十周年纪念册(总理自述)》,茂新福新申新总公司1929年编印。

进行广泛而细致的考察，得出结论："如仿做，不外吃、着两门最妥。"[①]这主要是因为投资吃着（即吃饭、穿衣）两门（主要是面粉和纺织），不仅重要，而且投入少，见效快。正如荣宗敬所说："第一，民以食为天，每个人离不开；第二，周转快，原料今日进厂，明天就有成品出来。"[②]在宣统三年（1911）前，荣氏兄弟先后创办和经营了茂新面粉厂和振新纱厂，基本上确定以后荣氏集团经营纺织、面粉两大行业的格局。

第三，重视更新设备和扩大规模。初建保兴时，因资金不足，采用英国粉机和法国石磨，设备落后，产量和质量都受到很大限制，光绪三十一年（1905）、宣统元年（1909）荣氏兄弟两次用分期付款的方式购置新式机器设备，使产量和质量都有很大提高。振新于宣统元年（1909）也增添纱锭2148枚。由于扩大和更新设备，使得企业降低成本，增加产量，提高质量，茂新和振新都从中获益甚多，荣氏兄弟对此深有体会。后来，这成为荣氏集团企业的一个突出特点。

第四，严把原料收购关，注重商品营销。原料的收购直接影响着企业产品的质量，产品的销售则最终决定企业盈亏，它们是企业的两大重要环节。荣氏兄弟对此非常重视，为企业配备了得力人手，请具有丰富经验的蒲文渭、蒲文汀兄弟负责收购小麦，请销粉能手王尧臣、王禹卿兄弟负责推销面粉。宣统三年（1911）天气多雨，荣氏兄弟在收购小麦时，将受潮发热的小麦剔除，因而出品精良，使"兵船"牌商标名声大震。保兴初期，面粉积压难销，荣氏兄弟请王禹卿为其向北方推销，使积压面粉销售一空；后聘王禹卿为销粉主任，使茂新面粉在北方市场上占据一席之地。严把原料收购关，注重商品营销后来也成为荣氏集团企业的又一大特点。

第六节　江苏民族工业初步发展的特点

光绪二十六年（1900）前，江苏民族工业还刚刚产生，只有屈指可数的十几家工厂，行业却包括了军工、煤矿、棉纺、缫丝、榨油、碾米等等。有的行业如榨油、碾米均只有一家工厂，缫丝业、棉纺业稍多，也不过三四家工厂，行业规模十分有限。

在清末最后12年中，江苏民族工业有了初步发展，工厂总数是光绪二十六年（1900）前的四五倍。原先已有一定规模的行业，其工厂数成倍增加，如棉纺业由原先3家工厂发展成8家，缫丝业由原先4家工厂发展到9家。原本仅有一二个工厂的行业，发展更为迅速，如机械制造业由原来的1家工厂发展到3家，榨油业由1家工厂

---

① 上海社会科学院经济研究所编：《荣家企业史料》（上册），上海人民出版社1962年版，第9页。

② 朱敬圃：《荣宗锦荣德生年表合编》，见《申新系统企业史料》（油印本）。

增为8家，碾米业由1家工厂发展到七八家。与此同时，还新增了有9家工厂的机器面粉业、4家工厂的电业。此外，玻璃、印刷、造纸、皂烛、罐头食品、酿造等新行业也相继发展起来。这样，江苏民族工业的行业较为广泛，每个行业都具有一定规模，整个江苏民族工业的某些结构上的特点开始显示出来。这为江苏民族工业的进一步发展奠定了坚实的基础。

值得指出的是，在此期间，大生企业集团已基本形成，荣氏兄弟也进行他们企业的初创活动，无锡的杨氏、薛氏、周氏等开始投资于近代工业，这就为大生企业集团的进一步发展和荣氏企业集团、杨氏企业集团、周氏企业集团的形成打下了基础。

综观江苏民族工业初步发展的情况，可以看出它有以下特点：

第一，就发展方式而言，未经过工场手工业阶段，而是主要靠直接引进外来先进生产设备和技术而创建。

在江苏近代工业开创时期，主要是官绅直接移植外来先进的生产力而创建近代工厂。在江苏近代民族工业初步发展的清末十多年中，基本上依然如此。这一时期，江苏工业企业只有少数是由原有的手工工场或作坊发展而来，大都是独资或集资引进国外先进设备而直接建成的，并未经历工场手工业阶段。只有碾米业有些例外，少数是由直接投资建成，如无锡的宝新碾米厂，多数则是由牛砻主或臼坊主更换机器设备改建而成，典型的例子是邹成泰碾米厂。这是由于碾米厂所用新式机器设备相对简单，所需资本较小，而原来的作坊又有一定规模，作坊主可以通过更换机器设备将手工作坊转化为近代工厂。但总的说来，大多数的工厂都是由人们直接投资购买新式设备而建成的。

在西方资本主义国家，一般是在工场手工业发展的基础上产生近代工业。但是在中国，在江苏，则与西方资本主义发展历程恰恰相反，不是在工场手工业基础上产生近代工业，而是在外来资本主义的冲击下直接产生江苏近代民族工业。与此同时或稍后一段时间，江苏才开始出现一大批手工业工场。这在棉纺织业表现尤其明显。鉴于洋纱的广为流行，为了堵塞漏卮，挽回利权，江苏近代民族纱厂应运而生。在外来洋纱和本地机制纱的双重冲击下，农村纺业大为衰退，但织布业却借助机制纱的优势迅速崛起，在常熟、江阴、常州、无锡等地先后建立50多个织布厂。这些工厂先使用改良的木机，后改用铁木机，产量和质量都有很大的提高，因其尚未使用蒸汽或电力为动力，故仍属手工业范畴。当然，这种手工织厂的发展，反过来又会进一步推动近代棉纺工业的发展，有的织厂本身以后也会转化为近代工厂。

第二，就所有制结构而言，基本上官僚买办商人创办的民营企业，极少官办企业。

光绪二十六年(1900)前，江苏近代工业企业以官办和官督商办为主，但开始逐渐向商办转化，创办者基本上是官府和官员，包括一些退休和候补官员。光绪二十六年(1900)后，江苏新建企业，只有极少数的官办企业，如金陵电灯官厂和南洋印刷官厂，其他的都是商办的民营资本主义企业，只有少数或一定官股，如大照电灯公司因把所占用的 9 亩官地折价为 6000 两，从而拥有少数官股。但这时的官股与一般商股无异，实际上只领取官利和红利，并不干预厂务。与此同时，徐州煤矿由原先的官督商办变成商办，苏纶和苏经也褪去仅有的一些官督色彩，完全变成商办企业，号称绅领商办的大生纱厂，虽然官股占有很大比重，但实际上只是领取官利和红利，因而与一般商办企业无异。只有金陵机器制造局仍为官办，但其业务已日渐衰落。

这一时期，在江苏民族工业企业的创办者中，官僚所占比重，虽较以前有所下降，但仍占据总数的一半以上；买办也占相当比例，而商人数量有很大增长，但所占比例仍然较低。比较典型的例子是新建的 5 家纱厂：大生二厂的创办者张謇是翰林院修撰，裕泰纱厂的创办者蒋汝坊是郎中，济泰纱厂的创办者朱幼鸿是道员，振新纱厂的 7 个发起人中，荣瑞馨、张石君、叶慎斋为买办，只有荣氏兄弟和鲍咸昌、徐子仪为商人。利用纱厂的创办者施子美、严惠人是当地商会领袖。无锡新建的 5 家丝厂也有同样的情况：周舜卿是官僚兼买办，薛南溟是官僚，孙鹤卿是地主，许稻荪是职员，祝大椿是买办兼官僚。在 9 家面粉厂中，情况也基本差不多。保兴的创办人之一朱仲甫是官僚，后来保兴改组为茂新时，买办兼官僚祝大椿和买办张石君也成为股东；官僚许鼎霖和沈云沛等创办了海丰面粉厂，他们也是永丰面粉厂的主要创办人。裕亨面粉厂的创办人朱畴(幼鸿)和复新面粉厂的张謇也是官僚出身。

为什么官僚和买办会是江苏这一时期投资工业的主力呢？这是因为江苏近代工业主要不是在自身经济基础上发展起来的，而是在外来资本主义刺激下产生的，需要移植外来的先进设备和技术。在这种情况下，往往要求积聚巨大的资本并克服许多困难与阻力。但在光绪二十一年(1895)后，特别是光绪二十六年(1900)后，清政府财政极其困难，无法大力投资，同时由于原先的官营企业绝大多数经营不善，陷入困境，官营政策宣告破产。于是，民营企业在艰难中应运而生，并逐渐形成创办高潮。在民营工业刚刚发展的情况下，愿意和敢于投资工业的商人还不多，其力量极为弱小，作用十分有限，倒是官僚和买办发挥了主要作用。具体说来，有以下几点原因：其一，一些官僚和买办具有较强的经济实力或筹集资金的能力，能够投资于工业。有些商人想投资工业，却因资金缺乏而显得力不从心，他们只有得到官僚和买办在经济上的支持，才能把投资设想付诸实施。如荣宗敬、荣德生兄弟在光绪二十六年(1900)就想投资兴建面粉厂，但他们本身资本很少，无法启动，直到朱仲甫赞成他们的建厂计划，并承担出大股资金，面粉厂才得以建成。同样，荣氏兄弟兴建振新纱厂的计划，也是在得到一些买办的支持和响应后，方变成现实。其二，一些官僚和买办愿意和敢于投资工业。当时风气未开，投资于近代工业，不仅面临困难阻力甚多，而且经营风险很大。在这种情况下，尽管投资工业有时也能获得丰厚利润，但大部分有钱人不是把钱存入钱庄和购置土地，就是自开钱庄和经营商业，不愿也不敢冒险去投资工业。而一些官僚、买办则具有开阔的视野和锐利的眼光，或认为投资工业是当时中国所必需，或看到投资工业能获得优厚利润。而且他们与当时的官府有紧密联系，能获得政治上、经济上的支持。其三，有些创办者本来不是官员，但为了克服投资实业时遇到的各种阻力，便通过捐纳制买得官衔。在这方面，周舜卿和祝大椿两人表现最为典型。周舜卿经营震昌、升昌铁行致富后，便大力巴结奕劻、载振父子，捐得一个四品京堂。光绪三十一年(1905)，他被商部聘为三等顾问官，获清廷赏给二品顶戴。祝大椿先是在上海大成五金铁号当学徒，满师后独自创业，开设源昌铁号，经营进口煤、铁、五金等，兼营拆船业和地产业，成为上海富商。在光绪二十六年(1900)前后，祝被怡和洋行聘为总买办。他为了减少投资实业的阻力，曾花钱捐得一个花翎道的虚衔，光绪三十四年(1908)，因经营实业成绩卓著而被清廷赏给二品顶戴，被农工商部聘为顾问。

第三，就产业结构而言，轻工业占绝对优势，初步形成棉纺、缫丝、面粉三大支柱产业的雏形。

在清末最后十多年中，江苏的基础工业只有有限的十几家，力量极其薄弱。徐州煤矿、青龙山煤矿、金陵机器制造局和金陵火药制造局等呈日趋衰落之势，胜昌和渭鑫机器厂以及资生铁厂等实力有限，规模很小的4家电厂基本上只是为城市部分区域提供生活照明用电，而不是为工业发展提供动力用电。

除了上述工矿之外，江苏其他的数十家工业企业都属于轻工业，主要有纺织业、食品工业及日用品工业等。如果说，在光绪二十六年(1900)前，由于工厂数量非常有限，尚未形成相当规模，在产业结构上还看不出什么特点，那么，到宣统三年(1911)时，江苏近代民族工业获得初步的发展，轻工业占绝对优势的结构特点已开始清楚地显示出来。其中，尤以棉纺、缫丝、面粉三个行业最为发达。如前所述，棉纺织业和面粉业已在全国占有重要地位，缫丝业也开始在全国崭露头角。这样，就初步形成江苏近代工业的三大支柱的雏形。

为什么江苏近代工业会呈现这样的产业结构？大体上有以下几方面原因：

(1) 物产及历史因素。除了徐州一带煤藏量较为丰富外，总体说来，江苏矿产资源缺乏，这是发展重工业的不利条件。江苏的农产品以棉、蚕为主，自19世纪后期起，蚕桑业发展极其迅速，而棉纺织业历史悠久，十分发达。这种物产和历史的因素，使得江苏发展棉纺和缫丝业占有很大优势。江苏是鱼米之乡，大米、小麦、大豆、花生等出产丰富，也为其发展食品工业提供了有利条件。

（2）产业本身的要求。重工业发展要求资本大、周期长，在初期一般由政府投资为宜。在清末最后十多年间，江苏工厂多是民营企业，轻工业所需资本相对较少，设备简单，企业建设时间短，资金周转快，因而一般资本家自然选择投资轻工业。

（3）外来冲击的影响。江苏地处东南沿海，特别是在上海这个中心城市的直接辐射和影响下，对外来资本主义经济的冲击和影响感受格外明显。自给自足的经济遭到很大破坏，如外来的机制纱侵入中国棉纱市场，排挤了土纱，为民族机器纱厂的建立创造了市场条件，当然，同时也阻碍着民族纱厂的进一步发展；同样，外来机制面粉的输入，也促进和推动了民族面粉厂的兴起。由于外货的倾销以棉纱、面粉等轻工业品为主，中国人为堵塞漏卮，挽回利权，也往往从投资轻工业着手。此外，外国从中国获得大量原料，如生丝等，也刺激着缫丝等有关加工工业的兴起。

（4）市场的制约。轻工业直接关系着民生日用，与老百姓生活有紧密联系。中国人口稠密，轻工业品市场广大，这也是投资轻工业的有利条件。

江苏轻工业占绝对优势这一产业结构特点，以后一直贯穿到整个近代。应当说，轻工业占优势是当时中国乃至近代中国工业的特点，但因江苏轻工业特别发达，在全国占有重要地位，而重工业却在全国相对显得无足轻重，因而这一特点在江苏表现最为明显。

第四，就地区结构而言，南通和无锡初具地区中心雏形，南强北弱趋势日益显现。

在清末最后12年中，江苏民族工业处于初步发展阶段，其在地区结构上的某些特点开始表现出来。

（1）绝大多数工厂集中于南通、无锡、镇江、苏州等城市。其中，南通、无锡都有十多家企业，初显地区中心的雏形，而镇江、苏州也各有六七家工厂。

在南通，十多家企业形成了以大生纱厂为核心的大生企业集团，其中多数企业如大生一厂、广生油厂、大隆皂厂、复新面粉厂、翰墨林印书局、资生冶厂及铁厂等都集中于唐闸一地。大生企业集团的基本形成，以及南通交通事业的迅速发展，再加上南通商业活动的大为增强，标志着南通已初显地区中心的雏形。

在无锡，有2家棉纱厂、5家缫丝厂、2家面粉厂、5家碾米厂、1家机器制造厂，共计15家工厂。无锡的工业具有一定规模，虽没有像南通那样形成较大的企业集团，但也在某种程度上初具地区工业中心的雏形。加之无锡早就是苏南的交通中心和商业中心，使它逐渐向着苏南地区经济中心的道路迈进。

（2）苏南、苏北间差距逐渐扩大，南强北弱趋势日益显现。

在清末最后十多年中，从整体上看，苏南、苏北间的差距尚不是很大。就工厂总数而言，苏南比苏北多一些，但毕竟有限。苏南商品经济远远强于苏北，按理说，苏南的近代工厂数也应大大超过苏北才是。为什么没有出现这种现象？主要是因为江苏民族工业尚处于初步发展阶段，民营工业刚刚应运而生，投资近代工业的主要是官僚、士绅，商人参与者尚不多。张謇、沈云沛、许鼎霖等“江北三杰”在苏北近代工业的创建中发挥很大作用。为了挽回利权，他们以巨大热情投身实业，往往利用其与官府的直接或间接联系以及在社会上的广泛影响，多方筹集资金，创办一系列工厂。他们是抱有强烈社会责任感的实业家，其办厂的目的主要不是为了赚钱，而是为了探索实业救国的道路。因此，他们身上有着勇于克服一切困难阻力的百折不挠精神，但有时难免产生一些不切实际的投资冲动，有贪大求多的倾向。除了大丰、泰来等厂外，苏北其他工厂，无不与“江北三杰”有着密切的联系。“江北三杰”在兴办实业中的巨大作用，便在某种程度上弥补了苏北商品经济基础薄弱的不足。

然而，“江北三杰”的个人作用毕竟有限，难以摆脱发展近代工业的客观条件制约。苏南商品经济较为发达，交通便利并靠近外向型的大都市上海，这为苏南地区的工业发展提供了较优越的环境。反观苏北，除了南通地区外，商品经济都很不发达。与之相联系的是，人们的商品意识也相对薄弱，从而使得工厂面临的人为阻力颇大。宣统二年(1910)，海丰、大丰、永丰3家面粉厂遭到饥民抢劫，损失惨重，固然有利益冲突、自然灾害、官府干预不力等多方面因素，但也与民众的商品意识较差不无关系。因此，清末最后十多年中，苏南、苏北工业发展之间差距在逐步扩大，南强北弱趋势日益显现。这在工厂经营状态上非常突出而明显地反映了出来。除了南通地区工厂显得生机勃勃外，苏北其他地区工厂经营状况大都不理想，永丰停产，大丰、泰来亏折不少，耀徐玻璃公司更是负债累累，海丰、赣丰虽有不少盈利，但都被耀徐公司所拖累，至宣统二年(1910)夏，两厂被耀徐积欠98万两①，因而这两厂几乎没有获得什么发展。苏南工厂经营虽然也有起伏，有的甚至亏本，但总体上看情况较好，并得到较快发展。如无锡的面粉业发展很快，初显江苏制粉中心的雏形；振新、苏纶、济泰纱厂的生产能力有所提高；无锡的缫丝业也异军突起。

第七节　江苏近代农业的新变化和手工业的嬗变

在清末最后十多年中，江苏农业虽然依然处于传统农业状态，但是，已经逐渐出

---

① 《东方杂志》第7卷第6号，“中国大事记补遗”，第37页。

现一些新变化。与此同时，在外来商品不断输入与民族机器工业发展的冲击和刺激下，江苏手工业也渐渐嬗变。

一　农业的新变化

从鸦片战争后直到清王朝覆灭，江苏农业始终仍然处于传统农业状态，并未发生根本性的变化。但是，随着中国越来越深地卷入世界资本主义市场体系之中，随着西风东渐，中国开始学习外来先进的农业管理经验和农业生产技术，江苏农业逐渐出现一些新变化。

第一，农产品商品化趋势不断扩大。

明清时期，江苏，特别是苏南地区，农产品商品化已有相当程度的发展。鸦片战争后，中国逐渐被纳入世界资本主义市场之中。在国内外商品交换的刺激下，江苏农产品商品化呈现出不断扩大的趋势，尤其突出地表现在经济作物种植面积不断扩大上。

明清时期，江苏，特别是苏南地区种植经济作物已经有着悠久的历史。鸦片战争后，特别是19世纪六七十年代后，随着中国社会经济半殖民地化的日益加深，江苏蚕桑、棉花等经济作物种植面积不断扩大。

江浙交界的太湖流域是中国传统蚕桑生产中心。在经历太平天国战争破坏后，该地蚕桑生产一度遭到严重打击，但不久即得到迅速恢复。到同治年间，农民陆续回乡，“在每片可利用的土地上，桑树种植起来了，并有所增加”①。其中，无锡等地蚕桑发展尤为迅速。无锡、金匮两县，向年“饲蚕之家不多”，太平天国后，该处荒隙地“尽栽桑树”，“由是饲蚕者日多一日，而出丝亦年盛一年。近年苏地（指吴县、吴江）新丝转不如金、锡之多。而丝之销场亦不如金、锡之旺”②。与此同时，蚕桑生产区域也向江宁（南京）、镇江等口岸城市和沪宁沿线地区扩散蔓延，种植面积大幅增加。江宁农户在种植粮食之外，“多以种桑饲蚕为业”，蚕丝产量年年增加。江宁府江浦县，“蚕桑之利，昔日所无”，太平天国后则“饲蚕者几于比户”。光绪二十八年（1902）海关报告说：“整个南京栽培着桑树，至少三分之一的人直接或间接以丝业为生。”镇江地区原本“桑树既少，育蚕亦欠讲求”，此时也开始大量植桑。丹徒县原先只有野桑，此时则桑田桑林“遍境内”③。武进县在光绪初年，仅东南少数地方养蚕，到清末则迅速从东南向西北扩散。昆山县和新阳县，“旧时邑鲜务蚕桑”，到19世纪70年代，则“邑民植桑饲蚕，成为恒业”④。

---

① 段本洛主编：《苏南近代社会经济史》，中国商业出版社1997年版，第288页。

② 《申报》光绪六年五月十四日（1880年6月21日）。

③④ 段本洛主编：《苏南近代社会经济史》，中国商业出版社1997年版，第288页。

蚕桑生产的扩大，主要是因为种桑养蚕可以获得厚利。在19世纪80年代，无锡“丝茧价格高于其他一切农作物”，鲜茧每担（司马秤，合121斤）常在30—60元之间，折合白米6—10石，所以，当时有“养好花蚕发洋财”之说[1]。其后，随着中外机器缫丝厂的兴建，市场上蚕茧的需求日益增加，茧价不断上涨，导致农民更多地植桑养蚕。由于种桑面积不断增加，无锡、苏州等太湖流域一带，大多将种粮之地改种蚕树。19世纪70年代起，“成片桑园在无锡陆续出现，并将大块稻田改种桑树”[2]。

鸦片战争前，江苏就是中国棉花生产重要产区之一。19世纪60年代，因美国爆发南北战争，国际棉花市场价格上涨。英国和印度因美棉输入减少，吸取中国原棉外运，直接刺激江苏棉花种植区的扩大和棉花生产的商品化。19世纪80年代后，由于日本棉纺织工业迅速发展，原棉供应紧张，便从中国大量进口原棉，进一步刺激中国棉花种植的扩大。其后，一批中外机器纱厂在中国设立，也进一步扩大了对棉花的需求。在对棉花需求不断高涨的情况下，种植棉花可以获得较粮食作物更多的收益。于是，原先的产棉区纷纷扩大棉花的种植。如川沙县，“俗称棉七稻三，近以棉价昂贵，种棉尤多”。南汇县及浦江两岸，“均栽种棉花，禾稻仅十中之二”[3]。连许多本来不种棉花的地区，也“改禾种花”。江阴原先产棉不多，“近年乡民知棉为大利，亦多种棉花者”[4]。

随着棉花种植面积不断扩大，江苏在原来的基础上发展出一批棉花专业区。到19世纪80年代，如皋、通州（南通）、海门“一望皆种棉花，并无杂树”[5]。松江府和太仓州种棉亦多，当地农户“耕地宜稻者十之六七皆弃稻栽花”，棉田“当不止百万亩”[6]。据光绪三十二年（1906）农工商部向各省通报产棉情况：查各省产棉之区，“以江苏之通州、海门、崇明、太仓等处为最盛”。“通海年产约一百三十余万石”。崇明、太仓、宝山等处约产棉八九百万石[7]。此外，苏州四境也广种棉花，在常熟、昭文、昆山、新阳乃至江阴等县，“各乡木棉广植”。

第二，兴办农务学堂，设立农会。

19世纪末，随着西风东渐，又加上甲午战败的刺激，许多有识之士发出兴办农务学堂和设立农会的呼吁。

---

① 段本洛主编：《苏南近代社会经济史》，中国商业出版社1997年版，第292页。

② 段本洛主编：《苏南近代社会经济史》，中国商业出版社1997年版，第294页。

③ 段本洛主编：《苏南近代社会经济史》，中国商业出版社1997年版，第290页。

④ 民国《江阴续志》卷六，第6页。

⑤ 《申报》光绪十年六月二十二日（1884年8月12日）。

⑥ 张采：《太仓州志》卷十五。

⑦ 李文治：《中国近代农业史资料》第1辑，生活·读书·新知三联书店1957年版，第417页。

早在光绪十六年(1890),孙中山在《致郑藻如书》中就提出:中国农桑不振,为害已甚,亟宜谋求改良之策,“道在鼓励农民,如泰西兴农之会,为之先导”①。光绪二十一年三月十四日(1895 年 4 月 8 日),康有为在著名的“公车上书”中提出要“遍于城镇设为农会”。光绪二十二年(1896)、二十三年(1897),张謇先后在《农会议》和《请兴农会奏》中两次提出设立农会。光绪二十二年(1896)夏秋之际,罗振玉、徐树兰与江苏吴县蒋黼、江苏如皋朱祖容等人,在上海成立我国近代最早的民间性质的农业学术研究团体——上海农学会。该会编印农学刊物《农学报》,大量翻译外国农书。该会江苏会员在江苏如皋成立“农桑公社”②。光绪二十二年(1896),两江总督张之洞在江宁城内设立储才学堂,设有农政门,分种植、水利、畜牧、农器之学,这是江苏发展农业教育事业的开端③。光绪二十四年(1898),江苏学政瞿鸿机奏准改江阴南菁书院为高等学堂,以书院原管沙田试办农学。同年夏,光绪帝发布上谕,命“各省府州县设立农务学堂,广开农会”。但是,不久慈禧太后发动政变,戊戌变法流产。设立农会之事随即胎死腹中,南菁高等学堂也徒留学堂名称,实际已恢复书院旧制。

到清末新政时期,为了改良农业,清政府再次把开办农务学堂和设立农会提上议事日程。光绪二十九年(1903),三江师范在江宁(南京)成立,并设立农学等 7 科,聘请日本人安藤安为农科总教习,培养农业师资。光绪三十年(1904),两江总督魏文焘改江南格致书院为江南实业学堂,内分农、工、商、矿 4 科④。光绪三十二年(1906),张謇在南通师范学堂附设农科(包括畜牧)。光绪三十二年(1906),清政府学部通令各省兴办实业学堂。光绪三十三年(1907),苏州府农业学堂在吴县创立。光绪三十四年(1908),农工学堂在清江创立,次年改名为江北农林学堂⑤。

光绪三十一年(1905),周舜卿在无锡成立江苏省第一个地方性农会——锡金农务分会。周廷弼担任总理,提供开办经费。光绪三十三年(1907),清政府奏准颁行《农会简明章程》22 条,规定各省在省城设立农务总会,府厅州县酌设分会,其余乡镇、村落、市集次第酌设分所。总会设总理 1 人,协理 1 人,分会只设总理。总、协理以下设董事,总会董事 20—50 人,分会 10—30 人。凡一切蚕桑、纺织、森林、畜牧、渔业各项事宜,农会均可酌量地方情形,随时条陈农工商部,次第兴办。此后,江苏各地先后设立农会。光绪三十四年(1908)秋,通州农会分会成立,由张謇担任总理。宣统

---

① 《孙中山全集》第 1 卷,中华书局 1981 年 8 月版,第 2 页。

② 潘君祥:《我国近代最早的农业学术团体——上海农学会》,《中国农史》1983 年第 1 期。

③ 江苏省地方志编纂委员会编:《江苏省志·农业志》,江苏古籍出版社 1997 年版,第 393 页。

④⑤ 江苏省地方志编纂委员会编:《江苏省志·农业志》,江苏古籍出版社 1997 年版,第 400 页。

元年(1909),泰州、扬州、东台、宝应等农务分会先后成立[1]。宣统二年九月二十一日(1910年10月23日),张謇等在江宁(南京)发起成立全国农务联合会,由张謇担任会长。为了联络方便,该会在宁垣(南京)设立总务事务所,并在湖北武昌和直隶保定分设南、北两事务所[2]。同年,苏州农务总会成立,海安、桃源(今泗阳)也成立农会分会。宣统三年(1911),武进、邳州、盐城农会分会成立[3]。

在清末,农会并非是真正的农民组织。会董及会员几乎没有普通农民,而是由地主和资产阶级联合组成并控制。出任总理、协理和董事的多是地主和资产阶级的头面人物,也有少数农会的领导人由新式资产阶级知识分子担任。因此,当时农会不可能真正代表农民利益。但是,必须承认,江苏各地农会在开垦荒地、改进农作物品种、报告灾情与请求免征等方面作了一些积极工作。宣统元年(1909)春,通州农会分会主持开垦荒地30亩,建设农场,随后又进行农事试验。苏州农务总会成立后,即承领荒地,创办农业试验场,并通过商务总会协助从南洋巴达维亚购得初里乌律谷、石初里谷、初里乌木谷、红豆、木棉及各种蔬菜优良品种,精心培育种植,复加推广,对农产品改良作出贡献[4]。宣统三年(1911)夏,江苏连日暴雨狂风,水稻、木棉大半黄萎糜烂,农民异常恐慌。太仓农务分会即备文呈报苏州农务总会,报灾乞赈。苏州农务总会随即致函农工商部和抚院,请求赈济。同年,嘉定农务分会和商务分会鉴于灾年无收,米价昂贵,先后两次呈文苏州商务总会和抚藩各宪,报告"情形岌岌可危",请求"通饬各属局卡,将米捐、船捐一律暂时豁免,以苏民困而弭乱源",最后使得苏属米谷、杂粮等一律豁免厘捐[5]。

江苏还开始举办农事试验场,进行农事实验。光绪二十七年(1901),淮扬兵备道沈瑜庆奏请在清江设立江北农事试验场。光绪二十九年(1903),在江都境内设立省耕旧舍农事试验场,以种竹、植桑为主。光绪三十四年(1908),在南京三牌楼一带建立江南农业试验场,面积180亩,农科学生常赴场试验,这是江苏最早出现的类似农场的农业试验场[6]。另外,如前所述,苏州农务分会和通州农会也举办过小型农事试验场。

此外,江苏还尝试小规模地引进外来先进的农业机械和外来优良品种。光绪二十四年(1898),苏州孝廉范炜、蔡俊镛等联合开设"农务学馆",招股购买外国机器,

---

①③ 江苏省地方志编纂委员会编:《江苏省志·社团志·农民团体篇》,方志出版社2000年版,第15页。

② 李永芳:《清末农会述论》,《清史研究》2006年第1期。

④ 朱英:《晚清经济政策与改革措施》,华中师范大学出版社1996年版,第67页。

⑤ 李永芳:《清末农会述论》,《清史研究》2006年第1期。

⑥ 江苏省地方志编纂委员会编:《江苏省志·农业志》,江苏古籍出版社1997年版,第465页。

"开垦九邑荒田"。同年冬，上元县（现南京市江宁区）教育馆张足保购买美犁，"导农深耕"[①]。光绪十八年(1892)，两江总督张之洞从美国引进棉花良种。光绪二十七年(1901)，张謇在江苏南通地区试种美棉。前述苏州农务总会也从南洋引进一些优良品种，并加以推广。

第三，建立资本主义性质的农业公司。

清末，张謇率先在江苏最早建立资本主义性质的新式农业企业。早在光绪十二年(1886)，张謇回到家乡推广栽桑育蚕，但"民无应者"，于是他"议仿西法，集资为公司，市桑秧"。这是张謇提出仿西法组织资本主义农业企业的最早记录。光绪二十一年(1895)，张謇在筹办通海团练时，就发现通海地区海滨有大片荒滩。为了改良和发展农业，他在光绪二十三年(1897)和二十四年(1898)两次提议成立公司，开垦滨海荒滩。后来，在筹办大生纱厂过程中，张謇多次到上海，发现有大量崇明、海门、盐城等地农民流落上海，靠卖苦力艰难度日，就更坚定了开垦荒滩以改善民生的设想[②]。大生纱厂开车后，很快站稳脚跟，张謇便将其设想付诸实施。不过，此时开垦荒滩已被赋予新的内容，即是为大生纱厂提供原棉。用张謇自己的话说："因念纱厂工商之事也，不兼事农，本末不备，辄毅然担任斯辟此地，广植棉产，以厚纱厂自助之力。"[③]

光绪二十七年(1901)，通海垦牧公司正式开工。张謇首先遇到的棘手问题是，表面看起来似乎是无主的荒滩，实际上却有着盘根错节、纷繁复杂的地权关系。张謇花了九牛二虎之力，历经8年时间，才将全部地权收购到手。同时，通海垦牧公司开始了艰难的筑堤工程，其间与狂风巨潮展开惊人的搏斗。经过10年的艰苦奋斗，到宣统二年(1910)，"堤成者十之九五，地垦者十之三有奇"，通海垦牧公司终于初具规模。

光绪三十年(1904)，通海垦牧公司垦地8000多亩，开始种植900多亩棉花及少量小麦。到光绪三十三年(1907)，垦地已达2万多亩，种植棉花和小麦1.6万多亩。宣统元年(1909)，垦地达2.9万亩，其中专门种植棉花的就有2.7万多亩，棉花与小麦及杂粮混种的近2000亩。宣统二年(1910)，垦地达到3万多亩，其中专门种植棉花者2.9万亩，棉花与小麦及杂粮混种的近千亩[④]。

通海垦牧公司"仿泰西公司集资"，以发行股票的现代融资手段，将分散的社会资金集中为农业企业资本，并依靠巨大的财力和科学眼光，进行大规模的农田水利建设。同时，它还努力运用推广现代农业科学技术，改良土壤，推广良种。通海垦牧公

---

① 江苏省地方志编纂委员会编：《江苏省志·农业志》，江苏古籍出版社1997年版，第473页。

② 刘厚生：《张謇传记》，龙门联合书局1958年版，第250页。

③ 《垦牧公司第一次股东会演说公司成立之历史》，见《张季直九录·实业录》卷四，中华书局1931年版，第30页。

④ 李文治：《中国近代农业史资料》第1辑，生活·读书·新知三联书店1957年版，第420页。

司为了保证供应大生所需的棉花，特别注意改进农业技术，提高棉花产量和质量，并引进美国棉种进行试种。宣统二年(1910)，通海垦牧公司的棉花(中棉和美棉)均获得南洋劝业会农产品展销的“优等奖牌”。可以说，通海垦牧公司开创了中国近代农业的先河，在中国农业史上具有极为重要的历史意义。

张謇曾经设想在通海垦牧公司“采用美国大农法，七堤之内，用大犁普为翻耕……派人前往美国考察大农开垦之法，采购机器模型，归为仿造”，但是，由于当地自然条件所限，加之资金有限，这种设想并未变为现实。张謇最初还设想由公司完全掌握土地的所有权和支配权，进行土地的开垦与管理。后来，由于资金不足等诸多原因，张謇便采用“四六议收”的祟划制，即把田分为底权和面权，收获物业佃议收，佃农可获得 40%的面权，可以世代耕种。这种做法，不仅满足了当地农民对土地的要求，也有利于调动佃农的生产积极性①。

通海垦牧公司既采取资本主义公司的方式，又未纯粹地实行资本主义大农场经营方式，而是保留小农经营。对此，林刚予以高度肯定，认为这是张謇充分考虑到国情特点和优势，实行“公司加农户”式的中国式的现代农业经营方式。他还指出，以往有些学者认为垦殖公司保留小农经营是盐垦公司“落后和封建性的集中体现”的看法，“既不符合历史实际，也充分表明了以西方模式为唯一价值判断标准的‘西方中心论’的深泛影响。”②

通海垦牧公司的成功，不仅直接拉开江苏两淮地区盐垦事业的序幕，也有力地推动中国近代农垦事业的发展。民国建立后，在张謇等人的大力倡导和支持下，江苏两淮掀起发展盐垦事业的高潮。在江苏南起吕四、北到云台山的 17387 平方公里的两淮滩涂上，先后建立 70 余家垦殖公司，占地 700 万余亩，投资额近 2000 万元，使昔日草荡荒地变成“阡陌交通、田庐相望”的新兴棉垦区。这既对苏北沿海地区农业发展产生巨大的推动作用，也是中国盐垦事业上的重大成就。

此外，光绪二十八年(1902)，漕运总督陈夔龙与淮扬道沈毓庆，在江都城外设立种植牧养工艺公司，“仿造洋胰子洋碱洋手巾各货”，并“购地种桑，制机织布，次第举行”③。该公司经营范围甚广，不仅包含手工业，也涉及农业。但是，由于该公司开办的主要目的是为了解决贫困人口的生计问题，具有很强的公益性，因而其经济效益并不佳。

---

①② 林刚：《张謇与中国特色的早期现代化道路——对淮南盐垦事业的再分析》，见《近代改革家张謇——第二届张謇国际学术研讨会论文集》，江苏古籍出版社 1996 年版，第 629 页。

③ 彭泽益编：《中国近代手工业史资料》第 2 卷，中华书局 1962 年版，第 561—562 页。

二　手工业的嬗变

鸦片战争后，随着帝国主义商品不断输入和民族机器工业逐步发展，江苏手工业发生了较大的嬗变：棉纺业、丝织业、缫丝业等手工行业出现不同程度的衰落，而棉织、针织、榨油、刺绣、服装等手工行业却获得不同程度的发展，甚至出现兴盛景象。

在外来商品输入和民族工业发展的双重夹击下，再加上战争的影响，江苏棉纺业、丝织业、缫丝业手工行业先后出现不同程度的衰落，其中，棉纺业衰落最为明显。

棉纺业　在甲午战争前，洋纱主要输往非产棉区，排挤了部分土纱，并开始向产棉区渗透。早在19世纪40年代，松江、太仓等地纺纱业就受到沉重打击，某些“专以纺纱为业”的村庄，甚至“无纱可纺”①。在光绪十年(1884)前后，印度机纱已运往南通地区销售，最初数量不多，大多为10支、12支的棉纱，“因其条干匀均，不易断头”，渐为织户所乐用，作为经纱。光绪二十一年(1895)后，洋纱大举向产棉区推进，同时民族工业也纷纷设立纱厂。于是洋纱和机纱先是部分代替土纱(即织户用洋纱作经，土纱作纬)，接着全面排挤土纱。除南通外，松江、江阴、太仓、常熟等地也出现机纱大量代替土纱的现象。在不少地区，手工纺纱业已经绝迹。

缫丝业　清中前期，江苏蚕丝产区遍及长江南北，蚕丝生产成为农村中的主要副业。太平天国时期，因战争破坏，江苏缫丝业一度受到严重影响。战后，江苏缫丝生产不仅迅速得到恢复，并获得较大发展。如溧阳在道光年间，年产生丝约260万两，太平天国后，“育蚕者渐渐增加”，到光绪六年(1880)，生丝产量已达到500万两之多②。特别是无锡地区生丝产量扶摇直上，成为全省之冠。到19世纪80年代，无锡土丝产量已达20万斤，价值48万海关两③。但是，由于江苏缫丝生产仍停留在家庭手工生产状态，工具落后，设备简陋，一般为脚踏三绪土丝车，缫制出的土丝条纹不匀，粗细不一，加之经营分散，生产效率很低。虽然以后对土丝分档整理，进行复摇，改良成为丝经，一定程度上提高了土丝质量，以适应欧美绸厂机器丝织的需要，但终因效率低而难以与机械缫丝厂缫制的厂丝抗衡④。19世纪60年代，随着机械缫丝在上海、广东兴起而带来对蚕茧需求量的大增，无锡等地纷纷出现大量中外茧行，无锡的丝市也为茧市所取代。19世纪90年代，无锡茧市已经十分繁盛，规模较大者共计

---

① 李文治编：《中国近代农业史资料》第1辑，生活·读书·新知三联书店1957年版，第493页。

② 段本洛主编：《苏南近代社会经济史》，中国商业出版社1997年版，第295页。

③ 王赓唐、汤可可主编：《无锡近代经济史》，学苑出版社1993年版，第29页。

④ 江苏省地方志编纂委员会编：《江苏省志·蚕桑丝绸志》，江苏古籍出版社2000年版，第244—245页。

70余处，茧灶800余座，其中外商有接近400余座[①]。19世纪90年代后，镇江、苏州、无锡等地纷纷办起机器缫丝厂，尤其是无锡异军突起，后来居上。随着机器缫丝厂的兴起，手工缫丝受到很大冲击。特别是在无锡，近代缫丝工业兴起后，迅速排挤当地手工制丝业，到1916年，无锡蚕丝区的土丝生产几告绝迹[②]。

丝织业 江苏丝织业也因战争影响和外来商品的倾销而受到较大冲击。鸦片战争前，江苏丝织生产十分兴盛。南京在乾嘉年间织机多达3万张，城厢内外，合计5万余张。织造缎、云锦、绒、漳绒、漳缎等织物，以丝织为生者有20万人，几乎占当地人口的四成。苏州在乾隆年间，织机已达1万数千张。镇江、丹阳等地丝织业在清中叶时亦盛。盛泽的丝织业更是持续兴旺，"环镇四五十里间，居民皆以绫绸为业"[③]。

太平天国时期，江苏战争频仍，南京、镇江、苏州等城市丝织业受创严重。战后，苏州丝织生产规模仅及战前之半，其余三地仅及十分之一二。而盛泽安居一隅，损失轻微，因附近江浙丝织机户多到盛泽避难，反而有所发展。此后，经过10年努力，江苏丝织生产有所恢复。光绪二十六年(1900)，全省丝织机增至4.4万架，年产量212万匹，年产值2260万元。在南京、镇江、丹阳、苏州、盛泽5地中，盛泽仍居首位，织机占四成半，产量占一半以上[④]。

在清末，国外机织洋绸开始在中国市场大肆倾销。国产手工丝织品，因墨守成规，无法与洋绸匹敌，加以舶来呢绒棉布充斥市场，使江苏丝织业受到沉重打击。到清末，南京织绒机减至300多台，织锦机减至3000多台，织缎机减至9000多台，机工和"附工"(依附丝织业为生的人)总数尚有8万人。同时，苏州织机减至7000多台。但是，苏州丝织业中有识之士，因势利导，仿照舶来品，创织泰西(泛指西方国家)花缎，并送展于南洋劝业会，获得好评[⑤]。

与此同时，在外来商品输入和对外贸易发展以及民族工业发展的刺激下，江苏棉织、针织、榨油、刺绣、服装不仅没有衰落，反而获得不同程度的发展，甚至出现较为兴旺景象。

棉织业 棉手工织业在外来洋布的冲击下，一度受到严重冲击。早在19世纪40年代，松江、太仓，布市"减销大半"，"织布业半失其利"[⑥]。19世纪80年代后，洋布充

---

① 王赓唐、汤可可主编：《无锡近代经济史》，学苑出版社1993年版，第30页。

② 江苏省地方志编纂委员会编：《江苏省志·蚕桑丝绸志》，江苏古籍出版社2000年版，第245页。

③ 江苏省地方志编纂委员会编：《江苏省志·蚕桑丝绸志》，江苏古籍出版社2000年版，第294—295页。

④ 江苏省地方志编纂委员会编：《江苏省志·蚕桑丝绸志》，江苏古籍出版社2000年版，第295页。

⑤ 江苏省地方志编纂委员会编：《江苏省志·蚕桑丝绸志》，江苏古籍出版社2000年版，第295—296页。

⑥ 李文治编：《中国近代农业史资料》第1辑，生活·读书·新知三联书店1957年版，第493页。

斥，"女红之利减矣"①。但是，手工织业者并没有坐以待毙，而是转而采用洋纱和机纱来织布，并谋求新的发展。随着土纱逐渐被洋纱和机纱所取代，大批手工纱业人员纷纷转入棉织业。由于机纱数量快速增长，打破了原来土纱增长缓慢所带来的局限，反而促进手工棉纺业的复兴。在南通地区，大生纱厂所提供的大量质优价廉的机纱，进一步促进了关庄布的兴盛，使得关庄布产量迅速由 10 万件增加到 15 万件。

到 19 世纪末 20 世纪初，手工棉纺织业又出现新的变化。光绪二十七年(1901)，江阴人黄哲卿将沿用数百年的老式木织机改革成手拉梭机，这是手工棉织业时代的重大改革。它不仅大大降低劳动强度，提高生产效率，而且可织出与洋布媲美的阔幅布和斜纹布。这种新式织机在清末不仅迅速传到邻近各地，还远传至四川等省②。与此同时，江苏各地还纷纷出现了许多规模较大的手工工场。详见下表：

表 5－7－1　1900—1911 年江苏棉纺织业手工工场一览表

创办年代	工场名称	开设地点	资本(元)	织机(台)	工人数	备　注
1900	仁昌布庄	华亭			1264	
1904	洪　昌	武进			30	
1904	荣华织布厂	江都			35	
1904	宝兴织布厂	海门	6600	60	140	
1904	华澄织布公司	江阴	9000	铁机、木机		①
1905	裕　生	宝山	7500	125	237	
1906	大　成	宝山		150	224	
1906	晋裕织物公司	武进	10000	360	544	
1906	羡余织布厂	宜兴	10000	100	106	
1906	虞兴织布厂	常熟	21000		340	
1907	吕盛布厂	南通	6035	44	75	
1908	华纶布厂	江阴			89	
1908	美利发	江阴			293	
1908	鼎升织布厂	江阴			330	
1909	永泰和记	武进	6000	100	210	
1909	美纶织布厂	江阴			338	

① 李文治编：《中国近代农业史资料》第 1 辑，生活·读书·新知三联书店 1957 年版，第 503 页。

② 《江阴纺织工业志》，江阴市纺织公司 1990 年编印，第 5 页。

续表

创办年代	工场名称	开设地点	资本(元)	织机(台)	工人数	备注
1909	中和	江阴			390	
1909	裕纶织物公司	武进	6000		200	
1909	勤华织布厂	常熟	5000		121	
1909	华兴织布厂	江都			48	
1909	宏兴泰布庄	华亭			770	
1909	立澄织布厂	江阴			130	
1910	东升	江阴			410	
1910	大纶仁记织布厂	常熟	7500		178	
1910	华丰厂	江阴			210	
1910	昭勤织布厂	常熟	5000		220	
1910	勤德织布厂	常熟			169	
1910	锦华织布厂	常熟	7500		126	
1910	中兴织布厂	常熟	14000		232	
1910	工艺厂	苏州				
1911	华兴	无锡			33	
1911	华新织布厂	江阴			202	
1911	华美织布厂	江阴			210	
1911	仁和	江阴			114	
1911	九成布厂	江阴			127	
1911	同丰	江阴			170	
1911	信通	宝山				
1911	通惠	武进			60	
1911	华昌织布厂	常熟	20000		297	
1911	华丰织布厂	无锡			33	②
1911	振华	嘉定			170	

资料来源:彭泽益编:《中国近代手工业史资料》第2卷,中华书局1962年版,第369—373页,表"各省兴办织布手工工场示例(1899—1913)"。表中①②系根据段本洛主编:《苏南近代社会经济史》中"20世纪初苏南棉织手工工场一览表"增补,中国商业出版社1997年版,第207—209页。需要说明的是,有些统计数字是1911年以后的统计数,不一定反映1900—1911年间的情况。

从上表可以看出,江苏棉织手工工场主要集中在在江阴、常熟、武进、松江、宝山、嘉定等苏南地区。光绪三十年(1904),吴汀鹭、祝丹卿等6人集资9000元,在江阴创办华澄布厂。该厂采用黄哲卿发明的手拉梭机,最初只有98台,后扩展到100台。所出之布,质地优良,价格公道,远近驰名。到宣统三年(1911)为止,华澄布厂由1厂发展到3厂,其他布厂也先后建立,全县共有14家之多。常熟织布厂在光绪二十九年(1903)开始建立,其后发展迅速,到民初时竟达31家之多。其中以勤德布厂最为突出,该厂于宣统二年(1910)由陈勤斋创立,后发展成4厂,共有织机300多部。

苏北地区也曾经创办一些织布厂,但大多效益不佳,很快停歇。到光绪三十二年(1906),扬州先后设立了40多处织布厂。但这些工场大多"资本不丰","织出之布,必求速销,方能周转"。而各布号又"以贱价相挟持",以致大多数工场"亏损甚多",皆"有不可支持之处"。当时预计光绪三十三年(1907)只有十四五家开工织布,其余则一律停歇[①]。宣统年间,涟水地方绅民积股千元,"开办织布厂一所",但不久就因"销路不畅,资本短少"而闭歇[②]。灌云县曾由商人公捐二三千元,开办利民织布厂1所,但因"经费太绌,周转不灵","不数年间即归消灭"[③]。

针织业　明清时期,曾盛极一时的苏南暑袜业,在鸦片战争后随着土布业的凋零而日渐淘汰。但是,随着国外的织袜和织毛巾的机具源源输入,到19世纪末期以后,苏南地区出现一种新兴的针织工场手工业,一些商人、官僚和地主利用本地廉价劳动力,投资兴办一批针织手工工场。光绪二十六年(1900),川沙县张艺新、沈毓庆等人,"鉴于土布之滞销,先后提倡仿制毛巾"。沈毓庆就城中自家宅中创经记毛巾工厂,招收女工,一时风气大开。其后"经记"停闭,而一般女工皆能自力经营,成为家庭主要副业[④]。光绪三十二年(1906),留日学生李质带回3台"东洋"手摇袜机,在南汇开设袜厂。光绪三十四年(1908),郑明山和金聿修在无锡分别开办营业袜厂和永吉利袜厂。与此同时,扬州办起张胜和棉织厂和石裕昌袜厂,松江开办勤益毛巾厂,武进开办业勤毛巾厂[⑤]。宣统二年(1910),陆希亮在松江创办履和袜厂,"所制之袜,有丝纱线三种,行销于长江一带,营业日臻发达"[⑥]。详见下表:

① 《时报》光绪三十三年正月二十六日(1907年3月10日)。

②③ 彭泽益编:《中国近代手工业史资料》第2卷,中华书局1962年版,第367页。

④ 黄炎培:《川沙县志》卷五,第25页。

⑤ 江苏省地方志编纂委员会编:《江苏省志·纺织工业志》,江苏古籍出版社1997年版,第180页。

⑥ 《江苏省实业视察报告书》,江苏省长公署第四科1919年编印,第66—67页。

表 5-7-2 1900—1911 年江苏手工针织工场

创办年代	工场名称	地点	工人数	织机数	产量	产值(元)
1900	经记毛巾工厂	川沙				
1902	华记	南汇	26		9000 打	7200
1906	福隆	嘉定	27		12000 打	7500
1906	振顺	嘉定	28		12000 打	9000
1906	华盛	嘉定	24		6000 打	4500
1906	徐正泰	嘉定	22		6000 打	4200
不详	勤益	华亭	23		7000 打	7000
1909	永茂	川沙	18	10		
1909	振川	川沙	20	16		
1909	华益	嘉定	22		9000 打	6000
1909	同昌	无锡	24		5250 打	3675
1910	履和毛巾厂	华亭	268		47000 双	86000

资料来源:彭泽益编:《中国近代手工业史资料》第 2 卷,中华书局 1962 年版,第 379 页,表“各省兴办针织手工工场示例(1900—1913)”。

榨油业 江苏手工榨油业也随着商品经济的发展而逐渐壮大,开始出现一些规模较大的榨油作坊。从道光初年到光绪二十五年(1899),江苏先后有 12 家规模较大的榨油作坊。在光绪二十六年到宣统三年(1900—1911)间,江苏又出现 10 家榨油作坊和工场。详见下表:

表 5-7-3 1900—1911 年江苏榨油业大作坊和工场统计

创办年代	创办地点	场坊名称	场坊主姓名	工人数	产油量(石)
1902	昆山	萃源油坊	徐杏生	20	1230
1902	元和	义隆和	平章信	40	1200
1903	赣榆	恒利永坊	宋毓珹	24	3132
1904	六合	周大昌	周锡侯	28	2000
1906	清河	合记	陈尚纶	28	534
1906	华亭	同兴恒记	李桂亭	35	2912
1908	兴化	恒源油坊	许国宝 顾乃秋	30	1740

续表

创办年代	创办地点	场坊名称	场坊主姓名	工人数	产油量(石)
1909	东　台	西泰源	朱懋功	22	2050
不详	东　台	庆　记	王吉人	22	4200
1911	清　河	晋丰源	张静如	20	508

资料来源:彭泽益编:《中国近代手工业史资料》第2卷,中华书局1962年版,第343页,表"江苏手工榨油业大作坊和工场统计(1915年5月调查)"。

刺绣　作为中国四大名绣之一的苏绣,经过长期的历史发展,日益精工细作,形成独特的地方风格。道光年间,苏绣的题材从山水、花鸟、佛像进而扩展到楼台、人物、社会风情,进一步丰富了苏绣的表现力。太平军占领苏南时,交通阻隔,苏绣一度衰落。19世纪60年代后,苏绣又重新兴盛起来。苏州丝织局恢复后,在长春巷设宫货局为官府宫廷刺绣,网罗一批能工巧匠。19世纪末20世纪初,苏南的一些刺绣工匠的绣品,曾多次在国内外赛会上获奖。苏州的华琪、缪艺、陈华贞的绣品,常熟的王守明、唐义贞的绣品,无锡的薛文华、李佩黻、张应秀等的绣品,在比利时博览会、巴拿马博览会以及南洋劝业会获奖。尤其是沈寿在继承苏绣传统技艺的同时,吸取日本刺绣和西洋绘画光线明暗的原理,注重物象的逼真,把"仿真绣"推进到一个新境界,为刺绣工艺作出突出贡献。光绪三十年(1904),沈寿为慈禧太后70寿辰绣了《八仙上寿图》,深获慈禧赏识,被农工商部颁发双龙宝星四等勋章。宣统元年(1909),她绣的《意大利皇后爱丽娜像》,被清政府作为赠给意大利皇后的礼品。其后,她绣的《耶稣像》于1915年在巴拿马博览会上获一等奖①。

服装业　清代,江苏的服装业已有所发展,各地已出现社会性质的成衣公所。乾隆四十二年(1778),无锡古三皇庙内设成衣公所;咸丰七年(1857),常州裁缝业建立云锦公所;同治年间,苏州九胜巷轩辕宫旧址也设成衣公所;光绪五年(1879),苏州开设"李顺昌"(原名邬顺昌,后由李来义继承,改为李顺昌)西服号,稍后又开设"陆湘记"西服店,此为江苏最早的两家西式服装店。随后,南京、无锡、镇江在光绪三十年(1904)、宣统三年(1911)等相继开设多家西服店②。

① 段本洛主编:《苏南近代社会经济史》,中国商业出版社1997年版,第216—217页。

② 江苏省地方志编纂委员会编:《江苏省志·纺织工业志》,江苏古籍出版社1997年版,第208页。

第六章　江苏教育、文化的变革

在西方商品不断涌进中国的同时，西方文化随之东来。中国人对待西方文化从排斥到吸收，举办新式教育，引进科技，传统思想开始改变。江苏地处沿海，受欧风美雨的浸润，较早接触西方文化，在教育、文化、医学、体育等方面都发生不小的变化，由传统逐渐走向近代。

第一节　江苏教育革新

晚清时期，江苏行政当局在教育方面进行了重大改革，仿照西方教育模式，建立新型教育行政机构，大力创办新式学校，改革学制，派遣留学生，使教育逐步走上近代化轨道。

一　建立新的教育行政机构

光绪二十九年(1903)以前，江苏教育行政属于传统教育体制。省设学政，管理全省学务，“掌学校政令，岁、科两试。巡历所至，察师儒优劣，生员勤惰，升其贤者能者，斥其不师教者。凡有兴革，会督、抚行之”①。学政公署既不设在江宁布政使所在地南京，也不设在江苏布政使所在地苏州，而是设在常州府属的江阴县城。

随着洋务运动的兴起，江苏各类新式学堂渐次兴办，旧有体制已不能适应新式教育的发展，管理矛盾日显突出。新式学堂兴起之初，基本上仍处于传统官学体系的边缘或游离于其体系之外，无论是省级的学政，还是府、州、县教授、学正、教谕、训导，其职责主要是组织各地官学、书院考核、社会教化以及科举考试，并不管理新式学堂的

① 赵尔巽等撰:《清史稿》卷一一六《职官志三·外官》，中华书局1976年版，第12册第3345页。

具体事务。而新式学堂的管理由学堂创办者或其主管单位负责。这些新式学堂，既有官办的，又有民间自办的，同时还有教会创办的，相互之间的隶属关系并不一致，也就难以形成统一的管理机构。其中，官办的洋务学堂，虽由官府管理，但也非学政负责。至于民间创办的新式学堂，地方官府虽在经济上给予一定的扶助、督促和引导，但具体的教学管理大多处于自流状态。因此，省和州县两级官府不得不建立相适应的教育行政机构。

省级教育行政机构的建立分为两个阶段：光绪二十九年至三十一年（1903—1905）为第一阶段。光绪三十二年至宣统三年（1906—1911）为第二阶段。第一阶段是省级教育行政机构建立了学务处。光绪二十九年（1903），两江总督张之洞率先在南京设立两江学务处，专门负责推行新式教育，这是江苏省第一个省级教育行政机构。两江学务处成立之初，以布政使、督粮道、江南盐巡道 3 人为总办，以候补道等人为会办，候补知府张预为总提调，负责全省教育行政事宜。由于当时江苏省设有两个布政使：一为江宁布政使，驻江宁；一为江苏布政使，驻苏州。两江学务处实际管理江宁布政使辖下的教育事务，并不管理江苏布政使辖下的教育事务。于是，光绪三十年（1904），时任两江总督的端方于苏州设立江苏学务处，以管理江苏布政使辖下的教育事务[①]。江苏学务处成立之初，以布政使及督粮道为总办。江宁学务处与江苏学务处成立后，分区负责江苏全省的教育事务。光绪三十一年（1905），两江总督周馥又以江北各属学务渐兴、地方辽阔等为由，在清江浦设立江北学务处，以淮扬道总其事。这样，江苏全省先后建立了三处省级新式教育行政机构。三处学务处各居大江南北，奠定了清末江苏新式教育行政制度的基础。第二阶段，江苏省根据清政府学部规定，撤除省学政，裁去江北学务处，将学务处改为“提学使司”，统辖全省教育事务。提学使司的最高长官为提学使，下设学务公所。根据布政使的管辖范围，江宁提学使管辖江宁、句容、溧水、高淳、江浦、六合、江都、仪征、东台、兴化、泰县、宝应、高邮、南通、海门、如皋、泰兴、淮安、淮阴、泗阳、涟水、阜宁、盐城、铜山、丰、沛、萧、砀山、邳、宿迁、睢宁、东海、赣榆、沭阳、灌云等 35 县的教育事务；江苏提学使管辖吴、常熟、昆山、吴江、松江、上海、南汇、青浦、奉贤、金山、川沙、太仓、嘉定、宝山、崇明、武进、无锡、宜兴、江阴、靖江、丹徒、丹阳、金坛、溧阳、扬中等 25 县的教育事务。

州县教育行政机构的建立也相应分为两个阶段：第一阶段从光绪三十年至三十三年（1904—1907），州县建立了学务公所作为地方教育行政机构。如江阴县，光绪三

---

① 端方：《端忠敏公奏稿》卷四《设江苏学务处片》，沈云龙主编：《近代中国史料丛刊》第 10 辑第 94 册，台湾文海出版社第 409、450 页。

十年(1904)成立学务公所,其职责主要管理该县学务,“时各处倡办学堂,以此为通邑学务之总汇处”。第二阶段从光绪三十三年至宣统三年(1907—1911),州县建立了劝学所作为地方教育行政机构。如六合县,光绪三十三年(1907)成立劝学所①。又如铜山县,光绪三十三年(1907)成立劝学所②。州县劝学所大多由学务公所改设。如昆山县,光绪三十二年(1906)创办学务公所,光绪三十三年(1907)九月改为劝学所③。又如镇洋县,光绪三十三年(1907)将学务公所改为劝学所④。至宣统元年(1909),全省已有95%的州县设立了劝学所。

另有教育会辅助教育行政机构推行新式教育。江苏省教育会的前身为江苏学会。学会成立于光绪三十一年(1905)。该年九月初六日(10月4日),江苏教育人士200余人在上海泥城桥江苏学会事务所召开成立大会,会议内容主要为商议江苏学界情形和起草学会章程⑤。初十日(10月8日),江苏学会在沪北愚园开会,会议通过了学会章程,选举了学会领导,推举张謇为会长,恽祖祁为副会长,同时决定在小东门大生纱厂账房设立学会办事所⑥。十一月(12月),江苏学会在上海召开第一次常务会议,学会名称亦改为江苏学务总会。这次大会,选举张謇为会长,王同愚为副会长。光绪三十二年(1906),清学部颁布《奏定各省教育会章程》,遵照章程,江苏学务总会改名为江苏教育总会,正式成为具有一定官方色彩的教育团体。江苏省教育总会成立后,为推进新式教育,开展了多种活动,主要有:一是会务活动,包括每年一次的常年大会和经常性活动,如评议员会议和干事员会议等;二是开办各种讲习所、研究会;三是调查各地方办学情形;四是就各种纠纷提出解决办法,推动问题的解决。其内容涉及学校教育、社会教育、职业教育、公民教育、师范教育等多种类型。随着教育总会的不断发展壮大,以及对地方社会的影响日增,江苏各地也多效仿成立县级教育会,如六合教育会,光绪末年成立,附设于前街劝学所内,设有会长、副会长、评议干事等,会务有常会、临时会和职员会等多种形式,以辅助教育进行。教育会成立之初,设有小学教员研究会,每月举行一次会议,每星期举办一次演说,宣传新式教育,以开通社会民智。又江阴县、铜山县也于光绪三十一年(1905)设立教育会。据统计,至宣统三

① 民国《六合县续志稿》卷八《学校下》,《中国地方志集成·江苏府县志辑6》,江苏古籍出版社1991年版,第367页。

② 民国《铜山县志》第十二篇《学校考》,《中国地方志集成·江苏府县志辑62》,江苏古籍出版社1991年版,第252页。

③ 民国《昆新两县续补合志》卷二《公署》,《中国地方志集成·江苏府县志辑17》,江苏古籍出版社1991年版,第335页。

④ 民国《镇洋县志》附录《自治》,《中国地方志集成·江苏府县志辑19》,江苏古籍出版社1991年版,第154页。

⑤ 《江苏学会纪事》,《申报》光绪三十一年九月初七日(1905年10月5日)第四版。

⑥ 《纪议立江苏学会情形》,《申报》光绪三十一年九月十一日(1905年10月9日)第四版。

年(1911),江苏共成立了47个县级教育会,几乎覆盖了所属的每一地区。

学制改革。光绪二十八年(1902),清廷颁布《钦定学堂章程》,也称“壬寅学制”,将学校教育分为三段七级,即为初等教育、中等教育和高等教育三段。其中,初等教育与高等教育各分为三级,中等教育只有一级,称中学堂,不分高初中,学制为4年。“壬寅学制”虽正式颁布,但并未施行,旋为光绪二十九年(1903)制定的《奏定学堂章程》即“癸卯学制”所替代。“癸卯学制”是在“壬寅学制”基础上修订而成的,同样将学校教育分为三段七级。不同的是,中等教育学习年限由4年改为5年。课程设置基本上遵循“中学为体,西学为用”的原则,即中学治身心,西学应世事。在注重经学、修身的同时,积极吸收西方自然科学知识。“癸卯学制”设置情况如下表:

表6-1-1　“癸卯学制”设置情况表

学校类型	年　龄	学　年	开　设　科　目
蒙学院	3—7	不限	游戏、歌谣、谈话、手技
初等小学堂	7	5	修身、讲经读经、中国文字、算术、历史、地理、格致、体操;图画、手工不限
高等小学堂	12	4	修身、读经讲经、中国文学、算术、中国历史、地理、格致、图画、体操;手工、商业、农业等不限
中学堂	16	5	修身、读经讲经、中国文学、外国语、历史、地理、算学、博物、物理及化学、图画、体操;可兼法制及理财
高等学堂	21	3	分预备入经学科、政法科、文学科、商科等大学,预备入格致科大学、工科大学、农科大学,预备入医科大学三类进行教授,共同科目为:人伦道德、经学大义、中国文学、外国语、体操
大学堂	24	3或4	分经学(附理学)、政法、文学、医、格致、农、工和商等八科大学;课程设置随学校性质不同有别
通儒院	27—28	5	从事学术研究,学生来源于分科大学或其他大学

资料来源:璩鑫圭、唐良炎编:《中国近代教育史资料汇编——学制演变》,上海教育出版社1991年版,第288—397页。

至于师范、实业等类学堂也有相应规定。师范类学堂分为初级师范学堂和优级师范学堂两种。初级师范学堂,学制5年,分为简易科和完全科。完全科,级别等同于中学堂,学制4年,开设修身、读经讲经、中国文学、教育学、历史、地理、算学、博物、物理及化学、习字、图画和体操等科目。优级师范学堂,级别等同于高等学堂,学制3年,分为公共科、分类科和加习科。科别不同,所设科目也有所差异。其中,公共科开设人伦道德、群经源流、中国文学、东语、英语、辨学、算学和体操等课程。农工商实业学堂分为初等农工商实业学堂、艺徒学堂、中等农工商学堂和高等农工商实业学堂等种。初等农工商实业学堂,级别等同于高等小学堂,分为初等农业学堂、初等商业学堂和初等商船学堂等,学制3年,课程因类型不同亦有所差别。如初等商业学堂设有修身、中国文理、算术、地理、簿记、商品学、商事要项、商业实践和体操等科目。中等农工商学堂,级别等同于中学堂,按实业类型分为农业、工业、商业等;学制分为预科和本科,预科2年,本科3年;课程因不同实业类型而有所差别。高等农工商实业学堂,级别等同于高等学堂,学制以及课程因不同实业类型而有所差别。

二 新式学堂的创办

晚清江苏教育革新的最主要表现是新式学堂的创办。各类新式学堂的创办,从发展过程看,分为三个时期和两个阶段:三个时期分别为洋务运动的初期、新政中期以及新政后期;两个阶段为光绪二十七年(1901)以前属第一个阶段,光绪二十八年(1902)至辛亥革命前为第二个阶段。各类新式学堂从层次上看,分为小学、中学、大学等学堂;从创办者看,既有西方教会所办,又有国人自己所办;既有官方所办,又有民间社会及私人所办;从类别上看,又可分为军事学堂、师范学堂、实业学堂和综合学堂,等等。下面对不同时期不同类型的学堂建设略加论述。

1. 洋务学堂的建设。它属于江苏学堂建设的起步阶段,数量少,类型较单一,主要为军事类和科技类的学堂。其具体如下表:

表6-1-2 江苏洋务学堂的建设情况表

类型	性质	学堂名称	创设时间	创立人	地点	专业设置
科技学堂	官办	金陵同文电学馆	光绪九年	左宗棠	南京	
	官办	江南储才学堂	光绪二十二年	张之洞	南京	交涉、农政、工艺、商务
军事学堂	官办	江南水师学堂	光绪十六年	曾国荃	南京	鱼雷、驾驶、管轮
	官办	江南陆师学堂	光绪二十二年	张之洞	南京	马队、炮队、工程、炮台

资料来源:刘正伟:《督抚与士绅——江苏教育近代化研究》,河北教育出版社2001年版,第81页。

2. 综合性高等学堂的建设。主要建于新政时期,共有10余所。其中南菁文科高等学堂、江南高等学堂和江北高等学堂等颇为典型。南菁文科高等学堂成立于光绪二十八年(1902),是江苏省第一所高等学堂。该校前身为光绪八年(1882)江苏学政黄体芳在江阴捐资创办的南菁书院,光绪二十四年(1898)书院改为“南菁高等学堂”。光绪二十八年(1902)改为“江苏全省高等学堂”。光绪三十三年(1907)改为“高等文科第一类学堂”。江南高等学堂,由缪荃孙于光绪二十八年(1902)将南京钟山书院改办而成，光绪二十九年(1903)正式开学。开设预科班，补习中学堂课程：修身、国文、经学、英文、东文、历史、地理、算术、理化、博物、图画、体操。光绪三十二年(1906)第一届预科班毕业。同年开办4年制的正科，课程有人伦道德、经学大义、中日文学、英文、法文、历史、地理、法学、化学、算术、生物学、心理学及辨学、拉丁文、理财学、图画、地质矿物、体操。江北高等学堂，光绪二十八年(1902)由漕运总督陈夔龙奏请开办，是苏北地区的第一所高等学堂，也是江苏惟一以“大学堂”命名的高等学堂，校址位于淮阴西门内行台。委派淮扬海道尹沈瑜庆为总办，同知许秉彝为监督。由于长期以来苏北地区地方瘠苦、风气晚开，当江北大学堂成立时，该地区的小学、中学刚开办。所以大学堂兼顾“小学、中学之教”。学堂课程只设预科班，各级学生共200名，宣统三年(1911)停办。

3. 师范学堂的建设。主要兴建于第二阶段，发展较快。光绪二十八年(1902)，张謇在家乡通州设立通州师范学校，拉开江苏近代师范教育的序幕。此后，光绪二十九年(1903)，张之洞在江宁设立三江师范学堂，光绪三十一年(1904)，苏松太道将龙门书院改为龙门师范学堂，同年江宁府创设江宁初级师范学堂，光绪三十二年(1905)，徐州道袁大化设立徐州初级师范学堂，光绪三十三年(1906)，江北提督刘永庆将江北高等学堂改为江北初级师范学堂。至光绪三十四年(1907)，江苏全省先后创设的各类师范学堂及传习所有26处[①]。其中，三江师范学堂在江苏教育史上占有一定地位。光绪二十八年(1902)五月，两江总督刘坤一向清廷上奏《筹办学堂折》，呈请在江宁创建一所师范学堂。不久，刘坤一病逝，张之洞署理两江总督，上奏《创办三江师范学堂折》，提出办学的具体计划，并委派缪荃孙为筹建学堂总稽查，东渡日本，考察现代教育。光绪三十一年(1905)九月，三江师范学堂正式开学，它是南京历史上第一所近代化的高等学府。1905年，两江总督周馥将“三江”改为“两江”，并根据《奏定学堂章程》定名为“两江优级师范学堂”。

4. 实业学堂的建设。同师范类学堂一样，主要兴建于第二阶段新政后的高潮期，而且发展较快。近代江苏实业学堂的兴建大体如下表：

表6-1-3 江苏实业学堂的兴建情况表

学堂名称	创设时间	创立人	地点	专业设置
江南实业学堂	光绪三十年	魏光涛	南京	农业、电学、矿业
江南高等实业学堂	光绪二十二年	魏光涛	南京	农业、电学、矿业

① 刘正伟：《督抚与士绅——江苏教育近代化研究》，河北教育出版社2001年版，第147页。

续表

学堂名称	创设时间	创立人	地点	专业设置
江南蚕桑学堂	光绪三十二年	罗　璋	南京	蚕学、蚕学实习、蚕学普通
清江商务学堂				簿记、书算、英文、商品
苏州纱缎业公立初级学堂	光绪三十年	李文模	苏州	
江苏铁路学堂	光绪三十一年		苏州	建筑、营业、测绘
江南高中两等商业学堂	光绪三十二年	端　方	南京	
江南中等商业学堂	光绪三十二年	端　方	南京	修身、国文、理化等11项
江南茶务讲习所	宣统三年	张人骏		茶务普通、茶务本科

资料来源：刘正伟：《督抚与士绅——江苏教育近代化研究》，河北教育出版社2001年版，第191—192页。

5. 教会学校的建设。初等教育兴起较早，高等教育主要兴建于晚清新政中期。教会学校将西方教育制度、内容和方法引进江苏。这些学校主要有苏州私立东吴大学、南京私立金陵大学和私立金陵女子文理学院等。其中，苏州私立东吴大学，成立于光绪二十七年(1901)，是近代江苏第一所高等院校。早在同治七年(1871)，美国监理会在苏州十全街创办男校一所，后改称存养书院，迁至天赐庄，光绪十一年(1885)又改为博习书院。光绪十六年(1890)，美国传教士林乐知募得巨款，在博习书院的基础上创办大学，并向美国田纳西州政府立案，获准颁赠学位权。其时，只设预科，学生不足百人。光绪二十七年(1901)，宫巷的中西书院与博习书院合并，改称东吴大学，并于当年3月开学上课。南京私立金陵大学，宣统二年(1910)创办于南京鼓楼地区。成立之初，仅设文科，学生不足百人，仍在汇文书院上课。宣统三年(1911)，获纽约州教育局和纽约大学认可，视为正规大学，并由纽约大学校董会为该校毕业生颁发学位证书。

6. 小学堂的建设。晚清江苏小学堂的创建时间早、数量多，多由地方人士创办。光绪三十一年至三十三年(1905—1907)，铜山县一些有识之士，如从日本留学回国的韩元方、杨勉斋、顾子杨和杨世桢等人致力于创办新学，兴建学堂。宣统元年(1909)，杨世桢邀集张砥庵等人，共筹资金，创办了铜山县第一所规模较大的高小——铜山县四维高等小学堂①。江阴县创办小学堂在江苏最早，同治八年(1869)，传教士在江阴县城设立男、女小学校各1所，后陆续兴办了一批小学堂。至宣统三年(1911)，江阴

---

① 曹良质：《杨世桢先生及其遗著〈拙庵诗稿〉》，政协江苏省徐州市委员会文史资料委员会编：《徐州文史资料》第15辑，徐州地图印刷厂1995年印行，第214页。

共建有小学堂 85 所[①]。清末，盱眙县共建有 11 所小学堂[②]。据记载，至宣统三年(1911)，江苏共建有小学学堂 1000 余所[③]。

三　派遣留学生

同治十一年(1872)，清政府组织幼童赴美留学，揭开了晚清江苏留学教育的序幕。晚清江苏留学教育呈现出时间早、人数多、学历高和区域不平衡等特点。

1. 时间早。晚清江苏留学教育过程分为两个阶段：甲午战争前为第一阶段，甲午战争后为第二阶段。第一阶段中，同治十一年至十四年(1872—1875)的 4 年间，清政府挑选幼童 120 名分 4 批赴美留学。其中江苏幼童共 5 名，分别为同治十二年(1873)第二批的吴县张祥和、同治十三年(1874)第三批的阳湖朱宝奎和丹徒宦维城、同治十四年(1875)第四批的武进吴焕荣和吴县王仁彬[④]。吴县张祥和是近代江苏留学第一人。120 名留美幼童中，江苏仅占 4%，远远低于广东和上海。洋务运动期间，江苏的留学教育处于起步阶段。第二阶段中，光绪二十二年(1896)，清政府驻日公使裕庚在上海和苏州一带招募 13 名学生带赴日本，由此拉开了近代江苏留日的序幕。

2. 人数多。在晚清庚款留美甄别学生中，江苏学生人数居各省之首。宣统元年七月(1909 年 8 月)第一批录取 47 名中，江苏 16 名，占 34%。宣统二年七月(1910 年 8 月)第二批录取 70 名中，江苏 24 人，占 34%。宣统三年八月(1911 年 9 月)第三批录取 63 人中，江苏 10 余人，约占 20%。晚清三批庚款留美生总共 180 人，江苏学生共有 50 余人，占总数近 30%，远远超过其他省份。二是留学组织形式多种多样，有公费，有自费；有官派，有民间赞助。其中，官费留学引人注目。同治年间的幼童赴美、光绪年间首批赴日，以及庚款留美都是官派公费。另刘坤一、端方担任两江总督期间，也组织江苏学生留学活动。如光绪二十四年(1899)，无锡杨廷栋受派遣留学日本。自费方面，光绪二十二年(1897)苏州女子曹芳云自费赴美哥特学院学习。

3. 学历高。主要表现在两个方面：一是出国留学人员学历高，既有传统科举的进士举人，又有新学校的高材生。光绪三十年(1904)，江苏即有知县王溯沂、朱筱云留学日本。光绪三十二年(1906)，两淮候补官吏赴日学习盐政、警政。二是回国留学人员学历高，多数人怀中揣着外国学校的硕士、博士证书，一姓多硕士、一家三博士的

---

① 民国《江阴县续志》卷六《学校》，《中国地方志集成・江苏府县志辑 26》，江苏古籍出版社 1991 年版，第 96—100 页。

② 盱眙县县志编纂委员会编：《盱眙县志》，江苏科学技术出版社 1993 年版，第 606 页。

③ 《江苏省通志稿》第 7 册《文化志》卷五《学堂表》，凤凰出版社 2003 年版，第 85—139 页。

④ 陈学恂、田正平编：《中国近代教育史资料汇编・留学教育》，上海教育出版社 1991 年版，第 104—109 页。

美谈屡见不鲜。如无锡胡敦复光绪三十年(1904)赴美留学,3 年后毕业,获得博士学位。宣统元年(1909)其弟刚复、宣统二年(1910)其弟明复又分别留美求学,其后亦相继获得博士学位。胡氏兄弟三人先后获得博士学位,人称“一门三博士”。

4. 区域不平衡。江苏南北不同地区留学人数悬殊,大体是南多北少;各区留学专业大相径庭,大致是南政北军;各区海归人员回乡状况各异,常常是南归北离。

此外,女性留学蔚然成风。最早的江苏女性留学生是陪伴着父亲、丈夫、兄弟留学的。光绪二十八年(1902),武进县官费留学生吴稚晖携夫人袁云庆赴日本,同行的还有华桂、胡彬夏、周佩贞、俞文婉、冯元赛、吴英、曹汝锦、杨荫榆等,为当时女性留学代表。

这些留学生来自各种家庭,出国学习不同学科,有的选学自然科学,有的选学人文科学;回国后从事各种行业,有的从文,有的从军。江苏留学生高举“师夷制夷”旗帜,取经于西方,探宝于东瀛。这些留学人员回国之后,有的为建立新的政治制度献计献策、不懈努力,有的为经济发展呕心沥血;有的自办企业,成为知名实业家;有的受聘于企业,成为企业的专家;有的出任政府顾问,担负着技术创新和管理创新的重任。他们顺应了江苏社会进步的需要,推动着江苏社会、经济、文化的发展。

四　著名教育活动家

在中国近代教育史以及近代江苏教育史上,涌现出一批江苏籍教育家。他们为江苏乃至全国近代教育事业的发展作出了一定的贡献。其中,马相伯、唐文治和张鹤龄是他们的杰出代表。

马相伯,生于道光二十年(1840),江苏丹阳人。11 岁来到上海,进入法国教会创办的依纳爵公学(后改名徐汇公学)学习。除学习数学、天文学、经院派哲学和神学外,马相伯还从事英、法、日、意、西班牙、希腊和拉丁文研究,并取得神学博士学位。同治十一年(1872),马相伯担任徐汇公学校长,教学之余,仍不忘研究哲学和数理学科,译书百余卷。作为一个教育者,马相伯一向抱有“教育富国”的理想,认为“自强之道,以作育人才为本,求才之道,尤宜以设立学堂为先”,立志创办一所新式大学,教授欧美各国新知识。为让青年们能够学到先进的科学技术,光绪二十九年(1903),马相伯不惜毁家兴学,不仅自己捐助价值 10 余万元的资金和土地,而且将长兄的 3000 亩田地全部捐出,创办了震旦学院,并自任监院。他借鉴西

马相伯

方办学理念,实行学生自治的方针,“崇尚科学”、“注重文艺”,主张“学术独立,思想自由”,对不同意见可自由讨论,采用擎举纲领、开示门径的教学方法,启发学生自己研究探讨。这种办学方针,在当时可谓开风气之先。光绪三十一年(1905),马相伯得到各界人士赞助后,另行筹建复旦公学,除把本人全部家产花上外,还想方设法,多方筹集资金,最后在两江总督周馥的帮助下,解决了校舍和资金问题。同时,马相伯联合严复、袁希涛、张謇、熊希龄、萨镇冰等社会名流发表《复旦公学募捐公启》,号召社会慷慨相助。复旦公学创办后,马相伯被推为校长,其余行政事务,也采取学生自治的方针,由学生叶仲裕、于右任、邵力子等分管学校行政。而在教学中本着“学以致用”的务实精神,尽量使学生多得一分收益。复旦公学的办学方针和理念,得到当时社会诸多好评,被一些报刊誉为“革命的学校”和“最富民主精神”。

唐文治,同治四年十月十六日(1865 年 12 月 3 日)生于江苏太仓一个贫寒的书香门第,幼习儒业,曾中举人。光绪三十三年八月(1907 年 9 月),因邮传部尚书陈玉苍奏请,唐文治就任上海实业学校(原名南洋大学,后又改为交通部上海工业专门学校)监督(校长)。接任后,大力整顿校务,使学校面貌焕然一新。为了适应时代需要,及时调整了学科设置,将普通工程科改为铁路专业科,并增设机电专科、工商船驾驶科和铁路管理科,使学校学科设置更为合理齐全,初具多科性理工科大学的规模。铁路、机电科的设置,开创了中国高等学校设立两科的先河。宣统三年(1911),机电科第一届学生毕业,在唐文治的安排下,遴选 8 名毕业生远赴美国奇异电气公司实习。从此,实业学校选派毕业生赴国外留学成为惯例。唐文治认为,“人材者,国家之命根。学堂者,人材之命根”,要求学生德、智、体全备,主张文理兼通、理论与实践并重。为了使学生不忘国祚、加深爱国之情,每星期日开设国文补习课,亲自授课。为了使学生在专业上能“研科学之理,究机械之术”,先后增设了机械、电机等附属工科。由于学生在德、智、体三育方面做得比较好,实业学校被当时社会称为“中学(国学)好,科学好,体育好”的“三好”学校。在担任上海实业学校校长期间,唐文治还曾短期兼任太仓中学监督(校长),每月赴太仓讲学,推动了苏南地区新式教育的发展。由于在教育方面所作的贡献,光绪三十四年至民国二年(1908—1913),他被推选为江苏教育总会会长。

唐文治

张鹤龄(1867—1908),江苏武进人,幼习儒业,曾中举人,一生博览群书,尤好欧美译著,主张废科举,兴学堂。光绪二十八年(1902),张鹤龄出任京师大学堂教习,到任后，制定办学章程，主持招生考试，延聘人才，整顿学风，使复办的京师大学堂面貌一新。期间，为推广新学，又拟订《学务纲要》等二十个系统规则，统称为“奏定学堂章程”，由张之洞、张百熙等于光绪二十九年(1903)呈奏清廷颁布。离开京师大学堂后，张鹤龄去湖南负责办理全省学务，辅助湖南巡抚赵尔巽、湖广总督端方等兴办学校，提倡向西方学习，主张派遣留学生，向当局建议设立湖南留学生预备科，教授英、法、日文，自任监督。光绪二十九年(1903)冬，张鹤龄担任南洋公学总理。光绪三十二年(1906)，张鹤龄升任奉天省提学使。上任后，张鹤龄亲自拟定全省教育纲领，成立教育总会，设立劝学所，鼓励私人捐款助学，筹办中小学、女子师范、保姆传习所、蒙养院等各级学校。特别注重学风，遴选正直热心士绅为学董，对其中才品卓越者赋与职权，以发挥所长。他认为要兴办教育，师资为本，于是在省城设立学务公所，创办师范简易学堂、师范简易科、师范传习所等，加设课程，增加招生名额，并到关内聘请有教育经验的学者讲学，以培养师资力量。同时重视小学教育，曾筹办乡学，制定学董办事简章，在各地创办模范小学，大力扶持民办小学，改良私塾。由于他的大力倡办，全省诸州县立学校从数十所增至千余所，发展较快。张鹤龄还强调教学质量，当时所办师范简易科学生成绩颇佳，经朝廷学部考试验收后，遂获嘉奖，传示全国，曾有“非提学使之力，何以至此”的赞誉。光绪三十四年(1908)，张鹤龄卒于任所，年仅 42 岁。谭延闿为他作了墓志铭，有“立学以来，天下言贤学使，皆曰‘张公、张公’”之语。

第二节　文化领域的创新

晚清江苏的文化亦在不断创新进取。在文学领域，谴责小说异军突起；一批反清文人，继承古代文人“天下兴亡，匹夫有责”的爱国精神，成立文学革命团体——南社。在文化事业领域里，积极创办报刊、杂志和书局，出版新书籍、宣传新思维、传播新文化。同时，开办图书馆和博览馆，保存古代文化，展现现代文明。

一　谴责小说的盛行

20 世纪初，清朝政府内外交困，极其腐败，面临崩溃的危机。但统治当局仍然骄奢淫逸，对外卑躬屈膝，对内横征暴敛。面对这种情况，一些知识分子无不痛心疾首，纷纷挥笔抨击社会黑暗。文学领域里，谴责小说异军突起，盛行一时，涌现出李宝嘉、吴沃尧、刘鹗和曾朴等四大家。其中李宝嘉、刘鹗和曾朴 3 人为江苏人。

李宝嘉(1867—1906)，又名宝凯，字伯元，别署南亭亭长，江苏武进人。同治六年四月十八日(1867年5月21日),李宝嘉出生于堂伯父李翼清山东登州府宁海州的任所[1]。同治十一年(1872),父亲李翼辰去世,李宝嘉便由李翼清抚养。在伯父寓所,李宝嘉开始学习举业,其中数次返回原籍江苏武进参加童子试,曾考中第一名秀才,在乡试落第后,便放弃科举之路。并于光绪二十二年(1896)前往上海,在《指南报》从事编辑工作。第二年,李开始了办报生涯,先后接办或创办《指南报》、《游戏报》、《海上繁华报》,成为近代小报的奠基者之一。光绪二十九年(1903),他应商务印书馆聘请,主编当时四大小说杂志之一的《绣像小说》。李爱好文学,其中小说成就最大,撰有各类作品10余种。小说类有《官场现形记》、《文明小史》、《活地狱》、《中国现在记》、《海天鸿雪记》;弹词有《庚子国变弹词》、《醒世缘弹词》;剧本有《前本经国美谈新戏》;杂著有《南亭笔记》、《南亭四话》(包括《庄谐诗话》、《庄谐联话》、《庄谐词话》和《庄谐丛话》)。诗歌和谐文则散见于当时报刊。其中,《官场现形记》为其代表作。

李宝嘉

《官场现形记》是晚清谴责小说的开山之作,对清政府"揭发伏藏,显其弊恶,而于时政,严加纠弹,或更扩充,并及风俗";在艺术上则创造了"头绪既繁,脚色复伙,其记事遂率与一人俱起,亦即与其人俱讫,若断若续,与《儒林外史》略同"的结构,因而"骤享大名;而袭用'现形'名目,描写他事,如商界、学界、女界者亦接踵也"[2]。《官场现形记》于光绪二十九年(1903)起开始在《世界繁华报》上连载,至光绪三十一年(1905)结束。作品涉及的官僚十分广泛,外官从未入流的佐杂,到州府长吏,直至督抚方面大员;内官从小京官到部司郎曹,直至位居中枢的军机、大学士。这些大大小小的官僚胥吏,为了升官发财,无不蝇营狗苟,迎合、钻营、蒙混、倾轧,极尽卑污苟贱之能事,充分揭示出朝廷大小官吏惧怕外国人的无耻嘴脸。《官场现形记》突出地反映了晚清中国半封建半殖民地社会的黑暗现实,多少触及了近代社会的主要矛盾、人民大众和封建主义的矛盾、中华民族和帝国主义的矛盾。《官场现形记》的问世,加深了人们对清王朝腐朽本质的认识。由这部小说起,逐渐形成了晚清谴责小说的新潮,而描写他界如商界、学界、女界等"现形"之书也接踵而起。

刘鹗(1857—1909),字铁云,别署鸿都百炼生,江苏丹徒人。他出身于官僚家庭,

---

① 王学钧:《李伯元的家世与诞生地》,《明清小说研究》2009年第2期。

② 鲁迅:《中国小说史略》,东方出版社1996年版,第232、233页。

少年时放旷不守绳墨，不喜欢科场文字，秉承家学，钻研理学、佛道、金石、文学、数学、医学、水利，纵览百家，喜欢收集书画碑帖、金石甲骨。早年科场不利，曾于上海开业行医。后为河南、山东巡抚幕宾，帮办治理黄河工程有功，授候补知府。后弃官经商，担任过德商福利公司经理，成为外商的买办与经纪人。光绪二十六年(1900)，八国联军侵入北京，刘鹗从联军处贱价购买太仓储粟，赈济北京饥民。光绪三十四年(1908)，被人弹劾"私售仓粟"，发配新疆充军。次年死于乌鲁木齐。刘鹗生在中国封建制度即将彻底崩溃之际，对清末残败没落的政局深感不安和悲愤。政治上，他反对革命、反对苛政扰民，主张澄清吏治；经济上，主张借用外资兴办实业，修筑铁路，开办矿产，以扶衰振敝；思想上，信奉太谷学派；在处世待物上，提倡以人情为依据，"发乎情止乎礼义"，"诱人为善，引人处于大公"。著有《老残游记》、《老残游记续集》、《勾股天元草》、《历代黄河变迁图》、《铁云藏龟》和《铁云诗存》等书。其中，《老残游记》为其代表作。

刘鹗

《老残游记》共20回，光绪二十九年(1903)发表于《绣像小说》半月刊上，至第十三回因故中止，后重载于《天津日日新闻》，原署名鸿都百炼生著。小说描写一个被人称做老残的江湖医生铁英在游历中的见闻和作为。老残是作品中体现作者思想的正面人物。老残以行医糊口，自甘淡泊，不入宦途，但是关心国家和民族的命运、同情民众所遭受的痛苦，是非分明，而且侠胆义肠，尽其所能，解救人民疾苦。随着老残的足迹所至，可以清晰地看到清末山东一带社会生活的面貌，揭露封建官吏大逞淫威，肆意虐害百姓。他把当时腐败的中国比作一艘漂浮在海上行将被风浪所吞没的破旧帆船。所谓的"清官"，其实是一些不惜杀民邀功、用人血染红顶子的刽子手。同样，《老残游记》的艺术成就在晚清小说里也是比较突出的，特别在语言运用方面更有其独特的成就。如在写景方面能做到自然逼真，有鲜明的色彩。书中千佛山的景致，桃花山的月夜，都明净、清新。在写王小玉唱大鼓时，作者更运用烘托手法和一连串生动而贴切的比喻、绘声绘色的描摹，给人以身临其境的感觉。《老残游记》在宣扬了作者所信奉的太谷学说的同时，对当时北方的义和团和南方的资产阶级革命派，进行了诋毁和攻击。

曾朴(1872—1935)，谱名朴华，改名朴；初字太朴，改字孟朴，又字小木、籀斋；号铭珊；别署东亚病夫、病夫国之病夫，江苏常熟人。曾朴幼习举业，尝师事潘欲仁、李慈铭、吴大澂等名家。光绪十六年(1890)童试中,以县试第一名、府试第二名、院试第七名中秀才。光绪十七年(1891),曾至京,期间结识李石农、文芸阁、江建霞、洪文卿诸名士,相互切磋元史、西北地理及金石之学。同年秋,南归乡试,考中举人。光绪十八年(1892)会试失败后,曾捐官内阁中书,留京供职。因与洪文卿往还甚密,遂结识洪妾赛金花。又以小同乡名义,常出入于翁同龢之门。光绪二十一年(1895),被推荐至同文馆读法文。光绪二十三年(1897),赴上海筹办实业。适逢谭嗣同等友人谋划维新变法,遂参与其事。光绪二十四年(1898)戊戌变法失败,曾朴开始钻研法国文学。次年与同乡友人张鸿、丁芝孙、徐念慈等创办常熟第一所新式小学——中西学社。又于私宅开办日语班,聘请日本革命者金井雄教授教日语,其本人亦列班受教。继而因病家居,潜心著述并大量阅读法国文学作品。光绪三十年(1904),与丁芝孙、徐念慈等创办小说林社,主要出版新小说与翻译小说。同时接过金松岑所著《孽海花》前六回,重新撰写。光绪三十三年(1907),创办《小说林》月刊。曾朴一生撰译著作达数十种,主要有谴责小说《孽海花》、自传体小说《鲁男子》六部曲(未完),翻译小说《九十三年》,翻译剧本《钟楼怪人》(均雨果原著)等。其中,《孽海花》为其代表作。

曾朴

《孽海花》内容繁富,时间跨度大,以同治中后期为背景,或隐或现地表现了光绪前、中期一系列重大事件的发展历程:从中法战争到中俄领土争端;从甲午海战到台湾军民的反抗侵略;从洋务运动到维新派兴起,以至革命党人领导的广州起义的失败。同时,作者更注重表现诸多政治事件的内在联系及其发展趋势。小说不仅揭露清政府的腐败,而且对维新派进行切中肯綮的批判,主张革命推翻清政府。作者认为,政体不变革,单是办办洋务,终究是难以拯救衰敝的祖国。认为顽固派势力在朝廷占据绝对优势,以和平的方式去变革政体,只不过是浪漫的幻想,最终难以付诸实践。这种以变革政体为核心内容的维新思想,在甲午海战之后颇为盛行一时。作者的笔触,不难寻绎出30年间政治、文化的演变史,从而,使小说具有了“历史哲学”的意味和境界。

二　第一个革命文学团体——南社

南社是中国近代人数最多、活动时间最长、影响最大、成就最高的一个以诗歌创作为主体的资产阶级革命文学团体。它筹建于光绪三十三年(1907),成立于宣统元年(1909)。南社在成立前后的所有活动,无不表明它是一个带有明显革命倾向的文学团体。

南社成立之前,主要成员就陆续建立了多个性质类似的小型文社。仅陈去病就组织过黄社、秋社、匡社等社团。这些社团成立背景和目的多为宣传革命思想。“知识界革命倾向的增强,滋生了组织联合与统一领导的强烈愿望”。南社成立的地点为苏州虎丘张东阳祠。选择这个地点作为会场,具有明显的历史意义。原来张公名国维(1595—1646),浙江东阳人,明天启二年(1622)进士。崇祯七年(1634)擢右佥都御使,巡抚应天、安庆等10府,请命主持兴建繁昌、太湖城垣,浚松江、嘉定、上海、无锡等地河道,修筑吴江、江阴、苏州等县桥梁、塘堰、漕渠,著有《吴中水利全书》。继任兵部右侍郎、兵部尚书。明隆武元年(1645)五月,南都沦陷,张国维拥立鲁王监国,坚持抗清。次年六月,方国安叛降,张国维坚守东阳。后清兵攻破义乌,国维投水殉明。南社选择张东阳祠作为成立会场,旨在弘扬张国维抗清不屈的精神,寄托南社的反清主张。

南社与同盟会的关系非常密切,不少会员是同盟会的成员。南社的三位发起人和主要组织者陈去病、高旭和柳亚子当时都是同盟会员。陈去病(1874—1933),江苏吴江人。光绪二十四年(1898),在家乡与金天翮组织雪耻学会,响应维新运动。光绪二十九年(1903)赴日考察,加入中国留学生组织的拒俄义勇队。次年在上海任《警钟日报》主笔,同时创办《二十世纪大舞台》杂志,提倡戏剧改良,宣传革命思想。光绪三十二年(1906)加入同盟会。同年,为纪念明末进步思想家黄宗羲,在安徽徽州府中学堂与黄宾虹等组织黄社。次年,到上海编辑《国粹学报》,与吴梅等组织神交社,以论文讲学为名,联络革命知识分子。光绪三十四年(1908),在绍兴府中学堂组织匡社,以匡复中华为志。为了纪念秋瑾,又在杭州组织秋社。次年,在苏州与柳亚子、高旭一起创办南社。武昌起义后创办《大汉报》,在绍兴为越社主编《越铎日报》,提倡民生主义。

高旭(1877—1925),上海金山人。光绪二十九年(1903)与叔父高燮、弟弟高增组织觉民社,发行《觉民》杂志。光绪三十年(1904),留学日本,就读于东京法政大学。东京期间,结识了流亡日本的革命党人陈天华、宋教仁,加入同盟会,出任江苏分会会长,同时积极参与革命报刊的宣传活动,寻找救国道路。光绪三十一年(1905)参加《二十世纪之支那》的编辑和发行工作,同年秋又主编《醒狮》月刊。光绪三十二年(1906)回国后,与柳亚子、田桐等编辑《复报》,该报是在国内大体编好后,寄往日本印刷出版的特殊报刊。宣统元年(1909),与陈、柳等创立南社。又曾创办健行公学和钦明女学,提倡女权和女子教育。

柳亚子(1887—1958),江苏吴江人。受其父亲影响,早年赞成变法维新,醉心于

《新民丛刊》的宣传。光绪二十九年(1903),在家乡参加中国教育会。光绪三十一年(1905)加入国学保存会。光绪三十二年(1906)参加中国同盟会,同时加入光复会。

又南社成员朱锡梁(1873—1932),江苏吴江人。光绪二十五年(1899)东渡日本,接受孙中山的革命思想,加入同盟会,后毕业于东京弘文学院速成科。光绪二十九年(1903),发起组织祝心渊、包天笑、苏曼殊等人去苏州郊外狮子山举行招国魂活动。

南社有着鲜明的政治色彩。陈去病在《南社长沙雅集纪事》中说:"南者,对北而言,寓不向满清之意。"高旭在其《无尽庵遗集序》则说:"当胡虏猖獗时,不佞与友人柳亚子、陈去病于同盟会后更倡设南社,固以文字革命为帜志,而意实不在文字间也。盖陈、柳二子深知乎往时人士入同盟会者,思想有余而学问不足,故借南社以为沟通之具,殆不得已之苦思欤。"[①]柳亚子更明白地说:"旧南社成立在中华民国纪元前三年,它的宗旨是反抗满清,它的名字叫南社,就是反对北庭的标志了。"[②]柳亚子在《新南社成立布告》中宣称:"我们发起的南社,就是想和中国的同盟会做犄角的。因为民族主义,本来是中国历史上的产物,赵宋、朱明的末代,更有鲜艳的血史,在文学界上占着重要位置。所以我们的提倡,就侧重在民族主义那一边。"因此,南社成立后,奉行的宗旨是"研究文学,提倡气节",即以文学为武器,以民族主义相号召,提倡革命气节,致力于民族独立和民主共和,推翻清王朝的封建专制统治。事实上,以文学创作反抗清廷的专制统治,鼓吹资产阶级民主革命,亦成为南社的政治目标和文学主题。

南社的成立,正值20世纪初。当时,以孙中山为代表的资产阶级民主革命党人为了拯救祖国,振兴中华,正在同清王朝进行着艰苦卓绝的斗争。南社一成立,它的成员们便自觉地配合同盟会的革命斗争,积极创办各种报刊,以文学为武器,热情讴歌民主革命,呼唤民主自由,鞭挞封建专制,表现出强烈的爱国主义和民主主义精神。正如南社成员徐蔚南所说:"南社的成立,等于中国同盟会成立一个革命宣传部。"南社文学出现于近代文坛时,也正值中国文学处于重要转变的时期:一方面,有着辉煌历史的中国古典文学已进入到了它的末期;另一方面,令人耳目一新的外国文学已越过重重阻碍闯入古老的中国。南社成员没有退缩,而是迎头而上,对如何继承和发扬民族的优良文学传统,如何对待由外国涌来的新的文学样式,如何处理文学与时代、文学与政治、文学与人民以及思想与艺术、普及与提高的关系,如何创造新的风格、新的形式、并为中国文学开创崭新的局面和前途等等问题,都进行过可贵的探索和实践。

---

① 高旭著,郭长海、金菊贞编:《高旭集》,社会科学文献出版社2003年版,第512页。

② 《新南社成立布告》,王学庄、孙彩霞编:《柳亚子选集》(上),人民出版社1989年版,第202页。

南社的创作，就整体而言，具有比较鲜明的现实性、战斗性和强烈的爱国主义精神。他们用自己的作品无情地批判清政府的腐朽、黑暗和卖国行为，表达了对日益严重的民族危机的深深忧虑；他们在作品中热情歌颂资产阶级的民主革命，抨击独夫民贼，反抗帝国主义的侵略，挽救祖国的危亡；他们还用自己的作品鼓励人民积极投身民主革命斗争，为争取祖国的独立和富强，为建立一个强大的资产阶级民主共和国努力奋斗。他们的这些作品，对于社会启蒙，对于组织和动员革命力量，对于提高人民的爱国主义觉悟，鼓舞他们争取民族解放、祖国独立的斗争热情，都曾起过重要作用。

南社以气节相号召，推崇"唐音"，反对崇尚宋诗的"同光体"，弘扬民主主义和爱国主义，倡导浪漫主义，开创了一代新文风，具有鲜明的时代性和战斗性。而南社的诗文创作，朝气勃勃，激昂高亢，雄浑粗犷，充满了强烈的民族意识和革命激情，富有浓厚的浪漫主义色彩，成为近代资产阶级民主革命的战斗号角，也成为中华民族的共同呼声，无疑是中国近代文学史上的一块丰碑，在当时以及后来都产生过广泛的影响，理应在中国近代文学史上占有重要位置。

三　近代报刊的创办

近代新闻传播方面，报刊杂志如雨后春笋，在江苏大地上，各种官报、白话报和女报应运而生。据《江苏省志·报业志》所载，近代江苏各地创办的各种报刊大致有：

1. 官府报。由官方创办，主要有《南洋官报》和《南洋日日官报》等数家。其中，《南洋官报》是南京近代最早的官办报纸。光绪三十年(1904)由两江总督兼南洋大臣魏光焘创办，南洋官报局出版发行，宗旨和体例仿照《北洋官报》，经费来源主要依靠政府拨款。南洋官报局会办刘世珩，坐办赵道诒，主笔茅谦。该报设有圣训、谕旨、督院辕抄摘要、论撰、内政、外交、学务、军政、路矿、邮电、商业、杂志等栏，主要报道全国及地方军、政、财、学、工商各界的官方大事要事。《南洋日日官报》，为江苏最早的大型日报，光绪三十一年(1905)创刊于江宁，南洋官报局印刷出版。

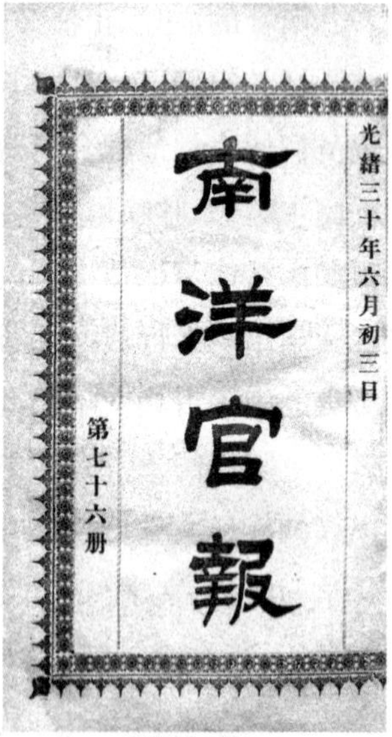

南洋官报

2. 商务、劝业报。属于专业性报刊，主要有《南洋商务报》、《劝业会旬报》和《劝业日报》等。其中，《南洋商务报》是江苏最早的专业报，光绪三十二年(1906)由江南商务局创刊于南京，设有《南洋商务报》编辑处。半月刊，每月初一和十五日出版，铅字排印，书册式，每册约 90 页左右。江南商务局是当时江南最高商务行政管理机构，总办王道燮。《南洋商务报》初期设有谕旨、论说、译录、奏议、公牍、规律、记事、群议、杂俎、商学报等栏目，至第三十七期时对栏目略作调整，将附设的“商学报”改为“学术”、“规律”改名“规章”，同时增加“白话”、“调查”等栏目。主要报道商界动态和商业信息。此外大量刊登有关商务的官方行文，包括奏议、公牍，清政府和地方政府的行政命令和批件，以及江南商务局的批复文件等。语言文字既口语化，又有句读符号，好读易懂。该报报道面比较宽，还刊登有关工业、交通、科技等其他方面的消息。

3. 谘议局报。主要有《江苏谘议局会期日刊》和《金陵捷报》等。其中，《江苏谘议局会期日刊》是江苏谘议局办的小报，在宣统二年九月（1910 年 10 月）谘议局会议期间出版，专门报道会议情况。会议结束时终刊。该报的《本报发刊例略》称：“本局去年大会及今春临时会开会期内，均有《金陵捷报》之行，所以通彼此之邮传，纪议会之事实也，惟系由报界同人组织，范围稍宽。今本局改归自办，略仿曩日体制，扫浮文而存实际，汰泛博而主专一，成议会之实录，供议员之参考。”

4. 白话报。主要有《无锡白话报》、《苏州白话报》、《吴郡白话报》、《江苏白话报》、《扬子江白话报》、《锡金白话报》和《如皋白话报》等。其中，《无锡白话报》是江苏第一份近代报纸，也是我国创办最早、具有广泛影响的白话报，光绪二十四年（1898）裘廷梁创刊于无锡。无锡地方文人裘毓芳、顾述之、吴荫阶、汪赞卿、丁仲祜、尤惜阴等大力协助。《无锡白话报》为 16 开线装本，用木刻活字和毛边纸印刷，无锡萃新时务室承印。始为五日刊，每期十数页。从第五、第六期起合刊，改名《中国官音白话报》，以示并非无锡土话和并非专为无锡而设。此后每两期合出一册，每册 28 页，每月农历初一日、十一日、二十一日出版。辟有上谕恭注、五大洲邮电杂录、中外纪闻、无锡新闻、海外奇闻等栏目。光绪二十四年（1898），慈禧太后发动戊戌政变，百日维新失败，此报不得不于该年出版第二十七、二十八期合刊后停刊。前后历时四个多月，是一份与百日维新相始终的报纸。该报主张文字革命，反对文言文，以灌输新知，开通民智。第十九、二十期合刊上发表了裘廷梁《论白话为维新之本》的文章，同时刊登了无锡白话报馆的《开办白话学会简明章程》。《吴郡白话报》，光绪三十年（1904）创办于苏州，半月一期，逢朔、望日出版，辟有论说、学术、紧要新闻、苏州新闻、歌谣、诙谐、谈丛、来鸿、调查等。语言通俗，鼓吹反清革命。《江苏白话报》，光绪三十年（1904）创办于常熟。常熟琴南学社编辑发行，上海四马路大同印刷所印刷。辟有论说、纪事、教育、实业、杂志等栏目，报道中外大事，宣传爱国救亡。

5. 综合性报纸。主要有《无锡新闻》、《独立报》、《新黎里》、《锡金日报》和《星报》等。其中，《无锡新闻》为江苏第二份近代报，光绪二十四年（1898）创办，仅晚于全省第一份报《无锡白话报》4个月，只出版3期。32开本，用16开毛边纸单面印刷，对折装订成册，有“上海商务印书馆印”字样。创办人不详。报纸文字浅显，正文在字右侧用顿号断句。每篇新闻冠以简要题目，大多为4个字。3期报纸共发新闻37篇，类似上述揭露社会弊端的有18篇。另有多篇关于教育的报道。当时正逢废科举、兴新学，无锡办学之风大开。第三期报纸专门发表了《小学堂训蒙捷法》和《无锡业群学堂新增幼儿馆规则》，两文都强调文体浅白，并倡导读报，认为“书以温故，报以知新”。主张“为师者朝讲书，晚讲报；或单日讲书，双日讲报”。当时报纸尚属新兴事物，读报更属创举。《新黎里》报，由著名爱国诗人柳亚子创办。柳亚子自任总编辑，毛啸吟任副总编辑。以提倡新文化和社会革命为宗旨。柳亚子在这份小报上发表了大量文章、言论和通信。该报还出版各种特刊，如“婚姻问题”、“旅大问题”、“劳动问题”、“教育研究”、“卫生问题”、“经济公开”等。《星报》，光绪三十三年(1907)张謇创办于南通。内容主要为张謇倡导的立宪运动和地方自治运动服务，反映通州新派封建士绅观点，也反映南通新知识分子对清廷的不满、对官场陈腐的愤恨、对资产阶级民主政治的向往。《锡金日报》，宣统元年(1909)由秦毓鎏、孙保圻、吴廷枚、蒋哲卿等集资创办。为无锡第一份日报，也是江苏第一份民办日报。4开8版，1至4版为广告，5至8版有社论、国事要闻、地方新闻、教育新闻、专件、邑评、小说、词林等栏目。文章和评论贯穿民主革命思想，抨击时弊，较为尖锐有力。宣统二年(1910)9月，上海《时报》和《神州日报》在南京发起成立我国第一个报业团体“全国报界俱进会”，《锡金日报》是全国43个赞同单位之一。1911年辛亥革命爆发，无锡于11月6日光复。秦毓鎏、孙保圻、吴廷枚分任锡金军政分府正、副司令，无暇办报，由蒋哲卿接办。

6. 其他报纸。《女子世界》，光绪三十年(1904)由丁祖荫创办于常熟，为江苏第一份妇女报，也是全国早期有影响的妇女报纸之一。宗旨是提倡女权，提倡妇女参政议政，提倡妇女自尊自重自立，在经济上取得与男子一样的平等地位。《女子世界》设有10个栏目，一半属于新闻和评论。每期登载有关妇女问题的论说，注重介绍古今中外各界女名人，介绍当时国内外有关女界的大事，还介绍教育、科学、医务、卫生、裁剪等各方面的知识，使妇女获知就业自立之道。所载小说也以妇女为主题。此报受到秋瑾的称赞，《女子世界》第十三期曾刊载《留学日本秋女士瑾致湖南第一女学堂书》的全文。月出一期，32开书本式，开始每期70页左右，后增至100余页。彩色封面，色泽鲜艳，印刷精良。当时常熟还没有印刷所，所以印刷和发行都由上海大同印书局承担。发行网点颇广，在上海、北京、南京、四川、湖南、安徽、浙江等地共有44处。光绪三十一年六月(1905年7月)出至第十七期停刊，后又增出1期，共18期。《苏州花》，光绪三十四年(1908)创办于苏州，为江苏第一张黄色小报。主编徐哲身，时任江苏省省城北路警察署长。该报专登捧优玩妓和无聊词赋，以及妓院、戏院、花柳病院的消息，格调低下的时调小曲和色情歌曲。另辟有“花界广告”，通一栏分若干小格，介绍妓女花名、照片和地址。宣统元年(1909)停刊。

另，江苏不少留学生在海外创办报刊，报道时事，研讨学术，宣传革命思想。无锡杨荫杭，先后考入北洋公学和南洋公学，光绪二十五年(1899)被学校送往日本早稻田大学学习，光绪二十六年(1900)和一批留日学生成立励志会，从事反清活动。同年，与励志会会员杨廷栋、雷奋等创办《译书汇编》月刊。该刊为留学生创办最早的杂志，主要内容除介绍译载国外哲学、社会科学著作外，还译登有关日本明治维新人物事迹的著述及日本宪法讲义、名人讲义、名人传记等。如卢梭《民约论》、孟德斯鸠《万法精理》、穆勒的《自由原论》和《代议政府》，以及《波兰衰亡战史》、《明治历史》、《日本维新活动历史》、《最近俄罗斯政治史》、《美国独立史》、《近世政治史》、《近世外交史》等资产阶级革命与资本主义发展等方面的译书。对于启发中国青年反对封建专制制度、提醒人们警惕资本主义列强的侵略、宣传资产阶级民主革命起到了一定的作用①。

四　书局、图书馆和博物苑的创立

晚清江苏文化事业发展迅速，成就喜人，将西方近代文化事业引入江苏，创办书局、图书馆和博览馆。

(一) 书局

19世纪末、20世纪初，在书局创立的潮流中，江苏不仅官书局办得有声有色，而且江苏人还相继创办了文明书局和中国图书公司等两大出版机构，同时参与商务印书馆的诸多工作。

1. 官书局。江苏官书局由曾国藩最先开办。同治三年(1864)，曾国藩率领湘军攻占南京后，在江宁的冶成山下开设了金陵官书局。金陵官书局是清末第一家官书局，由原两淮盐运使洪汝奎、幕僚莫友芝总领其事，刻有“前四史”、《文选》等书。光绪年间改为江南官书局。金陵官书局创建后，江苏各地官员纷纷效仿，相继开办了江苏官书局和江楚编译官书局等。其中江苏官书局为同治四年(1865)李鸿章在苏州创建。同治七年(1868)，丁日昌接任江苏巡抚后对书局进行扩充，由刘履芬任提调，俞樾任总教官。光绪五年(1879)，诸可宝继任提调。江苏官书局创办后，刻书数量巨大，据江澄波统计，共刻书206种、5047卷、1632册。江楚编译官书局为光绪二十七年(1901)刘坤一和张之洞在南京设立。江楚编译官书局成立后，合并了江南官书局和淮南官书局。江楚书局以

---

①　宋应离:《中国期刊发展史》，河南大学出版社2000年版，第65页。

出版学堂各类教科书和地方史志为主，共出书70余种，其中学堂章程和各科各级教材教法较有价值。由于各学堂多采用上海商务印书馆和文明书局的教材，江楚书局出版书籍发行不畅，经济困难。宣统二年(1910)，江楚编译官书局改为江苏通志局。江苏各地官书局的设立，抢救了大量的古代文献，传播了文化和科学知识，发展了我国近代印刷事业，特别是西方印刷机器和铅活字的引入，逐渐使我国传统的泥活字和刻版印刷成为了历史，对中国近代印刷史产生了深远的影响。

2. 文明书局。光绪二十八年(1902)廉泉、俞复、丁宝书等人在上海创办文明书局，俞复任经理。文明书局虽创办于上海，但其创办人却是江苏人，其编务人员也多为江苏人。其中，廉泉(1868—1931)，字惠卿，号南湖，又号岫云，江苏无锡人。光绪二十年(1894)举人，参与康有为的"公车上书"。光绪二十二年(1896)出任户部主事，次年升为户部郎中。在京期间，结识不少革命党人，其中有苏曼殊、徐锡麟、吴禄贞、李煜瀛、秋瑾等。戊戌变法失败后，资助杨模、俞复、侯鸿鉴在无锡创办竢实学堂、三等学堂和竞志女学，并将无锡私宅让给女学做校舍。光绪三十年(1904)冬，因不满清廷统治，辞职南归，移居沪上。光绪三十二年(1906)，在上海集股创办文明书局，聘请无锡俞复、丁宝书、赵鸿雪等知名人士任编辑，编印新式学堂教科书，出版文学艺术译著等。著有《南湖集》、《潭拓集》、《梦还集》、《梦还遗集》等。俞复(1866—1931)，字仲还，江苏无锡人。光绪二十年(1894)中举，参与康有为"公车上书"活动。光绪二十七年(1901)，参加留日学生杨荫杭在无锡分设的励志学会，讲授新知识，宣传反清革命。光绪二十八年(1902)，与廉泉在上海创办文明书局。丁宝书(1865—1935)，字云轩，江苏无锡人，丁福保之兄。光绪十九年(1893)举人，曾在无锡东林、竢实等学堂执教，自幼酷爱书画，师从无锡画师高研五学习绘画。光绪二十八年(1902)任文明书局美术编辑，编辑影印画册多种。

文明书局聘请知名人士，引进先进设备，采用排版技术，出版了一大批高质量和符合时代潮流的书籍，深得大众好评。在人才方面，曾聘请陆费逵、张相文和丁福保等名士。设备方面，从日本引进先进印刷机。技术方面，不断创新，精益求精，技师赵鸿雪成功试制出照相制版术。所出版书籍数量大、质量高。曾出版笔记小说丛书《说库》60册、《清代笔记丛刊》160册、《笔记小说大观》500册，以及名人书画碑帖《百花图长卷》、《潇湘八景图》、《黄山胜迹图册》、《兰亭序十二种》、《黄庭经五种》等。另，丁福保所译的西医学著作也是由文明书局出版。尤其是书局开办之初即出版《蒙学课本》7编。《蒙学课本》为无锡三等学堂朱树人编撰，具体由丁宝书执笔，赵鸿雪绘图，杜嗣程缮写。前三本为初级读本，第四本为修身书，第五本为摘编史书中的寓言，第六本为记叙文，第七本为论说文，是中国最早有插图的小学教科书。石印成书，风行一时，其书画文号称"三绝"。

《蒙学课本》创办后，一时不胫而走，三年中重印十余版。其后，文明书局又推出了一套蒙学丛书，其中有文法、经训、修身、中国历史、外国历史、中国地理、外国地理、心算、笔算、珠算、植物、动物、格致、生理、卫生、天文、地文、地质、体操、游戏、唱歌，以及真书、行书、毛笔、铅笔4字帖，共计20余种。各种教科书都冠以"蒙学"二字，总称《蒙学科学全书》。文明书局是中国近代编辑出版教科书最多的出版机构，所出版的教科书，量多质高，颇具影响。光绪三十二年(1906)，清学部第一次审定小学教科书102种，其中文明书局出版的就有30种，占总数十分之三①。

3. 中国图书公司。光绪三十二年(1906)由席裕福创办于上海，张謇为董事长，沈恩孚为编辑长。中国图书公司虽创办于上海，但其创办人和管理人员却是江苏人。其中，席裕福(？—1929)，字子佩，祖籍江苏吴县洞庭东山。同治十一年(1872)，英人美查在上海创办《申报》，聘请裕福之兄裕祺担任经理。后裕祺病故，裕福继任经理。宣统元年(1909)英人美查回国，席裕福便出资收买了申报馆，开始了办报生涯。张謇(1853—1926)，江苏海门人，为清末状元，又是实业界名人，在官场交谊甚广，而且正担任着江苏教育会会长。沈恩孚(1864—1949)，字信卿，江苏吴县人。光绪二十年(1904)考中举人。光绪二十九年(1903)，东渡日本考察教育。回国后出任龙门师范学堂监督，倡导新学，主张变法维新。后在上海发起江苏学务总会，当选会长，致力于教育革新，倡议施行小学单级教授法。光绪三十二年(1906)，应席裕福之聘出任中国图书公司编辑长。

中国图书公司出版的书籍也多为教科书。据《教科书之发行概况》载，中国图书公司于光绪三十二年(1906)出版的自编教科书有《算学自修书》、《几何学教科书》、《化学理论解说》、《初等小学修身课本》、《初小国文课本》、《初小算术课本》、《初小珠算课本》、《初小国画课本》、《初小手工教本》、《初小唱歌课本》、《初高等小学体操范本》、《高等小学修身课本》、《高小国文课本》、《高小算术课本》、《高小历史课本》、《高小地理课本》、《高小地图》、《高小格致课本》和《初级古文选本》等，共计19种。其门类几乎囊括了小学教育的各门课。宣统元年(1909)，中国图书公司又出版《心理学》、《教育史》、《新译几何学教科书》、《最新化学理论解说》、《小学体操范本》、《简易理论课本》、《卫生新论》、《幼儿保育法》和《简易地理教本》等，进一步完善了小学教科书体系。

中国图书公司出版的教科书特色鲜明，填补了清末出版教科书方面的某些空白或不足。如历史教科书，中国图书公司于宣统元年(1909)出版了《中国商业史》、《中

① 王建军：《中国近代教科书发展研究》，广东教育出版社1996年版，第128—130页。

国工业史》、《本朝史》、《国耻小史》等，这在当时的历史教科书中具有开拓意义。其中，《中国商业史》分为三编。第一编为商业发生及扩张时代，第二编为商业繁剧及衰落时代，第三编为商业激动及进取时代。书中史料丰富，调查精准，配有附表，附表简明扼要，尤其取舍得当，详今略古，对近代数十年商战之失败，作了精辟论述。它不仅是当时实业界的一部佳著，也是中等商业学校的合适教科书。这种以专门史、断代史为体例的教科书，更适用于专门学堂的教学需要①。

（二）图书馆

19世纪60年代开始，中国与西方国家政治、经济、文化交往日渐增多，一些中国人以驻外使节或游客的身份踏上西方国土，对西方国家先进的文化设施有了较真切的了解。而西方国家的公私藏书制度尤其吸引了他们的注意力。驻节欧美的张德彝，漫游欧洲的王韬，驻节英、法等国的刘锡鸿、郭嵩焘、薛福成等人，都描述过他们所见到的公共藏书设施。王韬说过，法国"藏书之所，博物之院，咸甲于他国。法国最重读书，收藏之富，殆所未有也，计凡藏书大库三十五所，名帙奇编，不可胜数，皆泰西文字也。惟波素拿书库则藏中国典籍三万册，经史子集略备"②。薛福成也对西方各国的藏书概况作过综合介绍："法国有书楼五百所，藏书四百五十九万八千册；英国书楼二百所，藏书二百八十七万二千册；俄国书楼一百四十五所，藏书九十五万三千册；奥国书楼五百七十七所，藏书五百四十七万六千册；义国书楼四百九十三所，藏书四百三十五万册；普国书楼三百九十八所，藏书二百二十四万册。"③同时，在开办新式学堂和学习西学的过程中，建立新式图书馆是其中的一项重要措施。20世纪初，各地陆续兴建一批近代图书馆。如浙江藏书楼、湖南图书馆、湖北图书馆、福建图书馆和江南图书馆等。其中，江南图书馆是江苏地区第一家公共图书馆。

江南图书馆是两江总督端方于光绪三十三年（1907）在南京创办的。江南图书馆的创办与"皕宋楼"事件有着一定的关系。"皕宋楼"为浙江湖州陆心源所建，它与江苏常熟瞿氏"铁琴铜剑楼"、山东聊城杨氏"海源阁"、浙江杭州丁氏"八千卷楼"并称为晚清"四大藏书楼"。四家皆以丰富的藏书、珍贵的文献、大气的藏书楼建筑受到学术界、收藏界的重视和尊崇。而陆心源的藏书尤其以宋、元版本数量之多、价值之高，在海内无与伦比，为世人所瞩目。陆心源去世后，其子陆树藩因经商失败，准备出卖其藏书。日本汉学家岛田翰听说后，于光绪三十一年（1905）数次登临湖州皕宋楼，见其藏书尘封狼藉，徒饱蠹虫，遂游说并鼓动陆树藩出售藏书，岛田翰又为此奔走于日方

① 王建军：《中国近代教科书发展研究》，广东教育出版社1996年版，第130—135页。

② 王韬：《漫游随录》，山东画报社2004年版，第61页。

③ 薛福成：《出使日记续刻》，岳麓书社1985年版，第535页。

有财力者，终获岩崎氏首肯，于光绪三十三年六月(1907 年 7 月)，以 10 万元购得陆氏藏书 10 万卷，藏于岩崎氏设于东京的静嘉堂文库。消息传出，国内学子及藏书界极为感慨和震动，全国学术界为之震惊。就在此时，钱塘丁氏八千卷楼藏书也因主人经商失败，面临流散之虞。当此珍贵典籍去留聚散之际，著名学者缪荃孙(1844—1919)特向两江总督端方提出建议，应全数收购八千卷楼藏书，以免珍籍重蹈外流覆辙。

此时端方也正谋划着要在江宁城内创办一座公共图书馆，但办馆人选、藏书来源、经费等尚无头绪。缪氏此议，正合其意，于是奏请清政府筹款购书。随后由缪荃孙、陈庆年负责筹建图书馆。光绪三十三年九月二十九日(1907 年 11 月 4 日)，缪荃孙接到图书馆总办照会启程赴浙。十月十二日(11 月 17 日)，缪、陈等人抵达钱塘，遂与丁氏商谈购书事宜。当时八千卷楼主为丁申之子丁立诚及其堂弟子丁立中。缪、陈两人与丁氏昆仲先后洽谈四次。丁氏既放心于先人藏书归为国有公产，又可偿还所欠公债，遂于十月二十四日(11 月 29 日)签订协议，以银 7.3 万两成交[①]。光绪三十三年十二月初八日(1908 年 1 月 11 日)，第一批书运至南京，因无馆舍，暂储存于萨家湾自治局内。日后其余部分亦陆续运至南京。八千卷楼藏书为江南图书馆的建立奠定了基础。光绪三十四年四月(1908 年 5 月)，端方奏请朝廷获准建立江南图书馆，遂聘请缪荃孙为图书馆总办，陈庆年为坐办。缪荃孙与陈庆年会同藩、学两司规划藏书楼，经多处走访勘察，最后选定城西龙蟠里上元县高等小学(原惜阴书院)内兴建藏书楼两进、两楼及其附属建筑。宣统元年九月(1909 年 10 月)，江南图书馆工程全部建成。次年八月十八月(1910 年 9 月 21 日)，江南图书馆正式开馆[②]。

江南图书馆的藏书极为丰富。它以丁氏八千卷楼书为大宗，而丁氏书大多为明、清两代著名藏书家的遗藏，尤为宝贵。如范钦天一阁、项驾寿万卷堂、祁承(爜)澹生堂、毛晋汲古阁、钱谦益绛云楼、曹溶静惕堂、朱彝尊潜采堂、黄虞稷千顷堂、王士祯池北书库、顾嗣立秀野草堂、钱曾述古堂、曹寅楝亭、赵一清小山堂、吴焯瓶花斋、孙志祖寿松堂、王宗炎十万卷楼、马曰琯小玲珑山馆、汪启淑开万楼、鲍廷博知不足斋、黄丕烈士礼居、吴骞拜经楼、袁廷梼五砚楼、何元锡蝶隐园、许宗彦鉴止水斋、严元照芳椒堂、张金吾爱日精庐、陈揆稽瑞楼、马瀛汉晋斋、袁芳瑛卧雪楼、马玉堂汉唐斋、汪士钟艺芸精舍、瞿绍基恬裕堂、蒋光煦别下斋、劳格丹铅精舍、郁松年宜稼堂、朱学勤结一庐、李之郇瞿硎石室等等。这些藏书家的旧藏辗转流传，少则一两部，多至数十部甚至上百部，卒由丁氏购入八千卷楼。丁氏书中以钱塘汪宪振绮堂的旧藏为最多，达

---

① 缪荃孙:《艺风老人日记》，北京大学出版社 1986 年版，第 2030—2031 页。

② 王玲:《关于江南图书馆开馆日期的商榷》，《鼓楼文史》第 3 辑(内部刊物)，1991 年印刷，第 80—81 页。

147种。可以说,丁氏书为明清数十位藏书家数百年收藏成果的结晶[①]。除收购丁氏八千卷楼藏书60万卷外,江南图书馆还利用其官办公共图书馆的有利条件,广泛接收和征集文献典籍。宣统元年(1909),南陵徐乃昌因拖欠机器局公款,以书籍字画抵偿。端方将书籍呈送学部,字画445件拨交江南图书馆收藏。同年,端方奏请清廷颁给江南图书馆《大清会典》一部、石印《古今图书集成》一部,并调取江西、浙江、广东等各省官书局书籍充实馆藏。又于开馆前一月收到武昌范道木樨香馆藏书4557种。宣统元年四月(1909年5月),原江楚编译局改为江苏通志局。所藏东西文书籍536种709册移送江南图书馆,该馆自此开始收藏外文书。另有江楚编译局自印的大量教科书也一并移交。淮南书局并入江南书局后,所存木版归入江南图书馆。江南图书馆自创建至宣统三年(1911),迅速发展为拥有80万卷藏书的大型图书馆。其藏书增长速度在清末各公共图书馆中名列前茅。

江南图书馆聘请不少知名学者任职馆内。总办缪荃孙(1844—1919),字炎之,别字筱珊,晚号艺风老人。历任庶吉士、纂修、总纂、提调等职务,曾主讲于西湖、南菁、钟山等书院,主持江南高等学堂,创建江南图书馆、京师图书馆。家中藏书丰富,著有《艺风堂藏书记》8卷、《艺风堂藏书续记》8卷和《艺风堂藏书再续记》。缪荃孙藏书,研究目录、版本,进行校勘、考证,当然主要是为了研究学问。他的学识广博,著作等身,有《艺风堂文集》8卷、续集8卷、外集1卷,《艺风堂文漫存》、《艺风堂诗存》、《艺风堂读书记》、《秦淮广记》等等。坐办陈庆年(1862—1929),字善馀,自号石城乡人,后改横山乡人。江苏丹徒人。肄业于江阴南菁书院。曾辅佐张之洞,管理两湖学务。家中藏书丰富,有书楼"横山草堂",藏书逾万册。著有《五代史略》、《知亡录》、《补三国志儒林传》、《京口掌故丛编》、《风俗史料》、《明史详节》、《辽史讲义》、《元代疆域图》、《兵法史料》、《外交史料》、《列国政要》、《横山草堂集》、《横山乡人类稿》等。此外,知名学者尚有:常熟丁国钧任典守编纂,河北正定王耕心任典守编辑,苏州章珏任参议,南京邓嘉缉任提调,南京陈作霖任司书官,安徽南陵徐乃昌担任采访员,浙江安吉吴俊卿任参议。其中,陈作霖(1837—1920),字雨生,号伯雨,晚号可园,人称可园先生。历任崇文经塾教习、奎光书院山长、上元、江宁两县学堂堂长等职。编修《上江两县志》、《金陵通纪》、《金陵通传》和《金陵琐志》(五种)等。

江南图书馆创办后,吸引众多学者到馆查书,或转托友人,抄录馆书。如武进学者屠寄(1856—1921)于宣统二年(1910)到馆看书,又如法国文学博士伯希和利,听说江南图书馆藏书丰富,经人介绍,询问馆员版本源流,访读中西交通旧籍,检校群书。

① 傅璇琮、灼华主编:《中国藏书通史》(下),宁波出版社2001年版,第1102页。

江南图书馆的创办，是江苏文化事业的盛举，对保存我国古籍作出了突出贡献。

此外，江苏近代图书馆还有光绪二十九年(1903)新建的南通师范图书馆和宣统元年(1909)江都、甘泉两县视学汪锡恩、蒋彭龄捐建的“扬州第一图书馆”。

（三）博物馆

晚清江苏所建博物馆最为著名的是南通博物苑。

南通博物苑，由近代著名实业家、教育家张謇于光绪三十一年(1905)所建，为江苏以及中国第一座博物苑。

张謇建立博物馆的想法源于博览会。光绪二十三年(1897)年，张謇意识到建立博览会的重要意义，认为举办国内博览会和参加国际博览会是振兴实业的重要手段。“工务亟宜开，开导之计有二：一如各省开劝工会。此会江南近已拟行，事简费省，试办不甚难，但须上有提倡，并立奖格以鼓舞之；一派大员集合资本，博采各省著名精巧之器，入巴黎大会，并选挈名商慧工同往，察视各国好尚风俗，以便推广制造”①。光绪二十七年(1901)，张謇又进一步指出，博览会“有益于工”，可以为“劝工之助”②，举办博览会是张謇改良政治、振兴实业的一项变法内容，与张謇实业救国的思想相一致。光绪二十九年(1903)，张謇应日本驻南京领事天野恭太郎的邀请，东渡日本考察实业和教育。期间，张謇特意考察了正在日本大阪举行的第五次国内劝业博览会。在这次参观中，张謇第一次见到了冰箱，也第一次体验到了有空调装置的房间。同时张謇了解到，日本很多职业技术学校，或是高等学校，都附设有自己的植物园或博物馆，仿效欧美将植物和标本分科区别标示出来。本次日本国博览会的展品，就是从各地小型的展览会精选出来的。通过举办各种博览会，宣传了日本实业发展的成果，有力地推动了日本实业的发展。大阪博览会给张謇留下了极其深刻的印象，使他直接感受到日本明治维新以来在农工实业和科技方面取得的成就，清楚地认识到博览会与“殖产兴业”的关系，从而更加坚定了“实业救国”的思想。同时，大阪博览会也给张謇很大启发，学习到举办博览会的管理方法，推动张謇创办南通博物苑的积极性。

从日本回国后，张謇积极行动起来筹建博物苑。他在《上南皮相国请京师建设帝国博览馆议》和《上学部请设博览馆议》两份奏议中，奏道：“夫近今东西各邦，其所以为政治学术参考之大部以补助于学校者，为图书馆，为博物苑，大而都畿，小而州邑，莫不高阁广场，罗列物品，古今咸备，纵人观览。”博物苑意义在于：既是社会文化机构、国家文物保护机构，是收藏、展示自然历史遗产的公共机构，“导公益于文明，广知

① 张謇撰、张怡祖编：《张季子九录·实业录》卷一《农工商标本急策》，《民国丛书》第三编第96册，第5页。

② 张謇撰、张怡祖编：《张季子九录·政闻录》卷二《变法平议》，《民国丛书》第三编第94册，第22页。

识于世界"、"图地方人民知识之增进"的"实现之处所"。又可以"觇古今之变迁，验文明之进退"①。博物苑也是科学研究、辅助学校教育的机构，是利用实物进行研究和教育的场所。"凡以为学于斯者，睹器而识其名，考文而知其物，纵之千载，远之异国者，而昭然近列于耳目之前。"②

经过两年的酝酿，光绪三十一年(1905)，南通博物苑正式动工兴建。

在南通博物苑筹备和具体建设中，事无巨细，张謇都要亲自过问，而且办事精细、周到和具体。首先，张謇对南通博物苑的选址、藏品征集、陈列展览、保管和研究、博物苑教育、博物苑管理等都进行了深入研究，提出自己独到见解，亲手拟订藏品征集启事，制定详细的《博物苑观览简章》，为南通博物苑的建设和开展打下良好基础。为贯彻博物苑辅助学校的思想，张謇特选定与通州师范学校隔河相对的一片荒地作为博物苑馆址。其次，博物苑动工后，张謇更是费尽心血，自任博物苑总理，亲临现场视察和指导博物苑的工程建设。该年 2 月 10 日，张謇给通州师范庶务宋跃门信中写道："天晴博物苑工程赶做，木村今日到校，一切种子须下地……博物苑砖墙用条砖，勒脚用三副，勿用洋砖。木材即行配合。"3 月 27 日给宋跃门信中又写道："博物苑工程速办，细量苑地画图。南面不平正处能复量改墙使平正尤好，若太费事，则于东头另图转弯处修改。"南通博物苑建设虽是一次规划，却是分期分批实施的，共分东、西、南、北、中等 5 馆。中馆建设最早，其次是南馆，两馆都是光绪三十二年(1906)建成的，北馆是宣统三年(1911)建成的，其他两馆则建于民国初年。其中，中馆、南馆和北馆是博物苑文物标本主要陈列室。中馆为西南平房 3 间，初期作为测候所。为放置测候仪器，将当中一间的上面做成方形平台，设有风向、雨量、温度等仪器。从宣统元年(1909)一月一日起，开始观测气候，按日记载，同时在报上登载天气预报。后来，测候所迁移到南通农校。并将平房改造，加盖一层，建成中馆。中馆主要用于陈列金石方面的文物。南馆原称博物楼，用于陈列历史文物和自然标本。该馆分为两层：楼上辟为历史部和美术部，楼下是天产部。北馆是五开间的两层楼房，楼上是为了陈列钱恕《江山雪景图》长卷，楼下为陈列东海边出土的鲸骨骼。此外，南馆两边建有一座古像亭，用于陈列古代塑像。中馆前留有一片药坛，种植中草药。为配合主体建筑，营造一个幽雅的博物环境，博物苑内还按园林的布局，修建了假山、荷池、亭榭。园内栽种了各种竹子，如淡竹、紫竹、湘妃竹，以及罕见的黄金间碧玉竹。苑内绿树成荫，名

---

① 张謇撰、张怡祖编：《张季子九录·教育录》卷一《上南皮相国京师建设帝国博览馆议》，《民国丛书》第三编第 96 册，第 7—12 页。

② 张謇撰、张怡祖编：《张季子九录·教育录》卷一《上南皮相国请京师建设帝国博览馆议》，《民国丛书》第三编第 96 册，第 1 页。

贵花木有白玫瑰、琼花、牡丹，还有肥城的桃树、日本的八重樱、德国的槐树，等等。博物苑内小型动物园里饲养着白鹤、孔雀、鸳鸯、山猫、箭猪、豹、黑熊、东北虎等动物。南通博物苑是一座与园林相结合的独具特色的博物苑，所以称为“博物苑”①。再次，张謇为博物苑广泛搜集中外动植矿物标本、乡里金石文物和先贤遗文。光绪三十四年(1908)，张謇发出征集启示，希望“收藏故家，出其所珍，与众共守”，“留存往迹，启发后来”。张謇身体力行，带头将自己收藏的各种文物捐给博物苑。在他的号召下，南通博物苑得到了众多社会名流的支持和关注，收藏家端方先后捐赠给南通博物苑的文物达 70 余件，在《南通博物苑品目》中还可以看到赵尔巽、刘世珩、沈云沛、沈尹默、黄炎培、欧阳予倩等社会名流的捐赠。随着征集文物、标本的增多，张謇决定聘请专家鉴定文物，分类定名，编造藏品清册。于是，张謇邀请孙钺主持这项工作。孙钺，通州人，曾在江阴南菁书院和南京东文学堂学习，光绪三十年(1904)因家计艰难转入通州师范学习。学业未结业，受张謇委托负责南通博物苑的工程建设和苑务。此外，受邀参加鉴定的还有金石家诸宗之、考古家旋子野、画家陈衡恪等专家。

博物苑征集藏品非常丰富，经过甄别，分为自然、历史、美术和教育等四部分，分别陈列于中馆、南馆和北馆。由于张謇对自然科学一向很重视，博物苑扩大自然品种的征集范围，要“宗之千载，远之异国”。因此，博物苑中自然品种搜集遍及五大洲。动物类中有日本的货币虫、始祖鸟化石，南洋群岛的猩猩、时乐鸟，爪哇的孔雀，等等。自然品物在博物苑中所占比例较大，可以充分发挥博物苑的教育功能。博物苑的历史部收藏有金石、玉石、陶瓷、拓本、土木、乐器、画像、卜五、军器、刑具、狱具等类。美术部收藏有书画、雕刻、织绣、革丝、编物、文具等类。教育部收藏有科举、私塾、学校等方面物品。而一些大型文物如石刻、铁佛、铜鼎、铁炮等则分别陈列于南馆、中馆室外周围。

第三节　西医学的传播

西医药在江苏的传播，有多种途径：一是欧美教会派遣医生传教士到中国。医生传教士来到中国后，一面行医，一面传教，创办西医诊所和医院，直接将西医药传入江苏，从而对社会产生很大影响。同时，这些医生传教士开办卫生学校，进行医学教育，培养了一批西医人才。二是省内也有一些知识分子好学西医，翻译西医书籍，从事中西医结合的工作，也对西医学的传播起到相当大的作用。三是省内一些西医学者，走

① 张鹏、任学周主编：《抢救国宝》，中国大百科全书出版社 1996 年版，第 183—188 页。

出国门，主动学习西医医学，并成立西医学会，创办西医学刊物，建立西医医院和卫校，从而有力地推动着西医医学在江苏的传播。四是不断引进西医医学技术。西医学在江苏的传播，由浅入深，由点带面，是将西医学的基础理论、实验手段、临床治疗等在内的西医科学理论体系在江苏的逐步传播。

一　教会医院和卫校的创办

近代西方教会曾在中国推行"用医病的方法辅助传教"的方式，选派信仰基督教的医生来华传教。这些医生传教士在华传教的同时，相继办起了一些西医诊所和西医院，将西医传入江苏，并在江苏广为传播。

西医诊所的开设　西方传教士在江苏创办西医诊所始于同治年间。同治六年(1867)，天主教法国传教士金式玉聘请上海董家渡医院主任潘奥定修士在镇江和扬州等城市相继创办西医诊所。镇江、扬州两处施诊所开办后，效果很好，影响很大，前来就诊的病人很多。在镇江，每天总有很多人来施诊所看病，许多病人得到及时医治。潘奥定修士一人在前9个月就"治愈了六百至七百人"。在扬州，"病人等待施诊所开门，有时在路上等候达数小时之久。诊所门一开，他们蜂拥而入"[①]。这两处施诊所的成功举办，有力地促进了传教士在江苏各地建立西医诊所。光绪二十四年(1898)，林蔼士在淮安基隆巷购地建教堂一所，内设诊所，半天传道，半天免费义诊[②]。又光绪十二年(1886)，加拿大籍传教士兼医生马林来南京传教，同时行医，先后在北门桥附近及城南花市大街买地盖房，开设两处诊所。光绪二十三年(1897)，美国基督教南长老会女传教士葛璧玺至徐州传教行医的同时，开设西医诊所1座。光绪二十四年(1898)，美国传教士慕惟德和华尔德在江阴设立施医局。

在南京创办诊所的传教士马林

西医院的建设　江苏各地西医诊所的开设，一方面将西医学直接传入江苏，另一方面带动教会事业的发展。为更好地推动教会事业，一些教会或传教士，在原有的西医诊所基础上开始建设西医医院。光绪二十七年(1901)，美国南长老会传教医生鲍达理在宿迁城内开办西医诊所，光绪三十一年(1905)将诊所扩建成医院。光绪十三年(1887)，美国基督教

① [法]史式徽:《江南传教史》第二卷，上海译文出版社1983年版，第156、333页。

② 胡健:《在淮安生活过的美国人》，《淮安历史文化研究》，中国文史出版社2005年版，第238—245页。

会鉴于马林行医传教的业绩，决定集资在南京建立一所教会医院。光绪十八年(1892)，建成西式两层楼房一幢，作为病房，称为“基督医院”，由马林任院长，又称马林医院。马林医院是南京第一所正式的西医医院。辛亥革命前，江苏境内苏州、南京、六合、扬州、宿迁、太仓、江阴、无锡、盐城和句容等地都建有教会医院。其中，美国基督教监理公会在苏州建设的博习医院最早，为江苏第一所西医医院。苏州博习医院、无锡普仁医院和扬州浸会医院规模较大。

苏州博习医院　该院为光绪九年(1883)美国基督教监理公会医师传教士兰华德和柏乐文共同创建，是美国基督教监理公会在中国设立的第一所教会医院，也是江苏最早的一家综合性西医医院。咸丰四年(1854)，监理公会派遣兰柏等3位传教士来华传道。五年后，兰柏来到苏州传教，因风气未开，收效甚微。同治八年(1869)，兰柏再次来到苏州，在天赐庄一带布道和行医。光绪三年(1877)，监理公会指派兰柏长子兰华德赴苏辅助其父工作。兰华德出生于上海，熟悉中国情形，又曾在美国攻读过医学，十分适宜传教士工作。光绪四年(1878)，兰华德在苏州天赐庄租赁民房三间试开了一座诊病所，题名“中医医院”。光绪七年(1881)，上海监理公会临时指派兰华德照看患病传教士回美，并答应兰华德返华后为其在苏州建设一座正式医院。为此，在美期间，兰华德实地考察了纽约等地医院情况。光绪八年九月二十二日(1882年11月2日)，兰华德同柏乐文一道返回上海。柏乐文也是一位医生传教士，曾在纳什维尔的范德比尔特大学医学系学习。兰华德返回中国不久，监理公会便在上海开会，讨论筹建苏州医院相关事宜。同年十月初七日(11月17日)，兰华德和柏乐文一同到达苏州，着手医院建设。光绪九年(1883)初，兰华德得到教会和苏州地方士绅捐款1万美金，即以1000美金在天赐庄购买民地7亩。同年九月(10月)，医院建成，题名“苏州博习医院”。十月初五日(11月4日)医院正式开院行医，院务由兰华德、柏乐文两位主持。博习医院初建时，共盖有中式平屋8幢，其中门诊室1幢，内、外科病房3幢，手术室1幢，宿舍、洗衣房及厨房3幢。门诊分大号、小号，住院部开设病床30张，分为头等、二等、三等3个级别。病房除收治内外科病人外，还设有戒烟所和讲堂。医院开办第一年，门诊量达到7600人次，住院125人次。光绪十年(1884)，柏乐文回美国继续医科学业，光绪十二年(1886)春，柏乐文学成返回苏州，继任院长。苏州博习医院建成后，对西医的传播起到积极的促进作用，在西医新技术、新疗法的应用及公共卫生等方面作出了贡献①。

---

① 杨瑞兰等:《博习医院简史》，苏州市地方志编纂委员会办公室、苏州市档案局编《苏州史志资料选辑》第6辑，1986年版，第113—124页。

无锡普仁医院 由光绪三十四年(1908)美国基督教圣公会医师传教士李克乐创办。普仁医院的前身为光绪二十九年(1903)美国圣公会传教士在无锡南门桥所建的诊所。光绪三十一年(1905),李克乐从弗吉尼亚州立医学院毕业,获得医学博士学位。光绪三十二年(1906),年仅25岁的李克乐受美国圣公会派遣,以医药传教士身份来华。第二年,李克乐到无锡百岁坊巷租房行医,并在无锡圣公会会长慕高文的帮助下,在南门桥诊所基础上兴建医院门诊部。光绪三十四年二月十四日(1908年3月16日),医院建成开业,因教会所建礼拜堂称圣安德烈教堂,遂将医院称为圣安德烈医院,中文称普仁医院。医院初建时规模较小,房屋只有3间,人员只有医生李克乐、施亦临和药剂员曾芝珊等3人,其中李克乐自任院长。普仁医院是无锡历史上第一所现代医院,推动了西医在无锡地区的传播。

扬州浸会医院 宣统二年(1910),由美国基督教浸礼会医师传教士伊文思创办。光绪二十六年(1900),美国南方基督教浸礼会西差会指派伊文思医师在扬州创办浸会医院,除了诊治民众疾病外,也作为宣教士的疗养所。起初,在扬州星桥西街购买部分房屋开设门诊,收治少量病人。后购得一片房屋,扩大住院部,增加床位,并聘请金陵大学医科毕业的汤润生医师及上海圣约翰大学医科毕业的戴哲之医师来院工作。

此外,据《江苏省志·卫生志》所载,晚清江苏建立的教会医院尚有十余所。主要有:光绪十年(1884),美国传教士在镇江宝盖山建立妇幼医院。光绪十年(1884),南京建成斯密斯纪念医院。光绪十三年(1887),美国基督教女布道所创办苏州天赐庄妇孺医院。光绪十五年(1889),美国基督教南长老会康福安夫人、白本立夫人在苏州上津桥创设妇孺医院。光绪二十一年(1895),美国南长老会在苏州齐门外洋泾塘购地40亩,创建福音医院,设有内、外、妇、儿科及精神病院。同年,美国基督教贵格会在南京慈悲社创办贵格医院。光绪二十三年(1897),徐州创设女医院1座。光绪二十四年(1898),美国基督教贵格会在六合县西门通选街创办和平医院。光绪二十六年(1900),美国传教医生慕庚扬在徐州创办一所男医院——博济医院。光绪三十二年(1906),美国基督教安息浸礼会纽约差会上海惠中堂在太仓浏河镇创办惠中医院。光绪三十三年(1907),美国基督教南长老会在泰州创办福音医院。光绪三十四年(1908),美国基督教南长老会、惠明敦教会在江阴县东门外河南街创办福音医院。宣统元年(1909),美国南长老会在连云港西门外创设医院。基督会传教士鲍伦德夫妇在南通建立纪念医院。宣统二年(1910),美国南长老会传教士惠更生,在苏州阊门外四摆渡开设更生医院。该院设有内、外、妇、儿等科,并办有护校。宣统二年(1910),美国基督教南长老会传教士白秀生在盐城老西门外创办福音医院。

卫校的创办 随着教会医院的相继发展,西医人才缺乏,不少教会开始创办医学学校，以培养医学人才。如苏州博习医院建成后，随着医院诊务日渐繁重，医师日益缺乏，医院便开始注意在中国人中培养西医人才。早期西医人才的培养主要是选员跟从医生传教士学习西医。如西医师曹子实就是跟从兰华德学习而成的。随后则采取创办学校的办法培养西医人才。光绪九年(1883)，博习医院设立医科学堂，并招收7名学生进行教学。光绪十三年(1887)，博习医院与妇孺医院合作，设立医学班，共同教授学生。当时男女兼收，同室授课。医学班学制为5年，毕业生授予医学士学位。光绪十三年至宣统元年(1887—1909)，医学班共毕业学生26名。此后，教会医校创办渐多。光绪十五年(1889)，南京斯密斯纪念医院成立附设医学校。光绪二十一年(1895)，美国基督教南长老会戴维斯、惠更生在苏州创办福音医院的同时，分别创办男子医学校和女子看护学校。光绪三十四年(1908)，贵格医院附设看护学堂。宣统三年(1911)，苏州博习医院创建高级护士职业学校。

二　西医论著的翻译

翻译西医书籍，是传播西医学的重要途径。晚清江苏学者对西医学著作翻译卓有成效。赵元益、丁福保和管茂材等所译西医书籍甚多，其中丁福保贡献最大。

江宁人管茂材是翻译西医著作最早的江苏人之一。咸丰年间，管茂材曾协助英国传教士医生合信翻译、介绍西医基础理论和临床治疗经验的医学著作。相继翻译《全体新论》、《博物新编》、《西医略论》、《妇婴新说》、《内科新说》和《医学新语》。其中，《全体新论》、《博物新编》、《西医略论》、《妇婴新说》和《内科新说》合称为《西医五种》。《西医五种》和《西学新语》是19世纪中国第一套汉译的医学书籍，在广州和上海两地出版，向中医师和中国知识界乃至中国社会各界推广了西医科学，引起中国医学界和知识界极大的兴趣，几年之内再版多次。特别是《全体新论》一书出版后，由于它深入浅出、言简意赅和图文并茂，概述了西医体系人体生理的结构和功能的解析，并从骨科学开始，比较各种动物的骨骼、肌肉、韧带、脑髓、骨髓和神经系统，论及各种感觉器官以及低等动物器官的各种适应性，又用多侧面的示意图说明人体和动物的生理功能，如“众血动行图”、“入肝化生胆汁图”、“心血运行图”、“小肠吸液管运行图”等，使读者一目了然，很快就在全国各地流传开来。管茂材在协助合信翻译西医学著作的同时，也了解了西医基础理论和临床治疗经验。不仅如此，管茂材助译的西医书籍，还引起江苏医界和学界的关注，王韬就是其一。王韬阅读过管茂材助译的不少西医书籍。在阅读《内科新说》时，他还对书中所述西药间杂中药以治病加以评论：“西药性味，予所未晓，而其所用中药治诸病处，恐不甚效。予谓西人于脏腑节窍，固属剖析精详，惟治华人内症必不验，因纯以霸术故也，盖不独饮食嗜欲之不同，秉体强弱之有异矣。”同时，王韬还把这类医著借给朋友传阅。据其日记:“孙吟秋来访,携《西医略论》、《内科新说》、《全体新论》各一册去。予前赠吟秋西书,不下十数种,吟秋未有以报。”①

昆山人赵元益翻译西医书籍甚多。赵元益(1840—1902),字袁甫,号静涵,精通医学。同治八年(1869)应邀入江南制造局翻译馆任职。光绪十五年(1889)曾作为医官,随从薛福成出使英、法、比、意4国使馆工作,归国后重返江南制造局翻译馆任职。光绪二十三年(1897)与董康等人创立上海“译书公会”,同年与吴仲韬创立“医学善会”。所译著作,主要有(英)来拉和海得兰合著《西药大成》10卷首1卷,(英)哈来著《西药大成补编》6卷首1卷,《西药大成药品中西名目表》1卷,(英)该惠连和弗里爱合著《法律医学》24卷首、附各1卷,(英)古兰肥勒著《保全生命论》1卷,(法)勒罗阿著《水师保身法》1卷,(英)舍白辣著《济急法》1卷,(英)海得兰著《儒门医学》3卷、附1卷,《医学总说》、《眼科书》、《西法洗冤录》和(英)虎伯著《内科理法前编》6卷、后编16卷、附1卷等②。其中,《医学总说》和《眼科书》两书未刊刻。《西药大成》是当时最大的一部西药译著,《法律医学》是我国第一部翻译西方法医的著作③。

翻译西医书籍最有成就的江苏人当属无锡的丁福保。丁福保(1874—1952),字仲祜,号梅轩,近代著名学者、医学家。光绪二十三年(1897),丁福保跟随著名数学家华衡芳、华世芳兄弟学习数学。第二年,担任无锡竢实学堂算学教习。光绪二十七年(1901),跟随名医赵元益学习。同年考入盛宣怀在上海虹口创设的东文学堂,学习日语及医学,成绩名列前茅。在东文学堂,丁福保较为系统地学习日语知识,课余曾编撰《日本文典译释》等书,为日后翻译日文医籍打下良好基础。光绪二十九年(1903),应张之洞邀请,出任京师大学堂译学馆算学兼生理学教习。光绪三十年(1904),中国医学会成立,丁福保担任副会长。在该会发行的《医学报》上,丁福保多次撰文介绍解剖学、生理学等西医知识。光绪三十一年(1905),丁福保辞去译学馆教职回到上海,与友人共同组织译书公会,专事翻译。

丁福保译书多种。其中,先后从日文翻译或编译医书近百种,又自撰、编辑医书多种,后汇总为《丁氏医学丛书》,由其自办的医学书局出版。除部分中医著作外,其所译述的日本西医书籍范围广泛而且系统,既包括解剖、生理、卫生学、病理学、诊断学及免疫学等西医基础理论方面的著作,也涉及内、外、妇、儿等临床各科,还有药物学及处方学等著作。这些西医书籍内容较之以前翻译的西医书籍,在知识的广度和系统性方面均前进了一大步。在《畴隐居士学术史》中,丁福保将所编译的日本医书

① 《王韬日记》,中华书局1987年版,第111、97页。

② 马一平:《昆山历代医家录》,中医古籍出版社1997年版,第138页。

③ 邓铁涛:《中国医学史(近代卷)》,人民卫生出版社2000年版,第503页。

一一列出，共68种。如《德国医学丛书》、《医学指南又续编》、《新医学六种》、《公民医学必读》、《新撰病理学讲义》、《病理学一夕谈》、《诊断学大成》、《诊断学一夕谈》、《初等诊断学教科书》、《诊断学实地练习法》、《增订药物学纲要》、《普通药物学教科书（正续）》、《药物学一夕谈》、《新万国药方》、《霍乱新论疟疾新论合编》、《赤痢实验谭》、《预防传染病之大研究》、《传染病之警告》、《肺痨病学一夕谈》、《肺痨病救护法》、《肺痨病预防法》、《人体寄生虫病编》、《外科学一夕谈》、《近世妇人科全书》、《竹氏产婆学》、《妊娠生理篇》、《分娩生理篇产褥生理篇合编》、《妊妇诊察法》、《子之有无法》、《看护学》、《西洋按摩术》、《医学补习科讲义正续编》和《新本草纲目》等。另，丁福保于宣统三年（1911）前还编译一些日本医学书，主要有《高等小学生理卫生教科书》、《内科学纲要》、《医学纲要》、《内科全书》、《实验却病法》、《丁译生理卫生教科书》、《育儿谈》、《新撰急性传染病讲义》、《生殖谭》、《新脉学一席谈、发热之原理合编》、《脚气之原因及治法》、《花柳病疗法》、《神经衰弱之大研究》、《实验卫生学讲本》、《脑髓与生殖之大研究》、《皮肤病学美容法》、《学校健康之保护》、《食物新本草》、《家庭侍疾法》、《胃肠养生法》、《新伤寒论》、《新纂儿科学》、《免疫学一夕谈》、《近世法医学》、《瘰疬之原因及治法》、《增订十六版卫生问答》、《药学大成》、《赤痢新论》、《中外医通》、《近世催眠术》和《产科学初步》等31种①。这31种西医学书籍多由上海文明书局出版。

丁福保所译日本西医书籍，既有高等医学院校的教科书和学术专著，也有普及性的医学著作，对当时西医学传播起到了积极推动作用。丁福保所译医书，比较及时地介绍了20世纪初期西医的最新成果。如《免疫学一夕谈》中论及的血清免疫，就是当时的医学最新成果。又《梅毒六〇六疗法》，将宣统元年（1909）德国医学家欧利与日本医学家秦佐八郎合作研制成治疗梅毒螺旋体病的有效药物"六〇六"及其疗法介绍给中国医界，使中国医学界能够及时了解世界医学的这一最新发展。又，丁福保所译医书，大多为当时名著。如所译《德国医学丛书》三编，便是选取德国当时著名医学家的权威著作编纂而成。又如《新万国药方》，是一部反映西方和本药学最新成就的药学著作。原著是日本医生恩田重信《新撰处方一万集》。此前在中国出版的最有影响的西药学著作是光绪十六年（1890）由美华书馆出版的《万国药方》，译者为美国教医师洪士提反。该书译成于光绪十二年（1886），因此到20世纪初许多内容已显得陈旧。《新万国药方》统核病名580种之多，共计10714种，"包罗繁富，有奥必搜，述严谨，是药方中的空前之作"②。它的翻译出版，满足了中国医界的迫切需要。再如《赤

---

① 牛亚华等：《丁福保与近代中日医学交流》，《中国科技史料》2004年第4期。

② 薛愚主：《中国药学史料》，人民卫生出版社1984年版，第342、343页。

痢新论》,其作者志贺洁本人就是痢疾杆菌的发现者,该书无疑具有权威性。同时,丁福保所译西医书籍,包括不少当时中国急需引进的流行病防治方面的著作。如《丁氏医学丛书》中有多部专门阐述肺结核病的专著,对于当时中国众多肺结核患者的预防、诊治和救护起了很好的知识普及和实践指导作用。

另,无锡徐寿、苏州王季烈等也翻译部分西医书籍。徐寿(1818—1884),是我国近代科学的杰出先驱,制造出中国人自造的第一艘汽轮,翻译大量西方科技书籍。所译西方科技著作涵盖化学、数学、物理、天文、军事、医学、政治、经济和历史等学科领域。其中,西医学著作至少4部以上,除与赵元益合译《西药大成》、《西药大成药品中西名目表》和《法律医学》外,还独自译有《身体须知》等。又王季烈翻译了《通物电光》4卷,图1卷。该书由傅兰雅口译,王季烈笔述,光绪二十五年(1899)出版,对光绪二十二年(1896)德国科学家伦琴发现的X线的产生、性质、应用等方面作了全面介绍。

三　中西医汇通

在西医传入中国以前,中国传统的医学体系属于中医。随着西医学传播的不断深入,如何认识中西医两者之间的关系,如何处理好中西医学者之关系,便成为日益突出的问题。中西医之间或出于学术、或由于利益等等实际原因,常常会出现一些分歧和争论。在其论争过程中,中西医学家出于各自立场、观点和方法,逐渐形成若干见解、主张、学派,不少还汇集成思潮。有的主张全盘西化,彻底否定中医;有的对中医抱残守缺,对西医不屑一顾;也有不少人认为中西医各有优点,又各有不足,无论中医还是西医学者,都应该中西医兼顾,尤其中医学者应该汇通中西医。中西医汇通,有利于西医的传播,尤其有利于西医在中医学者之间的传播。西医传入江苏后,同样对江苏中医学界影响很大,一些江苏中医学者兼习西医,常州周雪樵就是其中之一。

周雪樵是清末中医界最先介绍西医的人,坚持"中西汇通"思想,认为:"中医之所以能自立,不致尽为西医所侵夺斯灭者,亦自有道焉,寒热虚实是也。以此四者而论,不惟能自立,即西医与中医并治,中医且占优势也。"周氏在临床上也采取中西医结合:"仆之治病,凡治病器具如寒暑表、听病筒等概用西法,至开方用药则用中法,有急病及中药之力所不及者则以西药济之。"周雪樵在学习中医的同时,积极学习西医,并颇有成就。他在光绪二十八年(1902)即著有《西史纲目》行世。江苏中医学者讲究中西汇通及结合,是当时西医在江苏深入传播的体现[①]。

为更深入了解西医,一些江苏人开始走出国门,直接接受西医的教育,将西医从

---

① 赵洪钧:《近代中西医论争史》,安徽科学技术出版社1989年版,第83、84页。

欧美与日本引进江苏。如武进赵燏黄(1883—1960),光绪三十一年(1905)秋,自费赴日本留学,先在东京大成中学校肄业,后进入正则英语学校及预备学校学习。光绪三十三年(1907),正式进入上野东京药学专门学校学习。宣统元年(1909)毕业回国,补为江宁公费生,再次赴日留学,考入东京帝国大学药学科选科深造。又如泰县的许汉珊(1882—1973),光绪三十一年(1905)公费留学日本,先在东京明治大学附中读书,后进千叶医科大学学习。又太仓的俞凤宾(1884—1930),光绪三十三年(1907)毕业于上海圣约翰大学医学部,获得医学博士学位,曾短暂任教邮传部高等实验学堂,不久留学美国宾夕法尼亚大学专修热带病学及公共卫生学,获得公共卫生学博士学位。

西医院或医学校的创办,也有利于中西医的汇通。江苏地区有些政界要人或有识之士,曾创办了一些西医院或医学院校。如光绪三十二年(1906),两江总督周馥在南京建立了第一所官办医院——金陵中西医院。又光绪三十四年(1908)创办了江苏境内最早的铁路医院——津浦铁路总局浦镇医院,宣统二年(1910)建立了镇江铁路医院。宣统三年(1911),张謇在南通创办了私立南通医院,等等。这些医院或学校的建立,对西医在江苏的传播起着积极的推动作用。

四　西医学科体系的建立和西医技术的引进

随着西医院在江苏各地的建立,西医学科体系也逐步完善。

光绪九年(1883)苏州博习医院建立后,设内科和外科,有门诊、病房和外科手术室。以后相继建立的综合性医院,都有内科、外科、门诊、病房和手术室之设,但规模都较小。

皮肤科,光绪三十四年(1908),无锡普仁医院始由内科医师主治花柳病和皮肤疾病。

普外科,清光绪九年(1883),苏州博习医院建院时即设外科和手术室,主要收治普通外科病人。苏州博习医院建院初期,外科主要收治外科感染和各种小外伤。清宣统三年(1911),南通医院熊省之施行首例乳癌根治术。

妇产科,清光绪十一年(1885)美国基督教女布道会在镇江建立妇幼医院。至清末,先后有苏州妇孺医院、博习医院、徐州坤维医院、六合和平医院等建立妇产科。

放射科,清光绪二十九年(1903),苏州博习医院在省内最早使用"X 光镜"。

牙科,光绪年间,在苏州阊门等处已有用西医法拔牙和镶补牙齿的镶牙店,清宣统二年(1910)以后改称牙科诊所。

营养科,清光绪十八年(1892),南京鼓楼医院设有住院病人的小厨房,住院病人的膳食分干饭、软饭、半流质、流质 4 种。

在西医学科体系建立完善的同时，西医技术也不断引进。西医技术的引进主要表现在牛痘术和X光诊断机两个方面。

牛痘术的引进。“牛痘术是西方近代医学传入中国的先声，也是迅速得到推广的技术，它不仅逐渐取代了中国的人痘接种术，也使中国人民从牛痘术看到了西方医疗技术的一个方面，进而愿意接受西方医学，并对西方医学进行实践和探索，从而加速了西方医学在中国的立足和发展。”[①]在种痘术发明以前，天花对婴儿健康危害极大，不少婴儿因出痘不治而死亡。种痘术有两种：一为人痘接种法，一为牛痘接种法。两相比较，牛痘接种法优于人痘接种法。牛痘接种法是由英国医生琴纳于18世纪末发明的。牛痘发明后不久，于嘉庆十年(1805)传入中国，并迅速为国人接受和推广。道光年间，牛痘术传入江苏，在南京设立了牛痘局。道光二十三年(1843)，句容县成立保婴局，施种牛痘。同治初年战争结束后，牛痘局在江苏各地纷纷兴起。靖江于同治三年(1864)，太仓州、镇洋于同治八年(1869)，昆山于光绪三年(1877)，江宁、江浦于光绪五年(1879)，宜兴、荆溪于光绪六年(1880)，江阴于光绪十三年(1887)、溧阳于光绪二十五年(1899)相继设有牛痘局[②]。其后，江苏牛痘术逐渐普及。昆山王德森说过：光绪年间，“牛痘盛行，痘科专家，几同绝响”[③]。这种普及，与政府的提倡和推广有关。光绪十九年(1893)，两江总督刘坤一应泰兴知县请求，“通饬各州县仿办牛痘局”[④]。此外，官府还通过张贴告示、刊刻相关书籍的办法广泛宣传、劝说民众接种牛痘。在推广牛痘的同时，不少官员主张废止人痘。如句容知县王检在延医传种牛痘的同时，以“鼻苗为害至烈，逐种于境外”[⑤]。晚清江苏牛痘的广泛接种，降低了婴儿出痘死亡率。

中国第一台X光诊断机的引进。X射线是1895年1月8日德国物理学家伦琴发现的。X射线发现后，X光机立即成为诊断疾病的新技术，迅速被应用到医学的临床诊断上，被誉为人类揭开微观世界奥秘的第一道闪光。而中国引进第一台X光诊断机的就是苏州博习医院。《点石斋画报》报道说：

---

① 李经纬：《中外医学交流史》，湖南教育出版社1998年版，第272页。

② 余新忠：《清代江南种痘事业探论》，《清史研究》2003年第2期。

③ 王德森：《市隐庐医学杂著·产前以攻病为安胎说》，《中国医学大成》第9册，中医古籍出版社1995年点校本，第714页。

④ 光绪《溧阳县续志》卷四《食货志·养育》，《中国地方志集成·江苏府县志辑32》，江苏古籍出版社1991年版，第454页。

⑤ 光绪《续句容县志》卷八上《人物·宦迹》，《中国地方志集成·江苏府县志辑35》，江苏古籍出版社1991年版，第154页。

该医生自得此镜，视人疾病即知患之所在，以药投之，无不沈疴立起。以名医而又得宝镜，从此肺肝如见，药石有灵，借彼光明同登仁寿，其造福于三吴士庶者非浅。语云：欲善其事，必先利其器。西医精益求精，绝不师心自用，如此宜其技之进而益上也。①

苏州博习医院首任院长柏乐文还将西方刚发明的麻醉术、消毒法等新技术、新设备引进医院。

第四节　近代体育的起步

近代体育的起步，主要指近代西方体育在江苏的传播和开展。西方体育传入江苏发端于洋务开办之际，推及于其后的新式学堂和学校之中，即由军事学堂推及于普通学堂和学校。新式学堂的创办者对西方体育向为重视，开设体育课程、购买体育器材、建设体育场馆、聘请体育教师、开展竞技体育、宣传体育精神，使西方体育在新式学堂学校中得以较快发展。近代实业家、教育家通州人张謇是晚清江苏体育事业的推动者、实践者，成就斐然。不过，由于西方体育在江苏的开展主要集中于新式学堂和学校，尚未推及普通民众，故其发展还相当有限，只能属于初起阶段。

一　西方体育的传入

近代西方体育根植于资本主义社会经济的土地之中，在许多方面反映了西方先进的科学文化。首先，西方体育无论是瑞典或德国的体操或者欧美的田径与球类，都与近代自然科学如生理学、解剖学、卫生学等的发展有密切关系。其次，西方体育无论是在运动竞赛活动的组织方面，或者在具体项目的运动规则与程序方面，都有着较为科学与完整的体制。第三，西方体育具有较强的竞技性、趣味性与娱乐性。西方体育在近代为很多民族所承认和接受，并得到广泛传播。

19 世纪中叶，西方体育的传入，始于 19 世纪 60 年代清朝新军的训练。其时，曾国藩、李鸿章为镇压太平军，分别建立了湘军和淮军两支地方武装。他们在镇压太平军的过程中，购置一批洋枪、洋炮，并聘请洋人来教练。这些洋人在教授清军洋枪、洋炮知识的同时，还教习士兵洋操。洋操，又称兵操、军操，是直接引进西方体育中的体

---

① 佚名：《宝镜新奇》，《点石斋画报》第 5 集第 39 册“利三”，广东人民出版社 1983 版，第 19 页。

操。当时,湘军、淮军的驻地主要在江苏,这样西方体育随着清军学习西方军操而传入江苏。同时,江苏地方官员也仿效湘军、淮军聘请洋人教习地方武装。据时人记载:“近来江苏用兵,雇觅英法洋弁,教练兵勇。”①苏松太道吴煦则因“兵勇施放洋枪,未能娴熟,遴选壮丁,设局松江,练放洋枪洋炮,即派华尔前往教习,并演西方各项阵势”②。洋务运动期间,洋务派编练新兵,开办军事学堂,聘请英、美等国教练,用西方军操训练士兵和学生。如光绪十七年(1891),创建于南京的江南水师学堂开展了兼具中西体育特点的体育活动,既设“华操厂舍,以练筋力”,又设“习艺场,操习泰西跳跃攀跻各种武艺,以壮筋骨”。③

同时,江苏各类新式学堂体育课的开设,加快了西方体育在全省的传播。光绪二十八年(1902),清廷颁布的《钦定学堂章程》中规定,体操“得合各班学生同时教授”④,将体操正式纳入学堂的课程设置,成为学生的必修课。对此,江苏各界人士深表赞同。光绪三十一年(1905),江苏学务总会成立。在其成立章程中也明确指出:“提倡尚武精神,各学校均宜注重体育。”⑤“体育为德育、智育之基础,负教育之责,靡不注意及此。我国人体力柔弱,南方尤甚。”⑥在此情形下,江苏各级学堂纷纷响应,都开设体操课。光绪二十九年(1903),江南高等学堂成立的预科班,共开设修身、国文、经学、英文、东文、历史、地理、算术、理化、博物、图画和体操等 12 门课程。体操即是其中之一。光绪三十二年(1906),江南高等学堂本科班成立后,体操也是必修课程之一。各级学堂体育课的开设,不仅促进了西方体育在江苏的推广,而且也提高了江苏人对西方体育的认识,有利于近代体育运动的开展。

二 近代体育运动项目的展开

西方体育在江苏的传播,主要表现在西方体育项目相继传入江苏,并在此基础上,开展竞技体育。传入江苏的西方体育项目主要有体操、田径以及球类等。

---

① 《筹办夷务始末·同治朝》卷二十五,“同治三年甲子四月庚戌”,《近代中国史料丛刊》第 62 辑第 611 册,台湾文海出版社 1966 年版,第 2476 页。

② 《筹办夷务始末·同治朝》卷四,“同治元年壬戌正月戊戌”,《近代中国史料丛刊》第 62 辑第 611 册,台湾文海出版社 1966 年版,第 349、350 页。

③ 《江南水师学堂简明章程》,高时良编:《中国近代教育史资料汇编——洋务运动时期》,上海教育出版社 1992 年版,第 476 页。

④ 璩鑫圭、唐良炎主编:《中国近代教育史资料汇编——学制演变》,上海教育出版社 1991 年版,第 258 页。

⑤ 《江苏学会暂定简章》,朱有瓛编:《中国近代教育史资料汇编——教育行政机构及教育团体》,上海教育出版社 1993 年版,第 269 页。

⑥ 《建议筹建各县公共体育场》,朱有瓛编:《中国近代教育史资料汇编——教育行政机构及教育团体》,上海教育出版社 1993 年版,第 309 页。

1. 体操运动。西方体操传入江苏约在 19 世纪末、20 世纪初。随着各级新式学堂体操课的开设，体操教师十分紧缺，而当时国内又无体育专业教员，只能由军人或聘请德国、日本教习充当。光绪三十一年(1905)，江苏师范学堂在开设体操课的同时，创办了体操教师速成班，为江苏体育人才的培养奠定了基础。随后，一些赴日学习教育和体育的学生陆续回国，在各地创办了一些体育学校和体操专修科。其中，光绪三十三年(1907)创办的中国体操学校和宣统二年(1910)成立的中国女子体操学校，是当时比较著名的体操学校，为晚清江苏培养了一批体操教师[①]。

2. 田径。这是一项古老体育运动项目。早在春秋时期，建都于今苏州的吴国即曾有组织地开展奔跑项目的训练。不过，中国古代的田径和近代西方体育的田径有所不同。近代田径运动传入江苏约在 19 世纪末，率先在沪宁铁路沿线的大中城市的教会学校中开展起来，后来在公私立学堂中也有所发展。光绪三十年(1904)，苏州东吴大学加入华东四大学联合运动会，并多次参与了该会组织的田径、球类等体育竞赛活动。宣统元年(1909)，苏州市举办了最早的一次以田径为主的运动会。

3. 球类。篮球运动约于光绪二十二年(1896)传至江苏南京等地。光绪二十九年(1903)，南京、苏州等地大学相继成立篮球队。现代足球运动传入江苏约在 19 世纪末、20 世纪初，同田径一样，主要在沪宁一线的大中小学校内(多数是教会学校)开展，这些学校主要有金陵大学、东南大学、东吴大学、金陵中学、金陵中学附属小学等。宣统二年(1910)，在南京举行的全国学校区分队第一次体育同盟会中将足球列为主要比赛项目。网球运动传入江苏不迟于清末。宣统二年(1910)，网球即已列为男子比赛项目。

4. 竞技体育的开展。晚清江苏竞技体育主要开展于新式学堂中。其中，大学生竞技体育较为活跃。光绪三十年(1904)，圣约翰书院、南洋公学、东吴大学和中西书院等学校成立江南五校联合运动会。同年五校举行了首次田径联赛，并获得相当成功。其后，五校每年春、秋两季都要举办一次联合运动会。直至宣统元年(1909)，东吴大学等校退出后，该联合会遂无形解散。中学生体育比赛也较频繁，多在一个学校或一个地区范围内进行。影响比较大、效果比较好的比赛有：光绪三十一年(1905)无锡第一次联合运动会、宣统二年(1910)无锡冀中女校举办本邑首次女生运动会等。其中，无锡第一次联合运动会，由无锡东林学堂发起召开，共有 20 余所学校参赛。光绪三十三年(1907)，在南京举行了“宁垣学界第一届联合运动会”，又称“江南第一次联合运动会”，为中国最早、规模最大的校际运动会，共有南京周边地区 80 多所学堂

---

① 张汇兰：《早期培养女子体育师资的学校》，体育文史资料编审委员会编：《体育史料》第 6 辑，人民体育出版社 1982 年版，第 2 页。

参加。比赛项目除各种形式的游戏性赛跑以外，还有跳高、跳远、持竿跳高、持送铁弹、各种轻器械体操、击剑、刺枪、柔术、赛马、球战等共60多项[①]。

教会学校一般都不开设体育课，但有一定的运动场地，因此也相应开展田径、球类等运动和运动竞赛。光绪十年(1884)，美以美会在江苏镇江设立的女子学校就规定："本校上课每日从8时开始，11时半午食，午后上课从1时到4时结束。在休息时间，可使用已备好的器具各自进行游戏。学生不得私自出校门。"[②]

三　第一届全国运动会

宣统二年(1910)，在南京举行了全国学校区分队第一次体育同盟会，后称第一届全国运动会。

这次运动会由上海基督教青年会发起，场地为南京南洋劝业场，会期共5天，10月18日至22日。参赛校队按照行政区划分为华北、华南、武汉、吴宁和上海等5个区。华北区由京、津两地学校组成，华南区由港、粤两地学校组成，武汉区由武汉地区学校组成，吴宁区由苏州和南京两地学校组成，上海区由上海地区学校组成。每区由青年会选派一名干练职员担任运动委员长，复由该委员长指派区内委员组成委员会，各区委员会主持运动员的选拔及筹集资金、旅费等工作。进而由五区委员会共同组织全国运动委员会，全国运动委员会选举美国基督教爱克司那博士为会长，上海一区担任执行部。每一学区运动员佩戴不同颜色的布带作为标记。其中，华北区布带为青色，华南区布带为紫色，武汉区布带为黄色，吴宁区布带为蓝色，上海区布带为红色。由于筹备工作匆忙，这次运动会规模非常小，当时第21期教育杂志称"宁垣各文武学堂，以临时筹备不及，多未与会"[③]。参加这次运动会的运动员共140人，分别为华北区20人、华南区28人、武汉区21人、吴宁区31人和上海区40人。比赛项目设田径、足球、网球和篮球等4个大项。其中，田径又分为高等、中等和全国各校联合等3组。不同组中又设置不同的小项。其中，高等组设有100码、220码、440码、880码、120码低栏、888码接力、跳高、跳远、铅球、链球和撑杆跳等11个小项，中等组设有50码、100码、150码、440码、888码接力、跳高、跳远和8磅铅球等8个小项，联合组同高等组一样，也设有100码、220码、440码、880码、120码低栏、888码接力、跳高、跳远、磅铅球、磅链球和撑杆跳等11个小项。比赛成绩为每项录取前3名，计分方法是第一

① 苏竞存著：《中国近代学校体育史》，人民教育出版社1994年版，第64页。

② 苏竞存著：《中国近代学校体育史》，人民教育出版社1994年版，第34页。

③ 赵善性整理：《旧中国一至七届全国运动会介绍》，体育文史资料编审委员会编：《体育史料》第1辑，人民体育出版社1980年版，第21页。

名5分,第二名3分,第三名1分。总计得分最多的为锦标队,由大会奖励银杯一个。同时,各项前3名依次奖励金、银、铜牌。这次运动会的各项成绩,虽有所记载,但并不完整。现将团体各项成绩和田径各单项第一名成绩整理如下[①]。其中团体各项成绩为:

足球:第一名华南队,第二名上海队。

篮球:第一名华北区,第二名上海区,第三名吴宁区。

网球:未决赛,前四名均为圣约翰大学的学生,分别为潘文炳、林全诚、马约翰、许君。

田径:

高等组,第一名上海区,52分;第二名华北区,15分;第三名华南区,13分;第四名吴宁区,12分;第五名武汉区,7分。

中等组,第一名华北区,39分;第二名华南区,24分;第三名上海区,6分;第四名吴宁区,3分;第五名武汉区,0分。

学校联合组,第一名圣约翰大学,37分;第二名南洋公学,34分;第三名天津青年会日校,10分;第四名武昌文华大学,9分;第五名天津工业学校,6分;第六名协和文书院,3分。

田径各组各单项第一名成绩、运动员姓名、区队(学校)具体如下表:

	高等组		中等组		联合组	
	区运动员	成绩	区运动员	成绩	区运动员	成绩
50码			华南郭兆仁	6秒		
100码	上海黄灏	10秒8	华南郭兆仁	11秒2	圣约翰韦宪章	11秒
150码			华南郭兆仁	16秒8		
220码	上海韦宪章	25秒			圣约翰韦宪章	25秒
440码	华南郭兆仁	58秒	华南郭兆仁	56秒	南洋大学 唐榕炳	58秒
880码	华南郭兆仁	1分20秒			圣约翰马约翰	2分25秒8
120码低栏	上海潘文炳	15秒8			圣约翰潘文炳	15秒4
880码接力	上海队	1分48秒5	华北队	1分47秒	圣约翰队	1分44秒2

① 赵善性整理:《旧中国一至七届全国运动会介绍》,体育文史资料编审委员会编:《体育史料》第1辑,人民体育出版社1980年版,第21、22页;苏竞存编著:《中国近代学校体育史》,人民教育出版社1994年版,第65—67页。

续表

	高等组		中等组		联合组	
	区运动员	成绩	区运动员	成绩	区运动员	成绩
跳远	上海潘文炳	19英尺5英寸	华北翟承修	18英尺3英寸5	圣约翰潘文炳	19英尺8英寸3
跳高	吴宁郝从光	5英尺4英寸	华北孙宝信	4英尺11英寸5	天津青年会孙宝信	5英尺4英寸4分1
撑竿跳	上海古熊彪	9英尺8英寸			南洋大学唐榕炳	9英尺9英寸
铅球	华北李树池	38英尺4英寸3	华北孙宝信	40英尺9英寸4分1	天津工校李树池	38英尺9英寸4分1
链球	上海黄灏	111英尺5英寸			南洋大学黄灏	110英尺4英寸5

资料来源：苏竞存著：《中国近代学校体育史》，人民教育出版社1994年版，第471、472页。

这次运动会中，以吴宁区为代表的江苏运动员成绩并不十分突出。只有郝从光成绩引人注目，一人夺得男子跳高第一名、12磅铁链球第二名和12磅铁弹第三名。

第一届全国运动会的成功举行，是中国体育史上的一件盛事，具有重要意义和深远影响。1. 这次运动会在比赛内容、项目及裁判记分等各方面都是一次全面的革新。它标志着我国近代体育项目开始与当时世界体育运动发展潮流相连结。2. 通过这次全运会，培养了一批体育人才，锻炼了一批运动员，为以后参加远东运动会等赛事创造了有利条件。3. 这次全运会召开时间特地选择在南洋劝业会展览期间，运动场也选择在南京“南洋劝业会”的会场。运动会选择在这样一个大型商展期间召开，对当时中国社会产生相当大的影响力。在五天的比赛中，观众如潮，累计达4万多人。为此，宣统二年九月十六日(1910年10月18日)的《申报》，曾以“各界之观会热”为题，详细报道了社会各界，特别是一些学校组织前往观赛的情况，其中包括一些女子学校的老师和学生。这次运动会给人留下深刻印象，以致70余年后，有人还能清晰地回忆：“劝业会场还设有动物园和一个规模较大的运动场。旧中国第一届全运会就是在这个运动场召开的。运动项目有短跑、中长跑、长跑、跳高、跳远、铅球、铁饼等，距离均以码计算，马拉松也列入项目之中，由镇江跑到南京，距离约90公里，该项冠军为胡文华夺得。卢松恩是当时短跑的佼佼人物。各项裁判工作大部分邀请上海和南京学校教师及洋人担任。这时足球运动还处于萌芽时期，当时我有机会观看了一场东吴对金陵大学的足球比赛，观众约一二千人，两队各穿不同色的布球衣，无号码，穿方头球皮鞋，头上盘着辫子，裁判由英国人担任。”①

当然，第一届全国运动会也存在一些不足之处：1. 运动会的发起、组织及进程，均以基督教青年会体育部为主体，秘书、裁判等工作人员也主要由青年会的外籍体育干事担任，这说明我国近代体育发展还相当落后，更反映出半殖民地社会体育性质。2. 这次运动会虽称为首届全运会，并以区划分参加，实际参加的代表队仍多属学校，而且局限于沿海少数城市，这显示出当时体育发展的不平衡。3. 比赛项目偏少。这次运动会比赛项目主要是田径、球类等，而在全国流行的各种器械体操、兵式体操及游戏性质的竞走等项目则完全没有列入。而且项目只设男子，没有女子，忽视女子竞技体育活动。4. 社会关注度相当有限，不仅没有留下任何一张照片，就连当时的报纸也很少报道，以致留下文献材料很少。

四　张謇与近代体育

张謇是近代著名的实业家和教育家。张謇的一生，对近代中国的经济、教育、文化、政治等方面都有很大的影响，同时对江苏，尤其是家乡南通的体育发展作出了重要贡献②。张謇对晚清江苏体育所作贡献主要体现在下列几方面：

强调体育教育。张謇认为体育同德育、智育同等重要，是学生受教育的基础，体育应为学生的必修课程。光绪二十八年(1902)，张謇在草拟《师范学校开办章程》时明确要求，“将求合于各国教育家心育、体育之法”，“将求教授管理法、修身。历史、地理、算术、文法、理化、测绘、体操诸科学，庶为童幼子弟立受教之基础。而中学已成之士，亦得先致力于公益最要之专科。”③光绪三十年(1904)，张謇在拟定的《师范章程改订例言》中又指出：“国家思想、实业知识、武备精神三者，为教育之大纲，而我邦之缺憾。”④将体育与实业、教育联系起来，实业救国、教育救国是风靡晚清的主要思潮。在张謇的思想中，亦隐含体育救国的理念。同年，张謇在《扶海垞家塾章程》中再次强调了学校应“课体育、德育、智育之本”⑤。学校的任务是要培养德、智、体全面发展的学生。三育中，张謇又将体育置于德育、智育之前，意在强调体育的重要性。南通师范学校筹办之初，头绪繁多，张謇一再关注学校体育建设，强调德、智、体三育并重，目的

---

① 徐绍武：《我的回忆》，体育文史资料编审委员会编《体育史料》第10辑，人民体育出版社1984年版，第78页。

② 庄安正、石静：《张謇与南通近代体育》，《张謇与近代中国社会——第四届张謇国际学术研讨会论文集》，南京大学出版社2007年版，第273—280页。

③ 《张謇全集》第四卷，江苏古籍出版社1994年版，第9—10页。

④ 《张謇全集》第四卷，江苏古籍出版社1994年版，第17页。

⑤ 《张謇全集》第四卷，江苏古籍出版社1994年版，第35页。

在于把握办学方向，保证体育教育的健康开展；归根究底在于通过德、智、体完善的教育，培养兼具“高尚之人格”、“切实应用之知识”与“身体之健康”的学生，进而成为健全国民，以促进中国国民素质的提高，实现“教育救国”的理想。

注重南通师范学校体育教育。通州师范学校创办后，张謇对该校体育教学极为重视。在体育设施建设方面，经过多方努力，张謇建设了两处操场，一座运动屋和一座游泳场，并购买了大批体育场所器械，如浪桥、铁杆、平台、跳下台、秋千、肋木和平行杆等。教学方面，首先到上海购买大量的体育教科书。其次，针对体育教师的紧缺情况，不惜重金聘请外籍体育教师来校任教。张謇利用东渡日本考察之机，重金聘请日籍教师木村忠治郎等来南通充任该校体育教师。除开设体育课程外，因受到西方军国民教育思潮的影响，张謇在不同学制不同年级中都安排有“兵式体操”，以增强学生体质。同时，积极组织学生课外体育活动，要求学生增进体力，修养精神，为此制定多项措施，颁布各项奖励办法。主要措施有：一是要求学生在早餐之前进行体操锻炼，二是要求学生午餐后休息时间进行适当运动，三是组织学生课外活动。课外活动的方式也多种多样。主要有：一是开展校内体育运动。光绪三十三年(1907)，张謇就举办了第一届名为“模范运动会”的学校运动会。因“组织通州其他学校的学生前往参观，有示范作用，故取名模范。”运动项目除体操外，还增加了赛跑等径赛项目，张謇和其兄张詧还亲自参加了专为他兄弟而设的持物赛跑，时年 54 岁的张謇身体力行提倡体育，激励着全校的师生员工。二是组织学生户外登山。每年秋天，张謇组织学生步行前往南郊狼山参加攀登活动 ，以锻炼意志和体力。此外，张謇关心学生体质。又“延请日本千叶医学专门学校毕业生熊辅龙，每年春秋二季各检查学生身体一次。其目的在于掌握学生体质状况，以配合体育教育。

关注女子体育教育。张謇认为女子与男子应享有同等受教育权，于是相继创办数所女子学校。光绪三十二年(1906)，张謇创办了通州女子师范学校，这是南通第一所近代女子学校，也是国内最早一所完全科的民立女子师范学校。此后，张謇相继创办了女子师范附属小学、张氏女子两等小学等女子学校。这些女校创办后，张謇要求各学校一律开设体育课，让所有女学生同样享有体育教育与参与体育活动的权利。张謇又特地聘请日籍教师森田政子来通州担任通州女校的体育教师。

积极推动南通体育发展。发展大众体育，改变崇文轻武社会观念，也是张謇努力追求的目标。宣统三年(1911)，张謇撰文，“(美国)都市之儿童，舍车马辐辏之街衢而外，几无游戏之处，生长此等都市之青年之体质，渐行薄弱，于是父兄、教育家、医师等忧国民之前途，翕然倡议运动场开设之必要”[1]。第一次提出要借鉴美国城市经验，在南通建立公共体育场，为民众提供健身休闲场所的设想。其后，经过不懈的努力，张謇终于在南通建立两处公共体育场，每座体育场内设有一些基础体育设施，供广大市民体育锻炼、健身和娱乐。南通的大众体育开展的有声有色，不仅走在江苏的前列，而且也走在全国的前列。

① 于忱：《合众国之运动场问题》，转引庄安正、石静：《张謇与南通近代体育》，《张謇与近代中国社会——第四届张謇国际学术研讨会论文集》，南京大学出版社 2007 年版，第 273—280 页。

第七章 江苏社会改革思潮的产生和发展

任何一种新思潮的出现都不是偶然的，而是一定社会矛盾发展的必然结果。形成新思潮的条件大致有三：一是旧制度的腐败，引致各种严重的社会危机，现存的社会秩序无法维持。二是挑战旧秩序的新因素出现，并在现实社会中产生越来越明显的影响。三是具备孕育新思潮的载体——有一定的文化积淀，思想敏锐，敢于冲决传统观念束缚的代表人物出现。前两个条件是主要的，第三个条件是必备的。三者缺一不可。

江苏自南宋以来与浙江一并发展成为东南地区经济文化中心，工商发达，人文荟萃。到了清代更是空前繁荣。这里曾经产生过许多杰出的思想文化大家，如吴承恩、顾炎武、徐霞客、刘鹗等。

晚清时期，江苏成为西方列强政治经济文化渗透的前沿地带。江苏近代的经生士子，继承了中国古代士大夫忧国忧民的传统，面对朝政的衰败、腐朽，国势衰微，学术思想从传统的“经世致用”走向“借鉴西学”，开始传统经世治国理念的转变，出现向西方学习改革社会的变法思潮。这不仅推动整个晚清社会改革思潮的发展，同时也促使古老江苏向近代社会转型跨出了艰难蹒跚的第一步。

第一节 从“经世致用”到“借鉴西学”

“经世致用”一词，是中国历史叙述中的一个专用术语，表明古代知识分子儒生读经的一种态度。“经世”即入世，参与社会管理、治理社会事务。“致用”即将所学的儒家经典、原则、学问在经世过程中发挥作用，力求实用、有用。汉代儒学即提出“通经致用”。汉唐以降，随着历代兴衰隆替的变化，“经世致用”的观念不断得到强化，与儒家的“修身、齐家、治国、平天下”的思想融为一体，成为儒生读经、做官、关心国计民生、参与国家社会民事管理的一种抱负，旨在建立一个国泰民安的理想社会，对推动社会改革、消除积弊、促进社会的发展起到了一定的作用。“经世致用”思想发展到宋代以后，因受理学的压抑一度消沉。明中叶以后国家衰弱，社会矛盾尖锐，经世致用思潮再度兴起。清初，因受康、雍两朝残酷之极的文字狱冲击，乾嘉考据学盛行，“经世致用”思想再度受到压抑。但随着清中期以后社会矛盾的激化，“经世致用”思潮重新抬头并得到学者普遍的重视和研究，特别是到了晚清时期，清王朝衰朽，西方资本主义列强入侵，经世思潮更突破学术的藩篱，成为指导一些封疆大吏解决清王朝严重社会危机的主导思想，并由这一指导思想进而发展为“睁眼看世界”、“借鉴西学”“中体西用”等思想。在这一过程中，以林则徐、曾国藩、李鸿章、刘坤一、张之洞等两江总督为代表，他们在履任江苏的过程中，积极倡导传统儒家的经世致用精神，并进而在与西方列强接触、抗争中，认识到一向被歧视为“番外”的“西夷”，有中华不可等闲视之之处，需要学习夷人的“长技”，方可“制夷”，从而为传统“经世致用”第一次增添了“西学”的新鲜内容，开始了传统经世治国理念的转变，也为江苏乃至中国近代社会转型迈出了可喜的第一步。

一　江苏封疆大吏经世观的变化

所谓“封疆大吏”，原指中国古代实行诸侯分封，以镇守京畿以外的边远疆域，代表王室政权维持和巩固封建统治的高官。他们的特点是位高权重，大都是王室成员。故以后将掌握各地军政大权的重臣，都称封疆大吏。如清代的总督、巡抚掌握一省或数省的军政民政大权即是。

封疆大吏虽然位高权重，但同一般官员一样，自然有思想素养、能力水平高低的差别。有的思想敏锐、体察民情、有为而治；有的思想保守、昏庸无能、贪渎鄙污、不思进取；大多数中庸平常，看守衙门，处理些平常事务而已。

晚清道光朝及以后，统辖江苏的两江总督先后有三十余人：如孙玉廷、魏元煜、琦善、蒋攸铦、陶澍、林则徐、伊里布、裕谦、牛鉴、耆英、璧昌、李星沅、陆建瀛、怡良、何桂清、曾国藩、李鸿章、马新贻、何璟、张树声、李宗羲、刘坤一、沈葆桢、左宗棠、曾国荃、沈秉成、张之洞、鹿传霖、魏光焘、周馥、端方、张人骏等。同期担任过江苏省巡抚的有林则徐、陈銮、裕谦、梁章钜等三十余人[1]。他们中的一些代表人物，在晚清时期受西方文化的影响，在思想观念方面发生了一些明显的变化。

（一）从华夏中心论的天朝封闭意识，向“睁眼看世界”的开放意识转变

① 萧一山：《清代通史》第五册，中华书局 1985 年版，第 231、346 页。

中国自古以来，自认为处于世界的中心位置，以“天朝上国”自居，周边皆为未开化的“蛮夷”之族，与周边各族的关系是“宗蕃”关系。所有蕃属国王要接受中原王朝的册封、授予金印、得到军事保护，并定期向中原王朝赠送珍贵礼品，行三跪九叩首的大礼等。这种情况被称为“进贡”、“万国来朝”。中原王朝地大物博、人口众多，工商繁荣、文化高度发达，是周边各族各国无法比拟的，并得到他们的仰慕、认同、崇拜，这自然使中原王朝以及所有官民产生一种优越感。他们与周边各族的经济文化交往关系中，不是出于经济利益，而是出于一种礼仪，表示恩赐和抚慰。这当然都是中原王朝处于鼎盛时期的现象。一旦中原王朝衰败，受到周边各族的武力威胁无法自保时，则尽量采取封闭政策，断绝与他们的往来。如修筑长城，就是为了阻挡北方游牧民族的南下入侵。又如，明初江苏苏州地区的浏河曾成为郑和先后七下西洋，开辟“海上丝绸之路”的始发地，但很快这一震惊世界的壮举被中断。其后为防止东方海上日本倭寇的侵扰，在东南沿海实行严厉的海禁政策，江苏亦在其中。

清初为了防御台湾郑成功反清复明势力的侵扰，巩固大陆统一，同时为了拒绝西方新兴的海上商贸势力，不想招惹麻烦，同样继承了明朝后期的闭关锁国政策。特别是乾隆朝中叶以后，国内的阶级矛盾日益尖锐，传教士来华人数迅速增加，清王朝十分担心与西方商贸的扩大，传教士大量来华，华夷混杂，不是带来无休止纠纷，就是内外勾结，“狂诱愚民，恣行不法”，影响社会的安宁。所以更加严厉强化原来所执行的闭关锁国政策。乾隆五十八年(1793)，当英王遣使马戛尔尼来华谈判，要求扩大通商贸易时，乾隆采取坚拒的态度说：“天朝物产丰盈，无所不有，原不假外夷货物，以通有无。特因天朝所产茶叶、磁器、丝斤，为西洋各国及尔国必需之物，是以加恩体恤，在澳门开设洋行，俾得日用有资，并沾余润。今尔国使臣于定例之外，多有陈乞，大乖仰体天朝嘉惠远人抚育四夷之道。且天朝统驭万国，一视同仁，……岂能曲徇所请？……天朝疆界严明，从不许外藩人等，稍有越境搀杂，……尔国王当仰体朕心，永远遵奉，……。若经此次详谕后……任从夷商……欲求上岸交易……定当立时驱逐出洋，……勿谓言之不预也！”①

当时华夏上下，还不知道在这个世界上，在地球的另一侧，早已存在一个新崛起的新兴工商阶层，其掀起的一场伟大的产业革命、技术革命，早已席卷欧州。直到将近半个世纪后爆发鸦片战争，西方的“坚船利炮”才使清朝的封疆大吏在仓促中第一次得到领教、警悟。而在这一过程中首先得到领教和警悟的，当然是直接参与处理这一事件的封疆大吏。江苏当时是仅次于广州的对外交通前沿地区，在江苏任事的封

① 萧一山：《清代通史》第二册，中华书局1985年版，第817—820页。

疆大吏，他们思想观念的转变自然在江苏地方人士中产生影响。如林则徐便是经历这一过程的先驱者。

林则徐在道光朝担任过江宁布政使、江苏巡抚、两江总督及两淮盐政使等重要职务。他以传统的经世致用理念结合实际，长期管理江苏政务、漕运、盐务、贸易、水利等兴利除弊事宜。在鸦片烟毒严重泛滥、大量白银外流、严重危及清朝财政及国家安全的关键时刻，严主禁绝鸦片，被任命为钦差大臣，从江苏调往广东禁烟。在禁烟的过程中，他深刻地认识到贩卖鸦片的“西夷”，绝非中国历代周边的四夷可比，为深入了解“西夷”的情况，从各方面加强调查研究，他在署中聘请译员多人，又指派洋商通事、引水二三十人，四处探听，按日呈报。并先后翻译西书《世界地理大全》、德庇时著的《中国人》以及地尔洼的《在中国做鸦片贸易罪过论》等书，编著《四州志》、《华事夷言》，支持好友魏源编著《海国图志》等。他终于对世界大势有了初步的了解，成为晚清“开眼看世界”的第一位封疆大吏。道光二十八年(1848)，福建布政使徐继畬编撰成的《瀛寰志略》，与《海国图志》成为当时封闭的中国人了解世界各国概况的姐妹篇。在当时产生了很大的影响，从此中国中心论的世界观，开始在官绅士人中逐步解体。与此相关的闭关锁国的政治文化观亦随之发生动摇。在此基础上，封疆大吏中头脑清醒的有识之士，亦不得不以理性的态度对蜂拥而来的“西夷”，尽量避免以盲目、鲁莽、简单化的方式处理中外矛盾冲突。但这个过程是缓慢渐进的改变，并非一蹴而就的豁然突变。

(二) 从鄙视夷人到“师夷”思想的转变

中国古代，以中原地域为中心形成高度发达且富有特色的华夏文明，与周边比邻的民族、国家包括东海、南洋诸国相较，自然是首屈一指的。最初的“夷”、“夏”所指，并无高低、尊卑、文野之分的意义，只是中原住民对周边住民的一种地域性概念指称：东夷、西戎、南蛮、北狄，中为华夏族。后来也就慢慢沿着文化的差别，将“夷”、“夏”赋于文化的意义，“夷”指野蛮落后不文明之人，“夏”指文化发达、讲究礼仪的文明之人。以至后来形成“夷夏大防”不容混淆，华夏人自尊自贵、鄙视夷人的极端意义。及至晚清，世界形势大变，西人东来，不知其底细，一律称之为“西夷”。其鄙视一如传统。殊不知其时的“西夷”，已远非中国古代的“四夷”可比。蒋廷黻先生说：“民族与民族的竞争，最足以决胜负的，莫过于知识的高低。……在嘉庆、道光年间，西洋的科学基础已经打好了，而我们的祖先还在那里作八股文，讲阴阳五行……西洋已于18世纪中叶起使用机器生财打仗，而我们的工业、农业、运输、军事，仍保存唐宋以来的模样……西洋人养成了热烈的爱国心，深刻的民族观念……团结有如铁石之固。我们的国家虽大，然如一盘散沙。”[①]所有这一切差别，终于通过两次鸦片战争暴露无余，使一部分原来对西方盲目无知，但坚守传统“经世致用”，关心国家民族命运的有识之士警悟、猛醒，开始用理性的眼光，重新打量纷纷东来的“西夷”。在这一方面走在最前面的就是曾在江苏履任多年，后来被派往两广禁烟的林则徐。他过去也曾相信，天朝的茶叶、大黄是西夷维持生命的必备之物，只要禁止出口，就能治服夷人，使他们服服帖帖。他甚至认为英使来华不肯行跪拜礼，是由于夷人膝盖天生僵直，不便弯曲。但是第一次鸦片战争的严酷现实，使他迅速觉悟，认识到必须学习夷人的“长技”，制炮必求“极利”，造船必求“极坚”，方是巩固海疆的“长久之计”[②]，此即是他的好友也曾在江苏做官的魏源概括的“师夷之长技以制夷”的名言。其后任两江总督的左宗棠也开始认识到师夷的重要性。他说：“自道光十九年(1839)海上事起，凡唐宋以来，史传、别录、说部及国朝志乘载记官私各书，有关海国故事者，每涉猎及之，粗悉梗概。”他经过总结历史经验，比照当时情况，认为必须向西方学习，“设造船之厂，讲求大筏软帐之利，更造炮船、火船之式……庶几我无劳费之苦，而海上毅然有金汤之固”[③]。其后曾国藩在江苏镇压太平天国农民起义的过程中，认识到洋枪洋炮的威力，并有感于西人“恃其船坚炮大，横行海上”的严峻现实，也向清廷提出“师夷智以造炮制船，尤可期永远之利”[④]。李鸿章的认识转变较之以上诸人虽较迟，但后来居上，位高权重，一旦觉悟，立即行动，大办洋务自强，影响尤为深广。从传统的“鄙夷”到现实的“师夷”，这是一个伟大转变。也是江苏思想界的变化，世风转变的标志；从一两个人的思想转变，到一批人，逐渐扩大，到普遍认识的转变，成为社会风气，这是落后的中国封建社会，向近代社会转型，追赶世界潮流的希望所在，意义重大，影响深远。

（三）从传统经世观向“中体西用”经世观的转变

传统经世观是以儒家经典为本原经世济民的政治观，它的创始人孔子说：“六艺之于治，一也。礼以节人，乐以发和，书以道事，诗以达意，易以神化，春秋以道义。”意思说，他所注述的六经：《礼》、《乐》、《书》、《诗》、《易》、《春秋》，就是从政者进行国家社会管理的总经典，总原则。《礼》是用来导民化俗教育人民的。《乐》是用音韵来陶冶人的性情，提高社会道德水平和谐人的关系的。《书》是从政的典范案例，供当官者参考治理政事的。《诗》是用来表达民情、民心，反映社会舆论动向的。《易》是用来观察世象变化，探寻先机，防患未然的。《春秋》则是以史为鉴，吸取先贤治国理政的经验

① 蒋廷黻：《中国近代史大纲》，东方出版社 1996 年版，第 3 页。

② 《筹办夷务始末·道光朝》卷十六，第 53 页。

③ 《左文襄公全集·书牍》卷一，第 11 页。

④ 《曾国藩全集·奏稿》卷二，第 1272 页。

教训的。自汉以后，儒家定于一尊，两千多年来经过历代文人的阐述、弘扬，孔子的经文已成为历代封建帝王官吏文人入世的经世宝典，不二法门。强调"明道定心以为体，经世宰物以为用"。"儒者之学，经天纬地"，大而国家典章制度，政事策务，财赋，武备、农田水利，小而修身、齐家，都可以从中找到启示和指导。除此之外，要想以其他的学说思想观点挑战这一传统，几乎是不可能的。否则便被视为"非圣无法"、"离经叛道"，为主流舆论所不容。

可是，自明末清初以后，西方勃然而兴的资本主义科技文化，已经不可阻遏地处于世界领先地位，将原先发达的中华传统文化远远抛在时代潮流的后面。经过两次鸦片战争的较量，先进和落后的比较已经成为不争的事实，说明传统的以经学为本原的经世观，已不能适应时代的要求来解决现实社会的尖锐矛盾。这一点在鸦片战争后已经被封疆大吏中的一部分有识之士所觉察。如林则徐、左宗棠、李鸿章等都提出要向西方学习的问题。但中国几千年来高度发达的封建文化所形成的坚持传统的陋习和旧势力，却反对任何的变革和改制。顽固派有一整套的坚持"祖宗之法不可变"的理论和方法，形成强大的社会压力。所以历朝历代稍有一点改革和变易，都要从老祖宗那里找根据才能得以立足。好在孔子的著述《易经》讲到"穷则变，变则通"的变易观，可以通过"托古改制"的形式得到支持，作一些细微末节的变通。于是一些有识之士不得寻找一些新的形式或概念，以便既能避免顽固保守派的诘责，又能引起一些新的思考以便为改革变易寻找突破口。于是咸丰十一年(1861)也就是第一次鸦片战争后二十余年，江苏籍的著名学者、改革派思想家冯桂芬在《校邠庐抗议》一书中，首先提出"以中国之伦常名教为本原，辅以诸国富强之术"的"师夷"原则①，即提出"采西学"、"制洋器"等一系列借鉴西学的命题，从此类似的议论开始盛行。李鸿章在派送留学生出洋的《应办事宜折》中强调说："考察中学西学，分别教导，课以孝经、小学、五经及国朝律例等书，示以尊君亲上之义，庶不囿于异学。"薛福成在《筹洋刍议》变法篇中主张"取西人器数之学，以卫吾尧、舜、禹、汤、文、武、周、孔之道"等等。至戊戌变法时期，两江总督张之洞在他的名著《劝学篇》中，将以上主张概括为"中学为体，西学为用"。《劝学篇》分内、外篇两大部分。"内篇务本，以正人才；外篇务通，以开风气。""讲西学必先通中学"，所谓"中学为体，西学为用"也。

"体"和"用"本来是中国古代哲学的一对概念，与"本"和"末"、"道"和"器"的概念有点相类似，其内涵比较隐晦。简单地说，所谓的"体"、"道"、"本"都是指中国古代封建文化中，关乎立国、立事、立人的根本原则，即有关世道人心的纲常名教伦理。所谓

① 冯桂芬：《校邠庐抗议》，(台北)文海出版社影印，第151页。

的“用”、“器”、“末”，则是在根本原则指导下立身、行事、做人的时务、方法、形式、步骤等辅助性的规范。前者是不能动摇的，后者则是可以稍作变通的。根据这一原则，当时的一些封疆大吏及社会士人，一致认为“西学西法，非不可用，当与我相辅而行可矣”。即中学为“主”、“体”，西学为“辅”、“用”。因此，“中体西用”的观点开始盛行，成为封疆大吏推行洋务自强，巩固清王朝封建统治的指导思想。客观上起到了打破闭塞，开启承认西学、借鉴西学的先导作用。但后来随着社会改革思想的发展，“中体西用”观逐步落后于形势。有的学者完全否定“中体西用”的进步性，认为这是一个“包庇封建专制制度”，抵制改革的口号，这是欠妥的。近代史家陈旭麓先生说过：“其实，那个时候(指鸦片战争前后——笔者注)的中国，天下滔滔，多的是泥古而顽梗的士人，在封建主义充斥的天地里，欲破启锢闭，引入若干资本主义文化，除了‘中体西用’，还不可能提出另一种更好的宗旨。如果没有‘中体’作为前提，‘西用’无所依托，它在中国是进不了门，落不了户的。因此‘中体西用’毕竟使中国人看到了另一个陌生的世界，看到了那个世界的部分，并移花接木地把这一部分引进到中国来，成为中西文化交冲汇融后两者可能结合的一种特定形式。以自强求富为目标的军事工业和民用工业，以翻译、出版、科技、学堂、留学生为内容的近代文化事业都是这种结合所产生的有益结果。这些东西是封建文化和封建制度的对立物，虽然力量有限，但终究打开了缺口，促进了近代中国社会的新陈代谢。”[①]在此同时，通过“借鉴西学”的体认和实践，江苏封疆大吏中的新潮经世派代表人物，除林则徐较早去世外，其余的如曾国藩、李鸿章、左宗棠及其后的张之洞等，其思想观念均发生相当大的变化。他们的眼光不再局限于传统封闭、唯我独尊的“天朝上国”观，而是对新世界开始采取较为理性的认知态度；他们的经世观不再仅仅局限于传统农耕条件下形成的经世致用的陈旧内容，而是以较为开放的理性态度，承认洋人的长处，愿意学习西方的工业文明为我所用，以求强国富民。他们的政治意识不再仅仅局限于传统狭隘的忠君观念，而是开始从国家民族的高度，不甘落后，御侮图强。从 19 世纪 60 年代至 90 年代，江苏、上海、福建等省掀起的洋务自强运动，当时虽未出现“中体西用”概念，而实质上即是以“中体西用”的办法努力实践的结果，这不仅对江苏、对东部沿海各省具有开风气之先，引领时代进步潮流的作用，而且对晚清社会改革思潮的发展有着很大的促进作用，它们互相唱和，互为表里，为洋务自强运动推波助澜，形成颇为壮阔的声势。

对于晚清社会改革思潮的崛起，以往学术界往往从学者“思想家”的作用这一视角出发探索其源头，评价其影响，而忽视新潮经世派封疆大吏代表人物在这一过程中

① 陈旭麓：《近代中国社会的新陈代谢》，上海人民出版社 1992 年版，第 116 页。

带头改革、实践，在社会上产生重大影响的重要作用。即便像林则徐这样的人物，给予了很高的评价，但也是从其是一位爱国主义者，具有超前的战略眼光——“睁眼看世界的第一人”的思想者角度加以称颂的，而很少从其是钦差大臣——封疆大吏的身份这一特殊视角评价其影响和作用。其他人物则更不必说了。

在千百年来所形成的顽固守旧的传统观念，鼓吹“天不变道亦不变”、“祖宗之法不可变”、“华夷之别”、“天朝上国”、“夷夏大防”等观念，这不仅是当时社会的主流意识形态，而且已经成为普遍的社会群体心理，一般民众很难突破。在这种封闭禁锢的环境下，即便有少数个别在野的儒生思想者，从个人的现实社会体悟中，对传统的现存社会秩序提出异议或挑战，往往被视为异端，不仅为当政者所不容，而且为社会舆论所不容，晚清时期社会情况同样如此。可是对封疆大吏来说，在经理国是的过程中，结合实际情况，提出的新主张。新见解，因其身份地位的特殊性、权威性、就具有特殊的影响力和传播优势。如林则徐认同魏源提出的“师夷长技以制夷”，李鸿章等人认同冯桂芬等提出的“借鉴西学”，张之洞提出的“中体西用”等很快便风行一时，成为当时社会的流行用语，并付诸社会实践。颇具声势和规模的洋务自强运动，也可以说是近代中国社会转型过程中的第一次现代化潮流。假如没有封疆大吏经世观的变化以及他们对这几种观点的支持和实践，是不可能出现这样的结果的。陈旭麓先生曾说过：“在中国，很多事情老百姓是仿效为官者的……官员不仅是政治的权威，而且是教化的楷模。这是传统孵育出来的社会心理。因此，没有权威和楷模的倡率，新的东西总是难以为人接受和仿效的。”①

所以，晚清新潮经世派封疆大吏经世观的变化，对晚清社会改革思潮的生成，有着重要的先导和促进作用。倘若当政的封疆大吏个个贪渎昏庸，因循守旧，不思进取，对符合时代进步潮流的新思想新理论改革要求，完全采取封锁、镇压、绞杀的态度，整个社会进步发展必然受到阻滞延缓，导致严重腐败。

但是，对晚清封疆大吏经世观变化的时代价值，也不能估计过高。因为他们毕竟是“中学为体”的体制中人，他们虽然同意“借鉴西学”、“师夷之长技”，但他们的“体”“道”观并未发生根本的变化。一旦社会改革思潮发展到可能动摇封建专制主义的根本体制时，二者就会分道扬镳，甚至走向对立。这也是后来晚清改革失败的历史教训之一。

二　渴望改革的社会呼声抬头

中国传统的儒家文化蕴含丰富的辩证法思想，指导着经世致用观的适时变化。

① 陈旭麓：《近代中国社会的新陈代谢》，上海人民出版社 1992 年版，第 112 页。

六经之一的《易经》系辞下曰："八卦成列……刚柔相推，变在其中矣！……变通者，趣时者也……易穷则变，变则通，通则久。"①千百年来，易经的变易观，已经成为儒家知识分子思维传统之一。每当社会矛盾尖锐，忧患频发之时，变法、改革、整顿的呼声总会应时而生。

清王朝经过康乾盛世，沿着中国封建王朝特有发展规律，迅速走向腐朽衰败，至道光即位，鸦片的灾祸正在愈演愈烈。江苏的苏州地区便是受害的重灾区之一。

随着鸦片的大量输入，白银外流，农村破产，吏治更加腐败，农民的零星起义此起彼伏。这一系列惊心动魄的事实，越来越引起社会有识之士的严重关注，龚自珍便是代表之一。道光元年(1821)，他以沉重的心情描述当时社会状况说："自京师始，概乎四方，大抵富户变贫户，贫户变饿者。四民之首，奔走下贱。各省大局，岌岌乎皆不可支日月，奚暇问年岁。"②他以急切的心情，呼吁统治阶级"与其赠来者以劲改革，孰若自改革。"呼吁朝廷立即实行"更法""改图"，挽救危局③。龚自珍的改革思想，虽然由于他自身的阶级地位，所处的社会环境和切身的社会经历，仍然局限于传统的经世变易观，未能提供符合世界潮流发展的新鲜内容，但他对当时清王朝腐朽衰败的深刻揭露，无疑具有石破天惊、振聋发聩的巨大作用，足以激发社会有识之士(包括封疆大吏)的广泛关注，引起共鸣。加之鸦片战争的惨败，中英《南京条约》的签订，给封闭落后的"天朝上国"捅了一个大窟窿，也给封闭的江苏打开一道缺口；既给西方列强的侵略势力来华提供了方便，也给先进的西方方化渗入古老的华夏土地，特别是江苏大地带来机会。夷与夏的矛盾，强与弱的对比，先进与落后的撞击……所有这一切都为当时关心时局，强调经世致用的知识分子士人带来五味俱陈、莫衷一是的新信息、新思考。也加速了江苏社会各阶层要求改革的思潮酝酿和发展。

首先，以农民为主体的社会基层要求改变现状的呼声越来越强烈。

道光十一年(1831)，两江总督陶澍上奏折说："臣等伏查，江苏为财赋之区，钱漕繁重，甲于他省。……上届查办嘉庆二十二年以前民欠，共银四百六十九万二千余两，米、麦、豆等项一百六十万六千余石……今自嘉庆二十三年以后，截至道光十年，又阅十有余载……频年屡有灾伤，民生积困之余，既不能概予议蠲，自不得不量为展缓……合十余年并计，积数遂多。"④道光十三年，江苏巡抚林则徐奏报："江苏连年灾欠，民情竭蹶异常……乃自七月间，江湖盛涨，沿江各县，业已被水成灾。其时苏、松等

① 《四书五经》(上)，岳麓书社 1991 年版，第 201 页。

② 《龚自珍全集》(上)，中华书局 1959 年版，第 106 页。

③ 《龚自珍全集》(上)，中华书局 1959 年版，第 6 页。

④ 《陶澍奏道光十年以前积欠银米麦豆谷石请辖折》，《江苏通志稿》三《民政志》第六卷《蠲赈二》，第 154 页。

属，棉稻青葱，犹冀以江南之赢，补江北之绌……惟所种俱系晚稻，成熟最迟……迨九月以后，仍复晴少雨多……虽已结成颗粒，仅得半浆，乡农传说暗荒。臣初犹未信……亲坐小舟，密往各处察看，见其一穗所结，多属空浮……十月以来，滂沱不止，……连旬甚雨，在田未刈之稻，难免被淹。即已刈者，欲晒无从，亦多发芽霉烂”，自江宁以至苏、松，“见闻如一。”“连阴苦雨，人心惶惶，外县城乡，不无抢掠滋闹之事。”①

以上只是江苏连年灾情之一斑，更可怕的是地方封建势力衙门胥吏乘机贪污、盗窃，在封疆大吏奏折中亦有反映。林则徐说：“被灾地方，穷民最苦而豪棍最强，富户最忧而胥吏最乐。有掺和糠秕，短缺升斗，私饱己橐者；有派累商人，抑勒铺户，令其帮助者；有将乡绅家丁佃户混入丁册，希图冒领者；有将本署帖写皂班列名引射者；有将已故流民、乞丐入册分肥者；有将纸张、饭食、车马派累保正作为摊捐者；有将经济贸易人等，捏作饥民代为支领者；甚至将已经报荒之地，水退不准耕种，以待州县履勘，名曰指荒地亩。百姓渐至逃亡，而奸狡之徒以灾荒为得计……他邑米船过境，设卡截留；典铺未开，邀人爬抢；生监把持，妇女喧嚷。种种恶习，不可胜言，……米今岁已赈，明岁复然，真正饥民，全无实惠。”各地病民扰民严重案件，“总缘各上司惮于举发，故虽百弊丛生，终不破案”②，民间困苦，绝非语言所能尽述。尤其是苏、松、常、嘉地区，地少人多，“计口授田不足一亩。即竭终岁之耕，不足供二三月费，故居常敝衣藿食，朝夕拮据，寒暑不辍，纱布为务”。太仓州“农之最苦者佃户，耕耘粪壅，悉由称贷而来，迨至秋成，偿债还租竭其所入”。所藉糊口者，只能靠家庭的纺织副业以勉力维持。一首描绘当时织妇凄苦状况的《竹枝词》叹道：“蚤晨织到日沉西，两匹初完鸡乱啼。半是还租半买米，不知市上布如泥。贸布初偿米价回，催租人到暴如雷。断机落得畸头布，欲补寒衣未敢裁。村墟灯火彻宵明，纺织微兼砧杵声。停得官粮思赎被，只余十日是新正。”③尽管江苏社会基层，农民的生活如此恶劣，但苏南仍是清王朝财赋所出重地。魏源说：道光朝“苏、松、常、镇、太四府一州之漕，赋额几半天下。而其每岁例给旗丁之运费，则为银三十六万九千九百两，为米四十一万一千八百九十三石，共计给丁银米二项，为银一百二十九万五千七百五十八两。”④以上只是给旗丁的例行运费及口粮，加上四府一州应缴的漕米数为 2029175 石，其沉重的负担可以想见。而如此沉重的负担并非按每户占有土地平均分配。冯桂芬说：“今苏属完漕之法，以贵贱强弱为多寡。不唯绅民不一律，即绅与绅亦不一律，民与民亦不一律。”因

---

① 《林则徐江苏阴雨连绵田稻欠收情形片》，《江苏通志稿》三《民政志》第六卷《蠲赈二》，第 155—156 页。

② 《林则徐复奏查办灾赈情形折》，《江苏通志稿》三《民政志》第六卷《蠲赈二》，第 158 页。

③ 林刚：《长江三角洲近代大工业与小农经济》，安徽教育出版社 2000 年版，第 41—43 页。

④ 《魏源集》上册，中华书局 1976 年版，第 413 页。

按规定应缴漕米已折成银两，由于银贵米贱，有势力者缴一石二三斗可抵一石，无势力的平民须缴三四石才能抵一石。更严重的“同一百亩之家，有不完一文者，有完至数十百千者……各县绅衿有连阡累陌从不知完粮为何事”[①]。道光末年，随着鸦片贸易的恶性发展，大量白银外流，银价飙涨。战争爆发后，巨额的军费开支、被英军掠夺银钱财物及大量赔款竟达4500万元[②]，相当于清政府全年财政总收入。这使道光王朝财政危机变得越来越严重，不得不采取各种手段，将危机转嫁到基层平民中小地主身上。当时，“田主以办饷折漕为苦”，纷纷抛售土地，地价下跌。“小户之脂膏已竭，苟有些恒产，悉售于大户”，“以田易命，安问贵贱？而有力殷户，往往以此大富”[③]。地产迅速向富户集中。道光二十六年(1846)，以常熟一县为例，全县土地占有情况“大户已将十分之九，小户不过十分之一”[④]。“江苏田亩，业户收租以供赋，佃户耕种以还租，业佃所余，本属仅敷糊口，……近年以来，银价日昂，浮费日增。地方官无非取盈于业户，业户又不能不责偿于佃户。业佃皆不聊生，以致官民交怨，业佃相仇，抗粮抗租，拒捕殴差之案，层见迭出”[⑤]。在这种情况下，中小地主不堪负担，起来抗粮抗赋，也得到广大基层佃农及无地农民的支持。表达了无法生活下去的广大农民被迫反抗的强烈心声。据《清实录》记载，不仅江苏如此，其他各省的情况也是一样。道光末年(1842—1850)间，全国各地发生的群众自发反清斗争近百起，大者数千人，小则数百人。咸丰元年(1851)以洪秀全为首的广西农民大起义，义旗一竖，应者四方云集。北伐东下，两年余，即定都南京，以苏皖为根据地，兵锋横扫半个中国，先后鏖战十余年。洪秀全以拜上帝会为组织形式，以武装起义为手段，反对清王朝的腐朽统治，迅速获得社会基层尤其是农民的广泛支持，反映了社会基层尤其是农民在残酷的封建压迫和剥削下，已无法生活下去，迫切要求进行社会改革的强烈愿望。及至太平天国以江苏为根据地，清军先后集中数十万人马全力剿杀十余年，双方恶战始终，烧杀抢掠，使江浙鱼米之乡，惨遭重创。时人记述道：“苏常焚烧杀掠之惨，远接宋建炎四年庚戌金兀术故事，盖七百有三十年无此大劫。……新复各州县，向时著名市镇，全成焦土，孔道左右，蹂躏尤甚，……各州县册报抛荒者居三分之二。虽穷乡僻壤，亦复人烟寥落，……遇有居民，无不鹄面鸠形，奄奄待毙。伤心惨目之状，实非郑侠流民图可比。”[⑥]战后主政江苏的曾

① 盛康编：《皇朝经世文续编》卷三十六。

② 周育民：《晚清财政与社会变迁》，上海人民出版社2000年版，第81页。

③ 周无爵：《周文忠公尺牍》卷上，第22页。

④ 《李文恭公行述》，第39页。

⑤ 太平天国历史博物馆编：《吴煦档案选编》第四辑，江苏人民出版社1983年版，第32页。

⑥ 《江苏通志稿》三，《度支志》《田赋》第一卷，第515页。

国藩、李鸿章等经世派封疆大吏，虽呕心沥血采取各种办法，尽力恢复农桑，发展生产，但终非朝夕可就之事。对深受战争浩劫的广大农民来说，抚今思昔，迫切要求改变现状，喁喁望治之心更是刻不容缓。无形中对江苏知识阶层以及清王朝在江苏主政的官吏产生强烈的影响，从而推动时代改革思潮的诞生、发展。

其次，在"采西学、制洋器"的过程中，洋务派推行的社会实践本身，渴望改革的要求越来越强烈。

鸦片战争后，国门洞开，五口通商，第二次鸦片战争后又增加了11个通商口岸。其中在江苏地区长江沿岸的就有上海、镇江、南京。上海有逐渐取代广州成为中外交通中心的趋势，对江苏有着直接的巨大影响。口岸的增多，租界的形成，从事商贸、传教以及其他各种文化事业的洋人纷纷来华，深入江苏内地城乡。由此公开的以武装冲突为形式的中外民族矛盾暂时缓解，代之以潜在的以思想文化观念冲突为特征的中外纠纷开始出现。一方面是洋人、洋货、洋事物、洋思想、洋文化、洋风俗对中华传统社会秩序的冲击和影响，另一方面自魏源、林则徐提出"师夷长技以制夷"以后，"采西学、制洋器"的思想和实践已开始流行。"师夷"已经逐渐成为封疆大吏新潮经世派的共识。从19世纪60代起，出于镇压太平天国农民起义的需要，以"造炮"、"制船"为中心的一批洋务军事工业兴起。各省先后建立了二十余个机器制造局，这些机器制造局不仅生产西式枪炮、药子弹丸、雷管炸弹，而且将西方制造机器的机器也引进国门。机器制造工业的设立和发展，为枪炮制造以外的其他工业的发展开辟了道路。接着造船、煤炭、矿冶业也得到相应的发展。同治十一年(1872)在上海建立的轮船招商局，在江苏尤其是苏南地区产生很大的影响。为保护自已权利，抵制不断增加的洋商洋货，"商战"一说出现，并日益成为越来越多的人关心的社会问题。

随着洋务军用、民用工业、企业的出现，采西学引进西方文化科学知识，培养新的熟悉西方文化科学技术知识的人才也成为势所必然的趋势。

所有的这一切都是千百年来中华传统土地上闻所未闻、见所未见的稀奇事物，它从引进中国的那一时刻起，就跟中国传统文化、传统社会心理、传统习惯、传统社会制度以及传统伦理道德必然会产生各种形式的矛盾和对立，甚至形成冲突。由于"西学"、"夷技"的一方，代表了当时人类社会的最先进的文明成果，它具有明显的诱人的功利性和优越性，显示了强大的生命力。而作为"中学"、"传统"的一方，代表了落后的封建文明，它具有明显的保守落后的弱点，无法跟前者相比。二者碰撞，矛盾、对立、冲突的结果，必然呼唤中国传统社会的变易、改革，以适应时代的要求。主要表现为如下几方面：

1. 呼唤改变对西方"夷人""夷事"轻蔑、排外等传统观念。千百年来，中国封建王朝以"天朝上国"自居，蔑视，排斥一切华夏以外的民族，称之为"化外"的"夷人"。认为他们野蛮、落后、不文明。这种传统已经成为上至君王下至黎民百姓的普遍心理。经过两次鸦片战争，首先是新潮派封疆大吏以及部分知识分子这一方面的观点有所改变，从而洋务运动得以产生。但是，对整个社会来说这一方面的改变仍是一个缓慢的过程。这类问题如果得不到解决，"采西学"、"师夷技"的问题也不可能得到解决，更谈不上如何顺利发展了（有关变化，详见其后第三节）。

2. 呼唤重视新式人才的培养，改革教育制度。无论是洋务军事工业或民用工业，要建立，要发展，都需要新式人才。开始时一窍不通，一切都要聘请外国的洋技师、洋管理人才。在这一过程中，主持洋务的朝廷大员一切都要仰仗洋人，不知多花多少白银，吃过多少亏。他们首先深切体悟到要培养自己的技术人才，建立新式的工艺学堂，开办各种声、光、电、化全新的课程。同时向国外派遣留学生。由美国传教士带去美国的中国最早的留学生容闳，在咸丰五年（1855）回国后，就决心实行他的"多派留学生出国"的教育救国计划，到处游说到处碰壁。同治六年（1867），他通过帮助两江总督曾国藩赴美购买机器，扩大江南制造局的规模，获得曾国藩的支持，在南京创办江南制造局工兵学校，培养了近代中国第一批科学技术人才。次年他又通过江苏巡抚丁日昌向朝廷上奏，详细陈述派遣留学生的目的、种类、方法、管理、经费来源等切实可行的计划，未果。后来他又继续努力，争取曾国藩、李鸿章的支持，终于在同治十一年（1872），成功派送第一批 30 名幼童赴美留学。至光绪元年（1875），先后四批共派 120 名幼童赴美留学，其中江苏 21 名。从光绪三年（1877）起，出于培养海军建设人才的需要，又先后派遣留学生多名赴欧州学习。与派遣幼童赴美学习不同，赴欧留学生大多在国内各学堂中择优选送有深厚的国学基础的学生。且年龄较大，学习时间较短，最长不过五六年。

在整个洋务自强运动中，国内近代文化教育事业在时代的迫切呼唤下，突破传统的阻力，也获得一定的发展。特别是在上海、江苏成立的广方言馆（即外语学校），江南制造局附设的翻译馆和机械学校以及上海电报学堂等，在社会上产生很大影响，为呼吁社会改革、广开思路、培育人才起到了很大的催化促进作用。

3. 封疆大吏发动的洋务自强运动和引进西学的近代文化教育事业的发展，在更高的层次上呼唤社会经济制度、政治制度的改革，为社会改革派、维新派登上历史舞台准备了条件。洋务工业的产生和发展标志着中国古老的封建自然经济中渗入近代大规模的机器工业生产的新鲜因素。尽管军事工业还不是商品生产，内无利润积累，外无市场开拓，但它的原料采购，员工开支仍然受市场价值规律的影响，至于民用工业，跟国际、国内的市场影响关系更大。如果在传统的封建统治的体制内，不作相应的变革，就不可能发展。它不仅要求社会观念的改革，人才教育的改革，更要求管理方法，管理体制的变革。

4. 处于19世纪末20世纪初的清王朝，经历了康乾盛世后正在进入中国封建王朝历史循环的衰败时期，加之列强环伺，腐朽、落后、保守的封建统治者再也无力应付、保持传统的秩序和面貌不变。中国开始被迫进入"三千年来从未有过的大变局"——社会转型时期。社会强烈呼唤适应时代潮流的大变革的到来，反映这种变革要求的先导舆论：一种是来自社会最基层无法生活下去的平民，一种是来自具有忧国忧民意识的社会精英知识分子。这是千百年来古今中外社会发展的必然规律。在晚清末年，最典型的表现便是：一、全国各地此伏彼起的农民起义和暴动，最后汇合为太平天国农民大起义；二、以国家兴亡为担当、坚持"经世致用""借鉴西学"的封疆大吏以及先进知识分子士人著书立说，力陈时弊，呼吁改革，推动社会变革的舆论和实践缓慢向前发展。

正是这一背景下产生了江苏的改革派思想家，他们的思想、理论、改革主张，为推动晚清时期社会改革时代潮流的发展、壮大发挥了重要的影响作用。

三　改革派思想家的崛起

这里所说的"改革派"，即以往学术界所谓"改良派"。中华人民共和国成立后对他们的思想理论，最初称"改良主义"。后来有学者提出西方资本主义发展走向成熟、无产阶级与资产阶级矛盾越来越尖锐时期，为了缓和"无""资"矛盾，防止无产阶级的暴力革命而提出的一系列社会改良主张，称为"改良主义"。这跟中国当时的社会背景、改革的内容完全不同，故此"改良主义"的概念被舍弃不用，而称"资产阶级改良派"。也有学者称之为"资产阶级早期民主派"。无论称"资产阶级改良派"或者"资产阶级早期民主派"，无非是为了区别于彻底推翻旧制度的"暴力革命"，没有称"革命派"的资格而已。何况当时中国还没有资产阶级，民主问题尚十分遥远。迫切需要解决的问题，都是清王朝体制内的问题。当时提出各种改革主张的代表人物及改革内容，都是一方面传承儒家"经世致用"的传统，另一方面加上新接受的西方文化冲击带来的新知识新经验，结合当时的现实问题，而提出的"革故鼎新"主张。目的只有一个：改革现有腐朽的封建制度。所以笔者认为还是用"改革派"的概念比较恰当，既体现与"革命派"的区别，也反映当时是在体制内实现变革的实际情况。

江苏改革派思想家的崛起，有其特殊的社会历史背景：第一，江苏是晚清经世派封疆大吏活动比较集中的社会政治舞台，他们"经世致用"的治国思想，在江苏社会尤其是知识分子中产生很大的影响。“经世致用”本身就包含有结合社会实际，改革积弊的意义。因此，“经世致用”与改革是相通的，只是量与质、宽与狭、深度、广度，思想渊源等方面有区别。中国近代改革思潮是晚清“经世致用”思想的继续和发展。第二，江苏是晚清中外经济、政治、文化、人事交流活动的中心，也是矛盾冲突的高发区，受外来影响很大。自从鸦片战争开辟五口通商后，以上海为龙头的江浙、长江沿岸广大腹地，更为西方所重视。上海逐渐发展为超过广州的中外交通口岸，外来的政治、经济、文化对江苏的影响，迅速超过其他各省。第三，当时的江苏是晚清受战争破坏最严重，社会矛盾最尖锐的地区。鸦片泛滥，银贵钱贱，外来商品的倾销，租赋苛重，长达十多年的太平天国农民战争，使传统社会秩序受到严重破坏。这一切不能不对有识之士产生强烈的刺激。第四，江苏历来是有名的人文荟萃、文化发达之乡，尤其是苏南地区，无论城乡，文化渊源深厚，注重教育，人才辈出，人们交游广阔，思想敏锐。这一切都为改革派思想家的产生创造了条件。其代表人物如下：

1. 冯桂芬(1809—1874)，字林一，号景亭，江苏吴县人，生于清嘉庆十四年(1809)，世代书香之家，自幼熟读经史，弱冠之年，补县学生员，23 岁乡试中举，31 岁赴京殿试，中一甲二名进士，授翰林院编修。曾任广西乡试主考官。旋以母亲、父亲相继去世，按当时的规矩，回乡丁忧各三年。值其盛年为官之期，大受影响。不得已还乡授读，先后主持金陵惜阴书院、上海敬业书院、苏州紫阳书院、正谊书院。咸丰三年(1853)，太平天国农民起义军入苏，定都南京。冯以京官身份受江苏巡抚徐有壬之托，在苏州筹办团练自保。咸丰十年(1860)，太平军攻陷苏州，冯避居沪上。同治元年(1862)，李鸿章受命任江苏巡抚，组建淮军入沪，冯受聘入李鸿章幕，参与议事，为李镇压太平军出谋划策。同治二年(1863)，建议并协助李鸿章创办上海广方言馆，招收 14 岁以下学童，学习外语及自然科学知识，“以求博通西学之材，储以济变”。此举成为近代中国举办培养外语专业人才学校的滥殇。此后，随着中外政治势力勾结，联合镇压太平军，冯在清军收复松江诸役中，以军功晋五品衔，后复迁升加三品衔，同治十三年(1874)去世，享年 65 岁。著有《说文解字段注考证》、《弧矢算术细草图解》、《西算新法直解》、《校邠庐抗议》，编纂《两淮盐法志》，另有《显志堂诗文集》数十卷。

冯桂芬

青年时代的冯桂芬擅长骈体文，中年以后曾“肆力古文词”。随着国势大变，他秉承儒家经世致用的传统，“于书无所不窥”，“尤留意天文、地舆、兵刑、盐铁、河漕之学”，对于当时渐渐传入的西学，亦兴趣浓厚，如饥似渴，广泛涉历。他虽生性“恬淡”，不爱做官，却十分关心国事。终以“学识渊博，闳通古今”，“名满大江南北”，深得江苏历任封疆大吏陶澍、林则徐、裕谦、李星沅、陆建瀛、曾国藩、李鸿章的见重，“每以咨询政法掌故，交相引重”。19世纪50、60年代，正是太平天国席卷大江南北，第二次鸦片战争爆发，英法联军进攻津京，咸丰皇帝逃往热河，清王朝风雨飘摇，国将不国的危殆时期。咸丰十年(1860)，冯桂芬避居上海，目睹国势蜩螗，忧国忧时，花一年多的时间，全面总结清王朝的弊政，提出自己的改革主张，写成《校邠庐抗议》。该书既继承儒家经世派的传统，又大胆提出全面吸收西方先进的政治、经济、外交、教育等诸多问题的改革主张。该书写成后，被广泛传抄争阅，在社会上引起巨大的反响，被誉为“关系民生国命，而旁及西人格致之学”的重要著作。除《校邠庐抗议》外，《显志堂诗文集》同样反映了冯桂芬在中国近代“三千年来未有之大变局”的早期，以一介“名儒”的身份，突破传统的藩篱，结合中国的实际，大胆提出向“西夷”学习，改革弊政的主张。其内容大大超过林则徐、魏源“师夷长技以制夷”的呼吁，涉及政治制度、国计民生等社会近代化的方方面面。开江苏改革派改革思想之先河，对以后的变法维新运动亦产生很大的影响。光绪二十四年(1898)光绪皇帝下诏变法前夕，下令将《校邠庐抗议》迅即印刷一千部，克日送交军机处，毋稍迟延①。并命令朝廷京官，限十日内认真阅读后签署意见，并署名，“以务精详而昭慎重”。该书成为当时推进变法维新和舆论宣传的重要理论依据之一。

2. 王韬(1828—1897)，苏州东南长洲甫里村人，初名利宾，字兰君，入学后“旋易名瀚，字懒今”。后又改名韬，字紫诠，号仲弢，一字子潜。晚年别号弢园老人、天南遁叟。王氏在明朝是昆山望族，至清代无功名，但仍以耕读传家。祖父经商，父昌桂擅长经学，家道中落，只能以授徒自给而已②。王韬幼时，天资聪颖，从父课读，18岁时以第一名考取秀才，第二年到南京应试不第，从此再未求售于科场。二年后，父亲去世。道光二十九年(1849)夏，21岁的王韬赴沪，应英国传教士麦都思创办的墨海书院之聘，任编辑，翌年举家迁居上海。王韬在此工作达13年之久。

王韬

王韬至沪应聘时，当他第一次被引导参观墨海书院后，记道：“西士麦都思主持墨

① 《光绪朝东华录》，总第4142页。

② 《王韬事迹考略》，上海通社编：《上海研究资料》，中华书局1936年版，第76—77页。

海书馆，以活字版机器印书，竟谓创见。余特往访之……导观印书，车床以牛曳之，车轴旋转如飞，云一日可印书千番，诚巧而捷矣。”[①]他在上海工作生活期间，深感外人在沪依仗其国家的强大，藐视清王朝腐朽落后，处处盛气凌人，“待我华民甚薄”，“见我文士亦藐视傲睨而不为礼”。认为“西人之轻我中国也日深”[②]。当时社会华洋情绪十分对立，对帮助洋人做事、在洋企业做工者，均视为可耻。何况王韬还是一位学者，这对他来说，实有切肤之痛。但为了生活，他不得不然。他在给友人的信中写道：“遁迹于斯者，盖欲谋升斗，以上奉高堂下抚弱息耳。”[③]另一方面墨海书馆藏有大量西书，其中有很多关于自然科学和西方史地文化方面的书籍，这对他具有强烈的吸引力。他在墨海书馆13年，除了帮助麦都思工作外，其余时间都如饥似渴地大量阅读这些丰富的藏书。这13年的编辑生涯，对王韬的思想有着极大的影响，从而产生要向西方学习“格致”与“技器”的念头。王韬虽然无意科举进取，但并非没有功名观念。他曾说：“豪杰自命不凡，岂可苟阿世俗”，“他日当为天下画奇计，建不世之功。”也许出于不甘平庸的编辑生涯的思想，希望能迅速改变自己的地位，他开始走“上书显要，以求发迹”的路径。咸丰九年(1859)上书江苏巡抚徐有壬，提出“和戎”、“海防”、“弥盗”三策，受到徐的重视，赏吕宋银三十饼。可惜，徐有壬因太平军很快攻占苏州兵败自杀。此后，他又继续上书屯兵安庆的曾国藩，提出“平定发匪”的方案，未受重视。他转而用黄畹的化名，上书攻占苏州、军威正盛的太平天国忠王李秀成，指出：“与我争天下者，青也(暗指清王朝)，而非英法也。于今天下未宁，方将侵中原。中原之疆土，十仅克复二三，所欲资兵力者甚多。则我之待夷，宁和而毋战。不宜轻失外援，以启边衅。”[④]为太平军出谋划策。后来此信被清军缴获，化名黄畹的王韬被视为“通贼”，下令缉捕。王韬闻风，潜入上海英租界数月后，在麦都思的帮助下，逃往香港谋生。同治六年(1867)，王韬应英传教士理雅阁之聘，赴英翻译儒家经书，暂寄居英伦，成了第一个以私人身份游历欧洲的清代知识分子，他所看到西方文明发展的盛况，自非洋泾浜上海和新开发的香港可比。他以无比惊叹和钦慕在《漫游随录》中记道：“至此始知海外阛阓之盛，屋宇之华丽”，“气象之繁华，规模之宏远。”更使他感到意外的是西方人一样“以礼仪为教，仁信为基”，“士庶往来，常少争斗欺侮之事……外邦之风俗如此，吾见亦罕矣。”西方物质文明和精神文明，使他大开眼界。

---

① 王韬：《弢园尺牍》卷二，第5页。

② 王韬：《弢园尺牍》卷四，第5页。

③ 王韬：《弢园尺牍》卷二，第5页。

④ 《苏福省儒士黄畹禀》，转引自张灏：《近代中国思想人物论——晚清思想》，台湾时报文化出版事业有限公司1982年版，第359页。

同治九年(1870),王韬由英国回到香港,以写作、办报为业,成为香港名士。他在香港撰著的《普法战纪》,对日本知识界产生很大的影响。光绪五年(1879),王韬受邀访日,受到日本士人隆重接待,视为上宾。以致使他产生在中国"为世所弃"遭冷落,而在海外大受青睐,"视余若魁儒硕彦巨人"的无限感慨。当时,正是清廷洋务自强运动蓬勃兴起之时,王韬在香港创办《循环日报》,主持笔政,亦大力宣传倡导中国变法自强,名噪一时。他与当时的洋务人物容闳、诗人黄遵宪等有频繁交往,互通心曲,关心世事。时人称"昆山王君,不世英才,胸罗万有"。两江总督曾国藩、江苏巡抚李鸿章"不惜千金买俊才",曾先后多方罗致通融,想予以重用。但终因他有"通贼"前科,未获清廷批准。光绪八年(1882)春,王韬 55 岁时,曾由港返沪,回苏州甫里一行。目睹阔别 21 年的故乡,寻思坎坷岁月,感慨良多,顿生迟暮之感,悲乡之情。光绪十年(1884),他通过洋务派丁日昌、李鸿章的关系,得到江苏当局的默许,举家由香港迁居沪上。他虽然做官的道路已绝,但经世之心未泯。决心以自己的丰富阅历,渊博的学问为家乡作贡献。翌年,他创办弢园书局,并以木刻活字大量印刷西书,介绍西方的政治、经济、科技学术著作,同时自己著作。很快他的名声在上海不胫而走,又被格致书院的中西董事推为该院的山长,为社会培养新式人才。这对他来说,可谓驾轻就熟,亦符合他的本意。他为书院拟订了扩大招生计划,并规定学生必先通西方的文字,打好外语的坚实基础,然后才能按学生各自的兴趣,选读各学科。他在上海成了"一小群倾向改革的人"的中心人物。光绪二十年(1894),孙中山为《上李鸿章书》曾到上海,王韬热情为他写信给李的幕僚罗丰禄以为引进。光绪二十三年(1897)夏,王韬因病去世,享年 70 岁。他在仕途上郁郁不得志,却留下大量的关心国事、倡导变法的学术著作,在当时社会产生了极大的影响。这些著作收入《弢园文录》、《弢园文录外编》、《弢园尺牍》、《弢园尺牍续抄》中,反映了王韬晚年"感时愤世"、"胸有秋心"、"横被口语"、"左右都非"的尴尬景况。他只能以学问用世,将"抑郁之怀,寄予说部"以明心志。

薛福成

3. 薛福成(1838—1894),字叔耘,亦作叔芸,号庸盦或庸庵,江苏无锡人。父祖辈均为世代耕读,渴望求取功名而未能如愿的经生士子。直到其父薛湘才考取恩科进士,被委镇江府学教授。其母出身家道中落的名门望族,是以知书达理,典型的贤妻良母。薛福成与兄弟自幼深受父母的严格教育与熏陶,"温经读史,兼览百子……沿流溯源,学乃大进"。兄弟三人先后参加科举,大哥福辰顺天乡试中举，他和四弟福保同补为无锡县学生员。

正当薛福成家境蒸蒸日上之时，太平天国农民起义席卷长江流域。父亲在湖南新宁县令任上追随曾国藩镇压太平军，咸丰八年(1858)病逝。母亲在无锡持家亦受太平军东征苏常战祸的无情冲击，家产荡然无存，逃难苏北。最后在宝应东乡寄居数年。“田庐毁废，亲故凋亡”，又值第二次鸦片战争英法联军进攻北京、火烧圆明园，咸丰皇帝弃都逃亡，最后签订丧权辱国条约的残酷现实，迫使青年薛福成深思，更加注重经世实学的探究。同治四年(1865)，曾国藩在镇压太平天国农民起义结束后，又奉命沿大运河北上山东剿灭捻军，沿途招贤纳士，收揽人才。官船行经宝应时，略事逗留，察访民情。薛福成闻之星夜赶拟一份洋洋万言的《上曾侯相书》进呈。该文以“养人才、广垦田、兴屯政、治捻寇、澄吏治、厚民生、筹海防、挽时变”为纲目，提出了一整套治捻、经政、治世的计划。曾国藩阅后大加赞赏。加之又是故友薛湘之子，因此将薛福成及其弟福保一起收为戎幕，委以政事。从此，薛福成在经世派封疆大吏曾国藩的帐下朝夕濡染，学习更加勤奋，眼界更加开阔，得到更大的锻炼，为他的改革思想的形成发展奠定了更加坚实的基础。当时，他与名重文苑的张裕钊、吴汝纶、黎庶昌并称“曾门四子”①。

同治十一年(1872)，曾国藩病逝两江总督任所，薛福成的曾幕生涯亦告中断，不得已只能在苏州书局觅得一职，从事编辑写作。供职之余，从事各种社会问题研究，留下多篇关注江南民众生计、抨击科举取士、为治河进策、淳化民风的经世文章，饮誉一时。

19 世纪 70 年代正是清王朝多事之秋，日本侵台，沙俄侵吞蚕食中国边疆大片领土，英法侵扰，边事不断。蜗居苏州的薛福成，眼见国事蜩螗，内心如煮。同治十三年(1875)末，同治驾崩，4 岁的光绪即位，两宫垂帘，下诏“博采谠言、用资治理”。薛福成乘机上《应诏陈言疏》，得到清廷的重视，“寻交军机大臣发各衙门议奏”。该疏就清廷内政外交两大最棘手的问题，大胆痛陈积弊，提出解决具体问题的办法，“言人之不敢言”。《应诏陈言疏》一鸣惊人，震动朝野。薛福成也因此名满京都，成了朝野瞩目的名人，各方均称赞其“博学多通”、“识略闳深”，“实堪大用”。不久就被声威显赫的北洋大臣李鸿章礼聘为幕宾，参与北洋戎幕，处理了一系列重大的内政外交事件。如“马嘉理案”、“台湾筑路案”、“赫德任海防司要职案”、“计定朝鲜兵变”等。李鸿章每为其对事变背景成因的深刻全面分析，提出的主张、建议的精当正确，处事手段的老练和成熟所折服。在计定朝鲜“壬午兵变”，挫败日本侵朝阴谋后，薛福成被暂摄北洋

① 丁凤麟:《薛福成评传》，南京大学出版社 1998 年版，第 42 页。

事务的张树声保荐，赏太子少保衔，晋升为四品道员。

数年的北洋戎幕生涯，使薛福成更加全面认识体会到清王朝内忧外患的险恶形势，如不彻底变革内政外交，国家未来的前途将不堪设想。为此他热血沸腾，决计将自己平生经世治国的抱负，深谋宏通的中西学识，融通贯注，缜密构思，于光绪五年(1879)写成一篇呼吁变法，救危图强，全面防御西方侵略的鸿文——《筹洋刍议》，呈交李鸿章上转朝廷，以备"采择"施行。该文针对西方列强以及沙俄、日本对中国周边的领土主权、商贸权益实行疯狂侵略的严重外交形势，从《约章》、《边防》、《邻交》、《利器》、《敌情》、《藩邦》、《商政》、《船政》、《矿政》、《利权》、《变法》等方面分成 14 个专题，全面分析现状，提出改革应对措施。学者丁凤麟认为：《筹洋刍议》是一帖向清政府呈献的振兴国家、精求自强的救世良方。由于这部论著针砭时弊的尖锐性，倡言变法的先导性，抵御外侮的正义性，乃至培护工商业发展的迫切性，集中反映出时代脉搏的跳动和近代中国社会向前迈进的需求①。所以，一经问世又在当时社会产生巨大的反响。有识之士读之如获至宝，互相辗转传抄，盛极一时。成为当时上流社会突破保守，呼吁全面改革，最具爆炸力的启蒙读物。也为其后发生的"戊戌维新运动"奠定了坚实的思想基础，不少维新志士都曾深受其影响。

由于薛福成当时在政界思想界的巨大影响，也由于光绪十年(1884)法国扩大侵华战争，薛福成又提出一整套的抗法方略，清政府终于决定起用这位才干出众、足智多谋的"太子少保"，实授浙江宁绍道台，担当浙东沿海的抗法大任。薛福成结束将近 20 年的幕僚生涯，正式步入官途，更好地实现他"匡时济世"的宏伟抱负。他上任后，亲到浙东海口，"联上下"、"设巨防"，用武力和计谋粉碎了法国侵略者妄图侵占定海、镇海的阴谋，以功加布政使衔。光绪十四年(1889 年 1 月)底，奉调湖南按察使，尚未到任，旋即又被改任"以三品京堂候补并赏给二品顶戴"，任出使英国兼法国、义国(意大利)、比国(比利时)钦差大臣②。

光绪十五年底(1890 年 1 月)，薛福成及其随员，乘法国邮轮由上海启程，经香港、新加坡、红海，经一月余抵达法国马塞港。先后到达巴黎、伦敦、布鲁塞尔、罗马，向各国政府递送国书，并游览巡访诸国，"观其形胜"，"察其利病"，逐日记事，按月寄回国内。意在向清廷系统介绍西方各国的政治制度、经济状况、文化风俗民情。他认为，"欧美两洲勃焉兴起之机，在学问日新，工商日旺"，"火轮舟车之力"。

薛福成在驻欧期间，秉持"慎固邦交，恪恭使职"的原则，不卑不亢，有理有节，跟

---

① 丁凤麟：《薛福成评传》，南京大学出版社 1998 年版，第 141 页。

② 《光绪朝东华录》，总第 2611 页。

各国特别是英国进行了多次外交谈判与斗争，解决了一系列长期悬而未决的问题。其他诸如关心与保护海外华侨，争取华侨在所在国合法权益等问题，在香港以及南洋各英属地设立大清朝领事馆，通过谈判解决与缅甸边界问题及商务问题等。薛福成以炽烈的爱国之情，机智缜密的谈判技巧，坚忍不拔的无畏精神，在弱国外交的背景下，尽最大的努力争得国家应有的主权和尊严。朝廷先后授为大理寺卿，都察院左副都御史，与曾纪泽一起被誉为清季外交史上“进行边界领土谈判最出色的外交家”①。

薛福成在出使各国期间，除完成繁重的外交事务以外，他还抱着了解西方、学习西方的态度，“详细记载，随事咨报”，为清廷决策提供参考。并“据所亲历，笔之于书”，写下大量日记、论文。其日记比郭（嵩焘）、曾（纪泽）二位前任的日记，内容更翔实，材料更丰富、观点更鲜明。这些日记文稿先后编辑成《出使四国日记》、《出使日记续刻》、《西轺日知录》、《庸盦文外编》、《庸盦海外文编》等。为世人留下一笔丰厚的精神遗产②。

光绪二十年（1894），薛福成完成出使各国的外交任务，按规定应准时回国，在与新任公使龚照瑗交接完毕后，于四月二十三日（5 月 27 日）乘“堪尔图宁”号法轮东归。由于数年紧张的外交生涯，过度操劳，薛福成健康严重受损。加之旅途一月余的海上颠簸，气候炎热，到达上海时已疾病缠身，卧床难起，回无锡时又感染时疫，高烧昏迷，不幸于六月十九日（7 月 31 日）深夜不治去世，年仅 57 岁。消息传开，朝野震动，咸为失此经国英才而痛惜不已。

4. 马建忠（1845—1900），字眉叔，谱名钦良，江苏丹徒人，生于道光二十五年（1845）。父祖辈从商，家道颇殷实。7 岁随兄马相伯入上海徐汇公学。该校为法国天主教会所创办，校长为意大利人晁德莅，精于汉学，亦擅长自然科学，知识渊博。马建忠深受晁德莅的喜爱，除师从其学汉学外，兼习拉丁文、希腊文、英文、法文，成绩出众。光绪二年（1876），福州船政局选派首批留学生赴法学习轮船制造、驾驶以及海战阵法等科目，马建忠被李鸿章指派为赴法随员兼法文翻译同往法国巴黎，与随团文案陈季同一起均入巴黎政治学堂，修习国际公法与外交。课程有交涉、公法、律例、格致、政治、文辞等。每次考试，马的成绩均名列前茅。最后以

马建忠

① 钟叔河：《从东方到西方》，转引自丁凤麟：《薛福成评传》，第 301 页。

② 丁凤麟：《薛福成评传》，第 313 页。

优异成绩毕业，获得法学学士学位。在此期间，马建忠曾多次向朝廷上书：备述在西方各国见闻、政事、建设、借款、修铁路等，尤重视英之君主立宪制的介绍。建议朝廷设立海军，加强商贸，跟海外通商，以增富源；大力开矿，兴办学校，引进西方实学，培养新式人才。他还建议"开新报之禁"、"重议院之权"，提倡言论自由，以通上下之情。

光绪五年(1879)，马建忠学成归国，赴津拜谒北洋大臣李鸿章。李以其"出洋三年，勤学好问"请旨赏二品衔，交发总理衙门存记，备出使之用。李在奏折中称他"精通法国语言文字，兼习科学之学，志趣端正，心地明敏，颇堪造就"。赴欧留学生监督李凤苞对马的评语亦说："(建忠)持躬谨慎，为外人所敬重，允称品学兼优，或备充出使人员，或备咨询例案，以与洋员辩论，均堪胜任。"但二李的举荐，并未得到总理衙门的重视，立予聘用，只得暂时安排在天津水师营帮办海军事务。

光绪七年五月(1881 年 6 月)，马建忠奉李鸿章面谕，往香港、越南、新加坡、印度加尔各答等地，与英商议鸦片专卖增加进口税问题，以期"寓禁于征"。次年朝鲜发生"壬午兵变"，马建忠奉命与水师提督丁汝昌率三舰水师入朝，迅速平定叛乱。马以军功由李鸿章再次请旨赏戴花翎并以海关道存记擢用，未获吏部批准。后奉派为天津轮船招商局会办，整顿局务。此时适值中法战争爆发，法军封锁长江海口。为使招商局轮船得以照常通行，马建忠与美商旗昌洋行商定，所有招商局的轮船，皆悬挂美国国旗出入，一时广受朝野诟病。中法战争期间，马亦随同李鸿章与法谈判，订立条约。中日甲午战争失败后，李鸿章赴日谈判，订立《中日马关条约》，马建忠参与其事，深以国败致此奇耻，痛心不已。其后，北方义和团运动"扶清灭洋"，八国联军侵华，马建忠在病中，心急如焚，奉命赶译俄廷致李鸿章长电，终致操劳过度，遽然去世。时年 55 岁。

马建忠一生博学多才，既有深厚的国学根基，"尤精欧文，自英、法现行文字以至希腊、拉丁古文，无不兼通"。因"愤外患日深，乃专究西学"[①]，呼吁变革旧制，撰有《适可斋纪言纪行》。他认为："讲富者以富商为本，求强者以得民心为要"，"他如学校建而智士日多，议院立而下情可达"。主张积极发展对外贸易，发展新式工业和农业，收回关税自主权等，深得李鸿章的器重，"依为股肱"，参与洋务，办理外交。

另外，他还针对中国语言文字、古代经籍"虽皆有规矩隐寓其中"，但没有一本专门"揭示其学文程式"即讲求语法的专书，"遂使学者论文困于句解，知其然而不能知其所以然"[②]的情况，发奋研究，结合自己在西方所学英文、法文、拉丁文、希腊文的语

---

① 《清史稿》第 41 册，中华书局 1977 年版，第 12482 页。

② 《清史稿》第 41 册，中华书局 1977 年版，第 12483 页。

法规律，创造性地撰著了一部专门分析中国古文句法结构规律的专书《马氏文通》。这是中国第一部有关古代汉语语法的工具书，对后人学习古代经籍提供极大的方便，被时人誉为"古今特创之作"。

在晚清江苏改革思想史上，还应该提及的一位重要人物，即在太平天国后期，由香港来到南京，辅佐天王洪秀全的干王洪仁玕。他虽不是江苏人，但他的改革思想，改革实践，都是在江苏境内发布施行的。在此亦予以介绍。

5. 洪仁玕(1822—1864)，字益谦(一作谦益)，号吉甫，广东花县人，是太平天国天王洪秀全的族弟，少学经史，多次参加科举未第，只能在乡村做塾师度日，与洪秀全极为相知，情谊深厚。道光二十三年(1843)，洪秀全最后一次科举失败后，模仿基督教义，创立拜上帝会，洪仁玕与冯云山成为最早受洗加入的信徒，从此，开始传教活动。咸丰元年(1851)，洪秀全发动金田起义，随即北上征讨。洪仁玕在清远教书，未及参加。为躲避清军搜捕，旋逃往香港，得到基督教传教士韩文心的收留。其间曾一度赴上海，想追随声势浩大、发展迅速的太平军，但未能如愿，只得仍旧回港。在港数年间，洪仁玕大量接触西方的文化科学知识和政治思想理论，眼界大开，学问大长，对当时的世界形势理解日深。国内太平天国的发展形势，亦使洪仁玕极为兴奋和惦念，他决心赶回内地以帮助他的族兄洪秀全夺取江山，建功立业。咸丰八年(1858)，由香港、经广东、入江西、转湖北，次年到达南京，受到天王的重用，总理朝政。洪仁玕面对太平天国后期的颓败之象，忧心如焚。他经过通盘考虑，决心立足改革，以争取天国政权转机，从而创造一个"新天、新地、新人、新世界"的理想国家。他认为根本的一条是必须效法西方，对天国的政治、经济、军事、法制进行全面改革。为此，他在咸丰九年(1859)撰成代表他的改革理念的《资政新篇》，进呈天王洪秀全，立即得到批准，下令刻印颁行。《资政新篇》以儒家"变通"观为经，介绍西方先进的政治制度、经济方略、文化政策为纬，结合太平天国的现状，提出向西方学习"善法"，主张施行"以多人举者为贤能"，"多议是者为公"的民主制度，实行开放、独立、平等、相互贸易的自主外交，学习西方"兴车马之利"，"兴舟楫之利"，"兴器皿技艺"，"开矿"，"办银行"，设立各种工商管理机构，同时设"新闻馆"办报纸以通下情等。

洪仁玕是鸦片战争以后，在香港最早全面接触学习西方文明的民间经生士子。他将儒家的经世致用传统，与丰富系统实用的西学全面融合而提出的全面改革思想，不仅超出林则徐、魏源，而且跟同一时期生活在内地，主张学习西方的改革派思想家相比，时间更早，而且内容更全面、更系统。只是服务的对象不同，前者是面向清王朝，后者是面向农民起义政权。但实质都是一样的：反对腐朽落后的中国封建主义传统，主张变革，向西方学习，推动中国向近代化发展的进程。可惜的是，他所依凭的农民政权不可能为他提供一个稳定的政治舞台，让他的政治主张得以全面实施。但从江苏改革思想史的角度考察，洪仁玕的改革思想主张，其意义和时代价值并不逊于冯、王、薛、马。

四　“针砭时弊”，“倡言变法”

晚清江苏改革派思想家有一个共同特点：他们都具有深厚的国学基础，自幼饱读经史，对中国传统的治世文明秩序有深切的了解，同时又对当代的西方文明有较多的接触和认知。因此，他们观察当时社会的眼光较一般文人更敏锐、更全面、更深刻。他们大都继承了中国儒家经生士子“修”、“齐”、“治”、“平”，“以天下为己任”，“忧国忧民”的优秀品格，不甘平庸。而他们走向社会的早期，大都充当幕僚、帮闲或授读等思想自由度较大的社会角色。因此，他们往往能面对晚清的社会现实，进行古今对比，必然会得出比较相似的结论，故大胆提出的主张，大多具有共同的特点，内容大同小异。

（一）陈述现实制度的腐败，为呼吁改革大造舆论

冯桂芬在《校邠庐抗议》自序中说：

> 桂芬读书十年，在外涉猎于艰难情伪者三十年。间有私议，不能无参以杂家，佐以私臆，甚且羼以夷说，而要以不畔于三代圣人之法为宗旨，志此者有年。一官无言责，怀欲陈之而未有路。乃者乡居，……重以衰病逡巡，无用世之望。惧遂泯没，爰以避地暇日，笔之于书，凡为篇四十，旧作附者又二。用后汉赵壹传语，名之曰抗议，即位卑言高之意。……千虑一得，多言或中……存之以质同志云尔。①

出于上述指导思想，冯桂芬在上书中，力陈当时社会的种种弊端。首先以“观于今日”，从总体上描述朝廷上下种种腐败景象：“奉君国则民力竭，养兵勇则国力又竭”；“文臣不知兵，武士不晓事”；“倍征无艺”；“运道阻，天庾空”；“水利塞，稻田少”；“科目不得人”；“期功陌路，富贵贫贱不相恤”；“谏诤设专官，民隐不上达”；“俸薄而官贪”；“则例猥琐，案牍繁多”；“器用苦窳，借资外夷”；“夷患不已”等等。生动体现清王朝末世贫穷落后、朝政废弛、官贪将怯、国库空虚、苛捐杂税、民不聊生、国防败坏、外寇频侵的破败景象。

---

① 冯桂芬：《校邠庐抗议》，中国史学会编：《中国近代史资料丛刊·戊戌变法》一，神州国光社 1953 年版，第 2 页。

如果说,冯桂芬的揭露主要揭示社会有形的表面现象还比较婉转,那么王韬的揭露,则深一层,昭示清王朝这一具接近死亡的封建僵尸,已经逐渐失去生命活力的精神世界。他在《弢园文录外编》"变法篇"中写道:

> 今观中国之所长无他,曰因循也,苟且也,蒙蔽也,粉饰也,贪罔也,虚骄也。喜贡腴而恶直言,好货财而彼此交征利。其有深思远虑矫然出众者,则必摈不见用。苟以一变之说进,其不哗然逐之者几希! 盖进言者必美其词曰:中国人才之众也,土地之广也,甲兵之强也,财力之富也,法度之美也,非西国之所能望其项背也。呜呼,是皆然矣。特彼知人才之众,而不知所以养其人才以为我用;知土地之广,而不知所以治其土地以为我益;知甲兵之强,而不知练其甲兵以为我威;知财力之富,而不知所以裕其财力,开源节流,以出诸无穷而用之不匮;知法度之美,而不知奉公守法,行之维力不至视作具文。凡此皆其蔽也。①

薛福成在其著名的《筹洋刍议》上奏中,针对清廷办理外交的大员对西方蒙昧无知,因此使对外交涉处处被动失利,受制于人,以致订出许多丧权辱国的条约的实际情况,从"往者不可救,来者犹可追"的古训出发,一连提出十多个方面须革除的弊政,全面筹划,因应时局,对付洋人的新措施。马建忠等因其学习成长的经历以及所从事的事业职责范围的特殊性,未能像冯、王、薛那样对现实提出全面系统的文字批判,但其对现实政治的腐败现象是心知肚明的。

(二) 以"托古改制"、"西学中源说"和传统的"变易观"为武器,打破顽固派反对改革的思想障碍

在社会发展史上,改革之路历来崎岖不平,险象丛生,中国尤甚,这是有深刻的社会历史文化背景的。第一、中国自古以来有高度发达的制度文化。夏、商、周三代政制虽荡然无存,不尽实有。但经过儒家前贤的渲染罗织,论证为中国最理想、最权威的政治境界,为历代经生士子所信不疑,也不准疑,于是成为神圣不可动摇的"祖宗之法"。因此,"祖宗之法不可变"千百年来已成统治阶级的最高信条。第二、中国历来有"夷夏大防",鄙视夷人的传统。认为夷人不可能有高出华夏的文明。因此,敢有鼓吹"师夷"、"从夷"者,必是"以夷变夏",背祖忘宗,大逆不道。必视之为可耻,为主流社会所不容。第三、中国两千多年的封建中央集权制,以自然经济为社会基础,它所形成的上层统治阶级,既得利益集团,必然是顽固保守、安于现状、反对改革,而且势

---

① 冯桂芬:《校邠庐抗议》,中国史学会编:《中国近代史资料丛刊·戊戌变法》一,神州国光社1953年版,第134页。

力非常强大，他们大都是主张“祖宗之法不可变”的天然拥护者。

鸦片战争以后，中国虽面临“三千年来未有之旷然大变局”，但除了少数思想开明、目光敏锐的经世派封疆大吏及先进的知识分子以外，清末主流社会顽固保守，依然如故。在此情况下，忧国忧民，深知中国传统保守势力之厉害的江苏改革派思想家，为了突破改革的最大思想障碍，寻求社会的广泛支持，他们都不约而同地首先采取以下两种方法：一是“托古改制”、“法先王”，比照“三代圣贤之法”，论述当代的弊端，以“复古”的名义贯彻“变通”的精神，为改革开辟道路。二是鼓吹“西学中源”说，说明西方现有的一切先进事物，都是以前从中国流传出去的，叫做“礼失诸野”。如火药、罗盘、指南针之类。中国没有发展利用丢失了，被野外的夷人学去了。现在重新向西方学习，只不过是重新拿回来而已。冯桂芬在《校邠庐抗议》序中说：“三代圣人之法，……世更代改，积今二千余年……追乎经历世变，始知三代圣人之法，未尝有此弊。夫而后恍然于圣人之所以为圣人也。”他接着以当代的一切弊政与三代圣人之法对照，说明“三代之法之善”。但他笔锋一转说，三代之法优，但现在不可能一切按照三代之法“复古”，而是要根据三代之法的精神“变通”，改革现今的弊政。他说“为治者将旷然大变，一切复古乎？曰：不可。古今异时亦异势，论语称损益，礼称不相沿袭，又戒生今反古(即生于今世而企求一切恢复古制)。古法有易复，有难复，有复之而善，有复之而不善……去其不当复者，用其当复者”①。

王韬在《变法上》中，通过驳斥西人说中国“五千年来未知或变”的谬说，论证中国一直在变，实际也是批判顽固派反对变革的。他说：“夫中国亦何曾不变哉……三代以来，至秦而一变。汉唐以来，至今日而又一变。西人动讥儒者墨守孔子之道而不变，不知孔子而处于今日，亦不得不一变。……于三代之典章制度，斟酌得中，惟求不悖于古以宜乎今而已……三代之法不能行于今日。如其泥古以为治，此孔子所谓生今之世，而反古之道者也”，“是则导我以不容不变者，天心也。迫我以不得不变者，人事也。”②

薛福成则从社会历史的变化中强调变革的必然性。他说：“窃尝以谓自生民之初以迄于今……天道数百年小变，数千年大变……人与万物无异耳。……降及今日，泰西诸国，以器数之学，勃兴海外……以尧舜当之，终不能闭关独治……于是华夷隔绝之天下，一变为中外联属之天下……世变小，则治世之法因之小变，世变大，则治世之法因之大变”③。

---

① 冯桂芬：《校邠庐抗议》“自序”，中国史学会编：《戊戌变法》一，第1—2页。

② 王韬：《弢园文录外篇》“变法”上。

③ 薛福成：《筹洋刍议·变法》。

在破除向西方学习即是"以夷变夏"的思想障碍方面，他们采用当时洋务派的"西学中源"说为武器。此说虽不尽科学，但满足了顽固保守派的自我陶醉、盲目自大心理，减轻其竭力反对改革，反对向西方学习的巨大阻力。薛福成说："昔者宇宙尚无制作，中国圣人仰观俯察，而西人渐效之；今者西人因中国圣人之制作，而踵事增华，中国又何尝不可因之？若怵他人我先，而不欲自形其短，是讳疾忌医也。若谓学步不易，而虑终不能胜人，是因噎废食也。夫青出于蓝而胜于蓝，冰凝于水而寒于水……盖相师者未必无相胜之机也。吾又安知数千年后，华人不因西人之学，再辟造化之灵机，俾西人色然以惊，爯然而企也？"①王韬也说："即欧州诸国之为治，亦由渐而变，初何尝一蹴而几自矜速化欤？铜龙沙漏，睿玑玉衡，中国已有之于唐虞之世；钟表之法，亦由中国往……火器之制，宋时已有，如金之守汴，元人之攻襄阳，何尝不恃炮火？其由中国传入可知也……吾知中国不及百年，必且尽用泰西之法，而驾乎其上。"②通过"托古改制"、"西学中源"说的论辩，突破保守派反对改革变通的思想藩篱，确立改革变通的正当性和必然性。

在如何"变"的问题上，改革派亦有比较周密的考虑。提出三大原则：

1. 强调"因时""因势""由渐而变"的原则。改革派从当时社会历史现实出发，提出合乎历史发展逻辑的变革主张。冯桂芬强调"古今异时亦异势"，"又戒生今反古"。王韬分析当时社会形势说："天心变于上，则人心变于下……诸国既恃其长，自远而至，挟其所有以傲我之所无……则我又乌能不思变计哉。"但"变"并非可以"一蹴而就"，"骤臻于自强"，"天时有寒暑，而不能骤更；火炭有冷暖，而不能立异。则变亦非一时之所能也"。

2. 强调"治天下者当立其本，而不徒整顿乎末"的原则。江苏改革派思想家，从各自立场出发，他们提出的变革主张大都比较全面，注重整个国朝体制弊端的校正。改革内容，虽然不脱传统封建政制经验的窠臼，但已经包含有学习西方政制经验的进步因素。如冯桂芬的《校邠庐抗议》所议 40 多个专题，其中即有"采西学议"、"制洋器议"、"上海设国文馆议"等，为古代典章制度中所无。王韬在呼吁全面变革的同时，明确反对"徒袭皮毛有其名鲜有其实"的变革，甚至讽刺洋务派向西方学习制炮造船，遴选幼童出洋学习"不值识者一噱"。虽有苛责之嫌，但也是无的放矢。其他如薛福成、马建忠、洪仁轩等都主张确立"根本"，反对"徒袭皮毛"。

3. 强调"时不我待"，必须尽快向西方学习，立即实行全面变革的原则。王韬在

---

① 丁凤麟、王欣之编《薛福成选集》，上海人民出版社 1987 年版，第 582 页。

② 王韬：《弢园文录外篇》"变法"上。

《变法中》说:“至今日而欲办天下事,必自欧州始,以欧州诸大国为富强之纲领,制作之枢纽。舍此无以师其长而成一变之道。中西同有舟而彼则以轮船,中西同有车而彼则以火车……彼之所讲求为我之所不及者,直不可偻指数。设中国至此时而不一变,安能埒于欧州诸大国而与之比权量力也哉。”

江苏改革派思想家与当时其他各省的改革派思想家一起,通过自己的著述文章,陈述“托古改制”,因时因势而变的“变易观”,突出“变通”精神,为改变社会风气,扫除改革的思想障碍,作出了重要的贡献。

（三）具体提出“去弊政”、“求维新”的全面改革内容

江苏改革派思想家们,在大变局中,出于经世派传统的忠君爱国热忱和审时度势的远见卓识,他们除了在自己的文论著述、信函、日记中表述自己的改革意向外,大都向朝廷或封疆大吏上书,提出了一套套的除弊革新、向西方学习的改革方案。他们与同一时期发起洋务自强运动的洋务派并行不悖,但他们的思想高于洋务派,更全面更深刻更大胆。综合其内容大致可分为如下几个方面:

1. 政治法律方面。强烈要求整饬吏治,裁汰冗员,改变官吏的升迁降黜制度,废除律例之繁文,特别对科举取士制度提出严厉的批评。冯桂芬说:“今之冗员多矣,不冗于小,冗于大。不冗于闲,冗于要。不冗于一二,冗于十百。”“国家多一冗员,不特多一糜廪禄之人,多一朘民膏之人,甚且多一偾国是之人。”按照他的主张,漕运衙门均须全裁,河务衙门也要全裁,盐务衙门仅保留盐运使,即督抚司道亦须酌裁,内外武职大员亦须酌裁,京官亦须酌裁,詹司府裁并,科与其余闲曹均减至半数。王韬则说“今日服官筮仕者科目、捐纳、保举三途并进,杂矣,滥易,必当痛加沙汰,严为甄别。不必论声华尚文字,惟以才干品诣为衡量而已……裁冗员,其有闲员末秩、备位枝官,无益于民事,徒足以耗国家度支者,无论文武,悉从而汰之。”王韬甚至说:“今天下之所谓吏者,必尽行裁彻而后可。内自京师,外至直省,大至六部,小至州县,举二百余年来牢不可破之积习,悉一扫而空之。而以士之明习律例者以充其任,甄别其勤惰,考校其优劣,三年无过,授以一官以鼓励之。凡昔日之拘文牵义,以为重轻,借片言为轩轾,得以上下其手者,悉付之于一炬……州县胥役限以定数,毋得喻百人。”真如此改革,可谓大刀阔斧,十分惊人的了。但也是做不到的。

对于官吏之选拔黜陟,王韬认为应该改变“以无用之时文为进身之阶”的陋习,强调“以有用之时,讲有用之学……首曰孝悌贤良,次曰孝廉方正,三曰德著行修,四曰茂才异等,此四者皆由乡举里选,国家不必试其文章,但当优其奖励,以厚风俗,以端教化”。冯桂芬在列举以往取士用人的弊端后,提出“广取士”。“取士”的荐举权“宜用众不宜用独,宜用下不宜用上”。即用人,提拔官吏应广泛听取众人的意见,而不能

由一二个人说了算;应重视下面普通人意见,而不能由官府上司说了算。他们还特别强调,现行的科举考试弊端丛生,"摧残人才",提出一系列的改革办法:如"改科举议"、"改会试议"、"停武试议"等。

对于法律制度问题,要求改革现有繁冗的"则例",订立"简明则例"。冯桂芬说:"今天下有大弊三:吏也、例也、利也。任吏挟例以牟利,而天下大乱。"他举例说:"凡户工二部纪银钱之书,皆胥吏舞弊之书也。即如苏松重赋,数倍于他郡,二三十倍于他省,未尝不载于赋役全书……骤阅之,但见款项之繁多……虽阅遍全书,亦不能知数倍,二三十倍者安在,此何理耶?必宜改定体例,但著某县田若干亩,一亩之税米若干、银若干,以通晓为主。"王韬的主张是"废律例之繁文,用律例之精意"。

2. 国计民生方面。要求"开源节流","统筹国用","节省开支",大力发展工商实业,关注民生,去除苛捐杂税,兴修水利等。冯桂芬分析"五口通商,而天下之局大变",以银为通用货币的趋势后,强调国家统筹掌握银钱的重要性。他说:"银之重,中于人心。"国家必须尽量设法"以裕国用"。"裕国用"的办法一是"劝课农桑",二是"佐以树茶、开矿",三是"东南诸省,兵燹之后,流离死亡",人少田荒,宜募民助之以耕牛家具,开垦荒地。在筹国用的同时要节省开支,特别要节省满清宗族的开支。他说:"国家经费有常,惟宗族无定额……本朝宗亲之谊,远迈前古,非臣下所敢轻议。惟是二百年间,度支已及十倍……浸假将至数千万……何如早为之限制","至八旗生齿日繁,……孳生无穷,兵额有限,其何以支?"他建议"宜仿采地之制",将庄田分配各家耕种,"成熟后永为世业"。要打破满族人"只能荷戈,不能荷锄"的陋习。同时对旗兵亦要进行甄别裁汰,不合格者不得充军籍,满汉一律。

强调发展工商以裕财用,王韬提出:"开矿、铸银、尚机器、行纺织,通商于远,许贸易于国中者,皆得以轮舶而火轮、铁路、电器通标。"薛福成提出"以工商为先",他认为:"欧州立国,以工商为本。富国强兵,全借于工商,工为其体,而商为其用"。其后他特强调"商政"、"矿政"的重要,呼吁大兴"制造之利"。他说:"西人恃商为创国、造家、开物、成务之命脉……是握四民之纲者商也。"他把"工商"提高到立国之本的地位。

提出"罢关征"、"撤厘金",减轻商民负担。冯桂芬说:"谚云,关无善政。"都是鱼肉百姓,坑害国家的弊政。他以苏州浒墅关为例说:"关税之数,民之所出者十,而国之所入者一。承平既久……通商益广,以理言之,关税宜倍增,乃数十年来征数日绌,亏空日多,其咎安在?"一句话"不实征,不实解也"。上下其手,共同舞弊贪污使然。

厘金之设,始于镇压太平天国时期,为筹军饷而计。王韬说:"今事平之后,久而不撤,且视之为利薮。数十里之间,关卡林立,厘厂税厂,征榷烦苛,商民交病,行旅怨咨。”改革派认为所有这些征税收捐机构，都是误国病民之设，应尽行裁撤，重新厘订规章，建立合理税收制度。

冯桂芬甚至还从社会治安的角度，提出“收贫民”的建议。他说：“荷兰国有养贫教贫二局，途有乞人，官若绅辄收之，老幼残疾入养局，廪之而已。少壮入教局……是以国无游民无饥民”。“夫民穷为匪，亦不教不养使然耳。及陷于刑辟，治之者尽法而止，不复过问，而为匪者如故也。坐窃贼以流徙，即为远地之窃贼。逐娼妓使出境，即为邻县之娼妓。何如养之教之，使不窃不妓之为尽善者也。”“今江浙等省颇有善堂、义学、义庄之设，而未遍制，亦未尽善，他省或并无之。”他提出通过推广义庄，普建善学，“官为定制，择绅领其事”，将社会上的流浪人员集中管理，“教其耕田治圃及平凡技艺”[①]，强迫施行，“以治其顽梗”。另设“化良局”改造娼妓，教其纺织等。

其他如兴修水利，开垦荒田，开发西北，将满族旗兵屯垦，安家置业，改变以往全靠当兵吃皇粮的陋习，实行海运代替漕运等等。

3. 军事国防方面。建议停止落后的“武试”(即武科举)，改革过时的练兵之法，更新武器装备，增强海防水师，设新水师学堂。王韬说：“所谓万国公法者，必是强兵富国，势盛力敌，而后可入乎此。”“讲求武备，整顿海防，慎固守御，改易营制，习练士兵，精制器械，此六者实为当务之急……一旦我尽举而次第行之，俾彼所觊觎艳羡其间，此即强中以御外之法也。”

4. 重视外交，培养外交人才方面。鸦片战争前后，朝野士人对当时的世界蒙昧无知，外交知识极为贫乏，当时的《澳门月报》记道：“中国官府全不知外国之政事，又不询问考求，故至今中国仍不知西洋。”自林则徐至广州禁烟，始“开眼看世界”。然其后仍未引起重视。郭嵩焘曾说：“中国与西夷接交二十余年，至今懵然莫知其要旨。”以致在一系列中外交涉中吃了大亏。改革派思想家们均一致强调，培养外交人才，开展独立外交的重要。冯桂芬早就提出以“理”和“信”两大原则，加强与各国外交的肆应和周旋，“势力相高而言必称理，诡诈相尚而口必道信，两军交战不废通使”。这就要加强外交人才的培养，取读书明理之人充任，以代替前所习用之市井“通事”、“舌人”。马建忠说：“处今之世……而欲自囿一隅，势必不能。不若因利而利用之，以广我利源。推行尽善，国富民殷，主约修和，而内平外睦。”他认为开展积极正常的外交，对国家来说极为重要。

5. 在“托古改制”、“采西学”的论述中，还隐含了推崇西方社会民主制度，探索建构中国新型政治制度的大胆设想，成为近代中国最早提出社会民主、自由意旨的先驱

---

① 中国史学会编：《中国近代史资料丛刊·戊戌变法》一，第18页。

者。其中尤以冯桂芬为著，其主要论点如下：

首先，大胆提出不拘一格地学习古今中外一切“善法”的思想。冯桂芬说：“法苟不善，虽古先吾斥之。法苟善，虽蛮貊吾师之。”这就是说，不管是传统的还是现实的一切政治制度，只要被实践证明是“不善”的、弊端丛生的不合理的制度，就要勇敢舍弃革除。不管它是夷人的还是外来的制度，事实证明它是于国于民有益的“善法”，就应该大胆学习接受，以改革现行的弊政。这是一切改革者必须坚持的根本原则，否则顾虑这，顾虑那，畏首畏尾，只能阻滞改革的进程或只能是枝枝节节的小改小革。要做到这一点，改革者本身必须具备博古通今的渊博学识，不仅对中国传统有深切理解，对当代世界亦须有充分的了解和认识，还必须对现实生存的现状有深切准确的观察和分析，而且要有“以天下为己任”无私无畏的勇气。江苏改革派思想家正是以此为自勉，提出自己的改革主张。

其次，以“复乡职”、“复宗法”为名，建议县以下地方民众事务管理者即现行官员，悉由民主选举产生，同时加强民间社会组织功能，减轻政府负担，保持社会稳定有序。

冯桂芬分析以往的朝廷任命县官衙役“流品既杂，志趣多庸……犬马于富民，鱼肉乎贫民……蠹民而已。”“今之州县，设保甲，更加复杂纷繁。”他建议每县除设一县丞或簿副外“驻城各图满百家公举一副董[①]，满千家公举一正董，里中人各以片楮书姓名，保举一人，交公所汇核，择其得举最多者用之……不为官、不立署、不设仪杖，以本地土神祠为公所(聚众议事)。”“满五千家设一巡检，全乎为官如今制，惟以诸生幕职举荐者为之”。“县丞，簿副给养廉银三五十金，巡检半之，正董薪水月十金，副董半之。正副董皆三年一易。其有异绩殊誉功德在闾里者许人荐举，有过者随时黜之”。

所有这些民选的管理者皆不作为朝廷的命官。“如是则真能亲民，真能治民，大小相维，远近相联，无事而行保甲，必有循名质实之功；有事而行团练，更得偕作同仇之力。风俗有不日新，教化有不日上哉”[②]？

他在“复宗法议”中，名义上鼓吹恢复古代的宗法制度，认为古之以姓氏家族聚居之地域组成的“义庄”，有许多好的社会功能，可补一县“牧令”行政管理之不足，有利于保持社会的安定与秩序。他主张今人可以“因势利导，为推广义庄之令，有一姓，即立一庄，为荐飧、合食、治事之地”。庄内可设“养老院”、“育婴堂”、体恤无依无靠的鳏寡孤独同住的“恤嫠室”，类似医院的“养疴室”、普及文化的“读书室”，以及管教不肖子孙的“严教室”等公益组织。“义庄”的首领称“族正”，副首领称“族约”。均由全族

① “图”为清代乡村类似于里保行政区域的名称。清通史曰，南省地方，以图名者有图长，以保名者有保长。

② 冯桂芬：《校邠庐抗议》，(台北)文海出版社影印版，第34、36—38页。

按照“贵贵”、“贤贤”的原则，进行公选。当选后的“族正”和“族约”负责全庄一切事务管理。倘若一地非一族同姓聚居，而是异姓杂居，“有力者亦许立庄”，“合数百人为一总庄”，选举“庄正”、“庄约”为领导，制度与同姓“义庄”同。直到“期于亿万户皆有所隶而止”。也就是说直至将千家万户皆纳入一定组织有所管教为止。他说：义庄是“佐国家养民教民之本原也。天下之乱民，非生为乱民也，不养不教有以致之。牧令有养教之责，所谓养不能解衣推食，所谓教不能家至户到，尊而不亲，广而不切。”[①]就很容易成为乱民。冯氏的这些设想虽然带有空想的成分，未必切合当时的社会实际。但他大胆提出的以“义庄”作为社会基层组织形式，进行民主选举，自办社会各项公益事业，以摆脱当时封建专制只顾统治控制，完全置民生不顾的思想，无疑吸取了西方各国社会制度的经验，试图从总结中国古代的地方自治“义庄”的形式入手，推进当时新型地方自治的社会制度的建构，这在近代中国堪称第一人。

再次，以“复陈诗”的名义，提倡学习古人以诗文讽喻，批评时政的风气，促进民间向上提意见，监督官员，争取言论自由权。冯桂芬说，古代言诗，开始只当做“吟咏性情之用”。后来圣人看到诗歌对社会的重大教化作用，将其与易、书、礼、乐、春秋等儒家经典并列，并作为六经之首突出其重要地位。因为诗歌可以作国乐演奏，可以改良民风，通君民上下之情，成为“民风升降之龟鉴，政治张弛之本原”。他认为，应当将以诗讽喻时政作为当时的一项政治制度，鼓励“郡县举、贡、生、监平日有学行者，作为竹枝词、新乐府之类，钞送山长，择其尤横藏其原本，录副隐名送学政进呈国学，由祭酒进呈候皇上采择施行。有效者……上其名而赏之，无效者无罚。诗中关系重大，而祭酒、学政不录者有罚”[②]。也就是要做到言论自由，言者无罪，不允打击压制。果能如此执行，则天下各地的“恶政”、“恶人”，必能通过文人的“陈诗”得到批评揭露，使政治清明。冯桂芬借用“复陈诗”的名义，鼓励文人用诗文批评时政，并强调“有效者赏之，无效者无罚”，实际就是贯彻了学习西方的民主精神，保障言论自由权，加强对政府官员的舆论监督。王韬生活在西方的时间较长，他则更直接提出学习西方的君主立宪的宪政制度，设上下议院“君民共治，上下相通，民隐得上达，君惠亦得下达”。他认为火器精良，商贾转输，都是富强之末。改革政治，实行君民同治的议院政制，才是富强之本。他们是近代中国公开鼓吹政治维新的先趋者。

最后，需要提及的是洪仁玕的《资政新篇》，是在太平天国农民起义在南京建立农民政权，决心推翻清王朝的情况下提出来的，它的侧重点是发展资本主义的生产力和

① 冯桂芬：《校邠庐抗议》，（台北）文海出版社影印版，第111页。

② 冯桂芬：《校邠庐抗议》，（台北）文海出版社影印版，第107页。

相适应的管理制度。由于他当时的身份是天国首辅,也由于他的思想理论以及对西方相关的政治知识认知水平有限,他还不可能意识到天国政权的落后性、封建性,从而注意到学习西方民主政治制度的必要性。对于前者,他和其他江苏改革派是一致的。对于后者则涉及较少。但这不能否认他是中国近代最早主张向西方学习并提出较为系统的改革方案付诸实践的第一人。

江苏改革派思想家在晚清前期全国改革派思想家群体中居于何种地位?它有什么特点?这是以往学界没有深究的课题。这里拟列一简表稍作探讨。

首先从晚清前期各省改革派思想家的出生年代先后、改革思想成熟期及主要代表著作发表的情况来看,从中可以获得相关的信息。

姓　名	生卒年代	籍　贯	改革思想成熟时期及其代表作形成时间
冯桂芬	1809—1874	江苏吴江	19世纪50—60年代撰《校邠庐抗议》,完成于咸丰十一年(1861)。该书全面揭露清廷弊政,借口“复古改制”,实为“托古以维新”,向西方学习,振兴国本。
洪仁玕	1822—1864	广东花县	19世纪50年代后期撰《资政新篇》,主张向西方学习,发展资本主义。太平天国己未九年(1859),由天王洪秀全批准在天京刊布。
郭嵩焘	1818—1891	湖南湘阴	19世纪60—70年代,郭嵩焘是洋务自强运动的积极支持者。他从1859年开始一再向朝廷建议:发展工商实业为富强之基,实行商战,以讲实学为富强之源,广开西学,急通官商之情为富强之根本。
王　韬	1828—1897	江苏长洲(今苏州)	19世纪60—80年代,多次上书主张变法自强,在香港《循环日报》主持笔政,宣传全面向西方学习。
薛福成	1838—1894	江苏无锡	19世纪70—90年代,多次上书改革弊政,光绪五年(1879)撰《筹洋刍议》,呼吁全面学习西方,以工商立国,主张实行君主立宪政制。
郑观应	1842—1922	广　东 香山	19世纪70—90年代,关心时务,热心西学,主张全面向西方学习,批评洋务派“舍本图末”“徒袭皮毛”。著有《盛世危言》、《救时揭要》等,影响极大。
马建忠	1844—1900	江苏丹徒	19世纪70—90年代,舍弃科举取仕之途,钻研西学,后留学法国,长于外交。著有《适可斋纪言纪行》。提倡以工商为本,兴商贸,办学校,立议院,开展独立外交,发展资本主义工商业。

续表

姓　名	生卒年代	籍　贯	改革思想成熟时期及其代表作形成时间
陈　虬	1851—1903	浙江乐清	19 世纪 80—90 年代，认为“欲图自强，自在变革”。只有变革，才能致富致强，立国御侮。光绪十八年(1892)著《治平通议》8 卷，又著《救时要议》，提出致富 14 策、致强 10 策，鼓吹向西方学习，发展资本主义。
陈　炽	1855—1900	江西瑞金	19 世纪 80—90 年代，力主学习西方，兴利除弊，光绪十九年(1893)著《庸书》百篇，认为设议院为强兵富国之本源，以商为中心，发展农工矿业。

以上所列为晚清 19 世纪 50—90 年代之间出现的 9 位改革派代表人物，在江苏的占五位。他们身处中国“三千年未有之大变局”中，前承经世派龚自珍、魏源、林则徐等“经世致用”的忧国忧民传统，又接受东南沿海首先受到西方文明冲击的影响，纵观时局，以批判现实主义的思考和眼光，或局部或整体，向当局提出向西方学习、革除弊政，臻富图强的救国方案，与此时经世派封疆大吏发起的洋务自强运动同步，在全国形成一股异于往昔的改革思潮和向社会近代化进军、发展资本主义的伟大实践。在全国上下造成空前的影响，更重要的是在绅士知识分子及开明官吏头脑中，产生破旧立新，向西方学习，改革弊政，发奋自强的强烈欲望，为 19 世纪 90 年代后期的变法维新运动兴起奠定了坚实的思想基础，对革命派的产生发展亦有着重要的影响。

从上表中，我们还可以看到，江苏的改革派思想家产生最早，理论内容最丰富，远远超过其他各省。其具体贡献可归纳为以下几点：

1. 第一次将清王朝的腐败，严重的社会危机，经过理性思考，综合分析，逐个解剖，并提出具体的改革方案，为当时人们(包括统治者、被统治者)逐渐认识问题、解决问题提供了最初的启蒙教育和思想准备。

此前，浙江余杭今文学派思想家龚自珍对清末颓势、社会危机的揭露，不可谓不深刻、不全面，但他的特点是通过 300 多篇散文和 800 多首诗词，揭露和批判政治腐败、社会黑暗，但比较偏重于感情宣泄，以诗化语言的描述“慷慨论天下事”，文学色彩浓厚，充满浪漫主义的夸张和巨大的感染力。但从社会政治操作层面考察，痛恨和愤怒，感情和浪漫，都解决不了实际问题。要解决问题，首先得搞清楚问题是什么，关键在什么地方，然后才能考虑解决的方法。这是变革社会，推动历史进步的基本规律之一。江苏改革派思想家，以经世派脚踏实地的学风、实事求是的严谨态度，对清末社会的严重危机做了具体的、实实在在细化分析，使人看得见，摸得着，无法否认。如冯桂芬的《校邠庐抗议》，他在序言中就用古今对比的方法，从 12 个方面“观于今日……”找出存在问题。这 12 个方面分属清王朝政权的政制、官制、兵制、财务、法制、社会组织、伦理道德、民生、水利、税务、外交、工艺等等。接着又从42个专题分别详细阐述了他的改革主张。如政治外交方面:提出“公黜陟议”、“汰冗员议”、“改科举议”、“改会试议”、“善驭夷议”、“借兵俄法议”等。在社会民生方面提出:“均赋税议”、垦荒议、“兴水利议”、“折南漕议”、“利淮盐议”、“罢关征议”、“筹国用议”、“节经费议”、“重酒沽议”、“壹权量议”、“收贫民议”、“崇节俭议”、“以工巧为币议”、“均赋税议”、“裁屯田议”等。在如何对待新出现的西方夷人入侵的问题上,大胆提出适应时移世变,符合历史发展大方向,改变中国命运的“采西学议”、“制洋器议”、“上海设立同文馆议”等主张。以上40多个专题的提出,分析存在问题,提出解决的办法,不仅比龚自珍的揭露更有力,更详细具体,而且都是可以实际操作,施之于相关方面,可以收到除弊出新、立竿见影的效果。这些主张的提出比后来广东郑观应的《盛势危言》、《救时揭要》至少早20年。其他如薛福成的《筹洋刍议》,顾名思义就是为对付当时频频入侵的洋人而筹画的政见方略。该书分《约章》、《边防》、《邻交》、《利器》、《敌情》、《藩邦》、《商政》、《船政》、《矿政》、《权利一》至《权利四》、《变法》等14个篇章。每一篇章均阐述应有的认知和应坚持的原则,总结以往外交处理中的经验教训,提出今后应努力的方向。王韬、马建忠,则以游历西方的亲身经历,介绍所闻所见,并予以评析得失,开阔国人的眼界,转换思维方式,以适应新的世界潮流。所有这一切都为当时的从政官吏及社会经生士子、一切关心国计民生的开明人士,提供了认识现实世态的清晰画面,为推动中国社会转型提供最初的精神动力,奠定了必须变革的思想基础。

2. 最早提出“变法”的明确要求,为破除顽固保守、故步自封进行大刀阔斧改革,促进社会转型进行了最初的理论准备和舆论宣传。

19世纪上半叶的清王朝虽然江河日下,渐趋没落,但作为社会的主流意识形态,仍然是乾隆时代的“天朝圣明”、“统御万国”的大国心态。第一次鸦片战争后,经历了一段相对稳定的和平时期,社会主流意识形态并未因战争失败发生多大的变化,直到第二次鸦片战争,“庚申之变”,国将不国,才引起统治阶级的重视。为了镇压太平天国,防御外侮,开始了制船造炮兴办军事工业的洋务运动。但当时社会的顽固保守势力,守旧的舆论仍旧设有什么变化。就以咸同交接的时代(1860年初)为例,当时为适应办理日渐繁多的洋务外交的需要,清廷被迫成立总理各国事务衙门,亦受到社会士大夫的非议,认为是“用夷变夏”,是继“庚申之变”后,“长夷人志气灭自己威风”的愚蠢之举。嗣后,又因同文馆增设天文算学馆,恭亲王奕䜣奏请在满汉举人及恩科正途出身的五品以下官员中招收学员时,又引起一场轩然大波。以工部尚书、文渊阁大学士、同治皇帝的老师倭仁为代表的顽固派,联络朝廷上下以及各省的守旧分子,一齐声讨、反对,甚至呼吁撤销京师同文馆。他们认为:“立国之道,尚礼仪不尚权谋。

根本之图，在人心不在技艺。”“夷人，吾仇也”，“师夷”就是“从夷”，“今令正途从学，恐所习未必能精，而读书人已为所惑，适堕其术中耳”[①]。他们哀叹、愤怒，认为“盖学术不明，礼仪尽丧，士习卑污，遂至于此。驯将夷夏不别，人道沦胥，国家之忧，非可言究”[②]。从而在全国上下，掀起一股抨击抵拒学习西方文化的恶浪。成为“近代中西文化会面以后引起的第一场大争论”[③]。

试想早在此十多年前冯桂芬提出“采西学议”、“制洋器议”、“复古改制”，名为“复古”，实为“变法”“维新”的思想是多么的不容易。稍后的王韬、薛福成皆公开提出“变法”的号召，沉重打击了顽固派的封闭保守，愚昧落后，停滞不前的谬论，开士林探索求新风气之先，为以后的“变法”“维新”运动的发展开辟了道路，奠定了思想基础。事实证明，一个新时代的开始，社会的转型、进步，没有新思想的诞生、指引、普及，是不可能完成的。

3. 吸收世界文明先进的成果，最早提出全面向西方学习的思想。

人类文明发展的历史表明，某一封闭领域文明在一定的条件下是可以单独发展的。但不同地域文明，一旦打破封闭，发生碰撞以后，就会立即显示出现实功利的高下优劣，先进与落后和发展潜力的差别，从而决定各区域社会发展的强弱、盛衰。如古代南美洲的玛雅文明、古埃及文明、两河流域文明都衰落了。中华文明虽较其他文明表现了强大的生命力，但到了18、19世纪，与新兴的西方资本主义文明相比，立即表现出某些方面明显的劣势。随着西方文明的强势辐射、传播、政治经济军事势力的渗透入侵，华夏古文明面临着仍然维持封闭落后或者实行开放发展的两种命运抉择。其关键即是能否正确认识自我，承认自己的不足，同时客观地认识外来文化，承认外来文化的长处，从而吸收、改造之，为我所用。以彼之长补我所短，推动中华文明的新发展。

总之一句话，19世纪的中国，能否提出并实现向西方学习，是决定中国腐朽没落的封建社会能否向近代社会转型的关键，转折点。在这一重大问题上，思想敏锐的中国经世派起到了关键作用。他们当时的身份有的是封疆大吏、朝廷命官，有的是幕僚、社会经生士子文人。在这一群体中，江苏的改革派处于突出的先导地位。他们最早提出全面向西方学习的观念，发展现代经济，实行商战，开放贸易。在政治制度改革问题上，强调西方民主政治制度的优越性。这些特点，在冯桂芬、王韬、薛福成、马建忠的文论中，早已开始有所表述。

---

① 《筹办夷务始末·同治朝》卷四十七。

② 徐一士：《倭人与总署同文馆》，书目文献出版社1988年版，第382页。

③ 熊月之：《西学东渐与晚清社会》，上海人民出版社1994年版，第332页。

他们还特别强调学习西方文化，必须培养新式人才的重要。认为在跟洋人打交道的过程中，最根本的问题是熟悉西方、了解西方，能够直接从事洋务的新式人才的培养问题。离开这一点，一切都无从谈起。可是从当时当政的统治阶级来看，他们并未意识到这一问题的重要，他们习惯于传统的"以夷制夷"套路，在早期跟洋人打交道时，主要依靠跟洋人接触较多、略通外语的所谓"通事"。"通事"主要有两种人：一为通商口岸略通外语的无业游民。他们大多数是"市中游闲跅弛、不齿乡里，无复转移执事之路者"；一为教会培养的义学生徒。他们大都"品流甚杂，……更出无业商贾之下。此两种人皆声色货利之外，不知有他"。至于跟洋人打交道的官吏绅商，不但不屑于学习西方语言，甚至引以为耻。冯桂芬指出："洋务为国家招携怀远一大政，乃以枢纽付之若辈(指通事)遂致彼己之不知，真伪莫辨，宜与宜拒，讫不得其要领，其关系非浅也。"他认为，时至今日"夫通习西语西文，例所不能禁亦势所不可少，与其使市井无赖独能之，不若使读书明理之人共能之……，然后得西人之要领而驭之，绥靖边陲之原本，实在于是"[①]。他们在呼吁培养新式人才的同时批判传统科举取士制的落后性。

晚清出现的改革派思想家，江苏占了一半，他们前承龚魏，后启康梁，在晚清思想界"开榛辟莽"，刮起一阵鼓吹"变法"，全面向西方学习，发展资本主义，除旧图新，推动中国由腐朽没落的封建社会，向近代民主主义社会转变的思想旋风，具有重要的历史意义。

第二节　社会群体组织活动的兴起

江苏改革派思想家从著书立说或通过上书言事，在封疆大吏、社会上层精英中产生一定的影响，到形成一定的社会效益，中间经历了将近半个多世纪。在此期间出现的洋务自强运动，从社会实践方面进一步论证"借鉴西学"、"倡言变法"的正确与重要。同时这一思想也开始从少数人的呼吁，变成较多人的认同，促进了社会观念的变化。

甲午战争后，激起一批新的知识分子群体，"开始从文化的层次上来理解西方与东方作为政治实体存在的差异性，而不是总以儒教帝国的优越性为前提去理解帝国

---

① 冯桂芬：《校邠庐抗议》，(台北)文海出版社影印版，第213页。

之外政治实体存在的优劣。"[①]光绪二十一年(1895),北京发生18省赴京应试的1300多名举人集体抗议签订卖国的中日《马关条约》向光绪皇帝上书事件,成为中国近代知识精英阶层群体关心国是的新模式,即由个人的独立思辨转向集体行动的划时代标志。具体表现为学会组织出现,出版报刊,形成自己的舆论阵地,从而形成中国近代化的第二波浪潮,推进维新变法运动。江苏社会知识阶层前承冯桂芬、王韬、薛福成等改革派思想家的影响,后受甲午战争后时代风潮的激励,从此也开始投身这一浪潮。

一 学会组织、报刊杂志的诞生和发展

在中国长期的封建中央集权制社会里,除了民间秘密会社非法存在以外,是不准许民间集会结社的。作为儒家经生士子,除了特殊时期组织过特殊学社外,他们终生闭门读书,皓首穷经,为科举一搏,从无结社的习惯。历代以来,纵有不少改革家思想家,都是以个体的形式活动,他们的思想言论、学术成果,除个人费资刊刻成书,少量印刷,在同仁间流传以外,无法大量印刷发行广泛传播。直到鸦片战争以后,大批传教士来华,在通商口岸立足后,始有组织会社,译书办报之事。最早的当数光绪三年(1877)在上海的新教传教士成立的益智书会,后又成立同文书会,旋改名为广学会,为改变中国封闭的现状,大量翻译,并向社会免费赠送西书。少量报刊亦随之出现,如《申报》、《万国公报》等。

就江苏来说,作为社会改革新思潮的表征之一,学会、报刊的出现,是在中日甲午战争之后,受上海的影响才开始产生的。

上海自通商开埠以后,很快成为超过广州的中外贸易口岸,也是展示传播西方文化的窗口。江苏向来人文荟萃,文化发达,苏南尤盛。江苏文人,跟上海关系密切,很多人均在上海生活和活动,上海的新思潮对江苏文人产生巨大的影响。中日甲午战争失败后,以"公车上书"为标志的新一代知识分子群体形成,他们开始以组织学会、办报刊为手段,宣传自己的爱国思想和变法维新的主张。康有为说:"思开风气,开知识,非合大群不可,且必合大群而后力厚也。"梁启超说:"先生(指康有为)又以为凡讲学莫要于合群,盖以得知识交换之功,而养国体亲爱之习。自近世严禁结社,而士气大衰,国之日孱,病源在此,故务欲破此锢习。"[②]康有为在"公车上书"后,四处奔走,"日以开会之义号之于同志",酝酿在京师成立强学会,并于光绪二十一年六月二十七日(1895年8月17日)仿上海外国传教士所办刊物《万国公报》的形式,袭用其名,在

① 许纪霖、陈达凯主编:《中国现代化史》第一卷,上海三联书店1995年版,第127页。

② 转引自汤志钧:《戊戌变法史》,人民出版社1984年版,第128页。

北京也创办了《万国公报》,“遍送士大夫贵人,使之渐知新法之益,告以开会之故”。其后学会成立,旋改名为《中外纪闻》。随后康有为南下到江宁,与两江总督张之洞商议,在上海也成立强学会,以收京沪联袂之效。从此,上海也成为仅次于京师的维新派活动中心。江苏组织各种学会,创办各种报刊,宣传变法维新,就是先从上海开始,逐渐延及苏南、苏北各地。现将晚清时期上海、江苏学会、报刊发展情况简介如下。

(一)维新运动中学会、报刊的兴起

上海强学会:是中日甲午战争后,南方兴起宣传变法维新的第一个学会组织。光绪二十一年八月(1895年9月),“公车上书”的代表人物康有为离京南下,九月到达江宁,拜谒两江总督张之洞,协商在上海创办强学会,讲求自强之学。张欣然同意,热情支持,并派其亲信梁鼎芬、黄绍箕等陪同康有为到沪,邀请有关人员共同筹备,江苏的新科状元张謇亦应邀在列。经过20多天准备,遂在上海跑马场西首王家沙一号设会开局。宗旨是“专为中国自强而立”,“联人心,讲学术”。章程规定四项任务:一是译印图书,传播西学。二是出版报刊,了解国外情况。三是设立图书馆,搜集中外学术图书。四是开办博物院,“以为益智集思之助”。参加发起组织的主要人员有黄遵宪、汪康年、梁鼎芬、张謇等人。但因京师顽固派御史杨崇伊上奏弹劾北京强学会植党营私,遭到查禁后,两江总督张之洞担心被牵连,于年底亦下命停办。

农学会(又名务农会):光绪二十二年(1896)冬,由蒋伯斧、罗振玉、徐树兰、朱祖农等发起成立,会址上海新马路梅福里。其宗旨:“采用西法,兴天地自然之利,植国家富强之源。”倡导“广树艺、兴畜牧、究新法、浚利源”,使“中国士大夫咸知以化学考地质、改土壤、求光热,以机器资灌溉,精制造法之理”。办法是“拟先行翻译东文、西文农书农报等,每日出一本。俟经费充足,徐图扩充以及余事”[①]。

译书公会:光绪二十三年(1897),由董康、赵元益发起,集资万金,在上海新马路创立斯会。“以采译泰西东切用书籍为宗旨”。“凡有关政治、学校、律例、天文、舆地、光化、电气诸学,矿务、商务、农学、军制者,次第译成,以餍海内同志先睹为快之意。”“意在挽回风气,富国保民”[②]。

戒缠足会:光绪二十三年(1897),由梁启超、谭嗣同、汪康年、康广仁、邹凌翰等人在上海成立。会址初设上海《时务报》报馆内。“此会之设,原为缠足之风本非人情所乐,徒以习俗既久,苟不如此,即难以择昏。”“祸极今日,世胄豪富,竞相夸尚,良家清裔,视为固然,刑戮其所生,而不以为怪。倡优其门户而不以为耻,匪直不可闻于邻

①② 中国史学会编:《中国近代史资料丛刊·戊戌变法》四,神州国光社1955年版,第381、第459—461页。

国。”“故特创此会”“革此浇风”[①]。总部设于上海，各省会皆设分会，各州县市集就入会人多之处，随时设小分会。其后，苏南苏北各地很快传开，设立分会。

在戊戌政变前，上海成立的学会尚有新学会、算学会、蒙学会、医学善会、中国女学会等。这些学会的宗旨虽不如强学会那样具有强烈的政治色彩，但绝对是为“公车上书”后孕育的变法维新诉求擂鼓助威，对于唤起士林集会结社意识之觉醒，开社会风气，广民众见闻，传播西学，起到了“随风潜入夜，润物细无声”的影响作用。江苏尤其苏南地区，与上海近在咫尺，得风气之先，也开始创办了一些学会社团组织。

广益学会：光绪二十二年（1896），由潘元善、黄守恒等人创立于嘉定县。宗旨在提倡西学，购买西洋理化书籍、仪器共同研究，以增进西学知识能力。

苏学会：光绪二十三年（1897），苏南长洲章钰、元和张一麐、吴县孔昭晋等[②]以两湖、两广皆兴学会，虽偏僻小邑亦知自新，而作为江苏省会的苏州，竟无学会之设，“讵非吾侪之耻哉?”于是集议同志，“量为醵赀，多购书籍……远师亭林有耻博文之宗旨，近法校邠采西益中之通论，精卫片石，容有益于宏流。”决定成立苏学会，“取其互相讲习，振起人才，为将来建立学堂张本。……虽以苏学为名，而流寓寄籍同志之人，尽可入会，视同一律。”学会宗旨说：“为学之道，千条万绪，不能出圣教范围……以中学为主，西学为辅；中学为体，西学为用；中学有未备者，以西学补之；中学有失传者，以西学还之；以中学包罗西学，不能以西学凌驾中学。”还规定“学会公所厅事设立至圣先师（孔子）圣牌，每月朔望拈香祭拜”，捐集的会费，所购之书分为六类：史学、掌故学、地舆学、算学、农桑学、格致学。其余训诂、词章概不备[③]。由此可见，其虽受新思潮影响，但还比较保守、谨慎，不悖中学“圣道”。

测量学会：光绪二十三年（1897），由杨文会、谭嗣同、刘聚卿、茅子贞等人发起成立于江宁，暂借花牌楼杨公馆为会所。“其宗旨在吸取西方天文知识，从事天文地理、气象等测量”工作，并购买各种科学仪器，一人专精一项，训练使用仪器的能力和培养专业人才，一切测量仪器均由杨文会置办[④]。

雪耻学会：光绪二十四年（1898），吴江陈去病为响应康有为、梁启超提倡的维新运动号召，在苏州成立雪耻学会，“拟合群力以救国”。旋因戊戌变法失败而停止活动。

励学会：光绪二十四年（1898），吴县包天笑、祝伯荫、汤紫骣、汪棣卿、戴孟鹤、马

---

① 中国史学会编：《中国近代史资料丛刊·戊戌变法》四，第432—433页。

② 长洲、元和均为苏州附近旧县名。

③ 中国史学会编：《中国近代史资料丛刊·戊戌变法》四，第445—446页。

④ 中国史学会编：《中国近代史资料丛刊·戊戌变法》四，第381页。

仰禹、包叔勤，李叔良等人，有感于中日甲午战后，丧权辱国，莫此为甚，决定组织励学会，号召青年求新知，强国强种，雪耻挽权。并决定入会会员为学会捐助基金，在苏州开设书店名“东来书庄”，专售有关研究日本的书籍以及各种文具。最初一年生意颇为兴隆，周围的常熟、吴江、昆山等地的青年学子、县衙文职人员，均至此购书订杂志。其后更创办《励学译编》杂志，由会中懂日文的会员翻译日本书刊文章，在该杂志上按期刊布，内容集中在法律、政治方面，每月一期，最初数期销售达七八百份。后变法维新运动形势剧变，加之经营不善，被迫停刊，学会亦停止活动。

白话学会：光绪二十四年(1898)，无锡裘廷梁、顾植之、吴荫阶、汪赞卿、丁梅轩等人，“以白话文乃中国维新之本”，必须大力倡导白话文。于是集众议，成立无锡白话学会。“凡是有心者，不论中外人士，皆可入会。会友入会时，须声明认股若干，自一元至数千元皆作股份”[①]，计划成立官书局，发行《无锡白话报》，以经营推动学会事业的发展。

匡时学会：光绪二十四年(1898)，扬州地区成立有匡时学会，具体情况不详。此外，尚有劝学会、蒙学会，亦于斯时在江宁成立。

新知识分子群体组织，为宣传自己的思想理念，仿效外国传教士在上海办报形式，又兴起办报办刊的热潮。

上海、江苏的维新报刊从“强学会”创办的《强学报》开始。

《强学报》是光绪二十一年底(1896年1月)上海强学会成立时创办的会刊。也是维新派在上海创办的第一份报纸，“专以发明强学之意为主”，大力宣传变法维新，具有强烈的政治色彩。可惜仅出3期，随着《强学会》被封亦被迫停刊。有学者评论说：“《强学报》虽仅出3期，但它对维新运动的推动，却起过很大作用……政治色彩更较北京的《万国公报》、《中外纪闻》为鲜明。”[②]

《时务报》：《强学报》停刊后，“国事每况愈下，瓜分之祸已迫于眉睫”，维新派人士更感到“非积极纠合同志，讲求救亡之道，无以救国保种”。黄遵宪、汪康年、梁启超等又积极筹划创办《时务报》，报馆设于上海福州路与福建路交接处，以“变法图存”为宗旨。汪康年任经理、梁启超为主笔，光绪二十二年七月(1896年8月)公开发行，旬刊，每期20页，分“论说”、“谕折”，“京外近事”、“域外报译”等栏目。开始时梁启超“几乎每刊都有一至两篇论文，著名的《变法通议》就是在《时务报》首先刊出的”。“梁启超议论新颖，文字通俗，风行海内，影响深邃”[③]。至光绪二十四年七月(1898年8月)，

---

① 何思眯：《清季江苏省学会运动之研究(1895—1911)》，(台北)政治大学未刊硕士论文，1985年，第151页。

② 汤志钧：《戊戌变法史》，第155页。

③ 汤志钧：《戊戌变法史》，第174页。

由于各种内外矛盾交织，又被迫停刊，共出69期。对于《时务报》存在两年的影响及时代意义，有学者指出："刊行仅两年的时务报，与中国近代历史上所产生的其他数百种报刊所存在的时间相比，尽管很短暂，但它却为中国有报以来所未有，令举国趋之，如饮狂泉。"它"以敢为天下先的精神，扶颠持危的气魄，在中国早期现代化的进程中建造了一座不朽的丰碑"[①]。从此全国各地随着各种学会的出现，办报的风气渐趋繁茂。江苏首当其冲，系列报刊诞生。

《集成报》：光绪二十三年(1897)，由陈念谖创办，在上海出版，旬刊，逢五出报，以采录中外各报为主，"设谕旨、章奏、论说、时事、新闻、各国杂电"诸栏目，实为最早的"文摘"性质的报刊，每期达30页[②]。

《富强报》：光绪二十三年(1897)，在上海创刊，由程澍主编，《叙》谓："夫劝商固今日之急务，然万国商业之盈绌，恒以出口干货之多寡以为差别。工艺不广而欲兴货产，土物不阜而欲辟利源，是犹乘桴渡海而断其航港，虽有津筏，终必迷覆。今之劝商者弊率类此。"果能"蠲除痼疾，力行实政……朝野摩厉而改观，十年以外，强邻凭轼而动色"，故办此报，"近鉴日本以考其变法之所由，远摭欧墨，以探其立法之所本。屏已往之陈言，抒维新之末议。"明确宣布"本报意主变法，义谨尊王。"[③]

《农学报》(亦称《农会报》)：光绪二十三年(1897)，在上海创刊，由罗振玉(江苏淮安人)、蒋伯斧等所创设农学会主办。初为半月刊，翌年改为旬刊。其宗旨："远法《农桑辑要》之规，近依《格致汇编》之例"，"区其门目，约有数端：曰农理、曰动植物学、曰树艺、曰畜牧、曰林材、曰渔务、曰制造、曰化料、曰农器、曰博议，月泐一册，布诸四海。"初拟名《农会报》，正式出版时定名《农学报》。半月刊，栏目分：奏折录要、各省农事、西报选译、东报选译、农会博议，还译有农学入门、蚕桑问答、农学初阶、农具图说等，是我国最早的农学刊物[④]。

《新学报》：光绪二十三年(1897)，在上海创刊，由江苏吴县叶耀元(子成)为总撰述。其《公启》谓："道咸以还，海禁闳开，英、法、荷、葡、美、俄、意、班诸国接踵而至，自是海疆多故，国日贫弱，说者莫不归咎于通商，而不知皆由于教学兴衰之各异，人才虚实之不同也。""国之强弱系乎士，而士气之颓，莫今日若也；国之贫富视乎农工商。而农工商之衰，莫今日若也。""苟非兴学，民不能立；苟乏人才，国无自主。""本学报之设，专为振兴教学，切磋人才起见……取《大学》新民日新之义。""现拟先将算、政、医

① 闾小波：《中国早期现代化中的传播媒介》，上海三联书店1995年版，第253、257页。

② 汤志钧：《戊戌变法史》，第234页。

③ 程澍：《富强报叙》，转引自汤志钧：《戊戌变法史》，第236—237页。

④ 汤志钧：《戊戌变法史》，第233—234页。

药、博物四种新理新法依次刊报，流播遐迩。”每期 24 页。除在上海发行外，另在苏州、北京、天津、陕西、广东、福州，厦门等地设分销处，且远销香港、新加坡[①]。

《萃报》：光绪二十三年(1897)，在上海创刊，由朱克柔(强甫)任主笔。该报序曰："中土嗜报之俗，既远不逮西国，报虽日增，而阅报之人，只有此数，其一人阅数报者，殆不数见。”故“尽集群报，撷其精英，汰其糟粕，以饷天下。”表明该报是从多种报刊“甄录萃集”而成。所征报刊有《苏报》、《申报》、《官书局报》、《沪报》、《汉报》、《广州报》、《闽省会报》，还有香港及外国报纸等。栏目分“谕折”、“章程”、“中国要务”、“外国要务”、“路透电音”、“中外新闻”、“论说”。朱克柔与张之洞关系密切，一年后该报移至武昌出版[②]。

《求是报》：光绪二十三年(1897)，由陈季同、陈寿彭创立于上海。陈衍任主编，旬刊，栏目分内编：交涉、时事、附录。外编：西报、西律、制造、格致、泰西稗编诸门，所采多录自法文诸报。《序》称“本报断自甲午，取各省紧要成案，各使馆档案，分类编纂，仿各史纪事本末及近人中西纪事体裁，特删繁就简焉”以饷读者。所译内容有各国新闻、格致之学、法律，西人著述等[③]。

《译书公会报》：光绪二十三年(1897)，由上海译书公会创办，恽积勋、陶湘(江苏武进人)任总经理，主笔为章太炎、杨模。该刊启事称："本公会志在开民智，广见闻，故以广译东西切用书籍、报章为主，辅以同人论说。”其形式如章太炎在《序》中所说："互市以来，所传译泰西书，仅逮四百种”，而这些书流布不广，“拘学浅夫，至不能举其目”。因此取东西文报章“译以华文，冠之简端，使学者由唐陈而识宧奥。”所译介的书籍如《五州通志》、《交涉纪事本末》、《拿破伦失国记》、《维多利亚载记》、《威灵吞大事记》、《英国史略》等。所摘采的报刊有英国的《泰晤士报》、《律例报》、《东方报》；法国的《非轧罗报》、《勒当报》、《国政报》；美国的《自立报》、《纽约报》、《铁路报》，以及日本的《政策报》等著名报刊[④]。

《时务日报》：光绪二十四年(1898)，在上海创刊。当时《时务报》经理汪康年“以《时务报》已盛行，而月止三册，又以提倡变法为主……乃别出此报，以纪载中外大事，评议时政得失为主……并注意革新，增加材料，分栏编辑，遂开我国日报改进之机。”[⑤] 8 月，该报又改名《中外日报》，旋改为官报。汪康年遂另办《昌言报》，延请梁鼎芬为

① 汤志钧：《戊戌变法史》，第 236—237 页。

② 汤志钧：《戊戌变法史》，第 240—241 页。

③ 汤志钧：《戊戌变法史》，第 242—243 页。

④ 汤志钧：《戊戌变法史》，第 243 页。

⑤ 汤志钧：《戊戌变法史》，第 246 页。

总董。

《工商学报》：光绪二十四年(1898)，由汪大钧在上海创办，周刊。“是报以振兴工商业，收回权利为宗旨。首详中国商政及各种工艺商务情形。凡各省物业，生产丰歉、制造盛衰，销数旺淡，出口多寡，均应详细采访，按期登录。至各省如有新创工艺、新制货物，无论精粗优劣，尤必速为登报，并察其是否精美，能否行销，著为论说，列于简端，使精者借以表彰，未精者得相比较，期于中国制造，略资补救”，又“取各国商务律例，精密而通行者，译登报中”，“先求东西洋各国商务学堂章程，由浅及深，次第译录。”并在馆中设工商学会，以“开通风气，考求规则”①。

《苏报》：“原是一家以日本政府为背景的日侨报纸”，光绪二十二年(1896 年)由胡璋(铁梅)主办，内容主要面向商人、市民。光绪二十四年(1898)，转售陈范。陈为湖南衡山人，寄籍江苏阳湖(今常州市)，清举人。因愤于清廷腐败，感于维新大势，遂买下此报自主经营，鼓吹变法维新，并作为中国教育会和爱国学社的机关报，聘章士钊为主笔，章炳麟、蔡元培等为撰稿人。该报大力推赞邹容的《革命军》，报道各地的学生爱国运动，刊载章炳麟的《驳康有为书》，鼓吹“反满革命”，终被封禁，形成中外瞩目的“苏报案”②。

《无锡白话报》：光绪二十四年(1898)，在无锡创刊，由无锡人裘廷梁及其侄女裘毓芳创办并主编。主要面向“商者、农者、工者及童塾子弟力足以购报者”，使他们“略能通知中外古今及西政西学之足以利天下，为广开民智之助”。该报行文全部用白话文，故名“白话报”，同时也是我国最早面向基层劳动大众的第一份白话文报纸。5 日一期，每月 6 期。每期栏目分“中外纪闻、无锡新闻、富国策、养民新法、海外奇闻、海国妙喻”等。报纸发行后，大受劳工群众欢迎，受到各方重视，从第五、第六期合刊后很快又改名为《中国官音白话报》，大意是强调官音即普通话的白话，而非无锡土语的白话③。

《无锡新闻》：光绪二十四年(1898 年)，维新运动高潮时期，继《无锡白话报》又出此报。每篇新闻题目大多四个字，竖排断句，文字浅显，但仅出三期，因戊戌政变，即告停刊。三期共发新闻 37 篇，其中 18 篇揭露地方社会弊端。

光绪二十三至二十四年(1897—1898)正是康、梁变法维新宣传的高潮时期，当时全国各大城市，都出现办报的热潮。江苏主要在上海办的报刊较多，许多报人都是江苏文人。至于江苏其他城市，此时办报的风气尚未开通。这除了思想观念方面尚处

---

① 汤志钧：《戊戌变法史》，第 247—248 页。

② 李新主编：《中华民国史》第一编，全一卷《中华民国的创立》(上)，中华书局 1981 年版，第 162 页。

③ 江苏省地方志编纂委员会：《江苏省志・报业志》，江苏古籍出版社 1999 年版，第 50 页。

于保守状态的原因而外，办报的资金、印刷的技术设备尚不够普及，也是原因之一。因为传统的木版雕刻印刷无法适应报刊发行之需。另外对于办报作为一种商业经营，可以获取利润的意识还未普遍建立，甚至还抱着"君子言义不言利"的传统观念。在这样的环境下兴办报刊的热情自然受到抑制。随着时代的发展，戊戌维新风潮的激荡，上海等大城市的报刊不断出现所形成的示范效应，必然对人文荟萃的江苏产生越来越大的影响。可是，这一过程很快随着 1998 年 9 月 21 日慈禧太后发动镇压维新派的宫廷政变、康、梁逃亡海外、"六君子"血洒菜市口而暂时中断，许多学会组织、报刊均被封禁，或自行停止活动。

（二）晚清新政时期江苏学会、报刊的迅速发展

19 世纪末的中国社会政治形势，已经不可能由一小撮反动保守的顽固派随心所欲而左右。戊戌维新运动虽然暂被镇压，但其巨大的影响已无法阻遏。慈禧太后一心想废黜支持变法维新的光绪皇帝，首先遭到朝廷一些有眼光的封疆大吏的抵制。坐镇江苏的两江总督刘坤一率先反对，他强烈声明："君臣之义已定，中外之口难防。"[①]驻北京的各外国使节也提出警告："任何有关皇帝的暗中的不幸事件都将招致干预。"上海社会名流 1200 余人联名电致北京总理衙门，要求保护皇帝[②]。这一切自然使慈禧十分恼怒。加之这一时期，兴起各帝国主义瓜分中国的风潮，北方义和团运动爆发，八国联军侵华，慈禧逃亡西安，最后被迫媾和订约、赔款。经此打击，为了缓和国内反对派的情绪，慈禧不得不下罪己诏，同意继续进行被镇压所中断的新政改革，以收买人心。光绪二十六年底（1901 年 1 月）下诏变法，谕令朝廷各部大臣及各省督抚："参酌中西政要，举凡朝章国故，吏治民生……当因当革，当省当并……博采群言，逐渐施行。"[③]在此情况下，社会各种改革思潮再度活跃，其中尤以君主立宪思潮和以孙中山为首的反满革命思潮为最。全国各地知识分子群体的集会结社，办报办刊的热情开始新的高涨。江苏知识界也开始大力宣传"君主立宪"、"地方自治"、"种族革命"，形成新一波热潮。毫无疑问，上海处在先锋地位。

据台湾学者王树槐统计，从慈禧重新下诏变法起至辛亥革命前止，上海、苏南、苏北共成立各种学会 112 个，其中上海 82 个，约占 73%，次为常熟，苏州地区所占比例较大，苏北仅扬州设有 5 个学会。"就分类而言，以学术居多，次为外交，因逢中美工约风潮及争取路权运动之故，再次为政治性的组织，多为自治促成会之类，……其他如艺文、工商、教育等所占亦不少"。具体情况见下表：

---

① 萧一山：《清代通史》第四册，中华书局 1981 年版，第 2166 页。

② 徐中约：《中国近代史》（中国的奋斗），世界图书出版公司 2008 年版，第 302 页。

③ 萧一山：《清代通史》第四册，第 2350 页。

地区	政治	外交	工商	教育	学术	青年	艺文	风俗	慈善	宗教	合计
上海	9	18	7	3	21	6	10	2	4	2	82
青浦	1										1
南汇					1						1
吴县		2		2				1			5
常熟	2			2	2						6
武进	1										1
宜兴		1									1
镇江	1	1								1	3
嘉定											2
宝山	1										1
江宁	2		2								4
扬州	2			2	1						5
合计	19	22	9	9	27	6	10	3	4	3	112

资料来源：该表根据张玉法《清季立宪团体》一书中学会栏编成，惟其中各地之教育会，农业中各地农会，商业中各地商会多为例行公事，流于形式，一概未加统计，“只保留其特殊者”。

对于上表所列112个学会，未能逐一详介，现根据有关资料，仅对上海市区以外当时江苏各地的学会及报刊择要简介如下：

一是偏重社会政治伦理学术的综合性的学会。

南翔学会：光绪二十九年（1903）在嘉定南翔成立。成立初期，有会员70余人。以许朝会为总干事。光绪三十二年（1906）开始发行《南翔月报》，“内容以会务为主，亦载有关会外要闻，至第十一期改名为《南翔》，每月出2期……至第十七期后，又改名为《南翔月报》，以鼓吹自治为主，但仅出两期即停刊。此外，并办有义务小学。”

嘉定学会：光绪三十年（1904），由原嘉定县的广益学会改组而成。其宗旨为：“交换知识研练能力。”多为“当时有志于革新之士”参加，并发行《嘉定学会月报》，“以会员通讯及记载会内外事、学务和有关重大事务为主。在最后几期并附刊丛刻，刊登先哲遗著，出至三十三期停止。”

黄渡学友会：亦创立于嘉定县，曾创办发行《黄渡学友会杂志》，月刊。但发行量不多，且时间极短，仅出5期即停刊。

宁学会：1905年成立于南京，其后改名为学务公所，提倡新式教育，主要以演讲的形式进行宣传。

开明会:1906 年在无锡创立,主要由华玉梁、范承昌、汪迈、陶百寿、华珠柱、张志豪、周铭初、窦鲁圻等人发起。宗旨:改良社会,开通民智。成立后与浙江党人成立的反满光复会颇有联络。

励耻社、世界拒约社:19 世纪美国为开发西部地区,劳力不足,从中国诱骗大批华工赴美,担负开矿、垦荒、筑路等最繁重的工作,为促进美国西部的繁荣做出了贡献。至 80 年代美国开始排华、虐待华工,光绪二十年(1894),经双方谈判签订《限制华工条约》为期 10 年。至 1904 年条约期满,美国拒不废除,继续歧视虐待华工,引起海外华人及国内各界的强烈愤慨。一些主张"励志"、"雪耻"、"拒约"的知识分子社团纷纷成立。江苏镇江成立励耻社,苏州随之也成立拒约社。上海《时报》发表"事关全国之荣辱,人人有切肤之痛,合群策群力以谋抵制"的公启,由此掀起全国性的抵制美货风潮。直到光绪三十二年(1906)才告平息,条约亦未敢延续而自动废止。

此外尚有革命党人创办的学会,如赵声、柏文蔚、汤作霖等在江宁组织的强国会。陈独秀、常文芳等于光绪三十一年(1905)在安徽创立岳王会,并在南京设分会。郑权在南京成立知耻学社等,秘密宣传反满革命言论。

二是结合晚清新政改革的重点,偏重某一方面专题性的学会。

第一,地方自治方面的学会获较快发展。中国传统的政治体制是中央集权,大小官员均由朝廷简放,无有地方自治之说。但中国幅员辽阔,地形上的山川阻隔,交通不发达,加上以农业为主的自然经济,宗法制度,自然形成中央与地方的疏离,产生"天高皇帝远"、"分治割据"、"独霸一方"的隐性地方主义。清末太平天国以后,更是中央权力下移,地方督抚、绅士权力膨胀。"新政"推行后,"君主立宪"成为全国上下的共同呼声。而要实行"君主立宪",首先必须要推行"地方自治"。在此情况下,鼓吹地方自治的社会舆论,学会组织也应运而生。

地方自治会:光绪三十二年(1906),常熟陆懋宗发起成立。宗旨:研究并促进地方自治,并清理本县财政、改良风俗。

法政研究会:光绪三十二年(1906),由郑宝慈、卢晋思发起成立于扬州。宗旨:研究政法,预备地方自治。

地方自治研究会:光绪三十三年(1907),由潘鼎新等发起成立于宝山县。宗旨:研究、促进地方自治。

宝山地方自治会:光绪三十三年(1907),由施赞唐发起成立。

自治会:光绪三十三年(1907),由徐联芳发起成立于扬州。

自治期成会:光绪三十三年(1907),武进县成立该会,宗旨为参酌各国地方自治制度,研究地方自治。

地方自治期成会：光绪三十四年（1908），在南汇县成立。

地方自治研究会：光绪三十四年（1908），由胡玉缙发起在苏州成立。

自治期成会：光绪三十四年（1908），由赵孟泰发起，在青浦县成立，以养成自治人才为宗旨。

第二，学制改革也是晚清“新政”的重要内容之一，有关教育学会的组织开始在各地出现。

江苏教育总会：光绪三十年（1904），由江苏吴县人沈恩孚等发起成立江苏学务总会，后改名为江苏教育总会。宗旨是研究本省学务之心得，以图学界之进步，并注意师范、考求实业、提倡尚武精神，预备地方自治，联合本省学界，交通各省学界，会长（总理）先后由张謇、唐文治、袁希涛等担任。该会下设有各种研究委员会，出版《教育研究》杂志。光绪三十二年（1906），清廷学部颁布教育会章程，新学制全面启动，江苏各县先后成立教育会：

铜山县教育会：光绪三十一年（1905）成立。

金坛县教育会：光绪三十二年（1906）成立。

江都县教育会：光绪三十二年（1906）成立，创始人陈懋森、周树年，每年开常会一次，临时会无定期，会费由会员酌量输纳，并在各乡设有教育会事务所。

沛县教育会：光绪三十二年（1906）成立，年支经费四百千文。

宝山县教育会：光绪三十三年（1907）成立，创始人袁希涛，宗旨为研究教育活动，筹措劝学所经费。

青浦县教育会：光绪三十三年（1907）成立，创始人陈龙章、张世康，经费由劝学所拨助五百千文。

丹阳县教育会：光绪三十三年（1907）成立，创始人孙国钧、林百。

镇洋县（今太仓）教育会：1907 年创立。

嘉定县教育会：光绪三十三年（1907），由黄世祚、徐文谷、严塘、黄守恒等发起成立，审定教科书，举行全县运动会，设教育研究所等。

阜宁县教育研究会：光绪三十三年（1907）成立。

长元吴三县（长州、元和、吴县）教育会：光绪三十三年（1907）成立。

京口（今镇江）教育会：光绪三十三年（1907）成立。

苏州教育会：（有关资料暂缺）。

宜荆教育会：光绪三十四年（1908），由任锡汾、朱方来、潘钟瑾等发起成立。

川沙教育会：宣统元年（1909）成立。

以上资料均引自台湾政治大学历史研究所研究生何思瞇硕士论文。该论文指出:“很多教育会是根据原有学会而设。”“教育会章程规定,教育会的职权不限于教育研究。教育会的功能较为广泛,其活动组织亦较多。如宝山县之教育会,甚至可以监督劝学所经费、办事人员人数、学务纠纷等,隐然为议事机关,与民国成立后专门研究教育发展之教育会颇有差异。”这也是当时教育会之特色。

第三,其他尚有商学会、农学会、妇女学会。

苏州商务总会:光绪三十一年(1905)夏秋间,由苏州商人王同愈等倡议成立。同年参加抵制美货运动,后又参加收回路权运动、请求立宪运动。宣统元年(1909),参与发起创办苏州市民公社,并先后创办实业学堂[①]。

苏商体育会:以提倡尚武精神,强健体魄为主[②]。在光绪三十三年(1907)的收回路权运动中,苏州妇女受上海女界影响,还第一次成立了女界保路会,显示部分妇女开始走出深闺,团结起来,维护国家的权利。

中国报业俱进会:宣统二年(1910),近代第一个报业团体中国报业俱进会乘南洋劝业会开幕、各报记者云集南京之机,正式成立,以《劝业日报》社为会址。

在晚清“新政”实施过程中,随着各种学会组织崛起,江苏报刊也有很大的发展,特别是在开明封疆大吏的倡导下出现了一些“官报”,如:

《南洋官报》:光绪三十年(1904),由两江总督衙门创办,报社即在江宁。两日刊,以书册形式发行,每册 14 页。宗旨体例均仿《北洋官报》。主笔茅谦,设有“圣训”、“谕旨”、“督辕文抄摘要”、“论述”、“内政”、“外交”、“学务”、“军政”、“路矿”、“邮电”、“商务”等栏,内容丰富。翌年初改为旬报,每册增至四五十页。后又添办日报,至宣统三年(1911)末停刊。

《南京日日官报》:光绪三十一年(1905),由南洋官报局兼办,两报一起办公。日出对开一大张,白报纸两面铅印,略与今天对开四版大报同。唯顺序是从右向左,第一页无报名,全部是广告,第二、三页各分上下两版,分别为一、二、三、四版,第一版右边为报头,依次向左排列“上谕”、“专电”、“论说”、“专件”、“公牍”等栏目。内容文字全部竖排亦从右向左依次而列。尾页即第四页上片辟有“督辕文抄”、各署局告示、下片杂记等。其余亦为广告。此报特点是官报色彩浓厚,广告量大,内容驳杂。至宣统三年(1911)武昌起义后江苏光复停刊。

《南洋商务报》:光绪三十二年(1906),由江南商务局主办,总办王道燮。栏目有:“谕旨”、“论说”、“译录”、“奏议”、“公牍”、“规律”(规章)、“记事”、“群言”、“杂俎”、“学

---

① 张宪文等主编:《中华民国史大辞典》,江苏古籍出版 2001 年版,第 866 页。

② 何思眯:《清季江苏省学会运动之研究》,第 167 页。

术”等。除商务信息外，官方行文较多，“论说”、“译录”、“学术”多为商务专家学者执笔，论述商务大势，系统介绍商学理论知识，鼓吹商务改革。第37期后，设“白话”专栏，由文言文改为白话文，加标点符号，好读易懂，面向大众。

《劝业会旬报》、《劝业日报》：宣统元年（1909），由南洋劝业会主办。地址：南京文昌巷。书册式，每期40页。宣统元年（1909），《南洋劝业会通告》创刊，为双月刊，内容为公布有关劝业会的“谕旨”、“奏议”、“公牍”及有关会务信息。后以《通告》不能对外宣传，因改名《劝业会旬报》，并由劝业会总办陈琪、审查长杨士琪主办，每期发行3000份，分赠各地协赞会、物产会以及各省埠的公署、局、所、学堂、团体等。《旬报》翌年4月改刊为《劝业日报》，由向瑞琨任总经理，彭渊洵、郭玉书任编纂主任，以“指导国民、振兴实业”为宗旨，日出一大张，售铜元一枚。

晚清“新政”时期，江苏民间办报更趋活跃，大多为综合性报纸，发行量不大，限于本地，且寿命较短，其中尤以“白话报”为多。

《独立报》：为近代苏州第一张报纸，光绪二十六年（1900）春，由黄摩西、黄独笑、黄谦斋等人发起创办，4开，日刊。黄摩西撰《独立报缘起》长达5万字，语多警辟，有明显的反清倾向，为避免清吏耳目，报社设于盘门外青旸日租界。8个月后，满人彦秀到苏州当太守，认为《独立报》犯上，下令封闭。

《苏州白话报》：光绪二十七年（1901），由吴县人包天笑发起，其表兄尤子青出资共同创办。初为周刊，32开本，每期16—20页，木刻线装。栏目有：“白话论说”、“大小新闻”、“社会生活”、“宣传新知”、“开通风气”。除在本埠发行外，主要销往苏州周围乡镇学堂，每期发行七八百份。上海、北京、安徽亦有代办处，行销颇广。

《吴郡白话报》：光绪三十年（1904年1月），由王薇伯创办，包天笑、吴和士、孙东吴等合编。栏目有：“论说”、“学术”、“新闻”、“丛谈”等。有明显的反清倾向，第一期新闻《抚台不要钱》，揭露江苏巡抚恩寿卖官受贿、克扣军响，搜刮民脂民膏。《诙谐》栏刊登杂文《打！打！打！能说不能行的老鼠》，讽刺地方官饱食终日、昏庸无能，还刊登了当时的“禁书”《黄帝魂》广告。初印500份抢购一空，旋增印2000份。第六期刊登吴和士鼓吹反清革命《吊新年文》，已付印待发，被人告密，查封停刊。

《江苏白话报》：光绪三十年（1904），在常熟创刊，月刊，书册式，由常熟琴南学社编辑发行。栏目有“论说”、“纪事”、“教育”、“实业”、“杂志”等，报道中外大事，宣传爱国救亡。“发刊辞”、“论说”均署名“三吴少年”。

《扬子江白话报》：光绪三十年（1904），由杜课园创办于镇江，自任主编。初为月刊，后改为半月刊。栏目有：“社说”、“学问”、“新闻”、“闲谈”、“小说”、“来文”等。内容“侧重长江流域，推而广之于国内外”，“尤斤斤于科学问题”，拥护君主立宪，提倡改革,但不主张革命。光绪三十一年(1905),杜课园"以文字获过,被法庭起诉",该报遂被迫停刊。

《新黎里报》:光绪二十九年(1903),黎里青年柳亚子受革命思潮影响,在乡自办《新黎里报》。自撰、自编、自己用钢版蜡纸刻写印刷,分赠同乡友人。不久即停刊。

《星报》:光绪三十三年(1907),由南通名士张謇发起创办,南通翰林印书局总编诸宗元任主笔,宗旨为:倡导立宪运动和地方自治,反映通州新派地方绅士思想言论,抨击官场腐败,提倡改革。民国成立后停刊。此为南通第一份报纸。

《锡金日报》:宣统元年(1909),由无锡、金匮两县的秦毓鎏、孙保圻、吴廷牧、蒋哲卿等人集资创办。四开八版,栏目有"社论"、"国事要闻"、"地方新闻"、"教育新闻"、"专件"、"邑评"、"小说"、"词林"等。抨击时弊,言词尖锐,政治色彩浓厚。

《锡金白话报》:光绪三十四年(1908),由锡金教育会联合创办,主编孙锡皋,16开,书册式,线装,月刊,每期20—25页,铅印。内容为"开通乡镇风气,以补教育之不及。"栏目有:"论说、实业谈、教育谈、要闻、乡谈、丛谈、历史谈、小说"等。立论浅显,目的在使"不读书不进学堂的人,也能晓得些立身处世的道理,也能实实在在准备着做个立宪的国民"。

《如皋白话报》:宣统二年(1910),如皋县劝学所所长沙元榘创办。主笔严禹门,八开四版,旬刊,单面印刷,每期印数1250份。宣传男女平等,评议世道不公,鼓吹"王子犯法与庶民同罪"。发行对象主要是当地教育界及城镇居民。

其他如光绪三十年(1904)常熟创办《女子世界报》,光绪三十四年(1908)嘉定创办《谬报》。

期刊类当时还较少见,只有光绪二十九年(1903),金山县张偃镇由高旭与其叔高燮、其弟高增组织《觉民社》创办《觉民》月刊,初为油印,第六期改为铅印。宗旨:觉民,即启发国民之觉悟。栏目有"论说"、"哲理"、"政法"、"教育"、"军事"等,另辟有:"经济研究"、"哲学思考"、"政治动态"、"历史考古"、"香港之窗"等,观点新颖,学术性较强。同年4月,江苏留日同乡会创办《江苏》,受当时革命风潮影响,鼓吹革命排满,建设新中国、新江苏。栏目有"社说"、"学说"、"时论"、"译丛"等。"学说"一栏又分政法、教育、军事、实业、科学、卫生、哲理、地理、历史、传记、音乐。每期150—180页。

学会、报刊的发展,标志着当时社会知识分子群体在西学、晚清改革思潮、变法维新浪潮冲击下,逐渐摆脱传统的羁绊、束缚,由分散的个体,依附于传统封建王朝政体、为封建专制统治服务,开始向集体有序、以独立的新潮主体意识、为推进中国近代化服务的伟大转变,这是划时代的转变。就江苏的情况来看,这一过程当时在上海表现得最激烈,最典型。其次就是上海周边,影响直接的苏州地区,及至无锡。其他地区的转变较缓慢。如学会组织、报刊发行在戊戌变法前，只有苏州地区零星出现。戊戌政变后，晚清新政过程中，学会报刊出现的区域范围才有所扩大。在学会宗旨、报刊内容方面，除一般宣传新知、开通风气、拥护改革、支持君主立宪外，极少冒进、尖锐的政治宣传。直到辛亥武昌起义胜利、民国成立以后，学会组织、报刊发行等，才有比较大的突破。这也反映了江苏知识界整体上比较稳健、不事张扬的士林风气。

二　支持“变法”、“维新”的江苏官吏

在中外政制演变的历史长河中，一个时代政制的变动无非是两种形式：一种是被迫的暴力型的以一种新的政制代替原有旧的政制，实现政制的变革或替换。这有两种可能：一种是成功，一种是失败。它的特点是社会变动激烈，代价较大。另一种形式是带有一定的自主性的非暴力型的自觉改革，或称变法。也有两种情况：一种是在固有文化基础上，根据新的现实情况需要所作出的自主变革，另一种是在外来文化冲击下，吸收外来政制之长，弥补固有政制之不足，以图振兴国是。它的特点是社会变动和缓，代价较小。

进入近代，欧风东渐，东亚的日本通过“明治维新”，“脱亚入欧”，进行全面的政治、经济、文化的自主改革，迅速由一个落后贫穷的封建国家变为先进、强盛的近代国家，成为吸收外来文化进行变革成功的典型。中国在鸦片战争后的19世纪60年代兴起的洋务自强运动，90年代后期开展的戊戌变法运动，也是通过自主吸收外来文化进行变革的两次尝试。

但不管是暴力革命或者是非暴力革命的自主改革，两种变革都离不开两种重要人物的活动：一是提出思想、理论观点的偏重文化知识的文人（或称思想家），一是支持赞同变革、偏重组织实施的实践者（或曰政治家）。有时这两种特质可以集中于一人之身，即同时是思想家又是政治家，并非是绝对截然分开的。但有一点可以肯定，在第一种变革形式中的两种人，一般是在政治体制外，于在野的环境和条件下活动，困难较多。在第二种变革形式中的两种人，一般是在政治体制内，利用当政的环境和条件活动，具有一定的优势。他们一般就是当政的大小官员或职员。但他们活动（变革）内容、规模、效果往往受制于中央权力核心组织化、开明化的程度和条件。

晚清的政治、经济、文化、社会变革是在外国侵略不断扩大、加深的情况下，被迫作出的自主选择。在这一过程中，江苏早期的一些封疆大吏，他们先是从“经世致用”的传统“变易”观出发“开眼看世界”，同时又不同程度地接受了江苏改革派思想家的系统思想理论主张的影响，在他们认为可能的范围内，支持不违反朝廷规定的变革，如洋务活动。在其后的戊戌变法运动初期，江苏一些官员士人也是积极的，但为清廷

内部帝后党争的尖锐矛盾所左右，又表现得小心谨慎，裹足不前。

（一）两江总督支持变法维新

光绪二十年(1894)，日本挑起蓄意侵略朝鲜和中国的中日甲午战争，结果中方惨败，订立空前丧权辱国的中日《马关条约》。消息传出，举国震惊。当时在京应试的1300多名举人，在广东康有为等人的鼓动之下，发动著名的“公车上书”，江苏有47人一起参加，实际可能不只此数①。当时的两江总督张之洞亦上书总理衙门，支持公车们的主张，痛陈《马关条约》之害，坚决反对割台，指责李鸿章“犯天下之大不韪”，“恐宋臣秦桧、明臣仇鸾之奸尚未至此也”。在设法阻止无效的情况下，张之洞不得不于光绪二十一年六月(1895年7月)再上《吁请修备储才折》，提出9条对应之策，鼓吹变法自强。并亲自筹划编练自强军，经数月训练，“而成中国近代第二支正规意义上的新式军队”②。是年九月，康有为等联络在京力主变法维新的官员，创办刊物，组织学会，并发函各省督抚，寻求支持。张之洞作为两江总督，立即捐款支持。康有为考虑到上海的地位，想在上海成立强学会，游说张之洞支持，张又答应捐银1500两，并委派汪康年主持。后梁启超创办《时务报》，张已调任湖广总督，张又立即对《时务报》全力支持，不仅“助赀推行”，还饬令湖北全省“官销时务报”以“增广见识，激发士气”。同时对梁启超极为重视，并拟邀其到湖南任“两湖时务院长，并在署中办事”。当时的“湖南是维新派最集中最活跃的省份”，巡抚陈宝箴、按察使黄遵宪、学政江标及继任学政徐仁铸等官员，都是变法运动的支持者和参加者，其中江、徐都是江苏人。一时间，维新志士荟萃湖湘，在京沪之外，湘省成为维新派一个新的活动中心③。这跟张之洞赞同支持变法维新的开明态度有很大关系。

（二）晚清维新变法运动的启门人——翁同龢

戊戌变法运动作为近代中国社会转型过程中第一次由上而下发动的全面变革推进近代化的政治运动，虽然最终失败了，但它曾经以空前的规模、空前的深度、空前的悲壮影响整个时代，开启了近代中国全面政治变革的大潮，从此不可阻遏，一往无前，为腐朽的封建王朝的最后覆灭敲响了丧钟。对于这场运动的旗手、领头人康有为以及他的学生梁启超无须多说，有关研究肯定的评价已经数不胜数。这里重点阐述光绪皇帝的老师——江苏常熟人翁同龢在这场运动中的地位和作用。翁虽然在“百日维新”刚刚开始，就被暗中反对变法的后党，以光绪帝的名义，下诏革职还乡。但整个

---

① 根据康有为、梁启超等记载，共18省公车1300余人，而现存的《题名录》只有16省603人不及一半，显然是题名录或统计的总数有问题所致。

② 刘平：《张之洞传》，兰州大学出版社2000年版，第298页。

③ 刘平：《张之洞传》，兰州大学出版社2000年版，第312—315页。

变法维新运动，没有翁同龢为首的帝党对光绪的引导、支持、全面部署，没有翁同龢对这一运动主将、旗手康有为的赏识、引进和支持，就不会有“百日维新这一出推进中国近代化、影响深远的活剧”，这段历史将是另一种色彩。

翁同龢，道光十年（1830）生，字声甫，号叔平，江苏常熟人。出身官宦世家。咸丰六年（1856）应顺天会试，殿试以一甲一名状元及第。“授翰林院修撰，派充实录馆协修”。同治四年（1865），受命弘德殿行走，授读同治皇帝。同治驾崩后，光绪二年（1876），受命为毓庆宫行走，授读光绪帝，成为两朝帝师，深受宠眷。先后任户部侍郎、都察院左都御史，刑部、工部、户部尚书，加太子少保衔，协办大学士。两入军机，兼总理各国事务大臣。光绪帝“每事必问同龢，眷倚尤重”。

光绪二十年（1894），中日甲午战争爆发，翁同龢以“强敌凭陵、国势浸弱”而积极主战，成为帝党首领。及至战争惨败，清廷派李鸿章赴日本求和，面临日本恃势要挟，饕餮贪欲，翁力主“宁多赔款，必不可割地”。《马关条约》签订后，鉴于当时全国掀起的要求变法图强的爱国高潮，翁同龢亦深感“旧法实不足恃”，“不变法不大举吾知无成耳”，有心协助光绪实行变法维新。

纵观历史上由上而下的变法，必须具备三个条件：一是客观现实的迫切需要；二是出现主张变法的思想、理论、主张；三是统治阶级中有自觉认同、愿意实行变法的权威人物。揆诸19世纪末中国社会的情况，这三条都是基本具备的。至于变法能否成功或归之于失败，这还要看当时变法派与保守反对派的力量对比，方针、策略和机遇等主客观因素。

从19世纪60年代起到90年代，随着列强的侵略不断扩大加深，中国社会在新与旧、变与不变的两种思潮较量中停滞不前。最后终于在甲午之战中遭到惨重失败，面临着“亡国灭种”的严重危机。这对全国上下无疑是“当头棒喝”，立即激起空前的爱国救亡热潮。在此情况下，不同于以往的新一代知识群体出现，新的更强烈的“变法”、“维新”思潮形成，而且直接要求立即行动。以广东康有为、梁启超等为首的新兴知识分子群体，他们从一开始就提出不同于早期洋务派“制船”、“造炮”、“商战”等局限于技术层面的变革，而直接着眼于学习日本的全面变法维新。康有为在光绪十四年（1888）中法马江之战后，第一次伏阙上书，极言时危，提出变成法、通下情、慎左右。他说：“中国发愤，只有此数年闲暇。及时变法，犹可支持。过此不治，后欲为之，外患日逼，势无及矣！”[①]该上书一度转到时任户部尚书的翁同龢手中，翁格于上书中“语太讦直”容易惹事，故未上转，“意在保全”。实际上，此时的翁同龢已经对康留有深刻的

① 汤志钧：《戊戌变法人物传稿》上，中华书局1982年版，第4页。

印象,“心仪其人,密荐于帝”[①]。此后时局的变化不幸被康有为而言中。中日甲午之战,清廷惨败,派李鸿章赴日议和,签约割台赔款。翁同龢坚决反对割台,多方筹措、哭诉,终无力挽回。时康有为及全国举人正在京会试,康借此机会发动“公车上书”,再次提出全面变法的主张。此上书为康有为所拟。接着在殿试、朝考卷中,康有为皆直言时事,反复申明要自强就要变法维新,改革旧制,访求贤才,裁汰冗员,励精图治。康有为在这次会试、殿试、朝考中发表的政论性文章受到一部分阅卷大臣的赞赏,先后曾被建议为会元,即第一名。但也遭到保守派的强烈反对和压制,终被置于二甲四十八名。翁同龢当时也是阅卷大臣之一,他为康有为坚持变法图新的勇气和决心所深深打动,大有在将来变法时可以引为同道,提拔“援用之意”[②]。于是为其“加黄签力争之”,以进士第八名中式,授工部主事。是年闰四月,康有为向光绪帝上第三书,“备陈变法先后缓急次序和下手之方”。翁同龢阅后,深受震撼,决定亲自往访。以一品大员的身份,降尊纡贵,走访新晋之六品工部主事。这在当时是十分难得的惊人之举,可惜未遇。当康有为下午归来得知,立即赶往翁宅回拜。见面后,翁说:“与君虽新见,然相知十年,实为故人也。”康亦表示“久怀仰慕之情”,然后二人就变法问题作了尽情的倾谈和交流,“自未至酉”(从下午1时到晚上7时),双方谈得非常投合和中意。分别时,康有为赠翁同龢两本自己的新著:《日本变政考》、《俄彼得变政纪》以及历次上书的抄本。翁连夜浏览,盛赞于心。从此,一心鼓吹变法的在野知识分子群体以康有为为首,开始和亟思变法维新的帝党首领翁同龢正式接上关系,建立联系,为推动世纪末的中国社会实行第一次全面变革的近代化运动,携手合作,艰难奋进。

在翁、康见面后的第二天,翁同龢在上书房内向光绪帝秘报了他与康有为会晤的情形,光绪帝听后很感兴趣。正好这一天都察院将康有为的上书呈上来……光绪帝看了奏折,不由得击节叫好。下令抄录三份,一份送慈禧太后,一份抄发各省督抚将军议处,一份留乾清宫自览。该书对光绪帝下定决心变法起了很大作用。不久,康又推荐梁启超、谭嗣同、林旭、杨锐、汪康年以及黄遵宪、容闳等先后拜访了翁同龢。“翁同龢一一延见了他们,并同他们交换了改革弊政的看法,充分肯定了他们的经世之才”。同时,“也向他们推荐了帝党官僚李盛铎、徐致靖、文廷式、盛昱、沈曾植、沈曾桐、阔普通武、陈炽、丁立均等人,支持他们同维新派接触联系,共商变法维新大计”[③]。翁同龢此举的目的非常明确,在于沟通积极主张变法的在野的维新派知识分子群体

① 汤志钧:《戊戌变法人物传稿》上,中华书局1982年版,第115页。

② 谢俊美:《翁同龢传》,中华书局2000年版,第503页。

③ 谢俊美:《翁同龢传》,第505页。

与支持光绪变法的在朝的帝党人物之间联系，形成推动变法维新的整体实力，促进运动的深入发展。

闰五月，康有为又上清帝第四书，提出“立科以励智学”，奖励创新，“设议院以通下情”，建议光绪帝立即“下诏求言”、“开门集议”、“辟馆顾问”、“设报达聪”、“开府辟士”，以便形成全国上下“有情必通，有才必用”的新局面。该上书由于顽固派后党官僚的种种阻拦，未能上达光绪。但却促使康有为把眼光转向社会，“思开风气”、“合大群”、“组织学会”、“办报纸”同样也得到翁同龢的支持。

光绪二十一年七月（1895 年 8 月），康有为拟在京组织强学会，成立官书局，立即得到翁同龢的大力支持，经他批准，决定户部拨银 1500 两作为学会的活动经费。在翁同龢的影响下，帝党人物纷纷参加，户部主事陈炽被推为该会会长，梁启超为书记员，连光绪皇帝的另一位老师孙家鼐，以及户部侍郎张荫桓，湖广、两江、直隶三省总督都表示支持，三总督各捐银 5000 两①。接着康有为“又以士大夫不通外国政事风俗，而京师无人敢创报以开知识，决定创办《中外纪闻》，日印千份，附《京报》以送朝士大夫”。九月底又来江苏争取两江总督张之洞支持，在上海成立强学会。翁的门生、南通张謇亦加入该会。翁同龢与维新派合作“以开风气”的变法宣传活动一时声势大振，产生了很大影响。其后，由于保守派后党人物的忌恨，由李鸿章的亲家、御史杨崇伊上书弹劾，慈禧太后借此下令不准成立强学会，并将该会副会长文廷式革职，永不叙用。

十一月（12 月），在维新派推动下，翁同龢接受康有为的建议，令其亲信僚属、户部郎中陈炽迅速起草十二道新政诏书，准备呈请光绪帝批准后陆续颁行。“翁同龢为了取得奕䜣的支持，将十二道新政诏书持与商讨。不料奕䜣坚决反对，并向慈禧太后密报，引起慈禧对翁同龢的恶感。为了切断翁同龢与光绪帝之间的密切联系，慈禧下令撤销汉书房，将翁同龢赶出毓庆宫，使他和光绪帝不能经常见面，以削弱翁对光绪帝的影响。但翁支持光绪帝变法的决心已定，并不因此而灰心畏缩。

甲午战争后，列强瓜分中国的形势急剧发展。光绪二十三年（1897），德国借口山东巨野教案，公然出兵强占青岛胶州湾，康有为闻讯，急忙从广东奔赴京师，向光绪帝上第五书，力言瓜分危局，如“地雷四伏，药线交通，一处点燃，四面皆应，胶警乃其借端”。他希望光绪帝“以俄国大彼得之心为心法，以日本明治维新之政为政法”，迅速变法，发奋图强。否则“沼吴之祸立见，裂晋之事即来，职诚不忍见煤山前事也”②。但

① 谢俊美：《翁同龢传》，第 505—507 页。

② 中国史学会编：《中国近代史资料丛刊・戊戌变法》二，第 197 页。

上书由于工部主事松淮的阻挠无法送达光绪帝，对此康有为十分灰心，十月十八日(11月12日)决心离京南归。翁得消息后，冒风雪连夜赶到康有为在京居所南海会馆竭力挽留，并告之早朝时已向皇上举荐，拟破格重用。事后翁同龢示意御史高燮曾弹劾松淮故意“阻格言路”，并称赞康有为“忠君爱国，谙于西法，才堪大用”，请求皇上“破格召见，委以重任”。翁同龢亦乘机建议皇上“召有为入对”。但格于祖制，非四品以上不得面对皇上召见，康有为只有六品。遂改为由总理衙门大臣传康有为“问话”。十一月二十一日(12月14日)下午，在总理各国事务衙门西花厅，康有为接受“问话”，参加者有李鸿章、荣禄、翁同龢、廖寿恒、张荫桓等5人①。其中只有荣禄坚持“祖宗之法不可变”。康有为用理论和事实系统说明“法久必弊”，“不能不变，不得不变”的道理，并对变法的内容、方法、步骤作了极为详尽的阐述。说的荣禄哑口无言，其他大臣点头称是。第二天一早，翁同龢即向光绪作出了详细奏报。光绪本来就对康有为有好感，经此“问话”，决定“倾心向用矣”。光绪帝亦命传谕总理衙门：“自后康有为如有条陈，即日呈递，无许阻隔。并宣取康所著《日本变政考》、《俄皇大彼得传》等书。而翁同龢复面荐于上，谓康有为之才，过臣百倍，请举国以听。”②从此帝党人物与维新派康有为之间联系日益密切，在这中间翁同龢“往来奔走，传递信息，作了大量工作。凡是康有为的变法条陈大多由翁同龢呈给光绪帝，而光绪帝对康有为有所询问，一般也通过他来转述”③。月底康有为又上第六书，再次要求光绪帝学习日本立即变法，“变则全，不变则亡，全变则强，小变仍亡”。建议“诏定国是”，设立制度局，提拔人才作为变法的领导机构。

光绪二十四年一月(1898年2月)，沙俄继德强占胶州湾后也出兵强占旅大，随后各国竞相效尤，恣意要挟勒索，国势危急。光绪帝和翁同龢更是焦急万分，“帝知非实行变法不能立国”④。于是在翁同龢的积极策划下，于二月初三(2月23日)召见王公大臣，光绪帝极言时危，“声泪俱下”，众王公大臣呆若木鸡，“嘿不一言”。翁起而大声疾呼：今各国日思蚕食中国，民族危机已严重到了极点……吾侪身为朝廷重臣，稍有心性，岂能对此无动于衷。今日之世，除变法无以救亡，要变法就要“从内政根本变起”，“尽革天下弊政”⑤。奕䜣首先反对，事后并立即向慈禧奏报，攻击翁同龢“狂悖放肆”，“诱惑皇上、别有用心”。慈禧听后极为恼怒，召之训斥。翁事后对服阕到京的弟子张謇说：“我不入虎穴谁入虎穴”，“试想今日不行变法又有何术以挽危亡。”表示支

---

① 谢俊美：《翁同龢传》，第513页。

② 萧一山：《清代通史》第4册，第2089页。

③④ 谢俊美：《翁同龢传》，第515页。

⑤ 谢俊美：《翁同龢传》，第518页。

持光绪变法到底的决心。

当年春，又届三年一度的会试，全国各省举人再度会聚京师。康有为、梁启超等维新派，决定利用此机，再度组织学会。汇聚知识精英，掀起一次新的宣传变法的高潮。在新成立的粤学会、蜀学会、陕学会、关学会、南学会等十多个学会的基础上，三月二十七日（4 月 17 日），维新派和帝党人物，在京成立保国会，以保国、保种、保教为宗旨，救亡图存相号召。在保国会影响下，各省纷纷成立的保浙会、保苏会、保川会、保滇会等引起保守派的恐惧，纷纷上奏弹劾，翁同龢立即公开站出来为维新派的爱国行动辩护。他说："中国自古有党庠乡约之说，今外侮日迫，危机日深，士子有心爱国，正可大加利用，岂能压抑摧剥？予以扶持，方为正理。"光绪帝亦表示："会可保国，岂不大善，何可查纠耶？"因此对反对派弹劾保国会的奏章，一概置之不理①。

时至四月（5 月），后党反对派的头子奕䜣因病去世，这对一心想变法的光绪帝和翁同龢，无疑是搬开一块绊脚石。由此，朝政大事大多由翁同龢做主。机不可失，时不再来。翁同龢决定抓紧机会，支持光绪帝变法。此时康有为亦向翁建言并让转告光绪"目前应首先讲明国是"、确定大政方针为第一要义②。他们经过策划，先由御史杨深秀及内阁学士徐致靖分别上书光绪帝，请尽快"明定国是"，以"明示从违，以一众心，而维时局"。接着康有为也跟着上书光绪帝，若失此机会，"逆天不祥，违时必败。若当变不变，必有代变之者矣。与其人为变之，何如己自变之为安适"③。在帝党骨干及维新派的鼓促下，光绪帝终于下定决心实行变法，不再犹豫。四月二十二日（6 月 10 日）令翁同龢草拟变法诏书。这实际上是一篇代光绪帝拟定的变法宣言，它将颁布全国上下，成为实行全面变法的总纲领、动员令。它不仅要说明变法的必要性，正当性，而且要说明变法的总方针，大体部署。既不能脱离实际太激进，又不能太空洞，不触及根本。既要言简，又要意赅。翁同龢经过一夜奋笔，反复修改推敲，终于凌晨完稿，抄送光绪帝。诏书曰：

> 数年以来，中外臣工讲求时务，多主变法自强。迩者诏书数下，如开特科、裁冗兵、改武科制度、立大小学堂，皆经一再审定，筹之至熟，妥议施行。惟是风气尚未大开，论说莫衷一是。或狃于老成忧国，以为旧章必应墨守，新法必当摈除。众喙哓哓，空言无补。试问，时局如此，国势如此，若仍以不练之兵，有限之饷，士无实学，工无良师，强弱相形，贫富悬绝，岂真能制梃以挞坚甲利兵乎？朕维国是

①② 谢俊美：《翁同龢传》，第 520 页。

③ 中国史学会编：《中国近代史资料丛刊·戊戌变法》二，第 207 页。

不定，则号令不行。极其流弊，必至门户纷争，互相水火，徒蹈宋、明积习，于国政毫无裨益。即以中国大经大法而论，五帝三王，不相沿袭。譬之冬裘夏葛，势不两存。用特明白宣示，中外大小诸臣，自王公以及士庶，各宜努力向上，发愤为雄，以圣贤义理之学植其根本，又须博采各学之切于时务者实力讲求，以救空疏迂谬之弊，专心致志，精益求精。毋徒袭其皮毛，毋竞腾其口说，务求化无用为有用，以成通经济变之才。京师大学堂为各行省之倡，尤应首先举办。著军机大臣、总理各国事务王大臣会同妥速议奏。所有翰林院编检、各部院司员、各门侍卫，候补、候选道府州县以下各官，大员子弟，八旗世职，各武职后裔，其愿入学堂者，均准入学肄习，以期人才辈出，共济时艰，不得敷衍因循，徇私援引，致负朝廷谆谆诰诫之至意。将此通谕知之。①

诏书指出：由于国是未定，以往的零星变革，风气尚未大开，众口哓哓，论说莫衷一是，成效不彰。针对当时形势，必须变法，博采西学，发愤为雄，故特诏定国是，号召大小臣工，毋袭皮毛、毋腾口说，着力讲求切于时务之学，练兵、致富、强国、大力培养人才，务期不负朝廷厚望。光绪帝阅后，十分满意，当即批准向中外颁布。从此"一切维新，基于此诏，新政之行，开于此日"②。翁同龢数年来联络维新知识分子促成光绪帝下决心变法的努力，终于在世纪末晚清政治舞台上透出一线希望之光。

四月二十三日(6 月 11 日)，定国是诏颁布后，支持变法的帝党人物纷纷上奏光绪帝，"密保维新救亡之才，请特旨破格委任以行新政而图自强"。后党保守派对以翁同龢为首的帝党变法派，早就由不满到忌恨，现在眼看要大权旁落，地位不保。忌恨和恐惧终于使他们再也无法忍受，决定要痛下杀手，剪除这股异己的力量。但又要做得冠冕堂皇，不露痕迹，好像他们并不反对"变法图强"。经过秘密策划，一个阴谋出笼了。就在定国是诏颁布后的第四天，慈禧太后逼令光绪帝下诏革除翁同龢的职务，"著即开缺回籍"。又下诏令：凡二品以上大臣授新职，要具折到皇太后(慈禧)前谢恩，同时任命荣禄署直隶总督，统率京畿三军。明眼人一看便知这是慈禧太后为首的后党保守派，为剪除帝党维新派的骨干人物，斩断光绪帝的主心骨，重新掌控人事大权及军政大权，为而后全面镇压做准备的最恶毒的一招。

翁同龢虽然被罢斥逐回原籍江苏常熟，但他协助光绪帝艰辛开拓的维新变法运动已经拉开帷幕，光绪帝在维新派及帝党人物的支持下，仍然与以慈禧太后为首的保

① 《光绪朝东华录》，总第 4094 页。

② 梁启超：《戊戌变法记》，第 22 页。

守派，进行了势力悬殊的艰苦斗争，推动变法维新运动的发展。在三个多月的时间内，通过康有为、梁启超等维新派上书、光绪帝批准，下诏废除的旧规章例则 15 项，新颁的规章制度措施有 692 项之多。在世纪末沉闷的中国大地上刮起了一场自上而下、弃旧图新、发愤自强的新风。虽然很快就被以慈禧为首的保守派扑灭，维新志士六君子血洒菜市口，康有为、梁启超逃亡海外，一大批支持变法维新的帝党人物被罢职，或还乡或充军。但这次变法维新的深远影响是无法消除的，它将以新的形式展现为中华民族自强不息、永远前进的时代潮流，荡涤一切腐朽反动和保守。在这一过程中，作为朝廷变法维新运动的开拓者、引路人翁同龢功不可没，永远值得纪念。

（三）变法维新运动中作出积极贡献的其他江苏籍官吏

徐致靖（1826—1900），道光六年（1826）生，字子静，江苏宜兴人。光绪丙子（1876）科进士，选庶吉士，即翰林院的办事员，后授编修，侍读学士，负责翰林院的文件草拟，要事记述等。光绪二十年（1894）丁忧回籍守丧三年，光绪二十三年（1897），服阕回京复职，时德国出兵强占胶州湾事变起，徐致靖有感于外侮日深、变法图强的声浪日高，于是积极投身帝党维新派的变法宣传活动。光绪二十四年（1898），正值帝党、后党为变法斗争最激烈之时，徐致靖毅然连续四次上书，支持变法。他在《请明定国是疏》中严厉批评朝廷自“胶事以来，新政无一举动，学堂特科等事，虽奉明旨，未见举办，有若空文……朝廷虚衷纳谏，原期兼听并观，然而新旧两途，既无一定趋向，各持己见，势必乖争……适至如冰炭之相戾，空言徒讧”。所以如此，“无他！盖朝廷于是非赏罚之间，尚未深切著明，见诸事实”。他甚至反迫光绪（实际上是直迫反对变法的守旧派）说：“皇上如谓今日之政仍当守旧，则宜将一切总署、使臣、学堂、商务、洋操、船政、制造、方言、铁路、电线尽毁去之，明诏内外，恪守旧章。”这当然是反话、激将法，目的就是要光绪痛下决心，尽快变法，“请乾断特申，明示从违，以一众心而维时局。”①他的上书大胆、直率，几乎是不顾一切。

四月二十三日（6 月 11 日）定国是诏颁布后，变法维新的大幕拉开，如何组织筹划这次空前未有重要运动？关键是人才。徐致靖又大胆上奏《保荐人才折》。他认为：目前朝廷臣工是无法胜任变法大任的，“今吾大臣，内至尚侍，外至督抚，率皆循资按格，垂髦以得今官，其中亦非无公忠体国通达世变之人，特以议论不一，趋向各殊，非相与同术同方，讲求而切究者。故于一切致富强之由，或畏阻而不愿更张，或惊震而未得要领。于是言守旧者，固泥古而误今。言开新者，亦逐末而亡本。……今欲行新政而委诸不讲新学以及模棱两可之人，是所谓求前而怯行也。故臣以为不欲变法则

① 中国史学会编：《中国近代史资料丛刊·戊戌变法》二，第 339—341 页。

已，苟欲变法，必广求深湛实学，博通时务之人而用之，而后旧习可得而革，新谟可得而成也。”为了变法的成功，他的上疏真可谓以大无畏的气魄，句句击中要害，掷地有声。接着不避嫌疑，甘冒风险，一口气举荐了五位当时令后党头痛的维新派志士。他说：工部主事康有为“忠肝热血，硕学通才，明历代因革之得失，知万国强弱之本原……其所论变法，皆有下手处……先后次第，条理灿然……其忠诚可托重任，并世人才，实罕其匹。若皇上置诸左右以备顾问……宏济时艰，易若反掌。”“湖南盐法长宝道黄遵宪历充出使日本、英、美各国参赞官……于各国政治本原无不穷究，器识远大，办事精细。其所言必求可行，其所行必求有效。若能……畀以疆寄……必能不负主知。”江苏候补知府谭嗣同，“天才卓荦，学识绝伦，忠于爱国，勇于任事，不避艰险，不畏谤疑，内可以为论思之官，外可以备折冲之选。”刑部主事张元济，“熟于治法……办事切实……若能使之肩任艰大……必能胜任……”广东举人梁启超，“英才亮拔，志虑精纯，学贯天人，识周中外……，若蒙皇上召置左右，必能挥施裕如，成效神速。”他还说：“行非常之政，必恃非常之才……动之以不次之擢，临之以不测之威……今日者事变纷乘，需才正亟，皇上既知法不能不变矣，特恐盈廷之臣，虽奉明诏，仍不知下手之次第，施行之缓急……坐失事机，终无实效，徒为守旧之所藉口。”他建议皇上：“既定国是，益矢以怵惕惟厉之心，坚决不摇之志，虚衷侧席，广集英贤。”如此才能有“亟亟维新”之希望①。

千百年来中国专制极权的政治舞台上，荐才任官，历来是一个极为敏感的问题。大多情况下都要凭资历，靠关系。对荐举者来说也大都是从私心出发，有其特殊考虑，少有无私的“举贤任能”，“不次擢用”。所谓“内举不避亲，外举不避仇”都是粉饰之词。所以像徐致靖这样，完全从是否有利于“变法维新”，使国家“臻于强盛”出发，不怕当权的保守派反对，大胆举荐能推进变法的治国英才，这是十分难能可贵的。

徐致靖上书后，光绪帝很快召见康有为、张元济等人，准备重用。因为荣禄、刚毅等保守派一直在压制康有为，只给他总理衙门章京上行走的职位，十分不便。重用后，康有为利用这一机遇，大量向光绪上奏章，为维新变法出谋划策。据不完全的统计，从6月17日至9月14日近百日，康有为自署或为别人代署上奏的章折不下40篇，平均2—3天就是一篇②。为百日维新作了出色的贡献。

百日维新被镇压后，谭嗣同等六君子遇难，徐致靖与帝党人物亦被“褫职坐系，寻定永远监禁”。直至1900年庚子事变八国联军进京后，“始出狱待罪赦免，寻卒”③。

---

① 中国史学会编：《中国近代史资料丛刊·戊戌变法》二，第335—338页。

② 汤志钧：《戊戌变法史》，第357—368页，“诏定国是”后康有为新政建议表。

③ 汤志钧：《戊戌变法人物传稿》上，第137—138页。

徐致靖还有两个儿子徐仁铸、徐仁镜，受父亲的影响，也积极参加变法维新运动。长子徐仁铸，字砚父，是光绪十五年(1889)乙丑科试进士，翰林院编修，思想比较开放，注重新学。中日甲午战后，目睹时局艰危，非常赞同康有为变法救国主张。他被朝廷派往湖南视学。当时的湖南在具有浓厚改革思想的巡抚陈宝箴、按察使黄遵宪、督学江标的领导下，以"吾湘变则中国变，吾乡立，则中国存，用可用之士气，开未来之民智"为宗旨，实行教育改革，创办时务学堂，邀集梁启超等一批维新志士为教习，搞得热火朝天，遭到顽固保守派猛烈攻击。徐仁铸到任后经过考察，与巡抚陈宝箴意见一致，对时务学堂的办学宗旨及梁启超等对教学的改革活动予以支持。他亲自"手颁条戒，分谕各学"，说："才以学成，而学由志立。……所贵乎学者，贵其以至实之学，通乎一时至巨之政，出而措之，若素习然也。……居今日而治经，宜先倡其微言大义，融会贯通，厘然有得。……读史须有通识，不可徒就一时一事而观之也。……阅泰西记载各书，必通贯其政教之源流，而其变通兴盛之辙，若指诸掌，……揽其新法，裨我政书，正被服儒者之所有事也。"他充分肯定改革教学引进西学实务的必要，告诫学习经书"浩如烟海，虽有上智，弗能究"，提倡"读古人书必有删繁就简，屏纤存巨，蠲粗治精，舍虚务实之法，以期确有心得，出应世需"。当岳麓书院院长王先谦纠集叶德辉，支持书院斋长宾凤阳联名控告梁启超等教习"宣扬民权邪说"，要求"以端教术"时，徐仁铸以视学身份批示说："宾凤阳等竟敢狂吠不休，毁辱桑梓，不识是何居心?"他本想查究，"以惩滥习，而定士心"①。奈何顽固派势力强大，群起而攻之。他不得已致书其在朝的父亲徐致靖请求帮助。于是有徐致靖向光绪帝上书保荐请重用康有为、梁启超、张元济、黄遵宪、谭嗣同等五位维新派的事。

到戊戌政变前夕，朝廷新旧两派斗争日趋尖锐之时，徐仁铸开始有点胆怯，为留后路，他开始致书湖南保守派领袖王先谦，为先前他支持维新派康有为、梁启超的言行洗刷掩饰，但政变后仍被革职还乡。其弟徐仁镜也是光绪朝进士，授翰林院编修，讲求新政，支持变法维新，后来与其兄一样同被革职还乡。

江标(1860—1899)，字建霞，号萱圃，江苏元和人。光绪已丑(1889)科进士、翰林院庶吉士；光绪十六年(1890)授翰林院编修。青年时代的江标，受时代新潮的影响，关心时事，忧戚国家命运，每探求强国新法，"慨然有矫世变俗之志"，深受出使大臣薛福成之器重，很想将其培养为外交使才，于是向朝廷举荐，结果未被见用。光绪二十年(1894)，江标被朝廷派遣，视学湖南。当时的湖南"顽固守旧士绅，恶谈西艺独烈"。

---

① 汤志钧：《戊戌变法人物传稿》上，第183—184页。中国史学会编：《中国近代史资料丛刊·戊戌变法》四，第79页，《清史稿》卷四七〇《碑传集》。

江标到任后，毅然以“变风气，开辟新治为己任”。到任后，即以舆地、掌故、算学三项为试题，举行考试。申明“有能通地球形势及图算、物理者，虽制义不工，得置高等；又许即制义亦可言时事”。此举完全打破传统科举考试的程式，“一决数百年拘牵忌讳之藩篱”。在当时产生很大的影响。他同时支持和协助湖南巡抚陈宝箴规划新政，对开办矿务学堂，创立南学会，设立保卫局，创办《湘学新报》等，均积极参与和支持。他在为《湘学新报》写的序言中，开宗明义宣布：“呜呼，变法其宜哉！……使者奉天子命，……视学楚南，丁时局之多难，恫皇舆之失纽，揽衣屑涕，于兹三年，思以体用赅贯之学，导湘人士，惧未有当也。”他利用朝廷有整顿书院、“广求实学”的要求，改革湖南校经书院的课程，支持维新人士创办《湘学新报》，都贯彻了着重推介西方科学文化知识，宣传变法维新的改革精神。

光绪二十四年(1898)，江标在湖南任满到期，返回京师。时值光绪帝及康梁变法正紧锣密鼓进入紧张阶段，江标被授以四品京堂候补，在总理衙门章京上行走。嗣因母病，乞请假南归。尚未到职，政变发生。因他也是积极支持变法维新的帝党人物，遭弹劾，被削职禁锢于家。常“汲汲顾影，拊心中国之无可为”而闷闷不乐。第二年十月，郁郁离世①。

第三节　民族主义理性的逐步觉醒

南非学者D·科特策指出：“民族主义是一种以民族为核心的思想体系和人生观。”②它的功能是对内凝固、团结全民族国家人民，对外抵制和反抗外来的入侵。民族主义有理性和非理性之分。只有理性的民族主义，才能真正达到保卫和发展全民族国家的根本利益。非理性的民族主义，盲目蛮干，只能给本民族国家带来损害、灾难。民族主义还和爱国主义有着极为密切的复杂关系。爱国主义是一个国家的人民对自己国家的极为崇高神圣的无限深厚感情，当它付诸实施，表现为行动时，同样有理性非理性之分，两者结果大相径庭。

中华民族自古形成了朴实、自信、宽容、仁爱、追求天人合一、积极、健康、向上的民族自主意识。但另一方面，特别是强大的清王朝建立以后，也形成了自大、自傲、目空一切的“天朝上国观”，“自给自足”，封闭，排外，不愿接受外来的新兴事物，从而逐

---

① 转引自汤志钧：《戊戌变法人物传稿》上册。

② 转引自余建华：《民族主义：历史遗产与时代风云的交汇》，学林出版社1999年版，第4页。

渐走向保守、落后。

鸦片战争以后，古老的中国，正被迫接受西方新兴的资本主义霸权和野心的挑战，而通过战争，“西方文明”也强迫中国改变古老的民族意识。地处东南沿海第一线的江苏社会民众，在经历了战争、洋务、西方文化的传播和入侵，其民族主义意识正从封闭、愚昧、排外，走向开放、变法、自强，迎接新的挑战的理性觉醒。

一　社会基层对外来文化的抗拒与变迁

在中国近代史上，西方列强打开清王朝封闭的大门，大体上使用了史无前例的三种手段：一为“坚船利炮”。通过入侵，实行政治、军事讹诈。二为“鸦片、商品倾销”。实行经济掠夺、掌控中国的经济命脉。三为“宗教、文化渗透”。力图改变中国古老的社会主流意识形态，将其纳入西方殖民主义体系。古老落后封建的中国，面对新兴强大的西方列强的挑战和进攻，要想免于灭亡，当时只有像马克思所指出的那样，“采用资产阶级生产方式”，“在自己那里推行所谓的文明”，实行以子之矛刺子之盾的战略，方能成功。在此期间，中国王朝政权，社会基层群众同西方列强、政客、商人、传教士之间所发生的一切战争、冲突、纠纷都潜藏着这一根本的性质。只是从不自觉到自觉，从被动到主动，在思想认识上经历了一场既漫长又痛苦，充满挫折屈辱和教训的转变过程。教案事件便是其中一例。

（一）近代江苏教案发生的历史背景

西方天主教基督教的对华传播历史，最早可以上溯到唐贞观年间，由波斯人阿罗本经过长途跋涉到达唐都长安传教，受到唐王朝的欢迎。后来唐武宗禁教，宋元时，几度兴衰。到了明代，随着西方商业兴盛，传教士再度东渡来华，寄居澳门。由于当时受日本倭寇的影响，明代海禁甚严。于是他们千方百计，通过贿赂地方官，得以在广东肇庆府落脚。明万历十一年(1583)，正式“创立了在中国最初的传教基地”[①]。在这一过程中，传教士利玛窦、罗明坚(熟悉华语)作了最大的努力。

基督教在江苏的传播跟利玛窦有密切的关系。利玛窦(1552—1610)，意大利人，自幼受到良好教育，除学习政法、研究科学知识外，还醉心于神学。青年利玛窦加入天主教的一个教派耶稣会，立志传教，受葡萄牙教会支持，来到广东澳门与传教士罗明坚一起学习汉语。他穿儒服，研究儒家经典，竭力将儒家伦理“敬天法祖”的思想与基督教义融通交汇解释，以取得中国官绅、儒生的好感与支持。利玛窦在广州立足后，决心北上京都，觐见中国的皇帝，请求为天主教在中国的传播大开方便之门。他

① 张力、刘鉴唐:《中国教案史》,四川省社会科学院出版社 1987 年版,第 17 页。

曾两次赴京，途中均经过南京，在江苏停留传教布道。万历三十一年(1603)接替利玛窦在南京传教的罗如望神父，结交上当时声望极高的大学士徐光启。徐是江苏南汇县人，精通农学、天文、历法。罗如望在南京首先为他受洗入教。徐入教后，又把传教士带到他的家乡南汇传教布道。从此，天主教便在上海、苏南地区迅速传播开来。至17世纪60年代，江南教区共有12座大教堂和许多会口，共计有5.51万名教友，上海有2座教堂，66所小堂。教友群体的分布主要集中在上海附近及沿运河两岸，例如淮安、扬州、南京、苏州、常熟、嘉定、浙江[①]。18世纪初，法国天主教遣使会亦开始插足江苏，在苏南的江阴、无锡，苏北的徐州等地传教，教友达10万余人。其中8万名集中在上海附近。教友的急剧增加必然会在民间引起矛盾。如华人"祀祖祭孔"，教会反对"祀祖祭孔"。雍正朝禁教，传教活动深受打击，但他们偷偷摸摸进行，在深夜来到教友私堂里，"给孩子们行补礼、举行婚配礼、听神工……虽然这样防范严密，但还是常常被邻近的教外人猜到，有的人便威胁着要去报官"[②]。及至鸦片战争前夕，苏南地区教友至少有4.8万人，教友活动仍然相当活跃。

鸦片战争失败后，清廷被迫订立《中英南京条约》，开辟五口通商。这给西方传教士势力在华的发展带来了机会。道光二十三年(1843)，美国派遣的公使团率舰抵达广州、澳门。向清廷提出要求获得与英国同等的待遇，其实《中英南京条约》中并未明确规定英人可以来华传教并建教堂，只在其后补充的虎门条约中规定准许英人"在五口通商口岸租房或租地建房居住"。美国公使顾盛在与昏庸的耆英订立《望厦条约》时，别有用心地表述为"准其租赁民房或租地自行建楼，并设立医院，礼拜堂"[③]。增加了设医院、礼拜堂的内容。因二者都跟传教有关，耆英不知其诈，竟同意了。同年差不多与美国公使团同时到达澳门的法国公使剌萼尼，比照《望厦条约》的内容与耆英谈判，最后签订《中法黄埔条约》，其中第二十二、二十三条规定"法兰西人亦一体可以建造礼拜堂、医人院、周急院、学房、坟地各项"，并得中国地方官的保护，"中国官民均不得殴打、伤害、虐待"[④]等等。其他各国竞相效尤，这等于为传教士在通商口岸进行的传教活动提供了明确的法律根据。由此多年的教禁瓦解，传教士开始公开活动。但以上规定只限定在五口通商口岸，传教士可以如此活动。五口以外尚属禁止洋人活动地区。法国传教士为了取得深入内地传教的自由，道光二十五年(1845)，又通过公使剌萼尼与耆英的关系，进一步提出解除"禁止深入内地传教"的

---

① [法]史式徽:《江南传教史》第一卷，上海人民出版社1983年版，第8—9页。

② [法]史式徽:《江南传教史》第一卷，第19—20页。

③ 梁为楫、郑则民主编:《中国近代不平等条约选编与介绍》，中国广播电视出版社1993年版，第35页。

④ 《教案奏议汇编》卷首。

禁令，接着又提出要求归还雍正、乾隆时期禁教被封的天主教教堂教产的问题。昏庸的耆英早被洋人吓破胆，咋说咋办，全力照准，他先后给道光帝上奏说："洋人请将中国习教为善之人免罪……似属可行。应请嗣后无论中外民人，凡有习天主教并不滋事行非者，仰恳天恩，准予免罪。"①"天主教劝人为善，并非邪教，请求将以前被封的教堂教产予以发还。"同样昏庸糊涂的道光皇帝，不仅于道光二十五年一月(1845 年 2 月)在耆英的奏折上硃批："依议，钦此。"还在次年专门发布上谕："天主教既是劝人为善，与别项邪教迥不相同，业已准免查禁。此次所请，亦应一体准行，所有康熙年间各省旧建之天主堂，除改为庙宇、尼居者毋庸查办外，其原旧房屋各勘明确实，准其给还该处奉教之人"②。道光帝不明有关中外交涉，他在昏庸的耆英根据传教士的要求所呈的奏折上硃批"依议钦此"，就等于为传教士增加了条约所无的优待内容，传教士在各地根据"依议钦此"，深入内地传教，并向相关地方当局索还旧址，就此也就引起此后一系列的麻烦和冲突。由此，近代新一波传教高潮和冲突开始了。

(二) 近代江苏教案的演变

鸦片战争后，最先到达上海和江苏的是法国传教士，"耶稣会被召重来江南"，南格录被任为江南教区第一任会长，道光二十二年六月(1842 年 7 月)到达上海。他立即着手制订了详细的布道计划。其中包括"中国神职人员的修道院，培训从事教育工作的修士学校，培育女青年的女修会、医院，收容无家可归孤儿的教养院。他还想"建立一座小型的天文台，搜集上海地区的天文、地理观察资料"，上海耶稣会会院原来设在离市区较远的横塘乡村，环境较差。南格录"念念不忘在上海中心地点建设一所会院"，最终选定在明代最早信教的大学士徐光启的家乡南汇，遭到当地群众的反对……后因得到上海知县弹压保护，徐家汇会院得以建成③。

紧接着英美传教士也接踵而来，上海很快成为各派传教士汇聚的中心，传教士不顾条约的规定，纷纷潜入上海周围地区，偷偷传教。他们并且依据道光皇帝的上谕：一方面有恃而无恐地公开活动，一方面开始"索还旧址"，同时要求建立新的传教据点——教堂，从而不断引发纠纷。江苏地近上海，是传教士集中地区，也是教案发生较早的地区。主要有以下几种类型：

1. 早期非法传教、"索还旧址"引起的教案，如青浦教案、上海还堂案等。

青浦教案：道光二十八年二月(1848 年 3 月 8 日)英国传教士麦都思、雒魏林、慕维

①② 梁为楫、郑则民主编：《中国近代不平等条约选编与介绍》，中国广播电视出版社 1993 年版，第 35 页、第 44—45 页。

③ [法]史式徽：《江南传教史》第一卷，第 57 页。

林等公开非法进入离上海 90 多里的江苏青浦县城隍庙前传教，散发宣传小册子，引起大量乡民和漕运水手争相索取，秩序较乱。传教士雒魏林竟然举起手中拐杖敲打近前的拥挤者，引起公愤，乡民、水手向传教士投石子还击，致使三名教士受有轻伤，迅速逃回上海。事件发生后，英驻上海领事阿礼国借机扩大事态，向苏松太道台咸龄提出惩罚、赔偿要求。咸龄回答：三名传教士违反规定下乡，引致纠纷，此"斗殴细故，不足深诘"。阿礼国见咸龄不答应他的无礼要求，竟大耍无赖，手持长折扇拍打咸龄之头，要求咸龄迅速查拿要犯严惩。未获答准后，竟然公开宣布"在未获得满意的解决之前，所有英国船只进出的货物一概不付税"，"所有（上海）装载贡米准备出海运往北京的一千四百艘运输船队，一律不准驶离港口"。同时下令停泊在长江口外的英舰"契尔顿"号，封锁上海港，不准漕粮船出入。并派副领事罗伯逊乘英舰"爱司比格"号直航南京，向两江总督李星沅递送抗议照会，以示威胁恫吓。① 法、美驻沪公使亦同发威胁恫吓照会附和，支持阿礼国的嚣张狂悖行径。在此形势下，青浦反教的民众水手聚集 1.3 万余人②。两江总督李星沅为息事宁人，只得命令江苏臬司倪良跃赴沪，协助上海道带同传教士到县查拿"凶犯"10 名，赔银 300 两，苏松太道台咸龄革职交部议处。至此，阿礼国还不罢休，还强迫李星沅派大员亲到上海赴英舰向传教士赔礼道歉，此事才得以了结。当时，阿礼国自鸣得意向国内汇报，炫耀他的手法高明，取得如此巨大的胜利。英驻华公使德庇时给他的复信中说："恭喜你的成功，但只此一遭，不能再干。"③

在"给还旧址"的纠纷中，江苏地区的传教士亦扮演了极不光彩的角色。他们首先深入城乡，依靠教友，找一些老人调查询问，有的"靠民间口头传说和回忆"④了解何处有教堂、何处是教产或传教士的墓地，还有的通过查找古书，搜集名胜古迹的记载及地方史料，捕风捉影，指定某处有教产，然后索赔，以达到占地建教堂的目的。如道光二十六年（1846），上海法国传教士得知"给还旧产"的圣谕公布后，就向上海地方官提出"先发还上海城内天主教的老教堂和旧教产"三处：一处"是 17 世纪建造的老天主教堂，当时已改为关帝庙"。二是教堂旁边一座原属于神父住院的房屋和一个花园，已成为城内儒生们集会的书院。三是南门外的耶稣会士的墓地里残留着的一些墓碑。他们经过调查策划，通过驻上海领事给上海道台施加压力和威胁恫吓，最后同时给了三块地，"每块约有一公顷左右的面积"⑤。大大超过原来的面积。这也引起民众的极大义愤。

咸丰六年（1856），法国传教士又先后提出查还通州、镇江、扬州、江宁各地的天主

---

①②③ 张力、刘鉴唐：《中国教案史》，第 337—340 页。

④ ［法］史式徽：《江南传教史》，第一卷，第 85 页。

⑤ ［法］史式徽：《江南传教史》，第一卷，第 87 页。

教堂。其中江宁(南京)汉西门教堂已改为"仓廒"多年,成为两江总督府的库房。传教士与两江总督李鸿章几经交涉,要求归还或择地置换①。而且非要在城内择地重建,最后只好同意。此事引起民众极大的不满。同治七年(1868),在扬州发生的大规模教案,传教士无理要求"给还旧产",便是教案发生的重要原因之一②。

在传教士大肆深入乡村、扩大传教的过程中,他们往往采取不正当的手段或强行租房建立会所,也是引起纠纷和冲突的原因之一。如同治六年(1867),法国传教士金缄三,由扬州北上淮安,想在那里建立新的教区,于是想先租房建立临时据点。适有"书生胡锡龈,有祖遗瓦房十五间半"③空置。于是金缄三就通过教友陈从爱冒充皮货商,买定此房。可是在买卖契约上却偷偷添写"卖与天主堂"字样。消息透漏后,民众议论纷纷,人数越聚越多,先至县署抗议后又至淮安府署,要求返还,并张贴揭帖,痛斥金缄三的鬼蜮伎俩。揭帖写道:"现有教鬼传教,到我淮城扰闹。无父无母,总是胡言乱道。吃他丸药糊涂,祖宗牌位不要。节妇养幼两堂,拿钱哄人入教。妇女听他奸淫,昏糊不知耻笑。小孩受害更狠,眼睛被他挖掉。租房买地与他,我们誓与拼闹。大家齐备刀枪,一声锣鼓齐到。"④事情闹得很大,金缄三吓得赶快溜回扬州。像这样的事还发生在镇江、松江各地。同治六年九月(1867年10月),两江总督曾国藩在给清廷总理衙门的上书中说:"近年来各省垣及府城县城几乎无处不设教堂,教士租赁之事……悔租之事,层出不穷"⑤,究其原因,一方面是传教士有的采取种种非法卑鄙手段,引致民众强烈不满;另一方面是乡村士绅从传统的排外观念出发,反对外国传教士渗入本乡本土,干预世俗生活,引起传教者、信教者与社会民众的矛盾冲突所致。

2."育婴堂孤儿院"引起的教案。西方传教士在传教的过程中,为了获得民众好感,使人信教入教,除了宣传灌输宗教教义以外,还采取一系列小恩小惠的手段,如救济贫困灾民,给入教者以小礼品,给人看病,办孤儿院、育婴堂,办医院,办学校等以收买人心。其中最早是从办孤儿院开始的。

江苏的孤儿院首先是从松江、崇明岛开始。19世纪40年代末,松江府横塘镇教会收有少量孤儿,后来迁至蔡家湾。至50年代初,蔡家湾有孤儿66人,曾办有缝纫、木工、制鞋、印刷等几项手艺,使这些孤儿将来能借以谋生⑥。很快,周围各地也办起了多所孤儿院。唐墓桥孤儿院专门收养女孩,蔡家湾专收男孩。上海徐家汇也开始

---

①② 《教务教案档》第一辑(三),台湾"中研院"1970年版,第375页。

③ 《教务教案档》第二辑(二),第600页。

④⑤ 《教务教案档》第二辑(二),第601页。

⑥ [法]史式徽:《江南传教史》第一卷,第234页。

办起了育婴堂。

崇明岛的孤儿院最初是“从教外人处收来或买来的一些儿童，就安排在教友家里……一般由贞女负责教养，大部分费用也由她们负担。圣婴善会的捐助，往往只用于收买遗弃的婴孩和资助经济特困难的那些行善的贞女”。咸丰元年(1851)，费都尔神父收了8个5—8岁的女孩子，却找不到收养他们的人家，因此只得把他们安排在一间小屋子内，托两个穷苦的贞女照管，这就是崇明孤儿的开端①。以后，随着传教事业在苏州、无锡、丹阳、南京等地的发展。到咸丰三年(1853)，“由教友家庭或孤儿院收养的儿童有2159人”。②收养孤儿，少数可以，人数一多，当作一种事业来办，问题就多了。当时中国社会极度贫穷，加之战争、灾荒等，孤儿越来越多，传教士深入城乡传道，办的孤儿院也就越来越多。后来各地又办起育婴堂，育婴堂的要求更高，住房条件，医疗、卫生，养育婴儿的知识、技术条件等在当时条件下，根本就无法保障。一个传教士说道：“经济的薄弱，环境的困难，不允许我们事事满意。”因此必然会出现的一个后果就是婴幼儿的大量死亡。在此情况下，原本既有的民教矛盾、中外矛盾加上极为敏感的儿童死亡问题，很容易激起事端，形成教案。江苏在19世纪60年代以后，以孤儿院、育婴堂事件为导火线，引发多次大规模的反教斗争。如：

扬州教案：同治五年十月(1866年11月)，法国传教士金缄三等人来到扬州，私自买地建教堂，收买人心，吸引百姓入教。其后英国传教士戴得生，亦来扬州琼花观巷私下租定房屋，开始传教，引起当地群众的不满。同时，社会开始流传传教士“有剖取幼孩脑髓，眼珠”，“教会医院有将婴儿、贫苦病人作试验品”等种种谣言，甚至有人到处张贴，“育婴堂系为食小儿肉而设”的揭帖，要求官府出面驱逐教士。是年七月(8月)，正值扬州府学举行科举考试之期，各县来扬的考生也被卷入这股要求驱逐传教士的风潮，跟随民众一起不断骚扰传教士的居住处、教堂，用石头、砖块砸毁门窗、房瓦等，并扬言焚烧教堂。此时正值盛夏，有人为育婴堂掩埋死婴儿被抓，纠送江都县衙。消息迅速传遍扬州，大量民众、应试考生，聚集到英、法教堂处，推倒围墙，砸毁门窗、家具等物，焚烧传教书籍。传教士纷纷逃避，并报告扬州知府。扬州知府孙恩寿会同江都、甘泉两县令派兵抓捕数人。为怕事件扩大，连夜雇船5只，将英、法传教士及其家属、随员护送镇江暂避。英、法、美各国驻上海海领事接报此案，立即派员坐兵舰到镇江、扬州查勘，同时由英驻上海署理领事官麦华陀上报两江总督曾国藩，要求总理衙门派员会同处理。麦华陀提出种种无理要求，并两次带领4艘兵舰直航南京，以武力威胁。经数月纠缠，最后以“办事不力”，撤销扬州知府和甘泉县令职，赔偿银

①② [法]史式徽：《江南传教史》第一卷，第245、261页。

1500 两，纠办滋事首从，颁布保护传教士告示，并刻石立碑为记，方才了结此案。

丹阳教案：丹阳地区传教士由法国耶稣会管辖，有教徒七八百人，聚居于四所小教堂周围。另有 300 多名住在城内。《中法天津条约》、《中法北京条约》签订后，西方教会更是肆无忌惮地深入中国内地、城市乡村，传教布道，买地或租地建教堂，办孤儿院、婴儿院、医院等，地方官必须加意保护，不得阻拦或为难。从此，江苏各地的教会发展进入一个新的高潮时期。尤其法国天主教耶稣会跟法国驻沪的领事相勾结，动辄上告总理衙门，要求履约，或带着全副武装的卫队及随员威风凛凛，沿江而上，强行造访地方官，恫吓威胁。地方官迫于压力，往往多方迁就，满足其贪欲。同、光年代，法国传教士在丹阳各地办起多处育婴堂、孤儿院、学校。由于当时的客观条件所限，婴幼儿死亡率很高，加之当时社会普遍流传传教士拐骗幼儿剖心、挖眼制药，吃幼儿人肉等谣言，民众早就人心浮动，忿恨不已。

光绪十六年三月初七日(1890 年 4 月 25 日)，又传法国传教士虐杀婴儿的消息，丹阳天主堂附近的民众结集，要求进堂观看，遭到严厉拒绝。愤怒的民众从后院突进，发现院中泥土松软，脚踩下陷。挖掘后，发现“纵横孩尸七十余具，有用小棺者，有用洋油木箱者，有蒲包者，有裸埋者，断烂骷髅，十居八九。间有新埋数具，血肉模糊，面目身躯，无从辨识……惨恶情形，目不忍睹。”[①]群众见此惨状，怒不可遏，当即发生冲砸事件。消息传出，周围群众纷纷涌向天主堂，将其围困。丹阳城守得悉，立即调集兵员镇压，并保护天主堂。愤怒的群众如潮涌来，用砖头、石块、木棒等猛砸天主堂，同时打伤营兵数人。城守见寡不敌众，也无心维持秩序，听任民众行动。结果将丹阳天主堂及附近传教士会所、住屋、孤儿院，一起付之一炬，烧毁房屋 20 余间。最后赔偿白银 8400 余两，将知县查文清参革结案。

无锡教案：无锡传教历史较久，原属天主教遣使会浙江教区管辖。后移交南京教区管理。无锡地区有教徒 3000 多人，分属 3 个会口。无锡西门外的三里桥会口，主要是农民、小商、小贩。另外两个会口主要是渔民。他们每逢一定节日，就举行宗教活动。无锡教区的司铎彭安多诡计多端，经常与传教士勾结，在地方上仗势欺压乡民，包揽讼词，敲诈勒索，侵占土地房产，奸淫妇女，乡民仇恨已久。当时社会上流传传教士虐杀婴幼儿、拐骗儿童风潮正盛。光绪十二年(1886)发生第二次扬州教案，光绪十五年(1889)发生镇江教案，当时无锡三里桥一带，常有小孩走失之事，民众即怀疑为教堂所为。光绪十七年五月初二(1891 年 6 月 8 日)，民众要求进入教堂寻找，遭拒，人数越集越多，双方发生冲突。民众进入教堂后，在一间房内木板上发现童尸，接

① 王仁堪：《王苏州遗书》卷六。(台北)文海出版社影印版，第 511 页。

着又在空地内掘出胡乱埋葬的童尸二百余具，群情沸腾。接着，金匮知县闻讯率兵赶至弹压，愤怒的群众趁势打砸、放火焚烧，传教士多年经营的无锡三里桥大教堂及附属房屋30余间，遂化为灰烬。消息传开以后，无锡堰桥、西璋、杨巷等地纷纷响应，烧毁当地教堂，一时反教斗争波及周边各县，丹阳、无锡等六县的知县受处，共赔银11.63万两①。

3. 少数传教士仗势横行，民族矛盾激化，加之会党散布谣言，引起教案。传教士不仅有自由传教权、租买土地权，地方官不但不准干涉，而且必须加意“保护”。稍不满意即通过告恶状，勾结殖民主义势力，向各地方政府施加压力，进行威胁、恫吓，要求赔礼、道歉、索赔等等，引起官民的极大恶感。江苏长江流域，自1858年《天津条约》后成了各国军舰随意游弋的世界河流。沿江各地传教神父动辄与英法领事、海军司令，乘军舰兵船，率领全副武装的兵员耀武扬威，“访问”各地方政府，提出各种要求。为避免事端，各地方官无不答应。常此以往，传教士在乡村中无形成为一种特殊势力，独霸一方。加之他们施以小恩小惠，乡村中一些无助的贫民往往被吸引，大批入教，引为护符。一位在崇明传教的法国神父道：“每天有各种各样的教外人，怀着最可笑的最不相称的动机拥来我处。有的看到我们行慈善事业，因而要求进教。有的是为了可以不劳动而有穿、有住、有吃，或至少可以分享一些哀矜（救济费）而要求进教。有的人犯了法，也要求进教，为的是希望在打官司时，得到救援与解脱。事实上也是如此，人们也不敢和教友打官司。因为只要神父一句话，往往就能解脱无辜的被告。如发生家庭纠纷、析产分家、买卖不公等这些烦琐小事，那些崇明人就会被带到我们堂里来。”②传教士俨然成为乡村生活中的主宰，随意干预地方世俗生活，包揽讼词，包庇教友，胡作非为。例如，同治十一年（1872）江阴地方修理孔庙，按例户户都有摊派，传教士以天主教不信孔子，不准向教民收费。光绪五年（1879），松江地区，按例向“装运米粮各船户摊派庙捐”。传教士以庙捐有碍教规，不准向教友收取，已收者强行要求退回。另有无锡、金匮两县共立儒学碑，碑中文字有“粤贼倡乱，谬称无父，隐附于泰西天主教。今贼既灭绝，而彼教方肆行于中国以惑人心”等文字，法国传教士立即提出“抗议”，认为这是毁谤泰西天主教，要求地方官立即予以拆除并赔礼道歉。其他如租买土地房产等与地方不法教友勾结，狼狈为奸等，必然引起地方士绅民众的不满，引起民教矛盾，发生冲突。

第二次扬州教案：第一次扬州教案后，传教士勾结英驻上海领事麦思都率领4艘

---

① 张力、刘鉴唐：《中国教案史》，第436页。

② ［法］史式徽：《江南传教史》第二卷，第123页。

军舰、兵员数百，逼迫两江总督革除扬州知府及甘泉县令，赔偿损失，并刻石立碑禁告："自示之后……毋得滋扰教堂……遇有来往洋人亦不得肆行无礼。尚敢故违，定行深究，决不姑宽。"从此传教士在扬州传教，更加肆无忌惮，民众愤恨愈深。光绪十二年(1886)，法国传教士余达德等，又在扬州强占农田，非法建堂，民众愤慨不已。时东乡适有民妇姜三娘及做香火者钱伟龙好抱打不平，约于某日深夜，集七十二村民，肩荷锄头、铁锹等农具，一起捣毁教堂，砸毁教院居所。余达德连夜逃至扬州，向江都知县告状，县官下乡查案，民众都说不知，不予理睬。后上报两江总督曾国荃，曾亲自派兵下乡，逮捕姜三娘。群众闻知，东乡七十二庄鸣锣齐集男女数千人，各带铁耙、锄头、火叉、镰刀等农具，将官兵包围，与之论理。官兵眼看形势不妙，答应调查后再说。曾国荃回南京后，深感此事棘手，也只好暂时搁置。

第三次扬州教案：19 世纪 80 年代至 90 年代，长江成了英、法军舰兵船随处游弋的"公开航道"，同时沿江各口岸水上运输亦为外国轮船公司所把持，迫使中国旧式的木船运输业濒临绝境，大批的船夫、水手失业。清代长江流域，向有称哥老会的民间帮会秘密组织，初为"反清复明"，成员主要是破产农民、手工业者、船夫、水手、社会游民，间有地主富豪渗入其间。此时民教矛盾尖锐，哥老会很自然地成为反洋教的组织力量之一。他们往往采取散布社会流言，传送揭帖，制造事端等低级的斗争形式，鼓动群众，打教堂，砸洋人使馆，甚至进攻洋人居所以泄其愤。

光绪十七年春(1891 年 4 月下旬)，扬州大街小巷，忽有人张贴、散发揭帖说：城东南流水桥地方天主堂内，有人虐杀婴儿，并杀死两名少女，洋人行凶，号召众人前往报仇。接着揭发传教士的揭帖、标语、诗歌、文章越来越多，各种谣言满天飞。此时法国天主堂神父康治泰立即报告扬州知府，要求保护。扬州知府及甘泉、江都两县令立即调派百名兵将，到教堂、孤儿院向民众做说服工作，并打开大门，让涌来的民众参观检查，结果并未发现如揭帖中所说之事。在参观检查过程中，除孤儿院的围墙被推倒以及两处门窗被砸坏外，尚未发生其他更严重的事件，人群亦渐渐散去。在官府答应赔偿一切损失之后，也许传教士经历三次扬州教案后，亦深感众怒难犯，中国人不好欺，再也不敢像第一次那样威胁、讹诈、乘机要挟，此事遂告平息。但以此次教案为发端，新一轮长江流域反教斗争高潮出现，上溯芜湖、安庆、南昌、武穴、宜昌等地，下及江苏境内的丹阳、无锡、金匮、如皋、江阴、海门亦受影响，多处发生反教骚乱，但其规模烈度已不如以往那样激烈。

中日甲午战争后，帝国主义列强掀起了瓜分中国的狂潮，在民族危机日益严重的情况下，全国各地特别是通商口岸的爱国士人，从"保国"、"保种"、"保教"的视角发起新的反帝、反教斗争。各地民众在秘密会党的推动下，反教斗争进入空前剧烈时期。

如当时的福建、四川、山东、直隶都发生大规模的反教斗争。有趣的是，这一时期法国耶稣会江南教区传教事业却在平稳地迅速发展。到19世纪末，江苏全境11府厅70余县，耶稣会的大小教堂已增至709处，最多的崇明县即有大小教堂70座，全省只有吴江、震泽、溧阳、宝应、盐城等少数几个县没有教徒，未建教堂。[①] 光绪二十六年(1900)江苏受洗入教人数达113631人。[②] 1907年江苏天主教新教人数达136096人[③]，成为仅次于直隶251345人的天主教徒第二大省。但在全国的反教斗争进入最高峰时期，江苏全省除与山东接壤的北部边境地区，受大刀会影响，有少数人卷入反教斗争外，其余各地都未发生大规模的教案，相对平静，值得深思。

根据台湾学者王树槐的统计，晚清江苏发生报官处理的大小教案约40起，其中江南占28起，江北占12起。从官绅对教案的态度看，初则据理力争，继则调解，在传教士勾结英、法侵华政治势力动辄以武力威胁的情况下，开始走向妥协，采取镇压民众，保护传教士的息事宁人的态度。故江苏发生的教案从情节方面看，较其他各省为轻。除了初期(太平天国战乱时期)有一传教士被杀之外，皆未发生命案。就赔偿金额而言，总计江苏赔偿伤害及教堂损失约计银10万余两。比之他省赔偿动辄数十万或百余万，不可同日而语。

(三) 对教案问题的反思

中华人民共和国成立以后，对近代教案问题的学术研究和表述方面，受当时反帝爱国主流思潮的影响，缺乏科学、辩证、具体的客观分析，存在三大误区。

误区之一，将西方传教士的传教事业笼统地等同于西方列强的对华侵略，一概加以抨击和批判。宗教问题是一种非常复杂的社会历史现象，它的传播与扩散亦受多种复杂的社会历史因素所影响，决非一种一时一地的政治势力所能完全左右的。汉代的佛教由印度传入中国，明清时期西方的基督教在中国的传播，虽历代统治者屡经严禁，但始终难以禁绝。最后还是在中国大地上落地生根，直到现在也无法消灭。

为什么不能将近代西方在华的传教事业笼统地等同于帝国主义的侵略呢？可以从以下几个方面来说明：一是帝国主义侵华是受西方国家政府指使的政治、军事、经济的侵略行为。而西方传教士来华传教，是受西方社会的教会组织以及传教士个人的宗教信仰支配的宗教行为。二者是不同组织系统，虽有前者支持后者的情况，并非后者一定是受前者组织领导，充当帮凶或副手的组织关系。二是传教士在近代来华传教，虽然利用了不平等条约的规定，乘机发展传教事业，并在早期提出“索还旧址”

---

① 《教务教案档》第六辑(二)，第941页。

② 史式徽：《江南传教史》第二卷，第354页。

③ 王树槐：《中国现代化的区域研究：江苏省(1860—1916)》，(台湾)“中研院”近代史所1984年印行，第112页。

的要求,以致引起很多纠纷,但从总体上说也是根据有关条约规定进行的活动。在整个近代西方传教活动中,传教士并未提出任何政治军事经济特权,因此不能简单等同于帝国主义的侵略活动。三是虽然有些传教士中依仗帝国主义的政治军事实力,飞扬跋扈为所欲为,甚至跟一些政治上的野心家勾结干坏事,但这并不是西方教会的根本宗旨。此外教案的发生跟教派亦有关系。基督教在江苏的传教可分为两个教派:一为天主教,一为耶稣教。在江苏所发生的 40 起教案中,天主教占 32 起,耶稣教 4 起,情况不明者 4 起。"江苏省可以说是美国教会的天下",可无一处是跟美国传教士发生的教案。这跟各教派的传教方法,西方各国教会组织对传教士的态度有很大关系。如同治七年(1868),扬州教案中法国传教士表现很恶劣,而英国传教士戴德生则与法国传教士正相反,始终未要求英国军舰支持,而且一再放弃赔款,反对英国政府的干预。他认为任何上诉或赔款的请求,既不合情理,亦违反《圣经》教训。他所属的内地会在义和团运动时期有 58 位传教士被杀,但内地会仍然拒绝清廷对该会传教士生命财产损失的赔偿。因此,不能因为少数传教士的恶行,就笼统地将西方宗教来华传教视同帝国主义侵略。

误区之二,将民间的"反教"行为笼统地定性为广大人民的"反洋教斗争",是"反对帝国主义侵略的爱国主义行为",甚至冠以"民族主义觉醒"。

中国近代教案的产生原因非常复杂,后果亦颇为严重。从江苏的情况看,相对简单,后果亦较轻微。根据有关资料统计,鸦片战争以后,江苏在晚清时期共发生报官处理的教案大小共 40 起。早期教案 10 起大都发生在太平天国战乱时期,有偶然性、突发性,并无预谋。中法战争后所发生 14 件教案,其中 7 起由租房建教堂"索还旧址"引起,大都以乡绅为骨干,发动反对。还有 7 件,由教民纠纷、派捐不认、听信谣言驱逐传教士、砸教堂引起,以扬州教案为最。自此以后,地方官对教案处理,非常小心谨慎,士绅态度亦渐渐在转变。至 19 世纪 80 年代末、90 年代初,长江哥老会发起反教高潮,江苏的 6 起教案,都是哥老会以散布谣言的方式,串连发动而起乘机抢劫,与江苏地方人士关系不大,由于官府淡化处理,并未形成大案。自此以后,"虽有一些案件,但都是一些教务交涉,已不再构成大案,且无反教情绪在内"①。江苏教案至此为止。

根据以上分析,将江苏教案的产生归结为爱国主义行为,似嫌牵强。爱国主义是千百年来长期形成的一种崇高神圣的民族感情,是一种伦理道德规范,是为民族国家的根本利益勇于牺牲的奉献精神。在封建时代,爱国主义最集中的表现应该是忠君

---

① 王树槐:《中国近代化区域研究:江苏省(1860—1916)》,(台湾)"中研院"近代史所 1984 年印行,第 132 页。

爱民。揆诸当时江苏民众所发生的反教行为，一为具体的经济利益如土地房屋等，二为传统的乡土排外观念，不欢迎外来洋人，三为流传的谣言所蛊惑，反教、打教。他们反教的目标："一般来说，只是希望将教会势力赶出本乡本土本地区，便心安理得，万事大吉。"①所以有的学者认为：在当时贫穷落后偏僻的乡村，参加反教的农民是否有明确的国家观念都是问题。否则大批贫苦农民以及"富裕人家"入教，难道都是不爱国的叛民吗？当代教案史研究专家戚其章先生认为：1860 年以前为教案始发阶段，列强侵略对中国乡村社会影响不大，农民对国家的关心不明显，他们对教会的态度主要是排斥，这似乎还不能说就是爱国主义。1860 年至 1884 年间教案主要围绕"还堂"、"建堂"、"租房"为中心的冲突。这一时期还缺少资料说明农民对国事的关心，但不排除由于大量的反教宣传，特别是中法战争的巨大影响为农民爱国主义观点的确立做好了精神准备。1884 年以后至 19 世纪 90 年代是教案高发期，其特点是地区集中、发案频繁、冲突渐趋猛烈，反教斗争跟反对帝国主义发生紧密联系，开始表现了一定的国家观点。但这种情况跟江苏关系不大，此时江苏发生的教案大多是长江流域哥老会散布谣言，哄动众人，包围教堂，放火抢劫所致，与江苏地方人士关系不大，且官府弹压控制及时，均未酿成大案。至于 19 世纪 90 年代以后，其他地区出现反教高潮，江苏基本风平浪静。这说明江苏人民在对待西方传教士传教的问题上，由开始的抗拒排斥态度，较快地转变为较理性的宽容态度对待，实现了江苏近代对西方传教事业的抗拒与变迁的双重变奏，符合近代化社会历史发展的大方向。也可说是一种真正的民族主义意识的觉醒，是一种理性的爱国主义表现。

误区之三，将西方传教士来华的宗教文化活动妖魔化，完全从反帝的政治视角出发，认为西方宗教完全是为帝国主义侵华服务的，是从精神文化方面腐蚀、毒害、麻痹以至最后达到彻底控制中国人民的目的。而看不到传教士作为西方资本主义精神文明的使者，他们的活动对传播西方文化和资本主义的人文精神，加强中西文化交流，对冲击中国封建文化中的腐朽落后成分，促进中华文化的更新和发展所起的积极作用。现在大家都认同"西学东渐"对中国走向现代化的作用。而"西学东渐"在鸦片战争之前的明清之际，主要就是靠西方传教士传播西方文明的积极活动。一位研究中西文化交流的专家说："担任这一时期西学传播的主角是耶稣会传教士。"②从明万历十年(1582)利玛窦来华，到清乾隆三十八年(1773)禁教，耶稣会解散的近 200 年间，耶稣会传教士在中国译著西书 437 种。其中人文科学书籍 55 种，包括地理、地图、语

① 吴金钟、刘泱泱等主编：《近代中国教案》，黄山书社 1993 年版，第 64 页。

② 熊月之：《西学东渐与晚清社会》，上海人民出版社 1894 年版，第 39 页。

言、文字、哲学、教育等等。自然科学书籍131种，包括数学、天文、物理、生物、医学、音乐、绘画、建筑等等①。许多方面均开中国之先河，成为中国过去闻所未闻的“第一次”。

鸦片战争之后，传教士诚然是利用了西方列强的侵略卷土重来，在帝国主义侵华过程中，少数传教士有时确实是充当了代理人、帮凶或仗势为恶的不光彩角色。但大多数在传播宗教的同时，热心传播西方文化，办学校、孤儿院、养老院，开医院、药房、诊疗所，反对抽鸦片、赌博，反对裹足等。其中，耶稣会（基督新教）美国传教士贡献尤著。以江苏为例，就教会而言，江苏省可以说是美国教会的天下。美国教会的特色是资金充足，注重教育及医疗事业，因而对现代化的促进比较其他国家教会要大。至光绪三十四年（1908）止，美国各教会在苏创办中学24所，大部分在苏南，共20所，苏北4所，在校学生2221人。医院18所，苏南、苏北各9所②。天主教所办学校多以小学为主。至于从全国来看，传教士的活动除传教以外，对“西学东渐”、引进西方科学技术文化和传播西方精神文明、伦理精神，促进中国现代化的时代思潮的崛起，有着无可替代的积极作用和贡献。过去在极“左”思潮影响下，对此不但不予肯定，而且加以歪曲，妖魔化、恐怖化。仿佛只有重新实行闭关自守，拒绝一切西方的洋人、洋事物、洋文化，才是振兴中华的惟一方针。

二　社会上层民族主义理性的觉醒

19世纪90年代，当江苏民教冲突已归于寂灭之时，全国反洋教斗争再掀高潮。为反抗中日甲午战后各帝国主义对华的“瓜分风潮”，山东、河北爆发了以“反清灭洋”再到“扶清灭洋”为号召的义和团农民运动狂飙，席卷津京北方大地。运动期间，各地掀起屠杀传教士、教徒、洋人、焚烧教堂、拆毁铁路、电报、电话线、围攻各国驻京大使馆，终至引起八国联军侵华的重大历史事件。八国联军统帅瓦德西曾在《拳乱笔记》中说道：“中国排外运动之所以发生，乃由于华人之渐渐自觉，外来新文化，实与中国国情不适之故。更加建造铁路之时，漠视坟墓，以致有伤居民信仰情感。重以近年以来，瓜分中国常为世界各国报纸最喜讨论之题目，复使中国上流阶级之自尊情感，深受刺激。最后更以欧洲商人，时常力谋损害华人，以图自利。此种阅历，又安能使华人永抱乐观？至于一二牧师，作事毫无忌惮，以及许多牧师，为人不知自爱。此则吾人不必加以否认怀疑者。”③瓦德西比较客观、公正、准确地道出了当时中国各地民教

① 熊月之：《西学东渐与晚清社会》，上海人民出版社1894年版，第39页。

② 王树槐：《中国现代化的区域研究：江苏省（1860—1916）》，（台湾）“中研院”近代史所1984年印行，第115—116页。

③ 萧一山：《清代通史》第四册，第2155页。

矛盾走向尖锐化的根本原因。

然而当时的问题是作为清王朝最高当局高层官员、地方官员，应该如何客观理性地看待这一矛盾体的双方，如何科学理性地分析、处理这一矛盾引起的问题？直到今天我们从事历史研究的专家学者仍然面临对这一问题作出科学理性分析判断的历史任务。诚如瓦德西的坦率分析：这一矛盾的主要方面，应该承担责任的是西方侵略者：新文化不适应中国国情，铁路建设伤害了中国人的信仰感情，瓜分舆论刺激了上流社会的情感，欧洲商人以图自利损害华人（利益）。少数牧师“毫无忌惮”，“不知自爱”等等。难道就可以像义和团运动号召的那样，简单地完全从感情出发，利用封建、迷信、愚昧、荒谬的落后手段，不讲策略、不问利弊、不计后果地立即对根据条约来华的洋人、传教士以及中国信教的“二毛子”，任意实行野蛮的残杀？对所有教堂、洋货，包括对铁路、电线等洋事物实行打、砸、抢、烧，就可以将这一切凡带“洋”字的人和物，统统赶出国门之外，重新回到闭关锁国、华夏独尊的中世纪？对“因受外人压迫，由畏生恨，由恨生仇，激而为此，以求自存”的义和团盲目排外行为，就可以无条件地加以肯定、支持、利用，相信其“天助神威”、“持符念咒”、“刀枪不入”、“上天入地”、“水火不容”、定能打败洋人？对此，只要稍具一点正常理性思维的人，其回答必然是否定的。

可是，以慈禧太后为首的昏庸腐朽的顽固派刚毅、载漪、赵舒翘、徐桐等权臣，仅仅出于宫廷的权力斗争，“久谋废立（欲废光绪帝）既见阻于外人，心甚恨之，时欲藉机以泄愤”，今见义和拳神力“足以灭洋，岂有不侥幸万一者乎？”竟然众口一词，采取“主抚”的方针，利用义和团“民心可用”打击洋人。为此，召开四次御前会议，以便使利用义和团灭洋合法化。会上，以光绪帝为首和一批头脑清醒的大臣，坚决反对利用义和团反洋人、杀教士的“主抚”方针，而提出镇压动乱、稳定社会秩序的“主剿”方针。他们认为“拳实乱民，万不可恃”，“果若是”利用义和团乱杀洋人，则“国危矣”。可是由于慈禧痛恨洋人支持光绪，阻止废立，决心要利用义和团教训洋人，以逞一己之私。所以总是拼命压制“主剿”的言论，支持“主抚”的主张。帝党人物袁昶痛陈：“拳实乱民，万不可恃，就令有邪术，自古及今，断无仗此成事者。”慈禧立即反驳道：“法术不足恃，岂人心亦不足恃乎？今日中国积弱已极，所仗者人心耳，若并人心而失之，何以立国？”有人问：“太后信乱民，乱民敌西洋，不知欲倚何人办此大事。”太后曰：“我恃董福祥。”董是何人？董其实是一位毫无政治头脑的赳赳武夫，唯慈禧之命是从。他当场对慈禧说：“臣无他能，唯能杀洋人耳。”有人立即警告慈禧：“董福祥第一即不可恃。”慈禧竟勃然大怒，严厉诘责：“汝何姓名？”在此情况下，虽有许多大臣仍然犯颜直谏，竭力劝阻，不可“信拳开衅”，不可与各国结怨开战，直至泪流满面。但以慈禧为首的顽固派终不为所动，一意孤行，决定跟各国断绝外交关系，“往告各国使臣，限二十四点钟内出京。"[①]随后干脆将反对利用义和团灭洋，最坚决"主剿"的帝党五大臣许景澄、袁昶、徐用仪、联元、立山全部斩首示众。五月二十九日(6月25日)，慈禧公开下诏宣战。由此，引致八国联军大举进京。随着北京沦陷，慈禧挟持光绪逃亡西安。最终重提议和，订立《辛丑条约》，中国再次遭受一场空前浩劫。这就是以慈禧为首的昏庸腐朽愚昧的顽固派，盲目"灭洋"直接导致的悲惨下场。

可是，历史事实再一次表明，一小撮逆历史而动的反动人物，可以逞意于一时，但终不能左右历史发展的大方向。决定历史发展大方向要靠理性分析，制订正确方略，能代表中华民族最根本利益的杰出人物。他们总是在历史的紧要关头，脱颖而出，提出他们适应时代要求的思想、理论、主张，化解危机，走出困境，使历史重新步入常规的发展轨道。

19世纪末、20世纪初期的中国，经过半个多世纪的劫难和西方资本主义政治、经济、文化风雨的洗礼，民族主义理性已在逐步觉醒，一大批先进的知识分子士人，洋务企业家、封疆大吏，已经开始具有新的知识、新的思维、新的符合时代潮流的处事原则，他们早已不再是传统的愚不可及、惟有"忠君"二字的傀儡。故在昏庸的腐朽愚昧的清朝权贵，以慈禧为首下诏宣战时，各省督抚，并未闻风而动。南方以盛宣怀为首的民族工商业代表人物立即跟地方大吏互相联络，严正宣布慈禧下达的宣战诏书为"伪诏"，拒不执行。同时别出心裁地提出"东南互保"的主张，避免南方大动乱的发生，确保南方各省新兴的民族工业、地方经济免遭一次浩劫。同时也阻止了帝国主义利用动乱进一步扩大对南方各省实施新的侵略的借口，显现了一次理性民族主义、爱国主义的胜利。

盛宣怀，道光二十四年(1844)生，字杏荪，江苏武进人。出生士宦之家，初中秀才后，屡试不第，遂绝意科举。后受荐入李鸿章幕，以行营内文案兼充营务处会办，显示突出的管理才能，深得李鸿章的赏识与信任，帮办洋务，成为中国近代杰出的洋务企业家。先后担任轮船招商局督办、中国电报局总办、上海华盛纺织总局督办、接办汉阳铁厂、督办铁路总公司、开办中国通商银行等，被授大理寺少卿、太常寺少卿等中央高官，并有专折奏事的特权。庚子事变以后，更是青云直上，成为洋务界的风云人物。他长期以上海为活动中心，与英、美、法、德、意等各国驻上海的政、商各界人士关系密切，经验丰富，消息灵通，属于那种举足轻重、有影响亦商亦官的头面人物。一生奉行"欲办大事，兼作高官"，"与洋商争利"，"以图自强"的宗旨，是一位洋务派爱国企业家[②]。

---

① 萧一山：《清代通史》第四册，第2195—2199页。

② 夏东元：《晚清洋务运动研究》，四川人民出版社1985年版，第216页。

在义和团运动刚刚兴起，清政府内部“主剿”、“主抚”两派争论未定时，盛宣怀便忧心忡忡地担心北方局势失去控制将不可收拾。光绪二十六年五月(1900年6月)，他给李鸿章电报说：“匪势散漫，难定此事。师(指李)若回北洋，似可速了。”①他认为李鸿章如果能回到北洋，定能将此事搞定。李鸿章自中日甲午战后，已威名扫地，赋闲京师，毫无实权。直到光绪二十五年(1899)底才被外任两广总督。年近80岁的李鸿章，由衷庆幸，“极度喜悦”。到两广后，他特别注意对辖区的社会秩序的整治，剿办“会匪”，保持稳定。盛宣怀当时非常希望清廷能让李鸿章重新主持北方大局，挽救危机。为达此目的，他又立即致电张之洞、刘坤一。想请他们共同向清廷呼吁，说明利害。电曰：“傅相(李)接赫德电，若局面无法转机，各国必定并力，大局危亡，即在旦夕。傅相督直二十五年，深得民心，目前惟有调傅相回北，内乱外衅，或可渐弭。公为封疆重臣，自应直抒忠悃，冀救万一。”但刘、张认为对此事不便插手，只希望清廷从速“定计主剿，先剿后抚”，从速稳定北方大局。适值此时英政府电令上海领事通知刘坤一、张之洞：英国将派军舰进入长江，帮助镇压土匪，维持社会秩序。盛宣怀得知这一消息，于五月二十四日(6月20日)立即致电刘坤一，他认为英国政府名为帮助维持秩序，实为欲达出兵长江的目的，果而则各国效尤，可立肇瓜分之祸。电曰：“英领事要我请其保护，是其伪术，若为所愚，各国必不服。……自吴淞以迄长江内地，公应饬沪道告知各国领事，自认保护，勿任干预。”刘坤一接电后深以为然，“惟有稳住各国，方可保全长江。”于是立即致电上海道余联元，将中国力任保护长江之意告各领事②。正当此时，盛宣怀已获知慈禧决定对各国宣战，深感北方大局已无可挽回，南方局面惟有依赖两江、两湖、两广三帅共同扶持。于是提出由刘、张、李三帅会同沪道“速与上海各国领事签订东南互保条约，中外互保，两不相犯。”电报说：“济沁电万勿声张，沪各领事接津电，津租界炮毁，洋人死甚众，英提带兵千余殁于路，已各处催兵。看来俄日陆军必先集，指顾必糜烂。如欲图补救，须乘未奉旨之先，岘帅(刘坤一)、香帅(张之洞)会同电饬上海道与各国领事订约，上海租界准归各国保护，长江内地均归督抚保护，两不相扰，以保全商民人命产业为主。一面责成文武弹压地方，不准滋事。有犯必惩，以靖人心。北事不久必坏，留东南三大帅以救社稷苍生，似非从权不可。若一拘泥，不仅东南同毁，挽回全局亦难。”③

刘坤一接电后，又跟南通张謇商量，张则对盛的主张予以支持，张分析形势后说道：“东南为朝廷他日兴复之资，诚不可不为之早计也。行台承制，晋代有之。盖申朝

① 萧一山：《清代通史》第四册，第2232页。

②③ 萧一山：《清代通史》第四册，第2233—2234页。

命以系人心,保疆土而尽臣节,非独反经合道之权宜,实亦扶危定倾之至计也。公忠勋著于王室,信义孚于列强。伏愿坚持初计,慨然自任,以待不测之变;坚明约束,以固东南之疆域。"[①]刘意始决,立即电张之洞,张亦立表赞成,认为盛宣怀的"思虑周密",立即复电刘坤一、盛宣怀,并建议他们立即与沪道余联沅一起商议订立互保条约事宜。同时派武汉道员陶森甲为鄂方代表,立刻赴沪参与订约会议。

为进一步取得两广总督李鸿章的支持,同时也为了日后向慈禧有交代,盛宣怀又再次致电李鸿章、刘坤一、张之洞,约定统一口径,以朝廷"勒令各使出京,至今无信,……逆料萧墙之内,必有变局。朝政皆为拳党把持,文告恐有非两宫所自出者。……今为疆臣计,如各省集义和团御侮,必同归于尽。欲全东南以保宗社,东南诸大帅须以权宜应之,以定各国之心,仍不背各督抚联络一气以保疆土之旨。"[②]

李鸿章接电报后,一眼便看出盛电其中的奥妙:既然电报中"恐有非两宫所自出者",就可以不必执行。于是立即复电给盛宣怀,表示宣战诏书"粤断不奉"。所谓"矫诏"也。盛宣怀接电心中大喜,李来电中指宣战诏书为"矫旨"、"粤断不奉",正是他所期望的效果。至此,南方三帅不仅对尽快策划东南互保取得一致意见,而且对北京朝廷的宣战诏书拒绝执行也统一口径。于是由盛宣怀会同上海道余联沅及三帅代表与各国驻沪领事,于五月三十日(6 月 26 日)正式举行会议,由盛宣怀草拟《保护东南章程》九款,经讨论修改,双方共同签字。《章程》内容为:

一、上海租界归各国公同保护,长江及苏杭内地均归各督抚保护,两不相扰,以保中外商民人命产业为主。

二、上海租界公同保护章程,已另立条款。

三、长江及苏杭内地,各国商民、教士产业,均归南洋大臣刘、两湖督宪张允认切实保护,并移知各省督抚及严饬各该文武官员一体认真保护,现已出示,禁止谣言,严拿匪徒。

四、长江内地中国兵力已足使地方安静,各口岸已有各国兵轮者,仍照常停泊,惟须约束水手人等不可登岸。

五、各国以后如不待中国督抚商允,竟至多派兵轮驶入长江等处,以致百姓怀疑,藉端启衅,毁坏洋商教士人命产业,事后中国不认赔偿。

六、吴淞及长江各炮台,各国兵轮切不可近台停泊及紧对炮台之处,兵轮水手亦不可在炮台附近地方操练,彼此免致误犯。

---

① 《张謇全集》第一卷,江苏古籍出版社 1994 年版,第 45 页。

② 盛宣怀:《愚斋存稿》卷三六。

七、上海制造局火药局一带，各国允兵轮勿往游弋驻泊及派洋兵巡捕前往，以期各不相扰。此局军火专为防剿长江内地土匪，保护中外商民之用，设有督抚提用，各国毋庸惊疑。

八、内地如有各国洋教士及游历洋人遇偏僻未经设防地方，切勿冒险前往。

九、凡租界内一切设法防护之事，均须安静办理，切勿张惶以摇人心。[1]

《章程》商定后，各国驻沪领事团亦表满意，会后致上海道余联沅公函一件，以表明他们的态度。函曰：

> 我受各领事的嘱托，在接到您、盛大人和张之洞、刘坤一两总督的保证后，表示我们的愉快，他们担任保持和平及保护生命财产，对于在这些省份里，因掠夺及作乱所生的任何损害，他们自己负有责任。我们对贵大人致谢，并表示对于他们的雅意致以最高的赞美。
>
> 我愿意把塘沽的联军舰队司令官们的通告，报告给贵大人，他们是对拳民及阻止他们救援危险中的北京及其他地区里外国人的人们而作战，我愿意您向贵大人保证，我们的政府，以前及现在都没有企图，无论是个别的或集体的，在扬子江流域采取任何仇视的行动，或者是派兵登陆，以直到贵大人按照中国政府所订的条约上能够而且做到在他们的省份内，维持外人的权利时为止。[2]

正当"东南互保"签订后的第二天，清廷对外宣战诏书正式传送到上海。盛宣怀立即致电刘坤一、张之洞："如钧意坚定，(互保之约)仍可办理，即请切实电示，备各领事诘问时出示，以坚其信。"[3]刘、张接电后立即复电曰："现复以并未奉到谕旨。无论此事如何，敝处与公一力承担，仍照原议办理，断不更易。"各国领事得知刘、张态度坚决，力任保护，亦照会沪道余联沅曰："倘两制府能于所管各省之内，按照中外和约，实力保护外国人民产业，各国政府前时现今，均无意在长江一带进兵。"[4]至此，两江、两湖、两广已保无虞。

为进一步确保东南的稳定，盛宣怀同时又给闽浙总督许应骙一电："北事日亟，傅相、岘帅、香帅已遵旨联络一气，力保东南，与各领事议明，允其保护长江口岸内地各国人命产业，彼亦允不派兵相扰，并达各外部均照允。闽浙海疆，同在东南，如钧处同

① 萧一山：《清代通史》第四册，第2234—2235页。

② 美国外交文件：《对外关系》第249—250页，转引自《中国近现代史论集·庚子拳乱》(13)，(台湾)商务印书馆1986年版，第181—182页。

③④ 盛宣怀：《愚斋存稿》卷三六。

意此办法，即电商三帅联络，共保大局。”许欣然同意，“东南互保”大局形成。

由于“东南互保”格局的形成，各督抚勉力保持辖境内秩序稳定，没有形成如北方那样漫无边际的“反洋”大动乱，社会稳定，地方工商各业正常发展，同时阻止了帝国主义各国进兵借口、进一步扩大侵略的可能，收效显著。在这一过程中，江苏洋务企业家盛宣怀，从“互保”设想的提出，到中间无数次奔走串连，致电于两江、两湖刘、张二督及上海道余联沅统一口径，交通于上海各领事，协商订约互保，终如愿而成。在北方战乱高峰期间，盛又同时致电清廷驻各国公使，通知各帝国政府，一再强调“无论此事如何变，上海及长江苏、浙江内地各省之内，仍按中外和约实力保护各国在各省之人民财产，断不更易”，希望“彼此尊重条约，互保安全”，以确保“东南互保”条约不被破坏。事后，有人评议“东南互保”中的盛宣怀说：“此等通天彻地手段，无人能为。公（指盛）、新宁（刘坤一）、南皮（指张之洞）同不朽矣。”刘坤一亦称其“智珠在握，有潜移默化之功，大局赖以维持，同仁阴受庇荫，宏济时艰，匪异人任”①。

盛宣怀的“东南互保”得以成功，不是他一人创造的奇迹，是时代的产物，是民族主义理性及爱国主义理性成长发育的成果。第一，盛这一观点的提出并立即得到刘、张两督及上海余道台的认同和支持，后来又得到两广总督李鸿章、闽浙总督许应骙的拥护，这说明盛作为长期从事洋务的企业家以及这些封疆大吏，对时局、对如何与洋人打交道、如何保护本民族国家的根本利益，已经具有比较符合时代要求的清醒的理性认识，已经彻底摆脱了愚昧、落后的传统的盲目排外主义，已经初步掌握了符合时代要求的外交斗争原则和手段，而不是盲目蛮干。第二，盛宣怀“东南互保”的实施还得到一大批江浙企业家及社会士绅名流的支持、协助。如江苏的张謇，上海赵凤昌，浙江沈曾植、汤寿潜、汪康年，江西陈三立等。他们有的是工商企业家，有的是支持维新变法但最后失败的失意官僚。可以说他们都是 19 世纪末受到时代思潮深刻影响的社会上层精英人物。第三，在整个策划实施东南互保的过程中，无论上海、江苏、两湖及东南各省，在政界、商界、文化知识界、社会各界，没有出现任何强烈反对“互保”，认为这是保护洋人的汉奸行为，是背叛大清、背叛忠君传统的社会舆论或文章。没有任何人公开站出来呼吁支持慈禧的宣战诏书、支持义和团的盲目灭洋。这足已说明，江苏以及东南各省社会士人的民族主义理性、爱国主义理性的觉醒。真正体现了江浙人士开放、理性、多思、冷静的区域特色，符合中国近代化进程的要求，这当然也包括江苏广大基层群众爱国主义理性的觉醒。从 19 世纪 90 年代以后，江苏基本上没有出现过盲目的反洋教斗争或教案事件。

---

① 萧一山：《清代通史》第四册，第 2236 页。

第八章　江苏绅商对晚清“新政”、“预备立宪”的推动

盛宣怀、张謇等江苏绅商企业家和封疆大吏刘坤一、张之洞共同策划“东南互保”之后，又于清光绪二十七年(1901)初连续上奏《变法平议》、《江楚会奏三折》，呼吁清廷迅速实行改革，充分体现了南方绅商封疆大吏从实际情况出发，准确把握时局，正确处理中外关系的理性思考和适应时代要求的爱国情怀，同时也为新一轮晚清改革运动开荆辟莽，促进晚清“预备立宪”和组织发动“国会请愿”，领导了晚清第二波颇具声色的宪政改革运动。

第一节　促成改革的《变法平议》和《江楚会奏三折》

清政府利用义和团盲目排外失败后，被迫与各国议和，签订空前的丧权辱国条约。根据条约，清王朝已经沦为完全仰仗洋人鼻息而存在的傀儡政权。阴险狡猾的慈禧太后为了取得各国的欢心，同时期望得到国人的认同和支持，一方面表示忏悔，一方面表示决心实行变法改革。光绪二十六年十二月初十日(1901 年 1 月 29 日)下诏：“著军机大臣、大学士、六部九卿，出使各国大臣、各省督抚，各就现在情形，参酌中西政要，……各举所知，各抒所见，通限两个月，详悉条议以闻。……务极精详，以备甄择。”[1]次年三月(4 月)，设立督办政务处，以为统筹变法之枢纽。这是慈禧太后残酷镇压“百日维新”、经历“庚子事变”后重新开始的一次自上而下的变法改革，这使许多原来内心支持“百日维新”变法活动的封疆大吏、社会有识之士，开始从绝望、恐惧、观望、摇摆中解放出来，为他们重新大胆地走向变法改革的前台，一抒胸臆、一显身手提供了难得的机遇。江苏绅商企业家张謇、两江总督刘坤一、湖广总督张之洞便是典

① 《光绪朝东华录》，总第 4602 页。

型。他们三人都曾对康、梁发动的戊戌维新运动充满希望，予以热情支持。可又被当时帝后两派激烈斗争的刀光剑影吓破了胆。时移势变，新的机会终于来临，他们总结既往的经验教训，小心谨慎，字斟句酌，试探性地奉旨“各举所知，各抒所见，详悉条议”，提出变法改革意见，张謇的《变法平议》和刘坤一、张之洞的《江楚会奏三折》便是这一背景下的产物。

一　张謇和《变法平议》

张謇是中国近代史上由封建社会向民主共和革命转变时期的历史人物。他饱读诗书，高中状元，本可以学而优则仕，做高官。可是他却三次从高官之位辞职还乡，从事实业，发展教育。看似一位杰出的爱国实业家、教育家，似乎对政治兴趣不大。其实不然，著名近代史专家章开沅先生在他的新著《论张謇》一书中说：“他并没有（也从来没有）把实业、教育与政治割裂开来。恰恰相反，政治、教育、实业三位一体乃是他一贯宣传的主张。”[①]他曾总结自己的一生说：“謇不幸而生中国，不幸而生今之时代，尤不幸而抱欲为中国书生伸眉吐气之志愿，致以皭然自待之身，溷秽浊不伦之俗。”明确表述了他一生关心政治，从事世俗事业二者不可分割的双重关系。从他对待晚清政治改革的态度、参与的活动与所作的贡献亦可得到证明。

张謇出身耕读世家，40岁以前，主要“以读书励行，取科名、守父母之命为职志”。青年时代的张謇，因屡试不第，入吴长庆军中当幕僚。当时围绕中法战争，朝廷清流派和以李鸿章为代表的“投降派”激烈斗争。张謇以边疆危机深重，旗帜鲜明支持清流派的抗战主张。光绪八年（1882），作为清廷属国的朝鲜，又在日本的策动下发动了“壬午兵变”，日本妄图以此控制朝鲜。吴长庆军奉旨赴朝平定叛乱。张謇当时是吴长庆军中参与决策人物，立即为吴起草《善后六策》，提出一整套稳定朝鲜、对付日本野心的方略，认为朝鲜是中国东北的屏障，日本、俄国都想“破朝鲜臣服中国之说。因以夺中国保护朝鲜之权……大权一失，实祸随之。”[②]此策被当时督直的李鸿章视为“多事”，有意打入冷宫。除此张謇还给多人写信或代人拟奏折，陈述朝事对策。由此足见他对国事的关心和积极。光绪十年（1884），由于吴长庆去世，张辞幕南归故里。

张謇在吴幕十余年，虽然无官衔，但却以他的品德、才识和能力获得广泛的好评。翁同龢对这位一江之隔的小同乡尤为器重，多方携掖。光绪二十年（1894），翁同龢终于利用京师主考官的便利，将屡试未第的张謇最后一次殿试试卷，以“文气甚老、字亦

---

① 章开沅：《论张謇》，经济日报出版社2006年版，第89页。

② 《张謇全集》第一卷，第22页。

雅,非常手也”的评语列为第一,从而高中状元,引为同道。张亦不负“恩师”的厚望,成为翁同龢帮助光绪帝争权、关心国事的重要骨干和谋士,在中日甲午战争中坚决主战,出谋划策,与主和的后党代表人物李鸿章进行坚决斗争。张謇为此曾单独上奏《推原祸始防患未来请去北洋奏折》,猛烈弹劾李鸿章多年来,以“四朝元老”之尊,筹防措边:“历时二十年之久,用财数千万之多……曾无一端立于可战之地,以善可和之局,稍有人理,能无痛心?”此举曾被传颂一时。可是李有强大的后台慈禧的倚重和包庇,而帝党力量孱弱,帝后党争,终无胜算。其后,虽有帝党领导的戊戌维新运动,斗争仍在继续。但在百日维新前夕,后党将维新运动的核心人物翁同龢开缺回乡,沉重打击了帝党。在此情况下,雄心勃勃的新科状元张謇,审时度势,“知朝局将有大变,事无可为”,并以“通州纱厂系奏办,经手未完”为借口,请假南归,第一次匆匆告别他一直关心并期望有所作为的政治舞台。这一行为后人从政治斗争、革命毅力的角度分析,认为是一种软弱、逃避、畏惧的心理表现。但从当时作为传统的经生士子的张謇的心理分析,亦有他的理由,他恐翁遭杀身灭族的大祸,引用朱子“邦有道则智,邦无道则愚”的典故,劝翁尽速离京。意即当权者清明有德,为臣的应运用一切智慧帮助治理。若当权者昏庸暴虐,为臣的就要装呆卖傻应付他,赶快离开他。这也是中国传统儒生奉为经典的“道不同不相为谋”的处世哲学。具有“大隐于市”,寻找机会,待时而起的意味。也就是必要时采取退却、潜伏、待机而动的战略。这在现实斗争中是斗争策略和斗争艺术的一种,不应简单地贬之为软弱、胆怯、不坚定。张謇的政坛进退正是最好的说明。他在百日维新前,面对以慈禧太后为首的顽固派强大压力,刀光剑影,惶惶人心,决定辞职不干,与恩师偕隐“江南好相见”,但“身在江湖,心在魏阙”,他并没有放弃改革、变法,以救中国的宏远主张。事隔数年,当国家面临内祸外患的“庚子事变”时,他立即起而为“东南互保”出谋划策。清廷经“庚子事变”,被迫宣布实行新政改革,广泛征求意见时,他又立即准备起而投身参与新政改革了。他的《变法平议》便是他的这一思想在新的时代背景下的产物。

光绪二十七年(1901)初,在“庚子事变”中的侵华各国,为了结束这一事变与清廷订立条约,根据议和大纲进行谈判。在谈判过程中,日本披露在“庚子事变”中,俄国已与清廷东北将军增祺订有密约九条。根据密约,俄国已全部控制东北三省,东北三省名存实亡。消息传出,各国惊骇不已。由于分赃不均,各国要求俄国必须退出东北三省,同时清廷也宣布不承认此密约。在此情况下,狡猾的沙俄亦不得不表示愿意退出东三省,但同时重新提出“十二条”,要清廷立刻正式批准,才肯退兵。此“十二条”实际比密约更为恶毒。清廷为答复俄提出的十二条,首先由军机处电商李鸿章、刘坤一、张之洞等封疆重臣,要他们帮助提出解决办法。二月,张謇受刘坤一之邀,集议南京，共商拒俄大计，他首先以刘、张名义，代拟有关中俄交涉的电稿两件。一为致朝廷电，建议“速将十二条公示各国”，千万不能批准，“堕俄狡计”。一为致各国电，“务求各国政府与俄国妥商，秉公断结……总以无伤主权”为幸。几经交涉，最后终将此秘约废除。

经此时局变化，目击伤心之事，张謇感慨良深。推缘其故，皆因国弱民贫，弊政丛生，“吏窟其奸而官养于弊”，“变乱迭兴”。不若“乘积弊之后，挟其锐气，取一切之法而张之。”[①]唯有变法，方能“保国”、“保种”。他利用在宁期间，根据朝廷的变法意旨，同时写了一篇呼吁变法的奏稿。从二月四日（3 月 20 日）开始动笔，日夜兼程，呕心沥血，至二十日（4 月 8 日）完成，分别抄就，先送刘坤一过目。奏稿仿好友何梅生《乡校丛议》例，以清廷吏、户、礼、兵、刑、工六部衙门，逐一叙述各衙门如何改革的详细方案。[②] 这就是著名的《变法平议》。

《变法平议》共提出六部 42 条改革意见，洋洋洒洒 2 万余言。最后强调：其施行次序第一为设议政院，户部及各省布政使实行财政预决算，礼部设局编译新书，各府州县设中学堂。第二明确官吏职责，确定俸禄、变科举、停捐纳、增订法律章程、罢厘金、订税目。第三减官府仪卫、兴农工商业、抽练营兵。同时，总结以往变法的教训，强调“法久必弊，弊则变亦变，不变亦变”。在变的过程中，尤其关键的是“上破满汉之界，下释新旧之争”。成功与否，在乎人为。

张謇的《变法平议》，就其内容来说，对照以往封疆大吏经世派的改革主张，改革派思想家提出的变法内容，康、梁等维新派志士在戊戌维新中提出的奋斗目标，没有任何新鲜的内容，但却体现了他们忧国忧民，向西方学习，力主改革，兴利除弊，强国御侮的变法精神。就其性质来说，《平议》与以往各改革派的思想主张相比，首先有意降低其政治敏感性，不触及核心政制的改革。如设“议会”，只提“设府县议会”，不提中央设“议会”，只建议中央“置议政院”，由中央“合京外四五大臣领之”，意即由朝廷找京外的四五个重臣经常商议商议即可。中央六部的权力构架，基本不变，只改变个别衙门的名称，“稍变其面目”而已。其次，有意降低其变革的烈度，不敢作彻底的变革。如对科举改革只提“酌变”而不敢提“废除”。对官制的改革，亦只提办“课吏馆”，“分职以专职”，“优官吏俸禄”，不敢提大力裁撤冗官、贪官。对官僚衙门极端腐朽、落后、复杂的“卫仪”，只提“简省”，不敢提“废除”等等，害怕触及太多人的特权、利益。再次，对“兵”、“刑”、“工”各部提出的改革意见，大多属繁琐、具体、方式、方法方面的

① 《张謇全集》第六卷“日记”，第 450 页。

② 《张謇全集》第一卷“政治”，第 48—49 页。

调整变化,或者已为社会基本认同只是未能全部推行的一些做法,如裁厘金、行印花税、币制改革、税目、办公司等。故《变法平议》提出的改革内容,虽然大多数属于不触动原有统治集团政治结构、特权利益,但却贯彻了向西方学习、向日本学习、"为我所用"的开放精神。《平议》的这些特点是和张謇的出身经历、思想认识水平相一致的。他渴望变法改革,兴利除弊,强国御侮,但他不希望因此引起太大的阻力和动荡。这是他的一个重要的思想原则。他在《平议》开头就表明了:"不斟酌今日弊政之标本,与夫人民之风俗,士大夫之性情,以权因革损益之宜,第轻重缓急之序,则意行百里而阻于五十,何如日行二三十里者之不至于阻而犹可达也。况乎道平而轨顺之将不止于百里也。"这就说明张謇是一名温和的变法派。

《平议》的内容虽无重大突破,但在当时却产生了很大的影响。当时国已不国,一片混乱,京师、北方百废待理。《平议》是大灾大难后,最早奉旨言变法,整顿国是提出的第一份有分量的变法意见书,开第二次晚清上奏变法之先河。其后,紧接着便有刘坤一、张之洞联名会奏的"江楚三折"。由此,正式拉开了第二轮晚清变法改革的序幕,使得在戊戌政变中被残酷扼杀的民族生机重新得到复活。为其后中国近代第三波新的思想、新的观念、新的社会变革开辟了道路,自有其时代价值和历史意义。对于以往历史,凡是涉及革命、改革,一定以"坚决"、"彻底"为贵;对当事人一定以"勇于牺牲",最好"被杀头"为贵;否则便是"等而下之","不足论"。今天,对于这种极"左"的思维模式也该进行反省了。历史总是多变的,"激进"的固然可贵可佩,"缓进"的、"温和"的,亦有其存在的价值和理由。不必过分锱铢必较,分出谁高谁低,从而臧否褒贬之。

二 刘坤一和张之洞的《江楚会奏三折》

所谓"江楚会奏三折",是两江总督刘坤一与湖广总督张之洞在光绪二十七年五月(1901 年 6 月)、也就是张謇撰写《变法平议》后两个月联衔上奏,呼吁变法改革的三份奏折,故有是名。庚子事变期间,慈禧太后挟持光绪逃亡西安,刘坤一与张之洞联衔实行"东南互保",免除南方战乱,"不仅使外人相安无事,尤在以东南之物力,接济西北之贫缺",使清廷能赖以维持,不致瓦解,一时有"中流砥柱"之美誉。加之刘、张经营江楚十多年,本来就具有举足轻重的政治、社会地位,由此,更得慈禧重视,倚以肱股,在"庚子事变"与各国谈判以及处理内政大事时,"无一不列刘、张之名",征求他们的意见。"至于变法革新之政令,更不能不假刘、张之建议"。在此情况下,光绪二十七年(1901)二月,张謇在刘坤一处起草《变法平议》后,刘、张二人揣摩时局,"往返电商,荟萃众说,断以己意",于五月间完成 4 万余字的"三折",

联名会奏，亦在当时产生很大影响。第一折为《变通政治人才为先折》，第二折为《遵旨筹议变法谨拟整顿中法十二条折》，第三折为《遵旨筹议变法谨采用西法十一条折》。

“江楚三折”虽由两江总督刘坤一、湖广总督张之洞二人领衔会奏，实际上代表了江南开明绅商士子，在支持光绪帝“戊戌新政”遭到残酷镇压，以慈禧太后为首的保守顽固派反对变法走入死胡同的情况下，审时度势，抓紧时机，重提变法维新运动的强烈愿望。刘、张二人都是当年变法维新运动的积极支持者，上海、江苏、湖南是推进变法维新的活动中心，只是由于情况变化，加之他们都是在外省的封疆大吏，没有在“百日维新”的宫廷内部斗争中卷入更深，故未受到打击。但思想深处是一直支持变法的。从策划“东南互保”到这次会奏三折，除刘、张二督出面担纲以外，还有一批江浙绅商名士或作为幕僚，或作故友相知，在背后积极参与和支持，如张謇、何嗣焜、汤寿潜、沈曾植、郑孝胥、梁鼎芬、黄绍箕等，都具有变法维新思想、渴望改革。“江楚三折”提出培养新式人才，革除弊政，学习西法，刷新政治，体现了当时社会上层温和派的变革主张。三折上奏后很快获得慈禧太后的批准，第二天立即下诏，宣布实行变法。诏曰：“昨据刘坤一、张之洞会奏整顿中法以行西法各条，其中可行者，即著按照所陈，随时设法，择要举办。各省疆吏，亦应一律通筹，切实兴行。”是为晚清第二次宣布实行变法亦即新政之始。

“江楚三折”可谓继承晚清封疆大吏“经世派”的传统，着重融会江苏改革派思想家革除弊政，坚持向西方学习的精神，并总结百日维新失败的教训，选择时机，将已经夭折的晚清变法运动适时重新启动的一份纲领性文件。它虽然为了减少阻力，策略性地避开了政制变革中的一些敏感尖锐问题的提出，削弱了其自身的政治价值，但却换来了晚清改革变法的重新启动。历史发展表明，只要变法能继续不断深入发展，一些敏感尖锐的政制问题，自然会在改革变法的过程中，慢慢酝酿发展成熟起来。一旦瓜熟蒂落，水到渠成，自然会脱颖而出，且无可阻遏。晚清新政开始不久，随着新政浪潮的涌动，很快就提出君主立宪的问题。君主立宪运动还没实行几年，辛亥革命爆发，共和成功便是证明。

通过《变法平议》和《江楚会奏三折》的上奏，清廷从光绪二十七年（1901）下半年开始，发布各种变法政令，改革全面推开。其具体内容，大体均在《平议》和《三折》范围之内。

政治方面：调整办事机构设置，减省、归并、撤销一些机构，增设新机构督办政务处，改总理各国事务衙门为外务部，设立商部。裁汰衙门胥吏差役，停止捐纳买官，从留学生中选拔官吏等。

军事方面：裁汰各省营兵，设立武备学堂，设立练兵处和巡警部，停止武科分试、会试，令铁良、袁世凯办理京旗练兵事宜。

教育方面：设立学部，订立学堂章程，选派留学生出洋，停止乡试、会试，令各省书院改设大学堂，府州设中学堂，县设小学堂等。

民事方面：准许满汉通婚等。截至光绪三十一年（1905），总计发布变法诏令30多条。

江苏在晚清新政变法过程中教育方面的变化较大。江苏的新式教育——学堂的发展“得力于传教士的倡办与示范之多……居全国各省中之第一位。有此良好的刺激，加上江苏社会经济环境的优良，趋向现代化的意愿亦高”[①]。

第二次变法新政颁布后，光绪二十九年一月（1903年2月），在江宁设“两江学务处”，由布政使、督粮道、江南盐巡道三人担任总办，候补道为会办，候补知府张预为总提调，具体负责全省教育行政事宜。光绪三十年（1904），江苏巡抚端方又在苏州设“江苏学务处”。光绪三十一年（1905），新任的两江总督周馥又在清江浦设“江北学务处”，由淮扬道总理其事。光绪三十二年（1906），学部奏裁学政，改设提学使司，下设学务公所，统辖全省学务行政事宜。江宁、江苏各设一学务公所，州县级设劝学员一人，负责该区学务之推广。至光绪末年（1908）统计，苏属学务公所，下辖26州县，有20个劝学所，总经费49445两。宁属学务公所，下辖34州县，设有27所劝学所，总经费21911两。经费来源多来自地方政府和地方公产拨给，自与地方经济繁荣情况密切相关。

教育体制的改革，促进了新式学堂的发展。以1907年为例，全省共有专门学堂、实业学堂25所，在校学生1767人；师范学堂26所，学生2619人，中学堂23所，学生2602人，小学堂1413所，学生43642人。江苏教育在清末期间并未冠于全国，若以人口除之，则其在全国的地位更低。究其原因，在此期间担任江苏巡抚的恩寿、陆元鼎、陈夔龙对新式教育不热心。恩寿曾咒骂新式学堂：“逞其邪说诡辞，假名立学，毁坏名教。”[②]所幸苏属地区私立学堂较多，民间一向比较重视教育。

在出国留学方面也有很大发展。中国派遣留学生始于同治十一年（1872）。在120名赴美留学的幼童中，江苏占21名，居全国第二。光绪初年派船政学堂学生去欧洲学习海军，甲午战后多去日本留学。光绪二十五年（1899）去日本留学共26名，其中江苏6人，为雷奋、胡祖泰、杨荫杭、杨廷栋、张奎、周祖培。自费去日留学者日渐增

---

① 王树槐：《中国现代化的区域研究：江苏省（1860—1916）》，第230页。

② 王树槐：《中国现代化的区域研究：江苏省（1860—1916）》，第250页。

多。光绪二十九年(1903)，东京的中国留学生有100多人，苏籍留学生成立“江苏同乡会”。其后省派留学生日渐增多。光绪三十年(1904)江苏省派40人去日，另派40名赴欧，接着各厅、州、县又各派2名赴日学习速成师范，三江师范又选送21人赴日；接着江苏省又选派官绅21名，速成学习政法，南通张謇便列名其中。光绪三十一年(1905)，江宁督练公所选派20人赴日学习陆军。从此，官派、省派、公司派、私人集资选派同乡、个人自费等各种形式齐上，并开始派送女生，一年多时间，江苏留日学生已超过500名，其中不少人均为有功名者。学习的科目以政法为多，留欧学生相对较少。留美学生最早的120名尚未完成学业，于光绪七年(1881)被清廷召回后，很少再派。直到光绪三十一年(1905)端方访美，获赠17名留学生奖学金名额，全在苏选派赴美。大批赴美留学则始自美国返还庚子赔款后，宣统元年(1909)，第一批选派赴美留学47名，其中21名是江苏人。

第二节　江苏绅商对“预备立宪”的推动

政治近代化的核心是民主化，是从君主专制向民主共和的逐渐转变过程。从政治体制改革的视角出发，要改变君主专制、个人独裁，首先就要订立宪法，实行议院或议会民主制。立宪和议会是无法回避的必经之路。

19世纪60、70年代的改革派思想家，如冯桂芬认为中国以“地球中第一大国而受制于小夷”，首先是由于“上情不下达，下情不上通”，从而提出“通上下之情”的要求。光绪三年(1877)，出使英、法的使臣郭嵩焘敏锐地感觉到西方的议会制度是解决“君民不隔的好办法”，是“立国之本”。以后强调改革、变法，要求设“议会”、“议院”、“国会”的人士越来越多。到戊戌变法时期，康、梁正式提出“立宪”和“设议院”的问题。一时间“立宪”、“设议院”成为知识阶层、社会舆论的流行话语，深入人心。

戊戌政变后，维新运动被残酷镇压。但符合时代潮流日渐深入人心的“立宪”、“议会”等政治概念意识则无法因镇压而消失。一旦时局变化，便会得到复苏。“庚子事变”后，江苏绅商便在慈禧太后打出的“新政”招牌中，率先接续已被冷落数年的变法维新思潮，他们小心翼翼地从建议“设议政院”、“设府县议院”、“派亲贵游历”、“谨采西法”开始，一面奉诏直言变法主张，一面暗中策划，推动更为直白的“立宪运动”迅速到来，期冀为政治改革开辟一条生路。

一 张謇参观日本和对“预备立宪”的秘密宣传策动

中日甲午战争结束，日本成为当时也包括以后整个近代中国最凶恶的敌人。可是此次战后的十年，日本却又成了中国的“老师”，国人崇拜的“楷模”。中日官方关系得到很大的改善，民间密切接触。戊戌维新失败后，康、梁逃往日本，日本成了维新派活动的大本营。大批国内的青年知识分子，或公费或自费，涌往日本留学的人数冠绝西方各国。革命党人更以日本为基地，成立了中国第一个革命政党——中国同盟会。从19世纪末到20世纪初，无论是官方或者民间，赴日本考察形成一股热潮。从日本方面来说，无论是官方抑或民间，各种各样的人怀着各种各样的目的，“支持”、“帮助”中国推进改革，实行新政，以至革命，表现得近乎狂热。有一位美国学者曾以“十年蜜月”、“黄金十年”[①]来形容这一时期的中日关系。至于日本真正的行为动机，正如学者所述，当时日本执行的是日军参谋总长、狂热的侵华战争分子川上操六的策略：“他依照没有永久的朋友或敌人，只有永久利益的原则，恢弘地论述了在战胜中国后，日本战略思想的弹性。”为了对付俄国，竭力示好、拉拢中国。用当时一位牧师的话说，当时的日本正在用“思想的侵略取代武器的侵略，教育的宣传取代压迫。狡狯地企图以思想力量多于物质力量以征服中国”[②]。但不管怎样，当时中日关系的状况，对晚清新政确实产生了巨大影响。张謇参观日本便是在这一背景下去的。

张謇是一位学识渊博、关心国是、近代较早的理性爱国主义者。早在光绪初年，日本吞并琉球，他就认识到未来的日本必是严重威胁中国的敌国。故其后，他在吴长庆军中处理朝鲜事件，均能立场鲜明，深谋远虑，同时为当道的昏庸腐朽而忧心忡忡。甲午之战的结局更使他痛彻肺腑，决心以实业和教育救国。他虽然认识到日本的危险，但他绝不是简单的仇日主义者。他在当时的上流社会活动中，经常接触到相关的日本朝野人士，均有诗酒唱和，礼尚往来，保持密切联系。除个别相交较深相互敬重者外，他认为“日人言则甘矣，须观其后”，始终保持一颗警惕的心。但日本明治维新后，之所以迅速发展能取得巨大成就的经验，对关心国是的张謇无疑具有很大诱惑力。光绪二十九年正月（1903年2月），日本驻江宁领事天野致信张謇，邀请他参观日本举办的第五次劝业博览会。张本来就有“东游考察（日本）”农工及市町小学的打算，于是欣然同意应邀前往。

光绪二十九年（1903）四月二十六日（5月22日），张謇乘日本邮船会社“博爱丸”

---

①② ［美］任达著，李仲贤译：《新政革命与日本——中国（1898—1912）》，江苏人民出版社1998年版，第6、9页。

号从上海出发，第三天到达马关，开始他平生第一次出国参观考察，至六月初六日(7月 29 日)结束。他的参观考察不同于朝廷权贵的交流访问、不同于一般民间性的旅行观光，他是怀着强烈的忧国忧民之心、为了寻找中国发展道路，取他人之长、补自己之短的经验。他是怀着振兴祖国的实业和教育，奠定强国之基础的梦想和虔诚赴日的。这可从他在日参观的内容和态度得到证明。

张謇在日参观、访问、考察近两个月，除详细认真参观博览会的农业、园艺、林业、水产、矿冶、化学、工艺、染织、工业制造、工艺机械、教育学术、卫生、经济、美术及工艺等 10 大类 8 大展馆及陈列各国展品的参考馆以外，同时还考察访问了各种学校及有关教育机构 35 处：如幼儿园、小学、中学、高等工业学校、农校、商校、畜牧学校、师范、纺织手工学校。各种小型的农工商场馆所、交通运输、印刷所、建筑工程等 30 处：如农场、畜牧场、植物园林、商业企业、发电站、水港码头、盐场。各种社会福利事业：如图书馆、博物馆、盲哑院等。除朋友访问应酬外，几乎每天参观 1—2 处。

他每到一处参观，除详细咨询外必作详细记录。如参观学校，有关该校的设备、课程设置、师生情况、经费负担，甚至膳食费多少，均一一记录。参观工商企业有关规模、管理特点等等，“无不一一形诸笔端，读之若身随其游”。其认真、仔细、虔诚、严肃的态度，令人叹为观止。

他的详细记录并非纯客观的自然直录，而是随时联系中国的实际情况予以比较，可以为我所用者，立即抓住不放，以便回国应用。在北海道参观时，途经茨户创成河，见一大水闸很特别，过去曾听友人说过，但不知其详。后又曾托友人东游日本时查找此闸的资料，亦未达目的。这次突然不期而遇，张謇十分高兴，立即下车参观，详细了解结构、功能、造价。并托带队的日本友人佐藤六郎，请有关方面代为制作此闸的模型带回国内，以便学习推广，在南通水网地区应用。

他在参观期间，随时随处购置了大量物品。第一类是博览会上的先进农具。如大犁、中犁、小犁、耙土器、播种、割麦、脱粒、雉草、翻草等各种器具各一件。第二类是博览会上的各种有特色的轻工手工器具。如织布、绚丝、织绸、织席、绚绳、吸水、精米、造蜡烛器具各一套；第三类是购打井机一套，第四类是购度量衡模具各一套。度即尺，有三种。量即各种计量器具。衡即秤，购三种：天秤、台秤、杆秤。第五类购盐场煮盐用的大小盐锅一套。第六，托日本友人购买了明治维新以后 25 年间日本中、小学、师范一套完整的教科书。最后是为南通幼儿园购买小礼品。当时还有代表清廷赴日参观博览会的亲王载振以及户部侍郎那桐，他们到日后却“大集声伎”，“宴饮寻欢”,“无暇究商务”,临走时至“名古屋、西京广购美术品,而不甚购书”[①]。张謇赴日参观既不代表政府,亦不纯为个人。他在参观过程中回答日本友人询问他这次参观访问的宗旨和要求时说:“学校形式不请观大者,请观小者。教科书不请观新者,请观旧者。学风不请询都城者,请询市町村者。……经济不请询政府及地方官优给补助者,请询地方人民拮据自立者。”[②]一句话,他是从当时中国尚未实行全面改革,教育、经济普遍落后的实际情况出发,来学习日本的。不好高骛远,不徒托空言。他从参观日本,进一步总结经验,认为日本“自维新变法三十余年,教育、实业、政治、法律、军政一意规仿欧美,朝野上下,孜孜矻矻,心摹力追,其用意最当处在上定方针,下明大义。”[③]同时认为日本枢密顾问田中不二介绍的创兴教育的经验“宜为我政府所平心而听者”,其内容为:“国之强不在兵而在教育……明治初,遣往欧洲学实业者五百人,归皆任以所曾习,今之秉国钧负时望者,皆当日留学生……其所以能大著成效者,则明白此事之人,即举办此事之人也。”[④]即当政者皆为高素质的知识分子。而中国的总“病根”则是“有权位而昏惰者当之矣”。即当权者均为昏庸、保守、惰怠之人。张謇出国参观的表现堪称前无古人,后无来者。

通过参观访问,他进一步总结自己的收获体会。他在归国前夕的日记中写道:“政者,君相之事。学者,士大夫之事。业者,农工商之事。政虚而业实,政因而业果,学兼虚实为用,而通因果为权。士大夫生于民间,而不远于君相,然则消息其间,非士大夫之责而谁责哉?孔子言,以不教民战,是谓弃之。夫不教之民,宁止不可用为兵而已。为农为工为商,殆无一可者。然则图存救亡,舍教育无由。而非广兴实业,何所取资以为挹注?是尤士大夫所当兢兢者矣!”[⑤]

由上可知,通过赴日参观访问,考察日本富强,反思中国的贫弱,张謇认为,归根结底为政、学、业三者的责任和关系的处理问题。实际上也就是当官者、绅士知识分子和农工商民三大社会群体各自的责任和关系的处理问题。他特别强调绅士知识分子应当发挥上促当政者明理尽职、下启农工商民发展实业的中介作用,从而进一步确立了自己作为士大夫的身份,应当担当的社会责任。所以,他回国后,很快便投入了当时中国社会正在广泛关注、秘密策划的预备立宪运动。由此可见,张謇的访日,对他来说是一次强烈的刺激,是一次极为现实具体的变法维新教育,是一次思想精神的升华。为他此后

---

① 《张謇全集》第六卷,第482页。

② 《张謇全集》第六卷,第502页。

③ 《张謇全集》第六卷,第490页。

④ 《张謇全集》第六卷,第511页。

⑤ 《张謇全集》第六卷,第514—515页。

积极投身晚清政制改革，推动立宪运动的发展，提供了强大的精神动力。

张謇参观日本归国后，立即投身立宪运动。当时的背景：一是清王朝面临的危机不仅没有消除，反而更加严重。庚子事变后，虽然订立了空前丧权辱国的辛丑条约，但列强在华利益的矛盾更加紧张，瓜分之祸日益深化。沙俄在义和团运动期间分五路进兵东北，控制东三省的十多万沙俄军队一直赖着不肯撤退。这与日本的“满洲权益”尖锐对立，日本正策划新的战略计划。英国不甘心俄国获得巨大利益，正在策划进军西藏。其他各国亦通过各种形式扩大侵华，如抢夺筑路、开矿、内河航运权，扩大在华投资，扩大贸易大肆进行经济掠夺，严重加剧了中国的政治、经济危机。二是清廷宣布实行“新政”，主要实行了一些有关实业、教育、编练新军等方面的改革，“新政”不新，腐败依旧，毫无起色。这也使原来渴望“新政”的全国工商各界、绅士阶层极为失望和绝望。三是流亡海外的康梁维新人士和国内在戊戌政变中同情维新派的有识之士，以及留学生等，都在或明或暗地大力宣传立宪主张。在他们的努力下，一批批西方和日本的有关的政治学名著和宪政书籍被翻译印刷，在社会上广泛流传，使立宪思想开始深入人心。

张謇极端关心国是，他以在籍状元又是振兴实业教育卓然有成效的身份地位，以及跟官绅及社会名流有着广泛的联系，在这一背景下，自然不会对社会上开始流传的立宪宣传置身其外。在他的《变法平议》中，第一项便是“设议政院”，第十项“设府县议会”。按他的论述，此“议政院”、“议会”当然不是西方宪政学意义上的“议院”或“议会”。他之所以如此表述是出于政治上的敏感谨慎，还是其他原因不得而知。在此之后到赴日参观之前的两年间，在“立宪”的问题上，他受到过什么样的影响，具体认识、表现等，亦由于资料的缺乏，难尽其详。但自日本参观回来后，特别是光绪三十年(1904)日俄为争夺中国东三省的权益，竟公然在中国东北领土上发动战争，这对张謇绝对是无法容忍的刺激，促进了他开始加速立宪宣传的步伐。他与友人沈子培讨论日俄战争形势，以及中国的立宪问题，并赠沈《世界宪法》一书。他还与两江总督魏光焘从渔业公司谈到中国的领海主权问题，他说：“中国渔业公司关系领海主权，宜合南、北洋大举图之。不能则江、浙、直、东。又不能，则以江浙为初步。”他还说：“日本全国略与两江总督辖地相等，若南洋则倍之矣。一则致力实业教育三十年而兴，遂抗大国而拒强国。”而中国“昏若处瓮，瑟缩若被执。”究其原因，不是两国生民有什么天生差异，而是“一行专制，一行宪法，立政之宗旨不同耳。而无人能举以为圣主告也，可痛！可恨！”①

此后一段时期张謇宣传立宪更加频繁、活跃，这可以从他这一时期的日记和给友

---

① 《张謇全集》第六卷，第865、522页。

人的信件中,获得相关信息。

光绪三十年"三月,……与合肥蒯光典论立宪"。"四月,为南皮(张之洞)、魏督(魏光焘)拟请立宪奏稿"。四月八日(5月22日)至上海,"见是日《中外日报》说南京议宪法,不知伊谁漏言,报即滥载,徒使政府疑沮,无益于事"。四月九日(5月23日),"通意于各报馆,使无徒为败事之言"。四月十日(5月24日),"有王丹揆至上海之说"。以上三日是张到上海的日记,说明张謇等有关人员,在几天前曾在南京秘密举行过关于立宪问题的讨论活动,不知谁走漏消息,让报社报道了,他看到报道很生气,认为这会坏事。为防止今后再发生这种情况,他跟各报社通气,建议今后注意把关,不要登这种"败事之言",并怀疑曾参与讨论的王丹揆走漏风声。

五月九日(6月22日),作《宪法义解后序》①。

五月二十九日(7月12日),张謇致赵凤昌函:"《义解》印成否?应早成矣。直、粤有何消息……十七八日与松禅老人谈两次,颇及宪法,老人极赞,亦以非此不可救亡也。原动力须加火以热之。有何妙策?见示。"信末具名为"烟波钓徒"。②

六月初一日(7月13日),张謇再致信赵凤昌:"印书成否?顷得密函,振(载振)得丹书,告其堂上,亦深以为然,但言须稍从容。此时正在译宪法,择与时势合而易行者,闻将进之。又,北洋友人讯(此讯亦由京转),言南皮创为有限制宪法之说,民间有义务无权利,讥其毒民,后必不昌。岂真有此说耶?公有所闻否?此老发端既不勇,而以《大学章程》例之,正恐学术杀人之事不免。公与之有休戚之谊,不可不尽言。……以学术杀天下后世之人,士君子不可有此罪孽。公幸念之。……印书必望速成,速布、速进,并望以百本即见寄。"此信具名"江东步兵"③。

六月初四日(7月16日),再致赵函:"昨讯当达,日盼印成之书到眼。北方殊有动机。又日内……须复至常熟。书来若迟,寄出亦迟耳。粤(处)交罗,直(处)交杨,江(处)交刘(聚卿)。叩叩恳恳。"④

六月二十三日(8月4日),致赵函:"公筹极当,即不行,亦宜秘密。但不知丛桂留人处机括何如?目下止盼此一路。满眼行尸枯骨,尚得为国乎?可痛可痛。……宪书值,理合公摊,公勿独为君子。事即不成,花去几文,权当落去几点眼泪。"⑤

"六月,刻《日本宪法》成,以十二册由赵竹君凤昌寄赵小山、庆宽,径达内庭。此书入览后,孝钦太后于召见枢臣时谕曰:'日本有宪法,于国家甚好。'枢臣相顾,不知所对,唯唯而已。瞿鸿禨旋命其七弟来沪,托凤昌选购宪法各书,不知赵故预刻宪法

① 《张謇全集》第六卷,第529页。

②③④⑤ 《张謇全集》第一卷,第77、78、78—79、79页。

之人也，举告为笑。枢臣奉职不识古义，莅政不知今情，以是谋人家国，宁有幸夫？”①

由上可以看出，光绪三十年（1904）上半年，张謇与赵凤昌等人秘密策划的立宪宣传活动，其主要内容为：首先在相关好友士人中讨论立宪问题，其次为秘密翻译、刻印《日本宪法》和《宪法义解》。再次，书籍印成后，如何散发至有关方面，扩大影响。由于此事在当时尚属禁忌的敏感问题，要冒很大风险。故策划周密严谨，防止泄密。为此，一是跟有关报社打招呼，不要随意刊登有关消息。二是密切注意各方面的动向，加快印刷宪政书籍。三是力求避免出现意外情况，影响宪法宣传，如致信赵凤昌要他利用跟张之洞的关系，劝张不要搞所谓的“有限制宪法”，打横炮。四是在书印成后，如何散发寄送北京以及其他的问题上，也多方筹划，慎重人选。张謇连在与赵凤昌通信的具名上也别有深意，称“烟波钓徒”、“江东步兵”，表示不计成败，以普通一兵的战斗姿态去参与这次活动，即使失败，也在所不惜。所幸书印成后，直接送至内廷，慈禧太后并未表示任何的恶感，相反说“于国家甚好”。事后还派人到江苏托赵凤昌帮助采购有关立宪的书籍。至此，张謇、赵凤昌等人心中的石头才算落地。此后印刷销售《日本宪法》和《宪法义解》也开始变成公开合法的行动了。

八月（9月）以后，兵部侍郎铁良来江宁欲见张謇，张往见，与之谈立宪问题，亦赠送《日本宪法义解》、《日本议会史》②。

预备立宪开始后，张謇又主持重新翻译刻印《日本议会史》、《英国国会史》等书。从他当年给云南巡抚林绍年的信，可窥知宣传推销立宪书籍的力度、规模的一般情况。该信内容如下：

“太夫子大人钧鉴：

敬禀者，自去年七月十三日预备立宪之诏下，……在上者，汲汲皇皇将与之更始也。……謇不自度量，……乃觅得《日本议会史》、《英国国会史》全部，嘱精于东、西文法者为之重译印行，刻已成书。……兹特将每种寄奉二百部，又《宪法古义》二百部。幸夫子赐以鉴定，为之颁布而推行之，……计开：《日本议会史》二百部，每部七册，价洋一元八角。《英国国会史》二百部，每部一册，价洋一元二角。《宪法古义》二百部，每部一册，价洋一角五分。共计价洋陆佰叁拾元整。”③

由是可知他策划主持翻译刻印的立宪书籍至少有《日本宪法》、《宪法义解》、《日本议会史》、《英国国会史》、《宪法古义》等5种，其他书目还有待进一步发掘，而且发行的渠道、网络直达全国各主要省份，特别是京师高层各社会名流。这对立宪运动的启动、发展，必然产生很大的影响。难怪江浙地区很快成为全国立宪运动的领头羊。

---

①② 《张謇全集》第六卷，第865—866页。

③ 《张謇全集》第一卷，第104—105页。

他本人亦成为晚清立宪运动中呼风唤雨的重要角色，领袖东南群伦。

二 成立团体，上促下联，推动“立宪”

光绪三十年(1904)，日、俄两国为争夺中国东三省的权益而爆发战争。双方各投入30余万的军队血战，战祸所及，大批中国生民惨遭涂炭，清王朝却被迫中立，引起全国人民的愤怒。战争结果是沙俄惨败，损失10余万兵力，不得不宣布投降。而“蕞尔小国”日本，却大获全胜，损失仅4万余人，全国上下，意气风发，国际地位空前提高，俨然成为东亚之领袖。在当时人看来，日本自明治维新后实施宪政不久，“即能以区区三岛，于十年间连胜两大帝国(中国、沙俄)，于是一般人相信立宪二字实有强国之效力。似乎一纸宪法，即可抵百万雄兵矣”①。从此，中国社会舆论有关立宪问题，似乎形成一边倒的趋势，不仅原来倾向维新党的社会名士受此影响，奔走呼号，要求立宪，蔚然成风，连一些封疆大吏也不断上奏，力主立宪。此时张謇策划的立宪宣传活动，亦从原来的秘密走向公开，他甚至给过去一向看不起、已绝交多年的学生、同事袁世凯写信，竭力怂恿他支持立宪。因为此时的袁世凯已掌握北洋重权，在朝廷声势显赫，如能争取他支持立宪有重大意义。“立宪”已成为整个社会的主流话语，认为只有实行立宪，才是“扶危定倾之至计”。各种报纸更是大力鼓吹，今日中国已至“生死之关头，存亡之分界”，欲救其亡，只有改革。“而大事改革之第一着”就是“宣布天下，改为立宪政体”②。

此时，革命党人在海外及国内各地组织一系列革命小团体，如兴中会、华兴会、光复会等，横空出世，立志“排满”，吸引了一大批留学生舍生忘死地积极活动。清廷在此情况下，迫于各方社会舆论的强大压力，同时为自保之计，终于考虑接受立宪的政治变革主张，于是有光绪三十一年六月(1905年7月)派遣五大臣出洋考察各国宪政事，第二年七月十三日(1906年9月1日)下诏颁布预备仿行宪政的决定。诏曰：

朕奉慈禧皇太后懿旨：……我国政令，积久相仍，日处阽危，受患迫切，非广求智识，更订法制，上无以承祖宗缔造之心，下无以慰臣庶平治之望。是以前简派大臣，分赴各国考察政治，现载泽等回国陈奏，……各国之所以富强者，实由于实行宪法，取决公论，军民一体，呼吸相通，……时处今日，惟有及时详晰甄核，仿行宪政，……但目前规制未备，民智未开，若操切从事，徒饰空文，何以对国民而

① 萧一山：《清代通史》第四册，第2392页。

② 侯宜杰：《二十世纪初中国政治改革风潮——清末立宪运动史》，中国人民大学出版社2009年版，第43页。

昭大信？故廓清积弊，明定章程，必从官制入手。……使绅民明晰国政，以预备立宪基础。……俟数年后规模粗具，查看情形，参用各国成法，妥议立宪实行限期，再行宣布天下。[①]

诏书下达后，立宪派以及绅商各界社会士人，无不额首称庆，欢呼雀跃，各地举行热烈的庆祝活动。最热烈的要数江苏，其中又以上海居首。七月二十一日（9月9日），上海城厢内外总工程局和总商会学校等单位，都举行了庆贺会，南京、无锡、常州、扬州、镇江、松江等地的商会、商务分会和学堂，均开会以示庆贺。有的还举行了游行[②]。

诏书颁布后，接着进行官制改革。首先是中央官制改革，这可是一次重要的权力再分配。由于各种因素的制约，除了一些机构名称的变化，部门有所撤并、分工有所调整外，并未为立宪的施行采取实质性的举措。其次，地方官制的改革亦因各省情况复杂，并未普遍推行，只规定在东三省、直隶、江苏三地试点，省、州、府、县可增设一些民意机构，试行地方自治。其余各省分年分地请旨办理，限15年完成。

官制改革的结果，使原来兴高采烈、满怀希望实行立宪的人士，大失所望，怒气填胸。他们一致认为这是一次"徒为表面之变更"，"袭皮相而遗精神"的"伪改革"[③]。张謇亦在日记中表示了他的不满说："瑞观察（瑞澂）来谈时事，义愤见于词色，都中方扰扰也。"[④]其实老谋深算的慈禧太后之所以同意发布预备仿行立宪的诏书，也是迫于舆论，是笼络人心的虚招而已，并非真心实意地准备实行宪政。因为她内心深知，实行宪政，对她个人的当权跋扈并非好事。加之朝廷各派内部勾心斗角，权争激烈，危象环生，改制的难度很大，弄不好就要出大事。她掐指估算，自己已届耄耋之年，时日无多，于是对如沸如煮的"立宪"舆论，打定主意，采取"拖"的办法，能拖一天即是一天。

诏书颁布后的数月，不仅未能笼络人心，反而怨声四起，遭到国内外舆论的谴责。特别是革命党人活动，更令她胆颤心惊。自光绪三十一年（1905）中国同盟会成立后，革命党人首先发动对保皇派的理论大论战，其次立即回国发动武装起义，此伏彼起，一波接一波，连续发动多次起义。

清廷预备立宪的目的之一本来是为了消弭革命，结果反而加速了武装起义的到来。而各地的武装起义反过来又促进了预备立宪浪潮。对慈禧以及朝廷大员来说，

---

① 《光绪朝东华录》，总第5563—5564页。

②③ 侯宜杰：《二十世纪初中国政治改革风潮——清末立宪运动史》，第75—76页。

④ 《张謇全集》第六卷，第579页。

"欲弭革命之叛乱,舍实行立宪主义实无良策"。一些地方大员亦纷纷致电朝廷:"吾等自此以后无安枕之一日,不如放开手段,力图改良,以期有益于天下。"当时国际形势的变化,特别是日本吞并朝鲜的部署,严重威胁东北的安全,举国不安。各地纷纷上奏清廷设预备立宪机关,开议院、开国会等。所有这一切都迫使清廷不得不加快预备立宪的步伐。

于是,光绪三十三年八月初二(1907 年 9 月 9 日),清廷决定再派要员赴英、法、日考察宪政。不久,又下诏正式设立资政院,"以树议院之基础",同时任命溥伦、孙家鼐为资政院总裁。各省亦在省会设谘议局,凡地方应兴应革事宜由议员公同集议①。由此各省谘议局相继成立。

江苏、上海向得风气之先,张謇、赵凤昌等早就在秘密筹划如何加速实行立宪进程,一致的意见是首先成立团体,积极进行宣传活动,促进立宪运动迅速发展。预备仿行立宪诏书颁布后,他们闻风而动,更加积极。当时成立的组织团体有:

1. 上海宪政研究会:光绪三十二年十月二十四日(1906 年 12 月 9 日),江苏绅商、社会名流张謇、赵凤昌、雷奋、马清贻等在上海发起成立宪政研究会,出席会员 300 余人,民主选举社会名士马相伯为总干事、雷奋为副总干事、马清贻等人为评议员。研究会的宗旨为"合群策群力,共谋所以利国便民"。任务是"考察政俗,研究得失","俟实行立宪后代表国民,赞助政府"。会后出版《宪政杂志》月刊,宣传立宪理论知识,介绍各国立宪情况②。另外还进行社会调查,参与社会公益活动等。后因马相伯参与成立政闻社,主持社务,联络各省志士发起国会期成会,策划倒袁活动,警告政府,速颁宪法,受到清政府查禁。宪政研究会亦因马相伯的牵连,遂告式微③。

2. 上海预备立宪公会:该会发起人可以上溯到两广总督岑春煊,他是朝廷权臣袁世凯的政敌。预备立宪诏书颁布后,岑为了取得立宪派的支持与袁抗衡,他立即写信给张謇,希望他能在上海主持成立宪政研究组织,吸收立宪派的势力。张因自己不能常驻上海活动,便把组织团体的任务,交给曾在岑春煊帐下做幕僚的郑孝胥。因此岑立即派亲信陆尔奎到上海会见张謇、郑孝胥等人,传达他"欲立法政研会,愿助开办费一万元,另筹常费岁一千"的意见。张謇、郑孝胥等,经过多次开会研究,确定会名为预备立宪公会④。

光绪三十二年十一月初一日(1906 年 12 月 16 日),预备立宪公会在上海愚园召

---

① 故宫博物院明清档案部编:《清末筹备立宪档案史料》下册,中华书局 1979 年版,第 667 页。

② 侯宜杰:《二十世纪初中国政治改革风潮——清末立宪运动史》,第 118 页。

③ 萧一山:《清代通史》第四册,第 2438 页。

④ 侯宜杰:《二十世纪初中国政治改革风潮——清末立宪运动史》,第 118—120 页。

开成立大会，会员270余人，大多为江、浙、闽实业界人士，民主选举董事15名，董事会选举郑孝胥为会长，张謇、汤寿潜为副会长。该会成立之初，曾有所谓"主急主缓"之争，张謇反对急进革命，主张立宪缓进，他认为："革命有圣贤、权奸、盗贼之异：圣贤旷世不可得，权奸今亦无其人，盗贼为之，则六朝五代可鉴。而今世尤有外交之关系，与昔不同。不若立宪，可以安上全下，国犹可国。""立宪大本在政府，人民则宜各任实业、教育，为自治基础。与其多言，不如人人实行。得尺则尺，得寸则寸。"①众表赞成。故该会以"谨遵谕旨，以发愤为学，合群进化"为宗旨，使绅民明晰国政，以为立宪基础。除主张速开国会外，在推动实业发展方面，多所贡献。后来，随着全国立宪运动形势的发展，该会开始介入国会请愿运动，在社会上产生很大影响。宣统二年初(1910年2月)，为在京师活动的需要，董事会决定又在北京设立事务所，由孟昭常主持工作②。张謇一直连任副会长，1911年2月张謇当选为会长，郑孝胥、张元济为副会长。会员分布全国各省及香港、澳门、南洋各地。许多省谘议局局长及少数满族权贵亦列名其中。

该会成立数年，主要进行了以下一些活动：

一是大力进行立宪宣传教育，促进社会宪政意识的发育普及。

1. 出版会刊《预备立宪公报》，半月刊。从光绪三十四年(1908)创刊起，定期发行。主要刊登立宪方面的理论文章、各国立宪情况介绍，以及本国动态及本会会务活动等。宣统二年(1910)，改版出版《宪志》旬刊，加大该刊的宣传力度，出版地点由上海迁至北京，5月又改为日刊，由孟昭常主编，内容分宪法、国会、官制、自治、政党等栏目。翌年董事会决定：为配合全国日渐强烈的国会请愿运动，干脆改称《宪报》，每天一期，广为散发投送。

2. 大量出版有关宪政的图书。如孟昭常著作的《公民必读初编》、《公民必读二编》、《城镇乡地方自治宣讲书》，钱润的《地方自治纲要》，张家镇的《地方行政制度》，沈尔昌、孟森合著的《城镇乡自治章程表》，孟森的《日本宪法详解》，汤一鹗的《选举法要论》等。其中，《城镇乡地方自治宣讲书》曾多次再版，广销各省。《公民必读初编》、《二编》单是广西一省即订购10万部③。有的出了10余版，最多的出了27版，"影响之大，可想而知"。

3. 开办法政讲习班。光绪三十年(1908)，各省开始兴起"请速开国会"热潮。该会创办国会问题研究所，由本会会员自愿参加，定期讨论，编纂草案，提供会员与当道

---

① 《张謇全集》第六卷，第867、868页。

②③ 李新主编：《中华民国史》第一编，全一卷《中华民国的创立》(下)，中华书局1981年版，第47—48页。

者参考。是年底,接办原由江苏教育会创办的法政讲习所,半年一期,收各省学员,专门培养地方自治会议员、董事,并研究谘议局、资政院应有之学识,开设课程以宪法、行政法、财政学、地方自治为主。从宣统二年(1910)开始,又增办一年毕业的讲课班。培养了一批从事宪政、地方自治的宣传人才。

二是大力发展群体性的组织活动,宣传预备立宪,促进各省谘议局成立,积极策划速开国会请愿运动。该会存在数年间的各项活动,已经突破了既往各种"会"组织,单纯停留在理论研究、宣传出版各种纸质媒体的活动模式,进而进入利用"会"组织,形成能够影响、干预朝廷决策的社会群体力量的发展阶段,具体表现在如下方面:

1. 在推动地方自治、加速成立省谘议局方面:副会长张謇从光绪三十三年(1907)起,不仅利用该会组织经常开会、办培训班等形式,组织官绅民学习政法,要求实行地方自治,而且联络各省一起行动。光绪三十四年(1908),在上海特设"通信部",以便各省联络、互通信息,统一处理有关谘议局章程解释和施行办法方面的问题。宣统元年(1909),立宪公会又致信宪政编查馆,要求尽快制订地方自治章程,以便颁布遵行。从是年九月(1910年10月)起,该会职员常会召集有关人员,每周开谈话会一次,讨论谘议方案,同时致函各省谘议局,征集议案,交流工作情况,并在会刊上公开发表,相互启迪和促进。此时,预备立宪公会,俨然成为领导各省谘议局活动的中心。

2. 在促进清廷早开国会方面,预备立宪公会也做了大量的组织发动工作。清廷自颁布预备立宪诏书后,实际的立宪活动毫无进展,完全成了欺骗社会舆论的一纸空文。光绪三十三年(1907),立宪派的风云人物杨度,针对当时的情况,首先提出"早开国会"的问题。他认为"实行君主立宪最重要的莫过于制订宪法,建立责任内阁和召开国会三事",但相对而言,"开国会"更为重要。他到处演讲,写文章鼓吹这一观点,很快得到社会的广泛认同,一个请愿速开国会的运动悄然兴起。是年十一月(1908年12月)预备立宪公会正、副会长郑孝胥、张謇、汤寿潜商议,并先后两次与安徽立宪派头面人物蒯光典联系,商讨组织国会请愿团的问题,同时与宪政公会、政闻社、宪政研究会等团体商定,立即派员分赴苏、浙、皖、鲁、豫、湘、赣、粤各省发动士民签名,要求早开国会,并酝酿成立国会期成会,作为全国国会请愿运动的领导中心。后经董事会决议,先成立国会研究所,研究开设国会的有关问题,同时联络各省立宪团体,商讨赴京请愿的事宜。议决于光绪三十四年五月二十三日(1908年6月21日)在上海召开大会,通过请愿书,并推荐赴京代表。请愿书由前翰林院编修江苏江阴人缪荃孙领衔,要求:"二三年之间开国会。"同时在江苏全省进行了广泛的宣传动员签名活动,由孟昭常用白话文写成《开国会真正好》,沈同芳写成《国会浅说》到处演讲。南京发动江南阅报所、教育会、劝学所、各学堂，甚至衙门等单位，派人上街宣传，发传单，征求签名，至六月初(7月初)签名者已达13793人[①]。最后由请愿代表孟昭常、雷奋赴京将请愿签名册与请愿书一起呈送都察院。正值此时，苏北盐城周边各县绅商各界亦开会发动，一时群情振奋，踊跃签名者，共达6县2万余人，拟作为江苏的第二次赴京请愿。在此期间，预备立宪公会会长郑孝胥，副会长张謇、汤寿潜两次联衔致电宪政编查馆，陈述形势之危急，强烈要求早开国会，“以两年为限”，勿再拖延[②]。至宣统元年九月(1909年10月)各省谘议局已经成立，一场以江苏谘议局为龙头，张謇议长为领导的全国规模的国会请愿运动正式展开。

三是维护工商界的利益，促进正在成长中的中国近代民族资产阶级民主意识的觉醒。在中国“士农工商”社会地位排序的传统中，商界排名最末，地位最低。近代工商虽有发展，但外受洋商挤兑压迫，内受官府盘剥掠夺，得不到任何保护。立宪公会成立后，在这方面做了大量工作。最重要的当数编订商法，争取朝廷的认可，保护工商阶层的利益。如自鸦片战争以后，中外商贸获得迅速发展，中外订立一系列不平等条约，由于订约的有关官僚愚昧无知，不谙世情，又不让商界代表参与意见，故所订条约不仅丧权辱国，而且使中国农工商利益遭受巨大损害，无可申诉。立宪公会成立后不久，董事会立即关注这一问题，决心争权，保护工商利益。光绪三十三年六月(1907年7月)，“预备立宪公会特致函上海商务总会与商学公会，建议参与制订商法。上海商务总会与商学会极表赞成，当即商请预备立宪公会主持其事，并函全国各商会推举代表，约期召开商法特别会议”。经过两年的调查研究，翻译国外有关法规资料，终于编成《公司法》和《商法总则》，并派专人赴京，“呈请农工商部及法律馆奏定为成文法律”[③]。另外就是支持工商业界的整体行动，鼓励他们为维护工商实业的权利与洋商斗争，与腐朽的封建朝廷斗争。如在晚清铁路风潮中，为抵制外国掠夺中国的路矿权，抵制朝廷大借铁路款出卖权益，支持自筹经费商办沪杭甬铁路方面，立宪公会均有不平凡的表现。沪杭甬铁路早在光绪二十四年(1898)由盛宣怀与英商签约，拟起至上海，经松江、嘉兴，杭州至鄞县(今宁波)，但一直未动工。至光绪三十一年(1905)，全国掀起收回路权风潮，此时张謇、汤寿潜等江浙人士亦发起收回沪杭甬铁路自办的倡议。浙江、江苏均分别成立铁路公司。同时提出废除由英国修建沪杭甬铁路的合同，由江、浙绅商自己招股修筑。在此过程中立宪公会领导江浙人民为“争路权”、“拒借款”，外跟英商斗，内跟清廷斗，掀起一次又一次的大规模保路风潮。

---

① 侯宜杰：《二十世纪初中国政治改革风潮——清末立宪运动史》，第194页。

② 侯宜杰：《二十世纪初中国政治改革风潮——清末立宪运动史》，第192—194页。

③ 侯宜杰：《二十世纪初中国政治改革风潮——清末立宪运动史》，第123页。

基于以上各种原因，预备立宪公会成为晚清立宪运动中组织最健全、活动时间最长、最有影响力的民间团体等组织。

在此期间，江苏先后还成立过谘议局研究会、宪政研究会、国会期成会等组织，由于组成人员重复，大多数为应时之举，活动时间不长，成效不大，不再一一赘述。

第三节　江苏省谘议局的成立及其运作

谘议局顾名思义即谘询议论之机构，是晚清政治改革的产物，意思是学习西方的议会制度。西方的议会制度，最早产生于英国社会各阶层联合与国王进行斗争的过程之中。1215年，英国国王在大封建主大贵族的胁迫下签订了《自由大宪章》，首开监督限制国王权力的先例。1265年，英国国王召开由大小封建主、骑士、城市市民、自由农民参加的“等级代表会议”。会议正式成为具有代表社会“民意”，监督国王财政收支、影响国王制订政策的权力机构，1295年改称国会亦称议会。国会分上议院和下议院，议员由民众直接选举产生。到了17世纪，新兴的资产阶级进一步完善了这一制度，议会具有立法权、财政监督权和对行政司法的监督权，人事任免等大权。议会成为西方国家政治生活的核心。

中国经过鸦片战争以后，一些开明士人和出国使臣，接触西方的政治制度，开始引起对这种“民意”机构的注意。在介绍“夷情”的过程中，魏源称之为“巴里满”（议会制音译），张德彝称之为“会堂”，也有称“议院”或“议政院”。反正是代表“民意”、议论政事的民众群体组织集会，所以就称“议会”。

从此，西方“议会”概念开始在中国流行，并与中国古代朝廷的议事机制相互融合、附会，在人们的心目中慢慢变成了绅士阶层、新型知识分子，要求了解国家大事、参与政事策划、协助皇帝改革弊政的议事机构。由于当时人们对西方议会制度的内容实质并不真正了解，所以，无论是主持晚清立宪改革的官员，抑或是强烈要求立宪改革的社会在野人士，他们理解的“议会”概念，跟西方的议会内涵还有很大的距离。但尽管如此，改革一经启动，在实践中不断学习、丰富，必然对腐朽、反动、僵死的封建专制独裁制度形成巨大的冲击。晚清立宪改革，中央设立资政院，地方设立谘议局便是在这一背景下发生的。

一　全省首次民主选举

自光绪三十三年九月（1907年10月），清廷宣布《著各省设谘议局谕》以后，要求各省督抚负责开始筹备。但由于这是一项全新的工作，没有经验，无从着手，进展缓慢。当时的两江总督端方、江苏巡抚陈启泰态度比较积极。光绪三十四年初（1908年2月），就先在江宁地方自治局内设立谘议局，四月（5月）又在苏州设立谘议局。在清代历史上，江宁属两江总督衙门所在地，苏州是江苏省巡抚衙门所在地。形成江苏督、抚同省不同城的特殊体制，各自领有独立管理江苏若干府、州、县之权。

当年六月（7月），清廷颁布《谘议局章程》、《谘议局议员选举章程》。七月（8月），又颁布《钦定宪法大纲》和《逐年筹备事宜清单》。江苏对照谕旨，方知在自治局内设立谘议局不合规范，只得推倒重来。根据谕旨重新在苏州太平巷设立江苏省谘议局筹办处，在江宁碑亭巷设立江宁谘议局筹办处。这样做的结果，江苏一省设两个筹办处，隐然有把江宁、苏州两相分离的味道，引起苏省人士的不满。后经“两属人士进行了多次协商，多数认为宁、苏本是一省，无论从哪一面看，都不应分开设局，理应合并”。后经宪政编查馆审查同意合并，但“选举仍应分别进行”①。

在这一前期准备的过程中，江苏绅商立宪派人士表现了高度的积极性，他们自动成立江苏谘议局调查会，协助江苏督抚进行谘议局的筹备工作。如筹措资金，设立事务所，物色办事人员等。宁、苏两属200余人，于八月下旬（9月）合在南京江苏教育总会召开江苏全省民众代表大会，正式成立江宁、苏州两谘议局筹办处。分别推举两筹办处负责人的候选人，供督抚选用。宁属当选者为张謇、仇继恒、魏家骅、许鼎霖4人；苏属为王同愈、马相伯、王清穆、蒋秉章4人。筹办处根据本省情形，将选举章程规定各事量予变通，把颁布晓谕告示，解释章程，州县设立选举事务所，调查选举资格，编制选举名簿，初选、复选等工作，详细列表公布，令各府州县一律照办。其中尤以常州府武阳县筹备工作进度最快，宜荆县次之。常州绅民早在会前就率先成立筹办事务所，拟定简章，举定各区调查员等，其代表钱以振、于定一等赴上海开会时说：“他日如以武阳而延误全省，武阳甘受全省之唾叱。”②由此可见民众积极性之一斑。

年底，江宁、苏州两筹办处共商，合并成立江苏省谘议局筹办处，经选举张謇被委任为筹办处总理，江宁藩司樊增祥、学司陈伯陶被委任为筹办处总办，共同筹办省谘议局有关事宜。

谘议局筹办处成立后主要进行了如下一些工作：

1. 设立各属选举事务所、调查所，作为有关谘议局选举的办事机构。

谘议局的设立是当时旷世未闻的大事，为了办好此事，江苏督抚传令各府、厅、

① 侯宜杰：《二十世纪初中国政治改革风潮——清末立宪运动史》，第232页。

② 刁振娇：《清末地方议会制度研究——以江苏谘议局为视角的考察》，上海人民出版社2008年版，第61页。

州、县衙门，另设选举调查事务所，“专门调查合境人民具有选举资格者，编定名册，呈由本管府、厅、州、县察核送省。其各府、厅、州、县中有因发起较迟，查选不及者，则遴委法政毕业员绅为司选员，分赴各属帮同赶办”。通过建立官绅合作的各级选举筹办机构，为完成任务奠定组织基础。

2. 调查选民资格，确定选民人数，编造选民花名册，为正式选举做准备。

这次议员选举并非寻常的推举。根据朝廷颁布的《谘议局选举章程》规定，参加议员选举的选民有非常严格的条件。到底有哪些人符合条件，这对从未进行过选举的当时社会来说，实在是既新鲜又令人头痛的工作。必须通过大量的调查工作，才能摸清底细。章程规定有选举权的条件是：本省籍男子，年满25岁以上，有下列资格之一者，才能享有参加选举谘议局议员的权利：一是曾在本国或外国中学堂及与中学堂同等，或中学以上学堂毕业的有文凭者。二是有举贡生员以上之出身者。三是曾任实缺职官文七品、武五品以上未被参革者。四是在本省地方有5000元以上之营业资本或不动产者。五是非本省籍男子年满25岁寄居本省满10年以上，在寄居地方有1万元以上之营业资本或不动产者。

有被选举（为议员）权的条件是：除具有上述资格者，凡属本省籍贯，或寄居本省10年以上，必须年满30岁以上。

虽具有上述两项条件，但有下述情形之一者，则丧失选举权和被选举权：“品行悖谬，营私武断者。曾处监禁以上刑罚者。营业不正当，失财产上之信用，被人控实，尚未清结者。吸食鸦片者，有心疾者，身家不清白，不识文字者。”

另外还规定了不参加这次议员选举和被选举的对象：本省官吏或幕友，常备军人或正在征调期间的续备、后备军人，巡警官吏，僧道或其他宗教教师，各学堂肄业生，现任小学教员。

接下来的工作便是根据以上条件，在全省调查合格的选举人和被选举人并进行登记。这是一项面广、量大、繁琐、具体的工作，从来没做过也没有任何基础。在全省市镇乡村中深入调查，符合条件者逐个登记造册。最后经审查合格的选民有16万余人。约占全省总人口数的0.6%。

3. 确定全省各府、州、厅、县议员分配名额。

根据宪政编查馆审核分配给江苏省议员名额为125名。其中，江宁55名，苏州66名，驻防专员4名。具体实施选举时，为保证这次谘议局议员选举的质量，规定按照日本的复选法进行选举，即先由合格选民选出议员候选人。再由候选人投票选举正式议员。

江苏当时的总人口约为26918055人。经前期合格选举人资格调查登记造册，苏属合格选举人为59643人，宁属为102830人，分布于各所辖的府、厅、州、县境内。议员名额亦根据各府、厅、州、县合格选举人名额多少进行分配。如苏属59643名合格选举人要产生66名议员，平均约903名合格选举人可产生一名议员。由此确定各府、厅、州、县的议员名额分配数。但苏属四府一州各自的选举人数额，不可能恰好是903人的整倍数，必定有不足903人不能产生一名议员的尾数出现。四府一州的尾数加起来，就会超过903人以上。为了能保证苏属66名议员的定额必须作一些调整，将尾数较大的松江府和太仓州各增加一名议员名额。见下表：

表8-3-1 苏属各府州议员初选议员候选人分布情况

府别	选举人名额	选举议员人数	剩余人尾数	备注
苏州府	10248	11	315	
松江府	13018	14+1	376	其中增加一名
常州府	19098	21	135	
镇江府	10123	11	190	
太仓州	7156	7+1	835	其中增加一名
合计	59643	66	1851	正好符合增加2名议员

由于议员的选举，只能按地域分区进行，先以厅、县为单位进行初选。每一厅、县初选议员候选人也必然出现名额分配问题，以苏州府为例。

苏州府下辖11个厅县，共有合格选举人10248名，初选应该产生110名议员候选人，因此各厅、县初选议员候选人数额，只能根据各厅县所拥有合格选举人的多少来确定。大约93名选举人可产生一名议员候选人，与上述分配议员名额的情况一样，确定每厅、县议员候选人数时，必定出现不足93名选举人的尾数，为保证110名议员候选人足额，将尾数较大厅县增加一名议员候选人。见下表。其他各府厅县情况亦照此办理，不再一一赘举。

表8-3-2 以苏州府各厅县初选议员候选人分配情况为例

厅县	选举人名额	初选候选人名额	剩余尾数	备注
太湖厅	342	3+1	63	另增加一名
靖湖厅	104	1	11	
长洲县	1184	12+1	68	另增加一名
元和县	1138	12	22	
吴县	1748	18+1	74	另增加一名
吴江县	1447	15	52	

续表

厅　县	选举人名额	初选候选人名额	剩余尾数	备　注
震泽县	1004	10＋1	74	另增加一名
常熟县	1245	13	36	
昭文县	729	7＋1	78	另增加一名
昆山县	748	8	4	
新阳县	577	6	19	
合　计	10266	110	501	总共增加 5 名

宁属各府合格选举人总数为 102829 名，核准应选的议员数为 55 名。比苏属地区少 11 名。为何合格选民多而产生的议员反而少呢？这主要是因为朝廷确定各省议员的名额，本来应该是以户口多少来确定省谘议局议员名额，但因当时全国的户口未进行统计，要统计工作量特别大，时间又来不及，最后不得已参照了各省的科举录取学额和漕粮征收数量来确定各省议员名额及其分配[①]。苏属地区人文荟萃，历来是漕粮输给的重点地区，故此宁属比苏属议员分配名额少。

根据宁属合格选举人和议员分配数比例，约合 1869 名选举人可产生 1 名议员。宁属下辖 6 府，各府选举人、议员分配数、初选议员候选人分布情况如下表。各府以县为单位的初选做法，与苏属相同，不再赘述。见下表：

表 8-3-3　宁属各府选举人、议员及初选议员候选人分布情况表

府　别	选举人名额	选举议员数	议员候选人数	备　注
江宁府	20815	11	110	
扬州府	25408	13＋1	140	增加 1 个名额
淮安府	17654	9	90	
徐州府	18966	10	100	
海州府	7610	4	40	
通州府	12377	6＋1	70	增加 1 个名额
合　计	102830	55	550	

以上扬州府、通州府按选举人数各有 13 名和 6 名议员。因不足产生 1 名议员的剩余尾数较多，故扬州府、通州府各增加一名议员，以保证宁属 55 名议员足额。六府以下各县的初选亦如苏属，先以府为单位确定所分配议员数和十倍的议员候选人数，

① 刁振娇：《清末地方议会制度研究——以江苏谘议局为视角的考察》，上海人民出版社 2008 年版，第 66 页。

然后再以各县选举人的数额确定议员候选人数。全部落实后，接下来的工作便是正式进入初选和复选。

4. 全省统一时间，实行初选和复选。

《谘议局议员选举章程》对初选、复选工作，从管理人员，到有关操作细节都作了极为详尽的规定。各省初选统一于宣统元年正月十五日（1909 年 2 月 5 日）举行。复选于三月十五日（5 月 4 日）举行。以厅、州、县为初选区，府为复选区。江苏稍迟，苏属初选延至闰二月初一（3 月 22 日）开始。由于经验不足或选举人未能全部参加选举，出现投票人数不足的情况，有的府经数次投票，最后于闰二月二十五日（4 月 15 日）才完成初选工作。三月十五日（5 月 4 日）开始复选投票，三月二十八日（5 月 17 日）复选工作完成。宁属各府县初选工作于闰二月十一日（4 月 1 日）开始，复选于四月初五日（5 月 23 日）开始。由于人数较多，工作量较大，选举过程中难免出现各种不合格的细节问题，引起争议亦多。但基本上都如期完成任务。具体情况见下表。

表 8－3－4　晚清江苏省谘议局议员选举情况表

地区		合格选举人数	总人口数	参选比例%	议员候选人数	议员数	各地产生 1 名议员的人口基数比较
苏属	苏州府	10248	2632915	0.39	110	11	24 万
	松江府	13018	2504915	0.52	150	15	17 万
	常州府	19098	2414075	0.79	210	21	11 万
	镇江府	10123	2003870	0.51	110	11	18 万
	太仓州	7156	1294705	0.55	80	8	16 万
	小计	59643	10850640	0.55	660	66	16 万
宁属	江宁府	20815	1758270	1.18	110	11	16 万
	扬州府	25408	3523840	0.72	140	14	25 万
	淮安府	17654	3084220	0.57	90	9	34 万
	徐州府	18965	3260780	0.58	100	10	32 万
	海州府	7610	1580795	0.48	40	4	39 万
	通州府	12377	2919510	0.42	70	7	41 万
	小计	102829	16127415	0.63	550	55	29 万
总计		162472	26978055	0.60	1210	121	22 万

注：上表根据刁振娇：《清末地方议会制度研究——以江苏谘议局为视角的考察》提供的基本数据制作，个别统计数据经核定与该书略有差异。《东方杂志》第 10 期议员名录为 123 人，江宁府、淮安府各少一人。

以上苏属、宁属共选议员 121 人，另有驻防专员议员 4 名亦以选举确定，总共 125

名上报选举完成。江苏省谘议局的议员选举，是晚清政治改革中的第一次官绅合作组织的民间选举，也是中国有史以来的第一次组织的民主选举。虽有许多缺点和不足，如选民(即选举人)的条件规定太严，妇女根本没有选举权，基层民众的选举意识非常薄弱，够条件的也因各种顾虑，未必愿意成为选举人。故选举人只占总人口数的0.6%，即1000人中只有6个选民。选举过程中亦缺乏经验，以致出现各种各样的问题。但总的情况还是好的，绝大多数选民积极性较高。认真负责，按照章程规定选举议员候选人，复选的过程中选举的正式议员，“亦多品端学粹之人，舆论允协”。当时“还没有贿选风气，议员多来自田间”。张謇长子张孝若在后来回忆父亲参加这次选举时记述道：“当时议员从各地当选，差不多完全是人民的意志自动的认为优秀可靠，就选他出来，拿最重大的代表责任和地位加在他的身上。势力和金钱作用的运动，在那时竟没有人利用，也没有受利用的人。那当选的议员，也人人自命不凡，为代表民意力争立宪而来，拿所有的心思才力，都用在这带来的责任上边。所以彼此的交接和自处的来路，都是极纯正清白，大家都没有一点含糊。”当时一位日本人士考察过各省谘议局选举情况后，其评价是：“江苏第一、浙江第二、河南第三，湖北、直隶、湖南、安徽、江西、山东诸省在伯仲之间。”[①]由此可见，江苏省议员选举是成功的。这既跟江苏文化发达、开通风气较早，绅民阶层立宪派实力比较强大有关。同时与当时两江总督官方的积极支持和重视，官绅合作组织得较好亦有很大关系。

江苏经选举产生的谘议局议员125名，形成全省一支新的有组织的介于官民之间颇具活力的政治势力。从其年龄结构看，绝大部分都处于年富力强的春秋鼎盛时期。30岁—39岁的52人，约占42%。40岁—44岁的37人，约占30%。45岁—59岁的33人，占26%。60岁以上的只有3人，占2.4%。平均年龄只有42岁(详见后表)。年龄的优势决定了这支政治势力精力充沛，热情活跃，进取心强，不易囿于陈规陋习。

从其社会出身文化背景看，绝大部分都出身于有产者家庭，具有一定的文化教育背景。其中受过深厚传统教育者87人，留日学生22人，完全西式教育的只有一人，其他受国内新式教育或不太明确者数人。这种情况决定了他们关心绅士阶层以及新兴工商资产者的利益，在立宪改革过程中，比较重视日本的经验，对西方的民主政治不甚了了的特色。

从其社会地位、政治职衔分布看：其中有传统功名的进士8人、举人30名、贡生39人、生员34人，共111人，占议员总数89%。选举前担任过官府职衔，上至翰林院修撰、编修，下至候补知县、教谕，小学堂堂长、教员等职的约100余人，无官职约20

① 引自刁振娇：《清末地方议会制度研究——以江苏谘议局为视角的考察》，第95页。

名左右。这一情况决定了这一支政治势力，具有丰富的从政经验，在思想上、感情上与清王朝有着千丝万缕的联系，他们要求立宪改革是从辅佐清廷振衰起敝的视角为出发点的。这跟西方的民主宪政是为了监督、对抗王权的本质是不同的。这也决定了江苏省谘议局在其后兴起的国会请愿运动中的政治走向。见下表：

表 8-3-5　江苏省谘议局议员名单及其概况表①

职　任	姓　名	当选时年龄	籍　贯	传统功名	新式教育	当选前职衔
议　长	张　謇	57	通州	进士	日本考察	翰林院修撰
副议长	蒋炳章	41	吴县	进士		翰林院编修教育会会长
副议长	仇继恒	51	江宁	进士		知县
议　员	王乃屏	36	江宁	举人	日本师范	
议　员	孙启椿	37	江宁	举人		拣选知县
议　员	陶保晋	34	江宁	贡生	日本法政大学	
议　员	蒋鸣庆	68	句容	举人		知州
议　员	吴荣萃	31	六合	贡生	日本明治大学法律科	
议　员	侯　瀛	40	江浦	生员		补用知县
议　员	王嘉宾	42	高淳	举人		
议　员	唐庆升	36	江宁	廪生		云骑尉
议　员	方　瑜	45	江宁	附生		
议　员	忠　俊	30	驻防	附生	自治研究所	
议　员	锦　山	40	驻防	廪生	日本法政大学	
议　员	夏寅官	44	东台	进士		翰林院编修；保送知府
议　员	周树年	43	江都	拔贡		直隶州判；教育会长
议　员	梁　菼	42	江都	增贡		补用知县；商校教员
议　员	凌文渊	33	泰州	附生	师范科	江南女子公学董事
议　员	张鹤第	37	甘泉	举人		候选知县；视学
议　员	朱萃生	51	宝应			大理寺左评事
议　员	谭庆藻	50	高邮	举人	江南法政讲习所	拣选知县；法制教员
议　员	顾咏葵	41	兴化	廪贡	日本宏文师范	中学堂监督
议　员	汪秉忠	36	扬州	岁贡		三品衔候选知县；两江师范监学官

① 名单概况表转引自刁振娇：《清末地方议会制度研究——以江苏谘议局为视角的考察》，第 101—106 页。据该书介绍，此表根据台湾张鹏园先生研究成果制作，议员人数为 126 人，其中有 1 人重复列入，笔者在引用时已删除。

续表

职任	姓名	当选时年龄	籍贯	传统功名	新式教育	当选前职衔
议员	凌鸿寿	55	江都	岁贡		分省试用通判
议员	周纮顺	38	泰县	廪生		
议员	马士杰	43	高邮	举人		内阁中书
议员	赵钲宏	34	东台	廪生		
议员	张延寿	35	盐城	廪生		
议员	庄其仁	38	泗阳	附贡		保举同知职衔
议员	王锡爵	45	涟水	拔贡		教育会干事
议员	王化南	49	淮阴	附生		劝学所经济员
议员	王以昭	55	阜宁	廪贡		五品封职
议员	朱继之	42	涟水	附贡		教育会干事
议员	周虎臣	56	淮安	廪生		劝学员
议员	赵承霖	49	阜宁	增贡		教谕
议员	高梅仙	46	丰县	增生		
议员	李鸿寿	32	丰县	增生	高等学堂	
议员	段庆熙	38	萧县	拔贡		浙江候补道
议员	朱方曾	58	沛县	拔贡		教谕
议员	王立廷	39	砀山	举人	日本法政大学政治速成科	
议员	张伯英	39	铜山	举人		
议员	张鸿鼎	39	宿迁	拔贡		提举衔
议员	叶　尉	46	宿迁	岁贡		同知衔
议员	胡伯言	39	铜山	优贡	日本法政大学	
议员	冯珍文	47	邳县	附贡		学堂董事
议员	孙宝书	53	通州	进士		席支部主事
议员	于振声	43	通州	附贡		中书科中书
议员	张鉴泉	40	泰兴	附贡		同知衔;安徽知县
议员	沙源炳	46	如皋	进士		四品衔;翰林院编修
议员	沈臧寿	33	海门		日本东洋大学法政科	教谕
议员	张阴谷	51	静海	举人		法政教员

续表

职　任	姓　名	当选时年龄	籍　贯	传统功名	新式教育	当选前职衔
议　员	许鼎霖	52	赣榆	举人		安徽补用道
议　员	施云鹭	51	沭阳	附贡		中书科中书
议　员	王锡光	40	泰县	附生	日本经济学堂	地方自治事务所坐办
议　员	邵长镕	46	灌云	岁贡		小学堂堂长
议　员	金祖泽	43	吴江	拔贡		劝学所总董
议　员	钱崇威	40	吴江	进士		翰林院庶吉士
议　员	方　还	43	昆山	廪贡		教育会会长
议　员	刘永昌	35	苏州府	廪生	日本宏文师范	教育会副会长
议　员	费树达	54	吴江	廪贡		候选郎中
议　员	潘承锷	42	苏州府	廪生		法政教员
议　员	杨廷栋	32	吴县		日本早稻田大学	江苏铁路;公司文报所长
议　员	丁祖荫	39	常熟	廪贡		候选州同;小学堂堂长
议　员	蔡　璜	38	昆山	附生		学堂商务长
议　员	俞　复	42	无锡	举人		文明书局总理
议　员	陶维坻	54	吴县	举人		议叙知县
议　员	金永榴	43	青浦	举人		自治公所职员
议　员	张家镇	42	青浦	举人	日本法政大学	自治公所职员
议　员	雷　奋	33	华亭	附生	日本早稻田大学	自治筹备所副所长
议　员	朱祥黻	44	南汇	优贡		
议　员	穆湘瑶	37	上海	举人		总工程局议董
议　员	张开圻	43	松江	举人		自治公所副所长
议　员	谢源深	41	上海	举人		善后局董
议　员	黄炎培	32	川沙	举人	留日研究教育	浦东中学校监督
议　员	朱家驹	53	奉贤	举人		劝学所总董
议　员	盛之骥	35	松江		上海龙门师范文科	教育会评议员
议　员	顾忠宣	59	南汇	副贡		候选教练
议　员	黄端履	34	金山	廪生	上海法政讲习所	教育总会评议员
议　员	姚文楠	53	上海	举人		劝学所总董
议　员	朱开甲	47	青浦	附贡		

续表

职　任	姓　名	当选时年龄	籍　贯	传统功名	新式教育	当选前职衔
议　员	秦锡田	49	上海	举人		内阁中书
议　员	朱溥恩	33	武进	禀贡		武阳教育会会长
议　员	储南强	34	宜兴	廪贡		视学员
议　员	孟昭常	39	武进	举人		预备立宪公会驻办
议　员	屠　宽	30	武进	附贡		中学堂监督
议　员	于定一	34	武进	附生		商会议董
议　员	胡丽荣	70	无锡	恩贡		教谕
议　员	孙靖圻	34	无锡	增贡		分部主事
议　员	顾鸣冈	37	无锡	附生		中书科中书
议　员	孟　森	41	常州	生员	日本法政大学	（兼秘书长）
议　员	钱以振	33	武进	附生		邹平县知县
议　员	蒋　镛	33	江阴	附生	法政毕业	自治公所坐办
议　员	吴鸿基	42	宜兴	廪生		自治公所议董
议　员	蒋士松	48	无锡	附贡		候选训道
议　员	黄应中	43	宜兴	附贡		自治公所议董
议　员	刘廷炽	45	靖江	廪生		劝学总董
议　员	赵　衡	33	武进			知县衔
议　员	苏高鼎	37	金匮	增生	日本法政大学	南洋劝学会调查员
议　员	谢保衡	42	宜兴	举人	警察学校	国使馆胜录
议　员	瞿树榕	39	靖江	增生		自治公所副所长
议　员	王楚书	43	江阴	廪生		自治公所坐办
议　员	秦瑞玠	37	无锡	优贡	日本法政大学	分发知县
议　员	狄葆贤	34	溧阳	举人	日本留学	候选知县
议　员	马敬培	43	溧阳	廪生		学务总董
议　员	马　良	70	丹阳		西式教育	候选道
议　员	吴佐清	44	丹徒	廪生		丹徒教育会副会长
议　员	陈　义	34	丹徒	附生		
议　员	王承毅	45	丹阳			商会坐办
议　员	陈庆年	48	丹徒	优贡		学部二等谘议官

续表

职　任	姓　名	当选时年龄	籍　贯	传统功名	新式教育	当选前职衔
议　员	陈允中	36	镇江	廪生	日本考察	师范学堂监督
议　员	史耀堂	43	金坛	附贡		讲求农商
议　员	赵瑞豫	39	丹阳	廪生		学务总董
议　员	姜光辅	30	丹阳	附贡		自办小学
议　员	崇　朴	39	驻防	举人		
议　员	延　祥	43	驻防	举人		
议　员	陆祖声	43	太仓	举人	法政毕业	小学校长
议　员	洪锡范	32	太仓		前北洋大学堂	教育会副会长
议　员	夏日琦	42	嘉定	举人	日本法政大学	江西淳安知县
议　员	顾　瑞	37	嘉定			选用训道
议　员	林可培	42	崇明	举人	日本宏文师范	中学堂监督
议　员	苏云章	39	崇明	附生		自治公所副所长
议　员	潘鸿鼎	45	宝山	进士	法政毕业	翰林院编修
议　员	严师孟	42	崇明	增贡	法政毕业	自治公所副所长
议　员	袁永良	44	沭阳	廪生		教育会代表
议　员	严懋修	37	溧水	附生		

5. 成立江苏谘议局研究会。

省议员初选复选工作完成后，根据《章程》，各省须成立谘议局研究会，帮助议员熟悉全省情况，准备提案，同时也为监督议员充分发挥作用而设。宣统元年四月二十六日(1909 年 6 月 13 日)，省谘议局筹备处决定召开议员及绅商各界督抚衙门代表大会，正式成立江苏省谘议局研究会。到会者 200 余人，选举张謇为研究会会长，仇继恒、马良为副会长。会上就本省财经、振兴实业、应兴应革等事宜进行讨论，并决定对地丁征收、补救铜元、筹措地方自治等进行调查。除此以外，还针对漕粮、厘金、治淮、教育等方面的问题提出建设性的意见。

6. 筹建谘议局办公场所。

省谘议局筹办处根据督、抚指示：该机构属官办民意机关的性质，其办公处建筑要既“备具规模”，又“力戒浮靡”，以此为原则筹建江苏省谘议局办公楼。在办公楼未建成以前，由两江总督府于光绪三十四年(1908)先拨付银 1068 两作为开办费，并将江宁旧有之铜元局改建，作为省谘议局临时办公楼。新楼地址经张謇、仇继恒等会同督、抚商议，最后选定于鼓楼下紫竹林（今鼓楼区丁家桥东）附近，并派员赴日本参观国会建筑，回来后汇集有关专家设计图纸，采用法国古典建筑设计方案。完工后的江苏省谘议局大楼，简洁开朗，庄重淳朴，一改旧式衙门老气横秋的严正面目。

二　江苏省谘议局的成立及常会活动

经过将近半年的紧张活动，江苏省谘议局议员选举工作胜利完成，标志着江苏省谘议局筹备处的任务即告结束。宣统元年（1909）八月初三日（1909 年 9 月 16 日），新议员汇聚南京，召开谘议局成立的第一次预备会议，到会者 95 人。会议议程主要是选举议长，商定江苏省谘议局成立大会的有关事宜。经选举，张謇为议长，仇继恒、蒋秉章为副议长，议定九月初一日（10 月 14 日）召开谘议局成立大会，拟订了成立大会的有关礼仪程序。届时，成立大会在南京评事街宁属谘议局筹办处礼堂召开。

上午 9 时正式开幕，到会议员 116 人。参加会议的还有两江总督及江苏巡抚衙门各行政官员以及社会各界代表人士、新闻记者、外国驻宁领事等。是日与会者总计约有千余人①。熙熙攘攘，盛况空前。

会上两江总督张人骏和新到任的江苏巡抚瑞澂分别致贺辞。张是有名的保守派，他在贺词中强调“议政、行政各有界限。议论之权，公之于民，执行之责则重之于官。然欲提议而使必行，当思遵行而共践所议。孔子曰：名之必可言，言之必可行。愿与在局议员所属诸公民共守此训”。颇有警戒议员谨守职份，提意见当从“可能性”考虑，不能“过分”之意。瑞澂是清末立宪运动中的开明官僚，他的讲话则对谘议局的成立表示热情的支持和肯定，并寄予厚望。

议长张謇的讲话则代表谘议局明确表明职责所在，他说：“官民不可分而后有政治。江苏政治即国家一省之政治，尽力于江苏以尽力于国家。謇等忝就议员之职，自应抱此主义……总期阐发‘忠爱’二字。”② 表示以“忠爱”作为政治原则，作为谘议局言行的准则。也可以说是针对张人骏发言的一种答复。

这次会议正式宣告江苏省谘议局成立，标志着江苏历史上第一次出现对现实政权具有一定监督、制约功能的合法民意组织。这是晚清新兴的绅商阶层以立宪派为主干积极斗争的结果，也是中西文化交流不以人的意志为转移的必然趋势。

根据谘议局章程规定：江苏省谘议局由 125 名议员组成，设议长 1 人，副议长 2 人，另设常驻议员 25 人，议长总理全局事务，副议长协助之。常驻议员之设主要为解决“谘议局不能常年开会，而一省之中临时事务甚多，久稽不议，亦非所宜，故设常驻

---

①② 转引自刁振娇：《清末地方议会制度研究——以江苏谘议局为视角的考察》，第 121 页。

议员以补救之”[①]。谘议局的职能为：(1) 议决本省应兴应革事件。(2) 议决本省岁出入预算事件。(3) 议决本省岁出入决算事件。(4) 议决本省担任义务之增加事件。(5) 议决本省单行章程规则之增删修改事件。(6) 议决本省权利之存废事件。(7) 选举资政院议员事件。(8) 申覆资政院谘询事件。(9) 申覆督抚谘询事件。(10) 公决和解本省自治会之争议事件。(11) 收受本省自治会或人民呈请建议事件。

谘议局行使职权的方式主要是召开议员大会。大会分常年会和临时会两种，均由督抚召集。常年会每年一次，自九月初一日至十月十一日，会期 40 天。必要时得延长，但不得超过 10 日。在常会以外，如遇紧急情况，经督抚命令或议员 1/3 以上呈请，或议长、副议长、常驻议员联名呈请，可召开临时会议，会期以 20 天为限。

《章程》还规定：“凡召集开会非有议员半数以上到会不得开议；凡议案之可行与否，以到会议员过半数所决为准，若可否同数则取决于议长。”“凡议案有关系议员本身亲属及职官例应回避者，该议员不得与议。”“凡议员于谘议局议事范围内所发之言论，不受局外之诘责。”“凡议员除现行犯罪外，于会期内，非得谘议局承诺不得逮捕。”其他如谘议局会议除经议员、议长同意认为需要保密者，一律公开，可以旁听，公布于众等等。

谘议局设办事处，处理文牍、庶务，设书记长 1 人，书记 4 人。由议长选请，督抚委任[②]。

江苏省谘议局成立后，按规定即于宣统元年九月一日(1909 年 10 月 14 日)召开第一年常会，讨论各种议案。由于议员与社会各界对新式议会制度既新奇又非常热心，所以提出的议案非常多，总共有 184 件。其中由督抚提交的 15 件，议员提出的 98 件，社会民众提出的 71 件。会议原定 40 天，延长 10 天，最后大会通过成决议案的 109 件，有些提案议而未决，有些未能成为提案。见下表[③]：

表 8-3-6　江苏省谘议局第一年度常会提案情况表

来　　源	初次提出议案数	形成提案数	决议通过数	通过的比率%	未通过的议案数	未通过的议案情况			
						未能形成提案数	未及审查数	议而未决数	未及提议讨论数
督抚提议	15	15	15	100	0	0	0	0	0
议员提议	98	98	72	73	26	0	0	16	10

① 《清末筹备立宪档案史料》下册，第 674 页。

② 《清末筹备立宪档案史料》下册，第 674—682 页。

③ 刁振娇：《清末地方议会制度研究——以江苏谘议局为视角的考察》，第 126—127 页。

续表

来源	初次提出议案数	形成提案数	决议通过数	通过的比率%	未通过的议案数	未通过的议案情况			
						未能形成提案数	未及审查数	议而未决数	未及提议讨论数
民众提议	71	29	22	31	49	37	5	4	3
合计	184	142	109	59	75	37	5	20	13

由上表可知，督抚的提案获得100%的通过，议员提案73%通过，而民众的提案31%通过。这在当时的情况下仍然是了不起的进步。

从提案的内容和通过率还可以反映出当时这些提案的性质和特点。据刁振娇所引台湾王树槐先生的统计情况如下。

表8－3－7　江苏省谘议局第一年度常会议决的议案性质分类和处置情况表

来源	数量	兴革	军警		政治		财经		社会教育		其他		合计			
			可	否	可	否	可	否	可	否	可	否	可	否	兴	革
督抚	15	兴					6		1		1		8			
		革					5	2					5	2		7
议员	72	兴	1	1	3	1	14	1	2				20	3	23	
		革			3	1	23	10	7	5			33	16		49
民众	22	兴					5		2				7		7	
		革			3		9	2	1				13	2		15
合计	各类可否		1	1	9	2	62	15	13	5	1		86	23	38	71
	各类总数		2		11		77		18		1		109		109	

由上表可以看出：第一，当时的财经问题是官方、议员、民间关注的重点。其次是社会教育，再次是政治，军警方面只有一件。第二，作为谘议局的议员对提议案最热心，提出的议案最多。经议决认可的议员提案有53件，占认可总数62%；社会民众的意见得到一定的重视，经议决认可的提案20件，占认可总数23%；督抚被认可13件，占认可总数15%。以上被议决通过的议案共86件，又经讨论，合并为46件，其中财经类30件，社会教育类12件，法律3件，巡警1件①。按规定由谘议局呈请督抚审核

① 此表根据刁振娇：《清末地方议会制度研究——以江苏谘议局为视角的考察》，第130页。所引资料制作项目略有变动。

后公布施行。但由于两江总督张人骏对此并不积极，数月之后，46 件议案，被公布施行的只有 5 件。在此情况下，省谘议局决定按规定召开临时会议，时间定于宣统二年三月初九日(1910 年 4 月 18 日)开议，会期 20 天。会议主题是解决第一年度常会的未竞之事，督促督抚落实未予施行的决议案，同时搜集新议案。会议结果，共收集议案 51 件，经讨论议决形成 42 件，其中决大部分呈请督抚审核公布实施。

第二年度常会定于宣统二年九月初一日(1910 年 10 月 3 日)召开，会期 50 天，主要是讨论督抚提出的议案。从议案的内容反映，有关地方自治的问题逐渐得到重视。特别是审查本省预决算案本应是会议的重点，但因中央度支部及各省本年度财政清理工作尚未结束，江苏亦然。据说：“愚顽昏聩的张人骏竟不知预算为何物，更不知如何实施，亦根本没有提交预算的准备，迟至会期结束，预算案仍杳无踪影。”①引起省谘议局议员的强烈不满。

省谘议局决定翌年二月初一日(1911 年 3 月 1 日)召开临时会议，重点解决本省当年的预算案问题。在此过程中，省谘议局充分表现了对全省行政越来越认真负责的监督作用。而以张人骏为首的行政官僚也渐从不以为意到恼羞成怒，双方关系紧张，以致闹到省谘议局议长、议员全体宣布辞职的地步。最后以中央资政院的调解，两江督抚让步，谘议局方才复职收场。

第三年度常会于宣统三年九月初一日(1911 年 10 月 22 日)开幕，初四开议。但此时武昌起义已取得胜利，全国革命开始进入高潮如火如荼，受此影响，到会议员不足十分之三。十月初五江苏宣布独立。作为新兴的“民意”组织江苏省谘议局在议长张謇的主导下，迅速融入拥护共和革命大潮，结束了自己诞生成长的第一个阶段，接着将在新的民主共和旗帜下，开始新的征程。

江苏省谘议局作为代表江苏新兴的工商阶层的民意机构，从成立的那一天起，存在的时间虽然不长，但却充分表现了锐意进取、逐渐觉醒的时代精神和民主意识。

(一) 坚持捍卫谘议局的立法、监督职权

立法权和对行政的监督权是西方议会制度的本质特征。晚清新政改革模仿这一制度虽然作了很大的改造，以便不影响传统的君主集权体制，但仍保有议会的立法、监督色采。《各省谘议局章程》明确规定：“谘议局议定可行事件，呈候督抚公布施行”，“谘议局议定不可行之事件，得呈请督抚更正”。二者若发生分歧，督抚应说明理由，交谘议局复议。若复议仍不能解决问题，则上交资政院复核裁夺。江苏省谘议局成立时预备会期间内也制订了详细的《江苏省谘议局议事细则》，确保议员的权力。

① 刁振娇：《清末地方议会制度研究——以江苏谘议局为视角的考察》，第 132 页。

这说明谘议督局决定的事，督抚再不能随意处置了。此后省谘议局第一次常会又通过了议长张謇亲自提议的《本省单行章程规则截清已行未行界限，分别交存交议案》。议案首先声明谘议局有“参预立法之权”，“凡属本省之单行法，自应由督部堂、抚部院交议或由议员提议，经本局议决后，呈请公布施行，始行有效。”并议决“以本年九月初一(1909年10月14日)谘议局开办之日为断，嗣后如有新订之本省单行法，自应照章由本局议决，然后呈请施行，始为有效。”[1]类似这样的单行法，在常会讨论的议案中，共有102项，都作了相同的规定——“须经谘议局议决”方能成立。

宣统二年(1910)，第二届常会又通过了《江苏省谘议局关于本局议决权内之本省行政命令施行法》议案及《本局议案公布施行后之实行方法》等议案，针对钦颁《省谘议局章程》中比较原则、模糊、不明确的疏漏之处，进一步加以确认省谘议局的职权。堵塞督、抚行政部门可以利用的漏洞，加强谘议局的立法权和监督权。如在前一项“施行法”中明确提出，本省岁出入预算案、决算案，本省的税法及公债，本省民众承担的义务之增加，权利的存废等事件，一律“非经谘议局议决，督抚不得公布实施”。若有在谘议局闭会期间内，督抚对单行法不得不作出增删修改，督抚得召集谘议局临时会议决之。如无法交谘议局讨论，在施行时，应加“试行”二字，俟下届会期提出，交谘议局会议议决。如经否决，即应取消。在后一项议决案中对行政官员及各局“搁置不行”的情况，“应请严饬主管衙署局所，将各案分别详晰禀报，随时派委密查”。如果地方官不按期报告实施情况，有故意“延宕不行，即为违法，得由本局据实纠举”。

在此期间，省谘议局曾先后三次向督抚揭发，苏松太道员蔡乃煌在处理上海租界命案、发行六合彩、以国家名义借洋债、贷偿钱庄欠款等事件中的违法行为。迫使督抚将蔡革职处分。其他还有责询江督张人骏，未经谘议局讨论向外国银行借款事、江督在处理徐海饥民焚抢海丰三面粉厂事件的过程中，不按律治罪抢劫之人，“反归咎永丰等谋业不臧，自贻伊戚等持论偏谬、任情摧残实业”的违法行为，并呈请资政院核办，如此等等。省谘议局为了坚持维护自己的职权和尊严，跟以张人骏为代表的守旧地方官，依法依理进行一系列的争论和斗争，认真严肃，不卑不亢，毫不含糊。充分表现了这股新生政治势力挑战传统的锐气和革新精神。

(二) 关注民生，力促改革弊政

省谘议局以官办合法代表“民意”组织自任，在执行自己职能过程中，关注民生，为民众利益言事，表现突出。如在第一年度中提出《改订厘金征收方法案》，苏抚瑞澂以各项费用均以银元本位计算，而征收各种捐税则有银有钱(铜元)不统一，提出要统

① 刁振娇：《清末地方议会制度研究——以江苏谘议局为视角的考察》，第136—137页。

一以银元计算进行征收。由于当时普遍的行情是银贵钱贱，如若改革必然增加商民负担。“商人所失仍以其所失取偿于货价，贵益加贵。商人受直接伤害，民间受间接之害。”此外，一律收银，还会影响银的市价，影响更大。基于此理由，会议一致否定苏抚的提案。其他如《筹高淳县水路及为民宽赋案》，提出高淳县自明代为解决下游吴中水患，筑东坝蓄水固城湖，淹没良田10万余亩。其后乡民与水争地筑湖成圩，水无所归，水灾更加严重，而田赋不得减免，农民深受其苦。形成“灾无免征之年，水无出口之路，民为百年困苦无告之穷民”，不堪忍受的状况。提出“为水筹路，为民宽赋”的要求。即“治水”、“免赋”，关心民生。在会上议长张謇还提出淮海频年灾荒严酷，有计划开垦苏北芦苇荡，营造农田2万亩，以救民生计的议案。该苇荡原为驻兵、官地、灶民所属，计划组织阜海开垦股份公司，先厘清地价，绘图区划，然后开河治水、修路，不论官绅民皆可入股招租，使“生民有所得”，“承业之人无所失”；改革旧制，转兵为农，新开利源，有序垦种等。

其他如有关发展本省教育，规范指拨全省教育经费，“务使有增无减”，争取全省62所小学“改归地方接办”，以杜绝各级衙门从中分肥。还有诸如《整顿丁漕积弊案》、《公定苏属漕米折价案》、《积谷钱款严禁州县存库案》、《清查荒地案》、《永远停止彩票案》、《阻止洋商在内地私设行栈商店案》、《实行禁烟案》、《米价日昂维持民食案》、《革除民间绝卖田房产业加价恶习案》、《筹办本省巡警案》、《宁苏合办女子师范学堂案》等。都是从关注民生、力促改革弊政出发，可否各项议案，然后交由督抚审议执行。在这一过程中，难免发生矛盾、分歧和争论，谘议局均能坚持原则，据理力争。特别是在宁属预算案的审查过程中，与两江总督张人骏的分歧和斗争更为典型[①]。

（三）严拒外债，保护主权，发展实业，以固根本

在省谘议局议员中，有相当一部分人都是工商实业界的代表人物。如议长张謇就是一位既有状元功名，又是经营纱厂已取得相当成效的实业家。他们大都具有政、商两界的社会经验和强烈的爱国情结，对事关国家主权的问题都十分认真敏感，绝不让步。如宣统二年(1910)邮传部拟借日债1000万元，以苏、浙两省折漕银两作抵押。对此省谘议局表示强烈关注，并将此事提交谘议局联合会公决，商讨对策，同时提醒民众，“若果借款成立，则江苏将间接成为日本衣租食税之人民，后果不堪设想”[②]。此议一出，立即得到社会民众的广泛支持和声援。

在借外债建筑津浦路，动员华商购买债券问题上，省谘议局也致函两江总督予以

---

① 刁振娇：《清末地方议会制度研究——以江苏谘议局为视角的考察》，第145—159页。

② 刁振娇：《清末地方议会制度研究——以江苏谘议局为视角的考察》，第160—161页。

强烈反对。认为此举是"出资隐于外人名下,以吸取本国官办之路利,且令外人省其出售债票之劳,坐享华人资本之利益",要求两江总督出面阻止。

另外,苏属上海、宝山两县经常发生外商租地并进行买卖,要求给予合法契约的问题,两江总督以"从前亦经准许之案已难取消,今后租地必先由洋商报请领事,照会县令查明并无侵占盗卖情事,方准契税以免谬误"。谘议局认为"与其以申报之责归重洋商,恐事后查明有侵占盗卖情事,不准税契,但问题已多挽回不易",建议"不如以申报责任归重华商,不得因为没有侵占盗卖情事,遽与洋商成交。属于私自出租之风,较易限制。且察查责任委诸地方自治团体,较易有效"。并议决今后"遇有洋商租地,应责令该地主及地保先行申报自治机关,必须该县自治委员会之勘丈,再经参事会之审议通过后,方准给契"。第一年度常会还通过了《阻止洋商在内地私设行栈商店案》等议案,体现了议员们强烈的爱国情结和主权意识。

关于发展工商实业方面的政策措施,自然是省谘议局关注的重点,在第一年常会讨论中,有关的议案达 18 件,如在讨论改订《厘金征收方法案》时,否决了苏抚提出的将铜钱折银征收损商病民的办法后,议员立即提出裁撤长期危害商民的厘卡制度,仿照国外建立营业税制度,由商民核实认缴,而以地方团体为查核机关,官吏但总其税之成。在尚未能改办营业税制度之前,可先改为认捐制,逐渐向实行营业税制过度,最终达到裁撤厘卡的目的。为了试行认捐的办法,会议决定在常会结束后,立即派常驻议员至各属商会进行调查研究。另外还拜访了厘金局及有关之公署、公所及邻省商会、工商各界人士不下数千人。最后于宣统二年七月(1910 年 8 月),在江宁召开全省商界联合大会上,讨论厘金与认捐的得失及施行办法,同时成立江苏省"认捐"总事务所,准备为"撤厘认捐"大干一场。事情虽然未获得成功,却由此表明省谘议局关心工商实业发展的一片热情。

(四) 江苏省谘议局成立后,在晚清的立宪改革国会请愿运动中亦有不同凡响的表现(详情见下节《首倡全国规模的国会请愿运动》)

通过江苏省谘议局筹备成立活动,在全省 10 府 1 州城镇乡村,进行了几千年来开天辟地的第一次民主选举。广大社会基层民众第一次开始意识到自己的社会主体地位,是对两千多年前秦末农民大起义陈胜吴广提出的"王侯将相宁有种乎"思想的变异和升华,是中国人迎接世界化、民主化浪潮,自我解放的政治起点和表现。虽然开始还有点陌生,还有点被动感,但一旦实行起来,慢慢就会形成推动历史前进的巨大的动力和现实力量,具有深远的历史意义和现实参考价值。

第四节　首倡全国规模的国会请愿运动

以张謇为首的江苏立宪派，在光绪三十年初开展的要求立宪，速开国会宣传运动就产生了很大的影响。后因清廷饬令各省督抚“限一年内办齐”，即完成建立省谘议局的任务而暂时中断。至宣统元年九月（1909 年 10 月）各省谘议局除新疆外，21 个局已全部成立。江苏省谘议局成立，张謇被选为议长，更是为他宣传、推动要求立宪、速开国会运动提供了广阔而合法的政治舞台。原来中断的国会请愿运动理所当然要继续进行。加之此时日本利用日俄战争胜利，进一步加强对中国东三省南部的控制，在路权、矿权、领土主权（间岛问题）上进一步压迫清政府，并“以日本同意对亡命日本的中国革命党人（指孙中山领导的同盟会）实行迫害为条件”，迫使清廷签订又一丧权辱国的《东三省交涉五案条款》，激起全国人民的无比愤怒[①]。另外又传来国际海牙会议的消息，说列强“密议对中国的财政实行统一监管”，这更使全国绅商士人惊骇莫名，“愤叹之声，雷动飙合。”咸以为朝廷当局“以枢臣之老耄，疆臣之畏葸不前，但足以误国而有余，绝不足以唤起沉疴，挽回危局，共臻于立宪之一境”。“于是拟请速开国会及组织责任内阁之议，各行省乃不谋而同。”[②]

一　发动第一次国会请愿运动

自省谘议局成立前夕，张謇就在考虑重新启动国会请愿运动，即利用全省新选议员汇聚南京召开预备会准备成立省谘议局的机会，于宣统元年八月二十八日（1909 年 10 月 11 日）在江宁商园召开议员会议，张謇在会上介绍了国内外的危急形势，以及亟须开国会的必要，议员们听了感动得流泪，一致支持。从八月三十日（10 月 13 日）起，张即与江苏巡抚瑞澂及议员雷继兴、杨翼之、孟庸生、许久香诸君商议启动办法：一是行政一线，由瑞澂巡抚领衔发动各省督、抚一起联名上书，请求速组责任内阁。二是谘议局一线，由张謇本人以议长的名义，联络奉天、黑龙江、吉林、直隶等已经成立的各省谘议局，联名上书，请速开国会。并议决立即派遣杨翼之、孟森、方还三人分赴各省活动，相约各省谘议局各派代表于九月底、十月初到上海集中，共商请愿事宜。九月二十一日（11 月 3 日），张謇应浙江省谘议局议长汤寿潜之约赴杭州。当

---

① 梁为辑、郑则民主编：《中国近代不平等条约选编与介绍》，中国广播电视出版社 1993 年版，第 655 页。

② 《张謇全集》第一卷，江苏古籍出版社 1994 年版，第 134—135 页。

晚与浙江巡抚增韫等谈论速开国会成立责任内阁的必要。增韫极表赞同,表示一定与江苏一致行动。当时有人对此行动表示缺乏信心说:现在"以政府社会各方面之见象观之,国不亡,无天理"。张謇立即说:"我辈尚在,而不为设一策,至坐视其亡,无人理。"他认为有我们在,大家共同努力,就一定不会亡国。表示了十足的信心①。

在江苏的积极策动下,原来暂停的国会请愿运动重新启动,渐入高潮,特别是各省绅商阶层知识分子尤其积极,发生了不少感人事迹。十月下旬湖南省各界推举罗杰、陆鸿远、陈炳焕、刘善渥为代表,定于二十六日(11月19日)赴沪。长沙修业学校教员徐特立闻悉异常兴奋……他热血沸腾,乃觅刀自断左手小指,濡血写'请开国会,断指送行'八字,将血书呈送请愿代表②。令人感动。

至十一月初,即有17省代表先期到达上海,在预备立宪公会事务所结集举行会议,名曰:"请愿国会代表谈话会。"会上公推福建省谘议局副议长刘崇佑为主席,江苏孟昭常,福建林长民为书记,并决定其后每日下午集议一次,以便交流情况,商讨请愿有关事项:如汇结各省请愿开国会的签名簿,推荐请愿呈稿起草人。根据都察院代为呈递奏章必须有过半数奏章具名之人到京亲递,才能予以代奏的新规定,调整各省请愿书签名人数,采取请愿书中只列到京代表姓名,叙明签名实数,以示众志所属。另外还议定进京代表团规约12条,以及各省谘议局联络办法(示决)等。谈话会先后开了6次。会上,湖南代表罗杰、刘兴甲、刘善渥向代表展示徐特立断指"血书","众咸感泣"。人人心情激动,斗志昂扬,表示一定要将这次请愿进行到底,不达目的决不罢休。

会议期间,各省代表在江苏受到热情的接待,预备立宪公会和江苏省谘议局研究会均分别举行宴会,"为各省代表饯行"。十二日(24日)由张謇以个人的名义设宴为各代表饯行。会上,他以《送十六省议员诣阙上书序》为题发表了热情洋溢的讲话,他说:当此国是阽危,部臣失策,人民不可一息即于安之时,各省代表"合谋上书,请速开国会,建立责任内阁。……谋所以纾国家之难……使人民参预政权之盛怡……"③今朝廷,"诏定国是,更立宪法,进我人民于参预政权之地,……人民亦以义奋而任其责。"只要"外审势之所灼,内度言之所宜,庶几达请愿之意而无所阻,……经亦有言,诚能动物,诚不至者物容有不动,……愿我人民之立于诚,而诸君之积诚而进也。……秩然秉礼,输诚而请;得请则国家之福,设不得请而至于三、至于四、至于无尽,诚不已,则请亦不已。未见朝廷之必忍负我人民也。即使诚终不达,不得请而

① 《张謇全集》第六卷,第627页。

② 侯宜杰:《二十世纪初中国政治改革风潮——清末立宪运动史》,第269—270页。

③ 《张謇全集》第一卷,第127页。

至于不忍言之一日，亦足使天下后世知此时代人民，固无负于国家。而传此意于将来，或尚有绝而复苏之一日”①。他明确表示请愿成功，“无所为荣”，不成功，亦“不为辱”；反对任何请愿中的过激行动。

十一月十五日（12月27日），召开各省到沪代表大会，共16省51人，讨论通过谈话会所议定的事项，确定进京代表人选及讨论通过国会请愿书《请开国会公呈》文稿。该文稿由福建省谘议局书记长林长民起草，张謇修改润色而成，重点从“内政”和“外交”两个方面分析，说明速开国会的必要性和紧迫性。

从内政方面说，“内政之改革视乎机关之善不善。机关一日未善，则政令一日不得实行。”批评“九年筹备之事，一切将等诸具文……京内外衙门……几无可睹之效……政府无责任，则谘政院何能为？”“内政之举，又视乎财政”，而国家财政与各省的情况，已到了“竭蹶皆同，相顾忧惶，无从措手”的危险地步。“大臣咨嗟于上，人民叹息于下。”解决的办法，只有速开国会，先求上下之通，“人民得有公举代表与闻政治之权，国家乃能加以增重负担，以纾国难之责。”②

从外交方面说，“我国自有外交以来，始以暗于外情，操纵失策，继以势成积弱，因应弥艰，政府受困于上，国民不满于下”。“苟有国会，则国际交涉无论如何困难，……国会尤可以代白。国民即有不可忍之痛，……国会亦可以代陈”。对各国而言，有无国会亦十分重要。“有国会……对于列邦为政府文明之帜，上下相通，猜疑自之泯，邦交既正，民气自和。非独证世界公理之同，且可保东亚之和局”。若迟疑不决，“待之几年，几年之中，患机叵测”，说不定要重蹈既往之覆辙。一句话“国会之关于外交，一日而不可缓者也”③。

接着文稿提出强烈的忠告：“东西各国，凡君主立宪国……皆有国家根本之法定之于前，人民爱戴之诚卫之于后……故宫府安而国家盛也……我国宪法大纲本已取法于是……以言宪政，则甫有大纲，而责任内阁未立也，皇室典范未定也，内无可以表彰尊亲之宜，外无可以代负人民之责，设使内政外交之际，百密偶有一疏，则怨归于朝廷，望轻于监国摄政王……甚非所以巩固皇祚，而措国家于磐石之安也……为根本中之根本计宜速开国会者也。”④最后提出，要求清廷两年内召开国会，明年先开临时会一次。

第二天继续开会，讨论代表进京的相关问题。进京代表16省26人，其中江苏3人，分别是吴荣萃、方还、于定一。

---

① 《张謇全集》第一卷，第128—129页。

②③④ 《清末筹备立宪档案史料》下册，第637—640页。

会议推举直隶谘议局代表孙洪伊作为进京请愿代表团呈奏请愿书的领衔人。另选方还、罗杰、刘兴甲为代表团干事。议定各省代表到京后设立办公所，成立请愿速开国会同志会，并讨论了各省谘议局今后互相联络办法，建议每年六月各省代表到上海聚会一次，就“利害共同的议案互相研究，以谋一致”。

十一月十八日(12月30日)晚又开了最后一次会议，通过张謇再次修改润色的《请开国会公呈》稿，并将原来的要求两年内召开国会的请愿目标修改为：“期以一年之内，召集国会……俾尽协赞之忠，而收舆论之效。”[①]会后，各代表由上海乘轮溯江而上，数日后到达汉口，改乘火车进京，设事务所于琉璃厂小沙土园昆新会馆[②]。

宣统元年十二月初四日(1910年1月14日)，先后有19省列名，33名代表到京。少数省代表有变动。先开谈话会，议决：“有代表到京之省，在请愿书上均列代表姓名，无代表到京之省叙明人数。”

十二月初六日(1910年1月16日)，代表列队赴都察院呈递请愿书《请开国会公呈》，并要求都察御史接见，未果。代表开会议决，由相关代表分别拜访各军机王公大臣，说明本次请愿意旨，以争取他们的同情和支持，争取早开国会。会议公推孙洪伊、谷芝瑞、刘崇佑、陈登山、陶熔、方还等代表具体执行，并将请愿书的副本分送权要。具体情况，新版《中国近代通史》有精彩记述说：请愿代表晋谒军机大臣，庆亲王奕劻与那桐“均表赞同之意”。鹿传霖认为：“既设谘议局，何须复开国会？”代表详为解释，鹿“仍未得要领”。戴鸿慈认为：“各种预备尚未安全，能否速开国会？”经代表解释，戴表示深以为然。见军机大臣世续，晓之以理，动之以情，使世续为之“动容”。十二月十七日(1910年1月27日)，“又见满族亲贵，肃亲王善耆、贝子溥伦、镇国公载泽”均辞不见。其他贝勒载涛“言极望国会早开，庶几可挽危局”。贝勒毓朗“言定当竭力相助”。次日再见资政院总裁贝子溥伦，溥伦虽然认为“资政院与国会无异，何必急于开国会”，但又表示“如果奉旨早开国会，我亦甚愿。”[③]

由此可见，代表访谒军机王公大臣虽未达目的，但这些颟顸、愚昧、保守、顽固者们，如鹿传霖及一些王公贵族，他们虽以安于现状“辞不见”抵制请愿，但顽固到底的人毕竟是少数。一部分人经代表解释，表示“深以为然”，“为之动容”，态度有所变化，处于两可之间。而一大部分人则表示鲜明的支持态度。说明在社会大变动的前夜，随着新思潮的传播、扩散，传统的、落后的主体意识必然会发生崩解塌陷。表现在社会群体中，最坚固、最稳定的上层统治集团，亦开始分化为左、中、右，有些人只是由于

① 《清末筹备立宪档案史料》下册，第641页。

② 侯宜杰：《二十世纪初中国政治改革风潮——清末立宪运动史》，第274页。

③ 张海鹏、李细珠主编：《中国近代通史》第五卷，江苏人民出版社2007年版，第317页。

既得利益、周围环境固有压力，不敢或不便于公开表明自己的真实心态。一旦环境变化，绝大多数人，还是要向新潮流靠拢的。改革说难也难，说易也易，全在时势变化。

就在代表艰难访谒权贵时，各省总督如直隶总督陈夔龙、两广总督袁树勋与奉天、吉林、山东等省巡抚以及出使各国大臣，均致电朝廷，“请俯从舆论，速开国会”。御史江春霖特上专折“奏请缩短国会年限”，甚至旗籍民人也“联合同志，公举代表，赴都察院呈请代奏速开国会”①。

在此期间，京师绅商学各界均召开了欢迎请愿代表的大会。孙洪伊、陶熔、吴赓廷、李芳、陈登山、于定一等代表均发表激昂慷慨的演说，人人感动不已。有的甚至声泪俱下，当场有人提出立即设立后援会，支持代表在京的请愿活动。

在京代表亦开会议决成立“请愿速开国会同志会”，并拟订《规约》8 条：

1. 宣统元年(1909)各省签名请愿者均为会员。

2. 非到国会成立之日，不得解散。

3. 会员皆有鼓吹舆论，游说各种社会，分头请愿，以促国会成立之责。

4. 每省置干事四人以上，担任通告本省会员并与别省通信之事。

5. 干事由各省推定，未推定之前，暂由到沪到京代表任之。

6. 新会员加入，由本省干事或会员介绍。

7. 通讯总机关设于上海，由江苏省干事在上海者经理其事。

8. 所需经费由各省会员分担，每省至少年交百元以上，半交总机关，半交本省干事②。

同志会成立后，连同《规约》一起由在京代表通告各省谘议局，再由各省谘议局联合同志会“或分电政府，或呈请当道奏达舆情，以民气民力所蓄积者和平竞进，齐发以向政府。”③一时形成请愿代表活动于京师衙门行署，街谈巷议，都说国会，气势逼人；谘议局、同志会会员奔走于各省城乡，同气相求，民心焕发。形成上下呼应，要求早开国会的强大社会压力。当时顺天府府丞李盛铎已经明显感觉到这种逼人的紧张气氛。他上奏说：

“今代表诸人颇多地方搢绅，为乡里所推重，其忠信不止乎一邑，其言论且可鼓吹一时。故善用之则此辈皆日本维新时之士族，足以辅扬伟业，昌大盛治，不善利用则失意而归，或至疑朝廷真意之所在……欧洲政变多起于中等社会，史迹具在，可为

---

① 张海鹏、李细珠主编:《中国近代通史》第五卷，江苏人民出版社 2007 年版，第 317 页。

② 转引自侯宜杰:《二十世纪初中国政治改革风潮——清末立宪运动史》，第 275—276 页。

③ 转引自侯宜杰:《二十世纪初中国政治改革风潮——清末立宪运动史》，第 276 页。

寒心。”①

都察院的一些御史，亦感到支持请愿，事关重大，应是责任所在。他们在一起议论说：“此次各省代表来都要求速开国会，邀准与否，实为大局存亡，民气消长之所关，亦即列强对待中国用刚用柔敬我侮我之所系。我辈职司献替，际此紧要关键，正谊联名具奏，极力赞成，以期襄斯盛举。”②

可是，历来改革的历史经验教训说明，腐朽没落的统治阶级代表人物，他们从来不考虑尊重民意是否必要，社会民心的总体趋向如何，来决定自己对待民众运动的态度。他们总是刚愎自用，自以为是，习惯独裁，只根据自己的主观意愿行事。而决定他们主观意愿的因素又是极为复杂的。大体有以下几种因素：

1. 对传统的依赖程度和对改革的认识程度。凡是腐朽没落的统治阶级代表人物，他们大都对传统有极大的依赖，习惯按传统行事，不愿冒改革风险。如有改革问题的提出，他们也觉得有改革的必要，认知良好，那么有可能采取接受的态度，主动进行改革。相反如果认知态度很差，那么改革内容再正确，再合理，再必要，他们认识不到，必然会采取反对、抵制的态度。倘使社会要求改革的呼声、压力太大，反对不了，他们就会转而采取敷衍、应付、拖延的办法，或避重就轻，只进行枝枝节节的改革，对关键问题决不会松口。

2. 对统治集团的既得利益、特权、权力再分配、变动趋向的担心和焦虑。凡是反动腐朽的统治集团的代表人物，他们大都迷恋既得利益和权力地位。如果改革的内容有利于既有利益和权力地位的扩张，他们当然会欢迎接受。相反，必然会拒绝反对。甚至采取极端残酷的手段，加以阻止、镇压和血洗。在特定的情况下，无法镇压，那就采取阴谋破坏、敷衍、拖延等一切手段。

3. 对维护现实社会秩序和稳定的紧张和恐惧。改革一般都要打破常规，特别是重大的根本性的改革，必然要触及整个社会的上下左右，各个阶级、阶层、集团和政府各部门的既有结构、利益、权力的重新分配，引起既有秩序和稳定状态的破坏和改组。故一般情况下统治集团及其代表人物都特别害怕，恐惧这种“失序”、“动荡”情况的出现。因为历史上的改朝换代，统治集团内部的权力斗争、权力转移的出现，往往是利用社会秩序和稳定的破坏，以大动乱的方式实现的。因此，改革会不会导致社会“失序”，破坏“稳定”，往往成为统治集团是不是接受改革所要考量的一个重要方面。

4. 除以上三点以外，腐朽没落统治集团的代表人物对待改革的态度，还跟他们的个人性格、意志等心理素质有一定的关系。有的代表人物性格剽悍，意志果毅坚

①② 转引自侯宜杰:《二十世纪初中国政治改革风潮——清末立宪运动史》,第277页。

决，有冒险精神，敢于探索。有的生性懦弱、谨慎、顾虑较多，不敢冒风险。代表人物不同的个性也会影响和决定他们对待改革的不同态度。

清末摄政王载沣和军机处的一班权臣，他们对待国会请愿运动的态度比较典型地反映了没落王朝代表人物的复杂心态。他们对请愿运动，有的坚决反对，有的部分认可，有的口是心非，大多数担心、恐惧。最后共同一致地主张采取敷衍、拖延的办法。宣统二年十二月二十日（1910 年 1 月 30 日），清廷向代表发布的上谕，措词委婉，态度温存，但抛出的结果却是十分冷酷无情：暂不接受各省代表请愿即开国会要求，并坚持九年预备立宪期限不变。

上谕说：“据都察院奏代递直隶各省谘议局议员孙洪伊等呈请速开国会一折，披览均悉。具见爱国悃忱，朝廷深为嘉悦。朕仰承先朝付托之重，于预备立宪之要政……定以九年预备，为大清帝国君权立宪政体……大权统于朝廷，庶政公诸舆论。此天下臣民所共见共闻也。今朝廷宵旰忧劳……责成京外各该衙门，切实依限，次第办理，深冀议院早为成立，以固邦基。惟我国幅员辽阔，筹备既未完全，国民知识程度又未划一，如一时遽开议院，恐反致纷扰不安，适足为宪政前程之累。……总之，宪政必立，议院必开，所慎筹者，缓急先后之序耳。……现在各省谘议局均已举行，明年资政院亦即开办……但顾我臣民各勤职务，计日程功，毋骛虚名而隳实效。兹特明白宣示，俟将来九年预备业已完全，国民教育普及，届时，朕必毅然降旨，定期召集议院。”①

好在国会请愿代表早有“不准”的思想准备。张謇在上海饯行的告别宴会上就说过：“设不得请，而至于三，至于四，至于无尽。诚不已，则请亦不已。”在京代表在上书前，亦分别各致书本省谘议局说：“兹事体大，断非一呈所能得效。”表示要进行长期的请愿斗争。故第一次请愿虽然失败，代表毫不气馁，纷纷表示要继续坚持，进行第二次请愿。

二　继续发动第二次国会请愿运动

宣统元年十二月二十二日（1910 年 2 月 1 日），北京各界召开声援大会，在京代表在大会上慷慨陈词，表明自己“一日不得请，则请亦不已”的坚决态度。请愿领衔代表孙洪伊还提出，政府既然不允速开国会，各省已经开始的筹办购买国债活动亦应立即停止，何时答允开国会何时再行筹办的动议。

十二月二十七日（1910 年 2 月 6 日），各省谘议局在京代表举行会议，对下一步行动进行了具体的布置：

① 《清末筹备立宪档案史料》下册，第 641—642 页。

1. 继续第二次请愿,时间初拟在宣统二年四月底(1910 年 6 月)举行,各省代表须于四月二十日(5 月 28 日)前提前到京。会后各省代表或留京或回省分头活动。

2. 为扩大请愿队伍,决定迅速组织成立“请愿速开国会同志会”,总部设于上海,北京设立分会,并在各省迅速成立分会。

3. 为加强舆论宣传,决定开设报馆,创办《国民公报》于三月(4 月)出版。

4. 成立各省谘议局联合会,由江苏省谘议局通告各省谘议局,每省推派 1—2 人参与筹备,经费由各省谘议局竭力赞助。

会议最后还决定将“请愿速开国会同志会”改名为“请愿即开国会同志会”。“速”“即”一字之改,反映了代表的迫切心情、强烈情绪、决心和毅力。

十二月二十八日(1910 年 2 月 7 日),在京请愿代表即以“请愿即开国会同志会”的名义召开大会。会议议决暂以京师请愿代表团办公地址为该会总部,致电各省绅商学各团体,要求各省从速成立分会,举定干事,推派代表进京,以便择时上书请愿。各省均复电极表赞同。同时还致电各省,驳斥朝廷拒绝请愿速开国会的几点理由,认为被拒的原因还是请愿的力度还不够,号召各界“矢以诚心,持以毅力”,继续坚持。并再三希望各省多设同志会分会,发表演说,广泛宣传。务使民众咸知开国会的必要,继速推举代表到京上书请愿。

宣统二年正月初三日(1910 年 2 月 12 日),京师人士在请愿代表团的影响下,成立国会期成会,也向全国各省发出通知请派代表到京发动请愿。

从此,以谘议局议员赴京代表为骨干发动成立的“请愿即开国会同志会”很快地成为国会请愿运动的领导机构,在京师乃至全国掀起一场声势浩大、规模空前的政治运动。

为了促进一些薄弱省份的宣传发动工作,经研究决定直接派出代表分赴各省活动。直隶代表前往山东、山西、河南诸省。江苏代表前往浙江、安徽、江西、湖南、湖北诸省。广东代表前往福建、广西,并派员前往海外,联络华侨签名上书请愿,同时成立同志会分会。所派游说宣传各员即为同志会特派员,不限于议员。特派员到各省通告各府、厅、州、县发动商学会、教育学会、自治研究会,开会演说,尽力发动基层群众参加同志会,成立分会,签名要求上书请愿,人数多多益善。为了加强舆论宣传而创办的《国民公报》,由各省认定办报经费,筹备三月份出报。为了唤起民众,增强国会请愿的气氛,代表们将徐特立的断指血书,印成红色传单,分发全国各省。江苏丹徒亦发生有人刺臂血书,表示要以鲜血“购国会”。在此期间,“请愿即开国会同志会”通过全体会员的积极宣传发动,在全国上下、京师内外,形成新一轮空前未有的国会请愿高潮,在社会上产生了极大的影响。

二月二十五日(4 月 4 日),“请愿即开国会同志会”的在京代表,再次集会讨论修订该会的简章宣言书和活动计划。会上将会名改为“国会请愿同志会”,宣言书改称“意见书”。会议还决定将总部由上海移设北京,组织机构亦作了调整,各省设分会支部,支部干事同时作为总部干事。将会刊《国民公报》改名为《宪群日报》,更加突出该会特色及活动宗旨,并准备由旬刊改为日刊。江苏、广东诸省均函表赞同,并增加筹款,确保办报经费。该报主笔由原政闻社骨干徐佛苏担当,徐秉承梁启超的意旨,力促宪政,“主持京师言论,齐一同志之思想步骤”,使该报很快成为“痛诋清政而鼓吹立宪”的喉舌,“遂为立宪运动之大本营”。随着形势变化,后来该报又接受一些省的建议,恢复《国民公报》原名。另外,会议还发表了敬告商会书,强调“今日世界无不以工商业为立国之根本者。夫商人既一跃而居中国最重要之地位,则国中政治地位之得失,自与商人有特别利害之关系。故吾国今日国会请愿之事,尤应以联络商界为中坚”,“急望各省商会共举代表,大举请愿,而尤望彼此相约于四月中旬开联合会于汉口,同时北上,藉收联络接洽之效”①。

通过国会请愿同志会的广泛发动,全国各省热烈响应,尤其是商会异军突起。江苏商界召开大会,选派代表,直接上书请愿。上海的李厚佑、陈震福、陈寿颐、金贤来,以华商联合会的名义,拟就请愿书,准备联合海外华商一起请愿。其他如直隶召开大会、演说、征集签名、捐款,各府、厅、州、县发动十分广泛。可以说大多数省份的商界组织以至海外华侨,都积极投入这一次的请愿运动,表明工商阶层的觉醒和壮大。“此次请愿,据称各省国民签名者达 30 万人”②。

三月底(5 月),第二次国会请愿代表团成立,仍选举孙洪伊等为干事,通告各省代表,务必于四月二十日(5 月 28 日)前赴京师报到开会。另委徐佛苏(浙江)、孟昭常(江苏)、雷奋(江苏)、邓孝可(四川)、孙洪伊(直隶)、方还(江苏)、黄远庸(江西)负责请愿书的起草、修改工作。

第二次请愿书的具体内容针对清廷认为不能即开国会是由于“筹备之不完全”、“国民程度之不齐”以及“已经建立有资政院”的三点理由逐一驳斥,说明正因为以上三点,更应该速开国会:

“一曰欲宪政筹备之完全,不可不即开国会。”认为:“有国会然后可以举行宪政,无国会则所谓筹备皆空言。……内而各部,外而各省,其筹备宪政,大率真诚之意少,敷衍之意多。”因无国会,上下声气隔阂,难以编订法律、法规,一切政治无所遵守,“国

① 引自侯宜杰:《二十世纪初中国政治改革风潮——清末立宪运动史》以及张海鹏、李细珠主编:《中国近代通史》第五卷相关章节。

② 侯宜杰:《二十世纪初中国政治改革风潮——清末立宪运动史》,第 289 页。

会一日不成立，即筹备一日不完全，此必然之势”。

“一曰欲国民程度之划一，不可不即开国会也。”认为若以欧美相比，“衡吾国民，诚见其不及”，但各国有各国的具体情况：“夫国会者，所以演进国民之程度，若不开国会，即人民程度永无增进之日。”“且国会制度者，非尽人而参与国政之谓也”。“于千万人民中，择其少数有程度者，畀以选举权；又于千百人民中，择其少数有程度者，畀以被选权。……被选之议员，其大半必系曾有官职、有资望者，并非纯系齐民。……此种人才，朝廷近来亦常破格录用。……岂一旦置之国会中，即虑其程度之不足耶。”

“一曰资政院不能代国会之用也。”认为：朝廷以“资政院为上下两院之基础”借以不须开国会的说法是荒谬的。“细察其性质，又与国会迥殊。”“君主不负责任，为立宪国拥戴元首之良法；而资政院与大臣有争执时，则恭候圣裁，是仍以君主当责任之冲，而大臣逸出于责任以外。行政官不兼议员，亦立宪国之良法。而资政院议员，则有各部院司员，是仍为行政立法混合之机关。况总裁、副总裁，较之议员，品秩特崇，尤与行政部院之堂属无殊。……今资政院之组织与权限皆不相融洽，既不利于人民，复不利于官吏。窃恐开院后，将酿成朝野两派之冲突，……故朝廷既欲实行立宪，必自罢资政院而开国会始。”①

最后说：“方今国中舆论混淆，……众喙争鸣，公理湮晦。……亦由于无国会以统一舆论、训练舆论之故也。盖专制国无人民参与政治之机关，故舆论散布于社会；立宪国有之，故舆论汇归于国会。……今日英、法、日本之人民，其皆各守法令，各尽职务何也？国体已定，民心已安，乱机无由生耳。倘吾国能步趋各国之成规，急以国会范围民心，则国家安荣，翘足可待。万一再因循不决，则民情日郁，恐日后虽欲定立宪二字收拾民心已无及矣。”②

请愿书从立宪的法理逻辑，结合中国国情以及当时的社会形势和国外的经验，条分缕析，说明速开国会的必要性和迫切性。希望朝廷从宗庙、社稷、国家安全考虑，速颁开国会之诏。情词动人，态度委婉极了。

五月初十日(6月16日)，各省各团体代表146人齐集都察院，分别代表各省谘议局、各省商会以及一些教育会、政治团体、澳洲侨商、东三省旗籍绅民等，由领衔者孙洪伊依次向御史陈名侃递送了10份请愿书。除代表团的第二次请愿书外，其他请愿书的内容根据不同团体性质，各有侧重，各具特色。但都批驳上谕中的九年预备立宪计划，指出筹备立宪，主要是制定宪法、议院法、选举法。完成这些任务，一年时间完

① 《张謇全集》第一卷，第145—147页。

② 《张謇全集》第一卷，第147—148页。

全足够，何必要坐等八年。如商会的请愿书主要从世界各国国会如何重视工商阶层的利益，护商政策，对比中国说明无国会，没有完善的护商法律，朝廷屈服于洋商，只知向华商收重税、祸国殃民的种种弊端。同时声明资政院中只有十名高额纳税议员，不能代表商人，绝不承认。教育会代表主要针对教育的机构设置，教育经费等方面问题。东三省绅民请愿书主要针对东三省受日俄侵迫，“疆域日蹙，权利日亡，财力日竭，人心日变”等严重问题，迫切需要朝廷及时解决，九年立宪之期，万难从容以待①。

给都察院上书后，代表团决定：仍按第一次请愿的老办法，派代表分头遍访摄政王载沣、军机处各尚书及朝廷各部，期冀得到他们对请愿的同情和支持。

五月十六日(6月22日)，代表带着请愿书副本往谒摄政王载沣，载沣辞不见，亦不接受上书。代表只好将请愿书交邮局寄呈。上书中指出，代表所以弃家室、旷职业再三请愿者，是不忍坐视国家危亡。而那些阻挠开国会的大臣，都是“全躯命，保禄位”，“惮于改革而或不利于身家”者，“皆戊戌、庚子新政罪人之续，而为国家万年根本之蠹。”②要求摄政王从大局计，不要被那些阻挠改革的人所荧惑，重蹈戊戌变法之覆辙了。

代表们饱含深情如泣如诉的上书，根本打动不了顽固保守权臣们的铁石心肠，他们高踞上位，目光如豆，胆小如鼠，只知因循守旧为第一要义。有的说西方之制度不适用于中国；有的说一切按朝廷谕旨办理，不得妄行干预；有的干脆主张解散代表团，以免喋喋不休，与政府为难。载沣更因当时全国各地纷纷爆发的抗捐、抗税、抗官府的民变，以革命党人组织暴动为口实，佐证他们反对即开国会的理由，说：“足见人民资格不齐，若果国会速开，诚恐徒滋纷扰，故仍坚持原定年限。”但他还算顾全大局，反对对代表采取强硬措施，要求军机处拟旨答复代表时“措词总以动人感听为得体”。③

接着会议政务处召集大臣集议都察院代奏的请愿书。同日，请愿代表亦致函会议政务处，强烈表示“力持速快开国会之议”。上书严正声明：“人民之所以要求(速开)国会者，必因目前极厌恶此种专制政体，极不信任此种官僚，故必欲参与立法，使之独立于行政部之外。”“政府既不授人民以立法之权利，人民即无遵守法律之义务。日后人民虽酿成大变，虽仇视政府，虽显有不法之举动，代表等亦无力可以导喻之，惟有束手以坐视宗社之墟耳。”④代表致都察院函虽有施加压力之意，然亦非虚言。当时全国各地零星的反抗斗争，“不法之举动”，已随处可见。以孙中山为首的革命党人正在酝酿一场新的反清风暴，“宗社之墟”的预言已非遥不可及。但这一切形势的变化，

①②③ 侯宜杰：《二十世纪初中国政治改革风潮——清末立宪运动史》，第289、290页。

④ 侯宜杰：《二十世纪初中国政治改革风潮——清末立宪运动史》，第291页。

对于闭目塞听的顽固派来说，已经不起任何作用，他们依然我行我素，拟定了拒绝第二次请愿"即开国会"的诏旨，于五月二十一日(6月27日)向请愿代表颁布。诏曰：

> 速开议院一事，上年十二月间，据直辖各省谘议局议员等联名呈请，已经明白宣谕，俟九年预备完全，国民程度普及，必毅然降旨，定期召集。朝廷慎重图维之意，无非愿我臣民勿骛虚名而堕实效。本年复经宪政编查馆奏派妥员，分起前赴各省，按照筹备清单，认真考核，并饬各省将军，将筹备事宜应需之款，详加预算。本日复面询各衙门行政大臣，亦皆奏称按期次第筹备，一切尚未完全等语。朕仰承先朝付托之重，俯念臣民呼吁之殷，夙夜孜孜，深望宪政早一日成立，即早纾一日忧劳，亦何所靳于议院耶。惟思国家之至重，宪政至繁，缓急先后之间，为治乱安危所系……而朝廷按期责效，并未尝稍任松懈。宵旰急切图治之心，当为薄海臣民所共谅……尔等忠爱之忱，朕所深悉。惟兹事体大，宜有秩序。宣谕甚明，毋得再行渎请。"①

至此，第二次国会请愿运动失败。

三 "请愿"的失败和教训

清廷严厉拒绝第二次国会请愿要求的蛮横态度，令代表们大失所望，有人主张要以激烈的手段对付朝廷。但大部分人仍然主张继续以和平的方式请愿，认为"激烈必经祸乱而始有效"，"和平则不酿祸乱，而亦未始无效"。但在请愿方式上要作改变，要扩大人数，扩大规模，继续号召全国绅商学各界一起参加，"惨怛呼号"，决不示怯，决不动摇，不达目的决不罢休。一些省的同志会得到消息，亦纷纷致电在京代表，谓此次请愿无效，代表万不可离京，各省当再推代表赴京，进行第三次请愿。

五月二十三、二十四日(6月29、30日)请愿代表团连日开会，议决于次年宣统三年二月(1911年3月)继续举行第三次请愿，并就有关组织、规模、经费、宣传、发动等工作作了周密布署，要求各省重新发动签名，每省人数至少在百万以上，签名册限十二月(农历)底汇齐送京。各府、厅、州、县均须选派1—2名代表汇总到京，近京各省至少100名以上，远省至少50名以上。

代表团的这一决定通知到各省后，受到社会各界空前广泛的支持。加之这时发生日俄签订协约，共同控制、维护在中国东三省的利益，日本正式吞并朝鲜，严重损害

① 《清末筹备立宪档案史料》下册，第645页。

中国的利益和安全，清政府对此毫无作为。消息传出后，国人无不义愤填膺，舆情沸腾。代表团发表"泣告国民书"，痛斥朝廷"丧心病狂"，号召民众急起反对。正好此时全国各省谘议局联合会于七月初八(8月12日)在京成立。于是国会请愿同志会、谘议局联合会、国会请愿代表团三方联合共同行动，要求速开国会。

七月十一日(8月15日)，请愿代表开会决定：通知各省各种请愿代表团提前进京，上书请愿，并向谘议局联合会提出，要求通知各省谘议局，若朝廷不开国会，人民即不承担新租税，当年谘议局的常年会只讨论速开国会议案，若不达目的，各局即同时辞职解散。

此时的清廷面临内外交困的形势，极为紧张。八月二十六日(9月29日)，由资政院实行开院听取民众意见，"专达民隐"。江苏省谘议局议长张謇曾一度提议利用这一机会，组织各省谘议局议长请愿团给资政院上书请愿开国会，以开第三次请愿的新局面。但众人认为此倡议，"势力究嫌薄弱"，未能得到支持而作罢。

九月初一日(10月3日)，国会请愿代表团正式发表通告全国人民书，宣布实行第三次请愿。初五起开始上书活动，各路代表团分别上书监国摄政王、资政院、各军机大臣，强烈要求"速开国会"。在此同时，全国各省各地区均发动了大规模的游行示威签名活动，召开大会，宣传演讲签名。参加大会签名人数，少则数千，多则上万。方至九月中旬(11月)，单是奉天省，全省已有20多个城市举行了集会，参加群众均在1万人以上，并函告谘议局，准备到省城请愿，签名者达30万以上[①]。有些血气方刚的青年，断指血书，有二人甚至当场拔刀加颈，欲以自杀表明"血购国会"的决心，经代表苦劝后，又趁代表不备，各自割左腿右臂肌肉一块涂抹请愿书，鲜血淋漓，以为请愿代表壮行，众人皆感泣失声。有的省提出："此次请愿无效，学则停课，商则罢市，工则休作，谘议局不许开会，群起以死力争之。"[②]全国到处出现了"群情汹汹，莫可阻遏"如怒涛排空的激烈景象。

最值得一提的是，大多数一向置身于国会请愿运动之外的各省督抚，一方面受群众热情的感召，另一方面不满朝廷亲贵的专权，此时也提出联名上奏，要求速开国会并立即组织责任内阁。认为："内阁国会为宪政根本……舍此则主脑不立，宪政别无措手之方。缺一则辅车无依，阁、会均有逾辙之害。程度不足，官与民共之，不相磨

① 以上资料为当时《国民公报》、《时报》、《国风报》所载，均转引自侯宜杰：《二十世纪初中国政治改革风潮——清末立宪运动史》，第311页。

② 以上资料为当时《国民公报》、《时报》、《国风报》所载，均转引自侯宜杰：《二十世纪初中国政治改革风潮——清末立宪运动史》，第308页。

砺，虽百年亦无所进。”[1]

在全国各方强大压力之下，虽然军机处、督军中有极少数顽固派仍坚持反对开国会，如苏督张人骏、直督陈夔龙等，有的甚至提出直接镇压、解散请愿团。但终究因社会舆论强烈，请愿潮流汹汹，且引起国际关注，予以同情和支持。驻京公使直接向清廷表示："各国均望有美满之结果，以保东亚之和平。否则内乱必生，甚为危险，殊非各国所乐闻。"以摄政王载沣为首，不得不面对现实，考虑采取适当措施，缩短召开国会年限，以对请愿运动作出妥协和让步。

为此载沣于十月初二日(11 月 3 日)亲自召开政务处会议，讨论缩短召开国会年限及颁发上谕等有关问题，最后拟就上谕，翌日颁发。宣布预备立宪时间由原来的九年缩短为六年。上谕说："人民代表吁恳既出于至诚，内外臣工强半皆主张急进……。惟是召集议院以前，应行筹备各大端……计非一二年所能蒇事，著缩改于宣统五年，实行开设议院……应即作为确定年限。一经颁布，万不能再议更张。"并威胁说："此后倘有无知愚氓，藉词煽惑，或希图破坏，或逾越范围……必即按法惩办。"同时，又谕令民政部及各省督、抚，立即晓谕请愿代表即日散归。第三次请愿要求"即开国会"的目的虽未达。但毕竟比原来缩短了三年。

在此情况下，少数地区，少数谘议局代表人士表示，以"和平之办法能收效如是，已非始愿所及"。深感"天恩高厚，感激涕零"。如江苏谘议局议长张謇和书记长孟森联名致电资政院祝贺说："钧院大力维持，谨代表大江南北，泥首叩谢。"并致电各省谘议局和省内各团体，要他们一起向资政院致谢。但绝大多数请愿代表均表示强烈不满。当张謇在江苏谘议局开会，准备举行庆祝时，遭致大多数议员的反对，付诸表决时，只有三人赞成，"遂决然罢议"。

当时在京的代表于十月初四(11 月 5 日)通告各省同志会，一方面对请愿即开国会未达目的，只缩短预备期三年，同时要遵旨解散国会请愿代表团表示不甘心。一方面决定保留国会请愿同志会的组织，以便为继续发动民众请愿做准备。通电发出后，各省纷纷致电国会请愿同志会，要求代表不要出京，应继续坚持请愿要求即开国会。特别是奉天、直隶等省人民，反应尤其强烈。他们干脆直接组织第四次赴京请愿运动，再次向资政院上书。其中北方各省的学生队伍，异军突起，罢课停学，游行示威，演讲宣传，风潮之盛大有再次弥漫全国之势。

面对此情此景，朝廷既恼羞成怒，又吓慌了手脚，决定采取严厉的镇压措施。

一是诏令政府官员特别是地方大员，不准支持请愿，倘有姑息，定严惩不贷。十

---

[1] 以上资料为当时《国民公报》、《时报》、《国风报》所载，均转引自侯宜杰：《二十世纪初中国政治改革风潮——清末立宪运动史》，第 315 页。

一月初六日(12月7日)，东三省总督锡良迫于代表的强烈请求，表示愿意代递请愿书，力陈东三省人民请愿速开国会的良苦用心，朝廷谕令斥责锡良：“朝廷明降谕旨，明白宣示，不应再奏。东三省地方重要，该督有治事安民之责。值此时艰，尤应力任其难，毋许借词诿卸，致负责任。”奉天请愿代表进京上书后，上谕严责有关部门说：“今又有以东三省代表名义来京递呈，一再渎扰，实属不成体统……此后倘有续行来京借端滋扰者，定惟民政部、步军统领衙门是问。”“各省如再有聚众滋闹情势即非安分良民，该督抚等均有维护地方之责。”要求“随时镇压”，“从严惩办”。十二月初二日(1911年1月2日)，谕令各省督抚严厉查禁学生请愿说：“前已面谕学部尚书唐景嵩通饬各省严行禁止，……防患未然，倘再有前项情事，立即从严惩办，并将办学人员一并重处，以儆其余。如或仍前玩愒，以致滋生事端，定惟该督抚是问”，同时下令严厉查禁请愿学生，“稍有可疑者，即行密拿请惩。”逮捕为首者。上谕通过严厉责成各省地方官员加强管制和镇压，将国会请愿运动从社会基层起彻底加以铲除。

二是下令对准备进京上访请愿开国会的人员，由原地方官员派人，实行截留、逮捕，已到京的代表立即抓捕强制押送回原籍，交地方管制，不准在京师逗留。

十二月二十日(1911年1月20日)，天津聚集东三省赴京学生及本地学生有数千人，要求进京请愿，朝廷电令直隶总督陈夔龙严加镇压，不准赴京。污蔑学生“意存叵测”，“大干法纪”。陈调集军警400余人，前往学生住地包围，“不准学生自由出入。往来函件必须拆视”，解散学生队伍，强迫复课。朝廷担心罢课风潮弥漫全国，又下令各省“随时镇压”，“从严惩办”。

三是对请愿的代表人物横加各种莫须有的罪名，如“居心叵测”、“扰乱地方治安”、“乡里无赖”、“结众敛钱”、“有害地方”等等，然后进行残酷的迫害。天津同志会的领导人温世霖是带领天津各界及学生强烈要求速开国会的爱国人士，被秘密逮捕后，宣称他是“擅揑会名，妄称会长，遍电各省，广肆要结，尤为意图煽动，居心实不可测。”立即发配新疆充军，交当地地方官严加管制。其他如吉林、江西、四川、湖北等地组织发动第四次请愿者，在当地督抚的镇压和严密防范下，基本都遭到同样的命运而宣告失败。国会请愿同志会亦被迫宣告解散。一场轰轰烈烈的国会请愿运动经过一请、二请、三请，由于统治集团担心失去控制，采取了严厉镇压的态度，加之有关组织领导未能耐心地加以引导妥善对待，最终失败。也加速了革命党人暴力革命的到来。

国会请愿运动虽然失败，但仍具一定的时代意义和深刻的历史启示：

第一，这是近代中国第一次明确要求以“民主宪政”为目标进行政治体制改革的群众运动，规模巨大，意义深远。

鸦片战争以后，中国王朝封闭的大门被迫打开，中外除了物质的交流以外，在思想文化意识形态方面也透露出些许缝隙。一些改革派思想家、外交使臣、传教士开始介绍西方社会文化政制情况。但19世纪50—90年代,有关民主宪政情况,仍然是十分敏感极为忌讳的内容,谁介绍谁就会被官场、社会视为大逆不道的怪物,千夫所指,万人唾骂。外交家郭嵩焘的遭遇就十分典型。所以当时一些改革派思想家迫于中外形势对比,面临严重的危机,强烈呼唤朝廷改革、变法,主要还是侧重经济、军事、文化教育方面。政治方面则着重防治官僚的腐败,同时非常隐晦地提出"民情上达"、"通下情"、"君民不隔"等含含糊糊的概念。故在有形的经济、军事、文化、教育方面,通过洋务运动取得一定的进展外,政治体制改革凡触及权力核心的问题,根本纹丝未动,无人提及。直到中日甲午战争之后,康有为、梁启超发动维新运动,才开始触及政治体制改革问题。但戊戌维新运动是一场涉及面非常广泛的改革运动,欲通过宫廷斗争实现权力转移,从而实现新旧交替,展开社会变革。康有为虽然提到过议会、宪法等问题,但由于矛盾尖锐,斗争复杂,提出的改革议案面广量大,"议会"问题根本无力顾及,所以也就搁置不提了。后来,由于这场运动风暴的中心是宫廷权力斗争,光绪帝惨败,运动也自然烟消云散。

庚子事变后,逃亡西安的慈禧太后,迫于内外形势的压力,宣布实行新政。特别是光绪三十年(1904)日俄战争,日胜俄败,国内外舆论一致认为这是立宪对专制的胜利。因为小国日本经明治维新后,实行君主立宪,国家迅速强大。而老大腐朽、实行专制政体的沙皇俄国,不思改革,国力空虚,故必然失败。从此中国朝野,借新政的谕令,开始专门传播研究民主立宪强国的书籍。张謇从日本参观回国后,在江浙绅、商、名士中开始串连印刷、传播《日本宪法义解》、《日本宪法》、《日本议会史》等书,宣传、讨论立宪问题。可以说张謇是当时社会民众政治思想转换的一个缩影。以后又借助清廷谕令各省成立谘议局的东风,大大加强了民主宪政的宣传,遂致"开国会"、"设议院"、"颁布宪法"联成一个整体,即"民主宪政"运动。这一诉求简洁、明确、集中、突出,成了全国绅商学瞩目的惟一政治改革目标。先后发动多次国会请愿。在全国各地发动请速开国会运动中,有关民主立宪问题的宣传力度、广度、深度方面,均是空前未有的,影响巨大而深远。成了社会中上层普及民主宪政教育的大课堂,对社会基层民众来说虽不太关心,但耳濡目染,也开始了解到开国会的好处,对民主宪政寄予希望。同时激发了民众的爱国热情和群体意识。及至辛亥武昌起义后,各省迅速光复,各省谘议局,绅、商、学、农、工社会各界,迅速而且众口一词地衷心接受民主共和,这跟国会请愿运动中的民主宪政思想的宣传教育深入人心,有很大关系。

第二,通过四次国会请愿证明了一条规律:改革难,政治体制改革犹难。

中外历史表明,改革是不以人们的意志为转移的客观规律。当一个国家政权经历了一定的时空发展以后，它的原有规章制度必然越来越不适应发展变化的形势，它的掌权人代代相替，在和平鼎盛的环境中，必然失去建立政权初期的锐气和谨慎。大权在握，安享尊荣，颐指气使，在没有相应监督机制的情况下，必然逐渐蜕化走向腐败。利用衰败的政权管理制度的疏漏和不适应，大肆贪污腐化，上行下效，不以为耻，反以为荣，日渐成风，以致到了国无“廉”日，“廉”者难以生存的地步。斯时，国将不国、改革之风必然到来，由“青萍之末”而至狂飙突起。不改革，政权将难以继续。有识的统治者将被迫改革，首先会在经济、军事、文化教育领域次第展开。因为这关系到该政权巩固统治的物质基础。即财赋、军队、人才。但那些顽固守旧、愚昧无知者，仍然会抱着祖宗之法不可变的经典传统，一叶障目，不顾天下形势，反对改革。

但经济、军事、文化改革毕竟是有形的，改革的效益也是立竿见影的。因而在晚清的60年代至90年代，30年有关方面的改革，经过努力，毕竟取得了一定的成效，相比较而言非政治性的改革一般都显得较为容易。可是，改革一旦涉及权力核心政治体制的变动，那就是另一回事了。

“权力”自从阶级国家产生以后，就成了野心家追逐百变不厌的“圣物”。人类文明几千年的发展历史，也可以说是充塞着追逐权力、为权力而斗争的历史。在这个历史长河中，除了上古神话中有过“禅让”说，近代美国的华盛顿、中国的孙中山有“让位”即放弃“权力”的盛举。再就是看破红尘、淡漠名利的高人隐士不爱权位。除此之外，几乎再没有人在掌握很大的权力后，而愿意放弃的。历代帝王野心家为了争夺权力哪怕伏尸百万，流血千里，兄弟相残，父子相杀亦在所不惜。因为权力和利益是相连的。晚清的国会请愿，要求速开国会，实行政治体制改革，说白了就是要求终结千百年来封建专制主义“家天下”的专制集权。以摄政王载沣为首的军机权贵，他们答复请愿代表的各种各样的诡语遁辞就是最好的证明。所以，改革难。相对地说，经济、军事、文化、教育的改革，在一定情况下，尚有较大的回旋余地，难可以克服。至于政治体制改革，那就更难了。不到泰山压顶，命悬一线，腥风血雨，血溅五步，一般统治阶级的代表人物是不会痛痛快快地答应改革的。至于这种高压程度的控制，那就要靠推行改革的代表人物的智慧和理性的处置水平了。

第三，国会请愿的失败还说明晚清有关政治体制的改革是一项巨大的社会工程。它需要各个方面各项条件的密切配合。

首先是社会民众民主宪政意识的普遍提高，只有他们自觉地意识到国会对他们的重要，他们联合起来、组织起来，才具有无穷的威慑力量。庚子事变中，北方义和团运动的勃兴，从反面证明这种来自社会基层威慑力量的巨大和影响力。

其次是需要有一批思想、言论、组织的精英来领导这种请愿运动，为运动定目标、定行动计划,引导运动有序发展。否则,运动会夭折,甚至失去控制。国会请愿运动中有一些这样的人才,如江苏的张謇、直隶的孙洪伊。但为数太少,且由于思想认识的不统一,有些人未能贯彻始终。如张謇在早期起过很大作用,但第三次国会请愿运动后,他认为目的已达,已站到朝廷方面去了,只剩孙洪伊孤掌难鸣。实际上孙洪伊也不具备领导这场运动走向胜利的素质和条件。

再次,说到政治体制改革,最重要的条件还必须现实统治集团中出现有威望、有远见卓识的代表人物,敢冒风险,勇于担当,支持改革。有这样的代表人物,在一定情况、一定条件下,他们一个主张,一个行动计划,往往为其他各种条件所无法代替,直接决定改革的成败。这已为古今中外历史证明,否则便不能成功。

最后,历史发展的逻辑终归要前进。时代潮流浩浩荡荡,顺者昌、逆者亡。挫折、低回、甚至倒退,都是暂时的。时间、民意才是最权威的主宰和裁判官。改革或变革一定会成功,一定会胜利。军事政变、武装斗争也是改革、变革的极端形式。

第九章　反帝爱国运动与反清革命运动的兴起和高涨

在清末民族危机日益严重的形势下，江苏留日学生率先进行爱国宣传和开展爱国活动。随后，江苏各界民众积极参加拒俄运动、抵制美货运动和收回铁路利权运动。与此同时，反清革命思潮在江苏逐渐兴起，其后又成立同盟会江苏分会等革命组织，积极开展革命宣传和秘密策划新军起义。此外，江苏农民开展抗租抗税斗争，手工业工人开展罢工斗争，商人开展抗捐抗税斗争，从而有力地冲击着清政府的统治基础。

第一节　反帝爱国运动的兴起和高涨

光绪二十九年(1903)春，江苏留日学生率先在日本进行反帝救亡的宣传，并开展爱国活动。随后，江苏各界民众积极参加拒俄运动和抵制美货运动，开展反对洋商非法经营的斗争，并为收回铁路利权进行抗争。

一　江苏留日学生的反帝救亡思潮和拒俄运动

面对清末日益严重的民族危机，江苏留日学生在日本创办杂志，大力呼吁救亡图存，并进行爱国活动。接着，江苏各界民众又开展了历时三年多的拒俄运动。

(一) 江苏留日学生进行爱国宣传和活动

20世纪初，随着民族危机日益加重，中国人民反帝救亡思潮日益高涨。由于当时中国留日学生大增，他们开始成为政学两界的一支非常重要的力量。光绪二十九年(1903)春，中国留日学生纷纷创办刊物，初期着重宣传严重的民族危机，力图找出救亡图存的途径和方法。四月一日(4月27日)，江苏留日学生秦毓鎏(无锡人)、汪荣宝(吴县人)、张肇桐(无锡人)、陈去病(吴江人)等在日本东京创办《江苏》月刊。该刊设有图画、社说、学说、译篇、时论、小说、记言、记事、杂录等栏目。其初期(第1期和第2期)主要内容有：

第一，宣传江苏山川壮丽和物产富饶，描写江苏河山在帝国主义侵略下破碎的情况，用以唤醒人们对祖国的热爱，增强国人反抗帝国主义侵略的意识。这在《江苏》第1期侯生的《哀江南》中表现最为明显。该文从历史、地理、政法、军事、教育、实业6个方面叙述了江南面临的种种危机，表现出强烈的民族危机意识。文中有这样一段文字："临长江，瞰天堑，流波汹涌，直趋东海，而环络江南十万迈当之面积者，此地势之足以称雄于大陆也。崇、淞天险，非江南之门户乎？狼、福横亘，非江南之咽喉乎？钟山龙踞，帝阙凤翔，非江南人物之枢纽乎？震泽万顷，土田肥美，金阊十里，阛阓绵连，非江南财产之腹心乎？此地理之显著于表面者也。而孰知欧美通道以来，沪滨、京口，首辟商埠，而金陵，而苏州，凡江南有地理关系之区，无不为泰西诸国强权所攫制，美其名曰租界，实则永无返璧之期。外感俱集，中心已丧，衣食言语，如行尸然。识时者无不知江流上下数千里为盎格鲁撒克逊人势力范围地也。举目河山，苍凉落日，对此粉碎寸裂之余，谁不起洛水伊戎之痛哉！我曷得不为江南之地理哀！"[1]在文章最后，作者大声疾呼："将跃身扬子江中，起万丈胥涛，作十万军声，与异种民族相轰战，相竞争，以保此破裂之山河。"[2]

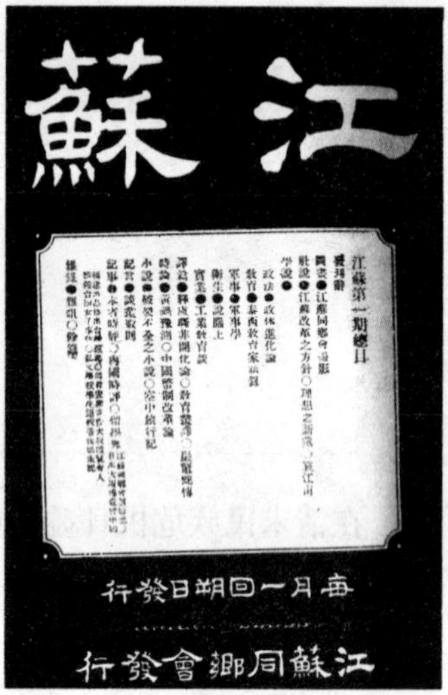

江苏《杂志》

第二，要求改变专制政体，鼓吹实行地方自治。竞盦指出，从历史趋势来看，专制政体终将被摒弃，立宪政体已成为世界各国政体发展不可抗拒的潮流。"二十世纪之天地，盖断不容专制余威稍留其迹。若俄罗斯，若土耳其，虽残喘尚存乎；不及五十年，俄必变于民，土或变于敌，虽欲吾言之不验，终不能如天演何也。"[3]实行立宪政体的要素在于人民要有参政权。只有人民有参政权，才会与国家休戚与共，才能有爱国心。"爱国者亦自爱耳，爱其与己有关系耳。故爱国心与参政权相为广狭。参政权及于少数者，爱国之人亦少数。参政权及于多数者，爱国之人亦多数。"[4]人民要行使参政权，就必须培养人民具有权利义务的政治思想和从事公共事务的能力。而要培养这种思想和能力，莫如实行地方自治。再者，"夫以一中央政府之力，而欲统制经略二

① 侯生：《哀江南》，《江苏》第1期，"社说"，第18页。

② 侯生：《哀江南》，《江苏》第1期，"社说"，第24页。

③ 竞盦：《政体进化论》，《江苏》第1期，"学说"，第27页。

④ 竞盦：《政体进化论》，《江苏》第1期，"学说"，第29—30页。

十二行省之天下，诚见其道远而任重矣。”因此，江苏留日学生便纷纷主张以省为单位，实行地方自治。“省省分而治之，一家之人，自治其家，一邑之人，自治其邑，父兄为之率先，子弟为之补助，安有所谓大而难驭者。”①

第三，主张发展教育，学习和传播新思想和新知识，进行“学战”。为了实现国家的富强，江苏留日学生主张必须发展教育，学习并传播新思想和知识，并把“学战”放在十分突出的地位。有人指出：“二十世纪学界之风潮，不得不汲汲于进化。何也？处生存竞争之世，利害之烈莫甚于学战，胜则为全球主人翁，败则入自然淘汰之旋涡，而种族渐归澌灭。地球列国，权利之得失，事势之盛衰，变幻纷纭，莫可究诘。自表面观之，鲜不谓兵战、商战、农战、工战之足以兴人国亡人国也。自内部审之，则此兵战、商战、农战、工战之所以胜所以败者，无一不以学战为总枢纽。”②教育应该包括德育、智育、体育等几个方面，所谓“教育之目的有四：一、道德，二、国民，三、知识，四、身体；而道德、国民，其中心点。”③江苏留日学生还特别注重军国民教育，提倡尚武精神。铁生指出，西方各国“尚武”风气，使国民能够“履大危，冒大险，耐大劳，犯大难，蒙九死而无所悔，成不测之大功而无所奇。法人得之而霸，德人得之而强，英人得之而帝，是乃优胜国之精髓也。”因此，他主张：“我中国苟欲救危亡，策中兴，吾敢以一言为天下倡，曰勤修武德。更简而言之，曰尚武。”④

江苏留日学生在呼吁救亡图存的同时，还在日本积极进行爱国活动。光绪二十九年二月十三日（1903 年 3 月 11 日），秦毓鎏、陈去病等 11 名留日学生赴大阪博览会游览，发现我国福建省的陈列品，竟被合并陈设在当时刚被日本强行占领的台湾馆内。他们敏锐地意识到，“日本素以福建为其势力范围，今以福建物置台湾馆，彼即以福建比台湾也”，因而感到十分愤怒。他们一面与大阪博览会方面进行交涉，并同时致电东京留学生请求支援。二月十七日（3 月 15 日），东京留学生派代表林长民、刘崇杰等到大阪。经过中国留日学生的多次交涉，终于在二月二十四日（3 月 22 日）把福建陈列品迁入四川陈列所内⑤。

二月二十八日（3 月 26 日），专为中国留学生开设的日本弘文学院学监大久保、教育干事三矢等，向中国留学生提出新定规定十二条，并称三日后立即实行。这些规定，内容“无一关于学课，不过为赚钱计耳”，如规定学生无论暑假或临时告假回国，每

---

① 《江苏同乡会募捐公启》，《江苏》第 2 期，插页，第 1—2 页。

② 云窝：《教育通论》，《江苏》第 3 期，“教育”，第 37 页。

③ 书赓：《教育会为民团之基础》，《江苏》第 3 期，“社说”，第 5 页。

④ 铁生：《江苏改革之方针》，《江苏》第 1 期，“社说”，第 3—6 页。

⑤ 《日本大阪博览会中国福建出品移出台湾馆始末记》，《江苏》第 1 期，“记事”，第 146—151 页。

月须纳金六元半,因而引起中国留学生的反对。面对留学生的据理力争,三矢却竟蛮横宣称,如中国学生退学,他"决不强留",丝毫不留任何协商余地①。三月一日(3月29日),中国留学生提出集体退学信,52人同时离校。校方不得不作出让步,同意学生提出的废除新条例、改良课程、开办走读等几项要求。三月十九日(4月16日),中国学生方才返校复学。

三月二十九日(4月26日),成城学校开春季运动会,会场高悬各国国旗,却惟独没有中国国旗。中国学生据理力争,日人竟然宣称:"凡世界独立国皆可于此地悬旗。中国已降为各国保护国矣,安得悬旗与各国平等乎?"中国学生和中国来宾近300人随即聚集在大讲堂,相约拒不出席运动会。这迫使校方不得不补挂中国国旗,但中国学生仍无一人出席运动会②。

(二)江苏民众参加拒俄运动

光绪二十六年(1900),沙俄在伙同其他国家组成八国联军入侵中国的同时,还武装强占中国东三省。同年秋冬,沙俄侵略军强迫清政府盛京将军增祺签订《奉天交地暂且章程》9款,但该章程既未得到清政府的批准,又遭到其他帝国主义国家反对,因而没有生效。光绪二十七年(1901)春,沙俄外交大臣拉姆斯道夫又提出书面约款12条,不仅妄图全面剥夺中国对东北的主权,还企图染指蒙古、新疆等地。

消息传来,激起中国人民无比愤怒。二月十七日(3月15日),上海爱国人士在张园集会,严正谴责沙俄的侵略野心,号召人民"出死力以争此一日之命",要求清政府"力拒俄约,以保危局"③。二月二十六日(3月24日),上海爱国人士听说沙俄逼迫清政府在约款上画押,又第二次在张园集会,要求清政府"始终坚拒","勿受恫吓"④。江苏、浙江、山东等地群众纷纷来函,捐款捐物,表示支持。在中国人民坚决反对下,清朝驻俄公使拒绝在约款上签字。

光绪二十八年三月一日(1902年4月8日),清政府与沙俄签订《东三省交收条约》,规定沙俄军队应分期撤退,每期6个月,18个月内撤完。光绪二十九年三月十一日(1903年4月8日)是俄国第二阶段撤兵的最后期限,沙俄不但未照条约撤退驻在中国金州、牛庄等地的军队,反而于三月二十一日(4月18日)提出7项新的侵略要求。

沙俄提出新的7项无理要求,再次激起中国民众的强烈愤慨。四月一日(4月27日),江苏等18省爱国人士在上海张园召开"拒俄大会",严厉谴责沙俄"吞并"政策,

---

① 《弘文学院学生退校善后始末记》,《江苏》第1期,"记事",第159页。

② 金冲及、胡绳武:《辛亥革命史稿》第1卷,上海人民出版社1980年版,第228—229页。

③ 《中外日报》光绪二十七年正月二十六日(1901年3月16日)。

④ 《中外日报》光绪二十七年二月六日(1901年3月25日)。

指斥推行“亲俄”外交的清政府“昏昧狂惑”。大会致电清政府外务部，表示对沙俄提出的7项新的侵略要求，全国人民“万难承认”，并通电各国外交当局，严正表示：“即使政府承允，我全国国民万不承认。”[1]

沙俄侵略者提出7项新要求的消息传到日本后，中国留学生的各省同乡会纷纷开会研究对策。江苏留日学生钮永建去找留学生会馆总干事章宗祥、曹汝霖，要求他们用会馆名义召集全体留学生，组织学生军，抵制沙俄侵略，却遭到拒绝。于是，江苏学生秦毓鎏、叶澜、钮永建等在秦毓鎏寓所起草传单，联名倡议在东京神田锦辉馆召开留学生大会。

钮永建

四月三日（4月29日）上午，留学生会馆干事和评议员在东京留学生会馆开会商议。下午，留学生大会在锦辉馆举行。会议决议成立拒俄义勇队。到第二天，共有130余人签名加入拒俄义勇队。四月六日（5月2日），拒俄义勇队改名为学生军，并编队进行操练。四月十五日（5月11日），在日本政府的干涉下，学生军改为军国民教育会。随后，拒俄运动也迅速发展到北京、湖北、安徽、江西、直隶、江苏、福建、湖南、河南等省。

同年秋，沙俄政府将7项侵略要求合并为5项，重新向清政府提出。九月一日（10月20日），沙俄军队再次闯入奉天城，强占奉天。沙俄的无理要求和野蛮行为使得全国拒俄运动再次升级。十一月五日（12月23日），在赵声、章士钊等发动下，南京水师、陆师、高等师范等学堂的学生数百人集会于北极阁，要求编立“民兵”，增设武备功课，练习兵操，以备抗俄[2]。

拒俄运动是中国民众，特别是青年学生发起的反帝爱国运动，斗争矛头主要指向沙俄侵略者，而对清政府却抱有不同程度的幻想。但是，清政府不仅无理地拒绝青年学生的爱国要求，而且还对拒俄运动进行严厉镇压。光绪二十九年（1903）初夏，清政府发布《严拿留学生密谕》，要求驻日公使蔡钧等“时侦动静”，命令各地督抚查拿“行踪诡秘”，“有革命本心”的归国留学生，“就地正法”[3]。在江宁（南京），各学堂颁布条例：禁止聚众演说国政时事，禁止书信往来中有“编义勇队”、“拒俄”等“骇人听闻”之语[4]。

---

① 《对于俄约之国民运动》，《江苏》第2期，“记事”，“本省时评”，第135页。

② 杨天石：《从帝制走向共和——辛亥前后史事发微》，社会科学文献出版社2002年版，第91页。

③ 《苏报》光绪二十九年五月初十日（1903年6月5日）。

④ 杨天石：《从帝制走向共和——辛亥前后史事发微》，社会科学文献出版社2002年版，第96页。

清政府对拒俄运动的镇压和摧残，充分暴露了其卖国的本质，使许多爱国人士和青年学生彻底丧失对清政府残存的幻想，从而坚决地走上反清革命的道路。

二 抵制美货运动和反对洋商非法经营的斗争

经过拒俄运动洗礼后，江苏各界反帝救亡情绪日益高涨。光绪三十一年（1905），江苏各界人士又积极参加抵制美货运动，随后又开展反对洋商非法经营的斗争。

（一）积极参加抵制美货运动

美国西部在矿藏开采、铁路修筑、荒田开垦、城市建设中，都招募大量华工前往劳动。广大华工饱经压榨，为美国西部开发作出巨大贡献。但是，19世纪80年代美国经济危机爆发后，大批工人失业，工人掀起此起彼伏的罢工斗争。为了转移国内工人的斗争目标，美国资产阶级就竭力宣传是中国工人夺去美国工人饭碗，并先后出台许多限制华工的规定。光绪二十年（1894），美国政府诱使清政府签订《限制来美华工保护寓美华人条约》，使美国政府原来制定的限制华工规定合法化。光绪三十年（1904）条约期满，海外华侨和各界人士要求立即废除这一迫害华人的旧约。但是，美国政府不顾中国民众强烈反对，蛮横无理地坚持在新订条约中继续保留虐待华人的条款，这不能不激起中国人民的无比愤怒。

光绪三十一年四月七日（1905年5月10日），上海商务总会召集各帮商董举行特别会议。会董曾铸在会上慷慨陈词，提出“以两月为期，如美国不允许将苛例删改而强我续约，则我华人当合全国暂不运销美货，以为抵制”。在场绅商“无一人不举手赞成”①。会议还公议电稿，致电外务部，呼吁“峻拒画押，以伸国权而保商利”②。会议还通电全国21个商埠的商会，告知抵制办法和实行期限，要求各地商会“传谕各商协力举行抵制办法”③。

上海商会抵制美货的号召发出后，江苏苏州、南京、常州、镇江等地先后回电表示“坚决照办”。与此同时，江苏各地还纷纷集会，强烈要求改定美约，并开始或酝酿抵制美货。

苏州首先响应上海商会号召。四月二十八日（5月31日），参加苏州福音医院学生毕业典礼的百余名中外人士，在典礼完毕后，沈乾仪首先发言，诉说在美华工惨状，号召戒用美货。顿时，群情激愤，有不少人签名赞成。经过讨论，决定成立争约处。四月二十九日（6月1日），苏州争约处在玄妙观召开第一次大会，百余人到会，通过沈

---

①③ 苏绍柄辑：《山钟集》，上海鸿文书局光绪三十二年（1906）印行，第11页。

② 苏绍柄辑：《山钟集》，上海鸿文书局光绪三十二年（1906）印行，第29页。

乾仪起草的争约处组织章程13条，正式成立争约处。五月二十九日（7月1日），苏州争约处借玄妙观召开第二次会议，“绅商赞成签押者多至八百余人，共相勖勉，实行抵制”①。六月十四日（7月16日），在吴中因果巷兰陵女塾第三次开会，到会300余人。蒋振懦女士首倡不用美货，江兰陵、沈孟圆等演说美苛虐华人，“极为沉痛”②。六月十六日（7月18日），苏州妇女界200多人在钮家巷集会，组成“女界集议会”，公举正副会长，倡导抵制美货③。

南京学界于五月十六日（6月18日）借思议堂开会，决定抵制美约④。在此前后，南京商学界通电表示：“抵制美约，宁已全体赞成。”⑤扬州阅书社于五月二十四日（6月26日）、三十日（7月2日）借义务小学校召开两次会议，倡议抵制美约⑥。无锡商会于六月初十日（7月12日）开会，决定抵制美约⑦。

此后，无锡学务处与商会“广集士商”，“一再演说”抵制美约，而“承办美货各商家亦皆异口同声赞成”⑧。

六月十八日（7月20日），原定期限届满，但美国并未改约，上海商务总会召开特别会议，决定正式抵制美货。江苏民众群情激愤，各地随即先后掀起了声势浩大的抵制美货运动。

苏州：此前苏州已经先行开展抵制美货运动。六月初三日（7月5日），苏州洋广两业首开公所，“义愤所激，众意佥同”⑨。洋广两业提出抵制办法，要求各商家担保不进美货。苏州汀洲会馆决议，从六月初停销“品海”及“球”牌美国香烟，“必俟改约而后已”。抵制美货运动正式开始后，苏州抵制美货运动进一步深入发展。六月二十八日（7月30日），苏州士商数千人集会于阊门外的丽华茶园，决议实行不用美货，到会者一律签名。会上，还陈列各种美货样品，以便大家识别抵制。该市怡和祥商号一向经销美国香烟，业主施炳卿当场表示废除合同，不再进美货。大有成烟号的吴士纳表示立即停销美国货，并于次日当众销毁⑩。

常州：六月十九日（7月21日），常州学界商界在集益社开会，成立常州抵制美约会。到会百余人，“全体赞成签名入会”。六月二十四日（7月26日），常州商会开会演

---

①⑨　苏绍柄辑：《山钟集》，上海鸿文书局光绪三十二年（1906）印行，第74页。

②　苏绍柄辑：《山钟集》，上海鸿文书局光绪三十二年（1906）印行，第84页。

③⑩　江苏省地方志编纂委员会编：《江苏省志・江苏人民革命斗争纪略》，江苏人民出版社2008年版，第227页。

④⑤　苏绍柄辑：《山钟集》，上海鸿文书局光绪三十二年（1906）印行，第13页。

⑥　苏绍柄辑：《山钟集》，上海鸿文书局光绪三十二年（1906）印行，第14页。

⑦　苏绍柄辑：《山钟集》，上海鸿文书局光绪三十二年（1906）印行，第15页。

⑧　苏绍柄辑：《山钟集》，上海鸿文书局光绪三十二年（1906）印行，第91页。

说,学界商界至者三百人,“闻美国虐待华人情形,无不切齿”[①]。

镇江:六月二十二日、二十八日(7月24日、30日),镇江各界和镇江阅书社在公善堂等处集议,决定抵制美货[②]。

扬州:六月二十四日、二十六日(7月26日、28日),扬州拒约会、扬州药业分别借义务小学堂、屈臣氏药房开会,决定抵制美货[③]。六月二十七日(7月29日),扬州商务公所召集商人开会,虽然下起了大雨,但“来者转多”。会议决定,从当日起,“凡售美货之铺一律不进,不售美货之铺一律不用”[④]。

江阴:六月二十四日(7月25日),江阴烟业在大兴和烟号集议,一致决定不卖美国货[⑤]。

常熟:七月初一日(8月1日),常熟士商假公立学堂举行会议,决定“实行抵制”美货[⑥]。七月初三日(8月3日),常熟朴秀堂洋广货业集议抵制美货办法[⑦]。七月十九日(8月19日),常熟绅商第二次借邑庙召开拒约大会,“到者千余人,内有短衣赤足者”[⑧]。

通州:七月初二日(8月2日),通州商会开会,决定抵制美货[⑨]。

无锡:七月四日、五日(8月4日、5日),无锡青墩私塾、无锡天足会也开会决定抵制美货[⑩]。

南京:七月九日(8月9日),南京社会各界开会倡议抵制美货。七月二十六日(8月26日),南京士商借幼幼学堂开会,决定抵制美货[⑨]。

太仓:七月十四日(8月14日),太仓各界2300多人集会,全体签名,一律转劝乡人不用美货[⑩]。

此外,徐州绅商也表示,“不用美货,徐州一律实行”。清江各业也议定“不再购买美货”[⑪]。

面对声势浩大的抵制美货运动,美国驻华公使柔克义向清政府发出威胁恐吓,蛮横地声称中国人违背条约,应承担一切责任。各国驻上海领事也紧急集会,致电各国驻华公使,要他们照会清政府外务部,要求“免启事端”。懦弱无能的清政府随即于七月二十一日(8月21日)下令各省督抚“晓谕商民”,勿再抵制美货。

---

① 苏绍柄辑:《山钟集》,上海鸿文书局光绪三十二年(1906)印行,第128页。

②③ 苏绍柄辑:《山钟集》,上海鸿文书局光绪三十二年(1906)印行,第16页。

④⑥ 苏绍柄辑:《山钟集》,上海鸿文书局光绪三十二年(1906)印行,第127页。

⑤ 苏绍柄辑:《山钟集》,上海鸿文书局光绪三十二年(1906)印行,第18页。

⑦⑨⑩ 苏绍柄辑:《山钟集》,上海鸿文书局光绪三十二年(1906)印行,第17页。

⑧ 苏绍柄辑:《山钟集》,上海鸿文书局光绪三十二年(1906)印行,第294页。

⑨ 苏绍柄辑:《山钟集》,上海鸿文书局光绪三十二年(1906)印行,第20页。

⑩ 江苏省地方志编纂委员会编:《江苏省志·江苏人民革命斗争纪略》,江苏人民出版社2008年版,第227页。

⑪ 苏绍柄辑:《山钟集》,上海鸿文书局光绪三十二年(1906)印行,第46页。

在各方压力下，抵制美货运动领导人、上海商会会董曾铸于七月十一日（8 月 11 日）发表《留别天下同胞书》，退出抵制美货运动。上海有一部分商人，最初即主张暂缓实行抵制，以使已订美货得以销行而避免损失，此时更是四处"疏通"。七月二十六日（8 月 26 日），在张謇等调解下，决定将 8 月以前进口的美货加贴印花出售，这使抵制美货运动遭受重大挫折。

当上海部分商人四处"疏通"时，苏州商会曾致函表示反对："如此办法，不独美约不能改良，且使外人多要求之法，深恐各国效尤，后患何可设想，目前正在转机之时，若再坚持数月，则华商所损甚微，华工所利甚大。商部疏通，苏杭均不以为然。"同时，苏州商会还派人到上海，"面陈一切，以期坚持到底，不致稍变初心"①。

尽管抵制美货运动遭到分化，但江苏各地抵制美货运动仍在持续开展。八月中旬（9 月），南京顺源、顺昌两家洋行私定美孚火油 1 万余箱，在汉西门外卸货，美国领事还要求两江总督免除厘金。八月二十六日（9 月 24 日），南京商界、学界 2000 多人在县学明伦堂召开大会，要求对私定美货的奸商"照章罚办"，并将该洋行行主张省斋、朱小濂逐出会场。大会还号召大家"勿为浮言所动"，不用美货，坚持到底。会后，江南拒约社还制定了制裁不遵守抵制美货商号的具体办法：不买违约商号货物；黜退违约各商号商董资格；在商会有任职者加倍罚，无任职者照例罚；不认罚者，则在通衢竖立遗臭万年碑石，"题名并记事由"。官私学堂不收其子弟入学；钱业各家不与违约商号往来。下关报关行、杠帮、驳船等成立下关文明拒约社，并公议 4 条抵制美货办法：不用美货；不代报进口美货；杠帮公认自愿不抬美货；驳船公认自愿不装美货。下关洗衣业表示，一律不洗美国人的衣服②。

当时传闻美国国会因中国抵制美货，将会期提前到九月（10 月），苏州争约处于九月一日（9 月 29 日）召开大会，并飞电各埠：要求全国团结一致，不可松动，否则"数月抵制美货之功，一日冰消瓦解"，要求各地联名致电中国驻美公使声明，"美参议院所议新章必先布告全国，使全体国民公认，方可签字，否则吾国民决不承认，抵制团体誓不解散"。十月八日（11 月 4 日），苏州漆匠同业在城隍庙桥性善公所开会制定行规，听取苏州争约处汪宰之等人演说，一致赞成不买美货，并劝亲朋也不购美货③。其后，在全国抵制美货运动已经沉寂的情况下，苏州商会仍然对美货实行坚决抵制。苏州商会指出："商会以公理公德为主，抵制美约一节，为吾中国各行省之公愤，为环球

---

① 苏绍柄辑：《山钟集》，上海鸿文书局光绪三十二年（1906）印行，第 359—400 页。

② 江苏省地方志编纂委员会编：《江苏省志·江苏人民革命斗争纪略》，江苏人民出版社 2008 年版，第 228—229 页。

③ 江苏省地方志编纂委员会编：《江苏省志·江苏人民革命斗争纪略》，江苏人民出版社 2008 年版，第 229 页。

列国所公许，则买卖美货者，实为破坏公理公德之尤。"①为此，苏州商会严格规定："自后如有洋广货、纱布、烟、纸、洋油各店，其立愿不用美货者不计外，现在存储美货之店，暂且不入商会。如已入会，而有影戳洋商，不顾名誉者，查明立予出会。"②

九月十二日（10月7日），扬州拒约处在广储门外史可法祠堂召集会议，由会员及来宾10余人发表演说，听者千余人。参加者"尤以下流社会及工党占其多数，莫不鼓掌赞成，誓必坚持到底"③。

在全国人民（包括江苏人民）的强烈抗议下，美国政府不再强迫清政府签订新的禁约，只是单方面通过了经过修改的华工禁约。到光绪三十一年（1905）年底，包括江苏在内的全国抵制美货运动逐渐沉寂下来。但是，经过抵制美货运动的洗礼后，江苏人民民族意识和反抗精神得到大大增强。

（二）开展反对洋商非法经营的斗争

在抵制美货运动后，江苏商民又开展反对洋商非法经营的斗争。随着《马关条约》和《辛丑条约》的签定，洋商在中国攫取一系列通商贸易特权，但是，洋商还是不能在租界以外的中国"内地"直接开设行栈。然而，一些洋商屡次逾约在一些地方开设行栈进行直接经营。对于洋商的非法经营，江苏各地商民根据条约据理力争，要求商会和清政府出面交涉并予以取缔，以维护国家主权和自身权益。

光绪三十三年（1907），日本商人青木麟在常州开设回春堂大药房，被该处商会勒令闭歇，不得不迁移到租界内。同年，日本商人在苏州租界外养育巷开设"三盛堂大药房"，后又企图扩张到繁华的观前街租房开店。对此，黄驾雄代表全体苏州商人呈文商会指出："日人在养育巷开设三盛堂大药房，亦属违约背章"，要求苏州商会"迅速咨照日领事，请其将三盛堂大药房限日迁移出城，以符约章而报（保）主权。"苏州商会随即出面与日本领事进行交涉，并照会府衙会同制止④。

美国美孚、亚细亚、德士古等火油公司，长期垄断中国大部分煤油市场。但是，美孚等公司并不能在中国直接销售煤油，而是由中国商人代为销售。在苏州，美孚公司是通过广货商人来经销煤油的。光绪三十四年（1908），美商欲以"美孚"牌号在苏州设立行栈，自行出卖煤油。苏州广货商人认为，"洋商自行立栈发卖，于主权、捐务多所碍窒。"为了抵制美孚的渗透，广货业发起组织"三义公"公司，议定以华商名义代其销售，按市付价，一切捐务交涉及销售各事，全归华商主持，美孚公司一概不得过问。但是，美孚公司不肯善罢甘休，于次年又旧事重提，企图把"三义公"堆栈改为"美孚"

---

①② 《时报》光绪三十二年正月初九日（1906年2月2日）。

③ 江苏省地方志编纂委员会编：《江苏省志·江苏人民革命斗争纪略》，江苏人民出版社2008年版，第229页。

④ 马敏、朱英：《传统与近代的二重变奏——晚清苏州商会个案研究》，巴蜀书社1993年版，第341—342页。

牌号。但是,美孚公司的企图再次遭到挫败,苏州广货业商人“力持不可,几经争持抵制,幸得保全”[①]。

宣统二年(1910),美孚洋商暗地勾结苏州广货业商董施炳卿,租下齐门外西汇 50 号陆姓房屋,先后两次偷运 1800 箱煤油待售。苏州广货业商人发现后,随即向苏州商会禀文寻求帮助。禀文对广货业代表、苏州商会会员施炳卿进行猛烈抨击,指出:“洋人处心积虑,久欲逞其横行,因情地生疏,华洋隔膜,无从下手,不遂所欲。今一旦有人出而代为之谋,快何如之。独不解施炳卿身为广货业代表,又为商会会员,甘冒此不韪,蔑弃公理,为虎作伥,不知是何肺腑?”禀文呼吁,此事如不挽回,势必“违条约,失主权,起交涉,坏捐务”,恳请商会“迅速开会议断,力顾大局……主持公道,以图补救。”[②]

接到苏州广货业禀文后,苏州商会随即开会讨论处置办法,决定制止美孚洋商的非法经营。苏州商会一面以商会名义向施炳卿施加压力,劝其辞去美孚买办职务,迫使洋商知难而退;同时又移文照会地方官府,呼吁据约取缔美孚暗地所设行栈。在苏州商会的压力下,施炳卿当众具结表示:已经辞去美孚洋行中的职务,决不再做类似之事。

不料,施炳卿辞职后,美孚洋商又串通常州商人解子霖等 2 人,以游历名义租下阊门外马路一叶姓房屋,设立美孚行栈,继续偷运煤油销售。苏州广货业随即向苏州商会呈文,要求加以制止。苏州商会迅速移文苏省农工商务局和洋务局,请其出面制止洋商在租界外私设行栈。在商会的催促下,苏省当局多次与美孚进行交涉,终于迫使其将行栈迁移到城外租界处。

为了防止今后再发生洋商非法经营的事件,宣统二年(1910),在苏、沪商会提议下,江苏省谘议局议决阻止洋商在内地私设行栈店铺提案,呈报督抚札饬各地切实奉行。江苏巡抚程德全批示:“查核所呈,系按照条约为保守主权起见,自应公布施行。”随后在《南洋官报》上予以公布,并要求各关、局“一体查禁”,要求各地商会“严密查察,随时禀揭,以祛隐患”[③]。

三 收回路权运动

自光绪二十四年(1898)后,外国侵略者先后从清政府手中攫取修筑一系列铁路的权利,其中与江苏有关的有沪宁铁路、津镇铁路、苏甬杭铁路等铁路。为了收回铁路利权,江苏民众先后进行了多次抗争。

20 世纪初,江苏民众为反对英国修筑沪宁铁路而拉开江苏收回路权运动的序

---

① 马敏、朱英:《传统与近代的二重变奏——晚清苏州商会个案研究》,巴蜀书社 1993 年版,第 342 页。

② 马敏、朱英:《传统与近代的二重变奏——晚清苏州商会个案研究》,巴蜀书社 1993 年版,第 342—343 页。

③ 马敏、朱英:《传统与近代的二重变奏——晚清苏州商会个案研究》,巴蜀书社 1993 年版,第 344 页。

幕。光绪二十四年(1898),清政府督办铁路大臣盛宣怀与英国银公司(即中英公司)委托的怡和洋行议定沪宁路草约,规定借款300万英镑,以本路及已筑成的淞沪铁路作抵押。光绪二十八年(1902),盛宣怀与英方续议正约。光绪二十九年(1903),双方签定沪宁铁路正合同。据盛宣怀与署理南洋大臣张之洞、江苏巡抚恩寿会奏,该路议借英款325万英镑,另加路基借款25万英镑,其余如草约初议。光绪三十一年(1905),英国按合同规定接收淞沪路,并开始修建沪宁路,因而合同被正式公开。江苏绅民闻而大骇,纷纷反对。留日学生、国内学生、各地绅商以及部分苏籍中小京官,都卷入斗争的漩涡[①]。

留京江苏学生周熏清、留日江苏学生代表唐演等联合一部分苏籍中小京官,呈请商部代奏:"查沪宁铁路以五百七十里之路工,借三千五百万元之外债,每中里合四万两上下,比常价每里需银万两者浮逾四倍。又查合同内载明,五十年之内本利不还,半年之内利钱不还,即以全路交英国银公司。职等处此危险之地,明知落成以后,六个月之内利钱不还,盛宣怀可随时任意以江苏地方让交银公司。"他们要求少借贷款100万英镑[②]。江苏绅民也纷纷上书,指出"糜款大巨,赎路难期"[③]。张謇以商部头等顾问官的身份致电商部,推举苏南巨商王清穆、恽祖祁为沪宁路监督。他还致电两江总督周馥,力言其害,主张苏人自筹地价25万英镑,以减少借款[④]。清政府迫于舆论压力,责令盛宣怀重新与英方谈判。但盛宣怀却借口"无词可措,碍难悔约",最后只是勉强少借100万英镑。

沪宁铁路开筑后,英国工程公司有意糜费,用款甚多。光绪三十二年(1906)夏,苏籍京官吴郁生等揭发"沪宁路工尚未及半,而二百五十万镑之借款已将告罄"[⑤]。同年底,督办沪宁铁路大臣唐绍仪又与英国银公司磋商借款65万英镑,并在国内发行沪宁路小票。农工商部曾札饬苏州商会,要求"劝谕京外官绅、本省富商迅速踊跃认购"。江苏布政使、按察使和商务总局也联名照会苏州商会,请劝导商民购买铁路票。这再一次激起江苏绅民的抗议浪潮。苏州商会会同沪、宁等地绅商联名上书唐绍仪,要求"首以停止小票,请大部电知驻英钦使,一面估计未筑之工程,一面钩稽已往之浮冒,庶足稍留苏省未尽之膏血,稍纾苏省赎路之痛苦。"但是,由于沪宁铁路已正式签约,英商又开始动工修建,不久即获通车,因此,江苏商民收回此路权的斗争也就渐告平息[⑥]。

---

① 祁龙威:《论清末的铁路风潮》,载《辛亥革命论文选》,三联书店1981年版,第569页。

②⑤ 《申报》光绪三十一年九月十二日(1905年10月10日)。

③⑥ 马敏、朱英:《传统与近代的二重变奏——晚清苏州商会个案研究》,巴蜀书社1993年版,第320页。

④ 祁龙威:《论清末的铁路风潮》,载《辛亥革命论文选》,生活·读书·新知三联书店1981年版,第570页。

光绪二十四年（1898），英国驻华公使窦纳乐向清政府总理衙门提出由英商承修津镇、山西至河南、广久、浦信、苏甬杭等五条铁路的无理要求。同年秋，盛宣怀与英国银公司委托的怡和洋行签定苏甬杭铁路草约。该铁路起于苏州，中经杭州，迄于宁波。草约签定后，英国银公司未按照规定期限勘测线路。光绪二十九年（1903）初夏，盛宣怀催促该公司即行勘测，并声明：如六个月内再不勘路估价，则苏甬杭一路及两公司合办之浦信一路“均作罢论”，“所有以前合同及往来信函一律作废”①。但是，英国银公司置之不理，直到光绪三十一年（1905），勘测工作仍毫无进展。

在光绪三十年到三十一年间（1904—1905），全国各地收回路权运动蓬勃兴起，粤、湘、鄂三省绅商成功地从美国手中收回粤汉铁路主权，极大地鼓舞了江、浙两省绅民。他们决心趁英国银公司尚未着手修建之际，集股自筑苏甬杭铁路。光绪三十一年六月二十二日（1905 年 7 月 24 日），浙江绅商在上海决议成立浙江全省铁路有限公司，公推汤寿潜、刘锦藻为正、副总理，奏请自办本省铁路。清政府也发表上谕，责成盛宣怀“赶紧磋商，务期收回自办”。浙江铁路公司随即一面集股，一面立即开工修筑，先修杭州至嘉兴段。3 个多月后，江苏绅商也集会讨论筹建全省铁路公司。为了筹集江苏铁路公司的股本，首先从寄存在藩库的库平银内提出 10 万元，拨给苏路公司作股本。接着，由各绅商集股 20 万元。在筹集 30 万元股本后，江苏绅商即向商部电请立案。光绪三十二年（1906）初夏，商办江苏铁路公司正式获得清政府批准成立，由王清穆为总理，张謇、王同愈、许鼎霖为协理，总公司设在上海，在苏州另设立驻苏公司。江苏商办铁路公司成立后，发出招股公启，劝募各界踊跃认购，很快筹集 200 万元的股款②。江苏商办铁路公司计划分别修筑南北线，南线为上海至嘉兴，北线为清江至徐州（后延至开封）。经过商议，决定先修上海至嘉兴铁路，以与浙路相衔接。光绪三十三年（1907）初，沪嘉线正式开工修筑。

当英国公使萨道义打听到浙江自办苏甬杭铁路浙江段的消息后，随即于光绪三十二年二月二十一日（1906 年 3 月 15 日）照会清政府，催促交换正约，要求禁止浙江商民自办铁路，并恫吓说：“若贵国政府仍袖手坐视，深恐我两国或至纠葛。”“倘有意外之事，本国政府难免视浙抚及该管各员有莫重之责任也。”③

随着江、浙两省铁路公司开始修筑苏甬杭铁路杭嘉、沪嘉路段后，英国侵略者恼羞成怒，频频向清政府施加强大压力，蛮横要求清政府收回成命，迫令江、浙两省停工。在

---

① 《盛大臣致银公司函》，墨悲编：《江浙铁路风潮》第 1 册，光绪三十三年十一月十五日（1907 年 12 月 19 日）出版，“苏甬杭全案”，第 5 页。

② 马敏、朱英：《传统与近代的二重变奏——晚清苏州商会个案研究》，巴蜀书社 1993 年版，第 324 页。

③ 宓汝成：《帝国主义与中国铁路（1847—1949）》，上海人民出版社 1980 年版，第 211 页。

英国的威胁恫吓下，软弱的清政府不得不妥协退让，发布上谕说："外交首在大信，订约权在朝廷"、"英人迭次执言，自未可一味拒绝，尽弃前议，致贻口实，另生枝节。"[①]但是，清政府害怕激起江、浙两省人民强烈反抗，影响东南漕运，也不敢完全接受英国的要求。于是，清政府命外务部右侍郎汪大燮与英方商讨一个"两全齐美"之策，以求平息江浙两省的民愤民怨。

经过一段时间的筹划和交涉，汪大燮于光绪三十三年九月十四日（1907 年 10 月 20 日）提出借款、筑路"分为两事"的方案："路由中国自造，除华商原有股本尽数备用，不使稍有亏损外，约仍需款英金一百五十万镑，内向英公司筹借。"[②]这个所谓的"两全齐美"方案，不过是将直接出卖苏甬杭铁路改为借款修路，因而受到英方欢迎。清政府也满意于拥有"中国自办"的贴金，遂于同日批准这一方案，声称两省铁路公司所集股款"不敷尚巨，势难克期竣工"，不得不向英国"借款修筑"苏甬杭铁路，但不以路权为抵押，并准许两省绅商搭股，严令两省绅商不得"始终固执，强行争执"，"以昭大信，而全邦交"[③]。接着，又同英国正式订立《沪甬杭铁路借款五厘利息借款合同》，答应向英国借款 150 万英镑，按九三折交纳，常年利息五厘，经邮传部转手拨给苏、浙两公司，由两公司负担折扣利息。此外，还规定必须聘请英人为总工程师，并由英方代购器材，将苏甬杭铁路的起点改为上海，与英国已攫取的沪宁路相连。消息传出，江浙绅商和各阶层人民异常愤怒，随即掀起大规模的保路拒款斗争浪潮。

江苏各地民众纷纷集会，坚决抵制借英款修路。九月二十三日（10 月 29 日），江苏士绅在商务总会开会，"筹议抵制之策"。"绅商学界到者甚众"，"咸愿签名力拒"[④]。会议提出三项建议：(1) 应开苏浙协商大会；(2) 应发起组织国民路况公会；(3) 应速行设法招足股款[⑤]。同日，苏州铁路学堂各学生发起组织苏州拒款会，次日又遍散传单，并于九月二十五日（10 月 31 日）在草桥教育总会召开特别大会，"绅商学界到会者约八九百人"。会上，拒款会表明愿为铁路公司之后盾，"公司拒款得力，则本会有扶持之义务。若公司办事畏葸，则本会有监督之责任"[⑥]。九月二十六日（11 月 1 日），江苏士绅借预备立宪公会集会，在江苏谘议局事议毕后，经过曾孟朴提议，成立江苏铁路协会[⑦]。

与此同时，江苏各界人民纷纷通电上书，谴责清政府背信弃义，坚决反对借款修路。

---

①③ 墨悲编：《江浙铁路风潮》第 1 册，光绪三十三年十一月十五日（1907 年 12 月 19 日）出版，"廷寄奏章"，第 1 页。

② 墨悲编：《江浙铁路风潮》第 1 册，光绪三十三年十一月十五日（1907 年 12 月 19 日）出版，"廷寄章奏"，第 2 页。

④ 墨悲编：《江浙铁路风潮》第 1 册，光绪三十三年十一月十五日（1907 年 12 月 19 日）出版，"两省开会纪事"，第 5 页。

⑤ 墨悲编：《江浙铁路风潮》第 1 册，光绪三十三年十一月十五日（1907 年 12 月 19 日）出版，"两省集股情形"，第 1 页。

⑥ 墨悲编：《江浙铁路风潮》第 1 册，光绪三十三年十一月十五日（1907 年 12 月 19 日）出版，"两省开会纪事"，第 4 页。

⑦ 墨悲编：《江浙铁路风潮》第 1 册，光绪三十三年十一月十五日（1907 年 12 月 19 日）出版，"两省开会纪事"，第 6 页。

江苏省铁路公司致电外务部："此项路权，论朝旨不宜借款，论民情不需借款。若强迫抵押，亏损既巨，商办信用全失，人心涣散，大局糜烂。奉旨经年，忽来此强迫之举，万难承认。"[①]苏州商会在致农工商部电文中指出："自办苏路，喘汗集股，禀蒙钧部奏准，始克信用。今翻全局，逼借外款，民心一失，恐东南商务，从此解体。"[②]杭祖良、倪开鼎等绅商以苏州全体股东名义致电同乡京官，沉痛表示："借款造路，沪宁前车，已可痛哭。今又勒借指抵，贻害实巨。路权即国权，商办早经奏准有案，一失民心，谁与图存？"[③]

为了用实际行动驳斥清政府关于江、浙两省铁路公司股款不敷的托词，江苏各界纷纷集会，演说呼吁，鼓动人民积极认股，加紧募集股款。早在九月二十三日（10月29日）江苏士绅会议上，就由在座者签名任招股，认领股款约三十万[④]。到十月初，江苏各界更是重点放到招股筹款上来。十月初二日（10月7日），常州保路会在先贤祠召开特别大会，"绅商学界同人共到"1213人，动员各界积极认股。次日，绅商学界各自开会提议招股方法[⑤]。十月四日（11月9日），江宁苏路股东在夫子庙召开拒款大会，"当场签名认股者甚众"[⑥]。同日，无锡在崇安寺召开苏路拒款会，"不须臾间，已集股百余"[⑦]。同日，江苏铁路协会在上海张园安凯第召开第一次会议，到会者两千余人[⑧]。十月初六日（11月11日），江苏铁路协会在上海张园安凯第召开第二次会议[⑨]。十月八日（11月13日），苏路股东在上海愚园召开特别大会，到会1200余人，共计认股1340万元。其中，苏州府、松江府、江宁府各认300万元，常州府200万元，镇江府100万元[⑩]。

为了动员各界人员积极认股，常州商务分会还大量印刷白话文所写的劝股浅说，四处散发，希望广招农、工、商、军、学各界入股。各地学生也纷纷踊跃认股。苏州初等第十五学堂举行各学生及其父兄恳亲会，演说"路权丧失，利害切身"，在座者"顿足咨嗟"，"相继认股"[⑪]。元和县高等小学堂全体学生甚至发出劝各校减膳入股公启，呼

---

① 江苏省地方志编纂委员会编：《江苏省志·江苏人民革命斗争纪略》，江苏人民出版社2008年版，第232页。

② 墨悲编：《江浙铁路风潮》第1册，光绪三十三年十一月十五日（1907年12月19日）出版，"两省拒款函电"，第7页。

③ 墨悲编：《江浙铁路风潮》第1册，光绪三十三年十一月十五日（1907年12月19日）出版，第6页。

④ 墨悲编：《江浙铁路风潮》第1册，光绪三十三年十一月十五日（1907年12月19日）出版，"两省集股情形"，第1页。

⑤ 墨悲编：《江浙铁路风潮》第2册，光绪三十三年十二月初三日（1908年1月6日）出版，"开会认股汇记"，第8页。

⑥⑨ 墨悲编：《江浙铁路风潮》第2册，光绪三十三年十二月初三日（1908年1月6日）出版，"开会认股汇记"，第13页。

⑦⑧ 墨悲编：《江浙铁路风潮》第2册，光绪三十三年十二月初三日（1908年1月6日）出版，"开会认股汇记"，第11页。

⑩ 墨悲编：《江浙铁路风潮》第2册，光绪三十三年十二月初三日（1908年1月6日）出版，"开会认股汇记"，第27—29页。

⑪ 墨悲编：《江浙铁路风潮》第1册，光绪三十三年十一月十五日（1907年12月19日）出版，"两省集股情形"，第2页。

吁“惟求诸父兄为我留饼饵之资，以购我可爱可宝之江浙铁路股份”[1]。长元吴公立高等小学堂全体学生也表示“踊跃入股，各尽国民义务”。其余各学堂教员、学生，则“莫不勉力自任，数日之间，已积成巨数”[2]。下层人民与妇女也踊跃认股。“佣贩妇竖，苦力贱役，亦皆激于公愤，节衣缩食，争先认购”。“民气之感奋，实所仅见”[3]。如武进高稚兰将“簪环钗珥典质一千元”认股，其仆高姓老妪也“典衣饰”认股[4]。

面对江浙人民的激烈抗争，两江总督端方与江苏巡抚、浙江巡抚在联名呈请军机处代奏的电文中指出：“自铁路借款一事宣布以来，人心大为骚动”，各处绅士商民“奔走相告，誓不承认。”虽然迭经劝谕，“无如万口一词，无从晓谕。”因此，他们不得不“吁恳天恩俯念群情迫切，饬下外务部竭力设法斡旋，以顺舆情而维大局。”[5]

为了平息江、浙两省铁路风潮，清政府外务部谘照两江总督、江苏巡抚、浙江巡抚，饬令两省士商各举代表赴京，由外务部“详询办法，并示借款之原委”。随后，江苏派出王同愈、许鼎霖、杨廷栋等代表，与浙江代表张元济等一道赴北京，抱定“遵旨商办，不认借款”的方针，与外务部进行交涉。

由于清政府不敢开罪英国侵略者，坚持出卖沪甬杭铁路，江、浙两省代表进京交涉无效。因此，江、浙两省铁路风潮愈演愈烈，越来越多的下层人民也卷入到斗争中来。两江总督端方向清政府奏报：“两省人心嚣然不靖，苏、松、嘉、湖枭匪方炽，设若附合，深为可虑。上海宁波帮人最多，工商劳役皆有，向称强悍，屡有路事决裂，全体罢工之谣，尤属堪虞。”[6]由于害怕江浙铁路风潮激起民变，清政府不得不稍作让步，于光绪三十四年(1908)初与英国商定，将借款由“商借商还”改为“部借部还”，即英国银公司借款150万英镑存在邮传部，再用邮传部名义转借给江浙铁路公司，以京奉铁路为抵押。同时，声明江浙铁路仍归商办，但在借款期内须聘用英人为总工程师。这样，江、浙两省保路运动取得初步胜利，但拒借外债的目的并未实现。当时两省领导保路运动的资产阶级既担心铁路风潮继续发展会激起民变，又害怕与清政府关系搞僵而招致杀身之祸，因而在逼迫清政府取消“商借商还”和争得“商办”名义后，两省保路运动就暂告一段落。

在开展收回苏甬杭铁路主权斗争的同时，江苏民众还为收回津镇铁路主权进行一定的抗争。光绪二十五年(1899)，清政府分别与英国和德国签定津镇铁路(从天津

① 墨悲编:《江浙铁路风潮》第1册，光绪三十三年十一月十五日(1907年12月19日)出版，“两省集股情形”，第5页。

② 墨悲编:《江浙铁路风潮》第2册，光绪三十三年十二月初三日(1908年1月6日)出版，“开会认股汇记”，第31页。

③ 《政艺通报》光绪丁未年(1907)卷五，第4页。

④ 墨悲编:《江浙铁路风潮》第2册，光绪三十三年十二月初三日(1908年1月6日)出版，“开会认股汇记”，第34页。

⑤ 墨悲编《江浙铁路风潮》第2册，光绪三十三年十二月初三日(1908年1月6日)出版，“廷寄章奏”，第2页。

⑥ 江苏省地方志编纂委员会编:《江苏省志·江苏人民革命斗争纪略》，江苏人民出版社2008年版，第234页。

至镇江)借款合同草约,议定由德国德华银行、英国汇丰银行合借740万英镑,以山东南境峄县为界,由英德分别承筑南北段。在光绪三十一年至三十二年间(1905—1906),直隶、山东和江苏三省人民向清政府要求,援用粤汉铁路成例,废除同德国德华银行和英国汇丰银行签定的《津镇铁路草合同》,将路权收回,筹款自办。但是,清政府仍然于光绪三十四年(1908)将津镇铁路改为津浦铁路(从天津至南京浦口),同英、德正式签定借款500万英镑的合同①。津镇铁路改为津浦铁路后,又与安徽发生关系。清政府为了把外债转移给人民,借口迎合当地绅商"自办"的请求,指定了一批官绅组织直、鲁、皖、苏4省商办铁路公司,责令招股2050万两,以备还债之需,并许诺还债时即改为"官商合办"。但是,这个公司实际上并未起作用,津镇争路就这样草草结束了②。

第二节　反清革命运动的兴起和发展

随着清政府腐朽专制和出卖国家主权的面目日益暴露,自光绪二十八年(1902)起,反清革命思潮在江苏逐渐兴起。其后,江苏先后建立同盟会江苏分会等革命组织,并积极开展革命宣传活动和秘密筹划策动新军起义。虽然在清政府的严厉镇压下,江苏革命活动一度转为沉寂,但是,它却播下了江苏革命的火种,在辛亥革命爆发后就迅速重新燃烧起来。

一　反清革命思潮的逐渐兴起

光绪二十六年(1900),八国联军侵华和"自立军"勤王事件后,反清革命思潮逐渐兴起。

光绪二十八年三月十九日(1902年4月26日),章太炎、秦力山、马君武等在日本发起支那亡国二百四十二周年纪念会。这一事件标志着中国留日学生开始走向反清革命。同月,蔡元培在上海与叶瀚、蒋智由、黄宗仰等一批教育工作者发起成立中国教育会。中国教育会最初宗旨较为温和,即"以教育中国男女青年开发其智识,而增进其国家观念,以为他日恢复国权之基础"。它最主要的着眼点是针对当时译本教科书不适用,准备集合力量,重新编订完善教科书。

---

① 金冲及、胡绳武:《辛亥革命》第2卷,上海人民出版社1985年版,第288页。

② 祁龙威:《论清末的铁路风潮》,《辛亥革命论文选》,生活·读书·新知三联书店1981年版,第567—569页。

光绪二十八年(1902)夏,江苏武进人吴稚晖率领男女学生数十人赴日留学,其中自费留学生钮瑗等9人拟入成城学校。成城学校是日本陆军士官学校的预科学校,接受中国赴日学习军事的留学生。按照惯例,自费生学陆军,须由清政府驻日公使保送。当时驻日公使蔡钧,秉承清政府旨意,不肯出具保证书。吴稚晖多方交涉,均不得要领,遂于六月二十四日(7月28日)率领留学生20余人闯入驻日公使馆诘问。蔡钧以日本参谋本部不答应相推脱,吴稚晖则被迫揭出"蔡使以密书阻留学"的传闻,要求蔡钧答应:"其一,嗣后学生有愿入成城学校者,苟得妥实留学生五人互保,公使即应答应咨送。其二,既已咨送,日政府无故咨驳,即应力争。其三,力争不应,要之以辞职。"①蔡钧拂袖而出,召集日本警察驱散留学生,拘捕吴稚晖、孙揆均两人。七月二日(8月5日),东京警视厅宣布将吴、孙二人驱逐出境。吴稚晖气愤已极,在押解途中投河自杀,但被救了起来。

成城入学事件促使中国教育会转变其温和宗旨,转而逐渐趋向激进反清。七月十日(8月13日),吴稚晖等抵达上海。中国教育会同仁在张家花园海天深处发起欢迎大会,到会者百余人。吴登台演说,"备述颠末,慷慨激昂,淋漓尽致。述及政府腐败,丧失国权,听者皆为之愤怒。"②七月十八日(8月21日),鉴于成城学校拒绝中国留学生入学,中国首批留日学生姚石泉在张园安恺第发起召开协助亚东游学会,商议向日本交涉办法。有人主张,拟请中国有名誉之人,赴日本与日本参谋部商议,此后留学生归中国教育会保送,而不由驻日公使保送。叶瀚则认为,中国教育会未必为日本政府所承认,不如中国教育会自设学堂,自教子弟,不必赴日留学③。这一提议得到大多数人的同意。从此,中国教育会准备自立学校。

不久,上海南洋公学学生因为校方压迫而发生集体退学风潮,全校6个班200多名学生一起离校。这些退学学生决定自行组织一个学校,但资力微薄,遂请求中国教育会给予协助。中国教育会开会决定接受退学学生的请求,在经济和教员上给予大力赞助。于是,退学学生自行集资,占开办经费的40%,其余则由中国教育会赞助。学校最后定名为爱国学社,由蔡元培担任学校总理,吴稚晖担任学监。与此同时,蒋智由、黄宗仰、蔡元培等还在上海发起成立爱国女学校。

成城学校入学事件也激起江苏留日学生强烈不满。留学早稻田大学的江苏学生秦毓鎏,"与诸同学诣公使馆诘问。再三往,拒不见,且使日警署加以逮捕"。于是,秦

---

① 转引自李良玉:《动荡时代的知识分子》,浙江人民出版社1990年版,第75页。

② 中国史学会主编:《辛亥革命》(一),上海人民出版社1957年版,第486页。

③ 中国史学会主编:《辛亥革命》(一),上海人民出版社1957年版,第486—487页。

毓鎏“叹异族之压制，而时事日非也”，乃与张继、叶澜等创立青年会①。青年会是中国留日学生组织中第一个带有明确反清色彩的团体，其宗旨是“以民族主义为宗旨，以破坏主义为目的”②。

章太炎自光绪二十八年(1902)从日本归国后，避居家乡。光绪二十九年(1903)，他应蔡元培邀请到爱国学社担任国文教员，公开鼓吹反清革命，在学生中产生很大影响。同年春，在留日学生掀起拒法事件后，中国教育会召开临时大会，通电抨击向法国出卖主权的广西巡抚王之春。当时，江苏吴江人柳亚子也来到上海，加入爱国学社。他结交章太炎、邹容等反清志士，由赞成维新转为倾向革命。

光绪二十九年(1903)拒俄运动兴起，江苏留学生积极参与其中。据冯自由记载，钮永建(惕生)在东京“忽发奇想，欲发起拒俄义勇队”。当时已有反清革命思想的叶澜听说后，就对自己的同乡秦毓鎏说：“吾人盍赞成惕生组织拒俄义勇队之主张，借此题目结一大团体，以灌输民族主义乎?”③其后，留日学生组成拒俄义勇队，并开展军事训练。爱国学社社员也准备组织义勇队，但苦于缺乏担任教练之人，一时无从着手。恰巧此时南京陆师学堂学生发起退学风潮，爱国学社发去贺电。陆师学堂学生代表章士钊、林立山(江苏丹阳人)二人来上海接洽上学事宜。爱国学社随即表示欢迎，并且同意免收一切费用。于是，南京陆师学堂学生 40 多人来到上海，加入爱国学社。同时，由章士钊、林立山等发起，在校内成立军国民教育会。包括蔡元培、黄宗仰等志愿入会的共有 96 人，编成 8 小队，早晚进行操练④。

在拒俄运动兴起之初，虽然留日学生组织——青年会的成员已经具有反清思想，但是整个拒俄运动主要是针对沙俄侵略者，而绝大多数参加者都对清政府抱有程度不同的幻想。然而，清政府一再诬称拒俄运动“名为拒俄，实为革命”，并大肆进行摧残和镇压。许多爱国人士痛感“报国无门”，认清了清政府卖国嘴脸，因而纷纷丢弃对清政府的幻想，走上革命道路。光绪二十九年闰五月十一日(1903 年 7 月 5 日)，军国民教育会在东京召开全体会议。会上，秦毓鎏等 15 人提议将原订宗旨中的“厉行爱国主义”改为“实行民族主义”，即以卖国的满清贵族为革命对象，获得与会大多数人的赞同。与此同时，上海爱国学社中的革命气氛也日益浓厚。爱国学社学生每周赴张园安恺第集会演说，公然昌言革命，震动内外。

在拒俄运动后，舆论界“革命排满之说”大昌。江苏留日学生创办的《江苏》从第 3 期开始进行反清排满宣传。第 3 期刊登“中华民族始祖黄帝像”，并开始采用黄帝纪

---

① 金冲及、胡绳武：《辛亥革命史稿》(第 2 卷)，上海人民出版社 1985 年版，第 191 页。

②③ 冯自由：《革命逸史》(初集)，中华书局 1981 年版，第 104 页。

④ 中国史学会主编：《辛亥革命》(一)，上海人民出版社 1957 年版，第 489—490 页。

年,以示不承认清政府的正统。其后,该刊又先后刊登"明太祖之陵"、"为民族流血史公可法像"、"中国郑成功大破清兵图"、"为民族流血阎公应元祠宇"、"为民族流血黄公淳耀、渊耀兄弟像"等具有强烈反清色彩的图画。在有些图画背后,附有抗清志士的遗墨或遗言,如史可法像背后附有"史公可法遗墨",黄淳耀、渊耀兄弟像后附有黄淳耀的绝命书。有些图画背面则附有题图长诗。如在明太祖陵后,附有陈去病的题图长诗,歌颂朱元璋灭元兴明的历史功绩。在郑成功大破清兵图后,也附有陈去病的题图长诗,歌颂郑成功抗清的英雄事迹。《江苏》第 4 期还发表年仅 16 岁的柳亚子的《郑成功传》,歌颂郑成功从荷兰殖民者手中收复台湾、抗击清朝的事迹。《江苏》第 4 期还发表陈去病(署名季子)的《革命其可免乎》,痛斥清政府镇压拒俄运动,沉痛指出:"夫有拒俄之诚而即蒙革命之名,吾知自今以往世人之欲效忠于满洲者惧矣。然使昌言革命而徐图拒俄之计,吾转不知彼满洲者于我将奈之何?是故余乃抚然慨息,悄焉累唏,以敬告于我留学生,并以谂同胞四万万黄帝之胤曰:呜呼!革命其可免乎?"[①]《江苏》第 6 期中有人在翻译日本报刊上的《支那分割之危机》后非常明确地表示:"满清政府而不欲与俄人战,而不敢与俄人战,乃并不愿他人之与俄人战,乃并欲出其代表者之权限,以禁止四万万主人翁之与俄人战,则我同胞不可不秣马以先与满清政府战。"[②]

与此同时,江苏境内反清宣传也日趋活跃。光绪二十八年(1902),江苏镇江人赵声从江南陆师学堂毕业。光绪二十九年(1903),赵声赴日本考察军政。同年夏,赵声归国,在家乡创办了"阅书报社"、"安港学堂"和"体育会",集中培训热血青年。同年夏末,赵声应聘在两江师范学堂担任教员。在此期间,赵声秘密写作了七字唱本《歌保国》。他首先宣传汉族祖先的光荣传统:"中国汉人之中国,民族由来最众多,堂堂始祖是黄帝,四万万人皆苗裔。嫡亲同胞好兄弟,保此江山真壮丽。"接着以愤怒的笔触揭露清统治者"杀人如杀草一班","奸淫焚掠习为常","八旗驻防防家贼,贪官个个良心黑","复媚洋人摊赔款","台湾割让又胶州","把吾土地媚群凶"等专制卖国罪行。他进而指出:"失地当诛虐可杀","我今奋兴发大愿,先行革命后立宪","要与普天雪仇怨,不为奴隶为国民,此是尚武真精神。野蛮政府共推倒,大陆有主归华人。"他还要求建立西方式资产阶级民主共和国,"议员公举开明堂","修明宪法参英美,共和大国长交欢。"[③]章士钊将《歌保国》印制了数十万份,"一时长江上下游之兵若匪,人

---

① 季子:《革命其可免乎》,《江苏》第 4 期,"社说",第 9—10 页。

② 《〈支那分割之危机〉译后语》,《江苏》第 6 期,"时论",第 8 页。

③ 赵声:《歌保国》,扬州师范学院历史系编《辛亥革命江苏地区史料》,江苏人民出版社 1961 年版,第 94—96 页。

手一纸，习其词若流"①。同年秋，章士钊从上海潜回南京，在赵声的支持下，于北极阁召开学生集会和演说，"假借俄事，极论革命"②。

爱国学社成立后，中国教育会常熟支部会员丁我初、徐觉我等创办塔后小学。中国教育会吴江支部会员金松岑、林立山、柳亚子等创办同里自治学社，由林立山操练兵操，并附设明华女校。中国教育会会员还在吴县创办吴中公学社。这些学社，"规模悉仿爱国。是时东南学子，咸知振兴学务为救国保种之唯一途径，此唱彼和，盛极一时，学生之趋向激烈者，所在多有"③。

光绪二十九年（1903）夏，陈去病从日本归国，整理前人反清复明的文献，用以"感发国民之心，激起民族之思想"。他先将《扬州十日记》、《嘉定屠城记》等几种野史，绘图加批，编为"陆沉丛书"出版。接着，又大量搜集和整理出版明末文人和抗清志士著作，以宣传反满民族主义。

陈去病

光绪二十九年（1903）夏，清政府勾结上海租界当局，将进行革命宣传的章太炎、邹容等逮捕，制造了轰动一时的"苏报"案。此后，清政府继续对革命派进行迫害。闰五月十三日（7 月 7 日），《苏报》被封闭，爱国学社也闻风解散。但是，革命派在清政府疯狂迫害面前并未销声匿迹，而是继续发行各种宣传小册子和在日本出版的各种报刊。六月十五日（8 月 7 日），陈去病与章士钊、张继等在上海出版《国民日日报》，猛烈抨击清政府的专制统治。柳亚子、金松岑等人都积极撰文投稿。十一月初一日（12 月 19 日），林立山在上海创办《中国白话报》，鼓吹爱国救亡，鼓吹白话文。

光绪三十年（1904）秋，陈去病在上海与著名艺人汪笑侬发起创办《二十世纪大舞台》丛报，提倡"戏剧改良"，并积极宣传反清思想。该报宣称："本报以改良恶俗，开通民智，提倡民族主义，唤起国家思想为唯一之目的。"柳亚子在发刊词中热情歌颂汪笑侬等人的演出，誉之为"梨园革命军"，要求积极编演扬州十日、嘉定三屠等历史事实，揭露清政府统治的暴虐，歌颂烈士遗民的忠诚，还要求编演法国革命、美国独立、意大利和希腊恢复、印度和波兰衰亡等外国史事，借以激励人民，"建独立之阁，撞自由之钟，以演光复旧物、推倒虏朝之壮剧、快剧"④。

---

①② 孤桐（章士钊）：《赵伯先事略》，《甲寅周刊》第 1 卷，第 25 号。

③ 冯自由：《革命逸史》（初集），中华书局 1981 年版，第 119 页。

④ 《二十世纪大舞台》第 1 期。

《二十世纪大舞台》分图画、论著、传记、班本、文苑、歌谣、批评、记事等栏目,共出两期。其中,《安乐窝》一剧,规定以丑女扮演慈禧太后,谴责慈禧穷奢极欲、不管民间死活、不顾国家沦亡的丑态,揭露其假变法的阴谋。陈去病亲自撰写的《金谷香》一剧,歌颂反清志士万福华在金谷香菜馆刺杀出卖国家主权的广西巡抚王之春的事迹。

《二十世纪大舞台》出版后,受到读者的热烈欢迎,"购者甚众"。第一期迅速再版。远在香港的革命派报纸——《中国日报》专门撰文介绍,认为它"精神高尚,词藻精工,歌曲弹词,自成格调,读之令我国家民族之思想,悠然兴发,不能自已。"①

《国民日日报》出版后,清政府曾下令沿江督抚:"通饬一体查禁,不准商民买看该报。"不久,该报因内部纠纷而停办。光绪三十一年(1905),在清政府的干涉下,《二十世纪大舞台》和《中国白话报》等先后停办。于是,江苏境内的反清宣传一度转为沉寂。

二 同盟会江苏分会的建立和反清革命运动的开展

随着革命思潮的传播和革命形势的发展,江苏先后建立同盟会江苏分会等革命组织,并积极开展革命宣传活动和秘密筹划策动新军起义。

(一)建立同盟会江苏分会

随着革命思想的传播和革命团体的纷纷建立,革命形势的发展迫切要求各革命团体联合起来,建立统一的革命政党,领导全国的革命运动。光绪三十一年六月二十八日(1905年7月30日),孙中山在东京召集包括原兴中会、华兴会、光复会、科学补习所、军国民教育会等团体的成员及全国十多省的留日志士70多人,共商统一组织的建立问题。七月二十日(8月20日),中国同盟会在东京宣布成立。同盟会本部设东京,下设9个支部,其中国内设5个支部:西部(包括重庆、四川、贵州、甘肃、新疆、西藏),东部(包括上海、江苏、浙江、安徽),中部(包括汉口、湖北、湖南、江西、河南),南部(包括香港、广东、广西、福建、云南),北部(包括烟台、山东、山西、直隶、陕西、蒙古、东三省)。支部下面按省设分会。当时江苏高旭(字天梅)、张鲁、陈陶遗(剑虹)、朱少屏等先后加入中国同盟会。

光绪三十一年(1905)底,留日学生反对"取缔规则"风潮发生后,大批留学生归国。许多人集中在上海,并创办中国公学。中国公学顿时成为上海革命活动的中心。但是,有些人认为,"中国公学的主持人忽然有排斥江苏人的举动"②。于是,一班江苏

---

① 《二十世纪大舞台》第2期。

② 转引自金冲及、胡绳武:《辛亥革命史稿》(第2卷),上海人民出版社1985年版,第93页。

籍归国留学生于光绪三十二年(1906)春创办健行公学。该校的实际负责人是朱少屏。当时,同盟会江苏分会会长高旭从日本归国,在健行公学教授国文。高旭便以健行公学作为掩护,秘密发展同盟会员,秘密发行同盟会机关报和其他革命报刊。

同盟会江苏分会首任会长为高旭,其后,章梓、陈去病、张鲁、许屠等先后继任会长。当时,同盟会设主盟人,负责组织发展工作、监督新会员入会、宣读誓约,履行仪式的事宜。江苏分会的第一批主盟人为:高旭、章梓、陈去病、张鲁、许屠①。同盟会江苏分会的成员主要有:高旭、沈翏公、金葆濂、张家珍、李遂良、翁志清、庄正贵、张鲁、钱醒之、姚文莹、吴铸、朱铁侠、何东、朱任、朱光汉、夏大、陈陶遗、钟英、朱葆康、柳亚子、沈砺、陈去病、吴修源、夏听渠、张默君、梁乔山、谭心休、龚炼白②。

高旭、陈陶遗、柳亚子等住在健行公学后面的夏寓中。夏寓是以同盟会员夏听渠的名义租赁的,同时也暗指"华夏",以示不忘故国之意。实际上,夏寓是同盟会江苏分会的秘密机关,经常在这里召开秘密会议,贮藏革命文件,接待过往革命党人。后来,有人提出,夏寓离学校太近,若有不测,有一网打尽的危险,于是,又迁往法租界八仙桥鼎吉里 4 号③。

在同盟会江苏分会外,又成立了上海分会。光绪三十一年九月二十九日(1905 年 10 月 27 日),"曾任爱国学社军事教员之何海樵由日到沪,秘密介绍蔡元培先生加入同盟会"④。后来,"吴春阳回沪后,主张于江苏分会外上海设分会,以蔡元培为分会会长",得到同盟会本部的批准⑤。蔡元培先后介绍李衡、马和、倪时渡、王麟、陈嘉祐、邓恢宇、梁銎、陈家鼎、谢寅杰、唐支厦、林贞干、张天宋、唐公哲、王邦吉 13 人入会。上海分会的主要活动是赞助杨笃生、何海樵、苏凤初等制造炸弹,并组织暗杀团⑥。其后,蔡元培于光绪三十二年(1906)秋去北京等候派遣到德国留学,上海分会又并入江苏分会。

除了同盟会江苏分会外,南京、无锡、江阴、徐州等地也先后建立同盟会组织。

光绪二十九年(1903)北极阁演说事件后,赵声引起清政府官吏注意,被迫离开南京到长沙等地任教,后又游历北方。光绪三十一年(1905)秋,赵声南归,出任南洋新军督练公所参谋官,并召集柏文蔚等人加入新军。不久,他到江阴训练新军。同年秋,他赴广西任广西新军管带,并加入中国同盟会。光绪三十二年(1906)初,赵声重返江宁(南京),任暂编南洋新军第九镇第十七协第三十三标第二营管带,旋升第三十

---

①② 张玉法:《清季的革命团体》,台北"中研院"近代史研究所 1982 年版,第 323 页。

③ 张明观:《柳亚子传》,社会科学文献出版社 1997 年版,第 79 页。

④ 金冲及、胡绳武:《辛亥革命史稿》(第 2 卷),上海人民出版社 1985 年版,第 94 页。

⑤ 田桐:《同盟会成立记》,罗家伦主编《革命文献》第 2 辑,台北中央文物供应社 1978 年版,第 4 页。

⑥ 台北"教育部"主编《中华民国建国史》第一编(革命开国)(一),台北 1985 年版,第 316 页。

三标标统。同年春,孙中山派党人吴春阳(暘谷)到江宁与赵声联系,策划革命。赵声介绍冷遹、陶骏保、李竟成、林述庆、柏文蔚等军中大批青年军官以及学界革命青年数十人参加同盟会。他们在江宁(南京)鼓楼东某宅成立同盟会江宁支部(即同盟会江淮分会),后在第三十三标本部设俱乐部,派卢镜环为联络员,开展革命活动①。

光绪三十年(1904),无锡南泉乡鲍少颂在上海加入光复会。不久,鲍返乡与其弟鲍少牧联络当地进步青年,发展会员,建立光复会南泉分会。光绪三十一年(1905)同盟会成立后,该会改称同盟会南泉分会。因他们经常在横山寺聚会,策划革命活动,所以又称"横山寺同盟会"②。光绪三十年(1904)初,秦毓鎏回国,在沪与人合办国学社和丽泽书院。同年夏,他出任长沙高等实业学堂教务监督,与黄兴一起在长沙创立反清革命团体华兴会,并担任副会长③。华兴会起义失败后,他被迫离开湖南,辗转各地,先后任上海文明书局编辑、安徽高等学堂教习、广西浔州中学堂监督等职务。光绪三十三年(1907),他随黄兴参加镇南关起义,失败后在沪任《神州日报》编辑,不久回锡养病,在城区暗中发展同盟会员十余人。其后,秦毓鎏发展的同盟会组织与同盟会南泉分会汇合。

秦毓鎏

光绪三十二年(1906),江苏新军督练公所参谋官赵声在江阴训练新军,秘密宣传革命,发展组织。此后,江阴黄山炮台、水雷学校、水师、陆军中都有同盟会组织的活动。辛亥革命前,同盟会员邢绍基在江阴教育界开展秘密革命活动,介绍教师、学生章砚春等人入会,建立组织,在城隍庙内设同盟会江阴分部。

光绪三十二年(1906),同盟会员顾子扬在徐州发展了一批会员,建立同盟会徐州支部。光绪三十三年(1907),同盟会太仓支部在上海成立,支部长为金讲熙,会员近百人。另外,昆山张栋、王尧民在留学日本时参加中国同盟会,他们归国后,以昆山高等小学为据点,发展该校教师周梅初等六七人为同盟会员,组成同盟会秘密组织④。

(二) 开展反清革命活动

江苏各地同盟会组织建立后,运用多种途径和方式,积极开展反清宣传活动。光

① 江苏省地方志编纂委员会编:《江苏省志·国民党志》,江苏人民出版社 2006 年版,第 12 页。

② 江苏省地方志编纂委员会编:《江苏省志·国民党志》,江苏人民出版社 2006 年版,第 12—13 页。

③ 《秦毓鎏自书履历》,扬州师范学院历史系编《辛亥革命江苏地区史料》,江苏人民出版社 1961 年版,第 169 页。

④ 江苏省地方志编纂委员会编:《江苏省志·国民党志》,江苏人民出版社 2006 年版,第 12 页。

绪三十二年(1906)春夏之交，柳亚子在上海将原来同里自治学社创办油印周刊《复报》改为铅印月刊，寄东京出版。柳亚子在发刊词中点出办刊主旨："想靠着文字有灵，鼓动一世的风潮"，"一定要打破这污浊世界，救出我这庄严祖国来，才不算放弃国民的责任。即救祖国的手段，自然是千变万化不离其宗，这区区报纸却也好算手段当中的一分子。"

青年柳亚子

《复报》一共出版 11 期。它以尖锐泼辣的文字，毫不留情地抨击曾被视为神圣不可侵犯的封建君主和圣人，痛斥君主是"专制魔王"，而"倡君尊臣卑之道"的圣人则是"天性之蠹，人类之魔，盗贼之神圣，愚民之毒药也"。它无情地揭露清政府假立宪的真面目，强烈地抨击清廷在天津、湖南等地大肆逮捕镇压革命党人的残暴行为，愤怒地谴责改良派和立宪派的丑恶表演。它热情地歌颂为革命而献身的吴樾、禹之谟等烈士，并连载《中国灭亡小史》，用以激发民众的反清革命思想。

此时，正值革命派的《民报》与改良派的《新民丛刊》在进行革命与改良的大论战。《复报》声称"与《民报》抱同一宗旨"，大力宣传"革命排满"，批判改良派，揭露清政府的立宪骗局，成为东南地区引人注目的革命刊物，赢得了《民报》"小卫星"的美称。

为了激发民气，宣传反清革命思想，同盟会江苏分会会长高旭曾模拟太平天国翼王石达开诗另作 20 首作为石的遗诗。其中，七绝《入剑门》云："抛撇妻孥戴覆盆，含冤难复叩天阍。宝刀俊马休输却，看领雄师入剑门。"七律《曾国藩寄书至赋诗答之》云："扬鞭慷慨莅中原，不为仇雠不为恩。只觉苍天方愦愦，莫凭赤手拯元元。三年揽辔悲羸马，万众梯山似病猿。我志未酬人亦瘁，东南到处有啼痕。"高旭以残山剩水楼名义，将 20 首诗与梁启超在《饮冰室诗话》中所引的石达开 5 首诗一起印行，书名为《石达开诗抄》。该书初版千册，很快秘密流行开来。由于高旭拟作的诗词胸怀、气魄与石达开甚为吻合，因而人们多信以为真。后来许多有关太平天国的史书、诗抄竞相转载，以致到 20 世纪 30 年代，柳亚子不得不出面代为澄清(当时高旭已去世)[①]。

为了组织群众团体，开展各项革命宣传工作，宣统元年十月一日(1909 年 11 月 13 日)，陈去病、高旭、柳亚子等人在苏州发起成立南社。参加成立会的有陈去病、柳亚子、朱锡梁、庞树柏、陈陶遗、沈砺、俞剑华、冯平、赵正平、朱少屏、林立山、诸宗元、

① 张明观:《柳亚子传》，社会科学文献出版社 1997 年版，第 80 页。

林之夏、景耀月、胡颖之、黄滨虹、蔡守等17人。在会上,选陈去病为文选编辑员,高旭为诗选编辑员,庞树柏为词选编辑员,柳亚子为书记员。南社发展很快,至辛亥革命前夕已有社员200人。南社的几个领导人都是同盟会会员,许多社员后来都参加同盟会。他们按照同盟会的纲领宣传革命。高旭曾说:“于同盟会后更倡设南社,固以文字革命为职志,而意实不在文字间也。”他们以诗、词和文章宣传革命。南社把这些文字集中起来,编辑成“南社丛刊”,辛亥革命前出版两集。

除进行各种反清革命宣传外,江苏地区的革命党人还在新军中积极开展活动,秘密策划反清起义。这方面的工作,主要是在赵声领导下进行的。

光绪三十一年(1905)秋,赵声从北方南归,出任南洋新军督练公所参谋官。他“筹划颇多中肯”,深受当道器重。不久,赵被派往北洋调查军政。调查结束后,他即南返。由于具有丰富的军事经验,他被当局派往江阴训练新军。他即在江阴秘密宣传革命,发展组织。同年底,应郭人璋邀请,赵前往广西,出任广西新军管带。当时,黄兴从日本潜入广西桂林郭人璋营中策划武装起义,亲自吸收赵声、郭人璋等8人加入中国同盟会。

由于广西官吏防范甚严,加上郭人璋首鼠两端,在广西难以举行起义。适逢南京开办征兵,光绪三十二年(1906)初赵声从广西回到江宁(南京)。当时江宁征兵初次开办,异议纷起,阻力甚多,“应征者颇少”①。赵声乃奔走故乡,多方劝说,致使“应征者踊跃”。由于招募有功,赵声被第九镇统制徐绍桢任命为暂编南洋新军第九镇第十七协第三十三标第二营管带,旋升第三十三标标统。

赵声在第三十三标中首重军人精神教育,“以养成革命精神为第一要义”。他在营内设阅书报社,扩大士兵世界知识。“星期每袖明太祖像,率兵至明陵散步”,演说“有明兴亡和满族凌虐事”。言至痛心处,常放声大哭,“闻者无不坠泪”。于是,“士兵皆知祖国之仇,恨异族窃据,切齿攘臂,誓以死从烈士起义”。后湖(玄武湖)悬有曾国藩画像。第三十三标士兵“恨其为民贼”,“攫而火之”。他还秘密筹划,准备“运动苏、皖、赣同时响应”②。

在赵声等起义规划尚未完成之际,以严厉镇压革命党人著称的端方被任命为两江总督。有人向赵声建议,“欲俟端方接印时即狙杀之以起义”。当时,苏、皖、赣筹划起义的行动还没有眉目,南京水师兵舰等“亦多未及联络”。因此,赵声不同意举行起义。端方到任后,闻知赵声在北极阁演说以及赵声部士兵焚烧曾国藩画像等情况,即

① 佚名:《赵烈士事略》,扬州师范学院历史系编《辛亥革命江苏地区史料》,江苏人民出版社1961年版,第88页。

② 佚名:《赵烈士事略》,扬州师范学院历史系编《辛亥革命江苏地区史料》,江苏人民出版社1961年版,第89—90页。

欲罗织罪名惩治赵声，甚至“有三十三标皆革命党，可用炮轰之言”。幸得第九镇统制徐绍桢力保，赵声才仅被削去兵权，调离三十三标①。

光绪三十二年(1906)底，萍浏醴起义爆发，端方派徐绍桢率部前往镇压。徐绍桢力荐赵声“勇毅能赴敌”，试图让赵声重掌三十三标，但遭到端方拒绝。于是，徐绍桢只能让赵声回任第九镇营中军官，随其前往江西。赵声与林述庆、林之夏等密谋借机起事，并使人密报萍乡，一面留柏文蔚在南京作内应。但是，当赵声等抵达江西时，萍浏醴起义已告失败，再加上端方派人在军中严加监视，使得赵声等举行起义的计划未能付诸实施。

光绪三十三年(1907)春，徐绍桢率部北归，端方对赵声等革命党人猜疑日重，防范更严。在这种情况下，赵声不得不转赴广东，到两广总督张人骏处任督练公所提调，随后出任广东新军二标二营管带。不久，赵声在广东、香港等地先后参与策划和领导同盟会举行的一系列起义。宣统三年三月十日(1911 年 4 月 8 日)，经历多次失败挫折后，赵声在香港积劳忧愤，盲肠炎发作。三月二十一日(4 月 19 日)，赵声病情迅速恶化，临终前连吟“出师未捷身先死，长使英雄泪满襟。”三月二十二日(4 月 20 日)下午 13 时，与世长辞，时年 31 岁。

光绪三十三年(1907)萍浏醴起义失败后，清政府在各地大索革命党人。同盟会员杨卓林、孙毓筠、段书云等在南京被捕。当萍浏醴起义发生后，杨卓林在上海日夜筹运军械。萍浏醴起义即将失败时，他又秘密联络扬州会党首领，欲谋响应，先刺杀两江总督端方，并携炸弹和朋友两人同赴南京，不幸为人告密被捕。杨卓林被捕后坚贞不屈，面对端方的亲自审讯，他“且骂且起前掀案，案折”。二月七日(3 月 20 日)，杨卓林在南京东市英勇就义②。与此同时，两江总督端方与各国驻上海领事进行严重交涉，要求上海租界当局搜捕革命党人。健行公学被迫解散，同盟会江苏分会会务一时陷于停顿，新军中革命党人活动也转趋秘密。

第三节　民众抗争的全面开展和逐步升级

面对清政府的腐朽统治和残酷压榨，江苏民众为争取生存和维护自身利益，积极开展各种抗争和反抗：农民开展抗租抗税斗争，手工业工人开展罢工斗争，商人开展

---

① 佚名：《赵烈士事略》，扬州师范学院历史系编《辛亥革命江苏地区史料》，江苏人民出版社 1961 年版，第 89—90 页。

② 转引自金冲及、胡绳武：《辛亥革命史稿》(第 2 卷)，上海人民出版社 1985 年版，第 153—154 页。

抗捐抗税斗争，还爆发三次大规模的抢米风潮和掀起抗拒户口调查的风潮。江苏民众的抗争和反抗，与当时全国各省的反抗斗争汇成一波又一波的反抗高潮，动摇了清政府的统治基础。

一 农民抗租抗粮斗争

清末，江苏农民的地租和赋税日渐沉重，农民生活状态日益恶化。为了生存，江苏各地农民纷纷开展抗租抗粮抗税斗争。

（一）农民抗租斗争

太平天国起义失败后，清政府全面恢复其在江苏地区的统治，采取一系列措施恢复被战争破坏的经济。此时，江苏农民地租负担，特别是苏南地区农民的地租负担一度有所减轻。与此同时，江苏地区货币地租比例逐渐增多，特别是在苏南地区所占比例更大。但是，随着时间的推移，到了清末最后三四十年，特别是到清末最后十多年中，江苏农民的地租负担又逐渐沉重起来。

在采取实物地租形式时，江苏地主往往采取增加单位面积租额，加大征租面积以增加地租总额。此外，还采取各种形式进行额外浮收和勒索。苏南地主在收租时往往要求“米必一再筛净，额必格外加增”。地主还采取大斛收租的方式进行额外浮收。苏南一带地主都备有租斛和粜斛两种计斛，前大后小。松江地主的租斛一般比漕斛大三升至七八升不等。苏州地主总以一石二三斗作一石计算，有的租斛竟比漕斛大三分之一乃至一半以上①。苏南不少地方从订立租约到耕种交租，都附有不少陋规。苏州、松江一带农民租种地主土地，订立契约时，除给地主司租交“汇租费”（每亩数百文或七八百文）之外，“地保有需，中人有需”，因而“赁田一亩，已费数千文”。到交租时，司租又有“盘钱费”或“看洋钱”（每千文索要三五十文不等），催甲则有“例米”②。

在采取货币地租形式时，地主往往抬高租米折价和压低洋元对铜钱的比价，进行双重的额外剥削。地主通常把折价制定在高于通行粮价的水平之上，一般高于10%—20%，有时甚至高达60%—70%，从而提高地租的数额③。在光绪二十三年（1897）到宣统元年（1909）间，苏州地区以铜钱表示的地租折价上升为原来的2.42倍，而以铜钱表示的米价只上涨到原来的1.64倍。这样，实际地租攀升48%④。在

①② 段本洛主编：《苏南近代社会经济史》，中国商业出版社1997年版，第279页。

③ 白凯著，林枫译：《长江下游地区的地租、赋税与农民的反抗斗争（1840—1950）》，上海书店出版社2005年版，第203页。

④ 白凯著，林枫译：《长江下游地区的地租、赋税与农民的反抗斗争（1840—1950）》，上海书店出版社2005年版，第204页。

很多时候，佃农往往必须粜米一石二三斗或一石三四斗，才能完一石折租。光绪九年(1883)，苏州新谷米价不过一元七八角，折钱一千八九百文，而地租折价竟高达二千二三百文[①]。光绪十年(1884)，苏州每石折租普遍浮收四五百文[②]。光绪十一年(1885)，苏州米价为一元五六角，折价却高达二千三四百文，每石折租"实浮收三四斗不等"[③]。特别是在收成好的年景，地租折价的恶劣影响表现更为明显。产量提高了，佃户本来应该从中获得更多收益，可是收获之后，粮价低得不能再低，为了获得缴租所需的钱文，他们不得不卖出更多的粮食。例如光绪四年(1878)，苏州获得罕见大丰收，结果导致米价下降，每石只值洋银 1.5—1.6 元；按照通行汇率，这仅相当于1500—1600 文。但是，当时地主制定的地租折价为每石 2500—2800 文，因此，佃户就必须卖出超过实物定租额的 56%—87%的稻米才能筹够钱[④]。

在一般情况下，大多数佃农卖出粮食往往不能得到铜钱，而是得到洋银。但是，地主往往规定用铜钱交租。从同治十一年至光绪二年(1872—1876)时段到光绪二十八年至三十二年(1902—1906)时段，洋银相对铜钱的价值下跌 25%。这意味着，为了获取与地租折价中所确定的具体钱文数等值的银两，佃户必须出售收获物中更大的一部分。在光绪十八年至二十二年(1892—1896)时段到光绪三十三年至宣统元年(1907—1909)时段，以白银支付的折价地租上涨 2.85 倍，但白银表示的米价仅上升1.85 倍[⑤]。

此外，封建官吏和衙役的种种勒索劣行，"比比皆是"。光绪九年(1883)，镇江府佃农以风潮为灾，赴府报灾，验灾书役竟公然索贿。由于索贿未遂，书役就捏报丰收，带差保下乡收租，"到各户搜刮民物"，无所不为，甚至有"欠租数百人，而差房使费，转至花去数千文之多"者[⑥]。

光绪十二年(1886)，为了帮助地主征收地租，清政府在苏州建立追租局。每年秋天，30 天缴租期限过后，苏州的租栈管事和大地主就向官长提出申请，在城内主要庙宇——玄妙观以及较大的市镇开办追租局。收到欠租佃户名单和相应费用(每个佃户 1500 文)之后，追租局就派催甲下乡催讨。如果佃户还不能缴纳欠租，就会被抓起

---

① 《申报》光绪九年十二月二十八日(1884 年 1 月 25 日)。

② 《申报》光绪十年九月初十日(1884 年 10 月 28 日)。

③ 《申报》光绪十一年十月十六日(1885 年 11 月 22 日)。

④ 《申报》光绪四年十月二十二日(1878 年 11 月 16 日)、十一月十六日(12 月 9 日)；《益闻录》光绪六年二月初四日(1880 年 3 月 14 日)。

⑤ 白凯著，林枫译：《长江下游地区的地租、赋税与农民的反抗斗争(1840—1950)》，上海书店出版社 2005 年版，第205 页。

⑥ 《申报》光绪九年十月十一日(1883 年 11 月 10 日)。

来，带回追租局进行拷打，并戴枷示众。据报道，在清末的数十年中，每年都有 40—100 名农民在玄妙观总局得到这样的“处理”。佃户或者交清地租，或者等到来年农忙季节，追租局关门，才被放出来[①]。

沉重的地租剥削摧残农业生产力，迫使广大佃农纷纷起来进行抗租斗争。在整个苏南地区，佃农“相率效尤”，“掯租霸产”，抗租斗争成为“寻常之事”[②]。丹阳、武进一带的佃农，不但抗租不交，还“殴惩”逼租地主，有时弄得地主不仅收不到租谷，还要“受辱而归”[③]。长洲、元和、吴县的佃农，更是“率相逞刁，任意图赖”，经常拒不交租，有时，“节见大雪，未见一完租之人”，纵然捆送县衙，“亦恒置不理”[④]。面对如此顽强的佃农，即使豪绅地主，也不免“煞费踌躇”[⑤]，他们惊呼：“顽者益顽，不顽者亦顽。”[⑥]豪绅地主的逼租虐佃行为更是激起佃农的暴力反抗，有时成百上千佃农聚众殴惩地主、账房，捣毁地主的住宅、租栈和商店，给地主以报复性的打击。光绪十六年（1890），长洲佃农爆发反对徐姓豪绅灾年逼租和逼死佃农的暴力斗争，参加者达到万余人[⑦]。

在清末最后十余年中，江苏农民的抗租斗争日益激烈。光绪后期，昭文县（今属常熟市）东乡与窑镇支塘地方绅士孙士达、管事唐仁耿私自在租额限内加盖红戳，每亩加收钱 100 文，引起佃民聚众抗阻，拆毁催头房屋。宣统元年（1909），松江佘山一带农民，鸣锣聚众，约法抗租。对“有不遵约法，私往完租者，众必碎其舟，火其庐，勒措其钱米”[⑧]。

辛亥武昌起义前后，江苏还出现较大规模的集体抗租事件，甚至爆发农民武装起义。其中，规模最大的是无锡、江阴、常熟交界处爆发的千人会抗租的武装起义。

辛亥革命爆发前，无锡港下镇农民孙二、孙三、樊文涛等在一个破庙里，邀集群众，宰猪喝血酒结盟。每人出酒饭钱 300 文，写下姓名，就算参加了千人会。盟约的基本内容是“同心抗租，临阵退缩者，当众处罚”。在辛亥革命爆发后，千人会组织迅速发展到无锡、江阴、常熟交界方圆 20 里范围的村庄。常熟境内王庄农民周天宝响应孙二、孙三、樊文涛号召，在王庄附近的苏庄聚众结盟，准备抵抗地主王品南等人的强行催租。

---

① 白凯著，林枫译：《长江下游地区的地租、赋税与农民的反抗斗争（1840—1950）》，上海书店出版社 2005 年版，第 208 页。

② 《申报》光绪五年十二月二十二日（1880 年 2 月 2 日）。

③④ 《字林沪报》光绪十一年十一月初一日（1885 年 12 月 6 日）。

⑤ 《字林沪报》光绪十七年十一月二十三日（1891 年 12 月 23 日）。

⑥ 《字林沪报》光绪十六年闰二月二十三日（1890 年 4 月 12 日）。

⑦ 《字林沪报》光绪十一年十二月十日（1886 年 1 月 14 日）。

⑧ 江苏省地方志编纂委员会编：《江苏省志·江苏人民革命斗争纪略》，江苏人民出版社 2008 年版，第 248 页。

面对千人会准备抗租的形势，地主阶级勾结军警进行镇压。宣统三年十月七日(1911 年 11 月 27 日)晚，王庄地主王品南勾结常熟军警偷偷逮捕周天宝。为了救援周天宝，千人会便在王庄举行武装起义。第二天，成千上万的农民拿着锄头、钉耙、鱼叉、鸟枪等武器奔向王庄，在路上捉拿王品南的外甥程老敬，将其扣留起来，准备换回周天宝。群众冲进王庄，王品南闻讯溜走，群众捣毁王品南的住屋和家具。与此同时，来自无锡、江阴地区的千人会群众越来越多，高举鲜明旗帜，上书“千人大会”、“仁义农局”等字样。千人会在王庄成立临时司令部，张贴都督孙二、孙三和军师樊文涛的联名布告，宣布他们起义的目的是为了抗租。不久，起义队伍遭到常熟县衙和无锡军政分府派来军队的镇压，起义失败。但是，在起义的打击下，当地地主被迫实行减租①。

与此同时，江苏昆山东南杨湘泾乡也爆发了大规模抗租风潮，邻县青浦农民也纷纷加入。这次风潮是由廪生钟书征领导的，他发动昆山、青浦交界处的三四十个村庄农民，“宰牲结社”，会饮于神前，立誓齐心抗租。他们决定如遭官府追逼，先与讲理，不得圆满结果时，便实行武装抵抗②。这次抗租风潮虽然被镇压下去，但是，当地地主不得不被迫实行减租。

(二) 农民开展抗粮抗税斗争

太平天国战争后，江苏农民的田赋负担一度有所减轻。但是，随着时间的推移，江苏田赋又日见加重。到了清末十年中，虽然米价和棉价大幅增长，但江苏田赋增长速度则远超物价上涨幅度。详见下表：

表 9-3-1　1897—1909 年江南米价、棉价与田赋

		1897—1901		1902—1906		1907—1909	
		数额	与 1897—1901 年百分比	数额	与 1897—1901 年百分比	数额	与 1897—1901 年百分比
大米价格	每石值银元数	4.91	100	5.72	116.5	6.73	137.1
	每石值钱文数	4558	100	5168	113.4	6316	138.6

① 祁龙威：《千人会起义调查记》，扬州师范学院历史系编《辛亥革命江苏地区史料》，江苏人民出版社 1961 年版，第 197—206 页。

② 郭履冰：《昆山杨湘泾的抗租风潮》，扬州师范学院历史系编《辛亥革命江苏地区史料》，江苏人民出版社 1961 年版，第 133—134 页。

续表

		1897—1901		1902—1906		1907—1909	
		数额	与1897—1901年百分比	数额	与1897—1901年百分比	数额	与1897—1901年百分比
棉花价格	每担值银元数	13.92	100	17.00	122.1	18.97	136.3
	每担值钱文数	18053	100	21393	118.5	24834	137.6
川沙田赋额	每亩田赋元数	0.58	100	0.71	122.4	0.87	150.0
	每亩田赋钱数	540	100	639	118.3	811	150.2
嘉定田赋额	每亩田赋元数	0.45	100	0.52	115.6	0.60	133.3
	每亩田赋钱数	421	100	470	111.6	563	133.7
吴县田赋额	每亩田赋元数	0.67	100	0.82	122.4	1.08	161.2
	每亩田赋钱数	624	100	738	118.3	1007	161.4

资料来源:白凯著,林枫译:《长江下游地区的地租、赋税与农民的反抗斗争(1840—1950)》,上海书店出版社2005年版,第215—216页。

由上可见,在光绪二十三年到宣统元年(1897—1909)间,川沙每亩田赋征收的银数和钱数均增长50%,吴县每亩田赋征收的银数和钱数均增长60%,远高于同期米价和粮价增长的30%—37%。只有嘉定每亩田赋征收的银数和钱数增长33%,等于或略低于同期米价和粮价的增长速度。

在征收田赋过程中,官方虽然允许用洋银纳税,但是,在计算土地所有者应缴纳税额时,不是把税两和税石直接转换成洋银,而是用铜钱表示折价,再将此铜钱数按照自己确定的银钱比价兑换成洋银。一般来说,官方的比价往往比市场的比价要低

100 文之多。这样，土地所有者实际上缴纳的田赋就要多[①]。

除了田赋之外，还征收各种附征税（一般是每两地丁银征收若干文，每担漕粮征收若干文）和田捐（一般每亩若干文）。光绪二十六年（1900）后，为了筹措巨额的战争赔款，江苏省地丁加征 200 文。江苏各地还加征捐税以筹集开办各种新政的费用。据估计，这些新增税额一般要比原来多征收 4%—6%[②]。

清政府征收赋税的增加，激起江苏各地人民不断掀起抗粮斗争。光绪三十年（1904），镇江农民数千人闯进县城，要求免去漕粮，占据衙署，痛殴官吏。宣统元年（1909），丹阳县县衙粮柜在征收秋漕时，用抑短洋价与革短铜元等手法舞弊，巧取豪夺。丹阳西乡农民千余人，于七月六日（8 月 21 日）愤怒地摧毁了漕书丁紫庭房屋[③]。据白凯统计，在清朝的最后十年中，江苏东南部出现了反抗浪潮，一共发生了 26 次集体抗粮斗争（其中一次既抗租又抗粮），而在此前 30 年中仅有 3 次集体抗粮行动[④]。

二 手工业工人的罢工斗争

清末，江苏手工业工人工资增长甚微，而生活费用却大幅攀升，手工业者生存处境恶化。为了维持生存和维护自身权益，手工业者纷纷开展罢工斗争。

在清末最后 12 年中，江苏各地手工业工人工资虽然略有增加，但却远远不能抵销物价的快速上涨，因而苏州、南京、镇江等地手工业者生存状况不断恶化。

在光绪二十八年到宣统三年（1902—1911）间，苏州物价持续上涨。光绪二十八年（1902）平均米价为 4.1 元，宣统二年（1910）则增加到 7 元。同一时期，每担菜籽则从 2.9 元涨到 4.1 元，每担菜籽饼从 1 元上涨到 1.6 元，每斤猪肉从 140 文涨到 280 文。房租也足足增加 50%，在最繁华地段则增加 1 倍。工人工资虽有所增加，如丝织业工人每天工资由原来的 200 文增加到 0.3 元，但是还远远赶不上物价的上涨[⑤]。另据有的学者统计，在光绪二十五年至宣统二年（1899—1910）间，苏州物价上涨情况见下表：

---

① 白凯著，林枫译：《长江下游地区的地租、赋税与农民的反抗斗争（1840—1950）》，上海书店出版社 2005 年版，第 214 页。

② 白凯著，林枫译：《长江下游地区的地租、赋税与农民的反抗斗争（1840—1950）》，上海书店出版社 2005 年版，第 218 页。

③ 江苏省地方志编纂委员会编：《江苏省志 · 江苏人民革命斗争纪略》，江苏人民出版社 2008 年版，第 248 页。

④ 白凯著，林枫译：《长江下游地区的地租、赋税与农民的反抗斗争（1840—1950）》，上海书店出版社 2005 年版，第 222 页。

⑤ 彭泽益编：《中国近代手工业史资料》第 2 卷，中华书局 1962 年版，第 588 页。

表 9-3-2 1899—1910 年苏州物价上涨情况

项　目	1899	1902	1909	1910
米(石)	2.00 元	4.10 元	5000 文(糙米) 6000 文(白米)	7.00 元
柴草(担)	140 文	200 文		450 文
猪肉(斤)	80 文	140 文	160—180 文	280 文
面粉(担)	2 元		6 元	
盐(斤)	24 文		60 文	
黄豆(担)	1.40—1.50 两		4 两	
菜籽(担)		2.90 元		4.10 元
菜籽饼(担)		1.00 元		1.60 元

资料来源:马敏、朱英:《传统与近代的二重变奏——晚清苏州商会个案研究》,巴蜀书社 1993 年版,第 393 页。

南京从光绪二十八年(1902)起,各种物价都在上涨,尤其是食物价格上涨更快。宣统三年(1911)的食物价格大约是初期的 3 倍。光绪二十八年(1902)的每担米价为 3.5 元至 6 元不等,光绪二十九年(1903)一般米价涨到 4—6 元,此后就涨到 7—8 元,宣统三年(1911)仍有继续增长趋势。白菜开始每斤仅 3 文,到宣统二年(1910)前后则涨到 10 文。光绪二十八年(1902)每只鸡蛋为 5 文,但到宣统三年(1911)则涨到 15 文。猪肉价格上涨更多。绸缎、土布等制造品也都涨价。而工资虽“有所增加”,但与物价相比,增加百分数显得“很小”①。

镇江物价在光绪二十八年到宣统三年(1902—1911)间大涨,有些物价增长“一倍以上”,有些“增加了百分之五十”。房租增加 50%,有些繁华地方则已经增加 1 倍。尤其是食物价格上涨更多。宣统三年(1911)食米每百斤须洋 4 元,较之十年前约“增十成之三”。生活费用的高涨,使得一般人都叫苦连天,手工业工人生计更是异常艰难②。

为了维持生存和维护自身权益,江苏手工业工人纷纷举行罢工,要求增加工资。

光绪二十七年(1901),苏州印花工人为要求增加工资而停工一日,吴县官府以“迹近把持”为由,拘押为首者孙某③。同年,苏州一家布庄的织布厂工人因不满 1 元银元兑

① 彭泽益编:《中国近代手工业史资料》第 2 卷,中华书局 1962 年版,第 587 页。

② 彭泽益编:《中国近代手工业史资料》第 2 卷,中华书局 1962 年版,第 587—588 页。

③ 《中外日报》光绪二十七年七月二十日(1901 年 9 月 2 日)。

换900文制钱的规定，要求增加工资，却遭到雇主拒绝，因而酿成织布工人罢工[①]。

光绪二十九年(1903)，苏州丝织业工人为索加工资而罢工。机捐董事汪毓烨等邀同纱缎业主商定，决定增加工人工资：花累(纱缎)每尺加工洋7厘，素累(纱缎)每尺加工洋5厘。随后，由太守照会长、元、吴三县官府出示晓谕，命令各匠一律开工[②]。

光绪三十一年(1905)，镇江绸业机匠举行罢工，要求提高待遇。当时镇江绸号有一个陋习，机匠织绸1尺仅给8寸8分的工价，后来涨为每尺按9寸2分核算。由于物价上涨，工人生活艰难，相继罢工，要求1尺即按1尺计酬。在工人的斗争下，绸业主被迫将每尺改为九六折核算[③]。

光绪三十二年(1906)春，苏州纱缎业机匠毛石大等因米价腾贵、洋价骤涨，聚集丝织业工人到纱缎业公所要求增加工资，并停工观望。经各绸缎庄商议，不得不加给花缎工工钱一分半，素缎工一分[④]。

光绪三十三年(1907)，苏州布业印花染匠为增加工资而罢工，"聚众加价，扣布不交"。光绪三十四年(1908)，苏州纱缎业机工又为增加工资而罢工，这还引起当时远在日本的中国无政府主义者的注意[⑤]。同年，苏州理发工人举行了全城大罢工。当时，苏州理发铺鉴于物价上涨，提高了剃发价，每人至少50文，小儿20文。但是，理发铺的雇工工资却未增加。6月2日，理发工人首领号召全城理发工人举行大罢工。官府为了平息事态，下令各店铺对雇工工价每月酌加300文[⑥]。

光绪三十四年(1908)，镇江机匠因物价上涨，向各绸号要求增加织绸工价，但遭到断然拒绝。于是，工人停工罢市，许多工人联合到绸业董事曹森茂号内请愿示威，被巡警及守城官兵驱散。丹徒县令与绸业董事会会商后决定每织绸1尺加价2文，但工人仍不接受，八九百名工人结队到官府请愿，最终获得每尺加价4文的胜利[⑦]。

宣统元年(1909)，镇江织绸业工人因"米价腾贵，百货亦暴涨，工资竟不足抵饭费"，就共同协议，要求增加工资。在遭到织绸业者拒绝后，织工就一致同盟罢工，集结数千人，"袭击名毛凤记之织绸业者"，破坏门楼。随后又到其他店"号叫求食"，直到每人各得200文才逐渐解散。第二天，又袭击其他店。经过道台与各商店共同商议，出示应行增加工资的告示，罢工事才渐归平息[⑧]。

宣统元年(1909)，苏州纱缎业机工为增加工资而"聚众停工要挟"，"大有汹汹莫

---

① 《北华捷报》1901年9月25日。

② 《天津大公报》光绪二十九年三月五日(1903年4月2日)。

③⑥⑦ 江苏省地方志编纂委员会编：《江苏省志·江苏人民革命斗争纪略》，江苏人民出版社2008年版，第247页。

④⑤ 马敏、朱英：《传统与近代的二重变奏——晚清苏州商会个案研究》，巴蜀书社1993年版，第394页。

⑧ 彭泽益编：《中国近代手工业史资料》第2卷，中华书局1962年版，第598页。

遏之势”。后由商会出面请官府派巡丁弹压，才勉强平息下来。但是，第二年机匠再次举行罢工。这次又由商会移请官府“弹压晓导”，并秘密查拿罢工发起人程兆溶，“将各机工解散安业”[①]。

宣统元年(1909)，句容县木瓦匠“因铜元充斥，物价腾贵，所入工资，不敷支持”，就一致举行罢工，要求作头酌加工价[②]。

辛亥武昌起义爆发前，江苏手工业工人的不满和骚动发展到前所未有的程度。在苏州，“如织机七千部，玉石作若干家，以及他项生理，悉于是时停罢。失业者数千人，悬揣大势，似有肇乱之象。”[③]

三　商人抗捐抗税与裁厘认捐风波

清末，面对日益增加的捐税，江苏商民展开持续不断的抗捐抗税斗争。与此同时，为了革除病商困商的厘金制度，江苏商民还掀起一场声势浩大的裁厘认捐风波。

(一) 商人抗捐抗税

光绪二十七年(1901)《辛丑条约》签定后，清政府背负着巨额战争赔款，财政十分拮据。江苏是全国赋税重地，分摊了沉重赔款，加之又要筹款推行各项新政，因而江苏省财政也严重恶化。于是，清政府和江苏地方官府不断增加税捐，大幅增加商民负担。面对不断增加的沉重税负，特别是各种新增捐税，江苏商民持续不断地进行抗捐抗税斗争。其中，规模较大的有以下几项：

抗缴酱缸捐　光绪三十二年(1906)，江苏巡抚以“苏省财政支绌万分”和“筹款举办新政”为由，下令苏省筹款所开办酱缸捐，调查酱业各商牌号、缸数、成本、售价及利息等各项数字，拟参照落地货捐抽收常年捐项。各地酱商纷纷以营业疲弊等由请求宽免。但是，地方当局则声称，这项捐款为“苏省应收之税”，并制定出一套整治酱商的办法：核定每缸成本三十五千文，照产地正捐值百抽五，行销捐减半征收，每缸常年完捐 2625 文。不分正、副缸、备缸，一律按缸起捐。从光绪三十三年(1907)年正月起征，按月缴县转解。

长洲、元和、吴县等县的酱商面对官府强征酱捐感到无可奈何，只好请商会转呈当局要求减半征收：按正缸核计捐数，副缸、备缸免捐；照产地正捐值百抽五征收，每年正缸一口认捐 1750 文，免征行销捐。但苏省筹款所却下札训斥酱商“懵于税则，妄为訾议”，并命长洲、元和、吴县将潘万成、俞长春等为首酱商近五年的账册在三日内

---

① 马敏、朱英：《传统与近代的二重变奏——晚清苏州商会个案研究》，巴蜀书社 1993 年版，第 394 页。

② 《申报》宣统元年六月八日(1909 年 7 月 24 日)。

③ 马敏、朱英：《传统与近代的二重变奏——晚清苏州商会个案研究》，巴蜀书社 1993 年版，第 395 页。

吊取送核,"以为抗捐逞刁者戒"①。

面对当局毫不通融的死硬立场,酱商们不得不联合起来进行抗争。光绪三十三年四月二十一日(1907年6月1日),长洲、元和、吴县、吴江、震泽、昆山、新阳、武进、阳湖等苏属9县的92家酱商联名禀报商部和两江总督,控告苏省筹款所抑勒酱捐,饬吊账册,有违商律。各地商会也信函交驰,共商对抗办法。苏州总商会于四月二十五日(6月5日)致电商部,指出"商界哗然,商不堪命",请求商部出面维持。但是,商部只是照转原禀,并未采取切实行动。

长洲、元和、吴县3县县令出面进行调停,代酱商求告筹款所宽免备缸捐项,以副缸2口照正缸1口纳捐,每缸缴钱2625文。这一调停,遭到酱商们坚决拒绝。可是,筹款所却遍贴告示,谎称酱商已经接受调停方案,四处催缴酱捐。酱商们忍无可忍,进一步联合同业进行抗争。他们联合全省265家酱商联名上书商部,但商部还是搪塞敷衍,并未进行切实干预。而筹款所则实行高压政策,下令将苏城酱董潘廷枞、叶祉龄解县询究。其他各县也奉令拘押酱商。这更激起酱商激烈抗争,他们纷纷罢市歇业,"同声缴牌请闭",坚决表示:"将董事管押可也,严惩可也,而独不能认捐。"在这种情况下,苏州商务总会致电两江总督端方,指出:"筹款所不遵宪批,饬提商董,商界大哗",要求端方下令筹款所"勿事骚扰,顾全商命。"②

后来,在两江总督端方所派专员和商会的共同调停下,酱商接受了这样的折衷方案:正缸每只不论产地捐和行销捐,每缸常年捐1750文,副缸2只抵作正缸1只计捐,备缸免捐。但是,上海一隅"复行抵抗"半年之久,坚持只缴正缸捐。鉴于其他地方必然援照上海成例减缴酱捐,则"所得区区,于大局有何俾益",江苏当局不得不将酱捐"一体蠲免,以存大体"③。至此,江苏酱商抗捐斗争取得完全胜利。

反对增加牙税 江苏牙行各业历来都是纳资向官府领取牙帖,"代客经售,取用钱为劳资"。江苏牙税历来分为四等:上等年纳银2两,二等年纳银1两2钱,三等年纳银1两,四等年纳银5钱。如果加上折价、耗银及各项小费,则上等年纳银2两者,实际须纳洋8元左右,约增3倍。光绪三十二年(1906)冬,江苏巡抚根据筹款所道员朱子榛的献策,以整顿牙税为名,按照典业税章奏请饬加10倍完纳。按照这一设想,上等须纳洋70余元,下等亦须纳洋20余元。

各地牙行商人听闻加税消息,极为惶恐,纷纷赴商会申诉,呼吁商会代为请求减免。苏州商务总会会同上海、震泽、盛泽、梅里商会等呈文商部,指出"贸易衰微,商情愈觉难

---

① 马敏、朱英:《传统与近代的二重变奏——晚清苏州商会个案研究》,巴蜀书社1993年版,第354—355页。

② 马敏、朱英:《传统与近代的二重变奏——晚清苏州商会个案研究》,巴蜀书社1993年版,第356页。

③ 马敏、朱英:《传统与近代的二重变奏——晚清苏州商会个案研究》,巴蜀书社1993年版,第357页。

支,若牙税骤增十倍,譬有屋漏加雨,无以堪此”,要求商部与江苏巡抚咨商,“酌减几成”[①]。对此,江苏地方当局蛮横拒绝,责令商会切实劝谕牙行商人“务遵新章输税,不得违抗”。各地商会则进一步加强联络,据理力争。光绪三十年(1907)夏秋之交,苏州、松江、常州、镇江4府和太仓州的22处商会在苏州举行会议,由苏州商会领衔呈文商部,要求按牙户大小分等酌加,或暂定加征5成。与此同时,各地商会还发动下属各业牙商具呈说略,“沥陈下情”,由商会代禀商部和江苏巡抚。在商会联合行动的压力下,江苏当局只好接受商会的请求,从光绪三十三年(1907)起,牙税加征五成[②]。

抵制印花税 光绪三十三年(1907)初,清政府度支部奏请仿效西方各国实行印花税。这一消息使得包括江苏商民在内的全国商民一度颇为兴奋和欣喜。但是,宣统元年(1909)夏,度支部把拟就的印花税税则、章程和试行办法抄发各地商会,并规定各地领取部发印花税后三个月为施行之期。各地商民随即发现度支部所拟定的印花税办法存在诸多弊端。其主要弊端有两点:一是税则苛细,几乎无物不税。商人粗略估算一下,各商各铺每日进出的发票、收据、期票、汇票少则十余张,多则数十张,即以每张按规定贴印花20文计,则每日有数百文乃至上千文的税,较之落地捐有过之而无不及。二是外国实行印花税是统一税,并非加收之税。可是,清政府并未切实免除包括落地捐在内的各项苛捐杂税,却效法西方各国征收印花税,这势必成为税上加税。

鉴于印花税存在诸多弊端,各地商民一改先前欣喜欢迎的态度,转而强烈排斥印花税。苏州商会发动下属25个行业投书当局,坚决反对征收印花税。钱业指出,印花税“展转相授,实至重而至烦”,“印税既重则利率必增,利率既增则各业必承其弊”,而各业皆承其弊,“则钱庄之受累不堪设想矣”。典业指出,典业“此时艰窘已臻极点”,若再试办印花税,“几有逼处报歇地步”。纱缎业指出,如骤行印花税,势必造成极大恐慌,“商界前途何堪设想”?米业指出,征收印花税,不仅会造成商民“因退惊而阻流通”,导致市面“闭塞”,还会导致小民因生计艰难而铤而走险。洋广货两业力陈:如征收印花税,“实于商家命脉有所窒碍”。绸缎业也哀叹,如实行印花税,“则商市涣散可立而待”。其他各业也纷纷上书,力陈印花税之不可行或须缓办[③]。

在江苏以及全国各地商会的共同抵制下,持续半年之久的试办印花税法,终未得到推行。

此外,江苏各地商民为了抗税而进行请愿示威和罢市,甚至捣毁房屋。光绪二十九年(1903),扬州税吏勒索太甚,商人运米、农民卖菜,都要饱受勒索,因而激起商人罢市。同年,淮安商人罢市,反对抽房捐;光绪三十年(1904),镇江菜贩、摊贩等万余

---

①② 马敏、朱英:《传统与近代的二重变奏——晚清苏州商会个案研究》,巴蜀书社1993年版,第354页。

③ 马敏、朱英:《传统与近代的二重变奏——晚清苏州商会个案研究》,巴蜀书社1993年版,第359—360页。

人向县署请愿示威，抗议巡警局规定每贩每日交 40 文。巡警鸣枪杀人，群众将警局捣毁，全城商店罢市。同年，无锡米商抗议抽收米厘充学堂经费，进行罢市，将学堂和学董住宅夷毁。同年，南京下关 2000 多人将税局砸毁；光绪三十一年(1905)，扬州酒店罢市，反对抽收酒捐。同年，如皋县石庄镇群众反对抽学堂捐，焚毁办捐绅士房屋。泰兴县群众反对抽收牙贴捐修学校，聚集 2000 多人将小学堂捣毁[①]。

(二) 要求裁厘认捐

早在咸丰三年(1853)，为了筹措镇压太平天国的军费，清江北军务帮办雷以諴首先在扬州仙女庙、邵伯、宜陵等镇“劝谕米行，捐厘助饷”。每担米捐钱 50 文，约为米价的 1%，即一厘。“厘金”即由此得名。随后，厘金制度在江苏各地普遍推行，并向全国各地推广。

厘金种类繁杂，初创时大致可分为活厘与板厘两种。活厘也称行厘，是向行商征收的货物通过税；板厘又称坐厘，是向坐商征收的交易税。随着厘金制度的推行，其种类大为增加。清代的厘金制度大体是依物设税。按征收厘金货物种类划分，清代厘金可分为百货厘、盐厘、洋药(指进口鸦片)厘和土药(指国产鸦片)厘四大类。按厘金的征收地点划分，清代江苏厘金可分为出产地厘金、通过地厘金和销售地厘金三类。出产地厘金是在出产地就所产货物征收，有“出产税”、“山户税”、“土产税”等名称。最初出产地厘金只限于征收丝、茶等几种货物，后来范围逐渐扩大。通过地厘金即活厘或行厘，为对货物由某地运至另一地的运销行为征收的厘金，是厘金收入的主要来源。清代江苏通过地厘金采用遇卡纳捐的办法，沿途征收次数不定。清代货物运输以船运为主，因此水卡捐是通过地厘金收入的主要来源。清末，津浦、沪宁铁路相继修建通车。因铁路运货不经过原设的征收船运货物的水卡，便在沿线车站设局征收铁路货捐，即旱卡捐。邮包捐是对通过邮局寄带的货物征收的厘金，也称邮包税。销售地厘金有坐厘、坐贾(有固定经营场所的商人)、埠厘、门市月厘、铺捐、日捐、落地厘、销场税等不同名称。对外地来埠销售货物及本地自产自销货物征收。厘金创办时，销售地厘金几乎普遍征收，收入仅次于通过地厘金。

随着厘金制度的推广，厘金税率也由起初的 1%—2%，逐渐增加为 5%。由于江苏厘金征收采取遇卡完捐的办法，虽然有些厘卡只负责稽查，并不征税，但各卡所征厘金相加，一般货物所负担的厘金也在 15%左右，有些甚至达到 20%。到光绪末年，江苏每年所征收的厘金约 300 万两以上，约占全国厘金收入总数的 1/5，居全国首位。详见下表：

---

① 江苏省地方志编纂委员会编：《江苏省志·江苏人民革命斗争纪略》，江苏人民出版社 2008 年版，第 250 页。

表 9-3-4 1900—1908 年江苏厘金占全国厘金总数的百分比

年　份	江苏厘金数(两)	全国厘金数(两)	江苏占全国的百分比
1900	3412082	14224238	23.99
1901	3723516	14957676	24.89
1902	3588468	16174636	22.19
1903	3757478	16252692	23.12
1904	3626051	16606029	21.84
1905	3755910	15952147	23.55
1906	3711572	16290270	22.78
1907	3539161	16708890	21.18
1908	3877046	17760187	21.83

资料来源:根据罗玉东《中国厘金史》(下),商务印书馆 1936 年版,第 464—467 页表整理。

宣统年间,江苏厘金继续增长。宣统元年(1909)、宣统二年(1910)苏、沪两属征收厘金数见下表:

表 9-3-5 1909 年、1910 年苏、沪两属征收厘金数

年　份	苏　属	沪　属
1909	库本银 102201 两 洋 645246 元 钱 1600382 千文	库本银 622891 两 洋 272986 元 钱 1058834 千文
1910	库本银 86008 两 洋 585068 元 钱 1527136 千文	库本银 544932 两 洋 258984 元 钱 1028278 千文

资料来源:马敏、朱英:《传统与近代的二重变奏——晚清苏州商会个案研究》,巴蜀书社 1993 年版,第 362 页。

厘金制度是清末一项病商困商的恶劣制度,严重地阻碍中国商业的发展。早在 19 世纪 70、80 年代,改良派王韬、郑观应、马建忠、何启、胡礼垣等就对厘金制度提出尖锐批评,要求裁撤厘金。光绪二十一年(1895),江苏绅商代表人物张謇向署理两江总督张之洞痛陈厘金制度危害,建议裁撤厘金,改行产地统捐。张之洞奏准朝廷批准后,决定委托张謇在南通地区先行试办。张謇在通海地区四处奔走,经过与“州厅及商民人等”半年讨论和协商后,终于把通海地区裁厘认捐的具体征收办法和各行各业“自行包任”的数目确定下来。但是,清政府与厘金有关的地方官员不愿就此失去厘金这一中饱私囊的渠道,因而对张謇的改革进行百般阻挠,致使通海地区的裁厘认捐以流产而告终。

到清末新政时期，改革厘金制度的呼声日益高涨。张謇等立宪派利用江苏谘议局的合法舞台再次提出江苏全省裁厘认捐的方案，并为此进行不懈的努力。宣统元年(1909)底，江苏谘议局鉴于江西于光绪二十九年(1903)改办统税和湖北于光绪三十一年(1905)改办统捐的做法，草拟《厘金改办认捐进行方法案》，正式拉开江苏裁厘认捐的序幕。根据该方案，江苏裁厘认捐分三个步骤循序渐进进行：一是召开江苏省商会联合大会，协商确定认捐的标准、形式及具体办法；二是筹设各级认捐组织，进行厘金调查，制定出合理的捐则；三是俟准备工作就绪，确定撤卡日期，呈请督抚上奏朝廷，正式实行全省裁厘认捐。

为了营造裁厘认捐的有利形势，动员商界广泛参与裁厘认捐活动，宣统元年(1909)底和宣统二年(1910)初，江苏谘议局把有关裁厘认捐的决议案通知各地商绅，动员各地商会积极行动起来，调查各地工商业经营情形和本地厘金征收情况，研究裁厘认捐的具体实施办法。与此同时，江苏谘议还派出黄炎培、储南强、洪锡范等组成江苏谘议局议员调查团，深入经济较为发达的苏南地区调查厘金的危害。

宣统二年(1910)夏，南洋劝业会在江宁(南京)召开，全省商绅云集。七月十八日(8月22日)，江苏谘议局和商会趁机举行"苏省商界联合大会"，专门讨论厘金改办认捐问题。会议订立裁厘认捐筹办简章和进行日期表。九月十五日(10月17日)，成立以苏州、上海、江宁、通崇海泰四个总商会为基础的"筹办江苏全省认捐事务所"，分别在江宁、苏州设所办公，以协调和领导江南江北各地的裁厘认捐活动。

面对江苏谘议局和商会发起的声势浩大的裁厘认捐活动，两江总督张人骏和江苏巡抚程德全多次召集心腹商讨应对方策。他们意识到，一旦按照裁厘认捐办法，不仅直接威胁到江苏财政收入，也会给窘乏不堪的中央财政带来严重影响①。为了既能保证厘金收入不减少，又能以改革厘政名义愚弄商民，他们决定采取征收统捐。宣统二年(1910)底，他们奏请将金陵厘金局归并财政公所，在清政府度支部的支持下，先在宁属改办统捐，同时在苏属进行货价调查，预备全省改办统捐。随后，参照江西统税、湖北统捐草案，于宣统三年(1911)初奏请正式在江苏全省实行统捐。

江苏督抚主办的统捐制度，与江苏谘议局和商会提出的认捐有着根本的区别。统捐强调官方强制性的"统"，千方百计地增加政府的财税收入，统捐的征收数额与厘金相比，并无多少减轻，甚至反而有所加重；"认捐"则注重商民自愿的"认"，竭力减轻江苏商民承担的税负。此外，"认捐"重在裁撤厘卡，而"统捐"则千方百计地保留厘卡。苏属第一期统捐方案，只是把苏、沪原有37处总分局合并为18个统捐总局和支

---

① 马敏、朱英:《传统与近代的二重变奏——晚清苏州商会个案研究》，巴蜀书社1993年版，第367—368页。

局，对原有的217处厘卡只准备裁并26处“来源已淤”或“行同虚设”的厘卡。在下游局、苏城局等交通孔道，非但一个分卡不撤，反要“酌量增设”①。

江苏督抚提出实行统捐办法后，江苏商民惶恐不安，纷纷呈请商会代为作主，尽早实现按行业认捐。宣统三年(1911)夏，苏属商会在江苏谘议局支持下，在上海南市召开联合大会。会议一面决定先行督促各行各业自行认捐，约在三年一律认齐；同时，会议还决定以上海、苏州两个商务总会名义，致电商部和度支部，请求缓办统捐。五月二十日(6月16日)，与会代表决议成立苏属商会联合会，以协调江苏各地商会行动。

宣统三年六月一日(1911年6月26日)，江苏地方官府不顾广大商民的强烈反对，悍然在全省实行统捐。统捐开办不到一个月，江苏商民就怨声载道，叫苦连天。洋布业抱怨：实行统捐后，“近来生意清谈，利息极微，落地捐，进口捐，捐而又捐，与生意之道竟有万分窒碍之处”。瓷器业抱怨，“逢卡检点，不能不动，碎破一层，不可胜数，瓷器一碎，分文不值，其害无穷”。酒业抱怨，“改办统捐，捐数忽暗增一倍。众情惶惑，酒业尤甚”。船商抱怨，“已完进卡厘捐、船捐各货，而出卡又须重捐也”。六月二十四日(7月19日)，上海《时报》指出：“苏属开办统捐，各处商民不胜纷扰之苦。……现在航船业已经停带物件，而商家贩运各货亦闻暂行缓办。其纷扰情形，概可想见。”②

宣统三年六月二十日(1911年7月15日)，在各地商会的敦促下，苏属商会联合会在上海召开第一次联合会议。会议决定向督抚陈述统捐弊端，争取舆论同情，同时各行各业加速实行认捐。正当江苏商民在厘金问题上与江苏地方官府尖锐对立、相持不下的时候，千里之遥的武昌城打响了辛亥革命的第一枪。武昌起义爆发后，形势紧张，江苏商民长达两年之久的裁厘认捐活动不得不暂时告一段落。

四 抢米风潮和抗拒户口调查风潮

清末，由于米价昂贵，贫民无以为食，江苏先后爆发三次大规模的抢米风潮。同时，由于民众反对征收开办新政费用，抗拒进行户口调查，又多次爆发殴打调查员和焚毁学堂的风潮。这些都在很大程度上带有民众骚动性质，它预示着清政府的统治已经陷入空前危机。

---

① 马敏、朱英：《传统与近代的二重变奏——晚清苏州商会个案研究》，巴蜀书社1993年版，第372—373页。

② 马敏、朱英：《传统与近代的二重变奏——晚清苏州商会个案研究》，巴蜀书社1993年版，第374—375页。

（一）抢米风潮

在清末，米价呈现日益上涨的趋势，特别是在灾荒年景，米价尤为高昂，贫民无以为食，因而频频爆发抢米风潮，并出现程度不同的民众骚动。这在光绪三十二年（1906）、宣统二年（1910）、宣统三年（1911）三年中表现尤为明显。

光绪三十二年（1906），江苏、安徽、江西等处，雨多晴少，江水日涨，造成米价“日见腾贵”。阴历闰四月间（6 月），江苏靖江、东台等地发生拦抢米船、滋闹米行的事件①。此后，全省各地又爆发较大规模的抢米风潮。

五月下旬（7 月中旬）前后，扬州满街张贴匿名揭帖，预示着将有“抢劫米行之举”，但地方官员置若罔闻，虽有平粜之议，但未付诸实施。五月二十五日（7 月 16 日）清晨，某人在南门外广泰和米行购米，因嫌米价昂贵与店家发生口角。很快就在米店前聚集五六百人，并乘势抢劫，将米倾入河内。随后，又把广兴、杜恒和 2 家米行“抢劫一空”。午后，又有 2 家米行被抢。官府派兵前往弹压，当场拘拿 8 人，带往甘泉县署，准备进行惩办。不料当时即有男妇老幼千余人，鸣锣聚众，纷纷跟到县署，加上旁观民众，一时把小东门街到县署大堂挤得“几无容足之地”。官府担心酿成事变，不得不将钞关城门关闭，并将被拘 8 人释放，众人始退。晚上 9 点半，城内大儒坊及皮市街两处，又有 4 家米行被抢。11 点到 12 点左右，城内又有 7 家米行积存米粮被“抢掠一空”，店伙也被殴伤②。五月二十七日（7 月 18 日），扬州仙女镇有匪徒乘势作乱，鸣锣聚众达数千人，均“手持刀斧棍棒等件”，将北岸各米行及沿街商户“劫掠一空”，随后又捣毁万寿司衙署③。

与此同时，山阳、清江、泰州、宝应、震泽、苏州等地也先后爆发抢米风潮。清江一带淫雨为灾，“四乡尽成泽国”，米价飞涨。山阳等地民众，于五月十五日（7 月 6 日）捣毁米铺 2 家④。五月二十一日（7 月 12 日），官府采办军米的船只运送大米到清江刘家堡。有人宣称，该船运送的不是军米，而是与米行沆瀣一气，于是鸣锣聚集千人，先抢米行，后抢军米。船米所余只有十之六七，并烧毁米袋 2000 个，麻绳 2500 根⑤。泰州民众因米价昂贵，先是将官盐栈拆毁，随后于五月二十七日（7 月 18 日）举行暴动，将“阖城米行抢劫殆尽”⑥。宝应也发生民众暴动，四处劫掠，把地方秩序“全行破坏”，

① 李文治:《中国近代农业史资料》第 1 辑，生活・读书・新知三联书店 1957 年版，第 974 页。
② 《时报》光绪三十二年五月二十八日（1906 年 7 月 19 日）。
③ 《时报》光绪三十二年六月初五日（1906 年 7 月 25 日）。
④ 《时报》光绪三十二年五月二十三日（1906 年 7 月 14 日）。
⑤ 《时报》光绪三十二年六月十一日（1906 年 7 月 31 日）。
⑥ 《时报》光绪三十二年六月二日（1906 年 7 月 22 日）。

“几有不可收拾之势”。他们不仅拆毁县署大堂，还连劫绅富米行钱庄典当多家，并焚毁学堂1所[①]。五月二十八日(7月19日)，有一艘米船由扬州开往镇江，经过瓜洲口时，“竟被乡民击毁”，“米皆淹没水中”[②]。七月二十五日(9月13日)，在震泽县震泽镇，游民百余人拥至平粜局“肆行抢掠”，随后又抢劫6家米店，使得镇上其余各店不得不“一律停闭”[③]。八月五日(9月22日)，苏州浒墅关镇震裕米行被抢去食米三四十石[④]。

宣统二年(1910)，苏北发生大水灾，米价暴涨，因而苏北一些地方发生饥民抢米风潮。其中，清江、海州、宿迁三处抢米风潮规模较大，大丰、海丰、永丰三家面粉厂都遭到饥民哄抢。三月八日(4月17日)，清江饥民聚集千余，向大丰面粉厂索麦，捣毁机器楼房，后因官方及时干预，事态才得以控制。然而，大丰的5艘麦船在宿迁关被饥民抢劫一空。三月九日(4月18日)，海丰公司的运粮船3艘在永丰关被民众“拦抢一空”[⑤]。三月十三日(4月22日)，海州饥民千余人聚集于海丰厂前，厂家见势不妙，即关闭厂门，饥民仍砸毁牌楼棚栅门，将厂门撞穿一洞，院墙毁坏三段，焚烧后门，并爬越厂门和越过毁墙向厂内冲击。厂方开枪力拒，击毙数人，众始退出。三月十四日(4月23日)，又有饥民聚集在海丰厂外，“扬言烧抢”。厂方不得不关闭厂门，并发枪还击，但饥民不退，拆毁院墙三段，前后门“均被破坏”。三月十五日(4月24日)，饥民2万余人再次聚集在海丰厂外，将该公司正在运输途中的麻袋夺取烧毁。三月十五日(4月24日)、三月十六日(4月25日)，宿迁饥民在城门前“割裂米袋”。三月十七日(4月26日)，宿迁饥民又开始抢豆饼。三月十八日(4月27日)，宿迁饥民抢劫王寡妇家粮食，并抢劫周聚源糟坊以及30余家店铺。在抢周聚源糟坊时，经官员到场劝散。其后，宿迁饥民又抢劫数家富户和米行存米数十石[⑥]。永丰面粉厂刚刚建成，收购了小麦，正待开工，在三月十八日(4月27日)遭饥民万余人哄抢，厂房大部被焚，5000担小麦被抢走和毁坏，仅剩余150担小麦[⑦]。前文已经叙及3家面粉厂被抢的一个很重要的原因是长期积累起来的利益摩擦和冲突，这里不再赘述。但是，从根本上来说，其最主要的原因还是米(粉)价暴涨，贫民无以为食，因而才会发生大规模的哄抢事件。

---

① 《时报》光绪三十二年六月二日(1906年7月22日)。

② 《时报》光绪三十二年六月三日(1906年7月23日)。

③ 《时报》光绪三十二年八月一日(1906年9月18日)。

④ 《时报》光绪三十二年八月九日(1906年9月26日)。

⑤⑥ 《东方杂志》第7卷第4期，“中国大事记”，第56—57页。

⑦ 中国第二历史档案馆编:《中华民国史档案资料汇编》第1辑，江苏人民出版社1979年版，第45—46页。

东台、泰兴等地也发生哄抢粮食事件。如东台拼茶场灶民前往如皋李堡镇购买平粜米，忽然滋生事端，将广益学堂捣毁，并毁董事5家、米店2所。泰兴县季家市，亦有饥民数千人，将镇中米铺“一律捣毁”①。

江北饥民除在当地哄抢粮食外，还纷纷南下就食。十月七日(11月8日)，江苏巡抚程德全致电两江总督张人骏：“查本年饥民麇集扬州，几酿风潮，苏省乡民亦被江北饥民滋扰。”②直到次年春，江北饥民仍有不少。宣统三年三月底(1911年4月底)，两江总督曾下令停办清江粥厂，当时饥民数万“奔投镇宁”。为此，两江总督要求各地派重兵堵截饥民南下。江苏巡抚程德全考虑到“饥民数万南下”，“防不胜防”，因而建议清江粥厂暂缓停办③。

宣统三年(1911)夏，江苏南部发生大水灾。闰六月十六日至十八日(8月10—12日)，风潮为灾，江苏“沿江沿海各县冲破圩堤，田庐湮没”，但是，“腹地尚无大碍”。七月四日至六日(8月27—29日)，“大雨如注，昼夜不息”。接着又连刮三天三夜大风，积水迟迟不退。风雨交加，淫雨连绵，导致江潮顶托，湖河漫溢，田舍淹没，人口毙命。以前未受灾的腹地亦遭灾，而“滨临江海则较前尤重”④。苏南的常熟、昭文、江阴、震泽、昆山、新阳、溧阳各县均告受灾，哀鸿遍野，疮痍满目。秋禾被淹，米粮已告短缺，而不法奸商又乘机竞相抢购谷米，囤积居奇，致使米价徒涨，民不聊生。当时苏州米价收进与卖出相比，每石相去1元左右。据调查，七月十五日(9月7日)，苏州米市行情是：高白粳米每担收价为7.8元，售出价为8.8元；客白籼米收进价为7.5元，售出价为8.3元；糙客籼米收进价为6.5—6.6元，售出价无定市，总之，“米价已贵至极点”⑤。在这种情况下，苏南地区普遍发生大规模的抢米风潮，其中以常熟、昭文最为严重。

七月四日(8月27日)，常昭地区“骤下暴雨”，连夜不止。七月五日(8月28日)，“北水门城墙倒塌数丈，河水过岸高尺余，道门场、寺前街等处均积有尺许，东岳庙起至西门，水皆没胫”。从高处“登城远眺”，“城外街衢田舍尽成泽国。”七月六日(8月29日)下午，先下小雨，继下大雨⑥。

---

① 《东方杂志》第7卷第5号，“中国大事记”，第73页。

② 程德全：《抚吴文牍》，扬州师范学院历史系编《辛亥革命江苏地区史料》，江苏人民出版社1961年版，第22页。

③ 程德全：《抚吴文牍》，扬州师范学院历史系编《辛亥革命江苏地区史料》，江苏人民出版社1961年版，第28—29页。

④ 程德全：《抚吴文牍》，扬州师范学院历史系编《辛亥革命江苏地区史料》，江苏人民出版社1961年版，第39页。

⑤ 马敏、朱英：《传统与近代的二重变奏——晚清苏州商会个案研究》，巴蜀书社1993年版，第395—396页。

⑥ 佚名：《常昭水灾闹荒日记》，扬州师范学院历史系编《辛亥革命江苏地区史料》，江苏人民出版社1961年版，第135页。

七月八日(8 月 31 日),常熟、昭文两县令与商绅在自治公所开会议论赈济事宜。当日,西南两门乡民来城报荒,老弱男妇约三四百人,来到自治公所前。两县令及议员便出来安慰民众。但常熟方县令是安徽桐城人,昭文魁县令是旗人,均不通当地语言,而各议员又都是“新名词满嘴”。乡民误以为不准报荒,随即有四五十人“举手喝打”,众声响应,蜂拥自大门至后门警察局,将“门窗桌椅全行捣毁”。当时团防管带、警察巡官到场弹压,获拿 2 人。常熟县令“慑于众势”,不得不“斥令释放”。两县令也乘乱从后门逃回县署。乡民打毁自治公所后,又拥到常熟县衙。方县令答应三日后发赈,但众人认为太缓,要求次日就发赈。方县令解释说:“此事关系全邑,须与众绅商议妥洽。”乡民就怀疑是城中士绅从中作梗,便蜂拥至商绅领袖邵伯英家,毁巷门而进。其时,昭文魁县令和陈城守都在邵家商议赈济事宜,当即出面弹压。但众人毫不理会,“复毁大门”,魁县令不得不退回宅内。不久,众人又来打宅门。魁县令和陈城守就起身离去,却在门口被众人阻拦,只好登门楼毁掉沿街门窗,“由差役倚梯扶掖而下”,“踉跄遁去”。当时在巷内的士兵一二十人,皆“荷枪鹄立,呆若木鸡”。乡人又夺枪毁之,士兵仓皇出逃。乡人把邵宅“蹂躏不堪”,至日暮后方纷纷出城①。

七月九日(9 月 1 日)黎明,东、南、西三门已各有乡民数千人,分头抢劫。开始主要是抢米,后来则转为抢劫财物。官绅束手无策,而福山镇派来的一队兵勇因未奉军令而不敢开枪,只好听之任之②。当夜,江苏巡抚程德全致电方、魁两县令,除告知军队调往常昭情况外,还明确要求:“如果弹压不服,准予格杀具报。”

七月十日(9 月 2 日),两县令接到程德全电报后,开始拨银放赈。10 时许,东、南、西三门外乡人又复麇集,声势汹汹,特别是南门尤其锐不可挡。团防易管带带数名兵勇出城弹压,放空枪威吓,但乡人不为所惧,“长篙短桨,蜂拥而来”。团防易管带不得不将枪装弹发射,击中为首的俞大根,乡人稍退。但是,乡人见团勇人少,很快就“群起上前致死”。此时,城中又派兵出城救援。乡人见事不利,“相率逃遁”③。除城内被抢外,东城乡、施家桥、南丰镇、西塘桥、西徐市、谢家桥、任阳、董滨、白茆等地均发生哄抢事件。其中,以东塘市最为严重。乡民不但聚众抢夺米和财物,还将自治公所、从善公局、亭林学堂、米业学堂、耶稣教堂捣毁,抢劫典铺、米行 60 余家④。

---

①② 佚名:《常昭水灾闹荒日记》,扬州师范学院历史系编《辛亥革命江苏地区史料》,江苏人民出版社 1961 年版,第 136 页。

③ 佚名:《常昭水灾闹荒日记》,扬州师范学院历史系编《辛亥革命江苏地区史料》,江苏人民出版社 1961 年版,第 137 页。

④ 佚名:《常昭水灾闹荒日记》,扬州师范学院历史系编《辛亥革命江苏地区史料》,江苏人民出版社 1961 年版,第 139 页。

除常昭外，金匮、新阳、吴江、苏州城郊也纷纷发生抢米风潮。六月中旬(7月中旬)，金匮甘露乡农民掀起一场兜米风潮。六月十六日(7月11日)，金匮县甘露乡农民浦梅先等千余人冲入街镇，散发甘露镇商会会长顾君实廒间和朱、华两姓米行的囤米。安镇乡农民倪阿狗闻讯，也领着农民千余人兜分怀下乡扇董张漱石、地主张墨弟家的囤粮，拆毁胶南学堂。兜米风潮很快蔓延至东乡村镇。六月二十八日(7月23日)，金匮知县何绍闻派江防一大队前往镇压。甘露浦梅先被害，安镇倪阿狗也被捕后死于狱中[①]。新阳县巴城镇，因水势不退，“乡民乘机蠢动，抢劫米粮，谣传纷纭，人心惶惑”。七月十一日(9月3日)上午，男女饥民乘船百艘，数千人持桨鸣锣汇集巴城市镇，连抢冯益茂、施顺记等米行，各商铺闻讯慌忙关门罢市，“哀号鼎沸，声彻数里”[②]。吴江县同里镇，因“米价迭贵，民不聊生”。乡民数百人于七月底(9月中旬)蜂拥至镇上富户米行抢米，并将镇董金松岑家厅屋拆毁。七月二十八日(9月20日)，乡民千余人冲进该镇自治公所，将所中什物悉数捣毁，“始呼啸而去”。次日，又有邻乡饥民千余人拥至自治公所，将门窗拆毁，屋墙推倒，然后放火焚烧。暴动饥民还捣毁司署衙门，“声势甚凶，虽有官兵弹压，如入无人之境”。八月二日(9月23日)，同里镇北有50多家商铺、米行被抢，“乱民见衣冠中人辄威吓作殴打势，商店吃食见辄抢取，公典闭门已成离乱之状”。饥民还冲进某些绅富之家，“争抢各物”，搬运一空。在同闻讯赶来镇压的兵丁打斗中，饥民被打死一人，打伤数人[③]。江苏省城苏州也被波及。齐门外一带米店“险被蜂集纠抢，情形岌岌可危”。苏州商会中人“辗转焦思”，惶惶不可终日，不得不极力劝导米商，忍痛折本减价出售，以避没顶之灾[④]。

面对宣统三年(1911)此起彼伏的抢米风潮，江苏巡抚程德全不禁感到“焦灼万分”，他惊呼：“现在民气不靖，人心思乱。”[⑤]为此，他采取两手策略，一方面声称“饥民乞赈，其情可悯”，请求清政府拨付赈银，命令有关部门筹集赈银购粮，要求各府州县赈济灾民，并劝导灾民安心待赈；另一方面，他又声称“乱民煽惑，罪无可绾”，如果“造谣惑听，借端抢掠，是为乱民，乱民必诛”。“倘或拒捕或拒(聚)众抢劫，不服解散，准其格杀勿论”[⑥]。

---

① 江苏省地方志编纂委员会：《江苏省志·社团志·农民团体篇》，方志出版社2000年版，第73页。

② 马敏、朱英：《传统与近代的二重变奏——晚清苏州商会个案研究》，巴蜀书社1993年版，第396页。

③ 马敏、朱英：《传统与近代的二重变奏——晚清苏州商会个案研究》，巴蜀书社1993年版，第396—397页。

④ 马敏、朱英：《传统与近代的二重变奏——晚清苏州商会个案研究》，巴蜀书社1993年版，第397页。

⑤ 程德全：《抚吴文牍》，扬州师范学院历史系编《辛亥革命江苏地区史料》，江苏人民出版社1961年版，第37页。

⑥ 程德全：《抚吴文牍》，扬州师范学院历史系编《辛亥革命江苏地区史料》，江苏人民出版社1961年版，第38—39页。

（二）抗拒户口调查

清末，江苏民众生活本已十分艰难。但是，政府又在兴办教育和开展地方自治调查等新政时，频频向民众额外征收费用，而经手乡绅常常借此贪污中饱，因而屡屡引起民怨。各地还往往占用一些庙宇作为学校和公所办公用地，也引起民众不满。此外，一些谣言也引起民众不安。这样，在宣统二年至三年（1910—1911）就多次爆发民众抗拒户口调查、焚烧和捣毁学堂的骚动。

宣统二年（1910）春，宜兴民众因反对户口调查而首先爆发骚动。当时宜兴频年灾歉，民不聊生，但县令却忙于征收漕粮，“抑勒洋价过甚”，致使乡民“蓄愤已久”。宜兴在征收漕粮时，还“每石加收自治经费四十文”①。随后，宜兴又开展调查户口，“每名索费二十文”。在调查时特别详细，“无论男女老幼，概须填注姓名年岁”，这就引发一种谣言：“调查男女生辰，为修筑铁路镇压黄河桥工之用。”乡民无知，辗转相传。由于调查者均系学界中人，因而触发乡民“仇视学堂之积愤”。于是，在宣统二年（1910）正月，乡民“鸣锣聚众，将各学堂焚毁，并捣办理学务诸人之房屋”。当时宜兴的和桥、漕桥、高塍、唐桥、杨巷、官村、丁山、蜀山、徐舍、张渚等处学堂均被捣毁，乡董房屋被毁数十家②。

宜兴骚动发生后，很快波及江苏各州县。在宣统二年（1910）春，因户口调查，“讹言迭兴，聚众毁学，拆屋伤人之事，几于无地不有，无日不有”③。

在江宁府，江宁县多处爆发反对户口调查风潮。宣统二年三月十二日（1910 年 4 月 21 日），江宁县南门外铁山桥乡民，误听谣言，谓调查户口不利于居民，于是，将调查员钟国政及董事仇炳南殴伤，并拆毁董事司文成房屋。同日，板桥也拆毁乡董住宅及所开店铺，并累及学堂。江宁镇也有“捣毁学堂之事”④。

苏州府也多处爆发抗拒户口调查的风潮。宣统二年二月十三日（1910 年 3 月 23 日），震泽县震泽、湖楼等镇，乡民聚众千余人，与调查的士绅为难，拆毁绅董房屋多间。二月三十日（4 月 9 日），吴县香山乡聚众五六百人，捣毁自治分局，拆毁办事人喻文杰房屋，殴伤调查员。此外，常熟县西乡翁家庄镇董事朱惠周、练塘镇董事金某，“均被窘辱”。吴江的平望、黎里、庐墟等镇及太湖边各乡村，“均向调查局为难”⑤。

扬州府也爆发抗拒户口调查的强大风潮，尤以泰州最为猛烈。在泰州，东至海安镇，约八十余里，南抵与泰兴交界的高单庄塘子岸一带，约六七十里，西至石羊庄，约三十里，“俱同时响应，纠合六七千人”，捣毁调查员房屋 160 余家，受伤者无数。王家

---

①② 中国史学会主编：《辛亥革命》（三），上海人民出版社 1981 年版，第 389 页。

③④ 中国史学会主编：《辛亥革命》（三），上海人民出版社 1981 年版，第 393 页。

⑤ 中国史学会主编：《辛亥革命》（三），上海人民出版社 1957 年版，第 393—394 页。

楼乡董王锡光房屋被毁，损失 8 万余金。姜堰镇董事纪某房屋也被毁。城内巨绅储某，在离城十余里处被乡民吊打，并被火烙，晕死数次。某把总率兵前去营救，其家也被烧毁。泰州风潮之所以猛烈，除了反对自治外，还有米价昂贵的因素。当时有贫民数百人，"咸向富家索食滋闹，坚不肯去"[①]。高邮州董事屈姓马姓两家房屋被捣毁，江都县嘶马镇、杨家桥、梁垛场西堤等处学堂也被捣毁，教员均被殴辱。其中，杨家桥骚动是"缘抽取学捐，乡民积愤而起"。梁垛场西堤骚动则"缘改佛寺为学堂，乡民不悦而起"[②]。

在常州府、镇江府也都程度不同地爆发抗拒户口调查的风潮。如常州府武进、阳湖两县乡民，"颇与调查员为难"。其中，丰南乡还毁损房屋，殴伤调查员。镇江府丹徒县南门外西石村陈村，聚集数百人，殴伤调查员。太平洲乡民捣毁绅董房屋，并围困官府。金坛县乡民，"冲打自治公所"，与调查员为难[③]。

鉴于民众强烈反对户口调查并酿成很大风潮，江南筹办地方自治总局不得不制定五条办法，以规范地方自治调查，防止类似事件再度发生。该办法要求：派出调查员必须携带简明白话告示，说明调查户口，系遵旨办理，专为保卫百姓起见，一不抽捐，二不纳税，使大众放心。调查员所到之处，必须广为张贴，于贴示 7 日后方准开查。该办法还要求，在张贴告示后，须选择在人烟繁盛之地，邀请本处乡董或一乡信仰之人，登台演说调查宗旨。该办法还对调查员的选择、乡董的委用、地方官员的督察等作出明确规定。此后，各地反对户口调查的骚动逐渐平息下来。

但是，由于当时并未改变民众负担日渐沉重的状况，因而不可能从根本上消除民众反对自治的风潮。因此，到宣统三年(1911)春，一些地方又爆发民众抗拒户口调查和焚烧学堂的骚动。

宣统三年(1911)春，松江府川沙县长人乡乡绅为了提前赶办自治，在俞公庙西侧厅空余房屋设立自治公所，引起女巫丁费氏的多方反对。而该公所平时"收捐苛细"，"结怨于民"。该乡又将"刘公祠改建学堂"，也引起一些民众不满。二月一日至四日(3 月 1—4 日)，该乡民众发生骚动，"焚毁自治公所十二所、公私立小学校二十九处之多"[④]。

宣统三年(1911)初，丹阳县王道来即"以抗拒调查为名"聚众敛钱。三月七日(4 月 5 日)，丹阳县令为调查门牌至皇塘镇，"乡民鸣锣聚众抗拒，该令登舆，有数人拥护至舟，遂即遁回。"[⑤]在丹阳县王道来的影响下，武进县和阳湖县的钦风、丰西两乡也因

①②③　中国史学会主编：《辛亥革命》(三)，上海人民出版社 1957 年版，第 394—395 页。

④　程德全：《抚吴文牍》，扬州师范学院历史系编《辛亥革命江苏地区史料》，江苏人民出版社 1961 年版，第 10—12 页。

⑤　程德全：《抚吴文牍》，扬州师范学院历史系编《辛亥革命江苏地区史料》，江苏人民出版社 1961 年版，第 14—15 页。

反对调查户口而“滋事”[①]。

清末，江苏多次爆发大规模的抢米风潮，并出现捣毁自治公所和学堂的风潮，其原因是较为复杂的。但是，这种民众骚动大量普遍发生，一方面说明当时民众生活已经困窘到极点，同时也显示出清政府的统治已经岌岌可危。

① 程德全：《抚吴文牍》，扬州师范学院历史系编《辛亥革命江苏地区史料》，江苏人民出版社1961年版，第13页。

第十章 江苏在辛亥革命中的贡献

晚清朝政腐败堕落，民心丧失殆尽。以孙中山为首的革命党人，为挽救中华民族的空前危机，决心举行武装起义，推翻清王朝，先后在华南和长江流域发动十余次武装起义，均遭失败，最后终于在宣统三年八月十九日（1911 年 10 月 10 日）由武昌革命党人领导和组织新军起义获得胜利，揭开辛亥革命的光辉一页。经过三天激战，革命党人占领武昌、汉口、汉阳，与立宪派共同筹商成立湖北军政府，宣布独立。辛亥武昌起义胜利的消息如滚滚春雷，迅速传遍全国。各省纷纷响应，宣布独立。

此时，清王朝不得已重新起用被开缺的实力派袁世凯，指挥北洋军南下，威胁首义之区武昌。在此关键时刻，上海、江苏宣布独立，十月十二日（12 月 2 日）江浙联军攻占南京，无疑大解武汉之危，稳定了东南半壁河山，为革命形势的继续发展奠定了坚实的基础。不到两个月，全国 18 省中，14 省宣告独立，清王朝的腐朽统治迅速土崩瓦解。起义各省代表会议从形势危急的武汉转移至南京筹组国民政府。十一月初六日（12 月 25 日），孙中山从海外归来，当选为临时政府大总统，成立南京临时政府。从当时的形势出发，上海、江苏的绅商代表人物推动革命党人与袁世凯议和，逼迫清帝退位，促成南北统一的中华民国政权建立，完成辛亥革命，结束了在中国延续数千年的封建帝制，开创共和伟业。江苏在辛亥革命中作出了重要的贡献，具有重要的历史地位。

另外需要说明的一点是，以往一切有关辛亥革命的史著中，对通过革命党人武装起义或立宪党人省谘议局活动，宣布脱离清王朝统治，实行独立的各级政权变化，统称为“光复”。笔者以为这一传统习惯的称谓或概念是不妥当的，是和辛亥革命这场史无前例的社会大变动的性质不相符或相悖的。理由如下：

1. “光复”，按词书的释义“犹恢复、收复”。如“廓清中畿，光复旧京”、“皇舆迁幸，光复中华”。中国古代封建王朝发生“内乱”或“外患”，即边疆少数民族入主中原，经过战争，恢复原有正统王朝统治，称为“光复”，且有发扬光大的意涵。如“光复汉室”、“光复汉家天下”，即有重振汉朝雄风的味道。故“光复”一词在其历史的发展过程中，孕育了汉族的自豪感，大汉族主义的情结，含有歧视边疆少数民族，将其视为“外族”等不合理、不科学的成分。

2. 以孙中山为首的革命党人在革命初期，为了动员会党以及广大基层群众参加推翻腐朽的清王朝专制统治，正是利用了中国传统的大汉族主义情结，将清王朝统治集团视为“外族”、“鞑虏”，号召大家起来加以“驱除”，“光复中华”。浙江成立的革命小团体，就称“光复会”，湖南的革命小团体“华兴会”联络洪门会党起义时，就以会党的“反清复明”，“非我族类，其心必异”为共同语言，协商“各倾肝胆，共谋光复”等等。故“反满”、“光复”成了革命党人最流行、最具有感召力的共同话语，也是辛亥革命时期最具特色的时代词汇，以致流传甚广。但这是一个应该纠正而未能纠正的概念。

3. 辛亥革命是中华民族历史上有别于此前任何时期的王朝更替、农民大起义，或平定内乱外患的伟大政治事件。它结束了中国沿续两千多年的封建专制独裁政治制度，推动中国开创了合乎时代潮流的民主共和新时代。从这个意义上说，丝毫不存在“恢复”或“光复”原有的旧制度、旧事物的意涵。再说，创立清王朝的满族，也是祖国民族大家庭的一员，也曾对中华文明的进步发展作出过辉煌的贡献。满族已经和汉族一样具有相同的历史合法性，是平等的兄弟民族。辛亥革命后期孙中山在三民主义讲演中，也一再提出“反满”，只是反对清王朝腐败的贵族统治，并非反对所有的满族人民。他在担任临时大总统发布的宣言书中，就明确提出：“国家之本，在于人民。合汉、满、蒙、回、藏诸地为一国，即合汉、满、蒙、回、藏诸族为一人。”①故辛亥革命胜利，推翻清王朝的统治，不应以大汉族主义的立场将此视为汉民族对满民族的“收复”与“被收复”的关系。不比敌国相争，一方曾占领另一方领土，经过战争，另一方收复被占的领土称为光复。辛亥革命时期所用的“光复”一词，一是传统习惯，二是革命的策略。在当时虽然不当，但却是可以理解的。作为其后著作，特别是今天，有关辛亥革命的著述，仍然沿用“光复”一词，实属不该。有鉴于此，本章记述辛亥革命在江苏的胜利，一概不用“光复”一词，若不得已使用一律加引号，以示辨证。

第一节　全省独立，连锁易旗

清代江苏地方官总督、巡抚同省不同城，两江总督衙门在江宁，巡抚衙门在苏州，

---

① 《孙中山全集》第二卷，第2页。

各自独立，领有若干州县，客观上形成两个政治中心。江苏从地形上划分，又有“苏南地区”和“苏北地区”之别。“苏南地区”主要指江苏长江以南地区包括上海在内的各府、厅、州、县，是江苏经济政治文化的中心。“苏北地区”相对落后。

武昌起义后，首先是上海同盟会中部总会的革命党人立刻准备武装起义响应。其次是江苏活跃的立宪派人士，他们以上海名士赵凤昌寓所惜阴堂和《时报》馆为中心，多次开会策划应变措施，省谘议局议长张謇亦参加。他们主张，时势的发展已经到了只能放弃对清王朝的君主立宪的希望，只有拥护共和，实行和平“光复”，才能避免内乱、生灵涂炭。为此，张謇多次奔走于江苏巡抚程德全、两江总督张人骏及上海绅商名士之间，预为策划应变。此后他们的一切活动基本都围绕这一目标进行，并在各地独立起义过程中，尽量团结利用清王朝的地方官吏，跟革命党人争夺建立新政权的控制权。相反，江苏的革命党人在这一过程中，却显得缺乏统一组织领导，力量分散，处于被动地位，但革命形势的发展已无可阻遏。无论革命党人武装起义也好，立宪党人与旧官僚联合实行的“和平光复”也好，都指向抛弃清王朝、实现独立这一大目标，促成清王朝迅速土崩瓦解。

江苏首先响应起义的是上海、苏州地区，而苏州地区的积极迅速响应，“实以上海为肇端”。现分述如下。

一　上海起义

上海原属江苏省松江府的一个县。自从《南京条约》将其辟为五口通商口岸后，50多年间，上海迅速发展成为当时全国最大的商贸、金融、东西文化交流中心。同时也是革命党人、立宪党人集聚活动的中心。武昌起义前夕，革命党人成立的同盟会中部总会、立宪党人发动国会请愿运动的舆论中心均设于上海。故其政治敏感性、影响力均居全国之首。

武昌起义爆发后，革命党人于右任创办的《民立报》立即成为发布起义消息最权威的媒体，望平街的民立报馆则成了革命党人的活动中心。各方人士往来不绝，工作的重心主要是促成各地党人迅速起义，支持武汉革命政权。发动上海地区武装起义的组织领导工作，则由同盟会中部总会陈其美负责。而光复会李燮和“实为主谋”，共同策划上海武装起义。

陈其美(1878—1916)，字英士，浙江湖州人。出生商家，当过学徒，光绪三十二年(1906)赴日求学，先后在日本警监学校、东斌军校学习，并加入同盟会。光绪三十四年(1908)归国，专门从事反清革命，主要活动于上海、长江中下游，联络会党与上海绅商阶层，与社会各界名士多有密切往来。宣统三年(1911)在同盟会发动多次武装起义、尤其是当广州黄花岗起义惨烈失败后的革命低潮时期，陈其美与宋教仁、谭人凤等在上海成立同盟会中部总会，调整战略部署，积极发动长江流域各省革命党人力量，准备从中部发动起义，期冀有所突破。

陈其美

武昌起义后，旅沪革命党人兴高采烈，日夜谋划上海起义。陈其美通过上海商会头面人物沈缦云的介绍，与上海南市自治公所的绅董李平书、莫锡伦、吴馨、朱葆三、穆湘瑶等社会各界的精英及国会请愿运动中的骨干接上了关系。他们早在晚清新政推行"地方自治"的活动中，争得了部分地方民政事务、社会治安以及公共事务的管理权，建有自卫性质的商团武装5000余人。这些商团武装，大部分由各行各业的工人、店员、学生、教师组成，有自己的经费。他们在思想活跃、文化发达、革命党人集聚的上海，深受新思潮的影响，早就倾向反清革命，成为愿意跟革命党人合作的一支重要武装力量。此时又成立了一支主要由青年学生组成的敢死队数百人，愿意接受同盟会中部总会机关的指挥，随时准备起义。另外还有刘福彪、李征伍掌握的帮会，穆湘瑶控制的上海县巡警力量，均已取得联系，准备支持革命。经过这一时期的活动，陈其美基本掌握了上海起义的主动权，待机而动。

李燮和(1874—1927)，湖南安化人。原名柱中，曾在长沙求实书院就读，后参加黄兴创办的华兴会，策划长沙起义，失败后逃亡上海，遇陶成章，参加光复会，成为光复会的骨干。次年赴日参加同盟会，后由于光复会与同盟会的矛盾，李一直追随陶成章，积极从事反清革命活动，与两湖革命党人有着极为密切的联系。宣统三年(1911)三月(1911年4月)，参加广州黄花岗起义，后到上海建立光复会支部，与陈其美主持的同盟会中部总会共谋发展。武昌起义前夕，李回湖南省亲，为官方所侦知，李急走武汉，适起义爆发。李受湖北军政府都督黎元洪之托，委为长江下游招讨使，急赴上海发动起义。

从八月十九日起一直到九月中旬的20多天，上海之所以一直未有动静，主要是上海周边驻有大量清军，水陆各师近万人，且大多为湘籍军系。他们跟从曾国藩兄弟镇压太平天国起家，"父兄子弟相嬗，历五十年，声威未衰；而管江防海防，多湘军老将；巡官警长，亦多湘人，散各州县。新军则多江南子弟，主客相持而有所惮"，加之水陆巡警各军，各有所属，各占一定的地域，互不相统属①。过去，革命党人一直未做这

① 中国史学会编:《中国近代史资料丛刊·辛亥革命》第七册，第38页。

些防军的工作，故武昌起义后这些清军将吏，虽人心思汉，惴惴不能自保，但无人敢率先领头起事，只能相互观望。可是这一情势却为李燮和提供了一展身手的机会。他利用同乡的关系，首先在清军巡防营中开展策反。当时，因革命失败，许多湘籍革命党人均逃往上海加入巡防营。上海闸北巡警局即有 13 名湘人加入，全部改名，一律以“汉”字排行，结为兄弟，人称“十三太保”。

吴淞是掌控上海政治命脉的军事要塞，而“吴淞军警长官亦多湘人。湘乡黄汉湘为吴淞巡官，尚气敢任事”。李燮和跟其联系后，“汉湘闻燮和名已久，一见，语辄合”，即完全同意李的主张。因此，李就将吴淞的策反工作完全交由黄汉湘负责。黄和上海闸北巡警队巡逻队长陈汉钦亦是同乡，又介绍李、陈二人见面，一见如故。而驻沪巡防营管带章豹文、水师营管带王楚雄均为湘籍同乡，经联系均表示同情革命，“愿以所部为民军”。中国传统的同乡情谊，在异地胜过政治的千言万语，加之大势所趋，所有问题立即迎刃而解，李“成约而归”。陈汉钦又与上海巡警局长姚捷勋联系，亦得到姚的支持，届时起义，绝不爽约。李燮和还派光复会会员王文庆赴浙江，招募敢死队千人，与杭州民党相约届时一同起义。

经陈其美、李燮和为首的革命党人的多方奔走和联络，上海城厢内外的商团武装以及淞沪各军营内部均有所准备。人心思动，跃跃欲试。剩下的关键问题是江南制造局尚无内应。江南制造局总办张士珩，为人阴鸷，极为顽固。一旦起事，制造局攻不下，枪炮弹药无法供给。陈其美与李燮和先派人前往制造局，对张晓以大义，又加威胁利诱，张皆不为所动，戒备更严，“亲率卫队，日夜周巡，以申儆工人”。在此情况下，已联系各军亦不便冒然行动。

可是，武汉革命形势的发展出现逆转，自八月二十一日（10 月 12 日），清廷派陆军大臣荫昌率北洋军南下后，又令海军及长江水师猛扑武汉。二十三日（14 日），又起用袁世凯。袁派冯国璋率北洋军南下会攻，经激战至九月初，汉口失守，武昌危急。清廷又派“海军五舰下驶，泊吴淞口，运制造局械弹以济冯国璋军”。一旦得逞，武汉形势更加危险。于是陈其美、李燮和商议，决定于九月十五日（11 月 5 日）发动起义，不能再迟。约定届时举火为号，起义军皆袖缠白布为标识。

陈其美与李燮和虽同属革命党，共同谋划上海起义。但由于同盟会与光复会一直有矛盾，故陈、李二人在共同策划上海起义的过程中亦各有心机，未能完全统一。十二日（11 月 2 日）晚，陈其美、沈缦云、李平书、宋教仁等同盟会员在民立报馆开会，商议提前一二日抢先发动起义，以争取上海起义的头功，决定十三日（11 月 3 日）下午先攻江南制造局。

不料事出意外，十二日（11 月 2 日）晚，李燮和为准备起义，下令将事先制作的光复军白色军旗及白色袖章等物，分送至吴淞炮台队官黄汉湘及闸北巡警局警官陈汉钦处，此事为巡警局侦探队官汪景龙发现。十三日（11月3日）上午，汪跟踪陈汉钦，并用枪胁迫，将陈汉钦押至巡警局局长姚捷勋处。实际上姚、陈事先早有约定，姚喝令放陈。汪景龙此时方知姚、陈串通一气，枪击陈汉钦未中逃去。事将暴露，无法隐瞒，姚局长亦走避。下午2时，陈汉钦宣布起义，纵火焚烧闸北巡警局，并立即通知其他各巡警局、各巡防营反正，全部插上白旗，并督饬警士巡行各街巷，维持地方秩序。消息传开，城内各商团武装亦纷纷起义，高举白旗向上海道署、上海县署进发，纵火焚烧府署大堂。入夜，上海道台刘燕翼和上海知县田宝荣携带关防印信逃入租界。

下午3时，陈其美按计划率领商团武装及刘福标敢死队、青年学生敢死队在沪西九亩地誓师，前往高昌庙夺取制造局。5时许到达制造局门前，陈其美为避免流血，只身先入制造局想说服张士珩归附起义，不意为张所扣留。敢死队遂发起进攻，遭到守军抵抗。双方激战多时，由于商团武装火力不足，只得暂时退出，一面隔墙包围，一面派人向闸北警察局请求支援。此时闸北已反正，李燮和闻讯后，立即率领大队人马，赶往制造局，一直战斗到黎明，仍未攻下。有人建议火攻，向附近小店老板借出十几桶火油，火起，制造局守军大乱，此时总办张士珩已逃离，民军敢死队攻进局内再放火，并找到被捆绑于总办客厅的陈其美。附近的炮兵亦发炮轰击，局内守军瓦解。接着打开军械库，发放枪支弹药，商团、民军、敢死队员手中无枪者，人手一支。至此制造局全部为商团民军占领。李燮和因此次救援陈其美、攻占制造局有功，被推为民军总司令，驻局办公。

吴淞守军在李燮和黄汉湘的策划下也于是日起义，当天上午由黄召集巡防营统领朱廷燎、吴淞警务区长杨承溥、商会总董谢蔼光、自治会议长冯鼎芬等，在吴淞警署商量起义反正，并成立军政分府之事，炮台总台官姜国梁、南汇游击龚先耀、吴淞营参将许宏恩等表示支持。但当时存在两大问题：一是吴淞附近的济军营，因统领黎天才外出不在，济军营闭门自守，无人敢主事。二是吴淞炮台守军的大炮炮闩，奉命卸却，交由附近的“策电号”军舰统一保管，无闩大炮全部无用。经商议，决定先袭宝山县，拘县官，得银元两万，由黄汉湘以犒军的名义“挚金诣济军营，收其众，以督队官徐占魁权其事”。炮闩问题，亦由黄汉湘亲赴“策电”舰，说服该舰管带携炮闩一起登岸，归还各炮台。当日下午吴淞炮台北台和南台及狮子林炮台当日即扯上白旗，宣布独立，准备作战。驻在吴淞和宝山的巡防营同时放出步哨与炮台密取联系，驻在浦东和吴淞的缉私营也派人和巡防营联系，维持社会秩序[①]。

吴淞独立后成立军政分府，“公推黄汉湘为总司令，朱廷燎为总参谋，华亭杨承溥

---

① 全国政协文史资料研究委员会编：《辛亥革命回忆录》第四册，中国文史出版社1981年版，第46—47页。

为民政总长。三人者皆识时通变之奇杰也，一时号令咸出于其口。”①

上海起义独立以攻占制造局、收复吴淞为标志，取得胜利后，立即筹备成立革命政权——上海军政府。但由于革命党人内部缺乏统一领导，互相间各自为政，争权夺利，矛盾激烈，筹备军政府的工作显得十分混乱。

起义前，陈其美即以军政府的名义委任李平书为上海民政总长，伍廷芳出任外交总长。攻占制造局后，李平书即以民政总长的身份布告安民，街头上贴出了上海军政分府宣言书，宣布豁免境内一切恶税，同时强调：“凡我江、浙、皖、闽人民商贾，均宜竭力助饷，以裕军实。盖本军政府之成败利钝，系我四省人民之生死存亡。……凡我商界同胞，……谅能慷慨运输……”②

九月十六日（11 月 6 日）正式成立沪军都督府。按理在上海起义、脱离清廷独立过程中，同盟会、光复会以及上海商界人士都作出了贡献，都督府人员构成，应该民主协商，妥善安排。特别是在都督人选问题上更应慎重。按当时情况李燮和及陈其美二人贡献最大，“资望和劳绩陈其美还略逊于李燮和。所以连李平书都力倡举李燮和”为都督③。可是，在十五日（1 月 5 日）晚讨论推举都督人选的会议上，陈其美利用亲信帮派势力，哄堂大嚷举陈为都督，陈遂其愿。十六日（1 月 6 日）在旧海防厅宣布上海军政府（或称沪军都督府）成立。都督陈其美兼任都督府司令部长，参谋部长黄郛，军务部长钮永建，民政部长李平书，财政部长沈缦云，交通部长王一亭，海军部长毛仲芳，外交总长伍廷芳。以上各部长中除伍、李二人外，均为同盟会会员，还有许多同盟会人员，担任副部长、科长、科员等职务。此外，上海市政厅和闸北市政厅，由上海南市自治公所、闸北自治公所改组而成，上海市长莫锡纶、副市长顾馨一、司法长黄庆澜、警务长穆湘瑶、劝学长姚文枏。闸北市市长钱允利、副市长沈联芳、上海县民政长吴馨。从以上安排可以看出，光复会人员受到明显的排挤，这自然引起李燮和及其部下的极大愤慨，加剧了光复会与同盟会之间的矛盾。

吴淞驻军独立后成立军政分府，本以黄汉湘为总司令，此时黄决定派人将李燮和接到吴淞拥为都督，以表示对陈其美的不满。李燮和抵吴淞说：“淞沪相去数十里耳，而两都督并立，何示人，以不广也，且吾志在治军北伐，而都督理民政，顾以自累”。因改任军政分府总司令，黄汉湘改任副司令。此时苏州已经独立，李发布宣言，声称吴淞军政分府，只承认此间苏州成立的军政府为江苏军政府，不承认沪军都督府。并宣

① 中国史学会编：《中国近代史资料丛刊 · 辛亥革命》，第七册，第 33 页。
② 李新主编：《中华民国史》第一编全一卷（下），第 361 页。
③ 章天亮：《回忆辛亥》（手稿），转引自章开沅、林增平：《辛亥革命史》下册，人民出版社 1981 年版，第 123 页。

布所有上海地方民政外交等事，均归苏州军政府管辖，吴淞光复军只管征伐。[①] 上海革命党人内部虽然隐含着矛盾，但起义终获成功。

沪军都督府成立后，由于同盟会的力量比较集中，陈其美在工商各界的基础亦较牢固，很快得到各方支持，稳定了上海大局，在推动东南各省起义、独立、反正过程中发挥了很大作用，加速清王朝的解体。

二 苏州独立

紧靠上海的苏州，是江苏巡抚衙门所在地。巡抚程德全(1860—1930)，号雪楼，四川云阳人，秀才出身。最先为黑龙江清军将领幕僚、营务总办、副都统后来成为黑龙江将军、巡抚等职，颇富胆识，思想开通。宣统二年(1910)，程在国会请愿运动中支持立宪，恳请速开国会，旋调任江苏巡抚，与苏沪立宪派名士以及省谘议局议长张謇等交往密切，而与两江总督张人骏颇为不和。张是有名的顽固派，两人思想差距较大，在立宪问题上尤不一致。当年夏，苏州巡抚衙门专管财政的藩司出缺，程德全请委任其幕友应德闳代理。应当时是补用知府、提升道员，尚未过班，随前藩司朱之桢办理财政，对江苏情况比较熟悉。但如此提拔有违清制官吏晋升的程序，有任用私人的嫌疑，张从中反对，程因此事受到参劾，处以降三级留任的处分，程心生不满。武昌起义后，两江总督张人骏因江宁藩库缺饷、银根紧张，向苏库借银30万，以应急需，并已得到苏州继任藩司左孝同的允诺。而程德全则以苏地银钱亦十分紧张为由予以回绝，并严厉斥责左孝同随便答应。程张矛盾加深，实际上程德全心中已另有打算。他除了联络苏沪士绅外，同时传令各军警加强戒备“保境安民”。八月二十五日(10月16日)，程电召张謇赴苏，商议电请清廷速颁立宪诏书，立即解散现任亲贵内阁，处分酿乱祸首以谢天下。这表明程的政治意向，正在待机而动。

程德全

武昌起义后，当时苏州之所以按兵不动，有其客观原因，苏州周边各地驻有大量清军，还有张勋的江防营四营亦驻苏州。可以利用的新军只有二十三混成协的四十五、四十六标两营，且四十六标尚缺步兵两营，力量太小。加之苏州地形无险可守，一旦起事，布置未妥，必然腹背受敌，不但不能成功，且糜烂地方。于是程德全与其左右应德闳、罗良鉴等，联络当地士绅商议，一致以“审慎待时”、“保全地方”为宗旨，绝不轻易冒险。

---

① 中国史学会编:《中国近代史资料丛刊·辛亥革命》第七册，第49页。

苏州地区的革命党人虽然力量弱小，但也进行了一系列的活动，关键时刻跟程德全沟通，也得到一定的支持。如同盟会会员章驾时，湖南湘乡人，曾充四十六标教练官和陆军学堂监督，后任苏州督练公所科长。刘之洁，直隶人，日本士官学校毕业，任四十五标标统，驻苏州，直接受巡抚程德全指挥。还有彭锡藩等人，他们都在苏州督练公所或新军中，心向革命，经常向部属与同僚灌输革命思想，与各地党人保持联系，互通消息。武昌起义后，暗中联络，相约一旦时机成熟，立即反正。上海起义后，党人不断派人到苏，督促速行起义。章驾时认为时机已经成熟，他通过督练公所总参议吴茂节试探程德全的意向。当吴将章驾时的意向告知程后，程说："上海已几次来人接洽苏州光复的事，原则上我已答应了，为审慎起见，暂待时机。如你们布置周密，自可发动。"并答应"光复"后担任都督。此时无锡的革命党人、同盟会会员顾忠琛亦到苏参与策划。章、顾二人商议后，认为"事不宜迟，迅速发动"。并以督练公所的名义，下令将城内的江防营调驻郊区，防御外来军队。同时借口防止革命党进城攻打抚署和保卫藩库，给新军发子弹①。此间，上海社会各界名士黄炎培、沈恩孚、朱叔源、毛经畴、李平书等亦先后到苏，促程德全迅速起事。程当即表示，只要"秋毫无犯，不扰百姓"，完全赞成。但必须待时而动，一旦时机成熟，自当宣告独立，决不食言。

九月十四日(11 月 4 日)上午，苏州新军操练，标统刘之洁自巡抚衙门回队，即在操场上集合全标官兵说，武汉起义后，各省响应者络绎不绝，天命人心已可概见，推翻满清政府，可立而待……现在时机已成熟，程抚预备今夜召集全城官吏和士绅开会，商讨办法，不日即可正式起义。全标官兵听后，莫不兴奋，纷纷剪辫以表决心。当日傍晚，上海革命党人 50 余人奉陈其美之命，乘车赴苏，先至枫桥新军标营，宣告革命大义，众咸赞同。入夜，革命党人顾忠琛、章驾时、彭锡藩以及沈恩孚等约见程德全，宣告明晨起义，实行江苏独立，一切均已布置就绪，并要求程立即召开巡抚衙门官员会议，宣告决定。出席会议的有提法使兼布政使左孝同、巡警道吴肇邦、织造文荫、督练公所总参议吴茂节、混成协协统艾忠琦、苏州知府何刚德、民团团董潘祖荫、商会总理尤先甲、钱业代表庞天笙、教育会会长孔昭晋、提学使樊恭煦、四十六标标统刘之洁等。会上程德全简述清廷腐败，民不聊生，致有武昌起义，各省响应，迅速独立等情。并说明苏省所以迟不响应者，恐邻省旗兵袭苏，涂炭生灵，危害地方。今上海、杭州均已独立，南京、镇江亦准备在即。"为保全苏境人民生命财产，鄙人亦已应允，特征请诸公高见"。左孝同当即涕泣陈辞："程抚受太后之赏识，感恩深重，不应辜负朝廷之

---

① 吴和士:《辛亥革命苏州光复记》，周新国、刘晓宁主编:《辛亥江苏光复》，《江苏文史资料》第 40 辑，1991 年版，第 47—48 页。

盛意而脱离政府，请从详考虑。"巡警道吴肇邦亦赞同左意。时革命党人、督练公所科长章驾时，取出手枪重置桌上，怒目瞪视二人曰："今日之事，应从人民方面着想，不应专为私人恩惠而误大事。"提学使樊恭煦劝章不必动怒，并宣布"本人唯命是听"。余皆默不作声。左、吴亦不敢再言。最后，众咸同意次日（11月5日）宣布独立，并公推程为江苏都督。并当即命令左孝同留下办理藩署移交手续，吴肇邦拘留候审，苏州知府何刚德、农工商总办王仁东，允其辞职离苏去沪。当夜，苏州军民绅商各界通宵准备，新军入城，占领各重要机关，臂戴白布套，实行巡逻，并通知次日城内外各机关及各商店门前一律悬挂白旗。上午9时前，全城司道以下印委各官及各绅商一律赴抚署集会庆贺。

十五日（11月5日）破晓，全城居民开门，但见到处白旗招展，绅商各界，敲锣打鼓，欢声震耳。8时许，绅商学各界代表纷纷拥向巡抚衙门。原来的旧招牌已换成白底黑字的"中华民国军政府江苏都督府"巨型木牌，门前旗杆上高悬长条白布，上书"兴汉安民"四个大字。9时许，程德全宣布江苏独立，就都督职，革命党人呈上由张友石事先以砚刻成的江苏都督府大印，接着鸣炮9响。新军各营亦同时放枪一排，与鞭炮声响成一片。程德全还令人用竹竿将大堂上的檐瓦挑去几片，以示革命、破坏、除旧布新。接着宣布成立江苏都督府，下设民政部，部长张謇。财政部，部长应德闳。司法部，部长郑言。交涉部，部长伍廷芳。教育部，部长黄炎培。参谋厅厅长顾忠琛。数日后部改为司。民政部因张謇家在江北南通，辞未就，改由张一麐担任。司法部郑言辞不就，改由江绍烈担任。并通令苏属各府县原有的知府知县"限令到即反正"，"向来办事公正而愿顺从革命者，允其留任。不愿者，放他们归故里，由当地各界另推贤能主持。"①

另外在全城大街小巷遍贴六言安民告示："照得民军起义，同胞万众一心。所至秋毫无犯，莫不踊跃欢迎。各省各城恢复，从未妨害安宁。苏省通都大邑，东吴素著文名。深虑大兵云集，居民不免震惊。今特剀切宣告，但令各界输诚。愿我亲爱同胞，仍各安分营生。外人相处以礼，一团和气不侵。旗满视同一体，抗拒反致死刑。共和政体成立，大家共享太平。"②

至此，苏州作为江苏第二政治中心，在巡抚程德全等一帮人的精心运作下，"兵不血刃"、"民不惊扰"，顺利地完了一次史无前例的蜕变——脱离封建专制清王朝的统治，为向崭新的共和制过渡，开辟了一条新途径。

三　苏南各地连锁易旗

苏州和平易旗独立，成立苏军都督府后，由于江苏各地革命党人力量薄弱，无力

①② 孙筹成：《回忆江苏光复》，周新国、刘晓宁主编：《辛亥江苏光复》，《江苏文史资料》第40辑，第31—33页。

掌控大局，只能由当时的立宪派人士、旧官僚、地方绅商，顺其自然地易旗反正，重组新瓶装旧酒的“新”政权。都督程德全传檄江苏各属府厅州县，“限令到即反正，顺从者留任办事，或准其请假回籍。反对者视其情节轻重，而定处理办法。”本来政局大动荡时期，人心惶惶，旧政权瘫痪，大小官员寝食难安，此令一下，大多数准备效法苏州的榜样，换一面旗帜，其余一切照旧。当然也有胆小怕事，悄然退缩者。少数人心有不甘，乘机起事，组织队伍，争夺权力，但大都缺乏基础，斗争尖锐复杂。从江苏各地的情况看，各地反正，主要仍以苏州和平“光复”的模式进行。现就各地主要城镇典型者以独立时间先后为序介绍如下：

（一）苏州地区

苏州地区包括苏州府、松江府、太仓州共22县，上海县亦在其中。这里主要介绍松江、太仓、吴江三地情况。

松江：松江地处苏沪交会之区，沪苏起义独立消息迅速传至该地，宣统三年九月十六日（1911年11月6日），在预备立宪运动中成立的松江地方自治公所，出面召集绅商军警学各界，商议本地反正独立事宜。绅董杨荫安发言说：“时局艰危，土匪最宜注重，惟迩来留防兵队，有至典肆恃众强质者，非设统一机关担当防遏，最易惹祸。”经协商成立军政府，举钮惕生为军政府司令，沈思齐为副司令，谢宰平为民政部长，钱选青为财政部长，沈思齐兼执法部长。另设参谋部为总机关。沈思齐不愿担任，谢宰平亦起身附议支持。钮惕生说：“这关系吾民生死关头，深望诸君共肩巨责，力图进行。”最后讨论议决，立派人至松江府向知府戚扬陈述大义，令其独立。戚自知众意难违，当即交出印信，并约定二日内，交清本府银钱账册，由是松江局势稳定，布置全城一律悬挂白旗，以示反正，并责成巡防营管带余志斌及刘世会负责维护地方治安。并令治下的华亭、娄底两县，报清钱粮，照常办公。

太仓：自上海、苏州独立后，邻近的太仓商团立即布置全城先悬挂白旗，表示拥护独立。九月十九日（11月9日）在明伦堂集会，公推前省谘议局常驻议员洪伯言为民政长，并令太仓州交出印信，商团卫队负责全城巡逻，维持地方治安。

吴江：苏州独立后，原吴江县议会议长费璞英以县议会名义召集民众大会，当时吴江和震泽两县相连，知县以武职担任，二人均一起参加会议，一致赞成“光复”。散会后，费璞英赴苏州，与都督程德全商定“光复”日期，定于九月二十五日（11月15日）由苏州都督府派光复军50余人步行至吴江，在城隍庙召开民众大会，举行“光复”仪式。斯时，光复军列队庭中，号鼓齐鸣，并放排枪，高悬白旗，民众欢呼，吴江、震泽两知县各捧官印呈置主席台，费璞英以议长名义就位，宣布两县“光复”，并当众销毁官印，表示今后政权改为民主，一切政事取决于民。最后公推吴江县知县丁若怀为民政长，震泽县知县为司法长，并推吴江大地主沈临庄为财政科主任。事后为维持地方治安，筹集经费1000元，购枪20支，交巡警局使用。

（二）常州府地区

常州府下辖无锡、金匮、武进、阳湖、宜兴、荆溪、江阴、靖江8县。这里重点介绍无锡、常州独立反正的情况。

无锡：无锡独立过程中，革命党人、同盟会会员起了骨干作用。其中以秦毓鎏、顾忠琛为主。

秦毓鎏，字效鲁，是无锡最早具有革命意识者之一，他出身官僚地主家庭，毕业于南洋公学和江南水师学堂。后留学日本，与旅日江苏青年共同创办《江苏》杂志，进行鼓吹推翻清王朝的革命活动。光绪三十年（1904），参加湖南长沙华兴会武装起义，失败后流浪安徽、广西等地，最后潜回无锡待机而动。武昌起义后，秦暗中联络钱鼎奎、孙保圻、吴廷枚等人密谋响应。

顾忠琛，字荩忱，出身无锡望族，曾任安徽新军协统兼安庆讲武学堂监督，思想进步，倾向革命，亦是同盟会会员。光绪三十四年（1908），曾参与策划熊成基领导的第二次安庆起义，失败被捕拟处死刑。后以其叔父在京中任学部侍郎，与两江总督端方相友善，从中斡旋，改为失察之罪，戍热河，三年期满，回无锡，正值武昌起义。顾受地方绅士之托，为保护地方治安，筹建民团武装300余人，成为受革命党人控制的一支武装力量。不久顾忠琛去上海跟陈其美联系，受派去苏州新军中策动起义，他所组织的无锡地方民团武装交由秦毓鎏掌握，防止被官方借故遣散。

另外，无锡南泉乡横山寺一带，有一批青年，受会党影响，一直从事反清活动，后又加入同盟会，人称横山寺同盟会。有些青年又应招加入新军去安徽，其中的青年钱国钧在柏文蔚部下任连长。武昌起义后安徽独立较早，钱国钧受柏文蔚指派回苏策动武装起义。钱回无锡首先去与横山寺同盟会联系，与张孟修一起进城，与秦毓鎏、孙保圻、吴廷枚等革命党人汇合在一起，共同密谋无锡的起义计划。他们先做清军驻无锡的江湘营的策反工作。在县衙、警士、营兵中进行秘密宣传联络，策划起义，均得到支持，表示届时即使不参加起义，但一定严守中立。另外还组织了一支数十人的敢死队。

除以上革命党人的活动外，无锡商团组织也颇为活跃。早在宣统二年（1910）初，无锡钱庄业青年就想组织团体，进行秘密活动，一时未能实行。宣统三年（1911），川、湘、粤各省保路风潮激起社会大动荡后，无锡绅商各界纷纷主张成立商团以自保，维护地方秩序。钱业青年乘机活动，成立钱业商团以作为革命活动的基地。其中蔡容、王景濂活动尤为积极。上海起义后的第二天，他们就策划在商团内秘密成立“光复队”，准备响应起义，并共同拟定“光复”《宣言》及《规约》，号召大家起来推翻清廷统治，建立共和政府。

九月十五日（11 月 5 日），苏州和平独立的消息传至无锡。是夜，金匮县监狱发生暴动，案犯越狱逃跑，知县何绍闻下令闭城，四处搜捕，闹得人心惶惶。秦毓鎏立即召集革命党人及商团骨干开会，决定第二天起义，先攻无锡、金匮两县署，宣布独立。会后，钱业商团又另外开会，正式成立“光复队”，公推商团教练许嘉澍为司令、蔡容为领袖、王景濂为书记、章亮祖为军需、王复祯为军械，并重新宣读《规约》。

十六日（11 月 6 日）上午，秦毓鎏军队在无锡公园多寿楼前誓师，“光复队”前往汇合，沿途又有不少青年加入，商团体操会会员 12 人亦赶来参加。总计 44 人。会上白旗招展，人声鼎沸，个个欢欣雀跃。先由秦毓鎏宣布三项纪律：(1) 不准做不义之事；(2) 不准乘机公报私仇；(3) 不准无故戮辱官吏及焚烧官舍文书。同时宣读赏罚军令十一条：(1) 杀戮无辜者斩；(2) 乘机纵火者斩；(3) 奸淫不道者斩；(4) 掠夺民财者斩；(5) 强赊买民货者斩；(6) 虐杀外国人、焚烧教堂者斩；(7) 保护外国人教堂、医院者赏；(8) 保护商业者赏；(9) 捕获奸细者赏；(10) 捕获盗匪者赏；(11) 捕获逃官逋吏者赏。最后推举华承德为起义民军临时司令，负责指挥。

誓师结束，由华承德率队先攻无锡县署，县署守军早已事先派人联络，无人反抗。于是由商团体操会会员向县署大堂连放三枪，知县孙友萼交出印信，县署即被占领。

接着由华承德、许嘉澍、蔡容等率领“光复队”进攻金匮县署，卫队亦全部缴枪投降。知县何绍闻易服欲逃跑，被搜捕，与孙友萼一同被押解至公园多寿楼秦毓鎏处。秦对何、孙二人说：你们私人的财物可以带走，田粮税款丝毫不准动，必须立刻交代清楚，方能离去。

随后许嘉澍等又率队收复无锡厘捐局，封存库银 3 万余两，银元 5 万多元，并派人严加守卫。

至当日下午，无锡全城为革命党人率领的民军所掌控，商议成立军政分府。初分四部：由华承德任军政部长，裘廷梁任民政部长，孙鸣圻任财政部长，薛翼运任司法部长，后又在四部之上设总理处，由秦毓鎏任总理，统辖四部。秦在主持独立后的无锡地方临时政权建设方面，进行了一系列的改革和安定社会秩序的努力①。

常州：常州跟无锡、金匮相似，武进、阳湖两县同城。

常州反清独立的思想渊源组织准备，可以上溯到晚清新政时期的组织活动。光绪三十二年（1906），清廷宣布实行预备立宪后，先行地方自治。当时常州绅商新型知

① 章振华：《无锡光复杂记》，周新国、刘晓宁主编：《辛亥江苏光复》，《江苏文史资料》第 40 辑，第 80—84 页。

识分子十分活跃,各乡领袖贤达,多有联络,奔走尤力。光绪三十三年(1907),新政改革中,经清廷批准成立常州府中学堂,经费由八县共筹。建校开始,公推屠元博为监督,后任该校校长。屠元博为日本留学生,受当时社会思潮影响,痛恨清廷的腐败,倾向革命。日俄战争期间,曾组织学生义勇军,准备开赴前线未遂。次年回国,曾任天津师范学校教务长,革命思想较浓。主持常州府中学堂后,以新式教育理念培养学生爱国意识,设有兵操训练课,初则徒手训练。后又申请酌发旧枪训练,经两江总督批准,获拨体操枪 120 支。该枪为江南制造局所造,五响后膛,刺刀咸备,由庶务长朱稚竹和兵操教练员刘百能领回。屠元博和朱稚竹商议,此枪一方面供学生训练,另一方面如有非常情况,可调给农会巡防队使用。该校成为常州府一个思想激进的活动中心,组织团体、创办报纸、宣传立宪,暗中策划进行反清政治活动。宣统元年(1909)省谘议局成立,长沟老人朱稚竹以省谘议局常驻议员资格,发起成立武阳县农会,公推屠敬山为会长,奚九如为驻会座办、朱稚竹为调查宣讲员。农会成立后,历时半载,对地方农桑水利,多所关注。旋又成立农会巡防队,不用市民,而用乡农。平时照常耕作,冬闲组织训练,全县可得 4000 余殷实壮丁,有寓兵于农之意。由此农会成为常州府聚集社会贤达、关心时事的另一个政治中心。

不久农会与府中学堂以屠元博、朱稚竹为首联合成立秘密团体,屠元博、朱稚竹为总干事,刘百能训练民团,余分文牍、宣传、交际等部。他们经常在农会、府中学堂集会秘议。"每置酒聚会,人们多以为是文人诗酒之兴,故不加注意。"计划一旦时机成熟,革命分两步:第一步,官绅专制非打倒不可;第二步,可结合地方同志相机奔走,与各地革命党联络,参加推翻清廷。

武昌起义爆发时,适值江苏省谘议局常驻议员会期,屠元博、朱稚竹均为常驻议员到宁开会,闻讯后即赶回常州,秘密召开团体会议,议决由屠元博赴沪,朱稚竹赴苏联络,探听消息,其余分赴各乡整理农团待命。府中学堂亦停课。月底,屠、朱回常。

九月十五日(11 月 5 日)苏州独立,当即传知常州府尹长明。尹长明为旗人,得讯后随即将府署印信交给武进县令,携眷逃离。于是屠元博、朱稚竹等立即开会布置近城各乡农团于十六日调集约三四百人进城驻扎,其中 200 余人趁夜进驻府中学大会堂。同时并筹商成立军政府,议决军政府司令由省都督府委任,民政长及各科科长由县商会、县教育会、县农会三法团投票选举。会议在局前街先贤祠县教育会召开。选举结果,屠敬山为民政长,朱稚竹为总务科长,瞿萼馨为生计科科长,伍博纯为学务科长,刘苕石为警务科长。军政府司令事先早已商定,由同盟会会员何健担任,并于十六日由都督程德全发布了委任状。

何健字维棠,武进卜弋桥人,清末南京宪兵学堂毕业,历任新军排、连长之职。宣统元年(1909)加入同盟会,为上海中部总会会员,由陈其美派赴常州策动独立。何当时在苏州,委任状发布后拟在次日回常赴任。

何健十七日(11月7日)晚车抵常,屠元博、朱稚竹等率农会代表赴车站迎接到府中学堂,晚餐后开会,准备翌日晨通知全市悬挂白旗,何健至府署就职,宣布独立。不意,夜半更深人静时,枪声大作,府中学堂遭到包围和进攻,火光熊熊。事发突然,校中毫无准备,只有数十人,无法还击。屠敬山越墙逃跑,跌伤双足。奚九如藏匿校外小河边芦苇丛中被捉。事后方知,此为清军驻常州江防营统领恽祖祁所为。恽驻常数年,以江防营控制常州地方大权,又担任县商会总董,为所欲为,与农会组织尖锐对立。反清独立风潮腾起后,他想投机参与"光复"活动,以便继续掌控常州地方局面。故表面积极,暗中千方百计打击排斥农会及府中学堂的同志,待到酝酿成立都督府,他很想以都督自代,结果却委任何健。他曾致电程德全,伪称:"土匪盘踞府中学堂,反对挂白旗","可否由江防营驱匪安民?"一直未得程复电。于是在十七日(11月7日)夜半调兵围攻府中学堂,想一举扑杀何健及策划常州独立的骨干成员,结果未能如愿。天明事泄,恽祖祁畏罪潜逃,何健亦电苏督,乞速派兵来常弹压。

十九日(11月9日),苏州民军到常,由营长朱熙率领驻扎府中学堂,全城悬挂白旗,由农团卫队拥何健至原常州府署衙门就军政府司令职,聘屠元博为参谋长,朱稚竹、段孟陶、奚九如为顾问。民政署亦告成立,民政长屠敬山因足伤不能到任,暂由朱稚竹代理,召集各科长就任办事。至此常州反清独立之事遂告完成,属下各县除无锡、金匮已完成外,其余亦传令反正。①

其中,宜兴的独立反正更具戏剧性。清末宜兴设荆溪、宜兴两县,县署均设于同城东珠巷内,相距不过数百步之遥。武昌起义全国震动,而此地静如止水。本邑青年朱了洲在苏州读师范时参加同盟会。上海、苏州独立,朱受派回宜兴策动反清独立,无奈孤身一人,没有同道,无从着手。他忽然灵机一动,十九日(11月9日)上午,先至南门法藏寺,将十八尊罗汉打倒在地,继而至东庙巷对火神菩萨轰击一枪,将泥身打坏。一时轰动全城,观者云集。朱了洲乘机登台演说,说明这一行动的宗旨和全国形势,号召大家一起参加推翻旧政权,成立新政权。当即得到许多青年的拥护,众人随朱来到东珠巷,要求当年刚刚上任的两位县令交出大印。县令消息闭塞,茫然无知,不肯交出,双方僵持不下。直至当地的保安会派代表至两县署,说明当时形势,晓以利害,并保证其身家性命,两县令方肯交出印信,同意全城挂白旗反正。

保安会本由两县城乡绅士阶层组成,其成员有徐焕其、曹栖享、周祖园、储南强、

① 顾峤若:《常州光复前后》,周新国、刘晓宁主编:《辛亥江苏光复》,《江苏文史资料》第40辑,第72—76页。

徐子瞻等骨干，成立于晚清新政时期，其宗旨是安国救民，属于地方自治组织。在当地极有影响。当时立即开会筹备成立新政府，选储南强为民政长，周祖园为军政长，徐子瞻为审判厅厅长，储时敏为推事。为保卫地方安全，并倡议成立保安团，号召青年参加，约 150 余人，并购买步枪 120 支，聘苏州陆军学堂速成班毕业的吴菊诗为教练。而策动宜兴独立的第一人朱了洲却未见任何安排。

（三）镇江府地区

镇江府下辖县治较少，此处重点介绍镇江起义的情况。

镇江是清代南北交汇的军事重镇，号称“七省咽喉”，一直驻有旗兵亲军，谓之“京口驻防”，以示镇慑。统摄旗兵者设将军 1 人，常驻南京；副都统 1 人，常驻镇江，其衙署在都统巷。辛亥年(1911)驻镇副都统为载穆，满洲镶蓝旗宗室，率有旗兵步、骑、炮数千人，驻城中。另有新军第九镇十八协三十五、三十六两标营，驻镇江南门外，约 2500 余人。协统杜淮川，两标标统分别为敖正邦、陶澄孝。另外还有新水师、江防营，守象山、焦山炮台的湘军及绿营兵等。但旗兵和新军历来有矛盾，相互敌视，互不相统属。

武昌起义后，镇江起义独立主要得力于同盟会会员李竟成和林述庆，他们共同发动新军联络当地绅商，最后胁迫清军副都统载穆放弃抵抗而一起完成。

李竟成(1881—1935)，镇江东乡大路村人，出生农家，尝从革命党人赵声之父读书，自幼与赵为同窗好友，及长追随赵声进行革命活动，立志推翻清廷。光绪三十二年(1906)，李应赵声之召赴江宁参加新军，任第九镇十七协三十三标正目，次年入南洋陆军讲武学堂战术科，毕业后又同赵声赴广州，参加同盟会发动的南方多次起义，屡败屡起。宣统三年(1911)三月，最后一次参加广州黄花岗起义，惨败，赵声病故，李竟成亦由香港回到上海，旋又参加宋教仁在上海成立的同盟会中部总会活动，决心改变起义战略，拟从长江中部有所突破。

林述庆

林述庆(1881—1913)，字颂亭，福建闽侯人。光绪二十八年(1902)入福建武备学堂修业，开始接触反清革命思想，毕业后由福建至江宁，适逢清廷招新军，遂入新军第九镇三十三标，从此开始结识赵声、柏文蔚、林之夏等具有反清革命思想的新军青年，共“谋恢复祖国之事”。当时“联合军队将校数十人，设革命机关支部于江宁”，并派人跟孙中山联系，互通消息。光绪三十二年(1906)，湘赣边界发生萍、浏、醴起义，清廷调江宁新军前往镇压。赵声、柏文蔚、林述庆等想借机起事，被两江总督端方发觉，大肆逮捕新军中的党人，赵声等走避，林在萍乡获免。宣统元年(1909)，林回三十三标，旋调入三十四标，移驻江阴，加入同盟会。后又调三十六标移驻镇江，与同标许崇灏相识。许在湖北枪炮学堂学习时，即已参加武汉革命党秘密组织的“科学补习所”，暗中从事反清活动，后又加入上海同盟会中部总会。林、许相识，共同的理想目标，将他们紧密地联系在一起，并奉上海中部总会命令，一起在新军中大力发展会员，以备进行反清革命。他们先后在三十六标发展刘成、卢祥麟、沈家炜、臧在新、易赞仁、杨韵珂、黄祖澄等多人加入同盟会，成为以后镇江起义独立中的骨干。

李竟成

武昌起义后，李竟成奉同盟会中部总会命令回镇江运动独立。回镇前在沪与党人章木良、洪承典、赵翊三等人商讨运动办法。决定先派人联络新军退伍兵目，组织敢死队，同时设法筹集革命经费。回镇时，途经无锡与革命党人秦毓鎏会晤，在锡组织敢死队40余人，由赵翊三、洪承点分领部分队员，赴江宁策动新军与镇江同时起义。八月底，李率领十余人回到镇江，在江边三益客栈内建立总机关，在洋浮桥附近的万宜楼旅馆建立通讯联络处。他首先跟林述庆取得联系，让林在新军中多做工作，为起义反正做好准备。同时秘密拜访镇江绅商各界头面人物，介绍革命形势，晓以大义，争取他们支持镇江起义独立。如镇江承志学堂校长曹秉仁、镇江商团的正副团长刘润泉、魏小圃，镇江陆军警察所所长张芷津，镇江商界要人大纶丝厂董事袁耀楣、袁左良兄弟以及社会名流任小渔、张佩兰，常镇知事林景贤等，经李竟成的联络劝说，均表示全力支持。为此，李竟成根据各人情况、特点、社会关系，作了严密的分工，分头负责，筹备起义。为了防止起义独立过程中发生变故，李竟成还亲自到一些军事要地进行侦察，分兵派驻镇江周围的谏壁、丹徒、高资、下蜀等地。一方面对镇江旗兵形成包围，另一方可堵外地增援。一切准备基本就绪后，李赴沪向中部总会作了汇报，同时和赵声的两个弟弟又在上海组织了一支敢死队，约100余人，于九月十三日(11月3日)带回镇江，分散隐蔽各处。

在李竟成全面策划的同时，林述庆亦在新军中积极工作，取得显著成效。武昌起义后，江宁第九镇统制徐绍桢到镇江，集中三十五、三十六两标正目以上将校训话。当时新军人众，“明知大义所在，无敢言革命。因军中有江宁侦探，偶有疏漏，祸不旋踵至。故人人皆钳口结舌”。林述庆暗中联络各长官，要大家小心谨慎，但不要灰心懈志。为打探情况，他赴上海，得知武汉、江宁军情后旋回镇江，先与炮台巡防队各管带联系，相约九月初七日在江边第一楼开会，制订起义计划：(1) 以巡防队保护租界、车站、铁路，维持社会治安；(2) 将新军全部集中于东门京岘山附近，进攻东门、南门，控制道府及都统府满人官吏出路，并夺取旗兵威胁新军营地的山炮及机关枪阵地；(3) 控制象山、焦山炮台，必要时发炮轰击都统府及旗兵营，以补新军火力之不足。为掌握各关键地区的地形，林述庆或派人或亲自作实地侦察。如旗兵营的部置，京岘山的地势，大炮的视角射程是否有效，以及阻击南京增援镇江清军的要冲高资镇的地形等。但当时最感棘手的问题是新军缺少子弹和经费。故暂时不便发动，只能等待。其时全城已人心惶惶，纷纷携幼扶老，逃往城外。新军士兵亦人心动摇，害怕旗兵炮击，不敢回营房住宿，有主张开小差他去者。林述庆心急如焚，赶紧与各标营管带密议，安定人心，暂勿暴动。同时派人与江宁上海革命党人联系，促其速定起义的日程。九月初十日(10 月 31 日)，林述庆亲自赴沪，向黄炎培、潘祖彝汇报镇江准备情况，并建议上海、江宁、镇江三地同时起义，以壮声势。

十五日(11 月 5 日)晚，李竟成、林述庆召集革命党人相约在江边三益客栈开会，讨论镇江行动计划。会间上海党人陶宾南来镇江，告知十三日(11 月 3 日)上海起义，已攻占制造局，所得军火甚多，陈其美令其通知镇江立即派人赴沪提取军火子弹，并当场拨给所携现洋数百元。林、李二人大喜，立即通知标营各队官，每队挑选 20 人，集中后由王祖沣、许燕士二人为领队，连夜出发，赴沪领取军火子弹。

关于进攻都统府、旗兵营的问题，林、李考虑为尽量减少损失，避免生灵涂炭，十六日(11 月 6 日)上午派人同副都统载穆谈判，争取和平解决，当时由李竟成通知绅商代表、社会贤达杨振声、吴泽民、于立三、魏小圃等人在城内自治公所召开特别大会，并通知副都统载穆以及常镇道、府、县等地方官员参加。载穆率领旗营及文职官佐二十余人到会。会议由杨振声宣布镇江军民已决定次日起义独立。并说明此次全国各省起义，并非为排满，实为民族大义。如旗兵不反对、不抵抗，所有京口八旗子弟之生命财产一律保护，全城称谢。反之，战事一起，玉石俱焚，后果不堪设想。言毕，由于常镇道、府、县知事，已事先得知苏州独立，程德全都督已传檄镇江反正，免受战祸。当时到场的道府县官一致同意镇江和平“光复”，无一人反对。唯副都统载穆及旗营官佐犹豫不决，亦不敢表示公开反对。载穆为清宗室镶蓝旗人，为人颇忠厚，原任山西太原城守。辛亥年春，刚由山西奉调镇江担任副都统。武昌起义后，眼见形势危急，旗兵人心动摇，毫无斗志，其他驻镇各兵种已无法控制调动，若作反抗，无异螳臂挡车，旗人必遭杀戮。经会议众人反复劝说，载穆始决定全部旗兵缴械投降。但提出三条件：(1) 保全旗人生命；(2) 保全旗人财产；(3) 保全本人眷属安全北归。杨振声等当即表示全部答应，并以全体绅商及自治公所担保，双方订约遵行。

当日，赴沪制造局领取的子弹300多万发已到大港，林述庆下令，立即分发新军各营。当晚革命党人再次在三益栈召开会议，议决：十七日（11月7日）新军起义，宣布独立，首先占领镇江东门外的京岘山制高点，同时夺取象山、焦山等处炮台。宣布成立军政府，十八日（11月8日）占领都统府，收编驻镇各军，并推举林述庆为起义总指挥。李竟成草拟文告等起义前的准备工作。当夜下令散处丹阳、新丰、高资等处的三十六标营新军连夜赶回东门京岘山，在大本营集中。

十七日（11月7日）清晨，霞光初露，京岘山野集中的各部队，旌旗招展，人人心情激动，臂缠白布，整装待命，只等大本营总指挥下达进攻的命令。另一线，由李竟成指挥，先夺取象山、焦山、圌山关、都天庙炮台。由于事前早已跟象山炮台炮目王以忠以及其他各台炮目联系，作为起义时的内应。上午当即由联系人高骞身藏手枪，另提银洋500元、白布1匹、白旗4面以及四台炮目新的委任状，直奔象山炮台的秘密联络点，集中各台炮目，将炮台的总台官顾臧行诱至会客厅擒获，当即宣布四台同时起义，悬挂白旗。由于炮台占领，控制了攻击城内官署和旗兵营的制高点，足以保全起义的安全。

下午4时，林述庆、李竟成在京岘山大本营集合部队，由李竟成发表演讲，阐述革命宗旨，正式宣告镇江军政府成立，宣布林述庆为军政府都督，林的老师、曾任福建武备学堂教习的陶骏保为参谋总长。接着由林宣布军事纪律：（1）既为民军，当守军纪，不得扰民；（2）一切听从长官指挥命令；（3）如违军律，必按律严惩；（4）自宣布独立日起，每兵皆发双饷。战时给养由公家发给，平时自给。（5）各兵存饷，待到期后由军政府发放。会后召集起义军将校，交代有关情况，分配任务：

1. 道署、府署旗兵尚有3000余人，山炮、机关炮6尊，具有相当实力。虽经商会绅民代表、自治公所出面与副都统谈判订约，清军放弃抵抗投降，但尚未执行。万一有变化，发生抵抗，则由原三十五、三十六标新军合并成立的镇军第一协第一标一、二两营，由协统刘成指挥进攻，胜利后在道署集合待命。第二标的一、二两营由标统端木璜生率领，由南门进袭都统府及旗兵营，得手后在都统府集中待命。发起攻击的时间，以京岘山大本营举火为号。

2. 象山、焦山、圌山关、都天庙炮台已由高骞收复，为民军所掌控，炮口都指向城中都统府及旗兵营。万一旗兵抵抗不降，则发炮轰击。亦由京岘山大本营举火为发炮时间。

3. 新水师营，管带为徐宝山。徐原为盐枭盗匪洪帮会首，后为两江总督端方收编为新水师。因是镇江人，李竟成回镇后，徐已主动上门投诚，十六日（11月6日）晨与李竞成商定归附民军,要求独立后率所部开往扬州,以盐税为饷。李已答应其要求,亦不足为虑。

当日下午,林述庆宣布镇江独立后,一切顺利。是夜,穆都统饬令旗营所属各步、马、炮兵种,将武器弹药一律清理完毕,全部交由自治公所点收。计约步枪数千支、大炮6门、马数百匹。惟有南京江南提督张勋为加强镇江防务刚刚运到的山炮两尊不愿交出,并派人连夜秘密运送江宁返还张勋。事泄,李竞成立即派刘润泉、魏小甫等率众半途截回[①]。

十八日(11月8日)上午,林述庆照例以军政府的名义派人向载穆递送照会,宣布受降,令曰:"今镇江军民共集城下,本当立时攻城,惟念我民军……不欲不告而诛,以动干戈,致伤及无辜,且访闻贵副都统深明大义……情甘屈服,故特照会……如实愿投降,限于接照后一点钟时,将旗人、器械、马匹全数缴出,则我民军断不忍加害。"否则"大兵一动,玉石俱焚,幸细思之"。于是载率官佐及旗兵将校罗列府署左右,卸却枪支佩戴,迎接民军入署受降。林以都督的名义亦当众宣布保护旗人的生命财产安全。宣告镇江"光复"胜利完成[②]。

十九日(11月9日),象山、焦山、圌山关各炮台先后发现十二圩及长江上游有多艘军舰游弋,且卸下炮衣。初以为清廷派海军进袭镇江,军政府下令各炮台:"沉着待令,候机观变,击实避虚。"及至下半夜方知是海军的镜清、保民、建安、江亨、江贞、楚同、楚观,楚谦、楚泰、联鲸、鱼雷艇、飞鹰、登瀛洲等13艘舰艇同时起义,东归镇江,众人欢呼雀跃,军政府设宴于都督府洋花厅,举行盛会欢迎,并令各炮台各鸣礼炮21响。会上由众舰长推举镜清舰舰长宋文翙为海军司令、吴振南为海军处长。

投降后的镇江清军副都统载穆也许是出于传统的"忠君尽节"意识,也许是出于对隐瞒大炮不交的恐惧,当夜在都统府悬梁自尽。民国成立后,镇江绅商还向国民政府申请为载穆建立专祠,以表他为镇江避免一场战祸的纪念。

溧阳:

镇江起义独立后十多日,属县溧阳最后一任知县满人恩镛,由于闭目塞听,冥顽不灵,又无人关心,竟于九月二十八日(11月18日),以维护地方治安为名,召集地方新旧派人士到县开会,指责本县有假革命党人,"恐大都是狐假虎威,妄自夸大,危言耸听"的社会"不逞之徒",并要大家"揭露"或"密告本官",哪些人是"孙文信徒的革命党人"。当时,立即有狄徕招挺身而出,抽出白郎宁手枪,自称本人即革命党,"请县座

① 以上资料均引自周新国、刘晓宁主编:《辛亥江苏光复》,《江苏文史资料》第40辑,第112—128页。

② 关于镇江光复日期有"九月十七日"说。此外,参酌《清代通史》,采郭孝义"九月十八日"说。

查究”。猛然间语惊四座，会未开完，恩镛即宣布散会，携眷乘一叶扁舟逃往镇江，县衙瘫痪。直至十月初六日（11 月 26 日）苏州都督府派人到溧阳召开会议，方推举王嘉曾、陈公度、姜敬庐、史悠飏、葛怀文等旧官僚分管该县总务、财政、学务、实业，警务等，也算完成“光复”独立。

四　苏北各地闻风响应

（一）南通地区

南通原称通州，属于府一级的直隶州，领有如皋、泰兴两县及海门厅，与隔江相望的福山镇，共守长江门户。清军在此设狼山镇总兵，总领绿营水陆兵勇。清末，随着五口通商，对外开放，通州海防地位逐渐下降。但随着光绪二十年（1894）通州出现一个新科状元张謇，弃官办厂，号召“实业救国”、“教育救国”、“实行地方自治”，经过他十多年呕心沥血的艰难经营，通州竟成为继洋务运动失败以后，全面推进中国乡村现代化的，不同凡响的东南重镇。张謇本人亦成为政界、商界两栖名人，名倾一时，领军晚清新政的新兴工商界代表人物。他学问渊博，思想敏锐，真诚爱国，矢志振兴中华。

武昌起义前夕，张謇曾应召赴京，陈述民隐。他针对清廷实行铁路国有，皇族内阁集权等做法，郑重提出：“朝廷不当与民屑屑计利”，“川人争路款……势汹汹而意未悖”，“政府以海陆军政权及各部主要均任亲贵，非祖制……更引咸同间故事，当重用汉大臣之有学问阅历者”。否则“举国骚然……可惧也。”不数月，清王朝的命运果被张謇不幸而言中。武昌起义时，张謇正在武汉，当即乘船返苏。他认为：革命风潮日激日厉，终必有暴烈之日。到江宁后，立即赴督署，嘱张勋先商诸两江总督张人骏，尽快发兵援鄂。张人骏不肯。张謇遂赴苏州晤巡抚程德全，拟电致内阁，请立即宣布立宪，开国会，以救时局。旋召开通州商会，成立地方防团武装。

上海、苏州独立后，通州既无新军，亦无革命党人组织，地方官兵，势残零落，唯新兴的工商阶层以张謇、张詧兄弟马首是瞻。吴淞独立后，成立军政分府，都督李燮和已经招降了周边的江防水师营，控制江面的大量舰艇。其中福山镇的水师参将许宏恩，曾任通州狼山镇右营游击，利用他的关系与狼山现任绿营总兵张士翰及其部下取得联系，并进而与张謇、张詧兄弟商议，通州独立事宜暗中秘密进行。

九月十八日（11 月 8 日），由福山镇许宏恩乘掣电舰来通州，约当天傍晚到达。事先全城各机关学校已暗中得到通知，秘密准备组织队伍，届时前往芦泾港码头欢迎。当天下午，通海五所公立中学下课后，学生们提前吃晚饭，列队前往芦泾港码头，已到者有地方工商学代表、体操队会员、通州师范、城北高等学堂学生等队伍四五百人，人人皆左臂缠白布，在江边等候。

不一刻，掣电舰至，由许宏恩为首率水军四五十人登岸，列队前往通州东大街总兵衙门。沿途街边商店，皆悬挂当天赶制的白旗，或在悬挂的灯笼上围以白布，以示革命独立。到达总兵衙门后，由与许宏恩同来的萧正安宣布通州独立，说明决心推翻清朝的统治，实行共和革命。并用军刀砍去衙门大堂公案一角。其时，通州总兵张士翰早已将印信托部下代呈新政权的主持者，枪械亦封存，自己溜之大吉。而背后操纵主持这一切活动的张謇兄弟未出面，张謇于当天下午即乘船到上海去了。

第二天由许宏恩主持，在通州柳家巷总商会，按预定计划，选举成立通州军政府，张詧为总司令、孙宝书为民政长、许宏恩为军政长、刘桂馨为财政长、张有采为司法长，以上五职均设有处，各处组织和人选随之一一公布。如总司令部有参议 27 人，下设秘书、执法、军需、总务、稽查、军械 6 课。军政处又称军政分府，设有参谋长、参谋、军法官。民政处称民政分府，下设 6 课等等。所有各处人选，城区老辈绅董大多排除在外，而得到重用的大多是工商实业界人士以及在外留学生、新派知识分子。

数日后集军政商学各界，在总商会举行军政府新任各职就职典礼暨通州"光复"庆祝大会，总司令张詧一身戎装步入会场，但尚未剪去辫发，出席大会者亦有剪有不剪者，各人有各人的想法。正在此时，传来两个消息，一是首义之区汉阳失守，二是江宁新军起义攻打雨花台失败。顿时城中谣言四起，街谈巷议，人心摇动，已剪辫发者尤惶惶然。直到九月二十五日（11 月 15 日），张謇由沪归来，通州军政府得到江苏都督程德全的认可，总司令亦得到委任状，颁发印信，正式发布告示，方才人心大定。

军政府为维护地方治安，加强防务，积极筹款，扩大原有的防团武装，整编绿营水陆兵勇，建立一营民军，配以从上海新购的德制快枪及格林快炮 6 尊。另有工商警备队、巡警、练勇等编成通州巡防队，总计约 460 余人。

如皋：

如皋隶属通州，下辖掘港镇。通州独立后，掘港首先响应，然后是海门独立，最后才是如皋独立。

掘港在通州东北，濒临东海，明代时是东南沿海抗倭的海防要地，也是江苏重要的盐产地。境内有著名防海大堤即范公堤南段，堤内是民田，生产农作物，堤外是灶田，生产食盐。掘港虽属如皋，但设官分治，管民政的为主簿，管盐场的为场司，统领绿营兵管治安的为都司，俗称掘港三堂官。掘港因产棉花土布，还有一些掘港人在通州大生纱厂做高级织员，故跟通州的联系密切。通州独立时，主簿和都司皆去通州探听消息，一人被任为军政委员，一人被任为民政委员。回来后，他们立即在掘港西方寺召集绅商开会。会上有人提出，以朝廷官吏继续做这里的长官不合适，经讨论逐一表态，主簿和都司均被拒绝，数日后成立民政署，推举金圻为民政员，下分总务课，由老绅士郭英负责，警卫课由商业代表叶永勤负责。另外还以学生代表管劲丞负责教育，如皋师范回乡学生组成的商学团维护地方治安。掘港独立就算完成了。

海门的独立，更富有戏剧性。上海《民立报》当年九月二十八日(11月18日)刊载的新闻标题为：《海门独立之笑史》，介绍海门独立经过。

九月十四日(11月4日)，上海大生轮船局账房茅汇如返乡海门，当地议员沈藏寿担心权势旁落，问计于茅如何实行独立，茅说很容易。于是商议先在上海刻制军政分府印信，印制一些安民告示，并买通一名拉黄包车的车夫一同返回海门。二十日(11月10日)，他们同该车夫一起赴海门厅衙署。该车夫身穿蓝白长衫号衣，两袋塞满报纸称是两颗炸弹，直入大堂捣毁印架、桌案及厅丞梁孝熊所坐的官轿，并声言随带两车枪械武器欲实行海门独立，命令梁孝熊立即交出官印，并将其脑后的辫子剪去，逐出大堂，将印信交给沈藏寿，宣布他为民政长。中午沈藏寿设宴庆祝，宴毕，黄包车夫亦他去。事后，各乡绅闻之咸感事发突然，疑窦丛生，不予承认。一面派专使赴通州乞援平定内乱，一面于二十三日(11月13日)召集海门厅各区议员开会，重新选举，推水陆师赵提督为司令长，原厅丞梁孝熊为民政长，周锡绶为司法长，龚世清为财政长。

如皋地处通州之北，虽有城防，已久不驻兵。只有一些年老的城守，住在城门谯楼上，专管城门的晨昏启闭。倒是城东和城南的几个场镇驻有管盐务的缉私营和管江海防务的江防营，共四五百人，但那是客军，不属县衙管辖。

如皋城内的社会经济文化生活，仍保持着传统的封建社会生活状态，受外界新思潮影响不大，一切地方事务主要由几家大地主、世家大族保持着绝对的影响力。其中以大地主沙元炳为最，沙是如城通过科举考试的惟一翰林，未曾做官，回乡兴学，与通州状元张謇有较多的联系，受其影响，在如皋创办师范学堂，自任为总理，组织成立商会，自任商会会长，算是具有一些新潮影响的缙绅。

苏州、通州独立后，如皋知县、地方官及沙炳元等士绅观察风向，未敢立即响应，主要顾虑是过早独立，怕引起东乡南乡的缉私、江防两营向其索饷，增加负担。而最担心的是形势不稳，万一独立失败，一切皆无可挽回，故迟迟不动。直到全国全省形势明朗后，才决定考虑如城独立的相关事宜。经官绅商学各界协商决定，准备先成立如城军政分府和民政分府，另设审判厅、检察厅。对有关的人事任职亦作了相应安排，当然以沙元炳等头面人物的意向为主。

十月初三(11月23日)，如城正式召开大会，宣布独立，并公开成立军政分府、民政分府，以及审判厅、检察厅各机构的任职。

军政分府成立前，据说当时如皋有一个同盟会员黄七五，曾策划独立活动，被推为代理司令。军政府正式成立后推举周莲为总司令。周是如皋前县令周际霖之子，曾任过福建布政史，年已70岁，赋闲在家养老，平时并不参加如城地方的绅士活动。推举他的理由主要是考虑当时各地独立，“盛行旧官变新官”之例，他是二品大员，资格过硬。

另有军政长蔡和林，蔡原是两淮缉私营管带，驻兵海安如皋。扬州独立后其部队集中到如皋，被如城绅商接纳，保卫地方。故独立后蔡被推为军政长。后又被通州军政府委为通州盐政总司令。

民政分府民政长沙元炳，他虽不曾为官，但却是如城的首富，在官绅商学各界具有较大的影响，与通州张謇兄弟有较密切的联系。

审判厅厅长郭曾炘原为如皋县知县。

检察厅厅长张汝霖，通州师范毕业后留日，学过法律，是新政权中惟一年轻的新派知识分子。

独立后的如皋立即筹款维持治安，城厢有驻兵，尚称安定。周边各地则无人管辖，海盗、溃兵、散匪、流氓，乘机活动，社会秩序较乱。民政长沙元炳很快陷入财政困难，向苏督电请辞职，由省里派李大年于除夕前接任。随着南京临时政府北迁，袁世凯上台，一切都恢复到独立前的原状。

（二）扬州府地区

扬州府下辖江都、甘泉、仪征、高邮、宝应、兴化、东台、泰州8县，独立起义的重点是扬州。

扬州：

清代扬州是漕运枢纽，淮盐集散地。向称“万商云集”、“富冠天下”、经济繁荣、文化兴盛的东南大都会。豪绅巨富众多，游民会党不安定分子亦到处都有。清末新思潮激荡，而这里却波澜不兴，少有革命党人、新派人物活动的踪迹。除沿江的缉私营、本城的城守营以外，也无重要军事设防。属于典型的商业都市。

武昌起义后，上海、苏州、镇江相继独立易旗，扬州商界人士开始紧张。以盐商巨子方尔咸和商会会长周谷人为首，一方面策划成立自卫团以保地方治安，下令全城每户出壮丁一人，自备红灯笼，分区编队，负责夜间巡逻。一方面派人于九月十七日（11月7日）黎明过江去镇江，通过镇江商会会长于立三的关系找到都督林述庆，请他们派徐宝山带兵过江，帮助扬州实行独立。当天，方尔咸与周谷人、李石泉一起，分别拜访两淮盐运使增厚以及扬州知府嵩峋（他们都是旗人），劝他们自动解职离开扬州，和平交出政务，以免动乱。

差不多在此同时，扬州失业游民孙天生，闻知当时各地变乱独立的情形，利用他原来结交长江缉私营水兵的秘密会社关系，与缉私营中的定字营统领王有宏谋划在扬州发动兵变。十七日(11月7日)下午,由孙天生率领荷枪实弹的营兵,从南门外静慧寺驻地出发,直趋两淮盐运使署。孙天生身缠白绸,骑高头大马,前导士兵手执“还我河山”、“光复大汉”旗子各一面,并开枪示威,声称索饷。沿途市民夹道围观,经甘泉、江都两县署时,甘泉知县禹嵩龄跪迎孙天生,答应一切照办。江都知县桂聚庆则像侍从一样听从孙天生训斥。盐运使增厚听到消息携眷逃跑。尚未逃跑的知府嵩峋,听到枪声后躲入附近的天宁禅寺,将印信包裹丢进瘦西湖,数天后逃往高邮。孙天生率队进入两淮盐运使署后,先在大堂对面照壁上张贴布告,宣布军令十条,布告上书“大汉皇帝纪元四千六百年×月×日”,并盖有“扬州都督孙天生之印”的印戳。接着打开盐运使署的银库,抢运官银,并分给所率定字营官兵,且招呼附近民众“大家一起来发财”。除将库银抢掠一空而外,连运署的家具杂物,甚至门窗、地板也被民众撬下搬走。当夜又派人打开江都、甘泉两县监狱,释放所有囚犯,自由离去。

十九日(11月9日),全城大街小巷挂满白旗,定字营运银的独轮车络绎于道。上午,商会通知全市绅商代表在甘泉县署开会,孙天生派一巡长代表他出席会议,对会议所提的各项问题,均无明确答复,语言含糊,最后表示一切均要请示孙都督而定。大家开始怀疑孙天生的所有言行举止,不像革命党所为。于是方尔咸、周谷人等决定立即派人往镇江催促徐宝山带兵来扬收拾局面。经林述庆同意,由徐宝山、李竟成一同带兵赴扬,当晚即到城外。

二十日(11月10日)上午,孙天生仍在街市策马巡游,对于一切应有措施一无表现。此时方尔咸、周谷人已派人去城外接应徐宝山军队入城,约有一连营兵,由边振新指挥。中午,由扬州绅商各界在教场口设宴欢迎镇军,并介绍孙天生冒充革命党“光复”扬州的经过。适孙此时亦在教场口出现,双方对峙片刻,徐下令开枪射击。孙天生受伤,策马逃逸。

徐宝山下令关闭城门,实行戒严,搜捕孙天生,追查被抢走的库银。结果,负伤的孙天生逃至得胜桥附近的多宝巷,躲进一家妓院,被附近的一家剪刀店老板王德珠告密被捕,经审讯,当即将孙押解至广储门樊家园,在一菜地里挖出大量被盗藏的库银,并抓获埋银的定字营管带李祖陪等,立即枪决。

下午2时,徐宝山召集全市绅商各界人士,于盐运司淮南总局开会,重新成立扬州军政府。在成立前内部曾发生一些分歧。镇江来的代表李竟成“欲置扬州于镇江属下,扬州机关拟名镇江都督扬州军政分府”,有人反对说:“革命机关是两级,湖北名军政府,各地应直属湖北,名军政分府。”正在争持不下之际,适有上海来人,奉上海革命党之命特送印信至,印信文为“扬州军政分府”,于是名称乃定。会议由徐宝山主持,徐自任军政长,设军政分府于淮南总局内,地方人士推举李石泉为民政长,与军政长并立。民政分府设于左卫街。下设：盐科以方尔威为科长。财政科以方尔威、周谷人共同负责。总务科以周谷人的胞弟周无方为科长。

二十一日（11月11日）由军政长徐宝山正式宣布扬州独立。

徐宝山

徐宝山控制了扬州局面后，立即带兵乘势收复扬州府属下的东台、泰州、仪征、兴化等县，不到半月，顺利完成扬州地区的独立易旗。在收复泰州的过程中，徐宝山押着孙天生同行，想让孙帮他收复在泰州地区的定字营王有宏的余部，遭到孙的拒绝后，即将其杀害。各县收复次第如下：

东台：

镇、扬独立后，地处东海边的盐场土匪乘乱抢掠，原驻此地的清军定字营副营刘凤朝，亦乘机下令营兵抢劫，不仅荼毒商民，而且抢劫东台县地方银库。县商会会长丁立棠与左哨队官吴登甲虽率众抵拒，终难以维护。刘劫得部分官银及商民财物以及民女多人装船逃逸。二十三日（11月13日），丁立棠等召集地方人士，宣布东台独立，设司令部，将所留的少数部队改编为东台保卫军，恢复社会秩序。

泰州：

扬州独立的消息传至泰州，十九日夜（11月9日）泰州监狱发生暴动，百余囚犯一齐斩断脚镣，以镣为械，突破监禁，倾巢外逃。守卫县衙的官兵老弱，商团卫队又缺少兵械，只能听之任之，由其逃逸。商会会长沈惕斋（退休京官，进士）与商团卫队队长张淦清（武秀才）邀集地方绅商集议，决定紧急电邀徐宝山来泰维持治安。

二十一日（11月11日）上午，清军定字营统领刘凤朝，在大肆抢掠东台后，又率兵千余人并带着三条满载财物和妇女的大船来到泰州，以借盘缠为名召集绅商开会。指名要泰州坡子街全部商户、全城三大典当行和著名财主捐助饷银，否则，后果自负。泰州自卫团团长张淦清，眼见势不能敌，遂采取拖延之策，假装答应刘所提出的要求，筹金犒军。但提出两点要求：一是筹金数额巨大，须宽缓时日方能汇齐。二是刘军所率人众，须驻扎市北赵公桥外，不得入市，以免惊扰市民商贸。

是日傍晚，徐宝山已率军队抵泰，张淦清往迎，时正下大雨，叛军尚未觉察。徐宝山兵分两路：一路由野外经西仓向赵公桥北包围，以断其后路；一路由市区南大门直扑赵公桥，在桥南旷野列阵以待。届时，张淦清只身一人赴桥顶向刘凤朝喊话："今江北军司令徐宝山已亲统大军四面包围，你看怎么办？"刘惊悚莫名，眼看遍野皆为徐军，始觉大势不妙，只好亲至桥上与张淦清谈判，准备投降，又恐降且不免于死。张领刘至徐宝山前誓保其性命，遂全部投降，军队由徐部押至南门，全部改编，刘被押至坡子街商团局。是晚泰州大街小巷，灯火辉煌，欢庆平乱胜利。

二十二日（11月12日），由徐宝山以军政长之名出安民告示，通知在光孝寺开会，宣布泰州独立，成立军政府，设军政、民政、财政三府，暂行管理地方。军政府司令张淦清，民政府仍由原知县李茹真担任县长，令商会会长沈惕斋管财政（钱局），原城守储为藩为军政府队长。刘凤朝在押解赴扬途中被杀。

仪征：

仪征县于宣统元年（1909）为避清帝溥仪讳改名扬子县，九月十九日（11月9日）知县陈周慎接到苏州都督府照会，宣布独立，照旧办事。二十二日（11月12日）陈逃逸，遂公推原课税官陈某为民政长暂代理。

兴化：

兴化为苏北水乡，向无兵祸，城守老兵数名，持钢叉竹杆枪、穿号衣而已。武昌起义后，沿江各市独立，兴化外出学生皆相继返乡互相联络，谈及时事拟办民团以保地方治安。九月下旬（11月中旬）的一天，绅、商、学三方人士集中于城南文昌阁，商议兴化自保举措，一致决议派人去扬州，请徐宝山司令来主持大计。而徐即允其请，亲率所部百余人，于九月二十八日（11月18日）乘舢板船抵达兴化，由农会会长郑省三、商会会长王小轩、教育会会长刘育春等设宴招待。

翌日晨，全城悬挂白旗，绅、农、商、学各界代表至城中明伦堂召开大会，旧知县亦侍立在侧，由徐宝山司令及扬州代表方柳江登台演讲，宣布兴化独立，会后贴出安民告示。数日后选出举人徐正熙、地方自治筹备处副主任徐宜官等暂时主持地方事务。

（三）淮安府地区

淮安府下辖山阳、清河、盐城、阜宁、桃源、安东6县，最先起事独立者为清河县，次为淮安府署所在地山阳县，各县依次易旗。

清江浦：

清江浦即清河县，是清代控扼漕粮运输的枢纽之区、军事要地，历来驻有重兵。有南河总督所统的海防营，漕运总督所统的漕标营，淮扬镇总兵所统的镇标营。同治年间，清廷裁河督并于漕督。光绪三十年（1904）曾在苏北设江淮省，改漕运总督为江淮巡抚。翌年又撤销江淮省，将原来的淮扬镇总兵改为江北提督。当时清军正进行军事改革，裁汰老弱旗兵、绿营兵，由袁世凯编练新军，计划在全国编练三十六镇，每镇两协。为加强苏北防军的实力，将北洋已练成的新军第十三协调至清江浦，归江北提督统率。十三协原准备扩建为第七镇，驻扎于清江浦北门外旧黄河滩。经先后扩充已建二十五、二十六两标共6营，另有炮兵两营，马队、辎重、工程各一营。因按规定一镇定额为10营，现已有11营，且步、炮、马、辎重、工程齐全，因名混成协，上设督练公所，具体管理全协的军政事宜。督练公所之首长称总办，下设武备、教练、参谋3处。处的长官称提调。

第一任江北提督刘永庆为项城人，与袁世凯戚谊甚深，以兵部侍郎赴任，节制淮安府军政地方，颇有威望。光绪三十二年(1906)刘病故任所，其后继位者调动频繁。最后，袁世凯派其得力干将段祺瑞为江北提督，亦颇服人。辛亥武昌起义后，段祺瑞奉调武汉。段将江北提督印信交给清江浦淮扬海兵备道道台奭良暂护。奭为旗人，年老昏庸，又是一介书生，对十三协根本不事过问，加之十三协协统多次变换，人心动荡，纪律松弛，此时出现军心不稳，群龙无首的状态。辎重营前队官赵云鹏系安徽人，早就心怀不满，跟江宁新军第九镇中的革命党人有联系，曾秘密策划革命，但成效不大。二十五标掌旗官龚振鹏与赵友善，深表同情和支持，二人决定密谋起义。

九月十四日(11月4日)夜，赵、龚二人率领住在北门黄河滩东路的辎重营前队目兵数十人鸣枪起义，进攻城中淮扬海道署，道台奭良率领卫队及巡防营抵抗。因起义兵目太少，不克而退。奭良又令督练公所的陆军参议官蒋雁行领兵追击。赵、龚遂领队出城，因得马队管带吴士芬的帮助，始得归队。此事一出，十三协军心大乱，准备暴动。二十五、二十六标士兵反应尤其激烈，但两标的标统均不愿出头，一时无人统领，士兵自由放枪，各自行动，秩序一片混乱。翌日，住在黄河滩路西的骑兵及炮兵，宣布加入起义。辎重营前队官兵遂联合左翼两队，并要求其他各营同时并举，不从者枪击之。于是步、马、炮、工程营，同声响应，即于当夜起义，枪声密集，炮声隆隆。奭良眼看大局已无法维持，连夜易装携眷出南门，雇一叶扁舟，从洪泽湖上逃逸。

十六日(11月6日)晨，起义官兵再次攻城，并发炮轰击北门城楼。守城巡防营还击，双方激战，炮火横飞。

上午10时，督练公所职员周诗见双方如此战斗，只能涂毒生灵，糜烂地方。于是邀同警务公所和商会人士，前往清河县署，劝说县令邵晴江顺应大势，下令双方停火，打开城门，宣布独立，全城悬挂白旗。十三协起义官兵从东门入城，防营部队亦退归营房，战斗结束。

十三协在数年前扩建过程中，兵员多自徐州府各县招募来，宣统三年(1911)又补充了一批，以南宿州(宿县)人为多。徐宿一带，风气强悍，所募又皆青壮少年，文化水平低，知识较差。下级军官多行伍出身，按原先规定到时可以晋升军官。段祺端任江北提督时，改革制度，“下级军官非学堂出身者不予提升”。这一规定断绝了不少青年士兵提升的幻想和后路。因此，他们特别愤恨，不守军纪。

十三协起义士兵进城后，由于没有统一权威的组织领导，没有宣布任何的纪律约束，于是各自行动，乘机抢掠，一盘散沙。军队如此，地方上的土痞流氓、无业游民，更是蜂拥相从，东闯西冲，混水摸鱼，大肆抢掠公私财物，打开监狱，释放囚徒。富裕商民纷纷遭劫，提督署库存十余万两白银亦扫地以尽。抢得白银的官兵，四出逃散，十三协除调往他处的一些标营外，早已溃不成军。这次起义也成了中国社会治乱相循、社会财富进行再分配的一个小小的缩影。

在此情况下，浦城绅商立即召开会议，商议立即成立清江浦保安公所，拟借用警察公所及商团武装暂时维护社会治安。公所设于丰济仓内，由闻湫泉、王斗符、杨荫南等人组成，下分 3 组，全部职员皆为义务职。同时与道署、督练公所尚未走散的官佐幕僚商议善后之策，决定九月二十二日(11 月 12 日)召开会议。会上八代表及绅、商、学、军各界，一致推选提督署陆军参议官蒋雁行为江北都督，成立军政府。另委杨慕时为江北民政总长、陶思澄为财政总长、魏宗瀚为参谋部长。

蒋雁行(1875—1941)，河北阜平人，毕业于北洋武备学堂。后赴日留学，归国后任北洋陆军江北督练公所参议官，曾兼十三协协统，后协统被他人代替。在这次起义过程中，他一直在城中提督署指挥守城官兵镇压起义。

杨慕时，宿迁人，原为清军防营南通福山镇总兵。武昌起义后，奉调清江浦顶替段祺瑞任江北提督，尚未到任，清江浦事发。

都督府成立后，蒋、杨为巩固既得权位，立即传檄徐、扬、淮、海各属推举代表，到清江浦共同商议如何完成各地易旗办法，以稳定社会秩序。

首先是整顿地方秩序。任命本邑举人闻湫泉为清河县民政长，同时下令未参加起义，暂避涟水的二十六标步兵管带车瑞峰以及南门城外巡防营队官杨春普带兵进城，收编剿捕参加起义的士兵、土匪，并嘱辎重营管带夏鸿钧、炮兵营管带费国祥控制现有兵目、维持秩序。

其次，建立淮阴府各县临时议会。当时徐州各县大多为张勋部控制，地方绅商纷纷逃至清江浦。其他各县得到都督府的传檄后，纷纷派代表到清江浦，呼吁都督府保护，商议后决定成立临时议会。公推睢宁县张树黄为议长，清河县吴温叟为副议长，暂时协助军政府处理地方事务，由此苏北各县临时议会成立。

再次，继续镇压革命党人。清江浦十三协兵变后，徐州社会秩序混乱，丰、沛、萧各县，民变峰起，学校停课，革命青年陈兴之返乡。陈兴之为睢宁人，徐州府中学堂学生。受当时革命风潮影响，立志反清革命。当时很多乱兵亦返乡回到睢宁。陈兴之劝他们仍返回清江浦参加革命。他说："如果大家回营干革命则大有可为，如果分散各自回家，恐怕性命难保。"在他的说服下，集中了一帮人推他为首领，向清江浦进发。

半途中，又遇到青年学生刘炳晨也是反清革命的新派人物，二人结合在一起，带着这支由散兵游勇组成的队伍，到达清江浦，由刘炳晨找都督蒋雁行，要求收编解决军饷吃饭问题。双方发生争执。刘走后，蒋雁行立即召开紧急会议，查明军队由陈兴之所带，蒋说：此人不除后患匪浅。第二天陈兴之又亲自去找蒋雁行，只谈了几句话，蒋立即下令逮捕陈，拉到后花园枪毙，部队亦随之缴械遣散。民国成立，家属虽屡屡上告，程德全暗中包庇蒋，不予理会，以后不了了之。

经过这一系列的活动，江北都督蒋雁行和江北民政总长杨慕时总算控制和稳定了清江浦的秩序，得到上下的认可。

淮安：

淮安旧称山阳县，为淮安府署、县署、漕运总督衙门所在地，是苏北腹地的政治、经济、文化中心。商贸繁荣，达官巨贾云集，生活条件优越。海运、铁路开通后，其地位有所下降。

由于淮安地处黄淮下游水网地区，在历史上是水灾最严重的地区之一。严酷的自然灾害，加上封建地主、官僚、盐枭的残酷剥削，社会基层民风剽悍，盗匪出没无常。辛亥革命前数年间，乡村暴动时有发生。反满风潮日有所闻。武昌起义后，随着全国全省反清革命形势的迅速发展，清江浦十三协的部分新军起义，淮安府的大吏豪绅巨室惊惶失措，有的提金银细软，纷纷逃亡；有的则作垂死挣扎，在漕运总署西侧，设立护城总局，搜罗地痞流氓，民团百余人，各城门设分局，日夜巡逻。凡缉获抢劫人犯者，立即在督署大门照壁前斩首示众，先后在此被杀害者多达20余人。所有这一切都刺激着淮安年轻的反清志士。南社成员——周实、阮式，便是决心投身反满革命、“光复”淮安的勇士。

周实（1885—1911），字实丹，别号山阳酒徒，出身淮安穷儒生家庭，先后就读于南京宁属师范学校及两江师范学堂。宣统元年（1909），反清革命团体南社在苏州成立，周实成为南社最早的成员之一，与柳亚子、高旭等交往密切。

受其父影响，周实自幼熟读经史，年长后关心国是，博览群书，13岁读《美利坚独立史》、《法兰西革命记》，深悟革命之重要，《扬州十日》、《嘉定三屠》读之，尤愤恨于心，“每思奋子房之一击，复齐襄九世之仇而不得，辄涕下不可止”。

阮式（1889—1911），江苏淮安人，原名阮书麟、梦桃，字式。出身书香世家，自号“跅弛狂民”，自幼聪敏过人，10岁能文章。15岁入江北高等学校，举凡康（有为）梁（启超）维新之学，当时出版西洋政教之书，靡不搜求，过目成诵，后因作文诋斥清帝，被迫退学，曾为其弟书房门楣书“杀满”二字，抄录“德国男儿歌”以励之。18岁再入宁属师范学校，与周实相识，二人相见恨晚，意趣相投，时作反满谠论，抨击时弊，为世俗所不容。然先后有上海《女报》、南社社友创办的《克复学报》慕名聘为编辑，向其约稿，以民族主义相唱和。

武昌起义爆发时，周实在南京，闻之欣喜若狂，当即写下"王师所过如时雨，帝子归来唱大风"的《消息诗》一首，并欲组织南京青年学生参加"光复"南京，表示"虽死足偿十数年盼望革命之志"。此时，南社柳亚子、朱少屏来信，召其赴沪，共商南社行动方略，决议社员分赴各地策动起义、"光复"。会晤结束后，周实立即于九月十六日（11月16日）经镇江返回淮安。

此时，镇江、扬州已经是风鹤频惊，清江浦一片混乱。淮安知府刘名誉闻苏州光复，即于当夜偷开府库，携银偕眷仓惶出逃。负责守城的总局民团亦无心尽职，甚至有直接联络城外土匪者，人心惶惶。周实立即找到其时亦在乡的阮式，共商淮安响应"光复"的大计。首先是解决社会治安问题，决定先召集城中由沪、宁各校返乡学生，组成学生队约八九十人，由周实任队长、阮式任副队长，并说服部分绅商及警察所，由总局民团拨给学生队枪支子弹，让学生队负责全城的治安巡逻。学生队领到枪支后，列队至府署前放一排枪，扯下龙旗，换上白旗，表示淮安独立。周实、阮式率领学生巡逻，日夜分班，三餐自备，纪律严明，维护社会秩序，严防溃兵土匪入城。学生队与总局团形成鲜明的对比，受到全城绅商民人的称赞。但也受到山阳知县姚荣泽、典史周域邠、参将杨建廷等旧官僚以及劣绅阮师凝、丁鹤臣、何福玉等守旧势力的嫉恨与仇视，散布谣言，呼之为革命党，别有用心。

九月二十二日（11月12日），清江浦绅商各界开会公举蒋雁行为江北都督，传檄山阳代表赴清江浦共议苏北各县反正易旗大事，山阳当即公举周实等五代表参加，县令姚荣泽等反对未果，遂暗中散布谣言，说周实等革命党将杀官劫绅等。周实等代表返回后，决定二十五日（11月15日）在漕运总督署召开山阳独立反正大会。会上周实、阮式发表演说，痛斥满虏之行状，阐明革命之意义。县令姚荣泽故意不来参加大会，事后受到周、阮二人的严厉斥责，并令其交代漕银库存账册及存储地方。姚回县署后，遂与周域邠、杨建廷秘谋杀害周实与阮式。

二十七日（11月17日）上午，以劣绅何钵山的名义，邀请周实吃饭。饭毕，又应姚荣泽之约，往学宫议事。甫至，即遭周域邠快枪连击倒地，当场牺牲，年仅27岁。姚荣泽旋令杨建廷率领卫队捕杀阮式。下午4时包围阮宅，阮式一出门即被捕，押至学宫，由姚下令刀剖阮式胸腹，将其杀害，年仅23岁。

姚荣泽等杀害周实、阮式的消息传至镇江，林述庆特派其部下杨再兴率军至淮安处理，姚荣泽盛宴款待，暂为周旋，知事不能久，遂连夜开库取银分给周域邠及杨建廷，促其速逃。而姚本人则携带巨款星夜逃往南通，受到张謇的庇护。山阳独立后的社会秩序暂由镇军驻扎维持，数月始去。

周实、阮式被害，在当时社会引起强烈的反响，上海陈其美、南社柳亚子等同仁纷纷要求南通张詧交出凶手姚荣泽，严厉惩办，伸张正义。但由各种复杂的关系包庇，张詧就是不放。南京临时政府成立后，陈其美、柳亚子共同致电孙中山，并威胁如张詧再不放人，将率军攻打南通。经孙中山批示，南通才将姚交付审判，被判死刑。其时正值南北议和方定，孙中山让位辞职，袁世凯继任大总统，原来包庇姚荣泽的势力再次活动，上书袁世凯，特赦免死，仅关了三个月，即被释放，逍遥法外。由此可见，社会传统顽固势力的强大和坚韧。

盐城：

盐城是淮安府易旗较迟的一个县。知县周光熊是一个老吏，守备马立朝，领有盐城地区三个缉私营。清江浦十三协士兵起事、四处抢劫的情况发生后，该处缉私营军心浮动，跃跃欲试。幸奈地方商会人士竭力周旋，保障军饷的按时发放，方得稍安。该地缉私营的饷银发放，向由地方负责向盐城官盐局裕宁号借贷，事后凭领款凭据再向省督报销结账，不须向百姓捐募。时局变动，此办法已难以为继。地方人士推委张逸笙、李守彝赴省请示解决办法，路过扬州，适徐宝山新任扬州军政分府军政长，请其协助解决。徐说他过几天就要到里下河地区收编各地缉私营，那时饷银会有统一办法。二人回盐城。

为了使盐城免遭兵变之害，地方绅商在李守彝的策划下，也演绎了一场和平独立的滑稽剧。他们选择黄芸台、乔仲杰等数人，叫他们剃成光头，腰间系上数枚假炸弹，自称革命党，在城中永宁寺召开军政商学各界大会，民众手持“打倒满清”小旗，知县周光熊等亦持“保境安民”的旗子参加会议，由黄芸台登台演说，宣布革命宗旨，实行独立，并处死了数名监狱的死囚，成立学生队、自卫团日夜巡逻，维持社会秩序。

数日后，扬州徐宝山率军于泰州收编东台哗变的缉私营，并将该营管带刘凤山斩首示众后赴盐城，地方人士开会欢迎，徐在会上宣布收编盐城缉私营，所有饷项今后由扬州军政分府拨给，不准挪借地方分文，同时枪决危害地方的死囚印台安等 12 人，全城肃然，四乡盗匪亦为之收敛。

盐城独立完成，其他的阜宁等各县亦随之易旗。

(四) 海州府

海州府下辖海州、赣榆、沭阳 3 县。地处江苏东北角，交通闭塞，地瘠民贫，文化落后，驻军也少，地方治安亦差。生活于社会中层的群体除地主士官以外，新派知识人物寥寥无几。

武昌首义后，苏南苏北各地独立，消息传来，乡民有聚众起事、劫富打官之念者纷纷起事。如大伊山有穷秀才任鹭洲、吴荣圃以陈胜、吴广自效，领头起事。白皂沟有李七起事。新安镇聚有乡民3000人，向地方富户借款借粮等，均旋起旋灭。十月初二(11月22日)，又有驻海州西门的巡防营兵弁十余人，突然持枪进城，直抵知州衙署，打开牢房，将所有在押犯人全部放出，乘机抢劫纵火，烧毁民愤较大的典当行及钱庄布店等。

九月底(11月中旬)，海州州官陈宗雍接到两份电报，一为清江浦江北都督蒋雁行所发，一为山东巡抚孙宝琦所发，都是传檄独立之意。陈宗雍于十月初二(11月22日)在城内关帝庙召开各绅民会议，商议海州何去何从。会上一位老贡生说："杀吾仇者吾君也。"意思说能杀我们仇人满清皇帝的就是我们的君主。大家一致附和，宣布独立。适初四日(11月24日)清江浦原十三协新军管带何锋钰率一营，奉江北都督蒋雁行之命来海州维持治安，地方主事人则以革命党军视之，通知城中各户到东门外夹道欢迎，至城内石室书院驻扎，何锋钰被委为海州民政长，地方秩序初定。

赣榆：

赣榆县北接山东，亦属民变兵祸频繁发作之地。知县曹运鹏兵单势弱，已无力维护地方秩序。适有邻近山东境内兰山县士绅王佐良募兵自卫，并协助赣榆征讨各地动乱，但境内仍然是此伏彼起。

沭阳县的情况亦差不多。当地的矛盾已不是独立易旗的问题，而是社会治安问题，直到第二年才大抵恢复平静。

（五）徐州府地区

徐州府下辖铜山、宿迁、睢宁、邳、丰、沛、萧、砀山8县。徐州府治下的各县其独立的过程较为复杂。九月中、下旬(11月上、中旬)各地随大流独立反正。十月中旬(12月初)，江浙联军攻克南京，张勋败退占领徐州两个多月，反动势力复辟，属于较晚完成独立易旗的地区，容在下节介绍。其中宿迁县因和清江浦十三协新军起义关系密切，这里先介绍如下：

宿迁县在晚清属于民事会党矛盾多发地区，各种斗争反抗时有发生。清廷在此驻重兵，城区有守备营，张勋的江防营，还有马队、步兵等驻农村集市，反动势力非常大，新党人士宣传活动亦十分活跃。

辛亥九月中旬(11月上旬)江苏各地独立，清江浦十三协新军兵变发生后，宿迁西乡丁宜才、何乐天等立即发动会党农民起义。宿迁县知县陈杭自恃兵力雄厚，决心镇压。由于起义队伍大多是旧式会党成员，缺乏周密计划，装备恶劣，又无外部有力支援，很快失败。

十三协兵变的大量溃兵，分水陆两路经宿迁北上返回徐州、山东各县。狡猾的陈杭对大批由陆路集队北行的溃兵不敢剿捕，一路放行。对于少数沿运河分散乘船的溃兵则伺机截击，以叛军的名义横加杀害。此时县北乡的同盟会会员吴品玉、徐品藻、徐希真等奋起收容十三协的溃兵及武器，并招当地的青壮年组成义军，“按同盟会的宗旨，宣传革命，推翻清廷，建立共和，然后树白旗，宣布起义”。与此同时，睢宁县同盟会会员陈兴之亦收容大批十三协的溃兵及武器，招集宿迁、睢宁边境有志青年三四百人组成起义军。吴、陈两支起义军相约，立即会师宿迁，实行宿迁独立。

九月二十三日(11月13日)，吴品玉等率领的起义军到达宿迁城西南。知县陈杭决定对起义军实行战、和两手，能镇压即镇压，不能镇压再议和。交战结果，清军马步五营大败。统领龚炳全下令哨官携带500银元犒劳费与起义军议和。当时起义军的目标是前往清江浦，不想在宿迁滞留。陈杭于是伪装开明，决定不再与义军为难，邀请吴品玉、徐希真以及宿迁绅商各界人士召开会议。会上吴、徐提出，光复独立，大势所趋。只要宿迁去龙旗换汉旗拥护共和，起义军可不攻城。陈杭等立表同意，经地方公推，陈杭为宿迁县民政长，龚炳全为军政长，宣布宿迁独立。其时，江浙联军尚未会攻南京，清军在袁世凯指挥下正猛攻汉阳，陈杭见形势有变，立即反扑，大肆逮捕杀害起义军领袖及同盟会会员吴品玉、徐品藻、徐希贞等人，陈兴之亦在清江被害。直至江浙联军攻克南京，南京临时政府成立后，民军朱占元北伐进军宿迁，才正式建立独立政权。

至此，在革命风潮震荡下，江苏大部分地区均已完成独立易旗，只剩下清军重点设防的南京这一孤岛，只待革命军瓮中捉鳖了。

第二节　江浙联军会攻南京

南京是清代南方的军事重镇，两江总督府所在地。山峦起伏，襟江带水，控扼鄂、皖、苏、浙、赣各省之咽喉，影响东南半壁河山。自古为兵家必争之地。

武昌起义后，清廷重新起用袁世凯，指挥北洋军南下进逼武昌，形势危急。继上海、苏州及江南江北各府州县纷纷易旗之后，南京的收复与否，实关系辛亥革命成败利钝的关键所在。在同盟会中部总会革命党人的积极策划下，联合已经起义独立的江浙地区的军事力量，组织联军，会攻南京，经过半月余的恶战，反复争夺，终于破城。张勋率领清军残部渡江北逃徐州。南京的占领不仅稳定了武汉革命党人岌岌可危的战局，沉重打击了袁世凯挥军南下的嚣张气焰，增强了全国各省革命党人继续再接再厉，争取全国革命胜利的信心和决心。各省代表汇聚南京，共商组建南京临时政府。

孙中山海外归来被选为中华民国南京临时政府大总统，更为革命党人第一次推翻在中国历史上延续两千多年的封建王朝专制独裁制度，开创民主共和奠定了基础，具有深远的历史意义。

一　清军固守南京和新军起义失败

南京作为清代南方军事重镇，当时驻有步兵 15 旗，共约 4800 名；炮兵 6 营，骑兵 4 营；又新招步兵 10 旗，约 3000 名；巡防兵 4000 余名。并有要塞炮台 5 处：(1) 乌龙山炮台，上有最大口径的巨炮 2 尊，俯瞰长江，控制江中的兵舰行动，亦可断南京东路沿铁路线的军事进攻；(2) 幕府山炮台，离城约 10 里，护卫东南尧化门一路的安全；(3) 富贵山炮台近距离直接支援朝阳门、太平门外的攻守；(4) 雨花台炮台可以控制由句容一路对南京的进攻；(5) 狮子山炮台把守下关江面往来的通道。全城城防坚固。以上各部皆为两江总督张人骏，江宁将军铁良直接掌控的旧军，即旗兵、绿营兵。旧军的特点是老兵多，文化程度低，积习较深，思想保守，便于指挥。同时，益以赵会鹏所部巡防兵 5 营，督辕卫队 1 营，江宁将军铁良新练之驻防步兵一标，炮兵 1 营。犹虑不足，又募江北饥民 2500 人编为巡警，日夜荷枪巡逻①。武昌起事后，张人骏又将江防会办提督张勋的江防兵 20 营及苏北王有宏的淮上缉私队 10 营调至南京，加强防卫。

除此旧军外，当时还有一支在晚清改革过程中创建的新军，光绪三十一年(1905)由两江总督周馥奏请编练，按全国新军编序划为第九镇，下辖十七、十八两协，十八协驻镇江，十七协驻南京。新军第九镇统制徐绍桢(1861—1936)，字固卿，广东番禺人。光绪举人，博通经史经世之学，尤长于中西军事之学，“久负文誉”，曾任福建武备学堂总办、江西常备军统领、江北提督等职。后奉周馥之命，手创江南新军第九镇，所有兵员皆从青年学堂中招募，“名门寒俊，相率从戎”，“将校皆一时人杰，开一代尚武新风”。当时扬州的赵声，镇江的李竟成、林述庆，安徽的柏文蔚等，都曾经应招投入新军第九镇，许多人后来都成了革命党人、辛亥起义过程中的骨干。九镇下辖有步兵、马队、炮队、工程、辎重各营，“向称为南洋劲旅”，此外尚有历届本籍退伍士兵约 3000 余人，散处全省各地。新军的特点是青年学生多，有文化，思想活跃，受当时社会反满革命思潮影响，倾向明显。新、旧两军同处一城，由于各自的特点，互相蔑视，格格不入，历来矛盾颇深。端方督两江时，疑新军中有革命党，曾想大肆罗织清洗，幸有徐绍桢竭力维护，没有实行。宣统元年五月(1909 年 6 月)，张人骏继端方任两江总督后，对新军猜疑尤深。宣统三年八月十九日(1911 年 10 月 10 日)武昌事发后张采取两项

① 扬州师范学院历史系编:《辛亥革命江苏地区史料》，江苏人民出版社 1961 年版，第 435—436 页。

措施，加强对新军的控制。

一是扣发弹药。当时新军的武器有日本式、德国式的小步枪、机关枪、野炮、山炮，皆已陈旧，子弹、炮弹均集中储存于江宁饷械局。平时每兵只发五颗枪弹，有枪无弹。相反，城内旧军、江防营、巡防营每人发给500发子弹，随时补充。此事引起新军士兵极大愤慨，"众论哗然"。徐绍桢虽多次向督署报告申领，终被敷衍、搪塞，不予解决。

二是调派新军出城。九月初（10月中旬）张勋江防营入城后，兵骄将悍，秩序混乱，本与新军矛盾甚深，知新军手中无弹药，每事挑衅、刁难、骚扰，矛盾渐趋激化，各不相让，经各方磋商，为免激成事变，张人骏最后决定将新军调驻秣陵关。秣陵关位于城南60余里，西出大胜关，东通镇江，给养交通，倒也方便。徐绍桢考虑到新旧军的矛盾，新军没有子弹也就没有战斗力的情况，"驻主力于此，计可久持"，反而安全。于是接受了这一安排，于九月初九（10月30日）新军第九镇编成一战时混成旅，移师秣陵关。

但两江督署张人骏、铁良、张勋等一批仇视新军的顽固派，对新军的恐惧、怀疑、逼迫，并未到此为止，反而变本加厉，执意继续实行监视。一是派遣江防营间谍30余人化装成小贩、乞丐等携带炸弹，流窜于秣陵镇新军营房周围探听情报，制造事端。二是对新军实行军事监管，周围常有江防营校骑巡逻，在秣陵镇东南不远的方山新置山炮6尊，在镇北的雨花台树林中新筑机关枪掩体多处。更令人气愤的是，他们竟密议派遣旗人、宪兵营新任管带桂城借视察为名，伺机刺杀徐绍桢，当场被捉。全镇上下闻之，无不义愤填膺，要求徐下令起义。徐立即召集各团队官佐，在镇司令部开会，会议议决，以第九镇主力，经马家桥袭取雨花台炮台，令孙铭先占领镇江，分遣三十五标经龙潭夹攻朝阳门，粮秣之购至里下河者，由下蜀、句容河道运送，购至芜湖者由大胜关内运，弹药则俟上海民军攻占制造局后，由宁沪铁道越汤山密运补充。并约定不得劫商民，不得侵外人，不得伤将军总督。防营、旗兵不为抵抗者，不得大肆杀戮。方案制订后，由于军中没有弹药，只能等待，择期施行。

自武昌起义后不久，第九镇新军准备起义的思想，已非一日。早在九月初二日（10月23日），原来被端方以革命党嫌疑开除的三十三标营管带柏文蔚，就在当天深夜重新来到第九镇军医官陶逊家中，与参谋官沈同午等人商议[①]，要求发动新军起义，徐绍桢未能同意。但军中的革命情绪已无可遏制。九月十三日（11月3日），原第九

---

① 见《辛亥革命江苏地区史料》，第388页。查相关资料陶并无业医经历，江浙联军会攻南京时，任驻沪总兵站站长，疑为九镇军需官。

镇被撤的马标排长苏良斌在武汉参加新军起义后又奉命来南京催促第九镇响应，亦未有结果。苏自入城中，做策动清军内应的工作。

此时，上海、苏州已经独立，镇江亦在秘密筹备之中。为了南京的“光复”独立及早施行，徐绍桢也曾一度幻想谋划南京和平独立。因新军离城太远，南京城防由张勋的江防营控制，一时无法实行。而此时旧军到处横行不法、残暴不堪，城中秩序一片混乱，引起绅商各界强烈不满。江宁商会会长仇继恒等在谘议局会上提议，要求召还新军入城。徐绍桢得此信息后，于十六日(11 月 6 日)派遣十七协参谋官谭道南进城，与江宁布政使樊增祥商谈，说明当时的形势，“非新军入城，民困无以苏，内乱无以镇也”。强调南京当局不应该如此排斥歧视新军。“不发弹药，久戍于外”，视如“乱党”，这样只会加强新、旧两军的对立，不利于地方。樊增祥非常同意，于是与仇继恒一起往见张人骏、铁良、张勋，说明为今之计，不如像苏州那样，宣布独立，给新军弹药，召令入城，维持秩序，则商肆得以安堵，旗民得以保全。否则“不自毙必自乱，扬汤止沸，适速其祸。恐揭竿斩木，不发于防地而发于城中，不起于党人而起于良懦”①。但张勋坚持反对，此议只得作罢。徐绍桢幻想南京“和平光复”的计划亦告破产，只好横下一条心来准备武装起义。徐回营后，一方面立即派遣各部队将校及有关人员分头便服潜入城中，与清军各军事要地守备做工作，争取他们响应起义。先后争取到：(1) 狮子山、富贵山炮台中立，届时决不开炮轰击新军；(2) 密酬汉西门两万银元，届时打开城门，放起义军入城；(3) 说服总督署卫队，届时率先起义，占领督署；(4) 守卫饷械局的机关枪队，亦表示届时响应起义，打开枪械局，支援新军弹药。另一方面，司令部立即派遣瞿钧、史久寅二人率领士兵百余人，化装成农民到上海制造局领取子弹、炮弹。

此时，城中的形势亦十分紧张，张人骏、张勋下令巡防营关闭城门实行戒严，到处搜查革命党人及新军派入城内的“奸细”，增加雨花台、各城门及军事要地的防守。当时新军士兵的革命情绪亦十分强烈，纷纷请战。徐绍桢得知情况后，深感形势危急。他说：“以徒手之伍袭坚城，死耳！然事急矣，机不可逸，否则守军将逆击我。”②于是召集各部官佐会议，决定九月十八日(11 月 8 日)起义，兵分三路攻城：左路由步兵第三十三标第三营、马队第九标第三营组成，傅鑫指挥，经铁心桥、安德门，向汉西门进击。进城后占领清凉山高地及饷械局。右路由三十六标第三营、马队第九标第一营组成，朱元岳指挥，经曹家桥向通济门进袭，入城后直取督署。其余各标营组成中央纵队，由参谋沈同午指挥，经姑娘桥、花神庙进击雨花台，并约镇江十八协新军由东路赴宁

① 《辛亥革命江苏地区史料》，第 396 页。

② 《辛亥革命江苏地区史料》，第 398 页。

进攻朝阳门。要求各路人马于十七日(11 月 7 日)下午开始移营出发,十八日(11 月 8 日)正午,前进入预定阵地待命。

城中苏良斌亦联系督署卫队准备配合起义作为内应,届时突袭督署,可是此事很快被泄密。十七日(11 月 7 日),张人骏首先捕杀督署卫队管带,卫队营士兵人心惶惶。当夜苏良斌乘机发动督署卫队士兵起义,放火为号。督署周围卫队及汉西门巡防营士兵见火光后,以为起义军已到,同时响应,准备开城。当即遭到张勋江防营和王有宏缉私营的镇压,大肆屠杀。部分士兵抵抗失败,和受惊居民四处逃逸。

十八日(11 月 8 日)午前,城外新军各路起义部队就位,协司令部到达离城 30 里的石马村,中央纵队派出骑兵出现在花神庙北端,适逢溃逃的督署卫队巡防营士兵及难民涌出城外。骑兵队队长李锋以为城中起义已经得手,遂下令军士高举白旗,策马北进,当即遭到雨花台清军炮兵及机关枪队猛烈轰击。骑兵队迅速退却,通知先头部队三十三标及三十四标分别向望江矶、双哑巴树村各线布阵,并急报协司令部。

当日晚间,原来派进城中策反的部分新军官兵,乘张勋向雨花台增兵打开城门的机会,随难民出城向司令部报告苏良斌发难失败,但炸弹队尚藏匿城中,未被发现,除督署卫队及西门巡防营溃散外,其他各联络机关,仍准备随时响应。沈同午决定中央纵队当夜 10 时攻袭雨花台。新军利用地形隐蔽前进,逼近目标。随着冲锋号响起,突击队喊声大作,守台清军,踞高临下,步枪、机关枪,各种火器齐发,猛烈异常。新军只能凭借零星子弹还击,利用地形时起时伏乘间冲锋,如是者三,终不能逼近,士气大受挫折。此时,突有三十四标左翼之一部队在前敌指挥率领下,俱脱弃上装,袒胸露背,挥刀冲峰,突进雨花东台,徒手夺得机关枪两挺,猛烈还击。但终因后援不济,东台得而复失。是役先锋队队长唐有泰阵亡,其他两个队队长亦受重伤,该队官兵共阵亡 47 人。战斗一直持续至十九日(11 月 9 日)凌晨,官兵终因没有子弹炮弹,无力强攻,疲惫不堪。中央纵队指挥官沈同午叹曰:"不可为矣,弹药衍期,中必有变。兵力已不堪近战,久伏突击阵地,天明必陷于全灭。"遂下令退兵。适逢是晨大雾弥漫,咫尺莫辨。右路纵队失去联系,左路纵队则在中央纵队激战雨花台时,已先期撤回秣陵关。"其指挥官以下溃散无一留者,该队指挥傅鑫并传言中央纵队已全军覆没"。遂与撤退的协司令部一起向镇江退却。当中央纵队在大雾中击退追敌至秣陵关时,居民亦悉逃离,人马粮秣无可补充,沈同午率部也只能立即向镇江退却。新军秣陵关起义即告失败。

二 联军会攻南京

新军第九镇秣陵关起义失败后,司令徐绍桢率领十七协残部先后退至镇江,对所部稍加整理后，即于宣统三年九月二十日(1911 年 11 月 10 日)赴上海与同盟会中部总会宋教仁、陈其美商量下一步方略。中部总会当即召开紧急会议，大家一致认为："南京之得失，关系民族之存亡。非攻克南京不足以完成江苏革命之任务，且无以挽回武汉革命之颓势。"①会议决定立即着手组织江浙各军编成联军，并推徐绍桢为江浙联军总司令，统一指挥合攻南京。总司令部设于镇江，随着军事进程推移，此后又先后迁移至高资、龙潭、麒麟门等地。

联军的编组主要由江浙两省起义独立的各军组成，后来其他各省亦有陆续参与者。构成情况如下：

江浙联军
总司令徐绍桢

镇军：共两协，第一协为前卫，驻高资、下蜀一带，第二协为总预备队，分驻镇江城内外，归柏文蔚统制，兼归镇军都督林述庆统一指挥。另外还包括扬州徐宝山部队。

苏军：共步兵四营，马炮各一队。步兵以二营驻句容，一营驻白兔，一营驻丹阳、常州间。马队炮队俱驻句容，有大炮 6 门，由苏军统领刘之洁指挥。

浙军：共步兵一标(缺二队)，马队二营、炮二队，工程、辎重各一队，驻高资，由浙军统领朱瑞指挥。

淞军：吴淞军政分府李燮和部下的粤军 600 余人。该军原为两广龙济光的部下，由黎天才指挥，英勇善战，后驻防宁波。武昌起义后，奉调经上海吴淞赴武汉镇压革命，适逢吴淞起义，全部反正，成为民军，仍由黎统领，会攻南京。

沪军：由上海革命党人洪承点亲率所部民军、义勇队、敢死队、另有女子国民军 30 人赴镇听候调遣。

其他尚有在镇江起义的海军舰队、安徽皖军一标，江西赣军千余人，以及广西、湖北的部分军队，总计水陆各军约 2 万余人。

会攻南京的联军司令部初设于镇江金鸡岭下洋务局。总司令徐绍桢，下设顾问史久光、陶逊、于佑任等 9 人，参谋部部长陶骏保、次长茅乃封。后根据上海总机关举荐，顾忠琛亦为部长，孙毓筠为军事参议。另设经理、执法、外交等 8 部，在上海设总兵站，负责购买军火，镇江设转运站，负责军火运输联络。

① 《辛亥革命江苏地区史料》，第 474 页。

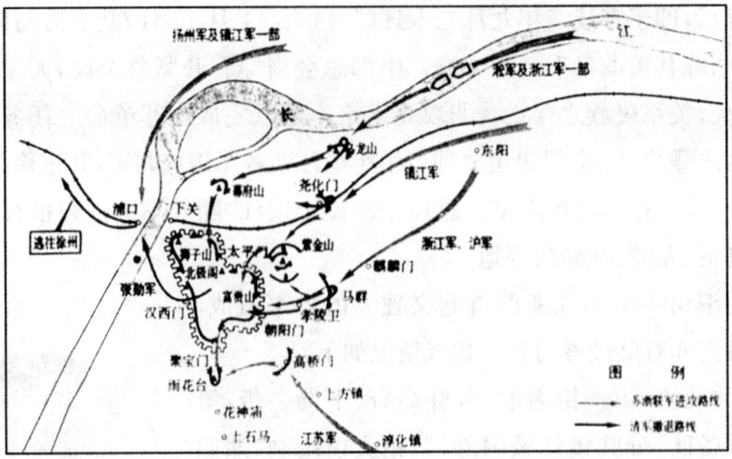

联军进攻南京形势图

从九月廿六日(11 月 16 日)开始,总司令徐绍桢先后在镇江召开联军将校会议,商讨会攻南京的作战计划。参加会议者有镇军林述庆、柏文蔚,苏军刘之洁,浙军朱瑞,淞军黎天才、李实,海军宋文翙、吴振南,以及参谋长陶骏保、顾忠琛,次长茅乃封等人。初步拟订作战方案如下:

初期目标:驱逐城外之敌,攻占天堡城,占领雨花台。二期目标:直接攻城。整个联军兵分三路:南路由苏军刘之洁率领,由句容、土桥、淳化进攻雨花台。中路由浙军朱瑞率领,由汤山、东阳镇向麒麟门、马群进攻紫金山南麓及朝阳门。北路由淞军黎天才率领,收复乌龙山、幕府山、沿江各炮台。并由林述庆指挥镇军沿沪宁铁路西进从紫金山北麓进攻天堡城及太平门。另派镇军三支队由柏文蔚率领进攻浦口以断张勋北逃之路。并决定联军总司令部由镇江移至高资[①]。

各路联军以浙军最早到达高资,相反本地的镇军结集最迟。都督林述庆对上海总机关任命第九镇起义失败的统领徐绍桢为联军总司令心中不满,颇不愿受总司令调遣,以"军备未完"为借口,延不赴调,经联军顾问革命党人陶逊痛切陈词,致电说服,林述庆始有醒悟,克日拔师。各路联军结集后,总司令的统一指挥,亦很不得力,虽有大致分工,但作战计划多次变动。各军各行其是秩序较乱,也未规定统一总攻时间。十月初二日(11 月 22 日)发布军事纪律,初四日(11 月 24 日)苏督程德全至高资视察军情,各军陆续开赴战地准备进攻,十月初五日(11 月 25 日)发布总攻击令。其后联军所经重要战役如下:

---

① 湛秉直:《南京光复记事》及茅乃登、茅乃封:《江浙联军光复南京》等文,《辛亥革命江苏地区史料》,第 404、408、476 页。

（一）首取乌龙山、幕府山炮台

乌龙山、幕府山蜿蜒南京城东北沿江一带，清军在二山皆设有炮台，俯瞰长江，与紫金山天堡城共同形成拱卫金陵的东部军事要地。联军若不先取乌龙山、幕府山，东部大军无法西进，更无法进取紫金山、天堡城。于是决定：先由浙军、粤军首先向乌龙山、幕府山进攻。适有浙军中同盟会会员官成鲲曾任幕府山炮台台官，跟现有炮台官兵关系稔熟，他自动请缨愿去做工作，发动起义，得到总司令徐绍桢的赞同，并委派另一官佐徐朔一同前往，以便协助。当夜与两台炮兵代表，相约于附近的万全楼旅社见面，具体商谈两台起义的步骤。炮台代表表示两台官兵盼望民军已久，上下咸同，只因炮台起事，必须要有步兵掩护方能成功。今既有约，愿为民军效死。官成鲲、徐朔回司令部报告，徐绍桢大喜，当即布置淞军黎天才率领所部并辅以浙军于十月初四日（11 月 24 日）夜随官成鲲、徐朔乘军舰直赴乌龙山下，舍舟登岸，向炮台进发。甫至台前，士兵即打开栅栏，列队欢迎，改竖白旗。初五日（11 月 25 日）佛晓，继续进军幕府山，兵不血刃，两台起义遂告完成①。当时两山大炮炮闩，大半被张勋取下，密藏于江边的楚豫军舰内，以防止炮兵起义。此时有炮无闩，不能施放。经商量后，一方面派两台官赴楚豫舰，设计索还所藏炮闩。并立即派人至下关东西炮台暗中联络，因张勋拟另派江防营替换下关东西两炮台守军，遂偷偷地先卸下其大炮炮闩，以消解下关东西炮台的战斗力，沉重打击张勋的阴谋诡计。至此，江边的炮台问题全部解决。

（二）击溃城外敌军，全力攻城

联军占领乌龙山、幕府山二炮台后，十月初五日（11 月 25 日）全台大炮即向城内北极阁两江总督署、将军署猛烈轰击，炮声震天，揭开了联军各路实施总攻的序幕。为便于指挥，司令部由龙潭随军移驻麒麟门，总司令下令：中路浙军由东流市进驻麒麟门，目标马群、孝陵卫、紫金山，并调集镇军 1 标、骑兵 2 队、山炮 8 门予以协助；苏军刘之洁经上方镇目标雨花台，镇军由下蜀前进，沿浙军右侧进攻紫金山。淞军固守乌龙、幕府二山沿江西进攻击仪凤门，沪军辅佐淞军、镇军相机助攻神策门、仪凤门。

城内张勋指挥清军除固守城内外各军事要塞外，疯狂反扑，妄图打破联军的包围，消灭联军主力于郊外。

初五日（11 月 25 日），清军数千人，猛扑马群高地麒麟门一线的联军。以徐州防营徐令宣为第一线，王有宏的新军防营为第二线，徐会鹏江宁防营为第三线，张勋亲率江防营数千人为第四线，分路向浙军马群高地进攻。战斗在中午 12 时开始，浙军

---

① 湛秉直：《南京光复记事》记述浙、粤军占领乌龙山、幕府山炮台有激战，初九日方下之说。事实有误。见《辛亥革命江苏地区史料》，第 474 页。

已占领马群高地，步兵两营分左右两翼展开，先对清军实施猛烈炮击，接着步队采跃进法向前推进，接近清军。浙军司令朱瑞率领二支队猛烈射击，奋力死战，双方相持数小时，清军开始溃退。浙军士气大振，分路追击，毙敌统领王有宏，歼灭清军千余名，俘虏数百人。浙军攻占孝陵卫一带高地，离城只数里之遥。

初六日(11月26日)拂晓，张勋又亲率旗兵千余人，江防营兵勇4000余人偷袭在野外宿营的浙军，步哨发现后，浙军立即迎战。战至中午，忽有清军数百人，突破五棵松右方浙军炮兵阵地，夺去大炮数门，经炮兵及步兵奋力救援，又将大炮夺回还击，朱瑞亲率步军追击，清军死伤枕籍，一败涂地，逃入城内。是役，自晨至夕，浙军越战越勇，一直追至朝阳门下，马群、孝陵卫一带全为联军占领。

可是，在中路浙军与张勋军激战之时，浙军左翼与苏军交接地带却出现意外。当时徐绍桢与司令部参谋顾问正在四棵松高地观战，突有浙军哨兵前来报告，说在洪武门外一带，发现有苏军向浙军开火，毙伤浙军200余人并有一管带受伤。徐绍桢立即派遣顾问史久光、宪兵排长李锦彪及传骑等前往探究情况。接着又有探报，发现沧波门附近有两股清军，势将包围总司令部。当时总司令部只有警备队百余人，且大部分没有佩带枪枝，情况十分危急。后经查明，前者为张勋部队，冒充苏军突袭浙军，后者为清军溃兵，与前往探视的顾问史久光、宪兵排长李锦彪相遇后，当即开火，李锦彪阵亡，史久光被虏，由清兵押回城内。

在此同时，苏军的进攻亦有所获，由于张勋倾尽全力集中主力军，想打击联军中路麒麟门、马群、孝陵卫一线，确保城东一线各防卫要地的安全，故派赴城南上方镇一线军队较少。从初五日(11月25日)开始，苏军刘之洁部，采取稳步推进战略，逐步前进。初六日(11月26日)敌军在上方镇至高桥门沿线，布置有步兵，马队近2500余人，以阻止苏军与中路浙军的联系。上午7时许，刘之洁军部从淳化镇北进，向清军进攻，8时许即达上方镇，与清军展开猛烈对射，双方互有伤亡。至下午5时，清军开始退却，苏军进至高桥门、龙桥一带。初七日(11月27日)佛晓，苏军再次发动突袭，将沿线清军击溃，进至七桥瓮，占领上方镇，与浙军连成犄角之势。初步实现驱逐城外清兵，为联军攻城做准备的目的。

初八日(11月28日)晨，总司令徐绍桢再次召开各军将校会议，研究攻城计划。并将联军司令部由麒麟门移驻马群。会议决定：联军会攻南京城的总攻击从即日开始。各军尽量将清军引出城外决战，相机痛加歼灭。从半夜开始，各军以炸药轰城，若未能破城，则仍退回原处宿营，次日再攻。各军攻城任务分配如下：

金川门方面：由淞军600人，浙军、镇军各1营，实施攻城。

朝阳门方面：浙军步队5营、大炮12门、马队1中队、工兵1队，镇军3营、大炮8门。

南门方面：苏军4营、大炮6门、马队2队。

另有淞军3营，江阴军步队2营、工程兵1队作为预备队，随时增援[①]。

布置完毕，分配炸药，由经理部长陈懋修派员驰送各军。入暮，各部兵员饱餐出发，或徒步前行，或乘骑衔枚疾走，抄小路前进，既不张灯，亦不准喧哗，以避清军耳目。夜半，乃至城下，各军埋药引爆，斯时各城楼清军机关枪、大炮齐发，间以炸弹，投掷城下，更为严重的是清军天堡城炮台、城内富贵山炮台，对攻击朝阳门的联军威胁最大，一旦强攻，尽在天堡城大炮轰击射程内，必对联军造成重大伤亡。是夜，各军攻城，埋炸药，清军守城，各种轻重武器齐发，一夜未停。其他攻击洪武门、通济门的联军，因炸药未能按时运到，只能等待。整个攻城计划，进展不大，各军暂驻待命。

初九日（11月29日），徐绍桢再次召开各军将校会议，大家一致提出，天堡城炮台位于朝阳门外紫金山第三峰之巅，上筑要塞，形势险峻，其大炮射程，不仅覆盖紫金山南，城东广大地区，联军的一切活动，均置于其视野之中，清军凭险固守，威胁甚大。若不先攻克天堡城，南京即不可得而下。于是会议决定先攻天堡城，同时对攻城计划中的各军配置和任务略作调整，准备进行新的总攻，日期由司令部届时通知。

（三）联军攻占天堡城

早在初六日（11月26日），联军司令部就已经策划进攻天堡城之事，当时沪军司令洪承点自告奋勇，愿意独立承担此重任，当日试攻失败，退回镇江。初八日（11月28日），由浙军再行试探，亦告失败。此时，城外清军经数日来联军猛力合击，损失惨重，残部大都龟缩城内，不再轻易出城对决。

初十日（11月30日），联军司令部下令镇、浙、沪军联合进攻天堡城。下午2时，浙军司令朱瑞、军官张兆辰以及沪军司令洪承点共同商议进攻之策，提议组织敢死队悬赏进攻。规定："一、夺取天堡城之官兵，当叙功为攻南京之第一头功；二、夺取天堡城之官兵，事成后每员赏洋五十元；三、夺取天堡城之官兵，遇有伤亡者，决定加倍抚恤；四、凡夺取天堡城之官兵遇有死亡者，即在天堡城铸铜象，立纪念碑，列刻官职姓名，以示流芳千古。"[②]此令一出，各营士兵报名踊跃，立得勇士200余名，举张兆辰为指挥官，叶仰高为参谋[③]。分为两队，张领一队，叶领二队，列队宣誓，誓死完成任务。当即分配任务，由东、南两方面分别进攻。张兆辰领第一支队向白骨坟方向，沿紫金

---

① 《辛亥革命江苏地区史料》，第420页。

② 周新国、刘晓宁主编：《辛亥江苏光复》，《江苏文史资料》第40辑，1991年版，第211—212页。

③ 周新国、刘晓宁主编：《辛亥江苏光复》，《江苏文史资料》第40辑，第212页，张兆辰著《光复南京之天堡城血战》，页下注张"时为江浙联军镇军军官"。张文开始即记与叶仰高为同乡。查《民国人物大辞典》，张为浙江青田人，叶为靠近青田的景宁县人。《辛亥革命江苏地区史料》中《浙军攻克南京纪实》一文，将张兆辰记为张拱宸，亦误。二人皆为浙军。

山东麓向中茅峰(主峰)前进。叶仰高领第二支队由明孝陵园通寺西进北上。张勋部队,自前数日马群、孝陵卫失败后不敢出城,重点加强紫金山至天堡城一线山地的防线,巡逻四出,枪炮交加,炮火十分猛烈,不稍停息。所有紫金山下的联军各部,均为炮火所压制,无法前进。而张、叶两支队伍,好在人数不多,利用树林地形,乘间向天堡城前进,对于敌人无目标的炮火一概不予回击。至晚7时许,张部一支队已进至紫金山西坡,天堡城敌军不时用探照灯照射,并以枪炮轰击,一支队利用灯光移动之时起伏跃进,蜿蜒而前。8时许已抵天堡城炮台下,忽闻士兵报告叶仰高部二支队及镇沪各军,在天堡城南部狭道处遭敌军炮火堵截,无法前进。于是张兆辰率本部十余人从天堡城北面岩壑处攀缘而上,出其不意,突击清军左侧。清军惊慌失措,立即迎战一支队。南部二支队及镇沪各军乘机跃过狭道进攻,占领天堡城东端,猛烈轰击炮台之守军,相持至午夜12时。一支队的突击虽解山南联军之危,但由于地形复杂,人数又少,在与清军的对抗中,亦无法攀岩再进,乃转天堡城南,拟与叶仰高二支队汇合进攻。不料叶仰高参谋在攻击敌军右侧时夺得过山炮、机关枪各一乘胜追击时,遭敌军反扑,中弹阵亡。适张兆辰部赶至,一二支队人员,誓死克敌,以祭奠叶指挥官。张挥兵猛攻,与炮台兵接战,连击炮台守军数人,登台后以白刃与守台士兵肉搏,清军见大势已去,遂作鸟兽散。十一日(12月1日)晨,联军部队占领天堡城。

关于攻占天堡城的经过,有关浙军与镇军的记述有很大差别,到目前为止,尚无统一说法。据镇军都督林述庆《江左用兵记》(二)记载,完全是另外一种情况如下:

初九日(11月29日),联军连日战斗,将士疲惫不堪。总司令下令"攻天堡城,兵士兵无肯去者",于是徐司令意欲由镇军派兵一营前往。林述庆亦认为:"若不先得天堡城断无攻城之理。"正想率领镇军攻天堡城,于是欣然受命。傍晚,林偕管带佘长青至营本部商议,正言间,适由镇江统率第三标增援的镇军统带李玉昆、管带杨韵珂到尧化门报到。林遂决定:由李统带率所部由岔路口至蒋王庙后仰攻天堡城之敌。另由佘长青率本部二百名勇士由岔路口村后逾紫金山俯击天堡城之敌。适沪军司令洪承点至,即请洪部以炮兵在藤子村轰击天堡城,更以所部步兵协助攻击。终顺利攻下天堡城。①

具体的战斗经过,攻天堡城的镇军管带佘长青写的《佘长青战斗详报》记载:

初十日(11月30日)晨,林部移师尧化门,各按昨晚命令分道前进。佘长青将所带的一百余人分成四小队向紫金山中茅峰进发,沿途击数小股敌军,占领三个山头,距敌不过八九百米,镇军阵地居高临下,且多隐蔽未有伤亡,士兵勇气倍增,只是子弹

---

① 《辛亥革命江苏地区史料》,第445—448页。

已用过半，立派传令兵，请求增援，输送子弹。下午5时许，有镇军三标营及浙军部分士兵加入战斗，向敌军猛攻，直抵天堡城前第一险要阵地之前。此时，镇军三标二营管带杨韵珂、统带李玉昆所部已攻至佘管带所部附近向敌军发动猛烈进攻。不料敌军竖白旗诈降，管带杨韵珂立即命令所部停止射击，与敌军议降，敌军突发排枪射击，杨韵珂及部分士兵，当即中弹身亡。佘长青立即组织反击，战至晚11时许，敌势稍弱，镇军进攻两支队亦感子弹不多，至12时，后方运送子弹二万发及点心茶水到。时天大雨，夜雾朦胧，兼之山道险阻，步履艰难。佘管带一面通报各军前进增援，一面派人至岔路口向督队官彭玉成报告，请求炮队增援。至凌晨4时半，增援之步兵一营、炮兵一队加入战斗，向天堡城进攻。至十一日(12月1日)晨6时40分，遂克天堡城。

另一记述为负责由山南进攻天堡城的队官《季遇春战斗详报》。较佘长青管带的"详报"在地形、布阵、实战经过等方面的记录更为笼统，且对友军作战的记录大都采取否定藐视的态度。季报：晚九时进入阵地，得知"浙军只有三四十人，沪军不过十余人，子弹亦将告罄，其所用皆毛瑟枪，又苦战竟日，大半疲困。斯时在火线者只有队官(即本人)所领援队有完全战斗力"。夜2时，"此时队官(即本人)以各军队伍混杂，亲自调查情形：在火线官长，只有浙军第二标某营排长余宗鲁、浙军工程队司务长郑戡。迨至次晨5小时，无他变故。但自二三小时望后方有电光隐现，以为援队将到，至此时杳无影响，决心将火线人员行拂晓冲锋"，多人受伤。最后采取右翼包抄，由岩壁攀登突袭，将敌军击退，占领天堡城中央阵地，指挥后续部队消灭残敌，"即时将白旗竖于左翼石堆上。……管带与督队官率镇军步炮兵亦皆陆续到，各向敌军阵后方行搜索射击。至六时四十分，遂克天堡城。"①

但无论是浙军还是镇军，攻克天堡城后，立即将炮台上的大炮对准城中的北极阁将军署、总督衙门、富贵山炮台及旗营等清军据守的要害，实施猛烈的轰击。

关于天堡城之攻占，镇军都督林述庆上报及对外披露消息，均说是"镇军"最先。此说遂十分流行，以后并得到相关史著的认同。其实当时参战的浙军官兵，就对此说提出抗议，谴责林述庆"侵功"。从当时有关攻占天堡城的部署及事后的多篇回忆录记述，进攻天堡城，镇军、浙军、沪军、淞军多有兵力参与。最初负责担任进攻天堡城的镇军因屡攻不下，最后由联军司令徐绍桢与浙军司令朱瑞商议，通过组织敢死队的办法组织进攻。当时天堡城东整个紫金山地区，除苏军在雨花台一线外，镇军、浙军、淞军、沪军已散布在紫金山地区漫山遍野，由于当时通信联络极端落后，各军各支队各自为战，已经极为混乱。在浙军组织敢死队进攻天堡城时，镇军及淞军、沪军也从

---

① 《辛亥革命江苏地区史料》，第459—461页。

不同方位向天堡城进攻。当浙军攻上天堡城炮台时，人数很少，形势十分危急，关键时刻，四面八方的后续部队赶到增援，最后击退清军守台部队。当时最先登上天堡城炮台的部队已很难说一定是浙军或镇军或淞军、沪军。因此，天堡城的攻占是以浙军敢死队为首的联军联合进攻的结果，而不能说是哪一军最先攻克天堡城。

（四）清军守备瓦解

天堡城的失守，对张勋来说无疑是最致命的打击。从此城外为联军包围，城内全在联军炮口俯瞰之下，无异俎上鱼肉，任人宰割，无力还手。若有反击，必死无疑，军心涣散，斗志瓦解，再也无心作垂死挣扎。在此情况下，两江总督张人骏、江宁将军铁良以及江防会办南洋军务大臣张勋，自知金陵不可守，乃于十月十一日（12月1日）两次派员向联军提出议和。

一次是晨8时，派原徐州巡防营统领胡令宣与被俘的联军司令部顾问史久光一同手持白旗出南门，谒见攻雨花台的苏军司令刘之洁，要求和谈[①]。

二是当日中午，又派请美国领事和鼓楼医院院长美国传教士马林，率领清军统领张联升、赵荣华出太平门，向镇军总司令林述庆提出议和。

两次乞求议和提出的条件大意谓：(1) 不伤城内人民生命财产；(2) 不杀旗人；(3) 准许张勋率领所部离开南京北上；(4) 准许张人骏、铁良安全离宁。

苏军司令刘之洁、镇军司令林述庆均对其提出的“议和”之说予以驳斥，言清军血债累累，只有投降，无“议和”可言。至于所提四条，第一条本为革命宗旨，第二、第三条可“从权办理”。第四条“万难允许”。刘、林二司令在接谈后立即赴马群向徐绍桢司令报告，被俘的史久光参谋亦得归队。徐司令答复四条交清方来人带回：一为张勋投降，暂由联军拘押，俟临时政府成立后再作处理，二为张勋所部士兵，全部缴械投降，所有枪械武器全部交放于小营操场，由民军点收。三为士兵全部徒手出城，由联军监视，全部遣散；四为张勋在宁所掠库银80余万两须全部交出，以充军饷。以上四条限翌日上午12时前答复。若无答复，立即重炮轰城[②]。奉命“议和”人回城报告后，张人骏、铁良、张勋大失所望，亦无可奈何，商议只有弃城逃跑一条路可走。当夜，张人骏、铁良逃至下关，偷偷登上日本军舰赴沪，张勋则率领残部，携带大批银两及军用物资，悄悄打开汉西门，直抵江边渡江至浦口，拟乘火车北上。此时，进攻浦口的镇军柏文蔚、李竟成、徐宝山部正严阵以待，予以猛烈袭击。张勋所部新败之余，军心焕散，溃不成军，四散奔逃，运至浦口车站的33箱白银等物资大部分未能带走，为民军

---

① 《辛亥革命江苏地区史料》，第424—425页。

② 《辛亥革命江苏地区史料》，第425页。

所截获。张勋率残部逃往徐州。

（五）联军收复南京

十月十二日(12月2日)晨，镇军大部队列阵于天堡城下、龙脖子、明孝陵后方，直达朝阳门。朝阳初露，太平门清军统领赵荣华在美国传教士马林带领下，来到镇军前请降。镇军司令林述庆，当即"和颜慰藉"，令赵所率士兵先缴械于太平门外，同时令士兵上城门悬挂白旗。接着下令参谋许崇灏率军入城，并指定驻扎地点。在接受完赵部投降检阅后，林即兴赋诗一首："降幡高拂石头城，日照雄关万角声。如此江山收一战，居然还我汉家营。"表现了联军苦战收复南京的喜悦心情。上午，苏军刘之洁部占领雨花台，进入南门。淞军、沪军亦由仪凤门入城。浙军原拟由朝阳门进城，但因城门已为张勋用土石填死，一时无法打通，改由太平门进城。其他各城门亦随之由联军占领。中午，联军司令部亦由马群开拔进城。

联军进城后，由于事先缺乏统一安排，加之镇军司令林述庆争功心切，发生一些矛盾，几至冲突。镇军是最先由太平门入城的部队，首先占领两江总督衙门。林当即命令发电报通报各省："镇军本晨十时夺南京城，刻已进入城内。"林"恃功而骄，就由镇军都督改称为宁军都督"，"自以江宁临时都督名义，布告安民，以维持秩序"①，并将镇军安置驻扎在两江总督署内。迨至中午，联军司令部警备队进入总督署安排联军司令部用房时，署内已无房可用，当即要求镇军退出。双方发生争执，几至冲突。联军司令徐绍桢为避免冲突，下令司令部移驻省谘议局内办公，但心中颇为不快。

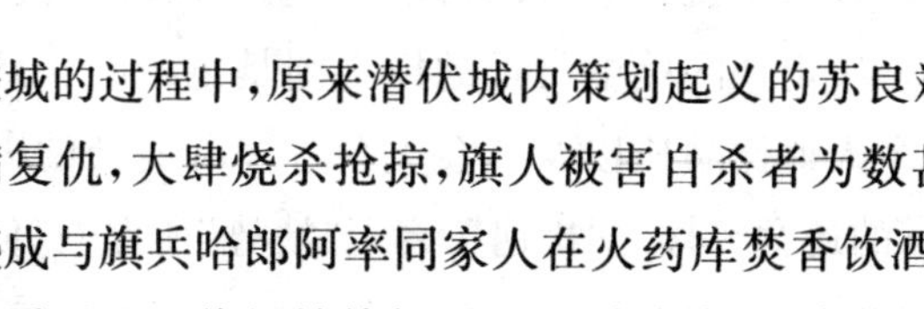

光复南京联军步队凯旋

另外，在各军进城的过程中，原来潜伏城内策划起义的苏良斌、崔瑛两部在皇城旗营一带，借口反满复仇，大肆烧杀抢掠，旗人被害自杀者为数甚多，其状极惨。午后，旗兵驻防佐领盛成与旗兵哈郎阿率同家人在火药库焚香饮酒，决意共同殉难，遂引爆火药库，一时声震天地。徐绍桢接报后立即派兵前往，将苏、崔二人拘捕法办，所

① 《辛亥革命江苏地区史料》，第428页。

部兵员缴械遣散。同时派参谋陈凤文前往旗营安抚旗民，并安置难民。为避免类似的事情再发生，安定城中秩序，急需成立南京卫戍总督府，建立宪兵司令部。

光复南京联军炮队凯旋

十三日(12 月 3 日)上午，徐绍桢召开各军代表会，议决速设宪兵司令部，以肃军风纪，并公举浙军参谋次长茅乃封为南京宪兵总司令，即日抽调各军之优秀士兵，暂充临时宪兵，分班巡察全城。规定士兵无故不得提械外出。同时徐绍桢并对进城各军的善后事宜，稍作安排，并于十二日(12 月 2 日)下午发表告捷通电，同时提出："善后事务极繁，务求诸公推举都督，以图长治久安，俾桢潜身归隐。"[①]为收复后的南京下一步政治运作提出新的课题。

三 江苏都督府的建立

根据中国同盟会的《革命方略》以及武昌起义后湖北省的先例，起义胜利或和平独立以后的省或地方都要成立新的政权机构——军政府。军政府的首脑称都督，这就要举荐新的都督人选。这是一个十分敏感又十分紧要的问题。在当时情况下，至少有下列三种人员有可能成为考虑的对象。一是革命党中的有功之臣。根据同盟会的重要文件《革命方略》规定：各处国民军都督"以起义之首领任之"[②]；二是在晚清改革国会请愿运动崛起、武昌起义后拥护起义独立的立宪派知名人士；三是在晚清改革、国会请愿运动中表现良好、武昌起义后转向独立反清的开明官僚。而在这三种人物中又分两种情况：一种是主流社会(或者说是社会中层以上代表)容易接纳认同的人物，另一种则相反。决定认同接纳与否的标准则是传统的、习惯的社会伦理原则：如身份、地位、学养、个人道德品质以及社会关系等多种复杂的因素。这就增加了取舍问题的复杂性。有的还会直接为"机遇"、客观"情势"所左右，使可笑的角色成为时代的"英雄"。

① 《辛亥革命江苏地区史料》，第 428 页。
② 《孙中山全集》第一卷，第 298 页。

联军收复南京后，首先遇到的问题是镇军林述庆争权夺利，根本不把联军司令放在眼里。入城后，立即占领两江总督府及大清银行金库，控制电报局，并沿途大量散发事先印刷的"苏军都督林"的布告。林入驻两江总督署，自称江宁都督，督署内全驻镇军，不许总司令部之警卫队入署，满街张贴都督林述庆的安民告示[①]。此等行为，自然引起联军总司令徐绍桢及各军的强烈不满。徐还算顾全大局，采取忍让态度。"徐之部将及各军司令大为不满，认为林原系徐之部属，论其资望及功勋实相差远甚，因而要举兵攻之"。江宁绅商代表人物仇继恒、陶保晋"闻此消息，异常惊恐，连夜奔赴苏州，吁请苏督程德全来宁缓和此事"。这是南京克复之后为争权出现的新矛盾。

联军司令徐绍桢既是原新军第九镇的统领，又是会攻南京的联军总司令，进城后担任江宁都督，本是顺理成章的事。但徐是聪明人，他有他的一番考虑，一是秣陵关新军起义一败涂地，无功可言；二是组建江浙军会攻南京被任命为总司令，是上海都督陈其美的意旨，当时就有许多将领，包括林述庆不服气；三是现在江宁虽下，但各军"兵非己属，将之甚难"，加之林述庆公开向他叫板，他实在是底气不足，无有本钱。惟一的办法还是看上海总机关的态度如何。故在联军进城的当天，徐就向上海发电报说：

联军苦战七昼夜，昨经镇、沪、浙诸军，攻夺天堡城要地，贼兵已丧胆，请人调和，本日复经苏军占领雨花台，攻入南门，又镇军攻入太平门，已将南京省城克复，民军陆续入城，即刻安民，详情续报。此皆群策群力所致，桢实无丝毫之力，善后事务极繁，务求诸公推举都督，以图长治久安，俾桢潜身归隐，没齿铭感。"[②]

徐绍桢一方面报告胜利的消息，另一方面表示要"潜身归隐"，以试探上海对江宁都督人选的态度。果然，上海都督陈其美通过各种情报，对南京联军情况了解得一清二楚，立即给徐绍桢复电，对有关问题作了胸有成竹的安排。回电说：

南京联军总司令徐鉴：文电悉。我公功成身退，高义可风，惟鄂难正炽，北氛尤恶，尚非大君子洁身独善之时。此间已公推程雪老（程德全）移驻江宁，为江苏都督，并推林公（林述庆）为出征临淮总司令，东南要人，本党英俊，共表同情。雪老今日赴宁，北征尤为重要，大局安宁，必资伟划，惟为国自玉，不尽欲言。[③]

---

① 柏文蔚：《五十年经历》。转引自吴韧：《辛亥革命论文集》，南京师范大学出版社 2000 年版，第 56 页。

②③ 《辛亥革命江苏地方史料》，第 428 页。

电报巧妙地就徐绍桢的自谦表扬一番,"高义可风"。同时正式告知程德全为江苏都督、林述庆为出征临淮总司令。至于徐绍桢本人的安排,则不言自明,暂时协助程都督统一规划南京的事,并强调"为国自玉",即从大局出发,善自珍重,不要有情绪。

有关都督的问题,早在宣统三年九月二十九日(1911年11月19日),江苏省谘议局开会时已经提出,当时议决省谘议局改组称省临时议会,三十日(11月20日)选举,张謇仍当选为议长。会后,以议长张謇为首,也发出通电,致江浙联军及全省各军政分府,呼吁:

> 江苏本为一省,宁苏分治,原属满廷弊政,今既改为共和,一省之中应只设一行政总机关,俾民政有所统一。而宁、苏相较,自以驻宁为宜。程公雪楼平昔行政,注重民事。现在金陵光复,拟即请程公移驻宁垣,抚绥保定以慰全省民望。事关人民公意,敬恳同为劝驾。……江苏省议会全体议员。[①]

十月十三日(12月3日),上海总机关派遣宋教仁、于右任、范光启等人一起到达南京,调解徐、林的矛盾,十四日(12月4日)在省议会召开联军各首脑会议,正式宣布程德全为江苏都督,林述庆为北伐军临淮总司令,并组织军队克日西上增援武汉。

至此,徐、林矛盾总算顺利解决。而苏军都督程德全则利用江苏、上海绅商原立宪派的人脉关系、个人的社会地位影响,以及特殊时期的形势机遇,轻而易举地摘取了江苏辛亥革命的胜利果实——成了掌握江苏大权的江苏都督。

程德全成为江苏都督,林述庆当然不服气。因为他在镇江独立、江浙联军会攻南京的过程中作出了重要贡献。早在苏州"和平光复"后,程德全传檄各州县响应,檄文到镇江时,林述庆即气愤地将檄文扯得粉碎,说:"德全衰朽无能,因人成事。余岂下人者?乃藐视余耶!"[②]南京光复以后,他对江宁都督志在必得,公开挤兑、挑战徐绍桢,引起各军的不满以致谴责,于是有所收敛。他曾公开发表通电,以退为进说:"拟即将述庆镇军都督名义取消,全省公举一都督主持,以专事权。……述庆不敢爱其功名。自问去就之际,无所容心。"[③]他虽未提出担任省都督的要求,但也算是放了一颗探测气球,表明他对江苏都督的位置,并非"无所容心"。只是考虑有无可能的问题。须知在当时中国社会主流意识形态中,一个社会政治人物的权威、声望、影响的形成,

① 《辛亥革命江苏地方史料》,第560页。

②③ 《辛亥革命江苏地方史料》,第396、470页。

有一个非常复杂过程，并不在一时一事之事功。

另一位专门研究江苏辛亥革命史的专家吴韧则认为如果按照《中国同盟会革命方略》规定，上海革命党人陈其美应该是江苏都督的首选。他从上海同盟会中部总会成立起，就酝酿上海南京同时起义。武昌起义后，他为策划上海、江苏、浙江起义，做了大量的工作。在上海、苏州、杭州独立后，首先提出组织江浙联军会攻南京，并在进攻南京过程中，在军队调动增援，武器弹药资金等一切急需的支持中，全力以赴，可以说没有上海方面的强大支援，江浙联军不可能如此迅速攻占南京。因此，如果陈其美"做江苏都督是当之无愧的"①。

事实上陈其美和程德全在为控制江苏未来大权，谁任江苏都督的问题上，从苏州和平光复后，就开始了明争暗斗。且各人身后均有一批身手不凡、阵容强大的支持者。陈其美毕竟是同盟会的骨干，中部总会的五大领袖之一，他从上海在全国革命中的地位影响着眼，关心的是整个辛亥革命战局的成败利钝，不屑于与程德全为区区江苏都督之争，影响大局。且程德全毕竟是以清朝一省巡抚的身份在全国成为"第一个和平光复的省份"宣布脱离清廷，影响巨大。所以他对程德全采取有矛盾、有斗争，但又合作又支持的策略，不失大家风范。在南京收复后谁任江苏都督人选的问题上，陈其美从大局出发，不以个人恩怨、帮派为依归，仍然从众公举程德全。因为他既不想在此关键时刻分身，揽此一省的繁杂政务，一时又找不到比程更适合，更具人望，能得到公众认可的人物以替代程德全。决定举程为江苏都督，可以说是一种成熟的政治智慧。

十月十六日(12月6日)，程德全由沪来宁，受到南京绅商的欢迎。他当即将在沪印刷的通告广为散发、张贴，以安定民心。其内容一为正式宣告"南京现已光复，从此共享和平；……四民各安生业，汉满一视同仁。"二为宣告："本督现已莅宁，首在安民保商；设法维持市面，开设江苏银行；钞票流通行使，金融自无恐惶；典当钱业铺户，务即开市如常；如有造谣生事，查获惩罚照章。"②

紧接着开始筹备都督府成立的相关事宜。

十九日(12月9日)，都督程德全对外发布通电："江苏都督府官制"规定，分别委任："参谋总长暂由本都督兼任，次长顾宗琛、钮永建、陶骏保。政务厅长宋教仁。外务司长马良，次长杨廷栋。内务司长张一麐，次长沈恩孚。财政司长熊希龄，次长姚文枬。通皋司长沈懋昭，次长陶逊。军务司长陈懋修，次长张一爵。参事会长范光启，副会长郑方孙。"③

---

① 吴韧：《辛亥革命论文集》，南京师范大学出版社2000年版，第52页。

②③ 《辛亥革命江苏地方史料》，第561—562页。

另外，为尽快恢复正常的社会秩序，程德全接受议长张謇的建议，依照湖北军政府的做法，制订江苏省约法和江苏省的官制，以便有所规范。

《中华民国江苏约法》共18条，第一条至第六条主要内容，规定推翻清廷建立民国初期之江苏省，由军政府统辖江苏省政务，军政府由江苏省人民公举产生的江苏省都督及由都督任命的政务委员构成。都督总揽政务，代表军政府执行或裁可相关规定的权力；第七条至第八条为各政务员的权责；第九条至第十五条规定省议会之组织、责权；第十六条至第十八条规定全省人民的权利义务，并声明此约法至中华民国成立时即废止①。

有关专家研究指出：这个约法是江苏省议会议长张謇全力支持程德全主政江苏省的一个法律文件。它的最大"特点是扩大都督权力"。"把《江苏约法》和湖北的《鄂州约法》以及浙江、江西的《临时约法》相比较，《江苏约法》没有规定都督的产生要经过选举，没有规定都督的任期，没有规定对都督进行监督的条款，甚至规定议会通过的法律须经都督裁决方能生效"②。

江苏省官制分为军政府暂行官制和地方暂行官制。

军政府暂行官制规定：

江苏都督府都督，统辖江苏军政地方一切事宜。

都督以下，除立法机关属于议会，司法机关属于审判厅外，其余行政机关分设二厅五司。编制于下。

参谋厅：参议海陆各军筹防计划，备都督军事上之咨询，设参谋总长、次长、一二三等参谋官、秘书官、录事等员额。

总务厅：禀承都督，总理一切政务暨本府庶务等事宜。

军政司：设司长一员，禀承都督办理军政一切事宜。

民政司：设司长一员，禀承都督办理警务、学务、实业、交通及不属于(其他)各司职任内之一切内政事宜。

财政司：设司长一员，禀承都督办理凡关于隶属本军府范围之一切财政事宜。

提法司：设司长一员，禀承都督办理司法上一切行政事宜。

外交司：设司长一员，禀承都督办理一切外交界交涉事宜。

江苏暂行地方官制规定：

凡地方旧称为州者、县者，仍称州、县。旧称为厅者改为县。所有民政事宜，统于

---

① 《辛亥江苏光复》，《江苏文史资料》第40辑，第253—254页。

② 吴韧：《辛亥革命论文集》，第74页。

州、县民政长。原有之道、府、直隶厅均裁。知州、知县均改易名称为民政长，同城州县均裁并为一。

州县民政长直隶于都督府，受都督之监督、指挥，处理各该州县各项民政事宜。

州县民政长，应酌设佐治职，分课治事如下：

总务课：掌理该州县文牍、印信、庶务、会计及不属于他课之各项事宜。

警务课：掌理该州县巡警、户籍、营缮、卫生、消防等事宜（都督府所在地，设警务总监，不另设警务课）。

学务课：掌理该州县教育事宜。

劝业课：掌理该州县农、工、商务及交通事宜。

主计课：掌理该州县各项税捐及一切财政事宜。

典狱课：掌理该州县监狱事宜（都督府所在地监狱事宜，由提法司管理，不另设典狱课）。

各州县佐治职，均与民政长同署办公，如因地小事简，不必备设者，得以一人兼任二职（从前之教职及佐二杂职均裁）。

州县民政长及佐治职均三年一任，州县民政长由该州县议会公举，报请都督府核准委任。但有违法及不称职时，除经议会纠举外，都督得行文免职，由议会另外公举。佐治职由民政长量才授职，报都督府核准委任。

另外，各州县别设议会、参事会、审判厅、检察厅。

各州县市制、乡制另订。

此为江苏暂行地方官制，俟中华民国地方通制颁行后，即改从通制。

会议还议决：江苏都督府下设五个军政分府，分别为：

苏州军政分府：分管原有之苏州、常州地区。

镇江军政分府：分管原有之镇江、扬州地区。

上海军政分府：分管原有之淞江、太仓地区。

江北军政分府：分管原有之淮安、海州、通州、海门地区。

徐州军政分府：分管原有之徐州地区。

军政分府设军政使一人，由都督特简，承都督之命管理辖区内之军政民事，于军务事项得发布命令于地方官。

有关省临时议会、参事会等另订章程。

江苏都督府成立后，立即开始规划处置全省的相关事宜，特别是徐州尚在张勋残余势力控制之下，尚未规复。

四 全省独立的完成

南京的攻克，江苏军政府的成立，不仅在辛亥革命中具有全国性的意义，同时也促进了江苏各府州厅县独立易旗，重组新的地方政权这一过程的最后完成。在南京攻克前，苏南、苏北尚有一些县，未明确建立新的地方政权。南京光复后，江苏军政府建立，传檄各地，这一过程不管是实质上还是形式上都最后完成了。徐州是全省最后建立新政权的一地。从此标志着江苏历史上旧时代——封建专制时代的结束，新时代——共和民主时代的肇端，尽管还不彻底、不纯粹、不典型，但毕竟是江苏政治近代化的新曙光。

徐州地处苏、鲁、豫、皖四省交接之处，在历史上向为兵家必争之地。清代列为军事重镇，控扼东西南北的咽喉，由旗兵镇守。甲午战争后，清廷创立新军，以新军十三协驻守徐州南部的清江浦，该协兵员大多为徐州地区人士，由徐州人徐占凤担任该协统领。徐颇得士兵的拥戴。武昌起义前夕，徐占凤因事被清军开除，还乡闲居，深为新军士兵所不满，纪律松弛。武昌起义后，各省纷纷响应，江苏亦在宣统三年九月中旬(1911 年 11 月上旬)出现“光复”独立热潮。在此影响下，十三协新军士兵因不满当局的种种措施，九月十四日(11 月 4 日)发动兵变，到处鸣枪、抢劫，一片混乱。大部分士兵三三两两，结队携带枪支及抢劫的财物北上返回徐州，有的投奔徐占凤的帐下，成为徐州地方的武装土匪。

当时，徐州绅商各界为维护地方治安，开会议决公举徐占凤收编十三协兵变士兵，加上地方青壮年，成立“徐防新军”。一方面“借以弥息风波”，一方面乘机应付时变，宣布徐州独立，成立徐州军政府，推举徐州萧县绅士、曾任广东琼崖道道员、津浦路督办等职的绅董段书云为政务总长，徐海道道员林开谟为民政长，徐占凤为军政长，地方绅士张佐卿为财政长。完成了辛亥革命中徐州历史上的第一次独立，后人称之为“假独立”。其实跟其他地方的独立并无多少区别。

十月下旬(12 月中旬)，在江浙联军会攻南京中惨败的张勋，率领江防营残部逃至浦口，在民军打击下又从浦口乘火车经蚌埠、固镇一路北逃，到达徐州东站时，只剩下五节车厢兵员，张勋在第四节车厢，暂停休息。当时，以段书云为首的军政大员及地方代表闻讯，不但不想作任何抵抗，反而立即列队到东站欢迎张勋进城。“张询以地方情况，他们对以‘安靖’，于地方独立一事，只字未敢提及”。张军残部因而放心进城，宣布“奉命旋师，来徐平匪”，大肆勒索。十一月初(12 月下旬)，江浙联军在南京有人曾拟组织北伐，追讨张勋，因当时正忙于组织南京临时政府，无暇顾及。其盘踞徐州达两月之久[1]。

南京临时政府成立后，为配合全国各省要求北伐的高潮，临时大总统孙中山下令组织六路北伐军。十一月二十三日(1912 年 1 月 11 日)，江苏军政府奉命北伐。北伐军以林述庆为总司令，率镇军、粤军、浦军及其他部队，分三路北上。中路为粤军，司令林震，由浦口出发，沿津浦路北上；右路为浦军、镇军，司令葛应龙，由扬州北进；左路为皖军淮泗讨虏军，司令陈干。陈在张勋北逃时曾率皖军在皖北固镇、宿州大破北逃的张勋及倪嗣冲部。此时陈干率讨虏军的任务为自寿州经正阳关、濉溪、萧县直逼徐州[2]。

盘踞徐州的张勋军，得知三路北伐大军日益逼近，时日无多，从十二月廿一日(1912 年 1 月 9 日)起开始大肆抢掠，并将徐州的商业精华地区——南关上街、马市街、笆子街等地区付之一炬。商民损失惨重，不可胜计。

十二月廿四日(1912 年 2 月 12 日)，北伐军前锋抵达徐州南 15 公里的三堡镇车站，徐州绅商重新演绎谁势力大就欢迎谁的政治活剧，公推韩志正、徐香九、梁惺初三代表前往欢迎北伐军。张勋闻之，再次下令洗劫徐州全城，翌日北逃山东兖州，江苏北伐军追至苏鲁交界的韩庄而止。

接着徐州按临时政府新颁的地方制度，废除清代省以下的道、府、厅、州行政建制，统一以县为省以下的直辖基层单位，徐州改为铜山县，直辖于江苏省政府，设民政长一人，下分总务、主计、教育、司法、警备、实业 6 课，委韩志正为民政长，另设县议会，徐州周围的各县重新划分为 6 市 12 乡，统属铜山县。

徐州是江苏辛亥革命中经历反复斗争最后完成易旗的一个县，标志着江苏辛亥革命过程的完成。

从江苏的情况来看，这一“光复”过程的完成，各县情况并不完全相同，至少可以分以下四种类型：

第一种是真正由革命党人串连发动，联合立宪派绅商阶层头面人物，实行武装起义，夺回政权，完成独立易旗的。如上海、吴淞、无锡、镇江、江宁等。

第二种是由革命党人、立宪党人绅商阶层头面人物，联合地方开明官僚，在革命形势强烈影响下，实行“和平光复”重组政权、完成独立易旗的。最典型的为苏州，其他如清江浦、南通等地。

第三种情况则是地方比较偏僻、革命党人力量薄弱，或根本就没有，而地方绅商

---

① 《辛亥革命江苏地区史料》，第 581 页。

② 《辛亥革命江苏地区史料》，第 576 页；《辛亥江苏光复》，第 242、250 页。

官僚思想封闭,他们只是在革命形势、社会主流舆论的席裹下,跟风转,随大流,进行的易旗独立活动,政权重组,也是象征性的变化,无实质性的改变。

第四种是原有的地方反动官僚投机革命,对革命党人及起义群众怀有特别仇恨,疯狂反扑,残酷镇压。最后,由外部民军力量的干预而完成独立易旗,如山阳县等。

从江苏总的情况看,除上海以外,真正完全由革命党人主政的情况极少,或者根本没有。基本是由立宪党人、绅商阶层的头面人物、开明官僚及新派知识分子构成新政权的主体。

这里不妨征引一下江苏辛亥革命史研究专家吴韧先生的研究成果以作说明:

> 12月2日,江浙联军攻克南京,程德全在各方面支持下,于12月6日将江苏都督府移驻南京。12月7日通电宣告:都督府参谋总长由程德全兼任,次长顾忠琛、钮永建、陶骏保……从这个名单可以看出,连同都督兼参谋总长……几个司的正、副司长等重要职务,都是由旧官僚和立宪派担任的。
>
> 在上述名单中也有几个同盟会员,但是他们在都督府中都没有发挥多大作用(因为他们都是上海政治中心的核心人物,在江苏都是挂名而已,无法分身——笔者注)。……对都督府工作不能发生重大影响……
>
> 程德全出任江苏都督后,通令各府、州、县长官,应仍照常办事,毋庸稍涉疑虑。这不仅给原清廷地方官员以精神支持,也给他们继续行使职权和担任民国官员以合法根据。……江苏各地光复后,在新政权中担任主要职务的,大多数不是革命党人和起义人员,而是旧官僚、立宪党派及当地的豪绅巨富。[①]

据统计,清末江苏行政设置"为8府,3直隶州,1直隶厅,3散州,3散厅,62县。"各地独立易旗后,有些县合并,有些建制撤销,当时只保留江宁、苏州2府,加上现在属于江苏管辖,有资料可考的47县民政长的身份情况如下:"1. 原知州、知县易旗换印继续担任民政长的22人,约占47%";2. 曾任知县等职务的旧官吏被委任为民政长的8人,约占17%;3. 立宪派、省谘议局议员、县自治公所负责人被委为民政长的计8人,约占17%;4. 绅商学界、地方知名人士被委任为民政长的4人,约占8%;5. 革命党人、起义军官、进步知识分子被委任为民政长的计5人,约占10%[②]。

此外,"光复"前任知州、知县,"光复"后虽未任民政长,但仍在原县安排重要职务

① 吴韧:《辛亥革命论文集》,第1—4页。

② 吴韧:《辛亥革命论文集》,第5—7页。

的有8人。如残酷杀害革命党人周实、阮式的淮安知县姚荣泽被包庇逃避惩罚，后来居然被委为山阳司法长。如此等等。“除了常州、镇江、扬州三个知府，昆山、丹徒、溧阳、昭文等四个知县因是满人，而受‘排满’宣传影响皆弃职出逃外，绝大多数都坐等光复，准备蝉联(继任)”①。如此等等。

对于江苏辛亥革命或曰反清革命过程中出现的这些情况，如何认识？如何评价？可以分两阶段：

一、民国时期的史家，从较为客观的视角、平和的态度出发，记述辛亥反清革命过程，基本持赞同认可的态度。认为辛亥革命是以孙中山为首的革命党人经过多次武装起义失败，最后由革命党人发动，立宪党人、社会绅商学界头面人物、先进知识分子以及开明官僚的支持，共同推翻了清王朝，结束了在中国延续两千多年的封建专制政体，开创了民主共和新制度的一次伟大革命。

二、中华人民共和国成立以后有关辛亥革命的研究著述，在上个世纪80年代以前，受阶级斗争、暴力革命极“左”思潮影响，强调暴力革命的唯一正当性，否认其他任何社会政治势力采取其他形式参与推动社会进步潮流的正当性。具体表现为：

1. 只要是武装起义一概肯定，相反不是武装起义，而是通过其他形式“和平光复”就认为是破坏革命、或革命不彻底的表现。如对上海起义、江浙联军攻克南京，可以大书特书，彪炳史册。又如扬州孙天生联络长江盐枭起义、清江浦十三协赵云鹏发动的兵变，谈不上有任何革命宗旨、革命意识，但有的史著也以歌颂肯定的笔墨予以记述，统一称之为“起义”。

2. 对程德全一类的旧官僚以及立宪派拥护革命，实施苏州“和平光复”，虽然不否定其在当时的意义，但总有点另眼相待，认为他们是“狡猾”的“投机革命”的“两面派”。“江苏光复前，程德全处心积虑地为清廷出谋划策，其中心目标是维持帝制，同时也为自保禄位”。武昌起义后，“知军国之事已无可为，不得不另做打算……寻找一个自保的办法”。直至宣布独立了，“还没有忘记向清政府打招呼，通款曲”等等，予以批判性贬损、嘲笑、讽刺。特别描写程德全在宣布光复时，下令将巡抚衙门大堂上的檐瓦挑落几片以示“革命必须破坏”，说明其政治作秀的虚伪丑态。不肯承认其追求时代潮流的正当性和积极性。甚至认为树立了不好的典型，影响了革命的彻底性。

3. 以“革命夺权”、革命党人是否掌握政权作为衡量革命成败的标志。有些专家用十分惋惜的笔触，记述一些地方革命党人“既不理解掌权的重要性，更缺乏把权掌好的信心，甚至将政权拱手让给旧官僚和立宪派”等等，并以此来总结辛亥革命失败

① 吴韧：《辛亥革命论文集》，第10页。

的教训。最典型的要算一些论著对南京临时政府成立后,南北议和、孙中山让位这一过程的批判。认为是资产阶级革命的软弱性和妥协性的表现云云。

对于以上评议,有必要加以重新认识。

第一,关于武装起义和非武装起义亦即暴力革命及和平的改良,究竟哪种形式更适合推动社会历史前进的问题,亦即谁更具有正当性的问题。在“阶级斗争”、“暴力革命”极“左”史观指导下,将阶级斗争、暴力革命视为几千年人类文明社会历史发展的惟一动力,否认社会历史其他多种因素、矛盾的综合作用。诚然,武装起义、暴力革命在一定时期、一定条件下,对解决社会发展的“瓶颈”问题——推翻腐朽落后的、阻碍社会发展的反动统治政权——对推动社会历史发展有着重大的作用。但绝不是惟一的。革命条件的形成本身,往往在非暴力的社会发展过程中长期积累才能形成。以辛亥革命为例,如果没有鸦片战争后中国闭关自守大门被迫打开,中西物质、精神文化的广泛交流,19世纪60年代至90年代的洋务运动,90年代至20世纪初的戊戌变法运动和晚清新政,就不可能爆发辛亥革命,而只能是太平天国式的农民运动或愚昧排外的义和团式的运动。

人类数千年的文明发展史表明,和平渐进的发展进步是历史的常态,而武装起义、暴力革命却是应急的、非常态的。即使在武装革命的过程中,在革命形势的影响下,反革命势力以和平的方式宣布归附革命,亦是历史的常态,是值得肯定和欢迎的进步形式,以避免“生灵涂炭”、社会大破坏,有利于社会的发展进步。由此可见,苏州的“和平光复”模式应该得到充分肯定。至于辛亥革命后“穿新鞋,走老路”的问题,那是这场革命成熟程度的问题、组织建设方面的问题。不是“和平光复”的地方,亦即革命的地方,同样会“穿新鞋,走老路”,甚至会延续很久很久。

第二,关于对程德全的评价问题。由于程的身份是清朝巡抚旧官僚,这是无法改变的个人历史。他在晚清新政中支持改革,支持立宪党人的国会请愿运动,呼吁民主立宪,思想开明。武昌起义后,最终支持革命,领导苏州“和平光复”,通令各县奉令执行,这本是应该欢迎肯定的好事。在这一叛清归附革命的过程中,有一些个人的顾虑和权衡,从历史唯物主义的角度出发,也是人之常情,十分正常的现象。可是,在以往的一些史著中,由于受“左”的史观影响,总觉得程出身反动营垒,不属于“根正苗红”的革命派,总认为他“心怀二志”,是“投机革命”,以“两面派”视之。后来更以他“挺袁”作为凭证。否认他在辛亥革命过程中一切政治表现的合理性、正当性,而成为贬斥的对象。

须知,评价历史人物不能离开当时的历史情境,辛亥革命作为当时中国社会开始转型发展过程中的第一次革命,其本身自有其不成熟的地方,如革命队伍本身十分弱小、幼稚、很不成熟，理论宣传的力度低，普及程度差。在当时情况下，惟一的中心目标就是推翻清廷，建立共和，这就足够了。也就这一条，可以成为当时衡量全国各阶级阶层政治团体以至个人政治是非的标准。其余一切，都是变动不拘，当时无法确定的。对程德全的评价也只能以此为标准。

第三，关于惋惜革命党人缺乏“政权意识”，不懂“掌权的重要性”等，更是以“文革”式的标准要求前人了。那时“夺权”的口号满天飞，“掌权”的呼声震耳欲聋，最后都灰飞烟灭成了历史的笑柄。中国自古以来，从来只有野心家觊觎政权神器，发出“王侯将相宁有种乎”的慨叹，以儒家学说为经典的经生士子，他们的抱负是“修身、齐家、治国、平天下”。想做官，那是要凭本事、学问，后来要通过科举考试，正儿八经地由皇上御赐给予做官的权力或捐银买官亦可，从来没有过非法“夺权”的概念。对于辛亥革命时期基层乡村的造反派革命党人，他们惟一明确的概念恐怕就是“反满”、“排满”，只要打倒满人，由汉人掌权就可以了。至于由汉人中的什么人掌权，对他们中的大多数人来说，并不重要，他们确实没有掌权的经验。有经验的只能是那些旧官僚，这是当时的实情。是当时中国社会刚刚由古老的封建社会，开始向近代社会转型过程中政治生态的实际情况，也是新生的民主政治意识刚刚诞生不久，很幼稚，很不普及的必然结果。总结历史经验教训，应该在尊重客观历史情境的基础上总结，不应该随心所欲地以为某种政治意识形态服务为借口，随便冤屈古人。从这个意义出发，总结江苏辛亥革命独立易旗、政权重组的过程，大方向是正确的，结果也是成功的、顺利的，为新时代的发展开拓了道路。

第三节　为终结帝制创建共和伟业奠基献策

辛亥革命与历史上的农民起义占山为王、改朝换代不同。从光绪二十年(1894)九月(1894 年 10 月)孙中山创立兴中会起，就确立了“驱除鞑虏，恢复中华，创立合众政府”，振兴中华的伟大目标。光绪三十一年(1905)，又正式揭橥三民主义为近代中国民主主义革命最先进的政治纲领。为了实现这一伟大的革命目标，当时以孙中山为首的同盟会及全国各革命小团体先后发动十余次武装起义，均告失败。致使革命党人内部灰心丧气，意见纷纷。不料，宣统三年八月十九日(1911 年 10 月 10 日)，武昌革命党人起义竟一举成功，全国响应，终于建成民主共和的南京临时政府，促成在中国延续两千多年的封建帝制亦随之崩溃，宣告终结。

多年来关于辛亥革命的研究著述，可谓汗牛充栋，不可胜计。对于胜利的原因，当然与孙中山等革命党人多年的舆论宣传、组织建设、英勇奋斗与牺牲，武昌革命党人的精心准备、勇敢首发，以及整个社会的进步、政治意识形态的变化都有很大关系。可谓方方面面都作了较为充分的研究和肯定。可是对江苏省在辛亥革命中的作用，除了江浙联军会攻南京，取得胜利，稳定东南半壁河山得到比较充分的肯定以外，其他方面均显得很一般。近期有范福潮研究江苏武进人赵凤昌跟民国创建关系的研究成果，对重新认识江苏在辛亥革命中的地位和作用很有帮助。有如关于过去学术界对张謇在辛亥革命中对孙中山采取不合作态度，而且“挺袁”，积极为袁出谋划策，与革命党人争权有所批评是可取的，但对张謇在当时情况下说服袁业凯顺应时代潮流、赞成共和、迫使清帝退位，对辛亥革命最终取得创建民国、终结帝制胜利的重要意义却认识不足。

一 沪苏独立，扭转革命危局

宣统三年八月十九日(1911 年 10 月 10 日)，武昌革命党人发动武装起义，迅速占领武汉三镇。紧接着湖南、江西、陕西各省响应。清廷于八月二十一日(10 月 12 日)，即下令驻河南的新军混成协前往镇压，第二、四两镇各一部星夜赴援，同时下令长江水师提督萨镇冰率海军舰队由水路会攻武汉，同时委任荫昌为钦差大臣前往节制各军。二十六日(10 月 17 日)南下清军越孝感，屯结于滠口，所部兵力不下 2 万人。而革命军原只 4000 余人，起义后扩充为六协，合计不足万人。由于荫昌生性怯懦，所部大军盘旋于孝感、信阳之间，虚作战备，不敢前进。清廷知事机危迫，不得不改变方略，起用袁世凯代替荫昌为钦差大臣，令其往湖北督军。

袁世凯在北洋经营多年，以其诡异的政治权术搜罗发展的政治势力，不仅遍及京师、各省军政界，并且得到各帝国主义势力的青睐和支持。光绪、慈禧双双去世后，新上任的摄政王载沣恐惧袁世凯的势力，借口袁“现患足疾”，“着即开缺回籍养疴”，让他暂时停职回家，不理政事。袁虽然离开北京，“但他的住宅内居然设有专用的电报房，日夜机声嗒嗒，与帝国主义……各地各方的党徒始终保持密切的联系”。上至内阁总理大臣奕劻、协理大臣那桐、徐世昌，以至外务、民政、邮传各部的大臣，下至直隶、两广、山东、安徽、东北等重要省份的督抚及上海道台及社会名流，都与他保持密切的联系，函电交错，“政无大小毕报”，“唯袁世凯意旨是瞻”。尤其是驻屯北方和东北的北洋陆军将领，如冯国璋、段祺瑞、曹锟、姜桂题等，一直是他的忠实部属，通过他们继续牢牢地掌控着清朝的统治支柱——北洋陆军以及毅军和淮军。削职还乡、蛰伏洹上的袁世凯，仍然气焰熏天，成为左右北方政治、军事、外交潜在的中心人物。

武昌起义后，清廷内部的袁派党羽，纷纷提出重新“起用袁世凯统兵平乱”、“非袁不能收拾”的局面，各国驻华使团亦担心庚子年义和团运动的局面再现，亦纷纷向清廷施加压力，表示“当此危急之秋”若以袁主政，各国尚可保留清朝“旧贯”，否则……言下之意，不予支持，“清朝必亡”。加之朝廷派遣南下督师的钦差大臣荫昌昏庸无能，北军根本不听其指挥。江苏谘议局议长张謇就曾经急急忙忙赶到洹上村，劝说袁世凯出山，主持局面。在此情况下，摄政王载沣只好同意起用袁世凯代替荫昌为两广总督、钦差大臣，南下督师，镇压革命。

袁受命后，以冯国璋统第一军、段祺瑞统第二军，开赴汉口，加上原有的清军和北洋军，向民军进攻。九月初(10 月下旬)，宋教仁、黄兴均由上海至武汉，观察双方形势。清方北洋军大多是北方人，体力健壮，且能吃苦耐劳，入伍数年，纪律严格，训练有素，机枪、大炮配备齐全，富有作战经验，一旦投入战斗，攻势甚烈。惟一的问题是士气不足，冲锋时不够勇敢。而武汉民军方面，除原有起义独立的新军不足 5000 人，其后匆忙招募扩充的新兵，缺乏训练、没有作战经验、秩序混乱、难以指挥，且新招士兵大多数是本地人，夜间私自回家者众，战斗发生时，士兵一听到敌军机关枪声，即往后退。当时，由黄兴负责指挥汉口民军阻击清军，由于民军缺乏武器弹药，部队只有步枪，没有机关枪，起义炮队只有旧式过山炮，炮弹不开花，射程又短。在战斗的过程中，惟有起义新军，尤其是学生军敢死队在枪林弹雨中英勇无畏，视死如归，表现了一往无前的革命牺牲精神，但伤亡很大。而敌军火力强大，后源充足，加之清军采取残酷的焦土政策，每前进一步，大肆纵火焚烧民房，一片焦土，使火力不济的民军，失去利用巷战掩护的可能。黄兴亲自组织敢死队督战，不准后退，然终无力挽回败局，汉口失守。清军纵兵大肆烧杀抢掠，无所不为，时谓失守的汉口“马蹄所至，地为不毛，硝弹经过，咸变瓦砾”[①]，惨绝人寰。

汉口失守，民军各部退守汉阳。总司令黄兴对各军作了重新布署。九月十六日(11 月 6 日)，湘军援兵开到，共两协。一协为起义新军，训练有素，一协为巡防营整编，缺乏训练，且大多徒手无枪械，由总司令部设法配备武器。时北方革命党人新军第六镇统制吴禄贞密谋起义被刺。民军闻讯，群情激愤，一致要求乘湘军增援之机，一鼓作气渡汉江收复汉口。二十六日(11 月 16 日)夜，以湘军为前锋，鄂军为后援，渡江进攻。湘军一协奋勇进攻，将敌击退，惟鄂军后援仅有一标过江，且大多是临时召募的新兵，一经接仗闻机枪声，立即溃退。黄兴随军亲自督战，毙后退者二三人，终至不可收拾。而下游渡江攻击部队，亦未能及时渡江支援，黄兴只得下令湘军退却。在后退渡江过程中，又遭清军攻击，损失惨重，收复汉口之战遂败。

---

① 萧一山:《清代通史》第四册，第 2671—2673 页。

此时袁世凯已北上赴京组阁，他为了既向清廷施加压力，又向南方革命党人显示北洋军的淫威，暗地里向冯国璋下令，务必要在短时期内攻占汉阳，以抬高自己的身价。为此，袁世凯一方面扬言南北和谈，若南军不进攻，北军绝不反击，以麻痹革命军。一方面命令冯国璋派大军在汉水上游偷渡，从西、北两方向完成对汉阳的包围，然后以猛烈的炮火发动对汉阳守军的连续进攻。当时总司令黄兴逐日至前线指挥督战，“每见敌炮落在咫尺，不少为之动，辄由随从人员，强曳以避，其英勇之气，令人感佩。惟士兵无训练，多不用命，时引为恨”。双方经过多次惨烈战斗，民军的一些重要将领阵亡，汉阳各据点一一失守，黄兴从前线回到昭忠祠总司令部“痛哭失声，欲以身殉，经田桐婉劝而止，夜渡江往都督府”①。初七日（11 月 27 日），清军占领汉阳。时人评议：“克强之功，在坚守汉阳，以促各省响应，关系民国兴亡，厥功甚巨。其后汉阳虽以势孤失守，然克强血战逾月，心力交瘁，则非战之罪也。”②这说明武昌首义之区，汉口、汉阳的失守，实由于双方军队实力的对比存在巨大差距，若战争继续，武昌革命中心能否坚守，实在是一个大问号，革命形势岌岌可危。

可是就在这关健、危险的时刻，江浙联军会攻南京，十月十四日（12 月 4 日）占领南京全城，江苏全省独立，巩固东南半壁河山，力挽首义之区武汉革命的危局，沉重打击了袁世凯北洋军不可一世的嚣张气焰。为全国独立各省代表会议从武汉转移到南京，继续开会，筹备成立共和新政权奠定了坚实的基础，提供了优良的时空条件：(1)有力地扩大强化辛亥革命遍地烽火，各省独立“光复”已不可阻遏、革命必胜的巨大影响，加速了清王朝灭亡的进程；(2) 沉重打击了袁世凯依恃北洋军不可一世的嚣张气焰，使其不敢轻易挥军进攻岌岌可危的武昌，与革命军为敌到底，促使其不得不考虑加速与革命党人的和平谈判；(3) 充分利用，发挥上海、江苏作为南方政治、经济、军事、文化中心，交通便捷、中外联络方便、人才荟萃、宣传舆论实力雄厚等各种优势，迅速建立革命政权，为革命取得最终胜利奠定坚实的基础。

二　江苏谋士赵凤昌为创建民国出谋划策

打开史册，纵观历代王朝的兴亡换代、政权转移，不管是通过农民起义还是通过统治阶级内部的宫廷政变、生死相搏，都离不开两种类型的人物：一种是在前台按既定目标，具体负责实施并完成规定任务的人物，如统领、指挥、文臣、武将等。一种是在后台以超人的智慧与经验，深谋远虑，精心策划的谋士或智囊人物。这两种类型的人物，有时可以是合二而一的，一人身兼两种特质，但大都是分开的。在不同的时空

①② 萧一山：《清代通史》第四册，第 2678 页。

中，发挥着各自不同的优势，对于实施完成既定的目标，二者是相辅相成、缺一不可的。在一定的条件下，后者甚至显得更为重要。

辛亥武昌首义后，各省响应独立易旗，腐朽的清王朝内外交困，已到达崩溃边缘，只靠野心家袁世凯军事实力支撑。近代中国第一次面临以革命党人、原立宪党人联合的反清派，同以清王朝为首的腐朽反动势力，以及袁世凯为首的介于革命和反动之间的军事实力派三大势力之间的角逐。革命党人要实现自己的革命目标，必须要迅速建立政权，形成社会政治中心、权力中心，以便扩大自己的影响。但这个中心如何建，建成什么样的中心，才能既符合革命的目标，又适应当时社会条件的可能？这关系到革命成败的关键所在。

对于这个中心——革命的政权，孙中山在《中国同盟会章程》及《革命方略》中，只是原则提及“创立民国”，“由平民革命以建国民政府，凡为国民皆平等以有参政权。大总统由国民公举。议会以国民公举之议员构成之。”①这在中国历史上没有现成的经验可以借鉴。

武昌起义胜利后，湖北革命党人，首先就为成立军政府的都督人选问题头痛不已，不得不求助于立宪党人的湖北省谘议局商议，最终竟然用强迫的方式，将新军二十一混成协协统黎元洪推上了都督的宝座，成了湖北新生革命政权的最高领导人。各省独立易旗后，成立全国革命政权已经万分紧急。可是原来在革命党人中声名远播、大家一致公认的领袖孙中山却远在国外，其他一些骨干也分散在南洋、广东各处。此时由谁来制订革命即将胜利的大政方针、认真仔细周到地规划筹组新的革命政权这件大事呢？谁有能力来承担这一历史重任呢？

历史的发展过程，有时十分诡异，出人意料。结果承担这一重任的这一关键人物不是革命党领袖，也不是各省独立易旗过程中的风云人物，而是江苏立宪派国会请愿运动中的谋士，专门出谋划策的军师型的人物——赵凤昌。说来十分偶然，却也是历史的必然。

赵凤昌是江苏武进人，咸丰六年(1856)生，自幼家道清贫，未能接受系统的儒学教育，但为人聪慧机敏，好学上进。稍长，其父托人送其去钱庄当学徒。数年的钱庄学徒生涯，浸淫于开放繁荣的江南经世文化之中，大开眼界。他心思缜密，处事严谨，博览群书，孜孜不倦，态度谦恭，深得一朱姓富商的喜爱。一次，由于家贫，挪用钱庄的银子，被掌柜停职。那时，他还不到 20 岁。朱姓富商对他说：“看你人很聪明，不是当伙计的材料，你最好还是去读书，才有希望上进。”赵凤昌说：“我读不起书，还是请

---

① 《孙中山全集》第一卷，中华书局 1981 年版，第 297 页。

你推荐一份工作给我做吧。”朱说：“你既不愿读书，我索性为你捐一个小官，到省候补，将来一定可以出头。”不久，朱姓商人果真出钱为赵凤昌捐了一个候补县丞，并赠送旅费，分发广州上任①。可见富商的厚爱。

广州是当时比上海开放还要早的对外商贸城市。赵凤昌到广州后，先在广东按察使姚觐元幕下办事，后至湘军二号人物、时任两广总督的曾国荃帐下担任记室、幕僚。光绪十年(1884)，张之洞任两广总督，赵凤昌又以其精明强干、多谋善断、见识过人，继续服务于张，且随着时日的推移，深得张的倚重和信任，参与一切机密策划，视为肱股。据说赵之所以如此受到张的信赖，除了因为他聪明、好学、善谋、机敏，还有一个理由，因为他的记忆力过人。张之洞生活懒散，率性而为，书籍、公文随手乱放。有时忽然想到要检阅那一册书、要查看往年某一件公文，只有赵凤昌能做到随要随即找到。

光绪十五年(1889)，张之洞调任湖广总督，开办汉阳铁厂、湖北枪炮厂，兴办洋务，又将赵凤昌带在身边，足见其器重程度。张是当时封疆大吏中少数思想开明、富有远见卓识的人物。在参与清廷上层复杂的政治斗争中，既有原则，又有手腕，在处理一系列重大问题上，高瞻远瞩，妥善严密，恰到好处。赵凤昌跟随张之洞多年，深受器重和信赖，随时参与机密策划，自然受到很大的影响与熏陶。他虽未受正统教育，但后来不仅能代张之洞撰拟公文，而且学习模仿张的书法手迹，几能乱真。长期的高层幕僚生涯，对好学上进、深思机敏的赵凤昌来说，不仅弥补了他青少年时代缺乏系统教育的缺憾，而且贴近时代风云、感受新潮气息、亲身经历耳闻目睹政坛波谲云诡的复杂斗争，体悟把握时事变化，驾驭大局的要道经纬，渐渐烂熟于心。数年后，朝政中的勾心斗角牵涉张之洞，大理寺卿徐致祥参劾张之洞。清廷派两江总督刘坤一调查处理，刘采取丢卒保车的手法有意回护，以其属下赵凤昌有“揽权招摇”之嫌，将赵处以“革职还乡，永不叙用”了结此案。实际上，是让赵凤昌代张受过，平息风波。由此赵凤昌才离开张之洞。张之洞为报谢赵的多年亲随及这次代己受过，请盛宣怀为他安排了武昌电报局常驻上海的闲差，襄助办理通讯运输和其他机密事务。从此，赵凤昌成了上海寓公，深居简出，低调处事，但不忘时政。

上海本来就是当时中国最敏感的政治经济文化中心，藏龙卧虎、人文荟萃。赵凤昌虽然闲居，但以他多年身处政界的复杂关系，不同凡俗的社会影响，加之他消息灵通足智多谋的名声，自然不会“门庭冷落车马稀”。相反他的居所——上海南阳路十号“惜阴堂”，却经常高朋满座，旧朋新知，往来不绝。许多社会名流、显宦高官都跟这

① 范福潮：《“民国产婆”赵凤昌》，《南方周末》2009年6月4日第23版。

里保持密切的联系。许多重大的社会事件和决策，如“东南互保”、“江楚会奏三折”、“晚清新政”、波及全国的“国会请愿运动”，都跟这里的秘密聚会策划关系密切。惜阴堂无疑成了当时上海新兴的工商阶层、立宪派人物、开明绅士、社会名流聚会的中心，一个潜在的、影响巨大的民间智库，其核心人物就是赵凤昌。

辛亥武昌起义胜利，这样的大事，自然离不开赵凤昌的视野和他深切的关怀。范福潮的《“民国产婆”赵凤昌》一文（以下简称范文）说：“上海光复后，位于南阳路十号的赵宅惜阴堂，成了各派要人的聚会之所。赵凤昌与官僚士绅、同盟会、光复会各方人士皆有往来。他思路开阔，智谋超群，对南北形势判断精确，常出奇策，以匡时局。”①

对于赵凤昌是如何“智谋超群，对南北形势判断精确，常出奇策，以匡时局”，最终促成民国顺利诞生的呢？试从以下几方面说明：

（一）及时、准确、全面地规划武昌起义各省独立后的总方针、总目标，提出建立共和政权及其实施步骤

辛亥武昌起义、各省独立、建立全国政权的政体问题，倏忽提上议事日程。一直从事国会请愿运动的立宪派首先关注这一问题。当时有的人以中国国民程度不齐，国土辽阔、民族多为由，主张实行君主立宪。赵凤昌以自己的丰富学识和阅历，综观形势，力主共和。他在当时为处理时局出主意，发给友人的一份电稿中说道：中国“国土寥廓，最宜于共和分治。以理论证之，卢梭《民约论》谓，凡国土过大，则中央之支配力有鞭长莫及之虞，其势宜于分治……以事实证之，美之国土广宽，不亚于中国，而共和之治最先，成绩最美。……种族之繁杂，莫过于瑞士之联邦……然共和政府之固，政绩之良，而绝无涣散纷争之虑者，怵于外患而团体愈坚也……且保全领土，尤为今日南北所当同一协力、唯一无二之问题。”②为驳斥“国民程度不齐”，不宜设共和政体的观点，他说：“国民程度由一国之政治制造而成……有共和政治而后有共和程度之国民。美、法革命，改建共和，皆为反抗压制事实之结果，非先有共和程度而为之也。……观此可知，共和政体与君政体，不以国民程度之高下为衡，而以国民能脱离君主政府与不能脱离君主政府为适宜之取决。……国民未能脱离君主政府，只有立宪……既脱离君主政府，只有共和。”③根据“国土广袤，种族繁杂，宜于实行共和制政体”这一宗旨，赵凤昌又立即拟定五条政见：(1)“保全全国旧有疆土，以巩固国家之地位”；(2)“消融一切种族界限，以弭永远之竞争”；(3)“发挥人道主义，以图国民

① 范福潮：《“民国产婆”赵凤昌》，《南方周末》2009年6月4日第23版。

② 《辛亥革命在上海史料选辑》，第1047页。

③ 《辛亥革命在上海史料选辑》，第1048页。

之幸福”;(4)“缩减战争时地,以速和平之恢复”;(5)“联络全国军民,以促共和之实现”。这五条可以说是赵凤昌为武昌起义后如何处理时局提出的总纲领,高屋建瓴,极富远见卓识。

他在当时对全国亟待处理的重大问题共提出六个方面,供紧急研究:“总机关宜如何组织,一切建设宜如何预备,同人意见宜如何发表,已独立未独立各省宜如何交通,满洲政府如仍存在宜如何应付,北方军队如袁世凯、张绍曾等宜如何联络?”①为解决以上问题,他建议立即组织“全国会议团”,并为召开会议团会议撰写了通告书稿。稿中说:“自武汉起事,各省响应,共和政治,已为全国所公认。然事必有所取,则功乃易于观成。美利坚合众之制度,当为吾国他日之模范。美之建国,其初各部颇起争端,外揭合众之旗,内伏涣散之机。其所以苦战八年,卒收最后之成功者,赖十三州会议总机关有统一进行、维持秩序之力也。考其第一、二次会议,均仅以襄助各州议会为宗旨。至第三次会议,始能确定国会长治久安,是亦历史必经之阶级。吾国上海一埠,为中外耳目所寄,又为交通便利不受兵祸之地,急宜仿照第一次会议方法,于上海设立临时会议机关,磋商对内对外妥善之方法,以期保疆土之统一,复人道之和平。务请各省举派代表,迅速莅沪集议。盼切盼切!集议方法及提议大纲如下:

甲:集议之方法:(1) 通告各省旧时谘议局举代表一人,常驻上海;(2) 通告各省现时都督府派代表一人常驻上海。(3) 有两省以上代表到沪,即先行开议,续到者随到随议。

乙:会议之要件:(1) 公议外交代表;(2) 对于军事进行之联络方法;(3) 对于清皇室之处置。”②

为此,他事先拟订了组织全国会议团也就是召开全国各省代表会议的计划,并通知武汉。

故刚刚独立不久的上海、江苏、浙江三都督陈其美、程德全、汤寿潜商议立即在上海设立全国会议团,并以赵凤昌撰拟的《组织全国会议团通告书稿》稍加个别文字修饰,就作为三人的联名通电发至各省,务请各省举派代表迅即莅沪。其集议方法及提议大纲亦基本与赵凤昌的通告稿相同:(1) 各省旧谘议局各举代表一人;(2) 各省现时都督府各派代表一人。均常驻上海;(3) 以江苏教育总会办招待所;(4) 两省以上代表到会,即行开议。续到者随到随议。提议大纲三条亦与赵所拟之“会议要件”内容相同:(1) 公议外交代表;(2) 对于军事进行之联络方法;(3) 对清皇室之处置。这

---

① 《辛亥革命在上海史料选辑》,第1049页。

② 《辛亥革命在上海史料选辑》,第1051—1052页。

说明赵凤昌事先考虑的意见完全被他们所接受。

上海电报发出后，武汉认为代表会议应在武汉召开，实际上不愿让江苏在上海首先取得召开全国代表会议的名声以削弱武昌首义的影响。九月二十五日（11 月 15 日）到沪代表会议，商定会议名称为“各省都督府代表联合会”。并同意代表会议在武汉召开，但在上海设总会所，以便“联络声气，为通讯机关”。承认“武昌为民国中央军政府。鄂军都督执行中央政务”主持开会，并公举伍廷芳、温宗尧为外交代表。从十月初三（11 月 23 日）起，各省代表纷纷到武汉，共商筹组政府所面临的相关大事。从此，以赵凤昌提出的“全国会议团”为蓝本的“各省都督府代表联合会”，成为南方起义独立各省行使类似于美国十三州会议职能的总机关，共商组织共和政权，决定相关重大方针政策，为保障其后全国各省光复独立、创建共和的工作统一有序进行提供了有力的组织前提。

各省代表到达武昌后，由于清军的猛烈进攻，汉口、汉阳相继失守，整个武昌城均在龟山清军大炮威胁之下，终日炮声隆隆。代表会议只好移到汉口英租界顺昌洋行召开。十月十日（11 月 30 日）召开第一次会议，通过《临时政府组织大纲》同意与袁世凯派出的代表和谈，以及和谈条件等重大问题。

会议期间，由于江浙联军攻克南京，而武汉形势危急。代表会议不得不重新议决临时政府设于南京，代表亦全部移南京继续开会，准备选举临时大总统。

从十月二十二日（12 月 12 日）武汉代表到达南京，至十一月初六（12 月 25 日）孙中山归国到达上海，这十多天时间，正是当时中国政坛为成立民国、选举大总统、“三地”、“三派”斗争最激烈复杂的关键时期。“三地”是上海、武汉、北京，“三派”是革命党人、立宪党人、袁世凯派系，还有帝国主义势力参与其中。斗争的特点和实质是：上海和武汉主张推翻清王朝，建立共和民国，选举大总统。而袁世凯表面装着“保清”，而实际上想取清王朝而代之，自己夺取全国政权。但关键是由谁主持控制这一过程的实施，用什么办法来完成任务？是通过战争还是通过和平谈判来实现，最后由谁担任大总统？是革命党人的领袖孙中山？还是袁世凯？各有各的想法，特别是革命党人内部歧见迭出，极不统一。

（二）精辟分析当时形势，提出“三虑”、“三策”应对方略

在当时“三地”、“三派”群龙无首、意见分歧、莫衷一是的情况下，赵凤昌“为革命军筹划三策”，“三策”的前提是建立在对当时形势分析“三虑”上面的。

首先，他针对上海、武汉对未来中央政权各怀心思、意见分歧的情况说：“此议不决，势必南北相持，久则经济恐慌，民生困苦，外交必生绝大之危险。赔款（指庚子赔款——笔者注）到期不付，各国责之北京。北京不应，责之南方。（南方）各省又散而不能统一，

万一列强借为口实,以占据领土为质,岂非陷于瓜分之危险。此可虑者一也。"

其次,他针对袁世凯势力坐大,很有可能形成与南方对峙、分裂中国的后果说:"北京情状本已朝不保夕,自袁入都后,人心渐定,而于外交上、军政上,袁尤占有优胜之势力。盖各国公使不信清之政府,而信袁之个人,已与皇帝无异矣。……东三省既以外交之牵制,不能宣告独立。而山东、河南、直隶,又属袁之根据旧地,将来大势必趋于袁之势力范围。万一袁将北京经营就绪,外债、外交均已得手,基础巩固,渐及于河南、山东、直隶三省,举兵南向,以与我革军相持,则彼此胜负未可决也。即使南方可以抵拒,亦将成南北分离之局。全国领土势将缩小,南方人满,将何以为移植之区域。此可虑者二也。"

再次,分析南方存在的不利因素:"南方各省,虽皆宣告独立,然察其内容,事权不一,意见不齐,有未能趋于统一之势。各处革军,又多新募之卒,未练之兵,恐难言战。故张勋以防营而顽抗于南京……北军由河南而直达于汉口,铁道之便,乃其所长。时将冬令,北地严寒,南军不能长驱北向,彼已挟有天时之胜……袁自回京后,昌言南方各省军政府,类皆竞争权利,彼此内讧,不久必溃,有轻藐南军之意……南方各省得此人心团结实非易易。倘因势不统一,致败垂成,袁将收拿破仑之效果。此可虑者三也。"

为此,赵凤昌向南方革命党人提出应对的三策:

第一,"业经宣告独立之各省,宜商议组织临时政府……筹划全局。凡各省军政、财政互相联络,务使将长江一带布置完密,可守可战,为进规北方之计"。

第二,"北军所恃者京汉铁道,转输军饷,甚为便利。苟非河南宣告独立,使北军有后顾之忧,则北京必不帖服……必须有一奇兵,直捣开封,方足助豫人之独立,而绝北京之后援……由南方各省派员前往齐、秦各省,说以利害,使出奇兵以规河南,……中州不守,汉口北军不战而降矣"。

第三,"北京财政恐慌,已达极点。袁入京后,外债必可成立,饷械必可筹购……然封河在即,大沽不能航行……严禁武器输入关内,则北军失其能力。而南军既擅长江河流之便,又占吴、粤、闽、浙海口之利,财政武器,均可为持久之计,北军虽多,无能为也"。

十一月初六(12月25日),孙中山归国到达上海的第二天下午,即在相关人员陪同下,亲赴"惜阴堂"拜访赵凤昌。"三虑"、"三策"必然是赵、孙谈话的主题。"其后,孙中山又多次登门拜访,与赵商讨统一建国、网罗英才及国家财政诸要端"。赵凤昌提出了许多建议,勉励孙中山"建府开基,既需兼纳众流,更当克副民望"①。

---

① 《辛亥革命在上海史料选辑》,第1053—1055页;范福潮:《"民国产婆"赵凤昌》。

从赵凤昌《为革命军筹划三策》的内容看，前者“三虑”，综合分析当时局势，南北双方的利弊，既高瞻远瞩，又洞察入微，必然对南方产生重大的影响。具体来说，对革命党人的影响，可能更大，如何正视现实存在的问题，采取正确妥当的措施至关重要。这就有可能强化了他们通过南北议和，依赖袁世凯赞成共和，逼迫清帝退位的妥协意识，为辛亥革命指出了一条不太理想但却是无可奈何的出路。

后者“三策”的内容，虽然针对前者的“三虑”而设计，但除了第一策尽快“组织临时政府”正确及时外，其他二策，在当时情况下也是惟一能够积极争取、应努力达到的目标，但很难做到。“三虑”、“三策”对加强“南北和谈”的倾向，加速建立民国的进度，影响无疑是巨大的。

（三）穿针引线，出谋划策，大大加快了“南北和谈”的进程

所谓“南北和谈”，即是辛亥武昌起义后，南方革命党人和支持起义独立的原立宪派人物同北方清廷以袁世凯为代表的和谈。有其历史必然性和合理性。

社会转型的特征是，一切传统、腐朽、反动的旧意识形态及其制度必将逐渐发生崩解，但不可能立即消灭。一切新生的、革命的积极因素逐渐生成，有强大的生命力，但在初期有其幼稚和不成熟的因素。作为新与旧两种对立的思想理论体系的载体或代表——社会群体或曰社会各阶级在其发展过程中，必然分为三种情况：或反动，或革命，或介于两者之间的中间状态。介于中间状态者，他们兼具革命和反动对立两方的部分特征，但又不同于二者。在社会转型、发展、变化的关键时期，三者随时随地都处于分解、生发、变化的动态发展过程之中，从而形成复杂的社会群体势力或集团。但在特定历史条件下，现实的社会各群体势力或集团，谁也无力单独主持控制当时的社会动荡局面、决定社会未来发展的走向。这就会出现各方在激烈的矛盾冲突之余，需要坐下来和谈协商的局面。这就是辛亥革命时期出现南北和谈的历史根据，也是赵凤昌这样的“超越党派、政见”的政治明星出现的社会背景。

从武昌起义爆发后不到两个月，全国政治形势正在发生着深刻诡异的变化。

一是原来作为传统反动统治象征的清王朝，虽经“新政改革”的努力，但其统治再也维持不下去了。全国 22 行省，14 省已宣布“光复”独立，土崩瓦解之势已成。但从这个腐朽反动的营垒中却冒出一个野心家袁世凯。袁利用清王朝乞求他镇压革命、挽救危局的机会，迅速攫取了清王朝的最高政治、军事、财政大权。但他并不愿意为清王朝卖命，实际想取而代之。随着革命形势的发展，他又奸诈、虚伪地表示“赞成共和”，赢得社会广泛信任和帝国主义各国的支持，成为当时社会最具军事实力和政治影响力的权威人物。从社会政治学和中国数千年人治独裁传统的角度考察，出现这样的人物，无论如何是不可忽视的。

二是以江浙绅商阶层为主、在晚清新政中崛起的立宪派，其政治立场已经发生重大的转变。他们从过去支持朝廷的新政改革、要求实行君主立宪失败，到对清廷完全失望，转而支持革命党人反清起义、“光复”、“独立”，建立民主共和政权。但在“光复”、“独立”建立地方政权的过程中，他们又从“合作”转变为与革命党人争权夺利，想尽最大可能将新建的政权控制在自己的掌握之中。他们头脑中的封建传统意识、他们丰富的政治经验，决定了他们对革命党人的轻蔑和不信任。在考虑建立民国的问题上，他们却看中反动营垒中分化、升腾而起的实力派人物袁世凯。

三是革命党人中、特别是上层领导人物的思想认识，在当时亦发生严重的分歧和分化。以孙中山为首的革命党人，为实现革命宗旨，长期活动在海外华侨中，宣传革命、筹集资金、发动武装起义，可以说屡败屡起，虽有内部分歧，各自为战，但誓死革命排满的决心从未动摇。他们不断地聚集力量，调整战略，准备再战。武昌起义出乎意料的突然成功，对革命党人来说，完全缺乏思想准备。接着出现的各省“光复”、独立的大好形势，按理说应该由革命党人承担起挑大梁、建立政权、重整河山的重任。但是由于革命党人长期活动在海外，长期从事单纯的发动武装起义，缺乏从事基层社会组织建设的人才和经验，在大好形势面前，反而感到手足无措，不得不依赖或寻求富有政治经验、又具有社会影响力的立宪派代表人物的帮助。从而形成革命党人在“光复”、独立过程中，政治上向立宪党人靠拢、趋同的总倾向！

更为糟糕的是：在一段时期内，同盟会上层领导人对下一步革命方略，认识极不统一。近代史专家章开沅先生说：武昌起义后，同盟会“成员间思想更形紊乱。原来闹分裂的，没有捐弃成见；骤荐高位的，不愿再蹈险阻；意志不坚的，逐步被拉拢过去；求官失意的，愤懑不平。”[①]绝大部分人都倾向原立宪党人的主张，认为应该通过“南北和谈”，争取袁世凯反正，逼迫清帝退位，选袁世凯为大总统，建立民国，完成革命大业。革命元老章太炎在拥袁舆论影响下，也看中袁世凯，视其为“未来中国惟一合适的统治者”。曾赴北京暗杀摄政王载沣、被捕释放后的汪精卫，也以“民党代表”的身份竭力鼓吹：“中国非共和不可，共和非公促成不可，且非公担任（大总统）不可。”[②]同盟会第二号人物黄兴也在九月十九日（11月9日）以鄂军总司令的名义致函袁世凯，说：“明公之才能，高出兴等万万，以拿破仑、华盛顿之资格，出而建拿破仑、华盛顿之事功，直捣黄龙，灭此虏而朝食，非但湘鄂人民戴明公为拿破仑、华盛顿，即南北各省，当亦无有不拱手听命者。”[③]在沪的同盟会中部总会领导人宋教仁及起义各省到沪开

---

① 章开沅、林增平主编：《辛亥革命史》下册，第264—265页。

② 张国淦编：《辛亥革命史料》，龙门联合书局1958年版，第115页。

③ 《闵尔昌旧存有关武昌起义函电》，《近代史资料》1954年第1期影印件。

会的代表亦共同倾向于"以大总统饵袁世凯而推翻清室"[①]。九月二十六日(11 月 16 日),正在欧洲准备回国的孙中山在未来的革命领导权问题上,亦表示了类似看法。他通过上海《民立报》发表了《致民国军政府电》中说:"文已循途东归,……今闻已有上海议会之组织,欣慰。总统自当推定黎君。闻黎有请推袁之说,合宜亦善。"[②]这虽然表明他革命并非为争权的高风亮节,但对党人影响很大,革命派内部妥协的空气日渐弥漫。这一方面表明当时革命党人普遍地对革命领导权的一种疏漫态度,另一方面也表明他们对单独依靠自身力量,夺取辛亥革命的胜利,缺乏应有的自觉。

以上情况决定了南北双方必须坐下来进行谈判,才能推进时局的发展,否则将战火纷飞,生灵涂炭,时局动荡,后果难以预料。这也正是赵凤昌急急忙忙为革命军筹划"三虑"、"三策",全面分析形势的初衷。

赵凤昌自晚清新政,国会请愿运动起,就是上海、江苏、浙江立宪派的谋主。

武昌起义后,上海革命党人陈其美、宋教仁、黄兴、伍廷芳等亦都成了惜阴堂的常客。在南北议和过程中,有知情者说:"秩老(指伍廷芳)名义上是南方的总代表,实际上作不出什么决定,真正能代表南方意见、能当事决断的,倒是这个赵老头子。"[③]他不仅在南方上层关系广泛,如鱼得水;在北方亦人脉甚深,左右逢源。上层官僚如梁敦彦、唐绍仪、熊希龄等都与其关系密切。当袁世凯受命为内阁总理大臣后,内阁总长赵秉钧的亲信幕僚洪述祖就是赵凤昌的妻弟。北方高层的动态、重要内部信息随时都通过这些关系,直达赵凤昌。这一切都为赵凤昌在南北议和中居间调停,穿针引线,以至操纵控制,必欲使其成功提供极大便利。他当时所关注的中心问题是立即筹组全国革命政权。他认为:"惟兹事体大,宜早熟图……"而要完成这项任务,必须通过南北和议才能实现。为此,他从九月下旬(11 月中旬)开始,就以惜阴堂为中心与原立宪党人以及革命党人积极筹划议和事宜。

首先提出议和的是袁世凯和湖北军政府都督黎元洪。早在武昌起义后不久的八月二十七日(10 月 8 日),袁尚在老家养病,就通过其亲信幕僚刘承恩,向湖北军政府都督黎元洪传递信息,表示:"袁氏可以与革命军合作……目前战事不能长久,当有和议转机。"[④]当清廷被迫重用袁世凯南下督师以后,九月廿日(11 月 10 日),袁私下派出代表到达武昌与黎元洪接触,想"诱降民军",拥护"君主立宪",遭到湖北革命党人的强烈反对。但此时却在革命党人中产生一股希望袁世凯"反正","率部下健儿,回

---

① 章开沅、林增平主编:《辛亥革命史》下册,第 273 页。

② 《孙中山全集》第一卷,中华书局 1981 年版,第 546—547 页。

③ 冯耿光:《庙昌督师南下与南北议和》,《辛亥革命回忆录》第六册,第 362 页。

④ 中国人民政治协商会议湖北省委员会编:《辛亥首义回忆录》第二辑,湖北人民出版社 1957 年版,第 26 页。

旗北向，犁庭扫穴，为汉族争百尺光"的暗潮[1]。以后这一思潮的发展几乎成为当时社会普遍认可的公众舆论，也是袁世凯与南方革命党人共同产生"和谈"的思想基础。各帝国主义驻华使节出于维护在华特权和利益的目的，也开始积极参与支持这种倾向，大肆吹捧袁世凯，呼吁双方"和谈"，强调战争"不宜任其迁延，且无用之流血亦宜停止"[2]。

其次，以赵凤昌为首的江浙立宪派头面人物及起义各省代表会议介入和谈，使南北和谈升级加速进行。

从九月初(10月下旬)开始，赵凤昌已与唐绍仪秘商，由赵的内弟洪述祖以隆裕太后的名义起草一份诏书，表明朝廷同意南北和谈，召开国民会议，"无论君主、民主、立宪，余均乐观其成"，以便正式批准后颁布。另外要唐绍仪也单独上奏，请求朝廷主持召开国民大会，决定君主、民主问题，并服从多数民意之取决。十月初一日(11月21日)，洪在给赵的信中说：

> 上月初在少川(唐绍仪——笔者注，下同)处读吾哥(赵凤昌)密电，次日弟草一诏稿，托人转说前途，迄未有效。直至项城(袁世凯)入京，方以此稿抄两份，分途达之。项城甚为赞成，而难于启齿不得已开少川之缺。于廿七日入都商定办法。廿八日少川自往晤老庆(奕劻)，反复言之。老庆亦谈之声泪并下，然亦不能独断，允于次早决定。不料一夜之后，廿九早，全局又翻，说恐怕国民专要共和云云。菊人(徐世昌)、项臣(袁世凯)均力争不得。项城退直，焦急万分。少川代谋，即以此宗旨由项臣奏请施行。倘不允，即日辞职，以去就争之。事机千载一时，南中切勿松动。惟到沪议政员殊难其人。以少川来，南中人愿否，乞密示。手此密布，即请道安。弟述祖顿首。十月朔日(即十月初一，11月21日)。[3]

此信反映赵凤昌等，正在利用一切手段、动员一切关系，给清廷施加压力，竭力促成南北和议早日实现。信中告知袁世凯，准备以"辞职"相要挟，逼迫清帝退位，以便最后由他担任民国总统、收拾局面的计划。洪要求赵凤昌他们坚持这一宗旨，"切勿松动"。

十月十二日(12月2日)，集聚汉口英租界顺昌洋行开会的各省都督代表会议亦

---

① 《鄂人致袁世凯书》,《满清外史》第八编，新中国图书局1913年版。

② 《新译英国政府刊布中国革命蓝皮书》,转引自章开沅、林增平主编:《辛亥革命史》下册，第259页。

③ 《赵凤昌藏札》第108册,《辛亥革命在上海史料选辑》,第1069—1070页。

为是否接受和谈问题，争论不休，最后通过决议："如袁世凯反正，当公举为大总统。"[①]十九日(12月9日)，代表会又议决"南北和谈"纲要四条：(1) 推翻满清政府；(2) 主张共和政体；(3) 礼遇旧皇室；(4) 以人道主义待满人。并决定以汉口为和谈地点，公举伍廷芳为南方和谈的全权代表。

再次，北方的袁世凯成为清廷内阁总理大臣后，十月十七日(12月7日)正式委派唐绍仪为"南北和谈"总代表。唐之所以被袁选为和谈总代表，不仅因为"袁与唐自朝鲜同患难以至北洋为堂属，北京为同僚，固能如身使臂，如臂使指"，还因为他与上海的赵凤昌等"极为投契"，可以加强与东南原立宪党人的联络。十月十九日(12月9日)，唐绍仪南下，当天就给赵凤昌信，请代约张謇、汤寿潜等"赴汉会议为幸"。但因武昌形势危急，各省都督代表会议已于先一日沿江东下，移至南京，故张謇、赵凤昌等人提出"南北和谈"的地点改在上海，以便活动。

十月廿八日(12月18日)，"南北和谈"会议在上海英租界市政厅正式开始。与会南方代表伍廷芳、王正廷、参赞温宗尧、王宠惠、汪精卫等，北方全权代表唐绍仪，随员欧庚祥、许鼎霖、冯懿同、赵椿林等。此外，还有驻沪各国领事。有关和谈的宗旨、程序等，早在十月前就已经由赵凤昌、张謇、汤寿潜、宋教仁、黄兴等秘议商定，并通过电讯往还，征得袁世凯的同意：即通过和议停战，召开国民会议，决定政体，最后达到迫使清帝退位、举袁为大总统的目的。这可从十月初一日(11月21日)洪述祖写给赵凤昌的秘信中得到证实。

"南北和谈"会议从十月廿八日(12月18日)开始，至十一月十二日(12月31日)结束，共举行5次会议，最后又延期半月。主要讨论了停战问题、国体问题、国民会议问题。停战问题的谈判，虽有分歧，比较容易解决。国体问题以及如何召开国民会议问题，讨论颇费周章。从赵凤昌藏札中可以看到他的一系列文稿中有关论述，有些可能是赵凤昌综述了别人的观点，有些则是他个人的主张。如：《国土寥廓种族不一与共和政体之问题》、《会议各问题之答案，国民程度与共和政体之问题》、《组织全国会议团通告书稿》。通过这些文论主张的协商讨论，终于使一波三折的南北和谈，得以在十一月十日至十二日(12月29日至31日)期间，双方就"停战"、"国体"、"国民会议"三大问题，达成初步协议。其中"国体"问题，南方坚持废除满洲政府，建立共和政府。对此，唐绍仪表示原则上赞同，不过宜筹一善法，使和平解决。双方同意召开"国民会议"公决"国体"。召开国民会议的办法，即照赵凤昌起草的"拟召开国民会议办法稿"进行。开会地点拟在上海，时间定于十一月廿日(1912年1月8日)。唐绍仪答

① 萧一山：《清代通史》第四册，第2689页。

允请示袁内阁后再定。

在南北和谈的紧张时刻，南方各省都督府代表会议，仍在为成立革命的中央政权领导人选问题争论不休。十一月初六(12月25日)，同盟会总理孙中山海外归来，到达上海，众望所归。十一月九日(12月28日)，孙中山被南京十七省代表会议选为临时大总统。袁世凯知悉后，恼羞成怒，认为南方违约。因为不仅有黎元洪、黄兴多次表示在袁"反正"、"犁庭扫虏"的前提下，拥袁为"汉族之华盛顿"的承诺，且有在汉口召开的各省都督府代表会决议："若袁世凯反正，当举为大总统"，以及十一月初一日(12月20日)北军代表廖宇春与江浙联军代表、总参谋顾忠琛秘密谈判的协议，答允"组织共和政体，公举袁项城为大总统"[①]。于是袁世凯立即致电南方，表示"南人先组织政府，公举大总统，有悖协约本旨"[②]。并终止唐绍仪的全权议和代表资格，同时电告南方代表伍廷芳，嗣后南北和议应商事项，由他与伍直接电商，以期简捷。由此，剩下来的最后任务，便是袁世凯和孙中山如何根据南北双方议和决议精神，逼迫清帝退位，建立民国，推选袁为大总统这一具体过程的执行问题了。

三　促成推翻帝制、南北统一、共和伟业的完成

在中外政权建立的历史上，有许多是短命的。由于各种主客观因素，未能控制大局，即遭各种反对势力的包围、镇压而归于失败。以孙中山为临时大总统建立的南京临政府，如果不采取南北和谈的方式结束战争，实现和平统一，而是坚持革命立场，实行北伐，最后是否真正能够获得革命政权的巩固？这是一个没有实际意义的伪命题。但从现有的史料可以见证，南京临时政府建立后，所面临的困难是极其严酷的。撇开南北双方军事实力对比不谈，首先是在华的帝国主义各国势力，名义上中立，实际上全力支持袁世凯，不支持孙中山。其次是在革命光复过程中曾全力支持革命、力主共和的原立宪党人，亦全力支持"袁世凯反正，当举为大总统"，而不支持孙中山。他们当时赞成选孙中山为临时大总统，只是"临时"的。目的是想依靠孙中山收拢革命党人心。再次是革命党内部亦大都是拥袁派。真正支持孙中山北伐讨袁的，只是少数中下层革命党人。最现实的问题是南京临时政府成立后，只是一个空架子政权，缺乏各地方政权的实力支持，财政极端困难。数月内，真正是"源无可开，流无可节"。大批的军队索饷，无钱可支，甚至发生哗变。陆军总长黄兴急得寝食俱废，至于吐血。当时有人说，"南京临时政府的政令出不了南京城，甚至出不了总统府。"[③]相反袁世凯

---

① 钱基博：《辛亥南北议和别纪》，中国史学会编：《中国近代史资料丛刊·辛亥革命》第八册，第103页。

② 白焦：《袁世凯与中华民国》，中华书局2007年版，第10页。

③ 《辛亥革命回忆录》(一)，第488页。

的情况却大不一样。

南北和议的中断，实际上是狡猾的袁世凯为了最终攫取辛亥革命的胜利成果、夺取全国最高政权的一种手段；给南方施加压力，给清廷表“忠心”、做样子，为下一步逼迫清帝逊位铺路。

果然，这一招很灵，临时大总统孙中山于宣统三年十一月十三日（1912 年元旦）在南京就职后的第二天，即复电袁世凯曰：“袁慰庭君鉴：盐电悉。文不忍南北战争，生灵涂炭，故于议和之举，并不反对。虽民主、君主不待再计，而君之苦心，自有人谅之。倘由君之力，不劳战争，达国民之志愿，保民族之调和，清室亦得安乐，一举数善，推功让能，自是公论。文承各省推举，誓词具在，区区此心，天日鉴之。”①表明南京临时政府成立，自己决不贪恋权位。在另一电中表示自己“虽暂时承乏，而虚位以待之心，终可大白于将来”。② 而南方原立宪党人以赵凤昌、张謇为代表亦立即致电袁世凯，一方面解释南京临时政府匆匆成立“良非得已”的苦衷，另一方面又为其出谋画策，建议迅速恢复南北和谈，召开国民会议，按照赵凤昌召开国民会议办法五条进行。同时催促袁世凯早日逼迫清帝退位，以便及时推选袁为大总统。张謇在致袁世凯电中说：“窃谓非宫廷逊位出居，无以一海内之视听，而绝旧人之希望。非有可使宫廷逊位出居之声势，无以为公之助，去公之障。……然如段芝泉辈，必皆受公指挥。设由前敌各军以同意电请政府……采纳执行（要求清帝逊位——笔者注）。否则军人即不任战斗之事。云云。如是，则宫廷必惊，必畀公与庆邸为留守，公即可担任保护，遣禁卫军护送出避热河，而大事可定矣。”③十一月廿六日（1912 年 1 月 14 日），赵凤昌、张謇等秘议后又再次电袁速定大计，逼迫清帝退位，并保证：“甲日满退，乙日拥公，东南诸方，一切通过。”于是袁世凯立即动员朝廷上下、京城内外的亲袁势力，包括各国驻华使节，大造“逼宫”、“退位”声势，说什么为“保全国家”、“保全王室”计，应立即实行清帝退位，宣告共和。十二月初八（1 月 26 日），袁又暗示段祺瑞联名前敌军中将领50 余人上书朝廷，要求立即宣布赞同共和。否则“寰宇糜烂，必无完土，瓜分惨祸，迫在目前……君国永沦，追悔无及……”④

经过这一阵强大的舆论攻势后，清廷权贵原来想坚持的君主立宪的奢望亦全部瓦解。直到此时，袁世凯认为时机已成熟，才假惺惺地出面，于十二月初十日（元月 28 日）召集内阁大臣，以段祺瑞电入奏隆裕太后，请示最后决策。经过两次御前会议，隆

---

① 《孙中山全集》第二卷，第 5 页。

② 《孙中山全集》第一卷，第 576 页。

③ 《张謇全集》第一卷，第 204 页。

④ 萧一山：《清代通史》第四册，第 2722、2723 页。

裕太后终于被迫同意“逊位全终”，下诏“授袁世凯以全权”与南方协商清帝退位的有关事宜。并嘱：“诸事听卿裁处，但求能保全余及皇帝之尊荣，亦无他求。”并下令拟订宣布退位诏书。

此前，南方以赵凤昌、张謇为首，早就作好一切准备，并由张謇代为拟定了清帝退位诏书，双方代表最后商定《关于清皇逊位后优待之条件》8 条，《关于清皇族待遇之条件》4 条，《关于满蒙回藏各族待遇之条件》7 条。另外，《赵凤昌藏札》第 109 册尚有《清隆裕太后诏谕》、《内阁传达隆裕太后诏谕电》两稿，都是赵、张等为逼迫隆裕太后同意清帝逊位事先拟就，届时准备对外宣布的重要文稿。

十二月二十五日(1912 年 2 月 12 日)，隆裕太后“带着 6 岁的小皇帝溥仪，在养心殿里举行这个封建王朝最后一次朝见仪礼……外务大臣胡惟德、民政大臣赵秉钧、邮传大臣梁士诒等，带同内阁成员步入阴森森的养心殿，向面容凄惨的隆裕和溥仪行首次改用的三鞠躬礼。……隆裕……亲自将退位诏书交给胡惟德，使布告全国。爱新觉罗家族的最后一次朝仪，连同这个王朝本身，就这样草草宣告终结”[①]。此次告别仪礼，袁世凯有意回避未参加。

十二月二十六日(2 月 13 日)，有关清帝退位的诏书正式对外公布。从此，在中国统治二百六十八年的清王朝终于寿终正寝，延续两千余年的封建帝制亦告终结，而中国旷古未闻的民主共和新政权中华民国诞生。尽管名实未必立符，但毕竟是中国社会转型过程中的第一大政治成就。

清帝退位诏书颁布后，袁世凯次日立即致电南京临时政府，迫不及待地逼迫南方表态：万急，南京孙大总统、参议院、各部总长、武昌黎副总统同鉴：共和为最良国体，世界之公认。今由弊政一跃而跻及之，实诸公累年之心血，亦民国无穷之幸福。大清皇帝既明诏辞位，业经世凯署名，则宣布之日，为帝政之终局，即民国之始基……现在统一组织，至重且繁……诸君研究有素，成算在胸，应如何协商组织统一治法，尚希迅即见教。”[②]实际上是要南方“迅即”兑现选他当大总统的承诺。相应地，孙中山亦于当天向参议院呈送辞职文书，交代辞职办法及条件。同时向参议院推荐袁世凯为新总统的候选人。参议院亦立即开会进行临时大总统选举。到会共 17 省代表，选举结果，袁世凯以 17 票当选为中华民国临时大总统。此后，南北双方，又为修定临时约法问题，实行总统制还是内阁制、定都南京还是北京、新内阁组成人选等等问题，进行了一系列的明争暗斗。最后，于民国元年(1912)3 月 25 日在南京成立新内阁，内阁总理

---

① 章开沅、林增平主编：《辛亥革命史》下册，第 399 页。

② 《辛亥革命史资料》(《近代史资料》总 25 号，1961 年第 1 号)，第 117—118 页。

为唐绍仪。4 月 1 日，孙中山正式宣布解除临时大总统职务。同时宣布中华民国南京临时政府迁于北京。从形式上讲，以孙中山为首的革命党人，发动十多次武装起义，最后通过辛亥革命，南北议和，终于推翻清王朝的专制统治，正式建立了南北统一的共和民国政权，初步完成了辛亥革命的伟大历史使命。如果没有“南北议和”，或“南北议和”失败，这段历史必将是另一种面目。

四　余响：一点启示

从武昌起义起，至斯时止，作为一直参与南北和议、精心策划、深谋远虑的江苏赵凤昌，以结束清王朝的封建专制、建立民主共和的中华民国为职志，期望通过南北和谈，尽可能避免战争，以达到这一目标。在关键时刻，他的思想、主张，大都得到南北双方的响应和认同。革命党人方面不仅黄兴、宋教仁、陈其美等对其十分尊重，就连孙中山也对他信任有加。南京临时政府成立后，孙中山曾恳切致函，拟聘他为总统府的枢密顾问。信中说：

> 民国初基，余膻未洗，万方多故，正待经营。文以薄质，谬承重任，思力未清，重胜堪虞，非有硕彦相为扶持，惧负国人推选之意。素审执事器识宏通，体用兼备，拟藉高远之识，以为切磨之资，敢奉屈为枢密顾问。执事智珠在握，天下为心。想必慨然惠顾，共济前途。临楮驰心，毋任伫盼。①

由此可见孙对赵凤昌的评价之高和印象之好，并非客套。可是赵不愿做官，婉辞未就。北方对赵的态度，那就更不用说了。在南北秘密谈判过程中，赵凤昌所拟的正、副总统及内阁名单稿与后来经选举的正、副总统以及双方认定的第一届内阁总理、陆军、财政、外交、教育总长人选的名单竟完全相同。由此，亦足见赵凤昌在当时把握全局形势，筹建南北统一的中华民国政权过程中，在人事安排方面深思熟虑，全面周到，深合人心的智慧与能力。据说：“南北议和到了最后关头，双方在讨论袁世凯接任临时大总统后第一任内阁问题，同盟会坚持内阁总理必须由同盟会员担任……袁世凯拒不接受……双方互不让步，僵持多日。在惜阴堂讨论这个问题时，赵凤昌亦列席旁听……便插言道：‘我是以地主的资格列席旁听的人，不应有什么主张。但现在对内阁问题，我有一个意见……第一任内阁是新旧总统交替的一个桥梁，所以这国务总理必须是孙、袁两位新旧总统共同信任的人物。我以为只有少川（唐绍仪）先生

---

① 《孙中山全集》第二卷，第 72 页。

最为适当……我想劝少川先生加入同盟会为会员,这就是双方兼顾的办法,赵凤昌这话刚说完,孙文、黄兴同时鼓掌,表示欢迎唐绍仪加入同盟会,同时即决定请唐少仪出任国务总理这个问题就这样圆满解决了。"①

赵凤昌去世后,时人为文纪念"惜阴堂"这位主人在建立民国风云际会中的作用时称:"南阳路北,有楼三楹,先生所居,颜曰惜阴。惜阴斋舍,满坐宾朋,呱呱民国,于兹诞生。"并戏赠他一个外号叫做"民国产婆",这个"产婆"在助产时,很是出力。现在看来,这并非虚名。

除赵凤昌以外,其实南通的张謇在"南北和谈",促进清帝退位和南北统一的中华民国最后形成的过程中,也起了重要的作用。但他有两大问题曾被诟病一时。

第一,对当时的孙中山不了解、不信任、不热心。因此,对孙中山为临时大总统成立的南京临时政府也不支持,不拥护。从观望、应付,终致离异。宣统三年十一月十三日(1912年元月1日),南京临时政府成立,张謇被任命为实业部总长,十五日(元月3日)他致函孙中山说:"辱书猥承实业部长……铨材良不胜任。……顾临时政府方成,建设伊始,若人推诿,不独有负盛恉,抑无以尽匹夫之责。谨当竭所知能,以酬眄睐。……勉任短期,以俟能者。"②显得很勉强,当天又接着找到孙中山,进行过一次长谈,听取孙对当前时局、国家未来治理的规划、方略。以孙的个性,也许海阔天空地大谈了一通。而张謇提出的建议,他也不能接受。结果这次谈话给张謇留下极差的印象。他在当天日记中,未记所谈的具体内容,仅以极其失望心情,记下一句话:"与孙中山谈政策,未知涯畔。"③意思是孙中山的政策思想不着边际,不切实际,这样的人怎么能主持未来大局?由此种下以后不合作、辞职、离异的基因,不到一个半月即宣布辞职不干了。

第二,力挺袁世凯,把未来结束专制,收拾残局,实行共和,稳定社会秩序的重任,完全寄托在袁世凯身上。其实,对张謇来说,他从儒家的伦理出发,对袁世凯为人及个人的道德品质是十分厌恶的。早在20多年前,他对袁世凯的那种"小人得志,飞扬跋扈,不尊师长,忘恩负义,不学无术,品行不端,心术不正,狂妄贪鄙……"等等不良行为,曾亲自写过一封长信予以痛斥和教训,并宣布和袁绝交。但时势弄人,"世无英雄,遂使竖子成名"。刁奸巨猾、心计很深、诡计多端的袁世凯,终于在极端腐败、亲贵无能的清廷官场中,打出一片天下,深得慈禧的专宠和信任。从庚子事变后,至光绪三十四年秋(1908)短短的七八年中,袁从山东巡抚升任直隶总督兼北洋大臣,直至集

---

① 范福潮:《"民国产婆"赵凤昌》,《南方周末》2009年6月4日第23版。

② 《张謇全集》第一卷,第208页。

③ 《张謇全集》第六卷,第662页。

军政大权于一身，成为大清帝国的主宰，在朝中拉帮结派，无所不为。因此受到朝廷的忌惮。先被明升暗降，调入军机处，光绪、慈禧"两宫宴驾"后，又被"现患足疾，步履难艰，难胜职位"为名，"着即开缺回籍养疴"。紧接着辛亥武昌起义，袁世凯东山再起，势焰更胜往昔。他不仅得到立宪党人及各帝国主义势力的青睐和信任，而且革命党人亦被其外在的表象迷惑得头昏目眩。究其原因，海外的华裔史学家唐德刚先生有一段极为精彩的论述：

> 袁世凯根据他晚年的所作所为，公正而深入的历史学家，也无法否定他是"乱世奸雄"……"治世能臣"。事实上袁世凯在他为相六年之中，所推动的各项建树，也可说是"袁世凯的变法改制"吧！第一是军事……练出一支精锐的，现代化的国防陆军……此外袁还为大清帝国练出一批现代化的警察……对落后无效的政治制度和教育制度，却做了翻天覆地的大改革……另一种建树便是科技、路矿和各种现代企业。
>
> 另一项更深远的计划……他要在中央搞君主立宪；在各省搞地方自治。袁世凯还是个清官呢。①

从推动近代社会转型的角度说，袁世凯并非庸碌无能之辈，他在军事、政治、经济、教育等各个方面的改革都作出了有一定影响的贡献，正如唐先生所述。这些在"反袁作家"、专门研究袁世凯的专家侯宜杰的《袁世凯全传》中有系统详尽的叙述，亦多有肯定之辞。

作为爱国主义实业家的张謇，虽然对袁世凯的私德早有看法，洞若观火，但经过20多年，从当时时局考虑，他不能不承认袁世凯"乱世奸雄"、"治国能臣"的手腕，他不能免俗地跟当时社会主流舆论的印象一样，认为唯有袁世凯才能控制未来中国大局，保持稳定和发展。这是张謇在辛亥革命中，不计个人恩怨，大力挺袁的根本原因。但是不是也有一点眼见袁世凯即将发达，担任共和国总统，趋炎附势的心理在起作用呢？绝不是。这可以从以下事实得到证明。袁世凯被选为民国大总统，获组阁大权后，曾先后两次邀请张謇入阁，委以重任，均遭张拒绝。直至民国二年（1913）第三次组织"第一流人才内阁"时，张謇才决定加入，担任实业部长，发布就职宣言，天真地准备大干一场，为新生的共和国发展工商实业做贡献。他说："謇半生精力，耗于实业，艰难辛苦，所历已多，……实业之命脉，无不系于政治。……求所以扶之、植之、防维

---

① 唐德刚：《晚清七十年》，岳麓书社1999年版，第542—545页。

之，又涵濡而发育之。”[①]上任不久，内阁总理熊希龄和袁世凯发生矛盾而辞职，新的代总理杨士琦问诸阁员是否与熊同进退时，张謇明确回答：“余本无仕宦之志，此来不为总理，不为总统，为自己志愿。志愿为何？即欲本平昔所读之书，与向来究讨之事，试效于政事。志愿能达则达，不能达即止。不因人也。”[②]可是当他发现袁世凯上台后，权欲熏心，旧病复发，大搞专制，大肆镇压革命党人，解散国会，撕毁临时约法，尊孔祭孔，复辟帝制的倾向越来越明显时，他十分失望。他这时所面对的袁世凯，再也不是他此前所想象的能够推行民主、共和，掌控中国未来，实行强国梦的袁世凯了。于是一再提出辞职，未获批准后，干脆直接请假南归，不再履职。民国四年七月（1915 年 8 月），杨度等组织筹安会拥袁称帝，邀张参加，亦被断然拒绝。他第四次提出辞职，终获批准辞职。他在日记中记道：“得政事堂电，许解局职并参政，可喜也。”[③]由此可见张謇一身正气，“道不同不相为谋”的耿直品性。此前他一时看错了袁世凯，等到发觉，他立即与其分道扬镳。

近代史专家章开沅说过：“袁世凯用忠诚的姿态欺骗了清朝皇室，用信守共和欺骗了革命党人，又用统一和秩序欺骗了整个资产阶级。”还有人说过：“周公恐惧流言日，王莽谦恭未篡时。倘若当年身便死，一生真假有谁知。”张謇上了袁世凯的大当，当时立宪党人、革命党人的大多数，都被他的一些表象所迷惑，认为“大总统非袁不可”。但历史是公正的，对于正直的人来说，上当是一时的。对于“巨奸大憝”袁世凯来说，欺骗不可能永久。1916 年，做了 83 天皇帝梦的袁世凯终于成了过街老鼠，在一片惶恐中悲哀地死去。

像赵凤昌、张謇等挺袁的立宪派人物，半个多世纪以来受极“左”思潮影响，一直被株连诟病，在一些史著中被认为是勾结袁世凯破坏革命，最终导致辛亥革命的失败。

自上个世纪 80 年代以降，随着思想解放，拨乱反正，近代史，特别是民国史、民国人物的研究，已开始摆脱过去极“左”思潮的影响，逐渐回到从历史实际情境出发、实事求是的正确轨道上来。辛亥革命在以孙中山为首的革命党人主导下，完成了它当时应该完成的历史任务，结束了在中国延续两千多年的封建王朝专制世袭制度，开创了民主共和的新篇章，其中立宪党人亦作出了重要贡献，赵凤昌、张謇等便是典型代表和证明。法国年鉴学派宗师马克・布洛赫说：“长期以来，史学家就像阎王殿里的判官，对已死的人物任情褒贬……我们对自己，对当今世界也未必有十分的把握，难道就这么有把握为先辈判定善恶是非吗？”[④]他认为：“千言万语，归根结底，‘理解’才

① 《张謇全集》第一卷，第 271 页。

②③ 《张謇全集》第六卷，第 881、711 页。

④ ［法］马克・布洛赫：《历史学家的技艺》，上海社会科学院出版社 1992 年版，第 102—105 页。

是历史研究的指路明灯。……理解包括体验人类千变万化的差异，包括人们之间不断进行的交往，只要这种交往是善意的，就会对生活与科学有百利而无一弊”。[①]

① ［法］马克·布洛兹：《历史学家的技艺》，上海社会科学院出版社1992年版，第102—105页。

附 录

一 大事记

道光二十年(1840)

五月(6月) 英国侵略军封锁珠江口。随后派舰队北上,攻袭闽浙沿海地区。鸦片战争爆发。

裕谦任江苏巡抚。在任时间:道光十九年三月(1839年4月)至道光二十一年闰三月(1841年5月)。

道光二十一年(1841)

民族英雄关天培(1781—1841)逝世。关天培,山阳(淮安)人,广东水师提督。正月十七日(2月26日),英军猛攻虎门,关率兵死战,身受重伤,坚守炮台,最后英勇牺牲。

梁章钜任江苏巡抚。在任时间:道光二十一年闰三月(1841年5月)至同年十一月(1841年12月)。

道光二十二年(1842)

四月(5月) 英国侵略军决定发动"扬子江战役"。

五月初八日(6月16日) 英军向吴淞炮台进攻,江南水师提督陈化成奋起抗击,壮烈牺牲。

五月十一日(6月19日) 英军占领上海。

五月二十八日(7月6日) 英国驻华公使亨利·璞鼎查率领70多艘舰只、1.2

万多官兵由吴淞口沿长江向镇江、南京进攻。

六月初九日(7月16日) 英军攻占焦山。

六月十二日(7月19日) 英舰抵镇江江面,控制运河入口处,阻断漕运。

六月十四日(7月21日) 英军进攻镇江,清副都统海龄率军士顽强抵抗,毙伤英军169人。镇江失陷,海龄自焚。

七月初五日(8月10日) 英军舰队集结南京下关江面,扬言攻城。

七月(8月) 英军不断侵扰靖江,“征索牛酒”,当地官民团结一心,几次击退英军的入侵。瓜洲、仪征一带的盐民“见夷船,即放抬枪”,多次伏击英军。

七月初八日(8月12日) 清方代表盛京佐领塔芬布、英方代表陆军少校麻恭,在南京静海寺举行谈判的预备会。

七月二十一日(8月26日) 清政府代表耆英、伊里布,英国代表璞鼎查,在南京上江考棚议定了《中英南京条约》各项条款。

七月二十四日(8月29日) 中英双方全权代表在英海军旗舰“皋华丽”号上正式签署了《中英南京条约》。条约共13款,主要内容为:中方割让香港,开放广州、上海、宁波、厦门、福州为通商口岸,赔款2100万银元,允许英商自由贸易,中方抽收进出口货物的税率由中英双方议定。这是中国近代史上第一个丧权辱国的不平等条约。

时任江苏巡抚程矞采,道光二十一年十一月(1841年12月)到任,道光二十二年十二月(1843年1月)离任。

道光二十五年(1845)

正月(2月) 江苏巡抚孙善宝离任。李星沅继任江苏巡抚,道光二十六年八月(1846年9月)调离。

道光二十六年(1846)

五月(6月) 昭文(即今常熟)农民因知县加征钱粮,聚众反抗。又因地主加收地租,激起民众抗租,捣毁陆家市、归市、中市等地40多户地主家。后遭镇压失败。

民族英雄邓廷桢(1776—1846),江宁人,逝世于陕西省巡抚任上,还葬江宁东郊。

八月(9月) 陆建瀛任江苏巡抚,直至道光二十九年四月(1849年5月)离任。

道光二十七年(1847)

苏、松、太地区漕白粮米改为海运。

道光二十八年(1848)

兴化、高邮、宝应、泰兴地区久雨成灾,一片汪洋,数十万农民受灾,纷纷南逃。

道光二十九年(1849)

苏北里下河地区大水,农民受灾。

著名政治家、经学家阮元(1764—1849)逝世。

四月(5月) 傅绳勋任江苏巡抚,至咸丰元年二月(1851年3月)离任。

道光三十年(1850)

十月初一日(11月4日) 洪秀全发动拜上帝会民众在广西金田村起义。建号太平天国。

淮南改纲盐为票盐,在扬州设总局办理。

咸丰元年(1851)

黄河、淮河发大水,洪泽湖三河口礼坝决口,洪水沿三河东行,后经宝应湖入高邮湖南行入江。

二月(3月) 杨文定任江苏巡抚,至咸丰三年二月(1853年3月)离任。

咸丰三年(1853)

正月二十八日(3月7日) 太平军陆师经采石、慈湖进入江苏,兵锋直指南京。

正月三十日(3月9日) 太平军水师抵达南京江面,控制夹江水道。

二月初六日(3月15日) 清苏松太道吴健彰奉江苏巡抚杨文定之命,致书英国、法国驻上海领事,请其派兵船进入长江,帮助防守南京。

二月初十日(3月19日) 太平军由仪凤门攻入南京城内,斩杀两江总督陆建瀛,后遭清军反击,由原路退出城外。

二月十一日(3月20日) 清晨,太平军分别从聚宝门、水西门、汉西门入城,击溃满城旗兵,斩杀江宁将军祥厚、副都统霍隆武等。太平军攻克南京。

二月十八日(3月27日) 太平军将领罗大纲、吴如孝率所部进占镇江。江苏巡抚杨文定逃走江阴。

二月二十日(3月29日) 天王洪秀全进入南京城,改两江总督府为天王府,建天京于南京。

二月二十二日(3月31日) 钦差大臣清军提督向荣率1.7万余人马至南京,扎营孝陵卫一带,称江南大营。同日,大平军攻占瓜洲。

二月二十三日(4月1日) 李开芳、林凤祥率太平军攻克扬州。

三月初九日(4月16日) 钦差大臣琦善率2万余官兵在扬州附近扎营,称江北大营。

三月(4月) 许乃钊任江苏巡抚,至咸丰四年六月(1854年7月)离任。

三月二十日(4月27日) 英国驻华公使文翰到天京访问,声称英国持和平与中立态度,两不干预。太平天国以天朝上国自居,视西方各国为藩属,要求他们臣服天朝,遭英使文翰拒绝。

四月初一日(5月8日) 太平军自扬州北伐。

十一月二十六日(12月26日) 夜里,太平军曾立昌部在赖汉英的接应下,撤出扬州,途经瓜洲,返回天京。

十一月(12月) 太平天国颁布《天朝田亩制度》,提出"凡天下田,天下人同耕",不论男妇,平均分配,以实现"有田同耕,有饭同食,有衣同穿,有钱同使,无处不均匀,无人不饱暖"的理想。

咸丰四年(1854)

四月二十八日(5月27日) 美国公使麦莲到天京访问。五月(6月),回上海后主张支持清政府。

五月二十一日(6月16日) 英使包令等人访问天京。回沪后,建议英国政府武装干涉太平天国。

六月(7月) 吉尔杭阿任江苏巡抚,至咸丰六年五月(1856年6月)离任。

咸丰五年(1855)

是年春天,黄河改道北徙入海,运河浅涸,难以通航,漕粮逐步改由海运。

正月初一日(2月17日) 上海小刀会遭清军镇压,刘丽川牺牲。

十二月二十五日(1856年2月1日) 燕王秦日纲率2万余人东进,救援镇江。一路遭清军阻击,进展甚缓。

咸丰六年(1856)

二月十三日(3月19日) 秦日纲与镇江太平军守将吴如孝两路大军,夹击清江苏巡抚吉尔杭阿部和总兵张国梁部,吉、张两军溃败。镇江之围立解。

二月二十八日(4月3日) 秦日纲率部进攻清江北大营。当夜,漕河以西清军各军营均被摧毁;第二天,江北大营漕河以东各军营尽被横扫,大营主帅托明阿率残部北走。太平军大破清江北大营后,于三月初一日(4月5日)再克扬州。四月二十三日(5月26日),秦日纲率所部经瓜洲,“由金山渡江而回”。

四月二十四日(5月27日) 秦日纲率军直扑黄泥洲、便民河地区,吉尔杭阿派兵堵击,两军激战于高资。四月二十八日(5月31日),吉率领大军增援,被太平军围困,兵败,吉尔杭阿自杀身亡。

五月十八日(6月20日) 东王杨秀清指挥翼王石达开和燕王秦日纲两军夹击清军江南大营,又令天京守城将士从南门、通济门杀出,配合石、秦两军进攻,一举扫平江南大营,钦差大臣向荣败退淳化,逃往丹阳。

五月(6月) 赵德辙任江苏巡抚,至咸丰八年十二月(1859年1月)离任。

七月(8月) 随着天京解围,军事形势好转,太平天国领导集团内部发生了一场争权夺利的斗争。七月二十二日(8月22日),杨秀清逼洪秀全封其“万岁”,洪惊恐,立即调北王韦昌辉回天京。八月初三日(9月1日),韦率3000人马抵京,次日清晨袭杀杨秀清,并大开杀戒,东王部属先后被杀约2万多人。自此,韦愈益专横,天王畏其逼,急召石达开返京。八月上旬(9月上旬),石抵京,对韦“严厉谴责”。韦又想杀害石达开,石连夜逃走。韦野心篡位,纠众攻击天王府。洪号召合朝团结一心,讨伐韦昌辉。十月十五日(11月12日),韦被处死。天京内讧暂时平息。

十月(11月)底 石达开回天京,“合朝同举翼王提理政务”。

咸丰七年(1857)

五月十一日(6月2日) 石达开在洪氏集团的猜疑、逼迫下,带着他的随员及亲兵,至雨花台,宣布离京出走。当天,他率军由江宁县的铜井过长江,至和州,西走安庆。这是天京内讧的继续。

五月二十日(6月11日) 清军攻占溧水,二十五日(6月16日)占句容,接着又进逼天京,清军江南大营复振。十一月(12月),清政府命江南提督和春为钦差大臣,督办江南军务。

十一月十二日(12月27日) 清军江南大营主帅和春、江南提督张国梁率部攻陷镇江。李秀成奉命赶赴镇江,救出吴如孝守军。

十一月二十四日(1858年1月8日) 洪秀全留李秀成在京提调朝政。

咸丰八年(1858)

五月十六日(6月26日) 清政府与英国签定《中英天津条约》,规定长江一带各口岸，英商船只俱可通商。镇江、南京等地被开辟为通商口岸。

七月(8月) 李秀成、陈玉成等太平天国将领在枞阳会议，订约会战，以解天京之围。

八月十九日(9月25日) 陈玉成、李秀成两军会师乌江，大战清军江北大营德兴阿部，清军大败，德部被歼三四千人。次日，太平军追至江浦县小店，击溃清军江南大营派来的援军冯子材部。陈、李两军乘胜追至浦口，前后夹击德兴阿军，“德军大乱，死于浦口一万余人”。太平军二破清军江北大营，打通天京与江北之间的通道。

九月初三日(10月9日) 太平军三克扬州。

十二月(1859年1月) 徐有壬任江苏巡抚，至咸丰十年四月(1860年6月)离任。

咸丰九年(1859)

三月(4月) 洪仁玕来到天京。洪，天王洪秀全族弟，是拜上帝会最早的成员。四月初九日(5月11日)，洪被封为“开朝精忠军师顶天扶朝纲干王”，总理朝政。洪著有《资政新篇》，并进呈天王，主张学习西方先进的文化、科学技术，改良社会。

五月(6月) 天王洪秀全晋封陈玉成为英王；十一月(12月)，晋封李秀成为忠王。

法国在无锡三里桥建天主教堂。

咸丰十年(1860)

二月二十八日(3月19日) 李秀成率太平军攻入杭州，击毙浙江巡抚罗遵殿。忠王的军事行动震动江南，清浙江统治当局飞报清军江南大营，和春立即派总兵张玉良率万余人马援浙。三月初三日(3月24日)，李得悉江南大营援军已至杭州城下，立即撤离杭城。三月十八日(4月8日)赶到皖南建平，召集李世贤、杨辅清、刘官芳等高级将领会议，决定在陈玉成的配合下，分路围攻清军江南大营。闰三月十五日(5月5日)，忠王、英王协同作战，向清军江南大营发起总攻。次日凌晨，清军溃散，大营被摧毁，天京解围。

闰三月二十一日(5月11日) 太平天国决定“乘胜下取”，东征苏、常。闰三月二十五日(5月15日)，陈玉成、李秀成率军自天京出发。二十九日(5月19日)，占丹阳，毙清湖北提督王浚、总兵熊天喜，帮办江南军务提督张国梁殁于水，清军死者万人。

四月初三日(5月23日) 两江总督何桂清逃往苏州，巡抚徐有壬闭城不纳，何被迫转至常熟。

四月初五日(5月25日) 钦差大臣和春退至浒墅关,自杀身亡。

四月初六日(5月26日) 太平军攻克常州。

四月初十日(5月30日) 太平军攻克无锡、金匮。

四月十一日(5月31日) 清江苏巡抚徐有壬令在沪的苏松太道吴煦,向英、法求救,派兵援助苏州。

四月十三日(6月2日) 太平军攻占苏州,江苏巡抚徐有壬自杀。当天,太平天国建立苏福省,省会设苏州,统辖常州、苏州、松江和太仓4个郡。李秀成是苏福省的最高军政长官。

四月十三日(6月2日) 清苏松太道吴煦、买办杨坊雇佣美国人华尔、白齐文等,组建了一支以菲律宾人为主的"洋枪队",这是一支战斗力很强的近代化部队。

五月初一日(6月19日) 薛焕任江苏巡抚,在上海设巡抚衙门,直至同治元年三月(1862年4月)调离。

五月二十八日(7月16日) "洋枪队"攻占松江。

六月二十四日(8月10日) 清廷任命曾国藩为两江总督,并命为钦差大臣,督办江南军务,大江南北水陆各军均归其节制。

七月初三日(8月18日) 忠王李秀成向上海进军,英、法军队协同清军向太平军开火,李被迫撤军。

咸丰十一年(1861)

正月十一日(2月20日) 英国驻华海军司令何伯至天京。

十月十八日(11月20日) 清廷命曾国藩节制苏、浙、皖、赣4省军务。曾独揽东南军政大权。

镇江正式开辟为商埠。英国宝顺商行在镇江设代理点。

十二月(1862年1月) 中旬,太平军连克奉贤、南汇等地,大队人马进入上海郊区。在沪中外各方领导人大为震惊,道台吴煦吁请中外各方联合防守上海。于是,十二月十三日(1862年1月12日)在上海英国领事馆举行中外会防会议,何伯、爱棠、吴煦、应宝时、杨坊等人参加,会上决定设立"中外会防局",组织力量,联合镇压太平军。

十二月八日(1862年1月7日) 太平军二次进攻上海。

同治元年(1862)

二月十六日(3月16日) 江苏巡抚薛焕向朝廷奏准将"洋枪队"改名"常胜军",

交由道台吴煦统带。

三月初十日(4 月 8 日) 李鸿章率淮军 2000 余人抵达上海。

三月二十四日(4 月 22 日) 英、法在沪军事头目:英国水师提督何伯、陆军提督史迪佛立、法国水师提督卜罗德,商订“上海防卫协定”,共同镇压太平军。

三月二十七日(4 月 25 日) 李鸿章任江苏巡抚,在任时间较长,直至同治六年正月(1867 年 2 月)。

五月初三日(5 月 30 日) 曾国荃率湘军由安庆沿长江东下,水师泊天京护城河口,陆师扎营雨花台等地,逼近天京。天王严诏忠王回援天京。六月二十五日(7 月 21 日),忠王在苏州召集主要将领会议,决定调集大军救援天京。八月中旬(10 月上旬),李秀成率 10 万大军抵达天京南郊地区。闰八月二十日至十月初四日(10 月 13 日至 11 月 25 日),李部大战曾国荃湘军 40 多天,不胜,解围战失败。

五月十三日(6 月 9 日) 太平军攻克青浦,俘“常胜军”副领队法尔思德。

同治二年(1863)

四月(6 月) 中、下旬,曾国藩增兵,猛攻天京,占领雨花台、聚宝门一带石垒。李秀成奉诏回京。

十月十九日(11 月 29 日) 李鸿章督率“常胜军”、淮军围攻苏州。

十月二十四日(12 月 4 日) 苏州太平军守将部永宽、汪安钧等 8 人谋反,刺杀慕王谭绍光,献城投敌,苏州失陷。

十月下旬(12 月上旬) 李鸿章将淮军小兵工厂迁入苏州城内,定名苏州洋炮局。

十一月初二日(12 月 12 日) 清军攻占无锡、金匮,太平天国守将潮王黄子隆殉国。

十一月十一日(12 月 21 日) 李秀成在京城被困、无力解围的情况下,向洪秀全提出撤出天京,“让城别走”的意见,但遭洪拒绝。

曾国藩在两淮设盐厘局,抽收盐厘。

同治三年(1864)

四月初六日(5 月 11 日) 李鸿章指挥淮军攻占常州,太平天国守将护王陈坤书被俘,不屈被杀。

四月二十七日(6 月 1 日) 洪秀全在天王府病逝。洪天贵福继位,称幼天王。

六月十六日(7 月 19 日) 湘军攻陷天京,李秀成带着 1000 多人,护卫幼天王冲出太平门。

六月十九日(7月22日) 李秀成被俘,写下《自述》。

七月初六日(8月7日) 李秀成被曾国藩杀害。

曾国藩在江宁设金陵官书局。此为清末第一家官书局。光绪年间改为江南官书局。

法国天主教会在扬州创办达义小学。

同治四年(1865)

八月初一日(9月20日) 李鸿章奏准在上海设立江南制造总局。

李鸿章升任两江总督后,将苏州洋炮局迁往南京,扩建为金陵制造局。

李鸿章在苏州创建江苏官书局。

同治五年(1866)

三月(4月) 华蘅芳与徐寿父子研制的蒸汽机轮船在南京试航成功,命名为"黄鹄"号。

春夏间,通州余西、余东两场灶民与盐商发生冲突,知州梁悦馨派兵缉捕,灶民群起反抗,两江总督李鸿章派兵镇压,灶民死难者2000多人。

杨仁山在南京创办金陵刻经处。

十二月(1867年1月) 两江洋务局设下关稽查洋务局。

同治六年(1867)

两江总督曾国藩在清江浦设立导淮局。

正月(3月) 李瀚章任江苏巡抚,至同年十二月(1868年1月)离任。

天主教法国传教士金式玉聘请上海董家渡医院主任潘奥定修士在镇江、扬州相继创办西医诊所。这是江苏最早的两家西医诊所。

十二月(1868年1月) 丁日昌任江苏巡抚,至同治九年闰十月(1870年12月)离任。

同治七年(1868)

四月十五日(5月7日) 丁日昌下令查禁淫词小说,《西厢记》、《红楼梦》、《水浒传》、《金瓶梅》、《牡丹亭》、《小尼姑下山》、《庵堂相会》等等都在被禁之列。

七月初五日(8月22日) 内地会创始人英国传教士戴德生,仗着英国殖民势力,在扬州强行租赁房屋,开设教堂,激起当地士绅及民众的公愤,包围并捣毁戴德生的住宅，砸毁其家具及部分传教书籍。英国驻沪领事兼镇江领事麦华陀得此信息，立即乘军舰前往南京，向两江总督曾国藩提出一系列无理要求，甚至带兵进驻扬州。曾国藩屈服于这种压力，将扬州知府撤职，赔偿损失，还同意立碑声明保护教堂。

同治八年(1869)

两淮盐运使方濬颐在扬州创设淮南书局。

同治九年(1870)

仪征的书、画、篆刻家吴熙(1799—1870)逝世。

南京石鼓路天主教堂落成，这是南京较早的西式建筑之一。

闰十月(12月) 张之万任江苏巡抚，至同治十年九月(1871年10月)离任。

同治十年(1871)

美国基督教监理公会在苏州创立存养书院，后改为博习书院。

徐寿和傅兰雅合作翻译的《化学鉴原》出版。这是我国最早出版的分析化学书籍。

九月(10月) 何璟任江苏巡抚，至同治十一年二月(1872年3月)离任。

同治十一年(1872)

十一月二十三日(12月23日) 李鸿章奏准设立招商局，办轮船公司运送漕粮。

是年，清政府开始选派少年赴美国留学，至光绪元年(1875)的4年间，先后派出4批，共120人。其中，江苏5人。同治十二年(1873)第二批赴美留学生中有吴县的张祥和。张为晚清江苏留美学习的第一人。

曾三度出任两江总督、对江苏近代化有一定贡献的曾国藩(1811—1872)逝世。

七月(8月) 张树声任江苏巡抚，至同治十三年九月(1874年10月)离任。

同治十二年(1873)

中国轮船招商局在上海成立，镇江设分局，并建码头。

同治十三年(1874)

京杭大运河常州段疏浚完工。

九月(10月) 吴元炳任江苏巡抚，至光绪七年五月(1881年6月)离任。

光绪元年(1875)

徐寿、华衡芳在上海创立格致书院。

光绪二年(1876)

由英商修筑的吴淞铁路(吴淞至上海)建成,全长14.5公里。这是我国境内修筑的第一条铁路。

光绪三年(1877)

美国基督教监理公会在苏州创建中西医院。

光绪四年(1878)

八月(9月) 镇江海关开始收寄邮件。海关总税务司开设全长有1000公里的天津至镇江的邮路。

光绪七年(1881)

七月(8月) 两江总督府在南京设立江南官电局(电报局)。这是我国最早的地方官办电信机构。

五月(6月) 黎培敬任江苏巡抚,至同年十一月(1882年1月)离任。

十一月(1882年1月) 卫荣光继黎培敬任江苏巡抚,至光绪十二年五月(1886年6月)离任。

这年秋天,左宗棠出任两江总督,上书清廷"请开办江苏利国驿煤矿",清政府同意。左委派候选知府胡恩燮负责筹办徐州利国驿煤矿。

天津设电报总局,天津至上海的电报线路开通。江苏的上海、苏州、镇江、清江浦均设分局。

光绪八年(1882)

八月二十四日(10月5日) 胡恩燮在徐州成立利国驿矿务局。经一年多的努力,在蔡山开掘的第一口矿井出煤。

学政黄体芳在两江总督府的支持下,于江阴创办南菁书院。

光绪九年(1883)

九月(10月),美国基督教监理公会在苏州天赐庄创办博习医院,此为江苏最早的西医院。

英商在无锡开化乡设立其均茧行。

清政府架设镇江经南京至汉口的电报线。

南京、苏州、太仓等地设电报学堂,培养电报人才。

光绪十年(1884)

美以美会在镇江创办镇江女塾,开设《圣经》、《蒙学捷径》、《三字经》,及数学、地理、动物、植物、英文、诗歌、体操等课程,传授近代化科学知识。

美国传教士在镇江宝盖山开设妇幼医院。

光绪十二年(1886)

近代科学家徐建寅任金陵机器局督办,炼出铸钢。次年又炼成炮钢。这是江苏近代炼钢之始。

五月(6月) 崧骏任江苏巡抚,至光绪十四年十月(1888年11月)离任。

光绪十三年(1887)

美国基督教女布道所在苏州的传教医生创办苏州天赐庄妇孺医院。院内设床位50张,医务人员28人。

苏州博习医院与妇孺医院合作,设立医学班,培养西医人才。

光绪十四年(1888)

美国基督教传教士在南京创办汇文书院,由传教士福开森任院长。

十月(11月) 刚毅任江苏巡抚,至光绪十八年四月(1892年5月)离任。

光绪十五年(1889)

镇江英国租界洋捕殴伤中国人,民众起而抗争,捣毁英国驻镇江领事署及洋行。

美国基督教监理公会在苏州创设男女兼收义务小学一所,这是省内最早的男女均收的小学。

光绪十六年(1890)

杨维翰在无锡跨塘桥开设西医诊所。这是无锡首家西医诊所。

两江总督沈秉成在南京创办江南水师学堂,后改为南洋海军学堂。这是一所近代化的海军学校。

光绪十七年(1891)

三月(4月) 扬州民众出揭帖,揭露西方传教士的一些问题,并围困教堂。

四月二十五日(6月1日) 丹阳百姓发现教会墓地埋葬着许多儿童尸体,激起民愤,即将教堂焚毁。无锡、江阴、如皋等地民众纷起反对洋教。两江总督刘坤一调兵镇压、捕办乡民、惩处当地知县,对被毁教堂进行赔款。

光绪十八年(1892)

美国基督教会传教医师马林,在南京鼓楼附近创办医院,称马林医院。这是南京第一所正式西医院。

王福源在镇江创办王福源碾米厂。这是一个以柴油机为动力、按照西洋之法创办的企业,是江苏第一家机器碾米厂。

四月(5月) 奎俊任江苏巡抚,至光绪二十一年三月(1895年4月)离任。

光绪十九年(1893)

马建忠在镇江以10万银两作资本开设钱庄。此为江苏镇江地区最早的钱庄之一。

清末著名外交家洪钧(1839—1893)逝世。洪,吴县人,同治时状元,授修撰。光绪十三年(1887)为内阁学士,携妾傅彩云(赛金花)出使俄国、德国、奥利地、荷兰4国。光绪十六年(1890)回国,出任兵部左侍郎兼总理衙门大臣。洪还是元史专家,钻研蒙古史,搜集不少中外资料,著有《元史译文征补》30卷。

光绪二十年(1894)

著名资产阶级改革派薛福成(1838—1894)逝世。薛,无锡人,先后为曾国藩、李鸿章的幕僚。著有《创开中国铁路议》、《筹洋刍议》等书,主张社会改良,发展近代实业。

张謇赴京应考,中甲午恩科第一甲头名状元。张为中国科举制最后一名状元。

光绪二十一年(1895)

一月(2月) 金陵机器制造局工人罢工,被清军镇压驱散,为首者被投入监狱。

三月(4月) 赵舒翘任江苏巡抚,至光绪二十三年七月(1897年8月)离任。

四月八日(5月2日) 在北京会试的1300余举人在康有为的发动下，一致向清廷上书，请求：拒和、迁都、再战、雪耻。江苏赴京举人亦参加上书签名活动。

七月(8月) 康有为拟在京师成立强学会，得到户部尚书翁同龢的大力支持，决定户部拨银1500两，作为学会活动经费，并推派户部主事陈炽为学会会长。

根据中日《马关条约》规定，苏州被列入增开的商埠。第二年正式开埠。

夏天，砀山县大刀会民众起义，宿迁、铜山、丰县以及鲁南单县等地大刀会纷起响应。起义队伍驰骋苏北、鲁南地区，攻教堂，逐洋人，声势浩大。清政府调动军队镇压，大刀会首领智效忠等人遇害。

盐商李维之在镇江创办四经丝厂，资本额为15万元，生丝大都销往国外。

盐商尹汉台在镇江创办大纶丝厂，资本18.5万元。置蚕灶200部，日产生丝70公斤。

杨宗濂、杨宗瀚兄弟在无锡招商集资33.6万元，创办业勤纱厂。纺纱机从英国进口，有纱锭10192枚。

两江总督张之洞奏准创立江南自强新军。

光绪二十二年(1896)

年初，张之洞在南京创办储材学堂，有学生120人。两年后改为江南高等学堂。

二月初七日(3月20日) 镇江、苏州分别建立邮政局。

八月(9月) 罗振玉、徐树兰、朱祖容等人在上海成立农学会。这是我国近代最早的农业学术研究团体。

清政府在南京开设江南制钱总局，铸造银元。

光绪二十三年(1897)

年初 两江总督府奏准设立的江南陆师学堂在南京下关开学。

二月初三日(3月5日) 日本在苏州城南设立日租界。

闰三月十二日(5月2日) 谭嗣同、杨文会等人在南京组织金陵测量会，定章程，立规矩，提倡科学实验。这是中国第一个测量学术团体。

国子监祭酒陆润庠在两江总督府的支持下，筹集42万元资金，在苏州创办苏纶纱厂，有纱锭1.82万枚。

一位华侨商人投资55.9万元，在苏州创办吴兴缫丝厂。

举人杨模在无锡创办竢实学堂，第二年正式开学。华衡芳为总教习，设历史、地理、算术、英文、日文等课程。

扬州成立知新算社。该社主张学习、引进西方先进教学方法。

七月(8月) 奎俊任江苏巡抚,至光绪二十四年五月(1898年6月)离任。

光绪二十四年(1898)

闰三月二十一日(5月11日) 裘廷梁主办的《无锡白话报》在无锡创刊。它报道海内外及当地新闻,宣传新思想,是我国最早的白话报纸之一。

春天,翁同龢全力推动光绪帝变法。四月(5月),草拟变法诏书,触怒慈禧太后、奕䜣等守旧派,当即遭"开缺回籍"。

七月二十七日(9月12日) 清廷同意江苏学政瞿鸿禨关于将江阴南菁书院改为高等学堂的意见,定名为南菁高等学堂。光绪二十八年(1902),南菁高等学堂改为江苏省高等学堂。

缪荃孙将南京钟山书院改办为江南高等学堂。翌年正式开学。

美国基督教贵格会在六合县创办和平医院,院内设病床40张,配有医务人员七八人。

曾任清政府邮传部侍郎的沈云沛,在海州招商集资20万元,创办临洪油饼厂,用土洋结合的办法榨油、压饼。

马伯亥在苏州创设商办电话公司,称苏州德律风公司,内装交换机一台24门。这是国内第一家由国人开办的电话公司。

是年,据江宁布政使和江苏布政使统计,江苏人口为3070.70万人。

五月(6月) 德寿任江苏巡抚,至光绪二十五年六月(1899年7月)离任。

光绪二十五年(1899)

二月十一日(3月22日) 南京正式开埠。

张謇在通州招商集资44.51万两,并领用官机2万多纱锭,创办大生纱厂。该厂主要生产10支、12支及14支粗纱,以"魁星"为商标,产品主要供应通海地区土布织户和上海市场。

六月(7月) 鹿传霖任江苏巡抚,至光绪二十六年八月(1909年9月)离任。

十月(11月) 在江宁成立江南商务总局。

光绪二十六年(1900)

七月(8月) 江南官电局在南京设立电话交换所。

袁辅臣、刘子静、匡仲谋合资兴建无锡亨吉利染织厂。该厂为江苏第一家染织厂。

杨信之与意大利人康度西合作集资10万元，在苏州葑门外兴建延昌永缫丝厂，有丝车200台，由康度西任经理。

泰兴创设生和隆榨油厂，资本额为3万元。

八月(9月) 松寿任江苏巡抚，至光绪二十七年正月(1901年3月)离任。

十二月十四日(1901年2月2日) 徐州设立邮政局。

光绪二十七年(1901)

正月(3月) 聂缉规任江苏巡抚，至同年十月(1901年11月)离任。

二月初一日(3月20日) 美国传教士林乐知将中西书院与博习书院合并，在苏州创办东吴大学。当年3月即开学上课。宣统三年(1911)，又将上海中西书院并入东吴大学。

二月(3月) 张謇在南京写就2万余言的《变法平议》，要求变革政治，改良社会。提出设置议院，设府、县议会，发展近代工商业和文化事业等资本主义主张。

五月(6月) 两江、两湖总督刘坤一、张之洞联名会奏《江楚三折》，分别就人才的培养、朝廷的内务整顿及向西方学习三方面提出自己的意见，为新政改革造声势。

九月(10月) 两江总督刘坤一、湖广总督张之洞在南京设局编译教科书，初名江鄂书局，后改为江楚书局。刘世珩为总办，缪荃孙任总纂，陈作霖、柳诒徵等人为分纂。

九月初十日(10月21日) 吴县包笑天、尤子青创办《苏州白话报》。

陈琴堂在淮安创办源丰实业公司，资本额4.2万元。

张謇等人集资，在通州、海门沿海滩涂地区创办通海垦牧公司。这是我国近代第一个近代化农垦企业。

十月(11月) 恩寿任江苏巡抚，至光绪三十年四月(1904年5月)离任。

光绪二十八年(1902)

沙元炳等人创办如皋公立简易师范学堂。

夏日，武进人吴稚晖率男女学生数十人赴日本留学。

无锡人廉泉、俞复、丁宝书等人，在上海创办文明书局，俞复任经理。

漕运总督陈夔龙在淮阴创办江北高等学堂。道尹沈瑜庆为总办，同知许秉彝为监督。光绪三十二年(1906)改为江北师范学堂。

缪荃孙将南京钟山书院改办为江南高等学堂。第二年正式开学。

庄茂之(盛宣怀内弟)在常州西门创立常州内河招商局,盛宣怀调拨泰昌煤轮1艘,首开武进至溧阳运输线。

张謇、徐翔林等人集资2万元,在通州创办大兴面粉厂,日产面粉460包。

张謇用7万元资本在通州创办广生油厂。该厂以大生纱厂的棉籽为原料,生产棉籽油和棉饼。

张謇从大生纱厂拨款2万元,在通州创办大隆肥皂厂。该厂利用广生油厂的下脚油脂制造肥皂、蜡烛。

张謇创办通州师范学校,第二年正式开学。著名学者王国维被聘任课。此为我国最早的师范学校。

荣宗敬、荣德生兄弟与朱仲甫合伙,集资3.9万元,在无锡创办保兴面粉厂。有30多名工人,日出面粉300包。后朱仲甫退出。荣氏兄弟增资,改组为茂新面粉厂。

光绪二十九年(1903)

正月初一日(1月29日) 蒋维乔等青年知识分子发起成立常州体育会,提倡尚武精神。

正月初八日(2月5日) 两江总督府在南京设立三江师范学堂,杨锡侯为监督。光绪三十一年(1905),改名两江师范学堂。

四月初一日(4月27日) 江苏留日学生秦毓鎏、汪荣宝、张肇酮等人,在日本东京创办《江苏》月刊。

四月初一日(4月27日) 在沪的江苏等18省爱国人士在张园召开"拒俄大会",谴责沙俄对中国的侵略,指责清政府外交的"昏昧狂惑",要求清政府拒绝沙俄新的侵略要求。

四月(5月) 两江总督府在南京设立裕宁官银钱局。

张謇应邀赴日参加日本第五届劝业博览会,经两个月参观,受到极大的震撼。

十一月初五日(12月23日) 在赵声等爱国青年的发动下,两江师范、南京陆师和水师等学堂学生500多人及爱国绅士数十人,在北极阁召开拒俄大会。赵声在会上发表演说,揭露沙俄占我东北、不断内侵的罪行,号召爱国青年组织义勇队,北上抗俄。

张謇集资10万元,在南通吕泗创办同仁泰盐业公司。所产之盐色味俱佳,后在意大利赛会上获优等奖牌。

朱芗倚、刘舜年集资18万元,在镇江创办合兴面粉厂。日产面粉1000包。

张謇在通州创设翰墨林印书局。后由大生纱厂投资,印书局迅速发展,至宣统元年(1909)时,已有大小印刷机7台、铸字机4台,职工50多人。

薛熙宇集资1万元,在武进创办宝升烛皂厂。

十二月(1904年1月) 丁初我、曾朴在常熟创办江苏第一份妇女报——《女子世界》。

十二月三十日(1904年2月15日) 无锡革命青年秦毓鎏与黄兴等人在长沙创立反清革命团体华兴会,并担任副会长。

两江总督张之洞在南京设立两江学务处,推行新式教育。这是江苏省第一个省级教育行政机构。

光绪三十年(1904)

正月初一日(2月16日) 两江总督府在南京创办的《南洋官报》出版发行。

三月初一日(4月16日) 清政府聘张謇为商务部头等顾问官,并加三品衔。

七月(8月) 沪宁铁路开始修建。光绪三十四年六月(1908年7月)全线通车。

两江总督端方在苏州设江苏学务处。

十一月初一日(12月7日) 设在苏州的江苏师范学堂开学。罗振玉为该学堂监督。

十一月(12月) 陆元鼎任江苏巡抚,至光绪三十二年正月(1906年2月)离任。

清末维新改良派、两朝(同治、光绪)帝师翁同龢(1830—1904)在原籍常熟逝世。

周舜卿在无锡创办裕昌丝厂。周经营有方,颇有盈余,年均约二三万元。

张謇、许鼎霖等人集资14万元,在镇江螺蛳山创办开成笔铅罐厂。

张謇在通州创办阜生蚕桑染织公司。

十二月初九日(1905年1月14日) 张謇创建通州博物苑,自任苑总理,孙钺为主任。这是中国最早的博物馆。

十二月二十二日(1905年1月27日) 清政府裁撤漕运总督署,在江苏新设江淮巡抚。

光绪三十一年(1905)

三月十七日(4月21日) 清政府撤销江淮巡抚,改淮扬镇总兵为江北提督。

四月(5月) 江苏各地民众为抗议美国对旅美华工、华侨的歧视凌辱,掀起反美爱国运动。六月二十八日(7月30日),苏州士商数千人集会于丽华茶园,决议不用美货。七月初九日(8月9日),南京各界集会,反对美国排华苛约,共约不买美国货。八月二十六日(9月24日),南京商学界2000多人在明伦堂开会,决议将不用美国货的斗争坚持到底。扬州、无锡、镇江、江阴、通州、常熟、太仓等地民众都起而反对中美华工条约,抵制美货。

十一月(12月) 江苏学务总会成立,张謇为会长。第二年,会名改为江苏教育总会,张謇为会长,王同愈为副会长。

是年,无锡成立同盟会南泉分会。光绪三十年(1904),无锡南泉乡革命青年鲍少颂在上海与蔡元培联系,加入光复会。不久返乡,与其弟鲍少牧一起,联络当地进步青年,发展会员,建立光复会南泉分会。翌年七月二十日(1905年8月20日),中国同盟会成立。随后,鲍等将光复会南泉分会改称同盟会南泉分会。这是江苏地区最早建立的同盟会组织。

无锡东林学堂发起召开了无锡第一次联合运动会。

朱幼鸿集资69.9万元,在常熟创办裕泰纱厂。

吴汀鹭、祝丹卿等在江阴创办华澄布厂。

许鼎霖集资28万元在海州创办海丰面粉厂,日产面粉1500包。

张謇等人集资14万元,在镇江创办大照电灯厂,张为总董。此为江苏第一家电厂。

刘寿祺集资14万元,在清江创办大丰面粉厂,日产面粉1700包。

王西星以2万元资本在镇江创办同茂永蛋厂。

光绪三十二年(1906)

一月(2月) 革命党人、暂编南洋新军第十七协第三十三标标统赵声,受孙中山的委托,在南京策划革命,介绍冷遹、李竞成、林述庆、柏文蔚等军中大批青年军官,以及学界革命青年数十人参加同盟会。赵声等人在南京鼓楼成立同盟会江宁支部。又在第三十三标本部设俱乐部,派卢镜环为联络员,开展革命活动。

同盟会会员顾子扬在徐州发展一批会员,建立同盟会徐州支会。

春天,同盟会江苏分会在上海成立,高旭、沈翏公、金葆濂、张家珍、张鲁、钱醒之、陈陶遗、朱葆康、柳亚子、沈砺、陈去病、蔡元培等人入会。同盟会本部指派高旭为分会会长,后由章梓、陈去病、张鲁先后继任。同盟会设主盟人,主要是负责组织发展工作、监督新会员入会、宣读誓约、履行仪式等事宜。江苏分会的第一批主盟人为:吴春阳、黄兴、高旭、吴修源、金其重。高旭在上海西门小菜场宁康里设同盟会江苏分会机关,由朱少屏、陈去病、柳亚子等人协助工作。

四月初二日(4月25日) 江苏按照清廷旨意,撤学政,设提学使司,分驻江宁、苏州。

闰四月二十日(6月11日)　设在南京的商品陈列馆开馆,陈列中国、亚洲和欧美的商品。

闰四月二十四日(6月15日)　靖江、东台饥民哄抢米船,捣毁米行。五月十五日(7月6日),山阴县饥民万余人暴动抢米。五月二十五日(7月16日),扬州千余人暴动,15家米行一扫而空。两天后,泰州饥民捣毁全城米行。五月二十七日(7月19日),江都数千人将各米行及铺户抢劫一空。

南京巡警学堂创办,招收300名学员。宣统元年(1909)改为高等巡警学堂。

两江总督周馥在南京创办金陵中西医院。这是江苏地区官办的第一所近代化医院。

荣瑞馨、荣宗敬、荣德生集资27.08万元,在无锡创办振新纱厂,有纱锭10192枚。

恽祖祁以30万元在常州创办大钧饼油厂。

许鼎霖、张謇以42万元资金在赣榆创办赣丰饼油厂。该厂生意兴隆,获利颇丰。

朱畴筹资14万元,在高邮创办裕亨面粉公司,日产面粉2000包。

蒋伯言集资69.9万元,在太仓创办济泰纱厂,有1.27万枚纱锭。

正月(2月)　陈夔龙任江苏巡抚,至光绪三十三年七月(1907年8月)离任。

光绪三十三年(1907)

四月(5月)　南京设暨南学堂,供爪哇华侨子弟归国学习用。

五月(6月)　江苏举行出国留学考试,录取男生10人,女生3人,公费赴美留学。

七月初七日(8月15日)　陈去病、吴梅等11人在上海愚园集会,建立神交社,继承明末复社、几社文人的遗风,以诗文为干戈保卫社稷。

七月(8月)　张曾敭任江苏巡抚,至同年八月(9月)离任。

八月(9月)　陈启泰任江苏巡抚,至宣统元年五月(1909年6月)离任。

同盟会太仓支部在上海成立,支部长为金讲熙,会员近百人。

十月初四日(11月9日)　江苏绅商各界2000多人,为反对清政府举借外债修筑苏杭甬铁路而集会于上海。会议决定与浙江联合行动,共同反对借款筑路,坚持“商办拒款”四字宗旨。江苏铁路公司为自办铁路而筹集资金,集得1500余万元。收回路权的斗争,在全省掀起了高潮。

两江总督端方利用原江宁造币厂的房屋,购置机器,创办南洋印刷官厂,主要印刷粮串、钞票及官用文书、簿册。

杨金绶筹资12万元,在泰州创办泰来面粉厂,日产面粉2000包。

徐翔周在无锡创办大丰机米厂，装有2台碾米机，以立式柴油机为动力，日产大米120石。

张謇在崇明创办大生二厂，资本86.37万元，有纱锭2.6万枚。

匡仲谋在无锡建成亨吉利布厂，装有180台铁木结构织布机。

晚清著名小说家李伯元（1867—1907）逝世。李，武进人，著作颇多，有《庚子国变弹词》、《活地狱》、《李莲英》、《官场现形记》等等。其中《官场现形记》是晚清谴责小说中最具代表性的作品。

美国基督教南长老会在泰州创办福音医院。

光绪三十四年（1908）

二月十四日（3月16日） 美国基督教圣公会传教士、医师李克乐，在无锡创办的无锡普仁医院开业。李为院长。

四月（5月） 南洋高等商业学堂在南京建立。

四月（5月） 两江总督端方奏请朝廷获准在南京建立江南图书馆，次年九月（10月）建成。缪荃孙为图书馆总办，陈庆年为坐办。

八月（9月） 英国人在南京浦镇开办“浦镇机厂”，占地25万平方米，有员工360人。该厂及其设备从英国进口，主要用于修理机车车辆。

八月（9月） 江宁提学使根据两江总督端方的指示，在南京创设南洋方言学堂一所，该校先招德文、法文两个班学员各60人。

镇江朱恒顺糟坊所生产的百花酒荣获巴拿马国际博览会金奖。

江苏巡抚陈启泰按照清廷关于各省成立谘议局的指示，决定在南京设立省谘议局筹备处，由藩司樊增祥负责筹办。

年底，两江总督端方和江苏巡抚陈启泰联名上奏清廷，要求在南京举办南洋劝业会。清廷准奏，并给予支持。南洋劝业会由官商合办。端方为南洋劝业会会长，下设事务所，从事具体的筹备工作。

施子美、严惠人在江阴创办利用纱厂，资本42万元，有纱锭1.504万枚。

张謇、许鼎霖合资在宿迁创办耀徐玻璃公司，清政府商务部许以“在徐州境内专办十年”。该公司日产玻璃7000片左右。

宣统元年（1909）

三月二十二日（5月4日） 经采用复选举法选出江苏省谘议局议员125人，张謇、雷奋、杨廷栋、孟昭常等立宪派要人，黄炎培等革命党人，姚文枏等教育家都当选为议员。经议员推举，张謇为议长，蒋炳章、仇继恒为副议长。九月初一日（10 月 14 日），省谘议局行开局礼，议员 116 人到局，两江总督张人骏、抚台瑞澂致开会词，张謇致答词。会议还选举储南强、黄炎培、马良、王嘉宾等 25 人为常驻议员。

五月（6 月） 瑞澂任江苏巡抚，至同年十月（11 月）离任。

八月三十日（10 月 13 日） 省谘议局张謇、雷奋、张廷栋、孟昭常等人商谈请愿速开国会事，决定发起请愿国会运动，要求清政府尽快召开国会，组织责任内阁。张謇为掀起全国性请愿运动，在省谘议局会上，发起成立各省谘议局联合会，邀请各省谘议局代表在上海齐集，商讨敦促清政府开国会事，得到与会议员的赞同。省谘议局派员分赴各省进行联络，各省谘议局响应。十月初四日（11 月 16 日），苏、浙、皖、鲁、闽、粤等 16 省代表抵达上海。十月十五日（11 月 27 日），代表会议决定：组织代表团进京向都察院呈递请愿书，推定代表 33 人，组成谘议局请愿联合会，由孙洪伊领衔，请愿的宗旨是速开国会，在两年内召集。十二月初六日（1910 年 1 月 16 日），代表们在北京向都察院呈递了请愿书。但遭到清政府的拒绝。接着，代表们进行了第二、第三次请愿活动，在全国掀起了声势浩大的请愿国会运动。

十月初一日（11 月 13 日） 南社在苏州虎丘张公祠召开成立大会。参加会议的有：陈去病、柳亚子、朱锡梁、陈陶遗等 17 人。会上，选陈去病为文选编辑员、高旭为诗选编辑员、庞树柏为词选编辑员、柳亚子为书记员、朱少屏为会计员。南社发展很快，两年后社员达 200 多人。南社是资产阶级革命党人领导的，参加成立大会的 17 人中有 14 人是同盟会会员。革命党人的重要领导人宋教仁、陈其美亦加入了南社。南社的宗旨是以诗、词、文章宣传革命。

十月（11 月） 宝芗任江苏巡抚，至宣统二年三月（1910 年 4 月）离任。

十月十八日（11 月 30 日） 省谘议局在第一届常会上，讨论通过了《本省单行章程规则截清已行未行界线，分别交存议案》。议案申明，谘议局有“参预立法之权”，“凡属本省之单行法自应由督部堂、抚部院交议或由议员自行提议，本局议决后，呈请公布施行，始为有效”。

著名近代学者刘鹗（1857—1909）逝世。刘，丹徒县人，随父至淮安，官至知府。他才华横溢，学问渊博，著作颇丰，数学方面有《勾股天元草》、《弧角三术》，医药有《要药分剂补正》等，文字学和考古学方面有《铁云藏龟》、《铁云藏陶》等，还有小说《老残游记》。《铁云藏龟》是刘从其所藏的 5000 多片甲骨中选出比较完整的 1058 片编著而成的，为甲骨文的研究做出了重要贡献。

汪瑜述在镇江开办源康丝厂，初有丝车 256 台，后增至 320 台。

张謇在通州将大兴面粉厂改组为复新面粉厂，资本额 14 万元，日产面粉

1200包。

刘更年以20万元资本在宿迁创办永丰机器面粉厂，日产面粉1500包。

孙鹤卿、薛南溟等人集资6万元，在无锡创办耀明电灯股份有限公司。公司装有两台50千瓦直流发电机。第二年发电，供城区夜间照明用。

荣德生与钱镜生合资，在无锡开办宝新碾米厂。厂内有8台碾米机，是当时江苏最大的碾米厂。

宣统二年(1910)

正月(2月) 江南商务总局为开通商智、沟通商情，创办《江南商务报》。

二月(3月) 在买雨田等人的带领下，浦镇机厂工人大罢工、反对英籍总监工随意开除工人、降低工人工资，厂方被迫答应罢工者条件，洋总监工辞职。

三月(4月) 程德全由奉天调江苏，任巡抚。程南下时过武昌，往谒瑞澂，瑞向程力荐应德闳、罗良鉴两人。

四月二十八日(6月5日) 南洋劝业会在南京开幕，会场设有教育、工艺、农业、卫生、机械、武备等9个馆和一个劝工场。劝业会还设暨南馆1所和参考馆2所，分别陈列南洋华侨和国外产品。会上展出的产品甚多，达百万件。会期长达半年多，参观者数十万人次。会上还进行了大规模的评奖，评出金牌奖1218名、银牌奖3345名。会场设有店铺200余家，成交额达数千万元。这是一次全国性的商品博览会，从内容到规模都是空前的。

闰六月初六日(7月31日) 宋教仁、谭人凤、陈其美等人为推动长江中下游地区的革命运动，在上海成立中国同盟会中部总会。南京、安徽、湖北、湖南设立分会。八月(9月)中旬，谭人凤、宋教仁、陈其美等人连日开会，决定上海、南京、武汉同时起义。

七月(8月) 南京建成金陵电灯官厂，开始供电。第二年电灯用户有800户。

八月初一日(9月4日) 中国报界俱进会在南京成立。此为我国近代第一个新闻团体。

九月(10月) 江苏谘议局举行第二年度常年会。议员们为使省谘议局议决案得到贯彻，认为谘议局应有监督行政权。因而会上通过了《本局议案公布实施之施行方案法》，提出了对行政官员施行谘议局议决案监督办法。

九月十六日至二十日(10月18—22日) 第一届全国运动会在南京召开。运动会是为配合南洋劝业会而开的，运动会原名“全国学校区分队第一次体育同盟会”。辛亥革命后追认为第一届全国运动会。运动会分华北、武汉、吴宁、上海、华南五区参加比赛。每区由各地基督教青年会指派体育部一外籍职员担任运动委员长，共同组织全国运动委员会，由上海基督教青年会的爱克斯纳任会长。运动会的规模较小，参加比赛的运动员 140 人。运动种类分田径、足球、网球、篮球 4 项。运动会规模虽小，但观者甚多，日有 4 万多人，盛极一时，影响很大。

九月二十一日(10 月 23 日) 张謇等人在南京发起成立全国农务联合会，张担任总理。

美以美会创办的汇文书院与基督教会创办的宏育书院合并，改称金陵大学堂。初时只设文科，学生不到百人。第二年，获纽约州教育局和纽约大学认可，视为正规大学。

孙鹤卿在无锡通云桥创办乾生丝厂，有丝车 208 台。

宣统三年(1911)

二月(3 月) 省谘议局召开临时会议，对督抚的宣统三年(1911)宁属预算案做了重大修订，删改了 30 多项。两江总督张人骏十分恼火，置之不理，仍按原案执行。这在实质上否定了谘议局对预算案的议决权，张謇和议员们在盛怒之下宣布辞职，以示抗议。全省绅民群起抨击督抚，支持省谘议局，各省谘议局亦纷起声援。督抚被迫修改并公布预算案。于是张謇等复职，准备谘议局年会。

八月初十日(9 月 13 日) 美国纽约圣经研究院院长怀特在南京筹建的联合神院试行开课。民国二年(1913)，神院定名为金陵神学院。

八月十九日(10 月 10 日) 武昌新军起义，辛亥革命爆发。

九月十三日(11 月 3 日) 陈其美等人在上海率领民军起义，第二天攻占江南制造局，起义成功。九月十六日(11 月 6 日)成立沪军都督府。

九月十四日(11 月 4 日) 驻清江浦十三协新军起义。

九月十五日(11 月 5 日) 江苏巡抚程德全顺应革命潮流，宣布江苏独立，被推为苏军都督府都督。都督府发出通令，要求“各属闻风归顺”，“应即反正”。

九月十六日(11 月 6 日) 昆山起义，成立军政分府，张栋为司令，方还出任民政长。同日，无锡革命党人秦毓鎏率民军起义，迅速占领无锡县署和金匮县署，成立锡金军政分府，秦为军政分府总司令。

九月十七日(11 月 7 日) 革命党人林述庆、李竟成等人发动镇江驻军起义，进攻旗营，旗兵不战而降，成立军政府，推举林述庆为镇江军政府都督，李竟成为副都督。

九月十八日(11 月 8 日) 沪军都督府派许宏恩率革命军数十人至通州，传令有关人士开会，宣布通州起义，组织军政分府，举张詧为总司令、许宏恩为军政长、孙宝书为民政长。同日，同盟会江阴分部响应上海、苏州等地起义，宣布江阴光复。接着，同盟会江阴分部派了一批革命青年至靖江,传令大小店户悬挂白旗,集中至县衙,宣布起义,成立新政府。

同日,统制徐绍桢率第九镇新军在秣陵关起义,分路进攻南京,在雨花台为清军炮火所阻,后败退镇江。

九月十九日(11月9日) 苏州发兵至常州,常州全城遍插白旗,响应起义,成立军政分府,何健为军政分府司令,屠敬山为民政长。同日,宜兴、太仓亦起义成功。

九月二十一日(11月11日) 驻在上海的中国同盟会中部总会闻悉新军秣陵关起义失败消息后,即召开紧急会议,决定组织江浙联军,推徐绍桢为联军司令,集中力量,攻打南京。

九月二十二日(11月12日) 清江浦成立军政府,共推原清军提督署参议官蒋雁行为江北都督。

九月二十六日(11月16日) 徐绍桢召开江浙联军各方负责人会议,决定以主力部队攻打天堡城,另以南北两路并进,双管齐下。会上落实了各路军队的任务。十月初四日(11月24日),徐绍桢发布总攻令,各路军队向前挺进。十月十二日(12月2日),江浙联军攻克南京,两江总督张人骏、江宁将军铁良逃往上海,江防军统领张勋北逃徐州。

九月二十七日(11月17日) 淮安原县令姚泽荣在当地宣布独立的过程中,暗中勾结反动势力杀死革命党人、南社成员周实、阮式。

九月(11月) 常熟、无锡、江阴3县边界地区爆发“千人会”起义。起义领导人孙二、孙三以传帖聚众结盟的方式组织群众。三县边区方圆20里范围内的民众都参加了起义。他们“武装自卫,同心抗租”。后遭镇压,起义失败。

十月十四日(12月4日) 起义独立各省留沪代表会议决定,以南京为临时政府所在地,并选举黄兴为大元帅,负责筹建临时政府。

十月十六日(12月6日) 江苏都督府成立,都督程德全就位。

十月十九日(12月9日) 武汉各省都督府代表会议决定接受“南北和谈”,并通过和谈纲要四条。

十月二十二日(12月12日) 独立各省都督府代表会移至南京召开,共商建立全国革命政权大事。

十月二十八日(12月18日) “南北和谈”会正式在上海英租界市政厅举行。

十一月初十日(12月29日) 起义独立各省代表在南京集会,选举临时大总统,建立中央临时政府。17个省的代表参加会议,每个省1票。选举结果,孙中山以16票当选为临时大总统。

十一月十三日(1912 年元月 1 日) 孙中山赴南京就任临时大总统,正式宣告中华民国南京临时政府成立。

十一月二十六日(1912 年元月 14 日) 赵凤昌、张謇再次通电袁世凯,促其尽快逼迫清帝退位。

十二月初八日(1912 年元月 26 日) 袁世凯密令段祺瑞,发动清军前线将领联名上书朝廷,逼令立即赞同共和。

十二月二十五日 (1912 年 2 月 12 日) 清隆裕太后带着 6 岁的小皇帝溥仪在养心殿告别群臣,宣布退位。

十二月二十六日(1912 年 2 月 13 日) 正式对外公布清帝退位诏书。这标志着在中国延续两千多年的封建帝制终结。辛亥革命推翻帝制、创建民国的初步目标完成。

二 主要参考文献

(一) 档案史料

1. 中国第二历史档案馆馆藏档案。

2. 江苏省档案馆馆藏档案。

3. 中国第二历史档案馆编:《中华民国史档案资料汇编》,江苏古籍出版社 1994 年版。

4. 中国国民党中央委员会编:《中华民国重要史料初编——对日抗战时期》,(台湾)1981 年版。

5. 故宫博物院明清档案部编:《清末筹备立宪档案史料》,中华书局 1979 年版。

6. 太平天国历史博物馆编:《吴煦档案选编》,江苏人民出版社 1983 年版。

7. 南通市档案馆等编:《大生企业系统档案选编》,南京大学出版社 1987 年版。

8.《教务教案档》,台湾"中研院"1970 年版。

(二) 资料汇编

1. 中国史学会主编:《鸦片战争》,神州国光社 1954 年版。

2. 中国史学会主编:《太平天国》,神州国光社 1954 年版。

3. 中国史学会主编:《洋务运动》,上海人民出版社 1961 年版。

4. 中国史学会主编:《戊戌变法》,神州国光社 1953 年版。

5. 中国史学会主编:《辛亥革命》,上海人民出版社 1957 年版。

6. 孙毓棠编:《中国近代工业史资料》,科学出版社 1957 年版。

7. 汪敬虞编:《中国近代工业史资料》,科学出版社 1957 年版。

8. 陈真编:《中国近代工业史资料》,科学出版社 1961 年版。

9. 严中平等编:《中国近代经济史统计资料选辑》,科学出版社 1955 年版。

10. 南京图书馆特藏部等编:《江苏省工业调查统计资料(1927—1937)》,南京工学院出版社 1987 年版。

11. 李文治编:《中国近代农业史资料》,生活·读书·新知三联书店 1957 年版。

12. 上海社会科学院经济研究所编:《荣氏企业史料》,上海人民出版社 1962 年版。

13.《旧中国机制面粉工业统计资料》,中华书局 1966 年版。

14. 江苏省财政厅等编:《华中解放区财政经济史料选编》,南京大学出版社 1987

年版。

15. 中国科学院上海历史研究所筹备委员会编:《鸦片战争末期英军在长江下游的侵略罪行》,上海人民出版社 1958 年版。

16. 贾桢等编:《筹办夷务始末》,中华书局 1979 年版。

17. 朱寿朋编:《光绪朝东华录》,中华书局 1958 年版。

18. 扬州师范学院历史系编:《辛亥革命江苏地区史料》,江苏人民出版社 1961 年版。

19. 太平天国历史博物馆编:《太平天国印书》,江苏人民出版社 1979 年版。

20. 太平天国历史博物馆编:《太平天国文书汇编》,中华书局 1979 年版。

21. 褚德新等主编:《中外约章汇要》,黑龙江人民出版社 1991 年版。

(三) 人物文集

1.《马克思恩格斯选集》,人民出版社 1972 年版。

2.《孙中山全集》。

3.《毛泽东选集》。

4.《张謇全集》,江苏古籍出版社 1994 年版。

5.《左文襄公全集》。

6.《曾国藩全集》。

7.《龚自珍全集》,中华书局 1959 年版。

8.《魏源集》,中华书局 1976 年版。

9. 吴汝纶编:《李文忠公(鸿章)全集》,台湾文海出版有限公司印行。

(四) 主要论著

1. 马士著:《中华帝国对外关系史》,生活·读书·新知三联书店 1957 年版。

2. 罗尔纲著:《太平天国史》,中华书局 1991 年版。

3. 罗尔纲著:《李秀成自述原稿注》,中华书局 1982 年版。

4. [英]呤唎著:《太平天国革命亲历记》,中华书局 1961 年版。

5. 赵尔巽撰:《清史稿》,中华书局 1976 年版。

6. 萧一山:《清代通史》,中华书局 1985 年版。

7. 陈旭麓:《近代中国社会的新陈代谢》,上海人民出版社 1992 年版。

8. [法]史式徽:《江南传教史》,上海译文出版社 1983 年版。

9. 许涤新、吴承明:《中国资本主义发展史——旧民主主义革命时期的中国资本主义》,人民出版社 1990 年版。

10. 杜恂诚:《民族资本主义与旧中国政府》(1840—1937),上海社会科学院出版社 1991 年版。

11. 严中平:《中国棉纺织史稿》,科学出版社 1955 年版。

12. 汤志钧:《戊戌变法史》,人民出版社 1984 年版。

13. 章开沅:《开拓者的足迹——张謇传稿》,中华书局 1986 年版。

14. 茅家琦:《太平天国对外关系史》,人民出版社 1984 年版。

15. 段本洛:《中国资本主义的产生和早期资产阶级》,苏州大学出版社 1996 年版。

16. 上海市粮食局等编:《中国近代面粉工业史》,中华书局 1987 年版。

17. 余明侠:《徐州煤矿史》,江苏古籍出版社 1991 年。

18. 朱英:《晚清经济政策与改革措施》,华中师范大学出版社 1996 年版。

(五) 年鉴、方志

1. 阮湘等编:《中国年鉴》,商务印书馆 1924 年。

2. 叶楚伧、柳诒徵:《首都志》,正中书局 1935 年版。

3.《镇江市志》,上海社会科学院出版社 1993 年版。

4.《南京简志》,江苏古籍出版社 1986 年版。

5.《淮阴市志》,上海社会科学院出版社 1993 年版。

6.《苏州市志》,江苏人民出版社 1995 年版。

7.《江苏省志·轻工业志》,江苏科学技术出版社 1996 年版。

8.《江苏省志·冶金工业志》,江苏古籍出版社 1994 年版。

9.《江苏省志·机械工业志》,江苏人民出版社 1998 年版。

10.《江苏省志·粮食志》,江苏人民出版社 1994 年版。

11.《江苏省志·电力工业志》,江苏科学技术出版社 1994 年版。

12.《江苏省志·农业志》,江苏古籍出版社 1997 年版。

(六) 报纸、杂志

1.《申报》

2.《时报》

3.《工商半月刊》

4.《江苏建设月刊》

5.《江苏省实业厅半月刊》

后　记

《江苏通史》晚清卷的编写，是在江苏省社会科学院的领导下，经过五年的努力才得以完稿的。

本卷的编写力求以马克思主义为指导，在掌握丰富翔实资料的基础上，进行分析研究，提出自己的看法，以反映晚清时期江苏地区历史的面貌。

本卷提纲由徐梁伯、蒋顺兴拟订。本卷共十章，具体编写分工为：导论和第一、二、三、四章为蒋顺兴，第五、九章为叶扬兵，第六章为王裕明，第七、八、十章为徐梁伯。书稿由蒋顺兴、徐梁伯修改、定稿。插图由叶扬兵负责选排，所用图片多为南京图书馆夏彪同志提供。

本卷在编写过程中，得到了南京大学历史系著名历史学家茅家琦教授的关心和指导。江苏省社会科学院图书馆为我们提供了大量图书资料。南京大学行政管理学院博士生导师闾小波教授审阅、修改了书稿。南京图书馆历史文献部副主任于川、中国近代史遗址博物馆副馆长刘晓宁也为本书图片搜集提供了宝贵的帮助。凤凰出版社的陈晓清同志为书稿的修改、定稿、出版做了大量工作，费了许多心血。唐文起、徐瑞君、薛红、焦文芳、陈金珠等同志在书稿编写、出版过程中，帮了很多忙。在此，我们一并表示深深的谢意。另尚需说明，本卷所使用之部分图片因未确知拍摄者之姓名与联系方式，故未能及时付与稿酬，在此除表示感谢与歉意外，亦望有关拍摄者知悉后与本卷作者联系，以便付与相关稿酬。

著　者

2011 年 8 月 22 日

JIANGSUTONGSHI

江苏通史

宋元卷

总主编　宋林飞
本卷主编　李天石　潘清

凤凰出版社

北宋青釉水波鱼纹盏

北宋石刻印盒、印

北宋铭文端砚

南宋黑漆朱戗金花卉纹盒（武进）

南宋鎏金仿古银簋（镇江）

元朝霁蓝釉白龙纹梅瓶

元朝宣慰使司都元帅府夜行铜牌

元朝如意云纹金盘（苏州）

元朝貘纹金带銙（无锡）

元朝玉兔灵芝纹银镜架（苏州）

目　录

导　论

本卷叙述的是自公元960年至公元1368年宋、元时期江苏地区的历史。

宋元时期本地区行政区划隶属关系变化较大。今江苏地区，在宋代分别隶属于淮阳军、淮南东路、江南东路、两浙路等，元代今江苏则分属于江浙行省（或江淮行省）和河南、江北行省。考虑到宋元时期人们习称的“江淮”地区包括了今天的江苏大部分地区（宋代所称“江淮两浙”，包括今江苏、浙江及安徽、江西一部分），为行文叙述方便，本卷统一称宋元今江苏地区为“江淮地区”。

宋元时期的江淮地区，与此前的唐代及更早的六朝时期相比较，发生了较大的变化。这一时期的江淮地区，无论从政治、经济、军事、思想文化哪个方面来看，其在全国的作用，都显得较前更为重要，成为中国古代社会后期举足轻重的地区，也成为江苏地区历史上发展最快的时期之一。

一

要了解宋元时期江淮地区的历史，首先应当认识宋元两朝在中国历史发展进程中的地位。

宋元时期，是中国社会的一个大变动时期，这个变动可以按有些学者所讲的从唐代说起，称为“唐宋变革”时期，也可以按有的学者所认为的，“宋元时代又是中华文明居于世界领先地位的最后时期”[①]。其实不管怎样划分历史阶段，中唐以来至宋元，中国的社会形态发生了很大的变化，这是一个事实，宋元几百年的变化影响深远。

从统治阶层来看，如果说在唐代连皇室也不得不加以崇敬的中古士族还有相当的地位，至宋代，“取士不问出身，婚姻不问阀阅”，就已经成为人们的共识，士族已彻底退出了历史舞台，而通过科举考试出身的普通官僚地主则完全成为统治阶层的

① 《中国大百科全书·中国历史二》，中国大百科全书出版社1992年版，第1012页。

主体。

从农民的整体情况来看,魏晋隋唐中古时期那种对地主依附关系极强的部曲佃客农奴制经济,此时已为农民人身隶属关系相对减轻、身份相对自由的契约租佃制经济所取代。农民身份也整体上摆脱了中古时期良贱身份等级体制的约束,向宋以后庶民社会过渡。

从土地制度上看,以身份高下及定期还、授为重要特征的中古时期的占田制、屯田制、均田制,宋元时期已经不复存在,统治者在土地方面实行的是"不立田制"的政策,土地买卖相对自由了,土地流通加快了。

从宋代农业、手工业、商品经济等生产力发展水平来看,这是一个迅猛发展的时期。长江下游太湖流域一带以稻麦两作制为特征的农业成为当时世界最发达的地区。中国著名的四大发明,其中的印刷术、火药、指南针三项的开发应用,主要就在这个时期。宋代还出现了世界上最早的纸币——交子,同时随着经济文化的发展,宋代还大大发展了远及东西方世界的海上贸易。中国经济重心的南移也完成于这一个时期。

从城市发展来看,宋代的城市与中古时期魏晋隋唐,特别是唐中期以前的城市相比较,也发生了根本性的变化:唐中期以前的城市是一种行政支配型的坊市型城市,城市相对封闭,商业活动只能在官府指定的地点限时进行。而宋代的城市则是另一类型的带有开放性的在时间、空间上较少约束的市民商业性城市,商业活动极为自由,镇市也发展成为开放型的乡村经济中心。

从思想文化上来看,宋代儒学思想吸收佛学理论,产生了对后世思想文化影响深远的理学体系。又由于宋代活字印刷术的发明,造纸业的发展,使宋代文化的普及程度远过于汉唐。哲学思想、教育、文学、史学、艺术的总体水平空前发展,成为中国古代社会文化的鼎盛时期。

这里我们可以借用法国汉学家谢和耐对宋代的评价:

> 十三世纪的中国,其现代化的程度是令人吃惊的,它独特的货币经济、纸钞、流通票据,高度发展的茶盐企业、对外贸易的重要(丝绸、瓷器),各地产品的专业化等等。国家掌握了许多货物的买卖,经由专卖制度和间接税,获得了国库的主要收入。在人民的日常生活方面,艺术、娱乐、制度、工艺技术各个方面,中国是当时世界上首屈一指的国家,其自豪足以认为世界其他各地皆为化外之邦。[①]

---

① 谢和耐:《南宋社会生活史·序》,台北"中国文化大学"出版部1982年中译本,第5页。

这就是一个外国人在看了中国的史书以后，对宋元之际的中国社会的一个印象。

总之，无论从宋代生产力发展水平、经济与科学技术、思想文化、文学艺术等各个方面的发展来看，这一时期无疑是一个极为繁荣的历史时期，即使放在当时的世界范围内来看，也处于领先地位。正如史学界研究业已证明的那样，“宋代经济文化多方面的成就，不仅在当时世界上处于领先地位，而且为人类文明做出了重大贡献，产生深远影响”①。

当然，在这一时期，民族矛盾尖锐，南北战争不断，这对中原地区及江南地区的历史发生了重要影响。

继宋代而起的元朝，是中国第一个由少数民族建立的真正大一统的王朝，尽管它的统治曾给中原地区带来了一些落后的制度，但却也给传统中国的各个方面带来了一些新的因素。元帝国作为一个世界帝国，疆域辽阔，各民族共同生活在一个统一集权的中央政府领导之下，民族之间的经济文化交流进入了一个新的历史时期，形成了新的民族融合的高潮。元帝国之国祚虽不足百年，但给后人留下的遗产是丰富的。

二

从宋元时期的江淮地区来看，其总的发展趋势是受宋元时代大的历史环境与社会背景所制约的。同时，相对于其他地区而言，江淮地区又自有其发展的特殊性。这一特殊性最为突出的一点，就是这一时期江淮地区社会经济与文化的迅猛发展及其对后来历史发展的深远影响。这主要体现在以下几个方面：

首先，宋元时期江淮地区的发展，使自六朝以来开始的中国经济重心南移的过程，最终完成，使宋元以后中国经济重心南移成为定局，从而奠定了江浙地区在中国古代社会后期的地位与中国的基本经济格局。

众所周知，江南之地在秦汉之际，尚是“火耕水耨”、人口稀少、有待开发的落后之地。三国鼎立，孙氏割据江东，建立东吴政权，随后又历东晋、宋、齐、梁、陈，六朝先后在江南近四百年的经营，江南经济得以迅速发展。然而，直至唐朝中叶，中国政治、经济重心仍在以河北、河南、山东、关中为重心的北方地区。所谓“头枕三河（河东、河南、河内），面向草原”，是当时中央政府立国的基本态势②。唐代中叶发生安史之乱，河北、山东等地为藩镇所割据，而江南相对安定，经济继续发展。五代十国时期，南唐、吴越等政权统治的江南，经济文化继续快速发展，江南地区开始出现全面超越北

---

① 《中国大百科全书·中国历史二》，中国大百科全书出版社 1992 年版，第 1012 页。

② 葛金芳：《南宋立国态势及经济格局论析》，载《邓广铭百年诞辰国际学术研讨会论文集》，中华书局 2007 年版，第 219 页。

方地区经济发展的趋势。至北宋之际，江南成为北宋政府财赋的主要来源之地，从太宗淳化四年(993)至哲宗元祐年间，一百年间江淮漕运平均每年达到600万石，远远超过唐代最高400万石的数额，甚至也远高于明清时期的漕运量。靖康之乱后，宋廷南迁，江浙地区更成为宋朝廷的安身立命之所。此时期宋朝的立国态势已转变成为“头枕东南，面向海洋”。尽管本卷所述的江淮地区仅是整个江南地区的一部分，但没有人怀疑，这个地区是江南社会经济的核心地区与主体部分。

此时期江淮地区社会经济的发展，首先得益于北方人口的南迁。唐中期至五代末年，北方大量人口向南方迁移，史称安史乱后，“天下衣冠士庶，避地东吴，永嘉南迁，未盛于此”①。北宋末年，靖康之乱前后，再次掀起南迁的高潮，黄河流域的人口大量向长江流域迁徙。而在南宋金人完颜亮南侵时，淮河流域的人口又大量向江南迁徙。至蒙古军队南下灭宋，长江流域的人口又向更南的珠江流域迁徙。在这三次大迁徙中，以第一次的迁徙规模最大，对宋代整个人口的分布影响也最大②。宋元人口的大量南迁，为江南地区的进一步开发与经济发展，提供了大量人力资源与先进的生产技术，无疑加快了中国经济与文化重心的南移。

此时期江淮地区社会经济的发展，还表现为生产力水平的大幅度提高。关于宋代江南农业生产发展的水平问题，是学术界讨论的一个热点。尽管对于宋代出现农业革命的看法，学界有不同的意见，但从“苏、常熟，天下足”，“苏、湖熟，天下足”等民谚的出现来看③，从江南稻产量基本产量单产约在1.5宋石以上、3宋石以下，太湖平原的单产已达2—3宋石的情况来看④，在宋元之际，江淮的农业经济出现了较快发展应是没有疑义的。从耕作技术来看，此时也已形成精耕细作的传统，复种指数不断提高，土地利用达到极致，而北宋初年从今越南引进的早熟双季稻在江南的推广，促进了粮食产量的提高。

从手工业、商业来看，江淮一带的制盐业、造船业、制瓷业、丝织业、冶铁业及茶叶、桑蚕等农副业，也全面发展起来。如北宋的淮盐为3350万公斤，到了南宋时已经达到了一亿公斤左右，增长迅速。史载：“以盐额论之，淮东之盐多于二浙五之一；以去岁卖盐铁论之，淮东多于二浙三之二。”再如江淮一带的造船业，多集中在扬州、建康、平江(苏州)等沿江河地区，当时建康造船场已能制造用于航海的大船。当时大的

---

① 《李白集校注》卷二六《为宋中丞请都金陵表》。

② 张家驹：《两宋经济重心的南移》，湖北人民出版社1957年版。

③ 陆游：《渭南文集》卷二〇《常州奔牛闸记》；薛季宣《浪语集》卷二八《策问》。

④ 周生春：《宋元江浙诸郡稻米单产试探》，载《中国社会经济史论丛》，中国社会科学出版社2000年版；同氏：《论宋代太湖地区农业的发展》，载《中国史研究》1993年第3期。第45页。

战船多由官船场打造。除战船外宋代的船大都是用于交通运输的船。平江的造船业，在南宋时，已掌握利用转轴升降船桅和踏轮激水推动船身前进的技术，锚船方法也有了很大进步。

从赋税的收入来看，自唐中叶安史之乱以后，北方地区为诸藩镇所割据，财赋不入中央，宪宗元和年间虽有短暂天下统一，但为时并不长久。唐后期中央政府的财赋来源，主要是依赖东南八道，唐《元和国计簿》称，唐中央"每岁县赋入倚办，止于浙西、浙东、宣歙、淮南、江西、鄂岳、福建、湖南等道，合四十州，一百四十四万户"①。唐代的这种情况，一方面是由于南方经济的发展，但在一定程度上也是藩镇割据的形势使然。五代十国时期，南方相对安定，经过五十多年的发展，至北宋灭南唐、并吴越之时，江淮一带已是高度发达的地区，故宋朝建国，经济主要依赖于江浙一带的漕运。宋初曾有过一次关于从汴京迁都西安或洛阳的争论，却由于洛阳政治中心距江南漕路太远而作罢，这也说明了宋代立国已不能不完全依赖江南之经济。

从对外关系来看，唐五代以后，传统的陆路丝绸之路渐渐衰落了，但随着经济重心的南移，航海技术的发达，沿海对外贸易却日益发达起来，北起山东，南至福建、广东，包括江淮沿海一带的对外贸易港口纷纷出现，丝绸、瓷器、铁器等的输出，香料等奢侈品的输入大大增加，进而刺激了江南外向型经济的活跃与发展，这无疑也是宋元时期江淮地区社会经济变化的一个重要方面。

其次，宋元时期，江淮地区一度成为全国的军、政核心地带，其在全国的政治地位日渐提高，举足轻重。

唐中期以前，中央政府的政治中心多在长安至洛阳一带，国家财赋的主要来源也在北方。唐中期以后，东南地区的快速发展，使江南地区财赋的北运，对中央的生存已至关重要，这样便出现了国家政治中心与经济中心的背离，尽管当时这种局面的出现，在很大程度上是由于唐代北方藩镇割据的情况使然，但也与江南经济的发展、经济中心的逐渐南移直接相关。五代十国北宋时期，随着东南地区的进一步发展，特别是江南漕运地位的日益重要，作为政治中心的中央政府重心日渐东移：北宋初，为方便得到江南漕粮，宋政府不得不以虽处四战之地，但却处于东南漕运要冲的汴京作为都城。南宋时期，更由于宋金战争的原因，宋廷南迁，以临安为首都，宋中央政府的政治与经济中心就合二为一了。

北宋平南唐之初，宋朝廷曾有意抑制以建康（南唐之江宁府）为中心的南唐旧地。但到天禧二年(1018)，距灭南唐四十多年之后，宋政府改昇州为江宁府，置军为建康

① 《唐会要》卷八四《租税下》。

军,以寿春郡王赵祯,即后来的宋仁宗加太保,封昇王。在这次提高未来皇位继承人赵祯地位的活动中,以江宁为中心的江淮地区政治地位日渐重要。至南宋之际,江淮地区成为宋政府的军事重心所在地。建康则“外连江淮,内控湖海,为东南要会之地”①,一度议定为行在地。宋朝统领抗金军队的大都督府便先后设立于扬州、建康,江淮地区之安危,直接关乎整个国家之安危,宋金对峙时期的许多重要战役,即发生在此地。此后江南地区的保全,使东南地区免受了战争的蹂躏。

再次,宋元时期,随着经济重心的南移与经济的发展,长期居于北方的中国文化重心,也在南宋之际完成了南移,江淮地区,特别是江浙地区,真正成为中国的人文荟萃之地。其实,自唐中期以来,江南已成为人才渊薮,但与两宋相比,则尚为逊色,宋元三百多年间,江淮地区学子求学、应举的热情,在科举考试巨大利益的驱使下空前高涨。江淮两浙为中心的江南地区读书风气之盛,读书人数之多,史无前例。人称“今吴越闽蜀,家能著书,人知挟册”②,自北宋景祐二年范仲淹创建苏州府学,各地争相效仿,故有“天下有学自吴郡始”之说。宋代时天下书院713个,南方占了682个,占了全国书院的95.7%③。从科考来看,唐五代以前,科举考试中获状元者主要集中在北方,大体占总数64%,而至北宋,有籍可查的状元68名,其中北方籍35名,南方籍33名,南北处于平衡状态,而到南宋以后历代,南方状元人数大大增加,全国305位状元中,南方有240位,占79%,其中江苏有状元73名,浙江有状元62名,分别占了全国的1/4和1/5④。据《吴郡志》卷二八记载:自苏州州学创办以来,终北宋之世,苏州共出进士159名。可见,两宋时期,是中国文化重心南移的关键时期,而江淮两浙在这一转移的过程中,无疑起了举足轻重的作用。

三

从宋元时期各个方面的发展来看,江淮地区出现了经济发展、市井繁荣、人才辈出、文化昌盛、思想活跃、科技发展、对外交流不断扩大、世界影响远被欧亚的发展局面,成为当时世界上最发达的地区之一,南宋以后,“上有天堂,下有苏常”、“上界有天堂,下界有苏杭”已成为广泛流传的民谚。元代的马可·波罗曾用许多笔墨形容宋元江南的繁盛。例如说到苏州:

---

① 《景定建康志》卷一《留都录一》。

② 叶适:《水心集》卷九《汉阳军新修学记》,《四库全书·集部别集类》,上海古籍出版社1979年版。

③ 参见王炳照:《中国古代书院》,商务印书馆1998年版,第202—203页。

④ 参见《江南通志》卷一一九至一二四《选举制》;胡兆量等编著:《中国文化地理概述》,北京大学出版社2006年版,第185页。

> 苏州城漂亮得惊人,方圆有三十二公里。居民生产大量的生丝制成的绸缎,不仅供给自己消费,使人人都穿上绸缎,而且还行销其它市场。他们之中,有些人已成为富商大贾。这里人口众多,稠密得令人吃惊。然而,民性善良怯懦。他们只从事工商业,在这方面的确显得相当能干。如果他们的勇敢和他们的机智一样优越,那么,就凭他们众多的人口,不仅可以征服全省,而且还可以放眼图谋更远的地方。……有十六个富庶的大城市和城镇,属于苏州的管辖范围。这里商业和工艺十分繁荣兴盛。苏州的名字,就是指“地上的城市”,正如京师的名字,是指“天上的城市”一样。①

很清楚,最后两句中“地上的城市”与“天上的城市”,实际就是指“上有天堂,下有苏、杭”的民谚。可见苏杭之富庶,连外国人也为之惊叹。

再如讲到常州,马可·波罗说:“常州城,这是一个美丽的大城市,盛产生丝,并且用它织成花色品种不同的绸缎。这里的生活必需品很充足。”②讲到镇江,他说:“居民是佛教徒,是大汗的臣民。使用他们的纸币。他们靠经营工商业谋生,广有财富。他们制造丝绸和金线织物。……各种食物也极其丰盛”。讲到镇江对面的瓜洲一带向北延伸的大运河,他说:

> 通往契丹省的交通线……是由许多河流、湖泊,以及一条又宽又深的运河组成的。这条运河,是根据大汗的旨意挖掘的,其目的,在于使船只能够从一条大河转入另一条大河,以便从蛮子省直达汗八里,不必取道海上。这样宏伟的工程是十分值得赞美的。然而值得赞美的不完全在于这条运河把南北国土贯通起来,或者它的长度那么惊人,而在于它,为沿岸许多城市的人民,造福无穷。沿着运河两岸,也同样筑有坚固、宽阔的河堤,使陆上交通变得非常方便。③

看来马可·波罗并不十分清楚大运河是怎样开凿的,可他却看到了大运河的便利及给两岸带来的繁盛。

讲到真州与扬州,他说:

> 随后又到达一个建筑完好的大城镇真州,从这里出口的盐,足够供应所有的

① 《马可·波罗游记》第二卷第七十五章,福建科学技术出版社 1981 年版,第 197 页。

② 《马可·波罗行记》第二卷第七十四章,第 173 页。

③ 《马可·波罗行记》第二卷第七十二章,第 171 页。

邻近省份。大汗从这种海盐所收入的税款,数额之巨,简直令人不可相信。这里的居民也信奉佛教,使用纸币,都是皇帝陛下的臣民。从真州向东南方向继续前进到达重要的扬州市。在司法上,扬州管辖二十四个城镇,所以,必须把它看成是一个举足轻重的要地。它隶属于大汗的版图。人民信奉佛教,以商业和手工业维持生活。人们制造武器和各种军用品,因此,有许多军队屯驻在这一地区。①

这个描述大体也是符合当时真州与扬州的实际情况的。

在马可·波罗的游记中,还描述了宝应、高邮、通州、淮安等地工商业的活跃、盐业的发达、丝织品的精美、纸币的流行、税入的丰厚等繁荣景象。虽然此书反映的内容已如此丰富,但马可·波罗却在他的游记中讲到:"其实,我所描写的,还不及其中的二十分之一。"

从《马可·波罗游记》所记可以看出,江淮一带在宋元时期的富庶,即使放在世界范围内来看,也是首屈一指的②。

本卷较系统论述了江淮地区在宋元时期的基本历史发展过程。希望能够为人们认识与了解这一个时期江苏地区的历史,提供一个基本的线索。

---

① 《马可·波罗行记》第二卷第六十八章,第167页。

② 尽管对于马可·波罗是否到过中国曾经有人怀疑,但据杨志玖先生研究,"无论从《行纪》本身的记录,还是中国的有关资料,都有力地证明马可·波罗不仅确实到过中国……而且他所叙述的旅行路线和沿途所见的风土人情、社会经济、战争情况等大都是真实可信的"。见杨志玖:《马可·波罗到过中国》,载《历史研究》1997年第3期。

第一章　宋元时期江淮地区的沿革与人口

第一节　宋代江淮地区的沿革与人口

一、自然条件与政区沿革

宋朝，亦称两宋，为南宋、北宋之总称。起止时间为公元 960 年至 1279 年，是中国历史上继五代十国后的一个朝代。其中北宋自公元 960 年至 1126 年，首都汴京（今开封）；南宋自 1127 年至 1279 年，首都临安（今杭州）。两宋在中国的统治共达 319 年。

本卷所论述的江苏地区，大体相当宋代常称的江淮与两浙路北部（今苏南地区），宋代的江淮还包括今安徽和江西的一部分。宋代的江淮还不是一个单独的行政区划，今江苏地区在宋代的政区隶属关系实际上比较分散，且北、南宋时期的政区亦因宋、金的南北对峙而有不同[①]。

本地区位于我国大陆东部沿海中心，介于东经 116°18′—121°57′，北纬 30°45′—35°20′之间。跨长江下游两岸，东濒黄海，有近 1000 公里的海岸线，西北连安徽、山东，有低山丘陵错落，东南与浙江、上海毗邻。

从地理特征来看，本地区处长江三角州，境内地势平坦，平原辽阔，无崇山峻岭，而多名山巨泽，湖泊众多，水网密布，海陆相邻。境内除北部边缘、西南边缘为丘陵山地，地势较高外，其余则自北而南为黄淮平原、江淮平原、滨海平原、长江三角洲所共同组成的坦荡大平原。全区平原面积 7.06 万平方公里，占总面积的 69%；水面积

① 为行文表述的方便，本书将宋元今江苏地区泛称为江淮地区，其中包括宋时京东东路、京东西路、江南东路、淮南东路的一部分及两浙路北部的今苏南地区，而不包括淮南东路、江南东路的今江西、安徽部分。

1.73万平方公里，占16.9%；丘陵山地面积1.47万平方公里，占14.3%。

本区是中国水域面积比例最大的省份，水网稠密，有大小河道2900多条，湖泊近300个。平原地区河渠交叉，河湖相通。主要河流湖泊大致可分为沂、沭、泗水系，淮河下游水系，长江和太湖水系等三大流域系统。沂、沭、泗水系诸河位于废黄河以北，皆发源于山东沂蒙山区，沿倾斜之地势进入省境。主要河流有沂河、沭河、新沂河、新沭河等；淮河下游水系，指废黄河以南，长江北岸高沙土以北地区的河流，主要水道有淮河、苏北灌溉总渠、串场河、新通扬运河等，水路系统比较完整；长江和太湖水系是指长江北岸高沙土以南地区的河流。长江穿越境内长约418公里，河流面积3.9万平方公里，太湖流域为全省湖泊密集区，有大小湖泊180多个，江南运河斜贯长江与太湖间，能有效调节水量。

从气候特征来看，本区气候具有明显的季风特征，处于亚热带向暖温带过渡地带，大致以淮河为界，以南属亚热带湿润季风气候，以北属暖温带湿润季风气候。气候温和，雨量适中，四季分明。

从行政沿革来看，江苏省建省时间开始于清代初年，省名取自江宁、苏州两府的首字。虽然江苏建省晚至清代，但该地区很早就已成为中华文明的发源地之一。在南京汤山，已发现了古人类化石，在南京北阴阳营等地，发现了石器时代人类活动的遗存。古文献《尚书·禹贡》所载天下九州，此地属徐、扬两州的一部分。西周时分属鲁、宋、楚、吴等国。春秋战国时期，分属吴、宋、楚、越、齐等国。秦代属九江、会稽、彰、泗水及东海等郡的一部分。汉代分属扬州、徐州刺史部。隋开皇年间设苏州、扬州、徐州。大业年间改为吴、毗陵、丹阳、江都、下邱、彭城、东海诸郡。唐代，天下分为十道，后为十五道，今江苏地区隶属河南道、淮南道、江南东道及江南西道一角。五代十国时期天下纷争，江苏地区大部为南唐占有，北部的徐州一小部分，先后为梁、唐、晋、汉、周及宋所有。淮河流域等江北地区初为南唐占有，后为后周所占有，南方苏州等一小部分则为吴越所占有。

宋代建立，先后收南唐、服吴越，江淮地区遂为宋所有。其后此地区行政隶属关系几经变化。

宋代全国行政区划的设立，有一个历史过程。北宋初，五代分裂局面宣告结束，天下统一。雍熙中期，宋太宗赵光义令天下上闰年图，总计当时全国各地州、府、军、监，将近四百。此时，宋之疆域几乎恢复汉、唐之旧，其未入中原版图的，只有契丹所占燕、云十六州之地。至道三年，宋朝分天下为十五路，天禧年间，又分为十八路①，元

① 据《宋史》卷八五《地理志之一》载，宋天圣年间析路为十八，李昌宪综合其他文献考证当为天禧四年析为十八路，见李昌宪：《中国行政区划通史·宋西夏卷》，复旦大学出版社2007年版，第181页。

丰年间，再析为二十三路，即：京东东路、京东西路；京西南路、京西北路；河北东路、河北西路；永兴路；秦凤路；河东路；淮南东路、淮南西路；两浙路；江南东路、江南西路；荆湖南路、荆湖北路；成都路；梓州路；利州路；夔州路；福建路；广南东路；广南西路。大观四年，复置京畿路，宣和四年，又置燕山府路及云中府路，天下共分路二十六①。

宋代极盛时期的疆域，"东南际海，西尽巴僰，北极三关，东西六千四百八十五里，南北万一千六百二十里"②。大体上两宋有天下三百余年，自建隆初到治平末，一百零四年间，州郡沿革无大的增损。

北宋时代的江苏地区，从北向南，分别隶属京东东路、京东西路、淮南东路、江南东路、两浙路等五路。

江苏地区（下称本地区）属宋京东西路的为徐州。徐州宋代设大都督，彭城郡，武宁军节度。徐州最初隶属于京东东路。元丰元年开始属于京东西路。下辖县有五个：彭城县，沛县，萧县，此三县宋代属于望县，（宋初建隆元年，以四千户以上为望，三千户以上为紧，二千户以上为上，千户以上为中，不满千户为中下）即人口在四千户以上的县。滕县，丰县，此二县在宋代属紧县，即人口在三千户以上的县。（滕县现属山东）。另外还有二监（政府为工业或盐业设的专职机构）：宝丰，元丰六年置，铸铜钱，元丰八年废。利国，主要工业是铁冶。该地区在宋朝崇宁年间，有户六万四千四百三十，口一十五万二千二百三十七。主要贡品有双丝绫、紬、绢等③。

本地区属宋京东东路的为淮阳军。淮阳军，宋太平兴国七年，以徐州下邳县建为军，并以宿迁附属。有二县，一是下邳，属于望县。二是宿迁，属于中县。该军在宋崇宁年间，有户七万六千八百八十七，口一十五万四千一百三十。主要贡品为绢④。

本地区属于宋淮南东路的府县最多，只有少量府县属淮南西路。

淮南东、西路。原为一路，宋神宗熙宁五年，分为东、西两路。

宋淮南东路，有十个州，即：扬州，亳州，宿州，楚州，海州，泰州，泗州，滁州，真州，通州。有军二，即：高邮，涟水。有县三十八个。本路除了亳州、宿州、滁州属于现安徽省外，其余皆属现江苏地区范围。宋南渡后，淮南东路有九个州，即：扬州、楚州、海州、泰州、泗州、滁州、淮安、真州、通州。有四军，即：高邮、招信、淮安、清河。此时，宿、亳已不属于该地区。该地区在宋绍兴三十二年，有户一十一万八百九十七，口二十七万八千九百五十四⑤。

扬州，宋设大都督府，广陵郡，淮南节度。熙宁五年，废高邮军，并以县隶州。元

---

① 《宋史》卷八五《地理志之一》，中华书局 1985 年版。

②③④ 《宋史》卷八五《地理志之一》。

⑤ 《宋史》卷八八《地理志之四》。

祐元年，复高邮军。旧领淮南东路兵马钤辖。建炎元年，升帅府。二年，高宗驻跸。四年，为真、扬镇抚使，不久罢除。嘉定中，淮东制置开幕府于楚州，仍兼安抚。初设县一：江都，属于紧县。宋南渡以后，增县二：广陵，属于紧县。泰兴，属于中县。该州在崇宁年间有户五万六千四百八十五，口十万七千五百七十九。主要贡品为白苎布、莞席、铜镜①。

楚州，属紧，山阳郡，团练。乾德初，以盱眙属泗州。开宝七年，以盐城归还隶属。太平兴国二年，又以盐城监划归。熙宁五年，废涟水军，以涟水县隶州；元祐二年，复原仍为涟水军。建炎四年，置楚、泗、承州、涟水军镇抚使、淮东安抚制置使、京东河北镇抚大使。绍兴五年，废承州两县，和、庐、濠、黄、滁、楚州各一县，置镇官。三十二年，涟水仍又归属。嘉定初，节制本路沿边军马。十年，制置安抚司公事。宝庆三年，升宝应县为州。绍定元年，升山阳县为淮安军。端平元年，改军为淮安州。有县四：山阳，属于望县。盐城，属于上县。此地有九个盐场。建炎年间为金所占，绍兴元年隶属于涟水，三年，重又来属。淮阴，属于中县。宝应，属于紧县。该区在宋崇宁年间，有户七万八千五百四十九，口二十万七千二百二。贡苎布等②。

海州，属上，东海郡，团练。建炎年间，入于金，绍兴七年恢复隶属。隆兴初，又被割让于金，隶山东路，以涟水县来属。嘉定十二年恢复。宝庆末，李全占据此地。绍定四年，李全死，又复为宋县。端平二年，迁徙治所于东海县。淳祐十二年，李全之子李璮重又占据此地，治朐山。景定二年，李璮降宋，宋置西海州。有县四，即：朐山，属于紧县。怀仁，属于中县。沭阳，属于中县。东海，属于中县。该区在宋崇宁年间，有户五万四千八百三十，口九万九千七百五十。主要贡品为绢、獐皮、鹿皮③。

泰州，属上，海陵郡，本属于团练，乾德五年，降为军事。建炎三年，入于金，不久恢复。建炎四年，置通、泰镇抚使。绍兴十年，移治所于泰兴沙上，当时泰兴隶于海陵，恢复旧治。最初领有四县，绍兴十二年，割泰兴隶属于扬州。建炎四年，又以兴化隶高邮军。有县二：海陵，属于望县。如皋，属于中下县。开宝七年，以海陵监移治。该地区在宋崇宁年间，有户五万六千九百七十二，口一十一万七千二百七十四。主要贡品有隔织等④。

泗州，属上，临淮郡。建隆二年，废徐城县。乾德元年，以楚州的盱眙、濠州的招信归属。建炎四年，重又属濠州。绍兴十二年入金，后来又恢复隶属。有县三：临淮，属于上县。虹，属于中县。淮平，属于上县。该地区在宋崇宁年间，有户六万三千六百三十二，口一十五万七千三百五十一。主要贡品为绢等⑤。

①②④⑤ 《宋史》卷八八《地理志之四》。

③ 《宋史》卷八八《地理志之一》。

真州，属望，军事。本属于上州。乾德三年，为建安军。至道二年，以扬州之六合划属。大中祥符六年，为真州。大观元年，升为望州。政和七年，赐郡名曰仪真。建炎三年，入于金，不久又恢复。有县二：扬子，属于中县。本扬州永正县之白沙镇，南唐改为迎銮镇。建炎元年升军，四年，废为县。绍兴十一年复升为军，十二年，恢复为县。六合，属于望县。该地区在宋崇宁年间，有户二万四千二百四十二，口八万二千四十三。主要贡品为麻纸等①。

通州，属中，军事。政和七年，赐郡名曰静海。建炎四年，入于金，不久又恢复。有县二：静海，属于望县。后周时隶属扬州，析其地为县，与海门同来隶。海门，属于望县。有监一：利丰。掌煎盐。太平兴国八年，移治于州西南四里。该地区宋崇宁年间，有户二万七千五百二十七，口四万三千一百八十九。主要贡品为獐皮、鹿皮、鳔胶等。

高邮军，同于下，高沙郡，军事。开宝四年，以扬州高邮县为军。熙宁五年，废为县，隶扬州。元祐元年，恢复为军。建炎四年，升为承州，割泰州兴化县归属；置镇抚使。绍兴五年，废为县，复又隶属于扬州，以知县兼军使。三十一年，恢复为军，仍以兴化归属。旧有县一；后为县二：高邮，属于望县；兴化，属于紧县。该地区宋崇宁年间，有户二万八百一十三，口三万八千七百五十一。

安东州，本涟水军。太平兴国三年，以泗州涟水县置军。熙宁五年，废为县，隶楚州。元祐二年，恢复为军。绍兴五年，废为县；三十二年，又恢复为军。绍定元年，属宝应州。端平元年，再恢复为军。景定初，升安东州。有县一：涟水，属于望县。该地区在宋崇宁年间，有户一万九千五百七十九，口四万七百八十五②。

招信军，本为泗州盱眙县，建炎三年，升为军，四年设为县，隶濠州。绍兴二年，复隶属于泗州。建炎七年，仍旧隶京东。建炎十一年，隶天长军。建炎十二年，复升为军，以天长来属。宝庆三年，入于金。绍定四年恢复，仍为招信军。有县二：天长，属于望县。招信③。

淮安军，本设于泗州五河口。端平二年，金亡，遗民来归，置隘使屯田。咸淳七年六月，置为军。有县一：五河。咸淳七年置，因为有澮、泾、沱、潈、淮五河，所以得名④。

本地区属于宋江南东路的有江宁府。

江南东路。宋共设有府一：江宁。州七：宣、徽、江、池、饶、信、太平。军二：南康、广德。县四十三。南渡后，府二：建康、宁国。州五：徽、池、饶、信、太平。军二：南康、广德。

江宁府，初属上州，开宝八年，宋平江南，设为升州节度。天禧二年，升为建康军

①②③④ 《宋史》卷八八《地理志之四》。

节度。旧领江南东路兵马钤辖。建炎元年，为帅府。三年，复为建康府，统太平、宣、徽、广德。五月，宋高宗即府治建立行宫。绍兴八年，置主管行宫留守司公事；三十一年，设为行宫留守。乾道三年，兼沿江军，不久省罢。有县五个：上元、江宁、句容、溧水、溧阳。该地区在宋崇宁年间，有户一十二万七百一十三，口二十万二百七十六。主要贡品为笔①。

本地区属于宋两浙路的府州，有二府，即平江、镇江，一州，即常州。一军，即江阴军。

宋两浙路前后分合变化较大。两浙路初时为一路，至熙宁七年，分为两路，不久合为一路；熙宁九年，再次分开；熙宁十年，复又合并。有府二：平江、镇江。州十二：杭、越、湖、婺、明、常、温、台、处、衢、严、秀。县七十九。南渡后，又分为临安、平江、镇江、嘉兴四府，安吉、常、严三州，江阴一军，为西路；绍兴、庆元、瑞安三府，婺、台、衢、处四州，为东路②。

平江府，初属望州，吴郡。太平兴国三年，改平江军节度。本苏州，政和三年，升为府。绍兴初，节制许浦军。有县六：吴县，属于望县。长洲县，属于望县。昆山县，属于望县。常熟县，属于望县。吴江县，属于紧县。嘉定县，属于上县。该地区在宋崇宁年间，有户一十五万二千八百二十一，口四十四万八千三百一十二。主要贡品有葛、蛇床子、白石脂、花席等③。

镇江府，初属望州，丹阳郡，镇江军节度，开宝八年改置。本称润州，政和三年升为府，建炎三年置帅。政和四年，加大使兼沿江安抚，以浙西安抚复还临安。有县三：丹徒，属于紧县。丹阳，属于紧县。金坛，属于紧县。该地区在宋崇宁年间，有户六万三千六百五十七，口一十六万四千五百六十六。贡罗、绫等④。

常州，属望州。毗陵郡，设军事。下有四县，即晋陵（今常州），属于望县；武进，属于望县；宜兴，属于望县，唐义兴县，太平兴国初改；无锡，属于望县。该地区在宋崇宁年间，有户一十六万五千一百一十六，口二十四万六千九百九。贡白纻、纱、席等⑤。

江阴军，同下州。熙宁四年，废江阴军为县，隶属于常州。建炎初年，以江阴县复设置军；绍兴二十七年废罢，绍兴三十一年，复设置。有县一：江阴，属于下县⑥。

南宋时期，宋金对峙，江苏地区的北部为金人所占。其中海州隶属于金人的山东东路；徐州、邳州隶属于金人的山东西路。江苏南部为南宋政权控制。

二、北方人口向江淮地区的南迁趋势

两宋时期，是中国历史上人口出现巨大增长的历史时期，同样也是江苏地区在历

①②③④⑤⑥ 《宋史》卷八八《地理志之四》。

史上人口增长最快的历史时期之一。

一些专家据《宋史·地理志》等文献研究，宋代全国人口已超过一亿四千万。十万户以上的城市有五十个，其中临安人口过一百二十万，开封人口过一百万，是当时世界上最大的两个城市①。

宋代江苏地区人口的增长，一方面是人口的自然增长，另一方面是与北方人口的大量南迁这一因素分不开的。

中国历史上人口的南迁，很早就已出现，元代以前规模比较大的人口南迁，一次是西晋末年的“永嘉南渡”，另一次便是从北宋末年的“靖康之乱”至蒙古军队的南下、南宋的灭亡。

北宋末年，金人南侵，汴京陷落以后，金人掠徽、钦二帝北行，结束了北宋的统治，建炎元年五月，赵构在南京（今河南商丘）即位，随后赵宋政权开始南迁，七月，高宗宣布“巡幸”东南。十月，高宗等到达扬州，此后一年四个月中，扬州成为政治中心。建炎三年二月，金兵陷扬州，宋高宗仓皇渡过长江逃至镇江。在此没有停留，又经过平江（今苏州）逃往杭州。此后高宗看到金人未渡江，于是八月迁回建康，并以此为都城。十月金人再次南下，高宗又逃至明州，后又从明州逃至海上，金人撤退以后，高宗三月由温州动身，四月至越州，此后一年八个月，越州成为临时都城。直至绍兴二年，再迁回杭州。从此正式定都此地。

随着金人的南下及宋朝政治中心的南迁，北方人口为躲避金人的掳掠，为摆脱异族的统治，大量南迁。

从南宋整个一百五十年来看，北方人口的南迁大体可以分为三个阶段。一是靖康之乱，主要是黄河流域的人口向长江流域迁徙；二是金人完颜亮南侵之役，淮河流域的人口大量向江南迁徙；三是蒙古军队南下灭宋。主要是长江流域的人口向更南的珠江流域迁徙。其中以第一次的迁徙规模最大。对宋代整个人口的分布影响最大②。当然这里所说的“靖康之乱”，是指从金人南侵至绍兴和约签订的前后十七年左右，而不是仅指 1127 这一年。这期间，宋金大的军事冲突有七次，于是，北方人口大量南迁。

靖康元年（1125），汴京危机，徽宗南逃镇江，在京的权贵与官僚地主南逃甚众，百姓随之亦大量南逃。同年十月，汴京陷落，人口再次大量南迁，仅京城中的衣冠士族、百姓，夺门南逃者即有数万。金兵占两河，八月张思正、折可存河东兵败，九月太原失落，十月真定失落，山西、河北等地人民，纷纷渡河南下。西北州县为之一空。

---

① 吴松弟：《中国人口史·辽宋金元卷》，复旦大学出版社 2000 年版，第 119 页。

② 张家驹：《两宋经济重心的南移》，湖北人民出版社 1957 年版，第 41 页。

建炎初，金人再次南侵，战争波及江浙，此时期淮河流域的人口大量渡江南下。“溢于道路”。同时西北地区人口继续南下，“士大夫皆避地……衣冠奔踣于道者相继”①。北部有的地区甚至出现几十里或几百里无人烟的景况。

1134年，金兵再次渡过淮河，促使淮南人口再度渡江大量南迁，至第二年自江北来者，尚“多襁负而至”。

1138年，金人废傀儡政权刘豫，直接进兵河南、陕西，西北人口再次南迁。“襁负而归，相属于路”②。

1161年，金完颜亮准备南侵，沿淮水一带人口大量南逃。此时南宋政府也鼓励北人南迁。如商人南下，一律免交商税。“归正人”的食粮，由政府供应半年。促使北方人再次出现南迁高潮。嘉定年间，金国大旱，渡淮南下者络绎不绝。

叶适曾专门就淮民的南迁问题上书朝廷：

> 去岁虏入两淮所残破处，安丰、濠、盱眙、楚、庐、和、无为七郡，其民奔逃渡江求活者几二十万家，而依山傍水相保聚以自固者，亦几二十万家。今所团结，即其保聚不流徙者，虽不能尽在其中，大约已十馀万家。其流徙者，死于冻饿疾疫几殚其半。而保聚之民，亦有为敌驱掠而去者，散为盗贼，则又不在焉。度今七郡之民，通计三十万家，和议未定，室庐不成，就使和议有定，其短长之期又未可知，此三十万家者终当皇皇无所归宿，盖淮土四战之场，敌兵往来之地，民生其间，势固应尔。然自古立国未常不有以处之也，无以处之则地为弃地，而国谁与共守。设使今岁边报复急，此三十万家者又将奔迸流徙而丧其生乎?③

由此奏议可见，两淮之民，由于故乡为“四战之场”，处于极不稳定之中，经常有大量人口渡江南下。就在此前十月之末，“边遽告急，淮人渡江，以亿万计，江南震动，众情皇惑”④。

北方的人口，有的最初自淮北迁至淮南，及至金人继续南下，又从淮南渡江进入江南。有的继续南下至浙江甚至岭南，也有不少就散布于今江苏的江南各地定居下来，如郑谷曾说：“平江、常、润、湖、杭、明、越，号为士大夫渊薮，天下贤俊多避地于

---

① 《宋史》卷四五三《孙逢传附赵俊传》。

② 《建炎以来系年要录》卷一一八，中华书局1988年版。

③ 《景定建康志》卷三五《奏议》，文渊阁四库全书本。

④ 《景定建康志》卷三五《奏议》。

此。”[①]镇江府直至绍兴二年(1132)，江北南归者仍络绎不绝。平江、常州一带有很多由山东、河南一带迁徙来的人口。

据《宋史》载：吴渊“以户部侍郎兼知镇江府，召赴行在。以宝章阁直学士知太平州，寻兼江东转运使。时两淮民流徙入境者四十余万，(吴)渊亟加慰抚而赒济之，使之什伍，令土著人无相犯。”[②]南宋末年，由于蒙古人的南下，再次出现了北人南迁的高潮。

大量北方人口的南迁，改变了宋元江苏地区的人口的数量，改变了江南江北人口的比例，也改变了该地区的人口构成，促进了这一地区生产的发展，文化的进步。在江苏发展历史上具有重大的意义。

三、宋代江淮地区户数的分布与增减

宋代实行严格的户口制度。宋太祖建隆元年，规定了三年一贡户口之籍，分别核定升降。当时全国“凡望县五十，户二十八万一千六百七十；紧县六十七，户二十二万八千六百九十三；上县八十九，户二十一万八千二百八十；中县一百一十五，户一十七万九千三十；中下县一百一十，户五万九千七百七十。总九十六万七千三百五十三户，(按总数不符，应作九十六万七千四百四十三户)此国初版籍之数也”[③]。

至宋神宗元丰初年(1078)全国有在籍民户 14852864 户，其中东南和四川地区即占 2/3 左右。

两宋时期江苏地区的户口数，在上节行政区划设置一节中，已有涉及。本节将就宋代该地区人口的分布情况及江苏地区的总人口数，宋代江苏地区总人口数及苏南苏北人口数在宋代的变化，宋代江苏地区总人口数在中国历史上江苏地区人口史中的地位等情况，进行一些分析。

据《宋史・地理志》等史料统计，江苏地区人口大致分布如下表：

表一　宋代在今江苏地区内的各州军户口表

州军名称	太平兴国年间户数	元丰三年户数	崇宁年间户数	崇宁年间口数
徐　州	34426	103916	64330	152237
淮阳军	16389	85489	76887	154130

① 《建炎以来系年要录》卷二〇。

② 《宋史》卷四一六《吴渊传》。

③ 《续资治通鉴长编》(以下引同书简称《长编》)卷一，太祖建隆元年冬十月壬申。

续表

州军名称	太平兴国年间户数	元丰三年户数	崇宁年间户数	崇宁年间口数
扬　州	29655	53932	56485	107579
楚　州	24417	79745	78549	207202
海　州	13334	20663	54830	990750
泰　州	32471	44441	6972	117274
泗　州	21926	53965	63632	157351
真　州	9855(建安军)	33858	24242	82042
通　州	10787	31939	27527	43189
高邮军	20765	(属扬州)	20813	38751
安　东	8524(涟水)	(属楚州)	19579	40785
江宁府	61679	168462	120713	200276
平江府	27889＋7306	173969	152821	448312
镇江府	26547	54798	63657	164566
常州(江阴军)	55552(14551)	136360	165116	246909
总　计	416073	1041537	996153	3151353①

从上表可以看出，宋代江苏地区的人口，太宗年间已达到416073户，元丰三年达到1041537户，崇宁时达到996153户。相比较可以看出，元丰年间的户口与宋初相比较，增加了625464户，崇宁年间的户口与元丰年间的户口相比，减少了45384户。当时江苏地区江南江北的户口比例可见下表：

表二　宋代江苏地区江北与江南的户口数统计表

地　　区	太平兴国年间户数	元丰三年户数	崇宁年间户数
江　北	222549	474090	493846
江　南	193524	533589	502307

在古代社会里，人口的增减起伏，主要受制于自然条件与各种社会政治因素。一般说来，在气候温和、风调雨顺、年景较好、社会安定的社会环境里，经济发展往往较快，人口的增长也相对速度较快。相反，若自然灾害不断、瘟疫流行、战争连年，或统治者之间相互争斗不已，政策多变，统治者赋税徭役剥削严重，阶级矛盾特别尖锐，这就会造成社

① 若按此口数计，宋代崇宁年间每户仅3163口，此非实际人口数，具体考证详见后述。

会经济的严重破坏，人口增速就会缓慢或者减少，甚至严重减损。

中国古代社会人口总的来看，秦汉以前户口的具体数字，难得其详，而秦汉以后，宋代以前，人口则一直在四至六千万之间波动。这从以下几个重要的数据可以看出：西汉平帝元始二年（公元 2 年），据《汉书·地理志》载，全国为 12233062 户，59594978 口[①]；东汉桓帝永寿三年（154）有 10677960 户，56486856 口[②]；隋炀帝大业五年（609）有 8907546 户，46019956 口[③]；唐代天宝十四年（755）有 8914708 户，52909309 口。其间，西汉末、东汉末至三国、西晋末、隋末等时期，都是人口大减损时期，而西汉盛期、隋朝盛期、唐朝盛期则是人口增长最快时期，形成了波浪式的增减。

唐末五代时期，由于唐末农民战争及五代时的军阀混战，加上严重的自然灾害等各种原因，中国又进入一个人口大幅减少时期。北宋统一时，全国的户口不过是 330 万户。即使加上契丹等北方少数民族人口，全国人口也不会超过 390 万户。相比较于唐代天宝的户口数，下降了近一半以上。当然，这其中有不少人口是因为逃匿漏登户籍的原因，但即使加上这些人口，自唐以来两百年间的人口减少也是十分惊人的。

对于宋以前江苏地区人口的变化，有的学者做过一些研究，下表是基于宋以前五个时期的统计[④]：

表三　西汉至唐以前今江苏地区户口及长江南北户口数统计表

户口 朝代	本地区户数	本地区口数	其中江北户数	其中江北口数	其中江南户数	其中江南口数	全区平均每户口数
西　汉	619844	2770449	528165	2373272	91679	397177	4.5
东　汉	433393	1983768	302335	1409379	131058	574389	4.57
西晋太康初年	87232	573118	30832	202570	56400	370548	6.57
刘　宋	161197	965163	35797	204141	125400	761022	6.98
隋	254309	1314782	184611	954439	69698	360339	5.17
唐贞观十三年	104369	519940	45967	226759	58402	293181	4.98
唐天宝元年	515489	3475530	234412	1489501	281077	1986029	6.74
宋太平兴国年间	416073		222549		193524		

① 《汉书》卷二八《地理志上》。

② 《通典》卷七《食货七》。

③ 《隋书》卷二九《地理志上》。

④ 李天石：《西汉至唐以前今江苏地区人口考》，载《南京师大学报》1998 年第 3 期。

续表

户口 朝代	本地区户数	本地区口数	其中江北户数	其中江北口数	其中江南户数	其中江南口数	全区平均每户口数
宋元丰三年	1041537		474090		533589		
宋崇宁年间	996153	3151353	493846	2091290	502307	1060063	3.16

虽然由于史料所限及历代行政区域变化很大等原因，这些数据不能说是十分准确，但大体上可以看出一个相对变化的趋势①。

宋初由于陆续征服了南北方各割据政权，特别是经过宋初社会的较快发展，全国户口为 3300000 户，到太平兴国五年至端拱二年（980－989）时，全国户口已达 6499145 户，增加了近一倍。

同全国一样，在宋代，属今江苏地区范围内的户口数也增加很快。

从表三我们也可以看出，在宋初一百年里，宋代江苏地区的户口数从宋初太平兴国年间的 416073 户，到元丰年间的 996153 户，增加了 625464 户，数量翻了一番还多。

这个时期人口增加比较快的原因，一是如前所述大量北方人口的南下，二是宋初社会安定，人口自然增加较快，三是大量的漏户人口归入版籍。

如果将宋代江苏人口数与此前江苏地区人口数相比较，可以看出，宋代是此前江苏地区历史上户口数最多的时期，这与全国的人口发展形势是相吻合的：

图一　西汉至宋崇宋年间江苏地区户数变化表

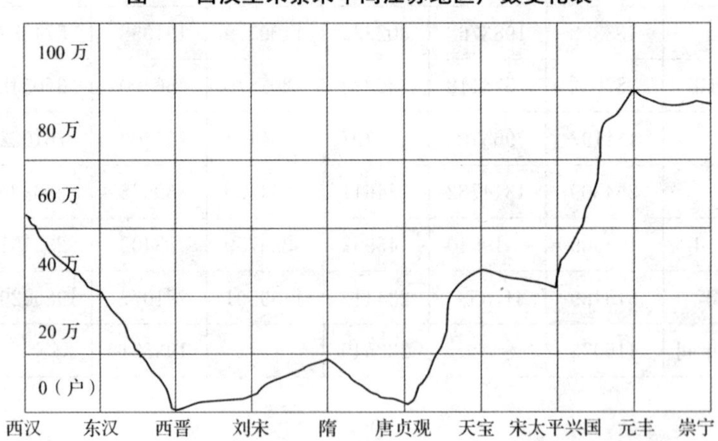

① 唐代天宝以后的人口数据，主要存于《元和郡县志》一书，但由于该书缺载江南地区的资料，所以未能进行统计。

由上图可见，宋元丰年间户口数比历史上户数最多的西汉时期，尚多出四十万户。

另外，我们还可以从下表大体看出此时期江苏地区南北人口变化的情况：

图二　西汉至宋崇宁年间江苏地区南北户数变化表

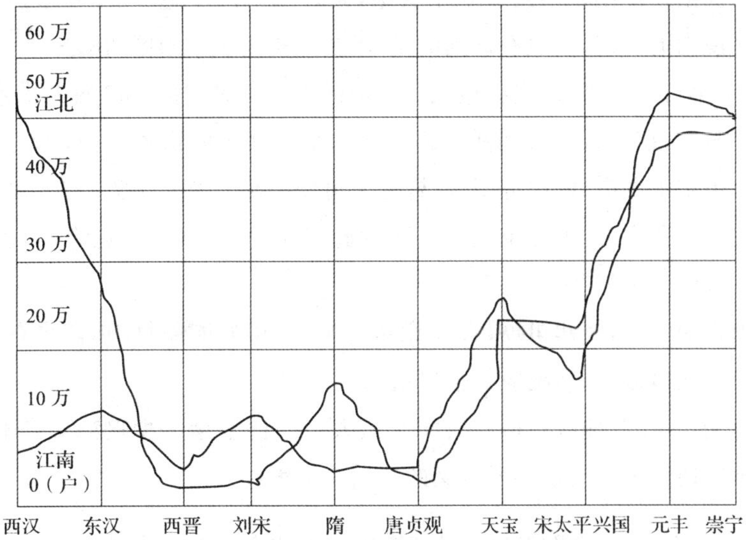

我们可以从上图看出一个基本的变化趋势：江苏的江北地区，在魏晋以前远较江南地区发达，户口数是江苏地区江南部分的六、七倍以上，但至魏晋时，江南人口开始超过江北地区。至隋代，江北人口再度上升。至宋代，历太平兴国时期后，至元丰年间，江南人口始终超过江北人口，反映了江南社会经济的发展。

其实，史书反映的户口数与事实之间总会有一定的差误。例如两浙察访使沈括在熙宁七年上书中提到，“常州无锡县逃绝、诡名挟佃约五千余户，及苏州长洲县户长陪纳税有至二百余缗。已选官诣逐州根究及虑人户隐蔽，已出榜召人告首，州县官吏能悉心究见欺弊，许令改正，更不问罪。……许之”①。仅无锡一地一次就查出漏户五千余户，可见漏户现象，在宋代仍是严重存在的。

再如元丰二年。权发遣户部判官李琮上言：“奉诏根究逃绝税役，有苏州常熟县天圣年簿，管远年逃绝户倚阁税䌷绢苗米丁盐钱万一千一百余贯石匹两。本县据税合管苗田九百一十九顷有奇，今止根究得一百九十五户”②。

因此，朝廷特诏令转运司提举察究逃户，“琮所究江、浙一百二十七县逃绝户，计四十万一千三百三十二，为书上之。三年正月丙戌，除琮淮南转运副使，复令究逃绝

① 《长编》卷二四九“神宗熙宁七年正月丙寅”。

② 《长编》卷三〇〇“神宗元丰二年九月癸酉”。

户税役，琮乃辟置官屬，更移令佐，大究治之。淮南东西两路州军县共八十有八，凡得逃绝、诡名挟佃、簿籍不载并缺丁，凡四十七万五千九百六十五户，丁正税役并积负凡九十二万二千二百四十六贯石匹两”①。

此次在江浙路淮南东西路215个县中，共查出漏户多达877000多户，虽不全是现江苏地区境内的户口，但没有疑问的是，不少当是属于本地区的漏户。

另外，水旱自然灾害等，也会造成一个地区或一段时间内人口的大量减少。如苏轼在知扬州时，曾在上言中讲到浙西的情况，“臣访闻浙西饥疫大作，苏、湖、秀三州，人死过半。虽积水稍退，露出泥田，然皆无土可作田塍。有田无人，有人无粮，有粮无种，有种无牛，殍死之余，人如鬼腊。臣窃度此三州之民，朝廷加意惠养，仍须官吏得人，十年之后，庶可全复”②。

苏轼上言中所讲，三州饥疫，人死竟然过半，十年方能恢复，其言当有夸大之处，但饥疫造成的人口减损，情况应是很严重的。

北宋时期，今江苏地区户口占有宋全国人口的比重是多少呢？这对于分析江苏当时在全国的地位是有一定参考意义的。请看下表：

表四　宋代及宋以前历代江苏地区户数占全国户数比例统计表

时　　间	全国户数	江苏户数	占全国比例	江北比例	江南占比例
西汉元始二年	12233062	619844	5.0	4.3	0.7
东汉永和五年	9698630	433393	4.5	3.1	1.4
西晋太康元年	2459840	87232	3.5	1.2	2.3
刘宋大明八年	906870	161197	17.7	3.9	13.8
隋大业五年	8907546	254309	2.8	2.0	0.8
唐贞观十三年	3041871	104369	3.4	1.5	1.9
唐天宝元年	8973634	515489	5.7	2.6	3.1
宋太平兴国年间	6108635③	416073	6.8	3.6	3.2
宋元丰三年	9709258	1041537	10.7	4.9	5.8
宋崇宁元年	20264307④	996153	4.9	2.4	2.5

从表中可以看出，江苏地区自汉代以后，占全国人口的比例有一个变化的过程，

① 《长编》卷三〇〇“神宗元丰二年九月癸酉”。

② 《历代名臣奏议》卷二四五《荒政》。

③ 梁方仲：《中国历代户口、田地、田赋统计》，上海人民出版社1980年版，第132页。

④ 梁方仲：《中国历代户口、田地、田赋统计》，第152页。

总的趋势是越来越大，反映了江苏地区社会经济的发展。而江南所占比重也是有一个逐渐增加的过程，说明江南的发展较江北快。

南宋时期，史书中未有江淮地区详细的人口记载。只能根据一些材料进行估计。由于当时宋金战争时江淮是主战场，人口损失与流亡的情况是比较严重的。

关于宋代江苏地区的户数，史籍刊载相对较明确，但涉及到具体口数问题，情况就复杂一些了。宋代江苏地区的实际人口是多少呢？这就必须搞清楚宋代一个家庭，一般有几口人，一般来说用口数除以户数，就会知道每个家庭的口数。反之，亦然。

根据中国宋以前的历史来看，一般一个个体小农家庭，口数在四至六之间。下表是宋以前历代个体家庭平均人口表：

表五　宋以前历代个体家庭平均人口表

朝　　代	总 户 数	总 口 数	每个家庭平均人数
西汉元始二年	12233062	59594978	4.87
东汉永和五年	9698630	48690789	5.07
西晋太康元年	2459840	16163863	6.57
刘宋大明八年	906870	4685501	5.17
隋大业五年	8907546	46019956	5.17
唐贞观年间	3041871	12351681	4.31
唐天宝年间	8973634	50975543	5.75
总　　计			5.27

从上表可见，中国历史上的个体小农家庭，具体人口虽有变化，但大体在 4 至 6 人之间，总平均下来，每个家庭的人口是 5.27 人。

可是宋代的资料却反映了与此不同的情况。

下表是对宋代崇宁年间，江苏地区各州军平均每户人口的统计。

表六　宋代崇宁年间今江苏地区各州军平均每户人口统计表

年代 / 地区	崇　宁　年　间		
	户　　数	口　　数	平均口数
徐　州	64330①	152237	2.36
淮阳军	76887	154130	2.00
扬　州	56485	107579	1.90

① 徐州下属五县，属江苏者为彭城、沛、丰，其户数按徐州总户数 63632 除 5 再乘 3 计，约为 36658。

续表

年代 / 地区	崇宁年间		
	户数	口数	平均口数
楚州	78549	207202	2.64
海州	54830	990750	1.82
泰州	6972	117274	2.06
泗州	63632	157351	2.47
真州	24242	82042	3.38
通州	27527	43189	1.57
高邮军	20813	38751	1.86
安东州	19579	40785	2.08
江宁府	120713	200276	1.66
平江府	152821	448312	2.93
镇江府	63657	164566	2.59
常州(江阴军)	165116	246909	1.50
总平均			2.36

从上表可以看出,宋代江苏地区每个家庭的平均口数为2.36人,与前表平均每户5.27人相比较,每户家庭人口过少。这显然不符合实际情况。宋代户口中的每户家庭人口偏少现象显然是不正常的。而且这种情况,不仅在江淮地区的户籍中出现,在整个宋代户籍统计中也都是这种情况。在中国整个历史上的户口统计中,也只有宋代出现过这种情况。

其实户多口少这一现象,在宋代时,已有人注意到这一现象。南宋人李心传曾在《建炎以来朝野杂记》一书中讲到:"西汉户口至盛之时,率以十户为四十八口有奇;东汉户口率以十户为五十二口,可准周之下农夫,唐户人口至盛之时,率以十户为五十八口有奇,可准周之中,次自本朝元丰至绍兴户口,率以十户为二十一口。以一家止于两口,则无是理。"①

马端临也注意到了这一情况。他在《文献通考》一书中也特别指出:"以史传考之,则古今户口之盛,无如崇宁大观之间。然观当时诸人所言,则版籍殊欠核实。所记似难凭,览者详之。"②

① 李心传:《建炎以来朝野杂记》甲集卷一七《本朝视汉唐户多丁少之弊》。

② 马端临:《文献通考》卷一一《户口考二》。

近几十年,特别是近年来,史学界对此现象进行了多方面研究。提出了解释这一现象的多种观点,代表性的有:宋代户籍只计男丁,未计女口说;即官方的所有户籍统计数据都不包括女性。这一观点,当来自《长编》宋太祖乾德元年十月关于编造户籍的诏令:"诸州版籍、户贴、户钞、委本州判官录事掌之,旧无者创造,始令诸州岁所奏户帐,其丁口,男夫二十为丁,六十为老,女口不须通勘。"①马端临在谈及此诏令时也讲:"乾德元年,令诸州岁奏,男夫二十为丁,六十为老。女口不预。"②日本学者宫崎市定结合《文献通考》一书中的《中书备对》所载元丰三年里丁数与口数分为 1.2 与 2.2 之比,两者差距极小,认为宋代户部统计的口数不能看作男女的总计③。曾我部静雄认为"一家止于两口"应理解为丁④,中国一些史学家也持这种看法⑤。即认为官方统计户账的目的,在于掌握二十为丁,六十为老的男丁,以作为征发赋税的依据。即马端临讲的:"乾德元年,令诸州岁奏,男夫二十为丁,六十为老,女口不预。"而不作为征收赋税依据的老人儿童、妇女等,则不在统计之列。

对此观点也有不同的看法,日本学者加藤繁认为,对于《长编》的"女口不须通计",应理解为丁帐中虽有女口的记载,但作为丁,只计年二十以上、六十以下的男子。女子不必加算进去⑥。中国有的学者也主张这种看法,认为宋代户口是"男女通计",包括妇女在内的⑦。对于这种男女通计说,近年有的学者已对其相关的九点论据进行分析,认为是不能成立的⑧。

另一种解释宋代每户中口数偏少的意见认为,这主要是隐瞒户口造成的。李心传在解释户多丁少的原因时讲:"盖诡名子户者众也。然今浙中户口,率以十户为十五口有奇;蜀中户口,率以十户为三十口弱,蜀人生齿非盛于东南,意者蜀中无丁赋,故漏口少尔。"⑨加藤繁与袁震皆认为这是造成宋代户多口少的原因。

所谓"诡名子户",这是宋代税户中的上户即官户形势户为逃避或减轻赋役而采取的办法。宋代乡村按田地产业多寡分为五等,上等户即第一二等户,其承担的负担比下户为重,于是一些上户为了能得到政府对于下等贫户的优待,便"诡名陷寄,分开户籍,降就下等",这样使自己的户等降低,逃避征徭。史书中反映,"比

① 《长编》卷四,宋太祖乾德元年十月庚辰。

② 马端临:《文献通考》卷一一《户口考二》。

③ [日]宫崎市定:《读史札记》,载田文杂志《史林》卷二一。

④ [日]曾我部静雄:《宋代财政史》第四章《宋代的身丁钱和户口数问题》,日本生活社 1941 年版。

⑤ 蔡美彪等:《中国通史简编》第四编,人民出版社 2004 年版,第 60 页。

⑥ [日]加藤繁:《支那经济史考证》下卷,东洋文库版。

⑦ 袁震:《宋代户口》,《历史研究》1957 年第 3 期。穆朝庆:《两宋户籍制度问题》,《历史研究》1982 年第 1 期。

⑧ 吴松弟:《中国人口史》第三卷《辽宋金元时期》复旦大学出版社 2000 年版,第 98 页。

⑨ 《朝野杂记》甲集卷一七《本朝视汉唐户多丁少之弊》。

来有力之家，规避差役科率，多将田产分作诡名挟户，至有一家下析为三二十户者"[①]。

对于这种解释，王育民提出不同的看法，认为这种诡名挟户的情况虽然存在，但在占百分之十的上三等户中，官户、形势户若居其半，也只占主户的5%，而且不一定全有析户行为，所以能够诡名的户口有限，再者政府对此亦严加督察。所以不可能在全国范围内引起户数的大幅虚增，构不成户多口少的重要原因[②]。

由于目前没有发现宋代的五等丁产簿实物或相关格式，所以一时难以确定具体的情况，但大多数学者认为，宋代妇女不算丁口，不承担赋役，因而不登记在五等丁产簿中。葛剑雄认为按通常情况来看，西汉以后"绝大多数一统政权比较稳定阶段的全国性统计数字平均人口都在4.5至6之间"[③]。前引宋以前户口平均人口在5.27，而宋以后的元代为4.48，明清人口一般也在每户5人左右，所以目前史学界统计宋代人口时，多以每户5口计算，这不应去事实太远。

对于宋代全国的户口，何炳棣在1958年已认为达到了一亿[④]。这一观点现在业已为大多数学者所接受，同时还提出了一些不同的数字。据吴松弟研究，他认为宋代中原政权下加上少数民族政权下的人口数，全国应为14460万人[⑤]。

具体到宋代的江苏地区，我们若按每户5人统计，则太平兴国年间，有2080365人；元丰年间，应有5207685人；崇宁年间应有4980765人。如果将苏南、苏北分别加以统计计算，当时江苏地区的人口数可以得出下表的结论：

表七　宋代今江苏地区长江南北人口及总人口数表

年代 / 地区	太平天国初年	元丰三年	崇宁年间
长江以北	1112745	2370450	2469230
长江以南	967620	2667949	2511535
全地区合计	2080365	5038395	4980765

① 《宋会要辑稿》食货六之三二。

② 王育民：《中国人口史》，江苏人民出版社1995年版，第287页。

③ 葛剑雄：《中国人口史》第一卷导论，第四章，复旦大学出版社2000年版，第308页。

④ 何炳棣：《宋金时中国人口总数的估计》，载《白乐日教授纪念宋史纪念》丛书第一册，巴黎1977年版。

⑤ 吴松弟：《中国人口史》第三卷《辽宋金元时期》，第621页。

第二节　元代江淮政区的沿革与人口

一、元代江淮政区的沿革

元代是中国历史上政区建置变革的重要时期。其变革的主要标志就是行省的确立，自此，地方事务俱归于行省总管，行省成为代表中央在地方行使职权的机关。元代地方行政体系主要是行省、路、府、州、县和录事司。府的级别低于路，多隶属于行省，也有的隶属于宣慰司。州的级别高于县，其下可属县，亦可不属县。录事司设于路治，行使管理城市的职能，级别略低于县。对应江淮就是江浙行省和江北、河南行省的建立，其下以十一宣慰司取代南宋十一路，又依户口数实施州县升路、州的改造。

1. 江浙行省和江北、河南行省的建立

元代，今天的江苏全境分属于江浙行省和河南、江北行省所辖。大致说来，今天江苏的苏南部分划归江浙行省统辖，而苏北部分为河南、江北行省所统辖。

元代的行省是地方政区设置中最为重要的一层，也是元王朝的独创。行省就职司和性质而言，"掌国庶务，统郡县，镇边鄙……凡钱粮、兵甲、屯种、漕运、军国重事，无不领之"①。论及行省的形式上或可推溯到魏晋隋唐的行台，但其主体和本质方面应基本属于蒙古制度。有关行省建立的问题，一直为学术界所关注。总的来说，目前学术界的共识认为蒙古人从蒙古国中央兀鲁思的传统模式出发，创建了特大的中书省直辖区"腹里"，所辖范围涵盖了今河北、山西、山东及内蒙的大部分，远远超越传统中原王朝京畿三辅的规模。元廷又模仿蒙古国时期新征服区域的燕京、别失八里、阿母河三行省断事官，创建了十行省。每个行省都拥有相当于宋代三五个路大的辖区。从而使古代高层督政区从唐"方镇"和宋"路"，过渡到行省。元朝的行省犹如军区，又兼为中央与地方间的财赋中转站和行政节制枢纽。中央与地方的权力分配，同样以行省为枢纽。如此，行省就兼具两重性质，既为地方最高官府，又长期代表中央分驭各地；主要为中央收权，又兼替地方分留部分权力；所握权力大而不专。行省分寄为朝廷集权服务，朝廷集权始终主宰着行省分寄。这样的设置对于元廷而言就是在政治体制中增加了一级新的高层督政区，使地方政区建置的层级达到四、五级，而且创建了中世纪中央与地方权力结构的新模式②。行省的设置对于明清乃至近代影

---

① 《元史》卷九一《百官志七》。

② 在元代江南政治制度设立部分主要参考李治安：《行省制度研究》（南开大学出版社 2000 年版），张金铣：《元代地方制度研究》（安徽大学出版社 2001 年版）等重要论著。

响至深且重，成为了元朝最为重要的政治遗产。

元代江浙行省地处东南，其所辖之地为中国最富庶之地，是元代海运的出发地和大都粮食的主要供应地，掌控着元代的经济命脉，具有极为重要的政治、经济地位。江浙行省，首府几经更变后定治于杭州路，所辖杭州等三十路、一府、二州，包含原南宋的两浙东、两浙西、江南东、福建四路之地。而河南江北行省是中原腹地，治于汴梁路，所辖汴梁等十二路、七府、一州，包括原北宋的京畿、京东、京西、淮南东、淮南西五路及荆湖北路的江北部分。两个行省的设置经过极为复杂，综合了元王朝在东南的军事占领和行政调整等诸多因素。早在至元五年(1268)，元廷着手攻打南宋，需要建立坚固的根据地，特设立河南行省，主要目的在于屯田备兵。战争的洗礼证明河南行省的设立这一举措非常成功。但是河南行省的设立尚属军事的需要。至元十年(1273)，南宋军事重镇襄樊陷落，元军就此打开了通往南宋腹地长江流域的道路。元廷当即设置荆湖、淮西二行省，以组织攻打南宋腹地事宜，同时，撤消了河南行省。此时军前两行省行使管辖南宋腹地和组织军事进攻的任务。

至元十一年(1274)十二月，元军统帅伯颜率大军南下，沿江直入黄州、蕲州、江州、安庆，直达池州。在池州丁家港和南宋军队大战，南宋军队溃不成军，元军完胜，占领了太平、无为、镇巢、和州、镇江、宁国，饶州，第二年三月，占领了建康，“江东诸郡皆下，淮西滁州诸郡亦相继降”[①]。伯颜遂以军前行省驻建康，阿塔海以行枢密院驻镇江，阿术别奉诏攻扬州。此后元军经过征战尽得两浙和两淮之地。至元十三(1276)年六月，元立行中书省于临安；十月，又立行省于扬州，又称扬州行省，以阿里伯为参知政事。此时，杭州的行省和扬州行省并存，各分管两浙和两淮、江东地方。至迟在至元十五年，元廷合并上述两行省为一，仍称江淮行省。其后，江淮行省的省治在扬州和杭州之间数次变动，到至元二十六年才最后固定在杭州，此后治地一直末加改变。江淮行省镇辖蕲黄、两浙、两淮、江东之地，它的基础则是伯颜主力和淮西行枢密院所下之地。至元二十八年(1291)，元廷设河南、江北行省，将江北诸地划归河南江北行省，改江淮行省为江浙行省。大德三年(1299)，元朝又将福建行省所辖之地划归江浙行省。江浙行省的辖境大致在此稳定下来。江浙行省辖治江苏的苏南地区和浙西地区和以及福建。但是，福建行省以后又独立。终元一代，江浙行省的稳定的辖区是两浙和江东诸地。

如前所述，至元二十八年(1291)，元政府设立河南、江北行省，是“以河南江北系要冲之地，又新入版图，宜于汴梁立省以控治之，遂署其地，统有河南十二路，七府”[②]。

---

① 《元史》卷一二七《伯颜传》。

② 《元史》卷九一《百官志七》。

因之，元廷设立江北河南行省。对此，有见识的人也认为："河南省南控江淮，西犄崤涵，东掖海岱，以辅承京师，中土大方面也。"①非常清楚，河南、江北行省的建立着眼于军事方面的考虑。河南、江北行省冶所汴梁，辖十二路，府若州四十六，一百八十三县。按所辖路州县数来看，并不为多，但是，它的辖境却从西向东，处于黄河中下游和长江中下游之间的广大地区，包括徐州、扬州、安庆、襄阳等兵家必争之地。从地理上讲，河南江北行省北控黄河、南扼长江，更兼有中原，将长江、黄河流域的大片土地尽纳入内。因此，其战略地位相当重要。这一地区上可以拱卫京师，下又可以随时消灭江南可能的叛乱，元廷设立河南江北行省的目的就是在于加强对此地的管理，以便从容北上南下控制江南和中原广大地区。

而河南江北行省的设立直接导致江淮行省的调整。大约在河南江北行省设立之初，朝廷就下令江淮行省的江北州郡调整给河南江北行省。江淮行省失去了两淮之地，不能名符其实，改名为江浙行省。至此，两行省完成了调整，江苏全境大致以江南为江浙行省所管，江北诸州郡为河南江北行省所辖。

2. 元代本政区的地方建置

元军平宋以后，在至元十三年至至元十五年间(1276—1278)，南宋故地的路以下的各级行区划也逐步稳定下来。元代主要是以宣慰司代替原南宋的路，又依户口数实施州县升路升州的改造。这一点在江南尤为明确。

平定南宋之初，由于行省尚未成为固定制度，元廷曾经以宣慰司充当地方最高军事管制机构来接管或代替原南宋路级官府。这种设置与征服江南的军事行动同步，先后设立了淮东、淮西、浙东、浙西、江东、江西、福建、湖北、湖南、广东、广西等十一道宣慰司，大体承袭或接收了原南宋的淮南东、淮南西、两浙东、两浙西、江南东、江南西、福建、荆湖北、荆湖南、广南东、广南西等十一路的旧有辖区。后来，随着行省的正规化，十一道宣慰司又略有调整。在十一个宣慰司中，淮东道宣慰司和江东道宣慰司以及浙西道宣慰司与今江苏辖区关联。

淮东道宣慰司设立于至元十三年(1276)，治所在扬州，因江淮行省治所迁徙曾经废置不常。至元二十六年(1289)，江淮行省固定治于杭州且易名为江浙行省，特别是至元二十八年(1291)，淮东道随江北地区划属新设置的江北河南行省后，淮东道宣慰司最终得以恢复建置，长期管辖扬州、淮安二路和高邮府，以及真州、滁州、泰州、通州、崇明州、海宁州、泗州、安东州等八州。淮东道宣慰司大体是接管原南宋淮南东路所辖九州、四军，仅有扬州、淮安升路和高邮升府等的改动②。

---

① 许有壬:《至正集》卷三四《河南省检校官持平堂记》。

② 《元史》卷五九《地理志二》;《宋史》卷八八《地理志四》。

浙西道宣慰司设立于至元十三年(1276),起初治所在杭州。后因江淮行省迁徙而暂时徙治平江路。浙西道宣慰司管辖杭州、湖州、嘉兴、平江、常州、镇江、建德七路及松江府、江阴州。其辖区与南宋两浙西路四府、三州、一军所管之地范围相同,接管替代的色彩颇重。变动的仅是四府三州升路、江阴改州及增设松江府。至元二十六年(1289),江浙行省治所固定于杭州,浙西道宣慰司随而废罢,所辖路州直属江浙行省①。

江东道宣慰司同样设立于至元十三年,治所在建康路。管辖宁国、徽州、饶州、建康、太平、池州、信州、广德八路及铅山一州。其与所接管的南宋江南东路二府、五州、二军之地比较,主要变化是南康划归江西行省,府州军升路以及增设铅山州。因江南行御史台治于建康路,大德三年(1299)二月江东道宣慰司废罢,所属路州直隶江浙行省②。江南行御史台对江东道路州,同样具有镇遏和监督功能。

综合《元史》卷五九《地理志二》和卷六二《地理志五》以及赵万里辑校的《元一统志》卷八等资料,元代的江浙行省和河南、江北行省中有以下路为今江苏地方,它们是:

平江路:宋为平江府,元至元十三年升为路,根据户口定为上路。领录事司一;县二:吴江、长洲;州四:昆山、常熟、吴江、嘉定。都是在元贞元年升为州,其中嘉定原为昆山地,宋置县,也在元贞元年升为州。

常州路:宋为常州府,至元十四年升为路。下有录事司一;县二:晋陵、武进;州二:宜兴,元初立府或立县几经反复,终在元贞元年升为州;无锡,元贞元年升为州。

镇江路:宋为镇江府,元至元十三年升为路。领录事司一;县三:丹徒、丹阳、金坛。

江阴州,至元十二年依旧置军,行安抚司事,至元十四年,升为路总管府,后又降为州。

集庆路:南宋为沿江制置治所、行都,至元十四年升为建康路,至元二十三年为南台治所。天历二年,因元文宗潜邸,改为集庆路。领司一,县三:上元、江宁、句容;州二:溧阳,至元二十七年定为州;溧水,唐代以来都为县,元贞元年升为州。

以上地区属江浙行省所辖。

扬州路:扬州宋为淮东路治所,至元十三年置江淮行省,十四年,改为路总管府。十五年,置淮东道宣慰司,扬州路属之。至元十九年,宣慰司罢,本路总管府直属行省。至元二十一年,行省移治杭州,复立淮东道宣慰司,统属本路和淮安二郡,而本路领高邮府及真州、滁州、通州、泰州、崇明州。至元二十三年,行省又一次迁治,宣慰司

① 《元史》卷六二《地理志五》、卷一三《世祖本纪十》;《宋史》卷八八《地理志四》。

② 《元史》卷六二《地理志五》、卷二《成宗本纪三》;《宋史》卷八八《地理志四》。

被废，所属如旧。至元二十八年河南江北行省建立，复立淮东道宣慰司，割高邮府为散府，直属宣慰司。设录事司，扬州路下有县二：江都、泰兴。路下还有州五：真州，至元十三年，初立为真州安抚司，至元十四年立总管府，至元二十一年复立为州，领扬子、六合两县。滁州（今属安徽）。泰州，至元十四年立总管府，至元二十一年改为州，下领海陵、如皋两县。通州，至元十五年改为通州总管府，二十一年复为州，下领静海、海门两县。崇明州（今属上海）。

淮安路：宋为淮安州，至元十三年，行淮东安抚司，十四年，改为总管府，领山阳、盐城、淮安、淮阴、新城、清河、桃园七县。至元二十年，升为淮安府路。并淮安、新城、淮阴三县入山阳，兼领临淮府、海宁、泗、安东四郡。其盱眙、天长、临淮、虹、五河、赣榆、朐山、沭阳各归所隶。至元二十七年，革淮安府，以盱眙、天长隶泗州。稳定为录事司一；四县：山阳、盐城、桃园、清河；州三：海宁州（下领朐山、沭阳、赣榆三县），泗州（下领临淮、虹县、五河、盱眙、天长，其中天长属今安徽所辖），安东州。

高邮府：宋为高邮军，至元十四年升为高邮路总管府，领录事司一及高邮、兴化两县。至元二十年，废安宜府为宝应县来属，又并录事司，改高邮路为府，属扬州路。后属宣慰司统辖。

而徐州、邳州、宿州诸地属江北河南行省所辖。情形复杂但可以明确徐州、宿州、邳州都是今江苏辖区所管之地。其中徐州，至元二年例降为下州，旧领彭城、萧、永固三县及录事司。后，永固并入萧县，彭城并入录事司，下只有萧县。邳州，因所属民少，元初并三县入内。至元八年，以州入归德府。至元十二年，又置睢宁、宿迁两县，属淮安。三年后又属之，领有下邳、宿迁、睢宁三县。

这部分地区归江北、河南行省管辖。

元代路与宋代的州、明代的府大致相当，但与宋代作为管理区划的路的职责不同。元代的路为诸路总管府，职责明确，即管民、赋税、断案、捕盗、教化等，与下辖州县所管职责相同。元代路的等级起初分为上、中、下三级。至元二十年（1283）改为上、下两级，“十万户之上者为上路，十万户之下者为下路”。又特意规定江陵路、扬州路、静江路、潭州路、成都路、杭州路、重庆路、绍兴路、建康路、鄂州路、淮安路、龙兴路等十二路因地“当冲要”，“虽不及十万户亦为上路”[①]。查《元史》卷五九《地理志二》，上述江苏的淮安路“户为九万一千二十二”，不足十万户。杭州为行省治所，建康为南台治所，扬州为宣慰司治所，不约而同的是这些地方一概是兵家必争之地，大多驻戍万户等军队，如扬州、建康等城置七万户府，淮安等处也设万户府[②]。依地势重要而确

① 《元史》卷九一《百官志七》；陈元靓：《事林广记·前集》卷四《郡邑类》。

② 《元史》卷九九《兵志二·镇戍》、卷一〇〇《兵志三·屯田》。

定上路的原则，显然含有为军事镇戍等服务的意思。

至元三年(1266)，朝廷首次以百姓户数确定诸州等第，“定一万五千户之上者为上州，六千户之上者为中州，六千户之下者为下州”。这显然是依据北方汉地诸州辖户实际情况而规定的。至元二十年(1283)，因江南地区人口稠密，无法完全照搬北方制度，因此“又定其地五万户之上者为上州，三万户之上者为中州，不及三万户者为下州”。实施这项新规定后，“升县为州者四十有四”[①]。成宗元贞元年(1295)五月，又调整为：“户至四万五千者为下州，五万至十万者为中州。”不用说，上州的户数就在十万以上了。此次调整后，“凡为中州者二十八，下州者十五”，部分“户不及额”者被降格[②]。江南地区诸州数量过多的情况，得到一定程度的控制。据初步统计，元代江南地区升县为府州和新增州的数量达到 59 个，其中属于江苏的部分州见下表：

表八　元代江南地区属今江苏地区升县为府州和新增州表：

升格后名称	升格前名称	等　第	隶属官府	所辖县数	升格时间
昆山州	昆山县	中　州	平江路	无	元贞元年(1295)
常熟州	常熟县	中　州	平江路	无	元贞元年(1295)
吴江州	吴江县	中　州	平江路	无	元贞元年(1295)
宜兴州	宜兴县	中　州	常州路	无	至元十五年升府，元贞元年改州
无锡州	无锡县	中　州	常州路	无	元贞元年(1295)
溧水州	溧水县	中　州	集庆路	无	元贞元年(1295)
溧阳州	溧阳县	中　州	集庆路	无	元贞元年(1295)

综上所列，元代江苏除本身分别隶属两行省外，地方的变动是用宣慰司接管原南宋的路，又对州县实施依户口数升路升州之类的改造。其结果是元初北方汉地式的宣慰司和路府州县体制替代了南宋的路监司和州县。地方官府依蒙古重视户口数惯例的升格十分普遍，地方官府的层级，也由南宋的路、州(府)、县三级制变为四、五级制。即行省直辖诸路变为行省、路、州、县四级，行省下宣慰司分辖诸路的变为行省、宣慰司、路、州、县五级。不仅层级增多，路州等高级官府建置泛滥的情况也相当严重。要注意的是江南的宣慰司、路、府、州、县名称形式与汉地传统王朝的同一性，还要应该重视其内在的蒙古主导本质。

元代设宣慰使全权管理，共三员，从二品；同知一员，从三品；副使一员，正四品；

---

① 《元史》卷九一《百官志七》。

② 《元史》卷一八《成宗纪一》。

经历一员，从六品；都事一员，从七品。因宣慰司设员过多，元廷曾在江南汰除多余官员，至元二十年(1283)七月，江南十道宣慰司官已由一百四十员减为九十三员[①]。

路总管府是地方首要的管民机构，直接面向百姓。长官达鲁花赤，为蒙古语“镇压者”的音译。上路一般下设总管一员，和达鲁花赤并作正三品；同知一员，从四品；治中一员，正五品；判官一名，正六品；推官两名，从六品。下路达鲁花赤以下设总管一员，和达鲁花赤同为从三品；同知一员，正五品；判官一员，正六品；推官一员，从六品。达鲁花赤是监司，总管至推官都是正官。作为地区的最高长官，元廷规定只有蒙古人、色目人才能任达鲁花赤，行使押署行文案牍和掌管印信。这一官职极大地体现了蒙古意志，占有支配地位。按照元廷规定，汉人充总管，回回人任同知。总管是庶政的主持者。路总管府实行群官圆署制，即每天早上，正官圆坐，共同讨论行政事务，最后共同签署文件，称为“圆署”。这一制度使包括达鲁花赤在内的任何官员共同具有最高权力，必须与其他官员共同商议决定，这种官制特点为元代独有。

路这一级直接掌民籍、征赋税、教化办学、赈灾水利。但是路一级总管府在出现灾荒时只能动用义仓，不能动用府库，因而赈灾有效性大打折扣。兴办水利也存在同样的情况，不能直接动用财税，由上至下进行调拨受到很大限制。在审理刑狱方面，由路推官与长贰正官审覆圆署相结合的方式进行处理。另外，路总管府还要提调站赤。

江苏境内还有若干蒙古、色目贵族的食邑，按元制，其达鲁花赤通常由投下封君委派，任用方式不同于正常的路级官员，任用程序主要是投下推荐和朝廷任命。他们只能在本投下任职，不参与流官的迁调。比如句容郡王土土哈，就派其子来江苏管理封邑，其子所娶之妻是江淮行省的长官阿里别的长女。其后，土土哈之子早逝，而阿里别之女勤苦抚养子女成人，以后阿里别的长女曾受到朝廷封赠，死后葬在今天的句容，《至正金陵新志》中对此有所记载。

对于县而言，因为元代以人口数来区分上、中、下县，一般以六千户以上为上县，二千户以上为中县，不及二千户的为下县。但是，江南人口稠密，不能照搬北方分县的等级，至元二十年(1283)，规定江南三万户以上为上县，一万户以上为中县，一万户以下为下县。上县设达鲁花赤一员，县尹一员，并为从六品；县丞一员，正八品；主簿一员，从八品；县尉一员，从九品。中县设达鲁花赤一员，县尹一员，并正七品；主簿一员，从八品；县尉一员，从九品；下县设达鲁花赤一员，县尹一员，并从七品；主簿一员，正九品。比如，《至顺镇江志》就记镇江路下的丹徒、丹阳、金坛等三县都是中县，县官品秩如上。另还有尉吏、巡检司吏各一名。首领官有典史，丹徒、丹阳各一名，金坛县

---

① 《元史》卷一二《世祖纪九》。

两名。与朝廷制度相合。县衙下还设有和上级相接轨的管理机构。同样,县级官府也采用群官圆议联署制处理庶政,如果出现县尹独署议事的现象,将会被肃政廉访司追查。县衙的基本职司就是征税派役,但不得改变元廷即定的税额和名色。另外具体负责杂泛差役的派遣和各种朝廷下派的任务、正常行政事务。

在州县之下的偏远地区还设有巡检司,这一制度因袭了南宋"从道路便宜,不限境土"原则。镇江路不少于 9 个,常州则多达 20 个,其时,元共有 130 余个巡检司。足见江苏境内巡检司数量之多,这是因袭了南宋境内密布巡检司的原因。但是元代巡检司地位不重要。大德十年前属流外官,其后虽在迁调行列之内,也是依放外任流官规则进行管理。其实巡检司的设置很好地处理了偏远地区的管理难题。

二、元代江淮地区人口的分布与增减

改革开放以来,元代的人口问题研究得到了一批学者的关注。主要研究成果有陈高华《元代户等制略论》、《论元代的军户》、《元朝的土地登记和土地籍册》[①],邱树森、王颋《元代户口问题刍议》[②],葛剑雄《中国人口发展史》、[③]王育民《中国人口史》中的相关内容[④],等等。他们从不同的侧面对元代人口、户籍登记等多方面讨论这一问题。但是,无论从哪个方面阐述,大家都肯定元代人口的统计数并不准确,只是统计了大部分人口的数字。对于江苏区域来说,扎实可靠的研究一定要依赖于地方志的文献和相关资料的穿插考证,才能得到比较准确的情况。

1. 户口的统计

关于人口的具体数字,历史的记载充满了讹误,怎样才能得出比较接近事实的数据,颇让人费思量。著名学者梁方仲先生曾对历朝赋税、户籍、地籍的演变进行探索,为人口的考察指出了一条可行之路,据他考察,至元二十八年(1291),元全国人口为 59.848.964,户数为 13.430.322[⑤]。这个统计可能不够精确,但最起码是赋税征收的对象数[⑥]。

江淮地区人烟稠密。早在南宋之际,因为人口的高速增长,导致江南土地紧张,形成了"浙间无寸土不耕","江东西无旷土"的景象,向水争田的情形也屡见不鲜,圩

---

① 陈高华:《元代户等制略论》,《中国史研究》1979 年第 1 期;《论元代的军户》,《元史论丛》第 1 辑,《元朝的土地登记和土地籍册》,《历史研究》1998 年第 1 期。

② 邱树森、王颋:《元代户口问题刍议》,《元史论丛》第二辑。

③ 葛剑雄:《中国人口发展史》第八章。

④ 王育民:《中国人口史》第六章第四节。

⑤ 《元史》卷一六《世祖本纪十三》。

⑥ 梁方仲:《中国历代户口、田地、田赋统计·总序》,上海人民出版社 1980 年版。

田、围田都日益扩大。元代人口数相比南宋还是有所增长，这主要是反映在苏南，而淮南、北一带因为南宋与元、金等在此长期交战，因而人口分布要稀少。

元统一中国以后，“升江南军州为路，壮邑为州”，至元十三年和十四年间（1276—1277）江苏许多地区都升州为路。各路置总管府和录事司，同时，为增加税收，将户口繁多的县升为州。根据《元史·地理志》和其他相关资料，江苏分属当时的浙行省和河南江北行省。共有6个路，17个州，36县。因为地域划分的不同，交叉分辖的现象比较突出。如徐州、邳州属河南江北行省所辖，苏中的扬州淮安等路也为江北、河南行省控制，等等。江苏各地区的人口统计只能大致分析如下：

淮南、北地区：如前所述，江苏的全境在元代分属河南江北行省和江浙行省两部分。在河南江北行省制下的有淮安路、扬州路、高邮府，还有徐州、邳州、宿州及所辖各县。其中至元八年并入河南江北行省邳州、徐州、宿州等地，至元年间的抄籍户缺，至顺年间的钱粮户数为23317。其中徐州在至元二年为下州。原来有彭城、萧县、永固三县及录事司，但是萧县又被并入徐州，至元十二年又复立。邳州下领下邳、宿迁、睢宁三县。

扬州路在有元一代历经变迁，最终在至元二十三年改立河南江北行省，复立淮东道宣慰司，割高邮府为散府，下领录事司一、县二、州五。州领九县。今属江苏的包括：江都、泰兴两县；真州，下领扬子、六合；泰州，下领海陵、如皋；通州，下领海门、静海两县。共有户二十四万九千四百六十六，口一百四十七万一千一百九十四。当然这其中也包含了不属于江苏的滁州一带的人口数。

淮安路，至元二十七年的户口数为户九万一千二十二，口五十四万七千三百七十七，其中属于江苏的为淮安，下有山阳、盐城、清河等地，海宁州，下有三县，朐山、沭阳、赣榆；泗州，下有盱眙、虹县、五河、临淮等县；安东州，下有高邮、宝应、兴化三县。

平江路，至元二十七年有户四十六万六千一百五十八，口二百四十三万。

常州路：至元二十七年，户二十万九千七百三十二，口一百二万一十一。

镇江路：至元二十七年，户一十万三千三百一十五，口六十二万三千六百四十四。

江阴州：至元二十七年，户五万三千八百二十一，口三十万一百七十七。

集庆路：至元二十七年，户二十一万四千五百三十八，口一百七万二千六百九十。

2. 户口的划分

有元一代大致按照种族、等级、职业、政府指派等进行划分，各色户约有一百多种。除承担不同的赋役外，又按财产丁口的差别，把百姓分为三等九甲，就是户等，凭户等分摊赋役。这一套户口按照不同民族和从事的不同职业进行编定，称为“诸色户计”。色意为种类,计就是统计。其类别主要有:军、民、匠、盐、医、僧、道、儒、站等种,各色户约有百多种,一但划定,不能更改,以固定各项封建义务,满足统治者的不同需用。可以说户等和诸色户计是当时户籍的重要内容;是元朝征收税、摊派差役的基础。不同户计的税和役各不相同。元代的户籍编定历经几代统治者。

早在蒙元统治者进入中原后,元太宗窝阔台就进行过“乙未籍户”,对中原户籍进行全面清理。其年岁在乙未(1235),史称“乙未籍户”。这次籍户建起了较全面的户籍册,初步划分了元朝特有的诸色户计。由于赋税负担过重,不久就出现人户大量逃亡的现象。蒙哥大汗时期,进行了第二次括户,其年岁在壬子,史称“壬子籍户”。此次籍户重新做了全面的户籍登记,建立了“壬子籍册”,在建立过程中尽量纳入漏籍、析居、放良等户,另一方面也根据事实将已逃亡户去除。经过这次籍户,让诸色户计更加完备。

元代最后一次整理户籍是在至元二十六年至二十七年(1289—1290),主要是在原南宋统治区进行的。这是因为元平定江南之初,就曾令各地按原来的户籍申报户口数,但这一数字与实际有所出入。之后陆续也作过一些户口统计,如至元十八年(1281)“括江南户口税课”①;至元二十一年(1284),元政府又进行南方的人口统计②。而大规模进行的人口统计是在至元二十六年(1289)。当年二月,元世祖下诏“籍江南户口,凡北方诸色人寓居者亦就籍之”,可见这次户口统计的广泛性和严格程度。十月,再次下令“籍江南及四川户口”③。根据当时的统计资料,这次共籍出 11840800 户;主要围绕两方面进行统计,一是阅实户口,普遍进行丁口和财产登记,“虽舟人、田客、侨游不遗”④。二是依中原之例,区分诸色户计,分别立籍。元代不少的地方志登记的户口数就是这次统计的结果。如集庆路(南京),“大元二十七年本路所籍户口”“在城录事司”户　一万八千二百零五,口　九万四千九百九十二人。所记户口中“南人户”一万五千一百四,分为“军、站、人、匠户”和“无名色户”;“北人户”又分“色目户”和“汉人户”⑤。所属江宁县、上元县、句容县、溧水州等地的户口划分,但是江宁划分有民医、淘金、财赋佃户、僧户、弓手户、无名色户之不同情况大体相同。无独有偶,《至顺镇江志》卷三《户门》也有相类似的记载,记载有“至元庚寅(至元二十七年)籍民之数”,分为“土著”、“侨寓”二部分。所谓“土著”就是“南人户”,分为民、儒、医、马站、

---

① 《元史》卷一一《世祖本纪八》。

② 《元史》卷一三《世祖纪十》。

③ 《元史》卷一五《世祖纪十二》。

④ 姚燧:《牧庵集》卷二八《赵椿龄墓志铭》。

⑤ 《至正金陵新志》卷八《民俗志》。

水站、递运站、急递铺、弓手、财赋、海道梢水(水手)、匠、军、乐人、龙华善友和驱;"侨寓"就是"北人户",分为蒙古、畏兀儿、回回、也里可温、河西、契丹、女真、汉人和驱。自此之后,元代再没有进行如此规模的户口统计。

综合元代括户的基本情况,可断定主要部分为民户和军户。民户为主体容易理解,但军户比较独特。这一类人承担军役,主要有蒙古军户、探马赤军户、投下军户、汉人军户。然而军户又是一种特权阶级,他们归百户、千户、万户、枢密院直接管理,时常受到救恤和其他特别的权益,其身份在普通民户之上。有一种叫作军户驱或军驱的奴隶,只要户长向上报告他是在自己的军籍之内,就能成为自由民。这从《通制条格》卷二的内容便可知。特别的是站户承担驿站徭役的人户、急递铺户也属于通政院及中书省兵部管理,家属则由州县管理。江浙行省共设驿站台 262 处,其中马站 134 处,马 5123 匹,轿站 35 处,轿 148 顶,步站 11 处,递运夫 3032 处,水站 82 处,船 1627 艘①。

至于民户,中统五年(1264),元廷颁布《圣旨条画》,规定除军户、匠户另行立籍外,其他户计均包括在民户之列。因此,尽管各种户计的主管系统不同,但是都在当地的户籍上登记。这在户类中人数为最多。民户按照不同民族和从事的不同职业进行编定。元代的户计名称极多,是按照不同标准进行划分的,其间有交叉。早在元太宗窝阔台 1235 年在中原大规模"乙未括户"时,已大致按照种族、等级、职业、政府指派等进行划分。如按职能分类,打捕户,具体说就是打捕鹰房户则向官府纳皮货(鸟兽),不当差发,还有铁冶户、灶户、驾船户等。按本俗、民族、宗教分类的,如蒙古人户、色目人户等;宗教上有达失蛮户、即穆斯林户,还有和尚(僧人)、先生(道士)、也里可温(景教徒)。因为这些户计以宗教传播和祈祷为职业,他们提供劳役或封建义务的形式比较特殊,即为蒙元统治者"告天祈福"。元代还有单纯提供赋税和劳役的系官户,他们的劳动直接为元政府提供服务。元朝法制的基本原理是"从本俗法"的属人法,而对西域人则不得不承认《回回户例》。而匠户和盐户等与官府手工业密切相关。他们不允许改变自身的户计种类,世袭身份。他们在官府的手工业作坊和盐场内工作。至于儒户,以读书为业,一旦被立为儒户,那么必须有一个人入学就读,"除纳地税、商税外,其余杂泛差役并行蠲免"②。从这一点上考察,元代儒户的地户并非如传言的"九儒十丐",但是儒生相比宋朝则少了许多的荣誉感和特权。

据现存的江苏地方志,我们可以简单统计当进各类户情况。《至顺镇江志》卷八《户口》记载镇江土著就有户一十万六十五,口六十一万三千五百七十八;录事司,户九千四百六十九,口四万八千五百三十七;丹徒县,户二万八千四百六十二,口一十九

① 《元史》卷一〇一《兵志四》。

② 《庙学典礼》卷二《左丞相李奏立太学》。

万二百五十七;丹阳县,户二万九千二十四,口一十八万八千九百四十九;金坛县,户三万二千五百一十六,口一十八万五千八百三十五。除土著,还有侨寓、客、躯口等不同人的分类,各类人都有诸色户计的划分。其中土著的诸色户计如下表:

表九　土著诸色户统计表

诸色户	总　计	录事司	丹徒县	丹阳县	金坛县
民　户	户 84083	户 6630	户 28642	户 29024	户 32516
	口 469109	口 32770	口 134808	口 148744	口 152797
儒　户	户 737	户 254	户 66	户 72	户 379
	口 3123	口 1559	口 175	口 496	口 893
医　户	户 300	户 69	户 66	户 77	户 88
	口 2388	口 425	口 576	口 666	口 721
马　站	户 2955	户 85	户 1104	户 837	户 929
	口 41819	口 735	口 13180	口 13932	口 13992
水　站	户 761	户 40	户 227	户 462	户 32
	口 10384	口 477	口 2755	口 6546	口 606
递运站	户 31	户 18	户 13		
	口 305	口 181	口 124		
急递铺	户 204	户 8	户 126	户 70	
	口 2240	口 64	口 1196		
弓　手	户 292	户 25	户 106	户 77	户 84
	口 3663	口 228	口 1107	口 1140	口 1185
财赋户	户 4485	户	户 2217	户 831	户 1437
	口 31902	口	口 16813	口 1200	口 8189
海道梢水	户 374	户 7	户 276	户 91	
	口 3299	口 30	口 2430	口 839	
匠　户	户 3586	户 518	户 1533	户 841	户 694
	口 34370	口 3400	口 15272	口 9061	口 6641
军　户	户 2165	户 1771	户 367	户 18	户 8
	口 10106	口 8192	口 1923	口 146	口 45
乐　人	户 90	户 43	户 11	户 20	户 16
	口 599	口 232	口 66	口 196	口 103

续表

诸色户	总　计	录事司	丹徒县	丹阳县	金坛县
龙华会善友会	户 2	户 1	户 1(至元二七年抄作民数)		
	口 304	口 274	口 30		

另还有按民族划分的蒙古人户、回回户、契丹人户等。

《至顺镇江志·户口》中对此也有明确记载。共有三千八百四十五户的侨寓户，分别见下表：

表十　诸类别侨寓户统计表

民族类	总户数	录事司	丹徒县	丹阳县	金坛县
蒙古人户	户 29	户 23	户 1	户 3	户 2
	口 163	口 125	口 9	口 14	口 15
畏兀儿	户 14	户 12		户 2	
	口 93	口 81		口 12	
回　回	户 59	户 49	户 5	户 3	户 1
	口 374	口 296	口 31	口 40	口 7
也里可温	户 23	户 19	户 3		户 1
	口 106	口 92	口 7		口 7
河　西	户 3	户 1	户 2		
	口 35	口 19	口 16		
契　丹	户 21	户 19	户 3		
	口 116	口 104	口 12		
女　真	户 25	户 25			
	口 261	口 261			
汉　人	户 3671	户 3271	户 286	户 102	户 32
	口 9407	口 7999	口 706	口 539	口 163

元代的汉人专指原南宋以外的北部中国的汉人。在这次户籍整理中，将所有的蒙古色目人户也同样分别户计。其中民户数欠缺，儒户八，医户五，阴阳户一，站户二十六，急递铺二，打捕户一十四，匠户一十八，军户三千三百六十七，怯怜口二十三，乐人户四，躯口九。可以看出，在镇江当时居住的蒙古色目人口中，以军户为主，反映了当地军事驻扎的性质。而且，居民中还有躯口二千九百四十人，其中竟然就有蒙古人

四百二十九，畏兀一百七，回回三百一十，也里可温一百九，河西一十九，契丹七十五，女真二百二十四，汉人一千六百七十五。说明蒙古、色目人中也有地位低下者，可见元代蒙古色目贵族的统治没有改变江南社会的阶层结构，这一点，陈得芝师在论文《元代江南之地主阶级》中作了明确阐述①。

元代的户计连带差役，在许多学者看来是历史的倒退。主要理由是，中国隋唐以后，尤其是均田制瓦解以后，国家往往采取实物货币代役等形式，劳役逐渐弱化。差役随之产生，即使是差役，也要跟百姓财产相应挂钩，以适合其承受能力。尤其到宋代，劳役基本不多见了，差役倒是大量存在。差役比起劳役来说，虽然对百姓生计造成的破坏并不见得小，但毕竟在劳动强度等方面与劳役有一些性质上的差别。元代实行的户计连带差役的统治策略似乎来自蒙古贵族从草原。11、12 世纪的蒙古人还在草原上游牧，踏入文明社会门槛前后，蒙古人开始有了日益复杂的社会分工。而这一过程恰恰与和成吉思汗军事征服同步。在完成草原职业单一化向复杂化过渡的同时，蒙古贵族很顺当地将被征服地区的百姓按照职业分工来编定户计，进而按照世袭罔替的职业户计名色征发劳役。因为全体百姓都被编入诸色户计，故呈现"全民劳役化"。

元代的户计制度加强了国家对人口的控制，后来为明朝政府所沿用，对以后的社会发展影响极深。元代全民当差服役，对明朝产生了深刻的影响。明朝的民、军、匠、灶四大户计以及其他按职业承担的劳役，直接来自元朝。除了民、军、匠、灶四大户计，至少在明前期还有油户、酒户、羊户、牛户、马户、果户、菜户、乐户、医户、金户、银户、船户、鱼户等八十余种专业户计。民、军、匠、灶等户计也是世袭的，不能随便改动②。明后期四大户计世袭才开始松动，由于募兵制的冲击，军户世袭制就不像前期那样严格了。"全民劳役化"，一直到明"一条鞭法"推行，才得到彻底遏止。全民当差服役，还进一步影响到明朝的君主专制。正如何兹全先生所说："编户变成了差户，这是中国历史上的一大变局。""全民皆差户，这是明清专制主义的基础。""明清的专制主义，是从元朝继承来的。"③

元代的户籍情况总的来说比较混乱。元朝前期的名臣胡祗遹就曾指出："我朝之于军民，一籍之后，近则五七年，远者三四十年，略不再籍。孰富强，孰贫弱，孰丁口增加，孰丁口消亡，皆不能知。"④足见，元朝没有能实行定期进行户籍的更新，这是政治

---

① 参见陈得芝：《元代江南之地主阶级》，收入《蒙元史研究丛稿》，人民出版社 2005 年版。

② 参阅王毓铨：《明代的配户当差制》，《中国史研究》1991 年第 1 期。

③ 何兹全：《中国社会发展史中的元代社会》，《北京师范大学学报》1992 年第 5 期。

④ 胡祗遹：《胡祗遹集》卷二十二《军政·贫难消乏之弊状》。

体制混乱的表现，而这种现象无疑加深了社会的矛盾。

3. 元代江淮人口构成新貌

中国历史上曾多次出现过北人南渡的移民高潮。元代又一次出现北人南渡的局面。虽然规模不及晋、宋南渡，却有着显著特点：以往的移民主要是中原汉人徙居江南，而元代的移居人口除北方汉人外，还有大量来自蒙古高原和西域的蒙古、色目人，以及从海上丝绸之路前来的阿拉伯、波斯等地的人口。他们的到来，使当时江南地区的人口组成呈现出复杂多样的历史局面，这种混居局面的形成，其原因是多种多样的。主要原因有随官迁徙、随军驻扎、经济动因以及其他犯罪等原因。

随着南宋政府在元廷大规模南下的威逼下投降，如何管理好这片中国最为富庶的土地就成为元政府最为棘手的问题。为此，政府从官吏制度和军队镇守来加强对这一地区的控制，而大一统的中国又给诸多商人提供了便利，特别是蒙古贵族依靠色目人从事各种贸易，从中渔利，商业形成高潮，各类商人也竞相往来，形成移民的又一类型。还有因传播宗教、求学南下的蒙古、色目人也层出不穷。各类因素共同形成了元代江南多民族重组的局面。

依照元朝的制度，裁决地方军民政刑财赋等各方面的事务的负责人一定选自蒙古人或者色目人。地方长官达鲁花赤必须由蒙古人担任。早在至元二年(1265)，元世祖就作出规定："以蒙古人充各路达鲁花赤，汉人充总管，回回人充同知，永为定制。"[①]至元五年(1268)又发布命令："罢诸路女真、契丹、汉人为达鲁花赤者，回回、畏兀、乃蛮、唐兀依旧。"[②]进一步贯彻了至元二年的命令。至元十六年(1276)，世祖又一次议"罢汉人之为达鲁花赤者。"[③]至此，江南平附初期归附蒙古而获得信任的汉人(包括契丹、女真人)被委派为达鲁花赤者，及征战过程中被随处任命的汉人达鲁花赤，基本上都被罢去。因此，江南地区的行政官员，从行省长官到各路府县的达鲁花赤，主要以蒙古人为主，色目人作为蒙古统治江南的政治助手也在任用之列。

从行省到下层官员，基本没有例外。江浙行省在承平时期都未曾有一个南人或汉人坐到丞相之职。因为江浙行省"土地广、人民众、政务繁而钱谷之数多也"[④]，所以元政府非常重视该行省官员的任用，出现了许多世官担任行省高官的现象，如木华黎家族中脱脱(大德年间江浙平章)和其子朵儿只(至正四年至十七年江浙左丞相)等等。

---

① 《元史》卷六《世祖本纪三》"至元二年二月甲子条"。

② 《元史》卷六《世祖本纪三》"至元五年三月丁丑条"。

③ 《元史》卷一〇《世祖本纪七》"至元十六年九月戊午条"。

④ 吴澄：《吴文正公集》卷一四《送宋子章郎中序》。

元代江南地区除行省机构外，另一个重要机构就是江南诸道行御史台（简称南台）。始创于至元十四年（1277），按治江浙、江西、湖广三行省，十道肃政廉访司。台治虽几经迁徙，但于至元二十四年（1287）定治于建康。这在江浙行省内又增添了蒙古、色目官员的任命职位。根据《至正金陵新志》卷六《官守志》的记载，可以查检出主要担任过南台官员的蒙古、色目人有90人之多。无形中又为这部分人口寓居江南提供了机会。

另外，还有中央直属机构在江南设立的相应机构，也需要有蒙古、色目官员前来任职。仅以江浙等处财赋总管府为例，就有达鲁花赤一职的设置；在平江、建康、松江三处又各有提举司并设置官员，任命蒙古、色目人氏为宦。这些机构中蒙古、色目人氏的任职，又为这部分人口侨寓江南开辟了渠道。

至于江南地区的路、府、州、县各级政府中的蒙古、色目官员更是人数众多。根据记载完备的《至正金陵新志》、《至顺镇江志》等资料统计，达鲁花赤一职除个别外，其人选主要是蒙古、色目人，仅江浙行省当时就有30个路、1个府、属州26个、属县143个，按照元朝官制的迁转法规定，三年为一任，在元代统治江南的近90年中，就有1800人次担任过江浙行省的路和录事司达鲁花赤，府有30人次，属州有780人次，属县应有4290人次担任过达鲁花赤一职。仅达鲁花赤一职就有相当数量的蒙古、色目人前来就任。当然，这一点也集中说明了当时的历史概况。

至于达鲁花赤以下的官员，我们还不能作出精确统计，仅能根据记载较详的《至顺镇江志》和《至正金陵新志》粗略估算出当时两地达鲁花赤官职以下的蒙古、色目官员情况。以这两地为例，可以算出当时路州两级担任过总管的蒙古、色目人约占官员总数的三分之一，如果把这个统计数字加以类推，江浙行省则又有570人次的蒙古、色目官员担任总管一职。关于同知一职的统计又表明大多地区的同知一职，蒙古、色目官员都占了总数一半以上，少数地区为三分之一左右。如此总管和同知两个职务的任职者又构成了江南地区蒙古、色目官员的重要组成部分。

主簿以下的官员，根据《至顺镇江志》的材料记载，丹徒县约38位官员中只有4位是蒙古、色目人，约占总数的十分之一；丹阳县、金坛县的统计结果也与丹徒县类似。当时镇江路是江浙行省的重要行政区属，有关统计数字和全省的情况应该相差无几，若按这个比例进行全省范围的统计，那么，江浙行省的下层政府官员地位固然不够显赫，但蒙古、色目官员的总量也还是不少，这些人员也是当地蒙古、色目侨寓人户的来源之一。

此外元代蒙古统治者还实行分封制，元代实行的分封不同于汉文化传统意义上的分封。元代受封者往往认为封地就是自家的私有财产，派驻家人进行管治是分内之事。元代在江南分封给贵族、世勋功臣的土地及民户多达几十份,《元史·食货志》记载了赐封、食邑的详细资料。于是各家族派封在江南各地的守土官自然而然地构成了侨寓江南的又一类型民户。著名的穆斯林牙老瓦赤的孙女萨法礼夫人就是跟随丈夫前来封地的定居者[①]。说明当时随官寓居的事例绝非偶然。萨法礼夫人的祖上牙老瓦赤原本西域穆斯林商人,因将财产献给元廷而获得官职。他的长子阿里别在元统一后任江浙行省平章政事,将女儿嫁与句容郡王土土哈之子帖木儿普化。帖木儿普化因管理家族在建康、庐州、饶州的合剌赤户而在当地居住。《至正金陵新志》载,至元二十三年(1286),"设建康、庐州、饶州等处哈剌赤户计长官于溧水州"[②]。大德十年(1306),夫人萨法礼夫人二十九岁时,丈夫就于溧水去世。年轻守寡的她将孩子抚养大,其子阿鲁忽都任江浙行省治书侍御史。史称"(夫人)率其家能完居廿有六年",从"夫人将六十年矣,建康府上事行御史台、行中书省",请旌表其门。萨法礼夫人得到了朝廷的封号为"容国夫人"[③]。至顺二年(1331),夫人逝,葬于溧水之阳。说明,钦察人土土哈的后代也有居于江南者。

元政府在江南实行的是以汉军为主的镇戍原则,但元制汉军中万户府、千户所皆置达鲁花赤一职,其职主要由蒙古人或色目人担任,还有少量由蒙古人及色目人组成的单一军队,江南地区因随军而寓居的军人主要指这两部分而言。元代基本体制是"诸省长官二员,给金虎符典军"[④],以下设都镇抚司。"专一提调军马,镇遏地面"[⑤]。都镇抚司的长官由枢密院直接任命。在军队万户以下设镇抚,千户以下设弹压,百官之下设军司,两者都直属都镇抚司。元制还进一步规定:自镇抚到军司各级都必须有两人担任同一职务,一位以蒙古人充任,一位以汉人充任;而且从弹压以上,千户以下都按迁转法三年一考[⑥]。如此,在江南地区做过军官的蒙古、色目人为数也一定不少。随着他们在汉地驻扎的时间推移及和汉族人民的交往,他们中不少人也留居江南。在这类人中,钦察人完者都拔都一家定居高邮的事例具有代表性。完者都拔都"以材武从军",因在平定江南的战斗中足智多谋,而被元政府赐予虎符,授高邮路达鲁花赤,以后又历任高邮万户府达鲁花赤,江浙等处行中书省左丞兼管本万户军,官职最高时曾任江浙行省平章政事。大德元年,完者都拔都在官任上去世,于孙将他归葬高邮城西,长子帖木秃思世袭高邮上万户府达鲁花赤,以后高邮上万户府达鲁花赤一

---

① 马祖常:《马石田文集》卷一四《萨法礼夫人碑铭》。

② 《至正金陵新志》卷三《金陵表》"至元二十三年丙戌"条。

③ 参见《元史》卷一二五《土土哈传》;《至正金陵新志》卷十三《人物志·列女》。

④ 《元史》卷一〇二《刑法志一》。

⑤ 《元典章》卷五三《刑部十五》。

⑥ 萧启庆:《元代镇戍制度》,收入萧启庆《内北国而外中国》上册,中华书局2007年版,第271页。

职，又传至他的长孙。他还有其他儿子，即插都为常州路无锡州达鲁花赤，别里怯为湖州路长兴州达鲁花赤，彻里不花为高邮打捕屯田达鲁花赤①。可见，他们一家人的主要活动都在江浙地区，可以推测他们一家因为军职而留居当地。一般军人的情况史书虽不多见，那只是因为他们人微言轻，往往被记载所忽略。

许有壬曾精辟地指出："（元代）其国人柄用尤多，大贾擅水陆利，天下名城区邑必居其津要，专其膏腴。"②江南为天下至富，免不了集中西域富商，只是因为各地方志及其他文献资料对少数民族的事迹记载不完全，所以不能精确描述，但有一个事例很能说明江南地区回回商人之多的事实。泰定帝时，回回人倒剌沙因拥戴泰定帝而位居丞相，一时间西域人纷纷党附于他，回回商人也在这种政治势力的保护下大获其利。两都之战后，元文宗即位，杀倒剌沙，下令清查其党羽，此风波及普通的西域回商，江南常熟就有汉人乘机向官府诬告："回回百余人匿海清，杀猪会饮，谋为乱。"幸好地方官本人熟知各民族不同的风俗习惯，认为其中有诈，他说："回回不食猪，今言杀猪，诈可知也。"经查证，确实是因为诬告者本人曾经向回回人借贷，因无力偿还而企图借机陷害债主。③ 由此可见，常熟一地应有不少回回商人留居。常熟在当时还只是富庶的小城镇，那么商业中心及大都市应该更能吸引色目商人寓居。

元代以前，江南从未出现过复杂的宗教传播局面。而元代基督教、犹太教、摩尼教等都在江南地区有活动，得缘于这些宗教活动，一些非汉族宗教人士迁徙至江南。如基督教中的分支聂思脱里亚教（景教）于辽金时期在中国西北民族中已得到了广泛传播。蒙古族人口中有许多人笃信此教，元统一后，此教又传入江南。据《至顺镇江志·僧寺》记载：撒马尔干的景教徒马薛里吉思在至元十四年（1277）担任了镇江府路总管府副达鲁花赤，他先后在镇江建造了六所景教堂，在杭州还建了一所。显然，镇江一带地区聂思脱里亚教的传播具有了一定的规模。杭州也有十字寺，入明以后改成了"三太傅祠"④。此间罗马教皇还委派过使节前来中国传教，这在中西文化交流史上堪称一件大事。解放后扬州地区的考古发掘发现了拉丁文的天主教标记，证明当地确有过天主教士的活动。当时基督教的信奉者往往都是蒙古色目人，教堂的设立往往就昭示着他们的存在，因此可以推断他们的存在。

元代，因为国家统一，为各种交流提供了广阔的空间。加之元朝政府重视商贸，能够尊重各民族的风俗，导致"回回遍天下"。这并不是说只是回回人才走遍天下，而

---

① 程钜夫：《雪楼集》卷六《林国武宣公神道碑》。

② 许有壬：《至正集》卷五三《西域使者哈只哈心碑》。

③ 高启：《凫藻集》卷五《元故州路兰溪州判官致仕胡君墓志铭》。

④ 田汝成：《西湖游览志》卷一八《佛刹》。

是指因为任官、军队驻守、商业往来而形成全国性的蒙古、色目人迁徙全国各地的局面。当然，回回人因擅长做生意而为人所熟知。

清代的《苏州府志》记述：“礼拜寺一在砂皮巷，一在闻甲处丁家巷，元初泰定间西域人建以奉教。”而江苏的地方志也有记录之处，如前所述，《至顺镇江志》的户籍统计表明：所属录事司，丹徒、丹阳、金坛的色目户内都有回回人，其人口数分别为296、31、40、7，躯口（相当于奴隶）中回回人口分别为279、11、18、2，而先后任职的回回官员，计有“路”的达鲁花赤3人，“录事司”达鲁花一赤17人，还有不少任“路”的总管、同知、武官，甚至儒学教授中也不乏回回人。南京，古称金陵，是元代建康路录事司所在地，《至正金陵新志》所记回回人户籍数字与镇江路录事司相差无几。

更有清楚记录扬州带有西方人存在的资料。西方来人主要定居在海上丝绸之路的沿线，扬州作为大运河的主要城市发挥着重要的沟通南北的作用。意大利人韦利奥尼的女儿卡特琳娜（Caterina）1342年就死于扬州。她的墓碑是用拉丁文书写的，碑上还雕刻有圣母圣子像，也有圣女殉教图。两年后，韦利奥尼的儿子去世也一并葬在了扬州。他的墓碑不但刻有拉丁碑文，还有末世审判图。扬州的考古工作者在这两座墓碑的发现地还发现了天主教圣井的石井栏。从考古发现推测，扬州水门一带曾有一座天主教堂，这和鄂多立克的记载也相符，可见，当地绝不止韦利奥尼一家人，似有一意大利商人的集聚区，共同遵奉着天主教的信仰和丧葬习俗。

江浙一带是南宋京畿所在，经济、文化一向较他处发达，而且南宋政府和元廷并没有展开大肆杀戮，南宋政府最终以投降结束了统治中国的历史，不言而喻，江南原南宋的腹心之地成为侨寓最为集中的地区。鉴于资料的限制，我们尚无法对所迁入的蒙古、色目人口的数量作出精确推断，但是史料已经为我们揭示了人口迁徙的别样风景。

第二章　北宋对东南地区的统一

第一节　北宋建立与东南地区的形势

一、北宋建立与“先南后北”统一方针的制定

后周显德七年(960)正月元旦，时任后周殿前都点检的禁军首领赵匡胤，在开封以北的陈桥驿发动兵变，夺取了政权，建立了宋朝。关于这次政变，《宋史》记载：

> 七年春，北汉结契丹入寇，命出师御之。次陈桥驿，军中知星者苗训引门吏楚昭辅视日下复有一日，黑光摩荡者久之。夜五鼓，军士集驿门，宣言策点检(赵匡胤)为天子，或止之，众不听。迟明，逼寝所，太宗(赵光义)入白，太祖(赵匡胤)起。诸校露刃列于庭，曰：“诸军无主，愿策太尉为天子。”未及对，有以黄衣加太祖身，众皆罗拜，呼万岁，即掖太祖乘马。太祖揽辔谓诸将曰：“我有号令，尔能从乎?”皆下马曰：“唯命。”太祖曰：“太后、主上，吾皆北面事之，汝辈不得惊犯；大臣皆我比肩，不得侵凌；朝廷府库、士庶之家，不得侵掠。用令有重赏，违即孥戮汝。”诸将皆载拜。[①]

这就是历史上有名的“黄袍加身”、宋之建立的过程。其实这是一场宋朝取代后周的军事政变。

宋朝建立以后，形势并不稳定。当时宋政权继承后周疆域，主要据有黄河中下游地区。而在南方的汉族聚居区内，有南唐、吴越、后蜀、荆南、湖南、南汉和闽等大小割

---

① 《宋史》卷一《太祖本纪》。

据政权。在北方与宋毗邻的是强盛的辽国，占据了幽云十六州之地，时时可以危及到宋的存在；在西北河套地区称雄的是党项族李继迁集团；在以太原为中心的山西中北部地区，还有十国之一的北汉刘氏政权，由于北汉得到契丹人的支持，实力亦相当雄厚。同时，宋朝建立以后，后周的一批拥护者，也不满于赵匡胤的夺权，伺机进行反抗。较大的有两支力量。一是占据上党的昭义节度使李筠，一是占据淮南的淮南节度使李重进。

唐末以来，众多割据政权的存在，一直使天下处于战乱之中。整个中国像“豆瓜分剖”[①]一样，四分五裂。有的藩镇公然宣称：“天子，兵马强壮者当为之。”[②]长期的分裂割据，给社会带来了巨大的危害，给人民生活带来了巨大的灾难。因此，实现中国的统一，成为当时人民的迫切要求和历史发展的必然趋势。

还在后周的周世宗时，统一事业已经开始，周世宗从后蜀夺取了秦、凤、成、阶四州，从南唐夺取了淮南十四州，并于显德六年开始进行收复燕云十六州的北伐。可惜由于周世宗的病逝，使他壮志未酬，统一事业未能继续进行下去。最终统一中国的历史重任，自然落在了刚刚建立了宋朝的宋太祖赵匡胤的肩上。因此，当政局稍稍稳定之后，赵匡胤就开始考虑如何把周世宗统一中国的事业继续进行下去。但是，怎样进行这个统一战争呢，他并没有底。起初，他想把北汉作为首要目标，但许多文武官员却不赞成先攻北汉，认为这样做有害无利。这颇使赵匡胤踌躇。一个大雪纷飞的夜晚，赵匡胤与其弟赵光义走访了宰相赵普，共商统一的国策。赵普听了宋太祖“欲收太原”的话后，沉吟良久，然后说，“太原当西北两边，使一举而下，则边患我独当之”[③]。也就是说，即使攻打北汉顺利，也会使宋朝与契丹、党项两个强敌过早相遇，因此，他认为先打太原，于宋不利，不如等到先削平南方诸国之后再攻打北汉，到那时“彼弹丸黑子之地，将何所逃”。赵普的这一分析，其实正符合宋太祖走访赵普的初衷。

于是，一个先消灭南方各个割据势力，后消灭北汉的统一战争的战略方针就这样确定了，这也就是后人所称的“先南后北”、“先易后难”的方略。

北宋的统一战争基本是按照“先南后北”的方略进行的。具体来说，就是在削平南方割据势力以前，对北方的辽和北汉，基本上采取守势，选派宿将，率领重兵，镇守北部要点，并对来犯之敌适当反击。同时与契丹互派使臣发展关系，保持北方战线的暂时安定。对南方各国则密切注视它们的政治动向，寻找时机，找到合适的突破口

---

① 李焘：《续资治通鉴长编》(以下简称《长编》)卷四七“真宗咸平三年十二月”。

② 《旧五代史》卷九八《安重荣仁传》。

③ 《长编》卷九“太祖开宝元二年七月”。

后，各个击破。

当时南方各政权的情况是，占据江汉一隅的有荆南的南平高氏政权；占据湖南十五州的周氏政权；据有两川、汉中四十五州的后蜀；据有岭南六十州的南汉；据有江淮地区的南唐；据有两浙地区的吴越。

当赵氏灭周建宋后，南方各国由于畏其兵强马壮，纷纷"悉珠宝以奉中国"，也就是奉北宋为正统，自身为属国。但是，诸侯割据的客观形势，不能不使赵匡胤深深感觉到"卧榻之侧，皆他人家也"[①]，因此，尽管南方各国表示愿为臣下属国，这却丝毫不能打消赵匡胤南征的决心。

二、荆湘的收复与后蜀、南汉的覆亡

建隆三年（962）九月，割据湖南的武平节度使周行逢病死，其子周保权继承了政权。盘据衡阳的张文表乘机起兵，企图独霸湖湘地区。周保权派人向宋求救。赵匡胤抓住这一时机，以讨张文表为名，迅速出兵湖南。

同时，宋以借道为名，派兵进入了当时以湖北江陵为中心的荆南南平政权境内。南平的割据者高继冲，时为荆南节度使，刚刚继父掌握政权。明知宋是"假道"为名，取国是真，却也无法应对。还在君臣争论不休之时，宋军已迫切江陵。高继冲无奈只好出城迎接宋军。这样宋军兵未血刃便拥有了荆南三州17县，143,500户。

此时，武平的张文表已被周保权镇压，因此，周保权以叛乱已被平息而拒绝宋军继续进军湖南。但醉翁之意并不在酒，宋军继续攻打朗州，俘虏了周保权，湖南全境随后全部平定，获15州、1监，97,388户。

荆、湘地区二个政权的覆亡，引起了后蜀政权的恐慌。此时统治后蜀的皇帝是荒淫的孟昶。他派人与北汉联络，企图南北夹击宋朝。赵匡胤听说此事后高兴地说："吾西讨有名矣。"[②]

乾德二年十一月，赵匡胤派宋军六万，一路从凤州（陕西凤县东北）南下，攻打剑门，一路由归州（湖北秭归）沿长江西上。攻打四川的东大门夔州（今重庆奉节东）。后蜀军一经接战，便溃不成军。宋军直逼成都，孟昶只好宣布投降。宋军只用六十六日便攻灭了后蜀。得45州，534,039户。

宋朝灭蜀之后，开始将统一战争的目标指向南汉。

宋灭后蜀之后，南汉的屏障已经失去，岌岌可危。南汉地处岭南，统治集团极为残暴。其国内的刑法有截舌、灌鼻、炮烙、烧煮、刀山剑树等等，骇人听闻。赵匡胤出

---

① 邵伯温：《河南邵氏闻见前录》卷一。

② 《长编》卷五"太祖乾德二年十一月"。

兵前，曾通过南唐劝南汉政权投降。开宝三年八月，“唐主令知制诰潘佑作书数千言谕南汉主以归于中国，遣给事中龚慎仪往使。南汉主得书，大怒，遂囚慎仪。驿书答唐主，甚不逊。唐主以其书来上”①。

既然南汉刘鋹拒绝归服，于是赵匡胤决定诉诸武力。开宝三年(970)九月，赵匡胤命潘美为桂州道行营都部署，率兵大举进攻南汉。南汉主刘鋹派大将伍彦柔率舟师抗宋。宋军设伏以待，大破南汉军。刘鋹急忙起用老将潘崇彻率兵五万进屯贺江口(今广东封开西北)。但潘崇彻进驻贺江口后，拥兵自保，观望不前。潘美见南汉军逗留不进，遂挥师西上，连克昭、桂、富等州，解除了后顾之忧。十一月迅速转向东进，攻克连州。直逼韶州。

在南汉，国内的情况十分不妙。战事一起，百姓遭殃。刘鋹一次临时增拨抵抗宋军的官兵就达二十万。伴随着巨大的军费开支，南汉国内征税日益加重，刘鋹下令实行大斗收租，1 石实收 1 石 8 斗。《南汉书》称“百姓苦征敛，不聊生”。对欠税者，刘鋹施行严刑峻法，刀山、剑树、斗虎、抵象等等不一而足。这种残酷的统治，自然激起民众强烈的不满与愤恨，也为宋的统一提供了时机。兴王府(今广东广州)的居民甚至故意把每家必备的一个防火桶叫成“宋一统”，希望宋朝尽快统一。在统治集团内部，刘氏也日益孤立。刘鋹不相信当朝官员，竟把军政大事全交由宦官和宫女掌握。

开宝三年 (970)韶州莲花山一战，宋军击溃南汉李承渥所率十几万南汉军，南汉败局已定。宋军入韶关、破雄州、英州，沿江而下，开宝四年二月，兴王府城西双女峰下再战，南汉六万守军兵败将亡。刘鋹命郭崇岳领兵六万屯马径(今广州北)以守卫兴王府。此时屯驻贺江口的潘崇彻，见大势已去，率部投降。宋军遂全力推进，迫近兴王府。刘鋹见形势危急，遣使向宋军求和。潘美率军疾进，到达马径，与汉军对峙。刘鋹求和后不久即反悔，于二月初一遣其弟刘保兴率兵至马径增援督战。二月初四夜，潘美利用火攻，大败汉军，郭崇岳死于乱兵之中，刘保兴逃归兴王府，宋军追击至城下。关键时刻，刘鋹信任的宦官，竟诱使卫士千人，盗取南汉满载财物的巨舰十多艘逃亡海上。而这本是刘鋹替自己留的后路。逃海不遂，刘鋹在绝望中放火焚宫，把刘氏几代心血营造的宫殿化为灰烬，然后出城投降。赵匡胤出于政治上的考虑，不但未杀刘鋹，反而封他为“恩赦侯”。但这个亡国之君，九年后在忧愤之中死于汴京。

南汉平定以后，东南地区，只剩下江淮的南唐与两浙的吴越政权及割据福建漳、泉二州的陈洪进政权了。

---

① 《长编》卷一一“太祖开宝三年八月”。

三、宋统一前的南唐、吴越等政权

1. 南唐的建国及其与宋的关系

南唐的前身是吴政权。

吴的开创者是杨行密。唐朝末年，杨行密在镇压农民起义和军阀混战中，被唐朝提升为淮南节度使。902年，唐昭宗封他为吴王，建都扬州。到杨溥在位时，丞相徐温等拥立杨溥为天子，定国号为吴。但此时的吴国，杨氏大权早已旁落。937年，徐温的养子徐知诰废杨溥自立，初立国号为大齐，后自称为唐宗室建王李恪之后，恢复李姓并改国号为唐，建都金陵(今江苏南京)，称江宁府。改姓名为李昪，史称"南唐"。南唐盛时疆域达三十五州，约为今江西全省及安徽、江苏、福建、湖北等省的一部分。前后历三主，约三十九年。

李昪在位七年后死，其子李璟袭位(后为避周庙讳，改为景)。李璟死于宋太祖建隆二年(961)，李煜在金陵即位，在位十五年，世称李后主。李煜(937－978)，初名从嘉，字重光，号钟隐，南唐中主第六子，"少聪悟，喜读书属文，工书画，知音律"①。他嗣位的时候，南唐已奉宋为正朔，苟安于江南一隅。李煜刚即位，就不得不诚惶诚恐上了篇《即位上宋太祖表》，表中的自称是"臣"。自李煜开始，南唐彻底放弃了大唐国尊，谨慎事宋。将自身定位为中原王朝的诸侯之一。

继位国主时，李煜于御宫门立金鸡，并降赦诏，这些皆属于天子登基之礼。消息传至汴梁，赵匡胤勃然大怒，厉声责问驻汴梁的南唐使臣陆昭符，陆称是怪鸟而非金鸡，才得以为李煜开脱。此后，更是处处小心，随着宋对南方战争的节节胜利，李煜事宋更为恭敬。

江苏江宁南唐墓出彩绘陶舞俑(《中国文物精华》陶瓷卷)

宋军灭荆南、湖南，南唐皆遣使携贺礼前往犒师。在北宋灭掉南汉后，李煜派出使节冯延鲁上表给宋太祖，向宋皇帝赵匡胤呈上大笔贡品，换取宋国对自己继承父位的认可，同时改唐国主为江南国主，然后又将自己下的书不再称"诏"，而改称为"教"，中央的行政机构也改变了称呼，"改中书门下省为左右内史府，尚书省为司会府，御史台为司宪府，翰林为文馆，枢密院为光政院；降封诸王为国公，官号多所改易"②。

① 《宋史》卷四四六《南唐李氏世家》。

② 《宋史》卷四四六《南唐李氏世家》。

南唐一再向宋示好，表示只要保持政权独立，甘做附庸。史书中所载的南唐为宋廷祝贺、祝寿、问安、买宴（由南唐出钱宴请宋朝君臣），一直不断。下表是对《续资治通鉴长编》中所载南唐与宋交好的统计：

表一　宋灭南唐以前南唐与宋礼贺往来表

时　　间	公元	内　　容	资料来源
建隆元年正月戊申	960	赐唐主李景诏，谕以受禅意	《长编》卷一
建隆元年正月戊申	960	释放周显德中江南降将周成等三十四人复归于唐	《长编》卷一
建隆元年正月丙辰	960	唐主景遣使来贺登极	《长编》卷一
建隆元年正月	960	唐主景复遣使来贺长春节	《长编》卷一
建隆元年正月乙丑	960	唐主景遣使贺平泽、潞	《长编》卷一
建隆元年正月丁卯	960	唐主景遣其礼部郎中龚谨仪来贡乘舆服御物	《长编》卷一
建隆元年正月庚午	960	江南、吴越使來朝，即宴如例	《长编》卷一
建隆元年正月乙未	960	唐主景又遣使来贺太祖还京	《长编》卷一
建隆元年正月乙卯	960	因攻破杨州，唐主景遣左仆射江都严续来犒师	《长编》卷一
建隆元年正月庚申	960	唐主遣其子蒋国公与大臣冯延鲁来买宴	《长编》卷一
建隆元年正月庚申	960	太祖斩杀自南唐来投奔并献策破江南者杜著	《长编》卷一
建隆元年正月己酉	960	太祖宴从臣及江南、吴越使并观灯	《长编》卷一
建隆二年正月己卯	961	遣通事舍人王守正使江南，劳唐主之迁都也	《长编》卷二
建隆二年正月壬申	961	唐主遣使贡金器二千两、银器万两、锦绮二千段，谢生辰之赐也	《长编》卷二
建隆二年三月戊寅	961	赐大臣钱各十万，令与两浙、江南进。奉使饮博	《长编》卷二
建隆二年五月丁巳	961	唐将士降者，其家属犹在江南。诏唐主寻访发遣	《长编》卷二
建隆二年八月	961	南唐桂阳郡公徐邈奉其主景遗表来上	《长编》卷二
建隆二年十月	961	南唐主遣户部侍郎北海韩熙载、太府卿田霖来助葬宋皇太后山陵	《长编》卷二
建隆二年十月	961	太祖命枢密承旨方城王仁赡使江南贺唐主新立	《长编》卷二
建隆二年十月	961	太祖遣使江南，赐唐主生辰国信物	《长编》卷二
建隆三年七月	962	唐主遣客省使翟如璧来贡，谢生辰之赐也	《长编》卷三
建隆三年十一月壬午	962	初颁历于江南	《长编》卷三
乾德元年正月	963	赐江南及吴越战馬、驼、羊有差	《长编》卷四
乾德元年十一月丙寅	963	唐主遣使来助祭南郊及贺册尊号	《长编》卷四
乾德元年十二月癸卯	963	宋赐陈洪进旄钺，唐主上表反对，乞寢其旄钺上复以诏谕之，唐主乃听命	《长编》卷四

续表

时　间	公元	内　容	资料来源
乾德元年十二月乙巳	963	唐主上表乞呼名	《长编》卷四
乾德二年一月	964	唐主上表谢示谕陈洪进事，诏答之	《长编》卷五
乾德二年二月	964	唐主遣使修贡，助安陵改卜也	《长编》卷五
乾德二年十一月	964	南唐昭惠后殂。宋遣作坊副使魏丕如江南吊祭	《长编》卷五
乾德三年一月	965	南唐主煜遣使修贡，贺长春节	《长编》卷六
乾德四年正月	966	唐主遣使来贡，贺文明殿成也	《长编》卷六
乾德四年七月	966	唐主遣使来贡，助修乾元殿	《长编》卷六
开宝元年正月	967	宋朝赐江南米十万斛，民饥故也	《长编》卷八
开宝二年六月	968	唐主遣其弟吉王从谦来贡	《长编》卷一〇
开宝三年八月	969	唐主复令知制诰潘佑作书数千言谕南汉主以归	《长编》卷一一
开宝三年十一月	969	江南国主煜遣其郑王从善来朝贡。于是始去唐号，改印文为“江南国印”，赐诏乞呼名，从之	《长编》卷一二
开宝五年一月	971	长春节别贡钱三十万，遂以为常	《宋史》卷四七八
开宝五年	971	煜贡米麦二十万石	《宋史》卷四七八
开宝六年四月	972	遣卢多逊为江南生辰国信使	《长编》卷一四
开宝六年四月	972	江南饥，漕湖南米麦以赈之。国主遣使修贡谢恩	《长编》卷一四
开宝七年十月	973	江南国主遣其弟江国公从镒、水部郎中龚慎修重币入贡且买宴	《长编》卷一五
开宝八年六月	974	江南国主复遣使入贡，求缓兵	《长编》卷一六

从上表可以看出，李煜事宋朝甚谨慎，而宋灭南唐前，对南唐也恩礼有加。但事实上，李煜内心并不甘愿承认自己宋之属国的身份。在自己的宫殿里，他仍然穿着黄袍，所有规制仍然沿用帝王的制度。甚至还向宋太祖赵匡胤上书请求为父亲恢复皇帝称号建陵。当然，他其实很清楚，自己的国家远远不够与宋王朝对抗，所以每当宋使来到之时，他都要脱下龙衣换穿紫袍。同时，李煜尽管不想与宋朝开战，但出于防守的考虑，也做了一些战略准备。

李煜的所作所为，使宋王朝对他并不放心，认为李煜“虽外示畏服，修藩臣之礼，而内实缮甲募兵，潜为战备”①。宋王朝曾多次谕示李氏主动纳土归服，而实际上，赵匡胤对南唐的归服不存在太多幻想，他在积极劝说南唐归服的同时，也一直在做着战争的准备。

① 《宋史》卷四四六《南唐李氏世家》。

中原军队习惯在平原旱地作战，而南唐长江以南的地区丘陵纵横、河湖密布，地形显然不利于宋军。为此，赵匡胤于乾德元年(963)开始打造战舰，同年，他特意拿出内府钱，在汴梁门外开凿大池，引蔡水注入池内，且造数百艘楼船，精选士卒，组成号称“水虎捷”的水军，加紧操练。

赵匡胤一再加强水军，多次亲临水军训练现场视查、督造战船。下面是从建隆元年至开宝八年，宋太祖检视水军及造船情况的统计：

表二　宋太祖检视水军训练及造船情况统计表

时　　间	公元	检视水军及造战舰情况	资料来源
建隆元年正月	960	使诸军习战舰于应銮	《长编》卷一
建隆二年正月壬寅	961	幸造船务习水战	《长编》卷二
建隆二年正月己未	961	幸造船务	《长编》卷二
建隆二年正月庚午	961	幸造船务	《长编》卷二
建隆二年二月戊申	961	幸教船池	《长编》卷二
建隆二年二月辛巳	961	太祖幸教船池，赐水军将士衣有差	《长编》卷二
建隆二年二月乙卯	961	太祖幸造船务	《长编》卷二
建隆二年六月庚申	961	幸造船务。玉津园	《长编》卷二
乾德元年正月	963	幸造船务观造战船	《长编》卷四
乾德元年八月	963	幸造船务	《长编》卷四
乾德三年六月	965	幸教船池	《长编》卷六
乾德四年八月	966	幸教船池，遂幸玉津园，观卫士骑射	《长编》卷七
乾德五年二月庚申	967	幸造船务，遂幸城西，观卫士骑射	《长编》卷八
乾德五年二月己丑	967	幸教船池。遂幸城西，观卫士骑射	《长编》卷八
乾德五年二月丙午	967	幸教船池，又幸玉津园宴射	《长编》卷八
开宝三年四月	970	幸教船池	《长编》卷一一
开宝三年七月戊辰	970	幸教船池，又幸玉津园宴射	《长编》卷一一
开宝三年七月戊子	970	幸教船池	《长编》卷一一
开宝四年三月	971	幸教船池，又幸玉津宴射	《长编》卷一二
开宝四年五月	971	幸教船池	《长编》卷一二
开宝五年三月	972	幸教船池观习水战	《长编》卷一三
开宝六年三月	973	以教船池为讲武池	《长编》卷一四

续表

时　间	公元	检视水军及造战舰情况	资料来源
开宝七年二月丙寅	974	幸讲武池观习水战	《长编》卷一五
开宝七年二月丙子	974	又幸讲武池观习水战	《长编》卷一五
开宝七年七月壬子	974	幸讲武池观习水战。赐军人钱	《长编》卷一五
开宝七年七月乙丑	974	幸讲武池观习水战	《长编》卷一五
开宝七年七月甲辰	974	幸讲武池观习水战	《长编》卷一五
开宝七年十月	974	登汴堤,观诸军习水战	《长编》卷一五
开宝八年三月	975	幸造船务	《长编》卷一六
开宝八年四月	975	幸讲武池观习水战	《长编》卷一六

从上表可见,宋太祖从建立政权开始,就已经在做用兵南方特别是南唐的准备①。

对于宋朝的意图,南唐君臣并非不清楚。然而,由于李煜"生于深宫之中,长于妇人之手"②,生性柔弱,不切实际,他曾自号为"钟山隐士",因而在政事上是极为软弱的,他对以战争的方式保卫南唐,没有多少信心。

对于北方的后周、宋朝,他不敢与之交战,就连东边远弱于南唐的吴越,他也避让三分。沿江巡检卢绛曾经对他说:"吴越仇雠,腹心之疾也,他日必为北兵向导以攻我,臣屡与之角,知其易与,不如先事出不意灭之。"李煜却说:"大朝(指宋朝)且见讨,奈何?"卢绛说:"臣请诈以宣歙叛,陛下声言伐叛,且赂吴越乞兵,吴越之兵,俟其来,拒击之,而臣摄其后,国可覆也。灭吴越,则国威大振,北兵不敢动矣。"③李煜却根本听不进去。

南都留守林仁肇,密言后主,劝他乘宋疲于征讨之时,出师寿春,以复江北故境。他知后主软弱,为了替后主起兵开脱,林仁肇甚至说:"兵起日,请以臣举兵外叛闻,事成国家享其利,不成族臣家,明陛下不预谋。"④也就是说:他起兵的时候,李煜向外发布消息说林仁肇叛变,让宋朝廷知道。以后假如事情成功,得利的是南唐,如果失败,就情愿杀他全家,李煜不必承担任何责任。但就是这样已经为李煜想好善后方案的计划,他也没有敢同意。不仅如此,后来李煜还中了宋朝的反奸计,自毁长城,听信谗

① 据《长编》卷八一"大中祥符六年七月"条载:"初,太祖立神卫水军,及江淮平定,不复振举。上以兵备不可废,故复置焉。""诏在京诸军选江淮习水卒于金明池按试战棹,立为水虎翼军,置营池侧。其江、浙、淮南诸州,亦令准此选取卒置营。"可见当初宋太祖训练水军的目的,就是为了平南唐。南唐平定后,宋水军重建已是在四十年之后。

② 王国维:《人间词话》,上海古籍出版社 2005 年版。

③ 陆游:《南唐书》卷一四《卢绛传》,《陆放翁全集》,中国书店 1986 年版,第 58 页。

④ 《长编》卷一一"太祖开宝三年十一月"。

言把林仁肇毒害了。

这一年,内史舍人潘佑有感于国运衰弱,用事者充位,愤切谏言,连上七疏,词穷理尽。最后一次上书言"臣终不能与奸臣杂处,事亡国之主"①。后主阅后大怒,以为是其友李平所激,杀李平,潘佑自刭。佑在所上表章中说:"陛下既不能强,又不能弱,不如以兵十万助收河东,因率官朝觐,此亦保国家之良策也。"这话说得十分恳切。对于宋朝,李煜是既不敢稍事违抗,又不甘心俯首贴耳前去朝觐。他存的是侥幸心理。

当然,后主也并非全无政绩,他虽不勤政,却还比较爱民。在位期间屡次减轻赋税,放宽刑罚,加之没什么苛捐杂税,自己也没什么好大喜功的工程,加上国家无战事,百姓亦安居乐业,这大大促进了南唐经济的发展。也因此在宋攻打时,竟支撑一年有余。而李煜生性仁厚,与世无争,深得百姓爱戴,臣子拥护。手下大臣也多为吟诗作词之才子,李煜常常与他们席地而坐,切磋词艺。所以,尽管后主如此软弱,他手下的将领却多忠于后主,毫无篡位之想法,纷纷不厌其烦地为后主献计献策。而后来李煜被赐死的消息传到南唐故地,百姓纷纷为其痛哭流涕,甚至主动为其戴孝。

多年以后,宋真宗曾经问南唐旧臣潘慎修,李煜真是一个暗弱无能之辈吗?潘慎修答道:"假如他真是如此无能无识之辈,怎么可能守国十余年?"其实,宋太祖赵匡胤自己也曾直言不讳地说过:"江南何罪,但天下一家,卧榻之旁,岂容他人酣睡。"②赵匡胤也非常欣赏后主的才气,喜欢这个人的仁厚和浪漫。他好几次劝降后主,均被拒绝。在南唐周娥皇死后,他还曾经派人前来和亲。后唐大臣均希望促成此事以保国家平安,后主也深知此事的重要性。但他爱慕小周后至深,因而拒绝了和亲。

2. 吴越、平海及其与宋的关系

吴越的创建者是钱镠。

唐末黄巢起兵时,钱镠开始占据吴越。钱镠死后,其子元瓘嗣位。元瓘卒,子佐嗣位。佐卒,弟倧嗣位。但不久钱倧即为其大将胡进思所废除。并迎立倧弟钱俶为吴越国王。钱氏政权,盛时疆域有十三州之地,约为今浙江全省、江苏东南部、福建东北部。前后历五主,共八十六年。都于杭州,拥有两浙之地。这一地区相对战争较少。但与相邻的吴及后来的南唐相比,吴越还是较为弱小的,因此钱镠及其子孙皆向中原王朝称臣、纳贡,借以牵制吴或南唐。

唐朝末年,钱镠被唐昭宗任命为镇海节度使。不久,因讨越州军阀董昌有功,升任镇海、镇东两军节度使。天复二年(902),唐封他为越王。开平元年(907)后梁又封他为吴越王。后汉乾祐初年,后汉授钱镠东南面兵马都元帅、镇海镇东军节度使、开

---

① 陆游:《南唐书》卷一三《潘佑传》。

② 《东都事略》卷二三《李煜传》。

府仪同三司、检校太师兼中令书、杭越等州大都督、吴越国王,赐号诩圣广运同德保定功臣。并赐以金印、玉册。

虽然钱氏政权自唐末以来,对依次更替的中原各政权皆谦卑屈从,但并非不想自立。因此有时也自建年号如天宝、宝元、宝正等年号。

钱氏吴越,在十国中,属于比较安定的地区,生产发达,经济繁荣。钱氏统治时期,吴越所在的长江中下游地区,大批荒地得到了开垦。钱俶还修筑钱塘江石塘,置龙山、浙江两闸,防御潮水内灌;又置都水营使,主管水利事业,统带撩浅(一作撩清)军,专管治河筑堤,发展了太湖一带的圩田。通过这些措施,使境内农业生产获得发展,使钱塘成为东南的富庶地区。同时,吴越境内的手工业丝织、造纸,特别是陶瓷,都在唐代基础上进一步发展,其秘色青瓷制作精美,闻名于世。这一时期吴越的对外贸易也很兴旺。由于陆道交通为战火阻塞,吴越与外界的贸易主要是通过海路,东自高丽、日本,西至大食,南及占城、三佛齐,都有商业往来。杭州成为两浙地区政治、经济、文化中心。

后周建立特别是宋朝建立以后,钱氏政权与中原政权的关系十分密切。后周广顺初年,周授钱氏为诸道兵马元帅。二年,又授其为天下兵马元帅,改赐推诚保德安邦致治忠正功臣。世宗即位,授天下兵马都元帅。显德三年,周世宗征淮南,令俶以所部分路进讨,钱俶率军进攻南唐的常州,虽然未能取得胜利,但此举仍得到后周世宗的褒奖。占有淮南之后,周世宗派遣翰林学士陶谷,司天监赵修己赴吴越,赐羊马橐驼,自后年年赏赐不断。七月,又派遣大臣曹彬赏赐钱俶兵甲、旗帜。五年夏四月,吴越杭州发生大火灾,政府官舍悉化为灰烬,周世宗闻之后,派遣内侍带上他的慰问诏书,专程去吴越恤问。

宋朝建立后,建隆元年,宋太祖仍授钱俶为天下兵马大元帅。而钱氏夹在南唐与南汉之间,更希望得到中原王朝的支持,以减缓压力。而宋太祖也希望在平定南方的过程中,能得到吴越的配合。

建隆二年,宋太祖派遣使臣赐俶战马二百、羊五千,骆驼三十。吴越的进贡更是连年不断。乾德元年,吴越以白金万两、犀牙各十株、香药一十五万斤、金银珍珠玳瑁器数百事来宋进贡,宋朝赐钱俶为“承家保国宣德守道忠正恭顺功臣”。此年冬天,钱俶又派其子钱惟浚入贡。

钱俶不仅对于宋太祖及宋朝政府极尽谦恭奉顺之能事,而且他也知道宋大臣们在两国关系中所起的作用,极力去讨好。史书中记载有这样一件事:

开宝四年,他日,上(太祖)因出,忽幸(赵)普第。时吴越王俶方遗普书及海物十瓶列庑下。会车驾卒至，亟出迎，弗及屏也。上顾见，问何物，普以实对。上曰："此海物必佳。"即命启之，皆满贮瓜子金也。普皇恐，顿首谢曰："臣未发书，实不知此，若知此，当奏闻而却之。"上笑曰："但受之，无害。彼谓国家事皆由汝书生耳。"因命普谢而受之。[1]

赵普身为宰相，其在宋廷中的地位，吴越钱氏自然清楚，因此不惜以重金贿赂之。宋太祖心知肚明，却也不加追究，但他以为赵普作为宋朝堂堂宰相，不宜显得吝啬，于是他命令有司，以价值相当的财物回赐于吴越使者。

开宝五年，宋改赐钱俶为开吴镇越崇文耀武宣德守道功臣，封其妻孙氏为贤德顺穆夫人。

当然，宋太祖的最终目的，是要利用吴越，平定江南，并在适当的时侯，收服吴越国为宋的一部分。还在平定南唐的前几年，宋太祖已在不断地做工作、打招呼。开宝五年，钱俶派遣幕吏黄夷简至开封入贡，宋太祖对他说："汝归语元帅，常训练兵甲，江南强倔不朝，我将发师讨之，元帅当助我，无惑人言云'皮之不存，毛将安附'。"

为示最终收复江南的决心，太祖特命有司造大宅第于开封的熏风门外，"连亘数坊，栋宇宏丽，储偫什物无不悉具"，工程完成后，太祖命令召进吴越奉使钱文贽对他说："朕数年前令学士承旨陶谷草诏，比来城南建离宫，令赐名'礼贤宅'，以待李煜及汝主，先来朝者以赐之。"并指示将诏书的草本，拿给吴越使者看，令其传话给钱俶。

开宝七年，宋对南唐战事一开，即约请吴越钱氏出军给以配合。同时，赐吴越王钱俶军衣五万副，俾分给其行营将士。以俶为升州东面招抚制置使，赐战马二百匹，旌旗剑甲；令丁德裕以禁兵步骑千人为俶前锋，"尽护其军"。此后，吴越在灭南唐的战争中，果然发挥了重要的作用。

宋统一之前，在吴越以南、今福建地区，还有一个割据泉、漳之地的平海节度使陈洪进政权，这一政权来自于王审知创建的闽国。

唐朝末年，王审知据有福建之地，其子王延钧，开始称帝，国号闽，都福州，后来王延钧为其部下所杀，立王审知次子王延羲。其部将朱文进再杀王延羲据有其位，而王审知另一子王延政当时为建州刺史，此时亦称帝。泉州散指挥使留从效，募敢死之士，得陈洪进等五十二人，奉王延政为主。后几经变化，各方势力或依南唐，或依吴越，最后，留从效自领漳、泉二州留后，南唐李璟即以建泉州为清源军，授留从效为节度、泉漳等州观察使。

---

① 《长编》卷一二"太祖开宝四年十一月"。

宋朝初年，留从效向宋朝上表称藩，贡奉不绝。当南唐李璟迁都洪州时，留从效怀疑李璟讨己，遣其从子绍镇赍厚币贡献于李璟，同时又遣使者借道吴越入贡宋朝。宋太祖派出特使厚赐以抚之。留从效病死后，其子继续掌握政权，但不久为陈洪进等所废，同时推举张汉思称留后，陈洪进为副使，这时已是宋朝的建隆三年。第二年，陈洪进又废张汉思而自立。自称清源节度副使、权知泉、南等州，并向宋朝称臣纳贡①。

开宝五年，宋朝改清源军为平海军，任命陈洪进为节度使，任命其一子为副使。另一子为南州刺史②。虽然自留从效开始，这一政权即已向宋朝称臣纳贡。而实际上，从其辖区内的官员任命、财政收入、民户版籍等来看，都是独立于宋朝的一个地方割据政权。史书称，陈洪进每岁贡奉，征敛百姓，“二州之民甚苦之”③。

第二节 宋灭南唐与吴越的归服

一、战前南唐与宋朝战和的交涉

后周末年及北宋初年，南唐国地跨江淮三十余州，有渔盐之利，铸钱之便，物力富盛，因而南唐李璟在位时，颇有窥觊中原之志，他曾在南唐科举考试时以《高祖入关诗》命题，表示有意效法当年刘邦，夺取天下。然而，后周的周世宗显然更有意于以实际行动统一天下。显德二年，后周进军淮南，在正阳打败李璟的军队，然后进围寿州。当时担任殿前都点检的赵匡胤，率后周军队在涡口击败南唐的何延锡军，又在滁州活捉了南唐的皇甫晖，李璟大为恐怖，于是派人奉表于后周，表示愿意向后周贡献濠、寿、泗、楚、光、海六州之地，甘做后周的附庸。

然而，周世宗的目的远不止此，显德四年，世宗率军再次进军淮南，攻克寿州，活捉南唐大将朱元。这年冬天，再克濠、泗二州。第二年，周军再克楚州、扬州，兵临大江。下一步似乎就是要渡江南下了。

此时的南唐，已完全为后周的军事力量所慑服。南唐三十四位将校甚至先后主动投降了后周。迫于形势，李璟“请尽割江北之地，划江为界，称臣于中朝，岁贡土物数十万”④。同时，李璟表示愿意奉周为正朔，自己则不再称皇帝而称国主。

看来，周世宗对马上进军江南也还没有把握，据《江南野史》载：

---

① 《长编》卷四“太祖乾德元年四月”。

②③ 《长编》卷五“太祖开宝二年正月”。

④ 《宋史》卷四七八《世家一·南唐李氏》。

(世宗)怒江南背约。遂问(孙)忌江南可取虚实,忌对曰:"臣本国虽小,然甲兵尚三十万余,未易可图。"世宗让忌曰:"江南不过十数郡,而师旅太多,何见欺与。"忌曰:"精甲利兵虽即十余万,然长江一条飞湍千里,风涛激涌,险过汤池,所谓天堑也。斯可敌十万之师。国老宋齐丘智谋宏远,机变如神,指授师徒,坐制之勇,乃王猛、谢安之徒。斯亦可敌十万。"世宗闻而恶之,乃载忌使谕刘仁瞻趣降,忌乃反其辞。会左右谮忌于世宗云:"昔说朱守殷以汴州叛。"寻杀忌,后使钟谟还命曰:"朕与江南大义虽定,然宋齐丘不死,殆难保和好。"①

周世宗虽不完全相信孙忌的大言,但他也不敢小视南唐当时的国力,所以他接受了李璟的请求,以比类于唐朝与回鹘的关系,确定了后周与南唐以"皇帝恭问江南国主"的形式相互来往。

淮南失地以后,南唐君臣就患上了"惧北症",李璟此后"颇燥愤,恶其大臣宋齐丘、陈觉、李徵古,皆杀之"②。

宋朝建立后,李璟表现得颇为恭顺,不断派人入中原进贡、祝寿、买宴,逢年过节更是送上各种金银、土产、罗纨、精茶。然而对于这位曾率后周军大败南唐的赵匡胤,李璟是极为恐怖的,为了避宋之兵锋,李璟迁都于豫章,以太子从嘉(即李煜)守建康。

迁都豫章是李璟出于战略上的考虑,但此地地势偏狭,且许多权贵家在建康,因此大臣们纷纷要求还都,李璟为此大怒,准备斩杀欲还都者。但这并不能解决问题。建隆二年八月,迫于压力,李璟准备讨论还都建康的问题,然而尚无结果,李璟便一病而终。

李煜即位后,对宋是既不敢战又不肯降。建隆三年冬,据说"有商人上密事,请窃往江陵焚烧北朝所造楼船战舰数千艘,乞割符验。后主惧事泄,不敢听。于是商人遁去"③。李煜不敢在战略积极上采取任何行动,只是消极的做了些准备。

宋在最终对南唐发动进攻以前,尽量保持与南唐表面上的友好关系,还在李璟在位时,南唐的一个颇有才学的小臣杜著假扮成商人,"由建安渡来归;而彭泽令薛良,坐事责池州文学,亦挺身来奔,且献平南策。唐主闻之,益惧"④。对于这些投奔宋朝的南唐人,宋太祖处理的办法是命令将杜著斩首,将薛良配隶庐州。这样做的目的是

① 龙衮:《江南野史》卷二《嗣主》,文渊阁四库全书本。

② 《宋史》卷四七八《世家一》。

③ 《江南野史》卷三《后主》。

④ 《长编》卷一"太祖建隆元年正月"。

要使“唐主少安”。宋太祖深知,在时机成熟以前,没有必要因为几个投奔者而刺激南唐,使其加强戒备。而实际上,宋朝在训练水军、打造战船等方面的战争准备始终没有停止过。

宋太祖也曾试探过南唐君臣的态度。还在建隆之初,当南唐户部尚书冯延鲁与李煜之子来汴京宴请宋朝君臣时,赵匡胤曾威胁说:诸将皆劝我渡江灭唐,你以为如何?冯延鲁不卑不亢地说道,“陛下神武,御六师以临小国,蕞尔江南,安敢抗天威?然国主有侍卫数万,皆先主亲兵,誓同生死,陛下能弃数万之众与之血战,则可矣。且大江风涛,苟进未克城,退乏粮道,亦大国之忧也。”[①]赵匡胤听后笑着说道,我不过是开个玩笑而已。其实,冯氏所言正道中了太祖的真实想法,此时用兵江南,条件显然还不成熟。

当宋朝先后解决了湖南、南平、后蜀、南汉等割据政权以后,解决南唐的问题便提到了日程之上。至于割据两浙的钱吴,宋朝君臣认为,只要南唐覆灭,钱氏自会归服。

此时,对于北投宋朝的南唐士子将士,宋朝的政策也发生了变化。樊若水的北投即是一例:

> 初,江南人樊若冰[②]举进士不中第,上书言事,不报,遂谋北归。先钓魚采石江上,以小舫载丝绳其中,维南岸而疾棹抵北岸,以度江之广狭,凡数十往反,而得其丈尺之数,遂诣阙自言有策可取江南。上令学士院试,赐及第,授舒州团练推官。若冰告上以母及亲属皆在江南,恐为煜所害,愿迎至治所。上即诏国主护送,国主听命。戊辰,召若冰为赞善大夫,且遣使诣荆湖,如若冰之策,造大舰及黄黑龙船数千艘,将浮江以济师也。[③]

钱氏的投奔,不仅为宋朝带来了重要的军事情报,而且宋朝有意让这位在南唐科举失意的士人,在宋朝参加科举,并御赐其中第,此举的政治作用,显然不在军事作用之下。更有甚者,宋朝竟公然让南唐送其家口北上。此类事情还不止一例。

开宝五年(972),宋既平南汉,“渐欲经理江南”[④],此时,正好李煜派其弟郑王李从善入贡,于是赵匡胤决定将其扣留,实际上是作为人质,这显然是向南唐发出一个信号,为此南唐李煜“大惧”,连忙减损南唐的各项制度,以示臣服。

---

① 《长编》卷一“建隆元年正月”。

② 《长编》卷一五《宋史》及薛应旂《续通鉴》作樊若水。

③ 《长编》卷一五“开宝五年二月”。

④ 《长编》卷一三“开宝五年二月”。

开宝六年(973),宋朝已决定用兵江南。宋朝大臣卢多逊来南唐时,以朝廷重编全国图志,史馆独缺江南诸州为名,向南唐索要《江南图经》,也就是记载江南各地户口、物产、山川河流、军事要隘的地图与资料。假如说当初宋朝只是通过个别南唐叛臣获得南唐军事经济情报的话,此时则是公然索取了。对于此图经的作用,李煜是不可能不知的,他显然也明白这也许就是宋朝将要南伐的前奏,但迫于形势,他还是令中书舍人徐锴等人,连夜抄录校对了一部,送给卢多逊。宋朝于是熟知了江南十九州屯戍的远近,户口的多寡,为用兵做好准备。

开宝七年(974),宋朝命令南唐国主李煜进京朝觐。当时李煜的选择,只有去与不去。若李煜进京,宋朝是否会继续用兵,难以猜测,很有可能宋会采取后来处理吴越的办法,强令其献出版图,但到那个时候,人在他人刀俎之下,不服从怕也是无法。若是不去京师朝觐,势必是难免一战。李煜显然认为赴汴京凶多吉少。而若以江南举国军队拼死一战,结果也未完全可知,说不定尚可侥幸获胜,南唐或因此而可以苟生。因此,他一再以身体有病为借口,拒绝进京。

九月,宋遣知制诰李穆为国信使再赴南唐,向李煜宣读赵匡胤诏书:"朕将以仲冬有事于圜丘,思与卿同阅牺牲。"这是宋朝最后一次劝李煜主动入朝。然而,李煜以有疾在身为托辞,再次拒绝,他无奈地叹道:"臣事大朝冀全宗祀,不意如是,今有死而已。"[①]其实,宋太祖对李煜的入朝也并不存幻想,就在李穆出使的同时,他命令宋颍州团练使曹翰率兵赴荆南,宣徽南院使曹彬、侍卫马军都虞侯李汉琼、判四方馆事田钦祚率军随后跟进,山南东道节度使潘美、侍卫步军都虞侯刘遇、东上閤门使梁迥等水陆并进。

十月,李煜又派其弟江军国公李从镒,水部郎中龚慎修带大量钱币及贡绢二十万匹,茶二十万斤及金银器用、乘舆服物等入贡,且为宋君臣买宴,宋太祖君臣此时已开始用兵,因此,饭是照吃,人却扣留,而且连个信息也不再回复南唐。

第二年十月,当金陵城破在旦夕时,李煜还两次派出首席大臣徐铉,至开封游说太祖,希望停战。徐铉见到太祖以后,反复称其国主李煜向来事宋谨慎,南唐无罪,请宋朝缓兵,赵匡胤与之争论一番,最后发怒按剑吼道:"不须多言,江南亦有何罪?但天下一家,卧榻之侧,岂容他人酣睡!"[②]显然,赵匡胤认为,实现天下一统,并不需要其他的理由。

---

① 陆游:《南唐书》卷三《后主本纪》。

② 《长编》卷一六"太祖开宝八年十一月"。

二、宋灭南唐之战

开宝七年十月，宋朝廷开始全面实施渡江灭南唐之役。

早在即位之初，宋太祖已开始训练水军打造战舰。后又听取樊若冰的献策，造浮桥以准备渡江。宋太祖派遣高品石、全振往荆湖沿江一带打造黄黑龙船数千艘，又以大舰装载巨竹絙，自荆渚顺江而下。

在曹彬等将领率军出发以前，宋太祖派遣八作使郝守浚等提前率领众丁匠开始制作浮桥。此前，有人以为古来没有作浮梁渡大江者的先例，恐怕难以成功，太祖命令先将浮桥试验于石牌口（今安徽怀宁）江面，等成功后再移置采石，结果一举成功，"渡江若履平地"。此后，宋命前汝州防御使陆万友率军前往看守浮桥，等待朝廷发令渡江。而李煜听说宋军制作浮桥，不以为然："煜初闻朝廷作浮梁，语其臣张洎，洎对曰：'载籍已来，长江无为梁之事。'煜曰：'吾亦以为儿戏耳。'"①

开宝七年(974)十月，宋太祖任曹彬以伐南唐行营马步军都部署（总司令），潘美为都监（总监军），曹翰为先锋。大举攻南唐。此前，宋已经与吴越约定夹击南唐，"诏加吴越王俶为昇州东南行营招抚制置使"，"寻密告以师期"。

宋军的具体部署是：曹彬率荆湖水军顺流而下，攻取池州（今安徽贵池）以东长江南岸各要点；潘美率步骑自和州与采石（今安徽马鞍山市西南）间渡江，会合曹彬东下直攻金陵；京师水军自汴水而下取道扬州入长江攻取润州（今江苏镇江）；以吴越王钱俶率兵从东面攻取常州，配合宋水军夺取润州，会攻金陵；以王明率军向武昌方向进击，牵制江西唐军东下赴援。

从南唐方面来看。李煜虽未有多少信心与宋军决一死战，但他也还是做了一些战争的先期准备。南唐自先主李昪始，就有固定的征兵制度："凡民产二千以上出一卒，号义军；分籍者又出一卒，号新拟军；客户有三丁者出一卒，号拔山军。"②战争全面爆发后，原先兵力已不够，需要组建新军作为补充。"元宗时，许郡县村社竞渡；每岁重午日，官阅试之，胜者给采帛、银碗，皆籍姓名，至是尽取为卒，号凌波军。民奴及赘婿，号义勇军；募豪民以私财招聚无赖亡命，号自在军。至是又大蒐境内，自老弱外皆募为卒，号排门军。民间又有自相率拒敌，以纸为甲，农器为兵者，号白甲军，凡十三等，皆使捍御。"③

看来，凌波军是南唐利用龙舟竞赛并习于水性的人员组织的水军；义勇军是身份

---

① 《宋史》卷四四六《世家一南唐李氏》。

② 陆游：《南唐书》卷三《后主本纪》。

③ 陆游：《南唐书》卷三《后主本纪》。

比较低下的人员组织的敢死队；利用富裕豪民子弟且由其自备装置组成的是自在军；民间自发组织的民兵是白甲军。在战略防御上，南唐则以今江西一带为重点。在鄂州设有武昌军，在环蠡湖的江州（治今江西九江）设奉化军，南都洪州设镇南军。并将朱匡业、林仁肇、朱令斌调任至这些防御要地。后来，由于李煜听信流言，杀害了忠心耿耿的大将林仁肇，使南唐军事实力受到了很大影响。

临战前，李煜"以京口（今镇江）要害，当得良将"。经慎重考虑后，李煜将早年即跟随自己，现任侍卫都虞候的刘澄，任命为润州留后。"临行，谓曰：卿本未合离孤，孤亦难与卿别，但此非卿不可副孤心。澄涕泣奉辞，归家尽輂金玉以往，谓人曰：此皆前后所赐，今国家有难，当散此以图勋业。国主闻之，喜。"[①]然而，这个被李煜视为腹心，且信誓旦旦的刘澄，在关键时刻却背弃了李煜。

开宝七年（974）十月甲申，宋太祖赵光胤亲自率群臣到迎春苑，登上汴堤，"发战舰东下"。三天后，赵光胤再次率群臣至迎春苑，登汴堤，看诸军进行军事演习，然后至东水门，指示"发战棹东下"[②]。同时，宋还组织了南唐李从善麾下及江南水军一千三百余人为一支禁旅，名曰"归圣"，随宋军进攻南唐。

同月壬辰，曹彬等奉命率军队从荆南出发。十月十八日曹彬率师沿长江顺流东下，南岸唐军以为宋军是例行巡江，未加阻击，使宋军顺利通过南唐屯兵十万的要地湖口（今江西湖口）。十月二十四日，宋军突然渡过长江，水陆并进，直趋池州。当宋军临近池州时，南唐沿江守军也认为是宋朝往年例行的巡江，于是坚壁自守，并派人带牛酒前去犒劳。后发现情况不对，池州守将戈彦所率唐军没做任何抵抗，便慌忙弃城逃走。

曹彬的宋军兵不血刃进入池州。随后，曹彬率军向池州东北方向一百四十里外的铜陵进军。败江南兵于铜陵，缴获战舰二百余艘，生擒八百余人。

为与宋军各路军队相配合，赵光胤任命吴越王钱俶为昇州东南面行营招抚制置使，并赐战马二百匹，从东南方向出发攻唐。为保战役成功，赵光胤派出客省使丁德裕率宋朝的精锐禁兵步骑千人，作为吴越军队的前锋，同时监督吴军[③]。

李煜知吴越军配合宋军攻唐之后，派人送信给钱俶说，"今日无我，明日岂有君！明天子一旦易地酬勋，王亦大梁一布衣耳"。钱氏当然不会为此所动，收信后派人送给了宋太祖。

---

① 《长编》卷一"太祖开宝八年九月"。

② 《长编》卷一五"太祖开宝七年十月"。

③ 《宋史》卷四八〇《吴越钱氏》称为"令德裕以禁兵步骑千人为俶前锋，尽护其军"；《长编》卷一五"开宝七年十月条"称为："为俶前锋，且监其军。"

曹彬率军占铜陵后，继续进军采石。采石矶是长江下游一个重要的渡江关隘，由于此地江面相对狭隘，且有夹江，成为千里长江最容易渡江的地点之一。自古南北方政权以长江为界而对立时，北方军队进攻江南，多是从采石过江，故此地是南北兵家必争之要地。在此地。南唐设置了二万重兵守卫。然而宋军并未费多少周折，便一举击溃南唐守军，占领采石。十一月中旬，“诏移石牌镇浮梁于采石矶，系缆才三日而成，不差尺寸。王师过之，如履平地”[①]。潘美率宋军主力迅速跨过长江。

十二月，南唐京城金陵全面戒严，李煜下令去除宋朝开宝年号，募民为兵，民众有愿贡献财产及粮食者，授予官爵。

同月，吴越王钱俶率兵包围常州，俘唐军二百五十人、马八十四于常州城下。不久，又攻拔利城寨，击败唐军三千多人，俘虏六百余人。此后，吴越军再破江南兵万余众于常州北境上。

在长江中游一路，宋军进展顺利。开宝八年一月，宋所任命的权知池州樊若冰，击败南唐军四千人于池州境内。而宋朝任命的池州至岳州江路巡检、战棹都部署王明，指挥其部下武守谦等率军在长江中游渡江，击败南唐兵万余人于武昌，杀七百人，夺取了樊山寨。

开宝八年(975)一月，曹彬等击破江南兵于新林港口，斩首二千级，焚南唐战舰六百余艘，这是南唐在金陵周围布署防卫的重要水军，瞬间灰飞烟灭。在金陵东南面的溧水，宋军行营左厢战棹都监田钦祚所部，也击败南唐兵一万多人，并斩其都统使李雄。此后，曹彬所率宋军进围金陵。行营马军都指挥使李汉琼在秦淮南岸以巨舰载葭苇，顺风放火，攻破南唐水寨，斩敌首数千。宋军进至秦淮河边。此时，南唐水陆军有十多万人，背城而阵。而宋军尚未及准备好渡船。潘美率军强渡，大军随后。在此，南唐与宋军曾对峙了许久。南唐军神都军头郑宾曾率军“逆流夺采石浮桥”[②]，企图断宋军后路，终以失败告终。

宋军连克金陵外围据点后，一至六月间，先后在秦淮河白鹭洲及长江一带先后击败南唐水陆军十余万，烧毁及夺得南唐战船数千艘，形成对金陵的包围态势，宋军前锋有的已攻进昇州的关城。

而吴越兵与宋兵在南唐赖以为天然屏障的千里江面上协同作战，在宣州、江州、鄂州等地大败南唐军队。常州刺史禹万诚誓死不降吴越，然而城中已经人心涣散，大将金成礼劫持禹万诚降宋，常州陷落。江阴等要塞也被吴越兵攻占。早在后周时，吴

---

① 《长编》卷一五“太祖开宝七年十月”。

② 《长编》卷一五“太祖开宝八年正月”。

越就曾配合周世宗进攻淮南，攻打常州，但以失败告终，此次终于得手[①]。

这时的南唐，政事由光政院使陈乔及副使张洎主持，金陵防卫具体由皇甫继勋负责。另以徐元楀、刁衎为内殿传诏，负责向李煜通报战况。然而，频频传来的前方告急文书，徐、刁二人居然加以截留，使李煜对战况毫无所知。

陈乔、张洎认为，宋军远道而来，必然疲惫，南唐宜坚壁以劳宋师，使其自动退兵。后来皇甫继勋眼见南唐大势已去，认为后主降宋已指日可待。其在金陵城中的产业也可以免于战火，因此自己不但不积极组织金陵的防卫，而且对部下有敢请命出战者，都被施以杖刑并且拘禁。皇甫继勋又惟恐自己的所作所为败露，每每躲避上朝，不愿与李煜见面，想坐等李煜投降。

三月，李煜还指示江南知举、户部员外郎伍乔照常放榜，张确等三十八人中进士[②]。显然，李煜尚不知形势的严重性。

直到五月的一天，李煜偶尔登上金陵城头，忽发见四郊遍野都已是宋军营帐与旗帜，大吃一惊，这才发觉了真相。于是，他将皇甫继勋诱入宫中，交付刑狱治罪，同时急召群臣，商议对策，寻求外援。

张洎认为能与宋对抗者，只有契丹，且契丹与宋长期对立。因此，应求援于契丹，于是，李煜令赶制蜡丸书，派遣使者暗中携蜡书北上。但是这个使者不久就被宋军截获，求援计划失败。其实，契丹虽早年曾与南唐有往来，而实则双方关系相当疏远，所谓“相结约扰中原，皆虚辞，非能为南唐助也”[③]。因此，即使南唐使者抵达契丹，契丹也未必可能远道而为一个行将灭亡的小政权出兵。

此时，曹彬命宋军在城外修筑了三个出击的寨垒，以备攻城，并事先以筑寨图驰呈汴京，太祖阅图，命彬每寨必掘深沟以阻敌夜袭。曹彬承命，连日自督丁夫掘堑沟。不久唐兵五千人果然来夜袭。曹彬早有准备，使来袭者全部被歼。

此时的金陵，城破在即，唯有的希望，一是东面作为金陵重要的军事屏障与门户的润州（今镇江）能够继续坚持抵抗，以牵制宋军，使其不敢冒腹背受敌之险进攻金陵。二是长江中上游尚存的南唐十万大军，能冲破宋军封锁，沿江东下，救援朝廷。然而，两个方面的希望先后都宣告破灭。

在东面，吴越的军队继攻下常州后，进围润州。当初，为了确保润州万无一失，李煜曾派亲信刘澄任润州节度使留后，镇守润州。刘澄亦表示愿为国家散尽家财，奖励

---

① 《宋史》卷四八〇《世家三·吴越钱氏》。

② 《长编》卷一六“太祖开宝八年三月”。南唐“自保大十年开贡举，讫于是岁，凡十七榜，放进士及第者九十三人，九经一人”。

③ 陆游《南唐书》卷一八《契丹传》。

将士,誓保润州。但是,大敌当前,刘澄却贪生怕死。吴越兵马刚刚临近城下时,其营栅未成,刘澄部下认为是歼敌良机,纷纷劝刘澄出击。刘澄则曰“出兵不胜,则为虏矣,当俟应援,然后图战”。可是,当卢绛领援兵赶到后,刘澄不仅猜忌主张抵抗的卢绛,而且还密谋暗杀卢绛。此后,刘澄又故作姿态,遍招将士,宣称自己举家在金陵为人质,今日欲降也是为战况所迫。随后,他不顾将士们的痛哭,开城门投降吴越,润州最终失守[①]。五月,江阴宁远军及沿江诸南唐军寨皆向吴越军投降。

十月,赵匡胤乘胜又遣李穆送李从镒归金陵,意在劝李煜主动归降。而陈乔、张洎力主不降。张洎向李煜推荐据说能以谈笑弭兵的道士周维简担任给事中,与修文馆学士徐铉一同进京,再次向宋朝廷求哀。为此,李煜准备暂停上游水军南下,以向宋军表示诚意,同时亲自写了十多份奏书,让周维简至汴京后不断奏上,并表示自己要弃政养病。然而,宋太祖此时已志在灭唐,最后以“卧榻酣睡”之词,断然拒绝。这样,南唐的最后一线希望只有寄托于长江中游的水军了。

南唐在江西腹地,一向聚有重兵,由重臣名将主持,此时,李煜遣卫尉卿陈大雅突围出城,赴湖口求援兵。十月中,驻在长江中游的南唐镇南军节度朱令赟部受李煜之命,率水步军号称十五万从湖口顺江东下,企图赴援金陵。朱令赟系原神武统军朱匡业之子。早在此前,即有东进援救的意图,但是,他担心南下后湖口一旦失守,会被宋军切断退路,因此,他曾请南都留守柴克贞代自己镇守湖口,自己率军东下,但怯懦的柴克贞却以身体有病而加以拒绝。使东进日程大为延迟[②]。

此时,朱令赟所率南唐水步军,在李煜的一再召唤下,从湖口出发,其战舰大者可容纳千人,同时朱令赟还命令缚木为筏,亦长百余丈,十多万大军,浩浩荡荡,颇有些气势。他的第一个目标是要进攻宋军控制的采石,焚毁浮桥,切断宋军归路,然后向金陵进发,以解京师之围。

在皖口(今安徽安庆西南)一带,驻有王明的宋军。此前王明奏请赵匡胤,拟速打造三百艘战舰,袭击朱军。赵匡胤认为,“此非应急之策也。令赟朝夕至,金陵之围解矣”。赵匡胤乃密遣使者命令王明率宋军于洲浦间多立长木,若帆樯之状以迷惑敌人。

朱令赟率水军进至皖口,望见众多桅木,怀疑有伏兵,即稍事逗留。当时长江水位低浅,不利于行舟,朱令赟乘坐插有大将军旗帜、高达十几重的大战舰,行至皖口,被宋行营步军都指挥使刘遇拦截,宋军集中所有船只向南唐军猛攻。眼看形势不利,朱令赟下令放出载有膏油柴草等易燃物品、号称“火油机”[③]的火船拒斗,企图以火攻

---

① 《长编》卷一六“太祖开宝八年九月”。

② 《长编》卷一六“太祖开宝八年十月”。

③ 马令:《南唐书》卷一七《朱令赟传》。

烧毁敌船，击败宋军。然而天不助唐，此时，风向突然发生变化，火势反而扑向南唐自己的战船，南唐军一时大乱，宋军乘机猛攻，南唐水军大败，全军溃败，朱令赟见大势已去，奋身投火自焚①。

朱令赟所率南唐十万水军的失败，最终奠定了南唐的败局。此后金陵城彻底成为一座孤城了。

北宋军队围金陵，从春天至冬天，已有十个多月，城中居民无法出城樵采，饮食无柴，“城中米斗万钱，人病足弱，死者相枕藉”②。更由于南唐军队屡败，军民士气低下。曹彬再三致书劝降李煜，均被拒绝：

> 彬终欲降之，故每缓攻，累遣人告国主曰：“此月二十七日，城必破矣，宜早为之所。”国主不得已，约先令其子清源郡公仲寓入朝，既而久不出。前数日，彬日遣人督之，且告曰：“郎君不须远适，若到寨，即四面罢攻矣。”国主终惑左右之言，以为城坚如此，岂可(指)日而破，但报云：“仲寓趣装未办，宫中宴饯未毕，二十七日乃可出也。”彬又遣人告曰：“若二十六日出，亦无及矣。”国主不听。③

还在宋军出发之前，宋太祖即对南唐的善后事宜已有所交待，禁止掠杀。此时又遣使至曹彬处，复宣旨勿伤金陵城中百姓，倘遇守军作困兽之斗，对李后主一门，亦切勿加害。

鉴于唐主久不来降，围城日久，宋军中已生不满情绪，曹彬担心进城后，军人报复，军队掳掠烧杀之事难以约束，于是，一日，“彬忽称疾不视事，诸将皆来问疾。彬曰：‘某之疾非药石所能愈，须诸君公为信誓，破城日不妄杀一人，则彬之疾愈矣。’诸将许诺，乃相与焚香约言。既毕，彬即称愈。”④

十一月二十七日，宋军与吴军联合发起总攻，金陵城破。

曹彬整军成列，进至宫城，李煜奉表纳降，与群臣迎拜于宫门。曹彬使人高呼：“曹将军甲胄在身，受拜不敢答。”此后，曹彬的安排亦颇有意味：

> 选精卒千人守其门外，令曰：“有欲入者，一切拒之。”始，国主令积薪宫中，自言若社稷失守，则尽室赴火死。及见彬，彬慰安之，且谕以归朝俸赐有限，费用至

---

① 此据马令、陆游各撰《南唐书》载。《长编》卷一六“开宝九年九月”条载朱令赟被俘。

② 陆游：《南唐书》卷三《后主本纪》。

③ 《长编》卷一六“太祖开宝八年十一月”。

④ 《长编》卷一六“太祖开宝八年十一月”。

广，当厚自赍装，既为有司所籍，一物不可复得矣。因复遣煜入宫，惟意所欲取。行营右厢战棹都监梁迥及田钦祚等皆谏曰："苟有不虞，咎将谁执?"彬但笑而不答。迥等力争不已，彬曰："煜素无断，今已降，必不能自引决，可亡虑也。"又遣五百人为辇载辎重。[①]

曹彬严申命令禁止暴行，南唐士民因此而受保全者不少。而且城破以后，曹彬又并下令大搜军中，令不得藏匿民间妇女。南唐的仓廪府库财产，亦一任随军转运使造册归朝廷处理。然而，对于吴越军队，他的约束力却似乎失去了作用。吴越兵入城以后，大开杀戒，焚烧建筑。著名的升元阁，即南朝时期的瓦官阁，即毁于一旦。此阁是梁武帝时建于瓦官寺内。该寺藏有顾恺之名画维摩诘像、戴逵父子铜佛像、狮子国(今斯里兰卡)所赠白玉佛像，在佛教史上有着十分重要的地位。升元阁因山而基，高可十丈，平时阁影半江，建筑十分精美，为江南名楼之一。破城之时，"士大夫暨豪民富商之家美女少妇逃难于其上，迨数百人。越兵举火焚之，哭声动天，一旦而烬"。

城破之日，南唐的君臣表现颇有不同。李煜此前表示，一旦城亡，他将在事先准备好的柴薪上，与他所收藏的历代名画宝物，一同化为灰烬，以谢列祖列宗。然而，真正城破之日，他只是故作欲死姿态，臣下稍加劝阻，便放弃了死国的念头，然而令人痛心的是，他下令烧毁了那些价值连城的文物。

他的大臣表现亦有不同。如张洎、陈乔两人："初，陈乔、张洎同建不降之议，事急，又相要以同死社稷。然洎实无死志，于是携妻子及橐装入止宫中，引乔同见国主。乔曰：'臣负陛下，愿加显戮。若中朝有所诘问，请以臣为辞。'国主曰：'运数已尽，卿死无益也。'乔曰：'陛下纵不杀臣，臣亦何面目见国人乎！'遂缢。洎乃告主曰：'臣与乔共掌枢务，今国亡当俱死。又念陛下入朝，谁与陛下辨明此事，所以不死者，将有待也。'"[②]陈乔从容就死，张洎却为自己找了个堂皇的借口。

各地南唐军队，在宋军攻破金陵之日，有的仍在抵抗。如江州军校胡则与牙校宋德明，杀了欲降的刺史，组织全城人拒降抵抗。宋军攻城不下，赵匡胤发诏，令先锋都指挥使曹翰为招安巡检使，率兵征讨。由于江州人拼死固守，加上城池险固，曹翰率军从冬天攻至夏天，竟未能攻克。最后，由于守城人死伤过重且无外援，最终失守。但余众仍坚持巷战。此时胡则已患重病不起，与宋德明一起被捕处死。

还有许多南唐江南城池，是在李煜受曹彬之命作书宣谕后，才"相继归顺"的。

十二月，江南捷书报至汴京，宋灭南唐，共得州19，军3，县108，户655,065。众

---

① 《长编》卷一六"太祖开宝八年十一月"。

② 《长编》卷一六"太祖开宝八年十一月"。

臣们向皇上称贺。赵匡胤却流着泪，作出一副十分难过的样子说："宇县分割，民受其祸，思布声教以抚养之。攻城之际，必有横罹锋刃者，此实可哀也。"①

为了安定江南，安抚百姓，宋政府灭南唐以后，立即采取了几项重要措施。

一，立即发运米十万石赈济金陵百姓；

二，特赦江南所管区内州县常赦所不原免的人；

三，对于过去南唐的文武官吏，现在职者，仍继任原职。对南唐归农的旧军人则妥加安置。太平兴国六年，赞善大夫韦务升、殿头高品王文寿曾向朝廷建议："李氏取民税钱三千以上及丁口多者，抽点义师，户一人，黥面为字，令自备器甲输官库，出军即给之。有马军，每军出，人支口粮日二升。自收复之后，皆放归农。然久行伍，不乐耕作，多为追胥干力之类，雇倩充役，或放鹰走狗，有作贼者，颇扰民。望遣使选择堪充军旅者，并家属部送赴阙。"②太宗为此下诏派三班二人至江南与转运使商度，条上其利害，解决这些人的出路问题；

四，凡灭唐过程中曾经兵戈战火处，百姓免除税役两年，不经兵戈处免一年；

五，各类人员及僧人等被驱率为兵者，给通行证，令其自便；

六，令诸州分析旧政，赋敛烦重者，一律蠲除之；

七，军人俘获的生口，年七岁以上，由官府给绢五匹赎还其家；七岁以下的立即还其本家；

八，诏令任何人不得侵犯李煜父祖旧居及坟陵。

与此差不多同时，宋以金陵为昇州，任命杨克让权知昇州事，并兼任水陆计度转运事，负责起漕运之事。

经过这些措施实施，江南大体安定了下来。与此同时，宋太祖还令太子洗马河东吕龟祥专程赴金陵，将南唐李煜所藏图书等运送汴京。

三、吴越的归服

南唐被灭以后，吴越的归服只是时间的问题了。

在宋政府统一江南的过程中，吴越一直起着重要的作用。还在后周时，吴越就开始协助周世宗占领淮南的军事行动，向南唐的常、润两州发起过进攻。而在开宝八年(975)宋与吴越联军灭南唐的过程中，钱俶更是亲自披挂上阵，攻下常、润两州，做了宋军攻灭南唐的先锋。可是，南唐被灭以后，此前南唐李煜曾对钱俶所讲的"皮之不存，毛将安附"的结果，不久以后就出现了。不过，宋太祖将这一行动安排在了其

① 彭百川：《太平治迹统类》卷一《太祖平江南》。

② 《长编》卷二二"太平兴国六年十二月壬辰"。

身后。

还在对南唐战争未结束时，太祖即传语给钱俶说："元帅克毗陵有大功，俟平江南，可暂来与朕相见，以慰延想之意，即当遣还，不久留也，朕三执圭币以见上帝，岂食言乎？"①看来，太祖也担心钱俶不肯入朝，才讲了对上帝起誓的话。

开宝九年(976)正月，也就是南唐被灭两个月后，宋对吴越同样论功行赏，以俶大将沈承礼、孙承祐并任节度使，另有为防御使者一人，刺史六人。同时，诏令钱俶入开封朝觐。

对钱俶的前来，太祖十分重视，特遣皇子兴元尹赵德昭至睢阳迎劳。钱俶将到达时，宋太祖车驾先去钱氏所住的礼贤宅，"按视供帐之具"。然后诏赐钱俶居住。稍后便召对于崇德殿。当日，在长春殿举行了盛大的欢迎宴会。

钱俶刚一到开封，就上贡了白金四万两、绢五万匹，赐袭衣、玉带、金器千两、白金器三千两、罗绮三千段、玉勒马。在欢迎宴会上，钱俶再次进贡白金二万两、绢三万匹、乳香二万斤。另外作为祝贺的礼物，又贡上白金五万两、钱十万贯、绵百八十万两、茶八万五千斤、犀角象牙二百株、香药三百斤。

改日后，宋太祖亲自去礼贤坊看望钱俶，钱俶又贡白金十万两，绢五万匹、乳香五万斤，以助郊祭。三月，太祖又专发诏令曰：

> 古者宗工大臣特被隆眷，或剑履上殿，或书诏不名，率由丰功，待以殊礼。今我兼其命数，用奖勋贤，辉映古今，允为优异，咨尔吴越国王钱俶，德隆宏茂，器识深远，抚奥区于吴会，勒洪伐于宗彝。昨以江表不庭，王师致讨，委方面之兵柄，克常、润之土宇，辅翼帝室，震叠皇灵，而乃执圭来庭，垂绅就列，馨事君之诚悫，为群后之表仪。爰峻徽章，以旌元老，可特赐剑履上殿，书诏不名。②

在古代，只有特别宠信的大臣才能享受这样"剑履上殿"的待遇。同时，太祖封俶妻贤德顺穆夫人孙氏为吴越国王妃。有的宰相以为异姓诸侯王妻无封妃之典制，宋太祖曰："行自我朝，表异恩也。"钱俶又献上白金六万两、绢六万匹以为感谢。

太祖多次诏令钱俶与其子钱惟濬宴射于皇帝苑中，只有诸王与皇亲与坐，每当钱俶拜谢，太祖总是令内侍扶掖起身。一日召宴时，皇弟赵光义及秦王侍坐，酒酣之际，太祖令钱椒与太宗、秦王叙昆仲兄弟之礼。以示宠爱。四月，太祖将赴西京，钱俶恳请扈从，太祖以其劳累，令钱俶归国。并设宴饯行于讲武殿，赐给其窄衣、玉束带、玉

---

① 《宋史》卷四八〇《世家三·吴越钱氏》。

② 《宋史》卷四八〇《世家三·吴越钱氏》。

鞍勒马、玳瑁鞭、金银锦彩二十余万、银装兵八百事。同时太祖又关心地对钱俶说："南北风土异宜，渐及炎暑，卿可早发 。"钱俶涕泣回答，愿意三年一入朝。太祖则说，"川陆迂远，当俟诏旨，即来觐也。"

钱俶将要出发离开京师之日，太祖特赐导从仪卫之物，"率皆鲜丽"，自礼贤宅陈仪仗队列一直到迎春苑。自从钱俶到京至归国，太祖所赐"金器万两、白金器又数万两、白金十余万两、锦绮绫罗绸绢四十余万匹、马数百匹，他物不可胜计"。

三月，钱俶离开开封。四月，钱俶回到杭州。魏泰《东轩笔录》卷一对此次钱俶入朝有较详细的记载："钱俶入朝，太祖眷礼深厚，然自宰相以下，皆有章疏，乞留俶而取其地。太祖不从。及赐还本国，复宴饯于便殿，屡劝以巨觥，陛辞之日，感泣再三。"太祖赐钱俶一个黄包袱，令其在回去的路上拆封，钱俶路上打开包袱后发现，"凡数十轴，皆群臣所上章疏"。内容皆为请宋太祖留下钱俶，令其立即纳土献地。

应该说宋太祖对钱俶极尽了荣宠之事，钱俶对太祖也真心感激。

但是，钱俶回杭州不过半年，宋太祖即去世，宋太宗做了皇帝。此前，太祖对吴越国钱俶，可说是人情已做完，剩下的吴越纳土之事，似乎由其弟弟来完成更为合适。其实，宋太祖何尝不想立即吞并吴越、一统江南，他的卧榻之侧，同样容不得钱氏独立一方，只不过他是要把事情做得更加完满些罢了。

宋太宗继位后，钱俶贡上"御衣，通天犀带，绢万匹，金器、玳瑁器百余事，金银扣器五百事，涂金银香台、龙脑檀香床、银假果、水晶花凡数千计，价值巨万；又贡犀角象牙三十株，香药万斤，干姜五万斤、茶五万斤"。钱俶又请求每年增进贡。钱俶显然想继续保持吴越不纳土而独立的状态。但时过境迁，彼一时此一时也：三年后的太平兴国三年(978)二月，钱俶第二次奉召入京朝觐。

此次钱俶入朝，大约在三月到达开封，当时同时来京朝觐的还有割据漳、泉二州的陈洪进。四月，陈洪进纳土归服。宋朝的宰相卢多逊竭力劝宋太宗立即扣留钱俶。而钱俶此前"将入朝，尽辇其府实而行，分为五十进，犀象、锦彩、金銀、珠贝、茶挠及服御器用之物逾巨万计。俶意求反国，故厚其贡奉以悦朝廷"①。史书记载，此次钱俶进贡的礼品有：

白金五万两、钱万万，绢十万匹、绫二万匹、绵十万屯，茶十万斤、建茶万斤、干姜万斤、越器五万事、锦缘席千，金银画舫三、银饰龙舟四，金饰乌樠木御食案、御床各一，金樽罍醆斝各一、金饰玳瑁器三十事，金钔藤盘二、金钔雕象俎十，银

① 《长编》卷一九"太宗太平兴国三年五月"条。

假果树十事、翠毛真珠花三丛,七宝饰食案十、银樽罍十、醆斝副焉,金扣越器百五十事、雕银俎五十,密假果、剪罗花各二十树,银扣大盘十,银装鼓二、七宝饰胡琴五铉筝各四、银饰箜篌方响羯鼓各四、红牙乐器二十二事,乳香万斤、犀角象牙各一百株,香药万斤、苏木万斤。①

但钱俶的此举显然并未能收到成效。他又一再"上表乞罢所封吴越国及解天下兵马大元帅之职,寝书诏不名之制,且求归本道",也遭到了宋太宗的拒绝。此时毕竟非宋太祖之时了。五月,钱俶被迫纳土。

在纳土之前,吴越大臣内部曾有过一番激烈的争论,以崔仁冀为代表的一些人主张纳土,以为:"大王不速纳土,祸且至。"而钱俶面对是否纳土入朝的抉择,犹豫不决。"左右争言不可",钱俶不知所为,崔仁冀曰:"朝廷意可知矣,大王不速纳土,祸且至。"钱俶左右仍力言不可,崔仁冀厉声曰:"今已在人掌握中,去国千里,惟有羽翼乃能飞去耳。"②钱俶于是下定决心纳土归朝。

据文莹《玉壶清话》卷七记载,其实钱俶最后入觐之前,已自知其必不可还,离杭州之日,遍别先王陵庙,泣拜以辞,词曰:"嗣孙俶不孝,不能守祭祀,又不能死社稷,今去国修觐,还邦未期,万一不能再扫松槚,愿王英德各遂所安,无恤坠绪。""拜讫,恸绝,几不能起,山川为之惨然"③。

太平兴国三年八月,诏令两浙发钱俶缌麻以上亲及管内官吏悉归朝,此次发运,仅舟即多达 1044 艘,所过之地,以军队士兵护送。宋收复吴越,共得县 86,户550508,兵 115036。

端拱元年(988)八月,在归服宋朝十年之后,钱俶去世,终年六十岁。据史书反映,钱俶在开封的十年,宋朝对他的待遇还是很不错的。

吴越正式纳土于宋朝后,宋对南方的统一最终完成。

---

① 《宋史》卷四八〇《世家三·吴越钱氏》。

② 《长编》卷一九"太宗太平兴国三年五月"条。

③ 文莹:《玉壶清话》卷七。

第三章　宋朝政府对江淮地区的军政控制

第一节　平定淮南李重进反叛

一、李重进与后周的关系

宋代的江淮地区，长江南北纳入宋朝控制的时间，先后有所不同。

江南的南唐政权控制地区，在开宝八年(975)宋灭南唐后，始纳入宋版图，而江北地区，周世宗时就已从南唐前身吴的控制下以军事手段夺得。宋朝代周以后，淮南自然属于宋之版图①。

赵匡胤陈桥兵变的代周，得到了原周王室多数王公大臣及将领们的支持，或者说，他们的一部分是不得不支持。但是也有一部分王公将相心存不满。文官手中无兵权，若有不满，却也无奈。例如，当兵变消息传至开封时，宰相们早朝尚未结束，宰相范质闻变，对另一宰相王溥连呼："苍促遣将，吾辈之罪也。"慌疏之中，他竟将王溥的手抓破。赵匡胤率军回城，在赵匡胤心腹军将按剑高叫"今日必得天子"的呼声中，王质等大臣也只好跪拜在赵匡胤脚下了②。

武将的反映则有所不同。不满者如天平节度使、同平章事、侍卫马步军副都指挥使、在京巡检的太原韩通，闻变后立即从内廷奔出，"将率众备御"③。然而，立即被赵

---

① 赵匡胤代周以后，用武力镇压淮南的李重进起兵，从性质上来看，这次平叛，是对已往后周已有版图的巩固，李重进发动的叛乱，仅是地方势力对赵匡胤代周的反抗。而赵匡胤经营淮南，亦属于其夺权后加强地方控制的政治措施之一，不同于平定南方诸割据政权。

② 《长编》卷一"建隆元年正月"载，赵光胤入殿，"质等未及对，散指挥都虞侯太原罗彦缑挺剑而前曰：'我辈无主，今日必得天子。'太祖叱之，不退。质等不知所为，溥降阶先拜，质不得已从之，遂称万岁"。

③ 《长编》卷一"太祖建隆元年正月"。

匡胤的心腹、时任散员都指挥使的王彦昇率人跃马追至其家，将其本人及其妻子一门全部杀害[①]。

在外地的后周将领，因其手中都握有重兵，若对赵匡胤代周有所不满，往往就不那么容易处理了。北宋初年，李筠与李重进的反叛，就是这种情况。

首先表示不满的是驻在潞州（今山西上党）的昭义节度使李筠。李筠是周世宗老臣，坐重镇八年，"自擅征赋"，"召集亡命"[②]，周世宗时尚对他每加优容，因而对赵匡胤代周自然不满，"及上遣使谕以受禅，筠即欲拒命，左右为陈历数，乃偪俛下拜"[③]。然而，随后不久，李筠即举兵反叛，并联络北汉，争取支援。赵匡胤亲自率军平叛，于六月包围李筠于泽州（今山西晋城），大战十几天后，镇压了叛乱，李筠兵败，投火而死，其子李守节以潞州投降。

九月，李重进又在淮南的扬州举兵反叛。

李重进，祖籍沧州，是周太祖的外甥，福庆长公主之子。后晋天福年间，担任殿直。后汉初，从周太祖征河中。广顺初年，升迁至内殿直都知、领泗州刺史等职。广顺二年，任大内都点检、权侍卫马步军都军头，领恩州团练使，迁殿前都指挥使。广顺三年，加领泗州防御使。显德初，领武信军节度，历任要职。

李重进年长于周世宗，当周太祖寝疾病危时，召李重进特受顾命，令拜世宗，定君臣之分，并令其辅佐周世宗。周世宗嗣位后，任命李重进为侍卫亲军马步军都虞候，此后周世宗征战，李重进经常随从。周世宗征刘崇，战于高平，形势不利，后周大将樊爱能、何徽率部下逃遁，只有李重进与白重赞勒兵不动。随后，又率军与白重赞所部配合，世宗躬率卫兵合势，使后周军声势再振，刘崇军大败。

因此次战功显著，李重进升任忠武军节度、行营马步军都虞候，加同中书门下平章事，改归德军节度兼侍卫马步军都指挥使[④]。周世宗亲征淮南，又命李重进率兵赴寿阳。

寿阳吴军发兵三万多，旌旗辎重亘延数百里，同时又发战船二百艘，列阵鼓噪而进，此次战役，李重进与赵匡胤配合，杀吴国大将军刘彦贞，擒裨将盛师朗等数十人，

---

① 《长编》卷一"太祖建隆元年正月"。

② 《东都事略》卷二二《李筠传》。

③ 《长编》卷一"太祖建隆元年正月"。

④ 据《长编》卷一"太祖建隆元年正月辛亥"条及《宋史·职官制》等史书载，赵匡胤登基后，升迁了一批将领，"官爵阶勋并从超等，酬其翊戴之勋也"。其中石守信自殿前都指挥使升为侍卫马步军副都指挥使，高怀德自侍卫军马军都指挥使（从《宋史》所载）升殿前副都点检，张令铎自步军都指挥使升为马步军都虞侯，王审琦自殿前都虞侯升任殿前都指挥使，由此可证，侍卫马步军都指挥使的地位高于殿前都指挥使，约与殿前都点检相当。正是因此，史书称李重进与赵匡胤在后周时"分掌内外兵权"。

降三千人,获戈甲三十万。此后在征淮南过程中,又屡立战功,由于李重进勇敢善战,吴人惧怕之,加上他面色黧黑,故称他为“黑大王”[①]。

李重进不仅善战,而且颇能顾全大局。淮南之战时,曾有一个大将叫张永德,屯驻在下蔡,“与重进不协,永德每宴将吏,多暴重进短,后乘醉谓重进有奸谋,将吏无不惊骇。永德密遣亲信乘驿上言,世宗不之信”[②],虽然周世宗并不相信李重进要谋反,但两个大将俱握重兵,关系搞到这一步,显然对后周极为不利。双方的部下也“人情益忧恐”。

面对诬告自己谋反的人,李重进并没有施之以武力或反诬之。反而不顾个人安危,“自寿阳单骑直诣永德帐中,命酒饮,亲酌谓永德曰:‘吾与公皆国家肺腑,相与戮力,同奖王室,公何疑我之深也 。’永德意解,二军皆安”[③]。

听说大将不合,南唐李璟“密令人赍蜡书诱重进,啖以厚利”,濠州刺史齐藏珍亦游说李重进投奔南唐。李重进并不为利所动,立即上表周世宗报告其事。

后周夺取淮南之地后,欲继续渡江进军南唐,李璟被迫同意划江而治。周世宗还都,命李重进率军镇守扬州。

显德六年,周世宗北征契丹,李重进率军从淮南来从征,周世宗为之赐宴行宫,并命其率军先行。周世宗进驻瓦桥关后,李重进与诸将率军会师。当后周军队准备继续进军以攻取契丹人占据的幽州时,周世宗因病而罢兵。周世宗死后,李重进继续任侍卫马步军都指挥使、淮南节度使并兼中书令。

从李重进的经历来看,其资历与功绩皆在赵匡胤之上,南宋史臣李焘著《续资治通鉴长编》称,李重进“始与上俱事世宗,分掌内外兵权,而重进以上英武出己右,心常惮焉”[④]。李焘此书在南宋时完成并献上,不能不为宋太祖美言而贬李重进。其实不只是李重进“相惮”赵匡胤,赵匡胤对李重进这样的后周功臣宿将,也是心怀忧惧。这从其后对李重进的处置即可以清楚看出。

二、李重进之叛及其平定

赵匡胤黄袍加身后,一个重要的行动就是将李重进免去中央的侍卫马步军都指挥使军职,解除了其手中的中央兵权,以韩令坤代为侍卫都指挥使。同时给李重进加了一个中书令的文官职衔。可以说,这一更职及旋即又将其调任平卢节度使,是激起

---

① 《宋史》卷四《李重进传》。

② 《宋史》卷四《李重进传》。

③ 《宋史》卷四《李重进传》。

④ 《长编》卷一“太祖建隆元年九月己丑”。

李重进反叛的直接原因之一。

按后周与宋代制度，侍卫马步军都指挥使，亦称侍卫都指挥使，是当时中央的最重要军职，属侍卫司，与殿前司的殿前都点检分领禁军，并兼管厢军，其部下又分为侍卫亲军马军司与侍卫亲军步军司，皆设有都指挥使。掌握马、步军诸指挥之名籍，有关统制、训练、番卫、戍守、迁补、赏罚诸政令、侍卫扈从、大礼宿卫等皆归其执掌①。正如史书所言，赵匡胤与李重进在后周时是“分掌内外兵权”。

赵匡胤将李重进更职，当然有他的考虑。一来自己黄袍加身，中央的最重要军权自当由自己的亲信担任；二来淮南是李重进势力最大的地方，其腹心及众多部将皆在此地，根深蒂固，调之他郡，自可减小其影响及势力；三来扬州是宋与南唐隔江的接界地，地处前沿。当年南唐策动李重进反叛虽未成功，但彼一时此一时也，一旦李重进因不满赵匡胤而降唐，宋之形势将极为危险。

将李重进更职，明显表示出赵对李的不信任。当然，若说一个新王朝建立，要更替侍卫军首领为私人心腹，未尝不可，或能理解。赵匡胤的这一决定做出后，李重进看来也是表示接受的，并主动要求入朝。但随后赵匡胤的行动，显然操之过急了。

李重进主动要求入朝，目的何在？有几种可能，一种是回京后，利用其后周宗亲及功臣宿将的地位与影响，策动反赵的行动。其实这种可能性是极小的。潞州的李筠反叛时就曾自信地讲：“吾周朝宿将，与世宗义同昆弟，禁卫皆吾旧人，必将倒戈来归”②。然而实际上并没有出现这种情况。

李重进主动要求入朝的另一可能性，就是表示自己是真心拥护赵匡胤，以至于不顾身家性命，前来朝觐。至于来后结果会如何，任由赵匡胤安置。

地方重臣在赵匡胤代周以后，主动要求朝觐，表示臣服，这种情况，出现过多次。如成德节度使郭崇：

> 初，成德节度使金城郭崇闻上受禅，时或涕泣。监军陈思诲密奏其状，且言常山近契丹，崇怀怨望，宜早为之所。上曰：“我素知崇笃于恩义，此盖感激所发耳。”然亦遣使侦之。崇闻有使至，忧讲失据，谓左右曰：“苟使命不测，将奈何？”左右莫对，观察判官辛仲甫曰：“公首效诚节，且军民处置，率循常度，朝廷虽欲加罪，何以为辞？使者若至，但率官吏郊迎，尽礼致恭。淹留伺察，当自辨明矣。”崇如其言，日与僚佐饮博，使者审崇无他，即归奏之。上喜曰：“我固知崇不反也。”

---

① 据《宋史》及《长编》载，此职仅在后周及北汉设立过。且后周仅有李重进与代之的韩令坤任过此职，淮南平定后，估计因其权力过重，宋不再设此职。

② 《长编》卷一“太祖建隆元年三月”。

已而，崇请入朝。是日，命宣徽南院使昝居润权知镇州。①

郭崇的情况与李重进有类似之处，即皆镇守与宋的敌对势力相接壤的一方重镇，都有可能投敌联手反宋。但赵匡胤显然认为郭崇谋反的可能性不大，尽管如此，他还是派出使者前往侦察，当他确知郭崇没有反意后，也就接受了他随后入朝的请求。

再如保义节度使河东的袁彦，其人性格凶率，政出众小，"陕人患之"。听说赵氏代周后，"日夜缮甲治兵"。对于这样反意已显的地方将领，一旦愿意进朝觐见，赵匡胤马上批准，而袁彦获准以后，也没讲二话，"即治装上道"。到京后，赵匡胤并未根究其"修甲兵"之罪，调任其为彰信节度使。

还有忠武节度使、兼侍中杨承信，有人言其谋反，赵匡胤遣作坊副使魏丕赐承信生辰礼物，"因察之"，使者还，言承信并无反状。后来杨承信继续任职，终老于此镇。

再如建雄节度使杨庭璋，其姐为周祖之妃。李筠起兵时派人联络其共反：

李筠之叛也，遣使邀建雄节度使真定杨庭璋，庭璋执其使以闻，仍献攻取之策。庭璋姊，故周祖妃，上疑有异志，命郑州防御使信都荆罕儒为晋州兵马钤辖，使伺察之。罕儒每入府中，从者悉持刀剑，庭璋开怀接纳，殊不设备，罕儒亦不敢发。会有诏召庭璋赴阙，庭璋即日单车就道。己巳，徙庭璋为静难节度使。②

李筠起兵联络杨庭璋共反，杨不但不与之谋，而且主动报告赵匡胤。但是由于其姐为周祖之妃，系周氏宗亲，这就使赵匡胤对其诚意产生怀疑，因而派人侦察之，发现杨是真心拥护赵氏朝廷，并在征其入朝时二话未讲，立刻单车上路，赵匡胤因而释疑。

相对于以上诸人，李重进地位要重要得多，影响也大得多。他能主动要求入朝，按说赵匡胤应极为高兴并表示欢迎才是，但赵的反映却颇耐人寻味。他不想让李重进入朝，于是对翰林学士李昉说："善为我辞以拒之。"李昉听命后，起草诏书对李重进说："君为元首，臣作股肱，虽在远方，还同一体。保君臣之分，方契永图，修朝觐之仪，何须此日。"而李重进得诏，"愈不自安，乃招集亡命，增陴浚隍，阴为叛背之计"。

从这些史料来看，赵匡胤显然对李重进进京有太多的顾虑，而他最终拒绝李重进入京的结果，是使李重进得出判断：赵匡胤终不能信任自己，进而决心孤注一掷，起兵反宋。实际上，如果赵匡胤若能同意李重进入京，扬州之战能否避免，数千人的生命能否因此而保全，亦未可知。

---

① 《长编》卷一"太祖建隆元年七月"。

② 《长编》卷一"太祖建隆元年十月"。

当李筠在潞州举兵反宋后，李重进派心腹翟守珣前去联络，但此人与赵匡胤素来相识。往还京师时，潜入枢密承旨李处耘处求见赵匡胤。赵听了李重进与李筠欲联手起兵后，颇为担心。于是让翟守珣回去后做李重进的工作，暂时不要起兵，并向守珣"许以爵位"。翟守珣显然被彻底收买了。他回去后劝李重进要"养威持重，未可轻发"。李重进听信了他的话，一直等到李筠兵败三个月，朝廷下诏欲将其调往他处时，匆忙起兵。

九月，赵匡胤平定潞州数月后"将经略淮南"。于是下诏调李重进任平卢节度使。为使李重进打消顾虑，几天后，赵匡胤又派六宅使陈思诲为专使，带铁券前往扬州，赐与李重进，意为永不赐死。此时，李重进似乎仍有犹豫，他想"治装随思诲入朝"，进京觐见。但又为其部下所阻止。李重进最终也为自己的后周王室宗亲的身份所担心。对于赵匡胤这位能以兵变夺权的昔日同僚，李重进现在显然是很难相信了。

事已至此，李重进决定起兵。他拘捕了赵匡胤的特使陈思诲，开始"治城隍，缮兵甲"，准备起兵。为了得到支援，他派人联络南唐的李璟，请其出兵，但李璟不敢得罪宋朝，反而报告了宋朝廷。

看来，李重进的手下并不是所有人都想与他一起谋反。扬州都监、右屯卫将军安友规即越城逃奔宋朝廷，于是，李重进将怀疑不附自己的军校数十人一起杀害。

赵匡胤得到李重进起兵的消息后，马上下诏削去李重进的所有官爵。他征求枢密副使赵普如何处置扬州事宜，赵普分析形势后说：李重进"凭恃长淮，缮修孤垒，无诸葛诞之恩信，士卒离心。有袁本初之强梁，计谋不用。外绝救援，内乏资粮，急攻亦取，缓攻亦取。兵法尚速，不如速取之。"①赵匡胤采纳其言。下诏亲征，以皇弟赵光义等留守后方，同时任命马步军副都指挥使石守信任扬州行营都部署、兼扬州行府事，任命殿前都指挥使义成节度使王审琦为副，宣徽北院使李处耘为都监，保信节度使宋延渥为都排陈使，帅朝廷的精锐禁兵，前往淮南讨伐。

安友规从扬州逃至朝廷后，赵立即任命其为滁州刺史，并令其监护前军进讨。

行前太祖特意向大臣们说："朕于周室旧臣无所猜间，重进不体朕心，自怀反侧，今六师在野，当暂往慰抚之尔。"

平定扬州的战役，总的看进展比较顺利。关于此役的详细过程，史书记载不多。当时除调集各方面军队进剿以外，赵匡胤下令中央的百司六军，一起随之乘舟东下。到达泗州以后，舍舟登陆，命令诸将鼓行而前。此时，负责攻城的石守信派人来报告，扬州城即将攻破，请太祖立即御驾城下。石守信意图很清楚：太祖既然是御驾亲征，

---

① 《长编》卷一"太祖建隆元年十月"。

破城的荣耀当然要归于皇上。

此前，宋军在攻城时颇费了些周折，如宋军虎牢关使刘审琦等即在攻城时战死。宋军田绍武率军在城南攻城时，杀一千多人。由此可见当时攻城战事的激烈。

城将陷落，李重进左右劝其杀掉宋派来的使者陈思诲，李重进曰："吾今举族将赴火死，杀此何益 。"随即纵火自焚，陈思诲为其部下所害。

赵匡胤入城后，又"阅逆党数百人，尽戮之"。李重进之兄、深州刺史李重兴，自杀身亡。其弟解州刺史李重赞、子尚食使李延福等，都被赵匡胤下令戮杀于市。曾与李重进交通往来并劝李重进"重完聚"以起兵的泽州刺史张崇诂，也被赵匡胤下令处死。

李重进于九月起兵，仅两个多月时间，到十一月份，扬州即被攻破。

李重进于宋初的起兵，失败可以说是必然的。这首先是因为，统一是历史的大势所趋，人心厌战；其次，李重进当初并无起兵打算，一时为部下所激，草率决定，准备仓促，内无长期战守之储，外无他方力量之援；第三，用所非人，其所谓的亲吏心腹都暗通宋朝廷，其一举一动皆在赵匡胤掌握之中，焉能不败！第四，选择举兵的时间显然也不合适。

扬州破后，南唐李璟派使者到扬州向宋朝廷祝贺，赵匡胤与冯延鲁有一番对话：

> 乙卯，唐主景遣左仆射江都严续来犒师。庚申，复遣其子将国公从镒、户部尚书新安冯延鲁来买宴，上厉色谓延鲁曰："汝国主何故与我叛臣交通?"延鲁曰："陛下徒知其交通，不知预其反谋也。"上诘其故，延鲁曰："重进使者馆于臣家，国主令臣语之曰：男子不得志，固有反者，但时有可、不可。陛下初立，人心未安，交兵上党，当是时不反，今人心已定，方隅无事，乃欲以残破扬州，数千弊卒，抗万乘之师，借使韩、白复生，必无成理，虽有兵食，不敢相资。重进卒以失援而败[①]"。

冯延鲁所言，正道出了李重进在人心向背、时机选择、军事、物资实力等方面的不足及必然失败的结果。

对于李重进个人，赵氏兄弟似乎并无太多恶感，多年后提及李重进的能征善战，宋太宗曾说："朕当时在兵间，备睹之矣。"并提到当时后周宰相李谷任淮南招讨时，不谙兵机，不恤将士，"非李重进以劲卒援之，几狼狈矣"[②]。

扬州之战，赵匡胤清除了其政权始建后，地方势力对其统治的威胁，加强了对淮南地区的政治军事控制，这就为控制江淮财路，为进一步平定南唐，打下了一个好的

---

① 《长编》卷一"太祖建隆元年十月"。

② 《长编》卷三二"太宗淳化二年正月"。

基础。而此后宋太祖对扬州行政的处置，也为收缴地方兵权、加强中央集权开了一个好头。

第二节 扬州与江宁府的变化

江淮地区，在宋朝廷看来，十分重要，这一方面是由于江淮地区是宋代中央主要的粮食来源地，另一方面也由于江淮特殊的社会政治环境。雍熙四年(987)，范正辞调任江南转运副使，他向太宗谈到东南诸州的状况及其体会时曾言："东南诸州，饶实繁盛，人心易动。(王)兴敢扇摇，苟失控御，则臣无待罪之地矣。"[①]范正辞所言，系指宋朝廷在调发江南州兵时，有一名为王兴者带头违抗之事。范正辞认为江南风气"人心易动"，不能不强加防范。宋太宗深以为然。

宋代知州、知县等地方军政长官，三年一更替，直接向中央负责。同时规定，为避本地人任本地官专权，要实行回避制度。在统一南方之初，宋政府规定，"西蜀、岭表、荆湖、江浙之人不得为本道知州、通判、转运使及诸军任"[②]。

由于江淮地区政治经济地位的重要性，宋代中央在设官分职方面，给予江淮地区很高的重视。宋代许多实行于全国的行政与军事统治体制、官职之设，不少是从江淮地区开端的。

一、扬州的行政设置与管理

自平定淮南以后，宋太祖进一步思考如何才能使天下长治久安，以及如何才能防止地方势力太强、尾大不掉，以至天下不宁的问题。史称："初，上既诛李筠及重进，一日，召赵普问曰：天下自唐季以来，数十年间，帝王凡易八姓，战斗不息，生民涂地，其故何也？吾欲息天下之兵，为国家长久计，其道何如？"赵普回答说："陛下之言及此，天地人神之福也。此非他故，方镇太重，君弱臣强而已。今所以治之，亦无他奇巧，惟稍夺其权，制其钱谷，收其精兵，则天下自安矣。"[③]赵普的话还没有说完，宋太祖即打断他说：卿不用多说了，我明白怎么做了。此后便发生了历史上著名的"杯酒夺兵权"之事。可见，平定泽潞李筠与淮南李重进，对启发和促使宋太祖加强中央集权、防止新的藩镇割据方面，起了重要作用。

---

① 《长编》卷二八"太宗雍熙四年九月"。

② 《长编》卷二三"太宗太平兴国七年十二月"。

③ 《长编》卷二"太祖建隆二年七月"。

唐代中期以来，以节度使或观察使、防御使、团练使等镇守一方，军事、行政、财税之权，俱为方镇的节度使等所掌握，以至形成了严重的藩镇割据之局面。而逐步以文官为地方知州这一制度，则是正式形成于宋代总结唐代地方割据的历史教训之后[①]。

刚刚平定李重进之乱，宋太祖即着意安抚扬州，以宣徽北院使李处耘权知扬州。李乃赵匡胤心腹，当时考虑到扬州的重要性，赵匡胤尚不能不以心腹及武将镇守之。史载：

> 太祖时领殿前亲军，继勋罢镇，世宗以(李)处耘隶太祖帐下，补都押衙。会太祖出征，驻军陈桥，处耘见军中谋欲推戴，遽白太宗，与王彦升谋，召马仁瑀、李汉超等定议，始入白太祖，太祖拒之。俄而诸军大噪，入驿门，太祖不能却。处耘临机决事，谋无不中，太祖嘉之，授客省使兼枢密承旨、右卫将军。从平泽、潞，迁羽林大将军、宣徽北院使。讨李重进，为行营兵马都监。贼平，以处耘知扬州。大兵之后，境内凋弊，处耘勤于绥抚，奏减城中居民屋税，民皆悦服。建隆三年，诏归京师，老幼遮道涕泣，累日不得去。拜宣徽南院使兼枢密副使，赐甲第一区。[②]

可见，李处耘乃是拥立赵匡胤黄袍加身的最重要心腹之一。“时扬州兵火之余，阖境凋弊。处耘勤于抚绥，轻徭薄赋，召属县父老，访民间疾苦悉去之。扬州遂安”[③]。

看来，李处耘知扬州，政绩不错，当然这也得力于宋政府所实行的轻徭薄赋政策，“大兵之后，境内凋弊”，不这样做无以得民心。不久，赵匡胤又下诏改扬州行宫为建隆寺，此举意在安抚扬州之乱中被杀害的亡灵。

宋人程大昌在《演繁露续集》一书中，曾谈及宋代知州制的由来与平扬州的关系：“及平扬州，以宣徽使李处耕权知扬州。宣徽者，处耕之官也，权知扬州者，实主扬州太守也。为其职元为宣徽，故不改本镇节钺而实行州事，故其结衔曰权知扬州也。此时虽一时权制，而太祖之规模实已素定矣。”

按宋代制度，路之首州知州，知一路事，扬州为淮南东路首州，领扬、亳、宿、楚、海、泰、泗、滁、真、通十州，高邮、涟水二军。

① 据《旧唐书》卷七七《刘德威传》载，武德二年，刘武周南下，唐以刘德威“总知留府事”。此时的知府，仅是暂管地方政务之意，并非一定由文官担任。代宗大历五年，规定“刺史有故及缺，使司不得差遣，但令上佐依次知州事”(《唐会要》卷六八《刺史上》)。这仍是临时补缺之意，并非一定由文官任职。五代时也有知州府事之制，但亦是不区分文武官。

② 《宋史》卷二五七《李处耘传》。

③ 《长编》卷一“太祖建隆元年十一月”。

当然,此时李处耘知扬州,尚属武官制州,这是由于扬州的特殊情况与特殊地位所决定的。此后一任知扬州事,是楚昭辅,也是当初参与拥戴赵匡胤之事的心腹:"事太祖,隶麾下,以才干称,甚信任之。陈桥师还,昭宪太后在城中,太祖忧之,遣昭辅问起居,昭辅具言士众推戴之状,太后乃安。宋初,为军器库使。太祖亲讨泽、潞,及征淮扬,并以昭辅为京城巡检。建隆四年,权知扬州。"①可见,楚也参与了陈桥兵变及安慰太后的工作,是太祖心腹之一。

下表是史载宋代历任知扬州事及任期前后任职情况②:

表一 北宋历任知扬州事及其前后任职情况一览表

任 职 时 间	任职人员	知扬州或权知扬州事前后在中央、地方主要任职情况
建隆元年九月戊申	李重进	兼任淮南节度使
建隆元年九月己未	石守信	马军都指挥使、扬州行营都部署
建隆元年至三年	李处耘	宣徽北院使、枢密院副使
建隆三年至开宝五年	楚昭辅	军器库使、枢密院使、右骁卫将军
开宝五年	边 珝	职方郎中、吏部郎中
开宝七年至八年	段思恭	右谏议大夫、沿江巡检等
开宝八年	侯 陟	度支判官、左司员外郎、给事中
开宝九年至太平兴国二年	侯 赟	诸卫将军、右武卫将军、右卫大将军
太平兴国元年至六年	孙 迈	尚书郎、太常博士
太平兴国六年	潘若冲	知审官院、监察御史、殿中侍御史
太平兴国七年	周 渭	右赞善大夫、殿中侍御使
太平兴国八年	赵延进	右羽林军将軍、右金吾卫大将军
淳化元年	薛惟吉	右千牛卫将军、左领军卫将军
淳化五年	王 宾	右羽大林将军兼淮南发运使
淳化五年	董 俨	京东转运使、右计使、给事中、工部侍郎
至道二年至三年	王禹偁	知制诰、翰林学士知审官院
咸平元年至二年	魏 羽	度支户部判官、盐铁判官、左计使
咸平二年至三年	柴成务	户部郎中、光禄少卿、知制诰、给事中

① 《宋史》卷二五七《楚昭辅传》。

② 本表主要依据《宋史》、《长编》及李昌宪《宋代安抚使考》等书编制。

续表

任职时间	任职人员	知扬州或权知扬州事前后在中央、地方主要任职情况
咸平四年至六年	王化基	参知政事、知制诰、御史中丞
景德三年至大中祥符元年	曾致尧	试知制诰、户部员外郎、礼部郎中
大中祥符二年	许　逖	知荆南府、知兴元府事、转运使
大中祥符三年至四年	凌　策	江南转运使、右谏议大夫、工部侍郎
大中祥符七年	周　实	殿中侍御史、淮南、江、浙、荆湖发运使
大中祥符八年至九年	薛　映	右谏议大夫、监察御使、枢密直学士
天禧元年至二年	王　随	集贤殿大学士、门下侍郎同中书门下平章事
乾兴元年	王允明	不详
天圣元年	周　起	知制诰、中书侍郎、枢密副使
天圣五年	盛　京	右谏议大夫、给事中
天圣六年	杜　衍	祠部员外郎、同中书门下平章事、枢密使
天圣七年	盛　度	知制诰、翰林学士、大理寺判寺等
天圣八年至明道元年	朱　巽	集贤院学士、知审刑院、知制诰
明道元年	王　立	兵部郎中、淮南灾伤军安抚使
明道二年	李允元	太常少卿，右谏议大夫
景祐二年至四年	陈执中	卫尉寺丞、右正言、天章阁待制、参知政事
景祐四年至宝元元年	陆　冲	直史馆、扬州从事
宝元二年至康定元年	盛　度	知制诰、翰林学士、参知政事等
庆历元年	郎　简	尚书度支员外郎、判大理寺、给事中
庆历元年至三年	宋　庠	右谏议大夫、参知政事。
庆历三年	苏　坤	翰林学士
庆历四年	陈　商	谏议大夫
庆历四年至五年	王　逵	荆湖南路转运使、江南西路转运使
庆历五年至七年	韩　琦	资政殿学士、大学士、观文殿学士
庆历七年	张　奎	起居舍人、知制诰
皇祐元年	欧阳修	知制诰、龙图阁直学士、翰林学士、参知政事
皇祐元年	杨　察	江南东路转运使、知制诰权判礼部贡院
皇祐元年至三年	柳　植	知制诰、翰林学士、御史中丞、吏部侍郎
皇祐三年	钱明逸	翰林学士、知谏院、知制诰
皇祐四年	张昷之	广南东路转运使、京西转运使、天章阁待制

续表

任职时间	任职人员	知扬州或权知扬州事前后在中央、地方主要任职情况
皇祐四年	包　拯	京东转运使、天章阁待制知谏院、龙图阁直学士
皇祐五年	张　瓌	直馆、淮南转运使
至和元年	唐　介	殿中侍御史、江东转运使、天章阁待制、知谏院
至和元年至嘉佑元年	许　元	江淮发运使、天章阁待制
嘉佑元年至二年	刘　敞	权度支判官、三司使、知制诰、集贤院学士
嘉佑三年至四年	冯　京	试知制诰、龙图阁待制
嘉佑四年	张子宪	光禄大夫、秘书监、右谏议大夫知桂州
嘉佑六年	王　琪	祠部员外郎集贤校理判户部勾院、两浙转运使
嘉佑八年至治平元年	刁　约	直史馆、工部郎中、判太常寺
治平元年	裴　煜	吴江县令、太常博士、秘阁校理、翰林学士
治平元年	王　琪	殿前指挥使、集贤校理、判户部勾院、枢密直学士
治平四年	韩　缜	山陵按行使、刑部郎中、淮南转运使、尚书兵部郎中
熙宁元年	朱寿隆	提点广西刑狱、盐铁判官京东转运使
熙宁元年至二年	徐　绶	集贤校理
熙宁三年至四年	马仲甫	发运使、度支判官、天章阁待制、知瀛州、秦州
熙宁四年	钱公辅	同修起居注进知制诰、天章阁待制、知制诰
熙宁四年	田　谅	转运使工部郎中集贤校理
熙宁五年	马仲甫	发运使、度支判官、天章阁待制、知瀛州、秦州
熙宁七年	王居卿	提举夔路京东刑狱、盐铁判官、京东转运使
熙宁七年	章　岵	军器监丞、大理正、朝议大夫
熙宁八年至元丰二年	陈升之	同平章事、户部侍郎、知枢密院事、参知政事
元丰二年至四年	鲜于侁	京东转运使、左谏议大夫、集贤殿修撰进待制
元丰四年	许　将	集贤校理同知礼院编修、直舍人院、进知制诰
元丰四年至五年	孙　觉	知谏院、给事中、太常少卿、龙图阁学士兼侍讲
元丰六年	王益柔	盐铁判官、度支员外郎、集贤校理、秘书监
元丰六年	孔宗翰	朝议大夫、鸿胪卿、司农少卿、都官员外郎
元丰六年至八年	吕公著	知政殿大学士兼侍读
元丰八年至元祐元年	杨景略	中书舍人、以龙图阁待制制扬州
元祐元年	杨景略	提举开封府界常平等事、提点两浙路刑狱太常博士
元祐元年	滕元发	知制诰、翰林侍读学士、龙图阁直学士

续表

任 职 时 间	任职人员	知扬州或权知扬州事前后在中央、地方主要任职情况
元祐元年至二年	王安礼	开封府判官、端明殿学士、资政殿学士
元祐三年	谢景温	宝文阁直学士、兵部尚书(六年时再知扬州三个月)
元祐四年	蔡　卞	开府仪同三司、尚书左丞、龙图阁待制制扬州
元祐五年	蔡　京	以龙图阁待制知开封府、左仆射
元祐五年至六年	王　存	资政殿学士、吏部尚书
元祐六年	李承之	编修中书条例、河东察访使、枢密知学士
元祐七年	苏　轼	大理评事、杭州通判、礼部尚书、龙图阁学士等
元祐八年	张　噪	资政殿大学士
元祐八年	许　将	直学士院、兵部侍郎、资政殿大学士知河南府
元祐八年至绍圣二年	苏　颂	观文殿大学士、知制诰、拜右仆射兼中书门下侍郎
绍圣二年	章　衡	左朝议大夫、起居舍人、集贤院学士、宝文阁待制
绍圣四年	程嗣恭	太府少卿械朝议大夫、将作监、光禄卿、直秘阁
元符二年	蹇序辰	殿中御史、中书舍人、给事中直学士院、龙图阁待制
元符三年至靖国元年	林　希	著作佐郎、集贤校理、同知太常礼院、资政殿学士
靖国元年	张　耒	起居舍人、以直龙图阁知润州、太常少卿
靖国元年	龚　原	国子直讲、国子丞、太常博士、兵、工部二侍郎
崇宁元年	蔡　卞	给事中、资政殿学士知江宁府、知枢密使
崇宁元年	吕惠卿	观文殿学士、太子中允、集贤校理,判司农寺、进知制诰,判国子监、观文殿学士、知杭州
崇宁元年	吴伯厚	贡士
崇宁元年	蒋之奇	直龙图阁,江淮发运使、翰林学士,拜同知枢密院
崇宁元年	张　询	转运使、奉议郎权府界常平等事、户部员外郎
崇宁元年至大观元年	刘　拯	显谟阁待制、监察御史、江东淮西转运判官、给事中
大观元年	范　镗	崇文院校书、大理评事权检正刑房公事、枢密院检详
大观元年	彭汝霖	殿中侍御史、谏议大夫、太仆寺丞
大观二年	范　坦	户部侍郎、以集贤殿修撰任知洪州
大观三年	周　种	江宁府司理、太学官
大观三年	吴执中	兵部侍郎、御史中丞、显谟阁待制、知河南府
大观三年	王涣之	淮南马步军都总管、枢密院编修、吏部员外郎
大观三年	石公弼	右正言、左司谏、侍御史、御史中丞、述古殿直学士

续表

任职时间	任职人员	知扬州或权知扬州事前后在中央、地方主要任职情况
政和三年	吕益柔	承事郎签书保信军节度判官、显谟阁待制、太学博士
政和六年	唐　恪	龙图阁待制、户部侍郎、同知枢密院事、中书侍郎
重和元年	周　涛	知杭州钱塘县、签书梓州判官
宣和元年	徐处仁	中正寺丞、太常博士、监察御史，迁殿中、右正言、给事中、摄开封府、观文殿大学士
宣和元年	洪中孚	河东转运使、礼部尚书、龙图阁待制
宣和元年至二年	林手虑	端明殿学士、押庆远军节度使
宣和三年	薛嗣昌	河东经略、宣和殿学士、龙图阁待制
宣和三年	毛　友	给事中、知杭州
宣和三年至四年	徐　铸	提举两浙常平
宣和四年	王　本	士曹参军、提点刑狱、知扬州兼淮南东路兵马钤辖
宣和五年至靖康元年	许　份	度支员外郎、徽猷阁直学士
宣和末	吴　敏	右司郎官、中书舍人、给事中、知枢密院事

从上表北宋知扬州事的官员情况来看，有以下几个特点：

第一，从第一任知州李处耘、第二任扬州知州楚昭辅的出身来看，他们都是武官出身，而且都是随从赵匡胤陈桥兵变的腹心。赵匡胤以他们为知扬州事，显然是从扬州特殊的政治、经济地位来考虑问题的，当时李重进刚刚平定，人心不稳，因此不能不以心腹武人治扬。

及至开宝年间，天下已经大体稳定。在这一年七月，赵匡胤对赵普讲了这样一番话："五代方镇残虐，民受其祸，朕令选儒干事者百余，分治大藩，纵皆贪浊，亦未及武臣一人也。"[①]正是在这样一种背景下，从第三任知州事边珝开始，宋朝廷在扬州开始任用文官。

边珝是后晋的进士出身，有吏干，史载他曾处理广陵一个富民控告广陵尉谢图杀其父的案件，这一案件前任拖了快一年没有查出结果，"诏(边)珝案鞫，尽得其实。乃富民以私憾诬告尉，即反坐之。就命权知州事"。后又任知州。"会征江表，兼领淮南转运使。金陵平，知江北诸州转运事"。边珝"精力有吏材，帝方欲倚用，及闻其卒，叹惜数四"[②]。此后，知扬州事者，也多是富有行政及理财经验的官员。

第二，知扬州事者，很多是中央的重要官员，有的甚至是或后来是宰相、副宰相。

① 《长编》卷一三"太祖开宝五年十二月"。

② 《宋史》卷二七〇《边珝传》。

如王化基、盛度、周起、宋庠、蔡卞、蔡京、陈升之、陈执中等等，还有的是当时的名人，如苏轼等，这说明了宋朝廷对扬州任职者的重视。宋神宗元丰二年在任命鲜于侁知扬州时曾讲："广陵重镇，久不得人，今朕自选卿往，宜善治之。"[①]由此言可见宋中央对扬州的重视。

第三，任扬州知州者，变换频率较高。表中任职最久者为第二任知州楚昭辅，从建隆四年至开宝六年，共任职十年。其余多为一二年。其中皇祐元年、元丰元年，一年中换了三任知州；大观元年换了四任知州，崇宁元年一年，竟然换了七任知州。若按表中人员计[②]，北宋任扬州知州的平均时间是 1.4 年，若除去像楚昭辅这样任职较长的官员及史书失载无法统计的官员以外，平均任扬州知州的在职时间可能不到一年。这样高的更替率，显然是不利于地方社会的治理的。

第四，一般担任扬州知州者，都兼任江淮转运使之职。这是因为扬州地处运河的河口一带，只有两职兼掌，才方便掌控漕运之事。

第五，宋虽然以文臣出身的官员任地方官，但后来有的文臣既管政事，也兼军事。如曾肇、王本都曾任知扬州兼淮南东路兵马钤辖[③]。

二、江宁府的地位与王安石

宋代建康，因其曾为宋仁宗的封王之地及中央一些重要官员的周转之地，而显现出其重要性，而在南宋时，则因其为抗金指挥的重要前沿之地而备受南宋朝廷重视。

开宝八年(975)，宋平南唐以后，将南唐首都金陵之江宁府改为昇州[④]，将金陵由过去敌国的都城，变成一个普通的地方州府，显然，宋政府有意降低金陵之政治地位，王禹偁曾进言：

> 自五季乱离，各据城垒，豆分瓜剖，七十余年。太祖、太宗，削平僭伪，天下一家。当时议者，乃令江淮诸郡毁城隍、收兵甲、撤武备者，二十余年。书生领州，大郡给二十人，小郡减五人，以充常从。号曰长吏，实同旅人；名为郡城，荡若平地。虽则尊京师而抑郡县，为强干弱枝之术，亦匪得其中道也。……今江淮诸州，大患有三：城池堕圮，一也；兵仗不完，二也；军不服习，三也；濮贼之兴，慢防可见。望陛下特纡宸断，许江淮诸郡，酌民户众寡，城池大小，并置守捉。军士多不过五百人，

① 《宋史》卷三四四《鲜于侁传》。
② 宋代有些年代任知州者，史书缺载，不能一一统计。
③ 杨时：《龟山集》卷二九《状述》。
④ 《长编》卷一三"太祖开宝五年十二月"。

阅习弓剑,然后渐葺城壁,缮完甲胄,则郡国有御侮之备,长吏免剽略之虞矣。[①]

宋初有意削弱江淮南唐故地,江淮地区诸郡包括昇州城之武备,竟削弱至不能维持地方治安的程度。

虽然宋初政府有意削弱建康之政治地位,但此地毕竟曾经是历史上的重要都会,而且随着年代的久远,南方政权之复国已全无可能,因此到天禧二年(1018),在距灭南唐四十多年之后,宋政府重以昇州为江宁府,置军为建康军,以寿春郡王赵祯,即后来的宋仁宗为节度使,加太保,封昇王。宋朝廷此举,显然是要有意借重建康历史上的重要地位,来提高未来皇位继承人赵祯的地位。而赵祯原来的寿春郡王,无论从政治地位还是影响来看,显然是无法与曾作为许多朝代首都的建康相比拟的[②]。

此后,特别是赵祯做了皇帝之后,江宁府的地位日益重要。庆历八年(1049)江宁府发生火灾,谏官上言:"江宁,上始封之地,守臣视火不谨,府寺悉焚,宜择才臣缮治之。"于是,宋朝廷特任命龙图阁学士、吏部郎中张奎为右谏议大夫、知江宁府。"奎既至,简材料工,一循旧制,不踰时复完"[③]。

北宋时期,江宁府多为朝廷重臣命职前后的回旋之地。其著名者有王钦若、王安石等。

王安石(1021—1086),字介甫,号半山,抚州临川人。封荆国公,世称王荆公。谥文,又称王文公。其一生与江淮地区特别是建康江宁府关系密切。景祐四年(1037),父亲王益被任命为江宁(今江苏南京)通判,王安石全家始定居江宁。宝元二年(1039),王益亡故,王安石葬父于牛首山下,结庐守孝,遂以江宁为第二故乡。史载,王安石"少好读书,一过目终身不忘。其属文动笔如飞,初若不经意,既成,见者皆服其精妙。友生曾巩携以示欧阳修,修为之延誉。擢进士上第,签书淮南判官"[④]。

初登仕途,王安石即来淮南任职,按当时制度,地方任官秩满,即可献文朝廷,回京师任清闲的馆职。而王安石"独否"。在多处历任地方官,为政急民所急,"起堤堰,决陂塘,为水陆之利;贷谷与民出息以偿,俾新陈相易,邑人便之"[⑤]。

文彦博为宰相,向朝廷特别推荐王安石,"乞不次进用,以激奔竞之风"。欧阳修荐王安石为谏官,不久出知常州。嘉祐三年,又任提点江东刑狱,神宗久闻其名,即位

---

① 《宋史》卷二九三《王禹偁传》。

② 赵祯封昇州王的目的,是因为他已被确认为皇储,此前大臣们谈及寿春郡王"性聪悟,好学乐善,孝谨弥笃,迥然老成,而未正封爵,中外人情,咸所属望",在此背景下,才出现了改昇州为建康军事。

③ 《长编》卷一六三"仁宗庆历八年"。

④⑤ 《宋史》卷三二七《王安石传》。

后，任其为江宁知府，从此，王安石即与江宁府结下了不解之缘。熙宁三年（1070）宋神宗任其为同中书门下平章事，执政之初，宋神宗问王安石当下最急的事是什么，王安石回答说："变风俗，立法度，正方今之所急也 。"神宗于是下定决心，进行变法。宋政府特别设立了制置三司条例司具体实施新法，农田水利、青苗、均输、保甲、免役、市易、保马、方田诸役等变法措施，相继出台，历史上有名的"王安石变法"由此开始。

所谓青苗法，就是以常平籴本作为青苗钱，散发与人户，令各户出息二分，春天青黄不接之际发放，秋天收获之时收回，主要目的在于解决百姓未收获之际的生产、生活困难。

均输法，就是以发运之职改为均输，借给其钱货，凡上供之物，可以徙贵就贱，用近易远，预知在京仓库所当办者，可以在所在地便宜蓄买。

保甲之法，就是编籍乡村之民，二丁取一，十家为保，保丁皆发授以弓弩，教之以战阵。

免役之法，则是据各家财产的多少与高下，各令出钱雇人充役，下至单丁、女户，本来无役者，也一概输钱，称之为助役钱。

市易之法，就是任由人赊贷国家的财货，以田宅或金帛作为抵当，出息十分之二，如过期不输，息外每月加罚钱百分之二。

保马之法，是指北方沿边五路义保愿意养马者，每户一匹，以监牧的官马给与之，或由官府给与其现钱，使其自去市场购买，每年一阅其肥瘠，死病者要进行补偿。

所谓方田之法，就是以东、西、南、北各千步，大约四十一顷六十六亩一百六十步为一方，每年九月，派令、佐分地区进行计量，检验土地的肥瘠，判定其色号，分为五等，以地之等，均定税数。

另外还有免行钱，即约定京师百物诸行的利入厚薄，皆令其纳钱，与免行户祗应。

王安石变法的措施多是针对宋中期以来的弊端而设，具有很强的针对性，但是变法伊始，便受到守旧派的诋毁与攻击，司马光上书，称变法使"士夫沸腾，黎民骚动"，御史中丞吕诲也上书论王安石有过失十事。王安石据理抗章自辨。

七年春，出现了长时间的大旱，守旧派认为是变法得罪上天所致，"帝忧形于色，对朝嗟叹，欲尽罢法度之不善者"。王安石认为："水旱常数，尧、汤所不免，此不足招圣虑，但当修人事以应之。"①但是在保守派及后宫后妃们的一再攻击下，神宗动摇了。王安石被第一次罢相，出任江宁知府。

虽然身在江宁，但王安石仍忧在天下，随时关心变法。此时间内，他完成了《三经

① 《宋史》卷三二七《王安石传》。

义》一书。

八年二月，宋神宗再召王安石入相，任尚书左仆射兼门下侍郎，王安石接旨后兼道上程，继续主持变法。然而此时变法已难以进行下去。不久，王安石再度罢相。神宗以其为镇南军节度使、同平章事、判江宁府。次年，神宗再次起用王安石，但因新法派内部分裂及保守派的挑拨离间，王安石实际上难有作为，熙宁九年(1076)王安石再次辞去相位，退居江宁。他在钟山附近的白塘简单修筑了宅院园苑，取名“半山园”，自号“半山老人”，潜心于学术研究和诗歌创作。元丰三年(1080)，神宗特进王安石为左仆射、荆国公(简称荆公)。元丰七年(1084)，他将半山园捐献为寺院，并将自己俸禄与儿子死后的赐银所购置的田产也捐献为寺产。神宗御题为“报宁禅寺”，后来改为“太平兴国寺”。王安石自己则在秦淮河畔租屋而居。八年(1085)三月，神宗病逝，哲宗即位，司马光执政，几乎尽废新法。元祐元年(1086)，王安石在江宁府去世，年六十六。葬于钟山脚下。

王安石一生，力主革故鼎新，坚持变法，坚持“三不足畏”之说，即“天变不足畏，祖宗不足法，人言不足恤”。虽然变法以失败告终，但在中国改革的历史上，留下了重重的一笔。

王安石晚年一直住在江宁，作《字说》，“一时学者，无敢不传习，主司纯用以取士，士莫得自名一说，先儒传注，一切废不用”①。

在王安石前后，任江宁知府者，尚有不少人先后在朝中担任过重要官职。

下表是根据《景定建康志》及《宋史》等史书，对两宋官员知昇州、江宁、建康府事一职者任职情况的统计②：

表二　两宋时期知昇州、江宁、建康府事官员情况简表

任职人员	大约时间	任职情况
杨克逊	太祖开宝八年	刑部郎中、浙西转运使、兵部员外郎、江南诸州水陆转运使、知昇州事
贾黄中	太宗太平兴国二年	驾部员外郎、知制诰、翰林学士、参知政事、礼部员外郎
刘保勋	太宗太平兴国二年	祠部郎中、河东城西四面转运使、太原知府
韩　遂	太宗太平兴国二年	枢密副丞旨知昇州事
许　骧	太宗雍熙元年	尚书比部员外郎直史馆知昇州事

① 《宋史》卷三二七《王安石传》。

② 据《景定建康志》等史书载，有些官员亦曾知昇州或江宁府事，但其他史料未载，且生平事迹不详，此不列入。

续表

任职人员	大约时间	任职情况
源　护	太宗雍熙二年	尚书水部郎中知昇州事
雷有终	太宗端拱元年	少府监、谏议大夫知成都府、户部使卢州观察使、屯田郎中知昇州事
卢文正	太宗端拱元年	侍御史、越州知昇州事
陈钦祚	太宗端拱二年	榷易使、长州刺史知知昇州事
高象先	太宗端拱五年	同知幕职州县官考课、转运副使、光禄少卿，以尚书虞部郎中知昇州事
郭　昇	太宗端拱五年	以兵部员外郎知昇州州事
李　伟	太宗至道元年	以西京作坊使知昇州州事
宋　覃	太宗至道三年	以西京左藏库使知昇州事
张继美	真宗咸平元年	以西京左藏库使知昇州事
吕祐之	真宗咸平二年	以给事中知州事
刘知信	真宗咸平四年	左神武军将军、东京都巡检使，以建武军节度观察留后知昇州事
马　亮	真宗景德元年	同提点三司都勾院、磨勘凭由司、曾数次任知昇州、江宁府事
张　咏	真宗景德四年	以礼部尚书知州事，大中祥符四年兼安抚使。知州兼安抚使自此始
薛　映	真宗大中祥符五年	江南转运使、集贤院学士、判院事、监察御史、枢密直学士
丁　谓	真宗大中祥符九年	以保信军节度使知昇州事
薛　颜	真宗天禧三年	天禧二年以昇州为江宁府。以少府监知江宁府，后曾任给事中
王钦若	仁宗天圣元年	以刑部尚书知江宁府，后拜司空、门下侍郎、同平章事
李　迪	仁宗天圣三年	以尚书刑部侍郎知府事。后为同中书门下平章事、资政殿大学士等
张士逊	仁宗天圣七年	任江宁知府前曾任同中书门下平章事。此后明道初年再入相
滕　涉	仁宗天圣八年	户部副使、户部判官殿中丞、转运使、提点刑狱、龙图阁待制、知青州
李允元	仁宗明道元年	提点刑狱、江南东路灾伤州军安抚使、右谏议大夫。给事中知同州
李若谷	仁宗明道二年	曾任给事中，后加集贤院学士、知江宁府
陈执中	仁宗景祐元年	卫尉寺丞、右正言、以刑部员外郎、天章阁待制知府事，后参知政事
张若谷	仁宗景祐三年	曾为江淮制置发运使、三司度支，以枢密直学士尚书工部侍郎知府事

续表

任职人员	大约时间	任职情况
盛京	仁宗宝元元年	以右谏议大夫知府事。后为给事中
郎简	仁宗康定元年	判尚书刑部,给事中、知江宁府事,后历右谏议大夫、知扬州等职
叶清臣	仁宗庆历元年	知江宁府前为龙图阁学士
刘沆	仁宗庆历三年	以右谏议大夫知江宁府事
杨告	仁宗庆历三年	以右谏议大夫知江宁府事
李宥	仁宗庆历五年	曾任知制诰,纠察在京刑狱,同判太常寺,以右谏议大夫知江宁府事
张奎	仁宗庆历八年	龙图阁直学士、吏部郎中,任江宁知府,迁给事中加枢密直学士
张方平	仁宗皇祐元年	翰林学士,曾任知制诰、给事中。以端明殿学士、给事中知江宁府事
皇甫泌	仁宗皇祐三年	以右谏议大夫知府事,诏带提辖本路兵甲贼盗公事,带提辖本路兵甲自此始
刘湜	仁宗皇祐四年	曾任侍御使,以天章阁待制、知江宁府
向传式	仁宗至和元年	户部副使、龙图阁直学士、工部侍郎知江宁府事
包拯	仁宗嘉祐元年	京东转运使、天章阁待制知谏院、龙图阁直学士、刑部郎中知江宁府事
王琪	仁宗嘉祐二年	集贤校理、殿前司公事、判户部勾院、两浙转运使、刑部员外郎知制诰
梅挚	仁宗嘉祐三年	户部员外郎兼侍御史知杂事、权判大理寺、龙图阁直学士知江宁府
冯京	仁宗嘉祐五年	试知制诰、右正言充龙图阁待制知江宁府事
魏琰	仁宗嘉祐七年	卫尉卿、国子博士、司农卿知江宁府事
郭申锡	仁宗嘉祐七年	以右司员外郎、直史馆知江宁府事
王贽	仁宗嘉祐七年	以左谏议大夫知江宁府事
彭思永	英宗治平元年	曾任户部副使,以给事中、天章阁待制知江宁府事
吕溱	英宗治平三年	以右谏议大夫知江宁府事
龚鼎臣	英宗治平三年	以尚书礼部郎中集贤殿修撰知江宁府事
王安石	英宗治平四年	以尚书工部郎中、知制诰知府事。曾数次知江宁府事
孙思恭	英宗治平四年	任江宁知府前曾为神宗藩邸说书、侍讲、直集贤院,天章阁待制
吴中复	神宗熙宁元年	以龙图阁直学士、左谏议大夫知江宁府事
钱公辅	神宗熙宁二年	尚书兵部员外郎知江宁府事。曾任知制诰等职
沈起	神宗熙宁四年	任江宁知府前后,曾任刑部郎中、集贤院修撰、天章阁待制等

续表

任职人员	大约时间	任职情况
傅尧俞	神宗熙宁五年	由河北转运使，改知江宁府
沈 立	神宗熙宁六年	右谏议大夫知江宁府事
叶 均	神宗熙宁八年	以祠部郎中直史馆知江宁府事
元积中	神宗熙宁十年	以太常少卿、直龙图阁知江宁府事。元丰二年再任江宁知府
吕嘉问	神宗熙宁十年	司封员外郎、直昭文馆知江宁府事
孙昌龄	神宗元丰元年	尚书都员外郎知江宁府事
孙 坦	神宗元丰三年	以尚书刑部郎中、充天章阁待制知江宁府事
刘 庠	神宗元丰三年	以龙图阁直学士、朝请大夫充集贤殿修撰知江宁府事
陈 绎	神宗元丰五年	任前曾为集贤院学士。以太中大夫、龙图阁待制知江宁府事
王益柔	神宗元丰六年	以龙图阁直学士、太中大夫知江宁府
王安礼	神宗元丰七年	以端明殿学士知江宁府，元祐中，加资政殿学士
蔡 卞	哲宗元祐元年	以龙图阁待制知江宁府事
林 希	哲宗元祐四年	以朝奉大夫、集贤殿修撰知江宁府事
熊 本	哲宗元祐四年	以龙图阁待制知江宁府事
谢 麟	哲宗元祐六年	以左朝散大夫直龙图阁知江宁府事
黄 履	哲宗元祐六年	以左朝散大夫充天章阁待制知江宁府事
陆 佃	哲宗元祐七年	知书舍人、礼部侍郎等。以龙图阁待制知江宁府事
曾 肇	哲宗绍圣元年	以左朝散大夫宝文阁待制知江宁府事
何正臣	哲宗绍圣二年	以天章阁待制知江宁府事
吕惠卿	哲宗绍圣三年	以资政殿学士知江宁府事
陈 轩	哲宗绍圣四年	以龙图阁待制知江宁府事
吕升卿	哲宗元符二年	以朝奉郎直秘阁知江宁府事
叶 涛	哲宗元符三年	以集贤殿修撰知江宁府事
邓祐甫	徽宗建中靖国元年	以直秘阁知江宁府事
陈祐甫	徽宗崇宁元年	以直秘阁知江宁府事
朱 彦	徽宗崇宁二年	以宣德郎知江宁府事
王汉之	徽宗崇宁三年	以显谟阁待制知江宁府事
徐 勣	徽宗崇宁四年	任江宁知府前为翰林学士，诸王府记事参军等
蒋 静	徽宗崇宁五年	以徽猷阁待制知江宁府事
曾孝蕴	徽宗大观元年	集贤殿修撰知江宁府事

续表

任职人员	大约时间	任职情况
卢　航	徽宗政和四年	以龙图阁待制知江宁府事。政和四年再知江宁府事
沈　锡	徽宗大观三年	以徽猷阁待制知江宁府事
曾孝序	徽宗大观三年	以集贤殿修撰知江宁府事
薛　昂	徽宗大观四年	以资政殿学士知江宁府事
吴　拭	徽宗政和三年	以直龙图阁知江宁府事
蔡　嶷	徽宗政和六年	以龙图阁学士知府事
俞　栗	徽宗政和八年	曾为给事中,殿中侍御使。以述古殿学士知府事
曾孝序	钦宗靖康元年	以龙图阁学士知江宁府事
宇文粹中	钦宗靖康元年	以资政殿学士知江宁府事
李弥逊	高宗建炎元年	转运使权知江宁府事
翁彦国	高宗建炎元年	宝文阁直学士朝奉大夫知江宁府兼江东安抚使、马步军都总管
赵明诚	高宗建炎元年	朝散大夫秘阁修撰知江宁府事,兼江南东经制使
吕颐浩	高宗建炎三年	以中大夫、同签书枢密院事知江宁府。兼江南东路安抚制置使
连南夫	高宗建炎三年	尚书右仆射、显谟阁直学士、朝请郎知建康府事
汤东野	高宗建炎三年	以太中大夫、工部侍郎知建康府事。除提举应副六宫事务
胡舜治	高宗建炎三年	以朝请郎,徽猷阁待制知建康府事,兼沿江制置使。沿江制置使自此始
杜　充	高宗建炎三年	以右仆射兼江淮宣抚使知建康府事
陈邦光	高宗建炎三年	以显谟阁直学士朝请郎知建康府事
赵　蒙	高宗建炎四年	正议大夫、徽猷阁待制知府事,兼江东兵马钤辖,节制管内军马
张　缜	高宗绍兴元年	以中散大夫、直宝文阁知府事
叶梦得	高宗绍兴元年	资政殿学士、左中大夫知府事,兼江南东路安抚大使,马步军都总管
李　光	高宗绍兴元年	以端明殿学士、朝奉郎知府事,兼江东安抚使、六郡安抚使
赵　鼎	高宗绍兴二年	以端明殿学士、朝奉大夫知府事,兼江东安抚使
欧阳懋	高宗绍兴三年	右朝请郎、徽猷阁待制知府事
沈　晦	高宗绍兴三年	左朝请郎、徽猷阁待制知府事
吕　祉	高宗绍兴三年	左朝请郎、直龙图阁知府事,主管江东安抚司公事
叶宗谔	高宗绍兴五年	左中奉大夫、直秘阁知府事,主管江东安抚司公事

续表

任职人员	大约时间	任职情况
张　澄	高宗绍兴七年	右朝请大夫、直龙图阁知府事，主管江东安抚司公事
章　谊	高宗绍兴八年	以端明殿学士、左通议大夫知府事，兼安抚大使，兼行宫留守司公事
叶梦得	高宗绍兴八年	资政殿学士、左中大夫知府事，兼江南东路制置大使、兼行宫留守司公事
孟忠厚	高宗绍兴十三年	以少傅、镇潼军节度使、信安郡王知府事、兼江东安抚制置大使、兼行宫留守公事
张　守	高宗绍兴十四年	资政殿大学士、降授左通议大夫知府事、兼江东安抚制置大使、兼行宫留守公事
晁谦之	高宗绍兴十五年	敷文阁直学士、右朝奉大夫知府事、兼江东安抚使、兼行宫留守公事
郑　慈	高宗绍兴十八年	显谟阁学士、左太中大夫知府事、兼行宫留守公事
俞　俟	高宗绍兴十九年	敷文阁直学士、右中大夫知府事、兼行宫留守公事
王　晌	高宗绍兴十九年	中奉大夫、直秘阁知府事，兼行宫留守公事
杨　愿	高宗绍兴二十二年	资政殿学士、左朝奉郎知府事、兼行宫留守公事
王循友	高宗绍兴二十三年	右朝散郎、兼主管安抚司公事、兼行宫留守公事
宋　贶	高宗绍兴二十四年	敷文阁直学士、右宣奉大夫知府事、兼行宫留守公事
张　焘	高宗绍兴二十六年	宝文阁学士、左朝议大夫知府事。绍兴三十一年再知府事、兼行宫留守公事
王　纶	高宗绍兴三十一年	资政殿大学士、左太中大夫知府事、兼行宫留守公事
张　浚	高宗绍兴三十一年	特进观文殿大学士睛、和国公判府事、兼行营留守公事、专一措置两淮事务
陈俊卿	高宗绍兴三十二年	左朝散大夫、试中书舍人、宣抚判官事知府事，兼安抚使、行宫留守公事
陈之茂	孝宗隆兴元年	左朝散大夫、直徽猷阁知府事、兼主管安抚司公事
张孝祥	孝宗隆兴二年	左丞议郎、充敷文阁待制知府事、兼行宫留守公事
吕　擢	孝宗隆兴二年	右朝散大夫、直徽猷阁知府事、兼主管安抚司公事
汪　澈	孝宗乾道元年	端明殿学士、左通议大夫知府事、兼行宫留守公事
王　佐	孝宗乾道元年	左朝请郎、直宝文阁知州事、兼行宫留守公事
陈之茂	孝宗乾道二年	徽猷阁直学士、朝请大夫知府事
方　滋	孝宗乾道二年	右中大夫、敷文阁待制知府事、兼行宫留守公事
史正志	孝宗乾道三年	左朝奉郎、充集英殿修撰知府事、兼沿江水军置制使，兼提举学事、兼行宫留守公事
唐　瑑	孝宗乾道六年	朝请大夫、秘阁修撰、知府事、兼行宫留守公事

续表

任职人员	大约时间	任职情况
洪　遵	孝宗乾道七年	端明殿学士、右中大夫、知府事、兼行宫留守公事
叶　衡	孝宗淳熙元年	敷文阁大夫、左朝散大夫、知府事、兼管内劝农营田使。后任仿兼此职、安抚使兼行营留守
胡元质	孝宗淳熙元年	朝议大夫、龙图阁待制知府事、安抚使兼行营留守
刘　珙	孝宗淳熙二年	资政殿大学士、中大夫知府事、安抚使兼行营留守
陈俊卿	孝宗淳熙五年	特进观文殿大学士判府事、安抚使兼行营留守
范成大	孝宗淳熙八年	端明殿学士、右中大夫、知府事、安抚使兼行营留守
钱良臣	孝宗淳熙十年	端明殿学士、正奉大夫、知府事、安抚使兼行营留守
章　森	孝宗淳熙十五年	朝议大夫、敷文阁待制知府事、安抚使兼行营留守
余端礼	光宗绍熙二年	焕章阁直学士、通议大夫、江东安抚使知府事、行宫留守
郑　侨	光宗绍熙四年	显谟阁学士、通奉大夫、江东安抚使知府事、兼行营留守
张　枃	宁宗庆元元年	宝文阁学士、太中大夫、江东安抚使知府事、兼行营留守
赵彦逾	宁宗庆元三年	资政殿学士、中大夫、江东安抚使知府事、兼行营留守
钱象祖	宁宗庆元四年	华文阁学士、中大夫、江东安抚使知府事、兼行营留守
吴　琚	宁宗庆元六年	镇安军节度使、开府仪同三司、江东安抚使知府事、兼行营留守
李　林	宁宗嘉泰二年	徽猷阁学士、朝议大夫、江东安抚使知府事、兼行营留守
丘　崇	宁宗嘉泰四年	敷文阁学士、通议大夫、江东安抚使知府事。开禧三年再知府事、兼行营留守
叶　适	宁宗开禧二年	朝请大夫、宝谟阁待制、江东安抚使知府事，七月，兼沿江置制使、兼行营留守
徐　谊	宁宗开禧三年	朝散大夫、宝谟阁待制、江东安抚使知府事、兼行营留守
何　澹	宁宗嘉定元年	观文殿学士、金紫光禄大夫、江东安抚使知府事、兼行营留守
杨　辅	宁宗嘉定二年	龙图阁直学士、通奉大夫、江南东路安抚使知府事、兼行营留守
黄　度	宁宗嘉定三年	朝请大夫、龙图阁待制、江东安抚使知府事、兼行营留守
刘　榘	宁宗嘉定六年	中奉大夫、宝文阁待制、江东安抚使知府事、兼行营留守
李大东	宁宗嘉定八年	朝请大夫、右文殿修撰、主管江东安抚司公事知府事。十二年再知府事、兼行营留守
李　珏	宁宗嘉定十年	宝谟阁学士、中大夫、江淮置制、江东安抚使知府事、兼行营留守
余　嵘	宁宗嘉定十五年	焕章阁待制、沿江制置使、江东安抚使知府事、兼行营留守

续表

任职人员	大约时间	任职情况
丘寿迈	理宗宝庆元年	朝议大夫、直焕章阁、江东转运副使暂兼权沿江制置司、江东安抚司、建康府职事、兼行营留守
赵善湘	理宗宝庆三年	中奉大夫、宝章阁待制、沿江制置使、江东安抚使知府事、兼行营留守
李寿朋	理宗宝庆六年	朝议大夫、试大理卿、江东安抚使、兼沿江制置使知府事、兼行营留守
陈　铧	理宗端平元年	朝议大夫、新除工部侍郎、沿江制置使、兼江东安抚使知府事、兼行宫留守
别之杰	理宗嘉熙二年	朝请大夫、宝章阁待制、沿江制置使、江东安抚使知府事、兼行宫留守
杜　杲	理宗淳祐二年	华文阁学士上、宣奉大夫、沿江制置使、江东安抚使知府事、兼行宫留守
董　槐	理宗淳祐四年	朝请大夫、集英殿修撰、沿江制置使、兼江东安抚使知府事、兼行宫留守
赵以夫	理宗淳祐五年	中奉大夫、宝章阁待制、沿江制置使、江东安抚使知府事、兼行宫留守
赵　葵	理宗淳祐七年	通奉大夫、枢密使兼参知政事、督视江淮京西湖北军马、江东安抚使知府事、兼行宫留守
吴　渊	理宗淳祐九年	端明殿学士、大中大夫、沿江制置使、江东安抚使知府事、兼行宫留守
王　埜	理宗宝祐元年	宝章阁直学士、通奉大夫、沿江制置使、江东安抚使知府事、兼行宫留守
丘　岳	理宗宝祐二年	宝文阁直学士、通议大夫、沿江制置使、江东安抚使知府事、兼行宫留守
马光祖	理宗宝祐三年	宝文阁学士、太中大夫、沿江制置使、江东安抚使知府事，开庆元年再任、兼行宫留守
赵与惠	理宗宝祐六年	观文殿学士、光禄大夫、沿江制置使兼江东安抚使知府事、兼行宫留守
姚希得	理宗景定二年	华文阁直学士、通议大夫、沿江制置使、江东安抚使知府事、兼行宫留守
马光祖	理宗景定二年	沿江制置大使、江东安抚大使、三知府事、兼行宫留守
吴　革	度宗咸淳五年	宝章阁直学士、沿江制置使、江东安抚使主管行营留守司公事、知府事

从上表大致的统计来看，知昇州、江宁、建康府事的官员，主要有以下几个特点：

第一，从平服南唐以后，此地经历了设昇州、改江宁府、改建康府几个发展阶段。其趋势是，地位越来越重要。特别是以寿春郡王赵祯，即后来的宋仁宗为节度使，加太保，封昇王以后，任用的官员地位日渐提升。出任江宁、建康知府者，或为政府要员，或后为政府要员，或为著名廉吏[①]。

在南渡以后，由于宋金、宋元对峙的原因，知建康府事者，一般还要兼领军职，如“江东兵马钤辖”，“节制管内军马”、“沿江制置使”等。绍兴八年以后，建康知府例行要兼“行营留守”。

第二，一般来说，在宋代地方官职中，知江宁府是较为优越的官职，如从江宁府调往广州，即视为罚贬。仁宗时，宰相陈执中曾因为安置江宁官员不当而成为他人批评的口实之一。当时殿中侍御史赵忭上言称：“朝廷差除，动守规范。执中赏罚在手，率意卷舒。至如刘湜自江宁府移知广州，最处烟瘴重难之地，而湜被命远行，待制之职仍旧，及向传式自南京移知江宁府，既是优安近便之任，仍转传式龙图阁直学士。……此执中缪戾，宜罢免者二也”[②]。自南京（应天府，即商丘）移任江宁府，被视为“优安近便之任”，可见宋人还是比较看重江宁知府一职的。

由于江淮一带文化发达，人才众多，宋朝廷还从江淮地区官员中挑选一部分官员部吏至中央各部门任用。如景祐二年正月，蒋堂任淮南转运使兼发运司事时，一年荐举部吏到中央的多达二百余员，他曾对人说：我向国家推荐的人员中，“十得二三（人才），亦足报国矣”[③]。

第三，江淮地方的设官定制，最初来看比较简单，官员比较精简，但同全国一样，随着时间推移，地方机构官员的数量日益增多，形成了严重的冗官现象。

淳化二年九月，右谏议大夫、御史中丞王化基上献澄清的方略，讲到五方面事项。其中第四项是关于精简官员的问题。

他说：“昔唐、虞建官惟百，亦克用乂，故曰：‘官不必备，惟其人。’斯乃率从简易，去其烦扰也。国家封疆民物，广逾前世，恢张万务，分设庶官，方之近朝，实倍常数，意欲丰财厚利，尽入牢笼，其如蠹国耗民，转加残弊！”

然后他对比江淮诸郡设官定编的情况：“臣尝思二十年前客游江淮诸郡，其间扬、楚最曰要冲，水陆两途，咽喉数国，务穰事众，地广民繁，然止设知州一人在衙区分，其余通判本州，推官及州官等，并皆分掌盐酒商税、仓场库务，当时亦闻办集，兼少刑狱争讼。”[④]然而十年以后，情况发生了重大变化：

---

① 如《宋史》卷二六五《贾黄中传》载：“贾黄中，太平兴国二年时初知昇州，时金陵初附，黄中为政简易，部内甚治。一日，案行府署中，见一室扃钥甚固，命发视之，得金宝数十匮，计直数百万，乃李氏宫阁中遗物也，即表上之。上览表谓侍臣曰：非黄中廉恪，则亡国之宝，将污法而害人矣。”

② 《长编》卷一七八“仁宗至和二年二月”。

③ 《长编》卷一一六“仁宗景祐二年正月”。

④ 《长编》卷三二“太宗淳化二年九月”。

臣昨十年前任扬州职官时，见朝廷添置监临事务朝官及使臣等，有逾本州数倍，实恐天下诸州似此繁多，虑伤费用，兼长刑名。今以朝官、诸色使臣及县令、簿、尉等所费，高卑相半，折而计之，一人月费不啻十千，以千人约之，岁计用十余万，更倍约之，万又过倍。此或皆是廉白之吏，止伤于公府之费尔。若或贪婪之吏，布于天下，则兼更取于民间者又数倍焉，祖吉之类是也。如此，则得非蠹国耗民乎？望令逐部转运使副，与知州同议裁减，及诸县令、簿、尉等，自前多不置，县尉以主簿兼之，亦乞令相度废省。①

此文书奏上以后，颇受皇帝的重视，因而"嘉纳其言"。

第四，与扬州的情况相似，知建康府的官员更替也比较频繁。

自开宝八年收复南唐，到淳化五年吴革任最后一任建康知府，一共 294 年，其间更替的知州府事，大约有 137 位之多。大约平均二年多一点即更换一任。其中有些年份，因为情况的特殊，更是屡屡更换官员。如建炎三年，也许由于初到江南，形势多变的缘故，建康知府事一年中竟更替了六人之多。

当然，也有任职较久的官员，如宋末时，马光祖知建康事，长达八年之久，而且此前不久他还在宝祐、开庆年间两次担任此职四年之久，合计在此职十二年之久。

关于马光祖，据《宋史》记载，他长期担任地方官，在江淮先后担任总领淮东军马兼知镇江、权江东转运使、江东安抚使等职，宝佑三年六月，知建康府兼行宫留守：

始至官，即以常例公用器皿钱二十万缗支犒军民，减租税，养鳏寡孤疾无告之人，招兵置砦，给钱助诸军婚嫁，属县税折丝绵绢帛，倚阁除免以数万计。兴学校，礼贤才，辟召僚属，皆极一时之选。拜端明殿学士，荆湖制置知江陵府。去而建康之民思之不已，帝闻，命以资政殿学士、沿江制置大使江东安抚使再知建康。士女相庆，光祖益思宽养民力，兴废起坏，知无不为，蠲除前政逋负钱百余万缗。鱼利税课悉罢减予民，修建明道南轩书院及上元县学，樽节费用，建平籴仓贮米十五万石。又为库贮籴本二百余万缗，补其折阅。发籴常减于市价，以利小民。修饬武备，防拓要害，边赖以安。其为政宽猛适宜，事存大体。……光祖之在外，练兵丰财，朝廷以之为京尹，则刬治浩穰，风绩凛然。三至建康，终始一纪。威惠立行，百废无不修举。②

① 《长编》卷三二"太宗淳化二年九月"。

② 《宋史》卷四一六《马光祖传》。

由此可见，马光祖任职建康期间，减免赋税、除废起利、兴学礼贤、整饬边防、为政宽猛适宜，成绩突出，因而深得民众爱戴。史评曰："马光祖治建康，迄今遗爱犹在民心，可谓能臣"。另据《景定建康志》记载，马光祖在建康为官期间，除为民兴办许多实事外，在兴造战船、组织防江御金方面，也的确颇多建树，这样深受民众爱敬的官员，能够三知建康府事，长达十二年之久，应属个例。

第三节　江淮地区的吏治

宋代的江淮地区，与其他多数地区相比较而言，在宋代立国的政治、经济、军事诸活动中，显然占有比较重要的地位，因此，在江淮地方官的任用方面，宋政府一向比较重视。因而有宋一代，江淮地区出现了不少名垂青史的良吏，同时由于江淮地方官的权大任重，也曾出现过不少在全国引起重大社会影响的贪官污吏。这里试举苏州等地的吏治情况及宋对江淮转运事务的整治为例，概观宋代江淮的吏治。

一、范仲淹等治苏州

范仲淹(989—1052)，字希文，吴县(今江苏苏州)人。他先天下之忧而忧，为官以富国富民为先。早在天圣年间任泰州兴化县的县令时，即负责修筑泰州捍海堰。征调民夫，历时四载，终将捍海堰修成。当年即获大丰收。所在出现了渔盐各业复苏兴旺的景象，后人将此捍海堰誉称为"范公堤"。

景祐元年(1034)六月，范仲淹从睦州移知苏州。此后一直到次年十月调任，虽在职时间不长，但却取得了卓越政绩。这突出地表现在兴修水利和兴办教育两方面。

苏州是范仲淹的家乡，历来是富庶之乡。他刚一即任，即遇到了多年未见的严重的洪涝灾害："灾困之氓，其室十万，疾苦纷沓。"为此，范仲淹上任伊始，便全力以赴地投入了抗洪排涝、抢险救灾的行动。他"亲至海浦"①，实地踏勘；"询访高年"②，进行调查研究，找到了根治太湖水患、确保农业丰收的有效办法。他在《上吕相公并呈中丞谘目》一文中说："去年姑苏之水，逾秋不退。计司议之于上，穷俗语之于下。某为民之长，岂敢曲沮焉。然初未甚晓，惑于群说，及按而视之，究而思之，则了然可照。"③他提出了"浚河、置闸、修围"三者结合的治水主张。

① 《范仲淹史料新编》，沈阳出版社1989年版，第150页。

② 《范仲淹史料新编》，第90页。

③ 《范仲淹史料新编》，第79页。

苏州地处江、海、湖的交会之处。它北枕长江，西南倚靠太湖，东面临近大海。地势平坦低洼，河流湖泊众多，素有“水乡泽国”之称。郡城西南之太湖，是江南水系中心。太湖之水，来自茅山和浙西天目山以及江南运河一带，它们从西、南、北三面汇注太湖，然后经过苏州境内密集的河道，东流长江入海。所以，苏州是太湖泄水的走廊。在苏州这块土地上，组成了一个交错纵横的泄水网络。同时又有大小湖泊数百。这些湖泊，通过大小河道，与太湖水息息相通，成为调节长江与太湖水量的蓄水池。

范仲淹从本地自然条件出发，提出了根治太湖水患，必须同时采取三项举措：

首先是“浚河”。千余年来，由于长江上游江水挟带大量泥沙而下，经过持续冲积，使下游江岸不断向外延伸，导致太湖泄水河道淤塞。因此首先必须疏浚河道，以便迅速排除积水。他采用“以工代赈”的办法，组织灾民“浚白茆、福山、黄泗、许浦、奚浦、三丈浦及茜泾、下张、七丫，以疏导诸邑之水，使东南入于松江，东北入扬子江与海”。经过这次疏浚，“泄去积水，今岁平和，秋望七八。积而未去者，犹有二三，未能播殖，复请增理数道，以分其流，使不停壅。纵遇大水，其去必速，而无来岁之患矣”①。

其次是“置闸”。如果仅仅疏浚河道，并不能从根本上解决河道淤塞的问题。范仲淹主张每疏浚一条通江河道，都必须同时置闸。他说：“新导之河，必设诸闸，常时扃之，御其来潮，沙不能塞也。每春理其闸外，工减数倍矣。旱岁亦扃之，驻水溉田，可救涸之灾。潦岁则启之，疏积水之患。”②史称范仲淹“又于福山置闸，依山麓为固。旧址今尚存，人名曰‘范公闸’”③。

再次是“修围”。如果仅仅解决了太湖泄水的问题，尚不能从根本上解决地势低洼土地的水涝灾害。由于苏州地势低下，“浚河”虽能防洪，但并不能排涝。因此，必须同时修筑围田（又称为圩田），才能抗拒旱涝灾害，确保水稻丰收。早在吴越时期，统治者就开始在苏州大规模地修筑塘浦圩田。形成了一种四周以河港为界的圩田系统，圩外大堤用来防洪，圩内小堤用来防涝。从而使苏州一跃而成为全国重要的粮仓和富庶的州府之一。

入宋以后，农田水利失修，塘浦圩田逐渐毁圮。范仲淹总结苏州治水的历史经验，肯定了圩田的历史作用。他说：“江南旧有圩田，每一圩方数十里，如大城。中有河渠，外有门闸，旱则开闸，引江水之利，涝则闭闸，拒江水之害，旱涝不及，为农美利。”他还介绍了吴越政权兴修水利的措施：“曩时两浙未归朝廷，苏州有营田军四都，

---

① 《范仲淹史料新编》，第 79 页。

② 《范仲淹史料新编》，第 80 页。

③ 《范仲淹史料新编》，第 150 页。

共七八千人，专为田事，导河筑堤，以减水患。”指出“自皇朝一统”，“慢于农政，不复修举，江南圩田，浙西河塘，大半毁废，失东南之大利”。因此，他主张：“每岁之秋，敕下诸路转运司，令辖下州军吏民……或合开河渠，或筑堤埝陂塘之类，并委本州军选官计定工料，每岁于三月间兴役，半月而罢。”“如此不绝，数年之间，农利大兴……此养民之政，富国之本也。”①

范仲淹的“修围”主张，得到了宋朝最高统治者的重视，宋仁宗于同年十一月七日下诏，要求两浙等路整修圩田并河渠、堤埝、陂塘，“每岁二月间未农作时兴役，半月即罢。仍具逐处开修，并所获利济大小事状，保明闻奏，并议等第酬奖”②。这使苏州地区的经验，在长江以南广大地区得到了推广。使吴越时期开创的圩田古制，在北宋又重新得到了恢复和发展，使太湖下游大片沼泽地被改造成为旱涝保收的稳产、高产田，一跃而成为我国的重要粮仓。

范仲淹治苏州的另一突出政绩是兴办学校。

经过不懈的努力，他在苏州办成了在全国也属得上是规模宏大、设施齐全、人才辈出的第一流学校。景祐元年(1034)，“范仲淹典乡郡，因州人朱公绰等请，以闻于朝。二年，诏苏州立学，仍给田五顷”③，作为学校经费。范仲淹捐赠土地建筑校舍。“先是公得南园之地，既卜筑而将居焉。阴阳家谓必踵生公卿，公曰：‘吾家有其贵，孰若天下之士咸教育于此，贵将无已焉。’遂即地建学。”④或言其地太广，他却说：“吾恐异日以为小也。”⑤

范仲淹延聘著名教育家胡瑗作为首任教席。元丰年间，朱公绰之子、著名教育家朱长文出掌教席。苏州州学自创办五十余载，就学者已数倍于当初，而校舍面积并未有大的增加，可见范仲淹当初眼光之远大。

元祐四年(1089)五月，范仲淹之子、兵部侍郎范纯礼，制置江淮六路漕事，朱长文以学舍扩建之事告之。范纯礼上奏哲宗，下诏以出售度牒等方式解决了经费来源，经过这次扩建，州学的面貌焕然一新。斋室新增十二间，房屋总面积新增三分之二。从此，“养士之资，由此不匮”。扩建工程完成之日，“吴人莫不欣悦鼓舞，望车马之来，而乐芹藻之采也”⑥。

后来苏州人才辈出，登科者不绝，当与重视教育有极大的关系。据《吴郡志》卷

---

① 《范仲淹史料新编》，第80页。

② 《宋会要辑稿》食货七之一一。

③ 李铭皖、谭钧培修，冯桂芬纂：《同治苏州府志》卷二五，江苏古籍出版社1991年版。

④ 《范仲淹史料新编》，第171页。

⑤ 《吴郡志》，江苏古籍出版社1988年版，第29页。

⑥ 《吴郡志》，第30页。

二八记载：自苏州州学创办以来，终北宋之世，苏州共出进士 159 名。范仲淹作为知州捐地助学的举动，开创了守土官吏必须把办好学校作为自己职责的优良传统，从此，苏州的教育事业蒸蒸日上，史不绝书。直至明清时代，这所州学“规模益壮，天下言学者莫过之。故四方贤士大夫之道郡中，以一游其地为快”[①]。它吸引了各地广大知识分子前来参观学习。范仲淹创办的州学，在全国各地也产生了广泛的影响。

庆历间(1041—1048)，范仲淹参与国政后，又将在苏州等地的办学经验，向朝廷建言加以推广，仁宗接受了范仲淹的建议，于庆历四年(1045)下诏说：“‘儒者通天、地、人之理，明古今治乱之原，可谓博矣。……今朕建学兴善，以尊子大夫之行，更制革敝，以尽学者之才。有司务严训导、精察举，以称朕意，学者其进德修业，无失其时。其令州若县皆立学，本道使者选部属官为教授，员不足，取于乡里宿学有道业者。’由是州郡奉诏兴学，而士有所劝矣。”[②]此后，地方兴办学校之举，势不可挡，州学、县学如雨后春笋般地发展起来了。正如明代著名学者张溥所说：“三代以后，文治首宋……学校之设，实始庆历时，开国几八十年，历君四世矣。”[③]这不能不归功于范仲淹的兴学主张。

此外，范仲淹认为，改革科举制度，首先必须改革学校教育，而其关键又在于选择明师。他延聘著名教育家胡瑗为师，创立了“安定学法”，在全国产生了广泛的影响。“庆历中，兴太学，下湖州取其法，著为令”[④]。“安定学法”首先在太学中推广，开创了将地方教育制度引入全国教育事业之先河，同时，他首开地方学校实学之风，促使地方学校与科举制接轨。(详见第十章第一节教育篇)

作为地方官，范仲淹在苏州举办的兴修水利和创办学校这两件大事，不仅使苏州成为农业先进、经济富庶、文教兴盛、人文荟萃之地，而且，使苏州经验在全国范围内得以推广。后来他主持庆历新政虽然失败，但他在苏州总结的治水方法，仍然在南方推行；他兴建学校、改革科举制度的主张，在全国范围内，也得到了不同程度的实施。他对促进中国农村水利和文化教育事业的发展，做出了杰出的贡献[⑤]。

宋代治苏州的良吏还有不少，如宋真宗时任江淮制置发运使的赵贺，到任后整顿江淮漕运，收效明显。旧时转运司占隶的三司军将，分别统帅部属各类漕船，而下属

---

① 《同治苏州府志》卷二五。

② 《宋史》卷一五七《选举三》。

③ 《宋史纪事本末》卷三八《学校科举之设》。

④ 《宋史》卷四三二《胡瑗传》。

⑤ 关于范仲淹治苏州的全面研究，参见吴奈夫：《范仲淹治苏政绩考》一文，《苏州大学学报》(哲学社会科学版)2002 年第 1 期。

的主吏，具体掌管向各处派遣的漕船，由于主吏收受贿赂，因而分派各地的船只不公。“或数得诣富饶郡”，因以“商贩，贫者至不能堪其役”。贺“乃籍诸州物产厚薄，分剧易为三等，视其功过自裁定，由是吏巧不得施”，结果使漕量大增。“岁漕米溢常数一百七十万”。

当时苏州的太湖塘岸损坏严重，沿途的支渠也多所湮废，水侵民田。赵贺与两浙转运使徐奭共同“兼领其事”，伐石筑堤，疏浚积潦，使太湖塘岸得以修复。“自吴江东赴海。流民归占者二万六千户，岁出苗租三十万”。因此，他受到了宋朝廷的嘉勉[①]。

针对冗官与廉政的关系问题，知制诰、御史中丞王化基在太宗时曾进言指出，官多则开支大，如二十年前，江淮诸郡虽居要冲，“务穰事众，地广民繁”。但只设知州一人，“署领官事，事无不集，兼少狱讼”。可是其后十年，“添置监临、使臣等职，实逾本州官数”。如果这些官员是廉吏，尚是“止糜公帑”；如果是些贪官，则“取于民者又加倍焉”。因此，他主张精选良吏，可兼者兼之，如此“则冗官汰矣”[②]。

王化基针对江淮地区提出的问题，实际上在全国具有普遍性，他提出的精简官吏、减少开支的建议，受到了朝廷的重视。

二、江淮地区的重大贪赃案及其查处

有宋一代，任江淮地方官而有政绩者不乏其人。但也有一些官员利用职权，谋取私利，害民强夺的事件时有发生。特别是担任江淮发运使一职者，由于掌理大量钱货资财，位高权重，有不少人成为贪官污吏。比较有名的案件有：

1. 李溥、胡则利用职权谋私案

宋真宗时，李溥任江淮转运使十多年，利用职权，“奸赃狼藉”，声闻于朝野，可是，由于朝廷中有人为李溥作后台，官民“无敢言者”。天禧元年丙戌，朝廷以都官员外郎、判三司都磨勘司黄震为江淮两浙荆湖制置发运使。

黄震，浦城人，在朝以能识大体、把握变局著称。他在四川遂州任职时，曾处理了一件危机事件。当时宋朝廷曾因功同时奖励东、西两川的将士。西川的诏令与奖励先到，而东川的诏令与奖励未能及时到达，于是东川的士兵图谋作乱。紧急关头，黄震对兵士宣称：“朝廷怎么会忘记了东川呢，只是由于诏书在路上耽搁了而已。”他果断地下令打开官库取钱，按西川的奖励数额发给了东川士兵。士兵们的情绪立即平复了下来。第二天，朝廷的诏书与奖励果然到达。一场危险的兵乱就这样被黄震机智地平服了。

---

① 《宋史》卷一〇七《赵贺传》。

② 《宋史》卷二六六《王化基传》。

黄震出行江淮以前，向真宗皇帝上书，言词慷慨激烈地表示，自己一定要忠于职守，不负圣望，查处贪赃。真宗得书后知其“意在溥也”，事先告之曰：“卿当与人和。”黄震回答说：“廉正公忠，无负陛下任使者，臣敢不与之和。”[①]到任后，黄震经过调查，发现了李溥任职期间奸赃不法之事多达数十起。于是上报朝廷。真宗因此下诏，派御史赴江淮，调查处理。

经查，黄震所举属实，李溥除利用职权谋利外，还曾私调兵士为自己的亲家吏部侍郎林特建造住宅，又利用官船贩鬻材木，规取利息等。罪名不下数十起。然而，当案子即将定案时，逢上了朝廷大赦，于是又有人为李溥出面讲情，于是“有司以特故，将不究治”[②]。此时，大理寺的一个详断官刘随，不惧权势，再次弹劾李溥，真宗为此下诏定李溥之罪。

天禧二年，宋真宗下诏罢免了李溥淮南江浙荆湖发运使的职务，同时为了保障对江淮发运工作的监督，朝廷特设立了制置都监一职。

与李溥案有关的还有胡则案。胡则，婺州永康人，进士起家，太平兴国年间任江淮制置发运使，“肆纵无检”，当知杭州戚纶对其行为有所反感时，胡则与其党杭州通判吴耀卿相互勾结，暗侦戚纶的动静，“密以报则”。胡则又报告给李溥，李溥与胡则共同迫害戚纶。为此，朝廷将戚纶调知扬州，但维扬也在李溥、胡则的职权管辖范围之内。因此，他们的行为不仅丝毫没有收敛，反而进一步迫害、打击戚纶。戚纶只好“求换僻郡”[③]，于是被徙徐州。直到李溥案发以后，胡则才受到处理。

2. 吕嘉问赃私不法案

元符二年九月，发运使吕嘉问由江淮调任知青州，他未上任前，“先令客司船载本家米往新任出粜”，从中谋利。为人所告，由此又牵出他以往一系列的违法事件。如擅自“额外增置本府散从官”，擅自包庇纵容违反朝廷禁令的罪人邹浩，“受医人石与龄马一匹，为与龄举荐其子何乞试医学。已而知其不可，遂以己所乘马佯为贸易”[④]。这些不法事被揭露以后，“诏令大理寺勾追合干人根究”，予以处理。

3. 许元贿赂权贵案

许元，字子春，宣城人，以父荫为太庙斋郎改大理事寺丞，累迁国子博士，监在京榷货务三门发运判官，他“为吏强敏，尤能商财利”，当时正值“江淮岁漕不给，京师乏军储”的严重困难。参知政事范仲淹推荐许元担任了发运使。许元在淮南十三年，急

---

① 《宋史》卷三〇三《黄震传》。

② 《长编》卷九十一“真宗天禧二年四月”。

③ 《宋史》卷三〇六《戚纶传》。

④ 《长编》卷五一七“哲宗元符二年十月”。

于进取，“多聚珍奇以赂遗京师权贵”，他在真州任职时，“衣冠之求官舟者，日数十辈”。许元“视势家要族，立推巨舰与之”，而对小官及百姓，则迟迟不与船只，有时小官及百姓“伺候岁月，有不能得”。于是人们“以是愤怨，而元自谓当然，无所愧惮”。至和元年，许元为人所告，被朝廷免除职务①。

4. 刘承德媚上案

仁宗时，任发运使的刘承德，曾向皇上贡献“轮扇浴器”，大概这是一种可以喷淋的洗浴设备，因为此物非发运使所应上贡之物，为大臣郭劝所弹奏，称刘承德献轮扇浴器，“大率以媚上也。请付外毁，以戒邪佞”②。

5. 吕温卿以权谋私案

哲宗元符元年，制置发运使吕温卿案发。此案由淮南、两浙路察访孙杰告发，吕的罪状主要有三项：

第一是违条规定，不往泗州排纲，擅减衙前重难钱，不依规法改正乘船过数。这些问题看来还应属工作上的失误。

第二是假立户名，多套支出。他容纵公人军兵于所在及巡历的州军，违法冒借请给，每一出巡，逐州支借多至十余贯石，而与此相关的“合要公案簿书等勾考，取索不得”，亦即毁了相关凭据。

第三是骗取并偷漏国家税收。人人皆知“温卿好货”。他在蕲州妄认富民陈镃为亲，托买山作篺筏，约直三千缗。令家僮作马比部名目，于税务发引前來，所经场务，亏少税钱。他又令睦州青溪县丞朱兴宗，于越州买麦穗纱千余匹，并不曾纳税。

第四是于舒、黄州差禁军充合破厢军，雇自己所辖范围内的良人充女使，即奴婢，又以二十岁者作绣工，以十六七岁室女作乳媪③。这些事情都严重违犯了宋朝的礼法与制度。

事发后，哲宗诏令“扬州制勘院依公尽理根究，不得观望破裂”。经查，这些罪行成立，哲宗为此免去吕温卿之职，将其发往舒州居住，不久吕温卿即死于此地。吕案被撤职查办以后，人称“东南之人少苏息矣”④。

6. 史正志刻薄百姓事

乾道年间，史正志为发运使，极尽搜括之能事，所征收的钱物，“名为均输，实尽夺州县财赋，远近骚然，士大夫争言其害”，史正志征收所谓“羡余”至筠州，希望刘清之

① 《宋史》卷二九九《许元传》。

② 《宋史》卷二九七《郭劝传》。

③ 《长编》卷五〇二“哲宗元符元年九月”。

④ 《长编》卷五〇四“哲宗元符元年十二月”。

帮助"掏集州县畸零之赋"，也就是零散的多余收入。刘清之认为不可以这样做。他认为："所谓赢资者，皆州县侵刻于民，法所当禁。纵有赢资，是所谓羡余也，献之自下而诏止之，今则止而求之，乃自上焉。不夺不餍，其弊有不可胜言者。"①

张栻亦上言朝廷，陈述史正志之害民。皇帝为史正志解释说："正志谓但取之诸郡，非取之于民也 。"张栻曰："今日州郡财赋大抵无余，若取之不已，而经用有阙，不过巧为名色以取之于民耳。"上曰："如卿之言，是朕假手于发运使以病吾民也 。"后经过调查核实，果然如张言，于是"即诏罢之"②。

其实，对于转运使、发运使之腐败与扰民，宋统治者并非不清楚，天圣七年九月，"钟离瑾因奏计多载奇花怪石纳禁中，且赂权贵。殿中侍御史鞠咏、右司谏刘随皆劾瑾，咏请付御史台治"，仁宗特别面谕钟离瑾"亟还所部，于是又条约之"③。"诏淮南、江、浙、荆湖制置发运使奏計京师，毋以土物馈要近官"。

任布被擢拔为江淮制置发运使时，也以"前使者多聚山海珍异之物以饷权要"，布"一切罢去"④。

7. 章惇强占民田案

这是发生于苏州的一个利用职权谋取私利、轰动一时的大案。

章惇，建州蒲城人，在父亲章俞时，迁居苏州。章惇是进士出身，后来官至宰相。他是神宗时的名臣，与王安石一起主持过变法，后变法失败，蛰居家中。正是在苏州期间，其子章援强买民田，触犯了法律，"使无辜之民，被刑失业"，受害人朱迎等四人，在当地投诉，竟遭拒绝，未能申冤成功，于是不远千里，从苏州赶赴汴京上告朝廷。御史台明明知道这件事实的真相，却因章惇的地位，不敢追查惩治，章氏因而"假借奸豪，徼倖异日"。

为此，哲宗元祐四年六月，右正言刘安世大胆向朝廷上言，劾奏章惇不顾国法，"强以贱价买百姓抵当田产，致朱迎等四人不远数千里赴愬省部"，主张对章氏父子予以惩办。

刘安世，字器之，魏人。熙宁年间，作为河北西路转运使，他曾上书神宗，言"人主不可轻失天下心。宜乘时有所改为则天意得矣"。他本人是支持进行变法的。然而对章惇等人的作为，他却极为反感。

朝廷将案情下放至发运司具体办理，经查，案情基本属实。但也许是慑于事关朝

---

① 《宋史》卷四三七《刘清之传》。

② 《宋史》卷四二九"《张栻传》"。

③ 《长编》卷一〇八"仁宗天圣七年九月"。

④ 《宋史》卷二八八《任布传》。

廷重臣，尚书省一直拖延不予处置。刘安世于二十四日再次在延和殿上言哲宗，认为此案“已有实状，而迁延半岁，未蒙施行”。请求加快处理。

哲宗特地宣谕相关部门，“便令结断”。但时过一月后，问题仍没有解决。刘安世再次上书，他说：

> 臣伏见去年十二月内，苏州昆山县人户朱迎、朱育等经户部论诉章惇强以贱价买百姓抵当产业，遂具论列，乞正其罪。自后蒙朝廷委发运司考验虚实，今年正月间，本司体量奏到事状，虽依违灭裂，不尽本情，然其大概已见，朱迎等所诉，不至诬，如惇用其子承事郎援之名，投状承买官卖田共二十一户，皆有按据，最为要切。臣以为章援不告其父，私承交易，则当得异财之罪；若惇假托名目，则自有降等之法。兼朱迎等状内亦指定下状之日援在京就试，则惇之矫诈又甚明白，遂以合用敕律奏闻，必谓便可议罪，今已累月，未闻施行，上下畏惮，一至于此。按惇闲居里闬，而气焰凶暴，官司严惮，宁屈陛下之法，不敢逆惇之意。使惇有权，得行其志，则天下之弊，将何如哉！今体量到事迹，既皆有实，无可疑缓，而故为留滞，臣恐有与惇阴为地者，更将搜摘细故，会问往复，则明堂赦恩，必遂原免。然则大奸何幸，而平民何不幸也！伏望圣慈详此事理，明敕三省，早令结断，其州、县、监司，不受朱迎等诉状，亦乞特行降黜。所贵乱政跋扈之臣，屈法阿私之吏，知有典刑，易为制驭，远民抑屈，有所伸雪。①

此后左谏议大夫梁焘也上言说：“古者，大臣与民争利，犹以为非。谏官论事，久抑不行，乱是非之公，伤听纳之明。使惇且不知，犹不为无过。望赐施行，以为惩劝。”

刘安世在多次上书中指出，章惇父子在苏州的违法行为，本应由当地司法部门解决，但在苏州，地方官却不敢受理。以致苏州受害民众，从几千里外至京师投诉。但京师的司法、监察等部门仍不敢处置，甚至希望乘朝廷大赦之机，逃避惩处。更使他感到气愤的是，朝廷在事实已调查清楚的前提下，下令有关部门尽快处理，却被一再拖延。此事在刘安世看来，已经不是一个苏州地方司法部门能否作为、怎样作为的问题了，而是关系到朝廷是否有权威行使中央司法权力，惩治犯罪分子的问题了。他主张对主犯章氏父子及中央、地方司法部门中的所有渎职官员，一律给予处理。

在刘安世等大臣的多次进言下，宋哲宗不得不亲自发布诏书，处理此案。哲宗在诏书中说：“章惇违法买田，罚铜十斤，田产改正，差遣候服阕日取旨。其苏州昆山县

---

① 《长编》卷四二九“哲宗元祐四年六月”。

违法给卖官，并本州及本路监司不受理词状官，令以发运司具职位姓名以闻。……与体量不当官萧世京并取旨，不以赦原。”①

此后，主持此事的萧世京也因包庇罪被罚铜十斤。

从处置的结果来看，外罚其实是相当轻的，为此，七月二十二日，梁焘、刘安世、安诗上言：“惇责太轻，未压公议，况惇与蔡确、黄履、邢恕素相交结，自谓社稷之臣，天下之人，指为四凶。陛下无恤反汗之嫌，自遗养虎之患，宜候惇服阕，特行废置。”

给事中赵君锡也驳奏章惇的罪恶，认为不应当只是以赎论，应进一步加以降黜才是。然而这些意见并未被哲宗进一步采纳。为此，刘安世再次上言说：

> 臣等昨以劾奏章惇强用贱价夺民之产，朝廷体量得实，止断罚铜十斤，罚不当罪，寻具论列，今已逾月，未蒙施行。臣等按：惇用其子承事郎援之名，承买朱迎等田业，而下状之日，惇父尚在。检准名例律疏，谓祖父母、父母在，子孙无自专之道，而有异材别籍，无至孝之心，名义与之俱沦。清节于兹并弃，稽之典礼，罪恶难容，二事既不相须，违者并当十恶。推原法意，正为惇设。为子事父，而用意如此，不孝孰大焉！至于悖慢帷幄之前，殊无人臣之礼，交结蔡确，造播奸言，贪天之功，侥倖异日。为臣事君，而处心如此，不忠莫甚焉！臣等按：惇之罪实人伦之所共弃，王法之所必诛，投之四荒，始能塞责，罚金轻典，众谓失刑。伏望圣慈深赐省察，依近日邢恕体例，不俟服阕，预降责命，所贵邪正明辨，奸慝知畏。②

又言：

> 臣等近累具论奏章惇罪名未正，欲乞别议窜黜，至今未蒙施行。臣等伏见监司、郡守以不受朱迎诉状，并行责降；令、丞违法给受田产，亦已冲替，检准编敕节文，冲替比徒一年。臣等窃谓原情定罪，固有重轻；据事约法，亦分首从。今干系官吏皆因惇以致罪，而又处徒坐，惇系首恶之人，乃止罚铜十斤，事理直颠错，亦已太甚。况下状之日，惇父尚在，而别籍异财，事状著明，考按律文，罪入十恶。愚民冒犯，犹有常刑，惇为大臣，天下所望，而亏损名教，绝灭义理，止从薄罚，何以示惩？臣等窃谓圣人制法，惟务至公，若行于匹夫而废于公卿，伸于庶民而屈于贵近，此乃姑息之敝政，非清朝之所宜行也。”③

---

① 《长编》卷四二九“哲宗元祐四年六月”。

② 《长编》卷四三二“哲宗元祐四年八月”。

③ 《长编》卷一〇八“仁宗天圣七年九月”。

刘安世从宋朝法律规定的角度进一步指出："惇父在而别籍，合徒三年，既犯十恶，则议请减赎，一切不用。未知前日所断，援引是何律令。伏望陛下深赐省察，出臣等此章诘问执政。如律文别有冲改，臣等妄言，即乞明行罔上之戮；若大臣别无异说，即乞出臣等章疏，以正惇罪，及依近降圣旨，不用赦原。但能稍正典刑，庶几不屈清议，惟冀出一于宸断，早赐指挥。"

刘安世又言："臣等向者数曾论奏章惇罪名未正，今已累月，未蒙施行。臣等按：惇于元祐三年二月十四日，用其子援之名，承买朱迎抵当田产，至五月十六日方丁忧。即是投状之日，惇父尚在，推考事实，别籍甚明，据律定刑，既入十恶，则议请减赎，一切不用，虽赦无得原者。庶人之愚，或有抵冒，朝廷行法，未始少私。惇位大臣，为民所望，而灭绝义理，贪利无亲，止令罚金，是乱典宪。臣等窃为君子犯义，小人犯刑，古之圣贤，为之深戒。若谓惇为君子耶？今则犯义矣；以惇为小人耶？今又犯刑矣。二者均不能逃圣人之诛，则朝廷何惮于惇而废祖宗之法？伏望陛下出臣等此章，送刑部定夺。若律文曾经冲改，引用不当，即乞正臣等妄言之责；如勘会惇投状月日，系丁忧之前，委是父在别籍异财，即乞依例断罪。"这一天，哲宗诏令章惇候服阕与宫观差遣。

刘安世又言：

臣伏自去年十二月后来，十次论奏章惇买田不法等事，虽蒙朝廷节次施行，而惇之罪名今犹未正，迁延周岁，意在经恩，公论难安，须烦天听。臣闻议者以谓从来大臣不欲与众庶交易，故托子弟以立文契。臣以谓不然。祖宗之制，惟戒从官以上不得广营产业，与民争利，苟非殖货太甚，则是法所不禁。若身为大臣，欲避好利之名，而使子弟侵刻下民，乃是阳为应律，而阴纵贪鄙，欺君犯义，无大于此。借如或者之说，得无父兄方可别立名目，今惇父在，而下状之日，乃用其子，上专孝敬，下失义方，庶人之愚犹不至此，大臣之体固如是乎？议者又谓惇已不带职，及有旨候服阕日与宫观差遣，足以示惩，不必深责。臣亦以为不然。惇之不得职名，自是朝廷以其无礼于两宫，黜之外补，故不用执政善去之例，后来惇以便亲为请，遂得提举洞霄宫。方陛下圣政日新，奸邪屏息，如惇等辈，自知罪恶贯盈，必求退缩，将来终制，方且自陈，而乃先宫观授之，是中惇之意，恐不足以当今来所犯之典刑也。臣闻自责罚本路监司来，至今讼者不已，盖惇平日恃权暴横，人不敢校，既知朝廷特为伸屈，是以竞求赴愬。为民之害，如此之极，何可贷也！伏望圣慈以臣劾奏著之责辞，或令降官，或俾分务，但能不失其罪，足以稍正国礼。惟冀出于宸断，早赐指挥。①

在此情况下，哲宗于二十四日再次发诏，将章惇降一官、宫观，候服日给告。

刘安世等大臣之所以对章惇强占民产一事，不依不饶，十次上书论证章惇之罪，这中间当然有政治原因在起作用。但从这一事件中，我们也可以发现几个问题。

第一，在宋代，中央官员不仅对地方的司法不公之事可以干预，而且对皇帝的错误决定，亦可一再据理陈说。有时语词还相当的激烈。

第二，刘安世指控章惇在苏州所犯的诸罪，有些是相当严重的，有些足以致章惇于死地，章惇最终受到处罚，也从一个方面反映了中央对地方吏治的重视。

第四节　宋代江淮地区的军事设置

宋代数百年中，宋政府在江淮地区的军事设置，北南宋时期前后有较大的变化。北宋初平定南唐诸国后，宋政府有意削弱此地区的政治军事重要性，最初并没有设置重要的军事机构。而北宋中后期，情况有较大变化，军事地位开始重要起来，军事设置亦相应开始加强，到了南宋时期，宋政府南移临安，此地遂成为宋金战争的前沿地带，战略地位日益重要。举国最重要的军事机构即设置于此②。

宋代的兵制，大体分为三类：一类是禁军，即"天子之卫兵，以守京师，备征戍"；一类是厢军，即"诸州之镇兵，以分给役使"；一类是乡兵，即"选于户籍或应募，使之团结训练，以为在所防守"。此外还有蕃兵，此类兵"始于国初，具籍塞下，团结以为藩篱之兵。其后分队伍，给旗帜，缮营堡，备器械，一律以乡兵之制"，大体同于乡兵。

宋代的三类兵制，在江淮地区皆有设置，南宋后则有较大变化。

一、屯驻禁兵

禁兵是宋朝廷中由天子掌握的禁卫军队，由殿前司和侍卫二司总领。其中最为亲近的扈从者称为"诸班直"，主要用于皇帝的保卫，禁兵稍次者，则总于御前忠佐军头司、皇城司、骐骥院。其余的禁兵，则主要用于守卫京师，备预征伐。

宋太祖赵匡胤鉴于前代藩镇割据的教训，有意"萃精锐于京师"，史载"太祖起戎

---

① 《长编》卷四三二"哲宗元祐四年八月"。

② 北宋时，李纲曾提出"天下形胜，关中为上，建康次之，宜以长安为西都，建康为东都"。南宋时张浚认为"东南形势，莫重于建康，实为中兴根本"（见《景定建康志》卷三八）。

行,有天下,收四方劲兵,列营京畿,以备宿卫”,因此殿前、侍卫二司等所掌禁兵,都是精心挑选。建隆初年,赵匡胤下诏令诸州长吏,选送精兵“以补禁旅之阙”①。江淮地区征选的禁军,因生活地区水网密布,故多以充水军为主,如大中祥符六年,宋真宗诏在京诸军“选江淮士卒善水者习战于金明池,立为虎翼水军”。

北宋初,中央控制的禁军约有 20 万,其中一半以上,驻于开封京师及周围地区,以达到“内外相维,上下相制”的目的。其后数量不断增加。庆历年间,禁兵达到 82 万 6 千人。

除驻守京师以外,北宋约有一半的禁兵,驻守于地方。

江淮一带的禁军,前后变化颇大。宋仁宗时,“海内承平,而留神武备”,天圣至宝元年间,增募诸军,除陕西、河北等地外,在京西、江淮、荆湖,设“归远”禁兵,“总百余营”②。仁宗康定初年,因对西夏用兵,扩大禁军规模,其中在京东西、河北、河东、江淮、荆湖、两浙、福建各路,“各募宣毅,大州二营,小州一营,凡二百八十八”。熙宁三年后,宣毅军有 174 个,江淮一带大约有 16 个左右。庆历年间,又设立“宣毅床子弩炮手”的编制,至嘉祐四年时,设“宣毅床子弩炮手”指挥 ,江淮地区的江宁、扬州各有 3 个。宋仁宗皇祐五年,在江淮、荆湖地区开始设置“教阅忠节”军,“州一营,大州五百人,小州三百人”。总计 60 个指挥③,其中,江宁、扬、楚、真、泗、泰各设一个,此后,“宣毅”禁兵不再补充。

宋仁宗嘉祐四年,又设立“威果”兵:“诏荆南、江宁府、扬、庐、洪、潭、福、越州募就粮军,号威果,各营于本州。又益遣禁军驻泊,长吏兼本路兵马钤辖,选武臣为都监,专主训练。于是东南稍有备矣。”

大中祥符六年,宋中央选江淮习水卒于金明池“按试战棹,立为虎翼军”后,诏令“江、浙、淮南诸州,亦准此”。因而江淮禁军中,当有相当一部分是水军。

下表是江淮地区禁军的分布情况:

表三　江淮地区禁军屯驻分布表

禁军番号及指挥数	熙宁前江淮指挥数	禁军番号及指挥数	熙宁后江淮指挥数
虎翼水军六	江、浙、淮南诸州,亦准此选置	武卫 71 个	徐州 1 个
武卫,67 个	徐州 1 个	威果 25	江宁、扬州各 3 个

---

① 《宋史》卷一八九《兵制一》载:宋政府“选强壮卒定为兵样,分送诸道。其后,代以木梃,为高下之等,散给诸州军。委长吏、都监等召募教习,俟其精练,即送阙下”。

② 《宋史》卷一八九《兵制一》。

③ “指挥”为宋军队营的编制,一个指挥约有 500 人。见《宋史》卷一八九《兵制一》。

续表

禁军番号及指挥数	熙宁前江淮指挥数	禁军番号及指挥数	熙宁后江淮指挥数
忠节,60个	江宁、扬州、楚、真、泗、泰各1个	忠节,加川中节、教阅忠节,共60个	江宁、扬州、楚、真、泗、泰各1个
宣毅288个	京东路:徐州1个 淮南路:扬州、楚、真、泗、泰、通、高邮、涟水各1个 江南路:江宁1个 两浙路:苏、润、常各1个	宣毅174个	京东路:徐州2个 淮南路:扬州2个、楚、真、泗、泰、海、通、高邮、涟水各1个 江南路:江宁1个 两浙路:苏、润、常各1个
威果25个指挥	江宁、扬州各3个	威果25个指挥	江宁、扬州各3个
新立归化1个	平江南,以降兵增之,指挥1个		
总　计:	约30个		约35个

总的看,宋代主要用兵方向在北方,禁军驻在南方的数量不算多,如宣毅军,江淮地方的指挥大约在5%(熙宁前)至10%(熙宁后)之间。

宋神宗熙宁以前,宋朝禁兵实行“更戍法”,即禁军定期调动的办法:“先是,太祖惩藩镇之弊,分遣禁旅戍守边城,立更戍法,使往来道路,以习勤苦、均劳逸。故将不得专其兵,兵不至于骄惰。淳化、至道以来,持循益谨,虽无复难制之患,而更戍交错,旁午道路。议者以为徒使兵不知将,将不知兵,缓急恐不可恃。”①

“更戍法”的实行,造成了“兵不知将,将不知兵”的结果,于是宋神宗开始对“更戍法”进行变革,于是有了“将兵法”:“乃部分诸路将兵,总隶禁旅,使兵知其将,将练其士,平居知有训厉而无番戍之劳,有事而后遣焉。”

“将兵者,熙宁之更制也”。元丰四年,宋在东南地区共设十三将:其中自淮南东路开始为第一将,淮南西路为第二将,两浙西路为第三将,两浙东路为第四将,江南东路为第五将,江南西路为第六将。“凡诸路将各置副一人,东南兵三千人以下唯置单将。凡将、副皆选内殿崇班以上、尝历战阵、亲民者充,且诏监司奏举”②。当时天下共有92将,东南地区设13将,其中江淮地区设将约13将的一半。

禁兵之设,主要对外,同时也具有对内的功能。史载:“自元昊叛,而西北有保毅,王伦起,而东南有宣毅,于是列郡稍置禁军。”③

北宋后期,江南地区阶级矛盾尖锐,农民起义不断,所谓:“江、浙盗起,攻陷州邑,

① 《宋史》卷一八九《兵制一》。

② 《宋史》卷一八九《兵制二》。

③ 王应麟:《玉海》卷一三九《兵制》。

东南将兵，望风逃溃，无复能战。”童贯为此奏言说：“东南三将，类皆孱弱，全不知战，虚费粮廪，骄惰自恣。平时主领占差营私，大半皆习工艺。遂致寇盗横行，毒流一方，重费经画。今事平之后，当添将增兵，镇遏绥驭。然南人怯弱，素失训练，终不堪战。今欲于内郡别置三将，并随京畿将分接续排置，使陕西军更互戍守。庶几东南可得实战之士，于计为便。”

童贯认为南人怯弱，将不知战，主张以陕西的禁军“更戍”，取代江淮禁军，钦宗“诏从之”。其后，宋南渡后的诸屯驻大军，即北方旧将兵之类，与初设东南地区13将时有了很大不同。

南宋建炎以后，宋政府在江淮的诸屯驻大军，有淮东泰州、镇江左军；镇江驻扎御前水军，此军淳熙五年时有一千五百人；平江许浦水军，淳熙五年有七千五百人；江阴水军，三百人；建康都统司靖安水军；通州水军；两淮水军，有二千人，此水军系隆兴元年“诏诸州断配海贼刺隶”而设立。

二、厢兵

北宋时的厢兵，即“诸州之镇兵也”。总统领于侍卫司。从领导关系看，厢军分军、指挥、都三级，但实际上有的一军之额，分隶于数州，有的一州之厢军，又兼屯于数州，较为混乱。在京诸司的厢军隶宣徽院，这些厢军要为官府放牧或做缮修等工役，而地方诸州，则根据各州的实际情况做事，“各以其事属焉”。

厢军的素质，较之禁兵要差得多。太祖建隆初年，“选诸州募兵之壮勇者部送京师，以备禁卫”，余下的人则留在本州城，不参加更戍，也很少进行训练，大多只是在地方给官府服役而已。所谓“材不中禁卫，而力足以充役”[①]，后来，官府又通过荒年募兵的办法，召强壮者为禁兵，弱者则为厢兵。有时京师缺少役兵，也从地方征调，“岁取于诸路，而江淮兵每饥冻，道毙相属”[②]。

厢兵所服劳役，种类极多，据枢密院熙宁三年奏言，“诸路厢军名额猥多，自骑射至牢城，其名凡二百二十三。其间因事募人，团立新额，或因工作、榷酤、水陆运送、通道、山险、桥梁、邮传、马牧、提防、堰埭，若此者事在而名未可废。及剩员直、牢城皆待有罪配隶之人；壮城专治城隍，不给他役”。从此奏言可见厢军名目竟有223种之多，而且也还不是劳役种类的全部。

因为厢兵不受重视，且多是为官府服各类杂役，有的士兵本身即是由罪犯发配过来，因而军纪也较差。景德四年七月，如京使何士宗曾经上言，主张比附禁军的管理，

① 王应麟：《玉海》卷一三九《兵制》。

② 《宋史》卷一八九《兵制三》。

制定条制以解决厢兵的违纪问题，太祖回答说："禁卫兵士无他役使，且廪给优厚，欲其整肃，有所凛畏，故设此条禁。今以厢军约此施行，恐难经久。况尊卑相犯，自有条律，不行可也。"①

赵匡胤也知道完全以禁军的办法来要求厢兵是不切实际的。但不久以后，针对厢兵的条制还是制定出来了。大中祥符元年，诏令规定厢兵：

> 对本辖人员有犯阶级者，并于禁军斩罪上减等，从流三千里上定断；副兵马使已上，勘罪具案闻奏。厢军军头已下至长行，准敕犯流免配役，并徒三年上定断，只委逐处决讫，节级已上配别指挥长行上名，长行决讫，配别指挥下名收管。如本处别无军分指挥，即配邻近州、府、军、监指挥收管。内别犯重者，自从重法。②

其实厢兵的违反条制，多是由于生活所迫，这从宋代君臣多次讨论厢兵的困难与出路问题可以看出。

大中祥符五年，真宗指出："累议老病之兵渐多，在京者令逐司将臣，外处者散差诸司使副拣选。可指挥所拣殿前、侍卫马步军司，令先逐指挥自指挥使已下，据见管兵士除堪任披带征役外，其自来懦弱、教阅不出之人及老病不堪者，籍其名，供申次第，管辖处各就逐营看详定夺，然后缴申逐司，与差去使臣同共拣选。如有协情不当，即具始末以闻。其厢军都指挥使已下并当严断，外处拣就粮兵士亦如之。"③

从"自来懦弱、教阅不出之人及老病不堪者，籍其名，供申次第，管辖处各就逐营看详定夺"等言来看，充厢兵者，多是老病、懦弱之类，需要照顾。

真宗为此又宣示："外处就粮诸军，有捧日、天武第七第九第十军军额，皆是自上军经两三度拣选，以其久处禁卫，不欲便拣落，特设上件军额处之。朕深虑拣兵臣僚、军头等同诸军例，更拣配下军，可遍谕之。老病者便放归农，内契丹、渤海、日本外国人恐无依倚，特与收充本军剩员 。"由真宗所言可见，捧日、天武诸军当初是为了照顾那些久处禁卫的老兵而设，而此时又面临拣配下军的境遇，因此真宗主张放他们归家务农。厢兵处境之悲惨及待遇之差可见一斑。

江淮地区的厢兵，种类颇多，如元丰四年时，"淮南路骑军之额，自威边而下六，步军之额自左威而下二十有七，并改号曰宁淮，凡为一百二指挥，总四万一千二百八十五人"。再如两浙路，"步军之额自捍江而下三，并改号曰崇节，凡为五十一指挥，总一

---

① 《宋史》卷一八九《兵制三》。

② 《宋史》卷一八九《兵制三》。

③ 《宋史》卷一八九《兵制三》。

万六千六百五十人"[①]。

以下是江淮地区熙宁前后在今江苏境内的厢军种类：

表四　熙宁三年前后江淮地区厢兵一览表

建隆以来之制		熙宁以后之制	
种　类	江淮地区厢兵所在路、州	种　类	江淮地区厢兵所在路、州
骑　射	京东路:徐、淮阳	骑　射	京东路:徐、淮阳
定　边	京东路:徐	定　边	京东路:徐
武　胜	淮南路:泗	武　胜	淮南路:泗
拣中骑射	淮南路:扬、泗、真、海、通、涟水、高邮	拣中骑射	淮南路:扬、泗、真、海、通、涟水、高邮
奉　化	淮南路:扬、通、泰、楚、真、泗、涟水、高邮	奉　化	淮南路:扬、通、泰、楚真、泗、涟水、高邮
开　远	淮南路:扬、楚、泗	开　远	淮南路:扬、楚、泗
壮　武	京东路:徐、淮阳。淮南路:扬、海、通、楚、泰、高邮	壮　武	京东路:徐、淮阳;淮南路:扬、海、高邮
里　运	江南路:江宁	里　运	江南路:江宁
广　济	淮南路:扬、高邮、涟水、通	广　济	淮南路:海、泰、通、泗、高邮、涟水
水军奉化	淮南路:泰、泗	水军奉化	淮南路:泰、泗
六　奇	淮南路:楚	六　奇	淮南路:楚
武　勇	淮南路:泰	武　勇	淮南路:泰
静　海	京东路:徐。淮阳军。淮南路:通	静　海	京东路:徐;淮南路:扬、通
水　军	淮南路:扬、海、泰、楚、泗、涟水、高邮。江南路:江宁	水　军	淮南路:扬、海、泗、涟水、高邮。江南路:江宁
静　胜	淮南路:扬	静　胜	淮南路:扬
备　边	淮南路:泗	备　边	淮南路:泗
效　勇	江南路:江宁	效　勇	江南路:江宁
水　运	淮南路:泰	水　运	淮南路:泰
崇　节	两浙路:苏	崇　节	两浙路:平江、江阴、常、镇江
梢工都	淮南路:楚、真	梢工都	淮南路:楚、真
装　发	淮南路:真、泗、楚、通	装　发	淮南路:真、泗、楚、通

① 马端临:《文献通考》卷一五六《兵八》。

续表

建隆以来之制		熙宁以后之制	
防　城	淮南路:泗		淮南路:泗
水军桥道	淮南路:泗		淮南路:泗
车　军	淮南路:泰、真、楚。两浙路:常	车　军	两浙路:常
盐　车	淮南路:泰、真	盐　车	淮南路:泰、真
新招梢工	淮南路:真、泗	新招梢工	淮南路:真、泗
拔头水军	淮南路:泗	拔头水军	淮南路:泗
清　务	两浙路:苏	清　务	两浙路:苏
捍　海	淮南路:通、泰	捍　海	淮南路:通、泰
鼓角将	两浙路:润	鼓角将	两浙路:润
酒务杂役	江南路:江宁	酒务杂役	江南路:江宁
牢　城	诸州	牢　城	诸州

进入南宋以后,江淮成为宋金战争前线,南宋在此地区的厢军明显增加了。请看下表:

表五　江淮地区建炎以后新增设厢军

熙宁以前未见,建炎以后设立厢军					
序号	种类	江淮地区厢兵所在路、州	序号	种类	江淮地区厢兵所在路、州
1	威边	京东路:徐	9	武卫	镇江
2	耀武	淮南路:泰	10	威捷	镇江
3	怀安	淮南路:泰	11	崇节	中兴立:平江、江阴、常、镇江
4	本城	常	12	开江	中兴立:平江
5	步驿	步驿 江宁	13	横江	中兴立:平江
6	武威	江宁	14	宁淮	中兴立:在淮南
7	威果	平江 、常、镇江	15	雄节	中兴立:平江、常、镇江、江阴
8	左衙	通	16	全捷	中兴立:平江、镇江

以上厢兵,不少标明是南宋"中兴"以来新增的,这显然与江淮地区在这一时期军事地位的变化直接相关,这是对金战争的需要。北宋中期庆历年间,宋中外禁、厢军总数有 125 万,"视国初为最多",但当时江淮地区远离北方前线,厢军数量所占比重并不大,而宋室南渡后,江淮成为宋金战争前线,厢兵的增加便是自然的了。

三、乡兵

乡兵是宋代一种地方军队,宋初即设置于各地。此制最早产生于后周广顺年间,当时后周"点秦州税户充保毅军",宋朝因袭之。建隆四年,宋首先在关西道,"令调发乡兵赴庆州"①。

不同地方的乡兵,有不同的名号,如在河东有神锐、忠勇、强壮,河北有忠顺、强人,陕西有保毅、砦户、强人、强人弓手,河东、陕西有弓箭手,河北东、陕西有义勇,麟州有义兵,川陕有土丁、壮丁等。

乡兵一般采取征兵制,选自地方户籍,如咸平三年,"诏河北家二丁、三丁籍一,四丁、五丁籍二,六丁、七丁籍三,八丁以上籍四,为强壮。五百人为指挥,置指挥使;百人为都,置正、副都江堰市头二人,节级四人"。此类乡兵,"借库兵(兵器)给粮训练,非缘边即为番迭教,寇至悉集宋城,寇退营农"。再如咸平四年,"令陕西系税人户家出一丁,号曰保毅,官给粮赐,使之分番戍守"。此类乡兵,带有强制性,虽然朝廷规定乡兵"税赋止令本州输纳,有司不得支移之",居民仍多不愿从事。

另有一类乡兵采用的是募兵制,景德二年,知镇戎军曹玮首先在辖区实行此制,招募的兵士称为弓箭手,出甲士一人者,官府给田二顷。以后招募制推广开来。庆历时,弓箭手达到32000人。此即"土民应募,在所团结训练,以为防守之兵也"。

熙宁三年,王安石主政,"变募兵而行保甲",即民户十家为一保,选主户有能力的一人为保长。五十家为一大保,选一人为大保长。十大保为一都保,选众民户所敬服者任都保正,另以一人为副。主客户两丁以上,选一人为保丁。"兵器非禁者听习"。每一大保每夜轮流以五人警盗。如果捕获匪盗,按级奖赏。同保以内如有人犯有强盗、杀人、放火、强奸、略人、传习妖教、造畜蛊毒等罪行,知而不告的,依律联坐。此制初行于京师地区,后来推之于五路,最后推行于全国。熙宁九年时,全国的保甲民兵达到693万多人。

江淮地区的乡兵,类别不少。如诸州皆设的"乡兵巡社",亦称"忠义巡社";楚州有"壮丁民社";淮东有"万弩手",此类乡兵,数量有时还很大,如淮南运司招募边民组织的"镇淮"民兵,多至十万人②。此类乡兵往往成为官府禁军及地方厢军的后备补充兵源。

建炎三年,御营参议官柳约奉旨,在沿江一带设民兵,每五十人为一队,以田扩

---

① 《宋史》卷一八九《兵制三》。

② 马端临:《文献通考》卷一五六《兵八》。

丁，一户抽一丁，五丁抽两丁[①]。此类民兵，亦即乡兵。

建炎四年，有大臣根据“朝廷近起乡兵防江”的要求，主张召募土豪，使各保乡井，高宗予以批准，诏令此类土豪，“各听本州县守令节制”，这类土豪，也是江淮乡兵的一种。

绍兴四年，针对楚州、泰州等地的“山水寨”抗金民兵，宋高宗发诏令表彰他们“合力击贼”，诏免十年租赋。绍兴三十一年，中丞汪澈上书，“乞恤淮南山水寨乡豪，各收其用”。隆兴元年，宋朝廷专委两淮守臣，“各括责山水寨首领姓名，保明来上，量补官资，专一裒集乡兵，俾之团结，明立赏格，一有缓集，入城守御”。后来宋政府将此制推广至其他地方。乾道五年，两淮的徐子寅奉旨，将在本路诸州的山水寨民兵，三丁以上，选壮丁一人，赴州教习一月。徐子寅在淳熙初年上报朝廷当地民兵数，称有弓手16980人，弩手1425人，看来此类乡兵最初多是自发组织，政府逐渐加以收编并用于抗金战争。

南宋与金对峙时期，江淮地区乡兵中，水军占了很大比重：

> 宋代水军之制，南渡以后愈盛，沿河江淮帅府，各置水兵二军，要郡别置水兵一军，次要郡别置中军，号曰凌波、楼船军。又有镇江置劄御前水军（乾道三年招三百人，淳熙五年招千五百人）、江阴水军（乾道四年置三百人）、平江许浦水军（乾道七年七千人，淳熙五年增五百人）、建康都统司靖安水军（原隶都统司，嘉定中节度）、通州水军（乾道五年置）、两淮水军（绍兴元年置二千人附）。[②]

此类水军，帅府所掌者多是官府禁军、厢军性质，但其中也应有不少属于乡兵之类。

乡兵虽然不如禁兵、厢兵训练有素，但较之禁兵、厢兵，亦有其优点。

钱之望在《条三边战守事宜疏》中谈到淮河的防守问题时曾说：“卒饥、财匮、兵少，今日之大患也，然而卒欲饱，则财愈（困）矣，财欲无乏，则减兵且不暇，其何以增耶。若兵自耕，民自战，沿江诸军，各择地分内闲田种之，而民兵万弩手，用一法给器械，较精惰略计可十五万，与屯田大兵相参，此三路之郛郭也。”[③]钱在上疏中，提出当时面临的“卒饥、财乏、兵少”三大问题，他认为要让兵饱，就要多支钱粮，而多支钱粮，财匮又是一大问题，要解决财匮，就必须减少兵员，而减少兵员，这又是对金战争所不

---

① 马端临：《文献通考》卷一五六《兵八》。

② 马端临：《文献通考》卷一五六《兵八》。

③ 《江南通志》卷九二《兵制》，引钱之望：《条三边战守事宜疏》。

允许的。所以他主张利用和武装淮地的民兵，且耕且战，这样，既能节省开支，又可获得15万兵员。

汪纲在《两淮预备疏略》中，也谈到在两淮之地，用禁军不如用土兵即乡兵的问题："州郡禁兵，本非供役，乃就粮外郡耳，今不为战斗用，乃使之供力役缓急戍守，专倚大军，指日待更，不谙风土，岂若土兵生长边地，坟墓室家，人自为守耶？当精择伉壮，广其尺籍，悉隶御前军额，分擘券结，以助州郡衣粮之供……则边面不必抽江上之戍，江上不必出禁卫之师，生养休蓄，劳费俱息。"①

从汪纲之言可以看出，在对北方金人作战方面，乡兵因为生于本地，长于本土，保护祖宗故乡心切，又熟谙当地风情，因而使用土兵，既节省开之，又较之使用禁兵，更为有利。

第五节　大都督府的设立与赵鼎、张浚

两宋时期，宋政府在江淮地区除了按例行的制度，设立禁兵、厢兵、乡兵以外，在军事上，还根据形势的变化及特殊的需要，在特定的时期设立了一些军事的机构与职务，以加强对江淮的军事控制。例如都督江淮等路诸军事、江淮宣抚使、江淮制置使、江东安抚使等，这些职务大多寓司于建康府，其中影响最大者为大都督府之设立。

一、扬州、镇江、建康大都督府的先后设立

淳化五年，宋朝政府进一步调整设置，在扬州、镇江、建康先后设立了大都督府，以加强对抗金前线军马及军事行动的统一调配指挥。赵鼎、张浚等人先后担任此职，并对宋朝后期历史产生了重要的影响。

北宋初期灭南唐以后，对江南各大州郡，宋朝廷多实行压制政策，诸城池多夷为平地，许多地方武备取消，民间不能私蓄武器。真宗咸平三年，濮州曾有盗贼夜入城而官不能制。知黄州王禹偁因而上言：

> 自唐广明之季，天下乱离，各据城垒，缮置兵甲，豆分瓜剖，七十余年。太祖潜跃之初，则服关南，平淮甸，受禅之岁，再驾伐叛，取庸、蜀，下荆、湘，克番禺，讨金陵，是十分天下而有其七矣。太宗缵嗣洪业，克辑大勋，平定并、汾，怀来闽、

① 《江南通志》卷九二《兵制》，引汪纲：《两淮预备疏略》。

越,天下一家,无不臣妾。当时议者,乃令江淮诸郡毁城隍,收兵甲,撤武备者三十余年[1]。书生领州,大郡给二十人,小郡减五人,以充常从。号曰长吏,实同旅人,名为郡城,荡若平地。虽则尊京师而抑郡县,为强干弱枝之术,亦非得其中道也。臣比在滁州,值发兵挽漕,关城无人守御,止以白直代主开闭,城池既圮,器仗不完。及迁维扬,称为重镇,乃与滁州无异。尝出铠甲二十副与巡警使臣,彀弩张弓十损四五。盖不敢擅有修治,又地湿暴凉为难,上下因循,遂至于此。今黄州城雉器甲,复不及滁、扬,万一水旱为灾,盗贼窃发,虽欲御备,何以枝梧。今江淮诸郡,大患者三:城池隳圮,一也;兵仗不完,二也;兵不服习,三也。今濮贼之兴,慢防可见。望陛下特行宸断,参之庙算。如且因而修治,不欲张皇,凡江、浙、荆湖、淮南、福建等郡,约民户众寡,城池大小,并置本城守捉军士,不过三五百人,勿令差出,止城中阅习弓剑。然后渐葺城垒,缮完甲胄。郡国张御侮之备,长吏免剽略之虞。疏奏,上嘉纳之。[2]

王禹偁上此言时,距宋初已近四十余年了。江淮这样的地区,不要说滁州之类城防,连扬州、金陵这样的重镇,城防武备都十分不像样子。当然,这是宋统治者强干弱枝政策的必然结果。只不过在曾是南唐等割据政权之地的江南,这一政策实行的尤为过之罢了。

太平兴国八年二月,有司曾上言:"先禁江南诸州民家不得私蓄弓剑、甲铠,违者按其罪。按律疏禁民私有兵器,谓甲、弩、书、具装等,若弓箭、刀楯、短矛并听私蓄,望釐改之。"太宗下诏听从其请[3]。

宋初天下无事,诸州这样的状况也许无碍大局,可是自金兵北起,边警时发以后,这就是十分危险的事情了。到了北宋末年及南宋初,江淮成了宋金战争的前哨地区,宋政府对这里的军事设置与管理,发生了明显变化。大都督府在江淮的设立即是一例。

唐代时曾在扬州、益州、潞州、幽州、荆州设立了大都督府,一般由亲王任大都督,下设傅、相、内史等官职。如果亲王不就国,则以大都督长史统领。然而后来此制被废。

---

① 《宋史》卷二九二《王禹偁传》作"二十年"。

② 《长编》卷四七"真宗咸平三年十二月"。

③ 《长编》卷二四"太宗太平兴国八年二月"。

淳化五年，宋太宗以益王为吴王，淮南节度、扬州大都督府长史[①]。开始在扬州设大都督府。领淮南、镇江节度使。此前，端拱年间，宋政府曾在福州以越王为威武军节度、福州大都督府长史。

至道年间以后，亲王驻在地设大都督府者，遂由亲王直接任大都督一职，不再叫长史。如果没有亲王，则置知府事一人，相当于次职。另设通判一人，一般由京朝官充。而司马不厘具体事务。当然，在这个时期，大都督府的任职，更多是一种荣誉性的头衔，一般由亲王担任。

宋室南渡以后，由于战争形势的变化，江淮地区的地位更加重要，因而，都督府（有时也称督府、都府、帅府）的实际地位也更加重要。与过去不同的是，都督实际上成了军队的总指挥。总统诸路军马事宜，大小统兵帅将均受其节制，诸处行政官司遇有军期差使以及发遣钱粮等公事，都听从其指挥。而且此时的大都督，往往以现任的宰相充任，次职设有同都督，督视军马等[②]。史称："南渡后，以现任宰相充都督，次有同都督，有督视军马，多执政为之，虽名称略同，然掌总诸路军马，督护诸将，非旧制比也。"[③]

绍兴二年（1132）四月，吕颐浩首先以左仆射的身份，出任都督江淮、两浙、荆湖诸军事，此时都督府设置在镇江。其后，赵鼎、张浚、汤思退等人，皆以宰相的身份兼任此职。其中最有名者当推赵鼎、张浚。

二、赵鼎主持大都督府

赵鼎，字元镇，解州闻喜人。生四岁而孤，母樊氏教之，通经史百家之书。后一举登崇宁五年进士第。金人攻陷太原，宋朝廷议割三之地，赵鼎上言曰："祖宗之地不可以与人，何庸议？"京师失守后，北宋徽钦二帝被俘北行。金人议立张邦昌，赵鼎等逃至太学中，不为其起草议状。南宋高宗即位后，赵鼎任职于南宋朝廷。敢于直言，岳飞受命赴长江上游收复襄阳等，多出自赵鼎之议。刘豫与金兵大举南侵时，诸将议论纷纷，而赵鼎坚决主张抵御：

---

① 《长编》卷三五"太宗淳化五年二月"："徙封益王元杰为吴王，领淮南、镇江节度使。先是，诸王领节度使，必兼大都督府长史。翰林学士张洎草元杰制，上言：'按前史，皇子封王，以郡为国，置傅、相、内史，佐王为理，如不之国，朝廷命卿大夫临郡，即称内史行郡事。唐以扬、益、潞、幽、荆五郡为大都督，置长史、司马为上佐，即内史之职也。其大都督之号，非亲王不授，或亲王遥领，别命大臣临郡，皆是长史、副大使知节度使事。今吴王实居大都督之任，复加长史，乃自为上佐，其名不正，望付中书门下商议施行。'宰相吕蒙正曰：'王、越王皆领长史，今吴王独为大都督，居二王之上，恐亦非便。'上曰：'业已差误，异日别有除授，并改之。'"

② 《宋会要辑稿·职官》三九之五。

③ 《宋史》卷一六七《职官志七》。

时刘豫子麟与金人合兵大入，举朝震恐。鼎论战御之计，诸将各异议，独张俊以为当进讨，鼎是其言。有劝上他幸者，鼎曰："战而不捷，去未晚也。"上亦曰："朕当亲总六师，临江决战。"鼎喜曰："累年退怯，敌志益骄，今圣断亲征，成功可必。"于是诏张俊以所部援韩世忠，而命刘光世移军建康，且促世忠进兵。世忠至扬州，大破金人于大仪镇。……(鼎)乘间言："陛下养兵十年，用之正在今日。若少加退沮，即人心涣散，长江之险不可复恃矣。"及捷音日至，车驾至平江，下诏声逆豫之罪，欲自将渡江决战。鼎曰："敌之远来，利于速战，遽与争锋，非策也。且豫犹遣其子，岂可烦至尊耶？"帝为止不行。未几，签书枢密院事胡松年自江上还，云北兵大集，然后知鼎之有先见也。①

面对刘豫军与金人的联合南下，赵鼎能力排众议，正确分析形势，利用敌军的骄慢之情，以张俊支持韩世忠军，终获大仪镇之捷。

此后一段时间里，赵鼎所提出的任用张浚及"攻战备御、措置绥怀"等诸多建议，大多为高宗所采用，他实际上成了朝廷中主持抗金的中坚。

张浚久废，鼎言浚可大任，乃召除知枢密院，命浚往江上视师。时敌兵久驻淮南，知南兵有备，渐谋北归。鼎曰："金人无能为矣。"命诸将邀诸淮，连败之，金人遁去。上谓鼎曰："近将士致勇争先，诸路守臣亦翕然自效，乃朕用卿之力也。"鼎谢曰："皆出圣断，臣何力之有焉。"或问鼎曰："金人倾国来攻，众皆恼惧，公独言不足畏，何耶？"鼎曰："敌众虽盛，然以豫邀而来，非其本心，战必不力，以是知其不足畏也。"上尝语张浚曰："赵鼎真宰相，天使佐朕中兴，可谓宗社之幸也。"鼎奏金人遁归，尤当博采群言，为善后之计。于是诏吕颐浩等议攻战备御、措置绥怀之方。五年，上还临安，制以鼎守左仆射知枢密院事、张浚守右仆射兼知枢密院事，都督诸路军马。鼎以政事先后及人才所当召用者，条而置之座右，次第奏行之。②

赵鼎身为宰相兼"都督诸路军马"，能统览全局，知人善任，料敌如神，故高宗称曰"赵鼎真宰相，天使佐朕中兴"，也正是因此，他才能与张浚担负起抗金总指挥的重任。

当秦桧执政后，赵鼎受到排挤，被贬为地方官："在潮(州)五年，杜门谢客，时事不挂口，有问者，但引咎而已。中丞詹大方诬其受贿，属潮守放编置人移吉阳军，鼎谢表

---

① 《宋史》卷三六〇《赵鼎传》。

② 《宋史》卷三六〇《赵鼎传》。

曰:"白首何归,怅余生之无几;丹心未泯,誓九死以不移。"秦桧见之曰:"此老倔强犹昔。"[1]仍加迫害,赵鼎于是自语其子赵汾曰:"桧必欲杀我。我死,汝曹无患;不尔,祸及一家矣。"赵鼎此前已自书墓志,除了记载其乡里及官职除拜岁月外,此时又书铭旌曰:"身骑箕尾归天上,气作山河壮本朝。"遂不食而死,"时绍兴十七年也,天下闻而悲之"[2]。

赵鼎与北宋末年的宗泽,是宋代数百年中著名的忠君爱国,坚持抗战的将相,深受后人爱敬,史臣评论说:"窃尝论(宗)泽、(赵)鼎之终而益有感焉。泽之易箦也,犹连呼'渡河'者三;而鼎自题其铭旌,有'气作山河壮本朝'之语。何二臣之爱君忧国,虽处死生祸变之际,而犹不渝若是! 而高宗惑于憸邪之口,乍任乍黜,所谓'善善而不能用',千载而下,忠臣义士犹为之抚卷扼腕,国之不竞,有以哉!"[3]

三、张浚主持大都督府

南宋自赵鼎之后,任都督府都督诸路军马一职者,尚有数人。最有盛名与成效者为张浚。

张浚,字德远,汉州绵竹(今四川绵竹)人,是唐代宰相张九龄弟张九皋之后代。四岁而孤,后入太学,中进士第。靖康初年,金人立张邦昌,张浚逃入太学中。听说宋高宗即位,于是驰赴南京(今商丘),任殿中侍御史。随驾赴东南,后迁侍御史。以敢于直言、弹劾非法而著称。他曾建言"中原天下之根本",请高宗下诏,回中原巡幸。高宗召谕他说:"卿知无不言,言无不尽,朕将有为,正如欲一飞冲天而无羽翼,卿勉留辅朕。"

建炎三年春,金人南侵,高宗逃至钱塘,留宰相朱胜非同张浚在吴门一同节制军队,而朱胜非不久即奔走,独留张浚。当时人心不定,"时溃兵数万,所至剽掠",不久又发生了苗傅、刘正彦欲谋废立之乱。张浚沉着应付,说服了欲听从苗、刘任命准备卸兵受命的张俊,同时联络节制建业的吕颐浩,领兵镇江的刘光世,以及刚抵达常熟的韩世忠舟师,迅速平定了苗、刘之乱,稳定了朝廷。

苗、刘事件后,高宗欲任命张浚为相,张以自己年轻晚进,推辞不敢当。但是张浚心有壮志北定中原,他认为"中兴当自关陕始,虑金人或先入陕取蜀,则东南不可保,遂慷慨请行"。于是高宗下诏以张浚为川陕宣抚处置使。遣大臣与韩世忠镇淮东,令吕颐浩扈跸武昌,又以张俊、刘光世与秦川相首尾。形成了从上游至下游的防线。

---

① 《宋史》卷三六〇《赵鼎传》。

② 《宋史》卷三六〇《赵鼎传》。

③ 《宋史》卷三六〇《赵鼎传》。

不久，金人大举进攻江淮，张浚即率军入卫州、房州，从上游牵制金军以减轻朝廷压力。听说金帅兀术金军犹在淮西，张浚担心其复侵扰东南，于是谋划主动进军，以牵制金军，分五路之师以恢复永兴。金人大恐，急调兀术等由京西入援，大战于富平。此役宋军虽然败负，但却大大减经了江淮的压力①，同时张浚也发现了刘锜、吴玠等一批勇敢善战并在后来宋金战争中发挥了重要作用的杰出将领。此后张浚统领的和尚原之战，获得大胜：史载：

> 绍兴元年，金将乌鲁攻和尚原，吴玠乘险击之，金人大败走。兀术复合兵至，玠及其弟璘复邀击，大破之，兀术仅以身免，亟剃其须髯遁归。始，粘罕病笃，语诸将曰："自吾入中国，未尝有敢撄吾锋者，独张枢密与我抗。我在，犹不能取蜀；我死，尔曹宜绝意，但务自保而已 。"兀术怒曰："是谓我不能邪 ！"粘罕死，竟入攻，果败。拜浚检校少保、定国军节度使。浚在关陕三年，训新集之兵，当方张之敌，以刘子羽为上宾，任赵开为都转运使，擢吴玠为大将守凤翔。子羽慷慨有才略，开善理财，而玠每战辄胜。西北遗民，归附日众。故关陕虽失，而全蜀按堵，且以形势牵制东南，江淮亦赖以安。②

张浚前后三年在关陕发动的一系列战役，大大缓解了江淮的压力，也使"张枢密"的威名远播金国。可是不久，在议和派的排挤下，张浚被迫"求解兵柄"。

虽然被解兵权，但他忧国之心不变："浚既去国，虑金人释川陕之兵，必将并力窥东南，而朝廷已议讲解，乃上疏极言其状"。他提请朝廷不可大意，金人议和不可信，要做好金人南侵的准备。

果然不久，刘豫之子刘麟即引金军南侵。宋高宗此时想起张浚所言，于是罢免了主和的朱胜非，而倚用参知政事赵鼎，同时召张浚，以资政殿学士提举万寿观兼侍读的身份入见高宗，高宗当即下手诏，辨明了张浚先前所受的诬蔑，重新任命其为知枢密院事。

张浚既受命，当日就赶赴长江上视察宋水陆军队。到镇江后，他长驱临江视查，并召韩世忠、张俊、刘光世等大将商议军事。将士们一看见张浚复出，顿时"勇气十倍"。当时金兀术拥兵十万于扬州，约日渡江与宋决战。韩世忠派遣麾下王愈持战书

---

① 《宋史》卷三六一《张浚传》载："金人窥江淮急，浚念禁卫寡弱，计所以分挠其兵势者，遂合五路之兵以进。子羽以非本计，争之。浚曰：'吾宁不知此？顾今东南之事方急，不得不为是耳 。'遂北至富平，与金人遇，战不利。金人乘胜而前，宣抚司退保兴州，人情大震。"

② 《宋史》卷三六一《张浚传》。

与金兀术约战，且言张枢密已在镇江。金兀术大惊曰："张枢密贬岭南，何得乃在此?"而他看到张浚的手书后，神色大变，当晚即逃遁。

绍兴五年，张浚受命以尚书右仆射、同中书门下平章事兼知枢密院事的身份，开诸路军事都督府，都督诸路军马①，正式担负起抗金军事总指挥的责任。而赵鼎任左仆射，与张浚"同志辅治，务在塞悻门，抑近习"。朝廷风习为之一变。

此时，在洞庭一带，农民军杨么起兵，宋军屡攻不克，张浚认为，建康是东南都会，而洞庭占据上流，必须尽快平服农民军，否则"恐滋蔓为害"，于是一方面他报请高宗出兵讨之，另一方面，他更重视说服农民军。在醴陵，他释放了杨么军的囚犯数百人，并给以文书，去招谕杨么军。结果杨么军二十余万人，相继来降，成为了抗金的军队。高宗遣使赐诏加以慰问："卿暑行甚劳，湖湘群寇既就招抚，成朕不杀之仁，卿之功也。"②

张浚又奏请派遣岳飞军队屯驻荆、襄，以图中原。张浚从鄂、岳转折至淮东，大会诸将，讨论防备金军南侵的大计。南宋一时出现了中兴的局面。张浚此时献上进《中兴备览》四十一篇。

此时形势虽然很好，但张浚认为敌势未衰，刘豫仍复据中原，因此，在绍兴六年，他大会诸将，议事于江上。作出了新的布署：命韩世忠据承、楚以图淮阳；命刘光世屯合肥以招北军；命张俊练兵建康，进屯盱眙；命杨沂中领精兵为后翼以佐俊；命岳飞进屯襄阳以窥中原。

此后，张浚力请高宗亲幸建康以鼓舞士气。李纲也上书给以支持：

> 若夫万乘所居，必择形胜以为驻跸之所，然后能制服中外，以图事业。建康自昔号帝王之宅，江山雄壮，地势宽博，六朝更都之。臣昔举天下形势而言，谓关中为上，今以东南形势而言，则当以建康为便。今者，銮舆未复旧都，莫若且于建康权宜驻跸。愿诏守臣治城池，修宫阙，立官府，创营壁，使粗成规模，以待巡幸。③

高宗车驾赴建康后，刘豫与金军南侵，人心大恐。此时有人主张将张俊军队从淮南退兵到江南固守。有人主张从长江中游调岳飞军东下。张浚上奏高宗道："俊等渡江，则无淮南，而长江之险与敌共矣。且岳飞一动，襄、汉有警，复何所恃乎?"高宗诏

---

① 《朝野杂记》甲集卷一〇《都督行府》。《宋史》卷一六七《职官》七载："浚独被旨江上视师，置都督行府，行移文字，并依三省体式，其召赴行在，以其事分隶三省、枢密院。"

② 《宋史》卷三六一《张浚传》。

③ 《景定建康志》卷三五《奏议》。

书从之。当时淮西汹动。兵将皆欲退回江左。张浚闻说后，率军疾驰至采石矶，令其众曰："有一人渡江者斩！"终于稳住了江北。高宗发手书嘉奖。

此时高宗仍想回到临安去。张浚奏言曰："天下之事，不倡则不起，三岁之间，陛下一再临江，士气百倍。今六飞一还，人心解体。"高宗幡然听从张浚的决计。"浚总中外之政，几事丛委，以一身任之。每奏对，必言仇耻之大，反复再三，上未尝不改容流涕。时天子方厉精克己，戒饬宫庭内侍，无敢越度，事无巨细，必以咨浚，赐诸将诏，往往命浚草之"。

此后，淮西发生军叛，郦琼以全军叛归刘豫，张浚作为督府，引咎自己处置不当，请求去位，退居永州。李纲也上书"指陈朝廷有措置失当者、深可痛惜者及当监前失以图方来者凡十有五事"。

张浚引咎去相位，有人乘机加以恶毒诽谤攻击，对此，李纲上书给予驳斥："臣窃见张浚罢相，言者引武帝诛王恢事以为比。臣恐智谋之士卷舌而不谈兵，忠义之士扼腕而无所发愤，将士解体而不用命，州郡望风而无坚城，陛下将谁与立国哉？张浚措置失当，诚为有罪，然其区区徇国之心，有可矜者。愿少宽假，以责来效。"①

在此后近二十年，他仍以父亲当年对策所言"臣宁言而死于斧钺，不能忍不言以负陛下"激励自己，上书言抗金大计。深为秦桧议和派之流所痛恨，屡令台谏罗织张浚之罪予以加害。史书称：

> 浚去国几二十载，天下士无贤不肖，莫不倾心慕之。武夫健将，言浚者必咨嗟太息，至儿童妇女，亦知有张都督也。金人惮浚，每使至，必问浚安在，惟恐其复用。当是时，秦桧怙宠固位，惧浚为正论以害己，令台臣有所弹劾，论必及浚，反谓浚为国贼，必欲杀之。以张柄知潭州，汪召锡使湖南，使图浚。张常先使江西，治张宗元狱，株连及浚，捕赵鼎子汾下大理，令自诬与浚谋大逆，会桧死乃免。②

绍兴二十五年(1156)，秦桧死后，张浚复观文殿大学士、判洪州。张浚当时以母丧，将归葬。念天下事二十年为秦桧所坏，边备荡弛；又听闻金完颜亮篡立，必将举兵，自己为大臣，义同与朝廷休戚与共，不应以居丧为嫌，于是上书奏论。张浚认为，金人数年间内，势必会挑衅用兵，而国家溺于宴安，荡然无备，应及早加强战备。大臣沈该、万俟卨、汤思退等见其上书后，认为敌方根本没有动静，皆笑张浚"为狂"。于是台谏汤鹏举等奏请，称张浚若回蜀中守丧，必会动摇大后方，于是诏令张浚再去永州。

---

① 《宋史》卷三五八《李纲传》下。

② 《宋史》卷三六一《张浚传》。

服除期满，亦不任其实际职务。

绍兴三十一年，完颜亮率金兵大举入侵，中外震动，事实证明了张浚预见的正确。此时金骑充斥江淮，宋军王权指挥的军队败溃，刘锜退归镇江，形势骤然紧张。

高宗于是再度起用张浚。命张浚判建康府兼行宫留守。当时张浚尚在湖南，接到诏命后，立刻从岳阳买舟冒风雪而东行，江上遇见东来的人对他讲："敌兵方焚采石，烟炎涨天，慎无轻进。"张浚曰："吾赴君父之急，知直前求乘舆所在而已。"当时长江上无一舟敢航行于北岸。只有张浚小舟急速东进，过池阳，赴李显忠宋军中犒师，"一军见浚，以为从天而下"。

张浚至建康，即迎奉高宗车驾至建康。当时张浚是罢免二十年后再次起用，"风采隐然，军民皆倚以为重"。高宗命令张浚兼节制建康、镇江府、江州、池州、江阴军军马，称之曰："卿在此，朕无北顾忧矣。"

金兵十万围海州，张浚命令镇江都统张子盖前往营救，大破金兵。张浚受任督府后"讲论军务，不遑寝食。招来山东、淮北忠义之士，以实建康、镇江两军，凡万二千余人。万努营所招淮南壮士及江西群盗，又万余人。要害之地，城壁皆筑，其可因水为险者，皆积水为堰，置江淮战舰。诸军弓矢器械悉备"①。经张浚整顿，建康防务大为改观。

孝宗即位后，立即召见张浚，称"久闻公名，今朝廷所恃唯公"。任命其为江淮东西路宣抚使，进封魏国公。然而，张浚再次负起了前敌指挥的大任后，朝廷中的议和派，仍时时掣肘。

如张浚主张守两淮，认为不能只守长江示敌以弱，怠战守之气，而参知政事史浩议却主张守瓜洲、采石。"浚所规画，浩必沮之"。但孝宗对张浚说"朕倚魏公如长城，不容浮言摇夺"。隆兴元年，孝宗任张浚为枢密使，都督建康、镇江府、江州、池州、江阴军军马。

金将蒲察徒穆及都统萧琦等将南侵，张浚"欲及其未发攻之"。命李显忠率军出濠州，趋灵壁；建康都统邵宏渊率军出泗州，趋虹县，张浚亲自至前军督战。大败金军后，宋军乘胜进克宿州，金人中原震动。孝宗发手书慰劳之曰："近日边报，中外鼓舞，十年来无此克捷。"

此后金军反扑，宿州再失。张浚上疏待罪，士大夫主和者皆议张浚之非，孝宗此时赐给张浚书曰："今日边事倚卿为重，卿不可畏人言而怀犹豫。前日举事之初，朕与卿任之，今日亦须与卿终之。"张浚于是以魏胜守海州，陈敏守泗州，戚方守濠州，郭振

① 《景定建康志》卷三八。

守六合。治高邮、巢县两城为大势，修滁州关山以扼敌冲，聚水军于淮阴、马军于寿春，大力整饬两淮的守备。

孝宗又召张浚之子张栻奏事，以示慰藉。而张浚此时因宿州之败，受到众多批评，因此上奏孝宗说："自古有为之君，腹心之臣相与协谋同志，以成治功。今臣以孤踪，动辄掣肘，陛下将安用之。"因此乞请退休，孝宗看到奏章后，对张栻曰："朕待魏公有加，不为浮议所惑。"此后孝宗眷遇张浚，不因江北之败而稍减，他对近臣称张浚不称其姓名，必曰魏公，以示敬重。每次遣使来建康，必令其视张浚"饮食多寡，肥瘠何如"，关心备至。不久，重又下诏令，恢复了张浚的都督之号。

不久，金人统帅仆散忠义给南宋三省、枢密院发来书信，坚持索要江北四郡及岁币，并威胁宋如其不然，将以农隙治兵南侵。许多人此时主张退让求和，答应金人要求。张浚从建康上言说："金强则来，弱则止，不在和与不和。"

当时汤思退为宋朝右相。思退其实与秦桧是同党，急于求和，于是派遣卢仲贤持书向金人求和。张浚向来知道卢仲贤"小人多妄，不可委信"。不久，卢仲贤果然以奉送金人四郡而有辱使命。宋朝廷又准备以王之望为通问使，龙大渊为副使，再度与金人商讨议和事项，张浚力争而不能奏效。后来张浚又去临安面见孝宗，再次陈述和议之失。宋孝宗听后，决定暂时停止送与金人誓书，命令王之望、大渊待命。而另令通书官胡昉、杨由义前往宿州，告诉金人：宋之四郡不能割让；若金人必欲得四郡，宋朝当追还使人，罢和议。孝宗此时又任命张浚任尚书右仆射、同中书门下平章事兼枢密使，都督如故；而以汤思退为左仆射。

胡昉等人至宿州后，金人"械系迫胁之，昉等不屈"，金人于是改变态度，"更礼而归之"。孝宗得知后下书对张浚曰："和议之不成，天也，自此事当归一矣。"此时孝宗的抗金态度又坚决起来。

二年，孝宗准备赴建康，同时诏令王之望等还朝。汤思退"闻之大骇，阳为乞祠状，而阴与其党谋为陷浚计"。孝宗诏令张浚行视江淮军事。张浚此时积极组织各类抗金力量，史书称：

> 时浚所招徕山东、淮北忠义之士，以实建康、镇江两军，凡万二千余人，万弩营所招淮南壮士及江西群盗又万余人，陈敏统之，以守泗州。凡要害之地，皆筑城堡；其可因水为险者，皆积水为匮；增置江淮战舰，诸军弓矢器械悉备。时金人屯重兵于河南，为虚声胁和，有刻日决战之语。及闻浚来，亟彻兵归。淮北之来归者日不绝，山东豪杰，悉愿受节度。浚以萧琦契丹望族，沈勇有谋，欲令尽领契

丹降众，且以檄谕契丹，约为应援，金人益惧。①

对张浚的这些活动，议和派却竭力反对，汤思退命令王之望等奏言，认为江北守备不可抵抗金人攻击；又令尹穑上书奏论，罢免了大都督府参议官冯方等人；又上奏称张浚耗费了国赀。

对议和派的攻击，孝宗并不能详加辨别，而颇受影响，为此，张浚再次请求解除自己都督的职务，孝宗“诏从其请”，接受其辞呈。此时左司谏陈良翰、侍御史周操等人上言孝宗，认为张浚为人忠勤，“人望所属，不当使去国”。

而此时孝宗已决意求和。张浚留在平江，知道孝宗已无抗金之志，于是，前后八次上章请求退休，孝宗任其为少师、保信军节度、判福州。张浚再辞，又改其为醴泉观使。

宋朝廷已经决定弃地求和，而张浚又被迫去职，但他仍上疏论奏“尹穑奸邪，必误国事，且劝上务学亲贤”。有人好心劝勉张浚这个时候不要再“以时事为言”了，张浚却回答说：“君臣之义，无所逃于天地之间。吾荷两朝厚恩，久尸重任，今虽去国，犹日望上心感悟，苟有所见，安忍弗言。上如欲复用浚，浚当即日就道，不敢以老病为辞。如若等言，是诚何心哉！”②

上路不久，张浚即得病，他亲写手书付与其二子说：“吾尝相国，不能恢复中原，雪祖宗之耻，即死，不当葬我先人墓左，葬我衡山下足矣。”③不久即离世。孝宗闻讯，为之辍朝，赠其为太保，后又加赠太师，谥为忠献。

张浚一生，“幼有大志”，立志抗金，还在担任熙河幕官时，即遍行边垒，览观山川形势，史书称：

(张浚)时时与旧戍守将握手饮酒，问祖宗以来守边旧法，及军阵方略之宜。故一旦起自疏远，当枢筦之任，悉能通知边事本末。在京城中，亲见二帝北行，皇族系虏，生民涂炭，誓不与敌俱存，故终身不主和议。每论定都大计，以为东南形势，莫如建康，人主居之，可以北望中原，常怀愤惕。至如钱塘，僻在一隅，易于安肆，不足以号召北方。与赵鼎共政，多所引擢，从臣朝列，皆一时之望，人号“小元祐”。所荐虞允文、汪应辰、王十朋、刘珙等为名臣；拔吴玠、吴璘于行间，谓韩世忠忠勇，可倚以大事，一见刘锜奇之，付以事任，卒皆为名将，有成功，一时称浚为知人。④

---

① 《宋史》卷三六一《张浚传》。

② 《宋史》卷三六一《张浚传》。

③ 《宋史》卷三六一《张浚传》。

④ 彭大翼：《山堂肆考》卷四六《臣职·悉通兵法》。

张浚不仅力主抗金，而且“事母以孝称”，同时博学多才，著有《易解》及《杂说》十卷，对《书》、《诗》、《礼》、《春秋》、《中庸》等亦有说解，还有文集十卷，奏议二十卷。其二子张栻、张杓，也成为有名的学者与官员，史书评论张浚说：

> 儒者之于国家，能养其正直之气，则足以正君心，一众志，攘凶逆，处忧患，盖无往而不自得焉。若张浚者，可谓善养其气者矣。观其初逃张邦昌之议，平苗、刘之乱，其才识固有非偷懦之所敢望。及其攘却勍敌，招降剧盗，能使将帅用命，所向如志。远人伺其用舍为进退，天下占其出处为安危，岂非卓然所谓人豪者欤！群言沸腾，屡奋屡踬，而辞气慨然。尝曰："上如欲复用浚，当即日就道，不敢以老病辞。"其言如是，则其爱君忧国之心，为何如哉！时论以浚之忠大类汉诸葛亮，然亮能使魏延、杨仪终其身不为异同，浚以吴玠故遂杀曲端，亮能容法孝直，浚不能容李纲、赵鼎而又诋之，兹所以为不及欤！至于富平之溃师，淮西之兵变，则成败利钝，虽亮不能逆睹也。①

虽然这个评价有过誉之处，但大体上看，还是符合实际的。对于张浚的一生，若从大的主要的方面来讲，他在建康主持大都督府、主持南宋全国军事期间，其抗金的态度是坚决的，其许多抗金的措施及军事行动也是有成效的，尽管他主持的抗战多有失误，人们有不同的看法，但因此而将之评价为“破坏抗金”、“欺世盗名”，未免失之偏颇。总的来看，张浚是一个应当肯定的历史人物。②

张浚任大都督期间，曾屡次遭罢免，期间秦桧之余党汤思退也曾担任过大都督之职。

隆兴二年，孝宗命汤思退以左相兼都督诸路军马。“先是，秦桧当国，恶直丑正，必不异和议，不摘己过，始久于用。时思退名位日进”。侍御史陈俊卿论其人“挟巧诈之心，济倾邪之术，观其所为，多效秦桧，盖思退致身，皆桧父子恩也”。汤思退执政后，继续秦桧的投降政策，主张割让海、泗、唐、邓四州与金人，受到张浚等人的反对

---

① 《宋史》卷三六一《张浚传》。

② 批评张浚者，主要论据一是说其推荐了秦桧，二是在岳飞之狱中他也有责任，三是他与赵鼎不和；四是他主持抗金，志大才疏，不切实际，如主陕军事的失误。（见钱大昕《张浚论》载《潜研堂文集》卷二）而考诸史书，他虽也曾推荐过秦桧，但当时秦桧投降派的面目尚未暴露，事后张浚也为自己的举荐后悔；二是秦桧陷害岳飞时，他正赋闲待职，并未参与其事；三是与赵鼎的合作，总体上看是不错的，史称“同志辅治，务在塞幸门，抑近习”，有些分歧当属工作中不同的看法，不涉及人品。四是他主持抗金军事，有胜有负，不可苛责，主陕军事，虽以失陕结束，但在战略上已起到了牵制金人对江南进攻的作用。另外，有人称《宋史》对张浚的评价主要因为其子张栻的缘故，其实从基本史实来看，《宋史》张浚本传，大的方面并未失实。

后，汤思退甚至不惜密令其臣下孙造"谕敌以重兵胁和"、对宋朝施加压力。孝宗生气地批评汤思退说："金无礼如此，卿犹欲言和。今日敌势，非秦桧时比，卿议论秦桧不若。"

当金兵南侵时，孝宗令建康都统王彦等率军队抵御，"仍命思退督江淮军"，但是，金人即由其引来，他当然不敢担当"都督"一职，于是"辞不行"。

汤思退拒任都督以后，宋朝廷以杨存中充任都督，杨存中不是宰相，从此，任都督者不一定再是宰相。"时诸军各守分地，不相统一，存中集诸将调护之。于是始更相为援。帝亲札赐之曰：'诸帅协和，互相策应，卿之力也。'"[①]绍兴三十一年，叶义问以知枢密院事督视江淮、荆襄军马，第二年，汪澈以参知政事身份督视湖北、京西路军马，于是又有了执政宰相任"督视兵马"的制度。

关于都督诸路军马一职的重要性，王之望曾说得很清楚："朝廷于两淮，前以二大将为招抚使，后以二从臣为宣谕使，忧其不相统摄，则以宰相为都督，欲事权归一也，此可以见朝廷开府之意。"[②]由于长江下游的江南是南宋朝廷的所在之地，是金人南侵的主要方向，因而宋金战争主要发生在江淮地区，宋代任都督诸路军马、同都督诸路军马、督视兵马等职者，也多在江淮地区就是必然的了。

张浚之后，因为主和派占据了上风，任大都督者再无大的作为了。

① 《宋史》卷三六七《杨存中传》。

② 《宋史》卷一六七《职官志七》。

第四章　宋代中央与江淮地区的财经关系

第一节　宋代立国与江淮漕运

一、北宋立国与江淮漕运的关系

北宋中央政府与江淮地区的经济关系，特别是与江淮地区漕运的关系，可以用相依相生来形容："自祖宗以来军国之费，多出于东南。"[①]在宋代，没有哪一个地区在经济上的重要性，可以与江淮地区相比。

《宋史》载："宋都大梁有四河以通漕运，曰汴河，曰黄河，曰惠民河，曰广济河，而汴河所漕为多。"[②]北宋的立国从某种意义上来讲，就是立足于江淮漕运的。当然，这种相生相依关系，自唐代中期后就已逐渐形成。史学家陈寅恪先生曾讲："唐代自安史乱后，长安政权之得以继续维持，除文化势力外，仅恃东南八道财赋之供给，至黄巢之乱既将此东南区域之经济几全加破坏，复断绝汴路运河之交通，而奉长安文化为中心、仰东南财赋以存立之政治集团，遂不得不土崩瓦解，大唐帝国之形式及实质，均于是告终矣。"他还说："夫黄巢既破坏东南诸道财赋之区，时溥复断绝南北运输之汴路，藉东南经济力量及科举文化以维持之李唐皇室，遂不得不倾复矣。"[③]

唐代时，每年由江淮运至长安唐中央的粮食，最多时达到 400 余万石，安史乱后，最多时在 110 万石左右，少时在 40 至 50 万石左右。由于当时各地形成了藩镇割据的

---

① 《长编》卷四六六"哲宗元祐六年九月"。

② 《宋史》卷一七五《食货志上》。

③ 陈寅恪：《唐代政治史述论稿》，第 15 页，第 159 页。

局面,大多地方的供赋不能正常达于中央,江淮漕运的地位显得更加重要,可以说唐朝中央的生存,全赖来自江淮运河的财赋漕运。唐中期以后,唐中央在汴河一带驻守十万大军,以保证运路的畅通。唐代后期,由于战乱及藩镇割据,漕路断绝,运河淤塞,唐中央的财赋来源中断,唐朝亦随之覆灭。继之朱温、李存勖、石敬塘、刘知远等虽然先后建国,但由于南北对立,都没能重新开通淤塞的运河。

宋建立以后,宋太祖杯酒释兵权,加强中央集权,在汴京集中了大量的军队,加上中央政府的巨大官僚机构,需要大量的粮食供给。史书载:"太祖……蓄兵京师……故于兵食为重。"[①]因此开始着手运河的开通。其实还在此前,后周的柴荣已开始在做这一工作:"世祖(柴荣)区区五六年间,取秦陇,平淮右,复三关。"[②]已奠定了北宋统一的基础。同时,周世宗在显德二年十一月下令开通运河。史载:"汴水自唐末溃决……上(世宗)谋击唐,先令武宁节度使武行德发民夫因故地、堤疏导之,东至泗上。议者皆以为难成。上曰:'数年之后,必获其利。'"[③]

周显德五年三月,再次疏导运河:"是月,浚河流达于淮,于是江淮舟楫始通。胡三省注曰:此即唐时运路也。自江淮割据,运漕不通,水路堙塞,今复浚之。"[④]显德六年,周世宗再次发民夫,《宋史》卷四八四《韩通传》载:"诏(韩)通河北按行河堤,因发徐、宿、宋、单等州民浚汴渠数百里。"

开宝七年,当北宋对南唐开战以后,自汴京发出的水军沿汴河源源不断地开往前线,为北宋征服南唐创造了有利的条件。

宋开宝九年时,宋太祖君臣曾有一场关于迁都的争论。史载:

> 上生于洛阳,乐其土风,尝有迁都之意。始议西幸,起居郎李符上书,陈八难曰:"京邑凋弊,一难也。宫阙不完,二难也。郊庙未修,三难也。百官不备,四难也。畿内民困,五难也。军食不充,六难也。壁垒未设,七难也。千乘万骑,盛暑从行,八难也。"上不从。既毕祀事,尚欲留居之,众臣莫敢谏。铁骑左右厢都指挥使李怀忠乘间言曰:"东京有汴渠之漕,岁致江淮米数百万斛,都下兵数十万人,咸仰给焉。陛下居此,将安取之?且府库重兵,皆在大梁,根本安固已久,不可动摇。若遽迁都,臣实未见其便。"上亦弗从。晋王又从容言曰:

---

① 《宋史》卷一七五《食货志上》。

② 《新五代史》卷一二《周本纪》。

③ 《资治通鉴》卷二九二"显德二年十一月"。《宋史》卷二五二《武行德传》亦载:"世宗即位……兼武宁军节度……先是唐末杨氏……决汴,汇为污泽。二年,将议南征,遣行德率所部丁壮于古堤疏导之,东达泗上。"

④ 《资治通鉴》卷二九四"显德五年三月"。

"迁都未便。"上曰:"迁河南未已,久当迁长安。"王叩头切谏。上曰:"吾将西迁者无它,欲据山河之胜而去兵,循周、汉故事,以安天下也。"王又言:"在德不在险。"上不答。王出,上顾左右曰:"晋王之言固善,今姑从之。不出百年,天下民力殚矣。"①

宋太祖去洛阳祭祀后,有迁都于此的想法,起居郎李符提出"八难"加以反对。而这些都未能打动宋太宗。八条理由中,有一条是"军实不充",实即洛阳不如汴京漕粮食方便之意,但重点不突出。李怀忠则一语中的,认为东京有汴渠之漕,岁致江淮米数百万斛,都城有兵数十万人,"咸仰给焉。陛下居此(洛阳),将安取之?"表面上看宋太祖似仍未听从其言。但从宋太祖其后所言"天下民力殚矣"及决定不再迁都,可以看出,宋太祖承认要养这数十万兵,不呆在汴京而迁都于洛阳是不可行的。他说的长远考虑迁至长安,是以去兵守险为前提的,他知道要养这数十万军队,确实是老百姓的沉重负担,而现实是不在汴京,要养这数十万兵又难以做到。因此,迁都之议遂作罢。

苏辙谈到这一问题时说:"汉唐以来,重兵分于四方,虽有末大之忧,而馈运之劳不致于太甚。祖宗受命,惩其大患而略其细故,敛重兵而聚之京师,根本既强,天下承望而服,然而转漕之费遂倍于古。"②他在另一个上表中也说:"臣窃见国朝建立京邑,因周之旧,不因山河之固,以兵屯为险阻。祖宗以来,漕运东南,广畜军食,内实根本,外威夷狄。"③

从这场争论及苏辙所言可以看出,汴京勾通江淮漕运,是北宋朝廷的命脉所在,江淮经济对于北宋中央的重要性,由此可见一斑。张方平为三司使,上书论京师军储问题时说:"今之京师,古所谓陈留,四通八达之地,非如雍、洛有山河之险足恃也。特恃重兵以立国耳。兵恃食,食恃漕运,漕运一亏,朝廷无所措手足。"④

最初几年,宋漕运数量并不大,远低于唐代。直到开宝五年,仍只有十多万石。史载,开宝五年七月,三司上言,说朝廷的仓储粮食供给,只能到来年的二月,请皇上下令各地分屯诸军,想法率领老百姓船只帮助江淮漕运。宋太祖听说此情况后既惊又怒,他想不到堂堂大宋朝廷,储粮竟不足以支撑半年。于是立即召来权判三司楚昭辅,当面加以重责:"国无九年之蓄曰不足。尔不素为计度,今仓储垂尽,乃

① 《长编》卷一七"太祖开宝九年二月"。
② 苏辙:《栾城集》卷二一《上皇帝书》。
③ 苏辙:《栾城集》卷三七《乞借常平钱置上供及诸州军粮状》。
④ 《长编》卷四五五"哲宗元祐七年七月"。

请分屯兵旅，括率民船，以给馈运，是可卒致乎？且设尔安用！苟有所缺，必罪尔以谢众。”①

赵匡胤怒起，竟然连“要你有什么用”这样的话都说出来了。楚昭辅听后惶恐万分，不知所措。出宫后立即去找皇弟赵光义商量办法，并希望皇弟能为他“于上前解释，使得尽力营办”，赵光义答应后，马上向右知客押衙永城陈从信请教：“为之奈何？”陈从信对赵光义讲：

从信尝游楚泗间，见粮运停阻之由，良以舟人日食，旋于所历州县勘给，故多凝滞。若自起发即计日并支，往复皆然，可以责其程限。又楚泗一季度运米入船，至京师輂米入仓，宜各宿备运卒，皆令即时出纳。如此，每运可减数十日。楚泗至京千里，旧定八十日一运，一岁三运。今若去淹留之虚日，则岁可增一运矣。又闻三司欲籍民船，若不许，则无以责办，若尽取用之，则冬中京师薪炭殆绝，不若募其船之坚实者令运粮，其损败者任民载樵薪，则公私俱济。今市中米贵，官乃定价斗钱七十，商贾闻之，以其不获利，无敢载至京师者，虽富人储物，亦隐匿不粜，是以米益贵，而贫民将忧其馁殍也。②

看来京师粮少，已引起汴京米荒，官府为之限价，更使富商不愿运米入京。而且汴京的薪炭，亦赖运河漕运，与官府运粮入京的用船发生冲突。

赵光义认为陈从信所言有理，次日，“具以告上，上悉从其言。由是事集，昭辅亦免责焉”③。

由于改变了运粮办法，至此年十月，“运江淮米十万石至京师，皆汴、蔡两河公私船所载也”。

开宝五年，距建国已有十多年时间，但漕运状况如此，宋太祖当然是不满意的。于是如何加强江淮粮食转运，便成为宋朝廷必须重视的一项工作。

二、江淮两浙发运使、司设废

追溯源头，发运使一职，在唐代已出现。唐开元二年(714)，唐于陕州置水陆发运使掌漕运。唐僖宗乾符元年，唐中央设发运使一职。

---

① 《长编》卷一三“太祖开宝五年十二月”。

② 《长编》卷一三“太祖开宝五年七月”。

③ 史称此事楚昭辅“免责”，但从楚昭辅任知扬州事兼管江淮漕运十年，而江淮漕运情况不佳、太祖皇帝盛怒的事实来看，其随即被免知扬州府兼管江淮漕运一职，当与此有关。

宋代发运使的名称及设废，多次发生变化。

宋太祖建隆二年(961)九月，宋朝开始以鸿胪少卿卢浚为京畿东路发运使①。太宗至道元年，置江淮两浙发运使。至道三年，罢发运使，将发运使一职公务并入淮南转运使。王子舆任职时，称都大发运，不加使名②。

咸平四年五月，以殿中侍御史卞筜为淮南转运使，同时，仍命卞筜与本路转运副使刘师道领淮南、江、浙、荆湖制置茶盐礬税都大发运事。

真宗景德二年，“以(李)溥为制置淮南、江、浙、荆湖茶盐矾税兼都大发运事，委成其事”③。至景德三年二月，正式设使名。④ 景祐元年十月，罢淮南、江、浙、荆湖制置发运使，仍诏淮南转运使兼领发运使司事，其制置茶盐矾税，各归逐路转运使司。景祐二年，徙江东转运使蒋堂为淮南转运使兼发运司事。当时废发运使一职，“上封者屡以为非便。堂言：‘唐裴耀卿、刘晏、第五琦、李巽、裴休，皆尝为江淮、河南转运使，不闻别置使名。国朝卞衮、王嗣宗、刘师道，亦止为转运兼领发运司事，而岁输京师常足。’”朝廷采用了他的意见，仍废发运使一职。但是不久的景祐三年九月，再恢复此职⑤。开宝元年八月，设淮南、江、浙、荆湖制置发运使。宣和三年六月，发运使兼经制江、浙、淮、荆湖、福建七路财赋，不加“都大”二字⑥。

南宋绍兴二年三月，罢发运使一职⑦。绍兴八年，设江淮荆浙闽广等路经制发运使⑧，绍兴九年，去“发运”之名。孝宗乾道六年三月，再置江浙京湖、淮广、福建等路都大发运使。十二月，又废除此职⑨。

由以上的变化可见，宋代发运使起至太宗时，但当时仅领京畿东路，与江淮关系不大。太宗至道元年，设江淮两浙发运使，今江淮地区，始与发运使密切相关了。其后，特别是南宋时期，时设时废。就其本质来看，此职虽有废设，但其公务却始终未废。如不设发运使期间，其公务便纳入江淮转运使的职权范围。南宋时，由于临安即

① 《长编》卷二“太祖建隆二年九月”。

② 《长编》卷四一“太宗至道三年五月”。又，同书卷四八载：“至道末罢发运使，及子舆兼淮南转运使，寻加都大，而不立使名。”(李焘注：发运使自后并淮南转运使兼领其务。省发运使在至道三年四月，子舆以制置茶盐兼淮南漕，在咸平三年八月，其加都大发运，不见于实录，据会要在四年，今附此)

③ 《长编》卷六〇“真宗景德二年五月”。

④ 《长编》卷六〇载李焘注曰：“《实录》但云兼都大发运事，《会要》乃云发运使。按景德四年八月，溥以发运副使迁发运使，则初除必非使，今从《实录》。又景德三年二月，冯亮初除发运使，《会要》及本志并云景德三年复置发运使一人，盖发运自此始立使名，冯亮为使，李溥为副使也。”

⑤ 《长编》卷一一九“仁宗景祐三年九月”。

⑥ 《宋会要辑稿》职官四二之二二。

⑦ 《建炎以来系年要录》卷五二“戊戌”。

⑧ 《建炎以来系年要录》卷一二〇“乙卯”。

⑨ 《中兴圣政》卷四九。参考龚延明：《宋代官制辞典》，第479页。

在江南,不存在南粮北运问题,且划区供漕体系也已形成,因此发运使的作用已不再重要,故屡屡罢之①。

从发运使掌管的地区来看,也有很大变化,一般是统制六路,但有时亦涉及七路,南宋时,又往往包括福建、广州等地。不管有多大变化,发运使的职权范围,始终以江淮地区为主。宋时,尚有"三门白波发运使"、"陕府三门发运使",但其职权与统制范围远比江淮六路发运使小得多。

江淮六路发运使的具体机构与治所为发运使司。

太平兴国八年九月京师设立水陆发运司,奠定了北宋江淮两浙荆湖发运使的雏形,并且此后十余年间江淮发运使的治所都在京师②。至道元年(995)"始就淮南置局",具体地点就在真州。《文忠集》卷四十《真州东园记》说:"真州当东南之水会,故为江淮两浙荆湖发运使之治所。"真州是发运使和副使驻地。《长编》卷二五七熙宁七年十月辛卯载:"(发运)使副只于真州本司连书发遣,遇春运拥并,即轮一员至扬、楚、泗州,以来提举催促部押末运,入京奏事。"

除真州外,发运司的属官也设有治所,如《姑苏志》卷二十二《官署中》载:"崇宁三年八月江淮荆浙等路发运司奏移,自润州至衢州催辖纲运官于苏州置廨宇。"王明清《玉照新志》卷四说,他于宣和年间寓居泗州,泗州宝积门外、淮河岸边的南山"发运司属官廨宇在焉",上皇曾"登发运衙城上之亭观渔人取鱼于淮"。北宋末向子諲还建议"令发运使副判官三员迭相往来,周而复始,其一在真州,主江湖,其一在泗州,主淮、浙,其一在京,主交纳理欠。在泗州者循例奏计",得到朝廷的采纳③。

北宋时置司于真州或泗州的发运使④,从任官性质及制度上来讲,六路发运类似地方官,"路发运使止此一官"⑤,但从其从事工作的范围与性质来看,又不限于一个地区,而且直接服务于中央财政,在全国各地的地方官员中,类此这样的职务、职权范畴,也是极为罕见的⑥(白波发运使等工作范围显然小的多),由此可见江淮地区经济与中央财政关系之密切。

---

① 袁一堂:《南宋的供漕体制与总领所制度》,《中州学刊》1995年第4期。

② 黄纯艳:《论宋代发运使的演变》,《厦门大学学报》2003年第2期。

③ 汪应辰:《文定集》卷二一《徽猷阁直学右大中大夫向公墓志铭》。

④ 《宋史》卷三七九《章谊传》:"顷因定都汴京,故发运使置司真、泗,今驻吴会。"

⑤ 龚延明:《宋代官制辞典》,中华书局1997版,第479页。

⑥ 余蔚认为,发运使一级统辖六路,性质应属准行政区一级,有其特殊性。见余蔚:《宋代的财政督理型准政区及其行政组织》,载《中国历史地理论丛》2005年7月20卷3辑。

三、江淮两浙发运使的职责

按宋代制度，发运使的职责，是掌握经营山泽财货之源，漕运淮、两浙、江南东、西、荆湖六路储廪，以输送首都，同时而兼管统制茶、盐、钱币之政事，还掌握有专门察访举报刺史及官吏之事。

熙宁初年，辅臣陈升之、王安石领导制置三司条例司，上书建言："发运使实总六路之出入，宜假以钱货，继其用之不给，使周知六路之有无而移用之。凡上供之物，皆得徙贵就贱，用近易远，令预知在京仓库之数所当办者，得以便宜蓄买以待上令，稍收轻重敛散之权归于公上，则国用可足，民财不匮矣。"[①]

神宗当时正锐意变法与改革，采用了这一建议。此时的发运使实际上还掌握有均输各地货物、调节物价、为官府创收的职能。不久，仁宗又诏六路转运使，凡是各地"弗协力者"一律加以改择，允许发运使薛向可以"自辟其属"，也就是可以举荐僚属官员。这说明发运使掌有一定的用人权。此前仁宗的康定年间，蒋堂任发运使时，一年就曾向朝廷荐举"部吏"二百人[②]。不久，神宗又令发运使可以举真、楚、泗守臣及兼提举九路坑冶、市舶之事。这样，发运使举荐举官员的层次大大提高。连州级守臣也能推荐了。九路的坑冶、市舶之事，也纳入其职权范围，可见变法时期，发运使权力之重[③]。

哲宗元祐中期，诏发运使兼制置茶事。至崇宁三年，开始另外差官来提举茶盐之事。

徽宗政和二年，蔡京主政，他罢除漕运的转般仓法，六路上供米经从本路直达中都，以发运司所拘纲船均给六路。这样发运使权力下降了。各地直接与中央发生联系。宣和六年，诏令恢复转般仓，命发运判官卢宗原具体操办，但不久以后发生靖康之难，发运使职能不能再恢复。

渡江后，南宋的发运使，"惟领给降籴本，收籴米斛，广行储积，以备国用"。绍兴二年，大臣上言，发运使省罢。以其职事分别委于漕臣。绍兴八年，户部又上言，为了"广籴储积"之便，请朝廷"再置经制发运使，并理经制司财赋"。于是，宋朝廷以徽猷阁待制程迈充任经制发运使，专掌籴事。程迈知道现在已不同过去，于是上疏说，"租庸、常平、盐铁、鼓铸各分于诸司而总于户部，发运使无所用之"，坚决辞任。第二年，

---

① 《宋史》卷一六七《职官七》。

② 《宋史》卷二九八《蒋堂传》。

③ 由于发运使举荐过多，宋朝廷一度加以限制："诏江淮发运使举官，无得过本路转运使副所举之数。《长编》卷二二八"熙宁四年十一月壬午"。

朝廷罢发运司，以户部侍郎梁汝嘉为经制使，“检察中外失陷钱物，与催未到纲运、措置籴买、总领常平为职”①。这与过去发运使的职权已不能相比，不久，又因为大臣上言，“分其责于逐路监司”，经制使废除。乾道六年再置发运使以后，以户部侍郎史正志为两浙、京、湖、淮、广、福建等路都大发运使。但同年冬天，因为发运使“奏课诞谩”。朝廷将史正志免职，同时并废发运使一职。

在宋代，发运使有时兼管控掌握六路茶、盐、香、矾百货之利，此时发运使往往称“淮南、江、浙、荆湖制置发运使”②，或“都大发运使”，“都大制置发运使”③。

当然在特殊情况下，发运使也会用作他途。如北宋末年金人来侵，徽宗慌忙将皇位让于钦宗，自当太上皇，率童贯、高俅等以兵扈从，逃奔江南以避金人。当听说汴京已被金人包围时，竟下令停止东南邮传及勤王之师。钦宗为得勤王之师，下诏议迎太上皇帝还京。此时，“陈东上书，乞诛蔡京、蔡攸、童贯、朱勔、高俅、卢宗原等人”。大臣们计论，准备派遣聂山“为发运使往图之”，李纲认为：“使山所图果成，震惊太上，此忧在陛下。万一不果，是数人者，挟太上于东南，求剑南一道，陛下将何以处之？莫若罢山之行，请于太上去此数人，自可不劳而定。”④在这里，发运使就负有特殊使命，而不只是督办江淮漕运等事了。

再如南宋初年，宋中央一时难以与地方建立有效的联系，而发运使管理着大量漕卒和数千艘运船。发运使利用自己总领六路的地位和拥有的上供财赋和兵船，起到了其他官司都无法起到的特殊作用⑤。

建炎元年(1127)，当康王赵构还在流亡之中时，江淮发运副使向子諲派人“赍金帛诣元帅府，且悉献本司钱粮之在济州者以助军费”⑥，积极措置勤王之事“以外路动息及所措置事募壮士达奏于京师，复以京师平安及大元帅府行移檄东南八路，以安人心”，而且“张邦昌僭窃伪命下东南者，子諲一切截送所司拘系，申元帅府，馈给东南勤王之师数十万，不激怒生变者，子諲之力为多”⑦，并劝进康王。

在南宋初的混乱局面中，发运使在一定程度上成为联结朝廷与地方及民间的桥梁。如建炎初高宗一度准备逃往南阳，一面令人修治邓州城池，缮葺宫室官府，一面

---

① 《宋史》卷一六七《职官七》。

② 据《宋史》卷三〇九《杨允恭传》载，“制置”初称为“擘画”，杨允恭为发运使，始改“擘画”为“制置”，同时以西京作坊副使李廷遂、著作佐郎王子舆并为“同发运使”。

③ 龚延明：《宋代官制辞典》，第480页。

④ 《宋史》卷三五八《李纲传》。

⑤ 黄纯艳：《论宋代发运使的演变》，《厦门大学学报》2003年第2期。

⑥ 《建炎以来系年要录》卷三“建炎元年三月癸巳”。

⑦ 胡寅：《斐然集》卷九《应诏荐监司郡守奏状》。四库全书本。

“命发运司拨江湖纲运，由襄江通漕”，同时调动其他各路钱粮集聚南阳。高宗还“命发运司说谕两浙富民助米，以备巡幸”[①]。金人侵泗州时“江淮发运副使吕源闻之，遣人收淮北舟船数百泊南岸”[②]。正因为发运使的特殊作用，所以南宋初期对北宋发运使体制大都沿袭不变。

总的看，发运使在北宋时权力比较重大，南宋时，时设时废，职权有时仅是掌平籴之事。但即使如此，有时平籴的权力亦无法行使，程迈因此拒任此职。后来的经制使并无实职，仅是检察督办。史正志再任都大发运使，也不能完成使命，这固然是由于其能力不行，更是此时的国势已不同于北宋。中央政廷有时尚且无法正常运作，发运使更不会有北宋时期那么大的权威与能量了。

四、江淮六路发运使的任用与管理

由于发运使在国家经济财政中的重要性，对于此职的任用，宋代皇帝一直是相当重视的。仁宗曾对宰相们说：“发运使总六路之广，财货调用，币帛谷粟，岁千百万，宜得其人。”[③]史书也称：“发运使实总六路之赋入。”[④]其重要性由此可见。章谊曾上言：“祖宗设官理财，内则户部，外则诸路转运使、副，东南委输最盛，则又置发运，以督诸路供输之入，皆有移用补助之法，户部仰以不乏者也。”[⑤]“臣闻东南馈运，所系国计至大，故祖宗以来，特置发运司专任其责，选用既重，威令自行，如昔时许元辈皆能约束诸路，主张纲运。其监司、州郡及诸场务，岂敢非理刻薄邀难，但发运使得人，稍假事权，东南大计，自然办集。”

1. 宋代发运使的特点与纲运存在的弊害

发运使的设职，一般是一人，但有时也设两人。有时还设“同发运使”、临时代管的“权发运使”。另有发运副使二人、判官两人，另有一批做具体工作的属官[⑥]。

下表主要是根据《宋史》及《续资治通鉴长编》等史料，对宋代曾任此职官员的统计[⑦]。

---

① 《宋史》卷二六《高宗本纪》三。

② 《建炎以来系年要录》卷一九“建炎三年正月己酉”。

③ 《东都事略》卷七五《许元传》。

④ 《宋会要辑稿》职官四二之三〇。

⑤ 《宋史》卷三七九《章谊传》。

⑥ 《宋会要》,《职官》四二之三〇、三一。

⑦ 表中人物，有的只知其任职或离职时间，故直接加以标明。有的只知此年此人在此职，但不知上任或离职时间，故只标明此年，而不代表其仅在此年任此职。

表一 《长编》、《宋史》所载宋代任发运使(事)等职情况表

任、离发运使时间	任者姓名	使职情况	资料出处
建隆二年任职	卢浚	京畿东路发运使	《长编》卷二
开宝三年离职	何幼冲	京畿东路发运使	《长编》卷一一
开宝五年	薛居正	兼淮南、湖南、岭南等道都提举三司水陆发运使	《宋史》卷二六四
天禧中	贾宗始	发运使	《宋史》卷九六
天禧中	陈亨伯	发运使	《宋史》卷九六
咸平三年	刘师道	改淮南转运副使兼淮南、江、浙、荆湖发运使	《宋史》卷三〇四
咸平三年	王嗣宗	任淮南转运使、江浙荆湖发运使	《宋史》卷二八七
咸平四年	秦羲	领发运使事	《宋史》卷三〇九
咸平六年离任	卞衮	淮南转运使兼发运使	《宋史》卷二七七
淳化四年任职	王宾	知扬州兼淮南发运使	《宋史》卷二七六
至道元年任职	杨允恭	江淮两浙发运使	《长编》卷三四
至道元年任职	王子舆	同江淮两浙发运使	《宋史》卷二七七
至道元年任职	李延遂	同江淮两浙发运使	《宋史》卷三〇九
景德二年任职	李溥	淮南、江、浙、荆湖茶盐矾税兼都大发运事	《长编》卷六〇
景德三年任职	冯亮	淮南江浙荆湖制置茶盐兼都大发运使	《长编》卷六二
景德四年任职	李溥	由江淮都大制置茶盐发运副使充发运使	《长编》卷六六
大中祥符初年	刘承规	发运使	《东都事略》卷一二〇
大中祥符二年	杨谭	淮南、江、浙、荆湖制置发运使	《宋史》卷三〇七
大中祥符三年	黄震	江淮发运使	《宋史》卷三〇三
大中祥符四年	邵晔	为淮南、江、浙、荆湖制置发运使	《宋史》卷四二六
大中祥符五年	薛奎	江淮制置发运使	《宋史》卷二八六
大中祥符七年	胡则	江淮制置发运使	《宋史》卷二九九
天禧二年	薛奎	淮南转运副使,迁江淮制置发运使	《长编》卷九一
天禧三年	贾宗	江淮发运使	《长编》卷九三
天禧五年	周实	淮南、江、浙、荆湖发运使	《长编》卷九七
乾兴元年	章频	淮南江浙荆湖制置发运使	《长编》卷九九
天圣元年	赵贺	江淮、荆、浙发运使	《长编》卷一〇一
天圣三年	方仲荀	发运使	《长编》卷一〇三
天圣四年	张若谷	淮南江浙荆湖制置发运使	《长编》卷一〇四

续表

任、离发运使时间	任者姓名	使　职　情　况	资料出处
天圣六年	钟离瑾	江淮发运使运花石纲	《宋史》卷二九七
天圣七年	狄　棐	江淮制置发运使	《宋史》卷二九九
天圣九年	任　布	淮南江浙荆湖制置发运使	《长编》卷一一〇
景祐元年	李　繹	江淮制置发运使	《长编》卷一一四
景祐元年	刘承颜	淮南制置发运使	《长编》卷一一四
宝元元年	杨日彦	復置淮南、江、浙、荆湖制置发运使	《长编》卷一一七
宝元元年	杨　告	復置淮南、江、浙、荆湖制置发运使	《长编》卷一二二
康定元年四月离职	李昭述	淮南江浙荆湖制置发运事使	《长编》卷一二七
康定元年	蒋　堂	淮南江浙荆湖制置发运使。江南东路转运使，徙淮南，兼江淮发运使。	《宋史》卷一二七
康定元年十一月	张　锡	淮南江浙荆湖制置发运使	《宋史》卷二九四
庆历三年	徐　的	淮南江浙荆湖制置发运使	《长编》卷一四一
庆历四年	方　偕	擢天章阁待制、江淮制置发运使	《宋史》卷三〇四
庆历五年	袁　抗	江淮发运使	《宋史》卷三〇一
庆历六年	夏安期	江淮发运使	《宋史》卷二八三
庆历七年	王居白	淮南江浙荆湖制置发运使	《长编》卷一六一
皇祐元年	史昌言	江淮荆湖发运使	《长编》卷一六六
皇祐元年七月	许　元	江淮荆湖发运使	《长编》卷一六七
皇祐三年	魏　瓘	江淮荆湖发运使	《宋史》卷三〇三
至和元年九月	周　湛	淮南、江、浙、荆湖制置发运使	《长编》卷一七七
嘉祐元年	高良夫	淮南江浙荆湖制置发运使	《长编》卷一八四
嘉祐三年	孙长卿	淮南、江、浙、荆湖制置发运使孙长乡理三司副使资序，令久任	《长编》卷一八八
嘉祐四年	杨　佐	为江淮发运使	《宋史》卷三三三
嘉祐六年	李肃之	淮南江浙荆湖制置发运使	《长编》卷一九五
熙宁三年	薛　向	权淮南江浙荆湖制置发运使	《长编》卷二一一
熙宁三年十二月	罗　拯	淮南江浙荆湖制置发运使	《长编》卷二一八
熙宁四年	皮公弼	权以遣发运使	《长编》卷二二二
熙宁六年	罗　拯	江淮等路发运使(再任)	《长编》卷二四七
熙宁八年	谢景温	江淮等路发运使(即授又改任)	《长编》卷二六四
熙宁八年	卢　秉	江淮等路发运副使	《长编》卷二五三
元丰二年	沈希顏	权江淮等路发运使	《长编》卷三〇〇

续表

任、离发运使时间	任者姓名	使职情况	资料出处
元丰六年	蒋之奇	江淮等路发运使	《长编》卷三三七
元祐元年	张汝贤	江淮等路发运使	《长编》卷三七八
元祐二年	范纯礼	江淮荆浙等路制置发运使	《长编》卷四〇六
元祐四年	蒋之奇	江淮荆浙等路制置发运使	《长编》卷四二四
元祐四年六月	蔡　京	江淮等路制置发运使	《长编》卷四二九
元祐五年五月	路昌衡	江淮等路发运使	《长编》卷四三〇
元祐五年五月	晁端彦	江淮等路发运使	《长编》卷四四〇
元祐五年七月	王　觌	江淮等路发运使	《长编》卷四四五
元祐六年九月	钱　勰	江淮等路发运使	《长编》卷四六六
元祐六年十一月	杨　汲	江淮等路发运使	《长编》卷四六八
元祐七年	谢卿材	江淮荆浙等路发运使	《长编》卷四七六
元祐八年	王宗望	江淮等路发运使	《长编》卷四八一
绍圣四年	吕嘉问	江淮等路发运使	《长编》卷四八七
绍圣四年六月	吕温卿	权发遣江淮等路发运使	《长编》卷四八九
元符元年三月	吴居厚	江淮发运使	《宋史》卷三四三
元符元年	张商英	江淮等路发运使	《长编》卷四九九
元符二年	胡宗愈	权发遣江淮荆浙等路发运使	《长编》卷五〇九
哲宗朝	孙　览	江淮发运使	《宋史》卷三四四
康定元年	张　锡	淮南江浙荆湖制置发运使	《宋史》卷二九四
哲宗朝	张　近	发运使	《宋史》卷三五三
徽宗朝	卢知原	江淮发运使	《宋史》卷三七七
宣和年间	任　谅	江淮发运使	《宋史》卷三五六
建炎元年五月	梁扬祖	为江淮等路制置发运使	《要录》卷五
建炎四年	权邦彦	江淮等路制置发运使	《宋史》卷三九六
嘉定以后	吴　渊	知平江府兼浙西两淮发运使	《宋史》卷四一六
淳祐七年(1251)	程元凤	平江府兼淮浙发运使	《宋史》卷四一八
开庆元年(1259)	程元凤	平江府兼淮浙发运使	《宋史》卷四一八
开庆二年(1260)	王　爚	知平江府淮浙发运使	《宋史》卷四一八
咸淳四年	陈　垲	知平江府兼淮浙发运使	《宋史》卷四二五
太平兴中八年后	邵　晔	为淮南江浙荆湖制置发运使	《宋史》卷四二六
孝宗隆兴六年	史正志	江浙荆湖两广福建等路都大发运使	《宋史》卷四二九

从上表可以看出，宋代发运使一职的任用，其特点是：

第一，一般来说，发运使权大位重，朝廷任用较为慎重。任此职者，提升亦较快。

皇祐二年十一月，宋仁宗赐淮南江浙荆湖制置发运使、金部员外郎许元进士出身时，对宰相们说："发运使总领六路八十八州军之广，其财货调用，币帛谷粟，岁千百万，宜得其人而久任之。"正是因此，从最早太祖太宗时，朝廷都是慎选发运使之人。如太宗淳化年间任王宾为发运使，其人"事宣祖、太祖、太宗殆六十年，最为勤旧，故恩宠尤异，前后赐赉数千万"①。再如，宋初太祖朝担任此职的官员中，虽然卢浚和何幼冲仅为鸿胪少卿和吏部郎中，但薛居正和沈伦都以宰职兼发运使，符合司马光所说"国初亦以宰相都提举三司水陆发运等使"②的情况。宋初的发运使，属于使职差遣，而且多为兼职。任此职的官员，能力一般较强。如周湛，"治烦剧，能得其要，所至喜条上利害，前后至数十百事。天资强记，吏胥满前，一见辄识其姓名"③。

由于此职的重要，凡较有成绩者，也较易为朝廷所提拔。

如宋神宗熙宁三年六月，破格提拔发运使薛向为天章阁待制，侍从皇帝。因此曾引起官员们的议论与强烈反对。御史中丞冯京上言说："（薛）向人物风采，天下共知，不可以备侍从。俟向绩效显著，酬劳未晚。"冯京显然认为薛向的成绩还不足以达到备皇帝左右顾问的程度。

对于冯京的上言，神宗最初没有理会。冯京又上疏说：

案待制，备天子顾问，陪扈游宴，是盖法从最亲，而日奉德音者也。非才智明亮，该洽古今，难以通选。而近年自三司副使及尝理三司副使资序者，皆以为集贤殿修撰，知制诰阙人，则又除直舍人院数人，天下悉以为陛下重惜名器，以待材杰，不意乃今所除如此而已。则是前日天下所属望以为重惜者，不得为重矣。向谪补郡未尝至官，为发运使一年未尝有显绩，总九路利权，郡邑繁重，设有卖盐增益之效，而自诸兴置未见所以为功者，今遽除待制，物议未允。皇祐中，发运使许元颇号任职，而元赂遗权要，倾巧百端，其始也止得同进士出身，既而又为侍御史，在任累年，晚乃得除此职。天下清议，不以为允。而向从事日浅，经纪未立，阿附者众，过为游说，使陛下信为有劳，骤加恩赏，臣愚未见其可也。臣闻天下之人不从上之所言，而从上之所行。窃恐自今百执事，不复以德教政治为心，而希冀效慕，惟利是兴，尺帛斗粟毫铢之息，有以利入于公上者，悉笼取之，以幸官赏，

① 《宋史》卷二七六《王宾传》。

② 司马光：《传家集》卷二五《论财利疏》。四库全书本。

③ 《宋史》卷三〇〇《周湛传》。

则生民日骎骎滨於困穷，而莫之能救也。其源甚微，其害甚远。臣之所忧，在此而已。[①]

冯京上言，语气恳切，从历来任侍从官的惯例，到薛向的身份资历与政绩，从天下的物议，到德治教化，多方面论证了提拔薛向任皇帝顾问是极不合适的。

另一个官员，知杂事谢景温也上言："选任近职，非以德，则以劳。（薛）向在江淮，未有分毫之效，不可谓有劳。一区区聚敛之臣，不可谓有德。兼去岁朝廷委（薛）向者十事，（绢、米二法，则措置固已失宜，佣雇客舟，则公私之利未显。其余数事，方遣属吏计置，陈倩入福建，卫琪之两浙，刘忱往江西，沈叔通遍历淮南，适广南、荆湖者，臣即不知其姓名，皆约以七月至泗州商量利害）今十事之中，未效者七八，而向已酬劳，使向十事尽有成效，陛下复以何官酬之？欲望朝廷下中书条例司及三司取其所施行者，暴于中外，如向实有成效，即臣甘受妄言之罪，如别无显绩，即追还敕告，以示至公。"

宋神宗看了景温上疏后，问王安石：谢上书所言，是否确实？王安石具体向仁宗谈了薛向在东南的措置之方，他认为任用他人比任用薛向更合适。

神宗又对王安石说，冯京这个人，不为人惑时也可以用，他的上疏极其荒谬，"朕与逐条诘难，（冯）京即服其非，拜谢而去"[②]。

此后，宋神宗亲下手诏赐给薛向说："政事之先，理财为急。故朕托卿以东南赋入，皆得消息盈虚，翕张敛散之。而卿忠识内固，能倡举职业，导扬朕意，底于成绩，朕甚嘉之。前览奏，且虑流言致惑，朕心匪石，岂易转也。卿其济之以强，终之不倦，以称朕意。"

宋神宗不为众议所惑，重成绩，看实效，坚持破格提拔了薛向，以其担任自己的顾问。这也证明了发运使一职的重要性。对薛向此人，史臣李焘特加按语说："史称向干局绝人，论兵通畅明决。神宗深知其才，安石从中主之，益得展奋其材业。"

对于发运使的任用，苏辙后来曾在上书中论及，认为其"不一二年即为侍从，自非清望正人，不与此选"[③]。这个改变应是从宋神宗开始的。宋神宗对任用发运使也是深思熟虑。如熙宁五年，盐铁副使空缺，王安石欲用罗拯出任，神宗却认为罗拯任发运使一职更合适。其实在此前，罗拯已担任过此职，显然神宗认为罗拯任职比较

---

① 《长编》卷二一二"神宗熙宁三年六月"。

② 《长编》卷二一二"神宗熙宁三年六月"。李焘载《新本考异》，认为此载是王安石"录私意"而有失。

③ 《长编》卷三八三"哲宗元祐元年七月"。

称职①。

发运使的任用，按宋代制度应有一定的程序，皇帝往往较重视发运使的实际经验与能力。如徽宗时，“帝将易置发运使，命选诸道计臣有阀阅者”，有的宰相想推荐陈遘，徽宗认为此人也不错，蔡京却认为他官位太低：“职卑不可用，愿更选。”徽宗说这个好办，可以立即提拔他任集英殿修撰然后出任。“京乃不敢言”②。陈遘出任后，果然十分称职。

由于发运使责任重大，必须有一定的经验，所以宋代发运使多从较优秀的转运使中选拔。如徽宗时，“纲运阻于重江，吏卒并缘为奸”。漕运遇到很大的困难，而当时担任江西转运副使的卢知原，却“悉意经理，故先诸道上京师”。因此朝廷不久就提拔他为江淮、荆、浙等路发运使③。

第二，任此职者，一般时间较短。有的人甚至尚未上任，又改为他职。如此以来，产生的问题是，统管六路财赋，本来就是一个涉及范围广泛、内容复杂、任务艰苦的使命，可是官员刚刚上任，一熟悉情况或尚未熟悉情况，又被调任。这样必然会影响工作效率。

皇祐二年十一月，宋仁宗赐淮南江浙荆湖制置发运使、金部员外郎许元进士出身时，对宰相们说：“发运使总领六路八十八州军之广，其财货调用，币帛谷粟，岁千百万，宜得其人而久任之。今许元累上章求解，朕思之，不若旌励以尽其才。”④

宋徽宗时，兵部侍郎兼侍读陈轩上书，论监司、守臣数易之弊时，特别提出：“江淮发运使，十五年间至更三十二人，愿稍久其任。”⑤十五年换了三十二个发运使，一年平均两人多。这样高的更换频率，官员要扎实地做好发运使工作显然是困难的。

第三，此职虽然权大位重，但职任亦较为艰巨，没有相当的组织与运作能力难以胜任，故许多人视为畏途，有不少人不愿出任此职。任此职者，一方面要对朝廷负责，不能不想法满足中央财政及消费之需要。另一方面，要满足中央财政及消费之需要，势必加重东南人民的负担，两者之间往往产生重大矛盾。

薛奎任江淮发运使，向宰相王旦告别，王旦许久不说话，最后方说道：“东南民力竭矣。”薛奎后来对人说：“真宰相之言也。”⑥

---

① 《长编》卷二三四“神宗熙宁五年六月”。

② 《宋史》卷四四七《陈遘传》。

③ 《宋史》卷三七七《卢知原传》。

④ 《长编》卷一六九“仁宗皇祐二年十一月”。

⑤ 《宋史》卷三四六《陈轩传》。

⑥ 《宋史》卷二八二《王旦传》。

宋神宗熙宁八年时,任命谢景温为发运使的诏命发布以后,景温却"不肯做发运使"[①],朝廷于是又改以他任。为此吕惠卿向神宗进言加以批评。

元祐年间,朝廷拟提拔范纯礼为给事中,一些官员认为不可,并举出老账弹奏,说他在任淮南发运使时,无所建明,以疾病为借口,"坚请"回宫中任官,逃避责任。可是"既除卿列,旋升侍从,曾不固辞",所以大臣认为范是不想做发运使这一艰苦的工作,只想图清闲,这样对工作避重就轻的人,不能重用,不宜做给事中。应"别除纯礼职任,以协公议"[②]。

发运使的工作并不好做,如薛向任发运使工作成绩显著,却屡遭非议。史书称他"吏材绝人远甚,所商财利无遗。然其甚者,不能不病民,有所上课,或不实。故御史刘述、钱恺、刘琦,谏官范纯仁等,皆言向不可为大吏"。其后还有人评论说:"向吏事精锐绝人,于财利足心计,然发运使所施置如均输、客运之类,后虽不终,诚不能无小害,然亦当时风俗,以诈清高,养名誉为事,故向多为所排诋。御史、谏官皆言向不可以为大吏者,非确知其利害也。"[③]

由此可见,发运使这个工作并不好做。若满足了皇上及朝廷的要求与成命,可能会换来民间的骂名,而若顾惜了东南民力,则又无法完成使命,这便是许多人视此职为畏途的关键所在。

第四,发运使因掌握有巨大的财权,任此职者亦往往容易成为贪官。许多人即因在职贪赃或以职权贿赂京官,最终都被弹劾查处。

鉴于不少官员在此职任上翻船,宋仁宗曾对即将任江淮制置发运使的大臣周湛加以劝励,"诫以毋纳苞苴于京师"。周湛惶恐地对曰:"臣蒙圣训,不敢苟附权要,以谋进身 。"[④]

江淮地区纲运机构宠大,存在的问题与弊害也各种各样。

苏轼在知扬州时,曾指出纲运存在五种弊害:"一曰发运司人吏作弊,取受交怨不公。二曰诸仓专斗作弊,出入斗器。三曰诸场务、排岸司作弊,点检附搭住滞。四曰诸押纲使臣人员作弊,减刻雇夫钱米。五曰在京及府界诸仓作弊,多量剩取,非理曝扬。"

苏轼认为,"如此之类,皆可得而去也。纵未尽去,亦贤于立空法而人不行者远矣。何谓假以事权而助其耳目?盖运路千余里,而发运使二人,止在真、泗二州,其间

---

① 《长编》卷二六八"神宗熙宁八年九月"。

② 《长编》卷四五三"元祐五年十二月"。

③ 《长编》卷三一一"元丰四年三月"。

④ 《宋史》卷三〇〇《周湛传》。

诸色人作弊，侵扰纲梢于千里之外，则此等必不能去离纲运而远赴诉也，况千里乎？臣欲乞朝廷选差，或令发运使举辟京朝官两员，为勾当纲运。自真州至京，往来点检，逐州住不得过五日。”①

2. 发运使的任用与考核

从史书记载来看，朝廷对发运使的任用与管理，有一定的制度与要求。

首先，是道德方面的要求。由于转运使、发运使管理众多钱财，因而对于发运使的道德要求，是不能不考虑的。哲宗元祐二年任用李南公、路昌衡等为转运使、发运使，大臣吕陶即上言说：“夫君子小人之道，各有消长，观其大势何如，则治乱可知矣。君子并进则治，小人汇征则乱，世主所以防微杜渐，而谨其用舍也。今朝廷选拔材器，澄清流品，勤亦至矣。而间有小人杂于其中，不可不虑也。”随后吕陶直截了当地说：“李南公、路昌衡辈皆刻薄之资，见于已试，而又任之以经略、发运使之职，必无以副朝廷德意而惠养元元矣。”②他认为李、路二人，都是刻薄之辈，前时的任用已经说明了。若现在再任之为转运使、发运使，显然是不合适的。

嘉祐六年八月，仁宗拟调知亳州、刑部郎中、直史馆李徽之为淮南、江、浙、荆湖制置发运使，遭到台官的反对。“台官言徽之前为制置发运使，坐事罢去，不当复除”，仁宗于是改命李徽之知河阳。另任用“河北转运使、司勋郎中、直史馆李肃之为制置发运使”③。可见，犯有前科的官员一般是不能再任用为发运使的。

第二，对发运使实行年度考核上计制度。

宋初，发运使一年一入京师，面见皇上，汇报工作情况。后来皇帝嫌麻烦，废除此制：“皇祐四年，谏官韩贽言：‘发运使旧例虽尝入奏，不闻逐次改官。今乞每岁更不许赴京奏事，只差一人附奏年额足数。’诏发运使自今押米运至京城外，更不朝见。”④

但是，由于此职的重要性，不见皇帝显然是不合适的。于是，“诏淮南转运使岁一诣阙奏事。先是，罢发运使及岁岁入奏计。至是，祠部郎中杨告领转运使、兼发运使，请复之”。神宗熙宁三年，“上批：‘江淮发运使薛向熟知环庆城寨地形，可召赴中书询访。兼旧制发运使到阙不得出入，理甚无谓，其除之。’初，权盐铁副使杨佐言：‘故事，江淮发运使岁押米运赴阙，许朝见上殿。后许元自殿中为发运判官，十年间至天章阁待制，而言者以为倖求恩命，遂令岁部米运止得至国门封进文字。自是发运使权益轻，诸路多不禀从。缘东南六路大计，委寄甚重，事干利害，须合面陈。’诏自今到新城

① 《东坡全集》卷六二《乞岁运额斛以到京定殿最状》。

② 《长编》卷四〇四“哲宗元祐二年八月”。

③ 《长编》卷一九五“仁宗嘉佑六年八月”。

④ 《资治通鉴后编》卷六二“仁宗皇祐四年九月”。

外，实有要切事奏，候朝旨入见，奏事毕即辞出城。至是，又弛此禁。”[①]

看来由于发运使常见皇上，得以很快升迁，引起了一些官员的不满，他们认为这是“倖求恩命”，于是规定，发运使归朝，只能至国都大门，写文字汇报，但结果是“发运使权益轻，诸路多不禀从”，而发运使的工作“委寄甚重，事干利害，须合面陈”，于是不得不恢复发运使面见皇上述职的制度。

第三，禁止发运使借进京机会贿赂朝官。

由于发运使掌控钱财，有的人乘机向权贵行赂讨好。仁宗天圣七年九月丁未，“诏淮南、江、浙、荆湖制置发运使奏计京师，毋以土物馈要近官。先是，锺离瑾因奏计多载奇花怪石纳禁中，且赂权贵。殿中侍御史鞠咏、右司谏刘随皆劾瑾，咏请付御史台治，帝面谕瑾亟还所部，于是又条约之”[②]。

“庚寅，以盐铁副使、吏部员外郎蒋堂为天章阁待制、淮南江浙荆湖制置发运使。先是，发运使上计，造大舟数十，载江湖物入遗京师权贵。堂曰：‘吾岂为此！岁入自可附驿奏也。’前后五年，未尝一至京师[③]”。蒋堂任职五年，从不贿赂京官权要，显然是少数比较清廉的发运使之一。

第四，发运使权力有时受到地方官一定的制约。

宋仁宗时，江淮发运使曾强占雷塘民田，由于扬州知府刘敞的反对，也不得不作罢。宋神宗时，孙洙知海州，当时江淮发运使不顾春旱，征调民夫疏浚漕渠以通盐船，孙洙反对，但发运使不听，孙洙于是三次上书朝廷，使此役停止[④]。可见，虽然江淮发运使的权力不小，但有时还是难以逾越地方官的制约的。

五、江淮漕粮的增加与民众的重负

宋代初年，国家漕运来自四个方向：“是时漕运之法分为四路：东南之粟自淮入汴至京师；若是陕西之粟，便自三门白波转黄河入汴至京师；若是陈蔡一路粟，自惠民河至京师；京东之粟自广济河至京师。”四条漕路中，“最重者惟是汴河”，其次是自三门白波入关的北方之粟，所谓“三门白波之类，非大农仰给之所。惟是江淮最重”。至于惠民、广济二条漕路，“来处不多，其势也轻”。史称：“本朝置发漕两处，最重者是江淮。至真州陆路转输之劳。其次北之粟，底柱之门、舟楫之利，若其它置发运。如惠

---

① 《长编》卷二一五“神宗熙宁三年九月”。

② 《长编》卷一〇八“仁宗天聖七年九月”。

③ 《长编》卷一二七“仁宗康定元年四月”。

④ 《宋史》卷三二一《孙洙传》。

民河、广济河，虽尝立官，然不如两处之重。”①

四条漕路，设官亦有不同：江淮物资通过汴河入京，“置发运使领之”，陕西物资“自黄河三门沿流入汴，以达京师，亦置发运司领之”，而自广济河、石塘、惠民河至京师者，“皆有京朝官廷臣督之”②。

关于漕运的时限，据神宗熙宁八年三司上言可见相关规定：“江淮东西，荆湖南北路，两浙各乞别立限般上供年额斛斗。今年欲令淮南东、西二路第一限十二月，第二限二月，第三限四月，止令在本路州军封桩外，江东第一限十二月，第二限三月，第三限五月；江西、荆湖南北、两浙第一限二月，第二限四月，第三限六月。”③

关于漕粮数量，宋代前后期变化颇大。

北宋建国初，由于江南大多地区尚未纳入版图，故漕运的范围仅局限于北方地区：“方隅未一，京师储廪仰给惟京西、京东数路而已。”一年的漕粮不过百余万石。至宋太祖开宝时，又通过汴河征调淮南漕米数十万石。但总的水平仍不很高，漕粮大体维持年运量一百几十万石上下。

统一江南后，东南漕运大增，“岁运米四百万石”。太平兴国六年，宋王朝对全国漕粮确定年运量标准，其中“汴河岁运江淮粳米三百万石，豆百万石”，相比于“黄河粟五十万石，豆三十万石，惠民河粟四十万石，豆二十万石，广济河粟十二万石，豆五百五十五石”来看，江淮岁运远高于他处。不久，这一定额标准又被日渐增长的东南漕运量所突破。太宗后期，东南漕粮年运量已达 600 万石以上。景德四年，宋中央取至道二年到景德二年间东南漕运“十年酌中之数定为年额，上供六百万石，米纲立额始于此”。按正常情况，江淮每年只需漕运到规定额数即可，而丰年多出的漕粮，可折来年数。年景不好漕粮不足时，可以来年再补交。

景德四年，北宋确立的全国漕粮年额为 800 万石，其中东南地区 600 万石，北方地区 200 余万石（黄河 80 万，广济河 62 万，惠民河 60 万），东南地区占了四分之三。北宋中期以后，北方漕粮常在百万石以下。江淮漕运愈显得重要。

在真宗和仁宗朝一些年份，东南地区上供漕粮曾出现过年运 800 万石的记录④。而熙宁七年又出现了“江淮上供谷至京者，三分不及一”的现象。而到北宋末，东南漕粮又常降至 500 万石左右。虽然如此，北宋时期漕粮中的绝大部分还是来自东南地区六路地区，即淮南路、江南东、西路、荆湖南、北路及两浙路。东南六路漕粮又有

---

① 《文献通考》卷二五《国用三・漕运》。

② 《宋史》卷一七五《食货上三》。

③ 《长编》卷二八三“神宗熙宁十年六月”。

④ 欧阳修：《欧阳文忠公集》卷二六《资政殿学士尚书户部侍郎简肃薛公墓志铭》。

各自相对固定的数量和运送目的地。如淳化四年，据史料记载，当年“统六路年额上供米六百二十万石，内四百八十五万石赴阙，一百三十五万石南京畿送纳。淮南一百五十万石赴阙，二十万石赴咸平、尉氏，五万石(赴)太康。江南东路九十九万一千一百石，七十四万五千一百石(赴)阙，二十四万五千石赴拱州。江南西路一百二十万八千九百石，一百万八千九百石赴阙，二十万石赴南京。湖南六十五万石尽赴阙，湖北三十五万石尽赴阙。两浙一百五十五万石，八十四万五千石赴阙，四十万三千三百五十二石(赴)陈留，二十五万一千六百四十八(赴)石雍丘”①。大体上说来，这一数额和地点，规定了北宋时期东南六路漕粮的负担及输送情况。

就北宋而言，漕粮年额实际上因受各地粮食丰歉情况、河道善恶状况以及政局变化的影响，年运量经常会出现上下波动的情况，如仁宗天圣初，因江淮荆湖等地和籴粮米过多，而天圣四年江淮地区又广泛地出现灾荒，粮食产量大减。于是经主管全国财政的三司勘合以后，奏请减东南漕粮 50 万石，以 550 万石为年额②。三年后，负责东南漕运的发运司又以丰年为由，奏请恢复旧额。

北宋时期的漕粮，有时尚需调剂给其他地区。

总的来看，北宋时期漕粮数量，在近百年中保持在每年平均 600 万石左右，不仅远远超过唐时一年 400 万石之数，而且也为明清时期所不及。宋代东南漕运量的增加，一方面，是因为东南地区经济的发展，另一方面也是由于统治者的搜括无度。因而严重影响到江淮人民的生活。史载：

> 天圣四年闰五月戊申，定江淮制置发运司岁漕米课六百万石。初，景德中岁不过四百五十万石，其后益至六百五十万石，故江淮之间，谷常贵而民贫。于是，都官员外郎吴耀卿请约咸平、景德中岁漕之数，立为中制，故裁减之。然东南灾俭，辄减岁漕数，或巨万或数十万，又转移以给它路者时有焉。③

漕粮增加的结果，是使江淮谷价大涨，“谷常贵而民贫”。

再如，据明道二年二月己卯诏曰：

> 淮南、江、浙、荆湖发运司比留上供米赈江淮贫民，如闻流亡未已，今更以百万斛济之。仍命翰林侍读学士王随、入内供奉官邓守恭、入内殿头江从莹乘驿督

---

① 张邦基:《墨庄漫录》卷四。

② 《文献通考》卷二五《国用三·漕运》。

③ 《长编》卷一〇四“天圣四年闰五月”。

视之。二月庚子，诏淮南、江南民被灾伤而死者，官为瘗埋，仍祭酹之。先是，南方大旱，种饷皆绝，人多流亡，困饥成疫气，相传死者十二三，官虽作粥糜以饲之，然得食辄死，村聚墟里几为之空。①

在如此严重的灾情下，要保证漕粮数，显然是不可能的了。但是，只要年景稍好，漕运数又会升上来。如仁宗天圣七年壬寅，“三司言，江淮发运使岁丰上供米六百万石，前诏权减五十万，今岁丰，请复如旧”②。仁宗还算清楚，估计到民众的实际，“诏更一年复之”，即再减免一年漕粮数。

苏东坡在元祐七年任职于扬州时曾上书说，他自颍州至扬州，舟过濠、寿、楚、泗等州，所至之处“麻麦如云”，一片丰收景象。但他屏去吏卒，亲入村落访问时，父老皆有忧色，说是“丰年不如凶年”。因为天灾流行，民虽乏食，缩衣节口，犹可以生；而若至丰年，“举催积欠，胥徒在门，枷棒在身，则人户求死不得”。说完泪流满面。苏轼也“不觉流涕”。他在所到的城邑，还看到许多流民，官吏向他解说：“以夏麦既熟，举催积欠，故流民不敢归乡。”苏轼为此大有感慨，他在上书中说：

臣闻之孔子曰：‘苛政猛于虎。’昔常不信其言，以今观之，殆有甚者。水旱杀人，百倍于虎，而人畏催欠，乃甚于水旱。臣窃度之，每州催欠吏卒不下五百人，以天下言之，是常有二十余万虎狼散在民间，百姓何由安生，朝廷仁政何由得成乎？

苏轼上书中还说到：

臣访闻浙西饥疫大作，苏、湖、秀三州，人死过半。虽水稍退，露出泥田，然皆无土可作田塍。有田无人，有人无粮，有粮无种，有种无牛，殍死之余，人如鬼腊。臣窃度此三州之民，朝廷加意惠养，仍须官吏得人，十年之后，庶可全复。③

下表是据“宋史”等史籍中所记录的关于北宋江南地区漕运数量的情况：

---

① 《长编》卷一一二“仁宗明道二年二月”。

② 《长编》卷一〇七“仁宗天圣七年春正月”。

③ 《东坡全集》卷六一《论积欠六事并乞检会应诏四事一处行下状》。

表二　北宋江南地区漕运数量表

时　　间	漕运数额	提供漕粮地区	资料来源
开宝五年	米数十万石	江淮	《宋史》卷一七五，漕运
开宝九年	米百余万石	淮南诸州及淮北徐海、沂等州	《长编》卷一一七，开宝九年九月
太平兴国	米400万石	两浙	《宋史》卷一七五，《漕运》
太平兴国六年	米300万石，菽120万石，粟40石	东南各地	《宋史》卷一七五，《漕运》
淳化四年	米620万石	淮南，江南东、西，荆湖南、北、两浙路	《中国历代户口、田地、田赋统计》第294页
至道初	米580万石	东南各地	《宋史》卷一七五，《漕运》
景德四年	600万石	淮南、江浙、荆湖南、北路	《宋会要辑稿》食货四六之四
大中祥符初	700万石	东南各地	《宋史》卷一七五，《漕运》
大中祥符三年	米679万石	江淮	《长编》卷七四，大中祥符三年
天禧五年	米600余万石	淮南、江、浙、荆湖	《宋会要辑稿》食货四六之四
天圣初年左右	650万石	江淮	《宋会要辑稿》食货四六之九
天圣四年	550万石	江南诸路	《文献通考》卷二五《国用》三
天圣五年	550万石	江南诸路	《宋会要辑稿》,《食货》四六之九
宝元元年	600余万石	江淮	《玉海》卷一八二,《漕运》
仁宗到英宗年间	米800万石	江、浙、荆、淮	《宋史》卷三三一,《孙长卿传》
嘉祐以前	600万	江淮	《长编》卷四七五,元祐七年七月
治平二年	602.2万石	东南各地	《宋史》卷一七五,《漕运》
熙宁三年	620万石	江淮	《长编》卷二一一,熙宁三年五月
熙宁七年	不及往年1/3	江淮	《长编》卷二一一,熙宁三年五月
元丰六年	620万石	江淮、荆、湖	《宋史》卷三四三,《蒋之奇传》
元祐六年	450万石	江淮	《长编》卷四七五,元祐七年七月

总之,江淮源源不断地北输的漕粮,是江淮人民的血汗,给江淮人民带来的并不是福祉与安康。

一些有识之士，也认识到江淮漕运给人民带来沉重负担，一再呼吁减免漕粮数。范仲淹曾在宋仁宗明道二年六月上书论及八事，说到江淮漕运，他说：

祖宗时，江淮馈运至少，而养六军又取天下。今东南漕米岁六百万石，至于府库财帛，皆出于民，加之饥年，艰食如此。愿下裁造务、后苑作坊、文思院、粮料院，取祖宗岁用之成数校之，则奢俭可见矣。

范仲淹主张减少漕运数量至宋朝初年，并减少裁造务、后苑作坊等奢侈性行政开支以宽济百姓。他还说：

天之生物有时，而国家用之无度，天下安得不困！江淮诸路，岁以馈粮，于租税之外，复又入籴，两浙一路七十万石，以东南数路计之，不下三二百万石，故虽丰年，谷价亦高，官已伤财，民且乏食。至于造舟之费，并以正税折充。又馈运兵夫，给受赏与，每岁又五七百万缗。故郡国之民，率不暇给，商贾转徙，度岁无还，裨贩之人，淹迟失业，在京榷务，课程日削。国家以馈运数广，谓之有备，然冗兵冗吏，游惰工作，充塞京都。……乃知馈运之患，不止伤财，其害人如此！今宜销冗兵，削冗吏，禁游惰，省工作，既省京师用度，然后减江淮馈运，以租税上供之外，可罢高价入籴，则东南岁省官钱数百万缗，或上京实府库，或就在所给还商旅。商旅通行，则榷货务入数渐广，国用不乏；东南罢籴，则米价不起；商人既通，则入中之法可以兼行矣。……其六曰江淮发运司岁漕六百余纲，省员殿侍，并以岁劳改班行。若国家稍节用度，则可减纲运酬奖之人[①]。

范仲淹上书深入分析了江南人民因漕粮数增加带来的苦难，并提出了解决的办法。然而他的上书，并没有受到重视。

著名的包龙图包拯也曾在仁宗皇祐三年十一月，就这一问题上书朝廷，为民请命。他说，还在三年时，皇上曾对辅臣们说：江淮连年荒歉，而听说发运转运司仍惟务诛剥，以达到漕运年额为能，虽然名曰和籴，实际是强制抑配。因此皇上减少了今年上供米百万。他又继续进言：

臣闻天以五星为纬，人以五谷为命，五星紊于上，则灾异起于下，五谷绝于

① 《长编》卷一七一"仁宗明道二年六月"。

野，则盗贼兴于外。天之于人，上下相应，故天变于上，则人乱于下，是天人相与之际，甚可畏也。……方今灾异之变尤甚，臣近已论列详矣。惟江淮六路，连岁亢旱，民甚艰阻，流亡者比比皆是。朝廷昨遣使命安抚赈贷，以救其弊，而东南岁运上供米六百万石，近虽减一百万石，缘逐路租税尽已蠲复，则粮斛从何而出？未免州县配籴，以充其数，由是民间所蓄悉输入官，民储已竭，配者未已，纵有米价，率无可籴。父子惶惶，相顾不救，老弱者死于沟壑，少壮者聚为强盗，不幸奸雄乘间而起，则不可制矣。当以何道而绥安之哉？且国家之患，未有不由此而致，可不熟虑乎！欲望圣慈特降指挥，应江淮六路灾伤州县，凡是配籴及诸般科率，一切并与止绝，如敢故犯，并坐违制，庶几少释贫民倒垂之急。其上供米数若不敷原额，即候将来丰熟补填。仍令州县官吏多方擘画，赈济饥民，不得失所，兼委逐路提转专切提举，如不用心赈济，以致流亡及结成髃盗，即乞一例重行降黜。①

包拯列出了江淮六路“连岁亢旱，民甚艰阻，流亡者比比皆是”的事实，用天人感应的理论启发统治者，指出现在江淮地区的人民“父子惶惶，相顾不救，老弱者死于沟壑，少壮者聚为强盗”，如此下去，则“不幸奸雄乘间而起，则不可制矣”，一旦到了那时，宋朝的统治也就要出现危机了。他主张应全面减少江淮人民的漕运粮数。

在宋代，这样关心江淮地区人民疾苦的有识之士固然曾有不少，但他们的建言，又有多少能为统治者所采纳呢？因此，江淮漕粮的增加，一方面是这一地区生产发展的结果，另一方面，也是统治者对人民加重征掠的反映。固然史书中有不少关于皇帝减免江淮租税的记载，但同样也可看到对漕粮征收催逼迫交的记载，如熙宁七年十月，由于“今岁江淮上供粮实至京师者，比元额不及三分之一……不预处置，虑耗岁额，或致阙乏。宜督张颉奏事讫，速还本任，计置来年元额”②。除命令张颉速还本任，筹措漕粮外，次年，又“诏三司选官往江淮发运司趣上供粮纲，令张颉具滞留因依以闻。己巳，三司言：‘乞责发运司漕今岁上供及积欠，须及六百万石。’从之”③。

其实，即使灾荒之年朝廷对漕粮数有所减免，却仍是以皇帝赏赐的名义“赐”与百姓。如熙宁八年二月，江淮受灾，神宗赐“江南东路上供米三万石，均给灾伤州军”④。熙宁十年六月，三司上言：“江淮等路灾伤，发运司未运上供粮三百五十余万石，欲下

---

① 《长编》卷一七一“仁宗皇祐三年十一月”。

② 《长编》卷二五七“神宗熙宁七年十月”。

③ 《长编》卷二六四“神宗熙宁八年五月”。

④ 《长编》卷二五九“神宗熙宁八年二月”。

本司相度，如计置不行，权许折变见钱，毋过百万石，限今年十月以前至京省司收籴，以备军储。”①

从三司所言可见，此年因灾伤，江淮漕粮缺少上供米达350余万石，但朝廷仍以折变的形式征收现钱，而神宗予以批准。

熙宁十年，淮浙发生饥荒，“诏出本界上供米，损市价粜，以活饥民”。发运副使卢秉为此上言说：米价虽贱，但贫者终无能力购米，因此，他“请偿籴本”，尽以其余的米无偿赈恤流民。获得神宗批准。神宗曾在发运使“奏计”时问卢秉：“我听说江南有的民众无粮而食蝗虫以求生，有这种事吗？”卢秉以实相答说“的确如此”：“民饥甚，死者相枕籍。”神宗听后惨然，“赐上供米赈济饥民”。

此外，为了保证漕路的畅通，统治者还经常征发江淮地区的民众修治河道，加重了人民的负担。如八年，判扬州陈升之言：“真、扬等州开河用工四百余万，传闻今冬先役兵夫。缘淮南苦寒，或值雨雪，必多死亡，乞候至正月役兵，二月兴民夫。”②神宗采纳了陈之升的建议，下诏令，将开淘真、扬、楚、通、泰等州运河之事推迟，“相度施行”，等待来年春暖时再调发民夫施工。

另外，漕粮运输船的建造，亦是一项负担，耗费民力不少。

元丰六年，三门白波辇运司向皇上乞求借江淮发运司四百料平底船三百只，“运榷场盐货、赏茶等至汜水，以本司船运赴河北”。神宗同意，下诏说：“应副榷场物，至为重事，若有亏欠，或启戎心。上降朝旨，取拨无期，可选差使臣于发运司计会，限十日差拨。”

神宗指出，供应北方契丹榷场盐货之事务，关系重大，否则会引起契丹的不满，即“或启戎心”，他命令江淮发运司十日内调三百只船给白波辇运司。但是江淮发运副使蒋之奇上言说：“汴纲船岁额千七百余艘，近准诏减数，止造七百四十八，以所减工料价钱封桩。本司岁运军储六百二十万石，而止用七百余艘，风水抛失，尚忧不足；兼已有旨许免朝省别司借发，虽有申请，许执奏不与之法。若更分拨与白波辇运司，即本司大计必致妨误，乞免借拨。”③　从蒋之奇所言不难看出，江淮岁额的纲船，正常应有一千七百多只，修造这些船只，对江淮人民来说，应是不小的一个负担。

---

① 《长编》卷二八三“神宗熙宁十年六月”。

② 《长编》卷二七一“神宗熙宁八年十二月”。

③ 《长编》卷三三三“神宗元丰六年二月”。

第二节　土地、户籍与赋税制度

除漕运以外,江淮地区与中央的财政关系,还反映在土地、户籍与赋税制度等方面。

中国社会,自秦汉以后至明清,历二千多年,屡有变化,而唐宋时期,特别是宋代,社会变化尤为显著。这种变化反映在政治、经济、思想、文化、科技等诸多方面。人们常说的"唐宋社会变革",指得就是这种变化。

从社会结构这个角度来看①,这种变化主要表现为户籍制度、土地制度、赋役制度的变化,以及由此反映出的阶级结构的变化、社会矛盾的尖锐化等等。作为中国东南地区重要组成部分的宋代江淮地区,是社会结构变化比较明显、社会矛盾相对突出的地区②。

一、土地与户籍制度

宋代社会结构的重大变化之一,是土地制度与社会阶级、阶层的变化。宋代在土地制度、阶级构成方面,与魏晋南北朝、隋唐时期的中古社会相比,有了明显的不同。

从土地制度方面来看,中古时期曾存在过一系列由官府颁布的土地制度,如曹魏屯田、西晋占田、北魏至唐代的均田等。然而自唐中叶均田制瓦解之后,随着商品经济的活跃、两税法的实施、土地私有制的进一步发展,国家对土地所有权的干预越来越困难。面对这一形势,宋朝政府的土地管理观念,发生了很大变化。政府取消以往对于私家地主土地的占田限制,只要土地的主人按地纳税,即可听任其广占田土,"许民辟土,州县无得检括,止以见佃为额"③。北宋政府甚至鼓励、纵容土地兼并。不仅一般的土地不加限制,后来连陂塘湖泊、公共水利设施,也允许私有。如江淮、两浙、安徽一带的陂塘沟渠、泉源溪涧,许多为"形势豪强人户请射作田,以起纳租税为名收作已业"④。政府掌握的官田也实行对外出租、甚至出卖于私人的政策。宋代有的人

① 这里"社会结构"的定义,指得是社会主要成员依其政治、经济等地位而划分的类别与构成的结构。

② 近年来,对于人们经常作为典型论述的宋代江南地区的社会变化,主要是农业生产力发展水平、乡村市场与城市商业的发展及其反映的社会变化、阶级结构的变化及其深度与广度等,看法并不一致。虽然宋代社会也许在某一方面的变化不如以往人们认识的那样显著,也许人们在一些方法的运用上,存在这样那样的问题,但从政治、经济、思想文化多层面、多角度综合来看,宋代江南地区的社会变化是明显的,"唐宋变革"确是客观存在的。

③ 《宋史》卷一七三《食货志》;《文献通考》卷四《田赋四》。

④ 《宋会要辑稿》食货六一之九五。

公开宣称:“(本朝)不抑兼并。富者连我阡陌,为国守财尔。缓急盗贼窃发,边境扰动,兼并之财乐于输纳。”①

虽然宋政府对于土地兼并采取不加抑制的政策,但从征收赋役的角度出发,对于土地占有及户口状况的多少,是严加登记管理的。如哲宗时曾诏准三省言:

> 诸路户口财用,虽户部每年考会总数,却未有比较进呈之法,复不知民力登耗,财用足否。今立定式,令诸州每年供具,以次年正月申转运司,本司以正月上户部,本部候到,于半月内以次上尚书省,类聚进呈。违者杖一百。②

南宋时,政府曾一再重申此项制度。

户口登记的方法,首先是呈报“手实”,即由民户申报的土地户口情况。吕惠卿曾说:“按《户令》,手实者,令人户具其丁口、田宅之实也。……使人户自占家业,如有隐落,即用隐寄产业赏告之法。”③然后由官府发给民户“户帖”,即登记该户人口和产业的符帖。在此基础上制成“丁帐”,最后形成“五等版籍”,即人口、田产、税役的统计。

在江淮地区,初平南唐时,江南户口薄籍多已亡逸,宋平南唐方重新确立。史载苏颂知江宁县,“时建业承李氏后,税赋图籍,一皆无艺,每发敛,高下出吏手。颂因治讯他事,互问民邻里丁产,识其详。及定户籍,民或自占不悉,颂警之曰:‘汝有某丁某产,何不言?’民骇惧,皆不敢隐,遂划剔夙蠹,成赋一邑,简而易行,诸令视以为法”④。

显然,宋政府在收复南唐等江南地区后,曾进行了“定户籍”的工作。所谓“自占”,就是报“手实”的制度。

宋政府的主要籍账应是“五等版籍”制,就是根据人们占有土地财产多少的不同,将居民按主、客户加以区别登记,形成全面系统的户籍制度。北宋张方平曾上疏说:“本朝经国之制,县乡版籍分户五等,以两税输谷帛,以丁口供力役。”⑤

从宋代的江淮来看,与此前的唐代相比,社会结构发生了明显的变化。这首先是社会的主导阶层,已由魏晋南北朝唐代长期占主导地位的士族贵族阶层,转变为以科举出身为主的新的官僚阶层。其次,农民的主体成份,也由中古时期依附性极强的部曲佃客奴婢转变为以契约租佃农为主的农民。

---

① 王明清:《挥麈录余话》引王铚《祖宗兵制》。

② 《长编》卷四六四“哲宗元祐六年八月”。

③ 《长编》卷二五四“神宗熙宁七年六月”。

④ 《宋史》卷三四〇《苏颂传》。

⑤ 《长编》卷二七七“神宗熙宁九年八月”。

在宋以前的唐代，社会的居民主要有官民之分、良贱之分，在上层社会人们的观念中，还讲究士庶之分。宋代社会的情况则发生很大变化。社会成员主要有官户、民户之分；乡村户与城郭户之分；主户、客户之分；城郭户中的主户十等与乡村户主户的五等户之分。其中作为区分有无土地的主客户户籍制度，影响到城乡多数的人众，且最能反映财产的占有情况，是宋代最基本的土地占有与身份管理制度。

宋代为了便于征取赋税，控制户口，把全国居民分为主户与客户。主户指占有土地，并承担赋役的户，官户与形势户亦包含在内。客户指住在农村，不占有土地，租种土地耕种的农人。宋代的主户占全宋人口的多数，其余则为客户的平均数。为了使居民能够完纳赋税，宋将主户依资产高下分为五等，“天下郡县所受版籍随其风俗，各有不同。或以税钱贯伯；或以地之顷亩；或以家之积财，或以田之受种，立为五等”①。

在主户五等中一般称第一、二、三等户为上户，第四、五等户为下户，有时第三等户也被称为中户。第一等户一般为三顷以上土地占有者，超过三顷以上许多倍者为出等、高强、无比、极力户，所以一等户中占有土地情况相差较多。“有多至百顷者，小至三顷者”②。二等户约占土地二顷左右，三等户约占土地一顷左右。第三等户实际上是富裕户与小地主的混存阶层。第四、五等户占地在50亩至20亩以下，在他们当中，有些人的土地实际已被兼并，形成产去税存的状况，称无税户。“凡第四、第五等之家，田业垄亩之多寡无甚相远，粗粝不充，布褐不备，均未免冻馁之忧”③。其中第五等户比例最高，他们与客户相加约为全宋人口的80%以上，是社会生产的主要负担者。

客户，即为佃户，他们是指失去土地而佃种地主土地的民户。他们不必向国家交纳二税，但要担负夫役与纳身丁税。还要向地主纳地租，用宋人话讲是“乃乡墅有不占田之民，借人之牛，受人之土，庸而耕者，谓之客户”④。较之中古时期，他们的人身依附关系已减轻许多，一般可以另择田主，所交地租约为收成的五成左右。

宋代户等制中的坊廓户，指非农业生产的城镇人口，单列户籍与分等。真宗时依财产状况划分约十等。分等目的亦在于方便科买与征税。等的区分，地区间相差较多，财产依据的是房产，地课税与营造物力，大体可以分为上五等与下五等，上五等为坊廓上户，下五等为坊廓下户。家财在六千贯至一万贯的为第一等，超过一倍以上的为富强户，三倍以上为高强户，五倍以上为极高强户。其中也有主户与客户之分别，客户亦称浮客，有时坊廓客户在十等以外。户等制中的官户主要为品官之家，享有特

---

① 《长编》卷三七六“哲宗元祐元年四月”。

② 《长编》卷二二四“神宗熙宁四年六月”。

③ 《长编》卷三六二“神宗元丰八年十二月”。

④ 石介：《徂徕先生全集》卷八《录微言者》。

权，可免差役与劳役，税可免支移、折变，以及科配等。形势户包括州县衙门公吏、乡里基层政权头目的部分上户与官户。但形势户中吏户无特权，另立版籍。

从北宋时期全国主客户的比例来看，主户约占全宋人口的65%左右。其中一二等户和一部分三等户以及官户、形势户，构成为地主阶级，他们只占全国人口的10%左右，人数虽少，却占有70%至80%的土地。客户约占人口中的34.5%[①]。客户和主户中的四五等户与一部分三等户，构成农民阶级，占总户数的80%以上，却只占有30%的土地。

从宋代江淮地区情况来看，主客户的比例与全国相比略存不同。据《太平寰宇记》记载，宋朝初年的太平兴国五年至端拱二年(980—989)，江苏地区的主、客户数及客户所占百分比如下表：

表三 宋初太平兴国至端拱年间江淮主客户比例表

地　区	总户数	主户数	客户数	客户占总户数比例
徐　州	34426	16846	17580	61
泗　州	21926	7330	14596	67
淮阳军	16389	6167	10222	62
涟水军	8524	1183	7341	86
海　州	13334	6088	7246	54
扬　州	29655	14914	14741	50
泰　州	32471	12188	20283	62
通　州	10787	8087	2700	26
高邮军	20765	11628	9137	44
润　州	26547	10647	15900	60
升　州	61679	44109	17570	28
苏　州	35195	27889	7306	21
常　州	55552	28071	27481	49
江阴军	14551	7645	6906	47
总　计				51.2

这个时期，宋朝天下户数为6,108,635，其中主户为3,560,797，客户为2,547,838户，其中客户占总户数比例为42%。

相比之下，江淮地区的客户，即靠租种他人土地生活的无地农民，占全区总户数

① 王曾瑜：《宋代阶级结构》，河北教育出版社1996年版，第75页。

的51%，要比全国客户占总民户的平均比例42%高出8到9个百分点。同时，江南、江北的情况又有较大的差别，江北的淮河流域南北，客户比例为56%。江南的民户客户比例占41%，江北客户比例高出江南客户比例约15个百分点。

为什么会出现这种现象呢？估计有几个方面的原因。首先，江淮地区一直是全国较为发达的地区，这对其他地区的民户有一定的吸引力，北方大量移民移居于此地即可说明。这些新迁来的农民在地少人多的江淮地区，在较短的一个时期内，很难得到新的土地，只能靠租种他人的土地生存。由于淮水流域较多的容纳了南迁人口，因而无地农民也较江南为多。

其次，自五代以来，淮水长江一带为战争多发地区，如“江浙等路，李煜、钱俶日，民多流亡，弃其地，遂为旷土”①。“湖北、淮南自兵火以后，百姓流亡，田多旷土”②，为此，宋在一些地方设屯田，招募无地农民租种，故此类地区，客户可能较多。宋太宗时，度支判官陈尧叟曾建议“发江淮下军散卒及募民充役。给官钱市牛、置耕具、导沟渎。每屯千人。人给一牛，治田五十亩”③。而实际上“淮南、两浙旧皆有屯田，后多赋民而收其租，第存其名”。直到南宋时，韩世忠还指出，“沿江荒田虽多，大半有主……乞募民承佃”。建议将土地租给无地少地的农民。南宋都督张浚时又将江淮屯田改为营田，“凡官田逃田并拘籍，以五顷为一庄，募民承佃”④。直至端平元年时，仍“屯五万人于淮之南北，且田且守”⑤。

其三，有的客户实为官吏虚冒上报。太宗淳化四年曾下诏出：“户口、赋税、籍账，皆不整举，吏胥私隐税负，冒佃侵耕，诡名挟佃，赋税则重轻不等，差役则劳役所不均，所申户口逃移，皆不许析，田亩税数皆无由检括，斯盖官吏因循，致其积蔽。”⑥大中祥符四年，太宗又下诏说：“诸州县自今招徕户口，及创居入中开恳荒田者，须依格式申入户籍，无得以客户增数。”⑦以往政府曾规定，凡是县吏能招增户口，“县即申等，乃加其俸缗，至有折客户者，虽登于籍，而赋税无所增入”⑧。由此来看，不排除江淮地区的一些官吏，为了政绩而虚报增户的情况。

宋初江淮地区的情况，至宋神宗元丰初年左右（约1080年前后），即大约一百年

---

① 《宋会要辑稿》食货一之一六。
② 《宋会要辑稿》食货六九之七九。
③ 《宋史》卷一七六《食货上四》。
④ 《宋史》卷一七六《食货上四》。
⑤ 《宋史》卷一七六《食货上四》
⑥ 《宋会要辑稿》食货六九之七八。
⑦ 《宋会要辑稿》食货六九之七九。
⑧ 《宋会要辑稿》食货六九之七九。

以后，主客户情况有所变化。以下是元丰初年，江淮地区主客户的情况。

表四　宋代元丰初年江淮主客户比例表[①]

地　区	总户数	主户数	客户数	客户占总户数比例
徐　州	103916	84870	19046	18
泗　州	53965	36725	17240	32
淮阳军	85489	33948	51541	60
楚　州	79745	59727	20018	25
海　州	47643	26983	20660	43
扬　州	53932	29077	24855	33
泰　州	44441	37339	7102	16
真　州	33858	16790	17068	50
通　州	31939	28692	3247	10
润　州	54798	33318	21480	39
江宁府	168462	118597	49865	30
苏　州	173969	158767	15202	9
常　州[②]	136360	90852	45508	33
总　计				30

这个时期，宋朝天下户数为14,041,980，其中主户为9,709,258，客户为4,332,722户，其中客户占总户数比例为31%[③]。与宋初相比较，全国的客户比例下降了十个百分点。

而江淮地区，情况也有变化。客户比例由宋初的51%，下降至约30%左右。下降了约20个百分点。与全国的客户比例31%相比较，基本相同了。同时从长江南北的情况来看，江北的淮水南北，客户比例为32%左右，江南地区的客户比例为28%左右，两相比较，江南与江北的客户比例相差四个百分点，差距较之宋初有明显减小[④]。

发生这种变化的原因，一方面是宋统一江南后，年代渐久，长江南北的差距渐有缩小；另一方面也可能是宋政府的卖官田政策，使存在大量营田的淮水流域的客户，

① 据《文献通考》卷一一《户口》及宋人王存等《元丰九域志》卷五、卷六。

② 熙宁四年，废江阴军为县，隶属于常州。故户数已计入常州。

③ 此据《文献通考》卷一一《户口》。而据宋人王存《元丰九域志》计，全国户口为16569874。主户为10883686，客户为5686188。客户占全国总户口数比例为34%。与《通考》所载客户占全国户口比例31%相近。

④ 有的学者认为宋代户籍中的客户登记不实，官方统计偏少，见华山：《宋史论集》第35页，葛金芳：《唐宋变革期研究》，第138页。

成为拥有土地的主户。此外,江南地区许多人为逃避税役,将自己的土地财产挂于他人名下,自己冒充客户,这就是“诡名挟佃”,也造成了客户的增多。

从土地所有权的情况看,江淮地区有公田、官田和民田等类别,其中民田即私有土地,占据主导地位。私有土地中,又有官员占田、地主占田和自耕农占田之分。

宋代民户的土地私有权,虽然在一定的情况下会受到种种干预,但大体还是能够保持的,如扬州的雷塘,旧时曾为民田。其后官府占有用来储水漕运,而不偿还另外的土地,“主皆失业”。后来,“塘亦破决不可漕”,州府仍以之为农田,但并不是还给原主人。刘敞知扬州府后,“据唐旧券,悉用还民”,虽然主漕运的江淮发运使加以反对,但刘敞坚持据土地契券还给了原田主①。

二、赋役制度

宋代的主要赋税是二税。

这是沿用唐中期以来的两税之名,但已不同于唐的两税。宋代二税是仅指田税,即按土地数量、质量,分夏、秋两季向土地所有者按亩征收之税。

北方一带“大率中田亩收一石,输官一斗”②。南方地区夏税钱,秋税米。但各地因历史情况和生产情况不同,税额差距很大。这可以从下表所列各地所纳二税的(钱)贯、(粮)石、(绢、布)匹、(丝绵)两、(杂色)斤、(草)束等项目清楚地看出。

表五 元丰年间各地二税见催额及田地户数表③

地 区	二税见催额 (单位:贯、石、匹、两等)	数量顺序	田地数	数量顺序
河 北	9152000	1	27906656	7
陕 西	5805114	2	44710360	3
两 浙	4799122	3	36334198	5
淮 南	4223784	4	97357133	1
京 西	4063870	5	21283526	11
开 封	4055087	6	11384831	12
江 东	3963159	7	42944878	4

① 《宋史》卷三一九《刘敞传》,第10385页。此史料中“唐”字,或为“塘”字之误。

② 张方平:《乐全集》卷一四《刍荛论、税赋》。

③ 此据《文献通考》卷四《田赋四》统计,并参考程民生《宋代地域经济》一书。

续表

地　区	二税见催额（单位：贯、石、匹、两等）	数量顺序	田地数	数量顺序
京　东	3000901	8	26719361	8
河　东	2372187	9	11170660	13
江　西	2220625	10	45223146	2
湖　南	1816612	11	33204055	6
湖　北	1756078	12	25988507	9
福　建	1010650	13	11091990	14
成　都	926732	14	21612777	10
梓　州	834187	15	—	—
广　东	765715	16	3145490	15
利　州	665306	17	1288089	16
广　西	438615	18	55180	18
夔　州	141182	19	224720	17

从上表可以看出，元丰时期宋政府的二税主要来自北方地区，四百万以上贯、石、匹等的地区共有六家，北方占了四家。其中河北一个地区就有九百多万。南方地区，涉及江淮地区的淮南、两浙、江东诸道，是南方诸路中二税数额最多的地区，反映了这一地区生产的发达和民众负担的沉重。

下面以建康府为例，具体分析其下属各县田地数量与交纳二税的情况。

宋代的建康，在江淮地区属于较为富庶的地区，所谓“今之建康，号为乐国，勤无旷土，富无负租，本根所由固也”[①]。据史书载，乾道年间（1165—1173）建康府“通管田七百七十七万二千八百六十三亩”，至近百年以后的景定年间（1160—1264），建康府下属上元、江宁、溧阳、句容、溧水五县通管的田数则有了较大变化，详见下表[②]：

① 《景定建康志》卷四〇《田赋志序》。

② 据《景定建康志》卷四〇《田赋志》统计。下列四表资料来源亦同此。

表六　景定年间(1160—1264)建康府通管田数表

县　名	田地类别	田地数量
上元县	山田	四十一万五千九百二十一亩一角四十七步
	圩田	二十万三千九百八十三亩三角五十五步,隶总领所者六百一十二亩
	沙田	一十一万二千二十六亩六分
	营田	一千八百八十九亩二十三步
江宁县	山田	二十六万二千一百一十三亩三角三十四步
	圩田	一十八万七千三百二十四亩一角一十七步
	沙田	四万四千三百一十亩二角二步
营租田地隶总领所者	田	九千六百九十七亩一角一步
	地	一千八百二十七亩二角二十步
	草塌	七十三亩一角五十一步
	水漾	六十六亩一角四十步
营租田地隶转运司者	田、地	二千一十四亩三角一十六步半
溧阳县	田	九十五万五千七百五亩一角一十二步半
	地	八十万一千四百七十四亩二角九步半
	圩田	三万一千七百七十六亩二角二寸四步
句容县	田	七十四万三百一亩二十三步
	地	一十六万一千四十六亩三角五步
	沙田	一千一百二十三亩一角三十三步半
	沙地	芦场、草塌、白面沙、溪滩等三千五百九亩一十四步
	营田	五千八百九十五亩三角九步
	营地	一千八百九亩三十步
溧水县	圩田	二十九万一千一百九亩一角
	沙田	一千三百九十亩三角五十九步
	营田	三千四百七十八亩四十五步
	营地	一百六十二亩一角五十五步
建康府各县各类田总数		四百三十四万一千六百四十三亩三角二十六步

建康府五县的土地,既有通常的田(水田)、地(旱地),也有沙田、圩田,草塌田、水漾田等。

从田地总的数量来看，景定年间较之乾道年间，少三百多万亩，下降较多，其原因宋代人已不能详细解释，《景定建康志》的作者认为，可能与土地的坍毁、拨隶变更有关。

从夏秋赋税来看。也有较大变化。请看下表：

表七　建康府夏税征收总量统计表

类　　别	数　　量
折帛钱	三十四万一千四百三十三贯九百四十二文，钱、会中半
绢绸	共八万六千七十一匹五丈四尺二寸八分五厘
丝	五千二百七十五两(加耗在内)
绵	三十三万九千六百九十四两四钱六分
小麦	三千六十一石一斗二升二合
麻皮	二千五百斤

宋代夏税的征收，多数地区是以财产或田产确定税钱数额的，而建康府的征收，除了小麦与折帛钱外，绢绸、丝、绵占了较大比重，体现了江南手工业较发达的特色。

下表是按各县分别统计的情况：

表八　建康府各县夏税征收统计表

县　　名	类　　别	数　　量
上元县	折帛钱	六万九千八百三十五贯七百九十三文，除豁外，实催一万四千八百九十四贯六百八十五文
	绢	一万七千八十六匹二丈八寸五分
	省税	一万二千八百九十六匹三丈一尺六寸五分
	和买	四千一百八十九匹一丈一尺二寸
	绸	五百十四三丈六尺五寸
	丝	二千三百一十七两六钱
	绵	五万五千三百四十九两五钱，除豁省税绵一万两改科税绢外，实催四万五千三百四十九两五钱
	省税绵	三万三千四百九十七两
	和买绵	一万一千八百五十二两五钱
	小麦	正催一千五百石
	麻皮	正催一千三百斤

续表

县　名	类　别	数　量
江宁县	折帛钱	四万七千六百六贯八百九十一文，除豁包数外，实催四万五千一百七十八贯七百六十十三文
	省税	八千七百四十三匹一丈九尺六寸
	和买	二千七百三十九匹二丈一尺
	绸	二百七匹九尺七寸
	丝	四百六十八两七钱
	绵	三万六千三十四两五钱，除豁省税绵六千四百两改科土绢催纳外，实催二万九千六百一十四两五钱
	省税绵	一万五千八百八十六两五钱
	和买绵	一万三千七百三十八两
	小麦	正催五百石
	麻皮	正催一千二百斤
句容县	折帛钱	五万二千一百五十七贯九百二十八文，除豁包认数外，实催四万八千三百二十二贯九百九文。
	绢	一万九千八百四匹一丈八尺五分
	省税	一万四千九百九十七匹四尺九寸九分
	和买	四千八百七匹一丈三尺六分
	绸	七百八十七匹九尺七寸
	丝	六百二十七两八钱九分
	绵	四万四千四百六十五两五钱，除豁省税绵七千九百二十两改科税绢催纳外，实催三万六千五百四十五两五钱。
	省税绵	一万六千五百六十七两五钱
	和买绵	一万九千九百七十八两
	小麦	正催四百四十五石七斗五升五合
溧水县	折帛钱	八万六千五百五十六贯九十八文
	绢	一万六千九百五十五匹三丈六尺八十一分五厘
	省税	一万一千九百八十九匹二寸七分三厘
	和买	四千九百六十六匹三丈六尺五寸四分二厘
	绸	六百三匹一丈八尺五寸
	绵	八万五千一百五十八两八钱，除豁省税绵一万五千一百二十两改科税绢催纳外，实催七万一十八两八钱。

续表

县　　名	类　　别	数　　量
溧水县	省税绵	四万五千六百九两八钱
	和买绵	二万四千四百九两
	小麦	三正催百二十九石九斗九升
溧阳县	折帛钱	八万五千二百七十七贯二百三十二文
	绢	一万七千九百二匹二丈七分
	省税	一万六百九十七匹二丈七分
	和买	七千二百五匹
	䌷	六百二十四匹二丈一尺五寸
	丝	二百六十八两四钱五分
	绵	五万九千八百二十二两二钱，除豁省税绵一万六百四十两改科税绢催纳外，实催四万九千一百八十二两二钱。
	省税绵	二万六千六百三十六两二钱
	和买绵	二万二千五百四十六两
	小麦	正催二百八十五石三斗七升七合

表中税种有折帛钱与和买绵，所谓“和买”，原意是官府与民间双方自愿的比较公平的产品交易。至南宋时期，和买则由公平交易演变为似税非税的重负，后又演变为必纳的定额赋税。实际征收时，通过折算，将夏税中的绵与和买的绢帛之类折成钱币交纳。

夏税主要是收钱、绢、䌷、绵和小麦、麻皮等实物，秋税则有不同，请看下表：

表九　建康府秋税征收总量统计表

类　　别	数　　量
管催苗米	二十万七千七百一十二石一升九合，除豁外，实理米一十九万九千一十七石九斗三升四合三勺
穰草	一十六万七十束，五县分理应副，拨解江东转运司马草
布	二千四百五十七匹系五县分理应副，本府厢禁军等春冬衣赐等用
芦发	四万九千五百四十三领，内一万五千领解运司，内三万四千五百四十三领本府岁计支用
折草豆钱	一万三千六百八十三贯八百五十七文十八界钱、会中半

下表是对建康府各县夏税征收情况的统计：

表十　建康府各县夏税征收统计表

县　名	类　别	数　量
上元县	苗米	二万九千五百九十石八斗四升五合
	正草	三万九千束
	布	五百二匹
	正发	一万六千六百领
	折豆钱	一万二千五百八十九贯九百五十四文
江宁县	苗米	二万二千六百五十五石八斗四升一合五勺
	正草	三万八千束
	布	四百二十二匹
	正发	一万八千四百三十九领
	折豆钱	八千三百二十三贯九百六十二文
句容县	苗米	四万七千三百四十二石二斗九升九合七勺
	正草	一万三千三百八十六束
	布	五百八十八匹
	折草钱	二千四百六贯四百文
	折豆钱	二百六十九贯一百文
溧水县	苗米	四万八千二百三十八石六斗二升二合七勺
	正草	四千五百束
	布	四百七十三匹
	折草钱	二百九十四贯四百文
溧阳县	苗米	五万一千一百九十石三斗二升五合
	布	四百七十二匹
	折布钱	二十四文

以上建康府五县的田地赋税，皆系“府县所报之数”，据宋人讲，“夏料所入，则今多于昔；秋料所入，则昔多于今。其间赋税窠名，又有昔无而今有者，或昔有而今无者，皆未详其所以然之故”①。

上表反映南宋时期建康地区的赋税，夏税有钱、绢、绸、绵和小麦、麻皮，秋税有苗米、正草、布等，江淮其他地方的二税，根据出产的不同，会有一些差异。据史书载，在

① 《景定建康志》卷四〇《田赋志一》。

咸平元年，转运使陈靖曾针对江淮沿袭南唐征税的一些项目，向宋真宗上《论江南二税外沿征钱物事》的奏章，指出南唐"于夏税、正税外，有沿征钱物，曰盐博绸绢、加耗丝绵、户口盐钱、耗脚、斗面、盐博斛斗、醞酒曲钱、率分纸笔钱、析生望户钱、甲料丝、盐博绵、公用钱米、铺衬芦、米面脚钱等，凡一十四件，悉与诸路不同"[①]。使人民负担极为沉重。尤其不可理解的是，从开宝八年(975)至咸平元年(998)，宋灭南唐已有23年，这些"沿征钱物"竟然继承下来，人民的负担并没有减轻。转运使陈靖认为，南唐实行的这些"怨怒其主，流毒其民"的赋税，若不加以免除，结果只会使宋朝"得伐罪之名，未见吊民之实"，因此他建议立刻废止。真宗为此采纳了陈靖的建议，"诏悉除之"。其实，直到明道二年(1033)，江淮安抚使范仲淹还曾为废除南唐在江淮实行的"丁口盐钱"而上书朝廷。

从上表景定年间建康府所征收赋税的情况来看，此时，建康地区的赋税类别，已与其他地区差别不大了。

宋人在交纳二税时，官府往往有公开的或暗地里的各种名目的加耗，这是田税的一种额外的附加税。"一石正苗非三石不可了纳"[②]，附加税超过了正税的两倍。有些地方的农民实际负担要远比此数为高。有时为了提前获得绢米，宋政府还实行"预借制度"。如绍兴六年，"预借江浙来年夏税绸绢之半，尽令折米"[③]。

二税以外，宋又有杂变之赋，此即沿袭五代十国时的苛捐杂税，多如牛毛，诸如蚕、盐、牛皮、铁、农器钱等种种名目。宋统一后，"以类合并"，全部承袭下来，统称"沿纳"。如淮南地区早在杨行密时即在两税外以借的名义增加十分之五的税收，宋朝长期沿袭，直到庆历五年(1045)扬州知州韩琦奏请朝廷后才取消。再如江南东路，南唐时"输苗米(两税)一石者率皆纳一石八斗"，至北宋末宣和三年(1121)，在一些官员的要求下才"改正"过来。此外，还有"丁口之赋"，凡是原以身丁为对象而征收的统称为"丁口之赋"，有身丁钱、身丁米麦、身丁绢等名目。凡二十岁至五十九岁的男子，不论主、客户都要交纳，税额各地不同，实际上是一种变相的丁口税。

宋代的役法分差役和徭役。差役，又称职役，名目繁多，"以衙前主官物，以里正、户长、乡书手课督赋税，以耆长、弓手、壮丁逐捕盗贼，以承符、人力、手力、散从官给使令。县曹司至押、录，州曹司至孔目官，下至杂职、虞候、拣、掐等人，各以乡户等第定差"[④]。即以一等户的衙前代官府保管官物，押送调运物资；以一等户的里正、二等户

---

① 《宋朝诸臣奏议》卷一〇四《财赋门》。

② 《文献通考》卷五《田赋》。

③ 《建炎以来系年要录》卷三三"建炎四年五月壬寅"。

④ 《宋史》卷一七七《食货上五》。

的户长、三等户的乡书手课督赋税；以二等户的耆长、三等户的弓手、壮丁逐捕“盗贼”；承符、人力、手力、散从官以奔走驱使。所以，职役是由一、二、三等户充当的，而官户却有免役特权，不须服役。

职役对地主阶级来说，情况比较复杂。一方面，担任这些差役，是封建国家授与他们剥削农民的特权，他们是横行乡里，称霸一方，无所不为的封建政府的爪牙、走狗。可以上结官府，下压百姓，从而取利，“号为脂膏”。但是，在另一方面，职役又是一种沉重的负担，“州县生民之苦，无重于里正衙前”。充当衙前，对所管押运的货物常要包赔损失。里正催促不齐，要代为垫补，甚至有倾家荡产之患。因此，一般地主都想方设法，逃避差役。有的投靠官户，求得隐庇，可以免去差役；有的则隐瞒财产，降低户等。“弃田与人，以免上等”；更有“孀母改嫁，亲族分居……或非命求死以就单丁”[①]（女户、单丁也可免役）。所以许多地区出现了“中户以上皆弛役，役归下穷”[②]的现象。有的地方甚至不敢“多种一桑，多置一牛，蓄二年之粮，藏十匹之帛”[③]，怕被人指为富户而去充任衙前，差役对江淮农业生产也造成了严重的破坏。知制诰韩绛、蔡襄曾“极论江南、福建里正衙前之弊”[④]，蔡襄主张“以产钱多少定役重轻”。到至和中期，以资产多少为本的“五则法”终于在淮南、江南、两浙、荆湖、福建等广大地区推行起来。“自罢里正衙前，民稍休息”。

徭役，又叫夫役、劳役和杂徭，是封建政府奴役农民的一种方式。名义上规定“以人丁户口科差”，不分主、客户一律服役。但实际上，官户、形势户享有免役特权。已担任差役的上三等户也不再负担徭役。地主又可雇人代役，所以实际上服役的都是四、五等户的自耕农、半自耕农和佃户。

徭役的服役时间没有统一规定，以统治者的需要为准，徭役的内容、名目繁多，主要有治河、筑堤、开渠、挖塘、修堰，修城、修寨、挖壕、造桥、营建宫殿、战时运送物资、传递、一部分手工业产品的制造等等。

与前代相比，宋朝赋役制度的一个重要特点是货币税占了相当大的比重。不仅各种名目的杂税大多以货币形式征收，而且作为赋税主体的夏秋两税也包括折麦钱、折帛钱、钱绢钱等税钱名目。至于差役，自宋神宗时实行募役法后，也以免役钱代替派役。元丰八年（1085），宋廷的税钱收入有4848万贯。南宋时，虽辖域大为缩小，但税额却大幅增加。到开禧二年（1206），已高达8000万贯。赋役货币化程度的提高，

---

① 《元丰类稿》卷四二《司封郎中孔君墓志铭》。

② 《文献通考》卷一二四《职役考》。

③ 《长编》卷四三八“哲宗元祐五年二月”。

④ 《宋史》卷一七七《食货上五》。

迫使一般百姓不得不将更多的产品投放市场，以获取货币。在宋代各地区中，江淮是赋役最为繁重的区域之一，广大农民“尽力耕种，所收之利，或不足以了纳赋税，须别作营求”，这在一定程度上促进了商品经济的发展。

第五章　宋代江淮地区社会经济的发展

第一节　农业生产的发展

一、农田开垦面积的扩大

宋代江淮地区农田耕种面积的扩大反映了农业的发展，但北宋、南宋情况又有所不同。且江淮地区农田耕种面积的扩大有着多方面的原因。

唐代以前，未开垦的荒地归国家所有，民户不得开垦和拥有。宋代沿袭了唐代后期和五代的做法，允许民户自由开垦荒地，广大人民开垦荒地的积极性有了很大的提高。其重要的表现是：对于新平定江南诸国，发布专门条令。淳化元年(990)九月，宋太宗发布诏书说："江浙等路李煜、钱俶日，民多流亡弃其地，遂为旷土。宜令诸州籍其陇亩之数，均其租，每岁十分减其三，以为定制，仍给复五年，召游民劝其耕种。"①

北宋还采取鼓励农民开垦荒地及所垦土地即成为其产业并减免赋税的政策。至道元年(995)宋太宗发布诏令说："近年以来，天灾相继，民多转徙，田卒污莱"，"应诸道州府军监管内旷土，并许民请佃，便为永业，仍与免三年租税，三年外输税十之三。"②

南宋时期，由于宋金战争，江淮地区因大规模且长期进行的战争，使民户抛弃土地逃亡，出现大量的荒地，因而招抚流亡农民复业及开垦荒地，成为宋政府恢复与发展农业生产的重要任务。绍兴三年(1133)九月高宗发布诏书："百姓弃产，已诏二年

① 《宋大诏令集》卷一八二《劝栽植开垦诏》。

② 《宋会要辑稿》食货一之一六。

外许人请射，十年内虽已请射及充职田者并听归业。孤幼及亲属应得财产者，守令验实给还。”①这项政策，对于鼓励战争中被掳民户归业，对于其他人户更多垦荒，显然是有积极意义的。

绍兴十一年(1141)宋金议和以后，江淮农业发展情况有所好转，但是受战争影响最重的京西、淮南地区，仍有不少良田荒废，南宋采取各项鼓励政策，扶助因“蜀地狭人稠”自愿前往上述地区开垦的人户：“愿往之人，给据津发。”而且“官贷种、牛，八年乃偿”；同时减免赋税，“并边悉免十年租课，次边半之”，所开垦的荒地，若“满三年，与充已业，许行典卖”②。但是到了绍兴末年，金军再次的南侵及随后的南宋北伐战争，使淮南地区农业生产再次造成严重破坏。

隆兴二年(1164)十二月宋金议和以后，宋政府又采取了一系列措施来恢复两淮的农业生产。乾道元年(1165)正月，即“诏两淮民户并已复业，宜先劝课农桑，若不稍优其赏，窃虑无缘就绪”。田地“许民户租佃，五年后量立租课，不得科扰”。

此项政策的目的，就是要使回归的农户安心从事农业生产，五年内免税，满五年后轻税，从而使因战争破坏的两淮农业经济尽快恢复起来。

两宋时期，人口大量增加，劳动力相对富裕，江淮地区的情况更是如此。更多的劳动力，使人们有条件开始对丘陵、山地进行开发，修造梯田、同时还采取了围湖造田、围海造田、水上架田等拓展土地的办法。

梯田，在中国出现的历史很久了，但是，大量的出现似是宋代的事情。南宋苏州人范成大的《骖鸾录》载：“岭阪上皆禾田，层层而上至顶，名梯田。”元人王祯《农书·田制门》介绍梯田时说：“梯田，谓梯山为田也。夫山多地少之处，除磊石及峭壁例同不毛，其余所在土山，下自横麓，上至危巅，一体之间，裁作重磴，即可种艺。如土石相半，则必叠石相次，包土成田。又有山势峻极，不可展足播殖之际，人则伛偻蚁沿而上，耨土而种，蹑坎而耘，此山田不等，自下登陟，俱若梯磴，故总曰梯田。上有水源，则可种秔秫，如止陆种，亦宜粟麦。盖田尽而地，地尽而山，山乡细民，必求垦佃，犹胜不稼，其人力所致，雨露所养，不无稍获。然力田至此，未免艰食，又复租税随之，良可悯也。”王祯所讲开梯田之法，宋元时期已较普遍，其种植类别及方法，视情况而定，有水则种植秔秫，无水则种植粟麦。良可注意者是，虽然种植在高山，租税却不能幸免。

围湖造田，称围田，亦称圩田。此类田在五代时已有一定规模，至宋代发展更加普遍。关于围田，王祯《农书》也有详细的介绍：“围田，筑土作围以绕田。盖江淮之间，地多薮泽，或濒水不时淹没，妨于耕种，其有力之家，度视地形筑土作堤，环而不

① 《宋大诏令集》卷一八二《募民耕旷土诏》。
② 《建炎以来系年要录》卷一七二“绍兴二十六年三月己巳”。

断,内容顷亩千百,皆为稼地。后值诸将屯戍,因令兵众分工。土亦效此制,故官民异属,复有圩田,谓叠为圩岸,扞外水,与此相类,虽有水旱,皆可救御。凡一熟之余,不惟本境足食,又可赡及邻郡。实近古之上法。将来之永利,富国富民,无越于此。"①

看来,圩田对于江淮地区来讲,是一种特别适合的垦地方式。南宋杨万里对围田也有解说:"江东水乡,堤河两涯而田其中,谓之圩。农家云,圩者,围也。内以围田,外以围水,盖河高而田反在水下,沿堤通斗门,每门疏港以溉田,故有丰年而无水患。"②从这些记载可见,圩田是和灌溉渠系互相配合的,即通过置闸、开渠以及灌溉、车戽、检修、防护等一系列工程技术和管理措施,保证农业生产取得好的收成。

圩田的开发,虽有与江湖水渚夺地之利,但是,有时容易受到水灾的影响而减产。咸淳十年(1274),因上年江东水害,圩田多有损失,宋政府特别减免咸淳九年圩田田租四分③。

宋元之际,江淮水乡一带,还盛行一种"架田"。架田之"架",犹如木筏,亦名"葑田"。王祯曾指出:"江东有葑田。又淮东、二广皆有之。东坡《请开杭之西湖状》谓,水涸草生,渐成葑田。考之《农书》云,若深水薮泽,则有葑田。以木缚为田坵,浮系水面,以葑泥附木架上,而种艺之。其木架田坵,随水高下浮泛,自不淹浸。……黄穋谷自初种以至收刈,不过六七十日,亦可以避水溢之患。窃谓架田,附葑泥而种,既无旱暵之灾,复有速收之效,得置田之活法,水乡无地者宜效之。"

看来这种架田或葑田,最初纯粹是自然生成的。这些地方,原来是茭蒲丛生,草根被水冲荡,漂浮于水面,有的可能厚数尺,其田称之为"葑田"。后来农民进一步在湖面上架起木排,上盖葑泥,于是就成了漂浮的田土。

这种"架田",显然特别适合江淮一带多水少地的地区,且无旱涝之患,无疑是宋元劳动人民的一大发明。王祯曾作诗赞曰:"稻人种艺巧凭藉,既辨土宜知土化。只知地尽更无禾,不料葑田还可架。从人牵引或去留,任水浅深随上下。悠悠生业天地中,一片灵槎偶相假。古今谁识有活田,浮种浮耘成此稼。"④

江淮地区的其他土地利用形式,较重要的还有"涂田"、"沙田"。

涂田,指在滨海地区开造的田。修造这种田地的主要技术措施,一是沿海边筑堤挡海水,或立桩橛抵潮汛;二是田边开沟以贮存雨水,旱时用雨水灌溉。据王祯《农书》介绍说:"大抵水种皆须涂泥。然濒海之地,复有此等田法。其潮水所泛沙泥,积

---

① 王祯:《农书》卷一一《田制》。

② 杨万里:《诚斋集》之《圩丁词十解》注文。

③ 《宋史》卷一七三《食货上一》。

④ 王祯:《农书》卷一一《田制》。

于岛屿。或垫溺盘曲，其顷亩多少不等。上有咸草丛生，有潮来渐惹涂泥，初种水稗，斥卤既尽，可为稼田。所谓‘泻斥卤兮生稻粱’。沿边海岸，筑壁或树立桩橛，以抵潮泛田，边开沟以注雨潦，旱则灌溉，谓之甜水沟。其稼收比常田利可十倍。民多以为永业。又中土大河之侧及淮湾水汇之地，与所在陂泽之曲，凡潢污洄互壅积泥滓退，皆成淤滩亦可种艺，秋后泥干地裂，布扫麦种于上，此所谓淤田之效也。夫涂田、淤田，各因潮涨而成。以地法观之，虽若不同，其收获之利，则无异也。”

沙田，即南方江淮之间沙淤之田。农民在江边湖畔出没不常的沙淤地上，开沟作渠利用来耕种，称作“沙田”，即“民自经理江湖沙涨地为田”①。这些田，“或滨临大江，或峙立中洲，四围芦苇，稠密以护堤岸。其地常润泽，可保丰熟，普为塍埂，可种稻秫。间为聚落，可艺桑麻。或中贯潮沟，旱则频溉，或傍绕大港。涝则泄水，所以无水旱之忧，故胜他田。旧所谓坍江之田，废复不常，故亩无常数，税无定额，正谓此也。”②

两宋时，此类田地看来有不小的规模。南宋绍兴二十七年(1157)，赵子潇奉诏命处理镇江府的沙田，他轻立租课，以吸引佃者耕种。对于势家霸占沙田强征租税者，一律追回，而免除佃户“冒佃之租”。二十八年初，有人上言，称江淮间沙田芦场，为人冒占，使官府“岁失官课至多”，于是高宗在正月诏令户部员外郎莫濛与浙西、江东、淮南漕臣赵子潇等大臣，视察诸路沙田。但不久以后，殿中侍御史叶义问反映，莫、赵诸臣不恤百姓，“名为经量，实逼县官，按图约租，惟务增数”，结果是“有力之家初无加损，贫民下户，已受其害”。这样做的结果，必然是使佃户逃移，使国家“坐失税额”，为此，高宗在二月发布诏令，对于沙田芦场，只查势家诡名冒占者，三等户以下不在检括范围。六月，高宗免去了处理沙田中失职的孙盖，诏令浙西、江东占有沙田芦场的官户十顷以上、民户二十顷以上者，“并增租如旧”。二十九年，以莫濛经量沙田事不实，尽罢所增租。

绍兴三十二年(1162)九月，赵子潇上言称浙西、江东、淮东沙田“往年有不尽不实处，为人户包占，期以今年冬，自陈给为己业，与免租税之半”，不听者，允许他人告之，并以所告田赏赐。

为此事，朝廷再起争论，陈康伯等大臣认为，君子小人各从其类。小人乐于生事，不惜为国敛怨，君子务存大体，恐伤仁政。而主张整顿沙田征税者即是多事的小人。高宗因此下诏停止执行前发诏命。

孝宗即位后，乾道二年(1166)，大臣再次谈起浙西、淮东、江南路沙田征税事：“沙田芦场顷亩浩瀚，宜立租税，补助军食。”孝宗诏令梁俊彦等再次处理此事。梁主张起

---

① 《正德姑苏志》卷一五《田地》。

② 王祯：《农书》卷一一《田制》。

征租税，但大臣叶颙称“沙田乃江滨地，田随沙涨而出没不常，芦场则臣未之详也，且辛巳军兴与芦场田租并复，今沙田不胜其扰”①。此后辅臣认为梁俊彦征沙田芦场之税，或十分之一，或十分之二，十分之三，而不区分主户客户，于理不公。至乾道六年，梁伯彦检括的820万亩沙田，有的已成了己业，起税不一，有的为人包占，仍未起租，为此孝宗诏令“估卖起租”。八年，派官员核实江淮沙田顷亩，“悉追正之”②。

从对浙西、淮东、江南路沙田芦场820多万亩的土地的处理来看，南宋时江淮地区沙田的规模已经相当大，在全国军事财政中已占有一定地位。

至元代，王祯称“国家平定江南，以江淮旧为用兵之地，最加优恤，租税甚轻，至于沙田，听民耕垦自便，今为乐土。愚尝客居江淮，目击其事”。可见元代江淮的沙田，在民耕自便的基础上，赋税较轻。

南宋时期，宋政府在江淮地区兴办过许多营田，属官府所有，出租给农民耕种，其租课也是政府一笔重要的经济来源。

例如在建康府，官营的出租土地，有营租、沙租、圩租等许多种类。

关于建康的营租，史载：“绍兴初，以闲田立官庄，以畸田募耕垦，此营田所由始也。初以军耕，后以民耕。初以稻入，后以镪入。初以饲马，后以饷军，初则优其课，蠲其征而民乐趋之。后则民畏之，畏欲避之而籍来能改矣。”可见营田最初是军垦的性质，后来成为民租的性质。景定年间，建康五县的营租田地，多达二万七千七百七十四亩九十九步。“半租以钱、会计者，四千四百二十贯五百五十二文，以麦计者，五十六石八斗四升二合二勺。以料计者，一万三千八百七十二石九斗八升五合四勺”。③

营田外，建康府还拥有不少“沙租田”。所谓“沙租云者，沙碛之地。民垦而业之，或以种谷，或以长芦，而县乃收其租焉。自淳祐八年，田事所差官经理，县不得有其租，而隶之总领所。未经理之前，沙田、沙地，租皆以钱，经理后，田租纳米，地租纳钱，多寡互有不同”。建康五县，总领所所辖沙田、沙地共计一十六万二千三百五十八亩，“租以米计者四万二千四百四十七石四斗四升二勺，钱不与焉”。收入颇丰。

还有一种官营的圩租田，景定二年，曾括到吴府圩田租数，“隶建康府上元、溧水两县者，岁计租米一万三千七百七十八石八斗八升四合五勺，租麦一千四石五斗九升五合”。数量亦很可观。

二、农业生产工具的改进

随着经济重心的南移，稻作的兴起，宋代江淮地区一批与稻作有关的农具相继出

① 《宋史》卷三八四《叶颙传》。

② 《宋史》卷一七三《食货上一》。

③ 《景定建康志》卷四一《田赋志二》。

现。同时唐宋之际冶铁技术进一步改进,铁制农具的质量也有所提高,一些前代创制的农具得到了推广和应用。一些过去已有的农具有了进一步的改进。其主要表现是:随着冶铁技术的提高,普遍开始使用灌钢技术制造农具,钢刃熟铁农具流行,其坚韧度和锋利度有较大提高。在唐代出现的以江东犁为代表的水田整地农具,包括水田耙、碌碡等,到了宋代又有进一步改进,制作更加精细,特别是两浙路所使用的江东犁,是当时最先进的耕地工具。①

宋代还有一种称为"耖"的农具也得以普及,这反映了水田整地农具的完善。此外,两宋也是水田中耕农具的完善时期,出现了不少与中耕相关的农具,例如耘爪、耘荡(耥)、薅鼓、田漏等。掼稻簟、笐和乔扦等晾晒工具也都已出现。同时,一些传统的农具,也由于水稻生产的需要,而得到进一步的改进与推广。可以说,后代南方水田稻作农具,至两宋大多已出现。

在宋代江南水田所用的农具中,还出现了秧马、秧船等与水稻移栽有关的农具。秧马是一种腹如小舟、首尾上翘、在水田滑行,骑在上面可以插秧的农具,在南方的稻田中多有使用。长期任职于江南的苏轼,曾"见农夫皆骑秧马,以榆枣为腹,欲其滑,以楸桐为背,欲其轻,腹如小舟,昂其首尾,背如覆瓦,以便两髀。雀跃于泥中,系束藁其首以缚秧,日行千畦,较之伛偻而作者,劳佚相绝矣"②。为此他曾专作《秧马歌》以赋之,诗云:

春云濛濛雨凄凄,春秧欲老翠剡齐。
嗟我妇子行水泥,朝分一垅暮千畦。
腰如箜篌首啄鸡,筋烦骨殆声酸嘶。

这是讲述劳作者没有秧马插秧的苦辛,然而用了秧马则不同了:

我有桐马手自提,头尻轩昂腹胁低。
背如覆瓦去角圭,以我两足为四蹄。
耸踊滑汰如凫鹥,纤纤束藁亦可赍。
何用繁缨与月题,朅从畦东走畦西。③

---

① 关于江东犁,也有些学者如李伯重认为并不适合江南。见《"选精"、"集粹"与"宋代江南农业革命"》,《中国社会科学》2000年第1期。

② 《文献通考》卷二一八《经籍考》四五。

③ 《东坡全集》卷二二。

显然,秧马的使用不仅减轻了劳动强度,而且效率也大大提高了。从宋代人诗文中经常提及秧马来看,这种插秧工具在江南水乡的使用,还是比较普遍的[①]。

这一时期,农具种类繁多,分工更为细致。对于旱地、水田、沼泽地等不同类型的土地以及开荒、翻地、平地、收割、脱粒、加工等不同程序,都已有专用农具,形成了完整的体系。

如在薅禾时,江南吴中地区有"薅马",即薅禾时所乘竹马,"似篮而长,如鞍而狭,两端攀以竹……薅禾时农人置于跨间,控于腰畔乘之,两股既宽,又行陇上不碍苗行,又且不为禾叶所结,故得专意摘剔,速胜锄薅,此所乘顺快之一助也"[②]。

收获时,有"铚"有"镰"。"江湖之间以铚为刈",这是一种类似现今月形镰刀的工具。镰,江淮、陈、楚地区谓之"铭",类似今北方的直形镰刀。割草砍柴兼用的有"锲","江淮之间恒用之",又称弯刀,"似刀而上弯,似镰而下直,其如指厚,刃长尺许,柄盈两握……以刈草禾,或斫柴篆,可代镰斧,一物兼用"[③]。

宋元时期江淮还有一种"推镰",这是一种带有双轮能滚动、前方带有朝前月型镰刀的半机械化收割工具。使用时利用后柄向前推动,月型镰刀便将前方庄稼割下。诗人称赞说:"芟余禾稼连云远,除去荒芜卷地空。低控一钩长似月,轻挥尺刃捷如风。"可见效率极高。

宋代农具的多样化、专门化,使其更具有了灵活、省力、方便的效能。

另外,宋代对犁也进行了重大改进,创造了"劙刀"的装置。王桢《农书》记载:劙刀,"辟荒刃也,其制如短镰,而背则加厚。尝见开垦芦苇蒿莱等荒地,根株骈密,虽强牛利器,鲜不困败。故于耕犁之前,先用一牛引曳小犁,仍置刃裂地,辟及一陇,然后犁镵随过覆没,截然省力过半……此刃比之别用人畜,尤省便也。"[④]可见,这是一种高效的垦荒工具,特别适于芦苇蒿莱丛生之地。南宋政府曾在两淮地区垦荒的农户中,广泛配置这种工具。在改造和开垦大量低洼之地的过程中,劙刀发挥了很大作用。

在缺少耕牛的一些地区,耕种时只能依靠人力,在北方,人们通常使用"镬"来翻地,称为镬耕。太宗淳化五年(994)三月,江淮间缺牛,太子中允武允成"献踏犁,以人力运之,不用牛"[⑤]。于是"命秘书丞直史馆陈尧叟等即其州依式制造给民"[⑥]。"民甚

---

① 关于秧马,宋人文集记载颇多,如:《后村集》卷一二;《眉山集》卷九;《松隐集》卷六;《相山集》卷一〇;《潜山集》卷二;《蒙隐集》卷二;《淳熙稿》卷六;《盘州文集》卷六八;《剑南诗稿》卷一七等。

② 王祯:《农书》卷一四《农具》。

③ 王祯:《农书》卷一四《农具》。

④ 王祯:《农书》卷一四《农具》。

⑤ 《长编》卷三五"太宗淳化五年二月"。

⑥ 《宋史》卷一七三《食货上一》。

赖焉”。真宗时又“取淮楚间踏犁式，颁之河朔”，于是踏犁在北方境内也流行起来[①]。南宋建炎二年(1128)三月，再次提出使用踏犁以解决缺牛问题，于是踏犁在南宋境内也流行起来。史载淮楚地区的这种踏犁，“凡四五人可比一牛具”。王祯具体描述说：

长镵，踏田器也，镵比犁镵，颇狭，制为长柄。……柄长三尺馀，后偃而曲，上有横木如枴，以两手按之，用足踏其镵柄后跟，其锋入土，乃捩柄以起墢也。在园圃区田皆可代耕，比于镢斸省力，得土又多，古谓之蹠铧，今谓之踏犁，亦耒耜之遗制也。[②]

在传统农具日益完备的同时，人们为应付各种自然灾害带来的不测，还在动力上大动脑筋，增加对水动力和风力的利用。其中以对水力的运用，最为成功。

水车在唐代即已出现，大历年间，“朝廷内出水车样，令京兆府造水车，散给沿郑白渠百姓以溉水田”[③]。宋代南方种稻地区，普遍使用这种灌溉用具。这种水车可将低处水移往高外。如宋代有柜田，“其中水多浸淫，则用水车出之”[④]。

另有一种翻车，主要运用于静水，此工具最早发明于东汉，最初是手摇的，后转变为脚踏，到了宋代，普遍用于大田灌溉，亦称为龙骨车，使用十分普遍，此时还发展了牛转和水转的翻车。筒车只是适用于流水，多以水流为动力，也有使用畜力的，创制于唐代，宋代则普遍运用于靠近河岸的地区，这两种水车都是省力、高效的灌溉工具，自宋代普及后长期使用。

唐宋时期，普遍出现了水转翻车、水转筒车、水转高车、筒轮、戽斗、桔槔、水转连磨、水击面罗、机碓、水转大纺车等各类工具，大都是用水为动力。以水转翻车为例，据王祯《农书》记载，水转翻车的结构同于脚踏翻车，但必须安装于流水岸边。无需人力畜力，“日夜不止，绝胜踏车”，而且以水力代替人力，“工役既省，所利又溥”。与水转翻车等差不多同时创制的还有风转翻车。

这些种类繁多的水利工具，综合利用起来，给农业生产带来极大方便。王祯曾谈到这些工具的作用时说：

惟南方熟于水利，官陂、官塘，处处有之，民间所自为溪堨水荡，难以数计。大可灌田数百顷，小可溉田数十亩。若沟渠陂堨，上置水闸，以备启闭。若塘堰

① 《长编》卷五九“真宗景德二年正月”。

② 王祯：《农书》卷一三《农器图谱》三。

③ 《唐会要》卷八九《疏凿利人》。

④ 王祯：《农书》卷一〇《百谷谱九》。

之水，必置窦，以便通泄。此水在上者。若田高而水下，则设机械用之，如翻车、筒轮、戽斗、桔槔之类，挈而上之。如地势曲折而水远，则为槽架、连筒、阴沟、浚渠、陂栅之类，引而达之。此用水之巧者。若下灌及平浇之田为最，或用车起水者，次之；或再车三车之田，又为次也；其高田、旱稻，自种至收，不过五六月。其间或旱，不过浇灌四五次，此可力致其常稔也。[①]

由此可见，宋元之际，南方的水利工具的使用及水利事业的发展，大大促进了农业生产的发展。

三、农作技术的提高与农作物品种的增加

1. 农作技术的提高

中国古代农业发展的重要特点，首先表现在精耕细作方面。宋元时期，禾谱、农器谱、农书、蚕书等总结农业生产知识的专著大量出现，反映了农业生产技术的提高。

农民对农业生产的各个环节都相当重视并积累了丰富的经验，农民在大力垦荒、扩大耕地面积的同时，把更多的注意力放在精耕细作、提高单位面积产量上。集约经营方式越来越受到人们的重视并得到推广，新的精耕细作区域不断出现和扩大，尤其是南方水田，形成了精耕细作体系。其农业技术的提高，主要表现在土地的翻耕整治、施肥播种到田间管理以及耕作制度和种植方式等方面。

首先在翻耕整治土地方面，十分注意深耕、精耙、细耱，尤其重视秋耕春耘，耕后或播种前要先把田里的土壤铲平，保持土壤的松软，以保证禾苗的茁壮成长。考古材料说明，中耕农具在宋代出土的铁制农具中，占较大比例，说明中耕除草等田间管理是重要的农业生产环节，受到高度的重视。播种要做到因时因地而异，然后根据当地的气候、土壤选择最佳的农作物品种。太宗太平兴国年间，曾“令农师相视田亩肥瘠及五种所宜”[②]。另外注意播种及时，不要和农时相违背，太宗淳化五年(994)，耕牛因为疾病而死亡，为了保证农业生产的正常进行，政府制作了大量的农具分给农民，保证了耕作的顺利进行。英宗在治平四年(1067)曾下诏：“今春时雨，农民桑蚕，谷麦，众作勤劳，一岁之功，并在此时。其委安抚、转运司勒戒州县吏，省事息民，无夺其时。”[③]这与农民春天耕作的实际经验一致。此外注意对病虫害的防治，一旦发现病虫害，政府和民众特别重视及时捕杀。真宗大中祥符九年(1016)，各地蝗灾十分严重，

---

① 王祯：《农书》卷三《农桑通诀三》。

② 《宋史》卷一七三《食货志》。

③ 《宋史》卷一七三《食货志上一》。

朝廷下令督促地方官员和民众捕杀蝗虫。在仁宗和英宗以及南宋的孝宗的时候，政府对于捕杀蝗虫还颁布有一系列的奖励措施。

“庄稼一枝花，全靠粪当家”，这一句谚语说明了农作物施肥的重要性。施肥也是农业生产的一个十分重要的环节，它可以改造土壤成分、提高肥力，对农作物增产有着十分重要的意义。江淮南北地区十分注意对土地的施肥，并在对施肥重要性的认识、施肥方法以及肥料来源方面都有很大的进步。

对于施肥的重要意义，陈旉在《农书》的《粪田之宜篇第七》一篇中指出：“或谓土敝则草木不长，气衰则生物不遂，凡田土种三五年，其力已乏，斯语殆不然也，是未深思也。若能时加新沃之土壤，以粪治之，则益精熟肥美，其力当常新壮矣，抑何敝何衰之有。”①王祯《农书》卷三《粪壤篇》更说出了“惜粪如惜金”、“粪田胜如买田”的精辟之语。

在施肥技术方面，宋代有非常重要的认识。宋人认识到要根据土壤、气候、季节以及作物种类的差异，进行合理的施肥。宋代的农学家陈旉在《粪田之宜篇第七》中指出：“土壤气脉，其类不一，肥沃硗埆，美恶不同，治之各有宜也。且黑壤之地信美矣，然肥沃之过，或苗茂而实不坚，当取新生之土以解利之，即疏爽得宜也。硗埆之土信瘠恶矣，然粪壤滋培，即其苗茂盛而实坚栗矣。虽土壤异宜，顾治之如何耳。治之得宜，皆可成就。《周礼·草人》掌土化之法，以物地相其宜而为之种，别土之差而用粪治。”为了保持土壤的肥力，人们设法积肥。“凡农居之侧，必置粪屋。低为檐楹，以蔽风雨飘零。且粪露星月，亦不肥矣。粪屋之中，凿为深池”②。王祯在《农书》卷三《粪壤篇》中还记载了南方的情况：“大粪力壮，南方治因之家，常于田头置博槛窖，熟而后用之，其田甚美。”农家烧火作饭的草木灰以及河渠池塘里面的淤泥都是重要的肥料。肥料来源的增多，导致了肥料数量的大量增加，有利于农作物产量的提高。

2. 农产品的增加与粮产量的提高

北宋王朝灭掉南方诸政权后，使南北方重归统一，这为各地区之间特别是南、北方之间农作物的广泛交流提供了有利的条件。农民在生产实践中认识到，农作物种类和品种单一或过少存在诸多弊端，另外宋政府出于巩固政权的需要，也提倡农作物的交流，并采取了一些有效的政策措施来推动这种交流。这样宋代农作物的交流出现了十分活跃的局面。

由于南方水乡的特点，凡是水利可以利用的地方，一般都要种植水稻，因而旱地作物除了广泛种植在丘陵山区以外，还分布在平原上的坡垅岗阜以及其他不便水利的地带。若论成熟期则有早晚之分，由于南北因气候、种植习惯等原因，种植不同的

① 陈旉：《粪田之宜篇第七》。

② 陈旉：《粪田之宜篇第七》。

农作物。北方的经济作物主要是小麦，南方主要是稻作。太宗的时候，江南地区曾经大力推广小麦、黍、粟、豆等作物，而由淮北地区提供种子，江北地区则学习南方的种稻经验："言者谓江北之民杂植诸谷，江南专种粳稻，虽土风各有所宜，至于参植以防水旱，亦古之制。于是诏江南、两浙、荆湖、岭南、福建诸州长吏，劝民益种诸谷，民乏粟、麦、黍、豆种者，于淮北州郡给之；江北诸州，亦令就水广种粳稻，并免其租。"①

南方农民培育了许多优良稻种，并引进外来的优良品种，在引进的稻种中，最著名的有占城稻（越南）和黄粒稻（高丽），占城稻（又称旱禾或占禾，属于早籼稻）的影响无疑是最大的，从越南传入的占城稻早熟抗旱，不择地而生，王祯《农书》载："闽中有得占城稻种，高仰处皆宜种之。谓之旱占，其米粒大而且甘。为旱稻种甚佳。北方水源颇少，惟陆池沾湿处种稻。"福建推广成功以后，大中祥符四年（1011），因江淮、两浙大旱，水田无粮可产，宋真宗便遣使于福建，取占城稻种三万斛，分给江淮、两浙地区播种："帝以江淮、两浙稍旱即水田不登，遣使就福建取占城稻三万斛，分给三路为种，择民田高仰者莳之，盖旱稻也。内出种法，命转运使揭榜示民。后又种于玉宸殿，帝与近臣同观；毕刈，又遣内侍持于朝堂示百官。稻比中国者穗长而无芒，粒差小，不择地而生。"②

南宋时期，占城稻遍布各地，成为早籼稻的主要品种，占城稻也成为了广大农民常年食用的主要粮食③。

随着大量土地的开垦，农业生产开始向深度发展，复种的技术得到了推广，麦稻两熟制逐渐普及。据《吴郡图经续记》和《吴郡志》引述赵霖奏折反映，北宋神宗时吴郡已有江南稻麦复种的情况，这些最早的记载表明，苏南稻麦复种在宋代已出现，但它的实行仍受人力、土宜条件的制约，因而还不能说已经全面普及了。类似的情况也出现在淮南东路的泰州。由于两宋之际习惯面食的北方人大批流寓江南，麦价陡涨，加上当时租佃农民如实行稻麦复种，可以只纳秋课，不交麦租，在这样情况下，人们自然"竞种春稼，极目不减淮北"，这些春稼，显然包括与水稻复种的冬麦。南宋有关稻麦复种的记载明显多了起来。

江南北地区适宜种植水稻，在耕作技术提高的基础上，人民在实践经验的基础上还培育了许多水稻优良品种，籼稻、粳稻优良品种达几十种之多，其中尤以苏州的箭子稻、师婆粳和洛阳的和尚稻品质最有名。籼稻与粳稻是水稻的两种类型，宋代人习

---

① 《宋史》卷一七三《食货志上一·农田》。

② 《宋史》卷一七三《食货志上一·农田》。

③ 一些日本学者及中国部分学者认为占城稻的种植在宋代并未能普及，见渡部忠世、樱井由躬雄主编：《中国江南の稲作文化——その学際的研究》，日本放送出版协会 1984 年；李伯重：《"选精"、"集粹"与"宋代江南农业革命"》，《中国社会科学》2000 年 1 期。

惯上称之为小禾、大禾，或者小米、大米。大禾谷就是粳稻，粒大而有艺；小禾谷也即是籼稻，也称之为“籼为小米，粳为大米”。籼稻与粳稻除了在米粒大小、品味优劣上有差别外，产量以及对于土壤的适应性也有所不同。粳稻产量很低，得米少，在许多生产条件差的地方，除了输官纳税以外，“非上户不得而食”。籼稻出米数量较多，为大多数中产以下日常所食。粳稻对于土壤的要求很高，“非膏腴之田不可种”，因此丘陵山区以及土壤贫瘠的地区都不可以种植粳稻。籼稻则“不问肥瘠皆可种”。因此，籼稻虽然品味较差，但是其产量比较高，适应环境的能力比较强，因此成为了宋代普遍种植的稻种。

籼稻早熟，粳稻晚熟。由于二者的成熟期不同。因而早熟与晚熟是划分二者分布区的重要标志。粳稻区的种植十分有限，大多分布在平原地带。其中苏南所处的太湖流域是重要的粳稻分布区之一。《琴川志》卷九称“吴地宜粳稻，玉粒香甜为天下甲”。太湖平原的粳稻不但品味好，而且种植范围非常广泛。曹勋曾经描述浙西粳稻种植的情况：“浙西纯种晚秋禾，更得明年雨不多。且刈且歌丰岁甚，平洋弥望列明驼。”[①]如上所述，苏南地区所种植的水稻中粳稻应该占了绝大部分，有关粳稻就是晚稻的状况，宋人的笔记里面有很多的记载，范成大在《刈麦行》中生动记载了苏南地区割麦、插秧种植晚稻的情形：“梅花开时我种麦，桃李花飞麦丛碧。多病经旬不出门，东坡已作黄云色。腰镰刈熟趁晴归，明朝雨来麦沾泥。犁田待雨插晚稻，朝出移秧夜食麦。”[②]淮南地区也是粳稻种植比例较高的地区。吕颐浩《忠穆集》卷二《论经理淮甸》：“淮南东西路平原旷野，皆天下之沃壤。”为粳稻的生产提供了很好的自然条件，因而这里的粳稻种植比例也比较高。《宋会要辑稿》食货四〇记载南宋乾道九年十一月，江南东路安抚使奉命收籴粳米，但是江东诸州“尽是籼米、小米”，无奈只得“差官往淮南收籴”，可见这里的粳米产量之盛。

由于交流的频繁，在江淮，旱地作物的种类也名目繁多。小麦是仅次于水稻的重要的粮食作物，小麦的品种有短麦、晚麦、淮麦等品种。粟的种类很多，在它的名目之下，几乎包括了现今称之为穈、谷粟的所有作物。仅仅以名称而论，有毛粟、望粳粟、糯粟、罂子粟、狗尾粟、白梁粟、羊角粟、百箭粟、椎头糯粟、白杆粟、胭脂糯粟、灰粟等。其他如豆、荞麦的种类也有大量的增加。

自然环境的优越、农业技术的提高、优良品种的应用，使宋代江淮农业生产量有了较大的提高。特别是宋代太湖流域，平原广阔，河网密布，有着进行粮食生产的优越自然条件。入宋以后，粮食生产迅猛发展。到北宋中后期，已成为全国最重要的稻

① 曹勋：《松隐集》卷二〇《浙西刈禾以高竹叉在水中望之如群驼》。

② 陈景沂：《全芳备祖》卷二一《农桑部》。

米产地，范仲淹知苏州府时曾言“苏、常、湖、秀，膏腴千里，国之仓庾也”①。范成大称当时在民间就流传有“天上天堂，地下苏杭，又曰：苏湖熟，天下足”之说②。宋室南渡后，江浙“遂为畿甸，尤所仰给，旁及他路”③。江南“岁一顺成，则粒米狠戾，四方取给，充然有余”④。关于江南稻米的亩产，学术界虽有不同看法，但从江淮漕运量的巨增及各方面的史料综合来看，宋代农业有了较大提高应是没有疑问的⑤。

在江淮的许多地方，综合性的农业经济得到全面发展，如苏州地区，位于太湖之滨，是闻名遐尔的“鱼米之乡”，史载：

> 吴中地沃而物众，其原隰之所育，湖海之所出，不可得而殚名也。其稼，则刈麦得禾，一岁再熟，稻有早晚，其名品甚繁。农民随其力之所及，择其土之所宜。以次种焉。惟号箭子者为最。岁供京师。其果则黄柑香硕，郡以充贡。橘分丹绿，梨重丝蒂，函列罗生，何珍不有。其草，则药品之所录，《离骚》之所咏，布濩于皋泽之间。海苔可食，山蕨可掇，幽兰国香，近出山谷。人多玩焉。其竹，则大如筼筜，小如箭桂，含露而斑，冒霜而紫。修篁丛笋，森萃萧瑟，高可拂云，清能来风。其木，则栝柏松梓，棕楠杉桂，冬岩尝青，高林相望，椒梂栀实，蕃衍足用。其花，则木兰辛夷，著名惟旧，牡丹多品，游人是观，繁丽贵重，盛亚京洛。朱华凌雪，白莲敷沼，文通、乐天，昔尝称咏。重台之菡萏，伤荷之珍藕，见于传记。其羽族，则水有宾鸿，陆有巢翠，鹍鸡鹄鹭，䴔䴖鸥鹈之类。巨细参差，无不咸备。华亭仙禽，其相如经，或鸣高原，或扰樊笼。其鳞介，则鲦鲿鰋鲤，鲔鳣渐离，乘鲎鼋鼍，蟹鳌螺蛤之类，怪诡舛错，随时而有。秋风起则鲈鱼肥，楝木华而石首至，岂胜言哉。海濒之民，以网罟蒲蠃之利而自业者，比于农圃焉。又若太湖之怪石，

① 《范文正公集》卷九《上吕相公并呈中丞咨目》。

② 范成大：《吴郡志》卷五〇《杂志》。

③ 《历代名臣奏议》卷二五三《水利》。

④ 《吴都文粹》卷九《吴县厅壁记》。

⑤ 关于江南各地稻产量，参见[日]斯波义信：《宋代江南经济史研究》，江苏人民出版社 2001 年版，第 102 页。顾吉辰估计北宋苏州一带水稻亩产 4 石，“接近于今天的水平”，江南其他地区则在 2 石上下。（顾吉辰：《宋代粮食亩产量小考》，《农业考古》1983 年第 2 期）；漆侠则认为江浙地区的亩产量，宋仁宗时为二三石，南宋初年为三四石，南宋晚期为五六石；在 1986 年发表的论文中，他估计两浙路太湖地区的水稻亩产量，北宋时为 3 石，南宋时为五六石或六七石；而在 1987 年出版的专著中，则认为江浙地区亩产量，南宋初期为三四石，南宋中后期为五六石，在以太湖流域为中心的两浙地区达六七石（漆侠：《宋代农业生产的发展及其不平衡性》，《中州学刊》1983 年第 1 期；《宋代社会生产力的发展及其在中国古代经济发展过程中的地位》，《宋代经济史》）；李伯重认为，南宋江南平均亩产量没有那么高，应在 1 石左右（李伯重：《宋末至明初江南农民经营方式的变化》，《中国农史》1998 年第 2 期）。闵宗殿对宋代太湖地区的亩产量的估计，亩产米 2.15 石，（闵宗殿：《宋明清时期太湖地区水稻亩产量的探讨》，《中国经济史研究》1994 年第 4 期）对于江南农业产量问题，学界虽有不同看法，但这一地区的粮食产量比较高是没有问题的。

包山之珍茗，千里之紫莼，织席最良，给用四方，皆其所产也。①

由此段史料，可见吴中地区物产之丰富，农、副、渔、园艺、手工制作等各类经济之发展，正是由于此地经济的繁盛，因而吴中地区当时“舟航往来，北自京国，南达海徼，衣冠之所萃聚，食货之所丛集”，成为“江外之一都会也”②。

四、水利事业的发展

宋代政府注意发展水利建设，兴修水利等成为宋代州县长吏的重要职责，而且这一工作直接与考课相联系，因此，官员们对所属地的水利事业都比较重视。

为了更好地利用近海的土地，阻止海潮的袭击，宋代在江苏沿海地区修筑了大量的捍海堰，其中以苏北地区的捍海堰最为著名。苏北沿海地区沙岸地势低洼，地面高度在2—5米之间，最低仅1米左右，而沿海高的海潮位一般为2.5至5.5米，最高时达3.2至7.3米。由于潮位大大高于陆地，每当大的潮水到来时，田舍淹没，人民流离失所。因此，修筑抵御海潮的堤坝在所难免。唐代李承曾组织民夫，修筑了苏北的防海潮大堤“常丰堰”。常丰堰到了宋初虽然经过了泰州知州王天祐等人的修补，但是作用并不是太大。天圣年间，范仲淹来到泰州任西溪镇盐仓推官，正值秋潮为患肆虐，范仲淹满怀“有益天下之心”，上书泰州知州张纶，建议急速修复捍海堰，以救万民之灾。经朝廷批准，并命范仲淹为兴化县的县令负责修筑泰州捍海堰。天圣二年(1024)，范仲淹征调民夫4万多人修堤，前后历时四载，终将捍海堰修成。堰长25696.6丈(合71公里)，堰基宽3丈(合10米)，高1丈5尺(合5米)，顶宽1丈(合3.3米)。海堤建成后，随即产生了效益，当年秋收丰盛，三千户流民定居下来，渔盐各业复苏兴旺，后人为表彰范仲淹修堤的功勋，将捍海堰誉称为“范公堤”，一直延续至今。

北宋至和年间(1054—1055)，海门知县沈起调集民夫灶丁，筑堤70里，连接范堤，并延伸至吕四场，称“沈公堤”。到了南宋以后，政府官员又有扩充。绍兴二十七年(1157)冬十月，《宋史·高宗纪》记载：“诏筑通、泰、楚三州捍海堰。”南北捍海堰连成了一线。其后经过了海潮的冲刷，中间的部分屡遭破坏。乾道七年(1171)，泰州知州徐子寅又加以修补，并建议各盐场设立使职负责堰堤的修筑。这样苏北的防止海潮侵袭的大堤基本修筑完毕。

宋代立国在汴梁，需要通过大运河调动南方的物资维持国家机器的运转。因此，

---

① 朱长文：《吴郡图经续记》卷上。

② 朱长文：《吴郡图经续记》卷上。

宋代对大运河进行了一系列的维修与治理活动①。

首先是对于楚扬运河的治理。淮水从淮阴城北西流，至三十里的山阳湾时，水势湍急，导致许多船只覆溺。宋太宗的时候，淮南转运使提议开通沙河以避险流。沙河从淮阴城北的磨盘口起，与山阳湾平行达淮安，长三十里，行船非常方便。

北宋时期的黄河经常决口，溢入淮泗一带的洪流，使得从淮阴溯淮、泗而上的漕船屡遭风浪之险，翻船事件很多。因此，发运使许元先从淮阴开挖洪泽渠，以避开这一段的风险。到了宋神宗的时候，皮公弼又加以疏浚，使漕运条件改善。马仲甫为发运使，“自淮阴径泗上浮长淮，风波覆舟，岁罹其患。仲甫建议凿洪泽渠六十里，漕者便之”②。

宋代还开修了楚州通涟河。唐代开涟水县新漕渠，使鲁南的沂、密诸水南达涟水入淮，这是唐宋以来苏北沿海沟通运河的干道，但淮安沿淮河至涟水的一段航道仍然不安全，到了宋代的时候，又加以修理。另外，楚扬运河的工程集中在真州与扬州地区，其成效也比较显著，工程主要是修凿淮南漕渠。因各路漕船由真州、扬州进入淮水时，中间要经过五道堰闸，漕粮反复起卸，船只屡经牵引，人力物力耗费甚大。为此，真宗天禧二年(1018)江淮发运使贾宗提议，开凿扬州古河，使运道绕过城南，接入运河；同时毁去扬州南二十里扬子桥南面的龙舟堰、扬州东面的茱萸堰和另一道新兴堰，于三堰附近凿河道入新开河，以均衡水势，宋廷派人前来查勘，认为切实可行，次年河工告成。引水注入新河后，正与三堰的水位相平，行船无阻，公私大便。当时还在新开漕路上增设了减水闸，蓄水济漕，有余则泄之。

宋代还进一步沟通了长江水道以及开挖勾城、陈公二塘。为了充实运河水源，宣和三年(1121)宦官李琮提出，真州南岸的八座泄水斗门，距江很近，应将这些斗门拆去，向南开挖并拓宽河身，使运河距江水路缩短为十丈，这是输江水充实运河水源的一条措施。宣和年间，淮南转运使陈遘又开决扬州南面的勾城、陈公二塘，引水南下，进一步充实运渠水源。

在扬州的附近，政府还开挖了新的运河。长江在进入扬州、镇江和南京的时候，波涛汹涌，船只在这里行驶的时候也有很大的损失。为此，天圣三年(1025)发运使张纶开凿了一条长芦口河。该河在现在的仪征市，长芦河开通后，春夏秋三季水源充沛，但是冬天的河水较少。以后政府又重新计划开筑靖安河与仪征新河，靖安河是今南京北面的一条古时候的漕河，从这里进入长江，由长江和仪征新河相连接，从此这一段的运输趋向于安定。同时，在宋神宗的时候，扬州江都县修复了大石湖，灌溉面

① 关于宋代江苏的漕运工程，详见高荣盛：《宋代江苏境内漕运工程考述》一文，载《江苏社会科学》1997年第2期。

② 《宋史》卷三三一《马仲甫传》。

积达到了1000多顷，当年就获得了大的丰收，粮食产量也有了很大的提高。后来，人们又向长江的潮水作斗争，修筑大堤，“以却潮水之患”，使之不再危害沿江的农田，并且挖渠疏泄积水于江，《淮海集》卷三八《罗君生祠堂记》记载：“凡水利之兴复者五十有五，溉田六千顷。”

在苏南的江南运河的河段，宋政府在镇江附近开凿了润州新河。另外在宋仁宗天圣年间，由于河道淤塞，政府又在蒜山渡口新开了一条新河，接通江南运河进入长江，由于这一条运河在蒜山一带进入长江，所以当时的人们又称这一条运河为蒜山运河，又称为西津渡。它的走向和现在的运粮河相同，宋仁宗后期这一条运河曾一度淤塞，当时的两浙转运副使郑向组织人力“疏润州漕河抵于江，人以为便”[①]。常州、镇江运段和练湖河段也进行了大规模的水利建设。

这一时期，一大批堤堰斗闸的兴建，使疏浚的成果得以维持、巩固和更好的发挥效益。北宋景祐二年(1035)，苏州知府范仲淹提出在河渠上设置闸，旱岁开启灌田；遇水涝的时候开启疏导积水。当地人民往往在疏浚河流同时，在关键河段，设立斗闸，其疏浚和堰闸的功效不可低估。

首先，筑高邮新开湖石堤。新开湖在高邮北，与其北面的樊良湖相连，东南通入运河，天长以东诸水则汇于此而入淮。此湖风浪较大，景德年间(1004－1007)江淮等路发运使李溥下令，凡漕船东下经泗州时，都必须顺载一批石头，投入湖中，这样，新开湖的风浪有所减缓。

其次修筑高邮以北的堤坝，天禧年间(1017－1021)由江淮制置发运副使张纶在新开湖石堤基础上构筑，堤坝在高邮迤北，绵延二百里至淮阴，沿堤用巨石砌成十座水闸，泄洩洪水。

再次筑太湖西堤。天圣初年苏州水灾，冲毁太湖外塘，宋廷令转运使徐奭等在勘察基础上，修成一道西堤。该堤从市泾以北至赤门以南，长九十里，堤上共建造桥梁十八座。同时，又役使开江兵一千二百人，向南至浙江嘉兴修筑了一道长一百多里的塘岸。庆历初，秀州通判李公庆又从苏州平望至吴江筑石堤五十里，其目的均在维护漕运。

另外，宋代江南政府还设置了练湖斗门，筑练湖堤岸。练湖作为常镇运段的蓄水库，对漕运有直接影响，绍圣年间(1094—1097)，湖水湮塞，丹阳知县募民疏浚，设置了数十个斗门，有利通航和灌溉。宣和五年(1123)，又对练湖堤岸作了较大规模的修筑。

---

① 《宋史》卷三〇一《郑向传》。

宋代还对楚扬段与江南运段的坝闸进行了全面恢复。江淮发运使贾宗曾于天禧二年毁去扬州附近的三堰，另筑近堰漕路。此外，自蔡京执政以来，原先建立起来的坝闸制逐步紊乱，导致运河浅涩，漕运受阻。重和元年(1118)始规划修复真、扬、楚、泗、高邮运河堤岸的七十九座斗门水闸，三年后，奉命进行实地考察的向子諲认为可将运河南北原有的堰闸基本恢复，以保障运河的供水。这个议案得到实施。

江南运河北段堰闸的废毁也较严重，如淳化元年(990)宋廷下令废去润州所属京口、吕城和常州所属奔牛、望亭四堰；嘉祐年间(1056—1063)为开运河沟通梁溪，通入太湖，又废去梁溪堰，这给漕运的通行与太湖水源的利用，都带来不利后果。于是，神宗熙宁元年(1068)开始恢复亭堰，并易堰为闸，由监护吏臣负责管理。绍圣年间(1095)又令地方官负责管理武进、丹阳、丹徒沿江堤岸、石汰和水沟。此后，除梁溪堰外，其他三堰陆续恢复，并改堰为闸，崇宁元年(1102)又设置提举淮浙澳闸司官一员，掌管杭州至扬州的所有澳闸。

与此同时，每一田块的圩岸修筑也起了重要作用。这种圩岸，有些岸段就是前文述及的堰塘堤坝所构成，但更多的岸段则是围田别建的田塍。圩岸所围之田大小不一，少者数十亩，多者以千计，形成了这一地区特有的田圩之制。当地历来将“大筑圩岸，高围民田”，视为农田水利的要策。嘉祐三年(1058)，两浙转运使即建议在苏、湖、常、秀修作田塍，位位相接，以御风涛，以狭水源，并“令县官教诱殖利之户自作塍岸，定其劝课为殿最”①。政和元年(1111)，提举常平司命苏、湖、秀三州令佐主管创立圩岸工程，浙西掀起了兴筑圩岸的热潮，仅平江府就兴修田围达2000余顷。南宋黄震曾针对太湖农田水利建设指出：“田岸之事在民。在民者，在官不必虑；水利之事在官，在官者，在民不得为。”②他所说的水利之事应指疏浚河道、修建堰闸等大型工程，而田岸之事则指圩岸田塍的修筑维修。

宋代江南还有一项重要的水利事业，是对太湖流域的治理。北宋时，太湖水利很差，水旱灾害严重。水利专家郏亶父子和单锷曾提出全面治理的规划。郏亶强调治水是为了治田，应以蓄水灌溉为主，在这一认识的基础上，提出了支分密布的渠网规划，配合圩田体系和农田沟洫，使涝旱兼顾，两获其利。对于苏南地区的水利建设而言，则主要是以排除积水为主，《宋史》卷一七三《食货志》上载：“太湖者，数州之巨浸，而独泄以松江之一川，宜其势有所不逮。是以昔人于常熟之北开二十四浦，疏而导之江；又于昆山之东开一十二浦，分而纳之海。”《宋会要辑稿》食货六一之一一三 也记载：“两邑大浦凡三十有六，而民间私小径(泾)港不可胜数，皆所以决壅滞而防泛

① 《正德姑苏志》卷一一《水利上》。

② 《正德松江府志》卷三《水中·治策》。

滥也。”

北宋仁宗天圣年间，漕臣张纶于昆山、常熟各开众浦以导积水。《宋史》卷一七三《食货志》上记载景德年间郡守范仲淹“亲至海浦，浚开五河”，排除了积水之患，使数州受益。《宋史》卷二九五《叶清臣传》记载庆历末年，叶清臣“尝建请疏盘龙汇、沪渎港入于海，民赖其利”。到北宋末年，平江府司户曹事赵霖募民兴修水利，“开一江一港四浦五十八渎”①。

另外，北宋真宗时，崔立知江阴军，“属县有利港，久废，立教民浚治。既成，溉田数千顷”②。到了南宋时期，类似的水利工程在继续兴建。知江阴军蒋及祖，“请浚治本军五卸沟以泄水，修复横河支渠以溉旱。乃并诏诸路常平司行之，每季以施行闻”③。绍兴二十八年(1158)，依两浙转运副使赵子流等人所请，开浚诸浦。次年，又浚治福山塘。到孝宗时，两浙路的水利兴修取得了更大进展。淳熙二年(1175)，淮东总领钱良臣奏:“修复镇江府练湖，凡七十二源，灌田百余万亩。从之。”④

关于宋代对这一地区的水利兴建，《宋史》卷三四八《毛渐传》作了比较公允的评价:“乃案钱氏有国时故事，起长安堰至盐官，彻清水浦入于海，开无锡莲蓉河、武进庙堂港、常熟疏泾、梅里入大江；又开昆山七耳、前泾、下张诸浦，东北道吴江；开大盈、顾汇、柘湖，下金山小官浦以入海，自是水不为患。”政府通过开浚港浦和建造松江、吴江即吴淞江水利工程，排积涝于江海，将低洼积水之地改造为良田，从而建立起一套比较完备的历史上少见的排灌系统，为这一地区的高产稳产创造了良好的条件。

第二节　手工业的发展

一、制茶业与制盐业

1. 制茶业

宋代是中国茶叶生产的一个重要发展时期。宋代的茶业继承唐代旧制，实行官府垄断制，即榷茶制。当时宋政府为了榷茶的方便，在六处设立榷货务，即江陵府，真州，海州，汉阳军，无为军，蕲州之蕲口。其中的真州、海州，属于今江苏地区。崇宁年

---

① 《宋会要辑稿》食货七之三六至三七。

② 《宋会要辑稿》食货七之三六至三七。

③ 《宋史》卷一七三《食货志上》。

④ 《文献通考》卷六《田赋六》。

间，又规定诸路措置茶事官置司，其中设于江淮的茶事官诸司有：淮南设于扬州，两浙设于苏州，江东设于江宁府，常州以宜兴。由此，可大体看出宋代今江苏地区当时茶叶生产的分布情况。

宋代江淮地区制茶业的进步，与茶叶自身的特点以及当时的社会环境有着重要关系。茶叶由于生物习性的关系主要生长于秦岭、淮河以南，无论田间还是在丘陵、山地都适合种植。同时周边的少数民族地区和海外对茶叶需求量也特别的大，巨大的市场需求刺激了茶叶生产的快速发展。利益的推动促使人们种植茶叶。

关于宋代茶叶的品种、产地及价格，《宋史》记载：

> 茶有二类，曰片茶，曰散茶。片茶蒸造，实棬模中串之，唯建、剑则既蒸而研，编竹为格，置焙室中，最为精洁，他处不能造。有龙、凤、石乳、白乳之类十二等，以充岁贡及邦国之用。其出虔、袁、饶、池、光、歙、潭、岳、辰、澧州、江陵府、兴国临江军，有仙芝、玉津、先春、绿芽之类二十六等，两浙及宣、江、鼎州又以上、中、下或第一至第五为号。散茶出淮南、归州、江南、荆湖，有龙溪、雨前、雨后之类十一等，江、浙又有以上、中、下或第一至第五为号者。买腊茶斤自二十钱至一百九十钱有十六等，片茶大片自六十五钱至二百五钱有五十五等，散茶斤自十六钱至三十八钱五分有五十九等；鬻腊茶斤自四十七钱至四百二十钱有十二等，片茶自十七钱至九百一十七钱有六十五等，散茶自十五钱至一百二十一钱有一百九十等。①

江淮地区是重要的茶叶产区，其中以苏南地区最为著名，太湖流域的苏、常等州是茶叶的主要产区，当地名茶颇多，大体应属于散茶一类。苏州洞庭山一带生产的茶叶，北宋朱长文《吴郡图经续记》卷下有记载："洞庭山出美茶，旧时入贡。《茶经》云：'长洲县生洞庭山者，与金州、蕲州味同。'"根据同治重修的《苏州府志》卷十二《物产》记载苏州贡茶"出吴县西山，以谷雨前为贵，唐皮、陆有茶坞诗"，也表明苏州洞庭山贡茶在二月谷雨前采摘。苏州洞庭山茶到了北宋的时候发展成为了一种名字叫作"水月茶"的新品种。

润州也是一个重要的茶叶生产基地。上元县的傲山是润州著名的茶叶生产基地。位于延陵、句容境内的茅山也出产茶叶，常州义兴阳羡茶更是誉满天下的名茶。淮北的海州也是重要的产茶地区。史载："天禧中，诏京师入钱八万，给海州、荆南茶；

① 《宋史》卷一八三《食货志下五》。

入钱七万四千有奇，给真州、无为、蕲口、汉阳并十三场茶，皆直十万，所以饶裕商人；而海州、荆南茶善而易售，商人愿得之，故入钱之数厚于他州。”①可见在当时，已有海州“茶善”之说了。

2. 制盐业

(1) 淮盐的生产与技术的进步

北宋时期已经在淮东产盐的地区设置了许多的机构。《太平寰宇记》卷一三〇记载通州：“利丰监，古之煎盐之所，宋朝升为监，在州城南三里，管八场，为西亭、利丰、永兴、丰利、石港、利和、金沙、余庆。”《宋史·食货志》记载泰州：“有海陵监、如皋仓、小海场。海陵监，煮盐之务，唐开元元年(713)置海陵县，为监于县。后置州以辖其县。开宝八年(974)移至于如皋。下辖七场名称：角斜场、拼桑场、虎墩场、掘港东陈场、丰利东西场、丁溪场、梁家垛场。”《宋史·食货志》记载楚州：“盐城监，古之盐亭，历代海岸煎盐之所，元管九场，南唐以为盐监，周显德三年(956)平定了江淮以后，因之不改焉。宋太平兴国二年隶楚州，大中祥符二年(1009)废为仓。盐场七所，在县南北五十里至三十里，俱临海岸。为五紫庄、南八游、北八游、丁溪、竹子、新兴、七惠、四海场。”

宋代江淮地区不仅盐业资源丰富，而且制盐业也取得了巨大的成就。

在制盐技术方面，主要表现在验卤技术上的突破、运用皂角加速食盐结晶以及大型铁盘的发明等三大成就。苏北地区的两淮盐民率先在验卤技术方面采用了石莲验卤法。所谓石莲验卤法，即在验卤的时候，“取石莲十枚，尝其厚薄，全浮者全收盐，半浮者半收盐，三帘以下浮者，则卤未堪，则须剩开，而别聚溜”②。《宋会要》食货二八之二十也曾经记载：“近淳熙初，间亭户得尝试卤水之法，以石莲十枚掷之卤水中。如五枚浮起，为五分之卤；如七枚浮起，为七分卤。或不及七分，再用牛刺爬盐土，复将淡卤再淋，必待卤浓可用，然后煎之。”同时，苏北的盐民也开始采用了皂角加速食盐的结晶。《太平寰宇记》卷一三〇记述“皂角于盘内，起火煮卤”。皂角是一种豆科植物种子，化学实验表明皂角内部的化学元素水解以后，生长成了一种新的物质，可以加速食盐的结晶。而煎盐的时间缩短无非是大大节省了劳动力和燃料。

另外，苏北的盐民还改造了铁盘。在宋代以前，苏北盐区的人民多是熔铸铁来煎盐的铁盘。到了宋代，苏北盐区的人民在继承汉唐技术的基础上，开始消化吸收创造了一种新的铁盘。以前苏北盐民煮盐的时候，方薄的铁盘由于铁盘的底面比较薄，传导热很快，而圆形的铁镬，由于底面比较厚，所以比较坚固耐用，但是传导热则比较

① 《宋史》卷一八三《食货志下五》。

② 《太平寰宇记》卷一三〇。

慢。对此,苏北的盐民在吸收二者长处的基础上,同时运用自己的实践经验和勤劳智慧,创造了一种新型的制盐工具——铁盘。铁盘是由若干块铁片组成的,可分可合。铁盘的发明大大提高了劳动生产力,在铁盘发明以前,以大镬煮盐,每镬也只不过十几斤,而铁盘则可以每盘达到百十斤,大大提高了劳动生产率。

天圣六年(1028)范公堤筑成后,阻挡海潮,遮护民田,屏蔽盐灶,使盐业生产有了保障。此时的灶民利用广大的滩涂草荡资源,大胆实践,择盐份重、土质硬的平地摊晒草灰淋卤,在"刺土成盐"的基础上又创造了"晒灰采卤法"。其煎盐经过碎场、晒灰、淋卤、试莲、煎盐、采花等6道工序后,不仅出盐率增进一成,而且盐质"色白、粒大、干",时有"淮盐甲天下"之称。

宋代江淮制盐业的发展,还表现为盐的产量比较高。下表反映了宋代苏北地区的食盐产量[①]。

表一　宋代淮南地区的食盐产量

	泰　州	通　州	楚　州
太　宗	128100(单位:石)	150805—200000	277000
真　宗	656000	489000	417000
政和四年	2400000		
绍兴元年	131063		
绍兴二年	257180		
绍兴末	1800000+		293711
绍兴三十二年	1616800+	789130	277700
乾道间	同　上	同　上	同　上

有宋一代,苏北的淮盐,生产量不断提高,北宋的淮盐仅为3350万公斤,到了南宋时已经达到了一亿公斤左右,可见增长的迅速。史载:"以盐额论之,淮东之盐多于二浙五之一;以去岁卖盐铁论之,淮东多于二浙三之二。"唐乾元初,当时"举天下盐利岁才四十万缗,至大历增至六百余万缗,天下之赋盐利居半。元祐间,淮盐与解池等岁四百万缗,比唐举天下之赋已三分之二。绍兴末年以来,泰州海宁一监支盐三十余万席,为钱六七百余万缗,则是一州之数过唐举天下之数矣"[②]。

(2) 淮盐的纲运

江淮生产的盐不仅满足了本地人民之需及贡送朝廷,而且还曾大量外运接济他

---

① 转引自郭正忠:《宋代盐业经济史》,人民出版社1990年版。

② 《宋史》卷一八二《食货志下四》。

方。宋代由于食盐缺乏或劣质的问题，许多地方曾发生了民变。如在嘉祐年间，虔州，汀州，就发生过这种情况。当时虔州地方的官盐质量极差，于是"岭南盗贩入虔，以斤半当一斤，纯白不杂，而卖钱二十，以故虔人尽食岭南盐。庆贺历中，官卖岁止百万余斤，冒禁之人，本轻利厚，挟刃鸣鼓，千百为众，劫掠村疃，官不能制，余二十年，朝廷患之"①。

有人因此建议以两淮盐发送救济："第岁运淮南盐七百万斤至虔，二百万斤至汀，民间足盐，寇盗自息。"②此前宋政府派遣职方员外郎黄炳乘，通知所属监司及知州、通判，降低虔、汀二州近年所增的官方盐价，以每斤四十钱的价格卖与百姓，而且以十县五等户夏秋税率百钱令籴盐二斤，随夏税入钱偿官。此时朝廷听从建议，以提点铸钱沈扶选江西漕船团为十纲，以三班使臣布署，从江北的通、泰、楚三州官府的都仓盐中直接运盐至虔、汀二州。一直到了熙宁初年，朝廷"仍定岁运淮盐十二纲至虔州"，以解决虔州的盐困：

> 初，荆湖亦病盐恶，且岁漕常不足，治平二年，才及二十五万余石。三年，拨淮西二十四纲及佣客舟载盐以往，是岁运及四十万石。四年，至五十三万余石。
>
> 庆历初，判户部勾院王琪言："天禧初，尝以荆湖盐估高，诏斤减三钱或二钱，自后利入寖损。请复旧估，可岁增缗钱四万 。"许之。治平中，淮南转运使李复圭、张刍、苏颂，三司度支判官韩缜，相继请减淮南盐价，然卒不果行。
>
> 熙宁初，江西盐课不登，三年，提点刑狱张颉言："虔州官盐卤湿杂恶，轻不及斤，而价至四十七钱。岭南盗贩入虔，以斤半当一斤，纯白不杂，卖钱二十，以故虔人尽食岭南盐。乃议稍减虔盐价，更择壮舟，团为十纲，以使臣部押。后蔡挺以赣江道险，议令盐船三岁一易，仍以盐纯杂增亏为纲官、舟人殿最，盐课遂敷，盗贩衰止。自挺去，法十废五六，请复之便 。"诏从之。仍定岁运淮盐十二纲至虔州。及章惇察访湖南，符本路提点刑狱朱初平措置般运广盐，添额出卖，然未及行。元丰三年，惇既参政，有郏亶者，邪险锐进，素为惇所喜，迎合惇意，推仿湖南之法，乞运广盐于江西。即遣蹇周辅往江西相度。周辅承望惇意，奏言："虔州运路险远，淮盐至者不能多，人苦淡食，广东盐不得辄通，盗贩公行。淮盐官以九钱致一斤，若运广盐，尽会其费，减淮盐一钱，而其盐更善，运路无阻。请罢运淮盐，通般广盐一千万斤于江西虔州、南安军，复均淮盐六百一十六万斤于洪、吉、

① 《长编》卷二一三"神宗熙宁三年七月"。

② 《宋史》卷一八一《食货志下三》。

筠、袁、抚、临江、建昌、兴国军,以补旧额。”诏周辅立法以闻。周辅具盐法并总目条上,大率峻剥于民,民被其害。旧,江西盐场许民买扑,周辅悉籍于官卖之。遂以周辅遥领提举江西、广东盐事,即司农寺置局。①

期间,发生了运输人员的盗劫之弊,使“盐支杂恶”,提点刑狱蔡挺进一步建议:“虔州经涉赣江三百余里,故令盐船三岁一易,增入二分,舟人运盐无欠负而有羡及百斤者支半价,三运毕,部押人转为押官,若使臣即得减磨勘二年。”也就是说将纲运淮盐的好坏与奖励相结合,与有关人员的考核提拔相结合,结果使淮盐纲运数量大增,“故盐不杂恶,有羡,岁卖至三百六十一万斤,增二十倍②。食者既众,不复以税钱均配,盗贩衰息”。

然而后来由于蔡挺调职,纲运淮盐的船只由三年一换改为七年更易,相关工作人员也减少了,奖励亦相应减少,“挺之法十废五六,无赖抵冒之民稍集,而官卖益亏”。于是提点江西刑狱张颉上言朝廷,说明情况,请“尽复挺规画以杜奸盗”。

为此,宋神宗专门批示:“蔡挺昨在东南处置盐事,最有显效,绩状可验。不惟课利增盈,实得盗贼屏息。今无故改革,致于如此不便,或使无赖啸聚,极非细事,可详颉奏,速令一切如旧。”宋神宗表扬了蔡廷主持此事时的成绩,特别强调了其“实得盗贼屏息”的功效,并命令恢复蔡廷所实行的“旧制”,以保证淮盐运输行销的正常。同时,神宗再发诏令申明旧制:“江南西路岁运淮南盐十二纲赴虔州,提点刑狱官与虔州知州依嘉祐七年二月四日指挥,同提举出卖。运船三岁一易。盐有羡十分,以五分价钱与梢工充赏,部押人三年迁押官,并依治平四年四月二十三日指挥及编敕施行。合破纲船兵、夫分数,即且见行条贯。”③

神宗诏令发布于熙宁三年,此诏发布后的数年里,收到了较好的效果,至元丰三年间,又有了新的问题。权发遣度支副使蹇周辅上言说:淮南每年以舟运通、泰州盐五十九万斤,于虔州立仓置吏出售,但盐运至虔州的数量有限,民居远城郭者常常淡食,而盗盐公行,以至于殴伤吏士。而且运路危险遥远,官府出钱雇佣挽舟工费巨大,运输的舟人盗取公盐,而代之以土,使盐质越差。而广州东莞、新会两县盐场、栅十有二煮盐。从广州水行十六日可至南雄州,度大庾岭至南安军不到百里,船行顺流只用四日可至虔州。淮盐官以九钱买一斤,而计算广盐之费,可减淮盐价格一钱。而且这条运路无险阻。他又进一步论证说:“岁运淮盐有常数,人苦

---

① 《宋史》卷一八二《食货志下四》。

② 据李焘考证,朱签上书言契勘旧岁卖盐百余万斤,因此,此处二十倍应是二倍或数倍。

③ 《长编》卷二一三“神宗熙宁三年七月”。

淡食，而广东所产不得辄通，无赖奸民冒利犯禁，习以盗贩为业。已与两路监司会议，谓宜立法，兼通广盐于虔州，以七百万斛为年额，百十万斤为准备。南安军以百二十万斤为年额，三十万斤为准备。复均虔州旧卖淮盐六百一十六万斤于洪、吉、筠、袁、抚、临江、建昌、兴国等州国军缺盐处卖，不害淮盐旧法，而可通广盐。”显然，淮盐还不能完全解决江西的食盐问题，周辅主张从广东、淮南同时运盐至江西。同时将淮盐六百一十六万斤重点供给洪、吉、筠、袁、抚、临江、建昌、兴国等州国军缺盐处。

神宗接其上言后，立即下书曰：“民用盐不可一日缺，今改立新额，官自卖，以救淡食而盗贼，则兴滞补弊，察奸御暴，宜必有法。为法之本，在于均有无，平远近。详定吏禄，严丐取之禁，以防阻扼。编籍首领，重告捕之格，以绝私贩。而移用舟车，增置兵校，设处督之官，罢无名之税，以通漕运。岁时考法，则登课者有赏，亏欠者有罚。”① 神宗诏令周辅一个月内制定具体的成法。不久，周辅将江西、广东盐法同时上报朝廷，神宗诏令批准施行。同时任命周辅提举江南西、广南东盐事，检察监司之不称职者，同时置局于司农寺，专门统领此事。

宋朝廷一再就淮盐运江西的事宜进行讨论，制定专法、调整人员、设立机构，并由皇帝一再发表诏书谕示，可见此件事情对于宋朝廷的重要性。

此外，在治平三年，政府还曾调发淮盐四十万石，以二十四纲官船及雇佣客舟载盐以运往荆湖，治平四年，再次发运食盐五十三万余石至荆湖。

(3) 淮盐的管理

宋代江淮，既是国家的产盐之所，同时也是储盐之地：

> 凡盐之入，置仓以受之，通、楚州各一，泰州三，以受三州盐。又置转般仓二，一于真州，以受通、泰、楚五仓盐；一于涟水军，以受海州涟水盐。江南、荆湖岁漕米至淮南，受盐以归。东南盐利，视天下为最厚。盐之入官，淮南、福建、两浙之温、台、明斤为钱四，杭、秀为钱六，广南为钱五。其出，视去盐道里远近而上下其估，利有至十倍者。②

宋代食盐实行的是榷盐专卖制度，对食盐的生产、运输和销售全面垄断。而且“尤重私贩之禁”。按宋代规定，食盐运销有严格的范围规定，淮盐的产销属于通泰盐区，一般销行于淮南东西路、江南东路、江南西路、荆湖南路、荆湖北路。这些地区有的是就近

① 《长编》卷二一三“神宗熙宁三年七月”。

② 《宋史》卷一八二《食货下四》。

供给,但有的是强制安排。如江西食盐本可从广东运进海盐,但宋政府最初规定,江西只能行销淮盐,这就使运输成本提高,造成了盐价的偏高,人民生活的不便。

由于营销食盐的利润很大,而且官府盐价偏高,在江淮也不乏暗下的私盐生产。史书载:“江湖运盐既杂恶,官估复高,故百姓利食私盐,而并海民以鱼盐为业,用工省而得利厚。由是不逞无赖盗贩者众,捕之急则起为盗贼。江淮间虽衣冠士人,狃于厚利,或以贩盐为事。”①

诱之于盐的厚利,一些读书人也顾不得斯文了。为此,朝廷公布严法加以禁止。元丰六(1083)年,大理寺曾上言:“泰州大保长卫和煎贩私盐,为首围掩县尉,责不敢捕私盐状。”②神宗下诏令斩之。元祐元年,提点淮南东路刑狱专切提举盐事间邱孝直,因失职,“失觉所部售盐违法”③而被罢免。

为了打击私盐,朝廷实行了犒赏纠检私盐的制度,凡举报私盐者,可按比例提成得赏。元祐元年(1086)八月,江淮、荆、浙等路发运副使蒋之奇上言说:江淮、荆、浙六路捕到私盐,除官给盐稿赏钱外,更于犯人名下别理赏钱,并依规定先以官钱代支。而各州县代支过转运司的很多,没有办法纳足。有的人怕不能获得赏钱,以至于未获犯人先从官府支三分充赏,相比于旧的办法,这奖赏也太多。而且旧的办法,募赏的额度已够,足以禁止,何必再枉费官钱?他提出应“一遵嘉祐敕告,捕私盐未获徒伴,即据获到的盐数,十分中官给一分充赏”④。可以看出,江淮纠告私盐的奖励,经历了一个从十分之一到十分之三,再到十分之一的过程。

虽然盐利颇高,但是官府控制下的盐户,其实受着官府沉重的剥削,过着悲惨的生活,有人为盐户们算过一笔账并谈及私盐盛行的原因:

> 国家鬻海之利,以三分为率,淮东居其二。通、泰、楚隶买盐场十六,催煎场十二,灶四百十二。绍兴初,灶煎盐多止十一筹,筹为盐一百斤。淳熙初,亭户得尝试卤水之法,灶煎至二十五筹至三十筹,增旧额之半。缘此,盐场买亭户盐,筹增称盐二十斤至三十斤为浮盐。日买盐一万余筹,其浮盐止以二十斤为则,有二十万斤,为二千筹,筹为钱一贯八百三十文,内除船脚钱二百文,有一贯六百三十文。其盐并再中入官,为钞钱四百五十一万七千五百余缗。又纲取盐一代并诸窠名等,及卖又多称斤两,亭户饥寒,不免私卖。若朝廷严究,还其本钱,而后可

---

① 《宋史》卷一八一《食货下三》。

② 《长编》卷三三三“神宗元丰六年二月”。

③ 《长编》卷三六八“哲宗元祐二年二月”。

④ 《长编》卷三八五“哲宗元祐元年八月”。

以尽革私卖之弊。[①]

正是在这样一种情况下，宋政府迫于压力，下诏补还了通、泰等州诸盐场欠亭户盐本钱一百一十万贯。宁宗庆元初，又下诏罢除了循环盐钞。

然而私盐的问题，并不是一下就能解决的。宝祐四年(1256)十二月，殿中侍御史朱熠上言："盐近者课额顿亏，日甚一日。姑以真州分司言之，见亏二千余万，皆由台阃及诸军帅兴贩规利之由。"于是，政府再次申明严私贩之禁，然而成效未显。

宝祐五年(1257)，朱熠又上言说：

盐之为利博矣。以蜀、广、浙数路言之，皆不及淮盐额之半。盖以斥卤弥望，可以供煎烹，芦苇阜繁，可以备燔燎。故环海之湄，有亭户，有锅户，有正盐，有浮盐。正盐出于亭户，归之公上者也。浮盐出于锅户，鬻之商贩者也，正盐居其四，浮盐居其一。端平之初，朝廷不欲使浮盐之利散而归之于下，于是分置十局，以收买浮盐，以岁额计之，二千七百九十三万斤。十数年来，钞法屡更，公私俱困，真、扬、通、泰四州六十五万袋之正盐，视昔犹不及额，尚何暇为浮盐计邪？是以贪墨无耻之士大夫，知朝廷住买浮盐，垄断而笼其利；累累灶户，列处沙洲，日藉铢两之盐，以延旦夕之命；今商贾既不得私贩，朝廷又不与收买，则是绝其衣食之源矣。为今之计，莫若遵端平之旧式，收锅户之浮盐。所给盐本，当过于正盐之价，则人皆与官为市。却以此盐售于上江，所得盐息，径输朝廷，一则可以绝戎阃争利之风，二则可以续锅户烹煎之利。[②]

朱熠之言，分析了淮盐生产的历史及其在国家食盐产业中的重要的地位，认为生产正盐的亭户与生产浮盐的锅户，都不能不管不顾。正盐的生产是主流，必须保护，而浮盐的生产也不可能完全禁绝，也应当让他们有生路，然而，政府盐法屡变，使"公私俱困"。现在又简单地不予收买，也禁止商贾私贩，如此则断绝了锅户的生路。他建议不如按照端平年间的做法，以高于正盐之价的盐本，收锅户之浮盐，使人们皆愿与官府交易。这样就可以官私两利。朱熠上言，受到了朝廷重视并加以采纳："有旨从之。"

在江淮等地，为了保证食盐的及时供给，宋朝廷还实行了"准备盐"制度，即提前储备一年、二年或半年的食盐，以备上贡、纲运或市场的需求，同时起着调剂盐价的作用。具体储备多少、多长时间，依情况而定。元祐六年(1091)九月，江淮等路转运司

---

① 《宋史》卷一八二《食货志下四》。

② 《宋史》卷一八二《食货志下四》。

曾上言:"诸路准备盐,昨准元祐元年九月朝旨,立定荆湖、江南,蕲、黄、庐、寿、光、舒州,比元条减下外作一年至二年,及宿、亳、滁、和、真、扬、濠、泗州,无为军,通、泰、楚、海州作半年至一年。近为诸路减价卖盐数多,有诏添复年分,遂致积压不便,乞依元祐元年九月朝旨。"①朝廷接报后,批准了江淮等路转运司的要求,下令恢复了元祐元年的规定,具体到江淮的真、扬、通、泰、楚、海州,各储备半年至一年的"准备盐"。

二、矿冶业与造船业

1. 矿冶业

两宋时期江淮地区的农业生产,需要大量的铁农具;同时江淮频繁的战争也需要大量的铁制品。

巨大的需求,刺激了宋代江淮地区矿冶业的发展。其中以铁矿的开采最为著名,除了官营的冶铁手工业以外,还有私营的冶铁手工业。徐州东北的利国监是宋代的一个重要的冶铁中心,苏东坡《上皇帝书》中曾说:"州之东北七十余里,即利国监,自古为铁官、商贾所聚。其民富乐,凡三十六冶,冶户皆大家,藏镪巨万。……地既产精铁,而民皆善锻。……近者河北转运使奏乞禁止利国监铁不许入河北,朝廷从之。……自铁不北行,冶户皆有失业之忧,诸臣而诉者数矣。臣欲因此以征冶户,为利国监之捍屏。今三十六冶,冶各百余人,采矿伐炭,多饥寒亡命强力鸷忍之民也。……而官又为除近日之禁,使铁得北行,则冶户皆悦而听命,奸滑破胆而不敢谋矣。"②

利国监遗址在今徐州市铜山县东北约80公里的盘马山下,这一带煤铁资源十分丰富,北宋初年设官营铁冶工场,称"邱冶务"。北宋中叶,发展成利国监,下设8个冶务。到元丰时,已是"三十六冶"了,发展迅速。位于乡村地区的36个民营铁冶作坊,各有百余名工人,大部分是手工工场,这些炉主以铁冶致富,"藏镪巨万",可见资本雄厚。在宋神宗熙宁和元丰年间,也即是王安石变法时期,这一时期的民营的冶铁取得了长足的进步。

随着冶铁技术的发展,石炭的开采也取得了长足的进步。神宗元丰元年(1078)十二月,徐州白土镇发现丰富的煤炭蕴藏,开采后用来冶铁作兵,犀利无比。值得注意的是徐州利国监和产煤区紧紧相连。于是就用石炭作燃料,不再用南山的树木作燃料来炼制铁器。由于石炭的开采利用,为铁器的制造提供了重要的能源。当时铁也用来建造大型的器物,神宗年间镇江甘露寺的一座铁塔就是用铁铸造的。

金属铸造业也在发展。金属铸造业可以分为两类,一类是铁制品,主要是各种农

---

① 《长编》卷四六六"哲宗元祐六年九月"。

② 《东坡全集》卷五二《上皇帝书》。

具、兵器、用具等；另一类是铜、银器皿等。两宋时期的兵器生产主要是由政府来掌握。宋政府南迁了以后，设置了殿前军器所，主要生产各种军事用品，每年生产各种兵器几万多件。到了南宋孝宗的时候，御前军械所的工匠增加到了3000多人，在建康曾经一度设置了军器局。

两宋江苏地区的火药生产也取得了巨大的成就。火药的制造在北宋时期就已经有了成法。北宋时期的《武经总要》记载火药可以用硫磺、焰硝、松脂等物质制造。并且在扬州设置制造火药的火药库。另外，两宋时期江淮地区的铜器皿生产也很有名，其中以铜镜最为流行，这些铜镜装饰有双鱼、双凤等各种图案，是非常有名的工艺品。南宋的墓葬中间曾经发现过建康、苏州、常州制造的铜镜。江苏地区南宋的墓葬里也发现了大量精美的银器。这些墓葬的随葬物证实了当时铜、银制造业的发达。

2. 造船业

江淮地区历来是鱼米之乡，淮河、长江和京杭大运河在这里纵横交错，又有洪泽湖、太湖等著名湖泊，同时又有一些重要的海港长年通航，因此，这一地区的造船业历来都十分发达。这里的造船业同其他行业一样，也有官营、民营的区别。官府造船业由造船务负责，在一些既有山林可伐、又有水路交通的地方，设置船场，专门打造。江南的建康、苏州及镇江以及江北的楚、泗、真、扬州等地方都是两宋造船场的所在地，也是造船的中心，官府造船的规模较大，在这些造船场附近，宋政府还往往设有买木场，专门供应造船所需木料。官府所造船只可分为漕船、战舰和远航海船等种类。大体来说，北宋需要运输南方的粮食等大量物资以资供应京师，漕运业非常发达，随之而来对漕船的需要量也很大，因而官府造船以漕船为主。北宋的漕船不仅制造量多，而且载重量大。

到了南宋，漕船的建造退居到次要位置，由于防江防海的需要，战船的建造日益发达，南宋的造船业便朝着这个方面发展起来。宋代战船的种类多种多样，其中车船的发明最可称道。其特点是在船的两边安有踏车，以平板护之，这种利用机械为动力的船只，不仅易于驾驶，迅捷如飞，而且还安装有大拍竿，可以将敌船击毁，因而最易于用来作战。

南宋后期，由于对金战争的需要，建康沿江一带的战船制造业，有相当快的发展。据建康府制置司统计，此时期修造战船及修理旧船的数量很大："自淳祐九年以后，大略可考造船、修船共三千五百五十只，造新船共八百五十七只，修旧船共二千六百九十三只。"下表是对淳祐九年后建康造船修船情况的大略统计①：

① 据《景定建康志》卷三九《武卫志二》统计。

表一 南宋后期建康府造船、修船情况表

时间	主持者	造船总数	各类船及数量
至淳祐九年	都督赵葵	见管船四百二十二只	车头船五十只、飞捷船五十只、桨船九十九只、板船一百八十只、铁头船一十只、罗框船三只、脚船三十只。
自淳九年三年内	制使吴渊	造新船八十只	铁鹞船五十只、柴舫船二十只、马船一十只,修旧船四百余只。
自淳祐十二年	制使王埜	造新船一百二十只	多桌船一百只、车头船一十只、脚船十只、修旧船四百七十七只。
自宝祐二年八月	制使丘岳	造新船五十二只	小富阳座船一只、脚船五十一只、修旧船二百五十八只。
自宝祐右三年八月	制使马光祖	造新船一百五十三只	四橹富阳船五十只、各三百料。四橹海船五十只,各二百五十料。富阳船一只,五百料。脚船五十二只。在江西路造船:三百料四橹海船五十只,三百五十料四橹富阳船五十只。
自宝祐三年八月	制使马光祖	旧船四百七十七只	车头船五十只、富阳船二十只、四车船三十只、多桌船二十只、桨船五十只、板船一百九十五只、铁鹞船二十只、柴舫船二十只、飞捷船三十只、铁头船一十只、脚船四十二只。
自宝祐六年三月	大使赵与	修旧船三百四十七只	
自开庆元年四月	大使马光祖	造新船五百五只、修旧船二百七十五只	新船:水哨马船四百五十只、漕湖船二十五只、轻捷多桨船五只、脚船二十五只
景定二年	制使姚希得	新造水二百只	哨马船
景定二年至五年	大使马光祖	造新船	多桨船三十四只
景定二年至五年	大使马光祖	修旧船	大小船五百一十四只
咸淳元年十一月前	大使马光祖	第一次打造新船三百只	新样水哨马船,绳蓬贡具,色色齐备,将上项船并于本司簿管船内拨一百只,共四百只,发赴两淮制司听候调用。
咸淳元年十一月前	大使马光祖	第二次打造新船共二百只	造板船、水哨马船
咸淳元年十一月	大使马光祖	第三次打造新船三百零一只	在江西打造水哨马船三百只,大样使坐船一只
咸淳二年六月内	大使马光祖	第四次打造新船四十二只	在江西造三百料富阳船二十一只、脚船二十一只
咸淳三年四月内	大使马光祖	第五次打造新船三百只	二百料富阳船一百只、脚船一百只、水哨马船一百只

由建康府的战船建造情况来看,当时战船的种类很多,以适应不同情况下的作

战。如有一种船称为“水哨马小舟”，在水战中就颇为实用。开庆年间，在沿江防务上，“旧来多是大舟，缓急难于运转，自敌骑渡江，我师尝以水哨马小舟破敌取胜，允为便利”。此后，马光祖专门“拨钱百万，收置物料，差水军统制张超置场打造”。在后来水战中，发挥了作用。

宋代民间造船业也很发达，有的船户世代相传，以船为生。远航巨舰绝大多数为豪商大姓所有，这些海船往往长数十丈，需要集合许多高技术的工匠才能造成。宋代官府造船场虽控制了大批造船工匠，有时也要雇民间船匠为其制造，可知宋代民间仍有一大批技术高超的船匠。南宋初年李纲曾在一封书信中说：“官中造船，决不如民间私家打造之精致。”①

民间船只的质量，一般好于官船。由建康造船情况也可以说明。南宋末年，建康大使马光祖在任时曾发现，官府的“江津战舰，多且十年，少仅三数年已损坏矣。而浙右民船至三二十年不坏”，经调查，他发现，原因其实很简单，无非民船“藏之有其道耳”。过去官船的护船方法，只使用芦苇，草草摭盖，包裹卤莽，经雨淋日晒，雪压风摧，最后使官船过早损坏。于是，马光祖在建康，“即龙湾水次，度地三百余丈，创屋二百五十间，立闸启闭，而门其上扁曰：‘沿江大使司船寨。’神祠官舍，列于两旁。又创铺屋二十五间以处逻者，寨成，众船以次藏泊。自是修船之费，庶几少损矣”。

可见民间造船技术及维护技术的发展是非常突出的。

在宋代造船业中，最值得重视的是航海大船建造技术的进步。宋代的海船一般都很大，这是它的第一个特点。《梦粱录》说：“海商之舰，大小不等，大者五千料，可载五六百人。”宋徽宗宣和年间出使高丽的神舟，长约 40 丈，深 9 丈，阔 7 丈 5 尺，浮动波上，“巍如山岳”，使人“欢呼嘉叹”不已②。这样的大型海船，不仅抗风浪能力强，而且载重量大，显然是为了适合远航贸易的需要。

在构造上，宋代的海船一般都呈 V 形尖底造型，使得船与海底的接触面积大大缩小，浅水搁浅的机会也大大减少；船上装有多种桅杆，桅杆下部并设有转轴之类装置，可以自由起倒，这就极大地提高了应付海上风暴及风向变化等意外情况的能力；尤其值得注意的是，宋代海船还使用了隔舱法以避漏水，即用木板把船舱分隔成若干个小的船舱，即使一两个船舱漏水，也不会使船只沉没。宋代海船的这些构造特点，不仅是我国古代海船建造史上的巨大成就，在当时世界上也处于领先的地位。海船建筑技术的进步，自然促进了宋代航海事业的巨大发展，

宋代航海已开始使用指南针来指示海上方向，《萍州可谈》卷二曾记录远航阿拉伯

① 李纲：《梁溪集》卷一二一《与张枢密书别幅》，文渊阁四库全书本。

② 据徐竞：《宣和奉使高丽图经》卷三四《客舟》，并参阅漆侠：《宋代经济史》下册，第 677 页。

诸国的宋代广州海船说:“舟师识地理,夜则观星,昼则观日,阴晦观指南针。”指南针在航海事业中的应用,尤其使我国宋代的航海技术远远领先欧洲而居于世界的最前列。海上贸易的增长,导致宋代造船业的发展,使当时的民用船只已可载重二千斛。并且设备齐全,包括:抛锭、起锭、驾驶、转帆、测探、指南针定船向等部件,可远涉重洋进行贸易。由于宋王朝重视海外贸易,把对外贸易的税金作为一项重要的政府收入。

三、纺织与编织业

宋代纺织手工业与前代相比,无论就其原料、种类、产品数量和质量等方面,还是在其生产的规模、方式等方面,都比前代有了明显的发展,出现了新的内容和因素。

中国传统的纺织手工业是以丝、麻为主。在宋代,这两种纺织业依然占居着主导地位,尤其是丝织业,以其种类齐全、分工细密、工艺精湛、产量众多、产地广泛等,在整个宋代纺织业中占有核心的位置。马端临在《文献通考·田赋考四》中列举了宋政府对布帛等纺织品的征收共有十种:“一曰罗,二曰绫,三曰绢,四曰纱,五曰丝,六曰细,七曰杂折,八曰丝线,九曰锦,十曰布葛。”其中至少有八种是丝、绵和丝织品,可见丝织业在宋代纺织业中的重要地位。从质量上看,宋代的丝织品也远远超过了唐代,不仅产品种类繁多,各个地区都有自己的名牌产品,在技术风格上各领风骚,而且就总体而言,宋代丝织品又都普遍具有细、密、轻薄的特点。在宋代丝织业的发展中,特别值得一提的是刺绣和刻丝两种工艺。刺绣是传统的工艺,而刻丝则是宋代创造出来的新工艺。宋代刺绣和刻丝工艺之高,不仅是前代所无,更令后人惊叹不已。明代书画收藏家张应文在其《清秘藏》中说:

> 宋人之绣,针线细密,用绒止一二丝,用针如发细者为之。设色精妙,光彩射目,山水分远近之趣,楼阁得深邃之体,人物具瞻眺生动之情,花鸟极绰约馋唼之态,佳者较画更胜,望之生趣悉备,十指春风盖至此乎?余家蓄一幅作渊明潦倒于东篱,山水树石景物粲然也,傍作蝇头小楷十余字,亦遒劲不凡,用以裹子昂归田赋真迹亦似得所。①

他还比较宋元不同说:“宋人刻丝,不论山水人物花鸟,每痕剜断,所以生意浑成,不为机经掣制,如妇人一衣终岁方成,亦如宋绣有极工巧者,元刻迥不如宋也。”

由这些描述,可见宋代刺绣和刻丝技术在我国纺织手工业发展史上占有的突出

① 张应文:《清秘藏》卷上《论宋绣废丝》。

位置。

宋代麻织业也有扩大和发展。棉纺织业则是宋代纺织业中值得注意的新内容。早在宋以前,海南岛上的黎族居民便已从事棉织品的生产,两宋时期,棉花的种植开始越过岭海向两广、福建路乃至江浙地区发展,到南宋中后期,棉纺织品已成为江东西、两浙路的著名产品。在宋代纺织业巨大发展的影响和带动下,过去依附于纺织业的染色业与衣、帽、鞋等制作业也得到很大发展,成为独立的专门化的手工业部门。染色是一门古老的技术,到了唐代,这门技术又有了新的创造,发明了印花技术。宋代继承了这一发明,并将它进一步推广,印染的花色品种众多且工序复杂,技术极为精湛。同时,各种各样的裁缝铺也在宋代发展起来,出现了专门为人制作衣服的裁缝这一独立的行业。制帽业、制鞋业等也十分兴盛。

平江府(今苏州)是著名的丝织业中心,春秋时期,吴楚两国曾为争桑而战。吴绫早就与楚绢、蜀锦、齐纨、鲁缟齐名。三国时期的东吴,丝绸已被视作“赡军足国”的重要物资。唐代的方丈绫和宋代的织绵,都被列为苏州的贡品。1956 年和 1978 年先后在云岩寺塔与瑞光塔中发现了五代到北宋初的丝织品残片,证明千年以前苏州织造的丝绸已相当精美。

藤编织品是以质地坚实、柔韧的藤条加工而成。江淮地区气候温和,所产藤类有数百种,据记载,中国古代所用的原藤均产自南方。宋代的编织工艺有藤作、竹作等。据《宋会要辑稿》所记,江淮地区闻名的品种有:扬州莞席、苏州席、常州龙凤细席等。苏州东桥是著名的“浒关白席”的主要产区,素有“江南席乡”之称。宋代,东桥草席已作贡品,全乡数千织女四季织席,品种之多,产量之高,质量之好,享誉全国。

四、漆器与制陶业

用漆涂在各种器物的表面上所制成的日常器具及工艺品、美术品等,一般称为“漆器”。生漆是从漆树割取的天然液汁,主要由漆酚、漆酶、树胶质及水分构成。用它作涂料,有耐潮、耐高温、耐腐蚀等特殊功能,又可以配制出不同色漆,光彩照人。中国是历史上较早使用漆,并用漆制作器物的国家。据考古资料表明,目前发现最早的髹漆实物,是浙江余姚河姆渡新石器时代早期遗址出土的朱漆涂饰的木碗,距今已有 7000 多年。

漆器制造,到了宋代,更加成熟。宋代不仅官方设有漆器生产的专门管理机构,民间作坊也很普遍制作漆器,反映出漆器工业民用化的特点。宋代漆器一类为采用雕漆、戗金、螺钿镶嵌等工艺装饰的豪华高档的漆品,另一类就是质朴无华的光素漆器。这类漆器的产品最多,使用也最广泛,代表了宋代漆器的主流,形成了独特的风格和时代特征。宋代漆器具有强烈的时代风格,一反唐代装饰纹样的丰满富丽,而以清新淡雅的面貌出现,更以式样翻新、色泽朴素大方见长,宋代一色漆器非常流行,一色漆器制作精巧考究,造型美观,胎体轻薄,比例匀称规矩,除以往的方、圆形的盘、碗外,起瓣分棱成为这类漆器的明显特征,与宋代的瓷器造型很相似,有着浓郁的时代气息。髹涂漆色以黑色居多,紫色次之,也有朱漆的,均不施点缀,以器物造型的曲线之美,达到其艺术效果。当时的江宁(今江苏南京)等都是著名的产地。江苏宝应宋墓曾出土一批漆器,胎体轻薄,造型美观,质朴无华,制作精细,饮食类用具有漆盘、漆钵、漆盂、漆盏托等,生活用品类有漆盆、漆盒、漆罐等,梳妆用品有漆镜盒,漆梳等。宋代的漆器在江苏地区的宜兴和桥、苏州的瑞光寺塔等许多地方也都有所发现,反映了在民间使用的广泛。

江淮地区的陶器以宜兴最为出名。宋代是我国陶瓷业发展史上的一个繁荣时期,也是宜兴陶瓷发展的重要时期,作为宜兴的一个重要的陶器门类——紫砂陶,也是全国范围内别无它出的品种,已经开始登上了陶瓷业的舞台,并崭露头角。

长江流域的陶器始于新石器时代。1973 年首次在浙江余姚河姆渡村发现的河姆渡文化,是长江下游已发现的年代最早的一种原始文化,和仰韶文化的年代不差上下,它出土的陶器多是夹炭黑陶。继承河姆渡文化的因素发展起来的是马家浜文化,宜兴位于长江下游的太湖之滨,它的文化类型与马家浜文化一脉相传。宜兴战国时代称“荆溪”,秦汉时置为“阳羡”,晋时又改为“义兴”。隋唐一直沿革“义兴”这个名称,宋时为避宋太宗赵光义之讳,在太平兴国年间改“义兴”为“宜兴”。

唐五代以后,由于宜兴的陶土中铁钛氧化物含量较高,瓷胎较松,断面比较粗糙,质量不高,在胎釉、造型、装饰和烧成诸多方面均达不到技术水准,以后宜兴不再生产青瓷,而以日用陶器作为主要生产方向。鼎蜀和张渚地区的烧陶窑极多,以生产俗称“韩瓶”(相传为南宋名将韩世忠部队所使用的行军壶)的贮水器较多。源出自南宋大将军韩世忠,因此得名叫“韩瓶”。

紫砂陶是宋代宜兴陶瓷业的重要特色。它就是在烧造众多的日用品中,在宜兴特有的孕育条件下,不经意地出现于世的。宜兴紫砂始于宋朝。其根据是在 1976 年宜兴鼎属镇地区的羊角山发掘出一条宋代龙窑窑址,出土了许多紫砂陶残器。北宋文学家欧阳修、梅尧臣也有诗句加以赞扬。紫砂泥被称作“泥中泥、岩中岩”,是紫泥、绿泥(本山绿泥)、红泥三种的统称。紫砂泥是矿体,开采时质坚如石。这种块状岩石自矿层中开采出来后,首先经露天堆放,俗称生泥。再用木槌压打,重复数十次,成为可以制作用的熟泥。紫砂熟泥的可塑性好,成型后的胚体强度高,干燥收缩和烧成收缩率小,为多种多样的品种、多姿多彩的造型、千变万化的线条提供了良好的加工施艺条件，当时的紫砂器皿主要是以壶、罐为主，制作方法开始创造了泥片镶接成型法，这些直接奠定了宜兴作为陶都的历史。

五、造纸业与印刷业

宋继承与发展了前代造纸的成就，并开辟了我国手工造纸的全盛时期。宋代造纸技术比前代大有提高。两宋生产的纸张放在熏笼上用火焙烤，五十尺为一幅，各幅匀薄如一，这种方法比日晒要进步得多。宋代的纸除了用麻作原料以外，扩大了原料的使用范围，还以竹、藤、桑等作原料，原料来源的增加促进了造纸业数量的增多。宋代纸张一般都达到薄、软、轻、韧、细的水平。纸的种类很多，有白色纸、自然色纸等。在质量方面有薄厚与粗细之分，又有全料和半料之别。江南的楮纸等，因原料的不同而各有特点。真州的麻纸、江冬纸以及江宁府的澄心堂纸都是著名的纸张。

宋代造纸业的兴盛推动了印刷业的繁荣。特别是苏南所在的江南地区是宋代重要的印刷中心。宋代印刷业的兴盛是与政府的政策分不开的。政府极其重视印刷活动，从中央到地方的很多部门，都从事过印刷活动，由于政府对印刷业的开放政策，民间印刷业十分活跃。国家和民间图书需求也刺激了印刷业的繁荣，经、史、子、集以及农业、技艺、医学等书，僧人阅读的佛经，政府发行的纸币都需要大量纸张的印刷。宋代的教育很发达，各级地方政府都办有学校，很多学校也都从事印书活动。所印书籍分别称为书院本、州学本、郡府学本、县学本等。宋代商业的发达促进了纸币在市场上流通，交子、会子不断地在各地发行，也刺激了印刷业的兴盛。在印刷史上，佛教僧侣和信徒，一直是一支最热心于使用印刷术的力量，在唐及五代佛教的印刷还只限于单卷佛经及佛像，到宋代则出现佛经总集的刻印。今天所知，宋代至少进行过六次佛经总集如《碛砂藏》等的刻印。《碛砂藏》刻印于平江（吴县）碛砂延圣院，绍定四年(1231)，开始设立经坊，雇工匠刻印，资金由信徒捐赠。这一工程延续到元代才完成，共六千三百一十二卷，按千字文排序。苏州瑞光寺塔第三层发现了大量的宋代印刷品，一件是北宋景德年间的刻版印刷品，一件是木刻的经卷，字体优美，刻工圆熟，深刻反映了当时江苏地区印刷业的繁荣。

第三节　商品货币经济的发展

一、商品经济的发展

宋代江淮地区的商品经济，总的来看，有比较快的发展，虽然该地区的自然经济仍占主体地位。但江淮地区的农业经济，在量的方面有较大增长的同时，与商品经济相关的商品性农业更有突出发展，呈现出日益繁荣的景象，进入流通市场的商品数量不断增多，商品的品种类别日益多样化，其中有很大部分是农产品，如《宋史·食货志》记载的属于农(副)产品的商品有：茶、谷、麦、菽、糯米、青稞、糙米、刍粮、瓜、水果、蔬菜、木材、薪、炭、竹、牛、羊、鸡、鸭、鱼、橐驼等，当然也有一定数量的手工业用品。如丝织品、麻织品等。

1. 农业及手工业品的商品化

两宋时期，江淮地区的许多农产品日益超出了生产者或者个体家庭内部的自给自足的需要，纷纷卷入市场的交换之中。农民们不但为自己而生产，而且为市场的需要而生产。宋代江淮地区，以桑麻、竹子、茶叶、水果、蔬菜、花卉等经济作物为主体的商品性种植业加速扩展，特别是在太湖流域和沿海地区，专业茶农、果农、蔗农、菜农大批涌现，他们与独立手工业者一道，开始向小商品生产者转化。

根据《夷坚志》的记载，一位常熟富民张三八翁以手工业起家，随后从事农产品的生产，淳熙元年与一名客商商谈卖米八万斤，这个数字显然不小，这表明农产品的商品化程度已经达到了很高的程度。这时期的渔业生产不但满足自己的需要，而且还满足市场的需要，《夷坚志》卷四《村叟梦鳖》中记载苏州昆山县滨海地区有一条大的木舟，船舱里面装载着不计其数的鳖，价值三万，准备到达临安贩卖。这表明渔业生产的商品化。

伴随着城市商品经济的繁荣，人们在满足物资需要的同时，更发展了精神领域的享受，人们纷纷种花养草，刺激了花木业的繁荣，宋代江苏地区花木生产兴盛，苏州人范成大在他的《菊谱》中曾记载各类种植的菊花数十种，另外据孔武仲的《仲伯集》卷一六《扬州芍药谱并序》记载，其培育的“御衣黄”以下名色好的就有33种之多。而大量的花木种植，必然和市场发生联系，蔡戡《定斋集》卷一八，《重九日陪诸公游花田》第四首注记载：“土人卖花所得，不减力耕。”从中可以看出宋代江淮地区花木生产的兴盛与种植的专业化。

如前所述，江淮地区是宋代重要的茶叶产区，各茶区的茶叶除了自己消费，主要是作为商品供应给市场的。史载常州、苏州等地的茶叶交易极为普遍。绍兴三十二年(1162)，仅常州宜兴县、苏州吴县，湖州所属六县，政府征榷的茶额就有161501斤[①]。宋代各类茶商分工协作，形成了严密的收购、运输、销售网络体系。

在这些经营过程中，大茶商越来越多，实力超雄。就长途贩运来说，只有雄厚财

① 《宋会要辑稿》食货二九之一七。

力的大茶商才能承担。王安石就说到长途贩茶"今仰巨商,本不及数千缗则不能行"[①]。这可以说是大茶商的最低资本标准和从事长途贩茶的最低财力保证。

天禧元年(1017) 大茶商田昌一次从太湖场"算茶十二万,计其羡数,又逾七万"[②],当时太湖场散茶售价是上号每斤 88 文 2 分,中号 75 文 6 分,下号 67 文 1 分,这批茶即使按中号计价,也要 9072 贯来购买,如果加上运输费、雇工费等费用,那就更多了。

苏州太湖洞庭东、西山一带是远近闻名的果品产区,当地农民"皆以树桑栀柑柚为常产",每至采摘季节,"商贾云集"。

手工业的发展也提供了大量商品,包括丝织、造纸、酿酒、造船、陶瓷、制盐等行业的交易,均极为活跃。如常州、秀州、苏州所产的绫、绸、纱、绢、销、罗、绸、锦等丝织品,颇为著名。宜兴所产的紫砂陶器在当时堪称一绝,交易量也很大。农业、手工业经济的不断高涨,不仅有力地促进了农村商品生产和商品流动的日趋活跃,而且直接推动了各种市镇的兴起和发展。

2. 专业户的大量出现

伴随着商品经济的发展,江淮地区一些农业生产者开始脱离农业生产,从事渔业、林业、牧业的专业生产,其中一个重要的特色就是专业户的出现。

苏州附近的洞庭山是太湖中间的一座小山,上面以生产洞庭桔而出名。《苏学士文集》卷十三《苏州洞庭山水月禅院记》记载山上"皆以树桑栀甘油为常产",庄绰在《鸡肋篇》中也记载:"忽大寒,湖水遂冰,米船不到,山中小民多饿死。"这一记载说明了洞庭山以种植柑橘为生的居民和粮食生产缺少联系,如果没有商人贩米到达山上,他们就不能生活。这说明洞庭山的种植柑橘的居民已经成为了种植专业户。

在中国古代的经济发展过程中,主要是以男耕女织为主的自给自足的自然经济,由于唐宋以来商品经济的发展,分工十分的细密,农业与家庭手工业的分离倾向十分明显。《农书》记载,太湖流域的养蚕专业户,一个十口的家庭,如果能够养十箔蚕的话,每箔就可以得到十二斤的茧,十箔的蚕就可以得到 120 斤的茧。每一斤的茧可以取出来一两三分的丝,每五两丝可以织成小绢一匹;而每一匹的绢可以换米一硕四斗,绢价和米价常常价值相等。那么这个十口之家的衣食之源也就有了可靠的保证。并且以一个月的劳动成果比整年的劳作收入还丰厚,而且没有农业旱涝的影响。另外,纺织家族内部也发生了裂变,出现了织户和桑丝户,北宋的徐积《孝节集》卷二五《织女》里面记载了这样一位女子,她自己织成的罗自己并不穿,而是把它拿到市场上去卖,然后在市场上买成丝,再去织成罗,成了一位名副其实的织户。

① 《临川文集》卷七〇《乞制置三司条例》。

② 《宋会要辑稿》食货三六之一三。

南宋理宗的时候，方岳《秋崖集》中《扣角》一诗，记载两户邻居的生活状况："东家打麦声彭魄，西家缫丝雪能白。……东家麦饭香扑扑，西家卖丝籴新谷。"①这里的主人翁西家明显是一个桑丝户。

织户和桑丝户分工的发展，有时会引起原料供求的不足，导致一部分人杀蚕卖桑。据《夷坚甲志》卷五《江阴民》记载，江阴有一家养育有数十箔蚕的村民，在市场上桑叶短缺、桑价急剧上涨的时候，将自己所养的蚕全部烫死，采集自己的桑叶贩卖收取利益。因此他就由缫丝户成为更为专业的桑圃户了，而另一部分人则成为了蚕丝户。有的蚕丝户，开始放弃摘育蚕种和自制蚕具等工序，直接从市场上购买现成的蚕种、蚕具，这就成了更纯粹意义上的丝户，或者是缫丝户。而那些专营蚕种、蚕具的人，则成为了蚕户。这表明伴随着手工业的发展，各种手工业专业户也大量出现。

二、各类货币的流通

宋代是我国古代金属铸币铸造和使用非常发达的时期，一般每一皇帝均有几个年号，每改元一次就铸年号钱，每种年号钱又有大小、不同地区铸造的多种版别。宋钱数量巨大，质精样多，争奇斗艳，琳琅满目。

宋代的货币，主要是铜钱，也有铁钱和白银。北宋时期，江南江北基本上使用铜钱交易。到了南宋与金对峙之时，宋政府为了防止铜钱的外流，在江淮地区发行铁钱。

另外江淮地区还发行了大量的纸币。宋代纸币产生的原因是多方面的：首先，到了宋代，本地区商业发达、经济繁荣，而当时使用的金属货币质量比较重，而价值量比较小，携带起来不方便，因此无法满足商业发展对货币的要求，非常需要一种质量比较轻、携带起来又比较方便的货币；其二，北宋时期的雕版印刷术已经趋向成熟，而活字印刷术也在市场上应用，而这些恰恰能满足市场的需要，纸币就出现了。

宋代的纸币印刷，自宋仁宗天圣元年(1023)国家开始操纵，前后近几百年，政府先后发行了交子、钱引、小钞、公据、关子、会子等。其中：流通时间最长的是交子，发行量最大的是会子；关于交子会子的起源，史书载：

> 会子、交子之法，盖有取于唐之飞钱。真宗时，张咏镇蜀，患蜀人铁钱重，不便贸易，设质剂之法，一交一缗，以三年为一界而换之。六十五年为二十二界，谓之交子，富民十六户主之。后富民赀稍衰，不能偿所负，争讼不息。转运使薛田、

① 方岳：《秋崖集》卷一四《扣角》。

张若谷请置益州交子务，以榷其出入，私造者禁之。仁宗从其议。界以百二十五万六千三百四十缗为额。[1]

交子是世界上最早出现的纸币，上引史料说明，其最初起于四川民间富户，后归政府所有，私造者禁之。交子、钞引和小钞发行于北宋，公据和会子发行于南宋。这些在宋代江淮地区流通量都非常大。政府发行的交子世称“官交子”，于天圣二年(1024)开始分界发行。第一界发行一百二十多万贯。按政府发行的交子规定，三年为一界，界满以旧换新，每界发行均照上数。但实际上屡屡超额发行。

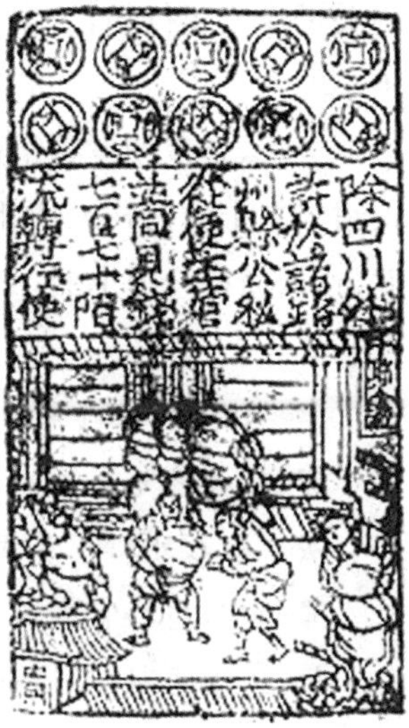
最早出现的纸币
——交子印样

交子的另一种形式是钱引，宋徽宗崇宁四年(1105)，北宋对纸币进行改革，除四川仍沿用交子外，其他诸路均改用钱引，这一时期的纸币印刷，从交子发展到钱引，版面图案设计和印制工艺都有较大的改进。其主要的特色：“每张钱引用六颗印来印制，分三种颜色，这是多色印刷术的开始。第一颗印是敕字，第二是大料例，第三是年限，第四是背印，这四种印都是用黑色。第五是青面，用蓝色。第六是红团，用红色。六颗印都饰以花纹，例如敕字印上或饰以金鸡，或饰以金花，或饰以双龙，或饰以龙凤。每界不同。……拿整张钱引来说，最上面是写明界分，接着是年号(如辛巳绍兴三十一年)，其次是贴头五行料例(多是些格言)，其次是敕字花纹印，其次是青面花纹印，其次是红团故事印，其次是年限花纹印(多为花草)，再其次是背印，分一贯和五百文两种，最后是书放额数。”[2]

江淮开始使用钱引的确切时间应是在徽宗崇宁四年(1105)。崇宁三年时，宋政府“置京西北路专切管干通行交子所，效川峡路立伪造法。通情转用并邻人不告者，皆罪之；私造交子纸者，罪以徒配。四年，令诸路更用钱引(即交子)，准新样印制，四川如旧法。……时钱引通行诸路，惟闽、浙、湖、广不行”[3]。所谓“诸路”，理当包括江淮。但属于两浙路的平江等地可能要晚一些。

介于交子、钱引之间的还有小钞，公据、关子等。宋徽宗崇宁五年(1106)，政府作出了明确的规定：除当十铜钱只在京师和陕西、河北、河东三路继续流通外，其余各路

① 《宋史》卷一二九《食货志下三》。

② 许瀛鉴主编:《中国印刷史论丛·史篇》台北“中国印刷学会”1997年版，第94页。

③ 《宋史》卷一八一《食货志下三》。

的当十铜钱均用纸币收兑回来。用专门印制的名为“小钞”的新纸币取而代之，在各路流通。此次发行的小钞，面额最大者为一贯。公据的印刷世间是在南宋高宗绍兴二十九年(1159)，它的使用时间不是很长。史载宋绍兴二十九年，“以公据、关子付三路总领所，淮西、湖广关子各八十万缗，淮东公据四十万缗，皆自十千至百千凡五等。内关子作三年行使，公据二年”[①]。两淮路的公据、关子发行量达一百二十万，数量是不小的。

会子，是宋朝发行量最大的纸币，开始也起源于民间，称作“便钱会子”。南宋高宗绍兴三十年(1160)改由政府官办、户部发行。会子首起于两浙，继而在淮、浙、湖北、京西通行。史书载：

> (绍兴)三十年，户部侍郎钱端礼被旨造会子，储见钱，于城内外流转；其合发官钱，并许兑会子输左藏库。明年，诏会子务隶都茶场 。三十二年，定伪造会子法。犯人处斩。赏钱十贯，不愿受者，补进义校尉。若徒中及庇匿者能告首，免罪受赏，愿补官者听。当时会纸取于徽、池，续造于成都，又造于临安。会子初行，止于两浙，后通行于淮、浙、湖北、京西。除亭户盐本用钱，其路不通舟处上供等钱，许尽输会子；其沿流州军，钱、会中半；民间典卖田宅、马牛、舟车等如之，全用会子者听。[②]

绍兴三十一年(1161)在杭州设立了“行在会子务”，正式在东南各路发行会子，分一贯、二贯、三贯三等，与铜钱同时流通。后来为了流通的方便，又增印二百文、三百文、五百文三种票面。规定以三年为一界，每界一千万贯为额，每界都以旧换新，称为“东南会子”。这是东南区域内流通的地区性纸币。

会子后来在发行过程中出现了一些问题，致使江淮的钱币又发生变化：“绍兴末，会子未有两淮、湖广之分，其后会子太多而本钱不足，遂致有弊。乾道二年，诏别印二百、三百、五百、一贯交子三百万，止行使于两淮，其旧会听对易。”这就是通行于江淮的“两淮交子”。

政府规定，凡交纳政府的钱货及官私买卖，以交子及钱各半支付。如往来不便，由政府支给交子、会子各二十万，付镇江、建康府榷货务，使淮人之过江、江南人之渡淮者，可以对易循环使用。但是，自绍兴末年以来，宋政府因宋金对立曾禁止铜钱流行于淮而只能使用铁钱，而会子既用于淮而又易以交子，于是商贾不便，“淮民以困”。

---

① 《宋史》卷一八一《食货志下三》。

② 《宋史》卷一八一《食货志下三》。

右司谏陈良祐上言朝廷交子不便，于是宋政府诏令两淮郡守、漕臣各进上调查意见。结果大家都认为发行的交子数量太多，而铜钱并会子又不许过江，因此造成民旅未便。于是朝廷发诏，规定“铜钱并会子依旧过江行用，民间交子许作见钱输官，凡官交，尽数输行在左藏库。三年，诏造新交子一百三十万，付淮南漕司分给州军对换行使，不限以年；其运司见储交子，先付南库交收”①。

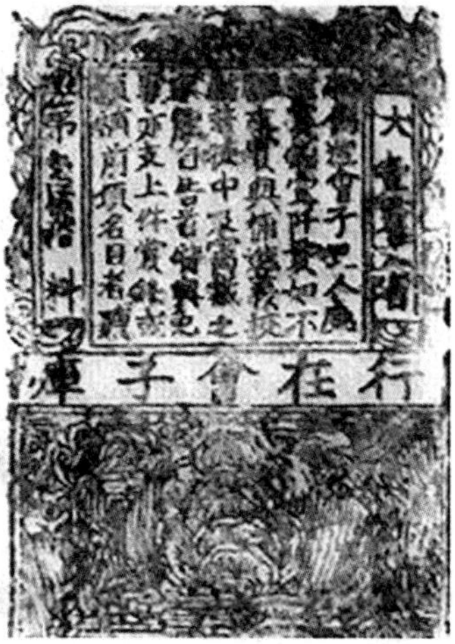

东南会子图

到绍熙三年（1192），宋政府又诏新造交子三百万贯，以二百万付淮东，一百万付淮西，每贯等于铁钱七百七十文，以三年为界。庆元四年（1198），诏令两淮第二界会子限满，明年六月，开始发行新的一界。嘉定十一年，再造两淮交子二百万，增印三百万。十三年，又印二百万，增印一百五十万。十四年、十五年，都达至了三百万。但是大量发行货币的结果，是“其数日增，价亦日损”，并没有起到好的作用。

三、镇市市场的繁荣与发展

宋代江淮地区农业、手工业的快速发展，促使各地的商品经济日益活跃、繁荣起来，形成了各自的市场流通交换体系。这里仅以建康的市场情况为例进行分析。

建康，北宋时由昇州升为江宁府，南宋时改为建康府，并成为南宋政府的留都，其地位不断提高。从商品流通与市场的发展来看，也呈现出日渐繁荣的景象。

从历史的演变与发展来看，六朝时期，建康的市场就有相当规模了。《景定建康志》引《宫苑记》载：三国时，“吴大帝立大市，在建初寺前，其寺亦名大市寺。宋武帝永初中，立北市，在大夏门外归善寺前。（刘）宋又立南市，在三桥篱门外斗场村内，亦名东市。又有小市、牛马市、谷市、蚬市、纱市等一十所，皆边淮列肆裨贩焉。内纱市在城西北耆阇寺前，又有苑市，在广莫门内路东；盐市在朱雀门西”。《通典》载：“梁有大市、南市、北市令，大、南、北三市丞。陈，淮水北有大市，自余小市十余所。”《隋书·食货志》言：“陈时淮水北有大市，（小市）十余所。置官司，税敛既重，时甚苦之。”

从一些文学作品反映的情况看，当时建康地区市场的商品是相当丰富的。庾阐《扬都赋》云：“其宝货则瑶琨琅玕，青碧素珉，阳球散火，阴田潜珍，云英水玉，错耀龙

---

① 《宋史》卷一八一《食货志下三》。

鳞,焕若金膏,晃若银烛,瑠璃冰清而外映,珊瑚触石而上翘。牙簟列文于象齿,火布濯秽于炎炎,西岨石城,则舟车之所会;东尽金塘,则方驾之所连。”

两宋时期,建康地区的镇、市、坊较之六朝,有了更大的发展。现据《景定建康志》,列出两宋建康的镇、市分布表如下:

表一 宋代建康地区的镇及其位置

镇 名	位 置	镇 名	位 置
淳化镇	在上元县东四十五里,凤城乡淳化五年置	江宁镇	在江宁县西南六十里
金陵镇	在江宁县南六十里,景德二年改为镇	邓步镇	在溧水县南一百二十里,乾道四年正月,差官收税
秣陵镇	在江宁县南五十里	孔家堽镇	在溧水县南四十五里
常宁镇	在句容县东南五十里,天禧元年以镇置寨	固城镇	在溧水县南九十五里
下蜀镇	在句容县北六十里	高淳镇	在溧水县南一百里
土桥镇	在上元县东南六十里,与句容县两界	举善镇	俗名戴步,在溧阳县南三十五里
东阳镇	在句容县西北六十里,《郡国志》云:楚汉之际改秣陵为东阳郡因为名,有馆驿	社渚镇	在溧阳县西南六十里,乾道四年移税额于溧水县

镇在宋代是一级行政单位,凡民聚居区域达不到县级而又有税收之处,则设置镇①。其实,镇也是商品流通的一级单位,各地镇之设置的多少,也反映了人口的多少与经济发展的水平。

较镇低一级的商贸流通单位则是市,两宋时期,建康的市,较之前代进一步增加,请看下表②:

表二 建康诸市及所在方位

市 名	位 置
汤泉市	在上元县神泉乡汤山延祥院之前,去城六十里
栖霞市	在上元县长宁乡摄山栖霞寺之前,去城四十五里
索墅市	市有索墅坊,在上元县清化乡,去城五十里
泉都市	在上元县泉水乡,亦名龙都,去城五十五里

① 《宋会要辑稿·职官》卷四八之八八。

② 《景定建康志》卷一六《疆域志》。

续表

市　名	位　　置
东流市	市有桥曰东流,以水流自东因名之,在上元县宣义乡去城四十里
花林市	南至曹村五里,北至大江十二里,属上元县清风乡,去城三十五里
龙湾市	在上元县金陵乡,去城一十五里
竹篠市	在上元县开宋乡,去城二十里
蛇盘市	在上元县长宁乡,去城二十里
麒麟市	在上元县开宁乡,去城三十里西
干　市	在上元县长宁乡,去城四十五里
章桥市	在上元县长宁乡,去城五十里
石井市	在上元县长宁乡,去城二十五里
五城市	在上元县崇礼乡,去城二十五里
土桥市	在上元县丹阳乡,去城六十里
湖熟市	在上元县丹阳乡,去城六十里
新林市	在城西南二十里
板桥市	在城西南三十里
铜井市	在城西南八十里
东口市	在城南长干桥下东,乌衣巷口
西口市	在城南长干桥下,西街口
小口市	在城西南江宁县安德乡
朱门市	在朱门南
水桥市	在江宁县归善乡
杜桥市	在江宁县万善乡,去城四十里
路口市	在城南七十里
仓头市	在句容县仁信乡,去城九十里
柴沟市	在句容县琅邪乡,去城七十五里
白土市	在句容县来苏乡高友步,俗名上步,在溧阳县南二十五里

除了集中交易的集市,宋代以来,城市已打破唐代的坊市制度,城市居民的街区——坊,也可以开门经商了。据史书载,建康的坊数量如下表:

表三　两宋建康城内坊及其分布表

坊　名	位　置	坊　名	位　置
钟山坊	在行宫前东夹道	九曲坊	在府治东
石城坊	在行宫前西夹道	嘉会坊	在总领所前
东锦绣坊	在御街左	尊贤坊	在明道书院之右
西锦绣坊	在御街右	东市坊	在鱼市东
状元坊二	一在御街左,东锦绣坊南,一在府学南	凤台坊	在鱼市南
报恩坊	在御街右,西锦绣坊南	西市坊	在鱼市西
安乐坊	在御街右,报恩坊北	鹭州坊	在鱼市北
金泉坊	在御街右,报恩坊南	长春坊	在东市之东
嘉瑞坊	在御街左,状元坊南	宽征坊	在西市之南
舜泽坊	在御街右,金泉坊南	清化坊	在西市之北
金陵坊	在御街右,舜泽坊南	钦化坊	在西市之北
建业坊	在御街右,镇淮桥西北	朝宗坊	在西市之西
长乐坊	在御街左,镇淮桥东北	佳丽坊	在西市之西
招贤坊	在府治南	保宁坊	在保宁寺前
经武坊	在府治左	广济坊	在广济仓南,近水西门
武胜坊	在府治东北	武定坊	在镇淮桥东南
细柳坊	在都统司后,军寨前	崇胜坊	在镇淮桥西南长干里,在秦淮南
青溪坊	在府治东		

第四节　海外贸易与宋金之间的贸易

一、宋代海外贸易的发展与江淮

宋代的海外贸易非常发达,从地理条件看,自从唐代安史之乱以后,吐蕃、契丹、女真、蒙古等少数民族相继崛起,隔断了宋朝与海外的陆路联系,因此汉唐时期联系中国和世界的丝绸之路隔绝,于是东南方的海外贸易路线就成了宋朝对外贸易的主要通道,海路贸易因而更加兴盛。

从国际环境看,十字军东征、突厥人的兴起,迫使活跃的阿拉伯商人把贸易视线转移到东方,向东方开辟商路,越来越多地出入到了我国的沿海口岸。这就从客观上为宋代的海外贸易创造了有利的国际环境。

从政府政策看，宋朝受辽、金以及以后蒙古铁骑的威胁逐渐退缩到东南沿海地区，政府军费和官俸开支浩大，战争的失利除了割地以外，还要负担沉重的“岁币”，因此当时的政府不得不想方设法开辟新的财政来源来维持统治秩序，因而宋代政府更加重视海外贸易。

从技术条件看，造船工艺和航海技术的进步，是宋代海外贸易的另一重要原因。宋代造船业的规模和制作技术，都比前代有明显的进步。东南沿海主要海港都有发达的造船业，所造海船载重量大、速度快、船身稳，能调节航向，船板厚，船舱密隔。载重量之大，抗风涛性能之佳，处于当时世界领先地位。航海技术的进步表现在海员能熟练运用信风规律出海或返航，通过天象来判断潮汛、风向和阴晴。舟师还掌握了“牵星术”、深水探测技术，使用罗盘导航，指南针引路，并编制了海道图。这些都大大促成了宋代海外贸易的兴盛。

为了加强对海外贸易的管理，宋朝统治者在主要贸易港口设置市舶司，专掌海外贸易事宜。宋太祖开宝四年(971)，统治者最先在广州设市舶司，太宗端拱二年(989)、真宗咸平二年(999)又分别于杭州、明州(今浙江宁波)各置市舶司，到了北宋中期，又准备在福建置司。不仅进一步完善了建于唐代的市舶机构，而且疏浚海港，增辟口岸，制定条例，积极鼓励外商来华贸易，还对市舶官员招徕蕃商的成绩予以奖惩。

从江淮所处的环境来看，由于北方的战乱，人口流徙到江淮及其周边地区，大量南徙的北方人带来了先进的农业生产技术，促进了江南地区的进一步发展。加上南方优越的发展农业生产的自然条件，以及南方人经济观念受传统束缚相对较轻，有利于江淮周边地区经济的迅速发展，耕地面积扩大了，稻、麦、茶、桑、甘蔗的种植更为普遍，产量很高，除了满足自己的消费以外，还有很大的剩余，另外宋代的手工业部门如制瓷业、纺织业、矿冶业、金属制造业在前代的基础上均有所发展，农业和手工业的发展都为海外贸易提供了坚实的物资基础。

宋代江淮所在的东南沿海地区的海外贸易迅速兴起，通过海路同江淮地区有贸易关系的国家和地区很多，东从朝鲜半岛、日本列岛，南至南洋群岛，西到阿拉伯半岛乃至东非海岸，都有商船的航迹。江淮海外贸易不仅所涉及的国家和地区十分广泛，而且进出口商品种类繁多，数量很大。主要出口商品有陶瓷器、丝织品、金属及其制品、农副产品、生活用品等等。海外贸易促进了江淮出口物资有关的社会经济部门的发展，如造船业、纺织业、陶瓷业、造纸业等；今天江阴境内的黄田港，通州、泰州、镇江、建康等都是著名的海外贸易口岸，宋高宗的时候，宋廷在江阴设置了市舶务管理海外贸易。海外贸易也使江淮取得了数额巨大的外贸收入，同时进口商品大大丰富了江淮人民的物质生活。

二、宋金之间的贸易

宋金之间的边界不是一个清晰的线条，而是在一个平面展开的。因此这里所谓的贸易，其实就是以前在同一国家的不同地区之间的国内贸易。

自从北宋灭亡、南宋建立起来以后，宋金之间的贸易就有了大规模的发展，但两国间正规化的商业往来是从1142年和约之后才开始的，和约的必然结果之一是双方都同意各在沿边地区设置榷场。宋朝的对金贸易中心在盱眙，连接开封城的汴河就在盱眙一带与淮水交汇。而金朝对宋的中心则是泗州。除此之外，官方所批准设置的榷场，在宋朝一方共有9个以上，金朝一方则有11个，宋在盱眙、楚州之北神镇杨家寨、淮阴之磨盘、安丰军之水寨、花靥镇、霍邱县之封家渡、信阳军之齐昌镇等设有榷场。金则在泗州、唐、邓、颖州等地设立榷场。

在双方榷场贸易中，宋以盱眙军，金以泗州最为繁盛。宋金之间贸易仅仅是在公元1161—1165年海陵王发动侵宋战争期间，以及公元1206—1208年宋朝发起北伐战争期间才被中断，此后便时有时无地维持着，直到公元1217—1218年战争爆发和金朝灭亡才告结束。

对宋金两国来说，贸易都属于国家垄断的一种。双方都禁止进行非官方的交易，宋朝的商品在金的榷场上必须按照金朝政府规定的价格出售。榷场双方都有场官主持，商人们要想做生意，照例要拿出礼物与钱去见场官，谓之"榷场分例"。

在宋金贸易中，宋向金输出的物品有茶、米、麦、绢、丝麻、书籍、牛、犀、象、香药以及一些水果。金向宋输送的物品则有盐、丝、绢、绵、药材、羊、豚、马等。宋朝的批发商不得进入金的领土，只有携带的资金或商品的价值在一百贯钱及其以下的小商人才能进入。他们进入金境必须得到允许，在离开金国时还必须持有已向政府纳过税的销售证明。宋朝向商品收取20％的商税，另有2％以上要交给官方的经纪人，0.4％作为给脚夫的运价。金朝一方的费用高达30％。除此之外，每个宋商还必须为得到食宿的供给而出三贯钱。这些安排对于两国都是相当可观的一笔收入，但为了千方百计地规避如此繁琐的合法程序，走私也就不断出现了。

另一个引起不满的因素是榷场场官的受贿行为。大定年间(1161—1189)泗州榷场岁收入是53467贯，到1196年增至107393贯，与前者相比已经加倍。金朝还有规定限额或者说制定目标的制度，旨在为货物规定出一个必须达到的成交数额。宋朝禁止向金输出大米和铜钱，但是实际是大米与家畜都能被越境输入到金。金朝也禁止输出货币、谷物、铁制兵器和甲胄输入宋朝。从金输出的货物包括东北产的北方珍珠、人参等药材、纺织品以至于还有马匹，虽然从理论上说马匹的出口也是被禁止的。

在榷场贸易中，双方都得到好处，而金获利尤多。史载：榷场“皆设场官，严厉禁，广室宇以通二国之货，岁之所获亦大有助于经用焉”[①]。例如泗州（今江苏盱眙一带）榷场，据《金史》载，金章宗明昌二年即南宋光宗绍熙二年（1191），金尚书省曾研究泗州榷场事：

> 尚书省以泗州榷场自前关防不严，遂奏定从大定五年制，官为增修舍屋，倍设阑禁，委场官及提控所拘榷，以提刑司举察。……泗州场，大定间，岁获五万三千四百六十七贯，承安元年，增为十万七千八百九十三贯六百五十三文。所须杂物，泗州场岁供进新茶千胯、荔支五百斤、圆眼五百斤、金橘六千斤、橄榄五百斤、芭蕉干三百个、苏木千斤、温柑七千个、橘子八千个、沙糖三百斤、生姜六百斤、栀子九十称、犀象丹砂之类不与焉。宋亦岁得课四万三千贯。[②]

从金大定年间到承安年间，金在泗州交易中岁获的收入，从五万上升到十万，增加了一倍。宋朝也从交易中获岁课四万多贯。

除了榷场贸易之外，还有民间的走私贸易。走私贸易中，除了硫磺、筋角、武器之外，运到北方去的，米是大宗。嘉定十年（1217）三月一日，臣僚曾上言，沿海州县“奸民豪户，广收米斛，贩入诸蕃，每一海舟所容不下一二千斛，或南或北，获利数倍”[③]。此外，数量大的还有茶、缣帛、牛等。这些传统的自南流向北的商品，依然冲击了宋金对峙的政治藩篱，源源不绝地流向北方，对北方的社会生活和生产都起了重要作用。

与此同时，在宋金贸易中，还展开了一场铜币争夺战。成为这场争夺胜利者的金，举国上下皆以宋铜钱为通货在市场上使用。范成大在《揽辔录》中讲：“金本无钱，惟炀王亮尝一铸正隆钱，绝不多，余悉用中国旧钱，又不欲留于河南，故仿中国楮币，于汴京置局造官会，谓之交钞，拟见钱行使，而阴收铜钱，悉运而北，过河即用见钱，不用钞。”这说明当时中国虽然形成宋金对峙的格局，但货币却冲破了这种政治障碍，成为连结广大地区的一个极为重要的纽带。

---

① 《金史》卷五〇《食货志五》

② 《金史》卷五〇《食货志五》

③ 《宋会要辑稿·食货》三八之四三。

第六章　金军南侵与宋金在江淮地区的战和

第一节　金军的南侵与所侵地区遭受的浩劫

一、金军的南侵

十二世纪最初的二十五年，是宋徽宗统治的时期，也是北宋的政治进入最黑暗、最腐朽的时期。宣和元年(1119)和宣和二年，先后爆发了宋江、方腊领导的两次大的农民起义，宋统治者虽然镇压和瓦解了这两次农民起义，度过农民反抗带来的一场统治危机，但是中国东北地区女真族的兴起，却使北宋王朝面临覆灭的命运。

女真先世称肃慎、挹娄、勿吉、靺鞨。女真源出自靺鞨七部中的黑水靺鞨，原居住在今黑龙江与松花江合流以下的黑龙江流域的南北地区，后来黑水靺鞨有一部分向南迁徙。当契丹建国后，被称为“女真”。

十世纪末十一世纪初，女真族开始耕垦树艺，烧炭炼铁，刳木为器，制造舟车，种植五谷，建造屋宇，形成了村落，从此结束了游牧渔猎民族的生活方式，开始了以农业为主的定居生活。其中女真族中的一支完颜部强大起来，它的首领完颜阿骨打继任女真部落联盟的酋长，统一了女真各部。1114 年，在阿骨打的领导下，开始了反抗辽国的斗争，当时他只有 2500 人，却大败辽军，接着又以刚满万人的队伍打败辽军 10 万。宋政和五年(1115)，在进攻辽国的胜利中，阿骨打称皇帝，建国号大金，改元收国，国都设在上京，称会宁府①。

自起兵抗辽，女真势力发展迅速，契丹、奚、渤海、汉人和系籍女真、室韦、达鲁古、乌惹、铁骊等诸部被俘或投靠者日众，金朝影响迅速扩大。而辽朝却在军事上节节败

① 《金史》卷二《太祖本纪》。

退，政治上分崩离析。金朝在立国、击辽时初战获胜，但金军的人数其实很有限，而且粮饷不继。同时辽国地域辽阔，仍有较大的力量，金军如果孤军深入，极有可能被击败。因此，借助外力特别是宋朝牵制辽国是极其必要的。

从宋朝来看，此时也有借助金朝军力灭辽、收回燕云十六州失地的打算。燕云十六州，即当时在今河北、山西、北京地区分布的十六个州府。其政治经济地位十分重要，特别是从军事上来看，更是少数民族进入中原地区尤其是华北平原的屏障。失去了燕云地区，少数民族就可以饮马黄河，直接进攻宋朝的都城——汴梁城。燕云地区早在五代十国时期就已经丢失，后唐河东节度使石敬瑭反唐自立，契丹出兵扶植其建立晋国，石敬瑭为了报答辽国，于会同元年(938)十一月，遣使奉献十六州给辽国。燕云十六州的并入，使辽的势力扩展到河北和山西北部，由于它实际上囊括了当时中国东北部、北部地区最重要的险关要塞与天然屏障，这一地区的丧失，使本地区的长城及其要塞完全失去作用，华北大平原全部裸露在北方游牧民族的铁蹄之下。对此，宋帝国的历代皇帝无不以收复燕云十六州作为政治上的主要目标。

宋徽宗自政和七年(金天辅元年，1117 年)始，多次遣使和金朝联系，相约夹攻辽朝。七月，金国君臣等与宋使赵良嗣达成协议，约以明年金自平地松林趋古北口，宋自雄州趋白沟共同夹击和灭亡辽朝。宋重和元年(1118)八月，宋使马政自登州渡海使金，以买马为名，初议夹攻，金亦遣使至宋。宣和二年(1120)，宋金商定，联合进攻辽国。金负责攻取辽中京大定府，北宋负责攻取辽燕京析津府和西京大同府。灭辽后，燕云等地归宋，宋把过去每年给辽的岁币如数转给金国，这就是历史上有名的宋金“海上之盟”。但其后不久，由于方腊叛于浙江，东南多事，徽宗对夹攻之议大为消极，迟迟不履行协议出兵攻辽，双方交涉停顿。而此时金军的进攻却异常顺利。

阿骨打得金使之报，认为宋军并没有攻打辽国的打算，遂自行攻打辽国。宋宣和四年(1122)正月，金破辽中京，三月入西京，辽天祚帝西奔，辽朝的败亡已成定局①。此时宋徽宗才匆忙命童贯带领 15 万大军以巡边为名向燕京进发，打算坐收渔翁之利。但这批人马一到燕京便遭到辽将耶律大石的袭击，大败而归。恰在此时，辽燕王耶律淳死，辽涿州知州郭药师归降宋朝，打开了通向燕京之路。徽宗见有机可乘，再次命令童贯、蔡攸出兵击辽国，冬十月徽宗亲自部署了第二次攻燕之役，但又以惨败告终。

宋宣和五年(1123)八月，金太祖死，谙班勃极烈吴乞买即位，为金太宗，改元天会。他巩固已占领的州县，继续扩大战果，宣和七年(1125)，俘辽帝，金朝终于取代了

① 《金史》卷二《太祖本纪》。

辽朝。但金军追袭辽帝时,宋乘机策动张觉背金降宋,首先背叛盟约,给金人对宋用兵提供了借口。宗望到达平州以后,搜索得到了宋朝给张觉的诏书,同时掌握了宋朝破坏盟约的物证。宗翰等奏请不再割西京地给与宋朝,宗望也声称宋军拒不交出逃入宋地的燕地户口,要求加兵于宋。宋宣和七年(1125)十月,金太宗以此为借口,下诏伐宋,金宋爆发全面战争。

金朝在灭辽之后驱兵南下,分两路进攻北宋,西路由粘罕率领,从云中(今山西大同市)出发;东路由斡离不率领,由平州(卢龙)取道燕京南下。两路会合夹击宋朝的都城。西路军在太原城下遭受到河东军民的坚强抵抗,长时期被阻滞在那里,无法与东路军会合。东路军在到达燕京后,由于北宋驻守燕京的官吏和军队全都投降,遂得长驱直入,渡过黄河,然后进逼宋朝都城汴梁(今河南开封)。昏庸无能的宋徽宗赵佶听到金兵来犯,惊恐万状,传位给太子赵恒(是为宋钦宗),自称太上皇,借"烧香"为名,逃往镇江避祸。

宋钦宗即位后,改年号为"靖康"。他同样畏敌如虎,只是迫于当时的形势,才任命主战派李纲负责保卫汴京。金军包围开封的消息传到各地之后,驻守陕西等地的政府军都迅速前来救援,各地的乡兵和人民也自动组织起来迅速向开封集中,他们到开封四郊之后立即分别给予金军一些打击。有许多支起义军这时也把斗争锋芒转向金军,青州张仙领导的起义军且已自动开到开封近甸,乘机邀击金兵;李纲和种师道等人也建议增兵扼守黄河,断绝敌军的粮道和归路,这都迫使金军的首脑不考虑尽早撤退的事。由于两路金军无法实现配合,金军开始向北宋政府提出要求,主要的有:输金五百万两,银五千万两,牛马万头,绢帛一百万匹,割太原、中山(今河北省定县),河间(今河北河间县)三镇和这三镇所辖全部州县给与金人。金兵允诺在获得北方大片土地和大量金银之后北撤。然而,怯懦的北宋最高统治集团,对这一形势缺乏正确的估计,他们看不出金军已陷入进退维谷的情况之中,竟然答应了金人赔款割地的要求!继续过着腐朽的生活。

女真的南侵军队撤退之后,河北人民展开了保卫乡土的斗争,"怀土顾恋,以死坚守",使金人不能凭靠北宋政府的诺言而劫取到三镇二十州的土地和人民。女真贵族遂再向北宋政府施加军事压力。北宋的君臣对于究竟割让三镇与否的问题,意见分歧很大,然而,宋廷的议论未定,金军又分东西两路于靖康元年(1126)同时南下。由于宋廷早已把各路的勤王之师和民兵等遣返原地,在大河两岸也没有布置足够的防御力量,再加上金军撤退以后,投降派又得势起来,他们联合罢免了李纲。靖康元年秋天,金兵第二次南侵,东西两路金兵遂在无抵抗的情形之下渡过黄河。1126年底,金军攻陷了北宋的都城开封,把徽、钦二帝先后扣押在金兵营中,并把开封各个府库所存以及官户民户的金银币帛悉数搜括。第二年四月，金兵掳掠走徽、钦二帝以及后妃、宗室、大臣等三千多人。史称“靖康之变”。康王赵构在应天府（今河南省商丘市）登基，改元建炎。赵构就是宋高宗。宋高宗的不抵抗政策加剧了金军的南侵。

靖康二年（1127）十二月，金军在占领开封以后第一次南侵，其目标直指今天的河南与山东等地，遭到了宋军广大爱国官兵的抵抗以及遍及各地义军的有力牵制，并没有达到预定目标。建炎二年（1128）七月，金军决定进行南征，此次南征金军采取了东西两线并举进攻的策略，以主要的兵力南下进攻江淮地区。其主要布置如下：命令驻守在云中的军队南下与金军所率的河北之兵会合于河南，然后渡过黄河，穿过一望无际的黄淮平原，目标直取江北的淮南重镇——扬州。南宋为了应对金军的进攻，兵力主要部署在今江苏的外围地区，高宗任命驻守在彭城（今江苏徐州）的左将军韩世忠率领部队进入山东境内的东平（今山东东平），命令中军统制官张浚开进到了现在河南黄河以北以阻止金军的南侵；命令河外元帅府马步军总管马扩策应韩、张。同时命令孟忠厚护送隆祐太后迁到现在的杭州。

十月，金军骑兵越过黄淮平原，兵锋指向了苏北的彭城。彭城知州王复率领军民力战据守，后因为外援不至，坚守二十七日，彭城才被攻下，王复不屈而死。

金兵攻下了苏北的大门彭城以后，即开始策划进攻淮南重镇——扬州。金军在接到宋军在扬州没有设防的消息以后，急忙派遣骑兵以议和的名义突袭扬州城。而金军要想突袭扬州城，必须首先突破淮河，金军主帅宗翰听说韩世忠正在淮河一带聚集义军，抗击南进的金军，宗翰即自统大军进攻韩世忠，另以5000骑兵紧急临淮。宗翰率领军队攻击淮阴，韩世忠抗敌失败，退到了宿迁，被金兵追及，世忠又奔到了沭阳。在同一时间攻击临淮（今江苏盱眙北）的金军到了正月三十日已经越过了临淮，进到了泗州（今江苏盱眙）。泗州的防御使不战而走。金军顺利渡过了淮河。正月底，金军的另一支进攻楚州（今江苏淮安），宋军守臣朱琳投降。二月初三日，金军攻破天长（今安徽天长），正是同一天晚上，金军的将领马五率领着500骑兵首先到达了扬州，而这时候的宋高宗已经到达了长江对面的镇江。金兵因为没有舟师，停止了进攻。

宋建炎三年九月（1129），金军为了活捉宋高宗，分东西两路大举进攻江浙。其部署是：西路军以宗弼（即兀术）为统帅，率领军队进攻江淮，到达了寿春以后又分为两路：一路由宗弼率领经庐州（今安徽合肥）至和州（今安徽和县），自采石矶（今安徽马鞍山长江边）攻击建康；另一路自湖北渡过长江进袭现在的南昌，以追击隆祐太后。

宋高宗把守长江的任务交给了从开封南逃的建康留守杜充，自己则从建康逃亡。这时候的宋军决定放弃漫长的淮河防线，而以长江防线为主。南宋部署了建康行都以及沿着长江的防卫:命尚书右仆射杜充兼江淮宣抚使,率领着10万军队保卫建康;御前左军都统制韩世忠为浙西制置使,率领军队保守镇江;太尉、御营副帐刘光世为江东宣抚使,守太平、池州,仍然受杜充的节制;统制官王琼守常州;签书枢密院周望为浙西宣抚使,守平江府;御前右军都统制张浚,护送宋高宗驾临杭、越以退避,并号召各路勤王军队入援以对付金兵的南侵。

金军按计划展开了进攻行动。十月,西路军宗弼攻击寿春(今安徽寿县),寿春守军投降,金兵没有入城就开始分兵向南进攻,追击宋高宗及其隆祐太后。此时,金东路军完颜昌的进攻并不顺利,他率领的军队自昌邑到达了彭城而进攻楚州。宋右武大夫赵立奉命援助楚州,在途中和金军遭遇,且战且行,遂得以数千人进入楚州城。宗弼率领十万军队自寿春向南进攻,十一月四日破和州。杜充在建康(今江苏南京)派遣六万军队在长江沿岸驻扎,防止金兵渡江。宗弼率领的金军进攻采石矶,遭到宋军打击。无奈,金兵转移到了马家渡,十八日从马家渡渡江。于是,杜充派遣都统制陈淬,率领统制官岳飞、刘纲等人率军到马家渡迎击敌人,在战斗中宋军战败,岳飞、刘纲引兵到达了广德(今安徽广德)。二十七日金军占领了建康。同时韩世忠的军队也由镇江退到了江阴,十二月五日金军占领了广德,十五日攻陷了当时高宗的驻地杭州。

二、北方以及江淮地区遭受的浩劫

金军对北方的掠夺和破坏,给北方人民带来了深重的灾难。金军所到之处,许多城市遭到了破坏,如北宋都城汴梁,不但是当时中国最为繁华的城市与商业都会,而且还是当时世界上少有的大都市之一。随着金军占领汴梁,他们烧杀之余,对城内金银丝帛、图书字画、文物珍宝等大肆掳掠。城内大批的百工艺人、宗室贵族被掠往北方,南迁避难者不计其数。这是开封城在历史上的一次大灾难。自此以后,开封也逐渐衰落下来,同时许多中小城镇也遭到不同程度的损失,各地的村庄也受到了重创,同时金军的南侵给北方的农业生产也带来了巨大破坏,北方农民为了躲避战乱纷纷逃亡,导致了农业劳动生产力的大量缺失,以及大量良田荒芜。另外,金军的南侵使本来人口稠密的河南地区成为了人口稀疏区,人口数量大减。

同时,江淮地区也在金军南侵过程中蒙受巨大的损失,高宗在南逃的过程中,曾经下令掘开黄河水以阻止金军的向南进犯,黄河决口以后,河水循着平地漫灌淮南地区,这一地区昔日的粮田成为了一片汪洋,史载:“民去本业,十室而九,其不耕之田,千里相望,流移之人,非朝夕可还。”[①]淮南地区的农业遭到摧毁性的破坏。绍兴初年,

---

① 《建炎以来系年要录》卷四〇。

南宋朝廷下令毁弃以扬州为中心而建立起来的堤闸系统，使扬州水利设施系统完全陷于瘫痪。由于农业生产环境和水利设施的破坏，人民无法进行正常的生产与生活，不得不大量流亡，仅建炎三年高宗南奔，淮南地区的人民也随着大量流亡，扬州这一地区就有数万家流落到了南方。

由于经济遭到破坏，昔日繁华的苏北地区，仅仅和江南的中下县差不多，比较萧条的县仅仅有四五十家，和江南的一个小小的聚落差不多。苏南地区所遭受的破坏虽然没有苏北严重，但是也遭受了不小的损失，特别是金军渡过长江追击高宗的过程中，平江府(今江苏苏州)、常州等繁华的江南名城遭到金兵的焚毁，建康也遭到了巨大的破坏。江南地区富饶的物资如金银等也遭到金军的抢劫。

第二节　高宗南逃与建都之争

随着北宋覆灭，高宗在应天府建立了南宋政权，但高宗仅仅在应天府呆了五个月又被迫逃亡。在以后的几年中间，高宗不断地设都于东南各地，多者一两年，少者近百日。随着高宗向南巡幸，迁都于何处也成为了大臣们议论的焦点问题，一部分大臣主张建都建康(今江苏南京市)，一部分大臣主张建都杭州，更有一些人主张西幸长安、巴蜀。最后，南宋在秀丽的江南名城临安(高宗建炎三年改杭州称临安，今浙江杭州)建都，持续了将近一百五十年的统治。

赵构是宋徽宗的第九个儿子，大观元年(1107)五月生于东京皇宫，他的母亲是韦氏。生下三个月以后，被授予了定武军节度使、检校太尉，册封为蜀国公。第二年正月，又被封为广平王。宣和三年(1121)十二月，进封康王，时年十三岁。赵构天资聪明，读书过目不忘，而且擅长武艺，能挽弓到一石五斗(180 斤)。

靖康元年(1126)正月，赵构奉命和金军议和，金军元帅府拘留了赵构一段时间，赵构从容不迫，巧妙周旋，赢得了一定的地位。靖康元年十一月金军进攻东京汴梁，赵构再次奉命和金军议和。十一月十九日到达了磁州以南的相州，二十日到达了磁州，老臣宗泽劝说赵构：听说金军已经在李固渡渡河了，万一肃王为虏所留，虽悔何及。康王接受了宗泽的建议离开了磁州，返回了相州。十二月一日，康王在相州开设了元帅府，中山知府陈遘任元帅，汪伯彦和宗泽任副元帅。随后康王一行从东平府逃到了济州，甚至逃到淮南以便随时渡江。但是由于将士们的反对才没有南逃。金人听说康王在外，便以钦宗的名义让康王入援汴梁。康王问计于左右，后军统制张俊说："这是金人的诈谋。今大王居外，此天授，岂能回去呢?"既而金人谋以五千骑袭取康王，吕好问听说了这一件事情，遣人对康王说："大王之兵，能击则击，不能即宜远避。"这时候在东京垂帘听政的孟后派遣使者到济州劝康王登基，于是康王积极办置登基的仪物。傀儡皇帝张邦昌也送来了传国玉玺。

在宗泽等人的劝说下，康王决定移师应天府。由于南京（又名应天府，今河南商丘）处在天下的中央，同时又是漕运的中转站，另外还是宋太祖赵匡胤起家的地方，靖康二年(1127)五月一日，康王赵构就在应天府登基，改元建炎。伴随着高宗的登基，定都问题也提到了日程上。仅仅在高宗南逃的过程中就有好几次大的迁都之争，最为重要的有三次。

第一次迁都之争是高宗在应天府登基不久，这时的北方居民心向南宋，抗金斗争轰轰烈烈。他们自发组织起来，多者数万人，少者也有数千人，神出鬼没地打击金军。两河地区有红巾军、八字军等著名的义军频繁活动，积极抗金。他们熟悉金军的活动，时常袭击金军占领的城镇。

李纲主政以后，派遣军队万人袭击河间的金军，取得了巨大的胜利。鉴于当时南宋朝廷刚刚建立，正规军还来不及整编，还没有形成一支足以对抗金兵的大规模进攻的力量，李纲任命宗泽为开封留守兼开封尹。另外李纲还派遣官员去经略河东与河北。

在这样形势下，在定都问题上朝廷分为两派：一派以李纲、宗泽、岳飞为代表，主张收复失地。一派以黄潜善、汪伯彦为代表，主张巡幸东南。

李纲，字伯纪，原是福建邵武人氏，自其祖父时，举家迁至江南的无锡，政和二年，考中进士，后至宰相。在分析了宋金战争的形势以后，提出了并建三都的打算："臣尝言车驾巡幸之所，关中为上，襄阳次之，建康为下。陛下纵未能行上策，犹当且适襄、邓，示不忘故都，以系天下之心。不然，中原非复我有，车驾还阙无期，天下之势遂倾不复振矣。"①他认为在都城的选择问题上，关中平原最好，其次是襄、邓，最后才是建康。以现在的战局而言，最好的办法是建立三个都城，以长安为西都，襄阳为南都，建康为东都。皇帝应该命令这些地方的守臣修筑城池、建立宫室、广积粮草，以备将来皇上巡幸使用。这样做的好处很多，首先可以借巡幸之名，鼓舞广大人民的士气；其次都城的不固定，敌人没有办法集中精力去攻打；再次，皇上四方巡幸，乱臣贼子也无法包藏祸心。如果并建三都的话，天下的局势就安稳了。

宗泽也指出：京师是天下腹心，不可放弃。宗泽回顾历史说，景德年间，契丹兵临澶州，当时江南人王钦若劝真宗迁都金陵；川蜀陈尧叟劝真宗迁都成都；只有寇准毅

---

① 《宋史》卷三五八《李纲传上》。

然请真宗皇帝亲征，最后才取得了抗辽的巨大胜利。接着宗泽条上五事，极言黄潜善、汪伯彦所主张迁都南幸的失误。

岳飞也恳切地向高宗上书，指责黄潜善和汪泊彦的妥协行径，他认为黄、汪二人不想恢复旧疆和迎还徽、钦二帝，却打算退守到长安、扬州等地，希图苟安。中原的百姓将会感到巨大的失望。岳飞请求皇帝改变主意回到京城，乘着金军懈怠的机会，亲率大军北伐，则中原可以恢复。

然而，高宗根本听不进去李纲、宗泽、岳飞等人的劝说。不久，高宗以东京不可去为借口，"欲幸东南避敌"，李纲再次上书，极论其不可：

位于镇江的宋名臣宗泽之墓

自古中兴之主，起于西北，则足以据中原而有东南，起于东南，则不能以复中原而有西北。盖天下精兵健马皆在西北，一旦委中原而弃之，岂惟金人将乘间以扰内地；盗贼亦将蜂起为乱，跨州连邑，陛下虽欲还阙，不可得矣，况欲治兵胜敌以归二圣哉？夫南阳光武之所兴，有高山峻岭可以控扼，有宽城平野可以屯兵；西邻关、陕，可以召将士；东达江淮，可以运谷粟；南通荆湖、巴蜀，可以取财货；北距三都，可以遣救援。暂议驻跸，乃还汴都，策无出于此者。今乘舟顺流而适东南，固甚安便，第恐一失中原，则东南不能必其无事，虽欲退保一隅，不易得也。况尝降诏许留中原，人心悦服，奈何诏墨未干，遽失大信于天下！[①]

由于李纲的反对，高宗不得不下诏，改迁南阳。然而黄潜善、汪伯彦等人仍从中阻挠，鼓动高宗仍"巡幸东南"并进一步排挤李纲。在这种情况下，李纲感到自己在朝廷中已不能有所作为，不得不提出辞职的要求。高宗顺水推舟答应了李纲的建议，以无中生有的罪名贬李纲为观文殿大学士。

李纲被罢免以后，太学生陈东、布衣欧阳澈等人上书极言李纲忠臣，不应该罢相，而黄、汪二人平庸无能不可重用，并恳切希望高宗亲自率兵讨伐金朝，救还二帝，还都开封，高宗不但不听取二人的意见，反而将二人斩首示众。民众见此情形无不以泪洗面，都感受到收复北方领土再也没有指望了。

---

① 《宋史》卷三五八《李纲传上》。

由于高宗的惧敌心理，再加上黄、汪二人的从中挑拨，高宗急急忙忙下诏巡幸东南。许多大臣也附和高宗的想法。经过君臣的商议，大家认为迁都到“自古帝王洲”的建康比较切实可行。因为建康具有以下几个明显的优势：首先，建康周围群山环抱，号称“虎踞龙蟠”，再加上建康凭借着长江天险，易守难攻有利于统治的巩固；第二，建康所依托的江南地区在六朝以来经济持续发展，已经成为国家的财赋之源；第三，建康是六朝时期吴、东晋、宋、齐、梁、陈的都城，同时又是南唐起家的地方，基础设施保全的较好。就这样，南宋迁都建康可以说指日可待。

十月，高宗巡幸到了扬州。宗翰的军队攻陷了徐州、淮阳、泗州，并派遣拔离速率兵奔袭扬州。正在扬州过着淫乐生活的宋高宗、汪伯彦、黄潜善等人听到了金兵奔袭扬州的消息，惊恐万分。高宗带领着御营都统制王渊、亲信宦官康履慌忙逃出了扬州。

扬州失守，金兵乘胜南下，赵构只得骑马逃到了瓜洲步，好不容易才找到了一条小船，匆忙渡江来到了镇江府避难。高宗不敢在镇江府久留，他预感到镇江和建康等地濒临大江，离军事前线太近。留在此地，很容易遭受金军的攻击。于是，高宗在镇江进一步讨论下一步的迁都计划，第二次提出了迁都的问题。

高宗在宋金的交兵过程中，知道双方实力的差距，所以他提出径往杭州的建议，而吕颐浩则希望高宗留在建康，群臣也表示同意。只有王渊提出了反对意见，他认为：“镇江只能够独挡一面，假如金兵从通州渡江，占据了平江府，从背后包抄镇江，那又该怎么办呢？还是不如杭州有钱塘江和长江两重天险。”虽然这一个建议没有得到大多数人的同意，但是他的想法却和高宗不谋而合。

二月四日，高宗命令朱胜非驻守镇江，刘光世控扼江边，杨惟忠驻守建康，高宗自己则率大臣急忙向杭州逃去。高宗认为赐死了张邦昌得罪了金朝统治者，所以下罪己诏，大赦天下，但惟独李纲不能赦免，以此企求金人的同情和谅解。在人民的呼声中，由于黄、汪二人任相以来，把持朝政、残害忠良，特别是他们不修战备导致了金人的进攻，引起了朝野上下的不满。高宗不得不忍痛罢免了黄、汪二人的职务。由于宋军将领陈彦渡江打败了金军，并一举收复了扬州。金军虽然一度占领了扬州，但此时由于缺乏渡船，并没有立刻从扬州向南进犯，此时直接撤兵北去。

建炎三年(1129)二月十三日，南宋君臣到达了杭州。高宗诏令杭州改为行在(即临时首都)，以显宁寺为尚书省。由于扈从苗傅和刘正彦发动兵变，高宗在镇压了这一场军事政变以后为了收买人心，不得不又一次振作起来精神，做出一些抗金复国的姿态，以保证自己地位的稳固。高宗下令驻跸建康，表示志在抗金。然而当时的战局十分不利，南宋这一方面，宋军节节败退，建康眼看就要不保。高宗第三次召集将士臣僚进行商谈。这一次商谈迁都和前两次相比更为紧急，因为建康前面只有一条大江，随时有被攻破的危险。高宗选出了三种方案供下属商议：一种方案是定居在建康，不再移动；第二种方案是巡幸湖北、湖南；第三种方案是巡幸吴、越。

大多数的臣僚都发表了自己的意见，其中张浚和马扩的意见最具有代表性。张浚认为应该迁都武昌；马扩则认为，上策是巡幸巴蜀，中策是巡幸武昌，下策则应该驻跸建康。迫于现实抗金的形势和抗金人民大众的压力，高宗最后选择了先停留在建康的方案。建炎三年三月二十八日，高宗发布《幸江宁府诏》：

> 国家历运中微，干戈未弭，因时巡省，盖顺权宜，以江宁府王气龙盘，地形绣错，据大江之险，兹为用武之邦，当六路之冲，实有丰财之便，将移前跸，暂驻大邦，外以控制于多方，内以经营于中国。①

不久以后，高宗又于五月八日，发布了《改江宁府为建康府诏》：

> 建康之地，古称名都，既前代创业之方，又仁祖兴王之国。朕本由代邸，光膺宝图，载惟藩潜之名，实符建启之义，盖天人之允属，况形胜之具存，兴邦正议于宏规，继夏不失于旧物。其令父老再睹汉官之仪，亦冀士夫无作楚囚之泣。江宁府可改为建康府，其节镇旧号如故。②

高宗诏令强调了此地在政治上、军事上的重要性，决定将江宁府改为建康府，号召人们不要“作楚囚之泣”。

为了避免重演从扬州逃跑时的惨状，高宗派遣官员护送太后到达江西境内。但是由于金军渡江成功，高宗和将相臣僚们商议对策，决定只守江不守淮。高宗本人也作好了返回杭州的准备。他一面布置江防，一面又升杭州为临安府，以备作为都城的所在。一切布置完备以后，高宗悄悄返回了杭州。大臣吕颐浩进一步建议高宗从临安转往明州（今宁波），再从明州计划航海南逃。他认为：金军多是骑兵，不可能乘船入海袭击。况且金军多是北方人，对于江南一带的地理和气候不太适应，也不会逗留时间很长。等到金军退走，我们还可以再回来。他们出来我们进去，他们进去我们出来，这才是一条很好的方案。高宗采纳了他的建议。

由于金军渡江成功，很快从广德境内直插杭州城，在万不得已的情况下，宋高宗

---

① 《三朝北盟会编》卷一二三。

② 《景定建康志》卷三《留都录三》。

离开了杭州逃到了越州(今浙江绍兴)。十一月,高宗逃向了明州,金军占领杭州以后急忙派骑兵追赶,当年的除夕即追赶到了明州城下。金军攻打西门,南宋军队奋勇抵抗,金军战死以千计。建炎四年(1130)正月初二,金军又进攻明州,再次被击败。宗弼率援军赶赴明州亲自督战,才算攻下了明州。高宗只得从明州下海,乘坐事先准备好的船只到大海里去避难,在茫茫无际的大海上,高宗的船只在风浪的颠簸中缓缓向定海县(今舟山群岛附近)驶去 。

建炎四年正月,金军攻下明州,听说高宗已经到达定海,于是金军继续乘海船去搜寻目标。金军的船只,在海上遭到了南宋提领海舟张公裕的袭击,被迫终止追赶。高宗的海舟才得以从定海辗转到了章安(今浙江台州湾附近),随后又停泊在了永嘉附近(今浙江温州)。金兵撤退以后,高宗返回到了越州,公元 1131 年升越州为绍兴府,作为行都,改年号为绍兴。

高宗在绍兴一年有余,由于水路交通不太便利,而又一次迁往了临安府。绍兴八年,高宗终于正式以临安为行在所。这是高宗又一次迁都临安。《建炎以来朝野杂记》上记载:"(靖康)二年五月,高宗即皇帝位于南京(今商丘),改元建炎。十月,幸扬州。三年二月渡江,幸杭州。四月,进幸江宁。八月,复幸临安。十二月,自明州幸海。四年正月,幸温州。四月,进幸越州。绍兴二年正月,又幸临安。四年十月,又幸平江。五年二月,还临安。六年九月,又幸平江。七年四月,进幸建康。八年三月,复还临安。"

终南宋一代,建康和杭州的首都之争不绝于耳。因为中原故土未复、山河破碎、国耻未血,一些士人们总是在声泪中寄希望南宋恢复国家的一统,而建康作为都城有利于各方联合抗金。

然而终南宋一代也没有离开杭州,其主要原因有以下方面:

第一,金兵和南宋交战中,金军以骑兵进攻为主,而南宋主要以防守为主,金军依靠骑兵只要突破长江防线,随时就有可能攻破建康的危险,而处于钱塘江流域的杭州,不但有两条大江作为掩护,更有太湖流域的水网相遮蔽。总之,杭州作为首都,一旦有大的战事发生比建康更有缓冲空间。

第二,杭州作为一个新兴的城市,也有自己的独特魅力。杭州的发展和唐宋时期李泌、白居易和苏轼治理分不开的。他们解决了杭州居民饮水问题,并且解决了周围良田的灌溉问题。这才是杭州得以发展的前提。首先,经历了五代十国的动乱,扬州、建康和苏州等城市大都在战争中遭受了巨大的破坏,而杭州由于吴越王国的苦心经营得到了很好的保护。欧阳修曾经拿杭州和建康作了比较:"若乃四方之所聚,百货之所交,物盛人众为一都会,而又能兼有山水之美,以资富贵之娱者,惟金陵、钱塘。

然二邦僭窃于乱世，乃圣宋受命，海内为一。金陵以后服见诛，今其江山虽在，而颓垣废址，荒烟野草，过而览者，莫不为之踌躇而凄怆。独钱塘自五代时知尊中国，效臣顺，及其亡之也，顿首请命，不烦干戈，今其民幸福足安乐，又其习俗工巧，邑屋华丽，盖十万余家，环以湖山，左右映带，闽商海贾，风帆浪泊，出入于江涛浩淼、烟云杳霭之间，可谓盛矣。”①

第三，杭州水陆交通发达。杭州首先是京杭大运河的起点，可以通过大运河把全国各地的物资运送到杭州。杭州对外贸易也极为发达，在北宋的时候已经成为了对外贸易的巨大海港。

第四，杭州工商业繁荣。自唐以来，杭州就是江南丝织业的中心，北宋王朝派遣官员专门管理这一地区的丝织业。另外杭州造纸业比较繁荣，杭州的纸张不仅在全国销售，并且销售到了朝鲜与日本等亚洲各国。另外杭州的酿酒、造船、造扇等也比较有名。从北宋以来的商税上缴来看，杭州已经超过江南许多大城市的商税数额。

总之，此时的杭州，已具备了作为都城的各种条件。

第三节　宋金在江淮地区的争夺

一、韩世忠黄天荡大战

建炎三年(1129)，金帅完颜宗弼(金兀术)亲率十万大军，渡过淮河南下攻宋。兵锋逼近长江。宋高宗欲避逃浙西，临行前诏命右仆射杜充为御营使，驻节南京，并统领附近各军与金兵作战。

杜充为人残酷而缺乏谋略，士心不附。宋军六万列守长江南岸，他却闭门躲在建康城中，不敢与敌交战。宗弼知宋军无斗志，率军渡过长江，围逼建康。宋军无统一指挥，不战而溃。此时，杜充竟率三千军马赴真州向金人投降了。

建康城内，以户部尚书董军饷张悦、显漠阁直学士陈邦光为首的宋将，也不战而打开城门，率领众属僚迎降宗弼。

众多宋军官员中，只有杨邦乂拒不投降。杨邦乂，字晞稷，吉州吉水人，为人正直，博通古今，建炎元年任溧阳县令，金人南下时任建康通判军府事，史载：

① 《欧阳文忠公文集》卷四〇《有美堂记》。

(完颜宗弼)济江鼓行逼城。时李棁以,陈邦光以守建康,皆具降状,逆之十里亭。金帅完颜宗弼既入城,棁、邦光率官属迎拜,惟邦乂不屈膝,以血大书衣裙曰:"宁作赵氏鬼,不作他邦臣。"宗弼不能屈,翼日遣人说邦乂,许以旧官。邦乂以首触柱础流血曰:"世岂有不畏死而可以利动者,速杀我。"翌日,宗弼等与棁、邦光宴堂上,立邦乂于庭,邦乂叱棁、邦光曰:"天子以若捍城,敌至不能抗,更与共宴乐,尚有面目见我乎!"有刘团练者,以幅纸书"死活"二字示邦乂,曰:"若无多云,欲死趣书'死'字。"邦乂奋笔书"死"字,金人相顾动色,然未敢害也。已而宗弼再引邦乂,邦乂不胜愤,遥望大骂曰:"若女真图中原,天宁久假汝行,磔汝万段,安得污我!"宗弼大怒,杀之,剖取其心,年四十四。①

杨邦乂宁死不降、从容就义的事迹,深受后人敬仰。宋廷追赠其为朝奉大夫,谥忠襄。后人在聚宝山(雨花台)下土门冈,建杨忠襄公墓和忠襄祠堂以纪念。

建炎三年(1129)冬,金将宗弼率军渡江占领建康后,继续南下,直逼杭州,宋高宗乘船逃向定海(今浙江省舟山市)。金军占领杭州后,派阿里率4000人追袭宋高宗。第二年年初,金军在追击过程中遇到大风雨并遭到宋军阻击,于是派人到杭州向宗弼报告"搜山检海已毕",大肆抢掠以后,满载而归,二月,宗弼率金军从杭州取道镇江北撤。行至镇江,遭到了韩世忠部宋军的打击。

韩世忠,字良臣,出生在陕西一个贫苦农民的家庭里。由于家庭生活艰难,他便应募参加了军队,开始了漫长的军旅生活。他的家乡时常受到西夏的侵扰,激发了他反抗的斗志。在以后的战争中,他成为一名著名的军事将领。南宋建立以后,韩世忠主张抗战,他追随南宋政府来到了扬州,招纳了一部分义军,自己的军队发展到了万人,从而有了自己的抗金武装。

韩世忠部原来在镇江驻守,为了保存实力,避免和敌人正面交锋,他率军退到了江阴附近驻扎。等到金军的主力部队向南进发的时候,他则驻守在长江口一带,以便截断敌人的归路,彻底消灭敌军。他把自己的军队分为三个部分,一部分军队驻守在通惠镇,一部分军队驻守在江湾一带,另一部分军队驻守在海口一带,他招募附近的居民补充到自己的队伍当中,积极训练水军。附近的军民听说招募水军,纷纷报名参加。很快他有了一支数量很大的船队,同时,他把自己原有的陆军也训练成了水战的能手。这时候正在江南水网挣扎的宗弼军队,已感到了后路有被截断的危险。韩世忠驻守在秀州(今浙江嘉兴),张灯高会,大造声势。宗弼不敢在浙江地区长久的驻留

① 《宋史》卷四四七《杨邦乂传》。

下去，于是率兵从浙江沿着京杭大运河向北撤军。

建炎四年(1130)正月，韩世忠奉诏率部进援，到达通惠镇时候，金军已经攻下了明州，韩世忠于是请求退回镇江，驻扎在长江中流的焦山、金山下，占据有利的地理位置，截住金军北归的路径，以便有效地打击北撤的金军。

镇江的地理位置非常重要，不仅因为它是长江下游南岸的一所城市，还在于它是处于大运河同长江的交会点上，南北东西，航路四达，形成了比较特殊的地理位置。二月，金军大队人马开始了后撤，三月，金兵退至镇江，遭到了韩世忠陆上部队的袭击，金军的前锋受到了挫折，《金史·宗弼传》称："宗弼还自杭州，遂取秀州……阿里率兵先趋镇江。宋韩世忠以舟师扼江口，宗弼舟小，契丹、汉军没者二百余人。"因此，金军前面的道路已经被宋军阻塞，金军要想逃出包围，只有另寻别路。

在金军不断到四周侦探道路时，韩世忠召集部将商议说："这一带地势，要数金山(在镇江西北)上的龙王庙最险要。估计金人一定会到那儿去侦察。"于是他派出一名部将带领二百兵士到龙王庙设下埋伏。果然不出韩世忠所料，过了不久，就有五名金军将士骑马上了金山，到龙王庙前察看宋军动静。庙里埋伏的宋兵等到金人靠近，擂响战鼓，冲杀出来。五名金军将士一见中了埋伏，拨转马头就逃。宋兵追赶上去，抓住了两名金兵。另外三名则伏在马背上没命地逃奔，其中一个身穿红色战袍、系着玉腰带的金将，慌里慌张从马上摔了下来，又急忙跳上马背逃走。宋军审问了俘虏，才知道那个穿红袍的，就是金军主帅宗弼。

金山龙王庙埋伏以后，宋军在金山脚下和金军展开了猛烈的激战，双方在江边摆开阵势，韩世忠披挂上阵。将士们士气高涨，纷纷冲杀过去。金兵虽然人马众多，一来军纪涣散，二来长途行军，十分疲劳，哪敌得过韩世忠手下精兵的袭击。一次战斗下来，金兵死伤无数，兀术的女婿龙虎大王也被宋军活捉。宗弼派出使者到宋营，情愿把从江南抢来的财物全部还给宋军，只求让他们渡江，韩世忠不答应。兀术又提出把他带来的一匹名马献给韩世忠，也被拒绝。无奈，金军只好选择了一条旧河道也就是宋代的蒜山运河作为逃路，宋代镇江的运河主要通过京口闸以及连通城内的漕渠，另外在宋仁宗天圣年间，由于河道淤塞，政府又在蒜山渡口新开了一条新河，接通江南运河进入长江，由于这一条运河在蒜山一带进入长江，所以当时的人们称这一条运河为蒜山运河，又称为西津渡。它的走向和现在的运粮河相同。宋仁宗后期这一条运河曾一度淤塞，两浙转运副使又组织人力"疏润州漕河抵于江，人以为便"[①]。北宋末年，因为京口运河的功能得以恢复与增强，蒜山运河又被冷落而陷于淤塞。政和六

① 《宋史》卷三〇一《郑向传》。

年八月十七日，宋徽宗曾经下诏："镇江府旁临大江，舟楫往来，每遇风涛，无港河容泊，以致三年间覆溺凡五百余艘。访闻西有旧河，可以隐避，岁久淹废。宜令发运司计度浚治。"①

金军发现了这条运河，稍微浚治以后，便分成了两路逃去，一路以金军的骑兵沿着陆路进入建康，一路以运输掠夺的物质沿着长江准备进入瓜洲。由于韩世忠的军队尾随追击并且速度非常快，金军没有能够从瓜洲进入江北运河，从而被迫向西面的建康逃去。《金史·宗弼传》记载，金军的船队"遂自镇江溯流而上。世忠袭之。(宗弼)夺世忠大舟十艘，于是宗弼循南岸。世忠循北岸，且战且行。世忠艨艟大舰数倍于宗弼军，出宗弼军前后百里，击柝之声，自夜达旦"。

宗弼的败军沿江逃奔，慌不择路，竟然闯到了一处绝路——黄天荡里面。黄天荡位于今天的栖霞山与龙潭镇之间，是建康北面的一段长江，江面横阔，长达三十余里，这里港汊纵横，芦苇丛生，犹如处处摆下了迷魂阵，进去就很难找到出路。韩世忠利用自己船大的优势，将宗弼的军队截为了前后两段，封锁住了长江南岸，这里仅有一条水道通到长江，又被韩世忠派重兵卡死。于是10万金兵便如瓮中之鳖，在这里围困40余天，仍然不得其门而出，金朝派淮东的军队来援助宗弼，又被韩世忠的军队隔开，面对着滔滔的江水，北岸金军无法救出南岸宗弼的军队。韩世忠命令海船分为两道出击，命令身体强健、英勇善战的战士带着有大钩的铁索，站在高大的海船上，等到靠近敌船的时候一钩搭住，将金兵的小船逐只钩沉。宗弼感到这样下去就要坐以待毙，但是无计可施，再三要求会见韩世忠，哀求韩世忠让其北逃。韩世忠回话说道："但迎还两宫，复旧疆土，归报明主，足相全也。"②

眼看全军覆没的危险就要降临头上。此时有个"闽人王某"，因贪图财利，被宗弼收买过去而作了汉奸。他给宗弼献了一条凿大渠接江口暗暗逃脱之计，宗弼便令军士连夜开挖运河。河成以后，宗弼在四月二十五日这个无风的日子里，以轻便的小船靠近宋军的大船，然后又用火箭向宋船进攻，宋军海船无风行动不便，再加船只着火，宋军大乱。韩世忠率军败退。宗弼才率领军队逃脱到了长江北岸。这就是历史上著名的"黄天荡之战"。

这次战役，韩世忠的军队没有全部消灭金军，并且受到了金军的火攻，损失了不少海船，但是宋军以寡击众，以八千宋军大败十万金军，扭转了以前宋兵看到金兵便逃的颓势，打击了敌人的嚣张气焰，史言"(金军)自是不敢复过江矣！"③

---

① 《宋会要辑稿》方域一七之一四。

② 李心传：《建炎以来系年要录》卷三二。

③ 《建炎以来系年要录》卷三二。

黄天荡之战，极大地鼓舞了南宋军民的抗金斗志，在宋金战争中具有重大的历史意义。

二、岳飞收复建康

在黄天荡战役进行之时及结束以后，岳飞率领的岳家军则在今江苏、安徽、浙江交界的江南一带，与金军作战，并一举收复了江南重镇——建康。

这个时期岳家军的作战及收复建康，分为几个阶段：常州和镇江的邀袭战、清水亭之战、牛头山伏击战和收复建康府。

岳飞，字鹏举，河南汤阴人。父亲名岳和，母亲姚氏，世世代代都是农民。岳飞青年时期曾经学习过武术，但是因为家境贫寒，岳飞以耕种别人的土地为生。北宋末年，他参加了军队，还把自己家中的财物充作军费。无论是激烈的战斗，还是平时艰苦的生活，岳飞总是身先士卒，当时在广大人民中，岳家军赢得了"冻死不拆屋，饥饿不掳掠"的盛誉。

随着高宗的南幸，岳飞也随军到建康驻守。金军占领建康以后，岳飞率领部队率领部队退到了钟山附近，随后到达了广德军境内，1129 年末，岳飞在广德先后与敌人作战六次，斩获 1216 人，活捉女真汉儿王权等首领 24 人，俘获诸路剃头签军首领 48 人。在这些人中有许多是被迫从敌的汉人，经过岳飞的教育，并结以恩信，打发他们回到金兵营中作内应，到晚上偷袭敌营，烧毁炮车和辎重器械，岳飞乘乱纵兵夹击，俘获不可胜计。金兵占领溧阳，岳飞派刘经率领部队，乘夜出击，杀敌五百，活捉女真、汉儿军及伪溧阳知县等十二人，收复了溧阳。广德、溧阳的胜利，使岳飞指挥的部队初露锋芒，显示了岳飞卓越的军事才能。当时他手下的部将献计移军宜兴。宜兴离广德不远，地处苏浙皖交界，其城三面环水，只有一条通路，便于管理部队。

金军抢劫了大量的物资以后，沿着运河后撤。在东南仍然保留了建康府作为最后的战略据点，这无疑于悬挂在南宋小朝廷头上的一把利剑，它退可以直接进入长江和江北的金军连成一片，进可以直逼当时南宋朝廷的统治中心——杭州。按照金军作战的习惯，金军一般夏季退兵避暑来休养生息，到了秋冬弓劲马肥的时候，对宋发动军事进攻。岳飞首先指挥军队在常州和镇江发动邀袭战。《宋史·岳飞传》记载："金人再攻常州，飞四战皆捷。尾袭于镇江东，又捷。"《鄂国金佗粹编》亦载："飞自建炎三年十一月二十二日起离建康府，至广德军界，与金人六次见阵，收复溧阳县。及于常州界以来，邀击金贼，袭逐至镇江府。"[1]

---

① 《鄂国金佗粹编》卷一九《建康捷报申省状》。

此后，岳飞在宜兴具体谋划，以宜兴和溧阳县为战略基地，以岳家军所熟悉的溧水县和广德军为依托，从东南方向分兵两路进攻建康：一部分军队先行，另一部分军队则由岳飞亲自率领。在清水亭之战中，岳家军和金军进行正面的交锋，史载："诏令就复建康，(岳飞)乃亲将而往。二十五日，战于清水亭，金人大败，僵尸十五余里，斩耳带金、银环者一百七十五级，擒女真、渤海、汉儿军四十五人，获其马甲一百九十三副，弓、箭、旗、金、鼓三千五百一十七事。"①当时金军中的将领和士兵一律剃头辫发，但女真人习惯于耳垂金、银，故宋军以此来区分女真人与非女真人。清水亭的具体方位，史载在建康府城南三十里："清水亭，去府城三十里。"②

清水亭获胜以后，岳飞的军队占领了广德、溧阳、宜兴、常州、镇江，控制了横亘江南曲折漫长的战线。韩世忠在江上把金兵堵截在建康，这既为恢复政治军事重镇建康准备了条件，并为全歼金兵提供了可能。岳飞亲帅主力军队到达牛头山，《太平寰宇记》卷九十记载此山"状如牛头，一名天阙山，又名仙窟山，在城南三十里"，"二峰东西相对"，"林树葱郁，泉石相映"。行到牛首山下天色已晚，岳飞命令士兵穿黑色服装混进敌营，乘着夜色痛杀一阵。金兵队伍大乱，一时分不清东西，自相攻击，伏尸满地，在慌乱中宗弼逃到龙湾。岳飞指挥三百骑兵、两千步卒，邀击金兵于新亭(江宁附近)，又歼灭金兵二千多，获俘一千多，其中首领二十多人，得马匹三百，铠甲、辎重等不可胜数。

关于这场伏击战的经过，史载："建炎四年，岳飞败金人于清水亭。兀术复趋建康，飞设伏于牛头山上待之。飞又以骑三百、步卒二千人，自牛头山驰至南门新城为营，遂大破兀术之众。"③

当岳飞得知敌人从静安镇突围的时候，他率领着岳家军，在大路上联队冲击金兵的防线，然后率领大队人马徒步追杀，截获了不少物资车马。在两军酣战的时候，一队民勇乡兵从金人侧翼杀出，金军腹背受敌，策马亦难逃上船。到黄昏，岳飞军队抢占渡头，活捉大小将领三百多人，俘虏过千，截回货物人畜数十船，一百多车，一举收复了建康。

收复建康是岳飞独立成军以后的第一次重要战斗，岳家军自东向西，占据了牛头山，又自南而北，从雨花台、新城杀至靖安镇，其最为重要的成果则是将金军的主力部队驱除过江，抢救回了金军抢劫的大量财产和大量无辜群众。建康之战也成为了岳飞一生征战的转折点，使他从一个默默无闻的将领，开始成为国家所倚重的独挡一方

---

① 《鄂国金佗稡编》卷一《鄂王行实编年》。

② 《景定建康志》卷二二《城阙志·亭轩》。

③ 《景定建康志》卷一七《山川志·山阜》。

的将帅。

岳飞和韩世忠在江南抗金斗争的胜利，给了宗弼以沉重的打击。军事重镇建康的收复，江南抗金斗争的胜利，增强了宋朝军民抗敌的信心，使东南局势转危为安，也使东南人民的生灵免遭涂炭，生活得以安定。

三、金军再犯江南企图的失败

金军在入侵战争失败以后，从江南撤回到了江北。南宋的国运，从建炎三年、四年之交的谷底开始回升。绍兴元年的和尚原之战、四年的仙人关之战，吴玠所部宋军独立抵抗金军主力，获得空前大捷，川陕局势已经稳定。

川陕战场的鏖战极大减轻了两淮、京湖战场的压力。金军在川陕一筹莫展，在绍兴四年秋回军两淮，却被韩世忠等击退，两淮防线也逐渐稳固。而京湖方面，绍兴四年岳飞所部收复襄阳六郡，拔掉了金、齐拦腰插入宋朝沿边防线的钉子，宋川陕、京湖、两淮防线从此连成一体。

随着国运的回升，赵构的信心逐渐增强。正是在这个背景下，绍兴六年(1136)，张浚视师淮上，部署北伐。赵构则自临安北上平江(今江苏苏州)。伪齐入侵引起的短暂慌乱平息后，高宗诏告天下，移跸建康，视师江上。

绍兴五年(1135)，金军与伪齐联合攻宋失败，更加暴露了金军的虚弱情况。但尽管如此，宋高宗仍一心一意与奸臣秦桧合谋，不断派使臣向金求和。金国统治者为达到不战而使南宋屈服的目的，同时也给自己一个休整的机会，绍兴九年正月，与南宋签订了一个和约。根据这一和约，宋方须割地、赔款，对金称臣。当南宋统治者庆贺和约成立、大肆封官进爵之时，金军却在不到一年的时间内作好了战争准备，遂于绍兴十年(1140)五月撕毁和约，兵分四路，再次发动南侵战争，战线从东部的淮水下游一直延伸到西部的陕西。

宋绍兴十年、金天眷三年(1140)五月，完颜宗弼(金兀术)等率主力十余万南下进攻江淮地区。宋统治者对金军进攻毫无戒备，河南、陕西的地方官大都是原先的伪齐官吏，这时纷纷降金，因此金军进攻初期，气势汹汹。但不久即遭到南宋军民的顽强抵抗，其中以刘锜指挥的顺昌保卫战最为突出。

1140 年 5 月中旬，新任东京副留守兼节制军马的刘锜，率领军队前往东京驻防。刚由水路抵顺昌(今安徽阜阳)时，就传来了金军攻陷东京开封的消息。三天之后，攻陷东京的金军继续向南侵扰，距东京不远的陈州(今河南淮阳)也被攻占。离陈州仅 150 公里的顺昌成了宋金对峙的前沿阵地。顺昌北濒颍水，南有淮河，东接濠州(今安徽凤阳)、寿州(今安徽寿县)，西接蔡州、陈州，是淮河的要口，通汴梁的交通要道。

在大敌压境之际，刘锜沉着果断，亲自视察城内外的防御工事和地形，凿沉船只，加高加厚城墙，构筑防御工事。号召大家同心协力，保卫顺昌城。五月金军主力迅速向顺昌集结。二十九日，三万余金军四面包围了顺昌城，进行强攻，企图一举而下。顺昌被围第四天，金军从陈州等地向顺昌增调兵力，顺昌处于金军的铁壁合围之中。宋军采用偷袭的方式，突入敌营，金军不知宋军底细，满营大乱，无力还击，只得退去。宋军取得了顺昌保卫战的初步胜利。

宗弼在开封得知金军进攻顺昌失败的消息后，率兵十余万昼夜兼程，宗弼所部是金军中的精锐部队，其专攻城池的士兵号称"铁浮屠"（铁塔兵），士兵都穿甲戴盔，配备最精良的武器。其作战方法是每三人分为一个战斗单位，后面紧跟着拒马子，士兵每前进一步，就将拒马子往前移一步，以示一往无前，决不后退。又在左右两翼以铁骑相配合，号称"拐子马"。宋金交战以来，凡难攻之城，都使用这一队伍去攻打，屡次取得胜利。

宋军初战取胜之后，有人提出乘宗弼未到顺昌，赶快撤军以保存实力。刘锜则认为金军援兵将至，如果南撤，不仅前功尽弃，而且一旦被敌追及，必遭覆灭。更为严重的是，金军将长驱直入，侵扰两淮，震动江南，造成严重后果。为今之计，只有"背城一战，于死中求生"。众将同意这一方案，虽然处于劣势，但愿奋力一战，保住顺昌。

六月六日，刘锜派人将顺昌城东门、北门外停泊的船只全部凿沉，下定决心背水一战。六月九日，宗弼指挥金军向顺昌城发起总攻。这天天明，宗弼率金兵渡过颍河，沿城列成阵势，城内宋军丝毫不为所动。此时正值天气炎热，金军远道而来，没有休息即投入战斗，人困马乏，只好休兵立营，准备再攻。宋军则以逸待劳，主动出击，突入金军营垒，打败其装备最好的三千牙兵。金军以铁骑拐子马从左右两翼企图包围宋军，由于宋军奋勇作战，金军遭到了惨败。

顺昌之战中宋军以不满二万人的兵力，击败金军十余万。它策应了宋军在东、西两翼及西京地区的作战，从而全线抑制了金军的攻势，也保障了江淮一带的安全。为南宋军民大举反攻金军创造了良好的条件。同时长江中游的岳飞部，也挥师北伐，相继收复郑州、洛阳等地，在郾城大破金军精锐铁骑兵"铁浮图"和"拐子马"，乘胜进占朱仙镇，距开封仅四十五里。宗弼被迫退守开封，金军士气沮丧，发出"撼山易，撼岳家军难"的哀叹，不敢出战。在朱仙镇，岳飞招兵买马，连络河北义军，积极准备渡过黄河收复失地，直捣黄龙府。他激动地对诸将说："直捣黄龙府，与诸君痛饮耳！"而这时高宗和秦桧却一心求和，连发十二道金字牌班师诏，命令岳飞退兵。岳飞壮志难酬，只好挥泪班师。

以后的战争中，宋金逐渐在秦岭、淮河一线逐渐形成了相持的战争局面。当时的宋廷以淮河、长江为屏障畏缩于江南，依靠抗金将领去镇守江北。以宋高宗和秦桧为首的南宋政府迫于金人的压力，杀害了著名的抗金将领岳飞等人，与金朝签订和议：宋对金奉表称臣，金册封宋主为皇帝；宋每年向金贡银二十五万两、绢二十五万匹；宋、金领土以淮河、大散关为界，同时宋割唐（今河南唐河）、邓（今河南邓州）以及商、秦一半给金，此即"绍兴和议"。

第四节　"绍兴和议"后的宋金战和

一、完颜亮南侵的失败

金皇统九年（宋绍兴十九年）即 1149 年 12 月，金朝王室发生了军事政变，平章政事海陵王完颜亮杀死了金熙宗，篡夺了帝位。金朝廷也从上京迁都到燕京，开始直接统治北方汉人地区。但完颜亮的雄心不止于此，他积极策划，准备继续南侵，消灭宋朝，直接统治江南。

1160 年，他发动女真族和契丹、奚兵、中原汉人兵（包括渤海），编组 27 个军，准备大举南下。完颜亮战略意图是集中兵力于东路及浙东水军，而以西路和中路军起牵制作用。

完颜亮率军从淮南渡江，与直捣浙东的金军水师对临安形成钳形攻势，他首先派遣水师舰船 100 艘，自海道进攻东海张旺、徐远等农民起义军。由于兵力悬殊，起义军战败。这年的秋天，金军的重兵已经进入了宿州（今安徽宿州）、泗州（今江苏盱眙）及清河口屯驻。

根据金军南侵的动向，宋朝军队也逐渐完成各地的军事部署。在江淮、江南、浙西方面，以知荆南府刘锜为镇江府驻扎御前诸军都统制；以殿前司破敌军统制陈敏，率部戍守太平（今安徽当涂）；以建康府都统制王权戍守建康；以江南诸路马部军副总管刘光辅，为淮南诸路副总管，戍守楚州（今江苏淮安）；以两浙西路副总管兼副提督海船李宝，驻扎在平江府，加强海道防御。1161 年 5 月，宋朝已经得知金军准备大举入侵，乃下诏诸路随时应变以抵抗金军的侵略。

在淮南方面，金主完颜亮统帅大军，分路出动。其中在江淮方向作战的兵力约为十余万，并以两万人为前锋，由左监军率领进入淮阴的清河口，以为牵制。此时，宋高宗命令长江南岸的宋军渡江北进，以抵抗金兵于淮水。于是，8 月 15 日，刘锜引军至镇江渡过长江,进驻在扬州,并派遣右军统制张纲,率兵五千驻守在宝应,淮东副总管李拱率军增援淮东的楚州。又派遣李显忠、王权分别从池州、太平渡过长江,增援淮西各据点及要地守备。同时,派遣李宝率领舟师自江阴取海道向淮东、山东沿海进袭。

同时,宋政府又命令刘锜、王权、李显忠等向淮水推进,并命令沿淮的知州军以及地方民众协助正军作战。二十五日,金主完颜亮亲自率领金军沿淮河和宋军进行接战,金军留下了濠州与寿州之间不攻击,以此举麻痹宋军。十月初二日,金军开始在涡口(今安徽怀远东)架桥,作渡江的准备。十月初,两淮宋军统以帅刘琦引兵自扬州至淮阴。金主完颜亮率领大军进攻庐州,进逼和州,此时因刘琦集兵于淮阴,完颜亮乃遣其万户率骑兵数万由寿春经定远取滁州,再趋扬州,一则准备在瓜州渡江,一则以邀截刘琦之后。

金兵渡江,形势十分紧急,宋朝廷赶忙命令刘锜退军守江。而此时的刘锜军队,在淮阴一带正与金兵隔淮相持,刘锜不断派遣士兵数百渡过淮河作小规模的突击,取得一些战果。到了十月十五日,金军开始大举进攻,造成宋军渡淮者死亡人数不断上升,刘锜乃奉命引兵从淮阴退走。此时宋朝廷又急忙派遣侍卫步军司右军统制邵宏渊率左右二军驰赴真州(今江苏仪征),以抵抗金军的进攻。邵军不经意间和金军相遇于胥浦桥,遂发生了桥梁的争夺战。金兵强行渡河,宋军守桥的将卒皆战死,邵军率领军队进入真州城据守。不久,金军攻下了真州城,于是企图尽快切断刘锜的归路。当刘锜军还至扬州的时候,听说金兵正在进攻真州,于是急忙率军向南,自扬州北门而入,在城内据守。

十月中旬,宋将王权违反刘锜节制,从庐州(今安徽合肥)退至昭关(今安徽含山西北),听说金兵将至,即弃关南走,金兵即挥师追击,王权又退还和州。得知王权弃关退走,宋廷大惊。高宗急忙召集群臣决策,继续抵抗。十九日,命令叶义问督视江淮军马,中枢舍人虞允文为参谋军事。李显忠为御营先锋都统制,命屯芜湖以扼裕溪(芜湖西北)并为王权声援。二十一日,王权闻金兵将至,乃对部下诡称已得旨弃城守江,遂自和州引兵登船渡江。

十月二十日左右,宋军安抚使刘泽以扬州不可守,劝刘锜退守瓜洲。于是刘锜自扬州东门退军瓜州,刘泽则出奔泰州,再渡江奔平江府。金兵追击刘锜至瓜洲,遂发生瓜洲渡的争夺战。刘锜的兵马在瓜洲留滞四日,到了二十七日奉诏守镇江,而留权都统制李横裕、中军统制刘汜守卫瓜洲渡,与金兵相持。

南宋朝廷闻金兵已至杨林、瓜洲渡口待渡江南,临安政府于是仓皇调整军事部署,以加强建康、镇江方面的防御,抗阻金兵的继续南进。而此时金军完颜亮的军队在东线陆路战场进展顺利，得以控制两淮，但在南下渡江时，被南宋前来劳师的中书舍人虞允文领兵击败，此即有名的采石之战。

1161 年 10 月，金主完颜亮亲率六十万大军，分兵四路，水陆并进，扑向江南。宋军负责淮西防务的都统制王权，畏敌如虎，连弃合肥、和州二城，使金军长驱直入。抗金老将江淮、浙西制置使刘锜被迫撤出淮阴、扬州，退至长江南岸的镇江。十月末，宋军的叶义问与虞允文由杭州到达了镇江军事前线。十一月初，宋军得知金军将在采石矶渡江，情势十分危急，叶义问从建康赶至采石矶督师，又调李显忠为建康都统制。十一月初六日，宋廷再次调整太平、采石方面的防守力量，罢王权的军职，而以李显忠代之。另外派虞允文前往芜湖催促李显忠速赴现任，且犒师采石。危急关头，虞允文以中书舍人参谋军事的身份，到达采石矶。当他看到军无主帅，军心涣散，便将尚未逃离的统制张振、王琪、时俊等人召集起，重新部署，抗击金兵。当时有人劝他：你奉命犒师，又不是派你督战，何必自讨苦吃呢？他慷慨回答：我是南宋的臣子，如果金寇过江，则南宋危矣，还有我们生存的日子吗？现在不战也是死，不如我们为国死节吧！

虞允文与将官时俊、盛新等商议，决定采用水、陆配合，以水战为主的战法对抗金军。他以步兵与骑兵埋伏于江岸高地，分水军五队，各以海鳅船（一种用车轮激水，行动快速船）和战船组成，一队泊大江中流，为主力；两队分东西两翼，成倚角之势；另两队隐蔽于姑溪河与锁犀河中，以袭击敌船和援助前阵。

采石矶的宋军经虞允文一番整治调拨，由原来的散兵游勇变成了一支同仇敌忾的生力军。宋军部署稍定，即遇金军顺风鼓噪渡江。金将蒲卢浑向完颜亮进谏道：我看宋舟甚大，行驶如飞，我舟既小，行驶反缓，水战非我所长，恐不可速济。完颜亮怒斥道：以前我跟梁王（宗弼）追赵构至海岛，曾有大舟么？于是他执意号令进军。

完颜亮先使部分水军佯攻，以试探宋军虚实。但被宋军识破金兵意图，未予反击。于是完颜亮挥动小红旗，率战船数百，自杨林渡口（今和县双桥附近）出发，顺风顺水，向东岸冲来。及到近岸，突闻鼓号四起，只见宋军从岸头隐蔽处出现，严阵迎战金兵。金军自入淮西以来，从未遇过此种阵势，不觉震惊，欲后退而又为风所阻。前行的七十余战船勉强靠岸，部分金兵开始登陆。但大部分船只因船底宽平，行动不便，在江中飘摇不定，无法前进。虞允文在前沿见金兵登陆，回头拍着勇将时俊的背说：你的胆量，天下闻名，此时立在阵后做甚？时俊挥舞双刀冲向金军，大队宋军跟着冲去，人人奋勇杀敌，登陆金兵全部被消灭。

完颜亮不甘失败，将其余船只重新集结，准备再次进攻。这时天已傍晚，暮色苍茫。适有一队自光州（今河南潢川县）撤下的宋军路经采石，虞允文立即让他们自山后至江边往返运动击鼓，充作疑兵。当时采石附近百姓，也来助战观战，采石至东梁山沿江山坡滩岸，连绵数十里喊声不绝。完颜亮听到岸上鼓声震天，人声如潮，以为宋援军到达，慌忙下令退兵。

虞允文预料完颜亮虽遭重创，但不会死心，必将卷土重来。于是连夜将战船秘驶杨林河口，封锁金军出入的水道；另派一队海鳅船停泊于杨林河口上游，船上盛以火箭和霹雳炮，安置一批神射手，以霹雳炮和神臂弩杀伤敌人。虞允文命令水军将领盛新道：决不能让敌船逃脱一只，如果敌船不出杨林河口，就远射岸上的金兵。

翌日，金水军果然又发动进攻。完颜亮督军进至杨林河口，宋军战船已列阵守候。金军正准备上前突阵，宋军射手扳动神臂弩，箭如飞蝗，金兵纷纷应弦而倒，上岸逃命者亦被射死在江岸烂泥中。杨林河口上游之宋军战船，趁势引发火箭、霹雳炮。据明张燧的《采石之战有先备》记载，霹雳炮"盖以纸为之，而实以石灰硫磺，炮自空而下坠水中，硫磺簿水而火自水跳出，其声如雷，纸裂而石灰散为烟雾，迷其人马之目，咫尺不相见，遂压虏舟，人马皆溺"。完颜亮战船缺乏防火装置，全军三百多艘战船被烧毁大半。金军在淮西之主力，在此基本被消灭。

金军采石渡江没有成功，十一月二十六日，完颜亮集中兵力，勒令将士们在第二天从瓜洲(今江苏省扬州市西南)强渡长江，后退者斩！虞允文率李显忠的部下六万人赶赴京口。朝廷又调动兵力加强镇江、江阴等地的防御。隔岸的宋军刚打了胜仗，士气高涨，严阵以待。而完颜亮一贯用法苛严，金军将士得知完颜雍已在辽阳称帝，并废完颜亮为庶人，便人心思变，开始成队成群地逃亡。兵部尚书兼浙西道兵马都统制完颜元宜等乘机策划兵变，于二十七日清晨率领金兵杀死了完颜亮。至此，完颜亮南侵彻底结束。

为了纪念虞允文指挥采石大捷的功绩，在他死后四十二年也就是南宋嘉定九年(1216)，常平使李道传在采石广济寺西侧建虞忠肃公祠。淳祐九年(1249)，虞允文曾孙虞凭供职池州，请求制置使修祠立碑。几年后，太平郡守马光祖改建，宋理宗赵昀赐庙额"英烈"二字。

二、海州魏胜忠义军的抗金斗争

南宋绍兴三十一年至隆兴二年(金正隆六年至大定四年，1161－1164 年)，在南宋抗金战争中，宋忠义军将领魏胜率部占据海州(治朐山，今江苏连云港西南海州镇)，坚持抗击金军进攻。赢得了巨大的胜利。

魏胜(1120－1164)，字彦威，南宋名将。淮阳军宿迁(今江苏宿迁西南)人。智勇双全，擅长骑射。少时因为家庭情况贫寒应募成为了一名弓手，移居山阳(江苏淮安)。绍兴二十九年(1159)，金海陵王完颜亮凭借武力强盛，决意兴师攻宋，施行虐政，激起各地军民反抗。绍兴三十一年七月，魏胜探知金军大举进攻，遂乘机聚宿迁(治今江苏宿迁西南)忠义军起义。魏胜率领义军 300 人，渡过了淮河占领了涟水军，乘胜向海州进攻。金郡守高文富派兵迎击，被魏胜义军击败，直追至城下。高文富逃进海州城内，命守军紧闭城门，同时把城内的老百姓赶到城上去进行抵抗。魏胜率军追至城下，向守城军民宣告金国背盟侵略和宋朝宽大爱民之意，并声称宋朝的大队人马就要到来。魏胜多又张旗帜，大举烟火，以虚张声势。

城内的百姓和守城的士兵本来就恨透了金军的统治，于是开海州城门献城。伪金的守城主帅高文富与其子高安继续顽抗，魏胜率起义军击败之，并将其父子斩杀。接着开仓放粮，减免赋税，释放囚犯，赢得城内老百姓的大力支持。

魏胜继而收复海州怀仁、朐山、东海、沭阳诸县，声势大震。魏胜自称制置司前军都统制，招募义勇数千人，整编队伍，分忠义兵为五军，据险设防，严阵以待。为了巩固已有的成果，魏胜还积极采取以攻为守的策略，积极向北边的沂州拓展。海州成为当时山东、江苏反金的中心，有力地支援了南宋的抗金事业。

魏胜起义初，曾与宋朝联系，“报境上帅守，冀给军装器甲。时帅守虽知金人将渝盟，未有发其端者，莫敢以闻”。一直到后来，“(魏)胜起义久，朝廷尚未知。沿海制置使李宝遣其子公佐由海道觇敌，至州，始遣忠义将朱震、褚道诣行在，白胜姓名于执政，始知胜之功焉”[①]。此时已是绍兴三十一年。

金主完颜亮举兵渡淮，“虑胜睨其后，分军数万来攻。会李宝帅舟师往胶西，破金人舟舰，胜遣人邀之，同击金人于新桥，大败之。”

魏胜在海州抗金的胜利，遭到了金军极大的仇视。金军进行了猛烈的反扑。金同知海州事蒙括镇国率兵七万余准备夺回海州，魏胜闻知，预设伏兵于州北新桥。及金军到达，魏胜以极少的义军和李宝水师密切配合，粉碎了金大将军蒙括镇国七万大军的围攻；随后又以逸待劳，水陆合击，打败了山东路都总管十万大军的进攻。魏胜义军的一连串胜利，使金主完颜亮非常恼怒，考虑到魏胜义军威胁其侧后，完颜亮再次分兵数万攻海州。此时宋军浙西马步军副总管李宝率舟师于东海登陆，与魏胜军内外夹击，先后于新桥、关子门、砂堰连败金军。

宋绍兴三十二年(1162)五月，金派遣五斤太师发诸路兵 20 余万往攻海州，魏胜选勇士 3000 余骑，拒守石闼堰，凭险阻击，屡挫金军攻势。金军随后再次集 10 万余众，全力进攻石闼堰，魏胜率部与金军鏖战，斩杀数千人，金军败溃，而魏胜守险不追，还军城中。金军围城数重，魏胜与统制官郭蔚分兵备御，乘夜派兵劫其营，焚其攻城

① 《宋史》卷三六八《魏胜传》。

器械，使金兵夜不安枕。

由于金军并力攻城，魏胜告急于沿海制置使李宝，宋廷命镇江都统制张子盖率兵驰援。十五日，张子盖率部到石湫堰，金军以万余骑设阵，阻击宋援军，张子盖率数千精骑向金军发起攻击，张子盖大呼驰入金阵，士卒亦奋勇争先与金军激战。是时魏胜率兵赶到，投入战斗，与张子盖两面夹击，金军大乱，近半溺死于石湫河，宋军乘势追击数十里，金军大败，遂解围北去。隆兴元年(1163)，为遏制金军，魏胜创制如意战车数百辆与金军对战，行则载运辎重，止则环为营垒，配以弓弩箭，坚守海州地域。金军屡战失利，每见“山东魏胜”旗号，即避战而遁。宋政府委任魏胜担任了海州知州。三次以少胜多的胜利，终使海州保卫战取得了彻底的胜利。

海州保卫战是中国战争史上城邑防御战的典型战例，魏胜知兵善战，能攻善守，率领忠义军攻占并坚守海州数年，巧施疑兵，屡败金军。所制如意战车，为金军所惧，打击并牵制了金军南下进攻的计划。

隆兴二年(1164)，由于宋朝廷中议和派占了上风，过早的放松了对于敌人的警惕，海州的防务区被撤销。魏胜也由海州被调到了楚州担任知州。负责防守清河口。

当时的战略要地清河口、颍河口、涡口分别是淮水支流清河、颍河、涡水入淮要渡，完颜亮即从涡口渡淮，从淮北南下的金兵屯于宿州，而宿州位于清河、颍河之间，所以金兵最可能从颍河口或者清河口渡淮。魏胜调任以后，他在海州训练的士卒部分被支解隶属别军，其部分将士在撤戍后，被隔绝于后方，人数达五千之众。由于兵力不足，于是魏胜以沉船巨木铁链堵塞河道，同时部署义军屯于淮河南岸和大运河之间防御。此时的宋金双方正在积极的对话谈判，金国一面以谈判为幌子来麻痹南宋政府以拖延时间；另一方面，积极准备强渡淮河。冬十月，金兵载着战略物资来到了清河口，金兵人马部署停当以后，开始攻打楚州城。十一月，金南征都统徒单克宁乘和议未决，宋军防御懈怠之机，率军突袭清河口。金兵清除沉船，趁夜从清河入淮，谎称运粮去泗州。魏胜识破金兵阴谋，请求抵抗，而淮东安抚使刘宝执行当时南宋政府的议和路线，坚称宋金正在议和，金兵绝对不会入侵，不许魏胜防御。金兵趁机抢占渡口登陆，魏胜率领军队拒战于淮阴。而近在四十里外楚州的刘宝，先是拒发援兵，继而弃城逃窜。在楚州淮阴城东十八里的地方，抗金义军杰出的将领魏胜，虽经力战，但终因寡不敌众，身中流矢，壮烈捐躯，年止四十五岁。

魏胜的抗金事业为他赢得了巨大的历史声誉，史学家章颖把他列入“南渡四将”。尽管他的抗金事业只是在江苏北部的海州和楚州度过的，但是他那“振臂一呼，而四方云集”的英雄主义行为，大大延缓了金军南下的步伐，有力地支持了南宋其他地方的抗金事业。特别是他那不畏强暴、临危抗争的精神，大大鼓舞了人民的抗金斗志。

虽然他的生命很短暂，他那辉煌的抗金战绩永远记在人民的心中。

三、“隆兴和议”后江淮地区四十年的“和平”

隆兴元年(1163)四月，宋孝宗赵眘绕开三省和枢密院，直接下令张浚以江淮都督府的身份挥师北伐。

这次北伐动用兵力八万，丁夫五万，号称二十万。而实际上除去后勤运输部队，可用兵力只有六万左右。这些部队来自江淮都督府直接统帅的建康、镇江、池州、江州四支驻屯大军、淮西制置使李显忠统帅的殿前司军队和侍卫马军司军队。据记载，孝宗朝建康兵额五万，镇江四万七千，池州一万两千，江州一万，殿前司七万，马军司三万，总计二十余万。除去拱卫临安和防卫两淮前线的军队，八万军队已经是这次北伐所能调动的最大兵力了。对比金国在汴梁、睢阳一线的十数万兵力，宋军并不占数量上的优势。这次北伐计划以李显忠自定远(今属安徽)渡淮攻取灵璧(今属安徽)，建康府都统制邵宏渊自盱眙渡淮攻取虹县(今属安徽)，然后两支军队会师攻取宿州。攻下宿州以后，宋军的下一个战略目标则是收复汴梁。

灵璧、虹县是金军囤积粮草之所，所以成为北伐军首攻目标。五月，淮西制置使李显忠率部出发，李显忠一路进展顺利抵达灵璧，灵璧金军守将右翼都统萧琦率领着拐子马来战，李显忠率领军队首先打败了萧琦率领的这支金军精锐部队，萧琦逃遁，随后李显忠的军队进入灵璧。然而，宋军的另一路部队进展却不顺利，建康府都统制邵宏渊所部宋军被金守将蒲察徒穆阻挡在了虹县。李显忠派遣灵璧的降军进入虹县，宣谕宋军对降敌的宽大政策，同时李显忠移军虹县击溃蒲察徒穆所领导的金军骑兵，使蒲察徒穆率军开城出降。灵璧、虹县相继收复。此间不断有金军将领相续叛金投降。

李显忠率军于五月十四日抵达了宿州。金守将没有坚守城池以待援军，而是轻率出战。被宋军击败，死伤数千。李显忠和邵宏渊于五月十六日率领军队登城作战，直至控制了宿州城池。在宋军和金军在交战中曾发生了猛烈的巷战。巷战中建康前军统领王琪战死，由此可见金兵抵抗之激烈。此役，李显忠和邵宏渊部戮金兵数千，擒八千，战果十分辉煌。而这一天距离李显忠兵发兵的日期只有十多天。宋朝廷随即荣升李显忠为淮南、京畿、京东、河北招讨使，升邵宏渊为副使。

金军失利后，一直伺机反扑。从攻克宿州之后的一个星期里，宋军一直屯于宿州。金军没有看到李显忠和邵宏渊进击汴梁的迹象。于是金军左副元帅纥石烈志宁率领精兵数万人，从睢阳(今河南商丘县附近)反攻宿州。金帅孛撒率领步骑十万也从汴梁来攻。大战即将爆发，纥石烈志宁的先头部队已于五月二十二抵达宿州，纥石烈志宁以士兵多插旗帜为疑兵驻于州西,以三个猛安率领偏师驻扎城南,自帅主力屯于宿州东南,切断了宋军归路。双方爆发了初次战斗,宋军取胜。孛撒的军队因为路途较远,于五月二十三日清晨到达了宿州城。孛撒围城,李显忠率军战于城南。由于宋军内部奖赏不公,一些士兵甚至抛弃赏钱泄愤,士气十分低下。李显忠悉兵出战,但是兵力却相形见绌。李显忠要求邵宏渊并力合击,而邵宏渊按兵不动。因此,当宋金短兵相接时,李显忠所部军队队形大乱,宋军伤亡惨重,二十三日,李显忠收拾残军弃城突围,结果于第二天在宿州北面的符离集,被金将瓜尔佳清臣等追及。失去城池掩护的宋军无法抵金军骑兵的攻击,于是大溃,被斩首四千,跌落水中无法计算,仅仅被缴获的盔甲就多达三万余副,宋朝积蓄的军资损失殆尽。

张浚在五月渡江,坐镇盱眙指挥。盱眙离宿州约三四百里,噩耗在一天后传至盱眙。张浚闻讯大惊,仓促之间以刘宝为镇江都统制,渡淮北上泗州。自己退回扬州。当时江淮之间,无可用之兵,无可守之城,金兵一旦长驱直入,数日之间即可抵达长江北岸。张浚于是以魏胜守海州(次年魏胜方战死),以陈敏守泗州,戚方守濠州,郭振守六合,同时治高邮、巢县两城,修滁州,聚水军于淮阴、马军于寿春。经此措置,两淮守御粗备。

两淮局面稍一稳定,朝中投降势力的暗流已经汹涌。八月,纥石烈志宁致书宋廷,要求遵循绍兴和约,归还唐、邓(属于京湖战区)、海、泗(属于两淮战区)四州,纳岁币,称臣,并索要中原归正义民和金国降将。不然,将在农闲之时南征。十月,纥石烈志宁率兵自清河口渡淮,攻楚州,开始以战逼和。不久,另一路金兵自颍河口渡淮,攻濠州。继淮东安抚使刘宝之后,淮西招抚使王彦不战而逃,滁州陷落,江淮之间门户洞开,金兵一直打到长江边上,占领扬州、和州,扬言渡江。此时孝宗起用老将杨存中都督江淮兵马,措置长江防线,同时下诏安抚归正军民,稳定内部,激励士气。

十一月二十三日步军司统制崔皋败金兵于六合。不久,高邮守臣陈敏在射阳湖击败金兵。金军前有大江,后有坚城,虽然处于攻势,却不能不担心腹背受敌的危险。宋将郭振又夜袭金营成功,部分金兵退却。纥石烈志宁已成孤军,于是趁势接受了宋朝的请和,宋金签订了“隆兴和议”,和议条款的主要内容是:(1) 割让商州、秦州。宋金边境完全恢复到绍兴和约的规定。(2) 易岁贡为岁币,数量由绍兴和议的银二十五万两,绢二十五万匹,各减五万。(3) 金宋为叔侄之国,即宋朝皇帝从向金朝皇帝称臣改为称侄。(4) 归还被俘之人,但是归正义民及叛降者除外。

次年,宋改元乾道,就在这年正月,金世宗完颜褒批准和议条款,所以“隆兴和议”又称乾道之盟。这次和议,一直维持了四十多年,一直到下个世纪初才被韩侂胄的开禧北伐打破。

四、韩侂胄“开禧北伐”时期的江淮

韩侂胄，字节夫。相州安阳（今属河南）人。北宋名臣韩琦的曾孙。韩家世代都是皇亲国戚，祖父韩嘉彦娶宋神宗第三女，父韩诚娶宋高宗吴皇后之妹，韩侂胄本人也娶了吴皇后的侄女，后以恩荫入仕。绍熙五年（1194），孝宗死，光宗自称身体不好，不出朝执丧。朝野上下一片骚乱。光宗的皇后在赵汝愚与韩侂胄的支持下，发起宫廷政变。命宋孝宗之孙，宋光宗之子嘉王即位称帝，年号庆元。嘉王即宋宁宗。

宋宁宗继位后，宰相赵汝愚与韩侂胄不和，互相争斗。最后韩侂胄使用权术让宋宁宗罢免了赵汝愚，韩从此成为南宋举足轻重的人物。此后，韩侂胄掌握军政大权达十三年之久。同时，他将赵汝愚所提倡的理学称为伪学，对理学家进行打击，造成“庆元党禁”，凡与党人有牵连的，不得任官职，不得应科举。

为了立不世之功，巩固自己的地位，韩侂胄决定以北伐为旗帜，聚集各方力量。此时的局势对南宋朝廷相当有利。北宋灭亡已经有七十多年，北方领土一直沦陷在金人之手，中原遗民一直热切盼望宋军北伐，而南方军民也有收复失地、重振纪纲的强烈愿望。而此时金国金章宗在位，国势衰弱，尤其是北方蒙古的崛起，大大削弱了它的统治。可以说，正是北伐的大好时机。

韩侂胄积极策划北伐的各项事宜，嘉泰三年（1203），宋大造战舰。四年（1204），下诏整顿诸军。追斥秦桧“和平误国”罪，削夺秦桧生前身后所得王爵，改谥“缪丑”。立韩世忠庙于镇江，追封岳飞为“鄂王”，以激励士气。五年（1205），设置澉浦水军。在西线，以四川茶马购置西蕃良马；而此前抗金名将吴挺之子、吴璘之孙、韩侂胄的亲密政治盟友吴曦被派往四川，以御前诸军都统制的身份驻守宋西线实力最强的兴州。在中线，增置襄阳骑兵，征召义士入伍，提拔孟宗政等日后声名赫赫的良将分守各要塞，广积粮、增戍兵、修筑水匮拱卫荆州，以支援襄阳。在东线，他以亲信张岩、程松帅两淮，起用抗战派元老辛弃疾为浙东安抚使。

开禧元年（1205），韩侂胄任平章军国事，其地位和权力远高出一般的宰相。宋宁宗开禧二年（1206），韩侂胄大举北伐，九月至十一月间，中线宋军先后试探性攻击唐、邓、商诸州所属城堡，与金军发生小规模冲突。西线吴曦拥众兴州，虎视关陕。开禧二年初，宋关外四州之一的西和州守将甚至采取欺诈手段，约金方守将会于边境，伏兵杀之。连新上任的四川宣抚使、文官程松也派兵攻打天水。东线皇甫斌派兵骚扰淮北，攻击灵璧，又在四月围困重镇寿春。东线建康、镇江两都统制司所辖兵力一向雄厚，宋廷更抽调三衙（马军司已经在孝宗朝移驻镇江，其他二司驻扎京师）军队支援淮东，重点似乎放在两淮方面。韩侂胄命令殿前副都指挥使郭倪指挥渡淮、勇将毕再遇攻取泗州，初战即告捷。

毕再遇，字德卿，兖州（今属山东）人。父毕进，为岳飞部将，阶至武义大夫。毕再遇以父荫补官，隶侍卫马军司，“武艺绝人”，受到宋孝宗的召见，赐战袍、金钱。开禧二年（金泰和二年，1206 年）四月，以殿前副都指挥使、镇江诸军都统制郭倪兼任山东、京东路招抚使，率宋东路军北伐。毕再遇率 87 名敢死队，从镇江都统司的武锋军统制陈孝庆渡淮攻泗州（今江苏盱眙西北）。毕再遇定计，以宋军主力佯攻泗州西城（州治），自率部下出其不意奋勇登上东城（淮平县城）南角，杀敌数百。东城金军溃败后开北门逃走，毕再遇攻占泗州东城。金军仍坚守泗州西城，毕再遇又转攻西城，树大将旗，大呼“大宋毕将军在此”，“可速降”。金淮平知县降，毕再遇又占领泗州西城，取得了东路宋军北伐的首功。招抚使郭倪赶到新占领的泗州，慰劳得胜的宋军，授毕再遇刺史衔。毕再遇说：“国家河南八十有一州，今下泗两城即得一刺史，继此何以赏之?”坚辞不受。

五月，郭倪派池州（今安徽贵池）诸军副都统制、主管马军行司公事李汝翼，率军数万进攻宿州（今属安徽），派陈孝庆率部进援。又命毕再遇率骑兵 480 名为先锋，直接进攻徐州（今属江苏）。当毕再遇进至虹县（今安徽泗县）时，遇到从宿州败退的宋军，随即加速进军。到达灵璧（今属安徽）时，又遇到进屯附近凤凰山的陈孝庆正拟退兵。毕再遇说：“吾奉招抚命取徐州，假道于此，宁死灵璧北门外，不死南门外也。”遂自率所部阻击金军。当五千金军追来时，他派二十名骑兵守北门，亲自率其余骑兵向金军冲击，金军大败，毕再遇率部追奔三十里，使宋军陈孝庆的大部队得以安全退兵。当宋军退到泗州后，毕再遇“以功第一”，升为武功大夫、左骁卫将军、殿前司选锋军统制。不久，奉命退回淮南的盱眙，兼任盱眙军知军。九月，毕再遇升达州刺史衔，又改任镇江中军统制仍兼盱眙知军。

十月末，东路金军主帅、山东两路兵马都统纥石烈执中，统兵渡淮南下，进围楚州（今淮安），毕再遇奉命救援楚州，郭倪另派部队接管盱眙的防务。毕再遇率部北上后，金军进攻盱眙，接防的宋军惊溃，盱眙被金军攻占，毕再遇又回军收复盱眙。不久，毕再遇升任镇江诸军副都统制，再次率军救援楚州，面对十倍于己的金军，毕再遇派小部队，间道乘夜赶赴金军运粮车的宿营地淮阴（今淮阴西南），烧尽金军的后备粮草，大败淮阴的护粮金军。

金人渡淮，涡口戍将望风遁，濠、滁相继失守，又破安丰。毕再遇谓诸将曰：“楚城坚兵多，敌粮草已空，所虑独淮西耳。六合最要害，彼必并力攻之。”毕再遇立即率部南下，坚守六合（今属江苏）。宋朝廷任命毕再遇带节制淮东军马衔，以便调遣淮东的其他宋军抗金。

十二月上旬，金军进至六合西北二十五里的竹镇，毕再遇随即登城部署战事，命令守城宋军偃旗息鼓，并伏兵于南土门，排列弩手于土城上。当金军刚进到城濠前时，宋军突然万弩齐发，开门出战，鼓声大作，城上旗帜并举，金军惊恐而退，毕再遇乘机率军追击，金军大败。金军数万随后又围攻六合，金河南统军使纥石烈子仁督兵攻城，六合城中宋军的箭已射尽，毕再遇命人打着青盖在城墙上来回走动，金军以为是宋军主将，因而争相向青盖射箭，城楼、城墙到处是箭，宋军拔取使用，多达一二十万支。毕再遇又命人在城门附近奏乐，以示闲暇，间或出兵袭击金军，使得金军日夜不得安宁。乘金军稍退之机，毕再遇亲自率军出城，夺取城东的野新桥，宋军突然出现于金军背后，金军遂退兵，毕再遇率军一直追击至滁州（今属安徽），俘获大量骡马衣甲。毕再遇又以功升领忠州团练使，并升任镇江诸军都统制、权山东、京东路招抚司公事。

毕再遇自北伐以来，仅八个多月，在激烈的战斗中由一个低级军官升为独当一面的大将，接替郭倪全面指挥淮东的抗金战争，这在宋代是极其少见的。开禧三年春，毕再遇回至扬州，又加骁卫大将军衔（正四品）。毕再遇派兵分头袭扰围攻楚州已数月的金军，金军终于不支而退。毕再遇改任兼扬州知州、淮东安抚使。作为岳飞部将后代的毕再遇，史载，开禧北伐，"诸将望风奔衄，再遇威声始著，遂为名将"[①]。在对金作战中，毕再遇几乎是没有打过败仗，即使因军力悬殊不得已而退兵，也从未受过重创。然而史弥远矫诏杀害主战派权臣韩侂胄后，乞降求和，不仅使南宋与金签订了屈辱的"嘉定和议"，也使一代英才、杰出的抗金将领毕再遇未能进一步发挥其卓越的军事才能。

与此形成鲜明对照的是，韩侂胄力主任命的川陕军事领导人吴曦，被金国诱降，导致宋朝的东西中三个防线全线崩溃。后来吴曦虽被赐死，川陕重归南宋治下，但全局大势已不可为。由于宋军的全线溃退，导致金国南侵至长江沿线一带。宋金重新进入和谈轨道。

前线失利以后，以礼部侍郎史弥远为首的主和派，勾结皇后密谋除掉韩侂胄。皇子荣王赵曮上疏，说韩侂胄再启兵端，危害国家。史弥远率先上书弹劾韩侂胄，指责北伐以来百姓死伤无数，公私物力非常困难，给国家造成祸害。但宋宁宗依然信任韩侂胄，于是杨皇后决定铤而走险。开禧三年（1207）十一月初三，史弥远在杨皇后的支持下，矫称有密旨，令权主管殿前司公事夏震率兵三百，埋伏在六部桥侧，等韩侂胄入朝时，将其截至玉津园夹墙内活活打死。

韩侂胄死后，史弥远大权独揽，知枢密院事，兼参知政事，拜右丞相。最为卑劣

---

① 《宋史》卷四〇二《毕再遇传》。

的是,他将韩侂胄的头颅砍下,装在匣子里送给了金人。南北再一次和议。嘉定元年(1208)史弥远主持与金议和,宋金和议终于达成,这就是宋金和议史上最为屈辱的“嘉定和议”,其内容主要是:(1) 宋金为“伯(金)侄(宋)之国”;(2) 宋输金岁币由银绢二十万两、匹改为三十万两、匹,并另给金犒军钱三百万贯;(3) 金归还新侵的土地给宋,双方维持原来的疆界;(4) 宋将韩侂胄等主持伐金之人的首级献给金人。

第七章　元统一江淮及在江淮的设置

第一节　宋元政治演进中的江淮大势

10—13世纪是中国多民族政权并立，社会充满变动的历史时段。在北宋时期，由于宋与辽、与西夏对峙的战区距离江淮都很远，因此，这段时期江淮经济及各个方面都取得了长足进步。这一段时期大约是一百六十余年。经过稳定的发展，江淮经济获得了迅猛增长，特别是太湖地区已然跃为全国的经济中心。

自从宋朝退守江南，江淮就被历史的潮流推到了和民族政权对峙的战争前沿。面对日益强大的金国，南宋方面陷入被动。一般是彼战则战、彼和则和，金国在此过程中始经处于两国关系的主导地位，所谓“金欲和则与之和，金欲地则与之地”①。南宋主要是依凭长江天堑和两淮建立防线，将敌人拒于门外。

南宋防线主要分三层，最外一层是淮河和汉水，第二层是长江。南宋所立的三大防区分别是两淮、荆襄和川蜀。这三个区域都是依凭长江相连续的。整个防御以水军为支柱，长江中下游和两浙沿海是南宋的国之重地，也是布防的重点地方。沿江的鄂州、池州、建康、镇江、江阴、许浦、嘉兴、临安、定海都布置了水军。其中建康、定海设立沿江、沿海制置使司，分别指挥江上及海上军队。这样，江淮的建康就成为南宋江上防御的总指挥部，沿江制置使司即沿江制置使司的所在地。

建康是宋代江南东路的首府，地处江淮之交，为江防重地。南宋在此地驻有重兵。绍兴初年驻有御前禁军五万人。乾道以后建康都统司也下辖五万人②。建康府

---

① 李心传：《建炎以来宗年要录》卷二〇〇“绍兴三十二年六月己巳”条。

② 《景定建康志》卷三九；李心传：《建炎以来朝野杂记》甲集卷一八《乾道内外大军数》。

厢禁军,隶安抚司四千人,亲兵一千人。建康和镇江及武昌同为南宋三大驻兵要地。乾道二年(1166),宋廷确定镇江府都统司兵数为47000人[①]。《嘉定镇江志》卷二一《杂录》中记载:"绍兴罢兵,屯大军于江上,向时公卿甲第与夫名胜之迹,率为营砦所占。"足见其时建康一带对于江上防御的重要程度。

一、南宋江淮防护体系的构建

在金国破汴京、将徽、钦两宗掠掳北上后,康王赵构在宗泽等人的拥戴下任天下兵马大元帅。赵构是徽宗第九子,庶出,在汴京第一次被金人所围时,他出使金营为人质。康王神态自如,被金人怀疑其王子身份有假,要求改肃王为人质,康王得以南下。1127年,宋军营救二帝未果,康王赵构被朝臣拥立,在河南商丘继承宋朝大统,为高宗,年号建炎,重建宋朝大统,史称南宋。在动荡不安中,他先迁行在于扬州、建康等,最终定于杭州。

在动荡中建立起来的南宋政权自始就面临着金、西夏,接之而起的是蒙元势力的巨大威胁。建炎三年春(1130),为灭掉赵宋政权,金宗翰率领兵马大举南下。赵构被迫从扬州逃往瓜洲(今扬州南),依靠一只小船,仓皇渡过长江,逃往镇江、建康一带,希图以长江为据,免遭覆亡。金军因一时难以过江,赵构因据长江之险而逃脱一劫。后赵构经常州、秀州,逃到杭州,主动削去"皇帝"之号。在建康之际,赵构曾遣使向金人示好,甘做金的藩臣,所谓:"顾……愿削去旧号,自此一……者。盖知天命有归,而欲仰以成……一尊之人也。……是天地之间,皆大金之国,而无二上矣……"[②]但金人不接受赵构的求降,一路尾追,赵构只有经越州、明州……逃至大海。在茫茫大海,高宗等人漂泊数月。金军则所向披靡,攻下了建康及其周边地区。但是,金军在镇江一带遭遇到宋将韩世忠组织的黄天荡大捷,沉重打击了宗弼。在无法取胜之际,宗弼率军北返。北返途中,宋将岳飞率军在建康的静安等处袭击北撤金军,收复了建康,岳飞升任通泰镇抚使兼知泰州。

经过此战,史载宗弼"自江南回,初至江北,每遇亲识,必相持泣下,诉以过江艰危,几不免"[③]。而黄天荡一役则大长了南宋军民的抗金信心,梁红玉助夫抗金的事迹从此代代相传,成为教育国民的史实,而金朝也意识到灭宋并不是件容易的事,逐步产生了与宋议和的思想。在当时情形之下,虽赵宋怯懦、退缩,但宋人仍将赵宋视为国家的象征、民族的希望。

---

① 李心传:《建炎以来朝野杂记》甲集卷一八《乾道内外大军数》。

② 李心传:《建炎以来宗年要录》卷二六"建炎三年八月丁卯"条。

③ 《大金国志》卷六《太宗文烈皇帝四》。

就在韩世忠与宗弼大战之际，当时金军的另一支完颜昌也向淮东发起了攻势，声援宗弼，两军在建康附近相遇。连克楚州、泰州、通州，但在第二年三月，完颜昌攻打缩头湖张荣的梁山泊水军时，被张荣的非正规部队打得大败，完颜昌的女婿也被张荣抓获，完颜昌于是收拾残众2000余人狼狈逃回楚州，退至宿迁，七月，完颜昌也"率众北返"了。自此完颜昌也有了与宋议和的念想。

最终宋金双方在几经角力后缔结绍兴和议，双方以东起淮水，西到大散关为界，宋向金称臣，每年贡纳银、绢各二十五万。以此，宋金双方保持了近四十年的友好关系。

金熙宗的堂弟完颜亮发动政变，刺杀了熙宗，结束了对于双方都比较有利的局面。完颜亮一心想当一统天下的皇帝，他曾在一幅有关临安、西湖的屏风上题诗道："万里车书已混同，江南岂有别疆封。屯兵百万西湖上，立马吴山第一峰。"[①]表示了自己吞并南宋的决心。南宋绍兴三十一年(1161)，完颜亮终于发起攻宋战争。

面对金朝的南侵，南宋政府调兵遣将积极防御。完颜亮亲自率领的东路大军初战顺利。先锋直抵建康外围，占领寿春(安徽寿县)、滁州、庐州、和州、扬州，逼近长江。金宋双方遂为争夺瓜州渡展开激烈战斗，宋军败撤，金军全线抵达长江北岸。正当完颜亮攻打南宋之时，金朝内部发生了变乱，完颜雍等人因反对完颜亮长期残杀宗室、压榨百姓而趁机政变。完颜雍称帝，是为金世宗。孤悬在外的完颜亮此时已率军渡过淮河，抵达长江北岸，准备从采石渡江。得知后方政变，意欲北返，但部将有不同意者，于是准备渡江。宋高宗慌忙准备逃跑，被大臣阻挡。于是为抵抗金兵，任命知枢密院事叶义问到建康府督视江淮军马，中书舍人兼直学士院虞允文参谋军事，又起用抗金老将张浚为判建康府兼行宫留守，在他们的组织下，采石一带的防务很快就见好，取得了采石之战的胜利。完颜亮遂组织人马退往扬州，准备从瓜州再次渡江。但此时，全军中已开始流传后方政变的消息，加之宋军的勇敢抵抗，导致军心不稳，纷纷逃跑。完颜亮为稳住军队，又颁军令，准备惩治逃跑者，随军将领则组织起来刺死完颜亮。这一次南侵遂告终，金军主动北撤。

南宋政府此时希望乘胜追击，张浚遂在双方势均情形下北伐。他都督江淮东西路兵马，开府建康。隆兴元年(1163)，张浚至扬州，合江淮兵8万人，号称20万，出师北伐。但北伐并没有取得象样的战果。以后南宋政府又组织过北伐，其中最为出名的是"开禧北伐"，都因实力不足而失败，给广大人民带来了深重灾难。开禧北伐，金军由守转攻，短短一个月内，就打到了长江北岸。双方又一次沿江大摆战场，宋军不

---

① 《三朝北盟会编》卷二四二引张棣《正隆事迹记》。

敌,函丞相韩侂胄之首以献,双方以“嘉定和议”而终。

可以这样说,宋金两方一直在和战中维持着均势,两个政权之间几度战争又几度议和,这种议和表明两者之间达到了力量的平衡,宋金双方无论谁首先进行的攻击都没有能够取得最后胜利。

综观这一段历史,不言而喻,江淮一带就是南宋保卫首都的主战场。金军攻过淮河,宋只有恃长江天险以抗金。在当时的江淮境内多次发生了宋金军事抗争,只因双方保持均衡,未能打破势均力敌的状态。但双方显然是以金为主动,彼战则战,彼和则和。这种战和形势和江淮地理形势,说明南宋定都临安,位置在江淮的狭抱中,比起建康更安全。而建康此时显然已成为了抗金南侵的前敌指挥所,并一度成为战场,足见当时军事斗争之残酷。本来建康就是战略要地,城西是长江天堑,东南是碧波万顷的太湖和平坦的太湖平原,可以径直到临安,水陆交通便利。南宋就是以此为据,联结淮东、淮西的两淮防线,形成对临安行在的最后屏障。

二、蒙古兴起和统一江淮

(一)蒙古的兴起

13 世纪,和中国古代东胡人渊源很深的蒙古民族在蒙古草原上逐渐强大起来,首领成吉思汗征服草原诸部,建立大蒙古国。随着蒙古骑兵在亚欧大陆的奔驰,世界的政治格局因之发生了翻天覆地的变化。大蒙古国西征取得了广大的中亚草原,收服了西北诸部,灭掉了西夏,迅速成为内陆亚州具有决定性作用的势力。

蒙古部落的名称最早出现在唐代。那时他们生活在今天狃越河(洮儿河)以北,西至俱轮泊(今呼伦湖)一带,东至至那河(嫩江),北到黑龙江的广大地域内,过着渔猎生活,他们被称作“室韦”,蒙兀室韦就是其中的一个部落。在公元 9 世纪时,他们逐步向西迁移,并在迁移中向突厥人学会了放牧。随着部落的分衍,他们占据了更多的草原,势力大增。成吉思汗六世祖开创了基业,收服相当的部众,被拥立为汗。这是蒙古最早称“汗”的开始。12 世纪的北部中国,以金朝的势力为最大,分裂的蒙古部族服从于金朝的势力,生活在蒙古高原的各个地方。其中成吉思汗所在的这一支大致分布于贝加尔湖以南,这一地区还有泰赤兀、汪古、札剌亦儿等部族。呼伦贝儿有塔塔儿人,南方有弘吉剌部。在土拉河一带有克烈人、蔑儿乞人。克烈人的西部是乃蛮人。在这些部族中,克烈部的社会发展程度是最高的,蒙古部族在其中则兴起较晚。

在争夺汗位和势力的斗争中,各个部落之间或联盟或分立,彼此进行了长期的兼并战争。在战争中,蒙古民族的杰出首领铁木真的力量逐渐强大起来,1189 年,他被推举为蒙古的汗，建立了自己的“那可儿”，即护卫组织。他臣事草原上最大的部族克烈部的王罕，消灭了蒙古部内的敌对势力，又凭藉超人的勇气和智慧消灭了王罕，此举震动了草原。以后他又以计消灭了强大的乃蛮部，终于征服了草原。1206 年，铁木真在斡难河大会诸部，成为草原盟主。他被尊为“成吉思汗”，即海的大汗，以自己的部落名称为国号，为“大蒙古国”。同时，他大封功臣，建立了千户分封制。千户分封制是将蒙古民众以千户编组，由大汗任命的那颜统领，在指定的地区放牧，各千户间不得变动。国家按千户征收赋税、签调军队，年纪在十五岁至七十岁者都要服役，并且自备马匹、兵仗。故千户百姓“上马则备战斗，下马则屯聚牧养”。千户分封制彻底取代了旧的部落氏族体系。对于自身的护卫军，他改组为“怯薛”组织，由将领和贵族子弟充任，分为四班，由博尔术、博尔忽、木华黎、赤老温“四杰”领导，平时是侍卫，战时是可汗亲领的核心军队。建国前后，他发布了一系列的法令和训令。1279 年，他在西征前举行的聚会上，重新确定了训言、法令和古来的体制，下令全部写在纸卷上，编定了《大札撒》。这是大蒙古国的最高法典，原书现已失传，但中外的史籍中还保留有许多条款。他还设立了大断事官，以失吉忽秃忽担任，掌民政、司法、立法之权。成吉思汗的组织设立标志着草原帝国的诞生。成吉思汗创立的制度也是此后蒙元帝国制度的滥觞。

成吉思汗在帝国建立以后，发展重心主要在向西、向南两方面。向西就是消灭西辽和花剌子模，将天山南北收归自己。在西夏表示纳女请和以后蒙古还不断进攻。1225 年，成吉思汗西征回到蒙古之后亲征西夏。在攻打西夏的途中，成吉思汗因病而死，临终时他留下遗言，秘不发丧，攻下西夏后杀掉夏主。1227 年，夏主出降被杀，西夏灭亡。在南面，他派木华黎攻打金朝，占据居庸关，迫使金请和纳贡、迁都汴京。

大蒙古国的勃兴也打破了南宋和金之间的力量平衡。南宋和金的对峙由于蒙古的横空出世而不再。面对蒙古的逼迫，金开始积极与南宋修好，蒙古对南宋也予以热切关注，有意联宋灭金。就在蒙古南面图谋金朝土地的时候，金朝的力量却日渐衰落。金宣宗之际，曾想重振雄风，无奈他并无力挽狂澜之力，反而心存猜忌，重用术臣高琪，举措失当，导致政局大乱。宣宗病死后，金朝最后一位皇帝哀宗继位，着手与宋、夏议和，修武练兵，特别是组织“忠孝军”，网罗各族精英、拥有精锐武器，力量齐整，可惜人数偏少，只有万人左右，不能产生决定性的作用。蒙古在成吉思汗死后由二子窝阔台继承汗位，他对金国发动了进一步的进攻。他采取成吉思汗的遗命，借道南宋攻打汴京。这一次他亲征金朝，命拖雷从宋境入金。南宋绍定四年（1231），蒙古以武力向宋借道，围攻金都汴京。南宋绍定六年（1233）十月，南宋派江陵府副都统制孟珙、襄阳府守将江海等率领 2 万军队，携 30 万石粮食，应蒙古约合围金蔡州城，第二年，蔡州城破，哀宗自缢死，共历120年的金朝灭亡。

就在蒙古国大肆扩张势力之际，南宋的衰弊却日甚一日。在南宋宁宗晚年，由史弥远专权。宁宗无子，生前曾立宗室赵竑为太子，赵竑本人并不认可史弥远，反而下定决心要在日后去除擅权的史弥远。深晓这一切的史氏趁宁宗病重之际矫诏立另一宗室赵贵诚为太子，将他改名为昀，即位为理宗。宋理宗继位后自然在政事上完全依赖史弥远。端平元年(1234)，金被灭，南宋和蒙古遂形成两大对峙局势，双方约定以陈、蔡为界。此时，南宋朝臣却企图以此为机，出兵北上收复汴京、洛阳。然而此事决定草率，幻想蒙古人不以河南地区为重，贸然出师，即为蒙古人所败。此事发生在理宗端平元年，故称为"端平入洛"。南宋得不偿失，又给蒙古人南下兴兵留下了借口。次年六月，蒙古人就大举南下，攻占襄阳、德安、郢州、成都等地，严重威胁长江中下游的安全。当时，窝阔台因分兵西征，并未全力攻宋，南宋因此几年内陆续收复失地。淳祐元年(1241)窝阔台病死，其子贵由继位。三年后，大蒙古国的汗位转入拖雷系，1251年拖雷的长子蒙哥继承大汗之位，终使大蒙古国长期的汗位之争结束。蒙哥在政权建设上极富成效，他任用其三弟忽必烈经营汉地，积极进行内地经营；在军事上向西进行第三次西征，向南则继续攻宋。蒙哥的大政措施取得了积极的成果，特别是忽必烈在汉地的经营影响最大。而大规模的西征最终也形成了蒙古的四大汗国，即金账汗国、窝阔台汗国、察合台汗国、伊儿汗国。

（二）攻打南宋

宋室在史弥远之后，其侄史嵩之继之为相，朝政一如史弥远当政，党争愈演愈烈。接着，宋理宗的贾贵妃之弟贾似道为相，政事更为不堪，断送了南宋的江山。贾似道原本在军中任职，办事干练、为人有心机，得到步步高升。后他又依靠贾贵妃的关系揽得丞相大权。在朝中他大肆排除异己，只任用自己的亲信，个人过着穷奢极欲的生活，造成民怨沸腾。然而，他还是能够独揽大权，甚至在百官上朝议事时，他当廷呵斥百官："诸君非似道拨擢，安得如此？"[①]贾似道当政竟造成"专咨日甚，畏人议己，务以权术驾驭，不爱官爵，牢笼一进名士。……由是言路断绝，威福肆行"[②]的局面。贾氏专擅造成了严重后果。在军事上他主要依靠江南的大族吕家，帮吕家的代表吕文德打击宋军的名将刘整。刘整是当时宋军中难得的真将才，在此情形下无奈投降了蒙古。刘整的北降是南宋军事人才的重大损失，也让忽必烈得到了帮助他平定南宋的大将。此后，刘整献平定南宋的计策，"宜攻事襄阳"，"如覆襄阳，浮汉入江，则宋可平

① 《宋史》卷四二四《李伯玉传》。

② 《宋史》卷四七四《贾拟道传》。

也”①,并且成功地帮助蒙古人训练出了水军,以弥补蒙古军不擅水战之不足。刘整等人的降元是南宋的重大损失,正是刘整向蒙古人挑破了长江防线的重镇襄樊的地理位置的重要性。此前,蒙古大军也曾占领过襄樊,但是并未意识到这个地方的军事重要性。在打劫过后自行撤回。刘整北降让“蒙古由是尽得国是虚实”。自此,蒙古人改变攻打南宋的策略。当忽必烈率大军南下时,贾似道不组织军民进行反击,反而允诺忽必烈议和、纳币,以解除战事。双方在鄂州城下盟约,忽必烈退兵南宋则责岁币银各二十万,以江为界。这本是贾氏私自行事。正当此时,蒙哥汗在四川钓鱼台被南宋官军用箭射伤至死。忽必烈急于北上与其弟阿里不哥争夺蒙古国大汗之位,而同意了的贾似道的议和要求。贾似道却上报朝廷声称大捷,理宗相信了他的谎言,更加信任似道,封为卫国公,拜为少师。而贾似道在蒙古军队撤兵后,不痛定思痛、整兵练军,反而自以退敌功臣自居,变本加厉地弄权贪腐。为了弥补财政的不足,贾似道不断向南宋百姓搜刮,满足自己穷奢极欲的生活,极大地加重了百姓的生活负担。尽管出现了“境土蹙而赋税日繁”的局面,还不断向百姓借二年、三年的赋税。人民生活在水深火热之中。在景定六年(1263),贾似道还实行“公田法”,即按官品限定占田数额,以官方的名义疯狂掠夺。照此规定,浙江东路、西路的官户超额之田,一律由政府抽买三分之一,每亩收租一石的给四十贯,不满者递减。实施的结果就是招致上下哗然,百姓困苦不堪。南宋就在这些人手中一天一天衰落下去,可还幻想着以长江天堑作为最后的凭障,苟且偷安。

1264 年,忽必烈战胜其弟阿里不哥,顺利继承了大蒙古国的汗位,即剑指南下,意在攻取南宋。忽必烈派郝经为国信使前往宋国,要求贾似道履行鄂州之盟约。因前约是贾氏个人行为,他生怕此前的言行败露,将郝经扣压在真州(今江苏仪征市)长达 15 年之久。忽必烈认为南宋背盟,以此为理由大举进攻南宋。忽必烈此次攻打南宋经过了细致的筹划,以主力攻打襄樊,实施中间突破,后顺江而下,直取临安。经过征战,1268 年、宋度宗咸淳四年,蒙古再次围攻襄樊,拉开了攻打南宋的战争帷幕。1271 年,忽必烈建国号“大元”,取义自《易经》的“大哉乾元”一语,俨然以中原王朝的继承者自居。

襄樊是长江中游的门户,襄阳在南岸,樊城在北岸,夹江对峙,扼守长江,中间有浮桥连接,是南宋腹地和行在的屏障。蒙古对襄樊实施的是系统的围城。首先是围阻其城,待其困而后夺取,筑起堡垒,阻止襄阳的宋军出击,同时在万山、灌子滩汉水中树栅栏,阻止下游的宋军前往支援,即张弘范所言:“城万山以断其西,栅灌子滩以

---

① 陈邦瞻:《宋史纪事本末》第 3 册.中华书局 1977 年版。

绝其东。”[①]又有阿术、刘整等人率军在旁牵制和分扰宋军。以后，宋将曾组织军队前往支援，守军也有突围的行动，均未取得成功。万山堡，也被击败。当时南宋的守将吕文德是江南的世家大族，沿江的守城官员不少是其吕家的门生故旧。1268 年底，吕文德病死，其弟吕文焕继为宋将，吕文焕在襄樊坚守，宋军多次组织军队前去救援，1271 年，范文虎统两淮诸军进援，被蒙古捍将阿术打败；七月范文虎又率水军十万沿汉水北上增援，也被击败，船舰百余及辎重都落入敌军之手。1272 年，宋将李庭芝派民兵张顺、张贵自襄阳西北清泯河用小船突入重围，接应襄阳。但张顺、张贵先后战死，襄樊之围仍然不得解。至此，南宋对襄樊的进援计划全部失败。元军此时对樊城首先展开攻坚战。襄阳和樊城本是隔汉水南北相望，宋军在两城间造浮桥以通来往。元军烧桥断木沉索，用回回炮猛攻樊城，守将范天顺苦战力守无果，范天顺战死。襄阳守将吕文焕见大势已去，在得不到外援、弹尽粮绝的情形下，经过六年的孤守作战，不得已出降。时论虽对吕文焕虽有“须知李陵生，何若张巡死”的批评，但对此仍然抱有同情之心。诗人汪元量在《湖山类稿》的《醉歌》中写道：“吕将军守襄阳，襄阳十年铁脊梁。望断援兵无消息，声声骂杀贾平章。”襄樊的失守让元军拥有了交通江、汉的战略要地。而可歌可泣的襄樊保卫战结束后，南宋失去了长江中游的屏障，岌岌可危矣。

随着襄樊失守，南宋的江淮防线被元军撕开了口子。南宋官员本认为“渔舟如叶，江涛渺然”[②]，不料北兵攻不破长江天堑的想法至此破灭了。多年以后，忽必烈曾问南宋降臣管如德：“我何以得天下，宋何以亡?”如德对曰：“……襄樊，宋咽喉也，咽喉被塞，不亡何恃!”[③]这一段对话精妙地指出了襄樊对于南宋之重要性。面对长江中游的门户洞开，南宋奸相贾似道竟在吕文焕“为虏诱胁，竟以城降”一个月以后，才根据京湖统帅李庭芝的报告奏报给朝廷，闻此，南宋朝野惊骇。软弱的宋度宗不能总揽全局，度宗是宁宗之侄，是依贾似道之力而继承大统，依然把希望寄托在宠臣贾似道身上，不让贾似道离开京师，但是满朝要求丞相督师的呼声甚盛，宋度宗竟出面干预。至元十一年(1274)七月，度宗死，全后的 4 岁幼子赵㬎继位。朝政依然被贾似道掌控，由此引发的各种弊政进一步恶化。

（三）占领临安

得取襄樊之后，元军即着手攻打南宋腹地。元廷分三路进兵南宋，以伯颜、阿术、吕文焕率军从江汉图宋，此为元军主力；淮东由大将察罕统一节制，配合攻宋；淮西以

① 《元史》卷一五六《张弘范传》。

② 《吴渊颖集》卷七《张定传》。

③ 《元史》卷一六五《管如德传》。

合答、刘整、董文炳为首亦配合中路。经过精心备战、缜密布署，1274 年九月（元至元十一年、南宋咸淳十年），伯颜领军，自襄阳趋汉水而下。蒙古大军士气高涨，降将刘整主动要求充当前锋不得，反而气郁而亡，可见恨南宋之深。

南宋末年，以吕文德为首形成了一个庞大的吕氏军事集团，吕文德兄弟、子侄、姻亲、旧部等皆为朝廷军政要员。京湖、两淮沿边数千里都在他们的掌控之中。以吕文焕为前军的元军顺江而下，几乎没有遇到抵抗，吕氏的门生、故吏每每不战而降，南宋举朝震惊。贾似道在元军浩浩荡荡南下之际，不得已调集精兵 13 万，驻扎在芜湖，其中 7 万精兵由孙虎臣统掌，驻扎丁家港；淮西制置使夏贵统战舰艘横于江上，贾似道则在鲁港驻扎，和元军对垒。实际宋军人数并不比元军少，而且以逸待劳，胜算似乎应更大。但是，贾似道并不真想和元军开战，他还幻想以和代战，遣元俘返报伯颜，表示愿意称臣纳贡，求元退兵。伯颜断然拒绝。元军用计骚扰宋军，阿术又率水军来攻。正当两军开战之际，宋军无调度之方，自乱阵脚，不战而溃，乱作一团。淮西制置使是已年近古稀的老将夏贵，面对乱局，夏贵已有降元之心，不作抵抗。路过贾似道的指挥船时，夏贵大喊："彼众我寡，势不支矣！"惊闻此言，贾似道即鸣金收兵。宋军一轰而败，杀溺死者不可胜数，军资器械尽为元军所获。只有姜才收兵回到扬州，元军大胜。丁家港一战是南宋组织的人数最多的一次战役，实际并未进行大规模的实战即溃不成军。老将夏贵一生英雄，时年已届七十，他特写信给伯颜，暧昧地告知自己的心思，即等南宋宗室投降后他一定降元，故不必战。[①] 伯颜知其意，便不再追剿他，直下江东。而宋军的军械物资尽归元兵所有。

得知前线人溃，各地守城将士心理皆受到极大震憾，周围州郡守官纷纷投降。在至元十二年（1275）4 月，元军攻打建康，宋朝建康留守赵溍弃城而逃，都统司都统制徐王荣等开城请降，元军兵不血刃就占领了被誉为"虎踞龙蟠，拱护腹心"的建康。

元军进占建康后，伯颜派兵进攻建康周围的重要城镇，随即攻陷镇江，控制了江东地区，建立起稳固的南进基地。与此同时，为防止两淮宋军南下救援，忽必烈命阿术率军渡江，进围扬州。阿术在扬州东南的瓜洲修造楼橹，缮治战具，在扬州城外围树栅，修筑坚固的堡垒长围，截断了宋军增援部队，又派水师堵截江面，控制了长江天险，断绝了宋军渡江南救临安的通道。而南宋朝廷立国，是以长江为防线，两淮为藩篱，"重兵皆住扬州，临安倚之为重"。元军占领建康，进围扬州，攻占两淮，使南宋都城临安完全失去了屏障。元军在建康休整后，兵精粮足，战斗力更加强盛，随时准备攻取临安，处在进攻的有利地位。

---

① 《新元史》卷《夏贵传》。

时处连年战火、青黄不接之际，为了安抚建康城内外的民众，伯颜不但不许元军直接进驻建康、骚扰民众，还下令开仓赈济饥民、发医治病、保护学校。这一系列举措抚慰了建康内外的民众，缓和了元军和民众的对抗，建立起了攻打临安的坚实基础。

在元军大兵压境的形势下，南宋朝廷内部矛盾重重，主战主和举棋不定。面对元军南下，朝廷屡屡诏令各地宋军勤王入卫临安，终因元军全面进攻，荆湖、川陕战场宋军自顾不暇，两淮宋军被元军阻隔无法渡江赴援，只有郢州（今湖北钟祥县）张世杰、江西文天祥等将帅和两浙、福建部分厢、禁兵到达临安守卫。但这些小规模增援根本无法扭转整个战争局面。1275 年 5 月，宋廷命主战派张世杰率军出击元军外围防线，没能打通。6 月，淮东制置使李庭芝命姜才等将领兵打通援救扬州的通道，两军在扬子桥激战，宋军死伤万余人，姜才只带数骑逃回扬州。

为确保临安的安全，宋廷组织焦山之战。张世杰约殿前都指挥使张彦率兵出镇江，以图控制长江南岸，扬州李庭芝出兵瓜洲，从江北配合，自己率水师陈兵镇江以东的焦山江面，约定三路俱进，与元军决战。但扬州宋军没有按时赶到，镇江张彦拒不发兵，使张世杰孤军深入。张世杰本人虽然英勇，但却不是将才。为示必死之心，他命宋军将十船结成一舫，铁索互链，给元军以火攻的极好机会。元将阿术、阿塔海、张弘范等在石公山居高临下指挥战斗，命万户刘深沿长江北岸绕至宋军背后，董文炳、刘国杰从焦山左右两边进击，万户忽剌直冲宋军大阵。元军乘风放火箭，宋船纷纷起火，阵势顿时大乱，宋师全军覆没，损失战舰 700 余艘。焦山之战的失败，宋朝军队损失殆尽，朝廷或主议和，或主南逃，分崩离析，一筹莫展，南宋灭亡指日可待了。而元军则趁机扩大了对长江的控制权，截断了淮东宋军的南下保护临安的道路。

至元十二年（1275）七月，忽必烈命伯颜率领元军直逼临安。伯颜受命后，召集攻宋将帅布署方略，确定了“分诸军为三道，会于临安”的作战布署。这年十一月，伯颜分兵三路会攻临安，西路由参政阿剌罕、四万户总管奥鲁赤率领蒙古骑兵出建康，向溧阳、独松关（今浙江安吉县东南）进军；东路由参政董文炳、万户张弘范、都统范文虎率水师沿江入海，向海盐、澉浦（今浙江海盐县南）进军；中路伯颜带领诸军，率水陆两军出镇江，向常州、平江（今江苏苏州）进军。

西路军主帅阿剌罕率军南下，直趋溧阳，虽遭到南宋守军的抵抗，但宋军战败残部南撤，元军乘胜追击，在溧阳西南银林东坝再次打败宋军。元军在追击途中受到南宋援军的阻击，双方展开激战，后来元军派蒙古骑兵冲杀，宋军抵挡不住，突围南逃。溧阳之战，宋军损失将校 70 余人，士卒近 2 万人，伤亡惨重。西路军于十一月下旬逼进建康通往临安的要隘独松关（今浙江安吉县东南），南宋守将张濡率兵北上阻击元军，与元军骑兵交战。宋军虽是精兵强将，但只有数千人，而且都是步兵，奋勇冲杀，但却难以阻挡强大的蒙古骑兵，终于被击溃，主将张濡被杀，士兵死伤 2000 余人，元军控制了临安的北大门。东路军也顺利攻取了江阴。中路军由伯颜率兵进攻常州，常州是拱卫临安的前阵，是元军整个攻取临安计划的关键。两军交战，常州反复易手，伯颜派兵击溃宋增援部队后，亲自指挥攻城。元军在城南筑高台，把炮放在台上向城内猛轰，又用火箭射入城中，常州城内一片火海。伯颜命元军架云梯、绳桥攻城，元军攻入城内。常州守将姚岩率将士浴血奋战，终因寡不敌众，没有外援而失败。姚訔等阵亡，万安、莫谦之等长老率僧兵赴援，500 名僧兵全部战死。伯颜下令屠城，据记载："城内外积骸万数，至不可计。井池沟堑无不充满。仅余婴儿四百而已。"[①]事后，常州又被宋军攻下，元军统帅伯颜再次命昂吉儿拿下此城。在至元十二年(1275)冬，正当常州军民艰苦抗敌之际，宋廷派张全率 2000 余人由淮入援常州，文天祥也派部将尹玉率兵偕同赴援。伯颜得报后，命怀都、王良臣领兵在五牧(今江苏常州东南)阻击宋军。战争开始后，文天祥部将麻士龙与元军交战，由于张全按兵不救，麻士龙战死。在元军攻击下，张全退到五牧，文天祥部将朱华奋起抗击，挡住了元军。尹玉指挥宋军与元军决战，元军损失惨重。元将王良臣配合怀都水陆夹击宋军，宋将张全始终按兵不动，尹玉失败，溃军南逃，尹玉力战被俘，为元军所杀，所部将士大部分战死。张全见大势已去，率军逃离五牧，致使救援失败，没能解常州之围。常州之战是宋元战争中最悲壮的一役，影响很大。

在蒙古大军南下势如破竹之际，南宋朝廷再没有能够组织起象样的反击，只是"举朝相顾失色"，"哭声震天"[②]。朝臣纷纷要求罢黜贾似道。贾似道才被朝廷罢去，在流放的路上为仇家所杀。南宋又以陈宜中为相，都督各路军马。

伯颜攻破常州后，派都元帅阇里帖木儿、万户怀都率兵攻无锡、平江，在元军大兵重重压迫下，两地宋军都投降元军。东路水军以范文虎为先锋，顺江东进，由于长江两岸已无宋军把守，元军进军顺利。当时长江口活跃着一支由贫苦渔民组成的水军，由海盗朱清、张瑄率领，不受宋朝管辖。元军主帅董文炳认为可以利用这支力量，便招降了这支海上武装。朱、张二人带领人马和海船随元军南下攻打临安，增强了元军海战能力。东路军出长江口后沿海南下，十二月逼近钱塘江口，从海道包围了临安。至元十二年(1275)十二月，元朝三路大军近逼临安，随时准备攻占临安。

至元十三年(1276)正月，元东路军董文炳一部登陆，抵达盐官县(今浙江海宁市)，宋守军投降。董文炳率东路军与中路伯颜大军会师，西路军阿剌罕也率部与中路军会师。危急时刻，南宋朝廷一片混乱，丞相陈宜中请太皇太后出海避敌，张世杰、

① 危素:《危太朴文集》卷七《昭先小录序》。
② 王义山:《稼村类稿》卷二八《徐卿孙事状》。

文天祥主张决死一战。宋廷既没有兵力抵抗，求和又被元军拒绝，于是奉玺书向伯颜请降。伯颜遣董文炳、吕文焕、范文虎入城安抚百姓，禁止杀掠，封闭仓库，收缴宋廷衮冕、圭璧、仪仗、图籍以及大批财宝、器物，运往大都（今北京市）。伯颜亲自入临安城安置宋廷人员，把宋帝赵㬎太皇太后谢氏及皇太后全氏以及其他朝官、宫廷人员监护起程，浩浩荡荡北上。至此，临安被元军攻取，南宋朝廷灭亡。

元灭南宋的临安之战，从建立建康基地到攻取临安，只用了一年时间，从战略来看，元朝采用围困逼降的策略，步步进逼，除武力进攻外，还遣使招降。如忽必烈派礼部尚书廉希圣、工部侍郎严忠范到宋朝劝降，伯颜派张羽等人招降。在南宋朝廷举棋不定之际，伯颜屡次派人劝降。元军就是通过战抚并用策略，取得了整个战局的主动权。在战术方面也运用得当，如焦山之战使用两面夹攻、中央突破的方法，把蒙古骑兵惯用战法用之于水战；五牧之战中成功地阻截了南宋援军，保证了常州之战的胜利。南宋方面基本上是消极防御战略，和战不定，丧失了有利战机，最后归于失败。

南宋亡国后，老将夏贵以淮西之地归降元廷。虽然元军兵锋所指，宋军大多不支，但是淮东扬州李庭芝却坚守，浴血奋战。扬州是偏安江南的南宋小朝廷的北边要钥，其防务一直为政府重视。李庭芝在此重筑城防，练习部队，让元军奈何不得。南宋降元的谢太后与宋恭帝相继下诏，让他开城投降，李庭芝拒绝。李庭芝登城说："奉诏守城，未闻有诏谕降也。"不久，两宫又复诏庭芝说："此诏卿纳款，日久未报。""今吾与嗣君既已臣伏，卿尚为谁守之？"李庭芝立于城上并不应，只是静听宣诏完毕，下令属下以劲弩向使者一行人发射，诸人皆退。但是，元军强盛，淮安、盱眙守将皆因粮尽而降元。元军又围困扬州，为和南宋残余势力取得联系，李庭芝率军突围泰州，留副手守扬州。不料，他才出城，副手就向元军投降。李庭芝不得已入寿州，寿州守将知扬州不守，便向元军投降，出卖了李庭芝和他的手下姜才，两人被俘，至死不降。两位英雄在扬州闹市英勇就义，"扬之民皆泣下"①。

破扬州后，元军发兵攻打真州（今仪征），经历了血战。宋军趁大雾出击元军，取得不小的胜利，但是雾散尽后，元军发现宋军人数很少，组织反攻，守将赵孟锦败退失足落水而死，安抚使苗再成力竭而死。此后，通州、高邮军等相继降元，淮东丧失殆尽。

在淮西、淮东收复后，元代江南实现了统一。可以说整个平宋的战争，元军非常顺利。元军确立的三路进攻的方略有效地控制了南宋的两淮防线，伯颜中军直攻临安，让南宋行在失去了左右的保护。元军有效地控制淮东、淮西，让其自顾不暇，不能

---

① 《宋史》卷四二一《李庭芝传》。

形成防护。而临安一但失去了两淮的屏障,也就无所以保。反过来,元军在夺取临安以后,回头攻打南宋的淮东、淮西地区的各个孤城,终将江淮掌控在自己手中。平宋的元军在江淮境内逐个地区的胜利决定了夺取临安的最后胜利。而宋军地方抗元斗争也是可歌可泣,特别是李庭芝的坚守扬州,谱写了抗元斗争的光辉篇章。

南宋朝臣陆秀夫、陈宜中等人率余众一路南逃至福建。因恭帝出降,他们拥立度宗庶兄益王为端宗,文天祥等人也赶到。陈宜中往占城请援军,以后就不再归来,南宋剩下了张世杰、陆秀夫、文天祥为主的力量。1278 年端宗病死,又立卫王赵昺为帝。此时,蒙元已占领几乎全部的南宋境界,南宋已无力回天。最终,文天祥战败被俘,他拒绝投降,上写下了传诵千古的"诗句:人生自古谁无死,留取丹心照汗青。"文天祥后被囚禁在大都,三年后被杀死。临死前,他留下赞词一首:"孔曰成仁,孟曰取义,惟其义尽,所至仁至。读圣贤书,所学何事?而今而后,庶几无愧!"[①]至元十六年(1279),元军追南宋残部至广东厓山,张世杰在海上战死。陆秀夫在全军溃散时,负幼帝蹈海而死。南宋的最后一支势力也被元军所灭,最终告亡。

第二节 元朝在江淮的设官与定制

1271 年十一月,在进攻南宋不断取得胜利的形势下,忽必烈正式建立大元,国号取自《易经》中"大哉乾元"一语,正式颁布"建国号诏",定都大都(今北京),标志着忽必烈在汉人谋士刘秉忠等人的帮助下正式建立了汉式的封建政权,他诏告天下,以汉地封建王朝的继承者自居。在元军统一江淮后,按元代北方的制度,对江淮的行政区划进行了调整,而在设官定职及统治政策方面,因江淮的地理、人文不同也有所调整。

一、两行省的核心结构和直属机构

元制,中书省是最高行政机构。元灭南宋后,在江南也设立了行省制度。行省是中书省的派出机构,在组织和机构方面近似中书省。《元史·百官志七》记载:"行中书省,凡十(一)";"每省丞相一员,从一品;平章二员,从一品;右丞一员,正二品;参知政事二员,从二品。"旧制参政之下的佥省、同佥之属,罢去不设。元代一般把行省平章、右丞、左丞、参知政事等称为"正官"。、这是从元代官府正官、首领官、吏员三大系列的角度而论的。

---

① 《宋史》卷四一八《文天祥传》。

（一）两行省官员的任用

行省机构中心是宰执人员。丞相、平章政事称为宰相，左丞、右丞、参知政事称为执政官，两者合为宰执。其中“丞相则设置不常”，这是因为蒙古前期因军事需要，设行省丞相，位同中书省丞相，职高权大。随着时间发展，行省丞相外权重的弊端为人所识，大臣纷纷上奏请求罢去行省丞相一职。至元二十年(1283)时，刑部尚书崔彧的“言时政十八事”中指出：“在外行省，不必置丞相、平章，止设左右丞以下，庶几内重，不致均势。”[①]至元二十三年铨定官制的时候就规定：“行中书省，平章政事二员，左、右丞并一员，参知政事、佥行省事并二员。”但是这一规定不久就被打破，任命江淮行省平章忙兀台新任江浙行省左丞相[②]。尚书省官员为之辩称说：“今江淮省平章政事忙兀台所统，地广事繁，乞依前为丞相。”[③]元代王士熙云：“杭为郡，甲于江左……我元底奠行省莅之。以事之殷，地之重，于今视它行省独丞相置。”[④]这大概就是江浙行省长期置左丞相的原因。此官为从一品，与行省平章职衔相同，较中书省左丞相低一级，地位十分显赫。忙兀台新任左丞相后，“江淮管内并听忙兀台节制”[⑤]，在行省诸官中执掌符印。直至元末，割据势力张士诚弟张士信还向时任江浙行省左丞相的达识帖睦尔索要“所掌符印”[⑥]，要取而代之，说明至元末，江浙行省的长官权柄仍由左丞相掌管。终元一代，只有岭北行省和江浙行省立丞相一职，岭北行省是蒙古民族发源所地，地位无可替代，从这一点上可以显示江浙行省地位的重要程度。行省还设有平章政事二员，从一品。位在左丞相之下。如设有左丞相，两位平章并列为长官，设一员为首席平章。统领行省政务，提调军马。如武宗时，“江浙省丞相答失蛮于天寿节日殴其平章政事孛兰奚”，受御史台官奏劾，朝廷仅“遣使诘问之”，未作严肃处罚[⑦]。长官殴打下一级官吏，如此处罚肯定是太过轻微，但是依蒙古习俗，尊长殴击佐贰，并不违法。据有关记载，至正十二年(1352)，江浙行省还有“三平章定定”、“四平章教化”等官，这应属于元末在平章二员制以外的“便宜”设置。

元朝对行省的丞相和平章等官员的选任都讲求勋贵，否则不能得到最高统治者的认可。江浙行省“夫物大则制劳，务繁则理艰，土赋居天下六七，则辨集之责殷矣，

① 《元史》卷一七三《崔彧传》。

② 《元史》卷一三《世祖纪十》。

③ 《元史》卷一五《世祖纪十二》。

④ 《元文类》卷三六《送杨仲礼序》。

⑤ 《元史》卷一三一《忙兀台传》。

⑥ 《元史》卷一四〇《达识帖睦尔传》。

⑦ 《元史》卷二三《武宗纪二》“至大二年十二月乙卯”条。

是故朝廷恒选勋戚大臣与猷为之优著者，行中书省于兹，厥惟重哉”[①]。至元二十八年河南江北行省首选平章政事时，“凡三奏，皆不允”，直到提出十功臣之后博罗欢时，世祖才准[②]，足见世祖之用意。元朝实行民族压迫政策，凡任命官吏也不例外。“其长则蒙古为之，而汉人、南众人贰焉。”[③]因此丞相和平章主要为蒙古、色目人所任，特别是丞相一职，不可能让汉人、南人染指。平章中只有极个别的汉人可以担任此职，其中缘由是独特的经历。如宿卫出身的曹立，他本侍从武宗潜邸，武宗立，他任江浙行省左丞，文宗时为江浙行省的平章。

平章下面设右丞、左丞各一员，均为正二品，俸禄与平章相同，或称为“执政”[④]。蒙古习俗尚右，右丞在左丞之上。右丞、左丞之下设参知政事二员，为从二品。在行省长贰正官中，参知政事品秩最低。元朝的行省长官委以蒙古、色目人，左右丞和参知政事则有汉人、南人充任。

在行省的宰执之下，设左右司为其僚属。有记载说：“中书之有行省，行省之有左右司，国朝之制也。”[⑤]这种在行省长官下的左右司，由郎中、员外郎、都事组成，统称“佐幕”，“取在赞理”[⑥]。主要职责就是“综治文牍，论定可否，欲上无所咈而事中律度，下有所受而物顺轨则，使百十郡邑之民无或有愁苦之叹，而政无不成”[⑦]。有诗说：“掌握军民至重权，庙堂隆任岂徒然？招邀宾客三千辈，管领东南一半天。威惠足惊吴越地，才能不减汉唐贤。”[⑧]这是对左右司郎中具体权重的表述。左右司郎中以下是左右司员外郎，二员、从六品。其权限比郎中略低，在处理庶务时还是“弥纶庶务，多所裨益”[⑨]。右榜状元湖北左右司郎中在延祐平间调任江浙行省，因江浙行省“地大人伙，政务丛剧”，而忽都达尔则“处以间暇而事无不治，宰执及僚属多赖焉”[⑩]。左右司都事，二员，从七品。都司所掌与郎中、员外郎大同小异。行省左右司都事的职责应是奉命起草公文，处理方案。总之，他们具体负责处理日常事务。

行省的左右司之下还有吏员，如掾史、蒙古必阇赤、回回令史、通事、译史、宣使、

---

① 陈旅：《安雅堂集》卷九《江浙行省题名记》。

② 姚燧：《牧庵集》卷一四《平章政事蒙古公神道碑》。

③ 《元史》卷八一《百官志一》。

④ 黄溍：《金华黄先生集》卷二六《董守简神道碑》。

⑤ 黄溍：《金华黄先生集》卷八《江浙行省题名记》。

⑥ 陶宗仪：《南村辍耕录》卷一四《忠烈》。

⑦ 陈旅：《安雅堂集》卷五《江浙省郎中实喇卜伯温之官序》。

⑧ 叶颙：《樵云独唱》卷六《左右司黄郎中以田亩多为赋役高下予田已尽而不除役故作此诗讽之》。

⑨ 黄溍：《金华黄先生集》卷三八《武昌路总管致化张公墓志铭》。

⑩ 黄溍：《金华黄先生集》卷二七《嘉议大夫婺的路总管捏古解公神道碑》。

知印、典吏等[①]，通称为掾属，按照职司，可分为案牍吏员、翻译吏员、传达吏员。

案牍吏员，包括掾史、蒙古必阇赤和回回令史，身份顾名思义都是办理文书案牍的吏员。通事二员、译史八员均属翻译吏员。通事，蒙古语为“怯里马赤”，专为行省长官传言，要求“识会蒙古、回回文字，通晓译语”[②]。这两类吏员品秩都为正、从八品。而传达吏员宣使通常为正、从九品，担任出使等职，职责很重。宣使的任用，在江浙行省往往按民族选录。“必三分其目，而国人右族（蒙古、色目人）居其二，华产者居其一。中分其人，而未命之士与夫既策名于朝者各半之”[③]，这种方式为其他掾属任用中未见。

此外，还有知印二员，正、从八品，掌管印信之物，通常为长官亲信所任。另，江淮行省初立时，还设“医人”六名，负责行省官吏的医疗[④]。

（二）行省的直属机构

为保证行省职能的正常开展，除需要左右司幕府处理文牍和日常政务外，还要有相应的机构处理具体事务。行省直属机构主要有检校所、照磨所、架阁库、理问所、都镇抚司、儒学提举司等。

1. 检校所：此官司为江浙行省首创[⑤]。元贞元年时，设检校两员，正七品。主要负责行省司曹的方案。即所谓“检详法度，饬励纪纲，且匡翼宰辅大臣所不逮也”，“凡选举、期会、钱谷、丝缕、刑名、赋役、军旅，大小庶务，悉从纠正。执朱墨，较是非……恰者正，缪者绳，过者抑之，稽滞者董之，颠倒错乱者厘而治之”[⑥]。

2. 照磨所：设照磨一员，正八品，负责“掌磨勘左右司钱谷出纳、营缮料倒，凡数计、文牍、薄籍之事”[⑦]。

3. 架阁库：设管勾一员，正八品。负责文书案牍保管储藏。

4. 理问所：理问所是行省直属职司中级别最高的，设理问两员，正四品；副理问（相副）二员，从五品；首领官知事、提控案牍各一员。另有会史十名，通事、译史各一名。主要负责司法刑狱。但是，这个机构通常不直接受理民间狱讼，也不径直承办下级官府或朝廷都直转交的案件，主要是受命行省办理各种案件。如大德元年（1297）平江路总管府向（江浙）行省移交杨千六定亲领讫财礼另嫁女案，行省送交理问所议

---

① 《元史》卷一〇二《刑法志一·职制上》。

② 《元典章》卷一二《吏部六》《吏制·官职吏员》。

③ 杨翮：《佩玉斋类稿》卷一《宣使房壁记》。

④ 《元典章》卷一六《户部二》官吏·应付行省曳剌主面等分例。

⑤ 刘仁本：《羽庭集》卷五《送江浙行省检校官章君彦复序》。

⑥ 刘仁本：《羽庭集》卷五《送江浙行省检校官章君彦复序》。

⑦ 《元史》卷八五《百官志一》。

拟处理意见①。两浙盐运司同知范某阴贼为奸，欲夺兰溪民叶一、五十四的田宅，因诬以事，“案狱十年不决”，江浙行省“下理问所推鞫之”②。由此推见，行省下属的理问所直接向行省负责。

5. 都镇抚司：是行省之下专掌军事的直属官司。设镇抚一员，从四品；副镇抚一员。两官皆由朝廷枢密院任免。元代江浙行省内有蒙古军，探马赤军，由蒙古军都万户府专门进行管辖，驻扎在江淮之间的汉军则以万户府形式统辖，主要以翼为单位。如此，万户之下、千户之上的各翼镇抚官的地位和作用显得比较重要，而都镇抚司的职能之一就是管辖各翼镇抚官。

在世祖中后期，江南四行省(包括江浙行省)与行枢密院并存。这时，两者是分工协作的。如《元史·兵志一》云：“遇方面有警，则置行枢密院，事已则废，而移都镇抚司属行省。”在两者并存时，都镇抚司主要由行枢密院统辖。成宗以后，行院被废，都镇抚司转归行省都镇抚司转属统领行省辖区的军队。

6. 儒学提举司：又称“学台”，源于宋代的提举学事。入元以后，正式固定，专门掌管儒学教育。至元十九年(1282)左右，江浙行省仅在诸道设儒学提举。“国朝稽古。右文制之官名提举，儒学乃得专署。初犹分频诸道，后唯行中书省治所合置一司。”③成宗元贞元年(1295)五月元廷撤销了江南各道儒学提举，“诏各省只存儒学提举司一，余悉罢之”④。提举司设提举一员，从五品；副提举一员，从七品。下有首领官吏目一人，司吏二人。总的来说，江浙行省的儒学提举都是由学术声望高、真才实学之人担任的。如儒学名士邓文原，陈遘、柯谦、陈旅都曾任过行省的儒学正副提举。这一官司主要职责是“统诸路、府、州、县学校祭祀教养钱粮之事，及考校呈进著述文字”⑤。具体说就是整顿学政、督察教官，掌儒籍、复学田、理钱粮、考校文字等。

对江浙行省的儒户，本来也如同答失蛮等户一样免除徭役，但是江南平附后，时有小叛发生，“征役蔓及学者，寝致废业”，时任江浙行省儒学副提举的柯谦禀报行省，按照元廷的有关规定，恢复了入儒籍者免役的政策⑥。对有司控制学田租，影响廊屋修缮和士子膳食等弊端，他又“声于朝”，予以及时纠正。儒学提举司也负责乡试，如延祐元年邓文原任儒学提举，行省檄充任主考官；⑦聘请学者主讲，陈旅元统二年任江

---

① 《元典章》卷一七《户部三·异姓承继立户》；卷一八《户部四·领讫财礼改嫁事理》。

② 《元史》卷一三一《拜降传》。

③ 柳贯：《柳待制文集》卷一七《提举司厅壁题名序》。

④ 《元史》卷一八《成宗纪一》《庙学典礼》卷四《设立随省儒学提举司》。

⑤ 《元史》卷九一《百官志七》。

⑥ 张养浩：《归田类稿》卷一三《江浙等处儒学提举柯君墓志铭》。

⑦ 黄溍：《金华黄先生集》卷二六《岭北湖南道肃政廉访使邓公神道碑》。

浙儒学副提举，冒着酷暑“亲奉书币”，赴临川请大儒虞集“主文乡闱”①。

还有蒙古提举学校官，这主要是为推广蒙古字学而设置，江浙行省作为向江南推广的重点也有设置。《元史·百官志七》记：“蒙古提举学校官，秩从五品。提举一员，从五品；同提举一员，从七品。至元十八年置。惟江浙、湖广、江西三省有之，余省不置。”

如前所述，以长贰正官为首，包括左右司、掾属、直属官司，共同组成了江浙行省的官署机构。它的具体运作主要通过圆议连署与分领制实行的。圆议连署就是行省官共同议论和连名署事。同时，行省的钱谷、兵甲、屯种、漕运四大职事，又有专门负责的官员实施。史载：“……前逮政事堂，为发号施令之所，后为便阁，以居八座。左右二厅，为廊幕。东西二庑为掾史舍。旁起两公廨，一为理问所，一为镇守万府户。堂有甓，棨戟有门，宏敞壮丽，视旧有加焉。”②文中所记乃江浙行省的新署，建于至元三十年(1293)五月，此时，行省已具备地方最高官府的性质，它以政事堂和便阁为中心。这两处是行省长贰正官，议政、居住之所。左右二厅为左右司郎中、员外郎、都事都首领官的办公地。东西二庑，由四十名掾史及宣使、译史等使用。其中，西庑为四十名宣使合用的办公地点。理问所与镇守万户府，则另设办公衙署。

（三）行省的职能

总的来说，行省作为由中书省派出机构发展而形成的地方最高机构，通过管理属下州县实现对地方的管辖，通过提调行省所属军队实现对所属军队的管理，通过财赋的调配实现财政的管理。

元代的江浙行省，人口繁多，物产丰富，交通便利，是重要的经济和交通中心。元人曾说“江浙当东南之都会，生齿繁夥，物产富穰，水浮陆行纷轮杂集”③。对此，江浙行省的职能可以此来概括：“凡外廷之谋议，庶府之禀承，兵民之号令，财赋之简稽。”④这里主要说江浙行省拥有财权、军事、行政等事权。其中，为中央搜集财赋是其最重要的职能。元朝各行省都要承担的主要赋税有：税粮、商税、岁课(盐课、酒醋课)。以税粮为例，江浙行省最多达 4494783 担⑤。对于军队，江浙行省也和他省管辖略有不同，主要是元朝军队由枢密院统领天下兵马，而江浙行省因为伯颜带兵攻打南宋时，大致已布置驻军。其中，扬州、镇江、建康有七万户，元初由行枢密院执掌，行省并不

① 《元史》卷一九〇《陈旅传》。

② 阎复：《江浙行中书省新署记》，周南瑞《天下同文集》卷七。

③ 黄溍：《金华黄先生集》卷八《江浙行中书省题名记》。

④ 柳贯：《柳待制文集》卷一七《江浙行省左右司题名序》。

⑤ 《元史》卷九三《食货志一》。

执掌兵权。至元三十一年成宗继位后，罢去江南等三行院，军队由行省管辖。直至元末农民大起义风起，为控制江南，元廷再次设立江南行枢密院以统辖军事。但此次设置时间仅一年不到又废去不置。另外，海运也是行省专管之事。海运是行省中江浙省独有的事务，负责将上江输送下来的粮食以及江浙行省自产供给大都之粮由海路运至大都，事关元廷的生死存亡。此事关系重大，另辟专章讨论。而河南江北行省因为境内驻军量大，行省要负责境内军队的军需供给。《元史》卷一七六《谢让传》记，大德四年(1300)，谢让“迁河南体省左右司郎中，是时，江淮屯戍军二十余万，亲王分镇扬州，皆以两淮民税给之”。虽有些夸张，但是河南江北行省的主要职责就是供养镇戍当地的军队。而管理该省的屯田也是重要职司。

两淮原是宋金、宋元长期对峙和拉锯作战的主要地区，人烟不密，田地荒芜，为和南宋长期作战，元在此地进行了大规模的屯田。其成果在元军的战争中起到了至关重要的作用。全国统一后，至元二十八年(1291)，河南江北行省成立，这部分屯田成为行省辖区。屯田主要是洪泽万户府屯田，“为户一万五千九百九十四名，为田三万五千三百一十二顷二十一亩”；还有扬州的忙兀台所立的六万余顷屯田。世祖末，“旧录乃颜、胜纳合儿女真户四百”，也因“虚靡廪食”，被发配至扬州屯田[①]。这些屯田包括军屯、民屯、军民屯，主要采用行省官员专领的方式进行管理。行省的官员可以佩金虎符，可见其职权重要，因为只有两行省的提调军马的长官才能佩金虎符。河南江北行省辖境内还有两淮盐场，是全国最大的官盐基地。全年的岁办额是河间之盐、两浙之盐、福建之盐、山东之盐总额的两倍。具体由两淮都盐转运使司管理，地设在扬州，行省由官员专领或者兼领的方式进行管理，对其运司官属、榷盐区扩大等事务过问。

其余职能，比如审计下属、赈灾、水利、学校、乡试、站赤等日常事务，两行省都相差无几。总之，两者都是代替中央向地方行政发挥承上启下统摄节制作用，依据两行省的具体情况有所偏重。但是，元代制度，行省不能逾制，不能便宜行事，一但有违，重则治罪，轻则免官。江浙行省直到至正十一年(1351)才得到“便宜行事”的权力，那时已是元末农民大起义爆发之后的事，江淮地区是是元末农民起义的中心地区，为方便对起义军的镇压，才允许行省对钱粮、军旅、铨选等便宜行事。正是对行省的职权有所规范，因此，行省虽然权限极重，也不能脱离中央的控制。任何权限，行省只是代行其事。行省在元代以后被明清两代统治者继承并加以改进，延续至今仍然是最重要的管理方式。

---

① 《元史》卷一〇〇《兵志三・屯田》，卷一七《世祖纪十四》“至元三十年正月甲戌”条、“戊寅”条。

二、南台的建立和元代江淮监察制度的形成

(一)南台的设立

元代是监察制度高速发展的时期,其监察体制和职能范围较以往都有了重大变化。中国自秦以来就设置御史大夫以监察百官,汉代"以六条问事",监察官既有监察权也有行政权;东汉专设御史台。这之后至隋唐,中央监察体系的地位却逐渐下移,中央中枢机构只由"三驾马车"即中书、门下、尚书省组成。元代的"三驾马车"中,三省只保留了中书一省(管政务),同时突出了枢密院(掌兵权)和御史台(管监察)的地位,形成了新"三驾马车"的政治格局。忽必烈曾形象地说:"中书朕左手,枢密院朕右手,御史台是朕医两手的。"①世祖的话一语点出了御史台的地位的重要性。

元代御史台,"秩从一品;大夫两员,从一品;中丞二员,正二品;侍御史两员,从两品;治书侍御史二员,(从二,正三品)。掌纠察百官善恶、政治得失"②,职责范围非常清楚。至元五年(1268)御史台设立。经过元初一系列体制的变革,御史台内部取消了台院,将殿院改为殿中司,降半格,仅保留察院。相比唐代御史台的三院制,元代的一院制让权力更为集中,有利于皇帝的控制。需要说明的是御史台的两名御史大夫,由蒙古人、色目人担任,蒙古人尚右,右御史大夫为上,也叫"头大夫"。察院设监察御史32人,均为正七品。其主要工作是负责纠察各级官吏。

除在中央突出御史台的地位和作用外,元廷在地方也加强监察机构的设置,先后设有四个行御史台,即江南行御史台、河西行御史台、云南诸路行御史台和陕西行御史台,迭经整治,最后保留江南和陕西两个行御史台(分别简称"南台"和"西台")。行台内部组织内除不设殿中司外,其余设置均同于内台,官员品秩也相同。

在行台之下又设诸道肃政廉访司。至元六年(1269)正月,就在御史台设立半年后,元廷设置提刑按察司,这是肃政廉访司的前身,当时还只有山东东西四道。直至至元十四年始设江南诸道新按察司,官员有"使两人,副使两人,佥事两人,经历一人,知事一人"③。以后逐年增设,至元二十八年时达二十二道。其中南台所属的是:江东、江西、浙东、浙西、湖北、湖南、广东、广西、福建、海南十道;西台所属的是:陕西、甘肃、四川、云南四道廉访司;而山东、山西、河北、河南、淮东、淮西、山南和辽左八道直属内台。至元二十八年(1291),世祖下诏:"改提刑按察司为肃政廉访司,每道仍设官八员,除二使留司以总制一道,余六人临所部,如民事、钱谷、官吏奸弊,一切委之。俟

---

① 叶子奇:《草木子》卷三下《杂制篇》。

② 《元史》卷八六《百官志二》。

③ 《南台备要·提刑按察司官吏品秩》,《永乐大典》卷二六一〇《大元官制杂记》。

岁终,省、台遣官考其功效。"[1]世祖的诏令揭示了肃政廉访司所掌职事及规制。八名官员分别是:廉访使二名,正三品;副使二名,正四品;佥事四名,正五品。相比前身的提刑按察司,增设了两名佥事。行台和诸道肃政廉访司两者均为地方监察机构,中国历史上地方正式设置监察机构为元代始有,表明元廷对这一制度的重视。

经过一番建置,元代逐渐形成了从中央到地方周密繁复的监察机构组织。颁布法律规范中央御史台行使权力的基本范围,分为宪纲、条例两部分;弹劾中书省、枢密院等内外百官,纠正百官违失,惩处非法行为。与此密切相关的是元政府颁布了相应的法律法规。具体对应诸道廉访司颁布《察司体察等例》。以后又推出多部法律条规,至元末已有二十多部条例推出。今天这些法规有一部分保存在《元典章》中,从中可以考释当年的诸种历史。综观元代监察体制,大致从上至下分为三个层面:第一层面是中央的御史台,第二层面是地方的行御史台,第三层面是基层的肃政廉访司。在隶属关系上,从下往上看,诸道肃政廉访司分属中央的御史台和江南、陕西两个行御史台,而行御史台又受制于御史台。从上往下看,御史台负责监察中书省和邻近的几个行省,行御史台负责监察其他行省,行台所辖的肃政廉访司则分别监察行省以下的路、府、州、县。这样就形成了一张以御史台为中心,行台为重点,诸道廉访司为基础的监察网络。从江淮地方来看,主要是江南行御史台的监管,以及浙西道廉访司(置司杭州)、江东建康道廉访司(置司宁国)、江北淮东道廉访司(置司扬州)的职掌。

南台的设置:随着蒙元统一中国的战争接近尾声,如何有效控制长江以南广大地域成为元最高统治者的重大问题。为此,元廷着手将行中书省变革为地方行政机构,频繁转变行省的辖区和职能,最终建立江浙行省,定治于杭州;建立河南江北行省,将两淮之地划并于此行省(还有湖广、福建等地不在本文撰述范围)。行省下设路府州县等级别的地方政府,有序管理江淮地区。按照元朝的政策,各级主官由蒙古、色目人担任;原南宋出降的官员也有出任地方官员者,这本是元廷的权宜之计。因为江南距大都较远,政治情况也不稳定。特别是文天祥等抗元力量还有活动,社会情况复杂动荡,前来江南任职和原南宋的官员素质也是参差不齐,甚至有些蒙古、色目官员将来江南任职当作发财的机会,"所委去的大小官吏"在"勾当其间里百姓每根底没体例,科取差发非理骚扰"[2],侵渔百姓之事不断发生。中央御史台又距江南过于遥远,在江南当地设立监察机构势在必行。

江南行御史台,简称南台,就应运而生。至元十三年(1275),时任监察御史的田

---

① 《元史》卷一六《世祖纪十三》。

② 《永乐大典》卷二六一〇《南台备要》。

滋上奏："江南新附，民情未安，加以官吏侵渔，宜立行御史台以镇之。"忽必烈"诏行其言"[①]。次年"置行御史台于扬州。以都元帅相威为御史大夫，置八道提刑按察司"[②]。同时，颁布行台和诸道廉访司的监治条例，规定南台及所属按察司的职权范围和职能，江南行台正式署事。和其他行台一样，南台与行省同级，行台可直接向御史台和中书省报告。初时，南台的行职范围包括江北一部分。随着江南各行省辖区的变化，行台的管辖范围也随之发生变化。直至至元二十九年(1292)，江南行台专莅江南，长江以北的三道廉访最后改隶于内台。总的来说，南台是"监临东南诸省，统制各道宪司"[③]。

与此变动相连的是南台台治的变动。随着江淮，后是江浙行省的省治变化，南台的治所也几次发生变动，曾迁扬州、杭州、江州(九江)等地。因为江淮一带是南台监治的重点所在，最初南台的台治在扬州，和省治同地。这一带是元代的财赋重地，特别是在阿合马、卢世荣、桑哥等财臣当政之时，被元政府视为政府的钱袋，压榨勒索江南人民，南台对此类现象批评不断。最著名的例子是南台御史中丞亦力撒合弹劾阿合马之子、江淮平章忽辛，"得赃钞八十一万锭，奏而诛之"[④]。招至行省不满，行省和南台之间互相牵制的关系可见一斑，江淮行省甚至要求将南台划归行省管束，此事没有实现。为避开南台，行省迁治于杭州，然而南台也随之而迁。至元二十二年(1258)正月，卢世荣竟奏请罢南台，被批准。同年二月，在安童的斡旋下，南台得以恢复，但将台治放在了江州。至元二十二年，卢世荣获罪，南台台治才回到杭州。次年，台治移往建康(南京)。其后，南台台治又随江浙行省的省治变动在扬州、杭州之间变化。至元二十九年二月，以建康路"控扼险阻，外连江淮，内据湖海……尤为要会之地"[⑤]，遂迁江南行御史台于建康路，此后就定署于此，南台不再与江浙行省的省治合置一地。大德元年，元廷将此定为江南诸道行御史台。直至至正十六年(1280)，朱元璋攻陷集庆(建康在元文宗时改名为集庆)，南台再未迁治他处。朱元璋占领集庆，南台遂转移到绍兴。至正二十五年(1365)，在江南各地与绍兴的联系已经中断的背景下，元政府设福建分台，此后南台不见史籍记载。

南台除主要官员的品秩与内台相同外，也设有架阁库及架阁库管理官员。《至正金陵新志》卷首载有南台的公署图，南台衙署原为南宋建康府治旧址，和我国古代宅第、衙署布局的惯例相同，座北朝南，堂后寝。因宋高宗绍兴三年在府治西北建行宫，

① 《元史》卷九一《良吏一》。

② 《元史》卷九《世祖纪六》"至元十四年七月丙午"条。

③ 《元史》卷八六《百官志二》。

④ 《元史》卷一二〇《察罕传附亦力撒合》。

⑤ 陈基：《夷白斋稿》卷二〇《南台御史大夫西夏永年公勋德诗序》。

"时避行宫，不建谯门"，谯门即衙署的正门，所以此图上没有正门。从南至北顺序为仪门、戒石亭和大堂。架阁库就在仪门内西侧。"至元十四年始置江南行御史台……架阁库管勾一员，大德元年，建康行台为江南诸道行御史台，置都事二员，其属架阁库管勾、承发司管勾兼狱丞各置一员"[①]。南台架阁库管勾的月俸为中统钞贰拾伍贯，从大德七年起，除原有的俸银外另可支取禄米一石。"架阁库管勾一员，月俸中统钞贰拾伍贯"，"行御史台官吏禄米。大德七年七月起，官员无职田的于俸银外加与禄米……管勾两员每员月支禄米一石"。由于南台架阁库的职能重要，它还配备有官印一颗[②]。《至正金陵新志》中载有南台历代架阁官员的《题名》。题名中可以看到曾在南台任职的 45 位架阁库管勾的姓名、品秩、上任时间及籍贯。如"郭汝能，大宁人，承事，至正三年上"。即架阁库管勾郭汝能为大宁路人，品秩为承事郎、正七品，至正三年上任。收入《至正金陵新志》中的题名所记官员从元世祖忽必烈至元十四年(1277)姚炯上任，到元惠宗妥欢帖睦尔至正三年(1343)，其时间跨度长达 66 年。关于南台所设架阁官的人数，《元史》、《元典章》都记载定制为一人，但《至正金陵新志》记载实际为两人，"行台还治建康，始名江南诸道行御史台……大德十一年秋九月陞从一品。御史大夫一员，御史中丞二员……照磨承发司管勾兼狱丞一员，架阁库管勾二员……"[③]由题名也可知南台的架阁库在至元十九年、至治二年、天历元年、至顺三年、元统二年、元统三年、元惠宗至元二年、至正三年都曾设有两名架阁库管勾，据推测可能是南台政务繁冗，架阁文卷数多，故而增置了架阁官一员。由于《至正金陵新志》是至正四年由南台核准集庆路学刊印的，它对南台衙署职官的记载应该是真实可信的。南台共设官 37 人，其中就曾设过 2 名架阁官，可见南台架阁库规模不小。元代的监察机关担负着一项重要职能——"刷磨诸司案牍"，即照刷、磨勘各级政务机关的文卷，"明察曰照，寻究曰刷，复核曰磨，检点曰勘"，即检查官府文卷有无稽迟、失错、遗漏、违枉等事，从而对政务活动中的各种弊端进行监督和处罚。刷磨文卷制度虽是元王朝督察政务、考核官吏的重要措施，但监察机关对文书处理工作的介入，使得元代文书档案工作得到重视和强化。为工作需要，在各级监察机构中还设有懂得汉文、蒙古文、波斯文的语言翻译。

史家权衡在评价元代用人体制时说："元朝之法，取士用人，惟论根脚，其图大政为相者，皆根脚人也；居纠弹之首者，又根脚人也。"[④]南台诸官员的选用也不例外，以

---

① 《永乐大典》卷二六〇七《经世大典》。

② 《永乐大典》卷二六一〇《南台备要》。

③ 张铉:《至正金陵新志》卷六《官守志二》。

④ 权衡:《庚申外史》。

“根脚”为主。其中首任南台御史大夫相威就是太师木华黎后人。自元初至元末，御史大夫一职始终由蒙古人为主，中后期色目人也增多起来，但是自始至终，汉人南人中没有任此重要之职者。但下属御史中丞以下的职位等有汉人世侯及名臣之后。这也是体现以蒙古人为长的原则。南台的监察御史虽然职务低，但是职责重要，因而获得升迁的机会也多。

按照元朝的法规，南台的职责主要是对江淮各行省及宣慰司实施监治：纠核官员的不法行为，裁抑地方不公之事，还负有考核官吏政绩之责。南台对行省及以下各级官府的刑讼均有监督的任务。南台作为监察体系中承上启下的一级，还负责统领诸道肃政廉访司对下属各州县进行监察。南台官员每年八月至次年四月，都要在辖区内巡视。综观南台的职责，不难看出其承担着整肃吏治，维护社会安宁的重要作用，是元政府设置在江淮的重要机构，是统摄江淮的最高监察机关。南台的设立为元廷加强对江淮官吏的控制提供了强力保障，有利于蒙古君主对江淮的统治，是元代监察体系中联结上下的重要纽结。南台对元政府稳定和支配江淮起到了不可替代的作用。当然，南台本身的存在也表现了元代地方制度夹杂着封建国家制度和本民族体制特性的二元复杂性。

三、对江淮地区的军事镇守

江淮地处长江之滨，是南北的重要分界，地理位置自然十分重要，长期承担着国家的主要财赋，也是礼仪之乡。在北部中国被少数民族统治之际，江淮仍是由南宋统治，被汉族人视为民族复兴的希望。因此，平定江淮之后，元廷对这一地区当然不能等闲视之，在军事上的防范和重戍成为必然选择。

在元朝平定江淮以后，首先对江淮带民间收藏的武器没收，不允许百姓私自拥有武器。其次，是对江淮一带的军队布防。淮水以南主要由新附军和汉军实行镇戍。

军务是元朝的最高事务，汉人往往不得其闻。元代的军事制度主要分宿卫军和镇戍军两大部分。宿卫由怯薛和侍卫亲军组成，负责保卫皇帝和京畿。镇戍军负责全国的安全。怯薛制是元代独特的制度，起源于成吉思汗的护卫军，也负责大汗的日常生活。由大汗的四大怯薛博尔忽、博尔术、木华黎、赤老温率领，轮流值宿。怯薛是世袭制的，博尔忽早逝，其一支由成吉思汗亲领。怯薛成员称怯薛歹，包括环卫武装、执役的亲信侍从。他们在内是大汗的家奴，在外又是国家的官职人员，元制规定，官员要从怯薛等有权势者中选出，特别是四大怯薛长出则为一品，时人称为“大根脚”。可见归皇帝亲掌的怯薛是元朝官制中多么特殊的人群。他们没有固定的品秩，却有在宫廷值宿之权，可预闻皇帝和重要大臣所议国是。因此，元代这部分人参与宫廷政变屡见不鲜。侍卫亲军则主要分布在京畿，忽必烈时代共有十二卫，卫设都指挥使或率使，品秩与万户（正三品）相当，隶属枢密院。其中有蒙古军、汉军、新附军等。进入内地的色目军队，由于战斗力较强，也有相当部分编入其中。

元代除被抽入侍卫亲军的部队，其余部队编入镇戍军。但是蒙古军、探马赤军、汉军、新附军四种部队各自镇守的地区并不相同。蒙古军、探马赤军主要是分布在腹里，即南至河南淮北，北至辽东，以及西北、四川等地。但是蒙古军中有色目军队，色目军除编入侍卫亲军的部分，其余都编入蒙古军队中；而探马赤军比较复杂，学者的意见互不统一，一般认为这是由兀鲁、忙兀、弘吉剌、亦乞烈思、札剌亦儿五蒙古部落的降附人马中编成，意为前锋。淮河以南广大地区由新附军和汉军镇戍，同时仍有少数蒙古、探马赤军和汉军、新附军相参，逐步形成了一套比较完整的"调兵屯守之制"。总的来说，元代镇戍军分布的基本格局是："世祖之时，海宇混一，然命宗王将兵镇边徼襟喉之地，而河洛、山东据天下腹心，则以蒙古、探马赤军列大府以屯之，淮、江以南，地尽南海，则名藩列郡，又各以汉军及新附等军戍焉。"①显然，蒙古军在镇戍军中充当重要的角色。镇戍军的排列也基本是遵循元代的民族等级制的顺序。

上述两者之结合则造成了"内外相维，以制轻重之势"②，实际上都实现了军权的高度集中。无论是在宿卫军还是镇戍军中，蒙古军都处于最高地位。汉军、新附军虽然主要由汉人和南人组成，但在兵员构成方面也有契丹、女真等各族成份，在军队编制方面也表现出蒙古族军制的特色。所谓宿卫军，指的是以保卫蒙古皇帝为中心的中央政权为主要任务的部队。这支部队的建设，既与蒙古早期宿卫制度有不可分割的渊源关系，又有元代蒙古族统治者根据定都中原以后的需要而采取的新措施。镇戍军制是元代蒙古族统治者在军事领域内推行的重要措施。在江南的广大地域，在至元二十二年(1285)，元政府改江淮、江西招讨司的汉军、新附军及少数蒙古军队，共三十七万户府。分为上、中、下三等。上万户府统七千人，中万府五千人，下万府三千人。其中江淮的建康、扬州、镇江等地既是原南宋腹地，又是军事要地，三地共设七万户府。高邮、宿州各有一上万户府；邳州、真州也有中万户府各一；常州等地有下万户府。而在江阴还设有江阴水军，泰州有弩手保甲。按照元代的制度，弩手保甲执行的是日常社会治安。江南还有专门负责海运和漕运的水军，他们也归枢密院节制。

江淮之间本就是元廷布防的重点战略要地，而扬州又是驻兵的重点。当时脱欢太子从越南征战回来后，以镇南王的身份驻守扬州。脱欢是忽必烈第十一子，原来深受世祖重视，曾奉旨征战交趾。由于战事失败，脱欢被罚终身不得晋见世祖，镇所最

---

① 《元史》卷九九《兵志二》。

② 《元史》卷九九《兵志二》。

终移至扬州[①]。泰定朝,漠北、河西、江淮等处实行多王分封,脱欢子宽彻不化受封威顺王,镇武昌。在文宗继位之事上,镇南王帖木儿不花让王位给侄儿并且扈从拥戴文宗有功,因而获封宣让王,移镇所于庐州。这是因为,天历之变时,宗室诸王贵族由然而分为两个部分。江淮的镇南王帖木儿不花等人坚决维护图帖睦儿一边。当时燕铁木儿在大都发动政变,要谋求还政于武宗系。移藩江陵的图帖睦儿闻讯即召镇南王帖木儿不花等人来会[②]。图帖睦儿在镇南王等人和扈从下迅速启程,赶在武宗长子和世㻋从上都回大都之前到达。图帖睦儿顺利登上皇位,是为元文宗。帖木儿不花等人也因有功而获封王,三王并立镇戍江淮的局面形成,直至元末。江淮诸王的军队有蒙古探马赤军,也有汉军。史载:"去年伯颜点视河南省有军五万二百以上,又若还其占役事故军人,则共有七八万人。此数之外,脱欢太子位下有一千探马赤军,一千汉军。"[③]在元末农民起义的风潮中,镇戍江淮的三王共同对付农民起义,他们通常率军和朝廷军队共同镇压农民起义,拱卫元朝的江山。而三王的结局大不相同。威顺王、宣让王在元末遭到权臣伯颜的诬陷而矫诏夺爵,至脱脱为相时才复职[④]。至正十二年(1352),武昌失守,威顺王印被夺。迫于无奈,威顺王在郊野为江阴万户丑斯设帐宴饮,以求得保护[⑤]。其子为倪文俊所俘,倪以王子为人质,"遣人请降",要求任职湖广行省平章。这一要求没有得到朝廷的允许,最终威顺王子被杀。而威顺王本人展转四处,被军阀李思齐困死成州。至正十六年(1356),镇南王孛罗在扬州城破后退守淮安,在得不到朝廷救兵的情况下,北上京城,途中被俘投水死[⑥]。宣让王帖木儿不花在庐州不守的情况下"挈身北归",被晋封为淮王。在元顺帝回守蒙古草原时,让帖木儿不花留守大都监国,城破,帖木儿不花死之[⑦]。江淮三王最终其实都是元王朝的祭品。

综合对比元王朝全国的军事力量的分布,正如萧启庆先生在《元代的镇戍制度》一文中指出的:"汉军及新附军则集结于长江下游。"[⑧]说明江淮一带正是元朝的军事防御重地,元朝采取的防御政策总体是有效的,但是在元末农民起义的大潮冲击下彻底崩溃。

---

① 《元史》卷一一七《帖木儿不花传》、《宽彻普化传》。

② 《元史》卷三二《文宗纪一》。

③ 《元史》卷九九《兵志二》。

④ 《元史》卷一一七《帖木儿不花传》、《宽彻普化传》

⑤ 王逢:《梧溪集》卷二《故将军歌有饮》。

⑥ 王逢:《梧溪集》卷《赠云外道者灵保治中》,卷二《闻武昌庐州二藩王渡海归期》。

⑦ 《元史》卷一一七《帖木儿不花传》、《宽彻普化传》。

⑧ 萧启庆:《元代的镇戍制度》,载《内北国而外中国》上册。

第三节　元朝在江淮的吏治与统治政策

元朝作为中国历史上由少数民族建立的大一统王朝，政治体制上具有着明显的特殊性。总体上统治者顽强保留了民族特色，对蒙古人和色目人给予政治和经济的上优待，与此相伴生的也有不可避免的问题，吏治就是元政府难以解决的问题之一。

一、吏治不良

作为由少数民族建立的朝代，元朝的统治有着别的时代所没有的特点，除前述行政制度方面带有浓墨重彩的草原文化影响外，在统治政策方面也不可避免地具有独特的自身特点。这一点在对江淮的统治中有相应的体现。

江淮地方作为元代的首富地区之一，元廷对于行省官员的选定一直都很重视。这一点许多元人的著述中都有所记载。如黄溍就评价道："（江浙行省）所统列郡民物殷盛，国家经费之所从出，而又外控岛夷，最为巨镇，非朝廷重臣莫克任蕃屏之居。"[①]但是，江南初平，急需大量官员，又因为元代的官吏任职重视所谓的"大根脚"，也就是蒙古色目的世袭贵族子弟能够得到高官厚禄，元至中前期都没有开科取士，因此，大量官吏都是世袭子弟，他们"寒向江南暖，饥向江南饱。物物是江南，不道江南好"[②]。这样的官员其为官的取向当然不是实行儒学的政治理想"仁政"，而是唯利是图。而元代中下层官员又多为吏员出身，素质低下。因此元代官员的政治素质不高是普遍的现象，导致地方吏治普遍不好。

江淮是国家的赋税重地、东南大藩，吏治不佳这种情况也很多见。特别是元初，江南的官吏除原南宋的降官外，多是北人。程钜夫就说："惜乎北方之贤者，间有视江南为孤远，而不屑就之意。故仕于南者，除行省、宣慰、按察诸大衙门出自圣断选择，而使其余郡县官属指缺，愿去者半为贩缯屠狗之流、贪污狼藉之辈。"[③]至元年间担任江浙行省左丞相的忙兀台虽然颇有政绩，但还是因为贪污受罚，更不要提另外的官吏了。

当然，大小官吏的贪污也有制度方面的问题，因为江南官员的俸禄没有确立。实

---

① 黄溍：《金华黄先生集》卷一〇《安庆武襄王神道碑》。

② 孔齐：《至正直记》卷三《曼硕题雁》。

③ 程矩夫：《雪楼集》卷一〇《吏治王事 · 通南北之选》。

行的是临时支俸的制度,很多官员没有收入。特别是学官"自归附后,诸生口粮、官职吏仆月粮,止靠学粮支用,不敷。自至元十三年,照旧例行供。十四年三月,内准宣慰司札付:令本学依寺观例,自行收支,接续养士。十五年二月,承宣慰司令史郑诚呈说前往行省打勘检照本学养士米粮,不可与系官粮一般打勘,准呈开除讫"①。随着国家的统治渐渐走上正轨,俸禄才有了可实行的规章制度,吏治问题有所改观。直至至元二十二年(1285),元廷重新厘定百官官吏。以后发布一系列的政府,调整体系,确定江南大小官吏的俸禄。

元朝官吏的俸禄除支取俸钱外,还有职田。江淮的官吏职田随江南官吏职田的确定而定。早在至元十四年(1277),元廷就定下了北方民职官吏的职田。直至至元二十一年(1284)才确定江南外任民职官吏职田。其实,至元十二年管如德时任浙西宣慰使时,上时政五条,其中之一就是奏请在江南整个区域设官制禄。② 但因权臣干扰没有能够将情况上达最高统治者。至元十四年,建康府改为建康路,凡路州司县亲民官,按品从给公田俸钞。这在江南只是局部情况。因为按照元廷的政令,"令依腹里郡县体例,各各给与职田,而行省下令必于荒闲田地内标拨。夫江南州郡,安得处处皆有荒闲田地?只为此语糊涂浮泛,得职田者遂无几人。转见窘迫,恣意贪残"③。为此,程钜夫建议:"今欲与一一添俸,则费钞愈多,虚钞愈甚,莫惟职田之为便也。宜令行省遍下诸道路郡县,凡各处系官田土,即拨与各官,充合得职田。比腹里例,毋令减少。使洁己守职者免饥寒之忧,其痛民蠹国者自甘惩汰之罚。如此,然后治平可冀也。"④但是,程氏的建议并没有马上被采纳,直至至元二十一年,元廷才正式规定:江南官吏职田比腹里减半。江南民职官吏的职田的制定比北方晚。据《通制条格》卷一三《禄廪》记载,这年五月"官员职田,江淮闽广,地土不同,合依中原迁转官例,每俸钞五贯给公田一顷。都省议得:比及通行定夺以来,比附腹里官吏职田体例,于无违碍系官荒闲地内减半拨付。"《至顺镇江志》卷一三《禄廪·职用》所记的至顺年间职田数与此基本相符,因为阿合马、桑哥的理财,以及日后成宗动用钞本,元代的物价一直处于不断上涨的局面。元政府也因此调整过官吏的俸钞。其中和江浙有关的是在至元二十四年(1287),确定教官的俸禄,以后在天历年间的俸禄情况,《至顺镇江志》卷十三的《禄廪》也有所反映。

军官本无俸钞,但是随着时间的推移,怯薛及侍卫亲军、镇戍军人也有了俸禄,就

---

① 《庙学典礼》卷一《都省复还石国秀等所献四道学田》。

② 《元史》卷一六五。《管如德传》。

③ 程钜夫:《雪楼集》卷一〇《吏治王事·给江南官吏俸钱》。

④ 程钜夫:《雪楼集》卷一〇《吏治王事·给江南官吏俸钱》。

是江南新附军没有定制。至元十八年(1281),元政府给扬州新附军"将校钞,人二锭"[①]。继大德七年(1303)给内外官吏依俸添米后,大德八年,元政府给江南诸翼[②]军官添支俸米。《至顺镇江志》卷一三《禄廪·俸钱》中对各级军官的俸禄也有详细记载。

这里要说明的是江南的民职官吏俸钞看起来少于北方官吏,实则不然。据有关专家分析,江南官吏的收入要高于北方官吏,因为江南米价低,而且有其他赚钱的路径[③]。

二、推行民族歧视政策

元朝统治者把国人按照归附的先后次序划分为四等。首先,规定蒙古统治者为"国族",是征服民族,也称"自家骨肉"。色目居其二,色目并非是一个民族,而是泛指蒙古、汉族以外的各族人士,包括汪古、唐兀、吐蕃、畏兀、回回、哈剌鲁、康里、阿速、钦察等。系取"各色各目"之义。其三是汉人,指淮河以北、原来金朝统治下的人口,主要有汉人、汉化的契丹、女真、高丽等。其四为南人,指原南宋辖下的广大人民,包括今天的江淮全境,他们臣服于蒙古人最晚,地位也最为低下。其实综观有元一代,政府并没有下达过实行"四等人制"的政令,但是在民族歧视一直显而易见。成为元代统治的特征。"四等人制"并不是表面上简单的划分,实质上在权利、义务、法律、政令上都体现了这一民族不平等内容。表现在用人政策上最为明显。

在职官任用上,凡是重要官职,均蒙古人具有优先权,其次才轮到色目、汉人,而南人普遍仕途无望。中央和行省一级的各重要机构都由蒙古人担任首长,其次才从色目人中选任。各地方官署的长官也是由蒙古和色日人充任。"其长蒙古人为之,而汉人、南人贰焉"[④],"而委付蒙古人者若无呵,于有根脚色目人内选用"[⑤],是当时任官的基本原则。以江浙行省为例,正如有学者分析,在承平时期,江浙行省共十余位丞相,但是无论形势怎样变化,都没有一个汉人或者南人在其位。江浙行省的丞相始终在蒙古色目人中选定[⑥]。这一点很能说明元代用人制度方面的民族歧视问题。江淮是原南宋故地,当地人民在这方面受到的挫折可从中得到体会。元末的文人陶安曾对元朝的这一政策有过真切评价:"唯南人见扼于铨选,省台枢宥风纪之职悉置而不

---

① 《元史》卷二〇五《桑哥传》。

② 《元典章》卷一五《户部一·禄廪》。

③ 参见沈仁国:《元代的俸禄制度》,《元史及北方民族史研究集刊》12—13期。

④ 《元史》卷八五《百官志一》。

⑤ 《元典章》卷九《吏部三·有姓达鲁花赤》。

⑥ 参见刘如臻:《元代江浙行省研究》,《元史论丛》第六辑,中国社会科学出版社1996年版。

用,仕者何寥寥。"[1]而原南宋故地本是人才辈出之地,文化繁盛之乡。

元朝延祐开科,是元代政治制度的重大变化,然而在录取上也尽现民族歧视,主要是将录取分为左右榜,其中右榜录取蒙古色目人,左榜为汉人、南人。在录取规模、考试难度等方面两者不可同日而语。元代著名教育家程端礼说:"我国家设科以来,声教洽于海宇,江浙一省应诏而起者岁不下三千人,得贡于礼部者四十三人而已。"[2]而给南人的名额只有 28 名。元代南人出仕的机会也少得可怜。士人主要争取的出仕方式,主要有两种,一种出任学官,二是北游。学官待遇不算好,也很难有机会升迁,但还可以再争取进一步提升,往往受到学者的青睐。而北游则往往无功而返。特别是一些北游大都的江南士人被人讽为"腊鸡",可以想见江南士人北游的处境。只有少数北游者得到了仕进的机会。正如萧启庆先生所总结:"无论由吏进或以学官进,大多数士人都必须永沉下僚,位居人下。"[3]这是针对汉人而言,南人士人的地位只有更加不堪。

在法律上,因族群不同,刑罚的轻重也有很大区别,杀人、斗殴、盗窃等无不如此。在拥有武器方面,元廷对汉人、南人严行禁止,但对蒙古色目则并无限制。由此可知元朝社会各民族的不平等和社会结构的不平衡。

在文化上,蒙古人实行多语兼用,官方文件"国字"(蒙古语)、汉文、波斯文并用。宗教上诸教并崇、各从本俗,蒙古统治者优渥诸种宗教,实行多种宗教并用的政策,而对各民族间巨大的风俗差异却并不要求统一,这也是造成江淮多种宗教并行的根本原因。

南人在政治上最受压迫。南宋时期,培养出了人数庞大的士大夫阶层,元代,这一部分人许多隐遁山林,埋首乡校,其中当然不少人是因为立志为南宋的遗民,亦有相当部分是因为元代官选重视出身,南人求官无门,只有退隐林下。但是这并不说明士人经济地位低下。蒙古色目贵族当然是新起的剥削阶级,正如蒙思明先生所说[4],江南原先的地主阶级未因蒙古征服而被削弱,经济实力仍然存在。于是,江南社会中地主阶级和蒙古色目贵族相互结纳成为显而易见的现象。而元代的社会歧视政策也不是如人们想象中的隔离,社会中的交往和民族杂居如常,民族间的通婚频繁,各民族人口主要依社会阶层交往,比如汉族社会中的师生、门生、同好等都是结成社会交往的重要契机,而不是依据族群,这是以后元明之际新的民族生成的重要原因。

---

① 陶安:《陶学士文集》卷一二《送易生序》。

② 程端礼:《畏斋集》卷三《江浙进士乡会小录序》。

③ 萧启庆:《元代的儒户:儒士地位演进史上的一章》,《内北国而外中国》,中华书局 2007 年版。

④ 参见蒙思明:《元代社会阶级制度》,上海人民出版社 2006 年版。

三、对江淮地区经济和社会的控制

在元朝平定江淮以后，首先对江淮一带民间收藏的武器没收，不允许百姓私自拥有武器。其次，是对江淮一带的军队布防。淮水以南主要由新附军和汉军实行镇戍。军务是元朝的最高事务，汉人往往不得其闻。因此，按照元朝的制度，即使是汉军和新附军，因军官也为蒙古、色目人。所谓汉军，指的是由北方汉人组成的军队，而新附军主要是原南宋军队投降后组建的军队。其间也掺合着探马赤军以及蒙古、色目军队。《经世大典·序录》中记载："国初征伐，驻兵不常其地，视山川险易，事机变化而位置之，前却进退无定制。及天下平，命宗王将兵镇边徼襟喉之地。如和林、云南、回回、畏吾儿、河西、辽东、扬州之类，而以蒙古军屯河洛、山东，据天下腹心，汉军、探马赤军戍淮江之南以尽南海，而新附军亦间厕焉，蒙古军即营以家，余军，岁时践更皆有成法，独南三行省不时请移，彼置此枢密院，必以为初下南时，世祖命伯颜、阿术、阿塔海、阿里海牙、阿剌罕与月儿鲁孛罗辈所议定六十三处兵也不可妄动。"①伯颜等在南方六十三处置兵屯戍，屯兵之处为战略要地。再从此六十三处分兵，出镇四处。戍守的重点是沿江沿淮地区，联结大都和江淮经济重心。江淮和江西的兵力相参作三十七翼，每翼为一万户②。

图为中统元宝交钞，是中国现存的最早由官方正式印刷发行实物（宋代纸币至今无实物）。发行时间为忽必烈中统元年（1260）。这种纸币已与现代的钞票别无二致。一直行用至元末。实物原发现于内蒙古呼和浩特市辽代的万部华严经塔下，现收藏于中国钱币博物馆，为镇馆之宝。

在全面的军事镇戍下，元朝对于江淮的经济政策则具有两面性。一方面，江淮平附初期，元廷对原南宋时的一系列赋税政策全盘接受，以避免冲突，减少损失。元朝在全国范围内实行重农、劝农政策，对江淮一带的农业及其他经济种植业都予以鼓励。因此，江淮的农业及种植业得到相当程度的发展。而手工业及商业也在农业等的发展基础上有所提高。特别江淮的蚕桑丝织、军器制作等在技术上有新的突破。商业等则是在各色各类的商人经营下开展得

① 《经世大典序录·屯戍》，《国朝文类》卷四一。

② 《元史》卷九九《兵志二》。

有声有色。

另一方面，在看似经济蓬勃发展的历史进程中，元代江淮地区的经济政策中又杂有并不合乎时代发展的因素。在手工业活跃发展的同时，元朝实行的是官手工业制度，各地都建立了大量的官营匠局，其覆盖的行业几乎囊括了所有的生活用品领域，民间手工业生产当然受到挤压。在《至正金陵志》和《至顺镇江志》中就描绘了官营的武器匠局、丝织局等等。而色目商人伙同蒙古贵族对许多商业实行专营，如金、银、铜、铁、茶、盐、水银、酒、醋、铅、锡等商品都由国家专控，民间资本几无出路。其中，两淮盐场的盐就是如此。元代国家控制了盐的生产和销售的所有环节，本书另有专章讨论盐的生产与销售。无论是行盐法还是市籴法，归根到底都要商人花钱购买盐引或是将粮运到指定地点以换取盐引。引票的价格随着元代纸币的不断贬值而不断抬高，至元十三年(1276)时每引值中统钞九贯，延祐二年(1315)时已暴涨至一百五十贯。

众所周知，元代是世界上最早由国家发行纸币的国家，忽必烈在中统元年(1260)首发中统元宝交钞，票面以文贯为识，分为十文、二十文、三十文、百文、二百文、五百文，一贯、二贯九种。钞本为银。南宋平定后，元廷用中统钞易南宋的交会，至元十七年废宋铜钱，国家以元宝钞为准，统一了全国货币，这在客观上为经济交流和商业发展起了促进作用。但是，很快纸钞的发行就出现了问题，大量纸币印刷，“无本钞数民间既多而易得，物因踊而难买”[①]。至元二十四年(1287)，为消弥财政危机而改为“至元宝钞”，原则上与中统钞一致，以金银为本。但是至元钞发，中统钞却没有废止。市面上因此更加混乱，很快，平准基金被挪用，纸币价落，以后多位元帝都对纸币进行过改革，但是最终导致钞法大乱，最终，变钞和开河成为元朝覆灭的导火索。

另有官运官销的食盐法和常平盐局法。食盐法是按居民数分摊盐两，此法兴废无常；而常平盐局法是政府发售，只在少数地区实行过。[②] 直至元末，江淮一带的盐税负担就连顺帝都承认：“两浙食盐，害民为甚。”[③]同时，茶叶等也都是专卖物资。而蒙古贵族和大大小小的各个官员和色目商人巧取豪夺，挤压民利。如果民间商人求取巨额利益，就必须和官府勾结，因此杨维桢有《盐商行》一诗，描写了令人惊叹的盐商的富足。对于粮食，每年江浙行省要向大都运送大量粮食，仅这一项就包含着对江淮地区百姓的重大盘剥。更还有前指的茶、酒、醋等税收。程钜夫就曾痛指：“江南茶、

① 王恽：《秋涧集》卷九〇《便民三十五事论·钞法》。

② 参见陈高华：《元代盐政及其社会影响》，《陈高华文集》。

③ 《元史》卷九七《食货志·盐法》。

盐、酒、醋等税，近年节次增添，比归附时十倍以上，今又逐年增添。”①无庸多言，江淮一带的经济剥削有多么沉重是可以想见的。这些政策当然是对江淮经济发展的打击。

因为江淮是元代的经济重心地区，江浙行省“土赋居天下十六七”，江淮的贡献肯定不小，刘家港又是当时海运的重要港口，平江（苏州）承担着协调对北上粮食海运的任务，太湖一带是粮食出产地，真州（仪征）、扬州是大运河沿线的主要城市。甚至，江浙的学校也往往承担着为国家印刷书籍的任务。各种摊派在正赋之外也司空见惯，如元世祖准备远征日本等地，就命江南三省负责造船。所受的经济剥削，也是可以想象的。

元朝政府虽对江南社会的武力防范很严，但是社会风俗方面疏于防范。元帝优渥宗教，特别是藏传佛教，对于道教、基督教、伊斯兰教等也一并优待，就是儒家学说，也被元帝差不多用作宗教一般。元朝作为社会风气宽松的一代，其中一大表现就是没有文字狱。这些在对江淮的具体统治中得到体现。蒙古大军初平南宋之时，江南存有许多遗民，他们著文写诗表达对故国的思念和对元朝的不合作，但即使这样，元政府也对此不予关注。南宋遗民不和政府合作，却不妨碍他们办学校等，形成了独特的遗民文化。对于盛极一时的文人雅集，如玉山草堂雅集，也是听之任之，倒是朱明时代对这些活动加以控制，让此成为永远的历史。也是因为元政府这样的政策取向，江淮的文化和教育事业都呈现出欣欣向荣的大好局面。

---

① 程钜夫：《雪楼集》卷一〇《民间利病》。

第八章　元代江淮地区的社会经济

元代是一个集中研究相对较少的历史时期，对元代江淮地区的经济状况的研究也尚待全面深入。一般来说，多认为江淮的经济由于为战争的破坏和蒙古统治者的侵夺，造成江南经济衰竭，“饥向江南饱，寒向江南暖”被视为当时的真实写照。客观地说，在宋蒙对峙的四十余年间，交战之地特别是两淮之地的农业肯定受到较大的影响。平宋以后，蒙古统治者推行民族歧视政策，原来南宋地域的广大人民被称作南人，处于最低一层，还有蒙古统治者保留的游牧习惯都在一定程度上影响了江南经济的发展。但这并不说明江淮本身的社会经济处于一团漆黑的困境。特别是江南，虽说平宋的战争对农业有所影响，但相比北方中国的战争对农业的影响要缓和得多，南宋政府在无力组织抗击时，皇室奉表出降也避免了大规模对抗造成的破坏。元廷平宋以后采取的措施很大程度上是保护性的，特别是经济政策，直接采取南宋的管理方式，例如对税制的采用，和北部中国不同，主要是直接采用南宋的两税制，对于度量工具也以南宋的为主。此时蒙古统治者也逐渐认识到经济发展的重要性，为保证长治久安，元政府特别规定了路府州县官的职能和考核标准，以“户口增，田野辟、词讼简，盗贼息，赋役平”五事作为地方行政官员是否称职的标准。规定：“五事备者为上选，内三事成者为中选，五事俱不举者黜”，并制定相应的罚赏标准[①]。因此，本来基础就好的江淮社会经济也有条件得到迅速恢复。以下就谈谈江淮的具体情况。

---

① 《元典章》卷二《圣政一・饬官吏》。

第一节　重农政策的实施和农业的发展

一、设立劝农机构，颁布《农桑辑要》

元代江淮的社会经济在南宋高速发展的轨道上继续运行，保持着持续的发展势头。

从忽必烈时代起，蒙古统治者逐渐改变平宋战争开始前的旧政策。元世祖忽必烈曾面谕统帅伯颜，告诫他要做北宋攻取江南的统帅曹彬而“不嗜杀”。伯颜是一位具有远见卓识的蒙古将帅，在平宋的战争中，他很好地贯彻了忽必烈的主张，除常州一战，因常州的南宋守官降战多次反复，攻下此城后他下令屠城报复外，其他基本没有类似的行为。而元朝统一北方之时，河朔一带“数千里间，人民杀戮几尽，其存者以户口计，千百不一余”[①]，两者相较，差别甚大。而在战争中，元廷为争取人心还采取了一些保护百姓利益的政策，取得了较好的收益。如元军南下作战，相应采取承认南宋以来的土地制度和租佃关系的政策：“江南与江北异，贫者佃富人之田，岁输其租。”[②]将南宋的圣节上供、经总制钱等百余种苛捐杂税一并免除。故明人说：“元平江南，政令疏阔，赋税宽简，其民止输地税，他无征发。”[③]

在平宋以后，元廷面对的是疆域辽阔、民族众多的大一统国家。世祖忽必烈改变了蒙古国原来的统治政策，逐渐采取潜邸聚集的知识分子的建议，用“汉法”统治国家。最重要的一点就是推行儒家文化中的以农为本的经济思想，认为“国以民为本，民以食为天，衣食以农桑为本”[④]，在政策措施上实行“重农”。即位就首诏天下“国以民为本，民以食为本，衣食以农桑为本”[⑤]。意味着元世祖以农桑立国，实行封建社会的经济规则。倍加指责的半个世纪的倒退主要是在忽必烈之前的时代。“元初，取民未有定制。及世祖立法，一本于宽。……而尤惓惓于农桑一事，可谓知理财之本者矣”[⑥]。

在一系列重农思想的指引下，元廷成立专门的“劝农”机构，落实重农措施。早在中统元年(1260)，令各路宣抚司选通晓农事者充任随路劝农官。次年又设劝农司，以

---

① 刘因：《静修先生文集》卷七《武强尉孙君墓志铭》。

② 《元史》卷一八《成宗纪一》“至元三十一年冬十月辛巳条。”

③ 于慎行：《谷山笔尘》卷一二《赋师》。

④ 《元史》卷九三《食货志一》。

⑤ 《元史》卷九三《食货志一》。

⑥ 《元史》卷九三《食货志一》。

姚枢为大司农，陈邃、崔斌等八人为劝农使，指导各地农民进行生产。至元七年(1270)设立司农司，以左丞张文谦为司农卿，掌各地农桑水利事宜。下设四道巡行劝农司，派遣劝农官及通晓水利者分赴各地，考察地方官在农桑水利方面的政绩。同年十二月，又改司农司为大司农司，掌农桑水利饥荒诸事。增设各道劝农使、副使四员。这一段时期是元廷机构调整时期，大司农司也历经了撤并转，至元十四年五月被罢去，以提刑按察司来管劝农事宜。后又改为司农司。至元二十三年(1286)又设立大司农司，专职农桑。至元二十四年，设立江淮行大司农司。又行撤去，农业归属诸道肃政廉访司管理，岁时劝课。直至至元三十年(1293)，元廷特意在江南设行大司农司于扬州，以及营田司，专管江南农业和垦荒。对地方官员，元廷以“户口增，田野辟”为考核指标①。

大司农司成立以后，主持了中国历史上现存最早的官方颁行的农书——《农桑辑要》的编修，并行之全国，起到了指导各地农业生产的作用，也反映了政府对农业的高度重视。《农桑辑要》最早颁于至元十年(1273)，全书的主要内容是对此前存留的各种农书的引录，这些农书现在大都已失传，少部分是对当时情况的新撰。《农桑辑要》以平实易懂的语言，描述当时的农业经验和技术，强调精耕细作。可以说，《农桑辑要》是对当时农业技术的全面总结。其书的颁行对指导北方的农业生产发挥了很好的作用。待元朝统一全国以后，元廷又将此书在江淮推行，元政府多次重印此书，特别是延祐二年(1286)，元仁宗又诏令“江浙行省印《农桑辑要》万部，颁降有司遵守劝课”②。可见，《农桑辑要》对江淮一带的农业生产同样也发挥着指导性的作用。正是在这种重视农业的政策影响下，元代出现了农书编撰的热潮，著名的有王祯的《农书》、畏兀儿人鲁明善的《农桑衣食撮要》。元代各类农书的出现也是重农政策的社会反应。其中，王祯的《农书》是对全国农业发展的理论概括，也是对江淮经济的高度总结，也是存留至今的最宝贵的农书。

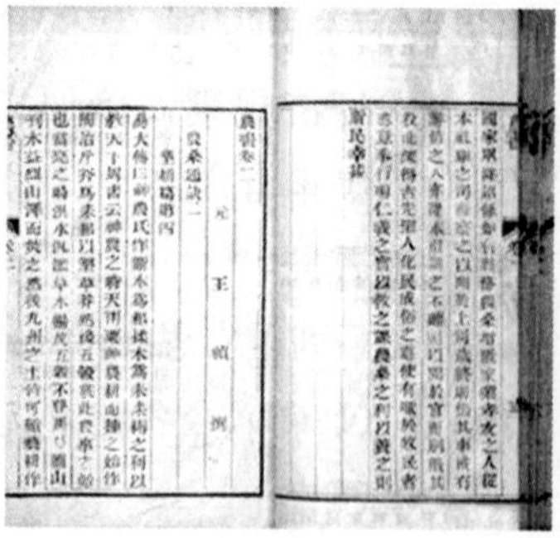

王祯《农书》

王祯，山东东平人，元贞元年(1295)，担任旌德县伊，六年在任期间，他教导农民耕种，取得了良好的社会效果。因为他终日忙于田间地头的农作，有些官员对他进行弹劾，说他不务正业，引来上级批评，后经检查发现他对于当地农业发展的贡献很大。《旌德县志》

① 《元史》卷一五一《张荣传》。

② 《元史》卷二五《仁宗纪二》。

记叙他“惠爱有为……教民勤树艺，又兼施医药，以救贫疾”，给他以很高的评价。大德四年(1300)，他又到江西永丰任县官，在当地发展农业，取得了不俗的成绩。因此，王祯的《农书》是元代农业理论的集大成者，既有对前代农业技术的理论总结，也有他对于当时农业的观察，特别是对江淮一带农业的真实体验。《农书》共约 14 万字，有插图 281 幅，分为“农桑通诀”、“百谷谱”、“农器图谱”三部分。其中“农器图谱”是以前的综合性农书所缺的，绘有各种农具和农业机械图 306 幅，又分 20 门，每门都有文字说明，介绍农具的来源、构造、历史演变。王祯还引用了不少今天已经失传的古代农书，弥补了我们对此的认识。此部书是我国历史上最重要的综合性农书之一，全书充满了“天时不如地利、地利不如人事”的思想，主张不违农时，及时施肥，兴修水利。

二、鼓励开垦荒地，减免租税

土地是封建社会的立国根基。元代各级官员对待土地问题都高度关注。元代土地分为官田和民田。官田属于国家所有，主要是来自前代的官田的延续。南宋还曾实行过收买“公田”，元代时这部分也成为官田的组成部分。江淮的官田因为战争和豪强的巧取豪夺而大量流失。因此，元代设立营田总管，专管清理江淮官田事宜，很有成效。平定江淮后，原有南宋达官贵人的田地也一并归官。元代官员由于受罚也要将所拥有田地归官。江淮的官田主要集中在江浙行省。如《至正金陵新志》和《至顺镇江志》都对官田有所统计①。

元代官田的租税很高，还要附加额外的负担，江南农民视租种官田为难事，官府只有强逼农民才能达到目的。如镇江路的官田，就是大司农司或是劝农营田司“将实荒公田，逼令人户开耕，抱荒作熟，科征粮米，或拨充职田，或改种香糯”②。元代的各种官职的职田和皇室对权贵的赐田也属于官田。如鲁国大长公主祥哥剌吉在平江有一千五百顷稻田，为武宗所赐。文宗在至顺年间又赐平江官田五百顷。受赐人只享受租税，不拥有主权。江南的官田收入为国家所有，所产粮食主要用于海运北上。元代的军饷、南粮北运以及大量赐田主要来自官田。江淮境内的官田继承了南宋方式，主要为官田承租。这种方式外，还有大量的赐田由财赋总管府等来进行管理。受封者只享受赐田的收入，并不能使官田私有化。

元初平江淮之时，并没有规定官吏的俸禄，后来所定职田，只占北方官吏的一半。这部分占地很少。以镇江为例，只占当地官田的百分之五不到。镇江达鲁花赤的职

---

① 参见《至正金陵新志》卷七《田赋志》和《至顺镇江志》卷五《田土》。

② 《至顺镇江志》卷六《赋税》。

田只有七顷二十二亩四分四厘一毫[①]。而且有职才有田,没有职务,就意味着无田。因此,职田的剥削也是相当严重的。江淮一地多有大地主,借用马端临所言:"富者有赀可以买田,贵者有力可以占田。"[②]是对产生大地主原因的深刻揭示。元世祖时,平江路总管王虎臣"守此郡,多强买人田"[③]。

尽管如此,很多地区因为战乱而造成田地荒芜,为了开辟财源,扩大生产,元政府鼓励百姓开垦荒地,组织军民屯田。早在大规模战争结束不久,淮南道宣慰使昂吉儿就上奏朝廷,建议在淮西庐州的空地募民耕种和军队屯田。朝廷为此答复道:"圣旨到日,田地的主人限半年出来。经由官司,若委实是他田地,无争差呵,分付主人依旧耕种。若限次里头不来呵,不拣什么人自愿地教种者。更军民根底斟酌与牛具、农器、种子,教做屯田者。种了的后头主人出来道是俺的田地来,么道,休要争者。"[④]这条政策基本确立了元代对垦荒的纲领,以后各地垦荒基本都是照此办理。

至大年间,江浙行省还规定:"抛荒官田,止纳原租,初年免征,次年唯半,而三甫全。"积荒则三年后第依民田输税[⑤],对各种开垦荒地者给予优惠。至元末,昆山州的判官部肃还"劝勉程督,增垦荒田若干"[⑥]。因此,土地开垦并没有因南宋的灭亡而告终,而一直得到政府重视。一些地方官也留心此事,如元初赵全在平江路总管任上,共开垦荒田 630 余顷,元中期,常熟州达鲁花赤火失哈儿募民垦田 80 余顷。在沿江濒海之处,百姓常在其中的沙田耕种,元代袭宋制,对这种田地实行免征或少征税的政策。而对土地,也是允许垦荒自由买卖,放任私人占有。《元典章》卷三《圣政二·减私租》:"蛮子百姓每,不似汉儿百姓每,富户每有田地,其余他百姓每无田地,种着富户每的田地。"无疑是当时社会情形的真实展示。

而屯田,如前述至元十七年,淮西宣慰使昂吉儿奏请在淮西屯田。江淮佥省燕公楠也继而奏请在淮河南北立屯垦荒。《元史·燕公楠传》载,"江淮在宋为边陲,国多闲田,公楠请置两淮屯田"。由于朝议不一,忽必烈便令当地官员试行立屯,"遣数千人,即芍陂、洪泽试之"[⑦]。至元二十三年,江淮行省平章忙兀台亦上言,"淮东近地,宜置屯田,岁入粮以给军,所余饷京师"[⑧]。在江淮屯田已见成效的情况下,当年七月,忽

① 《至顺镇江志》卷一三《职田》。
② 《文献通考》卷二《田赋考二·历代田赋之制》。
③ 《元史》卷一七二《赵孟頫传》。
④ 《元典章》卷一九《户部五·荒田》。
⑤ 《正德松江府志》卷三《水下·治绩》。
⑥ 《嘉靖昆山县志》卷九《名宦》。
⑦ 《元史》卷一三《世祖纪一〇》。
⑧ 《元史》卷一三一《忙兀台传》。

必烈下诏“立淮南洪泽、芍陂两处屯田”[①]随后增派军队屯田，两处共置四万户府，屯田军士二万余人。

在建立军屯的同时，元朝继续在淮河流域募民立屯耕种。民屯的制度设施也逐步健全起来。至元十六年，元朝在“涟、海等州募民屯田”，置淮东淮西屯田打捕总管府及提举司领之[②]，屯田由姚演主持。次年，在姚演的建议下，“收集逃民屯田涟、海”。十八年又“募民淮西屯田”。至元二十一年十月，“定涟、海等屯田法”，随即“以江淮间自襄阳至于东海多荒田，命司农司立屯田法，募人开垦，免其六年租税并一切杂役”。[③]屯田法的制订，标志着元代民屯制度走向成熟。到至元三十年，元廷将芍陂、洪泽两处军屯四万户合并为二万户，又在这里“立民屯二十”[④]。

总的来说，江淮境内的屯田主要分为军屯和民屯两种形式。军屯以军士屯田，屯田军士按军事编制以万户、千户、百户为单位；民屯则募民屯垦，设屯田总管府和提举司来管理。兵部掌屯田政令与屯田军士兵籍，民屯隶属于宣徽院等中央机构，行省官员直接主管屯田军民。成宗时，也多次颁诏“以两淮闲田给蒙古军”[⑤]。

除各地驻军的例行屯田外，两淮地区还设有专理屯田的机构，其中属于民屯的有淮东淮西屯田打捕总管府、尚珍署，属于军屯的有洪泽屯田万户府和芍陂屯田万户府。淮东淮西屯田打捕总管府，秩三品，隶属于宣徽院。《元史·百官志》称其职掌为：“掌献田岁入，以供内府，及湖泊山场渔猎，以供膳。”至元十四年(1277)，姚演以涟州、海州荒田 11817 顷进献。十六年，元廷“募民开垦涟、海荒地，官给禾种，自备牛具，所得子粒官得十分之四，民得十分之六，仍免本户徭役”[⑥]。并置淮东淮西屯田打捕总管府管理。随后将涟海湖泊提举司、高邮湖泊提举司、沂州等处提举司、扬州打捕总管府等并入，续增徐州、邳州屯田 800 顷，共立提举司 19 处。至元二十六年，省并 7 处，只保留徐邳、海州、扬州、两淮、淮安、高邮、昭信、安丰、镇巢、蕲黄、鱼网、石湫等 12 处提举司。后提举司再并为 8 处，共有屯田民户 11743，田地 15193 顷。据许有壬记载，该屯田总管府“岁入粳有白赤、精凿。若杂淇、珠粉、饼材、麻菽、姜糯、蒿腒、腊脯、腶修、皮革之属，属巨万计，它钱又不下五万锭”[⑦]。洪泽屯田万户府，正三品，河南行省所辖。至元二十三年，根据江淮行省燕公楠、忙兀台等人的奏请，“立洪泽南北

① 《元史》卷一四《世祖纪一一》。
② 《元史》卷一〇《世祖纪七》。
③ 《元史》卷一三《世祖纪七》。
④ 《元史》卷一七《世祖纪十四》。
⑤ 《元史》卷一九《成宗纪二》。
⑥ 《元史》卷一〇〇《兵志三》。
⑦ 许有壬：《至正集》卷三七《两淮屯田打捕都总管府记》。

三屯，设万户府以统之”。屯田土地集中在淮安路的白水塘、黄家幢等处，皆以军户屯种，“为户一万五千九百九十四名，为田三万五千三百一十二顷二十一亩”[①]。

对于江淮，减免租税是政府不可缺少的鼓励农业生产的措施。江淮的赋税主要沿用南宋的夏、秋两税制。税粮根据是田亩，所收主要是秋税；亩税额多少大抵依南宋簿籍之旧。可以说，在战争中和战争后，元廷都有意识地保留南宋的经济体制，去除旧有的弊端，这对江淮的经济发展产生了积极作用。

元代的赋税主要是税粮和科差。税粮南北不同，北方是丁税和地税；南方则是夏秋二税。江淮也不例外采用了“两税制”。“两税制”是南宋政府采用的赋税制度；而北方的丁税和地税则为金朝经济制度的继承。《元史·食货志·税粮》是最基本的史料，完全说明了这一情况。元代末年，危素也曾多次谈到南北赋税原则的差别：“大抵江淮之北，赋役求诸户口，其田(南)则取诸土田。”他还说：“国朝既定中原，制赋役之法，不求诸土田而取诸户口，故富者愈富，贫者愈贫。”[②]就是说南方赋役是按土田征收摊派的，北方则是按户口征收摊派的，这是南北赋役的差异之所在。

宋代的两税制来源于唐代，以秋税为主，征收粮食，夏税一般是按秋税所征粮额分摊实物或钱。只是秋税的具体征收标准还是要首先弄清楚的问题。

学术界对这一问题的讨论已延续多年，陈高华先生综合诸种史料，得出结论认为并不存在统一的征收标准，地区之间差别很大，同一地区也有若干土地等级，承担数量不等的税粮。以往有人认为江南每亩三升之说不可信[③]。而元代的官方文书有记载：江南“田地有高低，纳粮底则例有三二十等，不均匀一般”[④]。这是符合江南的实际情况的。南宋时，江南赋税十分复杂，而元代时就“因之以收赋税，以诏力役”[⑤]。

关于夏税，《元史·食货志·税粮》云：“初，世祖平宋时，除江东、浙西，其余独征秋税而已……成宗元贞二年，始定征江南夏税之制，于是秋命止命输租，夏税则输以木绵、布、绢、丝绵等物，其所输之数，视粮以为差。粮一万或输钞三贯、二贯、一贯，或一贯五百文，一贯七百文。”说明江东地区征收夏税。还需要说明的是省斛和文思院斛的比例大小问题。《元史·食货志·税粮》说：“其输米者止用宋斗斛，盖以宋一石当今七斗故也。”所谓“宋斗斛”就是文思院斛，它的一石相当于省斛七斗。元代江南大多数地区都用文思院斛征收税粮。如《至正金陵新志·赋税》就说：“米用文思院

① 《元史》卷一〇〇《兵志三》。

② 危素：《危太朴文集》卷二《休宁县尹唐君核田记》，《续集》卷九《书张承基传后》。

③ 《陈高华文集》，上海辞书出版社2005年版，第44页。

④ 《元典章》卷二四《户部十·租税》。

⑤ 苏伯衡：《苏平仲文集》卷六《核田记》。

斛，当今七斗。”而《至顺镇江志》就说：“文思院一斗五升折合省斛一斗，一石折合省斛六斗多。两种比例可能在实际运用中都存在。

夏税的标准和征收物品，对江东就以南宋固有的方法征收，一般按土地等级摊派实物。《至顺德江志·赋税》就记镇江：“上等、中等者田则夏有绵……地则夏有丝、绵、大小麦。”[①]有的地区还征布。

整个元代，江南夏秋两税呈不断加重的趋势。延祐七年（1320）下令：“凡科粮一斗上添答二升。”即增加了百分之二十租[②]。江北、两淮等处荒闲之地，第三年始输。大德四年，又以地广人稀，更优一年，今第四年纳税。凡官田夏税皆不科。对于江北，两淮荒田招募开耕的方法，见至元二十二年（1285）九月诏会，其中规定：“若有前来末耕人户，先于荒闲土地内验本人实有人丁，酌量标拨，每丁不过百亩”，“三年外依例收税。”[③]江南的荒田，至元二十三年（1286），朝廷招募农民开垦耕种江南官府“荒芜田土”[④]。二十五年（1288）正月规定，耕种江南公田荒闲土地，“第一年不要地税，第二年要一半，第三年……三停内交纳二停。种的百姓每根底不交当别个杂泛差役”[⑤]。这种方法比起江北、两淮又有所不同。

还有一类官田，在《元史·食货志·税粮》中被忽略了，就是浙西一带的官田，土质肥沃，是宋、元两朝通过没收罪人的资产和向民间强行收购而来。如宋末贾似道行公田法，在浙西六郡强行收买民田三万五千余顷，后来虽曾退还民间，但到元代初仍强收为公田[⑥]。元成宗又没收朱清、张瑄的土地，每年的税粮即达十万余石[⑦]。这类官田的总数不明，但仅镇江一地即达九千余顷，为镇江全部田土的四分之一[⑧]。而平江一带的数字更应高于上述比例。如此说来，这类官田之数实在不少。

官田，有的归地方政府管辖，有的由元政府在当地设专门机构，如江浙财府都总管府，江淮财赋都总管府管理。官田有的直接租给农民，有的由官僚豪强承佃，再转租给农民。这类官田的税粮就是地租，通常都照入官前租额起科，为土地收入的一半甚至更多。在输税粮时，也加上许多额外的费用。如镇江官田，“亩纳五斗之上，及至秋成，催租勾扰，赴仓送纳，又有船脚、加耗、仓用，得米一石上下，方可输纳正米五

① 《吴兴续志》，《永乐大典》卷二二七七“湖”字门引。

② 《元史·英宗纪一》、《元典章》卷二四，《户部十·租税》。

③ 《元典章》卷一九《户部五·荒田》。

④ 《元典章》卷一九《户部五·荒田》。

⑤ 《元典章》卷一九《户部五·种佃》。

⑥ 《至顺镇江志》卷六《赋税》。

⑦ 王艮：《议免增科田粮案》，《嘉庆松江府志》卷二《田赋志上》。

⑧ 《至顺镇江志》卷二《田土》。

斗”[1]。夏秋对这类官田也是必不可少的，如镇江等地的官田，就征收丝、绵、大麦、小麦等物作夏税[2]，而《元史·食货志·税粮》中所谓“凡官田夏税皆不科”，则肯定是不正确的。官田的剥削丝毫也不比民田少。江南还有代役粮，《元史·食货志·税粮》最后谈到助役粮问题：“泰定之初，又有所谓助役粮者……因并著于此云。”助役粮宋代称为义役，元代仍然在江南施行。如《元史·英宗纪二》：“诏役助役法。遣使考视税籍高下，出田若干亩，使应役之人更掌之，收其岁入以助役费，官不得与。”那么早在英宗至治三年(1323)四月始，就有官方的记载了。主要是解决差役问题。元朝可以用此方法来建设江南乡村政权组织。但是它的收入除交二税外，按规定应专门用作津贴之用，并非政府的赋税收入，因此不应将其列为税粮门下。

元延祐七年(1320)的一件官方文书中说江南“田地有高低，纳粮底则倒有三二十等，不均匀一般”[3]。分等征税是江南征收不同于北方的一大特点。北方每亩三升是均一的。江南则各有不同，反映在江南，如昆山“悉以上中下三等八则计亩起科”[4]，常熟亦同[5]。学田免纳钱粮，“江南学田钱粮……会学校官管领，赡养生徒，官司不为理问”[6]。站户元签田，铺兵免粮田，寺观免粮田，等负。还有交纳税粮，要上交给财赋总管司，指拨给贵族、大臣的官田，收入归受赐者。总之，江淮的税粮情况比较复杂，需要进一步深入探讨。

三、建立备荒制度，救灾赈灾

元代是中国历史上灾害频发的时期，就是号称鱼米之乡的江南等地也时有水旱灾害发生。为稳定社会秩序，元代借鉴历史上的赈灾救荒制度，尤其是金代的制度，建立起适合且富有特色的体制。

元代在各地建立常平仓，丰年可用来增价屯粮，以免谷贱伤农，灾年可低价出粜，助农度荒。如镇江的常平仓设在府治。前代就有，后废，元至元十九年立，至大二年又起盖仓廒，“丰年，收籴粟麦米谷，值青黄不接之时，比附时估，减价出粜，以遏沸腾”。常平仓的建立有力地平抑了粮价，兼顾了各方利益，为政府救济灾荒发挥了重要作用。常平仓在金坛、丹阳都有设立。与此同时，还设立义仓。义仓的出现早在元之前，然而，元制是以社为单位设立，每社立义仓，由社长主之。丰年则留粮贮备，荒

---

① 《至顺德江志》卷六《赋税》。

② 《至顺德江志》卷六《赋税》。

③ 《元典章》卷二四《户部十·租税·科添二分税粮》。

④ 《嘉靖昆山县志》卷一《田赋》。

⑤ 《嘉靖常熟县志》卷二《乡都志》。

⑥ 《庙学典礼》卷四《庙学田地钱粮秀才每为主》。

年则用于救济。义仓的设立在江南较普遍。如至顺元年(1330)十一月,江浙旱灾,“发义仓粮,募富人入粟以赈之”。

从仓储制度的建立、相关的租税减免以及提供赈贷等政策,元代江淮一地的赈灾救荒体系基本建立了起来,为元代江淮的社会安宁发挥着积极的作用。

四、兴修水利,保障生产

江淮境内有长江淮河的流经,也有贯通南北的水道——大运河穿过,更有碧波浩渺的太湖,大小河流和塘浦池荡纵横交错,形成水乡泽国的地理形势,这给当地的农业生产提供了良好的自然条件,保证了产品的交流,但这也就意味着水利成为当地农业发展的关键因素。

自东吴开发以来,江淮无不把兴修水利放在发展生产的重要位置。元代也不例外。正如《元史·河渠志》所载:“元有天下,内立都水监,外设各处河渠司,以兴举水利、修河堤为务。”当时之善言水利如太史郭守敬等,认为“一代之事功,不可泯灭”,因此“历叙其事而分纪之”,作《河渠志》。对江南的水利建设非常重视,不断颁布诏令条例指导规范水利建设。《农桑之制》关于元代农田水利建设的内容就有:“凡河渠之利,委本处正官一员,以时浚治。或民力不足者,提举河渠官相其轻重,官为导之。”政府不但派专职官员负责,还在给予财力方面的支持。保证了重大工程的开展。可见,元代政府对水利的重视。中央政府还设有都水监,专司水利建设。大德二年(1297),元廷在平江路设立浙西都水监庸田使,“专一修筑田围,疏浚河道”。各处农事正官结衔“知渠堰事”①。江淮一地傍海濒江,得天独厚的地理条件为经济发展奠定的基础,但也为农业发展留下了隐患,那么水利的修治便成为其中的关键性因素。何况元代又是中国历史上灾害频发的时段。这一时期对大江大河的治理和太湖流域水利建设无论实践和理论都取得了长足的发展。

据统计,从公元300—1900年,太湖地区见于文献记载的水灾达245次之多,平均6.5年一次。其中受灾地区达全区三分之一以上的大水灾79次,平均约20年一次。从1194—1954年的近八百年间,吴江水位高达4.5米以上,受淹农田在八百万亩左右的特大水灾共十七次,平均4年一次。史称“水患为东南之大害”,正是这一情况的简略概括②。根据《太湖水利史》资料总结,1280—1367年内(元代享国之际),太湖地区水灾49次,旱灾13次,湖灾10次。元代的水利学家任仁发在他的《水利议》

---

① 《正德姑苏志》卷一一《水利》。

② 参见汪家伦:《历史时期太湖地区水旱情况初步分析》,载《农史研究》第三辑,1983年4月;江苏省水利厅《太湖水利史》编写组:《中国古代技术成就》第五篇,《江苏水利科技》1983年第2期。

中曾说:“钱氏有国,一百余年,止长兴年间一次水灾。今亡宋南渡一百五十年,止景定年间(1260—1264)一次水灾,今则一二年三四年水灾频仍。”说明,与此相对应的元代是太湖地区水灾频发的时代,这点无庸质疑,然而这并不就证明有元一代的这一地区的水利治理为历史空白,农业生产呈现倒退,是我国历史上的黑暗时期。

随着元代经济社会的发展,太湖地区的水利不治问题尤显突出。其实这一问题由来已久,早在北宋时期,太湖流域的粮食漕运到开封,因此,为保证粮道的通畅在太湖上筑石堤,致使太湖出水不畅。围田是自古以来太湖流域劳动人民取得农业发展的重要形式,但是过度围田造成水利体系的破坏,水面积减小,太湖周围调节洪水的能力下降,最显著的莫过于淀山湖。南宋淳熙年间,淀山湖围得了两万亩田,但是主要泄水道都被堵塞了。洪水上涨,反而淹没了周围大批的良田,导致更大的损失。对此,提举罗点认为:“浙西围田湮塞水势所在皆有,独淀山湖一处为害甚大。”①正如罗点的评论,围田引发的问题随处皆是,镇江丹阳的练湖南宋以前是著名的大湖,但是南宋时期的围田风潮将之瓜分殆尽,“自淳祐以来,又为流民侵占愈广,堙塞者多……”②渐渐几近平地。这一切都导致太湖出水不畅,整个区域湮塞问题日益严重。围田造成的问题似乎并没有终结,因为围田一般都认为可以增加收入,其实,围田多由富户豪强所为,大规模地占据围田,有利则不让,民田得不到灌溉,最终于国家还是不利。南宋时的有识之士就指出:“隆兴、乾道之后,豪宗大姓相继迭出,广包强占,无岁无之。陂湖之利日朘月削。”③导致国家常赋减少。练湖的淤浅还引发了江南运河的航运危机,围田和灌溉形成了尖锐矛盾。再退一步说,湖泊中生存着各种水产,经济价值极高,能给百姓带来利益,一但失去湖泊,百姓的生活无疑少了直接的经济来源,加深了社会矛盾。虽然南宋政府也认识到人为的原因导致太湖流域湮塞、水流不畅,多次发布诏令,禁示富户豪绅占有河道、围湖……如孝宗时期,“豪民巨室并缘为奸,加倍围裹,又影射包占水荡,有妨农民灌溉。于是,复诏浙西提举司俟农隙开掘,至八年九月,又申严两浙围田之禁焉”④。无奈的是,政府的禁令无法阻止人们对占有肥沃土地的欲望,并且这其中也有人口的增长带来的压力。政府没有办法解决人口增长和土地狭窄之间的矛盾。围田带来的问题始终是南宋时期的最大问题之一。

元代伊始就遭遇一连串的洪涝灾害,让元政府不得不面对太湖流域的水利灾害。翻开《元史·世祖纪》和《元史·五行志》,有关这一时期太湖流域洪涝灾害俯拾皆是。

---

① 顾炎武:《天下郡国利病书》卷五《罗点奏开淀山湖》。

② 《至顺镇江志》卷七《山水·练湖》。

③ 《续文献通考》卷三《水利田》。

④ 《续文献通考》卷三《水利田》。

仅捡几例以资佐证：至元十九年（1282）八月，“江南水，民饥者众”；至元二十三年（1286）六月，“平江路属县水，坏民田”；至元二十五年（1288），“五月丁酉，平江水”；至元二十七年（1290）“五月，江阴州大水”；至元二十九年（1292）六月，扬州、镇江、常州、平江等地大水。成宗元贞元年（1295）五月，“建康、镇江、常州、平江皆水”；九月，“高邮府、泗州旱”，平江又大水。“是岁，盐城亦大水；太仓七月大风雹，海溢……”

早在忽必烈登上大位之前，蒙古人对中原实行的是抄掠政策。虽然有耶律楚材等人的努力，也不能改变全局。直至忽必烈有天下，实行不同的政策。在政治上他承认儒家政治伦理，一如前朝祭祀孔子，为之加封号。经济方面，以农桑立国。而水利发建设就是社会发展中极为重要的组成部分，特别是江淮，以太湖为中心的地域，河网密布，港汊纵横，土地虽然肥沃，但要保证丰收还需有良好的水利建设为前提。有元一代对太湖流域的水利治理保障了这一地区的经济发展。元代对太湖流域的水利治理主要是围绕着汇水和治理塘浦而进行的。

（一）疏导吴淞江等大河，归之入海

如前所述，太湖流域的水利问题实是太湖出水的解决以及围绕低洼地势开展田地的治理。元代对太湖的出水主要是疏浚吴淞江，使太湖之水能够顺利流出。古有“三江既入，震泽底定”[①]之说。震泽即太湖，三江系指向东出海的吴淞江、娄江、东江。随着北宋以前娄江和东江的堙淤，失去了作为出水的作用，吴淞江成为主要出水河流。但至宋代，出水形势日益趋于恶化。吴淞江至11世纪末，上游进水口严重缩狭，下游出海口泥沙涨塞，“半为平陆”[②]，也被塞断。

宋元时，黄浦江轨迹形成。原来的东江流向杭州湾的出口被堵塞之后，淀山湖及浙西平原的水流便必然向东流经今闵行以东，从闸港经下沙至新场以东出海。这一段河道直至明时曾称横潦径，在清代志书中，也称黄浦之首为横潦径。南宋初年（建炎中）在今下沙曾置盐运使司分司，当时可能已在此置闸以防盐潮倒灌，另一部分水便从闸港北流，经今黄浦沿至今虹口境内注入吴松江，此口在元时称黄浦口，约在今嘉兴路桥附近。自闸港以北的今黄浦河段，在南宋及元时即称“黄浦”[③]。黄浦是吴淞江的支流，在明以后成为太湖出水的主河。这一水系的最终形成和元代也密切相关。

至元三十年（1293），浙西大水，元世祖“诏以浙西大水冒田为灾，令富民家募佃人疏决水道”[④]。《江南通志》卷六十三《水利治绩·苏州府》也记述：“三十年，诏平江松

① 《尚书·禹贡》。

② 姚文灏：《浙西水利书》卷二《周文英论三吴水利书》。

③ 参见褚绍唐、黄锡荃、王中远：《黄浦江的形成和变迁》，《上海水务》1985年第3期。

④ 《元史》卷一七《世祖纪十四》。

江等路府修治湖泖河港。”这次工程主要疏治的是吴淞江及淀山湖。《元史·河渠志》对此更作了详细说明。江浙行省官员因为受灾纷纷上言，建议对淀山湖开浚，以减太湖出水之难，并且断言：“识者咸以为便。”太祖知后更是感叹：“利益美事，举行已晚，其行之。”遂用民夫二十万疏浚。姚文灏的《浙西水利书》中《元书·吴执中言顺导水势》记忽必烈的至元末年曾动用民夫二十万疏浚“太湖、练湖、淀山湖等处并通江达海河港，又加以修筑围岸，自此岁获丰收。”至元三十一年八月，成宗“令军士复浚浙西太湖、淀山湖沟港”①。也是围着吴淞江和淀山湖进行的水利工程。大德二年(1298)，元廷专设浙西都水庸田司于平江②，大德八年(1304)春二月又设都水监于平江路，职掌吴淞江的水利工程③。正如史书记载：“专一提调田土河道。”④综观整个元朝，成宗大德八年，英宗至治三年，泰定帝泰定二年、三年，明宗天历二年，文宗至顺二年，顺帝至正元年、七年、二十年、二十四年等，元政府曾多次在平江、松江等地开浚渠道，整治圩田⑤。其中以成宗大德八年和泰定元年对吴淞江的治理工程为最大，成效令后人瞩目。这两次治理工程都是前都水监都水少监任仁发主董其事。

任仁发(1254—1327)，字子明，青浦人，终其一生为元代的水利事业做出了巨大贡献。特别是对于太湖流域的水利建设，他进行实地考察，并对前人的水利文献作了研究，针对当时的太湖流域的情况，他写作了《浙西水利议答录》十卷，阐述其对太湖水利治理的理论，主要是研究太湖的水情。综其治水之法有三：“浚河港必深阔，筑围岸必高厚，置闸窦必多广。设遇水旱就三者而乘除之自然不能为害。”整治需一体化。曾任元海道千户长、都水少监、浙东宣慰使等职。

成宗大德八年(1304)“据中书省臣言：‘吴江、松江实海口故道，潮水久淤，凡淤塞良田百有余里，况海运由是而出，宜于租户役万五千人浚治，岁免租人十五石，仍设都水监以董其程。’从之”⑥。此次工程是元政府听从了元代水利专家任仁发的建议而行事，元政府为重视起见，特设行都水监⑦，“以海道千夫长任仁发言命行省平章开吴淞江西自上海县界吴淞旧江，东抵嘉定石桥洪，迤逦入海，置木闸”。全部工程“计吴淞江东南黄浦口起至大盈浦口止一万五千一百丈；大盈浦口起至永淮寺东止一千六百

① 《元史》卷一八《成宗纪一》。

② 《元史》卷一九《成宗纪二》。

③ 《元史》卷二一《成宗纪四》。

④ 文廷式编：《大元官制杂记·都水庸田使司》。

⑤ 《乾隆江南通志》卷六三《河渠·水利治绩》苏州府、松江府。浙西地区元代修建田围甚多，以平江路言之，共有田围8829处，其中其中吴县917围，长洲县1788围，常熟州1111围，吴江州3268围，昆山州1645围，嘉定州100围。“延祐四年行经理之法，悉以上、中、下三等，分别计亩起科苗税”，洪武《苏州府志》卷一〇《田亩》。

⑥ 《元史》卷二一《成宗纪四》。

⑦ 王逢：《梧溪集》卷六《谒浙东宣慰副使致仕任公及其子台州判官墓》。

丈；永淮寺东起至赵屯浦口止一千五百丈；赵屯浦口起至至陆家浜止二千三百五十丈；陆家浜起至千墩浦口新洋江止一千六百丈通计长二万二千一百五十丈”①。

此次浚治吴淞江名义为平章彻里全权督治，实为任仁发负责。但是苏天爵《元朝名臣事略》为平章彻里所作的传记将全过程细叙：“又，《吴松江记》云：岁辰（大德八年），前海运千夫长任仁发以吴松江故道堙塞，使震泽之水，失其就下性，为浙西居民害，垂二十年。概[慨]然上疏，条其利病疏导之法。中书省以闻，特命平章彻里公董其役。公相其山川形势之宜，高深广狭之度，工役之数，钱谷之费，畚锸之用，饮食之需，命民索陶乘屋，厚高秸以防其卑湿，为医药以防其疾疫，时作辍以防其倦怠。上以诚感下，下以诚应上，民乃呼四集，乐于趋事赴功。始于大德八年冬十一月望前二日，西自上海县界吴松旧江，东抵嘉定桥洪[浜]，迤逦入海。长三十八里一百八十一步三尺，深一丈五尺，阔二十五丈；至九年二月毕工。复置闸窦，启闭以时，物无疵疠，民无夭阏，而事竞集。”②

大抵可以看出工程从大德八年的十一月起至第二年的二月结束。全部工程包括开浚吴淞旧江，东抵嘉定石桥洪，长 38 里，深 1.5 丈，阔 25 丈。大德九年又在江中置闸 10 座，以阻潮沙。工程取得了较好的效果。同样，这次修浚虽然没有改变太湖流域原来的水利体系，只是对出水口做了浚深和开阔，但是通过开浚与黄浦相通的塘浦，让黄浦水系水势大涨，黄浦水系形成已初见端倪。《民国太仓州志》对元代治理太湖积水给予了积极评价，指出元代疏浚苏、松、嘉地区的积水，“循娄江故道，导由刘家港入海”，有所建树，故元代水利未导致更大的恶化。大德十年，任仁发在前有基础之上又再修浚赵屯浦、大盈浦、白鹤江、盘龙江、旧江等。“计吴淞江东南黄浦口起至大盈浦口止一万五千一百丈，大盈浦口起至永淮寺东止一千六百丈，永淮寺东起至赵屯浦口止一千五百丈，赵屯浦口起至陆家浜止二千三百五十丈，陆家浜起至千墩浦口新洋江止一千六百丈，通计长二万二千一百五十丈”③。这在地方志中也有记载，如《嘉庆松江府志》卷十所记。这些工程无不是排除吴淞江及周围的积水，让太湖出水问题得到了一定程度的解决。

至治三年，江浙行省派员对宜兴、常熟等地五十五处河道进行浚治。华亭县、上海县等地也对境内的河道做了浚治。泰定元年（1324），太湖流域的整治达到了一个高峰。该年，“江浙省言，吴淞江等处河道壅塞，宜为疏涤，仍立锸以节水势”。此事专委左丞相朵儿只班及前都水任少监董役，“江浙省下各路发夫入役，至二年闰正月四

① 顾炎武：《天下郡国利病书》卷五《苏上·任仁发水利议》。

② 苏天爵：《元朝名臣事略》卷四《平章武宁正宪王》。

③ 顾炎武：《天下郡国利病书》卷五《苏上·任仁发水利议》。

日工毕”。工程具体由任仁发主持,此段见于《元史·河渠志二》,从一个侧面反映了这次工程之巨。根据记载,这次工程动用四万民工,“计创石闸六,筑塍围八千,浚沟汊千有奇,太湖众水东入于海”①。

时隔十余年之后,元政府又一次对吴淞江进行大规模浚治。元代最后一任皇帝顺帝妥欢帖木儿的至正元年(1341),江浙行省上奏:“浙西水利,近年有司失于举行,堤防废弛,沟港堙塞,水失故道,民受重困。”政府组织十余万人,“撩洒吴淞江沙泥”,浚治河道和塘浦②。这一次所浚治的河道和塘浦主要集中在吴淞江的东部海口,如风波塘、南俞塘、北俞塘、盐铁塘、官绍塘等处。这部分河道的问题是因为元代海岸线迅速外延和吴淞江口的淤塞所导致。元末,农民起义蜂起,发家于淮东的张士诚,对元廷和起义军首鼠两端,降伏不定,但是占据吴地后重视当地的经济建设,深知水利对于当地经济社会的重要性,在至正二十四年(1364),他发民十万(另一说是二十万),进行水利整治,特别是常熟东面的白茆港。入明以后,当地百姓依然得到这一福泽,认为:“张氏开白茆港,与刘家港分杀水势。自归附以来,十余年间并无水害。”③

以汇流排水为中心的太湖水利主工程是元代整治的重点,相比古时的太湖三江泄水,此时的吴淞江一支独大,元代的浚治工程虽已开始涉及黄浦江的开浚,但是太湖水系并没有被破坏。只是通过元代的水利工程,黄浦江取代吴淞江之势初见端倪。这也是水利学家任仁发的理论所主张的。因为吴淞江淤塞情况在元代日益严重,黄浦江作为吴淞江的支流水势日大,直至元末,这一情况没有改变。明初,为彻底改变吴淞江淤塞的被动局面,在户部尚书夏原吉的领导下,明代采取“掣淞入浏”,黄浦江取代吴淞江成为主流,而吴淞江成为它的支流。

(二)圩田的整治

太湖地流域的治水必须与圩田的管理和整治联系起来全局筹划,元代这一地区的圩田在综合治水过程中得到了相当程度的发展。圩田就是以围水造田,也称作围田,太湖流域出现很早。太湖流域水网密布,河塘众多,怎样利用好现有的地理条件,变害为利成为当务之急。圩田就是对现有地理条件运用的成功之例,只是因为两宋以来大量人口南下,圩田成为人们争夺的目标,而六朝以来的维护措施在彼此的争夺中丧失殆尽,加剧了对圩田体系的破坏。改变这一现状,规制圩田的大小,在治理太湖出之水的工程中综合考虑,让圩田成为土地利用的典范,就是成功的圩田整治和利用。

---

① 王逢:《梧溪集》卷六《谒浙东宣慰副使致仕任公及其子台州判官墓》。

② 姚文灏:《浙西水利书》卷二《元书·复立都水庸田司浚江河》。

③ 王鏊:《正德姑苏志》卷一二《水利下》。

早在世祖时期，通过对淀山湖和练湖等巨浸的治理，也积极修筑圩岸，综合整治圩田。成宗大德二年(1298)年，元政府更是在平江设都水庸田司“专董修筑田围疏浚河道”①。有记载称凡三年在平江路置闸堰凡78所②，说明圩田建设之勃兴；还有记载称苏州：“元时田用围法，二县四州共计八千八百二十九围。”③对于太湖流域的圩田，水利专家任仁发也作过议论：“浙西之地低于天下，而苏湖又低于浙西，淀山湖又低于苏湖。彼中富户数千家，每岁种植茭芦，编钉桩篠，围圩埂岸”，使之尽成膏腴之田。④ 对圩田和水利整治之间的关系，元朝的官员也有深刻的认识，认为：“浙西水乡，农事为重，河道田围必常修浚，二事可以兼行，而不可偏废。”因此，对于圩田的整治在除浙西外，其余各地都有所建树。虽然相较两宋和明清时期大量多种多样的的历史记载，元代的历史记载比较匮乏，但是极其珍贵的地方志文献还是反映了当时圩田的发展。如《至正金陵新志》就对这方面做了记录：“江宁县，二百八十七处。上元县，一百三十五处。句容县，九十六处。溧水州，二百六处。溧阳州，九百五十一处。”其中特别强调：“官府每年提调兴修，总一千六百七十五处，名目不及详载。”⑤说明当时在建康境内整治圩田的工程具有一定的规模，尽管没有详细录其名目，仅此也可以推断建康一带圩田发展规模已在南宋之上。紧邻江东的镇江也围绕练湖的浚治和圩田进行共同疏浚整治⑥。练湖在丹阳县北，周回四十里另外，金坛县东南30里还有南、北谢塘，俱可灌田100余顷。丹徒县城南有放生池，“池水虽岁旱不涸”，也有灌溉之利习。

可以明确的是元代在太湖流域圩田广泛存在，史称“江淮之上连土相望”⑦。元政府对于圩田的建设甚至有固定的体式：“修围一事，有司已有定式”，并且认为“浙西水乡农事为重，河道田围必常修浚，二事可以兼行。”⑧这个定式即指江浙行省在至大初年规定的圩岸规制，主要是以水为平，分为五等。相当多的方志和水利书也有所记录。如《浙西水利书》“至大初督治田围”条，记围田“俱照庸田司五等围岸体式修筑”。《续文献通考·水利田》对此体式作了具体阐释，就是以水为平面作为标准，水面和田面同平者为一等，岸高7.5尺；余则按田高于水面，岸的高度依次划分等次，每一尺为

---

① 《民国江苏通志稿》卷九《水利治绩》。

② 《同治苏州府志》卷九《水利一》。

③ 《同治苏州府志》卷一二《田赋一》。

④ 顾炎武：《天下郡国利病书》卷五《任仁发水利议》。

⑤ 《至正金陵新志》卷四《疆域志》。

⑥ 《至顺镇江志》卷七《山川湖》，《乾隆江南通志》卷五八《河渠志·运河》。

⑦ 王祯：《农书》卷三《农桑通诀三·灌溉篇》。

⑧ 姚文灏：《浙西水利书》卷二《元书·吴执中言顺导水势》。

一等，五等为田高水面4尺。因为江浙行省当局在武宗至大初年“水旱为灾，百姓艰食农作。将兴各处围田。高下不等陂塘围岸须依法修治”，以达到“遇旱则车水灌救，遇涝则泄水通流”的目的。因此依照庸田司五等围岸体式进行修治。直至元末的至正二十年，农民起义蜂起，围田的修治也没有绝迹，昆山的地方官“部肃大修昆山州田围”①。元代王祯的《农书》也记载了圩田的规制并加以称赞：圩田“据水筑为堤岸，复叠外护，或高至数丈，或曲直不等，长至弥望，每遇霖潦以捍水势，故名曰圩田。内有沟渎以通灌溉，其田亦或不下千顷，此又水田之善者”②。王祯甚至认为圩田“虽有水旱皆可救御，凡一熟之余，不惟本境足食，又可赡及邻郡，实近古之上法，将来之永利，富国富民无越于此”③。

太湖流域还有所谓的沙田和涂田。这两种田地形式主要是防止海潮侵害形成的。太湖流域紧邻大海，加之吴淞江等流域又低于海平面，海潮容易倒灌进来，造成潮灾。为改变海潮对沿海田地的影响，元代对此进行了有效改良，沙田和涂田其实就是其中的代表。王祯的《农书》对这两种田地作了阐述。沙田是“南方江淮间沙淤之田也。或滨大江，或峙中洲，四围芦苇骈密以护堤岸，其地常润泽，可保丰熟”。其利用方式是“普为塍埂可种稻秫，间为聚落可艺桑麻。或中贯潮沟，旱则频溉。或旁绕大港，涝则泄水，所以无水旱之忧，故胜他田也”。涂田“位于濒海之地”，“其潮水所泛沙泥，积于岛屿，或垫溺盘曲，其顷亩多少不等，上有咸草丛生，候有潮来，渐惹涂泥。初种水稗，斥卤既尽，可为稼田，所谓‘泻斥卤兮生稻粮’。沿边海岸筑壁，或树立桩橛，以抵潮泛，田边开沟以注雨涝，旱则灌溉，谓之‘甜水沟’。其稼收比常田利可十倍，民多以为永业”④。

从元政府对圩田的重视以及元代官员对圩田具有的清醒认识，说明圩田在太湖流域存在的广泛性和在现实生活中发挥的重要作用。元政府也在社会中加以推广这一水利良法，著名农学家王祯对此从理论上加以总结，传之后世。

(三) 江南运河

绵延三千里的南北大运河是隋代以来中国最为重要的交通运输线，对加强元朝的政治、军事统治同样能够发挥重要作用。特别是元代宋以后，所有物资都从运河运往大都，更显其重要性。当时运输的走向是从杭州到镇江，过长江再北上至淮水，往西至黄河，再取陆路往淇门，然后水路达通州。整条路线水陆并用，很不方便。元代

---

① 《乾隆江南通志》卷六三《河渠志》。

② 王祯:《农书》卷三《农桑通诀三·灌溉篇》。

③ 王祯:《农书》卷一一《农器图谱一·田制门》。

④ 王祯:《农书》卷一一《农器图谱一·田制门》。

逐步开展了大规模的运河工程。运河工程主要是沟通济州漕渠，开通会通河、通惠河，直至大都。元代的大运河，沟通黄河、淮河、长江、钱塘江五大水系，工程在郭守敬的领导下取直线，使全程较隋代短了数百公里。大运河的开通，成为南北交通的主渠道。时元代尚末开通海运航道，大运河的开通保证了“江淮、湖广、四川、海外诸蕃土贡粮运、商旅懋迁，毕达京师”①。对发展农业生产、繁荣社会经济有着不可估量的重大意义。不言而喻，南北大运河是元代统治者的生命线，元朝各代对于大运河的疏浚和管理都极为重视。

在太湖流域，江南运河是主要的大运河干线，早在唐代起就在漕运中充分体现了其作用。《全唐文》卷六十《韦府君神道碑》说：“天宝之后，中原积耒，辇越而衣，漕吴而食。”又如韩愈在《陆歙州诗序》中有言：“在德宗贞元之后国，当今赋出天下，江南居什九。”大运河就是将江南的粮食物资运向北方的主要干道。元代对大运河的修治主要体现在临清以北，但是在江南通过里运河的修建，连接了江苏的清江和天津，对江南运河主要是沿用原有的河道。

江南运河北起镇江，南到杭州。但是，原有的河道多处在元初已堙塞，唯有浚治才是出路。早在成宗大德十年(1306)，就“浚吴淞江等处漕河”②。而具体的开浚则是对镇江和扬州运河的修浚。

镇江时称润州，是大运河开凿后兴起的重要城市，是江南运河的入江口，江浙太湖流域的物资都要经过江南运河运到镇江港中转，再沿长江或沿江北运河转往各地。北方的物资也要沿江北运河，过镇江转输东南江浙一带。因此镇江被称为“三吴襟带之邦，百越舟车之会”。镇江漕渠水在元代“至元、大德间，屡募民淘浅；泰定初，复加浚治”。“至治三年十月，镇江路言：本路漕渠全藉练湖之水，以资灌溉，一切递运官物、商旅船舫，悉由于此。……近年以来，练湖、漕渠俱成淤塞，每有转输，必劳民力。相视漕渠自江口至吕城一百三十一里，合用人夫一万五百十二名，六十日可以修浚。练湖淤塞之处，合用人夫三千名，九十日可以开挑。……十二月六日，中书省以闻，制可，行省、行台分官临视，本路、常州、平江、建康、江阴五郡差倩人夫。泰定元年正月十七日庀役，三月四日竣事。每夫官给米三升，中统钞一贯”。此役由参政董中奉率合属正官，亲临督役③。董中奉用传统的取泥之法，一船三人，取河中泥筑河岸，趁农闲时，先修漕河，然后浚练湖。元廷动用10513人，按照深阔丈尺的要求进行浚治，两役共花费钱8679锭，是元代运河修治中最大的一次工程。役工结束，董中奉又提出，

---

① 苏天爵：《元朝名臣事略》卷二《丞相淮安忠武王事略》。

② 《江苏省通志稿·大事志》卷一八“元大德十年”条。

③ 《至顺镇江志》卷七《山川湖》，《元史》卷六五《河渠志二》。

在练湖旧有四十三名湖兵的基础上，增添五十七名兵力，“专任修筑湖岸”。对练湖上的斗门也有专门的管理①。天历二年(1329)修建恢复运河京口闸，以引蓄江水。元廷动用10513人，按照深阔丈尺的要求进行浚治；又修浚这一段运河的上游练湖，两役共花费钱8679锭，是元代运河修治中最大的一次工程。

扬州运河，也就是后来人们比较熟悉的里运河，从淮阴到扬州。这条运河的修建构达了黄河到扬州、镇江，最后入于长江的交通线路。在元代宋之际，扬州运河就时断时续，元时屡有修治，成效不大。至仁宗延祐四年(1317)十一月，两淮盐司上奏建议修治，因为这一段运河的淤塞阻挡了盐课的运输。河南行省会同地方官员巡视集议修河：“河长二千三百一十里，有司差濒河有田之家，雇倩丁夫，开修一千八百六十九里；仓场盐司不妨办课，协济有司，开修四百八十二里。”运司则因为船灶户日益贫苦，认为应令有司通行修治，省减官钱。最后，在运司盐课及减驳船钱内支用，由行省和都水监、淮东宣慰司官专职其事，廉访司体察，枢密院遣官镇遏。在农闲时浚治②。

这条运河的修建主要用来运输淮盐。因为两淮盐场的盐需要运出，行销各地。两淮盐场原本以淮南盐场为主，产盐的地点在盐城，但是随着海岸线的扩展，淮北盐场在唐以后逐渐取代之，因而连接清江北至会通河，又南至镇江，实为济国利民之事。对江淮而言，大运河的修建主要是完成江南运河一段。在修建过程中，对江淮境内的苏州、无锡、奔牛、吕城一带的河闸都加以利用。大运河的江南运河段地处江滩者甚多，元廷多次进行修浚的。

综上，太湖流域的水利工程，既有政府举办的大规模的水利工程，如任仁发主持的吴淞江修浚，由国家下拨资金，“每日支口粮三升，中统钞一两”③。也有由按地方受益的办法来分摊费用，出工出力。如镇江练湖的疏浚。也有一地举办的水利，由当地政府负责协调，这类小型的水利工程比较多见。太湖流域的水利工程多能够综合治理水患，达到了一定的效果，“浙西水乡农事为重，河道田围必常修浚，二事可以兼行”④。历史证明，元代太湖流域的水利建设已经能从综合治理的体系着手进行，既不是偏重疏江入海，也不是单纯强调治理塘浦圩田，而是将塘浦圩田的治理和大河流的治理综合考虑，这是太湖地区水利治理史上的转折。相比明清两代，元代的太湖流域水利治理没有国家大规模强势参与，治理的频率也没有那么高，但是元代的综合治理取得了很好的效应，达到了预期的目的，为经济发展创造了良好的基础。

---

① 《元史》卷六五《河渠志二·练湖》。

② 《元史》卷六五《河渠志二·扬州运河》。

③ 《元史》卷六五《河渠志二·吴淞江》。

④ 姚文灏：《浙西水利书》卷二《元书·吴执中言顺导水势》。

对元代江淮的水利修浚，基本保障了农业生产所需。随着农民起义的爆发，江南的水利设施又一次处于崩溃的边缘，这一问题要留待下一个朝代解决了。

总之，元代对于江淮的农业还是作了一番努力的，以上所述为主要措施，从中可以透出元政府对江淮的重视。当然江淮农业等经济也取得了较为显著的增长。

第二节　江淮地区农业的发展

一、以水稻为核心的粮食生产和经济作物的种植

江浙行省所辖地区是天下最富庶之地，元人不断赞叹这一地区的富裕和对国家的重要性。“江浙财赋，居天下十七”①。其富庶主要是因为“惟两浙东南上游，襟江带湖。控扼海外。诸番贸迁有市舶之饶，岁入有苏湖之熟，榷货有酒盐之利，节制凡百余城，出纳以亿万计，实江南根本之地。盖两浙安则江南安，江南安则朝廷无南顾之忧”②。这段话很好地诠释了江南之所以富裕的缘由，有地理上对外贸易的便利，也有商品流通带来的财富，更有农业的保证。而国家在两淮地区大量开垦荒地，所得税粮用于供给当地庞大数量的驻军。

元代江淮稻麦是主要作物。元代江淮农业的大力发展主要体现在太湖流域农业的精耕细作。从南宋起，太湖流域就实行两熟制，有效地提高了土地的利用率，增加了粮食产量。素有“苏湖熟，天下足”之美誉。这一带地区主要是种植水稻，当时每年海运大都的粮食达三百万石，主要取自于此处。除却元政府的盘剥因素，其产量也殊为惊人，超越了两宋的产量。明代的丘濬对元代这一地区的粮食增产有过总结性的概括，东吴粳稻“用之足国用则始于元”③。在镇江、两淮等地也富产稻米。其种植的品种十分丰富，在全国首屈一指。如《至顺镇江志》卷四《土产》记有：“江南稻种甚多，不可枚举，然兹土之所宜者，大率不过此数种。”即大稻粳有十六种，小稻籼有六种，糯米有九种。足见稻的种植很普遍。两淮一带，元廷大兴屯田，仅至元二十一年(1284)，就得到“粳、糯二万五千石有奇”④。只是江南更“皆宜此稼”⑤。而淮东等地

① 《元史》卷一八三《苏天爵传》。

② 《天下同文集》卷七《阎复：江浙行中书省新署记》。

③ 丘濬：《漕运之宜》，《明经世文编》卷七一。

④ 《元史》卷一三《世祖纪十》。

⑤ 王祯：《农书·百谷集一·谷属·水稻、旱稻》。

区，则是稻麦相济，尤其是高邮湖一带，“城下种麦城上桑”①、“秀麦莑莑翠织茸”②。说明当地也种麦。而瓜洲一带也有麦的种植，诗人马臻作《瓜洲渡书怀》，“船至瓜洲麦正黄”③。瓜洲是长江北岸的重要渡口，属于扬州路。镇江的夏税中除绵、钞外，还有大麦 8658 石强，小麦 12272 石强；秋税以米为主。而江东集庆路也是属下各州县税粮中有麦三千余石，稻米三万一千余石。所以江淮的粮食作物当以稻米为主，大、小麦也有相当比重。麦在镇江路的地方志中有明确记载：“麦有大、小之分。大麦之种有二，自十月至五月皆可种，又早熟；曰黄轩，后熟。小麦之种有三，曰赤壳、曰白壳、曰宣州。”④因此元代江淮稻麦是主要作物。荞麦也是淮东一带主要的粮食作物，元代晚期诗人成廷珪的诗中写道：“荞麦花开如白烟，并催农事了霜前。晚禾未割豆先熟，双髻女儿齐下田。”⑤成廷珪是扬州人，他描写的家乡景象告知我们当时的淮东也产荞麦。豆类是当时的重要的农作物，镇江也出产各种豆，志书记其出产大、小豆，光小豆就有赤、绿、白、黑四种；还有江豆、豌豆、佛指豆、蚕豆等。

在粮食生产提高的同时，经济作物也扩大种植面积，大幅提高产量，并且各地种植的种类也各不相同，这一点也体现了元代农业的发展。

棉桑麻的种植：棉花自南宋即开始种植，元代得到大力推广。特别是在太湖流域，元代棉花生产显著发展。正如王祯分析说：“比之桑蚕，无采养之劳，有必收之效；埒之枲、苧，免绩缉之工，得御寒之益。其幅匹之制，特为长阔。”⑥他的这番话点出了棉花种植发展的个中原因。大德元年(1297)，江浙行省颁令“江东、浙西这两处城子里，依着亡宋例，交纳夏税木棉，布等”⑦，也可以证明南宋时已种植木棉，并以之纳夏税。元代时，种植面积进一步加大。《正德松江府志》卷五《土产》记有《木绵歌》：“秋阳收尽枝头露，烘绽青囊翻白絮。田妇携筐采得归，浑家指作机中布。大儿来觅襦，小儿来觅裤。半拟偿私债，半拟输官赋。”可以说明当时棉花种植在日常生活中发挥的作用，即是生活必需品，又是重要的家庭经济来源。棉花是宋元以来得到普及的作物。江淮的淮东、镇江、江东等地区直至元中期都流行起来。正因为如此，元代也形成了整套的种植经验。王祯《农书》对此多有记载，比如选种，王祯说“留种要留中喷花”。直至今日，植棉也留中喷花为种；再如整地、施肥、播种、合理密植、整枝摘心等

---

① 揭傒斯：《揭文安公全集》卷一《高邮城》。

② 袁桷：《清容居士集》卷七《过高邮湖》。

③ 马臻：《霞外诗集》卷三。

④ 《至顺镇江志》卷四《土产》。

⑤ 成廷珪：《居竹轩诗集》卷四《竹枝歌》。

⑥ 王祯：《农书》卷二一《木棉序》。

⑦ 《元典章》卷二四《户部十·租税》。

栽培管理技术方面,元代太湖地区也有很有独到的技术。如《农桑辑要》就记载:“苗长高二尺之上,打去冲天心(顶心),旁条长尺半,亦打去心,叶叶不空,开花结实。”元代中期的诗人马祖常曾有诗说:“江东木绵树,移向淮南去。秋生紫萼花,结绵暖如絮。”①正好描写了棉花由江东向淮东逐渐推广的历史情景。

关于蚕桑的生产:自古以来,桑树的种植都是中国农村最重要的副业。元朝建国后,也将大力推广桑树的种植作为政府的任务,政府颁布的指导性文件《农桑辑要》中就有多篇幅关于蚕桑生产的意见,江南素来就是重要的丝绸产地,桑树的种植自然极为普遍。《姑苏志》中记载元代平江府(辖吴县、吴江、常熟、太仓、昆山等地)就有桑树27万株。昆山诗人袁华就有诗对故乡昆山家家户户进行蚕桑生产的图景:“商溪溪上日初晴,艳妆彩服踏清明。桑树叶圆蚕出大,布谷夜啼即起耕。”②可见蚕桑的生产以一家一户为单位进行,是百姓的手工业生产。高启有诗说:“东家西家罢来往,晴日深窗风雨响。二眠蚕起食叶多,陌头桑树空枝柯。新妇守箔女执筐,头发不梳一月忙。三姑祭后今年好,满簇如云茧成早。”③生动而形象地描写了养蚕时的艰苦和收获的景象。《马可·波罗游记》中记载了许多关于太湖地区蚕丝业的情况,如南京省,当地出产生丝,并织成金银线的织品,数量很大,花色繁多。镇江“制造丝绸和金线织物”;常州市“盛产生丝,并且用它织成花色品种不同的绸缎”,苏州市“生产大量的生丝制成的绸缎,不仅供给自己消费,使人人都穿绸缎,而且马可·波罗曾亲眼见到常州盛产生丝,并且用来织成花色不同的绸缎;而平江一带生产的质量优良,行销全国还行销其他市场”;吴江州“也同样生产大量的生丝,并有许多商人和手工艺人,这地方出产的绸缎质量最优良,行销各地”④。

麻作为传统的纺织作物,种植也非常普遍。元代的麻有大麻和苎麻两种。用苎麻所织成的布“柔韧洁白,比之常布(大麻织成的布)又价高一二倍”。苎麻是喜温的作物,长江以南的地方种植很多。江淮许多地方两种麻都有种植,如镇江的《至顺镇江志》卷四就记有“大麻,俗名火麻。皮可绩布。……苧,麻属。……绩其皮可为细布”。记载。淮东也是“泻卤尽桑麻”。昆山也出苎布。与此相适应是织麻是家庭的重要副业。

茶叶:茶叶是中国发达的经济作物,早在唐宋时,江淮一带的茶叶就闻名全国了。常州的阳羡等茶叶在隋唐独步天下。史书有记:“茶自江淮来,舟车相继。”生动描述

---

① 马祖常:《马石田文集》卷五《淮南田歌十首》。

② 袁华:《耕学斋诗集》,《上巳日晚步商墓西村》卷一二。

③ 高启:《青丘诗集》卷二《养蚕词》。

④ 《马可·波罗游记》,福建科学技术出版社1982年版,第173、174页。

了江淮茶叶在全国特别是黄河以北的行销状况。唐代陆羽的《茶经·八之出》就提到:"浙西以湖州上,常州次,宣州、睦州、歙州下,润州、苏州又下。"可以看出,唐代时这一带已经以产茶闻名。进入元代,政府对茶叶实行专卖,即榷茶制度。相比唐代,人们制茶的方式也有所不同。宜兴一带的茶叶,唐代时将茶叶紧压成团或饼形,而宋元以后渐渐流行散茶,元代主要散茶和末茶。唐代的团饼形制的茶叶,制作和食用都十分不便,它的制作是用蒸、捣、拍、焙、封等方式,将鲜叶先行蒸过,再捣烂,再用模子拍制成饼或团,将其焙干、封装。食用时,要将其重新碾碎,再进行烹煮后食用。而元代的散、末茶只需蒸、焙或炒就可以了,茶叶价格也因工艺的简行而下降。叶子奇在《草木子》卷三"御茶"中记载,元代不只他处,就是在宋代以饼茶和团茶闻名的福建出立贡茶之地,也"止用江西末茶、各处叶茶"了。江苏宜兴的末茶、散茶也随着这种需要畅销各地。正如《成化毗陵志》"物产"记载:元时"岁贡金字末茶一千斤,芽茶四百一十斤"。可以说,元代以后,饮茶已普遍成为了人们的生活方式。高启也有《采茶词》记录着茶农的生产:"雷过溪山碧云暖,幽丛半吐枪旗短。银钗女儿相对採,筐中摘得谁最多。归来清香犹在手,高品先将呈太守。竹炉新焙未得尝,笼盛贩与湖南商。山家不解种禾黍,衣食年年在春雷。"[①]

芝麻:江淮也有地方种植,集庆路、镇江路都有记载种植。苏北的种植被虽没有明确记载,但是邳州人李二在元末时曾有芝麻一仓,用来赈济贫民,成为元末农民起义领袖后,时人称其为"芝麻李"。[②] 对芝麻和种植的情况于此可见。蔬菜业、打渔业等,都有长足的进步。胡萝卜和莴笋最早见于鲁明善的《饮膳正要》和《农桑辑要》,江淮各地均有种植。如镇江有早晚两种莴笋,"中抽蕻如笋,故土人谓之莴笋"。

各种果木和花卉业也蓬蓬勃勃地发展着,特别是柑橘的种植,遍及太湖流域。品种丰富,质量上乘。还有各种观赏花木的种植,适应着商品经济的发展。高启也有诗写道:"绿盆小树枝枝好,花比人家别开早。陌头担得春风行,美人出簾闻叫声。移去莫愁花不活,卖与还传种花诀。余香满路日暮归,犹有蜂蝶相随飞。买花朱门几回改,不如担上花长在。"[③]写出了种花人尽量使花早开上市,而卖花人又早出暮归的奔波之艰辛,更道出了世事变迁的感慨。

总之,江淮绝大多数地区的粮食品种丰富,单位产量高,经济作物普遍种植。这是元代农业发展的表现,特别太湖流域地区领先全国一步,成为全国的首善之区。

---

① 高启:《青丘诗集》卷二《采茶词》。

② 《至顺镇江志》卷四《土产》。

③ 高启:《青丘诗集》卷二《卖花词》。

二 农业技术的发展

江淮农业的发展当时走在了全国的前列，无论是水利、农具、肥料等农业技术，还是耕种耘荡的田间管理，都取得了进步，这种进步也江淮是农业发展的基础。

“工欲善其事，必先利其器。”江淮农具的改进和提高是比较明显的。王祯《农书·农器图谱》就记载了元代名目繁多的农具及其图谱，他将其按照田制、耒耜、纩絮等分为二十门类，共有农器260多种。其中有前人遗留的，也有元代特创的。对于江淮来说，有几种农具很好地体现了时代的进步。如铁锴，《农书》中记载：“始见于江浙，锐比昆吾之钩，利却莫邪之铁，举巨爪兮爬抉……不耕而种，且宽牛畜之租。”[①]是一种适合在江南粘重土地的高效工具[②]，可用来平土，碎土之用。再如砘车，“凿石为圆，径可尺许，窍其中以受机栝，畜力挽之，随耧种所过沟垅碾之，使种土相著，易为生发”，是一种将种之和土壤紧在一起，使禾苗容易出土的工具。还有耘荡，“江浙之间新制也，形如木屐而实，长尺余，阔约三寸，底列短钉二十余枚，簨其上，以贯木柄。柄长五尺余。耘田之际，农人执之，推荡禾垅间草泥，使之溷溺，则田可精熟，既胜耙锄，又代手足，况所耘田数，日复数倍”[③]。这种工具让农民从以前的手耘、足耘中解脱出来，免于“匍匐禾间，膝行而前，日曝于上，泥浸于下”，提高了工效，也保护了农民的健康。这种农具现代依然在使用。

元代的灌溉工具也是多种多样，王祯的《农书·农器图谱十三》“灌溉门”就记载了元代畅行各地的水车、水转翻车、筒车、桔槔等。特别是适应高地、低地所需的翻车，可将水打向高处，也可调节低处的水，非常适用于江南。各种灌溉工具的使用，让人脱离了劳作之苦，又有了灌溉之利。

元代江淮地区对合理施肥的认识也有了长足的进步。王祯说：“粪田之法，得其中则可，若骤用生粪及布粪过多，粪力峻热，即烧杀物，反为害矣。”对于绿肥的利用也有很大发展。王祯就指出，“于草木盛时芟倒，就地内掩罨腐烂也”，还说“江南三月草长，就刈以踏稻田。岁岁如此，地力常胜”。[④]

可以说元代农具和耕作技术获得了长足的发展，江淮也在这种发展创新中提高了农业的水平，进一步精耕细作，提高粮食及多种经济作物的产量，并使之扩大商品化。

---

① 王祯：《农书》卷九《农器图谱三·铁搭》。

② 参见李伯重：《宋末至明初江南农业技术的变化》，《中国农史》1998年第1期。

③ 王祯：《农书》卷一〇《农器图谱四·耘荡》。

④ 王祯：《农书》卷三《农桑通诀·粪壤篇》。

农业管理和技术的发展是农业发展中的重中之重。前面已经论述江淮地区的水利事业之进步,针对地理情况开大江大河,保证水道畅通,免于洪荒之灾。但是,农田也因为环境不同而类型各异。如围田,六朝以后就得到极大发展,但是因为元代重视农业,围田、圩田的数量和地域都得到发展。元代浙西、江东一带圩田建设得到长足发展。所谓圩田,王祯《农书》专门作定义:"围田,筑土作围以绕田也。盖江淮之地,地多薮泽,或濒水不时瞬没,妨于耕种。其有力之家,度视地形,筑土作堤,环而不断,内容顷亩千百,皆为稼地饭后值诸将屯戍,因令兵分工起土,亦效此制,故官民异属。复有圩田,谓叠为圩岸,捍护外水,与此相类。虽有水旱,皆可救御。凡一熟之余,不惟本境足食,又可赡及邻郡。"①太湖周围诸路,"土田高下不等,以十分为率,低田七分,高田三分"②。因此,圩田的建设对于江南农业的发展至关重要。

早在宋代,圩田的管理就形成了整套制度。涝则决太湖水入海,旱则通海潮灌田。元取江南之初,缺官董治水利,富豪之家恃势将撅山等湖"高筑堤堰,悉为旱地栽种","潦时水无所蓄泄,泛涨官民田禾"③。至元二十四年、二十七年、二十九年连续出现大水灾,"大小所在膏腴,悉成巨浸"④。浙西为全国的粮仓,连续数年的水灾引起了元朝统治者的重视,至元三十年,元世祖就"诏平江、松江等路修治湖柳河港"⑤。至元三十一年八月,成宗"令军士复浚浙西太湖、搬山湖沟港"⑥。大德二年春二月又置都水庸田使司于平江路,专一修筑田围,疏浚河道⑦。其后,成宗大德八年,英宗至治三年,泰定帝泰定二年、三年,明宗天历二年,文宗至顺二年,顺帝至正元年、七年、二十年、二十四年等,元政府曾一再地在平江、松江等地开浚渠道,兴治田围⑧,促进了这些地区农业经济的发展。

镇江路这一时期也围绕治理围田而兴工开筑,成就显著。镇江路辖治下的丹阳县北有练湖,周回40里,宋代就有灌溉之利。元初,当地豪民占湖为田,严重地影响了练湖水利的合理使用,所以世祖至元三十一年、成宗大德九年、泰定帝泰定元年、英

---

① 王祯:《农书》卷一一《农器图谱一·田制门》。

② 姚文灏:《浙西水利书》卷中《元书·周文英言三吴水利》。

③ 文廷式编:《大元官制杂记·都水庸田使司》。

④ 姚文灏:《浙西水利书》卷中《元书·吴执中言顺导水势》。

⑤ 《乾隆江南通志》卷六三《河渠志·水利治绩》"苏州府"。

⑥ 《元史》卷一八《成宗纪》。

⑦ 文廷式编:《大元官制杂记·都水庸田使司》。

⑧ 《乾隆江南通志》卷六三《河渠·水利治绩》"苏州府"、"松江府"。浙西地区元代修建田围甚多,以平江路言之,共有田围8829处,其中吴县917围,长洲县1788围,常熟州1111围,吴江州3268围,昆山州1645围,嘉定州100围。"延祐四年行经理之法,悉以上、中、下三等,分别计亩起科苗税"(《洪武苏州府志》卷一〇《田亩》)。

宗至治三年都曾对练湖进行过疏浚整治①。另外，金坛县东南 30 里还有南、北谢塘，俱可灌田 100 余顷②。丹徒县城南有放生池，“池水虽岁旱不涸”，也有灌溉之利③。江东地区圩田也十分广泛，如集庆路就有圩田 1657 处，其中江宁县 287 处，上元县 135 处，句容县 96 处，溧水州 206 处，溧阳州 951 处。④ 由于“好田日多”，致使“农民生计、居处皆在坪中”，每遇涝季，洪水泛涨，居民、农田都受到一定的威胁⑤。这样，对于圩田水利的管理就显得十分重要，治水活动也是相当频繁⑥。元代集庆路水利工程甚多，仅有名者可考者就有 52 处，其中路治周围（包括江宁、上元二县）有 17 处（湖 1、渎 1、塘 12、汀浦 3），句容县 7 处（堰 2、塘 5），溧水州 19 处（全是塘），溧阳州 9 处（沟 1、塘 8）。这些水利工程中，有些规模是相当大的，如路治东南 50 里的九里汀可溉田 520 顷，居全路之冠。茅山乡十三都石头理的郭千塘溉田面积最少，也可达 60 余亩之数。广德路建平县滨湖之地也有水利，贫民筑圩以为农作⑦。至治元年太平路当堡县令陈昌募夫 5000 余人，重浚境内之市河（始凿于宋初，自姑溪北抵襄城，延袤 1000 余丈），“余波溉田数百顷，民获其利”⑧。

除了圩田（围田）而外，浙西、江东诸地葑田、沙田分布亦十分广泛。葑田，又称架田，“以木缚为田丘，浮系水面，以薪泥附木架上而种艺之”。“随水高下浮泛，自不渰浸”，“可以避水溢之患”，确实是增加农地的良法。江东水乡葑田较多⑨。沙田，就是沙淤之田，“或滨大江，或峙中州”，主要分布在江淮地区。

对于蒙宋战争期间破坏严重的江淮地区，元政府采取优恤政策，租税较轻，鼓励江淮流民开垦荒田。因此扬州一带流民甚众，纷纷垦殖江中沙洲⑩。平江路昆山州沙洲很多，也是沙田的重要分布区。谢应芳有《昆山》诗云：“擎舟趁早潮，沙田红稻熟。”⑪长洲县东动里有陈湖，湖中有费氏之洲，又曰债沙，宋乾道以来渐有居人，

---

① 《至顺镇江志》卷七《山川・湖》，乾隆《江南通志》卷五八《河渠志・运河》。

② 《至顺镇江志》卷七《山川・塘》。

③ 《至顺镇江志》卷七《山川・池》。

④ 《至正金陵新志》卷四下《疆域志二・河岸》。

⑤ 《至正金陵新志》卷五下《山川志二・河港》。

⑥ 《至正金陵新志》卷五下《金陵表七・元》。

⑦ 程端礼：《畏斋集》卷三《东岩王公集后序》。

⑧ 《乾隆江南通志》卷六五《河渠志》。

⑨ 王祯：《农书》卷一一《农器图谱四・田制门》。

⑩ 《元诗选初集》丙集袁桷《童时侍先人泊京口旅楼一月，正对江山楼，繁丽特甚，江津流民散处不可悉数。今皆不复有，追忆旧事因成绝句十首》其三云：“怕苇萧疏野火焚，流民草舍各星分。沙田土瘦新耕得，宁死江头不作军。”

⑪ 谢应芳：《龟巢稿》卷二《昆山》。

元时流民日集,“碛沙四面沙益延而水日却,东北皆为田属于岸”[①]。碛沙之扩延,无疑是与开垦沙田分不开的。值得一提的是,元时扬子江中的沙田户从实践中还摸索出一套成熟的经验:“旷每岁旦,取一瓿以称水,水重则是年江水大,水轻则水小,岁岁不差。”[②]这样,他们就可以趋利内容包括凿运河、修水渠、疏故道、治河湖、建破扩、筑堤围、造闸堰、掘深井。既增加了灌溉而积,保证了农业收成,促进了元代江淮农业生产的发展,又积累了许多丰富的水利经验。无怪乎后人说:“元人最善治水。”

总之,元代江淮粮食生产的发展,促进了经济作物的种植。元代已有部分农民专门从事蚕桑和棉花等经济作物的生产,以供应手工业的需要。如松江地区的棉花、太湖流域的蚕桑。总之,元代江淮的农业经济得到了一定程度的发展,这得益于政府的提倡和推导,也和江淮地区良好的农业基础分不开。这一时期江淮的农业技术和理论也有长足的进步。元代江淮的农业成就是不容忽视的。

第三节 手工业和商品经济

一、手工业的发展

有元一代,是中国历史上手工业迅速发展的时代,特别是纺织业、制瓷业、制盐业等行业的发展尤令人瞩目;其次矿冶、造船、军器制造等行业也是比较突出的。元代的手工业分为官办和民营两种体系。官府营造的手工业主要供应官府、宫廷、贵族的需要;而民营手工业产品主要面向市场。元代的官办手工业非常发达,这一体系的形成直接源于元代的军事政治发展。伴随着蒙古军队的西征扩张,每当攻打下城池,总是留心俘掠各族各地的手工业者,让他们从事所需的军需和日用品,在攻打南宋之前,蒙元统治者已在北方设立了许多手工业生产局院。南宋降服后,蒙元统治者在原本就手工业发达的江淮俘获了不计其数的手工业者,以至江淮的手工业局院设置遍地开花,形成了空前发达的官营手工业系统。属于江淮一带的手工业局院按元制分别属于政府和皇亲贵族经营。

(一) 手工业的概况

江淮一带的丝织业分为官营和私营两种。由于官营手工业局院原料丰富,人员众多,因此产品往往精美,非其他可比。其中丝织业是江淮一带的大行业,如江淮等

① 释园至:《牧潜集》卷三《平江府陈湖破沙延圣院记》。

② 陆友仁:《研北杂志》卷下。

处财赋都总管府下设有平江、建康、松江三处提举司，各有织染局，其中建康织染局有东西织染局各一，东织染局有“人匠三千六户，机一百五十四张，额造缎匹四千五百二十七段，丝一万一千五百二斤八两”①。据《至顺镇江志》卷六《造作》记：“置织染提举司，设两局以集造作。丹徒民之百余家，始以妇人织纱得名，局家例以匠役之。”此外，在常州、平江都设有织染局。手工局院的普遍设立可以反映当地纺织业的兴旺。

元政府对丝织品的质量非常重视，江浙行省局院的夏缎，就曾因为质量不过关而责成赔偿②。镇江一地就生产绫、罗、绢、纱、绸、布等品种，丝织品就有分有纻丝、暗花、丝绸、胸背花、斜纹等多种花色，年产达五千九百一匹③。丹徒县高平、洞仙二乡的妇人当时以纺织闻名，金坛县的女冠所织的丝布等，世称精良。当时的金陵还以生产“集庆官纱”而出名。“集庆官纱，诸处所无，虽杭人多慧，犹不能效之……近又作一色素净者尤妙，暑月雅服也”④。还比如锦，江淮古已有之，晋时，刘裕灭后秦并将其百工迁至当时的丹阳（今南京），设立“锦署”，使江淮的织锦业进一步发展起来。宋室南渡后，苏南地区的织锦技艺进步显著，锦不仅用于华丽的服饰，而且还用于室内装饰和书画装裱。宋代规定，对文武百官每年按品级发送“臣僚袄子锦”，分翠毛、宜男、云雁、细锦、狮子、练鹊、宝照计七等，而用于装裱书画的名目就更繁多了，见于记载的有紫鸯鹊、紫百花等 40 余种。当时的官宦巨室均以穿着宋锦为荣，以宋锦装裱书画为雅，苏州宋锦自此闻名。元代，因少数民族的风俗影响，盛行用金银丝装饰丝织物，如著名的织金锦（纳石失）就是其中一个大类。云锦就是在元代织金锦的基础上发展起来的，并“著于明而盛于清”。元代著名的“诈马宴”上华彩的质孙服，其中的紫白锦也是松江所产，“雅素异于蜀上，人甚珍贵之”⑤。从这些材料可以明确，当时建康、镇江乃至江淮一带的丝织业的技术水平也达到了相当的高度。

纺织品是元代集镇贸易的主要项目，长期以来，纺织业和农业共同进步，形成了支撑封建社会生产的大局面。元代的纺织业和农业一样，得到政府的重视，如政府所颁发的《农桑辑要》除指导农民进行农业生产外，也指导蚕桑养殖。元代的纺织在前代的基础上保持了旺盛的发展势头。江淮在南宋时期就是纺织业的重点地区，民间的丝织业也很发达。当时江南丝课中的绝大多数不是由庞大的官府手工业机构生产的，而是通过“和买”的方式从民间收取的。纺织品是集镇经营的主要项目，元代丝织

---

① 《至正金陵新志》卷六《百官志》。

② 《元典章》卷五八《工部一·造作·选买细丝事理》。

③ 《至顺镇江志》卷六《赋税·造作》。

④ 孔齐：《至正直记》卷一《集庆官纱》。

⑤ 《正德松江府志》卷五《土产》。

业的发展为明清最终形成以江浙一带为中心的丝绸业的高度繁荣发达奠定了坚实的基础。

棉纺织业作为元代以后才兴盛起来的手工业,很快就在江淮发展起来。棉花是域外传来的重要经济作物,南宋时期开始传入江南,到了元代,政府为扩大财源,积极鼓励各地种植棉花,至元二十六年(1289)在浙东、江东、江西、湖广和福建分别设立木棉提举司,负责当地的棉花生产。因为棉花本身优点突出,很快在江南普及。江淮太湖地区是棉花的重要种植区。元代植棉非常重视选种,王桢《农书》就提出"留种要留中喷花"。传统的棉纺织技术在元代中期出现了轧车,又称"搅车"。它是利用两根相反方向的轴作为机械来轧棉花,比起从前用铁杆赶搓去籽,提高了功效。王桢的《农书》也记载"昔有辗轴,今用搅车,尤便",还记有轧车的具体式样。元贞二年(1296),政府制定江南夏税,特别将木棉、帛归于收税范围,棉纺织业成为国家的常赋。到元末,元朝全年的棉产中,江浙居半,从中足见作为后起之秀的棉纺织业发展的速度。正如王祯《农书》所分析的:"(棉花)比之桑蚕,无采养之劳,有必收之效。埒之枲苧,免绩缉之工,得御寒之益,可谓不麻而布,不茧而絮。"而元贞年间松江府的妇女黄道婆,不幸流落至海南崖州。她在那里学习了海南黎族先进的纺织技术。30年后,黄道婆回归故里,她把海南先进的纺织技术传授给家乡人民。人们很快学会了先进的纺织技术,黄道婆还对纺车进行了改进,松江自此一变成为中国著名的纺织中心。松江大布随之行销全国。黄道婆的技术对这一地区的纺织业产生的广泛影响,在此带动下,江阴大布等棉织品也成为当时名品,并改善着当地人民的生活。

军器制造业:元代是以兵马得天下,是而他们十分重视武器制造业。军器制造是官营手工业的主要产品,平定南宋以后,政府在镇江、集庆等地都设立杂造局、军器局,进行武器制造。当时集庆路的军器局"专一置造军器"①,但个体种类和数额不清楚。而镇江的杂造局每年都要上供水牛皮甲、角弓、箭、丝弦、革带等物品。

印刷业:元代印刷业是较前代有所进步的行业。江淮也不例外。但是元代印刷业兴旺主要在书院、学校和民间印刷业。平江出产茧纸,作蜡色,两面光莹,多用来写作《大藏经》,流传后世。政府也多次责成江淮当地政府印刷农书或儒家经典,印刷业的发达是江淮文化发展的坚定基础。

酿酒业:元时江浙地区的酿酒业十分发达,这主要是因为江浙乃国家的粮仓,有丰富的资源,史载平江地区出产的香莎糯稻是有名的酿酒原料,平江专设有海运香莎糯米千户所,专掌运输此米事务,以供大都酿酒之用;另外,江南也有好水以供酿酒之

① 《至正金陵新志》卷六上《官守志》。

用，如著名的虎丘泉，以此酿酒其味甚美。因为酒业发达，酒肆也遍布各地，扬州是大运河流经的城市，物流中心，有诗道："画鼓清箫估客舟，朱竿翠幔酒家楼。四城列屋数十万，依旧淮南第一州"①。

除此之外，镇江还有铁器的生产，用之做炊具等经久耐用②。但是，自始至终，铁器生产都是由政府进行控制的，明确由商贩凭铁引进行交易，而且"江南铁货及生熟铁器，不得于淮、汉以北贩卖，违者以私铁论"③。宜兴于仲所产的荆溪墨盛行元代，它被时人称赞。后外甥传其法，但是不如老于亲造的好。后至元间，姑苏吴善所作的墨也可用。元末，溧阳笔工杨茂林、沈秀荣也一时名盛。

（二）制盐业与矿冶

制盐业：盐是国家赋税中的大项。中国自汉武帝将盐作为国家管制物品，历代都如是，元代也不例外。盐利是国家的大利，"人生不愿万户侯，但愿盐利淮西头。人生不愿千金宅，但愿盐商千料舶。大农课盐折秋毫，凡民不敢争锥刀。盐商本是贱家子，独与王家埒富豪。亭丁焦头烧海榷，盐商洗手筹运幄。大席一囊三百斤，漕津牛马千蹄角。司纲改法开新河，盐商添力莫谁何；大艘钲鼓顺流下，检制孰敢悬官铊"④。诗人杨维桢就是用这样的诗句描写元代盐商的富裕程度。元代的盐业主要分为海盐、井盐、池盐。井盐的生产主要集中在四川一带，故且不论，元代江淮的盐业生产集中在两淮盐场。

江淮濒临黄海，滩涂宽广。海岸线自长江北口向北延伸，抵苏鲁交界处的绣针河口，长 953.8759 公里，为我国重要的沿海地区。江淮沿海自古盛产海盐，《史记》就记载到："东楚有海盐之饶。"自汉唐以来，盐业已成为江淮沿海最重要的经济部门，历代封建统治者一直实行抑制农业、发展盐业的政策，确保盐业在沿海经济中的地位。随着黄河夺淮及苏北沿海岸线的迅速东迁，享誉海内的淮南盐场日渐衰弱，淮北盐场由此崛起，直至今日仍为我国四大海盐生产基地。

有元一代，十分重视两淮盐的生产和流通。元占领扬州的第二年，元廷就设立两淮转运使司（两淮盐运司），全面接收了淮南盐场及其管理和流通事宜。两淮盐运司包括盐运使两名，秩三品；同知二员，正四品；副使一员，正五品；运判二员，正六品；此外还有经历、知事、照磨等属官。两淮盐运司下辖盐场 29 处，每年盐场都设有司令一员，从七品；司丞一员，从八品；管勾一员，从九品；此外还有秤盘、总催等小吏，直接管

---

① 吴师道：《吴师道集》卷九《扬州四首》。

② 《至顺镇江志》卷四《土产・器用》。

③ 《元史》卷一〇四《刑法志三》。

④ 杨维桢：《铁崖古乐府》卷五《盐商行》。

理盐的生产和收储[1]。

一般来说,每个盐场都有数量不等的盐户,他们按照团、灶为单位,组织生产。两淮盐运司在真州等地都设有批验所,分设提领、大使、副使各一人,负责批验盐和盐引。只有通过批验的盐才能发卖。原来,各盐场自行贮藏导致弊端很多,成宗大德四年(1300),淮东扬州、淮安地面,以远就近,分立六仓,集中贮盐。元政府专门组织盐纲船负责运输盐。两淮盐场"通立四十纲,每纲设官一员"[2]。两淮盐场的盐行销之地大约为今天的河南、湖北、湖南、江西、安徽和江淮的全部或部分地区。

元代盐的流通方式可分为"商运商销"和"官运官销"方式。两淮盐主要的运销方法是商运商销。据《至元新格》、《元典章》等文献资料所载,这种方式就是商人必须先到盐运司交钱购买盐引,然后凭盐引支盐、运输和销售。盐引是商人支盐、运盐和售盐的凭证,一张盐引可以支盐 400 斤。商人从场仓支取的食盐在运销过程中须经过两淮盐运司设置的某些批验所如真州、采石批验所检查盐引是否真实,盐袋有无超重,有无夹带私盐。商人在运输过程中引、盐不能分离,否则即以私盐治罪。除盐引外,商人还必须携带"水程",也就是运盐路线的凭证,这是在买盐时说明销售地点,然后由盐司审批发给的。盐运达目的地后,由所在地方官查明盐引、盐袋数目、号名,如与"水程"相符,方许贩卖。盐已销售完毕,商人必须随即退引,限五日赴所在官厅上缴,同时"水程"也一并上缴,若违限不缴也以私盐罪论处。商人退引后,地方官"随即涂抹,每季申解盐司收管"。另还有"入中"之法,即商人将粮食运送到政府指定的地方,以换得盐引,再进行商业销售。为平定西北蒙古诸王的叛乱,忽必烈亲率大军西伐,为解决军粮供应,就曾实行这一方法,"以江淮长芦盐引偿之"[3]。

两淮盐场产量最高,在全国占有重要地位。《元史·食货志二》记载,元文宗天历年间(1328—1329),全国产盐 256.4 万余引,其中两淮最多,达 95 万余引,占全国的 37%,其次是两浙,50 万引,只及两淮的一半。由于盐课收入与盐产量是相适应的,两淮的盐课收入也要占到全国盐课收入的 37%。而盐课收入在元政权的全国财政收入中占有极大的比重。元世祖至元二十九年(1292),盐课收入约占元朝货币收入的 60%左右。天历二年(1329),盐课收入占元朝财政收入中钱钞部分的 80%左右。由此可见,两淮盐课收入在元朝财政岁入中的重要地位。因为两淮盐的重要性,故元政府十分重视盐的生产和运销,制定了许多相关规定。还注重运盐河道的开浚,在《元

① 《元史》卷九四《食货志二》。

② 《元典章》卷二二《户部八》。

③ 苏天爵:《滋溪文稿》卷一一《郭敬简侯神道碑铭》。

史》中多次记载对运盐河道的浚治。

因为商运商销，因而扬州就成为盐商集中之处。《元史·食货志五》记当时运至扬州东关的盐“俱于城河内停泊，听候通放，不下三四十万引，积叠数多，不能以时发放”。为了缓和拥挤程度，两淮盐运司鼓励盐商在当地，购地造屋，以存放盐袋，等待通放。元代的盐商就十分富有，余阙曾写到：“舆马之华，宫庐之侈，封君莫之过也。”[①]许在壬也写过《贾客乐》诗：“鼓声震荡冯夷宫，帆腹吞饱江天风。长年望云坐长啸，稳驾万斛凌虚空。主人扬州卖盐叟，重楼丹青照窗牖。斗帐香凝画阁深，红日满江犹病酒……”[②]元代扬州“介江南北，而以其南隶浙西，其北隶河南，壤地千里，鱼盐稻米之利于擅东南，为天下府库盖将百年矣”[③]。其地“商贾云集，舟楫溯江远及长沙”[④]。是盐南北转运的中心。

江淮在宋元鼎革之际，所受的破坏不大，故原有的盐户也大都从事生产。在《金华黄先生集》）卷二七《沿海上副万户石抹公神道碑》、唐元《筠轩文稿》卷一二《松江府判致仕吕公墓铭》中皆有反映。

管理元代盐户的机构是盐运司（茶盐转运司）或提举司，两淮盐运司分别是当时九大盐运司之一，所辖之地也大都与今江淮有关。盐户必须世代从事盐业生产，不得改行，也不能迁徙，除犯诸如伪造宝钞、贩卖人口、放火、犯奸等死罪外，其余都归盐运管理。盐户必须向政府交纳“盐”，并且自身还承担税粮、甚至杂泛差役。盐户缴纳的盐有固定的数额，称为“额盐”，数目根据各户的财力物力，分别制订，由于盐户的经济情况会发生变化，因而规定“三年一比附推排”，就是重新排定高下[⑤]。元政府发给盐户以“工本”，亦称“工本钞”，但也发给“口粮”的，一般从开始时发给 1/2 或一部分，其余待盐户缴纳额盐时补齐。江南的盐户主要承担田粮[⑥]，盐户所受役之苦较之他种户计远甚。

江淮灶户中，贫富差异很大，有所谓“富上灶户”与“贫苦灶户”之分[⑦]。如松江下砂场瞿氏，“有当役民田二千七百顷，并佃官田共及万顷。浙西有田之家，无出其右者”[⑧]。瞿霆发官至两浙运使，淮东拼茶场的缪思恭官至总管[⑨]。富上灶户也要向国

① 余阙：《青阳先生文集》卷四《两伍张氏阡表》。

② 许有壬：《至正集》卷七《临江见大船宏丽异甚赋贾客乐》。

③ 孙大雅：《沧漯集》卷二《送淮南省掾梅择之序》。

④ 姚燧：《牧庵集》卷二三《真州路总管府经历吕君神道碑铭并序》。

⑤ 黄溍：《金华黄先生集》卷三一《江浙行省参知政事王公墓志铭》。

⑥ 陈旅：《运司副使东颍李公去思碑记》,《两浙盐法志》卷二九。

⑦ 《元典章》卷二二《户部·课程·盐课·新降盐法事理》。

⑧ 杨瑀：《山居新话》，第 48 页。

⑨ 杨果：《缪氏二贤祠记》,《两淮盐法志》卷五四。

家缴纳额盐,但他们可雇佣贫苦盐丁从事制盐工作。

在江淮一带盐商是值得考察的一类人,因为盐政的收入是国家财政收入中的重要组成部分。不少官吏红眼于盐业的巨大收入纷纷加入。然而元末农民起义确有苏州等很多地方的私盐贩子加入起义队伍。因为元代末期内忧外患导致支出浩繁,尤其元代政府的佛事活动等耗费了巨大的国家财力,对盐课的收入也要求愈来愈多。而增加盐课收入的办法不外是增加盐的产量和提高价格。增加产量导致盐户的不满,提高盐价导致消费者买不起盐。两者的共同作用造成私盐泛滥,官盐的收入大幅减少。这样,又必然导致盐课的日益加重和对盐业生产过程的控制,而这又催生了私盐贩子大量出现和私盐的盛行。元末起于淮东的张士诚就是私盐贩子,他的队伍也主要是由"苦于官役"的盐丁组成①。据陈高华先生考论,元代称私盐贩子为盐徒。而元代末年,盐徒的声势极盛,仅河东盐司,每年捕捉的私盐贩即"不下千百余起"②,沿海的盐徒则驾驶"在海大船,每岁入场,通同场官、灶户人等,公然买卖。……每船少者买数百引,多者千余引。运至扬州路崇明州地区百牌镇扬子江口转卖。此间边江拨脚铁头大船结运至上江发卖。拒敌巡哨军船,杀官人军,岁岁有之"③。江阴农民起义军领袖朱定也出身"贩盐无赖",集庆花山的农民起义武装、数量不多,"官军数万不能进讨,反为所败"。元政府招募盐徒,才将它消灭④。

元代江淮的矿冶:元代矿冶户泛指从事采冶生产的人户,如金户、银户、铁户、铜户等。元朝实行"诸色人等各务本业"的诸色户计制度。根据民众对国家承担的义务设立户籍,将全体居民分为数十种名称不同的世袭户计,诸矿冶户均为诸色户计之一种。矿冶户计与身隶匠籍、在官府局院工作的系官工匠不同,他们是身隶民籍却从事淘采冶炼、完纳本色课程的世袭诸色户计,包括淘金户、银冶户、铁冶户、铜户、铅锡户、矾户、朱砂户、水银户、玉户、碧甸子户等等。他们虽是民户,有的还有一定的田产身家,从事的却是冶炼淘采之类的手工业生产,有专门的机构或炉冶官管理,"所在官司不得一面勾摄",如有相关公事,须约会洞冶都总管府官或管炉冶官一同取问归断。⑤ 只是其世袭身份不像系官工匠那样强固,一旦矿脉耗竭,冶炼无利可图,即行汰罢。

元朝则在产金地设立金银冶提举司、淘金总管府、洞冶总管府之类的机构,辖签

---

① 叶子奇:《草木子》卷三《克谨篇》。

② 叶子奇:《草木子》卷三《克谨篇》。

③ 《南台备要·建言盐法》,《永乐大典》卷二六一一。

④ 陶宗仪:《南村辍耕录》卷二八《花山赋》,《元史》卷四一《顺帝纪四》。

⑤ 《元典章》卷二二《户部八·课程·洞冶》。

拨或招募来的矿冶户计，事采冶生产，取黄金。提举司或总管府下面通常还有若干提领所，最基层的管理机构，通常设在进行淘采生产的坑、洞、冶、场等生产场所。淘金户身隶民籍而从事淘采，完纳本色课程的世袭诸色户计之一。至元十八年立建康（今江苏南京）等处淘金总管府时，佥拨溧水、句容民户五千充淘金户计。这都是签民入场冶服劳役的形式。根据《元史·食货志》的记载，铁课收入江浙也有记录，说明当地也存在冶铁生产。

建康等处淘金总管府所管的金矿先是由官府开采，后来发现是贫矿，又转为民营①。关于矿冶户的税制，开始主要是户税制，元贞二年二月，“置江浙金银铜冶转运司，增拨户一千六百五十，每户以每米四石为则，岁金五钱五分，共一十八锭七两五钱”②。延祐经理法实行之后，才用户计征之制。另据《元典章》载，远在世祖至元二年二月，建康路就曾对淘金民户“品答高低，出给花名由贴，科配百姓包纳”③。

平定江淮后不久，曾在江淮地区广泛设立矿冶机构，直属中书省户部及其他中央部门。但元代在江淮的官管矿冶业制度很快受到挑战，大多数官办机构被撤销，职事归并相应的路府。还有些是归地方政府管理，如属行省直接管辖的江浙金银洞冶转运使司等；还有各路管理的机构。元代江淮矿冶完全受政府控制，专营的时间并不长，虽然有过多次反复，大多数时期还是呈现官私矿冶并存的局面，即使是在官府管理下，有的管理机构也只是负责招募诸人自备工本采矿煽炼，征收相应课程而已，总的趋势是逐渐向民间开放。

二、商品经济的发展

元代是大一统的时代，“适千里者，如在户庭；到万里者，如出邻家”④。这就为商品经济的发展提供了广阔的背景。随着经济的发展，农业和手工业的分工趋势日益明显，市镇也随之兴起，人们纷纷在新兴的市镇里进行商业贸易，商品经济达到了相当的规模。商品经济的发展和市镇的蓬勃兴起遂成为时代特征。

宋元以来的苏州，由于地处太湖水系的中心位置，面向太湖，背靠长江，正好位于京杭大运河的黄金水道上，向北方有多道便捷的入江水路，起到了江南经济发达地区和外界经济交流的重要角色，从而成为江南手工业生产中心和区域商品贸易的集转地，商品经济达到了相的规模。苏州城内到处是危阑层楼，寺观也高大雄伟，商铺林

① 《元史》卷九四《食货志二·岁课》。
② 《弘治徽州府志》卷三《食货·财赋》。
③ 《元典章》卷二二《户部八·洞冶》“民户淘办金课”条。
④ 王礼：《麟原文集》卷下《义冢记》。

立，行人摩肩擦踵，往来的商人挥袖如云，车马来往如飞。围绕苏州兴起了许多市镇。通过密布的河网水道，江南经济联成了一体。元代江南的民船交通非常发达，局部的水路已得到很好的疏治利用。“其水之大者为川，川之流夷旷深，广可以达帆樯，通远物，货迁有无，以济世用”[①]。金陵溧水的新溪、常熟的沿江、昆山沿海、常州、平江二路太湖周围等地的开发均卓有成效。

集庆路下属的句容县东阳镇、下蜀镇、上元县的靖安镇、江宁县的大港镇都濒临长江，东阳、大城港都有水驿，靖安镇有靖安渡，与真州的宣化镇隔江相对[②]。

镇江路丹徒县的江口镇、大港镇、丹徒镇、谏壁镇、丁角镇、高资市等地都分布在长江一线，出入方便，常州也是在长江沿线有多个市镇兴起，青阳市在无锡和江阳之间的道上，故这里“酒帘村市，客舟骈集”[③]。

平江路。常熟路的庆安、福山、许浦都是太湖流域的长江重要交通港，吴县的几个巡检司所在地区浒浦、木渎、胥口、角头等也都在交通要道上，故而才有设立巡检司的必要。吴江的同里、平望也一样。

因此，江淮的沿江沿海密布市镇。基于此，太仓的刘家港迅速繁荣。这里“旧本墟落，居民鲜少”[④]，由于刘家港是元代海运的出发点，“海道朱氏剪荆榛，立第宅，招徕蕃商，屯聚粮艘，不数年间，凑集成市，番汉间处，闽广混居，各循土风，习俗不一，大抵以善贸易、好市利、尚虚礼、美呼称”[⑤]。经济地位的迅速上升，延祐中，昆山州治移于此，当地人谢应芳有诗形容太仓商业的繁荣：“杨柳溪边系客槎，桃花雨后柳吹花。东风地角环沧海，日夜潮声走白沙。市舶物多横道路，江瑶价重压鱼虾。天妃庙下沈玄璧，漕运开洋鼓乱挝。”[⑥]

不少江淮的市镇以传统手工业而兴起，如梅里出产的藤枕“染为五色，相间织成花竹禽兽或人物故事之类，为帽，为生椅，为凉床，颇为奇巧”[⑦]。行销各地，享誉苏州。

在江淮的贸易品中，粮食及加工产品最为常见，如集庆，“虽名为繁庶”，但日常所需都要“仰给商贩，米舟一日不至，米价即腾踊”，集庆的米主要来自江西、湖广一带。专业化经营彰显规模，如太湖洞庭山方圆数十里“多种柑橘桑麻，糊口之物，尽仰商

---

① 李祁：《云阳李先生集》卷七《西南堂记》。

② 《至正金陵新志》卷四《铺驿》、《漕渠》。

③ 朱德润：《存复斋文集》卷二《游江阴三山记》。

④ 《至正昆山郡志》卷一《风俗》。

⑤ 《至正昆山郡志》卷一《风俗》。

⑥ 谢应芳：《龟巢稿》卷二《过太仓》。

⑦ 《洪武苏州府志》卷四二《土产》。

贩”[①]。镇江的面，“磨麦为之，南北商贩多出于此”；曲，“土人造之，精粗不一，货于他郡。多有达京师者”；酱，“临郡多仰给于此”[②]。

具体地说，这一历史时期，江淮地区的商品经济得到了长足的发展。

市镇的兴起也令人瞩目。马可·波罗就曾记载淮安聚集了大批的船舶，运送货物至各地，“每日穿梭不息，大批的商品在此集散，通过大运河到各地销售。这里还盛产食盐，不仅可供本城之作，还可以输往其他40个城市。大汗从这贩盐中取得了庞大的税款”[③]。离开淮安城向东，有宝应、高邮、泰州等地，所到之处也都是工商业兴盛。泰州盛产盐，附近有广阔盐场，鱼类众多。扬州，马可·波罗记载下面有二十四个市镇，这里的百姓以商业和手工业为生，制造武器和其他军需品。许多军队驻扎在这里。”马可·波罗笔下的瓜洲：“每年有大批的谷米屯聚于此，其中绝大部分运往汗八里城，供应大汗朝廷。”他还看到了金山寺。真州在宋元时期是运河和长江的交接处，是当进最为发达的物流中心。马可·波罗说：“该城虽然不大，但商业繁盛，因它位于世界上最大的河流之上，船舶往来来绝。”并且，“这条世界上最大的河流名叫江……”苏州桥多。“有石桥6000座，桥很高大，桥下可以行船，甚至可以两船并行”[④]。

马可·波罗的记载印证了当时江淮一带市镇发达，商业繁荣之景。

第四节　赋税和诸色课程

土地是封建社会财富的主要体现，对于土地的掌握是封建国家的主要职责，只有掌握了土地的状况，才能理清国家的大体情况。因此，历朝历代都对土地登记重视尤加。所谓“有户则有差，有地则有税”[⑤]。相对而言，元代的土地登记则是比较混乱的。没有完备的制度，也没能正常定期进行登记，这种管理反映了元朝的粗线条式，也反映了建制的不完善，因此造成了种种社会矛盾。

在大蒙古国时期，元政府曾实行过“乙未括户”和“壬子括户”，分别就土地和人口进行了调查登记。至元七年（1270），忽必烈在北方又一次进行了户口的调查，次年以“大元”为国号，即着手调查户口土地。而江南在平附以后，元政府“凡典故文字，并户

① 庄季裕：《鸡肋编》卷中。

② 《至顺镇江志》卷四《土产》。

③ 《马可·波罗游记》，梁生智译。中国文史出版社1998年版，第190页。（译文中将大运河译为黄河。应是错误的。）

④ 马可·波罗的记载印证了当时江淮一带市镇发达、商业繁荣之景。

⑤ 王祎：《王文忠集》卷六《善给要义·办差税》。

口版籍，尽仰收拾”。诏谕新附军民，“其田租……从实办之”[①]。可知元平定江南，和收服北方不同，非常重视保存各种籍册。这些籍册则是征收赋税的依据。而籍册遭到破坏的，就由基层职事人员进行呈报。如松江“归附之后，之宋科征文册损失殆尽。至元二十四年催纳税粮，止凭乡司草册数目”[②]。

至元二十六年(1289)，元政府下诏“籍江南户口”。除登记丁口之外，还对包括土地在内的“事产”进行登记。在有关的《条画》中规定：“漏报事产七十七下。”[③]至元二十七年籍户和至元三十年成立大司农司，都与江南土地调查有关。真正比较彻底的是仁宗(1312—1320)进行的，史称“延祐经理”。《元史》卷九三《食货志一·经理》记时任平章的章闾言：“经理大半，世祖已尝行之，但其间欺隐尚多，未能尽实。以熟田为荒地者有之，惧差而析户者有之，富民买贫民田而仍其旧名输税者有之。由是岁入不增，小民告病。若行经理之法，俾有田之家，及各位下、寺观、学校、财赋等田，一切从实自首，庶几税入无隐，差徭亦均。”于是遣官经理。以章闾等往江浙……左丞陈士英等往河南。对河南江北行省实行“减半征之”，也就是说延祐经理的土地一律采取每亩减半征收。因为北方税粮分丁、地税、民户只纳丁税不纳地税，有的则纳地税不纳丁税。南方则均地税。河南行省属北方，所征税粮以丁税为主。现在经理增加的土地要纳地税，对于民户来说就是重复纳税。《元史》卷一七五《张珪传》记：“世祖时，淮北、内地，惟输丁税。铁木迭儿为相，专务聚敛，遣使括勘两淮河南田土，重并输粮。”正因为重并输粮不合制度，所以在当地官员力争之下，中央政府不得不做出让步。

由于富户往往与官府勾结，把自己应承担的杂泛差役和雇与买转加在普通老百姓头上，通常的作法是隐瞒田土或诡名析户，因此造成税粮负担不合理，加剧了社会矛盾。江南不少官员，为此在自己的辖区内进行核实田亩的工作。核田，以自实与举报相结合，不是中央政府的命令，而是地方官员的行为。施行这一措施的官员，大多是清正廉洁、有所作为的士人。史评：“核田均税，最善政也。”[④]核田的结果是建立土地籍册，在此基础上实现赋役的合理负担。并且在缴纳税粮的时候，要加鼠耗分例，“江南民田税石，依例每石带收鼠耗，分例七升”[⑤]。以镇江为例，“秋租正米十一万七千余石，鼠耗米为五千三百石”。另外还有科种。而豪强地主仗势少交甚至不交，所

---

① 《元史》卷九《世祖纪六》。

② 余阜：《松江府助役田粮记》，《正德松江府志》卷六。

③ 《元典章》卷一七《户部三·籍册·抄数户计事产》。

④ 危素：《危太朴文续集》卷八《与唐休宁书》。

⑤ 《元典章》卷二一《户部七·仓库》。

欠份额由官库强行转加给普通农民，如苏州，“初限皆细民，其输粮也石加五六斗不能足。豪石至未限，什反纳二三，却用佃多输者足之”①。以至于“科征之际，枷系满屋，鞭笞盈道，直至生民困苦，饥寒迫身”②。但元代江淮境内的官田指赋税的征收不同于上述的民田标准。这方面的内容在讨论田地分类时已有所论述。

在政府的重视和各地人民的努力下，各地的农业生产都取得了很大成绩。因为元宋、金宋对峙多年，两淮地区的经济受到很大破坏。战后，两淮地区人烟稀少，“荒城残堡，蔓草颓垣，狐狸啸聚其间”③。在战争中遭到破坏，但是到元中期经济发展水平就已经和江南差不多了。江浙行省本身就是全国农业最发达的地区。因此，到元中期全国每年收税粮一千两百万石左右，江浙行省就达四百五十万石。

总之，元代江淮的经济取得了较大发展，特别是太湖地区的农业成为全国的典范。元代江淮还出现了多种经济作物的种植发展，表明了传统以粮食为主业耕织的经营方式已发生的变化，元代承袭宋朝的发展轨迹，继续着这一发展趋势。

第五节　交通和海运

元代境内地域辽阔，军情、政情上传下达，形成统一的整体，就成为建立全国统一政区必需要解决的重大问题。连结全国的交通线，将各地方和大都、上都紧密结合起来，形成联结全国的通讯和交通网络是解决此问题的主要对策。为此，元代在各地设立驿传和急递铺，通过这一体系把全国联系在一起。而将江淮一带的粮食运输到大都以及其他北方地区也是维持全国统一和大都生存的主要凭依。在这方面，海运也有空前的进步。

一、江淮的驿传制度

站赤是元代设在广大交通线上的基层单位，主要有陆站、水站以及其他。《元史》卷一〇一《兵志四》记载，“元制站赤者，驿传之译名也”。“站赤”其实是蒙古语。元政府从民户中签站户提供服务，一旦被签，世代不得更改。“军行万里，绝塞孤征，所恃以通消息、资接资者，厥惟驿站”。元世祖忽必烈中统五年八月（1264），改年号为至元，大赦天下，颁布《站赤条划》（即驿站条例），并以此为依据，“改革汉站”。《站赤条

① 郑元祐：《侨吴集》卷一一《前平江路总管道童公去思碑》。

② 朱德润：《存复斋续集》，《平江路问弭盗策》。

③ 陆文圭：《墙东类稿》卷一二《故武德将军吴侯墓志铭》。

划》共十条，对驿站的组织、管理、职责及有关事宜都作了规定，实际上是元代驿站的组织管理条规。元代驿站规章繁杂多变，但上述条令被视为“世祖祖制”，是轻易不能改变的。“凡站，陆则以马以牛，或以驴，或以军，而水则以舟。其给驿传玺书，谓之铺马圣旨。遇军务之急，则又以金字圆符为信，银之者次之；内则掌之天府，外则国人之为长官者主之。其官有驿令，有提领，又置脱脱于关要之地，以司辩诘，皆总之通政院及中书兵部”[①]。如果有站户逃亡，也会及时签补。

除驿站之外，在交通线上还设有负责传递令旨的急递铺，每铺一般相距十里，距离大的有十五或二十五里一程。急递铺上设提令，每十铺设一邮长，每铺有铺兵五名，日夜守候，随时准备接转邮件。铺兵也是签自民户、漏籍或站户之贫困者。铺立铺簿，记收发邮件的时刻，接递人名姓及绢袋封记完好事项。如属急速公事，必按息勘速送。铺丁手持枪，腰悬铃，夜则手持火炬，以使沿途行人避让，便于下铺闻声观火从速接替。这种铺铺相转的速度可日夜达四百里之遥[②]。

元代就是靠着上述严格的驿站和急递铺制度，保证了物资运输及信息往来。有了这种制度，“于是四方往来之使，止则有馆舍，顿则有供账，饥渴则有饮食，而梯航毕达，海宇会同”，四方之往来无滞。因此可以说，驿传制度到元代已经发展到了高峰。

《马可·波罗游记》卷二第二十六章中关于元驿有这样的记载：“皇帝使人自都城出使者，每二十五里必有一驿，每驿有房舍，宏大华丽，内备床铺，皆以绸缎制成，所有必需之品，无不俱全，专为钦使来往休息之用。即使国王寓此，亦必觉其安适也。各驿铺马，多少不一，多者四百匹，少者二百匹，依各地需要为准。所有通至各省之要道上，每隔二十五迈耳（即英里）或三十迈耳，必有一驿。无人居之地，全无道路可通，此类驿站，亦必设立。惟相距道里稍远，每日路程定为三十五至四十五迈耳。亦备有马匹，及各种需要物品，与他处相同也。此事规模之大，自来所未见。他国皇帝王公，皆无此财力以办也。合全国驿站计之，备马有三十万匹，专为钦使之用。驿站大房屋，有一万余所，皆设备妍丽，其华靡情形，使人难以笔述也。”

“军行万里，绝塞孤征，所恃以通消息、资接资者，厥惟驿站”。驿传对元朝如此重要。江淮地处交通交道，驿传的设置在此地可谓全面。《元史》卷一〇一《站赤》载，江浙行省总共有二百六十二处，“马站一百三十四，马五千百二十三匹。轿站三十五处，轿一百四十八处。步站一十一处，递运夫三千三十二户。水站八十二处，船一千六百二十七只”。各类站俱有，可谓全面。江苏的方志也有所记载，对当时的情况可得了解。

---

① 《元史》卷一〇一《兵志四》。

② 《元史》卷一〇一《兵志四·站东》。

《至顺镇江志》卷十三《公廨·驿传》记述到“皇元奄有区宇，薄海内外，罔不臣属。驿置之设，未有盛于今日者。疏寮邃室，以时其寒燠；丰廪厚饩，以给其饮食。使四方万里，宾至如归。兹郡乃当孔道，送往迎来，辙相结而舻相衔也。加以外郡六站，复取役于此，故其供亿为尤重。”仅镇江一地就有驿站：

本府

通吴驿，在府治南三里。创造于唐，宋乾道中重建。旧名向吴亭。唐陆龟蒙：“秋来频上向吴亭。”杜牧诗：”向吴亭东千里秋。”后更号通吴驿，不知始于何时。乾道庚寅，守臣蔡洸给公帑缗钱，命丹徒宰韩元老重建，仍用唐旧名揭之。

丹阳驿，旧名丹阳馆。在千秋桥之西。宋绍兴十四年郡守郑滋建。南为中门，东、西列十一馆，皆南向，北临漕渠为亭，以便登降。咸淳七年，郡守赵溍重修，郡人陆秀夫为之记。混一后，屡加缮葺，馆舍共一百九楹。使客之驰驿而至者，则西馆处焉；其乘舟而至者，则东馆处焉。马廄在西馆之西，凡四十五楹，马八十匹，正马四十匹，备马四十匹。船三十只，以“天、地、元、黄、宇、宙、洪、荒、日、月、盈、昃、辰、宿、列、张、寒、来、暑、往、秋、收、冬、藏、闰、余、成、岁、律、吕”为号。以备印送。递运站，在还仁隅白马庙巷之西。至元三十年创建。屋五楹，船二十只。以“地　黄、荒、辰、张、冬、致、巨、阙、珠、夜、光、鳞、推、位、咸、通、戎、大官、小官”为号。车二十五辆。丹徒驿，宋置。在县治西，与丹阳馆相近。旧呼西行衙，后为添差倅厅。

丹徒县

西津短站，在西津渡口，以伺北来使客，屋凡八楹。

丹阳县

云阳驿，在丹阳县云阳桥之南，东临漕渠，南面市河。旧云阳驿，在旧县尉廨舍南一里，久废。取唐僧皎然诗“行人无数不相识，独立云阳古驿边”之句以名，后易为亭。至元十八年创置，即丹阳三馆基也。绍兴丁卯，令苏忠规建上中下三馆，规模雄壮。后之令于此者，以传舍视之。加以四十年间，金使绝迹。于是，坏而不葺，遂为瓦砾之场。淳佑壬寅，其地为流民渡江占居，仅存第一馆大门。景定甲子春，一夕风雨，又圮。水马使客咸莅焉，屋凡二十七楹。廄舍在云阳桥漕渠之西，屋凡四十一楹，马八十匹。正马四十匹，备马四十匹。船三十只。以“天、地、角、亢、氐、房、心、尾、箕、斗、牛、女、虚、危、室、壁、奎、娄、胃、昴、毕、觜、参、井、鬼、柳、星、张、翼、轸”为号。

吕城驿，在丹阳县永济乡，吕城镇泰定桥之西，北临漕渠。至元十八年创建，为屋大小二十九楹,水马馆亦并置。廐舍在馆之南,屋四十一楹,马八十四。正马四十四,备马四十四。船三十只。以“甲、乙、丙、丁、戊、己、庚、辛、壬、癸、子、丑、寅、卯、辰、巳、午、未、申、酉、戌、亥、干、坎、艮、震、巽、离、坤、兑”为号。

金坛县

金坛馆,在县治东南一百三十步,屋十有三楹。后以僻路不置驿。前馆在税务前,久废。

邮传

置邮传命,古制也。递补之立,其来远矣。旧志不载所始。铺之屋不等,多不过四楹,前植候亭,缭以女墙,榜以绰楔,标以英竿。设盘于台,以测日景;列牌于庭,以识时刻。其文檄之出入也,则有历以书之;其递传也,有囊以贮之,有匮以护之。振铃以警远,篝灯以烛暗,御害有兵,备雨有具。一昼夜间,行四百里。府若司县之官,考其稽违,核其遣匿,而加罚有差。如此,则斯无废事矣。

本府

录事司总铺,即府治南,旧宣诏亭为之。旧城下铺在千秋桥西,今废。北至西津铺十里,南至南门铺十里,西至施水铺十里。

丹徒县

西津铺,北渡江至瓜州十八里,南至府前总铺十里。

南门铺,北至府前总铺九里,南至张家山铺九里。

张家山铺,南至丹徒十里。

丹徒铺,南至谏壁十里。

谏壁铺,南至陶庄十里。

陶庄铺,南至新丰十里。

新丰铺,南至丹阳县黄泥坝十里。

施水铺,东至府前总铺九里,西至下鼻九里。

下鼻铺,西至乐亭九里。

乐亭铺,西至洪信九里。

洪信铺,西至高资九里。

高资铺,西至炭渚九里。

炭渚铺,西至句容县纪大店铺十里。

丹阳县

斜桥铺,北至石羊子一十三里半。

石羊子铺,北至黄泥坝十三里半。

黄泥坝铺，北至丹徒县新丰九里。

青阳铺，北至斜桥十三里半，南至陵口十三里半。

陵口铺，南至栅口十三里半。

栅口铺，南至吕城镇十三里半。

吕城铺，南至武进县张店铺九里。

金坛

金坛县三铺，宋置，今废，姑存其名。

横塘铺。

张庄铺。

而《至正金陵新志》卷四《疆域志·铺驿》，也记有当地的铺驿：

铺驿

馆舍附

驿路五十一铺，每铺相去十里。

东门铺、双牌铺（旧名东十里铺）、蛇盘铺（俗作佘婆）、麒麟铺、东流铺、张桥铺、昆仑堽铺，以上七铺属上元县。江城湖铺、宣家蚬铺（今名青山）、山口铺、庙林铺、下蜀铺、纪家店铺，以上六铺属句容县。

右十三铺系东路，直抵镇江路界炭渚铺。

土门铺、夹堽铺、迟店铺、清水亭铺、玄武桥铺（旧作园墓）、秣陵铺、李村铺、路口铺、乌刹桥铺，以上九铺属江宁县。方墟铺、石头堽铺、乌山铺、齐家店铺、南亭堽铺、南十里铺、蒲塘铺、三角子铺、孔家堽铺、土山铺、罗家林铺、戴公堽铺、漆桥铺、朱家店铺、汤师娘铺、松儿堽铺，以上十六铺属溧水州。

右二十五铺系南路，直抵广德路界置铺。

越台铺、石子堽铺、官庄铺、板桥铺、三城湖铺、江宁镇铺、青松林铺、铜井铺、葛家堽铺，以上属江宁县。

右九铺系西路，直抵太平路界慈湖铺

府前铺、西门铺、石碑冲铺、靖安铺，以上属上元县。

右四铺系北路，直抵滁州界宣化铺。县路十一铺，每铺相去二十里，此系诸县不通驿路处递传之路。

石井铺、七里堽铺，右二铺属上元县界。

周郎桥铺、县西门铺，右二铺属句容县界。

县东门铺、茭塘铺、破湖铺，右三铺属溧水州界。

黄连步铺、中桥铺、乌山村铺、县西门镇，右四铺属溧阳州界。

在城金陵驿，水站在正东隅青溪坊保前，宋制置司佥厅地基，东至溧水州二百四十里，南至大城港水站六十里，北至龙湾水站三十里，管船一十九只。马站在清溪坊前，宋试院地基，东至东阳马站七十里，南至江宁马站五十里，东南至溧水州马站一百二十里，正备马八十八匹。

江宁县水马站，江宁马站在江宁镇，正备马五十匹。大城港水站在沙洲乡，去县三十里，船二十五只。

上元县龙湾水站，在金陵乡，去县十五里，船二十二只。

句容县水马站，东阳马站至在城金陵驿七十里，正备马五十匹。水站至龙湾站一百二十里，管船二十二只。下蜀马站至东阳站四十里，到镇江路六十里，正备马四十匹。老鹳嘴马站至东阳站三十里，正备马二十匹。

溧水州中山驿，在州惠政桥西南，正副马六匹。

溧阳州馆驿一所，在本州永定坊，至元十四年置立，正副马六匹。

永宁驿，旧基在宋总领所西闪驾桥之南。

江宁驿，在江宁县西南五十里。

秣陵驿，在江宁县南三十里。

石头驿，张九龄有候使石头驿楼诗。李白答裴侍御先行至石头驿以书见招诗云："君至石头驿，寄书黄鹤楼。"

梦笔驿，江淹本集云：尝宿于冶亭，梦见一夫自称郭璞，谓淹曰："吾有笔公处多年，可以见还。"淹乃探怀中得五彩笔一以授之，尔后为诗，绝无佳句，时人谓之才尽。按：建康有冶亭，在冶城送别处有冶渚，疑亦有亭。又有东冶亭，在秦淮上，皆六朝士大夫饯送之所。淹本集所载始末，皆建康事也。《庚溪诗话》云：梦笔驿，江淹旧居，不详所在。今建宁路浦城县有梦笔山，山下有江淹祠，有梦笔里，杨文庄公、真西山皆尝读书其所，乃淹为吴兴令处耳。

金陵驿亦名蛇盘驿，在上元县长乐乡蛇盘市。佘婆音之讹也。今水马站总名金陵驿，在城中。

东阳二驿，两至金陵驿四十五里。今为水马二站。

柴沟驿，西至东阳驿十五里。

下蜀驿，西至柴沟驿十五里，东至镇江路界十五里，今有马站。

望仙驿，旧在句容县治南，元丰二年，移县治东。

漆桥驿，在溧水州南七十五里。

官塘驿，在溧水州东南二十五里。

坊墟驿，在溧水州北三十五里。

淮源驿，在溧水州东北三十五里。

仪宾驿，在溧水州南一百一十里。

招贤驿，在溧水州南一百一十里。

蒲塘驿，在溧水州南二十五里。

白马驿，在溧水州东南四十里。

延宾驿，在溧水州西四十七里。

青阳驿，在句容县东二十里。

竹里驿，在句容县北六十里仓头市，戚志一作竹亭。

云亭驿，在句容县。

昭华驿，在句容县，开宝中焚圯，太平兴国二年移县街东。或云望仙。

临江驿，岑参有诗，见陈轩《金陵集》。

右自永宁驿以下，皆旧驿名，今废。

这两部方志对驿传的记载实际上佐证了《元史》的记载。元代的驿传对蒙元初期的军政消息传达、交通贸易开展，起到很大作用。但由于后来管理不善，扰害人民过甚，酿成了使元朝最后覆灭的原因之一。

二、元代海运和江淮的关系

海运之法，自秦已有，但是直至南宋都没有在运输中发挥重要作用。元代因定都大都，“去江南极远，而百司庶府之繁，卫士编民之众，无不仰给于江南”[①]。但从江南运粮到大都，不仅漕运的数量有限，而且旷日持久，不能解决日益增长的人口对粮食和手工业品的需要。为了便于东南地区粮食对大都的供应和大都方面与东南沿海国内外贸易的联系，元世祖忽必烈在至元十九年(1282)开始试行海运。有元一代，海运主要承担了京师粮食的供应，随着元廷机构的不断扩大以及京城人口的不断增长，更有山东、河北及漠北地区备储饥荒都有赖于海运，故此元人之海运，号称“一代之良法”，具有“民无挽输之劳，国有储蓄之富”的功用。

元代实行海运要追述到至元十三年(1276)，蒙古大军南下攻占了临安，从此南北共一家，南宋的帑藏图藉急需运往大都，而此时南宋的守将李庭芝、姜才还在坚守扬

---

① 《元史》卷一〇一《县志四·站赤》。

州，传统的运输渠道运河被阻，于是元军统帅伯颜命海盗出身的张瑄、朱清率人由崇明州入海，将收缴的帑藏图籍运载至大都，获得成功。

朱清、张瑄本是南宋时崇明一带的著名海盗，曾长期抄掠海上，后来泛海北上降元。他们两人由于自身的经历，非常熟悉长江口到渤海湾的航道，因此顺利完成了首航运送帑藏图籍的任务。为此，他们两人随从伯颜晋见忽必烈，因功授予金符以及千户官职。

但是元军在征服淮东后，元政府依然注重传统运河的整治，没有马上实行海运。然而，运河运输存在水陆搬运之劳，特别是运河河道长期失修，水道狭窄，而且需要过长江淮河，沿泗水北上，一路艰险。而东阿到茌平一段还需车辇陆运，造成运费高巨，让元政府深感不便。至元十九年，太傅丞相伯颜鉴于内河粮运的劳费，追忆至元十三年经海道运送南宋库藏之事上奏忽必烈，请求实行海运。忽必烈奏准，命上海管军总管罗璧和朱清、张瑄组织船队，从扬州运粮缘海道北上。此次海运没有能利用季风和潮汐，在山东刘家岛过冬，第二年的三月至直沽，运送江南粮食四万六千余石。首次海运输送的粮食数量并不多，但是为元朝开辟了新的运输路线和方式，意义非凡，也由此赢得了最高统治者的信赖。十二月，元世祖忽必烈以功授朱清为运粮万户，张瑄为千户，忙兀歹为万户府达鲁花赤，罗璧升任管军万户，仍兼管海运粮食。以后，元政府逐渐加大了海运的比重。因海运的成功，至元二十四年至二十八年(1287—1291)，朱清、张瑄二人政治地位迅速上升，被授以骠骑上将军，分领江东道、淮东道宣慰使之职兼海道都漕运万户府事，专制海运。

中书省是负责海运的最高机关，地方上由行省对海运万户府直接领导，并派官员监收粮食，提调海运。在海运时，万户府的正官要在港点视粮船。各所的千户要分赴各处监装，轮番下海督运①。

元代漕粮征收的布局承袭宋代，以湖广、江西和江浙地区的粮食充运，其中江东宁国、池、饶、建康地区的漕粮，称为上江粮米，常由海船逆长江西上装运，而江西、湖广地区的漕粮，则用河船东运至真州(今仪征)与海船对装，这样耗费了大量的人力物力。至大四年(1311)，海运改从江浙地区征收粮食，海船在沿海港口或深入内河装运，就便起运。这种方法让官民均感便宜。当然湖广的粮食也在征收之列。随着海运的逐渐扩大，就在集庆龙湾(今南京下关)构筑粮仓，集中沿江的粮食，漕运机构另拨河船将仓中的粮食运送至开洋港口与海船对接。这样就避免了海船入江之难②。

---

① 黄溍:《金华黄先生文集》卷三八《朝列大夫杭州路总管府治中致仕范君墓志铭》。

② 郑元祐:《侨吴集》卷一一《海道都漕运万户府达鲁花赤和尚公政绩碑》;虞集:《道园学古录》卷一三《两浙运使智公神道碑》。

漕粮除主要取自江南官田岁入[①]，崇明州派船到清江浦浦仓（今江苏淮安）装运的粮食，则是宣徽院所属的官田“子粒米面”。元代也从河南等地调运粮食，特别是在江南灾害之时。元朝末年，江南的寺观租入也要“厚输于官”，拨充海运，当然，那已是元末的尾声了。

随着海运的日益扩展，在至元二十年元廷设立万户府二，由朱清、张瑄分别主事，管理海运，朱清、张瑄两人的万户府都设在平江，至元三十年，又以朱清子朱虞龙为明威将军、海道漕运万户，其万户府也设在平江，就便于对粮食的征运。[②] 海运万户府下设有 11 个千户所，除浙江的杭州千户所、嘉兴千户所、温州外千户所，其余都在今江苏。武宗至大四年（1311）重新调整为 7 所，江苏也占了 3 所。如前所述，海运所需的转运中心仓库设在了集庆（南京）下关。由此可见今江苏在海运中地位的重要性。就海运的具体线路来说，今江苏的重要也可见一斑。

有元一代海运线路大致有三次变更。海运初始到至元二十八年，前后十年间，海运从刘家港（江苏太仓）出发，沿海门（江苏境内）、万里长滩（江苏如东县东部，今部分为陆地）、盐城（江苏盐城）、海宁（江苏连云港）北上至山东、河北。这条线路沿线曲折，遇沙搁浅，路途艰难。

第二条航线是至元二十九年（1292）朱清、张暄等因第一次开辟的航道“其路险恶”而“复开生道”。自刘家港开洋，至撑脚沙转沙嘴（今江苏常熟璜泾北江中），至三沙洋子江（今上海崇明西北，现大部为陆地），过扁担沙、大洪（江苏启东东南，今陆地），又过万里长滩，放大洋至青水洋，又经黑水洋。青水洋、黑水洋等，都得名于长江口一带水的颜色。再至山东的成山、刘岛、芝罘、沙门等，莱州大洋，抵界河口。这条航线多采用直线，从万里长滩至成山直接远海航行，线路取直，航程缩短，且绕过了沿岸的沙滩，便于赶风选向，约半月可达，因而所费时间较短。

第三条航线是至元三十年（1293）为海运千户殷明略所辟。“从刘家港入海，至崇明州三沙放洋，向东行，入黑水大洋，取成山转西至刘家岛，又至登州沙门岛，于莱州大洋入界河，当舟行风信有时，自浙西至京师，不过旬日而已”[③]。这条航线比前两条更为便捷，主要是距海岸线较远，取道较直，航期又大大缩短了。

无论海运线路怎样变，自始至终海运都是从今天的江苏出发，其中太仓刘家港最为重要，而淮河南北的沿海也都是主要航道。刘家港，今浏河，地理上衔江接海，元时

---

① 参见高荣盛：《元代江南官田刍议》，南京大学学报专辑《元史及北方民族史研究集刊》第六辑。

② 参见高荣盛：《元代海运试析》，南京大学学报专辑《元史及北方民族史研究集刊》第七辑。

③ 《元史》卷九三《食货志一·海运》。

这里不浚自深，潮汐两汛，可容万斛之舟，在元代海运中具有举足轻重的地位[①]。另处的白茆港，在今常熟东北处，是太湖的主要出水口。延祐三年(1314)，为减轻刘家港的航运压力，利用白茆港的地理之便，将之开辟为当时海运的支线即松江、温州、台州、庆元、绍兴等处粮船的聚集出洋处。上江线，即海运重要的内河支线，承载江西、湖广的粮食，从刘家港出发，逆长江而上，先后到达真州(仪征)、集庆(南京)等处。因此，真州和集庆虽不是出海口，却是粮船集结处，而白茆港也发挥着集结一部分粮船的作用。整个海运的路线都以今江苏为中心，凸显此地对海运的重要性。

万里海运，路途险阻，实属不易。为此，今江苏一带的港口拥有大量熟练的水手船工，他们具有实际经验，能够据具体情况，或用指南针定向航行，或观察天象以指导航向，使船只首尾相接，舳舻相衔。至大四年(1311)十二月，常熟州船户苏显与“老旧运粮千户”殷忠显、黄忠翊等因刘家港等沙浅水暗，“素于粮船为害”，提出导航方案：由苏显备船两只，“抛泊西暗沙嘴处二处，树立旗缨，指领航船出浅”，并画图张榜，晓谕船户，观旗定行止。江阴州夏港、陈沟等一百余里之处，俱有浅沙暗礁，延祐元年(1311)七月，也令江阴船户袁源与汤玙如法指挥船只出入。可见，江苏海运沿线的船工水手已对沿海的地理有相当程度的认识。

元末，各地农民起义蜂起，张士诚自立为吴王，占据江苏大部，方国珍则割据浙江，海运难以为继。“元京军国之资，久倚海运，及失苏州，江浙运不通。失湖广，江西运不通”[②]。张士诚从一个私盐贩子率众反元，连克兴化、高邮、常熟、平江等地，张士诚也一度受招出降，海运得以苟延残喘了一段，而方国珍长期占领温州、台州、庆元一带，对元朝时叛时服，以此为筹码向元廷邀官请赏。张士诚也常用此计对付元朝。元廷鉴于海运的重要性，授张士诚为太尉，方国珍为海运万户。至正十九年，张士诚、方国珍两人运粮11万石入京，此后两人也多次海运粮食入京，但此时运数已大为降低，区区只有十余万石左右。至正二十三年(1363)，九月，张士诚自立为吴王、脱离元廷羁绊，立即停供漕粮，自此海运遂绝。而元朝也即将分崩离析。

元代海运目的是南粮北运，而由于海运，江淮人与北方人常年往来于南北之间，促进了文化的交流和商业往来，正所谓：“转帆春秋入，行舟日夜过。兵民杂居久，一半解吴歌。”[③]而诗人张翥亦说：“一日粮船到直沽，吴罂越布满街衢。新诗将得如千首，为问郏郎有卖无。”[④]描写了南北商业的发展状况。海运的主要起运港刘家港所在

① 桑悦：《太仓州志》卷一《山川》。

② 叶子奇：《草木子》卷三上《克谨篇》。

③ 傅若金：《傅与砺诗文集》卷四《直沽诗》。

④ 张翥：《张蜕庵诗集》卷五《读瀛海喜其绝句清运因口号数诗示九成皆实意也》。

的太仓州，本来是草莽之地，数年之后也成了远近闻名的“番汉杂处，闽广混居”的“六国码头”[①]。长江口昆山因为海运而成为新兴的市镇。南北经济通道的打开，促使南北经济互补。粮食、丝绸、茶叶都是以江南为主要产地。而北方的棉花、药材也行销江南，形成了所谓“南货北填市，北人住南家”。可见南北经济的交流和人口的流动。

但是，海运着实加重了江南人民的负担，其中就有“和买布匹”之患，即岁运中的“细白粳糯”需用“夹布袋”来装。这些布袋在大德二年以前是江南民户承做的，其数约十万六千五百条，计中统钞六千余锭，名曰“和买”，实际上分散至各家做成，往往牵动千家万户。以后虽部分使用旧袋，但是实际负担并没有免除。

因为海运的需要，昆山设有天妃庙，称为灵慈宫，刘家港也有。两地的天妃庙都属于国家祭祀，在每年的漕运开始即行祭祀。也促进了当地天妃信仰的发展。

无论如何，元代海运的开辟是中国海运史上划时代的大事，它对于商业的发展、大都的供给和繁荣、南北交通的畅通、造船业的扩大、航海技术的提高等等，都具有重要意义。元朝时南北经济的交流，主要通过陆路、河漕和海运三条途径，而海运是最经济合算的。因此，每年总是有上百成千只海船往返于南北海道。官船除漕运粮食外，还运载南方的各种手工业产品，以及东南沿海外贸港口的进口商品，大大促进了南北物资的交流，也为中外商船去北方贸易提供了方便。在海运实践中，熟习了黄海和渤海的航线航海技术更加熟练，使我国海上运输事业进入了新的阶段。终元之世，海运始终是保证财赋的重要手段。故《元史·溯思监传》说：“国用所倚，海运为重。”叶子奇的《草木子·克谨篇》亦说：“元京军国之资，久倚海运。”但是，元代海运的发达，并没有带来社会的新观念；也没能形成社会新的群体，即没有实质性的突破。

---

① 《至五昆山郡志》卷一《风俗》，《太仓旧志五种》；《太仓州志》卷一《革沿一》。

第九章　元代末期的江淮局势

第一节　江淮社会矛盾的激化

在元朝的统治下，江南承受着极大的经济压力，蒙古、色目贵族“寒向江南暖，饥向江南饱”，每年江浙行省向大都运送的粮食就达三百万石以上。而江淮因地处原来南宋统治地区，按元代的四等人制，其人民被蒙元统治者压在社会最底层。

元代中期以后，江南水旱灾害频发。至顺元年(1330)，全国受灾的人口达全国人口的半数以上。同时，元代政治腐败现象愈加严重。元代的官吏主要出自所谓的“大根脚”怯薛及吏员。他们没有传统儒家思想的熏陶，缺乏政治抱负和社会责任感，做官的目的主要是搜刮百姓。而江淮恰是他们做官敛财的好去处。正如元人总结说：“不用真儒以治天下八十余年，一旦祸起，皆由小吏用事。……坏天下国家者，吏人之罪也。”①而频繁的帝位更迭又加剧了元廷滥赐，财政危机的加重。

在这社会危机重重时刻，江淮农民首先揭竿而起，“时花山贼毕四等仅三十六人，内一妇女勇捷，聚集茅山一道宫，纵横出没，略无忌惮。始终三月余，三省拨兵，不能收捕，杀伤官军无数”。元军上万人不能将之剿灭，“从此天下视官军为无用”②。而迫在眉睫的财政危机也使元廷图谋新的经济出路。丞相脱脱为解决经济危象而主持了钞法变革。所谓钞法变更，即印制新的中统交钞，同时铸造至正铜钱，让钱钞并行。新钞一贯铜钱一千文，准钱二贯，新旧钞、新钱及历代铜钱通用。此举意在掠夺民间财富，以度元廷的危机。然而事实却造成货币的极度混乱，钞币信用下跌，百姓弃而

① 孔齐：《至正直记》卷三《世祖一统》。

② 陶宗仪：《南村辍耕录》卷二八《花山贼》。

不用。

俗言天灾人祸并行。此时，黄河一再决口，河南以北大片地方遭受水患灾害。都漕运使贾鲁倡议政府对黄河做彻底修治。这一建议固然很好，但是工程艰巨，已超过了当时社会的承受能力。至正十一年四月，元廷命贾鲁为总治河防使，发民 15 万、戍卒 2 万共同修治。工程在十一月完成。黄河归流故道，疏塞并举，工程宣告成功。但是危机重重的元朝社会却被击破。因为元廷征发大批民工和戍卒修治，造成百姓怨声载道，而民工和戍卒的大量聚集，也为反抗元廷活动的策划、宣传提供了便利条件。变更钞法和治河成为元末农民大起义的导火索。一首元末流传甚广的《醉太平小令》形象地说明了这些问题："堂堂大元，奸佞专权，开河变钞祸根源，惹红军万千。官法滥，刑法重，黎民怨。人吃人，钞买钞，何曾见。贼作官，官做贼，混贤愚，哀哉可怜。"元末社会的真实情形在这之中得到了形象的表达，小令很快传播开来，"自京师以至江南，人人能道之"①。

在修治黄河的河工中，白莲教徒韩山童、刘福通以宗教为手段组织起义。他们宣传"明王出世"、"弥勒下生"，并将一个独眼石人埋在治河工地上，散布谶语："石人一只眼，挑动黄河天下反。"当河工挖出独眼石人后，竞相传告，人心浮动。韩山童自称宋徽宗八世子孙带头反元。事情泄露，韩山童为官府捕杀，刘福通仓促起义，其部下用红巾包裹头部作为标识，被称作红巾军或红军。又因为起义以白莲教为组织号召，烧香拜佛，又被称作香军。他们在文告中，痛斥元廷"贫极江南，富跨塞北"，号召百姓"直抵幽燕之地……重开大宋之天"。元末农民起义自此揭开了大幕。以后，刘福通找到韩山童的儿子韩林儿，拥立韩林儿做"大宋"的皇帝，建立龙凤政权。

与此同时，江南社会矛盾异常尖锐。在至正十一年(1151)的元末农民大起义全面爆发前，江淮境内就已经是山雨欲来风满楼。此前已有集庆花山贼的起义，至红巾军起义爆发时，江淮境内的起义此起彼伏，常州元军已所在不守，第二年，宜兴、溧阳、金坛等地被起义军攻克，徐寿辉等人的起义在此地活动。元军大举镇压，但是，至正十五年(1355)，无锡等地又有起义。在蜂起的农民起义大潮中，江淮境内的各路起义大军最后汇集，主要形成了高邮张士诚起义、苏北徐州一带芝麻李的起义，最后淮西的朱元璋以集庆为根据地荡平了各路地方势力，推翻了元廷，统一了封建国家。

---

① 陶宗仪：《南村辍耕录》卷二三《醉太平小令》。

第二节 江淮境内的农民起义

张士诚，出身于泰州私盐贩，“小字九四，泰州白驹场亭人，有弟三人，并以操舟运盐为业，缘私作奸利。颇轻财好施，得群辈心。常贩盐诸富家，富家多陵侮之，或负其直不酬。而弓手邱义尤窘辱士诚甚，士诚忿，遂即帅诸弟壮士李伯升等十八人”，杀邱义并灭诸富家，纵火焚其居，入旁近场，招少年起兵。①

当时泰州的滨海处，有盐场三十六处，隶属于两淮盐运使司。泰州白驹场盐课司署驻今大丰县白驹镇。张士诚的家在白驹、草捻交界处的十五里垛。当时的盐民，身处滨海斥卤之乡、荒滩不毛不地，披星戴月，栉风沐雨，割草积薪，煎煮烧灼，垢面变形，春贷秋偿，盐不抵息，终年辛劳，不得温饱。一遇旱涝，更是生计无着，走投无路，正如当地流传的《盐丁叹》诗中所说：“斥卤茫茫草尽枯，灶底无柴空积卤，借贷无门生计疏，十家村落逃之五……商执支碟吏敲门，私负公输竟何取？儿女呜咽夜不炊，翁妇憔粹衣蓝缕。”②因此张士诚起义后盐民纷纷响应，特别是张士诚平时就轻财好施，甚得人心，响应者众多，一时成为江淮地域最大的起义势力。

而两淮之间，已是灾害多发之地，旱涝交加，“海潮涌溢，至正四年(1344)，更发生了严重的旱、蝗、时疫之灾，人民饥病而死者，不计其数，丰沛一带的芝麻李、赵均用等在刘福通起义后也揭竿而起。但是这支义军遭到元军的镇压，至正十二年(1352)九月，元丞相脱脱率军队十万多人攻打徐州，脱脱招募“盐丁”和“城墅越勇惯捷者”(流民)“各三万人”作先锋，穿黄衣，戴黄帽，号为黄军，用巨石炮轰徐州城下，城破之后，下令屠城。③ 芝麻李牺牲，彭早住、赵均用率余党投奔濠州红巾。至正十九年(1359)四月，龙凤地方政权山东行省赵均用杀害山东平章毛贵，继之，赵均用被毛贵的部将杀死，拥立毛贵的幼子为总兵。但危局业已形成，起源于江淮徐州的这一支义军最终消亡于义军的内讧之中。而汴梁的龙凤政权也因此失去凭障而陷于危亡，退守安丰(安徽寿县)，自此一蹶不振。惟一可依靠的力量就是朱元璋势力。

在元末农民起义中，张士诚所领导的这一支成为占据江南——中国最富裕之地的义军，前后历时十四年(1353 年 1 月—1367 年 9 月)之久。张士诚在起义后，很快就占据了重镇高邮，并展拓至宝应。至正十四年，张士诚在高邮自称诚王，国号周，年

---

① 《明史》卷一二三《张七诚传》。

② 盐城文化局曹俊杰、刘云编：《湖海诗存》，中国文联出版社 2007 年版。

③ 权衡：《庚申外史》卷上。

号天佑。其所占之地是元廷北运漕粮的必经之路，为此，元廷先后多次对其招降不果。随后，元廷组织了多次的军事行动，双方多次交手，张士诚前后打败了元淮南、江北行省（治扬州）参知政事赵琏、高邮知府李齐等率领的元军。在高邮城下，打败了行省平章政事福寿、苟儿等军队的多次反扑，击杀了纳速剌丁、石普等元军将领。在进军扬州时，大败元江浙行省左丞相达识帖睦尔、参知政事佛家闾等所率军队，使其"诸军皆溃"。在这期间，元廷先后派李齐和翰林待制乌马儿、淮南行省平章政事咬住、淮东廉访使王也先迭儿等对张士诚进行招降。元朝政府在没有办法的情况下，由右丞相脱脱亲率大军前往高邮剿杀桀骜不驯的张士诚。脱脱攻势凌厉，很快攻下了高邮外城，张士诚惶恐万状，准备投降。但是，元廷内部的纷争再一次挽救了张士诚。因脱脱受谗去职，元顺帝下诏谴脱脱劳师远征却只攻下徐州，没有建树，被削去兵权，置淮安路；其弟也先帖木儿置宁夏。元军闻之溃散，一部分反而投入了义军，义军势力大涨。张士诚旋即扭转了战局，转败为胜，在高邮城下大败了元朝大军。而元丞相脱脱交出了兵权，被押西行，被元廷毒死于吐蕃[①]。这一战导致元政府军士气大丧，以后能够征讨起义军的只是地方武装势力。随着地方武装力走进历史视野的就是李思齐和察罕铁木儿。

在高邮城下打败元军后，张士诚信心大增，积极南向扩展。至正十六年(1356)正月，张士诚派兄弟张士德率三四千精兵，由通州渡江，入福山港，攻陷常熟，挺进元朝兵力空虚的江南。二月，张士德军占据了平江路（苏州市）和湖州、松江、常州等地。昆山、嘉定、崇明等地又望风而降。不久，士诚移驻平江，改平江路为隆平府，以承天寺万岁阁作宫室，设立省院六部、百司。随后又南略嘉兴、杭州等地，逐步控制了东南财富之域。

张士诚领导的起义，在整个元末农民起义中起着关系全局的作用。所占领的地区，"南抵绍兴，北输徐州，达于济宁之金沟，西距汝、颖、壕、泗，东薄海，一千余里，带甲数十万"[②]。他的义军，"把截要冲，南北梗塞"，切断了南北交通大动脉京杭大运河，占据了江淮南北中转地带和江浙大部分财富集中之地，控制了大片粮食产地和海上潜运的入海口，阻隔了元中央政府同东南财富之区的联系，影响了江南税、粮的北运，从经济上对元政府造成了致命的打击。清代学者顾祖禹在《读史方舆纪要》中，就对张士诚的历史作用作出了较公允的评价，他说："元之复亡，未始非士诚先据平江，竭彼资储之力也。"

---

① 《元史》卷一三八《脱脱传》。

② 《明史》卷一二三《张士诚传》。

第三节　淮西农民军向江南进发

就在张士诚以高邮为根据地，向太湖流域进发，很快占据江南的过程中，在淮西等地起义的朱元璋也接受刘福通等人拥戴的以韩山童之子韩林儿为首的龙凤政权，成为夹在东张士诚，西徐寿辉(后为陈友谅)之间的一股势力。

朱元璋(1328—1398)，原名重八，字国瑞，出生濠州(今安徽凤阳)钟离太平乡孤庄村，本是贫民，因为家境贫困，没有受过教育，先后沦为皇觉寺的小和尚和乞丐。在周游四方的过程中，朱元璋积累了人生的经验，增加了生活的智慧。至正十二年(1252)就在淮西农民纷纷响应元末红巾军起义之际，朱元璋通过卜卦，“卜逃卜守则不吉，将就凶而不妨”①，于是投奔起义军郭子兴帐下。这一年，朱元璋二十五岁。朱元璋起先充为步卒，郭子兴看到朱元璋“度量豁达，有智略”，才能出众，两个多月后，亲自提升他为亲兵九夫长，并将他调到帅府，而且，郭子兴还把养女马氏嫁给他。总之，朱元璋很快就成为了郭子兴的心腹，“甚见亲爱，凡有攻伐，必召与谋②。至正十五年(1355)3 月，郭子兴病故，朱元璋成为郭子兴部的实际领袖。

可以说，起初朱元璋参加郭子兴的农民起义军，只是为了混口饭吃，并“无必取天下之心”。从至正十二年闰三月参加起义军，到至正十五年(1355)六月渡江止，朱元璋一直在淮海地区(今安徽北部)活动。而在相当一段时间内，由于元朝政府忙于对付刘福通、徐寿辉、张士诚、方国珍等部起义军，没有过多关注濠州的农民起义军。这时相对于其他起义军，濠州起义军势力也并不强大。在江淮的起义军中，元政府主要的围剿对象是张士诚起义军。至正十四年(1354)十月，元朝政府派丞相脱脱率大军四十万，围攻高邮张士诚部，同时分兵围六合。六合的起义军向郭子兴求救，郭子兴命朱元璋赴援，救出了韩山童的儿子韩林儿和刘福通。因为刘福通和韩林儿的大宋龙凤政权是各路起义军的共同盟主，具有极强的号召力，朱元璋借此机会，利用红巾军壮大了自己的实力。直至至正二十五年(1365)，朱元璋都在龙凤政权的旗帜下开展活动。十多年的时间里，波澜壮阔的元末农民起义为朱元璋从乞丐到皇帝披上了最好的掩护色。

成为一方人物的朱元璋渐渐在势力增长的同时，开始按受封建统治阶级思想的直接熏陶，意识到在元政权土崩瓦解中起兵，要有远大的奋斗目标。但此时的朱元璋

① 朱元璋:《御制皇陵碑》。

② 夏燮:《明通鉴》卷一。

尚不清楚下一步的斗争策略和措施。他说:“当时予虽在微卒,赏观帅首之作,度之既久,甚非良谋。”[①]当时朱元璋的军队处在淮西一带,地势狭小,不易扩大,而且此地的粮食供应也不能满足军队壮大的需要。于是,他采取了淮西士人冯国用的主张:“金陵龙蟠虎踞,帝王之都,先拔之以为根本。”他还采纳了一些知识分子的主张,严肃军纪,特别是朱升的建议:“高筑墙,广积粮,缓称王。”[②]意思是要朱元璋抓紧练兵,巩固后方;发展生产,广积军粮;讲究策略,不要树大招风。这些建议对朱元璋的事业发展起到了至关重要的作用。

朱元璋此时的目标就是攻下金陵,使之成为其事业的基础。他深知金陵城池坚固,元军人多马壮,为此他作了精心的准备,采取先打外围,孤立金陵的办法。首先,他派徐达东攻溧水州,又遣人第一次攻金陵,结果无功而返,被迫退守。而他并不气馁,接着他接连向东和南扩大势力,同时训练士卒,准备再攻金陵。至正十五年(1355)10月21日,朱元璋命郭天叙、张天祐、陈野光合军二攻金陵,苦战七天,由于陈野光叛变,损兵二万余,折郭、张两大将,大败而归。幸赖太平府与姑苏城的地利人和,让朱氏平安地度过了危机。再经过近半年的充分准备,至正十六年4月1日,朱元璋亲率水陆大军,从太平府向北疾进,发起了攻打金陵的第三次战斗,元将福寿被杀,水寨元帅康茂才投降,攻占金陵取得了胜利。史家权衡在《庚申外史》中写道:“至正十五年,一香军(红巾军别称)遂乘胜渡江,攻破太平、建康(南京)、宁国,遂据江东。”诗人贝琼撰诗,生动形象地描绘了朱元璋淮西红巾军初据南京时的状况:“两河兵合尽红巾,岂有桃源可避秦?马上短衣多楚客,城中高髻半淮人。”[③]攻占金陵之后,朱元璋将此城改名为集庆,后改称应天府,即今南京,积极着手建立以应天府为中心的江南根据地。在此期间,朱元璋采取措施,恢复生产,加强自身力量。这样,朱元璋有了在江南立足的坚固根据地,也有了足以应对粮食危机的条件。从此,他可以进从两淮北征,退则划长江自守,达到了“鼎足江东,以观天下之衅”[④]的目的。

朱元璋攻下集庆之后,他的地盘并不大,并且腹背受敌。他的根据地主要以集庆为中心,西至滁州直至芜湖,东到句容、溧阳。西部辖地多,东部则少,呈不规则的梯形。这块根据地四周分布着不同势力:东南是盘踞苏南、浙西的张士诚;东、南是元部将把守的镇江以及徽州;徐寿辉在西部(后为陈友谅);再往东南和西面延展,其地都属于元兵守占。为此,他必须改变这一局面。所幸的是他的部队有了充足的粮食

---

① 钱谦益:《国初群雄事略》卷二《滁阳王》。

② 《明史》卷一三六《朱升传》。

③ 贝琼:《清江贝先生集·诗集》卷五《秋思》。

④ 朱元璋:《御制皇陵碑》。

供给。

从这时起,他主要对付陈友谅以及孤立的元军据点。至正十五年(1355)六月,朱元璋部渡江南下后的十年时间内,他削平了陈友谅,对张士诚展开强大的攻势,为统一全国打下了牢固的基础。

此时,红巾军正当兵分三路北上和元军全面抗争之时,红巾军转战各地,吸引了元廷主要的注意力。趁此时机,朱元璋着手消灭元军的分散力量和周围的割据势力。首先,他要对付的是镇江一地。镇江是应天的门户,朱元璋向江南发展势力之时,不可避免地与在江南称王的张士诚发生冲突。面对势力大于自己的张士诚,朱元璋首先就是向张氏示好,他写信给张士诚,请求互通友好,并事先许诺向张氏纳供。但自恃强大的张士诚并不以为然,而是出兵攻打朱元璋。至正十六年起,朱张两家兵戎相见。这一年的七月,两军为争夺元军把守的镇江展开激战,大将徐达大败张军于龙潭,最终打下了镇江;又乘胜拿下常州,俘获了张士诚的兄长张士德。张士德为人谨慎有主见,是张士诚的主心骨。张士德被俘之后,并不投降朱元璋,反而秘密使人通告张士诚,指使他投降元朝,反对朱元璋。朱元璋知道后杀掉了张士德。以后,朱张两军在苏南的镇江、常州之间进行了相当长时间的殊死战斗。

至正十七年(1357),朱元璋先后攻克常州、江阴等地,张士诚渐渐失去了战争的主动权,于是他又一次向元朝投降,但是,城池、钱粮、军队却拒不交出,遂成为江南的割据势力。但是,他答应为元廷每年海运粮食十余万石至大都,且“岁以为常”,由时在浙江起义的方国珍负责运送①。从至正二十年至至正二十三年,张士诚和方国珍联手,每年向元大都供粮。这让元大都在绝境中得到了喘息的机会,因为元朝京师和编民“无不仰给于江南”。张士诚还听从元政府调遣,在至正二十三年(1363)二月乘红巾军后方空虚之时派干将吕珍率众十万围攻安丰,从背后杀死了最早举起反元大旗的红巾军杰出领袖刘福通,赶走了“小明王”韩林儿。小明王韩林儿向朱元璋告急,朱元璋驰救。自恃有功的张士诚还在此年向元廷索要王爵,元顺帝因祖训“不给汉人授王”,没有满足他的要求,于是他自立为吴王,改国号为吴,停止对元廷运送漕粮。延续元廷生命的海运断绝,元朝也行即将亡国了。

第四节　朱元璋统一全国

从至正十六年起,朱张两军长期在江南交战,达十多年之久,直至朱元璋剿灭西

---

① 《明史》卷一二三《方国珍传》。

部强敌陈友谅，胶着的状态一变为朱元璋尽占强势。

陈友谅本是西部红巾军徐寿辉帐下的悍将。徐寿辉是湖北罗田的布贩，相貌英俊，被弥勒教首领彭莹玉推为皇帝，成立天完政权。实际上，徐寿辉本人并无才干，在彭莹玉被元政府杀害之后，这部分势力内讧不止，龙凤六年（至正二十年、1360），富有野心的大将陈有谅杀掉徐寿辉自代，国号汉，改年号为大义。

在元末的诸路群雄中，陈有谅是当时兵力最强大，占地最广的一支势力，也是在朱元璋根据地西部最强大的敌人。面对强敌，朱元璋本意并不想强攻，但是陈有谅两次带领军队南下，朱元璋和浙东士人刘基等部下斟酌再三，认为东部的张士诚部虽然强大，但张氏本人并无大志，只求在江南富庶之地自保，“士诚兄弟骄奢淫逸，懈于政事”①，他兄弟“本皆起于寒微，一时得志，遂至于此”②，遂把精力主要放在对付陈有谅方面。陈有谅气势汹汹率军沿江东下，而朱元璋却通过任用他从前的旧友康茂才，利用他刚愎自用的心理，施计使他上当受骗。陈氏的军队被消灭了两万多。张士诚这时也正应合朱元璋、刘基等人对他的分析，陈军大败他没有主动出击，否则朱元璋不能应对两股势力的夹击。龙凤七年（至正二十一年，1361），朱元璋被龙凤政权封为吴国公。

陈有谅并不认可自己的失败，又多次挑衅。朱元璋准备与之决战江西。在朱元璋和陈有谅大战之际，他对张士诚保持着困守之势。与此同时，龙凤政权与元军主力正在中原进行关系生死存亡的大战。元悍将察罕帖木儿取得大胜，一时势力大涨。但是察罕帖木儿被田丰等人刺死，其养子扩廓帖木儿继承帅位。

龙凤九年（至正二十三年，1363），张士诚派部下吕珍与元军相应，包围安丰（龙凤政权的首都）。朱元璋不顾刘基等人的反对，亲自冒险带兵营救小明王至滁州。正此时，陈友谅果然进攻朱元璋部。双方在鄱阳湖经过三十六天的残酷战斗，朱元璋取得了最终的胜利。陈友谅被乱箭射死，其部下抢回其子陈理连夜逃回武昌。越明年，陈理率百官投降。陈有谅部被彻底消灭。

至正二十四年（1364）正月，逐渐在江南站稳脚跟的朱元璋接受了李善长、刘基等人的“劝进”，未经龙凤皇帝加封，自称吴王，以李善长为左相国。在此后的三年里，朱元璋仍然用龙凤年号，发布檄文，命令先称龙凤皇帝圣旨，再称吴王令旨。第二年，朱元璋在消灭了西部之敌、位处江西的陈友谅后开始全面讨伐张士诚。

在朱元璋与众多起义军部众之间的复杂关系中，张士诚的确是个需多花些笔墨的人物。他本是泰州的盐贩，几经辗转成为了独霸两浙等中国最富庶之地的霸主。

---

① 《明太祖实录》卷二五。

② 钱谦益：《国初群雄事略》引《农田余话》。

张本人在这一带采取了一些措施，发展生产，延揽士人，兴修水利，轻徭薄赋，提倡养蚕缫丝、发展农桑纺织，还进行采矿炼铁，铸炮造械。这些措施推动当地经济发展达到了一个新高度，得到当地百姓和士人的拥戴。加之张士诚其人轻财仗义，因此深得吴地知识分子的欢心。在吴地，张士诚的政策得到了欢迎。

然而，就在朱元璋积极谋取天下之际，张本人并没有远大理想。只想保存自己的富庶的地域。他对一同起义的将士力求一视同仁，就是其中有人打了败仗，他也不惩罚，“凡出兵遣将……邀求官爵、美田宅，即厚赐之。……至军则载妓歌舞，日命游谈之士，酣宴博弈。及丧师失地而归，士诚亦不问，或复用为将”[①]。他的哥哥张士德死后，他信任其弟张士信，委以国政。张士信与其兄张士德完全不同，非但没有先见之明，反而贪婪愚妄；张士诚又盲目信任王敬夫、蔡彦夫、叶德新三个迂腐儒生，于是上下猜疑，局面大乱。吴地有一首民谣讽刺当时张士诚的政治：“丞相做事业，专凭黄蔡叶，一夜西风来，干瘪！”[②]后来士诚兵败，吴政权覆灭之际，大批将士束手降敌，平时美官丰禄富贵显赫的武将文吏无一人死难。与士诚从江北起义，同生死共患难十几年的心腹大将吕珍、李伯升、潘元明和他的女婿潘元绍等也都背叛了他。

在军事上，当长江中游的陈友谅约他夹击朱元璋之时，张士诚只是坐观虎斗，失去良机，终被各个击败。正如朱元璋所言：张士诚“器小则无远图”，只是满足于江南一隅，所以在与朱元璋的较量中，失败在所难免。清谷应泰曾评论曰：“友谅之失在轻战；而士诚之失在自守。”[③]可谓中肯之言。

从至正十六年起，朱张两一直兵戎不断，但在对陈有谅讨伐期间，朱元璋对张士诚主要是困守，不激他起而出兵。他曾派廖永安部曾深入太湖腹地，因后军不继，廖永安被张士诚部下吕珍所俘，廖永安不降，被囚至死。即使这样，朱元璋也不早早出手，以免破坏全局，造成自己两面受敌的困难局面。张士诚果然也不插手，只留朱元璋对陈有谅单打独斗。

在解决了江西湖北地方的陈有谅之后，朱元璋把矛头转向张士诚。朱元璋首先夺取了张的江北之地，剪除了张的羽翼。攻势起于至正二十五年(1365)十月，到二十六年四月间，尽取通州、兴化、盐城、高邮、泰州、淮安、徐州、宿州等地。第二年秋天，朱元璋又命大将徐达、常遇春，率二十万大军进攻张士诚的腹心之地——太湖流域诸地。徐达、常遇春等人采取分割包围、绝其粮道、阻击其援的战术，逐渐逼近孤城平江。从至元二十六年(1366)十二月起到第二年九月(1367)，包围平江直至平江城攻

---

① 祝允明:《野记》卷四。

② 《明史》卷三〇《五行志》。

③ 谷应泰:《明史纪事本末》卷四《太祖平吴》。

破。攻占平江，差不多花了九个月时间。其间，朱元璋曾多次劝降张士诚，遭到张士诚的拒绝。平江城破，张士诚亲自点火烧死妻妾及子女，自杀后被部下救出。徐达将张士诚及“凡获其官属平章李行素、徐义，左丞饶介，参政马玉麟……杭、湖、嘉兴、松江等府官吏家属、外郡流寓之人凡二十余并元宗室神保大王黑汉等皆送建康”[①]。张士诚在运送的船上曾绝食，未能达成目的。到建康后，张士诚不应朱元璋问话，被朱元璋下令乱棍打死。饶介等一批大臣被杀，而杨基、徐贲、余尧臣等一批为张士诚谋过事的文人被流徙。

在平定吴江之时，朱元璋同时出兵围剿浙江的方国珍，还决定南征北伐。也就在攻打张士诚的同时，朱元璋与红巾军正式决裂。至正二十六年（龙凤十二年，1366）朱元璋派廖永忠名义上迎接小明王，在瓜州凿船沉江，使小明王溺死，龙凤政权正式告终。自此，朱元璋不提有关任何龙凤政权和小明王之事。1368年，朱元璋正式建立大明朝，建元洪武，以李善长、徐达为左右相，立马氏为皇后，长子朱标为太子。历史又翻开了新的一页。

① 《明太祖实录》卷二五。

第十章　宋元时期江淮地区的教育、学术与文学艺术

陈寅恪先生指出："华夏民族之文化，历数千载之演进，造极于赵宋之世。"①邓广铭先生也认为："宋代是我国封建社会发展的最高阶段。两宋期内的物质文明和精神文明所达到的高度，在中国整个封建社会历史时期之内，可以说是空前绝后的。"②宋元时期，江淮地区经济发达，交通便利，尤其是江南地区，临近南宋都城临安，人文荟萃，为文化的繁荣创造了极为优越的外部条件。

宋代江淮地区文教学术极盛。如苏州，文化之盛仅次于杭州，称雄于东南地区。朱熹说："矧今全吴，通为畿辅，文物之盛，绝异曩时。"③范成大说："吴郡自古为衣冠之薮。中兴以来，应举之士，倍承平时。"④常州一地，"多先生长者，以善俗进后学为职，故儒风蔚然为东南冠。及余公中、霍公端友，皆策名天下士第一"，故时人称常州"是为东南文明之地"⑤。江宁（今江苏南京）文化也相当发达，时人称为"士大夫渊薮"⑥。而扬州相对于唐代而言，地位虽已明显下降，但仍不失为文化重地。沈括《重修平山堂记》说："扬州常节制淮南十二郡之地，自淮南之西、大江之东，南至五岭、蜀汉，十一路百州迁徙贸易之人，往往皆出其下，舟车南北日夜灌输京师者居天下之七。"通州（今江苏南通）的文化也比较发达，"文采风流，衣被到今，称为淮南书院"；"如皋水土清淑，自胡安定以经学倡率东南，闾巷秀民，皆知向学，弦诵之风于今为盛"⑦。

元代江淮地区同样是人文荟萃，成就斐然，成为日后明清时期文化事业迅猛发展

① 《金明馆丛稿二编·宋史职官志考证序》，上海古籍出版社 1980 年版，第 245 页。

② 《关于宋史研究的几个问题》，载《社会科学战线》1986 年第 2 期。

③ 朱熹：《常熟县丹阳公祠堂记》，见范成大：《吴郡志》卷四。

④ 范成大：《吴郡志》卷四《县学记》。

⑤ 陆游：《渭南文集》卷一八，《常州河府记》。

⑥ 陶谷：《清异录》卷四。

⑦ 《旧志》、《如皋志》，转引自胡朴安：《中华全国风俗志》（上）卷二，上海书店 1986 年版，第 15 页。

的有力支撑。王国维《宋元戏曲史》曾高度评价元曲的杰出成就："凡一代有一代之文学：楚之骚，汉之赋，六代之骈语，唐之诗，宋之词，元之曲，皆所谓一代之文学，而后世莫能继焉者也。"王国维先生认为元曲是中国文学史上最自然、最有意境的文学，"以为能道人情，状物态，词采俊拔，而出乎自然，盖古所未有，而后人不能仿佛也"①。陈垣先生在名作《元西域人华化考》中也积极评价元代文化："儒学、文学均盛极一时。"两位先生的评价，促使后人从新的视角观察和研究这一历史时期的华彩篇章。江淮地区在这一时期的文化诸成就，足以佐证此论点。

第一节　宋代江淮地区的教育

宋朝建立以后，随着国家趋于统一，经济有了进一步发展。尤其是南宋建都临安（今浙江杭州），大批宗室士族和民众南迁，促使中国经济文化中心再度南移，给江淮教育事业的发展提供了有利条件。加之赵宋王朝"重文轻武"国策的影响及科举制度的沿袭与变革，使得江淮地区教育事业蓬勃发展。

一、宋代的教育思想与教育实践

在对两宋文化起着重要影响作用的诸多因素之中，科举制度的推动作用不可低估。两宋时期，科举制度经过大刀阔斧的改革，日趋成熟，表现得更加开放和规范，并以其广泛的社会触角，强烈的吸引力和巨大的社会功能对文化的发展产生积极而深远的影响。

宋代的科举制度通过确立公平竞争，择优取士授官的原则，把读书、应试与做官紧密地联系起来，真正实行"学而优则仕"。至此，宋代科举的大门向整个社会敞开，应试几乎不受任何出身限制。此外，科举考试严格的考试程序和严密的考试规则，使"一切以程文为去留"的原则得到真正的贯彻。因此，"朝为田舍郎"的士子，完全可能凭借其优异的考试成绩，取胜于科场，从而"暮登天子堂"。而且士子一旦登科入仕，功名利禄便滚滚而来，不但光宗耀祖，而且封妻荫子。为此，广大士子视读书应举为猎取功名利禄的利器，乐此不疲。在科举制度的推动下，江淮地区的文化在两宋时期达到辉煌灿烂的顶点。

两宋三百年间，江淮学子求学、应举的热情在科举考试巨大利益的驱使下空前高

① 王国维：《宋元戏曲史》，华东师范大学出版社 1995 年版，第 1 页。

涨。江淮读书风气之盛，读书人数之多也是史无前例的。人称“今吴越闽蜀，家能著书，人知挟册”[①]，这虽是对当时文化普及盛况的一个笼统描述，但也可看出江南人民重视文化之一二。

宋代的学校教育比之唐朝有了较大进步，各类学校遍布各州县，教育形式灵活多样，教学内容也根据社会实际需要向专业化发展，出现了医学、算学、画学、书学、武学等各种专科学校，使宋代教育呈现出空前繁荣的景象。江淮地区的文化教育事业相当发达，地方官学遍及各州县。最有名的教育家是范仲淹、王安石和胡瑗等。

1. 范仲淹的教育思想及其兴学实践

北宋曾三次掀起兴学高潮：仁宗庆历四年(1044)由范仲淹发起的“庆历兴学”；神宗熙宁四年(1077)由王安石发起的“熙宁、元丰兴学”；徽宗崇宁元年(1102)由蔡京发起的“崇宁兴学”。三次兴学推动了教育事业的发展，特别是范仲淹倡导的庆历兴学，声势浩大，成绩显著。

范仲淹(989—1052)，字希文，吴县(今江苏苏州)人。他从小刻苦读书，于大中祥符八年(1015)中进士，历官广德军司理参军、秘书省校书郎、大理寺丞、太常博士、天章阁待制、陕西经略安抚副使、枢密副使、参知政事等职，官宦生涯长达三十余年，是庆历新政运动的主要领导者，也是当时教育界、思想界、文化界的领军人物，被王安石誉为“一世之师”。黄庭坚评他为“当时文武第一人”；朱熹赞誉他为“本朝第一流人物”。皇祐四年(1052)五月，范仲淹病卒于徐州，享年64岁。仁宗亲书其墓碑为“褒贤之碑”，谥文正。有《范文正公集》存世。范仲淹在他的文集中，多方面阐述了自己的教育思想。

(1) 鼓吹办学。范仲淹认为欲治天下，必先崇学校。学校是培养经邦济世人才的基地，“庠序者，俊义所由出焉，三王有天下各数百年，并用此道，以长养人才，才不乏而天下治，天下治而王室安，斯明著之效矣”。因此，“善国者，莫先育才。育才之方，莫先劝学”[②]。只有大力兴办学校，使学生“服礼乐之文，游名教之地，精治人之术，蕴致君之方”，入仕之后便会“列于朝则有制礼作乐之盛，布于外则有移风易俗之善”，由此而使王道兴，天下治。他在庆历年间大兴学校，就是基于这种思想。

(2) 崇尚经义。宋初以来，人们多不重经义，崇尚辞赋声律。范仲淹对此不以为然，提出：“劝学之要，莫若宗经。宗经则道大，道大则才大，才大则功大。……俊哲之人，入乎六经，则能服法度之严，察安危之几，陈得失之鉴，析是非之辩，明天下之制，

① 叶适：《水心集》卷九《汉阳军新修学记》，《四库全书·集部别集类》，上海古籍出版社1979年版。

② 《范文正公集》卷九《上时相议制举书》。

尽万物之情。使斯人之徒，辅成王道，复何求哉！”[①]他从教育为国家服务这一大目标出发，要求学校应以儒家传统经典作为主要教学内容，这在当时是有进步意义的。

(3) 重视师资。范仲淹把师资与学校看得同等重要，曾推荐胡瑗、孙复、李觏等学者到太学和州学任教。在推行“庆历新政”时，又专门指出：“今诸道学校，如得名师，尚可教人六经、传治国治人之道。”因此，凡“诸州郡有学校处，奉举通经有道之士，专于教授，务在兴行”[②]。

(4) 倡导名教。范仲淹主张选人以德，读书人必须胸怀“读天下书，穷天下事，以为天下之用”的远大志向。在传统的理学家眼中，范仲淹是理学的先驱者之一。他倡导名节，旨在重建以儒家名教为核心的道德伦理体系。范仲淹的名教思想，博大精深，既有传统意义上仁义礼智信、诚明、忠孝等类似观念，也包括恬于进退，淡泊名利，犯颜直谏等新观念。在他的大力倡导下，涌现出一批崇尚名节，关心国计民生、心忧天下安危的仁人志士。范仲淹自己以名教为乐，“不以物喜，不以己悲”，“先天下之忧而忧，后天下之乐而乐”，则是他名教思想的集中体现，是他道德教育理念中的最高境界，对封建社会的士大夫及官宦阶层形成了积极的影响，时至今日，其积极作用也是显而易见的。

(5) 改革科举。范仲淹认为当时科举选士的最大弊端是文弊，仅以诗赋取士，既不能考察应试者的德行品操，又无法保证那些有真才实学的人被录取委用。他认为救时良策就是“国家开文馆，延天下英才”，“教以经济之业，取以经济之才”，以待顾问，以养器业，“为大用之备”。范仲淹还针对考试制度存在的问题，提出了改革考试录取的办法。为了培养有真才实学的人，应该把进士科只注重诗赋改为重策论，把明经科只要求死背儒家经书的词句改为要求阐述经书的意义和道理。这就革除了旧制度的弊端，给人以耳目一新的感觉，对后来科举制度的完善和发展起了一定的借鉴作用。

范仲淹的兴学实践随着他的仕途变动而遍及各地，他多次聘请和荐举著名学者到中央和地方任教。他在知苏州和知润州时，就为兴办两地府学出过大力，为此曾捐出自己的宅第。天圣五年(1027)，范仲淹寓居南京应天府，丞相晏殊请他掌管府学。范仲淹“常宿学中”，对学生的要求非常严格。四方从学者甚众，“其后宋人以文学有声名于场屋、朝廷者，多其所教也”。

庆历三年(1043)，范仲淹向仁宗递交了著名的新政纲领《答手诏条陈十事》，提出了十项改革主张，其中包括兴办学校，改革科举等。他的主张得到仁宗的赞赏，被任命为参知政事，主持改革，史称“庆历新政”。此间掀起的兴学浪潮，就被称为“庆历兴

① 《范文正公集》卷九《上时相议制举书》。

② 《范文正公集》卷一《答手诏条陈十事》。

学”。新政期间,仁宗下诏兴学:“诸路州府军监,除旧有学外,余并各令立学。”“新政”还规定,只有在学校里学习三百天以上的人,才有资格参加科举考试。“新政”对州县学校的名额、教授和学生的资格都做了规定,一时办学之风兴起,“州郡不置学者鲜矣”。中央的学校也扩大了规模,最高学府国子监的生员由原来的五六十人,增加到三百人。庆历兴学不仅转变了文风,净化了社会风气,而且造就了大批人才,推动了文化教育学术事业的繁荣昌盛。庆历新政虽然没有达到预期效果,但它开风气之先,在中国教育史、思想史、文化史、学术史上具有划时代的意义,对中国封建社会的进步与发展产生了积极而深远的影响。

范仲淹不仅努力兴办学校,作为一个学识渊博的学者,范仲淹十分爱惜人才,而且善于发现人才、培养人才。著名的政治家富弼、教育家孙复、哲学家张载等都是他一手培养起来的。范仲淹在泰州初识年仅二十岁的富弼,就认为他有王佐之才,把他推荐给宰相晏殊。后来富弼成为一代名相。孙复原是一介穷儒,范仲淹识其才而资以钱财,让他全身心地投入学业。孙复凭借范仲淹的资助和训导,加上自己发愤苦读,后以《春秋》教授学者,誉满泰山脚下,最终被朝廷器重,成为宋代大儒。理学家张载年轻时上书范仲淹,欲结客取西夏洮西之地。范仲淹识出他是大器,责之曰:“儒者自有名教可乐,何事于兵?”便取《中庸》给他,劝其安心钻研学问。张载深受感动,从此刻苦研读经书,又与程颢、程颐兄弟交往,终于成为一代宗师。

范仲淹兴学实践及其提出的教育思想,在传承和发展中国古代学校教育方面,起到了开风气之先的作用。“窃以国家下贤良之诏,求补益之言,非止抡材,将以致治”,“盖将尽天下之才,成天下之务”。郑元佑在《学门铭》中说:“天下郡县学莫盛于宋,然其始亦由于吴中,盖范文正以宅建学,延胡安定为师,文教自此兴焉。”可见,北宋教育的勃兴,范仲淹是功不可没的。

2. 胡瑗及其苏湖教法

南宋时,传播理学的书院在江淮兴盛。胡瑗是宋代教育的奠基人之一,他的“苏湖教法”影响很大。

胡瑗(993—1059),字翼之,泰州海陵(今江苏泰州)人。祖籍陕西安定堡(今陕西子长县),故学者称其为安定先生。北宋著名学者、教育家、思想家,与孙复、石介并为一代宗师,被称为“宋初三先生”。

胡瑗幼年家贫,聪明好学,7 岁能作文章,13 岁通晓五经。他读书勤奋,好学上进,且志向远大,常以圣贤自任,曾与孙复、石介等同学在山东泰山栖真观求学深造,一心只读圣贤书,十年不归。他为了不让心志受到干扰,每当拆开家书,见有“平安”二字即投入山涧,不再展读。在此期间,他“食不甘味,宿不安枕”,刻苦钻研学问,为以后从事教育打下坚实基础。

十年苦读，胡瑗不仅熟谙经史，而且精通音律。回到家乡后，他当上了一名塾师，并在泰州城内讲学。景祐元年（1034），胡瑗开始到苏州一带传授经术。二年，苏州郡守范仲淹奏请创建苏州州学，聘请胡瑗担任州学教授，并将自己的两个儿子范纯祐和范纯仁送到胡瑗门下学习。胡瑗以“使诚明者达，昏愚者励，而顽傲者革”为宗旨，严立学规，倡明教化，奖掖英才。由是苏州州学名扬海内，被各地奉为楷模。

康定元年（1040），范仲淹守延州（今陕西延安），胡瑗又由范仲淹推荐任陕西丹州（今陕西宜川县）军事推官，参与幕府军事谋划，并撰《武学规矩》，建议国家大兴武学，以抵御外部侵略。

庆历二年（1042），湖州知州滕宗谅聘请胡瑗主持湖州州学，将胡瑗的教育生涯推上了一个新的台阶。他制定规章制度，严格学习纪律，改革教学方式，施行奖惩措施，并创造了“分斋教学”等新的教育方法，充分体现了他“明体达用”的教育思想，在社会上受到广泛的赞誉。

由于胡瑗在教育事业上形成了一整套独特的模式，庆历四年（1044），朝廷在京师建立太学，派专人赴湖州总结胡瑗教学经验，以取胡瑗的“苏湖教法”为太学法度。从此，胡瑗的办学经验和教学方法得以在全国范围推广。皇祐年间，胡瑗又被朝廷任命为光禄寺丞、国子监直讲，主持太学讲坛。嘉祐元年（1056），胡瑗晋升为太子中允、天章阁侍讲、管勾太学。四年，胡瑗终因积劳成疾，归老桑梓。据《宋元学案》记载，胡瑗辞职离京时，历届学生都来为他送行，“百里不绝，时以为荣”。不久病故，赐谥“文昭”。

胡瑗前后执教二十多年，集教育理论、教育实践和教学改革于一身，开宋代理学先河，对孔子和朱熹之间中国儒学的发展起了承先启后的作用，是中国历史上第一位提出思想自由和学术自由的教育家，被王安石誉为“天下豪杰魁”。欧阳修在“胡先生墓表”中对胡瑗给予了高度评价：“先生为人师，言行而身化之，使诚明者达，昏愚者励，而顽傲者革，其法严而信，为道久而尊。”胡瑗一生著作等身，计有《尚书全解》二十八卷、《春秋要义》二十卷，共十四种，可惜大部分散佚。胡瑗有关教育的言论，通行的有清人汇辑的《安定先生言行录》。

胡瑗毕生从事教育，先后在泰州、苏州、湖州和京师太学执教三十余年，受教育者不下数千人，为北宋王朝培养了一大批博古通今、明体达用的人才。他的教育思想和教学方法独具特色和首创精神，不愧为一代宗师。他的教育理论及实践成就，大致有以下五个方面：

（1）坚持明体达用，首创分科教学。“明体达用”是苏湖教法的宗旨。为了纠正取士不以“体用为本”，只讲究诗词歌赋的现状，胡瑗主张以培养通经致用的人才作为教育的根本目的。他在答宋神宗问时说：“臣闻圣人之道，有体、有文、有用。君臣父子，仁义礼乐，历世不可变者，其体也；举而措之天下，能润泽斯民，归于皇极者，其用也”①。显然，所谓“明体达用”，就是要培养出既精通儒家经典，具有伦理道德，又能得心应手应用于实践的人才。胡瑗为贯彻“明体达用”思想，作出很大努力并取得成功，开创了宋代理学先河。同时他又将“明体达用”的思想，渗透到教育改革之中，成为他从事教育改革和实践的理论基础。

胡瑗为了贯彻“明体达用”的教育思想，不为传统教育程式所囿，在中国教育史上首先创立了分斋教学的制度，这是苏湖教法的核心内容。他提倡实学，要求学生“穷经以博古，治事以通今”。为此，他设立“经义”和“治事”二斋，依据学生的才能、兴趣志向施教。经义斋选择具备“心性疏通，有器局，可任大事”的学生，主要学习六经经义，以培养较高级的统治人才为目标；治事斋又分为治民、讲武、堰水和历算等科，选择“欲明治道”的学生入读，学生可专治一事，兼习一事，意在造就有专长的技术和管理人才。另外还附设小学。这种大胆尝试，既能使学生领悟圣人经典义理，又能胜任行政、军事、水利等专门性工作。这种教育内容和教学方法的改革是非常有效和成功的，培养了一批学有专长的人才，如长于经义之学的孙觉、朱临、倪天隐等，长于政事的范纯仁、钱公辅等，长于文艺的钱藻、滕元发等，长于军事的苗授、卢秉等，还有长于水利的刘彝等人。当时礼部录用的官员，有近半数出于胡氏门下。

(2) 普及地方办学，培养“致天下之治”的人才。北宋初期，教化不兴，科举制度崇尚声律浮华，以诗赋取士。为了改造旧学习气，开创新的学风，培养真正合格的致治之才，胡瑗认为必须建立“敦尚行实”的学校。他在《松滋县学记》中开宗明义，论述了人才和学校教育的重要性：“致天下之治者在人才，成天下之才者在教化，教化之所本者在学校。”

当时宋代官学分中央官学和地方官学（即州县二学）两种。庆历四年(1044)，在第一次兴学运动之前，中央官学生员很少，绝大多数为官宦子弟；地方官学，则寥若晨星。于是胡瑗大声疾呼“弘教化而致之民者在郡邑之任”。胡瑗主张“广设庠序之教”，大兴地方官学，它不仅可以使人才“继踵而出”，更为重要的可以“正以民心”，维护封建统治秩序，以达到太平盛世之目的。故庆历四年，宋仁宗采纳范仲淹的建议，开天章阁，与大臣们讨论后慨然下诏，要求各州、县都要兴办学校。这与胡瑗倡导的“以仁义礼乐为学”、“致天下之治”的思想是完全一致的。

---

① 《宋元学案》卷一《安定学案》。

(3) 严立规章，言传身教。胡瑗在苏、湖执教的二十年间，亲手制订了一系列教育规章制度。如学校作息规定：一般上午讲解经书，课后复读500遍；下午讲解史书，复读100遍；晚上讲解子书，复读300遍。他对学生既严格要求，又注意言传身教，并规定师生之间的礼节，自己常常“以身先之”，盛夏之季，他也整天公服端坐堂上，“严师弟子之礼。视诸生如其子弟，诸生亦信爱如其父兄”[①]。

由于规章明、要求严，胡瑗的弟子“衣服容止，往往相类，人遇之虽不识，皆知其瑗弟子也”[②]。胡氏这种独特的学风与校风，先施行于苏、湖，后施行于太学，并使此规章制度经皇上批准，在全国推广。他的这套教学规章，与后来朱熹所订的《白鹿洞学规》前后辉映，同是中国古代教育史上的重要文献。

(4) 注重劳逸结合，开拓学生视野。胡瑗十分关心学生的健康，经常告诫学生“食饱未可据案或久坐”。他要求学生要适当参加体育锻炼，平时要学会“射箭”、“投壶”和其他各项游乐活动。他还注意用音乐来陶冶学生的精神情操。如在各种考试之后，他常与学生们会于“肯善堂”歌诗奏乐，至夜始散。在平时，诸斋亦常有弦歌声达于户外，致使路人也驻足倾听。胡瑗反对闭户读书，主张接触实践，了解社会，浏览名山大川。他曾亲率学生从湖州游历至陕西并沿途考察，就是其中一例。胡瑗认为：“学者只守一乡，则滞于一曲，隘吝卑陋。必游四方，尽见人情物态，南北风俗，山川气象，以广其闻见，则有益于学者矣。”

(5) 实行太学“寄宿制”。宋代起初规定太学学生不能住宿，主要因为太学右侧是御书阁，夜半时分实行“火禁”。嘉祐元年(1056)，胡瑗与孙复主持太学。他们为了让学生有较多的时间过集体生活，请求有关部门放宽火禁。此后太学就实行“寄宿制”，每晚由师生轮流值班，督促小心火烛。同时规定学生每月放假四次，其余时间皆留校住宿。每日起身、就寝以鸣鼓为号，进出校门必须请假，平时也不准随意会客和离校。这种寄宿生制度在有条件的地方延伸到州、县之学，到现在还一直沿袭使用，且日臻完备。

综观胡瑗教育生涯，他的确留下了丰富且可行的教育制度和教学经验，作出了巨大贡献。胡瑗的苏湖教法，不仅示范于当时，而且垂法于后世，在中国教育史上树立了一座丰碑，至今仍有重要的借鉴意义。张岱年、季羡林主编的百卷本《中国全史·宋辽金夏思想史》一书给了胡瑗及其教学法以高度评价，认为胡瑗的苏湖教法，“以其所创造的教育新法，培养了一批北宋朝廷的名臣，开了宋代儒学的新风。从而铺垫了宋初儒学的复兴”。

---

① 《宋史》卷四三二《胡瑗传》。

② 《宋史》卷四三二《胡瑗传》。

3. 王安石的教育思想及教育实践

王安石(1021—1086),字介甫,号半山,抚州临川(今江西抚州)人,北宋著名政治家、文学家和教育家。其一生与江宁府(今南京地区)有着密切的联系,晚年定居并逝于江宁。他所提出并主持的作为熙宁变法重要组成部分的教育改革,在当时产生了很大的影响,并波及后世。

王安石的教育思想主要有:

(1) 强调培养人才的急迫性。王安石充分认识到了人才的重要性:“夫材之用,国之栋梁也,得之则安以荣,失之则亡以辱。”国强民富的关键就是人才的培养,“国以任贤使能而兴,弃贤专己而衰,古今之道义,流俗所共知耳”。王安石从政治改革的现实需要出发,敏锐地觉察到当时人才紧缺:“方今之急,在于人才而已。诚能使天下之才众多,然后在位之才可以择其人而取足焉。”[①]

(2) 学校是统一道德、培养人才的重要基地。作为一名有眼光的政治家,王安石深刻地认识到:振兴学校,是当时面临的重要任务之一。他指出,“古之取士,皆本于学校,故道德一于上而习俗成于下”,必须通过学校教育,建立起一支德才兼备的队伍,使他们“足以有为于世”,以扭转“士虽有美才而无学校师友成就之”的局面[②]。所以,王安石在熙宁、元丰年间积极推动学校建设,在京城整顿国子学和太学,扩大其规模,并注意恢复和扩充专门学,如医学、律学、武学等。在地方,规定各路州府都要兴学,终于形成北宋第二次兴学高潮。

王安石还主张加强对人才的管理:在王安石看来,对人才的管理同样是人才培养的重要环节,必须加强。王安石提出了三点建议,即“饶之以财、约之以礼、裁之以法”。

(3) 推崇实用的教学内容。当时学校的教学内容严重脱离实际应用,学生只是死记硬背应付科举考试的内容,这样教育出来的人,往往文不懂礼乐刑政,武不懂行阵骑射,“大则不足以用天下国家,小则不足以为天下国家之用”,这种教育非但不能成人之才,反而会毁坏人才。针对这种状况,王安石提出,国家兴办学校的根本目的在于培养实用人才,围绕这个培养目标选择教学内容,“苟不可以为天下国家之用,则不教也;苟可以为天下国家之用,则无不在于学”[③]。教学内容要“求专门”、“尚实用”、“兼文武”,使“学士所观而习者,皆先王之法言德行治天下之意,其材亦可以为天下国家之用”。王安石从变法的实际需要出发,敢于向儒家传统思想挑战,把他主持编撰的《三经新义》作为学校教育及科举考试的主要内容。

---

① 《临川文集》卷三九《上仁宗皇帝言事疏》。

② 《临川文集》卷四二《乞改科条制札子》。

③ 《临川文集》卷三九《上仁宗皇帝言事疏》。

在教育实践中，他的"三舍法"是对中国古代教育经验的总结和创新。元丰二年(1079)，朝廷对太学生的入学、考核、升级和补官都作了详细规定：将太学生分为三个部分：外舍、内舍和上舍。太学生先入外舍，经考核合格后升入内舍，再经考核合格才能进入上舍。这是一种择优升级的制度，主要是加强考核。上舍生中的佼佼者，经主判、直讲的推荐，可以直接报中书省授予官职。王安石施行三舍法，是试图把学校育才和国家选才的任务统一由学校来完成。

4. 宋代江淮地区的进士数

由于江淮地区教育事业有了较快的发展，因而在两宋的科举考试中，各地区考中进士的数量有了很快的增长。以下两表分别是江淮地区北宋、南宋年间，各地考中进士的统计：

表一　北宋江淮地区各地进士表

	江宁	上元	溧阳	溧水	六合	句容	昆山	吴县	常熟	武进	无锡	苏州	宜兴	江阴	镇江	丹徒	丹阳	扬州	泰州	高邮	金坛	仪真	通州	华亭	总计
乾德			1							2															3
太平兴国		1								1															2
雍熙																			1						1
端拱												1							2				1(如皋)		4
淳化							1	4				2(长洲)		1					2						10
至道																		1(江都)							1
咸平							1	4	1	4		3(其中吴江1人)		2				1	1	1					18
景德										4															4
大中祥符								2		5		5(其中吴江1长洲1)				2	1			1	1				17
天禧								1		2		1(长洲)	2					1(江都)						1	6
天圣							1	3	1	11(其中常州1)		7(其中长洲5,吴江1)			1	3	1	3(江都)				2	1	1	35
景祐								5	3	11												1	1(如皋)	1	22
宝元								2	1	5		1		1		1	2	1(江都)							14

续表

	江宁	上元	溧阳	溧水	六合	句容	昆山	吴县	常熟	武进	无锡	苏州	宜兴	江阴	镇江	丹徒	丹阳	扬州	泰州	高邮	金坛	仪真	通州	华亭	总计
庆历	2	1			1			5		19		3(其中长洲2吴江1)			8	5			7	1		5	4(如皋1)	1	62
皇祐								12	1	19		6(其中长洲1吴江2)			3	1		1(江都)	5	3		7		1	59
嘉祐								10	1	30(其中常州6)	2	3(其中长洲2吴江1)	6	8	8	1			4	1	1	2	1(如皋)	5	83
治平							1	3	1	23	1		1			1	1	2(其中江都1)	4	4		1	1(泰兴)	2	46
熙宁	4	1						12	1	59		7(其中长洲3)			5		1	1	7	1		4	1(泰兴)	3	107
元丰								11	1	48	6	2(其中长洲1)	1	4	4		1	1	3	1	2	3	3(泰兴)	2	93
元祐	1		1					12		20(其中常州2)		2			11				2	3		3		5	60
绍圣	1							7	2	12		1	10	5					4	2		2	1	2	49
元符								7		11	3				2				1			1			25
崇宁	6	1						11		32(其中常州30)	3				3	3		1(江都)	5			7		6	78

续表

	江宁	上元	溧阳	溧水	六合	句容	昆山	吴县	常熟	武进	无锡	苏州	宜兴	江阴	镇江	丹徒	丹阳	扬州	泰州	高邮	金坛	仪真	通州	华亭	总计
大观	4							6	1	43	8		2		1		1		3	2	2	3		6	79
政和*	5	2					2	10	3	19		4(其中长洲1吴江2)	4		21	3		3(江都)	8	2	4	14	3(其中如皋1)	4	111
重和							2	5	1	14		3(其中长洲2吴江1)	1	7											33
宣和	4	2					2	13	3	16		2(长洲)		10	10	2	1				3			2	70
总计	27	8	2	0	1	0	10	145	21	410(其中常州39)	23	53(其中长洲23吴江10)	27	38	77	22	9	16(其中江都12)	59	22	13	55	17(其中如皋5泰兴5)	42	1097

*本年太仓3人

表二　南宋江、淮各地进士表

地区/进士数/年号	江宁	上元	溧阳	溧水	六合	句容	昆山	吴县	常熟	武进	无锡	苏州	宜兴	江阴	镇江	丹徒	丹阳	扬州	泰州	高邮	金坛	仪真	通州	华亭	总计
建炎	4	2	1				2	8	1	10	18	1(长洲)	9	12	2			1(江都)	5		1	1			78
绍兴	10	10	2			7	19	33	10	74	2	6(吴江5)		34	16	4	3	2(江都)	11	1	6	10	7	21(其中青浦1)	288
隆兴		1					9	4	1	15(其中常州1)	2	1(长洲)	1	8	2										44
乾道*		5	1		1		12	12	1	33		5(其中长洲4吴江1)	1	10	4	3	1		3	1	2	2	3	14	114
淳熙	1	1	2	1	1	1	15	19	7	37(其中常州1)	3	6(其中长洲4吴江2)	2	13	4		3	1	4	1	1	6		2	131
绍熙	1	5		1		1	12	9		12	1	1	2(其中1人上元籍)	6		1		1		1	5	1		2	62
庆元		1					8	11		13(其中常州1)		2	2	9				1(江都)	2	1				1	51
嘉泰		1					4	10	1	8				2								1		2	29
开禧					1		4	4	1	5(其中常州1)		1(吴江)		1											17
嘉定**		8	1		2	1	14	38	3	36(其中常州27)	1	6(其中长洲2)	6	10				1(江都)	3	4		1		6	141

续表

进士数 年号 \ 地区	江宁	上元	溧阳	溧水	六合	句容	昆山	吴县	常熟	武进	无锡	苏州	宜兴	江阴	镇江	丹徒	丹阳	扬州	泰州	高邮	金坛	仪真	通州	华亭	总计
宝庆	4	1						7	3	14	1	2(其中该长洲1)		6	1		4				1				44
绍定	1						4	6		14	1	1(吴江)	1	9		2									39
端平							1	3		4		2(吴江)		5			1		1						17
嘉熙	3							9		7(其中常州5)		1		2			2				3	1	1		29
淳祐	2	4					2	14		17(常州)	1	6(其中吴江4)		7		9	3		2		2	3	1		73
宝祐***		3			1		3	4		3(常州)	2		2	5		3	1				3	2			32
开庆		4					3															1			8
景定****		2			1	1	2	3		5(常州)				5							2				21
咸淳*****	1			1		2	10	11		5	5	4(其中吴江2)		16		4	2				7	2		3	73
德祐													1	8											9
年份无考								11				4(其中长洲1吴江3)													15
总计	27	48	7	3	7	13	124	216	28	312(其中常州61人)	37	49(其中长洲14，吴江21)	27	168	29	26	20	7(其中江都5)	31	9	33	31	12	51(其中青浦1)	1315

* 本年太仓1人
** 本年江浦2人
*** 本年海门3人
**** 本年江浦1人
***** 本年海门1人

总的来看，两宋江淮的进士数量增加较快。以南宋与北宋相比较，进士人数增长了大约30%，由此可见江淮地区文化繁盛之一斑。

二、宋代江淮地区书院的兴盛

宋代重视发展地方教育，“自仁宗命郡县建学，而熙宁以来，其法浸备，学校之设遍天下，而海内文治彬彬矣”[①]。教育发达的结果是，整个社会的文化素养超过了汉唐，形成了宋文化繁盛的坚实基础。这一时期的江淮，尤其是大江南北的学校教育也空前繁荣，地方官学遍及各州县，具有学校性质的书院也逐渐增多，为国家造就了大批可用之才。科举制度的日臻完善，不仅奠定学校教育存在和发展的基础，而且科举考试还对江淮学校产生巨大的导向和拉动作用。

北宋王朝建立后，由于忙于统一战争，没有余力兴办教育。士子如欲求学，只能依靠私学，从而使书院的发展成为可能。另一方面，宋代对武官极力加以裁抑，而对文人入仕大开绿灯。因而从宋初开始，不断增加科举录取的名额。政府为了扩大官吏的来源，对私人兴办书院也取支持态度，如仁宗天圣二年(1024)，赐金坛茅山书院田三顷，“充书院赡用”[②]。在思想文化方面，随着古文运动的深入和道学的兴起，其代表人物及其信徒也纷纷建立书院，如无锡龟山(东林)书院。加之北宋社会安定，经济繁荣，中国古代书院进入了它的初步发展时期，而且书院的教学职能有了明显的增长，金坛的茅山书院，就是学者侯遗讲学处；无锡东林(龟山)书院，为学者杨时讲学处。

北宋时，江淮地区的书院极少，可以确定的有金坛茅山书院、无锡龟山(东林)书院、如皋王俊义书院。

坐落在江宁府茅山后的茅山书院，为天圣二年(1024)处士侯遗所建，是北宋全国六大书院之一。侯遗在此教授生徒，并供给衣食达十余年。后来得江宁知府王随奏请从三茅山斋粮庄田内拨给三顷，供书院赡用。侯遗去世后，书院遂废，后为道观所据。湖湘学派张栻再传弟子刘宰(1165－1239)，金坛人，辞官归里，隐居30年，从事讲学，毁淫祠48处。端平(1234－1236)间，刘宰在附近的三角山重建茅山书院，传湘湖学派理学思想于金坛。

江淮地区书院最负盛名者，莫过于东林书院。政和元年(1111)，在我国东南地区理学思想尚不够普及发展的情况下，福建将乐人杨时在无锡城东创办东林书院，在此讲学达18年之久(1111－1129)。杨时(1054—1135)，字中立，号龟山先生，是著名理学家程颢、程颐兄弟的嫡传高足。在思想史上，杨时以承接程朱学说而著称，东林因

① 《宋史》卷一五五《选举志一》。

② 《至正金陵新志》卷九。

而成为宋代理学在我国东南地区主要传播活动中心,被誉为“洛闽中枢”。杨时离锡后,无锡人士在书院东面建造了“道南祠”纪念他。南宋初毁,中期建祠以祀杨时,并称龟山书院。元至正(1341—1368)间,书院被废为僧寺,直至明万历时(1604)才得到恢复。

靖康之变后,衣冠南渡,南宋辖区内文化水平骤然提高。相形之下,政府官学数量有限,不能满足广大士人的的求学要求。这样,私人兴办书院便自然具备了发展的条件。

其次,南宋时期,雕版印刷术进一步普及,私人刻书业也有了更大发展,书籍流通日广,也为书院的发展提供了便利条件。再次,南宋时期,官学、科举的腐败也对书院的发展起了重要的刺激作用。北宋王朝建国之初,即将科举考试作为选拔官吏的主要途径。为了培养官吏后备军,北宋中期以后,中央政府曾累次兴学。但是,南渡以后,随着南宋政权的渐趋没落,官学和科举都日益腐败。南宋政权也因财政困难,无力拨款兴学,致使不少官学“诸生无所仰食,而往往散去,以是殿堂倾圮,斋舍荒废”。由于自宋初以来,科举考试一直是选拔官吏的主要途径,南宋政权不能从根本上改革科举制度。其所可行者,便只能是在一般官学之外依靠私人兴办书院对之加以补充,从而也在一定程度上推动了书院的发展。

再次是理学的广泛传播也对书院的发展起了直接的推动作用。经过一个时期的发展,南宋时期,道学发展进入了它的成熟时期。其主要表现是,一大批理学名师登上学术舞台。当时,由于时过境迁,北宋以来政府对道学的打击政策虽已逐渐取消,但是由于统治集团内部斗争,既得利益集团对道学限制之处仍然所在多有,这样,为了传播自己的思想,他们只能利用私立书院。因而,较之道学前辈,这些理学家更加重视教育,普遍借书院讲学,从而极大地推动了书院的发展。

最后,南宋政府的支持也极大地推动了书院的发展。程朱理学成为官方正统思想。尤其是理宗、度宗两朝,最高统治者向书院赐额、任命书院山长、教授和向各地书院赐田,几乎史不绝书。即以为书院赐额而言,理宗、度宗两朝,如江苏吴县鹤山书院(端平三年)、江宁明道书院(淳祐间)、丹徒淮海书院(理宗朝)。由于政府的支持,朝野上下都视建立书院为荣,纷纷以各种理由如庆祝战争胜利,安置沦陷区士子就学,祭祀先贤及有名学者,为有功官吏歌功颂德,敕旌义门、先贤过化之地,致仕乞恩等建立书院。书院建立者的身份,几乎遍及各个阶级和阶层。

正是由于上述诸多原因,南宋时期,书院进入了它的第一个高潮发展时期。书院数量之多,分布区域之广,都为前此所不及。与此同时,书院各种内部规制也愈加细密和完备,以至不少著名学者皆至书院讲学,有志求学问道的士子也趋之若鹜,从而使得书院超出官学之上而在社会上有着很高的地位和广泛的影响。这些情况表明,中国古代书院开始进入了它的成熟发展时期。这一时期，江苏地区新建的书院大约有 17 所，详见下表：

表三　两宋时期江淮地区新建书院一览表

地　点	书院名	创办时间	创办人
江　宁	明　道	嘉定间	刘　珙
	南　轩	咸淳间	
长　洲	和　靖	端平二年	曹　豳
吴　县	鹤　山	端平三年	
	学　道	咸淳五年	赵顺孙
	文　正	咸淳十年	
金　坛	龙　山		张　镐
	申　义	度宗朝	
丹　徒	淮　海	淳祐间	龚基先
	濂　溪	宝祐元年	徐　栗
无　锡	遂　初	淳熙间	
武　进	龟　山	绍定三年	
泰　州	安定(胡公)	宝庆二年	陈　垓
泰　兴	马　洲	淳熙间	孔元虔
昆　山	玉　峰		
溧　阳	金　渊	绍兴间	
阳　湖	城　南		

宝庆二年(1226)，泰州州守陈垓在当地泰山前建安定书院，院内设安定祠，以祭祀教育家胡瑗。

明道书院，是南京城内规模最大、设立最早的书院。嘉定(1208－1224)间，知府刘珙立精舍，得真德秀之助，置堂长及职事员，延请学者，以程颢曾任江宁上元主簿，时称明道先生，故以“明道”命书堂。淳祐元年(1241)，知府吴渊构屋建院，宋理宗赐“明道书院”额，规制始备。其规程礼仪，与著名的庐山白鹿洞书院相仿。后程颢五世孙入书院。著名医学家陈自明(约 1190－1270)曾任该书院医学教授。

马洲书院，为孔子第五十二世孙，泰兴孔元虔所建。淳祐三年(1242)冬，县城遭毁，元虔兄弟避居马洲，于咸淳年间创办了马洲书院，坚守祖业，教学不辍。元初，他们年事渐高，且皆无后，书院教学后继无人，遂废。

平江和靖书院，南宋端平元年(1234)建于虎丘云岩寺西，由提举曹豳创建。较早的还有学道书院，苏州城东北隅原有祭祀吴地孔门弟子言偃之所，南宋咸淳五年(1269)，知府改建于武状元坊，并请得“学道书院”赐额。

丹徒淮海书院，南宋创于北固山，曾得理宗赐额，开启了镇江的理学学术研究与教育。

江宁南轩书院，曾为湘湖学派张栻(1133—1180)讲学修建精舍，张栻受业于湘湖学派创始人胡宏门下，主持岳麓书院，确立其“传道济民”办学方针。后真德秀建祠祀之，南宋淳祐(1241—1252)，咸淳(1265—1274)年间又有官员添建楼堂斋舍共90间，并拨田亩，辟为书院。

此外，昆山石湖书院、如皋丁天锡书院、丹阳丹阳书院等(不知建于两宋何时)在南宋时都有活动。南宋时还修复了金坛茅山书院和无锡龟山(东林)书院。

南宋书院具有几个显著特点：

首先是书院内部结构更加完善。由于生徒众多，内部结构细密，供生徒学习之斋舍及各种建筑也愈加完备。如端平中所建之长洲和靖书院建有四斋：三省、务本、朋来、明哲。宝祐中所建之丹徒濂溪书院，“有堂二、斋二、亭二”。一些有名书院因有官府资助，气象更为壮观。如理宗淳祐元年由郡守吴渊主持修建的江宁明道书院，有祠堂专祀程颐，有御书阁五门以“严奉宸翰，环列经籍”，有春风堂以作会讲之所；有主敬堂以作会食会茶之所，有燕夫堂以设先圣及十四先贤神位于室中，有供生徒学习之尚志、明善、敏行、成德、省身、养心等六斋；还有后勤机构如公厨、米敖、钱库、直房、蔬园等。

其次是祭祀对象摆脱了官学影响而有着自己的特色。除儒家先师先贤之外，忠臣、名宦、乡贤以及北宋以来著名理学大师也开始列为书院祭祀对象，如苏轼、李纲、杨时等。

再次，是书院普遍有了固定的经济来源。北宋时期，具有经常性经济来源的只是少数有名书院，而且也大致只有政府赐田一种方式，以致多数书院因为经费不常而旋兴旋废。与此相反，南宋时期，具有经常性经济来源的书院更加普遍和广泛。其中，有的是官府拨田，有的是官吏捐俸，有的是主办学者及门生自筹，大抵都是以其资金置买田产出租民人，以所收租息为师生膏火之需。其由官府捐田者如江宁明道书院，建立之切，即由“帅府累次拨到日产四千九百八亩，岁入米一千二百六十九石，稻三千六百六十二斤，菽麦一百一十余石，折租钱一百一十贯七百文。又有白地房廊钱，本府每月拨下赡士”①。他如吴县学道书院，“以官田赡士”。经常性的经济收入对于书院的持久存在和发展，起了重要的保证作用。

---

① 《景定建康志》卷二九《儒学志》。

总之，南宋时期，中国古代书院经过一个较长时期的准备阶段之后，进入了它的飞速发展时期。与此同时，书院内部结构也趋于细密和完备，书院官学化倾向更加明显，书院和理学之间也开始结下了共存共荣的密切的关系。所有这些，对于此后书院的发展，都产生了极其深刻而久远的影响。

第二节　元代江淮地区的教育

元代是继两宋以后又一个教育发展的高潮时期。元代不论是官学还是官学化了的书院都取得了长足的进步，主要表现在进一步普及教育的程度和官府对书院全盘管理，特别是元代江淮因为受战争影响较小，教育方面更是走在了全国的前列。

一、元代江淮的庙学与官学

1. 庙学及其分布发展

庙学是指依附于孔庙，传授儒家理论为宗旨的学校。这里主要指狭义的庙学，即各路府、州县、镇、乡村里乃至其他政府机关所办的儒学。大约从唐代起，中国的庙学成为一种定制，就是地方学校形成了庙学合一的建筑布局结构，“由学尊庙，因庙表学”，庙和学、教学和祭祀有机地结合在一起，全面地体现出儒家文化的思想和理念。

忽必烈在统一全国的过程中及国家统一后的政治需要，并对儒学在建国后按中原王朝的贯例册封孔子，尊崇儒学，认同儒学，对儒学的教育发展与其思想发展也有重大影响。但是，元代统治政策和行政体制的独特之处，使元代的庙学发展具有其独特性。陈高华《元代的地方官学》[①]一文，曾从制度层面研究了包括儒学在内的地方官学。

早在唐宋，江淮地区就十分重视地方教育。宋元鼎革，战争虽对教育产生了一定冲击，但是并没有严重影响。因此，相较全国其他地方庙学的纷纷修建，江淮地方并没有掀起兴建庙学的高潮，主要是由于江淮一带的庙学体系已经比较完善，俟和平之际，各地庙学很快得到恢复，基本分为府学(州学)、县学两级。府学如江宁府学、苏州府学、常州府学、镇江府学、淮安府学、扬州府学、徐州府学；州学如太仓州学、海州州学、通州州学；各州、府所属县一般都有县学，等等。然而，江淮教育的进步又体现在哪些方面呢？首先，主要体现在恢复的基础上升格，如前政治制度方面的陈述，江淮

---

① 见于《元史论丛》第5期。

不少的地方行政级别被提升,相应的庙学规格也得到提升。这种提升并不仅仅是名义上提升,其学校的规模和任职人员都有所扩大和扩充,而且人员的行政级别也相应提高。随着庙学的升格,附属于路、州等庙学的县学独立,扩展了教育体系。再者,各种教育方针、政策、法规、观念基本定型,并成为后世的范本。

实际上,元政府对庙学的发展可以说是比较重视的。在世祖之前,因对儒学认识不清,也因战争而无暇顾及教育。世祖时代,其身边就聚集了不少汉族士人,随着战争的进程和统治的需要,元世祖在周围汉族士人的影响下逐渐加深了对儒学的认识,也逐步重视儒学的教育。世祖曾多次下达儒户免役和禁止骚扰庙学的诏令,如他即位之初就下诏"管内凡有书院,亦不得令诸人骚扰、使臣安下"①。在国家统一,社会逐渐趋于安定后,遂下诏兴学。南宋遗留下来的学田得到承认,南宋的一套学校管理和祭祀制度也得到继承和发展。至元二十八年(1291)忽必烈又下诏:"令江南诸路学及各县学内,设立小学,选老成之士教之,或自愿招师,或自受家学于父兄者,亦从其便。其他先儒过化之地、名贤经行之所,与好事之家出钱粟赡学者,并立为书院。"②这样,元代的庙学在前代的基础上逐渐发展起来。元人自己说:"自国家定中国,庙祀如故而隶焉。每舟车所至,凡置郡县之地,无大小,莫在皆有庙学。"③1287年又设江南各道儒学提举司,是为我国设立地方教育专门机构和官员的开端。

元代江南冶所附属于的县都能独立建学。江淮境内被战火燹毁的学校得以重建,一些向无县学者亦藉此得以建立或重修,如昆山县学,"元至正间典教王梦声修"④;镇江府学,"至大四年,教授张凤翼更葺"⑤;常州府学,"元至元、元贞相继重建"⑥;宿迁县学,"元至元二十八年,县尹张彬、达鲁花赤孛老、主簿郝仲实创建","工未完,主簿有瓜期之代。元正元年县尹萧世荣、主簿郎洪共续前工,增修两庑十间,所谓斋堂颓废久矣,重修葺之";睢宁县学,"元至元十五年县尹王荣祖创建,大德八年县尹苗铎重建"⑦;等等。元代府学又竞设训导之职,如苏州府学,"元增训导"。《元史·张䇓传》:"张䇓立字达善,其先蜀之导江人。""得朱熹三传之学……自《六经》、《语》、《孟》传注,以及周、程、张氏之微言,朱子所尝论定者,靡不潜心玩索,究极根柢。用功既专,久而不懈,所学益弘深微密,南北之士,鲜能及之。至元中,行台中丞吴曼庆闻

① 《元典章》卷三一《礼部四·学校一·儒学·禁治骚扰文庙》。
② 《元史》卷八一《选举志一·学校》。
③ 《经世大典序录·礼典·宣圣庙》。
④ 《同治苏州府志》卷二七《学校三》。
⑤ 《至顺镇江志》卷一一《学校》。
⑥ 《康熙常州府志》卷一五《学校》。
⑦ 《光绪淮安府志》卷二一《学校》。

其名，延致江宁学官，俾子弟受业，中州士大夫欲淑子弟以朱子《四书》者，皆遣从堲立游。或辟私塾迎之。其在维扬，来学者尤众，远近翕然，尊为硕师，不敢字呼，而称曰导江先生。”实际是所聘请的宾师。元代江淮主要的路州庙学情况见下表[①]：

表四　元代江淮主要的路州庙学概况统计表

路州名称	路州有所属州县数	元代庙学数	元代始建数	元代升格数
平江路	7	7		5
常州路	5	4		3
镇江路	4	4		1
江阴州	1	1		
集庆路	6	6		3
扬州路	17	13		
淮安路	16	11	1	
高邮府	4	3		

元代庙学教官的名称主要沿袭宋代，江南平附之初，学官体例较为混乱。大德五年（1301），元廷统一规定，路设教授、学录各一名，散府上中州设教授一名，下州设学正一名，县设教谕一名。在州县升格中，相应的庙学也升格，比如元贞元年（1295）无锡县升为无锡州，　其庙学也随之升格，学校的生员增加，教师增多。元代规定，县学和下州学不设教授，中州以上的庙学才设教授一职，那么，随着学校的升格，其教官的等级和名额也相应得到了提高。总的来说，元代教官俸禄不高，迁升也慢，仕途并不为世人看好。但是从另一方面来说，教官职业单纯，在江南一带颇受人敬重，又不像州县官疲于政务，元政府还允许学官参加科举，因此，江淮的教官集中了许多智士贤人，他们也多安贫乐道、勤恳教学。如高邮教授刘大宾秩满改调以后，就对当地官学依依不舍[②]。

在学儒生主要是儒户的子弟及前朝的儒生。具体而言就是每一儒户之家要出一名子弟入校读书，主要是官学，也有的入书院读书。以此，儒户可在别的方面享受赋役的优减，正如元代文人姚燧所言：“圣元为制，凡士其名而儒其服，不粿其民而殊其籍，惟责田租商征，自外身庸户调皆复之，无有所与。”[③]从这一点来说，元代儒生的地

---

① 本表资料主要来自胡务《元代庙学——无法割舍的儒学教育链》，巴蜀书社2005年版，第80、87—88页。江淮还有其它地方，比如徐州等地，治归河南江北行省的归德府管辖，有些史料，但比较散，情况不甚明了。

② 《礼部集》卷一四《送刘教授序》。

③ 姚燧：《襄阳庙学碑》《国朝文类》卷一九。

位确实不是如历史传言“九儒十丐”那样不堪，应当没有宋代那么优待士大夫，却也比站户等待遇好的多①。

地方官学的教学内容按照《庙学典礼》卷五的《行台坐下宪司讲究学校便宜》、《行省坐下监察御史申明学校规式》的内容分析，较为周全的制度定形于忽必烈晚期和成宗早期，儒学发达的江南一般学校规定每月和朔望日都集中于学校，谒孔子像，听教官讲解经书内容。此外的时间，15—30岁的生员每天需要坐斋读书，习经、诗、文等。考试有每月考，年末按次排名，次年正月经本路官员复试，取第一名者上报为“岁贡”。30岁以上者不必天天坐斋，仍需在家读书，不足五十岁的生员要定期向学校交规定的作业。

如此，地方官学中最重要的一环就是儒学，构成了元代中国传统官方教育中主体。

2. 江淮的地方官学

至元二十八年忽必烈的诏书明令在各级官学内设立小学部，并积极鼓励其他民间教育形式的发展。但是许多地方实际并未施行。因此，大德四年(1300)，建康路再次请求在“路、州、县学、书院各设小学，教谕教习生员”之外，还要求在“请粮耆儒人内，遴选真材实学、前辈典型、堪为师范之士，在城八隅各设小学书塾一处，训习生徒……或能担簦负笈，不远千里而来者，皆所不拘……如遇朔望，令各塾师儒率领诸生，前诣学院观礼，使知学校规绳，期成远大之器。其余州、县，拟于各乡每都依上创设小学书塾，近者每月赴学，乡村远者，不须赴学”②。城乡官、私教育都纳入了官方考虑范围。元代虽然于路、府、州、县官学及官学化书院内设立小学，但经历了相当长的时间，且无法从文献确定小学是否最终均一体设立。小学之所以长期难以设立，是因为元廷基于“南方儒户往往皆有门馆”的现实，更倾向于“或自愿招师，或自从其父兄，令听其便”的民间教育形式。由此可见，不仅较高级别的官学无法满足民间学习需求，低层次的小学更是欠缺，这就需要民间力量的补充。

除儒学之外，地方学校的建设还反映在官办的蒙古字学、医学等。所谓蒙古字学就是教习八思巴字的学校。至元六年(1269)帝师八思巴创制蒙古新字，意在用这种文字统一拼写所有的文字。元廷积极推进这种文字的教习工作，先后建立各路蒙古字学和蒙古国子监，设立教授，选官员家中的优秀子弟入学，蒙古色目人入学不受限制。大德五年(1301)，元廷命江南三省江浙、江西、湖广专设蒙古提举学校官，秩从五

① 参见萧启庆：《元代的儒户：儒士地位演进史上的一章》，《内北国而外中国》，中华书局2007年版。

② 《庙学典礼》卷六《成宗设立小学书塾》。

品，提举、同提举各一名[①]。相比其他省份的蒙古字学由地方管理，江浙行省和江南其他两行省的蒙古字学事务的管理显然要高出一层次。相对于儒学生员的艰难出路，因翻译人才的需要及译职人员的仕途较好，而蒙古字学的学生一般前途都较好。江南士人徐一夔评议道："元制，蒙古字学视儒学出身为优，器局疏通之士多由此进。"[②]蒙古字学的校舍由政府出资，并如同孔庙配祀八思巴。镇江路蒙古字学的校舍"规庑狭隘，不足以容弟子员，遂根据圣旨搬入帝师殿"[③]。

医学也是官学系统中的一种。官学医学供奉三皇庙，著名文人黄溍就曾为江浙医官葛应雷作墓志铭，据记载，葛应雷为江淮平江人（苏州），如许多江南士人一样自幼学习儒学，因元朝前期并不开科，他遂绝意仕进，因精通医学，大德十年（1306），他被举荐为平江路医学教授，日后弟子多为良医。葛应雷因业绩突出而擢至江浙等处官医副提举、提举，前后在官十年[④]。但是，江淮有的地方又没有建立官医学的处所，如镇江只在三皇庙每月旦望由教授率学生奠谒，然后，在庙里进行讲学[⑤]。

二、江淮书院的发展和官学化

13 世纪 70 年代，蒙元政权挥师南下，消灭了南宋政权。这样，中国古代书院又进入了一个新的发展时期。

宋元两朝的兴废陵替一度中止了南宋时期书院蓬勃发展的局面。据记载，宋元战争中，不少书院毁于兵燹。战争破坏之外，不少书院还因寺僧、豪右侵夺院产而处境艰难甚至被迫倒闭。如吴县学道书院，元初，"据为僧寺，田悉夺去"。长洲和靖书院，"元初，为云岩寺僧所据"。丹徒淮海书院，"至元中并入甘露寺"。丹徒濂溪书院，"入元为鹤林寺所并"。它如青浦孔宅书院等也都改为寺院。一时之间，书院发展呈现了凋敝的局面。

但是，这毕竟是一时的局部现象，其实，元统治者并没有有意销毁书院，而是采取措施鼓励书院的发展。

元统一江南之后，南宋有骨气的知识分子大多不愿与蒙古统治者合作，不肯到元朝政府入仕为官，也不肯到元政府所立的官学中去讲学，甚至不愿让他们的子弟在元朝政府设立的官学里学习。以元世祖为首的统治者吸取辽、金两代统治的经验，对知

---

① 《元史》卷九一《百官志七》。

② 徐一夔：《始丰稿》卷一二《李君墓志铭》。

③ 《至顺镇江志》卷一一《学校》。

④ 黄溍：《黄文献公集》卷九《江浙行省官医提举葛公墓志铭》。

⑤ 《至顺镇江志》卷一一《学校・医学》。

识分子并不横加干涉,允许他们隐居不仕,或让他们自办书院。早在1261年忽必烈即位后的第二年就下诏:"宣圣庙及管内书院,有司岁时致祭,风朔释奠,禁诸官员及使臣军马,毋得侵扰亵渎,违者加罪。"①在蒙古大军南下之时,此诏确实发挥了一定的保护作用。如至元十二年(1275),在建康城"大军入城,平章阿珠占居明道书院,军士舁弃圣像野中。书院儒人古之学等诣丞相淮安王前告给榜文,还复书院房屋租产,招安秀才。当奉钧旨,令书院依例复归,由是诸学弦诵不辍"②。至元二十三年(1286),元世祖诏令将江南学田"复给本学,以便教养"③。至元二十八年(1291)又诏令:"江南路学及各县学内,设立小学,选老成之士教之,或自愿招师,或自受家学于父兄者,亦从其便。其他先儒过化之地,名贤经行之所,与好事之家出钱粟赡学者,并立为书院。"④根据这些政策,元政府对于不仕的南宋遗民通过讲学或建立书院以寄托自己故国之思的行动也格外宽容,有的还加以诱奖,赐额或授予山长之职。由于政府的插手管理,民间书院的地位发生了微妙改变,逐渐向官学化方向化发展。

早在至元年间,元廷就曾"命于礼部及行省及宣慰司者,曰学正、山长、学录、教谕,路州县及书院置之。路设教授学正、学录各一员,散府上中州设教授一员,下州设学正一员,县设教谕一员,书院设山长一员"⑤。对学生,"自京学及州县学及书院,凡生徒之肄业于是者,守令举荐之,台宪考核之,或用为教官,或取为吏属,往往人材辈出矣。"⑥元朝统一以后,江南社会安定,经济、文化繁荣,这一切都为书院的发展创造了条件。史称"内自京师,外自郡县,无不立学"⑦,而"书院一事,盛于南国"⑧。

可以说,元政府实行的保护性措施和平定江南后的一系列的积极行政举措,为大变乱之后书院的正常运行和发展创造了良好的条件。江淮的书院也得到了长足的发展。不久以后,在元朝版图内,尤其是江南,就呈现出书院日见遍布的情形,《旧下日闻》称:"书院之设,莫盛于元,设山长以主之,给察讫以养之,几遍天下。"以致许有壬不无自豪地说:"我元戡定伊始,即崇文教,南北既一,黉舍遂遍区宇,渐濡百年,而书院之辟视前代倍矣。"⑨元代书院的各项制度也在这种蓬勃发展中得到进一步完善。延祐元年仁宗下令恢复科举,大力提倡理学,又进一步刺激了书院的发展。顺帝时对

① 《元史》卷四《世祖本一》"中统二年六月乙卯条"。
② 《至正金陵新志》卷九《学校》。
③ 《元史》卷一四《世祖本纪》。
④ 《元史》卷八一《选举志·学校》。
⑤ 《元史》卷八一《选举志一·学校》。
⑥ 《元史》卷八一《选举志一·学校》。
⑦ 蔡美彪:《元代白话碑辑录》,科学出版社1955年版,第389页。
⑧ 王旭:《兰轩集》卷一二。
⑨ 许有壬:《至正集》卷四三《缑山书院记》。

于书院建设更加热心，他先后敕建或书匾赐额之书院达多 11 所，如江阴人蔡以忠“以别业一区、田六顷立义塾”，事闻，赐额澄江书院”①。自此，江阴也有了书院。书院在江阴县布政坊巷西南。此外，由义塾改为书院的还有上元昭文书院等。经过一个世纪的发展，元代书院又大致恢复到了南宋时期的数量。

下面根据《续文献通考》、《元史》、《宋元学案》和地方志等文献记载，具体考述各地的书院。

当时建康一路就有茅山书院、明道书院、江东书院、南轩书院、昭文书院等。

据《至正金陵新志》记载，茅山书院是南京地区最早的书院。茅山书院在今句容县城东南 25 公里的茅山地区，历史上隶属江宁府，书院约创办于 1010 年左右。当时生徒众多，学业兴盛，茅山书院成为北宋初期全国著名的六所书院(另五所为白鹿洞、岳麓、应天府、石鼓、篙阳)之一。北宋庆历年间(1041－1048)，茅山书院废弃。延至南宋，茅山书院曾几经修复、移址，后来有一个叫刘宰的人在茅山下建书院，沿用茅山书院名称。元代时，据《至顺镇江志》记其山长每月俸钱十五贯，禄米三石。

南宋时，南京讲学氛围和师资、设施都比较好的应首推“明道书院”。明道书院位于江宁府城镇淮桥(今南京市中华门北)东北。北宋理学创始人之一程颢(明道先生)，做过建康府属上元县主簿。为纪念他，南宋孝宗淳熙初年，留守刘珙祭祀程颢于南京的学宫；南宋理宗淳佑年间(1241—1252)，郡守吴渊依照“白鹿洞书院”的规制创建“明道书院”，宋理宗亲写“明道书院”的匾额赐之。直至元代保存。

南轩书院位于江宁府城天禧寺后面，原为南宋著名学者张拭(号南轩)的讲习之地。日久倾圮，后成为春时游宴场所。南宋大臣、学者真德秀在其址建祠祭祀张拭。元代至元年间(1264—1294)该祠迁至城东“仪宾馆”，在明道书院西南建成书院。

江东书院在江宁府城盐仓街，南临秦淮河，由元代本地人王进德于至治元年(1321)私人创建②，延请著名理学大家程端礼主持江东书院。程端礼(1271—1345)字敬叔，元理学大家史蒙卿的得意门生，追求读书以明理、以求明体，达到切实的课程化，其最大的特点和成就即在于强调读书。他不仅负责书院的组织管理，又有较高水平的主讲。在主持江东书院时，制定了著名的旨在指导一般学员读书自学的《程氏读书分年日程》，这项“读书工程”为元代书院教育的一大贡献，且对后世也有重大影响。此外，他还著有《江东书院讲义》一篇，详细阐述了书院读书的原理原则，是一篇关于书院教育的专论。此举奠定了南京江东书院在当时的地位，不仅增加书院对学者的吸引力，更有助于争取更多的学者为书院服务。吴澄便曾应邀来南京讲学，吴澄

---

① 《嘉靖江阴县志》卷七《学校记》。

② 吴澄:《吴文正公集》卷七《金陵王居士墓志铭》。

(1249—1333)字幼清，抚州崇仁人。元代最著名、最有影响的一位学者，直承南宋理学学统，一生孜孜不倦，撰写了大量蕴藏着丰富的教育思想的学术著作。他不仅对天道、心性知行颇有研究，在诗词、医学方面造诣亦深。吴澄的学术成就与书院有密切联系，他在书院接受教育，在书院与讲友同志切磋，在书院著书立论，又在书院传授自己的学说。王进德在吴澄的帮助下制定具体的办学方针"义塾规制"，此规制参照了范仲淹的"义庄规制"，用此法教育学生，赡养族人，因此名声大振。泰定元年(1324)泰定皇帝亲自赐额"江东书院"，并获得当地官府的资助。由于众多名人学者的影响，书院学术氛围很浓，学员们将程氏的《读书分年日程》作为自己的学习依据，钻研程朱理学的同时，又广泛地吸收吴澄"深入社会，了解社会"的务实精髓，学术上追求创新，成为元代书院中学术氛围最为活跃的书院之一。

昭文书院在江宁县湖熟镇，梁昭明太子在这里建造过读书楼，称为"太子台"，后也称"东湖读书台"南宋咸淳年间(1265—1274)方棋辰题匾额云"昭文精舍"，至元年间定名为昭文书院。

苏州原来就有和静书院，学道书院等，在江浙儒学副提举任上致仕的龚绣曾任和静、学道书院山长，以后升职至江浙儒学副提举[①]。元代又创有鹤山书院、甫里书院、文正书院等。其中文正书院是范仲淹的后人范文英在至正五年(1345)提出建书院纪念先人，并恳请"慎选族人之贤者充主奉"，"官除山长则乞免焉"[②]。此议得到行省的支持。文正书院具祭祀前贤的功能，以教育家族与乡里子弟为主。虽然获得官方承认，但官方不派山长，而以家族人员"主祠而行教"，文正书院的家庭祠堂特征十分明显。家族书院列为官学，意味着该家族祖先的德行功业符合官方意识形态，官方对其的承认又可提高该家族地位，可增强家族的凝聚力，稳定家族结合。

《至顺镇江志》记镇江有淮海、濂溪等书院。淮海书院在本府，本是宋时所建，至元年间为甘露寺僧所占，山长郭景星力争不过，只好在民居中教授学生。元贞时，教授黄一龙主持书院事，终于让书院置于府治西南斜桥之儒林里，"凡为屋八十楹有奇"[③]。教授每月俸钱二十五贯、禄米五石；学正每月俸钱十五贯，禄米三石；学录和教谕每月俸钱十贯，禄米二石。濂溪书院在府治东南定波门内，为屋也有十七楹。规模比淮海书院要小。濂溪书院原本也建于宋代，元初被鹤林寺僧撤毁，占有了其属地。大德九年，"廉访分司视学，谓栋宇湫陋，非致崇奉之意，命郡学及淮海书院鸠钱置今

① 黄溍：《黄文献公集》卷八《江浙儒学副提举致仕龚先生墓志铭》。

② 郑元祐：《侨吴集》卷九《文正书院记》。

③ 《至顺镇江志》卷一一《学校》。

所”①。可见,淮海、濂溪两书院虽为宋代所建,元初都得到了重建。但是地处金坛县的申义书院也是宋代所建,元代就没有得到恢复。

江淮地区当时主要的书院还有常州城东书屋,后屡更名为城西书屋、龟山书院,道南书院(在今无锡,无锡县当时属常州府);昆山的玉峰书院,常熟的文学书院,江阴的澄江书院,盱眙的崇圣书院,等等。

元人黄溍曾对当时江浙一带书院林立的情形作了概括,“今江浙行省所统吴越间之地,遍州下县无不立学。其为书院者八十有五”②。因为元代县有县学,州有州学,府有府学,但都是独此一家且在官署所在地立学,不在此处者都为书院。可见书院的教育极大地弥补了官学体制的不足,适应了江南广大儒生的需要,成为时代所需的公共资源。

书院在元代以前的教学主要是研习经籍,实行自由讲学。随着元代对前朝书院和南宋遗民所办书院的认可,以及政府对创办书院的肯定和参与,书院迅速发展起来,与此同时,书院的官学化特征逐步显现。

元代书院的官学化最直接的标志和典型体现就是山长官僚化。元初江南书院的山长多为南宋遗民,为尽快获得江南人士对新政府的认可和体现朝廷对儒学的重视,元政府将原本自由延聘的书院山长一职纳入官方的官僚体系之中,元代书院的学官完全是由朝廷或各级官府统一任免的、拿国家俸禄的政府官员。早在元世祖至元十九年(1282)正月,由江浙行省批复浙西道宣慰司的牒文《郡县学院官职员数》中,最早将书院山长列为诸路儒学提举司下属官员编制,并规定散府设教授 2 员,书院山长 2 员③。《元史·选举志一·学校》称:“凡师儒之命于朝廷者,曰教授,路府上中州置之。命于礼部及行省及宣慰司者,曰学正、山长、学录、教谕,路州县及书院置之。路设教授、学正、学录各一员,散府上中州设教授一员,下州设学正一员,县设教谕一员,书院设山长一员。中原州县学正、山长、学录、教谕,并受礼部付身。各省所属州县学正、山长、学录、教谕,并受行省及宣慰司札付。凡路府州书院,设直学以掌钱谷,从郡守及宪府官试补。”至元二十四年(1287),元朝政府规定江南学官的职俸,教授每月学粮五石,钞五两;学正粮三石,钞三两;学录粮三石,钞二两;教谕粮一石五斗,钞一两五钱④。不仅如此,对书院的学生也规定:“凡生徒之肄业于是者,守令举荐之,台宪考核

---

① 《至顺镇江志》卷一—《学校》。

② 黄溍:《黄文献公集》卷七《西湖书院义田记》。

③ 《庙学典礼》卷一《郡县学院官职员数》。

④ 《庙学典礼》卷四《学官职俸》。

之,或用为教官,或取为吏属,往往人材辈出矣。”[①]如此,官府完全掌控了书院的管理之权,其学生和官学的学生一样待遇。这样,随着时间的推移,地方长官渐渐对书院的事务过问,并按一定的官府程序,从上至下办理手续,在官府备案,由此将书院纳入了官学的体系。无形中地方政府成了书院的主要保护者。这些变化反映了国家对教育管理和控制的增强,对以后的明清两朝的教育政策产生了直接的影响。

全面负责书院事务的山长由官方指派,课程设置逐渐与官学趋同,有利于引导从学士子接受官方所提倡的意识形态。而私家书院也因此可以得到经济上的实惠,这是私田入书院后,可免苗税或力役,更利于书院的经济改善。可避免私家书院“人在书院兴,人去书院随之毁”的弊端。

可以说,元代书院官学化在一定程度上促进了书院的发展,有利于元代统治者加强思想控制、笼络文生儒士和巩固文化教育领域中的专制统治。但是,书院就此脱离了原来特征,即以私人创办为主,积聚大量的图书,从事教学活动、学术研究和交流的一种高于蒙学,不列人国家学制的民间教育组织。在教学方面,程朱理学已然成为元代书院教学和研究的主要内容。成为封建社会后期和官学并行的一种教育组织形式。与此同时,考试制度也更加严格完备。如至正初年,平江路达鲁花赤禄实“增弟子员,礼聘明师,用月书季考之法程试之”[②]。元代中期以后,书院渐渐失去了自由活泼的特性,这又未尝不是一种损失。

还有社学需要说明。因为元代有规定每五十家为社,每社设社学一所,择通晓经书的儒生为师,农闲时令子弟入学,明清两代因袭此制。义塾又称义学,是由地方绅士捐资创办、免费招收幼童入学的私塾社学义塾成为府州县学和书院赖以建立的基础。关于这一点,需要说明的是,没有太多材料能够说明社学当时已经深入普及,成为当地庙学和书院的基础。

三、庙学和书院教学理念的确立

平宋以后,由于各级政府大力提倡、江南隐士积极筹划等各方面因素的综合作用,江南的庙学和书院大多得到恢复,许多甚至突破了原来南宋的发展规模,江淮的教育事业也在此背景下获得了新生。

元代的庙学和书院的教育内容具有明确的规定。首先确定了相应的教学制度。这种教学制度的确立恰和江淮的江东书院的体制息息相关。

元代初年,教育体制比较混乱。浙江鄞县人程端礼通过在江东书院的教学体

---

① 《元史》卷八一《选举志一·学校》。

② 陈基:《夷白斋稿》卷一二《平江路达鲁花赤西夏禄实公纪绩碑颂》。

制的创建确立了有元一代的教学法和体制。程端礼，号畏斋，曾任建平和建德两县的教谕，后主持江东书院。他根据他的老师、著名四明理学家史蒙卿所授的“朱子读书法六条”，即居敬持志、循序渐进、熟读精思、虚心涵咏、切己体察、着紧用力，并结合自己的教学经验，编成《读书分年日程》。书中主要阐述了有关儒学经典的学习顺序和基本方法。认为“四书”、“五经”以及周、程、张、朱等理学家的著作，“以其先后本末节目，分之以年，程之以日，悉著于编”①。还论述了书法、作文的练习，以及天文、地理、音韵、制度等内容的学习。这一学习儒学经典的体系后被元国子监将之颁行天下，遂成为全国的教学蓝本。

程端礼提倡朱熹的教学之法和大儒许衡等人的教育主张相契合，重视儒家经典的教学，指导思想就是要培养能真正领悟和传播程朱理学的人才。为使生徒有扎实的程朱理学功底，并真正掌握其精髓，他要求生徒要将大量时间和精力用在学习儒家经典和程朱理学的著作上，而对于科举时文则不需要花费太多时间。他说：“作举业时，虽不能不看时文，只当将数十篇看其规矩格式，不必将十分全力尽用于此。若读经、古文，此是根本工夫。根本工夫有得，时文亦自然长进。”他认为，不仅生徒在二十一二岁或二十四五岁前不要学习举业文字，即使已经进入开始学习写作时文的阶段，还是要将大量的时间用来温习以前所读的程朱理学经典和文学著作。据载，程端礼在江东书院为山长时，“学者翕然知所宗仰。文宗在潜邸，遣其近侍子来学。赐以金币牢醴，礼遇甚至”②。

元政府将理学家们的教育理念和体制推广全国，这就促成立了元代理学权威的确立。统治者对此的认同既笼络了江南的士人，又可以借以钳制人的思想，可谓一举两得。元中期以后的延祐开科也是以程朱理学的有关著述为主，可以反映出程朱理学已为社会广泛认同。

其次，元廷明确规定了学生的入学时间。至元二十八年(1291)，元世祖“令江南诸路学及各县学内设立小学，选老成之士教之，或自愿诏师或自受家学于父兄者，亦从其便”③。这一诏令的颁布对整个江南儒学小学的设立起了明显促进作用，各地普遍设立小学，招适龄童子入学。就在这一诏令发布的当年(至元二十八年)，镇江路学教授昌士气就“立小学”④。大德五年(1301)建康路(后为集庆路)溧阳州

---

① 黄溍：《金华黄先生集》卷九《程先生墓志铭》。

② 黄溍：《金华黄先生集》卷九《程先生墓志铭》。

③ 《元史》卷八一《选举志一·学校》。

④ 《至顺镇江志》卷一一《学校》。

学“设小学斋”[①]。元贞元年,江阴庙学构小学斋舍[②],等等。

元代小学生员的来源主要为儒户子弟。“当江南内附之初,户籍繁衍,时科目又废,所除官多贪污杂进之流”[③]。在各方面的影响之下,儒学发展颇不顺,儒士地位下降,士失所养,因此,江南士人中有很多放弃儒学。面对儒学的困境,元政府多次下令,要求儒户遣子弟入学。大德十年(1306)元政府再次规定:“在籍儒人不遣子弟入学,别习他业,量事轻重,申各处提举官究治。”[④]除了儒户子弟以外,“民之俊秀”在八岁以上,也可以入小学,并对小学的人数作了具体规定。为完整体现政府对小学的重视和指导,元贞元年(1295),江南行御史台特颁布了有关小学教育制度的细则,就是现保存于《庙学典礼》中的《行台坐下宪司讲究学校便宜》,这一文件在江南地区的颁布和实施,标志着元代江南小学教育制度的完善。

由于元政府对程端礼教学体制的认可,接着又在全国范围内推广,这就对江南儒学小学与大学的教学活动都产生了重要影响,使之出现了一些不同于以往的特点。首先,江南的儒学教育重视儒家经典,轻六艺。孔子主张儒士要具备六艺,即礼、乐、射、御、书、数。因此。中国古代的儒学教育一般都重视六艺的培养。宋代地方儒学一般都设有射圃,明初则将每月的朔望日作为考校生员射箭、臂力的日子。元代对江南人民防范极严,不许拥有武器,儒学大、小学习射的教学内容也相应废除,射圃基本上荒废。大、小学生员只有读经史、习字、作文,这不利于学生的全面发展。其次,教学的管理也比较松散。元代儒学对生员的管理相对松散,这与宋明形成鲜明的对比。从入学上看,以往宋代儒学在每年春秋举行考试,考中者需教官面试才能入学。而元代生员入学热情不高,元政府硬性规定免差的儒户有余闲年少子弟的必须遣一名入学。从对生员的管理上看,明代在各儒学立卧碑,严禁生员议政,严禁游学,“有游食奔竞之徒,坐以重罪”。同时,生员只能在本地参加科举,不得游至他处。而元代生员则非常宽松,各儒学一般给游食之士提供食宿,生员一般可以自主选择学校、教师。从学习内容上看,元代提倡学习朱子之学、提倡读经,但对生员学习非朱子之学、攻辞赋、习吏业也不严格限制。而在其他朝代,这种情况则很难发现。

另外,祭祀是元代江南儒学大、小学教学活动的一个重要方面。入元以后,庙

① 《至正金陵新志》卷九《学校志》。

② 陆文圭:《墙东类稿》卷七《江阴修学记》。

③ 苏天爵:《滋溪文稿》卷七《靳公神道碑铭》。

④ 《通制条格》卷五《学令》。

学礼器照用，建康路学免于大炎焚毁的一部分礼器为南唐遗物①，但因礼器缺失，句容县学自己命铜工冶造礼器②。但自制礼器可能不符合仪式所需，至大二年建康路提学治中也先普化"购铜访得冶金之攞工者仍俾董其役"，三月后，因所造器具不合礼仪，只好在皇庆年间重造③。集庆路学还建有土地庙，具体情况因历史资料的限制不是很清楚。

综观元代江南小学、大学的教学方法，可以说是体现了学校教育的一些基本规律。首先是循序渐进。小学生先读小学书，然后再读儒家经典。读小学书时只要求背诵，但随着小学基础知识的增加，开始讲解经义，并启发学生思考，最后教以写诗、作文。其次，因材施教的原则。小学根据学生所选读经内容分班传授，在传授经文的过程中，将所传授的经文分段，分别传授。在传授的过程中，教师也注意根据每个学生的接受能力，安排教学进度。这符合中国古代教育思想中，按不同情况实施不同教育的"因材施教"的原则。元代所确立的这一整套教育体系，是对唐宋以后中国地方儒学逐步建立和发展起来针对小学与大学的基本固定的教学内容与教学方法的继承和发扬。元朝江淮虽然处在文化程度相对较低的蒙古民族的统治之下，地方儒学仍然获得了一定的发展条件和空间，不能以元代是少数民族统治就完全否定这一历史时期的儒学教育。

四、庙学和书院的经济来源

学田、祭器、书籍是庙学和书院的主要财产。江淮庙学的经济来源主要依赖于学田的收入。这一点和北部中国完全不同。北方的教官收入需要国家支付。庙学和书院要进行教学，还要举行祭祀和刻书等活动。这无一不需要经济的支撑。江淮的庙学和书院都需要学田的收入来维持和发展。维持庙学、书院正常活动的经费开支主要来自书院的学田收入，因而学田是书院的经济命脉。

元代江淮的庙学和书院学田主要分为三部分，一是继承于南宋庙学的原有学田；二是官府的下拨和朝廷赐田；三是私人的捐助。江南儒学基本上保有了原南宋时期的学田，保证了教育所需的经费。"宋平，凡江之南，财之储府库、赋之产山泽者，悉输京师。独遗贡庄学田，仍畀之学，俾资教育"④。至元二十九年，忽必烈还下

---

① 《江宁金石志》卷六《建康路文庙祭器记》，《石刻史料新编》第13册。

② 《江浙金石志》卷二二《句容县大乐礼器之碑》，《石刻史料新编》第13册。

③ 《江浙金石志》卷六《建康路文庙祭器记》，《石刻史料新编》第13册。。

④ 姚燧：《牧庵集》卷五《崇阳学记》。

诏:“江南州县学田,其岁入听其自掌,春秋释奠外以廪师生及士之无告者。”[1]对学田采取了保护政策。在法律上也作了相关规定,《元史·刑法志二》:“诸赡学田土,学官职吏或卖熟为荒,减额收租,或受财纵令豪右占佃,陷没兼并,及巧名冒支者,提调官究之。”至元三十一年(1294)元廷命中书省议行贡举之法时,又令“其无学田去处,量拨荒闲田土,给赡生徒,所司常与存恤”。如吴县县学,宋绍定元年,“林介拨公产充学廪五百石”,“三年,知府吴渊、知县邹应博增拨公产一百石”。按照元朝的法令,吴县县学的学田被原样继承下来;还有“元至正十七年,吴江州民第三士龙助置田九十亩有奇”[2],可见,吴县的学田既有原来南宋政府下拨,然后又由元政府的诏令为吴县县学所继承,并且元代也有私人捐助的。而常州庙学在“元至正三年,郡人陆德原助置田”[3]。

比照府、州、县学,书院的情况也与此相同。其中江淮有些书院是从两宋直接承继而来,书院本身就有学田,元朝政府只是对这部分学田给予了承认。当然,庙学和书院的继承而来的学田严格来说也是政府的分配或者说是重新分配而得来的。元成宗的即位诏书中就明确说到:“其学田无处,量拨荒闲田土给赡生徒。”但是江淮的书院绝大部分在前朝即有学田,当朝只不过是予以确认。如镇江的濂溪书院,在南宋咸淳八年(1272)三月府印压砧基簿,计其有田1306亩,地377亩,松山102亩,山85亩。入元后,学田为花山寺夺去田地720亩,《至顺镇江志》卷十一《学校》记其有田837亩,地140亩,山174亩,全部免官赋。足见濂溪书院的田产是从前朝继承而来。一般来说,私人的捐献往往有限,但是集腋成裘,持续不断的捐献往往成为学田的稳定来源。江淮有些捐献也很惊人,当时常熟文学书院的学田数量巨大,主要是当地的巨室曹善诚的捐献。文学书院初建之时,曹巨诚“赡以田一千六百亩有奇,恐旱干水溢之不虞,将割田以继者,疑为苗避征徭,未敢自言。大名王侯侃来守是州,力劝相之。于是曹君益之,畀以田二千六百亩有奇。事闻于郡,未报,而王侯以秩满去,曹君亦入掾太师府。今守张侯术闻故牍而得其始末,亟命故吏贾天瑞谕郡关白,自是其田有苗税而无力役,春秋之事得不匮乏,为士者亦有所蒙赖,而优游于弦诵俎豆。”[4]

虽然江淮书院的学田不在少数,但还不能与路县府学的学田数相比。如镇江路的淮海书院有田一百三十五顷七十亩二分六厘,地五十五顷四十九亩一厘三毫,

---

① 《元史》卷一七《世祖纪十四》。

② 《同治苏州府志》卷二六《学校二》。

③ 《康熙常州府志》卷一五《学校》。

④ 黄溍:《金华黄先生集》卷一〇《文学书院记》。

山九十二亩四分一毫，池一亩。但是，镇江路学田有田一百九十七顷二十五亩八分三厘二毫，地四十三顷六十亩二分七厘五毫，山十顷十六亩二分九厘六毫，池塘九十六亩，荡四十五顷九十三亩二分七厘六毫。可以看出，官学的学田数量要大于书院。元代的路、府、州、县学田具体数量并没有定制，县学少则几十亩，多则上千亩，如上元县学田、地、山、水潭就共计一千二百二十一亩二角三十二步[①]，后至元间扬州路学田有十万三千三百六十亩[②]。学田的租税多用定额租，各地租税不统一，如至顺年间吴县庙学学田租钱为中统钞三十两[③]。元代的路、府、州、县学田具体数量并没有定制，县学少则几十亩，多则上千亩，如上元县学田、地、山、水潭就共计一千二百二十一亩二角三十二步[④]，后至元间扬州路学田有十万三千三百六十亩[⑤]。学田的租税多用定额租，各地租税不统一，如至顺年间吴县庙学学田租钱为中统钞三十两[⑥]。

总之，江淮府州县学和书院的经费，主要依靠学田的租粮。各地主要是按自身的经济实力各行其是。如建康路，路县学和明道、南轩书院，“名儒耆宿月支钱粮，养膳不一，有每名一石者，有五斗者，有一名两处支粮者，有一家数口共食行供饮膳者，有不系贫寒之士冒滥支请者”[⑦]。大德元年(1297)，统一定为月支米五斗。从元朝的规定来看，官府对钱粮使用的范围、幅度等都有明确规定，书院在规定之内享有相当大的自主权。

但是，并不是元代的状况自始至终完全一样，其中在阿合马当政时期，钱粮的开支受到官府的制约。在至元二十年(1283)“江南赡学田产所收钱粮，合令所在官司明置文簿，另行收贮。如遇修理庙宇，春秋释奠，朔望祭祀，学官请俸，住学生员食供，申覆有司，照勘端的，依公支用，若有耆宿名儒，实无依倚者，亦于上项钱内约量供给，毋令不应人员中间作弊。除贡士庄钱粮系开选用度，合令学官，官为拘收外，赡学钱粮，合令学官收贮，依公支用”[⑧]。以此来看，田产控制在官府手中。在阿合马、桑哥当政时期，曾理算各路赡学钱粮，此举导致淮海书院郑山长自缢。桑哥被诛后，江南学田在至元二十九年归书院和学校自行支配，各级官吏都不得插手

① 《至大金陵新志》卷九《州县学校》。
② 苏天爵:《滋溪文稿》卷二《扬州路学田记》。
③ 《江浙金石志》卷二二《府学附地经界碑》。
④ 《至正金陵新志》卷二《州县学校》。
⑤ 苏天爵:《滋溪文稿》卷二《扬州路学田记》。
⑥ 《江浙金石志》卷二二《府学附地经界碑》。
⑦ 《庙学典礼》卷五《行省坐下监察御史申明学校规式》。
⑧ 《庙学典礼》卷四《庙学用地钱粮分付与秀才每为主》。

过问。

江淮境内的学官及山长的俸钱都是从学校或书院的学田收入中支付的，即所谓的“并于学库内支”①。对此，元廷曾有过多次的明文规定：“江淮等处已有学粮去处，不须支俸。”而翰林国史院给中书省的公文中也说：“江南学校皆有养士钱粮，学官俸给，就内支破，即不支国家正俸。”②大德五年(1301)，江浙行省在下儒学提举司在公文明示：“南方前进士可为师范者多，兼所在学校、书院，俱有钱粮，足以赡给。”③就连儒学提举也一样用不着官钱，“管儒人、医人的两处提举司，教训好人，上位用着有。管着这的每底好人委付者，只于他每里头出来的钱物内与俸钱”④。山长负责教学、学术、祭祀和外交，还有聘任教师。被朱元璋誉为“国朝谋略无双士，翰苑文章第一家”的陶安，就在至正十八年(1348)以浙江乡试举人授明道书院山长。

镇江路的淮海书院是江淮所有书院中学田数量最多的。学田一般是免税的，由书院租给佃户耕种。但是有些学田是要缴纳赋税的，其中主要区别是这部分学田是书院、学校自行购置的或私人捐献，它们原来都是要缴纳赋税的，如此，转为学田后，也把官赋延续下来。

总之，元代江淮形成了官学和书院自上而下层次分明、功能各异、特色鲜明的教育体制。由于元代对儒学容忍和不加限制的政策，使得元代的官学和书记院比较繁盛，研讨程朱理学蔚然成风。也由于特殊的民族政策，因此对民族压迫和歧视政策有所体现。

第三节 经学与史学

一、经学

北宋初期，儒学依然保持着汉唐以来的特征，即着重于章句训诂，秉承师传，莫敢改易。然而随着政局稳定，经济发展，学术思想等意识形态的变革终于不可避免了。

皮锡瑞在《经学历史》中言：“宋人不信注疏，训至疑经；疑经不已，遂至改经、删

① 《至顺镇江志》卷一三《廪禄》。

② 《庙学典礼》卷四《添设教授》。

③ 《庙学典礼》卷六《山长教授及正录教谕格例》。

④ 《庙学典礼》卷六《山长教授及正录教谕格例》。

经、移易经文以就己说。”宋代经学，注重义理，在观念、方法、内容等方面都有许多创新，显现出鲜明的特征。在经学取向上，宋儒另辟蹊径，直接探求圣人“本意”及经典“本义”，体现了宋儒主体意识的强化。

宋儒为达己意而疑经改经的情形，到仁宗时就已表露无疑，刘敞（1019—1068）曾在《疑礼》一文中说“今之《礼》，非醇经也”，乃“圣人之徒合百说而杂编之”。因此，宋儒要抛弃传注，深研义理，另立新意。刘敞，字原父，或作原甫，新喻（今江西新余）人。庆历六年（1046）进士。至和三年（1056），出知扬州。除了著有《七经小传》外，还有《春秋权衡》等书。史称他学识渊博，“自六经百氏古今传记，下至天文、地理、卜医、数术、浮图、老庄之说，无所不通”。他的话无疑也代表了宋儒对经学的看法。

除刘敞《七经小传》等书外，刘颜著《儒术通要》、王安石著《三经新义》等，也都“率以己意”，“多与汉唐旧说不同”。

（一）主要学术派别

汉儒（主要是古文经学派）治经，侧重名物训诂；宋儒治经，则多以阐释性命义理为主。因此宋代理学也被称为“宋学”，与“汉学”相对。

宋学内部派别林立，颇有百家争鸣之象。江淮地区的宋学派别主要有：

1. 范仲淹及高平学派

范仲淹是宋学初期开风气的领导人物，在南京（今河南商丘）与其师戚同文创立高平学派。天圣五年（1027），他主持南京应天府学期间，就曾领导孙复、石介等人开宋代义理之学先声的疑经活动。是时，“四方从学者辐辏，其后以文学有声名于场屋、朝廷者，多其所教也”。他不惑传注的大胆怀疑精神，不仅代表了这一历史时期年轻一代儒生对传统儒学的大胆挑战，而且为赵宋义理之学的开创打通了前进的道路[①]。

2. 胡瑗及安定学派

理学的正式诞生虽然是在北宋中期，但以胡瑗为首的“宋初三先生”（胡瑗、孙复、石介）被公认为理学的先驱，其思想直接影响了后来理学的产生。

胡瑗，曾为理学创始人程颐的老师，被《宋元学案》列为宋代学者之首，影响极大。胡瑗之学内容浩博，基点在于复兴儒学。胡瑗的经学思想，涵盖了“五经”、“十三经”。胡瑗所著《周易口义》之精粹博通，重义理，讲实用，利邦国。他在主太学时，即精通《易经》，以义理为宗，以阴阳二气诠释易学真理，又反对王弼以虚无解释

---

① 陈植锷：《北宋文化史述论》，中国社会科学出版社 1992 年版，第 192 页。

《易经》,开宋代理学的先河。胡瑗讲《易经》,每日有1000多名士子去聆听,蔚为壮观,伊川先生曾说:“读《易》当先观王弼、胡瑗、王安石三家。”胡瑗《周易口义》为清代权威易学著作《御制周易折中》采录者极多。他创宋代易学义理派,却同时也精通象数之学,故《宋元学案》卷一《附录》称:“日升堂讲《易》,音韵高朗,旨意明白,众皆大服。”

景祐二年(1035)范仲淹在苏州立州学,请胡瑗为教授,吴学从此甲于东南。胡瑗掌太学时“每公私试罢,掌仪率诸生会于肯善堂,合雅乐歌《诗》,至夜,乃散诸斋,亦自歌《诗》奏乐,琴瑟之声彻于外。”胡瑗初到太学讲十三经中的《孟子》,命已仕进的弟子、高邮人孙觉主讲《孟子》,其《松滋县学记》云:“致天下之治者在人材,成天下之材者在教化。”他先后在吴中、苏州、湖州等地为教授,庆历兴学,主持太学七年,历光禄寺丞、国子监直讲、大理寺丞、太子中允、天章阁侍讲,为皇帝讲五经,论治国安邦,修身正家,民本行政等事。

其弟子之众且贤能:程颐,伊川学派创始人;范纯祐,有边功;范纯仁,右仆射,有《范忠宣集》五十卷;徐积,扬州司户参军,有文集三十一卷;武进钱君倚,历知制诰、知谏院;高邮孙莘老,历合肥主簿、右正言、知谏院,著有《易传》、《文集》、《奏议》、《春秋传》;无锡陈伯修,举进士;扬州潘宪臣,补学职,庆历中登第,等等。

3. 刘颜及士刘学派

刘颜,字子望,彭城(今江苏徐州)人。父早亡,喜好古文,学不专章句。师事高弁。举进士第,后授徐州文学。居乡里,教授数十百人。采集汉、唐奏议,编为《辅弼名对》,因此为任城主簿。曾于饥荒之年发放富户所积粮,活人数千。

北宋初年,安定、泰山、古灵等学派相继而起,讲学之风大盛。刘颜与郓州(今山东东平)士建中等纷纷聚徒讲学,或隐居草庐,苦心钻研经术义理,著书立说,因形成士刘学派,或称“士刘诸儒学派”。其学术主张与安定、泰山、古灵相差无几,遥相呼应。士刘学派以治经为主,精心探研“复”、“性”、“情”、“诚”等,认为“复者性之宅,无妄者诚之原”,只有做到“复”和“无妄”,才能知“性”和达到“诚”,只有尽心知性才能言“情”,如果“离性而言情,莫情之不恶”,“情本性则正,离于性则邪”。他们还认为,自孟子以来,道学不明,要以诚明义理之学,“述尧舜之道,论文武之治,杜淫邪之路,开皇极之门”[①],以弘扬孟子以来之道学。此派治经,亦不守章句,敢于疑古。许多学者终生不仕,隐约草庐,不求闻达。但其学问渊深,不径而走,很快就名扬远近了。刘颜著有《儒术通要》、《经济枢言》等数十篇。士刘学派为泰山学派

① 《宋元学案》卷六《士刘诸儒学案》。

所推重，石介见到刘颜所著书籍，赞赏备至，曾慨叹说，“恨不在弟子之列”①。全祖望亦认为，士刘诸儒“是真伊洛（二程学派）以前躬行君子”②。

4. 王安石及新学派

王安石虽出世稍晚于胡瑗，然而他将儒释道的学说融而为一，在宋学的建立方面贡献更大。他的学说在当时又称“介甫之学”、“荆公之学”、“金陵之学”等，主要为道德性命之学，“给北宋中期以来已经复兴的传统儒学进一步注射了新鲜的血液，宋学从此进入了它的繁荣期”③。

王安石自幼对诸子百家之书无所不读，善理解而不拘守先儒旧说，常以己意进行解释。他融会各家学说，逐步形成自己“新学”思想体系。早年所著《淮南杂说》、《洪范传》等书一出，即被视作孟子复出，使王安石获得了很高的声誉。在守孝的数年中，王安石开始系统整理自己的学说，建立了比较完整的思想体系。在此期间，他还收徒讲学，从学者甚众，陆佃、龚原、李定、侯叔献、蔡卞等人皆是其中的佼佼者。新学不仅有了规模，还有了传人，为日后的盛行奠定了基础。

宋神宗以王安石为宰相进行变法及其罢相知江宁府期间，为了给变法制造理论根据，王安石颁行《三经新义》，对《诗》、《书》、《礼》三部儒家经典重新加以注释，通称《三经新义》，并利用宰相权力，将其规定为中央和地方学校的必读教材和科举考试的标准。

王安石弃先儒传、注而不用，他对经学的新解，被当世称为“王氏新经”；其学说也被称为“荆公新学”。他晚年从训诂方面去阐发经义的《字说》，一直到北宋末年仍为学校经义应策采用。

王安石创立的新学是宋代新儒学的一个重要学派，影响很大。学派中人才济济，在江淮大地留下了他们的足迹。例如：

侯叔献（1023—1076），字景仁，抚州宜黄（今江西宜黄）人。宋水利学家。庆历进士。熙宁年间，认真推行新法。熙宁九年（1076），侯叔献在扬州治水时，因积劳成疾而卒于光上寺，年仅54岁。

陆佃（1042—1102），字农师，号陶山，越州山阴（今浙江绍兴）人。为从师不远千里，过金陵，受经于王安石。熙宁三年（1070）进士。元祐七年（1092），知江宁府。绍圣初（1094）知泰州，改海州，后至尚书左右丞。陆佃学宗王安石，精于礼家名数之说，曾在国子监讲王安石经学。著有《陶山集》、《尔雅新义》、《埤雅》、《礼象》、《春

① 《宋史》卷四三二《刘颜传》。

② 《宋元学案》卷六《士刘诸儒学案》。

③ 陈植锷：《北宋文化史述论》，中国社会科学出版社1992年版，第235页。

秋后传》、《鹖冠子解》等。

龚原(约1043—1110),字深之,号武陵,处州遂昌(今浙江遂昌)人。宋嘉祐八年(1063)进士。哲宗时出任两浙转运判官,后出知润州(今镇江)。徽宗时出知扬州。龚原年少时师从王安石,后来支持并参与熙宁变法,将王安石父子所撰《字说》、《洪范传》、《论语孟子义》等经义刻板刊印,宣传变法革新思想。著有《易讲义》、《续解易义》、《周易图》、《春秋解》、《论语解》、《孟子解》等。

邹浩(1060—1111),字志完,自号道乡,学者称道乡先生,常州晋陵(今江苏常州)人。神宗元丰五年(1082)进士。调扬州、颍昌府教授。吕公著、范纯仁为郡守,皆礼遇之。徽宗时历吏部、兵部侍郎。崇宁元年(1102),以宝文阁待制出知江宁府。五年(1106),归常州。著有《道乡集》。

5. 王苹及震泽学派

两宋之际,王苹曾居吴中(今江苏苏州)震泽讲学,学者称"震泽先生",故称其所创学派为"震泽学派"。王苹为安定学派胡瑗、濂溪学派周敦颐、明道学派程颢的再传弟子,伊川学派程颐的门人,与杨时等同师事程颐,而年辈稍后,然其学识却深得前辈师长们赞许,认为"师门后来成就者,惟信伯、王苹也。"与尹淳、张绎、吕本中、李子勉等为友,来往甚密。南宋初,传洛学[①]于吴中。学者纷纷前来求教,因形成"震泽学派"。

王苹弟子众多,著名者有:陈长方,陈少方、杨邦弼、章宪、周宪、范如圭、曾几、陆景端、施庭先、宋宜之、曾逮、方翕、林光朝、陆九渊等。此派主要传播二程学说,对程颢"心"、"性"学说有所发展,观点与和靖学派尹焞相近。王苹把学问分为"帝王之学"和"世儒之学",认为"帝王之学当与世儒之学异,世儒之学往往于经世大法,莫之察也;帝王之学在措诸事业。此其所以异也"。认为"人心广大无垠,万美皆备"。还说"万物皆备于我",提倡"尽心知性以知天","存心养性以容天","欲传尧舜以来之道",需"扩充是心"[②]。此派还认为鬼神"是阴阳之功用,非世所谓鬼神",把禅学引入儒学,后人以为其学说"近禅"。主要著作有王苹《论语集解》(未成)、《易传》、《王著作集》。陈长方《步里客谈》、《尚书传》、《春秋传》,章宪《复轩集》,曾逮《习庵集》等。震泽学派主要流传于吴。全祖望认为王苹"师弟之渊源力量似稍浅狭",但他把二程学说传入吴地,使吴人"得重接学统",还是有功的。他认

① 著名理学家程颢、程颐兄弟均为洛阳人,长期在洛阳讲学,故其所创学派被称为"洛学",为北宋时期最大的学术派别。

② 《宋元学案》卷二九《震泽学案》。

为此学派“颇启象山(陆九渊)之萌芽”①,陆九渊在此基础上发展为理学中的“心学学源”。另一弟子林光朝又创“艾轩学派”。

6. 尹焞及和靖学派

两宋之际,尹焞创立和靖学派。尹焞,字彦明,一字德充,河南洛阳人。焞为理学家程颐的高足,著有《论语解》、《孟子解》,是一位著名的哲学家。程颐晚年得二士,其一即焞。靖康初年(1126),焞以学高声著,被召至京师,遂赐号“和靖处士”,学者因称“和靖先生”,故称所创学派为“和靖学派”。金兵南侵,他辗转至平江,在虎丘后山寻一僻静处,后人称为“和靖读书台”,并立祠纪念。尹和靖在平江累年,凡事严整有常,遇饮酒听乐,但拱手安足,处终日未尝动。平江有僧见之曰:“吾不知儒家所谓周礼为如何,恐亦只如此也。”“夫儒者威仪扫地,遂使明道先生亦赞叹佛氏,赖有个庄严尹和靖先生,始得向波(婆)罗门吐气,乃知吾曹不必以言胜佛,要以躬行胜之耳。②”

端平二年(1235),其地辟为书院,命名为“和靖书院”。当时,书院建有三省、务本、时习、朋来四个书斋,并采取“立祠建室以舍学者,买田收谷以食之”。以后又建藏书堂,收藏古籍,便于求知者读书。去虎丘游览的历代文人墨客,总要到和靖读书台去寻访,抒发思古之幽情,挥毫落笔,留下佳文诗篇。如清代诗人任思谦写有《和靖先生读书台》一诗:“欲问台何处,何人更读书?松风虚夕响,云月暝山居。不少探幽客,谁寻三畏庐。清修邈无及,惆怅意如何?”

和靖学派以苏柄、张绎、冯理、王苹等为友,来往甚密。此派以精研《论语》、《孟子》为主,宋高宗曾说,“尹淳日间所行,全是一部论语”,临终前遗言也以其《孟子解》为遗表。在程门之中,尹焞“天资最鲁”,但“用志最专”,苦心求索二十余年,专心领会程氏之学,并以恪守师门之说为宗旨,注重“待守涵养”。主张在一个“敬”字上下功夫,认为“主一”就是“敬”,“收敛身心,便是主一”。谓“伊川(程颐)先生教,只是专令用敬以直内,若用此理,则百事不敢轻为,不敢妄为”。提倡“为善”,以为“人生天地中,其本甚善’,“好善优于天下”,反对佛教的“生死轮回”之说。还认为,学者应该主要学习“为人”,“切不可以富贵为大事,富贵慌来之物,才役心于此,则不可为学矣。”③主要著作有《论语解》、《孟子解》、《门人问答》、《和靖集》。

全祖望评论说,此学派作为“洛学”分支,“最为晚出,而守其师说最醇。五峰

---

① 《宋元学案》卷二九《震泽学案》。

② 《笔记小说大观》五编四册,台北新兴书局1974年版,第2460页。

③ 《宋元学案》卷二七《和靖学案》。

(胡宏)以为程氏后起之龙象,东发(黄震)以为不失其师传者,良非过矣”①。其弟子吕本中别创“紫微学派”,林光朝创“艾轩学派”。

元代之江淮,经学家闻名者不多。江阴人梁益,字友直,生卒年不详。他博通经史,尤精于朱熹之学。“其教人,以变化气质为先务,学徒不远千里从之”。陆文圭死后,“浙以西称学术醇正、为世师表者,惟益而已”②。著有《三山稿》、《诗绪余》、《史传姓氏纂》、《诗传旁通》等。

(二)易学研究的繁荣

1. 北宋江淮地区易学代表人物及其贡献

易为群经之首,宋代的易学研究非常繁荣。《四库全书》经部易学类著作中,宋代的作品超过了三分之一。汉后,解《易》之书可分为象数、义理两派,宋代江淮籍易学家刘牧的《易数钩隐图》即为象数派的代表著作之一,而胡瑗的《周易口义》则为义理派的代表著作。

一般认为,宋代的象数易学为陈抟所开创,后衍化为以刘牧为代表的图书之学。

刘牧,字长民,彭城(今江苏徐州)人,官至太常博士,专攻易学,代表著作《易数钩隐图》,庆历初由其再传弟子吴秘献于朝廷,得到宋仁宗优诏奖励。《四库全书总目提要》说:“其学盛行于仁宗时,黄黎献作《略例隐诀》,吴秘作《通神》,程大昌作《易原》,皆发明牧说。”此外,当世学者李觏、宋咸著书评论刘牧易学,阮逸伪著《关朗易传》以攻击刘牧易学,坊间则流传着多个版本的《钩隐图》。凡此种种,都是刘牧学说风靡一时的景象。

刘牧在《易数钩隐图》中,提出了诸如“太极无数与象”、“二仪之气混而为一”、“太极者一气也”、“天地未分之前,元气混而为一,一气所判是曰两仪”、“两仪乃天地之象,天地乃两仪之体”③等观点,他认为世界的生成,先有太极,太极分为二气(即两仪),两仪有天地之象而无形。待二气相交,五行既备而生动物、植物。他认为象与数的关系是形由象生,象由数设。刘牧根据《易·系辞》中的“河出图,洛出书,圣人则之”,提出《河图》、《洛书》同出于伏羲之世。他对“天地之数”、“大衍之数”等问题的解释,超出了王弼、孔颖达等诸儒的水平,不愧为宋代易学的代表人物。

今存宋代易学著作中,刘牧首先提出“太极”这一概念,其所作图亦早于周敦颐

---

① 《宋元学案》卷二七《和靖学案》。

② 《元史》卷一九〇《陆文圭传附梁益传》。

③ 《易数钩隐图》卷上,上海古籍出版社1989年影印四库全书本,第3页。

的太极图,同时首先申明了“太极一气”,分而为两仪(天地之体),进而生成四象、八卦,堪称有宋道学的先驱。因此我们讲宋明理学,理应从彭城刘牧始[①]。

除《易数钩隐图》外,刘牧还著有《周易新注》十一卷、《卦德通论》一卷,今不存。

穆修(979—1032),北宋散文家。字伯长,郓州(今山东东平)人,曾任泰州司理参军,著有《穆参军集》。在宋以前,《周易》是有卦无图的。易图的出现,始于北宋道士陈抟。他以八卦体系阐发丹道,并配以易图。陈抟将易图传授给种放,种放传穆修,后经邵雍和朱熹而风行天下。

庆历之际,宋学初兴,易学开始成为显学,这和范仲淹、欧阳修、“宋初三先生”的大力提倡有密切关系。在政治上,他们主张励精图治,革新除弊,改变宋初以来因循保守的政治局面。在学术上,他们开宋代易学之先河,在易学史上占有很重要的地位。

范仲淹,不仅是一个改革家、教育家,也是一位研易家。在《易经》研究方面很有成就。史称其“泛通六经,长于《易》。学者多从质问,为执经讲解,亡所倦”[②]。今存《范文正公集》卷五有《易义》一篇。《范文正公集·别解》中还有几篇赋,如《乾为金赋》、《易兼三材赋》、《天益谦赋》、《穷神知化赋》等,也是以发挥《周易》思想为主的。以上这些资料,文字都不长,系统性也不强。在这些资料中,以《易义》一篇为最长,大约四千余字。在这些著作里,范仲淹应用《易》理,充分发挥了易义,论证了《易经》是自然规律和社会思想的述著,表明了他思想中的唯物主义倾向。范仲淹不仅是政治家、文学家,而且也是当时思想界和学术界的领袖。在他周围,聚集了欧阳修、孙复、石介、胡瑗、李觏等人。

“宋初三先生”之一的胡瑗(993—1059)是宋代儒学的先锋。他精通《五经》,说《易》以义理为宗,弟子众多,其中不乏像程颐那样的高徒。他十分重视《易》学的研究,可以说在他的学术中占据了首要地位。

胡瑗于仁宗景祐初由范仲淹推荐入朝,时年四十余。皇祐中至嘉祐初主持太学。初入太学时,京都士子对他不以为然,于是他登堂讲《易》,使诸子“大服”。胡瑗的易学思想主要保存在其弟子倪天隐记述的《周易口义》一书中。

在儒家义理解《易》方面,胡瑗是宋初最有代表性的人物。他的易学是介于传统章句注疏之学和后世“高明自得”之学之间的一个过渡形态。这具体表现在胡瑗易学和汉晋易学既有联系又有区别。一方面,他对汉晋之易有所继承。首先,他与晋易有直接的继承关系。胡瑗的易学和晋易的代表人物王弼的易学同属义理学

---

① 郭彧:《北宋两刘牧再考》,《周易研究》2006年第1期。

② 《宋史》卷三一四《范仲淹传》。

派，在形式上他们是一致的。一是引史证经。王弼解《易》注重人事，以人类社会生活解释《周易》中卦爻象的变化和卦爻辞的内容，此种学风亦被胡瑗《周易口义》所发扬。但胡瑗亦自出新义，他不取王弼的道家、玄学之说，代之以儒家的纲常名教，所以多从政治伦理、君臣之道来解经。他在解释道的时候说："道者，自然之谓也。以数言之则谓之一，以体言之则谓之无，以开物通务言之则谓之通，以微妙不测言之则谓之神，以应机变化言之则谓之易，总五常言之则谓之道也。"他反对王弼以虚无观念解释太极，认为太极就是元气，成为宋学中气学派的先驱。

2. 南宋江淮地区易学代表人物及其学说

南宋前期的一些有象数倾向的易学家，既继承和研究《图》、《书》及先天之学，又广泛采用汉易中的概念来解经，并与义理相结合，表现出了集前代易学大成的趋势。

李纲（1083－1140），字伯纪，无锡人，号梁溪。大观二年（1108）任真州司法参军。政和二年（1112）中进士，任镇江府学教授。三年后擢升为监察御史兼权殿中侍御史。后历任太常少卿、国史编修等，官至尚书右仆射兼中书侍郎。绍兴十年（1140）病逝，赠少师，谥忠定。一生著作甚丰，辑成《梁溪先生文集》存世。他于建炎三、四年（1129－1130）间撰成《梁溪易传》内、外篇二十三卷。内篇训释上下经、系辞等，外篇有《释象》、《明变》、《训辞》、《类占》、《衍数》等目。他认为象数是义理的根据，批评舍象数而求义理的学风："有数而后有象，有象而后有变，有变而后有占，而鼓天下之动则存乎辞。辞所以该极象数，各指其所之而明吉凶以示人也。古之学者必备是五者，然后足以窥圣人作易之旨。……近世学者唯尚言辞，务明其义，而象数变占之学皆失其传，则不得圣人之旨多矣。"[①]此外，他对数学和汉儒的象学诸如互体、卦气、纳甲、世应等及占法都给予肯定并研究。

都絜，字圣与，丹阳（今属江苏）人，宣和六年（1124）进士，绍兴三十年（1160）由提举两浙东路常平茶盐公事迁吏部郎中、总领淮西江东军马钱粮。次年迁司农少卿。其父都郁，字子文，以易学为乡里师，仕终惠州教授。絜传其家学，在《左传》中蔡墨等人言论的启发下，著《易变体》十六卷[②]。《左传》、《国语》记古代《易》占，都以变卦为占；记占筮或记古人论事引《易》，都不称初上、九六，尤其是蔡墨在解卦时，全以变得之卦称。这种现象似乎表示本卦爻辞与变得之卦之间有着密切的关系。南宋前期，都絜注意及此，参以变得之爻、变得之卦（所谓变体）来解本卦爻辞，在宋代易学中自成一家。

魏了翁（1178－1237），字华父，号鹤山，邛州蒲江（今属四川）人。庆元五年

① 《梁溪集》卷一三四。

② 王铁：《宋代易学》，上海古籍出版社 2005 年版，第 191－195 页。

(1199)进士。开禧二年(1206)筑室于白鹤山下,授徒讲学,从此“蜀人尽知义理之学”[①]。后居靖州(今属湖南),湖湘江浙之士多从之学。端平元年(1234),以端明殿学士、同签书枢密院事督视江淮京湖军马。后因病到平江府(今江苏苏州)就医,在甫里筑罗隐庵为别业。嘉熙元年(1237)卒,谥文靖,诏赐第宅于平江南宫坊(现苏州市书院巷)。元至顺元年(1330),虞集奉敕题“鹤山书院”额于其第宅。著有《鹤山集》、《九经要义》、《古今考》、《经外杂钞》、《师友雅言》等。

魏了翁是继“东南三贤”之后,南宋最为重要的理学派人物。他博极群书,师承朱熹学派的学术思想,后又受陆九渊派学说影响,终至“折衷朱陆”,将两派学说融会变通,转到以心学为主的立场,成一家之言,其学被称为鹤山学派。他提出“心者人之太极,而人心又为天地之太极”,认为“心即天,心即理”,主张“尽心以求诸理”,借此以“端正人心”,为革除时弊,谋求改良服务。

在易学上,魏了翁继承朱熹,兼重象数义理,编有《周易要义》、《周易集义》两书。他指出,辞、变、象、占为易道根本,舍其一不得《易经》之全,力图融会程颐、邵雍易学,而这只是就《周易》本身作解释,并非外加于经典。他坚持理先气后,象数由气而出,既不废弃汉儒解《易》体例,也重视王弼等人的解《易》方法。他深研邵雍易学,探赜索隐,提出“性善之义具于《易》”[②],并进一步从先后天易说论证性善之义。魏了翁对河图、洛书、先后天易说深信不疑,但又颇富独立思考的精神,在考察其源流、辨析诸儒学说异同中用功较深,得出图书相通的结论。

3. 元代江淮地区易学代表人物俞琰

俞琰(1253—1316),吴郡(今苏州)人,字玉吾,号全阳子。宋亡,隐居于林屋山,著书立说,故自号林屋山人。因所居旁有一石涧,学者称石涧先生。一生熟读经、史、子、集,以词赋闻名,雅好鼓琴。俞琰得其家传,潜心《周易》,旁及丹道三十余年。自谓生平有读《易》癖,寒暑不辍,若有一字有疑,则日夜苦思。他遍考诸家易说,择要编成《大易会要》一百三十卷;并在此基础上进一步去粗取精,先后历二十七载,于至大四年(1311)编纂成《周易集说》四十卷。此书以程朱之说为本,以其余诸说之善者为辅。他的《读易举要》主要论述其易学体例或观点。

俞琰的易学本于朱熹《周易本义》,又力图有所创新。他认为易之义理与象数密不可分,应该等同视之,不应偏废。他在《周易集说・序》中称,伏羲始作《易》,仅有六十四卦之画;文王作上下经,乃始有辞。孔子作《十翼》,其辞乃备。所以辞本于象,象本于画。《易》之理尽在于画,舍画而玩辞,舍象而穷理,非研易之道。他吸收张载、程

---

① 《宋史》卷四三七《魏了翁传》。

② 魏了翁:《鹤山先生大全文集》卷三三,《答滕景重处厚》,四部丛刊初编,上海书店1985年版。

颢、程颐等诸家易说而形成自己的思想体系，将各家学说精华融于自己著作之中，显示出过人的归纳整合能力。

俞琰以《周易参同契》为宗，会通邵雍的先天之学，参以朱熹《参同契考异》之论，著有《周易参同契发挥》和《易外别传》[①]。他认为，易之大要在《先天图》，传自魏伯阳。不明白先天图环中之秘，就难以究《易》。而《先天图》中本具太极，故在《易外别传》中从太极开始，全面介绍《先天图》。他试图以《参同契》、《阴符经》结合程颐、张载等人的理论来揭示先天图环中之奥秘，以发展朱熹、邵雍等人的学说。又将其贯穿于《周易参同契发挥》中。俞琰以先天之学与道家经典互证，又引先天图阐说炼丹要旨，成为宋元易家中以图式解说《周易参同契》的代表。

俞琰还有《易图纂要》、《易图合璧连珠》、《六十四卦图》等易图学专著，可惜皆佚，部分易图散见于《读易举要》等著作中。

二、史学

陈寅恪先生说："中国史学莫盛于宋。"[②]宋代是理学昌盛期，同时也是史学发展突飞猛进的时期。这一时期，史学的特点可以说是：史家辈出，成就卓著，史学范围扩大，史学体例新意迭出。

1. 起居注和时政记

宋代的官修史书制度，较之唐代有了进一步发展。史书的修撰，更加全面、系统。起居注和时政记作为记载皇帝日常行事及君臣时政的记录，保存记录了许多原始资料。

起居院是编修起居注的机构。宋初沿袭唐制，于门下省设起居郎，于中书省起居舍人分掌其事。元丰年间（1078—1085），起居院被废，于中书门下后省设记注案，直至宋末。江淮地区的张佖、郑戬、吕溱等都曾主持或参与了起居注的编写。

张佖，字子澄，常州（今属江苏）人。曾仕南唐，为句容县尉、考功员外郎，进内史舍人。宋太祖开宝九年（976）以右赞善大夫、判刑部，权知荣州。太宗太平兴国初以太常博士通判河南府。淳化三年（992）为史馆修撰。五年，张佖建议复置左右史之职，太宗命梁周翰与李宗谔分领之。梁周翰（929—1009），字元褒，管城（今河南郑州）人，于太平兴国年间知苏州。淳化五年（994），梁周翰被任命为起居郎，因上言："自今崇政、长春殿皇帝宣谕之言，侍臣论列之事，望依旧中书修为时政记……仍令郎与舍

---

① 所谓别传，是相对正传而言。正传指的是正宗易学，传统上是以儒家易为本，如两宋时的程朱易学；而涉入丹道与方技合流的，就属别传的易学。《易外别传》就是易学与道教相结合的产物。

② 《金明馆丛稿二编》，上海古籍出版社 1980 年版，第 240 页。

人分直崇政殿，以记言动，别为起居注，每月先进御，后降付史馆。”[①]得到了皇帝的许可。可见，起居注进御，是从梁周翰时开始的。

苏州吴县人郑戬(987—1049)，字天休，天圣二年(1024)进士。后为太子中允，同知太常礼院，除三司户部判官，迁直史馆，于景祐(1034—1037)间同修起居注。宝元初年(1038)，知审刑院，除起居舍人、龙图阁直学士、权知开封府。

吕溱(1014—1068)，字济叔，扬州人。仁宗宝元元年(1038)中状元后，通判亳州。直集贤院，同修起居注。因参与进奏院宴饮事受牵连，出知蕲、楚、舒三州，复修起居注。后吕溱以侍读学士之职知徐州，赴任前，仁宗赐宴资善堂。神宗即位，吕溱起知池州、江宁府，复集贤院学士，加龙图阁直学士，知开封府，病逝于任。吕溱开朗敏捷，善于议论，其言论颇为当时名流所推许。

宋朝的时政记，自太宗以后不断修纂，基本上没有中断。今存无锡人李纲的《建炎时政记》三卷，是他在两宋之际置身朝廷的亲身经历和亲见亲闻的追记，是研究这段历史的宝贵资料。

2. 实录

哲宗元祐元年(1086)，诏修《神宗实录》，曾在江淮为官的陆佃为编修之一。陆佃(1042—1102)，字农师，号陶山，熙宁三年(1070)进士。元祐七年(1092)，知江宁府。绍圣初(1094)知泰州，改海州(今江苏连云港)。

绍圣元年(1094)，王安石的女婿、曾在江淮任职的蔡卞奉命重修《神宗实录》，三年成书。蔡卞(1058—1117)，字元度，仙游(今属福建)人。熙宁三年(1070)进士，调江阴主簿。哲宗时，徙江宁府，历扬、润等州。徽宗即位，诏以资政殿大学士知江宁府，后徙扬州。

南宋后期，东发学派创始人黄震于咸淳六、七年间(1270—1271)参加了宁宗、理宗两朝国史实录的修纂工作。黄震(1213—1281)，字东发，浙江慈溪人。宋宝祐四年(1256)进士。六年(1258)，黄震任吴县尉，摄理吴县、华亭及长洲各县事务，声名卓著。三年(1267)，黄震擢升史馆检阅。其代表作《东发日钞》一百卷(又作《黄氏日钞》)，是一部满含睿语哲理的读书笔记，对古书辨伪功力至深。另著有《古今纪要》十九卷、《古今纪要逸编》、《戊辰修史传》等。

3. 通史

著名的编年体史书《资治通鉴》，是司马光和刘攽、刘恕等著名史学家历时十九年编成的。刘攽(1023—1089)，字贡父，临江新喻(今江西新余)人，嘉祐元年(1056)曾在扬州

---

① 《宋史》卷四三九《梁周翰传》。

任职，熙宁年间又为泰州通判，多年在江淮任职。在编修《资治通鉴》时，他主要负责两汉部分。《资治通鉴》编成后，受到学者的广泛关注。宋末元初，胡三省撰《资治通鉴音注》二百九十四卷、《资治通鉴释文辨误》十二卷。胡三省(1230－1302)，史学家、考据学家、藏书家。字身之，旧字景参，号梅磵，台州宁海人，也曾任扬州江都丞。宝祐四年(1256)中进士后，就开始搜集资料，撰《资治通鉴广注》九十七卷，后在战乱中散失。

4. 断代史

皇祐五年(1053)，欧阳修倾十八年之力，基本撰成《五代史记》，即后人所谓的《新五代史》。欧阳修(1007－1072)，字永叔，号醉翁，晚年号"六一居士"，吉州庐陵(今江西吉安)人，于庆历八年(1048)知扬州。

欧阳修在前书基本完成后，被朝廷委任主持修撰《唐书》，即后人所称的《新唐书》。另一名编修吕夏卿，字缙叔，晋江(今福建泉州)人。庆历二年(1042)举进士后，为江宁(今南京)尉。

阳羡(今江苏宜兴)人马令在其先辈搜集的大量资料基础上，于徽宗崇宁四年(1105)编成《南唐书》三十卷。该书效《三国志·蜀书》之例，置先主书、嗣主书、后主书，共五卷。人物列传二十二卷。灭国传二卷，略载南唐所灭之楚、闽二国等事。谱一卷，其中建国谱叙地理，记南唐三十五州得失的情况，所记仅有军、州而无县；世裔谱考溯李之祖源。该书还仿欧阳修《新五代史》笔法，卷首文末多有序、论，各予褒贬。该书叙述详备，是研究南唐史的重要资料之一，与陆游所撰的《南唐书》十八卷并传于世。

5. 考释

宋人刊误前史，集中于《汉书》和《后汉书》，如张佖的《汉书刊误》，刘敞、刘攽、刘奉世的《三刘汉书标注》、刘攽的《后汉书刊误》、昆山吴仁杰的《两汉刊误补遗》等等。在考史方面，王应麟作出了重要贡献。王应麟(1223－1296)，字伯厚，号深宁居士，南宋著名学者，庆元(今浙江宁波)人。淳祐元年(1241)进士，调扬州教授，以博学多才名振朝野。一生著作二十余种，六百余卷。其中考史著作有《汉艺文志考证》、《汉制考》、《通鉴地理通释》、《困学纪闻》等。《困学纪闻》共二十卷，其中卷十一至十六为考史内容，考订、评论并重。

6. 目录学

目录学是以图书为研究对象的一门学科，古称校雠学，举凡图书的采访方法、选本、校勘、分类及编撰目录等尽在其中。南宋时，作为三大私人藏书家之一的尤袤编有《遂初堂书目》，在九经、正史两小类中著录了不同的刻本，是我国现存最早的版本目录学著作。

尤袤(1127—1194),字延之,自号遂初居士,常州无锡人。历任馆职,官至礼部尚书。他一生嗜书,其"万卷楼"藏书三万余卷,被时人称为"尤书橱"。陈振孙在其《直斋书录解题》中称遂初堂"藏书为近世之冠"。尤袤在《遂初堂书目》中,把近3000种图书分成44类。其分类体系的特点是:一、崇奉理学,将神仙、道书统统归入道家,置于杂家之后。二、史部特别注重近代史书。三、创置乐曲类,并孟子入论语类,反映当时唐宋词的发展和南宋重四书、孔孟并提的现实。史部设史学类,使长期以来无所归属的这一类书籍有了合适位置。子部设谱牒类,这比郑樵在《通志·艺文略》以外专设《图谱略》妥当得多[①]。

另外,晁公武的《郡斋读书志》和陈振孙的《直斋书录解题》,被誉为古代私家书目的"双璧"。

晁公武(约1105—1180),字子止,号昭德先生,巨野(今山东巨野)人。高宗绍兴中进士。乾道六年(1170),知扬州,更淮南东路安抚使。《郡斋读书志》著录书籍24500余卷,为我国现存最早的附有提要的私家藏书目录,在目录的体系和提要考订方面都有首创之处。

陈振孙,初名瑗,字伯玉,号直斋,安吉(今浙江安吉)人。嘉定四年(1211),为溧水教授。《直斋书录解题》著录书籍51180卷,按四部分类,各部有序,每书都有解题,对于辨别学术源流具有指导门径的作用。《郡斋读书志》和《直斋书录解题》的解题不仅可以指导读书,还使宋代解题目录的面貌得以保留。

此外,宋代官修的《崇文总目》六十六卷,是我国现存最早的一部国家藏书目录。它对于宋代图书的补缺,辨别图书存亡、真伪等方面都起着重要作用。它的分类和著录方法对后世图书的分类和著录,以及目录学的研究都有深远的影响。《崇文总目》由王尧臣、欧阳修、李淑等编撰。

李淑,字献臣,徐州丰县(今属江苏)人,生卒年不详。十二岁时,其诗文即得到真宗夸赞。天禧三年(1019),赐进士,授秘书郎,进太常丞,累迁龙图阁学士。他博览群书,详熟朝廷典故;凡有沿革,皇帝多向其咨询。亦曾撰修《国朝会要》、《三朝训鉴图》等。著有文集一百余卷。李淑还是位藏书家,私人藏书达三万卷之多。他自编藏书目录《邯郸图书志》十卷,著录图书57类,计1836部,23186卷。

《崇文总目》的另一参修者王洙(997—1057),字原叔,应天宋城(今河南商丘)人。天圣(1023—1031)年间进士,后出知徐州。他博览多闻,曾在史馆校定《九经》、《史记》、《汉书》,参与修撰《崇文总目》、《国朝会要》、《三朝经武圣略》等书。王洙藏书甚

---

① 来新夏等:《中国古代图书事业史》,天津古籍出版社1987年版,第227页。

富，仅家藏书目著录有书达43000卷，而类书如《太平广记》之类尚不在其中。

7. 地方志

地方志的繁荣也是当时史学范围扩大的重要体现。宋元时期，地方志逐渐成为一门独立的学科。江淮的地方志也进入一个兴盛时期。

《元丰九域志》，王存纂。王存（1023－1101），字正仲，润州丹阳（今属江苏镇江）人，庆历六年（1046）进士，官历知扬州、秘书省著作佐郎、知太常礼院、尚书左丞等。熙宁八年（1075），他开始主持修撰此书，于元丰三年（1080）修成，八年（1085）刊行，共十卷。

《元丰九域志》是以疆域政区为主体的综合性地理总志。该书叙述沿革以宋朝为主，始于四京，次列二十三路，终于省废州军及化外、羁縻州；分路记载所属府、州、军、监及其距京里程、四至八到、主客户数、土贡、风俗、领县，每县又详列距府州方位里程、所领乡、镇、堡、寨及名山大川，文直事赅，足资考证。这是一部研究历史经济地理和历史自然地理的宝贵资料，其中所列土贡数额远较以往任何史书、地理总志为详，而所载镇名更为宋时其他地理总志所无。

该书的另一编修者曾肇（1047－1107），字子开，南丰（今属江西）人，曾巩幼弟。治平四年（1067）进士，曾任国史编修官、起居舍人、中书舍人。历知徐州、江宁府、泰州、海州、扬州。

至于专记一个地方的地方志著作更多。北宋时，有郑兴裔的《广陵志》，朱长文的《吴郡图经续记》等。到了南宋，则有周应合的《景定建康志》、范成大的《吴郡志》、史能之的《咸淳毗陵志》、卢宪的《嘉定镇江志》、孙应时的《琴川志》、凌万顷的《淳祐玉峰志》、边实的《玉峰续志》，韩挺的《仪真志》、孙祖义的《高邮志》等。其中《建康志》、《吴郡志》和《毗陵志》为历来公认的名志。其内容和体例说明南宋地方志已经达到成熟阶段。

《吴郡图经续记》，朱长文编纂。图经是一种较古老的地方志类型。它最早出现于东汉，北宋时进入全盛期。北宋江苏地区知名的图经有罗自约的《吴县图经》、李宗谔的《苏州图经》、朱长文的《吴郡图经续记》等。到了南宋，图经逐渐被正式方志所取代。据考，南宋之前图经以全帙而存者只《吴郡图经续记》一种，而《苏州图经》有佚文辑录。

苏州，徽宗时升为平江府，别称吴郡。作者朱长文（1041－1100），字伯原，号乐圃，吴县人。嘉祐四年（1059）进士。元祐（1086－1093）中，苏轼推荐他为本州教授，后召为太学博士，再任秘书省正字、枢密院编修等职。长文好读书，勤著述，撰有《六经辨说》、《墨池编》、《修堂志》、《吴门总集》、《乐圃余稿》等。《吴郡图经续记》系朱长文致仕返里之后所编，时当元丰七年(1084)。关于此书编纂缘起，据朱氏自称“方志之学，先儒所重”，自汉代以来，有朱赣条记风俗，顾野王记叙舆地，贾耽载录十道等，皆“称于前史”，而“城邑有迁改，政事有损益，户口有登降，不可以不察也”[①]，由是而萌独力撰志之愿。

《吴郡图经续记》全书分上、中、下三卷，统合古今，资料丰富。除卷首目录外，上卷分封域、城邑、户口、坊市、物产、风俗、门名、学校、州宅、南园、仓务、海道、亭馆、牧守、人物十五门；中卷分桥梁、祠庙、宫观、寺院、山、水六门；下卷分治水、往迹、园第、冢墓、碑碣、事志、杂录七门。从门目上看，该书因事立目，分门别类，几乎涉及各个方面。其门类的设置以地理为重，并因事设目，十分重视体现地方特色。

《吴郡图经续记》“征引博而叙述简，文章尔雅，犹有古人之风”[②]，被后人推为名志、佳志。但此书系私撰，作者不可能获得官府档案文书，加以受个人学识所限，其不足之处也是显而易见的：其一，该书不载当地田赋、兵事、艺文、邮传等重要情况，内容也记载过于简略，且有详古略今的倾向。其二，该书内容记载以概论居多，不合志书之体。其三，书中多处间有作者议论，尽管有助于理解，但毕竟有违方志只叙不议或寓观点于叙述之中的一般编纂原则，而且不少议论属冗词虚语，无裨实用[③]。

《吴郡志》，范成大初纂。范成大初纂于绍兴初年(1131)，后由汪泰亨等续成，于绍定二年(1229)刊行于世，因又称《绍定志》。

范成大(1126—1193)，字致能，号石湖居士，平江吴县(今苏州)人。绍兴二十四年(1154)进士，累官至参知政事，以诗文闻名。

《吴郡志》(后人也简称为《范志》)共五十卷，凡 39 门，“征引浩博，而叙述简核，为地志之善本”[④]，后世修志者往往多循其体例。章学诚将该志与罗愿的《新安志》并列为宋人方志之首，可见评价之高。该书以志为名，比《吴郡图经续记》多四十七卷、11 门，体例更加完善，内容也更加详备[⑤]，证明南宋方志已得到发展和定型。但该书详郡而略县，分类也不尽准确。《土物》篇中还收入了一些传说。

《景定建康志》，马光祖修，周应合纂。现存南京最早的官修志书。马光祖，字华父，一字实夫，号裕齐，金华(今属浙江)人。宝庆二年(1226)进士，历知高邮、镇江、建康等地。咸淳五年(1269)，进知枢密院事。周应合(1213—1280)，字淳叟，自号溪园，

---

① 朱长文:《吴郡图经续记》序。

② 《四库全书总目》卷六八地理类一。

③ 黄苇等:《方志学》，复旦大学出版社 1993 年版，第 434—436 页。

④ 《四库全书总目》卷六八地理类一。

⑤ 详见黄苇等:《方志学》，第 160—164 页。

武宁(今属江西)人。淳祐十年(1250)进士,曾任实录院修撰。他于地方志素有研究,曾撰《江陵志》。在任江东路安抚司干办公事兼明道书院山长期间,又与马光祖共同修纂了《景定建康志》。

建炎二年(1128),高宗建行宫于金陵,改为建康府,设江南东路安抚司以治之,为沿江重镇。乾道(1165－1173)、庆元(1195－1200)年间,建康府两次修志(《建康志》和《建康续志》,今皆佚),但不完备,且无地图。景定(1260－1264)中,江东安抚使、建康知府马光祖设局于钟山阁,聘周应合修志。周应合将乾道、庆元两志合并,并增入庆元以后之事,订讹补缺,于景定二年(1261)编成《景定建康志》五十卷。该志"援据该洽,条理详明,凡所考辨,俱见典核"①。前有序、表、笺、目录,正文分五类:留都录四卷、建康图一卷、表九卷、志三十二卷、传三卷。另有拾遗一卷。表记大事;志分总序、疆域、山川、城阙、官守、儒学、文籍、武卫、田赋、风土、祠祀,分志下又有细目若干;传分序、古今人表、分传(有10类)。此编撰体例为后世广泛采用。

由于乾道、庆元二志与所引大部分图书已经佚失,《景定建康志》已成为研究南宋以前南京历史地理极可宝贵的重要文献。该志还是除《雍录》外存图最多的宋代方志,所存地图19幅大多按上北下南绘制,反映了中国绘图史的进步。

马光祖、周应合二人还对方志理论进行了较为系统深入的探索。马光祖在《景定建康志序》中提出,修方志的目的在于"有补于世"。他们认为,修方志首先要定凡例,以确立体例结构、编纂方法和门类设置等方面,这是保证方志质量的关键环节。修撰者们既要各司其职,也要就有关问题共同商榷。马光祖还提出了如何处理新旧资料的问题。所有这些,都贯彻体现在《景定建康志》的内容和编纂过程中。

在中国方志史上,元代方志处于一个重要发展阶段,起着承前启后的不可低估的重要作用。地方志在元代继续得到发展,不仅表现在数量上,更突出地表现在创立了新的方志种类——"一统志"上。同时,元代在方志理论上也作了进一步探讨,并有新的发展。正是由于方志在元代得到了继续发展,为明清方志的进一步发展打下了较好的实践基础和理论基础。

元代继承了各地修纂地方志的传统,使各地修地方志之风继续盛行。现存140余种元代方志中,江淮地区的名志有俞希鲁的《至顺镇江志》、张铉的《至正金陵新志》、杨譓的《至正昆山志》、卢镇的《重修琴川志》等。

《至正金陵新志》,张铉纂。该书至正四年(1344)刊,共十五卷。此志为志家公认的名志。作者张铉,字用鼎,陕西人,长期任教集庆路学。集庆路学曾于天历(1328－

① 《四库全书总目》卷六八地理类一。

1330)间修《集庆路续志》,但未加详审。至正三年(1343),集庆路总管府聘张铉入局,续补《景定建康志》,年底撰成。书首有序、修志文移、修志本末、引用书目。正文分地理图考、通纪、世年表、疆域志、山川志、官守志、田赋志、民俗志、学校志、兵防志、祠祀志、古迹志、人物志、摭遗、论辨。体例、篇目大体沿袭《景定建康志》。除景定志外,还广为辑录近百种书籍,许多今已佚失,所参引者尤以丰富的元代南京地方史料最为珍贵。该志本末明晰,考订较精,少有芜杂附会之病。有图 18 幅,在宋元明方志中也不多见。

《至正昆山志》,杨譓纂。该书所记事物博而不杂,简而有要。该书将土贡、土产分为二门,并详加考辨,非常精当。

《至顺镇江志》,俞希鲁纂。作者俞希鲁,镇江人,是元代“京口四杰”之一,“学问浩博,淹贯群籍”。该书是仅存的少数元代地方志之一,保存了不少地方文献的散篇佚文,记载了众多的京口掌故逸事。本书编纂有方,体例严谨,叙事精密,可与元袁桷编纂的《延佑四明志》媲美。在众多的古地方志中,此志有它自身的价值和特点。首先,它很注意社会经济方面的记载,如当时的土地分配、赋税的征收、土产贡物等,书中均有详述。其次,它还记载了基督教徒(也里可温)和伊斯兰教徒(回回人)在镇江的事迹,以及躯口人数等,反映了元代社会的某些特点,是研究我国宗教史、民族史的重要资料。对于藏族史的研究来说,《至顺镇江志》的价值则在于它更加清楚说明了仁宗、英宗时期元朝在全国各个路、府、州城为纪念八思巴而建立帝师殿的史实,以及镇江蒙古字学的教学和管理情况。从其有校址、有师生、有课业、有知识传授的学校,可见当时八思巴创造的蒙古字学已推广到郡一级。这些都对藏族史的研究有一定的参考价值。

第四节　文学

宋元文学基本上是沿着中唐以来的方向发展起来的。在恢宏的宋代文化中,各种文学体裁的发展都取得了突出的成就,所谓“自秦以下,文莫盛于宋”①。唐宋八大家,宋居其六,确立了平易自然的文风,形成散文创作的高潮。宋诗在唐诗的基础上开拓创新,创作数量空前丰盛。欧阳修、苏轼、尤袤、杨万里、范成大、陆游等大家创作了大量的名篇。宋词则是两宋文学的辉煌代表,被称为一代文学之最。词兴起于唐,

---

① 宋濂:《太史苏平仲文集序》。

到两宋时臻于成熟，并取得了为后世望尘莫及的成就。

一、宋词

有宋一代，宋词流派众多，名家辈出，如柳永、张先、苏轼、秦观、贺铸、周邦彦、李清照、朱敦儒、张元干、张孝祥、辛弃疾、刘过、姜夔、吴文英、蒋捷、张炎等人，都取得了独特的艺术成就。宋词完成了词体建设，艺术手段日益成熟，在许多方面都建立了严格的规范，为丰富古典诗歌的艺术作出了独特的贡献。在题材上，宋词开拓了广阔的领域，几乎达到了与五七言诗同样广阔的程度。在艺术风格上也是争奇斗艳，婉约与豪放并存，清新与浓丽相竞。宋代词人不少是江淮人或曾在江淮任官或生活过，他们的创造，极大地丰富了词这一文学形式与内涵。

词产生于唐前期，唐代除了部分文人词以外，更有流行于民间的大量词作。五代时，“花间派”词人及词体，以艳情为描述对象，有较大影响。南唐发展了这一特点，开宋初典雅清丽风格之先河。宋初，词的代表人物有晏殊、欧阳修、张先等，作品以小令为主，多为反映贵族生活情趣的俳艳词。而另一代表柳永的词则多为长调，风格通俗平易，反映市民生活风情。

张泌(930—?)，字子澄，毗陵(今江苏常州，一说淮南)人。初官句容尉，后归家毗陵。现存词27首，大多为艳情词，风格介乎温庭筠、韦庄之间而倾向于韦庄。用字工炼，章法巧妙，描绘细腻，用语流便。

潘阆(?—1009)，字逍遥，广陵(江苏扬州)人，一说大名(今属河北)人。太宗至道元年(995)召对，赐进士第，授四门国子博士。后以“狂妄”罪名被斥，飘泊江湖，以卖药为生。真宗时释其罪，出任滁州(今安徽滁州)参军。与寇准、王禹偁、林逋等交游唱和。尝往来于苏杭，现存词几乎皆是歌咏杭州西湖景色，颇具浪漫色彩，笔调清新，多有佳句，其中《酒泉子》(二)描写钱塘江潮，气势宏大，惊心动魄，令人有身临其境之感，堪称古今“潮诗第一”；词中的弄潮儿形象激励人勇往直前，充满了力度，极其令人振奋。著有词集《逍遥词》。

晏殊(991—1055)，字同叔，抚州临川(今属江西)人，天禧二年(1018)曾任江宁府昇王的记事参军①。他的词雍容华贵，妙语天成，又不失清新雅淡，含蓄委婉，有《珠玉词》传世。

柳永(987—1053)，原名三变，字景庄。后改名永，字耆卿，崇安(今属福建)人，北宋婉约派词人的代表。有《乐章集》传世。柳永在屡试不第后，为追求出路，先后到过

---

① 欧阳修:《居士集》卷二二《观文殿大学士行兵部尚书西京留守赠司空兼侍中晏公神道碑铭》，中国书店1986年版。

扬州、苏州等地。晚年，柳永于庆历年间(1041—1048)侨寓润州(今江苏镇江)，死后葬于丹徒。柳永的词，多写都市繁华景象及下层市民的生活，尤善于表达羁旅行役之苦，扩大了词的题材。他还精通音律，大量制作慢词，对词体的发展起到了重要作用。柳词雅俗共赏，因而流传很广。

秦观(1049—1100)，字少游、太虚，号淮海居士，高邮(今属江苏)人。元丰八年(1085)进士，授定海主簿，调蔡州教授。元祐五年(1090)被召至京师，为太学博士，校正秘书省黄本书籍。后迁正字，兼国史院编修等职。元符三年(1100)病死于藤州。建炎四年(1130)，南宋朝廷追赠秦观为"直龙图阁学士"。

秦观青少年时代熟读诗书，个性豪隽，工诗词。文辞为苏轼所赏识，与黄庭坚、张耒、晁补之合称"苏门四学士"，为北宋婉约派代表词人，著有《淮海居士长短句》。其代表作有《鹊桥仙》("纤云弄巧")、《望海潮》("梅英疏淡")、《满庭芳》("山抹微云")、《踏莎行》("雾失楼台")等。其中最能体现秦观婉约特点的是《鹊桥仙・七夕》，词中"两情若是久长时，又岂在朝朝暮暮"一句被后人称为"化臭腐为神奇"；《踏莎行》(雾失楼台，月迷津渡)则甚是为王国维所推崇，他在《人间词话》中将"可堪孤馆闭春寒，杜鹃声里斜阳暮"推举为"有我之境"。

秦观的词大多描写男女情爱，抒发身世的感伤和仕途失意的哀怨。在艺术手法上，他摄取了柳永词铺叙渲染、委曲尽致、委婉含蓄、清丽雅淡的优点，以纯净之笔准确地把握事物的突出特征，以鲜明的意象、致密的结构、谐美的音律、精练的语言，构成一种凄迷幽婉的意境。其词虽属婉约派，但有真挚的情感融于词中，形成了清丽典雅的抒情个性。千百年来，秦观一直被视为第一流的正宗婉约作家，以情辞兼胜的优美篇章在词史上脱颖而出，对词的发展产生了深远的影响。王国维在《人间词话》中评述道："词之雅郑，在神不在貌。永叔、少游虽作艳语，终有品格。"张炎说："秦少游词，体制淡雅，气骨不衰，清丽中不断意脉，咀嚼无滓，久而知味。"[①]

周邦彦(1056—1121)，字美成，自号清真居士，钱塘(今杭州)人，近四十岁时任溧水县令。在此期间，颇多诗词佳作，如《满庭芳・夏日溧水无想山作》等，其中以《西河・金陵怀古》最为著名。周邦彦发展了柳永、张先的慢词，加之语言工丽，多用典故，形成了浑厚、典雅、缜密的艺术风格。其词音律严整，格调精工，多创新调。因此他被尊为婉约派的集大成者和格律派的创始人，开南宋姜夔、吴文英格律词派先河。今存《片玉词》十卷等。

范仲淹(989—1052)，吴县(今江苏苏州)人，词作存世不多，完整者仅《渔家傲》、

---

① 夏承焘校注：《词源》，人民文学出版社1963年版，第31页。

《苏幕遮》、《御街行》三首，但字字珠玑，意境宏阔，气象雄奇，以反映边塞风光和征战劳苦见长，以身许国的英雄气概及忧国思乡的悲凉情怀表达得协和统一，开拓了宋词的表现领域。据宋人魏泰《东轩笔录》卷十一云："范文正公守边日，作《渔家傲》乐歌数阕，皆以'塞下秋来'为首句，颇述边镇之苦，欧阳公尝呼为穷塞主之词。"惜今仅存一首。范仲淹一扫花间派柔靡无骨的词风，他的词对豪放派和婉约派都有影响，后人评价甚高。

孙洙(1031—1079)，字巨源，广陵(今江苏扬州)人。皇祐元年(1049)进士，授秀州法曹。迁集贤校理，知太常礼院。英宗治平(1064—1067)年间，兼史馆校检，同知谏院。熙宁四年(1071)，因反对王安石立新法，自请出知海州(今江苏连云港)。神宗元丰初，兼直学士院，官至翰林学士。孙洙博闻强识，谙熟典故。善诗文，有名于时。著有《孙贤良集》，已佚。《全宋词》存其词二首。

北宋中期，苏轼突破了传统词作格局，气势磅礴，刚劲豪逸，从而开创了豪放派词风。苏轼(1037—1101)，字子瞻，号东坡居士，眉山(今属四川)人。熙宁十年(1077)知徐州。次年春旱，入夏得喜雨，苏轼去城东20里的石潭谢神降雨，作《浣溪沙》五首记行，其中"酒困路长唯欲睡，日高人渴漫思茶，敲门试问野人家"形象地记述了他讨茶解渴的情景。元丰八年(1085)，得请常州居住。元祐七年(1092)知扬州。建中靖国元年(1101)卒于常州。一改晚唐五代词家之风。苏轼的词现存340多首，冲破了专写男女恋情和离愁别绪的狭窄题材，大凡记游、怀古、赠答、送别、说理等，皆入词中，给词以更深广的意境。他将北宋诗文革新运动的精神，扩大到词的领域，扫除了晚唐五代以来的传统婉约词风，对词的革新和发展做出了重大贡献。

另一著名词家贺铸(1052—1125)，字方回，号庆湖遗老，卫州(今河南汲县)人。于大观(1107—1110)中寓居苏州、常州。工诗文，尤长于词。其词善于锤炼字句，又常熔铸古乐府及唐人诗句入词。内容多抒发闺情离思，也有嗟叹功名不就、纵酒狂放之作。词集名《贺方回词》，一名《东山词》，又名《东山寓声乐府》。

北宋中期江淮籍代表词家王观(1035—1100)，字通叟，出生于如皋一个书香门弟。他少负盛名，邻里称奇。皇祐三年(1051)，与堂弟王觌到京师求学于胡瑗门下。嘉祐二年(1057)进士及第，任单州团练推官，不久改任秘书省校书郎。熙宁六年(1073)进《扬州赋》，受到神宗帝的赏识，赐"绯衣银章"，跻身于文武百官之列，官大理寺丞。后因借《清平乐》一词委婉劝喻神宗皇帝不要沉湎于歌舞，见罪于宣仁太后，被贬为江都知县。从此自号"逐客"，游历名山大川，笔耕不辍，逝于任所。著作有《诗文集》五十卷，《天鬻子》、《冠柳集》、《维扬芍药谱》各一卷。

王观在宋代词坛的璀璨群星中，是引人注目的一颗，与高邮秦观齐名。《卜算子·送鲍浩然之浙东》为其名作:“水是眼波横,山是眉峰聚。欲问行人去哪边,眉眼盈盈处。　　才始送春归,又送君归去。若到江南赶上春,千万和春住。”前人吟咏别绪离愁的诗文多矣,大多离不开寓情于景,借物抒情,而王观则独辟蹊径,以拟人手法,将惜春伤别的心情抒发得淋漓尽致,堪称词林之上乘。

继而登上词坛的,是以张元干、叶梦得和李纲等为代表的南渡词人。南渡的词人们,再也无心留连光景、嘲风弄月,而必须正视和直面现实,去描述民族的悲剧和社会的苦难,从而加强了词的时代感和现实感,柔丽婉转的词体也变成了具有战斗性和批判性的精神武器。在这一词风的转变过程中,张元干最为典型。

张元干(1091－1160后),字仲宗,自号真隐山人,又号芦川居士、芦川老隐,福建永福(今福建永泰)人。靖康元年(1126)冬,他由淮水经建康(今南京)辗转漂泊,于次年春到达临安,寓居在西湖之滨。晚年,张元干在吴越一带漫游。绍兴二十三年(1153)中秋,他登上平江虎丘,四顾茫茫,百感交集,写下了《水调歌头·癸酉虎丘中秋》。二十九年(1159),他旧地重游,再到吴江,后不知所终。张元干冲破了词写离别相思、绮罗香泽的传统题材范围,把时代社会的重大主题纳入词中。其词慷慨悲凉,在题材和风格上对于后来辛弃疾爱国词派产生了重要的影响。著有《芦川归来集》十卷。

早年以吟唱婉丽的“睡起流莺语”(《贺新郎》)而闻名的叶梦得,经战火的洗礼,南渡以后也高唱起激昂的战歌。叶梦得(1077－1148),字少蕴,号肖翁,吴县人。绍圣四年(1097)进士,徽宗时诏拜祠部郎,擢起居郎、翰林学士。南渡后,任尚书左丞。绍兴初,授江东安抚使,兼知建康府行宫留守。后以观文殿学士知福州兼福州安抚使,以崇信军节度使致仕。晚年隐居湖州卞山石林谷,自号石林居士,以读书吟咏自乐。卒赠检校少保。其南渡后的词颇有苏轼之风,多描写家国之恨和抗敌之志,如《八声甘州·寿阳楼八公山作》、《水调歌头·九月望日与客习射西园余偶病不能射》等。后因权奸当道,壮怀理想不得伸展,也有压抑苦闷之叹,如《水调歌头》:“秋色渐将晚,霜信报黄花。小窗低户深映,微路绕欹斜。为问山翁何事,坐看流年轻度,拚却双鬓华。徙倚望沧海,天净水明霞。　　念平昔,空飘荡,遍天涯。归来三径重扫,松竹本吾家。却恨悲风时起,冉冉云间新雁,边马怨胡笳。谁似东山老,谈笑静胡沙。”他是辛派词的先驱,恰如王灼所言,在苏派词人中晁补之、黄庭坚是学苏而得其七八分者,而叶梦得则得六七分。

同时的陈克等词人也加入了时代的大合唱,在当时词坛颇有影响。陈克(1081－1137),字子高,自号赤城居士,临海(今属浙江)人。少时随父陈贻序宦学四方,后侨居金陵(今江苏南京)。陈克亲历两宋之交的战乱,其词对时世有所反应。但他主要还是承"花间"和北宋的婉丽之风,以描写闲适之情见长,受到历代词话家的称誉。其词作现存五十余首。

这一时期,江淮籍的代表词人有王昂、葛立方等人。

王昂(1090—?),江都(今江苏扬州)人,字叔兴。徽宗政和八年(1118)戊戌科状元。入仕后,任秘书省校书郎。高宗时,为起居舍人,秘书少监。后来,以徽猷阁待制知台州,提举江州太平观后,病逝于家中。王昂以文学称誉于时,中状元后曾作有《催妆词》,词云:"喜气满门阑,光动绮罗香陌,行紫薇花下,悟身非凡客。不须脂粉污天真,嫌太怕红白。留取黛眉浅处,共画章台春色。"

葛立方(?—1164),字常之,自号懒真子,江阴(今江苏江阴)人,宋诗论家、词人。于绍兴八年(1138)举进士,曾任秘书省正字、校书郎及考功员外郎,后累官至吏部员外郎、左司郎中、权吏部侍郎,出知袁州。隆兴元年(1163),命知宣州。次年卒。葛立方"博极群书,以文章名一世",曾自题草庐"归愚识夷涂,游宦泯捷径",因名其集为《归愚集》。著述除现存《归愚集》、《韵语阳秋》外,还有失传的《西畴笔耕》、《万舆别志》等书。《韵语阳秋》二十卷,又名《葛立方诗话》,主要是评论自汉魏至宋代诸家诗歌创作意旨之是非。葛立方文存一百余篇,古朴流畅。诗存约二百首,不乏伤时悯志,悲凉凄恻之作。词存四十首,多是写景咏物和赠答之作,明快活泼,较少伤时感乱的内容。《四库全书总目》评其词说:"多平实铺叙,少清新宛转之思,然大致不失宋人规格。"

其父葛胜仲也是填词名家,父子齐名于世。葛胜仲著述至明以后即失传,今存《丹阳集》二十四卷,是清人修《四库全书》时据《永乐大典》所辑。

十二世纪下半叶,词坛上大家辈出,名作纷呈。以辛弃疾、陆游、张孝祥和刘过等词坛主将为代表的"中兴"词家把词的创作推到高峰。辛(弃疾)派词人将词体的表现功能发挥到了最大限度,使词作与社会现实生活、词人的命运和人格更紧密相连,词人的艺术个性日益鲜明突出。词的创作手法不仅是借鉴诗歌的艺术经验,而且吸收散文的创作手段;词的语言在保持自身特有的音乐节奏感的前提下,也大量融入了诗文中的语汇。词人以一种开放性的创作态势,增强了词作的艺术表现力,最终确立了词体与五七言诗歌分庭抗礼的文学地位。但此期词坛并非辛派独霸天下,姜夔等人另成一派,从而形成双峰对峙的局面。

张孝祥(1132—1169),字安国,号于湖居士,历阳乌江(今安徽和县)人,绍兴二十四年(1154)进士第一。隆兴元年(1163)知平江府(今江苏苏州),后为建康(今南京)留守。著有《于湖词》。张孝祥是辛派词人的先驱者,其词多抒发爱国思想,风格豪迈,自成一家;艺术境界也别开生面,在词史上占有重要地位。在建康留守席上所作

《六州歌头》(长淮望断)，表现出要求恢复国家统一的激情，对南宋政权的苟且偷安予以强烈谴责，主将张浚为之感动罢席。但他在溧阳三塔湖寒光亭写下的《西江月·三塔荡阻风》却以写景真切，丝毫不见雕饰的痕迹，细读之，觉韵味无穷，可谓妙然天成。

如果说苏轼奠定了豪放词的基础，辛弃疾则将豪放词发展到了更高的境界。他调动了一切艺术手段，感时抚事，慷慨悲歌，将豪放派提高到了与婉约派分庭抗礼的地位。

辛弃疾(1140－1207)，字幼安，别号稼轩居士，历城(今山东济南)人。善诗文，但以词名世。其《稼轩词》达六百二十余首，无论数量之富，质量之优，皆冠两宋。其词抒写力图恢复国家统一的爱国热情，倾诉壮志难酬的悲愤；也有不少吟咏祖国河山的作品。辛词热情洋溢，慷慨悲壮，笔力雄厚，与苏轼并称为“苏辛”。

辛弃疾出生时，家乡已经被金人占领。归宋之初，他寓居镇江。后来他屡次上书进献谋略，力主北伐，但均得不到采纳。淳熙元年(1174)，辛弃疾到建康留守叶衡幕中做参议官，此间写下了著名的《水龙吟·登建康赏心亭》。嘉泰四年(1204)，辛弃疾被调任镇江知府，为北伐做了大量的工作，并在北固山上创作了《南乡子·登京口北固亭有怀》和《永遇乐·京口北固亭怀古》，成为八百多年来一直传诵的爱国主义名篇。

刘过(1154－1206)，字改之，号龙洲道人，吉州太和(今江西泰和)人。终生未仕，漂泊江淮间，与主张抗战的陆游、辛弃疾等多有唱和。晚年定居昆山(今属江苏)。有《龙洲词》传世。刘过的词，慷慨激昂，气势豪壮。然亦有俊逸纤秀之作。

姜夔(1155？－1221？)，字尧章，号白石道人，饶州鄱阳(今属江西)人，以能文善词著称，著有《白石道人歌曲》。淳熙三年(1176)，他沿江东下，在扬州写下了那首脍炙人口的代表词作——《扬州慢》(淮左名都)。十四年(1187)，他途经金陵，写有《踏莎行》(燕燕轻盈)与《杏花天影》(绿丝低拂鸳鸯浦)。绍熙二年(1191)冬，他往苏州谒见范成大，于范村共赏梅花，并应范成大之请，自度新腔新词名《暗香》、《疏影》，张炎称赞它们在咏梅词作中“前无古人，后无来者，自立新意，真为绝唱”[①]。二词交府中歌女传习演唱，音节谐婉。范赞赏不已，留姜月余。他一生仕途失意，生活困顿，四处飘荡，时常寄人篱下。后来，随着好友相继谢世，他贫无所依，旅食于浙东、嘉兴与金陵之间，甚至要靠卖字来维持生计，最后在贫病交加中凄凉地离开了人世。姜夔之词，在两宋词坛婉约、豪放之外，又别立一宗。他的贡献主要在于对传统婉约词的表现艺术上进行改造，并与豪放词的风格成功地加以融合，从而成为“清劲骚雅”的新体，对

---

① 夏承焘校注：《词源》，第30页。

后代词的发展产生了深远的影响。

辛弃疾去世后的南宋词坛,形成了两大创作阵营:刘克庄、文天祥等,属于辛派后劲,他们崇尚抒情言志的痛快淋漓,而不斤斤计较于字工句稳,政治批判的锋芒有时比辛弃疾更尖锐。吴文英、张炎等则是姜夔的追随者,他们的创作题材以咏物为主,注重炼字琢句,审音守律,追求高雅脱俗的艺术情趣。

总体上看,宋末词坛只有吴文英在艺术上有较大的突破;刘克庄在题材上有一定的拓展;其他词人主要是融合和深化,比较典型的是蒋捷,他融合了辛、姜二派的长处,而自成一家。

刘克庄(1187—1269),初名灼,字潜夫,号后村,莆田(今属福建)人。曾任真州录事。后游幕于江浙闽广等地。

吴文英(1200? —1260?),字君特,号梦窗,晚年又号觉翁,四明鄞县(今浙江宁坡)人。一生未第,游幕终身,于苏州、杭州、越州三地居留最久,并以苏州为中心,北上到过淮安、镇江,苏杭道中又历经吴江垂虹亭、无锡惠山等地。游踪所至,每有题咏。吴文英一生的心力都倾注在词的创作上。他力求自成一家,但辛弃疾和姜夔这两座艺术高峰横亘眼前,而他胸襟气魄远逊稼轩,才情天赋不及白石,要在情思内容上有所超越突破,已不可能,于是专在艺术技巧上争奇斗胜。近代词论家多以姜词清空,吴词密丽,为二家词风特色。

蒋捷(1245? —1305?),字胜欲,号竹山,阳羡(今江苏宜兴)人,宋元之际著名词人。南宋咸淳十年(1274)中进士,尚未一展鸿图,南宋便覆亡。一心想效力宋王朝重振山河的蒋捷便退隐江湖,栖于太湖竹山岛,恪守气节,不肯出仕,人称"竹山先生"。

蒋捷在宋末与刘辰翁等"以词鸣一时",后人将他与周密、王沂孙、张炎并称"宋末四大家"。其词作多以抒发亡国之痛,其感伤胜似长空雁鸣,其哀苦犹如寒泉低吟,其内蕴的激越难抑又如地火涌动,形成郁勃悲慨、清峻流爽的风格,读来意蕴深远,耐人寻味。如《虞美人》一词,把自己少年的浪漫生涯,中年的颠簸流离,晚年的悲苦境遇刻划得入木三分:"少年听雨歌楼上,红烛昏罗帐。壮年听雨客舟中,江阔云低,断雁叫西风。而今听雨僧庐下,鬓已星星也。悲欢离合总无情,一任阶前,点滴到天明。"

他一生用血泪写成的《竹山词》,对明清词坛影响很大,尤为清初阳羡词派推崇。物感于心,情发乎衷。他的爱国词通过生命流浪过程中所见所感的抒发,表现出爱国者的悲愤、无奈;他的咏物写景词于曲折中反映出一个遗民对故国的怀念之情;他的抒情小词富有强烈的生活气息,呈现出他对生活的热爱。

蒋捷的词作,被古人认为是填词的法度。他的词含蓄而又明快,典雅而不晦涩,故而深受好评。《四库全书总目提要》称其词"练字精深 ,调音谐畅 ,为倚声家之架矱”。清代文学评论家刘熙载在其著作《艺概》中则言:“蒋竹山词未极流动自然,然洗炼缜密,语多创获。其志视梅溪较贞,其思视梦窗较清。刘文房(刘长卿)为五言长城,竹山其亦长短句之长城欤?”

张炎(1248—约1322),字叔夏,号玉田,晚号乐笑翁,临安(今浙江杭州)人。宋亡后,流荡吴楚达十余年之久,行迹遍及苏州、无锡、江阴、溧阳、宜兴、毗陵(今江苏武进)、金陵等地,写下了大量词篇。由于他的词寄托了乡国衰亡之痛,备极苍凉,代表了南宋末期的时代之音。文学史上把他著名词人蒋捷、王沂孙、周密并称“宋末四大家”。著有词集《山中白云词》。

张炎也是一位著名的词学理论家,是文学史上第一部词学专著《词源》的作者。《词源》分上、下两卷。上卷论词乐,下卷论词的作法与艺术鉴赏等,给后人留下了不少启迪。此书分为制曲、句法、字面、虚、清空、意趣、用事、咏物、节序、赋情、令曲、杂论等十三分。其论词的最高标准是“意趣高远”、“雅正”、“清空”。

两宋时期,江淮地区妇女的文化素质也得到了提高。表现之一,就是女子善作词者屡见不鲜,兹录部分如下:

北宋苏氏,名臣苏颂(1020—1101)之妹,世称延安夫人,迁籍润洲丹徒(今江苏镇江)。擅长诗词,多闺阁中赠答之作,现存《更漏子》一首。

姑苏(今苏州)士子慕容岩卿妻,生平不详,现存《浣溪沙》(满目江山忆旧游)一首。这是一首感怀伤别词,构思巧妙,意境深远,将情感表达得极为缠绵曲折,堪称词中上品。

蒋兴祖女,宜兴(今属江苏)人。靖康之难中被掳北去,作《减字木兰花·题雄州驿》。全词情景交融,凄楚哀婉,字字血泪,句句生悲。用语精当,化典自如,成为宋词中的名篇。

胡惠斋,平江(今江苏苏州)人。胡元功之女,尚书黄由之妻室。现存《百字令·几上凝尘戏画梅一枝》、《满江红·灯花》等作品。

朱希真,小字秋娘,建康府朱将仕女。有《闺怨词》、《采桑子·闺怨集句》存世。

春炎,金陵人。许萧回为妻,战乱中被掳。其《阮郎归》(胡虏中原乱似麻)等词多为作者不幸身世的真情实感流露,读之令人凄然。

刘彤,江宁章文虎妻,工诗词。有《临江仙》(千里长安名利客)传世。

其时,即使社会地位极其低下的妓女中亦不乏工于词者,如:

苏琼,平江官妓。蔡京赴钱塘上任时,途经苏州,听说她善作词,命其即席以“九”为韵作词。苏琼稍加思考,即写下《西江月》(韩愈文章盖世),充分显著出才思的敏捷。

另一佚名平江妓有《贺新郎·送太守》一首。

再如建康妓谢福娘，以一首《南歌子》（闲傍药栏西）打动了河南才子张时（字逢辰），二人由是结缘。

二、宋诗

宋代诗人很懂得唐诗的价值，在继承唐诗传统的基础上，他们另辟蹊径，在思想内容和艺术表现上都有所开拓，注重反映社会现实，题材、风格倾向于通俗化，出现了许多优秀诗人和作品。北宋前期，“白体”、“晚唐体”、“西昆体”三派皆是沿袭唐风。到北宋后期，诗坛则形成了不同的流派，如王安石的“荆公体”、苏轼的“东坡体”、黄庭坚的“山谷体”等。

徐铉（917—992），字鼎臣，广陵（今江苏扬州）人，宋初文学家、书法家。徐铉的诗平易浅切，真率自然，不押险韵，不用奇字，颇近白居易诗风。其《贬官秦州出城作》、《送王四十五归东都》、《寄高邮陈郎中》等诗，均情到语流，无生涩雕琢之病。相传徐铉文思敏捷，凡有撰作，常不喜预作，有想请他写文章的人，临事来请，他执笔立就。徐铉曾说，“文速则意思敏壮，缓则体势疏慢”，所以他的诗流畅有余而深警不足。但也时出隽句，如：“井泉生地脉，砧杵共秋声”（《喜李少保卜邻诗》），足见其思致闲远，意味深长。其文承晚唐骈俪之风，而体格孤秀。他为李煜所作墓志铭，立言得体。著有诗文集《骑省集》（即《徐公文集》）三十卷。

丁谓（966—1037），字谓之，后更字公言，长洲（今江苏吴县）人。太宗淳化三年（992）进士，为饶州通判。真宗咸平初除三司户部判官，权三司使。大中祥符初，因阿谀真宗，大搞封禅，拜三司使。五年（1012）为参知政事。九年（1016）请外为平江军节度使，知升州。天禧三年（1019）以吏部尚书复参知政事。四年（1020），为枢密使，代寇准拜中书门下平章事。乾兴元年（1022）封晋国公。仁宗即位，进司徒、侍中，为山陵使，授太子少保，分司西京。后贬崖州司户参军，在崖五年。明道中，以秘书监致仕。景祐四年卒，年七十二。善谈笑，尤喜为诗，绘画、博弈、音律无不通晓。曾袖文谒王禹偁，禹偁大惊而重之，谓自唐韩、柳后，二百年始有此作。为西昆体诗人之一。著有《丁谓集》八卷、《虎丘集》五十卷、《刀笔集》二卷、《青衿集》三卷、《知命集》一卷，均佚。

石延年（994—1041），字曼卿，曾任海州（今江苏连云港）通判，因廉洁奉公而深受地方官民的钦佩。海州石棚山留有“石曼卿读书处”遗迹。据刘延世《孙公谈圃》（《说郛》卷十五）：“石曼卿谪海州日，使人拾桃核数斛，人迹不到处，以弹弓种之，不数年，桃花遍山谷中。”苏轼诗云“戏将桃核裹黄泥，石间散掷如风雨，坐令空山出锦绣，倚天照海花无数”，所述即桃花“烂漫岩谷”的景象。著有《石曼卿诗集》，其诗作甚受欧阳修等人的推重。

蒋堂(980—1054),字希鲁,号遂翁,常州宜兴(今属江苏)人,家于苏州。大中祥符五年(1012)进士。历知临川县,通判眉、吉、楚州。仁宗朝为江南东路转运使,徙淮南,兼江淮发运事,又降知越州,徙苏州。复历江淮制置发运使,知苏州,累迁枢密直学士。皇祐中,以尚书礼部侍郎致仕。“堂为人清修纯饬,遇事毅然不屈,贫而乐施。好学,工文辞,延誉晚进,至老不倦,尤嗜作诗。”[①]著有《吴门集》二十卷。

郑戬(987—1049),字天休,苏州吴县人,天圣二年(1024)进士。康定元年(1040)官至枢密副使。他文武全才,历任军政要职于郓州、永兴军、泾州、长安、并州等地。著有《制诰》、《原武》、《紫溪》、《长安》、《太原》五集,凡五十卷。其制诰温雅,辞训深厚,诗尤极清丽。他和同乡同年叶清臣(1000—1049)心照莫逆,唱酬甚多,别为一集,以仿元白。另外,他与范仲淹既是同乡,又为连襟(其夫人皆李昌言之女),是以私交很深。庆历六年(1046),郑戬移守并州,与时知邓州的范仲淹有诗相唱酬。范作诗《秋晚书事》,对身处战略要地的郑戬寄予厚望,以“定应松柏心无改,自信云龙道不孤”相勉。

程师孟(1009—1086),苏州人,字公辟。景祐进士,历知南康军、楚州,提点夔州路刑狱,移任河东路。熙宁初,自江西转运使改知福州,移任广州。召为给事中、集贤殿修撰,判都水监。复出知越州、青州,以光禄大夫卒。为政简易严明,痛惩地方豪恶,所部肃然听命。其在福州的政绩,当时被评为东南第一[②]。师孟善作诗,其诗简明率直,有白乐天之风,有诗集二十卷,惜已佚,故后世诗名不显。《全宋诗》录其诗40余首,多登山临水之作。他游闽山保福寺,题诗岩上,并镌“光禄吟台”四字于石,其他胜迹亦多所题咏。

王安石(1021—1086),政治家、文学家。封荆国公,人称王荆公。熙宁九年(1076),王安石退居江宁。退居后的他漫游江宁各地,并结交了著名书法家米芾、画家李公麟、文学家欧阳修、曾巩、苏东坡,以及蔡天君、叶致远等。在晚年使他引为快慰的莫过于元丰七年(1084)七月苏轼迁官过江宁来访问,这两位名冠当时的文学家终于尽捐前嫌,细论古今文学,建立起亲密的友谊。这次交往,使荆公感到这位苏东坡的确是“不知更几百年,方有如此人物”的奇才。王安石的诗歌多达1500余首,其中有关江宁的约300首。退居江宁后,他一方面继续关心新法,写作歌颂新法成效的诗篇。另一方面,神宗对推行新法愈来愈动摇,王安石的处境愈来愈困难,于是他借助佛理来解脱自己的精神苦闷。《歌元丰五首》、《元丰行示德逢》、《后元丰行》等描绘

---

① 《宋史》卷二九八《蒋堂传》。

② 《宋史》卷三三一《程师孟传》。

人民在获得丰收后的欢乐景象。其他如《杖藜》、《梅花》、《望夫石》等，都表现他未能忘怀政治，不肯超然物外的积极态度。而《示宝觉三首》、《示无著上人》等，则又表明他离开世情愈来愈远。此外，他寄情山水，陶冶性情，写了大量描写湖光山色的小诗，新颖别致，妥贴自然。其中如《书湖阴先生壁》、《北山》、《泊船瓜洲》等都是古今公认的佳作。所有这些都对宋诗的发展起了一定的推动作用。

徐积(1028—1103)，字仲车，楚州山阳(今江苏淮安)人。治平二年(1065)进士。神宗数召对，因耳聩不能出仕。元祐元年(1086)，为楚州教授。徐积以孝行著闻，早年师从胡瑗。与苏轼及苏门四学士均有诗歌往还，苏轼称之为"古之独行也，于陵仲子不能过，然其诗文则怪而放，如玉川子(卢仝)"。著有《节孝集》三十卷。

苏轼(1036—1101)的诗作，以抒发个人情感和歌咏自然景物的篇章最多，或想象丰富，或气势雄浑，或清新隽美情致盎然。他知徐州期间，不少文人学者向往徐州，徐州成为一个文坛中心。元丰元年(1078)，苏轼邀请30多位名士举行黄楼落成典礼，著名文人苏辙、秦观、陈师道等人都作赋吟诗表示庆贺。后来，苏东坡将他在徐州的佳作命名为《黄楼集》。他的《题西林壁》被认为是最能体现宋诗理性特征的佳作，诗中通过艺术形象说理，蕴含丰富，新鲜有趣。苏诗现存约四千首，其诗内容广阔，风格多样，而以豪放为主，笔力纵横，穷极变幻，具有浪漫主义色彩，为宋诗发展开辟了新的道路。

陈师道(1053—1102)，字履常，一字无己，别号后山居士，彭城(今江苏徐州)人，江西诗派重要作家。年少时曾从师曾巩。元祐二年(1087)，苏轼推荐他任徐州州学教授，又为太学博士，后调颍州教授。当时苏轼任颍州太守，希望收他为弟子，陈师道婉言推辞。但苏轼不以为忤，仍然对他加以指导。绍圣元年(1094)，他被朝廷视为苏轼余党，罢职回家。元符三年(1100)，任秘书省正字。次年病逝。著有《后山先生集》，其词集为《后山词》。

陈师道为苏门六君子之一，工诗善文，诗词成就远在散文之上。他自己说"于诗初无诗法"，后见黄庭坚诗，爱不释手，把自己过去的诗稿一起烧掉。从黄庭坚学，两人互相推重。一段时期后，他又致力于学习杜甫，深得杜诗之句法。陈师道尤工五言诗，风格朴拙精警，意味隽永，与黄庭坚并称"黄陈"。陈师道作诗以"闭门觅句"式的苦吟，形成了自己独特的诗风，在诗歌艺术上颇有自成一家的气概。他在《后山诗话》中提出，诗文要"宁拙毋巧，宁朴毋华"，在创作中也贯彻了这种美学追求，从而创造出以"朴拙"为主要特征的艺术风格。陈师道的诗简洁精练，质朴无华，外表浑朴而意味深长，运思遣词都很有功力，但字面上已洗净风华绮丽。这正是宋诗以平淡为美、以思理见长特色的一种表现。

张耒(1054－1114),字文潜,号柯山,人称宛丘先生,楚州淮阴(今属江苏)人。熙宁六年(1073)举进士,历任临淮主簿、寿安尉、咸平县丞等职。张耒诗文俱佳,以诗歌成就最高。他的诗取材广泛,除个人抒情遣怀之作外,多写田野风光、稼穑艰难和民生疾苦,其风格与选材都与唐代新乐府诗极为相近,颇有白居易、张籍、王建之风,开南宋诗人学习唐调风气之先。代表作有《仓前村民输麦行》、《劳歌》、《和晁应之悯农》等。其诗风平淡晓畅,真醇自然,清新圆润,耐人寻味。他长于锻造佳句,吕本中《童蒙诗训》云"文潜诗自然奇逸,非他人可及,如'秋明树外天','客灯青映壁,城角冷吟霜','浅山塞带水,旱日白吹风','川坞半夜雨,卧冷五更秋'之类,迥出时流"①,此类佳句可谓俯拾皆是。但是张耒过分强调"满心而发,肆意而成",短于谋篇布局,有时琢炼不够,部分作品不免流于平直粗疏。朱熹曾批评说"张文潜诗有好底多,但颇率尔",又云"张文潜诗只一笔写去,重意、重字皆不问,然好处亦是绝好"②。

邹浩(1060－1111),字志完,自号道乡居士,常州晋陵(今江苏常州)人。元丰五年(1082)进士,调扬州、颍昌府教授。元祐(1086－1093)中为太常博士,出为襄州教授。徽宗时累官至吏部、兵部侍郎。崇宁元年(1102),以宝文阁待制出知江宁府。五年(1106),知常州。大观(1107－1110)间直龙图阁。邹浩一生奉佛虔诚,其诗语言浅近平常,却意旨深切,以歌咏心志。如《道乡歌》云:"要识道乡去处,只在微尘里许。不立四至封疆,不问二仪寒暑。日月常放光明,鸟兽率来仪舞。其俗无誉无非,其民无喜无怒。别是一种乾坤,全异九州风土。师旷倾耳莫闻,离娄拭目莫睹。谁知有个冥蒙,踏着从来门户。人间天上无朋,可谓自今自古。"其中包含了作者对禅理的契悟:世人的常识总是错误地认为真理之大道高达难求,因此或舍近求远,或望而生畏。其实真理之大道就在眼前事物中,俯拾皆是。著作有《道乡集》四十卷。

李易(？－1142),字顺之,江都(今江苏扬州)人。建炎二年(1128)进士,次年为江阴军签判。绍兴元年(1131)为太常博士,迁中书舍人,出知扬州。官至敷文阁待制。李易好学多闻,以清素自立,与吕溱、王昂被时人并称为"扬州三魁"。《两宋名贤小集》卷一八四存有《李敷文诗集》一卷。

孙觌(1081－1169),字仲益,自号鸿庆居士,常州晋陵(今江苏常州)人。大观三年(1109)进士,政和四年(1114)中词科。历任国子司业、侍御史、翰林学士。任侍御史时曾上书痛斥蔡京专权。汴京沦陷,他力主议和,并执笔为宋钦宗起草投降文书。宋高宗即位后,他因此而被贬,后又因擅长文词,复被命为中书舍人。建炎二年(1128),知平江府(今江苏苏州),后历给事中、吏部侍郎,绍兴元年(1131)知临安府

① 《苕溪渔隐丛话》前集卷五一。

② 《朱子语类》卷一四〇。

(今杭州),因被秦桧等陷害而除名。不久,归居故里太湖边二十余年。孙觌虽曾抨击过蔡京,也讽刺过秦桧,可政治上没有明确见解,操守上屡遭非议。其诗多流连山林,酬答友朋,就艺论艺,不乏淡雅悠妙之作。

胡松年(1086—1146),字茂老,海州怀仁(今江苏赣榆)人。曾出任平江(今苏州)知府,为民兴利除害,深得人心。后接受朝廷任命,出使金国,能不辱使命,被提升为吏部尚书权参知政事。绍兴五年(1135),胡松年因遭攻讦而引疾辞职,改任宣州知州。绍兴十六年(1146)病逝,后迁葬故里。其七言律诗《洞庭》、词《石州慢》等为其代表作。

范成大(1126—1193),字致能,号石湖居士,平江吴县(今江苏苏州)人。绍兴二十四年(1154)进士,官至参知政事。乾道六年(1170)他以资政殿大学士出使金朝去谈判国事,坚贞不屈,几被杀害,终于不辱使命。晚年退隐故乡石湖,卒后赠少师,追封崇国公,谥文穆。范成大是南宋最重要的诗人之一,善写绝句,名列于"中兴四大家",著有《石湖居士诗集》。他的诗初学江西派,后学中、晚唐诗。其主要作品均为中晚年所作。他将《诗经》的农事诗、陶渊明恬静闲适的山水田园诗,以及唐代诗人的农家词、山农谣等作品结合在一起,诗风清丽典雅,自成一派,对后世影响很大,是中国古代田园诗的集大成者。他的诗取材广泛,如《大暑舟行含山道中》、《缫丝行》、《催租行》等,揭示了贫富悬殊的现实,表现了对人民苦难的深切同情。其组诗《四时田园杂兴》描绘了不同的四季田园景色,将农家的生活环境、季节气候、风土民俗、耕织、收获以及痛苦与欢乐,真实生动地展示出来,超越了以往同类题材的诗作,为后人所推崇。该组诗前有《引》:"淳熙丙午,沉疴少纾,复至石湖旧隐。野外即事,辄书一绝,终岁得六十篇,号《四时田园杂兴》。"可知这组诗是作者于淳熙十三年(1186)又回石湖隐居时所作,计60首。石湖在今苏州市西南十余里,西通太湖,是范成大中年时买下的一块隐居之地,并以此湖为号。

尤袤(1127—1194),字延之,号遂初居士,晚年号乐溪、木石老逸民,出生于毗陵郡(今江苏常州)无锡的一个书香门第。他幼承庭训,有神童之称。绍兴十八年(1148)中进士,后任泰兴县令。三十一年(1161),金兵攻陷扬州、真州(今仪征)等城,只有泰兴幸免于难。淳熙五年(1178)任淮东(今淮扬一带)提举常平,改江南东路。后累官至礼部尚书。卒后赠金紫光禄大夫,谥文简。尤袤在诗歌创作上达到很高的成就,与杨万里、陆游、范成大并称"南宋四大家"。他的诗作均收入五十卷的《乐溪集》,流传至今仅六十多首。元代文学家方回云:"宋中兴以来,言诗必尤、杨、范、陆。"尤袤的诗质朴、深沉,为时而作,有感而发,对南宋朝庭不思恢复中原,沉缅酒色歌舞的腐败政治充满愤懑,如《落梅》诗:"歌残《玉树》人何在?舞破《山香》曲未终。"同时对处于水深火热中的百姓充满同情并敢于大声疾呼。晚年归隐后流连山水，诗作趋向婉约秀丽，淡泊宁静。

苏舜钦(1008—1048)北宋诗人，字子美，梓州铜山(今四川中江)人，迁居开封(今属河南)。曾任县令、大理评事、集贤殿校理，监进奏院等职。因支持范仲淹的庆历革新，为守旧派所恨，御史中丞王拱辰让其属官劾奏苏舜钦，劾其在进奏院祭神时，用卖废纸之钱宴请宾客，罢职闲居苏州。后来复起为湖州长史，但不久就病故了。他与梅尧臣齐名，人称“梅苏”。有《苏学士文集》。在对诗歌的政治作用的认识上，苏舜钦与梅尧臣是一致的。他在《石曼卿诗集序》中说：“诗之于时，盖亦大物。”所谓“大物”，即是指诗可以反映“风教之感，气俗之变”。

陈造(1133－1203)，字唐卿，高邮(今属江苏)人。孝宗淳熙二年(1175)进士，调太平州繁昌尉。历平江府教授、知明州定海县、通判房州并权知州事。房州秩满，为浙西路安抚司参议，改淮南西路安抚司参议。自以转辗州县幕僚，无补于世，遂自号江湖长翁。有《江湖长翁文集》四十卷，由子师文刊刻行世，陆游为之序，已佚。他是陆游、范成大、尤袤都赏识的诗人，跟范成大唱和的诗很多。自从杨万里以后，一般诗人都想摆脱江西派的影响，陈造和敖陶孙两人是显著的例外。他敢批评当时的社会习尚，肯反映人民疾苦，只可惜堆砌和镶嵌的古典成语太多，意思不够醒豁，把批评的锋口弄得钝了，反映的镜面弄得昏了。

著名词人刘过(1154－1206)也工于诗，古体、律诗兼擅。诗多悲壮之调。也有写山水景物的诗作，风格清新秀美。

刘宰(1166－1239)，字平国，自号漫塘病叟，金坛(今属江苏)人。光宗绍熙元年(1190)进士，调江宁尉。历真州司法参军、知泰兴县、浙东仓司干官。以不乐韩侂胄用兵，遂引退，屏居云茅山之漫塘三十年。有《漫塘文集》三十六卷，其中诗五卷。

三、宋文

宋代散文是从中唐的古文运动发展而来的。宋代的文学家普遍关注国家和社会，他们继承了韩愈、柳宗元的传统，描写民生或抨击时弊成为整个文坛的创作倾向。社会政治功能的加强，使宋文具有鲜明的时代气息，其负面影响是严肃有余而灵动不足，有时也削弱了个体抒情的意味。“文以载道”的价值观必然导致把议论视为写作之目的。宋人之喜爱议论堪称前无古人，面对那些传统上不宜说理的题材也照样能大发宏论。例如亭台记一类古文，唐人皆以写景、叙事为主，而苏轼的亭台记文却几乎篇篇都有议论。除“唐宋八大家”中的成员外，王禹偁、范仲淹、晁补之、李格非、李廌、胡铨、陆游、吕祖谦、陈亮等人，也都堪称散文名家，阵容比唐代更为壮大。

宋初文人多数是从五代十国入宋的,其中如徐铉等原是南唐的词臣。他们入宋以后的散文仍多为骈体,风格浮艳,与五代时如出一辙。稍后虽有柳开、梁周翰等人提倡古文、反对骈俪,但未能取得相应的创作实绩。

宋初在散文创作上成就较高的作家是王禹偁。王禹偁(954—1001)字元之,济州钜野(今山东巨野)人。太宗太平兴国八年(983)进士。雍熙元年(984)知长洲县,常与吴县知县罗处约"相与赋咏,人多传诵"。至道元年(995)知扬州。有《小畜集》三十卷、《小畜外集》二十卷。王禹偁信从儒家政治理想,关心国家和人民的命运。他不满于晚唐五代的浮靡文风,其散文言之有物,清丽疏朗,在宋初文坛上独树一帜。其文如《待漏院记》、《唐河店妪传》等,都是优秀的古文篇章,继承了韩柳传统而文字较为平易,显示出一种新文风的端倪。

宋初在文学理论上鲜明地提出复古主张的,首推柳开。

柳开(947—1000),原名肩愈,字绍先(一作绍元);后改名开,字仲涂,号东郊野夫、补亡先生。大名(今属河北)人,有《河东先生集》传世。开宝六年(973)进士,太平兴国(976—983)间知常州、润州。柳开是宋代古文运动的先驱,他提倡复古,反对五代颓靡的文风。他十几岁时便开始学习韩愈文章,后来又以六经为榜样,提倡古文。他认为古文不在于辞涩言苦,使人难读诵之,而在于古其理、高其意,随言短长,应变作制,同古人之行事。他还称赞扬雄能言圣人之辞,能明圣人之道,并以此自期,宣扬文道合一。这些对后来的古文家和理学家都有深刻的影响。柳开的理论是后来欧阳修诗文革新运动的先声,但他过于强调道的重要性而忽视文采,在创作实践上成就不高,影响不大。

在柳开之后,穆修等人继续倡导韩、柳的古文。

穆修(979—1032),字伯长,郓州(今属山东)人。曾师事陈抟,传其《易》学;又长于《春秋》之学。大中祥符二年(1009),登进士第,为泰州(今属江苏,一说海州,即今连云港)司理参军,世称"穆参军",著有《穆参军集》三卷。当时西昆派的骈体已风行一时,穆修提倡韩柳古文,以校正、刻印二人文集来与之对抗,并亲自在东京大相国寺出售。虽然响应者不多,但穆修成功地培养了一些写作古文的弟子,其中如祖无择(1010—1085,字择之,曾知海州。少从孙明复学经术,又从穆修为文章。著有《龙学文集》十六卷)。苏舜钦等人后来都成了古文运动的中坚人物。穆修的文章存者不多,但颇有深度,其文风受韩愈影响较深,如《送李秀才归泉南序》、《祭第二子文》,笔法、姿态都与韩文相近。

吴县人范仲淹(989—1052)是北宋诗文革新运动的先驱。他意识到宋初数十年来文章柔靡、风俗巧伪的危害,强调继承历史上进步的文学传统,并推荐当代能坚持风雅比兴传统的好作品，自己的诗文也代表着文学创作中的进步方向。著有《范文正公集》，其中多有寄寓深远、脍炙人口的佳作。他的论说文旨在阐明民为邦本的重要性，议论风发，具有夺人的气势。庆历六年(1046)，他应友人滕宗谅之请，写下了传颂千古的名作《岳阳楼记》。文章提出正直的士大夫应将个人的荣辱升迁置之度外，“不以物喜，不以己悲”，要“先天下之忧而忧，后天下之乐而乐”。这不仅反映了他对国家的高度责任感，也是他一生的真实写照。全文记叙、写景、抒情、议论融为一体，动静相生，明暗相衬，文词简约，音节和谐，用排偶章法作景物对比，成为杂记中的创调。

欧阳修(1007—1072)是宋代散文的奠基人。欧阳修，字永叔，号醉翁，晚又号六一居士，庐陵(今江西吉安)人，于庆历八年(1048)知扬州。有《欧阳文忠公集》。欧阳修自小倾慕唐代古文运动的领袖韩愈，因此他极力提倡古文运动。更难能可贵的是，欧阳修在尊韩的同时，行文根据时政融入了自己的思想。针对文坛浮艳的风气，他提出“言以载事而文以饰言，事信言文乃能表见于后世”(《代人上王枢密求先集序》)。事信，即文章中所叙述的事情必须真实、有依据，这是文章的底基。欧阳修注重“事信”，而又不全盘否定“文饰”，这一点让他和当时同样反对浮艳文风的同道相比显得更胜一筹。欧阳修在现实生活中，亦时时实践着自己的主张。著《新五代史》、与宋祁合修《唐书》等事实作为古文运动的具体内容，充分反映了欧公对自己主张的坚定信心和志在必得的决心。欧阳修力戒浮华，同时也清醒地认识到空谈主张实际上是另一种形式的浮华。因此，他首先将“事信、载大、言文”的观点运用到自己的文章中，勤奋创作，严谨修改。“欧公文亦多是修改到妙处。……初说滁州四面有山，凡数十字，末后改定，只曰‘环滁皆山也’五字而已。”(《朱子语类》一三九)于简朴中见亮色，于平易中见辉煌，《伶官传序》、《秋声赋》、《醉翁亭记》，一篇篇广为流传、脍炙人口的佳作淋漓尽致地表现了欧阳修非凡的语言驾驭能力，更证明了其主张的实用性和正确性。文学既然来源于生活，自然无疑是它应具备的特点，然而文学又高于生活，如何表现这一点则并非易事，欧阳修以及其后的苏轼、曾巩等文人能以平易自然、贴近生活的笔触创造出“高于生活”的文学作品，其实过程是相当艰涩甚至痛苦的。

当然，光凭言行合一实施自己的主张这一点，欧阳修还不能被称为宋代古文运动的灵魂人物。庆历二年(1042)他曾通过科举考试提倡平实朴素的文风，此后他又培养过王安石、曾巩、苏洵父子等文人，确保了古文运动的后继有人。因此，宋代古文运动取得了辉煌的成就，为中国散文发展添上了浓墨重彩的一笔。而欧阳修也被苏轼及后人赞誉为“宋之韩愈”。

而苏轼(1036—1101)的散文则以扎实的功力和奔放的才情，发展了欧阳修平易舒缓的文风，为散文创作开拓了新天地。苏轼散文著述宏富，其中谈史议政的进策、奏议等论文，雄辩滔滔，笔势纵横，见解新颖，不落窠臼；叙事纪游散文，更以借事寓理寄情和笔法细腻、文意翻澜见长。他在任职徐州期间，与城南云龙山隐士张天骥（号云龙山人）友情极深。张养有二鹤，为了放鹤和招鹤之便，在山上修了一座放鹤亭。苏东坡纵笔写下了文情并茂、传颂千古的《放鹤亭记》。

北宋后期，宋代散文进入其发展的黄金时代，活跃在文坛上的有苏洵、曾巩、王安石等人以及苏轼门下的“六君子”。

著名诗人，淮阴张耒（1054－1114）“有雄才，笔力绝健”，擅长辞赋，代表作《哀伯牙赋》、《鸣蛙赋》、《雨望赋》在立意遣辞上都有超过先人。作为“苏门四学士”之一，其论文学创作渊源于三苏。他的议论文立意警辟，文笔高奇，如《论法》、《敦俗论》、《悯刑论》诸篇，均为佳作。他明确申说学文在于明理，提倡文理并重，以为“文以意为车，意以文为马，理强意乃胜，气盛文如驾”，又“如知文而不务理，求文之工，世未尝有是也”。他曾著文论云：

> 自《六经》以下，至于诸子百氏骚人辩士论述，大抵皆将以为寓理之具也。故学文之端，急于明理，如知文而不务理，求文之工，世未尝有也。夫决水于江、河、淮、海也，顺道而行，滔滔汩汩，日夜不止，冲砥柱，绝吕梁，放于江湖而纳之海，其舒为沦涟，鼓为波涛，激之为风飙，怒之为雷霆，蛟龙鱼鳖，喷薄出没，是水之奇变也。水之初，岂若是哉！顺道而决之，因其所遇而变生焉。沟渎东决而西竭，下满而上虚，日夜激之，欲见其奇，彼其所至者，蛙蛭之玩耳。江、河、淮、海之水，理达之文也，不求奇而奇至矣。激沟渎而求水之奇，此无见于理，而欲以言语句读为奇，反覆咀嚼，卒亦无有，文之陋也 。学者以为至言。[1]

苏轼称其文甚似苏辙，“汪洋冲澹，有一唱三叹之声”。在文章风格上，他反对曲晦，提倡词达；反对雕琢文辞，提倡“文章之于人，有满心而发，肆口而成，不待思虑而工，不待雕琢而丽者，皆天理之自然，而情性之道也”，力主顺应天理之自然，直抒胸臆。著有《柯山集》、《宛邱集》。

南宋散文充满爱国激情。李纲主张“文章以气为主”。宗泽、岳飞、陆游等人的作品都是在激烈的民族矛盾中有感而发。诗人范成大（1126－1193）有《揽辔录》、《骖鸾录》及《吴船录》传世，是宋代重要的游记。《吴船录》是最后一录，篇幅最多，详于记述和考证诸名胜古迹。

---

① 《宋史》卷四四四《张耒传》。

宋代骈文也继承了唐代骈文的某些优良传统而有所发展。宋初承晚唐、五代余习，骈文大家有徐铉等。到欧阳修时，随着古文运动的胜利，骈文也作了很大的改革，在文体上开始朝着新的方向发展，出现了曾巩、汪藻、方岳等骈文大家。

四六这种文体经过北宋欧阳修、苏轼等人的努力，已经具备了不同于唐代骈文的特点。南宋的四六作家正是在欧、苏的影响下进行写作的，所以在运散入骈、多用长句等方面都继承了欧、苏的传统，使四六成为灵活多姿、便于议论的应用文体。

南宋江淮的四六名家是常州人孙觌。孙觌自幼聪颖过人，才思敏捷，曾被苏东坡赞誉为“神童”。他很有文才，工于俪语，是宋颇负盛名的骈体文作家。又因年寿长，居闲久，学问也深。有《鸿庆居士集》、《内简尺牍》等传世。

四、元代戏曲

元代，诗歌、散文等正统文学已逐渐衰落，市民文学在南宋和金的基础上进一步兴盛起来。其最高成就是杂剧和散曲，即统称的元曲，继唐诗、宋词之后，形成我国古典文学发展史上的一个新阶段。

1. 杂剧

元前期杂剧作家以关汉卿、王实甫、白朴、马致远为代表。

白朴(1226—1306后)，字太素，号兰谷，代州(今山西河曲)人。元世祖至元十七年(1280)定居金陵(今南京)，日与友人放情山水之间，以诗酒自娱。后流寓建康(今江苏南京)，到过扬州、杭州一带游历，直到81岁时还重游扬州，后不知所终。据《录鬼簿》等文献记载，白朴作有杂剧16种，今存《墙头马上》、《梧桐雨》两种，皆为元杂剧中的优秀作品。白朴兼擅词曲。词集名《天籁集》，词语遒严，情寄高远，多颓唐凄楚之调。散曲现存40首，多抒写闲情逸致。

2. 散曲

高速发展的商品经济给江淮文化的发展提供了诸多的便利，在富足的江淮大地上，士人们继承了前代的精神文化传统，其心理也随经济的发展而发生变化，形成了富有特色的江淮文化篇章。

元代文学首推元曲，广义的元曲包括杂剧和散曲。以今天的观念来分析，杂剧和散曲分属戏剧和诗歌两个领域，但在产生和精神上两者无疑是相通的。王国维先生在《宋元戏曲史》中揭示，元曲最早应起源于古巫降神的歌乐鼓舞，还有以乐舞作谐戏的艺人——俳优。最早著名俳优当属《史记·滑稽列传》中的楚相孙叔敖的扮演者优孟。而元曲在元代瑰奇崛起，可以归结为少数民族文化的融入。正如明人徐渭《南词叙录》所言：“今之北曲，盖辽、金北鄙杀伐之音，壮伟狠戾，武夫马上之歌流入中原，遂为民间之日用。”王世贞的《曲藻·序》也说:“曲者,词之变。自金元入主中国,所用胡乐。嘈杂凄紧,缓急之间,词不能按,乃更为新声以媚之。”从中可以明确,正是北方游牧文明对中原文明的碰撞,使中原文化在这历史际遇中衍生出元杂剧。可谓是多元文化推衍出了杂剧。

元杂剧本在北方,主要以大都为中心。而元朝统一中国以后,江浙一带因为经济基础雄厚,人文环境一流很快取代大都成为杂剧中心。江淮有不少元曲名家。如扬州作家睢景臣,他有《高祖还乡》套数,突破了传统诗词的思维习惯和表达方式,吸收了杂剧的手法和风格。钟嗣成的《录鬼簿》中记录他说:“维扬诸公,俱作《高祖还乡》套数,公哨遍制作新奇,诸公者皆出其下。”他构勒了汉高祖还归故里的民间喜剧,将正史中对汉高祖的歌颂完全改变成了民间戏谑。这种无视社会等级的行为具有着深刻的社会意义,暗合了江南城镇生活的轨迹。当时,江淮还有著名的元曲作家,如扬州陆登善、溧阳孔文升、金陵谷子敬、彭城刘庭信、吴郡张雨、盱眙盍西村、无锡倪瓒、常熟黄公望、苏州阿里西瑛、常州谢应芳等。元代扬州也是杂剧演出频繁的地区,虽赶不上杭州的规模,但也是演出技艺精湛,流派众多,留下了扬州历史上戏曲表演的又一个高峰时段。还有元曲名家乔吉、张鸣善、汤舜民都曾寓居扬州。他们的作品写到许多扬州声色歌舞的生活。

然而,元曲的题材虽多种多样,但叹世归隐却是江淮文人描写的主要题材之一亦或特征。翻开他们的大作,不见“致君尧舜上,再使风俗淳”的政治理想,代之以“长醉后方何碍,不醒时有甚思?”“爱秋来那些”,和露摘黄花,带霜烹紫蟹,煮酒烧红叶”的退避乐闲的情怀。在这一点上,无论汉族士人还是蒙古色目文人惊人地一致。如薛昂夫,畏兀儿人,字超吾,号九皋。文采风流,长期在江南为官,和江苏的多民族士人有良好的往来,曾在顾瑛的草堂雅集上留下了墨迹,也留下了诗篇。祖父官至御史大夫,父亲官至御史中丞,自己曾官至江西行中书省令史等职,在元代自然属于“上等人”,但他的作品也抒发了那种叹世归隐、乐闲的情怀:

惊人学业,掀天势业,是英雄成败残杯炙。鬓堪嗟,雪难遮,晚来览镜中肠热,问著苍天无话说。东,沉醉也,西,沉醉也。

【山坡羊】

大江东去,长安西去,为功名走遍天涯路。厌舟车,喜琴书,早星星鬓影瓜田暮,心待足时名便足。高,高处苦;低,低处苦。

【山坡羊】

阿里西瑛甚至在平江（今苏州）有居所号为“懒云窝”，以此为题写有【殿前欢】：“懒云窝，醒时诗酒醉时歌。瑶琴不理抛书卧，无梦南柯。得清闲尽快活，月月似撺梭过，富贵比花开落。”看到这样的作品不禁使人产生疑问，以往的论者往往认为元代实行民族不平等的四等人制，即蒙古人第一，色目人第二，汉人第三，南人第四。而且在元朝前中期，统治者并没有实行科举。为此，大量汉族文人，特别是原南宋统治下的南人，感到苦闷，没有政治出路，失去了人生的方向，甚至，南方文人被人称作“腊鸡”，备受嘲弄，导致元曲中叹世归隐内容如潮水般涌现。可是类似的内容也频频出现在蒙古色目文人的笔下，怎能不引人深思。可见，不仅居于社会下层的汉人、南人叹世归隐，居于社会上层的色目人，甚至于蒙古人照样歌咏退隐。这大概由于元代宫廷政变不断，政治氛围压抑，就是世出“大根脚”也难免受到各种政治牵连，自己不能左右自身命运所致。而江南风景秀丽、经济富裕，当然就成了蒙古色目士人安家归隐的好去处。诸多蒙古、色目士人南游，和江南文人共同诗咏，结成多民族的松散的文化圈，为江南文化的书写添加了多彩的一笔。蒙古色目文人的元曲创作极大地提升了元代文学的成就。汉人和蒙古色目士人共同的创作形成了元代文学的高峰，也形成了江南文学创作中叹世归隐的特征。

元散曲在文学方面继承了唐诗、宋词的传统，并吸收当时民歌的营养，在音乐方面则是融合了唐宋大曲、宋词、诸宫调以及金元民间音乐发展而成。散曲是用来清唱的诗歌，元代一批文人又用北曲填词创作可供舞台演出的剧本，这就是元杂剧。因此元曲包括了散曲和杂剧。散曲又可分为套数和小令两种。

在套数中，【般涉调·哨遍·高祖还乡】是非常著名的一首。作者睢景臣（约1275—约1320），字景贤，又字嘉贤，维扬（今江苏扬州）人，是一位杂剧、散曲作家。他自幼好学，禀性聪明，酷爱文学和音律，著有杂剧《屈原投江》、《千里投人》、《莺莺牡丹记》三种，均不存。《金元散曲》存其套数三套，残套一套。套数《高祖还乡》描写汉高祖刘邦称帝的第十二年，平定淮南王英布叛乱后，路经故乡沛县（今属江苏），逗留十多天。衣锦还乡，当地官员郑重其事地盛大欢迎。作品用一名深知刘邦底细的村民的口吻来叙述这件“盛事”，以辛辣、挖苦的笔触揭露了刘邦耽酒、赖债、明抢、暗偷的乡村无赖的本来面目，并给以愤怒的嘲弄和鞭笞，使本来隆重、热烈的欢迎场面变成一场滑稽可笑的闹剧。

钟嗣成在《录鬼簿》中写道：“维扬诸公俱作《高祖还乡》套数，惟公哨遍，制作新奇，诸公皆出其下。”可知此套曲当时已负盛名。明代朱权《太和正音谱》，将睢景臣列于“古今群英乐府格势”之中，称其词“如凤管秋声”。郑振铎评道：“《高祖还乡》确是奇作。他能够把流氓皇帝刘邦的无赖相，用傍敲侧击的方法曲曲传出。他使刘邦的荣归故乡的故事，从一个村庄人眼里和心底说出。村庄人心直嘴快，直把这个故使威风的大皇帝，弄得啼笑皆非。这虽是游戏作，却嬉笑怒骂，皆成文章了。”①

睢景臣一生未能仕进，全部情感皆倾之于曲作之中。其他作品如【黄莺儿 · 寓僧舍】，还体现出他出色的写景抒情能力。

在小令创作中，最著名的作家当属张可久。

张可久（1280—1350后），字小山，庆元（今浙江宁波）人。他时官时隐，在今江苏地区，其足迹遍及常州、平江、扬州、镇江、高邮等地。至正九年（1349）以后为昆山幕僚，期间作有《题顾仲瑛芝云堂》和《早起口占寄玉山》。张可久一生专写散曲，讲究格律音韵，追求含蓄蕴藉、典雅工丽，所作多描绘自然风景，咏歌颓放生活，也有描写闺情及应酬之作。其散曲，元世已有《今乐府》、《苏堤渔唱》、《吴盐》三种行于世。今存小令八百55首，套数9套，其数量为元人之冠。

贯云石（1286—1324），本名小云石海涯，自号酸斋、浮岑及芦花道人，著名散曲作家。成年后承袭父爵任两淮万户府达鲁花赤。后称病辞官，返回江南隐居。卒封京兆郡公，赠集贤学士，谥文清。他是散曲从草创时期发展到黄金时代的一位过渡作家，在散曲发展史上占重要地位。其前期散曲表达了盼望建功立业、兼济天下的愿望，但又感叹时光流逝，自己的抱负无法实现。后期散曲大多反映他浪迹江湖、隐逸山水的生活，流露出厌恶官场、洁身守志的思想情感。但也不乏描写男女恋情，清新秀丽、自然质朴的作品。现存小令79首，散见于《阳春白雪》、《朝野新声太平乐府》等选集中。杨维桢在《东维子集》中多次把贯云石评为一代大家。其诗清新自然，以感情真挚见长，如《歌行古乐府》。其词现存《水龙吟 · 咏扬州明月楼》一首。

张鸣善，名择，自号顽老子，生活在元代末年。原籍平阳（今属山西），久寓江浙，曾官淮东道宣慰司（治扬州）令史，居扬州时间尤长。他与当时曲家多为友好，填词度曲词藻丰赡，常以诙谐语讽人。钟嗣成《录鬼簿》列为“方今才人相知者”。《全元散曲》收其小令13首，套数2套，多写男女风情和山林归隐，也有仕途艰辛、游客思乡之作。【越调 · 金蕉叶】套，是赠扬州女艺人李楚仪的名篇。

张鸣善身处元末丧乱之际，深感现实的动乱与污浊，因此多有刺时之作。著名的小令【水仙子 · 讥时】：“铺眉苫眼早三公，裸袖揎拳享万钟，胡言乱语成时用”等句，揭露了元末贤愚莫辨，黑白颠倒的黑暗政治情况。又据《尧山堂外纪》所记：张士诚居苏州时，其弟张士德掠夺民田，以扩大园囿，有一次宴会上，张鸣善作小令《咏雪》，虽句句咏雪，却意指其事，而且词锋锐利，张士德为之大惭。他的散曲往往构思巧妙，语言诙谐，甚有特色。

---

① 郑振铎：《中国俗文学史》下册，上海书店1984年影印版，第229页。

五、元代诗文

元曲虽是元代文学的标识，然而诗文也很有成就。唐代以来，中国文人习惯于诗歌散文的创作，因之，元代的诗文无论从作品涵盖的内容或作者的人数来说，都要比杂剧散曲多得多，即使是以元曲创作著称的名家，不少人也留下了优秀的诗文作品。元代的诗歌作者多得难以计数，清代初年，《元诗选》的编辑者顾嗣立以一人之精力，就搜集到三千余人的作品，而几乎与此同时的、由朝廷组织编集的《全唐诗》，也不过二千二百余人。简单翻检顾嗣立《元诗选》三集就可以找到江淮的主要诗人是：苏州郭麟孙、干文传、钱良右、陈君谦、昴吉、李瓒、陆友、张逊、文质、周砥，溧阳契玉立，淮阴无锡陈肃，淮阴卞思义，镇江汤炳龙，常州吴克恭，扬州彭仲一，江阴许恕、俞远，昆山瞿智、陆仁、吴诚，等等。

通观元代的江淮诗人，很容易发现无功名和无官职的很多，而且在诗文创作中和元曲创作者同样立足于独立精神和生命自由。当然，元代文人兼擅数艺者多不胜数，他们的创作也是诗文曲画等都称上佳，内在精神也相通。中国封建文人总是以立功、立德、立言为生命宗旨，奉行“达则兼济天下，穷则独善其身”的观念。在这种精神感召下，历史上的诗人的作品充满着壮志难酬、报国无门和无人赏识的愁闷之情。如前所述，元代江苏文人生活目的和内容已经突破传统，活动范围也较之以往获得扩展，生活理想也随之开始发生变化。他们中有的鄙弃官爵，甘愿以一介布衣逍遥江湖；不愿为官、屡次推托的为数更多，例如无锡倪瓒，曾因为躲避张士诚的征聘，假扮渔人，隐于太湖芦苇丛中。倪瓒写有《述怀》诗，倾吐了自己追求独立人格的精神和毕生追求艺术的生活态度，诗中说：“放笔作词赋，览时多论评。白眼视俗物，清言屈时英。贵富乌足道，所思垂令名。”[①]文字表达了经济发达的江南地区多布衣文人的心声。可以说元代江苏的诗人是从比较发达的商品经济中找到了可以安身托命的东西，也从诗文的创作中找到了生命存在的价值，他们在创作中的自我也体现得淋漓尽致。这和元代开放的江南市镇生活是相辅相成的。

江淮的诗文创作中还洋溢着对时代的反讽。上至朝廷弊政，下至民间陋俗，无所不包。如元顺帝后至元年间，谣传朝廷将搜罗女子，赏给蒙古贵族，一时江南无论条件，纷纷婚配。平江虎丘寺僧人祖柏有诗讥讽，诗中有“夜来明月楼头望，惟有姮娥不嫁人”二句。至于至正年间的“变钞”，招致“以钞买钞”的怪事，对江南市镇经济的影响极大，更是怨声载道，这在顾瑛《玉山璞稿》中有多处论及。这主要是因为生活在市

---

① 倪瓒：《清閟阁集》卷一《述怀》，四部丛刊本。

镇之中的文士们对于身边的各种社会不平处比较敏感。妇女文学也有上扬之势。因为元代的社会风气相对宽松，少数民族的妇女地位也较汉族妇女为高，因此，元代妇女的社会生活面较为广泛，文学也表现了元代的这一社会特征，这在江淮特别是江南地区表现得尤为充分。如平江的薛兰英、薛惠英姐妹。薛氏姐妹诗词清丽，出口成章，而且敢于追求婚姻自主，不可多得。尤其值得称道的是平江女诗人郑允端，江淮才女唯有她的诗集流传后世。允端出身豪富，尤好赋诗，与文士施伯仁结婚后，“相敬待如宾客”。这种男女平等互爱的关系不但体现于她家庭，在她的诗歌中也有所表露，她的《吴人嫁女辞》说：“余见寻常百姓家多以女嫁达官贵人，虽夸耀于一时，而流不得偕老。”诗中说：“种花莫种官路旁，嫁女莫嫁诸侯王……不如嫁与田舍郎，白首相看不下堂。”江苏富裕的城镇女子追求婚姻自由、平等，反映了时代的风尚。

元代诗文，可以延祐年间为界分为两个时期。前期，南方诗文的著名作家有戴表元、陆文圭等人。

戴表元(1244—1310)，字帅初，一字曾伯，号剡源先生，庆元奉化(今属浙江)人。南宋咸淳七年(1271)进士，授建康府教授。作品今存《剡源文集》三十卷，其中诗四卷。他的诗流露出对民生疾苦的同情和对赵宋王朝的故国之思。他力求革除宋诗之弊，创造出较为高朗健拔的诗风。其律诗雅秀，静细清新，风致近晚唐。戴表元更以文章著名，其文“清深雅洁，化陈腐为神奇，蓄而始发，间事摹画，而隅角不露……至元、大德间，东南以文章大家名重一时者，唯表元而已”[①]。如记词人张炎的《送张叔夏西游序》，文辞简洁传神，流露出亲切自然的感情。又如《寒光亭记》等文，完全立足于人生的真实体验，不能不说是一种进步。

陆文圭(1256? —1340?)，字子方，江阴(今属江苏)人。博通经史百家，兼及天文、地理、律历、医药、算术之学。南宋咸淳初首中乡试。宋亡，隐居城东，人称“墙东先生”。元延祐间(1314—1320)恢复科举，官员强令他就试，再中乡举。他的对策有救流民、革贪吏、拯盐法、拯钞法等，皆切中时弊。朝廷几次征聘他入朝，都因年老多病，未能成行。

陆文圭现存词中约有一半是以描写歌妓和艳情为内容的。它们多数只停留在一般声、色描写上，并无真实的感情。而晚年所作词，内容较充实，艺术上也趋于成熟。如《探春慢·和心渊己巳元夕韵》一词，寄托了他对亡宋的怀念，感情也沉郁真切。他的文章“融会经传，纵横变化，莫测其涯际，东南学者，皆宗师之”[②]。著有《墙东类稿》，今存永乐大典本，收文300余篇，诗词600余首，计二十卷。

---

① 《元史》卷一九〇《戴表元传》。

② 《元史》卷一九〇《陆文圭传》。

杨刚中，字志行，建康上元（今南京）人。其文奇奥简涩，动法古人，而不屑为世俗平凡语，深得当时名流元明善（1269—1322）之称赏。著有《霜月集》。其甥李桓，字晋仲，与之同郡，由乡贡进士，亦以文章闻名于江东，学者多传其所作。

张雨（1277—1350），茅山派道士，吴郡（今江苏苏州）人。博学多闻，襟怀潇洒，多才多艺，精诗能文，善书工画，尤以诗享盛誉于元末文坛。其诗格调清丽，句语新奇，时贤赵孟頫、虞集、范梈、杨维桢皆与其酬唱往还。杨维桢谓其诗作"俊逸清赡，侪辈鲜及，不目之为仙才不可也"。另存小令五首，清逸超然，有豪迈之气。著有《句曲外史贞居先生诗集》等。

元代后期，社会矛盾尖锐，诗文的现实性增强了。代表作家有虞集、马祖常、萨都剌、张翥、王冕、杨维桢、贡师泰等。

马祖常（1278—1338），字伯庸。十岁随父至仪真（今江苏仪征）。他文学造诣甚高，慨叹魏晋以来文风卑弱，故作文务去陈言，专以先秦、两汉为法。文风精赡鸿丽，自成一家。尤善赋诗，多写各地风土人情及社会状况，颇具现实意义，如《踏水车行》、《宿迁县》等，关心民生疾苦，抨击官商们荒淫无耻的生活，爱憎分明。诗风圆密清丽，才力富健，长篇巨制，又显得磅礴奔腾，含不受羁勒之气，深获元文宗赏识。著有《石田集》十五卷。曾预修《英宗实录》，又编集《列后金鉴》、《千秋记略》等。

张翥（1287—1368），字仲举，世称蜕庵先生。晋宁（今山西临汾）人。张翥曾隐居扬州，至正初年（1341）被任命为国子助教，后至翰林学士。诗歌工近体，尤以律诗最为出色，内容多"忧时伤乱"，如《忆维扬》、《忆姑苏》等。其词不如诗写得细腻而圆润，也有一些慷慨苍凉之作，为后人推崇，如《沁园春·广陵九日与刘士斡成元璋泛舟邗沟》、《洞仙歌·辛巳岁燕城初度》、《鹊桥仙·丙子岁予年五十酒边戏作》等。这些词寓人世炎凉于豪放之中，后人评价较高。

杨维桢（1296—1370），字廉夫，号铁崖，别署铁笛道人，浙江诸暨人，元末诗坛泰斗。至正六年（1346）冬至苏州蒋家授学，追随者甚众。翌年春作《题吕敬夫诗稿》，称昆山多才子，而以吕诚和袁华为魁。与顾瑛、郯韶、徐师颜等交游。杨维桢在诗、文、戏曲等方面均有建树，历来对他评价很高。他的诗号称"铁崖体"，在元文坛独领风骚四十余年。其诗文清秀隽逸，别具一格。他长于乐府诗，多以史事及神话传说为题材。其诗比兴迭出，奇想联翩，所创《西湖竹枝词》通俗清新，和者众多。著有《东维子文集》、《铁崖先生古乐府》等。

萨都剌（约1305—约1355），字天锡，号直斋，青年时曾奔波吴、楚间。泰定四年（1327）进士及第，后历任京口录事司达鲁花赤、江南行御史台掾史等职。萨都剌的山水诗颇见功力。他游宦多年，足迹遍及长城内外、大江南北，不少山水诗富有生活实感,描写细腻,截取平淡的生活片断,铸成韵味悠远的意境,构成饶有意趣的“诗画”,贴切入微。他的词作虽不多,但颇有影响,尤以《念奴娇·登石头城》、《满江红·金陵怀古》最为著名。前者抚今追昔,韵调苍凉,以一组富有悲剧意味的形象,咏出风云易消、青山常在的感慨;后者则巧妙地活用前人典故,吊古伤今,表现了更为圆熟的技巧。后人曾推崇其为“有元一代词人之冠”,并非溢美之词。

王冕(1310—1359),字元章,一作元肃,号竹斋、煮石山农、饭牛翁、梅花屋主等,诸暨郝山下人。学识过人,但屡应试不第,后隐居会稽九里山,种梅千枝,以卖画为生。王冕曾出游南京、九江口及七里泷等地,遍历大江南北。他的诗多同情人民苦难、谴责豪门权贵、轻视功名利禄、描写田园隐逸生活之作,如《伤亭户》、《江南妇》、《对景吟》等。亦有抒发爱国情怀的诗作,如《南城怀古》。有《竹斋诗集》三卷,续集二卷。

戴良(1317—1383),字叔能,号九灵山人,浦江(今属浙江)人。元末至吴中依张士城,又复泛海至登莱,拟归元军。元亡,隐居四明山。其诗文多颂扬与留恋元朝统治,污蔑农民起义,也存有一些人物(如医者)的传记资料。著有《九灵山房集》。

元末的江淮文坛,最负盛名的当推顾瑛和倪瓒了。正如王世贞《艺苑卮言》卷六所说:“吾昆山顾瑛、无锡倪元镇,俱以猗卓之姿,更挟才藻,风流豪赏,为东南之冠。”

顾瑛(1310—1369),一名阿瑛,又名德辉,字仲瑛,昆山(今属江苏)人。以收藏品鉴书画古玩和嗜诗,并主持“玉山雅集”而称名于世。元朝末年,天下纷乱,他尽散家财,削发为在家僧,自称金粟道人。

顾瑛家业豪富,筑有玉山草堂,园池亭馆36处,声伎之盛,当时远近闻名。他轻财好客,广集名士诗人,玉山草堂遂成为游宴聚会之所,杨维祯、倪云林、柯九思等大家皆成为其座上宾。至正八年至十二年(1348—1352),玉山草堂雅集天下文学艺术界人士达60余次。“玉山雅集”与王羲之的“兰亭雅集”、米芾的“西园雅集”并称为中国文化史上三大雅集。

顾瑛生平与朋友游山玩水,饮酒赋诗,过着优越闲适的生活。他的诗歌也多是抒写这种闲情逸致之作。著有诗集《玉山璞稿》二十卷等。

六、施耐庵及《水浒传》

施耐庵(1296—1370),名惠,又名子安,字彦端,又字耐庵、肇瑞。生于兴化一个船民家庭,13岁进苏州附近的浒墅关私塾,至顺二年(1331)进士,任钱塘县尹,其主要精力在于坐贾经商,业余从事戏曲创作。

在杭州,他结交了戏剧家钟嗣成、赵君卿、陈彦实、颜君常、范居中等人,与他们合作了杂剧《鹔鹴裘》。该剧描写西汉才子司马相如与卓文君的一段风流佳话，计四折，分别由范居中、施耐庵、黄天泽、沈拱完成。施耐庵创作的《芙蓉城》则以家乡兴化的别称作为剧名，内容是写王子高梦游芙蓉城，并与周太尉之女相爱的故事。剧中对芙蓉城四时佳景的描写极为生动。施耐庵取北曲之长，给南戏注入新的血液。这方面最杰出的成果就是《拜月亭》。《拜月亭》又名《幽闺记》，以关汉卿的北杂剧《拜月亭》为基础重新创作，成功地塑造了正面的绿林英雄陀满福的形象。

两年后，施耐庵悬印回到苏州，一心想把梁山英雄的事迹写下来，初步拟题为《江湖豪客传》。元末农民战争期间，施耐庵先后隐居常熟、江阴一带，以教书为生，潜心创作此书。漂泊多年后，施耐庵终于回到故乡兴化，继续写作。年逾古稀时，他将《江湖豪客传》写到一百零八将排座次。为避免遭禁，他利用《诗经》成句，换成一个文雅的名字《水浒》，写了一篇前言，末署"东都施耐庵"，这是用扬州的古称，因兴化时属扬州路。明洪武三年(1370)，施耐庵病逝于淮安，其孙述元扶柩归故里安葬。

施耐庵著《水浒》，创造了章回体小说，使上百万言的巨著结构浑一，环环相扣，气势恢宏，在中国文学史上树起一座丰碑，被誉为"中国长篇章回小说之父"。他所创作的《水浒》，是我国古代小说中唯一以描写封建社会阶级矛盾、农民起义与农民战争为中心内容，广泛而深刻地反映封建统治黑暗现实的古典名著，具有划时代的伟大意义。清燕南尚生《〈新评水浒传〉三题》评价道："施耐庵者，无师承、无依赖，独能发绝妙政治学于诸贤圣豪杰之先……《水浒传》者，祖国之第一小说也。"在其直接影响下，《三国演义》、《金瓶梅》、《西游记》、《红楼梦》、《儒林外史》等长篇小说接踵而出，汇成中国明清小说的洪流。

第五节　艺术

一、书法

两宋时期，政府实行右文政策，在中央官学中，还设有专门的书学、画学。帝王中也有许多是书画高手，甚至亲自主持有关书画的工作。

宋人书法以行草居多。宋初的林逋、范仲淹等人虽擅书，但为文名所掩，书名不彰。之后苏轼、黄庭坚、米芾、蔡襄"宋四家"各领风骚，为一代宗师。南宋时期，帖学盛行，书法渐衰，陆游、范成大、朱熹等俱擅书，然终无法与北宋相提并论矣。

徐铉(917—992)，字鼎臣，广陵(今江苏扬州)人，《宋史》有传。五代、宋初文学家、书法家。历官御史大夫、率更令、散骑常侍。淳化二年(991)，因受尼姑道安的诬陷，被贬为靖难军行军司马(任所在邠州，今陕西彬县)，次年卒于贬所。徐铉精于文辞，时论为江表之冠。弟锴，亦以文翰知名，世人称为“大小徐”或“二徐”。徐铉尤精小学，入宋后奉诏与句中正等共同校订《说文解字》，增补19字入正文，又补402字附于正文后。经他们校订增补的《说文解字》，世称“大徐本”。他所撰写的序文，本身就是一部文字和书体演变简史。其中对书体书艺的独到见解和古人书法笔意的发微，论述都十分精要。

徐铉“好李斯小篆，臻其妙，隶书亦工”①，所书篆隶精熟纯正，气质高古，几与阳冰并驱争先。朱长文在《墨池编》中说：“自阳冰之后，篆法中绝，而铉于危难之间，能存其法，虽骨力稍欠，然亦精熟奇绝，及入朝见《峄山刻石》摹本，自谓得于天人之际，遂臻其妙。”清代冯武《书法正传》称：徐铉所书的篆书，映日视之，笔画中心有缕浓墨，因其笔锋直下不倒侧，故笔锋常在画中，故人也称其如“屋漏痕”、“锥画沙”。有《成武王庙碑》、《许真人井铭》，摹《峄山铭》、《大钲铭碑》等传世。墨迹有行书《私诚帖》(藏台北“故宫博物院”)，全篇字势以平稳为本，但颇多变化，正中见奇，静中含动，实中藏虚，雅有古意，无丝毫俗态。另有《篆书千字文残卷》(宋摹本，现藏黑龙江省博物馆)。其弟徐锴也是著名的篆书书法家，二人曾在今南京栖霞山千佛崖石壁用“螺篆体”题刻。

范仲淹(989—1052)，字希元，苏州吴县人。善正楷、行草，冲和平淡，稳健端秀。其书法晚年效王羲之《乐毅论》，黄庭坚称其书落笔痛快沉着，极近晋宋人书，堪称大家。《伯夷颂》，楷书中略带二王笔意，法度之路正气凛然，毫无纵逸之态。《道服论》(藏故宫博物院)，后有文同之跋：“文正词笔，观之若侍其人左右，令人既喜皆凛然也。”其书淳和清劲，令人叹服。

苏舜钦(1008—1048)，与兄舜元，皆善书法，篆隶真草皆工。其楷书师法颜真卿，端劲沉着。尤精于草书，“每酣酒落笔，争为人所传”②。他补怀素《自叙帖》前六行残缺，几可乱真，足见其草书之精绝。朱长文在《墨池编》中对苏舜钦的书艺多有赞誉，并评其书可入妙品。

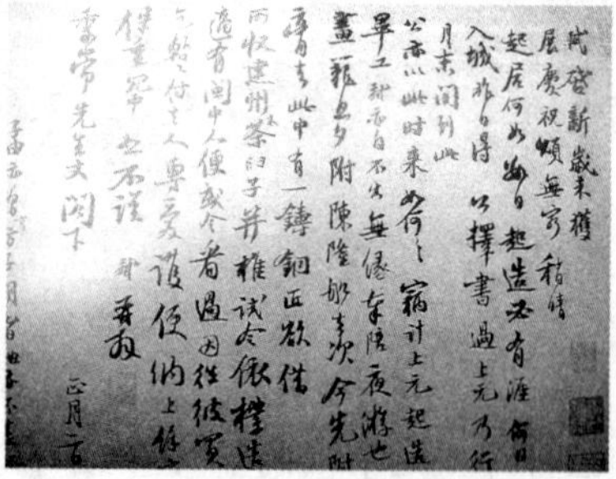
苏轼书新岁展庆贴

北宋大文豪苏轼(1037—1101)，也是一位杰出的书法家，尤善行书，与黄庭坚、米芾、蔡襄合称“宋

① 《宋史》卷四四一《徐铉传》。
② 《宋史》卷四四二《苏舜钦传》。

四家”。他的书法吸收了二王、颜、柳、徐浩、李邕及杨凝式的笔法，字形渐趋肥壮，风姿妩媚，笔软墨丰，内含骨力。著名传世墨迹很多，如《黄州寒食帖》、《赤壁赋》等。另外值得一提的是，高邮文游台簪堂的墙壁上镶嵌着苏轼、秦观等名人的碑帖，统称《秦邮帖》。其中苏轼所书《兴龙节》，系酒醉时所书，真、草、行并作，大小相间，章法别具。真书飘逸，行书自然，草书凝重，大字肉丰骨劲，小字宽绰有余，态浓意淡，藏巧于拙，秀伟豪放，为其醉中书仅存于世者。

“宋四家”中的米芾（1051－1107），初名黻，字元章，号海若庵主、襄阳漫士、海岳外史等。虽是襄阳人，却长期寓润州（今江苏镇江）。他书画兼擅，人称“米南宫”，又因其个性狂放，人亦称“米颠”。其书法篆、隶、行、草、楷各体皆能，行草造诣尤高，为“宋四家”之一。米芾习书十分勤奋，他临池不辍，博采众长，先后师法欧阳询、柳公权、王羲之、王献之，自称其书为“集古字”，而能自成一家。他对书法的分布、结构、用笔，有着独到的体会，要求在变化中达到统一，把裹与藏、肥与瘦、疏与密、简与繁等对立因素融合起来。其体势展拓又严于法度，用笔浑厚爽劲，章法上重视整体气韵，兼顾细节的完美。书写过程中随遇而变，独出机巧。苏轼称其书法“风樯阵马，沉着痛快，当与钟王并行，非但不愧而已”。《宋史》称：“沉著飞翥，得王献之笔意，尤工临移，至乱真不可辨……”传世书法有《蜀素贴》、《苕溪诗》、《方圆庵记》、《天马赋》等。当代书法家启功称米芾的书法“舒卷烟云势最奇”[①]。米芾也是一位书论家，所著《书史》及《海岳名言》为古代书法理论著作中的重要文献。

北宋中叶，楚州（今江苏淮安）官妓王英英亦以书闻名。她初习颜体，然笔法骨力均与颜书相去甚远。后得巨匠蔡襄点拨，授以笔法，书艺遂大进，尤善作大字。梅尧臣有诗赞曰：“山阳女子大字书，不学常流事梳洗。亲传笔法中郎孙，妙作蚕头鲁公体。”

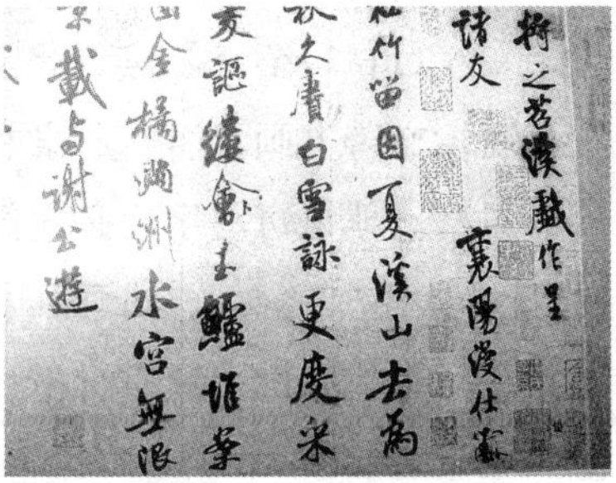

宋代米芾书苕溪贴

此外，徐州营妓马盼盼善书。苏轼知徐州时，她研习苏书体，其作品颇得苏轼喜爱。

蔡京（1047－1126），字元长，兴化仙游（今属福建）人。熙宁三年（1070）进士，历扬州、江宁等地。其书初学蔡襄，继学徐浩、欧阳询、二王，字势豪健，痛快沉着，形成筋骨其中，秀丽其外的特殊书风。蔡京罢官南下，舟过维扬（今扬州）时，米芾、贺铸前往谒见，其书作被贺取走，致使米、贺二人失和，足见其书之价值。传世作品如《致节

① 启功：《论书绝句》，三联出版社 1990 年版。

夫亲契尺牍》，体态健丽，气韵生动，起落呼应皆出于自然，体现出深厚的艺术功底。当代书法家启功虽不欣赏京之为人，却也称蔡京与蔡卞的书法是“蹑晋纵唐傲宋贤”①。

北宋著名书家中江淮籍的还有朱长文、叶梦得等。

朱长文(1039－1098)，字伯原，号瀿溪隐夫，吴县人。年未冠而举进士乙科，因病足而不肯出仕，闭门著书，筑室于乐圃坊，仰卧其间。长吏到任，均先去拜访他，询问为政之要及学术，士大夫们到吴中以不入乐圃为耻，其名声震动京师，然终因嗜古而病足，未能出仕。元祐(1086－1093)中勉强教授乡里，旋被征召入京为太学博士，迁秘书省正字卒。著有《墨池编》二十卷，主要辑录历代书法论文，也有其自撰内容，分字学、笔法、杂议、品藻、赞述、宝藏、碑刻、器用八个门类。朱长文仿唐人张怀瓘《书断》体例，列唐宋时期知名书家 123 人，分为神、妙、能三品一一加以评论，冠之以“续”，以示不敢擅独创功劳之意。各家均以小传系之，评论简约精当。《墨池编》为北宋最重要的书法理论汇编，也是一部重要的书法史论著，其详尽的论述叙写与严谨的评论风格，历来为书法家们所重视，常见于学者及评论家的引用。

翟汝文(1076－1141)，字公巽，丹阳人。元符元年(1098)中进士，无意仕途而归隐故里。大观(1107－1110)间，徽宗赵佶久闻翟汝文才华，授其秘书郎，出知襄州、齐州、陈州等地。他为官清正，办事公道。得知百姓疾苦，亲奏减赋，因此深受乡民敬重和爱戴。绍兴元年(1131)八月，翟汝文召为翰林学士兼侍读。翌年，调参知政事。绍兴十一年(1141)卒，谥忠惠，葬于丹阳九灵山。

翟汝文善书画，尤精篆、隶和行楷，其书体沉着、苍劲、豪放，形成了他书法艺术的特有风格。他每每写字前必先熟思，而后兴发力足，一气呵成。他的行草尤具艺术个性，充分表达其笔墨韵味。因而，文人墨客、士大夫及社会名流临摹和收藏他的墨迹风行一时。他存世书法有行楷《书札》、《宣抚贴》等，其《宣抚帖》收录于著名的《三希堂石渠宝笈法帖》第 36 轴，计 14 行、106 字。此帖酷似苏字，通篇“妩媚中藏刚劲，古拙里显灵秀”，充分表现出“绵里裹铁，藏巧于拙”的高超艺术特色。

他一生著作颇丰，后人称他的文章“有熙宁、元祐遗风”。他还谙熟先秦史、汉史及夏、商、周古代礼器礼仪，曾“奏乞编集新体，改正《三礼图》，以示后世。”刊行于世的著作除《东汉通史》五十卷外，还有《圃学》五卷、《广闻》三卷、《人物志》五卷、《忠惠集》三十卷。

叶梦得(1077－1148)，字少蕴，号肖翁、石林，吴县人。著述其丰，尤工于词。其

① 启功：《论书绝句》。

书法宗颜真卿，又参以米南宫，遒劲浑厚，别具姿致。传世作品有《人至帖》等。

南宋江淮籍书家则有范成大、颜直元、魏了翁等。

范成大(1126－1193)，字致能，号石湖居士，吴县(今苏州)人，著名诗人，为南宋四大家之一。范成大之母蔡夫人，是北宋四大书家之一蔡襄的孙女。范成大十分推崇二王的书法，他对二王系统书风的吸收，在南宋可谓高人一筹。他还取近代名家如苏轼、黄庭坚、米芾等人的长处，广收博代，融于一炉，终于自成一家，在南宋书坛上别具面目，独树一帜。对古典书法的临摹，他认为应重视古人真迹，于行、住、坐、卧之时常把玩之，详读其点画之形及笔墨之神，反对好奇之士专仿碑石剥处的颓靡字形，到今天仍有现实意义。

范成大的书法，沉着端润，圆劲流畅，稳重含蓄而又灵巧生动。其传世墨迹以尺牍简札居多。其中以《明州赠佛照禅师诗碑》为第一，此碑早佚，但有宋拓本存世。淳熙八年(1181)，范成大从明州(宁波)转任金陵(南京)前游阿育王山，书赠诗四首予佛照禅师。其时，范成大"览山川之壮丽，发妙观之无穷"，人谊山情，一气呵成。虽经石刻，神采依然，如飘云忽举，海云舒卷，既有法度，又有气势，构筑了一个俊伟英迈的艺术境界。现存手迹还有《与先子帖》、《垂诲帖》、《荔酥沙鱼帖》等。他的行书《四时田园杂兴》也常为人们所乐道。明代王世贞在《弇州山人稿》上说范成大书法"出入眉山(苏轼)、豫章(黄庭坚)，间有米颠(米芾)笔，圆熟遒丽，生意郁然"，与其诗堪称二绝。

南宋大词人姜夔(约 1155－约 1221)是第一位振兴南宋书坛的书法家，工于真草，尤擅行书，其书艺效法二王，兼有五代杨凝式的余韵。姜夔还是南宋最重要的书法理论家，其《续书谱》精要而具体地对书法艺术的内在特性作了研究探讨，填补了宋人的空缺。

颜直元(1171－1222)，字方叔，号乐闲居士，长洲人。工画人物，又擅小篆。

魏了翁(1178－1237)，字华父，学者称鹤山先生。本邛州蒲江(今属四川)人，后定居平江。端平间，理宗赐其第于今苏州书院巷，并赐书"鹤山书院"四字。又在甫里(今甪直镇)筑别业于罗隐庵。其书法秀润连绵，以行草见长。传世作品有《文向帖》等。

张即之(1186－1266)，字温夫，号樗寮，历阳乌江(今安徽和县)人，先后在平江、江阴、扬州、镇江等地担过任低级职务。他杂糅百家，自成一体，时出新意。通过借鉴宋四家的创新精神，取二王之俏丽与颜柳之风骨，工整严谨，骨力雄健，时而罩以墨晕，老辣中透出秀逸的韵致。他还具有较高的文学和佛学造诣，并将二者融入自己的书作中，难怪其书被称为南宋末年四绝(杨瓒琴、赵镃棋、张即之书、赵孟坚画)之一。

如果说，唐代书法家对书法艺术的法则和艺术地位明确地加以确认，从而造成了这一时期书法艺术的辉煌，那么，宋人在唐人的辉煌面前，考虑得最多也最突出的问题，便是如何在书法艺术中体现书家的不同意趣，张扬个性，即“尚意”。苏、黄都是新型书风的开拓者，米芾也不例外。所不同的是，苏、黄注重笔墨技巧的突破，米书注重于古典技巧中精神突破与笔墨突破的二者结合。米书从“二王”一路来，他不废古人，然又极饶个人面目，便是所谓“尊古为新”。走这条路很困难，米芾却成功了，这就是米书影响久远的深层原因。从“二王”到米芾，直至后世的吴门书家，我们可以清晰地理出江南书风的递嬗流变轨迹。

有人认为元代书法是一个否定之否定的历史转折，即表面上的复古，实际上重整技巧方法，对书法的艺术地位进行再确定。不少书家有意无意响应了赵孟頫的努力，上溯晋唐，匡救南宋人的衰颓。如江苏书家张雨即属此列。

元代江苏书法家主要有袁易、龚璛、张雨、倪瓒等人。

袁易(1262—1360)，字通甫，号静春，长洲人。工于诗，亦擅书画。赵孟頫尝为画《卧雪图》，称其与龚王肃、郭麟孙为“吴中三君子”。其书尤以行楷见长，传世《诗卷》墨迹，可见其端谨秀润，笔法劲峭之书风。

龚璛(1266—1331)，一名肃，字子敬，高邮人，徙居平江。工诗善文，格调清新。刻意学书，有晋人风度。传世作品《行楷题跋》笔调高古雅秀，韵姿佳甚，在元人书家中称得上是佼佼者。

张雨(1277—1350)，茅山派道士，吴郡(今江苏苏州)人。倪瓒《题张贞居书卷》称“贞居真人，诗、文、字、画皆为本朝道品第一”①。其书师欧阳询、赵孟頫，间学怀素，自成风格，尤善大草、行书及小楷，其字体俊爽清洒，具有道家淡漠典雅之逸气。其书法作品有《台仙阁记卷》、《七言诗贴》、《唐人绝句轴》等十余种。

画家倪瓒(1301—1374)亦工书，尤擅楷书。其楷书师法晋人，笔调秀美典雅。作为在野的高人韵士，他参禅学道，浪迹天涯，故用笔含蓄，富有“道风禅韵”，表现出简远萧疏，枯淡清逸的特有风格。文征明、董其昌都曾高度赞美过他的书法。文征明评曰：“倪先生人品高轶，其翰札奕奕有晋宋风气。”董其昌评曰：“古淡天真，米痴(即米芾)后一人而已。”当代书法家启功作诗赞曰：“论书宁向迂翁(即倪赞)拜，古淡风姿近六朝。②”倪瓒的书法传世作品有《三印帖》、《月初发舟帖》、《客居诗帖》、《跋米芾诗》、《寄陈惟寅诗卷》、《杂诗帖》等多种。

陆友，字友仁，自号研北生，平江(今江苏苏州)人，至顺(1330—1332年)初前后在世。陆友真、草、篆、隶皆通，尤工汉隶、八分，追踪石经，欲与汉末名家蔡邕、钟繇相

---

① 《清閟阁全集》卷九。

② 启功：《论书绝句》。

上下。后人评其八分小篆，“如昆刀切玉，不见形迹，而刚强之气，温润之质，望之俨然”。陆友还博雅好古，精于鉴赏，能辨三代汉魏以来钟鼎铭刻，于晋唐法书、名画，皆有精识。虞集、柯九思识其才，荐于朝中，未及用而南归。编著有《墨史》、《研北杂志》、《集古印谱》等。

此外，元代著名书法家鲜于枢、柯九思等人皆曾寓居江淮。

鲜于枢(1254—1302)，字伯机，号困学山民、寄直老人，渔阳(今北京蓟县)人，曾寓居扬州等地。与赵孟頫齐名，同被誉为元代书坛“巨擘”。鲜于枢兼长正、行、草书，尤以草书为最。小楷类钟繇；草书有二王、怀素笔意。他作草书，从真行来，故落笔不苟，而点画所至，皆有意态。其书多用中锋回腕，笔墨淋淳酣畅，气势雄伟跌宕，酒酣作字奇态横生。赵孟頫对他的书法十分推崇，曾说：“余与伯机同学草书，伯机过余远甚，极力追之而不能及，伯机已矣，世乃称仆能书，所谓无佛出称尊尔。”代表作有《老子道德经卷上》、《苏轼海棠诗卷》、《韩愈进学解卷》等。

柯九思(1290—1343)，字敬中，号丹丘生等，台州仙居(今属浙江)人，寓苏州之胭脂桥。博学能诗，善书画，又工词曲。擅画墨竹，书风古朴老到，时参以拙气，浑厚而有韵致，用笔善变化，喜用焦墨。

宋元江南书法，承六朝至唐余风，又得江南山川风物之助，直接开启了明代盛极一时的“吴门书派”。

二、绘画

北宋初期，以巨然为代表的一批优秀前南唐画家给画坛注入了勃勃生机。

巨然，江宁开元寺僧，山水师法董源，对水墨山水有所发展，创“淡墨轻岚”一体。早年着力刻画形象，山石用淡墨长披麻皴，山峦拔地而起，山顶多作矾头(小石块)；晚年渐趋平淡，落笔融浑天成，岚气清润，布局天真。以破笔焦墨点苔，水边常点缀风吹蒲草，林麓间布置卵石、松柏、疏筠、蔓草之类，相与映发；而幽溪细路、屈曲萦带、竹篱茅舍、断桥危栈真若山间景趣，一派江南烟岚气象。后主降宋，随往汴京，住开宝寺，在学士院绘《烟岚晚景》壁画，极为时人称赏。存世作品有《秋山问道》、《层崖丛树》等。他和董源被后人称为“董巨”画派，在中国山水画史上影响极为深远。

北宋最杰出的书画家则非米芾莫属。

米芾(1051—1107)书画均通，曾被召为书画学博士。其画山水人物，自名一家，将书法中的点画用笔融于绘画，并以大笔触的水墨表现自然山川的烟云风雨变化，人称“米点”，此创“米家云山”，史所称道。他追求天趣，强调表现自然平淡的艺术风格，是当时士人画的一种典型。

其子友仁(1074—1153),字元晖,小名虎儿,晚号懒拙老人,定居润州(今江苏镇江)。早年以书画知名,北宋宣和四年(1122)应选入掌书学,南渡后备受高宗优遇,曾受命鉴定法书。米友仁承其父画法,世称"小米"。其山水画发展了米芾技法,以水墨横点写烟峦云树,运笔草草,不失天真风气,自称"墨戏"。画史上称"米家山"、"米氏云山",并有"米派"之称。米友仁与米芾共同开创的"米氏云山"画风和技法,划时代地确立了文人画的审美视角和情感意境,从此文人画长盛数百年,迄今遗韵犹存,对后世影响极大。传世作品有长卷《潇湘奇观图》(现藏故宫博物院),表现的是江南的云雾山光,充满着灵动之气。上有作者自跋:"先公居镇江四十年,作庵于城之东高岗上……此卷乃庵上所见,大抵山水奇观,变态万层,多在晨晴晦雨间,世人鲜复知此。余平生熟潇湘奇观,每于登临佳处,辄复写其真趣成长卷以悦目,不俟驱使为之,此岂悦他人物者乎?"可见作者是在对自然的观察中得奇景、奇情,进而化心源、化奇境、得奇法的。另有《云山墨戏图》卷(现藏故宫博物院)、《潇湘图》卷(现藏上海博物馆)、《云山得意图》卷(藏台北"故宫博物院")等。

这一时期,江淮籍的画家也不断涌现。

陈直躬,高邮人。苏轼有题所画《雁》诗云"野雁见人时,未起意先改。君从何处看,得此无人态。无乃槁木形,人禽两自在。北风振枯苇,微雪落璀璀。惨淡云水昏,晶莫沙砾碎。弋人怅何慕,一举渺江海"。者是也。

朱象先,字景初,一作升初,号西湖隐士,松陵(今江苏吴江)人。山水始规董、巨,而能出新意,笔力高简,润泽而有生理,出许道宁辈以上。驰名绍圣、元符间(1094—1100)。相传少时画笔常恨无前人深远润泽之趣,一日于鹅溪绢上作小山,觉不如意,急湔云放尘,再三挥染即有悟见。自后作画多再涤去,或以细石磨绢,要令墨色著入绢缕。苏东坡《书朱象先画后》云:"能文而不求举,善画而不求售,文以达吾心,画以适吾意而已。以其不求售也,故得之自然;世亦罕见,不知其所长也。"

法能,吴县(今江苏苏州)人,善画罗汉。秦观记其《五百罗汉图》云:"昔戴逵常画佛像,而自隐于帐中,人有所否臧,辄窃听而随改之,积年而就。意法能研思,亦当若此,非率然而为之者也。虽然少游独能察人之画,而不退思其作记时耶?"

李士云,金陵(今南京)人。尝为王安石传神,赠诗曰:"衰容一见便疑真,李氏挥毫妙入神。欲去钟山终不忍,谢渠分我死前身。"又善山水,荆公赠古风有"李子好山水,而常寓城郭。毫端出窈窕,心手初不着"之句。

戚仲,常州毗陵(今江苏常州)人,宋代画家。善绛色山水,师杨士贤,兼画虎,师李迪。多喜作江海团扇面,有《江潮涌月图》最佳。常于画上反手题其名字。

戚文秀,常州毗陵人,宋代画家,善画水,笔力调畅,史称画水名家。尝画《清济灌河图》，一笔长五丈，自边际起，通贯于波浪之间，与众毫不失次序。

元初的龚开、郑思肖等画家，多为南宋旧臣，宋亡后则寄情于画，多在作品中流露出对先朝的怀念或对元代统治的不满。

龚开(1222—约 1307)南宋末画家、诗人。字圣予，号翠岩，淮阴(今属江苏)人。南宋理宗景定年间(1260—1264)曾在两淮制置司李庭芝幕府任职，与陆秀夫共事。宋亡后，来往于苏、杭间，结交南宋遗民，正式开始了绘画生涯。擅画人物山水，也善画马，喜作墨鬼及钟馗。他以墨笔为胜，画风怪奇，描法粗厚，坚实凝重，常在作品中渲泻一腔悲愤。

龚开在墨鬼钟馗方面的代表作品有《钟馗嫁妹图》、《钟馗剖鬼图》、《钟馗移居图》、《中山出游图》等，其中最享盛名者当推《中山出游图》。《中山出游图》画钟馗携带其妹出游，随从皆为奇形怪状的鬼卒，小妹以墨代胭脂涂面，颇具漫画趣味。该作品现藏美国弗利尔美术馆。正因为其作钟馗画较多，且又勇于创新，独具特色，故而备受时人及后世的推崇，以至言墨画钟馗必龚圣予，将其尊为钟馗画的泰斗。他还著有画论《论画鬼》，提出画鬼与画人的关系应与草书与真书的关系一样，不擅画人者必不擅画鬼。人物方面的作品有描绘韩世忠被解职后，着凉帽野服、携二三童子遨游湖山的《清凉居士图》；描绘苏东坡、黄庭坚二诗坛巨子的《自写苏黄像》；描绘宋江三十六英雄聚义梁山的《宋江三十六人画赞》。作有《宋江三十六人赞并序》，为《水浒传》的研究提供了极有价值的资料。

山水、花鸟方面，山水画巨匠赵孟頫曾在《题龚高士山水》诗中云："当年我亦画云山，云白山青咫尺间。今日看山还自笑，白头输与楚龚开。"今见于著录的龚氏山水作品主要有《江村宿雨》、《玉涧流泉》、《江矶图》，花鸟画有《梅岩雪霁图》、《画孟浩然诗意》、《天香书屋》、《金陵六桂图》。龚开写意画马存世最多，主要有《骏骨图》、《玉豹图》、《唐马图》、《瘦马图》、《人马图》、《天马图》、《黑马图》等。以马为题材入画，借马的矫健、迅捷、勇武、刚烈来表现自己的理想与意志。

除此之外，龚开的诗文亦能自成一家，题画诗功力深厚。如《瘦马图》题画诗写道："一从云雾降天关，空尽先朝十二闲。今日有谁怜瘦骨，夕阳沙岸影如山。"该诗表现了宋亡后的落寞心情。著有《龟城叟集》。

郑思肖(1214—1318，一作 1238—1315)，著名画家、诗人。字忆翁，号三外野人。连江(今属福建)人。其父郑震在南宋执掌平江(今苏州)书院。郑思肖秉承父学，明忠孝廉义，学问和品格深受其父影响。宋亡后，隐居苏州。坐卧必向南，因自号所南，以示不忘宋室。专工画兰，花叶萧疏，他画兰不画土、根，寓宋沦亡之意。又工墨竹，多写苍烟半抹，斜月数竿之景。存世作品有《墨兰图》等。他还著有《一百二十图诗集》、《心史》等。

元代，山水画的发展极为兴盛，在这方面表现出了许多成就。特别是水墨山水，更是风靡一时，在元代画坛上占据了重要地位。元代绘画在主题意涵、风格特征和审美取向上与两宋时代有明显区别。重内蕴而轻形质的文人画的成熟和经典佳作不断，标志着元代绘画的巨大转变，构成了元代绘画的主体精神。

曹知白(1272—1355)，字又元、贞素，号云西，人称贞素先生，华亭(今上海松江)人。至元中任昆山教谕，后隐居不仕，饱览经书和研究道家之说，与倪瓒、顾瑛同为太湖一带著名文人。擅山水，笔墨简洁枯淡，传世作品有《双松图》、《群峰雪霁图》、《溪山泛艇图》等。

唐棣(1296—1364)，字子华，祖籍钱塘(今杭州)。唐棣幼聪颖好学，文思敏慧，能诗善画，有"奇童"之称，为赵孟頫、马煦赏识，弱冠时便拜赵孟頫为师，常出入赵府，交往益深。不久马煦升为刑部尚书，遂携唐棣至京，于延祐初进荐仁宗，以绘画侍奉宫廷，在嘉熙殿画屏风"挥洒立就，天子称赏"，待诏集贤院，因而有机会遍览历代书法名画。此时赵孟頫也奉召至京，任翰林侍读学士。唐棣在朝廷中与文臣交往，诗文、书画得到虞集、偈傒斯、赵孟頫指授，技艺更趋成熟。文宗天历二年(1329)应诏在应天府龙翔寺绘制画壁，至顺四年(1333)第二次北上大都，奉诏在宫廷作画。先后在江阴等地为官，有政绩。工山水，近学赵孟頫，远师李成、郭熙，亦工诗文，晚年返乡埋头读书作画，生活较凄苦。传世作品有《林荫聚饮图》轴、《霜浦归渔图》轴、《携琴远眺图》轴(藏四川省博物馆)、《雪港捕渔图》(藏上海博物馆)、《云浦驾舟图》册页、《仿郭熙秋山行旅图》轴(藏台北"故宫博物院")等。

朱德润(1294—1365)，字泽民，祖籍睢阳(今河南商丘)，后寓居昆山。他工书法，善诗文，擅画山水、人物。初学许道宁，后宗郭熙，多作溪山平远、林木清森之景，笔苍墨润，清逸遒劲，在"元四家"之外，另辟蹊径，对后世亦颇有影响。存世画迹有《秀野轩图》、《林下鸣琴图》、《松溪放艇图》等。

郭畀(1310—1355)，字天锡，号云山、退思，祖籍洺水，居于京口(今江苏镇江)。业承家学，善长辩论，通晓蒙文，身材魁梧，蓄有长须，人称郭髯。20岁时任镇江儒学学录。历任饶州路鄱阳书院山长、处州青田县腊原巡检等职。后调任平江路(今苏州)儒学教授，未及赴任，又改解为江浙行省丞相府掾吏。工书、画，书法学赵孟頫，曾代孟頫书写《松雪斋集》，孟頫作跋称许。画仿米芾，其山水画颇有米家风范。尤善竹木窠石，极富天趣。又师事高彦敬，得其笔法，与无锡画家倪瓒为好友。酒后作画，兴到神来，为人所宝。传世作品有《幽篁枯木图》卷(藏于日本京都国立博物馆)等。著有《退思集》，身后由其子郭启衰集编成，有俞希鲁序。另有《云山日记》，记载他在镇江和游历杭州之事。

曹知白、唐棣、朱德润、陈琳、郭畀、张雨等都师从赵孟頫，而以“元四家”（黄公望、倪瓒、王蒙、吴镇）的艺术成就最为卓著，代表了赵孟頫之后元代文人画的新创。

黄公望（1269－1354），字子久，号一峰、大痴道人、井西老人。本姓陆，名坚，平江常熟（今属江苏）人。父母早逝，家贫无依，过继给永嘉（今浙江温州）黄氏为义子，因改姓名。

黄公望自幼聪敏勤学，博览群书，经、史、九流之学无不通晓，工书法，通音律，能作散曲。曾在浙西廉访使署充当书吏，因经办田粮征收事被诬下狱。出狱后，改号“大痴”，从此不问政事，浪迹江湖。其后信奉全真教，成为清修道士，基本上过着云游生活，行踪漂泊无定。至正十四年（1354），黄公望死于杭州，享年八十六岁，归葬故乡常熟。

黄公望处在由宋到元，山水画的转型和文人画形成发展时期，主要继承了董源、巨然的传统，又受赵孟頫薰染，溶合自身对自然实景之感受，加以发展，自成一家，走出了一种书法入画、写意疏放、清淡简远、平淡天真的文人画画风。黄公望的出现是文人山水画走向成熟的标志，为明清山水画的繁荣奠定了坚实的基础，对后来山水画的发展产生了巨大的影响。在画史上，黄公望与吴镇、倪瓒、王蒙合称为“元四家”，被推为“元四家之冠”。

据记载，黄公望画作逾百幅，现存他的作品有《富春山居图》（藏于台北“故宫博物院”）、《九峰雪霁》轴、《天池石壁》（藏于北京故宫博物院）等。在其山水画中，最出名的是他七十八岁时所作的长卷《富春山居图》，不同形态的景物虽然令人应接不暇，但在布局上却很空灵，历代画家莫不叹为观止。董其昌题识：“吾师乎，吾师乎，一丘五岳，都具是矣。”“此卷一观，如诣宝所，虚往实归，自谓一日清福，心脾俱畅。”清代画家邹之麟把《富春山居图》的价值与王羲之《兰亭序》相比：“知者论子久画，书中之右军（王羲之）也，圣矣。至若《富春山居图》，笔端变化鼓舞，又右军之《兰亭》也，圣而神矣。”

此外，黄公望在画作之余总结前人和自己的山水画创作经验，撰著《写山水诀》、《论画山水》等，对山水树石的笔墨、设色、布局、结构、意趣等都有精辟论述，为后世典范之学。

倪瓒（1301－1374），初名珽，字元镇，常州无锡（今属江苏）人。别号很多，有荆蛮民、净名居士、朱阳馆主、沧浪漫士、曲全叟、海岳居士等，又曾署名东海倪瓒、懒瓒，变姓名曰奚玄郎，因家有“云林堂”，故多号“云林子”，题名诗画时常用云林。

倪瓒家族为江南著名豪富，40岁以前过着富裕而风雅的名士生活，吟诗作画，邀名流同赏古书画，调声律。初奉佛教禅宗，后入全真教。至元末，社会动荡，世事纷乱，加之释道思想的影响，他疏散家财田庐，弃家隐遁于太湖之中，寄居村舍寺观。明洪武七年(1374)，倪瓒回到故乡无锡，不久病逝。

倪瓒的绘画开创了水墨山水的一代画风，格调天真幽雅，以淡泊取胜。善画山水、竹石。师法董源，参以荆浩、关仝技法，创“折带皴”以写山石，画树木则兼师李成。所作多取材于太湖一带景色，疏林坡岸、浅水遥岑，意境清远萧疏，自谓“逸笔草草，不求形似”，“聊写胸中逸气”。构图多取平远之景，善画枯木竹石等，景物极简，且多以干笔皴擦，所谓“有意无意，若淡若疏”，人称“疏体”。其简中寓繁、似嫩实苍之画风，对明、清文人水墨山水画颇有影响。在“元四家”中，倪瓒在士大夫的心目中享誉极高。明何良俊云：“云林书师大令，无一点尘土。”倪瓒主张绘画不过“逸笔草草，不求形似”，“聊以自娱”，多为文人画家所称道。明代江南人以有无收藏他的画而分雅俗。其绘画实践和理论观点，对明清数百年画坛有很大影响。代表作品有《江岸望山图》、《梧竹秀石图》、《六君子图》、《雨后空林图》、《渔庄秋霁图》等传世。尤其是《渔庄秋霁图》，充分展现了他成熟时期的典型画风，达到诗、书、画的完美结合。倪瓒至今仍被评为“中国古代十大画家”之一，英国《大不列颠百科全书》将他列为世界文化名人。

无论就意旨趣尚之追求，还是画论画法之构建，黄、倪二家的开拓之功，有如扛鼎其间的柱石，功不可没！

以白描肖像取胜的王绎(1333－?)，字思善，号痴绝生，睦州(今浙江建德)人，寓居杭州。王绎曾去苏州，经顾逵指授，技艺精进，达到“非惟貌人之形似，抑且得人之神气”。其传世作品有《杨竹西小像》卷，由倪瓒补景，现藏故宫博物院。著有《写像秘诀》，其中《彩绘法》为我国现存最早的关于色彩学理论的著述。

元代盛行梅竹和云山墨戏等写意画，是当时文人画的重要题材。朝野皆有许多画家擅长此道，将梅竹的自然特性赋予了“气节”和“傲骨”等人格属性。画家们以水墨意笔表现了他们的精神追求。

古代画墨竹的画家很多，最著名的当属宋代的文同。自南宋以后，画墨竹的画家日渐增多，如王庭筠、吴镇、柯九思、顾安等都是其中的佼佼者。

顾安(1289－1368)，字定之，号迂讷居士，平江(今苏州)人，家昆山，祖籍淮东(今江苏北部)，故自称淮东人。曾任毗陵(今常州)录事司判官等职。擅画墨竹，常作风竹新篁，行笔谨严，遒劲挺秀，墨色浓润而匀净，有萧疏清逸之气，于李衎、柯九思外自成一家。他的墨竹为明代王绂等人所师法。传世作品有《墨竹图》轴(现藏上海美术馆)、《平安磐石》、《幽篁秀石图》、《竹石图》等。

柯九思(1290－1343)，至顺二年(1331年)隐居苏州。师法文同墨竹，以淡墨为背，浓墨为画，注重书画用笔的结合，自谓“写干用篆法，枝用草书法，写叶用八分，或用鲁公撇笔法，木石用折钗股、屋漏痕之遗意”。今有《墨竹图》、《双竹图》等传世。

元代以墨竹见长的画家还有管道昇、郭畀、李倜、郭敏、方厓和画僧觉隐等，构成了以画竹石为主的文人画势潮。

陆广，字季弘，号天游生，吴人。画山水放王蒙，落笔苍古，用墨不凡。其写树枝有鸾舞蛇惊之势。其画在幼文（徐贲）、云西（曹知白）之间，以萧散幽淡为宗。至正二十二年（1362）尝作雪山图。

袁易，字通甫，长洲人。少敏于学，不乐仕进。后荐为行中书省署石洞书院山长，旋即罢归，隐蛟龙浦，筑室名静春。藏书万卷，手自校定。或棹舟载笔，游于江湖。赵孟頫尝为画《卧雪图》，称其与龚璛、郭麟孙为“吴中三君子”。。

王履（1332—?），字安道，号畸叟，又号抱独老人，元末明初昆山人。他以山水为长，初宗马远、夏圭，笔墨苍劲，布置妥帖，然未出马、夏樊篱。

元末茅山道士张雨亦工画，《书史会要》、《画史会要》等书称其韬光山水间，默契神会，点染不凡，善画石木，用笔古雅，善用败笔点缀石木人物，颇有逸韵。他的画设色以淡彩见长，比前人更加灵活清新。他的写意人物画，亦有神趣。画迹有《霜柯秀石图》、《双峰含翠图》等，录于《中国名画宝鉴》、《故宫书画集》。

常州画派，又名毗陵画派、武进画派。始于北宋居宁，著名画家有南宋于青言、元代于务道等。画风源于北宋徐崇嗣、赵昌的没骨法，以草虫花卉写生取胜。

三、元人雅集与诗画

元代江淮文化史上大放光彩的一页，无疑是草堂雅集之盛事，这意味着江淮地区成为元代中后期文化发展的中心。

雅集是中国古代文人中流行的聚会。最有名的就是西园雅集，元祐元年（1086），苏轼兄弟、黄庭坚、李公麟、米芾、蔡襄等十六学士，在驸马王诜的西园里聚会，李公麟绘《西园雅集图》，米芾撰《西园雅集图记》。后人就认为这是雅集的“范式”。因为江南经济实力雄厚，又有着久远的历史文化传统，因此盛行雅集之风，其中以顾瑛的玉山草堂雅集最为有名，据《匏翁家藏集》载，“元之季，吴中多富室，争以奢侈为尚。然好文而喜客者，皆莫若顾玉山”①。可见当时的雅集并非玉山草堂，只是因此处为最盛而青史有名。

昆山人顾瑛（1310—1369）在元末也组织了中国文化史上空前绝后的玉山草堂雅

① 吴宽：《匏翁家藏集》卷五《跋桃园雅集记》，四部丛刊本。

集。顾瑛又名顾德辉、顾阿瑛,字仲瑛,别号金粟道人。自南宋中期,顾氏四世聚居在昆山朱塘里。顾瑛出身豪富之家,年仅十六岁就佐其父处理家务,为人轻财好事、精明能干,他在京师经营商业,很快攒下了万贯家财,回到昆山,已一跃而为苏州地区屈指可数的巨富之一。据其《墓志铭》中载:"年愈四十,田业悉付子婿,于旧地之西偏垒石为小山,筑草堂于其址,左右亭馆若干所……总命之曰玉山佳处。""玉山"为昆山别名,一时间,"名卿大夫、高人韵士与夫仙人、释氏之流,尽一时之选者,莫不与之游"①。顾瑛本江南文人脾性,不愿为官,至正中,曾举茂才,署会稽教谕,又辟行省属官,都不赴职。

以顾瑛为东道主的文人会集始于至正初。在整个雅集中,以至正八年(1348)至十四年为玉山草堂活动频繁的年代,共举办各种文宴、诗会达五十余次。从至正八年到十年,玉山草堂先后落成二十六个景点,著名的有"书画舫"、"淡香亭"、"雪巢"、"听雪斋"、"绿波亭"等,顾瑛就在此处广招文人墨客,饮酒赋诗,演绎了中国文化史上特别的一页。顾瑛每修一处风景,就请高士为之撰联,以后有关的诗文被编成《玉山名胜集》,而诗文则由顾瑛编成《草堂雅集》十三集。玉山草堂和其主人的情趣豪情,随着这些诗文流传各地,从而流芳百世。当时,倪云林等人也都为富一方,纷纷举办各种文人雅集,形成风气。他们聚游山林,啸傲江湖,使江苏的昆山、平江等地逐步代替了钱塘、吴兴,成为文人聚萃的中心地域。他们的活动围绕诗画展开,产生了深远的文化影响。

具体在玉山雅集中,名士齐集,如柯九思、陈基、郑元祐、虞集、郯韶、倪瓒、黄公望、杨维桢,还有蒙古、色目文人泰不华、马九皋等均在此停留,前后约有 140 余位文化人参加,其中有诗人、古文家、学者、书画家、鉴藏家及助兴的乐队等。他们围绕诗画,彼此切磋,形成了元末江苏大地上的诗人心灵避护所、文化的传播场、画派创新的"孵化器"。在至正九年(1349)草堂初成规模后,郑元祐记载:"仲瑛嗜诗如饥渴,每冥心古初,哦诗草堂之下,既以成篇什,又彩绘以为之图令,复令客为之记。"生动地表述了当时在东道主主持下,以诗画的形式记录雅集盛况的情景。顾瑛还资助杨维桢刊行《铁崖古乐府》,大大促进了杨维桢诗风的传播,形成了一股"铁崖风"。杨维桢,浙江诸暨人,字廉夫,号铁崖,别号铁笛道人。元成宗元贞二年(1296),杨维桢"为童子时,属文辄有精魄,诸老生咸谓咄咄逼人"②。泰定四年(1327)中进士,却为官不利,因母丧"自是不调诠曹者十年"。十年等待时,元惠宗有诏修宋、辽、金三史,杨维桢极愿参加编修,却四处努力而不果,后被派往杭州建德总管府做官,官职也略有升迁,但这

① 顾瑛:《玉山名胜集》卷一,四库全书本。

② 宋濂:《元故奉训大夫江西等处儒学提举杨君墓志铭》,《铁崖先生古乐府》卷首,四部丛刊本。

时的杨维桢已无意仕进，浪迹江湖去了。杨维桢诗歌极具现实性，又自创“铁崖体”，踪迹遍及江南。他个性狂狷，诗、书、画兼擅。是中后期东南文化的代表，诗坛盟主。他长期游历太湖周边，驻足各种文人雅集，为江南的诗、画发展及诗画结合穿种引线。

草堂雅集直接催生了元代文人画的最终形成。蒙古人建立的元朝不仅是世界发展史上不可不书的一段历史，而且在中国美术史上也是一个决定性的章节。成吉思汗及其子孙的铁骑决定着亚欧大陆广袤大地的命运之际，也正是中原文化出现重大转变之时。文人画的主流样式与心理特征在这个时期真正形成。中国的文人画是传统文化的主要元素和文化高峰，元代，文人画从众多画种中逐渐脱颖而出。中国美术史上公认元人尚意。元代和前代比较，题跋的方式发生了变化。画家自己在画幅上题诗作跋，到元代才逐渐流行，明代沈颢的《画鹰》说：“元以前多不用款，或隐之石隙，恐书不精，有伤画局耳。后来书绘并工，附丽成观。”他又举例道：“倪云林书法遒逸，或诗尾用跋，或跋后系诗，随意成致。”可见元代画师的落款在画面上占有相当位置。元代的文人画就当时情况而言，主要应当指诗、书、画的有机结合，上举倪瓒之例正可以说明元画诗书相映成趣；是画家将自身的性格、心理特征融入于绘画之中，强调写意，并赋诗于上。在草堂赴会者留下的诗作中，品评绘画、题词的诗占了很大篇幅。对元代诗画结合无疑起到了促进和传播作用。玉山草堂的主人因喜好书画，当然收藏了为数不少的书画精品，来到草堂的文人画家可以观摩、欣赏，可以提高自身的技艺，开拓视野。因为古代中国除了师承，书画真迹是从学者唯一可借助的资料了，草堂的名品弥足珍贵，为文人们提供了难得的直接学习的机会。再者，玉山草堂匾额楹联甚多，多为大家手笔，赵孟頫曾为“小蓬莱”、“君子亭”等馆亭书写匾额与楹联①，赵雍、虞集等也有题字，自然就成了现代意义上的展览馆。集会中甚至对绘画材料也有探讨，倪瓒曾记：“义兴吴国良用桐烟制墨，黑而有光焰，胶法又得其传，将游玉山，辄赋诗以遄其行云。”倪瓒讲了他对这种墨的感悟，和与会诸君交流心得。雅集中的书画活动，推动了书画艺术的发展，促成了元代画风的转变及文人画的形成。玉山草堂雅集中大家赋诗作画，诗画结合，使江淮成为中国美术史上重要之地。

江淮画坛上另一位绝代画家、中国文化史上的巨匠黄公望(1269－1354)也曾流连玉山草堂。公望，平江常熟人。少丧父母，居住本邑小山的永嘉人黄氏老而无子，见公望姿容秀异，收为后嗣，遂用其姓。公望少时曾应神童科，长乃博极群书，诗工晚唐。曾为中台察院掾，被诬入狱。后入全真教，以卖卜为生。其人通晓经史，谙通音律，能作散曲，工于书画，尤精于山水。黄公望设色多用淡赭，称“浅绛”，这是他的首

① 顾瑛：《玉山名胜集》卷二，四库全书本。

创。晚年运笔用草籀法,影响了明清时代的山水画。有《富春山居图》、《溪山暖翠图》、《天池石壁图》等传世。黄公望画上所题之诗,往往是先从画面景物落笔,用白描手法写出画面形象,将画境转化为诗的意境。如《王维秋林晚岫图二首》:“群山矗矗凝烟紫,万木萧萧向夕黄。岂是村翁恋秋色,故将轻舸下横塘。”“秋风荏苒泛晴光,处处村村带夕阳。一段深情谁得似,故知辋口味应长。”两诗的前两句都形象地展现画面的美景,后两句则包含了诗人的主观情感。画家的诗作表达了自己“恋秋色”和对王维隐居蓝田辋川的歆羡之意。

文人的聚会交流带动了江淮文化的多元发展,绘画的进程由此而走向深入和广泛。绘画进入元代,超凡脱俗的文人画集诗、书、画于一体,成为潮流而主宰画坛。元画逐渐摆脱了宋代理学陶冶下重形似、尚真实、求物理的风气,以书法的笔趣和动态画出主观的精神志气,并融合诗文意境,文人山水遂创造出中国画的另一生面。中国文人画的最终形成。

顾瑛因之成为江南文坛影响广泛、知名度颇高的文坛东道主。与顾瑛的玉山佳处大致同时期,又同在吴中的倪瓒云林隐居、徐达佐耕渔轩,也是文人活动中心,但无论规模还是影响,都不能与其相比。但是,草堂雅集的佳话至明初就戛然而止了,因为草堂雅集曾受张士诚集团的护佑。加之,至正中期,顾瑛子顾元臣曾任元水军宁海所正千户,主持海运事务;次子顾元礼率乡民守本土,授正千户。受此拖累,风雅的顾瑛入明以后全家被迁徙到临濠。洪武二年(1369)三月十四日,顾瑛去世于临濠编管地,十二月,安葬在绰暾墓地。然而,顾瑛在元末邀集各方士人所创造出的杰出成就一直受到文化人的景仰,清代画家王石谷曾作《碧梧村庄图》,缅怀当时的盛会;《元诗选》的编者顾嗣立还曾经亲自到昆山,“寻玉山遗址,遥望山色湖光而缅怀当年草堂文酒之会”,并感叹“真吾家千载一佳话也”①。当我们把目光投向元末,无论是对文学史、绘画史,研究者都或多或少看到了玉山草堂所发挥的作用。

四、工艺美术

1. 雕塑

北宋开始,小型的石雕艺术有所发展。江南金山石雕是宋代工艺石雕的代表作,以白色石灰石为原料,因产于江南的金山和枫桥一带而得名,品种有石狮、鸟、仕女等百余种。金山石耐压,且质细色白,是石雕工艺的优良材料。

王德,南宋抗金名将,绍兴二十五年(1155)卒于建康(今南京)。现今位于南京燕

---

① 顾嗣立:《元诗选》初集卷六三。

子矶的王德墓前，有石碑一、石马二、石虎和石羊各一。石碑为青石质，浮雕螭龙，下衬云纹；石马作站立状，背上刻有马鞍，鞍两侧刻卷叶纹；石虎前腿弯曲，作蹲踞状；石羊作跪卧状，皆形态生动，代表了宋代的石刻艺术水平。

彩塑艺术则以佛教雕塑为代表，至今仍较为完整的保存于宋寺中，其中最具特色的当推位于苏州的保圣寺罗汉和紫金庵罗汉。保圣寺位于苏州甪直镇，现存宋塑罗汉九尊，形貌各异，写实中带有几分夸张，衣纹如行云流水，与山水泉石浮塑形成和谐统一。紫金庵位于苏州东山西坞。相传北宋末期，山东雕塑大家雷潮夫妇因避战祸，南迁到此，塑出望海观音和十六罗汉像（今存）。罗汉们容貌各异，造型生动，衣带飘拂，栩栩如生，堪称宋代彩塑的代表之作。

宋代著名泥塑艺人袁遇昌，吴县木渎人。善捏相、速塑，以塑婴孩名扬四方。他制作的一对高约六七寸婴孩，价值达三四十缗。如不预先以钱定制，则不可得。《苏州府志》称其泥塑婴孩“齿唇眉发与衣襦襞裱，势似活动，至于脑囟，按之胁胁”，技艺精湛称绝，对后世“虎丘泥塑”影响甚大。民间艺师们戏称这些泥塑人物玩具为“快活三郎”。捏塑艺人在玩具底部常常留下铭记，如“平江孙荣”、“吴郡包成祖”等。苏州一带还流行名为“黄胖”、“摩喉罗”的泥偶玩具，风格清新雅丽，并为元代所延用。

2. 刺绣

苏绣艺术，以其精美绝伦的工艺著称于世，成为我国名贵刺绣艺术品中最有影响的流派之一，与湘绣、蜀绣、粤绣并称为“中国四大名绣”。

1956和1978年分别在苏州虎丘塔、瑞光塔发现的苏绣经袱，绣工纯熟，古朴大方，据考证为五代至北宋初的绣品。可知当时已有技术要求很高的平枪、铺针和接针等针法，可见苏绣在宋代已进入成熟阶段。据《宋平江城坊考》，苏州城内有一条“绣线巷”，集中了多家作坊为刺绣业制造丝线。明代苏州人张应文在其所著《清秘藏》中说：“宋人之绣，针线细密，用绒止一二丝，用针如发细者为之，设色精妙，光彩射目。山水分远近之趣，楼阁得深邃之体，人物具瞻眺生动之情，花鸟极绰约嚵唼之姿，佳者较画更胜。”这番描写，对宋代苏绣艺术精工细作、不逊于画的特点，作了很好的概括。宋代苏绣艺术中出现了一种“发绣”，也称墨绣，即以人的头发代替丝线来刺绣。这种技艺主要是用以绣佛像。发绣艺术长于“白描”，往往线条流泻，朴素高雅，洗练洒脱，别具一格。

宋代的苏绣，已然注意到了从传统绘画中汲取营养，无论题材内容还是构图设色，都与绘画结缘甚深，所谓“佳者较画更胜”，无非是说二者之间你中有我，我中有你，且有可比性。

3. 玉器

历史文化名城扬州是我国玉器工艺品的重要产地之一。汉唐宫中,多有扬州玉器。从宋代始,扬州玉器已不止限于饰物,在日常生活的陈设方面,玉器的品种也越来越丰富。玉器制作向绘画靠拢,如以花鸟和楼台亭阁为题材的玉雕工艺品,也出现在这一时期。元代更有一种叫"山子雕"的玉器,是利用玉石的天然色彩、纹理和外形,进一步表现出层次性和立体感来;题材也有所拓展,开始表现风景和人物。如扬州博物馆藏元代山子雕《竹林七贤》,山林的层次感很强,人物也繁简得当,疏密适宜。

4. 金属器具

为与商周铜器相区别,人们往往把唐宋时代的铜器称为新铜器。江苏句容自唐天宝年间就是著名的新铜器铸造地,到了宋代,所铸铜器更加精巧。在苏州虎丘云岩寺塔等地出土的几件宋代日用铜器,表现出质朴的风格。

元代,平江(今苏州)人谢君余、谢君和都是著名的银工。1959 年苏州吕师孟夫妇合葬墓中出土了 55 件金银器,如金盘、金碗、银盒、银水盂、银尊等。其中 10 种以四朵鸡心如意云构成金盘,云头尖端向外,上面细刻牡丹菊花等图案,中心錾成凸起的柿蒂纹,为中国艺术史上一大创新。1966 年,在金坛发现了 50 余件银器,如银碗、银盘、银镯等。两件银盏分别做成莲花形和梅花形,用压印的方法制出花瓣纹饰,通体鎏金。最优秀的作品当属唐明皇游月宫故事盘,盘口刻云纹一圈,盘内的人物故事凸刻成浅浮雕效果。此品以模压、捶打和錾刻等技法相结合而成,足见制作工艺之高超。[①]

5. 漆器

宋元时期的江苏漆器,以生活器皿为主,多为竹、木胎,一般使用素漆,无纹饰,造型大方,具有时代风格。无锡等地宋墓出土的漆奁、漆盒、漆盘、漆碗、漆勺、漆盆、漆盂等物,漆色多酱色或黑色,底部常有朱漆写的地名、匠名、店名、品质等铭记。淮安杨庙镇宋嘉祐(1056—1063)墓出土的众多漆器,髹以黑光漆,少数为酱红漆,铭有"江宁府"等字样。1975 年在金坛宋墓出土的团扇为雕漆扇柄,是将扇轴一端做成橄榄形,刷上脱离剂(或用皮纸隔离),再上漆雕镂。雕刻完工后,用热水将脱离剂溶化(或从雕孔中取出皮纸)。因而扇轴既可固定在雕漆部位,又可转动自如。该扇柄透雕三组云头如意纹饰,并刻有字,在雕刻的斜面上可以看到十多道红漆,每层又有黑漆间隔[②]。1960 年无锡一座元墓出土了一件八瓣莲花形奁,器形端庄,漆色纯正光亮,表现了元漆器质朴无华的风格。

---

① 史仲文主编:《中国艺术史·工艺美术卷》,河北人民出版社 2006 年版,第 626 页。

② 《中国艺术史·工艺美术卷》,第 541 页。

五、戏曲、音乐和舞蹈

1. 戏曲

宋元时期，江南地区的手工业、商业发展很快，城市经济非常繁荣。商贾云集，人口稠密，城市的兴起和市民阶层的壮大，为娱乐性演出提供了基础。在当时汴京、杭州出现"瓦舍勾栏"①的情况下，江淮的一些地方自然也不甘落后，平江（今江苏苏州）、吴江、镇江、江都（今江苏扬州）都出现了"勾栏巷"或"瓦子巷"。

同时，一些低等文人因生计与创作热情的驱使，纷纷染指于戏曲、说唱的创作。受戏曲创作中心杭州的影响，苏州一带也出现了以编撰戏曲、说唱脚本为业的民间艺术团体——"书会"。同时，还有以"医隐"身份编写剧本的业余作家。

随着元杂剧的发展，在舞台上涌现出一批著名的艺人。珠帘秀，姓朱，生卒年不详。她姿容姝丽，早年在大都（今北京）杂剧舞台上非常活跃，后曾到扬州等地流寓、演出。杂剧独步一时，精通于杂剧的多种类型，后辈艺人尊称为"朱娘娘"。能作诗填词，与元曲大家关汉卿等人有很好的交情，相互常有词曲赠答。元人夏庭芝在《青楼集》中，还记载了许多与今江苏有关的戏曲演员，如"自维扬来云间"的翠荷秀，"驰名金陵"的平阳奴，"独步江浙"的小玉梅，"驰名江淮"的张心哥，"间来松江，后归维扬"的李之仪，"金陵名姝"樊香歌等。可见北曲南移后，江浙地区演出活动频繁，同时也可见北曲杂剧在南移过程中，对南方戏曲创作演出活动的促进与影响。

早期南戏是用温州一带的土腔土调来演唱的，于宋元之际进入苏南一带。著名词人张炎于大德年间（1297－1307）写了一首《满江红》，赠给吴中（今江苏吴县）的南戏艺人。词中记录有南戏流行剧目、演员的扮相和技艺等等。

南戏在江浙地区流传的过程中产生了不少地方性腔调。大约在元末，随着南戏中的海盐腔流传至昆山、太仓等地，昆山音乐家顾坚结合当地的语音和民间音乐，对南戏声腔进行了一些改进，推动了南戏在昆山一带的流传和发展。他的昆山腔，是昆曲的雏形，就是在顾阿瑛的玉山草堂唱开来的。

2. 音乐

泰州海陵（今江苏泰州）人胡瑗，不仅熟谙经史，而且精通音律。景祐三年（1036年），朝廷找人校定钟律，经苏州郡守范仲淹推荐，胡瑗赴京师开封，更定雅乐，撰写《景祐乐府奏议》。皇祐二年（1050年）十一月，朝廷更定雅乐，仍诏胡瑗参与其事。他与阮逸等同心协力，在司马光和范景仁的支持下，花三年时间完成。五年，他和阮

---

① 瓦舍是一种市井商业游乐区，内设许多表演棚（即勾栏），还有供应食品等其他辅助设施。

逸合作撰就《皇祐新乐图记》三卷。

著名音乐理论学家沈括(1031—1095)寓居润州(今江苏镇江),以为一处田园颇似“梦中所游之地”,遂在此定居,著《梦溪笔谈》。这部巨著中关于音乐的论述,是中国音乐发展史上珍贵的遗产。沈括所论,从音乐创作到音乐表演,乃至音乐的社会功用,内容颇为丰厚。在音乐舞蹈的表演上,他主张既要以情动人,又必须讲求技巧,并强调演奏家与歌唱家深入理解音乐的内容,领会思想,调动一切艺术手段,使音乐作品既有充实的思想,又有高超的技巧。

此外,我国音乐史上第一部专门乐器史著作《琴史》的编撰者朱长文(1038—1098),是宋代著名的音乐史家和器乐史家。朱长文,字伯原,号乐圃,吴县人。《琴史》共六卷,11 个专题,汇集了大量古琴家事迹和琴史资料,也反映了作者的音乐观。宋代是中国封建社会走向后期的转折阶段,对古代音乐的理论总结性著作多了起来,江淮籍的音乐家和理论家在其间发挥了很大的作用。吴下、京口历来为音乐之乡,朱长文写《琴史》,显然是受了吴下音乐传统和民间演出实践活动的感染。

南宋著名词人姜夔(约 1155—约 1221),字尧章,号白石道人,也是一位出色的音乐家。庆元三年(1197),他向朝廷献《大乐议》与《琴瑟考古图》,论当时乐器、乐曲、歌诗之失,但未予奏议。后又上《圣宋铙歌十二章》,终未能走上宦途。除了考论乐器、乐曲之外,他还精通音律,有自创新曲的天才。现存白石自度曲 17 首,旁注工尺,是唯一保存至今的可贵音乐史料。他的词之所以音律委婉悦耳,与他身兼词人与音乐家是分不开的。

词是一种音乐文学,研究词学必须从音乐入手。许多词学理论家同时在音乐上也有颇深造诣。著名词学理论家张炎的《词源》,内容涉及“五音相生”、“阴阳律吕合声图”、“律吕八十四调”、“四宫清声”、“五音宫调配属图”、“十二律吕”、“管色应指字谱”、“宫调应指谱”、“讴曲旨要”等 14 个问题,对保存、整理与发扬词乐有着重要意义。

宋元时期,北杂剧、南戏先后勃兴,南戏在江浙一带发展得蓬蓬勃勃,民间演出也频繁,故而在当地产生了许多歌舞伎艺人。元代松江人夏庭芝撰《青楼记》,辑录了不少当时歌舞伎人的小传史料,如“梁尘不动歌声俏”的金陵佳丽杜妙隆,“妙歌舞,善谈谑”的金陵名姝樊香歌,“工小唱,尤善慢词”的维扬名妓李芝仪等,皆可见当时江南歌舞之盛。

3. 江南乐舞

古代江南乐舞,特别是宋元以来的江南乐舞,常在民间演出。这就使得古代的宫廷乐舞、少数民族传入之乐舞与江南民间乐舞互相融合,使江南乐舞更加丰富多彩,绚烂辉煌。

宋元江南乐舞，在继承前代乐舞，特别是唐代大曲歌舞的同时，也取得了一些创造性的发展，音乐品类的增广及其形式构成上的细密，也与前代有很大不同。比如"散乐"(百戏)的称谓，就相当复杂，包含了从器乐到声乐，从歌舞到戏曲等多方面的艺术品类。《都城纪胜》中的"散乐传习教坊"就有13部之多。当然，散乐(百戏)也诸多民间表演性技艺在内，而吴地属于"散乐"的诸技艺，在民间相当发达。王安石写于金陵的《后元丰行》有句云："吴儿踏歌女起舞，但道快乐无所苦。"所反映的正是北宋时长江以南民间歌舞演出的盛况。到了南宋，由于今苏南地区毗邻国都，音乐、歌舞及戏曲等的演出就更加繁盛，民间的各种演出活动也空前活跃。

六、园林艺术

中国的造园艺术与中国的文学和绘画艺术具有深远的历史渊源，是文人写意山水模拟的典范。中国园林在其发展过程中，形成了包括皇家园林和私家园林在内的两大系列，前者集中在北京一带，后者则以苏州为代表。皇家园林以宏大、严整、堂皇、浓丽称胜，而苏州园林则以小巧、精致、淡雅、写意见长。相比之下，后者更注意文化和艺术的和谐统一。

两宋时期，文人的政治地位和经济实力有了显著的提高。同时，他们也需要借助山水调适心情，或逃避现实以保持超凡脱俗、孤芳自赏的情操。于是，私家园林更多表现为文人园。宋元时期，苏州以山水秀丽，文人云集而闻名天下，是故苏州园林遂发展迅速，其风格成为私家园林的代表。

苏州园林是文化意蕴深厚的"文人写意山水园"。造园者多以画为本，以诗为题，通过凿池堆山、栽花种树，创造出具有诗情画意的景观，被称为是"无声的诗，立体的画"。园内又有匾额、楹联之类的充满着书卷气的诗文题刻，与建筑、山水、花木自然和谐地揉和在一起，使园林的一山一水、一草一木均能产生出深远的意境，徜徉其中，犹如在品诗，又如在赏画。其中沧浪亭、狮子林分别代表着宋、元两朝的艺术风格，被列入苏州"四大名园"，此外，网师园也颇负盛名。

沧浪亭位于城南，是苏州最古老的一所园林，为北宋庆历年间(1041—1048)诗人苏舜钦(字子美)所筑，南宋初曾为名将韩世忠宅。沧浪亭造园艺术与众不同，未进园门便见一泓绿水绕于园外，漫步过桥，始得入内。园内以山石为主景，迎面一座土山，山上幽竹纤纤、古木森森，山顶上便是翼然凌空的沧浪石亭。山下凿有水池，山水之间以一条曲折的复廊相连，廊中砌有花窗漏阁。穿行廊上，可见山水隐隐迢迢。假山东南部的明道堂是园林的主建筑，此外还有五百名贤祠、看山楼、翠玲珑馆、仰止亭和御碑亭等建筑与之衬映。沧浪亭清幽古朴，适意自然，如清水芙蓉，洗尽铅华，无一丝脂粉气息。

狮子林位于苏州城内东北部，元至正二年(1342)天如禅师为纪念其师中峰和尚而建。因中峰原居浙江天目山狮子岩，而园内石峰林立，多状似狮子，故名“狮子林”。狮子林呈长方形，面积约15亩，东南多山，西北多水，四周高墙峻宇，气象森严。林内的湖石假山多且精美，洞穴岩壑，奇巧盘旋，迂回反复。园内建筑，以燕誉堂为主，分布错落有致。二层阁楼“指柏轩”四周有庑，高爽玲珑。真趣亭内藻饰精美，人物花卉栩栩如生。另有见山楼、荷花厅、暗香疏影楼、飞瀑亭、双香仙馆、问梅阁等。狮子林主题明确，景深丰富，个性分明，假山洞壑匠心独具，一草一木别有风韵。

网师园位于苏州城东南部。始建于南宋时期，为史正志万卷堂所在，当时称为“渔隐”。该园占地约半公顷，是苏州园林中最小的一座。园内亭台楼榭无不面水，全园处处有水可倚，布局紧凑，以精巧见长。清代乾隆年间重建，取“渔隐”旧意，改名为“网师园”。

苏州园林在有限的空间范围内，利用独特的造园艺术，将湖光山色与亭台楼阁融为一体，把生意盎然的自然美和创造性的艺术美融为一体，令人不出城便可感受到山林的自然之美。苏州园林还有着极为丰富的文化底蕴，它所反映出的造园艺术，建筑特色以及文人骚客们留下的诗画墨迹，无不折射出中国传统文化的精髓和内涵。

由于苏州独擅山水之美，园林之胜，加之物产丰富，士风清嘉，到宋朝，江南民间已有“天上天堂，地下苏杭”之谚。元初，奥敦周卿又将“上有天堂，下有苏杭”写进了《双调蟾宫曲》，使此谚流传到北方。

宋时，江南太湖周围一带，风景秀丽，园林极多。仅《苏州府志》记载的宅第园林就达118处。此外，江都有万花园、壶春园，仪征有东园，如皋有芙蓉园等，几乎到处都有园林。

元代，经过长期的经济积累，推动了江淮的园林、斋馆、第宅和园池的修造，平江自不必细说，就连无锡，也是“百里之内，第宅园池甲乙相望”①。造园是古已有之的风气，吴王夫差就在苏州建过“春台”，这大约是江南造园之始。宋元时节，这一风气因为经济的飞速发展而盛行。据《嘉靖昆山县志》记载，自宋至明嘉靖年间，昆山修建的第宅亭阁园池共七十八所，其中元代就占有四十所。苏州建园甚多，其中不乏名园，如狮子林等。

然而，风流总被雨打风吹去，无论多么豪华的园林最后总是被历史湮没，能被历史记忆的园林，往往是因为境因人胜，是文化在其声名不坠中发挥了至关重要的作

① 陈基:《夷白斋稿》卷二八《风林亭记》，四部丛刊本。

用。大户们花费相当资金和人力建造豪华第宅园池，也依此而交结文人雅士出游、观山赏景，或者小住。文人雅士则用文字赞叹东家主人的好客和园池亭馆的华美。正如郭翼所说，那时的“斋馆之铭，家墓之碣，一言一咏，皆名流朝士聚精会神”①为之撰写。

① 郭翼：《林外野言》附《与顾仲瑛书》，四库全书本。

第十一章　宋元时期江淮地区的社会生活与宗教

第一节　日常生活与民间习俗

一、服饰

1. 男子服饰

头巾是宋朝男子较为流行的头衣。传统观念认为，冠为正式的礼帽，而巾则是“贱者不冠之服”。宋初，男子一般是在头巾上再戴帽子，但由于头巾方便实用，很快就流行开来。甚至连自命不凡的那些名士，也开始只戴头巾了。据米芾的《西园雅集记》记载，当时名士所戴的头巾种类很多，有仙桃巾、幅巾、团巾、披巾、道巾、唐巾等。

宋人常戴的帽子还有幞头，完全摆脱了巾帕的形式。据沈括《梦溪笔谈》记载，宋代的幞头分直脚、局(曲)脚、交脚、朝天、顺风等五种，其中直脚幞头是贵贱通用的，比较大众化。1975 年在江苏金坛南宋周瑀墓出土的漆纱幞头，则为太学生所戴。

除幞头外，纱帽也为男子所普遍戴用。

宋代服装中，以“背子”形制最为美观，而穿着也十分方便，因而深受时人喜爱。背子袖大而长，前襟平行而不缝合，两腋以下开叉。另一种样式是在两腋和背后都垂有带子，腰间用勒帛束缚，或者不用勒帛，任左右两襟敞开。带半截袖的袖子叫“半背”，没袖子的背子叫“背心”。吴县(今苏州)人叶梦得在《石林燕语》中说，背子原是武士服，后来加上袖子，就成了“半背”。大约在北宋后期，背子作为常穿的便服，在社会上流行起来，任何身份的人都可以穿之。

苏轼曾路过金陵与王安石相见，均着“野服”，表示不拘礼数。

宋时的文人或隐士还流行本为道家所穿的“道服”，其衣宽大飘逸。《石林燕语》卷十载：南宋的道服，“绦以大为美，围率三四寸，长二丈余，重复腰间至五七返，以真茸为之”。王禹偁《道服》诗谓“褚冠布褐皂纱巾”[①]，范仲淹赞道服云：“道家者流，衣裳楚楚。君子服之，逍遥是与。”[②]

宋代江淮部分地区的服饰也受到了战争的影响。由于金人发型为辫发，头顶留发，四周则剃去。南下后，对占领区人民强制实行剃发，“禁民汉服”，一律“短巾、左衽”，违者将被处死。

元代江淮地区士庶与平民服饰基本承宋之遗风，变化不大。他们一般用暗花纻丝、丝绸绫罗、毛毳制作服装，且大多为深暗色。款式一般为上盖、布袍、团衫、唐裙、裙腰、背子、汗搭、裹肚等。

孔齐之父为建康书吏，“服装尚绸绢、木棉，若毳衣、苎丝、绫罗，不过各一二件而已。白绸袄一着三十年，旧而不污”，“布衣素履，磁器木筯，与常人同”[③]。

2. 女子服饰

宋代都市中的妇女，不分贫富，多用冠梳，尤其是大城市妇女，尤喜高冠大髻大梳。但其中多掺假发。“近年所服角冠，两翼抱面，下垂及肩”[④]，故又叫垂肩冠，议者指为“服妖”。

江淮北部妇女多着靴，而南部因缠足之风盛行，妇女着靴不便，故多穿尖头鞋。鞋面多以锦缎制成，上绣各种图案，按其材料、制法及装饰，分为绣鞋、锦鞋、缎鞋、凤鞋、金镂鞋等。而不缠足的劳动妇女所穿之鞋一般制成圆头、平头和翘头等式样，鞋面同样绣有各种花纹图案。

自宋代以来，江淮妇女有戴手镯的习惯。元代此风更盛。一度割据姑苏的张士诚在埋葬其母所用的陪葬品中，就有一对重达近千克的金镯。

二、饮食

1. 食品

江淮地跨南北，北方人的粮食以麦粟为主，南方则以稻米为主。范成大有诗句描写水稻的丰收：“新筑场泥镜面平，家家打稻趁霜晴。”但宋元时期，江南麦的种植逐渐普遍。到了元代，镇江路每年夏税有大麦 8600 余石，小麦 12000 余石，秋租中有各类米 44000 余石[⑤]。此外，还种植有荞麦等作物。

---

① 王禹偁：《小畜集》卷八。

② 《范文正公别集》卷四《道服赞》。

③ 《至正直记》卷三《衣服尚俭》。

④ 《梦溪笔谈》卷一九“器用”。

⑤ 《至顺镇江志》卷六《赋税》。

在当时，凡是用面做的食品，几乎都可以称作饼。如烧饼、汤饼（面片汤）、笼饼（馒头）……饼的花样繁多。饼的兴盛，根源是在市民阶层中兴起的一种图简便适口的食风。

越南的占城稻，在北宋初就已大量传入江苏地区了。占城稻的抗旱力强，对土壤的适应性也强，因而种稻面积大增，粮食产量也随之提高。两宋之际，随着北人大量南迁，江苏地区的一年两熟制范围扩大。

稻主要用于煮饭和熬粥。苏轼《乞常州居住表》："臣先有薄田在常州宜兴县，粗给茶饭。"宋人煮饭，比较稠的如浆糊，叫馇；稀如水汤、米粒零散的叫粥。范仲淹幼时发愤读书，饥则"划馇而食"，把事先煮好的糜粥用刀切成四块，每天早晚各吃两块。腊月二十五，家家还有喝"人口粥"的习俗，即以赤豆粥祭祀食神。范成大在诗中这样叙述苏州一带的风俗，"家家腊月二十五，淅米如珠和豆煮"，"锼姜屑桂浇蔗糖，滑甘无比胜黄粱"[①]。条件好的人家则吃蒸饭，先用水把米煮开，稍候捞出放入笼屉蒸。

到了宋末，在南方的一些城市，"饮食混淆，无南北之分"[②]。江南即是如此。元代延续了这一风俗，以镇江地区为代表，《至顺镇江志》卷四《土产》载，当地出产大麦两种、小麦三种。尤其是小麦，磨出的面粉更加精细。在江淮以南，荞麦的种植也很普遍。镇江亦是主产地之一。不过，江苏地区仍然是以稻米为主食，面粉通常是在做糕点时采用。

元代，江淮地区流行一种以糯米制成的"欢喜团儿"，即用白糯米洗净，在数九寒天蒸熟、冻散，并炒之使膨胀。春节期间用饴糖掇炒米，使成团状，以示团圆吉祥之意。

宋代的烹饪方法已经比较全面，并创造出东坡肉等一批名菜。元时，平江（今苏州）人韩奕在《易牙遗意》中叙述了一般饭菜的做法。该书共二卷，分酝造、脯鲊、蔬菜、笼造、炉造、糕饵、汤饼、斋食、果实、诸汤、诸茶、食药等十二类，记载了一百五十多种调料、饮料、糕饼、面点、菜肴、蜜饯、食药的制作方法，大体可见民间的烹调方法。

名士梅圣俞以讲究饮宴而闻名，他家经常吸引一些习气相投的文人食客，梅家几乎成为研究饮食文化的中心。叶梦得《石林避暑录话》中对此有着记录。梅圣俞曾在宴席上赋诗《河豚鱼》："春洲生荻芽，春岸飞杨花。河豚于此时，贵不数鱼虾。"说明至少在宋代城市中的知识阶层，吃河豚已成风气。苏东坡居常州时，里中士大夫家有妙于烹河豚的，请东坡来共享。宋代的美食家还创造出味道鲜美的素食："假河鲀"。杨次翁在丹阳时，即用此做羹招待米芾。当时，所谓的假河鲀、炸油河鲀、油炸假河鲀，

① 范成大：《石湖诗集》卷三〇《口数粥行》。

② 吴自牧：《梦粱录》卷一〇"面食店"。

已成为大小食店中的名菜。

2. 饮料

宋时最重要的饮料是茶和酒，由于获利丰厚，一直归官府专卖。江淮的薄稻，米料遍圆，淀粉含量高，适合做酿酒原料。南宋造酒和储酒的地方叫酒库。碧香各库中的藩封栈库，位于常州无锡县，隶属临安府点检所提领。浙西提举常平司的皇华堂、江东转运司的筹思堂、苏州的齐云清露、双瑞等名酒都是由官府生产。镇江的第一江山、北府兵橱、锦波春、浮玉春，建康的秦淮香、银光，常州的金斗泉，扬州的清白堂等酒也十分有名①。长期寓居苏州的宋代文学家苏舜钦，边读《汉书》边饮酒，每读至得意处便饮一大杯，夜饮酒一斗。

宋元时期，江南名茶种类繁多。江南碧螺春在宋代已被列为贡品。苏州洞庭山盛产“美茶”，山僧所制“水月茶”，“颇为吴人所贵”；宜兴所产“阳羡茶”被视为贡品，世有“天子未尝阳羡茶，百草不敢先开花”之说。苏轼尝遍了吴中名茶，留下的茶诗超过百首。如游惠山时作诗曰：

> 踏遍江南南岸山，逢山未免更留连。独携天上小团月，来试人间第二泉。
> 石路萦回九龙脊，水光翻动五湖天。孙登无语空归去，半岭松声万壑传。②

苏辙、曾几、王令、赵抃、黄庭坚等也都有咏吴中名茶的诗作。元代李德载有《喜春来・赠茶肆》小令10首，描述了吴中茶趣。吴县人丁谓还留有专著《茶录》。他的《煎茶》诗“轻微缘人麝，猛沸却如蝉。罗细烹还好，铛新味更全”，反映了当时煎茶技术的高超。同是吴县人的叶梦得也尚茶并精于茶事。是个茶叶鉴赏家和茶叶史家。其《避暑录话》卷下书称：“裴晋公诗云：‘饱食缓行初睡觉，一瓯新茗侍儿煎。悦巾斜倚绳床坐，风送水声来耳边。’公为此诗，必自以为得志。然吾山居七年，享此多矣。今岁新茶适佳，夏初作水池，导安乐泉注之，得常熟破山重台白莲，植其间，此晋公之所诵咏，而吾得之，可不为幸乎。”其笔记对宋代贡茶、茶事心得记录很多。

饮子，是市民生活中颇受欢迎的一种具有药用价值的饮料，里面至少含有一种药物。如苏东坡有一首《睡起闻米元章到东园送麦门冬饮子一首》：“一枕清风直万钱，无人肯买此窗眠。开心暖胃门冬饮，知是东坡手自煎。”诗中提到的麦门冬即是一味中药，能治多种疾病。

天圣元年(1023)，范仲淹在今东台任盐仓监，请名医和酒师研制出一种具有医疗

---

① 《说郛》卷六〇下《南宋市肆纪》。

② 《东坡全集》卷五《惠山谒钱道人烹小龙团登绝顶望太湖》。

保健效果的“陈醋酒”。其酒以麻筋糯米为原料，配以陈皮、黄花、党参、当归、丹参等16种滋补药物，采用淋饭法酿成。由于谐音且配方中含陈皮，民间遂称为“陈皮酒”，一直流传至今。

元代，镇江进贡一种叫“舍儿别”的饮料。舍儿别，蒙古语意为解渴水，由新鲜果汁煎熬而成，有时会加入糖、蜜。如果过稠，则以开水稀释。

三、婚姻与丧葬

1. 婚姻

宋代江淮地区的家庭多为一夫一妻制，以纳妾作为婚姻的补充形式。多数人的婚姻是在所居区域内进行的，在广大乡村尤其如此。然而由于交通和贸易的发展，在扬州、苏州等大城市，不同地区的人联姻也并不罕见。

由于商品经济的发展，当时的婚姻也深深地打上了商品经济的烙印。婚娶先问资妆厚薄、聘财多少之风盛行，一些人甚至不惜为钱财而娶孀妇、为赘婿。宋哲宗时，“常州江阴县有孀妇，家富于财，不止巨万”，右朝请郎新知秀州王蘧“利高贷”，竟“屈身为赘婿”①。

当时，妇女再嫁现象也比较普遍。如范仲淹之子死后，便将寡媳嫁给了自己的门生弟子王陶。他在苏州设立的义庄规矩中规定：妇女再嫁可得钱二十贯作嫁资，其费用与男子娶妇所得相同②。

元代汉人婚姻继承宋代风俗，到了至元八年（1271），礼部依据汉人惯例，并参照朱熹的《家礼·婚礼》，将相关礼制基本确定下来，内容包括议婚、纳采、纳币、亲迎、妇见舅姑、庙见、婿见妇之父母等凡七条。

妇女在其丈夫死后，亲属往往劝其改嫁，于是改嫁遂成一时之风，所谓“夫亡不嫁者，绝无有也”③。

2. 丧葬

宋代商人阶层的兴起，使社会习俗也发生了一些变化。“吴越之俗，葬送费广”，所以许多人生前省吃俭用，为的就是将来有钱把后事办得体面。

火葬，即焚尸，是随佛教传入我国而流行的一种丧葬习俗。“贫下之家，送终之具，唯务从简，是以从来率以火化为便，相习成风”④，说明当时火葬的风俗已经很普遍

---

① 《长编》卷四七一。

② 《范文正公集·建立义庄规矩》。

③ 《元典章校补》卷四二。

④ 《宋史》卷一二五《礼志》。

了。官方虽然禁止火化，有些地方官还建立义冢，令人土葬，但火葬仍旧流行。绍兴二十七年(1157)，监登闻鼓院范同上奏，说“方今火葬之惨，日益炽甚”，建议地方官设立义冢令贫民葬土，得到高宗的批准。次年，户部侍郎荣嶷上言，置义冢确为善政，但仍有穷人葬不起，客死他乡者的后人也难于尽使亲尸返里，因而建议“除豪富士族申严禁止外，贫下之民并客旅远方之人，若有死亡，姑从其便”。高宗考虑到实际情况，同意他的看法，于是在部分人中禁止火葬，而对另一部分人就听其自便①。有些地区，富人、贫人不遵守政府禁令，实行火葬。吴县通济寺内设有焚化亭，供民间火化亲人。景定二年(1261)，亭为风雨所毁，寺僧要求官府重修，遭到县尉黄震的反对。他在《乞免再起化人亭状》中言道：

本寺久为焚人空亭约十间以罔利，合城愚民悉为所诱，亲死即举而付之烈焰，余骸不化，则又举而投之深渊。……自宋以来，此风日盛，国家虽有漏泽园之设，而地窄人多，不能遍葬，相率焚烧，名曰火葬，习以成俗。②

元代，传统的五服和守丧仪制，如为父母守孝三年、择风水、停柩等等，仍然得到认可。江淮地区，丧服有戴布幞头、布袍者③。

汉族以土葬为主，葬后立冢。官僚和富户习于厚葬，并常以纸钱等物随葬。由于色目人大量涌进中原，其俗以火葬为主。故江苏地区受其影响，火葬之风比宋时益盛，其中地名可以确定者，如《马可·波罗游记》中记载的淮安、宝应等处。

四、娱乐节俗

蹴鞠，古代民间足球游戏。鞠是用皮子做成圆形球，内塞毛发。蹴鞠在宋代即是一种普遍的娱乐活动，盛行于各城市。陆游的诗句“寒食梁州十万家，秋千锹鞠向豪华”就描绘出了这动人的城市一景。据称，蹴鞠“运动肢节，善使血脉调和。有轻身健体之功，胜华佗五禽之戏”。长洲(今江苏吴县)人丁谓，少年时代酷爱踢球，且技艺高超，有诗自称在蹴鞠时“鹰鹘腾双眼，龙蛇绕四肢。蹑来行数步，跷后立多时”。

踢气毬的活动，则流行于元代。苏州进士李璋，善踢气球。有一次因用力过大，气球飞落到一位良家妇女头上，将这位妇女头上的冠梳碰个粉碎。这当然被认为是有意侮辱，大逆不道。这位妇女揪住李璋，到官府告他碎其冠梳，太守升堂问李璋：你

① 《宋史》卷一二五《礼志》。

② 《日知录》卷一五。

③ 《元典章》卷三〇《礼部》；卷三《丧礼》“丧服各从本俗”。

真是举子的话,我试你一试。李璋说:那就请出题目。太守说:你就以踢气球误碎良家妇女冠梳为题作一首诗。李璋不假思索,应声吟道:“偶与朋游,闲筑气球,起自卑人之足,忽升娘子之头。方一丈八尺之时.不妨好看;吃八棒十三之后,着甚来由。”诗句活泼,琅琅上口,惹得太守大笑,随手一挥,释放了李璋。

宋代把正月朔日(初一)称为元旦,即春节,俗称为新年。一年之节,以此为首,官民都会举行庆祝活动。祭祖之后,燃放爆竹。爆竹本是以竹子断为节状进行烤烧而爆发出巨响,用来驱鬼辟邪。宋代发明火药后,现代意义上的爆竹才正式面世,并且品种繁多。当时的苏州人过春节,首先是家中男女按长幼次序给家长拜年,然后家长率领家小出门拜谒本族的亲友,或只让子弟代贺。甚至成年互无往来的,此时也互相到门上去贺拜。傍晚到人家拜年的,叫“拜夜年”。如果亲朋过多,主人会让仆人送名片,称“飞帖”。元代,镇江地区还有“秤江水”的习俗,“每岁旦,收一瓿以秤水,水重则是年江水大,水轻则江水小,岁岁不差”①。

正月十五元宵节,又称为灯节,是年事活动的又一个高潮。范成大《灯市行》:“吴台今古繁华地,偏爱元宵影灯戏。”当时最好的灯产自苏州,称苏灯。在苏州,各式各样的灯在腊月里就上市了,其大者直径达三四尺,以五色琉璃做成,灯上“山水、人物、花竹、翎毛种种奇妙,俨然着色”②。稀奇价贵的灯,往往有很多人竞买,相持不下时就以赌博定输赢。待上元夜燃起“坊巷灯”,街巷间一片灯火辉煌,有长灯、尤灯、鹿灯、月灯、葡萄灯、栀子灯等等。最多的是莲花灯。用生绢糊成的大方灯,上面画着历史故事,常常引得众人围观。元代镇江等地还流行作团子、炒糯花、迎紫姑等习俗。

寒食节在清明节前两日。宋代的寒食节,家家以柳条插于门上,称为“明眼”。寒食节还有举行冠礼的习俗。寒食后便是清明,扫墓的习俗继续盛行。两宋时期,还形成了清明踏青游春的习俗。到了元代,寒食节与清明节基本合一,在这一天要祭祖扫墓。当时江淮等地,盛行在家门前插柳枝,并有打秋千、戏蹴鞠等娱乐活动。

端午节,通常有挂艾虎、吃粽子、饮蒲酒等活动,江南地区还有赛龙舟这样的大型娱乐活动。范成大有诗:“五月五日岚气开,南门竞船争看来。”

宋时,人们常在中秋之夜吃瓜果、圆饼。圆饼象征圆满、合家团聚。家家在庭院里摆上香烛供品,全家拜月,祈求平安。南宋年间,建康等地在中秋之夜还要竞放水灯,明月下,水灯摇曳,波光粼粼,别有一番情趣。到元末,已经广泛流行八月十五吃月饼的风俗了。

农历十二月二十三或二十四是祭灶日,也有称小年的。宋代一般是在二十四日

① 《至顺镇江志》卷三《风俗》“岁时”。

② 《武林旧事》卷二《元夕》。

祭灶。范成大有一首《祭灶诗》:“古传腊月二十四,灶君朝天欲言事。云车风马小留连,家有杯盘丰典祀。猪头烂熟双鱼鲜,豆沙干松粉饵圆。男儿酌献女儿避,酹酒烧钱灶君喜。婢子斗争君莫闻,猫犬触秽君莫嗔。送君醉饱登天门,勺长勺短勿复云,乞取利市归来兮。”希望这位酒足饭饱的灶君在天帝那里多说好话,少说坏话。

第二节　宗教信仰

两宋时期,佛、道二教均极为流行,对当时和后世产生了深远的影响。此外,祆教、伊斯兰教、摩尼教、犹太教等在社会上也有所流传。到了元代,统治者十分注重利用宗教来维护自己的统治,对各种宗教一般都采取提倡扶持的政策,因此元代诸教并兴,宗教文化颇为发达:佛教极受推崇;正一道与全真道成南北对峙局面;基督教(也里可温教)再度复兴;伊斯兰教迅速发展;犹太教亦有所振作;以白莲教为主的民间宗教转向活跃,并在元末社会变革中起了重要作用。

一、佛教

五代周世宗曾对佛教给以沉重打击。宋太祖立国之初,下令停止毁佛,以重开佛教作为稳定当时局势的重要措施。在宋初的六七十年中,国家特别重视发展佛教事业。开宝四年(971),中国有史以来的第一部汉文大藏经开始雕刻。宋太宗时,从“大宋太平兴国初年至七年,度僧一十七万有余”①。七年(982),宋太宗建立译经院,进行由官方直接控制的译经活动。真宗著《崇释论》,设想以佛法辅治国家,以达到劝善禁恶的目的。他在全国设戒坛72所,广度僧尼。天禧五年(1021),有僧尼40多万人,寺院近4万所,成为全宋史上佛教最发达的年代。

在统治者的极力倡导下,佛教在江淮地区也广为流传,深入人心。如苏州“郡之内外,胜刹相望,故其流风余俗,久而不衰。民莫不喜蠲财以施僧,华屋邃庑,斋馔丰洁,四方莫能及也。寺院凡百三十九”②。

江淮地区的佛教以禅宗和净土宗最为盛行。

1. 禅宗

两宋时期的禅宗,远盛于其他宗派。佛寺数量也以禅寺为最。南宋嘉定年间(1208—1224),最著名的禅寺有“五山十刹”之称。“十刹”中,包括建康蒋山太平兴国

① 《大宋僧史略》卷下。

② 朱长文:《吴郡图经续记》卷中《寺院》。

寺(今南京灵谷寺)、平江万寿山报恩光孝寺(今苏州万寿寺)及平江虎丘山云岩寺。宋时还出现了几部禅宗史,如《景德传灯录》、《天圣广灯录》、《五灯会元》等书,这是两宋佛教发展的重要标志。

关于禅门五宗,“沩仰宗成立最早,临济及曹洞次之,云门及法眼较后。沩仰一宗在唐末时,后继无力,就绝传了。法眼宗也在宋初随之灭亡。至于云门一宗,发展到北宋就中断。尚存者,只有曹洞与临济二宗”①。

(1) 临济宗

禅宗南岳一系的临济宗在宋代又有发展。汾阳善昭(947—1024)将禅修化为文字玄谈,使临济走向大盛,于是禅法的主流渐渐转为文字禅。其后,石霜楚圆(986—1039)的门徒杨岐方会(992—1049)创建杨歧派,黄龙慧南(1002—1069)创立黄龙派,均盛行于南方,与五叶并称为“五家七宗”。黄龙派在北宋末年转衰,因此杨歧派几乎成了临济的唯一代表,他们大都在江浙一带弘扬禅学。

杨歧派由方会传法演,法演门下有佛鉴慧懃、佛眼清远、佛果克勤(圜悟)“三佛”,“三佛”中又以克勤一派得旨最深,流行最盛。

克勤(1069—1135)曾主持过建康蒋山寺,建炎间(1127—1130)迁镇江金山寺。他曾就云门宗雪窦重显的著作《颂古百则》加以发挥、讲说,由门人录成《碧岩录》,风行一时,成为以后文字禅的标本。克勤的嗣法弟子中以大慧宗杲、虎丘绍隆最为著名,各成一派,盛传江浙。

宗杲(1089—1163)为了反对玩弄文字,轻视实修实证的歪风,火烧《碧岩录》,转而提倡所谓的话头禅,又叫看话禅,即拿古人公案的答语来直心参悟,被称为大慧派。大慧派认为世间法的磨练亦有助于解脱,倡导世间法即佛法,佛法即世间法,在当时极有声势。宗杲的弟子 84 人,主要在江浙福建一带传法,与朝廷关系非常密切。

绍隆(1077—1136),和州(安徽)含山人。九岁入佛慧院,精研律藏。初谒六合长芦寺之净照崇信等,历访宝峰之湛堂文准、黄龙山之死心悟新。后跟随克勤悟道,凡二十年,并嗣其法。建炎四年(1130),居平江之虎丘山云岩禅寺,大振圜悟佛果之禅风,世称虎丘绍隆,久之遂成一派,即虎丘派。圜悟示寂后,绍隆与若平共编圜悟之语录。绍兴六年示寂,世寿六十。门人嗣端编纂《虎丘隆和尚语录》一卷,徐林撰塔铭。

绍隆得法弟子应庵昙华(1103—1163)、法孙密庵咸杰(? —1186)都能继承师门,怀广宗风,遂使虎丘一派大为兴盛,影响甚至凌驾于大慧派之上。

咸杰的弟子破庵祖先(1136—1221)、松源崇岳亦各成一派。后世临济宗的法系

① 陈荣波:《禅海之筏》,志文出版社 1989 年版。

大多出于破庵一系。

临济宗大师云峰妙高(1219—1293),长溪(今福建长乐)人,自幼“嗜书力学,尤耽释典”。出家得法后,奉旨住持金陵蒋山寺十三年,徒众有五百之多。

祖先弟子无准师范(1177—1249),赐号佛鉴,梓潼(今属四川)人,九岁出家,深好禅法,乃出川遍参名宿,后到灵隐寺侍奉祖先,卒得其法。嘉定十六年(1223),移住镇江焦山普济寺。淳祐九年卒,有《无准师范禅师语录》六卷。师范传下有断桥妙伦、雪岩祖钦等。

到了元代,虎丘派的祖钦(1215—1287)上承祖先,下传原妙、明本、惟则、清珙,使临济宗大盛于吴越一带。

祖先系的高峰原妙(1238—1295),号高峰,俗姓徐,吴江(今苏州)人,是元代临济宗的重要人物,他十七岁受业于嘉禾密印寺法住,20 岁弃教入禅,先从临安净慈寺断桥妙伦,再参礼雪岩祖钦,得其心法。于是游学江浙,后去临安龙须山隐居苦行 9 年。至元十六年(1279),他去杭州天目山西狮子岩,开创狮子、大觉二刹,弟子数百人,受戒者及数万。元贞元年(1295)焚香说偈坐化,谥号“普明广济禅师”。

祖先系的惟则天如,俗姓谭,永新(今江西吉安)人。出家后得法于中峰明本禅师。元至正初年(1341)住姑苏(今苏州)之师子林禅院。天如效仿其师,拒绝皇室与大刹之招请,一心净土,深究经藏,著有《楞严经会解》、《净土或问》、《十戒法图说》等行世。其中《楞严经会解》是集唐宋之九解附以补注,盛行于世。《楞严经正脉疏》称:“自元末及今二百余年,海内讲听楞严者,惟知有会解,而他非所尚。”《天如和尚语录》,惟则天如口述,善遇编。

青原一系的曹洞宗、法眼宗也在吴地继续流传。

(2) 曹洞宗

警玄(943—1027),宋初曹洞宗代表人物,俗姓张,本名警玄。其先金陵人。警玄神观奇伟,有威重,自幼即日食一餐。少年时去金陵崇孝寺依出家之叔父智通法师,十九岁即为大僧。谒鼎州梁山缘观禅师,缘观禅师以为洞上之宗可倚。缘观圆寂后,警玄又去大阳山拜见慧坚禅师。咸平三年(1000),慧坚欣然将法席让与警玄主持。祥符年间(1008—1016),为避国讳,改为警延。

警玄自知受先德托付之任重,因而足不出户,五十年睡不至席,发愤努力。年八十时,叹无人可以继承其法。为曹洞宗的长远发展而计,警玄托付当时正如日中天的临济高僧浮山法远(990—1067),嘱其代觅传人。

警玄于天圣五年(1027)七月圆寂,谥号“明安大师”。有《大阳明安大师十八般妙语》一卷传世。

法远没有辜负警玄之重托，终于在治平元年(1064)选中投子义青(1032—1083)接续曹洞法统，为曹洞宗的重新繁荣带来了转机。

曹洞宗传到天童真觉及长芦清了(1089—1151)时，达到大盛。

此脉传承谱系：投子义青—芙蓉道楷—丹霞子淳┌宏智正觉
└长芦清了

长芦清了(1089—1151)，安昌(今属四川)人，俗姓雍，号真歇。参邓州(河南省)丹霞山子淳，开悟得证，并嗣其法。后投真州(今江苏仪征)长芦祖照门下，担任侍者。宣和三年(1121)，祖照称疾，命其继席。四年(1122)，入主长芦寺。建炎二年(1128)退居。四年(1130)，应邀前往天台山国清寺。同年十一月入雪峰寺，大振曹洞宗风。绍兴七年(1137)，因病谢绝建康府(今南京)蒋山寺之请。二十一年(1151)住崇先显孝禅院，为慈宁太后开法。同年十月示寂，敕赐"悟空禅师"，塔名静照。

宏智正觉(1091—1157)于二十三岁时遇丹霞子淳，后升首座，并随子淳从中原南迁，此间得子淳传法。子淳入灭后，受长芦清了之邀，往长芦寺，为清了之首座。这样，子淳门下两大弟子共住一寺。

曹洞宗善于融会诸宗特色，至南宋之际，袒露于世，无所回避，其中最为传统者当属曹洞与华严相为表里。清了即著有《华严无尽灯记》，融华严入禅。又作《净土宗要》，提倡念佛，强调"信知乃佛乃祖，在教在禅，皆修净业，同归一愿"，表现出强烈的融会禅、净、教思想。

清了三传弟子如净于嘉定三年(1210)任建康清凉寺住持，后辗转至天童寺。

普度(1199—1280)，南宋末临济宗松源派僧。江都人，俗姓史，号虚舟。初于天宁寺出家，参武林东堂院祖信。后历访江南名德，嗣法于饶州(今属江西)荐福寺无得觉通。淳祐初年，依知府赵信庵之请，开法于金陵半山报宁禅寺，继住润州(今江苏镇江)金山龙游寺、潭州(今属湖南)鹿苑褒忠寺、抚州(今属江西)疏山白云寺、苏州承天寺、杭州中天竺寺诸刹。其后，又奉敕住杭州灵隐寺。元至元十四年(1277)住径山寺，并复兴该寺。至元十七年(1280)示寂，世寿八十二。有《虚舟和尚语录》行世。

(3) 云门宗

宋初的云门宗也颇占优势，尤其是雪窦重显(980—1052)著《颂古百则》，大振宗风。福昌重善禅师弟子瑞新(？—1053)，曾住止通州(今属江苏)。庆历八年(1048)，润州(今江苏镇江)金山寺发生火灾。次年，瑞新来金山寺主持寺务，遂募集善款百万，重修宝刹。皇祐五年(1053)夏，王安石在苏州处理公事后去金山寺拜见他，然他已于此前圆寂。瑞新有聪明辩智之才，不染世尘，深得王安石、曾巩的赞赏。

宋代云门宗在江淮地区的代表人物为慧林圆照宗本禅师。宗本(1020—1099)，字无喆，俗姓管，常州无锡人。体貌丰硕，所事淳厚。十九岁入苏州承天永安寺道升禅师门下，苦修十年方剃发受具足戒。又服勤三年，后拜辞道升至池州景德寺，参谒天衣义怀，有所契悟。义怀后迁居越州、常州，宗本一直追随。治平初年(1064)，宗本随义怀退居吴江圣院。应漕使李复圭之请，于苏州瑞光寺开法，法席日盛，徒众达五百余人，遐迩闻名。杭州太守陈襄请宗本就承天、兴教二寺择一而居，宗本欲往，而苏人拥道遮留。陈襄又以净慈寺恳请，并发布文告："借师三年，为此邦植福，不敢久占。"道俗方从。

宗本后住净慈寺。继而苏州道俗请宗本前往万寿、龙华二寺弘法，迎者千余人，并欲夺回宗本。杭州太守只得派兵卒护持，苏人不敢夺，此事遂罢。元丰五年(1082)，宗本将净慈道场付于门人善本，自居瑞峰庵，苏人闻之又欲夺之。此时恰好待制曾孝序来苏州，他曾向宗本问道，得其心要，遂乘舟往谒宗本。临别，宗本登舟送之，言语谈笑间不觉已到苏州，于是苏人欢呼雀跃，乃请宗本居穹窿山福臻院。不久，神宗皇帝下诏，辟相国寺六十四院为八寺，召宗本为慧林禅刹第一祖。宗本应皇帝召，上延和殿问答佛法。帝曰："禅宗方兴，宜善开导。"宗本曰："陛下知有此道，如日照临，臣岂敢自怠。"即辞退。帝目送之，谓左右曰："真福慧僧也。"后哲宗赐其号"圆照禅师"。元祐元年(1086)，宗本以老乞归林下，得旨任便云游，州郡不得抑令住持。于是击鼓辞众，说偈曰："本是无家客，那堪任意游？顺风加橹棹，船子下扬州。"既出都城，王公贵人送者车骑相属。宗本临别教诲："岁月不可把玩，老病不与人期。唯勤修勿怠，是真相为。"①闻者莫不感涕。

宗本晚年住平江(今苏州)灵岩寺，闭门修禅，专力净业。元符二年(1099)十二月甲子日，宗本沐浴更衣而卧，安然辞世。塔葬于灵岩山。

宗本作为云门一代巨匠，直接继承了云门文偃及天衣义怀的宗风。他所举扬之华严禅，开演华严之奥秘，达于圆融之妙。宗本力倡禅教一致，强调佛法如如，教禅不二，佛弟子不应各立门户，互相倾轧。其嗣法传道者百余人，如善本大通、金山善宁、守一法真、修颙真悟、辩良佛慈、延泳正觉等。著有《归元直指集》二卷、《慧辨录》一卷②。

宗本传人有长芦寺的崇信(又称净照禅师)和瑞光寺的善本。

释佛印(1032—1098)，俗姓王，名了元，字觉老。浮梁人。少年入道，长好禅寂，嗣法于开先善暹，为云门偃公五世法裔。天资优异，博通内外，能诗工书，尤善言辩。元丰(1078—1085)中主持润州金山寺，苏轼、黄庭坚等均与交游，相与酬作章句。时

---

① 《五灯会元》卷一六《天衣怀禅师法嗣》。

② 《五灯会元》卷一六《天衣怀禅师法嗣》。

高丽有王子为僧者，来观光上国，帝命大臣陪游诸刹。至金山，师具威仪接之，令礼拜，大臣不可，师坚持，王子乃顶礼而去。即归，或叩以上国人物？答云：了师一人而已，其严谨服众如此。有语录行世。

此外，东京法云寺的开山祖法秀也曾在金陵蒋山、六合长芦寺任过住持。宋代以后，云门宗就失传了。

2. 净土宗

净土宗在宋代已形成一固定宗派。净土教的祖师宗赜住持真州长芦寺，主张净禅双修。曾住持长芦的曹洞宗的清了亦修净土。此外，天台宗、律宗也常联系净土信仰而提倡念佛的修行，促进了净土宗的发展。

宗赜慈觉，襄阳人，俗姓孙，谥号慈觉大师。生卒年不详。幼年丧父，由母亲陈氏，抚养宗赜于舅舅家。志节高迈，年少时修习儒学，广博通达世间典籍。二十九岁，就真州（今江苏仪征）长芦寺圆通法秀落发，并受具足戒，后依广照应夫参叩禅旨。一日，方登台阶，忽有省悟而作颂。元祐年间（1086—1093），住长芦寺，迎母于方丈之东室，劝母剃发出家，持念阿弥陀佛。居七年，母逝。自谓报亲之心已尽，作劝孝文120篇，阐述世间、出世间之孝道。

元祐四年（1089），效庐山白莲社之规约，建"莲华胜会"，普劝道俗念佛号，日记其数，回向发愿，期生净土。崇宁年间（1102—1106），应待制杨畏之请，初于真定府（河北正定）洪济院弘法。据《乐邦文类》卷三载，宗赜为莲社继祖五大法师之一。著有《禅苑清规》十卷、《苇江集》、《坐禅箴》、《念佛参禅求宗旨说》、《莲华胜会录文》、《念佛回向发愿文》、《念佛防退方便文》、《观无量寿佛经序》、《劝念佛颂》、《西方净土颂》等[①]。

蕴齐，字清辩，俗姓周，钱塘人，幼时即考试经典而得剃度出家，从法明会贤法师之处传受天台教观。曾染病，百药不治，专诵观世音菩萨圣号。于所习经典无不通达，下笔成文，词句典雅。蕴齐多次担任苏州、杭州诸寺院之方丈，晚年归隐于常熟上方寺。建炎四年（1130）正月，蕴齐集合僧众，诵《阿弥陀经》，称念佛号后圆寂。后建纪念塔于上方寺[②]。

道生，生卒年及籍贯不详，居常熟兴福寺。曾建丈六阿弥陀佛圣像，获得县令梅汝能布施钱财来装饰彩绘，完成之后即集合大众讽诵经典，在佛像前至诚发愿，陈述求生净土的心意而至痛哭流泪。然后辞归卧房，书写偈颂之后坐化[③]。

① 《续传灯录》卷一二。

② 《佛祖统纪》卷二七。

③ 《佛祖统纪》卷二七。

用拙法师，名祖你，字日章，别号用拙。平江常熟（今属江苏）人，俗姓张。削发后东游四明（今浙江宁波）。后嗣法于竹屋净法师。出世永定教寺，继迁昆山广孝寺、嘉定净信寺，主教吴下近五十年。

南宋绍兴年间，茅子元（法名慈照）在流行的净土结社的基础上创建新教门，称白莲宗，即白莲教。

茅子元（1096？－1166），号万事休，吴郡昆山（今江苏昆山）人。父母早亡，投本郡延祥寺志通出家，习诵《法华经》。十九岁落发，从天台宗名僧净梵习止观禅法。后慕净土宗始祖东晋慧远（334－416）在庐山东林寺与刘遗民等结白莲社共同念佛之遗风，“劝人归依三宝，受持五戒”，“念阿弥陀佛五声，以证五戒”；简化并统一前人制作的念佛修忏仪式，编成《莲宗晨朝忏义》。他在平江淀山湖边建立“莲宗忏堂”，修持净业。茅子元采用天台宗教理，绘制《圆融四土三观选佛图》，用佛像、图形和比喻来解说佛土的高低。白莲教认为净秽迷悟只是一心所作。根据心的染净程度，众生所生净土有高下之别。他自称“白莲导师”，传授弟子，规定徒众以“普觉妙道”四字命名，从而建立了一个比较定型的教门。其徒皆号“白莲菜人”，可家居火宅，娶妻生子，与常人无异。白莲教摆脱了正统佛教的森严戒律，允许世俗男女同于忏堂之中共修净业，的确为以往佛教史上所未有。它既适应了一般群众的世俗生活，又合乎儒家伦理的固有传统，同时满足了大批信从的宗教要求，因而得到了下层民众的拥戴。正因为如此，也迅速招来了统治当局与正统佛教的非议乃至诬陷。

白莲教问世不久，茅子元就被当局以“食菜事魔”的罪名流配江州（今江西九江），但白莲教因教义浅显、修行简便而得以继续传播。乾道二年（1166），宋高宗在调阅江州官府的奏议后，召茅子元进京。诏书称“子元专修净业，委有道行”①，使其登德寿殿讲演净土法门，并赐“劝修净业莲宗导师慈照宗主”的称号。三月，子元告诸徒曰：“吾化缘已毕，时当行矣。”②言毕合掌圆寂。

子元死后，弟子小茅阇梨继承其位，在皇权的支持下，白莲教的势力迅速扩大，影响遍及江南一带。庐山东林寺和淀山湖白莲堂是当时白莲教的两个中心。但在发展过程中，小茅阇梨所倡导的白莲教义及其行法也日益显示出偏离茅子元原教的倾向。到南宋后期，白莲教仍不免被一些以正统自居的佛教僧侣视为“事魔邪党”，但已到处有人传习，甚至远播到蒙古族统治下的北方。

进入元代后，白莲教与民间信仰逐渐融合，群众基础日益广泛，然而戒律松懈，宗派林立。一部分教派改奉弥勒佛，宣扬“弥勒下生”这一本属弥勒净土法门的宗教谶

---

① 《历朝释氏资鉴》。

② 《大正新修大正藏经》卷四七《庐山莲宗宝鉴》。

言。有的教徒夜聚明散，集众滋事，间或武装反抗元廷统治，使政府屡屡感到不安。至大元年(1308)，武宗诏令“禁止白莲社，毁其祠宇，以其人还隶名籍”[①]。由于庐山东林寺普度撰《莲宗宝鉴》，解释子元白莲教正义，加上白莲教其他上层人物的积极活动，白莲教才在仁宗即位(1312)后恢复合法地位。但到至治二年(1322)，其活动又被限制。此后许多地方的白莲教组织对官府抱敌对态度，下层则已转入秘密发展，教义也有所变化，成了鼓动和组织农民反抗统治者的手段。故当元末社会矛盾激化时，一些白莲教组织率先武装反元。红巾起义领导人韩山童、刘福通、徐寿辉等都是白莲教徒，他们以明王(即阿弥陀佛)出世和弥勒下生的谶言鼓动群众，产生很大影响。

普度(？—1330)，元代净土教僧，丹阳(今江苏镇江)人，俗姓蒋。资性敏锐，夙厌俗缘，弱冠于庐山东林寺出家，往谒龙华宝山慧禅师。慧识其不凡，荐参诸老，师乃历叩诸方，挂锡丹阳妙果寺，后住东林寺善法堂，专修念佛三昧。时有称莲宗而大行邪法者续出，师深以为忧，遂于成宗大德九年(1305)撰《庐山莲宗宝鉴》十卷，阐述宋元白莲宗正统思想，其中卷十诸章，着重破斥当时彰德朱慎宝、广西高仙道等附托白莲的异说。至大元年(1308)五月，武宗下诏禁断莲宗。普度决计复兴莲宗，十月至京师，与法王寺灌顶国师商议，进献《庐山莲宗宝鉴》，并上书陈情。皇庆元年(1312)正月，终蒙仁宗敕许，颁行该书于天下，以师为莲宗教主，赐号“虎溪尊者”。以后，白莲教中一般以得到朝廷认可的称为正宗，未得到认可的称为邪宗。至顺元年(1330)，普度念佛而寂，享寿不详。世称优昙宗主，号莲宗中兴之祖。

3. 天台宗

天台宗在入宋后，发展日趋兴盛，其代表人物也多为南方人。宋代首倡天台教义者是温州永嘉人义寂(919—987)。四明(今浙江宁波)人知礼，则是宋代天台宗的“中兴”者。相对而言，江淮天台宗在宋元二代闻名者甚少。

慈光晤恩(912—986)，字修己，俗姓路，姑苏常熟人，是天台宗史上与知礼齐名的高僧。13岁出家，受戒后先学律部，后闻天台三观六即之说，遂至钱塘慈光院，从志因受学，“讲贯弥年，通达《法华》、《光明》经、《止观》论，咸洞玄微”[②]。著《金光明玄义发挥记》，对于宋真宗景德之前尚在流行的智顗《金光明玄义》的广本提出异议，主张一念不离真心，即“真心观”。因其理论接近华严，与以天台宗正统自居的知礼意见不合而发生分裂。知礼等称为山家，晤恩等称为山外。晤恩的弟子文备，了然洞明于止观的法门，常独处一室，精进禅坐，忘情脱俗，达三十年之久。宋太宗雍熙二年(985)，

① 《元史》卷二二《武宗纪》。

② 《宋高僧传》卷七《晤恩传》。

右胁侧卧，双足相迭而逝[1]。

天台宗怀坦系统的大佑（1334－1407），字启宗，号大佑、遽庵，姑苏（今苏州）人。早习华严，后学天台，因阅蒙润[2]《四教仪集注》而开悟，遂通达天台宗旨，故虽未师从蒙润，然“遥禀玉冈”。大佑曾主北禅讲席，以讲说《楞伽》、《金刚》、《心经》三经为主，“提挈奥义，多士悦从”。后归西山，修习念佛三昧未尝暂废，永乐五年（1407）示寂。

4. 贤首宗

贤首宗（即华严宗）在宋初的著名代表人物是长水子璿（？—1038）。

子璿（？－1038），秀州（今浙江嘉兴）人，初学《华严经》，后谒瑯琊临济高僧慧觉，参省有悟。慧觉令返故居，弘阐《华严经》。于是子璿设讲席，以《华严经》、《楞严经》授徒，华严宗得到再兴，并带有教禅一致的意味。其门下得意弟子晋水净源（1011—1088），擅讲《楞严经》、《圆觉经》、《大乘起信论》，主张立马鸣为贤首宗初祖，曾主持苏州报恩寺。

5. 慈恩宗

入宋后，慈恩宗（即唯识宗）之传承不明。到了元代，慈恩宗出现了著名学者云岩志德和吉祥普喜等人。

志德（1235－1322），东昌（山东聊城）人，俗姓刘，习《华严经》、《唯识论》。至元二十五年（1288），世祖诏江淮诸路立御讲 36 所，志德和尚被选中。世祖赐宴并紫方袍，命主金陵天禧寺及扬州旌忠寺丈席，日讲《法华》、《华严》、《金刚》、《唯识》诸疏，凡三十余年。当时岁荒，他煮糜粥，救济灾民数万人。江南的流俗，寺院好以酒食结交官吏。志德法师独以戒律自绳，约束徒众，若私用常住物者，误一罚百，有故犯者，摈除寺院。志德法师于至治二年（1322）辞世，送葬者数万人。建塔江宁张家山，学士赵孟頫撰写塔铭。

江淮御讲所的另一主讲普喜，山东人，通达《唯识》、《师地》、《因明》诸论。至元二十五年（1288）诏普喜主镇江普照寺，以日诵《华严》十卷为常课。云南僧端无念为《唯识》名家，曾和普喜辩论《唯识》，对他的造诣极为倾服。普喜入灭后，门人留其灵骨，建塔于丹徒雩山。当时镇江百姓多存其图像，随处祠之，称之为吉祥佛。

除了以上各佛教宗派以外，关于佛教经书的印制，在这一时期的江淮地区也有很大发展，这主要表现为平江府“碛砂藏”的印制。

五代以后，雕版印刷术有了很大发展，宋代开始将其用于大量印经，成为佛教史上一件开拓性的大事件。宋代所刻的大藏经共有五种版本，其中之一就是《平江府碛

① 《宋高僧传》、《佛祖统纪》。

② 蒙润（1275－1342），俗姓顾，号玉冈，浙江海盐人。元代天台宗名僧。

砂延圣院大藏经》。绍定二年(1229),以当地官吏赵安国独自出资刻成的《大般若经》等大部经典为首倡,僧人善可、可南、法灯等历时近百年方刻成。端平元年(1234)编定并刻出天字至合字548函的目录。宝祐六年(1258)后因延圣院火灾和宋末兵革而中断。元大德元年(1297),由松江府僧录管主八主持,又继续雕刻,到至治二年(1322)竣工。全藏编次从天字至烦字共591函,1532部,6362卷。由于经过两个朝代的更迭和兵燹,原刻版片部分毁损,另用其他散刻本补充。因此后来的印本中夹杂元代寺院所刻的补本,甚至还附有翻刻的其他版本在内。此藏因始刻于碛砂延圣禅院①,故称"碛砂藏"。

二、道教

宋元时期是道教发展的又一重要阶段。宋代社会动荡不安,内外交困,特别需要精神上的慰藉和解脱,因而宗教大为流行,道教也得到长足的发展。宋朝皇室也崇奉道教,尤其是真宗、徽宗两朝大力崇道,在全国广修道教宫观。真宗封老子为太上老君混元上德皇帝;徽宗自称教主道君皇帝,还铸造九鼎,于太学置《道德经》、《庄子》、《列子》博士,并亲自注解《道德经》,扩展道教队伍。道士人数大增,宫观规模日大;经书数量益增,并汇编成"藏",正式刊行。

南宋统治者仍然信奉道教,凡遇灾祸或节庆,都命道士做法事,以求风调雨顺、国泰民安。理宗时期,钦定龙虎山为江南符箓道派的统领,主管三山符箓,龙虎山张天师从此取得了统领符箓诸派的显赫地位。元代对于道教也加以支持和扶持,鼓励道教各派发展,新老道派呈现合流的趋势。至元十三年(1276),忽必烈召见正一道第三十六代天师张宗演,命主领江南道教。次年又赐号"演道灵应冲和真人",命主江南道教事,准许自给牒度人为道士。江南诸道派从此归正一派统领,三山合流。全国范围内逐步形成了全真、正一两大道派各据一方的格局。

宋元时期道教极为活跃的主要表现为道派分化繁杂,新兴道派不断出现。南宋时,南方以龙虎山、茅山、阁皂山所谓"三山符箓"为中心,即仍以传统的符箓派正一、上清、灵宝为主,另外还有净明道和金丹派南宗,以及新兴的东华、神霄、清微等符箓道派。北方产生了太一教、大道教、全真道等新道派。

宋元道教在教义、制度、组织等方面得到巨大的发展和变革。各道派顺应时代精神,提倡三教同源一致,融摄佛儒二家之学,重铸道教新教义。内丹学和内丹术的盛行和成熟,内道外法、内丹外用的结合,都使得道教理论更加精致化。

---

① 在今江苏吴县澄湖,后改名碛砂禅寺。

继《开元道藏》之后，宋代曾六次修藏。其中第一次是在宋太宗时期，搜访道经，得七千余卷，命散骑常侍徐铉，知制诰王禹偁校正，删去重复，止3737卷。徐铉(917—992)，字鼎臣，广陵(今江苏扬州)人。仕南唐，累官至吏部尚书。入宋，为太子率更令，后为右散骑常侍，迁左常侍。王禹偁(954—1001)，字符之，济州鉅野(今属山东)人，曾任扬州知州。宋真宗大中祥符年间，王钦若推荐海宁谪官张君房主事重修《道藏》，凡4565卷，称为《天宫宝藏》。张君房，字尹方(一作允方)，德安府安陆县(今湖北安陆)人。曾任知升州(今南京)江宁县事，仕至祠部郎中，集贤校理。

1. 金丹派南宗

经过数百年的实验，外丹服炼使包括唐六帝在内的无数人死于非命。到唐末，外丹学遂一蹶不振。内丹学则乘机兴起，逐渐成为道教炼养术中的显学。宋元时期，道教内丹学空前兴旺，出现了以炼内丹为宗旨的道派，流行于南宋的金丹派南宗是其代表之一。南宗师法宗承张伯端《悟真篇》，主张大隐混俗，不提倡出家。张伯端、石泰、薛道光、陈楠、白玉蟾五代，被后尊为“南宗五祖”。第三传有彭耜等。第四传有李道纯等。入元之后，南宗力量弱小，合流于全真、正一派而消失。

石泰(1022—1158)，字得之，号杏林，一号翠玄子，常州人。以缝纫为业，自称“素慕真宗，遍游胜境，参传正法，愿以济世为心”。常以医药济人，不受其谢，惟愿植一杏树，久遂成林，人称之为“石杏林”。杏子熟，任人取贩，取者自付所值于树下。杏林收其值市米、布，冬以济贫。他师从张伯端学习金丹大道，著《还源篇》五言绝句八十一首行世，以咏内丹修炼之术。传道于薛道光。绍兴二十八年(1158)仙逝，据说世寿达一百三十七岁。金丹派“南宗”或“紫阳派”尊奉石泰为“南五祖”之一。

李道纯(1219—1296)，宋末元初内丹大家。字元素，号清庵，别号莹蟾子。都梁(今江苏盱眙县东南，一说湖南武冈)人，为白玉蟾再传弟子。关于他的生平活动人们所知甚少，《扬州府志》记他曾住仪真长生观，《凤阳府志》将他列为盱眙道士。李道纯是元代著名的道教理论家，既通《老子》、《周易》，又达禅机，其学以全真南宗为主，兼得北宗之意。李道纯著述颇丰，有《道德会元》、《中和集》、《三天易髓》、《周易尚占》、《全真集玄秘要》、《太上大通经注》、《太上老君说常清静经注》、《无上赤文洞真经注》，门人柴元皋等又辑其语录为《清庵莹蟾子语录》六卷。其思想理论特点，认为《老子》和《周易》是“诸经之祖”，提出“真常之道”即是“老子之道”，说“人情多聚散，世道有兴衰，惟有真常在，古今无改移”。这个“真常之道”有无名无言，永恒不变，虚静无为，变动有则，顺应中和五种特性。李道纯在内丹理论上，以“真常之道”作为其内丹理论的基础，并且还以《老子》、《周易》思想来阐发内丹理论，其基本观点是主张性命双修，在修炼程序上则主张先性后命，“先持戒定慧而虚其心，后炼精气神而得其身”，最后达到“性命双全，形神俱妙”。特别强调“守中”是修丹的核心，所谓玄关一窍就是一个“中”字。李道纯还主张儒、释、道三教合一，说：“道之有物混成，儒之中和育物，释之指心见性，此皆同工异曲，咸自太极中来。”

李道纯所传弟子，较知名者有：柴元皋（字嘿庵，号广蟾子）、赵道可、苗善时、邓法成、张应坦、蔡志颐等。

2. 上清派道教

符箓诸派自汉魏以来一直是道教主流，宋元时期更进入了一个繁荣阶段。宋朝的符箓道教，继承以往正一、上清、灵宝三大教派，也出现了神霄、清微、净明等新教派，其新时期的特点是：融冶佛儒，吸收内丹，兴起各种“雷法”。

其中上清派以茅山宗为据点，在北宋道教教派中最为兴盛。一直到元代，茅山宗高道辈出，其嗣法宗师从二十代成延昭到四十五代刘大彬，相继受到朝廷尊礼。这一时期，大茅峰、二茅峰、三茅峰各建宫观，所谓“三宫五观”均建成于此时。三宫为九霄万福宫、元符万宁宫、崇禧万寿宫；五观为德佑观、仁佑观、玉晨观、白云观、乾元观。其中九霄万福宫因位于主峰大茅峰顶，故又称顶宫。宫内共有四进殿宇，依山而建，层层而上。第一进为灵官殿，第二进为藏经楼，第三进为九霄宫的主体建筑太元宝殿，殿内供奉三茅真君圣像，第四进为升表台和二圣殿。九霄宫道院内珍藏着宋哲宗所赐的玉印、玉圭、哈砚、玉符，合称为“镇山四宝”。“第八洞天”、“第一福地”之称即始于宋代。宋徽宗以前，茅山宗传承一般以杨羲、许穆、许翙所传上清经箓为凭。自刘混康获赐玉印和玉剑后，嗣法宗师的传法信物增添了印剑。元代，名道士杜道坚奉玺书提点道教，住持杭州宗阳宫。成宗大德八年（1304），茅山上清宗坛归属于张天师正一道，此后又以小宗单独承传。

宋代茅山宗历代宗师，多得皇室所赐“先生”称号。

第二十代宗师成延昭（911－990），字怀玉，润州金坛人，赐号冲虚先生。气禀纯素，不染世尘。初诣茅山紫阳观拜王栖霞为师。开宝八年（975）被请为茅山威仪兼升州道正，归山后于淳化元年解化，年七十九岁。

第二十一代宗师蒋元吉（？－998），字吉甫，号碧虚子，常州义兴（今江苏宜兴）人，赐号洞灵先生。从成延昭应诏居京师数年，后同还茅山紫阳观。蒋元吉天资聪颖，深受成延昭赏识，从习上清之学而明其道。于咸平元年三月十五日仙去。

第二十二代宗师万保冲，字用玄，常州武进（今属江苏）人。幼失怙恃，依兄教抚成材。公尝言：“吾无兄无有今日，先人之业非所愿得，寄迹黄冠足矣。”[①]初诣腾仙观

① 《茅山志》卷一一《上清品》，《正统道藏》第九册，第6921页。

出家，后来茅山，得蒋元吉传上道，专习采炼日霞之法。解蜕时，年九十二岁。景德间(1004—1007)，真宗赐其号“冲素先生”。

第二十三代宗师朱自英(976—1029)，字隐芝，句曲朱阳里(今江苏句容东南)人。幼年即习道，师从玉晨观道士朱文吉。继而从明真炼师张绍英同隐居于积金峰，修习服气辟谷之术。后渡江云游，访师问道。尝拜混元皇帝于亳州，礼正一天师于青城山，逢异人陈铁脚授之以“金鼎九转，飞精剑法”。因思三茅山《道藏》阙伪不全，故复过濑乡，校雠太清古本。及返还故山，得九老仙都君印，济人利物，孜孜不倦。景德元年(1004)嗣掌教门。朱自英曾为真宗祈嗣，得生仁宗，因此颇得二帝尊宠。仁宗天圣初年(1023)，奉诏至京师，馆于昭应宫，赐号“国师”。次年，亲授上清大洞毕法箓予仁宗之母明肃皇后刘氏[①]，且撰《章献明肃皇后受上清毕法箓记》详述此事，得赐号“观妙先生”。后累表求归，诏送还山，自此称疾不起。天圣七年冬月坐化，世寿五十三。朱自英传有《上清大洞真经》六卷，并为作序。

第二十四代宗师毛奉柔，建康句容(今江苏句容)人。幼时尝随父入茅山天市坛，后被留在山中而拜朱自英为师。嘉祐八年(1063)腊月，刘混康自常州泰和观冒雪来茅山请拜毛公为师，毛感其诚恳，授以经法，不久而解化。崇宁元年(1102)徽宗赠赐“通真明元先生”之号。

第二十五代宗师刘混康(1037—1108)，字志通，晋陵(今江苏常州)人。十三岁入晋陵泰和观，从汤含象学道。嘉佑五年(1060)经试录为道士。后闻茅山毛奉柔有道，遂冒雪慕访于积金峰，拜毛为传经悟道之师，得授大洞经箓。刘混康精志为行，修之成道，凡施符祈祷，治疾禳灾，无不灵验。刘混康于神宗时(1068—1085)即已名著于世。据《墨庄漫录》等书记载，王安石病重时，其婿蔡卞曾诣茅山，谒刘混康问状。另《茅山志》卷十一载，元祐元年(1086)，哲宗后孟氏误吞针于喉中，诸医束手无策。刘公闻召入朝，以符进献，太后服即呕吐，“针刺符上”，宫中皆称神奇。哲宗因赐号“洞元通妙法师”，令住持东京上清储祥宫。绍圣四年(1097)，敕江宁府，将原居茅山的潜神庵改为元符观，赐“九老仙都君印”一颗，“合明天帝日敕之玉符”一道，“上清宗坛”之玉圭一笏，呵砚一座于元符万宁宫，“别敕江宁府句容县三茅三经录宗坛，与信州龙虎山、临江军阁皂山，三山鼎峙，辅化皇图”。且于次年将其国号改为“元符”，作为纪念。徽宗即位，初无子，混康教以“广嗣之法”，始生子。故徽宗对其更为信重，屡召至京，赐物无数，并赞曰：“尔冲和养气，得其妙道，学术精深，博通奥旨。救危难以积善，观德业以养高。小大之事，常所访问，尽规极虑，颇勤忠恪。济人利物，功莫大焉。”[②]

---

① 《茅山志》卷二五《录金石篇·宋天圣皇太后受上清箓记》。

② 《道藏》第五册，第562页。

崇宁五年(1106)七月,加号为“葆真观妙冲和先生”。“三茅崇奉之严,未有盛于斯时也”①。大观二年(1108)刘公奉召出山至京馆储祥宫诵大洞经,四月十七日倏然解蜕。赠太中大夫,谥“静一”。帝遣使护柩还山,葬叠玉峰。

第二十六代宗师笪净之(1068—1113),字清远,金陵(今江苏南京)人。幼时即不茹荤,戏耍时常画地为道家像。父携之入茅山,刘混康见而甚奇,曰:“是子他日人天师也!”净之喜跃,誓不复归,父亦从之。元祐间随刘混康入朝,居储祥宫。崇宁四年(1105),赐号“宁静凝和法师”,兼领崇禧观。政和三年(1113)七月将嗣传印剑交付弟子徐希和,焚香书表,盥沐更衣,泊然而逝。诏赠“冲隐先生”。

第二十七代宗师徐希和(?—1127),字仲和,金陵溧水(今江苏溧水)人,世称养素观妙先生。祖父乐施,与笪净之熟识。徐希和尝从净之入朝,为徽宗赏识,命为陛前道士。冲隐解化后,希和奉御笔嗣茅山之上清宗坛。政和四年(1114),诏赴朝廷,及秋还山,赐丹台郎,转太素大夫、凝神殿校籍。宣和三年(1121),再次受诏进入内廷,次年还山,敕有司礼送。后来“建炎寇起,毁元符宫,师独保经、印剑”②。希和能预知寿限,于建炎元年(1127)七月坐化。

到了南宋,茅山宗共立十五代宗师,这些宗师虽不乏以道术名世,受到朝廷征召赐号,但除蒋宗瑛外,皆少著述传世。与其鼎盛的隋唐时代相比,在教义的发挥等方面已呈衰退之象。

第二十八代宗师蒋景彻(?—1146),字通老,句容人,徐希和师弟,世称元观先生。眉目秀异,面有斗文。十一岁始师事笪净之。建炎时期元符宫被寇所焚,蒋公独保符箓印剑无损。高宗赐金重建该宫时,蒋公正行化至京。后回山,于绍兴十六年(1146)四月解化。

第二十九代宗师李景合(?—1149),字灵运,句容人,世称崇德先生。幼年拜蒋景彻为师学习经法。景彻南游时,将宗坛典仪交景合掌管。一日,李景合游雷平山得古剑一口献给景彻,景彻曰:“此陶公墓中物也,神物不可泄,合归之。”绍兴二十年(1149)九月无疾而逝,葬归真山中。

第三十代宗师李景暎(?—1164),字灵晖,李景合之弟,世称靖真先生。父早逝,景暎事母孝,四十不娶,母卒后从兄著黄冠。兄曰:“吾昔得二青李于陶公墓下,子来验矣。”后在白李溪建造“二李”亭。绍兴二十五年(1155)夏应郡守之请祈雨成功,名闻于朝。高宗累召,皆辞疾不赴。隆兴二年(1164)元月初解化于茅山。

第三十一代宗师徐守经(?—1195),金陵溧水人,世称保宁冲妙先生。年至十岁

① 《道藏》第五册,第669页。

② 《茅山志》卷一二,《道藏》第五册,第606页。

尚不能言。一日有道人自茅山而来，见之，令服其丹，遂能言。母甚喜悦，乃令守经入山师从李景暎，经遂"守一抱道，不求人知"，朝廷累召不赴。隆兴二年嗣茅山主坛。庆元元年(1195)三月辞众而逝。

第三十二代宗师秦汝达(？ —1195)，字通远，江阴(今江苏江阴)人。家贫苦学，常拾废纸遗笔而学书写。在东南名山访道时，与徐守经彻夜长谈。次日，徐守经"以印剑奉先生登坛，众望见先生眉宇若神，皆服保宁公择贤之密，知人之明也"①。绍熙二年(1191)应敕命封香修金箓斋，有白鹤彩云之异，因赐号"明教先生"，庆元元年(1195)十月仙去。

第三十三代宗师邢汝嘉(？ —1209)，字子嘉，建康溧水人，世称真应先生。七岁即能文善谈，掌教前任京师太一宫高士。因其发少不胜冠，特赐巾以裹头上殿。御制诗曰："朕亲命制华阳巾，赐与茅山得道人。戴此不妨朝玉陛，免教五岳受埃尘。"庆元元年(1195)十月得秦汝达之书，请敕归山。嘉定二年(1209)三月无疾而化。

第三十四代宗师薛汝积(？ —1214)，字德夫，常州晋陵人，世称冲玄明一先生。少时简朴勤俭，喜读《周易》、老庄之书，与邢汝嘉意甚相投，后为师友而传其道统。嘉定六年(1213)，度宗杨皇后命人赍香币来山，为其受大洞毕法，礼汝积为度师。次年十二月解真。

第三十五代宗师任元阜(1176—1239)，字山甫，建康溧水人。幼负奇质，神貌超然。元阜来山见薛汝积时，师曰"华阳再来客也"，即授以玉书，学者骈踵而至。传说嘉定十六年(1223)淫雨成灾，宁宗召其赴京修大醮以治水，故赐号"通灵先生"。次年又召祈雨，加号"至道"，赐象简冠帔，皇后亲书"特赐妙相真人"于纨扇以赐之。嘉熙三年(1239)三月逝世，享寿六十四。

第三十六代宗师鲍志真(？ —1251)，字淳夫，溧水人，世称明微先生。家业贫寒，一日其父于道中拾得遗金，后有远吏泣至，问明所遗之物，即归还失主。后来父母以岁疫之灾而命他入山受道，是年之疫，惟鲍氏一门安然无恙。赵葵曾请他设醮超度滁城战役阵亡将士。淳佑十一年(1251)四月，"召众言毕而蜕去"。

第三十七代宗师汤志道(？ —1258)，丹阳(今江苏丹阳)人。年少时读书负奇气，后入茅山修道。《茅山志》言其"髽髻跣足，坐大茅山顶三十年"，忘怀世情，誓不出山。赵善湘帅金陵时，在访山中高道，见而奇之，使从鲍志真。淳祐三年(1143)得传印剑。淳祐五年(1245)秋，江南大旱，官民无计。理宗下诏，请他出山祷雨。他入京面见理宗，从容而言："雨不需祷。"理宗问："抗旱奈何？"他答道："臣闻民者，天之赤子，陛下

① 《茅山志》卷一二，《道藏》第五册，第607页。

忧民若此，雨当旋至。臣行不足以感天，臣心足知天。”皇帝与大臣们俱半信半疑。汤亦不去作法祷雨。至夜，预言终验——天降大雨，朝野一片欢腾，人们对这个不作法就能“求”到雨的茅山道士敬佩之至，皆呼之为“汤仙雨”。理宗亦龙颜大悦，请志道入住太乙宫，志道力辞还山，上嘉许之，从此汤名声大振。宝祐六年(1258)正月初三，他召门生弟子至前，一笑而化，留有《灵宝教法秘录》十卷传世。

第三十八代宗师蒋宗瑛(？—1281)，字大玉，毗陵(今江苏常州)人，世称冲妙先生。幼习儒业，及长则云游四方，寄情山水。尝居吴越金庭山两年，于石壁间得《登真隐诀》，遂挟书至茅山，从汤志道修行。宋理宗时，奉召赴阙，行法祷晴，颇称旨。帝赐钱十万缗修缮宫宇，并御书“上清宗坛”碑与圣德、仁右、景福万年三殿额。开庆改元，托疾游庐山，遇鄂渚之乱，乃过天目山，往来永嘉形胜之间。宗瑛于上清经法戒研探尤深，著有《大洞玉经注》十卷，又校勘《上清大洞真经》六卷。尝传大洞经法于杜道坚。元世祖至元十八年(1281)三月诏[①]其入京师大都，七月无疾而化，归葬于藏真山中。

第三十九代宗师景元范(？—1263)，字仲模，句曲(今江苏金坛)人。幼为第三十五代宗师任元阜侍者，长髯广颡，好古列传。理宗嘉熙(1237—1240)年间随任元阜至都，出住建康天庆观。开庆元年(1259)，召为龙翔宫高士，历任道官左右街鉴义。不久奉敕任上清宗师，号“架岩先生”，居茅山元阳观。理宗谢后比依先朝故事，尊元范以师礼，受大洞毕法箓。当时元范以元阳观为外靖居住。景定三年(1263)十二月二十五日，告弟子三茅君诰，且说：“生为有，死为无，来亦无拘，死亦常事。”顶门气出而逝，三日神色如生。

第四十代宗师刘宗昶，溧水人，世称元静先生。宝祐间从蒋宗瑛入朝后，又从游庐山，宿紫极宫。传说深夜闻呼茅山道士，曰：“天王校录洞中，刘子可归矣。”宗昶心甚怪之，次日别蒋公去至金陵，后还句曲山，不久以终天年。

第四十一代宗师王志心(？—1273)，句曲人，世称一空真妙先生。弃家从汤元载学道于茅山元符宫。王公寒暑一衲，每当凝坐而起时，两袖拂热似火。咸淳九年(1273)九月说偈解化而去。

第四十二代宗师翟志颖(？—1276)，字同叔，丹阳人，世称观妙先生。相传他十三岁时入华阳洞之西便门，遇道士坐于石上，指着石壁所题之名对他曰：“汝姓名在宗师之列。”待其回顾石壁，已无踪影。以后，翟公果然成为法主。至元十三年(1276)六月解化。

---

① 该诏书称：“闻汝年高德劭，法精严，思接道论。今遣使驰驿召赴阙廷，仍敕有司如法律遣便安就道，毋致艰虞，故兹诏示，想宜知悉。”《道藏》第五册，第573页。

入元后，元政府对茅山派也十分重视，对继任宗师都有赏赐。

第四十三代宗师许道杞(1236—1291)，字祖禹，句容人，世称凝和宣静真应法师，是上清派许谧之后裔。因他在维扬(今扬州)祈雨应验有功，至元十七年(1280)得世祖之召见，试以道法，“皆奇验”[①]，后赐宝冠法服荣归茅山。至元二十八年(1291)二月召王道孟授毕经法之后，谢众辞世，享寿五十有六。

第四十四代宗师王道孟(1254—1311)，字牧斋，句容人，世称养素通真明教真人。十四岁从元符道士沈宗绍。不饰伪而行益高，不求誉而名愈出。传说大德戊戌年间(1298)，两次至维扬驱蝗请雨大验，特赐号称真人。至大辛亥岁(1311)，命入室弟子刘大彬嗣袭其教。延佑元年(1314)，解蜕于华阳元符，寿享七十有三。

第四十五代宗师刘大彬，号玉虚子，吴郡钱塘(今杭州)人，世称洞现行妙玄应真人。延祐四年(1317年)，得“九老仙都君”玉印。仁宗皇帝闻奏后，特下旨还赐茅山元符之上清宗坛而以传道统[②]。

元政府还重用茅山派的其他高道，如命杜道坚主领湖州计筹山报德观、白石通玄观及杭州宗阳宫。杜道坚(1237—1318)，字处逸，号南谷子，当涂(今属安徽)人，为宋末元初茅山宗嫡传弟子。“年十四，得异书于异人，即嗜老氏学，(年)十七，寄迹郡之天庆观，师蒙庵葛师中。宋淳祐(1241—1252)为御前道士。蒙庵师虚白陈元实，是为陆修静裔孙”[③]。宝祐末至开庆年间(1258—1259)，入茅山，阅道藏，从宗师蒋宗瑛，受大洞经法。继而远游各地，至宜兴隐居三年。宋度宗时(1265—1274)，赐以紫衣及辅教大师称号。元世祖至元十三年(1276)，元兵南渡，道坚冒石矢，叩军门见太傅淮南王巴延(即伯颜)，为民请命，以不杀无辜相请。王悦其言，禁将士下未附者勿劫掠。时人深感之。至元十七年(1280)冬，奉玺书为杭州宗阳宫、纯真观，湖州升玄报德观住持。大德七年(1303)，授杭州路道录、教门高士。复有旨改其所建披云庵为通玄观，听其徒甲乙主之。玄教大宗师张留孙又疏请其主杭州四圣延祥观。所至创立制度，修饬宫宇，咸为改观。平时博览群书，曾于升玄、宗阳二山筑二真馆，储书数万卷，岁时往来其间[④]。皇庆元年(1312)，仁宗授其“隆道冲真崇正真人”号，依旧住持杭州宗阳宫，兼领湖州计筹山升玄报德观、白石通玄观事。不久，告老，奉玺书以弟子姚志恭为升玄观提点，徒孙孙拱真为提举，以弟子薛志亨、林德芳先后主持通玄观。

---

① 《茅山志》卷一二，《正统道藏》第九册，第6929页。《元史》卷一一《世祖本纪》：“(至元十七年十二月，)以三茅山上清四十三代宗师许道杞祈祷有验，命别主道教。”

② 《茅山志》卷一二。

③ 朱右：《杜南谷真人传》，《白云稿》卷三。

④ 朱右：《杜南谷真人传》，《白云稿》卷三。

杜道坚以博学高行名世，而不以符咒之术闻名。他深于玄理，尤以理学释老为特色，晚年著《道德玄经原旨》四卷、《玄经原旨发挥》二卷、《关令阐玄》二卷、《文子赞义》十二卷等，凡数十万言。另有诗若干卷，藏于白石山中。他强调儒道融合，因此获得不少儒家学者的赞赏。如牟巘为《道德玄经原旨》作序时称杜道坚“求之以帝王之书，参之以帝王之事，譬如披蒙昧，出幽深，明白正大，气象顿殊，岂不甚韪！”徐天畛也在该书序中称：“南谷杜君之为是学也，不以道家说训老氏书，独援儒以明之，章研句析，而前后相蒙，不喜为破碎引类比义，悉举五三帝王、孔孟之道传诸其说……诸微言眇旨，与六经合者，不可一二举。”

另一茅山名道士张雨(1277－1348)，原名泽之，字天雨，或作天羽，后名雨，又名天雨，字伯雨，法名嗣真，号贞居子，别号句曲外史，吴郡(今江苏苏州)人，宋崇国公张九成之后裔。张雨从小学习儒学，但生性狷介，渺视流俗，二十岁时离家出游天台、括苍等名山，又到茅山礼四十三代宗师许道杞弟子周大静为师，受大洞经箓。后又去杭州开元宫师事玄教高道王寿衍，得名嗣真。皇庆二年(1313)随王寿衍入京，居崇真万寿宫。张雨不希图荣华仕进，于延祐(1314－1320)初离京返开元宫，日以著经作诗为业。至治二年(1322)回茅山，主崇寿观及镇江崇禧观。惠宗至元二年(1336)葬冠剑于南山而辞宫事，日与友人饮酒赋诗，或焚香终日，坐密室，不以世事接目。至正八年(1348)辞世。著有《茅山志》十五卷(署名刘大彬，实为张雨所著)、《元品录》五卷(高道传记)等。

杜道坚、张雨之流身为上清派符箓道士，而以诗文玄理名世，反映出此派在符箓咒术方面的衰落①。此后，茅山派就不再有名道出现了。

俞琰，字玉吾，号全阳子、林屋山人、石涧道人，吴郡(今江苏苏州)人。宋末元初道教学者，其生卒年诸说不一。俞琰幼好博览，闻友人有奇书异传，必求借抄录，以致废寝忘食而成疾。入元，隐居不仕，著书立说。以词赋见称，尤好鼓琴、作谱。元世祖至元(1264－1294)间曾作《玄牝之门赋》，在道友中传诵。著作有《周易集说》、《易图纂要》、《周易参同契发挥》、《易外别传》、《阴符经注》、《吕纯阳真人沁园春丹词注解》、《炉火监戒录》以及《林屋山人集》、《书斋夜话》、《月下偶谈》、《席上腐谈》等。俞琰得其家传，潜心《周易》，旁及丹道三十余年。其易学本于朱熹《周易本义》，又力图有所创新。他认为易之义理与象数密不可分；易之大要在《先天图》，不明白先天图环中之秘，就难以究《易》，而《先天图》中本具太极。

此外，茅山道士朱象先，号一虚子。至元十六年(1279)往礼终南山全真祖庭，居

① 任继愈主编：《中国道教史》下卷，中国社会科学出版社 2001 年版，第 743－744 页。

楼观台，因览楼观旧志及楼观诸先师传记，撮掇集成《终南山说经台历代真仙碑记》。同时汇集唐人碑传、元人碑记，编成《古楼观紫云衍庆集》三卷，自撰《关尹子后序》、《古楼观系牛柏记》、《重建会真观记》等均收入集内。

三、也里可温教

景教曾在唐初传入我国，武宗灭佛(845)后即在中原消失。13世纪，随着元朝的建立，相当一批信奉景教的蒙古人和色目人进入中国内地。同时，罗马教廷派遣的天主教传教士也相继来到中国开始传教。

元朝时把景教徒和天主教徒统称为“也里可温”。也里可温是蒙语，意为“福分人”、“有缘人”。元政府于至元二十六年(1289)设立“崇福寺”，专门管理也里可温。

据意大利旅行家马可波罗写的《马可·波罗游记》记载，当时江淮之常州、扬州、镇江等处，都有聂斯托利派或其教堂，尤其是镇江所记尤详：“城里有二座聂斯托利派的基督教教堂，建于一二七八年。大汗当时曾任命这一派的一个名叫马萨奇斯(Mar-Sachis)的教徒管理这个城市达三年之久。这里本来没有教堂，现在的教堂是他来了之后创建的，至今仍然完好无损。”《至顺镇江志》卷九中梁相撰写的《大兴国寺记》中说，至元年间，镇江的副达鲁花赤薛里吉思在镇江建立了六座景教教堂：大兴国寺、云山寺、聚明山寺、四渎安寺、高安寺、甘泉寺，其中四渎安寺和高安寺位于丹徒县。

《鄂多力克游记》称扬州有圣方济各会小级僧人之教堂一所，聂斯托利派教堂三所。至元二十二年，姚天福为扬州路总管，在扬州之唆罗兀思为景教徒。《元典章延》卷三十六载，延祐四年，曾降御香于扬州也里可温十字寺，并“赐与功德酒段等”。

元朝是短暂的，随着元帝国的灭亡，信徒占绝大多数的蒙古人和色目人退出，基督教在江淮乃至中国的传播又一次中断。

四、伊斯兰教

宋时的对外交通，以海运最为发达，因而广州、泉州、杭州、扬州等港口城市成为外商云集之处。这些商人中，有相当数量的穆斯林，他们在聚居地建清真寺、购置宅地，并有公共墓地。

元初，大批信仰伊斯兰教的阿拉伯人、波斯人、中亚人随蒙古军进入我国，并分布到全国各地，由于他们的语言、服饰、风俗习惯等有相同之处，这些人被统称为回回人。《明史·西域传》上说：“元时回回遍天下。”周密在《癸辛杂识续集》中则云：“今回回皆以中原为家，江南尤多。”在长期汉文化的影响下，他们除保持伊斯兰教信仰和与之相联的生活习俗外，基本上接受了汉文化的生活方式，逐渐形成中国历史上一个新的民族，即回族。

元代的江淮同全国一样，回回人呈“大分散，小集中”状况，几乎遍布各主要城镇，而在各地又相对集中在清真寺周围居住。据现存的元代志书《至正金陵新志》、《至顺镇江志》记载，当时的南京、镇江等地都有回回人居住。苏州等地的清真寺也开始建立。

扬州始建清真寺见于史料记载的是在宋代。据明圣仪编著《嘉靖维扬志·杂志》记载，“礼拜寺在府东太平桥北，宋德祐元年，西域补好丁游方至此创建”（“补好丁”现译为“普哈丁”）。普哈丁墓今在扬州解放桥南堍，当地穆斯林称之为“回回堂”。墓区内除普哈丁墓外，还有宋代撒敢达等阿拉伯人的墓。

扬州最早的清真寺是仙鹤寺，与广州的光塔寺、泉州的麒麟寺、杭州的凤凰寺齐名，并列为东南沿海伊斯兰教四大名寺。据历史记载，仙鹤寺于宋代德祐年间(1275)由普哈丁创建。该寺有中西合璧的建筑艺术特点，对于中国古代伊斯兰建筑史的研究具有重要价值。

相传南京最早的清真寺始建于宋代，它位于今大丰富巷，因寺内有一棵古松树，故又称作一棵松清真寺。该寺后毁于太平天国战火，重建后规模缩小。

第十二章　宋元时期江淮地区的科学技术

宋元之际，由于社会经济的变化，文化的繁荣，中外交流的扩大，科学技术也有了突飞猛进的发展。江淮作为当时最发达的地区之一，科学技术走在了全国的前列。

第一节　交通工具及航行技术的进步

一、造船技术与航行技术的进步

中国造船技术的繁荣时期，大体上开始于公元 581 年隋朝立国，至宋代，进入高潮时期。唐宋航海事业的繁荣，既决定于国内外政治、经济因素，还决定于当时的造船能力和航海技术水平[①]。

这一时期在造船技艺上，已广泛应用了榫接钉合的木工艺和水密隔舱等先进技术，在船型设计和船舶属具上，也日臻完善，船舶型制已基本定型[②]，所造的江海船舶，通航天下，千舳万艘，畅通无阻。

宋朝立国后，为早日攻克南唐统一江南，共修造战船 14 种，计 3550 艘。南宋偏安江东，以江淮为抗金边塞，设水军屯寨二十处。所造战船以轻捷为上。大型楼船遂被淘汰，代之而起的新创海鸥船、刀鱼船、多桨船、车船成为主力战舰。海鸥船长 10 丈为尖底海船，载水兵 108 人，操驾水手 42 人。纫鱼船长 5 丈，头方、尾阔、面敞、底尖，为小型海上战船。多桨船长 8.3 丈，阔 2 丈。湖船底、战船盖、海船头尾，载兵 200 人，操桨推进，江河湖海无往不利，是一种平底快速战船。车船大者长 36 丈，装 22 轮，可载水兵千余人，踏轮推进。船上设十余丈拍竿，遇敌船发拍击碎之。车船的出

---

① 张红薇、王明志：《驶向 21 世纪——交通运输的发展过程与发展趋势》，湖北教育出版社 1999 年版。

② 齐易：《中国航海史(古代航海史)》，人民交通出版社 1988 年版。

现,使船舶航行以后有可能摆脱风向和流向的限制。从船舶操驾角度看,从间歇推进发展到连续推进,是船舶迈向机械推进的第一步。它是400年后发明轮蒸汽机船的雏形。

宋代已出现万石大船,“万石船操驾之人数百”,体短圆如三间大屋,可载铜钱20万贯。

唐宋两代的海船分为沙船、客舟、神舟、泉舶、浙船多种。沙船始建于唐代,宋代称作“防沙平底船”[①],与广船,福船、鸟船并称“四大海船”。沙船平底平头,尾有出艄,舟底部装梗水木,两舷装披水板。遇有沙浅少搁无碍。大者长10丈,竖5桅,载重230多吨,为长江口以北海域的主要水运船舶。另有客舟与神舟。客舟为出使海外的随员座船。长12.5丈,阔2.5丈,深3丈。船底尖削。船上竖两桅,两个升降舵。神舟是将万石海船装修成华丽的大型海船,这在当时并非难事。当这种神舟驶进高丽礼成港时,曾以其“巍如山岳浮波”的体态、“超冠古今”的装饰,引起了高丽人“倾国耸观,欢呼嘉叹”。

就动力而言,当时的船有车船、帆船、木桨船三种。车船以人力驱动轮形的桨来作动力;帆船则是帆和桨共用,有风时扯帆,无风则用桨;木桨船早已有之,但宋时有了多桨船,它“江河湖海,无往不可”,而且,十分轻便。

就造船场所而言,从前造大的船都是工匠在水中打造,日子久了,身体都被泡坏。如隋唐时征高丽时,许多造船工人即因肢体久泡水中,而致溃烂生蛆。宋元之际,造船已多在陆上。有的地方还出现了专门的船坞。在岸边造好船后,用水引到河里或在岸边作坡,在坡上造好船后滑入水中。

江淮一带的造船业多集中在扬州、建康,平江(苏州)等沿江河地区,当时建康造船场已能制造用于航海的大船。当时大的战船多由官船场打造。除战船外,宋代的船大都是用于交通运输的船。

当时宋政府为了更好地控制地方与水上运输业,十分重视造船业。政府曾设立“措置战船”奖,来奖励造船有功的人[②]。宋政府对船场控制也很严格,不许私营的船场随便造船,而且对私船可以随便征用。在官船场里,由政府派遣监官进行管理,以招募的名义拘收造船技术工匠(“正匠”),另外还要从军队中抽调士兵来作杂役。从这里也可以看得出,北宋时政府对造船业的重视。

宋代在青州曾建造过湿船坞,以存储船只。北宋时还出现了干船坞。如有大船需要修理,就先放水入坞,将船靠在坞内的架上,然后把水放出坞外,船工即可在坞内

---

① 《建炎以来系年要录》卷一九一。

② 《建炎以来系年要录》卷二〇。

对船进行修理，竣工后再引水把船浮出坞外。

宋元之际，作为掌控船只方向与平稳的船舵制作技术，已有较大进步。据《台湾志略》记载，宋代以后出现的平衡舵，是一种性能优良的船舵。它把一部分舵面面积分布在舵柱的前方，因而缩短了舵压中心与转轴间的距离，减少转舵力矩。由于航线上的水位有深有浅，因而舵也逐渐演变为可升可降的升降舵，可以依据水的深浅随时调节舵的高低。大型船舶的舵都很大，一般的大船都装有几副舵，海上航行时遇到风浪，还可以把大主舵放到水位较深处，那里的水不受船尾所产生的乱流和漩涡的影响，既可提高舵的效能，又可减弱船舶的横向漂流，起稳定船身的作用①。

此时人们还掌握了航行测速的方法。操纵方法是从船首将一块木片投入海中，并从船首向船尾快行，看人与木片是否同时到达，并测量所用时间，把船的长度除以时间就可以计算出船速，再乘以船舶航行的时日，就可以测算出航程。

南宋时，平江造船场已掌握利用转轴升降船桅和踏轮激水推动船身前进的技术。此外，宋代锚船方法也有了进步。锚的雏形是宋代的矴，即使用精致的硬木做成布杆，在杆的顶端用铁箍束紧两个硬木爪，在木杆上，垂直穿过一个长石条作的横棒，这种既有碇石的重量，又保证下矴时木爪抓入海底泥沙中，且每发必中，万无一失。这种带垂直横棒的矴，改称为海军锚，被舰艇所采用。锚：宋代的四爪铁猫投入水底有两爪抓地的优点，遂被国内外采用。至今英文仍称其为Cat（猫），一直到清朝康熙年间，才按照形声会意之法给它造了个“锚”字，以正其名。

大约在11世纪中叶、北宋末期，出现了作为导航辅助工具的指南针。最初使用的是风水先生常用的指南针，它是利用与磁石摩擦，使钢针磁化具有指极性而制成的。指南针的应用弥补观察天文星辰的缺陷，使人们获得了全天候航行的能力。到南宋时，指南针已逐步成为主要的导航仪器。

指南针导航准确与否，维系着船舶的安危，因此，在船上多设置了专门放置指南针的处所，叫作“针房”，并挑选富有航海经验的水手充任“火长”，专司观测指南针。指南针的应用引起了航海技术的重大改革，开创了航海事业的新纪元。正如英国著名科技史专家李约瑟博士指出，指南针的应用，将“原始航海时代推至终点，此在航海技艺方面之重大改革，已预示计量航海时代之来临”②。

水上航行，经常需要测深。中国的测深技术，至迟在唐末就已出现，古代叫“打水”。测深通常有两种方法，一种是“下钩”侧深，一种是“以绳结织”测深。据《梦梁录》记载，南宋时江南造船已掌握了较为熟练的深水测量技术，测深达70余丈。测探

---

① 尹士鑰纂修，李祖基点校：《台湾志略》卷一，九洲出版社2003年版。

② 见王树林、曾志刚编著：《中华物质文明》上册，江西教育出版社1997年版。

所用设备不但可以测知海水的深浅,而且可以用来测知海底的情况,从而确定船舶所在之处能否停泊,以及判断船舶已到何地。

宋代时,利用风帆行船的技术也已经很娴熟。当时人说:“风有八面,唯当头不可行。”也就是说,除了当头风以外,其他七面风都可以用来行船。在逆风时,船就走“之”字形路线,既要保持正确的航向,又要使各种设备巧妙配合,以使船在风浪中安全前行。

继宋朝之后的元朝,虽然立国时间较短,但却是幅员辽阔的帝国。为联系海外交通,支持其海上军事活动和大规模的海湾运粮,因而大量建造江海船舶。在建造船舶的能力上,船体载客量上,都比前代有所提高。

元与南宋对峙时,南宋采取以汉中保巴蜀,以襄樊保武汉,以两淮捍卫长江的战略方针,意图凭借水上优势,防御元军步骑之兵。于是元人也首先把扩建水军,建造舰船,视为头等大事。不断加强水军建设,促进了其造船能力的提高。当元军攻下了成都之后,便在鲁东、苏北及安徽巢湖大造战船。史载元初时,仅水军战船已有17900余艘。当时为发动一次战役,可一举同时建造三五千艘舰船,可见其当时的造船能力。

为加强国内邮递能力和速度,元朝还开办了以船为传递工具的水上驿站424处,有邮递专用船5921艘。

元朝廷十分重视航海事业,由国库拨款建造海船与海外各国进行航海贸易。京城衣食所需,也主要依赖海船,从东南地区航海而输送财赋、物产,办理南粮北调的海上漕运。

二、交通水道修整技术

唐宋时期,江淮成为漕运的重要流转地。自大运河开通后,流经今江苏境内的主要运道有淮河、楚扬运河、长江与江南运河北段。由于各段河床的起伏加上宋金之际黄河改道(夺淮入海)的重大变迁,使得这一运段的水情变化十分复杂。于是,运河的整治、水源的供给以及坝闸的创建,成为当时政府与地方一项十分重要的任务。

北宋时期,漕船进入今江苏运段,特别是进入与汴河相通的楚扬运河时,遇到的一个突出问题是风涛之险,漕船动辄覆溺,损失很大。面对这一严峻问题,政府进行了一系列改善航运条件的整治工程:

一、开通沙河。即淮水从淮阴城北的北神堰(末口)西流三十里的“山阳湾”段落。史称:“开沙河避险流,沙河从淮阴城北的磨盘口起,由东北而转东南,与山阳湾平行达淮安,长三十里,舟行便之。”①

① 《宋史》卷九六《河渠志》,卷三〇七《乔维岳传》,另见光绪《阜宁县志》引《间园志遗》。

二、开凿洪泽渠。黄河夺淮入海前，洪泽湖尚未形成，但黄河已屡屡决口，溢入淮泗一带，于是发运使许元先从淮阴开挖一道长四十里的洪泽渠，“以避长淮之险”[①]。

三、开通龟山运河。开挖长芦口河（仪征新河）与靖安河。开修楚州支家河（通涟河）。北宋时期围绕改善航运条件而进行的工程不下十余次，其中江南运河的工程主要集中在常（常州）镇（镇江）运段及其主要水源供给地练湖（在今丹阳市西北）地带进行。楚扬运河的工程集中在真州（仪征）与扬州地区，成效比较显著。一是修凿淮南漕渠（扬州古河），二为沟通长江和开挖勾城、陈公二塘，充实运河水源。

堤坝的作用在于调节水量，维护漕运通畅。古代堰闸原来是一种单闸，相当于现在的节制闸。堰是较低的挡水溢流的建筑物，横截河中，用以抬高水位。复式船闸是运河工程上的一项先进技术，它是在水位明显相差的河段上设置两个或更多的组合式闸门，用以调节水位，让船只逐级上行。另一种办法是在运河河侧建造若干“归水澳”，“澳”中积水，用以随时调节水位，澳的形制也属于复合船闸。无疑，它较之人力畜力牵挽通过单式堰、闸的方式具有省力、省时、节水和提高运输能力的优越性。

宋代今江苏境内首创的复合船闸主要有四组[②]。一是淮安的许家闸、南闸与北闸。二是真州闸（通江木闸、真阳闸）。三是吕城、奔牛、京口（镇江）澳闸。其四，开修徐州吕梁、百步月河堤闸。月河之名首见于此。系指二闸间的储水河，它利用适度打开的上闸引水注入月河，当水位抬高到一定程度时，打开下闸，通放漕船。这种形制是复式船闸的自然产物。

三、桥梁制造技术

江淮一带，处于淮水入江、长江入海处，河道湖泊众多。尤其是江南，素有水乡泽国之称。长江横贯东西，京杭大运河纵穿南北，江、海、河、汉、湖互相贯通，船多，桥多。从《平江图》上看，水陆交通两便是苏州古城构建的最大特点。其城内主要街道均作东西或南北走向，相交为十字形或丁字形。城内河道的干线和支渠，四通八达，水上交通网与街道相辅相成，城西南盘门一带，是古时候水陆交通的枢纽，因周围街市道路与河道迂回曲折故称“盘门”。盘门设陆路门两道，辟门两扇，中间是瓮城，水门亦设闸门两道，中间有如洲渚。南宋石刻《平江图》碑中就刻有359座。桥梁交通作为要道，有着重要的战略地位。所以古代称桥为“关梁”。今江苏现存的古代桥梁，有梁式（俗称平桥）与拱桥式两大类。许多建筑始于宋元。

宋桥在苏州城区留存不少，但经后人修葺拆换，完整者甚少。吴县光福永安桥和

---

① 《宋史》卷九六《河渠志》，乾隆《淮安志》卷六“运河”条称渠长60里，实误为龟山运河。

② 高荣盛：《宋代江苏境内漕运工程考述》，载《江苏社会科学》1997年第2期。

无锡惠山金莲桥，都是梁式桥。虽有部分残缺，仍不失宋代原貌。南宋时建的皆为拱式桥，吴江县同里镇思本桥（思汾桥）和金坛县的南宋桥多以青石或浙江武康石为材。

惠山寺金莲桥始建于宋，桥身东西向，跨于惠山寺金莲池上。故名金莲桥。桥面略呈弧形，宛如飘带，造型优美，结构匀称，不失为江南名桥中有特色的一座。桥身长10.7米，宽3.4米，为紫褐色阳山石质，以小巧玲珑著称，石栏和螭首上的雕刻古朴典雅，刻工考究，地栿上刻有卷草花纹，是典型的宋代雕刻风格。思汾桥位于吴江县同里镇西南半公里的一个村口小河上，是用武康石叠砌成的弧形单孔拱桥。平面中央宽为1.8米，桥头堍放至1.92米，两侧成“梯”形状，全长22.5米。桥身中央薄，两端厚，坡度缓和。桥面稍呈弧弓状，引桥桥面上施有40至50厘米厚，15厘米高的石级，以供上下。桥孔由七道平行的列拱圈组成，孔跨距为9米。圈拱高4.5米，基本成2∶1的正圆形。根据县志记载，桥建于南宋宝祐年间（1253－1258），视其结构形成，用材和古朴的外观，可以相信乃是宋代遗构，是研究苏州地区南宋桥梁的一个重要实例①。

宋代的“虹桥”也特别值得一提。这是一种木制结构的桥梁，用短木重叠伸出，不用铁钉，而是用绳子捆扎在一起。虹桥的形态如长虹贯空，所以又叫“飞桥”。据《吴地记》载，苏州有“虹桥三百有余”。这种桥便于预制安装，也可以建成较大的跨径，便于通航。

四、馆驿制度

宋代邮传网络由驿与递铺构成，驿有供往来官员、宾客、信使留宿饮食之设备，故称馆驿或驿馆。驿与驿间有递铺，州驿则是区域网络的中心点。铺是军事用语，士兵三五人或十人甚至数十人的集中居住地，有营房等设施，即谓铺，因负有传输情报文书或专用物资的责任，故称递铺。朝命与地方申奏之文字，折角实封，角处加盖封印，装入皮筒或木匣传送，称递角。驿与递铺通称铺驿。因其功能而称驿传、驿递、邮传、邮置等。负责养马匹、提供食宿等驿馆杂役人员通称驿子。仁宗天圣六年（l028）御史中丞晏殊言：“诸处州县例差乡户百姓驿子，甚有劳扰，臣前知南京日，就差剩员兵士逐季替换，甚以便民，望行下诸州军，并依此例。诏可，仍命榜于驿厅事。”②但用厢兵替代乡户杂役的诏令未能有效推行。驿馆杂役或用厢兵，或差乡户，但乡户杂役也像弓手、壮丁、解子一样，有地方兵之性质，由武官直接管理，到宋代已空前完备，并呈现出一些新的特点，在国家的政治、经济、军事、文化等领域发挥着越来越重要的作用。

宋代递铺的数量巨大。宋代的版图虽然比隋唐时狭小，但邮传系统的发达程度

① 周郇：《江苏风物志》，江苏古籍出版社1985年版。

② 《宋会要辑稿》“方域”十之一四。

和管理制度的完善程度，都不在其下，有不少方面还远远超过唐代。如北宋在驿递分立之后，仅递铺的数量就是唐开元年间驿传总数（1639 所）的三倍多，达到 5000 处以上。南宋只有半壁江山，但其递铺的数量也在 3000 处以上。在传递内容上，宋代递铺除传递官方文书外，还传递私人信件，标志着宋代通讯范围的扩大，同样是中国驿传制度史上的一大进步。再加上还有一整套严密的管理制度作为保证，所以宋代的邮政事业空前发达。

宋代时，邮传途径分陆路和水路，水路交通较前有了一定的发展，但中国是个大陆国家的特点，决定了陆路交通必然占绝对的优势。宋代的邮传制度是以递铺为基础的，递铺有不同的种类或等级，在北宋一代基本上是三种。北宋沈括《梦溪笔谈》卷十一说："驿传旧有三等，曰步递、马递、急脚递。"

宋代的邮传制度对于当时社会的发展有着重要作用。

首先，空前发达而且不断更新的邮传系统极大地便利了朝廷与各地区之间的联系。使政令可以比较快速地得到传达，地方的各方面情况也可以迅速上报朝廷，各级官员可以及时赶赴需要去的地方。这显然大大有利于朝廷加强对地方的控制，客观上也有利于多民族国家的形成.其重要性不言而喻。

其次，这种制度尤其是战时新出现的更加严密、迅速的传递系统，在很大程度上保证了宋军行动的准确、快速。为战争的胜利或避免重大损失，提供了有利的条件。

再次，这种制度也在一定程度上促进了商品经济的发展。为各地商业信息的交流提供了便利条件。在两宋时代，各少数民族政权和周边许多国家频繁地前来向宋廷"进贡"，宋廷也根据贡品的价值给于相应的"回赐"，从而形成一种特殊形式的贸易，这就是"贡赐贸易"。这些贡品中的一部分被递铺运到京师后很大一部分投放市场出售，或者运至途中适当地方出售。此外，香药铺运输香料、珠宝，茶马铺购买少数民族的马匹运往内地，或运输茶叶到各地出售，所有这些都对商品经济的发展具有一定的促进作用。

第二节　天文学与历法

我国古代天文历法体系到隋唐时期已经具备了完善的形态，无论从形式和内容上看都是如此。宋元时期的发展，主要表现为：一，天文观测仪器、观测方法、观测成果在精度上的提高，在规模上的扩展；二，若干计算方法的进一步改良，某些宇宙理论的深化等，这些都把我国古代天文历法体系的发展推向了高峰。同样，这一时期，在天文学领域,江淮地区也取得了辉煌的成就。

一、天文仪器的制造

由于对天文观测的重视和对天文观测精度要求的提高,这一时期的天文仪器不论在数量、质量以及创新等方面都达到了前所未有的高度。宋代制造的浑仪特别多,北宋从995年到1092年不足百年间,就先后铸成了五架巨型浑仪,每架用铜均达2万斤左右。南宋时期也有多架浑仪问世。这些浑仪基本保持了传统的多环圈结构,有的还在仪器校正和环圈设置方面进行了某些改革。如从皇祐浑仪(1050)起,不但沿用北魏孔挺浑仪(412)在仪器底座开凿水平沟,令底座处于水平位置的旧法,而且还在地平环上开了一圈水平槽,以便于调节仪器工作部分保持水平状态。又如曾长期生活与仕宦于江淮的沈括,曾造出浑仪(1074),这种浑仪可通过浑仪南北极轴孔观测北极星的位置,把极轴孔中心调整到北极星轨道的中心点上,使浑仪的极轴得到校正。沈括还取消了白道环,意在减少不必要的环圈对天区的遮掩。此外他还曾提出改变某些环圈安置位置的建议。沈括关于浑仪的改革和设计思想,经元代郭守敬的进一步发展,遂有了简仪的出现。

在沈括领导司天监工作后,罢免了六名不学无术的旧历官,把一个平民出身的淮南人卫朴破格荐入司天监,参加领导改革历法工作。关于卫朴,史载:

> 卫朴,楚州人,病瞽,居北神镇一神祠中,与人语,虽若高阔,而间有深处,类有道者,莫能测。虽病瞽,而说书,遣人读而听之,便达其义,无复遗忘。每算历,布算满按(案),以手略抚之,人有窃取一算,再抚之即觉。其市物,择其良苦,虽毫厘不可欺。有取其已弃者与之,朴即怒曰:"是已尝弃矣。"由是人无能欺,亦莫知何以能若此也。……朴年七十余卒。或言朴能养性导气,仙去不死也。[1]

卫朴虽然双目失明,但显然有着超人的计算能力,精于天文数学历算。他经过五年努力,修成了《奉天历》。虽然"奉天历"仅实行了十八年就被废止了,沈括并没有因此而灰心。在晚年他又进一步提出了用"十二气历"代替原来历法的主张。"十二气历"既符合天体运行的实际,也有利于农业活动的开展。

北宋宰相苏颂和韩公廉还组织创造出了新的天文仪。

苏颂是泉州人,但很早便因父丧徙居润州丹阳[2]。他于1088年主持制成的水运

---

① 《说郛》卷四三;张耒:《续明道杂志》。

② 《宋史》卷三四〇《苏颂传》。

仪象台，是这一时期出现的大型综合性天文仪器的代表作。它是个机械构造的天文台，此台分三层，台高约12米，宽约7米，从外观上看是一座上狭下宽的塔形木结构建筑物。其外部结构十分复杂，是一台把浑象、浑仪、报时、圭表等仪器集于一体的天文仪器。在漫流式漏壶流水的推动下，通过一套复杂的齿轮系统的传动，使上述仪器处于协调同步的运动状态之中，浑象可以自动地演示天象，浑仪可以自动地跟踪天体，报时机构可以通过击钟、鼓、钲或出现木人等声像形式，自动地显示时、刻、更、筹的推移，圭表可以用来测量日影，等等。台顶则有9块活动屋面板构成，可随时开启。因为它是由水力冲激机轮转动机器，故又称为"水运仪象台"。中间所装置的机械（浑象）每昼夜自转一周，上层为"露台"，用来观测宇宙天体。可以说苏颂等人所建造的水运仪象台是用多种形式表达天体时空运行的天文钟的祖先①。它开启了近代钟表中锚状擒纵器的先声。它还是近代用来控制望远镜随天球同步运转的转仪钟的先驱，又是望远镜观测室活动屋顶的始祖。它以多方面的创造，在天文仪器史上占有重要的地位。这是当时世界天文学领域的最新成果，同时也反映了宋代机械制造的水平。

二、天文测量与星图绘制技术的进步

（1）天文测量技术的进步

天文测量技术的进步，首先表现为天文数据的精确化和历法数据表格及其计算法的进一步公式化。这一时期，人们对一系列天文数据的测算达到了前所未有的准确度，如下仅举数例加以说明。以冬至时刻的测算而论，自周琮明天历（1064）以后，各历法的误差平均为10刻（1刻等于14.4分钟）左右，杨忠辅《统天历》（1199）以后，各历法误差更降至2刻左右，这是晷影测量方法趋于缜密和计算方法得到改进的结果。天文观测准确度的提高，使得宋代的历法也是相当精确。北宋中期卫朴修定历法，以365.243585日为一年，尽管比实际数字大一些，但相比之前的历法却要准确得多。后来杨忠辅又重制《统天历》，以365.2425日为一年，这个数字与西方1582年颁布公历时的数据完全相同，比西方早近400年，相比现代所测数值只差26秒。

由此可见，宋代天文学发展水平之高，前所未有。统天历和授时历均取365.2425日，其误差仅约22秒，是当时世界上的最佳数值。此外，杨忠辅还明确提出了回归年长度古大今小的新概念，并最早提出了这一变化的数学表达式，具有很重要的天文学意义。

在交食周期的探索方面，姚舜辅在纪元历（1106）中，给出了4127个交点月与324个食年相当的新数据，依此得一食年长度为346.6199日，与理论值之差仅7秒，它是

---

① 阴法鲁、许树安：《中国古代文化史》，北京大学出版社1989年版。

我国古代得到的最佳交食周期值,(这比19世纪末美国天文学家纽康提出的交食周期值还要精确。)而实际上纽康周期也并非纽康最早得到,其发现者应是唐代五纪历(726)的制定者郭献之。

赤道岁差值的研究,此时亦硕果累累。如明天历取77.57年差1度,皇居卿观天历(1092)得77.83年差1度,陈得一统元历(1135)用77.98年差1度,它们是我国古代得到的三个最好数据。

五星运动的研究也喜获进展,以五星近日点黄经值的测定为例,宋行古崇天历(1024)所测火星误差约2.5°(前代约10°),水星误差15.9°(前代100°余,到授时历已降至1°左右),观天历所测木星误差约4°(前代10°左右),纪元历所测土星误差约1°,亦较前代为佳,它们分别代表这一时期对五星近日点黄经测算的总体水平。

这一时期,对于历法有关数据表格及其计算公式化的工作,在广度和深度上均大有长进。经史序(1001)和宋行古的努力,已使边冈首创的晷长计算法更加简捷和严谨。宋行古还把曹士算法推广到黄白道宿度变换的计算,并大大简化了边冈黄赤道宿度变换的公式。周琮更把曹士算法应用于月亮和五星运动不均匀改正的计算,其明天历当是我国古代历法中最全面地推行计算公式化的一部历法。此外,姚舜辅的太阳视赤纬计算公式,是一个包括常数项及二、三、四次项的函数式,较边冈的同类算式有了新的发展。

(2) 恒星观测和星图、星表的绘制。

北宋时期,大约从980年到1106年的百余年间,曾进行过七次恒星位置观测工作,其中有三次是对周天恒星进行测量的大规模活动。其部分成果以不同的形式留存至今,它们的精度比以往均大有提高。

如1049—1053年间,周琮等人所进行的观测结果,收载于马端临的《文献通考》和王安礼等人修订的《灵台秘苑》等书中,包括有360颗恒星的入宿度和去极度值,这就是著名的"皇祐星表"。又如1078—1085年间的观测结果,被分别保留在苏颂所著《新仪象法要》一书的星图和苏州石刻星图之中。苏颂星图绘星1464颗,对于北极附近天区以极坐标式圆图表示,对于赤道附近天区则以赤道为中轴的横图展示,这种圆、横图相结合的画法,是减少星图失真的有效方法。黄裳依据观测结果,绘制成为幸图,于1247年(淳祐七年)将图刻在石头上,称为"天文图"。这也是世界上最早的石刻天文图①。

苏州石刻星图,于1247年刻石,原图绘于1190年,现存于苏州历史博物馆。星

---

① 卢嘉锡主编,陈美东著:《中国科学技术史》天文学卷,科学出版社2003年版。

图面积 8×2.5 尺，刻星 1430 余颗。它以北极为中心，绘有三个同心圆，分别代表北极常显圈、南极恒隐圈和天赤道，另有 28 条辐射线通过二十八宿的标准星，还以一偏心圆表示黄道，并绘有银河。它是一种极坐标式星图。再如，1102—1106 年间，姚舜辅等人的观测结果中，二十八宿距度测量的绝对值平均误差只有 0.15°，达到了相当高的精度。对于新星和超新星的观测和记录，在这一时期也取得了重大成就。如景德三年(1006)的骑官客星，至和元年(1054)的天关客星，和淳熙八年(1181)的传舍客星记录，均已被证实为超新星，并在银河系中找到了与它们相对应的遗迹。其中 1054 年天关客星的记录尤为翔实可信，依之甚至可以绘出其光度变化的曲线来，著名的蟹状星云就是这次超新星爆发留下的遗迹。这些记录为现代天文学的中子星等理论提供了极宝贵的历史资料，广为现代天文学界所重视和赞誉。

三、沈括、苏颂、黄裳在天文历法等方面的贡献

在天文历法学领域，沈括做出了杰出贡献。

沈括(1031—1095)，字存中，北宋钱塘(今浙江杭州)人。至和元年(1054)，沈括以父荫入仕，任海州沭阳县(今属江苏)主簿。嘉祐八年，登进士第。宋神宗时，历官至翰林学士、权三司使、知延州，永乐城之败后，因援救不力，贬为团练副使。元祐初，徙秀州。后来，以左朝散郎、守光禄少卿、分司南京的虚衔，准其任便居住。

沈括梦溪园

沈括便移居到润州(今江苏镇江)，将他以前购置的园地，加以经营，名为“梦溪园”，在此隐居八年后去世。其间，写成了他的科学名著《梦溪笔谈》，以及农学著作《梦溪忘怀录》(已佚)、医学著作《苏沈良方》等。沈括所著诗文，在南宋时经编成《长兴集》四十一卷，今残存十九卷。沈括的主要著作有《梦溪笔谈》二十六卷，《补笔谈》三卷，《续笔谈》一卷，《长兴集》十九卷，《苏沈良方》十五卷等[①]。

沈括在宋代是一个有影响的重要官员，更是一个多才多艺的文学家、艺术家、科学家。他的代表作《梦溪笔谈》一书，共有三十卷，分 17 类、609 条，共十余万字。按照李约瑟的统计，其中有 207 条与自然科学相关，涉及阴阳五行理论、数学、天文与历法、气象、地质与矿物学、地理与制图、物理学、化学、工程、冶金及工艺、灌溉与水利工

① 《宋史》卷三三一《沈遘传附弟括传》。

程、建筑、生物学、植物学与动物学、农艺、医药与制药学等学科。实际上，涉及了古代自然科学所有的领域。

沈括任提举司天监时，主持制造了浑仪，一改唐代浑仪繁复的风习，最先删去了白道环，放大了窥管口；他主持制造的浮漏，把曲筒管改为直颈玉嘴，并移到了壶体下部，使流水更舒畅，这个改动一直延用到清代；沈括还主持并起用卫朴制定了奉天历。

古代中国的历法是一种阴阳历，即以太阳的运行定年，以月亮的运行定月，但这两者在日期上极难吻合，于是就要以置闰来调整，操作上十分复杂。针对这种状况，沈括破天荒地提出废弃阴历，即按节气来定月，每年以立春为一年的开始，每个月拥有 2 个节气，大月 31 日，小月 30 日。这样，不仅免除了阴历带来的麻烦，而且可以做到“岁岁齐尽，永无闰月”。

沈括的这个设想，实际上就是现代所通行的历法(只是岁首日与现代不同)，在当时完全是一个了不起的思想，只是当时的人们还无法接受，这也恰恰证明了他的超前意识与思想的领先性。后来英国在 20 世纪 30 年代为指导农业生产所用的萧伯纳历，实际上与“十二气历”是一个道理，但却比我们晚了近九百年。元祐八年，沈括去世，享年 65 岁。史称沈括：“博学善文，于天文、方志、律历、音乐、医药、卜算，无所不通，皆有所论著。又纪平日与宾客言者，为《笔谈》，多载朝廷故实，耆旧出处，传于世。”①

苏颂(1020—1101)，宋代天文学家、药学家。字子容，泉州南宁(今福建省泉州一带)人。后来迁居润州丹阳(今江苏省镇江一带)。虽然苏颂的籍贯并不属今江苏地区，但是他一生的活动与其著作和所取得的成绩大多在江淮地区。苏颂二十三岁考中进士，开始进入仕途。起初，他做过宿州(今安徽宿县)观察推官、知江宁县。宋仁宗皇祐五年(1053)，苏颂 34 岁的时候，调到京城开封，担任馆阁校勘、集贤校理等官职，负责编定书籍，前后共有九年多时间。苏颂充分利用这一难得机会，发奋读书，不仅博览了秘阁中各种藏书，而且还每天背诵二千言，回家后默写下来，作为自己的藏书，多年如一日，从不间断。通过长期刻苦努力，使他积累了非常渊博的知识，对于历代的典章制度尤其熟悉。到哲宗元祐年间(1086—1094)，苏颂被擢升做刑部尚书、尚书左丞，后来又做了宰相。元祐八年(1093)辞去官职，专门从事《新仪象法要》一书的撰写工作，绍圣三年(1096)完成全书。绍圣四年(1097)，朝廷又启用苏颂，封官太子少师。宋徽宗建中靖国元年(1101)，苏颂去世②。

苏颂一生致力于科学研究工作，在药物学、天文学、机械制造学方面取得了杰出的成就。在天文学方面，宋元祐三年(1088)组织韩公廉等人制造了天文计时仪

---

① 《宋史》卷三三一《沈冓传附弟括传》。

② 《宋史》卷三四〇《苏颂传》。

器——水运仪象台，设立在当时的京城开封。著成《新仪象法要》一书三卷，分别详细介绍了浑仪、浑象和水运仪象台的设计和制作情况。尤其重要的是，这部书还附有这三种天文仪器的全图、分图、详图六十多幅，图中绘有机械零件一百五十多种。这是一套我国现存最早的十分珍贵的机械设计图纸。

苏颂在从事科学研究工作的过程中，能够注意发挥集体的力量和智慧，敢于提拔人才，这在八百多年前的封建时代，是难能可贵的。同时，苏颂虽然身为封建士大夫，晚年又位居高官，但是他热爱自然科学，把自己的主要精力投入到科学活动中去，并且以多方面的优异成绩丰富了祖国的科学文化宝库，他无疑是中国古代最杰出的科学家之一。

黄裳，南宋时剑阁人，字文叔，号兼山。生于高宗绍兴十六年(1146)，卒于光宗绍熙五年(1194)。他曾辅佐过孝宗、光宗、宁宗三朝皇帝，先后任国子博士、中书舍人、侍讲、礼部尚书等职。

黄裳自幼聪明好学，精通文史。孝宗乾道五年中进士，开始任巴州通江尉，在任中，他继续研究文史，还钻研天文地理，作社会调查，考虑治国安民之道，孝宗皇帝知道后，晋升为国子博士。绍熙二年，黄裳晋升为起居舍人。在这期间，黄裳利用接近皇帝的一切机会向光宗陈述治国安民之道。为了使他的政见易被皇帝接受，并加强君王收复失地的决心，黄裳精心绘制了八幅图呈送皇帝观看。八幅图是：太极图、三才本性图、皇帝王伯学术图、九流学术图、天文图、地理图、帝王绍运图、百官图。黄裳所绘八图，有六图已经失传，现存只有天文图和地理图。这两幅图于 1247 年由王致远刻在石碑上才得以流传至今，现存在苏州博物馆，是当今世界天文学和地理学的奇珍，已载入人类科学史册。现在，世界有不少天文、地理科学工作者前往参观考察，两幅图中，尤其珍贵的是“天文图”(又称星图)。这幅图是世界上现存星数最多的古代星图，其星多达 1440 颗。欧洲直到公元 15 世纪，著录于星图和星表的星数只有 1022 颗。黄裳所绘的星图不仅星数众多，而且比较准确，它对研究古代恒星和论证现代恒星，提供了十分宝贵的史料。黄裳不愧为我国历史上一位伟大的科学家。

第三节　数学与物理学

一、数学

宋代是中国古代数学最鼎盛的时期。涌现出许多杰出的数学家，出现了大批有份量的数学著作。在宋代，抽象的数学成就极高，在当时世界数学领域内可以称是鹤立鸡群。宋的代数学充分发挥了绝对化的方法，把汉代方程解法的组合变换式发展到了一个奇妙的境界，不但在解法上解决了很多问题，也提出了高次方程、虚根等问题。宋代的方程学是一个发达的数学学科。

江淮地区在这一时期也出现了一批杰出的数学家和有关的数学论著等。

长期生活与仕宦于江南的沈括，是一个有多方面专长的科学家。在数学方面也有杰出贡献。在数学上，沈括有两项建树格外值得重视。

一是“隙积术”，即首创了矩塔形堆垒物的计算公式：

$$V = n/b[a(2b+B)+A(2B+b)+(B-b)]$$

这也就是现代高阶等差级数求和的计算公式。这个“隙积术”后来发展为“垛积术”，“而创始的功绩，应该归之于沈氏”①。

二是“会圆术”，是已知圆的直径与弓形的高而求弓形底（即弦长）和弓形弧（弧长）的公式。元代的郭守敬，在这一基础上发展建立起了球面三角学。

沈括的“隙积术”是中国第一个高阶级等差级数。沈括的会圆术是一个几何问题，把勾股定理用于从弓形的弦和矢求弧长。宋朝著名数学家贾宪在《黄帝九章算法细草》中提出开任意高次幂的“增乘开方法”，“增乘开方法”用于求解高次方程，是在求得一位商后即以之乘高次未知数的系数加入新方程一次项系数。在作法上把商、常数项、新方程一次项系数和高次未知数系数分别排列，再用上法对这个组合进行变换。这样的方法，在七百年后的 1819 年才由英国人霍纳发明②。

贾宪的二项式定理系数表与 17 世纪欧洲出现的“巴斯加三角”是类似的。刘益的“益积术”、“减从术”也是对系数组合进行变换的技术。数学家李冶公元 1248 年发表《测圆海镜》，该书是首部系统论述“天元术”（一元高次方程）的著作，在数学史上具有里程碑意义。

秦九韶（约 1202—1261），字道古，四川安岳人。曾在淳祐八年（1248）担任建康通判。他“性极机巧，星象、音律、算术，以至于营造等事，无不精究”③，与李冶，杨辉，朱世杰并称宋元数学四大家。早年在杭州“访习于太史，又尝从隐君子受数学”，淳祐七年（1247）写成著名的《数书九章》一书。

《数书九章》全书凡十八卷，81 题，分为九大类。其最重要的数学成就——“大衍总数术”（一次同余组解法）与“正负开方术”（高次方程数值解法），使这部宋代算经在

---

① 顾观光：《九数存古》卷五《尊经阁藏书目》，中华书局 1985 年出版。

② 周瀚光、王贻梁：《发明的国度：中国科技史》，华东师范大学出版社 2001 年版。

③ 周密：《癸辛杂识续集》卷下《秦九韶》。

中世纪世界数学史上占有突出的地位。

秦九韶“正负开方术”的思路如下：

对任意给定的方程：

$$f(x) = a0xn + a1xn - 1 + \cdots\cdots + an - 2x2 + an - 1x + an = 0 \qquad (1)$$

其中 $a0 \neq 0, an < 0$,要求(1) 式的一个正根。秦九韶先估计根的最高位数字,连同其位数一起称为“首商”,记作 c,则根 $x = c + h$,代入(1) 得：

$$f(c + h) = a0(c + h)n + a1(c + h)n - 1 + \cdots\cdots + an - 1(c + h) + an = 0$$

按 h 的幂次合并同类项即得到关于 h 的方程：

$$f(h) = a0hn + a1hn - 1 + \cdots\cdots + an - 1h + an = 0 \qquad (2)$$

于是又可估计满足新方程(2)的根的最高位数字。如此进行下去,若得到某个新方程的常数项为 0,则求得的根是有理数;否则上述过程可继续下去,按所需精度求得根的近似值。

如果从原方程(1)的系数 $a0, a1 \cdots an$ 及估值 c 求出新方程(2)的系数 $a0, a1 \cdots an$ 的算法是需要反复迭代使用的,秦九韶给出了一个规格化的程序,我们可称之为“秦九韶程序”,他在《数书九章》中用这一算法去解决各种可以归结为代数方程的实际问题,其中涉及的方程最高次数达到 10 次,秦九韶解这些问题的算法整齐划一,步骤分明,堪称是中国古代数学算法化、机械化的典范。

秦九韶还于淳祐七年(1247)在《数书九章》中将“增乘开方法”加以推广,论述了高次方程的数值解法,并且例举 20 多个取材于实践的高次方程的解法(最高为十次方程)。16 世纪意大利人菲尔洛才提出三次方程的解法。另外,秦九韶还对一次同余式理论进行过研究。秦九韶还推广了孙子定理,他的“大衍求一术”将孙子定理的方法从较小的数和较少的同余式个数推广到一般解法。秦九韶还得出了与希腊海伦公式等价的从三角形三边求面积的公式。

与江淮相关的另一个杰出数学家和数学教育家是南宋的杨辉,他于 13 世纪中叶活动于苏杭一带。其著作甚多,他著名的数学书共五种二十一卷。著有《详解九章算法》十二卷(1261)、《日用算法》二卷(1262)、《乘除通变本末》三卷(1274)、《田亩比类乘除算法》二卷(1275)、《续古摘奇算法》二卷(1275)。

杨辉在《续古摘奇算法》中介绍了各种形式的“纵横图”及有关的构造方法,同时“垛积术”是杨辉继沈括“隙积术”后,关于高阶等差级数的研究。杨辉在“纂类”中,将《九章算术》246 个题目按解题方法由浅入深的顺序,重新分为乘除、分率、合率、互换、二衰分、叠积、盈不足、方程、勾股等九类①。

公元1261年，杨辉还在《详解九章算法》中用“垛积术”，求出几类高阶等差级数之和，给出了几种高阶级数的求法。公元1274年在《乘除通变本末》中还叙述了“九归捷法”，介绍了筹算乘除的各种运算法。此外杨辉还发展了九宫图，他作了圆、直线交叉的组合。使宋代在组合数学上也有进步。杨辉在数学组合上指出4乘4数学方阵上交换对角结果，可惜他以后没有进一步发展。

总的看，数学这一学科，在宋代已经开始得到重视，数学的研究成果在宋朝已开始有了更大的应用环境。数学家秦九韶认为数学的研究成果“可以经世务，悉万物”，“窃尝设为问答以拟于用”②。数学家李冶公开批判轻视科学实践活动、将数学贬为“技”、“玩物”等长期存在的士风谬论。他说“术虽居六艺之末，而施人之事”，则要实惠得多。

二、物理学

在物理学上，沈括的贡献，同样是超绝前人的。

沈括故居

在磁学方面，他提出了人工磁化技术与四种指南针安置方式。不仅指出了地磁偏角现象，而且还指出了磁石的两极性。更重要的是，他还提出了“何以磁石有极性”的问题，虽然当时无法解答，但沈括的钻研精神与对问题切入的敏感，确实胜于常人。在光学方面，沈括进行针孔成像实验远远超过了《墨经》与《淮南子》的记载。在这个实验中，沈括改用了纸鸢进行移动的实验，使得成像的方向性更加清晰，而且，还首次获得了焦距1—2寸的数据，首次对焦点作出了“光聚为一点”的描述，首次将针孔成像与凹面镜成像用“碍”(小孔、焦点)这一概念联系了起来，使得我国对凹面镜的研究水平达到了领先于西方400余年的先进高度。

沈括还第一个尝试对“透光镜”的“透光”效应进行科学的分析，他认为：这是由于铜镜铸成后在冷却的过程中厚薄不均而造成了收缩的不均，背面的纹饰会在镜面上出现不明显的痕迹，于是才会出现如同透光一样的效果。沈括的这一解说，已经为现代光学理论所证明，只不过现代光学理论更为全面、更为精确。

在声学方面，沈括用纸人进行的基音共振(沈括名之为“应声”)实验，欧洲一直要

① 李俨、杜石然：《中国古代数学简史》，中华书局1963年版。

② 秦九韶：《数学九章》序，四库全书本。

到 17 世纪的诺布尔与皮戈特才有同类的实验①。

我国古代，在生产和生活实践中，创制了利用热的各种器具。如宋代曾发明一种“省油灯”，在“灯盏一端作小窍，注清冷水于其中”②。据说这种灯能“省油几半”。其实，文中所说加入冷水，目的是降低温度，避免油被灯火加热后急速蒸发，其中包含了对油的汽化和温度的关系的认识。据《淮南子》记载：“取鸡子，去其汁，然（燃）艾火纳空卵中，疾风因举之飞。”这是关于“热气球”的最早设想，也是空气受热上升的具体应用。五代时期，据说还利用这一原理制成信号灯，所谓“孔明灯”也是应用了这一道理。关于走马灯我国古代有较多记载，有的古籍把它称作“马骑灯”、“影灯”。宋代《武林旧事》在记述各种元宵彩灯时写道：“若沙戏影灯、马骑人物、旋转如飞……”这表明当时已利用了冷热空气的对流制造出各种各样的走马灯。

在我国古代，很早就出现了对热动力的认识和利用，唐代出现了烟火玩物，“烟火起轮，走绒流星”。宋代制成了用火药的火箭、火球、火蒺藜。明代制成了“火龙出水”的火箭，这些都是利用燃烧时向后喷射产生反作用力使火箭前进的道理，属热动力的应用，它是近代火箭的始祖，被世界所公认。

在我国，摩擦生电现象的记述颇丰，其常用材料早期多为琥珀及玳瑁。据宋代的张邦基《墨庄漫录》记载：孔雀毛扎成的翠羽帚可以吸引龙脑（可制香料的有机化合物碎屑）。“皇宫中每幸诸阁，掷龙脑以辟（避）秽。过则以翠羽扫之，皆聚，无有遗者”。关于摩擦生电的记载还很多。

在中国古代，还常常将磁石用于医疗。《史记》中有用“五石散”内服治病的记载，磁石就是五石之一。晋代有用磁石吸出体内铁针的病案。到了宋代，有人把磁石放在耳内，口含铁块，因而治愈耳聋。

我国古籍中，关于指南针的最早记载，始见于沈括的《梦溪笔谈》。该书介绍了指南针的四种用法：水法，用指南针穿过灯芯草而浮于水面；指法，将指南针搁在指甲上；碗法，将指南针放在碗沿；丝悬法，将独股蚕丝用蜡粘于针腰处，在无风处悬挂。磁针的制作，采用了人工磁化方法。正是由于指南针的出现，沈括最先发现了磁偏现象，“常微偏东，不全南也”。

南宋时，陈元靓在《事林广记》中记述了将指南龟支在钉尖上。由水浮改为支撑，对于指南仪器这是在结构上的一次较大改进，为将指南针用于航海提供了方便条件。

指南针用于航海的记录，最早见于宋代朱彧的《萍洲可谈》：“舟师识地理，夜则观星，昼则观日，阴晦观指南针。”这时海上航行还只是在日月星辰见不到的日子里才用

---

① 引自周瀚光、王贻梁：《发明的国度：中国科技史》，华东师范大学出版社 2001 年版。

② 陆游：《老学庵笔记》卷十。

指南针,这是由于人们对靠日月星辰来定位有一千多年的经验,而对指南针的使用还不很熟练。随着指南针在海上航行的不断应用,人们对它的依赖也与日俱增,并且有专人看管。南宋吴自牧在他所写的《梦粱录》中说道:“风雨冥晦时,惟凭针盘而行,乃火长掌之,毫厘不敢差误,盖一舟人命所系也。”由此也可以看出指南针在航海中的地位和作用。吴还在其试验中发现了磁偏角现象(即“常微偏东,不全南也”)这是对地磁学研究的一个重大贡献。以后,关于指南针的记载极丰。到了明代,遂有郑和下西洋,远洋航行到非洲东海岸之壮举。而西方“关于指南针航海的记载,则是在1207年英国纳肯(A. Neckam,1157～1217)的《论器具》中。

从现代物理学知识里可以知道,磁石之所以能够吸铁,是由于铁的导磁系数远远比一般金属大。铁被磁石的磁场作用后,会感应出很大的附加磁场,也就是说铁本身也成为一个强磁体,因而能被磁石吸引。而铜、金等大多数的金属和非金属,都是一般的弱磁性物体,它们的导磁系数都十分接近于1(略大于或小于1),因此这些物体不能被磁石吸引。对于这一问题,宋代的陈显微和俞琰曾经作了探讨,认为磁石所以吸铁,是有它们本身内部的原因,是由铁和磁石之间内在的“气”的联系决定的:“神与气合”,“皆阴阳相感,隔碍相通之理”。

宋徽宗宣和元年(1119),《萍洲可谈》记载了当时的海船上装有指南针,此外,还记载了大船上设有专管指南针的领航员,称做“火长”。不久,人们就摸索着把指南针固定在方位盘里,制出了更精确的“罗盘针”。南宋时,海船上已普遍装有罗盘针来导航了。

南宋时期,赵汝适所著《诸蕃志》描述了海上航行的情况:“渺茫无际,天水一色,舟舶来往,惟以指南针为则。昼夜守视唯谨,毫厘之差,生死系矣。”可见方向之得失,乃生死之攸关。航海需要指南,需要方向引导。因此指南针的发明和运用使宋代的航海业大大领先于世界数百年之远,造船业也达到前所未有的高峰。造船技术无疑是世界上最先进的。

在宋代,救生圈的制作方法也大大前进了一步,有人开始用软质木料、芦苇等编制成一个环状物体,让人可以钻进去,使环托住人的身体,这种环形的救生圈使用起来要比葫芦瓜方便得多,遂成了名副其实的救生“圈”了,宋人称之为“浮环”。宋朝的救生圈还广泛用于军事,据《宋稗类抄》所载:宋将韩忠武派王权到金山,同时命令他不准用船渡江,王权就发给每个士兵一个“浮环”渡过江去,完成任务。“浮环”就是现代救生圈的前身。

第四节　农业科技

一、江南农业科技概况

江南经济发展到北宋时，“国家根本，仰给东南”，到了南宋，江南农业更有了突飞猛进的发展，最明显的标志就是“苏湖熟，天下足”的局面形成。由此可见，两宋时期，江淮农业占举足轻重的地位。

江南农业经济的发展主要依靠两宋时农业技术的发展。其原因，首先是大江南北的人民充分利用江海、湖泊、沼泽和荒山丘陵，开辟出大量的圩田、沙田、山田，使耕地面积得到迅速增加。其次，两宋时期太湖流域的苏州、常州等地的农业经济最为发达，水田的灌溉已经普遍使用水利驱动类的灌溉工具，人工足踏或畜力、风力推动的龙骨水车，有些工具一直使用到近现代。同时，农具改革和农业制度的进步也为江苏农业发展作出贡献。最后，是稻田改良和种植技术的发展。江南地区历来重视对粮食作物品种的改良，当时苏州已经培育出许多优良品种，苏州一地稻田面积仅三万余顷，而产量竟达到七百余万石。

据北宋郏亶《吴门水利书》称：唐至五代吴越时，太湖平原形成了“五里、七里而为一纵浦，又七里或十里而为一横塘”的格局。郏亶指出太湖东部平原苏州、秀州及沿江沿海水田、旱田见存塘浦、港沥、岗门之数共 265 条，其中分布于腹里水田区有 132 条，沿江沿海旱田区有 133 条。构成高田区的塘浦网络和低田区的水网圩田格局。在环湖卑下之地，塘浦纵横交加棋布之，“有圩田之象焉”。形成以塘、浦为四界的圩田，圩圩相接，堤岸高厚，塘浦深阔，此时大圩制形成，每一圩有 1.3—2.6 万亩面积，同时在沿江沿海和高低分界处，皆设堰闸，有利于控制蓄泄。

这一阶段由于圩田建设在大范围内有组织有规划地进行，建成的塘浦圩田井然有序，形成完整的平原水网圩田水利系统，当时土地利用尚不紧张，农田处于不完全开发的状态，大圩中有不少未开发的湖荡、洼地可以蓄涝，而用封闭高厚的圩岸御洪。据郏亶水利书所载，其时堤岸高一二丈，而圩外塘浦阔二三十丈，深二三丈，水流畅通。平原上还有许多湖荡可以调蓄洪涝水，遇旱又有河浦灌溉，虽然唐后期娄江、东江渐堙，但吴淞江深阔，太湖东北和东南分别有 36 浦排水，所以太湖平原水旱灾害甚少，保证了农业生产的顺利进行，可见太湖塘浦圩田系统形成的意义重大。它为太湖平原由自然河道形态向人工河网化方向迈进奠定了基础，又使太湖农业经济走上繁荣的道路，促使国家经济重心的南移。

二、农具的改进

从宋代有关记载看,被视为唐宋时期经济发展的主要物质基础之一的江东犁,是适应江东土壤耕作的需要而出现的一项技术发明。它不是凭空产生的,而是人们在实践中不断发明和改进的结果。经过不断改进,这一工具适应了江东农耕生产的需要,具有不可比拟的优越性。其集中体现便是效率的提高,其中牛的作用不可小视。按古人计算"一牛可抵七至十人之力","中等之牛,日可犁田十亩"。用铁锫翻地,虽然可以翻得很深,但效率很低,"人日耕一亩,率十人当一牛"①。

宋代江南水田耕作工具已大体完备并配套,这是唐代所不能及的。前文第五章已述各类工具。此处再举扬扇一例。粮食收成以后,稻谷扬净使用的则是扬扇。梅尧臣诗云:"飏扇非团扇,每来场圃见。因风吹糠粃,编竹破�箭。任从高下手,不为寒暄变。去粗而得精,持之莫言倦。"②王祯《农书》卷十六《杵臼门》有"扬扇"图,附云:"其制中置箕轴,列穿四扇或六扇,用薄板或糊竹为之,复有立扇、卧扇之别,各带掉轴,或手转足蹑,扇即随转。"③由此可见,宋代江南已有扬谷的风扇,扬谷已实现半机械化了。

灌溉工具方面最重要的发明要数翻车和筒车了。翻车分人力手摇和脚踏翻车、畜力翻车、水力翻车三种。宋代翻车普遍使用的情况,从王安石、梅尧臣、苏轼等人诗作中可以得到证明。诗中所述多是人力翻车,如:王安石《元丰行示德逢》:"四山悠悠映赤日,田背坼如龟兆出。湖阴先生坐草室,看踏沟车望秋实……倒持龙骨挂屋敖,买酒浇客追前劳。"《后元丰行》:"水秧绵绵复多徐,龙骨长干挂梁梠。"王安石另一首诗《山田久欲坼》:"山田久欲坼,秋至尚求雨。妇女喜秋凉,踏车多笑语。"④说的就是脚踏水车。

苏轼的诗中有"天公不见老农泣,唤取阿香推雷车"一句,说的也是水车;而范成大的"丁男常在踏车头",更证实了脚踏水车的普遍。

江南地区水车的使用最为广泛。上述诗人中范成大是南宋苏州人,所见的踏车当是江南水车。还有一个证据是北宋沈括《梦溪笔谈》卷十三《权智》所记苏州民筑堤的故事,也说堤(路)成"则以水车汰去",汰即水位下落,用水车把水抽去的意思。可见水车普遍用来抽水。

---

① 顾炎武:《天下郡国利病书》。

② 王祯:《农书》卷一六《农器图谱》。

③ 王祯:《农书》卷一六《农器图谱》。

④ 王安石:《临川文集》卷一、卷八。

畜力车抽水的功效自然几倍于人力，但比人力翻车、牛转翻车更先进的是水力翻车。关于水力翻车，王祯《农书》卷十八《灌溉门》的图说，不仅对水力翻车的构造作了说明，还引了北宋苏东坡的《踏车》诗和范成大的诗，以证明踏车虽好，仍属费功之事："今以水力代之，工役既省，所利又溥，其殆仁智事欤！"可见水力翻车是王祯时代才出现的新式水车。

三、灌溉与排水技术的进步

宋代江南的灌溉技术的进步，首先是海塘修筑技术的改进。钱塘江"捍海塘"修筑于五代钱氏时期，采用"木桩竹笼"的护岸结构，外围埋植"晃柱"增加了护堤的抗潮力度。但至北宋大中祥符五年(1012)，木桩、竹笼腐朽，护堤破坏，潮逼州境，引起了统治者的警觉。七年(1014)发运使李溥等，采用钱氏旧法，"实石于竹笼，倚垒为岸，固以桩木"，暂时度过险关。但二十余年后，又出现了险情。景祐年间，工部郎中张夏赴浙处置，以五百名"捍江兵"采石修塘，也就是改变"木桩竹笼"的护岸结构为石护岸结构，防止因木、竹腐朽引起的护岸崩塌事故发生，这是海塘修筑技术上的一项进步。王安石治鄞县时，也以石料代替木料砌成护岸，并设计成斜坡形，削弱了海潮对护岸的冲击力，人称"坡陀塘"。虽然石护岸也会被海潮冲塌，但在当时已是最坚固的工程了。在江淮地区沿海一带，不少地方使用这种防护海水冲击的办法。

其次是增筑备塘、备河，减少海水渗透，保证农田有充足的淡水。一般捍海塘不能解决海水渗透问题，堤内所蓄淡水日久变咸，所以到宋代，出现了"备塘"、"备河"。《宋史·河渠志》关于"东南诸水下"所记华亭新泾塘闸两旁之咸塘也属于"备塘"性质："今依新泾塘置闸一所，又于旁贴筑咸塘以防海潮渗人民田。"盐官的捍海塘被毁，其旧址即分为咸塘和淡塘："咸潮泛溢者乃因捍海古塘冲损，遇大潮必盘越流注北向，宜筑土塘以捍咸潮。所筑塘基址，南北各有两处，在县东近南则为六十里咸塘，近北则为袁花塘，在县西曰咸塘，近北则为淡塘。"

以上史料说明南宋嘉定以前，江南沿海的灌溉工程已有咸塘、淡塘并筑、相互配套的情况，咸塘起防止海水渗透作用，淡塘之水用于灌溉和人畜饮用。

再其次是广泛筑闸，使塘、浦、河、湖水调节系统起作用。上引《宋史·河渠志》关于"东南诸水下"的记载中反复提到闸。苏、常、润、越无不有闸。闸有闸官一人，配备兵卒若干人，管理开启验放事宜。从其功能看有防潮(兼防淤)、泄洪、航运管制、灌溉等多种作用，可以看成是水量和河渠的一个调节系统。

北宋时期，曾有江苏宜兴人单锷，嘉祐五年(1060)中进士而不做官，留心研究太湖水利事业。他独乘小舟，亲身来往于苏、常、湖三州之间，历时三十余年，认真调查太湖周围的水系源流，将其调查的研究结果著成《吴中水利书》一书。论述他对治理太湖洪涝的主张。提出了许多卓越的水利见解。

北宋嘉祐时期，三吴之水常为水害，岁收“较旧赋之入，十常减其五六。以日月指之，则水为害于三州，逾五十年矣”。然而地方官员，往往不进行认真的调查，“目未尝历览地形之高下，耳未尝讲闻湍流之所从来，州县惮其经营，百姓厌其出力，均曰：水之患，天数也。按行者驾轻舟于汪洋之陂，视之茫然，犹擿埴索途，以为不可治也。间有忠于国，志于民，深求而力究之，然有知其一而不知其二，知其末而不知其本，详于此而略于彼”。

单锷经过多年的实地调查，发现了水患的原因：

以锷视其迹，自西五堰，东至吴江岸，犹之一身也，五堰则首也，荆溪则咽喉也，百渎则心也，震泽则腹也，傍通太湖众渎，则络脉众窍也，吴江则足也。今上废五堰之固，而宣、歙、池九阳江之水不入芜湖，反东注震泽，下又有吴江岸之阻，而震泽之水，积而不泄，是犹有人焉桎其手，缚其足，塞其众窍，以水沃其口，沃而不已，腹满而气绝，视者恬然，犹不谓之已死。今不治吴江岸，不疏诸渎，以泄震泽之水，是犹沃水于人，不去其手桎，不解其足缚，不除其窍塞，恬然安视而已，诚何心哉？然而百渎非不可治，五堰非不可复，吴江岸非不可去，盖治之有先后。且未筑吴江岸已前，五堰其废已久，然而三州之田，尚十年之间，熟有五六，五堰犹未为大患。自吴江筑岸已后，十年之间，熟无一二。欲具验之，阅三州岁赋所入之数，则可见矣。且以宜兴百渎言之。古者所以泄西来众水，入震泽而终归于海。盖震泽吐纳众水，今纳而不吐。锷窃视熙宁八年，时虽大旱，然连百渎之田，皆鱼游鳖处之地，低污之甚也。其田去百渎无多远，而田之苗，是时亦皆旱死。何哉？盖百渎及傍穿小港渎，历年不遇旱，皆为泥沙堙塞，与平地无异矣。虽去震泽甚迩，民力难以私举，时官又无留意疏导者，苗卒归乎槁死。自熙宁八年迄今十四载，其田即未有可耕之日，岁岁诉潦，民益憔悴。……锷又尝见低下之田，昔人争售之，今人争弃之。盖积年之水，十无一熟，积空头之税，或遇频年不收，则饥饿丐殍，鬻妻子以偿王租，或置其田舍其庐而逋。[①]

在实地调查的基础上，他针对性地提出了具体而可行的治水措施：“先开吴江县江尾茭芦地；先迁吴江沙上居民，及开白蚬江通青龙镇，又开青龙镇安亭江通海；先去

① 单谔：《吴中水利书》。

吴江土为千桥;先置常州运河斗门二十四所,用石碶并筑堤,管水入江;次开夹苎干、白鹤溪、白鱼湾、塘口渎、大吴渎,令长塘湖、滆湖相连,走泄西水,入运河,下斗门入江;次开宜兴百渎,见今只有四十九条,东入太湖;次开苏州茜泾、白茅、七鸦、福山、梅里诸浦及茜泾;次开江阴下港、黄田、春申、季子、灶子诸港;次开宜兴东西蠡河;次根究诸临江湖海诸县,凡泄水诸港渎,并皆疏凿。"[①]单锷还画出了治水的详细图纸。

元祐六年,单锷的调查与建议受到当时知杭州府的苏轼的重视,亲为其书《进单锷吴中水利书》状,进于宋朝廷。尽管后来单锷的治水主张没有完全实行,但却流传于后世,对三吴的水利事业产生了颇大影响。他处理洪涝问题的某些见解,对于当前太湖水利的规划治理,仍有一定的参考价值[②]。

四、复种技术的成熟

耕作制度的改革首推复种制。两宋作为中国经济重心的南移期,也正好是复种技术比较成熟的发展阶段[③]。宋代的复种制主要包括双季稻和稻麦两熟制。

双季稻是指同一块稻田中一年之内有二次收成。宋以前的双季稻是以再生稻为主。再生稻是水稻收获(或败收)之后,其茎基部的休眠芽萌发抽穗结实。再生稻最初是一种自然现象,后来被人为地加以利用,便成了一种种植制度。宋代的再生稻遍及两浙、江淮,甚至于荆湖等许多地区。

地处长江下游地区的扬州也有稆生稻和再熟稻的记载,稆生稻是落粒自生的稻,而再熟稻则可能是再生稻。"再熟之稻"可理解为同一田块中种早稻和晚稻的再熟。《唐会要·祥瑞上》记载了再生双季稻和连作双季稻。再生双季稻主要出现在北宋,淮西路曾经收获过再生稻,再生稻栽培广泛,各地名称不尽相同,史书中多称"稻再熟",而玉峰(昆山)称"再撩稻",已较普遍,但还处于推广阶段。南宋再生稻的记载反而不如北宋时多,南宋玉峰等地种植有软杆青,可能为再生稻。史书记载浙西:"吴地海陵之仓,天下莫及,税稻再熟。"范大成《吴郡志》:"再熟稻,一岁两熟。"《吴都赋》:"乡贡再熟之稻。"细考之,当在皇祐(1049—1053),从皇祐年间到《吴郡志》接着记载有"今田间丰岁已 ,而稻根复蒸,苗极易长,旋复成实,可掠取,谓之'再撩稻',恐古所谓再熟者即此"。范大成还有"吴稻即看收再熟"的诗句。直到宋淳祐十一年(1251)《玉峰(江苏昆山)志》中还有再生稻的记载。成书于绍圣元年(1094)以前的曾安止《禾谱》上说:"今江南之再生禾,亦谓之女禾,宜为可用。"女禾除了表示其再生的特性

---

① 单谔:《吴中水利书》。

② 汪家伦:《北宋单谔〈吴中水利书〉初探》,《中国农史》1985年第2期。

③ 本节主要参考王曾瑜:《宋代的复种制》,载《涓埃编》,河北大学出版社2008年版。

之外,还可能说明再生之后的植株较原来的植株要矮。可见当时再生稻虽然已较为普遍,但还正处在推广阶段。

双季连作稻是指早稻收割后,经过整地,再插晚稻的一种双季稻。连作双季稻的发展受到地理环境的影响。作为一项技术,宋代不仅有连作稻的存在,而且分布较为广泛。中国稻作史中许多关于连作稻的证据,最初都可以上溯到宋代。如乌口稻,最初见于南宋。南宋淳祐《玉峰志》中提到这一品种,说"其谷色黑,稻米最晚者"。证明当时江苏昆山一带已有乌口稻的种植。不仅如此,南宋宝祐年间(1253—1258)《琴川志》也记载有这一品种,而且明确指出其特点是"再莳晚熟",证明当时江苏常熟不仅有乌口稻,而且还有连作稻。《稻品》和《群芳谱》中对其特征都有提及,归纳起来,乌口稻具有这样的特点:(1) 色黑;(2) 耐水与寒,又谓之冷水结;(3) 晚熟;(4) 稻之下品。由于乌口稻具有晚熟的特点,在生产中往往用在水灾之后的补种,成为一季晚稻,也可以用在早稻收获之后"再莳",而成为连作晚稻。再莳晚熟的乌口稻的存在,表明宋代江苏也已有连作稻的存在,但由于乌口稻自身的品质,作为双季稻种植的面积可能不大,更多时可能是用作"潦后补种"的救荒作物。综上所述,宋代时期的连作双季稻不仅存在,而且广泛分布在江苏的广大地区。

五、陈旉、郑亶对农学的贡献

陈旉,是南宋时出自江淮地区的著名科学家。

两宋之际,陈旉隐居于今江苏仪征西山从事农业生产活动,结合自己的农业生产实践活动,总结了当时长江中下游地区农业生产的经验,写出了我国现存最早的论述南方农业的综合型农书——《陈旉农书》。这部书的诞生,标志着江淮地区农业生产已经上升到理论认识的水平。

《陈旉农书》分上、中、下三卷,一万多字,于绍兴十九年成书于真州。此书为第一部全面论述南方农业的著作。内容极其丰富。其上卷各篇分别为:《财力之宜第一》、《地势之宜第二》、《耕耨之宜第三》、《天时之宜第四》、《六种之宜第五》、《居处之谊篇第六》、《粪田之宜第七》、《薅耘之宜第八》、《节用之宜篇第九》、《稽功之谊第十》、《器用之谊第十一》、《念虑之宜第十二》、《祈服篇》、《善其根苗篇》;其中卷各篇为:《牛说》、《牧养役用之宜篇第一》、《医治之篇第二》;其下卷为:《蚕桑叙》、《种桑之法篇第一》、《收蚕之法篇第二》、《育蚕之法篇第三》、《用火采桑之法篇第四》、《簇箔藏茧之法第五》。

书中所反映的主要农学思想是:"地可使肥"和"地力常新"论。书里讲:"凡田,种三五年,其力已乏……若能时加新沃之土壤,以粪治,则益精熟肥美,其力当新壮矣。"

陈氏这种精巧灵活而讲求实效的农学理论，足以改进农作制，挖掘土地生产潜力。

两宋后，桑蚕业中心就由北方移到了南方，尤以江浙地区最为发达。《陈旉农书》中就有桑树嫁接技术、桑苗的种实繁殖法、压条繁殖法的详细记载与说明。经济作物栽培技术的显著进步可能是宋代农业生产技术进步的又一个特点。

陈旉《农书》卷下《种桑之法篇第一》记载说："种桑自本及末分为三段。若欲种椹子(即桑椹)，则择美桑种椹，每一枚剪去两头……唯取中间一截，以其子坚，粟特大，以种即其干强实，其叶肥厚。"在选种之后，进行浴种："先以柴灰淹揉一宿，次日以水淘，去轻秕不实者，择取坚实者，略晒干水脉，勿令甚燥，种乃易生。"下种亦甚讲究，择肥壤加粪肥，锄翻三四次，平整后均匀铺上寸许细沙，沙上匀布桑椹(种子)，疏密得所，盖上薄沙一层，"子易生芽"，分蘖不腐，扎根肥壤，桑树易长得茂盛。每畦阔三尺(宋尺，下同)，一畦只可种三行。畦上有高三尺草棚，"以防黄梅时，连雨后忽暴日晒损也"。待桑苗长到三五寸即勤摘剔根干周围的小枝叶，以利桑干生长。每五七日浇水解小便一次。第二阶段是当年八月上旬，施以土粪(窖烧过的肥壤)，使土壤干爽疏松，"然后起取所种之苗，就根头尽削去干，只留根；又削去对干"。又把三根合作一株，呈品字样缚在竹筒上，并竹筒植之土壤中，日久而竹腐朽，"自然三干合为一干"，数月后"干力专厚，易长大矣"。竹筒口用瓦片盖住，免得雨水进入。需要浇水时，即揭开瓦片，"以瓶酌小便从竹筒中下，直至根底矣"。另须时时摘去桑干的枝叶，避免妨害桑干生长。第三阶段讲次年正月上旬的插枝技术，要求插枝要牢固。每个插桑枝的穴深三四尺，四周略高，作塘塍，以便灌溉时"不流走粪，且荫注四旁，直从穴中下至根底，即易发旺，而岁久难摧也"。

此外，本篇还记载了修剪桑枝的技术。正月时，将桑树的旁枝都修剪掉，主干也要砍断留一半高，最适宜在霜降前，然后立刻刨开根部施肥。此外，陈旉在本篇中也述及麻的栽培技术。他写道："如若桑圃近家即可作墙篱，乃更疏植桑，令畦垄差阔，其下遍栽苎，即桑亦获肥益矣，是两得之也。桑根植深，苎根植浅，并不相妨，而利倍差，且苎有数种，唯延苎最胜，其皮薄白细软，宜缉绩非粗涩赤硬比也。粪苎宜粗烂谷壳糠稿，若能勤粪治即一岁三收，中小之家，只此一件自可了纳赋税、充足布帛也。"① 桑麻间作，可以充分利用肥力，增加收益。江南农民种苎得法，便可一年收获三次。满足交纳两税与自给布帛，其经济效益可观。由此可见，江南地区苎麻已普遍种植，以苎麻为原料的苎布产量可观。日本学者周藤吉之曾列举南宋各路的苎麻生产，特别指出江南东路、浙东路、江南西路的苎麻和苎麻布，经济价值是很高的。

---

① 《农书》卷下《种桑之法篇第一》。

郏亶(1038—1103)字正夫,太仓人,北宋著名水利学家。出生于农家,自幼酷爱读书,识度不凡,嘉祐二年(1057)考中进士,授予睦州(今浙江省淳安西南)团练推官,他没有去上任。终日跋涉于野外,从事农田水利的考察和研究,深究古人治水之迹。

熙宁三年(1070),朝廷诏书天下,征集理财省费,兴利除弊的良策。此时,他已任广东机宜文字,当即上书建议治理苏州水田,提出治水主张,他认为:"天下之利莫大于水田,水田之美莫过于苏州,但自唐以来,经营至今,始未见其利者,其失有六。今当去六失,行六得。"他总结了前人治水的经验教训,指出了以往治水中存在的六处失误,并指出了治水必须"辨地形高下之殊,求古人蓄泄之迹等"六得"。后来他以提出了"治田利害大概"七条,为宰相王安石采纳和赏识。为了更好地总结前人治水经验,他还实地考察了太湖地区治水的历史,考察了 260 多条河流,结合自己治水的亲身体会和设想,撰写了《吴门水利书》四卷。另还绘制了许多水利图,为历代治理太湖水利的重要依据。

熙宁五年,郏亶任司农寺丞,提举兴修两浙水利。熙宁六年,由于遭到朝廷保守势力的反对而被罢免。回太仓后,他置个人荣辱于脑后,在住宅西面一块名"大泗瀼"的水田中,开圩崖、沟浍场圃,实践治水理论,获得农业丰收。于是再次上书重申自己的主张,朝廷复任他为司农寺丞,另授江东转运判官。元祐年间授太府寺丞,后卒于任上,其墓在太仓公园内。

郏亶的治水经验和方法对历朝历代乃至今天仍有深远的影响。

第五节　刻书业与版本学

一、宋代刻书业与版本学繁荣的背景

"版本"一词最早出现于宋初。"本"原指写字的绢帛,"版"为简牍。刘向典校中秘群籍时,所谓"一人持本,一人读书","本"已指出底本。而雕版印刷推行以后,就把印本书称为"版",未雕的写本书称为"本"。"版本"两字连用至宋代出现,它作为对雕版印刷图书的专称,广泛地得到使用。后来"版本"所指范围逐渐扩大,也就泛指雕版印刷以前的简策、帛和纸的写本,以及雕版印刷以后的拓本、石印本、影印本、活字本等一切形式的图书。

版本学的对象包括碑书、写本、刊本、印本、稿本、抄本、批校本等各种形式的图书。两宋时,江淮地区的造纸业进一步发展。造纸用的原料有麻、竹、藤、楮、桑等。真州的麻纸、江东纸、江宁府的澄心纸、苏州的金粟山藏经纸都是闻名遐迩的名纸。

人们认为,在宋代,实际出现了一场信息革命,这主要包括了信息载体形式的发

展、完善和信息传递范围的扩大。信息载体形式是指印刷技术的发展和完善。一是发展了雕版印刷技术，二是发明了活字印刷术。

整个宋代，版本学技术处于发展阶段。入宋以后，刻书成为政府乃至士大夫个人的一项重要的文化活动，追求书籍刻印版式及装订的精美成为一种时尚，也被作为一种高雅的审美享受。“书籍自唐时镂版以来，至天水朝，号为极盛”[①]。所刻图书“校雠镌镂，讲究日精”，为刻书“虽重有所费不惜也”[②]。各地官员也“以校雠刻书为美绩”。后人曾这样赞颂宋版图书：“若果南北宋刻本，纸质罗纹不同。字画刻手古劲而雅，墨气香淡，纸色苍润，展卷便有惊人之处。所谓墨香纸润，秀雅古劲，宋刻之妙尽之矣。”[③]这种讲究淡雅、神韵的追求，正是宋代知识分子审美情趣的反映。“版本”主要指刻本书，雕版印刷术在宋代的发展，使宋代的版本形式较之以前有了很大发展，宋不仅是雕版印刷的黄金时代，而且还是活字印刷术的发明和开始使用时期。因此宋代的版本较为齐备，版本学开始兴盛。

二、宋代刻书事业的发展

宋代的刻书事业有三大系统，即官刻、私刻、坊刻三种。

官刻，宋代分中央和地方两种。中央以国子监、崇文院、秘书监刻书为多，即所谓“监本”。地方政府所刻的书称“库本”。即“公使库”。原来宋废藩镇，用读书人掌管外州之事，士大夫往来中央，路、宿、膳费均由公家支付，类似后世的出差费。公使库就是专管此职的机关，经费有余就用以刻印书籍。到南宋以后，地方有财权的机关，如市舶司、榷货务、酒务，也常常刻书。这也是由于社会的需要，刻书易售，有利可图之故。州、县学与各大书院也都刻书。

私刻，即私家所刻。最著名的有衢州守长沙赵淇、临邛(四川)韩醇、解元陈起、岳飞的孙子相台岳浚、贾似道的门客廖莹中、建安余仁仲的余氏勤有堂和新安汪纲等所谓“赵、韩、陈、岳、廖、余、汪”七大家，以南宋为胜，其中的建安余氏勤有堂和新安汪氏已带有书商的性质。

坊刻，也就是书商刻本。北宋刻书弛禁以后，书坊刻书风起云涌。特别是福建建安(今福建建瓯)的麻沙镇书坊，刻书的作坊鳞次栉比。因为麻沙书坊的刻书繁多，自宋至清，虽由盛而衰，却并未断绝。旧版后印，旧版新补的情况常常有之。所以研究宋元版本的人，于一般宋版以外，单独有一个名称叫作“麻沙本”。“麻沙本”中有的虽

---

① 叶德辉：《书林清话》，上海古籍出版社2009年版。

② 潜说友：《咸淳临安志》卷八《诸监》，四库全书本。

③ 叶德辉：《书林清话》卷六，转引孙从添：《藏书纪要》，上海古籍出版社2009年版。

非宋版，但其中可能有宋刻；有的虽属宋代版本，然其中书版又有许多补页，而且多数是先刻后印。

宋初刻书，由国子监校勘，刻书的事也由国子监掌管，禁私人擅刻，所以刊校均精。神宗熙宁(1068—1077)以后，开始解禁，刻书之事，遂如雨后春笋，蓬勃发展。北宋刻书，内容多侧重佛家经典、儒学、正经正史以及使用医书、小学等类。南宋经史子集广泛刊刻，集部书数量激增，不仅满足上层阶级巩固思想要求，亦可以照顾广泛阶层文化需要。技术繁荣表现在刻书地域广泛，北宋全国有三十余处，南宋近三百处。

宋版书刻印特点是“纸坚刻软，字画如写，格用单边，间多讳字，用墨稀薄，虽着水墨，燥尤湮迹。开卷一种书香，自生异味”①。

城市文化中心的形成为宋代刻书业的发展创造有利条件。图籍的生产和流通，主要是以城市为中心进行。汴京、杭州、成都、建康、泉州等地都是闻名一时的刻书中心。建康“罗绮城，富六朝之之风物，弦歌千里，绵百世之衣冠”。宋代江淮产生了许多精美的刻本留传于世。仅景定年间建康一处收存的书版即有：

《横渠易説》一百六十八版；《易象图易索》一百四十五版；《周易终说》一百二十版；《李公易解》二百八十版；《学易蹊径》一千五百版；《阙礼记集说》四千六百版；《春秋讲义》三百一十版；《春秋纪咏》四百九十三版；《语孟拾遗》一十九版；《东坡论语》一百二十版；《论语约说》三百二十版；《孝经集遗》一十九版；《程子》一百七十九版；《近思录》二百六十版；《小学之书》二百一十版；《朱文公年谱》一百二十版；《师说》一百五十四版；《四家礼范》一百五十版；《释奠通祀图》三十五版；《诸史精语》七百三十版；《通鉴笔义》一百五十五版；《建康实录》七百四十版；《六朝事迹》二百三十版；《乾道建康志》二百八十版；《庆元建康志》一百二十版；《景定建康志》一千七百二十八版；《皇朝特命录》四十五版；《翰苑群书》二百五版；《集贤注记》六十一版；《文昌杂录》九十二版；《东观余论》二百一十版；《富文公赈济录》六十二版；《救荒录》一百八十六版；《活民书》一百七十六版；《唐花间集》一百七十七版；《重编楚辞》五百七十版；《杜工部诗》五百一十版；《少陵先生年谱》六十八版；《金陵览古诗》三十五版；《金陵怀古诗》八十五版；《庄敏遗事》三十二版；《棠阴比事》五十六版；《松漠记闻》四十五版；《江行图录》六十五版；《张公奏议》二百六十版；《李公家传》一百四十五版；《保庆集》一十九版；《清晖阁诗》四十六版；《辎轩唱和》三十一版；《和晏叔原小山乐府》二百四十六版；《寒子山诗》六十八版；《苏氏道德经》八十八版；《大一醮式》三十二版；《产宝类要》一百七十五版；《小儿保生方》五十一版；《钱氏小儿方》一百四十五版；《张氏小儿方》二百一

① 《雅尚斋遵生笺》卷一四。

十版;《海上名方》六十五版;《余山南升果》二十二版;《西山先生心政经》九十六版;《半山老人绝句》三十八版;《西山先生文章正宗》一千九百九十六版;《选诗演义》七十三版;《余山南南轩讲义》三十五版;《余山南读易记》六十五版;《伤寒须知》二十六版;《小儿疮疹论方》二百二十版①。

从以上记载看,景定年间建康府各类图书即有18,924方书版,若将平江、扬州、镇江等江淮各地书版加在一起,当时的书版,数量是相当惊人的,反映了当时印刷业的发达。

1978年,苏州市瑞光塔出土的木版印刷的《大隋陀罗尼经咒》和《梵文经咒》等,均为北宋时所印刷。宋刻多用欧、柳、颜体字。刻字如写,质朴挺拔,娟秀整洁,十分悦目。

苏州现存北宋初天禧元年(1017)所刻印的《妙法莲华经》一部,经共七卷,存六卷,磁青纸,刻工极为规范工整,这是一部罕见的珍贵木刻经卷。还有苏州寺院刻书,有绍定四年(1231)平江府砂延圣院大藏经局刻雕的砂藏《大般若波罗密多经》,计六千三百六十二卷,其雕版规模之巨为全国少有。

扬州在南宋乾道二年(1166),由州学教谕汤修年主持刻印沈括的名著《梦溪笔谈》,并成为后来各种刊本的祖本。还包括开禧三年(1207年)昆山县斋《昆山杂咏》,嘉定十三年(1220)陆子遹溧阳学官刻《渭南文集》,洪遵知建康府时主持刻印自己所编《翰苑郡书》,南宋淳熙二年镇江府学刻公文纸印本《新定三礼图》,堪称精致版画作品。

三、叶梦得、岳浚、尤袤对版本目录学的贡献

宋时随着江淮地区版本学的兴盛,出现了几位著名的版本学者。

北宋私人藏书极盛,藏书世代相传,注重交流。南宋靖康之后,官私藏书多毁于兵燹。素富藏书的江浙一带“藏书之家,百不存一,纵有存者,又皆零落不全”②。但南宋时藏书刻书事业仍很发达。

叶梦得,字少蕴,号石林,石林居士,宋代吴县人。他不仅是一位著名的文学家,亦是杰出的版本学家。他私人的藏书达到十余万册。他在出版史上的成就,是对版本史本身和版本学的研究。对于雕版印刷的起源,他在《石林燕语》中写道“世言雕版印书始冯道,此不然,但监本《五经》板道为之尔。柳玭《训》序言其在蜀时尝阅书肆,

---

① 《景定建康志》卷三三《文籍志》一。

② 陆游:《渭南文集》卷二八《跋京三家语》。

云字书、小学率雕版印，纸，则唐固有之矣，但恐不如今之工"①。他的这一论断，已为近世在敦煌发现的唐代所刊《金刚经》长卷（刊于868年）所证实。在他生活的时代，雕版印刷业已得到了长足的发展，叶梦得在研究比较了各地的刻书情况后说："今天下印书，以杭州为上，蜀本次之，福建最下。京师比岁印板，殆不减杭州，但纸不佳。蜀与福建多以柔木刻之，取其易成而速售，故不能工。福建本几遍天下，正以其易成故也。"②这里，他不仅指出了各地版本的优劣，还分析了其中的原因，他的精辟见解一直为后世版本学家和出版事业家所重视。而《石林燕语》等书籍中有关雕版起源及宋代版刻方面的论述，是宋代保存下来的不可多得的珍贵史料。

岳浚（1264？—1330），字仲远，号美任。宋末元初宜兴人。岳飞九世孙，刻书家。岳浚博学且好藏书，家中积书万卷。其时廖莹中世彩堂所刻九经流布既久，板片逐渐散落，岳浚惧其湮没，乃到处搜求九经原板，又延致名德巨儒，雠校群经，重刻行世。该书卷末有"相台岳氏刻梓荆溪家塾"10字木记，当时海内号为"岳氏九经"，影响极大。书前原有凡例一篇，名《刊正九经三传沿革例》，自明代以来，即早被析出单行。至清末，竟为九种丛书所收，足见其为世人所重。而近人凡言宋代宅塾本之优者，一般都举九经三传为例，可见它在版本史上之重要地位。而岳浚作为"岳氏九经"的刻梓人，功绩也将永载史册。

尤袤，宋高宗绍兴十八年（1148）中进士，官泰兴（今江苏泰兴）县令，官至礼部尚书。尤袤一生嗜书，有"尤书橱"之称。酷好收集抄录天下名书。可惜在他死后，宅第失火，所有藏书焚之一炬，仅留一部书目了。他曾把家藏图书"汇而目之"，编成《遂初堂书目》一卷，又名《益斋书目》，第一次记录图书的不同版本，开创了著录版本事项之先例。也是第一部反映图书有了印刷版本之后的藏书记录，从中可以了解到初期图书刻印的主要类型、印书地区等。他把图书分成四十四类，辑录近三千种书籍，这是我国最早的一部版本目录，书目共著录图书三千一百六十一种，内有十八种重复，实有图书三千一百四十三种，三万余卷，虽未标；经史子集四部之名，但内容实按四部分类。其中经部九类：经总类、周易类、尚书类、诗类、礼本、乐类、春秋类、论语类（孝经孟子附）、小学类。

尤袤的分类方法基本沿袭《崇文总目》。经部有两处变动，一是取消孝经类，并入论语类；二是增设经总类。值得注意的是经总这个类目，在《汉书·艺文志》和《隋书·经籍志》中均未设此目。在《旧唐书·经籍志》和《新唐书·艺文志》中设经解类，收录研究群经的著作，但在《崇文总目》中却弃而不用。《遂初堂书目》重设经总类，收

---

① 叶梦得：《石林燕语》卷八。

② 叶梦得：《石林燕语》卷八。

录《五经》、《六经图》等书，符合图书分类从总到分的原则，是完全正确的。

尤袤《遂初堂书目》最为人所称道的，是开一书兼载各种版本之先河。叶德辉《书林清话·古今藏书家纪版本》中说："自镂板兴，于是兼言板本，其例创于宋尤袤《遂初堂书目》。"目中所录，一书多至数本，有成都石经本、秘阁本、旧监本、京本、江西本、吉州本、杭本、旧杭本、严州本、越州本、湖北本、川本、川大字本、川小字本、高丽本。此类书以正经正史为多，大约皆州郡公使库本也。《遂初堂书目》于中国图书分类学和版本目录学均有所发明和创新，在宋代私家藏书目录中独树一帜，自成一家之言，堪称宋代版本目录学的佳作。其所创一书兼载各种版本的做法，对后世版本目录学的发展影响甚大，始终为版本目录学家所遵循，赢得了历代学者的高度评价，无愧为中国古代目录学的宝贵遗产。此后，版本目录学日趋完备，成为一种专门学问①。

刻书业与版本技术实际是人文智慧与科技发展相结合的产物，其在江淮地区的发展与繁荣，极大地促进了本地区文化教育以及学术思想的传播。

① 本节主要参考任继愈主编：《中国版本文化丛书·宋本》，江苏古籍出版社2002年版。

附　录

一、宋元时期江淮地区大事记

建隆元年(960)

正月,赵匡胤发动陈桥兵变,取代后周,建立宋朝,定都开封,史称北宋。

六月,平定昭义军节度使李筠之叛。

十一月,平定淮南节度使李重进之叛。

建隆三年(962)

九月,赵匡胤以讨张文表为名,出兵湖南。同时,以借道为名,派兵进入南平政权境内。

乾德元年(963)

二月,南平割据者高继冲,出城迎接宋军。宋平荆南,拥有荆南 3 州 17 县,143,500户。

三月,平定湖南割据者周保权。

乾德三年(965)

正月,赵匡胤派宋军六万,直逼成都,孟昶宣布投降,宋攻灭后蜀。得 45 州,534,039户。

开宝三年(970)

宋军在韶州莲花山击溃南汉军,宋军入韶关、破雄州、英州,沿江而下。

开宝四年(971)

二月,宋军与南汉军在兴王府城西双女峰下战,南汉 6 万守军兵败。刘鋹放火焚宫,出城投降,南汉亡。

开宝七年(974)

九月,宋遣知制诰李穆为国信使再赴南唐,劝李煜入朝。李煜拒绝。

十月,宋朝廷开始实施渡江灭南唐之役。

开宝八年(975)

十一月二十七日,宋军与吴军联合发起总攻,金陵城破。宋灭南唐,共得 19 州,3 军,108 县,655,065 户。以江宁府为昇州。

开宝九年　太平兴国元年(976)

十月宋太祖卒,弟赵光义继位(宋太宗),十二月改元为太平兴国元年。

太平兴国三年(978)

二月,吴越钱俶第二次奉召入京朝觐。

三月,割据漳、泉二州的陈洪进向宋朝纳土称臣。宋朝得 2 州,14 县,151,978 户,兵 18727。

五月,吴越钱俶向宋纳土称臣。

太平兴国四年(979)

五月灭北汉。

七月进攻辽南京(燕京),兵败于高梁河。

景德元年(1004)

闰九月,辽侵宋。

十二月,宋辽议和,订立澶渊之盟。

天圣二年(1024)

二月,世界上最早的纸币——交子在益州发行。

明道元年(1032)

十二月,政府颁诏不干预淮南民间契约雇佣关系,标志民间雇佣关系的自由化。

宝元元年(1038)

十一月,党项首领元昊反宋,称帝,国号夏,史称西夏。

庆历三年(1043)

八月,吴人范仲淹任副相(参知政事),十月,主持改革,次年改革失败,史称“庆历新政”。

皇祐四年(1052)

五月,范仲淹逝世。

熙宁二年(1069)

二月,王安石任副相(参知政事),开始变法革新,史称“王安石变法”。

宋神宗元丰初年(1078)

宋全国有在籍民户 14,852,864 户,其中东南和四川地区占 2/3 左右。

元丰八年(1085)

三月,宋神宗逝世。长子哲宗继位,太皇太后高氏掌权,起用司马光,开始废罢新法。

元符二年(1099)

宋学理学学派创始人之一程颐撰《易传》,标志理学学术体系形成。

宣和二年(1120)

宋金订立"海上之盟",议定联合灭辽。

靖康元年(1126)

闰十一月,金军攻占北宋都城汴京开封。

靖康二年　建炎元年(1127)

二月,金灭北宋。

三月立张邦昌为伪楚帝,次月消亡。

三、四月,掳宋徽宗、钦宗及宗室等北返。建炎初,金南侵,战争波及江浙,淮河流域人口大量渡江南下,"溢于道路"。

五月,宋高宗赵构在应天府继承宋朝大统,改元史建炎元年,史称南宋。

建炎三年(1129)

二月,金军轻骑奔袭扬州,高宗逃至杭州。

十一月,金将兀术率部渡江南侵,占领建康。

十二月,金军占领临安,高宗自明州下海南逃。

建炎四年(1130)

三月,金军在镇江为南宋韩世忠军队击败,退往江北。

七月,金立刘豫为伪齐帝,建都开封。

九月,张浚在陕西指挥"富平之战",以牵制江淮金军,败绩。江淮形势则趋于稳定。

十月,金人放回秦桧。

绍兴八年(1138)

十二月,金人废傀儡政权刘豫,直接进兵河南、陕西,西北人口再次南迁。"襁负而归,相属于路"。宋金第一次议和,南宋臣于金。

绍兴十一年(1141)

四月,三大将岳飞、韩世忠、张浚被罢兵权。

十一月，南宋臣服于金，以淮为界，岁奉银 25 万两，绢 25 万匹，史称“绍兴和议”。

十二月，岳飞以“莫须有”罪名被杀害。

绍兴十二年(1142)

五月，沿淮设榷场，进行宋金之间贸易。

绍兴三十年(1160)

十二月，临安府发行纸币“会子”。

绍兴三十二年(1161)

十一月，金完颜亮率金兵大举入侵南宋，中外震动。虞允文督宋军大败渡江南侵的金军于采石。金帝宗颜亮被部下杀于扬州。

隆兴二年(1164)

十二月宋金议和，改君臣为叔侄关系。仍以淮水为界，史称“隆兴和议”。

淳熙十年(1183)

三月，李焘撰《续资治通鉴长编》。

开禧二年(1206)

四月，宋攻金，史称“开禧北伐”，多败绩。

十一月，宋求和。

嘉定元年(1208)

三月，宋金间签定“嘉定和议”。

嘉定十六年(1233)

十月，南宋派江陵府副都统制孟珙、襄阳府守将江海等率领 2 万军队和 30 万石粮食，应蒙古约合围蔡州城，

端平元年(1234)

正月，宋蒙联军攻金，蔡州城破，金灭亡。

开庆元年(1259)

七月，蒙古大汗蒙哥督军进攻南宋合州钓鱼城，知州王坚守城力战，蒙哥汗重伤死，合州围解。

开庆二年(1260)

忽必烈战胜其弟阿里不哥，继承了大蒙古国的汗位。

至元三年(1266)

元朝廷首次以百姓户数确定诸州等第，“定一万五千户之上者为上州，六千户之上者为中州，六千户之下者为下州”。

咸淳七年(1271)

十一月,忽必烈改国号为大元,取义自《易经》的“大哉乾元”一语。

咸淳九年　元至元十年(1273)

正月,南宋军事重镇襄阳陷落。

咸淳十年　元至元十一年(1274)

十二月,元统帅伯颜率大军南下,沿江直入黄州、蕲州、江州、安庆,直达池州。在池州丁家港和南宋军大战,南宋军队溃不成军。

至元十二年(1275)

4月,元军攻打建康,宋朝建康留守赵溍弃城而逃,都统司都统制徐王荣等开城请降,元军兵不血刃,就占领了被誉为“虎踞龙蟠,拱护腹心”的建康。

十一月,常州失落。元军长驱南下。

德祐二年　至元十三年(1276)

正月,元军占领南宋都城临安。

二月,南宋恭帝降元。

六月,元立行中书省于临安。

十月,又立行省于扬州,又称扬州行省。此时,杭州行省和扬州行省并存,各分管两浙和两淮、江东地方。至元十五年前,元廷合并上述两行省为一,仍称江淮行省。

景炎元年　至元十三年(1276)

十一月,张世杰拥宋端宗下海逃亡,元军占福州。

元升平江府为路。领司一,县二:吴江、长洲,州四:昆山、常熟、吴江、嘉定。升镇江府为路。领司一,县三:丹徒、丹阳、金坛。

景炎二年　至元十四年(1277)

始置江南行御史台;升常州为路。领司一,县二:晋陵、武进,州二:宜兴、无锡;置建康路,至元二十三年为南台治所。

景炎三年　至元十五年(1278)

四月,宋端宗病死南海。卫王赵昺嗣位。

祥兴二年　至元十六年(1279)

二月,张弘范率元军攻克厓山,张世杰兵败战死,左丞相陆秀夫背负宋末帝投海自尽,南宋亡。

至元二十年(1283)

元代路由上、中、下三级改为上、下两级,“十万户之上者为上路,十万户之下者为下路”。

至元二十八年(1290)

元廷设河南、江北行省,将江北诸地划归河南江北行省,改江淮行省为江浙行省。

至元二十九年(1291)

二月,以建康路“控扼险阻,外连江淮,内据湖海……尤为要会之地”,遂迁江南行御史台于建康路,之后便定署于此,大德元年定为江南诸道行御史台。

成宗元贞元年(1295)

五月,元廷撤消江南各道儒学提举,“诏各省只存儒学提举司一,余悉罢之”。

至正十一年(1351)

四月,元修治黄河故道。

五月,白莲教首领韩山童发动民工起义。

八月,萧县李二与赵均用等八人响应刘福通,在徐州起兵。众至十余万,攻占徐州所属各县。

至正十二年(1352)

七月,元右丞相脱脱率军前往徐州镇压李二义军。

九月,元军攻占任徐州。

至正十三年(1353)

泰州白驹场人张士诚率盐丁起兵,攻下高邮等地。次年,渡江攻下常熟等地。

至正十六年(1356)

三月,张士诚建都平江(苏州),自称周王。

三月,朱元璋占领集庆(南京),改名应天府。

至正二十六年(1366)

十月,朱元璋命徐达为征讨大将军,常遇春为副将,由淮入河,北取中原。

至正二十八年(1368)

正月,朱元璋称帝,建都于应天府(今南京),年号洪武,国号“明”。

八月,北伐军攻克大都,元亡。

二、主要参考文献

（一）古文献

刘昫等:《旧唐书》,中华书局2002年版。

欧阳修、宋祁:《新唐书》,中华书局1975年版。

薛居正等:《旧五代史》,中华书局2003年版。

欧阳修:《新五代史》,中华书局1974年版。

王溥:《五代会要》,文渊阁四库全书本。

陆游:《南唐书》,台湾商务印书馆2009年版。

马令:《南唐书》,台湾商务印书馆1985年版。

吴任臣:《十国春秋》,中华书局1985年版。

脱脱等:《宋史》,中华书局1985年版。

司马光:《资治通鉴》,中华书局1982年版。

李焘:《续资治通鉴长编》,中华书局1979年点校本。

李心传:《建炎以来朝野杂记》,中华书局2000年点校本。

李心传:《建炎以来系年要录》,中华书局1988年版。

徐松辑:《宋会要辑稿》,中华书局1957年影印本。

陆心源:《宋史翼》,台湾文海出版社1980年版。

徐梦莘:《三朝北盟会编》,上海古籍出版社2008年版。

宋濂:《元史》,中华书局1976年版。

脱脱:《金史》,中华书局2009年版。

宇文懋昭:《大金国志》,商务印书馆1935年版。

杜佑:《通典》,中华书局1988年版。

马端临:《文献通考》,中华书局1986年影印本。

郑樵:《通志》,中华书局1987年影印本。

王圻:《续文献通考》,文渊阁四库全书本。

王应麟:《玉海》,广陵古籍刻印社1983年影印本。

李昉、窦仪等撰:《太平御览》,中华书局1960年版。

谢维新:《古今合璧事类备要》,文渊阁四库全书本。

高承:《事物纪原》,丛书集成初编本。

赵汝愚:《宋朝诸臣奏议》,上海古籍出版社1999年版。

杨士奇:《历代名臣奏议》,上海古籍出版社1989年版。

《庆元条法事类》,日本古典研究会刊静嘉堂文库藏本。

《名公书判清明集》,中华书局1987年点校本。

窦仪等撰:《宋刑统》,中华书局1984年版。

《元典章》,海王邨古籍丛刊本。

《通志条格》,中华书局2001年校注本。

《庙学典礼》,浙江古籍出版社1992年标点本。

宋慈撰,贾静涛点校:《洗冤集录》,上海科技出版社1981年版。

徐元瑞:《吏学指南》,浙江古籍出版社1988年标点本。

《宋季三朝政要》,中华书局1985年版。

张廷玉等:《明史》,中华书局1974年版。

陈邦瞻:《元史纪事本末》,文渊阁四库全书本。

谷应泰:《明史纪事本末》,丛书集成初编本。

《明实录》,台湾史语所校印本。

刘辰:《国初事迹》,金声玉振集本。

陈邦瞻:《宋史纪事本末》,中华书局1974年版。

确庵、耐庵:《靖康稗史笺证》,中华书局1988年版。

陈均:《宋九朝编年备要》,文渊阁四库全书本。

王称:《东都事略》,台湾文海出版社1979年版。

彭百川:《太平治迹统类》,广陵书社1993年版。

欧阳修:《居士集》,中国书店1986年影印本。

司马光:《传家集》,吉林出版集团2005年版。

王安石:《临川文集》,台湾世界书局1985年版。

苏洵:《嘉祐集》,四部丛刊本。

苏轼:《苏轼文集》,中华书局1986年点校本。

苏辙《栾城集》,上海古籍出版社2009年版。

刘克庄:《后村先生大全集》,四部丛刊本。

陆九渊:《陆象山全集》,国学整理社1936年版。

蔡襄:《蔡襄集》,上海古籍出版社1996年点校本。

曹勋:《松隐文集》,清吴兴刘氏嘉业堂刊本。

叶适:《水心集》,上海古籍出版社1979年版。

周必大:《文忠集》,文渊阁四库全书本。
程俱:《北山集》,文渊阁四库全书本。
金履祥:《仁山文集》,文渊阁四库全书本。
许谦:《许白云先生文集》,文渊阁四库全书本。
张载:《张载集》,中华书局1978年点校本。
李石:《方舟集》,文渊阁四库全书本。
张栻:《南轩集》,文渊阁四库全书本。
陈亮:《陈亮集》,中华书局1987年点校本。
朱熹:《朱文公文集》,四部丛刊本。
王安石:《临川文集》,文渊阁四库全书本。
陆游:《渭南文集》,中华书局1976年版。
包拯:《包拯集》,文渊阁四库全书本。
刘安节:《刘左史集》,文渊阁四库全书本。
叶適:《叶適集》,中华书局1991年版。
杨维帧:《东维子集》,四部丛刊本。
胡寅:《斐然集》,文渊阁四库全书本。
曹勋:《松隐集》,文渊阁四库全书本。
王之道:《相山集》,文渊阁四库全书本。
陈亮:《陈亮集》,中华书局1987年版。
释文珦:《潜山集》,文渊阁四库全书本。
陈棣:《蒙隐集》,文渊阁四库全书本。
楼钥:《攻媿集》,丛书集成初编本。
李廌:《济南集》,文渊阁四库全书本。
姚隧:《牧庵集》,四部丛刊本。
唐庚:《眉山集》,文渊阁四库全书本。
吕祖谦:《东莱集》,文渊阁四库全书本。
许景衡:《横塘集》,文渊阁四库全书本。
张九成:《横浦文集》,文渊阁四库全书本。
杨简:《慈湖遗书》,文渊阁四库全书本。
黄震:《黄氏日抄》,台湾大化书局1984年版。
洪咨夔:《平斋集》,文渊阁四库全书本。
李之仪:《姑溪居士集》,文渊阁四库全书本。

陈舜俞:《都官集》,文渊阁四库全书本。

曾协:《云庄集》,文渊阁四库全书本。

程珌:《洺水集》,文渊阁四库全书本。

陈著:《本堂集》,文渊阁四库全书本。

王柏:《鲁斋集》,文渊阁四库全书本。

林景熙:《霁山集》,文渊阁四库全书本。

谢枋得:《叠山集》,四部丛刊续编本。

刘秉中:《中庵集》,北京图书馆珍本古籍丛刊本。

王恽:《秋涧集》,四部丛刊本。

赵抃:《清献集》,文渊阁四库全书本。

张方平:《乐全集》,文渊阁四库全书本。

任士林:《松乡集》,文渊阁四库全书本。

仇远:《金渊集》,文渊阁四库全书本。

程俱:《北山集》,文渊阁四库全书本。

吕陶:《净德集》,文渊阁四库全书本。

张伯淳:《养蒙集》,文渊阁四库全书本。

许景衡:《横塘集》,文渊阁四库全书本。

张之翰:《西岩集》,文渊阁四库全书本。

方夔:《富山遗稿》,文渊阁四库全书本。

杨万里:《诚斋集》,文渊阁四库全书本。

梅尧臣:《宛陵集》,文渊阁四库全书本。

真德秀:《西山文集》,文渊阁四库全书本。

吴泳:《鹤林集》,文渊阁四库全书本。

赵孟頫:《松雪斋文集》,文渊阁四库全书本。

虞集:《道园学古录》,四部丛刊本。

张养浩:《归田类稿》,文渊阁四库全书本。

揭傒斯:《揭傒斯全集》,上海古籍出版社 1985 年版。

揭傒斯:《揭文安公全集》,四部丛刊本。

王逢:《梧溪集》,文渊阁四库全书本。

程矩夫:《雪楼集》,湖北先正遗书本。

吴澄:《吴文正公集》,文渊阁四库全书本。

袁桷:《清容居士集》,四部丛刊本。

胡祗遹:《胡祗遹集》,元朝别集珍本丛刊。
揭傒斯:《揭文安公全集》,四部丛刊本。
郑元祐:《侨吴集》,四部丛刊本。
谷应泰:《明史纪事本末》,中华书局点校本。
《明太祖实录》,台湾"中央研究院"历史语言研究所影印本。
苏伯衡:《苏平仲集》,四部丛刊本。
徐一夔:《始丰稿》,四库全书本。
庄季裕:《鸡肋编》,中华书局点校本。
吴师道:《吴师道集》,元朝别集珍本丛刊。
杨瑀:《山居新话》,知不足斋丛书本。
马祖常:《马石田文集》,四部丛刊本。
赵汸:《东山存稿》,四库全书本。
柳贯:《柳待制文集》,四部丛刊本。
许有壬:《至正集》,文渊阁四库全书本。
吴泳:《鹤林集》,文渊阁四库全书本。
朱德润:《存复斋文集》,四部丛刊续编本。
许应龙:《东涧集》,文渊阁四库全书本。
欧阳玄:《圭斋文集》,四部丛刊本。
王沂:《伊滨集》,文渊阁四库全书本。
杨万里:《诚斋集》,文渊阁四库全书本。
陈旅:《安雅堂集》,文渊阁四库全书本。
释英:《白云集》,四部丛刊续编本。
吴宽:《匏翁家藏集》,四部丛刊本。
顾瑛:《玉山名胜集》,文渊阁四库全书本。
周南瑞:《天下同文集》,文渊阁四库全书本。
杨时:《龟山集》,文渊阁四库全书本。
顾瑛:《草堂雅集》,文渊阁四库全书本。
邓文原:《巴西集》,文渊阁四库全书本。
文天祥:《文天祥全集》,江西人民出版社标点本。
陆文圭:《墙东类稿》,四库全书本。
黄溍:《金华黄先生集》,四部丛刊本。
柳贯:《柳待制文集》,四部丛刊本。

王沂:《伊滨集》,四库全书本。
程端礼:《畏斋集》,四明丛书本。
程端学:《积斋集》,四明丛书本。
杨维桢:《东维子集》,四部丛刊本。
朱德润:《存复斋文集》,四部丛刊续编本。
贡师泰:《玩斋集》,四库全书本。
余阙:《青阳先生文集》,四部丛刊续编本。
唐元:《筠轩集》,四库全书本。
陈基:《夷白斋稿》,四库全书本。
危素:《危太朴文集》,刘氏嘉业堂刊本。
倪瓒:《清闷阁全集》,四库全书本。
李祁:《云阳先生集》,北京图书馆古籍珍本丛刊本。
王礼:《麟原文集》,四库全书本。
谢应芳:《龟巢稿》,四库丛刊本。
刘仁本:《羽庭集》,四库全书本。
刘因:《静修先生文集》,四部丛刊本。
宇文懋昭:《大金国志》,万有文库丛书本。
陈元靓:《事林广记》,江苏人民出版社 2011 年版。
于慎行:《峪笔尘》,四库全书本。
《元典章》,四库全书本。
高启:《凫藻集》,四部丛刊三编本。
田汝成:《西湖游览志》,四库全书本。
宋濂:《宋文宪公全集》,丛书集成初编本。
王祎:《王文忠公集》,四库全书本。
陶安:《陶学士文集》,四库全书本。
贝琼:《贝清江先生文集》,四部丛刊本。
孟元老:《东京梦华录》,中华书局 1982 年校注本。
魏泰:《东轩笔录》,中华书局 1983 年版。
邵伯温:《河南邵氏闻见前录》,文渊阁四库全书本。
邵伯温:《邵氏见闻录》,中华书局 1983 年点校本。
周密:《齐东野语》,中华书局 1983 年点校本。
周密:《癸辛杂识》,中华书局 1988 年点校本。

周密:《武林旧事》,杭州西湖书社1981年版。
张邦基:《墨庄漫录》,四部丛刊本。
陶穀:《清异录》,《说郛三种》,中国书店1986年版。
龙衮:《江南野史》,文渊阁四库全书本。
刘昌诗:《芦浦笔记》,中华书局1986年点校本。
韩元吉:《南涧甲乙稿》,丛书集成初编本。
苏天爵:《元文类》,商务印书馆1936年版。
范成大:《石湖诗集》,文渊阁四库全书本。
周必大:《二老堂杂志》,丛书集成初编本。
陈仁玉:《菌谱》,文渊阁四库全书本。
叶梦得:《避暑录话》,文渊阁四库全书本。
吴自牧:《梦粱录》,浙江人民出版社1980年版。
洪迈:《夷坚志》,中华书局1981年点校本。
叶绍翁:《四朝闻见录》,中华书局1989年点校本。
范成大:《石湖菊谱》,说邦三种本。
陶宗仪:《辍耕录》,丛书集成初编本。
赵彦卫:《云麓漫钞》,中华书局1996年点校本。
周辉:《清波杂志》,中华书局1994年点校本。
朱翼中:《北山酒经》,文渊阁四库全书本。
吴潜:《许国公奏议》,丛书集成初编本。
魏了翁:《古今考》,文渊阁四库全书本。
袁采:《袁氏世范》,天津古籍出版社1995年版。
郑太和:《郑氏规范》,丛书集成初编本。
刘清之:《戒子通录》,文渊阁四库全书本。
庞元英:《谈薮》,《说邪三种》,上海古籍出版社1988年版。
朱熹:《家礼》,文渊阁四库全书本。
《续古尊宿语录》,中华书局1994年点校本。
陈振孙:《直斋书录解题》,上海古籍出版社1987年版。
杨亿:《杨文公谈苑》,上海古籍出版社1993年点校本。
吴曾:《能改斋漫录》,上海古籍出版社1980年版。
朱彧:《萍洲可谈》,文渊阁四库全书本。
徐兢:《宣和奉使高丽图经》,文渊阁四库全书本。

赵永春辑注:《奉使辽金行程·绍兴甲寅通知录》,吉林文史出版社 1995 年版。
苏轼:《东坡志林》,中华书局 1981 年点校本。
王观:《扬州芍药谱》,文渊阁四库全书本。
曾敏行:《独醒杂志》,上海古籍出版社 1986 年点校本。
胡仔:《苕溪渔隐丛话》,人民文学出版社 1962 年版。
费著:《蜀锦谱》,文渊阁四库全书本。
张世南:《游宦纪闻》,中华书局 1981 年点校本。
王辟之:《渑水燕谈录》,中华书局 1981 年点校本。
叶子奇:《草木子》,中华书局 1959 年版。
郎瑛:《七修类稿》,中华书局 1959 年版。
全祖望:《宋元学案》,中华书局 1986 年点校本。
朱熹:《朱子语类》,文渊阁四库全书本。
《宋人轶事汇编》,中华书局 1981 年版。
王祯:《农书》,文渊阁四库全书本。
陆羽:《茶经》,百川学海本。
陈景沂:《全芳备祖》,文渊阁四库全书本。
毛珝:《吾竹小稿》,文渊阁四库全书本。
高斯得:《耻堂存稿》,文渊阁四库全书本。
袁枚:《小仓山房外集》,四部备要本。
叶梦得:《石林奏议》,光绪十一年刊本。
叶梦得:《石林燕语》,中华书局 1984 年点校本。
欧阳修:《归田录》,中国书店 1986 年影印《欧阳修全集》本。
吴处厚:《青箱杂记》,中华书局 1985 年点校本。
陈邦瞻:《宋史纪事本末》,中华书局 1977 年点校本。
庄绰:《鸡肋编》,中华书局 1983 年点校本。
方勺:《泊宅编》,中华书局 1983 年点校本。
米芾:《宝晋英光集》,文渊阁四库全书本。
陆游:《老学庵笔记》,中华书局 1979 年点校本。
钟嗣成:《录鬼簿》,中华书局 1960 年版。
周达观:《真腊风土记》,夏鼐校注本,中华书局 1981 年版。
吴自牧:《梦粱录》,浙江人民出版社标点本。
方回:《续古今考》,文渊阁四库全书本。

周密:《武林旧事》,浙江人民出版社标点本。
周密:《癸辛杂识》,文渊阁四库全书本。
陶宗仪:《南村辍耕录》,文渊阁四库全书本。
姚桐寿:《乐郊私语》,文渊阁四库全书本。
顾观光:《九数存古》,中华书局1985年出版。
孔齐:《至正直记》,上海古籍出版社1987年版。
黄博:《闲中古今录》,五朝小说大观本。
何良浚:《四友斋丛说》,中华书局1959年版。
夏文彦:《图绘宝鉴》,文渊阁四库全书本。
朱存理:《珊瑚木难》,文渊阁四库全书本。
张丑:《清河书画舫》,文渊阁四库全书本。
董其昌:《画禅室随笔》,上海远东出版社1999年版。
倪涛:《六艺之一录》,文渊阁四库全书本。
李日华:《六研斋笔记》,文渊阁四库全书本。
高斯得:《耻堂存稿》,文渊阁四库全书本。
汪元量:《湖山类稿》,中华书局1984年版。
陆文圭:《墙东类稿》,文渊阁四库全书本。
陈基:《夷白斋稿》,文渊阁四库全书本。
郭翼:《林外野言》,文渊阁四库全书本。
沈括:《梦溪笔谈》,文渊阁四库全书本。
陶宗仪:《说郛》,上海古籍出版社1988年版。
普济:《五灯会元》,中华书局1984年版。
释志磐:《佛祖统纪》,江苏广陵古籍刻印社1992年版。
苏天爵:《滋溪文稿》,中华书局1997年版。
苏天爵:《元朝名臣事略》,中华书局1996年版。
吴廷燮:《北宋经抚年表》,中华书局1984年点校本。
吴廷燮:《南宋制抚年表》,中华书局1984年点校本。
乐史:《太平寰宇记》,中华书局2007年版。
王存:《元丰九域志》,中华书局1984年点校本。
王象之:《舆地纪胜》,江苏广陵古籍刻印社1991年版。
周应合:《景定建康志》,宋元方志丛刊本。
俞希鲁:《至顺镇江志》,江苏古籍出版社1999年点校本。

《江南通志》,文渊阁四库全书本。

周淙等:《乾道临安志》,宋元方志丛刊本。

陈营卿:《嘉定赤城志》,宋元方志丛刊本。

史能之:《咸淳毗陵志》,宋元方志丛刊本。

朱长文:《吴郡图经续志》,江苏古籍出版社 1999 年点校本。

范成大:《吴郡志》,江苏古籍出版社 1999 年点校本。

道光本:《苏州府志》,道光四年刻本。

李铭皖、谭钧培修,冯桂芬纂:《同治苏州府志》,江苏古籍出版社 1991 年版。

《马可·波罗游记》,福建科学技术出版社 1981 年版。

《至正金陵新志》,宋元方志丛刊本。

《至顺镇江志》,江苏古籍出版社 1999 年版。

《至正昆山郡志》,宋元方志丛刊本。

《正德姑苏志》,天一阁藏明代地方志选刊续编本。

《正德松江府志》,天一阁馆藏明代方志选刊续编本。

《嘉靖昆山县志》,天一阁馆藏明代方志选刊本。

《嘉靖松江府志》,中国地方志集成本。

《嘉靖常熟县志》,北京图书馆古籍珍本丛刊本。

《嘉靖江阴县志》,天一阁馆藏明代方志选刊本。

顾炎武:《天下郡国利病书》,四部丛刊本。

《康熙常州府志》,中国地方志集成本。

《乾隆江南通志》,广陵书社 2011 年版。

《同治苏州府志》,中国地方志集成本。

姚文灏:《浙西水利书》,丛书集成初编本。

《民国江苏通志稿》,江苏古籍出版社 1993 年版。

《大元官制杂记》,续修四库全书本。

《天下同文集》,四库全书本。

《两淮盐法志》,四库全书本。

《两浙金石志》,续修四库全书本。

阮元:《两浙金石志》,台湾石刻史料新编本。

权衡:《庚申外史》,丛书集成初编本。

《永乐大典》,中华书局影印本。

《庙学典礼》,四库全书本。

顾嗣立:《元诗选》,中华书局 1987 年版。

隋树森:《全元散曲》,中华书局 1980 年版。

(二)现代人论著

著作

陈寅恪:《唐代政治史述论稿》,上海古籍出版社 1988 年版。

陈寅恪:《金明馆丛稿》初编、二编,三联出版社 2001 年版。

陈垣:《陈垣学术论文集》,中华书局 1980 年版。

邓广铭主编:《中国大百科全书·中国历史》,中国大百科全书出版社 1988 年版。

邓广铭、漆侠:《两宋政治经济问题》,知识出版社 1988 年版。

邓广铭:《中日宋史研讨会中方论文选编》,河北大学出版社 1991 年版。

邓广铭:《邓广铭学术论著自选集》,首都师范大学出版社 1994 年版。

邓广铭:《邓广铭治史丛稿》,北京大学出版社 1997 年版。

漆侠:《漆侠全集》,河北大学出版社 2008 年版。

《陈高华文集》,上海辞书出版社 2005 年版。

周宝珠、陈振:《简明宋史》,人民出版社 1985 年版。

白寿彝总主编,陈振主编:《中国通史·五代辽宋夏金卷》,上海人民出版社 1997 年版。

朱瑞熙:《宋代社会研究》,中州书画社 1983 版。

韩儒林主编:《元朝史》,人民出版社 1986 年版。

蒙思明:《元代社会阶级制度》,初为《燕京学报》专号,上海人民出版社 2009 年再版。。

梁方仲:《中国历代户口、田地、田赋统计》,中华书局 2008 年版。

王育民:《中国人口史》,江苏人民出版社 1995 年版。

葛剑雄:《中国人口发展史》,复旦大学出版社 2002 年 11 月版。

吴松弟:《中国人口史·宋元卷》,复旦大学出版社 2002 年 11 月版。

吴松弟:《北方移民与南宋社会变迁》,台湾文津出版社 1993 年版。

张家驹:《两宋经济重心的南移》,湖北人民出版社 1957 年版。

郑学檬:《中国古代经济重心的南移和唐宋江南经济研究》,岳麓书社 1996 年版。

李昌宪:《中国行政区划通史·宋西夏卷》,复旦大学出版社 2007 年版。

李昌宪:《宋代安抚使考》,齐鲁书社 1997 年版。

王曾瑜:《宋朝阶级结构》,河北教育出版社 1996 年版。

王曾瑜:《宋代兵制初探》,中华书局 1983 年版。

吴慧:《中国历代粮食亩产研究》,农业出版社 1985 年版。
漆侠:《中国经济通史·宋代经济卷》,经济日报出版社 1999 年版。
梁庚尧:《宋代社会经济史论集》,台湾允晨文化公司 1997 年版。
梁太济、包伟民:《宋史食货志补正》,杭州大学出版社 1994 年版。
葛金芳:《唐宋变革期研究》,湖北人民出版社 2004 年版。
葛金芳:《宋代经济史讲演录》,广西师范大学出版社 2008 年版。
郭正忠:《两宋城乡商品货币经济考略》,经济管理出版社 1997 年版。
戴裔煊:《宋代钞盐制度研究》,中华书局 1981 年版。
郭正忠:《宋代盐业经济史》,人民出版社 1990 年版。
傅宗文:《宋代草市镇研究》,福建人民出版社 1991 年版。
韩茂莉:《宋代农业地理》,山西古籍出版社 1993 年版。
程民生:《宋代地域经济》,河南大学出版社 1992 年版。
汪圣铎:《两宋财政史》,中华书局 1995 年版。
汪圣铎:《两宋货币史》,社科文献版社 2003 年版。
赵雅书:《宋代的田赋制度与田赋收入状况》,台湾大学文学院 1969 年版。
包伟民:《宋代地方财政史研究》,上海古籍出版社 2001 版。
游彪:《宋代寺院经济史稿》,河北大学出版社 2003 年版。
陈喜忠:《中国元代经济史》,人民出版社 1994 年版。
高树林:《元代赋役制度研究》,河北大学出版社 1997 年版。
龚延明编著:《宋代官制辞典》,中华书局 1997 年版。
邓小楠:《祖宗之法——北宋前期政治述略》,三联书店 2006 年版。
杨树藩:《宋代中央政治制度》,商务印书馆 1978 年版。
叶坦:《大变法:宋神宗与十一世纪的改革运动》,三联书店 1996 年版。
叶潜昭:《金律之研究》,商务印书馆 1978 年版。
王瑞明:《宋代政治史概要》,华中师范大学出版社 1989 年版。
苗书梅:《宋代官员选任和管理制度》,河南大学出版社 1996 年版。
张邦炜:《宋代皇亲与政治》,四川人民出版社 1993 年版。
王云海主编:《宋代司法制度》,河南大学出版社 1999 年版。
戴建国:《宋代法制初探》,黑龙江人民出版社 2000 年版。
郭东旭:《宋代法制研究》,河北大学出版社 1997 年版。
郭东旭:《宋代法律史论》,河北大学出版社 2001 年版。
李天石:《中国中古良贱身份制度研究》,南京师范大学出版社 2004 年版。

赵晓耕:《宋代官商及其法律调整》,中国人民大学出版社 2001 年版。
赵晓耕:《宋代法制研究》,中国政法大学出版社 1994 年版。
薛梅卿:《宋刑统研究》,法律出版社 1997 年版。
张晋藩、郭成伟主编:《中国法制通史》,法律出版社 1999 年版。
张邦炜:《宋代婚姻与社会》,人民出版社 1989 年版。
王善军:《宋代宗族和宗族制度研究》,河北教育出版社 2000 年版。
陈高华、吴泰:《宋元时期的海外贸易》,天津人民出版社 1981 年版。
黄宽重:《南宋史研究集》,台湾新文丰出版公司 1985 年版。
何忠礼:《宋史选举制补正》,浙江古籍出版社 1992 年版。
杨渭生等:《两宋文化史研究》,杭州大学出版社 1998 年版。
许瀛鉴主编:《中国印刷史论丛》,台北"中国印刷学会"1997 年版。
唐圭璋编:《全宋词》,中华书局 1965 年版。
王国维:《人间词话》,人民文学出版社 1960 年版。
郑振铎:《中国俗文学史》,上海书店 1984 年影印版。
启功:《论书绝句》,三联出版社 1990 年版。
王炳照:《中国古代书院》,商务印书馆 1998 年版。
陈植锷:《北宋文化史述论》,中国社会科学出版社 1992 年版。
张政烺:《五千年来的中朝友好关系》,开明书店 1951 年版。
陈高华等:《海上丝绸之路》,海洋出版社 1991 年版。
王长俊:《江苏文化史论》,南京师范大学出版社 1999 年版。
江苏省社会科学院:《江苏史纲·古代卷》,江苏古籍出版社 1993 年版。
《江苏风物志》,中国风物志丛书,江苏古籍出版社 1985 年版。
晁中辰著:《中国古代科技》,山东教育出版社 1990 年版。
邹劲风:《南唐国史》,南京大学出版社 2000 年版。
任继愈主编:《中国版本文化业书·宋本》,江苏古籍出版社 2002 年版。
贾丰臻:《中国理学史》,上海书店 1990 年版。
刘子健:《两宋史研究汇编》,台北联经出版公司 1987 年版。
梁庚尧:《南宋农村经济》,新星出版社 2006 年版。
萧启庆:《元史新探》,台北新文丰出版公司 1983 年版。
吴晗:《朱元璋传》,三联书店 1965 年版。
叶文程:《中国古代外销瓷研究论文集》,紫禁城出版社 1988 年版。
程千帆、吴新雷:《两宋文学史》,上海古籍出版社 1991 年版。

滕军:《日本茶道文化概论》,东方出版社 1992 年版。

林正秋:《宋代社会生活习俗研究》,中国商业出版社 1997 年版。

阴法鲁、许树安:《中国古代文化史》 北京大学出版社 1989 年版。

王国维:《宋元戏曲史》,华东师范大学出版社 1995 年版。

邓绍基:《元代文学史》,人民文学出版社 1991 年版。

北京大学古文献研究所编:《全宋诗》,北京大学出版社 1991 年版。

唐圭璋编:《全宋词》,中华书局 1965 年版。

徐建融:《元代书画藻鉴与艺术市场》,上海书店出版社 1999 年版。

沈光耀:《中国古代对外贸易史》,广东人民出版社 1985 年版。

来新夏等:《中国古代图书事业史》,天津古籍出版社 1987 年版。

胡务:《元代庙学——无法割舍的儒学教育链》,巴蜀书社 2005 年版。

黄时鉴主编:《中西关系史年表》,浙江人民出版社 1994 年版。

明仁:《伊斯兰文化在中国》,宗教文化出版社 2003 年版。

石峻等编:《中国佛教思想资料汇编》,中华书局 1991 年版。

郭朋:《隋唐佛教》,齐鲁书社 1980 年版。

黄启江:《北宋佛教史论稿》,台湾商务印书馆 1997 年版。

刘长东:《宋代佛教政策述论》,巴蜀书社 2005 年版。

任继愈主编:《中国道教史》,中国社会科学出版社 2001 年版。

王铁:《宋代易学》,上海古籍出版社 2005 年版。

任继愈主编:《中国道教史》,上海人民出版社 1990 年版。

周燮藩、沙秋真:《伊斯兰教在中国》,华文出版社 2002 年版。

杨志玖:《元代回族史稿》,南开大学出版社 2003 年版。

裘沛然、丁光迪主编:《中医名家学说》,人民卫生出版社 1992 年版。

石汉声:《中国古代农书评介》,农业出版社 1980 年版。

赵璞珊:《中国古代医学》,中华书局 1997 年版。

李俨、杜石然著:《中国古代数学简史》,中华书局 1963 年版。

卢嘉锡主编;陈美东著:《中国科学技术史 · 天文学卷》,科学出版社 2003 年版。

周瀚光、王贻梁:《发明的国度:中国科技史》,华东师大出版社 2001 年版。

张红薇、王明志:《驶向 21 世纪——交通运输的发展过程与发展趋势》,湖北教育出版社 1999 年版。

齐易:《中国航海史(古代航海史)》,人民交通出版社 1988 年版。

杨志玖:《马可 · 波罗在中国》,南开大学出版社 1999 年版。

沈福伟:《中西文化交流史》,上海人民出版社 1985 年版。
王树林、曾志刚编著:《中华物质文明》,江西教育出版社 1997 出版。
陈荣波:《禅海之筏》,志文出版社 1989 年版。
张希清等:《宋朝典制》,吉林文史出版社 1997 年版。
何忠礼、徐吉军:《南宋史稿》,杭州大学出版社 1999 年版。
葛金芳:《南宋手工业史》,上海古籍出版社 2008 年版。
何忠礼:《南宋政治史》,上海古籍出版社 2008 年版。
粟品孝:《南宋军事史》,上海古籍出版社 2008 年版。
罗炳良:《南宋史学史》,上海古籍出版社 2008 年版。
杨倩描:《南宋宗教史》,上海古籍出版社 2008 年版。
徐宏图:《南宋戏曲史》,上海古籍出版社 2008 年版。
陈野:《南宋绘画史》,上海古籍出版社 2008 年版。
[日]斯波义信:《宋代江南经济史研究》,日本汲古书院 1988 年版。
[日]斯波义信著,庄景辉译:《宋代商业史研究》,台湾稻禾出版社 1997 年版。
[日]藤田丰八:《两宋的市舶司与市舶条例》,商务印书馆 1932 年版。
[日]加藤繁:《中国经济史考证》,商务印书馆 1963 年版。
[日]成寻:《参天台五台山记》,日本佛教全书本。
[日]木宫泰彦:《日中文化交流史》,商务印书馆 1980 年版。
[日]木宫泰彦:《中日交通史》,商务印书馆 1931 年版。
[日]村井康彦:《日本文化小史》,日本角川书店 1979 年版。
[日]三上义夫:《中国算学之特色》,万有文库本。
[朝鲜]郑麟趾:《高丽史》,日本东京国书刊行会明治 41 年刊本。
梁方仲:《中国历代户口、田地、田赋统计》,上海人民出版社 1980 年版。
何高济译:《鄂多立克东游记》,中华书局 1981 年版。
高荣盛:《元代海外贸易研究》,四川人民出版社 1998 年版。
徐梓:《元代书院研究》,社会科学文献出版社 2000 年版。
李治安:《行省制度研究》,南开大学出版社 2000 年出版。
张金铣:《元代地方制度研究》,安徽大学出版社 2001 年版。
桂栖鹏:《元代进士研究》,兰州大学出版社 2001 年版。
李治安:《元代政治制度研究》,人民出版社 2003 年版。
杨志玖:《元代回族史稿》,南开大学出版社 2003 年版。
陈高华:《元史研究新论》,上海社会科学院出版社 2005 年版。

陈高华:《陈高华文集》,上海辞书出版社 2005 年版。

蔡美彪:《元代白话碑》,科学出版社 1955 年版。

蒙思明:《元代社会阶级制度》,中华书局 1980 年版。

邓绍基:《元代文学史》,人民文学出版社 1991 年版。

韩儒林:《韩儒林文集》,江苏古籍出版社 1991 年版。

葛剑雄:《中国人口发展史》,福建人民出版社 1991 年版。

王国维:《宋元戏曲史》,华东师范大学出版社 1995 年版。

王育民:《中国人口史》,江苏人民出版社 1995 年版。

陈德芝主编:《中国通史》第 8 卷,上海人民出版社 1997 年版。

邱树森:《贺兰集》,江苏古籍出版社 1997 年版。

《元代文化史探微》,南方出版社 2001 年版。

陈德芝:《蒙元史研究丛稿》,人民出版社 2005 年版。

胡务:《元代庙学——无法割舍的儒学教育链》,巴蜀书社 2005 年版。

党宝海:《蒙元驿站交通研究》,昆仑出版社 2006 年版。

申万里:《元代教育研究》,武汉大学出版社 2007 年版。

[日]近藤一成:《宋元史学的基本问题》,中华书局 2010 年版。

周少川:《元代史学思想研究》,社会科学文献出版社 2001 年版。

邓洪波:《中国书院史》,东方出版中心 2004 年版。

史卫民:《元代社会生活史》,中国社会科学出版社 1996 年版。

查洪德:《理学背景下的元代文论与诗文》,中华书局 2005 年版。

沈福伟:《中西文化交流史》,上海人民出版社 2006 年版。

陈高华、史卫民:《中国经济史·元代经济卷》,中国社会科学出版社 2007 年版。

韩儒林:《元朝史》,人民出版社 2008 年版。

陈高华、张帆、刘晓:《元代文化史》,广东教育出版社 2009 年版。

萧启庆:《内北国而外中国》,中华书局 2007 年版。

论文

何炳棣:《宋金时中国人口总数的估计》,载《白乐日教授纪念宋史纪念丛书》,巴黎 1971 年版。

袁震:《宋代户口》,《历史研究》1957 年 3 期。

穆朝庆:《两宋户籍制度问题》,《历史研究》1982 年 1 期。

何忠礼:《宋代户部人口统计问题的再探讨》,载《宋史论集》,中州书画社 1983

年版。

谢和耐:《南宋社会生活史·序》,台北"中国文化大学"出版部1982年中译本。

葛金芳:《南宋立国态势及经济格局论析》,载《邓广铭百年诞辰国际学术研讨会论文集》,中华书局2007年出版。

李伯重:《"选精"、"集粹"与"宋代江南农业革命"》,《中国社会科学》2000年1期。

周生春:《宋元江浙诸郡稻米单产试探》,载《中国社会经济史论丛》,中国社会科学出版社2000年版。

周生春:《论宋代太湖地区农业的发展》,载《中国史研究》1993年第3期。

朱瑞熙:《宋代"苏湖熟,天下足"谚语的形成》,载《农业考古》1987年第2期。

李天石:《西汉至唐以前今江苏地区人口考》,载《南京师范大学学报》1998年第3期。

袁一堂:《南宋的供漕体制与总领所制度》,《中州学刊》1995年第4期。

黄纯艳:《论宋代发运使的演变》,《厦门大学学报》,2003年第2期。

余蔚:《宋代的财政督理型准政区及其行政组织》,载《中国历史地理论丛》2005年7月20卷3辑。

王曾瑜:《宋代的复种制》,载《涓埃编》,河北大学出版社2008年版。

梁庚尧:《南宋城市的发展》,载台湾《宋史研究集》第16辑。

汪圣铎:《宋代的递铺》,载《文史知识》1988年第5期。

洪金富:《元代监察制度的特色》,《成功大学历史系历史学报》1975年第2期。

郝时远:《元代监察制度概述》,《元史论丛》第3辑,中华书局1986年版。

汪家伦:《历史时期太湖地区水旱灾害情况初步分析》、《农史研究》第三辑,1983年4月。

周继中:《元代河南江北行省的屯田》,《安徽史学》,1984年第5期。

孟繁清:《元代江南地区的普通官田》,《学习与思考》,1984年第3期。

周继中:《论元朝监察制度的特点》,《中国人民大学学报》1987年第3期。

关汉华:《元代监察官员选任制度述论》,《江汉论坛》2002年第3期。

刘如臻:《元代江浙行省研究》,《元史论丛》第六辑,中国社会科学出版社1996年版。

陈高华:《元代户等制略论》,《中国史研究》1979年第1期;《论元代的军户》,载《元史论丛》第1辑。

邱树森、王颋《元代户口问题刍议》,载《元史论丛》第二辑。

高树林:《宋元赋税制度的比较》,《河北学刊》1992年第1期。

高树林:《试论元朝“科差”制度》,《中国社会经济史研究》1992 年第 2 期。

张金铣:《元代淮河流域的农业生产》,《中国农史》2000 年第 4 期。

黄清连:《元代户计的划分及其政治经济地位》,《台湾大学历史系学报》1975 年第 2 期。

何兹全:《中国社会发展史中的元代社会》,《北京师范大学学报》1992 年第 5 期。

吴奈夫:《范仲淹治苏政绩考》,《苏州大学学报》2002 年第 1 期。

高荣盛:《宋代江苏境内漕运工程考述》,《江苏社会科学》1997 年第 2 期。

高荣盛:《元代江南官田刍议》,南京大学学报专辑《元史及北方民族史研究集刊》第六辑。

高荣盛:《元代海运试析》,南京大学学报专辑《元史及北方民族史研究集刊》第七辑。

杨志玖:《马可·波罗到过中国》,《历史研究》1997 年第 3 期。

李伯重:《宋末至元初江南人口与耕地的变化》,《中国农史》1997 年第 4 期

李伯重:《宋末至明初江南农业技术的变化》,《中国农史》1998 年第 17 卷第 1 期。

顾吉辰:《宋代粮食亩产量小考》,《农业考古》1983 年第 2 期。

漆侠:《宋代农业生产的发展及其不平衡性》,《中州学刊》1983 年第 1 期。

漆侠:《宋代社会生产力的发展及其在中国古代经济发展过程中的地位》,《宋代经济史》。

闵宗殿:《宋明清时期太湖地区水稻亩产量的探讨》,《中国经济史研究》1994 年第 4 期。

沈仁国:《元代的俸禄制度》,《元史及北方民族史研究集刊》12、13 期。

史学通、周谦:《元代的植棉与纺织及其历史地位》,《文史哲》1983 年第 1 期。

吴宏歧:《元代江浙地区农业经济的发展及地域差异》,《中国历史地理论丛》1991 年第 4 期。

谢永平:《元代两淮盐业与扬州城市的发展》,《扬州大学学报》2002 年第 1 期。

郑天挺:《关于徐一夔(织工对)》,《历史研究》1958 年第 1 期。

杨志玖:《再论马可·波罗书的真伪问题——剖析怀疑论者的论据和心态》,《中西文化交流先驱——马可·波罗》,商务印书馆 1995 年版。

朱江:《扬州发现元代基督教徒墓碑》,《文物》1986 年第 3 期。

邱树森:《元代基督教在江苏的传播》,《江海学刊》2001 年第 4 期。

范立舟:《论宋元时期的外来宗教》,《宗教学研究》2002 年第 3 期。

黄时鉴:《元代的对外政策与中外文化交流》,载《中外关系史论丛》第 3 辑。

申友良:《马可·波罗游记新探》,《内蒙古社会科学》2001 年 7 月。

郭彧:《北宋两刘牧再考》,《周易研究》2006 年第 1 期。

梁庚尧:《南宋城市的公共卫生问题》,《史语所集刊》第 70 本第 1 分,1999 年版。

徐规:《沈括事迹编年》,载《宋史研究集刊》第 2 集。

林桂英、刘锋彤:《宋〈蚕织图〉卷初探》,载《文物》1984 年第 10 期。

褚绍唐、黄锡荃、王中远:《黄浦江的形成与变迁》,《上海水务》1985 年第 3 期。

高荣盛:《元代的茶叶生产与茶政》,《元史及北方民族史研究集刊》第 6 期。

林树建:《元代的浙盐》,《浙江学刊》1991 年第 3 期。

王毓铨:《明代的配户当差制》,《中国史研究》1991 年第 1 期。

范金民:《元代江南丝绸业述论》,《南京大学学报》1997 年第 4 期。

何兹全:《中国社会发展史中的元代社会》,《北京师范大学学报》1992 年第 5 期。

高树林:《元朝匠户户计研究》,《河北学刊》1993 年第 5 期。

《元朝冶炼户计研究》,《中国经济史研究》1994 年第 3 期。

《元朝酒醋茶课研究》,《河北大学学报》1995 年第 3 期。

桂栖鹏:《元代江南地区封建租佃关系的进一步发展》,《南京大学学报》1995 年第 3 期。

高树林:《元代茶户酒醋户研究》,《河北学刊》1996 年第 1 期。

《元朝盐户研究》,《中国史研究》1996 年第 4 期。

李伯重:《宋末至明初江南农业技术的变化》,《中国农史》1998 年第 1 期。

后　记

今天江苏省所辖地域，在宋元时期隶属关系比较复杂。由于历史时期的文献包括各类数据，大多是按当时的辖区范围来记载的，因此，在今天要利用这些数据与资料，编写与今天江苏范围大体相同地域的当时的历史，便会有相当的难度。但是，如果写作中不去考虑地域的因素，那么编写此通史也就失去了意义。有鉴于此，作为整体的《江苏通史》的一部分，我们尽可能多地利用所能利用的史料，有时还需要对一些史料进行一些技术的处理，来客观的反映江苏在宋元时期的历史演进过程，以求从这一段历史的发展过程中，了解宋元时期江苏地区的社会进步、历史特点及其对中国历史发展、人类文明所作出的贡献。

作为一部通史，由于涉及的范围广泛，内容众多，因而我们在有限的时间里所进行的探索，在许多方面还仅仅是初步的，有些观点仅是一家之见。对于有些我们缺少深入研究的领域，如宋元时期的自然科学的成就等，我们则尽可能多的利用前贤的研究成果。书中凡引用前贤论著，尽可能一一注明出处或在参考文献中列出，这样做的目的，一方面是学术规范的要求，另一方面，也是希望本卷的出版大体能够反映学人对这一段历史时期各个方面研究所达到的高度与水平。

本卷写作的分工如下：李天石撰写导论、第一章第一节、第二、三、四章、附录的大事记、主要参考文献；潘清撰写第一章第二节、第七、八、十二章、第九章第二节；李天石、李立新撰写第五、六章；芮诗茗、李天石撰写第九章第一、三、四、五节及第十章；李天石、杨博慧撰写第十一章。最后由李天石、潘清定稿。完稿后，又由南京大学宋史专家李昌宪教授审稿，提出了宝贵的意见，在此深表谢忱！

本卷写作过程中，一直得到各方面领导、同事、好友及家人的大力支持与帮助，特别是江苏省社会科学院领导，一直重视《江苏通史》一书的撰写与出版工作，凤凰出版社也将《江苏通史》的出版看作是江苏文化建设的大事来抓。江苏社科院历史研究所的杨颖奇所长、《江苏通史》办公室的乐康俊同志更是为本卷的出版前后操劳，殚精竭虑。我在美国北卡罗来纳大学东亚研究中心访学期间，中心主任乐钢教授、亨利教授、李文丹教授、朴咏梅女士等，给了我多方面的支持，使我在访学期间得以完成大部分书稿的写作与修改。本卷责任编辑樊昕先生在审读、校正本书过程中，也付出了艰苦的劳动。本卷作为南京师范大学理论创新项目“江苏历史文化遗产的开发与利用”成果之一，也受到了南师大社会科学处领导与工作人员的支持。值此本卷出版之际，谨向所有支持我们完成此卷的领导、专家、出版部门，表示衷心的感谢！

尽管我们尽了很大的努力，但书中难免会存在这样那样的疏误，敬请读者给予批评，以便再版时订正。另尚需说明，本卷所使用之部分图片因未确知拍摄者之姓名与联系方式，故未能及时付与稿酬，在此除表示感谢与歉意外，亦望有关拍摄者知悉后与我们联系，以便付与相关稿酬。

著　者

2011年10月1日

江苏通史

隋唐五代卷

JIANGSUTONGSHI

总主编　宋林飞
本卷主编　张学锋　王亮功

凤凰出版社

唐贞观年间江苏省域道、州、县建置图

唐敬宗宝历二年（826）王播主持开凿的扬州古运河（今东关段）

阮元考证的隋炀帝陵冢

镇江甘露寺铁塔地宫出土瘗藏禅众寺舍利的迦陵频迦云鹤纹银椁

丹徒丁卯桥金银器窖藏出土银壶

丹徒丁卯桥金银器窖藏出土银镀金龟背“论语玉烛”酒筹筒及酒令筹

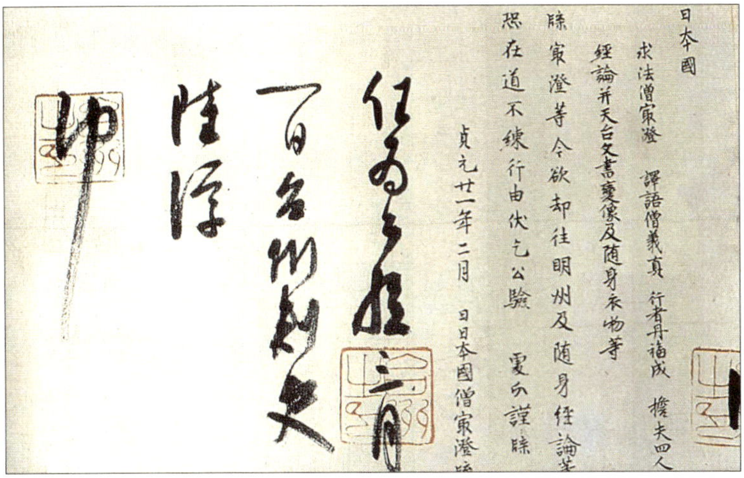

日本比叡山延历寺藏最澄公验上的陆质(淳)自署

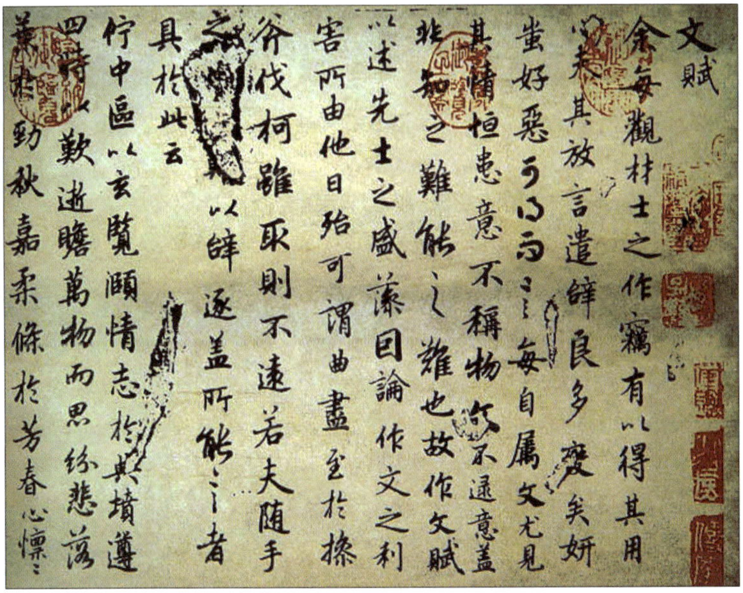

陆柬之书《文赋》(局部)

日本奈良唐招提寺藏鉴真干漆夹苎真影像

南唐二陵出土男女优伶俑

扬州出土阿拉伯文扁壶

扬州唐城博物馆内的新罗文学家崔致远纪念馆

目　录

导　论

——从“气尽山空”到“国命所在”

今江苏省域在隋唐五代时期并不是一个完整的行政区划，而分属于不同的区划单位。

公元581年隋朝建立时，今江苏省域长江以北地区属隋朝，长江以南地区属陈朝。经过了8年的南北对峙，公元589年隋平陈，江苏省域整体被纳入了统一的隋王朝版图。隋朝改革南北朝以来混乱的地方行政建置，并省滥置的州、郡、县，实行州、县两级制。隋炀帝继位后，改州为郡，继续推行郡、县两级制。今江苏省域自北往南被确定为徐州彭城郡（治今徐州市）、海州东海郡（治今连云港市海州区）、泗州下邳郡（治今泗阳县西北郑楼乡古城）、扬州江都郡（治今扬州市）、蒋州丹阳郡（治今南京市）、常州毗陵郡（治今常州市）、苏州吴郡（治今苏州市），今江苏省域西南地区的永世县（治今溧阳市南）则属宣州宣城郡（治今安徽宣城市），基本上确立了隋唐300余年间今江苏省域的地方行政区划（详细内容请参见第一章第三节）。

唐朝建立后，继承隋朝的郡、县两级制，改郡为州。鉴于时代的发展，唐朝对今江苏省域内的州县作了一定的调整，对隋炀帝陪都所在地扬州江都郡进行了分割，将其北部划出，设置楚州（治今淮安市楚州区），又将其江南部分与蒋州丹阳郡合并，设置润州（治今镇江市）。唐玄宗天宝初年改州为郡，安史之乱后又改郡为州。终唐一代，虽然个别州郡的治所和县的隶属关系有所调整，属县有所增置，但今江苏省域自北往南形成了八大州（郡），即徐州彭城郡、海州东海郡、泗州临淮郡、楚州淮阴郡、扬州江都郡、润州丹阳郡、常州晋陵郡、苏州吴郡，而省域西南部的溧阳、溧水二县则属宣州宣城郡。

唐代地方行政区划出现的一个新动向就是“道”的设置。唐太宗贞观（627—649）初年，按天下自然地理形势，将全国分成十个道。设置当初的道并不是一级行政区划，只是中央遣使巡察的监察区域，但它的设置给当时人们的地理概念带来了重大的影响,并逐渐向唐后期的实际行政区划发展。在贞观十道中,今江苏省域淮河以北的徐、海、泗三州属河南道,江淮之间的楚、扬二州属淮南道,长江以南的润、常、苏三州以及宣州所属的溧阳、溧水二县属江南道。唐玄宗开元年间(713—741),政府将贞观十道细分为十五道,徐、海、泗三州依旧属河南道,楚、扬二州属淮南道,江南的润、常、苏三州属江南东道,而溧阳、溧水二县则归入江南西道(详细请参见第三章第一节)。

安史之乱以后,战时的临时体制逐渐演变为常制,全国的行政区划再次面临调整,原先作为监察区域的"道"与带有藩镇性质的"道"结合,形成了军政合一的管辖区域——道(又称"方镇"、"镇")。道(镇)的长官节度使(按等级、执掌等不同又有观察使、团练使、采访使等称呼)集地方军政、民政、财政于一体,成为凌驾于州刺史之上的最高地方长官,道也成为州、县之上的一级行政区划,州、县二级制演变成道、州、县三级制。道的辖区时有变化,以唐宪宗元和年间(806—820)道的辖区为例,今江苏省域自北往南分属于五个不同的道。淮河以北的徐、泗二州属徐泗濠节度使(治今徐州市),海州属兖海节度使(治今山东兖州市,后又调整为沂海节度使),江淮之间的楚、扬二州属淮南节度使(治今扬州市),江南的润、常、苏三州属浙江西道观察使(治今镇江市),省域西南部的溧阳、溧水二县属宣歙观察使(治今安徽宣城市)。其中用武之地的徐州变动较大,而淮河以南的区划调整相对不大(详细请参见第五章第一节)。道的变化,尤其是在唐后期的变化虽然较大,但今江苏省境内唐初确定下来的八大州(郡)则变化不大,并对后世的地方行政区划产生了深远的影响,直至今日,八大州(郡)的治所徐州、连云港、宿迁、淮安、扬州、镇江、常州、苏州依然是江苏省最重要的城市(今南京市在唐代的兴衰下文中叙述)。

今江苏省域县一级的建置,至少在盛唐时期大多已经确立,尤其是江南地区,除沿江的太仓、张家港与西南部的高淳外,其他县一级的建置,在唐高宗、武则天时期均已确立,反映了江南地区较高的社会经济发展水平。隋唐五代以后新增置的县主要集中在两个区域:一是沿海地区。今射阳、盐城、东台一线(唐常丰堰、宋范公堤)以东地区唐代尚未成陆,加上这一线以西的部分地区亦因滩涂广布而开发较晚,所以,今灌云、灌南、响水、滨海、射阳、建湖、大丰、东台、南通以及所属的海门、如皋、海安、如东、启东等县市,在江苏隋唐的历史上尚未登场,如皋、海安、掘港、狼山等地只是以海陵县(治今泰州市)下的聚落或沙洲的形式出现在史籍之中。另一是今江淮之间。这一区域在隋唐时期湖沼广布,开发相对滞后,尤其是运河以东地区,尚处在地广人稀的阶段,县一级的行政区划相对较少,比较成熟的县只有沿淮楚州的山阳县(今淮安市楚州区)、淮阴县(治今淮安市清江区西南)、盱眙县,沿江扬州的江都县、江阳县(二县均治今扬州市西北蜀岗上),以及高邮、宝应、海陵、六合县,而盐城县则因制盐而设，扬子县（治今扬州市西南扬子桥附近）亦因漕运所需而设，仪征的前身白沙亦因漕运而设，情况比较特殊，而今洪泽、金湖、泰县（姜堰）、泰兴、兴化、靖江等市县在江苏的隋唐历史上也鲜有记载。这些情况导致了以上这些县市在本卷的叙述中只能付诸阙如。

唐代以前就有“江淮”这一地理概念，大多数情况下是指今安徽、江苏两省长江、淮河之间的广大区域。进入隋唐时期，“江淮”一词开始频繁出现，尤其是安史之乱以后，“江淮”在史籍中出现的频率越来越高。唐代的“江淮”有广义和狭义两种概念。广义的“江淮”，一是继承了唐以前的概念，特指江、淮之间的区域，贞观初年分天下为十道以后，广义的“江淮”概念逐渐转向江南道和淮南道的合称。淮南道的辖境比较狭小，而江南道则非常广袤，因此，越往后，“江淮”的概念就越往狭义的方向转变，通常只将淮南道的东部地区、江南道的北部地区视作“江淮”，并且在自然地理概念之外更多地附加上了经济地理的概念。从当时的语境中不难察知，狭义的“江淮”地区自北往南大致包括楚、扬、润、常、苏、宣、湖、杭、越（治今浙江绍兴市）数州，而今江苏省域的淮河以南地区正是“江淮”的核心区域。因此，除能够确认具体州（郡）县的史料之外，唐代史籍中关于“江淮”的记载，均可作为本卷叙述的基本史料。而史籍中出现的“江南”、“江东”等地理概念，虽然有时也涵盖了宣、湖、杭等州，但今江苏省域的润、常、苏三州无疑是“江南”或“江东”最发达的区域，因此，隋唐史籍中出现的有关“江南”、“江东”的记载，同样也是本卷叙述的基本史料。

隋唐时期江苏省域的历史发展存在着一条明显的主线条，这就是在国家事务中地位的不断提升。可以说，隋唐时期江苏的历史，是一部从受监视、遭鄙视的亡国旧境，向成为国家举足轻重、赖以生存的财赋之地迈进的历史。

平陈伊始，隋朝对陈朝旧境的统治是强硬的。为便于监控亡国君臣，以陈后主为首的陈氏宗室和陈朝主要官僚贵族，被凯旋的隋军强制带回关中，断绝了他们与故土士民之间的联系，彻底消除其复国的念头。同时，隋文帝还下诏“建康城邑宫室，并平荡耕垦，更于石头置蒋州”[1]。将前后经营了近300年的六朝都城建康的宫闱城邑全部摧毁，废为耕地，只是在建康城西具有军事堡垒性质的石头城建置蒋州，用来控制这座亡国之都及周边地区。

隋朝政府在摧毁建康都城、政治上刻意压制六朝政治中心的同时，在广陵（治今扬州市西北蜀岗上）设置了控制江南陈朝旧境的军政中心，即扬州大总管府，对旧陈的政治中心地区进行严密的监控。作为亡国之地的江南民众，精神和心理上的压抑

① 《资治通鉴》卷一七七隋文帝开皇九年（589）正月条，中华书局1955年版，第5516页。

不言而喻。平陈后的第二年(开皇十年,590)冬天,在地方豪族和谣言的蛊惑下,反隋暴动终于爆发,一时间,"陈之故境,大抵皆反"①。面对江南豪强挑起的这场反隋暴动,隋文帝以杨素为行军总管,进行了坚决的镇压。杨素率众南下,以扬州大总管府为大本营,对江南的反叛势力进行各个击破,前后历时两年。旧陈境内的反隋暴动爆发后,隋文帝任命平陈的总元帅晋王杨广(后继位为炀帝)任扬州大总管,坐镇长江北岸,时刻监视着江南的旧陈核心区域。隋文帝令晋王杨广长期驻守扬州,显然是由于晋王杨广曾经领导了平陈战役,对江南的情况比较熟悉,而且对江南各阶层都有着相当的威慑力。

除彻底摧毁六朝都城,在广陵设置扬州大总管府对旧陈之地进行严密监视外,为防范旧陈势力死灰复燃,隋文帝还借平陈后全国统一之机,令军队所用兵器外,"人间甲仗,悉皆除毁"②,不许民间拥有武器。隋文帝于开皇十五年(595)再次下令,除关中、缘边之外,"收天下兵器,敢私造者坐之"③。平陈后十年的开皇十八年(598),文帝又下诏:"吴、越之人,往承弊俗,所在之处,私造大船,因相聚结,致有侵害。其江南诸州,人间有船长三丈已上,悉括入官。"④禁止江南民间拥有三丈以上的大船,目的也在防止反隋势力的壮大。开皇二十年(600)的诏书中还在说广陵、荆州"皆作乱之地"⑤。足见直到平陈11年后,隋文帝对南方地区依旧心怀隐忧。隋炀帝继位后,大业六年(610)诏命开凿江南运河。动工之际,炀帝下令废除了丹阳(今南京市)与太湖平原之间的水道破冈渎、上容渎,彻底切断了这个六朝旧政治和军事中心与太湖平原之间的联系。

建康作为六朝故都,一直是南方政权的政治中心,具有割据江南的象征意义。隋朝实行的一系列政策,目的很明确,就是要消除建康再次成为割据据点的条件,并且通过消灭物质形式上的存在,将六朝曾经的繁华从人们的记忆中彻底抹去,加强陈朝旧境内的士民对隋朝的认同感。

对陈朝旧境,尤其是对六朝故都建康政治上的压制和防范,是隋朝一贯的政策,并且一直影响到唐朝。唐朝建立后,继续推行总管府制度,并改称大都督府、都督府,扬州大都督府依然是唐朝控制东南地区的重要军政机构。

今江苏省域中心城市南京,作为六朝故都,带有非常强烈的象征意义,是割据的一个符号。这种印象在唐代,即使到了唐后期都没有完全消除。每当北方政治形势

---

① 《资治通鉴》卷一七七隋文帝开皇十年(590)十一月条后,中华书局1955年版,第5530页。

②④ 《隋书》卷二《高祖纪下》,中华书局1973年版,第33、43页。

③ 《资治通鉴》卷一七八隋文帝开皇十五年(595)二月条,中华书局1955年版,第5548页。

⑤ 《资治通鉴》卷一七九隋文帝开皇二十年(600)三月条,中华书局1955年版,第5571页。

突变之时，一些有实力的人或阴谋家便会将眼光聚向这里。在北方陷入动乱以后，隋炀帝及其谋臣们首先想到的是修建丹阳宫，做好割据江南的准备。此后，隋唐之际的杜伏威、辅公祏是这样，武则天时期的徐敬业是这样，安史之乱期间的永王李璘是这样，稍后的刘展、李锜也是这样，晚唐的裘甫也不例外，最终在五代十国时期又成为南唐的国都。即使是颜真卿、韩滉这样的忠良，他们在江南任上历经艰辛为国效力，但是，只要一修石头城，哪怕理由再正当，即刻会引起朝廷君臣的担忧甚至恐慌，忠良的政治生命也因此必定会大打折扣。可见，终唐一代，即使是在江淮地区成为维持朝廷生存的“供血中心”以后，朝廷对江淮的防范都没有完全解除。

曾经“市廛列肆，埒于二京，人杂五方”[①]的大都会建康，隋朝时承六朝余晖，作为蒋州丹阳郡的治所，尚有民户二万四千余户，甚至超过常州毗陵郡和苏州吴郡。然而，到了唐代前期，蒋州被并入润州，故都建康沦为润州的一个县。正如诗人王勃在《江宁吴少府宅饯宴序》所云：“霸气尽而江山空，皇风清而市朝改。昔时地险，实为建业之雄都；今日太平，即是江宁之小邑。”[②]“气尽山空”，可以作为隋朝和唐前期江苏省域的一个印象，一种色彩。以至于在隋和唐初百余年间默默无闻，昔日的金粉之地、帝王之州，留给人们的惟有诗人笔下的“吴宫幽径”、“晋代古丘”。

唐代前期，江苏省域既不是唐帝国政治、军事的重要地区，也不是主要的赋税之地，加之南朝和亡隋的关系，在政府眼中，除鄙夷和监控外，江苏省域确是一处无足轻重的地区。然而，严密监视和政治上的鄙视，对江苏省域的社会经济发展来说却是一件功德无量的事。

由于江苏省域地旷人稀，襟海带江，境内湖沼众多，可以推想，当时除州城、县城及其附近地区外，自然环境还保持着相当的原始性，虎、熊等大型肉食、杂食类猛兽和鹿、麋等食草类动物经常出没。开元三年(715)，“有熊昼入扬州城”[③]。开元四年(716)，淮南虎患为灾，严重危及百姓的生活和生产活动，往来商旅亦时遭虎噬。朝廷诏令有治虎患经验的泗州涟水县(今涟水县)令李全确指导淮南各州县消弭虎患，并要求将官道两侧十步(约15米)之内的草木芟伐，以便往来行人得以防备。[④] 虎、熊等猛兽的出入，除说明当时江苏省域自然环境的原始性外，还从另外一个侧面反映了人类活动的频繁和土地开发利用的加速发展。虎、熊出现于淮南道，白昼入城，袭击行人等事件，是人和动物争夺生存空间的表现，这反映了江、淮之间这一六朝以来因战

---

① 《隋书》卷三一《地理志》，中华书局1973年版，第887页。

② (唐)王勃：《江宁吴少府宅饯宴序》，见《全唐文》卷一八二，中华书局1985年版，第1850页。

③ 《新唐书》卷三五《五行志》，中华书局1975年，第922页。

④ 《册府元龟》卷一四七《帝王部·恤下》，中华书局1960年版，第1778—1779页。

乱频繁而屡遭荒废、开发滞后的地域进入唐朝以后的快速发展,这与江、淮之间唐前期人口的增长、州县的析置等变化是完全一致的。

在以水稻种植为主的农业生产之外,江苏省域良好的自然条件也为人口的自然增长提供了丰富的食物来源。江苏省域的大部分地区海拔较低,湖沼池陂广布,丰富的水生动植物,自古以来就是民众的重要食源之一。所谓"饭稻羹鱼","果隋蠃蛤,不待贾而足,地势饶食,无饥馑之患"①。"菰稗为饭,茗饮作浆,呷啜莼羹,唼嗍蟹黄。"②唐代亦不例外。武则天如意元年(692)五月,"禁天下屠杀及捕鱼虾。江淮旱,饥,民不得采鱼虾,饿死者甚众"③。景龙元年(707),唐中宗亦"遣使者分道诣江、淮赎生"。④ 以上这两件事是武则天、唐中宗母子在位时期的极端事例,意在表示"慈悲",虽为一时作秀,但其对江淮民众造成的危害则不言自明。正像中书舍人李乂在谏言中所说的那样,"江南水乡,采捕为业,鱼鳖之利,黎元所资,土地使然,有自来矣"⑤。这也从另一个侧面反映出自然条件的优越,食物资源的丰富,给江苏省域的社会、经济发展提供了良好的基础。

当然,社会、经济的发展,自然的恩惠是一方面,更重要的是生活在这片土地上的人们的生产活动。

自唐高宗以后,江淮地区在国家事务中的地位开始逐步上升,这与解决北方的粮食紧缺问题密切相关。首先,调集江淮租米赈济北方灾荒的记载开始增多。例如,高宗咸亨元年(670),"天下四十余州旱及霜虫,百姓饥乏,关中尤甚。诏令任往诸州逐食,仍转江南租米以赈给之"⑥。天灾使得唐政府采取了两项措施,一是不得不一时放弃居民不得擅自离开原籍地的原则,允许灾民四处乞讨;二是从江南调集租米赈济北方,尤其是要确保政治中心长安的粮食供应。玄宗开元十五年(727),"是秋,六十三州水,十七州霜旱;河北饥,转江淮之南租米百万石以赈给之"⑦。类似的记载,越往后越频繁。江淮已然成为一个大囊橐,北方一遇天灾,灾民便流入江淮就食;同时,积储在江淮的租米也就应命起运,以解政府的燃眉之急。除赈灾外,江淮地区向朝廷输送军粮事例的增多,也是武则天以后的一个突出现象。陈子昂在《上军国机要事》中称:

---

① 《史记》卷一二九《货殖列传》,中华书局 1959 年版,第 3270 页。

② (北魏)杨衒之著,范祥雍校注:《洛阳伽蓝记校注》卷二《城东》,上海古籍出版社 1958 年版,第 118 页。

③ 《资治通鉴》卷二〇五则天皇后长寿元年(692)五月条,中华书局 1955 年版,第 6482 页。

④ 《资治通鉴》卷二〇八唐中宗景龙元年(707)十二月条后,中华书局 1955 年版,第 6618 页。

⑤ 《旧唐书》卷一〇一《李乂传》,中华书局 1975 年版,第 3135 页。

⑥ 《旧唐书》卷五《高宗纪》,中华书局 1975 年版,第 95 页。

⑦ 《旧唐书》卷八《玄宗纪》,中华书局 1975 年版,第 191 页。

“即日江南淮南诸州租船数千艘已至巩洛，计有百余万斛，所司便勒往幽州，纳充军粮。”①杜甫在诗歌中也说：“幽燕盛用武，供给亦劳哉。吴门转粟帛，泛海陵蓬莱。”②“渔阳豪侠地，击鼓吹笙竽。云帆转辽海，粳稻来东吴。”③这些材料说明，从武则天时期开始，江南的粮食物资，不仅作为租米通过漕运运到洛阳和长安，而且还作为军粮，通过运河和海路运到幽州（治今北京市西南）等军事基地。

进入盛唐时期，今江苏省域在国家事务中的地位得到了进一步的提升，这依然与粮食物资（财赋）有关。开元年间（713—741），随着国家事务规模的日益扩大，玄宗君臣认识到，只有彻底改革漕运，把全国各地的粮食物资转漕关中，才是解决政府缺粮的治本之法。开元后期裴耀卿的漕运改革，眼光基本上就集中在江淮。也就是从这个时候开始，江淮漕运成为国家事务中的重要项目。在解决关中粮食紧缺的同时，大量的江淮“余粮”被转市成“轻货”（奢侈品），为所谓的“开天盛世”增光益彩，将唐朝的发展推向了顶峰。

安史之乱以后至晚唐，在这百余年的时间里，藩镇体制下的江苏地区，除徐州为多事之地外，今江苏省域大体上保持着长期安定的局面，社会稳定繁荣，经济文化蓬勃发展。今江苏境内的两大藩镇——淮南节度使和浙江西道观察使，作为中央政府“财源”型的方镇④，是东南诸道赋税收入的最重要来源，因而也是朝廷赖以生存的经济命脉，“唐立国于西北而置根本于东南”，虽屡经大乱“而唐终不倾者，东南为之根本也”⑤。因此，这两个方镇长期和中央保持着密切而且顺从的关系，是唐朝维持国运的重要根基。

浙西、淮南二镇的藩帅很少有武人出镇，多为“儒帅”。淮南镇作为地位较高的大镇，节度使更是多为宰相出任，“来罢宰相，去登宰相”⑥，人称“宰相回翔之地”。浙西藩帅则更多的是忠臣良吏。在他们眼中，政府与自身荣辱与共，即使像宪宗元和二年（807）浙西镇发生节度使李锜叛唐这样的事件，李锜部下张子良等人在外反讨藩帅，裴行立等人自内响应，在短短的一个月之间，李锜即被捕送京斩首，一场割据江南的美梦旋即破灭。这些现象都说明为确保财赋之地，政府在选拔官员上非常谨慎，即使出现像李锜这样的心怀叵测的人，其他官员亦能为国家自觉地清除叛臣。因此，淮南、浙西二镇官员顺从中央的政治态度，是唐后期朝廷得以存命的政治基础。

---

① （唐）陈子昂：《上军国机要事》，见徐鹏点校：《陈子昂集》卷八，中华书局1960年版，第180—181页。

② （唐）杜甫：《昔游》，见（清）仇兆鳌注：《杜诗详注》卷一六，中华书局1979年版，第1436页。

③ （唐）杜甫：《后出塞五首》，见（清）仇兆鳌注：《杜诗详注》卷四，中华书局1979年版，第289页。

④ 关于唐朝藩镇的类型分析，参见张国刚：《唐代藩镇研究》，湖南教育出版社1987年版。

⑤ （清）王夫之：《读通鉴论》卷二六《宣宗九》，中华书局1975年版，第952页。

⑥ （唐）杜牧：《淮南监军使院厅壁记》，见《樊川文集》卷一〇，上海古籍出版社1978年版，第159页。

唐朝前期，由于黄河中下游地区依然保持着发展的趋势，江淮财赋对于朝廷来说，大部分时期内依然是锦上添花，开元二十四年(736)关中连年丰稔后停运江淮税米而以布代租，以及天宝二年(743)韦坚的长安(今陕西西安市)广运潭献宝大会等现象就是最好的例证。然而，安史之乱以后情势为之一变。八年的战争，让黄河中下游地区彻底归于残破，"禄山步骑散漫，人莫知其数，所过残灭"[①]；"东周之地，久陷贼中，宫室焚烧，十不存一。百曹荒废，曾无尺椽，中间畿内，不满千户。井邑榛棘，豺狼所嗥，既乏军储，又鲜人力。东至郑、汴，达于徐方，北自覃怀，经于相土，人烟断绝，千里萧条"[②]。受战争破坏最严重的是河北道、河南道和关内道，叛军和唐军的烧杀抢掠，使历史上经济文化最发达的黄河流域，几年间变得凋敝不堪，满目荒凉。由于战争的破坏，北方经济遭到践踏，加之战后河北藩镇的跋扈，"户版不籍于天府，税赋不入于朝廷"[③]。在这样的形势下，"素号富裕"且对朝廷恭顺的江淮地区，自然就成为政府财政的主要来源，江淮财赋成为真正的雪中之炭。安史之乱后唐中央政府赖以维持的经济基础，主要就落到了江淮民众的头上，这在文献中累见不鲜。

《旧唐书·第五琦传》："方今之急在兵，兵之强弱在赋，赋之所出，江淮居多。"《新唐书·萧颖士传》："官兵守潼关，财用急，必待江、淮转饷乃足……今兵食所资在东南。"《元和十四年七月二十三日上尊号赦》："天宝以后，戎事方殷，两河宿兵，户赋不入，军国费用，取资江淮。"《旧唐书·韩滉传》："自德宗出居及归京师，军用既繁，道路又阻，关中饥馑，加之灾蝗，江南、两浙，转输粟帛，府无虚月，朝廷赖焉。"权德舆《论江淮水灾上疏》："赋所取资，漕挽所出，军国大计，仰于江淮。"韩愈《送陆歙州诗序》："当今赋出于天下，江南居十九。"杜牧《崔公行状》："三吴者，国用半在焉。"罗让《才识兼茂明于体用策》："在最急者，江淮之表里天下耳。"

税米之外，政府还从江淮调集各种各样的物资，究其原因，朝廷认准江淮"素号富裕"，无所不有，因此，从税米到钱帛，从兵器到军工材料，从盐利到茶税，从金银到高档奢侈品，只要想要，马上就可以向江淮伸手，而恭顺的江淮地方官员基本上是有求必应的，并会尽一切可能为朝廷效劳。

随着时代的推移，强调江淮财赋重要性的语词越来越恳切，杜牧在《上宰相求杭州启》中，已经用上了"今天下以江淮为国命"[④]一句。

从以上这些言论中可以清楚地看出，安史之乱以后，唐帝国是靠江淮财赋维系着

---

① 《资治通鉴》卷二一七唐玄宗天宝十四载(755)十二月条，中华书局1955年版，第6937页。

② 《旧唐书》卷一二〇《郭子仪传》，中华书局1975年版，第3457页。

③ 《旧唐书》卷一四一《田承嗣传》，中华书局1975年版，第3838页。

④ (唐)杜牧：《樊川文集》卷一六，上海古籍出版社1978年版，第249页。

"国命"的。持续了十几个世纪的南粮北运，就是从这时候开始的。

所谓"经济重心"，虽然是站在占政府财政比例的立场上说的，然而，有如此能力承担得起庞大的政府财政的地区，其经济发展程度之高也是不言而喻的。因此，江淮地区无疑又是"经济中心"。唐后期开始，"经济重心"和"经济中心"移向了江淮，尤其是今江苏省域的江南诸州。从此，江苏省域千百年来，头顶着"国家命脉"、"财赋渊薮"、"天下粮仓"、"苏湖熟天下足"、"经济大省"等光环，在国家的财政经济事务中扮演着极其重要的角色。

唐末农民起义以后，经过长期的混战，以扬州、金陵为中心，建立江淮的割据政权，终于成为现实，这就是杨吴、南唐政权的建立。杨吴和南唐政权共存在 85 年，对维护江淮的稳定、发展江淮经济作出了应有的贡献，并为两宋以降的进一步发展奠定了良好的基础。

隋唐五代时期江苏省域，受监视也好，遭鄙视也好，被誉为国命所在也好，社会稳定是其发展的基础。300 余年间，除唐末军阀混战时江淮之间遭到严重破坏外，其他绝大部分时期是稳定的。宋人龚明之在其《中吴纪闻》中称"苏民三百年不识兵"[①]，是江南地区长期稳定的最好写照。唐人张籍在其新乐府《江南行》(一名《江南曲》)诗中对江南民众的生活有如下描写：

江南人家多橘树，吴姬舟上织白苎。
土地卑湿饶虫蛇，连木为牌入江住。
江村亥日长为市，落帆度桥来浦里。
清莎覆城竹为屋，无井家家饮潮水。
长干午日沽春酒，高高酒旗悬江口。
娼楼两岸临水栅，夜唱竹枝留北客。
江南风土欢乐多，悠悠处处尽经过。[②]

一派恬适的乡村集市风景。

隋唐时期江苏省域的历史告诉我们，稳定的社会情势，宽松的政策措施，必能使民众安居乐业，繁衍生息。时不问古今，洋不问东西，这是每一个为政者必须牢记在胸的基本道理。

---

① (宋)龚明之撰，孙菊园点校：《中吴纪闻》卷六，上海古籍出版社 1986 年版，第 143 页。

② (唐)张籍著，李冬生注：《张籍集注》，黄山书社 1988 年版，第 69 页。

第一章　隋朝的统一及其在江苏地区的统治

第一节　分裂时代的结束与隋朝的统一

一　隋朝建立后的南北对峙

东汉末年的军阀混战，最终导致了统一帝国的分裂。自公元220年开始的魏、汉、吴三国鼎立算起，其间虽有西晋的暂短统一，但中国长期处于东晋十六国和南北朝的分裂对峙状态。这种分裂对峙的状态先后持续了3个多世纪，直至公元6世纪的后半叶才出现了统一的趋势。

公元6世纪后半叶，立国于长江流域的南朝汉人政权进入了最后一个王朝——陈朝的统治时期；立国于黄河流域的北朝鲜卑人政权，由于北魏王朝内部的政治分裂，进入了东魏—北齐、西魏—北周的东西对峙时期。公元577年，北周武帝率军扫平北齐，统一了黄河流域的广大地区。次年，一代明主周武帝辞世，北周政权进入了多事之秋。3年后的公元581年，北周政权终被外戚杨坚禅代，隋朝建立。

北周政权的核心成员是北魏北境军镇成长起来的军将集团。隋文帝杨坚家族自称是弘农华阴（今属陕西）汉人豪族，其五世祖杨元寿，北魏初年任武川镇司马，子孙因此定居武川①。杨坚的父亲杨忠，年轻时在游历泰山的途中曾被南朝萧梁的军队俘获，被带到江南，在梁都建康（今江苏南京市）留居了5年。北归后不久，先被军将尔朱度律召为帐下统军，后投靠军将独孤信，成为独孤信的得力部将。公元534年，北魏政权分裂。权臣高欢逼走北魏孝武帝，另立元善见为帝，并将都城迁至邺城（今河北磁县南），史称“东魏”。北魏孝武帝投靠立足关中的权臣宇文泰，史称“西魏”。独

① 北魏在北境设置的六镇之一，在今内蒙古自治区武川县西南乌兰不浪土城梁古城。

孤信和杨忠都是宇文泰手下的得力干将，在与东魏军队的对峙中，独孤信和杨忠曾败逃江南。在江南期间，杨忠得到了梁武帝萧衍的赏识，被封为文德主帅、关内侯。杨忠的两度江南生活，以及此后长年负责对南朝的作战经历，或许给此后的隋文帝杨坚统一江南、隋炀帝酷爱江南文化带来了一定的影响。宇文泰在西魏境内组织府兵，以武川镇出身的军官为骨干力量，独孤信以军功成为府兵统帅部八柱国之一，杨忠也以军功成为十二大将军之一，并赐鲜卑姓普六茹氏。公元550年，高欢之子高洋废东魏孝静帝自立，建立北齐王朝；公元557年，宇文泰之子宇文觉废西魏恭帝自立，建立北周政权，东、西魏的对立演变成北齐、北周的对立。杨忠因跟随宇文泰有功，北周建立后，位至柱国、大司空，封隋国公，成为北周政权的核心成员。

杨坚是杨忠的长子，生于佛寺，由比丘尼抚养长大，小名那罗延，意为金刚力士。公元568年，杨忠病逝，杨坚袭父爵为隋国公。杨坚娶独孤信第七女为妻，而独孤信的长女是北周明帝宇文毓的皇后，第四女是身为八柱国之一的李虎之子李昺之妻，也就是后来建立唐朝的唐高祖李渊的母亲，杨坚的长女后来又嫁与北周宣帝宇文赟为妻，因此，北周、隋、唐这三个王朝的统治者，不仅都是武川镇出身的军将，而且还都是血缘关系很近的亲戚。

杨坚在北周宣帝宇文赟时，身为皇后之父，官至上柱国、大司马。公元579年，周宣帝将帝位传给年仅七岁的长子宇文阐，即北周静帝。杨坚以宣帝岳父、静帝外祖父的身份假称受诏辅政，被任命为大后丞、右司武、大前疑。这些官号都是北周宣帝在政权交替时新置的，相当于大丞相、都督内外诸军事，因此，杨坚实际上掌握了北周王朝的最高军政大权。既是关陇贵族集团中的重要人员，又是汉人豪族的代表，杨坚因此得到了鲜卑贵族和汉人大族的广泛支持，声名威望日益隆盛。此后，杨坚诛杀北周宗室诸王，平息政敌尉迟迥、王谦和司马消难的叛乱，于公元581年代周称帝，国号隋，建元开皇，定都长安(今陕西西安市)。杨坚就是历史上的隋文帝。

长江、淮河自西向东流经今江苏省域入海，江苏省也因此被分成南北三大区域，即长江以南的江南地区、长江和淮河之间的江淮地区、淮河以北的淮北地区，即今通称的苏南、苏中、苏北三大区域。公元5世纪初进入南北朝对峙时期，刘宋与北魏的东部疆界在今山东济宁、济南、青州一线，今山东省黄河以南的大部分地区在刘宋的控制之下。在北魏强大的攻势下，南朝的疆界不断往南退缩，至萧齐时期，今江苏淮河以北的西部地区，即徐州、新沂、宿迁等地已被北魏控制，东部地区的今赣榆、连云港、灌南、沭阳、涟水等地依然在萧齐的控制之中。萧梁时期，凭着一时的国力，将疆界北推至今赣榆至徐州一线。但由于梁末的侯景之乱及此后的梁陈交替，进入陈朝以后，长江以北的土地全部落入了北齐之手。

陈朝在南朝各代中，疆域最小，国力最弱。“逮于陈氏，土宇弥蹙，西亡蜀、汉，北丧淮、肥，威力所加，不出荆、扬之域。州有四十二，郡唯一百九，县四百三十八，户六十万。”[①]北临长江，西界川东、贵州，东到福建沿海，南暨两广，保有长江以南的东南一隅，人民仅六十万户。隋朝建立以后，隋文帝杨坚励精图治，采取了一系列强化中央集权、发展社会经济的措施，政治、军事、经济力量日益壮大。与隋朝的不断进取相比，陈朝则显露出了一派衰相。陈朝皇帝有为者少，宣帝陈顼以后，在对北朝外交和军事上患得患失，尽失良机，国内政治黑暗，百姓困苦。尤其是末代皇帝后主陈叔宝，更是昏庸愚劣，整日与嫔妃、佞臣荒淫度日，“君臣酣歌，自夕达旦，以此为常”[②]，毫无进取之心。为了满足自己奢侈的生活，“盛修宫室，无时休止。税江税市，征取百端”[③]，造成“百姓流离，僵尸蔽野；货贿公行，帑藏损耗，神怒民怨，众叛亲离”[④]，亡国是早晚的事情。

二 陈朝的灭亡与隋朝的统一

隋朝建立以后，消灭陈朝，统一全国的目标是非常明确的。隋文帝杨坚即位的次年(582)，就曾以长孙览、元景山为东南道行军元帅，统率八总管兵马，“出寿阳，水陆俱进”[⑤]，南下进攻陈朝。隋军一直行至长江北岸，陈朝全境震恐。此时正值陈宣帝死去，长孙览想趁机一举荡平江南，然监军、尚书左仆射高颎则主张“礼不伐丧”[⑥]，奏请班师，隋朝大军撤回北方。但是，隋朝君臣灭陈的准备并没有因此而停止。隋文帝曾多次与高颎商讨灭陈的对策，高颎提出了骚扰陈境，麻痹陈人的策略。高颎的策略是：“江北地寒，田收差晚，江南土热，水田早熟。量彼收获之际，微征士马，声言掩袭。彼必屯兵御守，足得废其农时。彼既聚兵，我便解甲，再三若此，贼以为常。后更集兵，彼必不信，犹豫之顷，我乃济师，登陆而战，兵气益倍。又江南土薄，舍多竹茅，所有储积，皆非地窖。密遣行人，因风纵火，待彼修立，复更烧之。不出数年，自可财力俱尽。”[⑦]高颎的策略得到了隋文帝的赞许，并且获得了预期的效果，“上行其策，由是

---

① 《隋书》卷二九《地理志》，中华书局1973年版，第807页。

② 《资治通鉴》卷一七六陈长城公至德二年(584)是岁条，中华书局1955年版，第5478页。

③ 《南史》卷一〇《陈本纪》，中华书局1975年版，第306页。

④ 《陈书》卷三〇《傅縡传》，中华书局1972年版，第406页。

⑤ 《隋书》卷五一《长孙览传》，中华书局1973年版，第1327页。长孙览南下伐陈之事，《北史》卷二二《长孙道生传附长孙览传》亦作“开皇二年”，《隋书·文帝纪》及《资治通鉴》作开皇元年九月。

⑥ 《隋书》卷四一《高颎传》，中华书局1973年版，第1180页；卷五一《长孙览传》，中华书局1973年版，第1328页。

⑦ 《隋书》卷四一《高颎传》，中华书局1973年版，第1181页。

陈人益弊”。此后，隋文帝还广泛听取了杨素、贺若弼、高劢、崔仲方等臣僚的“平江南之策”[①]，筹划灭陈。而开皇七年(587)后梁的灭亡，则正式拉开了隋朝统一全国的序幕。

原先控制在南朝手中的长江中上游的汉东、荆襄及汉中、巴蜀等地，早在西魏时期就已经为北朝所有。公元554年，西魏攻破江陵，杀梁元帝萧绎，立梁武帝之孙萧詧为傀儡皇帝，领有江陵沿江之地三百里，成为西魏及北周的附庸，史称“后梁”。后梁虽然只领有数县之地，但隋朝建立之际，出于巩固新政权和将来统一全国的考虑，隋文帝依然极力笼络梁主，赏赐大量的金银、布帛、马匹。开皇四年(584)，聘梁主萧岿之女为晋王杨广的王妃，即后来的隋炀帝萧皇后。开皇七年，梁主萧琮入朝于隋，隋文帝留之不遣，派兵入后梁，后梁灭亡。

后梁灭亡前夕，后梁宗室萧岩、萧瓛叔侄率文武百官及男女十万人投奔了陈朝，陈朝接纳了萧岩、萧瓛等众人。隋文帝对陈朝之举大为不满，“及(陈)受萧岩等降，隋主益忿，谓高颎曰：‘我为民父母，岂可限一衣带水不拯之乎！’”二萧投陈事件终于成为隋朝发动灭陈战争的导火索。隋文帝下令制造大型战船，臣僚奏请秘密行事，隋文帝说：“吾将显行天诛，何密之有！”表达了誓灭陈朝的决心。

开皇八年(588)三月戊寅，隋文帝下诏征讨陈朝。在长达700余字的诏书中，隋文帝历数了陈后主的种种罪状，决意“出师授律，应机诛殄；在斯一举，永清吴越”[②]。同时，又罗列陈后主20大罪名，命抄写30万份，在江南各地张贴，在大兵出行前对陈朝境内发起了强大的舆论攻势。同年十月甲子，隋文帝“命晋王(杨)广、秦王(杨)俊、清河公杨素皆为行军元帅，以伐陈”[③]。令晋王杨广出六合(今属江苏南京市)、秦王杨俊出襄阳(今湖北襄阳市)、清河公杨素出永安(今重庆奉节县)、荆州刺史刘仁恩出江陵(今湖北荆州市荆州区)、蕲州刺史王世积出蕲春(今湖北蕲春县西南)、庐州总管韩擒虎出庐江(今安徽庐江县)、吴州总管贺若弼出广陵(治今江苏扬州市西北蜀岗上)、青州总管燕荣出东海(今江苏连云港市海州区)，“凡总管九十，兵五十一万八千，皆受晋王节度。东接沧海，西拒巴、蜀，旌旗舟楫，横亘数千里”[④]，在整个陈、隋边境摆开了阵势。

同年十一月丁卯，隋文帝驾临定城(今陕西华阴市东)誓师，亲自为出征将士饯行，陈师誓众后，隋军随即向陈朝发起全线进攻。隋军分道来袭的消息传到陈朝，中

---

① 《资治通鉴》卷一七六陈长城公祯明元年(587)十一月条，中华书局1955年版，第5493页。

② 《资治通鉴》卷一七六陈长城公祯明二年(588)三月条，中华书局1955年版，第5496页。

③ 《隋书》卷二《高祖纪》，中华书局1973年版，第31页。

④ 《资治通鉴》卷一七六陈长城公祯明二年(588)十月条，中华书局1955年版，第5498页。

书舍人沈客卿等封锁消息，也不作战备。听到隋军临江的消息后，陈后主还大言："王气在此，齐兵三度来，周兵再度至，无不摧没，虏今来者必自败。"在家国生死存亡的紧急关头，君臣依旧"奏伎纵酒，作诗不辍"①。

开皇九年(589)正月乙丑(初一)，陈后主朝会群臣，其时，大雾四塞，入鼻辛酸，至午后才散去。就在这一天，隋将贺若弼自广陵引兵渡江，不久攻克京口(今江苏镇江市)；韩擒虎自横江(今安徽和县境内)渡采石，进拔姑孰(今安徽当涂县)；晋王杨广则帅大军屯六合桃叶山待机。京口是六朝军事重镇，号称"北府"，控制着都城建康的东北翼；采石即采石矶，位于今安徽省马鞍山市西南，号称"西府"，是控制陈都建康西南翼的军事要地；桃叶山在今六合东南，是控制建康北翼的军事要地。贺若弼自京口，韩擒虎自姑孰，两道并进，夹击建康，陈朝"缘江诸戍望风尽走"②。陈后主遂命司徒豫章王陈叔英屯朝堂，护卫宫城(今南京市内大行宫一带)，萧摩诃屯乐游苑(今南京市内小九华山南麓)，任忠屯朱雀门(今南京市内镇淮桥北)，孤守都城。但是很快，贺若弼军进据建康东郊的钟山，晋王杨广遣总管杜彦渡江，与韩擒虎军会合，以步骑二万屯新林(今南京市西南郊板桥附近)。与此同时，隋将蕲州总管王世积出动舟师，在蕲口(今湖北蕲春县西南)攻破陈将纪瑱，"陈人大骇，降者相继"③。

正月甲申(廿日)，隋将贺若弼、韩擒虎与陈朝将领萧摩诃、任忠、孔范、鲁广达等进行决战。"唯鲁广达以其徒力战，与(贺若)弼相当。隋师退走者数四，弼麾下死者二百七十三人，弼纵烟以自隐，窘而复振。陈兵得人头，皆走献陈主求赏，弼知其骄惰，更引兵趣孔范；范兵暂交即走，陈诸军顾之，骑卒乱溃，不可复止，死者五千人。"④萧摩诃亦为贺若弼所部总管员明擒获。其时，韩擒虎亦自新林进军，陈将任忠迎降于石子岗(今南京市内雨花台迤西)，并引韩擒虎军直驱朱雀门。守门陈军犹欲争战，任忠挥之曰："老夫尚降，诸君何事！"⑤陈军于是散走，城内文武百官也随即遁走，隋军直入台城。陈后主得悉大势已去，无路可逃，慌忙中与张贵妃、孔贵妃躲入景阳宫内的枯井。隋军入宫窥井，呼之不出，扬言向井投石，这才听见叫声。于是"以绳引之，惊其太重，及出，乃与张贵妃、孔贵人三人同乘而上"⑥。后来，隋文帝听说隋军以这种方式俘获了陈后主，深感惊讶。接着，贺若弼亦从北道入城，得知韩擒虎已俘获陈后主，遂传呼陈后主来见，而此时的陈后主犹惊恐未定，"流汗股栗"⑦。

两天后的丙戌(廿二日)，平陈总元帅晋王杨广进入建康，收陈图籍，封陈府库，共

---

①②⑥ 《南史》卷一〇《陈本纪》，中华书局1975年版，第308、309页。

③④⑦ 《资治通鉴》卷一七七隋文帝开皇九年(589)正月条，中华书局1955年版，第5506、5508、5510页。

⑤ 《隋书》卷五二《韩擒虎传》，中华书局1973年版，第1340页。

得州四十二，郡一百零九，县四百三十八[①]，陈朝宣告灭亡。自永嘉末年西晋王朝崩溃算起，经历了 273 年南北分裂局面的中国至此得以重新统一。

晋王杨广进入建康后，下命陈后主手书招降各地军将，一时间“诸城皆解甲”[②]，岭南诸州也顺利地归降了隋朝。但在一个较短时期内，其旧境的局部地区仍在抵抗，今苏南、浙北、浙东地区的萧瓛、萧岩等人，即“据东吴之地，拥兵拒守”[③]。

萧瓛、萧岩自投奔陈朝后，分别被授为吴州刺史和东扬州刺史。陈末吴州治今苏州市，辖境相当于今苏州市往南至浙江富春江以北地区。东扬州治今浙江绍兴市。萧瓛在梁任荆州刺史，“颇有能名”。归陈后，拜侍中、安东将军、吴州刺史，在吴州刺史任上，“甚得物情，三吴父老皆曰：‘吾君子也。’”陈亡以后，“吴人推瓛为主”，举兵抗隋。还有一位叫谢异的人，“颇知废兴，梁、陈之际，言无不验，江南人甚敬信之”，陈后主被擒以后，谢异投奔萧瓛，“由是益为众所归”[④]。原陈朝永新侯陈君范又“自晋陵(治今江苏常州市)奔瓛，并军合势”[⑤]，抵御隋军。

隋文帝得悉宿敌萧岩、萧瓛叔侄在江南拥兵拒守，遂诏令进据石头城(今南京市水西门迤北至汉中门一带)的右卫大将军宇文述率行军总管元契、张默言等“水陆兼进”，东下征讨；又令燕荣“以舟师自海至，亦受(宇文)述节度”[⑥]。萧瓛得知宇文述率军前来征讨，一方面在晋陵城东立栅抗拒隋军的行进，一方面遣其将王褒守吴州，自己则率部从义兴(今江苏宜兴市)进入太湖，想从背后切断隋军的后路。结果宇文述进破其栅，回兵反击萧瓛，大获全胜，萧瓛率余众退守太湖包山(今江苏苏州市洞庭西山)，旋即又为自海路南下的燕荣所破，兵败被俘。宇文述同时又派兵别道袭击吴州，王褒失守，变服道士，仓皇出逃，只有陈君范进入浙东投奔萧岩。宇文述在消灭吴州的萧瓛后，旋即率军渡过浙江讨伐萧岩，萧岩、陈君范向隋军投降，“吴、会悉平”，萧岩、萧瓛叔侄被解往长安处斩。至此，陈朝全境皆平。

第二节　隋朝在江南的权力经营

隋朝建立以后，为了整治南北分裂以来的混乱局面，加强统治，在政治体制、经济

① 据《隋书·地理志》统计。《隋书》卷二《高祖纪下》、《资治通鉴》卷一七七隋文帝开皇九年正月条并记为“州三十，郡一百，县四百”，此举其大数耳。又，“三十”为“四十”之误。

② 《资治通鉴》卷一七七隋文帝开皇九年(589)正月条，中华书局 1955 年版，第 5512 页。

③⑤⑥ 《隋书》卷六一《宇文述传》，中华书局 1973 年版，第 1464 页。

④ 《隋书》卷七九《萧岿传附子萧瓛传》，中华书局 1973 年版，第 1795 页。

制度、户籍管理和刑律等方面进行了一系列的改革。在政治体制上,对魏晋北朝以来的政治体制进行整顿和完善,在中央确立了三省六部,作为国家最高的决策机构和行政机构;在地方上,改州、郡、县三级地方行政体制为州、县两级制,使得十六国北朝以来混乱的地方行政体制得到了精简,加强了中央对地方的控制。在经济制度上,对北魏分裂以来时存时亡的均田制度进行整顿,扶植和促进小农经济的发展;同时"大索貌阅",对全国的户口进行整编,在此基础上建立"输籍之法",确保政府的赋税收入。在刑律的建设方面,吸收历代刑律之长,颁行了《开皇律》。新的律法一方面除去了一些酷刑,减省了一些刑律,另一方面又制定了谋反、谋大逆、谋叛、恶逆、不道、大不敬、不孝、不睦、不义、内乱等所谓的"十恶"之罪,目的在于稳固新政权的统治。今江苏省域长江以北的地区,虽然距隋朝的政治中心较远,但作为隋朝的国土,这一系列的新政应该在相当程度上得到了贯彻。开皇九年(589)平陈以后,如何经营陈朝旧境,尤其是对六朝时期政治、经济、文化中心的今苏南、浙北、浙东地区如何进行有效的控制,便是摆在隋王朝面前的现实问题。

一　六朝故都的摧毁与扬州大总管府的设置

平陈伊始,隋朝对陈朝旧境的统治是强硬的。为便于监控亡国君臣,以陈后主为首的陈氏宗室和陈朝主要官僚贵族,被凯旋的隋军强制带回关中,断绝了他们与故土士民之间的联系,彻底消除其复国的念头。被押往长安的王公百僚,"大小在路,五百里累累不绝"①,可见人数之多。同时,隋文帝还下诏"建康城邑宫室,并平荡耕垦,更于石头置蒋州"②。将前后经营了近300年的六朝都城建康的宫闱城邑全部摧毁,废为耕地,只是在建康城西具有军事堡垒性质的石头城建置蒋州,用来控制这座亡国之都及周边地区。建康作为六朝故都,一直是南方政权的政治中心,具有割据江南的象征意义。隋文帝毁废建康的目的很明确,就是要消除建康再次成为割据据点的条件,并且通过消灭物质形式上的存在,将六朝曾经的繁华从人们的记忆中彻底抹去,加强陈朝旧境内的士民对隋朝的认同感。荡平耕垦以后的建康故都,"吴宫幽径","晋代衣冠",成为以后历代文人墨客凭吊怀古、追忆六朝金粉的胜地。2000年以后,经过南京市文物部门的努力工作,在今南京市区大行宫一带发现了建康都城的部分建筑遗址,揭开了深埋地下1500年的六朝古都神秘面纱的一角,精致的都城建设让人叹为观止。

除了彻底摧毁六朝都城之外,为了防范旧陈势力死灰复燃,隋文帝还借平陈后全

---

① 《资治通鉴》卷一七七隋文帝开皇九年(589)三月条,中华书局1955年版,第5516页。

② 《资治通鉴》卷一七七隋文帝开皇九年(589)二月条,中华书局1955年版,第5516页。

国统一之机，令军队所用兵器外，“人间甲仗，悉皆除毁”[①]，不许民间拥有武器。这一政策自然会重点实施于新平定的江南地区。隋文帝于开皇十五年(595)再次下令，除关中、缘边之外，“收天下兵器，敢私造者坐之”[②]。平陈后十年的开皇十八年(598)，文帝又下诏：“吴、越之人，往承弊俗，所在之处，私造大船，因相聚结，致有侵害。其江南诸州，人间有船长三丈已上，悉括入官。”[③]禁止江南民间拥有三丈以上的大船，目的也是防止反隋势力的壮大。开皇二十年(600)的诏书中还在说广陵、荆州“皆作乱之地”[④]。足见直到平陈十一年后，隋文帝对南方地区依旧心怀隐忧。对陈朝旧境，尤其是对六朝故都建康政治上的压制和防范，是隋朝长期的政策，并且一直影响到唐朝。

隋朝政府在摧毁建康都城、政治上刻意压制六朝政治中心的同时，在广陵(今扬州)设置了控制江南陈朝旧境的军政中心，即扬州大总管府。

总管府制度首创于北周时期。周明帝宇文毓为了加强对地方的控制，于武成元年(559)改“都督诸州军事”为总管，设总管府，管理辖区内的军政民政。辖区增减无常，一般辖数州，多者可达数十州，刺史以下官员可承制补授，职权极重。隋朝建立后，继承了北周的总管府制度，并有所改革和完善。隋朝总管府分上、中、下三等，总管依次为视从二品、视正三品、视从三品，地位相当崇贵，掌握一方的专杀之权。[⑤]平常的职责是协同刺史“清肃邦畿，考核官吏，宣布德化，抚和齐人，劝课农桑，敦谕五教”[⑥]，地方上一旦出现反叛，总管即有权率兵镇压。隋对总管的人选非常重视，尤其是平陈后派往南方的总管，其人选更是备受重视。

开皇九年(589)平陈之始，隋朝立即将总管府制度推行到了旧陈境内，在旧陈境内设置了吴州(治今浙江绍兴市)、洪州(治今江西南昌市西)、广州(治今广东广州市)、循州(治今广东惠州市东北)、桂州(治今广西桂林市)、潭州(治今湖南长沙市)、永州(治今湖南永州市)等7个总管府[⑦]，后来又设置了杭州(治今浙江杭州市)总管，控制着广大的陈朝旧境。

与南方七总管府同时设立的，还有管辖今江苏省域大部分地区的扬州大总管府，治所在今扬州市西北的蜀岗上。扬州古称广陵，自汉代以来就是今江苏省域内最重要的城市之一，魏晋南北朝时期更是南北之间的重镇。南北朝晚期，南北之间以长江为界，位于长江北岸的广陵军事地位更加凸显，北周大象年间(579—580)在此设置吴

①③ 《隋书》卷二《高祖纪》，中华书局1973年版，第33、43页。

② 《资治通鉴》卷一七八隋文帝开皇十五年(595)二月条，中华书局1955年版，第5548页。

④ 《资治通鉴》卷一七九隋文帝开皇二十年(600)三月条，中华书局1955年版，第5571页。

⑤ 《隋书》卷二八《百官志》，中华书局1973年版，第789页。

⑥ (唐)李林甫等撰，陈仲夫点校：《唐六典》卷三〇《三府督护州县官吏》，中华书局1992年版，第747页。

⑦ 《隋书》卷三一《地理志》，中华书局1973年版，第878—896页。

州。隋朝建立后，在此设吴州总管府，总管贺若弼率领的军队后来成为渡江灭陈的主力军。开皇九年(589)四月，即平陈后三个月，隋朝将吴州改为扬州，设立扬州大总管府。[①] 扬州虽然位于长江北岸，不在旧陈境内，但是，隋朝在旧陈境内设置七总管进行军事控制的同时，改吴州总管府为扬州大总管府，其目的很明显，就是要对旧陈的政治中心地区进行严密的监控。

隋在南方设置的各总管府中，扬州大总管府尤其重要。隋朝在统一后的全国，设有并州(治今山西太原市西南)、益州(治今四川成都市)、荆州(治今湖北荆州市荆州区故江陵县城)、扬州4个大总管府。除荆州大总管府外，其他三个大总管府，“并亲王临统”[②]，显示了包括扬州大总管府在内的三大总管府在隋朝地方统治中的重要地位。开皇九年(589)正月平陈，四月置扬州大总管府，最初以秦王杨俊为大总管，晋王杨广为并州大总管。次年，旧陈境内爆发了多起反隋暴动，暴动平定以后，晋王杨广和秦王杨俊立即换防[③]，让平陈的总元帅晋王杨广任扬州大总管，坐镇长江北岸，时刻监视着江南的旧陈核心区域。隋文帝令晋王杨广长期驻守扬州，显然是由于晋王杨广曾经领导了平陈战役，对江南的情况比较熟悉，而且对江南各阶层都有着相当的威慑力。隋文帝同时又任杨异为吴州(治今浙江绍兴市)总管，“诏令(杨)异每岁一与(晋)王相见，评论得失，规讽疑缺”[④]。坐镇今浙东的吴州总管杨异，每年都要往扬州与晋王杨广评论得失，这就更说明了设置扬州大总管府，由平陈元帅晋王杨广亲自统临这个举措具有明显的针对性，就是控制旧陈境内的核心区域——今苏南和浙北、浙东地区。此后，晋王杨广一直镇守江都，每岁一朝，直至开皇二十年(600)被立为太子为止。大业元年(605)杨广即位(隋炀帝)，废全国大总管府、总管府。唐朝建立后，再次恢复总管府制度，并改称大都督府、都督府，扬州大都督府依然是唐朝控制东南地区的重要军政机构。

隋朝在扬州设置大总管府，晋王杨广长期坐镇扬州，这给杨广即位后扬州的繁荣带来了契机，更为唐代江苏历史的发展带来了深刻的影响。

二 隋政府在江南的各项制度改革

平陈以后，隋朝在加强对陈朝旧境军事控制的同时，即刻着手推行政治、经济、教化等各项改革，巩固国家统一的伟大成果。隋朝在旧陈境内推行的各项改革，主要集

---

① 《隋书》卷三一《地理志》，中华书局1973年版，第873页。

② 《隋书》卷四七《韦世康传》，中华书局1973年版，第1267页。

③ 《隋书》卷四五《文四子秦王俊传》，中华书局1973年版，第1239页。

④ 《隋书》卷四六《杨异传》，中华书局1973年版，第1258页。

中在厘清地方行政机构、废除士族在律法上的特权、推行新的经济制度以及推行教化等几个方面。

第一,厘清地方行政机构。平陈后,并省州郡县的政策首先在江南展开(具体情况请参照本章第三节)。按统一国家的制度并省州县,是隋朝在旧陈境内巩固统治的重要措施之一,意在结束南北朝以来地方行政体制的混乱局面,提高行政效力,具有积极的意义。但是,在政策的具体实施过程中,罢黜旧陈官吏,上自总管、下至州县长官皆用北人,这样做的结果,被免职了的旧陈官吏及周围民众,难免产生一种被剥夺的感觉,自觉沦为了"亡国之余",精神上受到了摧残。

第二,废除士族在律法上的特权。魏晋南北朝时期,是中国历史上比较典型的士族政治时代,士族家庭几乎垄断了政治、社会、文化等各个领域,并且,其身份地位还受到国家律法的保护,享受着各种优待,士、庶之间有着天壤之别。进入南朝以后,虽然魏晋以来的旧族逐渐衰落,地方豪强及由豪强成长起来的新权贵成为南朝晚期政治的主要力量,但是,士族和权贵在律法上享有特权这一点却丝毫没有改变。

南朝刑法特点是优待士族和权贵。据《隋书》卷二五《刑法志》的记载,"(梁)武帝敦睦九族,优借朝士,有犯罪者,皆讽群下,屈法审之",而"百姓有罪,皆案之以法。其缘坐则老幼不免,一人亡逃,则举家质作"。有一位老人在路上就当面对梁武帝说:"陛下之法,急于黎庶,缓于权贵,非长久之术。"陈承梁乱,"刑典疏阔"。又承魏晋清议之余韵,故"其制唯重清议禁锢之科"。官吏犯法,允以官当,"寒庶人,准决鞭杖"。隋朝于开皇元年(581)颁行的《开皇律》,虽有议、请、减、赎等体现封建特权的科条,但却取消了士、庶之别。平陈以后,隋朝自然要将《开皇律》作为统一国家的基本大法,推行于陈朝旧境。这样做的结果是,南方士族在法律、选举等方面的特权被取消,他们的政治地位一落千丈,成了普通民众。这项改革,成为江南豪族武装对抗隋朝统治的导火线之一。"江表自东晋以来,刑法疏缓,世族凌驾寒门;平陈以后,牧民者尽更变之",以致引起"陈之故境,大抵皆反"的大规模豪族反叛。①

第三,经济制度改革。隋朝在江南推行的经济改革措施,主要包括免除陈朝旧境民众的赋税、废除各种杂税、铸造货币、整编户口等项目。

平陈战争一结束,隋朝就宣布:"江表初定,给复十年,自余诸州,并免当年租赋。"②即免除陈朝旧境内民众今后10年的租赋,表达了隋朝政府对旧陈民众的怀柔。

---

① 《资治通鉴》卷一七七隋文帝开皇十年(590)十一月条后,中华书局1955年版,第5530页。

② 《隋书》卷二四《食货志》,中华书局1973年版,第682页。

我们在此后的史料中确实没有见到隋文帝时中央政府在江南征收租赋的记载,可见这项怀柔政策应该得到了较好的实施。江南自东晋以来,土地得到了大规模的开发,经济取得了长足的发展,但是,政府对民众的剥削却是非常沉重的。梁陈规定:“男女年十六已上至六十,为丁。男年十六,亦半课,年十八正课,六十六免课。女以嫁者为丁,若在室者,年二十乃为丁。”“其课,丁男调布绢各二丈,丝三两,绵八两,禄绢八尺,禄绵三两二分,租米五石,禄米二石。丁女并半之。”[①]赋税之外还有各种繁重的徭役,使人民一年之中“殆无三日休停”[②],甚至造成“四野百县,路无男人;耕田载租,皆驱女弱”[③]的凄惨情景。平陈之前,隋朝已在北方实行了缩短赋役年龄、减轻赋役数量等有利于发展生产的政策。但即使是这样的政策,隋朝政府并没有急于在江南推行,而是“给复十年”。10年不征租赋,使得长期遭受沉重压榨的江南民众获得了休养生息的机会,这对获取江南民心、恢复和发展江南经济十分有利。同时也反映出了当时中原地区的经济总量远远高出江南这一历史事实,隋朝政府在经济上不依赖江南,这与唐安史之乱以后的中央财政格局大为不同。

隋朝还废除南朝旧有的盐、酒等税。陈文帝天嘉二年(561),孔奂“以国用不足,奏立煮海盐赋及榷酤之科”[④]。而隋朝在开皇元年(581)三月已“弛山泽之禁”[⑤],开皇三年,又将“周末榷酒坊、盐池、盐井”[⑥]等苛政一律废除。史书虽然没有明文记载隋朝在何时废除了陈朝原有的“煮海盐赋及榷酤之科”,但很明显,随着陈朝的灭亡和隋朝在江南实行的各项政策,盐酒税自然也就废除了。这也是一条有利于收拢人心、促进商品经济发展的措施。

南朝自梁以来,币制就非常紊乱,货币名目繁多,轻重不一,甚至开铸铁钱,致使物价踊贵。到了陈朝,又有两柱钱、鹅眼钱等劣质货币流入市场,混乱至极。隋朝在开皇元年九月已行用隋五铢钱,平陈以后,为了尽快改变南方币制混乱、铸币缺少的状况,文帝命扬州大总管晋王杨广在扬州开五炉铸钱。后又以“江南人间钱少”,特许杨广再开五炉,“于鄂州白纻山有铜矿处,錭铜铸钱”。及至开皇末年,全国共开二十炉铸钱,直接针对旧陈境内缺钱者即占了一半,而扬州一地即有五炉,占全国铸钱炉的四分之一。[⑦] 货币的划一和广泛流通,对沟通南北经济联系,实现和巩固统一大业,

---

① 《隋书》卷二四《食货志》,中华书局1973年版,第674页。

② 《晋书》卷七五《范汪传附子范宁传》,中华书局1974年版,第1986页。

③ 《宋书》卷七四《沈攸之传》,中华书局1974年版,第1937页。

④ 《陈书》卷三《世祖纪》,中华书局1972年版,第54页。

⑤ 《隋书》卷一《高祖纪》,中华书局1973年版,第14页。

⑥ 《资治通鉴》卷一七五陈长城公至德元年(583)三月条,中华书局1955年版,第5461页。

⑦ 《隋书》卷二四《食货志》,中华书局1973年版,第692页。

意义重大。

南北朝时期，大族荫庇户口的现象非常严重，政府直接征收赋税对象日益减少，社会上的"浮客"、"浮浪人"，加上被迫流散的逃户，数量众多，户籍不实现象十分严重。北魏通过均田制、三长制等措施，使得北朝的户口不实问题得到了一定程度的解决。南朝户口不实的现象则依然严重。南齐时，已是"或户存而文书已绝，或人在而反记死叛，停私而云隶役，身强而称六疾"①。齐、梁、陈三代虽然都下过招抚流亡的诏令，但徒具虚文而已。开皇九年(589)平陈以前，隋朝已在北方地区厉行"大索貌阅"、"输籍定样"等措施，取得了相当的成效。平陈以后，隋朝政府在江南地区的武装叛乱基本平息、民情稍事稳定之后，即对江南长期以来混乱不堪的户口进行了整编。

开皇十五年(595)，隋文帝委任重臣苏威检校户籍，并令苏威"持节巡抚江南，得以便宜从事。过会稽，逾五岭而还"②。"使还，奏言江表依内州责户籍"，文帝"以江表初平，召户部尚书张婴，责以急政"③。文字虽显过简，但说明在开皇十五年以前，隋朝政府已经在陈朝旧境内展开简括户口的工作。所谓"依内州责户籍"，即依中原州县的"大索貌阅"的做法，将户口的调查和统计具体到每一个人。很可能是隋朝在开皇九年至十二年在江南推行地方行政机构改革后不久，户口的整编工作就随即展开了。可能这场改革雷厉风行，造成了一些骚动，因此隋文帝批评行之过急。此后在隋文帝时期再未见到过在江南整编户口的记载。大量的户口不实，对统一的隋王朝来说是不能长期容忍的，因为这牵涉到赋税征发这一事关国家存亡的大事。江南户口不实的问题，真正得以解决，应该要到隋炀帝大业五年(609)以后。

在中国历史上，户籍是国家征收赋税的重要依据。两汉时期，政府每年秋天都要进行户籍的整编，称"八月案比"。魏晋以后，丧乱日久，定期整编户籍的制度亦遭到破坏。隋朝初年的"大索貌阅"、"输籍定样"是非常严厉的，但是随着人口的繁衍，世代的交替，新的问题肯定会再次出现。到隋炀帝大业初年，"禁网疏阔，户口多漏。或年及成丁，犹诈为小；未至于老，已免租赋"④的现象已十分严重，因此对全国户籍进行再次整编已迫在眉睫，于是出现了裴蕴的括户。

炀帝大业五年(609)，民部尚书裴蕴针对户口不实的现象，上奏炀帝，请求"皆令貌阅"，并且严行其事，"若一人不实，则官司解职，乡长、里正皆远流配。又许民相告，若纠得一丁者，令被纠之家代输赋役"，结果"诸郡记帐，进丁二十四万三千，新附口六

---

① (唐)杜佑撰，王文锦等点校：《通典》卷三《食货三・版籍》，中华书局1988年版，第58页。

② 《隋书》卷四一《苏威传》，中华书局1973年版，第1187页。

③ 《北史》卷六三《苏绰传附子苏威传》，中华书局1974年版，第2245页。

④ 《隋书》卷六七《裴蕴传》，中华书局1973年版，第1575页。

十四万一千五百"[1]。政府控制下的人口一下子多出了64万多。裴蕴原是陈朝官员，归降后受到了隋文帝、隋炀帝两代的青睐，对江南户口不实的情况应该十分熟悉。在这次户籍整编中，平陈当初隋朝政府颁布的"给复十年"的怀柔政策亦已过期，江南民户理当缴纳租赋，因此户口自然就在被整编之列，而作为旧陈的政治经济中心、江南的核心地区和豪强大族的集中地，今江苏地区的民户应该是这次户口整编的主要对象。

第四，教化的推行。在经历了长达300年的南北分裂以后，南北在道德教化和社会风俗等方面也出现了较大的差异，尤其是在家族观念、忠义孝悌等伦理道德的核心问题上，南人的一些行为方式，让立国于北方的隋朝政府接受不了。北人非常看重家庭、宗族、乡党等伦理道德，这些伦理道德正是维护封建等级秩序的根本。"北土重同姓，并谓之骨肉，有远来相投者，莫不竭力营赡。若有一人不至者，以为不义，不为乡邑所容。"[2]在这样的环境下长大的太原士族王懿，投奔在江南为官的族人王愉，王愉"接遇甚薄"，王懿一气之下投靠了桓玄。这则故事说明东晋时期南北士族的伦理观念已经出现了差异。长期生活在江南、后因无奈来到北方的颜之推，对南北两方的社会习俗均很了解，其在《颜氏家训》中记载了许多南北习俗的差异。在家族伦理方面，颜之推称"河北人士，虽三二十世，尤呼为从伯从叔"，甚至"行路相逢，便定昆季"[3]。而南人的一些行为则与之相悖，甚至"父子或异居"[4]。隋朝政府针对江南这些有乖伦常的习俗，平陈以后就积极宣传儒家的"五教"，以求移风易俗，加强意识形态上的统一。

隋朝在江南废黜陈朝旧官，尽任北人的同时，"苏威复作《五教》，使民无长幼悉诵之"[5]。所谓"五教"，即父义、母慈、兄友、弟恭、子孝，这正是儒家传统的"五常之教"，其核心是忠孝仁义。隋朝政府"无长幼皆使诵五教"的政策，目的在于以"五教"来整齐江南的伦理道德和社会风俗，从而达到要求其对征服者隋朝的忠义。因此，宣传"五教"同实行军事镇抚的目的相同，只不过是统治者履行其牧师和刽子手的两种职能而已。"五教"宣传的是儒家的孝道，本无可厚非，只是因为推行的方式粗暴，又加以烦鄙之辞，"士民嗟怨"，引起了民众的反感和抵制，并成为开皇十年(590)江南豪强武装暴动的重要原因。

---

① 《隋书》卷六七《裴蕴传》，中华书局1973年版，第1575页。

② 《南史》卷二五《王懿传》，中华书局1975年版，第672页。

③ (北齐)颜之推撰，王利器集解：《颜氏家训集解》卷二《风操第六》，上海古籍出版社1980年版，第94页。

④ 《隋书》卷三一《地理志》，中华书局1973年版，第886页。

⑤ 《资治通鉴》卷一七七隋文帝开皇十年(590)十一月条，中华书局1955年版，第5529页。

隋朝在陈朝旧境推行的军事、政治、经济、教化改革，意义深远。经过 20 年左右的经营，原本落后于时代前进步伐的江南地区逐渐与北方步调趋于一致，从而为唐代经济、文化的繁荣和国力的强盛奠定了基础。

三 江南豪族的反隋斗争与政府的军事镇压

隋朝政府在江南实施的种种改革，既有强硬的一面，又有怀柔的一面，其结果对巩固和加强隋朝在江南的统治起到了重要的作用。但是，历史毕竟经历了一段长达 300 年的分裂期，南北的政治体制、文化传统及社会习俗等各方面都呈现出了较大的差异，甚至隋文帝与被俘的陈后主之间因语言的差异而无法直接交谈，而隋朝的各项改革政策本身均立足于北方，很少会顾及到南方地区特殊的历史背景，并且大力推行各项改革政策的目的又在于抑制江南的残余势力，使江南完全归顺中央政府，因此在政策的实施过程中，矛盾的激化又是难免的。

政治上的剥夺，特权的取消，荫庇人口的整理，伦理、风俗上的强行变革，这些政策直接侵害了江南士族和地方豪强的切身利益，他们与隋朝政府之间的利益冲突日益激化，矛盾日趋尖锐。尤其是隋朝政府在江南粗暴推行“无长幼皆使诵读五教”的政策以后，民间的怨气越来越大。正在这时，江南民间又讹传隋朝政府将要把江南民众悉数迁入关中。鉴于陈朝宗室和主要世家大族在平陈后被强制迁入关中这一先前的事实，这个讹传被信以为真，从而引起了江南民众广泛地不满和恐惧。于是，一场不可避免的武力较量终于在开皇十年(590)，即平陈后的第二年冬天爆发了。

在有记载的暴动地域和首领中，婺州(治今浙江金华市)汪文进、越州(治今浙江绍兴市)高智慧和苏州的沈玄侩三人势力最大，各自称天子，署置百官。此外，乐安(今浙江仙居县)蔡道人、蒋山(今江苏南京市)李凌、饶州(治今江西鄱阳县)吴世华、温州沈孝彻、泉州王国庆、杭州杨宝英、交州李春等，皆自称大都督，攻陷州县。其余还有京口(今江苏镇江市)朱莫问、晋陵(治今江苏常州市)顾世兴、无锡叶略、南沙(今江苏常熟市西北)陆孟孙，以及今皖南地区黟县、歙县的沈雪、沈能等，皆举兵反隋。一时间，“陈之故境，大抵皆反”[①]，大者拥众数万，小者拥众数千，共相影响。这些反隋斗争主要集中在旧陈政治、经济、文化的核心地区即今江浙一带，今江苏境内的武装反隋地点就有南京、镇江、常州、无锡、常熟、苏州，几乎席卷了整个苏南地区。尤其是苏州的沈玄侩，势力最为强大，大有推翻隋朝统治、重建江南政权之气势。武力反隋的斗争是非常残忍的。如饶州吴世华起兵后，“生脔县令，啗其肉”。其他州县也是

---

① 《资治通鉴》卷一七七隋文帝开皇十年(590)十一月条，中华书局 1955 年版，第 5530 页。

"执长吏,抽其肠而杀之,曰:'更能使侬诵五教耶!'"[①]用如此残忍手段对隋朝派遣的地方官员进行报复,可见,在隋朝对江南的诸多政策中,"无长幼皆使诵五教"一条尤其激起了江南豪强和民众的怨愤。

顾、陆、朱、沈等姓都是六朝时期江南的豪族,拥有强大的经济实力,并拥有一定的私人武装,顾世兴、陆孟孙、朱莫问、沈玄恰等人,或许都与这些豪族有关。他们利用江南初定、人心不稳的时机,不惜挑起叛乱,聚众为乱,其目的既不是为了恢复陈朝,也不是为了民众的利益,只是为了保护自身的既得利益而已。

面对江南豪强挑起的这场反隋战争,隋文帝以杨素为行军总管,进行了坚决的镇压。杨素率众南下,以扬州大总管府为大本营,对江南的反叛势力进行各个击破。朱莫问在京口(今江苏镇江市)自称南徐州刺史,拥有众兵。杨素先派手下人麦铁杖过江侦察,掌握情报,然后亲自率领舟师从扬子津(今扬州市南郊扬子镇)渡江至京口,一举击破了朱莫问。接着,继续往东南进军,占据晋陵(今常州市)的顾世兴与其都督鲍迁等数次拒战,最终被杨素击破,俘获三千余人。占据无锡的叶略也被顺利平定。苏州的沈玄恰、沈杰等,曾主动出击,多次兵围苏州城,隋朝任命的刺史皇甫绩数战不利,杨素率众赴援。面对强大的隋朝政府军,沈玄恰等失势败走,投奔占据南沙(今常熟市西北)的陆孟孙。杨素又在松江(今吴淞江)大破陆孟孙和沈玄恰余众,生擒陆孟孙和沈玄恰,今江苏境内的豪族叛乱被完全镇压。接着,杨素又率兵南下,平伏了盘踞在今浙江境内和皖南的叛乱势力。不久,闽中、岭南的叛乱也被隋朝政府军逐个平定,前后历时两年,此后江南以及整个南方地区再也没有出现过大规模反隋叛乱。

杨素平定了江南豪族的武装叛乱后班师回京,隋文帝派使者一直迎接到浚仪(今河南开封市),回到长安后,前来慰问祝贺的臣僚不绝于门,可见江南豪族叛乱的平定,对隋文帝及隋朝政府来说是具有何等的意义。就当时而言,维护国家的统一是头等大事。杨素是隋朝的著名将军,治军严整,但又不乏残暴之举,部众稍显胆怯之色,即遭到集体杀戮,面对满地鲜血,杨素倒是谈笑自若,因此将士出征均有必死之心。在出征江南前,隋文帝就给了杨素一个杀戮的底线,"命平定日,男子悉斩,女妇赏征人,在阵免者从贱"[②],即对江南豪族军中的男子悉数斩杀,女子全部赏赐给出征将士,在阵投降者,全部充作官府贱民(官奴)。按杨素的性格,在平定江南的过程中,他会不折不扣地执行隋文帝的命令,其残暴虐杀,只会多不会少。杨素的平叛,维护了国家的统一局面,但也给江南民众的进取心、参与意识,亦即精神风貌带来了消极的影响。

---

① 《资治通鉴》卷一七七隋文帝开皇十年(590)十一月条,中华书局1955年版,第5530页。

② 《北史》卷四一《杨敷传附杨素传》,中华书局1974年版,第1511页。

在此后的近百年之中，江南一直是沉寂的。今天，我们缺乏史料来阐明这一段历史的概貌。然而，自唐开元、天宝年间以后，今江苏省域的江淮大地或江南之地，以经济富庶、国之命脉的崭新面貌，再次登上历史舞台，成为江苏历史发展过程中的重要一页。

四　隋炀帝对江淮的怀柔政策

在杨素率兵镇压江南豪族叛乱的同时，晋王杨广被任命为扬州大总管，坐镇扬州。晋王杨广是平陈战争的总元帅，平陈后任并州大总管，镇守太原，主要防御突厥的侵入，负有翼辅中央，巩固国基的重任。江南豪族的武装暴动发生后，隋文帝立刻将他调任为扬州大总管，这一人事安排，同样说明了江南的动乱确为隋政府的心腹之患。与杨素残酷的军事打击相比，晋王杨广的处事方法则相对缓和，在政治攻势中取得了显著的效果，其利用吴郡（治今江苏苏州市）望族陆知命充当说客，劝谕反者归顺，兵不血刃得十七城，并得其渠帅陈正绪、萧思行等三百余人就是最好的事例。[①] 杨广对江南相对温和的政策，显示了他作为一个政治家的执政理念，同时可能也与他个人喜爱南朝文化、迷恋江淮风光有关。这些因素，影响到了即位以后的杨广（隋炀帝），其凿大运河、建江都宫、三幸扬州等等，这些为历代史家诟病的“荒淫无道”，事实上对隋唐时期今江苏省域的历史发展起到了促进作用。

隋朝初平江南，隋文帝从“关中本位政策”出发[②]，对江南实行高压政策，除武力镇压江南豪族的反隋叛乱外，歧视江南文化，排斥江南士人，也激起了江南民众的不满和反抗。隋炀帝杨广出于自身对江南文化的喜好和培养个人势力的需要，在身为晋王坐镇扬州时就注意招揽江淮士人，身边因此聚集了不少江淮人士。仁寿四年（604），隋炀帝继位，一改文帝时对江南的高压政策，施政开始趋于缓和，并表现出怀柔的倾向，具体则表现在重用江淮士人，尊重江南文化等方面。

炀帝之所以要改变隋文帝时期的一贯政策，与统治集团内部的斗争有着密切的关系。在开皇二十年（600）废立太子的问题上，关陇集团的主要成员分成两大派：一派是以左仆射高颎为首的关陇元勋集团，他们坚决拥护太子杨勇，反对另立杨广；另一派是晋王杨广拉拢的杨素、杨约、宇文述等人。隋文帝与独孤皇后最终决定另立晋王杨广为太子，致使高颎被罢，关陇集团中的许多元勋惨遭杀戮。被立为太子以后的

---

① 《隋书》卷六六《陆知命传》，中华书局 1973 年版，第 1560 页。

② 北周、隋、唐的建立者及统治集团的核心成员，多出身于武川、沃野等北魏边境六镇，深染鲜卑等胡族的文化传统，今人通常称之为“关陇集团”、“关陇六镇集团”或“六镇胡汉关陇集团”。北周、隋、唐三朝，均以关中地区为其统治的核心区域，以此驾驭天下。隋朝和唐代前期这种人事上倚重关陇集团成员，地域上以关中为根本的立国方针，被称为“关中本位政策”。

杨广，在打击关陇勋贵集团的同时，对杨素等人也加以限制和打击。在后来镇压杨素之子杨玄感的叛乱中，炀帝对杨素家族及相关的关陇势力进行了毁灭性的打击。隋炀帝为了巩固自身的集权统治，选择了打击关陇集团的政策，同时开始任用易于控制的江淮人士，这给江淮人士的入仕提供了不少机会。

杨广对江南的怀柔政策与其政治图谋密切相关。当其为扬州大总管时，统领江淮 44 州，专擅帝国东南一方。势力的日益膨胀，激起了他夺太子位，成为天下共主的欲望。他之所以会冒如此风险，这与他控制的地域——江淮和江南，即今江苏省域有着密切的关系。史载，杨广与宇文述图谋夺嫡，引郭衍为心腹，郭衍的一番话，道出了他们有恃无恐的理由："若所谋事果，自可以为皇太子；如其不谐，亦须据淮海，复梁、陈之旧。"①夺嫡成功当然最好，可以顺利入继大统；如果夺嫡不成，就建立一个像梁、陈那样的割据政权，以江淮为依托，伺机夺权。

杨广除要笼络杨素、宇文述等关陇集团的实权人物外，还要广纳江淮人士作为势力发展的基础。当时全国处于长期分裂后刚刚统一的阶段，人们的地域观念非常浓厚，若想完全控制一个地区，并以此作为势力扩张之资，关键在于任用当地人士，否则难以与控制政权的关陇集团抗衡。坐镇江都时，杨广大力培植私人势力，竭力收罗在新王朝不得志的江南人士，招引诸葛颍、虞世南、王胄、朱玚等人以充学士。② 晋王府中的百余学士中，颇多江南人。如诸葛颖虽时称琅玡人，但经历南迁后的诸葛氏家族，早已变成了丹阳建康(今南京市)人了③；王胄虽亦称是琅玡临沂人，但作为六朝高门琅玡王氏的后代，也早是丹阳建康人了④。虞世南则出自会稽余姚，朱玚本来也是江南人。他们都是梁、陈旧政府官员，又是江南大族的代表人物。他们聚集在杨广的周围，影响着杨广的行为方式和思维模式，暗地里更希望杨广能够成为他们的代言人。杨广在江都的扬州大总管府，实际上是一个可以保护他们利益的小朝廷。⑤

隋炀帝重用江南人士，与其个人经历也有关系。他早年的功业都是在江南获取的，平陈之役为行军元帅，江南平叛任扬州总管，统辖江南各地军政，这些经历为他取得了声望，奠定了他后来发迹的政治基础。他的皇后萧氏是梁明帝的女儿，这也加深了他和江南的联系，易于取得江南人士的认同。随着与江南人士接触的增加，杨广深

---

① 《隋书》卷六一《郭衍传》，中华书局 1973 年版，第 1470 页。

② 《隋书》卷五八《柳䛒传》，中华书局 1973 年版，第 1423 页。

③ 《隋书》卷七六《文学传·诸葛颍》，中华书局 1973 年版，第 1734 页。

④ 《隋书》卷七六《文学传·王胄》，中华书局 1973 年版，第 1741 页。

⑤ 详细论述可参见何德章：《江淮地域与隋炀帝的政治生命》，《武汉大学学报》1994 年第 1 期。

受南方文化的熏陶，改变了视江南为化外野蛮之地的陈腐观念，对江南文化表现出充分尊重的态度。杨广喜欢文学，也好结交文学之士，与之相互酬唱。他即位之初，内史舍人窦威等撰《丹阳郡风俗》，把吴人视为东夷，杨广非常不满，令杖责窦威等人，又令江南人虞世基等修《十郡志》以代之。对江南文化的尊重，说明杨广已经摆脱了保守的关陇本位观念，能够比较平等地对待江南人士。在他取得政权之后，不少江南人士参与军国大政，成为炀帝朝的核心成员。①

此外，杨广对南方的佛教、道教也非常支持。隋文帝平陈之初，出于政治偏见，对南方的佛寺一度加以严格控制。杨广深知佛教劝善化民、资助王化的政治功能，为了争取江南佛教僧侣的支持，他搜集、整理了散失于江南各地的佛经约十万轴，收藏于各寺院。把江南一带德高望重的僧道集中到扬州，让他们住在慧日、法云两寺和玉清、金洞两观，合称“四道场”。“四道场”均设于扬州总管府的新官邸附近，一切费用由官府供给。杨广即位后，“四道场”移到了东都洛阳，继续发挥着隋炀帝御用道场的作用。作为怀柔江南宗教界的另一项重要措施，杨广还极力笼络当时的江南宗教界领袖、天台宗创始人智顗。智顗在江南佛教界有着崇高的声望，杨广把他请到扬州，让其在禅众寺行道做法，并与他建立了良好的私人关系。开皇十一年(591)十一月二十三日，杨广在扬州总管府的金城殿内设“千僧斋”，智顗为杨广授菩萨戒，法号“总持菩萨”，杨广则奉智顗为“智者大师”。② 开皇十七年智顗圆寂后，杨广又延请三论宗大师吉藏，请他到扬州主持慧日道场。杨广对僧道的尊崇，不仅是自身对虔诚崇教的表现，实际上更显示了他对江南文化的认同姿态，同时，为争取江南民众对隋朝中央政府的归属感，巩固国家统一也具有深远意义。

第三节　隋代江苏省域的州(郡)县建置和人口

一　隋代江苏省域的州(郡)县建置

自东汉晚期以后，我国逐渐形成了州、郡、县三级地方行政机构。魏晋南北朝时期，北方地区频经战乱，人民流离迁徙，州郡县的分置、侨置以及省废等现象非常复杂，造成了地方行政机构设置的混乱和膨胀。以公元 546 年(梁中大同元年、东魏武定四年、西魏大统十二年)的为例，南朝萧梁有州 104，郡 586，北朝的东、西魏对峙政

---

① 详细论述可参见王永平:《隋代江南士人的沉浮》,《历史研究》1995 年第 1 期。

② (隋)灌顶撰:《隋天台智者大师别传》,见《大正新修大藏经》第 50 册,史传部二。

权共有州116,郡413,南、北朝合计共有州220,郡999,与两个半世纪前的西晋相比,州的数量膨胀了11倍,郡的数量膨胀了10倍。① 到隋朝建立的前一年,即公元580年(陈太建十二年、北周大象二年),南、北政权建置的州一级行政机构已达253个,比35年前又多出了33个。如此混乱的地方行政建置,早在沈约编写《宋书·州郡志》时就已经是"地理参差,其详难举,实由名号骤易,境土屡分,或一郡一县,割成四五,四五之中,亟有离合,千回百改,巧历不算,寻校推求,未易精悉"②。过多过滥的地方建置,最终造成了"百室之邑,便立州名,三户之民,空张郡目"③的极度不合理现象。

这样的地方行政建置,不但机构重叠,比例失调,影响办事效率,而且官吏冗多,徒费政府资财。州、郡、县三级制已经接近崩溃,简单地并省州郡的措施已经不能解决问题,需要改革整个地方行政体制。开皇三年(583),隋河南道行台兵部尚书、银青光禄大夫杨尚希上书隋文帝,痛陈当时州郡过多以及因此造成的弊端:"当今郡县,倍多于古,或地无百里,数县并置,或户不满千,二郡分领。具僚以众,资费日多,吏卒又倍,租调岁减。清干良才,百分无一,动须数万,如何可觅?所谓民少官多,十羊九牧。"为了能使"国家不亏粟帛,选举易得贤才",杨尚希建议"存要去闲,并小为大",悉数废除郡一级行政机构,使地方政区重新回到州县二级制,同时并省州县,裁汰冗官。这一建议被隋文帝采纳,并随即付诸实施。④ 这是中国地方行政体系的一大变革,其结果大大加强了隋朝的中央集权统治,对后世也产生了深远的影响。

在今江苏省域长江以北地区,梁、陈、东魏、北齐、北周各政权建置的州一级的地方行政机构有20个左右,郡一级的有45个左右,县一级的有38个以上⑤,在"存要去闲,并小为大"的政策实施以后,今江苏省域长江以北的隋朝领地内,地方行政建置被整编为7个州25个县,南北朝以来建置混乱的现象得到了初步的整治。

隋军平陈时,陈朝有州42,郡109,县438。⑥ 平陈伊始,隋朝立即废除了旧陈境内的郡一级机构,接着又对州县进行了并省析置。这一改革过程,大都是在开皇

---

① 参见周振鹤:《中国地方行政制度史》,上海人民出版社2005年版,第63页。

② 《宋书》卷三五《州郡志》,中华书局1974年版,第1028页。又卷一一《志序》亦云:"地理参差,事难该辨,魏晋以来,迁徙百计,一郡分为四五,一县割成两三,或昨属荆、豫,今隶司、兖,朝为零、桂之士,夕为庐、九之民,去来纷扰,无暂止息,版籍为之浑淆,职方所不能记。"中华书局1974年版,第205页。

③ 《北齐书》卷四《文宣帝纪》,中华书局1972年版,第63页。

④ 《隋书》卷四六《杨尚希传》,中华书局1973年版,第1253页。

⑤ 据《隋书》卷三一《地理志》统计。

⑥ 据《隋书·地理志》统计。《隋书》卷二《高祖纪下》、《资治通鉴》卷一七七开皇九年正月条并记为"州三十,郡一百,县四百。"此举其大数耳。又,"三十"为"四十"之误。

九年(589)、十一年(591)和十二年(592)这几年内完成的,由长孙炽具体负责。隋文帝代周建立隋朝时,"(长孙)炽率官属先入清宫",立有佐命之功;"加以处事周密,高祖每称美之",于是授"左领军长史,持节,使于东南道三十六州,废置州郡,巡省风俗"①。选用这样一位"处事周密"的大臣去东南"废置州郡",显示出文帝对改革陈朝旧域行政机构的重视。今江苏省域长江以南的旧陈境内,平陈前原有州一级的建置 3 个,郡一级的建置 9 个,县一级的建置 24 个,经过开皇年间的并废,形成了 4 个州,领县 11,加上位于今江苏省境内的宣州永世县(治今溧阳市南 15 里),共 12 县。

经开皇年间的废郡和并省州县,今江苏省域内州一级的建置整编为徐(治今徐州市)、海(治今连云港市海州区)、邳(治今睢宁县西北古邳镇东)、泗(治今泗阳县西北郑楼乡古城)、楚(治今淮安市楚州区)、扬(治今扬州西北蜀岗上)、方(治今南京市六合区)、蒋(治今南京市城西石头城)、润(治今镇江市)、常(治今常州市)、苏(治今苏州市西横山东)等 11 州,下领 37 县,加上位于今江苏省境内的宣州永世县,共 38 县。

政区层级的改革旨在通过减少行政机构与政区层次,来加强中央集权,避免地方割据,并提高行政效率。虽经隋文帝时期大刀阔斧的改革,但全国州的总数依然有 300 多个,中央政府直接管理起来很不方便。隋炀帝即位以后,学者刘炫对当时州县过多的现象批评说:"齐氏立州不过数十,三府行台,递相统领,文书行下,不过十条。今州三百,其繁一也。往者州唯置纲纪,郡置守丞,县唯令而已。其所具僚,则长官自辟,受诏赴任,每州不过数十。今则不然,大小之官,悉由吏部,纤介之迹,皆属考功,其繁二也。"②建议必须继续进行行政区划的改革调整。大业二年(606)正月,隋炀帝"遣十使并省州县"③,再次大举并省州县,同时改州为郡。并省后全国仅存 190 郡,1255 县,平均每郡统辖 67 县。经过大业二年的并省,今江苏省域内的郡县数量略有减少,形成了共有 7 郡 36 县,加上位于今江苏省境内的宣州永世县,共 37 县。(表 1—3--1)

---

① 《隋书》卷五一《长孙览传附从子炽传》,中华书局 1973 年版,第 1329 页。

② 《隋书》卷七五《儒林传·刘炫》,中华书局 1973 年版,第 1721 页。

③ 《隋书》卷三《炀帝纪》,中华书局 1973 年版,第 65 页。

表1—3—1　隋大业年间(605—618)江苏省域郡县建置表

郡(州)名	领　县	今建置(治所)	齐、周、梁、陈以来建置并省情况
彭城郡(徐州)	彭城县	郡治。今徐州市	北齐置东南道行台,后周立徐州总管府。开皇七年(587)废行台,大业四年(608)废总管府,改彭城郡。领县11,今江苏境内4县,蕲、谷阳、萧、符离4县今属安徽,滕、兰陵、方与3县今属山东。
	沛　县	今徐州市沛县	
	丰　县	今徐州市丰县	
	留　县	旧治今沛县东南55里微山湖西岸	
东海郡(海州)	朐山县	郡治。今连云港市海州区	梁置南、北二青州,东魏改为海州,开皇时称海州,大业初改东海郡。领5县,均在今江苏境内。
	东海县	今连云港市东南南城镇	
	涟水县	今淮安市涟水县	
	沭阳县	今宿迁市沭阳县	
	怀仁县	今连云港市赣榆县西北12里	
下邳郡(泗州)	宿预县	郡治。旧治今泗阳县西北郑楼乡古城	北魏置南徐州,梁改为东徐州,东魏又改曰东楚州,陈改为安州,后周改为泗州。开皇时称泗州,大业初改下邳郡。领县7,今江苏境内5县,夏丘县今属安徽,郯县今属山东。
	徐城县	今泗洪县南大徐台子	
	淮阳县	今淮安市西古泗水西岸	
	下邳县	今睢宁县西北古邳镇东3里	
	良城县	今新沂市西南沂水东	
江都郡(扬州)	江都县	郡治。今扬州市西北蜀岗上	梁置南兖州,北齐改为东广州,陈复为南兖州,北周改为吴州。开皇九年(589)改为扬州,置总管府,大业初废总管府,改曰江都郡。领县16,今江苏境内13县,清流、全椒、永福3县今属安徽。
	江阳县	今扬州市西北蜀岗上	
	海陵县	今泰州市	
	宁海县	今如皋市西南	
	高邮县	今高邮市	
	安宜县	今宝应市西南	
	山阳县	今淮安市	
	盱眙县	今盱眙县东北5里都梁山东北麓	
	盐城县	今盐城市	
	六合县	今南京市六合区	
	句容县	今句容市	
	延陵县	今镇江市	
	曲阿县	今丹阳市	
丹阳郡(蒋州)	江宁县	郡治。今南京市	荡平建康城后于城西石头城置蒋州,大业初改为丹阳郡,领县3,今江苏境内2县,当涂今属安徽。
	溧水县	今溧水县	

续表

郡(州)名	领　县	今建置(治所)	齐、周、梁、陈以来建置并省情况
宣城郡(宣州)	永世县	今溧阳市南15里	郡治今安徽宣州市,领县6,今江苏境内1县。今高淳县南部境域亦属宣城郡。
毗陵郡(常州)	晋陵县	郡治。今常州市	平陈后始置常州,大业初改毗陵郡,领县4,今均在江苏省境内。
	江阴县	今江阴市	
	无锡县	今无锡市	
	义兴县	今宜兴市	
吴　郡(苏州)	吴　县	郡治。苏州市西南横山东	两汉以来为吴郡,陈置吴州,平陈后改为苏州。领县5,今江苏境内2县,昆山跨江苏、上海两省市,乌程、长城2县今属浙江。
	常熟县	今常熟市西北50里	
	昆山县	今昆山县北(上海松江区西北)	

表1—3—1系根据《隋书·地理志》的记载统计而成。《隋书·地理志》反映的郡县是大业年间的隋朝版图①,也正是隋炀帝大业二年(606)并省州县后的情况。今江苏省域据有彭城郡11县中的4县,东海郡5县的全部,下邳郡7县中的5县,江都郡16县中的13县,丹阳郡3县中的2县,宣城郡6县中的1县,毗陵郡4县的全部,吴郡5县中的3县(昆山县归入今江苏省境内计算,下同),共计8郡37县。其中彭城、东海、下邳三郡在淮河以北,江都郡辖江淮之间所有地区及长江以南部分地区,丹阳、毗陵、吴三郡和宣城永世县在长江以南。今串场河以东苏中、苏北沿海的大片地区,即灌云县、灌南县、滨海县、响水县、阜宁县、射阳县、大丰市、盐城市、东台市、南通市、海安县、如东县、海门市、启东县等县市的全部或部分尚未形成陆地,今靖江市的位置也在长江之中。因此,隋代今江苏省域的面积要比今江苏省的面积小不少。

经过隋文帝开皇年间和炀帝大业年间的两次调整,今江苏省域的州(郡)、县二级建置,其规模和辖境已经基本上趋于稳定。唐代以后,随着南北漕运的发展,恢复了运河沿线的重镇润州和楚州,今江苏省域内州郡一级的行政建置最终形成。唐宋以后,随着土地开发的扩展和人口的不断增长,新县的设置仍在继续,但州(郡)、县二级建置整体上变化不大。今江苏省的市、县(含县级市)二级建置,在规模和辖境上依然保留着隋代的影子。

---

① 按谭其骧主编《中国历史地图集　隋·唐·五代十国》(中国地图出版社1982年版)隋代各图,以大业八年(612)郡县为准绘制。

隋大业年间(605—618)江苏省域郡县建置图

现代政区底图采用国家基础地理信息系统 1：400 万全国数据库(http://nfgis.nsdi.gov.cn/,2005 年版),历史政区以谭其骧主编《中国历史地图集·第五册(隋唐五代十国时期)》(中国地图出版社 1982 年版)“河南诸郡(隋大业八年)”、“淮南江表诸郡(隋大业八年)”为准绘制。

二 隋代江苏省域的人口

隋朝统一全国时,政府掌握的户数约为 4099604 户①,后经多次户籍的整编和人口的自然增长,户口数上升较快。炀帝大业五年(609),在民部尚书裴蕴“皆令貌阅”,大刀阔斧地对户口进行简括以后,统计出了这一年政府掌握的总户口数,为 8907546 户,46019956 口,每户平均为 5.17 人。《隋书·地理志》所载的户口数,就是大业五年的数据。②

① 《通典》卷七《食货·历代盛衰户口》炀帝大业二年户口数下按语称,较开皇九年“直增四百八十万零七千九百三十二”。此处“大业二年”是大业五年之误。对照大业五年全国 8907546 户,可算出开皇九年约为 4099604 户。

② 《隋书·地理志序》中记载的总户数,与各郡分计相加得出之数之间略有差异,分计相加的数据为 9070414 户,较《地理志序》总户数多 162868 户。参照梁方仲著:《中国历代户口、田地、田赋统计》甲表 22“隋各州郡户数及每县平均户数”,上海人民出版社 1980 年版。

《隋书》卷三一《地理志》记载了今江苏省域各郡的户数，今据此整理成表 1—3—2。在估算大业五年江苏省域户口时，我们首先按《隋书·地理志》列出今江苏省域内的郡级行政区划、领县数及各郡的总户数，算出县平均户数；然后列出该郡所领县中位于今江苏境内的县数(参见表 1—3—1)，依据县平均户数，计算出江苏境内该郡领县的户数；最后，按照全国户口比计算出来的每户平均口数 5.17 人，算出该郡江苏境内领县的口数。经过计算，可知隋代今江苏省域内的户口数约为 254309 户，1314780 口，概言之，约 130 余万人，约占当时全国户口数的 2.85%。

表 1—3—2　隋大业五年(609)江苏省域户口估算表

郡　名	领县	江苏境内县数	郡总户数	县均户数①	江苏省域户口估算
彭城郡	11	4	130232	11839	47357 户　244836 口
东海郡	5	5	27858	5571	27858 户　144026 口
下邳郡	7	5	52070	7439	37193 户　192287 口
江都郡	16	13	115524	7220	93863 户　485273 口
丹阳郡	3	2	24125	8042	16083 户　83151 口
宣城郡	6	1	19979	3330	3330 户　17215 口
毗陵郡	4	4	17599	4400	17599 户　90987 口
吴　郡	5	3	18377	3675	11026 户　57005 口
总　计	57	37	405764	7119	254309 户　1314780 口

人口的多少，是古代社会经济发展水平的一个重要指标。虽然我们无法精准地计算出隋代各郡县的人口密度，但是，在政治社会生活相对稳定的地区，郡县的平均户口数，不啻为判断这个郡县发展程度的重要依据。

据大业五年的户口统计，隋朝人口最密集的地区为政治、文化中心的长安地区和经济发达的“山东”地区②。以都城长安为中心的关中诸郡，如京兆、冯翊、扶风、安定、北地等郡，平均每县的户数均在万户以上。京兆郡每县的平均户数最多，达 14022 户。在传统经济区“山东”地区，即今河南省中北部、河北省中南部、山东省中西部，大多数县的平均户数都在万户以上，过一万五千户的亦不在少数，最多的如清河、恒山二郡，县平均户数超出 21000 户，成为全国人口最为集中的地区。③ 与之相比，隋代江

① 平均户数及下一栏户口数小数点后四舍五入。

② “山东”指今河南灵宝县崤山以东广大的黄河中下游地区，又称“关东”(函谷关以东)，包含今河北、河南、山东等省区的主要区域。

③ 数据均见《隋书》卷二九至卷三一《地理志》。又请参照梁方仲著:《中国历代户口、田地、田赋统计》甲表 22“隋各州郡户数及每县平均户数”，上海人民出版社 1980 年版。

苏省域各郡县的户数,除彭城郡平均每县户数超过万户以外,其他各县均在 8000 户以下。可见江苏省域在社会、经济总体上的发展水平与黄河中下游地区还有一些差距。另一方面,与同时期南方地区的今浙江、江西、湖南、福建、两广等省域每县平均在三四千户以下相比,江苏省域各郡县的平均户数又相对较高,可见开发程度及社会经济发展水平要高于其他南方省域。这些现象,如实地反映了南北朝、隋和唐前期的全国经济格局,这一格局发生根本的变化,要等到唐代安史之乱以后。

江苏省域内部的发展也是不平衡的。今江苏省域淮河以北的彭城、下邳二郡,因紧邻中原诸郡,传统上也与黄河中下游地区相近,开发的历史较长,因此,社会经济的发展水平也相对较高,与中原诸郡中的中等郡县不相上下。东海郡偏东沿海,相对滞后。

江都郡拥有隋代江苏省域内江淮之间的全部区域,并且还辖有今长江以南的镇江、丹阳、句容三市县,面积相当于江苏省域的一半以上。如此广阔的区域内,只设 1 郡 13 县,与面积只占三分之一的淮北地区 3 郡 14 县、面积不足三分之一的江南地区的 3 郡 8 县(加宣城郡永世县共 9 县)相比,郡县的建置明显稀少。13 县总户数为 93863.25,也只占全省域总户数的 37.45%。可见江淮之间的广大区域是今江苏省域内郡县建置最少、人口也最稀少的地区。尤其是江淮之间的今京杭大运河以东广大地区,只有盐城、海陵、宁海三县,应是江苏省域内最后进的地区。

江南地区丹阳郡今江苏省域内的江宁、溧水二县,平均在 8000 户以上,考虑到溧水的相对落后,推测江宁的户数在 10000 以上。众多的人口集中在今南京市附近,可见平陈后虽因六朝旧都在政治上受到压制,但人口辐辏的现象一时尚未改变。但由于这一带自身的经济发展水平有限,人口的迁出势头较大,以后出现了人口大量减少的现象。

毗陵郡和吴郡所在的今苏锡常地区,是六朝以来江南地区开发程度最高、社会经济发展水平最高的地区,素有"一岁或稔,则数郡忘饥"[①],"最为富庶,贡赋商旅,皆出其地"[②]的美称,是六朝诸政权的税赋渊薮。在大业五年(609)的户口统计中,毗陵郡平均每县 4300 余户,吴郡平均才 3600 余户,二郡的绝对户数并不算多。这其中可能有这样一些原因:一是这一带素称水乡泽国,人口密度相对较低;二是属县中比较偏远的县较多,如毗陵郡的江阴县和吴郡的常熟县、昆山县地处江滨,毗陵郡义兴县和吴郡长城县(今浙江长兴县)地处山区,这些地区的开发程度,比二郡的中心区域晋陵、

---

① 《宋书》卷五四末"史臣曰",中华书局 1974 年版,第 1540 页。

② 《资治通鉴》卷一六三梁简文帝大宝元年(550)五月条,中华书局 1955 年版,第 5045 页。

无锡、吴县要低得多。因此，二郡的主要人口应该集中在今苏州、无锡、常州市区及周边。三是开皇十年(590)因江南豪族武装反隋所招致的政府军的残酷镇压，也在一定程度上造成江南人口减少的现象。因此，尽管毗陵、吴二郡的每县平均户口要比想象的略少，但开发程度及社会经济发展的总体水平，在隋代江苏省域内无疑是最高的。

第四节　大运河的开凿与扬州地位的提升

一　江苏境内运河的开凿

以人力和畜力为动力的陆路交通运输，对粮食等大宗物资的长距离搬运，既不便利，运输成本也很高，甚至耽误农时，影响到社会生产的其他领域。水运则有运输量大、运输成本低廉等优点，但又受到水道的限制。我国的天然河流多呈东西流向，因此开凿南北走向的人工运道，成了古代运输史上的一件大事。隋代以前，我国已经开凿了一些人工运河，最早见于记载的是公元前486年吴王夫差开凿的、沟通大江与淮水两大水系的邗沟，而后，公元前360年，魏惠王时代又开凿了沟通黄河与淮水的鸿沟。

邗沟，又名中渎水，起自邗城(在今扬州市西北蜀岗上)西南，至城东南角(今铁佛寺南)，再经今螺丝湾黄金坝北上，穿过武广湖(今高邮市西南武安湖)、陆阳湖(今高邮市南渌洋湖)之间，北入樊梁湖(今高邮市西北50里)，又东北入博芝湖(今宝应县东南)、射阳湖(今淮安、宝应、建湖三市县之间)，出湖西北至末口(今淮安市楚州区北神堰)。[①] 东汉建安初年，广陵太守陈登改凿新道，自高邮直北径达淮安，大致即今里下河一线，后代称之为“建安故道”。只是淮安以南一段仍须绕道射阳湖，不能直达。隋朝大业元年(605)重开邗沟，基本上走的就是建安故道。

鸿沟大致是引黄河水东入圃田泽(今河南中牟县西及郑州市东)，由圃田泽开大沟东至大梁(今河南开封市)。公元前340年，魏惠王又由大梁向东南开掘，至陈(今河南淮阳县)入颍水通淮。

由于邗沟与鸿沟的开掘，至迟在公元前4世纪中叶，黄河、淮水和长江三大水系已经沟通，南北走向的水上通道基本形成。

随着北周统一北方地区和隋朝的建立，北方的经济格局发生了重大的变化，如何才能高效地转运各地粮食物资供给都城大兴(即长安，今陕西西安市)，成了隋帝国的重

---

① 《水经注》卷三〇《淮水注》，江苏古籍出版社1989年版，第2557页。

要课题。《隋书·食货志》称:“京邑所居,五方辐辏,重关四塞,水陆艰难。”陆运有关山阻艰,“动致疲勤”;水运虽有渭水可资,但“渭川水力,大小无常,流浅沙深,即成阻阂,计其途路,数百而已,动移气序,不能往复,泛舟之役,人亦劳止”。鉴于渭水漕运如此艰难,隋文帝决心另开运河,以解决国都与东部经济富庶区域的交通。开皇四年(584)命令“多伎艺”、“有巧思”的宇文恺率水工开凿广通渠,由都城附近起,在渭水之南傍南山而东,直到潼关衔接黄河,以通漕运。广通渠凿成后,“转运通利,关内赖之”[①]。广通渠是全新的政治形势和经济形势下的产物,它的开凿,揭开了隋朝建设规模宏大的运河系统的序幕。

隋文帝在开凿广通渠之后,在今江苏省域内开凿山阳渎。开皇七年(587)“夏四月……庚戌,于扬州开山阳渎,以通漕运”[②]。山阳渎于扬子津(今扬州市西南扬子桥附近)与长江衔接,经由今扬州市内的汶河路往北,借蜀岗下的邗沟故道向东,又在湾头折向北,过江都东,走今高邮、宝应之西,经一段射阳湖后,西北至山阳县(今淮安市楚州区)末口入淮水。山阳渎自蜀岗下古邗沟起,经江都往北,大体延续着吴王夫差所开的邗沟故道。而自蜀岗下往南至扬子津入江一段,则是新掘河道。一般认为,隋文帝开凿山阳渎是为伐陈作准备的,所以开皇七年山阳渎凿成后,次年就大举伐陈,因此,隋开山阳渎的目的在于运送兵粮。不过,从伐陈的军事布局来看,八支大军中与山阳渎有关的军队只有贺若弼一支,因而山阳渎在平陈中所起的作用并不是很大。山阳渎的开凿,由于时间短促,施工上可能比较草率,因此,隋炀帝即位后,再次对这一段运河进行了大规模的整治。

隋炀帝即位后,为转变国都长安“关河重阻,无由自达”[③]的问题,即刻制定了营建东都洛阳的规划,有意将帝国的政治中心转移到关东。次年(大业元年,605)三月,正式启动东都的营建工程。在营建东都的同时,在以往历代修凿南北运河的基础上,对关东地区的水道进行大规模的整治,经过数年的努力,终于完成了贯通帝国东部江南、江淮、黄淮和华北平原的南北大运河。大运河分为四段,流经今江苏省域的有三段,即通济渠、邗沟和江南河。

最早开凿的是流经黄淮平原的通济渠。大业元年(605)三月,征发河南、淮北诸郡男女百万余人,开通济渠,沟通黄河、淮河两大水系。通济渠起自东都洛阳西苑,引谷水、洛水横贯洛阳城,东至偃师东南,然后循东汉阳渠故道,入洛达于河。沿黄河下行一段,至汜水(今河南荥阳市汜水镇)东北三十五里的板渚(今河南荥阳市北北邙乡

---

① 《隋书》卷二四《食货志》,中华书局1973年版,第684页。

② 《隋书》卷一《文帝纪》,中华书局1973年版,第25页。

③ 《隋书》卷三《炀帝纪》,中华书局1973年版,第63页。

牛口峪附近)。然后自板渚引黄河水东流,在荥泽(今河南郑州市西北)入汴水故道,经大梁(今河南开封市)西南折而东南流,历陈留(今开封市东南)、雍丘(今河南杞县)、襄邑(今河南睢县)、宁陵(今河南宁陵县)至宋城(今河南商丘市西南)、谷熟(今商丘市东南)行蕲水故道,又经永城(今河南永城市西南)、夏丘(今安徽泗县),徐城(今江苏泗洪县南大徐台子)北至盱眙(今江苏盱眙县东北)对岸入淮。这段运河因为炀帝巡游江都时所用,故又俗称御河。

江苏境内隋唐运河风光

通济渠在今江苏境内的一段不是很长,由于宋代以后运道自身的淤塞和黄河的泛滥、洪泽湖的形成等原因,流经路线也不是非常明确,今唯剩泗洪县境内一段故道走向比较明确。这段故道北自泗洪县城清阳镇西首,经城区中心往东南流,经石集、城头,至临淮镇入洪泽湖,全长约 32 公里。[①] 由此推测隋代江苏境内的通济渠水道,自今泗洪县清阳镇往西进入安徽泗县境内,约 20 公里;自今临淮镇往东南,跨越洪泽湖,至今盱眙县城东北 5 里都梁山之北的淮河对岸入淮,约 30 余公里。因此,通济渠在江苏境内的水道约有 80 余公里。

在开凿通济渠的同时,"又发淮南民十余万开邗沟,自山阳至杨子入江"[②]。因这一水道北起山阳县(治今淮安市楚州区),故又名山阳渎。邗沟自淮河南岸的山阳县末口(今淮安市楚州区北神堰)至扬州扬子津入江,长三百余里,宽四十步(约今 59 米),其走向基本上循开皇七年(587)山阳渎之旧道,只是在宝应以北靠近淮安一段,开河直通淮水,不再从古射阳湖绕道,缩短了航行路程。

开凿疏通通济渠和邗沟所花的时间都不长,自大业元年(605)三月动工,至同年八月,隋炀帝即自洛阳西苑乘龙舟循通济渠、邗沟下江都,其间只有五个月,工程进展可谓神速。通济渠和邗沟两岸都筑有御道,广种植被,"种柳成行夹流水","柳色如烟絮如雪","西自黄河东至淮,绿影一千三百里"[③],成为贯穿黄河、淮水和长江三大水系

① 国家文物局主编:《中国文物地图集·江苏分册》(下),中国地图出版社 2008 年版,第 302—303、720 页。

② 《资治通鉴》卷一八〇隋炀帝大业元年(605)三月条,中华书局 1955 年版,第 5618 页。

③ (唐)白居易:《隋堤柳》,见顾学颉校点:《白居易集》卷四,中华书局 1979 年版,第 86 页。

的水陆交通大动脉。

大业四年(608),隋炀帝"诏发河北诸郡男女百余万开永济渠,引沁水南达于河,北通涿郡"①,长两千余里。自黄河北岸引沁水、清水、淇水等天然河流为水源,凿渠直达东北方向的涿郡(治蓟县,今北京市西南)。

大业六年(610),炀帝又诏令修江南运河,北起京口(今镇江市),东南经曲阿(今丹阳市)、晋陵(今常州市),绕太湖之东,过无锡、吴县(今苏州市),至今浙江嘉兴折向西南,经上塘河直达余杭(今浙江杭州市)入钱塘江,全长八百余里,河宽十余丈(约今30余米)。江南河也是在历代人工水道的基础上修凿的。据《越绝书·吴地记》载,吴王夫差从其国都今苏州向西北方向的长江沿岸开凿运河,出苏州城北之平门,经今无锡东南五里的泰伯渎,过今常州,到奔牛接天然河道荆溪(今旧孟河),在今江阴西利港入江,过江连接邗城。② 秦始皇三十七年(前210),又在今镇江附近开凿运河,凿断丹徒、丹阳间的高地,将运道的入江口西延至丹徒镇东北的丹徒口,是为丹徒运河。六朝时期亦常疏浚,是连接六朝都城建康和太湖平原的重要水道之一。隋炀帝时对旧有的水道进行疏浚整修,使得快速便利的水上通道从东西两京一直伸向了当时开发程度已经很高的三吴地区。

至此,南北大运河全线完工。隋代大运河南起余杭,北至涿郡,自南向北沟通了钱塘江、长江、淮河、黄河和海河五大水系,全长约2000公里,是世界上最长的人工运河。今江苏境内的邗沟、江南河的大部分河道至今仍是繁忙的水上运输干道。这样一项巨大的工程,前后仅历时数年便告完工,在地形勘测、线路选择、水量节制、水位平衡等方面都表现出高超的科技水平。

二 大运河开凿的目的和意义

大运河的开凿,对隋唐时期及以后历代的社会经济发展具有深远的意义。在将亡国之因往往归咎于前朝末代皇帝的个人奢侈和贪欲的传统史学中,大运河的开凿,从一开始就被看成是隋炀帝个人为了贪图享乐的结果。尤其是在民间,传说隋炀帝开运河,下江都,目的是为了看琼花。这一传说后来被演绎成众多的故事,隋炀帝则被描绘成了一个只知贪图享受的昏君。这些都是不符合历史事实的。隋炀帝为晋王时,作为扬州大总管,坐镇江都,每年都要往返于国都和江都之间,对沿途的情况非常熟悉,根本没有必要单为游幸而开运河。大业元年(605)通济渠和邗沟完工后,隋炀

① 《隋书》卷三《炀帝纪》,中华书局1973年版,第70页。

② (汉)袁康、吴平辑录:《越绝书》卷二《越绝外传记吴地传第三》,上海古籍出版社1985年版,第10页。

帝第一次南巡江都。八月动身前往，次年的三月返回，而琼花的花期是阴历五月，他的行程恰恰错过了琼花的花期。可见所谓隋炀帝为了看琼花开运河之说当属无稽之谈。当然，搜刮江南财富和巡游享乐不失为炀帝开凿大运河的目的之一，但是，开凿大运河，其目的和意义远不止于此。

首先是江南经济的发展，提出了沟通南北交通的历史要求。经过东晋南朝数百年江南土著和北方侨民的辛勤垦殖，长江中下游地区逐渐开始成为黄河流域以外的另一重要经济区。“江南之为国盛矣……兵车勿用，民不外劳，役宽务简，氓庶繁息，至余粮栖亩，户不夜扃，盖东西之极盛也……地广野丰，民勤本业，一岁或稔，则数郡忘饥。会土带海傍湖，良畴亦数十万顷，膏腴上地，亩直一金，鄠、杜之间，不能比也。荆城跨南楚之富，扬部有全吴之沃，鱼盐杞梓之利，充仞八方，丝绵布帛之饶，覆衣天下。”[①]南朝沈约的这一段话，概括了六朝时期长江中下游地区的社会经济发展面貌。尤其是长江下游南岸的今江浙地区，其土地开发程度之高，物产之丰富，都成为全国南北首屈一指的先进区域。隋朝统一全国后，江南的富庶地区成为隋帝国版图中重要的组成部分，这里的财赋理所应当成为中央财政的一部分。因此，如何有效地将江南财赋运往政治中心的关中、中原地区，这是在南北经济取得长足发展和全国大一统的新形势下提出的新问题。南北大运河的开凿，为这一问题的解决提供了最佳的方案。

不可否认，隋炀帝开凿大运河也带有搜刮江南财富和巡游享乐的个人目的，但是，我们在关注其个人目的的同时，更要注意到它所具有的巩固统一，加强控制江南的意义。今江南浙东的吴郡、会稽地区是旧陈的核心地区，而且这一带的豪族在全国统一以后还掀起过大规模的武装反隋斗争。反隋斗争被镇压以后，这一地区成为隋朝的主要监控对象，因此才有隋文帝令晋王杨广坐镇扬州 10 年不动的历史。炀帝在诏令修东都，开通济、邗沟二渠时说是“将巡历淮海，观省风俗”[②]，开江南河时也说是“欲东巡会稽”[③]。这种巡游，固然有着享乐的成分，但不可一概以享乐视之，否则，炀帝西巡陇右，北巡雁门就无从解释，因为那些地方并非风光绮丽的游玩享乐之地。对于巡狩，炀帝他有自己的理解。在开凿江南运河的前一年，炀帝问给事郎蔡征说：“自古天子有巡狩之礼，而江东诸帝多傅脂粉，坐深宫，不与百姓相见，此何理也？”回答是：“此其所以不能长世。”[④]这说明，炀帝四出巡狩，主要是想遵循“天子有巡狩之礼”

---

① 《宋书》卷五四末“史臣曰”，中华书局 1974 年版，第 1540 页。

② 《隋书》卷三《炀帝纪》，中华书局 1973 年版，第 63 页。

③ 《资治通鉴》卷一八一隋炀帝大业六年(610)十二月条后，中华书局 1955 年版，第 5652 页。

④ 《资治通鉴》卷一八一隋炀帝大业五年(609)六月条，中华书局 1955 年版，第 5644 页。

的古训，履行帝国天子的职责，而不愿效尤南朝亡国之君。尽管他也未能长世，但这个主观动机的政治意义却是不容忽略的。

至于开运河的长远后果，则是隋炀帝不愿、也不可能料及的。运河开凿的长远效果，由于隋炀帝晚年的残暴统治和隋朝的短祚而未能显露。但是，随着时间的推移，它在转输南方财赋、沟通南北经济文化交流方面的作用却日益明显。从现有的历史文献来看，隋代炀帝在位时期和唐代前期，几乎没有人说过开运河的好话，相反往往将之视为隋炀帝身死人手、隋朝短命亡国的重要原因之一。但到唐玄宗开元、天宝年间，尤其是安史之乱后，论调为之一变。尽管也还有人在抨击炀帝的劳民伤财，如“海内财力此时竭，舟中歌笑何日休？上荒下困势不久，宗社之危如缀旒”[①]等等，但毕竟有较多的人开始凭直观进行评论了。唐代宗时期的宰相、理财家刘晏说：“浮于淮泗，达于汴，入于河，西经底柱、硖石、少华，楚帆越客，直抵建章、长乐，此安社稷之奇业也。”[②]唐宪宗时的宰相、理财家李吉甫也说：“炀帝巡幸，乘龙舟而往江都。自扬、益、湘南至交、广、闽中等州，公家运漕，私行商旅，舳舻相继。隋氏作之虽劳，后代实受其利焉。”[③]这些话出自理财家之口亦非偶然。因为安史之乱后，“赋出天下，江南居十九”[④]，由运河转输而来的江南财赋支撑着唐王朝的存在，运河的长远后果在隋亡百余年后日益重大起来。中唐诗人李敬方《汴河直进船》诗称：“汴水通淮利最多，生人为害亦相和。东南四十三州地，取尽脂膏是此河。”[⑤]这是对隋代开凿大运河的后效作出了最佳的答案。晚唐文士皮日休《汴河铭》称“在隋之民，不胜其害也，在唐之民，不胜其利也”[⑥]，则对隋代开凿大运河的意义做出了最恰当的阐述。

三　隋炀帝的巡幸与扬州地位的提升

晚唐诗人罗隐《炀帝陵》吟道：“入郭登桥出郭船，红楼日日柳年年。君王忍把平陈业，只换雷塘数亩田。”[⑦]传说中的隋炀帝陵位于今扬州城北雷塘乡槐泗镇槐二村，墓前立有清嘉庆十二年(1807)扬州巡抚阮元所立的墓碑一块，上刻有“隋炀帝陵”四个大字。在近年因旅游开发大肆整修前，墓高不过数尺，坟上灌木杂草丛生，周遭田

① (唐)白居易:《隋堤柳》,见顾学颉校点:《白居易集》卷四,中华书局1979年版,第86页。

② (宋)王溥:《唐会要》卷八七《转运盐铁总叙》,中华书局1955年版,第1588页。

③ (唐)李吉甫撰,贺次君点校:《元和郡县图志》卷五《河南道》河阴县条,中华书局1983年版,第137页。

④ (唐)韩愈:《送陆歙州诗序》,见钱仲联、马茂元校点:《韩愈全集》文集卷四,上海古籍出版社1997年版,第201页。

⑤ (唐)李敬方:《汴河直进船》,见《全唐诗》卷五〇八,中华书局1960年版,第5776页。

⑥ (唐)皮日休:《汴河铭》,见《皮子文薮》,上海古籍出版社1981年版,第41页。

⑦ (唐)罗隐:《炀帝陵》,见《全唐诗》卷六五七,中华书局1960年版,第7553页。

圃沟渠纵横，显得十分荒凉。一代君王，仅此黄土一抔留给后人评说。①

年轻时的杨广，英姿焕发。在杨广的统帅下，开皇九年(589)初，隋军一举灭陈，实现了统一大业，这使杨广不仅在"昆弟之中，独著声绩"②，而且成为海内很有威望的统军将帅。开皇十年(590)，为彻底镇压江南豪族的武装反隋，杨广被任命为扬州大总管，坐镇扬州十年，除每岁一朝外，其余时间均在扬州度过。对杨广而言，扬州不仅是其发迹之地，而且不啻为第二故乡。

从遗留下来的杨广咏扬州的诗文来看，杨广喜爱江都，不仅是因为江都是他的雄藩大都，而且还有他喜欢的春江花月。隋炀帝喜爱吟咏，所作诗歌流传至今者较多，作品散见于《隋书·五行志》、《旧唐书·音乐志》、《艺文类聚》、《乐府诗集》、《文苑英华》等书。他的《春江花月夜》第一首云："暮江平不动，春花满正开。流波将月去，潮水带星来。"③写出了扬州南郊临江夜色里的秀丽风光。传说《春江花月夜》是陈后主陈叔宝所创的调子，但其作品于今已不传，杨广能用它来歌咏扬州的临江景色，说明他对江都景色的观察和体味是非常深刻和细腻的。李廷先先生认为唐初江都诗人张若虚又用这个调子，本着炀帝诗意加以铺叙，衍为长篇巨制，成为广泛流传的诗篇，传颂至今。开头四句"春江潮水连海平，海上明月共潮生。滟滟流波千万里，何处春江无明月"，似受杨广诗的影响。④ 这一观点很有见地。杨广另外还作有《江都宫乐歌》、《泛龙舟》、《四时白纻歌·江都夏》、《早渡淮》、《幸江都作》、《迷楼歌》等，都是与江都有关的诗篇。从这些诗篇上可以看出，隋炀帝留恋江都、欣羡江都、三下江都是有历史根源的。

大业元年(605)八月，通济渠、邗沟完工后，隋炀帝就迫不及待地出巡江都，这是他第一次下江都。关于这次巡幸江都，史书和小说多有描述，多是渲染其出游的奢华，并以此来贬抑隋炀帝。大业元年三月，炀帝在诏令营建东都、开通济渠和邗沟的同时，即"遣黄门侍郎王弘、上仪同于士澄往江南采木，造龙舟、凤艒、黄龙、赤舰、楼船等数万艘"⑤。经过周密地准备，八月，从东都洛阳出发，乘龙舟巡行江都。据《资治通鉴》的记载：隋炀帝发自显仁宫，王弘遣龙舟奉迎，从漕渠出洛口，经一段黄河水道，由板渚入通济渠，渡淮入邗沟，直达扬州城下。龙舟四层，高四十五尺(约 13 米)，宽五十尺(约 14.7 米)，长二百尺(约 59 米)。上层有正殿、内殿、东西朝堂，这完全是宫殿

---

① 隋炀帝陵今已改造成规模较大的旅游景点。

② 《隋书》卷四《汤帝纪》"史臣曰"，中华书局 1973 年版，第 95 页。

③ (隋)杨广：《春江花月夜》，见(宋)郭茂倩编：《乐府诗集》卷四七，中华书局 1979 年版，第 678 页。

④ 李廷先：《唐代扬州史考》，江苏古籍出版社 2002 年版，第 604 页。

⑤ 《隋书》卷三《炀帝纪》，中华书局 1973 年版，第 63—64 页。

布局的缩微。中间二层有一百二十间房，均用金玉装饰。下层是内侍们的居处。萧皇后乘坐的翔螭舟，比龙舟小一些，但装饰相同。别有浮景九艘，船高三层，供嫔妃们乘坐。帝后嫔妃们的龙舟、翔螭、浮景，均称“水殿”，即行走于水上的宫殿群，挽船之士称“殿脚”，多达九千余人，均着锦彩袍服，用青丝绳索牵挽。又有漾彩、朱乌、苍螭、白虎、玄武等舟数千艘，后宫、诸王、公主、百官、僧尼、道士、蕃客乘之，及载内外百司供奉之物，共用挽船之士八万余人。此外还有平乘、青龙、艨艟、艚艓、八棹、艇舸等数千艘，是十二卫将兵的乘舟，并载兵器帐幕。舳舻相接二百余里，并有骑兵在两岸护行，照耀川陆，旌旗蔽野。所过州县，五百里以内都要献食，多者一州至百辇，极水陆奇珍，奉献丰盛的官员加官爵，承办不力的受责罚，吃不完的食物全都埋掉。[①] 此类描述很多，但多属夸张，难合情理。

为了巡幸，隋炀帝还在江都大建宫室。于城西七里大仪乡境内筑江都宫，中有成象殿，规模宏大，作为举行大典之地；于城北五里长阜苑内筑归雁、回流、松林、枫林、大雷等十宫；于城南十五里的扬子津筑临江宫，其中有凝晖殿，作为眺望大江、大宴百官的地方；于城东五里筑新宫。其中最豪华的要算新筑的“迷楼”。这座宫殿虽然在官修史书中没有记载，地方志也记载不详，但在唐宋人的笔记小说中却常提及。唐代诗人咏扬州的诗中有不少提到迷楼，如李绅《宿扬州》诗中说：“今日市朝风俗变，不须开口问迷楼。”[②]包何《同诸公寻李方直不遇》诗中说：“闻说到扬州，吹箫忆旧游；人来多不见，莫是上迷楼。”[③]可见迷楼的名气之大。当年的迷楼早已毁弃，今人传蜀岗观音山寺东阜的楼为“迷楼”遗址，确切与否不得而知，仅供世人凭吊怀古而已。

江都的春江花月使隋炀帝留恋难忘，大业六年(610)三月，他第二次下江都。这次下江都的情况，《隋书》、《资治通鉴》等史籍上都未作详细记载。《隋书·炀帝纪》略载大业六年三月，“幸江都宫”，四月“宴江淮已南父老，颁赐各有差”；大业七年(611)二月，“升钓台，临扬子津，大宴百僚，颁赐各有差”，半月后，由江都宫坐龙舟溯邗沟、通济渠北上，渡黄河，入永济渠，行幸涿郡的临朔宫。这一次，隋炀帝在江都宫居住了整整一年。正是在这次巡行江都时，炀帝诏令开江南运河，将目光投向了更加富庶的吴郡、余杭郡和会稽郡。

第二次巡游江都后，隋炀帝乘龙舟直接赶往涿郡，并于同年发动了东征辽东的战役。从大业七年(611)至十年(614)，三次东征，给全国民众带来了深重的苦难，农民暴动此起彼伏。大业十二年(616)，山东、河南水灾，饿殍遍野。隋炀帝虽诏令开黎阳

---

① 《资治通鉴》卷一八〇隋炀帝大业元年(605)八月条，中华书局1955年版，第5620—5621页。

② (唐)李绅：《宿扬州》，见《全唐诗》卷四八一，中华书局1960年版，第5470页。

③ (唐)包何：《同诸公寻李方直不遇》，见《全唐诗》卷二〇八，中华书局1960年版，第2172页。

仓赈灾，但地方官员并没有按命执行，整个黄河中下游地区的局势陷入混乱之中。在这大厦将倾的前夜，隋炀帝已经没有心情收拾残局，挽救危机，而是选择了逃往江都，去享受自己的余生。早在此前一年，他就下令江都再次造船数千艘，以备南巡。大业十二年(616)正月，又令毗陵通守路道德召集十郡兵士数万人于郡东南起宫苑，周围十二里，内为十六离宫，打算把东都洛阳的西苑复制到江南去。[①] 这年七月，新船送到了洛阳，隋炀帝迫不及待地张罗第三次南巡，劝谏者多被严惩甚至被杖杀。唐人小说《大业拾遗记》称：炀帝将下江都，宫人大半不愿随从，并“争泣留帝”，炀帝执意要走，最后给不随从他下江都的宫人用飞白书写下了二十个字：“我梦江都好，征辽亦偶然；但存颜色在，离别只今年。”[②]是否能再返东都，连他自己恐怕也不清楚。七月初十日，隋炀帝登上龙舟，开始了第三次江都之行。20 个月后，隋炀帝在江都被杀，隋朝宣告灭亡。

隋炀帝巡幸江都，大规模营建江都宫，是他一贯重视南方尤其是江淮地区这一政策的表现。隋炀帝为晋王时坐镇扬州 10 年，将江都作为权力经营的根据地，通过种种手段，击败自己的兄长太子杨勇，迫使其父隋文帝立自己为太子。因此，扬州对杨广来说，无疑是其一生中最值得荣耀和牵挂的地方。大运河的工程完成以后，便利的交通，特殊的政治地位，更使江都的地位获得了前所未有的提升。隋炀帝第三次巡幸江都时，实际上已经打算常驻南方了，江都俨然成为全国的政治中心，一时成为牵动政局的焦点。

隋江都宫遗址
(今扬州唐城博物馆)

江都在隋代以前就是江淮间最重要的城市。但是，在南北分裂时期，江淮之间的区域，往往是南北政权对峙的过渡地带，虽然军事地位极其重要，但社会经济的发展并不令人瞩目。隋代的扬州江都郡，虽然区域辽阔，下辖 16 个县，横跨大江南北，但正像我们在本章第三节中所分析的那样，在今江苏省域内其实是最不发达的区域。平陈后，隋文帝之所以将扬州的名号从今南京移到广陵，在此设扬州大总管府，派亲王镇守，并将江南的延陵、句容、曲阿三县划归扬

① 《资治通鉴》卷一八三隋炀帝大业十二年(616)正月条，中华书局 1955 年版，第 5702 页。

② 《太平御览》卷七四九《工艺部六・飞白书》，中华书局 1960 年版，第 3325 页。

州管辖,看中的依然是这里能够控制江南的军事地位。正是因为隋炀帝的个人经历和喜好,在他的亲自经营下,扬州江都郡才一跃成为全国的名藩大镇。随着隋炀帝龙舟船队一而再,再而三地驶向扬州,人们的目光不仅从关中的大兴城和中原的洛阳城移到了江淮之间的扬州,而且,在制度上隋炀帝也给了扬州陪都的地位。

隋朝新都大兴(唐称长安,今陕西西安市)又称京兆郡,长官称尹。都城内以朱雀大街为界,东为大兴县(唐称万年县),西为长安县。炀帝继位后建设的东都河南郡(今河南洛阳市),长官称尹。都城内以洛河为界,北为洛阳县,南为河南县。可见,东、西二京都城之内都设有两个县。反过来说,在隋代甚至唐初,郭城中设有两个县治的应该是都城的规制。除东、西二京外,并州太原郡郭城中也带有两个县,晋阳县和太原县。之所以太原郡城中置两县,是因为这里有帝室的别宫"晋阳宫",在制度上给予准都城的待遇,即陪都。陪都置"留守",掌管宫闱。此后皇帝不在京城时,都城均置留守管理宫廷事务。隋文帝时留守只见于太原,可见据有陪都地位的城市只有太原一处。建立唐朝的李渊,就是从太原留守的任上起兵反隋的。①

隋炀帝继位后不久,扬州江都郡也升格为陪都。扬州不仅建有江都宫,而且还陆续建设了归雁、回流、松林、枫林、大雷等十宫,此外还有临江宫、新宫等宫室。在制度上,隋炀帝将邗江县改名为江阳县,将县治迁往江都郡城,与江都县同治郡城。② 可以看出,江阳、江都两县都位于江都郡城内(今蜀岗上),这是都城的待遇。大业六年(610)第二次巡行江都时,"制江都太守秩同京尹"③,并置江都留守④,明确规定江都太守的品秩禄俸与东、西二都的长官尹相同,并且在江都宫置"留守",确定了扬州江都郡的陪都地位。

由于隋朝过于短促,扬州江都郡的潜力并没有完全发挥出来。到了唐代开元、天宝以后,扬州作为南方各州县上供财赋的汇集地,南北漕运的中转站,东西文化交流的大舞台,其地位的重要性充分地展现了出来,扬州的社会、经济、文化得以充分地繁荣和发展,位居全国之首,"富庶甲天下,时人称扬一益二"⑤,其繁荣昌盛的基础,很大程度上就是隋炀帝时期打下的。

---

① 因此唐朝建立后,将太原定为北都,与长安、洛阳一起号称"三都"。

② 《隋书》卷三一《地理志》,中华书局1973年版,第873页。

③ 《资治通鉴》卷一八一隋炀帝大业六年(610)六月条,中华书局1955年版,第5652页。

④ 江都置留守的具体时间无法明确,但确实存在,如《资治通鉴》卷一八二隋炀帝大业九年是岁条、《旧唐书》卷五六、卷九二等。

⑤ 《资治通鉴》卷二五九唐昭宗景福元年(892)七月条,中华书局1955年版,第8430页。

第五节　隋代江苏地区的文化活动

一　文帝重兴佛法政策对江苏的影响

北周武帝于建德三年(574)诏令毁灭佛法，其祸遍及北周的统治区域关中及长江中上游地区。灭齐后，毁佛政策又被推行到原北齐境内，黄河中下游地区的寺院佛像悉数遭到摧毁。江南在萧梁时期佛教的兴盛达到了顶峰，自梁末侯景之乱起，变故频繁，陈代虽仍重佛教，但已远不及萧梁时的盛况。直到隋文帝推行重兴佛法的政策，佛教才又重新兴盛起来。

隋文帝杨坚长于佛寺，所以自幼崇信佛法。北周武帝死后，在杨坚的主导下，周静帝于大象二年(580)下诏复兴佛、道二教。次年，杨坚受禅称帝，建立隋朝。隋文帝认为自己的兴起完全是由于佛法的保护，因此，普诏天下，允许百姓出家，并下令按人口出钱，写经造像。京师和并州(治今山西太原市)、相州(治今河南安阳市)、洛州(治今河南洛阳市)等大城市则由官府主持抄写佛经两部，一部置于寺内供奉，另一部藏于政府图书馆——秘阁。此外，又令五岳各建佛寺一所，并在他即位前到过的四十个州同时兴建大相国寺。北周时毁弃的寺院，至此都被修复，据称民间佛经的数量竟比儒家的五经多六倍。

平陈以后，重兴佛法的政策在南方地区也得到推广，这主要得力于平陈元帅晋王杨广。平陈之日，晋王杨广担心经像毁于战火，所以命令各军在随到之处注意收集，在一月之内汇聚到江都。杨广又命学士和高僧对佛经进行整理，在晋王府立宝台经藏，共计四藏，藏经将近十万轴。开皇十九年(599)，杨广又在扬州置慧日、法云、日严、弘善四道场，费用由官府供给，极力笼络当时的江南宗教界领袖、天台宗创始人智𫖮，并召名僧吉藏入慧日道场主持。

隋文帝亦频招天下名僧入京城安置供养。开皇九年(589)平陈，他把苏州虎丘山的新罗沙门圆光召到京城，后来新罗国王频频请其归国，文帝才厚加赏赐，许其东归。仁寿元年(601)六月十三日隋文帝生日这一天，颁下了《立舍利塔诏》，将自己未做皇帝前婆罗门沙门赠送的一袋舍利分送天下三十州，命在各州高爽清净处造塔供奉，期于十月十日这一天正午，同时用铜函石函埋纳舍利。仁寿二年(602)正月，隋文帝下《再立舍利塔诏》，要求在三十州之外再增加五十三州，总计八十三州。[①]《立舍利塔

① (唐)释道世:《法苑珠林》卷四〇《舍利篇第三十七》，上海古籍出版社1991年版，第312页。

诏》中要求："分道送舍利，先往蒋州栖霞寺，洎三十州次五十三州等寺起塔。"[①]栖霞寺荣居榜首，可见其声望之隆。立塔之际，"蒋州栖霞寺立塔，邻人先梦佛从西北来入寺"等灵验故事也为时人津津乐道。仅据当时的著作郎王邵《舍利感应记》所载，今江苏境内立塔之际的灵验故事就有蒋州栖霞寺、苏州虎丘山寺、扬州西寺，以及徐州、楚州等处的寺院。[②] 今江苏境内有 7 个州，报告有灵验故事的就有 5 个州，可见在隋文帝先后两次《立舍利塔诏》颁布之后，江苏境内至少有 5 个州都建立起了舍利塔，比例非常高。今南京东北郊栖霞寺现存的八面五级舍利石塔，虽建于南唐时期，但其原址是隋文帝仁寿年间"琢白石为塔置舍利"的石塔旧基。[③]

隋文帝不但继承北朝重视修塔建寺、造像写经的传统，还接受了南朝佛教讲求义理的传统，重视佛学研究，这种做法有利于消除南北分裂的隔阂。而隋代江苏地区最引人注目的佛教文化活动则要数天台宗创始人智𫖮了。

二　智𫖮天台宗在江苏地区的活动

智𫖮(538—597)，俗姓陈，字德安。祖籍颍川(今河南许昌市)，其先人永嘉之乱后南迁，寓居荆州华容(今湖北监利县西北)。颍川陈氏虽是汉魏以来的名门大族，但从其先人迁往荆州而非六朝国都建康附近，其父兄都曾领兵等现象来看，颍川陈氏的这一支社会地位并不很高。智𫖮十八岁时，因梁朝灭亡，双亲亡故而出家，后来投入南下高僧慧思的门下习禅。陈光大元年(567)，三十岁的智𫖮受师命同法喜等二十七人初到陈都建康"创宏禅法"，受仪同三司沈君理之邀居瓦官寺讲《法华经》。太建七年(575)，智𫖮前往会稽天台山，创立了天台教团，佛教天台宗的基本规模初步形成。太建九年，智𫖮被陈宣帝誉为"佛法雄杰，时匠所宗，训兼道俗，国之望也"[④]，并给予丰厚的待遇，创建伽蓝。陈后主即位后，派人携亲笔信四次往天台山敦促智𫖮入京。至德二年(584)，智𫖮被迎回建康，止于光宅寺。"陈主于大众内起礼三拜，俯仰殷勤，以彰敬重，太子已下并托舟航，咸宗戒范"[⑤]，可见其声望之高。

陈亡之际，建康城内的佛寺毁于战火，僧众流散，以光宅寺为活动中心的智𫖮僧

---

① 此处的《立舍利塔诏》文引自(明)葛寅亮《金陵梵刹志》卷四《摄山栖霞寺》(江苏广陵古籍刻印社据民国金山江天寺影印本影印，1987 年)。《梵刹志》所引《立舍利塔诏》文，与《法苑珠林》卷四〇、《广弘明集》卷一七所引有较大的差异，"分道送舍利，先往蒋州栖霞寺"一句，后者均作"分道送舍利，往前件诸州起塔"。从《梵刹志》所引"洎三十州次五十三州等寺起塔"云云，当时尚未有"五十三州"之说，可见《梵刹志》引文有所窜改，应以《法苑珠林》等为准。但今人研究南京地方史及栖霞寺者，多据《梵刹志》引文夸大栖霞寺之重要性。本著因是江苏地方史研究，姑且采用《梵刹志》，敬请谅解。

② (隋)王邵撰：《舍利感应记》，见《法苑珠林》卷四〇《舍利篇第三十七》引，上海古籍出版社 1991 年版，第 311 页。

③ (明)葛寅亮：《金陵梵刹志》卷四《摄山栖霞寺》，江苏广陵古籍刻印社据民国金山江天寺影印本影印，1987 年。

④⑤ (隋)灌顶：《隋天台智者大师别传》，见《大正新修大藏经》第 50 册，史传部二。

团也被迫离散。智顗离开建康，策杖荆湘，最后来到庐山。镇守扬州的秦王杨俊获知消息后，遣使邀请，智顗断然拒绝了邀请。智顗这样做，实际上是对新王朝的不信任，试图采取不合作的态度。开皇十年(590)正月，即平陈后一年，隋文帝亲下敕书招请。敕书中称道："皇帝敬问光宅寺智顗禅师……师既已离世网，修己化人，必希奖进僧伍，固守禁戒，使见者钦服，闻即生善，方副大道之心，是为出家之业。若身从道服，心染俗尘，非直含生之类无所归依，仰恐妙法之门更来谤仇。宜相劝励，以同朕心。"①这道敕书名为"敬问"，实际上是一道要求智顗与新王朝合作的劝降书，意在警告智顗不要不识时务，对抗隋朝。

晋王杨广任扬州大总管后，为了显示对动乱以后旧陈故地的抚慰，也为了加强对佛教的控制，把当时江南宗教界有影响力的僧侣道士召至江都，安置在"四道场"。次年，杨广向智顗发出邀请，希望这位南方地区最有威望的高僧能到江都来。智顗再三推辞，仍不获许，只好以满足自己四个愿望作为出山的条件。这四个愿望的大意是：一，不传禅法；二，不受王权和礼法约束；三，传授佛法，开展佛事活动，不受朝廷禁戒约束；四，来去自由，不得阻拦。这四个愿望表达了智顗对隋王朝的基本态度，力图与政治保持一定的距离。

杨广为了能够延揽智顗，完全应允了他的要求，智顗于是不得不来到江都。开皇十一年(591)十一月二十三日，杨广在江都扬州总管府的金城殿设千僧会，隆重迎谒智顗。在千僧会上，智顗为杨广授菩萨戒，杨广恭拜智顗为师。戒毕，智顗为杨广取法号"总持菩萨"，杨广则奉智顗为"智者大师"，奉送日加隆重。除了主持"授律仪法"外，智顗在江都并无其他佛事活动可作，遂请求重返山林。杨广坚持请留，智顗则称先有约定，来去不受阻拦。杨广无法再加阻拦，智顗当夜就出居城外禅众寺。智顗急欲西返，表明他不愿受杨广的政治控制，期于次年二月自摄山栖霞寺(今南京栖霞寺)分别。开皇十二年(592)二月十八日，智顗行期已近，杨广再次致书挽留，但智顗去意已定，杨广挽留不住，最后只得送智顗上庐山。

在庐山度过了夏天后，智顗先后到南岳和故乡荆州以报师恩和生地恩，又于荆州当阳县玉泉山建立玉泉寺，并在此讲授《法华玄义》和《摩诃止观》。开皇十五年(595)，晋王杨广又亲自写信邀请智顗到江都传法，智顗在多次推辞不得的情况下，只得东下江都。智顗依然住在城外禅众寺，并受杨广之托撰写了《净名经疏》。次年春天，智顗以雅好泉石为由，辞归天台山，摆脱了江都的政治樊笼，回归到自由的山林之中。开皇十七年十月，杨广入朝后回到江都，可能是受到了隋文帝的指示，又一次派

① (隋)灌顶:《国清百录》卷二《隋高祖文皇帝敕书》，见《大正新修大藏经》第46册，诸宗部三。

人去天台山奉迎智𫖮，且似有不得违旨之命。智𫖮见杨广仍然不放过自己，似乎预见了自己必死的命运，于是图画佛寺，诫嘱僧众，安排了种种后事。行至石城寺（今浙江新昌县大佛寺），智𫖮声称自己病倒，对弟子说："大王欲使吾来，吾不负言而来也，吾知命在此，故不须进前也。"[①]拒绝药食，并留下遗书给晋王杨广，希望他念及师徒名分，扶植佛教事业，为天台山建造伽蓝，保护天台寺院的供给。随即于十二月二十四日圆寂，春秋六十。智𫖮的石城遗书实际上是以死换取隋朝对天台宗和佛教的保护，杨广也的确满足了他的愿望。

南北朝佛教学派通过对各类经论的研究，加深了对印度佛教的消化和吸收，标志着中国佛教开始走向成熟。但是由于南北两地政治上的分裂，经济、文化上的差异，佛教学派的地域特点，反而给中国佛教的全面繁荣和发展造成了障碍。智𫖮借《法华经》的"会三归一"之说，在综合南北学派异说的基础上，建立了中国佛教的第一个宗派天台宗，使中国化的佛教获得了坚实的理论基础和实践原则。[②]天台宗的佛教思想在客观上适应了南北统一的大趋势，受到隋王朝的重视，但智𫖮本人却丝毫没有为了私利去迎合隋王朝的统治者，其自由独立的人格魅力和高深的佛学思想一直为后人所景仰。

智𫖮死后，他的弟子们选择了和隋王朝合作的道路。开皇二十年（600），晋王杨广终于被立为太子，天台僧团上首、智𫖮的弟子智越即遣门人灌顶、智璪奉启入京称贺，并呈谢天台新寺建成，请杨广赐名。杨广即赐名"国清寺"。仁寿四年（604）杨广继位，天台僧团又遣智璪称贺。大业六年（610）九月，隋炀帝第二次巡幸扬州时，天台僧团再次遣智璪往江都参拜。炀帝在大牙殿为智璪赐座，并命柳顾言为智者大师制碑。天台僧团在隋炀帝的大力扶持下，开始走向全盛。

三　对南朝典籍的抢救和整理

魏晋南北朝时期，频繁的政权更替和战乱，给图书典籍的收藏、流通造成了巨大的灾难。据《隋书·经籍志序》的记载，东晋初年，著作郎李充检校政府所藏典籍，仅3014卷。其后，随着北方人口的不断南迁，原来西晋王朝所藏的图书典籍渐渐流入江左，加上东晋一代的传抄和新作，至刘宋元嘉八年（431）秘书监谢灵运造四部目录时，已增至64582卷。梁元帝平定侯景之乱，将建康的公私典籍收归江陵，大凡七万余卷。北周攻陷江陵时，这些典籍被梁元帝自己点火焚毁。陈文帝天嘉年间（560—

---

① （隋）灌顶：《隋天台智者大师别传》，见《大正新修大藏经》第50册，史传部二。

② 参见潘桂明：《智𫖮评传》，南京大学出版社1996年版，第462页。

566)，政府又一次组织收集，但缺失依然很多。

隋朝建立以后，非常重视对图书典籍的整理和收藏。开皇三年(583)，秘书监牛弘上表隋文帝，请求加强政府图书馆的建设。这一建议被隋文帝采纳，政府分遣使者，往全国各地搜访异本，规定每抄写一卷，即赏绢一匹，使者只带回抄本，原本归还主人。于是，流散于民间的稀见图书，逐渐回流到了政府手中。

平陈之际，作为总元帅的杨广非常注意保护江南的文化典籍，在其率军进入建康的当天，就"使高颎与元帅府记室裴矩收图籍，封府库，资财一无所取，天下皆称广，以为贤"[①]。获得的陈朝图书，大多是陈宣帝太建年间(569—582)抄写的。陈朝自文帝天嘉年间(560—566)致力收集图书典籍，可能一直持续到太建年间，前后历时十余年。由于人力、财力的不济，陈朝收藏的图书大多"纸墨不精，书亦拙恶"。虽然如此，由于完整地接受了陈朝的图书典籍和六朝历代藏书目录，隋朝才得以"经籍渐备"。这批典籍运回京师以后，隋朝政府非常重视，对之进行了仔细地整理。"总集编次，存为古本。召天下工书之士，京兆韦霈、南阳杜頵等，于秘书内补续残缺，为正副二本，藏于宫中，其余以实秘书内、外之阁，凡三万余卷。"[②]招集书法上乘者重新抄写，将原本存为古本，抄本分别收藏于宫中和秘书内、外阁，数量达三万余卷。

隋炀帝本人非常喜欢收藏图书典籍。"帝好读书著述，自为扬州总管，置王府学士至百人，常令修撰，以至为帝，前后近二十载，修撰未尝暂停；自经术、文章、兵、农、地理、医、卜、释、道乃至蒱博、鹰狗，皆为新书，无不精洽，共成三十一部，万七千余卷。"[③]即位后，隋炀帝又下命对政府所藏图书进行重新整理。"秘阁之书，限写五十副本，分为三品：上品红琉璃轴，中品绀琉璃轴，下品漆轴。于东都观文殿东西厢构屋以贮之，东屋藏甲乙、西屋藏丙丁。又聚魏已来古迹名画，于后殿起二台，东曰妙楷台，藏古迹；西曰宝迹台，藏古画。"[④]东都观文殿的图书按照四部分类法分藏，东厢藏甲乙，即经、史类，西厢藏丙丁，即子、集类。这些图书是隋文帝时整理过的秘书省内、外阁之书的副本，其中许多是南朝典籍。书籍之外，隋炀帝还在观文殿后的妙楷台收藏古代书法碑帖，在宝迹台收藏古画。南朝文化繁荣，书画名家辈出，炀帝又钟情于南朝文化，收藏的南朝书画必然不少。

隋朝还很重视佛、道典籍的整理。平陈之日，杨广担心经像毁于战火，命令各军所到之处注意收集，并要求在一月之内送至江都。杨广命学士和高僧对收集来的经像进行整理，在扬州的晋王府中立宝台经藏，共四藏，藏经将近十万轴。在东都整理

---

① 《资治通鉴》卷一七七隋文帝开皇九年(589)正月条，中华书局1955年版，第5510页。

②④ 《隋书》卷三二《经籍志序》，中华书局1973年版，第908页。

③ 《资治通鉴》卷一八二隋炀帝大业十一年(615)正月条，中华书局1955年版，第5694页。

图书时,“又于内道场集道、佛经,别撰目录”[1],其中不少的佛、道经典应该来自南朝。

四 南朝文化对隋朝的影响

自西晋灭亡,南北分裂,北方士人大批南渡,中原地区的文化中心地位受到了挑战。东晋南朝较好地保存了汉魏时期的典章制度、衣冠礼乐,因而受到北人的仰慕,“中原士大夫望之,以为正朔所在”[2]。南北分裂期间,江南文化也通过各种渠道传入北方,但终属涓流,难以产生很大的影响。隋朝平陈,完成统一大业,这不仅是政治和军事上的胜利,而且在文化上也对隋朝产生了深远的影响。皮锡瑞在《经学历史》中说:“学术随世运为转移,亦不尽随世运为转移。隋平陈而天下统一,南北之学亦归统一,此随世运为转移者也;天下统一,南并于北,而经学统一,经学反并于南,此不随世运为转移者也。”[3]皮锡瑞之语,虽就经学而言,但在政治、经济、文化等众多领域,南朝对统一隋唐帝国的影响确实不可忽视。唐代的“南朝化倾向”、“南朝文化北传”、唐代中央财政制度的“江南地方化即南朝化”等,也频频见于史学论著,成为隋唐史研究的重要命题。[4]

平陈之初,隋文帝从“关中本位政策”的立场出发,对南朝文化更多地采取排斥态度,在这样的历史背景下,南朝文化对隋朝正统文化的影响是有限的。南朝文化广泛为隋朝接受,这与隋炀帝个人的经历和喜好有着密切的关系。隋炀帝长期坐镇江都的期间,与江南士人交往密切,深受南朝文化的熏陶,因此继位后一改文帝时期的排斥政策,致力于南北文化的交融,南朝文化开始对此后的隋唐文化产生全面影响。而这场文化变革的第一步,正是从今江苏地区跨出的。

南、北朝文化的区别突出表现在南北学风的差异上。《隋书》卷七五《儒林传序》称:“大抵南人约简,得其英华,北学深芜,穷其枝叶。”[5]就是对这种差异的典型概括。不过,所谓“约简”和“深芜”,不一定是指文字的繁简,江南士人撰著的诸经“讲疏”、“义疏”,卷帙也相当繁多。“约简”和“深芜”可以理解为南学重义解,北学重训诂,这正是魏晋新学风和汉代学术传统的区别所在。重义解的南方经学,与玄学在江南的传播有着密切关系。永嘉之乱后,大批名士南渡,本来盛行于洛阳地区的玄学随之传

---

① 《隋书》卷三二《经籍志序》,中华书局 1973 年版,第 908 页。

② 《北史》卷五五《杜弼传》,中华书局 1974 年版,第 1987 页。

③ (清)皮锡瑞著,周予同注释:《经学历史》第七章《经学统一时代》,中华书局 2004 年版,第 193 页。

④ 例如陈寅恪《隋唐制度渊源略论稿》(中华书局 1963 年版)、唐长孺《魏晋南北朝隋唐史三论》(武汉大学出版社 1992 年版)、牟发松《从社会与国家的关系看唐代的南朝化倾向》、王素《关于隋及唐初三省制的“南朝化”问题——以三省首长的职权和地位为中心》(同载牟发松主编《社会与国家关系视野下的汉唐历史变迁》,华东师范大学出版社 2006 年版)、何德章《“关陇文化本位”与“南朝文化北传”——关于隋唐政治文化的核心因素》(《唐研究》第十三卷,2007 年)等。

⑤ 《隋书》卷七五《儒林传序》,中华书局 1973 年版,第 1706 页。

播到江南，琅玡王氏、陈郡谢氏等侨姓高门大畅玄风，江南原有的经学世家也开始受到玄学的影响，因此南方经学逐渐玄学化。重名物训诂的北方经学，基本上笃守着汉代章句训诂的传统，杂以谶纬占候。直到隋代，这种学风基本没有大的变化。虽自北魏孝文帝后至北朝末期，受南朝学风的影响，北朝也有兼习玄学义理的儒生，但终究不盛。[①] 隋炀帝时期，恢复儒学，复开庠序，尤其重视南方儒士。如出生吴郡的褚辉，以《三礼》学著称于江南，“炀帝时，征天下儒术之士，悉集内史省，相次讲论。辉博辩，无能屈者，由是擢为太学博士。撰《礼疏》一百卷”[②]。出生于建康的萧该，是梁鄱阳王萧恢之孙，“梁荆州陷，与何妥同至长安。性笃学，《诗》、《书》、《春秋》、《礼记》并通大义，尤精《汉书》……后撰《汉书》及《文选》音义，咸为当时所贵”[③]。出生东海的包恺，从其兄包愉受《五经》，“又从王仲通受《史记》、《汉书》，尤称精究。大业中，为国子助教。于时《汉书》学者，以萧（该）、包（恺）二人为宗匠。聚徒教授，著录者数千人”[④]。出生吴郡的张冲，“仕陈为左中郎将，非其所好也，乃覃思经典，撰《春秋义略》，异于杜氏七十余事，《丧服义》三卷，《孝经义》三卷，《论语义》十卷，《前汉音义》十二卷，官至汉王侍读”[⑤]。这一批江南儒士，在隋朝著述讲授，传播了南朝文化，在很大程度上改变了北方的学风。

隋炀帝一改文帝专重关陇贵族的政策，让不少南方士人如虞世基、裴蕴等参与朝政，使南朝典章制度对隋朝产生影响。虞世基，会稽余姚人，博学高才，曾任陈朝尚书左丞。隋炀帝重其才，“亲礼逾厚，专典机密，与纳言苏威、左翊卫大将军宇文述、黄门侍郎裴矩、御史大夫裴蕴等参掌朝政”[⑥]。裴蕴在陈朝为直阁将军、兴宁令。大业初，隋炀帝征其为太常少卿。裴蕴“奏括天下周、齐、梁、陈乐家子弟皆为乐户。其六品已下，至于民庶，有善音乐及倡优百戏者，皆直太常。是后异技淫声咸萃乐府，皆置博士弟子，递相教传，增益乐人至三万余”[⑦]。裴蕴在将南朝音乐传入隋朝宫廷方面，起到了重要的作用。

随着南朝儒士越来越多地参与朝政，南方文化对隋朝的政治制度也产生了很大的影响。从隋唐政治制度的核心三省制中，依然可以看出“南朝化”的迹象。例如，南

---

① 参照唐长孺：《魏晋南北朝隋唐史三论》第二篇第四章《南北学风的差异》，武汉大学出版社 1992 年版，第 213 页等。

② 《隋书》卷七五《儒林传・褚辉》，中华书局 1973 年版，第 1723 页。

③ 《隋书》卷七五《儒林传・萧该》，中华书局 1973 年版，第 1715—1716 页。中华本原作“后撰《汉书》及《文选音义》”，愚意当作“后撰《汉书》及《文选》音义”。

④ 《隋书》卷七五《儒林传・包恺》，中华书局 1973 年版，第 1716 页。

⑤ 《隋书》卷七五《儒林传・张冲》，中华书局 1973 年版，第 1724 页。

⑥ 《隋书》卷六七《虞世基传》，中华书局 1973 年版，第 1572 页。

⑦ 《隋书》卷六七《裴蕴传》，中华书局 1973 年版，第 1574—1575 页。

朝梁、陈与北朝北魏、北齐的三省制，虽然都多少不等地源于南朝宋、齐的三省制，但由于发展方向不同，其内涵也有很大差异。从三省长官的职权和地位来比较，南朝梁、陈的尚书令常阙，尚书仆射为真宰相；中书省已是宰相机构，中书监和中书令离宰相已为期不远；门下省侍中出纳之职加强，且有宰相之称。而北魏、北齐尚存录尚书事的官号，与尚书令、仆射并有宰相之名；中书令地位不显，中书监、令从未有过宰相之名；门下省地位虽然重要，但侍中亦无宰相之名。隋及唐初的三省之中，尚书令常阙，而以仆射为尚书省长官，实际上是南朝陈的新制；隋内史令和唐初中书令作为中书省的长官，属于当然的宰相，掌诏书的起草和传宣；隋纳言和唐初侍中作为门下省的长官，亦为当然的宰相，掌出纳封驳。[①] 隋及唐初的三省制的很多内容都源于南朝梁、陈，隋唐代政治制度受到南朝影响之大由此可见一斑。

隋朝的文学也深受南朝文学的影响。北朝学风崇尚质朴无华，不重辞赋，其文学形式也多为诏诰公文为主。西魏、北周时期，庾信、王褒等江南士人的入关，以及周、陈通好，互派使节，江南文风及作品曾经流行关中。隋初，文帝崇尚质朴，“发号施令，咸去浮华”[②]。“开皇四年，普诏天下，公私文翰，并宜实录。其年九月，泗州刺史司马幼之文表华艳，付所司治罪。”司马幼之事件以后，虽然“自是公卿大臣咸知正路，莫不钻仰坟集，弃绝华绮”[③]，但“时俗词藻，犹多淫丽”[④]。隋朝统一全国后，南方文士陆续来到北方，更使南朝文学风靡全国。隋炀帝是受惠于南朝文学的代表。

隋炀帝喜爱属文，早年曾深受庾信体的影响。庾信由梁入西魏，他的诗赋深受时人喜爱，隋炀帝也是效仿者之一。炀帝在任扬州总管期间，“招引才学之士诸葛颖、虞世南、王胄、朱玚百余人以充学士，而（柳）䛒为之冠，王以师友处之，每有文什，必令其润色，然后示人。尝朝京师还，作《归藩赋》，命䛒为序，词甚典丽”[⑤]。通过向江南文士虚心学习，隋炀帝的文采大增，并摆脱了庾信体的浮华淫丽，趋向典雅。《隋书》卷七六《文学传序》称：“炀帝初习艺文，有非轻侧之论，暨乎即位，一变其风。其《与越公书》、《建东都诏》、《冬至受朝诗》及《拟饮马长城窟》，并存雅体，归于典制。虽意在骄淫，而词无浮荡，故当时缀文之士，遂得依而取正焉。”[⑥]上行下效，隋炀帝的文章对隋朝文士的影响是不言而喻的。

---

① 参照王素：《关于隋及唐初三省制的“南朝化”问题——以三省首长的职权和地位为中心》，载牟发松主编《社会与国家关系视野下的汉唐历史变迁》，华东师范大学出版社 2006 年版。

②④ 《隋书》卷七六《文学传序》，中华书局 1973 年版，第 1703 页。

③ 《隋书》卷六六《李谔传》，中华书局 1973 年版，第 1545 页。

⑤ 《隋书》卷五八《柳䛒传》，中华书局 1973 年版，第 1423 页。

⑥ 《隋书》卷七六《文学传序》，中华书局 1973 年版，第 1730 页。

第二章 隋末唐初动乱时期的江苏地区

第一节 隋末动乱时期的江苏地区

一 江淮各地的反隋运动

大业七年(611)、九年(613)、十年(614),隋炀帝连续发动了三次征伐辽东的战役,这三次战役把隋王朝拖入了战乱和亡国的深渊。为了战事的准备,大业六年(610),隋炀帝便在山东地区设置军府[①],大批征兵,又下令民户养马以供军役。次年,以涿郡(治今北京市西南)为陆军集结地,作为陆路攻击的前沿基地;又在东莱郡(治今山东掖县)沿海招募训练水军,作为渡海供给的前沿基地,并发江淮以南水手一万人,弩手三万人充实水军。为了确保前线的兵源和供给,"飞粮挽秣,水陆交至",负担兵役和徭役的民丁,总数达到三百四五十万,约占隋朝大业年间总人口的十三分之一强。而所征调的民丁又多为丁壮,以至于"比屋良家之子,多赴于边陲,分离哭泣之声,连响于州县。老弱耕稼,不足以救饥馁,妇工纺绩,不足以赡资装"[②]。并由此导致"耕稼失时,田畴多荒"[③],加之水灾频发,谷价踊贵,饥荒频仍,连续三次的征伐战争,均以隋军的失败而告终。然而,这绝不仅仅是军事上的失败,而且还是整个社会趋于崩溃的导火线。战争给社会带来了深重的灾难,反隋运动一触即发。

所谓"反隋运动",是指为抵抗隋朝沉重的兵役、徭役等负担而发动的斗争运动。加入到这场运动中去的人员,既有大量的下层农民,也包括了一些地方上的豪族,甚

① 当时的山东地区指函谷关、太行山以东广大地区,包括今山东省和河北省中南部、河南省中北部,亦即黄河下游广大地区。

② 《隋书》卷二四《食货志》,中华书局1973年版,第672页。

③ 《资治通鉴》卷一八一隋炀帝大业七年(611)十月条后,中华书局1955年版,第5656页。

至还有隋朝官员。下层农民的目的比较单纯，只要能够身免沉重的兵役和徭役，维持最低生活保障即可。地方豪强，在相当程度上是乡村社会的代言人，他们参与到反隋运动中去，既有维持乡村秩序的一面，也有保护自身权益、谋求发展的一面，甚至不乏借机复辟重谋割据者。隋朝官员则多在“为天下解倒悬之急，救黎元之命”[①]的旗帜下，谋取权力的再分配。下层农民、地方豪族和隋朝官员，虽然阶层不同，目的各异，但是，从大业七年(611)开始，至唐武德七年(624)全国的平定，前后近四分之一个世纪，成为隋末唐初历史舞台上的主角。

以农民为主体的反隋运动首先在受害最为深重的山东地区爆发。就在隋炀帝发动第一次征伐辽东战争的同年，即公元611年，邹平(今属山东)人王薄首先在长白山(今山东章丘市境内)聚众，“作《无向辽东浪死歌》，以相感劝，避征役者多往归之”[②]。一人发难，天下云合响应，反隋运动很快就蔓延到其他地区。在此后的几年内，山东地区先后有张金称、高士达、刘霸道、孙安祖、窦建德、孟海公、郭方顶、孟让、郝孝德、格谦、孙宣雅、杨玄感、杜伏威、辅公祏等数十股力量。他们之中，有王薄这样的下层农民，也有像刘霸道这样的豪族，更有像上柱国、吏部尚书杨玄感(杨素之子)这样的隋朝高级官僚。此后，反隋运动蔓延到关中、河东甚至是江南、岭南地区，暴动的次数越来越频繁，规模也越来越大，据统计，大大小小的武装力量约有一百三四十支。紧邻山东地区的今江苏省域也不例外，先后出现过好几股反隋力量，并逐渐成为反隋运动的重要舞台。活跃在今江苏境内各地的反隋运动主要有以下一些。

1. 大业九年(613)七月，余杭(治今浙江杭州市)人刘元进响应杨玄感而起，聚众至十万。八月，吴郡(治今苏州市)人朱燮、毗陵(治今常州市)人管崇相继起兵。朱燮本是还俗道人，身材矮小，但涉猎经史，颇知兵法，在昆山县为学官，与数十县学学生起兵，“民苦役者赴之如归”。管崇身材高达，姿容俊美，志气倜傥，隐居在常熟县，自称有王者之相，“故群盗相与奉之”。身在征伐辽东前线的隋炀帝，命虎牙郎将赵六儿将兵万人屯扬子(今扬州市南扬子桥附近)，分为五营以备“南贼”。管崇遣其将陆颛渡江，夜袭赵六儿，破其两营，收其器械军资而去，这样，江南的反隋力量更加壮大，众至十余万。[③] 刘元进率大军准备渡江应援杨玄感，值杨玄感兵败被杀，于是留兵江南。朱燮、管崇“迎元进，推以为主，据吴郡，称天子，燮、崇俱为尚书仆射，署置百官，毗陵、东阳、会稽、建安豪杰多执长吏以应之”[④]，建立了政权。刘元进进而据丹阳(今南京

---

① 《隋书》卷七〇《杨玄感传》，中华书局1973年版，第1617页。

② 《资治通鉴》卷一八一隋炀帝大业七年(611)十二月条后，中华书局1955年版，第5656页。

③ 《资治通鉴》卷一八二隋炀帝大业九年(613)七月、八月条，中华书局1955年版，第5682—5683页。

④ 《资治通鉴》卷一八二隋炀帝大业九年(613)十月条，中华书局1955年版，第5685页。

市），大有割据江南、再现南北朝之势。炀帝遣左屯卫大将军吐万绪、光禄大夫鱼俱罗将兵讨伐，在润州（治今镇江市）击破刘元进，进屯曲阿（今丹阳市）。刘元进结栅与吐万绪军对峙百余日，终被击溃。“赴江水而死者数万。元进挺身夜遁，归保其垒。”①朱燮、管崇屯毗陵，连营百余里。吐万绪乘胜进击，攻破连营，将刘元进、朱燮、管崇包围在吴县的黄山。刘元进和朱燮最后只身逃脱，吐万绪“于阵斩管崇及其将军陆颢等五千余人，收其子女三万余口，送江都宫。进解会稽围”②。刘元进等后又一度以建安（治今福建建瓯市）为根据地，继续反隋运动。炀帝再命吐万绪进讨，但吐万绪以士卒疲敝为由不再进兵。炀帝不悦，密求吐万绪过失将之治罪。虽然隋军在军事上一时“战无不捷，然百姓从乱者如归市，贼败而复聚，其势益盛”③。可见单靠武力平叛并不能遏制民众的反隋情绪。后来，隋炀帝又遣江都丞王世充发淮南兵数万进讨刘元进，连战连捷，刘元进、朱燮败死于吴县，其余众或降或散。王世充招集先降者于通玄寺瑞像前焚香为誓，约定降者不杀，原本想逃往海上继续斗争部众听到消息后，旬月之间都陆续回来自首，王世充“悉坑之于黄亭涧，死者三万余人”。隋政府军丧失信用的行为让反隋民众彻底失去了希望，“由是余党复相聚为盗，官军不能讨，以至隋亡”④。

2. 大业九年（613）九月，东海郡（治今连云港市西南海州区）爆发了以彭孝才为首的反隋暴动，众达数万人，一时间控制了怀仁县（今赣榆县）周边地区，后转入沂水（今属山东），保五不及山。彭城留守董纯率精兵对彭孝才进行了残酷的镇压，彭孝才被捉后被处以车裂，余众随即散走。⑤

3. 大业十年（614）四月，彭城郡（治今徐州市）爆发了以张大彪、宗世模等人为首的反隋暴动，众至数万人，以悬薄山为根据地，活动在彭城郡和鲁郡（治今山东兖州市）一带。董纯再次发动了军事镇压。董纯采取了闭营不战的策略，张大彪、宗世模因此轻敌。董纯选精锐击之，两军合战于昌虑（今山东滕州市东南 60 里），张大彪军大败。董纯斩首万余级，并将收集的尸首合土筑成了巨大的高台（京观）。⑥

4. 大业十年（614）十二月，与王薄一起在长白山聚众的孟让率众十余万南下，渡过淮河，占据都梁宫。都梁宫是隋炀帝大业元年（605）沿通济渠建造的行宫之一，位于盱眙县都梁山下，“东据林麓，西枕长淮，南望岩峰，北瞰城郭，其中宫殿三重，长廊

---

①③ 《资治通鉴》卷一八二隋炀帝大业九年（613）十二月条，中华书局 1955 年版，第 5687 页。

② 《隋书》卷六五《吐万绪传》，中华书局 1973 年版，第 538—539 页。

④ 《资治通鉴》卷一八二隋炀帝大业九年（613）十二月条，中华书局 1955 年版，第 5688 页。

⑤⑥ 《隋书》卷六五《董纯传》、卷四《炀帝纪》、《北史》卷七八《董纯传》，中华书局 1973 年版。

周回"[①],控制着大运河的淮口,地理形势非常重要。炀帝遣江都郡丞王世充和奉诏于江南营造战舰的东莱留守陈棱合兵讨伐。王世充在都梁山下立五栅,相持不战,后乘孟让部众防守懈怠,出兵奋击,大破孟让军,斩首万人,尽获乘六畜、军资,仅孟让等十余骑突围而去。[②]

5. 大业十二年(616)二月,东海郡爆发了以卢公暹为首反隋运动,保据苍山(在今江苏灌云县境内),众至万余人。同年六月,还爆发了东海人杜伏威、扬州人沈觅敌等为首的暴动,随众亦至数万,不久即被右御卫将军陈棱击破。

以上这些反隋运动都是发生在隋末江苏境内但不久就被隋朝政府镇压下去的事例,规模不是很大。这些暴动虽然都遭受了镇压,但各地的反隋运动并没有就此消失,今江苏境内的各支反隋力量,经过不断地联合分化、强弱吞并,大业末年到唐代初年,形成了几支较为强大的地方割据势力。杜伏威、辅公祏占据丹阳(今南京市),李子通占据江都(今扬州市),沈法兴占据毗陵(今常州市),另外,还有占据着吴郡(今苏州市)的闻人遂安。随着北方唐朝势力的扩张,江淮地区的这些割据势力逐渐被分化瓦解,唐朝确立了在今江苏境内的稳固统治。

二 隋炀帝之死与隋朝的灭亡

大业十二年(616)七月,隋炀帝在烽烟四起之中,登上龙舟,第三次巡幸江都。这次巡幸实际上是逃生之旅,企图在老巢江都尽情挥霍自己的末日。到江都后,炀帝让王世充挑选江淮民间美女充实后宫,计有一百多房,每日只是宴饮出游。随着北方地区的形势更加恶化,隋炀帝亦知末日将临,曾对着镜子,摸着头颈对萧皇后说:"好头颈,谁当斫之?"但是,炀帝是不会甘心就此罢休的,他早已有了割据江南的图谋。常对萧皇后说:"外间大有人图侬,然侬不失为长城公,卿不失为沈后,且共乐饮耳!"[③]意思是即使失去关中和中原,亦可以像当初陈后主(降隋后封长城公)那样偏安一方,苟延残喘。在大业十二年(616)正月计划南巡之时,炀帝已经命人在毗陵(今常州市)营建宫苑,并且还打算在会稽(今浙江绍兴市)修筑宫殿。大业十三年(617)正月,山东反隋势力杜伏威率领部众渡过淮水,攻下历阳郡(治今安徽和县),江都与中原之间道路隔绝,尘烟四逼。大业十三年(617)十一月,在太原起兵的李渊进入隋都大兴城(今陕西西安市),炀帝已知复国无望,加之江都粮尽,于是听从内史侍郎虞世基、秘书监袁充等人的意见,派人往丹阳(今南京市)修建宫殿,准备迁都丹阳,与北方划江而治,

---

① (宋)乐史撰,王文楚等点校:《太平寰宇记》卷一六临淮县条,中华书局2007年版,第314页。

② 《隋书》卷四《炀帝纪》、卷六四《陈棱传》、卷八五《王(世)充传》,中华书局1955年版。

③ 《资治通鉴》卷一八五唐高祖武德元年(618)三月条,中华书局1955年版,第5775页。

终因部下反对，没有实现。[①]

炀帝放弃回都的打算，引起了禁卫部队的慌乱。从驾的骁果兵士多是关中人，他们怀念家乡的父母妻子，不愿久居江都，见炀帝没有北归的打算，不满情绪日益高涨，"莫不思归，人人耦语，并谋逃去"[②]。为了使随从而来的关中骁果侍卫安心留在江都，隋炀帝还"括江都人女寡妇以配从军"[③]，即使这样，也不能打消将士们的思乡之情。虎贲郎将司马德戡、元礼和监门直阁裴虔通等人利用骁果的不满情绪，拥戴曾是炀帝亲信的右屯卫将军宇文化及为主，在江都密谋发动叛乱。大业十四年(618)三月一日，司马德戡担心骁果众心不一，精心设计了一场骗局来胁迫骁果叛乱。让直长许弘仁和医正张恺在骁果中散布谣言称："陛下闻骁果欲叛，多醖毒酒，欲因享会，尽鸩杀之，独与南人留此。"[④]受到谣言的蛊惑，众骁果都决心叛乱。半夜，司马德戡在江都东城内集合数万士兵，举火与城外呼应。隋炀帝察觉外面有动静，询问何事，裴虔通谎称是草坊被烧，外面在救火。隋炀帝便没有继续追查。连萧皇后都认识到大势已去，"天下事一朝至此，无可救者，何用言之！徒令帝忧耳！"[⑤]不管发生什么，已无必要向炀帝禀报了。隋炀帝的孙子燕王杨倓察觉事变，扣宫门告变，遭到宫门卫将士阻拦，乱发后被叛军杀死。江阳县令张惠绍亦夜驰告变，与裴蕴密谋矫诏发郭下兵民，由来护儿率领逮捕宇文化及，营救隋炀帝。他们把计划告诉虞世基，虞世基怀疑叛乱的情报不实，压住计划没有行动。不久，叛乱发生，炀帝一派失去了反击的机会。

司马德戡串通了宫门卫士，轻易带兵闯入江都宫。炀帝逃至西阁，被乱兵捕获。次日，司马德戡命人把隋炀帝拉出江都宫门示众，然后带回，派令狐行达弑杀炀帝。在寝殿，隋炀帝自解练巾交与令狐行达，行达用练巾缢杀炀帝，时年五十岁。隋炀帝被缢杀后，萧皇后令宫人拆床板为小棺，将他的尸体殡于西院流珠堂。八月，宇文化及等率军北归后，右御卫将军陈棱粗备天子仪卫，于成象殿为炀帝举行了葬礼，葬于吴公台下(约今扬州市平山堂前)。九月，唐高祖李渊追谥曰炀帝。武德二年(619)六月，李渊曾正式下诏埋葬隋炀帝及其子孙，但因江都为李子通所占，未能执行，直至武德五年(622)八月动乱基本平定以后，才正式改葬隋炀帝于扬州雷塘。

传说中的隋炀帝陵位于今扬州市北郊槐泗镇槐二村雷塘北侧，年久荒芜，迄至清代，仅存一土丘。清嘉庆十二年(1807)，大学士阮元考证其为炀帝陵墓，为其立碑。

---

① 《隋书》卷四《炀帝纪》、《北史》卷七八《赵才传》，中华书局1973年版。

② 《隋书》卷八五《宇文化及传》，中华书局1973年版，第1888页。

③ 《隋书》卷四《炀帝纪》，中华书局1973年版，第93页。

④⑤ 《资治通鉴》卷一八五唐高祖武德元年(618)三月条，中华书局1955年版，第5777—5778页。

不过,阮元的考证并没有经考古发掘证实。2013年3月,在扬州市西湖镇司徒村曹庄发现两座砖室墓,经专家认定,为隋炀帝与萧皇后的墓葬。其中一号墓为方形砖室墓,墓葬通长24.48米,东西连耳室宽8.22米,残高2.76米,出土写有"随故炀帝墓志"文字的墓志。二号墓为腰鼓形砖室墓,墓葬通长12.64米,宽5.9米,残高1.6米。历史记载,隋炀帝陵曾多次迁移,最初殡在江都宫流珠堂,后葬在吴公台下,公元622年唐高祖李渊以帝礼将其葬于雷塘,新发现的曹庄墓葬即被认为是隋炀帝的最后埋葬之地。

曹庄隋唐墓葬M1墓室全景

第二节 唐初对江苏境内割据势力的平定

一 炀帝死后的全国形势

在轰轰烈烈的反隋运动中,旧隋朝官员是一支不可忽视的力量,与各地反隋力量中的下层民众或地方豪强相比,他们拥有较高的政治地位和社会地位,拥有号召力和话语权,也拥有可供支配的军队和给养,有些甚至是历代勋胄、皇亲国戚,因此,反隋运动的果实最终被他们攫取,这似乎是历史的必然。在全国的反隋运动中最后胜出的是李渊父子。

李渊是关陇贵族集团中的重要成员。史载其祖先是陇西狄道(今甘肃临洮市)人,十六国时凉武昭王李暠的后代。从北魏时的李熙开始,担任北镇镇将,"领豪杰镇武川,因家焉"①。因此,至迟从这个时候开始李氏就与宇文泰、杨坚的先世同为北魏武川镇军人了。到李渊的祖父李虎时,因帮助宇文泰在关中建功立业,被封为八柱国之一,并赐鲜卑姓大野氏,死后追封为唐国公。李渊之父李昞袭爵,官至安州(治今湖北安陆市)总管、柱国大将军。李渊七岁时就袭封唐国公,历任刺史、郡守、卫尉少卿等职。不仅如此,李昞之妻独孤氏是隋文帝独孤皇后之姊,李渊则是隋文帝的妻侄,与隋炀帝互为姨表兄弟,属皇亲国戚。因此李渊自祖上三代以来,一直是西魏、北周和隋朝的贵族官僚。

---

① 《旧唐书》卷一《高祖纪》,中华书局1975年版,第1页。

大业十二年(616),李渊任太原道安抚使。太原是隋朝的陪都,是隋与突厥对峙的前沿,军事地位非常重要。次年(617),升太原留守。留守官是隋朝设在陪都的长官,掌管宫阙。此时,反隋运动的风暴早已波及今山西境内,李渊作为隋朝高官,领兵镇压是其职责。历山飞、毋端儿、柴保昌等反隋势力都在李渊的镇压下失败。在镇压反隋势力的过程中,李渊也清楚地看到了隋王朝朝不保夕的颓运,于是积极发展自己的势力,在“隋国丧乱,苍生困穷,若不救济,终为上天所责”①的口号下,准备夺取政权。命长子李建成“于河东(治今山西永济市)潜结英俊”,次子李世民“于晋阳(治今山西太原市西南)密招豪友”,二人“倾财赈施,卑身下士,逮乎鬻缯博徒,监门厮养,一技可称,一艺可取,与之抗礼,未尝云倦,故得士庶之心,无不至者”②。这些结交,目的在于联络各地对隋朝政府不满的隋朝官僚和地方豪强,扩大势力。且李氏父子控制的太原,“强兵数万,食支十年”③,有足够的将士和粮饷。此外,李世民又结好于隋晋阳宫副监裴寂和晋阳令刘文静,共谋起兵,并且派刘文静秘结突厥始毕可汗,约定“若能从我,不侵百姓,征伐所得,子女玉帛,皆可汗有之”④,以子女玉帛,请求突厥的兵马帮助,并保证突厥暂不骚扰其后方。

一切准备就绪后,大业十三年(617)六月,李渊父子带兵从太原出发,过霍邑(今山西霍州市),至龙门,渡黄河,入关中,一路斩将招降,以二十万之众进攻隋都大兴(即长安,今陕西西安市)。这一年的十一月,隋军战败,李渊占领长安。

李渊占领长安后,立隋炀帝之孙代王杨侑为傀儡皇帝(恭帝),改元义宁,遥尊远在江都的炀帝为太上皇,自为大丞相,掌握实权。次年(隋大业十四年、隋义宁二年、唐武德元年,618)三月,炀帝在江都被宇文化及等缢杀;五月,恭帝不得不让出帝位,李渊登上皇帝宝座,国号唐,改元武德,仍都长安,唐朝建立,李渊即唐高祖。

江都方面,发动江都兵变的宇文化及,将随从炀帝巡幸江都的隋室杨氏成员杀戮殆尽,只留下秦孝王之子杨浩,并立杨浩为帝,自己任丞相。十多天后,宇文化及等掠夺江都民间的舟楫,从水路西归。行至徐州,因水路不通,又掠夺民间车辆牛马二千多辆,尽载宫人珍宝,而武器装备等辎重却全部令军士肩担背负。行途遥远,三军疲惫,开始出现怨气。江都兵变的始作俑者司马德戡对宇文化及的行为道德也感到非常失望,纠集军队准备袭杀宇文化及等人,事泄被杀。宇文化及于是率领大队人马向东郡(治今河南滑县东南)进发。宇文化及率众于大业十四年(618)秋渡过黄河,与李

①②④ (唐)温大雅撰,李季平、李锡厚点校:《大唐创业起居注》卷一,上海古籍出版社1983年版,第8—9、4—5、9页。

③ 《旧唐书》卷六四《巢王元吉传》,中华书局1975年版,第2420页。

密、徐世勣争夺黎阳仓，决战于童山（今河南浚县西南），大败，北逃魏县（治今河北大名县西南魏城）。此时的宇文化及已是众叛亲离，自知必败，叹曰："人生故当死，岂不一日为帝乎？"①于是鸩杀其所立傀儡皇帝杨浩，自立为帝，国号许，建元天寿，署置百官。宇文化及后被窦建德军俘获，与其二子同时被杀，首级被送到远嫁突厥的隋义成公主处，义成公主将之枭首，以报国破家亡之仇。

炀帝被杀后的一段时间，国家权力陷入了极度混乱之中。李渊废隋恭帝，在长安称帝，建立唐朝，控制着关中、河东地区。王世充、元文都等在洛阳拥立隋炀帝之孙越王杨侗为帝，控制着黄河南北。窦建德称夏王，控制着河北地区。瓦岗军首领李密则首鼠两端，对东都的王世充和长安的唐王朝忽臣忽叛。这些主要势力之外，其他地区也都活跃着许多大小割据势力，今江苏省域内则主要有李子通、沈法兴和杜伏威、辅公祏三股最大的割据势力。这三股势力在江淮的相互争夺，在唐朝势力的介入下先后瓦解。

二　唐初江苏境内割据势力的兴亡

李子通，东海郡丞（今山东枣庄市南）人。少时贫穷，靠渔猎为生。隋末大乱，李子通投奔聚众长白山的左才相部，凭借武力为左才相倚重。左才相的部下大多残忍无道，只有李子通待人仁义，因此归附者甚众，不到半年，手下就聚集了万人。李子通势力的不断膨胀，引起了左才相的嫉恨。羽翼已丰的李子通于是脱离左才相的队伍，于大业十一年(615)，带着自己的人马自今连云港一带进入今江苏境内，不久渡过淮河，游弋于江淮之间。李子通到达淮南以后，曾一度与江淮地区的另一支反隋势力杜伏威联合在一起，但因密谋火并杜伏威部，计谋未果而分裂。又遭到隋将来整的袭击，几乎全军覆灭。遂与残余部众逃奔海陵（今泰州市），在当地招募了两万人，实力有所恢复，于是自称将军，在海陵一带建立根据地，威胁江都。不久自称楚王，建年号曰明政。②

宇文化及率众北归时，任隋将陈棱为江都太守。当时，陈棱守江都，李子通据海陵，杜伏威据历阳（今安徽和县），沈法兴据江南，均有割据江东之心。武德二年(619)，李子通率军袭击江都。陈棱此时已是孤军，只得送上人质向宿敌割据江南的沈法兴和割据江淮的杜伏威求救。沈法兴、杜伏威各自带兵来救，杜伏威屯兵清流（今安徽滁州市），沈法兴遣子沈纶保据扬子（今扬州市南扬子桥附近）。李子通部下

---

① 《隋书》卷八五《宇文化及传》，中华书局 1973 年版，第 1891 页。

② 《隋书》卷四《炀帝纪》、卷六四《陈棱传》，中华书局 1973 年版。

毛文深进计，招募江南人诈作沈法兴的部众，夜袭杜伏威。杜伏威中了李子通的离间计，误认为遭到沈法兴军的袭击，于是派兵袭击沈法兴。杜、沈二人相互猜疑，谁都不愿赴援江都。李子通于是尽遣精锐部队攻陷江都，陈棱逃奔杜伏威，不久被杀。李子通又遣兵大败沈纶，完全占据江都，自称皇帝，国号吴，建元明政。

李子通建国称号后，占据丹阳（今南京市）的割据势力乐伯通，率领部下万余人归降李子通，子通拜他为尚书左仆射，势力更加壮大，开始对周围的其他势力进行扫平。李子通渡江进击沈法兴于庱亭（今常州武进区与丹阳市交界处），沈法兴弃城逃遁，东下占据毗陵（今常州市）。李子通捕获沈法兴的府掾李百药，引为内史侍郎，掌管文书事务。李百药是著名的史学家，《北齐书》的撰著者。又任沈法兴尚书左丞殷芊为太常卿，掌管礼乐。处于无政府状态下的江淮郡县和江南人士见到李子通重用士人，纷纷前来归附。之后，杜伏威派辅公祏攻陷丹阳，进屯溧水，李子通袭击辅公祏，反为所败。加之粮食耗尽，李子通只好放弃江都，保据京口（今镇江市），长江以西以北均被杜伏威占据。李子通东走太湖，纠集亡散士卒，得两万余人，攻破保据吴郡（今苏州市）的沈法兴，并率其部众继续南下，定都余杭（今浙江杭州市）。一时间占据了东至会稽（今浙江绍兴市），南至五岭，西距宣城，北至太湖的广大地区。

武德四年（621），杜伏威派部将王雄诞率兵来攻，与李子通大战于吴郡，李子通战败，退守余杭。王雄诞乘胜追击，两军战于余杭城下，子通又败，走投无路，只得向杜伏威请降。杜伏威将李子通及其左仆射乐伯通执送长安，尽有李子通故地。唐高祖李渊此时致力于全国的平定，对归降的李子通起先并没有降罪，反而赐宅一区，赐田五顷，赏赐丰厚。后杜伏威来长安朝见李渊时，李子通对乐伯通说："伏威既来，东方未静，我所部兵，多在江外，往彼收之，可有大功于天下矣。"[①]想乘机出逃东归，企图东山再起。两人一起逃到蓝田关时，被关吏捉住，押送到长安处死。

沈法兴，吴兴郡武康（今浙江德清县）人。武康沈氏是南朝著名的地方豪族，原本靠武力起家，长期以来拥有比较强大的私人武装，但又出有像沈约这样的著名文士，因此，吴兴沈氏在江南有着很大的影响力。沈法兴之父亲沈恪，在陈朝为特进、广州刺史。沈法兴在隋朝大业末年任吴兴太守。东阳郡反隋武装首领楼世干率众围攻东阳郡城（今浙江金华市），隋炀帝命沈法兴与太仆丞元佑讨楼世干。不久，宇文化及于江都弑隋炀帝，江南的形势因之更加混乱。沈法兴世代居住江南，宗族数千家，为远近所服，有恃无恐，就与元佑的部将孙士汉、陈果仁共谋，囚禁元佑，打着讨伐宇文化及的旗号，号令远近。沈法兴带兵从东阳郡出发，攻下余杭郡，进趋江都，一路收集人

---

① 《旧唐书》卷五六《李子通传》，中华书局 1975 年版，第 2274—2275 页。

马，到达乌程（今浙江湖州市）时，已有精兵六万。

隋毗陵郡（治今常州市）通守路道德率兵抵抗，沈法兴先请求与路道德联合，趁着双方会盟时袭杀了路道德，占据郡城。此时，乐伯通据丹阳（今南京市），为宇文化及守城，沈法兴派陈果仁攻陷丹阳城，乐伯通渡江归顺李子通。至此，沈法兴占据了江南十余郡，自封为江南道总管。他听说越王杨侗在洛阳被元文都、王世充立为帝，即上表越王侗，表示归顺，自称大司马、录尚书事、天门公，自署百官，以陈果仁为司徒，孙士汉为司空，蒋元超为尚书左仆射，殷芊为尚书左丞，徐令言为尚书右丞，刘子翼为选部侍郎，李百药为府掾，初步具备了政权形式。

沈法兴自攻占毗陵郡后，认为江淮以南可轻松平定，就开始专立威刑，将士稍有过错便被诛杀，而自己仍言笑自若，于是将士离心。不久，沈法兴自称梁王，建元延康，改变隋朝的职官制度，恢复陈朝制度，建立起了割据政权。此时，杜伏威据历阳，陈棱据江都，李子通据海陵，人人手握重兵，都有攻占江南的意图。沈法兴三面受敌，屡屡败北。陈棱被李子通围逼，向沈法兴求救，沈法兴遣子沈纶领兵数万前去救援。李子通率兵攻击，大败沈纶，乘胜渡江，攻陷京口。沈法兴又遣蒋元超迎敌，元超也战死。沈法兴只得带领左右数百人投靠吴郡的割据势力闻人遂安。闻人遂安派部将叶孝辩接应沈法兴，行至半途，沈法兴反悔，企图杀死孝辩，改向会稽。叶孝辩察觉到了沈法兴的意图，沈法兴因此恐惧，投江而死。①

杜伏威，齐郡章丘（今山东章丘市南）人。少时落拓不羁，不事生产，家境贫困，靠小偷小摸度日，与同郡临济（今山东济阳县东）人辅公祏为刎颈之交。辅公祏姑家以牧羊为业，多次送羊给杜伏威，姑家对此很生气，因此举报了他们偷盗的事情。官府追捕急迫，两人于是逃亡在外，聚集流民为盗。当时杜伏威才 16 岁，但他注意保护部下，每逢争战，出则居前，入则殿后，因此被推为首领。

大业九年（613），杜伏威率领自己的部众到长白山投靠左君行，因未被礼遇，随即离开，独自率众向南移动，进入今江苏境内，自称将军。当时下邳（今宿迁市东南）有苗海潮，也聚众反隋。杜伏威派辅公祏前去劝说苗海潮："今同苦隋政，各兴大义，力分势弱，常恐见擒，何不合以为强，则不患隋军相制。若公能为主，吾当敬从，自揆不堪，可来听命，不则一战以决雄雌。"②告诉苗海潮只有联合才能抵抗隋军，如果你没有能力吞并我，就来投降，否则难免一战。苗海潮深感恐惧，乖乖地率领部众归顺了杜伏威。

① 《旧唐书》卷五六《沈法兴传》，中华书局 1975 年版，第 2272—2273 页。

② 《旧唐书》卷五六《杜伏威传》，中华书局 1975 年版，第 2267 页。

当时海陵(治今泰州市)还有一支赵破阵领导的反隋武装,听说杜伏威的兵力不多,遂有轻视之心,派人召唤杜伏威,打算兼并他。这一招和杜伏威吞并苗海潮的方法一样,杜伏威当然不会上当。杜伏威令辅公祏带领部众在外面待命,自己和十个随从带着酒肉到赵破阵军营谒见。赵破阵很高兴,把杜伏威引进帐内,并召集自己的部将同来喝酒庆贺。杜伏威在宴席上杀死赵破阵,兼并了他的队伍。从此,杜伏威的队伍日渐强大,北上占领安宜(今宝应市西南),大肆抢掠。

隋江都留守遣校尉宋颢率兵讨伐杜伏威,杜伏威与之交战,假装战败,把隋军引入芦苇丛中,因风纵火焚烧,隋军大败。隋炀帝又遣右御卫将军陈棱率领禁旅八千进攻杜伏威,陈棱不敢出战,杜伏威于是派人送其妇人衣装来激怒他,还写信称他为“陈姥”。陈棱果然被激怒,全军出战。杜伏威迎战,亲自到阵前挑战。陈棱的部将射中了他的额头,杜伏威大怒,指着他喊道:“不杀汝,我终不拔箭。”[①]于是纵马追击。陈棱的部将逃回阵中,杜伏威乘势杀入隋军阵营,大呼冲击,所向披靡,抓住了那个射箭的隋将,让他给自己拔出箭,然后将之斩杀,带着那人的首级再次冲入隋军阵中,杀死数十人。隋军溃败,陈棱仅以身免。杜伏威乘胜攻破高邮(今高邮市北),引兵进据历阳(今安徽和县),自称总管,分派众将攻略属县,攻无不克。杜伏威连连得胜,江淮之间大小反隋势力争先恐后前来归附,杜伏威成为江淮地区最强大的一支反隋武装。

杜伏威曾挑选敢死之士五千人,号为“上募”,给予丰厚的待遇,和他们同甘共苦。有攻战任务就令他们上阵,待战斗结束,如发现有人伤在背部就即刻处死。战斗所获财物,都用来犒赏士兵。如果有人战死,就命其妻妾殉葬,将士们只能奋勇杀敌,没有退路。因此,这支队伍战斗力非常强,所向无敌。

宇文化及与关中骁果发动叛乱,在江都杀死隋炀帝后,企图招降杜伏威,任命他为历阳太守,杜伏威拒绝任命。后来杜伏威渡江,将大本营转移到六朝故都丹阳(今南京市),登用士人,大修器械,薄赋敛,废除殉葬法,规定凡是犯奸、盗罪及为官者贪污,不论情节轻重一律处死。又上表洛阳的越王侗,表示归顺,越王侗任命杜伏威为东道大总管,封为楚王。此时的杜伏威已经开始竭力淡化反隋意识,转变原有的盗贼形象,转而尊隋朝为正统了。

当时,唐朝秦王李世民围攻洛阳的王世充,遣使招降杜伏威。杜伏威于武德二年(619)九月归降唐朝,唐高祖李渊遣使任命杜伏威为东南道行台尚书令、江淮以南安抚大使、上柱国,封为吴王,赐姓李氏。封杜伏威之子杜德俊为山阳公,赐帛五千段、马三百匹。此时的唐朝政府,正忙于平定北方地区的割据势力,一时还无暇顾及割据

---

① 《旧唐书》卷五六《杜伏威传》,中华书局1975年版,第2267页。

江淮的杜伏威,因此使用怀柔政策,暂时笼络他。杜伏威也无力对抗唐朝,又因出身盗贼,对自身的合法性缺少自信,也需要投靠一个名正言顺的王朝,使自己的势力合法化,先归隋,后降唐,都是这种心理的反映。

武德四年(621),杜伏威派将军王雄诞进攻占据杭州的李子通,擒获李子通并献给唐廷。此后又破汪华于歙县(今安徽歙县),尽有江东、淮南之地。势力南达五岭,东至于海,北达于淮,达到极盛。不久,得知李世民平定了北方割据势力刘黑闼,进攻徐圆朗,杜伏威自觉唐廷的下一个目标就是自己了。但此时的杜伏威已经失去了对抗的勇气,只好入朝表示臣服。杜伏威被留在长安,拜太子太保,兼行台尚书令,地位荣崇,甚至排在齐王李元吉的前面,但这些都是没有实权的虚衔,实际上已被架空。留在江淮的辅公祏再次掀起武装反唐,并诈称得到了杜伏威的命令。消息传到长安后,杜伏威在长安暴卒,又被剥夺官爵,除去李姓宗籍。直到贞观元年(627)才得以平反,恢复官爵,用公礼改葬。这一切不过是活人的演戏罢了。

辅公祏与杜伏威一起起兵,因年长于杜伏威,杜伏威把他当作兄长对待,军中都称辅公祏为伯。杜伏威见辅公祏在军中的威望与自己不相上下,暗暗嫉恨他,安排自己的养子阚棱为左将军,王雄诞为右将军,而推辅公祏为仆射,表面上给予尊崇,实际上剥夺了他的兵权。辅公祏看透了他的心思,虽然内心怏怏不平,但为避免争端,假装和老友左游仙学道术,不问世事。武德五年(622),杜伏威西赴长安,留辅公祏居守丹阳,又令王雄诞掌握军队,作辅公祏的副手。杜伏威私下对王雄诞说:"吾入京,若不失职,无令公祏为变。"①实际上是要他监控辅公祏。

杜伏威入京后,左游仙就劝说辅公祏造反。恰好王雄诞因病在家,辅公祏乘机夺取了他的兵权,诈言杜伏威不能返回江南,送来书信让他起兵。辅公祏即位称帝,改国号为宋,在六朝故都的遗址上修筑宫殿。置百官,以左游仙为兵部尚书、东南道大使、越州总管,镇守会稽(今浙江绍兴市)。大修兵甲,转运粮食,打算长期割据江南。又分遣部将在丹阳西南的博望山(今安徽当涂县西南长江边)、青林山(今安徽当涂县东南)屯兵结营,建立西部防线,准备抗拒南下的唐军。武德七年(624),唐高祖李渊命赵郡王李孝恭率兵进讨。唐军渡江,击破其西部防线,大破辅公祏军。辅公祏打算逃往会稽投靠左游仙,行至武康(今浙江德清县),被当地人抓获送往丹阳。李孝恭将辅公祏处死,传首京师。

今江苏境内自隋大业九年(613)开始,反隋运动北至彭城、东海,南及毗陵、吴郡,遍及全省域,大业十四年(618)年春隋炀帝在江都被杀后,江苏省域一时陷入政权的

① 《旧唐书》卷五六《辅公祏传》,中华书局1975年版,第2269页。

真空状态，各股反隋势力演变成割据势力，企图保有江东，重演南北分裂的历史。但在长期分乱之后建立统一国家的大势势不可挡。唐朝平定北方的割据政权，解决了心腹之患后，江淮地区的割据势力即随势而衰。武德七年(624)辅公祏政权被平定后，江苏境内长达二十余年的动荡宣告结束，在唐王朝的统治下，江苏省域迎来了一个全新的发展时期。

第三节　扬州大都督府的设置

武德七年(624)辅公祏割据政权被平定后，江苏全境均被纳入到了唐朝的统治之下。从此以后，直至唐玄宗开元年间(713—741)，在这近百年的时间内，唐朝统治者继续推行着隋朝以来的“关中本位”和“强根弱枝”政策，其政治、社会、军事、文化等各领域，无一不以关中地区和中原地区为中心，今江苏省域的历史记载几乎是空白。

江苏省域的核心地区江淮和江南，作为南朝旧境，在隋代已经受到了政治上的压制。虽经隋炀帝时期的变通，江苏省域的地位有所提高，江都甚至还获得了陪都的地位，但随着隋炀帝在江都被杀，李子通、杜伏威、辅公祏等势力的长期割据，唐初的江苏省域核心区域留给唐朝政府的印象依然是未沾皇化的好乱之地，从而再一次受到唐朝政府的严密监控。“霸气尽而江山空，皇风清而市朝改。昔时地险，实为建业之雄都；今日太平，即是江宁之小邑。”[①]王勃笔下江宁(今南京市)的变貌，就是唐初江苏省域内政治地位失坠的最佳描写。政治上的压制，文人学士的北上或流散，使得江苏省域在唐初的近百年间默默无闻，在国家政治、经济、文化的大舞台上基本上看不到它的踪影。

唐初对江苏省域的严密控制，可以从扬州大都督府和徐州都督府的设置上略见一斑。

都督府是唐朝在重要地区设置的地方行政机构，是对隋朝总管府制度的继承。都督源于东汉光武帝初年临时设置的督军御史，曹魏建立后，由监军性质的临时设置而制度化，此后历代均设都督。北周改都督为总管，隋从周制，在各重要地区设立总管府。平陈后，为了加强对陈朝旧境的控制，隋朝政府设置了扬州总管府，因由亲王任总管，因此，扬州总管府在等级上高于其他总管府，称扬州大总管府，成为全国并、益、荆、扬四大总管府之一，从整体上控制着帝国的东南一方。

---

① (唐)王勃:《江宁吴少府宅饯宴序》，见《全唐文》卷一八二，中华书局1985年版，第1850页。

唐朝建立以后，在平定割据势力的统一战争中，为加强对平定区域的管理，沿袭隋制设置总管府。据《旧唐书·地理志》所载，武德元年(618)至六年(623)，共设置总管府73个，武德七年(624)平定江淮地区的割据势力后，唐朝政府恢复旧制，改总管府为都督府，又置都督府5个。唐太宗即位后，整顿地方行政机构，先后废除武德年间设置的都督府40个，又新设若干个，共有都督府43个。今江苏境内的都督府有徐州都督府和扬州大都督府两个。

武德四年(621)平定割据东都的王世充后，设洛州、汴州、豫州、徐州4个总管府。徐州总管府(都督府)治今徐州市，下管徐、邳、泗、鄫、沂、仁六州，管辖着今江苏省淮河以北和山东省南部、安徽省东北部的广大地区。贞观八年(634)，经过州县并省和调整，徐州都督府下管徐(治今徐州市)、泗(治今泗阳县西北郑楼乡古城)、谯(治今安徽亳州市)三州，范围缩小到今江苏省淮河以北西部地区和安徽省东北部地区。徐州历来是兵家必争之地，地理位置非常重要，局势动荡时期在此设置都督府，意义重大。但随着国家的安定，世道的和平，贞观十七年(643)，唐政府撤销了徐州都督府。

武德七年(624)，唐朝在彻底平定辅公祏割据势力以后，为了加强对江淮地区的控制，随即在辅公祏的根据地江宁(今南京市)设置扬州大都督府。武德九年(626)，扬州大都督府迁治今扬州市，下领扬(治今扬州市)、和(治今安徽和县)、滁(治今安徽滁州市)、楚(治今淮安市)、舒(治今安徽潜山县)、庐(治今安徽合肥市)、寿(治今安徽寿县)7州，控制着今江苏、安徽两省江淮之间的地区。贞观十年(636)，经调整后，扬州大都督府下管扬、滁、常、润、和、宣(治今安徽宣城市)、歙(治今安徽歙县)7州，控制范围扩大为今江苏、安徽两省大江南北的广大区域。

武德年间，在众多的总管府或都督府中，只有极少数重要的总管府或都督府称大总管府或大都督府。贞观年间，并省以后的都督府定为上、中、下三等。玄宗开元年间，定为大、中、下三等，大都督府有潞、扬、益、荆、幽5个。虽然《新唐书·百官志》中说："总十州者为大都督。"[①]但从《旧唐书》、《太平寰宇记》所载事例来看，情况并不完全如此。如黔州总管府(治今重庆市彭水)领16州，戎州总管府(治今四川宜宾市)领17州，广州总管府(治今广东广州市)领14州，均未称大都督府，而潞州领4州，却称大都督府。可见，称大都府者，当与其地理位置重要与否、皇帝在藩时或亲王历职与否关系密切。开元时期的大都督府共计5个，即潞州、扬州、益州、荆州、幽州。其中潞州是唐玄宗即位前的在藩之地，即位后升为大都督府，领4州。其他四大都督府，幽州大都督府(治今北京市西南)是唐王朝控制帝国东北地区契丹、奚、靺鞨等民族的

① 《新唐书》卷四九《百官志》，中华书局1975年版，第1316页。

前沿基地，而扬、荆（治今湖北荆州市荆州区江陵故城）、益（治今四川成都市）三大都督府则分别控制着长江下游、中游和上游地区，是唐王朝控制南方地区的前沿基地，其中扬州大都督府又是重中之重。

按唐制，大都督府置大都督一人，从二品，总掌所管都督诸州城隍、兵马、甲仗、秣粮、征戍等事，并负有"清肃邦畿，考核官吏，宣布德化，抚和齐人，劝课农桑，敦敷五教"①的重任。大都督以亲王为之，多为遥领，并不之官。大都督下设长史一人，为副都督，大都督阙，即以长史代行大都督职权，谓之"判都督事"。大都督府长史，亦偶称为刺史，与州郡长官同称，但实权远较刺史、太守为大。长史之下，还设有司马、录事参军、诸曹、典狱、市令、经学博士、医学博士等，官府机构一应俱全，吏员总计 168 人。

在南北分裂和隋末动乱的历史还历历在目的初唐时期，扬州大都督府控制着旧陈及旧隋陪都的江南、江淮地区，因此，扬州大都督及长史的人选尤为重要。唐代前期，最终平定江淮割据势力的东南道行台左仆射、河间王李孝恭，以及襄邑王李神符、越王李泰、越王李贞、赵国公长孙无忌、沛王李贤、卫王李重俊、宋王李成器等著名亲王和外戚均担任过扬州大都督之职，李靖、杨恭仁、李袭誉、武攸绪、窦怀贞、姚崇等著名大臣则担任过扬州大都督府长史之职。扬州大都督之职，还经常被用来作为重臣死后的赠官，以此彰显死者的地位之崇，李勣、许敬宗、李义符、裴行俭、姚崇、李林甫等重臣均获此殊荣。亲王领扬州大都督、重臣领扬州大都督府长史的格局，显示了唐朝政府对控制今江苏省域的重视程度。但这种重视，在唐代前期并不完全是善意的。

---

① 《旧唐书》卷四四《职官志》，中华书局 1975 年版，第 1919 页。

第三章　唐前期江苏地区的平稳发展

第一节　唐前期江苏省域的州县建置

一　唐前期的地方行政体制

隋开皇年间，为彻底改变地方行政体制中“民少官多，十羊九牧”的混乱局面，隋文帝罢去天下诸郡，由州直接统县，魏晋以来的州、郡、县三级制变成了州、县二级制。隋炀帝即位后，改州为郡，但这只是名称上的改易，实际上仍然是郡、县二级制。据《隋书·地理志》载，大业五年(609)，隋朝共有150郡，1255县。公元618年李渊建立唐朝后，又改郡为州，以州统县，继续施行二级制的地方行政体制。这一改变，无非是想表示与“暴君”隋炀帝时代的彻底告别，恢复“明君”隋文帝时期的制度，没有实质上的变化。从此，除玄宗天宝元年(742)至肃宗乾元元年(758)的16年间改州为郡外，在唐朝近三百年的历史中，地方行政区划的基本单位均称州、县。

唐高祖武德初年，国家尚未完全统一。在频繁的统一战争中，为笼络归降者，高祖曾将隋朝郡县再行分割，安置降众。“自隋季丧乱，群盗初附，权置州郡，倍于开皇、大业之间。”①据统计所设之州几近五百，混乱局面可想而知。及至唐太宗即位，政权逐渐稳固，唐朝政府开始对武德时期权置的州县进行大规模的整顿。贞观十四年(640)，全国共有360州，1557县。贞观以后，历高宗、武则天至玄宗朝，内地的州县除在原有的基础上进行个别调整外，基本上处于稳定状态。

唐初不仅确定了州、县二级的地方行政体制，还划分了州、县的类别等级。诸州以其所在地在全国地位的轻重，辖境的宽狭，户口的多寡和社会经济发展的程度，被

① 《旧唐书》卷三八《地理志》，中华书局1975年版，第1384页。

分为不同的等级。据《唐六典》、《通典》、两《唐书》等文献的记载，州有辅、雄、望、紧、上、中、下七等，县有京、畿、望、紧、上、中、中下、下八级。[①] 其中，辅州是指都城附近之州，其地位非一般州府可比。雄、望、紧州，也均以其政治、军事地位之重要与否以及社会经济发展程度为依据划分，开元天宝时期共有四辅州、六雄州、十望州、十紧州。上、中、下州，则在辅、雄、望、紧州之外主要依据户口的多寡而定。州分等级，州官的品阶亦不相同。同辅、雄、望、紧州一样，诸县也以其所在地的重要与否分为京（赤）、畿、望、紧四等，四等之外，按户口的多寡分为上、中、中下、下四等，共计八等。各等县的县官，其品阶亦不相同。州、县等级的高低，反映了政府的重视程度，同时也在一定程度上反映了该州、县社会经济发展水平的高低。

在唐代地方行政制度上，还有一个重要的变化，这就是“道”制的确立。道制的确立，成为唐代地方行政制度上的一个创举。

唐太宗即位伊始，一方面对武德时期权置的州县大加并省，另一方面，为了进一步加强对州县的管理，又将全国按照自然地理形势划分为十个道，即关内、河南、河东、河北、山南、陇右、淮南、江南、剑南、岭南，这就是所谓的“贞观十道”。[②] 道的设置，目的在于加强中央对各地方官员的监督、考课，维护中央集权的统治，因此，有人将这种“道”称之为监察区。这种划分，为的是便于确定监察官员的监督范围，但执行起来并不那样严格。因此，从某种意义上来说，十道更多的反映了当时人们的地理概念，并不一定符合监察工作的实际。加上巡察官员每年临时派遣，三月出巡，十一月回京汇报，每道所察文武官员多至二千余人，少者亦近千人，簿书堆积，疲于奔命，以至于部分巡察官员只能草率从事，甚至玩忽职守，监察工作亦逐渐流于形式。[③]

到唐玄宗时，监察工作中的种种弊端到了不得不加以改革的时候。开元二十一年(733)，对贞观十道进行了调整，将关内道西京长安周围划出增设京畿道，将河南道东都洛阳周围划出增设都畿道，将地域宽广的江南道分为江南东道和江南西道，将同样地域宽广的山南道分为山南东道和山南西道，又将原江南道的西南部划出增设黔中道，这样，道由原来的十道变成了十五道。在划分十五道的同时，每道设置了采访处置使，各给使印，三年一奏，定为常制。并确定了治所，如淮南道治扬州、江南东道治苏州，等等。[④] 治所的固定具有很大的意义，它标志着“道”正逐步向实际的行政区

---

① 按，京县系指都城（长安、洛阳、太原）的附郭县，又称赤县。一些史料中又有次赤、上辅等说法，但因文献阙如，未能详知。

② （唐）李林甫等撰，陈仲夫点校：《唐六典》卷三《户部》郎中、员外郎条，中华书局1992年版，第64—72页。

③ 《旧唐书》卷九四《李峤传》，中华书局1975年版，第2993页。

④ （宋）王溥：《唐会要》卷七八《采访处置使》，中华书局1955年版，第1420页。

过渡。

唐前期，除了出于监察州县的目的、依自然地理形势划分的道之外，还有因防守的需要在军事要地设置的道，相当于今天的军区，共有十二个。这种性质的道，有些与监察区域上道的名称相同，如关内、河东、河东、陇右、江南、剑南、岭南，有些与行政上的道名称不同，如平卢、范阳、河西、北庭、安西。到睿宗景云年间（710—712），军事上的道又称节度使，亦称镇，即藩镇。到了玄宗时期，在边疆地区设置了十个节度使，他们又分别兼任所在十道的采访使，这样，监察上的道和军事上的道出现了合二为一的趋势，这成为唐后期军政合一的"道"，"道"终成一级行政机构，唐前期的州、县二级制演变为唐后期的道、州、县三级制的滥觞。

二　江苏省域的州县建置

唐前期全国的州县建置以及人口情况，《旧唐书·地理志》等史籍中有较详细的记载。保存下来的主要有贞观十三年（639）和天宝十一年（752）的两组数据①，通过对这两组数据的分析，我们可以了解唐代前期百余年间州县建置的发展演变和人口增长的趋势，今江苏省域内的州县建置和人口增长同样也因此得以明了。

唐太宗贞观初年分天下为十道，今江苏省域因特殊的地理位置，被分置在三个不同的道中。唐以"东尽于海，西距函谷，南濒于淮，北薄于河"②为河南道，今江苏省域内淮河以北地区属河南道；以"东临海，西抵汉，南据江，北距淮"③为淮南道，今江苏省域内长江和淮河之间的地区属淮南道；以"东临海，西抵蜀，南极岭，北带江"④为江南道，今江苏省域内长江以南的地区属江南道。玄宗开元二十一年（733）分天下为十五道，江南道被分成东、西两道，今江苏省域内长江以南地区大部分在江南东道，今江苏省西南部的高淳、溧水、溧阳三市县因当时隶属宣州，被划入江南西道。

经贞观初年的州县并省及隶属关系的调整，今江苏省域内自北往南共置徐、海、泗、楚、扬、润、常、苏8州，领有徐州6县中的3县，海州4县，泗州4县，扬州4县，楚州4县，润州5县，常州4县，苏州4县中的3县，加上隶属宣州的溧水、溧阳2县，共计33县。（表3—1—1）

---

① 《旧唐书》卷三八《地理志序》称："至（贞观）十三年定簿。凡州府三百五十八，县一千五百五十一。"虽然贞观十三年（639）以后因平高昌等仍有部分变动，但《旧唐书·地理志》中所谓的旧领县及户口均应是贞观十三年定簿中的数据。序又称："今举天宝十一载地理。"即以天宝十一载（752）的统计为天宝时期的郡县户口，《旧唐书·地理志》中所谓的天宝领县及户口即是。有学者依据《旧唐书》卷四一《地理志》松州下都督府条"据天宝十二载簿，松州都督府，一百四州"一句，认为《旧唐书·地理志》中天宝年间的领县户口是天宝十二载的数据，亦有学者将其视为天宝元年的数据。本书依据《旧唐书·地理志序》，将其视为天宝十一载的数据。

②③④ （唐）李林甫等撰，陈仲夫点校：《唐六典》卷三《户部》郎中、员外郎条，中华书局1992年版，第65—70页。

唐贞观十三年(639)江苏省域道州县建置图

现代政区底图采用国家基础地理信息系统 1∶400 万全国数据库(http://nfgis.nsdi.gov.cn/,2005 年版),历史政区参照谭其骧主编《中国历史地图集·第五册》(隋唐五代十国时期)相关图幅绘制。

表 3—1—1　唐贞观十三年(639)江苏省域道州县建置表

道名	州名	领县	今建置(治所)	备注
河南道	徐州	彭城县	州治。今徐州市	隋彭城郡地。领 6 县,今江苏境内 3 县,隋留县被并入沛县,萧、符离 2 县今属安徽,滕县属山东。
		丰县	今丰县	
		沛县	今沛县	
	海州	朐山县	州治。今连云港市海州区	隋东海郡地。领 4 县,均在今江苏省境内。
		东海县	今连云港市东南南城镇	
		沭阳县	今沭阳县	
		怀仁县	今赣榆县西北	
	泗州	宿预县	州治。今泗阳县西北郑楼乡古城	隋下邳郡地。领 5 县,4 县在今江苏省境内,虹县今属安徽。
		徐城县	今泗洪县南大徐子台	

续表

道名	州名	领县	今建置(治所)	备注
		下邳县	今睢宁县西北古邳镇东	
		涟水县	今涟水县	
淮南道	扬州	江都县	大都督府治。今扬州市	隋江都郡地。领4县,均在今江苏省境内。
		六合县	今南京市六合区	
		海陵县	今泰州市	
		高邮县	今高邮市	
	楚州	山阳县	州治。今淮安市	隋江都郡地。唐武德四年(621)立东楚州,领山阳、安宜、盐城三县,武德八年以盱眙来属,州去“东”字,称楚州。领4县,均在今江苏省境内。
		盐城县	今盐城市	
		盱眙县	今盱眙县东北	
		安宜县	今宝应县西南	
江南道	润州	丹徒县	州治。今镇江市	隋江都郡、丹阳郡地。武德三年(620)于丹徒县置润州,改延陵县为丹徒县,迁延陵县还故治。领5县,均在今江苏境内。
		曲阿县	今丹阳市	
		延陵县	治今丹阳市西南延陵镇	
		江宁县	今南京市	
		句容县	今句容市	
	常州	晋陵县	州治。今常州市	隋毗陵郡地。领4县,均在今江苏省境内。
		江阴县	今江阴市	
		义兴县	今宜兴市	
		无锡县	今无锡市	
江南道	苏州	吴县	州治。今苏州市	隋吴郡地。领4县,今江苏境内2县,昆山县跨今江苏、上海两省市,嘉兴县今属浙江省。
		常熟县	今常熟市	
		昆山县	今昆山市北(上海松江区西北)	
	宣州	溧阳	今溧阳市西北旧县乡	宣州领8县,2县在今江苏境内。
		溧水	今溧水县	

与隋大业年间的7郡37县相比,唐贞观十三年(639)的建置主要有以下一些变化:

1. 县一级的建置数量上有所减少。隋代徐州的留县,泗州的淮阳、良城,扬州的江阳、宁海等县被并省,这与贞观初年全国并省州县的步调一致。江阳县的并省,更是江都扬州失去陪都地位的象征。

2. 淮河以北的徐、海、泗3州和长江以南的常、苏2州,其领县及隶属关系变化不大,相对稳定。

3. 江淮之间和江南的旧南朝政治中心一带的政区调整比较大。隋江都郡的辖区非常辽阔,包括江淮之间的全部和江南地区的部分地区。唐武德三年(620),先划出隋江都郡的江南领县丹徒、句容、曲阿、延陵4县,与隋丹阳郡江宁县合置润州,治丹徒县(今镇江市)。武德四年(621),割扬州北部区域分置东楚州,领山阳、安宜、盐城3县,治山阳县(今淮安市楚州区),武德八年(625)又将盱眙县划入,去"东"字,径称楚州。这样的调整,主要是出自政治上的需要,其目的,一是削弱隋炀帝时期作为陪都的江都郡的势力,二是进一步压制南朝旧都周围的势力。经过武德年间政区的调整,唐王朝在江苏省域的州县建置与隋炀帝时期彻底诀别,对具有割据象征的南朝旧都的防范进一步加强,江苏省域的政区整体上进入了一个相对稳定的时期,此后新县的分置,则更多地具有了经济意义。

自太宗贞观年间(627—649)至玄宗天宝年间(742—755),经过前后一百年的发展,唐朝的政治、经济、社会都达到了鼎盛时期,天宝十一年的州县建置最能反映盛唐时期唐代地方政区的情况。玄宗天宝元年(742),更天下州为郡,肃宗乾元元年(758)又改郡为州,因此,在这16年间,徐州称彭城郡,海州称东海郡、泗州称临淮郡,扬州称广陵郡,楚州称淮阴郡,润州称丹阳郡,常州称晋陵郡,苏州称吴郡,宣州称宣城郡。名称虽异,其实一也。今据两《唐书·地理志》,并参考其他资料,列出盛唐天宝十一年(752)今江苏省域内的道、郡、县建置图、表。(表3—1—2)

唐天宝十一载(752)江苏省域道郡县建置图

现代政区底图采用国家基础地理信息系统1∶400万全国数据库(http://nfgis.nsdi.gov.cn/,2005年版),历史政区参照谭其骧主编《中国历史地图集·第五册(隋唐五代十国时期)》唐开元二十九年(741)"都畿河南道"、"淮南道"、"江南东道"、"江南西道"等绘制。

表 3—1—2 唐天宝十一载(752)江苏省域道郡县建置表

道名	郡(州)名	领县名	今建置(治所)	备注
河南道	彭城郡[①](徐州)	彭城县	郡治。今徐州市	领5县,3县在今江苏境内,萧县今属安徽,滕县今属山东。与贞观时(指贞观十三年,下同)同。
		丰　县	今丰县	
		沛　县	今沛县	
	东海郡(海州)	朐山县	郡治。今连云港市海州区	领4县,均在江苏省境内。与贞观时同。
		东海县	今连云港市东南南城镇	
		沭阳县	今沭阳县	
		怀仁县	今赣榆县西北	
	临淮郡(泗州)	临淮县	郡治。今盱眙县西北淮水西岸	长安四年(704)置临淮县,开元二十三年(735)泗州治自宿预县移至临淮县。领6县,5县在今江苏境内,虹县今属安徽。较贞观时增置1县。
		涟水县	今涟水县	
		徐城县	今泗洪县南大徐子台	
		下邳县	今睢宁县西北古邳镇东	
		宿预县	今泗阳县西北郑楼乡古城	
淮南道	广陵郡(扬州)	江都县	都督府治、郡治。今扬州市	领7县,6县在今江苏境内,天长县今属安徽。贞观十八年(644)分江都县置江阳县,永淳元年(682)分江都县置扬子县,天宝元年(742)割江都、六合、高邮之地置天长县。较贞观时增置3县。
		江阳县	今扬州市	
		六合县	今南京市六合区	
		海陵县	今泰州市	
		高邮县	今高邮市	
		扬子县	今扬州市南扬子桥附近	
	淮阴郡(楚州)	山阳县	郡治。今淮安市	领5县,均在今江苏境内。乾封二年(667)分山阳县置淮阴县。较贞观时增置1县。
		盐城县	今盐城市	
		盱眙县	今盱眙县	
		安宜县	今宝应县西南	
		淮阴县	今淮安市西南	

---

① 《旧唐书》卷三八《地理志》徐州条称:天宝领县七,彭城、萧、丰、沛、滕、宿迁、下邳。但又载宿迁原名宿预,宝应元年(762)避代宗李豫讳改名宿迁,同年改属徐州;下邳县,元和四年(809)改属徐州。故"天宝领县七"一句不实,应为"领县五"之误,宿预、下邳二县时属临淮郡(泗州)。梁方仲编著《中国历代户口、田地、田赋统计》(上海人民出版社 1980 年版)甲表 26、翁俊雄著《唐朝鼎盛时期政区与人口》(首都师范大学出版社 1995 年版)等均从《旧唐书》之误。而徐州条下所载天宝户口亦当为五县户口。同时,泗州条称"今领县三,临淮、涟水、徐城"。这应是元和四年以后的情况,天宝年间依然领六县。

续表

道名	郡(州)名	领县名	今建置(治所)	备　　注
江南东道	丹阳郡(润州)	丹徒县	郡治。今镇江市	领6县,均在今江苏境内。垂拱四年(688)分延陵县置金坛县,天宝元年(742)改曲阿县为丹阳县。较贞观时增置1县。
		丹阳县	今丹阳市	
		延陵县	治今丹阳市西南延陵镇	
		江宁县	今南京市	
		句容县	今句容市	
		金坛县	今金坛市	领5县,均在今江苏境内。垂拱二年(686)分晋陵县置武进县。较贞观时增置1县。
	晋陵郡(常州)	晋陵县	郡治。今常州市	
		武进县	今常州市	
		江阴县	今江阴市	
		义兴县	今宜兴市	
		无锡县	今无锡市	
	吴　郡(苏州)	吴　县	郡治。今苏州市	领5县,4县在今江苏境内,嘉兴县今属浙江。万岁通天元年(696)分吴县置长洲县。较贞观时间增置1县。
		昆山县	昆山市	
		常熟县	常熟市	
		长洲县	苏州市	
江南西道	宣城郡(宣州)	溧阳县	今溧阳市西北旧县乡	领9县,2县在今江苏境内。江苏境内的情况与贞观时同。
		溧水县	今溧水县	

据表3—1—2可知,天宝十一载(752),今江苏省域内自北往南共置彭城、东海、临淮、淮阴、广陵、丹阳、晋陵、吴8郡,领有彭城郡5县中的3县,东海郡4县,临淮郡6县中的5县,淮阴郡5县,广陵郡7县中的6县,丹阳郡6县,晋陵郡5县,吴郡6县中的4县,共8郡38县,加上隶属宣城郡的溧阳、溧水2县,共计40县。与贞观时期的州郡建置相比,州郡一级完全没有变化,县一级增加了临淮、淮阴、江阳、扬子、金坛、武进、长洲等7县。

临淮县置于武则天长安四年(704),县治选择在今盱眙县西北淮水对岸,这里是运河通济渠的入淮口。玄宗开元二十三年(735),泗州州治从宿预迁至临淮,临淮逐渐成为淮河北岸的重要城市,清康熙年间完全陷入洪泽湖中。淮阴县曾是秦汉以来旧县,治今淮安市西南码头镇,隋大业初废,唐初复置,高祖武德七年(624)省,高宗乾封二年(667)复置。这里是淮河南岸的水路要冲。江阳县亦为隋旧县,唐初并省,贞观十八年(644)复置,与江都县同治扬州郭下。高宗永淳元年(682),又分江都县置扬子县,治所位于今扬州市南郊扬子桥附近,位于临江地带,是江南运河渡江后北上的必经之路。武则天垂拱二年(686),分晋陵县置武进县,与晋陵县同治常州郭下。垂拱四年(688),分延陵县东界置金坛县。万岁通天元年(696),分吴县置长洲县,与吴县同治苏州郭下。

新置的7县,可以分成三种类型。一是沿运河要冲所设的新县,有临淮、淮阴、扬子3县。这些新县的设置,尤其是临淮县升为泗州州治,昭示着隋代开凿的大运河,其巨大的水运潜能此时已经呈现出明显的迹象。二是重要城市因人口的快速增长而析置的新县,有江阳、武进、长洲3县。扬、常、苏3州人口的激增,我们将在下一节中叙述。江都和江阳、晋陵和武进、吴县和长洲,两县同治州城的现象,正是扬、常、苏3州人口激增的表现。三是因偏远地区的开发而设置的新县,即金坛县。延陵县(治今丹阳市西南延陵镇)及其分置的金坛县一带,已接近茅山地区,冈阜连绵,其开发程度远不及交通干道沿线及平原地区。金坛县的分置,说明这些原本相对落后的地区,在唐前期也得到了相当程度的开发。

还有一个现象值得注意,新设的7个县,除江阳县析置于贞观年间外,其他6县均析置于高宗、武则天时期,说明高宗、武则天在位时期的半个世纪左右,是江苏省域快速发展的时期,从人口的增长速度上同样也能说明这一点。

第二节　徐敬业领导的反武斗争

自唐初江淮地区的割据势力平定以后,唐前期的百余年间,江苏省域的历史以社会、经济的平稳发展为主,重大的政治事件,仅见武则天当政初期徐敬业领导的反武斗争。

唐朝经历了高祖时期的建国和统一战争,到太宗李贞观年间,国家进入了一个相对和平发展的时期,史称“贞观之治”。唐太宗死后,第九子李治即位,即唐高宗。高宗统治初期,在长孙无忌、褚遂良、李勣等大臣的辅助下,继续推行太宗时期的政策,政治社会相对稳定。然而,随着高宗废王皇后、立武则天为后这一事件,统治集团内部的权力斗争日趋激烈,也给百年无事的江苏省域带来了一些波动。

武则天之父武士彟原是木材商人,“家富于财”。唐高祖李渊行军于晋、汾一带时,与其相识,及为太原留守,引为行军司铠参军,武士彟从此走上了仕途。后随李渊进入长安,既是太原起兵的元勋,又善于“迂诞而取媚”,武德年间官至工部尚书,由原来的庶族上升为朝廷大员,政治地位大大提高。[①] 武则天在太宗晚年被选入宫中,立

① 《旧唐书》卷五八《武士彟传》,中华书局1975年版,第2317页。

为才人，赐号“武媚”。太宗死后，入居感业寺为尼。高宗李治往来该寺，喜欢上了她，再召入宫中，立为昭仪。后高宗决心要立武则天为皇后，虽有长孙无忌、褚遂良等元老重臣的极力反对，但武则天很会拉拢一批人，甚至拉拢了同样为元老重臣的李勣，打击反对者。在李勣、许敬宗、李义府等人的支持下，高宗终于废掉了王皇后，立武则天为后。

高宗体弱多病，给权力欲望旺盛的武则天提供了参政的机会。高宗在世期间，每次上朝，武则天则垂帘坐于御座之后，“政事大小皆预闻之，内外称为‘二圣’”[①]。公元683年高宗死后，武则天立第三子李显为帝（中宗）。次年初，武则天废中宗为庐陵王，将之幽禁，又令人往巴州（治今四川巴中市）杀死前太子李贤，立幼子豫王李旦为皇帝（睿宗），政事一决于己，皇帝徒有虚名。这一年的九月，武则天临朝，令皇帝率王公大臣上尊号，改元光宅，并发布改元赦文，改易旗帜，更新全部的政府机构名称及官名，定洛阳为“神都”，并尊自己的生母杨氏为“太后”[②]。更旗易帜，建官设制，定都，追尊考妣，立武氏七庙，这些内容，俨然是新王朝的开国大典，至此，武则天实际上已是代唐自立了。

武则天代唐自立后，重用其娘家亲戚武承嗣等人，诸武用事，唐宗室人人自危，共感愤慨。此时正是一些政治失意者利用匡复唐室的口号实现政治目的的绝好机会，首先举起反武旗帜的是徐敬业。

徐敬业是故司空李勣之孙。李勣原名徐世勣，隋末从翟让起义于瓦岗寨，后归顺唐朝，跟随李世民东征西伐，战功卓著。唐太宗即位后，封英国公，赐姓李，又避李世民之讳，遂名李勣。太宗临终时，他以元老重臣受命辅助高宗。高宗立武则天为皇后，李勣持赞成态度，后又率众克平壤，灭高丽，在高宗朝颇受重视，恩荫惠及子孙。李敬业（叛乱后所赐李姓被削夺，称旧姓）自小随李勣南北征伐，历太仆少卿，袭封英国公。后出任眉州（治今四川眉山市）刺史，又因坐事，被贬为柳州（治今广西柳州市）司马。武则天废中宗，杀故太子李贤之时，徐敬业正在扬州。此时聚集在他周围的还有其弟、被免官的原盩厔县（今陕西周至县）令徐敬猷，以及被贬为括苍（今浙江丽水市西南）令的原给事中唐之奇、被贬为临海（今属浙江）县丞的原长安县主簿骆宾王、被贬为黝县（今安徽黟县东）县丞的原詹事司直杜求仁，还有曾经任职御史的盩厔县尉魏思温等人。这些人大多出身名门或具有相当的声望，但同时又都是政治上的失意者，他们当然都伺机恢复自己失去的家业和荣耀。公元684年的秋冬，他们以匡复

① 《旧唐书》卷五《高宗纪》，中华书局1975年版，第100页。

② 《改元光宅赦文》，见（宋）宋敏求编：《唐大诏令集》卷三，商务印书馆1959年版，第15—16页。

庐陵王(中宗)为辞,在扬州首先举起了反武的大旗。

徐敬业等人推魏思温为谋主。魏思温让其同党、监察御史薛仲璋要求出使扬州,又遣雍州人韦超在半途上迎接殷仲璋,并编造扬州大都督府长史陈敬之谋反的谎言。殷仲璋到扬州后,囚禁陈敬之。数日后,徐敬业佯装从他处而来,矫称被朝廷任为扬州司马,前来上任,并称奉密旨发兵讨伐高州(治今广东高州市东北)酋长冯子猷的叛乱,于是开府库,令士曹参军李宗臣往钱坊集资,组织召集囚徒、工匠等数百人,授以甲兵,并杀扬州长史陈敬之和录事参军孙处行,用以震慑扬州地方官员,揭开了起兵反武的序幕。徐敬业开三府,一曰匡复府,二曰英公府,三曰扬州大都督府,徐敬业自称匡复府上将,领扬州大都督,以唐之奇为左长史,杜求仁为右长史,李宗臣、殷仲璋为左、右司马,魏思温为军师,骆宾王为记室,旬日间得强兵十余万,并向各州县转发讨武檄文。

《代李敬业讨武氏檄》出自骆宾王之手。骆宾王,婺州义乌(今浙江义乌)人,历武功、长安两县主簿、侍御史,后因故下狱,获释后出任临海县丞。骆宾王又是当时著名的文学之士,与王勃、杨炯、卢照邻一起,被誉为"初唐四杰"。在《代李敬业讨武氏檄》中,骆宾王充分发挥了自己的文学才能,讨武檄文因此也成了著名的美文。其文开始如下:

伪临朝武氏者,人非和顺,地实寒微。昔充太宗下陈,尝以更衣入侍。洎乎晚节,秽乱春宫,密隐先帝之私,阴图后庭之嬖。入门见嫉,蛾眉不肯让人。掩袖工谗,狐媚偏能惑主。践元后于翚翟,陷吾君于聚麀。加以虺蜴为心,豺狼成性,近狎邪僻,残害忠良。杀姊屠兄,弑君鸩母,神人之所共疾,天地之所不容。犹复包藏祸心,窃窥神器。君之爱子,幽之于别宫。贼之宗盟,委之以重任。

接着,檄文又以一系列的历史隐喻详细叙述女性左右朝政的祸害,强烈呼吁同人们举起义旗,共同讨伐武则天。

敬业皇唐旧臣,公侯冢子。奉先帝之遗训,荷本朝之厚恩……是用气愤风云,志安社稷。因天下之失望,顺宇内之推心。爰举义旗,以清妖孽……公等或家传汉爵,或地协周亲,或膺重寄于爪牙,或受顾命于宣室。言犹在耳,忠岂忘心。一抔之土未干,六尺之孤安在!倘能转祸为福,送往事居,共立勤王之勋,无废旧君之命……请看今日之域中,竟是谁家之天下![1]

---

① (唐)骆宾王:《代李敬业讨武氏檄》,见(清)陈熙晋笺注:《骆临海集笺注》卷一〇,中华书局1972年版,第330—338页。他本略有异文。

檄文的陈述当然是很不确切的，但它反映了当时的许多信念。檄文发出后，传布既广泛又迅速。武则天在叛乱初期已经看到了这篇檄文，还责怪宰相，竟让这样有文才的人在地方上流落不遇。① 尽管檄文写得很妙，但却无法吸引更多的人来共同参与反武斗争。扬州近边的楚州（治今淮安市楚州区）司马李崇福，率所辖三县呼应徐敬业，但盱眙人刘行举却占据县城，拒不从命，徐敬业为此派遣尉迟昭攻盱眙，依然未能成功。刘行举的举动得到了武则天的赞赏，下诏命刘行举为游击将军，并以其弟刘行实为楚州刺史。可见，从叛乱的一开始，徐敬业他们就缺乏广泛的社会基础。朝廷随即以左玉钤卫大将军李孝逸为扬州道大总管，领兵三十万，以将军李知士、马敬臣为副，南下讨伐徐敬业。

徐敬业找到了一个长得很像故太子李贤的人，并示众称太子李贤并没有死，就在扬州城中，如今已令我等举兵。然而，在举兵的最终目的，以及如何对付官军镇压等问题上，内部出现了分歧。

谋主魏思温劝说徐敬业说："明公以匡复为辞，宜帅大众鼓行而进，直指洛阳，则天下知公志在勤王，四面响应矣。"即率军直捣洛阳，明示自己匡复唐室的主张，只有这样才能获得普天之下的响应和支持。魏思温还分析了山东、河北地区反武情绪的高涨和兵源的充足，敦促徐敬业北上寻求支持。而薛仲璋则认为："金陵有王气，且大江天险，足以为固，不如先取常、润，为定霸之基，然后北向以图中原，进无不利，退有所归，此良策也！"即先渡江占据六朝故都金陵（今南京市），然后掠取润、常等州以为后援，建立根据地后，再北向图事，只有这样才能确保进有所获，退有所归。这实际上已经显露出了割据江南的意图，正中徐敬业下怀，因此，无论魏思温如何反对，徐敬业就是不听，留唐之奇守扬州，自己带兵渡江攻润州。魏思温已经预见到了未来，对杜求仁说："兵势合则强，分则弱，敬业不并力渡淮，收山东之众以取洛阳，败在眼中矣！"②

徐敬业的这一决定，是这次反武斗争的分水岭。徐敬业如果能用魏思温之策，兵锋直指河、洛，致力于匡复唐室，纵然军败身戮，也算是忠义之举。但他却相信"金陵王气所在"，挥军渡江南下。如果从纯军事观点上来看，这一着并非全无是处，然而在政治上却是失策的。既然摆出了一副割据江东的架势，这不得不使人怀疑他的用心所在，这无疑是真正的叛逆行为，是任何政权都不能容忍的，因此失败也是预料中事。朝廷此时已经削夺了徐敬业父祖的所有官爵和赐姓，复姓徐氏，并发冢斫棺，开国元老李勣的坟墓也被夷平，显示了朝廷坚决打击叛乱的决心。

---

①② 《资治通鉴》卷二〇三唐则天后光宅元年(684)九月条，中华书局1955年版，第6424、6426—6427页。

徐敬业攻陷润州，在江东尚未站稳脚跟，而唐军已大军压境，只得仓促自润州回军北上迎战。徐敬业自己率主力屯高邮下阿溪(在今安徽天长市境内)，同时派徐敬猷进逼淮阴(今淮安市西南)，别将韦超、尉迟昭屯都梁山(今盱眙县境内)。李孝逸军至临淮，击斩尉迟昭于都梁山。

徐敬业的部下韦超拥众据都梁山抵抗，李孝逸率兵击破韦超，又乘胜击破屯聚淮阴的徐敬猷，韦超、徐敬猷败走，政府军顺利南下，与徐敬业的主力军对峙于下阿溪。在下阿溪的对峙中，政府军也有不小的损失。后军总管苏孝祥夜晚率领五千人作为先遣，以小舟渡溪先行攻击，但苏孝祥兵败被杀，过半士兵溺死溪中。李孝逸等率诸军继续作战，战数不利。此时正值冬季，北风劲吹，芦苇干枯，部下魏元忠与刘知柔向李孝逸建议用火攻，并请率兵决战。此时徐敬业的部众，因长期临阵，大多疲倦，且心怀异志。李孝逸下命顺风纵火，徐敬业对这突如其来的火攻惊恐失措，稍作对战即一败涂地，部下七千多人被斩，溺死者不可胜数。徐敬业等少数将领轻骑逃回扬州城内，带领妻小渡江逃往润州，并计划从长江口出海逃往高丽。李孝逸率兵进屯扬州，分遣诸将乘胜追击。徐敬业等人逃至海陵地界时，被大风所阻，船不得进。其部将王那相设计斩杀徐敬业、徐敬猷及骆宾王，归降政府军。[①] 唐之奇、魏思温不久后亦被捕杀。徐敬业等人的首级被送往神都洛阳献捷，扬、润、楚三州终被平定。[②]

徐敬业领导的反武斗争，不到三个月就被粉碎了。叛乱失败的诸多原因中，徐敬业留在江苏根据地的错误决定是致命的：一是反武目的遭人怀疑，二是江淮、江东几乎无险可守，除了最初随他叛乱的十万之众外，他的兵力再也不可能有所增强。当三倍于叛军的政府军前来讨伐时，胜败便见分晓。如果说这次叛乱的规模还算不小，它引起的后果却远不如叛乱本身严重，江苏省域社会经济的持续发展也没有因此而受到太大的影响。

---

① 相传骆宾王并未被杀，只是兵败逃逸，后卒于今南通。墓原在城东北黄泥口，清乾隆十三年(1748)迁于狼山，与南宋末年抗元将领金应之墓、清代文人刘名方之墓同处。骆宾王墓居中，三墓并列，各有墓碑。墓前立石坊一座，四柱三门，面阔 7 米，横梁上刻三人姓名。为南通市文物保护单位。参见中国文物局主编：《中国文物地图集·江苏分册》(下)，中国地图出版社 2008 年版，第 486 页。

② 参见《旧唐书》卷六《则天皇后纪》、卷六〇《淮安王神通传附李孝逸传》、卷六七《李勣传附徐敬业传》、卷九二《魏元忠传》、卷一九〇上《文苑传·骆宾王》、《资治通鉴》卷二〇三唐则天后光宅元年(684)九月至十一月。

第三节　唐前期江苏地区社会、经济的快速发展

一　江苏地区社会、经济快速发展的迹象

唐代前期，国家的根本在关中，主要赋税来源在山东[①]，国防重点在河西和华北，征战和徭役大都集中在中国北部。唐前期实行府兵制，但“大凡诸府八百余所，而在关中者殆五百焉”，军府绝大多数分布京城附近，意在“举天下不敌关中”[②]，“举关中之众以临四方”[③]。与之相比，今江苏省域所在的江淮地区，自隋朝以来就不为政府所重视，并且还因为是南朝故地、割据政权的温床而处于政府的监控之下。在“役莫重于军府”[④]的时代里，今江苏省域仅扬州附近设有 4 个军府，因此，江苏民众长期以来“惟出租庸，更无征防”[⑤]。作为统一政权下一个无足轻重的地域，较长时间内维持着一个相对和平的局面，相对较轻的赋役负担和优越的自然条件，使之成为一片“乐土”；政府的轻视，对江苏的历史发展来说却是一件功德无量的事，百余年间，它默默地迅速发展着。

唐代前期，江苏省域既不是唐帝国政治、军事的重要地区，也不是主要的赋税之地，加之南朝和亡隋的关系，在政府眼中，除鄙夷和监控外，江苏省域确是一处无足轻重的地区。也正因为如此，除了按例派遣州县官员进行日常管理以外，唐平江淮后的近百年间，相关的历史记载非常稀少，这给唐代前期江苏历史的叙述和研究带来了很大的困难。然而，通过对一些零星记载的分析，我们依然可以发现一些唐代前期江苏历史的发展轨迹，而这条轨迹的轴心就是社会、经济的快速成长。

唐初，江苏省域仍属地旷人稀的宽乡（详见下文），以至于高宗总章二年(669)，还将部分高丽降户“量配江淮以南”[⑥]，以充实这一地区的户口。经学者估算，唐贞观年间今江苏省域的人口密度，泗州最稀，每平方公里约为 1.36 人，依次为楚州 1.47 人，徐州 2.28 人，苏州 3.94 人，扬州 4.63 人，海州 6.19 人，江南的常州和润州稍多，分别为 13.17 人和 16.05 人。[⑦] 由于江苏省域地旷人稀，近海带江，境内湖沼众多，可以

---

① 指崤山函谷关以东广大的黄河中下游地区，又称“关东”。

② (唐)陆贽：《论关中事宜状》，见《全唐文》卷四六七，中华书局 1983 年版，第 4773 页。

③ (宋)王溥：《唐会要》卷七二《京城诸军》，中华书局 1955 年版，第 1291 页。

④ 《资治通鉴》卷二一二唐玄宗开元八年(720)二月条，中华书局 1955 年版，第 6740 页。

⑤ 《旧唐书》卷四九《食货志》，中华书局 1975 年版，第 2114 页。

⑥ 《旧唐书》卷五《高宗纪》，中华书局 1975 年版，第 92 页。

⑦ 参见翁俊雄：《唐初政区与人口》，北京师范学院出版社 1990 年版。

推想，当时除州城、县城及其附近地区外，自然环境还保持着相当的原始性，虎、熊等大型肉食、杂食类猛兽和鹿、麋等食草类动物经常出没。开元三年(715)，“有熊昼入扬州城”①。开元四年(716)，淮南虎患为灾，严重危及百姓的生活和生产活动，往来商旅亦时遭虎噬。朝廷诏令有治虎患经验的泗州涟水县(今涟水县)令李全确指导淮南各州县消弭虎患，并要求将官道两侧十步(约 15 米)之内的草木芟伐，以便往来行人得以防备。② 虎、熊等猛兽的出入，除说明当时江苏省域自然环境的原始性外，还从另外一个侧面反映了人类活动的频繁和土地开发利用的加速发展。虎、熊出现于淮南道，白昼入城，袭击行人等事件，是人和动物争夺生存空间的表现，这反映了江、淮之间这一六朝以来因战乱频繁而屡遭荒废、开发滞后的地域，进入唐朝以后的快速发展，这与江淮之间唐前期人口的增长、州县的析置等变化是完全一致的。

在以水稻种植为主的农业生产之外，江苏省域良好的自然条件也为人口的自然增长提供了丰富的食物来源。江苏省域的大部分地区海拔较低，湖沼池陂广布，丰富的水生动植物，自古以来就是民众的重要食源之一。所谓“饭稻羹鱼”，“果隋蠃蛤，不待贾而足，地势饶食，无饥馑之患”③。“菰稗为饭，茗饮作浆，呷啜莼羹，唼嗍蟹黄。”④唐代亦不例外。武则天如意元年(692)五月，“禁天下屠杀及捕鱼虾。江淮旱，饥，民不得采鱼虾，饿死者甚众”⑤。景龙元年(707)，唐中宗亦“遣使者分道诣江、淮赎生”，“以所在官物充直”⑥。以上这两件事是武则天、唐中宗母子在位时期的极端事例，意在表示“慈悲”，虽为一时作秀，但其对江淮民众造成的危害则不言自明。正像中书舍人李乂在谏言中所说的那样，“江南水乡，采捕为业，鱼鳖之利，黎元所资，土地使然，有自来矣”⑦。这也从另一个侧面反映出自然条件的优越，食物资源的丰富，给江苏省域的社会、经济发展提供了良好的基础。

当然，社会、经济的发展，自然的恩惠是一方面，更重要的是生活在这片土地上的人们的生产活动。关于唐代前期江苏省域的农副业生产等产业状况，现存史料中几乎没有记载，我们难知其全貌，只能从史料的片言只语中略窥一斑。但窥斑知豹，仍不失为途径之一。

---

① 《新唐书》卷三五《五行志》，中华书局 1975 年版，第 922 页。

② 《册府元龟》卷一四七《帝王部・恤下》，中华书局 1960 年版，第 1778—1779 页。

③ 《史记》卷一二九《货殖列传》，中华书局 1959 年版，第 3270 页。

④ (北魏)杨衒之著，范祥雍校注：《洛阳伽蓝记校注》卷二《城东》，上海古籍出版社 1958 年版，第 118 页。

⑤ 《资治通鉴》卷二〇五则天皇后长寿元年(692)五月条，中华书局 1955 年版，第 6482 页。

⑥ 《资治通鉴》卷二〇八唐中宗景龙元年(707)十二月条后，中华书局 1955 年版，第 6618 页。又见《旧唐书》卷一〇一《李乂传》、《新唐书》卷一一九《李乂传》。

⑦ 《旧唐书》卷一〇一《李乂传》，中华书局 1975 年版，第 3135 页。

首先，自高宗以后，调集江淮租米赈济北方灾荒的记载开始增多。例如，高宗咸亨元年(670)“天下四十余州旱及霜虫，百姓饥乏，关中尤甚。诏令任往诸州逐食，仍转江南租米以赈给之”①。天灾使得唐政府采取了两项措施：一是不得不一时放弃居民不得擅自离开原籍地的原则，允许灾民四处乞讨；二是从江南调集租米赈济北方，尤其是要确保政治中心长安的粮食供应。但是，从江淮转运租米往长安，路途遥远，行程艰难。在仓储告罄、急不可待的情况下，唐高宗带领后宫、百官，于次年正月即赶往东都洛阳“就食”。所谓“就食”，说到底就是因缺粮而离开长安，政府机构在皇帝的带领下迁往洛阳，解决吃饭问题，皇帝也一时间变成了带队逃荒的“逐粮天子”。咸亨元年因灾允许灾民流往江淮乞讨就食，调集江淮租米物资等赈济北方，可能是唐朝这一类记载中最早的，此后，类似的记载开始增多。开耀元年(681)八月，“河南、河北大水，许遭水处往江、淮已南就食”②。中宗景龙三年(709)，“是岁，关中饥，米斗百钱。运山东、江、淮谷输京师，牛死什八九。群臣多请车驾复幸东都，韦后家本杜陵，不乐东迁，乃使巫觋彭君卿等说上云：‘今岁不利东行。’后复有言者，上怒曰：‘岂有逐粮天子邪！’乃止”③。玄宗开元十五年(727)，“是秋，六十三州水，十七州霜旱；河北饥，转江淮之南租米百万石以赈给之”④。类似的记载，越往后越频繁。江淮已然成为一个大囊橐，北方一遇天灾，灾民便流入江淮就食；同时，积储在江淮的租米也就应命起运，以解政府的燃眉之急。

除赈灾外，江淮地区向朝廷输送军粮事例的增多，也是武则天以后的一个突出现象。陈子昂在《上军国机要事》中称：“即日江南淮南诸州租船数千艘已至巩洛，计有百余万斛，所司便勒往幽州，纳充军粮。”⑤杜甫在诗歌中也说：“幽燕盛用武，供给亦劳哉。吴门转粟帛，泛海陵蓬莱。”⑥“渔阳豪侠地，击鼓吹笙竽。云帆转辽海，粳稻来东吴。”⑦这些材料说明，从武则天时期开始，江南的粮食物资，不仅作为租米通过漕运运到洛阳和长安，而且还作为军粮，通过运河和海路运到幽州(治今北京市西南)等军事基地。

江淮租米的北运，还可以从东都洛阳含嘉仓城出土的砖铭中得以证实。1971年，河南省博物馆、洛阳市博物馆联合对位于隋唐洛阳宫城东侧的含嘉仓遗址进行了

---

①② 《旧唐书》卷五《高宗纪》，中华书局1975年版，第95、108页。

③ 《资治通鉴》卷二〇九唐中宗景龙三年(709)是岁条，中华书局1955年版，第6639页。

④ 《旧唐书》卷八《玄宗纪》，中华书局1975年版，第191页。

⑤ (唐)陈子昂：《上军国机要事》，见徐鹏点校：《陈子昂集》卷八，中华书局1960年版，第180—181页。

⑥ (唐)杜甫：《昔游》，见(清)仇兆鳌注：《杜诗详注》卷一六，中华书局1979年版，第1436页。

⑦ (唐)杜甫：《后出塞五首》，见(清)仇兆鳌注：《杜诗详注》卷四，中华书局1979年版，第289页。

部分发掘，在编号为19、50、182的三窖填土中发现砖铭8块，出现的州县名有苏州、邢州、青山县、冀州、□州、德州、濮州、魏州、沧州、□州、楚州、淮阴县、滁州、清流县。① 1988年再次发掘，又出土铭文砖5块，依然有今江苏省域的州县名出现。② 据砖铭中出现的年号，这批砖铭均为武则天至开元前期的遗物。这些砖铭的出土，也证实了文献中“凡凿窖置屋，皆铭砖为庾斛之数”的制度规定是可信的。③ 与江苏省域州县相关的砖铭计有3种，出土情况及录文如下：

1. 窖19铭砖1：出土于距窖底1.7米的填土中，为每一边32.5厘米的正方形砖，砖厚6.5厘米，保存较完好。铭文直下左行，共10行，每行3至17字不等，正书。文如下：

含嘉仓
　　东门从南第廿三行从西第五窖
[合][纳]苏州通天二年租糙米白多一万三
□□十五石[耗][在]内
　　右圣历二年正月八月纳了
□[典]刘长　正纲录事刘爽　仓史王花
监事杨智　丞吕彻　丞赵环　令孙忠令
□思寺丞知仓事张琮　左监门王宣(?)
右监门贾立长上庞昉　押仓使孙亮　监仓
御史陆庆
　　　卿□璿□□同

2. 窖182铭砖2：已残成两碎块，可以缀合，分别出土于接近窖底的部分，残长26厘米，残宽19厘米。铭文残存8行，每行残存1至12字不等，正书。文如下：

□石
耗
调[露]　　　十八日纳了[窖]

① 河南省博物馆、洛阳市博物馆：《洛阳隋唐含嘉仓的发掘》，《文物》1972年第3期。

② 洛阳市文物工作队：《洛阳含嘉仓1988年发掘简报》，《文物》1992年第3期。

③ (唐)李林甫等撰，陈仲夫点校：《唐六典》卷一九《司农寺》太仓署条，中华书局1992年版，第526页。

楚州租典郭□　副纲淮阴县□

滁州租典□□　副纲清流县丞刘

窖近□镇兵□

仓史周俭　　仓官监事王感

左监门革满　　右监门校尉张琰

3. G194:2：出土距窖底0.8米的填土中，残长22厘米，残宽17厘米，厚6厘米。铭文残存9行，文如下：

□□□□□

一万三

一百卅五石

滁州典杨敬副纲清流□

楚州典王仁保纲张

典王廓　判官□

仓史吕礼　　丞杨□

长上史□李恭监察

寺卿……备　命

含嘉仓出土的武则天至开元前期的铭砖中，共出现完整的州名10个(另有5个不详)，其中河北道5州，河南道1州，淮南道2州，江南道2州，今江苏省域占2州。(表3—3—1)当然，考古出土的遗物具有很大的偶然性，砖铭上出现的州县名称不会是完整的资料，我们不能只根据几个仓窖出土的铭砖对武则天朝至开元前期税米的产地作出全面判断，但是，这些铭砖显示出来的两个现象依然应该予以重视：一是河北道所属州最多，有5州；二是江淮亦多，有4州(苏、楚、滁、越)。这几个带有很大偶然性的数字，与唐代前期这些地区水利工程建设、人口的增长、州县的析置等各方面所显示的情况基本吻合，因此又非完全偶然。

表3—3—1 含嘉仓出土铭砖所载储粮统计表①

州名	品种	数量	入储含嘉仓时间
苏州	糙米	一万三□□十五石	圣历二年(699)正月八日
邢州	小□	七千五百石九斗八升	长寿二年(693)三月廿四日
冀州	不详	万四千二百八十石	不详
□州	不详	六千七百一十八石六斗六升八合 六十七石一斗八升六合六勺八撮	不详
德州	粟	六千二十石	天授元年(690)
濮州	粟	一千二百八十石	同上
魏州	粟	七百九□□石	同上
沧州	粟	六百石	同上
不详	米	一万……升五合六勺	不详
滁州、楚州	不详	一万三 一百卅五〔石〕	不详
不详	不详	不详	光宅元年(684)十月
不详	糙米	一万八千	□元年六月十一日
不详	不详	不详	开元四年(716)
越州	不详	不详	不详

以上这些文献记载和出土文字资料虽然零星，但依然能够发现，高宗、武则天以后，以今江苏省域为核心的江淮地区，与国家事务之间的关联越来越多，淮南、江南或江淮等地域名称越来越频繁地出现在史料之中。而且不难发现，在这一时期，国家与江淮地区这两者之间发生关联的重要纽带是粮食物资，亦即经济因素。在高宗、武则天以后政府机构日渐庞大、财政开支日渐增多、北方经济无力支撑的新形势下，经济实力，成为江淮地区换言之今江苏省域登上帝国历史大舞台的重要契机。

二 唐前期江苏省域户口的快速增长

在资料不足的条件下，我们无法通过计算物质财富的多寡来说明生产力的发展程度。但在农业社会中，劳动人口是生产力的主要方面，通过对《旧唐书·地理志》所载贞观十三年(639)和天宝十一年(752)的人口数据的分析，可以发现，经过百余年的发展，江苏省域的户口增长非常明显。今据《旧唐书·地理志》所载，将江苏省域各州

① 此表据河南省博物馆、洛阳市博物馆《洛阳隋唐含嘉仓的发掘》(《文物》1972年第3期)、洛阳市文物工作队《洛阳含嘉仓1988年发掘简报》(《文物》1992年第3期)文中数据整理而成。

(郡)的户口数及增长倍数列表于下。

表 3—3—2　唐前期江苏省域户口估算表

州(郡)	贞观领县数(江苏)	州总户口数	县平均户口数	江苏省域户口估算	天宝领县数(江苏)	郡总户口数	县平均户口数	江苏省域户口估算	户口增长倍数
徐　州 (彭城郡)	6 (3)	8162 户 45537 口	1360 户 7590 口	4080 户 22770 口	5 (3)	65170 户 478676 口	13034 户 95735 口	39102 户 287205 口	8.58 11.61
海　州 (东海郡)	4 (4)	8999 户 43693 口	2250 户 10923 口	8999 户 43693 口	4 (4)	28549 户 184900 口	7137 户 46225 口	28549 户 184900 口	2.17 3.23
泗　州 (临淮郡)	5 (4)	2250 户 26920 口	450 户 5384 口	1800 户 21536 口	6 (5)	37526 户 205959 口	6254 户 34327 口	31270 户 171635 口	16.37 6.97
扬　州 (广陵郡)	4 (4)	23199 户 94347 口	5800 户 23587 口	23199 户 94347 口	7 (6)	77105 户 467857 口	11015 户 66837 口	66090 户 401022 口	1.85 3.25
楚　州 (淮阴郡)	4 (4)	3357 户 16262 口	839 户 4066 口	3357 户 16262 口	5 (5)	26062 户 153000 口	6516 户 38250 口	26062 户 153000 口	6.76 8.41
润　州 (丹阳郡)	5 (5)	25361 户 127104 口	5072 户 25421 口	25361 户 127104 口	6 (6)	102033 户 662706 口	17006 户 110451 口	102033 户 662706 口	3.02 4.21
常　州 (晋陵郡)	4 (4)	21182 户 111606 口	5296 户 27902 口	21182 户 111606 口	5 (5)	102631 户 690673 口	20526 户 138135 口	102631 户 690673 口	3.85 5.19
苏　州 (吴　郡)	4 (3)	11859 户 54471 口	2965 户 13618 口	8895 户 40854 口	5 (4)	76421 户 632655 口	15284 户 126531 口	61136 户 506124 口	5.87 11.39
宣　州 (宣城郡)	8 (2)	22537 户 95753 口	2817 户 11969 口	5634 户 23938 口	9 (2)	121204 户 884985 口	13467 户 98332 口	26934 户 196664 口	3.78 7.22
总　计	44 (33)	126906 户 615693 口	2884 户 13993 口	102507 户 502110 口	52 (40)	636701 户 4361411 口	14470 户 99123 口	483807 户 3253929 口	3.72 5.48

由于《旧唐书·地理志》及其他史籍中的户口统计均以州郡为单位，县一级的具体人口无法确知，因此，我们采用了平均数的方法，估算出贞观十三年和天宝十一年今江苏省域的户口约数。[①] 表中第二栏和第六栏中括号内的数字为该州(郡)领县中属于今江苏省域的领县数。

通过表 3—3—2 我们可以清楚地看出，在贞观到天宝这百余年的发展中，江苏省域的户口增长速度是惊人的。贞观十三年(639)全省域约有 102507 户、502110 口，概言之，约 50 多万人。这个数字是很低的。隋大业五年(609)，全国总户口数为

① 小数点后的数字四舍五入。

8907546 户,46019956 口[1],而贞观十三年的全国总户口数只有 3041871 户、12351681 口,较之大业五年分别减少了 66%和 73%。可见经历了隋末大动乱和唐初的割据战争,全国户口的减耗是触目惊心的。虽经贞观时期的恢复,但曾经是战争最为激烈的"伊、洛以东,暨乎海岱",即广大的黄河中下游地区依然是"灌莽巨泽,苍茫千里,人烟断绝,鸡犬不闻,道路萧条,进退艰阻"[2]。隋代的人口大郡清河、恒山等郡,平均每县的户数从两万余户骤降至两三千户,荥阳郡平均每县户数则从近一万五千户降至不足二千五百户,均减少了 80%以上。就江苏省域而言,隋朝大业五年约为 254309 户,1314780 口[3],与之相比,贞观十三年的户数减少了 60%左右,口数减少了 62%左右。尽管如此,这一降幅还是低于全国平均数的,从而,贞观十三年江苏省域的户口数在全国总户口数中所占的比例不降反升,分别占到 3.37%和 4.07%,比隋大业五年的比例 2.86%要高出不少。因此可以说,经历了 20 余年的隋末唐初的大动乱,在给全国带来深重灾难的同时,也给江苏省域各州县带来了巨大的损失,但与黄河中下游地区相比,江苏省域所受的灾难相对较轻一些,这也为此后的恢复和发展提供了一定的基础。

天宝十一年(752)的统计中反映出来的江苏省域的户口增长是爆发性的。据表 3—3—2,天宝十一年,今江苏省域的总户口数为 483807 户,3253929 口,与贞观十三年(639)相比,分别增加了 3.72 倍和 5.48 倍,远远高出了全国平均增长倍数的 1.95 倍和 3.12 倍。江苏省域的户口在全国总户口中所占的比例又有所提高,分别占 5.39%和 6.38%,比贞观时期高出了 2 个百分点以上。江苏省域的主要城市徐州彭城郡、扬州广陵郡、润州丹阳郡、常州晋陵郡、苏州吴郡等州郡的人口均超出 40 万,尤其是江南的润、常、苏 3 州,人口均在 50 万—70 万之间,与同时期的汴州陈留郡、亳州谯郡、曹州济阴郡、兖州鲁郡、绛州绛郡等中原大郡相侔,一改隋代和唐初人口稀少的状态,成为仅次于长安、洛阳两京以及太原府太原郡、魏州魏郡、宋州睢阳郡、益州蜀郡等少数几个州郡之外的人口大邦。即使是人口相对较少的海州东海郡、泗州临淮郡、楚州淮阴郡,其平均每县的户数亦均在 6500 户以上,人口在 40000 人左右,这也远远超出了当时全国的平均数。[4]

在传统的农业社会中,人口的多寡是衡量一个地区社会、经济发展的一个重要指标。天宝年间,今江苏省域的江南诸郡已是全国人口最为密集的地区,与传统经济区

---

① 据《隋书》卷二九—三一《地理志》。参照梁方仲编著:《中国历代户口、田地、田赋统计》甲表 22,上海人民出版社 1980 年版。

② 《旧唐书》卷七一《魏征传》,中华书局 1975 年版,第 2560 页。

③ 参见本卷第一章第三节。

④ 据梁方仲编著《中国历代户口、田地、田赋统计》甲表 25 的统计,当时全国平均每县的户数为 5715.69。

域的中原诸郡不相上下。江淮之间的扬州广陵郡次之。淮河以北诸郡，虽无法与江南诸郡相比，但其发展程度也在全国平均水平以上。因此可以说，到天宝年间，江苏省域的总体发展水平在全国已经处于领先地位，尤其是江南诸郡，已经成为全国最发达的地区之一，形成了新的经济重心。安史之乱以后，江淮地区之所以能够一跃成为唐帝国的命脉所在，这完全归功于这一地区唐前期社会、经济的平稳发展。

第四节　裴耀卿的漕运改革与江苏地位提升的契机

一　唐代漕运的兴衰与江苏历史的发展阶段

通过上一节的分析，我们得出了这样的结论：今江苏省域在长期和平稳定的局势下，地域社会和经济都取得了长足的发展；高宗、武则天时期以降，通过“租米”这根纽带，江苏省域与国家事务之间的关系日渐频繁；社会、经济快速发展以及在国家事务中发挥重要作用的迹象，已经越来越清晰。

玄宗开元(713—741)以前，运往洛阳和长安的粮食主要还是来自北方各州县，进入开元以后，唐朝步入了发展的鼎盛时期，在新的形势，如何调集全国的财赋，供养庞大的官僚机构，满足上层社会日益奢侈的生活，成为唐朝中央政府的当务之急。江苏省域，这块在唐朝前期政治中几近无闻、默默地发展了近百年的土地，因具备了诸多的优势，成为唐朝中央政府新的财赋之地。这一结果，不仅成为江苏省域社会、经济在唐代后期取得进一步发展的契机，而且还对唐宋以后江苏历史的发展产生了深远的影响。从此，江苏省域，尤其是省域的长江以南地区，千百年来，头顶着“国家命脉”、“财赋渊薮”、“天下粮仓”、“苏湖熟天下足”、“经济大省”等光环，在国家的财政经济事务中扮演着极其重要的角色。而这一切的起点，就是唐玄宗开元以后兴起的江淮漕运。

唐代江苏省域的历史发展，与江淮漕运的兴衰息息相关。唐代江苏省域历史发展的阶段，实际上就是漕运历史的发展阶段。担负着开元以后唐王朝漕运重任的江苏省域，如果从漕运兴衰的角度来进行观察，其历史发展阶段更为明显。

在两《唐书·食货志》、《通典·漕运》、《唐会要·漕运》、《资治通鉴》、《册府元龟·漕运》，以及《元和郡县图志》、《陆宣公奏议》等相关部分中，对唐代不同时期漕粮的数量都有或详或略的记载，通过对这些文献的梳理，我们依据每年的漕粮数额，可以整理出唐代漕运发展过程中的三个阶段，即起始期、兴盛期、衰落期。这三个时期的划分，与政治史或文学史上常见的初唐、盛唐、中唐、晚唐等分期不同，之所以用年漕运量作为分期来区别，主要是因为漕粮数量的增减，不但关系到唐王朝的兴衰隆替，也关系到漕粮对当时社会生活的影响。[①]

1. 起始期，即第一阶段，从唐初到玄宗开元二十一年(733)。

这一阶段全国漕粮的年运量不过一二十万石，是所谓“漕事简”的阶段。《旧唐书》卷四九《食货志》称：“昔贞观、永徽之际，禄廪未广，每岁转运，岁不过二十万石。”《新唐书》卷五三《食货志》称：“高祖、太宗之时，用物有节而易赡，水陆漕运，岁不过二十万石，故漕事简。”《通典》卷一〇《食货・漕运》亦称：“往者贞观、永徽之际，禄廪数少，每年转运，不过一二十万石，所用便足。”类似的记载，亦见于《唐会要》、《资治通鉴》等文献之中。可知唐代前期的高祖、太宗、高宗、武则天时期，全国每年漕粮数量仅为一二十万石。

2. 兴盛期，即第二阶段，从玄宗开元二十二年(734)到天宝(742—756)中。

这是漕粮数量最高、漕运事业蓬勃发展的阶段。《旧唐书》卷四九《食货志》称：“凡三年(开元二十二、二十三、二十四年)，运米七百万石。”平均年漕粮二百三十余万石。《新唐书》卷五三《食货志》亦称：“益漕晋、绛、魏、濮、邢、贝、济、博之租输诸仓，转而入渭。凡三岁(开元二十二至二十四年)，漕七百万石。”天宝年间，转输的漕粮基本上都维持在每年二百四五十万石。《新唐书》卷五三《食货志三》称：“是岁(天宝三载)，漕山东粟四百万石。”依“折粟一斛，输米六斗”[②]的算法，粟四百万石，折米二百四十万石。因此，《通典》卷一〇《食货・漕运》中总结道：“天宝中，每岁水陆运米二百五十万石入关。”《唐会要》、《元和郡县图志》等文献中亦有类似的记载。

3. 衰落期，即第三阶段，从代宗广德二年(764)起至唐末。

由于安史之乱和藩镇割据等因素，漕粮的年运量逐年下降。广德二年(764)，转漕量尚有粟一百一十万石[③]，但广德二年之后至德宗建中元年(780)，虽有著名的转运使、理财家刘晏主持漕运，但年漕量最多的也只有四十万石左右。“自是每岁运米数十万石以给关中。”[④]德宗贞元十五年(799)，“令江淮岁运米二百万石。虽有是命，然岁运不过四十万石”[⑤]。宪宗元和(806—820)以后，转漕量更少，“江淮米至渭桥者才二十万斛。”[⑥]“大中五年二月……漕米四十万斛，其能至渭仓者，十不三四。”[⑦]“自江

---

① 参见潘镛：《隋唐时期的运河和漕运》，三秦出版社 1987 年版，第 72 页。

② (唐)杜佑撰，王文锦等点校：《通典》卷六《食货・赋税下》，中华书局 1988 年版，第 109 页。

③ 《新唐书》卷五三《食货志》，中华书局 1975 年版，第 1368 页。

④ 《资治通鉴》卷二二三唐代宗广德二年(764)三月条，中华书局 1955 年版，第 7164 页。

⑤ 《旧唐书》卷一三《德宗纪》，中华书局 1975 年版，第 390 页。

⑥ 《新唐书》卷五三《食货志》，中华书局 1975 年版，第 1370—1371 页。

⑦ 《旧唐书》卷四九《食货志》，中华书局 1975 年版，第 2122 页。

达渭，运米四十万石。居三岁，米至渭桥百二十万石。”[①]最多时不超过四十万石，二十万石应该是唐晚期漕粮的常态。

唐代漕运史上的这三个阶段，与唐代不同时期的历史发展是密切相关的。

第一阶段，从时间上讲大约从唐初到玄宗开元初。《新唐书》卷五三《食货志》称："唐都长安，而关中号称沃野，然其土地狭，所出不足以给京师，备水旱，故常转漕东南之粟。高祖、太宗之时，用物有节而易赡，水陆漕运，岁不过二十万石，故漕事简。”高祖武德年间至高宗永徽年间，转漕量不大，唐朝尚无必要设立专门的部门和官员来管理漕运事宜，一般由户部尚书之下的度支和水部郎中兼理即可完成。如遇灾荒、出征等特殊情况，政府才临时派兼官加上“知水运”、“运职”等头衔管漕运事宜。

漕运事务委任专职，始于唐玄宗即位之初。《新唐书》卷一二八《李杰传》载："先天(712—713 年)中，进陕州刺史、水陆发运使，置使自(李)杰始。”开元初，李杰“每岁冬初起运八十万石，后至一百万石”。运粮的数量从一二十万石增加到了一百万石，漕事逐渐由简而繁。而且从此以后，转运使成为专职，管理有关漕运的各项事务。

第二阶段是玄宗开元天宝时期，即所谓的“开天盛世”、“大唐盛世”。由于关中地区人口增加，耕地减耗严重，生产能力和产值已远远不能满足当地和京师长安的需要，“秦中地狭，收粟不多，倘遇水旱，便即匮乏”[②]。因此，每年必须从关东漕运大量的米粟和其他的物资来接济。

转漕量激增的另一个重要原因是国家机构渐趋庞大，官吏人数日益增加，政府开支加大。太宗时，律令规定的内外文武官员仅 643 人[③]，庞大的官僚机构和官僚群尚未形成；高宗即位以后，官僚机构和官僚群日益庞大。高宗初年的选官之滥，正如杜佑所说的那样："吏部之法行始二十余年，虽已为弊矣，而未甚滂流，故公卿辅弼或有未之觉者。太宗初知其微而未及更，因循至于永徽中，官纪已紊，迨麟德之后，不胜其弊。”[④]高宗显庆二年(657)，一品以下九品以上的内外文武官员已增至 13465 人[⑤]，总章末(669)，“选人益多”[⑥]。至唐玄宗时，内外文武官员再度增加。开元十九年(731)京兆尹裴次元在奏疏中指出："神州务剧，官僚犹多，更置员外试官，于事颇为繁冗。”[⑦]

---

① 《新唐书》卷五三《食货志》，中华书局 1975 年版，第 1370—1371 页。

② 《旧唐书》卷九八《裴耀卿传》，中华书局 1975 年版，第 3081 页。

③ (唐)杜佑撰，王文锦等点校：《通典》卷一九《职官》，中华书局 1988 年版，第 471 页。

④ (唐)杜佑撰，王文锦等点校：《通典》卷一五《选举·历代制下》，中华书局 1988 年版，第 363 页。

⑤ (唐)杜佑撰，王文锦等点校：《通典》卷一七《选举》，中华书局 1988 年版，第 404 页。

⑥ 《资治通鉴》卷二〇一唐高宗总章二年(669)十二月条后，中华书局 1955 年版，第 6362 页。

⑦ (宋)王溥：《唐会要》卷六七《员外官》，中华书局 1955 年版，第 1180 页。

当时且有“宰臣兼官者,并两给俸禄”的规定①。天宝时内外官员已增加到18805人,比高宗显庆时又多5300余人。官员数量的激增,直接导致俸禄开支的增加,从而漕运的重要性也就越来越凸显,负担也越发加重。早在中宗时期,右御史台中丞卢怀慎在陈述时政就指出:“今京诸司员外官数十倍,近古未有。”②员外官是指律令规定以外的官员,它的设置,一方面是因为国家事务日益庞杂的需要,另一方面也是官僚机构日益腐败的结果。原本应由体制内官员承担的事务,现在却让体制外的人来充任,而体制内官员则独享清闲,白领俸禄。员外官的数量相当庞大,《旧唐书》卷九四《李峤传》称其在吏部时,“志欲曲行私惠,冀得复居相位,奏置员外官数千人。至是官僚倍多,府库减耗”。数量庞大的员外官当然也领俸禄,从而造成“奉廪之费,岁巨亿万,徒竭府藏……河、渭广漕,不给京师”③,大大增加了国家财政的负担。到了开元年间,这种情形更加严重。开元二十一年(733)裴耀卿上书中说:“往者贞观、永徽之际,禄廪数少,每年转运不过二十万石,所用便足……今国用渐广,漕运数倍于前,支犹不及。”④

此外,还有府兵制变募兵制后导致的军队给养问题,自然也要增加漕运数量。唐初府兵上番自备口粮,军饷问题也未像以后那样尖锐。高宗即位后,西北地区战事频繁,关中为西北戍兵的集结发遣之地,多需军饷。龙朔二年(662),朝廷“始取府兵越骑、步射置左右羽林军”⑤,又有左右屯营,长安的禁军人数比贞观时大大增加。兵员增加,兵粮亦必剧增。随着府兵制渐趋废弛,关中和长安的募兵不断增加。这些募兵的粮饷全部由官府供给,正如宋人吕祖谦在其《历代制度详说》卷五中所说的那样:“唐中、睿以后,府兵之法坏,聚兵既多,所以漕运不得不详。大抵这两事常相为消长,兵与漕运常相关。”

种种形势,迫使唐朝政府必须着手解决漕粮问题。解决的办法,一是皇帝带领后宫百司往东都“就食”,做“逐粮天子”;二是设法改革漕运,让各地的租米能够顺利运达长安。

皇帝带领后宫百司禁军赶往东都“就食”,美其名曰“行幸洛阳”,实际上是跋山涉水往东都洛阳解决吃饭问题。自显庆二年(657)至咸亨三年(672),前后十五年,高宗携百司禁军四赴东都就食,先后在东都驻跸六年半。咸亨以后,又三次就食东都,最后病死在东都。据《资治通鉴》的相关记载,高宗七次行幸东都的时间为:显庆二年正月、显庆四年闰十月、麟德二年正月、咸亨二年正月、上元元年十一月、仪凤四年正月、永淳元年

---

① (宋)王溥:《唐会要》卷五三《崇奖》,中华书局1955年版,第917页。

②③ 《新唐书》卷一二六《卢怀慎传》,中华书局1975年版,第4416页。

④ 《旧唐书》卷九八《裴耀卿传》,中华书局1975年版,第3081页。

⑤ 《新唐书》卷五〇《兵志》,中华书局1975年版,第1331页。

四月。有五次在正月和四月出发，表明是为了就食而去的。自显庆二年以后的二十六年半之中，高宗武则天驻洛的时间占二分之一。武则天称帝后，“二十年间，直至其死皆在洛阳”①，东都成为实际上的国都。中宗复位后，朝廷自洛阳返回长安，政治中心复归关中，高宗初年一度尖锐的漕粮不足问题再度激化，玄宗四次被迫再赴洛阳就食。至开元后期，漕粮短缺的矛盾愈益突出。可见，行幸东都就食，只是一种消极的选择，只有彻底改革漕运，把全国各地的粮食和物资转漕关中，才是治本的办法。因此，积极设法解决漕运的问题摆放到了唐玄宗君臣的面前。经过开元后期的漕运改革，唐朝的转漕量达到了鼎盛，为支撑处于“盛世”的唐王朝作出了重大的贡献。

安史之乱后的藩镇割据，使得唐朝中央政府失去了黄河中下游的财赋之地，转漕只限于江淮以南地区，与开元天宝时期相比，转漕量减少了三分之二以上，漕运进入了相对衰落的时期。

唐代漕运的三个发展阶段，与唐代江苏省域的历史发展阶段之间，既有密切的关系，又有相当的差异。开元后期唐玄宗君臣积极改革漕运之举，是江苏省域历史发展中的一个转折点或分水岭，如果这之前江苏省域的发展还处于默默无闻之中的话，那么，开元后期的漕运改革，给了江苏省域一个阔步起飞的契机。从这一点上来说，江苏省域的发展与唐代漕运的兴盛是密切相关的。安史之乱后，唐朝全国规模的漕运，单从转漕量上来说，确实远不如开元天宝时期，可以说进入了衰落期，但是，就江苏省域而言，转漕量却是有增无减。在全国其他地区的转漕量急剧下滑、全国总转漕量进入衰落期时，运往关中、支撑唐朝中央财政的江苏省域产出的粮食和物资，以及经过江苏省域北运的南方其他地区的粮食物资的转漕量却进入了鼎盛时期，唐代江苏省域的历史发展同样也进入了最为辉煌的时期。从这一点上来说，江苏省域的发展与唐代全国漕运的阶段之间又有着较大的差异。但正是这个差异，更加明显地反映出了安史之乱以后江苏省域在唐朝国家事务中地位的提高，以及江苏省域为唐帝国存续命脉所作出的巨大贡献。

二　裴耀卿的漕运改革

开元二十一年(733)秋，关中地区进入秋季后霖雨成灾，长安谷价踊贵。唐玄宗在再次准备带领官司百僚前往洛阳就食之前，独自召见京兆尹裴耀卿，向其咨询救灾良策。唐玄宗之所以单独召见裴耀卿问计，一是因为裴耀卿此时是京兆尹，是都城长安的最高长官，如何解决长安的粮食问题当然与他有关；另一个更重要的原因是，早

---

① (清)王鸣盛著，黄曙辉点校：《十七史商榷》卷七一“武后居洛不归长安”条，上海书店2005年版，第610页。

在开元十八年(730)裴耀卿在江南宣州刺史任上时,已经向玄宗上疏陈述漕运改革的方略,只是当时裴耀卿的上疏没有引起玄宗的足够重视,“疏奏不省”而已。① 开元二十年(732)冬,裴耀卿结束了宣州的外任,迁京兆尹,次年便遇上了重大灾情。这次,玄宗在长安谷价暴涨,自己即将再次带领官司百僚前往洛阳“逐食”的尴尬场面下,独自召见裴耀卿,商讨解决关中缺粮问题的根本方策。在这次召见中,裴耀卿再次提出改革漕运的方策,认为只有解决了漕运问题,关中缺粮的问题才能得以根本解决。玄宗对裴耀卿的改革方案深表赞同,不久就拜裴耀卿为黄门侍郎、同中书门下平章事,充江淮、河南转运都使,全权负责漕运事务。唐朝设立转运使专门负责漕运事宜,就是从这一次裴耀卿以侍中充转运使开始的,此后,江淮转运使均以中央高级官吏兼任,可见江淮转运使职责之重。

综合裴耀卿开元十八年的上疏和开元二十一年与玄宗的问答,可以看出裴耀卿漕运改革的两大核心:一是实行分段运输的“转搬法”,二是健全和完善仓储制度。两者的相互配合,构成了裴耀卿漕运改革的最大特点。

分段运输法又称“转搬法”,这是克服此前直运法弊病而实行的一种新的运输方法。

开元十八年(730),时任江南宣州刺史的裴耀卿,深感旧漕法慢、少、费的弊病,上疏玄宗,条陈改革漕运事宜。裴耀卿指出:“江南户口稍广,仓库所资,惟出租庸,更无征防。缘水陆遥远,转运艰辛,功力虽劳,仓储不益。窃见每州所送租及庸调等,本州正二月上道,至扬州入斗门,即逢水浅,已有阻碍,须留一月已上。至四月已后,始渡淮入汴,多属汴河干浅,又般运停留,至六七月始至河口,即逢黄河水涨,不得入河。又须停一两月,待河水小,始得上河。入洛即漕路干浅,船艘隘闹,般载停滞,备极艰辛。计从江南至东都,停滞日多,得行日少,粮食既皆不足,欠折因此而生。又江南百姓不习河水,皆转雇河师水手,更为损费。”②

据裴耀卿上疏所言,裴耀卿建议漕运改革以前,租米庸调等物资的转运采用的是直运法。所谓“直运法”,就是江淮各州自行负责,将租米和庸调直接送达洛阳的含嘉等仓。漕船于每年年初的正月或二月即从本州出发,由于沿途水道的季节性变化,漕船往往无法顺利北上。到扬州进入运河船闸后即逢邗沟的枯水期,有时要等待一个月以上才能通行。四月以后才能渡淮入汴(即隋代通济渠,唐代通称汴渠或汴河),六七月才能到达汴渠河口(汴渠入黄河处),此时恰逢黄河汛期,水位增高,汴河里的漕船无法进入黄河,这样又需停留一两个月,到八九月,等黄河进入秋季枯水后,漕船才能入河。进入

①② 《旧唐书》卷四九《食货志》,中华书局 1975 年版,第 2114—2115 页。

洛水后，又值洛河水少，各地漕船商舶云集，难以前行。漕船从江南各州出发，将租米庸调送达洛阳，前后需要十个月以上的时间，有的甚至需要一年的时间，途中停的时间多，航行的时间少。从洛阳含嘉仓出土的铭文砖中可见，各州的租船派吏员直接押送，驶往含嘉仓缴纳，这种方法就是“直运法”。以含嘉仓窖 19 出土的铭砖为例，苏州万岁通天二年(697)的租米，到圣历二年(699)正月八日才“纳了”。其间的过程是：万岁通天二年的租米，在当年秋冬征收，次年(圣历元年，698)正月起运，经过长达一年的漕运，到圣历二年正月才由政府收纳完毕。因此裴耀卿又称这种转运方法为“旷年长运”。除了运送时间的旷日持久外，途中的损耗也是惊人的，这包括几方面：一是受潮霉变等自然损耗，二是脚夫们的损费，三是停留时间漫长，出现隐盗等突发事件；另一项更大的损费就是江南百姓不习黄河水情，到达汴口后，均须雇用当地熟悉黄河水情的水手帮助行船。凡此种种，直运法造成的损费是惊人的，费时长、运量少、损耗多，虽然“水陆遥远，转运艰辛”，但结果却是“功力虽劳，仓储不益”。

为了克服直运法造成的弊病，裴耀卿建议，在长达数千里的漕运线上，按各河道不同季节的水情，以及漕船、水工的特点，进行分段运输。在开元十八年(730)的上疏中，裴耀卿就已经提出了分段运输的基本设想：“河口元置武牢仓，江南船不入黄河，即于仓内便贮。巩县置洛口仓，从黄河不入漕洛，即于仓内安置。爰及河阳仓、柏崖仓、太原仓、永丰仓、渭南仓，节级取便，例皆如此。水通则随近运转，不通即且纳在仓，不滞远船，不忧久耗，比于旷年长运，利便一倍有余。今若且置武牢、洛口等仓，江南船至河口，即却还本州，更得其船充运。”开元二十一年(733)，在与玄宗的应对中，裴耀卿再次对原先的设想进行了强调和细化：“江南租船，候水始进，吴人不便漕挽，由是所在停留，日月既淹，遂生窃盗。臣望于河口置一仓，纳江东租米，便放船归。从河口即分入河、洛，官自雇船载运。三门之东，置一仓。三门既水险，即于河岸开山，车运十数里。三门之西，又置一仓，每运至仓，即般下贮纳。水通即运，水细便止。”①

裴耀卿提出的具体方法是，江淮漕船所运的江淮租米庸调以及其他物资，从江淮各州溯江南运河、邗沟(山阳渎)、汴渠等东南运河水系北上，至河口(汴渠入黄河处)的河阴县，将租米庸调纳入河阴仓便可返回，避免等待黄河水位下降的时间和江淮漕船不习河水的不利因素。然后，由政府出资雇船，将储存在河阴仓的江淮租米庸调以及其他物资，一部分从河口经洛河运往洛阳含嘉仓储存，一部分入黄河，逐节送纳柏崖仓、集津仓，节次向西转输。为避免黄河三门砥柱的湍流，由车载经十八里傍山陆路，运至盐仓(三门仓)贮纳。然后再转水运逐节送纳陕州太原仓、华州永丰仓及长安

① 《旧唐书》卷四九《食货志》，中华书局 1975 年版，第 2115 页。

太仓贮存，以实关中。

由于这种方法是一站一站地转运搬送，因此又称"转搬法"。与"旷年长运"的直运法相比，"节级转运"的转搬法具有许多优点：

1. 熟悉东南运河水情的江淮漕船，可以在较短的时间内将租庸物资送往河阴仓；停贮在河阴仓的物资，由官府自行雇船另运，不必等候黄河水位的涨落。因此，江淮漕船便可节省半年的时间。

2. 过去，"吴人不便漕挽，由是所在停留，日月既淹，遂生隐盗"。现在规定江淮租船在河阴仓卸下租庸物资后，便可驾船南返，不必航行在黄河之中，自然可以免除许多麻烦和危险，有利于江淮民众。

3. 停贮在河阴仓的租米，等河水深度合适时再用船装载西运，并令"晓习河水者递送纳于太原仓"，运输效率和运费自然节省不少。

4. 以前江淮民众派人把租米庸调用船运往洛阳，必须自己承担运费。如果按裴耀卿的设想，政府规定这些租船到达河阴，把租米庸调卸下后即可转回南方，不必像以前那样另外转雇河师水手在黄河航运，这样一来，河阴至洛阳之间的运输责任就免除了，江淮民众可以省下一部分运费，船夫水工也可以比以前空闲。但是，裴耀卿的漕改方案中并没有因此让江南民众喘息的意思，对于这些剩余的运费和时间，裴耀卿则设法加以利用。他设想将江淮百姓以地税名义缴纳的、贮存于本地义仓用作救荒的稻谷，变造为糙米，用上述剩余的运费和时间，命令船夫再一次运往河阴，然后节级转运往长安。这样，既可以解决"江淮义仓，下湿不堪久贮，若无船可运，三两年色变，即给贷费散，公私无益"①的问题，又可使关中获得更多的粮食。

在裴耀卿的转搬法中，有一项关键的配套建设，这就是健全和完善漕路沿线的仓储制度。按照裴耀卿的设想，实行分段运输和完善漕路沿线的仓储制度，两者不可偏废，缺一不可。

沿漕路设置仓储，节级搬运的方法，并非裴耀卿之首创。"前汉都关中，年月稍久，及隋亦在京师，缘河皆有旧仓，所以国用常赡。"② 至少西汉以来即已实行。隋朝建国初年，对北方漕路沿线的仓储制度曾经进行过较大规模的完善。"开皇三年，朝廷以京师仓廪尚虚，议为水旱之备，于是诏于蒲、陕、虢、熊、伊、洛、郑、怀、邵、卫、汴、许、汝等水次十三州，置募运米丁。又于卫州置黎阳仓，洛州置河阳仓，陕州置常平仓，华州置广通仓，转相灌注。漕关东及汾、晋之粟，以给京师。"③裴耀卿继承并发展

---

①② 《旧唐书》卷四九《食货志》，中华书局 1975 年版，第 2115 页。

③ 《隋书》卷二四《食货志》，中华书局 1973 年版，第 683 页。

了这种制度，在漕改方案获得唐玄宗的认可后，便大刀阔斧地在漕路沿线建设和完善转运仓储。开元二十二年(734)八月，“置河阴县及河阴仓、河西柏崖仓、三门东集津仓、三门西盐仓。开三门山十八里，以避湍险。自江淮而溯鸿沟，悉纳河阴仓。自河阴送纳含嘉仓，又送纳太原仓，谓之北运。自太原仓浮于渭，以实关中”①。即在漕运线路上新置四个仓：在汴渠与黄河的交汇处置河阴县及河阴仓(在今河南郑州市西北)，在黄河北岸的河清县置柏崖仓(在今河南济源市西南五十里蓼坞西北柏崖山上，高宗时曾置，后废，此时重置)，在黄河北岸三门之东置集津仓(在今河南三门峡市东十余里黄河北岸的龙岩村附近，今已沦入水库中)，三门之西置三门仓(又称“盐仓”，在今河南三门峡市西五里黄河北岸下仓村附近，今已沦入水库中)。还在集津、三门二仓之间的黄河北岸开凿山路十八里，实行陆运，以避三门湍流。又改陕州之常平仓为太原仓(在今河南三门峡市陕县老城西南四里)，华州之广通仓为永丰仓(在今陕西华阴市东北渭河入黄河处)，又扩建了洛阳的含嘉仓和长安的太仓。经过以上的水陆运道及仓储的整治，构成了一个全新的仓储、搬运系统，目的只有一个，就是将江淮的租米庸调在最短时间内，以最经济、最安全的方法运往长安，以解决都城上自皇帝后宫下至百僚禁军的吃饭问题。

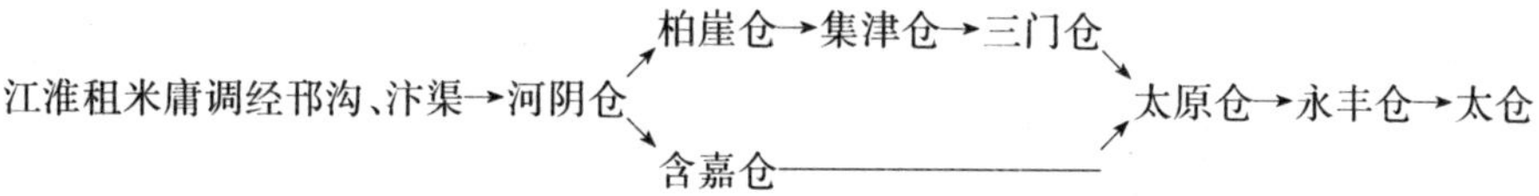

由于裴耀卿对漕运的改革，使唐朝的漕运事业得到了蓬勃的发展。改革以后的头三年，即开元二十二年至二十四年，“凡三年，运七百万石，省陆运之佣四十万贯”②。平均年漕量为二百三十余万石，可见改革取得了惊人的成果。“天宝中，每岁水陆运米二百五十万石入关。”③从开元二十二年起直到天宝年间，漕粮的年运量能保持在二百数十万石，达到了唐代漕运量的最高点。

漕运改革解决了关中的粮食问题后，唐玄宗于开元二十四年(736)从东都洛阳回到了长安。在返回长安前的开元二十三年十月所下的《南路幸西京敕》曰：“顷属关辅无年，遽尔东幸，固非为己，将以息人。今百谷既登，庶务皆省……宜以来年(开元二十四年)正月七日取南路幸西京(长安)。”④自开元二十四年玄宗从东都返回长安后，唐朝皇帝因逐粮而行幸东都的历史即告终止，此后不再有幸东都就食之事，唐朝也迎来了它的鼎盛时期。

---

①② 《旧唐书》卷四九《食货志》，中华书局1975年版，第2115—2116页。

③ (唐)杜佑撰，王文锦等点校：《通典》卷一〇《食货·漕运》，中华书局1988年版，第224页。

④ 《南路幸西京敕》，见(宋)宋敏求编：《唐大诏令集》卷七九，商务印书馆1959年版，第454页。

三 江苏地区对“开天盛世”的巨大贡献

据《旧唐书》卷四九《食货志》的记载，在裴耀卿漕运改革施行后的头三年，共运米七百万石，平均年漕量为二百三十余万石。《新唐书》卷五三《食货志》同样也记载了“七百万石”这个数据。不同的是，《新唐书·食货志》中还记载有漕粮的来源地：“益漕晋、绛、魏、濮、邢、贝、济、博之租输诸仓，转而入渭。凡三岁，漕七百万石。”此处所言晋（治今山西临汾市西南十八里金殿镇）、绛（治今山西新绛县）、魏（治今河北大名县东北大街巷）、濮（治今山东鄄城县北旧城镇）、邢（治今河北邢台市）、贝（治今河北清河县城关乡西北十二里）、济（治今山东茌平县西南）、博（治今山东聊城市东北二十五里）八州，均在河南、河北、河东三道，即黄河中下游地区。如果轻信《新唐书·食货志》的这一记载，那么就会轻易地得出这样一个结论，即唐代漕运虽然在开元二十二年(734)以后进入了蓬勃发展的阶段，但运往关中的租米，其主要来源依然是黄河中下游地区的传统农业经济区，而江淮地区的漕运虽然开始崭露头角，但尚未成为主要来源。然而，事实并非如此。

从裴耀卿漕改方案的核心内容来看，分段运输的转搬法和漕路沿线的仓储设置这两大举措，其主要对象是江淮地区的租米庸调，始终没有牵涉到黄河中下游地区的各州县。《旧唐书·食货志》在叙述裴耀卿的漕改方案后，紧接着称：“凡三年，运七百万石，省陆运之佣四十万贯。”并且在此句之后还补充了一句：“旧制，东都含嘉仓积江淮之米，载以大舆而西，至于陕三百里，率两斛计佣钱十，此耀卿所省之数也。”可见这些记载应该主要是关于江淮的。《资治通鉴》卷二一四玄宗开元二十二年七月条中讲得更明显：“先是，舟运江淮之米至东都含嘉仓，僦车陆运，三百里至陕，率两斛用十。（裴）耀卿令江淮舟运悉输河阴仓，更用舟运至含嘉仓及太原仓，自太原仓入渭输关中，凡三岁，运米七百万斛。”《唐会要》、《通典》等相关卷目中也都不见有晋、绛、魏、濮、邢、贝、济、博八州的记载。可见，《新唐书·食货志》中关于八州的记载，或是误载，或是欠考，与事实不符。因此，我们可以这样认为，开元二十二年至二十四年这三年中，运至关中的七百万石租米，即使不是全部，但大部应该来自江淮。开元二十五年(737)裴耀卿拜侍中，由萧炅领江、淮转运使。这一年因“秋苗远近丰熟……江淮漕运，固甚烦劳，务在安人，宜令休息，其江淮间今年所运租停”①。在江淮租米停运的这一年，送达关中的租米为在一百万石②，那么，开元二十二至二十四年这三年间，在年

---

① 《册府元龟》卷五〇二《邦计部·平籴》，中华书局1960年版，第6012页。

② 《旧唐书》卷四九《食货志》，中华书局1975年版，第2116页。

运量二百三十余万石之中，来自江淮的租米达一百三十余万石，占年漕量的56.5%。

开元二十二年(734)因裴耀卿设置了江南、淮南转运使，这一使职的设置，可以看做是江淮税米每岁上供成为定式的标志，也是唐代的南北两大经济区对于唐王朝财政的作用，由北重于南向南重于北转化的重要分界线。考虑到当时南方地区社会经济发展的基本状况以及漕运的便捷程度，能够在短时间内提供如此庞大的租米庸调的州县，应该集中在今江苏省域淮河以南至浙江中部以北地区，而江苏省域的江南、淮南各州县，无疑是这批租米的主要来源地。在此后的天宝年间，"每岁水陆运米二百五十万石入关"①，这二百五十万石租米中的很大一部分，应该来自今江苏省域的各州县。因此，在安史之乱爆发后的次年，即至德元年(756)，第五琦对逃往四川的唐玄宗说："方今之急在兵，兵之强弱在赋，赋之所出，江淮居多。"②这句话揭示了安史之乱以前天宝年间唐朝赋入来源的真情。

传统史学认为，唐玄宗开元、天宝年间是唐朝发展的鼎盛时期，也是中国封建社会发展的顶峰，被誉为"开天盛世"，而支撑着盛世社会正常运转的经济基础，无疑是裴耀卿漕运改革以后的江淮财赋，今江苏省域各州县无疑又是江淮财赋的主要供给地，因此可以说，江苏省域经过唐代前期的平稳发展而积累起来的厚实的经济基础，为"开天盛世"作出了巨大的贡献，从此，江苏省域在唐帝国的地位一下子便凸显了出来。

为了更有效地向中央政府输送江淮财赋，唐人开始关注起隋代开凿的东南运河的整治，其中最著名的便是润州刺史齐澣对运河的合理改造。

隋唐时期，长江北岸的重要津渡扬子津(又称扬子渡)位于今扬州城南二十里，正对江中的瓜洲。瓜洲原是长江扬州段的水下暗沙，逐渐积涨后于晋代开始露出江面，成为沙洲。其后沙洲上开始有人居住，建立村庄，名瓜洲村，属江南的润州管辖。进入唐代以后，由于江沙不断积涨，瓜洲与长江北岸逐渐相连，扬子津渡口淤塞。至开元年间，瓜洲的面积已经相当大，其南北阔二十五里，横亘在扬子江中，影响渡航。江南的润州与江北的扬州之间，渡江舟船必须先往上游航行，绕过沙尾，再沿江北岸往下游的扬子渡靠岸，需要绕行六十里之远。漕船由润州过江，不仅延长了运输时间，而且运河漕船长时间航行在长江水道上，也易遭风涛之险。为了确保漕运安全，润州刺史齐澣于开元二十六年(738)在瓜洲上开凿了一条长二十五里的运河，史称"伊娄河"，又名"新河"，也叫"瓜洲运河"，即今瓜洲镇至扬子桥的古运河。③ 从此，出江南运河从润州渡江至扬州的漕船不需再行绕道，既保证了安全，又节省了时间和运费。诗

---

① (唐)杜佑撰，王文锦等点校:《通典》卷一〇《食货·漕运》，中华书局1988年版，第224页。

② 《旧唐书》卷一二三《第五琦传》，中华书局1975年版，第3517页。

③ 《旧唐书》卷一九〇中《文苑传·齐澣》，中华书局1975年版，第5038页。

人李白亦盛赞此事，他在《题瓜洲新河饯族叔舍人贲》一诗中写道："齐公凿新河，万古流不绝。丰功利生人，天地同朽灭。"[①]

除开凿伊娄河外，齐澣还在淮北整治淮、汴漕路。汴渠自虹县（今安徽泗县）至临淮（泗州治，在今盱眙东北淮河北岸，现已陷入洪泽湖中）一百五十里，水流迅急难制，上下船只须用牛曳竹索而行。齐澣乃奏自虹县下开河三十余里，入于清河，百余里出清水，又开河至淮阴县北岸入淮，试图避免淮水的湍险之害，后因新河水流亦趋迅急，河床积石影响漕运而停。[②] 虽然如此，江苏省域漕路沿线州县的地方官此时致力于漕路的整治，其步调与开元二十一年漕改后江淮租米大量北运是一致的。

在江淮转漕量稳定增长的形势下，关中地区粮食充裕，朝廷用度充足，民众生活安定。正当此时，关中一带农作物的收成也很好，这样，造成了短时期粮食的供过于求，粮价因此下跌。为避免谷贱伤农的流弊，增加国家仓廪的积蓄，政府遂于开元二十五年(737)起实施救时政策，其中的主要内容都与江淮有关。例如，开元二十五年二月颁布的《关内庸调折变粟米敕》称："关辅庸调，所税非少，既寡蚕桑，皆资菽粟，常贱粜贵买，损费逾深。又江淮苦变造之劳，河路增转运之弊，每计其运脚，数倍加钱。今岁属和平，庶物穰贱……均其余以减远贡，顺其便使农无伤。"[③]《新唐书》卷五一《食货志》亦载，开元"二十五年，以江、淮输运有河、洛之艰，而关中蚕桑少，菽粟常贱，乃命庸、调、资课皆以米，凶年乐输布绢者亦从之"。规定关中百姓以米代绢来缴纳庸调资课，以减轻江淮漕运之苦，江淮的租米转运得以稍息。

由于关中的丰稔持续了较长的时间，江淮地区北运的租米一时显得不那么重要了，但政府对江淮的征求并没有因此而减轻，"其江南诸州租，并回造纳布"[④]。江淮百姓虽然可以暂时停运租米，但却仍须以布代纳。而且，江淮作为财赋重地的观念，也逐渐在唐朝统治者的心目中形成。

所谓"盛世"，除了政治的稳定、军事的强大、经济的繁荣、文化的昌盛等表象外，还有一个重要的表征，这就是奢靡之风的弥漫。唐玄宗天宝年间，社会上层奢靡之风日盛一日。取之不尽的江淮财赋，包括民间财富，在天宝年间除了成为支撑盛世的经济基础之外，同时还成了社会上层奢靡生活的重要后盾。

政府对江淮地方财政和民间财富的掠夺，主要是通过变造、回造、转市等手段来实现的。所谓"变造"、"回造"，指的是租赋折纳的方法，即通过改变名目，将甲转变成

---

① （唐）李白：《题瓜洲新河饯族叔舍人贲》，见（清）王琦注：《李太白全集》卷二五，中华书局1977年版，第1148页。

② 《旧唐书》卷一九〇中《文苑传·齐澣》，中华书局1975年版，第5038页。

③ 《关内庸调折变粟米敕》，见（宋）宋敏求编：《唐大诏令集》卷一一一，商务印书馆1959年版，第579页。

④ （唐）杜佑撰，王文锦等点校：《通典》卷六《食货·赋税下》开元二十五年条，中华书局1988年版，第107页。

乙来缴纳。“转市”指的是将多余之物卖却，转而购买所需之物。政府在江淮变造、回造、转市的对象，即掠夺的对象主要是义仓米。

义仓始创于北齐，隋代得到了健全和完善。开皇五年(585)，“令诸州百姓及军人，劝课当社，共立义仓。收获之日，随其所得，劝课出粟及麦，于当社造仓窖贮之。即委社司，执帐检校，每年收积，勿使损败。若时或不熟，当社有饥馑者，即以此谷赈给”①。义仓储粮是以义租的形式在正税之外纳于政府，由政府储藏管理的，遇饥逢灾，发仓赈贫。建立义仓的初衷和基本原则是“当社造仓窖贮之”，“不许杂用”②。唐代高宗武则天以后，“公私窘迫，渐贷义仓支用。自中宗神龙之后，天下义仓费用向尽”③。义仓粮成为各级官府掠夺的对象。

玄宗时期，朝廷将大批义仓储粮变造为糙米，运往长安充当国家财政。开元四年(716)五月诏中称：“诸州县义仓，本备饥年赈给。近年已来，每三年一度，以百姓义仓糙米，远赴京纳。”④州县义仓粮被转漕后再贮进新米。这实际上就是三年一变造。不过早期的变造主要是为了解决南方“下湿之地”义仓储粮的推陈出新问题，用意还有积极的一面。开元后期，由于关中军需，庞大官僚机构的供给，以及朝廷侈费剧增，政府急于扩大漕运数量。裴耀卿在推行漕运改革时建议用各转运仓实行分段运输后节省的脚钱，“更运江淮变造义仓”⑤，把江淮地区各州县义仓贮存的谷米运往长安以充国用。从此以后，变造成了政府对地方义仓的公开掠夺。开元二十三年(735)裴耀卿大肆变造江淮义仓之后不久，高力士曾对玄宗说：“(李)林甫用变造之谋，(牛)仙客建和籴之策，足堪救弊，未可长行。恐变正仓尽即义仓尽，正义俱尽，国无旬日之蓄，人怀饥馑之忧。”⑥由高力士对变造的忧虑可见开元末年变造的规模之大。到天宝年间，义仓变造规模更大。天宝末年，度支每年掌握的二千五百万石税粟中，有“四百万(石)江淮回造米转入京，充官禄及诸司粮料”⑦。也就是说，在可供中央每年开支的米谷中，有16%是来自江淮地区本不应该上供的地方财政和义仓储粮。

政府对江淮实行掠夺的另一种方式就是“取州县义仓转市轻货”。轻货主要是指各地的土特产品，主要供长安的皇室和贵族官僚的奢侈性消费，而购买这些奢侈性消费品的资金来源即是各州县的义仓储粮。转市轻货最典型的事例就是天宝初年韦坚的献宝闹剧。

韦坚出身于京兆韦氏家族。韦氏历世高门，韦坚之姊为故惠宣太子妃，妹为太子

---

① 《隋书》卷二四《食货志》，中华书局1973年版，第684页。

②③④⑤ 《旧唐书》卷四九《食货志》，中华书局1975年版，第2123—2124、2115页。

⑥ (唐)郭湜：《高力士外传》，见丁汝明辑校：《开元天宝遗事十种》，上海古籍出版社1985年版，第116页。

⑦ (唐)杜佑撰，王文锦等点校：《通典》卷六《食货·赋税下》，中华书局1988年版，第111页。

妃，妻子是楚国公姜皎之女，当时一门荣盛，很早就因门荫进入仕途。天宝元年(742)三月，韦坚被提拔为陕郡太守、水陆转运使，获得了专制天下财赋的美差。

开元后期，宇文融、杨慎矜等官员就因搜刮天下财物进奉皇帝而获得恩宠，韦坚任水陆转运使后，即仿效宇文融等人的做法，“请于江淮转运租米，取州县义仓粟，转市轻货”[①]。天宝二年(743)，韦坚用江淮义仓米转市诸郡轻货，装满三百只船，聚集望春楼广运潭下向玄宗邀宠，一时间热闹非凡。

为了转运关东租赋，西汉开始就从长安修漕渠沿渭水东通黄河，隋文帝时又加整修，成为潼关以西漕粮运抵长安的重要运道。韦坚任水陆转运使后，“奏请于咸阳拥渭水作兴成堰，截灞、浐水傍渭东注，至关西永丰仓下与渭合。于长安城东九里长乐坡下、浐水之上架苑墙，东面有望春楼，楼下穿广运潭以通舟楫，二年而成。(韦)坚预于东京、汴、宋取小斛底船三二百只置于潭侧，其船皆署牌表之。若广陵郡船，即于栿背上堆积广陵所出锦、镜、铜器、海味；丹阳郡船，即京口绫衫段；晋陵郡船，即折造官端绫绣；会稽郡船，即铜器、罗、吴绫、绛纱；南海郡船，即玳瑁、真珠、象牙、沉香；豫章郡船，即名瓷、酒器、茶釜、茶铛、茶椀；宣城郡船，即空青石、纸笔、黄连；始安郡船，即蕉葛、蚺蛇胆、翡翠。船中皆有米，吴郡即三破糯米、方文绫。凡数十郡。驾船人皆大笠子、宽袖衫、芒屦，如吴、楚之制。先是，人间戏唱歌词云：‘得丁纥反体都董反纥那也，纥囊得体耶？潭里船车闹，扬州铜器多。三郎当殿坐，看唱《得体歌》。’至开元二十九年，田同秀上言‘见玄元皇帝，云有宝符在陕州桃林县古关令尹喜宅’，发中使求而得之，以为殊祥，改桃林为灵宝县。及此潭成，陕县尉崔成甫以(韦)坚为陕郡太守凿成新潭，又致扬州铜器，翻出此词，广集两县官，使妇人唱之，言：‘得宝弘农野，弘农得宝耶！潭里船车闹，扬州铜器多。三郎当殿坐，看唱《得宝歌》。’成甫又作歌词十首，白衣缺胯绿衫，锦半臂，偏袒膊，红罗抹额，于第一船作号头唱之。和者妇人一百人，皆鲜服靓妆，齐声接影，鼓笛胡部以应之。余船洽进，至楼下，连樯弥亘数里，观者山积。京城百姓多不识驿马船樯竿，人人骇视。(韦)坚跪上诸郡轻货，又上百牙盘食，府县进奏，教坊出乐迭奏。玄宗欢悦”[②]。

由唐玄宗亲临现场的这场闹剧，可以从这两个方面来看：第一，这场闹剧的本质是一场公开邀宠的盛会。闹剧的总导演韦坚，其目的在于利用手中搜刮来的财富向唐玄宗邀宠。唐玄宗是精神上的最大获益者，韦坚及相关人员则是利益上的最大获益者。闹剧结束后，望春楼下新开凿的运渠被赐名为“广运潭”，“外郡进土物，赐贵戚

---

① 《旧唐书》卷四八《食货志》，中华书局1975年版，第2086页。

② 《旧唐书》卷一〇五《韦坚传》，中华书局1975年版，第3222—3223页。

朝官”，韦坚亦因“始终检校，夙夜勤劳”，被特授三品左散骑常侍，一子为三品京官兼太守。[①] 第二，这场闹剧的背后反映出了江淮各州郡雄厚的经济实力和丰富的地方物产。为演好这场闹剧，江苏省域内淮河以南的四个州郡展示了至少七种特产：扬州广陵郡的织锦、铜镜和铜器，润州丹阳郡的京口绫衫缎，常州晋陵郡的折造官端绫绣，苏州吴郡的三破糯米和方文绫。尤其是扬州出产的铜器，还成为这场闹剧主题歌《得宝歌》中唯一出现的产品名称。

从广运潭所展出的“轻货”来看，当时江淮本地所产的、或经由江淮漕路运到长安的南方物资是非常丰富的，长安与江淮之间已经息息相关，政治、军事重心的关中地区与经济重心的江淮地区有着密切的联系。这种密切的联系，使唐王朝在唐玄宗时期产生出雄壮的力量和繁荣昌盛的景象。“开天盛世”的出现，固然有种种因素，而江淮漕运的成就与之有着密切的因果关系。裴耀卿等人先后实施的漕运改革，改变了过去洛阳、长安间交通困难的问题，改变了江淮、山东物资多半集中于洛阳，而难以大量运往关中的局面。改革以后，江淮、山东的财赋可以不在洛阳停留，由河阴仓一直运往长安，皇帝百司可以不必往洛阳“逐粮”；由于分段运输法和变造江淮义仓粟、转市轻货等搜刮手段的实行，漕运的数量和品种，均比过去大大地增加，政治、军事中心的经济基础也因此坚实牢固。关中的政治、军事中心和江淮的经济重心结成一体，把唐王朝凝结成一个坚强的整体，发挥着它的历史作用。因此，从这个意义上来说，江淮，尤其是其核心区域今江苏省域，是唐帝国登上发展顶峰的坚实后盾，江苏地区为“开天盛世”作出了巨大的贡献。

韦坚导演的那场献宝闹剧，主席台上的玄宗及其臣僚、幕后操纵的韦坚、竭尽表演才能的崔成甫，以及舞台上众多的表演者，他们的喜悦自不待言，就连现场观摩的“京城百姓”，也是“观者山积”，“人人骇视”，上下皆大欢喜，呈现出一幅天下和谐的盛世画卷。然而，在盛世的表象之下，一切社会弊病都在潜滋暗长，大唐的盛世，也在天宝晚期终因上昏下愚，政治社会丧失了基本的责任感中戛然而止。安史之乱以后，来自江苏省域政治上和经济上的全力支持，成为唐帝国存续的命脉所在，江苏历史的发展也因此进入了一个新时期。

---

① 《旧唐书》卷一〇五《韦坚传》，中华书局 1975 年版，第 3224 页。《资治通鉴》卷二一五唐玄宗天宝二年(743)四月条，中华书局 1955 年版，第 6858 页。

第四章　安史之乱后全国财政格局下的江苏地区

第一节　“盛世”的终结

唐朝建国后，经历百余年的社会发展和财富积累，到玄宗在位的开元、天宝年间(713—756)达到了全盛，史家称之为“开天盛世”。杜甫在《忆昔》诗中回忆盛世时写道：“忆昔开元全盛日，小邑犹藏万家室。稻米流脂粟米白，公私仓廪俱丰实。九州道路无豺虎，远行不劳吉日出。齐纨鲁缟车班班，男耕女桑不相失。”[①]这首诗作于安史之乱以后，经历战乱流离的诗人脑海中，对往日繁花似锦的时代的回忆，美好的多于丑恶的，这是人之常情。同时杜甫又作有《自京赴奉先县咏怀五百字》：“朱门酒肉臭，路有冻死骨。荣枯咫尺异，惆怅难再述……生常免租税，名不隶征伐。抚迹犹酸辛，平人固骚屑。”[②]这首诗作于天宝十四载(755)十二月初，正是安禄山在范阳起兵半个月后。这时的诗人面对突如其来的变乱、念及因饥饿而死的幼子，心中更多的是对所谓“盛世”的反省。作为低级官员，自己可以免除租赋征役，但依然供养不了家小，更何况平头百姓呢？杜甫的前后之作让我们深思，所谓“盛世”，究竟是什么？

导致安史之乱爆发的原因有很多，历代史家都有探讨，无非就是玄宗不再励精图治，宠爱杨贵妃，李林甫、杨国忠擅权，藩镇胡帅逐渐掌握军队，等等。毋庸置疑，这些都是导致安史之乱爆发的原因。然而，从中国历史发展的大趋势来看，发生在“盛世”之巅的安史之乱，绝不仅仅是因政治黑暗而导致的一场动乱。安史之乱只是一种表现形式，而这一表现形式的背后，是一场深刻的社会变革。

---

① (唐)杜甫：《忆昔二首》，见(清)仇兆鳌注：《杜诗详注》卷一三，中华书局1979年版，第1163页。

② (唐)杜甫：《自京赴奉先县咏怀五百字》，见(清)仇兆鳌注：《杜诗详注》卷四，中华书局1979年版，第270—273页。

这一场社会变革表现在社会政治制度、财税制度、军事制度、学术文化等各个领域。简言之，在社会政治制度上，魏晋南北朝以来的世族（贵族）政治开始崩溃，传承数百年的名望之家逐渐式微，君主的权力开始加强，政治向君主独裁制过渡，社会向平民社会转变。在财税制度上，从依靠国家机器控制劳动人口、征收赋税和无偿徭役，逐渐向政府针对土地征收田赋，广开税源，竭力筹集国家财税，以满足政府的各种用度过渡。在军事制度上，从几乎无偿的兵农合一的府兵制转向必须由政府财政负担的募兵制。在学术文化方面，经学上，重家法、师法传承的传统松弛，开始怀疑注疏，倡导一家之言；文学上，从重形式的六朝隋唐流行的四六骈体文，经韩柳诸家的提倡和力行，开始向重自由表达的散文体（古文）转变，等等。总之，这场社会变革，是中国社会从具有中世纪社会特征的魏晋南北朝唐初，向具有近世社会特征的宋元明清的过渡，这一过渡正好介于唐宋两大王朝之间，因此可以称之为“唐宋变革”[①]。唐宋之间的社会变革并不是一朝一夕完成的，是一个漫长的过程。武则天执政时期已经初露端倪，安史之乱是这场变革的催化剂和加速器，安史之乱及随之而来的藩镇割据，大大地推进了这场变革的步伐。

本章的主题是讨论安史之乱后全国财政格局的问题，因此，下面我们对唐宋变革过程中国家财税的问题再略作概观。

唐前期，维持国家正常运转的律令制度中，均田制、租庸调制、府兵制最为重要。尽管均田制可能没有推广到全国，但在传统的农业发达地区保持生产持续发展的同时，在土地较多的宽乡推行这一制度，促进了农业经济的发展，增加了社会财富的总量。租庸调制并不是基于均田制度的税收体制，而是按一夫一妇，即小家庭为单位的征收体系，可以说是一种人头税。府兵制则是一种亦农亦兵、兵农一体的军事制度，全国的成年民丁，战时为兵，休时为农，集训出兵时甚至自备兵甲粮糇，政府的军费开支相对较低。均田制、租庸调制、府兵制之所以能在相当长的时期内正常运作，这有赖于强大的国家机器的存在。在强大的国家机器尤其是军事力量的慑护下，农民擅自离开土地就是犯法，政府通过租庸调制这样的人头税和兵农合一的府兵制，控制着每一个成年农民。这样一种国家体制或性质，我们可以称之为“军事国家”。在安史之乱之前的中国历朝历代，都具有这种“军事国家”的性质。

在律令制度比较完善的唐前期，朝廷的财政主要由户部及相关部门打理，并未出现其他财务机构。历史发展到盛唐的开元天宝时期，由于社会各领域的总量成倍增

---

① 参见［日］内藤湖南：《概括的唐宋时代观》（中译本见刘俊文主编：《日本学者研究中国史论著选译》，中华书局1992年版）等。

长,原先适用于简单社会的律令制度已无法适应新的时代要求。为解决政府日益庞大的开支问题,玄宗朝首先出现了“括地使”、“租庸使”等使职,朝廷派遣专人往各地理财,丈量土地,催促租庸,以期增加政府的财政收入。

然而,进入盛唐以后,人口快速增长,社会日趋复杂,致使律令制度日趋崩溃。人口的增长,使得耕地趋于紧张;社会的复杂化,使得许多民众设法规避赋税;基于土地依附和人头税体系的府兵制,也因其基础日渐颓毁而失去功能,朝廷只能通过招募的形式保证兵源,庞大的军费开支由此而生。社会的这种变革,因安史之乱呈现出加速度的发展。唐德宗建中元年(780)两税法的颁布,正式宣告了一个大时代的结束。税收不再严格按照人头征收,而是改由土地等资产征收,农民个人对土地的依附关系原则上宣告结束。从此以后,政府不再像汉魏晋南北朝隋和唐初那样与乡村豪族争夺人口,而是与乡村豪族争夺土地,只要掌控了土地,政府才能保证税源。时值多事之秋,在农业税不足的情况下,政府广开盐铁税、茶税、商税、间架税,甚至榷酒、榷曲,想尽一切办法增加国家的财税收入。这是唐安史之乱以后出现的极具特征的历史现象,财税的有无增减,关系到政府的命运,因此,与此前的“军事国家”相对,以财税为核心运作的国家体制或性质,可称之为“财政国家”。

可见所谓“盛世”,只是在社会财富总量不断增加的开元、天宝时期,包括帝王在内的贵族社会的鼎盛,这种鼎盛光彩夺目,繁花似锦。但正与词藻瑰丽、叠床架屋的骈体文一样,这种光彩夺目、繁花似锦,是表面的,形式的,它只是大小贵族生活上的奢靡,器用上的辉煌,真正失去的是社会责任心。在“盛世”的光环下,一切社会弊端都在潜滋暗长,天宝后期,维系社会的这根弦已经绷得非常紧,而安史之乱只是加在这根弦上的一个微小力量。

第二节　安史之乱对江苏的波及

天宝十四年(755)十一月,平卢节度使兼范阳节度使、河东节度使安禄山在范阳(治今北京市西南)起兵,以诛杨国忠为名,率所部兵15万,号称20万,南下横扫中原。由于睿宗、玄宗以来废除府兵制改为招募制,不但长安的禁军多为市井之徒,毫无作战能力,即使地方武备也都弛废。在安禄山秋后膘肥的骑兵面前,“州县发官铠仗,皆穿朽钝折不可用,持梃斗,弗能亢。吏皆弃城匿,或自杀,不则就擒,日不绝”①。

① 《新唐书》卷二二五上《逆臣传·安禄山》,中华书局1975年版,第6417—6418页。

于是朝廷应急募兵，命高仙芝、封常清相继东讨，又命哥舒翰守潼关。高仙芝、封常清相继战败，洛阳失守，安禄山军逼潼关。天宝十五年（至德元年，756）五月，潼关失守，玄宗出走西川（治今四川成都市），七月，逃至灵武（治今宁夏灵武市南）的太子李亨在部分臣僚的拥戴下即皇帝位，是为肃宗。安禄山兵入长安，大肆抢掠，“大索三日，民间财赀尽掠之，府县因株根牵连，句剥苛急，百姓愈骚”①。唐政府依靠朔方节度使郭子仪、河东节度使李光弼等忠于朝廷的名将支持，并借用回纥兵马，历时八年，直到代宗广德元年（763）初才将这场动乱平息下去。

安禄山起兵后，控制运河，南下江淮，切断唐王朝的生命线，这个意图是非常明确的。在汴渠沿岸的睢阳（即宋州，治今河南商丘市南），唐将许远、张巡率军奋战，坚苦卓绝，最终挡住了安史乱兵占领汴渠，南下江淮的企图，保住了唐王朝的财赋之地。安史乱兵的兵锋虽然没有直接触及今江苏地区，但在安史之乱这个大事件的框架下，今江苏省域核心地区江淮还是遭受了两场灾难，即永王李璘之乱和刘展之乱。

一　永王李璘之乱

安禄山起兵后，北方陷入了旷日持久的大乱之中，短短数月时间，大片土地沦落叛军之手，只有远离中原的江淮还是一片和平景象。天宝十五年（肃宗至德元年，756）七月，唐玄宗逃往蜀中，为保住半壁江山，途中发号施令，诏命太子李亨为天下兵马元帅，继续都统朔方、河东、河北、平卢等节度采访等都使，于诸路与诸副大使等计会收复长安、洛阳；永王李璘为山南东道、江南西路、岭南黔中等节度度支采访等都使，江陵大都督，继续坐镇江陵；盛王李琦为广陵郡大都督，继续领江南东路及淮南、河南等道节度等使；丰王李珙为武威郡都督，继续领河西、陇右、安西、北庭等路节度度支采访等都使。② 据此，战时的唐朝疆域被划分为若干区域，太子李亨虽是兵马大元帅，但只能控制着帝国的北部及东北部，而整个南方则由永王李璘和盛王李琦控制，在抵抗安史乱兵南下的过程中，唐朝在原来没有设置藩镇的中原和江淮地区临时设置了节度使。玄宗逃亡途中的这项安排事出有因。肃宗在灵武即位是七月十二日的事，而《命三王制》的诏书下达于七月十五日，很明显是玄宗闻说太子即位而自己被架空后的一个反应。这一项安排，对刚刚在灵武即位、遥尊玄宗为太上皇的肃宗来说是一个威胁。在落魄的玄宗眼中，自行宣布即位的肃宗只是与永王、盛王、丰王三王同等，并且，将江淮财赋之地划归永王、盛王，而肃宗虽然担负着收复长安、洛阳的重

---

① 《新唐书》卷二二五上《逆臣传·安禄山》，中华书局1975年版，第6420页。

② 《册府元龟》卷一二二《帝王部·征讨门》，中华书局1960年版，第1458页。（宋）宋敏求编《唐大诏令集》卷三六《命三王制》，商务印书馆1959年版，第155页。

任，但只能在战乱纷仍的北方、东北方谋求军费来源。

然而，玄宗的这一安排，也促使了永王李璘因丰厚的江淮财赋而滋生的篡位野心的膨胀。由于受到安史乱兵的威胁，汴渠的漕运一时阻塞，运往蜀中或关中供玄宗一行或肃宗朝廷用度的江淮财赋，转而由长江、汉水转输，因此，永王李璘管辖的长江中游地区地位一下子提高了。永王"璘领四道节度都使，镇江陵。时江淮租赋山积于江陵，璘召募勇士数万人，日费巨万"①。面对如此巨大的江淮财赋，永王李璘及其部下开始打起了算盘。"召募士将数万人，恣情补署"②，已经露出了不臣的迹象。

李璘虽然从小聪明好学，但自幼生长深宫，对外不更人事。但其子襄城王李玚却是一个有勇好兵的年轻人，招薛镠、李台卿、蔡垧等人为谋主，"以为今天下大乱，惟南方完富，璘握四道兵，封疆数千里，宜据金陵，保有江表，如东晋故事"③，试图重演一场割据江南的故事。肃宗虽与永王异母，但对永王其实是很关怀的。永王数岁丧母，长相又丑陋，肃宗"收养，夜自抱眠之"④。听说永王的不臣迹象后，肃宗为避免兄弟残杀，命其离开江陵，往蜀中朝觐玄宗，但永王不听。永王的副使、江陵长史李岘托词赶赴肃宗行营，与肃宗商讨对策。于是，肃宗新置淮南藩镇，领广陵等十二郡，以高适为节度使；又置淮南西道藩镇，领汝南等五郡，以来瑱为节度使，使其与江东节度使韦陟共同防御来自永王的不测。同时，任刘晏为度支郎中，兼侍御史，领江淮租庸事，为接收江淮的财赋做好了准备。"晏至吴郡而璘反。"⑤在永王看来，刘晏来到江南无疑是来抢夺财赋的，失去了江淮的财赋，永王便一无是处，于是率众顺江而下，连陷当涂（今安徽当涂县）、升州（治今南京市），进军丹徒（今镇江市），并试图渡江攻取扬州。

扬州的地方官员虽未接到中央诏旨，却深知此事有关大局。淮南采访使李成式、河北招讨判官李铣率众数千，在扬子（今扬州市南）、瓜步（今南京市六合区南）一线沿江布防。李璘父子登城望之，始有惧色。李璘的部属季广琛暗中召集诸将商量，以为李璘父子之举不合时宜，不如乘兵锋未交之时早早离开，否则"死于锋镝，永为逆臣矣"。诸将皆以为是。于是季广琛带领所部投奔扬州，浑惟明带领所部投奔江宁，冯季康投奔白沙（今仪征市）。部下的出走让李璘父子更加忧惧，不知所措。李成式部将赵侃等渡江追至新丰（今丹阳市西北），击溃李璘父子。李璘父子率残余南奔鄱阳（今江西鄱阳），收库物甲兵，欲南奔岭南。江西采访使皇甫侁遣兵追讨，生擒李璘，杀之于驿站，李玚亦死于乱兵。⑥

---

①③ 《资治通鉴》卷二一九唐肃宗至德元载（756）十二月条，中华书局 1955 年版，第 7007 页。

②④ 《旧唐书》卷一〇七《永王璘传》，中华书局 1975 年版，第 3264 页。

⑤ 《新唐书》卷一四九《刘晏传》，中华书局 1975 年版，第 4793 页。

⑥ 《资治通鉴》卷二一九唐肃宗至德元载十二月至卷二二〇至德二载二月；《旧唐书》卷一〇七《李璘传》。

永王之乱仅持续数月，因内部的瓦解而崩溃，没有给江南地区造成实质性的灾难。当然，在国家正在遭受安史乱兵蹂躏，社稷安危未卜的形势下，永王李璘的举兵是不得人心的，是注定要失败的，但是，从政府在安史乱军的强大军事压力下能够迅速做出对应，从作为李璘的副手李岘能够不顾安危称病赴肃宗行营告急，谋划对策，从扬州的地方官员在没有朝廷旨意的情况下能够积极备战，击溃李璘叛军，种种现象都反映了一个事实，这就是在朝廷和有见识的大臣心目中，江淮是不能丢的。这不仅仅是领土疆域的问题，因为江淮一旦丢失，那么，维持国家机体正常运转的血液将会枯竭，帝国将会失去生命。

二　刘展之乱

刘展之乱是安史之乱期间今江苏省域遭受的唯一一次严重战祸，发生在肃宗上元元年(760)至上元二年。

造成这场严重战乱的原因极其简单，就是因为官僚之间的猜忌。《资治通鉴》卷二二一唐肃宗上元元年(760)十一月条的记载点明其要："(刘)展刚强自用，故为其上者多恶之。"宋州刺史刘展领淮西节度副使，"素有威名，御军严整"，临阵之时敌军"望风畏之"，可见此人确实是个将才。这样一个才望兼备的人恃才傲物，必然难以为上司所容。当时的淮西节度使王仲升通过监军宦官邢延恩向肃宗上奏，称："(刘)展倔强不受命，姓名应谣谶，请除之。"[①]王仲升忌才妒能的一句话，邢延恩卑鄙龌龊的一个计谋，给今江苏省域造成了一场不小的灾难。

根据邢延恩的谋划，朝廷下诏升任刘展为都统淮南东、江南西、浙西三道节度使，然后计划使刘展脱离兵众后，在其就任途中将其擒获。刘展识破了邢延恩的计谋，要求先得江都(即淮南东道)的印节，然后离镇。邢延恩往取印节交付刘展。刘展接到印节后，一边上表谢恩，一边下发文书，联络江淮三道亲旧的心腹人员，委以重任。江淮三道的官员也都派人前来迎接，并向他申报辖地的地图和户籍。一切准备就绪后，上元元年(760)十一月，刘展立即率领所统兵众七千，疾赴扬州。

邢延恩得知刘展已经识破他的阴谋，急忙赶往广陵，与原江淮都统李岘和淮南东道节度使邓景山联兵抵御，把讨伐刘展的檄文移送所属州县。同时刘展也发布公告，称李岘等人谋反。江淮各州县不知事情原委，莫知所从。李岘引兵渡江，与江淮都统副使、润州刺史韦儇及浙西节度使侯令仪屯兵京口(今镇江市)。邓景山统兵万人屯徐城(今泗洪县境内)，把截汴口，试图阻止。刘展素有威名，"江、淮人望风畏之"。刘

① 《资治通鉴》卷二二一唐肃宗上元元年(760)十一月条，中华书局1955年版，第7097页。

展率兵先击溃了邓景山部，邓被迫与邢延恩逃往寿州（治今安徽寿县）。刘展引众进占广陵，分兵攻占濠州（治今安徽凤阳县东北）、楚州（治今淮安市楚州区）。并立即渡江南下，攻占润州（治今镇江市），转而占领昇州（治今南京市），完全控制了今扬州、镇江、南京三地，然后西攻宣州（治今安徽宣城市），东下苏州、湖州，席卷今淮南、苏南、皖南各地，大有割据江南之势。

刘展叛军横行江淮广大地区，攻城略地，使得朝廷大为震恐。起初，肃宗命平卢兵马使田神功率领五千精兵屯驻任城（今山东济南市任城区）守备。邓景山被刘展打败以后，就与邢延恩一起上奏肃宗，请求朝廷调用田神功部出兵平乱。肃宗采纳了这个建议，诏令田神功军由彭城（今徐州市）南下讨伐刘展。刘展得到消息后，非常害怕，亲率八千大军由广陵北上迎战。并选两千名精兵与田神功军会战于都梁山（今盱眙县境内），不料大败，刘展仅率一骑兵渡江逃亡。田神功率军进入广陵以后，放纵士兵大肆烧杀抢掠。

上元二年（761）正月，田神功遣部将范知新等率领四千余人从白沙渡江，西攻叛军占据的下蜀（今句容市下蜀镇）。与此同时，邓景山也领兵从海陵（今泰州市）渡江，向常州进发。田神功本人则与邢延恩亲领三千人从瓜洲渡江。刘展率领步骑兵一万多人在蒜山（在今镇江市内）布阵，等待田神功军。田神功用战船载运军队前往金山（在今镇江市内），遭到刘展军的顽强抵抗，被迫返回瓜洲。此时，范知新等人率军到达下蜀，与刘展交战，双方发生激烈战斗。唐将贾隐林用箭射伤刘展的眼睛，刘展扑倒在地，为唐军斩杀，其残余部众不久亦被朝廷剿灭。

刘展之乱平定后，朝廷加田神功开府仪同三司、徐州刺史，并诏令李岘、邓景山回还京师任职。田神功率领的平卢军在临走前又于江淮大掠十日，江淮民众遭受了一场巨大的灾难。[①]

刘展之乱给江淮地区带来了惨重的灾难，史言："安、史之乱，乱兵不及江、淮，至是，其民始罹荼毒矣。"[②]战乱使得原本富庶的江淮地区变得破败萧条，著名诗人刘长卿亲身经历了这场变乱，作《自江西归至旧任官舍赠袁赞府》诗云："却见同官喜复悲，此生何幸有归期。空庭客至逢摇落，旧邑人稀经乱离。"[③]这场变乱，实质上是一场地方权力的斗争。在这场斗争中，没有任何中央权力在起作用，从头到尾都流露出朝廷对地方的权力失控。在当时的大唐帝国治下，变乱的刘展部队固然被当作"逆贼"，但平乱的田神功部队的所作所为实际上也如同强盗。归根结底，朝廷是以一场大战乱为高昂

---

① 《资治通鉴》卷二二一唐肃宗上元元年(760)十一月至十二月，卷二二二唐肃宗上元二年(761)正月。

② 《资治通鉴》卷二二二唐肃宗上元二年(761)正月条，中华书局1955年版，第7104页。

③ (唐)刘长卿：《自江西归至旧任官舍赠袁赞府》，见《全唐诗》卷一五一，中华书局1960年版，第1567页。

的代价，替王仲升除掉了政敌刘展，可以说是一场“使人难以分清敌友”①的硝烟。

邢延恩在设计谋害刘展时与刘展的一段对话很能说明一些问题。邢延恩将肃宗的任命诏书递给刘展，刘展怀疑地说：“展自陈留参军，数年至刺史，可谓暴贵矣。江、淮租赋所出，今之重任，展无勋劳，又非亲贤，一旦恩命宠擢如此，得非有谗人间之乎？”不由泪下。邢延恩心中恐惧，说：“公素有才望，主上以江、淮为忧，故不次用公。公反以为疑，何哉？”②在这段对话中，一个以没有资历担任“租赋所出”的江淮长官为由表示疑虑，一个以“主上以江淮为忧”为搪塞，两者共同之处就是“江淮”。田神功部队大掠扬州，杀胡商以千数，城中穿掘殆遍，扬州遭受一次前所未有的浩劫。后双方又大战于江南，平静的江南也惨遭荼毒。田神功得胜回朝，加官晋级，恩宠荣耀无比。他的暴行未受任何责难。其原因也就在田神功保住了唐政府财赋命脉，至于其他，就在所不计了。可想而知，“江淮财赋”在朝廷及人们心目中的地位。

第三节 唐后期财政格局的形成与演变

一 安史之乱期间政府对江淮财赋的渴求

如果说开元、天宝年间朝廷对江淮财赋的渴望还止于锦上添花的话，那么安史之乱爆发后，由于中原失守，传统的财赋之地黄河中下游地区全部落入安史乱兵之手，这时朝廷对江淮财赋的渴求就是雪中之炭了。“官兵守潼关，财用急，必待江、淮转饷乃足”，“今兵食所资在东南”③，“赋之所出，江淮居多”④之类的表述，自安史之乱爆发之初便频频出现在人们的口头了。

安史之乱中，首先承担起朝廷在江淮理财重任的是第五琦。

第五琦(729—799)，子禹圭，京兆长安(今陕西西安市)人。入仕后的第五琦不同于一般的文官，“有吏才，以富国强兵之术自任”⑤。天宝初年曾跟随水陆转运使韦坚办理财税事务，韦坚失政后遭牵连贬官。后为信安(治今浙江衢州市)太守贺兰进明赏识。安禄山起兵后，贺兰进明迁任北海(治今山东青州市)太守，引第五琦为录事参军。安禄山攻陷河间(治今河北河间市)、信都(治今河北冀县)等五郡，贺兰进明未能

---

① [英]崔瑞德编，中国社会科学院历史研究所西方汉学研究课题组译：《剑桥中国隋唐史》，中国社会科学出版社1990年版，第480页。

② 《资治通鉴》卷二二一唐肃宗上元元年(760)十一月条，中华书局1955年版，第7098页。

③ 《新唐书》卷二〇二《文艺传·萧颖士》，中华书局1975年版，第5769页。

④⑤ 《旧唐书》卷一二三《第五琦传》，中华书局1975年版，第3517、3516页。

竭力抵抗，远在蜀中的玄宗大怒，遣宦官携御刀前往督战，并命如不能收复失地就立斩贺兰进明。贺兰进明闻讯后极其惶惧，正当不知如何采取对措时，第五琦发挥了其特有的理财才能。第五琦劝贺兰重金募集勇士，奇袭安史乱军，终于收复失地。暂时躲过杀身之祸的贺兰，派遣第五琦往蜀中谒见玄宗，开始无非就是想打通一下关节，确保生命无虞。但当至德元年(756)十一月第五琦到了蜀中以后，第五琦更深刻地认识到，要想收复失地，彻底平定安史之乱，各路藩镇节度缺的不是将士兵马，缺的是重赏这些将士的财帛。在长期从事理财的第五琦看来，只要有了钱，什么都好办。于是，第五琦向玄宗提出："方今之急在兵，兵之强弱在赋，赋之所出，江淮居多。若假臣职任，使济军须，臣能使赏给之资，不劳圣虑。"①玄宗听后大喜，即日拜监察御史，勾当江淮租庸使。监察御史只是玄宗给第五琦的一个身份，重要的是后者。"勾当"是负责掌管的意思，玄宗实际上将管理江淮财税的重任全权委托给了第五琦。

玄宗的任命一点都没错。理财是第五琦的专业，勾当江淮租庸使这个职务对他来说是适才适任。然而，靠道德理念立身的文官们却无法理解，在他们眼中，从事理财的财臣少君子而多小人，在传统的价值标准下，理财就是苛剥民众，有悖圣人教诲，必须加以鄙视。中书侍郎房琯谏曰："琦，聚敛臣也，今复宠之，是国家斩一国忠而用一国忠矣。"杀了一个杨国忠又任用了一个杨国忠，将任用第五琦的危害与当年任用杨国忠并论。玄宗的答复是："天下方急，六军之命若倒悬然，无轻货则人散矣！卿恶琦可也，何所取财？"②玄宗的答复非常现实，你们讨厌第五琦可以，但你们能到什么地方去给我弄到钱。

从玄宗明确的态度中，我们可以深刻地体会到朝廷对江淮财赋的渴求程度。在安史之乱这样一个非常时刻，任官的理念不再重要，重要的是筹到财赋，平定叛乱，保住大唐的江山社稷。玄宗不但没有听从房琯等人的谏阻，反而对第五琦大加褒赏，不久又拜第五琦为殿中侍御史，加山南等五道度支使。稍后又迁司金郎中兼御史中丞，继续勾当江淮租庸。第五琦没有让玄宗失望，他创立盐法，实行食盐的国家专卖，鼓励旧盐户拓展生产规模，招募流浪人口从事食盐生产，并免其杂徭，专隶盐铁使。规定除租庸外，不得对百姓横加苛政。通过这些政策，没有增加百姓的税负，却满足了国家的用度。为便于运输，第五琦以江淮的租庸和盐税"市轻货"，转输蜀中、关中以供赏赐。第五琦没有辜负玄宗的期望，"促办应卒，事无违阙"，迁户部侍郎、兼御史中丞，专判度支，领河南等道支度都勾当转运租庸监铁铸钱、司农太府出纳、山南东西江

---

① 《旧唐书》卷一二三《第五琦传》，中华书局 1975 年版，第 3517 页。

② (宋)王溥：《唐会要》卷八四《租庸使》，中华书局 1955 年版，第 1548 页。

西淮南馆驿等使，以政府高官的身份打理着国家东南的财赋。

除了第五琦的专业理财外，为了获得更多的财税，朝廷还通过其他各种渠道敛赋。如"度支员外郎郑叔清宜以本官兼侍御史，充江南东西及淮南道宣慰使"①。名为宣慰，但事实上是"遣御史郑叔清等籍江淮、蜀汉富商右族訾畜，十收其二，谓之率贷。诸道亦税商贾以赡军，钱一千者有税"②。实际上是依资产多少按十分之二的比率向江淮富户强行借贷，同时通过征收商税来满足军需。率贷、商税之外，还积极鼓励江淮官府及民众向朝廷捐资。上元二年(761)，楚州刺史崔侁献定国宝玉十三枚，十三宝置于日中，皆白气连天。据崔侁的上书，这十三种宝玉，是"楚州寺尼真如者，恍惚上升，见天帝。帝授以十三宝，曰：'中国有灾，宜以第二宝镇之。'"肃宗因楚州献宝，下诏曰："上天降宝，献自楚州，因以体元，叶乎五纪。其元年宜改为宝应。"③特意改元宝应。而献宝的楚州"于此县得定国宝十三枚，因改元宝应，仍改安宜为宝应"④。特将安宜县改名为宝应县，并一直沿用至今。

改安宜县为宝应县，年号亦因此改为宝应，虽属荒谬，却留下了重要的历史痕迹。故事的舞台是运河沿岸的楚州安宜(宝应)县。安史之乱中，江淮是财赋重地，楚州是保证运河漕运畅通的军事、交通重镇，江淮的财赋通过运河源源不绝地运往蜀中和关中，为朝廷平定安史之乱提供了强实的物质基础。从这个意义上来说，尼姑真如献宝是具有象征意义的。⑤

二　江淮盐铁转运使等财政机构的设置

安史之乱爆发后不久，第五琦奏请于江淮分置租庸使，用江淮的财赋、盐税市轻货以供军，第五琦任江淮租庸使。乾元元年(758)，朝廷加第五琦度支郎中，不久又让他兼御史中丞，同时担任盐铁使，负责盐铁的国家专卖。次年，因第五琦理财供军有功，朝廷授以户部侍郎同平章事，登上相位，诏兵部侍郎吕諲代第五琦在江淮理财。宝应元年(762)五月，又以中书侍郎元载代吕諲在江淮理财。当时淮河、黄河经常遭受安史乱兵的阻截，漕路不畅，盐铁租赋，均溯汉水而上。朝廷以侍御史穆宁为河南道转运租庸盐铁使，加户部员外，迁鄂州刺史，总管东南贡赋。是时朝议以寇盗未靖，关东漕运应委托干练大臣办理，于是以通州(治今四川达州市)刺史刘晏为户部侍郎、

---

① (唐)贾至：《遣郑叔清往江淮宣慰敕》，见《文苑英华》卷四六一，中华书局1966年版，第2346页。

② 《新唐书》卷五一《食货志》，中华书局1975年版，第1347页。

③ 《旧唐书》卷一〇《肃宗纪》，中华书局1975年版，第263页。

④ 《旧唐书》卷四〇《地理志》，中华书局1975年版，第1573页。

⑤ 参见阎守诚：《隋唐小说中的运河》，载唐宋运河考察队编：《运河访古》，上海人民出版社1986年版。

京兆尹、度支盐铁转运使。自刘晏开始,朝廷委盐铁使、转运使于一人,专知全国财税的征集、转运事宜。①

从上面的概述中我们已经可以看出安史之乱后理财机构的复杂性,使职名目繁多。为了解决日益庞大的财政开支带来的用度不足问题,唐玄宗开元、天宝以来,临时设置了很多使职。这些使职一开始都是临时设置,事毕则罢,安史之乱后便成为常设机构。择其要者梳理如下。

转运使:开元二十一年(733),为解决关中缺粮问题,玄宗接受了裴耀卿的漕运改革方案,以裴耀卿为江南淮南转运使,掌东南水陆运输。后又置诸道转运使,掌管全国粮谷的调拨。安史之乱后成为要职。

盐铁使:唐肃宗乾元元年(758),第五琦在蜀中向玄宗建议在江淮理财,理财的重点之一在于广开税源。食盐和铁冶被明确列为国家专卖,开始征税。第五琦任首任诸道盐铁使,掌盐铁专卖,兼及矿冶,以聚敛军资。代宗、德宗时曾分汴东、汴西两使,后复为一使。

盐铁转运使:自第五琦在江淮实行盐铁专卖以后,用于运转粮食物资的费用多来自盐铁税收,故转运使又常兼盐铁使,合称盐铁转运使,简称盐运使。代宗宝应元年(762),以通州刺史刘晏为户部侍郎、京兆尹、度支盐铁转运使。盐铁使和转运使由一人兼任,自刘晏开始。盐铁转运使多以宰相或淮南、浙西节度使兼之,为唐后期中央最高财政长官。盐铁转运使署多设于扬州,由于身兼重职的盐铁转运使往往不在署,具体工作由其事务部门——留后来处理,长安、扬子、江陵等处亦设留后作为分支机构,各个道设派出机构——巡院。晚唐及五代,与度支、户部并号三使司,总领全国财政事务。

虽说是全国财税的征集和转运,但主要集中在江淮,因此,以江淮财赋重镇、漕运枢纽扬州为中心,逐渐形成了一套完备的财政机构,在此后的百余年间,承担着供给朝廷、维系帝国生命的重任。

从安史之乱爆发到德宗继位(780)之前,是唐后期财政机构改革的关键时期,唐后期百余年的财政机构,正是在这一时期形成的基础上调整、演变、发展的。第五琦、刘晏在唐后期财政规模的创立中具有举足轻重的地位。

以争夺江淮财赋为契机,肃宗封了第五琦一个空前绝后的使职"山南等五道度支使"。山南等五道的所指,存在着不同的说法。日本学者日野开三郎认为是山南东

---

① 《旧唐书》卷四九《食货志》,中华书局1975年版,第2117页。

道、山南西道、淮南道、江南东道、江南西道等五道[1]；李锦绣则认为是河南道、淮南道、山南东道、江南西道、江南东道等五道[2]，并认为肃宗对第五琦的任命，实际上是将玄宗时划归永王璘、盛王琦的南方财赋之地的核心区域全都划归第五琦管辖，目的是向二王夺财利。从当时玄宗、肃宗之间微妙的父子关系来看，这一说法值得重视。但无论“五道”中有山南西道还是有河南道，都不影响到我们的叙述，因为今江苏省域所在的江南东道、淮南道和江南西道均在其中，皆是江淮财赋的渊薮，所以是第五琦负责的东部理财区中最重要的地区。第五琦盐铁专卖法的实施又导致了盐铁使机构的建立。在第五琦的基础上，刘晏进一步调整、改革，将东南财赋职掌权划归盐运使，将盐运使下的机构统一为留后，继之发展成为盐运使、留后、院、监、场并存，具有多种隶属关系的新的财政管理体制。至德宗建中（780—783）以前，唐后期财政机构的规模基本确立，建中以后的财务行政及财政收支大多在刘晏制定的原则下贯彻实施。

肃宗君臣念念不忘的是江淮租庸，可见江淮租庸是朝廷收复两京战争中的物质基础。掌握江淮财赋是获取政治上最高权力的必不可少的基础，永王璘之所以能起兵与肃宗背道而驰，就是自恃山积于江陵的江淮财赋。玄宗命第五琦为江淮租庸使，也含有运江淮租庸于蜀，从财政上控制诸军，以期不失帝位的目的，但第五琦至灵武后改变了忠于对象，也给了肃宗一个占有江淮财赋的机会。第五琦应命立办，很快将江淮租庸物资转运至肃宗所在地，奠定了收复两京的物质基础，也使肃宗最终战胜其父，稳固了帝位。

第五琦任山南等五道度支使的意义，并不只是确保了肃宗振兴王业的财源，这一任命对唐后期财政制度的影响非常巨大。乾元元年（758）收复两京后，第五琦迁户部侍郎、判度支，仍兼河南等五道度支使，实际上等于将国家财政分为判度支与河南等五道度支使两部分，判度支只能掌管河南等五道以外地区的财政。[3]

研究者多将盐铁、度支分掌东西财赋的时间定于代宗永泰年间（765—766），《唐会要》卷八七《转运使》称：“永泰元年正月，刘晏充东畿、淮南、浙江东西、湖南、山南东道转运使；第五琦充（京）畿、关内、河东、剑南、山南西道转运使。”这一明确的东西分理经过调整，在大历元年（766）正式确立。[4]《旧唐书》卷一一《代宗纪》大历元年正月丙戌条云：“以户部尚书刘晏充东都京（都）畿、河南、淮南、江南东西道、湖南、荆南、山南东道转运、常平、铸钱、盐铁等使，以户部侍郎第五琦充京畿、关内、河东、剑南、（山

---

① ［日］日野开三郎：《三司使の成立について》，《史林》第44卷第4号，1961年。

② 李锦绣：《唐代财政史稿》（下卷）第一分册，北京大学出版社2001年版，第53—54页。

③ 参见李锦绣：《唐代财政史稿》（下卷）第一分册，北京大学出版社2001年版，第55页。

④ 参见吴丽娱：《论唐代财政三司的形成发展及其与中央集权的关系》，《中华文史论丛》1986年第1辑。

南)西道转运、常平、铸钱、盐铁等使。至是天下财赋始分理焉。”在唐朝东西财政分理的格局下,今江苏省域的财赋管理被纳入刘晏管理的东部理财区,大历以后,江苏地区进入了刘晏理财的时代。

三 刘晏与唐后期财政规模的奠定

刘晏理财期间,财政机构出现了两大主要变化:一是东部理财区确立了盐铁转运使的领导体制,户部度支与盐运使分工明确;二是对地方财政体制的改革,改变了以往向各道遣以司财务的使职差遣制度,建立了常设机构留后、巡院、监场,盐运使主导下的财政机构体系自上而下完善起来。东西分掌制与设于地方的中央直辖机构是唐后期财政机构的核心,刘晏的这些改革奠定了唐后期财政机构的基础。

刘晏“以盐利为漕佣”,即用盐税的收入来充抵漕运的费用,一直被认为是漕运改革的重要措施。此前漕运租庸的费用来自于租庸本身,租庸是由户部度支管理的,也就是说,户部派出的度支使掌握着东部赋税收支。刘晏将盐铁转运合并,漕佣来源于盐利,度支使虽兼盐铁使,但盐铁与漕运的联系更加紧密了。东部财区的租赋不再由度支使用于转运等,而是全部输入中央,由判度支支配。

以中央政府户部的判度支和盐铁转运使为首的财政二重格局,更直接地奠定了唐后期财政机构的基础。“军国之用,仰给于度支、转运二使”①,可见国家财政所仰赖的,一个是中央户部的判度支,一个就是掌管东南财赋的盐铁转运使。

接下来概观一下唐后期财政格局下江苏境内盐铁转运使所设的留后、巡院、监、场等机构。

原来诸道均设有盐铁转运使,负责各道的盐铁转运事务,出使时的办公场所称使院。代宗大历(766—779)年间,东部盐运使下出现了新的下属机构——留后。留后既是机构又是职务,所见有扬子留后韩洄、浙西留后刘迺。第五琦、刘晏本身为数道盐铁转运使,因此不再设诸道盐铁转运使,只在总盐铁转运使下设判官。大历四年(769)以后,刘晏在东部改革了判官使制,将判官出使之使院固定为留后院,改判官使制为留后制。关于留后的执掌可约略推知。留后有使院,如大历七年(772)初置福建留后,李载“于建州浦城置使院”②。留后称使院,表明了留后与此前诸道租庸盐铁转运使之间的关系。留后官每年要出巡部内,一年春秋两次。留后出巡,可以掌握民情,兼知物价,更主要的则是督办赋税转输。留后同时也要掌管部内的盐利。

---

① 《旧唐书》卷一一八《杨炎传》,中华书局 1975 年版,第 3421 页。按,引文中的“度支”指的是判度支,广德二年(764)废度支使后,判度支多被当时人称为度支使。

② 《太平广记》卷三三八《李载》,出《广异记》,中华书局 1961 年版,第 2684 页。

《新唐书》卷五四《食货志》在叙述刘晏为整顿盐务时设置了四场、十监、十三巡院。场、监、院(巡院)制是唐后期占国家财政一半以上的盐利的经营机构,关系甚为重大。

巡院的设置,可能并不始于刘晏。第五琦理财时,“就山海井灶,收榷其盐,立监院官吏”[①],这里的“监院”应包括监与院两类。在山海井灶,收榷其盐,管理机构是监。监制后被刘晏因袭,即“出盐乡因旧监置吏”[②]。巡院则不只设于产盐区。《旧唐书》卷一二三《第五琦传》称“就山海井灶收榷其盐,官置吏出粜”,将在产盐地收榷盐与置吏出粜分为两事记载。收榷盐者置监官,出粜事务由巡院负责。[③]

颜真卿在景城变盐法时,“沿河置场,令诸郡略定一价,节级相输”[④]。这种沿运河交通线设置的场有别于产盐地的生产场,而是食盐销售中的集散场。第五琦仿颜真卿的做法,也应该在交通干线上置集散场以保证官销的实施。负责这种场及销售的,可能就是院官。穆宗长庆元年(821)三月,盐铁使王播奏:“扬州、白沙两处纳榷场,请依旧为院。”[⑤]当初刘晏所设的十三巡院中就有扬州、白沙(今仪征市),其后降为场,长庆时又升为院。据此,我们可以推知扬州、白沙就是沿长江设置的场。扬州、白沙可能就是第五琦设置的负责集散盐场出粜盐利的院。刘晏变商销后,保留了一些较大的集散地,如今江苏境内的涟水场。也有继承了第五琦因置场货卖业务而发展起来的扬州、白沙、埇桥(今安徽宿州市)巡院,其后因巡院与留后合并,扬州、白沙又降为场。

刘晏疏通整治汴渠的同时,在漕运路线的枢纽都会地设十三巡院,改判官出使为知院官常驻。十三巡院中,七个在河南道,五个在淮南道,设置的重心无疑是河南和淮南。刘晏时期的巡院,是对此前院、监、场使等制的合并,兼盐利与转运双重职能。由于改官销为商销,巡院直接经营盐政的作用减少,巡院在盐利上的主要作用是巡查,即所谓的“捕私盐者,奸盗为之衰息”[⑥]。巡院的另一项主要职能则在于转运。巡院负责转运,其主要职能不在于直接参与钱帛谷米的转输,而在于监察,保证漕运路线的畅通。

监场的设置也不始于刘晏。监是公产公业的经营单位,武德时就有盐池盐井监。第五琦行盐法后,增置盐监。顾况在《嘉兴监记》中称第五琦自“淮海闽骆”置十监[⑦],

---

① 《旧唐书》卷四九《食货志》,中华书局 1975 年版,第 2116 页。

②⑥ 《新唐书》卷五四《食货志》,中华书局 1975 年版,第 1378 页。

③ 参见李锦绣:《唐代财政史稿》(下卷)第一分册,北京大学出版社 2001 年版,第 96 页。

④ (唐)殷亮:《颜鲁公行状》,见《全唐文》卷五一四,中华书局 1985 年版,第 5228 页。

⑤ (宋)王溥:《唐会要》卷八八《盐铁》,中华书局 1955 年版,第 1605 页。

⑦ (唐)顾况:《嘉兴监记》,见《文苑英华》卷八〇八,中华书局 1966 年版,第 4269 页。

虽是误刘晏为第五琦，但第五琦开始在产海盐区置监应不误。这里的“场”与上文提及的“沿河置场”的集散场（又称榷场）不同，是设于产盐地的管理机构，由于监和场均为产盐地的基层管理机构，因此通常监场连称。刘晏盐法的重点在于开发东南沿海的海盐区，其所设置的十监制，奠定了东南盐监的基本规模。

《新唐书》卷五四《食货志四》记录的四场为涟水、湖州、越州、杭州，其中涟水在今江苏境内；十监为嘉兴、海陵、盐城、新亭、临平、兰亭、永嘉、大昌、候官、富都，其中海陵、盐城在今江苏境内；十三巡院为扬州、陈许、汴州、庐寿、白沙、淮西、甬桥、浙西、宋州、泗州、岭南、兖郓、郑滑，其中扬州、白沙、浙西、泗州在今江苏境内。江苏境内即有一场、二监、四巡院，可见其在东南理财区中的重要地位。

第四节　刘晏对江淮漕运的改革

一　江淮漕运改革的迫切

安史之乱时，尽管张巡、许远等军民在睢阳（即宋州，治今河南商丘市南）保卫战中奋力保住了江淮财赋之地未受破坏，但由于战争的影响和藩镇的扰阻，运河已经无法完全发挥它联系南北的作用了。安禄山叛乱时，派兵攻略各地，以致“东都、河南并陷贼，漕运路绝”①。后来，唐政府借用回纥兵收复洛阳，漕运复通。但到肃宗末年，史朝义出兵宋州，漕运再次受阻。运河因长期战争而缺乏管理，自然会淤塞废弃而不能航运，部分疏浚后勉强通航，又受藩镇扰阻，故“漕运路绝”。

唐中央政府为了取得江淮的粮食物资，一时间只能利用长江、汉水运道，经汉中等地来接济长安。“肃宗末年，史朝义兵分出宋州，淮运于是阻绝，租庸盐铁溯汉江而上。”②“是时淮、河阻兵，飞挽路绝，盐铁租赋，皆溯汉而上。”③说的都是当时的现实。时任户部侍郎、河南尹兼度支转运盐铁铸钱等使的刘晏，设法让“江淮粟帛，繇襄、汉越商于以输京师”④，即经由今湖北襄阳、陕西汉中或商州等地转运江淮财赋。但这并不是一条平稳的运道，“汴水堙废，漕运者自江、汉抵梁（治今陕西汉中市）、洋（治今陕西西乡县），迂险劳费”⑤。可见汉水一线虽然可以一时间替代运河来沟通南北，但在航运方面则远不如运河那样便利，而且运费也很不经济。这一线虽然距离中原战

① 《旧唐书》卷一三八《韦伦传》，中华书局1975年版，第3781页。

②④ 《新唐书》卷五三《食货志》，中华书局1975年版，第1368页。

③ 《旧唐书》卷四九《食货志》，中华书局1975年版，第2117页。

⑤ 《资治通鉴》卷二二三唐代宗广德二年（764）三月条，中华书局1955年版，第7146页。

场较远，不像运河那样经常被叛军阻断，但也不是绝对安全的航道，时有贼党滋事。因此，汉水一线很难满足关中对大量物资的需求，特别是粮食的需求。虽然时有江淮粮食送达关中，但缺粮依然严重。"自兵兴已来，凶荒相属，京师米斛万钱，官厨无兼时之食，百姓在畿甸者，拔谷挼穗，以供禁军。"①

如何才能把江淮财赋物资顺利运往关中，是当时政府面临的关键问题。代宗宝应元年(762)，以通州(治今四川达州市)刺史刘晏为户部侍郎兼京兆尹，充度支、盐铁、铸钱等使，让他全权负责东部财区的经营。刘晏"受命后，以转运为己任，凡所经历，必究利病之由"②，着力恢复运河沟通南北的功能，承担起了漕运改革的艰巨任务。

刘晏(715—780)，字士安，曹州南华(今山东东明县)人。七岁时应神童举，被授予秘书省正字。成人之后，"有能名"，从夏县(今属山西)令开始，历殿中侍御史，度支郎中，杭、陇、华三州刺史，河南尹，积累了丰富的中央财务和地方管理的工作经验。朝廷收复长安后，入为京兆尹，不久又加户部侍郎、兼御史中丞，判度支，承担起政府的财税事务，"号为称职"。后遭酷吏敬羽陷害，贬通州刺史。因国家极缺理财官僚，不久又被召回长安复职。宝应二年(763)，迁吏部尚书、平章事，以宰相的身份领度支盐铁转运租庸使。

刘晏接受任务后，首先对运河沿线进行观察，他行程三千余里，仔细勘查河道，一路上认真总结前人办理漕运的经验和教训。到江淮后，上书当时的宰相元载，汇报了自己勘查沿线运道的感想和疏通东南运河的迫切性：

> 浮于淮、泗，达于汴，入于河，西循底柱、硖石、少华，楚帆越客，直抵建章、长乐，此安社稷之奇策也……驱马陕郊，见三门渠津遗迹。到河阴、巩、洛，见宇文恺置梁公堰，分黄河水入通济渠；大夫李杰新堤故事，饰像河庙，凛然如生。涉荥郊、浚泽，遥瞻淮甸，步步探讨，知昔人用心……三秦之人，待此而饱；六军之众，待此而强。天子无侧席之忧，都人见泛舟之役；四方旅拒者可以破胆，三河流离者于兹请命。相公匡戴明主，为富人侯，此今之切务，不可失也。使仆湔洗瑕秽，率罄愚懦，当凭经义，请护河堤，冥勤在官，不辞水死。

然后接着又对漕运的利弊提出了自己的看法：

> 然运之利病，各有四五焉。晏自尹京入为计相，共五年矣。京师三辅百姓，

---

① 《旧唐书》卷四九《食货志》，中华书局1975年版，第2118页。

② 《旧唐书》卷一二三《刘晏传》，中华书局1975年版，第3512页。

唯苦税亩伤多，若使江、湖米来每年三二十万，即顿减徭赋，歌舞皇泽，其利一也。东都残毁，百无一存。若米运流通，则饥人皆附，村落邑廛，从此滋多。受命之日，引海陵之仓以食巩、洛，是计之得者，其利二也。诸将有在边者，诸戎有侵败王略者，或闻三江、五湖，贡输红粒，云帆桂楫，输纳帝乡，军志曰："先声后实，可以震耀夷夏。"其利三也。自古帝王之盛，皆云书同文，车同轨，日月所照，莫不率俾。今舟车既通，商贾往来，百货杂集，航海梯山，圣神辉光，渐近贞观、永徽之盛，其利四也。

总之，刘晏认为运河如果能恢复航运，可以减轻关中农民的负担，复兴因战乱而残破的广大中原地区，可以震慑叛臣的侵扰，可以促进商业的发达。但是，排除运河所遇到的困难却是很艰巨的，对此，刘晏又提出了四点亟需解决的困难：

所可疑者，函、陕凋残，东周尤甚。过宜阳、熊耳，至武牢、成皋，五百里中，编户千余而已。居无尺椽，人无烟爨，萧条凄惨，兽游鬼哭。牛必羸角，舆必说輹，栈车挽漕，亦不易求。今于无人之境，兴此劳人之运，固难就矣，其病一也。河、汴有初，不修则毁淀，故每年正月发近县丁男，塞长茭，决沮淤，清明桃花已后，远水自然安流，阳侯、宓妃，不复太息。顷因寇难，总不掏拓，泽灭水，岸石崩，役夫需于沙，津吏旋于泞，千里洄上，罔水舟行，其病二也。东垣、底柱，渑池、二陵，北河运处五六百里，戍卒久绝，县吏空拳，夺攘奸宄，窟穴囊橐，夹河为薮，豺狼狺狺，舟行所经，寇亦能往，其病三也。东自淮阴，西临蒲坂，亘三千里，屯戍相望。中军皆鼎司元侯，贱卒仪同青紫，每云食半菽，又云无挟纩，挽漕所至，船到便留，即非单车使折简书所能制矣，其病四也。

总之，在劳力、治水、治安等问题上，情势都很严峻。面对种种困难，刘晏决心坚定不移地推进漕运的恢复和改革：

晏累年已来，事缺名毁，圣慈含育，特赐生全。月余家居，遽即临遣，恩荣感切，思殒百身。见一水不通，愿荷锸而先往；见一粒不运，愿负米而先趋。焦心苦形，期报明主，丹诚未克，漕引多虞，屏营中流，掩泣献状。[1]

---

① 《旧唐书》卷一二三《刘晏传》，中华书局1975年版，第3512—3514页。

二　刘晏江淮漕运改革的具体措施

刘晏到淮南，敏锐地觉察到唐朝财赋来源将发生巨大转变，他在改革漕运路线时，打破了唐前期一向把转运重心放在河、汴的陈规，明确提出“江南之运积扬州”①，把转运重心向南推进到了长江之滨。上书宰相元载后，马上投入到了东南运河的整治和漕运的改革中去，它的具体措施主要有以下九项：

1. 疏浚河道，以通航运

刘晏在赴淮南途中考察运河河道时，发现东南运河的重要组成部分汴渠（通济渠），因兵乱以来久未疏治，泥沙沉积，岸石崩坠，河床淤塞，若不加以疏浚，则无法实现大规模漕运。因此，刘晏首先发动民工，组织兵丁，掏挖渠中淤泥。在修河过程中，他苦心焦虑，“见一水不通，愿荷锸而先往”，最终疏通了运河航道，为漕运创建了先决条件。《资治通鉴》对刘晏治理汴渠这段历史作了如下的概述：“自丧乱以来，汴水堙废，漕运者自江、汉抵梁、洋，迂险劳费。三月己酉，以太子宾客刘晏为河南、江、淮以来转运使，议开汴水。庚戌，又命晏与诸道节度使均节赋役，听便宜行毕以闻。时兵火之后，中外艰食，关中米斗千钱，百姓挼穗以给禁军，宫厨无兼时之积。晏乃疏浚汴水，遗元载书，具陈漕运利病，令中外相应。自是每岁运米数十万石以给关中，唐世推漕运之能者，推晏为首，后来者皆遵其法度云。”②

刘晏关心的不仅是汴渠，他的目光是整个东南漕运体系。在确保江南河水源问题上也下了很大的工夫。位于今丹阳市区西北的练塘，又名练湖（因后代的围垦今已彻底消失），周围四十里。进入唐朝以后，随着社会的发展，人口的增多，沿湖豪强大族开始向水面要田，“百姓筑堤横截一十四里，开渎口泄水，取湖下地作田”③，开垦肥沃的湖田，不仅造成了丹阳及周边近三百里之内“旱则悬耜，水则具舟”，影响五万民户的生产生存。代宗永泰元年（765）韦损为润州刺史后，开始着手整治练塘，“所润者远，原隰皆春；耕者饱，忧者泰”，“遐迩受利”④。此事深受刘晏的赞赏，上奏朝廷，代宗下诏褒赏。练塘的修复不仅解决了丹阳、延陵、金坛三县的灌溉问题，还为地势高亢的江南运河丹阳、京口段提供了丰富的水源，泄练湖一寸能增运河水一尺，在唐后期的漕运事务中起到了重要的作用。

2. 以盐利为漕佣，减轻州县百姓的负担

---

① 《新唐书》卷五三《食货志》，中华书局 1975 年版，第 1368 页。

② 《资治通鉴》卷二二三唐代宗广德二年（764）三月条，中华书局 1955 年版，第 7146 页。

③ （唐）刘晏：《奏禁隔练湖状》，见《全唐文》卷三七〇，中华书局 1985 年版，第 3762 页。

④ （唐）李华：《润州丹阳县复练塘颂》，见《全唐文》卷三一四，中华书局 1985 年版，第 3193 页。

针对当时运河、黄河间因战争影响而造成的劳动力锐减和社会经济的凋敝，刘晏“以盐利为漕佣，自江淮至渭桥，率十万斛佣七千缗，补纲吏督之”。因政府用盐利雇人运输，所以“不发丁男，不劳郡县”，被誉为“自古未之有”的创举，在漕运费用充足的前提下，“岁运米数千（“十”之误）万石”①。与过去州县命富户为“船头”督办漕运，老百姓被派差役担任船工的做法相比，是一个很大的改革。

3. 合理有效地组织漕运

唐前期长期采用的直运法，弊端很多。开元时期裴耀卿改革漕运时，用分段运输的转搬法革除了直运法中的一些弊端。刘晏在分段运输法的基础上，又作了进一步的改革。《新唐书》卷五三《食货志》中总结了刘晏的漕法：“故时转运船繇润州陆运至扬子，斗米费钱十九，晏命囊米而载以舟，减钱十五；繇扬州距河阴，斗米费钱百二十，晏为歇艎支江船二千艘，每船受千斛，十船为纲，每纲三百人，篙工五十，自扬州遣将部送至河阴，上三门，号‘上门填阙船’，米斗减钱九十。”宋人王谠在《唐语林》卷一《政事上》中记载得更详细一些：“刘晏为诸道盐铁转运使，时军旅未宁，西蕃入寇，国用空竭，始于扬州转运，船每以十只为一纲，载江南谷麦，自淮泗入汴，抵河阴，每船载一千石。扬州遣军将押至河阴之门，填阙一千石，转相受给，达太仓，十运无失，即授优劳官。汴水至黄河迅急，将吏典主，数运之后，无不发白者。”②这里面既有刘晏的创建，又有裴耀卿分段法的因素。特别是为了保证航运安全，刘晏把漕运船只及人员组织起来，以军将负责护航和押运，这在当时是强有力的措施。当时漕运的艰辛，从“将吏典主，数运之后，无不发白者”一句中即可显见。

4. 改进分段运输法

裴耀卿虽然开创了分段运输法，改进了漕运的效率，但江南各州县的漕船仍须一直运至河阴，卸下粮食物资贮于河阴仓，而后南返。这种方法比江南各州县漕船直接运至洛阳要进了一步。刘晏掌管江淮漕运后，鉴于江、汴、河、渭水势的不同，再细分为数段。

第一段是从江淮各地至扬州。江南各州县的漕粮物资运至扬州即可，因船要过江，故名“江船”。扬州是江南税粮北上的必经之地，又是淮南各州县上供税谷的集中地。据《旧唐书·地理志》载，高宗永淳元年（682）恢复江淮转运线的同时，即析江都县扬子镇为扬子县，在扬州府城西南十五里，南抵扬子江五里，即今扬州市西南扬子桥附近，为隋唐时期的江滨要津。扬子县正对江中的瓜洲，两者之间的水道渐为长江

① 《旧唐书》卷四九《食货志》，中华书局1975年版，第2117页。

② （宋）王谠：《唐语林》卷一《政事上》，上海古籍出版社1978年版，第23页。

积沙所淤隔，开元二十六年(738)，为了确保漕运安全，润州刺史齐澣在瓜洲上开凿了一条长二十五里的运河，史称“伊娄河”，又名“新河”，也叫“瓜洲运河”，即今瓜洲镇至扬子桥的古运河。[①] 从此，出江南运河从润州渡江至扬州的漕船不需再行绕道，既保证了安全，又节省了时间和运费。刘晏任盐铁转运使后，“缘水置仓”，在扬子置巡院。“江南之运积扬州”[②]，庐州“郡米数万石输扬州，轴轳相继，出巢湖，入大江，岁为风波沉溺者半”[③]，这些史料都表明扬州扬子县成为江南、淮南各州县输纳税粮的中心。之所以这么做，是考虑到长江与运河水势的不同。

第二段是从扬州到汴口(汴渠入黄河处)。这段的距离比较漫长，虽然漕船在楚州、泗州间要渡淮，但淮水的风浪要比长江小得多，因此，从扬州出发适合于邗沟、汴渠水势的漕船直接渡淮入汴是可能的。这批船均由扬州的官府造船场制造，名“歇艎支江船”，从“支江”的名称中亦可推测是适用于运河的漕船，因其从汴水而来故又称“汴船”。装载税米的歇艎支江船，十船编为一纲，每纲三百人，篙工五十人，从扬州遣将直接送达汴口的河阴县。

第三段为河阴、黄河、渭口(渭水入黄河处)。

第四段为渭口、漕渠、长安。

以上这四段基本上是按照江、汴、河、渭的水势来分的。这样做，漕工能熟悉本段内的航道，知道如何避免航行中的险滩，再结合上面所说的十船为纲的组织，大大提高了漕运的效率。这就是《新唐书》卷五三《食货志》里所说：“随江、汴、河、渭所宜……江船不入汴，汴船不入河，河船不入渭；江南之运积扬州，汴河之运积河阴，河船之运积渭口，渭船之运入太仓。岁转粟百一十万石，无升斗溺者。”《资治通鉴》卷二二六唐德宗建中元年(780 年)七月条也说：“晏以为江、汴、河、渭，水力不同，各随便宜，造运船，教漕卒，江船达扬州，汴船达河阴，河船达渭口，渭船达太仓。其间缘水置仓，转相受给。自是每岁运谷或至百余万斛，无斗升沉覆者。”大大改进了裴耀卿的分段运输法。

5. 改善运输工具

刘晏根据江、汴、河、渭水势的不同，在扬子置十个官营造船厂，制造大小不同、能适应各种不同水力和具有特殊结构的漕船。适用于邗沟、汴渠水势的称“歇艎支江船”，共两千艘，每艘载重千斛(约 70 余吨)；适用于黄河水势的船称“上门填阙船”。刘晏对于这些漕船的制造也很有远见，每艘船的造价在千缗，即一百万钱，当时朝廷

---

① 《旧唐书》卷一九〇《文苑传·齐澣》，中华书局 1975 年版，第 5038 页。

② 《新唐书》卷五三《食货志》，中华书局 1975 年版，第 1368 页。

③ (唐)陈鸿:《庐州同食馆记》，见《全唐文》卷六一二，中华书局 1985 年版，第 6181 页。

对其非议颇多，但刘晏坚决主张从长远利益出发，“若始谋便朘削，安能长久”，因此坚持力求“官物坚固”[①]。其实50年后，扬子船场一艘船的造价也只要五百千，即刘晏当初议价的一半，但由于50年前的超量投资，使得扬子船场资金雄厚，一直以来能够坚持质量第一。除对船体的质量要求外，哪怕是牵船的绳索，刘晏也要调用巴、蜀、襄、汉等地的麻枲竹筱为之[②]，高质量的材料制成的纤绳，自然可以避免往日因纤绳断裂而“扑杀数十人”的惨剧。另外，为了便于装卸存放，防止中途搬运损失，他还指令“囊米而载以舟”，即把原来散装搬运的税米，一律改用麻袋或蒲包盛装，既便于搬运，又解决了损耗问题。

6. 训练专业漕运人员

刘晏之前漕运中所用的船工水手，均由江淮普通民众充任。江淮民众虽然适应长江、运河的航运，但对北方的水势不熟，进入黄河以后经常船覆人亡。虽然江淮漕船进入黄河后聘请熟悉黄河水势的船工指导，但这大大增加了漕运成本，而且这个成本依然算在江淮船工的身上，问题没有得到根本解决。刘晏改革江淮漕运的举措之一是“江、汴、河、渭，水力不同，各随便宜，造运船，教漕卒”，就是因水力及运输地段的不同训练各种能适应水势和船色的专业船工水手，分别承担各段河道的漕运，做到“江船达扬州，汴船达河阴，河船达渭口，渭船达太仓，其间缘水置仓，转相受给”[③]。“教漕卒”取得了很大的成功，“未十年，人人习河险”[④]。在专业船工水手的航运下，“自是每岁运谷或至百余万斛，无斗升沉覆者”[⑤]。千里漕运线上的船工水手，从唐前期政府依靠国家机器强征的民丁，到唐后期利用盐利训练培养的专业“漕卒”，这无疑也是“军事国家”往“财政国家”转变的一种表现。

7. 设置巡院，掌握信息

刘晏还设置巡院，挑选能吏主持，掌握经济情报，传递商业信息。《资治通鉴》卷二二六唐德宗建中元年(780)七月条载，刘晏“有精力，多机智，变通有无，曲尽其妙”。重金招募行走疾速的人，分段相望，了解各地的物价，“虽远方，不数日皆达使司，食货轻重之权，悉制在掌握，国家获利，而天下无甚贵甚贱之忧”。刘晏认为，处理繁重事务，关键在于得人，所以用人一定要挑选通敏、精悍、廉勤之人。在当时人眼中，钱谷的账簿和出纳等工作，虽是细务，但必须委任士人来做，不能委于胥吏，这是因为士人重名轻利，一旦陷于贪赃行贿的丑闻就会为士林所不齿，而胥吏平时再洁廉，但因没有显荣的前程，所以往往重利轻名，贪污者多。但只有刘晏能够很好地调动胥吏的积

① (宋)王谠：《唐语林》卷一《政事上》，上海古籍出版社1978年版，第23页。

②④ 《新唐书》卷五三《食货志》，中华书局1975年版，第1368页。

③⑤ 《资治通鉴》卷二三六唐德宗建中元年(780)七月条，中华书局1955年版，第7286—7287页。

极性，其属官虽在数千里之外，但都能时刻牢记着刘晏的教诲，起居言行，不敢欺违。所以，刘晏巡院监场的主要负责人，都是一时之选，为此后政府的理财培养了一大批人才。

8. 设警保障航运安全

为保障航运安全的安全畅通，刘晏又在运河两岸设置警卫。代宗《缘汴河置防援诏》称："如闻自东都至淮泗，缘汴河州县，自经寇难，百姓凋残，地阔人稀，多有盗贼，漕运商旅，不免艰虞。宜委王缙各与本道节度计会商量，夹河两岸，每两驿置防援三百人，给近侧良沃田，令其营种，分界捉搦。"①这个决定是朝廷接受刘晏的建议做出的，运河近侧设置防援兵，也是保障漕运安全畅通的有力措施。

9. 创立漕运的奖励制度

刘晏规定："十运无失，即授优劳，官其人。"即转运十次没有出现纰漏，可以大加奖励，并授予官职。官不施法，人亦乐从其劳。《资治通鉴》亦载："船十艘为一纲，使军将领之，十运无失，授优劳，官其人。"由于军将用心至甚，因此，"数运之后，无不斑白者"②。

经过上述种种改革，运河恢复了它联系南北的作用，转输江淮财赋的功能大大提高。每年漕运的粮食，多时达一百一十万石，少时也有五十万石。这些粮食运到河阴后，其中四十万石留贮河阴仓，七十万石运往陕州太原仓。到陕州太原仓后，再留贮三十万石，其余四十万石送至长安。这样做的目的，为的是预备下年黄河春水初通而江淮税米未到时逐节运入关中，解决春粮短缺的问题。这种做法，至少持续到贞元八年(792)③，甚至更久。

综上所述，漕运经刘晏的整治后，改变了因安史之乱而漕运中衰的现象，江淮财赋物资便源源被不断地运往关中，而且"无斗升沉覆"。唐后期漕运的基本原则及方法，"凡所制置，皆自晏始"④。在刘晏改革漕运后的半个世纪中，各项制度悉遵其旧，船场既无破坏，漕运也未发生大的变故。刘晏提出并实行的这一系列漕运方法和组织管理措施，形成了一套比较完整的漕运制度，在安史之乱后维护和支撑唐王朝的统治中起到了积极的作用。

---

① 《册府元龟》卷六四《帝王部·发号令》，中华书局1960年版，第716页。

② 《资治通鉴》卷二二六唐德宗建中元年(780)七月条，中华书局1955年版，第7287页。

③ (唐)陆贽：《请减京东水运收脚价于沿边州镇储蓄军粮事宜状》，见《全唐文》卷四七三，中华书局1985年版，第4834页。

④ 《旧唐书》卷四九《食货志》，中华书局1975年版，第2117页。

第四节　元和以后江淮财赋的经营与经济重心的南移

一　元和以后江淮运河的整治与粮仓建设

刘晏的理财能力出众，治家俭约，重交友，常常散财以结交天下名士，所以在当时美誉度极高。自宝应二年(763)担任全国最高财政长官以来十六七年，刘晏权势日重，几与宰相相侔，要官重职，颇出其门。但其以雄厚的财力结交权贵，邀宠固恩的行为也越来越受到朝廷其他大员的鄙视，只是因为安史之乱后这一段特殊的时期，“军国之用，皆仰于晏”①，整个国家就靠刘晏的江淮财赋撑着，因此对他未有追究。

德宗继位后，短时间内天下局势还算稳定，代宗时期官员之间的朋党恩怨，随着新帝的即位一下子爆发了出来。由于刘晏此前与宰相元载不和，元载的失势与被杀与刘晏有关，元载的党羽杨炎也因此遭贬。德宗即位，任杨炎为宰相推行两税法，朝廷风气因此一变，许多官员上书亟言转运使可废。杨炎志在为元载报仇，因此诬称刘晏有不臣之心，虽经众多大臣竭力担保，但刘晏还是被贬为忠州刺史。杨炎依然不饶，遣心腹诬构其罪，称刘晏据忠州谋反，且先斩后奏，将其家眷流放至岭南，受牵连者数十人。

官员间的朋党之争时而有之，长庆(821—824)以后牛李党争更是著名。牛李党争除政见的不同外，多是文人之间的互诋，登台退场频频上演，但是没有发展到你死我活，必置对方于死地而后快的地步。然而，根源于代宗大历(766—779)时期的党争，却不是一般文人之间的门第、品德之争，而完全是财税利益之争，所以其结果便是你死我活。刘晏被诛杀后，“天下冤之”②，可见刘晏一党的口碑及其势力和实力，是天下有目共睹的。刘晏被杀后的次年(建中二年，781)十一月，杨炎亦被贬为崖州司马，不久被赐死，但直到刘晏被杀9年后的贞元五年(789)，德宗才醒悟，深悔杀刘晏之事，遂予以平反。

刘晏被杀20余年后，时代进入了宪宗元和时期(806—820)。宪宗是唐后期少见的英主，即位后积极改革内政，注意纳谏，任用裴度、李绛等人，改革两税，对藩镇采取强硬的抑制政策，力图挽回中央集权统治，并取得了一定的成效，史称“元和中兴”。在对藩镇的战争中，江淮财赋物资再次成为经济基础。

首先，为确保江淮财赋的顺利北运，刘晏以后，朝廷对江淮运河的整治并没有停

---

①② 《旧唐书》卷一二三《刘晏传》，中华书局1975年版，第3515—3516页。

止，各州县地方官都在自己的辖区中疏浚或改道运河，扩大漕量。

江南官河北起润州京口埭，南至杭州。在今苏南境内，常州以下至苏州一段，有太湖可调节水量，通航问题不大。唯丹阳至京口之间，为平原和丘陵交接地区，地势较高，尽管历代花了很大力气将河床挖深，水流仍时有不足，要依靠丹阳附近的练湖来补充水源。代宗永泰年间(765—766)，韦损为润州刺史，修复了练湖，并把湖面扩大为周八十里，给官河提供了更加丰富的水源。练湖的维护一直受到地方官员的重视，直到南唐时期依然保持着充足的供水功能，“湖水放一寸，河水涨一尺”①。练湖对京口至丹阳一带的运河，始终起着保证通航的作用。

丹阳至常州一段，介于太湖和练湖之间，水流也往往不足，因此在修复练湖的同一时期，常州境内也是“浚河渠，引大江，漕有余之波，溉不足之川；沟延申浦，至于城下，废二埭之隘，促数州之程；海夷浮舶，弦发望至”②。疏浚和延伸申浦，不仅增加了运河的水量，而且沟通了长江与运河的航运。此后，地方官对申浦和夏浦又进行了疏浚。元和八年(813)，孟简为常州刺史，疏浚古孟渎，长四十里，“引江水南注通漕，溉田四千顷”③，进一步补充了运河的水源。同时，又于无锡南五里开泰伯渎，东连蠡湖，以济漕运。

对淮南邗沟(山阳渎)的整治也持续不断。元和年间，李吉甫为淮南节度使，针对高邮湖一带“漕渠庳下不能居水”的问题，“乃筑堤阏以防不足，泄有余，名曰平津堰”④，不仅发挥了灌溉作用，又保证了邗沟水力的充足。敬宗宝历二年(826)，盐铁使王播针对“扬州城内旧漕河水浅，舟船涩滞，转输不及期程”的问题，“从阊门外古七里港开河，向东屈曲，取禅智寺桥东通旧官河，计长一十九里”⑤。因“开凿稍深，舟航易济”，“漕运不阻，后政赖之”⑥。王播将漕运路线改道的意义与开元年间齐澣开伊娄河一样，是唐代江苏境内运河改道最重要的两件事。王播以后，运河不再从扬州郭内穿过(今汶河路)，而是从唐扬州城南水门(今扬州市唐城南门遗址旁侧)开始沿南城墙往东，然后沿东城墙往北，与穿城而出的旧漕渠相接，径直北上高邮、楚州。

邗沟在隋唐时期的四段运河中是比较短的一段，但它的重要性却不亚于其他三段。每年从江南运河运送的几百万石粮食和其他物资，都必须经过邗沟才能溯汴河

① (南唐)吕延祯：《复练塘奏状》，见《全唐文》卷八七一，中华书局1983年版，第9116页。

② (唐)李华：《常州刺史厅壁记》，见《全唐文》卷三一六，中华书局1985年版，第3207页。

③ 《新唐书》卷四一《地理志》，中华书局1975年版，第1058页。

④ 《新唐书》卷一四六《李吉甫传》，中华书局1975年版，第4740—4741页。

⑤ (宋)王溥：《唐会要》卷八七《漕运》，中华书局1955年版，第1599页。

⑥ 《旧唐书》卷一六四《王播传》，中华书局1975年版，第4277页。

而上，源源不断地送往洛阳、长安。可以说邗沟是汴河的延长，同样是维系唐王朝生命线主动脉。唐人李敬方《汴河直进船》诗云：“汴水通淮利最多，生人为害亦相和。东南四十三州地，取尽脂膏是此河。”①虽语含讥讽，但道出了事实。

唐敬宗宝历二年(826)王播主持开凿的扬州古运河(今东关段)

唐德宗在位的20余年间，藩镇逐渐坐大，“法令所不能制者，河南北五十余州”②，汴渠的航运时常受到藩镇的骚扰或控制。宪宗即位后，为供应讨伐藩镇所需的兵饷，东南漕运线的重心再次由河汴移至淮南，新建的转运仓储或输场，多集中在淮南东西，其中今江苏境内盱眙的都梁山仓尤其重要。

都梁山位于盱眙县东北的淮河南岸，六朝以来就是南北政权争夺的战略要地。大运河贯通后，都梁山位于邗沟和通济渠(唐汴渠)的交接口上，位置尤其重要。隋朝曾在这里建都梁宫，作为介于南北方之间的统治据点。由于运河漕船可以从扬州直行汴口，因此裴耀卿和刘晏改革漕运时，都没有考虑到在淮上的都梁山建转运仓。随着藩镇割据的日益加重，为解决军饷，政府在汴渠两岸推行屯田，渠水被分流灌溉，为减少跋扈藩镇对黄河南岸河阴仓的控制机会，同时考虑到汴渠的运力，元和九年(814)政府在都梁山建仓。沈亚之《淮南都梁山仓记》叙述建仓原委说，元和时军队在汴河两岸屯田，利用汴水灌溉，导致汴河干浅，漕运受阻，“自四月至七月，舟佣食尽不得前”。元和九年淮口院(设在汴渠入淮处的巡院，在今盱眙县都梁山淮河对岸)盐铁官李稼为改善漕运，在淮河南岸的都梁山置仓，“正月河冰始泮，尽发所蓄而西。六月之前，虚廪以待东之至者”③，使漕粮在春作之前过汴河，农田用水季节则用空仓受纳江淮的新粮，缓和了灌溉与运力之间的矛盾。元和置仓都梁山的直接原因是讨伐淮西叛藩亟待扩大漕运，都梁山仓建成后，淮南部分地区的税米可直接经此仓转运北上，不必再绕道扬州。此仓建置以后随即在政府对淮西的战役中发挥了显著的作用。

---

① (唐)李敬方：《汴河直进船》，见《全唐诗》卷五〇八，中华书局1960年版，第5776页。
② 《资治通鉴》卷二三八唐宪宗元和七年(812)三月条，中华书局1955年版，第7689页。
③ (唐)沈亚之：《淮南都梁山仓记》，见《文苑英华》卷八〇八，中华书局1966年版，第4269页。

二 元和以后江淮的理财活动

刘晏虽然死于非命，但其所奠定的江淮财政规模及其管理方法，在很长时期内被后继者所继承，且继承者多为刘晏当年提拔培养起来的财臣，“其相与商榷财用之术者，必一时之选，故晏没后二十年，韩洄、元琇、裴腆、包佶、卢贞、李衡相继分掌财赋，出晏门下”①。韩、元、裴、包、卢、李诸人继承了刘晏的理财政策，他们先后在江淮的理财活动，在德宗在位的20余年间为国家财政作出了重要贡献。进入元和以后，政府依然派遣干练官员任盐铁转运使，如李巽、王播、卢坦、李鄘、柳公绰等人都在江淮主持过盐铁漕运事务。其中以李巽理财时期漕粮的年运量最高。

李巽，字令叔，赵州赞皇(今河北赞皇县)人。科举及第后，历任华州参军事、鄠县尉、左司郎中、常州刺史、给事中、湖南观察使、江西观察使等职。从事过国家财税和地方事务工作，“锐于为治，持下以法，察无遗私，吏不敢少绐”②。顺宗继位后，江淮理财大家杜佑推荐李巽为盐铁转运副使，来到扬州实际负责盐铁转运事务，元和二(807)年三月就替代杜佑，专事理财。盐铁转运使的业绩，自刘晏以后长期不振，韩洄、元琇等人虽然继承了刘晏的理财政策，但少有发展，多是因循而已。加之德宗末年李锜在浙西负责理财期间，为巩固其恩宠地位，专事贡献，结交权贵，朝廷当权者及执事宦官们财货满室，而国家财政却日益减耗。李巽到位后，拨乱反正，废除一切临时机构，将财税权限全部收归盐铁转运使。又增置河阴仓储，加强盐利和铸钱的管理，成绩斐然。史称：“自榷筦之兴，惟刘晏得其术，而巽次之。然初年之利，类晏之季年，季年之利，则三倍于晏矣。旧制，每岁运江淮米五十万斛，至河阴留十万，四十万送渭仓。晏殁，久不登其数，惟巽秉使三载，无升斗之阙焉。”③

李巽之后，元和年间在江淮理财的还有李鄘、卢坦、柳公绰、程异、李鄘等人，他们都取得了让朝廷满意的成绩。李鄘“以境内富实，乃大籍府库，一年所蓄之外，咸贡于朝廷。诸道以鄘为倡首，悉索以献，自此王师无匮乏之忧”④。李鄘“为润州刺史、浙西观察使，令设法鸠聚财货。淮西用兵，颇赖其赋”⑤。其中最著名的是程异。

程异，字师举，京兆长安(今陕西西安市)人。明经及第后，初任扬州海陵(今江苏泰州市)主簿。与王播一样，既受到过扬州风气的熏陶，也非常有吏才，“精于吏职，剖

① 《旧唐书》卷四九《食货志》，中华书局1975年版，第2118页。

② 《新唐书》卷一四九《李巽传》，中华书局1975年版，第4805页。

③ 《旧唐书》卷四九《食货志》，中华书局1975年版，第2120页。

④ 《旧唐书》卷一五七《李鄘传》，中华书局1975年版，第4148页。

⑤ 《旧唐书》卷一六二《李鄘传》，中华书局1975年版，第4241页。

判无滞”。德宗贞元末年，任盐铁转运、扬子院留后，回到扬州从事国家财税的具体事务。后因参与永贞革新遭贬。在严峻的财政压力面前，盐铁转运使、理财老臣李巽向宪宗推荐晓达钱谷之事的程异，请弃瑕录用。宪宗抛弃前嫌，程异也“自悔前非”，在双方利益达成一致的情况下，程异再次任扬子留后，并兼任淮南等五道两税使，开始“厉己竭节”，全身心地投入到理财事务中去。① 程异在理财工作中表现出了超强的能力，“(程)异勾检簿籍，又精于(李)巽”②。数年后，因创税功绩之大，入为太府卿，转卫尉卿，兼御史中丞，充盐铁转运副使，成为敛财专家王播的副手。

元和十二年(817)正月，国家对淄青等镇用兵，急需钱谷。王播上书宪宗称：“军兴之时，财用是切……请令臣副使程异出巡江淮，其州府上供钱谷，一切勘问。”宪宗听从王播的建议，使程异往江淮调度财税。闰五月，程异“至江淮，得钱一百八十五万贯以进”③。因为这次的成功，次年六月，程异代替王播挑起了盐铁转运使的重任。次年九月，“以卫尉卿充诸道盐铁转运使程异为工部侍郎、同中书门下平章事，依前充使”④，拜程异为宰相。从此以后，财臣居相位者就不再是罕见之事，反而成为“财政国家”常有的事。

宪宗元和以后，在穆宗长庆至宣宗大中(821—860)这30余年间，汴州、徐州的兵乱和藩镇军阀的阻扰，以及漕运人员的营私舞弊，漕运量大大下降，严重影响到了唐中央的财政收入。为了解决日益困窘的财政状况，仍有不少财臣在为此东奔西走，竭力而为。

宣宗大中五年(851)二月，以户部侍郎裴休为盐铁转运使，次年又给相位，以宰相的身份担任全国最高财政长官。任职后的裴休“兴利除害，深见奉公”，提出漕运改革十条方案，一时间挽救了朝廷。刘晏理财时期，每年起运的江淮税米达一百一十万石，宪宗元和初年李巽理财时多者五十万石，至少也有四十万石。但元和以后，盐铁转运使也能筹集到江淮“漕米岁四十万斛，其能至渭仓者，十不三四。漕吏狡蠹，败溺百端，官舟之沉，多者岁至七十余只”⑤，因运河两岸极不太平，刘晏以来的漕运方法已无法实施。裴休派出强干僚属沿运河两岸逐县派查，将漕运的责任承包到各县令身上。将扬州到长安漕运四十万斛的费用二十八万缗，全部收归盐铁转运使府管理，严禁巡院胥吏贪污挪用。“由是三岁漕米至渭滨，积一百二十万斛，无升合沉弃焉。”⑥

---

① 《旧唐书》卷一三五《程异传》，中华书局1975年版，第3737—3738页。按，本节未出注者均见本传。

② 《旧唐书》卷一二三《李巽传》，中华书局1975年版，第3522页。

③ 《旧唐书》卷四九《食货志》，中华书局1975年版，第2121页。

④ 《旧唐书》卷一五《宪宗纪》，中华书局1975年版，第464页。

⑤⑥ 《旧唐书》卷四九《食货志》，中华书局1975年版，第2122页。

到懿宗咸通年间(860—874),江淮漕粮年运量又复锐减。其原因主要有两个方面。一是由于漕船脆薄易坏,使运河的漕运效能锐减。咸通以后,整个官僚社会已极其腐败,官府造船场的现象只是其中的一例。"及咸通中,有司计费而给之,无复羡余,船益脆薄易坏,漕运遂废矣。"①宋代苏东坡在总结历史经验时同样也看出了这一问题:"至咸通末,有杜侍御者,始以一千石船,分造五百石船二只,船始败坏。而吴尧卿者,为扬子院官,始堪会每船合用物料,实数,估给,其钱无复宽剩,专知官十家即时冻馁,而船场遂破,馈运不继,不久遂有黄巢之乱。"②另一个原因则是社会的凋敝,唐末席卷全国的大动乱已处于爆发的前夜。

席卷全国的大动乱虽然被镇压了下去,但唐王朝已是风雨飘摇。"江淮转运路绝,两河、江淮赋不上供,但岁时献奉而已。国命所能制者,河西、山南、剑南、岭南西道数十州。大约郡将自擅,常赋殆绝,藩侯废置,不自朝廷,王业于是荡然。"③唐末各地藩镇猖獗,或"皆自擅兵赋",处于独立状态,或"邀截贡赋",打劫上供税米,使唐王朝在政治和财政经济上面临崩溃。《乾符二年南郊赦》称:"江淮运米,本实关中。只缘徐州用军,发遣全无次第,运脚价妄被占射,本色空存簿书,遂使仓库渐虚,支备有阙。"④当时的全国已经完全处于无政府状态,"藩镇各专租税,河南、北、江、淮无复上供,三司转运无调发之所,度支惟收京畿、同、华、凤翔等数州租税,不能赡。"⑤得不到江淮财赋的唐中央政府只能龟缩关中,亡国的丧钟已经敲响。

三　全国经济重心的南移

持续了十几个世纪的南粮北运,就是从唐朝开始的。

有史以来,除个别特殊时期外,中国的政治中心一直在黄河中下游地区。黄河中下游地区的社会经济开发历史悠久,秦汉时期,农业经济最发达的地区也集中在黄河中下游地区和关中地区,政治中心和经济中心同处一地,赋税收入足以满足庞大帝国的财政需求。然而,由于十六国北朝时期北方地区农业经济发展的停滞,长江流域在六朝政权的统治下得到快速的开发,南北经济之间的差距逐渐减小。尤其是长江下游的江南地区,"江南之为国盛矣……兵车勿用,民不外劳,役宽务简,氓庶繁息,至余粮栖亩,户不夜扃,盖东西之极盛也……地广野丰,民勤本业,一岁或稔,则数郡忘饥。

---

① 《资治通鉴》卷二二六唐德宗建中元年(780)七月条,中华书局1955年版,第7287页。

② (宋)苏轼:《论纲稍欠折利害状》,孔凡礼点校:《苏轼文集》卷三四,中华书局1986年版,第974页。

③ 《旧唐书》卷一九下《僖宗纪》,中华书局1975年版,第720页。

④ 《乾符二年南郊赦》,见(宋)宋敏求编《唐大诏令集》卷七二,商务印书馆1959年版,第402页。

⑤ 《资治通鉴》卷二五六唐僖宗光启元年(885)闰三月条,中华书局1955年版,第8321页。

会土带海傍湖，良畴亦数十万顷，膏腴上地，亩直一金，鄠、杜之间，不能比也"[①]。农业经济发展的势头已大有超过北方的趋势。隋统一全国后，虽然政府财政的调集主要依靠黄河中下游地区，但是从关中地区农业经济发展的迟缓，东都洛阳的建设，南北大运河的开凿等现象来看，政治中心虽然依旧立足于关中，但作为保证统一帝国正常运作的经济基础显然已很脆弱，朝廷调集财赋的眼光已经集中到了关东地区，甚至已经伸到了六朝旧境的江南地区。唐前期，随着北方人口的快速增长，政府机构的日益庞大，江淮的财赋物资开始映入政府的眼帘。加之唐前期长期的和平稳定，江淮地区的社会经济发展取得了长足的发展，积累了坚实的经济基础。政府需要，江淮具备，两者之间的关系越来越密切，政治中心和经济中心逐渐分离。高宗、武则天时期开始，江淮财赋的重要性逐渐为时人所认识，至玄宗开元年间，江淮财赋在国家财政中所占的比例日益攀升，裴耀卿的漕运改革就是这一现象的最好例证。

但就整个唐前期而言，由于黄河中下游地区依然保持着发展的趋势，江淮财赋对于朝廷来说，大部分时期内依然是锦上添花，开元二十五年(737)关中连年丰稔后停运江淮税米，以布代租，以及天宝二年(743)韦坚的广运潭献宝大会等现象就是最好的例证。然而，安史之乱以后情势为之一变。八年的战争，让黄河中下游地区彻底归于残破，"禄山步骑散漫，人莫知其数，所过残灭"[②]；"夫以东周之地，久陷贼中，宫室焚烧，十不存一。百曹荒废，曾无尺椽，中间畿内，不满千户。井邑榛棘，豺狼所嗥，既乏军储，又鲜人力。东至郑、汴，达于徐方，北自覃怀，经于相土，人烟断绝，千里萧条"[③]。从唐代行政区划来看，受战争破坏最严重的是河北道、河南道和关内道，叛军和唐军的烧杀抢掠，使历史上经济文化最发达的黄河流域，几年间变得凋敝不堪，满目荒凉。由于战争的破坏，北方经济遭到践踏，加之战后河北藩镇的跋扈，"户版不籍于天府，税赋不入于朝廷"[④]。在这样的形势下，"素号富裕"且对朝廷恭顺的江淮地区，自然就成为政府财政的主要来源，江淮财赋成为真正的雪中之炭。安史之乱后唐中央政府赖以维持的经济基础，主要就落到了江淮民众的头上，这在文献中累见不鲜。

《旧唐书·第五琦传》："方今之急在兵，兵之强弱在赋，赋之所出，江淮居多。"[⑤]

《新唐书·萧颖士传》："官兵守潼关，财用急，必待江、淮转饷乃足……今兵食所资在东南。"[⑥]

---

① 《宋书》卷五四末"史臣曰"，中华书局1974年版，第1540页。

② 《资治通鉴》卷二一七唐玄宗天宝十四载(755)十二月条，中华书局1955年版，第6937页。

③ 《旧唐书》卷一二〇《郭子仪传》，中华书局1975年版，第3457页。

④ 《旧唐书》卷一四一《田承嗣传》，中华书局1975年版，第3838页。

⑤ 《旧唐书》卷一二三《第五琦传》，中华书局1975年版，第3517页。

⑥ 《新唐书》卷二〇三《文艺传·萧颖士》，中华书局1975年版，第5769页。

《元和十四年七月二十三日上尊号赦》:“天宝以后,戎事方殷,两河宿兵,户赋不入,军国费用,取资江淮。”①

《旧唐书·韩滉传》:“自德宗出居,及归京师,军用既繁,道路又阻,关中饥馑,加之以灾蝗,江南、两浙,转输粟帛,府无虚月,朝廷赖焉。”②

权德舆《论江淮水灾上疏》:淮南、浙西等“江东诸州,业在田亩,每一岁善熟,则旁资数道……然赋所取资,漕挽所出,军国大计,仰于江淮。”③

吕温《京兆韦府君神道碑》:“中原释耒,辇越而衣,漕吴而食。”④

梁肃《独孤公行状》:“常州为江左大郡,兵食之所资,财赋之所出,公家之所给,岁以万计。”⑤

李翰《苏州嘉兴屯田纪绩颂并序》:“嘉禾一穰,江淮为之康;嘉禾一歉,江淮为之俭。”⑥

白居易《苏州刺史谢上表》:“况当今国用,多出江南;江南诸州,苏最为大,兵数不少,税额至多。”⑦

韩愈《送陆员外出刺歙州诗序》:“当今赋出于天下,江南居十九。”⑧

杜牧《崔公行状》:“三吴者,国用半在焉。”⑨

随着时代的推移,强调江淮财赋重要性的语词越来越恳切,杜牧在《上宰相求杭州启》中,已经用上了“今天下以江淮为国命”⑩一句。

除了以税米为主的财赋外,江淮向朝廷上供的其他他物资也不在少,例如:

《慰谕朔方将士敕》:“敕,朔方将士等……顷者出井陉,收赵地,还破同罗逋虏,复入河东故郡,累有功绩,王室赖之……已令江淮转运布帛,到日议赏非遥。”⑪

李德裕《赐王元逵诏书》:“材干筋革,出自江淮,除进奉之外,并敕令所禁。”⑫

---

① 《元和十四年七月二十三日上尊号赦》,见《文苑英华》卷四二二,中华书局 1966 年版,第 2139 页。

② 《旧唐书》卷一二九《韩滉传》,中华书局 1975 年版,第 3601 页。

③ (唐)权德舆:《论江淮水灾上疏》,见霍旭东点校:《权德舆文集》卷三七,甘肃人民出版社 1999 年版,第 597 页。

④ (唐)吕温:《京兆韦府君神道碑》,见《全唐文》卷六三〇,中华书局 1985 年版,第 6357 页。

⑤ (唐)梁肃:《独孤公行状》,见《全唐文》卷五二二,中华书局 1985 年版,第 5303 页。

⑥ (唐)李翰:《苏州嘉兴屯田纪绩颂并序》,见《全唐文》卷四三〇,中华书局 1985 年版,第 4375 页。

⑦ (唐)白居易:《苏州刺史谢上表》,见顾学颉校点:《白居易集》卷六八,中华书局 1979 年版,第 1434 页。

⑧ (唐)韩愈:《送陆歙州诗序》,见钱仲联、马茂元校点《韩愈全集》文集卷四,上海古籍出版社 1997 年版,第 201 页。

⑨ (唐)杜牧:《崔公行状》,见《樊川文集》卷一四,上海古籍出版社 1978 年版,第 201 页。

⑩ (唐)杜牧:《上宰相求杭州启》,见《樊川文集》卷一六,上海古籍出版社 1978 年版,第 249 页。

⑪ 《慰谕朔方将士敕》,见(宋)宋敏求编:《唐大诏令集》卷一一五,商务印书馆 1959 年版,第 602 页。

⑫ (唐)李德裕:《赐王元逵诏书》,见《全唐文》卷六九九,中华书局 1985 年版,第 7175 页。

《旧唐书·食货志》:元和十三年(818)“闰五月,(程)异至江淮,得钱一百八十五万贯以进。”①

可见税米之外,政府从江淮调达的物资各种各样,究其原因,朝廷认准江淮“素号富裕”,无所不有,因此,从税米到钱帛,从兵器到军工材料,从盐利到茶税,从金银到高档奢侈品,只要想要,马上就可以向江淮伸手,而恭顺的江淮地方官员基本上是有求必应的,并会尽一切可能为朝廷效劳。

罗让在《对才识兼茂明于体用策》中论述了元和前后全国各地赋税负担的情形,他说:“今国家内王畿,外诸夏,水陆绵地,四面而远,而输明概之大贵,根本实在于江淮矣。何者?陇右、黔中、山南已还,硗瘠啬薄,货殖所入,力不多也。岭南、闽蛮之中,风俗越异,珍好继至,无大赡也。河南、河北、河东已降,甲兵长积,农厚自任,又不及也。在最急者,江淮之表里天下耳。”②罗让曾做过淮南节度使、盐铁转运使李鄘的从事,又做过福建、江西两道都团练观察使,对江淮及其以南的情况非常熟悉。罗让的对策在元和元年(806)四月二十八日。全国各地的赋税对国家财政收入的贡献,经他的分析和比较,认为国家“根本实在于江淮”,以江淮为最重要。

从上引时人的大量论述中可以清楚地看出,安史之乱以后,唐帝国是靠江淮财赋维系着“国命”的。表示了江淮在当时政府财政收入的重要地位是可信的。所谓“经济重心”,虽然是站在占政府财政比例的立场上说的,然而,有如此能力承担得起庞大的政府财政的地区,其经济发展程度之高也是不言而喻的。因此,江淮地区无疑又是“经济中心”。

---

① 《旧唐书》卷四九《食货志》,中华书局1975年版,第2121页。

② (唐)罗让:《对才识兼茂明于体用策》,见《全唐文》卷五二五,中华书局1985年版,第5335页。

第五章　藩镇体制下江苏地区的政治变动

第一节　藩镇体制下江苏地区的行政建置

一　唐后期地方行政体制的变化

唐太宗继位伊始，一方面并省武德年间设置过滥的州县，同时，为了进一步加强对州县的管理，依据自然地理形势将全国分为十个道。今江苏省域淮河以北地区属河南道，江淮之间属淮南道，长江以南属江南道。道不是一级行政建置，道的设置，主要是为了便于中央对各地官员的监察考课。玄宗开元二十一年(733)，对贞观十道进行了更加合理的调整，将全国划为十五个道。今江苏省域长江以南地区大部分属江南东道，省域西南部的溧阳、溧水二县属江南西道。开元时期十五道的划分，目的依然是为了监察考课地方官员，同样也不是一级行政建置。不过，在划分十五道的同时，每道设置了采访处置使，并有了相对固定的治所，如淮南道治扬州，江南东道治苏州等等。治所的相对固定，预示着道正逐步向实际的一级行政区划过渡。

唐前期，除了监察考课的十道或十五道外，还存在着一种军事性质的道。唐朝在漫长的边境上部署了数十万守军，这些军队称为镇兵。边军较大的驻防单位有军、守捉，较小的有城、镇，其长官称“使”。每个军、镇都有名号，如横海军、纳降军、丰宁城、东莱守捉等等。其使，则称为某某军使、某某守捉使，而负责指挥、统帅这些边军的机构称为“道”。[①] “道”相当于设在边境的军区。又因为设置在边境地区的道担负着屏藩朝廷的重任，因此又称作“藩镇”。道的长官最初称为大总管或总管，武德七年(624)以后改称大都督、都督。据文献记载，唐前期先后设置过很多这样的道，天宝年间(742—

① 《新唐书》卷五〇《兵志》，中华书局1975年版，第1328—1329页。

756)则有12个这种军事性质的道，绝大部分分布在从东北到西南的边境地区。

唐前期的总管、都督往往随着战事的爆发而临时设置，战事结束，其职自去。高宗、武则天以后，由于边境多事，领兵驻屯在边境备战的情况越来越多，原来临时设置的总管、都督日趋固定。到了睿宗、玄宗时期，常设的军区制度确立，临时设置的总管、都督变成了常驻的军事长官，称"节度使"。

唐前期，无论是按自然地理形势划分的道，还是军事性质的道，都不是唐朝的地方行政区划，但到了玄宗开元、天宝年间，开始出现了变动。由于采访使长期坐镇一方，逐渐插手地方行政事务；军事性质的道，因为军事上的需要，节度使自然要兼管为本军区开置的屯田等事务。唐玄宗为了优容边将，往往将采访使的职位交给某些藩镇，藩镇长官节度使身兼营田使、屯田使、采访使等职，军事性质的道和监察考课性质的道逐渐合流，由于安史之乱这一特定的历史条件，在战时体制下，二者很快合二为一，逐渐掌握了地方上军事、行政、财政、司法大权，道变成了州之上的一级行政机构。

爆发于天宝十四年(755)的安史之乱，对唐朝历史的影响是多方面而且是非常深远的。突发的军事动乱，打破了唐朝原有的行政体系，朝廷的各项政策和措施一下子陷入了战时紧急状态。为了抵挡安史叛军的兵锋，玄宗在逃亡四川的途中发布诏令，在内地新设山南东路、江南东路、江南西路、黔中、淮南等节度使，分别由永王李璘和盛王李琦挂印，企图稳住东南半壁江山。肃宗在灵武即位后，在长安之西设置了京畿、凤翔、邠宁节度使，在长安之东设置了同华节度使；在朝廷军和安史叛军争夺激烈的河南战场设置了宣武、郑陈、豫许、东畿等节度使。节制东南的永王李璘企图割据江东，勒兵略地，肃宗又设置了淮西、淮南、江东节度使。战乱期间，朝廷设置了四十多个藩镇，原本只设置在边境的藩镇制度被推广到了全国各地，所谓"至德之后，中原用兵，刺史皆治军戎，遂有防御、团练、制置之名，要冲大郡，皆有节度之额"[①]。凡诸道节度"应须士马、甲仗、粮赐等，并于当路自供"[②]。征兵、命官等一切事务均由各地的节度使根据情况自定。藩镇的增置，完全是为了寻求对抗安史叛军的对策，变和平机制为战时体制，使藩镇集政治、军事、财政于一身，投入到保卫朝廷的战争中去。

安史之乱平定以后，战时八年的许多矛盾开始凸现。战争的因素并未消除，为保障朝廷的安全，负有重大军事使命的藩镇不是被撤去或削弱，而必须得到加强。八年战争让黄河中下游地区的经济陷入困境，河北地区藩镇的半独立状态使得朝廷失去了部分税收来源，因此，为了确保朝廷的财政来源，培养、保护财赋之地的藩镇，又成

---

① 《旧唐书》卷三八《地理志》，中华书局1975年版，第1389页。

② 《资治通鉴》卷二一八唐肃宗至德元年(756)七月条，中华书局1955年版，第6984页。

为朝廷的重要手段，等等。在各种因素的作用下，战时体制便作为常时体制保留了下来，安史之乱前监察考课的道和军事性质的道合二为一，成为唐后期政治结构上的道，即藩镇（因其专制一方，故又称方镇），凌驾于州之上，变成了一级行政区，唐代的地方行政体制发生了重大的变化，由原来的州（郡）、县两级制变成了道、州、县三级制。唐代江苏境内的各州、县也随着这一变化，被纳入到了不同的藩镇体制之中。

二　藩镇体制下江苏地区的行政建置

唐后期的藩镇废置增减随时变动，情况非常复杂。清人吴廷燮《唐方镇年表》考证唐代藩镇 77 个，《新唐书・方镇表》所列超过 100 个。由于设置纷乱，记载不一，很难有一个准确的数据。活跃在德、宪两朝政治舞台上的李吉甫，在元和二年（807）撰成的《元和国计簿》中称“总计天下方镇四十八”①，其后又在元和八年（813）成书的《元和郡县图志》序言中言及当时藩镇有 47 个。这大体反映了元和年间藩镇的真实数量。但今本《元和郡县图志》阙佚六卷，淮南节度使这一部分正在阙佚之中，因此，今江苏省域江淮之间的藩镇、州县的变动以及户口等内容无法据以说明。今依据《元和郡县图志》，参照《新唐书・地理志》、《唐方镇年表》等，将江苏境内元和时期的行政建置情况说明如下。

唐代江苏境内徐、泗、海、楚、扬、润、常、苏八州及宣州所辖的溧阳、溧水两县，元和时期被分辖于不同的 5 个道（藩镇）。（表 5—1—1）

表 5—1—1　唐元和年间（806—820）江苏省域藩镇州县建置表②

藩镇	州名	领县名	今建置（治所）	备注
徐泗濠节度使	徐州	彭城县	观察使、州治。今徐州市	领 7 县，5 县在今江苏境内。泗州宿预县宝应元年（762）避唐代宗讳改宿迁县，来属；元和四年（809）泗州下邳县来属。
		丰县	今丰县	
		沛县	今沛县	
		宿迁县	今泗阳县西北郑楼乡古城	
		下邳县	今睢宁县西北古邳镇东	
	泗州	临淮县	州治。今盱眙县西北淮水西岸	领 4 县，均在今江苏境内。建中二年（781），原属楚州之盱眙县来属。
		涟水县	今涟水县	
		盱眙县	今盱眙县	
		徐城县	今泗洪县南大徐子台	

① 《资治通鉴》卷二三七唐宪宗元和二年（807）十二月条，中华书局 1955 年版，第 7647 页。

② 本表系综合参考《元和郡县图志》、《新唐书・地理志》中资料制成。

续表

藩镇	州名	领县名	今建置(治所)	备注
沂海观察使	海州	朐山县	州治。今连云港市海州区西南	领4县,均在今江苏省境内,与贞观、天宝同。
		东海县	今连云港市东南南城镇	
		沭阳县	今沭阳县	
		怀仁县	今赣榆县西北	
淮南节度使	扬州	江都县	观察使、州治。今扬州市	领7县,6县在今江苏境内,与天宝时同。
		江阳县	今扬州市	
		六合县	今南京市六合区	
		海陵县	今泰州市	
		高邮县	今高邮市	
		扬子县	今扬州市南扬子桥附近	
	楚州	山阳县	州治。今淮安市	领4县,均在今江苏境内。宝应元年(762)改楚州安宜县为宝应县。建中二年(781),盱眙县改属泗州。
		盐城县	今盐城市	
		宝应县	今宝应县西南	
		淮阴县	今淮安市西南	
浙西观察使	润州	丹徒县	观察使、州治。今镇江市	领6县,均在今江苏境内,与天宝同。肃宗至德二年(757)于江宁县置江宁郡,乾元元年(758)改称昇州,上元二年(761)废昇州,改江宁县为上元县。
		丹阳县	今丹阳市	
		金坛县	今金坛市	
		延陵县	治今丹阳市西南延陵镇	
		上元县	今南京市	
		句容县	今句容市	
浙西观察使	常州	晋陵县	州治。今常州市	领5县,均在今江苏境内,与天宝同。
		武进县	今常州市	
		江阴县	今江阴市	
		无锡县	今无锡市	
		义兴县	今宜兴市	
浙西观察使	苏州	吴县	州治。今苏州市	领7县,4县在今江苏境内,与天宝同。
		昆山县	今昆山市	
		常熟县	今常熟市	
		长洲县	今苏州市	
宣歙观察使	宣州	溧阳县	今溧阳市西北50里旧县乡	宣州领10县,2县在今江苏境内,与贞观、天宝同。
		溧水县	今溧水县	

唐元和年间(806—820)江苏省域藩镇州县建置图

现代政区底图采用国家基础地理信息系统 1∶400 万全国数据库（http://nfgis. nsdi. gov. cn/,2005 年版），历史政区参照谭其骧主编《中国历史地图集·第五册（隋唐五代十国时期）》唐开元二十九年（741 年）"都畿河南道"、"淮南道"、"江南东道"、"江南西道"等绘制。

1. 徐州、泗州

建中三年(782)置徐海观察使，兴元元年(784)废。贞元四年(788)复置徐泗濠节度使，辖徐、泗、濠三州。贞元十六年(800)废，同年置徐州节度使。后屡有废置，元和四年(809)析徐、泗二州地置宿州，遂辖徐、泗、濠、宿四州，治徐州。永贞元年(805)号武宁军，咸通十一年(870)号感化军。今江苏省域徐、泗二州诸县在其管内。在属县的调整中，原泗州宿预县代宗宝应元年(762)因避唐代宗讳改称宿迁县，改属徐州。宪宗元和四年(809)原泗州下邳县改属徐州。元和时徐州共领 7 县，彭城、丰、沛、宿迁、下邳 5 县在今江苏境内。德宗建中二年(781)，原楚州之盱眙县改属泗州。泗州领临淮、涟水、盱眙、徐城 4 县，均在今江苏境内。

2. 海州

元和十四年(819)置沂海节度使，长庆元年(821)升为兖海节度使，治兖州(今山东兖州市)。乾宁四年(897)号泰宁军,今江苏省域海州诸县在其管内。属县数与天宝时相比无变化,领朐山、东海、沭阳、怀仁4县。

3. 楚州、扬州

至德元年(756)置淮南节度使,屡有升降。辖扬、楚、滁、和、寿、庐、舒等州,治扬州。今江苏省域楚、扬二州诸县在其管内。德宗建中二年(781),楚州之盱眙县改属泗州,楚州领山阳、盐城、宝应、淮阴4县,均在今江苏境内。扬州领7县,江都、江阳、六合、海陵、高邮、扬子6县在今江苏境内。

4. 润州、常州、苏州

至德元年(756)置江东节度使,乾元元年(758)更名为浙江西道节度使。建中二年(781)更名镇海军节度使,后屡有升降,定名为浙江西道观察使,简称浙西观察使。初置时治昇州(今南京市),后曾移治苏州、宣州、杭州,最终定治润州。辖润、常、苏、湖、杭、睦六州,今江苏省域润、常、苏三州诸县在其管内。安史之乱爆发后,在战时体制下,肃宗至德二年(757)于润州江宁县置江宁郡,乾元元年(758)改称昇州,上元二年(761)废昇州入润州,润州所辖复旧。与天宝年间相比,今江苏省域三州领县不变,唯上元二年(761)废昇州时改江宁县为上元县。

5. 溧阳县、溧水县

乾元元年(758)置宣歙观察使,上元年间(760—761)并入浙西观察使。大历元年(766)复置,十四年废。贞元三年(787)复置,大顺元年(890)号宁国军,治宣州。辖宣、歙二州,今江苏省域西南部溧阳、溧水二县在其管内。

三　唐代江苏省域州、县等级的升降

唐代的州、县,以其所在地的轻重、辖境的大小、户口的多寡,以及经济开发程度的高低,被划分为不同的等级。据《唐六典》、《通典》及新旧《唐书》等文献记载,州有辅、雄、望、紧、上、中、下七等,县有京(赤)、畿、望、紧、上、中、中下、下八级。

据《通典》卷三三《职官》载:“开元中,定天下州府自京都及都督、都护府之外,以近畿之州为四辅,其余为六雄、十望、十紧。”辅、雄、望、紧,主要以所在地的重要与否作为划分依据。辅、雄、望、紧的划分,除政治、军事上的意义外,还有经济上的意义,被列为这四个等级的州,均是开发程度较高的赋税大州。其他诸州则主要依据户口的多寡分成上、中、下三等。例如,高宗显庆元年(656)规定:领户三万以上为上州,二万以上为中州,不满二万为下州。到了盛唐时期,全国户口达到极盛,原有的标准显然已不适用,于是开元二十八年(740)对划分标准做了重新规定:四万以上为上州,不满二万为下州。可见,以户口的多寡为依据,州的等级是可变的。诸州等级不同,官员的阶级亦不相同。

与辅、雄、望、紧等州一样，诸县也以其所在地的重要与否分为京、畿、望、紧四等。京县又称赤县，最初指京城所在的县，后逐渐扩大，凡是皇帝驻跸过的州县(这种情况下州改成府，唐前后共有十府)、或陵寝所在地的县均升为赤县。畿县，即京城周边的县，原仅限于西京长安、东都洛阳、北都太原三府所管县，后凡十府所管县均升为畿县。其余诸州州治所在县逐渐升为望、紧之县，而靠近州治的部分县，因其地位重要，亦可名列望、紧。诸县还以户口多寡分为上、中、中下、下四等。唐初武德年间(618—626)规定，五千户以上为上县，二千户以上为中县，一千户以上为中下县。开元二十八年(740)提高标准，六千户以上为上县，三千户以上为中县，不满三千户为中下县。诸县等级不同，县令的品秩亦不相同。

不同文献对州县划分等级的标准记载不尽相同，很明显可以看出在不同的历史时期，州县等级划分的标准有所变化，州县等级的升降也从一个侧面反映了该州县在国家事务、社会经济发展程度上的变化。《旧唐书・地理志》(以下简称《旧志》)、《元和郡县图志》(以下简称《元和志》)、《新唐书・地理志》(以下简称《新志》)所载州县的等级有较大的升降，《旧志》所载反映的基本上是盛唐时期的情况，《元和志》体现的是元和八年(813)成书时，即中唐时期的情况，而《新志》反映的基本上是元和年间以后，即晚唐时期的情况。

在唐代三百年的历史中，今江苏省域从默默无闻到"国家命脉"，在地位的变化和社会经济的发展上具有明显的阶段性，因此，州县等级的升降也具有典型意义。由于江苏省域远离政治中心，因此，与都城或畿辅相关的辅、雄、京、畿等级别关系不大，其州县等级的升降更多地反映了地域社会经济发展的程度。

表 5—1—2　唐代江苏省域州县等级变化表

州(郡)	《旧志》	《元和志》	《新志》	属　　县	《元和志》	《新志》
徐　州(彭城郡)	上	上	紧	彭城县	望	望
				丰　县	上	上
				沛　县	上	上
				宿迁县	上	上
				下邳县	上	上
泗　州(临淮郡)	中	上	上	临淮县	紧	紧
				盱眙县	阙	紧
				涟水县	上	上
				徐城县	中	中

续表

州(郡)	《旧志》	《元和志》	《新志》	属　县	《元和志》	《新志》
海　州(东海郡)	中	上	上	朐山县	上	上
				东海县	上	上
				沭阳县	中	中
				怀仁县	中	中
楚　州(淮阴郡)	中	阙	紧	山阳县	阙	上
				盐城县	阙	上
				宝应县	阙	望
				淮阴县	阙	中
扬　州(广陵郡)	大都督府	阙	大都督府	江都县	阙	望
				江阳县	阙	望
				六合县	阙	紧
				海陵县	阙	望
				高邮县	阙	上
				扬子县	阙	望
润　州(丹阳郡)	上	上	望	丹徒县	望	望
				丹阳县	望	望
				金坛县	紧	紧
				延陵县	紧	紧
				上元县	紧	望
				句容县	紧	望
常　州(晋陵郡)	上	紧	望	晋陵县	望	望
				武进县	望	望
				江阴县	紧	望
				无锡县	望	望
				义兴县	紧	紧
苏　州(吴　郡)	上	紧	雄	吴　县	望	望
				长洲县	望	望
				常熟县	紧	紧
				昆山县	紧	望
宣　州(宣城郡)	阙	紧	望	溧阳县	紧	紧
				溧水县	上	上

首先，从表5—1—2中可以看出整个今江苏省域州县等级在唐代不同时期的变化。安史之乱以前，唐朝的政治、军事、经济中心均在黄河流域，当时划分的四辅、六雄、十望、十紧中，有着严格地域限制的四辅州不用说，江苏省域各州甚至没有一个进入雄、望、紧行列。扬州作为朝廷控制江淮及其以南地区的重要军事基地，设置大都督府。都督从二品，阶级超过上州刺史，且往往由亲王或显官兼任；实际负责大都督府事务的长史，从三品，阶级与上州刺史相同。扬州以外的诸州，均在上、中之列，在七等中偏后。安史之乱以后，尤其是在肃宗、代宗、德宗时期，今江苏省域各州一下子进入了政府的视野，江淮的财赋成为朝廷平叛和中央财政的重要支柱，江苏省域各州，尤其是运河沿线诸州及经济实力雄厚的江南诸州，地位很快得到提升。在《元和志》中，泗州从中州上升为上州，常、苏二州从上州上升为紧州，管辖溧阳、溧水二县的宣州也成为紧州。这些财赋之地的诸州，从原先仅按户口多寡划分的上、中州，变身为紧州，成为朝廷特别倚重的州。元和以后，黄河中下游地区的藩镇势力更加炽盛，朝廷更以江淮为"国命"，加之江淮自身的发展，江苏省域各州的等级有了进一步的提高。交通枢纽上徐州、楚州升为紧州，江南的润、常二州以及管辖溧阳、溧水二县的宣州均升为望州，而苏州更是给予了特殊的身份，升为雄州，其地位相当于盛唐时期的陕（治今河南三门峡市西）、怀（治今河南沁阳）、郑（治今河南郑州）、汴（治今河南开封）、魏（治今河北大名北）、绛（治今山西新绛）六州，是帝国的核心区域。

其次，从表5—1—2中还可以清楚地看出唐代江苏省域内部发展的不平衡。从诸州来看，盛唐时期江苏省域诸州的等级，除扬州大都督府这个特例外，其他均在上、中，没有一个进入望、紧的。然而，安史之乱以后，由于政府对江淮的重视和江淮地区自身的发展，元和时期情况就大不一样了。淮河以北的徐、泗、海三州，徐州依旧维持着上州的等级，泗、海二州虽然由中州上升为上州，但上升幅度不大。江淮之间的楚、扬二州，由于《元和志》的缺失而情况不明，而江南的常、苏二州都上升到了紧州，上升幅度较大。晚唐时期，泗、海二州没有变化，徐州可能因其军事地位的重要性上升为紧州，江淮之间的楚州也上升到了紧州，江南的润、常二州以及管辖溧阳、溧水二县的宣州都上升为望州，苏州更是上升为雄州，上升的幅度令人瞩目。

从诸县的等级上也可以看出同样的趋势。《元和志》、《新志》所载的诸县等级基本上一样，这一现象，与其说是中唐时期和晚唐时期诸县等级没有变化，不如说是两者的史料来源可能一致。无论是哪一种情况，数据都已经很能说明问题。在今江苏省域诸县中，等级最低的中县有徐城（今泗洪县一带）、沭阳（今沭阳县、灌云县一带）、怀仁（今赣榆县）、淮阴（今淮安市西南部及洪泽、金湖一带），说明这一带的开发程度是最低的。列入上县的有徐州的丰县、沛县、宿迁、下邳，泗州的涟水，海州的朐山、东海，楚州的山阳、盐城，扬州的高邮，以及宣州所属的溧水县，徐州彭城县、泗州临淮县，可能因为是州治所在，按例列入望、紧，其实与同州的上县没有本质上的区别。上县大多位于今江苏省域的长江以北地区，反映了这些地区的社会经济发展程度相对较低。此外被列入望、紧的诸县集中扬州及润、常、苏三州，尤其是江南的润、常、苏三州，无一例外均是望、紧县，充分反映了唐后期江南的社会经济发展水平。

综上所述，从州县等级的升降变化来看，安史之乱以后江苏省域的发展步伐总的来说非常快，但各地之间的发展又是很不平衡的，淮河以北地区的发展程度最低，江淮之间次之，江南各州县最高，这种格局一直持续到现在。

第二节 天下府库——浙西与淮南

一 少军无险的“财源型”方镇

安史之乱以后，藩镇的地位日益重要，唐朝国运之兴衰，社会之安扰，无不系于藩镇。随着朝廷权威的逐渐衰微，外以御寇，内以平乱，都需要仰赖藩镇出力，所谓“国命之重，寄在方镇”①。换言之，中唐以后的政治重心与关键，已渐由中央政府移至地方藩镇。中央与地方的关系演变，逐渐成为唐代政治史的重要内容。今江苏境内的徐泗濠节度使、淮南节度使、浙江西道观察使三镇，因其辖区在当时全国经济和军事中具有特殊地位，因而他们与中央关系的亲疏离合就显得至关重要。

徐泗濠、淮南、浙西三镇，名称虽有所改易，但辖区大体保持不变，三镇的军政长官大多由中央派遣心腹重臣担任。总体来看，三镇长官位高权重，对朝廷较为忠诚恭顺，也使得当时江苏地区与唐中央政府基本保持着比较密切的关系。根据各自建置目的和地位的不同，三方镇对中央的政治态度又有差异，首先我们来看浙西和淮南二镇。

浙西、淮南二镇，作为中央政府“财源”型的方镇②，是东南诸道赋税收入的最重要来源，因而也是朝廷赖以生存的经济命脉，“唐立国于西北而置根本于东南”，虽屡经大乱“而唐终不倾者，东南为之根本也”③。因此，这两个方镇长期和中央保持着密切而且顺从的关系，是唐朝维持国运的重要根基。

---

① （宋）王溥：《唐会要》卷七七《诸使上》永贞元年(805)八月诏，中华书局1955年版，第1416页。

② 关于唐朝藩镇的类型分析，参见张国刚：《唐代藩镇研究》，湖南教育出版社1987年版。

③ （清）王夫之：《读通鉴论》卷二六《宣宗九》，中华书局1975年版，第952页。

安史之乱后，北方战祸屡起，社会生产遭到重创，发展生产出现了停滞。加上河北、山东藩镇跋扈，“郡邑官吏，皆自署置，户版不籍于天府，税赋不入于朝廷，虽曰藩臣，实无臣节”①，朝廷与藩镇之间的斗争虽然没有间断，但“终不得范阳尺帛斗粟入于天府”②。与之相比，江苏省域所在的江淮地区自唐朝建国以来长期保持着社会的稳定，经济持续发展。物产的丰饶和工商业的发达，加上方镇的恭顺，使得江苏地区逐渐成为唐中央财政的主要来源之地，“赋所取资，漕挽所出，仰于江淮”③，“当今赋出于天下，江南居十九”④。经济地位的凸显，也使得如何控制这一地区，保持长治久安，成为唐朝中央面临的一个重大课题。

为加强对经济命脉的控制，从行政措施方面限制浙西、淮南二镇的势力发展，一直以来都是朝廷的既定方针和政策。安史之乱前，江淮地区的武备非常薄弱。中唐时期李翰在回顾淮南镇发展历程时曾写到：“扬州本大都督府，亲王居中，长史理人，有府号而无甲兵。至德初，羯胡难作，始以长史为节度，而有行军司马。”⑤随后发生的永王李璘之乱、刘展之乱和李锜之乱，本地军力无法彻底平乱，都必须倚靠中原各镇抽调强兵来援。安史之乱后，随着江淮漕运的整顿与完善，包括浙西、淮南在内的东南诸道在国家财政方面的重要性更加凸显，因而中央政府对这一地区的控制也进一步加强。为了逐步改变淮南道的区域性质，朝廷在设置藩镇时，对原淮南道辖区进行了分割。肃宗至德元年(756)，将原淮南道西部从淮南道中割出，分置淮南西道，偏东的寿州(治今安徽寿县)被划入淮南西道。德宗贞元四年(788)，又将偏东的濠州(治今安徽凤阳县)改属徐泗节度使(此后称徐泗濠节度使)。寿、濠二州位于淮河以南，阻淮带山，是原淮南道东部的险要之地，军事地位非常重要，朝廷先后对辖区的调整，旨在破除淮南之险，使其淮南节度使辖区变性为纯粹的“财赋之地”。

同样是方镇，等级与长官名号又有节度使、团练使等多种称号。节度使之名沿袭唐前期的军区藩镇，长官权位极重，必带中央官衔，最高的带同平章事，故又名“使相”，所辖地区必兼军号，如徐泗濠节度使，号武宁军。团练使是安史之乱后设置的，大者领十州，小者领三五州，负责本地区防务，又称团练守捉使，诸道不设节度使者，多以都团练使总领军务。唐肃宗时又停罢唐前期监察考课性质的采访等使，设置观

---

① 《旧唐书》卷一四一《田承嗣传》，中华书局 1975 年版，第 3838 页。

② 《旧唐书》卷一七二《牛僧孺传》，中华书局 1975 年版，第 4471 页。

③ (唐)权德舆：《论江淮水灾上疏》，见霍旭东点校《权德舆文集》卷三七，甘肃人民出版社 1999 年版，第 597 页。

④ (唐)韩愈：《送陆歙州诗序》，见钱仲联、马茂元校点：《韩愈全集·文集》卷四，上海古籍出版社 1997 年版，第 201 页。

⑤ (唐)李翰：《淮南节度行军司马厅壁记》，见《全唐文》卷四三〇，中华书局 1983 年版，第 4381 页。

察处置使，简称观察使，掌监察所部官吏善恶，张举朝廷大纲，唐后期未设节度使的江南、岭南地区则置为最高长官，总揽军政大权。淮南为节度使，但不设军；浙西虽在建中二年(781)升为镇海军节度使，然而多有废置。设军时期"以团练为节度，从理润州"①，其等级只是团练使，置军时代为节度使而已，而更多的时候浙西是以观察使之名被人所称呼。从以上这些制度方面的情况可以看出，淮南、浙西二镇在军事上的作用是不大的，淮南节度使、浙西观察都团练使手下的兵员一般较少，只在防御"盗贼"，仅够维持地方治安而已，加上交通四达，又无关山之险，因此不具备割据一方，与朝廷抗衡的军事实力。

朝廷除了通过区划调整、抑制其军事实力的措施来严格限制浙西、淮南二镇外，更重要的是对二镇藩帅的人选极为慎重。在经历了安史之乱的惨痛教训后，朝廷深刻认识到武人专职藩镇，对中央的威胁远较文官为大。因此，浙西、淮南二镇的藩帅很少有武人出镇，多为"儒帅"。淮南镇作为地位较高的大镇，节度使更是多为宰相出任，人称"宰相回翔之地"。浙西藩帅则更多的是忠臣良吏。同时，二镇藩帅的平均任期都比较短，大多为三到四年。② 这种频繁的调任，有效地限制了藩帅在本镇培植私人势力，保证了中央对二镇的牢牢控制。正因为如此，在唐后期藩镇割据的时代，浙西、淮南二镇与唐中央政府的关系最为密切，对朝廷最为忠心，二镇通过庞大的财力，支撑着王朝的统治，维持着帝国的生命。据记载，从代宗广德(763—764)初年到僖宗乾符年间(874—879)的百余年间，江淮地区只发生过一起针对中央较大规模的叛乱事件(即李锜之乱)，故史称"天下方镇，东南最宁"。

二 忠良的荣光与苦恼——浙西观察使

肃宗至德元年(756)置江东节度使，乾元元年(758)更名为浙江西道节度使。建中二年(781)更名镇海军节度使，后屡有升降，定名为浙江西道观察使，简称浙西观察使。初置时治昇州(今南京市)，后曾移治苏州、宣州、杭州，最终定治润州。辖润、常、苏、湖、杭、睦(治今浙江淳安县西)六州，即狭义上的江南，今江苏省域润、常、苏三州诸县在其管内。浙西管辖的地区以太湖流域诸州为中心，是唐后期东南诸道中真正意义上的经济发达地区，被视为帝国赖以生存"赋税之地"，"今赋出天下，而江南居十九"③，可见浙西非它道可比。

---

① (宋)王溥:《唐会要》卷七八《诸使中》浙江节度使条，中华书局 1955 年版，第 1432 页。

② 参见戴伟华:《唐方镇文职僚佐考》，天津古籍出版社 1994 年版。

③ (唐)韩愈:《送陆歙州诗序》，见钱仲联、马茂元校点:《韩愈全集·文集》卷四，上海古籍出版社 1997 年版，第 201 页。

唐朝君臣对浙西在经济上的重要性有着深刻的认识，所以，在安史之乱爆发的次年，即在江南设置了江东节度使，在平定永王璘之乱后，采取种种措施限制这一地区的武力发展，稳固对当地的控制，不久易名为浙江西道观察都团练使。为了稳定江南地区的社会局势，维护当地经济发展的势头，确保中央的财政收入，朝廷在容忍浙西保留少数军队（镇海军）的同时，更大的关心是浙西藩帅的人选，既有忠良之心，又有吏干之才的心腹重臣被派往浙西，担当着维护帝国生命的重任。

自古忠良行事，一心只为朝廷，较少顾及个人进退荣辱，然而往往难防暗箭，尤其是对唐后期浙西观察使而言，政治上的险恶，更使他们的命运蒙上了一层悲剧的色彩。一方面，浙西是朝廷心目中的重地，缺少了浙西的财赋便会举步维艰，国运难久，选派的浙西长官必须是忠臣良吏。而作为忠臣良吏，能在浙西为皇帝和朝廷担负维系国家命脉的重任，必定会兢兢业业，不负众望。这是浙西长官的荣光。然而，政治的变动往往又与忠良的愿景相违背，忠良们在浙西的舞台上呕心沥血，日夜操劳，正想一展宏图之时，也正是朝廷官员捕风捉影，心中莫名难言之际。另一方面，江南除了财赋上非同小可外，政治上也是相当特殊的。由于这里是旧六朝的核心地区，是国家分裂、地方割据的符号，隋代和唐初对这一地区的监视和控制是非常严密的。隋朝开始的监视和控制，经历了一个半世纪，到盛唐时事实上应该已经非常微弱，但是安史之乱的爆发，再次触动了某些阴谋家割据江南的神经，永王李璘的割据企图就是眼前的一个事实。在这个不争的事实面前，浙西镇长官的一举一动都牵扯着朝廷的心。对皇帝，忠心耿耿；为朝廷，日输月送；对殊求，总能满足。浙西忠良的经济重职，致使他们频受皇帝褒奖，广受内外官员的企慕。这是浙西长官的荣光。但是，只要你“缮修甲兵，抚循将士，观察要害，以备不虞”[①]，那么，这就是你离开浙西的唯一理由。忠良是无心的，朝廷却是有意的。这是浙西长官的苦恼。

唐后期许多著名的历史人物都在浙西担任过最高长官，从他们的行为道德中，从他们的荣光和苦恼中，我们同样可以感受到浙西对唐帝国的重要意义。

1. 颜真卿（709—786）

颜真卿，字清臣，号应方，以政治家和书法家著称于世，肃宗乾元二年（759）至上元元年（760）任浙江西道节度使。[②]

颜真卿勤于学业，精于词藻，尤其善于书法。开元中（713—741）举进士，历任监察御史、殿中侍御史等职，颇有吏才。安史之乱中，颜真卿的政治才干得到淋漓尽致

---

① （唐）颜真卿：《谢浙西节度使表》，见《全唐文》卷三三六，中华书局1985年版，第3404页。

② 以下所及任职时间均据清人吴廷燮撰《唐方镇年表》（中华书局1980年）有关卷帙。

的展现。当时在河北道平原郡(德州)任太守的颜真卿首举义旗,召集人马,抵抗安史乱兵,一时间河北诸郡纷纷相应,被推为盟主。河北义军的行动有效地牵制了安史叛军的力量,对平叛战事的进展有着深远影响。

战局进入相持阶段后的肃宗乾元二年(759)六月,颜真卿迁为昇州刺史、浙江西道节度使。昇州即古之金陵,六朝故都,形胜之地。浙西道当时领有长江下游南岸今属江、浙、皖、赣的昇、润、宣、歙、饶、江、苏、常、杭、湖十州,是朝廷财用所系之地。在平定安史之乱急需财赋物用之际,颜真卿被委以此职,正反映了朝廷对其才干治绩的倚重。颜真卿到任后,既感荣宠,又时刻以职责为重,决心“缮修甲兵,抚循将士,观察要害,以备不虞”。当此多事之秋,在暂无兵火的要地加强防务是未雨绸缪之举,本无可厚非。何况当时驻守在河南道睢阳(即宋州,治今河南商丘市)的刘展“反状已萌”,并开始策反驻守扬州的持节都统淮南、浙西、江西节度使、宗室大臣李峘的部下。颇有政治敏锐感的颜真卿对此已有觉察,于是“饬偏师,利五刃,水陆战备,以时增修”①。但是,李峘却认为颜真卿如此备战是滋生事端,扰乱人心,于是密奏朝廷。颜真卿在江南备战的消息触动了朝廷的神经,结果已在想象之中。乾元三年正月颜真卿被召入京,任刑部侍郎。不久,刘展果然叛乱,横行江淮,朝廷付出了巨大代价,才平定了这场动乱,李峘亦因此坐贬袁州(治今江西宜春市)司马,最后死于贬所。自安禄山范阳起兵以来,江淮一带没有遭受战祸的直接影响,至此始遭荼毒。当时舆论“皆多公(颜真卿)之先觉,怒(李)峘之沮计焉”②。

回朝后的颜真卿在肃、代二朝历任刑部侍郎、户部侍郎、吏部侍郎、江陵尹兼御史大夫等职,封鲁国郡公,食邑二千户。尽管如此,颜真卿“正言引经,不为之屈”的性格和“政尚清静,长孤养耆”③的为政之风,依然引起了前后宰相元载、卢杞等人的猜忌和陷害,最终被派往许州(治今河南许昌市)劝谕叛将李希烈,为李希烈拘胁,不屈而死。

2. 李栖筠(719—776)

李栖筠,字贞一,赵郡赞皇县(今河北赞皇县)人,唐代宗时名臣,大历三年(768)至大历七年(772)间任浙西观察使。

赞皇李氏是魏晋十六国北朝以来的著名家族,人才辈出。李栖筠为人刚直,以科举入仕,历任中央和地方的各种职务,颇有政绩。后为宰相元载所忌,出为常州刺史。在常州刺史任上,面对复杂的形势,采取一系列的措施,安定社会局势,发展地方经济,“自守毗陵,尤精藩职,初翦横江之盗,犹多击柝之虞。言抚伤残,克施惠训,清静

①②③ (唐)令狐峘:《光禄大夫太子太师上柱国鲁郡开国公颜真卿墓志铭》,见《全唐文》卷三九四,中华书局1985年版,第4010—4014页。

少欲，以临其人，礼让之风，行于东国，考其绩用，实最方州”[①]，受到了朝廷的高度赞扬，不久，进封银青光禄大夫，封赞皇县子。

如前所述，安史之乱后江南地区逐渐成为唐王朝的命脉所在，其战略地位日益提升，朝廷也更加重视对这一地区稳定的维护。大历初年，江南许多地方局势并不稳定，如苏州豪强方清利用连年灾荒召集众多流民，据守黟、歙一带山区，对东南地区的安定造成很大威胁，致朝廷不得不遣名将李光弼前往征讨。平卢节度使行军司马许杲恃功自傲，擅自留兵上元（今南京市），准备图谋江南诸州。考虑到李栖筠在常州的出色治绩，朝廷即刻任命他为浙西观察使、苏州刺史兼御史中丞，以应付可能来自许杲的攻略。李栖筠临危受命，立即“张设武备”，同时派善辩之士携带重金，以慰劳为名，对许杲军进行策反工作。在李栖筠武力威慑和军事策反的双重策略下，“杲惧，悉众度江，掠楚、泗而溃”[②]。

浙西动乱的危险消除后，李栖筠因功进为御史大夫。事后，他又在浙西大力兴建学校，虚心下士，上表举荐当地名儒褚冲、吴何员等人，并亲自写信向他们请教学问，以身作则，鼓励民众向学，一时间在浙西引起很大反响。同时，李栖筠还制定出免除徭役的政策及量产出赋的具体措施，从制度上杜绝逃避赋役现象的发生。

正因为在地方上出色的工作能力，李栖筠后被召回长安，专任御史大夫之职。本有宰相之望，但由于当时宰相元载专权，代宗受其钳制，终未能出任宰辅。其子李吉甫、其孙李德裕均为唐朝中后期著名宰相，李吉甫曾任淮南节度使，李德裕则先后任浙西观察使和淮南节度使，与江苏省域有着深厚的渊源。

3. 韩滉（723—787）

韩滉，字太冲，是玄宗朝宰相韩休之子，长安（今陕西西安市）人，史言其“公洁强直，明于吏道，判南曹凡五年，详究簿书，无遗纤隐”[③]。在德宗朝历任吏部员外郎、吏部郎中、给事中、尚书右丞、户部侍郎，至检校左仆射、同中书门下平章事、江淮转运使，封晋国公。于大历十四年（779）至贞元三年（787）间任浙江东西道观察使。

韩滉以门荫入仕，历任地方、中央各职，对国家事务非常熟悉，先后在考功、兵部、吏部、户部等部门任过职。大历六年（771），改任户部侍郎，掌管朝廷财政。肃宗至德、乾元以后，各地用兵，朝廷的赋税征收没有节制，国库收入仍因循旧法。针对弊政，韩滉认真遵循制度、严格依法惩治官员的贪污行为，在他的治理下，加之一段时期内边境安宁，连年丰收，国库充实了许多。代宗大历末，韩滉从晋州刺史升任苏州刺

① （唐）常衮：《授李栖筠浙西观察使制》，见《文苑英华》卷四〇八，中华书局1966年版，第2068页。

② 《新唐书》卷一四六《李栖筠传》，中华书局1975年版，第4736页。

③ 《旧唐书》卷一二九《韩滉传》，中华书局1975年版，第3599页。

史、浙江东西道都团练观察使。这时的浙江东道和浙江西道合二为一,治苏州。德宗即位的次年(建中二年,781),浙江东西道观察使升为节度使,迁治润州,并获准建立军队,赐号镇海军,韩滉的职号亦因此改为润州刺史、镇海军节度使。

韩滉移镇润州后,致力于安抚境内百姓、均摊赋税租役,不到一年,境内井井有条。德宗建中三年(782),盘踞关中地区的凤翔陇右节度使朱泚举兵反唐被免,次年(建中四年,783)冬,泾原节度使姚令言率兵五千叛乱,直趋长安,拥朱泚为帝,德宗仓皇出逃奉天(今陕西乾县)。与朱泚反唐相先后,淮西(治今河南汝南县)节度使李希烈乘奉命征讨淄青(治今山东青州市)节度使李正己之机,率部移兵许州(治今河南许昌市),声言诏谕,实为暗中勾结,不久,自号建兴王、天下都元帅。建中四年(783),李希烈占领汴州(治今河南开封市),称帝,国号楚。一时间,关中、河南、河北的藩镇称王建号,武装叛乱达到了高潮。

面对藩镇的叛乱,朝廷的当务之急是平叛。无论是用兵还是招安,筹集物资、调集军队是燃眉之急。身在财赋之地浙西的韩滉,他的任务也只有两项,同样是筹集物资和积极武备。

对于长期担任过国家财政事务,现又身在财赋之地浙西的韩滉来说,两项工作中,筹集物资,积极北运,是他的本分。德宗逃出长安后,在奉天(今陕西乾县)得到了大臣浑瑊、李晟的庇护。但是,弹丸之地的奉天,失去了长安太仓、琼林、大盈等府库后,奉天本地的粮食物资根本无法维持德宗一行的消费及浑瑊、李晟军队的给养,兴元元年(784)二月,德宗离开四战之地的关中,三月到达梁州(治今陕西汉中市)。德宗一行是去年冬天离开长安的,春天到达梁州后都还穿着冬衣,君臣将士们只得将冬衣抽取绵絮当春装,揭下夹衣的衬里当夏装。韩滉闻说后,马上遣使献绫罗四十担送往梁州。在决定派人送绫罗之时,幕僚何士幹请行,韩滉非常高兴:"君能相为行,请今日过江。"督促其当天出发。何士幹许诺,回家与家人告别时发现,供一家人消费的柴米物资已经罗列门庭;登舟后,则发现一路上需要的资装器用已放置妥当;下至船舱,又发现韩滉早已将注意事项一一写下,该想到的都想到了,无不周备;每位挑夫的腰间还缠上白金一版,顺道进献困窘中的唐德宗。史书中将韩滉进献绫罗的细节记载得如此详细,说明了传统史学讴歌的无疑是韩滉这样的忠良。五月,"盐铁判官万年王绍以江、淮缯帛来至,上命先给将士,然后御衫"①。梁州的德宗及臣僚对韩滉的感激之情不难想象。

在给德宗君臣进献绫罗的同时,韩滉又组织船队给关中的李晟送粮。建中四年

① 《资治通鉴》卷二三一唐德宗兴元元年(784)五月条,中华书局1955年版,第7428页。

(783)十二月，李希烈攻陷汴州自立为帝后，引军东向进攻宁陵(今河南宁陵县)，朝廷失去了汴水的控制权，物资供应陷入绝途。[①] 韩滉"运米百艘以饷李晟"，在装船的过程中，"自负囊米至舟中，将佐争举之，须臾而毕"。为了震慑李希烈，将米安全运抵关中，"艘置五弩手以为防援，有寇则叩舷相警，五百弩已彀矣。比至渭桥，盗不敢近"。当时"关中兵荒，米斗直钱五百，及滉米至，减五之四"[②]。浙西韩滉的饷馈，解决了关中朝廷军队的粮饷，鼓舞了将士们的斗志，兴元元年(784)五月，李晟收复了长安，刘洽收复了汴州，昌炽一时的藩镇叛乱终于出现了平息的趋势。

朱泚之乱、泾原兵变、李希烈之乱，德宗外逃，朝廷一时间陷入了风雨飘摇之中。浙西的韩滉在朝廷平息这场动乱之中作出的贡献是不言而喻的。浙西的贡献，不仅仅停留在供给物资这个物质层面上，在坚决维护皇帝尊严、拥护朝廷平叛这个精神层面上也是不可忽视的。可以说，韩滉的第一个任务完成得非常精彩，以至于德宗身边的重臣李泌在韩滉遭受谗言时愿以身家性命担保其绝无二心。

韩滉的第二项工作，即积极备战这一项，不能说完成得不好，但这恰恰触动了朝廷那根敏感的神经。

身在浙西的韩滉，面对藩镇叛乱、德宗出逃这一事实，在江南训练士卒，锻造兵甲，意在建立一支精良的镇军，以备非常。李希烈攻陷汴州后，韩滉挑选精锐部队，令偏将李长荣、王栖曜率领，与宣武军节度使刘玄佐部互为掎角之势，攻讨李希烈。在解宁陵之围、打通和确保汴渠漕路的战事中，韩滉居有首功。德宗出逃奉天后，一时间被叛军围困，情势非常危急。面对国家的如此危难，韩滉"恐有永嘉渡江之事，以为备预，以迎銮驾"[③]，即担心西晋永嘉之乱朝廷渡江偏安的情况再度重演，于是预先做好充足准备，准备迎接德宗的南迁，同时也借此表明自己戒备自守的决心。他在辖区内大力整饬守备，封锁各地关口桥梁，在京口(今镇江市)至玉山(今浙、赣两省交界处)一线，禁止牛马等运出境外；在六朝故都金陵，组织修筑了石头城等五座城池，城中掘井近百所，深十丈，井底与江水持平，确保水源；同时建造楼船战舰三千多艘，用水兵五千人，在润州以下江面及近海展示军威；又拆毁上元县(今南京市)佛寺道观四十余所，用拆下来的木料石块修筑堡垒，一时间浙西镇内西从建业(今南京市)东至京岘山(今镇江市丹徒江边)，楼城相连，蔚为壮观。为了预备日后皇帝可能南迁的行宫，韩滉还用佛殿的材料在石头城修建馆邸数十处。此外，韩滉还大力加强外围的防

---

① 《资治通鉴》卷二二七至卷二二八唐德宗建中三年至四年(782—783)、《旧唐书》卷一四五《李希烈传》。

② 《资治通鉴》卷二三一唐德宗兴元元年(784)五月条，中华书局 1955 年版，第 7428—7429 页。

③ 《旧唐书》卷一二九《韩滉传》，中华书局 1975 年版，第 3601 页。

备和军队训练,以亲信卢复为宣州刺史、采石军使,率军增筑营垒,日夜操练,并毁佛寺铜钟铸造弩机等兵器,与当时的淮南节度使陈少游遥相呼应,共同稳定江淮的局势。

韩滉的未雨绸缪给他带来的是无尽的苦恼。当他在获得朝廷美誉的同时,毁誉也接踵而至。朝廷的一批大臣开始议论:"韩滉闻銮舆在外,聚兵修石头城,阴蓄异志。"[①]遭到了与当年颜真卿同样的猜忌。遭受过磨难的德宗理应不会相信这些议论,但还是对韩滉产生了不信任感。江南聚兵是隋、唐皇帝心中难以排遣的阴影,对这一类的议论神经高度敏感。德宗与李泌商讨计策,李泌说:"滉公忠清俭,自车驾在外,滉贡献不绝。且镇抚江东十五州,盗贼不起,皆滉之力也。所以修石头城者,滉见中原板荡,谓陛下将有永嘉之行,为迎扈之备耳。此乃人臣忠笃之虑,奈何更以为罪乎!滉性刚严,不附权贵,故多谤毁,愿陛下察之,臣敢保其无它。"李泌在仕宦过程中,曾遭杨国忠、李辅国等权臣的多次诬陷,对遭受诬陷有切肤之痛,常以神仙道术自诲,又是刚刚平息的这场动乱中的主心骨,天下善恶了于胸怀。但是,面对"外议汹汹,章奏如麻",德宗依然无法释怀。李泌又上书德宗,"请以百口保滉",即以自己的身家性命担保韩滉绝无异志。对于李泌的担保,德宗的理解是李泌与韩滉是"亲旧",可见德宗对韩滉在江南备战的猜疑绝不会因此而罢休。此后还是在"今天下旱蝗,关中米斗千钱,仓廪耗竭,而江东丰稔"这一刻不容缓的生存前提下,德宗暂时不加追究,并听从李泌的建议,让身在长安的韩滉之子韩皋前往浙西省亲,以消除韩滉的顾虑,并嘱咐"关中乏粮,归语卿父,宜速致之",暂时不追究韩滉的意图一目了然。韩皋到润州后,韩滉对德宗和朝廷的"理解"感激涕零,当天"自临水滨,发米百万斛"。韩皋在润州父母身边留了五天,与母亲临别时,韩皋可能是想到了政治的险恶、为父子的宦途担忧,不觉失声。韩滉大怒,将韩皋鞭笞一顿后亲自送到江边,催促其冒风涛过江。

心中感恩的韩滉一如既往地支撑着德宗和朝廷,浙西粮食物资源源不断运往长安,解救着岌岌可危的朝廷。有一个情节可以充分反映浙西、韩滉的救命之功。贞元二年(786),关中失收,至次年春季,关中的大小粮仓已经枯竭,甚至连朝廷禁军都三餐不办,常常出现禁军脱帽高呼、四处奔跑的危险场面,德宗为此忧心忡忡。三月的一天,听李泌说韩滉起运的三万斛大米已经到了陕州(治今河南三门峡市西),德宗喜不自胜,跑到东宫抱着太子大呼:"米已至陕,吾父子得生矣!"当时因缺粮宫中不酿

---

① 《资治通鉴》卷二三一唐德宗兴元元年(784)十一月条,中华书局1955年版,第7447—7449页。本节未出注者,均见此条。

酒，于是命人从坊市买来庆贺。[①]

兴元元年(784)，韩滉以功升任检校吏部尚书，数月后又升为检校右仆射，依然留在浙西为朝廷筹集财赋。次年(兴元二年，贞元元年，785)，进位检校左仆射、同平章事，挂宰相衔，仍兼浙西藩帅，封爵晋国公，一时间荣光无比。贞元二年(786)十一月入朝觐见德宗。当时掌管国家财政的是元琇，“以关辅旱俭，请运江淮租米以给京师”[②]。德宗“以滉浙江东西节度，素著威名，加江淮转运使，欲令专督运”，但元琇以为韩滉“性刚愎，难与集事”，建议德宗只让韩滉负责润州至扬州的过江漕运，其他线路的漕运全由自己主持，并且大肆诽谤韩滉运粮费用过高，“运千钱至京师，费钱至万，于国有害”。朝廷的如此不信任，官场的残酷倾轧，激起了韩滉的愤怒，从此两人结下深仇。虽然德宗没有采纳元琇的建议，任命韩滉为度支诸道转运盐铁等使，全掌财政、盐铁税务、转运事务，但受了伤害、心灵疲惫的韩滉却采取了诬陷报复元琇的手段，终被贬为雷州司户，往遥远的岭南反省思过。

浙西地方长官的荣光与苦恼，在韩滉的身上体现得淋漓尽致。或许是因为韩滉太过于忠悫，太过于率真，太喜欢操劳，作为“财赋”之地浙西的长官，他可能都不知道哪些能做，哪些不能做这个官场潜规则。

4. 李锜(741—807)

李锜是唐初淮安靖王李神通的后代，淄川王李孝同的五世孙，属宗室成员。他的父亲李国贞“刚鲠有吏才”，“清白善用法，世称办吏”[③]，官至河中都统处置使。李锜以父荫入仕，初任凤翔府参军，后转为宗正少卿，又任杭、湖等州刺史。由于他多以宝货贿赂当时受到德宗宠信的权臣李齐运，贞元十五年(799)升任为润州刺史、浙西观察使兼诸道盐铁转运使，至元和二年(807)因反叛被羁为止，前后达七八年之久。

浙西作为当时以富庶闻名的江南八道之一，是唐王朝赋税的重要来源之地，作为浙西的长官，又兼诸道转运使，执掌东南财赋转输京师的大权，是令人羡慕的美差。李锜为巩固所得，上任后更变本加厉，利用职务之便，大肆搜刮民财，交结权贵。其在浙西任上的七八年，利用各种手段巧取豪夺，聚敛钱财，不可胜数。并因每年按时进奉朝廷，深得德宗的宠信。

李锜仰仗德宗的信任，桀骜专横，天下榷酒、漕运之利均由其任意支配，广贿朝中权贵，而国家的财政收入却日渐减少。凡上书控告其罪行的人都受到残害。浙西平民崔善贞曾到京师上书揭发李锜的贪腐行为，德宗不仅不听，反而将崔善真交由李锜

---

① 《资治通鉴》卷二三二唐德宗贞元二年(786)三月条，中华书局1955年版，第7469页。

② 《旧唐书》卷一二九《韩滉传》，中华书局1975年版，第3599—3603页。本节未出注者均见本传。

③ 《新唐书》卷七八《淮安王李神通传附李国贞传》，中华书局1975年版，第3530页。

处置，崔善贞随后被其坑杀，"天下切齿"。不仅如此，李锜还在润州大力扩充兵众，挑选善于骑射者单独组成亲兵，号为"挽硬随身"；又以奚胡等兵士蓄有虬须者为一军，号"番落健儿"①。李锜以这些精兵为骨干，给养军饷超过其他军士十多倍。两军士兵为其笼络，都称其为义父。

李锜的作风与河北藩镇无异，一改浙西长官长期以来养成的传统。李锜专横一方，扩充军力，晚年的德宗极其昏庸，当初严防韩滉的那根神经早已迟钝。顺宗即位后，朝廷对李锜的行为已相当不满，下诏免去了他的盐铁转运使之职，收回了盐铁漕运大权。但同时为了安抚李锜，又将浙西观察使升级为浙西（镇海军）节度使。李锜虽然失去了盐铁漕运的利权，但得到了节度使兵权，一时之间尚能互容。

宪宗即位后，立志打击藩镇的势力，不到一年，先后平定了夏绥、剑南西川两镇的叛乱，各地藩镇畏惧不安，纷纷请求入朝任职。地方高级官员能否主动入朝，是当时地方是否效忠归服朝廷的重要表现。在这样的情势下，李锜产生了危机感，元和二年(807)主动提出回京入朝的要求。宪宗立即派遣宦官作为使节前往润州，征其入朝为左仆射，并宣慰镇海将士，让御史大夫李元素代为镇海军节度使。李锜本心无意入朝，称病拖延时间，拒不动身。担任留后的判官王澹和宦官使节屡加催促，李锜终于揭下了面纱，露出真面目，指使亲兵为乱，残杀王澹等人，囚禁朝廷使节。当年十月，李锜公然为乱，图谋自立，命心腹薛颉统领"番落"兵，李钧统领"挽硬"兵，公孙玠、韩运分领其他军士，暗中下令先前布置在所辖常、苏、杭、湖、睦五州的镇将，伺机杀死各自州刺史，又布置牙将庾伯良领军三千修筑石头城（今南京市），阴谋割据江东。

然而，李锜河北藩镇式的割据图谋并没有得到浙西诸州的支持，常州刺史颜防、湖州刺史辛秘、苏州刺史李素等早有预防，纷纷起兵抵抗。宪宗得知李锜反叛的消息后，立即下诏削去李锜的官爵及其宗室属籍，并任命淮南节度使王谔统领诸道兵为招讨处置使，宦官薛尚衍为都监招讨宣慰使，调发宣武、武宁、武昌、淮南、宣歙、江西、浙东诸路兵马，从宣州、杭州、信州（治今江西上饶市）分三路共同前往进讨。在朝廷军队的强大攻击下，李锜兵败被擒，许多不肯降顺的"番落健儿"和"挽硬随身"，见李锜被擒，或投井或自缢，一时间尸骸枕藉，不可胜计。当年十一月，李锜被押送至京师，宪宗在兴安门当面斥责他的叛逆之罪，并处以腰斩，籍没家产。②

李锜之乱历时仅数月，很快就被平定，对浙西的社会经济没有造成多大的创伤。但是，李锜的叛乱却给朝廷留下了深刻的教训，作为财赋渊薮、国之命脉的江南，节度

① 《旧唐书》卷一一二《李国贞传附子李锜传》，中华书局1975年版，第3335—3336页。以下未出注者均见此传。

② 《新唐书》卷二二四上《李锜传》，中华书局1975年版，第6383—6384页。

使、观察使的人选至关重要。江南社会已经习惯了颜真卿、李栖筠、韩滉这一批文人式官僚的亲民形象，而对李锜河北藩镇式的统治深恶痛绝，各地刺史如此，即使是平民崔善贞都能不顾性命，上书暴其罪行。可见官员亲民，百姓戮力，是创造一方社会稳定和谐的关键。李锜之乱平定以后，朝廷即刻任命韩滉之子韩皋为润州刺史、镇海军节度使，利用先贤之后安抚江南社会。

5. 李德裕(787—849)

李德裕，字文饶，赵郡赞皇(今河北赞皇县)人，代宗、德宗两朝名臣李栖筠之孙，宪宗朝名相李吉甫之子。李德裕本人也是唐后期的著名宰相，以武宗朝主持会昌政局，锐意革新而闻名。于穆宗长庆二年(822)至文宗太和三年(829)、太和八年(834)至太和九年、开成元年(836)至开成二年三镇浙西，前后近十年之久，史称其“锐于布政，凡旧俗之害民者悉革其弊……数年之间，弊风顿革……人乐其政，优诏嘉之”[1]，为浙西当地的社会、经济发展作出了重大贡献，并得到了朝廷的认可。

李德裕出身官宦世家，以门荫入仕。深受家风影响的他在中央和地方都有任职的经历，积累了丰富的政治经验，先后担任监察御史、翰林学士、中书舍人、御史中丞等职，以卓越的政治才干为朝野所知。

穆宗长庆二年(822)九月，浙西军将王国清谋反，观察使窦易直率兵平定了叛乱，诛杀参与兵变的士卒两百余人。为了安抚兵变以后的浙西，朝廷任命李德裕出任润州刺史、浙西观察使，兼御史大夫，取代窦易直。李德裕到任后，发现浙西镇当时的政事存在诸多弊端，于是采取务实的政治态度，大刀阔斧地进行整治。

王国清叛乱时，观察使窦易直处置失当，为了笼络将士，倾府库积蓄犒军，虽然变乱平息了，但由于滥用财物，导致府库空虚，财政枯竭。并且，获赏的骄兵悍将居功自傲，骄横跋扈，越来越难以统御。针对这种情况，李德裕从整肃军纪入手，严明法度，赏罚信实而有度。同时，他自己的生活也很节俭，将省下的俸禄全部用来补贴军需开支，并同将士同甘共苦，以为表率。此举深得军心，所以尽管将士得到的赏赐减少了，但众人心安理得，没有丝毫的怨言。两年之后，浙西镇出现了军纪肃然、社会稳定的局面。随着赋税的按例征收，府库开始逐渐充实，一改过去军纪废弛，军需紧缺的窘境。

李德裕办事刚强果决，雷厉风行，这是他政治性格中的突出特点。稳定了浙西的局势以后，他又针对浙西一带的民俗弊端，革新整顿，力图移风易俗，推行社会教化。当时浙西一带民众普遍迷信，对巫术敬若神明，家里一旦有人得了瘟疫等恶疾，就会

① 《旧唐书》卷一七四《李德裕传》，中华书局1975年版，第4511页。

被认为是鬼神附体,一定要遗弃荒野,即便父母、兄弟也无人怜惜。针对这一陋俗,李德裕一方面挑选民间知书达理而又有名望的人士进行说服教育,申明孝敬、友爱、亲睦的道理,教导民众在亲人患难之际要互相照顾,不可弃之不顾。这种用人伦道德加以感化的措施取得了很好的效果,受教育的民众回到乡间,广为宣传,起到了示范教化的作用。另一方面,他还用行政强制的方式来纠正陋习,规定百姓凡是有沿用旧俗而违反法令的行为,一律交由官府法办。在宽严相济的政策推行下,经过几年,浙西当地笃信巫术的旧弊得到了改观,民风渐趋淳朴。

同时,李德裕还把百姓建在山野之中的私宅、别墅和荒弃的屋舍全部拆除,肃清了土匪、盗贼可能藏匿的场所。除此之外,他还对浙西鬼神祖先崇拜的场所大加清理,对当地历代先贤名臣的祠堂进行保留和修缮,以此扩大教化。长庆三年(823)李德裕的上奏中称,经过一年的努力,共废除了辖境内不在祀典范围内的祠庙1015所。①

李德裕在任期间还数次上书皇帝,对皇帝的奢靡无度进行规劝,显示了他刚直无私的一面。敬宗即位以后,“诏浙西造银盝子妆具二十事进内”,向富裕的浙西索要造价昂贵的金银器具。面对少年即位、颇事奢靡的敬宗,李德裕上书陈情说:“去二月中奉宣令进盝子,计用银九千四百余两。其时贮备,都无二三百两,乃诸头收市,方获制造上供。昨又奉宣旨,令进妆具二十件,计用银一万三千两,金一百三十两。寻令并合四节进奉金银,造成两具进纳讫。”在前一年的二月,浙西润州官府为了进奉宣索的银盝子,已经耗费了白银九千四百余两,而当时润州官府的白银储备不足二三百两。一年后又接到宣索银盝子妆具二十件的诏书。然而,正像李德裕在上书中所陈述的那样:“金银不出当州,皆须外处回市。”浙江西道辖境内不出产金银,制造金银器的原料皆须到外道购买,而皇帝或中央朝廷却依然向浙西润州宣索金银器,这无非是看中了浙江西道“素号富饶”,即整体上的富裕,可以加以勒索。作为浙江西道观察使的李德裕,虽然上书规劝敬宗皇帝常须节俭,但接到诏书以后,依然先赶造了两具,与惯例的“四节进奉”金银一起送往长安,其他部分也即刻“差人于淮南收买,旋到旋造,星夜不辍,虽力营求,深忧不迨”。这是李德裕不得已的立场。不久,敬宗又要浙西进奉缭绫千匹,李德裕再次上奏,劝说敬宗要效法太宗和玄宗曾经免除地方进献的故事,引征汉文帝、元帝节衣俭用的美德。敬宗终于被李德裕的奏章打动,免除了浙西的这次进奉。李德裕据理力争,使敬宗收回成命,这样的结果虽然是特例,但李德裕成功了,为自己赢得美誉的同时,也多少减轻了浙西民众的额外负担。

---

① 《旧唐书》卷一六《穆宗纪》,中华书局1975年版,第503页。

除了大力治理浙西外，李德裕的目光并没有局限于浙西，还对邻镇涉及国计民生的事务非常关注，心中有着国家大局，显示了他作为朝廷官员的高度责任感。唐朝自宪宗以来，为了确保社会劳动力，发展经济，明令禁止民间私自剃度僧尼。穆宗长庆四年(824)，武宁军(治今徐州市)节度使王智兴为聚敛不义之财，乃假托敬宗诞辰，请求筑坛度人为僧以资福。皇帝不明原委，下诏准许。一时之间，江淮各地百姓纷纷前往泗州要求剃度。“访闻泗州置坛次第，凡僧徒到者，人纳二缗，给牒即回，别无法事”，王智兴的行为纯属敛财，中饱私囊。李德裕发现其中的真相后，深感长此以往将会影响到国计民生，于是上奏弹劾：“王智兴于所属泗州置僧尼戒坛，自去冬于江、淮已南，所在悬榜招置。江、淮自元和二年后，不敢私度。自闻泗州有坛，户有三丁必令一丁落发，意在规避王徭，影庇资产。自正月已来，落发者无算。”李德裕做的工作非常仔细，在润州的蒜山渡口清点人数，“一日一百余人，勘问唯十四人是旧日沙弥，余是苏、常百姓”。这种情况如果不加遏制，“比到诞节，计江、淮已南，失却六十万丁壮”，李德裕的忧虑之心跃然纸上。[①] 敬宗接到李德裕的奏章后，立刻下令禁止剃度僧尼。

李德裕治理浙西数年，政绩优异，获得了朝野上下的一片赞誉，名重一时。当时人称：“在金陵凡六载，其仁风惠化，磅礴于封部，洋溢于歌讴，天下闻之久矣”。[②] 文宗即位以后，朝廷加其为检校礼部尚书，后又加封为银青光禄大夫，并下诏进行嘉奖勉励，称赞他治理浙西的政绩可以同汉臣霍光辅佐宣帝发展生产、富国强民的历史功绩并论。浙西首任上的六年，为李德裕博取了无限的荣光，这些经历为李德裕后来入朝拜相打下了坚实的政治基础。此后，在文宗太和、开成年间，李德裕又先后两次出任浙西观察使，出镇润州。尽管这都与当时朝廷的政治斗争(牛李党争)有关，但也反映出了他与浙西深厚的渊源关系。

出任过浙西观察使的著名大臣还有很多，他们当中大多数人都是吏干之才，为官后颇有名望，从这批人物的传记上即可一目了然。如李栖筠的前任韦元甫(765—767年在任)为政宽简，“所莅有声”[③]；韩滉的后任王纬(787—798 年在任)“性勤俭，历官清洁”[④]；韩滉之子韩皋(808—810 年在任)“器质重厚，有大臣之度”[⑤]，等等。这些人出镇浙西，都为当地的稳定发展作出了各自的贡献，也反映了浙西在当时全国经济中

---

① 《旧唐书》卷一七四《李德裕传》，中华书局 1975 年版，第 4509—4530 页。本节以上未出注者，均见本传。

② (唐)贾悚：《赞皇公李德裕德政碑》，见《全唐文》卷七三一，中华书局 1985 年版，第 7544 页。

③ 《旧唐书》卷一一五《韦元甫传》，中华书局 1975 年版，第 3376 页。

④ 《旧唐书》卷一四六《王纬传》，中华书局 1975 年版，第 3965 页。

⑤ 《旧唐书》卷一二九《韩滉传附子韩皋传》，中华书局 1975 年版，第 3603 页。

的重要地位，更透出了唐王朝慎选忠臣良吏出镇浙西的良苦用心。

三 重藩盛府——淮南节度使

肃宗至德元年(756)置淮南节度使，辖扬、楚、滁(治今安徽滁州市)、和(治今安徽和县)、舒(治今安徽舒城县)、庐(治今安徽合肥市)、寿(治今安徽寿县)等州，辖境相当于唐前期淮南道的东部，今江苏、安徽两省江淮之间区域，治扬州。其后名号屡有升降，辖境亦有变动，然今江苏省域楚、扬二州是其核心区域。

淮南、浙西二镇，在唐代后期国家事务的地位不分伯仲，“今天下以江淮为国命”[①]。“江淮”成为理解唐后期历史的关键词。然而，同为“财源型”方镇，淮南与浙西又有不同。浙西所辖的润、常、苏、湖、杭、睦六州，是当时全国经济最为发达的区域，用李德裕的话来讲就是“素号富饶”，这是一种整体上的富裕，是真正意义上的经济大镇。与浙西相比，淮南道所辖各州的经济发展程度，除首府扬州附近外，远不如浙西，淮南道的整体实力因此也远在浙西之下。然而，之所以江淮并称，完全是因为淮南道所处的地理位置所决定的。

与浙西的生产性、基地型相比，淮南则是一个舞台。淮南道首府扬州，地位非常特殊。隋代和唐前期，扬州是中央朝廷监视和控制江南的基地，又曾作为隋炀帝时的陪都，政治、军事的意义大过经济意义。大运河的开凿，位于长江和运河接点上的扬州地位一下子凸显了出来，成为漕运的枢纽。在唐后期“中原释耒，辇越而衣，漕吴而食”[②]的财政格局下，朝廷的一切用度大多产自浙东、西二道，但无疑均要通过淮南的扬州才能运达关中。因此，在人们心目中，淮南道扬州的名声甚至超过浙西的润州、浙东的越州。加之交通枢纽的特殊优势，中外商人接踵，货物辐辏，共同营造了一个繁花似锦的世界。

除此之外，安史之乱后，从第五琦、刘晏开始，朝廷的理财舞台转移到了扬州，攸关国家安危的盐铁、转运等使均设在扬州，这里才是唐朝真正的财政部和金融中心。由于唐后期国家性质的逐渐改变，国家的一切事务以“财政”为核心展开，因此，具有理财能力的官员被派往淮南。“财臣”们在这里尽情发挥才能，淮南成为财臣的舞台。这批“财臣”往往以宰相身份出任在淮南做出令人瞩目的成绩后，回京后通常又再任宰辅，因此淮南又被称作“宰相回翔之地”，其中最著名的就是杜佑、李吉甫。“扬州富庶甲天下，时人称扬一益二”[③]，说的是扬州的富裕繁华为天下第一，与这座城市的以

① (唐)杜牧:《上宰相求杭州启》，见《樊川文集》卷一四〇，上海古籍出版社1978年版，第249页。

② (唐)吕温:《京兆韦府君神道碑》，是《全唐文》卷六三〇，中华书局1985年版，第6357页。

③ 《资治通鉴》卷二五九唐昭宗景福元年(892)五月条，中华书局1955年版，第8430页。

“财”为先的性质密切相关。

从唐后期出镇淮南的主要人物的仕宦经历中，我们或许同样可以看出淮南、扬州的舞台特征来。[①]

1. 杜亚(725—798)

杜亚，字次公，京兆(今陕西西安市)人，历任谏议大夫、给事中、江西观察使、陕虢观察兼转运使、东都留守等职，德宗兴元元年(784)十二月至贞元五年(789)十二月出任扬州大都督府长史、兼御史大夫、淮南节度观察使。

杜亚的前任陈少游在淮南节度使任上11年，政治上首鼠两端，征收繁重，奢侈挥霍，又遭王绍乱军的抢掠，“淮南之人，望(杜)亚之至，革划旧弊，冀以康宁”[②]。淮南百姓都盼望新任节度使能够稳定社会局势，革除弊政，恢复生产，对杜亚充满了期待。

杜亚是此前在扬州理财的盐铁转运使刘晏部下，刘晏遭罪时，杜亚还受到牵连，贬为睦州刺史。在刘晏的影响下，杜亚本应非常热衷理财，但却自视甚高，认为自己的才干堪任宰辅，却接连出任外官，内心颇有不满。杜亚到任以后，心灰意懒，政事大多交给属下僚佐处理，自己只是广招宾客，高谈阔论而已。

作为地方大员，杜亚在四年的淮南节度使任上也做不少有利于地方的实事。当时的运河流经扬州城内，因长年未加疏浚，淤积甚重，造成漕路阻塞。同时，南迁侨居扬州的人口日益增长，外来经商的人数亦多，侵占交通要道修建私人住宅的现象非常严重，甚至影响到了城市交通。针对水陆交通的不畅，杜亚召集民夫，浚疏河道，确保了漕运的畅通；开拓道路，改善了行旅交通，促进了淮南地区的发展。此外，杜亚还很重视扬州附近的水利工程建设。扬州附近有汉代修建的句城塘和陈公塘(又名爱敬陂)两处著名的水利工程，陈公塘“周回九十余里，灌田千余顷。百姓德之，因名。亦曰爱敬陂，陂水散为三十六汊，为利甚溥”[③]。安史之乱后，为保漕运通畅，曾对扬州陈公塘等三十四陂进行了疏浚。杜亚任淮南节度使期间，再修句城塘、陈公塘，“自江都西循蜀岗之右，引陂趋城隅以通漕，溉夹陂田”[④]；“变浊为清，激浅为深，洁清㴩澄，可灌可鉴，然后漕挽以兴，商旅以通，自北自南，泰然欢康。其夹堤之田，旱暵得其溉，霖潦得其归，化硗薄为膏腴者，不知几千万亩”[⑤]。经过杜亚的整治，运河淮南段的供水

---

① 在扬州活跃过的著名大臣很多，限于篇幅、体例，第五琦、刘晏等在其他章节中叙述的人物不再列入。

② 《旧唐书》卷一四六《杜亚传》，中华书局1975年版，第3963页。

③ (清)顾祖禹撰，施和金点校：《读史方舆纪要》卷二三《南直・扬州府》陈公塘条，中华书局2005年版，第1123页。

④ 《新唐书》卷四一《地理志》，中华书局1975年版，第1052页。

⑤ (唐)梁肃：《通爱敬陂水门记》，见《文苑英华》卷八一二，中华书局1966年版，第4290页。

状况得到了很大改善，许多农田也得到灌溉，当地官府和百姓都可从中获益。

然而，杜亚生活上的奢靡也为世人所诟病。按唐时江淮风俗，春天有竞渡龙舟的游戏，方舟齐进，以先达者为胜。杜亚也颇好此戏。为求胜出，杜亚命人用漆涂船底，减少船底的摩擦力，以达到龙舟快速前进的目的；又用罗绮制成衣服，上面涂上防水桐油，让船夫穿上，以达到入水不湿的目的。杜亚本是书生，竟奢靡至此，消息传到长安后，朝议大哗，不久朝廷就以户部侍郎窦觎取代杜亚为淮南节度使。

2. 杜佑(735—812)

杜佑，字君卿，京兆万年(今陕西西安市)人，唐中叶宰相，著名史学家。于德宗贞元五年(789)至贞元十九年间任扬州大都督府长史、淮南节度使，前后达 15 年之久，成为唐朝担任淮南节度使任期最长的人。

杜佑出身官宦世家，以门荫入仕，先后任水陆转运使、度支郎中兼和籴使等，又以户部侍郎判度支，历任的部门均与国家财政有关，应该说具有相当丰富的理财经验。贞元五年(789)杜亚被罢后，朝廷一度任命户部侍郎窦觎为淮南节度使。从窦觎的户部侍郎身份就可以看出，朝廷迫切希望有一位理财行家前往淮南扬州，为朝廷解决财政上的困窘。然而，因窦觎暴卒，朝廷找到了更适当的人才——杜佑。当年十二月，杜佑奉命出镇淮南，开始了长达 15 年之久的淮南节度使的理财生涯。在这 15 年间，杜佑全力以赴地投入到了淮南军政事务中去，积极维护当地的社会稳定和江淮漕运的畅通，政绩卓著，为国家的财政建设和淮南的地方建设做出了巨大的贡献。

杜佑在淮南的首要任务是发展经济，争取获得更多的粮食物资，以供朝廷用度。杜佑组织人力，对当地著名的水利设施雷陂进行了整治。雷陂位于今扬州市北十里，西汉时已有。太宗贞观年间，扬州大都督府长史李袭誉“引雷陂水，又筑句城塘，以溉田八百余顷，百姓获其利”①，是当时全国最著名的水利工程之一。杜佑到任后，又“决雷陂以广灌溉，斥海濒弃地为田，积米至五十万斛”②。扩大了农田灌溉面积，充分开发沿海盐渍之地，变弃地为良田，取得了很好的效果。杜佑将改造后的盐渍地分为三十区，招募人员在此营田，所谓“列营三十区”，“积米至五十万斛”③，指的就是盐渍地改造后取得的成就。权德舆在《岐国公杜公淮南遗爱碑铭》中称杜佑镇淮南时的一大功绩就是“辟我舄卤，长我禾黍。乃建营部，乃新廪庾。成师足食，比屋安堵。里闾熙

① 《通典》卷二《食货·水利田》，中华书局 1988 年版，第 39 页。

② 《新唐书》卷一六六《杜佑传》，中华书局 1975 年版，第 5088 页。

③ 《新唐书》卷一六六《杜佑传》，中华书局 1975 年版，第 5088 页。又，(唐)权德舆《大唐银青光禄大夫检校司徒同中书门下平章事太清宫及度支诸道盐铁转运等使崇文馆大学士上柱国岐国公杜公淮南遗爱碑铭》中称“连营三十二，积谷五十万”，见霍旭东校点：《权德舆文集》卷一，甘肃人民出版社 1999 年版，第 2 页。

熙，衍沃朊朊”[①]。可见杜佑在镇时对扬州滨海盐渍之地改造力度之大。杜佑的理财，避开苛征殊求，以农为本，通过扩大土地的利用率，加大耕垦规模来扩大社会财富，这是一种真正意义上的经济发展。

在发展农田水利建设、提高土地利用率的同时，杜佑还通过其他的经济手段确保经济的稳定发展。他与德宗朝的另一名重臣陆贽合作，整顿江淮漕运，建立了完备的“和籴”制度。所谓“和籴”，是官府出资，以公平的价格对百姓手中的粮食进行抑配征购。和籴制度是一项重要的财经制度，虽然时常因人事而有悖初衷，但杜佑坐镇淮南期间实行得比较公平，对当时平抑粮价、积聚谷物起到了重要作用。

杜佑以善用人才而知名于世。在大力发展经济，关注国家财政的同时，杜佑还致力于吏治的整顿，选贤用能，广罗人才，提高了淮南镇官员素质。杜佑“为人平易逊顺，与物不违忤，人皆爱重之”[②]，他坐镇淮南期间招纳的幕僚中不乏人才，刘禹锡、权德舆、段平仲、窦常、杜兼、穆赏、崔膺、王鄂、罗饷、张万福等人[③]，此后大多数成为朝野知名人物，在各自的职位上有所建树。

也就是坐镇淮南期间，杜佑完成了他耗时三十余年撰写的史学巨篇——《通典》。史称“佑资嗜学，虽贵犹夜分读书”[④]，在刘秩《政典》的基础上广增其阙，参益新礼，自号《通典》，在当时就被学者们誉为最为详尽的典章制度通史。

从《通典》的撰述上我们依然可以发现杜佑的政治理念。杜佑一生从县丞做到宰相，熟悉政治上的得失，尤其长期掌管钱谷盐铁，了解财政上的利弊，丰富的政治阅历，对《通典》一书的撰写大有助益。杜佑勤奋嗜学，“性勤而无倦，虽位极将相，手不释卷；质明视事，接对宾客，夜则灯下读书，孜孜不怠”[⑤]。但杜佑的嗜学有别于一般书生，他是以政治家的眼光读书的，“不好章句之学”[⑥]，而“以富国安人之术为己任”[⑦]，他的《通典》就是在经邦致用的理念下撰写的。

《通典》多达200卷，正文约170余万字，注文约20余万字，叙述历代典章制度。内分食货、选举、职官、礼、乐、兵、刑法、州郡、边防等九门，每门中分列若干目，每目之下按朝代顺序叙述，其中关于唐代的内容约占全书的四分之一。这九门的排列次序，反映了杜佑的政治观点。他在《通典·自序》中说：“治道之平在乎行教化，行教化之本在乎足衣食。”他认为仓廪实、衣食足而后教化可行。又接着说：“行教化在乎设职

---

① （唐）权德舆：《大唐银青光禄大夫检校司徒同中书门下平章事太清宫及度支诸道盐铁转运等使崇文馆大学士上柱国岐国公杜公淮南遗爱碑铭》，见霍旭东校点：《权德舆文集》卷一，甘肃人民出版社1999年版，第4页。

②④ 《新唐书》卷一六六《杜佑传》，中华书局1975年版，第5090页、5089页。

③ 参见戴伟华：《唐方镇文职僚佐考》，天津古籍出版社1994年版。

⑤⑦ 《旧唐书》卷一四七《杜佑传》，中华书局1975年版，第3983、3982页。

⑥ （唐）杜佑撰，王文锦等点校：《通典》卷一《自序》，中华书局1988年版，第1页。

官，设职官在乎审官才，审官才在乎精选举，制礼以端其俗，立乐以和其心，此先哲王致治之大方也。故职官设然后兴礼乐焉，教化隳然后用刑罚焉，列州郡俾分领焉，置边防遏戎敌焉。”杜佑将全书九个门类结成一个完整的体系，而把经济、选才两门放在首要位置，这是他的卓识，也是他长年从事财经工作的切身体会和经验。

在杜佑的倾心治理下，淮南道社会安定，经济发展。宪宗时期朝廷有力量在对藩镇的作战中取得前所未有的胜利，并一度出现“元和中兴”的大好局面，与淮南、浙西二镇的稳定与财政上的大力支持是密不可分的。杜佑亦于贞元十九年(803)入朝为同中书门下平章事，后历顺宗、宪宗两朝，均以宰相兼度支使、盐铁使，宪宗元和七年(812)十一月病卒。

3. 李吉甫(758—814)

李吉甫，字弘宪，赵郡赞皇(今河北赞皇县)人，宪宗朝两度为宰相，是中唐最具影响力的人物之一。父李栖筠，代宗朝任常、苏等州刺史、浙西观察使、御史大夫，名重于时。子李德裕，历穆、敬、文、武数朝，历任数州刺史、浙西观察使、淮南节度使等职，位至宰相。一家三代在唐后期的历史上留下了浓墨重彩的一笔。李吉甫于宪宗元和三年(808)至元和五年(810)以宰相的身份代王锷为扬州大都督府长史、淮南节度使，坐镇扬州三年。

李吉甫素有匡扶社稷的抱负，好学能文，知识渊博，通晓本朝历史。门荫入仕后，受到德宗朝李泌、窦参等重臣的赏识。因与陆贽有隙，陆贽为相后，李吉甫出为明州(治今浙江宁波市)刺史，后又历任南方数州刺史。

宪宗即位后，励精求治，开始以法度裁抑不法藩镇。李吉甫素来忧患藩镇的贪婪恣虐，力主改变藩镇割据的现状，因而得到了即位不久的宪宗的赏识，征拜考功郎中、知制诰，转中书舍人，特例给予三品官以上的待遇。在平定西川藩镇刘辟的叛乱中，他积极站在宪宗一边，参与谋划，建议广征江淮军队，从三峡进入西川，以分蜀寇之力。刘辟的叛乱平定后，更加受到宪宗的信任。元和二年(807)春，李吉甫被擢为中书侍郎、平章事，任宰相之职。李吉甫“性聪敏，详练物务，自员外郎出官，留滞江淮十五余年，备详闾里疾苦。及是为相，患方镇贪恣，乃上言使属郡刺史得自为政”[①]。十余年的外官生涯，使李吉甫深知民间疾苦，因此为相当政后，始终把社稷安危、百姓疾苦放在国家决策的重要位置，并竭力支持宪宗抑制藩镇的政策。

李吉甫在首度任相的近一年半之中，在宪宗的支持下对藩镇采取了强硬的政策，先后经历了平定夏绥(治今陕西靖边县白城子)、西川(治今四川成都市)、镇海(治今

① 《旧唐书》卷一四八《李吉甫传》，中华书局1975年版，第3993页。

镇江市）三节度使的叛乱，淄青（治今山东青州市）节度使和易定（治今河北定州市）节度使也相继“输两税”、“呈簿书”，表示忠顺朝廷。

在这种形势的鼓舞下，李吉甫着手撰写了一部反映国情的著作——《元和国计簿》。该书共十卷，成为他以后完成《元和郡县图志》这部巨著的基础。《国计簿》汇总了当时全国各方镇、府、州、县的数目及户口、赋税、兵员状况，从中可以看出当时唐王朝有十五个方镇控制在不法藩镇手中，这些藩镇不向中央申报户口，不向朝廷缴纳赋税，基本上处于独立的状态，而政府每年的财政收入，全部仰赖只占全国面积六分之一的东南八道。这份报告的核心是指出江淮是国家经济的命脉所在，充分显示了李吉甫不凡的政治敏锐性和深邃的洞察力。

元和三年（808），李吉甫出任扬州大都督府长史、淮南节度使，唐宪宗亲自在长安通化门城楼为他饯行，并赠送御用药方，可见宪宗对李吉甫这次外任的期许。淮南在当时的国家财政体系中举足轻重，被认为是天下第一方镇，因此，李吉甫的出镇，对此后削藩战争的顺利展开有着重要意义。

李吉甫到任后，与德宗朝的杜佑一样，积极采取各项措施，大力发展当地的农业经济。经过调查，李吉甫发现当地水利已年久失修，旱涝为害甚烈，于是大规模组织人力在高邮修筑了富人塘和固本塘，灌溉农田上万顷。① 又针对漕渠不能蓄水灌溉的情况，在高邮专门修筑了平津堰，“筑堤阏以防不足，泄有余”②。这些水利工程的建设，促进了农业发展，淮南百姓深得其惠。在任期间，江淮遭遇了严重的旱灾，浙西、浙东二镇的损失尤其严重，田畴荒芜，民众无以为生。浙江东西道的官员不为民请命，刻意隐瞒灾情，受灾民众得不到朝廷的救济，李吉甫得知实情后，立即向朝廷上书通报灾情，宪宗听后大惊，及时派遣使臣分道赈济放贷，缓解灾民的压力。在淮南三年，李吉甫也奏请朝廷蠲免了管内逋租数百万石。李吉甫深知淮南道、浙江东西道对国家财政的重要意义，只有保护好这里的生产环境，政府才能顺利地获取财赋，国家才能生存下去。

李吉甫在淮南的出色治绩，一方面大大地促进了当地经济的发展，另一方面也为宪宗时期削藩战争提供了巨大的财力支持。正缘于此，元和五年（810）六月李吉甫再次被征入朝为相，在此后的整顿吏治和抑制藩镇割据方面颇多建树，成为宪宗时期最著名的宰相。

淮南节度使任上的李吉甫，人在淮南，心系朝廷，“在扬州，每有朝廷得失，军国利害，皆密疏论列”③。李吉甫有感于秦楚之际萧何收秦图籍，了解山川险要、户口虚实，

---

①② 《新唐书》卷一四六《李吉甫传》，中华书局 1975 年版，第 4740—4741 页。

③ 《旧唐书》卷一四八《李吉甫传》，中华书局 1975 年版，第 3994 页。

终于佐汉胜楚，取得天下的史实，认为朝廷要想巩固统治，必须了解天下大势，包括各地地理、经济、军事情况。出于进一步裁抑强藩，重振朝廷纲纪的目的，李吉甫在先前《元和国计簿》的基础上又撰写了《元和郡县图志》。《元和郡县图志》四十卷，目录两卷，共四十二卷，“起京兆府，尽陇右道，凡四十七镇”，“每镇皆图在篇首，冠于叙事之前”①。每镇一图一志，分镇记述了府、州、县的等级及辖乡的数目，开元户与元和户的比较，开元贡赋与元和贡赋的比较，以及沿革、山川、道里、盐铁、垦田、军事设施、兵马配备等项目。如果说《元和国计簿》重在“审户口之丰耗”，那么《元和郡县图志》则更关注“辨州域之疆理”，为政者若能“时获审阅”，则“或裨聪明”②。体例完备的《元和郡县图志》虽然已经阙失六卷，但仍是我国现存最早的一部地理总志，成为今天研究唐代社会政治经济史的宝贵资料。

4. 王播（759—830）

王播，字明敭，其先太原（今山西太原市）人，因其父王恕任扬州仓曹参军，于是举家定居扬州。宪宗至文宗朝先后任虢州刺史、中书侍郎、礼部尚书、御史中丞、剑南西川节度使等职，长期担任盐铁转运使，穆宗长庆二年（822）至文宗太和元年（827）出任扬州大都督府长史、淮南节度使，兼诸道盐铁转运使，在镇五年。

王播进士及第，入仕初期，在地方、中央均有任职经历。长期的事务工作，练就了王播的干才，对各部门的工作程序了如指掌，办事效率极高，“虽案牍鞅掌，剖析如流，黠吏诋欺，无不彰败。时天下多故，法寺议谳，科条繁杂。播备举前后格条，置之座右，凡有详决，疾速如神”③。以突出的吏干之才，被擢任工部郎中、刑部侍郎、礼部尚书等职。

从宪宗元和六年（811）起，王播一直兼任诸道盐铁转运使，负责转运各地的财税物资，以其出色的工作能力，受到宪宗的表彰。元和九年（814），朝廷征讨淮西节度使吴元济，军需供应异常紧张。王播推荐熟悉“万货盈虚”的程异为副使，驰赴江淮督运财赋。朝廷在淮西用兵三四年而“兵得无乏”④，王播功不可没。

稍后，曾受王播举荐的皇甫镈为宰相，反而猜忌并排斥王播，任命程异为诸道盐铁转运使，王播外任剑南西川节度使。这次调职对王播的打击很大，此后便一改以往的干练务实的为政作风，专以奉迎权贵为务。穆宗即位后，皇甫镈失势，王播在西川任上“大修贡奉，且以结赂宦官，求为相”⑤。不久即被调回长安任刑部尚书，并重新担

---

①② （唐）李吉甫撰，贺次君点校：《元和郡县图志》序，中华书局 1983 年版，第 2 页。

③ 《旧唐书》卷一六四《王播传》，中华书局 1975 年版，第 4276 页。

④ 《新唐书》卷一六七《王播传》，中华书局 1975 年版，第 5115—5116 页。

⑤ 《资治通鉴》卷二四一唐穆宗长庆元年（821）正月条，中华书局 1955 年版，第 7788 页。

任盐铁转运使，随后又如愿以偿地得到了宰相的高位。当时，河北藩镇相继复叛，此事关系国家安危，身为宰相的王播竟然“不措一言”①，“居位无所裨益”②，朝廷因此复失河北。王播为相，靠的就是奉迎和贿赂，此次失去河北，朝野对之非常不满，于是罢相，外任扬州大都督长史、淮南节度使。王播要求继续兼任盐铁转运使，穆宗答应了他的请求。

时值淮南旱灾失收，百姓困穷，甚至“人相啖食”。王播到任后，不以发展经济、解决民生为务，反而加大对民众的盘剥，“设法掊敛，比屋嗟怨”③。当然，在淮南任上也并非一无是处，依然以他擅长的转运事务为重。流经扬州城内的漕河在杜亚浚治之后又渐趋淤塞，遇旱水浅，严重影响到漕船的航行。王播于是上奏请于城南阊门以西的七里港开挖新河，向东取道禅智寺桥，连通城外水道。新挖的漕河渠宽水深，极大地方便了行船，这条河就是流经今扬州市城南和城东的运河。新河总长十九里，所有的工钱用料，均由淮南道本地担负，没有动用国家经费。漕运条件的改善，对当地经济的发展，维护唐朝的统治具有重要意义，“后政赖之”。

唐敬宗即位以后，王播被削去了盐铁转运使。当时宦官王守澄专权用事，王播“广求珍异，令腹心吏内结守澄，以为之助”④，再事贿赂，以求进用。朝廷大臣虽然反对者多，但幼冲的敬宗不知内情，一任王守澄之请，再次任命王播为诸道盐铁转运使。为了得到敬宗的赏识，王播借职务之便，在盐铁等税内巧为苛敛，以“羡余”，即多余的额外收入之名，每月向皇帝进奉，年达百万余缗。文宗即位以后，王播从淮南入朝，向文宗进“献玉带十有三、银碗数千、绫绢四十万”⑤，“进大小银碗三千四百枚、绫绢二十万匹”⑥，文宗再次命其为相，封太原郡公，终于任上。

5. 牛僧孺(779—847)

牛僧孺，字思黯，安定鹑觚(今甘肃灵台县)人。文宗朝任宰相，曾出任武昌军节度使，太和六年(832)至开成二年(837)任扬州大都督府长史、淮南节度使，在镇六年。

牛僧孺是科举出身，元和初以贤良方正对策，痛陈时弊，不避宰相，与李宗闵、皇甫湜一起被考官列为第一，但却得罪了当朝宰相李吉甫。在以后几十年的政治生涯中，与同是精英的李吉甫之子李德裕结怨颇深，在朝廷中结成朋党，相互攻伐，史称“牛李党争”，牛僧孺则以“牛党”领袖而知名于世。

牛僧孺进士及第后进入仕途，先任伊阙县尉，后历任监察御史、礼部员外郎、御史

---

① 《旧唐书》卷一六四《王播传》，中华书局1975年版，第4276页。

② 《新唐书》卷一六七《王播传》，中华书局1975年版，第5115—5116页。

③④⑤ 《旧唐书》卷一六四《王播传》，中华书局1975年版，第4277页。

⑥ 《新唐书》卷一六七《王播传》，中华书局1975年版，第5117页。

中丞等职,因受穆宗赏识,长庆二年(822)首度拜相。敬宗即位,封奇章郡公。牛僧孺为人耿直清廉,对敬宗荒淫无知、宠任奸邪的行为非常不满,多次上表申请外出为官,后以宰相衔出任武昌军节度使。

文宗即位后,太和三年(829)拜李宗闵为宰相,主持朝政。李宗闵极力称赞牛僧孺的才能,认为必须将之召回长安,于是引牛僧孺为兵部尚书、同平章事。此后,两人联手共同排挤兵部侍郎李德裕及其党羽,朝野逐渐形成"牛李党争"的局面。党争持续四十余年,给唐后期的政治造成了恶劣的影响。

太和六年(832),受李宗闵、牛僧孺的排挤外任西川节度使的李德裕,想乘吐蕃边将投诚的机会,一举进攻吐蕃,夺回失地。牛僧孺骇其功大,极力反对,遭到了朝臣的非议,外任扬州大都督府长史、淮南节度使。当时宦官专权,士大夫力量衰弱,朝政江河日下。牛僧孺身处淮南重镇,担心因此而遭祸,内心忧惧不安,多次请求辞去节帅之位,朝廷没有答应,因此在淮南任上一待就是六年,其间文宗数次想召回入京任职,但都被他婉言谢绝。

开成二年(837)五月,政敌李德裕被任命为扬州大都督府长史、淮南节度使,接替牛僧孺之职。牛僧孺离开淮南,判东都尚书省事、东都留守、东畿汝都防御使,都是些闲职而已。此时的牛僧孺对朝政似乎已经心灰意懒,只是寄情山水风物。府第房舍,清幽雅丽,楼台亭阁之间,异树奇石,间以丛竹映衬,典雅而别致。闲暇之时,常与白居易在家中吟诗论文,似已不复有角逐仕途、锐意进取之意。开成四年(839),牛僧孺挂宰相衔出任襄州刺史、山南东道节度使。武宗会昌年间(841—846),李德裕秉持朝政,牛僧孺改任有名无实的太子少保之职,后于宣宗大中(847—860)初年去世。①

淮南镇作为唐后期的"雄藩重镇",由于其在国家财政中有着非常重要的地位,因此出任淮南镇节度使的人选也大多为朝廷重臣。他们当中,或衔宰相身份出镇,或曾有为相经历,坐镇淮南后再次入朝为相,因此,淮南镇在当时有"宰相回翔之地"之称。坐镇淮南节度使的朝廷大臣中,除上述几位具有代表性的人物外,还有如崔圆(761—768 年在任)、韦元甫(768—771 年在任)、李夷简(818—822 年在任)、李德裕(837—840 年在任)、李绅(840—842 年,844—846 年在任)等一些知名人士,他们在任期间也为当地的社会、经济发展作出了贡献。

---

① 以上内容据《旧唐书》卷一七二《牛僧孺传》、《新唐书》卷一七四《牛僧孺传》。

第三节　骄兵悍将——徐泗濠(武宁军)节度使

一　用武之地的“防遏型”方镇

徐州原来不过是淄青节度使(治今山东青州市)属下的一个州。安史之乱时,平卢节度使(治今辽宁沈阳市朝阳区)侯希逸为史朝义所逼,举军入保青州(治今山东青州市),遂为淄青节度使。代宗永泰元年(765),原平卢镇将李怀玉驱逐侯希逸,自任淄青节度使,得到朝廷的认可,被赐名李正己。淄青镇控制今黄河下游十五州之地,势力强大,与河北藩镇互为表里,今江苏省域徐州在其管内。淄青镇内部法令齐一,赋税均平,但对朝廷却态度强硬,是安史之乱后重要的割据势力之一。

徐州管辖下的埇桥(今安徽宿州市),控扼东南漕运系统中的汴渠,而汴渠正是安史之乱后唐政府赖以生存的生命线。李正己为了更有效地控制朝廷,保持淄青镇的长久独立,增兵徐州,扼埇桥、涡口(今安徽怀远县东北),运路皆绝,人心震恐,江淮漕船停留在涡口不敢进,迫使唐政府漕运改道。李正己病死后,其子李纳继位。德宗建中二年(781)李正己的堂兄、徐州刺史李洧以徐州归唐,激起了李纳的愤怒,联合魏博镇(治今河北大名县东北)大军围攻徐州。唐中央调动宣武镇(治今河南开封市)刘洽、朔方镇(治今宁夏灵武市西南)唐朝臣等部力疾驰援,大败淄青军于徐州城下,徐州解围,运河再度畅通。[①] 通过这次战斗,一个新的格局明朗化起来,那就是必须加强徐州的防务,提高徐州的地位,只有这样才能阻遏淄青镇及其联军的南侵,保护汴渠漕运的安全。于是,徐州的地位突出起来。

李洧归唐后的建中三年(782),朝廷置徐沂海观察使,治徐州,今江苏省域徐州至连云港一线在其管内。两年后的兴元元年(784)废。泾原镇朱泚和淮西镇李希烈的叛乱平定后,贞元四年(788),由宰臣李泌建议,割濠(治今安徽凤阳县)、泗(治今江苏盱眙县北)二州隶徐州,置徐、泗、濠三州节度使,治徐州。泗州是汴渠入淮的河口,是漕运的咽喉重地。位于淮河南岸的濠州虽不在运河线上,但它处在直通埇桥的南北大道上,又是淮河运输的必经之地。每当汴渠漕运断绝,货物被迫溯淮而上,经由寿州(治今安徽寿县)入颍水时,濠州便成货运的关卡。割濠、泗入徐州,显然是为了加强徐州保卫运河的重任。与此同时,调派以忠贞果敢著称的庐濠都团练使张建封出任徐泗濠节度使,“创置军伍”,加强防务。永贞元年(805)赐号武宁军节度使。元和

---

① 参见《资治通鉴》卷二二七唐德宗建中二年(781)十月至十一月条、《旧唐书》卷一四五《刘玄佐传》。

四年(809)析徐、泗二州地置宿州(治埇桥,今安徽宿州市),遂辖有徐、泗、濠、宿四州。宪宗元和时,徐泗濠节度使"辖城一十六,户一十万,兵六十旅"①,成为东方重镇。懿宗咸通三年(862)罢武宁军节度使,置徐州团练防御使,隶沂海节度使。咸通五年(864)置徐泗团练观察处置使,驻徐州。咸通十一年(870)赐号感化军节度使。昭宗天复二年(902)罢感化军节度使。辖区和名号的置废无常,也从一个侧面反映出本地政治的不稳定性。

特殊的地理位置决定了武宁镇在战略地位上的重要性。作为当代人,李吉甫在《元和郡县图志》中称:"自隋氏凿汴以来,彭城南控埇桥,以扼汴路,故其镇尤重。"②徐州地处黄淮之间,"控临东极,淮海闽越,千里遥赖;地产坚金,俗风用刚,河山郁盘"③,可屏障江淮,防遏河北地区藩镇的武力向南侵扰;作为南北经济大动脉的汴渠穿流其间,尤其是运河要冲埇桥就属徐州符离县,因而,徐州的得失直接关系到漕运的畅通。德宗建中、兴元年间与藩镇的斗争,最大的经验教训就是:为了确保汴渠漕运的畅通,必须加强汴渠沿线的防御,以运河为防线,把叛镇封锁在河北及今山东半岛。宰相李泌向德宗皇帝建议建立徐泗濠节度使时说:"东南漕自淮达诸汴,徐之埇桥为江、淮计口",徐州若失,"是失江、淮",他建议设重镇于徐州,"夫徐地重而兵劲,若帅又贤,即淄青震矣"。这个意见为德宗所纳,"繇是徐复为雄镇"④。唐德宗与李泌心里非常清楚,失去徐州,就等于失去江淮;失去江淮,则朝廷危急。因此,唐王朝的安危在很大程度上系于武宁镇。武宁镇与唐王朝这种息息相关的关系,更体现出了它的特殊性。

唐德宗君臣经过痛切反省,认为有设重镇于淮北的必要。战略地位上的考量,使得武宁镇一向军力强盛,在对待中央的态度上,也相应地表现出了不同于淮南、浙西二镇的"恭顺性",而具有强烈的"两面性"特征,即依附性与游离性并存。⑤

一方面,从保障漕运通畅和平叛讨逆的功能来看,武宁镇对唐朝廷保持着很强的依附性,类属于"中原防遏型"方镇,是朝廷"控临东极,淮海闽越,千里遥赖"⑥的中坚力量。

自德宗初年设徐泗濠节度使到宪宗时代,武宁军在节度使张建封、李愿、李愬等人的治理下,卓有成效地保障了运河的安全,维持着漕运的畅通。

武宁镇特殊的地位决定了它必须保持强大的军事力量,将士以骁勇善战著称,朝廷又多择名臣重将领之,因而具有很强的战斗力。在唐后期历史上,武宁镇在中央发

---

①③⑥ (唐)高瑀:《使院新修石幢记》,见(清)王昶辑:《金石萃编》卷一〇七,中国书店1985年版。

② (唐)李吉甫,贺次君点校:《元和郡县图志》卷九《河南道五》,中华书局1983年版,第224页。

④ 《新唐书》卷一五八《张建封传》,中华书局1975年版,第4940页。

⑤ 参见刘建伟:《唐代武宁镇的依附性和游离性》,《徐州师院学报》1988年第1期。

起的大规模军事行动中多次担负重任，并取得了军事上的胜利，成为威慑四方的重镇。元和二年(807)，浙西观察使李锜据润州反，直接威胁到东南粮运。宪宗诏令淮南节度使为诸道行营招讨使，武宁镇出兵相援，取得讨伐战事的胜利。宪宗平定淮西吴元济之乱中，武宁镇军多次击退淄青节度使李师道对徐州的攻略，确保了漕运安全，有力地配合了中央的平乱。元和十三年(818)，武宁镇会同其他镇军与淄青节度使李师道决战，最终彻底击败了淄青叛军。文宗太和元年(827)，从淄青镇分置出来的兖海节度使李同捷兴兵作乱，武宁镇节度使王智兴出兵三万会同它镇共同讨伐，取得了胜利。武宗会昌年间(841—846)，武宁镇军还参加了平定泽潞镇的战事。

这些史事表明，在唐朝统治相对稳定之时，武宁镇与朝廷的关系密切，表现出很强的依附性。它屏障江淮，很大程度上也稳定了今江苏地区的局势，使得江苏省域在唐后期相对稳定的社会环境中取得了快速的发展。

尽管是一个非割据型的藩镇，但由于处于“用武之地”，武宁镇在与唐朝中央的关系上，也存在着明显的游离性。当中央威权犹在，尚能驾驭这股力量时，节度使的任免权、出兵征战的调度权均受中央节制；反之，中央统治力量衰落时，武宁镇也经常发生兵乱，将帅自为留后或节度使，有摆脱中央控制的趋势。这种政治态度上的游离性，主要体现在本镇拥立节度使和屡兴兵乱。

如前所述，武宁镇军势强盛，且控扼汴渠，军事上的强大和地理位置上的重要，对武宁镇的动乱产生了深刻影响。据文献记载，唐代出任徐泗濠(或武宁镇、感化镇)节度使中可知姓名的共 35 人左右①，其中朝廷派遣的为 25 人，而本镇拥立的就有 10 人，占总人数的四分之一强。这些数据很能说明武宁镇依附性与游离性并存的特点。在这些节度使中，能够听命于朝廷，并为朝廷所用，在任期间军镇安定，对中央表现较强依附性的除张建封外，还有李愬、李愿、田牟、卢弘正、王式等人，约为总人数的五分之一。而其他节度使，或虽听命于朝廷，却无法使属下将士威服，反为所逐，如崔群、韦夏卿等；或虽为节度使，却默默无闻，与朝廷的关系模棱两可，这一类情形占到总数的一半。这种情况表明，随着时局的发展，唐中央威权渐衰，对武宁镇的控制也开始弛缓，而武宁镇与朝廷的关系也逐渐若即若离，游离性有增强的趋势。

由于军事强盛，且节度使多为武人出身，武宁镇在唐中后期一向就有“兵骄将悍”的传统，所谓“帅臣无状”、“卒士骄横”，加之中央驭抚失宜，导致该镇“戎府不宁”，屡兴兵乱，史载就有八起之多。随着唐后期中央权威的逐步丧失，当地的军乱有愈演愈烈之势。懿宗时期，唐廷就因当地军乱太炽而取缔了“武宁”的军号，并降徐州为支郡

---

① 此据清吴廷燮《唐方镇年表》卷三《感化》统计。

(藩镇体制下一般的州郡),但仍不能从根本上解决问题。后来又改以宽抚为怀,重赐军号为"感化军"。可见朝廷对武宁镇的兵乱也是一筹莫展,只能采取姑息之策。这样,武宁镇的游离性就在内部动乱中日益滋长,最终成为唐王朝灭亡的重要导火线之一。

懿宗咸通三年(862),徐州骄兵驱逐节度使温璋。正在这时,浙东观察使王式镇压了裘甫的暴动,受命为武宁节度使。王式率众赴任,用阴谋手段,突然围杀徐州士卒数千人。这一屠杀引起徐州士兵的极度恐慌与不满,大量士卒潜逃民间。叛兵家属深怀仇恨,伺机报复。咸通九年(868)七月,戍守桂林的徐州士兵暴动,推庞勋为首,自行引众东归。他们顺江而下,在扬州渡江,顺运河而上。潜伏民间的士卒纷纷归队。十月,攻陷汴渠要冲宿州,全歼迎战的朝廷官军。接着在士民的支援下攻陷徐州。当时徐州民众纷纷"断锄首而锐之",加入到了兵变的行列,使庞勋的队伍很快壮大起来。庞勋在徐州站稳脚跟后,立即派兵驻守宿州,攻取濠州,然后大军直扑"当江淮之冲"的泗州。唐泗州守将杜慆、辛谠等人深知"若泗州不守,则淮南遂为寇场",死力拒守。双方在泗州展开了激烈持久的争夺战。庞勋一面包围泗州,一面袭占淮河南岸的都梁城,切断汴渠漕运,歼灭援军三万人。乘胜西取寿州,使得取道寿州入颍的航道也从而断绝,东南财赋彻底中断。从这里,我们可以看出,庞勋作战的重点是夺取汴渠的控制权,然后四向发展。唐政府调动大部兵力包围徐州,次年,徐州被攻陷,庞勋在西进中阵亡①,为时一年多的战斗暂告结束。

庞勋兵变虽然失败了,但是他控制汴渠下游一年有余,使政府财政几乎崩溃,国力急剧虚弱。而且庞勋失败后,"余党犹相聚闾里为群盗,散居兖、郓、青、齐之间"②。数年之后,王仙芝、黄巢率领的队伍在这一带频繁出没,庞勋余众又加入到了唐末大动乱的行列之中。王仙芝、黄巢率领的队伍空前壮大,唐帝国的大厦从此不堪收拾。史称"唐亡于黄巢,而祸基于桂林"③。究其远因则是:自德宗起,为北防淄青,西备淮蔡,保护汴渠安全,加强徐州防务,增兵驻守,使徐州成为"骄兵悍将"的巢穴,终至酿成巨大兵变及民众暴动。④

二 从依附到游离

如前所述,武宁镇在唐代藩镇中所处的地位十分突出,这是由其自身的军事实力

---

① 《资治通鉴》卷二五一唐懿宗咸通九年(868)至十年(869)相关条,中华书局 1955 年版。

② 《资治通鉴》卷二五二唐懿宗咸通十一年(870)四月条,中华书局 1955 年版,第 8158 页。

③ 《新唐书》卷二二二中《南蛮传·南诏下》,中华书局 1975 年版,第 6295 页。

④ 参照孟昭庚:《唐代军事争夺下的运河》,载唐宋运河考古队编:《运河访古》,上海人民出版社 1986 年版。

和所处的重要战略地位所决定的。该镇的设置，“一则控长淮之津要，一则卫洛邑之封疆”①，对于保证江淮地区的稳定和漕运的畅通都具有重要意义。有鉴于此，朝廷在此驻扎重兵加以护守。由于是“用武之地”，武宁镇与浙西、淮南二镇相比，极具特殊性，即担任节度使的多为有军事背景的武人，因而武宁在与中央的关系上也呈现出了相当的复杂性，依附性与游离性并存。由于武力强盛，武宁镇在唐后期中央与地方关系史中，始终是一个活跃因素，前后发生八次兵乱，一直被朝廷视为“抚制称难”之地。考诸史料，对武宁镇的发展具有重要影响力的节度使，主要有张建封、王绍、李愿、王智兴等人，他们治理徐州的不同阶段，正可视为武宁镇由依附中央发展到逐渐离心于中央的过程缩影。

1. 张建封(735—800)

张建封，字本立，邓州南阳(治今河南南阳市)人，客居兖州(治今山东兖州市)。唐德宗时名臣，文武兼备，贞元四年(788)至贞元十六年任徐州刺史、徐泗濠节度使，坐镇徐州前后13年，治军有方，使徐州成为雄藩重镇。

张建封为人能言善辩，性情慷慨豪爽，少时就立志建功立业。代宗宝应年间(762—763)，曾不顾个人安危，前往苏、常二州说服起义民众，一日之间数千人听劝，回归乡里，张建封也一时名声大噪。后为德宗时名将马燧赏识，被招为幕僚，擢监察御史。建中初，出任岳州(治今湖南岳阳)刺史。不久，徙为寿州(治今安徽寿县)刺史。

建中四年(783)，淮西节度使李希烈发动叛乱，占领汴州(治今河南开封市)，自立为帝。当时，淮南节度使陈少游暗中与其书信往来。李希烈遣部将杨丰携伪赦书前往说降张建封、陈少游。张建封集齐部众，在朝廷派来的监军宦官面前，当众斩杀了杨丰，将伪赦书呈送给朝廷，并报告了陈少游与李希烈暗中勾结的事实，以致陈少游忧惧而死。李希烈又任其党羽杜少城为淮南节度使，命其先攻下寿州，再取淮南。张建封领兵抵抗，击退了叛军的进攻。战事平定以后，朝廷下诏加张建封为御史中丞、本州团练使。不久，又进位御史大夫，兼濠、寿、庐三州都团练观察使，以防御李希烈。当时四方多战事，张建封乃加紧巩固城防，抚绥当地百姓，治械练兵，做好了持久作战的准备，因此威望日盛，近边州县都乐于归附。

经历了建中、兴元年间(780—784)的李希烈叛乱后，德宗君臣充分认识到在徐州设置藩镇的必要性。贞元四年(788)，朝廷在徐州设置徐泗濠节度使，张建封被任命徐州刺史，首任徐泗濠节度使。从此以后直到贞元十六年(800)卒于任上，张建封坐

① (唐)沈珣：《授康季荣徐州节度使郑涓昭义节度使制》，见《文苑英华》卷四五六，中华书局1966年版，第2318页。

镇徐州前后长达13年之久，颇有政绩。

张建封在徐泗濠节度使任上勤于政事军务，事必躬亲，将徐州军府治理得井然有序，史称其“在彭城十年，军州称理”[①]，“治徐凡十年，躬于所事，一军大治”[②]。张建封虽是军将，但很有修养，慷慨侠义，宽厚待人，能够容忍属下的过失，即使是对狡诈强悍之徒也没有过于严责，因而深受部下的爱戴。对朝廷也很忠贞，经常以自己的言行来宣扬忠义之风，激励军士报效朝廷。因此，在他任徐泗濠节度使治理徐州期间，徐州军队是一支能够为朝廷所用的强大力量，表现出很强的依附性。在张建封的镇守下，徐州有力量抵抗跋扈藩镇淄青节度使的进犯，从而保证了江淮地区的稳定和漕路的畅通。他与同时期在淮南镇守的杜佑，一南一北，各当江淮运路要地，互为屏护，同为德宗及朝廷所倚重。

张建封不仅是一名叱咤风云的武将和治世能臣，还能礼贤下士，史称“无贤不肖，游其门者，皆礼遇之，天下名士向风延颈，其往如归”[③]。在他幕府中任职的知名人士有韩愈、秦系、冯宿、许孟容、于良史等多人。冯宿、许孟容二人后来成为朝廷大臣，唐史中有传。秦系为越州名士，于良史诗才逸丽，韩愈更是成为天下文豪。张建封能得众多名士为其效力，首先缘于他本身文武兼备，颇有文艺诗才。加之气局恢宏，能够接纳和帮助人才，所以众人愿意为其所用。在其治下，徐州一时间成为文人名士趋之若鹜的“盛府”。

德宗和朝廷对张建封自然十分欣赏。贞元十三年(797)，张建封入朝，德宗开延英殿召见，特别下令张建封朝参时入士大夫班列，以示优宠。贞元十四年(798)，张建封再次进京朝觐，德宗在曲江亭赐百官宴，诏张建封与宰相同席，还镇时还特地写诗相送，引为知己。在唐代节度使中，得到皇帝送别诗的，除张建封外再没有第二人，宠遇之殊，无人能够企及，足见其所处地位之轻重。德宗又将自己久用之鞭赐予张建封，以喻其忠贞之心，岁寒不移，经久不变，张建封也献诗以自励。

贞元十六年(800)，张建封病重，自觉将不久于人世，于是连续上表请求朝廷立即任命继任的节度使人选。朝廷命韦夏卿为徐泗濠节度行军司马，准备继任节度使职，可惜韦夏卿还没到任张建封就去世了。张建封死后，徐州发生了兵乱，军士不接纳韦夏卿入徐州，要求以张建封之子张愔为留后，并为其谋求节度使职。朝廷不许，以名臣杜佑领兵进讨徐州。张愔以兵拒之，打败杜佑前锋部队。此时，朝廷刚用兵不久，军力不足，不得已，只能承认张愔为徐泗濠节度留后。为防止其势力坐大，诏命把泗、

---

①③ 《旧唐书》卷一四〇《张建封传》，中华书局1975年版，第3832页。

② 《新唐书》卷一五八《张建封传》，中华书局1975年版，第4941页。

濠二州分隶淮南镇，试图以此来削弱张愔之权。后又赐徐州军号为“武宁”，以张愔为节度使。张愔在镇七年(800—806)，军政称治。但此次以武力谋求藩帅节钺的事件，开武宁镇变乱之端，此后，骄兵悍将逐帅犯上的事件一再出现，一旦朝廷处置不当，该镇在政治态度上体现出来的游离倾向就会抬头。

2. 王绍(743—814)

王绍，字德素，祖籍太原，后为京兆万年(今陕西西安市)人。历任户部尚书、兵部尚书、东都留守等职，元和元年(806)至元和六年出任武宁节度使。

王绍本名纯，为避宪宗讳改为绍，少年时代就受到颜真卿的器重，曾任武康县(今浙江德清县)尉、常州刺史从事等职。包佶领租庸盐铁使时，任命王绍为判官。淮西李希烈叛乱，阻塞汴渠，江淮租米无法运送时，王绍护送江淮租税财货，日夜兼程，及时送至德宗所在的梁州(治今陕西汉中市)。德宗亲加慰劳，对王绍说：“六军未有春服，我犹衣裘。”王绍的雪中送炭，得到德宗的赏识，无论“政之大小，多所访决”[①]。后来主领户部，专事财政事务。元和元年(806)，武宁军节度使张愔染病，为稳定徐州局势，请求朝廷物色新的节度使人选。朝廷也想乘此机会重新掌控徐州，于是下诏以时任东都留守的王绍为武宁节度使，出镇徐州，并将泗、濠二州重新划归徐州，以换取徐州军士的支持。

徐州自张愔为镇之后，士兵骄纵蛮横，难以管理，形势极其不稳。王绍到任后，尽心处理军政事务，稳住了人心，使武宁军暂时得以稳定，局面大为改观，又重新遵从朝廷的号令。元和六年(811)，王绍被征回朝担任兵部尚书，兼领户部财务。

3. 李愿(？—825)

李愿，陇右临洮(今青海乐都县)人，唐名将李晟之子。历任左卫大将军、夏绥节度使，宪宗元和六年(811)接替王绍为徐州刺史、武宁军节度使，至元和十三年(818)离任，前后坐镇徐州8年。

李晟在建中、兴元年间(780—784)的泾原兵变中，为保护德宗和收复长安立下了汗马之功。李愿从小“谦谨寡过”，以父荫入仕，继承父业，拜左卫大将军。元和元年(806)任夏州(治今陕西靖边县白城子)刺史、夏绥节度使。在镇期间，“威令简肃，甚得绥怀之术”，以致“境内严肃”[②]。元和六年(811)，朝廷重其治军之才，命其接替王绍为徐州刺史、武宁军节度使。李愿到徐州后，正值淄青节度使李师道不服朝廷之命，举兵作乱，李愿奉命率军北讨。李愿坐镇徐州，将步骑全部交给自己的手下都押牙将

---

① 《旧唐书》卷一二三《王绍传》，中华书局1975年版，第3521页。

② 《旧唐书》卷一三三《李晟传附子李愿传》，中华书局1975年版，第3676—3677页。

王智兴指挥，屡次击败李师道军，并屠城以作威慑，稳住了徐州的局势，保障了江淮漕运的畅通。不久，李愿患病，无法治理军政，朝廷召其回朝任刑部尚书，以其弟李愬代为武宁军节度使(818—820 在任)。

病愈之后的李愿后来又任尚书左仆射，凤翔陇右、宣武、河中等节度使。但此时已经没有了往日志向，怠于为政，声色之外，全不介怀，以至于激起了宣武镇的军乱。其弟李愬素有筹略，善骑射，推诚待士，在元和十一年(816)讨伐淮西吴元济的战斗中更是名闻朝野。《旧唐书·李晟传》中史臣在评价李晟父子的军功时称："诸子俱才，元和平贼之功，(李)听、(李)愬居其半。"

4. 王智兴(758—838)

王智兴，字匡谏，怀州温(今河南温县)人。穆宗长庆元年(821)升武宁军节度副使，因受节度使崔群疑忌，遂领兵逐崔群赴都，自任本道节度使，朝廷被迫承认其职位。至太和六年(832)被任为忠武军节度使(治今河南许昌市)为止，王智兴坐镇徐州11年。

王智兴年轻时即从军为徐州牙兵，骁勇猛锐，捷步如飞。建中二年(781)，淄青节度使李纳叛，部属李洧以徐州归唐，朝廷以李洧为徐州刺史，李纳攻徐州，王智兴受命疾驰五日抵长安求援。后任徐州部将二十余年，成为武宁军资格最老的、根基最深的将领。

宪宗时，朝廷出兵征讨淮西节度使吴元济，淄青节度使李师道图谋阻挠官军，多次"侵徐救蔡"，即出兵攻打徐州，试图牵制徐州以解蔡州(淮西镇治所，今河南汝南县)之围。武宁军节度使李愿遣王智兴统领所有步骑抵御淄青的侵犯。王智兴智勇双全，在沛县、丰县等地大获全胜，迫使淄青军无功而还，被朝廷授为侍御史、本军都押衙。元和十三年(818)，朝廷会合各道兵马征讨淄青李师道，王智兴率领八千徐州兵士和忠武军汇合，俘斩万计，击溃叛军，因功授予御史中丞，次年被又召还任沂州(治今山东临沂市)刺史。

穆宗继位，河朔地区藩镇再度反叛，朝廷调兵进行征讨。穆宗听说王智兴善于领兵作战，于是任其为武宁节度副使、河北行营诸军都知兵马使，准备出兵河朔。在此之前，时任武宁节度使的崔群(820—822 在任)，担心王智兴功高难制，密奏朝廷，建议将王智兴调离徐州。王智兴率领徐州精兵三千人渡过黄河，未及出兵就接到朝廷命其班师回镇的诏令。回到徐州后，王智兴怀疑是崔群在后面作梗，于是率兵攻入州府，驱逐崔群，自专军务。并至运河要冲埇桥抢掠盐铁院及贡物，打劫商旅，驱逐濠州刺史侯弘度，行为日暴一日。但此时朝廷刚刚平定淮西镇的叛乱，无力再出师讨伐，只得承认王智兴为武宁军节度使。此后10年间，武宁镇均由王智兴掌控。

王智兴从任徐州牙兵起，到被调任忠武军节度使为止，在徐州武宁军中前后长达五十余年，完全是武宁军土生土长的军人，根深蒂固。也正是从王智兴开始，武宁镇游离出中央控制，向割据型方镇发展的条件逐渐成熟。

王智兴据有徐州之后，开始大力培植发展私人割据势力。武宁镇辖区内，经济发展相对滞后，本地所产无法满足各方面的开支。王智兴利用汴渠流经管内之便，经常截留江淮漕运进京的财赋物资和往来商旅的钱货，充作本镇收支。史言："诸道进奉在汴中者，并商旅之物，皆三分取二。"①另外，又在泗口（汴渠入淮河处）征收商税，毫无节制。并利用聚敛的钱财大肆交结朝中权贵，引为后援，沽名钓誉，获取私人利益。王智兴还大力扩充本镇兵力。宪宗元和年间（806—820），武宁镇只有兵员六十旅②，不到一万人，而到了文宗太和元年（827），王智兴已拥兵三万以上。不仅如此，为了防卫徐州骄兵，保障私人安全，他还"募勇悍之士二千人，号银刀、雕旗、门枪、挟马等七军，常以三百余人自卫，露刃坐于两庑夹幕之下，每月一更"③。其中的银刀军最为勇猛跋扈。牙兵组织成为王智兴私属武装的中坚力量，是其割据自立的军事基础。

王智兴在徐州任上，也曾为朝廷效力，出兵讨伐乱镇。文宗太和初年，兖海节度使（治今山东兖州市）李同捷发动叛乱，王智兴上表朝廷，请求亲自率领士兵平乱。朝廷答应了他的请求，诏命其挂宰相衔，任平乱主帅。于是王智兴发动徐州军士三万人，并自备五个月的粮饷，出兵讨伐李同捷。起初，李同捷狂妄凶暴，违反朝廷诏令，又有河北成德镇节度使（治今河北正定县）王廷凑从中暗助，所以朝廷军队征讨了一年多没有取得进展。王智兴出兵后，叛军开始恐惧，其余诸道兵马也渐渐加入到平乱之中。李同捷叛乱平定以后，王智兴以平乱首功被朝廷授为太傅，封雁门郡王。后入朝觐见，文宗赐予重赏，升为侍中，并改任忠武军节度使（治今河南许昌市）。后又历任河中（治今山西永济市）、宣武（治今河南开封市）两镇节度使，开成（836—840）初年去世。

王智兴以武力非法获取武宁节度使之位，在任期间，武宁军虽然局势较为安定，且能够为朝廷所用，但他蓄养私人武装，为日后当地频繁发生兵乱埋下了祸根。史载武宁军前后发生八次兵乱，其中有七次是发生在王智兴离任之后，这绝非偶然。"其后节度使多儒臣，其兵浸骄，小不如意，一夫大呼，其众皆和之，节度使辄自后门逃去"④，朝廷委派的节度使只是具形而已。牙兵屡逐主帅，成为徐州最不稳定的一股势力。此后的武宁军在对中央的态度上，游离性逐渐强于依附性。僖宗中和元年

---

① 《资治通鉴》卷二四二唐穆宗长庆二年（822）三月条，中华书局 1955 年版，第 7812 页。

② （唐）高瑀：《使院新修石幢记》，见（清）王昶辑：《金石萃编》卷一〇七，中国书店 1985 年版。

③④ 《资治通鉴》卷二五〇唐懿宗咸通三年（862）七月条，中华书局 1955 年版，第 8099 页。

(881),正当朝廷调集兵力全力镇压黄巢时,徐州牙将时溥趁乱发动兵变,驱逐节度使支详,自立为留后。朝廷无力征讨,被迫承认既成事实,任其为节度使。时溥在镇压黄巢的过程中,势力不断壮大,武宁军同其他割据型藩镇一样,进入"自擅兵赋,迭相吞噬,朝廷不能制"[①]的阶段,成为一股新的割据势力。

第四节 江苏地区在唐后期官僚升迁中的地位

一 宰相回翔之地

唐代江苏地区因其本身在帝国经济、财政、军事方面具有特殊意义,因而在整个官僚体制的升迁方面,也具有非常重要的地位。其中,淮南、浙西二镇局势稳定,物产丰饶,因而是文职官僚心目中的"盛府",淮南镇更是被称为"宰相回翔之地",足见其在官僚升迁中地位之崇高。

淮南、浙西二镇在唐后期经济地位日益重要,因此朝廷对于二镇的治理相当重视,出镇淮南、浙西的藩帅人选,大多是重臣或朝廷要员。这些人离任以后,凭借在淮南、浙西的政绩,大多仕途坦荡,或回京为官,或转任它道,在中央和地方担任重要职务。

以浙西为例,作为财赋来源的要地,唐中央对出镇浙西的人选,非常重视其才干。设置方镇之初的肃宗、代宗时期,多选浙西或附近地区的官员出任浙西藩帅,如颜真卿、侯令仪、韦元甫、李栖筠、李锜等。这些人原本就在当地任职,因而熟悉本地情况,朝廷授予他们节钺,就是看重他们的为政经验。这些人在浙西任上颇有政绩,因而离职后大多调往中央任职。如颜真卿入朝为刑部尚书;韦元甫在任期间"所莅有声",因宰臣杜鸿渐极力推荐,"征为尚书右丞"[②];李栖筠回京后为御史大夫等等,都是很典型的例子。德宗以后,浙西作为财赋之地的重要性得到了朝廷的进一步肯定,因而出任浙西藩帅的人选大多为朝廷官员或地方军政大员[③],他们当中有很大一部分人此后入朝担任四品以上的"清望官"[④]。如韩皋出镇浙西前为武昌军节度使,后从浙西入朝升任户部尚书;窦易直此前出镇宣歙,经浙西后入为刑部侍郎;李德裕以五品御史中丞

① 《旧唐书》卷一九下《僖宗纪》,中华书局 1975 年版,第 720 页。

② 《旧唐书》卷一一五《韦元甫传》,中华书局 1975 年版,第 3376 页。

③ 具体可参见清人吴廷燮编撰的《唐方镇年表》相关卷帙。

④ 唐制,中央高级官员包括门下及中书侍郎、尚书左右丞、六部侍郎、太常少卿、太子詹事、左右庶子、秘书少监、国子司业在内均称为"清望官",常备顾问。

出镇浙西，在任八年，凭借卓越的政绩晋升为兵部侍郎，以待朝廷重用；丁公著以礼部尚书重衔出镇浙西，后调任太常卿；崔慎由亦出“领浙西，入迁户部侍郎”①。唐代“清望官”多由进士出身或有文学素养之人担任，声誉较好，地位较高，因而升级较快，在整个唐代官僚体系中具有特殊的地位。

同浙西相比，淮南镇的地位更显重要，时人称其“井赋甚殷，分阃权雄，列镇罕比，通彼漕运，京师赖之”②，是著名“重藩盛府”。淮南是江淮财赋重要的中转站，自身经济又比较发达，物产丰饶，因而出镇淮南的多为朝廷重臣。从节度使的任职人选来看，自德宗以后，为淮南节帅者皆为朝廷要员，其中很多人还是以宰相身份出镇的。如宪宗时的李吉甫、李夷简，穆宗时的王播，文宗时的牛僧孺，武宗时的李绅、李让夷，宣宗时的崔铉，僖宗时的刘邺，等等，充分显示了朝廷对淮南的重视程度。而离开淮南后入朝任宰相之职的事例则更多。如宪宗时李吉甫以宰相出镇淮南，离任后又入朝为相；李鄘以刑部尚书出任淮南节度使，后征入朝为门下侍郎、同平章事；敬宗时，裴度在淮南节度使任上被征入朝为中书省，参预政事；文宗时，段文昌以御史大夫出镇淮南，回朝后任为宰相；李德裕从淮南入朝担任吏部尚书、同平章事；李绅在武宗时两次出镇淮南，第一次出镇后入朝为相，后又以宰相身份再次出镇；杜悰也曾在武宗、宣宗朝两次担任淮南节度使，其中会昌初年出镇就以宰相召回朝任职。淮南地位重要，任节度使者后多为宰相，所以，当时被看做是“宰相回翔之地”是非常有道理的。

二　官员养成基地

中晚唐时期，藩镇幕府职官体系是整个官僚体制当中非常重要的一条仕宦途径。撇开不服从“王化”的河朔地区三个割据型方镇③不谈，专就较长时期内服从中央的方镇而言，各藩镇的轻重不同，在官僚体制中的地位也就有高下之别。基于这一点，某位士人如欲寻求通过藩幕途径入仕，或某位官员入仕后欲有所作为、仕途通坦，藩府的选择至关重要。

浙西、淮南既号为“盛府”，在官僚体制的升迁中具有重要意义。除了有地理、经济方面的原因外，还有一个重要的因素，这就是藩帅的人选。浙西、淮南二镇地位重要，大多为朝廷重臣出镇。这些重臣大多具备良好的政治素质和文化素养，因而能够吸引众多才学之士入幕，为其所用。如李栖筠“观察浙西，幕府皆一时高选”④。张不

① 《新唐书》卷一一四《崔融传附崔慎由传》，中华书局1975年版，第4198页。

② （唐）沈询：《授杜悰淮南节度使制》，见《文苑英华》卷四五六，中华书局1966年版，第2319页。

③ 指唐代河北地区的幽州、成德、魏博三镇。

④ 《新唐书》卷一三〇《裴漼传附裴胄传》，中华书局1975年版，第4491页。

疑进士擢第，宏词登科，当年四府交辟。“江西李中丞凝、东川李相回、淮南李相绅、兴元归仆射融，皆当时盛府。（张）不疑赴淮南命。”[①]正因为淮南是当时士人心目中的魅力所在，因此才有文士张不疑在四个方镇争相召辟的情况下首选淮南的情况发生。才学之士入浙西、淮南二镇藩府任职，有地位，名声好，或许还能得到位高名著的藩帅的青睐和提拔，为个人今后的发展营造了广阔的平台，在仕途上得到良好的升迁机会。在浙西、淮南二镇藩府任职的幕僚中，有许多人后来在朝廷或地方担任要职，有所作为，以下数例是其代表。

宪宗时，韩皋坐镇浙西，以跟随自己多年的窦庠为副使，后窦庠被任命为泽州刺史、宣歙副使等职，成一方大员。[②] 穆宗时，士人刘三复以文采为浙西观察使李德裕所识，“乃辟为从事，管记室”，后被征入朝，“累迁御史中丞”[③]。郑亚以进士及第，文宗时，李德裕“出镇浙西，辟为从事”，“会昌初，始入朝为监察御史，累迁刑部郎中”[④]。李承先在淮南崔圆幕下为判官，后“历抚州、江州二刺史，课绩为最”[⑤]。杜佑跟随韦元甫出镇浙西、淮南二镇，深受信赖，后入朝为工部郎中，又回淮南任节度使。刘伯刍入淮南杜佑幕府为职，后被朝廷征拜为右补阙，迁主客员外郎。[⑥] 王起在宰相李吉甫镇淮南时，“以监察（御史）充掌书记”[⑦]，后入朝为殿中侍御史。杜牧从牛僧孺为掌书记，后入朝担任监察御史。[⑧]

权德舆曾言：“士君子之发令名、沽善价，鲜不由四征从事进者。翔集翰飞，盖视其府之轻重耳。”[⑨]“今名卿贤大夫，繇参佐而升者十七八，盖刷羽幕廷，而翰飞天朝。异日之济否，视所从之轻重。”[⑩]这两段话深刻地说明了当时藩镇幕府地位高下悬殊，求仕者如能在地位高的藩府有所履历，则日后入朝任高官的可能性极大。上文提到的那些人物，在入幕前或为普通士人，或为低级官吏。在进入浙西、淮南幕府后，以其出色的业绩为府主所赏识，随后从其一同升迁进京，有些再为朝廷所识，担任地方或

---

① （宋）王谠：《唐语林》卷四，《企羡》，上海古籍出版社1978年版，第137页。

② 《旧唐书》卷一五五《窦群传附窦庠传》，中华书局1975年版，第4122页。

③ 《旧唐书》卷一七七《刘邺传》，中华书局1975年版，第4616页。

④ 《旧唐书》卷《郑畋传》，中华书局1975年版，第4630页。

⑤ 《旧唐书》卷一一五《李承传》，中华书局1975年版，第3379页。

⑥ 《新唐书》卷一六〇《刘伯刍传》，中华书局1975年版，第4969页。

⑦ 《旧唐书》卷一六四《王播传附王起传》，中华书局1975年版，第4278页。

⑧ 《新唐书》卷一六六《杜佑传附杜牧传》，中华书局1975年版，第5093页。

⑨ （唐）权德舆：《送李十弟侍御赴岭南序》，见霍旭东校点：《权德舆文集》卷二八，甘肃人民出版社1999年版，第399页。

⑩ （唐）权德舆：《送李十兄判官赴黔中序》，见霍旭东校点：《权德舆文集》卷二七，甘肃人民出版社1999年版，第379页。

中央要职。

武宁镇的情况则比较特殊。由于是“用武之地”，以徐州为首府的武宁镇传统上是变乱易生的难治之地，因而在唐后期大部分时间内被文人士大夫视为险地，在官僚升迁体系中的地位远不如淮南、浙西二镇。

除本镇士卒发动兵乱擅自拥立的藩帅外，朝廷任命的徐州节帅约 25 人。这些人当中，大多是有军功背景的武人或文武兼备的人士，如建镇之初对徐州颇有影响的张建封，即是以军功起家的武将。其后由朝廷授予节钺的王绍、崔群、卢弘正和郑涓等人，亦多为有军事背景的文官。李愿、李愬、王智兴、田牟、康季荣等则均为行伍出身。这些节帅当中，除早期的王绍后来入朝担任兵部尚书外①，其他人则大多由别镇迁任徐州，之后又出任其他方镇的节度使，真正入朝任显要官职的人不多。如李愿以夏绥节度使出镇徐州，后又历任凤翔、宣武等镇。田牟先后两次出镇徐州，后为天平军节度使。卢弘正先为义成节度使，后迁为武宁节度使，此后又调任宣武节度使。康季荣先后两度以它镇节度使任职徐州。这些都表明，武宁镇因局势极不稳定，对于立志仕进的官员而言，出任武宁镇藩帅绝非“美职”。

也有一些文士入徐州幕府，且因此获得升迁的情况，但因所附节帅的不同而呈现出明显的阶段性差异。

张建封为节帅时期，徐州与中央关系密切，加之张建封本人又文武兼备，“礼贤下士，无贤不肖，游其门者，皆礼遇之”②，因而幕下招揽了许多才学之士，徐州也因人才济济而地位日显，一时间成为文人名士趋之若鹜的“盛府”。这是因节帅府主个人的魅力享有美誉的典型事例。在其幕府任职的士人中，据史料所载后来得到升迁的有多人，如许孟容入朝任礼部员外郎，杜兼出为濠州刺史，韩愈被征为四门博士，后官至吏部侍郎，温造官至礼部尚书，冯宿官至剑南东川节度使，李藩则最终官至宰相，等等。

如此良好的开端随着张建封的去世而终止。此后的徐州藩帅多为武人，与朝廷的关系若即若离，依附性与游离性并存。骄兵悍将屡为变乱，更使得徐州成为文官心目中的险地，不再是有志于仕进的文士向往的“盛府”，其地位呈现出大幅度滑落的趋势。入徐州幕府的士人此后仕宦成就不再显著，其履历大多无可循考，亦无从得知其相关的升迁情况。

综上所述，唐代江苏省域设置的淮南、浙西二镇，由于具有优越的地理条件和全

---

① 《旧唐书》卷一二三《王绍传》，中华书局 1975 年版，第 3521 页。

② 《旧唐书》卷一四〇《张建封传》，中华书局 1975 年版，第 3832 页。

国财政经济中的重要地位，其藩帅多为朝廷心腹重臣，所辟用的人选亦多为才学之士，这些人士中此后有很多人位至显宦，使得淮南、浙西二镇在当时整个官僚升迁体系中占有极重的地位，号为“盛府”。而武宁镇所在的徐州，建置之初，因节帅的个人魅力，也曾一度享有“盛府”的美誉，但此后随着自身游离性的增强，武宁镇在官僚升迁体系中的地位迅速滑落，成为朝廷难以抚制的险地，很难吸引有仕进志向的官吏前往任职。

三　财臣的大舞台

善于理财的官员被称作“财臣”。在律令制度比较完善的唐前期，朝廷的财政主要由户部及相关部门打理，并未出现“财臣”一词。唐后期，国家性质正处于由“军事国家”向“财政国家”过渡并逐渐定型的阶段，财税的有无增减，关系到政府的命运，国家的一切事务都围绕着想方设法增加政府的财政收入，因此，善于理财的“财臣”大量涌现。而今江苏省域的淮南、浙西二道又是当时全国的经济重心，“素号富饶”，因此成为地方长官和“财臣”施展才能、尽情发挥的舞台。

安史之乱期间及其稍后的理财专家第五琦、刘晏、李巽等人，虽然清楚地认识到财税对国家的重要性，但他们毕竟都还是在旧时代成长起来的人，在理财的过程中，更多地表现出了一种道德主义和人文主义色彩，尽可能开辟财源，在确保政府财政收入的同时，也能充分顾及财赋之地的利益。并且，对唯财是图的做法深恶痛绝，以至于结成朋党，不惜遭谗受贬，与掌握中央财权、只知盘剥的元载、杨炎等人进行斗争。然而，自代宗大历(766—779)后期开始，随着政府财政的日趋紧张，刘晏一类的良心“财臣”越来越少，相反，充分利用掌管财赋之地的机会而谋私利，出身低微但又善于理财，兼顾国家利益与个人利益的地方长官和“财臣”大量涌现，财赋之地淮南、浙西二镇的理财经历，成为他们平步青云的快速通道。其中最具代表性的就是陈少游、王播及其副手程异。

陈少游，博州(治今山东聊城市东北)人，出身低级官僚家庭。陈少游自幼聪明善辩，在崇玄馆做学生时，甚为大学士陈希烈所欣赏。入仕后历地方和中央各种官职，深谙官场之道，“长于权变，时推干济”。正因为深谙官场规则，陈少游“厚敛财货，交结权幸，以是频获迁擢”。

永泰二年(766)，除桂州(治今广西桂林市)刺史、桂管观察使。陈少游以桂州远在岭南，想求近郡，于是向宦官董秀行贿。陈少游为能见上董秀，煞费苦心。自己蹲候在董秀住宅附近数日，傍晚时分见董秀归第，进门拜谒。问董秀：“七郎(董秀)家中人数几何？每月所费复几何？”董秀告之曰：“久忝近职，家累甚重，又属时物腾贵，一月过千余贯。”陈少游说：“据此之费，俸钱不足支数日，其余常须数求外人，方可取济。倘有输诚供亿者，但留心庇覆之，固易为力耳。少游虽不才，请以一身独供七郎之费，每岁请献钱五万贯。今见有大半，请即受纳，余到官续送。免贵人劳虑，不亦可乎？”董秀欣然接受，愿意与陈少游结为朋友。陈少游言罢泣曰：“南方炎瘴，深怆违辞，但恐不生还再睹颜色矣。”董秀知其心意，说：“中丞美才，不当远官，请从容旬日，冀竭蹇分。”不数日即改任宣州刺史、宣歙池都团练观察使，谋到了富裕程度仅次于淮南、浙西、浙东的美差。

大历五年(770)，改越州刺史、兼御史大夫、浙东观察使。从宣州到越州，从宣歙到浙东，看似平级调动，但由于两地富裕程度不同，因此这次调动当然可以看作升迁。大历八年(773)，迁扬州大都督府长史、淮南节度观察使，一下子成为天下重藩淮南的长官，并且加银青光禄大夫，封颍川县开国子，名利双收。从宣州到越州，从越州到扬州，从陈少游的本性来看，在调动、升迁的过程中，交结权贵所花费的精力和财物是不可计算的。

淮南给他提供了更加广阔的舞台。陈少游在淮南节度使任上(773—784)前后长达 12 年之久，是全国各藩镇在镇年数最长的节度使之一。在这 12 年中，陈少游主动要求增加淮南道在中央财政中的负担比例(提高 20%)，提高盐价(每斗增价一百文)，增加盐税收入。在如此殷实的藩镇任长官，陈少游“征求贸易，且无虚日，敛积财宝，累巨亿万”。在为国家财政作贡献的同时，陈少游还凭借巨大的财富积累，厚赂朝中权贵，除宰相元载外，更多的是用事的宦官，“由是美声达于中禁”。后见元载渐渐失势，反而主动疏远元载，并暗中找元载的过失，密报朝廷，被代宗视为忠臣。

德宗即位后，又加检校礼部、兵部尚书、尚书左仆射，食实封三百户。建中三年(782)加同平章事，登上了宰相的高位，挂宰相之职，继续坐镇淮南。次年，关中泾原镇兵在京师哗变，德宗逃离长安。淮西节度使李希烈作乱，占领汴州，切断了汴渠漕运，声言袭击江淮。陈少游非常现实，得知此事后，认为叛贼占据京师，朝廷一时间还不能很快平复，一边暗中与李希烈和淄青节度使李纳交通，一边设计夺取度支汴东两税使包佶在淮南所掌管的钱帛财物约百万贯。包佶虽然予以拒绝，但终为其所逼，被迫离去，留下的钱财物资尽为少游所得。消息传出后，举朝震惊，但德宗迫于当时形势没有追究其责。李希烈之乱平息后，朝廷在汴州发现了李希烈的起居注中写着“某月日陈少游上表归顺”，包佶也在朝中陈述了陈少游强夺扬州财赋的情况，陈少游百般狡辩，但还是心中恐惧，不数日便忧惧而死。然而，在事实面前德宗依然没有怪罪陈少游的意思，依然“赠太尉，赙布帛，葬祭如常仪”，好像什么事情都没发生过。

陈少游是政坛的不倒翁。他之所以不倒，一是深谙官场的规则，他可以“视文雅清流之士,蔑如也",但权贵是不能不交结的,哪怕是宦官。二是"逐势利随时"[①]的个性,可以没有道德,可以突破底线,深知与时俱进的道理。虽然最后在动乱时期一时判断失误,但在和平时期,他绝对不会做出像浙西李锜那样的傻事来。还有一点不可忽视的是,他占据了淮南这个财赋渊薮长达十余年,对政府来说,他不是人,是神,至少是一个必须礼遇的财神。

王播之所以能够成为天下府库淮南的最高军政长官,并最终回京任宰相之职,这完全得益于他的理财才能。

王播的父亲王恕在扬州任仓曹参军,于是举家定居扬州。王恕的工作就是负责天下盛府扬州的财经工作,从王播以后娴熟计簿、善于盘算的特长来看,父亲对他的影响是比较大的。但史书称其"出自单门","少孤贫",可见王播出身低微,且少年孤贫。少年时代的境遇,加上扬州风气的熏陶,这样的青年必定"自刻苦至成立,居官以强济称",积极进取的意志胜于常人数倍。入仕以后,在长期的事务工作,练就了官吏的干才,对各部门的工作程序了如指掌,办事效率极高,"虽案牍鞅掌,剖析如流,黠吏诋欺,无不彰败。时天下多故,法寺议谳,科条繁杂。播备举前后格条,置之座右,凡有详决,疾速如神"[②]。"天性勤吏职,每视簿领纷积于前,人所不堪者,播反用为乐。"[③]以突出的吏干之才,被擢任工部郎中、刑部侍郎、礼部尚书等职。

从宪宗元和六年(811)起,王播一直兼任诸道盐铁转运使,负责转运各地的财税物资,以其出色的工作能力,受到宪宗的表彰。元和九年(814),朝廷征讨淮西节度使吴元济,军需供应异常紧张。王播推荐熟悉"万货盈虚"的程异为副使,驰赴江淮督运财赋。朝廷在淮西用兵三四年而"兵得无乏"[④],王播之功不可没。但是,有了一点名声以后的王播却"嗜权利,不复初操"[⑤],开始经营权术,完全抛弃了当年的志向和操守,随波逐流、随势沉浮,"不存士行,奸邪进取"[⑥],为当时士大夫所不齿。尽管如此,王播还是"大修贡奉,且以结赂宦官求为相"[⑦],不久即如愿地得到了宰相的高位。在位期间,王播因"居位无所裨益"[⑧],国家复失河北,朝野失望,于是罢相。身上有如此的政治污点,但朝廷仍然委以淮南节度使的重任,而且自己继续兼任盐铁转运使的请求也得到了唐穆宗的认可,归根到底只有一个原因,朝廷要钱。

唐敬宗即位以后,王播被削去了盐铁转运使,但在他一再的贿赂下,继任诸道盐铁转运使,重新掌握了财源。为了得到敬宗的赏识,王播借职务之便,在盐铁等税内

① 《旧唐书》卷一二六《陈少游传》,中华书局 1975 年版,第 3562—3566 页。以上引文未注明者均见本传。

②⑥ 《旧唐书》卷一六四《王播传》,中华书局 1975 年版,第 4275—4278 页。

③④⑤⑧ 《新唐书》卷一六七《王播传》,中华书局 1975 年版,第 5115—5117 页。

⑦ 《资治通鉴》卷二四一唐穆宗长庆元年(821)正月条,中华书局 1955 年版,第 7788 页。

巧为苛敛,以"羡余",即多余的额外收入之名,每月向皇帝进奉,年达百万余缗。文宗即位以后,王播从淮南入朝,向文宗进"献玉带十有三"[①],"进大小银碗三千四百枚、绫绢二十万匹"[②],文宗再次命其为相,封太原郡公,最后卒于任上。王播的为人虽遭人不齿,但却仕途亨通,至死无忧,归根到底也只有一个原因,他有钱。

长期作为王播副手的程异,可谓"出于蓝而胜于蓝"。

程异是京兆长安(今陕西西安市)人,明经及第后,初任扬州海陵(今泰州市)主簿。与王播一样,既受到过扬州风气的熏陶,也非常有吏才,"精于吏职,部判无滞"。德宗贞元末年,任盐铁转运、扬子院留后,回到扬州从事国家财税的具体事务。当时的程异还有些政治热情和抱负,曾参与王叔文、韦执宜、柳宗元等人发起的永贞革新运动,革新失败后,被贬为岳州刺史,途中再贬为柳州司马,遭遇了与"二王八司马"同样的失意。按理说,打击永贞革新的唐宪宗是不会再启用程异这样的低级事务官吏的,但是,元和年间国家发起的对藩镇战争,没有钱寸步难行。盐铁使、理财老臣李巽推荐程异,说他晓达钱谷,请朝廷弃瑕录用。在财政压力面前,宪宗抛弃前嫌,程异也"自悔前非",在双方利益一致的情况下,程异再次任扬子留后,并兼任淮南等五道两税使,开始"厉己竭节",全身心地投入到为国家创造财税的运动中去。[③] 程异在理财工作中表现出了超强的能力,"(程)异勾检簿籍,又精于(李)巽"[④],数年后,因创税功绩之大,入为太府卿,转卫尉卿,兼御史中丞,充盐铁转运副使,成为敛财专家王播的副手。

元和十三年(818)正月,国家对淄青等镇用兵,急需钱谷。王播上书宪宗,说:"军兴之时,财用是切。……请令臣副使程异出巡江淮,具州府上供钱谷,一切勘问。"宪宗听从王播的建议,使程异往江淮调度财税。闰五月,程异"至江淮,得钱一百八十五万贯以进"[⑤]。因为这次的成功,同年六月,程异代替王播挑起了盐铁转运使的重任。同年九月,"以卫尉卿充诸道盐铁转运使程异为工部侍郎、同中书门下平章事,依前充使"[⑥],拜程异为宰相。

同一天拜相的还有在西北理财的皇甫镈。"是时,上切于财赋,故用聚敛之臣居相位",两人拜相的理由是相同的,即善于"聚敛"。两人同时拜相,在朝中引起了震

---

① 《新唐书》卷一六七《王播传》,中华书局 1975 年版,第 5115—5117 页。

② 《旧唐书》卷一六四《王播传》,中华书局 1975 年版,第 4275—4278 页。

③ 《旧唐书》卷一三五《程异传》,中华书局 1975 年版,第 3737—3738 页。本节未出注者均见本传。

④ 《旧唐书》卷一二三《李巽传》,中华书局 1975 年版,第 3522 页。

⑤ 《旧唐书》卷四九《食货志》,中华书局 1975 年版,第 2121 页。

⑥ 《旧唐书》卷一五《宪宗纪》,中华书局 1975 年版,第 464 页。

动,“诏下,群情惊骇”[①],“忽取微人,列于重地,始则殿庭班列,相与惊骇,次则街衢市肆,相与笑呼”[②]。在名相裴度看来,“程异、皇甫镈,钱谷吏耳,非代天理物之器也”[③],操办具体财税事务的“钱谷吏”,并不一定具备治理国家的素质。“程异虽人品凡俗,然心事和平,处之烦剧,或亦得力,但升之相位,便在公卿之上,实亦非宜”;皇甫镈则更是“资性狡诈,天下共知,唯能上惑圣聪,足见奸邪之极”[④]。裴度等人再三上书,极论不可,但宪宗一概不听,反而怀疑裴度在掀起朋党之争,这让裴度非常受伤,遂提出辞呈,又不获准。从此以后,“财臣”居相位者就不再是罕见之事,反而成为“财政国家”常有的事。

在裴度等传统政治家看来,治理国家的重臣,严格说来,道德品行是首要的,才能的高低反而是次要的。然而,在唐宪宗、王播、程异等人看来,国家要办大事,没钱怎么办?如果都走极端的话,那么,道德品行和利益优先这两者就无法调和。此后,中国历史上频繁地重复着同样的争论,王安石变法是其中最典型的代表。义与利的调和,或许正是我们传统文化中的一种缺失。

一个身带政治污点的财税事务官吏,在短短的十余年间,最终高登相位,个中原因只有一个,就是会搞钱。一个急需用钱,一个会搞钱,两者一拍即合,上演了一幕“两相和”的舞台剧,而这场舞台剧的广阔舞台无疑就是江淮大地。

---

① 《旧唐书》卷一五《宪宗纪》,中华书局1975年版,第464页。

②④ 《旧唐书》卷一三五《皇甫镈传》,中华书局1975年版,第3739、3740页。

③ 《旧唐书》卷一七〇《裴度传》,中华书局1975年版,第4420页。

第六章　唐后期江苏地区农业经济的发展

第一节　水利事业的发展

元人王桢在其《农书》卷七《百谷谱·水稻》中总结"治稻"的关键是"蓄陂塘以潴之，置堤闸以止之"，水稻的种植与水利灌溉密不可分。在农业经济以水稻种植为主的江苏省域，水稻亩产的稳定和提高，以及土地的垦殖与利用，总是与水利事业的发展紧密相关的，唐代亦不例外。唐代，尤其是安史之乱后的唐后期，在朝廷财政的压力下，作为"国之命脉"的今江苏省域，为确保农业生产的稳定发展，在地方官员或地方豪族的主持下，水利事业的发展令人瞩目。关于江淮、两浙地区或长江下游地区唐代水利事业的发展，前人多有论述，统计数据亦已详备，今以江苏省域为范围择要简述如下。

一　江淮区

唐代江苏省域长江、淮河之间的楚、扬二州位于淮南道东部，濒临黄海，这里地势低洼，水泽密布，极易受海潮的影响发生内涝，因此水道的整治、陂塘的疏浚和海塘的建设，是确保楚、扬二州农业生产稳步发展的关键。

楚州境内最重要的水利工程当数宝应县的白水塘。白水塘又称白水陂，在唐宝应县西南八十五里（今洪泽县西南洪泽湖范围内），北接山阳（治今淮安市楚州区），西南接盱眙县界，"阔三十里，周二百五十里"①，最早为三国曹魏邓艾所筑，是曹魏在淮南屯田的产物。白水塘与盱眙境内的破釜塘（今亦在洪泽湖中）相通，邓艾在此"开八水门，立屯溉田万二千顷"②，规模非常大。白水塘历魏晋南北朝而不废，南北政权对

① 《新唐书》卷四一《地理志》淮南道楚州宝应县条，中华书局1975年版，第1052页。

② （宋）乐史撰，王文楚等点校：《太平寰宇记》卷一二四《淮南道·楚州》宝应县条，中华书局2007年版，第2463页。

之均有修治。隋炀帝大业末，破釜塘坏，水北流入淮，导致白水塘干涸[①]。武则天证圣元年(695)，大规模整治白水塘及其附近的羡塘[②]，重新恢复了白水塘灌区的功能，并在这一带置屯田，展开规模经营。穆宗长庆年间(821—824)，为进一步扩大白水塘灌区周围的屯田规模，发徐州民丁凿徐州泾，发青州民丁凿青州泾，发扬州民丁凿太府泾，同时又在宝应县北凿竹子泾，在相邻的淮阴县界内凿棠梨泾[③]，进一步扩大了白水塘灌区的灌溉范围，完善了灌溉系统。此外，楚州境内较为重要的水利工程还有山阳的常丰堰、唐堰和盱眙的曲溪堰等(参见表6—1—1)。

扬州境内的陂塘众多，其中以雷塘(又称"雷陂")、句城塘(又称"勾城塘")、陈公塘(又称"爱敬陂")最为著名。雷陂位于今扬州市北十里，西汉时已有。太宗贞观十八年(644)，扬州大都督府长史李袭誉"引雷陂水，又筑句城塘，以溉田八百余顷，百姓获其利"[④]，是当时全国最著名的水利工程之一。德宗贞元年间(785—805)，淮南节度使杜佑又"决雷陂以广灌溉，斥海濒弃地为田，积米至五十万斛"[⑤]。雷塘又有上、下之分，上雷塘方圆六里，下雷塘方圆七里，宋以后逐渐堙废，垦为良田。句城塘在扬州、仪征交界处，方圆十八里，宋代以后亦废为田。[⑥] 陈公塘在扬州西五十里，与仪征接界，最早因汉末广陵太守陈登浚塘筑陂，故名。陈公塘"周回九十余里，灌田千余顷。百姓德之，因名。亦曰爱敬陂，陂水散为三十六汊，为利甚溥"[⑦]。安史之乱后，为保漕运通畅，对扬州陈公塘等34陂进行了疏浚。贞元四年(788)，淮南节度使杜亚再修句城塘、陈公塘，"自江都西循蜀岗之右，引陂趋城隅以通漕，溉夹陂田"[⑧]；"其夹堤之田，旱暵得其溉，霖潦得其归，化硗薄为膏腴者，不知几千万亩"[⑨]。元和三年(808)李吉甫任淮南节度使，在任期间，"筑富人、固本二塘，溉田且万顷"，"又于高邮县筑堤为塘，溉田数千顷，人受其惠"[⑩]。

---

① 破釜塘后世改称"洪泽浦"，见(清)顾祖禹撰，施和金点校：《读史方舆纪要》卷二一盱眙县条，中华书局2005年版，第1045页。

② 《新唐书》卷四一《地理志》淮南道楚州宝应县条，中华书局1975年版，第1052页。

③ 据《新唐书》卷四一《地理志》，淮南道楚州淮阴县条，棠梨泾在淮阴县南九十里。(中华书局1975年版，第1052页)

④ (唐)杜佑撰，王文锦等点校：《通典》卷二《食货·水利田》，中华书局1988年版，第39页。李袭誉引雷陂筑句城塘事，《通典》外，《大唐新语》卷二、《旧唐书》卷五九、《新唐书》卷四一、《册府元龟》卷六七八、《唐会要》卷八九、《太平寰宇记》卷一二三、《玉海》卷二三等均有记载。修筑年代有异说，本文取《通典》、《新唐书》、《太平寰宇记》贞观十八年说。

⑤ 《新唐书》卷一六六《杜佑传》，中华书局1975年版，第5088页。

⑥ (清)顾祖禹撰，施和金点校：《读史方舆纪要》卷二三《南直五·扬州府》雷塘条，中华书局2005年版，第1122页。

⑦ (清)顾祖禹撰，施和金点校：《读史方舆纪要》卷二三《南直五·扬州府》陈公塘条，中华书局2005年版，第1123页。

⑧ 《新唐书》卷四一《地理志》，中华书局1975年版，第1052页。

⑨ (唐)梁肃：《通爱敬陂水门记》，见《文苑英华》卷八一二，中华书局1966年版，第4290页。

⑩ 《新唐书》卷一四六《李吉甫传》，中华书局1975年版，第4740—4741页；《旧唐书》卷一四八《李吉甫传》，中华书局1975年版，第3994页。

二　江南区

江南的润、常二州位于太湖的北部和东北部，地势相对高亢，低山丘陵连绵。针对河流易涸的自然环境，这一地区自古以来便兴建了众多的陂塘，蓄水灌溉。唐代这一地区的水利建设以润州丹阳的练塘和句容的绛岩湖最具典型性。

练塘，又名练湖、曲阿后湖，位于今丹阳市区西北，宋代以后逐渐被围垦，今已彻底消失，但六朝隋唐时期却是广泽大湖。练塘始筑于西晋陈敏，遏丹徒、长山、高骊诸山来水 71 条成湖，周围四十里。自建塘以来，"菰蒲菱芡之多，龟鱼鳖蜃之生，厌饫江淮，膏润数州"[①]。进入唐朝以后，随着社会的发展，人口的增多，沿湖豪强大族开始向水面要田，"百姓筑堤横截一十四里，开渎口泄水，取湖下地作田"[②]，开垦肥沃的湖田，造成丹阳及周边近三百里之内"旱则悬耜，水则具舟"，影响五万民户的生产生存。代宗永泰元年(765)韦损为润州刺史后，开始着手整治练塘。韦损召集丹阳县令杜孟寅、延陵县令李令从、金坛县令胡玘以及丹阳地方人士汤源等人组织民夫"增理故塘，缭而合之，广湖为八十里"，"疏为斗门，既杀其溢，又支其泽，沃峤均品，河渠通流"，丹阳、延陵、金坛三县之地均得其灌溉，"所润者远，原隰皆春；耕者饱，忧者泰"，"遐迩受利"[③]。此事深受正在扬州主持漕运的刘晏的赞赏，上奏朝廷，代宗下诏褒赏。练塘的修复不仅解决了丹阳、延陵、金坛三县的灌溉问题，还为地势高亢的江南运河丹阳、京口段提供了丰富的水源，在唐后期的漕运事务中起到了重要的作用。

位于今句容市西三十三里的绛岩湖即六朝时期的赤山塘，唐天宝年间更名。赤山塘水源出绛岩山及县南诸山，下通秦淮河，当时句容县和上元县的农田赖之灌溉。高宗麟德年间(664—665)，县令杨嘉延因梁旧堰重修，后经百年，堰塘渐废。代宗大历十二年(777)，县令王昕"复置，周百里为塘……开田万顷"[④]；"周匝百顷，蓄为湖塘，置两斗门，用以为节，旱暵则决而全注，霖潦则潴而不流。收功济时，道甚明远。开田万顷，赡户九乡"。自此以后，"洎成奥区，颇无凶岁"，享有"稻鱼之盛"的美名。[⑤] 王昕又在绛岩湖近旁筑百堤堰，"与斗门同置，湖水由此入秦淮"[⑥]。此外，著名的水利工程还有金坛县的南、北谢塘，武进县的孟渎，无锡县的泰伯渎、望亭堰等。详细请参见表 6—1—1。

---

①③　(唐)李华：《润州丹阳县复练塘颂》，见《全唐文》卷三一四，中华书局 1985 年版，第 3193 页。

②　(唐)刘晏：《奏禁隔练湖状》，见《全唐文》卷三七〇，中华书局 1985 年版，第 3762 页。

④　《新唐书》卷四一《地理志》，中华书局 1975 年版，第 1057 页。

⑤　(唐)樊珣：《绛岩湖记》，见《全唐文》卷四四五，中华书局 1985 年版，第 4540 页。

⑥　(清)顾祖禹撰，施和金点校：《读史方舆纪要》卷二〇《南直二・江宁府》，句容县绛岩湖条，中华书局 2005 年版，第 979 页。

表 6—1—1 唐代江苏省域水利工程兴修表

州	县	名称	修建年代	组织者	规模及功能	备注及资料来源
海州	朐山	永安堤	开元十四年	刺史杜令昭	北接山，环城长十里，以捍海潮	《新唐书·地理志》
泗州	涟水	新漕渠	垂拱四年	不详	沟通海州与淮楚，通鱼盐	《新唐书·地理志》
			宝应年间	东海令李知远		《唐语林》卷五
楚州	山阳	唐　堰	唐	不详	有闸，灌堰西之田。	《天下郡国利病书》卷二六
		常丰堰	大历年间	淮南节度使判官李承	置以捍海潮，溉屯田嵴卤，收常十倍于他岁	《旧唐书·李承传》、《读史方舆纪要》卷二二
	淮阴	常梨泾	长庆年间	不详	白水塘灌区配套设施	《新唐书·地理志》
	宝应	白水塘	证圣年间	不详	溉屯田	《新唐书·地理志》
			长庆年间			
		羡　塘	证圣年间	不详	溉屯田	《新唐书·地理志》
		徐州泾 青州泾 太府泾 竹子泾	长庆年间	不详	溉屯田	《新唐书·地理志》
	盱眙	直　河	太极元年	敕使魏景清	引淮水通扬州，漕运	《新唐书·地理志》建中二年改属泗州
		曲溪堰	唐末	不详	不详	《读史方舆纪要》卷二一
扬州	江都	雷　塘（雷陂）	贞观十八年	都督长史李袭誉	引水灌田	《通典·食货·水利田》
			贞元年间	淮南节度使杜佑	广灌田	《新唐书·杜佑传》
		句城塘（勾城塘）	贞观十八年	都督长史李袭誉	溉田八百余顷	《通典·食货·水利田》
			贞元四年	淮南节度使杜亚	溉夹陂田，便漕运	《新唐书·食货志》
		陈公塘（爱敬陂）	安史之乱后	不详	溉田，便漕运	《新唐书·食货志》
			贞元四年	淮南节度使杜亚	溉夹陂田，便漕运	《新唐书·地理志》
		七里港渠	宝历二年	盐铁使王播	便漕运	《新唐书·地理志》
	高邮	富人塘	元和年间	淮南节度使李吉甫	溉田近万顷	《新唐书·李吉甫传》
		固本塘				
		堤　塘	元和年间	淮南节度使李吉甫	溉田数千顷	《旧唐书·李吉甫传》
		平津堰	元和年间	淮南节度使李吉甫	防不足，泄有余	《新唐书·地理志》

续表

州	县	名称	修建年代	组织者	规模及功能	备注及资料来源
润州	丹徒	伊娄河埭	开元二十六年	润州刺史齐澣	置斗门，便漕运	《新唐书·地理志》
	丹阳	练　塘	永泰元年	润州刺史韦损	周八十里，溉丹阳、金坛、延陵三县田	《新唐书·地理志》、李华《润州丹阳县复练塘颂》
	金坛	南、北谢塘	武德二年	润州刺史谢元超	因故塘复置，溉田千顷	《新唐书·地理志》、《读史方舆纪要》卷二五
	句容	绛岩湖	麟德二年	句容令杨嘉延	开田万顷	《新唐书·地理志》、樊珣《绛岩湖记》
			大历十二年	句容令王昕		
		百堤堰	大历十二年	句容令王昕	节制水流	《读史方舆纪要》卷二〇
常州	武进	引江水渠	大历初	刺史李栖筠	引江流溉田	《旧唐书·李吉甫传》
		孟　渎	元和八年	刺史孟简	溉田四千顷，引江通漕	《新唐书·地理志》
	无锡	望亭堰闸	至德年间		通漕，溉常州至望亭运河两岸田	《宋史·河渠志》
		泰伯渎	元和八年	刺史孟简	溉田	《新唐书·地理志》
苏州	常熟	常熟塘(元和塘)	元和四年	刺史李素	溉田，通航	刘允文《苏州新开常熟塘碑铭》
		盐铁塘	太和年间	不详	西接江阴，东趋昆山	《读史方舆纪要》卷二四
	昆山	大、小虞浦	天佑初	不详	不详	《读史方舆纪要》卷二四

太湖东部的苏州，地势低平，水泽宽阔，“田污下，暑雨一昼夜则与江通，无别己田他田也”[①]，因此，这一带的水利重点又与地势高亢的润、常二州不同，主要在于疏浚河道，筑堤防溢，约束水道，与水争地，最具典型意义的工程当属常熟和吴江塘路。

常熟原名海虞，六朝时期的开发程度已经很高，粮食常年丰熟，萧梁时更名常熟。常熟塘位于苏州州治吴县齐门与常熟之间，故名常熟塘。常熟塘长百余里，“旁引湖水，下通江潮，支远脉分”，是一条历史悠久的航运水道及灌溉系统。凭借灌溉之利，

① （唐）陆龟蒙：《甫里先生传》，见《全唐文》卷八〇一，中华书局1985年版，第8420页。

沿塘两路的强家大族,"畴接壤制,动涉千顷,年登万箱"。德宗贞元年间(785—805)因连年大旱而渐趋淤塞。宪宗元和四年(809)时任苏州刺史李素鸠工疏凿,故塘又称"元和塘"。重新疏凿后的常熟塘,"舟楫鳞集,农商景从,春秋有施,水旱斯备"①,恢复了其原有的功能。

直到唐中叶,今苏州市往南的太湖东部一直没有堤岸,今吴江南北数十里为广阔的水域,全凭舟楫往来,无陆路可通。今吴江市所在的松陵镇,南北西三面均是泽国,"抵郡无陆路";苏州至昆山一带,也是"从古为湖瀼,多风涛"②。宪宗元和年间,苏州刺史王仲舒"堤松江为路",修筑了一条南起平望北达苏州的堤塘,以通往来,这就是后世所称的"吴江塘路"。这条塘路一直沿用至今,即苏州城东南角觅渡桥运河西岸通往松陵、平望的老公路,现因多条高速公路和快速通道的开通,塘路遗址日趋荒废,但塘路上刺史王仲舒捐所束玉带而建造的宝带桥(今桥是明代重建)却依然横卧在澹台湖口,见证着吴江塘路的千年风霜。王仲舒修筑的堤塘,不仅大大改善了苏州东部的交通状况,而且还为太湖东岸低洼地带的垦殖创造了条件,有利于太湖平原东部塘浦圩田系统的形成,为两宋时期的进一步发展奠定了基础。

三 唐代江苏地区水利工程建设的特征

表6—1—1依据相关史料整理了唐代江苏省域的水利工程建设情况。这些水利工程都是有明文记载的,毋庸置疑,不见于史籍的水利工程,尤其是那些中小型的地方水利工程肯定不计其数。综观表6—1—1所列各地的水利建设项目,并通过与同时代其他地区的比较,我们可以看出唐代江苏省域水利工程建设的几个特征。

1. 全国兴修水利最密集的地区。据统计,见于记载的唐代水利工程建设,前期多集中在黄河中下游地区的河南、河北、河东三道,占总数的60%以上,而广义的江淮地区所占比例不超过20%,农业发展北重于南的格局非常明显。安史之乱后至唐亡,全国兴办水利工程数总计75项,其中河南道0、河东道0、河北道4、淮南道9、江南道50、山南道5、剑南道3、岭南道4,有71处集中南方诸道。其中淮南、江南两道即多达59处,占总数的78%,偌大的黄河流域三道仅河北道有4处,河南、河东两道在120年间竟没有留下一条水利工程的记录,农业发展北重于南的局面已经发生逆转。③ 作为唐代江、淮两道的核心区域,今江苏省域是这一格局发生变化的典型。今江苏省域见于记载的水利工程计38处,唐前期10处,后期28处,后期的工程占到全国的

① (唐)刘允文:《苏州新开常熟塘碑铭》,见《全唐文》卷七一三,中华书局1985年版,第7324—7325页。

② (宋)范成大撰,陆振岳点校:《吴郡志》卷一九《水利上》,江苏古籍出版社1999年版,第262页。

③ 参见张弓:《唐朝仓廪制度初探》,中华书局1986年版,第49—50页。

37.3%，占江南、淮南两道的近一半，是全国水利工程兴修最密集的区域。

2. 工程的规模及效应大。据统计，唐代溉田千顷以上的水利工程有 33 项①，长江下游地区的淮南、两浙、宣歙占 15 项②，今江苏省域占 7 项，分别为高邮堤塘，富人、固本二塘，金坛南、北谢塘，句容绛岩湖和武进孟渎。其中，句容的绛岩湖，高邮的富人、固本二塘灌溉面积都在万顷以上，宝应白水塘，丹阳练湖等大型水利工程虽然没有留下具体的灌溉数据，但其灌溉范围应该非常广大，尤其是丹阳的练塘，丹阳、延陵、金坛三县良田八九千顷赖以灌溉③。

3. 各地区水利工程的功能各有偏重。淮河以北的徐、海、泗三州属河南道，除地理相近外，农业生产模式亦接近，以旱田作物的种植为主，陂塘堰渠的建设显得没有水田区那么迫切。海州朐山县的永安堤，其主要功能是防海潮，泗州涟水县与海州朐山县之间的新漕渠，其主要功能是运输。当然，这些工程对周边地区的农业生产也起到了一定的保障。淮南的楚、扬二州，地势低洼，又易受海潮影响，发生内涝，因此堤坝的修筑、陂塘的疏浚和海塘的建设，是确保楚、扬二州农业生产稳步发展的关键。江南的润、常二州，地势相对高亢，低山丘陵连绵，河流易涸，因此这一地区的水利建设的重点是陂塘，用于蓄水灌溉。苏州地势低平，水泽宽阔，这一带的水利重点又与地势高亢的润、常二州不同，主要在于疏浚河道，筑堤防溢，约束水道。另外，淮南区与江南区又是唐代后期漕运的主要通道，为使江淮漕粮能够迅速安全地运抵长安，确保漕渠的水量又是唐代江苏省域水利建设的一个共同特征，盱眙的直河、润州的伊娄河不用说，扬州句城塘、陈公塘，丹阳练湖，武进孟渎这一类著名的水利工程，都兼有济漕的功能。

第二节　土地的开发与利用

唐代江苏省域内部各地域的开发程度存在着一定的差距，既有扬、润、常、苏这样的名藩大邦，也有泗、海、楚这样相对落后的地区，开发历史悠久的大城市及其近郊，与沿海滩涂及湖沼密布的地区之间的差距也不在小，因此，唐代江苏省域土地开发和利用的空间仍然存在。其中淮南区的沿海开发和楚、扬二州之间的沼泽开发，江南区太湖东岸的沼泽开发在唐代取得了很大的进展。

---

① 参见周魁一、陈茂山：《西汉唐代灌溉成就的比较研究》，《历史地理》第十一辑，上海人民出版社 1993 年版。

② 参见陈勇：《唐代长江下游经济发展研究》，上海人民出版社 2006 年版，第 61 页。

③ （唐）刘晏：《奏禁隔练湖状》，见《全唐文》卷三七〇，中华书局 1985 年版，第 3762 页。

一 淮南防海塘的修筑与滨海地带的盐渍地改造

淮南地区濒临黄海，常遭海潮袭击。由于海水倒灌，今运河以东地区土壤的盐渍化现象非常严重，影响了这一带的农田开发，城市发展缓慢，人口相对稀少。因此，修建防海塘，抵御海潮，防止并改造土地的盐渍化，就成了滨海地区水土资源开发的先决条件。进入唐代以后，出现了数次大规模的海塘建设。

淮南楚、扬二州的东部深受海潮侵袭之害，尤其是今建湖、盐城一带的古射阳湖地区。清人顾炎武在考察历史上淮南水利后论道："其自庙湾口入者，每东风大发，三五日常遏海水入射阳湖，湖水涨溢，常至平河溪，溪田多浸。"[①]为了抵御海潮，代宗大历年间(766—779)刘晏在淮南主持漕运盐政期间，淮南节度使判官李承"奏置常丰堰于楚州，以御海潮"[②]，在楚州筑起了规模宏大的防海塘——常丰堰。常丰堰的具体情况唐代史料中没有详载，《宋史》卷九七《河渠志》中记载了李承所建防海塘的一些情况："东距大海，北接盐城，袤一百四十二里。"经研究，常丰堰后经北宋的增筑，形成了今北起阜宁县阜城镇，经盐城市区、东台市东台镇和如东县掘港镇一线的海塘，即今常称的"范公堤"，"遮护民田，屏蔽盐灶，其功甚大"[③]。常丰堰修成后，李承又在堰内引水"溉屯田嵴卤"，原来的滨海盐渍之地得以改造，垦为良田，"收常十倍他岁"[④]，而且泽被后世，为这一地区的开发做出了重大的贡献。

扬州近海地带海潮侵袭也很严重，天宝十年(751)八月，"广陵大风驾海潮，沈江口船数千艘"[⑤]。随着淮南海塘的修筑，扬州境内的"海濒弃地"也得到了改造。德宗贞元年间(785—805)杜佑任淮南节度使期间，"决雷陂以广灌溉，斥海濒弃地为田"[⑥]。所谓"海濒弃地"，意指因海水倒灌而造成的盐渍之地，"斥海濒弃地为田"，意即扬州滨海地带的盐渍地得到了改造，变成了良田。杜佑将改造后的盐渍地分为三十区，招募人员在此营田，所谓"列营三十区"，"积米至五十万斛"[⑦]，指的就是盐渍地改造后取

---

① (清)顾炎武:《天下郡国利病书》卷二六《淮南水利考》，见《四部丛刊·三编·史部》，上海书店1985年版，原编第十册第10页。

②④ 《新唐书》卷一四三《李承传》，中华书局1975年版，第4686页。

③ (清)顾祖禹撰，施和金点校:《读史方舆纪要》卷二二《南直四·淮安府》盐城县条，中华书局2005年版，第1083页。又参见本田治:《宋元时期的浙东海塘》，《中国水利史研究》第九号，1979年；谭其骧:《上海市大陆部分的海陆变迁和开发过程》，《文史论丛》，1974年。

⑤ 《新唐书》卷三六《五行志》，中华书局1975年版，第931页。

⑥ 《新唐书》卷一六六《杜佑传》，中华书局1975年版，第5088页。

⑦ 《新唐书》卷一六六《杜佑传》，中华书局1975年版，第5088页。又，(唐)权德舆《大唐银青光禄大夫检校司徒同中书门下平章事太清宫及度支诸道盐铁转运等使崇文馆大学士上柱国岐国公杜公淮南遗爱碑铭》中称"连营三十二，积谷五十万"，见《全唐文》卷四九六，中华书局1985年版，第5056页。

得的成就。时人权德舆在《岐国公杜公淮南遗爱碑铭》中称杜佑镇淮南时的一大功绩就是“辟我舄卤，长我禾黍。乃建营部，乃新廪庾。成师足食，比屋安堵。里闾熙熙，衎沃朊朊”①。可见杜佑在镇时对扬州滨海盐渍之地改造力度之大。盐渍地的改造以后还在继续，元和年间(806—820)淮南节度使李吉甫在高邮筑堤建塘，“溉田数千顷，人受其惠”②。李吉甫堤塘的建设，“变舄卤为稻粱之壤，致蒸黎有衣食之源”③，其用功之处同样也是对滨海盐渍地的改造。今苏中运河以东地区之所以能够成为重要的稻作经济区，这与唐代后期开始的以盐渍地改良为中心的土地开发密切相关。

二　淮南白水屯和洪泽屯

魏晋南北朝隋唐时期，楚、扬二州之间的今盱眙、洪泽、宝应、建湖等地，沼泽遍布，人口稀少，土地的开发程度相对落后。但由于地势平坦，水源充足，只要组织好人力，解决好排水问题，就能开垦出万千良田。早在曹魏大兴屯田时期，邓艾就在今宝应一带兴陂立塘，展开了大规模的屯田，其中最著名的是白水塘。当时白水塘东筑有石鳖城，故白水塘周围的屯区又被称为石鳖屯，地在今盱眙、洪泽一带。东晋南北朝政府亦多在此屯田，如东晋升平(357—361)初年，徐州刺史荀羡“北镇淮阴，屯田东阳之石鳖”④，“起田于东阳之石鳖，公私利之”⑤。北齐乾明(560)时，尚书左丞苏珍芝奏修石鳖等屯，“岁收数万石，自是淮南军防，粮廪充足”⑥。唐前期武则天证圣(695)中，再次重修白水塘及与之相连的羡塘，并在此设置屯田。⑦ 不过，唐代白水塘周围大规模的土地开发及利用则在唐晚期的穆宗长庆年间(821—824)。当时朝廷曾征发青、徐、扬等州民丁在白水塘周围开挖徐州泾、青州泾、太府泾等渠道，并在邻近的淮阴县开挖竹子泾，使之形成庞大的灌溉系统，进一步扩大屯田的规模。在与宝应县毗邻的盱眙县，唐时亦在县西南十里整治曲溪，又名新河堰，置曲溪屯。唐末高骈、杨行密等镇淮南时，都曾控制着曲溪屯，亦可见其重要性。⑧

楚州东部的屯田主要分布在山阳县东南古射阳湖周边。清人顾祖禹《读史方舆

---

① (唐)权德舆:《大唐银青光禄大夫检校司徒同中书门下平章事太清宫及度支诸道盐铁转运等使崇文馆大学士上柱国岐国公杜公淮南遗爱碑铭》，见霍旭东校点:《权德舆文集》卷一，甘肃人民出版社1999年版，第4页。

② 《旧唐书》卷一四八《李吉甫传》，中华书局1975年版，第3994页。

③ 《李吉甫平章事制》，见(宋)宋敏求编:《唐大诏令集》卷四六，商务印书馆1959年版，第231页。

④ 《晋书》卷七五《荀松传附荀羡传》，中华书局1974年版，第1981页。

⑤ 《晋书》卷二六《食货志》，中华书局1974年版，第792页。

⑥ 《隋书》卷二四《食货志》，中华书局1973年版，第676—677页。

⑦ 《新唐书》卷四一《地理志》楚州宝应县条，中华书局1975年版，第1052页。

⑧ 《新唐书》卷一八八《杨行密传》，中华书局1975年版，第5453页。

纪要》引《唐志》称，肃宗上元年间(760—761)“于射阳湖置洪泽屯，厥其田沃壤，大获其利”①。李承在大历年间筑常丰塘一事前文已述。常丰塘建成后，推测朝廷随即在广袤的古射阳湖地区大力发展屯田事业，包括洪泽屯在内的屯田规模越来越大，并由宰相遥领，刺史专知其事。薛珏任楚州刺史、本州营田使时，州有“田官数百员，奉厮役者三千户，岁以优授官者复十余人。珏皆条去之，十留一二，而租入有赢”②。从楚州“田官数百员，奉厮役者三千余户”来看，中唐这一带的屯田已颇具规模，从事屯垦的民户达三千余户，人口推测在万人以上。晚唐宣宗大中年间(847—860)楚州的屯田规模更大，“楚，大邦也……最东为名郡。疆土绵远，带甲四千人，征赋二万计，屯田五千顷”③。大规模的屯田，使境内的耕地面积不断扩大，地方经济实力大增，特别是州治山阳县(今淮安市楚州区)附近的开发程度尤高，在新罗人崔致远眼中，“山阳沃壤，淮畔奥区，地占三巡，田逾万顷”④。崔致远所说的正与洪泽屯有关。

三　太湖东岸地区的屯田与塘浦圩田系统的形成

太湖东岸地区唐代虽有苏州这样的名郡，但苏州东南地区湖沼相属，水域广阔，通过修塘筑堤，束水排水，可垦之地依然不少。在安史之乱以后的财政和人口压力下，代宗广德年间(763—764)，宰相元载命各地方官“择封内闲田荒壤，人所不耕者为之屯”⑤，太湖东岸大规模的屯田亦始于此时。时任浙西观察使、苏州刺史的李栖筠在封域内设置了三处屯田，其中规模最大的是苏州嘉禾屯。嘉禾即嘉兴，今嘉兴市，现虽划入浙江省，但当时的嘉禾屯区非常广袤，“嘉禾土田二十七屯，广轮曲折千有余里”，“嘉禾之田，际海茫茫”，可见西起太湖，东至大海，环绕着东太湖的广大地区都在嘉禾屯区范围内。李栖筠委托大理评事朱自勉负责嘉禾屯的事务。朱自勉根据太湖东岸的周高中低，易旱易涝的自然特点，开挖渠道，疏通水流，“画为封疆属于海，浚其畎浍达于川，求遂氏治野之法，修稻人稼穑之政，芟以殄草，剔以除木”，经过有规划的疏浚，在嘉禾屯区内基本上形成了“畎距于沟，沟达于川；故道既堙，变沟为田……浩浩其流，乃与湖连；上则有涂，中亦有船；旱则溉之，水则泄焉；曰雨曰霁，以沟为天”的

① (清)顾祖禹撰，施和金点校：《读史方舆纪要》卷二二《南直四·淮安府》洪泽屯条，中华书局2005年版，第1078页。

② 《旧唐书》卷一八五下《良吏传·薛珏》，中华书局1975年版，第4827页。

③ (唐)郑吉：《楚州修城南门记》，见《全唐文》卷七六三，中华书局1985年版，第7933页。

④ [新罗]崔致远撰，党银平校注：《桂苑笔耕集》卷一三《许权摄观察衙推充洪泽巡官》，中华书局2007年版，第441页。

⑤ (唐)李翰：《苏州嘉兴屯田纪绩颂》，见《全唐文》卷四三〇，中华书局1985年版，第4375—4376页。以下关于嘉兴屯田未出注者均见于该文。

塘浦沟洫系统。经过这次大规模的屯垦和系统疏浚，太湖东岸地区的塘浦沟洫圩田系统基本形成。经吴越时期的继续开发，太湖平原五里或七里一纵浦，七里或十里一横塘的水网系统以及圩田系统至此完全形成。①

嘉禾屯区通过开渠挖沟，斩草伐木，开垦荒地，进行了相当规模的农田基本建设，只经过了很短时间便取得了连年的丰收，大历元年（766），嘉禾屯区的粮食生产已“数与浙西六州租税埒”，“方舟而上，以馈师旅”，“登量而入，以宽征税”，不仅保证了军粮的供应，而且还减轻了浙西民众的负担。所以时人李翰在《苏州嘉兴屯田纪绩颂》中称颂道：“自赞皇（李栖筠）为郡无凶年，自朱公（朱自勉）为屯无下岁。……嘉禾一穰，江淮为之康；嘉禾一歉，江淮为之俭。”

苏州的屯田在德宗贞元时仍在继续。贞元十二年（796），崔翰被署为浙西观察使巡官，在苏州掌管屯田。他“凿浍沟，斩茭茅，为陆田千二百顷，水田五百顷，连岁大穰，军食以饶”②。兴修排灌系统，继而开垦土地，造成大片良田，垦殖的方法一如嘉禾。不难想象，苏州屯田的成功，使得太湖东岸地区的大片荒地沼泽得到了开垦和利用，原来的湖海荒地变成了良田沃野。为宋代以后“苏湖熟，天下足”的天下粮仓奠定了坚实的基础。

第三节　耕作技术的提高与粮食作物的多样化

一　陆龟蒙笔下的“江东田器”

唐代江苏省域以种植水稻为主，生产工具的种类繁多，这在后世的农书中也多有追述。可贵的是，唐代苏州人陆龟蒙（？—约881）在甫里（今苏州市甪直镇）躬亲耕垦，并通过文字对当时苏州一带日常使用的主要水田农具“江东田器”进行了描述，撰成《耒耜经》一文，使我们今天还能够客观地了解唐代江苏水稻种植区主要农具的面貌。陆龟蒙《耒耜经》一文中描述的水田农具有犁、耙、砺䃺、磟碡四种。

在众多的耕垦农具中，犁是最重要的耕地工具。在唐代以前一个相当长的时期内，犁耕主要集中在黄河中下游地区，采用的多是二牛抬杠式的长直辕犁。黄河中下游地区多属土质松软的黄土地带，以旱作为主，大田面积宽广，从宽一步、长二四〇步的亩制中亦可察知，二牛抬杠式的长直辕犁是适应这一区域的自然特点而发明的。

---

① 参见缪启愉：《太湖地区塘浦圩田的形成和发展》，《中国农史》1982年第1期；缪启愉：《太湖塘浦圩田史研究》，农业出版社1985年版；陈勇：《唐代长江下游经济发展研究》，上海人民出版社2006年版。

② （唐）韩愈：《崔评事墓铭》，见《韩愈全集・文集》卷六，上海古籍出版社1997年版，第242页。

然而,二牛抬杠式的长直辕犁却很难适应长江流域的水田耕种。水稻种植对水田的要求非常高,为了保证蓄水,水田的坡度一般不得超过5°,即使是在平原地区,水田也会被分割成面积不大的垄亩,以确保水稻生长的需要。何况南方多丘陵山地,山间开辟出来的水田面积自然受到限制,加之水田土质粘重,因此,犁架庞大、犁辕过长、回转不便的长辕犁自然不适合于南方的水田耕作。这一点北魏的贾思勰就已经指出:"长辕耕平地尚可,于山涧之间则不任用,且回转至难,费力。"①元人王祯也说:"中原地皆平旷,旱田陆地,一犁必用两牛三牛或四牛,以一人执之,量牛强弱耕地多少,其耕皆有定法。南方水田泥耕,其田高下阔狭不等,一犁用一牛挽之,作止回旋,惟人所便。此南方地势之异,宜也。"②为了适应南方的耕作特点,早在牛耕技术传入南方不久以后的东汉魏晋时期,南方地区就已经发明了一种短辕框形犁。③ 这种耕犁虽然在六朝时期的实物资料中几乎没有表现,但由于它是一种适合于南方的地形和水田耕种特点的农具,随着牛耕的逐渐推广,其间的使用和改良并不难想见。在长期经验积累的基础上,至迟到唐代,我国最先进的耕犁——江东犁(因其最大的特征是短曲辕,故又称曲辕犁)已经出现,从而使我国的耕犁发展到了一个崭新的阶段。陆龟蒙则给我们留下了唐代曲辕犁的宝贵资料。

据陆龟蒙《耒耜经》的描述,曲辕犁主要由11个部件组成,"冶金而为之者曰犁镵,曰犁壁,斫木而为之者曰犁底,曰压镵,曰策额,曰犁箭,曰犁辕,曰犁梢,曰犁评,曰犁建,曰犁盘,木与金凡十有一事"④。《耒耜经》不仅指明了曲辕犁的部件名称,而且还叙述了各部件的构造和功能。据农史学家的研究,曲辕犁的先进性主要表现在以下几个方面。⑤

第一,变长直辕为短曲辕,操作灵活,便于回转。唐以前的长直辕犁,犁架庞大而笨重,不仅需要很大的拉力,而且转弯掉头也不方便,这对于土质黏重,田丘狭小的水田来说操作受到很大的限制。江东犁改长辕为曲辕,犁辕的长度大为缩短。由于犁辕缩短,原来的犁衡即遭淘汰,犁架变小、变轻,操作时灵巧省力,回转十分方便。

第二,增加了犁底,改进了犁镵。唐以前的长辕犁基本上没有单独的犁底,最早

---

① (北魏)贾思勰撰,缪启愉、缪桂龙译注:《齐民要术》卷一《耕田第一》,上海古籍出版社2006年版,第46页。

② (元)王祯:《农书》卷二《农桑通诀二·垦耕篇第四》,农业出版社1963年版,第14页。

③ 作为南方地区较早的牛耕实例,有广东佛山出土的东汉水田模型和连县出土的西晋永嘉六年(312)墓出土的犁田耙田模型,两件模型反映出来的都是短辕框形犁。参见徐恒彬:《简谈广东连县出土的西晋犁田耙田模型》,《文物》1976年第3期。

④ (唐)陆龟蒙:《耒耜经》,见《全唐文》卷八〇一,中华书局1983年版,第8417页。

⑤ 以下主要参见宋兆麟:《唐代曲辕犁研究》,《中国历史博物馆馆刊》1979年第1期;又参见陈勇:《唐代长江下游经济发展研究》,上海人民出版社2006年版。

的犁底远来只是犁梢的一部分，与犁梢基本上处在一条直线上。曲辕犁的犁底是单独的，长四尺、宽四寸，故落地平稳，不易左右摆动。犁梢和犁底的分开，也可以根据犁梢的摆动来调节耕垡的宽窄。改进后的犁镵长一尺四寸、宽六寸，呈等腰三角形，尖而锋利，易于深耕。

第三，犁壁置于犁镵之上，不仅能耕翻覆土，同时还可以碎土除草。犁镵翻耕上来的土块，顺着犁壁上行，然后因自重而倒下破碎，生长在土块上的杂草也因此根部朝上，经日晒即枯死。

第四，利用犁评、犁箭调节耕地深浅。调节耕地深度的犁箭、犁评的出现至迟东汉时期即已出现，但只有到了曲辕犁的时代，控制深浅的设备才趋于规格化、完善化。曲辕犁通过进退犁评调节犁箭的上下，“进之则箭下，入土也深；退之则箭上，入土也浅”，从而控制犁镵入土翻耕的深浅。

第五，使用犁盘、耕索、曲轭代替犁衡，改变了耕牛的挽拉方式。曲辕犁的犁盘“横于辕之前末”，耕作时便于耕畜牵引行进时犁身自由摆动或转换方向。由于犁盘、耕索、曲轭的使用，原来长辕的很大一部分功能被耕索所取代，故犁辕缩短，犁架轻巧，使笨重的二牛抬杠发展为一牛挽引，不仅节省了畜力，也有利于牛耕的普及和推广。

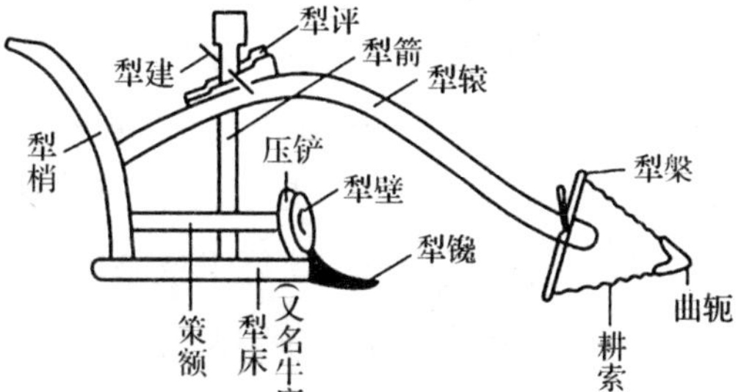

江东犁（曲辕犁）复原图

曲辕犁是江东民众对汉魏以来耕犁不断继承和总结的产物，又是在自身的耕作环境中经过长期生产实践的结晶。无论是曲辕的采用，犁架、犁壁的改进，调节耕地深浅的规格化，还是犁盘、耕索、曲轭的出现，以及牵引方式的改变，都远远超过了以往的耕犁。作为结构完善的先进耕犁，在我国农业发展史上具有划时代的意义。

陆龟蒙《耒耜经》中还向人们介绍了水田耕作中的两种碎土、整地工具——耙和砺碎。“耕而后有爬，渠疏之意也，散墢去芟者焉。爬而后有砺碎焉，有磟碡焉。自爬至砺碎皆有齿，磟碡觚棱而已，咸以木为之，坚而重者良。”[①]爬即耙，贾思勰《齐民要术》中记载的铁齿有人字耙和方耙，以畜力牵引，人立于耙上，用于耕后耙碎土块，平整田垄，灭茬除草。这种耙适宜于旱地陆作。广东连县（今连州）西晋墓和广西梧州

① （唐）陆龟蒙：《耒耜经》，见《全唐文》卷八〇一，中华书局1983年版，第8418页。

倒水南朝墓都出土过水田犁田耙地模型，耙呈框形，下部横木上装有六个尖锐的铁齿，上部有横把手，耕者扶横把手操作，使用一牛牵引。[①]《耒耜经》中对耙没有详细的描述，推想应该在六朝铁齿耙的基础上有了更大的改进，成为水田耕作中不可缺少的工具。故王祯在《农书》中总结道："耙功到，则土细又实，立根在细实土中，又碾过，根土相着，自然耐旱，不生诸病。"[②]砺础和碌碡均是一种木制滚筒状的农具，砺础"与碌碡之制同，但外有列齿，独用于水田"，砺础是带铁齿的，碌碡则全用木制，其作用在于"破块滓，溷泥涂"[③]。耕种水田，不仅要将土块耙碎，把田面耙平，而且还要在灌水的情况下把土耙烂、耙透，泥水融和软熟，并清除杂草，因此，便形成了犁——耙——砺础（碌碡）这一整套的水田耕作农具系统。这一系统在唐代江东地区已经完全成熟，陆龟蒙在《耒耜经》的最后说"江东之田器尽于是"，事实上这一整套的耕田系统也成为前近代传统水田农业最基本的耕田法。

水田中的杂草繁殖力很强，特别是稗草，在稻田中更易繁殖生长。若要保证水稻的丰产，中耕除草是不可缺少的环节。水田的除草方式有手耘、脚踩两种，唐以前耘田主要靠手拔草，效率非常低。至迟到了唐代，江东农民开始使用耘爪除草。耘爪又称耘耨、耨耕，元人王祯在《农书》卷一三《农器图谱三》中总结耘耨时说："耘爪，耘水田器也，即古所谓鸟耘者。其器用竹管，随手指大小截之，长可逾寸，削去一边，状如爪甲，或好坚利者，以铁为之，穿于指上，乃用耘田，以代指甲，犹鸟之用爪也。"[④]陆龟蒙在其《象耕鸟耘辨》中，从当时水田种植的实际出发，对历史上所谓的"象耕鸟耘"进行了辨析。陆龟蒙认为："耘者去莠，举手务疾而畏晚。鸟之啄食，务急而畏夺。法其疾畏，故曰鸟耘。"[⑤]鸟耘，实际上就是用耘爪对水田进行中耕除草。可见用耘爪为水稻的株距、行距间来回耘耨除草，这一技术在晚唐的今苏南地区已经完全成熟，并一直沿用到 20 世纪晚期。

二　龙骨水车

唐代，包括今江苏省域在内的广大南方地区使用的灌溉工具大致有桔槔、辘轳、筒车、水车等，其中龙骨水车在水田稻作中使用最广，技术含量也最高。

---

① 参见徐恒彬：《简谈广东连县出土的西晋犁田耙田模型》，《文物》1976 年第 3 期；《浅谈广西倒水出土的耙田模型》。《农业考古》1982 年第 2 期。

② （元）王祯：《农书》卷一二《农器图谱二·耙》，农业出版社 1963 年版，第 159 页。

③ （元）王祯：《农书》卷一二《农器图谱二·砺础》，农业出版社 1963 年版，第 167 页。

④ （元）王祯：《农书》卷一三《农器图谱三·来云爪》，农业出版社 1963 年版，第 200 页。

⑤ （唐）陆龟蒙：《象耕鸟耘辨》，见《全唐文》卷八〇一，中华书局 1983 年版，第 8412 页。

水车，又名翻车、踏车、龙骨车，至迟在东汉后期南阳一带的水田耕种中就已经出现，三国时马均又加以改进。水车最早出现在水田稻作地区，不难想象，六朝时期江苏省域内水车的使用应该在不断地扩大和普及。直接记载唐代江南水车的使用和构造的史料虽然不多，然而，我们完全有理由认为，至唐代，江东地区的水车在构造上和功能上已趋完备，成为全国乃至东亚地区水车制作及技术传播的中心。

唐代北方地区的水车技术大多是从稻作农业最发达的江东传去的。《旧唐书》卷一七上《文宗纪》载：太和二年（828）“闰三月丙戌朔，内出水车样，令京兆府造水车，散给缘郑白渠百姓，以溉水田”。宫里的水车样来自何处，《文宗纪》未言及。《册府元龟》卷四九七《邦计部・河渠二》则有比较详细的记载：“（太和）二年闰三月，京兆府奏，准内出样造水车讫。时郑、白渠既役，又命江南征造水军匠（当为“水车匠”之误）。帝于禁中亲指准，乃分赐畿内诸县，令依样制造，以广溉种”。这里明确指出了征调到长安去制造水车的匠人来自江南，据此可知，江南不仅有众多的善于制造水车的匠人，而且水车制造的技术甚高，领先于全国。这一事实也表明，至迟在唐中叶以后，水车在江南已经相当普及。

江南的水车制造技术不仅北传关中，而且还传播到了日本，为日本的水稻种植所仿效。日本《类聚三代格》卷八淳和天皇天长六年（829）五月廿七日《太政府符》中称：“耕种之利，水田为本。水田之难，尤其旱损。传闻唐国之风，渠堰不便之处，多构水车。无水之地，以斯不失其利。此间之民，素无此备，动若焦损。宜下仰民间，作备件器，以为农业之资。其以手转，以足踏、服牛回等，备随便宜。若有贫乏之辈，不堪作备者，国司作给。经用破损，随亦修理。其料用救急稻。”[①]为日本朝廷所知的唐朝水车有手转、脚踏、畜力牵引等多种形式，这也是江南水车常见的形制。鉴于日本与唐朝的经济交往多集中在江淮一带，因此有理由推定日本制造的各种水车，其技术来自江南，甚至不排除是在江南水车匠指导下完成的可能性。

三　水稻品种的增加与稻麦轮作制条件的成熟

1. 水稻种植面积的扩大及品种的增加

随着灌溉工程日趋完备，土地开发力度的加大和土地利用率的提高，唐代江苏省域的水稻种植面积进一步扩大，尤其是原来相对滞后的地区，到了唐后期，大都成为水稻的主要种植区，各地的水稻品种也开始增加，优质稻米闻名遐迩。

---

① 转引自唐耕耦：《唐代水车的使用与推广》，《文史哲》1978 年第 4 期。又见陈勇：《唐代长江下游经济发展研究》，上海人民出版社 2006 年版，第 93 页。

楚州地区白水塘、常丰堰等多项水利工程的建设，使得传统的水稻产区得以进一步发展，原先的盐渍之地变成万顷良田，唐后期，楚州地区已经成为江苏省域内主要的水稻产区。时人刘禹锡《送李中丞赴楚州》云“缇骑朱旗入楚城，士林皆贺振家声……万顷水田连郭秀，四时烟月映淮清”①；朱庆余《送淮阴丁明府》亦称淮阴县“之官未入境，已有爱人心……鸟声淮浪静，雨色稻苗深”②。许浑在淮阴为大风所阻时，当地的水稻吸引了诗人，留下了“刘伶台下稻花晚，韩信庙前枫叶秋”③的诗句。扬州也在引水治理盐渍土地之后，大大地扩大了水稻种植面积，短时间内可以“积谷五十万斛”。江南的润、常、苏三州是传统的水稻产区，经过中唐以后的屯田水利事业，水稻种植面积进一步扩大，成为唐后期全国最重要的水稻产区，唐诗中歌咏三州水田广布、稻香满畴的诗作尤多。

由于种植面积的扩大，各地的水稻品种也开始增多。晋人郭义恭《广志》中已经记录的南方地区水稻已有虎掌、蝉鸣、乌粳等10余种，北魏贾思勰《齐民要术》中更是记录了当时的水稻20余种，这些水稻品种中不乏优良品种。唐代的水稻品种更多，今江苏省域就有不少是当时闻名的优质水稻，虽然史料中留下的记载不多，但我们依然可以从唐人诗文中窥知一二。

香秔（香粳）、黄稑稻、乌粳稻、蝉鸣稻、桃花稻等品种都是唐人对六朝时期优质品种的继承。香秔至迟南朝时就已经出现，谢灵运在其《山居赋》中描述他的会稽别业“蔚蔚丰秫，苾苾香秔”。但香秔的大规模种植则是在唐代。陆龟蒙在《江南二首》中咏道：“便风船尾香秔熟，细雨层头赤鲤跳。”④但陆龟蒙在同样的语境中往往又用“香稻”一词，如《蔬食》云“香稻熟来秋菜嫩，伴僧餐了听云和”⑤。因此，香粳在唐代似又多称香稻。许浑《夜归驿楼》云“早炊香稻待鲈鲙，南渚未明寻钓翁”⑥，赵嘏《江亭晚望》云“闻说故园香稻熟，片帆归去就鲈鱼”⑦，香稻还与松江鲈鱼一起成为江南意象的代名词，可见香稻在唐代江南的普及程度。《新唐书·地理志》所列常州、苏州土贡中即有大、小香秔，亦可见香秔确是江南水稻的优良品种。

---

① （唐）刘禹锡：《送李中丞赴楚州》，见陶敏、陶红雨校注：《刘禹锡全集编年校注》卷一一，岳麓书社2003年版，第722页。

② （唐）朱庆余：《送淮阴丁明府》，见《全唐诗》卷五一四，中华书局1960年版，第5867页。

③ （唐）许浑：《淮阴阻风寄呈楚州韦中丞》，见《全唐诗》卷五三四，中华书局1960年版，第6095页。

④ （唐）陆龟蒙：《江南二首》，见《全唐诗》卷六二九，中华书局1960年版，第7216页。

⑤ （唐）陆龟蒙：《蔬食》，见《全唐诗》卷六二九，中华书局1960年版，第7222页。

⑥ （唐）许浑：《夜归驿楼》，见《全唐诗》五三四，中华书局1960年版，第6093页。

⑦ （唐）赵嘏：《江亭晚望》，见《全唐诗》卷五四九。一说此诗为李郢作，见《全唐诗》卷五九〇，中华书局1960年版，第6363、6852页。

黄稑稻曾出现在《齐民要术》中，说明南北朝时期已经种植。《新唐书·地理志》所列扬州土贡中有黄稑米，说明唐代扬州一带种植较多，并且是一种优良品种。另外《新唐书·地理志》所列扬州土贡中还有“乌节米”一种，应是对南北朝乌粳米的继承。文宗开成四年(839)正月，日本求法僧圆仁在扬州看见淮南节度使带领官员、士兵和寺院僧人“咸皆拣米”，“拣择好恶，破者为恶，不破为好。设得一斗之米者，分为二分，其好才得六升……好者进奉天子，以充御食；恶者留着，纳于官里”，“扬州择米，米色极黑”①。圆仁看到的，正是淮南节度使李德裕亲率百官兵士僧众择米充贡的情景，所择之米应该就是充贡的乌节米。可见乌粳是唐后期扬州一带的优质稻种。另外，蝉鸣稻、桃花稻等传统品种在唐代江南仍有种植。②

唐代江南新出现的水稻品种至少有红莲稻和稏稏稻两种。宋人范成大在其《劳畲耕》中亦咏道：“吴田黑壤腴，吴米玉粒鲜。长腰匏犀瘦，齐头珠颗圆。红莲胜雕胡，香子馥秋兰。或收虞舜余，或自占城传。早籼与晚稏，滥吹甑甗间。”并自注云：“长腰米，狭长，亦明箭子；齐头白，圆净如珠；红莲，色微赤；香子，亦名九里香，斗米入数合作饭，芳香满案……稏稏、籼禾，价最贱；以上皆吴中米品也。”③范成大说的虽是宋代苏州的水稻品种，但其中的红莲、稏稏二种，唐后期已见于苏州。陆龟蒙在《食鱼》诗中称：“呼儿舂取红莲米，轻重相当加十倍。”④在《别墅怀归》中又称：“遥为晚花吟白菊，近炊香稻识红莲。”⑤红莲稻两度进入陆龟蒙的诗篇，可见在苏州从事农耕的诗人对它的熟悉程度。上引范成大自注云：“红莲色微赤。”宋人龚明之撰《中吴纪闻》中有《红莲稻》一目，称：“红莲稻从古有之，陆鲁望(龟蒙)《别墅怀归》诗云：遥为晚花吟白菊，近炊香稻识红莲。至今以此为佳种。”⑥明代吴郡人黄省曾《理生玉镜稻品》也称：“其粒大而芒红皮赤，五月而种，九月而熟，谓之红莲。”⑦可见宋代的红莲传自唐代。稏稏，范成大称之为“晚稏”，与“早籼”相对，可见是晚稻的一种。黄省曾《理生玉镜稻品》中称，稏稏稻“其粒长而色斑，五月种，九月熟”。杜牧作于黄州的《郡斋独酌》诗

---

① ［日］圆仁撰，顾承甫、何泉达点校：《入唐求法巡礼行记》卷一开成四年正月十八日条，上海古籍出版社1986年版，第28页。

② 蝉鸣稻，唐彦谦《西明寺威公盆池新稻》云“为笑江南种稻时，露蝉鸣后雨霏霏”，见《全唐诗》卷六七二，中华书局1960年版，第7690页。桃花稻，皮日休《苦雨杂言寄鲁望》云“吴中十日涔涔雨……桃花米斗半百钱”，见《全唐诗》卷六一六，中华书局1960年版，第710页。蝉鸣稻和桃花稻均属早熟稻。

③ (宋)范成大：《劳畲耕并序》，《范石湖集》卷一六，上海古籍出版社1981年版，第217—218页。

④ (唐)陆龟蒙：《食鱼》，见《全唐诗》卷六二一，中华书局1960年，第7149页。

⑤ (唐)陆龟蒙：《别墅怀归》，见《全唐诗》卷六二四，中华书局1960年版，第7173页。

⑥ (宋)龚明之撰，孙菊园校点：《中吴纪闻》卷一《红莲稻》，上海古籍出版社1986年版，第10页。

⑦ (明)黄省曾：《理生玉镜稻品》，丛书集成初编本。

云:“我爱朱处士,三吴当中央。罢亚百顷稻,西风吹半黄。”[①]稏稏又写作“罢亚”,杜牧自注“稻名”,可知稏稏稻在晚唐太湖地区已广泛种植,并为身处黄州的杜牧所知。范成大虽说“稏稏、籼禾价最贱”,但这只能说明这两个水稻品种在南宋时期的非常普及。范成大称苏州的各种稻米品种“或收虞舜余,或自占城传”,有些是中国传统的品种,有些是从占城即东南亚一带传过来的品种,其中长粒型的稏稏稻也不排除有从东南亚传过来的可能性。

又据《太平御览》卷八三九《百谷部三·稻》引《唐书》云:“开元十九年,扬州奏穞生稻二百一十五顷,再熟稻一千八百顷,其粒与常稻无疑。”有研究者据此认为盛唐时扬州一带已广植双季稻。[②] 然而,据黄省曾《理生玉镜稻品》所言,“其已刈而根复发、苗再实者,谓之再熟稻,亦谓之再撩”。“穞生”与“再撩”音义都相近,扬州开元年间出现的再熟稻和穞生稻,应该就是这类情况,因其有悖于常,所以是作为奇闻上奏朝廷的,而不是现代意义上的双季稻。

2. 麦作的扩大与稻麦轮作制条件的成熟

唐代江苏省域淮河以北的徐、海、泗三州是传统的粟、麦旱作区,虽然水稻种植的北界不断往北推移,但唐代文献中很少留下在这一带大量种植水稻的记载,因此,推测唐代淮北三州依然以粟、麦旱作为主。江、淮之间的广大地区,新石器时代就出现了水田稻作,至少从秦汉以来,稻作是这一区域的主要产业。江南地区则是我国水稻种植历史最悠久的区域之一,自新石器时代以来,“饭稻羹鱼”就是江南民众的主要饮食习惯。

随着北人的不断南迁,至迟在东汉末年至孙吴时期,麦类作物的种植和食用逐渐在江淮地区出现。尤其是西晋永嘉之乱后引发的移民高潮,北人喜食的旱地作物也随之南传,麦类作物在江淮之间的种植开始增多。至迟到南朝时期,原本传统的水稻产区为了弥补水稻失收后的损失、解决灾后的粮食问题等原因,也开始种植麦类作物,麦类作物的种植在今江苏省域得到了进一步的推广。麦类作物的传入,在江苏地区的农业发展史上具有重要的意义,它不仅使江苏地区一些不宜种稻的土地逐渐被开发利用起来,扩大了土地的利用率,而且还改变了江苏地区的农业生产结构,使原来比较单一的水田稻作生产向水旱兼济、稻麦兼济的方向发展。[③]

---

① (唐)杜牧:《郡斋独酌》,见《全唐诗》卷五二〇,中华书局 1960 年版,第 5940 页。

② 如陈志一:《江苏双季稻历史初探》,《中国农史》1983 年第 1 期;陈勇:《唐代长江下游经济发展研究》,上海人民出版社 2006 年版,第 106 页。

③ 张学锋:《试论六朝时期江南的麦作业》,《中国农史》1990 年第 3 期;《再论六朝江南的麦作业》,载范金民主编:《江南社会经济研究·六朝隋唐卷》,中国农业出版社 2006 年版,第 271—305 页。

唐代，江苏省域的麦类作物种植又有了进一步的发展。楚州安宜县(今宝应县)“浮人若云归，耕种满郊岐。川光净麦陇，日色明桑枝”①；盱眙县“离离麦擢芒”②；润州“麦秋桑叶大，梅雨稻田新”③；苏州“麦穗黄离离”④，“麦风低冉冉，稻水平漠漠”⑤。可见江淮各地种麦已经相当普遍，以至出现了“麦秋梅雨遍江东”⑥的初夏风景。

麦类作物的广泛种植，为江苏省域的稻麦轮作制的出现创造了条件。所谓稻麦轮作制，是指在同一块土地上冬春的麦类作物与夏秋的水稻连续复种的一年两熟制度。稻麦轮作的一年两熟制，是一种集约化程度较高的耕作制度，它的出现和确立，促使土地利用率成倍增长，是农业发展史上的里程碑。唐代江淮地区是否已经出现稻麦轮作制，一直是学术界探讨、争论的问题。学术界大多以现有的确凿的文献史料，认为江淮的稻麦轮作制作为一种耕作制度，确立于宋元时期。⑦ 然而，也有一些意见认为，在玄宗开元(713—741)以前，稻麦轮作技术就已出现，开元至建中(780—783)之际，已在一定范围内逐步得到推广，在少数地区内形成了一种新的重要的种植制度。⑧ 然而，一种耕作制度的出现和确立，两者之间往往存在着一个相当漫长的过程。比较稳妥的意见是，唐代，尤其是唐后期江南地区稻麦轮作的一年两熟制开始出现，到了宋代，尤其是南宋时期有了较大的发展，形成了一种有相当广泛性的、比较稳定的耕作制度。⑨

稻麦轮作的出现，应该具备一系列的技术条件。这些条件至少应该有：第一，翻耕农具的完备，畜力的普遍利用，即在一作收成后马上能翻耕，准备再播；第二，秧田的普及，即在麦收前一个多月，就开始整田育秧；第三，水稻早晚品种的出现。

---

① (唐)李白：《赠徐安宜》，见(清)王琦注：《李太白集》卷九，中华书局 1977 年版，第 465 页。

② (唐)温庭筠：《旅次盱眙县》，见《全唐诗》卷五八二，中华书局 1960 年版，第 6746 页。

③ (唐)戴叔伦：《酬袁太祝长卿小湖村山居书怀见寄》，见《全唐诗》卷二七四，中华书局 1960 年版，第 3113 页。

④ (唐)白居易：《答白太守行》，见顾学颉校点：《白居易集》卷二一，中华书局 1979 年版，第 466 页。

⑤ (唐)白居易：《和微之四月一日作》，见顾学颉校点：《白居易集》卷二一，中华书局 1979 年版，第 465 页。

⑥ (唐)罗隐：《寄进士卢休》，见《全唐诗》卷六五八，中华书局 1960 年版，第 7559 页。

⑦ 如唐启宇《中国作物栽培史》(农业出版社 1986 年版)、游修龄《太湖地区稻作起源及其传播和发展问题》(《中国农史》1986 年第 1 期)、郭文韬《略论中国古代南方水田的耕作体系》(《中国农史》1989 年第 3 期)等。

⑧ 李伯重：《我国稻麦复种制产生于唐代长江流域考》，《农业考古》1982 年第 1 期；又见其《唐代江南农业经济的发展》(农业出版社 1990 年版)。此外，主张或引用这一观点的尚有林立平《唐代主粮生产的轮作复种制》(《暨南学报》1984 年第 1 期)，牟发松《唐代长江中游的经济与社会》(武汉大学出版社 1989 年版)等。

⑨ 如古贺登《中国轮作制的产生》(《古代学》8—3)、《夏税、秋税的源流》(《东洋史研究》第 19 卷第 3 号，1961 年)，郭文韬《略论中国古代南方水田的耕作体系》(《中国农史》1989 年第 3 期)，陈勇《唐代长江下游经济发展研究》(上海人民出版社 2006 年版)，张学锋《再论六朝江南的麦作业》(载范金民主编《江南社会经济研究·六朝隋唐卷》，中国农业出版社 2006 年版)等。

关于第一条，唐代江南的牛耕已经相当普及。[①] 陆龟蒙在苏州经营的小型庄园，“有田畸十万步，有牛不减四十蹄，有耕夫百余指”[②]，亦即水田四百余亩，耕牛十余头，耕夫十余人。歌咏耕牛牧归的诗文亦俯拾皆是，陆龟蒙《五歌·放牛》云“江草秋穷似秋半，十角吴牛放江岸”[③]，张籍《江村行》云“耕场磷磷在水底，短衣半染芦中泥。田头刈莎结为屋，归来系牛还独宿”[④]，耕田、整地都用上了畜力。加之江东犁——耙——砺礋(䃺碡)等一系列耕田、整地工具的完善和发达，使得麦收之后能够在较短的时间内完成插秧的准备。

关于第二条，南方地区的水稻移栽技术自汉魏以来就比较普及[⑤]，秧田在唐代江苏省域更是随处可见。常见的诗文如高适《广陵别郑处士》云“溪水堪垂钓，江田耐插秧”[⑥]；张籍《江村行》云“南塘水深芦笋齐，下田种稻不作畦。……水淹手足尽为疮，山虻绕身飞扬扬。……江南热旱天气毒，雨中移秧颜色鲜”[⑦] 等等。尤其是张籍的《江村行》诗，是对唐代江南地区水稻生产普遍采用移植技术的一个总括，水稻的种植在唐代完全进入插秧移栽阶段。水稻种植普遍采用育秧移植技术，是水稻栽培史上的一次重大飞跃，它不仅促进了水稻生产技术的提高，也为稻麦轮作制的出现准备了条件。

第三，水稻早晚品种的出现。南方水稻的早熟、晚熟之分六朝时期便已存在，著名的蝉鸣稻、桃花稻等名品都属于早熟稻，但早晚稻之分大量见诸文献记载则在唐代，且这些记载多集中在江淮。唐代江南种植早稻非常普遍，白居易云“碧毯线头抽早稻，青罗裙带展新蒲”[⑧]，陆龟蒙云“自春徂秋天弗雨，廉廉早稻才遮亩”[⑨]。至于晚稻，在唐人诗文中出现得更多，如许浑云“刘伶台下稻花晚，韩信庙前枫叶秋”[⑩]，唐彦谦云“湖田十月清霜堕，晚稻初香蟹如虎”[⑪]，张贲云“疏野林亭震泽西，朗吟闲步喜相携。时时风折芦花乱，处处霜摧稻穗低”[⑫]，李群玉云“野水莲茎折，寒泥稻穗空。无令

---

① 详细请参照李伯重：《唐代江南农业经济的发展》，农业出版社 1990 年版。

② (唐)陆龟蒙：《甫里先生传》，见《全唐文》卷八〇一，中华书局 1985 年版，第 8420 页。

③ (唐)陆龟蒙《五歌·放牛》，见《全唐诗》卷六二一，中华书局 1960 年版，第 7148 页。

④⑦ (唐)张籍：《江村行》，见李冬生注《张籍集注》，黄山书社 1988 年，第 81—82 页。

⑤ 参见许辉、蒋福亚主编：《六朝经济史》第五章(张学锋执笔)，江苏古籍出版社 1993 年版。又见张学锋：《六朝农业经济概说》，载范金民主编：《江南社会经济研究·六朝隋唐卷》，中国农业出版社 2006 年版。

⑥ (唐)高适：《广陵别郑处士》，见孙钦善校注：《高适集校注》，上海古籍出版社 1984 年版，第 250 页。

⑧ (唐)白居易：《春题湖上》，见顾学颉校点：《白居易集》卷二三，中华书局 1979 年版，第 507 页。

⑨ (唐)陆龟蒙：《刈获》，见《全唐诗》卷六二一，中华书局 1960 年版，第 7148 页。

⑩ (唐)许浑：《淮阴阻风寄呈楚州韦中丞》，见《全唐诗》卷五三四，中华书局 1960 年版，第 6095 页。

⑪ (唐)唐彦谦：《蟹》，见《全唐诗》卷六七一，中华书局 1960 年版，第 6780 页。

⑫ (唐)张贲：《奉和袭美题褚家林亭》，见《全唐诗》卷六三一，中华书局 1960 年版，第 7236 页。

一行侣，相失五湖中”[①]，等等，俯拾皆是。很多诗文中并未明言晚稻，但从“枫叶秋”、“霜摧”、“寒泥”等时令语上可以知其时节。还有，前文提及的“红莲”、“稏”两个江南稻米名品，都是“五月种，九月熟”，很明显都是晚稻品种。据日本学者加藤繁的研究，水稻的早中晚三大品类以及从属它们的多个品种，在唐代已基本形成[②]。

以上三种耕作技术在唐代的进步和发展，为江淮地区尤其是其中最发达的地区太湖平原提供了稻麦轮作复种的条件，而且这个条件已经相当成熟。虽然唐代历史文献中找不到江南出现稻麦轮作复种制的直接证据，不过我们依然可以从唐人诗文中寻找其线索。在较多的诗歌中，白居易的《答白太守行》等几首诗歌非常具有写实性，可以据之以论。《答白太守行》诗云：“去年到郡时，麦穗黄离离。今年去郡日，稻花白霏霏。”[③]白居易于敬宗宝历元年(825)三月四日被任命为苏州刺史，五月五日到苏州上任[④]，此时正是江南麦熟时节，故有“去年到郡时，麦穗黄离离”之句。白居易在《和微之四月一日作》中写道：“四月一日天，花稀叶阴薄。泥新燕影忙，蜜熟蜂声乐。麦风低冉冉，稻水平漠漠。”[⑤]四月初，一边是抽穗的小麦“低冉冉”，一边是整治好的秧田“平漠漠”，尚未长出秧苗。秧苗约一个月可移栽，五月插下的秧为中晚稻品种，生长期约百余日，至九月正是开花灌浆、将近成熟之时。白居易于次年九月离任[⑥]，因此有“今年去郡日，稻花白霏霏”之句。白居易宝历元年(825)九月九日重阳宴后所作《九日宴集醉郡楼兼呈周殷二判官》中所说“江南九月未摇落，柳青薄绿稻穟香”[⑦]，正与之相合。可见苏州一带麦收约在农历五月上旬芒种前后，五月中下旬中晚稻移栽完毕，至九月霜降前后逐渐成熟，白居易诗中所表现出来的麦收与中晚稻的插秧季节前后衔接，未必是偶然的巧合，这应是稻麦轮作复种反映。[⑧] 北宋苏州人朱长文《吴郡图经续记》卷上《物产》载，北宋苏州一带“刈麦种禾，一岁再熟。稻有早晚，其名品甚繁，农夫随其力之所及，择其土之所宜，以次种焉”。可见苏州在北宋时已出现了比较

---

① (唐)李群玉：《早鸿》，见《全唐诗》卷五六九，中华书局1960年版，第6587页。

② [日]加藤繁著，吴杰译：《中国经济史考证》第三卷，商务印书馆1959年版。

③ (唐)白居易：《答白太守行》，见顾学颉校点：《白居易集》卷二一，中华书局1979年版，第466页。

④ (唐)白居易：《苏州刺史谢上表》，见顾学颉校点：《白居易集》卷六八，中华书局1979年版，第1433页。

⑤ (唐)白居易：《和微之四月一日作》，见顾学颉校点：《白居易集》卷二一，中华书局1979年版，第465页。

⑥ 唐《华严经社石记》题记为“宝历二年九月二十五日前苏州刺史白居易记”，白居易离任在九月二十五日前。此处参考郁贤皓：《唐刺史考》，江苏古籍出版社1987年版，第1686页。

⑦ (唐)白居易：《九日宴集醉郡楼兼呈周殷二判官》，见顾学颉校点：《白居易集》卷二一，中华书局1979年版，第457页。

⑧ 此处主要参照了李伯重《我国稻麦复种制产生于唐代长江流域考》，《农业考古》1982年第1期；又见其《唐代江南农业经济的发展》(农业出版社1990年版)、陈勇《唐代长江下游经济发展研究》(上海人民出版社2006年版)。

稳定的稻麦轮作复种制。北宋去唐不远，农业经济上的许多情况与中晚唐相近，《吴郡图经续记》所记稻麦轮作复种制应该是中晚唐以来苏州一带水稻生产技术进步的概括和总结，因此，我们完全有理由认为以苏州为中心的江南地区自唐代中叶以来已经出现了稻麦轮作复种制。当然这种最先进的耕作制度在南方地区的全面推广，依然有待时日，南宋以后才最终确立。

第四节　主要经济作物的生产

一　茶叶的种植

唐代，饮茶风气已经遍及全国大部分地区，茶叶成为人民生活的必需品，茶叶生产在国家财政和国民经济中的比重也日益增大。唐人封演《封氏闻见记》卷六《饮茶》中记述了唐开元以后的饮茶之风，称："人自怀挟，到处煮饮，从此转相仿效，遂成风俗。自邹、齐、沧、棣，渐至京邑，城市多开店铺煮茶卖之，不问道俗，投钱取饮。其茶自江、淮而来，舟车相继，所在山积，色额甚多。"又称："楚人陆鸿渐为《茶论》，说茶之功效并煎茶炙茶之法，造茶具二十四事以都统笼贮之。远近倾慕，好事者家藏一副。有常伯熊者，又因鸿渐之论广润色之，于是茶道大行，王公朝士无不饮者。"[①]据封演所说，开元年间，饮茶渐成风习，当时今山东、河北直至京师，街市中开设大量的茶馆，人们随处可饮。陆羽(鸿渐)撰著《茶经》论茶，饮茶风气更盛。至常伯熊光大陆羽《茶经》之后，茶道大行。而茶叶则来自江淮，种类繁多，数量可观。唐穆宗时左拾遗李珏在奏疏中说："茶为食物，无异米盐，人之所资，远近同俗。既祛渴乏，难舍斯须。田闾之间，嗜好尤切。"[②]茶叶成了不论贵贱的生活必需品。广阔的市场前景，让南方丘陵地带的农民们开始转向茶叶的扩大再生产，促进了农业生产结构的转变。文宗太和时，"江淮人十二三以茶为业"[③]，武宗时盐铁司奏称："江南百姓营生，多以种茶为业。"[④]种茶成为农民谋生的重要手段。每到采茶季节，四方商人腰缠万贯，甚至搬运锦绣缯缬，携金带银，赶往江南产茶区从事交易。江南生产的茶叶通过运河运往北方，唐代江苏省域成为茶叶生产的重要基地和茶叶北运的重要枢纽。

据唐宋时期文献记载统计，唐代茶叶产地分布于八道九十九州，其中江南和淮南

---

① (唐)封演撰，赵贞信校注：《封氏闻见记校注》卷六，中华书局1958年版，第46页。

② (宋)王溥：《唐会要》卷八四《杂税》，中华书局1955年版，第1546页。

③ 《册府元龟》卷五一〇《邦计部·重敛》，中华书局1960年版，第6115页。

④ 《册府元龟》卷四九四《邦计部·山泽》，中华书局1960年版，第5906页。

两道的茶叶生产占整个唐代产茶州的二分之一以上，江、淮两道的茶叶生产在全国茶叶生产中的地位可见一斑。今江苏省域内，产茶或贡茶州郡有扬、润、常、苏四州，其中，江南的常、润、苏三州是产茶之地，淮南的扬州则是全国最大的茶叶集散地和北运枢纽。

唐代江苏省域最著名的茶叶产地是时属常州的义兴县（今宜兴市）丘陵地带，所产的紫笋茶名列全国之首。

唐末韩鄂《四时纂要》卷二在记述茶的栽培时称“宜山中带坡峻”，“树下或北阴之地”以及“桑下竹阴地”。倾斜缓慢的山坡地排水通畅，又能保持水土和防止强风。江淮以南广大丘陵和山坡地是茶树理想的生长环境。今江苏省宜兴市，秦汉六朝时建置阳羡县，隋唐时期称义兴，位于江苏省域的西南部，境内多丘陵山地，非常适宜茶叶的种植。《新唐书·地理志》所列土贡中，常州有紫笋茶。陆羽《茶经》中称常州茶主要产于“义兴县君山悬脚岭北峰下”和“圈岭善权寺、石亭山”。君山是唐代主要的贡茶地，又称贡山，即今宜兴市西南二十里的铜官山。《咸淳毗陵志》卷一五《山水》云：“唐贡山，在县东南三十五里，临罨画溪，以唐朝贡茶，故名。”君山之外，南岳山等地也是紫笋茶的主要产地。明万历《宜兴县志》云：“南岳山，在县西南一十五里山亭乡，即君山之北麓……盖其地即古之阳羡产茶处，每岁季春采以纳贡。”①唐李肇撰《唐国史补》卷下称：“风俗贵茶，茶之名品益众。剑南有蒙顶……湖州有顾渚之紫笋……常州有义兴之紫笋。”《元和郡县图志》卷二五也记湖州长城县有顾山，“在县西北四十二里。贞元以后，每岁以进奉顾山紫笋茶，役工三万人，累月方毕”。湖州长城县即今浙江省长兴县，与义兴县接壤。顾山又称顾渚山，位于义兴、长城二县交界处，与义兴的君山相连，故唐代常州、湖州所贡紫笋茶，实乃一山所产。所谓“笋”，是指茶芽刚萌尚未展开的形状，采摘的时节比茶芽更早。陆羽《茶经》认为：“笋者上，芽者次。”裴汶《茶述》认为：“今宇内为土贡实众，而顾渚、蕲阳、蒙山为上。”②可见，紫笋茶是每年初春最早采制的茶，数量少，质量高，价格昂贵，是其他地区无法比拟的优质茶叶。

义兴种茶的历史很长，而贡茶则始于安史之乱以后。宋人赵明诚辑《金石录》卷二九录有《唐义兴县重修茶舍记》，文云：“义兴贡茶非旧也。前此，故御史大夫李栖筠实典是邦，山僧有献佳茗者，会客尝之。野人陆羽以为芬香甘辣，冠于他境，可荐于上。栖筠从之，始进万两，此其滥觞也。厥后因之，征献浸广，遂为任土之贡，与常赋

① 转引自陈祖槼、朱自振编：《中国茶叶历史资料选辑》，农业出版社1981年版，第315页。

② 转引自陈祖槼、朱自振编：《中国茶叶历史资料选辑》，农业出版社1981年版，第18页。

之邦侔矣。每岁选匠征夫至二千余人云。”[①]赵明诚因此认为“唐世义兴贡茶自(陆)羽与(李)栖筠始也”。李栖筠任常州刺史在唐代宗永泰元年(765)至大历三年(768),贡茶亦自此开始。由于义兴造茶数量太多,唐代宗“遂命长兴均贡,自大历五年始分山析造”。[②] 颜真卿《石柱记笺释》亦称:“大历五年,始于顾渚置贡茶院。院侧有碧泉涌沙。”[③]湖州的贡茶始于唐代宗大历五年(770),稍晚于常州。

常州义兴和湖州长城两地所贡的紫笋茶主要采用官工业的生产方式,由官府茶园采制,两州刺史各自负责本州的生产,由治所在今镇江市的浙西观察使和治所常在扬州的盐铁转运使负责办理全盘的贡茶事宜。义兴的制茶工场最初建在洞灵观,规模不是太大,唐德宗贞元八年至十一年(792—795)韦夏卿任常州刺史时搬到罨画溪边上。[④] 所用茶工人数,据《唐义兴县重修茶舍记》记载,义兴在代宗永泰、大历初贡之时即“每岁选匠征夫至二千余人”。湖州至唐德宗“贞元十七年,刺史李词以院宇隘陋,造寺一所,移吴康吉祥额置焉。以东廊三十间为贡茶院,两行置茶碓,又焙百余所,工匠千余人,引顾渚泉亘其间,烹烝涤濯皆用之”[⑤]。用工千余人,规模要比常州义兴小近一半。[⑥]

紫笋茶是财赋之地常、湖二州的重要贡品,因此每到初春采制季节,二州刺史便亲自入山督造。唐宣宗大中年间任湖州刺史的杜牧[⑦],留下的著名诗篇《题茶山》就是其奉诏入茶山监督,与常州刺史在义兴会面时所作。凡是贡茶,一贯以早为贵。唐人李郢的《茶山贡焙歌》生动地描述了常、湖二州修贡的生产场面:“陵烟触露不停探,官家赤印连帖催。朝饥暮匐谁兴哀,喧阗竞纳不盈掬。……茶成拜表贡天子,万人争啖春山摧。驿骑鞭声砉流电,半夜驱夫谁复见。十日王程路四千,到时须及清明宴。”[⑧]二州刺史亲临督造外,政府有时还派遣特使前往催督。文宗开成三年(838),因湖州“官吏不谨,进献新茶不及常年”,特命浙西监军判官王士玖充湖州造茶使,以专其事。[⑨] 从采摘、加工直至清明前送至长安朝廷,这一系列

---

① (宋)赵明诚撰,金文明校证:《金石录校证》卷二九,上海书画出版社1985年版,第526页。

② (宋)谈钥纂:《嘉泰吴兴志》卷二〇《土贡》,宋元方志丛刊本,中华书局1990年版。

③ (宋)谈钥纂:《嘉泰吴兴志》卷一八《食用故事》,宋元方志丛刊本,中华书局1990年版。

④ (宋)史能之纂:《咸淳毗陵志》卷二七《古迹》,宋元方志丛刊本,中华书局1990年版。

⑤ (宋)谈钥纂:《嘉泰吴兴志》卷一八《食用故事》,宋元方志丛刊本,中华书局1990年版。

⑥ (唐)李吉甫:《元和郡县图志》卷二五称湖州“役工三万人,累月方毕”。“三万”或是“三千”之误,或者是不同时期规模不同。参见张剑光著:《唐五代江南工商业布局研究》,江苏古籍出版社2003年版,第187页。

⑦ 据郁贤皓《唐刺史考》第九编《江南东道·湖州》相关考证,杜牧任湖州刺史为大中四年至五年,即850—851年。

⑧ (唐)李郢:《茶山贡焙歌》,见《全唐诗》卷五九〇,中华书局1960年版,第6846—6847页。

⑨ 《册府元龟》卷四九四《邦计部·山泽》,中华书局1960年版,第5906页。

过程均由官府严格把关。

唐代，常州义兴贡茶的数量，只留下代宗大历间初贡时的“万两”，以后不见记载。由于义兴紫笋是顶级贡茶，因此推测其贡茶量与湖州一样与时俱增。陆羽《茶经》将各地生产的茶区分为上中下三等，湖州为上等，常州为上等之次。虽然在茶人的眼中常州紫笋稍逊于湖州紫笋，但实际上是难分伯仲的。宋人沈括在其著《梦溪笔谈》卷二五中称：“古人论茶唯言阳羡、顾渚、天柱、蒙顶之类。”宋人张舜民《画墁录》也说：“有唐茶品，以阳羡为上供。”均列阳羡茶于首位。唐人歌咏阳羡茶的诗篇众多，如唐肃、代时人李嘉祐在其《送陆士伦宰义兴》诗中称：“阳羡兰陵近，高城带水间。浅流通野寺，绿茗盖春山。”①可以想见义兴的种茶面积不小。文宗开成年间僧人无可的《送喻凫及第归阳羡》诗云：“月向波涛没，茶连洞壑生。”②陆希声《阳羡杂咏·茗坡》诗云：“二月山家谷雨天，半坡芳茗露华鲜。春醒酒病兼消渴，惜取新芽旋摘煎。”③与韩愈同时的诗人卢仝，在其《走笔谢孟谏议寄新茶》更是如此唱道：“天子须尝阳羡茶，百草不敢先开花。”④

常州所产茶叶，除义兴官府茶园生产的紫笋这样的极品贡茶外，还有其他一些品种，其生产者则多为私人地主和以茶叶生产而自给自足的小农，寺院也是茶园经营的主要场所。常州武进的茶巢岭为陆龟蒙种茶的地方，后陆龟蒙将自己的茶园移到了顾渚山下。除生产贡茶外，常州还生产大量的一般茶叶，但质量稍次，白居易曾有“渴饮毗陵远到茶”⑤句。唐人杨华《膳夫经手录》中也说：“常州义兴茶，多而不精，与鄂州团黄为列。”⑥这些茶主要指的是大众化的茶，质量比较一般，多而不精，但说明了义兴茶产量之大。

苏州也出产茶叶，并且已受到茶圣陆羽的关注。据《茶经》记载，“苏州长洲县生洞庭山”。茶一般生长在山地丘陵，苏州西南郊长洲县的太湖诸山就非常有利于茶树的生长。陆羽著《茶经》时虽将苏州茶列为下等，但苏州茶在唐后期的发展令人瞩目。《太平寰宇记》卷九一《江南东道三》称：“洞庭山，按《苏州记》云，山出美茶，岁为入贡。故《茶说(经)》云，长洲县生洞庭山者，与金州、蕲州、梁州同。”《太平寰宇记》所引《苏州记》在两《唐书·艺文志》中未见著录，今已不存，苏州贡茶的记述可能是晚唐以来

① (唐)李嘉祐:《送陆士伦宰义兴》，见《全唐诗》卷二〇六，中华书局1960年版，第2151页。

② (唐)无可:《送喻凫及第归阳羡》，见《全唐诗》卷八一三，中华书局1960年版，第9158页。

③ (唐)陆希声:《阳羡杂咏·茗坡》，见《全唐诗》卷六八九，中华书局1960年版，第7914页。

④ (唐)卢仝:《走笔谢孟谏议寄新茶》，见《全唐诗》卷三八八，中华书局1960年版，第4379页。

⑤ (唐)白居易:《晚春闲居杨工部寄诗杨常州寄茶同到因以长句答之》，见顾学颉校点:《白居易集》卷三一，中华书局1979年版，第712页。

⑥ (唐)杨华:《膳夫经手录》，见《续谈助》卷五，丛书集成初编。

的常例[1]，宋人朱长文《吴郡图经续记》卷下《杂录》也说："洞庭山，出美茶，旧入为贡。"可见唐晚期至宋，苏州茶的制造质量呈不断上升趋势。苏州茶中，尤其是"吴花"一种颇为时人推崇。孟郊《题韦承总吴王故城下幽居》诗云："夜思琴语切，昼情茶味新。……郢唱一声发，吴花千片春。"[2]指的就是唐代后期苏州的春茶，茶制成方片状，评价已很高。今苏州洞庭山东、西山正是名茶碧螺春的产地。

唐代润州生产的茶与苏州同列，也被陆羽《茶经》列为下等。但就在陆羽生活的年代，润州刺史韩滉"闻奉天之难，以夹练囊缄盛茶末，遣健步以进御"[3]，可见即使是茶圣眼中的下等茶，其品质也已达到了可供"进御"的上乘品。润州茶主要产于江宁县(治今南京市)。《茶经》称："润州江宁县生傲山。"陆羽一生多次到达润州地区，仅记一地(傲山)产茶，说明在陆羽生活的唐代宗、德宗时期，润州产茶不多，即使润州其他地方也有茶叶出产，估计也是零星少量的，不值得陆羽记录。江宁傲山外，栖霞山也产茶。皇甫冉《送陆鸿渐栖霞寺采茶》诗云："采茶非采菉，远远上层崖。布叶春风暖，盈筐白日斜。旧知山寺路，时宿野人家。借问王孙草，何时泛碗花。"[4]许浑《晚秋怀茅山石涵村舍》诗云："云暖采茶来岭北，月明沽酒过溪南。"[5]描述的是今茅山地区的茶叶生产。齐己《与节供奉大德游京口寺留题》诗云："柳岸晴缘十里来，水边精舍绝尘埃。煮茶尝摘兴何极，直至残阳未欲回。"[6]描写的是唐末丹徒县京口地区的茶叶出产。

二　蚕桑业的发展

植桑养蚕，是农业经济中粮食生产之外最重要的门类。江苏省域素有栽桑养蚕的传统，据《新唐书·地理志》等史料的记载，唐代江苏省域8州中除楚州外，其他7州均以优良精美的绫、锦、罗纱等丝织品为土贡(参见本书第七章第四节)，说明唐代江苏省域各地栽桑养蚕的普及程度以及丝织技术的高超。尤其是安史之乱以后，江淮地区成为中央财政的重要支柱，在需求的压力下，江淮的蚕桑业更是空前发展，在全国蚕桑生产中的地位也大幅上升。

---

① 《旧唐书》卷一七《文宗纪》："吴、蜀贡新茶，皆于冬中作法为之，上务恭俭，不欲逆其物性，诏所供新茶，宜于立春后造。"中华书局1975年版，第547页。

② (唐)孟郊：《题韦承总吴王故城下幽居》，见韩泉欣校注：《孟郊集校注》卷五，浙江古籍出版社1995年版，第189页。

③ (唐)李肇：《唐国史补》卷上，上海古籍出版社1957年版，第26页。

④ (唐)皇甫冉：《送陆鸿渐栖霞寺采茶》，见《全唐诗》卷二四九，中华书局1960年版，第2808页。

⑤ (唐)许浑：《晚秋怀茅山石涵村舍》，见《全唐诗》卷五三六，中华书局1960年版，第6123—6124页。

⑥ (五代)齐己：《与节供奉大德游京口寺留题》，见《全唐诗》卷八四七，中华书局1960年版，第9593页。

由于传统历史文献多偏重于政治事件及言论的记录，直接记载江淮蚕桑事业的史料不多，而以农村景象、农民生活为主要艺术创作源泉的唐代诗人，却给我们留下了大量反映唐代江淮蚕桑之盛的诗篇，让我们了解到了唐代江苏省域“桑田稻泽”的农村风貌及生产情景。

唐代江苏省域江南的润、常、苏三州的蚕桑业应是蚕桑业最发达的地区之一，这一带饲养的“吴蚕”闻名全国，从盛唐李白诗云“吴地桑叶绿，吴蚕已三眠”①，到中晚唐司空曙诗云“吴蚕络茧抽尚绝，细缕纤毫看欲灭”②，李贺诗云“长腰健妇偷攀折，将喂吴王八茧蚕”③，“吴蚕始蠕蠕”④，“吴蚕作茧”⑤，李群玉诗云“四月桑半枝，吴蚕初弄丝”⑥，文人对吴蚕的歌咏不绝于篇。

歌咏江南种桑的唐诗亦不在少。陆龟蒙诗云“四邻多是老农家，百树鸡桑半顷麻。尽趁晴明修网架，每和烟雨掉缫车”⑦，“沟塍堕微溜，桑柘含疏烟。处处倚蚕箔，家家下鱼筌”⑧，皮日休诗云“茧稀初上簇，醅尽未乾床。尽日留蚕母，移时祭麹王”⑨，“阴稀余桑闲，缕尽晚茧小”⑩，“罢钓时煮菱，停缫或焙茗”⑪，描写的是苏州养蚕缫丝的繁忙景象。窦叔向《北固晚眺》云“水国芒种后，梅天风雨凉。露蚕开晚簇，江燕绕危樯”⑫，许浑《题邹处士隐居》云“桑柘满江村，西斋接海门”⑬，《秋晚怀茅山石涵村舍》云“帘前白艾惊春燕，篱上青桑待晚蚕”⑭，陆龟蒙《丹阳道中寄友生》“旧栽奴橘老，新刈女桑肥”⑮，描写的是润州的蚕桑业。丹阳人皇甫冉《寄高云》云：“南徐风日好，怅望毗陵道。毗陵有故人，一见恨无因……烟景临寒食，家桑接仲春”⑯，戴叔伦《郊园即

---

① （唐）李白：《寄东鲁二稚子》，见（清）王琦注：《李太白全集》卷一三，中华书局1977年版，第673页。

② （唐）司空曙：《长林令卫象饧丝结歌》，见《全唐诗》卷二九三，中华书局1960年版，第3329页。

③ （唐）李贺：《南园十三首》，见《全唐诗》卷三九〇，中华书局1960年版，第4401页。

④ （唐）李贺：《感讽五首》，见《全唐诗》卷三九一，中华书局1960年版，第4411页。

⑤ （唐）李贺：《春昼》，见《全唐诗》卷三九二，中华书局1960年版，第4419页。

⑥ （唐）李群玉：《洞庭入澧江寄巴丘故人》，见《全唐诗》卷五六八，中华书局1960年版，第6577页。

⑦ （唐）陆龟蒙：《奉和夏初袭美见访题小斋次韵》，见《全唐诗》卷六二五，中华书局1960年版，第7183页。

⑧ （唐）陆龟蒙：《奉和袭美太湖诗二十首·崦里》，见《全唐诗》卷六一八，中华书局1960年版，第7124页。

⑨ （唐）皮日休：《五言十首奉题屋壁》，见《全唐诗》卷六一二，中华书局1960年版，第7060页。

⑩ （唐）皮日休：《奉酬鲁望夏日四声四首》，见《全唐诗》卷六一六，中华书局1960年版，第7103页。

⑪ （唐）皮日休：《太湖诗·崦里》，见《全唐书》卷六一〇，中华书局1960年版，第7042页。

⑫ （唐）窦常：《北固晚眺》，见《全唐诗》卷二七一，中华书局1960年版，第3032页。

⑬ （唐）许浑：《题邹处士隐居》（一作《题裴处士园林》），见《全唐诗》卷五三一，中华书局1960年版，第6068页。

⑭ （唐）许浑：《秋晚怀茅山石涵村舍》，见《全唐诗》卷五三六，中华书局1960年版，第6123页。

⑮ （唐）陆龟蒙：《丹阳道中寄友生》，见《全唐诗》卷六二三，中华书局1960年版，第7167页。

⑯ （唐）皇甫冉：《寄高云》，见《全唐诗》卷二四九，中华书局1960年版，第2812页。

事寄萧侍郎呈萧常州复》云“衰鬓辞余秩,秋风入故园。……邻里桑麻接,儿童笑语喧”[①],描写的是常州的蚕桑业。诗人张籍在其著名的《江村行》中生动地刻画了江南民众耕田养蚕的情景:“桑林椹黑蚕再眠,妇姑采桑不向田。江南热旱天气毒,雨中移秧颜色鲜。”[②]江南农户夏日的生产经营跃然纸上。

与江南相比,歌咏淮南蚕桑的诗篇相对少一些,但也能充分体现出淮南蚕桑的概貌。李白《赠徐安宜》云“白田见楚老,歌咏徐安宜……川光净麦陇,日色明桑枝”[③],《白田马上闻莺》云“黄鹂啄紫椹,五月鸣桑枝。我行不记日,误作阳春时。蚕老客未归,白田已缫丝”[④],都言及了安宜白田一带的蚕桑业。楚州安宜县,唐代宗宝应元年(762)改为宝应县,日僧圆仁《入唐求法巡礼行记》开成四年(839)二月二十四日记道,卯时“到宝应县白田市,市桥南边有法华院”[⑤],可知白田市在宝应县,这一带在李白生活的盛唐时期蚕桑业已经有了相当的发展。中唐诗人李益在《莲塘驿》诗中咏道:“五月渡淮水,南行绕山陂。江村远鸡应,竹里闻缫丝。”[⑥]据诗人自注,莲塘驿“在盱眙界”,说明楚州盱眙县一带蚕桑业亦已成为农家的重要营生。歌咏扬州蚕桑的唐诗虽然很少,但是,作为江淮之间的重要产业之地,扬州蚕桑业的发展应该是在想象之中的。

随着蚕桑业的发展,大致在中唐以后,江淮地区植桑的规模越来越大,桑园、桑村、桑林等词汇频频出现在诗歌之中文献之中。崔峒《送韦八少府判官归东京》云“清淮水急桑林晚,古驿霜多柿叶寒”[⑦],郑谷《采桑》云“晓陌携笼去,桑林路隔淮”[⑧],都反映了淮河沿岸桑林遍布,农户采桑养蚕的情景。中唐诗人耿湋《送王秘书归江东》云“回首望知音,逶迤桑柘林”,则描写了江东的连片桑园。在种植规模扩大的同时,桑树品种的改良也取得了进展。桑树原来是乔木,树干、树冠高大,采桑时要攀爬上树。随着蚕桑事业的不断进步,战国秦汉时期黄河流域的人们就已经通过人工栽培和修剪技术,开始对乔木型桑树进行改良,使其向低干剪定型桑树发展。《诗经》有“爰求女桑”之句,郑玄注:“女桑,少枝长条。”东晋郭璞谓:“今俗呼桑树小而条长者为女

---

① (唐)戴叔伦:《郊园即事寄萧侍郎呈萧常州复》(一作《呈萧常州复》),见《全唐诗》卷二七三,中华书局1960年版,第3082页。

② (唐)张籍:《江村行》,见李冬生注《张籍集注》,黄山书社1988年版,第81—82页。

③ (唐)李白:《赠徐安宜》,见(清)王琦注:《李太白全集》卷九,中华书局1977年版,第465页。

④ (唐)李白:《白田马上闻莺》,见(清)王琦注:《李太白全集》卷二五,中华书局1977年版,第1165页。

⑤ [日]圆仁:《入唐求法巡礼行记》卷一。据唐李嘉祐《白田西忆楚州使君弟》、《送皇甫冉往安宜》等诗(见《全唐诗》卷二〇七)亦可知白田市在宝应县。

⑥ (唐)李益:《莲塘驿》,见《全唐诗》卷二八二,中华书局1960年版,第3210页。

⑦ (唐)崔峒:《送韦八少府判官归东京》,见《全唐诗》卷二九四,中华书局1960年版,第3348页。

⑧ (唐)郑谷:《采桑》,见《全唐诗》卷六七四,中华书局1960年版,第7705页。

桑。"说明至迟东汉时期已经出现了树小条长的树型，应是早期的地桑。唐代虽然乔木型桑树依然存在，如李贺《南园十三首》诗云"长腰健妇偷攀折，将喂吴王八茧蚕"①，及五代诗人贯休《偶作五首》云"尝闻养蚕妇，未晓上桑树。下树畏蚕饥，儿啼亦不顾"②，诗中所描述的桑树应该还是乔木型桑，然而，前述陆龟蒙《丹阳道中寄友生》诗中提到的"女桑"，就是地桑的树型了。前述陆龟蒙《奉和夏初袭美见访题小斋次韵》诗中还提到"百树鸡桑半顷麻"，鸡桑这一品种采用的可能也是地桑树型。地桑是一种既方便采摘，桑叶产量又高，桑叶品质又好的树种，蚕桑业的发展、丝织业的发展和丝绸质量的提高都同桑树的品种有着密切的关系，这些相关领域在唐后期的江淮地区都得到了同步发展。

三　苏州洞庭的柑橘生产

江苏省域位于中纬度地区，柑橘这一类喜温畏寒的亚热带常绿果树也能大面积种植。张籍《江南行》诗云"江南人家多橘树，吴姬舟上织白苎"③，描绘了江南数州种植尤广的情景。

唐代江苏省域扬、润、苏都有柑橘生产④，但只有苏州洞庭山（今苏州市吴中区洞庭东山、西山）一带所产的洞庭橘在唐代名冠天下。因其质量上乘，又产自苏州，触动了唐人的江南情结，因此，赞美洞庭橘的诗文俯拾皆是。韦应物云"怜君卧病思新橘，试摘犹酸亦未黄。书后欲题三百颗，洞庭须待满林霜"⑤；刘长卿云"木落姑苏台，霜收洞庭橘"⑥；陈羽云"霜中千树橘，月下五湖人。……明年还到此，共看洞庭春"⑦；赵嘏云"明日溪头寺，虫声满橘洲。倚栏香径晚，移石太湖秋"⑧；杜荀鹤云"去越从吴过，吴疆与越连。有园多种橘，无水不生莲"⑨；诗僧齐己云"洞庭栽种似潇湘，绿绕人家带夕

---

① （唐）李贺：《南园十三首·其二》，见《全唐诗》卷三九〇，中华书局1960年版，第4401页。

② （五代）贯休：《偶作五首》，见《全唐诗》卷八二八，中华书局1960年版，第9329页。

③ （唐）张籍：《江南行》（一题《江南曲》），见李冬生注：《张籍集注》，黄山书社1988年版，第69页。

④ 扬州产橘可见李白《秋日登扬州西灵塔》"露浴梧楸白，霜催橘柚黄"（见《全唐诗》卷一八〇）诗句，润州产橘可见李欣《送卢少府赴延陵》"北固波涛险，南天风俗殊。春江连橘柚，晚景媚菰蒲"（见《全唐诗》卷一三四）、岑参《送许拾遗恩归江宁拜亲》"大江盘金陵，诸山横石头。枫树隐茅屋，橘林系渔舟"（见《全唐诗》卷一九八）等诗句。

⑤ （唐）韦应物：《答郑骑曹青橘绝句》（一题《故人重九日求橘书中戏赠》），见《全唐诗》卷一九〇，中华书局1960年版，第1953页。

⑥ （唐）刘长卿：《吴中闻潼关失守因奉寄淮南萧判官》，见《全唐诗》卷一四九，中华书局1960年版，第1545页。

⑦ （唐）陈羽：《春园即事》，见《全唐诗》卷三四八，中华书局1960年版，第3890页。

⑧ （唐）赵嘏：《宿灵岩寺》，见《全唐诗》卷五四九，中华书局1960年版，第6346页。

⑨ （唐）杜荀鹤：《送友游吴越》，见《全唐诗》卷六九一，中华书局1960年版，第7926页。

阳。霜裛露蒸千树熟，浪围风撼一洲香”①。洞庭橘中，又以包山所产者最美。武元衡《送陆书记还吴》云“君住包山下，何年入帝乡。……橘柚吴洲远，芦花楚水长”②；陆龟蒙《奉和袭美太湖诗二十首·包山祠》云“风飘橘柚香，日动旛盖容”③。这些诗句都表明了苏州洞庭橘在唐代已经声名远播，不愧是橘中上品。

据唐人陈藏器《本草拾遗》载：“柑有朱柑、黄柑、乳柑、石柑、沙柑。橘有朱橘、乳橘、塌橘、山橘……就中以乳柑为上也。”④江南的柑橘以卢橘为多。卢橘初生时青卢色，黄熟则如金，又有金橘之称。钱起《送陆贽擢第还苏州》云“思亲卢橘熟，带雨客帆轻”，《送武进韦明府》云“卢橘垂残雨，红莲拆早霜”⑤，诗中称道的就是江南的卢橘；樊珣《状江南·仲夏》云“江南仲夏天，时雨下如川。卢橘垂金弹，甘蕉吐白莲”⑥，咏唱的也是卢橘。

朝廷指定的贡橘州中，苏州名列其中，所谓“包之橘柚，至自江湖，岁以为常”⑦，唐后期，苏州洞庭贡橘与常州义兴贡茶一样，往往由地方官亲自督办。白居易在苏州刺史任上，亲赴太湖中的洞庭山拣橘，留下了许多脍炙人口的诗篇。《宿湖中》云：“水天向晚碧沉沉，树影霞光重叠深。浸月冷波千顷练，苞霜新橘万株金。幸无案牍何妨醉，纵有笙歌不废吟。十只画船何处宿，洞庭山脚太湖心。”《拣贡橘书情》云：“洞庭贡橘拣宜精，太守勤王请自行。……疏贱无由亲跪献，愿凭朱实表丹诚。”《夜泛阳坞入明月湾即事寄崔湖州》云：“湖山处处好淹留，最爱东湾北坞头。掩映橘林千点火，泓澄潭水一盆油。”⑧跟随刺史同往督办拣橘的幕僚们也纷纷作诗相和，今存两首。张彤《奉和白太守拣橘》云：“凌霜远涉太湖深，双卷朱旗望橘林。树树笼烟疑带火，山山照日似悬金。行看采掇方盈手，暗觉馨香已满襟。拣选封题皆尽力，无人不感近臣心。”⑨及周元范《和白太守拣贡橘》云：“离离朱实绿丛中，似火烧山处处红。影下寒林沈绿水，光摇高树照晴空。银章自竭人臣力，玉液谁知造化功。看取明朝船发后，余香犹尚逐仁风。”⑩“若夕发于南国，已朝奉于北辰”⑪，经千挑万选选定后的贡橘，即刻

---

① （五代）齐己：《谢橘洲人寄橘》，见《全唐诗》卷八四五，中华书局1960年版，第9555页。

② （唐）武元衡：《送陆书记还吴》，见《全唐诗》卷三一六，中华书局1960年版，第3553页。

③ （唐）陆龟蒙：《奉和袭美太湖诗二十首·包山祠》，见《全唐诗》卷六一八，中华书局1960年版，第7124页。

④ （明）李时珍：《本草纲目》卷三〇《果之二》引，人民卫生出版社1982年版，第1792页。

⑤ （唐）钱起：《送陆贽擢第还苏州》、《送武进韦明府》，见《全唐诗》卷二三七，中华书局1960年版，第2640页。

⑥ （唐）樊珣：《状江南·仲夏》，见《全唐诗》卷三〇七，中华书局1960年版，第3490页。

⑦ （唐）仲子陵：《洞庭献新橘赋》，见《全唐文》卷五一五，中华书局1985年版，第5239页。

⑧ （唐）白居易：《宿湖中》、《拣贡橘书情》、《夜泛阳坞入明月湾即事寄崔湖州》，见顾学颉校点：《白居易集》卷二四，中华书局1979年版，第537—538页。

⑨ （唐）张彤：《奉和白太守拣橘》，见《全唐诗》卷四六三，中华书局1960年版，第5266页。

⑩ （唐）周元范：《和白太守拣贡橘》，见《全唐诗》卷四六三，中华书局1960年版，第5266页。

⑪ （唐）可频瑜：《洞庭献新橘赋》，见《全唐文》卷五二五，中华书局1985年版，第5339页。

装船北运，在最短的时间内送至长安。新橘初到，自然又免不了新赋篇章，今天可以读到的赞美洞庭新橘的就有仲子陵和可频瑜的两篇《洞庭献新橘赋》。

洞庭橘除上贡以外，更多的则应是作为商品供人消费，而且流通的范围很广，甚至北达中原地区。唐佚名《梨橘判》中记录了这样一个故事：郑州人刘元礼载梨往苏州，苏州人弘执信载橘向郑州，船行至徐城（今江苏泗洪县一带），因水流湍急，两船相撞，梨与橘皆流散。刘元礼的梨尽散，弘执信的橘则抢回了一半，刘元礼向弘执信索赔，弘不服。[①] 苏州人弘执信把本地的优质柑橘载往郑州一带贩卖。长途贩运的基础是规模经营，买贱鬻贵，从中获利。弘执信或许是专门从事贩运的水果商人，也不排除是苏州本地的橘园经营者，但无论何者，都可以说明一个问题，这就是苏州洞庭橘产量之大，品质之优。从这则故事中我们推测苏州洞庭山一带的柑橘生产已经出现了专业化倾向。前引陈羽"千树橘"、齐己"千树熟"、赵嘏"满橘洲"、白居易"新橘万株金"等诗句来看，洞庭山的橘园规模已经很大。当时长江中游荆州的富户崔导，因"种橘子千余株，每岁大获其利"[②]。崔导以经营橘园致富，而洞庭山拥有"千树橘"、"万株金"的人亦不在少，他们都应该与崔导一样，以经营橘园为主，柑橘的种植应该已是专业化生产。另一则唐佚名《橘奴判》中称："甲有橘奴，不书于版图，大比被纠，诉称田赋不缺。"[③]说的是某人没有将自己拥有的橘园申报官府，被官府征税时发现，此人辩称自己该交的田赋并没有少交。但官府的判决认为，如此"厚产"的橘园，怎能不上报官府承担赋税，却用缴纳与农民同等的田赋来搪塞。这则判例反映了专业化从事橘园生产的经营户获利之丰。这种专业化生产进入宋代以后表现得更加明显，文献中也出现了比较明确的记载，如宋人庄绰《鸡肋编》卷中就称："平江府洞庭东西二山，在太湖中……地方共几百里，多种柑橘桑麻，糊口之物，尽仰商贩。"[④]专门从事柑橘桑麻生产，其他生活物资均须通过交换获得，可见专业化程度已经相当高。只有在如此专业化的条件下，品种的改良才得以实现。唐代柑橘的优良品种为乳柑，又称真柑。唐代赞美洞庭橘的诗文中没有出现乳柑或真柑的名称，在宋代，洞庭东、西二山的真柑已是"其品特高。芳香超胜，为天下第一"[⑤]。

---

① (唐)佚名：《梨橘判》，见《文苑英华》卷五四六，中华书局 1966 年版，第 2791 页。

② 《太平广记》卷四一五《崔导》条载："唐荆州有富人崔导者，家贫乏，偶种橘子千余株，每岁大获其利。"中华书局 1961 年版，第 3382 页。

③ (唐)佚名：《橘奴判》，见《文苑英华》卷五四六，中华书局 1966 年版，第 2790 页。

④ (宋)庄绰撰，萧鲁阳点校：《鸡肋编》，中华书局 1983 年版，第 64 页。

⑤ (宋)范成大撰，陆振岳点校：《吴郡志》卷三〇《土物下》，江苏古籍出版社 1999 年版，第 445 页。

第七章　唐后期江苏地区手工业的发展

第一节　江淮制盐业

食盐是人类的生活必需品，不可一日无之，因此，制盐业是古今社会中关系到国计民生的一个重要生产部门，它的兴衰往往对整个社会经济的发展有着巨大的影响。唐代安史之乱以后，政府财政仰给江淮，盐税成为维持政府财政的重要支柱，加之今山东、河北等北方传统产盐区落入藩镇手中，西北盐池又多为吐蕃所占，因此，江淮沿海的制盐业异军突起，不仅带动了江淮社会经济的全面发展，促进了江淮地区的繁荣，而且对九世纪以后整个南方政治、经济的发展起到了积极的作用。

一　安史之乱前的江淮盐业

江苏沿海地区食盐生产的历史非常悠久，有文字记载的历史长达两千多年。《史记·货殖列传》中记载秦汉及其以前的食盐品种和消费区域时称："山东食海盐，山西食盐卤，岭南、沙北固往往出盐，大体如此矣。"今江苏地区属于崤山以东地区，是海盐生产和消费的主要区域。春秋五霸之一的吴王阖闾、战国名公子楚国春申君以及西汉初年分封在江苏地区的吴王刘濞，都凭借着"东有海盐之饶，章山之铜，三江、五湖之利"的优越自然条件，招致豪杰，独擅一方，使得今苏南的苏州地区成为"江东一都会也"[①]。尤其是西汉初年的吴王刘濞，"王四郡之众，地方数千里，内铸消铜以为钱，东煮海水以为盐"[②]，"以故无赋，国用饶足"[③]，依仗自身雄厚的经济实力掀起了吴楚

① 《史记》卷一二九《货殖列传》，中华书局1959年版，第3267页。

② 《史记》卷一一八《淮南衡山列传》，中华书局1959年版，第3087页。

③ 《汉书》卷三五《吴王濞传》，中华书局1962年版，第1904页。

七国之乱。

"煮海水以为盐"，显示了当时海盐制作的基本方法，即支灶釜熬煮海水为盐，亦称"煮海"。煮盐的锅釜称"牢盆"，专事煮盐的民户则称"牢户"或"盆户"，唐代称"亭户"或"盐户"。这种制盐方法一直持续到宋代，晚唐至北宋时期，虽然出现了浓缩海水增加盐卤咸度的盐田，也出现了"风干日曝盐味加，始灌潮波塯成卤"的说法，但成盐的最后程序依然是"投入巨灶炎炎热，晨烧暮烁堆积高，才得波涛变成雪"[①]，终须煮而成盐。因此，隋唐时期的海盐大部分是晒卤熬煮出来的。卢纶《送王录事赴任苏州》诗中所吟"古堤迎拜路，万里一帆前。潮作浇田雨，云成煮海烟"[②]，是唐代江淮制盐方式的形象描述。

今江苏省的海岸线绵延1000余公里，沿岸多为浅海滩涂，适合于海盐的生产。连云港市、盐城市、南通市沿海盐田广布，是我国重要的产盐区。这一产业格局早在隋唐时期已经形成，不过，由于海岸线的变迁，盐场的位置发生了巨大的变化，隋唐时期的产盐区域，今日早已变成了城市通衢或良田美宅。隋唐时期，长江以北的海岸线在今赣榆县城、阜宁县阜城镇、盐城市区、东台市东台镇和如东县掘港镇一线，长江以南的张家港市区至上海市区一线亦尚未成陆，长江口水面宽阔，潮汐汹涌。隋唐时期江苏沿海的自然条件与现代没有太大的区别，漫长的海岸线和浅海滩涂，沿海广袤的多年生禾本科植物芦苇，为食盐的生产提供了得天独厚的地理条件。

秦汉魏晋南北朝时期，海盐的主要产地集中在北方的渤海和黄海北部沿海，但六朝以后，随着开发区域的不断扩大，濒临今黄海南部和东海北部的江淮地区，煮海为盐的事例在史料中迅速增多。唐代前期，有关江苏沿海地区海盐生产的史料相当匮乏，但这并不意味着江苏沿海地区海盐生产的落后或停滞，可能只是在社会安定的局势下正常的生产经营没有载入国家的史籍而已。虽然如此，从零星的唐人诗篇中，我们依然可以看出江淮的海盐质量上乘，贩卖区域非常广阔。李白《梁园吟》诗云："玉盘杨梅为君设，吴盐如花皎白雪。持盐把酒但饮之，莫学夷齐事高洁。"[③]优质的江淮海盐（吴盐）在今河南商丘、开封一带是高档商品。玄宗先天二年（713）《行幸东都制》称："河洛为会同之府，周公测景，是曰中土。总六气之所交，均万方之来贡。引鱼盐于淮海，通秔纻于吴越，瞻彼洛汭，长无阻饥。"[④]东都洛阳的鱼盐来自淮海，且非常丰

① （宋）柳永：《煮海歌》，见《（元）大德昌国州图志》卷六。参见张泽咸：《唐代工商业》，中国社会科学出版社1995年版，第149页。

② （唐）卢纶：《送王录事赴任苏州》，见《全唐诗》卷二八〇，中华书局1960年版，第3187页。

③ （唐）李白：《梁园吟》，见（清）王琦注：《李太白全集》卷七，中华书局1977年版，第391页。

④ 《幸东都诏》，见（宋）宋敏求编：《唐大诏令集》卷七九，商务印书馆1959年版，第451页。

富。杜甫在作于今重庆奉节的《夔州歌十绝句》其七中吟道:“蜀麻吴盐自古通,万斛之舟行若风。”[①]在同年所作的《客居》诗中亦说:“蜀麻久不来,吴盐拥荆门。”[②]可见江淮沿海生产的海盐,一直流通到长江中上游地区。对产盐区的盐税收入及用途上,政府也随时进行调整,《新唐书·食货志》称:“负海州岁免租为盐二万斛以输司农。青、楚、海、沧、棣、杭、苏等州,以盐价市轻货,亦输司农。”[③]在当时的产盐大州中,今江苏省域的海、楚、苏三州名列其中。《新唐书·食货志》未言及的产盐大州其实还有扬州。贾至《送蒋十九文奏事毕正拜殿中归淮南幕府序》中描述了江淮海盐的丰盛:“今朝廷多故,戎狄未服,塞门不扃,人心惊骇。鱼盐之殷,舳舻之富,海陵所入也。”[④]海陵即今泰州。《新唐书》卷五四《食货志》所载当时四大海盐交易场中有涟水场。可见,虽然史料匮缺,但有一点是很清楚的,今江苏省域沿海各州均是产盐州,而且产量大,质量上乘。

二 安史之乱后江淮盐业地位的凸显

正因为江淮所产海盐量大质优,贩卖区域广阔,因此,在安史之乱爆发而政府财政陷入困境后,江淮的盐利马上成为政府解决危机的希望所在。《新唐书》卷五一《食货志》载:“肃宗即位,遣御史郑叔清等籍江淮、蜀汉富商右族訾畜,十收其二,谓之率贷。诸道亦税商贾以赡军,钱一千者有税。于是北海郡录事参军第五琦以钱谷得见,请于江淮置租庸使,吴盐、蜀麻、铜冶皆有税,市轻货繇江陵、襄阳、上津路,转至凤翔。”为了筹措平叛经费,乱中即位的唐肃宗首先派郑叔清往江淮、蜀汉向富户强征财产税。强征财产税终究只是一时的筹款方式,或许可解燃眉之急,但无法确保政府的财政收入,而第五琦的建议让唐朝在今后的百余年间获得了丰富和稳定的财源——江淮盐利。

唐肃宗乾元元年(758),第五琦被任命为盐铁使,全面负责盐务。他就任后制定了榷盐法,“就山海井灶,收榷其盐,立监院官吏。其旧业户洎浮人,欲以盐为业者,免其杂徭,隶盐铁使。盗煮私盐,罪有差。亭户自租庸以外,无得横赋”[⑤]。从此,盐业生产纳入了禁榷(专卖)体系,政府直接控制了海盐的产、供、销。盐户也隶属到了盐铁

---

① (唐)杜甫:《夔州歌十绝句》,见(清)仇兆鳌注:《杜诗详注》卷一五,中华书局1979年版,第1305页。

② (唐)杜甫:《客居》,见(清)仇兆鳌注:《杜诗详注》卷一四,中华书局1979年版,第1254页。

③ 《新唐书》卷五四《食货志》,中华书局1975年版,第1377页。

④ (唐)贾至:《送蒋十九文奏事毕正拜殿中归淮南幕府序》,见《文苑英华》卷七二〇,中华书局1966年版,第3728页。

⑤ 《唐会要》卷八七《转运盐铁总叙》,中华书局1955年版,第1588页。《旧唐书》卷一二三《第五琦传》、《新唐书》卷五四《食货志》。

使的管辖之下，不得自由改换职业，稳定了盐业生产的劳动人口。第五琦的盐法，使淮南盐业从过去的分散、自流的个体生产，转向较为集中、强制的专业经营，大大提高了生产能力，淮南盐业开始进入了迅速发展的阶段。

第五琦之后，理财专家刘晏“充东都、淮南、浙江东西、湖南、山南东道盐铁使”，主要负责东南盐铁事务。刘晏根据江淮海盐生产的特点及流通中的弊病，“上盐法轻重之宜”，对生产、销售体系进行了整顿，“以盐吏多则州县扰，出盐乡因旧监置吏，亭户粜商人，纵其所之”，把第五琦的民制、官收、官运、官销法，改为民制、官收、商运、商销法，即就盐场征税、批发专卖。同时还致力于指导盐户改善生产技术，“又以盐生霖潦则卤薄，暵旱则土溜坟，乃随时为令，遣吏晓导，倍于劝农”①。在刘晏盐法的推动下，江淮的制盐业有了长足的发展。

三 江淮盐业的生产与管理

经过刘晏改革后的盐法，江淮海盐的生产和专卖由巡院、盐监和盐场三级负责管理。② 沈亚之《杭州场壁记》中所谓的“国家始以输边储，塞不足于用，遂以盐铁、榷酤为助，使吏曹计其入。于郡县近利之地，得为院、场之署，以差高下之等”③，说的就是这种管理体系。巡院是设置在江淮漕路沿线上的盐铁转运使的下属机构，初置扬州、陈许、汴州、庐寿、白沙、淮西、甬桥、浙西、宋州、泗州、岭南、兖郓、郑滑十三所④，以后数目有所增加，名称也有所不同。今江苏省域内有浙西、扬州、白沙、泗州四巡院。巡院的职责主要有两大类：一是禁捕私盐，管理官盐的产销，因此又有榷盐院或盐院的称呼；一是经理租税物资的转运，察访赋税方面违敕不法之事，故又称转运院。对食盐专卖而言，巡院只是上级管理机构，通常不直接参与海盐的生产和征税事务。

盐监是设置在产盐集中地区的课税机构，政府产盐的配额以及专卖价格亦由盐监设定。《新唐书》卷五四《食货志》称刘晏“于是上盐法轻重之宜，以盐吏多则州县扰，出盐乡因旧监置吏，亭户粜商人，纵其所之”。同样的事《资治通鉴》亦有记载：“但于出盐之乡置盐官，收盐户所煮之盐转鬻于商人，任其所之，自余州县不复置官。”⑤文中的“盐官”就是《新唐书·食货志》中所称的“盐监”。设置于产盐地的盐监，从制盐

---

① 《新唐书》卷五四《食货志》，中华书局1975年版，第1378页。

② 参见高桥继男：《刘晏巡院的设置》，《集刊东洋学》第23辑，1972年；高桥继男：《唐代地方盐政机构——特别是关于盐监·（盐院）·巡院等》，《历史》第49辑，1976年；妹尾达彦：《唐后期江淮盐税机构的选址与功能》，《史学杂志》第91编第2号，1982年。

③ （唐）沈亚之：《杭州场壁记》，见《文苑英华》卷八〇七，中华书局1966年版，第4268页。

④ 《新唐书》卷五四《食货志》，中华书局1975年版，第1378页。其中“岭南”有误。

⑤ 《资治通鉴》卷二二六唐德宗建中元年(780)七月条，中华书局1955年版，第7286页。

的亭户(盐户)那里收集成盐,征收专卖税后转卖给商人,任由商人往各州县贩卖,因此,盐监是盐税征税的中心。《通典》卷一〇《食货》亦称:“自兵兴,上元以后,天下出盐,各置盐司,节级权利,每岁所入九百余万贯文。”①所谓“盐司”,指的也是盐监。在产盐地设置盐监征收专卖税这项刘晏的盐政,基本上为此后的唐代盐政所继承。当时在江淮沿海共设嘉兴、海陵、盐城、新亭、临平、兰亭、永嘉、大昌、候官、富都十个盐监,其中规模最大的是扬州海陵、楚州盐城、苏州嘉兴和杭州临平四监,苏州嘉兴监今地归浙江省,而江苏省域内的海陵监和盐城监是当时四大监中最著名者。

盐场是盐监管辖下的设置在产盐现场的机构,又称“煎盐停场”,属地方下级盐税机构。一般说来,一个盐监之下会设置多个盐场,盐场在盐监的管辖下直接向盐户收购成盐。盐场的记载,除最主要的几个外,缺漏甚多,实际数量必定很多,仅江苏省域内的盐城监下就有 123 场。

今江苏省域的扬州海陵和楚州盐城两大盐监,其生产能力居当时江淮制盐业之首。扬州海陵即今泰州市,当时处在海岸线旁,是西汉以来重要的海盐产地。宋人王象之所撰《舆地纪胜》卷四〇《淮南东路·泰州·古迹》海陵仓条引《元和郡县图志》称:“海陵仓即吴王刘濞之仓也。”②又称九世纪初江淮沿海具有代表性的盐监共有四个,扬州海陵监、楚州盐城监、浙西苏州嘉兴监、杭州临平监,并引《元和郡县图志》云:“今海陵县官置盐监一,岁煮盐六十万石。而楚州盐城、浙西嘉兴、临平二监,所出次焉。计每岁天下所收盐利,当租赋三分之一。”③唐人顾况《嘉兴监记》称,贞元十七年(801),江淮沿海地区的十个盐监中,六个大盐监的制盐规定额为三百万石④,平均每监制盐五十万石。但其他各监的产量均不满五十万石。据宋人施宿所纂《嘉泰会稽志》卷一七《盐》载“唐越州有兰亭监,官场五……配课盐四十万六千七十四石一斗”,年制盐量在四十万石余。江南其他各监的年产量也都在四十万石。⑤ 可见,扬州海陵监每年六十万石的制盐额,远远超过了浙东的兰亭等江南各监,也超过了当时六大盐监的平均生产量,无疑是当时全国最大的制盐基地。海陵监下的盐场史料阙如,但日僧圆仁的《入唐求法巡礼行记》中给我们留下了海陵监盐场的部分信息。《入唐求法

① (唐)杜佑撰,王文锦等点校:《通典》卷一〇《食货·盐铁》,中华书局 1988 年版,第 232 页。

② 今本《元和郡县志》缺淮南道,以宋王象之《舆地纪胜》所引为据。

③ “当租赋三分之一”,《太平寰宇记》卷一〇三《淮南道·泰州》土产·盐海陵条作“二分之一”,与《新唐书·食货志》“晏之始至也,盐利岁才四十万缗,至大历末,六百余万缗。天下之赋,盐利居半”、顾况《嘉兴监记》“其刀布比倍于租人”等说法同,应以为据。

④ 唐顾况《嘉兴监记》称,贞元“十年六监兴课特优,至是末期,从百万至三百万”。见《文苑英华》卷八〇八,中华书局 1966 年版,第 4269 页。

⑤ 参见张剑光:《唐五代江南工商业布局研究》,江苏古籍出版社 2003 年版,第 166 页。

巡礼行记》卷一承和五年(唐文宗开成三年,838)七月二日的日记中记载,掘港庭(今如东县掘港镇)"近侧有盐官"①,推测唐代已经在这一带广设盐场了。

楚州盐城的制盐业历史至迟始于秦汉。《旧唐书》卷四一《地理志》载:"盐城,上。本故汉盐渎县地。"唐武德七年(624)"置盐城县。有盐亭百二十三,有监"。盐城之地本是近海的沙洲,《舆地纪胜》卷三九《淮南东路·楚州·风俗形胜》引《元和郡县志》称:"州(洲)长百六十里,在海中。州上有盐亭百二十三所,每岁煮盐四十五万石。"可知盐城监下有盐场123处,每年的生产量为四十五万石,超出江南的兰亭等监,是当时全国第二大盐监。《新唐书·高骈传》载,高骈手下吕用之是"鄱阳人,世为商侩,往来广陵,得诸贾之欢"。后投入高骈门下,深得高骈信任。"萧胜纳贿用之,求盐城监,骈不肯,用之曰:'仙人言盐城有宝剑,须真人取之,唯胜可往。'骈许诺"②。萧胜为获得盐城监之职,行贿吕用之才得以实现,可见盐城监利益之巨大。

唐代海州的盐监、盐场因史料失载而无法详知,但这一带无疑也是重要的产盐区。玄宗开元二十一年(733),进士刘长卿作《宿怀仁县南湖寄东海荀处士》诗云:"寒塘起孤雁,夜色分盐田。"③唐怀仁县即今赣榆县,东海县在今连云港市云台山(治今连云港市东南南城镇)。盐田是用来储存海水浓缩盐卤的场所,广袤盐田的存在无疑是海盐大量生产的最好证明。

盐田之外,捍海塘的大规模修筑也是制盐技术提高的一个方面。为防止海水的侵入而筑起的捍海塘(防潮堤),一般认为能够起到保护农田的作用。但对沿海的盐场来说,海塘同样可以避免海塘内广阔的盐田、盐户的居住地、盐场的官舍等设施受到海潮的侵袭,使得制盐产业日趋稳定。刘晏改革江淮盐政之时,考虑到海盐的生产"生霖潦则卤薄,暵旱则土溜坟",于是乃"随时为令,遣吏晓导,倍于劝农"④,派遣官吏对盐场的生产进行技术指导,同时,在沿海筑起海塘,以确保制盐业的稳定发展。今北起阜宁县阜城镇,经盐城市区、东台市东台镇和如东县掘港镇一线的海塘,就是唐代宗大历年间淮南节度判官李承负责修建的,"遮护民田,屏蔽盐灶,其功甚大",后经北宋增筑,称"范公堤"。⑤ 海塘的修筑是盐田普及的一个旁证,也是唐宋时期江苏盐

① [日]圆仁撰,顾承甫、何泉达点校:《入唐求法巡礼行记》卷一承和二年七月二日,上海古籍出版社1986年版,第4页。

② 《新唐书》卷二二四下《叛臣传·高骈》,中华书局1975年版,第6396页。

③ (唐)刘长卿:《宿怀仁县南湖寄东海荀处士》,见《全唐诗》卷一四九,中华书局1960年版,第1534页。

④ 《新唐书》卷五四《食货志》,中华书局1975年版,第1378页。

⑤ (清)顾祖禹撰,施和金点校:《读史方舆纪要》卷二二《南直四·淮安府》盐城县条,中华书局2005年版,第1083页。参见本田治:《宋元时期的浙东海塘》,《中国水利史研究》第九号,1979年;谭其骧:《上海市大陆部分的海陆变迁和开发过程》,《文史论丛》,1974年。

业发展的重要象征,同时也为以后制盐业从煮盐到晒盐提供了技术准备。

为了便于海盐的外运,连接运河与产地之间的运盐河的修整也进入了一个发展时期。见于记载的运盐河主要有三条:第一条是从今如东掘港附近,经如皋、江都通往扬州的水道。清人顾祖禹《读史方舆纪要》卷二三《南直五·通州》运盐河条称:"自江都湾头经泰州如皋县流入界,至州东北三十里接西亭河。"这条水道的历史非常悠久,沟通了海陵监与扬州,海陵监生产的海盐经过这条水道在扬州集散,然后经南北的运河和东西的长江运往全国各地。这条运盐河上的运盐船只非常多,入唐求法僧圆仁从掘港沿岸登陆后就是沿着这条运盐河前往扬州的,沿途所见"盐官船积盐,或三四船,或四五船,双结继编,不绝数十里,相随而行",如此之多的运盐船以及船只的编续方法,让圆仁"乍见难记,甚为大奇"。①

第二条运盐河在今高邮市东北。《读史方舆纪要》卷二三《南直五·高邮州》运盐河条称:"在州城东北。一名闸河,又名东河。东流八十里抵兴化县河口镇,又东接泰州运河,又东至白驹、刘庄二闸。其西通新开河。宋绍熙五年淮东提举陈损之言'自高邮、兴化至盐城二百四十里,其堤岸旁开一新河以通舟船,仍存旧堤,以捍风浪',即此河也。"北宋时沿旧堤开凿新河,其旧堤所夹的水道必是唐以来的旧运盐河。这条运盐河沟通了产盐地盐城监与运河,使得盐城监生产的海盐能够通过运河南下扬州或北上楚州。

第三条运盐河位于淮河以北,南起涟水县,经今灌南县、灌云县,到连云港市的海州区。据《新唐书》卷三八《地理志》泗州涟水县条载,这条水道开凿于武则天垂拱四年(688),当时称"新漕渠"。唐代宗宝应年间(762—763)重修。宋人王谠《唐语林》卷五载:"海州南有沟水,上通淮楚,公私漕运之路也。宝应中,堰破水涸,鱼商绝行。州差东海令李知远主役修复。"②自古鱼盐是一家,"鱼商"经营的大宗产品应是食盐。这条水道后改称运盐河,沟通了海州的盐产地与淮水、运河。

以上三条运盐河作为运河的支线,与运河、淮河之间形成了水运网络,保证了江淮沿海盐场海盐的便捷外运。海塘的建造,运盐河的疏治,也给周边农田的开发也带来了深刻的影响,江苏省域的开发从此朝着东部沿海扩大,海陵、盐城这样原来自然条件较差、经济发展相对落后的海滨滩涂地区,在唐后期也分别成为当时的"望县"和"上县"。

江淮盐业的长足发展,为唐后期中央政府的财政收入,换言之为唐帝国的存续作

---

① [日]圆仁撰,顾承甫、何泉达点校:《入唐求法巡礼行记》卷上承和二年七月廿一日,上海古籍出版社 1986 年版,第 7 页。

② (宋)王谠:《唐语林》卷五《补遗》,上海古籍出版社 1978 年版,第 180 页。

出了重大的贡献。安史之乱后，黄河流域已成为藩镇割据混战的角逐场所，战争不休，动乱频仍，河南道棣州、河北道沧州等渤海沿岸的传统产盐区被藩镇掌控，以至"河北盐法羁縻而已"[①]。帝国的西北地区则"边候空虚，故吐蕃得乘隙暴掠"[②]，西北产盐区的灵州温池等内陆盐池落入吐蕃之手。盐州白池、丰州胡落池分属河东节度使、河东供军使管辖，处于半独立状态。"国家用度尽仰江淮，若阻绝不通，则上自九庙，下及十军，皆无以供给。"[③]在这种政治、经济、财政的格局下，江淮成为唐中央政府财赋最重要的渊薮。而江淮财赋中，盐利又占到一半以上，"天下之赋，盐利居半，宫闱服御、军饷、百官禄俸皆仰给焉"[④]。刘晏接手江淮盐政之初，"盐利岁才四十万缗"，到十余年后的大历末年，已达到了"六百余万缗"[⑤]，淮南盐业的发展所增加的巨额财富，不但使唐政府摆脱了战乱造成的财政危机，维系了中央政府的生存，同时又极大地提高了江淮地区的经济实力，使原先经济相对落后的江淮地区成为一个繁荣富庶的地区，提高了今江苏省域在帝国中的政治地位。

第二节　造船航运业

今江苏省域滨江临海，湖沼广布，河道纵横，自古以来皆以舟船为主要交通工具，因此造船航运业非常发达。隋平陈以后，为防范江南民众因势聚众闹事，于开皇十八年(598)正月下令收缴江南民间大船，诏令称："吴越之人，往承敝俗，所在之处，私造大船，因相聚集，致有侵害。其江南诸州，人间有船长三丈已上，悉括入官。"[⑥]隋制三丈约合今 9 米，长 9 米以下的船只留给民间日常使用，9 米以上的船全部收归官有。这道诏书从一个侧面告诉我们，隋及隋以前江南民间的造船业是比较发达的。南北大运河沟通之后，由于漕运的兴起，水上交通运输的发展，江南造船业进入了一个新的发展时期，不论是官府与民间，其生产规模、数量、种类，以及造船技术等方面，都有很大的发展和创新。唐代，淮南、江南的沿江地区是全国最重要的造船基地，而淮南道首府扬州和江南道首府润州又是江淮最主要的造船中心。

---

①④⑤ 《新唐书》卷五四《食货志》，中华书局 1975 年版，第 1380、1378 页。

② 《新唐书》卷二一六上《吐蕃传》，中华书局 1975 年版，第 6087 页。

③ 《资治通鉴》卷二五〇唐懿宗咸通元年(860)三月条，中华书局 1955 年版，第 8081 页。

⑥ 《隋书》卷二《高祖纪》，中华书局 1973 年版，第 43 页。

一 隋唐时期的官府造船业

隋炀帝即位后疏通南北运河，江淮的造船业随即迎来了第一个高峰。大业元年(605)八月，通济渠、邗沟完工后，隋炀帝就迫不及待地出巡江都。从当时中原地区的植被情况来看，洛阳及其附近已经很难找到制造大船所需的大量木材，于是大业元年三月，炀帝在诏令营建东都、开通济渠和邗沟的同时，“遣黄门侍郎王弘、上仪同于士澄往江南采木，造龙舟、凤艒、黄龙、赤舰、楼船等数万艘”①。从下诏造船到出巡江都，其间只有短短的五个月的时间，王弘、于士澄等人将江南采集的木材运回洛阳，然后造出各种船只数万艘，这种可能性非常小，因此，所谓“往江南采木，造龙舟、凤艒、黄龙、赤舰、楼船等数万艘”，只能是在江南采木，依靠江南造船工匠的丰富经验就地制造，而造船的地点应该就在长江下游沿岸靠近运河附近的扬、润、常、苏、杭等州。据《资治通鉴》的记载，炀帝本人乘坐的龙舟共四层，高四十五尺(约 13 米)，宽五十尺(约 14.7 米)，长二百尺(约 59 米)，上层有正殿、内殿、东西朝堂，这完全是宫殿布局的缩微。中间二层有一百二十间房，均用金玉装饰。下层是内侍们的居处。萧皇后乘坐的翔螭舟，比龙舟小一些，但装饰相同。另外还有浮景九艘，船高三层，供嫔妃们乘坐。帝后嫔妃们的龙舟、翔螭、浮景，均称“水殿”，即行走于水上的宫殿群，可见船只的规模之大。挽船之士称“殿脚”，多达九千余人。此外，还有漾彩、朱乌、苍螭、白虎、玄武等舟数千艘，供诸王、公主、百官、僧尼、道士、蕃客乘坐，及载内外百司供奉之物，共用挽船之士八万余人。又有平乘、青龙、艨艟、艚艑、八棹、艇舸等数千艘，是十二卫将兵的乘舟，并载兵器帐幕。巡行江都的行列共有船只数千艘，前后延续二百余里。以上这样的描述或许有些夸张，但在短时间内就能造出如此众多的大小船只，这一点依然反映了江南造船业的高度发展。

唐太宗时为进攻高丽，贞观十八年(644)，“敕将作大监阎立德等诣洪、饶、江三州，造船四百艘以载军粮”②。洪(治今江西南昌市)、饶(治今江西鄱阳县)、江(治今江西九江市)三州盛产木材，从其用途来看，三州所造船只大多为内河漕船。同年命张亮率领水师“帅江、吴、京、洛募兵凡四万，吴艘五百，泛海趋平壤”③。泛海趋平壤的五百只航海大船被称为“吴艘”，而在此前新罗向唐朝求救时，唐太宗就曾命“吴船四百柁输粮”④，可见“吴艘”、“吴船”都是吴地制造的航海船只，而今江苏省域即为吴地的核心区域。贞观二十一年(647)八月，又“敕宋州刺史王波利等发江南十二州工人造

---

① 《隋书》卷三《炀帝纪》，中华书局 1973 年版，第 63—64 页。

② 《资治通鉴》卷一九七唐太宗贞观十八年(644)七月条，中华书局 1955 年版，第 6209 页。

③④ 《新唐书》卷二二〇《东夷传·高丽》，中华书局 1975 年版，第 6189 页。

大船数百艘,欲征高丽"[①],据胡三省注,这12州中分别为宣、润、常、苏、湖、杭、越、台、婺、括、江、洪,今江苏省域的润、常、苏三州首当其冲,说明唐前期润、常、苏三州是今江苏省域的造船中心,而且也是全国的造船中心之一。

今江苏地区隋和唐前期除制造大型的御用船只和航海船只外,还大量制造内河航运船只。唐前期,航行在运河线上的漕船,大都产自江南。由于运河及黄河水势的季节性变化,漕船从江南各州出发,将租米庸调送达洛阳,前后需要十个月以上的时间,有的甚至需要一年的时间,途中停的时间多,航行的时间少,即所谓"吴船不便河运"。安史之乱以后,江淮成为政府财政的渊薮,漕运的压力一下子凸显了出来。唐代宗大历年间,财臣刘晏坐镇扬州负责督办盐铁转运,为了即时启运江淮财赋,在扬州沿江设立大型船场,制造漕运专用船只,推动了扬州造船业的大踏步发展。刘晏"乃置十场于扬子县,专知官十人,竞自营办"[②]。在长江北岸的扬子县(治今扬州市南郊扬子桥附近)设置十个造船场,"每艘给钱千缗"[③]。每艘船的造价在千缗,即一百万钱,当时朝廷对其非议颇多,但刘晏坚决主张从长远利益出发,"若始谋便朘削,安能长久",因此坚持力求"官物坚固"[④]。其实50年后,扬子船场一艘船的造价也只要五百千,即刘晏当初议价的一半,但由于50年前的超量投资,使得扬子船场资金雄厚,一直以来能够坚持质量第一。刘晏设计制造的内河漕运船名"歇艎支江船","为歇艎支江船二千艘,每船受千斛,十船为纲,每纲三百人,篙工五十人,自扬州遣将部送至河阴,上三门,号上门填阙船"[⑤]。歇艎支江船的载重为一千斛,约当今制71吨。这种船与之前的江南漕船形制上可能有些不同,从扬州经山阳渎北上,过淮河,溯汴渠(通济渠)至河阴(汴渠入黄河处),一改之前吴船不便河运、吴人不便漕挽的不足,直接进入黄河,并因此溯河西上,经过三门砥柱,直接将江淮的财赋物资送达关中,大大缩短了江淮财赋物资的漕运时间,缓解了朝廷的燃眉之急,因此被称为"上门填阙船"。当然,这样的航运必须配备熟悉运河、淮河、黄河等不同水情的专业水工,但漕船的改良是前提。刘晏编十船为一队,称为一纲,每纲三百人,篙工五十人,江淮财赋物资的漕运进入了专门化运输的阶段。这种联船而行的情景,直至今日,依然是今江苏地区运河上常见的风景。刘晏在扬子县置十场造船后,扬州成为唐代造船业的重要基地。

江南的战船制造亦堪称发达。前述征高丽用的海船多由润、常、苏三州制造,唐后期,战船的制造也是日常性的,其中最著名的是楼船的制造。德宗建中年间(780—

---

① 《资治通鉴》卷一九八唐太宗贞观二十一年(647)八月条,中华书局1955年版,第6249页。

②④ (宋)王谠:《唐语林》卷一《政事上》,上海古籍出版社1978年版,第23页。

③ 《资治通鉴》卷二二六唐德宗建中元年(780)七月条,中华书局1955年版,第7287页。

⑤ 《新唐书》卷五三《食货志》,中华书局1975年版,第1368页。

783)，李希烈作乱，德宗四处避难，为准备德宗的南迁并震慑李希烈，镇海军节度使、润州刺史韩滉在润州沿江“造楼舰三千柁，以舟师由海门大阅，至申浦乃还”[①]。《通典》描述楼船称：“船上建楼三重，列女墙战格，树幡帜，开弩窗、矛穴，置抛车、垒石、铁汁，状如城垒。忽遇暴风，人力不能制，此亦非便于事，然为水军，不可不设，以成形势。”[②]《通典》作于贞元年间（785—805），杜佑描述的楼船必定是参照了同时期如韩滉造的楼船，因此，润州楼船大体上如杜佑所述，达到了壮军威、张声势的目的。建中三年（782）韩滉在浙江东西道四处购粮，组织镇兵武装纲运，一时间“江淮之间，楼船万计”[③]，护送一百多只漕船冲破叛军阻隔，缓解了关中的燃眉之急。所谓“楼船万计”，当指浙西的漕船和武装护送的战船，同样，李德裕出镇浙西时，境内“楼船称万艘”[④]，这些船只为确保江淮财赋的顺利北运做出了重大贡献。苏州所造战舰在唐末也颇具规模，唐末张雄据苏州时，曾造战舰千余艘，出没于江海之间。[⑤] 沿江的金陵也是造船的重要地点之一，唐末冯弘铎治水军于金陵，“楼船之盛，闻于天下”[⑥]，割据宣、扬二州之间，“自恃楼船之强，不事两道”[⑦]，宁国节度使田颙想吞并冯弘铎，招募曾为其制造楼船的工匠仿造战舰，工人则对田颙说：“冯公每一舟，必远求楩楠。既成，数十岁为用。余木性不禁水，非久必败。”[⑧]可见冯弘铎在金陵所造楼船的用材之精。杨吴、南唐水军十分强盛。杨吴与吴越在狼山江面作战，杨吴军舰质量远胜吴越，“危樯巨舰，势若云合”，“既高且巨”[⑨]。杨吴及其南唐的造船中心在扬州和金陵，因此，狼山海战中的战舰大多应是扬州、金陵两地的官府造船场制造的。宋人龙衮在其《江南野史》卷三中对南唐的战船制造业有如此描述：“建康城外沿江排大楼航，皆有将军之封，忽一艘且吼如人，声闻于十数里。”可见立国于江南的政权，长于水战，楼船战舰的制造代有发展。

二　民间的造船及航运业

与官府造船业的大规模、大批量相比，民间造船业则更具有一种日常性，大到江

---

① 《新唐书》卷一二六《韩休传附韩滉传》，中华书局1975年版，第4435页。《旧唐书》卷一二六《韩滉传》称：“造楼船战舰三十余艘，以舟师五千人由海门扬威武，至申浦而返。”数量为“三十艘”。《嘉定镇江志》卷一〇《兵防》、《玉海》卷一四七均称“三千柁”，应以“三千”为准。

② （唐）杜佑撰，王文锦等点校：《通典》卷一六〇《兵十三·水平及水战具》，中华书局1988年版，第4122—4123页。

③ （唐）赵元一：《奉天录》卷二，丛书集成初编本。

④ （唐）元稹：《奉和浙西大夫李德裕述梦四十韵》，见《元稹集·外集》卷七，中华书局1982年版，第692页。

⑤ 《资治通鉴》卷二五六唐僖宗光启二年（886）十月条，中华书局1955年版，第8340页。

⑥ （宋）路振：《九国志》卷二，丛书集成初编本。

⑦⑧ 《资治通鉴》卷二六三唐昭宗天复二年（902）六月条，中华书局1955年版，第8575页。

⑨ （清）吴任臣：《十国春秋》卷七九《文穆王世家》，中华书局1983年版，第1119页。

海的贸易商船，小到沟浦田间的蚱蜢舟，只要有需求就能制造出来。由于这些船只与国家的政治、社会大局关系相对疏远，因此留下的文献记载并不多，然而我们依然可以通过唐人的笔记小说窥知一二。

唐后期东南沿海从事海外贸易的商人不在少数。例如，日僧圆仁在其《入唐求法巡礼行记》中就留下了很多这方面的材料。大中元年(847)六月九日，“得苏州船上唐人江长，新罗人金子白、钦良晖、金珍等书云：从苏州松江口发往日本国。过廿一日，到莱州界崂山，诸人商量，日本国僧人等，今在登州赤山，便拟往彼相取，往日临行，次遇人说：‘其僧等已往南州，趁本国船去。’今且在崂山相待，事须回棹来云云”[①]。圆仁准备搭乘回国的船只明确是苏州人江长的船，船上的航海人员有新罗人金子白等人，共记 44 人。苏州人江长带着熟悉海路的新罗雇员一起，往来于唐和日本之间从事双边贸易，并捎带往来客人，从信中可知，江长是一定要做圆仁这笔生意的，而且一起搭乘此船回日本的还有日本人宗兼等。除苏州人江长外，《入唐求法巡礼行记》中还留下了其他一些唐代江苏人的航海贸易活动。如会昌三年(483)九月，往日本的商船从楚州出港，会昌五年(845)商人李德麟往日本贸易的回程船抵达常州，会昌六年(846)从日本出港的商船抵达扬州，等等，类似事例不少。懿宗咸通五年(864)，“南蛮攻安南府，连岁用兵，馈挽不集，诏江淮盐铁巡院和雇舟船，运淮南、浙西道米至安南”[②]。润州人陈磻石诣阙上书，认为应改变从江西湖广往岭南运粮的路线，直接从海路运淮南、浙西米到安南。上书中说：“臣弟听思曾任雷州刺史，家人随海船到福建，往来大船一只，可致千石。”[③]这些事例说明，唐后期江苏省域沿江沿淮沿海诸州能够制造航海大船，且具有相当的安全性，而这些航海大船均应是当时民间船场所造。

航行于长江、运河及其他水道上的船只数量更多，所谓“东南郡邑无不通水，故天下货利，舟楫居多”[④]。富商大贾的商船往来于长江、运河之中，以货利为业，商船十分宏大豪华。当时谚云“水不载万”，意为大船不过载重八九千石(600 吨左右)，“然则大历、贞元间，有俞大娘航船最大，居者养生送死嫁娶悉在其间；开巷为圃，操驾之工数百，南至江西，北至淮南，岁一往来，其利甚博，此则不啻载万也。洪、鄂之水居颇多，与邑殆相半。凡大船必为富商所有，奏商声乐，从婢仆，以居柂楼之下，其间大隐，亦可知矣”[⑤]。像俞大娘航船这样规模巨大的船只载重已达万石，从上文的描述中可

---

① [日]圆仁撰，顾承甫、何泉达点校：《入唐求法巡礼行记》卷四大中元年六月九日，上海古籍出版社 1986 年版，第 200 页。

② (宋)王溥：《唐会要》卷八七《转运盐铁总叙》，中华书局 1955 年版，第 1594 页。

③ 《册府元龟》卷四九八《邦计部·漕运》，中华书局 1960 年版，第 5971 页。

④⑤ (唐)李肇：《唐国史补》卷下，上海古籍出版社 1957 年版，第 62—63 页。

知,船主及其家人、雇员一年四季生活在航行之中,生老病死、婚丧嫁娶均在船上,完全是航运的专业户,长江中下游地区这样的专业户"与邑殆相半",虽不乏夸张,但数量当不在少。

《河东记》叙述了王屋灵都观道士萧洞玄周游天下之事。贞元年间(785—805)他从浙东往扬州的途中,至庱亭埭,当时"舳舻万艘,隘于河次。堰开争路,上下众船,相轧者移时"[①]。庱亭埭是今丹阳和武进交界处运河上的过船设施,《元和郡县图志》卷二五润州丹阳县条下载:"庱亭垒,在县东四十七里。本苏峻将管商攻略晋陵,郗道徽以此地东据要路,北当武进,故遣督护李闳筑此拒之。今置埭。"可见江南运河上的繁忙程度。圆仁《入唐求法巡礼行记》保留扬州一带河道航运的资料更多,如开成三年(838)七月十七日,"射手大宅宫继与押官等十余人,从如皋镇家将卅余草船来";七月十八日,"水牛二头,以系卌余舫,或编三艘为一船,或编二只为一船,以缆续之。前后之程,难闻相唤,甚征稍疾";七月二十一日,"半夜发行。盐官船积盐,或三四船,或四五船,双结续编,不绝数十里,相随而行。乍见难记,甚为大奇";七月二十五日,"自(禅智)桥西行三里,有扬州府……江中充满大舫船、积芦舡、小船等,不可胜计"[②]。这些船只大多编续而行,少则二三艘,多则四五艘,前后相继,不绝数里,这正是刘晏倡导的"纲运法"。纲运的普及,反映了唐后期货物运输规模化程度的日益提高。

至于民间生产、生活、娱乐的日用船只制造,则更是数不胜数,如往来沟浦捕鱼捉虾的蚱蜢舟,坐钓的五泻舟,运草的草船、积芦船,便于晚上行走的夜航船,等等,不一而足。在水网地区,"每家皆有酒,无处不过船"[③];"处处楼前飘管吹,家家门外泊舟航"[④]。至于竞渡船的制造,江淮尤多。张鷟《五月五日洛水竞渡船十只请差使于扬州修造须钱五千贯请速分付》称:"竞渡所用,轻利为工。创修十只之舟,费直五千余贯。"[⑤]可见当时扬州制造的竞渡船闻名天下,朝廷端午洛水竞渡的船只也在扬州定制,由于是朝廷用船,因此,质量、装饰都应是最高等级的,一只的造价达五百余贯。

唐代,我国造船技术的一项重大进步是榫接和钉接技术的采用,这一技术的出现和成熟,为大型船只的制造提供了技术支持。1973年,如皋马家河边曾出土一只唐代木

① 《太平广记》卷四四《萧洞玄》引《河东记》,中华书局1961年版,第277页。

② [日]圆仁撰,顾承甫、何泉达点校:《入唐求法巡礼行记》卷上开成三年七月十七日至二十五日,上海古籍出版社1986年版,第5—8页。

③ (唐)白居易:《和梦得夏至忆苏州呈卢宾客》,见顾学颉校点:《白居易集》外集卷上,中华书局1979年版,第1517—1518页。

④ (唐)白居易:《登阊门闲望》,见顾学颉校点:《白居易集》卷二四,中华书局1979年版,第533页。

⑤ (唐)张鷟:《五月五日洛水竞渡船十只请差使于扬州修造须钱五千贯请速分付》,见《全唐文》卷一七三,中华书局1983年版,第1761页。

船，船长 17.32 米，形状细长，头尾稍狭，共有 9 个分隔舱，计算载重约 20 吨。船底用三块木料榫接为一个整体，两侧舷板以及分舱隔板都用铁钉作人字缝钉接，接缝处填石灰桐油，严密坚固。[①] 实物证明了这种技术已经广泛用于江河湖海的各类船只之中。

第三节　金银铜制造业

一　扬、润二州的金银器制造

《唐六典》、《通典》、《元和郡县图志》、《新唐书·地理志》等唐代史籍中，对全国各府州的矿冶分布及产量、税收都有不同程度的记载，其中成书较晚的《新唐书·地理志》的记载应该最为完整，可以反映出唐代金银矿冶的概貌。据日本学者加藤繁的统计，《新唐书·地理志》所载唐代产、贡金的府州有关内道一州，河南道一府，山南道八州，陇右道四州，江南东道二州，江南西道十州，剑南道十八州，岭南道三十九州；产、贡银的府州有关内道一州，河南道二州府，河东道一州，山南道一州，江南东道五州，江南西道十州，剑南道一州，岭南道四十七州。[②] 在众多的产、贡金银府州中，属于今江苏省域的贡金、银州只有扬州一州。虽然《新唐书》卷五四《食货志》中称"凡银、铜、铁、锡之冶一百六十八，陕、宣、润、饶、衢、信五(六)州银冶五十八，铜冶九十六，铁山五，锡山二，铅山四"中有润州，但是，《食货志》所载的矿冶种类包含银、铜、铁、锡、铅等五金，不单指银冶，润州列入其中，应该是指《新唐书》卷四一《地理志》润州条下的"伏牛山铜器"。因此，唐代产、贡金银的州郡中，今江苏地区仅见扬州。

《新唐书》卷四一《地理志》扬州条记其土贡为："金、银、铜器、青铜镜、绵、蕃客袍锦、被锦、半臂锦、独窠绫、殿额莞席、水兕甲、黄稑米、乌节米、鱼脐、鱼鲙、糖蟹、蜜姜、藕、铁精、空青、白芒、兔丝、蛇粟、括蒌粉。"虽然不排除扬州本地拥有金、银、铜矿冶的可能性，但从唐代扬州万物输汇、百工所聚的特殊地位来看，这里使用的金、银、铜应该是从它州输入的。所谓"金、银、铜器"应该是金、银、铜制作的器皿，扬州只是金、银、铜器的生产加工地。

扬州对岸的润州，《新唐书·地理志》载其土贡中除"伏牛山铜器"外虽然不见有金、银器，但从当时人的奏章文稿以及考古出土的实物可知，润州的金、银器生产之盛甚至超过扬州，制作的金银器皿往往是皇室和中央朝廷宣索的重要物品。润、扬二

---

① 南京博物院：《如皋发现唐代木船》，《文物》1974 年第 5 期。

② ［日］加藤繁著，中国联合准备银行译：《唐宋时代金银之研究》，中国联合准备银行 1944 年版。其他著述也有各种统计，数据上略有差异，具体请参见张泽咸：《唐代工商业》，中国社会科学出版社 1995 年版，第 13 页。

州，成为唐后期全国高档金银器制作加工的中心。

金银器制造业的发达，在创造了繁花似锦的物质文化的同时，也是社会趋向奢侈的一个表现，这主要表现为皇族和权贵们的奢靡和贪欲。

使用金银器皿能够延年益寿的意识在唐代非常盛行。《太平御览》卷八一二《珍宝部·银》载："武德中，方术人师市奴合金银并成，上（唐高祖）异之，以示侍臣。封德彝懿进曰：'汉代方士及刘安等皆学术，唯苦黄白不成，金银为食器可得不死。'"①唐晚期的李德裕在上书劝说唐敬宗时也说："臣又闻前代帝王，虽好方士，未有服其药者。故《汉书》称黄金可成，以为饮食器则益寿。又高宗朝刘道合、玄宗朝孙甑生，皆成黄金，二祖竟不敢服。"②两则话题虽然都起因于道士的黄白之术，但是，所反映的金银器皿能够延年益寿这一意识是很明确的。

唐前期对金银器的使用有着比较严格的规定，不是任何人都能使用的。《唐律疏议》卷二六《杂律》舍宅舆服器物条规定："器物者，一品以下，食器不得用纯金、纯玉。"《唐会要》卷三一《杂录》记载神龙二年（706）九月，"仪制令诸一品已下，食器不得用浑金玉，六品以下，不得用浑银"。从这些规定中可以看出，作为皇室成员和开国元勋等一品官员以外，其他人员不得使用纯金玉的食器，六品官员以下的人员不得使用纯银的食器。使用金银器成为等级身份的标志。

由于金银器这些特征，使其在实用性之外又对政治生活发挥了特殊的作用。皇室和权贵们对金银器皿的特殊喜好，使得地方官僚有了通过向皇帝和朝廷权贵进奉金银器邀宠的机会。早在高宗、武则天时期就已经出现了地方官向皇帝进奉金银器的事例。③ 到玄宗时期，进奉之风开始盛行。安史之乱以后，每逢元旦、端午、冬至和皇帝的诞日，地方官员在地方赋税之外都得以私人名义贡献财物以表忠心，号为"四节进奉"。此外还经常以"助军"、"贺礼"、"助赏"等各种名目进奉财物，有些地方官甚至每月进奉（月进）、每日进奉（日进），进奉之风愈演愈烈。在种类繁多的进奉物品中，体积轻巧、价值昂贵的金饼银铤或金银器皿是其中的首选。

安史之乱以前江苏地区的金银器生产，因资料缺乏，具体情况不明。安史之乱以后，与金银器有关的记载频频见于史籍诗文。从这些记载中可以看出，淮南道首府扬州、浙江西道首府润州逐渐成为皇室和朝廷金银器的供应地，淮南和浙西的地方官员也成为金银及金银器进奉的主要人员。

唐代宗大历年间（766—779），扬州一带就应该出现了较大规模的金银器生产作

---

① 《太平御览》卷八一二《珍宝部·银》引《唐书》，中华书局1960年版，第3608页。

② 《旧唐书》卷一七四《李德裕传》，中华书局1975年版，第4518页。

③ 《旧唐书》卷八一《李敬玄传》，中华书局1975年版，第2756页。

坊。《旧唐书》卷一二四《田神功传》载，因刘展割据江淮发动反叛，邓景山引平卢节度都知兵马使田神功助讨，许以金帛子女。田神功"至扬州，大掠百姓商人资产，郡内比屋发掘略偏，商胡波斯被杀者数千人……大历三年三月，朝京师，献马十匹、金银器五十件、缯彩一万匹"。田神功进奉的五十件金银器，毫无疑问是取自扬州的。进入9世纪以后，皇室和中央朝廷的金银器更依赖于扬州。王播任淮南节度使和盐铁转运使期间，史籍中就留下了他三次进奉金银器的记载。长庆四年(824)"淮南节度使王播进宣索银妆奁二"[①]，太和元年(827)，"又进银榼二百枚，银盖碗一百枚，散碗二千枚"[②]，入朝之际，"进大小银碗三千四百枚，绫绢二十万匹"[③]。短短数年之间，仅王播一人进奉的金银器就达5800余件，数量非常惊人。

地方官员的私人进奉之外，为满足皇室宫廷的穷奢极欲，皇帝还时不时地下文向地方"宣索"金银器皿，王播长庆元年(821)进奉的两件银妆奁就是来自皇帝的宣索之物。数量更大的宣索见于李德裕任浙西观察使、润州刺史期间。《旧唐书》卷一七四《李德裕传》载，宝历元年(825)，"诏浙西造银盝子妆具二十事进内"。面对少年即位、颇事奢靡的敬宗，李德裕上书陈情说："去二月中奉宣令进盝子，计用银九千四百余两。其时贮备，都无二三百两，乃诸头收市，方获制造上供。昨又奉宣旨，令进妆具二十件，计用银一万三千两，金一百三十两。寻令并合四节进奉金银，造成两具进纳讫。"在李德裕上任前一年的二月，润州官府为了进奉宣索的银盝子，已经耗费了白银九千四百余两，而当时润州官府的白银储备不足二三百两。李德裕上任后，又接到宣索银盝子妆具二十件的诏书。然而，正像李德裕在上书中所陈述的那样："金银不出当州，皆须外处回市。"浙江西道辖境内不出产金银，制造金银器的原料皆须到外道购买，而皇帝或中央朝廷却依然向浙西润州宣索金银器，这无非是看中了以润州为首府的浙江西道"素号富饶"，即整体上的富裕，可以加以勒索；同时也说明，浙西及润州的金银器制造技术，在当时是首屈一指，代表着唐代金银器制造的最高水平。作为浙江西道观察使的李德裕，虽然上书规劝敬宗皇帝常须节俭，但接到诏书以后，依然先赶造了两具，与惯例的"四节进奉"金银一起送往长安，其他部分也即刻"差人于淮南收买，旋到旋造，星夜不辍，虽力营求，深忧不迨"。

金银器之外，金饼银铤也是进奉的主要物品。后来升任宰相的崔慎由，在润州刺史任上端午节进奉的银铤中，有一件流落到了日本，收藏在三井家。银铤刻有铭文两行，第一行为"端午　进奉银一铤重五十两"；第二行为"浙江西道都团练观察处置等

---

① 《册府元龟》卷一六九《帝王部·纳贡献门》，中华书局1960年版，第2034页。

② 《册府元龟》卷五一〇《邦计部·希旨门》，中华书局1960年版，第6118页。

③ 《旧唐书》卷一六四《王播传》，中华书局1975年版，第4277页。

使太中大夫检校礼部尚书使持节润州诸军事兼润州刺史御史大夫上柱国赐紫金鱼袋臣崔慎由进”。[1] 据郁贤皓《唐刺史考》的考证，崔慎由任润州刺史在宣宗大中九年至十年(855—856)之间。[2] 类似的进奉，绝不止崔慎由等数人，而应该是经常性的。地方官员的进奉，成为江苏地区财富源源滚向皇帝个人和中央朝廷的重要途径之一。

身居全国首富地区淮南道、浙江西道制作的金银器，在考古发掘中也频有出土。1958年陕西耀县柳林背阴村出土窖藏金银器19件，其中的一件葵花形银盘的底部錾刻“盐铁使臣敬晦进十二”。[3] 敬晦是唐晚期重臣，唐宣宗大中年间“历御史中丞、刑部侍郎、诸道盐铁转运使、浙西观察使”[4]。这件银盘即是其任盐铁转运使、浙西观察使时进奉的。1987年陕西扶风法门寺地宫出土金银器121件，其中的一件镀金鸳鸯团花纹四花形双耳银盆，底部錾有“浙西”字样，表明银盆是由浙江西道官员进奉的。“浙西”银盆系浇铸而成，盆内外花纹相同，似透印而成，通体镀金，这种装饰精妙绝奇，代表了我国金银制作工艺的最高水平。银盆口径46厘米，圈足直径28.5厘米，高14.5厘米，深12.3厘米，重6265克，是法门寺

扶风法门寺塔地宫出土
镀金鸳鸯团花纹四花形银盆

地宫窖藏金银器中最精美的一件，也是我国迄今发现金银器中最大的一件。还有一件盖上墨书“御前赐”的方形银盒，盒底刻“诸道盐铁转运等使臣李福进”，此外还有“内库”两字。[5] 李福，两《唐书》无传，帝纪和其他传记中出现有多个“李福”，不知与铭刻中的李福是否有关。从唐后期诸道盐铁转运使常驻淮南道扬州或浙江西道润州这一惯例推断，李福进奉的银方盒应该是淮南或浙西的产品。这些金银器是浙西官员和李福进奉给皇帝

扶风法门寺塔地宫
出土鎏金银方盒

---

① 参见加藤繁著，吴杰译：《中国经济史考证》下册《中国古金银形制考》，商务印书馆1959年版。

② 郁贤皓：《唐刺史考》，江苏古籍出版社1987年版，第1632页。

③ 刘向群等：《陕西省耀县柳林背阴村出土一批唐代金银器》，《文物》1966年第1期。

④ 《新唐书》卷一七七《敬晦传》，中华书局1975年版，第5289页。

⑤ 陕西省法门寺考古队：《扶风法门寺塔唐代地宫发掘简报》，《文物》1988年第10期；法门寺考古队：《法门寺地宫珍宝》，陕西人民美术出版社1989年版。

的，皇帝将之收进自己的私库，即“内库”，唐懿宗咸通十五年（874）作为皇室的赠品被埋入了法门寺地宫，这无疑是当时最精美的器物。

1960年，镇江市甘露寺塔地宫出土了一批与佛教信仰有关的金银器。甘露寺塔始建于唐敬宗宝历元年（825），即李德裕赴任浙江西道观察使、润州刺史的那一年，原为石塔，用以瘗藏江宁长干寺阿育王塔的部分舍利和禅众寺出土的舍利。石塔约毁于唐僖宗乾符年间（874—879），北宋熙宁二年（1069）塔基遗物被重新发现，由焦巽出资自熙宁九年（1076）至元丰元年（1078）铸造九级铁塔重瘗唐代遗物。1960年发掘时，在地宫发现宋代制作的长方形大石函，内有小石函两个。瘗藏禅众寺舍利的小石函内有银椁和金棺，瘗藏长干寺舍利的小石函内也有银椁、金棺，金棺中再置小金棺。大石函周围还放置着一批唐代石刻，内有李德裕于文宗太和三年（829）撰述的《重瘗长干寺阿育王塔舍利记》、《重瘗禅众寺舍利题记》等碑刻，证明金棺银椁等金银制品均是浙西官府或李德裕施舍的唐代旧物。这批金银器的制造和雕刻极为精美，其中，禅众寺石函中的舍利银椁，前面设计成门扉形，盖上刻行云飞鹤纹，两侧面钤刻宝相花纹和迦陵频伽，堪称唐代金银器中珍品，反映了当时润州金银器制作的最高水平。①

上世纪80年代初，镇江市东南约3.5公里的丹徒丁卯桥发现了唐代金银器窖藏，这是我国唐代金银器最重要的发现之一。1980年，丁卯桥工地上于地下1.7米处发现了“银铤”20枚，重约40余公斤。1982年，在同一地点东北约20米，于地下1.3米处又发现了一处大型的金银器窖藏，出土器物有瓮、龟负“论语玉烛”酒筹筒、酒令筹、盒、盆、托子、碟、盘、碗、杯、注子、瓶、熏炉、锅、箸、匕、勺、镯、钗等，共计956件，重约55公斤。② 丁卯桥窖藏金银器多为酒器和食具，器形多达二十余种，从器形特征上判断，这批金银器是唐后期的产品。其中的一套银镀金龟负“论

镇江甘露寺铁塔地宫出土瘗藏
禅众寺舍利的迦陵频伽云鹤纹银椁

① 郑金星、刘受农等：《江苏镇江甘露寺铁塔塔基发掘记》，《考古》1961年第6期。

② 刘建国、刘兴：《江苏丹徒丁卯桥出土唐代银器窖藏》，《文物》1982年第11期。

语玉烛”酒筹筒及酒令筹自发现以来就闻名于世，成为这批窖藏金银器的代表器物。尤其是龟负“论语玉烛”酒筹筒，长 24.6 厘米，高 34.2 厘米，龟背上的纹路刻画得细致入微，筒盖做成了倒覆的莲叶形，筒身上刻满花草、鸿雁、龙凤、流云等纹饰，筒下又有仰莲座相承，造型奇巧，工艺精美，是极为罕见的艺术瑰宝。另有一对银水注，既带有晚唐水注的造型风格，但已变得轻巧修长，开启了宋代以后同类器物造型的新风。丁卯桥窖藏金银器中，同类器物的重复率很高，绝大多数未经使用，器皿上多有“力士”的铭刻，有许多残次品和半成品，附近又出土了大量的所谓“银铤”，从这些现象来判断，这处遗迹不同于一般的唐代金银器窖藏，很可能是唐后期浙西官府金银器制作作坊的遗物，所谓“银铤”则应该是制作器物的原料，推测是在唐末混乱中匆匆瘗埋的。

丹徒丁卯桥金银器窖藏出土银镀金龟背“论语玉烛”酒筹筒及酒令筹

丹徒丁卯桥金银器窖藏出土银壶

二 青铜镜和铜器制造

铜制品中主要包括青铜镜和铜制器具，两者又可合称铜器。青铜镜和铜器的制作，是唐代江苏地区非常有特色的手工行业，尤其是扬州的青铜镜制作，在隋唐时期是全国首屈一指的名品。

六朝时期江苏地区的铜镜生产中心在都城建康（今南京市）一带，隋平陈以后，因消费群体的急速减少，建康一带的铜镜生产也受到了很大的影响，但高超的铸镜技术应该没有完全消失，生产的铜镜依然是上乘之作。隋炀帝末年游幸江都，“帝至江都，江、淮郡官谒见者，专问礼饷丰薄，丰则超迁丞、守，薄则率从停解。江都郡丞王世充献铜镜屏风，迁通守；历阳郡丞赵元楷献异味，迁江都郡丞。由是郡县竞务刻剥，以充贡献”[①]。江都郡丞王世充因进献铜镜屏风，从郡丞升迁为通守（仅次于太守的官员），能使炀帝喜欢的铜镜，可以想见其精美。王世充进献的铜镜有可能是江都本地的产品，也有可能来自邻近的传统铸镜地丹阳郡。《唐武德鉴铭》云：“武德五年，岁次壬午，八月十五日甲子，扬州总管府造青铜镜一面，充癸未年元正朝贡。其铭曰：上元启祚，灵鉴飞天，一登仁寿，于万斯年。”[②]据《旧唐书》卷四〇《地理志》，武德三年（620），割据江淮的杜伏威归顺唐朝，政府在江宁县（今南京市）置扬州。武德九年（626）省江宁之扬州，改江北的邗州（今扬州市）为扬州。因此，武德五年（622）扬州总管府进献的青铜镜出自今南京。作为新年贺正向朝廷进献的青铜镜必定是上乘之作。

扬州总管府治所迁往今扬州市后，这里逐渐成为全国铜镜生产的重要地点。扬州的铜镜产品开始向外州输出，并逐渐成为皇室和中央朝廷关注的产品。河南洛阳一座唐高宗上元三年（676）的墓葬中出土了一件瑞兽十二生肖镜，铭文上有“淮南起照”等字样[③]，属扬州产品无疑。另据唐人张鷟《朝野佥载》卷三载：“中宗令扬州造方丈镜，铸铜为桂树，金花银叶，帝每常骑马自照，人马并在镜中。”方丈镜，顾名思义可能是一边长一丈的方形铜镜，若是，则方丈镜的长宽均在3米以上，也只有这样，中宗才能骑着马在镜前顾盼。面积约10平方米的青铜镜，要使其光洁平坦，照人时不致变形，这需要高超的铸镜技术。镜上配以桂树、金花、银叶，十分华丽，是典型的奢侈用品。

经过唐前期的长期发展，到盛唐时期，政府重视漕运，加强了对江淮地区粮食和手工业产品的转输，进一步促进了江淮地区的商业、手工业的发展。这一时期，扬州铜镜的生产技术水平又有了明显的提高，文献中出现的扬州名镜“水心镜”、“百炼镜”、“江心镜”等名称，都反映了扬州制镜技术的高超，制镜业和铜镜已经发展成为扬州闻名全国的特色产业和产品。天宝二年（743），陕郡太守、水陆转运使韦坚转运东南各郡的名土特产，在都城长安广运潭举办了盛大的献宝大会，唐玄宗亲临现场观摩。这场献宝大会虽是一场邀宠的闹剧，但从经济产业的角度来看，却类似于今天的博览会。在广运潭博览会上，扬州铜镜成为重点展品，甚至被编成歌词，谱曲演唱，成为博览会的主题歌：“得宝弘农野，弘农得宝耶！潭里船车闹，扬州铜器多。三郎当殿坐，看唱《得宝歌》。”[④]《通典》卷六《食货六·赋税下》所列贡青铜镜的州郡唯有扬州广陵郡，《新唐书·地理志》所载各地贡青铜镜的州郡有两个，扬州广陵郡是其一。也就

---

① 《资治通鉴》卷一八三隋炀帝大业十二年（616）十二月条，中华书局1955年版，第5716页。

② 《全唐文》卷九八八，中华书局1985年版，第10230页。又见于《博古图录》卷二九，铭文稍有异同。

③ 徐殿魁：《唐镜分期的考古学探讨》，《考古学报》1994年第3期。

④ 《旧唐书》卷一〇五《韦坚传》，中华书局1975年版，第3223页。

在这一年的五月十五，扬州贡水心镜，纵横九寸，晶莹耀日，背有盘龙，长三尺四寸五分，势如生龙，玄宗览而异之。[①] 从文字的描述来看，这是一面扬州的特产镜盘龙镜。西安郭家滩唐墓曾出土过一面盘龙镜，呈八花形，镜背铸盘龙一条，瞋目衔珠，四足大张，尾与一足相缠，极具跃动性。全身龙鳞表现细腻。外区的莲叶纹、方胜纹中刻有“千”、“秋”、“万”、“岁”四字。《旧唐书·玄宗纪》中载，因群臣奏请，玄宗皇帝的诞辰日（八月初五）被命名为“千秋节”，王公以下百官献铜镜为贺。这面“千秋万岁”盘龙镜推测是“千秋节”进奉的铜镜，应是扬州官府进奉的高档产品。唐人李肇撰《唐国史补》卷下称：“扬州旧贡江心镜，五月五日扬子江中所铸也。或言无有百炼者，或至六七十炼则已，易破难成，往往有自鸣者。”可见盛唐以后，扬州不仅是全国最大的铜镜产地和市场，也是皇室和中央朝廷用镜的指定生产基地。

西安郭家滩唐墓出土
“千秋万岁”盘龙镜

从扬州本地出土的铜镜来看，盛唐以后，不仅数量显著增加，而且正式确立了唐式镜的基本形制，出现了瑞兽葡萄镜、瑞兽鸾鸟镜、雀绕花枝镜、双鸾衔绶镜、对鸟镜、宝相花镜、打马球镜、盘龙镜、月宫镜、素面镜等各种铜镜新品种，镜形也由传统的圆形发展创造出了菱花形、葵花形、方形等多种式样。扬州市邗江区盛唐墓葬出土的青铜打马球图八棱镜，外形呈八棱形，铸造精良，质地致密，镜面光洁，镜背铸造出 4 人奋力击球的场面，画面极具跃动感。无论是从外形和铸造工艺技术还是装饰内容来看，都是唐镜的最佳之作。

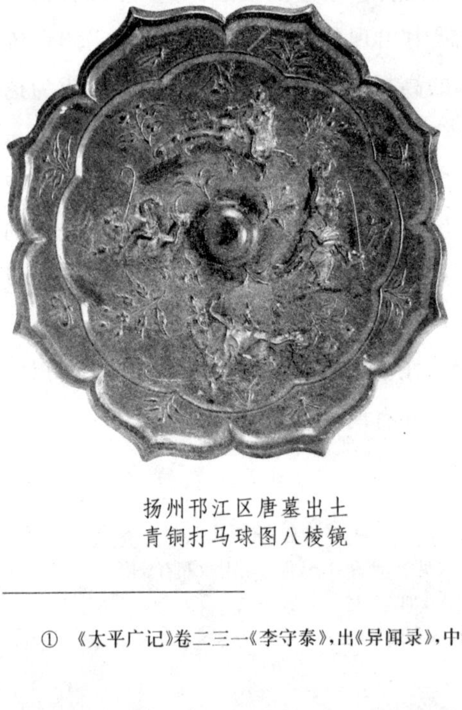

扬州邗江区唐墓出土
青铜打马球图八棱镜

除各种铸镜外，扬州生产的铜镜中还有一种特种工艺镜，即所谓的“漆背金花镜”。《广异记》收录了一个少女求镜的故

① 《太平广记》卷二三一《李守泰》，出《异闻录》，中华书局 1961 年版，第 1771 页。

事："韦栗者，天宝时为新淦丞，有少女十余岁，将之官，行上扬州，女白栗，欲市一漆背金花镜。栗曰：'我上官艰辛，焉得此物？待至官与汝求之。'岁余，女死，栗亦不记宿事。秩满，载丧北归，至扬州，泊河次。女将一婢持钱市镜，行人见其色甚艳，状如贵人家子，争欲求卖。有一少年年二十余，白皙可喜，女以黄钱五千予之，少年与漆背金花镜，径尺余。……女因留连，色授神与，须臾辞去。少年有意淫之，令人随去，至其所居。须臾至铺，但得黄纸三贯。少年持至栗船所，云：'适有女郎持钱市镜，入此船中，今成纸钱。'栗云：'唯有一女，死数年矣。君所见者，其状如何？'少年具言服色容貌，栗夫妻哭之，女正复如此。因领少年入船搜检，初无所得……乃复开棺，见镜在焉，莫不悲叹。"①

故事中提到的"漆背金花镜"，是利用一种被称作"金银平脱"的装饰工艺制成的铜镜，因此又称"金银平脱镜"。铜镜背面的纹饰，通常都是与镜体一起同模铸造出来的，而在使用"金银平脱"工艺时，铜镜的镜背不铸纹饰，呈平整的素面。装饰时，在镜背上涂上生漆，将事先用金、银薄片剪刻而成的人物、花鸟、树木等饰片，按设计好的图案粘贴上去。金银饰片与生漆充分黏合后，整个镜背上再通体髹漆，漆干后进行打磨。打磨后的成品镜，金银饰片光洁明亮，有饰片的部位和没有装饰的空白之间光滑平整，极其华丽，是唐镜中最为珍贵的一种。1956 年西安东郊长乐坡出土的"四鸾衔绶纹金银平脱铜镜"，以及上世纪 80 年代河南偃师杏园 5036、4206 号唐墓出土"对鸟纹金银平脱镜"和"三雁纹金银平脱镜"等，都是唐代金银平脱镜的珍品。② 一位豆蔻年华的少女，希望得到一面扬州产的"漆背金花镜"，这个愿望在她生前没有能够实现，死后化为鬼，也要到市上把铜镜买回来，带到棺材里。这个故事生动地反映了扬州"金银平脱镜"铜镜的魅力。

在装饰镜背时，如果饰片不用金、银，而用贝雕的话，那么成品镜就可称作螺钿镜。国家博物馆所藏的一件"白铜螺钿高士奏乐图镜"出土于河南洛阳市 16 工区 76 号唐墓，是盛唐时期的遗物。此镜虽

西安长乐坡唐墓出土
四鸾衔绶纹金银平脱铜镜

① 《太平广记》卷三三四《韦栗》，出《广异记》，中华书局 1961 年版，第 2651—2652 页。

② 中国社会科学院考古研究所编著：《偃师杏园唐墓》彩版 9，文物出版社 2001 年版。

然已经断为两片，但其高超的螺钿装饰技术，依然是唐代螺钿镜中的重要遗珍。

上述金银平脱镜和螺钿镜，虽然铜镜自身没有铭刻产镜地点，但从其精良的品质和特有的装饰工艺等方面来看，应该是扬州的产品。直至今日，金银平脱和螺钿工艺依然是扬州漆器的重要装饰手段，经久不衰。

洛阳唐墓出土白铜螺钿高士奏乐图镜

铜镜以外的铜器生产，也是唐代江苏地区的重要手工业门类。《新唐书·地理志》中记载全国贡铜器的州郡共有扬州广陵郡、润州丹阳郡、宣州宣城郡、桂州始安郡四处，今江苏省域即占其二。可见，能够进贡给皇室和中央朝廷御用的铜器，亦即天下最高档的铜器中，江苏省域的产品占据半壁江山。

唐代的产铜区多在南方。据《新唐书·地理志》的记载，今江苏省域内产铜州县有扬州江都县、六合县，润州丹徒县、上元县、句容县和苏州吴县。这些州县的铜产量虽然不是很高，但作为天下首富的淮南、浙西二道官府，通过与外州交易完全有条件获得充分的铜源，在首府扬州、润州开炉铸造。民间铜作坊也在同样的条件下生产民用商品。然而，唐代的硬通货是铜钱，铜器的大量铸造，时不时地会引起铸钱铜源的减少，有些工商业者甚至销钱为铜，用以制作铜器，从而引发钱荒。唐代史料中，“禁天下铸铜器”的诏敕和奏疏连篇累牍，宗旨都一样，就是要保证流通中有足够的铜钱。这种情况在实行两税法、可以用钱纳税的唐后期尤其突出。在有针对性的禁铜器议论中，江淮地区首当其冲。如《旧唐书》卷四八《食货志》载贞元九年(793)张滂的上奏文：“诸州府公私诸色铸造铜器杂物等。伏以国家钱少，损失多门。兴贩之徒，潜将销铸，钱一千为铜六斤，造写器物，则斤直六百余。有利既厚，销铸遂多，江淮之间，钱实减耗。伏请准从前敕文，除铸镜外，一切禁断。”[1]又如《旧唐书》卷一七六《杨嗣复传》载开成三年(838)李珏之言曰：“禁铜之令，朝廷常典，但行之不严，不如无令。今江淮已南，铜器成肆，市井逐利者，销钱一缗，可为数器，售利三四倍。远民不知法令，率以

① 《旧唐书》卷四八《食货志》，中华书局1975年版，第2101页。

为常。”[①]这些议论最终都成了朝廷新一轮禁铜器令的契机。

然而，由于皇室、朝廷、百官以及民间的寺观、百姓对铜器的需求量很大，铜器使用十分普及，小到生活用具如镜、饰品、杯、盘、碗、盆，大到佛像、佛塔、铜钟等上百斤重的铸品，种类非常繁多。在这样的供需关系下，朝廷虽然三令五申禁止铸造铜器，但铜器制造业在江淮地区依然发展很快。

扬州铜器，就像前述广运潭博览会上所见的那样，天宝初年，其闻名程度已足以使其进入《得宝歌》，成为博览会的主题歌。扬州之外，润州的“伏牛山铜器”，是《新唐书·地理志》中唯一明确生产地点的进贡铜器。伏牛山即今镇江金山，《嘉定镇江志》卷六伏牛山条引《南徐州记》：“蒜山北江中有伏牛山。”《舆地纪胜》卷七镇江府载，伏牛山“即金山，唐亦谓之伏牛山”。位于润州城西北江中的伏牛山，定是浙西或润州官府控制下的官工业作坊之一。

润州之外，江南其他地区的铜器铸造也很发达，直到宋代，人们对它评价依然很高。宋人赵希鹄《洞天清录·古钟鼎彝器辨》中称：“句容器，非古物，盖自唐天宝间至南唐后主时，于昇州句容县置官场以铸之，故其上多有监官花押。其轻薄漆黑款细，虽可爱，然要非古器，岁久亦有微青色者。世所见天宝时大凤环瓶，此极品也。”[②]

第四节 丝麻纺织业

江苏省域的蚕桑丝织业虽然历史悠久，六朝时期也迎来了新的发展契机，然而，隋代和唐前期，就全国范围而言，江苏省域的大部分地区的丝织业则相对落后于中原地区，作为租赋的庸调和地方特产的土贡，江苏省域的淮河以南地区仍以麻布为主。丝麻生产是农业社会最重要的副业，现有的史料远不能描述其全貌，我们只能从其纳贡的情况窥见一斑。

一 麻纺织业

据《唐六典》卷二〇《太府寺》太府卿条记载，当时按质量的精粗将全国各州郡的绢帛分为八等，麻布分为九等。绢帛之中，一至四等的产绢州郡均在河南、河北两道，江苏省域淮河以北属河南道的徐、海、泗三州列第三等，而淮河以南诸州所产绢帛均不入等。其实，所谓“绢”，只是一般的丝织物，在租庸调时代充当着货币的职能，是国

---

① 《旧唐书》卷一七六《杨嗣复传》，中华书局1975年版，第4557页。

② （宋）赵希鹄：《洞天清录·古钟鼎彝器辨》，影印文渊阁四库全书本。

家财政收入的重要来源。唐政府按各地的产业情况规定了绢绵乡和麻布乡,《唐六典》的八等绢九等布的规定,反映了今江苏省域淮河以北徐、海、泗3州为绢绵乡,其产业特征与黄河中下游地区更为接近,而淮河以南的楚、扬、润、常、苏5州则属麻布乡,其产业特征与北方地区差别较大。事实也证明了这一点,今江苏省域淮河以南各州的麻布等级都相对较高,在九等麻布州中均在前四等(表7—4—1)。

表7—4—1 《唐六典》所载江苏省域各州麻布贡赋表

麻布州等级	贡麻布州及麻布种类
一	润州(火麻布)
二	常州(苎麻布)、泗州(赀布)
三	扬州(苎麻布)、徐州(火麻布)、楚州(火麻布、赀布)
四	苏州(苎麻布)

从表7—4—1中可知,江苏省域唐前期除海州外,其他州7州均贡麻布。全国被政府列入出产一至四等麻布的共36州,江苏省域入四等的有7州,占到五分之一,在全国遥遥领先。

其实表中只是罗列了作为高档品或地方特产的贡品,远未能反映唐代江苏省域麻织业的全貌。唐前期,“淮南道庸调,杂有苎、赀、火麻等布”,“江南道润州调火麻,余州并以纻布”[①]。作为政府财政收入的重要来源之一,江苏省域麻纺织业的规模及产量应该不小。唐玄宗开元年间以前就出现过纳布代租之制,开元二十五年(737),关中地区在久灾之后终于迎来了连续的丰稔,粮食压力减轻,于是规定“江南诸州租,并回造纳布”[②],折租纳布在一时间内成为定制。安史之乱时,清河太守遣李萼求师于平原太守颜真卿,李萼称:“国家旧制,江淮郡租布贮于清河,以备北军费用,为日久矣,相传为天下北库。今所贮者,有江东布三百余万匹……”[③]可见,唐前期江东的麻布作为租调大量北运。安史之乱以后,江苏省域麻纺织业的相关史料虽然不多,但在当时的历史背景下,发展的势头必定有增无减。苎麻布的生产还成为江南风情的代表之一。唐人韩翃《送客还江东》诗云:“一壶先醉桃枝簟,百和初熏苎布衣。”[④]张籍《江南行》诗云:“江南人家多橘树,吴姬舟上织白苎。”[⑤]江南风情跃然眼前。

---

① (唐)李林甫等撰,陈仲夫点校:《唐六典》卷三《户部》郎中、员外郎条,中华书局1992年版,第69—70页。

② (唐)杜佑撰、王文锦等点校:《通典》卷六《食货·赋税下》,中华书局1988年版,第107页。

③ (唐)殷亮:《颜鲁公行状》,见《全唐文》卷五一四,中华书局1985年版,第5226页。又参见《新唐书》卷一五三《颜真卿传》,中华书局1975年,第4855页。

④ (唐)韩翃:《送客还江东》,见《全唐诗》卷二四五,中华书局1960年版,第2753页。

⑤ (唐)张籍:《江南行》(一题《江南曲》),见李冬生注:《张籍集注》,黄山书社1988年,第69页。

二　丝纺织业

与传统的麻纺织业相比，唐代江苏省域的丝织业则经历了一个明显的发展过程。前文提到，唐前期的八等产绢州中，今江苏省域淮河以北的徐、海、泗3州均列入前四等，而淮河以南诸州没有一个进入前八等，这一方面是因为唐代绢绵乡和麻布乡之别造成的，另一方面也反映了淮河以南诸州所产绢帛在数量上和质量上都不及其他州郡。但是，随着江苏省域经济的快速发展和生产技术的不断提高，到盛唐的开元、天宝年间，江苏省域的丝织品开始为人们所知，并逐渐成为朝廷的贡品。《唐六典》卷三《户部》郎中、员外郎条所记的江南道贡赋中就列有润州的方棋水波绫、常州的紫纶巾和苏州红纶巾三种。李吉甫《元和郡县图志》中追述的开元贡中亦可见润州的丝、纹绫和常州的红、紫二色锦布。[①] 虽然这些丝织品更多的只是"贡"，还没有被列为国家财政的"赋"，土特产的意义远大于经济意义，但江苏省域淮河以南的丝织品首次登上朝廷的贡赋名录，这无疑是唐前期江苏省域经济长足发展的表现。天宝二年(743)韦坚在广运潭献宝时，扬州广陵郡船上展示了广陵所出锦，润州丹阳郡船上展示了京口绫衫缎，常州晋陵郡船上展示了折造官端绫绣，苏州吴郡船上展示了方文绫，江苏省域淮河以南诸州郡除楚州淮阴郡外，在丝织品上都已经有了各自的名特优产品。陈鸿在《城东父老传》中称，开元、天宝时期，"输于王府，江淮绮縠，巴蜀锦绣，后宫玩好而已"[②]，江淮绮縠作为与巴蜀锦绣齐名的奢侈品，成为朝廷后宫的好尚之物。

天宝年间江苏省域出产的高级丝织品，在杜佑《通典》中载之甚详，尤其是扬州的丝绸贡品名目繁多，数量庞大。《新唐书·地理志》则详细记载了唐后期穆宗长庆年间(821—824)的贡赋，今江苏省域除楚州外，其他7州均向朝廷进贡高级丝织品。(表7—4—2)

表7—4—2　唐代江苏省域各州丝织品贡赋表

州名	《唐六典》开元贡	《元和郡县志》		《通典》天宝贡	《旧唐书·韦坚传》天宝折造贡	《新唐书·地理志》长庆贡
		开元贡赋	元和贡			
徐州	绢	上细绢、绵、绢		绢二十匹		双丝绫、绢、绵䌷
海州	绢	绢、绵				绫
泗州	绢	绢		绵二十屯		锦

① 因今本《元和郡县图志》缺淮南道相关卷帙，故其对扬州、楚州的开元贡赋的记载不得而知。

② (唐)陈鸿:《城东父老传》，见《太平广记》卷四八五，中华书局1961年版，第3994页。

续表

州名	《唐六典》开元贡	《元和郡县志》		《通典》天宝贡	《旧唐书·韦坚传》天宝折造贡	《新唐书·地理志》长庆贡
		开元贡赋	元和贡			
扬州				蕃客袍锦五十领、锦被五十张、半臂锦百段、新加锦袍二百领、独窠细绫十匹	锦	绵、蕃客袍锦、被锦、半臂锦、独窠绫
润州	方棋、水波绫	丝、纹绫		方文绫七匹、水文绫八匹	京口绫、衫缎	衫罗、水纹、方纹、鱼口、绣叶、花纹等绫
常州	紫纶巾	红、紫二色锦布			折造官端绫绣	绸、绢、红紫锦巾、紧纱
苏州	红纶巾		丝葛十匹	丝葛十匹	方文绫	丝葛、丝绵、八蚕丝、绯绫

据《新唐书·地理志》等文献记载，唐代，尤其是唐后期，全国著名的丝织品目有数十种，其中绫、锦、罗纱三种最受唐人喜爱，是唐代丝织品中的精品。

1. 绫

唐代用本色丝线起花的丝织物有绫、绮两种，平纹地上起斜花的称“绮”，斜纹或变化斜纹地上起斜花的称“绫”。[①] 绫、绮是丝织物中的精品，唐代文献上往往绫、绮并举，但又以绫为多，且以产于江东地区者最为习见。唐代以绫为贵，官服必用绫。唐代制度规定，三品以上官员官服用大科紬绫及罗，其色紫；五品以上用小科紬绫及罗，其色朱；六、七品用龟甲双巨十花绫，其色绿；八、九品用丝布及杂小绫，其色青。[②] 按职官品位的高低确定用不同花纹、色彩、规格的绫。

绫的种类亦多，仅以纹样命名的花绫就有鹤绫、独窠绫、两窠绫、四窠绫、鱼口绫、绣叶绫、花叶绫等十余种。就江苏省域而言，徐州有双丝绫，扬州有独窠绫，润州有水纹绫、方纹绫、鱼口绫、绣叶绫、花纹绫，常州有绫绣，苏州有方纹绫、绯绫，海州也贡绫，江苏省域 8 州除泗、楚 2 州外，徐、海、扬、润、常、苏 6 州均能生产质地精良的绫，其中尤以润州为最。（参见表 7—4—2）

润州生产的绫品种繁多，除以纹样命名的水纹绫、方纹绫、鱼口绫、绣叶绫、花纹绫外，还出现了“京口绫”的名称，用来特指润州京口生产的各种绫。唐前期，绢帛品

---

① 参见刘兴林、范金民：《长江丝绸文化》，湖北教育出版社 2004 年版，第 173 页。

② 《旧唐书》卷四五《舆服志》，中华书局 1975 年版，第 1952 页。

质最好的是河南道的亳州谯郡(治今安徽亳州市)和宋州睢阳郡(治今河南商丘市南),绫产量和品质最高的是河北道的定州(治今河北定州市)。据《通典》的记载,唐前期定州每年常贡细绫一千二百七十匹、两窠细绫十五匹、端绫二百五十匹、大独窠绫二十五匹、独窠绫十匹,共一千五百七十五匹,而润州所贡方文绫七匹、水纹绫八匹[①],仅及定州的百分之一。唐后期,润州及浙东的越州一跃成为绫的最大产供地,上贡的绫有时还不能满足朝廷的需要,皇帝便下令宣索。敬宗时,李德裕为浙西观察使,"奉诏旨,令织定罗纱袍缎及可幅盘绦缭绫等一千匹",敬宗一次即宣索包括缭绫在内的高级丝织品一千匹,其中尽是"只合圣躬自服",即专供皇帝服用的玄鹅、天马、掬豹、盘绦等文彩珍奇织物,"费用至多"[②]。正像白居易在其新乐府诗《缭绫》中所咏唱的那样:"中有文章又奇绝,地铺白烟花簇雪","去年中使宣口敕,天上取样人间织。织为云外秋雁行,染作江南春水色","异彩奇文相隐映,转侧看花花不定"。[③] 这些都反映了唐后期润州及江淮其他州郡生产的缭绫不仅花色品种有了很大的增加,产品质量有了很大的提高,而且生产规模也大为扩大。

2. 锦

锦历来是丝织物中的名贵品种。由于唐人特别喜好绫,因此全国贡锦的州郡反而不如贡绫的那么多,文献中仅见河北道的赵州,河南道的泗州,淮南道的扬州和剑南道益州、蜀州、绵州,在以上数州中,今江苏境内即占 2 州。扬州是与益州齐名的产锦贡锦州,其所贡蕃客袍锦(供蕃客裁制袍服之锦)、锦被(用作披风之锦)、半臂锦(裁制半臂之锦)等,各以其用途为名,是当时著名的地方特产。

半臂是隋唐时期流行的一种短袖上衣,罩在长袖上襦之外,男女通用,装饰性极强,在传世的唐人画作及出土的唐代壁画、男女俑上经常可见。用来裁制半臂的锦通常色彩艳丽,质地优良,纹样时尚。

蕃客袍锦,顾名思义是专供蕃客制作袍服的锦,主产于扬州和益州。《册府元龟》卷六三《帝王部·发号令》中称:"锦袍宜令益州每年粗、细织十五领送纳,以供赐诸蕃首领。"这则史料既表明了蕃客袍锦有粗细之分,更表明了蕃客袍锦的用途。《通典》及《新唐书·地理志》记载扬州每年织造上贡的蕃客袍锦 250 件,供朝廷作为馈送蕃客的礼品使用。(参见表 7—4—2)

---

① (唐)杜佑撰,王文锦等点校:《通典》卷六《食货·赋税下》,中华书局 1988 年版,第 117、123 页。

② 《旧唐书》卷一七四《李德裕传》,中华书局 1975 年版,第 4513 页。

③ (唐)白居易:《缭绫》,见顾学颉校点:《白居易集》卷四,中华书局 1979 年版,第 79 页。

这里所说的“蕃客”，主要是指从今中亚、西亚一带来唐的各国使节，也包括了各色商人。[①] 以古波斯国为中心的这些地区，非常喜欢用织造华丽的锦匹来裁制袍服、披风(锦被)，甚至用来装饰居室。《南史·夷貊传》中就专门记载了波斯国的订婚风俗：“下娉财讫，女婿将数十人迎妇，婿著金线锦袍、师子锦袴，戴天冠，妇亦如之。”[②]在订婚下聘礼时男女双方均穿“金线锦袍、师子锦袴”，可见锦袍袴是非常正式并且昂贵的服装。唐政府赐蕃客锦袍正是投其所好，同时也促使了扬州蕃客袍锦的生产的繁荣。政府之所以固定在扬州、益州织造蕃客袍锦，这又与唐中期以后两州的经济实力有关。时人有“扬一益二”之说，扬州、益州是唐代最繁华的工商业城市，尤其是作为对外贸易和文化交流的窗口城市扬州，居住着许多来自波斯、阿拉伯的商人及其家属，因此，扬州织造的蕃客袍锦，除上贡朝廷用作政府的馈赠外，更多的是提供给这些异域商人服用，并成为中西贸易的大宗商品。

包括蕃客袍锦在内的织锦业的发展，也促使我国的织锦工艺发生了重大的变革。我国传统的织锦长期以来采用的是经线起花，据地纹可分为平纹经锦和斜纹经锦，由于起花受到经线固定的局限，纹样、色彩相对单一。而波斯锦则采用纬线起花，可以不受经线固定的局限，织造中可以根据纹样的需要，随时改换不同颜色的纬线，织出纹样相同而色彩各异的图案，有利于图案的换色和细部表现，操作极为方便又易于控制。纬线的颜色可以随意选择，不受约束，这就使纬锦色彩更加丰富多样，也使织物的艺术效果大为增强。隋唐时期，我国从西亚吸收了纬锦工艺，在纹样方面也采用了波斯风格，到盛唐以后完全取代了先秦以来的传统经锦。[③] 扬州织造的蕃客袍锦正是在这种中西交通、技术交流的历史背景下产生、发展起来的。

3. 罗纱

罗纱类织物(绉纱称縠)是一种极其细薄的丝织品，时人称其织造之功是一般丝织品的十倍，深受唐人喜爱，品种仅次于绫、锦。唐代罗纱主要出自南方，今江苏省域贡罗纱的有润、常二州，《新唐书·地理志》中留下品名的有润州衫罗、常州紧纱。此外，常州的透额罗也非常有名，元稹《赠刘采春》诗中咏道：“新妆巧样画双蛾，谩裹常

---

① 唐文宗太和三年(829，一作太和八年)《疾愈德音》称：“南海蕃舶，本以慕化而来，固在接以恩仁，使其感悦……其岭南、福建及扬州蕃客，宜委节度观察使，除舶脚收市进奉外，任其来往，自为交易，不得重加率税。”可见经南海路来唐的商人亦在蕃客之列。见宋敏求编：《唐大诏令集》卷一〇，商务印书馆 1959 年版，第 65 页。

② 《南史》卷七九《夷貊传·波斯国》，中华书局 1975 年版，第 1986 页。

③ 参见夏鼐：《最近我国有关科技史的考古新发现》(《考古学和科技史》，科学出版社 1979 年版)，许国新、赵丰：《都兰出土丝织品初探》(《中国历史博物馆馆刊》1991 年第 15、16 期合刊)，刘兴林、范金民：《长江丝绸文化》(湖北教育出版社 2004 年版)等。

州透额罗。正面偷匀光滑笏，缓行轻踏破纹波。”①

除绫、锦、罗纱等精美的高档织品外，今江苏省域一般丝织品的发展也是令人瞩目的。唐人顾况曾说：“今江南缣帛，胜于谯、宋。”②顾况讲的是唐德宗贞元(785—805)初年的情况，谯、宋即亳州谯郡和宋州睢阳郡，其民间所产绢帛，在唐前期品质数量居全国之首。“胜于谯、宋”，是说包括江苏省域大部分地区在内的江南产缣帛，无论质量上还是产量上，都已经赶上甚至超过了中原的最高水平。

唐后期江淮丝织业的发展，对唐王朝还有着特殊的意义。黄河中下游地区传统的丝织区，或落入藩镇手中，或频经战乱的破坏，均无法为朝廷提供大量的丝织品，因此，无论是供皇室贵族的享用，还是国家财政的庞大开支，或是支付回鹘的马价(马价绢)，江淮丝织品都具有重要的意义。白居易在新乐府《阴山道》中咏道：“元和二年下新敕，内出金帛酬马直。仍诏江淮马价缣，从此不令疏短织。”③说明元和二年(807)以前以及这以后的马价缣，不是就近取自关中、两河地区，而由江淮负责织造，可见江淮地区的绢帛的产量应该不低。江苏省域各州的丝织品产量史无明载，不过从当时各州的入贡数目中不难窥其大概。德宗兴元元年(784)关中发生兵变时，镇海军节度使、润州刺史韩滉“遣使献绫罗四十担诣行在”④。宪宗元和十一年(816)，淮南节度使李鄘“以军兴，进绢三万匹……十二年，又进助军绢三万匹”⑤。文宗太和元年(827)，盐铁使王播自淮南入朝，进献“绫绢二十万匹”⑥。文宗开成二年(837)，“时扬府藏钱帛八十万贯匹”⑦。僖宗时，淮南节度使高骈“进奉绫绢银锦绮等一十万匹段两”⑧。上述数例中，尤其是王播的进京入觐，一次就进献绫绢20万匹，可见扬州官府的绢帛藏量数量是惊人的。以上这些史料反映的都还是特殊情况下地方官员的进奉，而常贡常赋的数量应当更加庞大。

---

① (唐)元稹：《赠刘采春》，见冀勤点校：《元稹集》外集卷七，中华书局1982年版，第695页。

② (唐)顾况：《检校尚书左仆射同中书门下平章事上柱国晋国公赠太傅韩公行状》，见《全唐文》卷五三〇，中华书局1985年版，第5383页。

③ (唐)白居易：《阴山道》，见顾学颉校点：《白居易集》卷四，中华书局1979年版，第81页。

④ 《资治通鉴》卷二三一唐德宗兴元元年(784)五月条，中华书局1955年版，第7428页。

⑤ 《册府元龟》卷四八五《邦计部·济军》，中华书局1960年版，第5797页。

⑥ 《旧唐书》卷一六四《王播传》，中华书局1975年版，第4277页。

⑦ 《旧唐书》卷一七四《李德裕传》，中华书局1975年版，第4521页。

⑧ [新罗]崔致远撰，党银平校注：《桂苑笔耕集》卷五《进绫绢锦绮等状》，中华书局2007年版，第132页。

第五节 其他特色行业

一 义兴的制瓷业

从制瓷业的特征来看，这项产业主要集中在低山丘陵地区，今江苏省域太湖以北、以东地区是平原湖沼地带，缺乏瓷土和烧窑所需的燃料，不具备制瓷业的基本条件，这一时期的制瓷业仅见于太湖西岸的义兴（今宜兴市）。

就目前的资料而言，宜兴的制瓷业最早可追溯到东汉时期，进入六朝以后，宜兴制瓷业有了进一步的发展，并一直延续到唐宋甚至明清时期。唐代制瓷业的基本格局是“南青北白”，北方地区以烧造白瓷为主，南方地区以烧造青瓷为主，从宜兴发现的唐代窑址堆积情况来看，唐代宜兴烧制的均为青瓷。迄今发现的唐代窑址有小窑墩窑址、涧㳇窑址、真武殿窑群几处。

小窑墩窑址位于宜兴市丁蜀镇周家村杏家庄南，为一东西向长斜坡高墩，全长约70米，宽约30余米，东端高处约10米，西端低处约1—2米，属于典型的龙窑。窑址总面积约1000平方米，从断面上可以清晰地看出三个不同时期的堆积。下层厚0.8—1.2米，以青瓷器为主，是西晋时期的堆积；中层厚0.6—1.0米，全为青瓷器，以碗、盘、盆最多，窑具有柱状和圆形垫饼，属于唐代堆积；上层厚0.4—2.0米，堆积物全为缸、瓮一类的大件粗货产品，是宋及其以后利用唐代旧窑重建的窑场。①

涧㳇唐代窑址，位于宜兴市丁蜀镇洑东涧㳇村西北端，残长28.4米，宽2.6米，窑顶约高1.5米，全窑容积达80立方米。窑体分窑门、炉膛、挡火墙、窑床四部分，窑床坡度2°—10°，也是一座典型的龙窑。现尚存窑头和窑身部分，炉膛平面为不规则圆形，窑壁黏结有很厚的墨绿色玻璃状结晶体“窑腊”，说明烧造的时间非常长。窑侧有大量的瓷片堆积，出土窑具有喇叭形和圆形垫座、圆形垫饼、泥钉等，采用套装法装烧。产品约20余种，以民间日用的青瓷碗、钵为主，兼烧少量的罐、盘、壶、灯盏、盆、瓶等产品，釉色大多青绿泛黄，少数为褐色和酱色。涧㳇窑属越窑系统，是我国迄今发现的最早、最完整的龙窑遗址之一。②

真武殿窑群位于宜兴市新街镇归径真武殿山南北两麓，是一处更大规模的唐宋时期窑群遗址，在东西长约300米、南北宽约80米的小山丘上，已发现烧造青瓷的龙

---

① 参见国家文物局主编：《中国文物地图集·江苏分册》（下），中国地图出版社2008年版，第340—341页。

② 参见南京博物院：《江苏宜兴涧枫窑》，《中国古代窑址调查发掘报告集》，文物出版社1984年；国家文物局主编：《中国文物地图集·江苏分册》（下），中国地图出版社2008年版，第341页。

窑数十座，窑址两侧的堆积厚达 1 米以上。产品以青瓷为主，间有少量茶绿色釉和酱色釉瓷器，主要为碗、碟、盂、双耳壶、执壶、四系罐、瓷枕等日用器形。[①]

对当时全国著名的邢、越等窑的产品而言，宜兴烧造的青瓷在质量上虽然无法与之相比，但以烧造日用瓷为主的宜兴青瓷，数量大，延续时间长，为唐代江淮地区的广大民众提供了必要的生活用具，对宜兴的地方经济发展具有重要的意义。

二　酿酒业

酒以粮食为原料，所以酿酒业的发展必须要以充足的粮食供应为基础。唐代江苏省域的稻米生产取得了令人瞩目的发展，酿酒业的发展及名酒的出现也在情理之中。

安史之乱前唐朝无酒禁，允许民间私酤，给各地酿酒业的发展提供了宽松的环境。安史之乱后，政府财政拮据，于是广开税源，对酒开始课税。由于江淮是政府财政最主要的源头，因此，江淮是最早推行酒税和榷酒的地区。代宗广德二年(764)十二月，政府在全国指定了一批酿酒专业户，使其按月纳税，“除此外，不问官私，一切禁断”[②]。德宗建中三年(782)，变税酒制为榷酒制，“禁民酤，以佐军费，置肆酿酒，斛收直三千，州县总领，醨薄私酿者论其罪”[③]，政府独占了酒的产销，酿酒业被纳入禁榷体系。尽管政府有“醨薄私酿者论其罪”的禁令，但是，官办酿酒场的产品“吏缘为奸，酒味恶薄”，给酿酒业带来了非常消极的影响；另一方面，在榷酒新政下，“闾阎之人，举手触禁”，“以酒禁坐死者，每岁不知数”[④]。韦庄称“江南富民以犯酒禁没家产”，故其《官庄》诗有“桑田稻泽今无主，新犯香醪没入官”之句[⑤]。唐末，政府不得不放宽酒禁，宣宗继位后，下诏称：“如闻禁止私酤，过于严酷，一人违犯，连累数家，闾里之间，不免咨怨。宜从今以后，如有人私沽酒及置私麹者，但许罪止一身，并所由容纵，任据罪处分。乡井之内，如不知情，并不得追扰。其所犯之人，任用重典，兼不得没入家产。”[⑥]以后酒禁日趋松弛，陆龟蒙《记事》诗云：“近闻天子诏，复许私酝酿。促使春酒材，呼儿具盆盎。”[⑦]喜悦之情跃然纸上。晚唐五代，各地酿酒业又迎来了新一轮的发展。

---

① 参见国家文物局主编：《中国文物地图集・江苏分册》(下)，中国地图出版社 2008 年版，第 341 页。

② (唐)杜佑撰，王文锦等点校：《通典》卷一一《食货・榷酤》，中华书局 1988 年版，第 246 页。

③ 《新唐书》卷五四《食货志》，中华书局 1975 年版，第 1381 页。

④ (唐)元稹：《唐故越州刺史兼御史中丞浙江东道观察等使赠左散骑常侍河东薛公神道碑文铭》，见冀勤点校：《元稹集》卷五三，中华书局 1982 年版，第 572 页。

⑤ (唐)韦庄：《官庄》，见《全唐诗》卷六九七，中华书局 1960 年版，第 8019 页。

⑥ 《旧唐书》卷四九《食货志》，中华书局 1975 年版，第 2130—2131 页。

⑦ (唐)陆龟蒙：《记事》，见《全唐诗》卷六一九，中华书局 1960 年版，第 7130 页。

李肇《唐国史补》列举唐后期全国名酒13种，今江苏省域所产品种未列其中。但是，唐代江苏地区各州仍然名酒辈出。在流通尚不如今的时代，各地酿造的酒基本上在当地消费，酒肆连轩、酒旗招展的地方必定也是酿酒的名所。今江苏省域自北往南，徐、海、泗、楚、扬、润、常、苏八大州，无一不在唐人的诗歌中留下了酒香。其中润州江宁的金陵春、丹阳的新丰酒和苏州的五酘酒最为有名。

唐代酒熟多在春天。陆龟蒙《春思》诗云："江南酒熟清明天，高高绿旆当风悬。谁家无事少年子，满面落花犹醉眠。"[①]所以唐代的酒多以春名。润州江宁县(今南京市)是六朝故都，酿酒业有着悠久的历史，至唐仍在大量酿制。江宁所产名酒金陵春，在酒仙李白的笔下尽显风采。李白咏酒的诗篇中就有"风吹柳花满店香，吴姬压酒唤君尝。金陵子弟来相送，欲行不行各尽觞。"[②]"堂上三千珠履客，瓮中百斛金陵春"[③]之句。在《玩月金陵城西》诗中，李白"朝沽金陵酒，歌吹孙楚楼"，并记述了"玩月金陵城西孙楚酒楼，达曙歌吹，日晚乘醉著紫绮裘、乌纱巾，与酒客数人棹歌秦淮，往石头访崔四侍御"。[④] 孙楚酒楼在金陵城西，是盛唐时期南京著名的酒楼。唐代许多酒楼都是自己酿酒出售，因此酒楼之所以如此有名，完全是因金陵春而来。李白在孙楚楼等酒楼痛饮金陵春酒，写下了不少名篇。除金陵城外，周边郊野地区的酿酒业也进入诗人眼中，殷尧藩《金陵道中》诗云："寂寥一点寒灯在，酒熟邻家许夜沽。"[⑤]

润州云阳县古称曲阿，唐天宝时改名丹阳县，这里酿制的新丰酒也是李白钟情的杯中物。《太平寰宇记》卷八九引《舆地志》云："曲阿出名酒者，皆云后湖水所酿，故醇烈也。"曲阿后湖即练湖，在今丹阳市区西北，西晋陈敏始开，水域广阔，六朝时周四十里，北与东晋张闿所开的新丰塘相接。利用后湖的好水酿造出来的美酒称"新丰酒"。曲阿出好酒，南朝时已经很有名，入唐后新丰酒的名气更大，李白云"南国新丰酒，东山小妓歌。对君君不乐，花月奈愁何"[⑥]；"江北荷花开，江南杨梅鲜。……多沽新丰醁，满载剡溪船"[⑦]；陈存云"暂入新丰市，犹闻旧酒香。抱琴沽一醉，尽日卧垂杨"[⑧]，歌咏的都是丹阳新丰酒。丹阳酿造的酒，不仅供当地消费，而且还名播远方，成为评判当地酒优劣的参照物。唐代江南地区最著名的酒是湖州乌程酿造的"箬下酒"，又

---

① (唐)陆龟蒙:《春思二首》，见《全唐诗》卷六二九，中华书局1960年版，第7224页。

② (唐)李白:《金陵·酒肆留别》，见(清)王琦注:《李太白全集》卷一五，中华书局1977年版，第728页。

③ (唐)李白:《寄韦南陵冰》，见(清)王琦注:《李太白全集》卷一三，中华书局1977年版，第670页。

④ (唐)李白:《玩月金陵城西》，见(清)王琦注:《李太白全集》卷一九，中华书局1977年版，第894页。

⑤ (唐)殷尧藩:《金陵道中》(一作《旅行》)，见《全唐诗》卷四九二，中华书局1960年版，第5569页。

⑥ (唐)李白:《出妓金陵子呈卢六四首》，见(清)王琦注:《李太白全集》卷二五，中华书局1977年版，第1197页。

⑦ (唐)李白:《叙旧赠江阳宰陆调》，见(清)王琦注:《李太白全集》卷一〇，中华书局1977年版，第531页。

⑧ (唐)陈存:《丹阳作》，见《全唐诗》卷三一一，一作朱彬诗，中华书局1960年版，第3514页。

写作“若下酒”，被李肇《唐国史补》列为十三大名酒之一。《嘉泰吴兴志》卷一二称乌程若下酒“胜于云阳”，意思是比云阳产的酒更美，可见曲阿云阳的美酒无疑是当时仅次于箬下酒的名品。

苏州出好糯米，玄宗天宝初年长安广运潭的博览会上吴郡船上就贴有“三破糯米”，必定是品质上乘的糯米，亦可见苏州糯米自盛唐始就闻名天下。有好糯米，有好技术，就能酿造出美酒，所谓“酒法众传吴米好”①、“金屑醅浓吴米酿”②，吴米、美酒如影随形。苏州的酿酒业中唐以后出现了高潮，城内家家自酿，“每家皆有酒，无处不过船”③；“城中古巷寻诗客，桥上残阳背酒楼”④。宋人朱长文撰《吴郡图经续记》卷下《往迹》大酒巷条称：“大酒巷，旧名黄土曲。唐时，有富人修第其间，植花浚池，建水槛风亭，酝美酒以延宾旅，其酒价颇高，故号大酒巷。”⑤巷名与传说是否一致这并不重要，重要的是从这则传说中我们看出了唐后期苏州城里已经出现了专门经营酿酒餐饮、旅店客栈的专业化服务。

城市之外，即使是村野草泽也到处制酒售酒，“旅途归计晚，乡树别年深。寂寞逢村酒，渔家一醉吟”⑥。陆龟蒙更是通过《酒星》、《酒泉》、《酒笃》、《酒床》、《酒垆》、《酒楼》、《酒旗》、《酒尊》、《酒城》、《酒乡》十首组诗对乡村的酿酒、售酒、饮酒过程进行了详细的描述。如《酒床》诗云：“六尺样何奇，溪边濯来洁。糟深贮方半，石重流还咽。”《酒垆》诗云：“锦里多佳人，当垆自沽酒。高低过反坫，大小随圆瓿。数钱红烛下，涤器春江口。若得奉君欢，十千求一斗。”《酒楼》诗云：“百尺江上起，东风吹酒香。行人落帆上，远树涵残阳。凝睇复凝睇，一觞还一觞。须知凭栏客，不醉难为肠。”⑦“晓压糟床渐有声，旋如荒涧野泉清”⑧，清晨刚压榨出来的新酒如山涧清泉。

在苏州酿造的美酒中，蒲黄酒、五酘酒最为有名。宋人范成大《吴郡志》卷二九《土物》五酘酒条载：“白居易守洛时，有《谢李苏州寄五酘酒》诗。今里人酿酒，麹米与浆水已入瓮，翌日，又以米投之，有至一再投者，谓之酘。其酒则清洌异常，今谓之五

---

① （唐）刘禹锡：《酬乐天谢衫酒见寄》，见陶敏、陶红雨校注：《刘禹锡全集编年校注》卷九，岳麓书社 2003 年版，第 616 页。

② （唐）白居易：《刘苏州寄酿酒糯米李浙东寄杨柳枝舞衫偶因尝酒试衫辄成长句寄谢之》，见顾学颉校点：《白居易集》卷三二，中华书局 1979 年版，第 732 页。

③ （唐）白居易：《和梦得夏至忆苏州呈卢宾客》，见顾学颉校点：《白居易集》外集卷上，中华书局 1979 年版，第 1517—1518 页。

④ （五代）齐己：《寄吴国知旧》，见《全唐诗》卷八四五，中华书局 1960 年版，第 9559 页。

⑤ （宋）朱长文撰：《吴郡图经续记》卷下《往迹》，江苏古籍出版社 1986 年版，第 60 页。

⑥ （唐）张乔：《吴江旅次》，见《全唐诗》卷六三八，中华书局 1960 年版，第 7322 页。

⑦ （唐）陆龟蒙：《奉和袭美酒中十咏》，见《全唐诗》卷六二〇，中华书局 1960 年版，第 7141 页。

⑧ （唐）陆龟蒙：《看压新醅寄怀袭美》，见《全唐诗》卷六二五，中华书局 1960 年版，第 7182 页。

酘，是米五投之耶。”可见五酘酒在唐后期就很有名。历经两宋而不衰。

三　溧水的制笔业

唐代制笔业最发达的地区是宣州（治今安徽宣城市）。唐代宣州辖境大部分在今安徽省境内，但其所辖8县中，溧阳、溧水二县在今江苏省境内，而天下名笔“宣笔”、“宣毫”正是溧水县的特产。

《元和郡县图志》卷二八宣州溧水县条称：“中山，在县东南一十五里。出兔毫，为笔精妙。”《太平寰宇记》卷九〇昇州溧水县条亦称：“中山又名独山，在县东南十里，不与群山连接。古老相传，中山有白兔，世称为笔最精。”以兔毫为材料制成的宣笔在唐代最为有名，在唐人诗文中，称颂宣笔、宣毫的诗句俯拾皆是。如王建云“延英引对碧衣郎，江砚宣毫各别床”[①]；皮日休云“宣毫利若风，剡纸光与月”[②]；薛涛云“越管宣毫始称情，红笺纸上撒花琼”[③]；齐己云“霜雪剪栽新剡硾，锋铓管束本宣毫”[④]。在各类宣笔、宣毫中，又以入贡的紫毫笔名气最大。元稹云“紫毫飞札看犹湿，黄字新诗和未成”[⑤]；陆龟蒙云“冠皱玄发少，书健紫毫尖”[⑥]；吴融云“江南有僧名𧨳光，紫毫一管能颠狂”[⑦]；安鸿渐云“端溪石砚宣城管，王屋松烟紫兔毫”[⑧]。在称颂紫毫笔的诗篇中，白居易的《紫毫笔》是最著名的，诗中对紫毫笔的产地、制作以及当时的珍贵程度都描述得淋漓尽致，今录全文以示：

紫毫笔　讥失职也

紫毫笔，尖如锥兮利如刀。
江南石上有老兔，吃竹饮泉生紫毫。
宣城之人采为笔，千万毛中拣一毫。
毫虽轻，功甚重；
管勒工名充岁贡，君兮臣兮勿轻用。
勿轻用，将何如？

① （唐）王建：《宫词一百首》，见《全唐诗》卷三〇二，一说元稹诗，中华书局1960年版，第3439页。
② （唐）皮日休：《徐诗》，见《全唐诗》卷六〇九，中华书局1960年版，第7028页。
③ （唐）薛涛：《笔离手》，见《全唐诗》卷八〇三，中华书局1960年版，第9022页。
④ （五代）齐己：《谢人自钟陵寄纸笔》，见《全唐诗》卷八四六，中华书局1960年版，第9579页。
⑤ （唐）元稹：《以四韵为识》，见《全唐诗》卷四〇三，中华书局1960年版，第4505页。
⑥ （唐）陆龟蒙：《秋日遣怀十六韵寄道侣》，见《全唐诗》卷六二三，中华书局1960年版，第7166页。
⑦ （唐）吴融：《赠𧨳光上人草书歌》，见《全唐诗》卷六八七，中华书局1960年版，第7899页。
⑧ （唐）安鸿渐：《题杨少卿书后》，见《全唐诗》七七〇，中华书局1960年版，第8738页。

愿赐东西府御史，愿颁左右台起居。
搦管趋入黄金阙，抽毫立在白玉除；
臣有奸邪正衙奏，君有动言直笔书。
起居郎，侍御史，尔知紫毫不易致；
每岁宣城进笔时，紫毫之价如金贵。
慎勿空将弹失仪，慎勿空将录制词！①

① (唐)白居易:《紫毫笔》,见顾学颉校点:《白居易集》卷四,中华书局 1979 年版,第 86 页。

第八章 唐代江苏地区的文化成就

第一节 唐代著名文人在江苏各地的活动

一 盛唐诗人咏江苏

唐代江苏地区经济繁荣、社会安定，安史之乱后，中央财政多仰赖于此，全国经济重心随之南移，在唐王朝的用心经营下，更是成为文人名士的向往之地。他们当中很多人在江苏地区为官从政，或为地方大员，专一方之任；或入辟幕府，协助节帅处理军政事务。同时，江苏地区山川秀美，物产丰饶，加之交通便利，也吸引了众多文人墨客前来游历，他们在江淮摄取艺术养分，创作了许多脍炙人口的文词诗篇，广为后人传颂。

诗人李白，字太白，后世被誉为“诗仙”。他一生中曾多次游历江苏各地，留下了许多脍炙人口的佳句。每次漫游金陵（今南京市）后，李白都会作诗留念，现存有《留别金陵诸公》、《口号留别金陵诸公》、《金陵酒肆留别》、《金陵白下亭留别》等相关诗篇。其中《金陵酒肆留别》云：“风吹柳花满店香，吴姬压酒唤客尝。金陵子弟来相送，欲行不行各尽觞。请君试问东流水，别意与之谁短长。”深切表达了对金陵的留恋。金陵的历史人文、山川形胜也让李白颇怀眷念之意，留下了传诵至今的名篇《登金陵凤凰台》：

凤凰台上凤凰游，凤去台空江自流。
吴宫花草埋幽径，晋代衣冠成古丘。
三山半落青天外，二水中分白鹭洲。
总为浮云能蔽日，长安不见使人愁。[1]

---

① （唐）李白：《登金陵凤凰台》，见（清）王琦注：《李太白全集》卷二一，中华书局 1977 年版，第 986 页。

凤凰台位于古金陵的西南隅(今南京市集庆门迤南),传说刘宋元嘉(424—453)时有凤凰在此栖息,引得百鸟来朝,情景壮丽无比,从此成为著名的游览胜地。诗人登台凭吊,面对美景,遂有此即兴之作,字里行间充满着感慨之情。李白笃爱凤凰台等六朝古迹,除《登金陵凤凰台》外,《金陵凤凰台置酒》诗中的“六帝没幽草,深宫冥绿苔”,《留别金陵诸公》诗中的“六代更霸王,遗迹见都城。至今秦淮间,礼乐秀群英”,都反映了他对六朝历史文化的感慨和追慕。此外,金陵城西的冶山谢公墩,城北的玄武湖,城南的梅冈、瓦官寺、长干里等地都留下了李白的足迹。

李白的代表作《长干行》之一,就是他在漫游金陵时从乐府民歌中得到灵感而创作的。诗云:

妾发初覆额,折花门前剧。郎骑竹马来,绕床弄青梅。
同居长干里,两小无嫌猜。十四为君妇,羞颜未尝开。
低头向暗壁,千唤不一回。十五始展眉,愿同尘与灰。
常存抱柱信,岂上望夫台。十六君远行,瞿塘滟滪堆。
五月不可触,猿鸣天上哀。门前旧行迹,一一生苍苔。
苔深不能扫,落叶秋风早。八月胡蝶来,双飞西园草。
感此伤妾心,坐愁红颜老。早晚下三巴,预将书报家。
相迎不道远,直至长风沙。①

这首诗从居住城南长干里的一个女子的角度,描写了她对长年在外经商的夫君的思念,叙述了她与夫君从儿时相识到婚后相爱,以及离别后的思念之情。全诗描写感情细腻,体现了诗人不同的创作风格。其中的“郎骑竹马来,绕床弄青梅”和“同居长干里,两小无嫌猜”两句,更是生动地表达了少男少女之间萌发出来的朦胧的爱情,此后演绎成常用成语“青梅竹马”、“两小无猜”,用来比喻青年男女之间从小相爱,洁白真挚的爱情。

李白此后还多次游历江南的丹阳、苏州等地,留下了众多名篇。途经丹阳时作《丁都护歌》,诗云:

云阳上征去,两岸饶商贾。吴牛喘月时,拖船一何苦。
水浊不可饮,壶浆半成土。一唱《都护歌》,心摧泪如雨。

① (唐)李白:《长干行二首》,见(清)王琦注:《李太白全集》卷四,中华书局1977年版,第256页。

万人凿盘石，无由达江浒。君看石芒砀，掩泪悲千古。[①]

诗歌描述了江南运河丹阳段繁忙情景，同时这段运河因地势高亢、水源不足、行船艰辛的事实，也在诗人寥寥数言中表现得淋漓尽致。

扬州也是李白非常向往的地方。在扬州期间，他写下了《秋日登扬州西灵塔》、《广陵赠别》等不少歌咏扬州的诗篇。在登塔诗中，“露浴梧楸白，霜催橘柚黄”句描写了秋日扬州静谧的美景。在赠别诗中，“系马垂杨下，衔杯大道间”，“兴罢各分袂，何须醉别颜”等句表现了诗人豪迈的情怀。他后来在回忆当年游历扬州的情景时说：“曩昔东游维扬，不逾一年，散金三十余万，有落魄公子，悉皆济之。此则是（李）白之轻财好施也。”[②]扬州之行给李白留下了深刻的印象，两年后，友人孟浩然从武昌东赴扬州之际，他拈毫挥翰，写下了传颂千古的《黄鹤楼送孟浩然之广陵》：

故人西辞黄鹤楼，烟花三月下扬州。
孤帆远影碧山尽，唯见长江天际流。[③]

全诗感情真挚，其中的“烟花三月”之句隐喻了玄宗开元时期扬州的经济繁荣与人文荟萃，更是被后人誉为“千古丽句”。

李白的后半生与江苏地区结下了不解之缘。他于天宝年间与扬州青年诗人魏万邂逅，两人一见如故，曾一同畅游广陵、金陵等地，临别时李白曾将自己的全部诗作交与魏万，嘱咐其代编成册。后来魏万不负所托，编成《李翰林集》并为之作序，可惜这部文集最终没有流传下来。晚年的李白往返于金陵、当涂一带。安史之乱爆发后，逃往蜀中的玄宗命其子永王李璘为江淮兵马都督、扬州节度大使，李白投入永王幕府，被辟为从事。后来永王谋乱，兵败后李白受牵连被流放夜郎，遇赦得还，后逝于当涂。

杜甫，字子美，后世被誉为“诗圣”。青年时期曾到过江苏地区，在昇州与苏州一带游历，遍访当地名胜古迹，令他最难以忘怀的是江宁县（今南京市）瓦官寺中顾恺之绘制的壁画——“维摩诘居士像”。后来他曾写诗回忆当年看“维摩诘居士像”时的难忘情景：

① （唐）李白：《丁督护歌》，见（清）王琦注：《李太白全集》卷六，中华书局1977年版，第331页。

② （唐）李白：《上安州裴长史书》，见（清）王琦注：《李太白全集》卷二六，中华书局1977年版，第1245页。

③ （唐）李白：《黄鹤楼送孟浩然之广陵》，见（清）王琦注：《李太白全集》卷一五，中华书局1977年版，第734页。

看画曾饥渴，追踪恨淼茫。虎头金粟影，神妙独难忘。①

“虎头”是东晋画家顾恺之的小名，维摩诘，佛家又称之为“金粟如来”。由于此诗流行很广，后来金陵人根据杜甫诗意建有金粟庵，并把附近一条小巷命名为金粟巷。因年代久远，当年的瓦官寺和顾恺之绘制的壁画早已不存，而金粟巷的名称却一直沿用至今。

孟浩然，字浩然，襄州襄阳（今湖北襄阳市）人，世称孟襄阳。作为盛唐时期著名的诗人之一，他也曾多次游历扬州，并留下了许多优美的诗章，其中最为著名的当数《广陵别薛八》，诗云：

士有不得志，栖栖吴楚间。广陵相遇罢，彭蠡泛舟还。
樯出江中树，波连海上山。风帆明日远，何处更追攀。②

多年后，诗人在长安应试不第，游历四方。独居异乡，苦闷徘徊之际，仍不忘昔日扬州之游，怀念广陵的旧友，其《宿桐庐江寄广陵旧游》诗云：“建德非吾土，维扬忆旧游。还将两行泪，遥寄海西头。”③思念之情，溢于言表。

另一位盛唐诗人王昌龄，进士及第后曾在江宁（今南京市）做过县尉，开元、天宝年间诗名甚盛，有“诗家夫子王江宁”之称。王昌龄擅长七绝，造诣可与李白媲美，有“七绝圣手”之誉，多写当时边塞军旅生活，气势雄浑。江南的生活和游历，也给王昌龄的诗歌中注入了清新的格调，被誉为千古名作的送别诗《芙蓉楼送辛渐二首》就是王昌龄任江宁县尉时的作品，诗云：

寒雨连天夜入湖，平明送客楚山孤。
洛阳亲友如相问，一片冰心在玉壶。

丹阳城南秋海阴，丹阳城北楚云深。
高楼送客不能醉，寂寂寒江明月心。④

---

① （唐）杜甫：《送许八拾遗归江宁觐省》，题后注：“甫昔时尝客游此县，于许生处乞瓦官寺维摩图样，志诸篇末。”见（清）仇兆鳌注：《杜诗详注》卷六，中华书局 1979 年版，第 457 页。

② （唐）孟浩然：《广陵别薛八》，见《全唐诗》卷一六〇，中华书局 1960 年版，第 1642 页。

③ （唐）孟浩然：《宿桐庐江寄广陵旧游》，见《全唐诗》卷一六〇，中华书局 1960 年版，第 1635 页。

④ （唐）王昌龄：《芙蓉楼送辛渐二首》，见《全唐诗》卷一四三，中华书局 1960 年版，第 1448 页。

二　韦应物、白居易、刘禹锡感受到的苏州

中唐时期著名的文学名士韦应物、白居易和刘禹锡则与苏州有着密切的关系。"江南诸州，苏最为大"①，"甲郡标天下，环封极海滨。版图十万户，兵籍五千人"②。苏州作为唐后期江南最繁华富庶的州郡，既是繁剧难治之地，又是地方官的高选之地。韦应物、白居易、刘禹锡曾先后出任苏州刺史，留下了许多描绘和讴歌苏州的诗篇，扩大了苏州的影响，所谓"何似姑苏诗太守，吟诗相继有三人"③。韦应物、白居易、刘禹锡三人虽然在任时间都不长，却都给当地民众留下了美好的印象，故《中吴纪闻》曰："姑苏自刘、白、韦为太守时，风物雄丽，为东南之冠。"④三位诗人刺史也因此享有"三贤"的美誉。⑤

韦应物(737—792)，京兆长安(今陕西西安市)人，德宗贞元四年至六年(788—790)任苏州刺史⑥。韦应物是中唐时期杰出的诗人，以擅写山水田园题材的诗歌而知名于世。他的诗文风格潇洒自然，淳厚朴实，注重反映现实生活，具有浓厚的生活气息。在治理苏州期间，勤于政务，爱惜民力，受到世人的爱戴。为政之余，韦应物还积极与吴中文士诗歌唱酬，交流感受，当时与他密切交往的著名诗人有刘太真、顾况、孟郊、皎然等人。他们相互切磋诗歌创作，为唐代诗歌增添了不少新的篇章。韦应物对苏州有着深厚的感情，他不仅盛赞苏州的富饶美丽，更为当地的人文景观和深厚的文化积淀所折服，作文称赞，其记曰："吴中盛文史，群彦今汪洋。方知大藩地，岂曰财赋疆。"⑦在韦应物眼中，苏州不仅是财赋之地，更是文化大邦。后人称呼韦应物为"韦苏州"，其诗集亦称《韦苏州集》。

白居易(772—846)，字乐天，世号"白乐天"，是唐代政治家、著名诗人，敬宗宝历元年至二年(825—826)任苏州刺史。白居易在江南生活多年，先后任过杭州、苏州刺史，期间写有不少咏唱苏州的佳作。白居易非常喜欢苏州的自然风光，《正月三日闲

---

① (唐)白居易:《苏州刺史谢上表》，见顾学颉校点:《白居易集》卷六八，中华书局1979年版，第1434页。

② (唐)白居易:《自到郡斋，仅经旬日，方专公务，未及宴游，偷闲走笔，题二十四韵，兼寄常州贾舍人、湖州崔郎中，仍呈吴中诸客》，见顾学颉校点:《白居易集》卷二四，中华书局1979年版，第531—532页。

③ (唐)白居易:《送刘郎中赴任苏州》，见顾学颉校点:《白居易集》外集卷上，中华书局1979年版，第1510页。

④ (宋)龚明之撰，孙菊园校点:《中吴纪闻》卷六《苏民三百年不识兵》，上海古籍出版社1986年版，第143页。

⑤ 《中吴纪闻》卷四《思贤堂》称:"郡斋后旧有思贤堂，以祠韦、白、刘三太守，后更名'三贤'。"上海古籍出版社1986年版，第80页。

⑥ 参见郁贤皓:《唐刺史考·江南东道·苏州》，江苏古籍出版社1987年版，第1679页。

⑦ (唐)韦应物:《郡斋雨中与诸文士燕集》，见《全唐诗》卷一八六，中华书局1960年版，第1901页。

行》诗云："黄鹂巷口莺欲语，乌鹊河头冰欲销。绿浪东西南北水，红栏三百九十桥。"①苏州作为水乡城市的胜景跃然纸上。他还有不少描写当时苏州城市风物的诗篇，为后人了解唐代苏州的城市历史和风貌提供了宝贵的素材。如《登阊门闲望》云：

阊门四望郁苍苍，始觉州雄土俗强。
十万夫家供课税，五千子弟守封疆。
阖闾城碧铺秋草，乌鹊桥红带夕阳。
处处楼前飘管吹，家家门外泊舟航。
云埋虎寺山藏色，月耀娃宫水放光。
曾赏钱唐嫌茂苑，今来未敢苦夸张。②

他的另一首作品《九日宴集醉题郡楼兼呈周殷二判官》，则生动地描绘了登高远眺，遥望古城苏州的壮丽景象，诗中云：

半酣凭槛起四顾，七堰八门六十坊。
远近高低寺间出，东西南北桥相望。
水道脉分棹鳞次，里闾棋布城册方。
人烟树色无隙罅，十里一片青茫茫。③

白居易在苏州刺史任上，"恩信及民，皆敬而爱之"④。苏州百姓在他离任后仍然十分怀念他。五年后，任苏州刺史的刘禹锡曾为此作诗称"闻有白太守，弃官归旧溪。苏州十万户，尽作婴儿啼"⑤，描述了苏州百姓为其送行时的感人场景。曾经在郡府后院种植的数棵桧树被名为"白公桧"，后人还在虎丘建白公祠以资纪念。

刘禹锡（772—842），字梦得，祖籍中山，一称彭城（今江苏徐州市），北魏时迁居洛阳。安史之乱时，举家迁居南方。刘禹锡本人就出生在苏州，并在苏州长大，一生大部分时间活动在江南。文宗太和五年至八年（831—834）任苏州刺史。刘禹锡在苏州任上，忠于职守，受到百姓的爱戴，离职时曾作《别苏州二首》，其二曰："流水阊门外，

① （唐）白居易：《正月三日闲行》，见顾学颉校点：《白居易集》卷二四，中华书局1979年版，第540页。

② （唐）白居易：《登阊门闲望》，见顾学颉校点：《白居易集》卷二四，中华书局1979年版，第533页。

③ （唐）白居易：《九日宴集醉题郡楼兼呈周殷二判官》，见顾学颉校点：《白居易集》卷二一，中华书局1979年版，第457页。

④ （宋）龚明之撰，孙菊园校点：《中吴纪闻》卷三《白公桧》，上海古籍出版社1986年版，第70页。

⑤ （唐）刘禹锡：《白太守行》，见陶敏、陶红雨校注：《刘禹锡全集编年校注》卷六，岳麓书社2003年版，第401页。

秋风吹柳条。从来送客处，近日自魂销。”[①]可知其对苏州的依恋之情。

白居易与刘禹锡二人情谊诚笃，诗歌唱和甚多，时人并称“刘白”。二人晚年相逢于扬州，欣喜感慨之余赋诗相赠。白居易吟成《醉赠刘二十八使军》，刘禹锡则写下了《酬乐天扬州初逢席上见赠》，诗云：

巴山楚水凄凉地，二十三年弃置身。
怀旧空吟闻笛赋，到乡翻似烂柯人。
沉舟侧畔千帆过，病树前头万木春。
今日听君歌一曲，暂凭杯酒长精神。[②]

诗中，刘禹锡以“千帆过”、“万木春”对比“沉舟”、“病树”，表现出面对仕宦沉浮、世事无常时的豁达胸襟。这两句诗不断被后人赋予新的意义，成为流传千古的名句。

三　杜牧、韦庄笔下的扬州与金陵

安史之乱以后，唐朝国运日衰，而江苏地区则保持着长时间的安定繁荣，更吸引了众多的文人名士前来。杜牧(803—852)，字牧之，京兆万年(今陕西西安市)人，早年就曾在扬州短期为官，后又在淮南节度使牛僧孺幕下任职。唐人笔记称他当时除“供职之外，惟以宴游为事”[③]，未免失之偏颇，但他的确留下许多咏唱扬州的精彩诗篇。《赠别》中的“春风十里扬州路，卷上珠帘总不如”[④]，《遣怀》诗中“十年一觉扬州梦，赢得青楼薄幸名”[⑤]等佳句令人拍案叫绝。另一首脍炙人口的诗是《题扬州禅智寺》，诗云：

雨过一蝉噪，飘萧松桂秋。青苔满阶砌，白鸟故迟留。
暮霭生深树，斜阳下小楼。谁知竹西路，歌吹是扬州。[⑥]

后人从诗句中可以感受到当时扬州自然风物的美丽和城市街衢的富丽繁华。《寄扬州韩绰判官》则作于离开江南之后，诗人对扬州风物无限眷念，其“扬州情结”自然流

① (唐)刘禹锡:《别苏州二首》，见陶敏、陶红雨校注:《刘禹锡全集编年校注》卷九，岳麓书社 2003 年版，第 607 页。

② (唐)刘禹锡:《酬乐天扬州初逢席上见赠》，见陶敏、陶红雨校注:《刘禹锡全集编年校注》卷六，岳麓书社 2003 年版，第 402 页。

③ 《太平广记》卷二七三《杜牧》，出《唐阙史》，中华书局 1961 年版，第 2151 页。

④ (唐)杜牧:《赠别》，见(清)冯集梧注:《樊川诗集注》卷四，上海古籍出版社 1978 年版，第 311 页。

⑤ (唐)杜牧:《遣怀》，见(清)冯集梧注:《樊川诗集注·樊川外集》，上海古籍出版社 1978 年版，第 369 页。

⑥ (唐)杜牧:《题扬州禅智寺》，见(清)冯集梧注:《樊川诗集注》卷三，上海古籍出版社 1978 年版，第 198—199 页。

露于笔端：

青山隐隐水遥遥，秋尽江南草木凋。
二十四桥明月夜，玉人何处教吹箫。①

杜牧的七绝最为世人所推崇，在短小的形式中颇能传形汇神，使人玩味不已。此诗作为七绝，内蕴精妙，情趣盎然，堪称其中的代表之作。

杜牧在金陵也留下名篇佳作，如著名的《泊秦淮》，诗云：

烟笼寒水月笼沙，夜泊秦淮近酒家。
商女不知亡国恨，隔江犹唱后庭花。②

诗中作者借陈后主因荒淫享乐终至亡国的历史，暗讽晚唐政局之不堪，反映了他对当时国家命运的无比关怀和深切忧虑。《江南春绝句》则在描写金陵春景的同时，追忆了南朝佛寺之盛，广为后人传诵。诗云：

千里莺啼绿映红，水村山郭酒旗风。
南朝四百八十寺，多少楼台烟雨中？③

六朝故都金陵的繁华不再，也正映衬着唐王朝逐渐衰亡的现实。同样的故国旧垒，也引发了杜牧之后另一位著名诗人韦庄的咏叹。韦庄(839—910)，字端已，长安杜陵(今陕西西安市南)人，晚唐著名诗人和词人，其诗极富画意，词尤工，与温庭筠并称"温韦"，是"花间派"④词人中成就较高的一位。韦庄曾游历金陵，在凭吊六朝遗迹时，留下了一首寓情于景的《台城》诗：

江雨霏霏江草齐，六朝如梦鸟空啼。
无情最是台城柳，依旧烟笼十里堤。⑤

---

① (唐)杜牧：《寄扬州韩绰判官》，见(清)冯集梧注：《樊川诗集注》卷四，上海古籍出版社1978年版，第282页。

② (唐)杜牧：《泊秦淮》，见(清)冯集梧注：《樊川诗集注》卷四，上海古籍出版社1978年版，第273—274页。

③ (唐)杜牧：《江南春绝句》，见(清)冯集梧注：《樊川诗集注》卷三，上海古籍出版社1978年版，第201页。

④ 晚唐五代词派。五代后蜀赵崇祚选录唐末五代词人18家作品500首编成《花间集》十卷，其中除温庭筠、皇甫松、和凝、孙光宪外，其余如韦庄、薛昭蕴、牛峤、张泌、毛文锡、牛希济、欧阳炯、顾敻、魏承班、鹿虔扆、阎选、尹鹗、毛熙震、李珣等，都是集中在蜀地的文人。他们的词风大体相近，后世因而称之为花间派。

⑤ (唐)韦庄：《台城》，见《全唐诗》卷六九七，中华书局1960年版，第8021页。

台城是六朝的宫城，是政治中枢，也是帝王荒淫享受之所。隋平陈后，摧毁了壮丽的宫殿苑囿，只留下残痕败迹。诗人吊古伤今，但又不胶着史事，通过景物的描绘寄寓自己的哀愁，结合当时唐帝国日渐衰微的史实，浓重的历史兴亡感油然而生。

到江苏地区游历或任职的唐代文人名士不胜枚举，如张继、韩愈、李商隐等人，在江苏都留下了许多脍炙人口的诗篇佳作。文豪韩愈曾担任武宁军节度使张建封的幕僚，他写有《汴泗交流赠张仆射》诗，生动地描绘了当时武宁军幕下打马球的热闹场景。代宗时为盐铁判官的张继，曾押运漕船途经苏州城外枫桥，写下了千古名诗《枫桥夜泊》，至今为人咏诵。诗云：

月落乌啼霜满天，江枫渔火对愁眠。
姑苏城外寒山寺，夜半钟声到客船。[①]

第二节　唐代江苏地区文人的文化成就

江苏地区许多城市在唐代已经成为文人名士的汇聚之所。因运河而繁荣昌盛的扬州，史称“广陵大镇，富甲天下”[②]。苏州号称十万户，为东南雄州。其他如常州、润州以及六朝故都金陵等地，也都是人杰地灵，英才辈出。以雄厚的经济实力为基础，江苏地区的文人充分发挥了自己的聪明才智，在学术研究、文学创作及书法绘画等文化艺术领域创造出了令人瞩目的成就。

一　经学、史学、文选学的成就

在学术研究领域，经学、史学、文选学等学问都得到了很大发展。

1. 经学

在经学研究方面，唐代的南方经学家开始纠正汉学系统的弊端，摆脱以往墨守师说和训诂名物的束缚，倡导丢开传注、直接研究经文的手法，开创了自由思考的新风气，并吸取佛、老的哲学思想，逐渐融为一体，为经学从旧的章句训诂寻词释义的汉学体系，向后来思想上远为丰富的宋学体系方向发展作出积极的贡献。从这个意义上

① (唐)张继:《枫桥夜泊》，见《全唐诗》卷二四二，中华书局1960年版，第2721页。

② 《旧唐书》卷一八二《高骈传附秦彦传》，中华书局1975年版，第4716页。

来说，唐代是经学发展历程中一个重要的转折阶段。

唐朝出于巩固和发展大一统局面的需要，加之儒家经典又是科举入仕的必考内容，因此非常重视经学内容的齐整划一。唐太宗先是令颜师古考订五经经文，撰成《五经定本》，作为官方统一课本在全国颁行，又令孔颖达等人集南北朝以来经文注疏之大成，编成《五经正义》颁行天下，并规定各地士子在科举考试时必须据之答卷，不能自由发挥。东汉魏晋南北朝历代相沿的旧经学从此告一段落。

《五经定本》和《五经正义》的颁行，使儒家思想的学术研究受到束缚。少数不甘束缚的士人，荡弃家法，凭己意说经，大开穿凿附会之风。他们吸取了以智能为首的禅学南宗思想，创立自由解经的风气。这些士人学者不拘泥训诂旧说，自由说经，开启了后来空言说经、任意附会的宋学先风。后来之宋儒在此基础上更加发展，取佛老思想融入经学，使经学面貌大变，形成宋学系统，与汉魏六朝的经学截然不同。在唐代经学的发展过程中，代表人物是代宗、德宗时期的啖助、陆质、施士丐等人。

啖助虽非江南人，但玄宗天宝年间长期任职于临海（今浙江省临海市）、丹阳（今江苏省丹阳市）等地，后离职，专注于学问。啖助以治《春秋》为名，花费十年时间撰成《春秋体例》六卷。在书中，他借孔子之名去批判《春秋》三传，对这些儒家重要经典的看法与传统观点相去甚远，具有明显的异端性，故《新唐书》本传言其“摭诎三家，不本所承，自用名学，凭私臆决”[1]，穿凿附会。寓居江左期间，啖助将自己的学问传授给弟子门人。正是在啖助师徒的共同努力下，经学的发展由章句之学逐步转回到义理的探讨上来，因而又被后人称为“《春秋》学派”。这其中集大成者就是吴郡人陆质。

陆质本名淳，因避唐宪宗讳改名。陆质世居吴郡，出生于著名的儒学世家，年轻时师从赵匡，而赵匡正是啖助的高足，史称“助、匡皆为异儒，(质)颇传其学，由是知名”[2]，陆质很好地继承了啖助、赵匡的学问，因而著名于时。陆质一生著述甚多，与其子一起为啖助的《春秋集注总例》编写了《纂例》，自己著有《集注春秋》二十卷、《类礼》二十卷、《君臣图翼》二十五卷，并行于当时。陆质撰有《春秋集传纂例》、《春秋微旨》、《春秋集传辨疑》等三部著作，其言论在当时士大夫阶层颇具影响力，他还是永贞革新时期王叔文集团的成员之一。

陆质除研究经学外，还从政多年。陈少游任淮南节度使，因爱陆质之才，辟为幕府从事。后又向朝廷推荐，拜左拾遗。后转太常博士、左司郎中，历信州（治今江西上饶市西北）、台州（治今浙江临海市）刺史。贞元二十一年（805）正月，德宗死去，顺宗

---

① 《新唐书》卷二〇〇《儒学传・啖助》，中华书局 1975 年版，第 5708 页。

② 《旧唐书》卷一八九下《儒学传・陆质》，中华书局 1975 年版，第 4977 页。

即位，王叔文、韦执谊等人发起了永贞革新运动。陆质因与韦执谊友善，被召回长安任给事中。四月，唐宪宗李纯被立为太子后，并作为王叔文、韦执谊的耳目被命为太子侍读，终因潜伺上意被太子斥责，九月病死。同为永贞革新的重要参与者的柳宗元撰写了《唐故给事中皇太子侍读陆文通先生墓表》[①]，对其在儒学方面的成就作了高度评价。

陆质的墨迹，因日本求法僧最澄往天台山取经携回的公验而得以保存。公验现存日本比叡山延历寺。陆质的自署虽只有“任为公验三月一日台州刺史陆淳”14字，但已弥足珍贵，应是这位《春秋》学者留给后人唯一的墨迹。从时间上来看，陆质签发最澄台州公验的日期当是贞元二十一年三月一日，四月他已在长安任皇太子侍读，因此，最澄的台州公验，是陆质即将赴长安之前签发的。[②]

吴郡人施士匄，与啖助、陆质等人均以博学强识而知名于世，善治《毛诗》，著有《施氏诗说》。又兼治《左氏春秋》，撰有《春秋传》。作为博士，施士匄在长安国子监下的四门学教授《诗》、《春秋》二经。期满当去，但诸生上疏乞留，前后从事经学教育19年，最后卒于任上，葬仪由众弟子共同举办。[③]

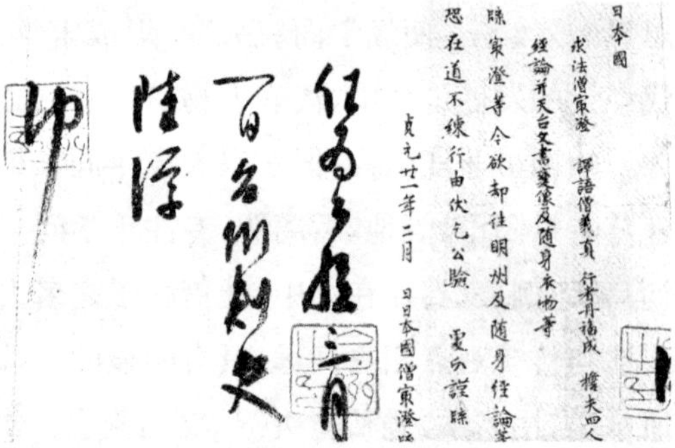

日本比叡山延历寺藏最澄公验上的陆质（淳）自署

啖助、陆质、施士匄等人，或是江南人或长期寓居江左，他们的经学研究和教育的成就，反映了江苏地区的经学研究在唐后期经学发展史上的重要地位。

2. 史学

江苏地区的古代史家不仅注重史料的编纂，在训诂、勘误、注释方面进行深入细致深入的研究，而且在史学理论的探讨方面也颇有建树，其中最著名的就是唐代的刘知几。

刘知几（661—721），字子玄，彭城（今徐州市）人。历任著作佐郎、左史等职，参与修撰国史，终因不满史馆的监修制度辞去史官职务，全身心投入到史学研究工作中。他以毕生的精力，撰写成了我国历史上也是世界历史上首部系统的史学理论专著《史通》。

---

① （唐）柳宗元：《柳河东集》卷九，上海人民出版社1974年版，第132—133页。

② 参见张学锋：《日本入唐求法僧最澄所携明州、台州官文书三种》，载宁波市文物考古研究所、宁波市文物保护管理所编：《宁波文物考古研究文集》，科学出版社2008年版。

③ 《新唐书》卷二〇〇《儒学传·啖助传附施士匄传》，中华书局1975年版，第5707页。

《史通》成书于唐中宗景龙四年(710),全书共二十卷,分内篇、外篇两部分。在书中,刘知几第一次对唐以前的史书进行了全面的总结,对灾异感应、谶纬迷信等内容进行了深刻的批判,还对传统儒家圣人及经典提出了大胆的质疑。他本人治史认真严谨,认为"文士好求,史学难得",提出史家必须具备三个条件:一为"史才",即搜集、鉴别史料和编写史书的才能;二为"史学",即掌握丰富的史料和各种史学知识;三为"史识",即对历史的认识和理解,包括良好的操守。这三条缺一不可。在这三条中,刘知几最重"史识"。正因为如此,他本人在治史过程中,不盲从,不迷信,敢于提出自己的见解。如在《疑古篇》和《惑经篇》中,他对儒家经典《尚书》和孔子修撰的《春秋》都提出了多处疑问,这些都是前人所不敢为的。

《史通》论及修史,以直笔为宗旨。刘知几十分赞赏古代良史不畏权势,奋笔直书的可贵精神。他不仅专门写有《直书》、《曲笔》两篇,而且在其他各篇中,也都贯彻着他"彰善疾恶"的精神。在《杂说下》中,刘知几提出了自己心目中的"直笔"标准,即"不掩恶,不虚美,书之有益于褒贬,不书无损于劝诫"①,即凡是有关褒贬劝诫的史事,不管事主是谁,都应当据实记录。这种善恶必书的"直笔"思想,和重视"史识"的主张,体现了实事求是的科学精神和理性主义的批判精神,对后世史学的发展产生了深远的影响。

3. 文选学

《文选》又称《昭明文选》,南朝萧梁昭明太子萧统所编。唐代,许多学者对《文选》进行注释、研究,因而逐渐形成一门学问,称"文选学",扬州正是其发源地。文选学流行于江淮之地,可谓名家辈出,其中著名的有曹宪、许淹、李善、公孙罗等人,这些学者均为今江苏地区人士。

曹宪历仕隋、唐两代,仕隋为秘书学士,先后得到隋炀帝、唐太宗的器重。"每聚徒教授,诸生数百人。当时公卿已下,亦多从之受业。"②他精于小学,撰有《文选音义》,并以其为教材传授塾生,文选学即发端于此,曹宪因而被看成是文选学的开创人。晚年不仕,在家乡扬州江都县聚徒教授《文选》,为时人所重。

许淹,润州句容(今句容市)人,博学多识,尤其精于训诂之学,著有《文选音》十卷。公孙罗,扬州江都人,撰有《文选音义》十卷,流行于当时。

在曹宪的诸弟子中,最出色的是李善(约630—689)。李善也是扬州江都人,师从曹宪,此后一直以《文选》教授生徒,晚年更是以此为业。他认为曹宪的《文选》注解不

① (唐)刘知几撰,(清)浦起龙释:《史通通释》卷一八《杂说下》,上海古籍出版社1978年版,第529页。

② 《旧唐书》卷一八九上《儒学传·曹宪》,中华书局1975年版,第4945页。

够完善，于是全力为其重新诠释。李善征引著述23类1689种，对篇章本事、文中典故、地名人名以及难懂的字词作了详尽的注释，撰成《文选注》六十卷。书成之后，上呈朝廷，朝廷"赐绢一百二十匹，诏藏于秘阁"。[①] 从此，《文选》与《文选注》并行于世。《文选注》是文选学的集大成之作，是后人研究《文选》的重要注本。

曹宪等人在当地对《文选》的注释、研究和教授，使得文选学在唐代江苏地区十分盛行。"初，江、淮间为《文选》学者，本之于(曹)宪，又有许淹、李善、公孙罗复相继以《文选》教授，由是其学大兴于代。"[②]

二　诗歌、传奇创作

1. 诗歌创作

诗歌是唐代文学中最灿烂夺目的篇章。当时的江苏地区也涌现出了不少著名的诗人，他们为后世留下了不朽的诗篇，为唐代诗坛的繁荣作出了巨大的贡献。至今仍为人们所诵习的《春江花月夜》就是扬州诗人张若虚的作品。

张若虚(660—720)，扬州人，曾与越州(治今浙江绍兴市)贺知章、湖州包融、苏州张旭并列，人称"吴中四士"。其平生事迹可查者甚少，只知其曾任兖州(治今山东兖州市)兵曹。他的诗风受到六朝浮艳风气的影响，流传至今的作品只有两首，其中《春江花月夜》独具特色，历来为人们所称道，享有"以孤篇压倒全唐"之美誉。

传说《春江花月夜》是陈后主陈叔宝所创的调子，但其作品今已不存。隋炀帝同样也喜欢江都的春江花月。他的《春江花月夜》第一首云："暮江平不动，春花满正开。流波将月去，潮水共带星来。"[③]写出了扬州南郊临江夜色里的秀丽风光，说明炀帝对江都景色的观察和体味是非常深刻和细腻的。而张若虚又运用这个调子，衍为长篇巨制，成为广泛流传的诗篇，传颂至今。全诗36句，共252字，属歌行体，在意境和情趣上都有新的开拓。诗人以扬州南郊扬子津一带长江春日月夜的动人景致为脉络，通篇围绕"江"与"月"这两个主题反复吟哦，寄托了缠绵悱恻的相思离别之情，展现了对人生无常的感喟，更兼有对大自然奇丽景色的由衷赞叹，给读者画出了一个澄澈清明的宇宙世界，从而摆脱了前代宫体诗浮艳不实的弊端，意境深邃意趣无穷，充满了清新自然的风韵。其中开头四句"春江潮水连海平，海上明月共潮生。滟滟流波千万里，何处春江无明月"，似受杨广诗的影响。[④]

---

① 《旧唐书》卷一八九上《儒学传·李善》，中华书局1975年版，第4946页。

② 《旧唐书》卷一八九上《儒学传·曹宪》，中华书局1975年版，第4946页。

③ (隋)杨广：《春江花月夜》，见郭茂倩编：《乐府诗集》卷四七，中华书局1979年版，第678页。

④ 李廷先著：《唐代扬州史考》，江苏古籍出版社2002年版，第604页。

与张若虚几乎同时代的储光羲则以山水田园诗见称。储光羲(约706—763),润州延陵(今丹阳市)人,其代表作有《牧童词》、《钓鱼湾》、《田家即事》、《偶然作十九首》、《霁后贻马十二巽》、《田家杂兴》等。如《田家即事》诗云:

蒲叶日已长,杏花日已滋。老农要看此,贵不违天时。
迎晨起饭牛,双驾耕东菑。蚯蚓土中出,田乌随我飞。
群合乱啄噪,嗷嗷如道饥,我心多恻隐,顾此两伤悲。
拔食与田乌,日暮空筐归。亲戚更相诮,我心终不移。①

他的山水田园诗风格朴素,语言恬淡,意境清朗,致力于表现田家生活的淳朴自然之美,生活气息浓郁,其创作精神可以说与陶渊明一脉相承。《四库全书总目》评价他的诗"源出陶潜,质朴之中有古雅之味。位置于王维、孟浩然间,殆无愧色"②。

张若虚、储光羲外,江苏人士在唐代诗坛留有一席之地的,还有江东刘昚虚、苏州张旭、润州戴叔伦、苏州顾况、淮甸刘采春、江东陈羽、无锡李绅、江东刘驾、曲阿(丹阳)张潮、曲阿马戴、苏州陆龟蒙和张籍,等等。其中陆龟蒙、刘采春、顾况、张籍、李绅等人尤其值得一提。

陆龟蒙(?—881),字鲁望,别号天随子、江湖散人、甫里先生。"世既贱文章,归来事耕稼。伊人著农道,我亦赋田舍。"因不满现实,长期隐居在苏州吴县东乡的甫里(今苏州市甪直镇),以渔耕为生,写下了众多的诗篇。陆龟蒙是晚唐诗人中屈指可数的人物,因与皮日休交好酬唱,世人并称"皮陆"。陆龟蒙作诗博奥,力求用平常的语言来表现不寻常的主题,并表达深刻的思想内容,正如其本人所言"穿穴难固,囚锁怪异"而"卒造平淡",因而有别于晚唐一般诗文浅显而明快的风格。其诗文以表现江南农村的渔耕生活为主,"所悲劳者苦,敢用词为诧",常见揭露时弊、同情农民疾苦的内容,如"万户膏血穷,一筵歌舞价","日晏腹未充,霜繁体犹裸"③。也有许多咏物写景的诗篇,如"一派溪随箬下流,春来无处不汀洲。漪澜未碧蒲犹短,不见鸳鸯正自由"④,内容可谓丰富而多样。陆龟蒙对农村的关心在其文章中也有所反映,《象耕鸟耘辩》、《耒耜经》两篇尤其著名,其中《耒耜经》记述的江东犁(曲辕犁)等农具成为今

① (唐)储光羲:《田家即事》,见《全唐诗》卷一三七,中华书局1960年版,第1384页。
② (清)永瑢等:《四库全书总目》卷一四九《储光羲诗集》条,中华书局1965年版,第1283页。
③ 以上引诗均为陆龟蒙《村夜二篇其二》,见《全唐诗》卷六一九,中华书局1960年版,第7129页。
④ (唐)陆龟蒙:《自遣诗三十首》,见《全唐诗》卷六二八,中华书局1960年版,第7209页。

天研究中国农业发展史的珍贵资料。

刘采春是江淮人，后为越州妓，是唐代诗坛女流中的佼佼者。歌声极美，能使“闺妇行人莫不涟泣”①。与著名文人元稹唱和的女诗人有蜀地的薛涛和刘采春，可见她的诗作当时广为所知。元稹曾作《赠刘采春》诗，赞扬她的优雅和佳句：“新妆巧样画双蛾，谩里常州透额罗。正面偷匀光滑笏，缓行轻踏破纹波。言辞雅措风流足，举止低回秀媚多。更有恼人肠断处，选词能唱望夫歌。”②元诗中所言《望夫歌》，又名《啰唝曲》，是刘采春的代表作，共有六首被收录在《全唐诗》中，每首四句，明白如话，通俗易懂。

不喜秦淮水，生憎江上船。载儿夫婿去，经岁又经年。
借问东园柳，枯来得几年。自无枝叶分，莫怨太阳偏。
莫作商人妇，金钗当卜钱。朝朝江口望，错认几人船。
那年离别日，只道住桐庐。桐庐人不见，今得广州书。
昨日胜今日，今年老去年。黄河清有日，白发黑无缘。
昨日北风寒，牵船浦里安。潮来打缆断，摇橹始知难。③

顾况、张籍和李绅等人则与唐代的新乐府运动有着密切的关系。顾况（约730—806年），为新乐府运动的先驱。张籍、李绅为新乐府运动的中坚。他们所处的年代虽有先后，但创作的诗歌却有一个共同点，即用诗歌反映现实，揭露时弊，关怀民间疾苦。

安史之乱后，唐王朝走向衰落。德宗贞元至宪宗元和时期，社会矛盾进一步暴露，许多有识之士对现实有了更加深刻的认识，希望能够革除弊端，实施新政，中兴王朝。反映在文坛上，便出现了韩愈、柳宗元倡导的古文运动和白居易、元稹倡导的新乐府运动。新乐府运动的基本宗旨是“文章合为时而著，歌诗合为事而作”④。顾况（725—约815），字逋翁，海盐（今属浙江，唐属苏州）人，作为新乐府诗歌运动的先驱，一生怀才不遇，郁郁不得志，悲愤之中，写下大量诗篇反映社会黑暗和人民苦难。如《囝一章》揭露了闽吏取童子做阉奴的罪行。《宿昭应》、《行路难》则讽刺帝王妄求长

① （唐）范摅：《云溪友议》卷下《艳阳词》，古典文学出版社1957年版，第64页。
② （唐）元稹：《赠刘采春》，见冀勤点校：《元稹集》外集卷七，中华书局1982年版，第695页。
③ （唐）刘采春：《啰唝曲》，见《全唐诗》八〇二，中华书局1960年版，第9024页。
④ （唐）白居易：《与元九书》，见顾学颉校点：《白居易集》卷四五，中华书局1979年版，第962页。

生，终归尘土的荒唐，“那知今夜长生殿，独闭山门月影寒”①，“君不见古人烧水银，变作北邙山上尘……秦皇汉武遭不脱，汝独何人学神仙”②等诗句脍炙人口。他的诗作继承了“诗圣”杜甫的现实主义传统，语言流畅，质朴平易，影响了其后的白居易等人。

张籍与李绅是新乐府运动的积极参与者，并产生了重大影响。

张籍（约766—830），字文昌，苏州人。他先后创作了七八十首乐府诗，作诗的目的很明确，是“为时而著”。代表作有《野老歌》、《江村行》、《江南行》等。《野老歌》咏道：“老农家贫在山住，耕种山田三四亩。苗疏税多不得食，输入官仓化为土。岁暮锄犁傍空室，呼儿登山收橡实”③，深刻认识到了官府对农村的剥夺和民间的疾苦。《江村行》则非常细腻地描述了江南农村和江南农民的耕作、生活境况及其喜怒哀苦，诗云：

南塘水深芦笋齐，下田种稻不作畦。
耕场磷磷在水底，短衣半染芦中泥。
田头刈莎结为屋，归来系牛还独宿。
水淹手足尽有疮，山虻绕身飞扬扬。
桑林椹黑蚕再眠，妇姑采桑不向田。
江南热旱天气毒，雨中移秧颜色鲜。
一年耕种长苦辛，田熟家家将赛神。④

李绅（772—846），字公垂，无锡人，是第一位有意识地以“新题乐府”为标榜、与传统乐府诗歌相区别的诗人。他的《古风二首》（又称《悯农》）是新乐府运动的杰作，以非常直白的口语，言尽了农民的酸甜辛苦，至今妇孺皆知，广为传颂：

春种一粒粟，秋成万颗子。四海无闲田，农夫犹饿死。
锄禾日当午，汗滴禾下土。谁知盘中餐，粒粒皆辛苦。⑤

2. 传奇创作

除了诗歌外，唐代江苏文人在文学上的贡献还体现在传奇小说的写作方面。其

① （唐）顾况：《宿昭应》，见《全唐诗》卷二六七，中华书局1960年版，第2969页。
② （唐）顾况：《行路难》，见《全唐诗》卷二六五，中华书局1960年版，第2942页。
③ （唐）张籍：《野老歌》，见李冬生注：《张籍集注》，黄山书社1988年版，第31页。
④ （唐）张籍：《江村行》，见李冬生注：《张籍集注》，黄山书社1988年版，第81—82页。
⑤ （唐）李绅：《古风二首》，见《全唐诗》卷四八三，中华书局1960年版，第5494页。

中的代表人物有沈既济和蒋防。

沈既济，字子言，吴县（今苏州市）人，代宗大历中人，代表作有《枕中记》和《任氏传》。

《枕中记》即黄粱美梦或一枕黄粱的故事，写士子卢生在邯郸道上一客店中遇道士吕翁，向其叙述自己企求功名利禄的愿望，吕翁授枕与卢生，主人方蒸黄粱。卢生倚枕入梦，于梦中建功立业，出将入相，历尽荣华富贵，官至中书令，封燕国公，生五子，有孙十五人，逾八十病故。醒来时，店主尚蒸黄粱未熟。卢生因此有所感悟，觉人生如梦，富贵无常。《枕中记》的故事虽据东晋干宝的《搜神记·杨林》、南朝刘宋刘义庆的《幽明录·焦湖庙祝》而来，但其思想性和艺术成就则远远超越了前两篇作品。它以浪漫主义的形式，表达了一个深刻的主题，卢生在现实生活中的贫困窘迫与他在梦幻中的富贵显达形成了鲜明的对比，这种对比和相互烘托、映衬的手法，产生了强烈的艺术效果。此外，作品语言的生动和凝炼也是一个突出的特点。

《枕中记》问世后就很有名，唐人李肇在《唐国史补》"韩沈良史才"条中称："沈既济撰《枕中记》，庄生寓言之类；韩愈撰《毛颖传》，其文尤高，不下史迁。二篇真良史才也。"[①]将沈既济、韩愈的文笔与司马迁并举，给予了高度的评价。鲁迅在《中国小说的历史的变迁》中也说："大历中，先有沈既济做的《枕中记》——这书在社会上很普通，差不多没有人不知道的。"可见影响之广。《枕中记》在唐时已被收入陈翰所编的《异闻集》内，北宋初年编集《太平广记》时据《异闻记》录入，题为《吕翁》。"黄粱梦"后来成为著名的典故，宋元以后，模仿或基于《枕中记》构思的话本、戏剧为数甚多，马致远、汤显祖等人都有作品传世。[②]

《任氏传》是一篇具有志怪色彩的爱情小说。作品描写托身于妻族韦氏的贫士郑六，于长安宣平里南遇一美妇任氏，相随而行，至乐游园，共居一宅。郑六天明离去，问其邻里，始知任氏是狐狸精所化。郑六恋其艳冶，仍与之相爱。任氏还为郑六筹划，借资市马，谋取厚利。后郑六由武调得官，西去远行就职。任氏预知此行不吉，拟不从行，但为郑六强邀而去，结果途中为猎犬所害，郑六悔之不及，不胜伤悼。

狐狸精是民间故事中的传统题材。《任氏传》情节曲折，结构完整，充满浪漫主义情调，是我国古代第一篇比较完整地描写狐狸精故事的小说。小说对任氏的刻画比较成功，亦狐亦人，实则是一个热情追求爱情的下层妇女形象。《任氏传》在后世也相当有影响，北宋初年编集《太平广记》时也加以收录，金代有《郑子遇妖狐》诸宫调，在

---

① （唐）李肇：《唐国史补》卷下，上海古籍出版社 1957 年版，第 55 页。

② 参见云南人民出版社编：《中国历代小说辞典》第一卷，蔡育曙撰目，云南人民出版社 1986 年版，第 174—176 页。

清代蒲松龄的《聊斋志异》中,这类故事就蔚成大观了。[①]

蒋防,字子微,义兴(今宜兴市)人。他自幼聪颖,能诗善文,元和末年赴长安,即席赋诗,以《鞲上鹰》一篇打动李绅,被荐为朝廷谏官。此后蒋防步步高升,充任翰林学士,负责起草诏制,人称"内相"。然好景不长,因卷入"牛李党争",被贬为汀州(治今福建长汀县)刺史,不久又迁连州(治今广东连州市)刺史。最终在宦海沉浮中了结一生,没能再回故乡。其代表作是《霍小玉传》。

《霍小玉传》是一部爱情题材的小说,写陇西书生李益与妓女霍小玉的爱情悲剧。"出自贱庶"的霍小玉沦入娼门,诗人李益年二十,进士及第,两人深相爱慕。小玉深知李益对自己是出于"色爱",李益则指天发誓,并书誓言于白练。两年后,李益得官,离别之际,小玉仅向李益请求八年的相爱之期,李益归家省亲,与望族卢氏之女结婚,遂与小玉断绝来往,并秘其行踪,以断小玉之想。小玉日夜悬望,忧郁成疾,不久即死去,化作冤鬼作祟,李益也一娶再娶,不得安宁。

霍小玉的悲剧故事有着深刻的社会意义。唐代重门第,不同阶层的人难以通婚。李益贵为陇西李氏,而小玉只是卑下的女子,这是造成两人悲剧的根本原因。这一类的小说在唐后期犹多,如白行简的《李娃传》、元稹的《莺莺传》等都是同类题材,正反映了唐后期门第观念日趋崩溃的历史现象。《霍小玉传》影响广泛,被誉为"唐人最精彩动人之传奇"。戏剧家汤显祖据此改编成《紫箫记》、《紫钗记》等著名传奇剧本,足见其影响之久远。[②]

三　书法、绘画、雕塑等艺术创作

在书法、绘画和雕塑等艺术领域,唐代江苏地区的文人同样创造了辉煌的成就。

1. 书法艺术

唐代是中国书法史上的第二个发展高峰时期。唐朝建立后,提倡文教,历朝皇帝皆好书法。书法作为科举取士、铨选官吏的标准之一,受到官方和民间的重视,一时书风大盛,名家辈出,书学也因此迅速发展起来。江苏地区作为经济文化发达区域,在当时的书法领域也有着很高成就,主要体现在两方面。

首先,出现了许多书法名家大师,如擅长行书的陆柬之、李邕,擅长狂草的张旭等,都取得举世瞩目的成就。

陆柬之(585—638),吴(今苏州市)人,唐初名臣虞世南之甥,历官太子司议郎、崇文侍书学士。他少年时学书于虞世南,晚学"二王",有"出蓝"之美誉,与虞世南、欧阳

---

① 参见云南人民出版社编:《中国历代小说辞典》第一卷,蔡育曙撰目,云南人民出版社 1986 年版,第 176—178 页。

② 参见云南人民出版社编:《中国历代小说辞典》第一卷,蔡育曙撰目,云南人民出版社 1986 年版,第 205—207 页。

询、褚遂良齐名，并称“四子”。其行书最妙，现存传世作品有《兰亭诗》、《文赋》等。陆柬之书写的《文赋》，是西晋陆机的名著。陆机为陆柬之的远祖，据说陆柬之是以极其崇敬的心情来书写《文赋》的。此帖书法风骨内蕴，神采外映，笔法淳雅，无滞无碍，深得晋人神韵，历来的书家们都给予了很高的评价。

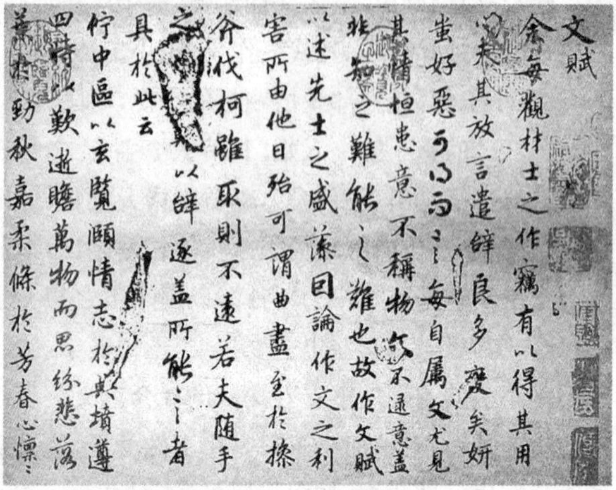
陆柬之书《文赋》(局部)

李邕(678—747)，字泰和，江都(今扬州市)人，是文选学家李善之子。玄宗时官至北海(治今山东昌乐县)太守，世称“李北海”。他以行、楷书碑而知名于世，是唐代著名的书法家之一。

李邕不仅博学善书，为人也十分忠直，晚年遭权相李林甫忌恨，不屈而死。他的书法宗于“二王”，又加以创新，气韵沉雄，于虞世南、欧阳询、褚遂良之外自成一家，对后世影响极大。宋代苏轼、黄庭坚、米芾都从他的作品中获益匪浅，元人赵孟頫更是极力追求他的笔意，许多字都由此化出。其传世碑刻有《麓山寺碑》、《云麾将军李思训碑》等。李邕不仅善书，对书法理论颇有见地，主张创新，反对一味模仿，曾言：“学我者死，似我者俗。”

李邕书《麓山寺碑》(局部)

狂草是中国书法艺术中最自由、最写意的书体，而将狂草艺术发展到登峰造极地步的是张旭。

张旭(约658—747)，字伯高，吴郡(今苏州市)人，官至金吾长史，世称“张长史”。他有诗文之才，曾与越州贺知章、扬州张若虚、润州包融并号“吴中四士”①。然而，让他名垂千古的并非其文才，而是他出神入化的草书。张旭常酒后即兴作书，挥洒自如，有如神附。史言其“嗜酒，每大醉，呼叫狂走，乃下笔。或以头濡墨而书，既醒自视，以为神，不可复得也，世呼张颠”②。其字逸势奇状，变幻莫测，可谓惊世骇俗，然而点画用笔又完全符合传统规矩，飞舞自得。因此，张旭本人也被尊奉为唐代狂草之祖。

张旭的书法功力颇深，他虽取法于“二王”，却能在现实生活中体察万物及其变化，并将之融汇于书法之中，所谓“观物寓书”是也。他自称见到公主与担夫争道，听到鼓吹之声，都可从中获得笔法之意；在邺城观看公孙大娘舞剑后更是书艺大进，此后草书上下贯通，连绵回绕，随兴逸飞。其书迹至今流传于世的有《肚痛贴》、《古诗四贴》、《郎官石记序》、《千字文》等。

张旭书《肚痛贴》(局部)

张旭的草书不仅名噪当时，对后世亦影响深远。诗人杜甫曾称誉张旭为“草圣”，其《饮中八仙歌》中就有“张旭三杯草圣传，脱帽露顶王公前，挥毫落纸如云烟”③的诗句。新楷体的代表人物颜真卿曾两度辞官，向张旭请教笔法。后来韩愈在其《送高闲上人序》中，高度赞扬了张旭对书法艺术的执着精神，称其“喜怒窘穷，忧悲愉佚，怨恨思慕，酣醉无聊不平，有动于心，必于草书焉发之。观于物，见山水崖谷，鸟兽虫鱼，草木之花实，日月列星，风雨水火，雷霆霹雳，歌舞战斗，天地事物之变，可喜可愕，一寓于书。故旭之书，变动犹鬼神，不可端倪。以此终其身，而名后世。”④唐代同样以狂草而知名的怀素，则继承和发扬了张旭的笔法，世人把他们二人合称为“颠张狂素”。唐文宗时，更是下诏以张旭草书、李白诗歌、裴旻剑舞为“三绝”。后人论及唐人书法，对欧阳询、虞世南、褚遂良、陆柬之等人均有褒贬，唯对张旭无不赞叹。“后人论书，欧、虞、

---

① 《新唐书》卷一四九《刘晏传附包佶传》，中华书局 1975 年版，第 4798—4799 页。

② 《新唐书》卷二〇二《文艺传·张旭》，中华书局 1975 年版，第 5764 页。

③ (唐)杜甫：《饮中八仙歌》，见(清)仇兆鳌注：《杜诗详注》卷二，中华书局 1979 年版，第 84 页。

④ (唐)韩愈：《送高闲上人序》，见《韩愈全集·文集》卷四，上海古籍出版社 1997 年版，第 215 页。

褚、陆皆有异论，至旭，无非短者。传其法，惟崔邈、颜真卿云。”①这是艺术史上绝无仅有的，可见张旭在中国书法史中崇高的地位。

唐代江苏地区的书法家有声于当时的还有张从申、沈传师、陆希声等人，他们均在隶、楷、行、草等书艺方面取得各自的成就。

其次，除开时代书风的艺术大家外，江苏地区文人在书法上的成就还体现在书法理论的独到见解上，首屈一指的就是张怀瓘。

张怀瓘，海陵（今泰州市）人，唐开元年间的书论大家，一生著述甚多，主要有《书断》、《文字论》、《书估》、《书议》等，其中《书断》尤为著名。

《书断》分上、中、下三卷，凡三万余言。书中阐述了大篆、小篆、八分、章草等十种书体的源流，并按照“风神骨气者居上，妍美功用者居下”的标准，对古来174位书法家以神、妙、能三品进行品评。其观点之新颖，资料之翔实，论述之精辟，为同类书论著作所不可及。其神、妙、能三级品评的区分，更是书中最有价值的创新，反映了当时书法艺术领域审美鉴赏能力的深入。

2. 绘画艺术

在绘画领域，江苏地区文人在理论方面多有创见，使得画论在经历了六朝的辉煌之后又有了新的发展，其中的代表人物有张璪、朱景玄等人。

张璪（约735—785）②，一作长燥，字文通，吴郡（今苏州市）人。为刘晏、王缙等名臣所赏识，曾任盐铁判官，后遭贬。官场上的失意，并未影响他对艺术的追求。史载张璪刻苦勤奋，嗜画成癖，在绘画艺术上有独创的技法和独特的风格，是唐代水墨渲淡山水画的创始人之一，成为江苏地区最早、最有成就和影响力的山水画家。张璪擅画山水树石，尤工画松。唐人张彦远在《历代名画记》中叙述了他在绘画创作上的绝技，即只用秃笔，或用手摸绢素。③ 朱景玄《唐朝名画录》则记载了张璪“双管齐下”的本领。他能两手各握一支笔，同时画两棵松树。一支笔画的松树“润含春泽”，生意盎然；另一支笔画的松树却“惨同秋色”，干枯憔悴，形象迥异而生动传神如一，时人莫不叹服。其画作被朱景玄列为神品，为神、妙、能、逸四品中之首品。④

张璪不仅用笔如神，还长于泼墨画法，绘画时以墨为主，不求巧饰，常“以掌摸色”，或“手摸绢素”。这种画法用水墨的原色衬映了山水松石的幽韵，深得后世文人赞誉。宋人米芾在《画史》中就记载了张璪水墨山水之精妙，称：“近溪幽湿处，全借墨

① 《新唐书》卷二〇二《文艺传·张旭》，中华书局1975年版，第5764页。

② 关于张璪的生卒年考订，参见谢巍：《中国画学著作考录》，上海书画出版社1998年版，第73页。

③ （唐）张彦远撰，秦仲文、黄苗子点校：《历代名画记》卷一〇，人民美术出版社1963年版，第198页。

④ （唐）朱景玄撰，温肇桐注：《唐朝名画录·神品下》张燥条，四川美术出版社1985年版，第11页。

烟浓。”可惜他的画迹传世不多，宋、元时就已少见。宋人《宣和画谱》中著录其作品有《松石图》、《松峰图》、《寒石图》、《松竹高僧图》等，这些作品若传世，无疑将是我国绘画艺术领域的宝贵遗产。

如果说张璪形象逼真的画迹是唐代绘画艺术中的瑰宝，那么，他在画论方面的创见则为中国绘画史树立了里程碑。张璪曾著《绘境》，言画之要诀，可惜今已不存。当时名重一时的画家毕宏曾向张璪讨教画技，张璪的回答是：“外师造化，中得心源。”① “造化”是指大自然，“心源”指的是内心的感悟。张璪借此两句阐释了艺术的真谛在于将造化之物融于心源，神韵俱在，物我浑融，天人合一，神形兼得。此语不仅高度概括了他本人作画的心态，也成为中国古代画论的千古玉律，历来为画人所推崇。

同是吴郡人的朱景玄在画论方面也取得了很大的成就，撰有《唐朝名画录》一书，流传至今。

朱景玄大约活动在宪宗至文宗时代，曾任翰林学士。他本人酷爱画艺，经过多年寻访写作，撰成《唐朝名画录》(又名《唐画断》)一书。全书学习张怀瓘《书断》的体例，分神、妙、能三品来评论画家成就的高下，并仿效李嗣真《书后品》标出“逸品”，列于神、妙、能三品之外，并撰文介绍、评论诸画家的生平事迹和画艺特长。全书体例完备，内容详尽，共品评唐代画家 102 人，对其情况作了详细的记录，在绘画史上具有与张彦远《历代名画论》同样的价值，影响深远。

《唐朝名画录》集中反映了朱景玄本人对绘画艺术的认识，他强调绘画的真实性、概括性与形象性，主张形与神统一。值得一提的是，书中对人物、禽兽绘画的重视要胜于山水屋木，这些都很好地代表了当时对绘画艺术认识的特点与水平。

3. 雕塑艺术

与绘画艺术紧密关联的还有雕塑艺术，唐代江苏文人在这一方面亦有建树，出现了杰出的雕塑家杨惠之。

杨惠之，吴县(今苏州市)人，生卒年无考，大约活动在盛唐的开元、天宝年间，是唐代杰出的画家、雕塑家。杨惠之早年曾与吴道子一起学画，师法张僧繇，后因吴道子功成名就，便弃学画改而专攻雕塑。经过不懈的努力，他成功地把张僧繇的绘画风格融入到雕塑方面，声名大噪，时人有“道子画，惠之塑，夺得僧繇神笔路”之说。杨惠之也因此被誉为“塑圣”，与“画圣”吴道子并驾齐驱，闻名天下。宋人刘道醇《五代名画补遗》中记录了这样一个故事：“惠之尝于京兆府塑倡优人留杯亭，成之日，惠之亦手装染之，遂于市会中面墙而置之。京兆人视其背，皆曰此留杯亭也。”连塑像的背面

---

① (唐)张彦远撰，秦仲文、黄苗子点校：《历代名画记》卷一〇，人民美术出版社 1963 年版，第 198 页。

都如此传神,可见其雕塑技艺之高超。

杨惠之是一位多产的艺术家,史载其作品遍布京洛各地。他所塑人物,气韵生动,栩栩如生。其中昆山慧聚寺天王像及二侍女,造像极其工巧,为人所称道。他还创制了"塑壁"的新形式,即在墙壁上塑出云水、岩岛、树石等形状。这种技艺对后世影响极大,成为中国传统雕塑的一部分。杨惠之曾著《塑诀》一书,惜已失传。

第三节 唐代江苏地区的教育与科举

"学而优则仕"是中国封建社会学子们奉行的金科玉律。从隋朝开始的科举制,作为一种官吏选考制度,一直是维系"学"与"仕"两端的关键纽带,因此,作为"学"之途径的教育与科举两者间是相辅相成,缺一不可的。同时,教育与科举都能反映出一个时代、一个地区人们的文化素质和修养,因而也是文化发达与否的重要标志。

唐朝江苏地区的教育取得了长足的发展,为宋代以后逐步建立起一套比较完备的教育体系和教育制度奠定了坚实的基础。这一时期,科举制度的确立和发展,深刻地影响到了教育的发展方向。官学和私学作为当时教育体制的两大支柱,也经历了一个此消彼长的历程。唐前期官学繁荣,随着科举制度的进一步发展,中唐以降,私学逐渐兴盛,并渐次取代了官学,成为地方教育的主要形式。作为经济文化发达区域的江苏省域也不例外。

一 官学教育

官学主要以儒学经术为主要教学内容。唐初重视地方官办学校的教育,早在高祖武德七年(624),朝廷就诏令"州县及乡,并令置学"[①]。在这项政策的指导下,江苏地方官学开始兴盛起来。海州、常州的州学,句容、溧水等地的县学相继兴办。由于相关史料的阙如,当时州县学的实际办学情况不得而知,只能从只言片语中窥知一二。其中,溧水县学始建于武德元年(618),句容县学则于开元年间(713—741)创办,唐溧阳县令柳均亦兴学校。[②] 安史之乱后,江淮地区成为帝国仰赖的"财赋之地"。为了牢牢控制该地,保持局势的长久稳定,"崇儒兴学"成为朝廷稳定统治秩序的战略措施之一。代宗大历以后,在地方官员的重视和倡导下,今江苏省域的江南诸州地方官

① 《旧唐书》卷二四《礼仪志》,中华书局1975年版,第916页。

② 《景定建康志》卷三〇《儒学志》,南京出版社2009年版,第795、793、800页。

学的兴办曾经出现了一个高潮，其中主办官学的代表人物有李栖筠、独孤及、王纲等人。

大历(766—779)初年，李栖筠出任常州刺史，用心发展当地社会经济，同时本着“化民成俗，以学为本”[①]的宗旨，“大起学校”，取得了很好的效果。不久他又调任苏州刺史，兼浙西都团练观察使，局势稳定之后，在当地“增学庐，表宿儒河南褚冲、吴何员等，超拜学官为之师，身执经问义”。在他的表率下，一时间学校兴盛，“远弥趋慕，至徒数百人”[②]。同一时期，李栖筠在苏州期间，独孤及接任常州刺史，也大力兴学崇教。梁肃《陪独孤常州观讲〈论语〉序》中详记其事：

晋陵守河南独孤公，以德行文学，为政一年，儒术大行，与洙泗同风。公以为使民悦以从政，教莫先乎讲习。括五经英华，使夫子微言不绝，莫备乎《论语》。于是，俾儒者陈生以《鲁论》二十篇置于郡学之中，率先讲授。乃季冬月朔，公既视政，与二三宾客躬往观焉。已而，公遂言曰：“昔文翁用儒变蜀，蜀至于鲁。当大历初元，新被兵馑之苦，今御史大夫赞皇李公为是邦，愍学道圮阙，开此庠序。自后孝秀并兴，与计偕者岁数十人。子衿之诗，起而复废，乡饮酒之礼，废而复兴，至于今风俗遂敦，美矣哉……”士有获在左右，睹公之施教，退谓人曰：“夫四时继气而成物，仁贤继功而成化，是学校也。非赞皇不启，非我公不大。”[③]

赞皇李公即时任苏州刺史、浙西观察使的李栖筠。在李栖筠、独孤及的大力倡导和主持下，苏、常二州的地方官学得到一定程度的复兴。大历九年(774)，王纲为昆山县令，着手修缮当地废弃的孔庙，并于庙后建县学。梁肃又特地为之作《昆山县学记》，如实地记录了在地方官员和耆旧乡人的共同努力下昆山县学得以重建的过程。其文曰：

昆山，吴东鄙之县。先是，县有文宣王庙，堂庙之后有学室。中年，兵馑荐臻，堂宇大坏。方郡县多故，未遑缮完。其后，长民者或因而葺之，以民尚未泰，故讲习之事，设而不备。大历九年，太原王纲以大理司直兼县令。既而释奠于庙，退而叹曰：“夫化民成俗，以学为本。是而不崇，何政之为？”乃谕三老主吏，整序民，饰班事，大启宇于庙垣之右，聚五经于其间。以邑人沈嗣宗躬履经学，俾为

① (唐)梁肃：《昆山县学记》，见《全唐文》卷五一九，中华书局1985年版，第5275页。

② 《新唐书》卷一四六《李栖筠传》，中华书局1975年版，第4736页。

③ (唐)梁肃：《陪独孤常州观讲〈论语〉序》，见《全唐文》卷五一八，中华书局1985年版，第5270—5271页。

博士。于是遐迩学徒，或童或冠，不召而至，如归市焉。[①]

昆山县学早已有之，后在战乱中毁于兵燹。梁肃的《昆山县学记》为我们再现了昆山县学在唐中期重建的过程，反映了当地对教育的重视。

这一时期担任江南诸州地方官员的著名人物还有颜真卿、韦夏卿等人，他们均为文士出身，博通洽闻，在任期间有力地推动了本地文化教育事业的发展，为江南地区逐渐呈现文化昌盛、人才荟萃的局面起到积极的作用。

大历以后，以江南诸州为代表的江苏地区地方官学的兴办活动复归于沉寂，之所以出现这样的情势，当与科举制度的发展有密切的关系。据《旧唐书·职官志》、《新唐书·选举志》等史籍记载，科举考试是唐代士人进入仕途的一条重要途径，而其中明经和进士两科最受重视。两科考试内容及录取标准的变化，加之进士科社会地位的上升，对官学和私学的发展产生了重要影响。

从考试内容来说，唐初，明经科考儒家经典，进士科考时务策。高宗以后，明经科加试时务策，进士科加试帖经和杂文。在录取标准上，帖经逐步成为明经科的主要录取标准，经义降到次要地位；进士科则逐步发展成为文学之科，诗赋文章的优劣成为唐代进士录取的主要标准。[②] 就明经、进士两科社会地位变化而言，开元以前，明经与进士两科在社会地位上并无太大差别，明经科从制度层面上来说可能还要略高于进士。开元以后，随着进士出身者担任高级官员的比例逐步上升，进士科也越来越成为“士林华选”。《通典》称：“开元以后，四海晏清，士无贤不肖，耻不以文章达。”[③]进士出身者社会地位日趋显著，迅速超越了明经科。

二　私学教育

面对科举制度的这种新变化，以讲授儒家经典为主的官学因教学内容落伍，与现实需求脱节，呈现出衰败趋势则不可避免。自六朝以来素有文学传统优势的江苏地区，摒弃经学而奉文学为圭臬也是情势使然。中晚唐时期，与正统官学相比，在教育形式和教学内容上更为灵活多样的私学发展甚为兴盛。作为官学的重要补充，它在官学衰落之后承担了更广泛更直接的文化传承任务。

唐后期经济重心的南移与六朝以来积淀的深厚文化传统是江苏地区私学发展的优厚土壤。再者，安史之乱后大批北方士人南下避乱，更是直接促进了本地私学的兴

---

① （唐）梁肃：《昆山县学记》，见《全唐文》卷五一九，中华书局1985年版，第5275页。

② 参见吴宗国：《唐代科举制度研究》，辽宁大学出版社1997年版。

③ （唐）杜佑撰，王文锦等点校：《通典》卷一五《选举·历代制下》，中华书局1988年版，第357页。

盛。唐代江苏地区私学形式主要有私人授学、私塾和家学传承三种。[①]

1. 私人授学

私人授学是指在儒学某一方面有突出造诣或成就的学者、文士私下传授弟子的行为。唐初以来即有相关记载,如上文所述的文选学宗师曹宪即在家乡扬州江都县聚徒教授《文选》。其弟子李善亦为扬州人,也是著名的文选学家,因受政治斗争的牵连,被流放姚州(治今云南姚安县),"后遇赦得还,以教授为业,诸生多自远方而至"[②]。润州丹徒人马怀素"客江都,师事李善,贫无资,昼樵,夜辄然以读书,遂博通经史,擢进士第,又中文学优赡科,补郿尉"[③]。曹宪等人在当地对《文选》的教授,使得文选学在唐代十分盛行,所以《旧唐书·曹宪传》说江淮文选学"本之于(曹)宪,又有许淹、李善、公孙罗复相继以《文选》教授,由是其学大兴于代"[④]。

天宝末至大历年间以啖助、赵匡、陆质(淳)等为代表人物的春秋学派在江苏地区的兴起则是私人授学的另一个典型。啖助长期寓居江左,著有《春秋体例》等书,并将自己的学说传授给弟子门人,苏州人陆质和任职于宣歙观察使府的赵匡都是其得意弟子。他们的学说作为私家之学,不仅在江苏地区流传,也影响到朝野。后来永贞革新的主将吕温、柳宗元等人都从陆质问学,同时期的文人韩愈、卢仝等人也受其深刻影响。

随着进士科在科举中地位的上升,私学中越来越强调对文词诗赋的学习,因而诗文创造方法的指导与传授也体现在私人授学内容中。独孤及于大历间在常州为官,许多文士游学于其门下,如梁肃、朱巨川、高参、齐抗及权德舆等人,其中朱巨川为吴郡人。润州丹阳人(今丹阳市)权德舆弱冠之时即从丹阳往常州向独孤及学文,在文中称自己"辨方之年,违难于江徼;志学之岁,伏谒于郡斋"[⑤]。

2. 私塾

私塾即私人聘请教师,对子弟进行启蒙教育的教学方式。随着科举制度的确立及由此出身的士子在选拔中地位的上升,其社会影响力日益扩大,寻常百姓也因此看到了踏入仕途的希望。而等级森严的官学是大部分寒门子弟无法企及的。在这种情况下,不论门第出身的私塾便顺势发展起来。私塾的教学内容和教学方式灵活,较官方的州县学更能适应科举的需要。玄宗开元二十一年(733),朝廷下诏:"许百姓任立

---

① 参见景遐东:《江南文化与唐代文学研究》,人民文学出版社2005年版。

② 《旧唐书》卷一八九上《儒学传·李善》,中华书局1975年版,第4946页。

③ 《新唐书》卷一九九《儒学传·马怀素》,中华书局1975年版,第5680页。

④ 《旧唐书》卷一八九上《儒学传·曹宪》,中华书局1975年版,第4945页。

⑤ (唐)权德舆:《祭独孤常州文》,见《全唐文》卷五〇九,中华书局1985年版,第5176—5177页。

私学，欲其寄州县学者亦听。”[①]以政令的方式公开允许民间私立学校，这既是朝廷对业已发展起来的私学(即私塾)的承认，也反映了官府试图通过允许私学生员转入州县官学就读，以挽回官学衰微趋势的意图。进入中唐以后，私塾的存在较为普遍，其发展情况多见于笔记小说的记载。祖籍同州冯翊(今陕西大荔县)的杨收“家世为儒”，其父杨遗直客居苏州时就以讲学为业，后来因此举家定居苏州。[②]

唐代还有一种由佛寺创办的寺学，亦可纳入私塾的范畴。当时的佛寺面向社会办学，吸纳普通士人子弟就读，意在通过潜移默化的方式使他们亲近佛理，达到传教的目的。而学成者多参加科举应试。这种教育形式发展至中唐以后，甚至成为一种社会风尚，这是唐后期私学发展的一个显著特征。江苏地区自六朝以来即为佛教盛行之地，名刹古寺众多，因而求学于寺学者甚众，其中多为贫寒子弟。无锡惠山寺就是一处典型的寺学场所，出身无锡的著名文士李绅即在此学习过，其诗《上家山》序中云：“余顷居梅里，尝于惠山肄业，旧室犹在，垂白重游，追感多思。”[③]几乎同时期的李骘也曾在惠山寺学习近三年。[④]

3. 家学传承

家学传承是唐后期私学发展的另一个显著特征，同时也是江苏地区私学的重要形式。家族是文化传承中的重要环节，世代相沿的家学往往具备古板的官学所没有的优势，因而是文化学术传播的最好媒介。随着科举考试日益成为选拔官员的主要途径，文化教育越来越具有现实意义，原有的世家大族要维持其社会政治地位，避免家族的衰落，必然重视文化教育，所谓“以文承祖，以经传代”[⑤]。庶族家庭则希望通过文化教育的途径，获取社会的尊重甚至政治地位。新进权贵更是希望通过建立家学的文化教育传统，巩固已有地位，传之子孙。以上因素共同促进了唐后期家学的繁荣兴盛。江苏地区作为六朝以来传统的文化发达区域，也是整个唐代家学教育最繁荣的地区。

家学相比官学和私学的其他形式而言，具有长期性和稳定性的特点，一旦建立，往往历久不衰，代有传人。开展家学教育的家庭既有传统的世家大族，也有许多普通家族甚至平民家庭。

传统的世家大族和官僚家庭，由于良好的家学渊源，家学教育自然得到重视。这

---

① (宋)王溥:《唐会要》卷三五《学校》条，中华书局1955年版，第635页。

② 《旧唐书》卷一七七《杨收传》，中华书局1975年版，第4595页。

③ (唐)李绅:《过梅里七首》，见《全唐诗》卷四八一，中华书局1960年版，第5472页。

④ (唐)李骘:《题惠山寺诗序》，见《全唐文》卷七二四，中华书局1985年版，第7453页。

⑤ (唐)李纾:《故中书舍人吴郡朱府君神道碑》，见《全唐文》卷三九五，中华书局1985年版，第4019页。

些家族擅长的主要有儒学经史、诗文、书画技艺等，相关事例不胜枚举。如以书法为家学的吴郡陆氏。唐前期的陆柬之，是隋唐之际名家虞世南的外甥，曾学书于世南，晚年有“出蓝”之誉。其子陆彦远继承了书法之家学，世有“小陆”之称。彦远的外甥张旭则是盛唐草书名家，时称“张颠”。陆柬之的侄孙陆景融及其四世孙陆希声，书法均为一时之绝。

吴郡陆氏代有其人，是唐代江苏地区世家大族家学传承的典型。陆氏一族在唐前期政治舞台上颇为显赫，其家学主要集中在经学、文学和书法领域。据《新唐书·宰相世系表》等记载，陆元方家族是东晋太尉陆玩之后，世代为江南土著的世族大姓。陆元方本人为武后时宰相，其子陆象先于玄宗朝为相，至六世孙则为陆龟蒙。陆龟蒙精通六经大义，善治《春秋》之学，又长于诗文。陆象先从侄陆涓，其孙陆希声又精于儒学，著述颇丰，同时还工于书法。陆元方之从叔陆余庆，少与陈子昂、宋之问等文士交游，“虽才学不逮子昂等，而风流强辩过之”①。陆长源则善于书法和史学，《新唐书·艺文志》著录了他《唐春秋》、《辩疑志》等著作。

普通士人家庭中，由北方迁居江南之地的家族，许多能保持原有的家学优良传统，并世代相沿，具有代表性的如润州权氏、苏州杨氏等。

权氏郡望为陇西天水，世代多以文学知名。玄宗天宝年间，权皋迁居润州丹阳（今丹阳市），权德舆即出生于丹阳。权皋、权德舆等人在文学方面多有建树。杨氏本出于同州冯翊（今陕西大荔县），《旧唐书》本传称其“家世为儒”②。杨收父亲杨遗直以讲学为业，后迁居苏州。杨氏一族擅长儒学和文学，其子孙多以文学登第，仕宦显要，因而人称“修行杨家”。杨遗直有四子，杨发、杨假、杨收、杨严，均进士及第，可见其家学之深厚。杨收三子后来也都进士及第。杨严后来曾担任越州（今浙江绍兴市）刺史、浙东观察使，其子杨涉唐末曾为宰相。

江苏本地士人家庭的家学传承也同样有史可鉴，其中苏州吴县沈传师家族和昆山张后胤家族较具代表性。

沈传师之父为代宗朝礼部员外郎沈既济，史称其“博通群籍，史笔尤工”③，德宗建中初年曾为左拾遗、史馆修撰，曾撰有《建中实录》十卷。沈既济还精于文学创作，是中唐时著名的传奇小说作家，代表作有《枕中记》、《任氏传》等。沈传师受家学影响，亦长于史学，同时对《春秋》亦有研究。他曾以史才参与编修《顺宗实录》、《宪宗实录》，还著有《元和辩谤略》。后任湖南江西观察使等职，为官清奉廉洁，杜牧曾在其幕

① 《旧唐书》卷八八《陆元方传》，中华书局1975年版，第2877页。

② 《旧唐书》卷一七七《杨收传》，中华书局1975年，第4595页。

③ 《旧唐书》卷一四九《沈传师传》，中华书局1975年版，第4034页。

下。其子沈枢、沈询秉承家业，皆登进士第，并致时名。昆山张后胤家族则为江南经学世家，其祖张僧绍萧梁时任零陵太守。其父张冲是陈朝国子博士，以经学知名。张后胤本人“以学行禅其家”[①]，李渊镇太原，引为门客，曾给秦王李世民讲授《春秋》。其孙张承休学有德行，其曾孙张镒是德宗朝宰相，撰有《三礼图》、《五经微旨》、《孟子音义》等。

总之，唐代江苏地区教育尤其是私学教育的兴盛，为本地社会经济文化的繁荣奠定了坚实的基础。

三　进士及第

如上所述，科举制度的确立和发展，深刻地影响了教育的发展方向。同样，教育的状况也关系到科举事业的发展。唐代江苏地区教育的兴盛，为唐王朝输送了大批的人才。唐代科举中最重要的是进士科，因而，一个地区进士及第数量的多寡，可以从一个侧面反映出这个地区教育的发展水平。为了对唐代江苏地区教育与科举的关系有一个更加直观的了解，我们在前人研究的基础上，将唐代的政治走向大致划分为三个阶段，即唐前期（高祖—玄宗时期）、唐中期（肃宗—武宗时期）和唐后期（宣宗—昭宗时期），并将各个时期江苏地区各州所出进士数量作一归纳，制表分列如下。[②]

从表8—3—1的统计中，我们可以看出唐代江苏省域各州进士及第的时空分布特点。

表8—3—1　唐代江苏地区各州进士统计表

州（郡）名	唐前期	唐中期	唐后期	总　计
苏州（吴郡）	3	26	20	49+(10)[③]
扬州（广陵郡）	1	7	1	9+(1)
常州（晋陵郡）	4	3	2	9+(1)
润州（丹阳郡）	16	8	0	24
徐州（彭城郡）	0	4	1	5
楚州（淮阴郡）	1	1	0	2
海州（东海郡）	0	1	0	1
总　计	25	50	24	111

① 《新唐书》卷一九八《儒学传·张后胤》，中华书局1975年版，第5650页。

② 本表数据依据《江苏省通志稿》第三卷《选举志》（江苏古籍出版社1993年版）；许有根《江苏省通志稿唐代进士补考》（《江苏地方志》2004年第6期）。本表所列入统计范围的进士，大多为姓名可考且事迹较详的人物，一些仅存姓名，但无法考证籍贯者从略，故此表反映的情况未必全面，但不致产生太大的偏差。

③ 括号内的数字为登进士第年代无考人数。

第一，经济的发达是文化教育发展的基础。进士人数较多的州郡多为社会经济发达的区域，如苏、扬、常、润等州。其中，苏、常、润三州位于唐后期全国社会、经济、文化最发达的江南地区。唐后期被列为雄州的苏州自不待言，所谓"江南诸州，苏最为大"。常州是隋唐时期东南的交通要冲，也是"江左大郡"、财赋重地。扬州在唐代更有"扬一益二"的美称，富庶甲天下。润州既是军事重镇，又是东南漕运的咽喉。这些地区科举人才众多正反映了经济基础决定上层建筑的规律——社会经济的发展是文化教育发展的基础。

第二，科举与教育相辅相成。就科举人才分布的前、中、后三期的总人数而言，唐江苏省域诸州进士人数呈现出明显的阶段性，即唐中后期进士人数多于前期，这与江苏省域诸州政治、社会、经济、教育状况的发展阶段是紧密相关的。唐代江苏地区私学教育兴盛于唐代中后期，许多私学发展的史实都发生在玄宗天宝以后。进士及第的数量中后期多于前期的情况，正反映了唐代江苏地区教育发展的整体状况，私学教育逐渐超越官学，成为广大士人子弟接受教育的主要形式。同时，也从一个侧面反映了唐代中后期江苏地区教育的日趋普及和发展，越来越多普通士人子弟参与到科举考试中去。

第三，苏州是唐代江苏地区科举人才分布的集中地区。唐前期进士及第的人数较少，中唐以后逐渐增多，至晚唐保持不衰，这种现象正反映了苏州自中唐起已逐渐成为人才的渊薮，而此时唐代的文化教育中心也已出现了向江南转移的趋势。[①] 关于这一问题，著名历史文化地理学家陈正祥先生曾指出："当唐代的全盛时期，中进士的人多数限于中原；江南寥寥无几，岭南更谈不到。到了宋代，江南一带中进士的渐多。及至明清二代，情势倒转过来；江南成为人文渊薮，中原相形见拙。"[②]陈正祥认为江南文教地位的变化始于宋代，但从表8—3—1中不难看出，江南地区科举人才数量增多的现象并不是在宋代才突现的，而是有一个逐渐发展的过程。其实早自中唐开始，以苏州为代表的江南地区文教地位即已呈现上升趋势，为宋以后江南地区成为全国科举人才主要来源地奠定了基础。

第四节　唐代江苏地区的宗教活动

唐王朝建立以后，由于统治者的大力提倡和中外经济文化交流的频繁，江苏地区

---

① 参见邓小泉：《唐代科举人才区域分布的教育因素》，《南都学刊（人文社会科学学报）》2004年第4期。

② 陈正祥：《中国文化地理》，生活·读书·新知三联书店1983年版，第48页。

的宗教活动一直呈现出活跃的状态。除早已传入中国的佛教和本土的道教外，伊斯兰教、祆教和摩尼教等外来宗教也相继传入。上层和民间兼收并蓄的宗教态度，使得宗教文化事业对江苏文化产生了重大的影响。

一　茅山上清派道教的活动

在道教发展史上，江苏地区有着很重要的地位。道教原始阶段的“五斗米教”或天师道的创始人张陵就是沛国丰(今江苏丰县)人。进入六朝时期，道教由原始阶段迈入理论化阶段。在这个过程中，句容出身的道士葛洪起到了承前启后的重要作用。在他之后，南朝齐梁时期的茅山道士陶弘景，进一步发展了葛洪的道教理论，成为宗仰老庄、融合儒佛道三教的著名道教思想家。在陶弘景的努力下，道教完成了理论化过程，构造出了一套完整的神仙体系。因为陶弘景所宗的道教经典主要是《上清经》，所以茅山道教的理论体系又被称作上清派。隋代，茅山上清派道教的理论和仪轨日趋完备。

进入唐代以后，道教与唐代帝王的关系进入了“蜜月期”。隋末动乱时，社会上广泛流传着“杨氏将灭，李氏将兴”的谶语。茅山上清派道士王远知在李渊起兵前就曾前往拜见，称奉老君旨意，密传符命，言李渊当受天命。王知远(528—635)，出自六朝高门琅邪王氏，“少聪敏，博综群书。初入茅山，师事陶弘景，传其道法”①。他潜修陶弘景上清经法，著有《易总》十五卷。以清静寡欲知名，在陈、隋时曾多次受到王室的礼遇，但皆固辞不往。唐朝建立后，李渊曾赐其金缕冠、紫丝霞帔。太宗登基前也曾与其交往，后又加封他为银青光禄大夫，在茅山建立太平观，享寿120岁。

李唐宗室自称是老子李聃的后裔，因而在全国各地大兴道教宫观，并开始汇编道教经典总集《道藏》，道教的发展因此达到了鼎盛时期。调露二年(680)，高宗追赠王远知太中大夫，谥曰升真先生。武则天临朝后又追赠金紫光禄大夫，天授二年(691)，改谥曰升玄先生。②王远知的弟子潘师正隐居在嵩山逍遥谷修道，也受到高宗、武则天的尊崇，永淳元年(682)羽化，享寿98岁。高宗及武则天追思不已，赠其太中大夫，赐谥曰体玄先生。③ 潘师正的弟子司马承祯，少好学，不思仕途，遂为道士，随潘师正研习符箓及辟谷道引服饵之术。潘师正非常欣赏他，曾说：“我自陶隐居传正一之法，至汝四叶矣。”④司马承祯遍游名山，后止于天台赤城山。武则天闻其名，召至洛阳，亲自制敕予以赞美。玄宗则迎司马承祯入宫，拜为“国师”，并受其道，成为“道士皇帝”。

①② 《旧唐书》卷一九二《隐逸传·王远知》，中华书局1975年版，第5125、5126页。

③ 《旧唐书》卷一九二《隐逸传·潘师正》，中华书局1975年版，第5126页。

④ 《旧唐书》卷一九二《司马承祯传》，中华书局1975年版，第5127页。

在皇室的礼遇下，茅山上清派成为道教中最上乘的一派。司马承祯被茅山上清派指为第十二代宗师，从第十二代到第十八代宗师均受到皇帝的敕封。唐代有史可稽的著名道士中，属于茅山上清派的多达十余人，除王远知、潘师正、司马承祯外，还有张万福、张承先、李希和、杜光庭等，这些人大多著述宏博，立论精湛。

随着茅山上清派地位的日显尊贵，中唐以后，道教的发展呈现出了南方盛于北方的趋势，句容县境内的茅山在当时也与赤城山、衡山、罗浮山并列成为道教的中心。唐末，茅山上清派道教理论出现了后继乏人的局面，上清派也因此衰落，但其倡导的身心修炼、服气导引的方法，因有利于养生长寿而得到广泛传播。

二　以牛头宗为代表的佛教活动

佛教文化对江苏影响很深，这种本是外国的宗教文化形态进入本地后，迅速传播渗透，产生较大影响。唐代诗人杜牧的“南朝四百八十寺，多少楼台烟雨中”之句，正反映了佛教在江苏地区的兴盛。

隋唐时期，由于统治阶级采取儒、佛、道三家兼用的方针，加之高僧玄奘、义净等大师的译经传法，佛教开始与中国传统文化相融合，逐步“本土化”，并建立了适合本国民众信仰习俗的一系列礼仪法规，逐渐产生了三论宗、天台宗、法相宗、华严宗、律宗、密宗、净土宗、禅宗等八大宗教派别。在这些宗派的形成过程中，江苏地区的高僧也作出了杰出贡献。

1. 法融与牛头宗

法融(594—657)，润州延陵(今丹阳市)人，俗姓韦，为禅宗支派牛头宗之开祖，世称牛头法融。法融出身于望族家庭，十九岁便“学通经史”，偶阅《般若经》，遂有向佛之心。后因逃避婚姻而离家出走，从句容茅山三论宗僧炅法师剃度，皈依佛门。二十年中，尽得佛法精妙。唐贞观十七年(643)，法融离开茅山，来到江宁(今南京市)南郊牛头山(今称牛首山)幽栖寺北岩下(今祖堂山下)立茅舍修禅，日夕参究，潜心修行。传说山中有石室，深约十步，法融端坐其中，忽有神蛇长丈余，目如星火，在石室洞口举首扬威，如此一夜，见法融无所畏惧遂离去。山素多虎，樵人绝径。法融居此百日后，猛虎绝迹，行人往还无阻。又有群鹿依室听法，毫无惧容，其中两只大鹿直入室内，与诸僧一起听法，三年乃去。数年之间，从法融求学修行的僧人就达一百余人，法门渐兴。

当时牛头山佛窟寺藏有佛经、道经、佛经史、俗经史和医方图符等七经，是刘宋初年立寺时藏在寺里的著名经藏，法融获佛窟寺管理经藏的显法师允许，在那里日夜披阅，文思大进。贞观二十一年(647)，法融在幽栖寺开讲《法华经》、《大集经》。相传此时大雪纷飞，忽然皑皑白雪中绽放出两朵奇花，状似芙蓉，灿若金色，七日才渐谢去。又传说其时有百鸟翔集，纷纷衔花来献，因此后人把法融讲经之地称为“献花岩”。高宗永徽三年(652)，江宁县令萧元善请法融至建初寺开讲《大般若经》，听讲僧众近千人。讲至《灭净品》时，忽遇地震，听讲道俗安然不觉。次年，睦州(治今浙江建德市东北)陈硕真举兵反唐，后被镇压，许多僧侣惧受牵连，逃至江宁，诸寺皆不敢容纳，唯法融冒险收留，前后约三百余人。法融亲往城镇乞米，以解僧众口粮之难。

禅师道信，在皖公山随禅宗三祖僧璨大师研习禅法，得僧璨之真传，是为禅宗四祖。道信遥观气象，知江宁山中有异人，遂亲自过江到牛头山一带寻访。在与法融禅对后，道信对法融的志行和佛学成就非常赏识，认为法融可以师承流派，当时道信已将衣钵传给弟子弘忍(五祖)，故特地允许法融自立一宗。道信对法融：“吾受僧璨大师法门衣钵，今传付予汝，当谛听吾言，只住此山，而后当有五人来此，续继汝之法统。”法融创立的这一宗称“牛头宗”，佛教中称“江表牛头”，其禅学称为“牛头禅”。

佛教分“顿悟”和“渐悟”两大派，牛头禅宗主张“顿悟”。法融在其所著《心铭》中说，“烦恼本无，不须用除”，“目前无物，无物宛然”，认为佛并不存在于尘世，而在心中，众生本有佛性，只要自我顿悟，心明心诚，即可成佛，不必非经长期修行(渐悟)不可。高宗显庆二年(657)，法融于金陵建初寺圆寂，世寿64岁。[①] 法融之后，牛头禅宗经智岩、慧方、法持、智威、慧中，前后传续六代，称“牛头六祖”。六祖中，法融是今丹阳人，智岩、慧方籍贯不明，法持、智威、慧中均为江宁人。

受谙牛头宗禅法的高僧中有鹤林素禅师。玄素，俗姓马，字道清，俗称马素，人称鹤林素禅师，与法融禅师同乡，润州延陵(今丹阳市)人。武则天如意元年(692)，玄素在江宁长寿寺出家，受具足戒后，潜心钻研佛学，颇受世人尊崇。晚年入牛头山幽栖寺，谒牛头宗五祖智威禅师，叩求禅法，终成一代大师，并大振牛头宗风。在今南京市南郊将军山与韩府山之间的幽谷中设坛讲法，因泉水从岩石中渗出汇成小潭，故曰龙泉。后在此建寺，称龙泉寺。天宝十一年(752)坐化，世寿85岁，谥“大律禅师”。

敬宗宝历二年(826)秋，著名文学家刘禹锡罢和州(治今安徽和县)刺史，游金陵，写下了许多歌咏金陵山水胜迹的诗篇。唐文宗太和三年(829)，润州刺史、浙西观察使李德裕有感于法融禅师塔比较简陋，发愿为法融造新塔，拿出自己的月俸二十万缗，命上元县令如符造塔。历三月，法融大师新塔告成，“事严而工人艺尽，诚达而山神来护”[②]。刘禹锡受李德裕之邀撰写《牛头山第一祖融大师新塔记》，记文六百余字，

---

① 以上叙述主要据《续高僧传》卷二六、《景德传灯录》卷四、《佛祖统纪》卷三九、《牛头山第一祖融大师新塔记》。

② (唐)刘禹锡:《牛头山第一祖融大师新塔记》，见陶敏、陶红雨校注:《刘禹锡全集编年校注》卷一七，岳麓书社2003年版，第1120页。

叙述了以牛头山为中心的牛头宗传法世系及造塔的缘起和经过。

牛头宗主张的顿悟观为后世的佛教南宗所倡导，为纪念法融，后世将齐修习禅定所在的幽栖山改称祖堂山。一千多年来，牛首山的弘觉寺和祖堂山的幽栖寺，作为牛头禅宗的发祥地，一直是国内外佛教徒心目中的圣地。

2. 道宣的律学研究与佛教史学的撰述

道宣(596—667)，润州丹徒(今镇江市)人①，俗姓钱，字法遍。道宣幼年出家，除师从慧颙大师和智首大师修学外，30岁之前更注重多方广学，这为他后来开创佛教新宗奠定了坚实的基础。30岁后道宣开始从事著述，曾参与长安大慈恩寺高僧玄奘的译经工作，负责润文。道宣最主要的成就是在对律学和佛教史的贡献。他是唐代律宗三派之一南山宗的开创者，撰有《四分律删繁补阙行事钞》、《四分律删补随机羯磨疏》等律学著作。在佛教史学方面则有《续高僧传》、《广弘明集》、《大唐内典录》等。道宣的律学著述取百家之长而成一家之言，颇有见地，其学说不仅风靡当时内地佛教界，而且盛名远播西域。南山律宗也因此在律宗三个支脉中传承独盛，最终成为律宗的代表。

唐代江苏地区的另一位律宗高僧是鉴真。鉴真(687—763)，俗姓淳于，扬州江阳(今扬州市)人。鉴真的父亲是一位信仰虔诚的居士，这使鉴真从小就饱受佛学的熏陶。18岁从律宗大师道宣的门人道岸律师受菩萨皆戒，因此成为道宣的再传弟子。青年时期曾游学两京，跟随名师研读佛教经典，融汇各家之长而自成一体，深得时人赞誉。鉴真在佛学上造诣很深，尤其是对律宗和天台宗有着精深的研究。从26岁起就在扬州大明寺讲经布道，传授戒律。据《唐大和上东征传》记载，在唐开元天宝年间，“淮南江左净持戒[律]者，唯大和上独秀无伦，道俗归心，仰为授戒大师”②。在他座下，名徒辈出。天宝元年(742)，日本僧人荣睿、普照受日本佛教界和政府的委托，恳请他去日本传戒，鉴真欣然应允，从这一年开始至天宝七年(748)，先后五次率众东渡，但均因天时、人事不利而失败。但他东渡弘法之志弥坚，从未动摇。天宝十二年(753)第六次东渡，终于成功到达日本。鉴真在日本受到朝野热烈尊崇，被尊奉为日本律宗的始祖。

3. 湛然中兴天台宗

湛然(711—782)，常州荆溪(今宜兴市)人，俗姓戚，家世业儒，而其独好佛法。17岁从金华方岩受《天台止观》，20岁师从天台宗第八祖玄朗研习天台宗教义，尽得其

---

① 一说浙江吴兴(今浙江湖州市)人。

② [日]真人元开著，汪向荣校注：《唐大和上东征传》，中华书局1979年版，第80页。

学。天宝七年(748),湛然38岁时在宜兴君山乡净乐寺出家,又至越州(治今浙江绍兴市)师从昙一,广究律部,后于吴郡开元寺讲《摩呵止观》。玄朗圆寂后,湛然继其席,以中兴天台宗为己任,撰成天台三大部的注释及其他著述凡数十万言,提出有情无性之说,认为木石等无情之物亦有佛性,发展了天台宗的教义。天宝至大历时期,玄、肃、代三帝前后征召,湛然都托病固辞,坚持在各地寺院传播天台教义,所到之地,僧俗影从,德誉广被,世称"荆溪尊者"、"妙乐大师"。晚年居天台国清寺,以身诲人,耆年不倦,被尊为天台宗第九祖。德宗建中三年(782)圆寂,世寿72岁,弟子有道邃、普门、行满、智度等39人。湛然平生著作宏富,主要有《法华玄义释签》、《法华文句记》、《摩诃止观辅行传弘决》、《止观搜要记》等。[①]

除此之外,江苏地区各寺院也与佛教各宗派的创立及流传有着密切联系,如三论宗的实际创始人吉藏幼年即随高僧法朗于金陵栖霞寺出家,栖霞寺因此也成为三论宗的祖庭之一,在中国佛教史上声名显赫。

在政府的倡导和民间的追崇下,到了唐朝后期,佛教的中心已开始由北方向江南转移。安史之乱以后,标志着佛教史上一大革命的南禅宗在佛教各宗派中逐渐处于绝对优势地位,成为佛学正宗。收录于宋代佛学禅宗史籍《景德传灯录》的唐代江苏地区南禅宗大师就有55位之多,其中大部分出自金陵、苏州、扬州等地。

---

① 以上叙述主要依据《宋高僧传》卷六、《佛祖统纪》卷七、卷一〇、卷二三—二五、卷四九、卷五三。

第九章　唐代江苏地区的中外文化交流

唐朝立国近三百年，长期维持着经济繁荣、文化昌盛、交通发达的局面。唐前期，东西交通畅通，一方面西方各国的使臣、商人不断通过陆上丝绸之路进入唐朝内地；另一方面又加强与东方新罗、日本等国的联系，作为东西文明传播的枢纽和中转站，将东西文化的交流推向了高潮。安史之乱以后，河西走廊以西地区逐渐被吐蕃控制，通往西方的陆路交通受到了一定的影响，但随着海上贸易的日趋发达，通过海路与天竺（印度）、波斯（伊朗）、大食（阿拉伯）等国的贸易交往大大加强。唐朝在广州等地设置市舶司，管理海外贸易，接待来往人员。同时，唐朝积极改造大运河，使之能承受大规模船队的经常性运输。今江苏省域的名藩大都扬州，位于中国中部沿海的长江口，又处于国内东西走向的长江水道和南北走向的运河交汇处，并且又位于唐朝最富裕地区江淮的中心，诸多的优势，使得扬州成为唐代两京之外的又一个对外贸易与文化交流的窗口。

第一节　新罗坊与新罗移民的活跃

在唐朝的四邻之中，与中国关系最为和睦的莫过于新罗。唐朝朝野对新罗的评价都很高，“新罗号为君子之国，颇知书记，有类中华”①。新罗倾慕唐风，曾派遣许多贵族子弟入唐留学，派遣僧侣入唐求法，一时蔚为风尚。新罗入唐的交通路线主要有两条：一条是由朝鲜半岛西渡黄海，至唐登州文登县赤山浦（今山东文登市斥山集）一带登岸，然后取陆路经青（治今山东青州市）、齐（治今山东济南市）、汴（治今河南开封市）转往洛阳和长安。另一条则从赤山浦沿今山东、江苏海岸南下泗州涟水县（今涟

① 《旧唐书》卷一九九上《东夷传·新罗》开元二十一年（733）唐玄宗语，中华书局1975年版，第5337页。

水县)入淮河,上溯至楚州(今淮安市),再转行运河,自此或西上汴、洛,或南下扬州。也有从长江口直接进入扬州,然后各奔东西的。在此水程沿途多有新罗移民居住,建有"新罗坊"、"新罗馆",为往来的新罗人提供食宿之便。

关于新罗人在唐朝的活动,日本学者今西龙在其《新罗史研究》中概述道:"在唐的新罗人,在南方,自扬州沿运河北上,在楚州形成了一个中心,淮河沿岸或者更向东北方向沿盐河往海州方面都有许多人居住;在北方,从山东半岛的根部密州大珠山往北到登州乳山,向东往半岛的东南角赤山,以及半岛的东北角成山,都有大批新罗人居住,而赤山是其中心。……新罗人或者作为拥有船舶的商人,或者作为水手(当然也应有农民)广泛地居住在以上这些地区。"①

小野胜年在《入唐求法巡礼行记研究》中亦称:"新罗奉唐正朔,加上邻近唐朝疆域,出使或留学的往来非常频繁。加上这些原因,新罗人在9世纪成为极东海上贸易的担当者,在中国东海之上乃至沿海地区,充分展现了头角。"②在谈到新罗人的沿海活动时说:"若要统计一下新罗船舶沿海靠港地点的话,那么,有登州蓬莱县、文登县成山浦、赤山浦、牟平县庐山、乳山浦、邵山浦、密州诸城县大珠山驳马浦、瑯琊台、海州东海县、泗州涟水县、楚州、扬州、苏州、明州等。与这些海上活动相对应,在相应的州县中也逐渐形成了他们的定居点,如泗州涟水县等各处,都出现了新罗坊,即新罗人的留居地……还形成了许多新罗人的村落。"③

美国政治家、学者E·O·赖肖尔(E·O·Reischauer)在《圆仁的唐代中国之旅》(*Ennin's Diary*)第八章《在中国的朝鲜人》中,论述在唐新罗人的活动时说得更清楚:"在往来于中国都城街角的外国人中,参杂着许多朝鲜人,这并不为奇。""实际上,圆仁的日记与其他众多的历史资料都给人留下了一个同样的印象,那就是朝鲜人的人数为居住在那里的外国人之首,他们比其他外国人更彻底地渗透到了中国人生活的基层,并经营着他们自己的生活。""朝鲜人的贸易商会,集中在山东半岛南岸和淮河下游一带,汇总起来,便可形成一条连接朝鲜与大唐帝国中枢的自然水路。而连接中国与其他东部邻邦各国之间贸易的重要枢纽港口,很显然是楚州。……如前所述,楚州拥有广大的朝鲜租界,朝鲜总督亦在此掌管着朝鲜人的地区行政,势力庞大。"④今江苏省域是在唐新罗人活跃的重要舞台。

---

① [日]今西龙:《新罗史研究》,近泽书店1933年版。

② [日]小野胜年:《入唐求法巡礼行记研究》第一卷,铃木学术财团1963年。

③ [日]小野胜年:《入唐求法巡礼行记研究》第四卷,铃木学术财团1969年。

④ [美]E·O·赖肖尔(E·O·Reischauer)著,[日]田村完誓译:《圆仁的唐代中国之旅》(*Ennin's Diary*),原书房1984年版。

作为正史的两《唐书》中，对新罗国及两国关系的叙述只是取其大要，对来唐的新罗人或逐渐增多的新罗移民的记载则非常少。所幸的是，唐后期文宗、武宗时期来中国巡礼的日本僧人圆仁留下的《入唐求法巡礼行记》(以下简称《入唐记》)，为我们留下了大量在唐新罗人的生活、经营细节，成为今天了解当时在唐新罗移民社会的第一手资料。《入唐记》具体记录了文宗开成三年(838)至宣宗大中元年(847)之间圆仁在唐朝周游的见闻，据《入唐记》所记，今江苏省域从最北端的海州，往南经泗州、楚州、扬州，直到南端的苏州，都有新罗移民活动的踪迹，尤其是海州东海县、泗州涟水县、楚州山阳县、扬州，即新罗通唐的交通路线沿途，是新罗移民最集中的州县。以下我们按圆仁登陆后的行程顺序来探讨唐代江苏省域各地新罗移民的分布情况。

1. 扬州的新罗人

圆仁一行开成三年(838)六月底航行至长江口，七月二日在扬州海陵县白潮镇桑田乡东梁丰村登陆，然后赶往扬州大都督府。

在遣唐使船的航海途中，新罗人作为翻译和导航员已经发挥了重要的作用。从《入唐记》的记载来看，圆仁乘坐的第一舶(遣唐使大使所乘船)上有新罗译语金正南，飘至海州的第二舶上有新罗译语朴正长，可以肯定，其他使船中也都配有既通日本语又通汉语的新罗人，他们既是翻译，又是东亚海上航行和贸易的向导。

包括圆仁在内的遣唐使一行在扬州的要务是拜访扬州大都督府长史、淮南节度使李德裕，申请办理唐朝国内的旅行通行证。由于与使节团成员在一起，圆仁没有像此后单独行动那样需要新罗人的大力支持，因此，在扬州见到的新罗人较少。《入唐记》中提及的有两处：一是开成四年(839)正月八日“新罗人王请来相看”[①]。王请曾于日本嵯峨天皇弘仁十年(819)与唐人张觉济等同船往日本经商，后历经艰难回到唐朝，在扬州从事经营。一是新罗译语刘慎言。刘慎言是活跃在扬州、楚州等地的新罗人，圆仁为此后独往诸山巡礼做准备之际，开成四年三月廿二日，以“沙金大二两、大坂腰带一，送与新罗译语刘慎言”。

2. 楚州的新罗人

由于楚州位于运河与淮河的交汇口，原本就是南北水路交通的枢纽。稍往东经淮口就能出洋，因此，是新罗、日本两国官私船舶来唐或回国的重要地点，这也是楚州聚居大量新罗移民的重要原因。

圆仁一行还在扬州等待申办通行证期间，就已经为回国的船舶做准备了。“新罗

---

① [日]圆仁撰，顾承甫、何泉达点校：《入唐求法巡礼行记》卷一开成四年(839)正月八日条，上海古籍出版社1986年版，第26页。以下引此书不再一一出注，为便于查找，引文前后标注年月日。

译语金正南为定诸使归国之船，向楚州发去。”（开成三年十二月十八日）“依金正南请，为令修理所买船，令都匠、番匠、船工、锻工等卅六人向楚州去。”（开成四年闰正月四日）“更雇新罗人谙海路者六十余人，每船或七或六或五人。亦令新罗译语正南商可留之方便，未定得否。”（开成四年三月十七日）上引数例可以看出，楚州是这次遣唐使回国时的起锚地。之所以选择楚州，完全是因为使船的安全归航有赖于新罗人的协助。“雇新罗人谙海路者六十余人”，这六十余人应该是经常往来唐罗或唐日之间、熟悉海路的人，则这六十余人的周围起码生活着数百新罗人（家口）。还有，此时的圆仁已有留唐不归之念，故与熟悉唐朝世情的新罗译语金正南商量留唐的办法。从以后圆仁的行程、活动来看，确实是利用了在唐新罗人的社会关系网。

圆仁经历千辛万苦，于武宗会昌五年(845)七月三日从扬州沿官河到楚州，“七月三日，得到楚州。先入新罗坊，见总管当州同军将薛，新罗译语刘慎言，相接存问殷勤”。圆仁直奔新罗坊，见到“总管当州同军将薛”和新罗译语刘慎言。“新罗坊”是楚州山阳县新罗移民的聚居区；薛某，圆仁在后文中称“薛大使”，名薛诠，也是楚州新罗人，在刘慎言之前任楚州新罗坊总管（大中元年六月十日），可见不仅新罗坊由新罗人管理，整个楚州的新罗移民也有唐朝认可的新罗人自治机构。

新罗文士崔致远（见本章第二节）在楚州山阳也遇到了自己的同胞，写下了《山阳与乡友话别》诗，诗云：“相逢暂乐楚山春，又欲分离泪满巾。莫怪临风偏怅望，异乡难遇故乡人。”①

3. 涟水的新罗人

涟水县唐后期属泗州，在徐泗濠（武宁军）节度使管内，位于楚州山阳县淮河下游的对岸，这里不仅是新罗、日本船舶出海前的最后一站，而且还处在新漕渠（运盐河）的起点，连接着另外一个新罗移民的聚居区海州东海县。并且这条交通线路还继续往北延伸，起着沟通密州（治今山东诸城市）和登州（治今山东蓬莱市）这两个新罗移民聚居点的重要作用。因此，居住在涟水县的新罗人数量很多，似乎要超过楚州山阳县。

《入唐记》保留下来的涟水新罗人材料较多。开成四年(839)三月廿五日“卯时发。风吹正西，乘淮东行。未时到徐州管内涟水县南，于淮中停宿。风色不变。缘第一船新罗水手及梢功下船未来，诸船为之拘留，不得进发”。日本使船雇用的新罗水手和艄公下船未归，必定是出航之前回涟水新罗坊向家人道别。会昌五年(845)七月

① ［新罗］崔致远：《山阳与乡友话别》，见《孤云先生文集》卷一，［韩］民族文化推进会编：《影印标点韩国文集丛刊》第一册《孤云集》，景仁文化社 1990 年版，第 151 页。

九日“斋时到涟水县。县属泗。缘楚州译语有书付送涟水乡人，所嘱令安存，兼计会留钩之事，仍到县，先入新罗坊”。圆仁这次到涟水，目的是托新罗人寻找去日本的商船，所以圆仁带着楚州新罗译语的介绍信直奔涟水新罗坊。涟水县令问“新罗坊里，曾有相识否?”希望在新罗坊找到相识的担保人，并吩咐衙役“领和尚到新罗坊，若人识认，即吩咐取领状来；若无人认，即却领和尚来”。在新罗坊内，圆仁遇见了在登州赤山浦相识的崔晕第十二郎。崔晕第十二郎曾为唐清海镇兵马使，后“又归到新罗，遇国难，逃至涟水住。今见便识，情分不疏，竭力谋停住之事，苦觅识认管等，俛仰计之”。从崔晕第十二郎的经历来看，唐朝沿海各州县的“新罗坊”，不仅是新罗移民的聚居地，而且还是蔽身之所，他们可以自由地往来与唐、罗之间。圆仁在崔晕第十二郎的安排下发往登州。

4. 海州东海县的新罗人

圆仁曾数次经过海州东海县。当时的东海县尚是海岛，与海州州治朐山县隔海峡(小海)相望。据《入唐记》的记载，往来或居住在东海县的新罗移民数量不少。开成四年(839)四月五日，圆仁为了实现巡礼佛教诸名山的夙愿，带着三名随从离开停泊在今云台山外海边的归国使船，潜入云台山中。正他们困顿难忍时，遇见一船，船上人称:“吾等从密州来，船里载炭向楚州去。本是新罗人，人数十有余。”听说对方是新罗人，圆仁等也冒充是新罗僧人。于是船人派人带着圆仁一行“涉浦过泥，申时到宿城村新罗人宅，暂憩息。便道新罗僧从密州来此之意”。但村长王良不相信:“和尚到此处，自称新罗人，见其语言，非新罗语，亦非大唐语。见道日本国朝贡使船，泊山东候风，恐和尚是官客，从本国船上逃来。是村不敢交官客住，请示以实。”圆仁等告之以实后，村长王良还是让他们住在了自己家中。

从《入唐记》的这一段记载中可以知道，在今山东沿海密州(治今山东诸城市)也有不少新罗移民，他们通过近海航路和涟水、海州间的运盐河往还于密州与楚州之间。记载中提到东海县宿城村，据开成四年四月五日所记，“从东海山宿城村至东海县一百余里”，可见宿城村在今连云港市东北云台山。今连云港市云台区尚有宿城乡和宿城水库，唐代宿城村应该就在附近。海州东海县宿城村有新罗人家，村长王良不知是否为新罗人，若是，则在唐朝的乡村，新罗人村落已然形成；若非，则新罗人杂居在唐人村落，在长期交往中，唐人村长能够辨别新罗语。而往楚州运炭的十来个新罗人，似乎已经不懂新罗语，因此被圆仁等骗过，可见他们可能已是不太懂新罗语的移民后代了。

对在唐新罗人的移民社会，从上引《入唐记》的记载中可以看出，新罗移民已经形成了自己的移民社会。唐代的居民区，城中曰坊，乡野曰村。楚州、涟水的新罗坊，很显然是这两座城市中的新罗移民聚居区，新罗坊由新罗人自己的总管进行管理。海州东海县的宿城村则是新罗移民村的例子，从村长王良又解新罗语又解唐语的情况来看，王良作为新罗人的可能性极大，由此可见，分布在唐朝沿海乡村的新罗移民聚落亦由新罗人自己管理。在自治的坊、村之上，唐政府则设置"勾当新罗所"（会昌五年八月廿四日、廿七日），对当地新罗移民实行管理。

第二节　新罗文人崔致远在江苏的活动

一　辞国赴唐及在江苏地区的任职

崔致远（857—?），字海夫，号孤云，新罗国京城沙梁部（今韩国庆州地方）人，在朝鲜半岛的历史上被誉为"汉学鼻祖"、"海东文宗"，其"道德文章，我东方第一人也"①。唐懿宗咸通八年（867），12岁的崔致远泛海赴唐，出发前，其父崔肩逸告诫他说："十年不第进士，则勿谓吾儿，吾亦不谓有儿。往矣勤哉，无隳乃力。"②足见崔父对尚在童年的崔致远的期许与苛责。崔致远到长安后，不负严父的期望，刻苦攻读，6年后的咸通十五年（874）与顾云等32人共登进士第，实现了其父必须考中进士的目标，此时年仅18岁，比父亲的期限提前了4年。这确如其在《桂苑笔耕集》自序中所述，以"人百之，己千之"的发奋读书的精神和锐意进取的结果。进士及第后，崔致远又在唐生活了11年，28岁回到阔别17年的祖国新罗。崔致远在唐生活期间，与江苏地区结下了不解之缘。

崔致远留学的目的，在当时来说是世俗的，只是希望在大唐科举及第，获得功名出身，然后求得一地方官，积累历练，回国后能够平步青云，为国效力。这两个愿望或者目标，在他后来给淮南节度使高骈的《长启》中表现得非常强烈："某海东一布衣也，顷者万里辞家，十年观国，本望止于榜尾科第，江淮一县令耳。"③崔致远的人生道路，至少在大唐生活的时期，是完全按照这个既定方针走过来的。

为了实现第一个愿望，作为留学生，崔致远付出唐人学子百倍的心血和努力。崔致远留存至今的文章，大多数是华丽的骈体文。《新唐书》卷六〇《艺文志》中著录有崔致远《四六》一卷。"四六"是一种文体，即骈体文，又称骈俪文。可见在留学准备应

---

① 《孤云先生事迹》所收《家乘》，见[韩]民族文化推进会编：《影印标点韩国文集丛刊》第一册《孤云集》，景仁文化社1990年版，第140页。

② [新罗]崔致远撰，党银平校注：《桂苑笔耕集》序，中华书局2007年版，第13页。

③ [新罗]崔致远撰，党银平校注：《桂苑笔耕集》卷一八《长启》，中华书局2007年版，第625页。

试的阶段，崔致远致力于博识和文章的技巧，而对当时唐朝的古文并没有多少关心，专门学习科举考试必要的骈体文。

874年登科后，为获得初次除任的机会，崔致远一直在洛阳耐心地等待。这一期间，《桂苑笔耕集》序中说："观光六年，金名胜尾，此时讽咏情性，寓物名篇，曰赋曰诗，几溢箱箧……寻以浪迹东都，笔作饭囊，遂有赋五首，诗一百篇，杂诗赋三十首，共成三篇。"崔致远的机运很好，不久就被任命为宣州溧水县（今江苏溧水县）尉，作为县令的副手，职掌县府的日常事务。与唐江苏省域江南诸州的其他属县相比，宣州管辖的溧水县人口相对较少，县府的事务也不甚繁剧。"而后调授宣州溧水县尉，禄厚官闲，饱食终日，仕优则学，免掷寸阴。公私所为，有集五卷，益励为山之志，爰标覆篑之名。"[①]可见崔致远对这一职务非常满意，因是闲职，所以有闲恣意创作，几年时间内，便集成了五卷本的《中山覆篑集》一部。

3年后的878年，为了在仕途上获得更大的空间，崔致远辞去溧水县尉之职，准备应试博学宏辞科。在后来给高骈的《长启》中说"前年冬罢离末尉，望应宏辞"，但是由于"禄俸无余，书粮不济"[②]的经济原因，不得不放弃应试，改投时为润州刺史、镇海军节度使高骈的幕下。高骈认可其才能，任为侍御史。这一年崔致远23岁。

崔致远本来就擅长写骈体文，而当时官府之间的文书往来又几乎全为骈体文，因此，对崔致远来说，镇海军节度使及此后的淮南节度使幕僚的工作无异于如鱼得水，当时高骈所上的表、状、启等官府文书几乎都出于崔致远及其同年顾云之手。在后来的《桂苑笔耕集》序中说："从职淮南，蒙高侍中专委笔砚，军书辐至，竭力抵当，四年用心，万有余首。"四年之间写了近万篇。

被高骈擢用后的第二年，对崔致远来说遇见了一件千载难逢的事，即黄巢之乱。由于其代高骈写了《讨黄巢檄》，使得他的文名一下子为天下所知，他自己也感受到了及第以来最高的荣光。在《出师后告辞状》中称："昔曾列名桂科，未知称意；今忝职居莲府，始觉荣身。恩既厚于稻粱，迹能安于萍梗。日增学殖，月赡书粮。"[③]对自己的处境感到非常满意，并自负强于其他新罗留学生，觉得为父母、祖国争了光。在《谢许归觐启》中说："一身遭遇，万里光辉。是以远亲稍慰于倚门，游子倍荣于得路。"[④]

《旧唐书》卷一八二《高骈传》称，高骈"家世仕禁军，幼而朗拔，好为文，多与儒者游，喜言理道"。世代为禁军将领。在唐末混乱时期，高骈凭借其军事才能，先后对党

---

① ［新罗］崔致远撰，党银平校注：《桂苑笔耕集》序，中华书局2007年版，第13—14页。

② ［新罗］崔致远撰，党银平校注：《桂苑笔耕集》卷一八，中华书局2007年版，第625页。

③ ［新罗］崔致远撰，党银平校注：《桂苑笔耕集》卷一七，中华书局2007年版，第612—613页。

④ ［新罗］崔致远撰，党银平校注：《桂苑笔耕集》卷二〇，中华书局2007年版，第718页。

项羌、安南夷獠的反唐暴动进行了平定，深受朝野钦佩。乾符四年(877)，进位检校司空、润州刺史、镇海军节度使、浙江西道观察使，坐镇帝国最富庶的地区。由于王仙芝攻陷了荆襄，唐将宋威率诸道军士进行讨逐，王仙芝部众离散后逃至江淮。朝廷因高骈曾在王仙芝部众的故乡郓州(治今山东省东平县西北)任过刺史，军民畏服，于是授高骈京口节钺、诸道兵马都统、江淮盐铁转运使等职，以招怀王仙芝部众。在高骈的围攻之下，王仙芝部众转而向岭南进军。也就是在这一年，崔致远投靠了声名卓著的高骈。并在润州写下了《登润州慈和寺上房》的诗篇。由于这次的军功，高骈于乾符六年(879)进位检校司徒、扬州大都督府长史、淮南节度使、兵马都统、盐铁转运使，帝国的东南财赋之地全由高骈处置。崔致远也随高骈一起渡江来到东南巨镇扬州，开始了在扬州长达五年的幕府生活。

扬州唐城博物馆内的崔致远纪念馆

崔致远之所以如此感到满足，均源于高骈对他的赏识。成为淮南从事后，高骈不仅任其为都统巡官，而且还代向朝廷为其求得殿中侍御史、内供奉、赐紫金鱼袋。崔致远在《长启》中表露自己的心态："岂料太尉相公迥垂奖怜，便署职秩……某自江外一上县尉，便授内殿宪秩，又兼章绂……昔有一日九迁，无以及斯荣盛。"①高骈给了他住所，为他置办四季衣物，俸钱之外多加料金。崔致远感铭于怀，四时赠送人参、海东实心琴、鞍幞、蓬莱山图、雪扇、银装龛子、紫绫货、天麻等作为礼品，高骈也回赠茶、樱桃、酒肉、绢等作为答谢，私人情谊非常厚重。

但思乡之情与衣锦还乡的世俗观念也始终萦绕在崔致远的心头。黄巢之乱平定以后，高骈的政治立场也发生了转变，在近侧妖道吕用之的蛊惑下，坐镇扬州，拥众自守，企图保存实力，割据一方。朝廷认识到了高骈的私心之后，下令夺其诸道行营都统和盐铁转运使等兵权和财权，高骈虽上表竭力申辩，但都被朝廷一一驳回。唐军在收复两京及击杀黄巢后，高骈让崔致远代作了《贺收复京阙表》、《贺杀黄巢表》，极力讨好朝廷，想借此洗去此前拥众自守的污点，但均无法挽回朝廷对自己的误解，因此

① [新罗]崔致远撰，党银平校注：《桂苑笔耕集》卷一八，中华书局2007年版，第625页。

悔恨万状。长期生活在高骈身边、对高骈的想法了如指掌的崔致远，此时已清楚地看出高骈之不足有为，可能已经觉察到了不久的将来高骈必定失势，于是超然抽身，于884年冬天在新罗国入淮南使金仁圭的迎接下回国，并于次年春天回到了新罗国都城王京（今韩国庆州市）。

884年，崔致远决定回国，唐僖宗闻说后，命崔致远代表唐朝向新罗国王投送国书，给予了他无上的荣光。在《行次山阳续蒙太尉寄赐衣段令充归勤续寿信物谨以诗谢》诗中，崔致远写道：

自古虽夸昼锦行，长卿翁子占虚名。
既传国信兼家信，不独家荣亦国荣。
万里始成归去计，一心先算却来程。
望中遥想深恩处，三朵仙山目畔横。①

喜悦、满足、感恩之情溢于言表。

新罗国王时为宪康王，爱其才，任以政务。崔致远先后仕宪康王、定康王、真圣王三朝，任侍读、翰林学士、兵部侍郎、瑞书院学士，最后升任阿餐（新罗高官）。他提倡经学、文学，促进了新罗晚期学术文化的发展。因政治形势的变化，后携家人隐居山林。1023年，高丽王朝显宗追赠内史令，封为文昌侯，供奉于高丽文庙。

回国后的第二年（886），崔致远将在唐朝撰述的诗文著作共二十八卷献给了新罗宪康王，据上奏文《进诗赋表状等集状》共有以下五种：《私试今体赋五首》一卷、《五言七言今体诗共一百首》一卷、《杂诗赋共三十首》一卷、《中山覆篑集》五卷、《桂苑笔耕集》二十卷。其中，《私试今体赋五首》、《五言七言今体诗共一百首》、《杂诗赋共三十首》三部，是崔致远科举及第前后的作品，主要创作编集于洛阳。《中山覆篑集》五卷，是其在宣州溧水县尉任上的"为公私作"，是崔致远在唐朝生活及交游最生动的记录。《桂苑笔耕集》虽说是崔致远在唐时期的著作集，但收录的作品主要是其在高骈幕府时期撰写的公文集。从第一卷到第十六卷共245篇，均是作为高骈的书记官代高骈所作。第十七卷以下，从第一篇《初投献太尉启》到歌颂高骈功绩的《七言纪德诗三十首》等篇，反映崔致远与高骈交往的作品占了大多数。最后的第二十卷，收录了他回国前献给祖国新罗山川的《祭巉山神文》，以及与扬州熟悉伎女道别的《留别女道士诗》等。

---

① ［新罗］崔致远撰，党银平校注：《桂苑笔耕集》卷二〇，中华书局2007年版，第750页。

二　与顾云、罗隐的交游活动

《新唐书》卷六〇《艺文志》著录崔致远《四六》一卷、《桂苑笔耕》二十卷，注曰："高丽人，宾贡及第，高骈淮南从事。"紧接在崔致远之后，《新唐书》著录了顾云的著作六种四十三卷，注曰："顾云，字垂象，池州人。虞部郎中，高骈淮南从事。"崔致远与顾云是同科进士，又同在淮南节度使高骈幕下从事，两人关系非常密切。各种史料显示，崔致远在唐时期经常交往的人有同榜及第的顾云，以及罗隐、张乔、杨赡、吴峦、周繁、李展、杜荀鹤、高彦休、张义府、蒋泳等人①，而顾云则是崔致远在唐期间最亲密的友人。

崔致远与顾云是咸通十五年(873)同榜进士，是科举中的同年；两人又同为高骈幕府的从事，一起为高骈起草了大量的文启书檄，是任职中的同僚。崔致远赞赏顾云的文才，在向高骈献《七言纪德诗三十首》时所作的《献诗启》中，崔致远说："某窃览同年顾云校书献相公长启一首，短歌十篇，学派则鲸喷海涛，词锋则剑倚云汉。备为赞颂，永可流传。如某者迹自外方，艺唯下品，虽儒宫慕善，每常窥颜、冉之墙；而笔阵争雄，未得摩曹、刘之垒。"②在自谦为外方粗鄙之人的同时，盛赞顾云进呈高骈的诗文，相信定会永世留存。可惜的是，顾云进呈的长启和短歌十首早已佚失，崔致远的《七言纪德诗三十首》和《献诗启》则保留至今，成为同时代人对顾云才华评议的珍贵资料。

朝鲜古史《三国史记》卷四六《崔致远传》记录了崔致远回国前顾云所赠的一首送别诗：

我闻海上三金鳌，金鳌头戴山高高。
山之上兮，珠宫具阙黄金殿；
山之下兮，千里万里之洪涛。
傍边一点鸡林碧，鳌山孕秀生奇特。
十二乘船渡海来，文章感动中华国。
十八横行战词苑，一箭射破金门策。③

诗中，顾云对金鳌鸡林(朝鲜古称)出生的崔致远12岁赴唐，以文才扬名，18岁射

---

① 参见党银平：《唐与新罗文化关系研究》，中华书局2007年版，第99—118页。

② [新罗]崔致远撰，党银平校注：《桂苑笔耕集》卷一七，中华书局2007年版，第583页。

③ [高丽]金富轼：《三国史记》卷四六《崔致远传》，朝银文化社1997年版，第443—444页。

中进士金榜的神奇经历大加赞誉，“一箭射破金门策”一句，也流露出顾云自己饱尝科举落第的苦涩以及对异国秀才的羡慕。《三国史记》中留下来的这首送别诗虽然不是全本，只是长诗中的开头部分，但无疑是顾云的佚诗。稍晚于《三国史记》的李仁老《破闲集》卷中载：“文昌公崔致远字孤云，以宾贡入中朝擢第……及还乡，同年顾云赋《孤云篇》以送之，云：因风离海上，伴月到人间。徘徊不可住，漠漠又东还。”[①]这里指出了《孤云篇》的篇名，与上引送别诗或即同一篇。而崔致远晚年号“孤云”，这可能直接起因于与顾云十年的深厚交往以及顾云送别时所赠的《孤云篇》。

崔致远回国以后，他与顾云的交往并没有中断。崔致远的另一首诗《暮春即事和顾云支使》：

> 东风遍阅百般香，意绪偏饶柳带长。
> 苏武书回深塞尽，庄周梦逐落花忙。
> 好凭残景朝朝醉，难把离心寸寸量。
> 正是浴沂时节也，旧游魂断白云乡。[②]

顾云的《暮春即事》诗至今不详，但从崔致远和诗中“苏武书回”、“旧游魂断白云乡”等词句推测，《暮春即事》是顾云在崔致远回国后的作品。可以想象，返回新罗以后的崔致远，收到了远在千里之外唐朝淮南的“旧游”顾云的书信和诗作，恰逢落花时节，思绪万千，提笔而和。

顾云之外，崔致远在唐期间与诗人罗隐的交往酬唱也比较频繁。罗隐（833—909），杭州余杭（今浙江杭州市）人，“诗名于天下，尤长于咏史，然多所讥讽，以故不中第”[③]。顾云虽于咸通十五年与崔致远同登金榜，但有着屡试失败的苦涩，罗隐曾作有《送顾云下第》诗[④]，郑谷亦有《同志顾云下第出京偶有寄勉》诗[⑤]，可知顾云、罗隐、郑谷三人曾是落第同志。罗隐的科举道路更是充满艰辛，《五代史补》中亦称“罗隐在科场，恃才傲物，尤为公卿所恶，故六举不第”[⑥]。《唐才子传》称其“乾符初，举进士累不第”[⑦]。

---

① [高丽]李仁老：《破闲集》卷中，见[韩]赵钟业编：《韩国诗话丛编》第1册，太学社1996年版，第56页。

② [新罗]崔致远：《暮春即和顾云支使》，见《孤云集》，[韩]民族文化推进会编：《影印标点韩国文集丛刊》第一册，景仁文化社1990年版，第152页。

③ 《旧五代史》卷二四《罗隐传》，中华书局1976年版，第326页。

④ （唐）罗隐：《送顾云下第》，见《全唐诗》六六三，中华书局1960年版，第7595页。

⑤ （唐）郑谷：《同志顾云下第出京偶有寄勉》，见《全唐诗》卷六七六，中华书局1960年版，第7749页。

⑥ （宋）陶岳撰：《五代史补》卷一，影印文渊阁四库全书本。

⑦ （元）辛文房撰，王大安校订：《唐才子传》卷九，黑龙江人民出版社1986年版，第180页。

崔致远、顾云中举的咸通十五年同时又是乾符元年(874),所谓“乾符初”,可以是乾符年间的初期,也可以是指乾符元年。因此,罗隐、顾云、崔致远三人至少是同一年或前后年在长安应举的士子,这可能成为三人相与交游的契机。能够证实崔致远与罗隐交游的史料,见于《三国史记》卷四六《崔致远传》:“始西游时,与江东诗人罗隐相知。隐负才自高,不轻许可人,示致远所制歌诗五轴。”文中有难解之处。《崔文昌公全集》所收的《孤云先生事迹》则称:“始西游时,与江东诗人罗隐相知。隐负才自高,不轻许可人。人示以公所制歌词五轴,隐乃叹赏。”综合两者可以看出,负才自高的罗隐是不轻易赞许人的,但看了崔致远的诗文以后却大加赞赏。这些记载虽然只是一些片断,但对罗隐“负才自高”这一性格特征的描写,与上述史料所记基本吻合,可见记事的可靠性相当高,可惜在崔致远的文集中却没有留下两人酬唱的诗文。

崔致远与顾云作为科场“同年”、幕府“同僚”,结下了终生的友谊。今存崔致远与罗隐交往的史料虽然不多,但不一定就表明两人过从甚少。此外,崔致远在唐期间还与唐进士张乔、进士杨瞻、进士吴峦有唱和。

第三节 鉴真东渡与日僧圆仁

一 唐日交通线路上的江苏地区

中国和日本一衣带水,有着两千多年友好往来的历史。早在东汉光武帝时期,中国就通过朝鲜半岛与当时的倭国互有使节往来。魏晋南北朝时期,除3世纪倭国女王卑弥乎向曹魏遣使通好外,以后与华北政权一直没有交往,而专与立国于南方的六朝政权交往。尤其是公元5世纪,前后五位倭王向刘宋和萧齐政权遣使十余次。以今江苏省域为核心区域的六朝文物典章制度,为日本早期国家的形成作出了重要贡献。因此,今江苏地区与日本的交往历史非常悠久。唐代,日本和中国的关系有了新的发展,唐朝的使者、高僧频频东渡,日本更是派遣遣唐使、留学生、学问僧、技术人员来唐学习文化和生产技术。由于今江苏地区与日本隔海相望,处在新的唐日海上航线要道上,因此成为唐日交往的重要窗口。

当时由日本来唐的交通线路主要有三条。北路,经朝鲜半岛渡海,至登州(治今山东蓬莱市)上岸,再由青、齐、汴等州而达洛阳、长安,与前述新罗入唐道一致。中路,又称南路,由日本出发,直接跨海西行,直指中国长江口及今苏北沿海一带登陆,入扬州,然后沿运河继续行船,经楚、泗、汴、洛等州,西抵长安。文宗开成三年(830)成行的最后一次遣唐使,从长江口的扬州海陵县(今泰州市)上陆,次年回国是在楚州出航，至海州一带渡海，来回走的都是中路。南路，又称南岛路，从日本出发后，沿日本西南诸岛，横越中国东海，至明州（治今浙江宁波市）及浙江沿海登陆（有时也漂到福建沿海），然后沿浙东运河、江南河，经越、杭、苏、常、润等州，过江至扬州，在扬州稍事整顿后再继续沿运河北上。因此，在中路和南路这两条航线上，江苏省域都是必经之道。

自 630 年（日本舒明天皇二年，唐太宗贞观四年）起，至 894 年（宇多天皇宽平六年，唐昭宗乾宁元年）止，日本前后共计划派遣十九次遣唐使，其中三次未能成行，成行的十六次中，有七次走的是北路，九次走是中路和南路。走北路的主要是前七次，自八世纪以后，遣唐使船一反旧例，皆走中路和南路。[①]

中外学者分析唐日海上交通线路八世纪以后重心南移的理由，一是原作为媒介的朝鲜半岛在新罗统一以后与日本时常交恶，九世纪前后新罗国内乱频繁，因“新罗梗海道，更由明、越州朝贡”[②]。例如圆仁随行的最后一次遣唐使船，在长江口的海陵（今泰州市）上陆，盛唐时期的阿倍仲麻吕和贞元（785—805）末年的请益僧最澄、空海等皆由明州出入唐境。二是八世纪以来，日本人发现了可经由博多（日本九州岛福冈市）西南诸岛直达唐朝的新航路，该路航程短，若得顺风，费时甚少。航行路线的改变，使得今江苏省域成为中日交流的重要舞台。

二　鉴真东渡

鉴真，俗姓淳于，扬州江阳县（今扬州市）人。生于武后垂拱四年（688），代宗广德元年（763）在日本奈良唐招提寺圆寂，世寿 76 岁。鉴真生活的年代正是唐朝社会历史发展到高峰的时期，即所谓的盛唐时期，他身上表现出来的学问、知识和气度，无一不深深打上了盛唐的烙印。

鉴真少年时期即在扬州大云寺出家，跟随智满禅师做沙弥。中宗神龙元年（705）从律宗大师道宣的门人道岸受菩萨戒，成为道宣的再传弟子。次年在长安实际寺登坛受具足戒，接受了一个僧侣完全充足的大戒。受具足戒时，戒坛上的三位戒师，弘景律师是主要受戒师，精通药学；道岸律师精通建筑，曾受唐中宗的委托修建长安的荐福寺和小雁塔。在佛教教义之外，在建筑、药学等实际知识的掌握上，弘景、道岸等人对鉴真的影响很大。受具足戒后的鉴真在长安、洛阳等地游学，从多位名师受教，专攻律宗，终成一代律宗大师。

---

① 参见［日］木宫泰彦著，胡锡年译：《日中文化交流史》第二章，商务印书馆 1980 年版。

② 《新唐书》卷二二〇《东夷传・日本》，中华书局 1975 年版，第 6209 页。

26岁左右,鉴真回到了扬州,并以此为中心,开始了30年的宗教活动和社会活动。唐前期推广和传授戒律的大师,道宣之后是鉴真之师道岸,道岸示寂后有弟子杭州义威律师,义威示寂之后,鉴真担负起了这个重任。至中年时,鉴真在江淮一带已是"独秀无伦,道俗归心"[①],"郁为一方宗首"[②]的宗教领袖了。这期间,他前后讲佛教律宗论著《四分律》及《疏》40遍、《律抄》70遍、《轻重仪》10遍、《羯磨疏》10遍。经他受戒的人数达4万多人。同时在他的主持下,建造寺塔80余所,缝制袈裟3000领,书写佛教一切经3部各11000卷,造佛像无数。此外,鉴真还积极开展济贫工作,亲自煎调汤药,医治疾病。他的弟子中有很多是当时知名的僧人,如扬州崇福寺僧祥彦,白塔寺僧法进,既济寺僧明烈,兴云寺僧惠琮,润州栖霞寺僧希瑜、乾印,天响寺僧道金,三味寺僧法藏,长安安国寺僧璿光、明债,汴州相国寺僧神邕,江州大林寺僧志恩,越州道树寺僧璿真,天台山国清寺僧法云等,都各在一方讲述鉴真所传授的律学。从鉴真的活动中可以看出,鉴真与空谈教义的僧人有所不同,他是一个掌握了多种实际知识,有着丰富经验和才能的学问僧。

55岁时,鉴真开始主持扬州大明寺,为众僧俗讲律。就在这里,鉴真接受了东渡日本的邀请,并为此奋斗了10年。

公元6世纪末,即相当于我国的隋代,日本圣德太子摄政。此时的日本社会正处于一个激烈变动的时代,旧有的社会政治制度已经无法适应新的时代要求。在这种情况下,圣德太子大力提倡佛教,奖励儒学,希望通过汲取中国先进的政治制度来促进日本社会的进步。607年、608年日本两次派遣小野妹子到隋,并带来了留学生和留学僧在中国长期学习,目的在于移植中国的制度和文化,为进一步的改革打下基础。留学人员中的高向玄理、僧旻、舒明、南渊清安等人,直到唐初才回到日本。他们回国后,介绍中国隋唐的律令制度,对此后的"大化革新"起到了积极的推动作用。"大化革新"持续了半个世纪,直至日本政府定都奈良后才最后完成,其时日本的各项政治、社会、经济制度基本形成。为进一步巩固和发展新的社会制度,奈良时代,日本出现了吸收中国文化的热潮。自630年到894年,日本先后计划派出19次遣唐使,实际成行的16次,最终到达中国的13次。日本政府派遣遣唐使的目的,除与中国修好外,更重要的是观摩和汲取唐朝文化,因此都选择通达文艺经史的大臣担当这项重要的任务。日本每次遣使来唐,随行的人员众多,最高达到600人左右,除了作为使团成员的医师、画师、音乐长、阴阳师等人外,更多的是留学生和留学僧。这些留学生

① [日]真人元开著,汪向荣校注:《唐大和上东征传》,中华书局1979年版,第80页。
② (宋)赞宁撰,范祥雍点校:《宋高僧传》卷一四《唐杨州大云寺鉴真传》,中华书局1987年版,第349页。

和留学僧到中国后，往往要学习十几年甚至几十年，把中国的典章制度、学术文化和各种佛教宗派进一步输入日本，以促进本国政治制度、学术文化的进一步完善和发展。

日本政府之所以要派遣大量的僧人入唐求学，一方面是因为佛学是当时各种学问的重要载体，另一方面也与当时日本国内的佛教信仰现实有关。佛教经朝鲜半岛传入日本虽然已经历数个世纪，但日本的佛教僧伽制度一直不完善。当时很多农民为了免除课役，逃往寺庙出家的人很多，政府一再下令禁止，但并未收到明显的效果。同时，由于师资不足，无法举行正规的受戒仪式，一个人只需在佛前自誓受戒，就算取得了比丘或比丘尼的资格。政府虽然颁布了二十一条僧令，想用行政命令借以约束，但情况并无改善。因此，派出大量的留学僧和请益僧前往唐朝，希望通过他们的学习经验，改变当时日本国内的佛教状况。在派出留学僧、请益僧自行学习的同时，日本佛教界非常期盼有一位律学精深、德望卓著的大师来主持其事，从根本上整顿僧伽组织，确立戒律的传授和奉持制度。而当时的日本正缺乏这样的大师，所以只能设法从唐朝聘请。

日本圣武天皇天平四年(唐玄宗开元二十年，732)，日本决定派出第九次遣唐使团。这一次的遣唐使团还担负着一项重要的任务，就是要聘请一位高僧来日本。知大政官事舍人亲王和当时日本佛教界的权威僧人隆尊，特地从众多的僧人中挑选了兴福寺的荣叡和大安寺的普照这两个优秀的年轻人，让他们在接下来的 10 年间，聘请一位大德高僧来日本传授戒律。同年四月，荣叡和普照随遣唐使船出发，经过三个月的漂流，这一年的八月到达长江口的苏州，开元二十一年春天，他们中的一部分人来到洛阳，荣叡、普照和另外两名僧人戒融、玄朗被分配在福先寺从名僧定宾修习佛教律宗。

荣叡和普照后又在长安学习，时间匆匆已是第十个年头。他们越来越感觉到寻求一位律学高僧往日本传法是一件非常迫切的事。此时荣叡在大安国寺内认识了一个名叫道航的僧人，而道航的师傅就是扬州的律学高僧鉴真，这让他们欣喜非常。荣叡和普照立即邀道航启程南下，前往扬州拜访鉴真。天宝元年(742)初，一行从长安出发，十月中旬抵达扬州。到扬州后，投宿既济寺，卸下行装后马上就前往鉴真所在的大明寺拜访。

在道航的介绍下，荣叡等说明日本国内的佛教现状，恳请鉴真推荐律师渡海弘法，整顿戒律，光大圣教。鉴真听后，决定亲自前往，手下的弟子 21 人愿与其一同赴日。这一年鉴真 55 岁。荣叡、普照原本是希望鉴真推荐高足前往的，没想到鉴真愿意亲自前往，不禁大喜过望。当天回到投宿的既济寺，二人就积极着手准备回国事宜。

从天宝二年(743)春天开始第一次东渡,到天宝十二年(753)第六次东渡最终到达日本,前后历经了11年的艰辛岁月。鉴真六次东渡,前五次因内部人事、恶风险浪、官府阻拦等原因均告失败。在这期间,鉴真双目失明,自己的弟子祥彦和日僧荣叡病逝,日本僧人普照入狱,各种各样的打击并没有让鉴真退缩,而是百折不回,终遂宏愿。

在经历了五次东渡失败后,天宝十年(751),日本第十次遣唐使船到达扬州海岸,四艘使船上的人员平安到达唐土,这个意外的喜讯给普照及鉴真带来了希望。这年深秋,遣唐使一行五百余人进入长安。天宝十二年(753)年春天,遣唐使准备回国。日本留学僧向遣唐使说明聘请高僧鉴真赴日和数次渡海失败的情况,想争得遣唐大使的同意,请鉴真乘使船一起渡海。遣唐大使欣然同意,在征求唐政府许可无果的情况下,只得秘密带鉴真出境。

遣唐使一行从长安归国的途中经过扬州,大使藤原清河、副使胡麻吕、吉备真备以及与使节同船回国的阿倍仲麻吕(晁衡)在扬州专程拜访了鉴真。此时的鉴真虽已双目失明,且已是66岁高龄,但其东渡弘法的决心没有动摇,听了遣唐使的话,决定与他们同行,实现自己的夙愿。众人约定使船十一月中旬从长江南岸的苏州黄泗浦(今张家港市杨舍镇西北)起航,所有搭乘人员十月底到黄泗浦集中,等候上船。

十月二十九日晚,鉴真在弟子仁干禅师等人的掩护下,悄悄离开扬州龙兴寺,来到扬州江边。在江边为24个沙弥授了戒后,上船向对岸的黄泗浦出发,随行的弟子有扬州白塔寺僧法进、台州开元寺僧思托等共计17人,此外还有胡人安如宝、昆仑国人军法力、瞻波国人善听等21人。所携带的物品有如来肉舍利三千粒,功德绣普集变一铺,阿弥如来像一铺,雕白栴檀千手像一躯,绣千手像一铺,救世观世音像一铺,药师、弥陀、弥勒菩萨像各一躯,金字《大方广佛华严经》八十卷,《大佛名经》十六卷,金字《大品经》一部,金字《大集经》一部,《南本涅槃经》一部四十卷,《四分律》一部六十卷,《法励师四分疏》五本各十卷,《光统律师四分疏》百二十纸,《镜中记》二本,《智首师菩萨戒疏》五卷,《灵溪释子菩萨戒疏》二卷,《天台止观法门》、《玄义》、《文句》各十卷,《四教义》十二卷,《次第禅门》十一卷,《行法华忏法》一卷,《小止观》一卷,《六妙门》一卷,《明论》一卷,《定宾律师饰宗义记》九卷,《补释饰宗记》一卷,《戒疏》二本各一卷,《观音寺亮律师义记》二本十卷,《南山宣律师含注戒本》一卷及《疏》、《行事抄》五本,《羯磨疏》等二本,《怀素律师戒本疏》四卷,《大觉律师批记》十四卷,《音训二本》,《比丘尼传》二本四卷,《玄奘法师西域记》一本十二卷,《终南山宣律师关中创开戒坛图经》一卷,又有玉环水精手幡四口,菩提子三斗,青莲花二十茎,玳瑁叠子八面,天竺革履二两，王右军真迹行书一帖，王献之真迹行书三帖以及各种杂体书五十帖，阿育王塔样金铜塔一座，还有香料、药材、佛具、图像，等等。

十一月十六日，四艘遣唐使船借着皎洁的月光正式出发，离开黄泗浦，驶向茫茫的大海。二十日傍晚，副使吉备真备和日僧普照乘坐的第三船首先到达阿儿奈波岛（今日本冲绳岛），次日傍晚，鉴真乘坐的大使藤原清河的第一船和副使胡麻吕的第二船也相继到达阿儿奈波岛。只有阿倍仲麻吕（晁衡）乘坐的第四船迟迟不见踪影，后来才知道第四船因触礁破损，众人漂至今越南沿岸才得登陆，历经艰辛回到长安。阿倍仲麻吕（晁衡）之后一直在长安做官，终老唐土。

三艘遣唐使船沿日本西南诸岛而行，十二月二十日终于到达萨摩国阿多郡的秋妻屋浦（今日本九州鹿儿岛县），鉴真一行走下船来，第一次踏上了日本国土。稍事休整后，二十六日从秋妻屋浦动身，经太宰府（今福冈市），于次年二月初一到达难波（今大阪市），受到了僧众的迎接。次日向都城平城京（今奈良市）进发。他们到了平城京的罗城门外时，正四位下安宿王作为敕使出迎。鉴真一行随即被引入东大寺，受到东大寺僧众的迎接和慰劳。

鉴真一行入住东大寺两个月后，在卢舍那佛殿前设立戒坛，为天皇授戒。日本历史上最早的天子受戒仪式异常隆重，盛况空前，成为当时极为轰动的大事。天皇登坛受戒后，皇后、太子、大臣也一一登坛受戒，此后又有沙弥证修等440多人授戒。旧大僧灵福、贤璟、志忠等80余人亦放弃旧戒，从鉴真受新戒。后来在大佛殿西侧以天皇受戒坛为中心建立戒坛院。戒坛院完全按照佛教正式规格建造，由戒坛堂、讲堂、回廊、僧房、经藏等建筑组成。在戒坛院北侧不远处的池塘边，建造了鉴真的住所——唐禅院。这些建筑至今保存在寺内。

在日本僧人的协助下，鉴真及其门人思托等人反复为通晓汉语的日僧忍基、善俊、忠惠等人讲授道宣的《四分律删繁补阙行事抄》、法励的《四分律疏》和定宾的《饰宗义记》等律宗经典，培养了一批律学师资，后来他们都在各寺院传授律学。鉴真还开讲天台宗典籍。鉴真针对当时日本佛教情状所作的一系列宗教活动，明确地树立了戒律的尊严，改变了日本佛教的面貌，成为日本律宗的开山祖和天台宗的先驱者。他所传的戒律，经过弟子们的继续传播，确立了律宗在日本佛教中的地位，从此以后，日本律义渐渐严整，“师[师]相传，遍于环宇”[①]，天皇因此敕授鉴真传灯大法师位。757年，天皇赐水田百町，作为学律僧人的供养田。又赐故一品新田部亲王旧宅一区给鉴真。应普照、思托之请，在此建伽蓝，作永久传律之用。两年后伽蓝建成，天皇亲

① [日]真人元开著，汪向荣校注：《唐大和上东征传》，中华书局1979年版，第96页。

日本奈良唐招提寺藏鉴真干漆夹苎真影像

自题额“唐招提寺”，鉴真等移居其中。唐招提寺至今依然保持着鉴真时代的原貌，供人们瞻仰思慕。763 年，鉴真 76 岁。这年春天，弟子忍基、思托为鉴真造干漆夹苎真影像。五月六日，鉴真在唐招提寺圆寂。鉴真圆寂后的第二年八月，日本朝廷特派使臣到扬州各个寺院告丧，当时扬州各寺院僧侣闻说鉴真去世的消息后，齐穿丧服，面东举哀三日，并在鉴真长期居住过的龙兴寺举行盛大法会，寄托哀思。

鉴真东渡，其意义远不止向日本佛教界传播宗教思想和宗教仪式，其实在建筑、雕塑、书法、绘画、文学、语言、医药等各个方面，为盛唐文化向日本传播作出了重大的贡献。

1963 年是鉴真逝世 1200 周年，中日佛教界和学术界开展了广泛的纪念活动。中日佛教界和文化界的代表在扬州法净寺（原大明寺）举行盛大的纪念集会，并为新建的鉴真纪念堂举行奠基仪式。纪念堂由著名建筑学家梁思成等设计，系一组仿唐建筑，外观典雅凝重。堂内须弥座上供有仿照思托干漆鉴真像的楠木雕像。雕像结跏趺坐，双目闭合，让观者清思澄虑，如受灌顶。

扬州大明寺内的鉴真纪念堂

三 圆仁及其《入唐求法巡礼行记》

鉴真东渡传法以后，日本的佛教取得了空前的发展。此后不久，日本国都城迁至平安京（今京都府京都市），历史的发展进入了平安时代。在此期间，入唐求法巡礼的高僧日益增多，其中天台宗最澄及其法裔圆仁、圆珍，真言宗空海及其法裔常晓、圆行、慧远、宗叡八人尤负盛名，被誉为“入唐八家”。其中，天台宗圆仁继承最澄遗志，大力弘扬大乘戒律，不辞劳瘁，以 45 岁之龄渡海入唐。圆仁在唐 10 年，历经名山大都，足迹遍及半个中国。圆仁初到唐土和归国前夕在今江苏省域有长时间停留，其旅行记《入唐求法巡礼行记》中留下了大量唐后期的江苏史料，价值十分重要。

圆仁，俗姓壬生，日本下野国都贺郡（今栃木县）人，生于日本桓武天皇延历十三年（唐德宗贞元十年，794）。幼诵经典，心慕佛乘，在原籍的大慈寺落发，从名僧广智修习。广智是道忠的弟子，道忠又是鉴真的弟子。道忠又曾从日本入唐求法名僧、日本天台宗始祖最澄学习密教法。因此，圆仁自幼就间接地接受了中国佛教文化的熏陶。15 岁时，圆仁远离家乡，来到都城平安京，登上日本佛教圣地比叡山，投入最澄的门下。最澄与另一名高僧空海曾在 803 年（唐德宗贞元十九年）随遣唐使入唐，巡礼天台山国清寺等浙东名寺，从天台高僧精进。805 年返日，次年得到日本政府认可，于 807 年起每年度“止观”和“遮那业”各一人。圆仁于 813 年以“遮那业”得度，获得了天台宗佛学研究的高级学位。此后，圆仁一直在比叡山修行，822 年最澄示寂前后，圆仁被命为“教授师”，下山从事布教传法活动。仁明天皇承和二年（唐文宗太和九年，835）。日本政府组织新一次的遣唐使，圆仁秉承最澄遗志，以“请益僧”（短期进修）的身份参加使团。

圆仁参加的遣唐使团是实际成行的最后一次，大使是藤原常嗣，副使是小野篁，成员共 650 人左右。承和三年（唐文宗开成元年，836）七月二日，众人分成四船从博多（今日本九州福冈市）出航。刚出海便遇上了暴风，第三船遭难，全船 140 人中仅 20 余人生还，其他三船亦遭损毁，只得返回。次年七月二十二日，修好的三只船再次出海，又遭风浪。承和五年（唐文宗开成三年，838）六月十日第三次出航，圆仁搭乘的是大使乘坐的第一船。途中备尝艰辛，第一船于七月二日抵达扬州海陵县（今泰州市）桑田乡东梁丰村。七月二十五日，第四船在严重损毁的情况下勉强到达海陵县岸边。第二船则漂至海州（治今连云港市海州区）靠岸。三船登陆人员 390 余人，大约四五十人由大使率领去长安，其余人分别留在扬州和海州。

圆仁是请益僧，原计划是像其师最澄一样，带着对天台宗经典的若干疑问前往天台山国清寺请益的。但是，扬州官府对圆仁往天台山的申请一直没有批准，无奈之下，圆仁只得准备于次年随遣唐使船回国。然而，历经艰辛渡海成功的圆仁不甘心就此回国，在新罗移民的帮助下，带着三个随行在海州秘密下船，从此开始了在唐土的巡礼。从海州北上至登州，在新罗人聚居的赤山浦法华院住了 9 个多月，圆仁重上征途，从登州出发西行，于 840 年四月抵达五台山，八月二十日抵达长安。在长安生活了 4 年 10 个月，正遇上武宗灭佛，以假还俗为代价，于 845 年五月十六日从长安出发启程回国，途径洛阳、郑州、汴州、泗州、扬州、楚州、海州、密州，再次来到登州赤山浦，经过两年多的周折，在新罗人的帮助下，于847年九月二日搭乘苏州商人江长的船只离开赤山浦，九月十八日回到日本博多港。

圆仁回到日本时已经55岁，864年正月十四日示寂，世寿71岁。圆仁回国之际，带回了在扬州、五台山、长安等地求得的佛教经论、章疏、传记等共585部794卷，此外还有胎藏、金刚两部曼陀罗诸尊坛样之类的法门道具。回国以后的16年，是圆仁一生中最光辉的时期。圆仁先在比叡山设灌顶台，接着又建根本观音堂。此后又将五台山的念佛三昧用于比叡山，始作常行三昧。又建法华总持院，进一步弘扬显、密二教，在日本佛教史上产生了深远的影响。示寂两年后，日本清和天皇赐予"慈觉大师"的谥号，同时赐其师最澄为"传教大师"，日本佛教史上，僧人获赐大师之称实始于此。

从838年七月二日登上唐土，到847年九月二日离开唐土，前后在唐朝游历了9年2个月，足迹遍及今江苏、山东、河北、山西、陕西、河南、安徽7省，行程所经唐朝州府治所凡20处，属县治所35处。他用日记体裁写下了这10年的历程，这就是《入唐求法巡礼行记》，是圆仁在如此长期岁月里经历上述地区的求法过程中亲身见闻的生动而详备的记录。《入唐求法巡礼行记》又简称《巡礼行记》、《巡礼记》、《求法行记》、《入唐记》等(以下通称《入唐记》)。《入唐记》用汉文写成，按日分则，共595则，约八万言，现分四卷，是了解9世纪上半叶我国地理人情、风俗制度、社会经济与民众生活，以及政治、宗教等各方面的第一手史料。《入唐记》与在其前200年左右出现了玄奘的《大唐西域记》，在其后450年左右出现了《马可·波罗行记》，被誉为"东方三大游记"。《大唐西域记》、《马可·波罗行记》都是由他人整理作者的口述回忆录而成的，而《入唐记》是圆仁当时的亲笔记录，仅从这一点来看，《入唐记》的可信度要高得多。

由于圆仁登陆和回国都得经过江苏省域，因此，他在江苏逗留的时间很长，仅次于长安。且数次在扬州、楚州、海州之间奔波，所以他对当时江苏省域上述数州的记录尤为详细，以下举数例以明其要。

1. 关于江苏地区的地理人情

> 大使深怪海色还为浅绿，新罗译语金正南申云："闻道扬州掘港难过，今既过白水，疑逾掘港欤。" （开成三年六月廿八日）

掘港，今如东县政府所在地，时在海岸线上。

> 午时到江口。未时到扬州海陵县白潮镇桑田乡东梁丰村。
> （开成三年七月二日）

> 从东梁丰村去十八里，有延海村。村里有寺，名国清寺。大使等为憩漂劳，于此宿住。（开成三年七月三日）

海陵县治所在今泰州市，是扬州属县，当时位于江海口上，海陵往东的今南通所属诸县区南部地区尚未成陆。白潮镇桑田乡东梁丰村今在如东县境内，东梁丰村及其西十八里的延海村，当时均为偏僻的沿海聚落，尚有佛寺名国清，可见当时佛教信仰的深入和普及。国清寺“文革”前尚存，后毁，今又新建于掘港镇南。

> 扬府南北十一里，东西七里，周四十里。（开成三年九月十三日）

扬府是指扬州大都督府，即今扬州市。当时扬州官府集中地子城在今城北蜀岗上，蜀岗下是罗城，为居民、工商、寺观所在，南端至今渡江桥运河水。《入唐记》的这个记述是关于扬州城唐代规制最早的记录，几十年的考古发掘证实，圆仁的记录非常准确。

> 到怀仁，管海州。人心孝顺，见客殷重，等闲相接，县司用心亦善。
> （会昌五年七月十八日）

怀仁县即今赣榆县。关于唐代赣榆县的史料非常有限，圆仁往还海州与登州之间，数次经过怀仁，给我们留下了关于怀仁官民宽厚殷勤的实录。

2. 淮南的制盐业

> 逢卖芦人，即问国乡，答云：“此是大唐扬州海陵县淮南镇大江口。”……近侧有盐官……盐官判官元行存，乘小船来慰问。（开成三年七月二日）
>
> 卯毕，到赤岸村。问土人，答云：“从此间行百廿里，有如皋镇。”暂行有堰，掘开坚壕发去，进堰有如皋院。专知官未详所由。（开成三年七月廿日）
>
> 半夜发行。盐官船积盐，或三四船，或四五船，双结续编，不绝数十里，相随而行。乍见难记，甚为大奇。（开成三年七月廿一日）

扬州沿海是淮南制盐业的主要地点，史料显示长江口的掘港附近有盐官，往西的如皋有如皋院。圆仁路过此地前的七年，即唐太和五年(831)置如皋场，属扬州。场、院是唐后期政府在制盐地设置的管理机构及交易场所。《宋史》卷一八二《食货志》

载："其在淮南曰楚州盐城监，岁煮四十一万七千余石，通州丰利监四十八万九千余石，泰州海陵监如皋仓小海场六十五万六千余石。"虽是宋代之事，然承唐晚期之旧。沟通扬州与掘港之间的"运道"显然是指运盐的水道，从的船只数量、船只编连方法来看，唐代扬州海陵县的制盐业很发达(参见本卷第七章第一节)。

3. 交通运输业

水牛二头，以系卌余舫，或编三艘为一船，或编二只为一船，以缆续之。前后之程，难闻相唤，甚征稍疾。掘沟宽二丈余，直流无曲，是即隋炀帝所掘矣。

(开成三年七月十八日)

船行太迟，仍停水牛，更编三船以为一番；每番分水手七人，令曳舫而去。

(开成三年七月廿日)

船只编连而行，也是今日江淮水运中极常见的风景，唐代宗时期刘晏的"纲运"即采用此法。在没有机器动力的时代，用人力牵引可以想见；船只过埭时用畜力牵引在六朝已见，但用畜力来长途牵引，则初见于《入唐记》的记载。但毕竟牛行极慢，遇急时依然需要人力轮番牵引。圆仁误认为这段水道隋炀帝时开凿的运河，实际上是通往扬州的运盐河。

十七日午时，射手大宅宫继与押官等十余人，从如皋镇家将卅余草船来。

(开成三年七月十七日)

自(禅智)桥西行三里，有扬州府。……江中充满大舫船，积芦舡，小船等不可胜计。

(开成三年七月廿五日)

圆仁在扬州府看到的船只不应是"江中"的，而是运河上的船只。船只数量多，根据用途的不同名称也各相异。

4. 经济产业

卯时，大使以下共发去。水路左右，富贵家相连，专无阻隙。暂行未几，人家渐疏……从镇家向县二百廿里……绝无人家。

(开成三年七月廿一日)

白鹅白鸭，往往多有，人宅相连。巳时已后，或行三十里，方三四家，有无不定。

(开成三年七月廿二日)

土人申云："从此间去县二十里。"暂行不久，水路之侧，有人养水鸟，追集一处，不令外散，一处所养，数二千有余，如斯之类，江曲有之矣。竹林无处不有。

（开成三年七月廿三日）

以上几条是圆仁在海陵县境内的见闻。首先，在集镇的运盐河两侧，“富贵家相连，专无阻隙”，家屋连甍，人烟稠密。但“从镇家向县二百廿里……绝无人家”，“或行三十里，方三四家，有无不定”。可见集镇之外的农村地带依然人烟稀少，开发程度尚低。不过，农村地带的鹅鸭养殖业的规模已经相当可观，圈养的水禽动辄上千，加之随处可见的竹林，风景不殊于今日。

比至午时，水路北岸杨柳相连。未时到如皋，茶店暂停。掘沟北岸，店家相连。（开成三年七月廿日）

廿四日卯时，到宝应县白田市。市桥南边有法花院。辰时到宝应县停驻。

（开成四年二月廿四日）

如皋镇上有茶肆供行人歇息，而且“店家相连”。白田，地名很有名，唐人李白《赠徐安宜》、《白田马上闻莺》，李嘉祐《送杜士瞻楚州觐省》、《送皇甫冉往安宜》等诗中多次出现，是淮南运河上的中间地点，在宝应县（代宗宝应元年前称安宜县）南郊水次。如皋茶肆、宝应白田市这一类的商业网点，既然不在县城，那就必定是唐后期逐渐兴起的草市一类。可见在淮南一带，唐文宗时期早已打破了市场由政府在城中指定地点、规定交易时间的旧规，可以按需设市。相连的店家，加上近旁的佛寺、民户，俨然已经是近世的市镇风貌了。

第四节　扬州胡商与外来宗教

一　扬州胡商的活跃

公元8世纪至15世纪末，在欧洲人开拓亚洲新航路以前，是阿拉伯人在世界通商舞台上最活跃的时代。特别是8世纪后半期阿拔斯王朝定都巴格达以后，他们对于从海上与印度及中国方面的通商尤为重视，“蕃国岁来互市，奇珠玳瑁，异香文犀，皆浮海舶以来”[①]。因地理上的原因，驶往广州的商舶最多。唐人以奇珍异宝为贵，又

① （唐）李翱：《徐公（申）行状》，见《全唐文》卷六三九，中华书局1985年版，第6459页。

喜欢以香薰衣、做食，上层社会的贵族官僚更喜欢用香料涂壁，加之佛教的兴盛，每年要消耗相当数量的香料。因而，从南亚、波斯湾地区进口的香料、珠宝，是唐代海外贸易的大宗。广州“江中有婆罗门、波斯、昆仑等舶，不知其数；并载香药、珍宝，积载如山”[①]。这些货物由广州运往关中及全国主要消费城市，先要溯浈水（北江）而上，翻越大庾岭，入江西，集于洪州（治今江西南昌市）。由此分两道，或出彭蠡湖（鄱阳湖），顺江而下至扬州；或东趋仙霞岭至衢州（治今浙江衢州市），沿衢江、富春江下至杭州入江南运河，至扬州。无论选择哪条道路，最终都会集中到淮南的扬州。因此，广州是胡商海舶的上陆地点，扬州才是集散地和批发中心。集中到扬州的这些奇珍异宝，再由扬州沿山阳渎、汴渠发往洛阳、长安，也有一部分在扬州再次装船，转销日本、新罗。如鉴真几次东渡日本，都是在扬州“造舟，买香药，备办百物”[②]。

扬州襟江带海，又是运河的交汇口，是唐代海外贸易的集散市场。数量不少的大食（阿拉伯）、波斯商人在扬州寄迹设点，坐市买卖。他们经营的店铺，唐人通常称之为“波斯店”或“胡店”。更有胡商蕃客泛舟长江、运河，往来于岭南与江淮、两京道上，因此，唐代运河沿线活跃着为数可观的西域、南海胡商蕃客，其中最集中的无疑就是淮南的扬州。

扬州的胡商自盛唐时就极具规模。杜甫在《解闷》诗中写道：“商胡离别下扬州，忆上西陵故驿头。为问淮南米贵贱，老夫乘兴欲东游。”[③]安史之乱期间，刘展在江淮掀起兵乱，田神功出兵讨伐，“至扬州，大掠居人资产，鞭笞发掘略尽，商胡大食、波斯等商旅死者数千人”[④]，如果加上幸免于难的人员在内，数量应该有万余之众。

唐人笔记小说中，留下了许多发生在江苏地区的有关胡商的故事，通过以下数例，即可窥知扬州胡商生活上、经营上的一些情况。

> 司徒李勉，开元初作尉浚仪。秩满，沿汴将游广陵。行及睢阳，忽有波斯胡老疾，杖策诣勉曰：“异乡子抱恙甚殆，思归江都。知公长者，愿托仁荫。”皆异不劳而获护焉。勉哀之，因命登舻，仍给饘粥。胡人极怀惭愧，因曰：“我本王贵种也，商贩于此，已逾二十年。家有三子，计必有求吾来者。”不日，舟止泗上，其人疾亟，因屏人告勉曰：“吾国内顷亡传国宝珠，募能获者，世家公相。吾衒其鉴而贪其位，因是去乡而来寻。近已得之，将归即富贵矣。其珠价当百万，吾惧怀宝

---

① [日]真人元开著，汪向荣校注：《唐大和上东征传》，中华书局 1979 年版，第 74 页。

② [日]真人元开著，汪向荣校注：《唐大和上东征传》，中华书局 1979 年版，第 62 页。

③ (唐)杜甫：《解闷十二首》，见(清)仇兆鳌注：《杜诗详注》卷一七，中华书局 1979 年版，第 1512 页。

④ 《旧唐书》卷一一〇《邓景山传》，中华书局 1975 年版，第 3313 页。

越乡，因剖肉而藏焉。不幸遇疾，今将死矣。感公恩义，敬以相奉。”即抽刀决股，珠出而绝。勉遂资其衣衾，瘗于淮上，掩坎之际，因密以珠含之而去。既抵维扬，寓目旗亭，忽与群胡左右依随，因得言语相接。傍有胡雏，质貌肖逝者。勉即询访，果与逝者所述契会。勉即究问事迹，乃亡胡之子。告瘗其所，胡雏号泣，发墓取而去。

（《太平广记》卷四〇二《李勉》，出《集异记》）

故事发生在开元初年，老胡商自称来唐商贩已逾20年，应是武则天时期来唐的。李勉到扬州后，身边“群胡”络绎，可见扬州胡商之众。胡商的贸易往往与珠宝有关，其割肉藏珠的故事屡屡出现在唐人小说中。珠宝体小价高，是典型的奢侈品，也是财富的象征。扬州有国内最大的珠宝市场，可证扬州自身的消费群体和四通八达的销售网络，这也是扬州之所以成为全国最富庶城市的原因。类似的故事还有：

句容县佐史能啖鲙至数十斤，恒吃不饱。县令闻其善啖，乃出百斤，史快食至尽，因觉气闷，久之，吐出一物，状如麻鞋底。县令命洗出，安鲙所，鲙悉成水。累问医人术士，莫能名之。令小吏持往扬州卖之，冀有识者，诫之：“若有买者，但高举其价，看至几钱。”其人至扬州，四五日，有胡求买。初起一千，累增其价，到三百贯文，胡辄还之。初无酬酢，人谓胡曰：“是句容县令家物，君必买之，当相随去。”胡因随至句容。县令问此是何物，胡云：“此是销鱼之精，亦能销人腹中块病。人有患者，以一片如指端，绳系之，置病所，其块既销。我本国太子，少患此病，父求愈病者，赏之千金。君若见卖，当获大利。”令竟卖半与之。

（《太平广记》卷二二〇《句容佐史》，出《广异记》）

苏州华亭县，有陆四官庙。元和初，有盐船数十只于庙前，守船者夜中雨过，忽见庙前光明如火，乃窥之，见一物长数丈，大如屋梁，口弄一团火，或吞之。船者不知何物，乃以竹篙遥掷之。此物惊入草，光遗在地。前视之，乃一珠径寸，光耀射目。此人得之，恐光明为人所见，以衣裹之，光透出，因思宝物怕秽，乃脱亵衣裹之，光遂不出。后无人知者。至扬州胡店卖之，获数千缗。问胡曰：“此何珠也?”胡人不告而去。

（《太平广记》卷四〇二《守船者》，出《原化记》）

杜陵韦弇，字景昭。开元中，举进士第，寓游于蜀……（群仙）曰：“吾有三宝，将以赠君。能使君富敌王侯，君其受之！”乃命左右取其宝。始出一杯，其色碧而光莹洞澈，顾谓弇曰：“碧瑶杯也。”又出一枕，似玉微红，曰：“红蕤枕也。”又出一小函，其色紫，亦似玉，而莹澈则过之，曰："紫玉函也。"已而皆授弁。弁拜谢别去。行未及一里，回望其亭，茫然无有。弁异之，亦竟不知何所也。遂挈其宝还长安。明年下第，东游至广陵，因以其宝集于广陵市。有胡人见而拜曰："此天下之奇宝也。虽千万年，人无得者。君何得而有？"弁以告之。因问曰："此何宝乎？"曰："乃玉清真三宝也。"遂以数千万为值而易之。弁由是建甲第，居广陵中为豪士。

（《太平广记》卷四〇三《玉清三宝》，出《宣室志》）

这些带有神奇色彩的宝物，不外是珠宝玉器。但这些故事有共同的特点：第一，人们不论在这么地方得到宝贝，都愿意拿到扬州去卖，说明扬州是人们心目中最有信誉的珠宝市场。第二，这些珠宝交易的成交额数目巨大，动辄数千万，说明扬州市场贸易水平很高。第三，从事珠宝买卖的商人主要是来自波斯、大食等地的胡商，他们既收购珠宝，也出售珠宝，这种贸易带有国际性质，扬州是一个国际性的市场。

直至唐末，扬州胡商的活跃依然没有衰落。唐僖宗时，"度支以用度不足，奏借富户及胡商货财。敕借其半。盐铁转运使高骈上言：'天下盗贼蜂起，皆出于饥寒，独富户、胡商未耳。'乃止"[①]。政府因财用不足，有关官员上奏请向富户、胡商借用财货，诏命他们拿出一半的财物借给政府，后被高骈谏止。高骈时任盐铁转运使，同时又是扬州大都督府长史、淮南节度使，他的谏言定有扬州胡商的背景，亦可见唐末扬州胡商人数依然不少，且商贸的景气度不减。

二　外来宗教在江苏地区的传播

随着大批波斯、大食人的东来，西亚的宗教和文化也逐渐在江苏地区传播。

伊斯兰教，中国一般称其为"清真教"、"回教"等，教徒称穆斯林，据传唐永徽二年(651)传入中国。唐代江苏省域的扬州不仅是东南商业重镇，也是对外海上贸易的重要城市，是伊斯兰教最早传入中国的一个窗口。

穆斯林来扬州的最早资料，见于明人何乔远所著《闽书·方域志》。书中记载伊斯兰教创立初期，穆罕穆德的"门徒有大贤四人，唐武德中来朝，遂传教中国，一贤传教广州，二贤传教扬州，三贤、四贤传教泉州"。关于二贤武德年间(618—626)就在扬州传教的说法，唐代史料中无明文记载，也未发现遗迹，研究者多认为《闽书》的记载不实。但它从另一个侧面反映出了唐代生活在扬州、信奉伊斯兰教的阿拉伯商人数

① 《资治通鉴》卷二五三唐僖宗广明元年(880)二月条，中华书局1955年版，第8221页。

量之多，给后人留下了深刻的印象。虽然武德年间就有伊斯兰教圣贤来扬州传教这个说法无法得到印证，但是，随着唐朝国力的不断提升，社会经济的日益繁荣，通过海上丝绸之路来到扬州从事贸易的阿拉伯、波斯等中亚、西亚商人越来越多，盛唐时期已相当可观，唐后期则更多。由于历经唐末兵火的浩劫，曾经繁华一时的扬州城到五代时已几成废墟，大量早期穆斯林的遗迹早已不存。1980年，扬州城北的唐代墓葬中出土了三件瓷器，其中一件青釉绿彩扁壶上，写有阿拉伯文“真主最伟大”的题铭，是唐代伊斯兰教传入扬州的实物例证。

扬州出土的阿拉伯文扁壶

隋唐时期，虽然儒、释、道三教占据了思想领域的主导地位，然政策开放，中外交流频繁，政府和社会勇于接受新鲜事物，因此，产生或流行于西亚地区的三种宗教，即祆教、摩尼教、景教也都在此时传入中国，其中祆教和摩尼教还曾在江苏地区传播。

摩尼教又写作牟尼教、末尼教，后代又称明教，是一个源自古代波斯的宗教，由公元3世纪中叶波斯人摩尼（Mani）创立，后逐渐流行于中亚、西域诸国。唐高宗、武则天时期，摩尼教逐渐传入中国，但开始并未得到广泛传播，还屡被官方禁止，而在蒙古高原的回纥部族中却流行了起来。安史之乱后，回纥因助唐平乱有功，受殊遇，摩尼教遂恃势推行于唐地，并与胡商联系密切。“摩尼教，天宝以前，中国禁断，自累朝缘回鹘敬信，始许兴行，江淮数镇，皆令阐数。”①代宗大历三年（768），敕准回纥摩尼教徒在长安建摩尼寺——大云光明寺。其后，又应回纥之请，于荆、扬、洪、越等州建寺，由此推测摩尼教徒一时广布江淮各地。回鹘（即回纥）衰落后，摩尼教在中国的传播也迅速走下坡路。会昌年间（841—846），唐武宗强制推行灭佛政策，下令禁闭江淮各地的摩尼寺，摩尼教也惨遭牵连。经此一劫，摩尼教无法在社会上公开传教，转而在民间秘密流传，并逐渐与其他宗教教义结合，历五代、两宋仍未衰。唐后期扬州有摩尼寺是确凿无疑的。

祆教又称火祆教、拜火教，是唐朝对流行于中亚地区波斯的琐罗亚斯德教（Zoroastrianism）的称呼。祆教传入中国的时间早于摩尼教，由善于经商的粟特人传入中国。北朝时期在北方地区已广建祆祠，并形成了祆教徒粟特人的聚居区。有记载证

① （唐）李德裕：《赐回鹘可汗书》，见《全唐文》卷六九九，中华书局1985年版，第7182页。

明，祆教在9世纪前后也曾传播到江淮一带的润州、苏州、扬州等地。《至顺镇江志》卷八记载："火祆庙，旧在朱方门里山岗之上。宋嘉定中，迁于山下。"[①]宋人朱长文编《吴郡图经续记》记载："中和二年，僖宗狩蜀，润帅周宝以子婿杨茂实为苏州刺史，溺于妖巫，作火妖神庙于子城之南隅，祭以牲牢，外用炭百余斤燃于庙庭。"[②]唐末，润州刺史、镇海军节度使周宝坐镇（879—887在任）润州时，其女婿杨茂实相信祆教，在苏州刺史任上建了苏州祆庙，可以推知，润州朱方门里岗上的火祆庙也与周宝镇润州有关。苏州火祆（朱长文误为"妖"）庙的燃炭仪式，正是祆教拜火的表现。《宋史》卷一〇二《礼志》记载："建隆元年（960），宋太祖平泽潞，仍祭祆庙。……征扬州、河东并用此礼。"可见扬州亦应有祆庙。建隆年间尚存的扬州祆庙应是唐时遗留下来的。

---

① （元）俞希鲁编纂：《至顺镇江志》卷八《神庙》，江苏古籍出版社1999年版，第328页。

② （宋）朱长文：《吴郡图经续记》卷下《杂录》，江苏古籍出版社1986年版，第83页。

第十章　唐末动乱时期的江苏地区

第一节　黄巢兵败后江淮地区的军阀混战

一　唐末动乱与军阀混战

9世纪后半期，在安史之乱后又维持了一百余年的唐朝正处于危机全面爆发的前夕。藩镇割据使唐帝国濒于分崩离析的境地，当时唯有淮河以南诸节镇，主要是东南藩镇还与中央政府保持着密切的联系，以其富饶的物产、丰厚的岁贡支撑着唐朝的统治。

江淮地域土地肥沃，气候适宜，长江三角洲及太湖周围是著名的水乡泽国，盛产稻米；江南丘陵地带有适合茶树生长的酸性土壤；江淮间兼有渔盐之利。中唐以后，这一地区已成为唐之经济命脉所在，故明末学者王夫之说："唐立国于西北，而植根本于东南。"①历史上，经济发达地区在特定时期易形成割据，江淮及江南一带，凭借其优越的自然条件，经济上可以自足，在地理上与中原之间隔有淮河、秦岭一线的天然分界，距唐的统治中心——关中地区更是山高水远。终唐之世，不乏有人图谋独占这一富庶之地。尚在安史之乱时，玄宗之子、永王璘即做过割据东南的努力；宪宗朝时，镇海军节度使李锜起兵，企图割据江左。这些反叛者没有得到他们所期望的响应，被唐政府全力镇压下去。原因之一是，唐的统治者早已清醒地认识到这一财源之地存在着割据的可能性，对东南诸镇一贯实行严格控制的政策。

唐朝在东南地区设节度使较晚，而且中央把藩帅的任命权牢牢地掌握在自己手中，并频繁更换主帅。据统计，"其平均任期一般不超过三年"，有效地防止了藩帅于

---

①　(清)王夫之：《读通鉴论》卷二六《宣宗九》，中华书局1975年版，第952页。

所辖地区内培植势力，避免河朔割据政局的出现。[①] 同时，唐政府一直严格限制当地兵力，安史之乱时为形势所迫，不得不增加军备，局势稍定，便立即裁减军队，以免当地形成有威胁的军事力量。

从藩镇内部来看，由朝廷任命的东南节度使大都为客帅，他们上任后一方面以聚敛为务，一方面与朝廷往来密切，以江淮之财赋博取唐政府的欢心，换得更多的利权。唐德宗时，韩滉任镇海军节度使（治润州，今江苏镇江市），值关中遭朱泚兵乱后，又遇蝗灾，出现饥荒。唐政府为平乱已耗费了大量军费，处境困难，全靠韩滉自江南源源不断地把粟帛运送到关中，才渡过危机。后又有李锜任浙西观察使（治润州，今江苏镇江市），他搜刮当地财富，按时向朝廷进贡，唐德宗对其甚为亲信。大多数东南藩帅在离任后都在朝廷取得了高位，甚至位居宰相，他们与朝廷之间是相互依靠，相互利用。当地社会也缺乏拥护藩镇割据的社会基础。由于上述原因，中唐以后当唐中央政府在全国的统治权威急剧下降时，东南诸镇仍保持着对朝廷的"忠诚"，朝廷"每岁倚办，止于浙江东、西、宣歙、淮南、江西、鄂岳、福建、湖南八道四十九州，一百四十四万户"[②]，诚如王夫之所说："唐终不倾者，东南为之根本也。"[③]

然而一旦唐统治中心发生动乱，政府无力兼顾遥远的东南，争夺江淮的战争便在所难免，其结果有可能使东南割据变为现实。

9 世纪 70 年代中，唐僖宗继位，曾空前强盛的大唐帝国已呈大厦将倾之势。统治阶级的贪婪暴虐使人民生活于水深火热中。宦官专权、朋党之争及藩镇割据交织在一起，彻底损毁了唐皇朝的统治机体。一旦狂飙突起，延续二百多年的大唐基业将不可避免地崩塌。

唐僖宗乾符元年(874)，濮州（治今山东鄄城县北）人王仙芝率数千人于长垣（今河南长垣县）起义，传檄诸道，痛斥唐朝统治的罪恶。次年，冤句（今山东菏泽市西南）人黄巢聚众数千响应，一场震撼全国，影响深远，致使唐帝国最终毁灭的农民暴动爆发了。

暴动地点介于黄、淮之间，其北面是拥兵自固达一个多世纪的河朔强藩，相对而言，唐政府在其南面所布防的兵力较弱，起义军一开始就往南发展。淮南人民早已不堪忍受唐政府的横征暴敛，在农民起义的影响下，当地的民间武装力量活跃起来。淮南地区不仅为唐政府承担着丰厚的岁贡，并且大运河由南向北贯穿其境内，东南财赋必须由大运河经淮河入汴河再转黄河抵达关中，这一曲折水道构成唐朝漕运系统。

① 参见张国刚：《唐代藩镇研究》第五章《唐代藩镇的类型分析》，湖南教育出版社 1987 年版。

② 《资治通鉴》卷二三七唐宪宗元和二年(807)是岁条，中华书局 1956 年版，第 7647 页。

③ （清）王夫之：《读通鉴论》卷二六《宣宗九》，中华书局 1975 年版，第 952 页。

因此，能否保证运河沿线的安全，关系到唐朝廷的存亡。形势突变引起唐政府恐慌，急赐漕运沿线节度使密诏，让他们选精兵于辖境内巡察，保卫漕运，并“五日一具上供钱米平安状闻奏”①。

唐僖宗乾符三年(876)，王仙芝进攻淮河以南的光(治今河南潢川县)、庐(治今安徽合肥市)、寿(治今安徽寿县)诸州，自淮河南岸至长江沿岸是千里坦途，唐东南重镇、淮南节度使镇所、号称富甲天下的扬州形势危急。宰相郑畋上表称如果扬州失守，唐政府将难保江南财赋重地，唐政府立即在淮南集结重兵，阻止起义军势力进一步向南发展。

乾符五年(878)，一部分农民军进攻浙西节度使境内。唐浙西观察使下辖润、常、苏、杭、湖诸州，是江南最为富庶之地，其中润州不仅是节度使所在地，也是运河与长江的交汇处。为确保这一重镇的安全，唐政府急速调荆南节度使高骈来任浙西节度使。

高骈在后期唐朝政府中拥有很高声望。其家世显赫，祖父高崇文在唐宪宗对付西川割据藩镇的战争中，曾立下汗马功劳。懿宗时代，高骈屡次率兵征战，为唐政府平息党项、安南之乱，“出无不捷，懿宗深嘉之”②。先后出镇郓州、西川，位至荆南节度使。当此危难之际，唐朝廷对高骈寄予厚望，进其位为检校司空，任润州刺史、镇海军节度使、浙江西道观察使。高骈上任，屡破起义军，收降起义军重要将领毕师铎、秦彦等人，黄巢被迫放弃进攻浙西，转而南下攻岭南。高骈初战告捷，朝廷对他更为信任，放弃了抑制东南藩镇、限制其兵力的一贯政策，而委高骈以淮南节度使、充盐铁转运使之重任。高骈集淮南军、政、财大权于一身，改镇扬州后，迎击义军，又屡屡取胜，俨然以挽救朝廷于危难的中兴之臣自居。

僖宗广明元年(880)，黄巢大军又挥师自岭南北上，进入江西。经过长期战争磨炼，起义军实力更为增强。声势浩大的农民起义不仅动摇了唐朝统治，也使拥兵一方的诸镇节度使深受震动。为了绞杀农民起义这一共同目的，他们暂时集结在一起，在唐政府号召下，纷纷进兵淮南，唐朝廷以高骈为统领诸军的诸道行营都统。

朝廷视东南为中兴国运的希望，欲借东南财赋及高骈的才干压制起义军，“收拾江淮、趋河洛，扼其东奔之路所在”，使黄巢“困死于骈之掌上”③。然而，唐皇室依赖的文臣武将们又以朝廷危难为自己加官晋爵的良机。高骈与兵部尚书卢携互为应和，卢携向朝廷力荐高骈为帅，称“骈有文武长才，若悉委以兵柄，黄巢不足平”④，而高骈

---

① 《资治通鉴》卷二五二唐僖宗乾符三年(876)四月条，中华书局1956年版，第8183页。

② 《旧唐书》卷一八二《高骈传》，中华书局1975年版，第4703页。

③ (清)王夫之：《读通鉴论》卷二七《僖宗四》，中华书局1975年版，第969页。

④ 《资治通鉴》卷二五三唐僖宗广明元年(880)七月条，中华书局1956年版，第8229页。

初期的军功，又使卢携得以升任宰相。

高骈重兵在握，其真正意图是“欲临藩镇，吞并江南”①。初镇淮南时，他针对当地二百余年来武备薄弱的状况，传檄天下征兵，从本地及邻道募得七万兵士。当时形势有利于高骈，他进可救朝廷于危亡中，成为玄宗时代郭子仪、李光弼一样的人物；而倘若唐帝国覆灭于农民起义的洪流中，他亦可退而保据江淮一带，实现当年李锜等人未曾实现的割据东南的梦想。此刻高骈唯恐诸镇军分享其战功，上奏谎称不日将平息起义，请朝廷遣散诸军。唐政府竟听信其谎报军情，撤回了诸军。

当诸道大军会集淮南时，黄巢面对不利形势，曾计划假降高骈，当其闻知唐大军已撤，遂立即反攻淮南。淮南军毫无防备，大败于起义军。起义军乘胜渡江，逼近扬州。高骈措手不及，自度诸镇大军已散去，淮南军损兵折将之后无力抵抗起义军，遂称病退缩于扬州城内，仅命手下诸将严加防备而已。起义军渡过长江，势如破竹，直指中原。

战争局势突变，唐军一溃千里，懿宗同年退出长安，逃往四川。然而此时，唐政府在惊慌之余仍未放弃对高骈的希望，一再诏令其出兵救援。当初高骈放黄巢大军过长江时，即希望使起义军成中原之大患，而后自己出兵将其扑灭，以加重自己在朝廷中的分量。战局发展已出乎意料之外，高骈权衡形势，以为唐朝廷气数已尽，自己不如保存实力，以图割据，于是拒绝出兵。唐朝廷终于对高骈彻底丧失希望，下诏削夺其诸道行营都统及诸道盐铁转运使之职。

僖宗中和二年(883)，黄巢退出长安，次年战死于泰山狼虎谷。持续近十年，横扫大半个中国的唐末农民大起义被彻底镇压了。唐皇室回到长安，虽然其统一政权的名义虽存，但经历了这场风暴之后，其早已腐朽不堪的统治机体事实上已被摧毁，它对全国的统治已经土崩瓦解了，因此，唐政府事实上并未赢得这场战争的胜利。

农民起义之后，真正的获利者是在战争中发迹的新兴藩镇势力。农民战争摧垮了旧的统治秩序，打击了旧贵族的势力。但在镇压起义过程中兴起的新军阀，又构成新的割据形势：“李昌符据凤翔，王重荣据蒲、陕，诸葛爽据河阳、洛阳，孟方立据邢，李克用据太原、上党，朱全忠据汴、滑，秦宗权据许、蔡，时溥据徐、泗，朱瑄据郓、齐、曹、濮，王敬武据淄、青，高骈据淮南八州，秦彦据宣、歙，刘汉宏据浙东，皆自擅兵赋，迭相吞噬，朝廷不能制。”②

二　天下分裂

这些新军阀中的一些人曾是农民起义的参加者，他们来自于社会的底层，其共同

① 《旧唐书》卷一八二《高骈传》，中华书局1975年版，第4710页。

② 《旧唐书》卷一九下《僖宗纪》，中华书局1975年版，第720页。

特点是有凶悍和不安于正常社会秩序的个性。当农民起义以摧朽拉枯之势席卷四海之内时，这些人于乱世中寻找机会，其中的一些接受朝廷或地方藩镇的招募；另一些则投身农民起义。虽然他们投向了两个敌对的阵营，而其根本目的一致，即图谋个人出人头地。

历史证明，对于真正的农民起义者来说，更大的危险恰恰来自于隐藏于自己队伍中的投机冒险分子，因为“他们从未致力于促进农民的利益，一旦条件有利，就急于接受朝廷的招安”[①]。起义后期，鱼龙混杂的农民起义队伍发生分化，混迹其中的野心家暴露出了真面目，他们出卖起义，与旧贵族、军阀联合在一起，残酷镇压起义，而后又一跃为割据一方的新军阀，他们的野心，随势力的扩充而膨胀，其凶残、贪婪的本性变本加厉地表现出来。在黄河流域，新、旧藩镇展开了更为残酷的厮杀，使人民遭受的荼毒更深，其中最为有名的人物是朱温。

朱温出身贫苦，而“凶悍无赖”。黄巢起义后投入农民队伍，起义军攻陷长安时，他任同州（治今陕西大荔县）防御使之职，担当屏障长安的重任。中和二年（882）九月，朱温与起义军重要将领之一的孟楷有隙，且见形势发展不利，悍然举州降唐。唐政府大喜，授以右金吾大将军、河中行营招讨副使之职，唐皇赐其名为“全忠”，次年升任宣武军节度使。朱温叛变后，与沙陀贵族李克用、新军阀时溥一起，疯狂反攻农民军。农民起义失败之后，朱温收拢葛从周、霍存等起义军残将，在中原军阀的混战中逐渐强大，连败秦宗权、时溥。李克用亦惨败于朱温，缩于河东一隅，无力还手；连盘踞河朔、与唐政府分庭抗礼一百余年的河北三镇强藩，也被朱温制服，朱温成为中原最强大的军阀。

秦宗权是朱温在中原的主要对手之一，他原为许州（治今河南许昌市）军牙将。唐末军乱中，秦宗权占据蔡州，唐授予其奉国军节度使之职。然而，当唐军在战争中渐渐占据有利形势，起义军退出长安、举兵东来时，秦宗权败于黄巢，索性称臣于黄巢，联兵作战。黄巢起义失败后，秦宗权气焰却更嚣张，“啸会逋残，有吞噬四海意”[②]，“令将出兵，寇掠邻道，陈彦侵淮南，秦贤侵江南，秦诰陷襄、唐、邓，孙儒陷东都、孟、陕、虢，张晊陷汝、郑，卢瑭攻汴、宋，所至屠翦焚荡，殆无孑遗”，“军行未始转粮，车载盐尸以从”[③]，以至于中原大地“北至卫滑，西及关辅，东尽青齐，南出江、淮，州镇存者

---

① ［英］崔瑞德编，中国社会科学院历史研究所西方汉学研究课题组译：《剑桥中国隋唐史》，中国社会科学出版社1990年版，第734页。

② 《新唐书》卷二二五下《秦宗权传》，中华书局1975年版，第6464—6465页。

③ 《资治通鉴》卷二五六唐僖宗中和四年（884）是岁条，中华书局1956年版，第8318页。

仅保一城,极目千里,无复烟火”[①]。其残暴程度,在中国历史上罕有。秦宗权的疯狂劫杀注定他将以迅速失败告终。朱温借唐朝廷之名讨伐秦宗权,僖宗文德元年(888),秦宗权众叛亲离,为部下执送于朱温,次年被斩于长安。

秦宗权败后,其散将各自为战,“皆以酷烈相矜,时通名‘蔡贼’云”[②]。孙儒是其中之一,他常叫嚣“丈夫不能苦战万里,赏罚繇己,奈何居人下,生不能富贵,死得庙食乎?”[③]其疯狂残暴不亚于秦宗权。他焚洛阳宫阙,退出孟州时,屠杀当地人民,“流尸于河,焚井邑乃去”[④]。后奉秦宗权之命略地淮南,而叛宗权,杀秦宗权之弟宗衡而自立。孙儒所过处,尽“烧庐舍,杀老弱以给军”[⑤],给淮南人民带来了深重的灾难。

毕师铎是王仙芝的同乡,与王仙芝共同起兵,他善骑射,手下有号称“鹞子”的徒众。王仙芝败后投降高骈,为高骈初次在淮南败黄巢立下了大功,深得高骈宠信。秦彦也曾是起义军中一员,黄巢初败于淮南,秦彦即投到高骈军中,被授予和州刺史之职,而后又凭借武力,占据宣、歙二州。

当黄巢大军直赴长安时,步步退却的唐朝廷于仓皇中不得不下诏征天下之兵抵抗起义军。一些地方豪强,以赴朝廷之难为名,纷纷起兵,如朱瑄、朱瑾兄弟占据兖、郓二州,时溥占领徐州。南方地方官吏为阻止农民起义,募集地方武装,当地豪民由此夺得对乡里的控制,如杜洪占鄂州,钟传据洪州,卢稠据虔州,刘谦、刘隐、刘岩父子兄弟相承占据岭南。

杭州临安人钱镠、董昌在纷乱的局势中分据杭州、越州,而董昌不满足于仅仅为唐的节度使,于昭宗乾宁二年(895)自立为“大越罗平国皇帝”,钱镠乘机以唐朝廷名义征讨越州,败董昌,拥有两浙。

另有一些武人,失势后退出中原的争战,举兵南下,在武力较为薄弱的南方建立自己的统治。

刘建封、马殷原来都是秦宗权的部将。秦宗权败后,刘、马辗转经江西至湖南,不久即全有湖南土地。昭宗乾宁三年(896),刘建封为部下所杀,军中推马殷为主帅。

光州固始(今属河南)人王潮、王审知兄弟,追随寿州人王绪,为秦宗权所逼,远道而至福建。王潮在军士的拥护下,废王绪自立。昭宗景福二年(893),王氏兄弟全有福建。乾宁四年(897),王潮死,王审知袭其位。

许州(治今河南许昌市)人王建,随军镇压农民起义来到今四川西部。他组织西川农民和少数民族民众建立了自己的武装。随后占领成都,进攻东川,大顺元年

---

① 《资治通鉴》卷二五六唐僖宗中和四年(884)是岁条,中华书局1956年版,第8318页。

② 《新唐书》卷一九〇《刘建锋传》,中华书局1975年版,第5482页。

③④⑤ 《新唐书》卷一八八《孙儒传》,中华书局1975年版,第5466、5468页。

(890)占领全部巴蜀地区。

经过农民战争的冲击,唐帝国已奄奄一息,不得不对这些军变的结果都予以承认。全国分裂割据的形势,大致于此时形成。钱镠、马殷、王审知、王建、刘氏父子得以升任唐节度使。唐天祐四年(梁开平元年,907),朱温废唐帝,自立为帝,国号“梁”,史称“后梁”。钱镠、马殷、王审知、刘隐奉梁为正朔,而事实上他们的政权是独立的。

钱镠受封吴越王,其王国范围包括今浙江省以及无锡以东的苏南地区,史称吴越国;王审知受封闽王,其政权在今福建省内,史称闽国;马殷受封楚王,其统治领域包括今湖南大部,广西的北部,贵州的一部。刘隐受梁封南海王,其弟刘岩袭其位后,以岭南与中原相隔遥远,地域僻静,于后梁贞明三年(917)自立为帝,国号为“大越”,次年改国号为汉。其领地辖今广东省及广西大部分,云南的一部分,史称南汉。

王建以巴山蜀水的有利地形,于朱温称帝的同年即自立为帝,国号为蜀,史称前蜀,统辖包括今四川及贵州、陕西、甘肃、云南的一部分的广大土地。

唐末乱世,军阀迭兴,他们以千百万人民的生命为代价,展开兼并战争。经历了空前灾难的人民渴望和平。秦宗权、孙儒等虽一时穷凶极恶,然而很快就在战火中湮灭了。另有一些人,其根本目的虽与秦、孙等一致,却能看到人民的支持对其统治的重要性,因此做了一些符合人民利益的事,如“王潮约军于闽海,秋毫无犯;王建从綦毋谏之说,养士爱民于西蜀”①。当兼并战争硝烟稍定,最终得以割据为王的,往往是这一类人。

第二节　杨行密的崛起与淮南争夺战

一　杨行密的崛起

对唐政府来说,农民战争中最惨重的损失之一是丧失了对淮南的控制。虽然高骈的诸道行营都统兼盐铁转运之职被削除,但虚弱的唐朝廷已无力顾及淮南,高骈停止了对朝廷的贡奉,唐朝的经济命脉便被扼断了。

在唐末的农民战争中,由于高骈一直坚持自我保护,淮南并未受到起义军的冲击。战争结束后,高骈手中握有重兵,对于境内纷起的小股武装力量,高骈采取分任他们为当地刺史的政策,因而得以保持治内暂时的平静。高骈割据淮南似乎已成

① (清)王夫之:《读通鉴论》卷二七《僖宗九》,中华书局1975年版,第980页。

定局。

但是，高骈此时却暴露了其本性，“无忘家为国、忘死为君之忠，无敦信及豚鱼、执义格鬼神之节，而挥霍踊跃，任慧力以收效于一时”①。高骈的致命弱点是深信鬼神，淮南“妖人”吕用之、诸葛殷、张守一投其所好，深得高骈宠信。当高骈沉溺于鬼神之道后，吕用之得以把持淮南大权，他设置自己的僚属、军队，建立号称“察子”的特务组织以对付异己力量。高骈察觉之时，已无法控制局势。淮南“人怨鬼怒”，高骈、吕用之的腐朽统治给了中原强藩乘虚而入的良机，他们虽无暇从黄河流域的混战中抽身，但仍不忘侵吞淮南，一俟中原战事尘埃落定，即举兵南下，在淮南燃起战火。高骈分设于各地的刺史们，名义上接受高骈之统帅，实际上也在等待着机会。淮南危机随时都可能全面爆发。

草莽英雄杨行密，在这个四海翻腾的时刻崛起于淮南民间，建立了地跨江淮的强大政权。

在黄、淮地区，长期存在着一支潜在武装，即统治者所谓的“盗贼”。“盗贼”产生的根本原因，是唐政府对这一地区人民的残酷压榨。“到九世纪七十年代时盗匪活动已很普遍。但它的发生率在黄、淮之间人口稠密的平原地区最高，在那里政府频繁的压榨和经常的自然灾害结合在一起，引起了严重的社会混乱，致使许多人被迫亡命，出没于荒地原野之中，流为盗匪”，“沿海一带是为数众多的重要产盐区，由于政府垄断的盐价愈来愈高，这些地区私盐贩卖盛行。武装的盗匪集团从事这种非法的贸易，不时抢劫他们容易到达的长江流域的商人和城镇”。“到九世纪七十年代初，有些规模类似小型军队的盗匪，已能劫掠农村，甚至攻打有城墙的城市，从而直接与政府对抗。”②愈演愈烈的盗匪活动对唐统治最为稳固的地区构成威胁，引起唐政府的恐慌，朝廷接连下诏，要求地方政府加强戒备，并以此做为对官员进行赏罚的标准之一：“应州郡连带江湖，常多寇盗，结构群党，潜蓄弓剑，残害平人，剽劫财物，道途商贾，常患不安。方今海内无虞，所宜普凑，委诸道节度防御使，如界内带江山淮海处，切加警备，仍差巡检，更于要害处加置军镇捉搦，择有机略军将，镇守游奕，明立赏罚，如能设计擒获贼党二十人已上，并获赃物，推问行劫踪迹分明者，量其功绩，节级优赏，仍与迁职。如界内有劫杀不能捉获者，亦节级重加惩责。”③

唐末农民大起义打破了唐政府统治表面上的平静，各种潜伏的矛盾全面爆发。

---

① （清）王夫之：《读通鉴论》卷二七《僖宗四》，中华书局1975年版，第968—969页。

② ［英］崔瑞德编，中国社会科学院历史研究所西方汉学研究课题组译：《剑桥中国隋唐史》第十章《唐朝之灭亡》，中国社会科学出版社1990年版，第732页。

③ 《（武宗会昌二年）加尊号赦文》，见《全唐文》卷七八，中华书局1985年版，第813页。

在农民大起义的影响下，淮南"盗贼"更为活跃，"群盗侵淫，剽掠十余州，至于淮南，多者千余人，少者数百人"[1]，此起彼伏的盗贼活动呈现出燎原之势。唐政府急诏黄、淮节度使加紧讨捕"盗贼"，同时推行"招怀"政策。

大多数的盗贼是来自社会底层的强梁，他们不甘埋没于芸芸黔首之中，在太平年代又无缘于正常仕进之途，于是落草为寇。他们并非因为被社会抛弃或者漠视而走上为盗之途，而只是利用社会的缝隙，从政府以及普通百姓手中为自己赚取利益。因此，他们虽与唐朝法律作对，却不仇视唐政府，甚至以唐朝廷为正统。他们没有阶级观念，从不以为自己是农民的一员，反而视反对唐政府者为自己的敌人。

这些人往往有着冲天抱负，杨行密的最得力战将之一秦裴就常言："天上黄鹰，地下黄金，余不足贵也。"[2]驰骋沙场、建立伟业是这类民间豪杰的理想，在太平年代难以觅到这样的机会，而身逢乱世，政府向他们打开了从军发迹的道路，他们于是接受政府招安。杨行密就是这样一个民间豪强的典型代表。

杨行密，庐州合肥(今属安徽)人，出身贫苦。史载，他 20 岁就加入了"盗匪"队伍[3]，数年后，被官府捕获。他风采不凡，"为人长大有力，能手举百斤"[4]，因此博得正在招兵买马的地方官的赏识。当时的庐州刺史释放了他，杨行密就此投入官军。从有关杨行密早年活动的有限记载中可以看出，杨行密此时并不是单纯的一介武夫，他周围有同为合肥人的田頵、刘威、陶雅等人，而杨行密是这个团体的首领。

不久，"会西番入寇，征四方兵，防秋灵夏"[5]，杨、田、陶等出征戍边，功成返乡，都得到了升迁。当时军乱频仍，士卒逐主将而自立的事件时有发生，军吏对表现出过人才干的杨行密十分忌惮，打算让杨行密再次出征，借机会除去这个潜在劲敌。临行，自以为得计的军吏假意问杨行密有否什么要求，杨行密岂会甘受庸吏压制，怒喝道："惟少公头尔！"[6]当下奋起，斩其头颅，断然起兵，自任八营都知兵马使。庐州军乱，刺史郎幼复出奔，杨行密从此一跃而上淮南政治舞台。

二　淮南争夺战

高骈对这一既成事实不得不予以承认，任杨行密为庐州刺史。庐州地处淮南道中心，杨行密占据此地，战略形势对其非常有利。当时的淮南还活跃着许多与起兵前的杨行密类似的地方武装，在官方史书中，他们被统称为"盗贼"。杨行密在庐州立足

---

① 《资治通鉴》卷二五二唐僖宗乾符二年(875)十一月条，中华书局 1956 年版，第 8182 页。

② (宋)路振：《九国志》卷一《秦裴传》，丛书集成初编本。

③④⑥ 《新五代史》卷六一《杨行密传》，中华书局 1979 年版，第 747 页。

⑤ (宋)路振：《九国志》卷一《陶雅传》，丛书集成初编本。

后，四处征讨，逐一消灭“盗贼”，既巩固了自己对庐州的控制，又扩大了势力范围。

僖宗光启三年(887)，秦宗权遣其弟宗衡携孙儒等将，声称要渡淮南来，高骈命其牙将毕师铎帅部戍守高邮。毕师铎归附后深得高骈倚重，他不肯服从吕用之，二人因此有隙。毕师铎分析高骈旧将纷纷死于吕用之的谗言，深感自危，终于以诛吕用之等人为名起兵。这年四月，毕师铎兵临扬州城下，城内恐慌。毕师铎攻城不下，求援于宣州秦彦。

淮南局势失控，四周势力蜂拥而至，其中包括淮南地方武装及中原军阀。秦彦应毕师铎之邀，率兵三万沿长江而下，抢先赶到扬州，入城幽禁高骈。

杨行密紧随其后赶至城下，竖寨围困扬州城长达半年，城中逐渐乏粮。秦彦多次派兵出城袭击。这年八月，秦彦发兵12000人出城，兵力超过围城军队。杨行密指挥其军佯装撤退，饥饿的秦彦军冲入杨行密军营帐，抢夺军需。正在这时，杨军突然反扑，秦军措手不及，全军覆没。领兵的毕师铎、郑汉章单骑突围，奔回扬州城内。秦彦军队从此不敢出城作战。

九月，秦彦杀高骈，消息传至城外，杨行密全军缟素，向城中大哭三日。此后，扬州城内情况继续恶化。“城中无食，米斗直钱五十缗，草根木实皆尽，以堇泥为饼食之饿死者太半，宣军掠人诣肆卖之，驱缚屠割如羊豕，讫无一声，积骸流血，满于坊市。”① 城内守军日渐陷入绝望，秦彦、毕师铎束手无策，终日相对叹气。这年十一月的一个风雨交加的夜晚，杨行密突袭成功，秦彦、毕师铎弃城而逃，杨行密顺利进入扬州城内。这时“城中遗民才数百家，饥羸非复人状”②。在隋、唐两代，扬州地处运河与长江的交汇处，当南北交通之要冲，兼有淮南之盐利，中外商贾云集，繁盛一时。然而在长期被围之后，城中昔日的繁华荡然无存。杨行密自扬州城西运米入城，缓解饥荒，且自立为留后，欲在扬州立足。

然而，未等杨行密在扬州站稳脚跟，秦宗权已遣其弟秦宗衡为帅、孙儒为副，带领张佶、刘建封、马殷等前来争夺淮南，很快到达扬州城下，杨行密甚至没来得及将军需辎重撤入城内，统统都被秦军夺走。不久，秦宗权难以抵挡朱温军队，招回宗衡。孙儒料定秦氏兄弟必然灭亡，杀宗衡，自己取而代之，继续围攻扬州。秦宗衡军中的沙陀将领安仁义投奔杨行密，受到重用。

孙儒军来势凶猛，面对危急局势，杨行密一方面稳定内部，一方面遣人北上联络朱温。朱温这时已成为中原势力最强大的节度使，他将杨行密的有意结盟视为涉足淮南的好机会，遂自任为淮南节度使，而以杨行密为节度副使，以部将李璠知淮南留

①② 《资治通鉴》卷二五七唐僖宗光启三年(887)十月条，中华书局1956年版，第8363、8364页。

后。杨行密得知后勃然大怒，断然拒绝，表示了不受制于人的决心。朱温不得已，奏请唐政府以杨行密为淮南留后。

此前，杨行密认识到扬州城内粮草空虚，自己兵力单薄，不能持久，已有保存实力的准备。他遣和州将延陵宗率两千部众回和州，又令部将蔡俦率兵千人携辎重数千辆回老本营庐州。

僖宗文德元年(888)，孙儒又杀秦彦、毕师铎，收拢秦宗衡及秦彦余部，在淮南四处抢掠。四月，孙儒攻陷扬州。杨行密听从幕僚袁袭的建议，奔回庐州。这时的杨行密已和当初庐州起兵时大不相同。首先，他以忠诚于高骈自居，获得号召力，成为淮南有影响力的人物；其次，他在攻打扬州的过程中，不断收拢零散的地方武装力量，兵力日益壮大。回庐州后，他乘虚渡长江南下，夺取池州(治今安徽池州市)、宣州(治今安徽宣城市)，唐政府诏封他为宣歙观察使。接着，杨行密又攻取润州(治今江苏镇江市)、常州(治今江苏常州市)。

孙儒追击杨行密，攻下庐州，接着又赴江南，双方在长江两岸展开争夺。昭宗大顺元年(890)，朱温在消灭秦宗权后，以援助杨行密为名，出兵淮南。其将庞师古夺下天长(今属安徽)、高邮(今属江苏)，但在海陵(今江苏泰州市)附近败于孙儒军队，随即退兵。杨行密一时难以抵挡孙儒大军的凶猛进攻，频频败退。大顺二年(891)，孙儒全军渡江南下，与杨行密展开大规模争夺。孙儒因无法据守饱受战争摧残的扬州城，"于是悉焚扬州庐舍，尽驱丁壮及妇女渡江，杀老弱以充食"①。孙儒军队所到之处尽是毁灭，给江南人民带来了巨大灾难。孙儒看似来势汹汹，其实其力量在转战中迅速消耗。杨行密联合钱镠，共同抵抗，很快就转守为攻。景福元年(892)五月，杨行密在广德(今属安徽)大败孙儒，断其粮道。孙儒军中疫疾流行，他自己也身染重病，杨行密乘胜出击，终于使孙儒兵败身死。八月，唐政府任命杨行密为淮南节度使。

从光启三年(887)末到景福元年(892)五月，经过近5年的战争，杨行密终于建立起淮南最强大的军事力量，且其势力已发展到长江以南。大顺元年(890)三月，唐政府赐宣歙军号宁国军，以杨行密为节度使。这样，杨行密获得了今安徽省内的江南部分的土地。次年，杨行密又占领润州、常州、和州(治今安徽和县)、滁州(治今安徽滁州市)，几乎控制了长江下游沿线的所有重要城市，为其溯江而上或顺江而下的发展创造了条件。彻底击败孙儒后，杨行密收复一度被孙儒占领的庐州、舒州，继续向北发展。景福元年(892)，击败时溥占据楚州，以此为开端，先后又占领泗州、濠州、寿州、涟水(今属江苏)、光州。至乾宁三年(896)，杨行密占据了淮河南岸所有重要城

① 《资治通鉴》卷二五八唐昭宗大顺二年(891)七月条，中华书局1956年版，第8417页。

市，号称“全有淮南之地”[1]。

在唐末，诸军阀之间的斗争是你死我活的，他们必须在战争中保存自己。对于雄心与才干都超群出众的杨行密来说，仅仅在淮南立足是远远不够的，随着战争的发展，他又面临着新的对手。在其西面，有鄂州（治今湖北武汉市武昌区）人杜洪占据今湖北境内，唐武安军节度使马殷占据今湖南境内；其西南面有唐镇南节度使、洪州（治今江西南昌市）人钟传占据今江西境内；其东面有唐镇海军节度使、临安（今属浙江）人钱镠占据今浙江全境及苏南的一部分土地。

昭宗乾宁元年（894）三月，黄州（今湖北黄冈市）来附，杨行密获得进攻鄂州的据点。次年，越州（治今浙江绍兴市）董昌称帝，号“大越罗平国”，钱镠起兵声讨。杨行密一面敦促董昌去帝号、恢复对朝廷的贡赋；一面劝钱镠释董昌之罪，以此为契机，涉足浙东。同年，杨行密以解救董昌为名，出兵钱镠占据的苏州。杨、钱曾联合与孙儒作战，自此开始交恶。杜洪、马殷、钟传、钱镠等感到了来自杨行密的强大压力，他们向中原朱温表示归附，以寻求保护。

朱温对淮河以南的土地觊觎已久，文德元年（888）杨行密拒绝接受对他的任命时，朱温因中原战势未定，无力顾及淮南。杨行密破宣州后，又得泗州、濠州，这二州原先受制于朱温，杨、朱矛盾更为加深。乾宁元年（894）冬，杨行密遣淮南押牙唐令回携茶叶万余斤往汴梁贸易，被朱温扣押，且夺取全部茶叶。这时，朱温势力在中原迅速扩张，中原诸军阀难以抵抗。乾宁二年（895），杨行密上表唐政府，请求会集易州（治今河北易县）、定州（治今河北定县）、郓州（治今山东东平县）、兖州（治今山东兖州市）、河东[2]之兵，共同讨伐朱温。次年，杜洪、钟传、钱镠迫于杨行密的军事威胁，向朱温求救，南方的阵营区分日益明显。这一年，杨行密东取苏州、西取蕲州（治今湖北蕲州附近）、北取光州，并得到了至为重要的昇州（治今江苏南京市）。同年，朱温遣其子朱友恭率兵渡过淮河，伺机而用兵。

昭宗乾宁四年（897），唐朝廷任命杨行密为江南诸道行营都统，西进讨伐武昌节度使杜洪。这年五月，朱友恭攻取武昌、黄州，杨行密军在苏州一带被钱镠军击败。七月，钱镠军又攻陷无锡（今无锡市）、常熟（今常熟市）等地；九月，朱温、钱镠大举进攻杨行密，扬州、寿州同时告急。十月，朱温大将庞师古率重兵驻扎于淮南清口，欲进攻扬州。庞师古以为淮南军兵力薄弱，颇为大意。淮南军乘其不备，渡过淮河，从北面奇袭庞师古，同时自淮河上游由水路进攻庞军兵营。庞军阵脚大乱，淮南军乘胜从南北两面夹击，大获全胜，庞师古兵败身亡。清口之战是决定南北割据形势最终形成

① 《资治通鉴》卷二六〇唐昭宗乾宁三年（896）五月条胡三省注，中华书局1956年版，第8487页。

② 指唐河东节度使李克用之兵。

的关键一役，杨行密通过此役显示了他不仅有雄心，而且有实力抵挡朱温势力南下。胜利之后的杨行密遣人传信给朱温说："庞师古、葛从周，非敌也，公宜自来淮上决战。"[①]杨行密从此保据江、淮之地，朱温再也未能涉足淮南。

昭宗光化元年(898)正月，两浙节度使钱镠、江西节度使钟传、武昌节度使杜洪、淄青节度使王师范都遣使至朝廷要求以朱温为都统讨伐杨行密，未获允准。

这时，朱温在黄河流域不可一世，唐朝形势更为危急。光化三年(900)，朱温制服割据一百余年的河北成德、魏博、镇定三镇。次年，朱温进攻李克用，一度逼近河东节度使治所晋阳(今山西太原市附近)。同年，朱温任宣武、宣义、天平、护国四镇节度使，宦官们劫持唐昭宗，前去投奔凤翔节度使李茂贞。由于杨行密的壮大，他被唐末政局中朱温的敌对势力视为可倚重的力量。昭宗天复二年(902)，李茂贞及宦官们控制下的唐朝廷封杨行密为吴王，官拜东面行营都统、中书令，诏令他讨伐朱温。杨行密创立的政权从此称为"吴"，历史上又称杨吴，以区别于三国时代的孙吴政权。次年一月，淮南军出征杜洪。四月，朱温携荆南节度使、武安节度使马殷、武贞节度使雷彦威出兵救杜洪。马殷、雷彦威本无心与杨行密作战，而意在乘虚袭击荆南，夺取其地。哀帝天祐二年(905)二月，淮南军攻克鄂州。

正当杨行密节节胜利时，其内部发生了以田頵为首的变乱。杨行密与田頵起兵之前都属于当时官方文书中所载的"盗贼"阶层中的领导人物，关于这部分人的构成，当代史家分析道："这些人部分出身农村绅士，部分来自穷困的阶级。其中某些人有一功名或受过正规的教育，因此渴望能跻身官场。"[②]"其他一些盗匪首领则来自我们可以称之为农村社会中的'强人'阶级：这些人有自己的能耐和地方势力，但是他们跟地方上的官场没有多少往来，又没有受过能把他们引向仕途的正规教育"。"所有盗匪的首领都有一个共同的特征：他们精于武艺"，"他们中有些人显然是杰出的军事战术家"[③]。如果按照这样的类型区分，田镠显然属于前一类首领，而杨行密则属于后一类首领。

淮南诸将中，田頵与杨行密渊源最深，他们是同乡，少年时有兄弟之约。田頵跟随杨行密从庐州起兵，攻取宣州、昇州立有大功，败孙儒后，官拜宁国军节度使，守宣州。田頵抱负不凡，他与杨行密在名义上同为唐朝的节度使，必然不甘心久居杨行密

---

① 《资治通鉴》卷二六一唐昭宗乾宁四年(897)十一月条，中华书局1956年版，第8511页。

② [英]崔瑞德编，中国社会科学院历史研究所西方汉学研究课题组译：《剑桥中国隋唐史》第十章《唐朝之灭亡》，中国社会科学出版社1990年版，第734页。

③ [英]崔瑞德编中国社会科学院历史研究所西方汉学研究课题组译：《剑桥中国隋唐史》第十章《唐朝之灭亡》，中国社会科学出版社1990年版，第735页。

之下。他寻找机会,以发展自己的势力。杨行密对田頵早有防备,也在等待清除田頵势力的恰当时机。昭宗天复二年(902),钱镠手下的徐绾反叛,邀田頵为助。田頵欲乘机将自己的势力扩展至浙东,欣然出兵。钱镠只有向杨行密求救。田頵势力的扩张必将构成对杨行密的威胁,杨行密强令召回了田頵,这使田頵谋反的心意更为坚决。

安仁义自投奔杨行密之后虽然受到重用,且官至润州刺史,但他与田頵交好,也有意反杨,二人商议共同起兵。另有杨行密之妻弟朱延寿,官至淮南节度副使,他骁勇善战,在淮南战场攻城掠地,战功赫赫。这三人的共同特点就是不甘居人下,一旦时机到来,就会起兵反叛。田頵秘密遣人联络朱延寿,消息被杨行密探知。为除去这一来日祸患,杨行密佯装目盲,以托付后事为名,招朱延寿至扬州。朱延寿直入杨行密府邸,杨行密发伏兵将其擒获处死。①

天复三年(903)八月,田頵、安仁义共同举兵反叛。杨行密求援于钱镠。同年十一月,在钱镠的协助下,杨行密军杀田頵,攻克宣州。哀帝天祐二年(905)一月,安仁义所据之润州被杨行密军攻破,田頵、安仁义之叛最终被平息。

10世纪初,杨行密在淮河以南的统治已日益稳定。朱温几次出兵淮南,都未能取胜,在与尚存一息力量的李克用、李茂贞、刘仁恭等军阀争斗之际,朱温难以再还与杨行密作战,不得不在天祐元年(904)请求与杨行密修好。杨行密称:“俟天子还长安,然后罢兵修好。”②拒绝了朱温的请求。

杨行密的淮南镇已成为南方最强大的军事力量,他试图乘胜渡淮北上。天复二年(902)以后,先后进攻淮北的宿州,且曾一度占领密州,但最终都因不敌朱温军队而南撤。这表明杨行密的力量尚不足以涉足中原,只得以淮河为界,这一分界影响了之后数十年间全国的局势。

相对而言,唐末南方的藩镇力量较为薄弱。唐在江南设节度使较晚,南方未形成与中原一样顽固的藩镇势力。钱镠、马殷等是在占据一方土地后,得到唐政府的默许,才立足于当地。中原集军、政、财权于一体的藩镇是他们效仿的对象。南方军阀自知力量有限,无意独立于中原政权之外,钱镠曾说:“与其闭门作天子,与九族、百姓俱陷涂炭,岂若开门作节度使,终身富贵邪!”③他们不具备能与杨行密争夺江淮的强大军事力量,却有足够实力自保。从乾宁二年(895)起,杨行密就试图进兵浙东,经过长期互有胜负的战争之后,杨行密认清现实,转而与钱镠修好。天复二年(902),徐绾

---

① 参见《九国志》及《五代史补》,后者所载为杨行密诈盲三年,且亲手杀朱延寿,不可信。

② 《资治通鉴》卷二六四唐哀帝天祐元年(904)三月条,中华书局1956年版,第8630页。

③ 《资治通鉴》卷二六〇唐昭宗乾宁二年(895)二月条,中华书局1956年版,第8464页。

背叛钱镠，邀宣州田頵为助。钱镠遣其子钱元璙与大将顾全武共赴扬州向杨行密求援，欲以另一子元瓘为人质，且欲与杨行密缔结儿女婚约。杨行密权衡利害之后，力阻田頵出兵，应允了钱镠的婚姻之请。次年，钱镠又出兵助杨行密平田頵之叛。天祐元年(904)，杨行密送钱元璙夫妇与顾全武一起回杭州。

从庐州起兵以后，二十余年间，杨行密凭借其卓越的军事、政治才能，由一个草莽英雄，发展成一位地跨江、淮，敢与中原军阀直接对抗的强大藩镇的统治者。在这一过程中，其军队一直在壮大。杨行密最初领导的是一支由活跃于淮南乡间的强梁们组成的地方武装。彻底战胜孙儒后，他收拢孙儒之残兵，给予丰厚军饷，“以皂衣蒙甲”①，号“黑云都”，其将领称“黑云长剑”②。孙儒旧部大多来自中原蔡州(治今河南汝南县)一带，蔡州兵以勇猛好战闻名于唐末，“黑云都”成为杨行密最为倚重的军事力量之一。乾宁四年(897)二月，兖州朱瑾败于朱温，率其兵众渡淮投奔杨行密，杨行密亲自前去迎接，同时南来的还有李克用派去援助朱瑾的史俨、李承嗣，他们带来了骁勇彪悍的兖、郓、河东士兵。不仅如此，土生的淮南军队不善骑射，河东兵的加入弥补了这一不足，使杨行密军队战斗力大大增强。

第三节　江淮政权的巩固与发展

拥有一支强大的军事力量只是战争中取胜的条件之一，而能够顺应民心是确保长期统治的必要条件。在残酷混战之后，最终立足的往往是那些善于守境安民的统治者。

杨行密每到一地，即着手抚恤饱受战争创伤的百姓。僖宗光启三年(887)，杨行密首次进入扬州，面对“饥羸非复人状”的城中百姓，他立即“辇外寨之粟以食饥民”③。对于扬州的惨状，杨行密应负有责任，然而他入城后一改原先占据扬州的秦彦、毕师铎所为，为自己赢得了一些民心。昭宗景福元年(892)，杨行密复入扬州城时，往昔富甲天下的江、淮之间已是“八州之内，鞠为荒榛，圜幅数百里，人烟断绝”④。杨行密立即“招合遗散，与民休息，政事宽简，百姓便之”⑤。

杨行密采取措施积极发展生产，使江、淮间的经济迅速恢复，这也是其克敌制胜的重要手段之一。景福元年(892)，孙儒大举进攻江南，杨行密向部下求御敌之策。

---

① 《新五代史》卷六一《杨行密传》，中华书局 1975 年版，第 749 页。

② 据《五代史补》载，杨行密曾梦见有黑衣人立其侧，故令其军队着黑装，号“黑云”。

③④⑤ 《旧五代史》卷一三四《杨行密传》，中华书局 1976 年版，第 1780、1781 页。

幕僚戴友规分析敌我形势道:“儒与我相持数年,胜负略相当。今悉众致死于我,我若望风弃城,正堕其计。淮南士民从公渡江及自儒军来降者甚众,公宜遣将先护送归淮南,使复生业;儒军闻淮南安堵,皆有思归之心,人心既摇,安得不败!”[①]杨行密施行戴友规之策,果然见效。

由于生产的恢复发展需要一定时间,为解决迫切的财政困难、物资短缺,杨行密听从其手下的建议,充分发挥商业作用。淮南初平时,“行密以用度不足,欲以茶盐易民布帛”,幕僚高勖建议道:“兵火之余,十室九空,又渔利以困之,将复离叛。不若悉我所有易邻道所无,足以给军;选贤守令劝科农桑,数年之间,仓库自实。”[②]高勖提出的即杨行密日后治江、淮的大政方针。

唐宋之际,商业在经济生活中的作用非常显著。当时,“尽管在政治上分裂成许多国家,经济上却互相依赖,南北交换货物,即使战事紧张,商业也不曾隔断”[③]。顺应时代,利用商业活动促进经济发展是杨行密的另一项重要政策。马殷曾先后随秦宗权、孙儒进攻淮南,一直与杨行密为敌。自天复三年(903)起,杨行密几次想与马殷建立睦邻关系。这年四月,杨行密遣使见马殷,请求建立兄弟之约,被拒绝。马殷之弟自孙儒兵败后一直留于杨行密军中,杨行密坚持送他回马殷身边,以向马殷表达了建立通商贾、易有无的通商关系的愿望。

江、淮战火平息后,其地社会秩序仍十分混乱。小股地方武装力量活跃于乡里,这些武装,不仅对杨行密在当地统治的稳定构成一定危害,也危及当地人民的生活及生产。杨行密及其部将施以严刑峻法,力求迅速使乡里安定。李简原是宣州军将,后归杨行密。“先是江都多盗,令虽严莫能禁止。及是为简获者,必询其部分姓名所盗之物尽黥其面,于是窃贼皆息。”[④]这种严酷的刑罚反映了大乱之后社会环境仍非常险恶。杨行密利用当地土豪整治乡间社会环境,“行密得淮南,以霍邱地界南北,盗贼交会,难可防限”,他得悉当地人朱景以其“骁壮有胆略”而闻名远近,“故以委之,且伺北鄙之奔突。景招合无赖年少,得绝技者百余人,抚驭之,尽与捕猎,暮分巡警,月余而材技疆力无有及景者,以是服从如一,沿淮群盗莫敢犯之”[⑤]。这些“盗贼”大多为江、淮间本地人,他们乘乱世兴兵,甚至打家劫舍,一旦社会安定,大多数这样的民间武装即会自行消失。因此,杨行密手下也有一些将校对“盗贼”采取较为宽大的政策,如李

① 《资治通鉴》卷二五九唐昭宗景福元年(892)正月条,中华书局 1956 年版,第 8425 页。

② 《资治通鉴》卷二五九唐昭宗景福元年(892)八月条,中华书局 1956 年版,第 8434 页。

③ 范文澜:《中国通史》第三编第三章,人民出版社 1978 年版,第 429 页。

④ (宋)路振:《九国志》卷一《李简传》,丛书集成初编本。

⑤ (宋)路振:《九国志》卷一《朱景传》,丛书集成初编本。

神福捕获盗贼后,“但诛其首恶,余皆不问”[①]。久经战乱的江、淮人民渴望安定生活,杨行密的这些举措,使人民得以在和平安宁的环境中进行生产,顺应了民心。

为保持江淮地区的社会安定,杨行密选贤任能,且扼制贪将对百姓的掠夺骚扰。“初行密克定江淮,方抚定百姓,而(田)頵与安仁义、朱延寿等猛之鸷骁勇,以收取为务,行密惮其难制,每抑之。”[②]与此同时,他大力起用为政清明的官吏。陶雅是跟随杨行密从庐州起兵的旧将之一,以宽仁、善理政事闻名,“田頵攻歙州,时给事中裴枢守新安,将归款于行密,以宣州副使鲁洽往代之。是时,诸将受郡,鲜有不以虐敛为事,惟雅宽厚,人多便之。枢因遣问政山人聂师道往说洽曰:‘苟得池阳陶牧为守,州人孰不从命。’洽驿报行密。因令雅治新安,入见枢,尽州郡礼。枢奇之,及枢至京师,奏雅为歙州刺史”[③]。刘威也是庐州起兵的老将之一,乾宁初被授予庐州刺史之职,“是时四郊多垒,井邑萧然,威内抚百姓,外御寇兵,庐州以宁”[④]。

为更好地进行统治,杨行密多方寻觅人才。早在庐州做刺史时,他听说当地人王勛有贤德的名声,即欲起用王勛。王勛不愿出仕,却推荐了自己的亲子王潜及从子王稔,杨行密根据二人不同的才能分别任以文臣和武将。杨行密很重视文臣在政权统治中的作用,骆知祥原是田頵手下的小吏,颇有理财能力。田頵败后,杨行密利用骆知祥这一才能,任命他为淮南支计官。骆知祥“励精为理,事无留滞”[⑤]。田頵好文,其手下聚集了一群儒士,杨行密在击败田頵后把他们都收为己用,各尽其能,其中骆知祥、殷文圭等在后来杨吴及南唐的政权治理中一直发挥着作用。

经过杨行密的治理,江淮间秩序井然,生产发展,“未几数年,公私富庶,几复承平之旧”[⑥]。杨行密借此获得了稳固后方与充足军需,为日后杨吴、南唐的发展奠定了基础。

历史上,一个中央政权与数个南方小政权并存的局面鲜见,而五代时期出现这种局面,杨行密所开创的政权起了极为重要的作用。由于杨行密的强大,抵抗住了中原军阀势力南下,使南方小政权得到了生存发展的机会,“这个镇的存在,阻碍着北方势力进入南方,使统一成为不可能。但占据北方的梁和沙陀人的唐、晋、汉,都是野蛮统治者,如果进入南方,只能给南方民众带来更大的破坏和痛苦,因此淮南镇隔离南北,

---

① (宋)路振:《九国志》卷一《李神福传》,丛书集成初编本。

② (宋)路振:《九国志》卷三《田頵传》,丛书集成初编本。

③ (宋)路振:《九国志》卷一《陶雅传》,丛书集成初编本。

④ (宋)路振:《九国志》卷一《刘威传》,丛书集成初编本。

⑤ (清)吴任臣:《十国春秋》卷一〇《骆知祥传》,中华书局1983年版,第139页。

⑥ 《资治通鉴》卷二五九唐昭宗景福元年(892)八月条,中华书局1956年版,第8435页。

在当时是有积极作用的”①。

唐哀帝天祐二年(905)十一月，杨行密在实力达到顶峰时去世，谥号“武忠”，杨吴立国后，改谥“孝武”，追封其为“太祖武皇帝”。杨行密一生转战南北，成为南方唯一能抗衡中原的统治者，从杨行密开始，江、淮进入了稳定发展的阶段。杨行密生平节俭，且善于以自己的行为影响其手下。一次他路过部将台濛营帐，台濛设盛宴款待，杨行密心中不悦，临行时有意留下自己缀满补丁的衣服，令台濛大为惭愧。战胜孙儒进入扬州后，他“赐予将吏帛不过数尺，钱不过数百，而能以勤俭足用。非公宴未尝举乐”②。杨行密是唐末少数几个能体恤民情的统治者之一，由于他倡导简朴生活，使淮南人民在久历兵火之后，得以少许免除了贪官的压榨。

杨行密是杨吴、南唐统治者中政治、军事才能最为卓著的一位，这个当时南方最强大的政权的开创与其个人的雄才大略密不可分。《旧五代史》称他“高材捷足”③，《新唐书》也赞道：“行密兴微贱，及得志，仁恕善御众，治身节简，无大过失，可谓贤矣。”④纵观杨行密的一生，无论其个人作风还是客观历史作用，绝大部分应当得到肯定，古今史家已给予了这位崛起于唐末五代间的草莽英雄公正的评价。

---

① 范文澜：《中国通史》第三编第二章，人民出版社1978年版，第399页。按，“这个镇”指淮南镇。

② 《资治通鉴》卷二五九唐昭宗景福元年(892)八月条，中华书局1956年版，第8434页。

③ 《旧五代史》卷一三四卷末“史臣曰”，中华书局1976年版，第1795页。

④ 《新唐书》卷一八八《杨行密传》，中华书局1975年版，第5461页。

第十一章　杨吴政权的嬗变与南唐的建立

第一节　徐温的经营与杨吴政权的嬗变

一　徐温的登场及其权力经营

杨行密去世后，杨吴政权失去了一位雄才大略的统治者，这个政权不可避免地发生了变化。一位一反杨行密的霸气，却极具谋略的人物——徐温登上了五代十国时期的政治舞台。

徐温是海州（治今连云港市海州区）人，私盐贩出身。杨行密庐州起兵时，徐温投身于杨行密麾下。徐温的战功虽远不如同时的刘威、陶雅、张训等显赫，然而在长期的战争中，他逐渐展现了其足智多谋的一面。唐昭宗龙纪元年（889），杨行密攻取宣州，入城将士纷纷抢夺金银玉帛，唯有徐温占据米仓，煮粥分给城中饥民。昭宗天复二年（902），杨行密北上讨伐朱温，原计划以大船运送军粮，当时任都知兵马使的徐温则提出漕运河道废弃已久，水草河泥淤塞，大船行驶不便，宜改用轻便灵活的小船。当淮南军队抵达淮北时，适逢连日下雨，运送军粮的大船难以行驶，正在士兵们为饥饿所困时，徐温指挥的小船载粮到达。次年八月，安仁义据润州反叛。杨行密先派王茂章进攻润州，未能取胜，而后又派徐温增援。徐温军换成王茂章军的军服、旗帜，安仁义不知对方援兵已至，出城作战，被击败。

在这几次出奇制胜之后，徐温引起了杨行密的重视。随着势力日益扩张，杨行密对手下握有重兵、镇守一方的将领们开始有所防备，而徐温无拥兵自固之嫌，杨行密将他留在身边，商讨军机，渐成杨行密心腹。徐温利用这一特殊身份，进一步巩固自己的地位。宣州观察使台濛去世后，杨行密派自己的长子杨渥出镇宣州，徐温对杨渥说:"王寝疾而嫡嗣出藩,此必奸臣之谋。他日相招,非温使者及王令书,慎无亟来。"[①]杨渥对他感激涕零,徐温取得了这位未来国主的信任。

不久,杨行密病危,让身边的节度判官周隐召杨渥回江都。杨渥一贯品行不佳,在军府中威望甚低,周隐对杨行密建议说:"宣州司徒轻易信谗,喜击球饮酒,非保家之主,余子皆幼。未能驾驭诸将。庐州刺史刘威,从王起细微,必不负王,不若使之权领军府,俟诸子长以授之。"[②]当时任左右牙指挥使的徐温、张颢见杨行密不语,进言道:"王平生出万死,冒矢石,为子孙立基业,安可使他人有之!"[③]杨行密对此答复甚为满意,称:"吾死瞑目矣!"[④]

杨行密临终时,在江都的文臣武将前去探望,杨行密示意幕僚严可求单独留下,告诉他已派周隐前去召杨渥。而严可求正是徐温亲信,严、徐唯恐有变,急赴周隐住所,拿走杨行密召杨渥的凭信,赴宣州召杨渥。天祐二年(905)十月,杨渥赶回江都,杨行密任命他为淮南留后。这年十一月,杨行密去世,淮南诸将共请留在扬州的唐江淮宣谕使李俨授杨渥为淮南节度使、东南诸道行营都统、兼侍中,封弘农郡王。由杨行密至杨渥的传位,确立了这一政权王位世袭的继承方式,也反映了其由藩镇向王国的转型。

杨渥继位后,果如周隐所言,骄纵跋扈。他居父丧期间就开始寻欢作乐,"昼夜酣饮作乐,然十围之烛以击球,一烛费钱数万。或单骑出游,从者奔走道路,不知所之"[⑤]。徐温、张颢试图制止他这种行为,杨渥大怒。杨渥建立亲军,号"东院马军",任命亲信为官吏,对淮南勋旧傲慢无礼。他在宣州有一支亲兵,赴扬州时欲携亲兵同行,而继任宣州观察使的王茂章不许。杨渥袭父位后,立即发兵袭击王茂章,王茂章被迫投奔钱镠。而后,杨渥又杀周隐。杨行密与其部将之间一直是以节度使与藩将的关系相处,杨渥却俨然以世袭君主自居,淮南诸将人人自危。徐温、张颢感到杨渥难以控制,遂欲制服杨渥,继而操纵政权。

杨渥渐失人心。此时,杨吴政权诸将都出镇在外,形势有利于徐、张。他们先遣人往江西,控制了杨渥的3000亲兵。杨渥也觉察到处境危险,欲除去徐、张。徐、张二人先行下手。天祐四年[⑥](后梁开平元年,907)正月,徐温、张颢率牙兵200人闯入杨渥居处,剪灭杨渥亲信,从此徐温、张颢开始掌握杨吴军政大权。

杨渥不甘心失败,一心想重掌大权。徐温、张颢在杨吴政权内部威望不高,他们

---

① 《资治通鉴》卷二六五唐昭宗天祐元年(904)八月条,中华书局1956年版,第8636页。

②③④ 《资治通鉴》卷二六五唐昭宗天祐二年(905)九月条,中华书局1956年版,第8648页。

⑤ 《资治通鉴》卷二六六后梁太祖开平元年(907)正月条,中华书局1956年版,第8667页。

⑥ 按,该年为梁开平元年,因淮南镇不服朱温篡唐,故沿用唐朝年号。

一方面担心众将不服，另一方面又恐杨渥东山再起。天祐五年（后梁开平二年，908）五月，经徐温、张颢策划，张颢遣亲信杀死杨渥。张颢一时间欲独揽大权，取代杨氏而自立，徐温的地位乃至生命也受到了巨大危险。严可求临危不惧，进言道："刘威、陶雅、李遇、李简皆先王之等夷，公今自立，此曹肯为公下乎？不若立幼主辅之，诸将孰敢不从！"[①]张颢见自己一时难以服众，不得不与徐温共推杨渥之弟杨隆演继位。徐温与张颢联合除去杨渥以后，二人之间又展开权力之争。张颢气势张狂，结怨颇多。徐温先行下手，遣人杀死了张颢，且将弑君之罪归于张颢。而后，徐温兼任左右衙都指挥使，开始独立主持杨吴政权的大政。

徐温当政之初，统治并不稳固。与杨行密共同创业的一群元老勋旧威胁着其地位。他们大多握有重兵，镇守一方，如果不能使这些勋旧顺服，徐温有可能重蹈张颢之覆辙，且这个强盛一时的政权有可能就此分崩离析。

诸将中首先公然表示对徐温的蔑视的是镇守宣州的李遇。李遇跟随杨行密从庐州起兵，平生桀骜暴躁。安仁义反叛时，他正镇守距润州不远的常州。安仁义兵临常州城下，李遇竟置生死于度外，出城大骂。这恰使安仁义误以为城中埋伏有重兵，因而主动退兵。徐温当政，李遇愤愤不平，扬言道："徐温何人，吾所未识！"[②]徐温闻言大怒，派人召李遇入朝觐见新继位的吴主杨隆演，且暗示不然将以反叛为名治其罪，被李遇驳回。徐温于是调动昇州、润州、池州、歙州四州大军，以曾战败朱温的柴再用为帅、自己的养子徐知诰为副，出兵宣州，志在一举制服李遇，以确立自己的威信。李遇率亲兵固守宣州城，柴再用等初战未捷。徐温拿获李遇之幼子，以为要挟，迫李遇出降。在这关键时刻，李遇怜子心切，听信徐温说客之言，开城门纳降。但是，徐温并未就此罢休，下令斩李遇、诛其族。徐温采取的强硬手段终于使其他老将对他开始有所畏惧。

刘威、陶雅性情与李遇不同，他们满足于做一方节度使。刘威深知自己因为杨行密临终立嗣之事，最受当政者忌惮，得知李遇被斩的消息，惶惶然不知所措。刘威的幕僚建议他不携武装，轻衣入觐，即可打消徐温的疑虑，保得平安。刘威、陶雅只身入朝。徐温确信二人不会对自己构成威胁后，反而对他们恭敬有加，有如对待杨行密。从此，徐温树立起权威，朝中无人敢对他有所异议。

正当杨吴政权迭变时，中原局势也发生了几次转折。唐昭宗天复元年（901），长期控制唐朝廷的宦官集团在朱温的威逼下，挟持唐昭宗依附唐凤翔节度使李茂贞。

---

① 《资治通鉴》卷二六六后梁太祖开平二年（908）五月条，中华书局 1956 年版，第 8698 页。

② （宋）路振：《九国志》卷一《李遇传》，丛书集成初编本。

天复三年(903),朱温战败李茂贞,挟昭宗回长安。唐朝封朱温为梁王。次年,朱温强迫昭宗迁至洛阳,同年杀昭宗,另立幼帝。这期间内,朱温全力吞并中原各军阀势力,河东李克用几乎被朱温消灭,刘仁恭父子囿于幽(治今北京市)、沧(治今河北沧州市附近)一隅。天祐四年(后梁开平元年,907),朱温终于接受唐"禅让",自立为帝。

但是,朱温势力的全盛时期是在其称帝以前。朱温建梁后,长年穷兵黩武使其在战争间隙积累的一点财富消耗殆尽。朱温的对手——河东李克用父子虽然连战连败,却一息尚存。天祐五年(后梁开平二年,908),李克用去世,其子李存勖继位。李存勖调整统治政策,整顿军纪,减轻对人民的剥削,以发展生产、积聚力量。后梁统治却日益黑暗残暴,梁、晋[①]形势开始逆转。同年,朱温在潞州(治今山西长治市)大败于李存勖。两年后,梁、晋柏乡之役又以朱温大败告终。

在这同时,朱温一直试图趁杨行密去世之机进兵淮南。朱温称帝后,杨吴与蜀以共同举兵"复唐"为号召,移檄诸道。杨吴天祐五年(后梁开平二年,908),张颢、徐温除杨渥,二人恐吴旧将不服,商议分地而归附朱温。但是,梁在与晋的战争中连连受挫,显出败势,张、徐于是作罢。杨吴一直与梁为敌,双方偶有交战。这年八月,朱温邀已投奔吴越的王茂贞赴梁面议破淮南之策。当月,杨吴进攻吴越,梁应钱镠之邀出兵淮南,被吴军击败。杨吴天祐十年(后梁乾化三年,913),梁又大举进攻庐州、寿州,大败而归。次年八月,梁武宁节度使王殷叛梁,以徐州来附吴。十月,吴遣朱瑾等率兵救援徐州,但败归。后梁贞明二年(杨吴天祐十三年,916)十一月,吴应李存勖之约,以徐温长子徐知训为淮北行营都统招讨使,以朱瑾统兵渡淮直赴梁境内的宋州(治今河南商丘市南)、亳州(治今安徽亳州市),同时围困颍州(治今安徽阜阳市)。次年一月,后梁大将袁象先出兵救援颍州,吴军引还。

杨吴顺义三年(后唐同光元年,923),李存勖称帝,国号为"唐",史称后唐。

此前,吴表面上一直与唐岐王李茂贞、晋王李克用等联盟抗梁。杨渥死后,杨隆演继位,吴千里迢迢遣使赴岐王、晋王处相告,得到他们的许可后,杨隆演方才接受吴王封号。随着梁、晋战势的转变,杨吴与晋之间的关系也发生了出一些变化。杨吴顺义三年(后唐同光元年,923),李存勖与梁决战,邀吴出兵渡淮夹击。徐温一时难以决定,他欲以水军渡淮观望,而后援助二者间之胜者,被严可求劝阻。不久,李存勖灭后梁,徐温为没有出兵助唐感到害怕,唯恐唐以此为名,出兵征吴。严可求却看出李存勖虽暂时取胜,但他不善守国,早晚会败亡,因而建议徐温"卑辞厚礼,保境安民以待

① 李克用受唐封晋王。

之”①。吴国因而坚持不向唐称臣。唐来书称“诏”，吴国不接受，唐不得不施以对等礼节，改称“大唐皇帝致书于吴国主”，吴复书道“大吴国主上大唐皇帝”。徐温对唐仍是心存戒备，同年，他遣司农卿卢蘋以出使为名，前去察探唐虚实。卢蘋出使前，严可求告诉他一些李存勖有可能询问的事项。卢有备而去，在后唐朝廷上不卑不亢，应对自如，李存勖因此不敢轻视杨吴。卢蘋返吴，告诉徐温称李存勖热衷于游乐畋猎，荒废政事，对人民苛刻、残暴，其统治势必不能长久，徐温因此而安心。同时，徐温对后唐频频贡奉，唯恐与唐交恶，招致兵祸。不出严可求所料，李存勖统治只有三年，其国内兵乱即起，李存勖在乱中死于伶官之手。其后，李克用养子李嗣源登上帝位，即明宗。徐温得知后，更加佩服严可求的远见。

徐温统治时期，杨吴与中原间一直维持着隔淮对峙的局势。此时南方的割据形势逐渐明朗，但各政权之间仍有争疆夺土的战争发生。徐温当政之初，继续了杨行密晚期未完成的向东、西两面拓土的战争。

吴占领鄂州后，继续沿长江而上发展势力，在那里与马殷建立的楚政权展开了争夺。天祐二年(906)三月，杨吴先锋指挥使陈知新攻取岳州(治今湖南岳阳市)。次年，杨吴以攻取鄂州的功臣、鄂岳观察使刘存为西南面都招讨使，以岳州刺史陈知新为岳州团练使，以元老、庐州观察使刘威为应援使，率军三万，沿水路进攻楚。但是，马殷此时统治已稳固，手下不乏精兵强将，其将秦彦晖抓住杨吴军轻敌的弱点，大破杨吴军，夺回岳州。刘存、陈知新兵败身死。

杨吴政权此战本意是携杨行密时代转战大江南北、所向披靡之余威，一举扩大统治范围。但是事实证明，南方割据局面的形成是各割据势力间相互斗争、制约的结果。在当时的情况下，没有一个政权有能力在战争中取得绝对的压倒性胜利。

在杨吴政权的周边，只有其西南面即今江西境内的统治力量较为薄弱。这一地区面积与杨吴已经取得的土地相仿，其境内丘陵遍布，河流纵横，地形复杂，不易形成统一的割据势力，成为杨吴、楚、吴越三政权争夺的对象。

当时的江西，名义上有原唐镇南节度使钟传镇守洪州(治今江西南昌市)，实际上各州刺史独霸一方，并不听从调遣。危全讽据抚州(治今江西抚州市)、彭玕据吉州(治今江西吉安市)、彭彦章据袁州(治今江西宜春市)、危仔倡据信州(治今江西上饶市)、唐宝据饶州(治今江西鄱阳县)，另有卢光稠、谭全播据虔州(治今江西赣州市)、韶州(治今广东韶关市)。天祐三年(906)四月，钟传去世，其军队拥立其子钟匡时。钟传养子钟延规对此不满，投奔杨吴。五月，杨吴以昇州刺史秦裴为西南行营都招讨

① 《资治通鉴》卷二七二后唐庄宗同光元年(923)十一月条，中华书局1956年版，第8903页。

使，进讨江西。秦裴诱洪州守将刘楚出城，一举攻破洪州，距洪州不远的饶州刺史唐宝闻讯请降，秦裴携钟匡时等5000俘虏回江都。而后，杨渥自任镇南节度使。钟匡时战败，使江西其余诸州感到恐慌。吉州刺史彭玕向马殷寻求保护。杨吴天祐四年(后梁开平元年，907)楚乘对刘存、陈知新之战的胜利，进攻洪州，未能得手。同年，杨吴兵进逼临近浙西的信州，信州刺史危仔倡求援于吴越，吴越出兵相救。几乎同时，楚军又进攻鄂州，杨吴受到来自东西两面的压力，幸秦裴再度立功，守住鄂州。此后不久，马殷战胜了湖南境内的最后一个对手雷彦恭，得到朗州(治今湖南常德市)，雷彦恭投奔杨吴。天祐五年(后梁开平二年，908)八月，杨吴与吴越在常州附近的东洲激烈交战，柴再用力战夺得东洲，又乘胜进攻苏州，大败于吴越军。

在杨吴几乎东、西、北三面作战之时，天祐六年(909)六月，抚州刺史危全讽自任镇南节度使，召集抚、信、袁、吉等江西诸州，号称十万人进兵洪州。洪州城内守军不过数千，守将刘威大敌当前镇定自若，一面迅速遣人赴扬州告急，一面佯作整日宴饮。危全讽误以为城中有备，不敢贸进，驻屯于洪州附近象牙潭，同时向楚求援兵。徐温得知洪州告急，起用老将周本，率兵7000人，直奔洪州。周本分析形势，绕过楚援军，利用江西河网纵横的地形，与危全讽军隔水布阵，诱敌方过河追击。危全讽军尚在过河之时，周本军突然出击，危全讽军大乱，周本断其后路，此役杨吴军大获全胜，俘获危全讽等5000人。而后，杨吴军追击至袁州、吉州，俘获彭彦章，彭玕逃往楚。杨吴歙州刺史陶雅令其子陶敬昭攻打饶州、信州，唐宝闻风弃城而逃，危仔倡被迫投降，后又逃往吴越。同时，杨吴军又大败楚援军。这年八月，虔州卢光稠也归附于杨吴。这一场战役以江西诸州刺史大败而告终。战胜之后，杨吴军乘胜进驻各州。

江西的争夺战并未从此平息。江西人卢光稠、谭全播乘唐末战乱占据赣南虔州和粤北韶州。在杨吴大举进兵江西时，二人为保存实力，一面暂时归附于杨吴，一面秘密向梁纳款。天祐七年(后梁开平四年，910)十二月，卢光稠去世，谭全播立卢光稠之子卢延昌继承父位。卢延昌接受杨吴敕命，任虔州刺史，同时又通过马殷向梁表示，称臣于杨吴不过是缓兵之计。杨吴对此早有察觉，在虔州附近新淦县设制置使，暗中增兵，以为防备。天祐九年(后梁乾化二年，912)，谭全播始掌虔州，受梁任命为百胜防御使及虔、韶二州节度开通使，正式附梁。

天祐十五年(后梁贞明四年，918)二月，杨吴以王祺为虔州行营都指挥使，集江西之兵进攻谭全播。杨吴军沿水路，乘虔州城内不备，攻至城下。虔州城防坚固，杨吴军一时难以攻下。这时杨吴军中疾病流行，主将王祺病死。杨吴以刘信代之。谭全播向吴越、楚、闽求救。吴越立即出兵攻信州，楚屯兵虔州西南古亭、闽屯兵虔州附近。杨吴在信州驻兵才数百人，信州刺史老将周本故意照常谈笑、宴乐以迷惑敌方。

信州据江都路途遥远，杨吴援兵一时难以赶到；杨吴于是出兵攻苏州、湖州，以牵制吴越兵力。这时，刘信领兵 3000 人，乘夜击破楚援军，吴越与闽得到楚兵战败的消息，随即撤退。虔州城内守军已饥羸难当，失去外援后更不堪一击。十一月，刘信出兵攻城，虔州守军崩溃，谭全播出逃被执，杨吴从此占取了江西全境。

占领江西以后，徐温开始谋求与相邻政权间的和平。

在杨吴政权内部，徐温得以独揽大权，主要是依靠错综复杂的政治斗争，其地位仍然受到各地握有重兵的武将的威胁，他需要通过减少战争来削弱武将在政权中的作用；在其政权外部，各割据势力之间的战争已不同于唐末军阀间的流动作战，而是交战各方间整体实力的较量，事实证明，进一步的开疆拓土已非常艰难。数十年的战争使无数无辜的百姓蒙受了巨大的灾难，人民痛恨战争，渴望安宁，和平已是大势所趋。虽然五代十国时期一直被史家冠以“乱世”之称，但是终五代之世，其战争的数量、残酷程度都远远低于唐末。各大割据势力之间互为抗衡、牵制的五代十国时期，是由藩镇林立、战争不断的唐末至北宋统一之间的过渡。

杨吴对外政策的转变，首先表现在其对吴越的关系上。杨行密统治后期与吴越的和平是暂时的。不久，双方战争又展开，争夺的焦点在浙西和苏州、无锡。杨吴与吴越之间，亘阻着东北——西南走向的天目山脉，双方都一直试图越过天目山，扩大疆土。浙西婺州（治今浙江金华市）原由田頵占据，田頵反叛杨行密后，落入钱镠手中。天祐二年（905）四月，陶雅集衢州（治今浙江衢州市）、睦州（治今浙江建德市附近）之兵攻婺州，十一月，攻下婺州。杨行密任陶雅为江南都招讨使，以陈璋为衢、婺副招讨使，谋攻越州暨阳（今浙江诸暨市）。杨吴军在暨阳受到吴越将方习的抵抗，被迫后撤。方习乘机追击，进攻婺州、睦州。睦州守将陈询不能抵挡吴越军的压力，奔回扬州。陶雅入据睦州以守城。这时，镇守宣州的杨吴将王茂章因不见容于杨渥而投奔钱镠，宣州是吴越通向杨吴统治中心的必经之路，陶雅恐后路被王茂章切断，不得不退出睦州。浙军乘胜进取婺州，袭击衢州，陈璋弃城出逃。从此，杨吴军再难涉足浙西。

天祐十年（913）三月，吴将李涛率军两万翻越千秋岭，进攻吴越衣锦军，即钱镠故乡临安（今属浙江）。钱镠之子出兵相救。他们利用狭窄的山道切断李涛后路，李涛大败，与部众 3000 人被俘。杨吴又屯兵于今苏、浙、皖交界的广德，以图再次袭击衣锦军，却再次战败。连续的胜利后，钱镠遣子进攻常州，徐温亲自率军迎敌，速抄到吴越背后，大败吴越。

杨吴武义元年（后梁贞明五年，919）三月，吴越受梁诏，以水路大举进讨杨吴。杨吴以舒州刺史彭彦章为帅迎战。吴越事先作了充分准备，且熟悉水路风势。两军相逢,吴越军利用风向以灰沙迷住杨吴军视线,杨吴军一片混乱。吴越军按事先计划,乘乱往杨吴军船中抛撒豆粒。满船滚动的豆粒使杨吴军难以跑动,失去了作战能力,最终惨败,彭彦章战死。七月,杨吴与吴越大战无锡。飞矢如雨,战斗异常激烈。这时,恰逢徐温患病,不能亲自督战。杨吴镇海节度判官陈彦谦择军中容貌似徐温者,让他披上甲胄,冒充徐温,指挥作战。徐温稍事休息,又亲临战场。战斗在陆地展开,吴越军难以发挥其水军优势。杨吴军乘有利风向进行火攻,吴越军阵脚大乱,迅速溃败。

这时,正值大旱之后,河道干涸,形势对杨吴有利,诸将纷纷要求乘胜追击。徐温深知钱镠父子据守浙江已久,其地难以攻取,劝阻众将道:"天下纷纭,民甚困矣,钱公亦未可轻也;若连兵不解,方为诸君之忧。今战胜以惧之,戢兵以怀之,其势不得不服。使两地之民各保室家,吾辈亦高枕为乐,岂不快哉,多杀何为!"①遂率军撤回。这年八月,杨吴遣返在无锡被俘的吴越兵,同时派出客省使欧阳江,以求与吴越修好。吴越对杨吴的这一举动回报以积极响应。钱镠派使回访。这次讲和,使两地人民都得到了一个较长时间的和平环境。"自是吴国休兵息民,三十余州民乐业者二十余年。"②

从天祐二年(905)末至天祐五年(后梁开平二年,908),在杨渥、张颢先后掌权的时代,杨吴政权一直处于政治乱局之中。徐温当政后,深知使人民安居乐业是巩固统治的重要因素。他告诉手下说:"大事已定,吾与公辈当力行善政,使人解衣而寝耳。"③

这时的杨吴政治尚属霸府政治,缺乏建设一个政权所必需的规范制度,并且武将在政治中作用显著。徐温柄政时,任用一些地位低微而有经世济民才能的人理政,杨吴的政权结构开始变化。

严可求曾为阳邑县小吏,其才干受到县令赏识,后投入徐温幕府。在徐温夺取政权的过程中,严可求为其出谋划策,表现出过人的胆识。在杨吴取江西时,严可求参与军机,用周本败危全讽、水路运兵至虔州城下都是严可求之计,号称"运机莫测、握算若神"④。杨吴的财政事务由骆知祥掌管,他与严可求合作,当地人称"严、骆"。

润州司马陈彦谦,有"理烦治剧"⑤之才,徐温把他招致门下,管理日常庶务。"徐温镇浙右,以机务为寄,彦谦亦坦然不疑。言行计从,人莫能间。"⑥陈彦谦管理日常

---

① (宋)路振:《九国志》卷三《徐温传》,丛收集成初编本。

② 《资治通鉴》卷二七二后梁末帝贞明五年(919)八月条,中华书局1956年版,第8849页。

③ 《资治通鉴》卷二六六后梁太祖开平二年(908)五月条,中华书局1956年版,第8700页。

④ (清)吴任臣:《十国春秋》卷一〇,中华书局1983年版,第139页。

⑤⑥ (宋)路振:《九国志》卷二《陈彦谦传》,丛书集成初编本。

事务井井有条，一时间“江、淮称治”[①]。

天祐六年（后梁开平三年，909）四月，徐温当政不久，即于境内进行选举，由骆知祥主管其事。从唐末至此时，江淮地区一直处于战乱状态中，唐朝设立的统治制度尽遭毁坏。官吏的选拔制度也被破坏，统治者用人，首先重军功，或从自己幕府中择人任用。其时，许多士人散落民间，其中不乏一个制度化的政权所需要的人才。徐温这一举措虽然还不是通过严格考试制度选择人才，却已是使杨吴政权走向制度化的重要一步，在当时各割据政权中也属先行。这一制度还使杨吴政权对其境内的士人形成向心力。选举制度实行后，各种人才纷至沓来，骆知祥任用得人，受时人称道。后有王潜掌管选举，其府内常常聚满盼望由选举入仕者。杨吴及南唐的一批官吏就由其中选拔而出。

杨行密统治时期，由于江、淮战乱刚刚结束，须以严刑峻法确保其统治的迅速稳固。徐温则开始逐步消除遗留在杨吴社会生活中的战乱痕迹。他调整统治者与被统治者之间的关系，惩办酷吏，依法治国。寿州团练使崔太初父子为政苛刻，徐温得知后，欲惩办崔太初。有人认为寿州地处淮河南岸，是杨吴赖以抵抗中原的边境重镇，不宜轻动。徐温却认为，若不惩办崔太初，则难以惩治其他酷吏，坚决地将崔太初召至扬州，严加惩处。

徐温主政期间，听从御史台主簿卢枢建议，取消了对于民间私蓄兵器的禁令，反使民间武装结成民兵，有组织地进行乡间自卫，乡里秩序大为改观。

徐温当然不满足于以人臣身份治理杨吴，他一直等待着取代杨氏政权的恰当机会。为了达到这一目的，徐温开始在杨吴培植自己的势力。他从低级官吏、将领中选择合用者作为亲信。无锡之战中，陈濬建议徐温要速战速决，徐温依其言而行取得胜利。此后，徐温对陈濬大加提拔。陈濬不负所望，屡建功勋。

勇士钟泰章为人戆直，当初徐温觅人刺杀张颢，严可求推荐钟泰章，果然事成。事后，钟泰章认为自己所得赏赐太少，有所不满，徐温闻言，旋即给他加官。数年后，徐温令养子徐知诰与钟泰章之女成婚，此女即日后的南唐光穆后钟氏。

徐温尽力笼络人心，他曾指着满库财富对陈彦谦道：“此三军物，吾岂敢有焉，致此盈衍，公之力也。”[②]陈彦谦病重，徐温亲自前去慰问，甚至亲手为陈彦谦调制汤药。

二　杨吴政权——徐温的傀儡

徐温一步步地把杨吴主推上了皇帝之位。朱温篡唐以前，各地割据者的身份都

① （清）吴任臣：《十国春秋》卷一〇，中华书局1983年版，第139页。

② （宋）路振：《九国志》卷二《陈彦谦传》，丛书集成初编本。

是唐臣，他们在争霸过程中常以匡扶唐室为旗号。朱温建梁后，钱镠、马殷都奉梁为正朔，李克用、李茂贞、杨渥不从。此后各政权都在寻找适当时机，自立为帝。称帝之心最为迫切的是蜀王王建，天祐四年（后梁开平元年，907）他给李克用去信说："请各地一方，俟朱温既平，乃访唐宗室立之，退归藩服。"①李克用回信表示不许。同年九月，王建称帝，国号"大蜀"，史称"前蜀"。岭南刘隐奉梁为正朔，受梁封号，刘隐去世后，其弟刘岩继位。刘岩自觉距中原山高水远，且隔有吴、楚等政权，一时难以招致兵祸，遂于杨吴天祐十四年（后梁贞明三年，917）称帝，国号"汉"，史称"南汉"。刘岩称帝后，遣使往杨吴相告，劝杨吴主自立为帝。

天祐十五年（后梁贞明四年，918），杨吴已占取江西全境，势力更广。此时，其余割据者纷纷自立为帝，徐温开始劝杨吴主杨隆演称帝。他说："今大王与诸将皆为节度使，虽有都统之名，不足相临制；请建吴国，称帝而治。"②杨隆演不许。

此时中原梁、晋之战的形势越来越明朗，梁大势已去。李克用是沙陀人，因其父李国昌得唐赐姓李，故一直自任为唐臣。严可求料定李存勖一旦取胜，势必称帝，李存勖父子以李氏后裔自居，若称帝，一直以唐为正朔的杨吴将处于极为不利的境地，不若在李氏立国前抢先称帝。杨吴群臣在徐温率领下一再要求杨隆演自行建国。几次推托后，杨隆演终于在天祐十六年（后梁贞明五年，919）四月即吴国王位，改元武义。吴国一切宗庙社稷、百官文物制度都照帝王之礼而行。徐温因而得以进位东海郡王，任吴国大丞相、都督中外诸军事、诸道都统及镇海、宁国节度使，权倾朝野。此前，徐温已受封齐国公，以杨吴核心地带的昇、润、常、宣、歙、池为巡属。此后，徐温还一再建言吴王即皇帝位，以抬高自己的地位，为将来一举称帝创造条件，但未能成功。

杨氏王族完全被徐温控制。徐温亲信翟虔任阁门宫城武备使，在王宫中监视吴王。徐温尝与吴王杨溥一同出游，杨溥称雨为"水"，徐温不解，问其原因，杨溥解释道翟虔父讳"雨"，故一直避讳。杨吴君臣倒置，国王形同虚设。

尽管徐温处心积虑为彻底夺取杨吴政权作准备，但徐氏家族一直不能在杨吴建立稳固的统治。徐温得以执掌吴政是得益于杨氏子弟的暗弱无能，而其后嗣的情况与杨氏后裔惊人相似。

徐温长子徐知训骄纵淫暴。他以内外马步都军使、昌化节度使、同平章事身份镇扬州，依仗父亲权势"狎侮吴王，无复君臣之礼"，"尝与王为优，自为参军，使王为苍鹘，总角弊衣执帽以从。又尝泛舟浊河，王先起，知训以弹弹之。又尝赏花于禅智寺，

① 《资治通鉴》卷二六六后梁太祖开平元年（907）三月条，中华书局1956年版，第8675页。

② 《资治通鉴》卷二七〇后梁末帝贞明四年（918）十一月条，中华书局1956年版，第8836页。

知训使酒悖慢，王惧而泣，四座股栗，左右扶王登舟，知训乘轻舟逐之，不及，以铁挝杀王亲吏”①。杨吴国内本来就有人对徐氏家族的掌权心存不满，而徐知训不仅未能助其父笼络人心，反而招致怨恨。

天祐十三年(后梁贞明二年，916)二月，杨吴将马谦、李球劫持吴主杨隆演，发兵讨徐知训。徐知训惊慌失措，幸得严可求、朱瑾相助才得以平乱。徐知训却不以此为戒，对诸将继续肆意欺侮。

给徐知训带来杀身之祸的是其与大将朱瑾的矛盾。朱瑾由兖州投奔杨行密后，虽有战功，但他在杨吴政权内势单力薄，故欲结交徐氏家族。徐知训好勇斗狠，从朱瑾习武。马谦、李球之乱时，朱瑾救援有功，徐知训并不因此感激朱瑾，反而要将朱瑾排挤出扬州。朱瑾终于起杀徐知训之心，天祐十五年(后梁贞明四年，918)六月，朱瑾杀徐知训，随后欲以吴王为号召，翦灭徐氏势力。广布于城内的徐氏亲信封锁宫门，追杀朱瑾，朱瑾知大势已去，遂拔剑自刎。

徐知诰在润州闻知此讯，连夜渡江赶赴扬州城。当徐温从金陵赶到扬州时，变乱已被徐知诰平息。徐温对长子毙命痛惜万分，迁怒于扬州诸将。他再一次感到来自杨行密旧将的潜在威胁，遂诱杀了为杨吴立下累累战功的沙陀族将领米志诚和留在扬州的原唐江淮宣谕使李俨。

杨吴上下对徐知训的一再反抗，使徐温更加明白徐氏家族取代杨氏家族的时机尚未成熟。徐温身边的一些人劝他尽早自立，而徐温一贯处事谨慎，不敢轻举妄动，只能以辅佐刘禅的诸葛亮自况。徐温一生未能等到彻底夺取杨吴政权的恰当时机。杨吴乾贞元年(后唐天成二年，927)十月，徐温在遗憾中去世。杨吴睿帝杨溥追赠其为齐王，谥号“忠武”，南唐立国后追封徐温为义祖。

虽然徐温未能如愿成为真正的一国之主，但他统治杨吴近二十年，建树颇多，发挥了承上启下的重要作用。徐温以其政治才能确保了杨吴政权在杨行密去世之后继续维持稳定、统一的局面。他把杨吴疆域扩展至江西全境，这对杨吴及南唐的发展有深远的意义。

在内政上，他继承杨行密晚期有意施行的息兵安民政策，推行选举制度，确立法纪，一批文臣相继成长起来，顺应了时代要求。徐温当权时代，杨吴政权顺利地由战争状态过渡到和平状态。徐温避免战争，消弭武将在国家政治中的作用。但至其晚期，当年驰骋江淮的一代武将或已去世、或已年迈，且没有新一代有军事才能的武将涌现。这也使杨吴的战斗力大大减弱，空担一个强国名声，不复能与中原抗衡，甚至

---

① 《资治通鉴》卷二七〇后梁末帝贞明四年(918)六月条，中华书局1956年版，第8827、8828页。

对周边小邦的战争也不能取得胜利了。

徐温理政兢兢业业，他“性沉毅，自奉简俭，虽不知书，使人读狱讼之辞而决之，皆中情理”[①]，不愧为五代十国之际的一个优秀政治家。

第二节 徐知诰(李昪)的崛起与南唐的建立

一 徐知诰(李昪)的崛起

杨吴，这个机制日益完善的政权为南唐的建立作了长期铺垫。在杨吴数十年的历史中[②]，其上层统治者内部错综复杂的争权夺利斗争贯穿始终。从徐温统治后期起，一个成长于杨行密转战江淮的年代、成熟于徐温治理杨吴时期的政治家——徐温的养子徐知诰，即南唐先主李昪，在杨吴的政治斗争中逐渐占据上风，取得了最后的胜利。

关于南唐先主的出身，历史上众说纷纭，莫衷一是。其中一种观点认为，李昪是前代唐朝皇族后裔，持这种观点者以私修史著及杂史、稗史居多。据《十国春秋》载，南唐亡国后，其旧臣徐铉作《江南录》以记南唐历史。其中提出李昪是唐宪宗第八子建王恪之玄孙。龙衮的《江南野史》、释文莹的《玉壶清话》等都采用了这种说法。陆游《南唐书》提出具体世系：“(建王)恪生超，早卒。超生志，仕为徐州判司，卒官，因家焉。志生荣。”[③]“荣”即李昪之父。马令《南唐书》卷三〇“世系谱”所述与陆书类似，只是更为详细。元人赵世延的《南唐书序》、明人陈霆的《唐余纪传》因袭这种观点。李昊的《蜀后主实录》则以李昪为曾任岭南节度使的唐薛王李知柔之后。李知柔死后，岭南实际上已受控于刘氏，李知柔之子失去依傍，流落到江、淮，成为徐温养子。《旧五代史》提到，李昪曾自称是唐玄宗之子永王李璘之后。

然而自宋代以来，另有一种观点认为李昪祖先不过是平民。正史所持都是这种观点。《旧五代史》以怀疑的态度载李昪“自云”永王李璘之后；《新五代史》记道，李昪字“正伦”，“世本微贱”[④]；《资治通鉴》所持也是这种观点。《吴越备史》所记较为特殊：

---

① 《资治通鉴》卷二六六后梁太祖开平二年(908)五月条，中华书局1956年版，第8700页。

② 按，关于杨吴国起始年份一般有两种意见：一是认为自唐天复二年(902)三月杨行密受唐封吴王计起，二是认为自吴武义元年(后梁贞明五年，919)四月杨隆演即吴国王位计起。据前者，则至南唐昇元元年(后晋天福二年，937)十月李昪“受禅”为止，吴国历史应为35年；据后者，则应为18年。

③ (宋)陆游：《南唐书》卷一《烈祖本纪》，见《南唐书(两种)》，南京出版社2010年版，第215页。

④ 《新五代史》卷六二《李昪传》，中华书局1975年版，第765页。

"李昪本潘氏，湖州安吉县人。父为安吉砦将，尝因淮将李神福侵我湖兴，掳潘氏而去，昪遂为神福家奴。徐温尝造神福家，见而异之，求为养子。"①宋人刘恕作《十国纪年》，认为"昪复姓附会祖宗，故非唐后"，但同时也指出"吴越与唐人仇敌，《备史》亦非"②。

李昪在正式建国号唐时，才复姓追祖，《资治通鉴》记载："唐主欲祖吴王恪，或曰：'恪诛死，不若祖郑王元懿。'唐主命有司考二王苗裔，以吴王孙祎有功，祎子岘为宰相，遂祖吴王，云自岘五世至父荣。其名率皆有司所撰。唐主又以历十九帝、三百年，疑十世太少。有司曰：'三十年为世，陛下生于文德，已五十年矣。'遂从之。"③唐代宗子中有两个李恪，此处所指乃唐高宗永徽年间被诛的李恪，与建王李恪有异。而郑王之后说在郑文宝《江表志》中已经提到。《资治通鉴》的这段记录否定了马书、陆书提出的李昪世系。《通鉴考异》引《十国纪年》称："昪曾祖超，祖志，乃与义祖之曾祖、祖同名，知其皆附会也。"④

严格说来，关于李昪家族世系只有《江南录》、《江表志》、《蜀后主实录》、《吴越备史》及正史这几种说法，而后代的《江南野史》、《玉壶清话》及两部《南唐书》等都是沿用徐铉《江南录》之说，其间略有出入，只是由于不同的作者已加以不同的附会，故不能当作史料运用。可以肯定的是，目前尚无任何史料可以证实李昪确实出自唐朝王室后裔。在中国历史上，多有以前代皇族后裔自居、以复兴前代王朝为号召而建立政权者。几部正史对于这些传说都没有表示认可，体现了正史选择材料的严谨性。

由于对于李昪出身的聚讼难决，所以其祖籍也无一致的说法，大部分史著中以李昪为徐州人，且以其小名"彭奴"为证；《旧五代史》、《册府元龟》以李昪为海州(即东海人)，这与徐温原籍一致。⑤

关于李昪如何成为徐温养子，也有几种说法。一种认为，他是被徐温直接收养，《江表志》载："少孤，有姨出家为尼，出入徐温宅，与温妻李氏同姓，帝(李昪)亦随姨往来。温妻以其同宗，怜其明慧，收为养子，居诸子之上，名曰'知诰'。"⑥更多的史书则认为乾宁二年(895)杨行密攻濠州，发现流落此地的孤儿"彭奴"，遂收为养子。其后，

---

① (宋)钱俨：《吴越备史》卷二，影印文渊阁四库全书本。

② 转引自清吴任臣：《十国春秋》卷一五《南唐一·烈祖本纪》，中华书局1983年版，第184页。

③ 《资治通鉴》卷二八二后晋高祖天福四年(939)二月条，中华书局1956年版，第9198、9199页。

④ 《资治通鉴》卷二八二后晋高祖天福四年(939)二月条注引《考异》，中华书局1956年版，第9199页。

⑤ 关于李昪的家世及籍贯，可参见诸葛计：《南唐先主李昪年谱》，江苏古籍出版社1987年版。

⑥ (宋)郑文宝：《江表志》卷上，丛书集成初编本。

他在杨行密家中受到杨渥忌恶,杨行密因而将他转送给徐温,并说:“此儿质状性识,颇异于人,吾度渥必不能容,今赐汝为子。”①

徐知诰青年时代就表现出超群出众的气质,“身长七尺,坦额隆准,神彩鉴物。虽缓行,从者阔步追之不及,相者曰:‘正所谓龙行虎步也。’瞻视明灿,其音如钟”②。成年后,“喜书善射,识度英伟”③。早年孤身飘泊的磨难和后来寄人篱下的凄楚锻炼了徐知诰的个性,他性情内敛、机敏、审慎,而杨、徐诸子仰仗父辈戎马一生打下的江山,却不知奋发进取,或骄奢淫逸如杨渥、徐知训,或懦弱无能如杨隆演,独具慧眼的杨行密对徐温叹道:“知诰俊杰,诸将子皆不及也。”④

徐知诰深知身为养子毕竟不像亲子那样有得天独厚的特权,他仍无力掌握自己的命运,一切决定于徐温的喜好。徐知诰在徐家的生活,真是战战兢兢、如履薄冰,他以加倍的孝顺侍奉徐温,“知诰奉温以孝闻,从温出,不如意,杖而逐之。及归,拜迎门,温惊曰:‘尔在此也?’知诰泣曰:‘为人子,舍父母,何适?父怒而归母,子之常也。’温由是爱之”⑤。徐知诰成年后,徐温为他选择了杨吴昇州刺史王戎之女为妻,夫妇二人侍奉徐温,不敢稍有懈怠。一次,徐温生病,知诰彻夜守护,徐温醒来发觉,指责知诰应以公事为重。次日,徐温半夜惊醒,屋中仍有人侍立,原来是王氏代替知诰侍候在侧。⑥

徐知诰还不失时机地向养父展示才能,以加重其在徐温心目中的分量。据传,知诰在九岁时向徐温献上一首意味深长的诗,其中言道:“主人若也勤挑拨,敢向尊前不尽心。”⑦这首诗的真实性未必可靠,但是它反映了知诰少年时代对徐温的尽心。

待知诰初长成人,徐温以管理家务为试,考验知诰。当时的徐温家族,在杨吴权势熏天,这一个庞大家族的家务十分繁杂,包括田产等财产的管理及家庭日常用度等等。这样一份繁杂的家务,知诰却能管理得井井有条,在上上下下关系错综复杂的家人中做到人人心服,初展其处理政事游刃有余的能力。

天祐六年(后梁开平三年,909),徐知诰刚满22岁,徐温即开始任用其理政才能。当时徐温已选定金陵为自己未来的统治中心,开始着力修缮这座古城。同时,杨吴的政治重心在长江两岸,当地河道纵横,杨吴在与吴越、楚的对抗中需要一支有战斗力的水军。徐温任知诰为昇州防遏使兼楼船副使,前去修整金陵城并操练水军。天祐

①③④ 《资治通鉴》卷二六〇唐昭宗乾宁二年(895)三月条,中华书局1956年版,第8467页。

② (宋)释文莹:《玉壶清话》卷九,中华书局1984年版,第86页。

⑤ (宋)马令:《南唐书》卷一《先主书》,见《南唐书(两种)》,南京出版社2010年版,第17页。

⑥ (宋)佚名:《五国故事》卷上,影印文渊阁四库全书本。

⑦ (清)王士禛、郑方坤:《五代诗话》卷一《国主 宗室·南唐烈祖》,书目文献出版社1989年版,第4页。

九年(梁乾化二年,912),徐知诰在助柴再用平定李遇的战斗中立功,升为昇州刺史,徐知诰由此开始了他治国的实习。

当时江、淮战事初平,杨吴统治者面临着将其政权由战争状态过渡到和平状态的任务。其时镇守杨吴各地的大多是通过战争建立功勋的武夫悍将,他们大都不懂如何理政,骄横粗暴。徐知诰上任后,开始在昇州扭转这种局面,他"以军功牧昇州初,以文艺自好,招徕儒俊,共论治体,总督廉吏,勤恤民隐"①。这种焕然一新的政治气象使徐知诰赢得了当地民心。不仅如此,在江淮州牧中,他首次大力倡导文化及文人的作用,"求遗书,招延四方士大夫,倾身下之,虽以节俭自励,而轻财好施,无所爱吝"②。穷困潦倒的洪州乡贡进士宋齐丘在此时投到徐知诰门下,他日后对南唐政治发挥了重要的作用。

徐知诰在昇州政绩斐然,声名远播,徐温听说后,亲自前去视察。徐温见到"城隍浚整,楼堞完固,府属中外肃肃,咸有条理"③。这样一座井然有序的城府使徐温十分满意,他随后即把治所迁至兼具山水形胜和重大战略意义的金陵。

但是,历来的统治者都以亲生子嗣为自己生命的延续,以在自己身后继承统治。徐温赞赏知诰的孝顺与才能,感叹自己亲子的不如,曾对诸子说:"汝辈事我能如知诰乎?"④尽管如此,养子在徐温心目中的真正地位仍介于子嗣与家臣之间。他利用知诰的才干的同时一心培养长子徐知训,以分担、继承自己的事业。

天祐十二年(梁贞明元年,915),徐温提拔徐知训为淮南行军副使、内外马步诸军副使。同年,徐温受封齐国公,驻镇润州,而留知训于杨吴都城扬州。次年,杨吴应李存勖之邀,出兵击梁,徐知训任淮北行营都招讨使。但是,徐知训不是一个合格的继承人,他贪婪残暴,曾在宣州为官,"聚敛苛暴,百姓苦之。入觐侍宴,伶人戏作绿衣大面,若鬼神者,傍一人问谁何,对曰:'我宣州土地神也,吾主入觐,和地皮掘来,故得至此。'"⑤其贪暴程度可见一斑。另一方面,徐知训一旦面临大事,又慌张胆怯。马谦、李球之乱时,徐知训欲仓皇出逃,还是严可求帮他稳住局势。徐温深知知训秉性,对他不放心,安排诸子中最为"雅循"的第四子徐知谏辅助知训。⑥

天祐十四年(梁贞明三年,917),徐温移镇金陵,仍留徐知训辅助杨吴主政,而把徐知诰安排至润州为团练使。徐知诰经营多年的昇州被夺,他真切认识到无论自己

---

①③　(宋)佚名:《钓矶立谈》,丛书集成初编本。

②　(宋)陆游:《南唐书》卷一《烈祖本纪》,见《南唐书(两种)》,南京出版社2010年版,第215页。

④　《资治通鉴》卷二六八后梁末帝乾化二年(912)五月条,中华书局1956年版,第8757页。

⑤　(宋)佚名:《江南余载》卷上,丛书集成初编本。

⑥　(宋)马令:《南唐书》卷八《徐知谏传》,见《南唐书(两种)》,南京出版社2010年版,第73页。

表现得如何出色，也永远不可能取得与徐温亲子同等的地位。养子身份的局限使徐知诰在这时所希望的不过是有一个安身立命之所，他看中了宣州。在徐知诰看来，宣州的地理位置在政治上远不及润州重要，但远离边境，相对安全。然而徐温不允许，他仍要知诰帮助自己在杨吴政治中发挥作用，以使父子三人成掎角之势，控制杨吴政权核心地区。正当徐知诰怏怏不乐时，宋齐丘劝他说："三郎（指徐知训）骄纵，败在朝夕。润州去广陵隔一水耳，此天授也。"[①]这一席话使徐知诰看到了自己的政治前途仍有一线希望，于是赴润州任职。

在润州期间，他小心处事，甚至必须忍受徐知训的欺侮。徐知训知道知诰的才能及声望，因而对他非常忌惮，乘知诰入扬州城觐见之机，徐知训几次欲杀他。"知训尝召兄弟饮，知诰不至，知训怒曰：'乞子不欲酒，欲剑乎？'又尝与知诰饮，伏甲欲杀之，知谏蹑知诰足，知诰阳起如厕，遁去，知训以剑授左右刁彦能使追杀之；彦能驰骑及于中途，举剑示知诰而还，以不及告。"[②]徐知诰屡涉险境，等待着有利于自己的时机。

天祐十五年（梁贞明四年，918），徐知训的倒行逆施终于招致杀身之祸。徐知诰心腹马仁裕此时镇守扬州城附近的蒜山渡，得到此讯，连夜策马报告知诰。知诰立即渡江，抢先进占扬州城。徐温赶到时，大事已定。徐温痛失长子，连杀数将，甚至怀疑这是徐知诰的预谋。严可求等力陈徐知训种种恶行。徐温对知训的作为早有所知，明白这是其自取灭亡，事已至此，只能责罚众将未能及早规劝之过。当时，徐温其余诸子尚幼弱，无力担当辅助国政的重任，徐温别无选择，只得任徐知诰为淮南行军节度副使、内外马步督军副使、通判府事，留镇扬州，完全取代了徐知训的职位。这个天赐良机使徐知诰树起了从徐家手中夺取大权的雄心，他开始有目的、有计划地实现其抱负。

尽管徐知诰为独掌杨吴大政作了准备，其处境仍很微妙，他与徐温家族的明争暗斗日益明显。徐温提拔知诰到这样一个举足轻重的地位，只是出于迫不得已。从内心来讲，徐温只是希望知诰起过渡作用，以待有朝一日自己的亲生诸子能成熟起来，担当起国家大政。徐知诰政治上的成熟远远超越了徐温最初的想象，徐温亲信也看出了徐知诰对徐氏家族构成的威胁。徐玠就常常跟严可求说："烈祖（李昪去世后，庙号烈祖）疏财结士，不宜久执国权"[③]。他希望徐温起用次子徐知询取代知诰。徐温对诸子颇为

---

① 《资治通鉴》卷二六九后梁末帝贞明三年（917）五月条，中华书局1956年版，第8815页。

② 《资治通鉴》卷二七〇后梁末帝贞明四年（918）五月条，中华书局1956年版，第8829页。

③ （宋）陆游：《南唐书》卷七《徐玠传》，见《南唐书（两种）》，南京出版社2010年版，第262页。

了解，早就看出他们远不能与知诰相比，曾对亲子们说："事在二哥矣，汝辈当善事之。"[①]他唯恐徐知询重蹈其兄知训之覆辙。杨吴天祐十六年（梁贞明五年，919）吴主杨隆演去世，杨吴又面临立嗣的关键时刻。此时徐温控制诸王废立已易如反掌，诸臣投其所好，援引三国时刘备临终对诸葛亮所说的话说："嗣子不才，君宜自取。"[②]以此暗示徐温自立，其中包括严可求。徐温犹豫不决，与知诰商量。徐知诰恐徐温一旦自立为帝，自己以养子身份，无望被立为嗣子，便说："可求多知，言未必诚，不过顺大人意尔。"[③]徐温对此本无把握，于是取消了取代吴王之意，对臣下道："吾果有意取之，当在诛张颢之初，岂至今日邪！使杨氏无男，有女亦当立之。敢妄言者斩！"[④]

徐知诰深知，徐温亲信的存在对自己巩固地位不利，所以在执掌吴政之初，就想将严可求排挤出杨吴政治中心，任命他为楚州刺史。但是，徐温视严可求为左膀右臂，留住了严可求。徐知诰此举未能成功，他发现严可求非轻易可去，转而实行拉拢之策，让自己之女与严可求之子联姻。

陈彦谦是徐温的另一个心腹。在陈彦谦病重时，徐知诰唯恐他对徐温言及立嗣之事，"遗之医药金帛，相属于道"[⑤]，胡三省注《资治通鉴》时批道："徐温之门，忠于所事者，严可求、陈彦谦而已。"[⑥]严可求尽管与徐知诰结为儿女亲家，仍屡劝徐温以亲子知询替代知诰，而陈彦谦"临卒手书十余事，首即以用嫡嗣为请"[⑦]。

随着势力的增长，徐知诰甚至开始不露声色地扼制徐温。一次，徐温入觐，徐知诰密报杨吴主说："温虽臣之父，忠孝有素，而节镇入觐，无以兵仗自从之例，请以臣父为始。"[⑧]徐知诰当政几年后，由于诸臣一再恳请，且徐温也已年迈病重，觉得应尽早立亲子当政。杨吴乾贞元年（后唐天成二年，927），徐温借率诸藩镇入朝、劝杨吴王即帝位之机，以徐知询代替自己赴江都奉表劝进，进而留镇江都，取代知诰。徐知诰自感虽费尽心机，大势仍难挽回，只得上表，退而求为洪州节度使。就在他准备上表的前一夜，徐温去世的消息传至扬州，知询急赴金陵奔父丧。机会再一次眷顾徐知诰，他收藏起表章，再振雄心。

徐温死后，徐知诰袭其都督中外诸军事之职，徐知询任诸道副都统、镇海、宁国节度使兼侍中之职。表面上看，知诰、知询分据扬州、金陵，徐知询甚至认为自己握有重

---

① （宋）佚名：《五国故事》卷上，影印文渊阁四库全书本。

②④ 《资治通鉴》卷二七一后梁末帝贞明五年（919）五月条，中华书局 1956 年版，第 8855 页。

③ 《资治通鉴》卷二七一后梁末帝贞明五年（919）五月条注引《通鉴考异》卷二，中华书局 1956 年版，第 8855 页。

⑤ 《资治通鉴》卷二七三后唐庄宗同光三年（925）六月条，中华书局 1956 年版，第 8935 页。

⑥ 《资治通鉴》卷二七六后唐明宗天成二年（927）十月条胡三省注，中华书局 1956 年版，第 9010 页。

⑦ （宋）路振：《九国志》卷二《陈彦谦传》，丛书集成初编本。

⑧ （宋）佚名：《五国故事》卷上，影印文渊阁四库全书本。

兵，占据上游，攻灭除知诰易如反掌。而实际上，在此之前徐知诰已是杨吴权势中仅次于徐温的统治者，且在工于心计的徐温控制之下使杨吴上下人心尽归于自己。在徐温去世后，知诰独揽杨吴政权已成必然。徐知询的狂妄酷似其长兄，对于自己的处境并不清醒。徐温晚年时，知询数次要求取代知诰之位，但徐温了解其无能，无奈地称“汝曹皆不如(知诰)也”①，迟迟不应允。知询待诸弟也颇刻薄，将他们都推向了知诰一边。徐温一死，知询立时失去了依傍，原追随徐温的老臣，皆料知询非知诰对手，纷纷依附知诰。

徐温发丧时，徐知诰为养子，理应赴金陵奔父丧。但若如此，则有可能就此受知询挟制。知诰得到亲信周宗的暗中相助，当时“康王(徐知询受吴封东海康王)已下诸公子谓周宗曰：‘幸闻兄长，家国多事，宜抑情损礼，无劳西渡也。’宗度王似非本意，坚请报简示信于烈祖。康王以忽遽为词，宗袖中出笔，复为左右取纸，得故茗纸贴，乞手札。康王不获已而札曰：‘幸就东府举哀，多垒之秋，二兄无以奔丧为念也。’明年烈祖朝觐广陵，康王及诸公子果执上手大恸，诬上不以临丧为意，诅让百端，冀动物听，上因出王所书以示之”②。

知询与知诰的矛盾已公开化，时任内枢密使的王令谋对徐知诰分析说：“公辅政日久，挟天子以令境内，谁敢不从！知询年少，恩信未洽于人，无能为也。”③徐知诰权衡与知询的力量对比，决定彻底消除知询的威胁。徐知询此时正沉浸在斗败知诰、自立为帝的幻想中，吴越王钱镠给他送来饰有龙凤的帝王器物，以离间他与杨吴王之间的关系，徐知询竟不以为嫌，欣然受用。杨吴大和元年(后唐天成四年，929)，徐知诰借杨吴王之命，使徐知询入觐，而后将他留在江都，“知诰留知询为统军，领镇海节度使，遣右雄武都指挥使柯厚征金陵兵还江都，知诰自是专吴政”④。

此后，来自徐家的威胁大为减小，但是徐知诰仍不能完全放心。徐家子弟中，知训已死，知诲、知谏、知证与知诰较为亲近。知谔无政治野心，而生活奢侈荒唐，“狎昵小人，游燕废务”⑤，有悖于知诰勤俭严谨的治国政策，知诰有意惩办他。徐知诰的近臣进言：“忠武王最爱知谔，而以后事传于公。往年知询失守，论议至今未息。借使知谔治有能名，于公何利？”⑥知诰以为然，从此故意放纵知谔。徐知诰对知询仍未彻底放心，为免后患，遂任其为润州刺史。知询赴任时，幕府大都离去，唯有李建勋相随。

① 《资治通鉴》卷二七六后唐明宗天成二年(927)十月条，中华书局1956年版，第9010页。

② (宋)郑文宝：《南唐近事》，丛书集成初编本。

③ 《资治通鉴》卷二七六后唐明宗天成四年(929)十月条，中华书局1956年版，第9034页。

④ 《资治通鉴》卷二七六后唐明宗天成四年(929)十一月条，中华书局1956年版，第9035页。

⑤⑥ 《资治通鉴》卷二七九后唐末帝清泰二年(935)七月条，中华书局1956年版，第9132页。

至任以后,徐知询终日宴乐,不复有政治抱负。天祐十五年(后梁贞明四年,918)以后,徐温"还镇金陵,总吴朝大纲,自余庶政,皆决于知诰"①。徐知诰(李昪)一生政治活动的大部分时间是在其执杨吴国政期间,他自此开始全面规划杨吴的政治、经济,而其在南唐实施的政策只是其治杨吴政策的延续。

徐知诰勤于政事,体察民情。"常阴使人察视民间,有凶荒匮乏者,赒给之。"②当时江淮生产尚未完全恢复,而扬州屡遭劫难,人民生活依旧艰难。徐知诰与民同甘苦,"躬履朴素,去浮靡"③,"盛暑未尝张盖操扇,左右进盖,必却之,曰:'士众尚多暴露,我何用此!'"④

徐知诰着手整顿吏制,"求贤才,纳规谏,除奸猾,杜请托"⑤。在使国家走向制度化这方面,徐知诰所做比徐温更为具体,"渐复朝廷纪纲,修典礼,举法律,以抑强暴"⑥。徐知诰执法宽容,对杨吴王室恭敬有礼。徐知诰的善政为他赢得了杨吴上上下下的拥戴,人称"(徐温)虽遥秉大政,而吴人颇归知诰"⑦。徐温把吴主推上吴国王位后,徐知诰任左仆射、参知政事兼知内外诸军事,国人亲切地称他为"政事仆射"。

除理政之外,徐知诰还一心想建立自己所缺乏的军功。杨吴武义元年(后梁贞明十五年,919),杨吴与吴越的无锡大战之中,杨吴军初战不利,徐温又染疾在身,徐知诰领兵力战,为大败吴越立下汗马功劳。此后,他还想乘胜袭取苏州,再建奇功,因徐温一心想息战而作罢。

在留居扬州辅政期间,徐知诰极力招徕人才,为己所用。他深知自己出身为徐温养子,不像徐温那样有一班亲信;甚至不像有名无实的杨吴王,有杨行密余威及一些忠心的老臣可仰赖。他虽声望日隆,但势力根基尚浅,必须培植一批忠诚于自己的僚臣。在治昇州时,徐知诰手下已有亲信。徐知诰始掌吴政时,正值中原梁、晋夹黄河苦战,而同时契丹也开始与中原有军事冲突。在战乱中难以立身、更谈不上发挥才能的中原士人纷纷逃向相对安宁的南方。杨吴顺义五年(后唐同光三年,925),后唐灭前蜀,大批士人转而流向杨吴境内。扬州地处江北,徐知诰充分利用这一地理位置的优势,网罗各种人才,"于其所居第旁,创为延宾亭,以待四方之士,遣人司守关徼,物色北来衣冠,凡形状奇伟者,必使引见。语有可采,随即升用"⑧。对于士人,他十分尊重,"接御士大夫,曲加礼敬","听政稍暇,则又延见士类,谈宴赋诗,必尽欢而罢,了

---

① 《资治通鉴》卷二七〇后梁末帝贞明四年(918)七月条,中华书局1956年版,第9132、9133页。

②④⑥⑦ (宋)马令:《南唐书》卷一《先主书》,见《南唐书(两种)》,南京出版社2010年版,第18—19页。

③⑧ (宋)佚名:《钓矶立谈》,丛书集成初编本。

⑤ 《资治通鉴》卷二七〇后梁末帝贞明四年(918)七月条,中华书局1956年版,第8831页。

无上下贱贵之隔"[1]。从士人那里，他又学到许多宝贵的为政之道，"以此二十年间，委屈庶务无不通知，兴利去害，人望日隆"[2]。

在总掌杨吴政权期间，徐知诰在宋齐丘的帮助下，对杨吴经济进行了规划。

首先，"差官兴版簿"[3]，遣人至各地核查土地大小及质量，依土地质量定为上、中、下三等。长期战争及人口的大量流动，使原有土地关系被破坏。徐知诰此举确认了战争之后重新整合过的现有土地关系，使国家赋税征收有据，符合了当时人民的利益。土地制度的确立，是封建国家一切经济制度的根本。以此为依据，重新核定赋税，"厥田上上者，每一顷税钱二贯一百文；中田一顷税钱一贯八百；下田一顷千五百，皆足陌见钱"[4]。从此，其政府有稳定税收，而人民也可稍免贪官盘剥无度之害。

其次，行劝农之策。中国封建社会后期以后，赋税形式转变的趋势是以货币税代替实物税。但是，这种转变的基础是商品经济的日益发达，在战乱之后，封建国家面临的首要经济问题是生产凋敝、物资匮乏，在此条件下不可能有发达的商品经济。从杨行密时代至徐知诰时代，杨吴经济政策的一贯核心是发展农业生产，以谷帛税代替货币税的措施，鼓励耕织，这在当时的杨吴是现实且积极的政策，有效地推动了经济的发展。王夫之称赞这一政策道："杨氏之有国也，西北不逾淮，东不过常州，南不过宣州，皆水国也。时无冬夏，日无昼夜，舟楫可通，无浃旬在道之久，无越山闸水之难，则所输粟帛，无黦敝红朽之患，民固无推毂经时之费，无耗蠹赔偿之害，恶得而不利也？地无几，税亦有涯，上之受而藏之也，亦不致历年未放、淹滞陈腐之伤，上亦恶得而不利也？且于时天下割裂，封疆各守，战争日寻，商贾不通，民有有余之粟、帛，无可贸迁以易金钱，江、淮之间，无铜、铅之产以供鼓铸，而必待钱于异国，粟、帛滞而钱穷，取其有余，不责其不足，耕夫红女，得粒米寸丝而可应追呼，非四海一家，商贾通而金钱易得之比也。"[5]

废丁口钱，减轻了人民负担，也减弱了人民对封建国家的人身依附关系，这是历史发展之大势所趋。

虚抬时价，"绢每匹抬为一贯七百，䌷为二贯四百，绵为四十文，皆足钱"[6]，这一政策抑制了商人低价收购，保护了生产者的利益。这些经济政策颁布后，朝议哗然，一些官员认为这将使政府收入锐减，而宋齐丘提出"安有民富而国家贫者邪！"[7]徐知诰

---

①② (宋)佚名：《钓矶立谈》，丛书集成初编本。

③ (宋)许载：《吴唐拾遗录》，见洪迈：《容斋续笔》卷一六，中华书局2005年版，第418页。

④ (明)毛先舒：《南唐拾遗记》，丛书集成初编本。

⑤ (清)王夫之：《读通鉴论》卷二八《五代上一五》，中华书局1975年版，第884页。

⑥ (宋)许载：《吴唐拾遗录》，见《容斋续笔》卷一六宋齐丘条，中华书局2005年版，第418页。

⑦ 《资治通鉴》卷二七〇后梁末帝贞明四年(918)七月条，中华书局1956年版，第8832页。

肯定了宋齐丘的意见，推广其政策，取得了显著成效，“不十年间，野无闲田，桑无隙地”[①]。由于这些政策既有现实性又符合历史趋势，其影响深远，受到后代赞赏，“自吴变唐，自唐归宋，民到于今受其赐”[②]。

二　南唐的建立及早期的发展

出身孤苦的徐知诰最初踏上政坛时所做的种种努力，不过是为了争取一个较好的生存环境。经过与对手的凶险斗争，徐知诰野心逐渐增长。当他将对手逐个清除时，已有了明确目标，即建立完全属于自己的政权。

杨吴乾贞元年（后唐天成二年，927）十一月，徐知诰将吴王杨溥推上帝位，自己领都督中外诸军事之职。杨吴大和三年（后唐长兴二年，931），徐知诰袭徐温镇海、宁国节度使之职，驻镇金陵，继续经营这个由徐温选定，自己最早打下基础的新政治中心。他任长子兵部尚书、参知政事李景通为司徒、同平章事，知中外左右诸军事，留在扬州辅杨吴政，自己在金陵总掌朝政。次年，徐知诰拓广金陵城周围二十里，为日后定为国都作准备。

对于杨吴王室，徐知诰并未完全放心。杨吴王族自杨隆演始，无论对徐温还是徐知诰都恭顺之至，唯恐稍有不慎，招致杀身之祸，也正因此，赢得了杨吴上下的同情，徐氏父子迟迟找不到借口对杨氏下手，徐家父子在长时间内不得不对杨氏维持着君臣之礼。杨行密诸子中唯有杨吴昭武节度使、临川王杨濛念念不忘杨家基业，徐氏父子对他非常忌惮，徐温尝说：“此子瞻顾特异，恐难其下。”[③]杨濛曾在人前表现出自己的不满，说：“我国家竟为他人所有乎？”[④]这使徐温对他更为嫌恶。杨隆演去世后，按长幼之序，当立杨濛为吴王，徐温却选立了更为年幼、易于控制的杨溥。杨吴大和六年（后唐清泰元年，934），徐知诰正策划受禅，恐杨濛不服，便使人诬告杨濛藏匿亡命、私造兵器之罪，将杨濛幽禁至和州，派200兵士严密控守其住所。临徐知诰受禅前，杨濛欲作最后一搏，杀死守将，逃往庐州，求救于杨吴勋旧周本。但是周本之子弘祚唯恐祸及家门，拒之门外，而周本老迈无力相救，弘祚后将杨濛擒获，送往江都，徐知诰使人将杨濛杀于采石，其后，杨濛家人也在和州被杀。

徐知诰接受宋齐丘建议，有意将吴帝杨溥一族迁至金陵，以便控制。他开始在金陵另建府邸，打算腾出自己原先的住所，以便杨溥一行一旦抵达金陵，可先行居住。杨溥明白，若贸然赴金陵，生死莫测，拒绝了徐知诰之请。吴人也大多不愿迁都，徐知

---

①② （宋）许载：《吴唐拾遗录》，见《容斋续笔》卷一六，中华书局2005年版，第418页。

③ （清）吴任臣：《十国春秋》卷四《杨濛传》引《九国志》佚文，中华书局1983年版，第80页。

④ （清）吴任臣：《十国春秋》卷四《杨濛传》，中华书局1983年版，第80页。

诰也担心迁都而引起变乱，于是罢迁都之议。

杨吴天祚元年(后唐清泰二年，935)，徐知诰受吴禅已成必然之势。这一年，他接受了杨吴所封的尚父、太师、大丞相、大元帅称号，继承了徐温的齐王爵位，以昇、润、宣、池、歙、常、江、饶、信、海十州为齐国。这十州“自润循江而上，至于江则中断吴国之腰膂，江都之与洪、鄂，脉理不属矣。自常、润波海界淮而有海州，则有包举吴国之势”①。次年一月，正式建立大元帅府，下设吏、户、礼、兵、刑、工六部及盐铁官。十一月，吴帝“诏令”徐知诰设置百官，以金陵为吴西都。

徐知诰即将受禅之事，在杨吴已尽人皆知，甚至荆南政权的高从诲都来劝徐知诰尽早即帝位。杨吴天祚二年(后晋天福元年，936)徐知诰称帝已万事俱备，唯欠一正式仪式，其中包括诸臣的推戴。杨行密时代的勋旧已所剩无几，其中以周本、李德诚最为德高望重，徐知诰希望以二人为首，行推戴之事。周本一直念杨行密的旧恩，起初不愿推戴，后在其子弘祚逼迫下，不得不与李德诚一起率众臣上表请杨吴帝册命知诰，同时赴金陵劝进。次年三月，徐知诰更名为“徐诰”，以示不同于徐家兄弟，并追尊徐温为“太祖武王”。其后，徐知诰心腹王令谋因为一心欲做开国元勋，又赴金陵劝进，徐知诰仍表示不采纳。杨吴王迫于形势，这时只能以保住身家性命为重，于八月下诏，禅位于“齐王”徐知诰，同时，李德诚率众再度劝进。

南唐昇元元年(杨吴天祚三年，后晋天福二年，937)十月，徐知诰正式受杨吴禅让，在金陵即皇帝位，改元昇元，任命百官，封杨溥为“让皇”。南唐政权正式建立。

徐知诰登基之初，沿袭徐温在杨吴朝的封号“齐”为国号，甚至仍用徐姓，不敢贸然更姓。其臣下又开始纷纷上表，请求复姓李氏，其中包括徐知谔、徐知证二兄弟、李建勋、宋齐丘等老臣。在群臣一片“恳请”声中，徐知诰终于确信时机成熟，于昇元三年(后晋天福四年，939)，消除顾虑，顺利地改国号为“唐”，复姓李。改名为“昪”，以唐朝后裔自居，称徐温为“义祖”。

对于已禅位的原杨吴帝杨溥，李昪仍不能彻底放心。杨溥自被推上杨吴主之位起，一直生活在战战兢兢之中，他知道自己一切都操纵于人手，曾对手下说：“孤克己虽勤，为下所奉，然为徐氏制驭，名存实丧，今欲求为一田舍翁，将安所归乎。”②言毕即潸然泪下。南唐建立后，他顺李昪的心意，要求迁居，不敢居住在旧日宫中。南唐昇元二年(后晋天福三年，938)，李昪改润州牙城为丹阳宫，将杨溥一族迁居于内。同时，特意以左宣威副统军王舆为镇海留后、以客省使公孙圭为监军使、以亲吏马思让

① 《资治通鉴》卷二七九后唐末帝清泰二年(935)十月条胡三省注，中华书局1956年版，第9136页。

② (宋)龙衮：《江南野史》卷四，影印文渊阁四库全书本。

为丹杨宫使，严兵把守丹杨宫。同年十一月，杨溥在怨愤中死去。次年，李昪将杨溥遗族迁至泰州永宁宫，对其严密看管。“让皇子及五岁，遣中使拜官，赐朝服，即日而卒。”①

另一个让李昪难以心安的杨氏后裔是原杨吴太子杨琏。杨琏是李昪之婿，“性淳谨好学，骨清神浅”②。南唐建立后，任为康化节度使兼中书令。南唐昪元四年（后晋天福五年，940）正月，杨琏在谒杨溥陵的归途中，暴卒于船上，据说这是其左右受李昪指使而杀之。

杨吴、南唐禅代，看似平和，实际上统治集团上层经历了两代人的殊死争斗。徐知诰取得最终的胜利，这固然与其个人的品德、权术有关，但更为重要的因素是其政权体制的转变。

杨行密政权草创之初，各武将拥兵镇守一方，实则为集地方军政大权为一体的节镇，其形式是唐末藩镇体制的延续。在这样的体制下，其政权中心略有动荡即有可能在各节镇引起反应，甚至能导致杨吴政权分崩离析。徐温在世时，已将杨吴王族完全操纵于手，然而他对地方节镇仍心存顾虑。经过徐温、徐知诰两代努力，武将在杨吴政治中的作用已大为削弱，全国统一的土地、赋税制度的推行，以及地方官吏的任命，使地方的经济、政治大权都已归于中央。至徐知诰受禅之前，这个政权已由节镇体制过渡到了中央集权体制，作为这个中央集权政权的实际统治者，徐知诰顺利受禅。这一政治体制的转变也体现着唐末至宋之间的政治转型。

杨吴、南唐之间的禅代没有带来武力冲突，也未给人民的生活造成动荡，正如范文澜先生所说：“徐温不敢轻率行事，徐知诰经营到年老才实行禅让，足见转移政权必须有步骤。在北方，武夫凭暴力劫夺，忽起忽灭，经历了梁、唐、晋三朝，在吴国，只转移一次。徐温、徐知诰谨慎缓进，远比北方武夫有识见。换姓本是统治阶级自己的事情，但往往因此伤害民众，唐代替吴，国内免于战乱，在五代时期是少有的现象。”③

---

① （宋）郑文宝：《江表志》卷上，丛书集成初编本。

② （宋）释文莹：《玉壶清话》卷九，中华书局1984年版，第89页。

③ 范文澜：《中国通史》第三编第三章第二节，人民出版社1978年版，第487页。

第十二章　南唐的盛与衰

第一节　南唐早期的内外政策

一　息兵睦邻政策的确立

李昪顺利禅代，他面临的首要任务是如何使这个政权继续在那个风云变幻的时代立足且有所发展。这时，其国内兴起要求挥师北上、统一中原的呼声。

李昪在位的时期，几乎与中原后晋王朝同步。后晋王朝外有契丹重压，内部政治混乱。其时，南方诸政权也已由开创者传至下一代统治者手中。这些统治者往往生活奢侈，不恤政事，国力呈衰弱之势，在南唐群臣看来，这正是有机可乘之时。从李昪辅佐杨吴政治起，大量北方士人南投，其中不乏欲借助南唐力量，效祖逖、桓温之举，以出兵统一中原者。韩熙载，北海人，于杨吴顺义六年（后唐天成元年，926）投奔杨吴，与他同行者有史虚白。他们来到南方后，以挥师北定中原为最大心愿，韩熙载渡淮前，与友人李谷痛饮话别，立下誓言："吴若用吾为相，当长驱以定中原。"①史虚白向李昪进言："今君据有江、淮，摘煮山海，人庶丰阜。京洛之地，君家先业，今且乱离，人思旧德，君苟复之，易若屈指。"②

土生土长的南方群臣也盼望李昪开拓疆域，以使自己成为中兴之臣。在他们看来，南唐业已"抚封境之内，共以静默，所以自守者足矣"；他们同时认为，一旦南唐出兵，闽、楚等小国将不堪一击。

徐温、李昪掌杨吴政期间，从未有统一天下之说。李昪禅代成功，使群臣颇有开

① 《资治通鉴》卷二七五后唐明宗天成元年（926）八月条，中华书局 1956 年版，第 8992 页。

② （宋）佚名：《钓矶立谈》附录，丛书集成初编本。

国元勋的成就感，而其子李璟自认为是大唐苗裔，更使群臣以匡扶唐室之臣自居，视统一疆域为南唐之使命。

面对一片要求兴兵的呼声，李昪自有其主张。李昪以大唐苗裔自居的主要目的，是在那个门第之风还很盛行的五代，使自己的统治更稳固，而不在于为日后兴兵四方作铺垫。终其一生，李昪仅仅将自己定位为一个偏霸小国之君。李昪认为一个偏据小国，不顾国力，贸然兴兵，必然是得不偿失，历史上也不乏先例，如"刘德舆乘累捷之威，群胡敛衽之际，不得据有中原，乃留弱子而东归"，"李密劝元感鼓行入关，意壮其言，至密自王，亦不能决意以西也。近徐敬业起江淮之众，锋锐不可当，不能因人之心，直趋河雒，而返游兵南渡，自营隔据，识者知其不能成事矣"①。

李昪分析现状，认为诸国非轻易可取，"钱氏父子，动以奉事中国为辞，卒然犯之，其名不祥；闽土险瘠，若连之以兵，必半岁乃能下。恐所得不能当所失也，况其俗怙强喜乱，既平之后，弥烦经防。唯诸马在湖湘间，恣为不法，兵若南指，易如拾芥，孟轲谓齐人取燕，恐动四邻之兵，徒得尺存之地而享天下恶名，我不愿也"②。李昪的这一番分析极为精辟，南唐后来的发展证实了其预言。

李昪认为周边小国的存在有利于当时的南唐，"孰若悉舆税之入，君臣共为节俭，惟是不腆之圭币，以奉四邻之欢，结之以盟诅，要之以神明，四封之外，俾人自为守，是我之存三国，乃外以为蔽障者也"③。在李昪看来，利用和平环境，积聚国力才是国家发展的唯一基础，"疆场之虞，不警于外廷，则宽刑平政，得以施之于统内，男不失秉耒，女无废机织，如此数年，国必殷足，兵旅训练，积日而不试，则其气必倍，有如天启其意"④。

李昪是一个务实的统治者，他正确地分析形势，认为此时兴兵，不利于南唐。他有在战火中流离失所的经历，也曾是战争的受害者。他对于亲身体验到的人民饱受战争的苦难及人民对战争的痛恨，始终记忆犹新，曾说："吾少长军旅，见干戈之为民患甚矣。吾不忍复言兵革，使彼民安，则吾民亦安矣。"⑤他终于力排众议，抑制了兴臣拓土之说。

但是，一些好大喜功的南唐官员并未被李昪的分析所说服，甚至讥讽李昪道："殆此田舍翁所为，不能集大事也！"⑥他们仍等待着兴兵的良机。

从杨行密当政后期起，杨吴—南唐政权的对外政策即以息兵为主。徐温、李昪的掌权都有"窃人之国"之嫌，他们无时无刻不在担心会有将领起兵推翻自己。南唐毕

①②③④⑥　(宋)佚名：《钓矶立谈》，丛书集成初编本。

⑤　(宋)马令：《南唐书》卷一《先主书》，见《南唐书(两种)》，南京出版社2010年版，第23页。

竟是一个割据一方的小国，境内地势平坦，无险可据，一场兵祸即可席卷全境，使政权覆灭。李昪的遣兵布将，都以不危及自身地位为前提。杨吴大和五年（后唐长兴四年，933），闽建州土豪吴光叛闽主，求救于邻近的杨吴信州刺史蒋延徽。蒋延徽出兵即将攻克建州，但李昪考虑到蒋延徽是杨行密之婿，又与杨濛交好，唯恐他夺取建州，并以此为根据地图谋复兴杨氏，因而强行召回蒋延徽，并遣使与闽主修好。开疆拓土，以占有尽可能多的土地，是封建帝王的共同愿望，李昪也不例外，只是他一则不喜将权过重，二则担心牵一发而动全身，引得众国群起攻己，南唐将无力招架。

就其实力而言，南唐也不可能发展成一个统一全国的王朝。杨吴—南唐历代统治者中最具雄才大略者是杨行密，然而，杨行密未能渡过淮河与朱温争夺中原。徐温执政时，只能在边境上与吴越、楚相持。李昪掌权后，其国家财富虽有积累，但兵力却日趋削弱。杨吴顺义三年（后唐同光元年，923），杨吴派使赴唐，时值后唐实力鼎盛之时，李存勖问起杨吴旧将，吴使答道"黑云长剑"都在，李存勖于是不敢贸然南进。事实上，曾对中原构成过威慑力的"黑云长剑"早已不存在了。李昪深思熟虑，做出了养精蓄锐、等待时机的明智决策。后人对其这一决策极为赞赏："江表五十年间，父不哭子，兄不丧弟，四封之内，安恬舒嬉。虽流离侨寓之人，亦获案堵，弗夭弗横，以得真人之期。吁，烈祖为有大造于斯土也明矣。"①

李昪切实地实行了一些与周边国家修好的政策。昇元五年（晋天福六年，941），吴越发生水灾，李昪专门派人前去慰问、安抚。吴越与南唐虽唇齿相依，却一直钩心斗角。昇元六年（晋天福七年，942），吴越都城钱塘（今浙江杭州市）发生大火，宫室器械被焚一空。宋齐丘代表群臣提出这是出兵东侵的好机会，他说："夫越与我，唇齿之国也。我有大施而越人背之，虔刘我边陲，污浊我原泉，股不附髀，终非我用。今天实弃之，我师晨出而暮践其庭，愿勿失机，为后世忧。"②李昪再一次否决了这个提议，并且"特命行人，厚遗之金粟缯绮，盖车相望于道焉"③。

南唐东南面的闽国，自王审知之后，亦陷入持久的父子、兄弟相争之中，其失势者往往到邻国的吴越、南唐求援。昇元四年（晋天福五年，940）王延政、王曦兄弟开战，李昪派去使节，在二人之间调解，使二人暂时盟誓和解。

在中原政权更迭中，一些败军或叛将，往往选择南唐为投奔之所，李昪对他们并不拒绝，并派兵迎接，然而禁止其将领剽掠所过地方，并不许与敌方交战。昇元四年（晋天福五年，940），后晋安州（治今湖北安陆市）节度使李金全来降，李昪遣鄂州屯营

①②③ （宋）佚名：《钓矶立谈》，丛书集成初编本。

使李承裕等赴安州迎接。李承裕违反李昪之令，剽掠安州军，又和后晋军交战，最后大败，李承裕被杀，监军杜光业被俘。当时统治后晋的石敬瑭把俘兵送回南唐，李昪坚决不受，并致书石敬瑭称是自己部下违令，剽掠贪功之过。

由于李昪坚持其一贯政策，在其当政时，南唐与周边诸邻国的关系较为和睦。李昪受禅，派使节赴汉、闽、吴越、荆南相告，并受到诸国祝贺。在这段时间内，南方诸国的疆域格局大致已定下。各国统治者深知自己无力消灭别国，务实地奉行睦邻政策，遂得以在相对制衡中获得与民休息、发展经济的良好环境。

二　对内政策及其社会效应

禅代之初，李昪即着力在南唐开创一个清明的政治局面。他力求革除历朝政治中的弊端。他立下法度，不用外戚辅政，宦官不得干预政事。

唐代自玄宗以后，封建社会最黑暗腐朽的势力——宦官集团一直影响着唐政治，他们左右皇帝的废立，扼杀一切异己力量。宦官势力发展到唐末更为猖獗。朱温于唐天复三年(903)大举诛杀宦官，终于结束了唐代宦官的罪恶历史。历代统治者对于宦官都深恶痛绝，但是由于君主专制政治的固有弊端，君主们往往不得不利用宦官。五代十国时期，各国宦官利用接近国主之机，对一些昏君投其所好，其势力很快又在权力斗争的缝隙中重新生长起来。后唐庄宗李存勖“复用宦者，浸于政事”[①]；南汉国主将政事委派给宦官龚澄枢、陈延寿以及宫女卢琼仙，以至政府机构形同虚设。在南唐，李昪对宦官严加控制。他曾派宦官往祭庐山，该宦官回来后，谎称自己一路节俭，始终蔬食，而李昪立即揭穿他：“卿某处市鱼为羹，某日市肉为胾，何为蔬食?”[②]由此可见李昪对宦官看管之严，由于李昪以抑制宦官为其家族世训，宦官势力终究未对南唐国政造成影响。

外戚干政也是封建政治不可避免的弊端之一。李昪不用女宠，抑制外戚在政治中的作用。李昪较为宠爱的种氏想使亲子得立为太子，李昪正色道：“国家大计，女子何预!”遂“叱内臣捽庭下，去簪珥，幽于别宫，数月，命削发为尼。”[③]终南唐之世，外戚也未在朝廷中取得显赫地位。

李昪从建国起，逐渐建立了一套完整的法律体系，使国家比杨吴时代更为法治

---

① 《资治通鉴》卷二七三后唐庄宗同光二年(924)正月条，中华书局1956年版，第8912页。

② 《资治通鉴》卷二八二后晋高祖天福五年(940)六月条，中华书局1956年版，第9216页。

③ (宋)马令：《南唐书》卷六《女宪传》，见《南唐书(两种)》，南京出版社2010年版，第52页。

化、制度化。其臣常梦锡向他指出杨吴政治中霸府痕迹造成的弊端，称“人主亲决细事，烦碎失大体，宜修复旧典，以示后代”，李昪采纳这一建议，“颇议简易之法”[①]，并规定“诏狱讼未经本处论决者，毋得诣阙诉”[②]。吴人有以法令治事的传统，徐温辅政时已定有法令，史称《吴令》，但时过境迁，其法的执行，明显存在许多困难，如“庐陵民尚气喜讼，以先止为怯，素号难治”[③]。

昪元三年（后晋天福四年，939），南唐颁布了自己的法律《昪元格》，与《吴令》并行。经过实践，对其再加修正，三年后又颁行《昪元删定条》，共三十卷。这部法律多沿用唐律，今其全貌虽难再现，但从其遗留的资料，仍可看出其在当时的进步意义。

其一，《昪元格》强调审案要严，避免滥杀，“凡决死刑，方用三覆五奏之法”[④]。南唐人民深得这条法令的好处。如庐陵一贫民被疑盗邻人价值数十千的衣物，按法当斩，临刑喊冤，监刑官停止行刑，上报更高一级官员，朝廷以有执法严明之名的萧俨再行审理，终于发现原来衣物是被邻家耕牛吞食了，贫民因而免于冤死。[⑤] 李昪严惩酷吏，鄂州节度使张宣自恃有军功，为政强横，发现有人用较轻的秤卖炭，立即抓来枭首示众。李昪得知后，认为“小人衡斛为欺，古今皆然，宜置刑太过”，遂对张宣施以削职的处罚，此事使“民始知有邦宪，物情归之”[⑥]。李昪通过宽刑、严审进一步调整政府与人民的关系，这也说明随着战争的结束，封建国家对人的生命给予了重视。宽刑为身处乱世、生活艰难的人民创造了宽松的生活环境。

其二，南唐法令“禁以良人为贱，卖奴婢者，通官作券”[⑦]。在唐末至五代的战乱中，许多平民失去土地，其中一些即沦为奴婢。《钓矶立谈》中即载有县令之女沦为奴婢之事。李昪尚在辅佐杨吴政时，就有意制止这一现象的发生。受禅以后，“出府金以赎民子”[⑧]。由于封建社会的性质所决定，奴婢买卖不可能完全杜绝，李昪的一纸法令不可能根除这个根深蒂固的社会弊病，但是这条法令毕竟符合人民的利益，也符合封建国家的利益。

李昪在江淮地区统治的牢固与其经济政策密切相关。统治者受人民欢迎与否，归根结底取决于他能否让人民过上安居乐业的生活。李昪受禅后，进一步贯彻其在杨吴期间的治国政策。

---

① （宋）陆游：《南唐书》卷一〇《常梦锡传》，见《南唐书（两种）》，南京出版社2010年版，第265页。

② （宋）陆游：《南唐书》卷一《烈祖本纪》，见《南唐书（两种）》，南京出版社2010年版，第217页。

③ （宋）陆游：《南唐书》卷八《王崇文传》，见《南唐书（两种）》，南京出版社2010年版，第275页。

④⑥ （宋）释文莹：《玉壶清话》卷九，中华书局1984年版，第90页。

⑤ 事见（宋）郑文宝：《南唐近事》，丛书集成初编本。

⑦⑧ （宋）马令：《南唐书》卷二二《萧俨传》，见《南唐书（两种）》，南京出版社2010年版，第152页。

为使封建国家能够施行有效的统治，其政府首先要对土地和人民有总体的了解。由于政府更迭、人口流动，原来的户籍制度被破坏殆尽。南唐兵部尚书杜业十分精明，对于民籍兵赋了然于胸，受到李昪器重。流民是令历代封建统治者困扰的问题，流民的存在是造成社会震荡的一个潜在因素，特别是时隔不远的黄巢大起义，使李昪认识到把土地和人民结合在一起的必要性。昪元三年（晋天福四年，939），李昪下诏："比者干戈相接，人无定主。地易而弗蓺，桑陨而弗蚕，衣食日耗，朕甚悯之。其向风面内者，有司计口给食。愿耕植者，授之土田，仍复三岁租税。"①从这一诏书可以看出，李昪治南唐之初着力于发展生产，其面临的问题是劳动力不足，故采取优抚措施，尽可能多地吸引劳动力。这些政策，一方面使社会得以安定，另一方面又获得了大量的劳动力，使抛荒的土地重新得以开发种植。

为了发展生产，南唐实行轻徭薄赋、与民休息的政策。柄杨吴政后，李昪首先免除了百姓在杨吴天祐十三年（梁贞明二年，916）以前的全部欠税，对天祐十四年（梁贞明三年，917）的欠税也暂时不征，待丰收之年，百姓宽裕之后再征。称帝后，李昪在杨吴税制的基础上，进一步加以改革，使百姓负担合理，"自登位之后，遣官大定检校，民田高下肥硗，皆获允当"②。李昪当政期间，严格控制税收，以鼓励人民生产积极性，"金陵建国之初，军储未实，关市之利敛而尤繁，农商苦之而莫达于上。时属近甸亢旱日久，祷祈无应。上他日举觞苑中，宣示宰臣曰：'近京三五十里，皆报雨足，独京城不雨，何也？得非狱市之间冤枉未伸乎？'诸臣未及对，申渐高历阶而进曰：'雨惧抽税，不敢入京。'上悟，翌日下诏停一切额外税。信宿之间，膏泽告足。"③这段史料被诸多史书引用，虽有传奇色彩，却反应了李昪在位期间对减免税收的重视。

李昪在减轻赋税的同时，又采取了一些奖励农桑、兴修水利的举措，称帝之初即下诏："民三年艺桑及三千本者，赐帛五十匹，每丁垦田及八十亩者，赐钱二万，皆五年勿收租税。"④杨吴与南唐政府都有"条制"，规定地方长官要"修葺陂塘"，进行水利建设。在南唐时期，废弃近百年的丹阳练湖经地方官组织百姓修浚，又发挥了抗旱排涝的作用。

在封建时代，农民最沉重的负担莫过于徭役，除应征外出驻防打仗外，还要修筑宫城，承担各色差使。频繁徭役不仅耗民财力，而且耽误农时，影响生产。李昪称帝后，再未扩建金陵，将当年的府衙权充宫殿，"惟加鸱尾、设阑槛而已，终不改作"⑤。

---

① （宋）马令：《南唐书》卷一《先主书》，见《南唐书（两种）》，南京出版社2010年版，第20页。

② （宋）龙衮：《江南野史》卷一《先主》，影印文渊阁四库全书本。

③ （宋）郑文宝：《南唐近事》，丛书集成初编本。

④⑤ （宋）陆游：《南唐书》卷一《烈祖本纪》，见《南唐书（两种）》，南京出版社2010年版，第219、222页。

昇元四年(后晋天福五年,940)二月,特下诏:"罢营造力役,勿妨农时。"地方贡献给皇帝观赏的珍禽奇兽和品尝的时鲜水果,尤为扰民耗财,各级官吏又可借此敲诈勒索百姓。李昪深知其弊,下令"放诸州所献珍禽奇兽于钟山",又诏"罢宣州岁贡木瓜杂果"①。这些举措使百姓得以稍解徭役、贡奉之苦,集中精力从事农业生产。

三　李昪时期南唐政权结构的变动

李昪受禅以后,即着手调整政权结构,以建立符合自己统治需要的官吏体系。出于对政治斗争的亲身体验,他着力扼制权臣。

宋齐丘是李昪早年最亲信的幕僚。李昪居江都辅杨吴政时期,"为筑小亭池中,以桥度,至则撤之,独与齐丘议事,率至夜分。又为高堂,不设屏障,中置灰炉,而不设火,两人终日拥炉,画灰为字,旋即平之"②。现存文献没有写明这些密谈的内容,但无疑与李昪的政治前途有关,可见在李昪夺权过程中,宋齐丘起过关键作用。但是,在南唐建立后,宋齐丘多次邀功请赏,且广树亲信,培植势力,李昪对他渐生反感,事实上不让他参与政事。

为牢固控制政权,李昪严忌相权过重。右仆射兼中书侍郎、同平章事李建勋居相位日久,被李昪罢职。唐宋之际,君主集权趋于强化,五代以后,宋太祖赵匡胤也采取了限制相权的政策,李昪削弱相权正体现了这一趋势。在封建君主专制政体中,君主本身的政治素质对国家政治状况有举足轻重的作用。李昪有足够的能力将朝政大权集中于自己手中,而其后继者正缺乏这种能力,无法对朝政进行有效控制。

南唐建国之初,吏制混乱,侍御史张义方上书道:"今文武材行之士,固不为乏,而贪墨陵犯,伤风教,弃仁义者,犹未革心。臣欲奉陛下德音,先举忠孝洁廉,请颁爵赏,然后绳纠乖戾,以正典刑,小则上疏论列,大则对仗弹奏。臣每痛国家之败,非独人君不明,盖官卑者畏罪而不言,位尊者持禄而不谏,上下苟且,至于沦亡。"③李昪对此深为赞许,赐名"义方",以励其尽职。在当政期间,李昪在限制权臣的同时,整肃吏制,且大力培养人才。

崇文抑武是自杨行密后期以来,杨吴—南唐统治者的一贯政策。李昪即位后决心彻底清除武人干政的痕迹,昇元六年(晋天福七年,942),李昪下诏:

> 前朝失御,强梗崛起,大者帝,小者王。不以兵戈,利势弗成;不以杀戮,威武

① (宋)陆游:《南唐书》卷一《烈祖本纪》,见《南唐书(两种)》,南京出版社2010年版,第219、220页。

② (宋)陆游:《南唐书》卷四《宋齐丘传》,见《南唐书(两种)》,南京出版社2010年版,第242页。

③ (宋)陆游:《南唐书》卷一〇《张义方传》,见《南唐书(两种)》,南京出版社2010年版,第288页。

> 弗行。民受其弊，盖有年也。或有意于息民者，尚以武人用事，不能宣流德化。其宿学巨儒，察民之故者，嵁岩之下，往往有之。彼无路光亨，而进以拊伛为嫌，退以清宁为乐，则上下之情将何以通？简易之政将何所议乎？……今唐祚中兴，与汉颇同，而眇眇之身，坐制元元之上，思所以举而错之者，茕茕在疚，罔有所发。三事大夫，可不务乎？自今宜举用儒者，以补不逮。[①]

李昪广用儒吏，废除苛政，武人在南唐政治中的影响被限制到最低程度。

五代十国时期，但凡想有所作为的统治者，都力求从唐帝国的崩溃中吸取教训。李昪在制定国家大政时也如此，力避后妃、宦官干政，相权过重，藩镇割据等曾严重侵蚀唐朝统治机体的政治弊端。宋初统治所要解决的问题与李昪所面对的相似，故在李昪的政策中可看出宋初统治政策的端倪。

但是，决定一个封建帝国崩溃的根本原因是其制度本身，一个强有力的统治者虽能扼制其中的一些弊政，但必然会有新的弊政接踵而来，所有的封建帝国都不能避免其覆亡的最终命运。

李昪在一生中因其机智、坚韧、勤勉及机遇，由社会的最底层登上帝王之位。在其努力下，江淮地区出现了一个政治清明、民生安定的时期。

李昪是五代十国时期一个难得的具有民本思想的统治者，这是他在政治上获得成功的关键。他接受了宋齐丘的藏富于民的经济理论，将人民的富足放在国家经济发展的首位。封建社会中，特别是在分裂割据时代，战争是难以避免的，但李昪以其亲身经历体会到人民饱受战争之苦。他摒弃封建帝王好大喜功的陋习，将南唐战争减低到最低限度。对于战争造成的人民生命的牺牲甚为痛惜，“边垒偶杀一二百人，则必赍咨动邑，竟日不怡”[②]。他不仅体恤本国的人民，也关心邻国人民，以“疆域虽分，生齿理一，人各为主，其心未离”[③]为由，拒绝出兵吴越。对于战死者的家庭，他优加安抚，诏命：“文武官没者，子孙随收叙，不限资荫；孤露者，营其婚葬；幼未堪任及无嗣者，出内帑以赈之；死王事者，下至卒伍，皆给二年之廪。士之贵贱长幼，卒无身后之患。”[④]

除以民为本外，李昪克勤克俭，律己甚严。李昪多次向人咨问为政之道，道士王栖霞告诫他说：“治身治心，乃治家国之本。今陛下饥嗔饱喜，尚不能节，何以福及苍

---

① （宋）马令：《南唐书》卷一《先主书》，见《南唐书（两种）》，南京出版社2010年版，第23页。

②③ （宋）佚名：《钓矶立谈》，丛书集成初编本。

④ （宋）释文莹：《玉壶清话》卷九，中华书局1984年版，第94页。

生。"[①]李昪建立南唐后,"不以富贵自处,唯务节俭"[②],"常蹑蒲履,用铁盆盎。暑月寝殿,施青葛帷"[③],殊无帝王的铺张奢靡之风。

但是,李昪身上不可避免地也存在着帝王的劣根性,幻想统治的长久,到了晚年,更是寄希望于丹药、方术,以求长生不老之道,终为丹药所害,于昇元七年(晋天福八年,943)二月去世。

第二节 南唐的由盛而衰

一 李璟的继位及内外政策的改变

李昪去世后,其子李璟登上南唐帝位。李昪共有五子,李璟是其长子,初名景通,继帝位后改名"瑶",后因"瑶"为常用字,不易避讳,又改名"璟"。南唐先主李昪、中主李璟一生都曾多次改名,且每次改名都有特定的政治背景。其名字的多次变化,体现了五代十国时期复杂的政治形势。

景通由王子到正式继承父位,经历了漫长曲折的过程。李昪之子大多温雅谦和、好读诗书。景通以长子身份当立为嗣。杨吴大和三年(后唐长兴二年,931),李昪已控制杨吴大政,准备移镇金陵,留景通于扬州辅政。景通官拜司徒,同平章政事、知中外诸军事之职,并得王令谋、宋齐丘辅佐。李昪次子景迁,较之景通又有生活简朴的优点,颇具父风,深得李昪喜爱。宋齐丘揣度李昪的心意,并认为景迁年幼,一旦继位,易于控制,于是屡屡夸大景通为政的过失。李昪果真将景通招至金陵,以景迁替之。另一方面,景迁是杨吴王之婿,辅政名正言顺。然而,景迁未及李昪受禅就去世了。另有景遂、景达都是李昪的嫡子,景达出生时,正逢杨吴久旱逢甘霖之时,因而尤得李昪喜爱,景遂、景达为政处事都有过人之处。李昪五子中,以景通最为偏好文艺。一次,他摆弄乐器,被李昪撞见。在李昪看来,景通不恤政事,担当家国重任所需之政治素质略为欠缺。宋齐丘乘机挑拨,李昪对景通不甚放心。但是,李昪担心废长立次会引起国家政局动荡,同时也担心宋齐丘等人借机操纵国政,景通因此保住了太子之位。

景通早知父亲心思,自以为无望得立,也无心卷入权力之争,在庐山瀑布前构书堂,潜心钻研诗书。

---

① (宋)佚名:《江南余载》卷上,丛书集成初编本。

② (宋)马令:《南唐书》卷一《先主书》引《江南录》,见《南唐书(两种)》,南京出版社2010年版,第24页。

③ (宋)陆游:《南唐书》卷一《烈祖本纪》,见《南唐书(两种)》,南京出版社2010年版,第222页。

景迁去世后，李昪基本已决定传位给长子景通，受禅前不久，欲立景通为王世子，然而景通不肯接受。李昪受禅后，景通受封吴王，后改封齐王，但仍不愿据太子之位。

李昪很重视培养继承人的政治素质，建南唐后不久，就将部分政事交给景通处理，以考验、培养这位未来的国主。李昪在世时，景通任诸道兵马大元帅、判六军诸卫、守太尉、录尚书事，李昪几次要正式册立他为太子，景通以自己与诸兄弟和睦友善，无须过早立嗣为理由，坚决辞让，李昪深知兄弟争位，必然会影响统治基业的稳固，景通的再三退让，深得其赞许，故专门下诏，“称其‘守廉退之风，师忠贞之节，有子如此，予复何忧。’赦殊死以下，臣民奉笺齐王如太子礼”①。李璟在地位稳固以后，对臣下仍持谦逊态度，“谦虚下士，常若弗及”②。

但是，景通的继位还是经历了一番波折。景通为齐王时，因为爱好文学，府中聚集了冯延巳、陈觉、魏岑等文学之士。在以中书侍郎孙晟为首的南唐朝臣看来，这些人徒有文才，却难担当治国重任。孙晟担心一旦景通继位，南唐大权将为冯延巳等人操纵，于是在李昪死后，力主李璟之母宋太后临朝听政。宋太后以其贤德，在南唐颇得人心。然而翰林学士李贻业当即提出李昪留下的“妇人预政，乱之本也”的遗训，孙晟不敢妄作主张。即便如此，景通仍未欣然继位，他推让再三，要让位于诸弟。这时，在李昪受禅时起过重要作用的周宗、徐玠为他披上衮冕，称：“大行付殿下以神器之重，殿下固守小节，非所以遵先旨，崇孝道也。”③这年七月，景通声称要承先帝之意，立景遂为太弟，封齐王，后改为晋王，相约兄弟传国。景遂、景达多次表示不愿被立为储，景遂甚至改字为“退身”，以示决心。

自夏、商以来，帝王的传位方式由兄终弟及、父死子继并存，逐渐演化为以父死子继为主导。在特定的历史时期，兄终弟及的传位方式仍有出现。五代十国时期，特别是南方小国，这一继位形式尤为多见。如南汉刘岩的王业继承自其兄刘隐之手；吴越钱镠之后，其兄弟先后继位，闽、楚也都是由兄弟相继。这种现象决定于当时的历史条件。大凡政权草创时期，兄弟并肩作战，开创基业，比如闽之王潮、王审知兄弟及南汉刘隐、刘岩等兄弟，兄死由其弟继承其位也在情理之中。另一种情况是国家建立不久，一切都尚未制度化，正统体系尚未确立，创业功臣参与王储废立，并可能引起兄弟争斗，闽、楚是最典型事例，吴越也有大将胡进思左右废立之事。后一种情况会直接导致国家的分裂。南唐帝位由李昪到李璟之间的平稳传承，保证了其政权的稳定。

李璟继位之初，是南唐国力最强盛的时期。经过李昪当政十余年的经营，南唐生

---

① （宋）陆游：《南唐书》卷二《元宗本纪》，见《南唐书（两种）》，南京出版社 2010 年版，第 223 页。

②③ （宋）马令：《南唐书》卷二《嗣主书》，见《南唐书（两种）》，南京出版社 2010 年版，第 25 页。

产发展，社会安定，民心归附。对外则结交邻邦，干戈不兴，国内财富积聚起来。其疆域“东暨衢、婺，南及五岭，西至湖湘，北据长淮，凡三十余州，广袤数千里，尽为其所有，近代僭窃之地，最为强盛”①。其时“中外寝兵，耕织岁滋，文物彬焕，渐有中朝之丰采”②。李昪临终，唯恐这一辛苦创下的基业坍塌于子孙之手，将一生的经验交付给李璟：“汝守成业，宜善交邻国，以保社稷。”③李璟继位之初，牢记父训，“改元保大，盖有止戈之旨，三四年间，皆以为守文之良主”④。

但是，这种局面未能维持很久。李璟当初虽执意推让帝位，然而继帝位后，其心理逐渐认同于“大唐苗裔”。南唐统治阶级内部，对外扩张的呼声一直很高，昇元年间“江淮间连年丰乐，兵食盈溢”⑤，这更使南唐群臣产生了南唐已无敌于天下的幻觉，幸而李昪既有清醒现实的头脑，又有绝对权威，力阻一切不切实际的开疆拓土的建议。

李璟做太子期间，其父曾着意对其进行培养，然而个人能力有所侧重，李璟显然不具备政治家的远见卓识。他风度儒雅，“天性谦谨，每接臣下，恭慎威仪，动循礼法，虽布素僚友无以加也”⑥。但其思想易受臣下左右，缺乏一国之主应有的主见。李璟继位后，原先在太子府内的一班臣僚也随之来到南唐政治的前台，如冯延巳、魏岑、查文徽等。他们依仗李璟，取得高位，但自觉在朝廷中根基尚浅，于是结交宋齐丘等人，扩展势力，急欲建功立业，以巩固自己的地位。其时，“新进后生用事，争以事业自许，以为荡定天下，可以指日而就”⑦。冯延巳妄然讥笑不愿兴兵的李昪为“田舍翁”，魏岑甚至向李璟要求：“臣少游元城，好其风物。陛下平中原日，臣独乞任魏州。”⑧在一片鼓动之下，李璟“自以唐子孙，慨然有定中原、复旧都之意”⑨。

李璟首次用兵是在剿灭张遇贤之乱时。张遇贤是南汉境内小吏，自称有神佑，率众起兵，自称为“中天八国王”，南汉主无法扑灭张遇贤，由他向北发展至南唐境内的虔州，南唐以洪州营屯都虞候严恩及通事舍人边镐率兵，一举剿灭张遇贤之乱，将张遇贤抓获斩于金陵。初次用兵告捷，南唐君臣更为自信。

正当南唐国泰民安，群情高昂，一心想要开拓境域之时，其邻国闽、楚却相继发生兄弟争国的危机，给南唐提供了出兵良机。

---

① 《旧五代史》卷一三四《李景传》，中华书局 1976 年版，第 1787 页。

②④⑦ （宋）佚名：《钓矶立谈》，丛书集成初编本。

③⑤ （宋）陆游：《南唐书》卷一《烈祖本纪》，见《南唐书（两种）》，南京出版社 2010 年版，第 222 页。

⑥ （宋）郑文宝：《南唐近事》，丛书集成初编本。

⑧ （宋）马令：《南唐书》卷二一《魏岑传》，见《南唐书（两种）》，南京出版社 2010 年版，第 150 页。

⑨ （宋）陆游：《南唐书》卷一五《魏岑传》，见《南唐书（两种）》，南京出版社 2010 年版，第 332 页。

最早分崩离析的是闽国。王审知在世时一直与杨吴敌对，奉事中原甚恭。南唐占领虔州后，闽无法在陆上通过今江西境内向中原贡奉，闽主不惜代价走海路进贡中原王朝。王审知去世后，其长子王延翰继位。此时，中原动荡，在群臣的鼓动下，王延翰乘机建国称王，但仍奉中原为正朔。王延翰之弟延钧及王审知养子延禀分镇闽境内重镇泉州(治今福建泉州市)、建州(治今福建建瓯市)，二人不愿居于延翰之下，遂合谋推翻了延翰，延钧继任闽王。这仅仅是闽国内乱的开始。不久，延禀又企图杀延钧而代之，却战败被杀，其子逃往吴越。王延禀兵败被杀，直接导致紧邻杨吴的建州处于空虚无主状态，建州土豪吴光邀杨吴信州刺史蒋延徽出兵，蒋延徽进围建州，但当时执吴政的李昪出于大局考虑，强行召回蒋延徽，未插手闽政。

闽后继的兄弟子嗣享受着先辈创下的江山，却不事经营，他们关心的只是帝王的权势与虚名，乘乱偏据一方，穷奢极侈，挥霍人民的血汗。其家族内部父子、兄弟之间也势如水火，不能相容。王延钧子王继鹏联合军将，乘其父病重，起兵杀之，祸及亲信，而后改名王昶，自任闽王。

王昶以弑父夺取王位，其统治基础与其父一样脆弱。他时刻提防着自己的兄弟。王昶企图强化亲军以自卫，导致其他军将不满。闽将连重遇、朱文进起兵杀死王昶，拥立王审知之子王延曦。王延曦登位不久，又与朱文进、连重遇产生矛盾，连、朱再次弑君，二人公开推翻王氏统治，以朱文进为王。

王延曦尚在位时，王审知另一子王延政就于建州自立为王，国号殷。王延曦一死，闽将纷纷以拥王延政为名，不服连重遇、朱文进统治。福州兵将内乱，连、朱身死，军将李仁达控制福州，拥立长相特异的福州雪峰寺僧卓俨明为王。

闽国内乱，朱文进、王延政各自为王，不得不寻求外援以自固。南唐保大二年(晋开运元年，944)五月，朱文进弑王延曦后，遣使至唐，以谋求支持。李璟欲以讨伐朱文进弑君之罪为名，出兵福州，而臣下提出，王延政分裂为乱在先，应先伐王延政。南唐人臧循是南唐枢密副使查文徽的同乡，他早年曾赴闽经商，熟悉闽地山川地理，极力主张出兵建州。查文徽一心想建功立业，而南唐大威军都虞候何敬洙指出闽地山区地形复杂，不宜大规模用兵。李璟犹疑未决，这年十二月，以查文徽为江西安抚使，率军赴唐、闽边境观望。查文徽对闽国情况并未真实了解，即报告李璟，称师出必胜。于是，李璟草率决定以查文徽、边镐率军，进兵建州。

查文徽虽好言兵，却不善作战。南唐出兵不久，福建西南的汀(治今福建长汀县)、漳(治今福建漳州市)、泉(治今福建泉州市)诸州都已归顺王延政，查文徽顿时胆怯，退保建阳(今属福建)，败于建州兵。同时出兵的臧循也在邵武(今属福建)战败被俘。

首战失利并未使李璟打消进军的决心。次年二月，南唐以何敬洙为福建道行营招讨，进援查文徽。何敬洙原是杨吴名将李简家人，以行事果断刚烈为李简赏识，因军功被逐渐提升至将位。何敬洙、边镐先占据闽西险要地区，与王延政军相持，使查文徽得以绕至建州军背后，南唐军前后夹击，大获全胜，夺取建州，并把王延政迁至金陵，汀州、漳州、泉州随之纷纷归降南唐。

南唐保大三年（后晋开运二年，945）五月，控制福州的李仁达自称归附于南唐，李璟任命他为威武军节度使，并赐名"弘义"，与自己子嗣同列。李仁达称藩的目的不过是在外部寻求依靠，以便独霸一方，并且也避免南唐帮助自己的敌手，其最终目的是自立为王。李仁达同时还遣使赴吴越、晋修好。然而，南唐主李璟及以宋齐丘为代表的一批官员，陶醉于表面上的胜利之中，以为福建已尽入自己手中。陈觉自荐去说服李仁达入朝金陵，而李仁达置之不理。陈觉自负辩才，但面对李仁达的冷淡，不敢提及此行的使命，便悄然返程。此时，陈觉、宋齐丘等人在南唐政坛相当活跃，正欲借闽内乱之机建立奇功，以在朝廷形成更大的势力。陈觉不愿就此无功而归，南唐保大四年（后晋开运三年，946）八月，他行至剑州（今福建南平市），贸然矫诏，发动汀、建、抚、信州兵，以建州监军使冯延鲁为帅，欲以武力逼迫李仁达赴金陵称臣。在陈觉看来，福州是一座旦夕可破的孤城。

李璟对陈觉的擅自用兵甚为恼怒，但迫于形势，又不得不增兵，希望能一举占领福州。此前，驻兵福建的魏岑、冯延鲁等唯恐陈觉先攻占福州抢夺战功，早已赶至福州城下，王崇文、魏岑、冯延鲁从东、东南、南三面围困福州。李仁达一方面坚决抵抗，一方面火速向后晋、吴越求援。

吴越与闽之间群山阻隔，道路艰险，然而如果南唐攻下福州，取得对福建全境的统治，吴越将陷入一面临海，三面被唐合围的境地。吴越君臣下令"纠而为兵者，粮赐减半"[①]，在国内迅速召集军队，从海、陆两路出兵福州。李仁达虽然得到了吴越援兵，其力量仍不敌南唐军。但是，南唐诸将未能形成统一号令，各自急于争抢军功，而不相互配合。南唐进攻乏力，只得在福州城下与李仁达相持。

次年，吴越又派援兵从水路到达福州城下，然而陷于泥淖，行动困难。南唐军本可乘机一举击溃吴越援军，进而一鼓作气攻下福州。但是，南唐将领冯延鲁竟异想天开地认为，"城所以不降者，恃此救也。今相持不战，徒老我师，不若纵其登岸尽杀之，则城不攻自降矣"[②]。吴越兵被放上岸后，勇不可当，冯延鲁无法控制局面，弃众而逃。福州城中李仁达及吴越军乘胜而出，大败南唐军。失败更加重了南唐军将领王建封

① 《资治通鉴》卷二八五后晋出帝开运三年（946）十月条，中华书局 1956 年版，第 9313 页。

② 《资治通鉴》卷二八六后汉高祖天福十二年（947）三月条，中华书局 1956 年版，第 9347 页。

对陈觉等的不满，他们不愿配合冯延鲁作战，烧营而逃，南唐兵溃不成军，士卒死亡两万余人，吴越援军顺利占领福州。

此后，早有预谋的泉州将领留从效对南唐守将称："泉州与福州世为仇敌，南接岭海瘴疠之乡，地险土瘠。比年军旅屡兴，农桑废业，冬征夏敛仅能自赡，岂劳大军久庶于此！"[①]南唐军大败之后，无力再对泉州用兵，遂退出泉州。从此以后，南唐对泉州一直仅有名义上的统治权。

南唐保大八年（后汉乾祐三年，950），首倡福建战事的查文徽听说吴越兵离开福州，又再次进攻，欲以重振声威。首战虽告捷，但查文徽得意轻敌，不辨虚实，又中吴越之计，结果大败，自己被俘至吴越。

正当南唐大败于福建之时，楚国继闽之后，又发生了兄弟争国的局面。楚开国国主马殷在世时，利用优越的地理条件，发展商业及茶业，"遂致一方富盛"[②]。马殷一直奉中原王朝为正朔，接受中原王朝的册封，一贯视杨行密及其后人为死敌，杨行密、徐温多次欲沿长江而上攻掠楚地，均未得手。杨吴乾贞二年（后唐天成三年，928），杨吴再次出兵攻岳州，大败而还。楚大将许德勋对吴人说："楚国虽小，旧臣宿将犹在，愿吴朝勿以措怀。必俟众驹争皂栈，然后可图也。"[③]许德勋跟随马殷多年，深知马殷"多内宠，嫡庶无别，诸子骄奢"[④]，其子希声、希范相继继位后，奢侈无能，国内政治混乱。希范去世后，其弟希广继位。据有朗州（治今湖南常德市）的马希萼长于希广，不服统治，要求当时统治中原的后汉王朝给予自己同等地位，遭到拒绝，于是转而向南唐求援，并纠集朗州当地少数民族武装进攻潭州（治今湖南长沙市）。马希广昏庸暗弱，部下人心离散，马希萼一举攻入城内，处死马希广。而后，马希萼接受南唐册封为楚王，任武安、武平、静江、宁远四军节度使。

湖南表面上的平静孕育着更大的动荡。马氏家族的权威已被破坏，拥兵自守的各地将领正欲伺机而动，马希萼赖以起家的朗州军正在逐渐集聚足以对抗潭州的武装力量。马希萼根本不考虑如何巩固统治，昼夜纵酒荒淫，把政事托付给其弟希崇。马希萼夺取政权后，由于赏赐不均，贪婪骄纵的军将们心生不满。

在马希萼对这些危机漠然无视之时，李璟却密切关注着楚国的动态。南唐保大九年（后周广顺元年，951），马希萼遣使入南唐，李璟厚待其使节。楚人已对马氏丧失信心，马希萼的使节密告李璟说："湖南民疲主骄，可取也。"[⑤]李璟遂遣边镐驻军南唐、

---

① 《资治通鉴》卷二八六后汉高祖天福十二年（947），中华书局1956年版，第9350页。

② 《旧五代史》卷一三三《马殷传》，中华书局1976年版，第1757页。

③④ 《资治通鉴》卷二七六后唐明宗天成三年（928）五月条，中华书局1956年版，第9019页。

⑤ 《资治通鉴》卷二九〇后周太祖广顺元年（951）三月条，中华书局1956年版，第9458页。

楚边境的袁州(治今江西宜春市),准备进兵楚国。

同年三月,跟随马希萼至长沙的朗州将领王逵、周行逢率军哗变,奔回朗州。楚境内不仅地形复杂而且民族众多,王逵、周行逢拥立骁勇善战、颇得少数民族人心的刘言为朗州武平军留后,称藩于后周。九月,长沙军将起兵,拥立马希崇,囚禁马希萼于衡山。随后,看管马希萼的军将又奉希萼为衡山王,马希崇无力控制长沙军将,求援于李璟。这年十月,边镐在未失一兵一卒的情况下,顺利入据潭州。不久,刘仁赡亦未付出任何代价,直入岳州,南唐君臣陶醉于一举占领湖湘的喜悦中。

南唐以边镐为武安节度使,统制湖南。边镐是南唐军将中的一个特殊人物,他早年的征战生涯一帆风顺,击破张遇贤,协助何敬洙攻克建州,而后顺利进占湖南。他笃信佛教,从不贪功,南唐诸将在福建争功时,唯有他与何敬洙不发一言。边镐心地仁慈,"初平建州,民所克获,唯以全活为务,闽人德之,号'边罗汉';及克湘潭,市不改肆,楚人益喜,号'边菩萨'"[①]。然而,当需要他独当一面、处理政事时,他却毫无主张。在其治下,湖南法令混乱,民心渐失。边镐更无法以强力制服各怀野心的湖南诸将,南唐吉水人欧阳广上书给李璟道:"镐非将帅才,必丧湖南,宜别择良帅,益兵以救其败。"[②]李璟没有重视这道有远见的上书,而在潭州尚未稳固的情况下,又出兵与南汉争夺郴州(治今湖南郴州市)、桂州(治今广西桂林市),最终大败而归。其后,李璟命边镐收服朗州。朗州王逵、刘言等认为边镐"抚御无方,士民不附,可一战擒也"[③]。他们乘边镐不备,水路并进,很快攻到长沙城下。此前,边镐军功中含有很大侥幸成分,当真正凶猛的敌军攻至阵前时,他束手无策,先是固城自守,等待救兵。但是南唐援军未能及时赶到,边镐只有弃城而逃。据守湖南他州的南唐将领得知长沙失守,纷纷逃跑,刘言未经苦战,即"尽复马氏岭北故地"[④]。

对闽、楚的战争中,南唐都以先胜后败而告终,这是南唐国势的转折点,"闽土判涣,竟成迁延之兵;湖湘既定而复变,地不加辟,财乏而不振","未及十年,国用耗半"[⑤]。南唐为此付出了惨重的代价。南唐国内关于统一全国的问题一直有两种意见,即先定南方还是先入中原。保大五年(后汉天福十二年,947),契丹大军南下,俘走晋帝,一直关注中原局势的韩熙载立即上书李璟,敦促他抓住这等待已久的机会,称:"陛下恢复祖业,今也其时,若虏主北归,中原有主,则未易图也。"[⑥]然而此时南唐

---

① (宋)马令:《南唐书》卷一一《边镐传》,见《南唐书(两种)》,南京出版社 2010 年版,第 92 页。

②③ 《资治通鉴》卷二九一后周太祖广顺二年(952)九月条,中华书局 1956 年版,第 9483 页。

④ 《资治通鉴》卷二九一后周太祖广顺二年(952)十月条,中华书局 1956 年版,第 9484 页。

⑤ (宋)佚名:《钓矶立谈》,丛书集成初编本。

⑥ 《资治通鉴》卷二八六后汉高祖天福十二年(947)正月条,中华书局 1956 年版,第 9338 页。

兵陷福建，无力北顾，此事一直使李璟感到遗憾。

南唐“有江淮，比同时割据诸国，地大力强，人材众多，且据长江之险，隐然大邦也”[①]。南唐的另一优势即其国内长期维持着稳定、统一。就国力而言，南唐有能力吞并处于内乱之中的邻国。在那个军阀割据混战的年代，谁能造福人民，谁就能受到人民的拥护，其统治才能长久。南唐军初入闽，“建人苦王氏之乱与杨思恭之重敛，争伐木开道以迎之”[②]。边镐初入长沙时，正值湖南饥馑，边镐开仓发粮，赈济灾民，赢得人心，以致楚人纷纷要求以边镐为帅。刘仁赡攻取岳州后，“抚纳降附，人忘其亡”[③]。

但是，李璟缺乏利用这种有利形势进一步巩固自己统治的远见卓识，仍把闽、楚当作敌国而横加掠夺，未能守住取得的成果。南唐军队攻下建州之后，“纵兵大掠，焚宫室庐舍俱尽；是夕，寒雨，冻死者相枕，建人失望”[④]。战争同样也给南唐本国人民带来灾难，为福建之役，南唐“征求供亿，府库为之耗竭，洪、饶、抚、信之民尤苦之”[⑤]。南唐入据楚后，冯延巳等不顾“自马氏废立以来，帑庾空竭”[⑥]的状况，为夸耀平楚之功，“不欲取费于国，专掊敛楚人，以给经费”[⑦]，更“悉收湖南金帛、珍玩、仓粟乃至舟舰、亭馆、花果之美者，皆徙于金陵，遣都官郎中杨继勋等收湖南租赋以赡戍兵。继勋等务苛刻，湖南人失望”[⑧]。福建的李仁达、留从效，湖南的刘言、周行逢正是利用南唐军丧失人心之机，才得以赶走唐军，独占一方。

就实力而言，南唐已不具备强大的军力。与闽、楚两战之后，其军将的无能暴露无遗，再不见淮南“黑云长剑”的风采；其士兵也是拼凑而成，其中包括自淮北招降来的地方武装。军队中各派系间互有敌意，来自淮北的曹进、孙朗等因赏赐不均而投向敌方。这样一支军队，当然不可能助李璟“恢复祖业”，后人评道：“使唐无福州之役，举兵北向，亦丧师而已矣。”[⑨]李璟若有心扩大功业，只有期待天赐良机。闽、楚内乱对于南唐而言是绝好的机会，一旦丧失，南唐的对外战争很难有所成就了。

在南唐内部，另有一派人并不支持、甚至强烈反对对闽、楚草率用兵。何敬洙受命出兵建州前，认为“闽地僻陋，不足劳大兵”[⑩]，“辞气甚愤”[⑪]。南唐与吴越交战于福

---

① （宋）陆游：《南唐书》卷二《元宗本纪》，见《南唐书（两种）》，南京出版社 2010 年版，第 234 页。

②④ 《资治通鉴》卷二八五后晋出帝开运二年（945）八月条，中华书局 1956 年版，第 9296、9297 页。

③ 《资治通鉴》卷二九〇后周太祖广顺元年（951）十月条，中华书局 1956 年版，第 9466 页。

⑤ 《资治通鉴》卷二八四后晋出帝开运二年（945）七月条，中华书局 1956 年版，第 9294 页。

⑥⑦ （宋）陆游：《南唐书》卷五《边镐传》，见《南唐书（两种）》，南京出版社 2010 年版，第 252—253 页。

⑧ 《资治通鉴》卷二九〇后周太祖广顺元年（951）十二月条，中华书局 1956 年版，第 9472 页。

⑨ 《资治通鉴》卷二八六后汉高祖天福十二年（947）正月条胡三省注，中华书局 1956 年版，第 9338 页。

⑩ （宋）陆游：《南唐书》卷六《何敬洙传》，见《南唐书（两种）》，南京出版社 2010 年版，第 257 页。

⑪ （宋）马令：《南唐书》卷一一《何敬洙传》，见《南唐书（两种）》，南京出版社 2010 年版，第 90 页。

州城下时，江州观察使杜昌业“阅簿籍，抚案叹曰：‘未数年，而所耗者半，其能久乎！’”[①]南唐老臣李建勋在湖南战事尚未结束时，就预见到了战争将会给本国带来的灾难，临终时对家人说：“时事如此，吾得良死幸矣！勿封土立碑，听人耕种于其上，免为他日开发之标。[②]”但是，这些有先见之明的呼声却被一片好大喜功的声音淹没了。

李璟为人优柔寡断，更无雄才大略。在整个战争过程中，他虽是国主，却表现得相当被动。李建勋这样评价李璟：“主上宽仁大度优于先帝；但习性未定，苟旁无正人，但恐不能守先帝之业耳。”[③]作为帝王，他有恢宏祖业的责任心，也需要以开疆拓土来满足虚荣心，冯延巳等人正是利用了他的这些弱点，促使他进行了这一场导致“国削民乏，渺然视太平之象，更若捕风系影”[④]的战争。查文徽、陈觉都是在李璟不明真相的情况下出师，李璟虽恼怒于陈觉矫诏，但听信周围人“兵已传城下，不可中止，当发兵助之”[⑤]的劝解，在无充分准备的情况下把这一场错误的战争继续了下去。边镐轻易占取湖南，李璟在群臣的恭维下，更被喜悦冲昏头脑，失去理智，“谓诸国指麾可定”[⑥]。对于湖南民情，李璟有所察觉，知道长久的战争将无益于两国人民，他曾对冯延巳、孙晟说：“湖湘之役，楚民厌乱，求息肩于我。今欲罢桂阳之师，解益阳之戍，即授刘言以节钺，使自安辑其民，吾亦得惠养湘衡之地，如是则远迩完实，二蕃在吾度内尔。公等亟行之，无为后悔。”[⑦]但是在冯延巳等人的鼓动下，他又作出了违背本意的错误决策。

劳而无功的最终战果，终于使李璟清醒，他开始认真考虑休兵息民，这时又有臣下劝他说：“愿陛下数十年不用兵，可小康矣！”李璟发自肺腑地叹道：“将终身不用，何数十年之有！”[⑧]

二 南唐政局的动荡

党争是封建社会历朝历代普遍存在的一种政治现象。士人间结成党与、相互倾轧，长期困扰着南唐政治，它形成于先主李昪统治时期，在中主李璟统治时期最为激烈，至后主李煜统治时期又有新发展。

---

① 《资治通鉴》卷二八五后晋出帝开运三年(946)十一月条，中华书局1956年版，第9314页。

② 《资治通鉴》卷二九〇后周广顺二年(952)五月条，中华书局1956年版，第9478页。

③ 《资治通鉴》卷二八三后晋出帝天福八年(943)三月条，中华书局1956年版，第9248页。

④ (宋)佚名：《钓矶立谈》，丛书集成初编本。

⑤ 《资治通鉴》卷二八五后晋出帝开运三年(946)八月条，中华书局1956年版，第9308、9309页。

⑥ 《资治通鉴》卷二九〇后周太祖广顺元年(951)十一月条，中华书局1956年版，第9467页。

⑦ (宋)马令：《南唐书》卷三《嗣主书》，见《南唐书(两种)》，南京出版社2010年版，第33页。

⑧ 《资治通鉴》卷二九一后周太祖广顺二年(952)十月条，中华书局1956年版，第9486页。

聚集于南唐的士人可分为三类：谋求政治前途者，寻求安身立命者，生长于杨吴及南唐本土者。在封建时代，士人是文化的传承者。但是士人作为一个群体，有其依附性。唐末至五代，是武夫悍将争疆夺土的时代，原有统治秩序的崩溃使士人无所适从，他们首先要解决的是生存问题。另一方面，社会的剧烈动荡也使一些士人看到要实现个人价值的新途径。

淮河以南的杨吴—南唐政权以其社会的安定吸引了大量士人。其中有急于寻觅新的仕进之途的南方士人，也有无法在北方立足的中原士人。他们中的一些人加入杨吴—南唐统治集团的主要目的是为了实现个人抱负。如宋齐丘好纵横之术，在他看来，这样一个四海翻腾的时代正是施展才能的机会。投奔李昪以前，宋齐丘以一首《凤凰台诗》言明自己的志向，其中有“安得生羽翰，雄飞上寥廓”之句[①]。韩熙载、史虚白等人来自中原，欲以南方政权为依托，以实现自己的政治理想。

宋齐丘是一个典型的封建时代的游士，他以自己擅长的纵横王霸之术助李昪成功地辅国夺权。但是，这类游士游走于统治者之间并非是为了宣扬政治主张，而是以统治者之间的争斗作为自己出人头地的阶梯。为此，他们甚至往复于利益敌对的统治者之间。这类游士历来为正统儒家所不齿，荀子将其归为“仰禄之士”。游士的存在也是影响政治稳定的一个因素，故他们难以得到统治者长久的信任与重用。

在李昪辅杨吴政日久、地位已稳固之后，宋齐丘处心积虑地抬高自身价值，甚至与李昪钩心斗角。杨吴大和六年(后唐清泰元年，934)，李昪流露出欲受禅代之意。周宗立即附和。宋齐丘当时正在江都，得知此讯，唯恐被周宗抢功，急遣使者赴金陵向李昪进谏，认为时机尚未成熟，并请斩周宗。此举大违李昪心意，从此，李昪与宋齐丘有隙。同年七月，李昪把宋齐丘招回金陵，以防他在杨吴王身边阻碍自己。宋齐丘因为李昪受禅之事并非自己首倡，故在李昪受禅的过程中表现消极。在李昪授意下，杨吴镇南节度使李德诚率文武官员推戴李昪。宋齐丘对李德诚之子李建勋说：“尊公，太祖元勋，今日扫地矣。”[②]甚至试图阻止李德诚等人的劝进。南唐建立后，宋齐丘懊悔自己先前的所作所为，但又处处以开国功臣自居，要求李昪回报以权势、富贵。李昪洞悉宋齐丘的所为，欲将其拒于军国大政之外。宋齐丘对此愤愤不平，说：“臣为布衣时，陛下为刺史，今日为天子，可以不用老臣矣。”[③]但在李昪心目中，宋齐丘仅是

---

① (宋)马令：《南唐书》卷二〇《宋齐丘传》，见《南唐书(两种)》，南京出版社2010年版，第141页。

② 《资治通鉴》卷二八〇后晋高祖天福元年(936)十二月条。按，“太祖”指杨行密，中华书局1956年版，第9166页。

③ 《资治通鉴》卷二八一后晋高祖天福二年(937)十月条，中华书局1956年版，第9183页。

个门客而已,他说:"公以游客干朕,今为三公,亦足矣。"[①]

李昪曾给予宋齐丘参与国家管理的机会,任其为丞相同平章事、兼知尚书省事。但是宋齐丘在任,"悉取朝廷附己者,分掌六司,下及胥吏,皆用所亲吏"[②]。其门人夏昌图盗官钱三百万,按法当处死,可是宋齐丘徇私包庇,赦其死罪。李昪闻讯后大怒,遂于昇元六年(后晋天福七年,942)任宋齐丘为镇南节度使,让他出镇洪州。宋齐丘到任后依然如故,"委任群小,政事不治。所居旧里爰亲坊改为锦衣坊,大启第宅,穷奢宏壮。居坊中人皆使修饰墙屋门巷,极备华洁,民不堪命,相率逃去,坊中为之空"[③]。

宋齐丘早年虽帮助李昪制定过一些有利于人民的政策,但他本质上急功近利,这类人一旦官居要位,必会不惜一切代价以满足自己的私利。宋齐丘不甘心就此离开南唐政治舞台的中心,他一方面广招宾客,以扩充自己的势力。早在杨吴大和三年(后唐长兴二年,931)十一月,李昪归镇金陵时,留李璟于江都辅政,同时任宋齐丘为右仆射、兼中枢侍郎,并同平章事、兼内枢使,以辅佐李璟。当时,陈觉、查文徽、魏岑、李征古等聚集于宋齐丘门下。身为人臣而招门客、树朋党,历来深为统治者忌惮,宋齐丘此举自然加深了李昪对他的戒心。

另一方面,试图通过干预李昪立嗣以重新介入朝政。据《江南录》载,杨吴大和六年(后唐清泰元年,934),李昪召李璟至金陵,改派次子景迁赴江都。景迁是杨吴王之婿,以他辅政,会更有利于李昪夺取政权。在宋齐丘看来,景迁年幼易控制,于是推荐自己的亲信陈觉辅佐景迁,甚至对李昪盛赞景迁而贬低景通,企图使景迁取代景通的地位,以便自己将来操纵朝政。[④]《资治通鉴》的记载是,南唐建立后,宋齐丘自度失势,极力称赞颇受李昪宠爱的景达。虽然两处记载有出入,但宋齐丘干涉李昪立嗣一事必然有之。李昪为人精明,严忌后嗣受制于人,权衡再三,仍立李璟为嗣,宋齐丘的计划没有得逞。

宋齐丘一生所作所为无非是出于出人头地、功成名就的欲望。但是,他通文墨、懂经史,故常常以文人的姿态表现其小农意识。徐温在世时,一直反感宋齐丘。至徐温去世,李昪欲重用宋齐丘,而宋齐丘自以为资望尚浅,自请归隐池州青阳县九华山。李昪再三召请,最后遣长子李璟入山相邀,宋齐丘才肯出山。宋齐丘的故作姿态,被南唐士人传为笑谈。

李昪出身于社会底层、精明务实,其政治经验来自长年斗争体验的积累。他看破了宋齐丘之类的伪饰,对其真实心理了如指掌,并以此来控制宋齐丘的行为。在宋齐

---

① 《资治通鉴》卷二八三后晋高祖天福七年(942)五月条,中华书局1956年版,第9237页。

②③ (宋)马令:《南唐书》卷二〇《宋齐丘传》,见《南唐书(两种)》,南京出版社2010年版,第142页。

④ 按,此说被马令《南唐书》及吴任臣《十国春秋》引用。

丘赴洪州任镇南节度使前，李昪亲赠锦袍，说："衣锦昼行，古人所贵。"[①]宋齐丘果然深以为荣耀，到任后，身着锦袍办公。

游士赖以存在、活跃的土壤是政治的动荡，故在霸府体制中活跃一时。李昪创建唐后，力求社会安定，致力于结束霸府体制。宋齐丘之类的游士逐渐失去了最适合他们的活动的社会环境。

李昪统治时期，南唐士人间已有矛盾冲突。宋齐丘受到李昪的抑制，但其门下已聚集了一批士人，这些士人大多地位不高，他们依附"国老"宋齐丘，以图晋升。宋齐丘及其门人正在形成一股影响南唐政治的重要势力。

一朝天子一朝臣是封建朝代共有的现象。尚未彻底摆脱霸府体制影响的南唐朝廷中，这一现象更为显著。李璟继位后，其亲信、原元帅府掌书记查文徽、冯延巳及校书郎魏岑等进入南唐最高统治集团。这些新进官员在朝廷中毕竟势单力薄，他们结交宋齐丘集团，以巩固地位。宋齐丘也欲利用李璟身边的这些近臣重新发挥自己在朝政中的影响。这些人官至高位，冯延巳之弟延鲁升任中书舍人、勤政殿学士，魏岑、查文徽都官至枢密副使。南唐朝廷的人事变动引起了朝野不满，陈觉、魏岑、查文徽、冯延巳、冯延鲁在当时被人合称"五鬼"。江西观察使杜昌业说："国家所以驱驾群臣在官爵而已。若一言称旨，遽跻通显，后有立功者，何以赏之！"[②]

宋齐丘及其门人结成一股强大的政治势力，影响南唐朝政。"文武百司，皆布朋党，每国家有善政，其党辄但言'宋公之为也'；事有不合群望者，则曰'不用宋公之言也。'每举一事，必知物议不可，则群党竞以巧词先为之地，及有论议者，皆以堕其计中。"[③]李璟懦弱无主见，在陈觉等人的鼓动下，贸然发动对闽、楚的战争，使国力耗尽。宋齐丘等人乘乱世不择手段，一意进取，自然为人不齿，被时人视作小人。宋齐丘集团受到来自南唐朝野的强烈抵制。福建战败后，江文蔚上书弹劾冯延巳、魏岑，言词激烈，结果被贬为江州司士参军。同时弹劾冯、魏的韩熙载也被贬为和州司马。孙晟面责冯延巳："君常轻我，我知之矣。文章不如君也，技艺不如君也，谈谐不如君也。然上置君于亲贤门下，期以道义相辅，不可以误国朝大计也。"[④]

以韩熙载为代表的一些胸怀大志的北方士人也来到南方，以期施展政治抱负。来到杨吴—南唐寻求出路的士人，其文化背景各不相同，其中有儒学名家，也有久困场屋的潦倒文人。

---

① （宋）陆游：《南唐书》卷四《宋齐丘传》，见《南唐书（两种）》，南京出版社 2010 年版，第 244 页。

② 《资治通鉴》卷二八三后晋出帝天福八年(943)三月条，中华书局 1956 年版，第 9249 页。

③ （宋）马令：《南唐书》卷二〇《宋齐丘传》，见《南唐书（两种）》，南京出版社 2010 年版，第 143 页。

④ （宋）佚名：《钓矶立谈》，丛书集成初编本。

在门第观念仍相当严重的唐末五代时期，不同出身背景的士人之间存在着矛盾。历事四朝十君的五代名臣冯道，出身低微，后唐时官拜端明殿学士、中书侍郎、刑部尚书平章事。他大力提拔孤寒士人，抑制所谓“唐末衣冠”。上层士人对此不满，工部侍郎任赞讥嘲冯道说：“若急行，必遗下《兔园册》。”《兔园册》是当时流行于中原地区的儿童启蒙读物。冯道闻言答道：“《兔园册》皆名儒所集，道能讽之。中朝士子止看文场秀句，便为举业，皆窃取公卿，何浅狭之甚耶！”①

同时，科举制度给士人带来的不同境遇也在士人之间造成差距甚至仇恨。唐天祐二年(905)，朱温将唐朝官员三十余人集中至滑州(治今河南滑县)白马驿处死，其谋士、屡试科举不中的李振建议：“此辈尝言清流，可投之河，使为浊流也。”朱温依言下令将这三十余人投入滔滔黄河。白马驿事件反映了唐末五代之际上下层士人之间的尖锐冲突。

南唐建立后，李昪迫切需要的是能帮助他健全国家体制的士人。一些博古通今的士人被吸收入南唐统治集团。江文蔚是后唐进士，南渡避乱。南唐建立后，任主客郎中，拜中书舍人，是南唐初年礼仪制度的主要制定者之一。这些士人都与宋齐丘之流格格不入。

聚集于南唐的各类士人间，不可避免地存在着矛盾。史虚白世习儒学，至金陵后，听说宋齐丘当政，当即对人宣称：“彼可代而相矣。”②陈陶“世居岭表，以儒业名家”③，李昪称帝后，他来到南唐境内，“闻宋齐丘秉政，凡所进擢，不惬士论，自料与齐丘不合，乃筑室于西山，日以诗酒为事”④。

士人间的相互诋毁之事在南唐长期存在。韩熙载以书法闻名于南唐，宋齐丘撰写碑文，常求韩熙载代为书写，韩熙载每每“以纸塞鼻。或问之，对曰：‘文臭而秽。’”⑤

士人间的冲突还表现在国家制度的具体设定上。李昪复姓后，欲行南郊祭天之礼，宋齐丘提出按《春秋》之制，于四月上辛日行礼。博学多识的关中士人常梦锡驳道：“案礼，天子之郊以冬至，不卜日；鲁候之郊以仲春，卜上辛。今之四月，非郊之时。”⑥宋齐丘仍强词夺理，而李昪急于行礼，听从了宋齐丘的意见，而常梦锡因多知典故，一直被李昪看重。

关于南唐士人间的尖锐对立，马令总结道：“南唐之士，亦各有党，智者观之，君子

① 《旧五代史》卷一二六《冯道传》，中华书局 1976 年版，第 1656、1657 页。

② (宋)佚名：《钓矶立谈》附录，丛书集成初编本。

③④ (宋)马令：《南唐书》卷一五《陈陶传》，见《南唐书(两种)》，南京出版社 2010 年版，第 114 页。

⑤ (宋)马令：《南唐书》卷一三《韩熙载传》，见《南唐书(两种)》，南京出版社 2010 年版，第 103 页。

⑥ (宋)马令：《南唐书》卷一《先主书》，见《南唐书(两种)》，南京出版社 2010 年版，第 21 页。

小人见矣。或曰,宋齐丘、陈觉、李徵古、冯延巳、延鲁、魏岑、查文徽为一党,孙晟、常梦锡、萧俨、韩熙载、江文蔚、钟谟、李德明为一党……盖世衰道丧,小人阿附,以消君子,而君子、小人,反类不合。故自小人观之,因谓之党与,而君子未尝有党也。”①

南唐统治集团内部存在着以宋齐丘为中心的一个政治集团,除此以外的士人虽与宋齐丘等尖锐对立,但并未因此而结成集团。这些士人的政治理想与处世方式各不相同。

韩熙载、史虚白等人只是希望以南方政权为依托,实现自己的政治理想。他们对这个政权并无归宿感与责任心。一旦政治上遭受挫折,便选择了全身自保的处世方式。史虚白之归隐山林、韩熙载之放荡不羁实则是殊途同归的行为,甚至与宋齐丘等人的急功近利也有相似之处。

两百余年后,陆游过鄂州,见到韩熙载写的一段碑文,其中写道:“皇上鼎新文物,教被华夷;如来妙旨,悉已偏穷;百代文章,罔不备举。”②陆游认为:“此碑立于己巳岁,当皇朝之开宝二年,南唐危蹙日甚,距其亡六年尔。熙载大臣,不以覆亡为惧,方且言其主鼎新文物,教被华夷,固已可怪。又以穷佛旨,举遗文,及兴是碑为盛,夸诞妄谬,真可为后世发笑。”③

但是,五代十国时期“置君犹易吏,变国若传舍”的政治现实,使当时的所谓贤人君子“皆自引于深山大泽之间,以不仕为得”④。在当时人看来,史虚白等人的纵情山水、诗酒,远避名利场,胜于一意钻营的宋齐丘之流。韩熙载等人虽然在政治上失意,却得到了当时舆论的推崇。

五代士人身处乱世,能够安身立命已属不易,大多数士人力求独善其身,注重个人操守为道德标准。在这种产生于乱世的道德准则之下,当时仍有士人表现出凛然气节。江文蔚在弹劾冯延巳、魏岑之前,将家人载入舟中,以待被贬离开金陵。萧俨刚正不阿,多次弹劾陈觉、冯延巳等人。后主李煜初继位时,耽于嬉游。萧俨进宫商议政事,而李煜正忙于下棋,不愿分身过问政事。萧俨愤而掀翻棋盒,李煜大怒道:“汝与魏征孰愈?”萧俨凛然回答:“臣若非魏征,陛下亦非太宗矣。”⑤李煜无言以对。

唐末至五代十国这一战乱频仍、生灵涂炭的时代,正是正义之士应挺身而出、为民请命的时刻,遗憾的是当时这样的士人极为罕见。特别是宋儒在对五代士人进行道德评判时,将是否死事一君作为最重要的标准,这样的标准显然有悖于历史现实。

---

① (宋)马令:《南唐书》卷二〇《党与传·序》,见《南唐书(两种)》,南京出版社2010年版,第140页。

②③ (宋)陆游:《入蜀记》卷四,丛书集成初编本。

④ (宋)陆游:《南唐书》卷四《宋齐丘传》,见《南唐书(两种)》,南京出版社2010年版,第246页。

⑤ (宋)马令:《南唐书》卷二二《萧俨传》,见《南唐书(两种)》,南京出版社2010年版,第153页。

冯道在其曲折的仕途中，为保存中原文化以及从军阀铁蹄之下拯救人民生命作出了巨大贡献，但仅因为他历事数朝，即被宋儒视作不知礼义廉耻之徒。反而是那些逃避现实的士人受到宋儒更多的褒奖，这体现了时代的局限。

三 南唐淮南战败

在南唐师败闽、楚，国力大损之后，李璟对发动战争深表悔恨，然而这时中国形势已发生转折，南唐已经没有时间息兵养民、再次积聚力量了。

石敬瑭借助契丹的力量，在中原建立晋政权。石敬瑭事契丹极为恭敬，对内也实行了一些诸如减免租税的政策，维持了四年多的统治。南唐昇元六年(后晋天福七年，942)石敬瑭之侄石崇贵继位，即晋出帝。他和宰相景延广企图改变与契丹的关系，愿称孙不称臣，激怒了契丹主耶律德光。但是，晋出帝君臣未能依靠人民的力量来对抗强敌，景延广等贪婪无度，将领杜重威等又私通契丹，南唐保大五年(后汉天福十二年，947)契丹大军南下，虏走晋出帝，后晋灭亡。同年，契丹撤出中原，后晋河东节度使刘知远轻易地取得了中原的统治权，其政权史称“后汉”。后汉王朝武夫专政，贪婪残暴，只维持了短短的四年即覆灭。

不到十年间，中原先后经历了后晋、契丹、后汉三个政权的统治，政权迭兴，不仅无暇南顾，还给了南唐觊觎中原的机会。李璟继承李昪的政策，与契丹维持着友好关系，他继位后，遣使走海道出使契丹，希望与契丹结盟，共图中原。事实上，契丹与南唐的往来只是为了换取本族缺乏的物品。契丹灭晋后，李璟遣使去祝贺，“且请诣长安修复诸陵”①，契丹当然不愿与他人分享土地，拒绝了李璟这一异想天开的要求。契丹撤出中原后，李璟下诏称“乃眷中原，本朝故地”②，任命左右卫圣统军、忠武节度使李金全为北面行营招讨使，准备出师，但后汉很快建立，而南唐大军正征战于福建，也不可能再在中原开战了。

中原频繁的改朝换代中，不断有中原的将领选择投奔到南方仅隔一淮水的杨吴—南唐政权。契丹南侵，晋将皇甫晖、王建不愿臣服于契丹而率众奔南唐；南唐保大六年(后汉乾祐元年，948)后汉河中节度使李守贞反叛，向李璟求援，李璟遣李金全帅师增援，魏岑、查文徽又欲借机挑起战事，幸而李金全制止了这一不自量力的举动，才使南唐免去一场大败。

南唐保大九年(后周广顺元年，951)，后汉天雄军节度使郭威在军队的拥护下，建

① 《资治通鉴》卷二八六后汉高祖天福十二年(947)正月条，中华书局1956年版，第9338页。

② 《资治通鉴》卷二八七后汉高祖天福十二年(947)六月条，中华书局1956年版，第9368页。

立政权，即后周。后周是五代中一个气象一新的王朝，郭威登基后，以安定社会、巩固统治为首要任务。他废除晋、汉以来的严刑酷法，革除弊政。郭威对群臣说："朕起于寒微，备尝艰苦，遭时丧乱，一旦为帝王，岂敢厚自奉养以病下民乎！"①他改变武人专政的局面，诏告天下："朕生长军旅，不亲学问，未知治天下之道，文武官有益国利民之术，各具封事以闻，咸宜直书其事，勿事辞藻。"②任用范质等良臣治理国家。

作为帝王，个人拥有勤勉俭朴的品德固然重要，但更为要紧的是实施对人民有利的治国政策。自唐末以来，控制中原的大小军阀为满足个人私欲或战争需要，轮番掠夺人民。他们甚至把前代用于边地的屯田政策强行移至内地，以供军需。人民失去土地，四处离散。郭威深知这一政策的弊端，决心革除之。南唐保大十一年（后周广顺三年，953），郭威下诏："悉罢户部营田务，以其民隶州县；其田、庐、牛、农器，并赐见佃者为永业，悉除租牛课。"实施这项政策后，当年"户部增三万余户"，"民既得为永业，始敢葺屋植木，获地利数倍"③，中原逐渐恢复了生机。

南唐保大十二年（后周显德元年，954），郭威养子柴荣继承帝位。柴荣早年的经历与李昪有相似之处，为人养子，替郭威管理家务，养成了精明务实的品质。柴荣登位时年轻气盛，"愤然有削平天下之志"④。郭威建国的当年，刘知远之弟依靠契丹力量在今山西境内建立了也称作"汉"的政权，史称北汉。北汉企图乘郭威去世之际经略中原，柴荣全力出击，大获全胜，士气大振。此后，柴荣准备展开统一全国的战争。他为了制定全盘的战略计划，命群臣作《开边策》及《为君难为臣不易论》各一篇。比部郎中王朴所进《开边策》最受柴荣赏识，其中写道：

> 凡攻取之道，必先其易者。唐与吾接境几二千里，其势易扰也。扰之当以无备之处为始，备东则扰西，备西则扰东，彼必奔走而救之。奔走之间，可以知其虚实强弱，然后避实击虚，避强击弱。未须大举，且以轻兵扰之。南人懦怯，闻小有警，必悉师以救之。师数动则民疲而财竭，不悉师则我可以乘虚取之。如此江北诸州将悉为我有。既得江北，则用彼之民，行我之法，江南亦易取也。得江南则岭南、巴蜀可传檄而定。南方既定，则燕地必望风内附，若其不至，移兵攻之，席卷可平矣。⑤

柴荣对于南方的统一战争，基本是按照王朴《平边策》所定方略展开的。

---

①② 《资治通鉴》卷二九〇后周太祖广顺元年（951）正月条，中华书局1956年版，第9454、9455页。

③ 《资治通鉴》卷二九一后周太祖广顺三年（953）正月条，中华书局1956年版，第9488页。

④⑤ 《资治通鉴》卷二九二后周世宗显德二年（955）三月条，中华书局1956年版，第9524页。

柴荣发展了郭威的对内政策，进一步解决农民与土地的问题。五代时期，中原人民不堪沉重的租赋及连年兵祸，大批流亡，大片土地抛荒。南唐保大十三年(后周显德二年，955)，柴荣针对这一状况，下诏招还逃户："如三周年内本户来归者，其桑田不计荒熟，并交还一半；五周年内归业者三分交还一分。"①显德五年(958)，柴荣根据唐代元稹所上《均田表》，派人至全境重新查对田亩，核定租税。这两项重要政策使逃离的农民纷纷回到自己的土地上，生产积极性大为提高，荒弃已久的土地又呈现出欣欣向荣的景象。

此前，由于中原战乱，大量人口南流，后周罢屯田后，以较优惠的土地政策吸引人民，出现了人口由南向北回流的趋势。人口流向的转变也象征着南北局势的逆转。

郭威与柴荣的出现，外拒契丹、北汉，内革弊政，很大程度上满足了人民对安宁生活的渴望之情。他们的政策甚至言行与李昪都甚为相似，可见当时无论南北，社会的基本矛盾是一致的，谁能革除上述弊政，谁就能得到人民的支持。

此时的中国，北汉王朝穷兵黩武，其国内民不聊生；后蜀主孟昶沉溺于荒淫豪奢的生活；有意进取的南唐，国力已耗尽。后周人力、地力都占有压倒的优势，久战之后的中原大地，重又迸发出勃勃生机，其统一中国已是历史的必然。

与后周国势蒸蒸日上相反，南唐继闽、楚两战把前代积聚的财富消耗一空后，从南唐保大十年(后周广顺二年，952)起，连续三年大旱，农田干涸，而后又发生蝗灾，饥疫流行，淮南人民纷纷渡过淮河，往北周境内求食，出现了与李昪统治时代的北民南流截然相反的局势，史家称："观民心之向背，唐之君臣可以岌岌矣。"②

后周对南唐饥民未采取敌对政策，南唐保大九年(后周广顺元年，951)，郭威下诏："朝廷与唐本无仇怨，缘淮军镇各守疆域，无得纵兵民擅入唐境；商旅往来，无得禁止。"③同年又下令准许淮南饥民入境就食。

这时淮南人民或迫于饥荒，或急于返回日渐安宁的故乡，大批渡淮北上。南唐政府无视人民的生活需求，派军队阻止饥民渡淮，军民之间屡发生冲突。郭威又下令"彼我之民一也，听粜米过淮"④，赈济灾民。但是南唐政府置人民死活于不顾，截留来自后周境内的粮食，筑仓囤积，以供给军队。

为缓解旱情，南唐在淮南兴修白水塘，灌溉田地。负责督察此事的官吏，以修复湮废渠塘为名，大嗣掠夺农田，辟为屯田。淮南官吏侵夺民田的现象早就存在。清淮

① 《旧五代史》卷一一五《周书·世宗帝纪二》，中华书局1976年版，第1525页。

② 《资治通鉴》卷二九一后周太祖广顺三年(953)七月条胡三省注，中华书局1956年版，第9496页。

③ 《资治通鉴》卷二九〇后周太祖广顺元年(951)三月条，中华书局1956年版，第9459页。

④ 《资治通鉴》卷二九一后周太祖广顺三年(953)七月条，中华书局1956年版，第9496页。

节度使刘彦贞镇守濠州、寿州时，其地有安丰塘“溉田万顷，以故无凶岁”，刘彦贞以疏浚城濠为名“决水入濠中，民田皆涸，而督赋益急，皆卖田去，彦贞择尤膏腴者，以下价售之，乃复潴塘水如初，岁入不可胜计”[①]。对于这种贪官，李璟不仅没有惩治，反而听信受到刘彦贞贿赂的魏岑等人的谎言，对刘彦贞颇为信任。

南唐官吏强行夺走人民赖以生存的土地辟为屯田，无疑加重了人民的灾难。南唐政府还“发洪、饶、吉、筠州民牛以往”，“力役暴兴，楚州、常州为甚”，“江淮骚然。百姓以数丈竹去节，焚香于中，仰天诉冤者不可胜数”[②]。南唐祠部郎中、知制诰徐铉认为淮南民怨沸腾将直接动摇南唐的统治，请李璟制止这种行为，而李璟竟答道：“吾国兵数十万，安肯不食捍边事？”[③]在徐铉的一再要求下，李璟才同意派徐铉去官民矛盾最激烈的地区巡视。徐铉到楚州，将被强行剥夺的土地还与人民，受到人民的欢迎，却引起了从屯田中获利的官员的不满和诬告，李璟听信谗言，罢免了徐铉。

周世宗柴荣继位时，南唐政权已危机四伏。时人评价南唐政权道：“朝无贤臣，军无良将，忠佞无别，赏罚不当。”[④]李璟对这一切漠然无视，反而不断挑起对北方的战事。保大九年（后周广顺元年，951）初，郭威代汉，李璟不顾楚战尚未结束，竟想北征，韩熙载力谏称：“郭氏奸雄，虽有国日浅，而为理已固。兵若轻举，非独无成，亦且有害。”[⑤]李璟这才罢兵，“乃命李金全耀兵于淮上”[⑥]。这年底，后周泰宁节度使兼中书令慕容彦超叛周，求援于南唐，南唐派兵5000出援，在淮北沭阳（今沭阳县）全军覆没，主将燕敬权被俘。次年，后周把燕敬权送回南唐，郭威带信给李璟：“叛臣，天下所共疾也，不意唐主助之，得无非计乎！”[⑦]

形势的险恶，国势的岌岌可危显而易见，南唐平民邵棠上书李璟道：“近游淮上，闻周主恭俭，增修德政。吾兵新破于潭、朗，恐其有南征之志，宜为之备。”[⑧]保大十二年（后周显德元年，954），柴荣登基不久，即阻止北汉东侵；次年五月出兵伐蜀，取得秦（治今甘肃秦安县附近）、凤（治今陕西凤县附近）、阶（治今甘肃武都县附近）、成（治今甘肃成县）四州，后蜀主孟昶遣使赴南唐告急，同年十一月，柴荣下诏征讨南唐，其诏书称：“蠢尔淮甸，敢拒大邦……盗据一方，僭称伪号。……晋、汉之代，寰海未宁，而乃招纳叛亡，朋助凶慝。李金全之据安陆，李守贞之叛河中，大起师徒，来为应援。攻侵高密，杀掠吏民，

---

① （宋）陆游：《南唐书》卷一二《刘彦贞传》，见《南唐书（两种）》，南京出版社2010年版，第279页。

②③ （宋）陆游：《南唐书》卷二《元宗本纪》，见《南唐书（两种）》，南京出版社2010年版，第229页。

④ 《资治通鉴》卷二九〇后周太祖广顺二年（952）正月条，中华书局1956年版，第9472页。

⑤⑥ （宋）马令：《南唐书》卷三《嗣主书》，见《南唐书（两种）》，南京出版社2010年版，第32页。

⑦ 《资治通鉴》卷二九〇后周太祖广顺二年（952）二月条，中华书局1956年版，第9475页。

⑧ 《资治通鉴》卷二九一后周太祖广顺三年（953）正月条，中华书局1956年版，第9490页。

迫夺闽、越之封疆，涂炭湘、潭之士庶。至我朝启运，东鲁不庭，发兵而应接叛臣，观衅而冯陵徐部。沭阳之役，曲直可知。……勾诱契丹，至今未已；结连并寇，与我为雠。罪恶难名，人神共愤。”①

这份宣战书切实地道中了南唐大政的失策之处。南唐是当时与后周并存的政权中影响最为重要的，柴荣非常重视这次军事行动，为此作了充分准备。通过讨论“开边策”，他已有了明确的战略部署，还特意遣使至南唐探查虚实。出兵前，发民夫疏导久已溃决的汴水，以备后用。柴荣选择李谷为帅。李谷，早年是韩熙载朋友，后投奔中原政权，在与韩熙载分道扬镳时曾立下抱负道：“中原若用吾为相，取吴如囊中物耳。”②

面对中原咄咄逼人的攻势，南唐毫无准备。分隔中原与南唐的淮河，每逢冬天枯水期水位下降，杨吴—南唐政府到冬季都要专门派兵防守，称为“把浅”。但是寿州监军吴廷绍竟以为“疆场无事，坐费资粮”③，废止了“把浅”。南唐保大十三年（后周显德二年，955）十一月，李谷帅军顺利渡过淮河，直抵寿州城下，两次大败南唐军。寿州是淮南重镇，李璟紧急调军增援，派刘彦贞率军二万赴寿州。这个刘彦贞“素骄贵，无才略，不习兵，所历藩镇，专为贪暴，积财巨亿，以赂权要”④，竟赢得了用兵治民“一面长城”的美誉，副将咸师朗也是有勇无谋。他们兵至前线，正值李谷为避开淮河涨水期而作战略后退时，刘彦贞不顾清淮节度使刘仁赡劝阻，贸然出战，遂致全军覆没，刘彦贞战死；刘仁赡退入城内，严守寿州。

显德三年（956），柴荣下诏亲征，至寿州城下驻扎督战。同时出兵鄂州，并约吴越出兵南唐。寿州城一时难以攻下，柴荣遣赵匡胤直赴滁州（治今安徽滁州市）。滁州城外清流关是南下要隘，南唐以皇甫晖镇守于此。赵匡胤由小路绕到南唐军背后，出其不意，大获全胜，生擒皇甫晖，夺得滁州。

南唐军接连失败，引起政府的恐慌。李璟赶紧遣使往柴荣所在的徐州求和，企图以提供钱财换取和平。柴荣不予回答，继续进攻，其下一个目标是江都。李璟又派户部侍郎钟谟、工部侍郎文理院学士李德明出使，以请求柴荣停战，且愿称臣，并“献御服、汤药及金器千两，银器五千两，缯锦二千匹，犒军牛五百头、酒二千斛”⑤，而柴荣此行志在夺得江淮之间全部土地，拒绝停战。

周在进攻淮南的同时，还出兵鄂州；吴越也从常州、宣州等地开始了对南唐的战争。

---

① 《旧五代史》卷一一五《周书·世宗帝纪二》，中华书局1976年版，第1534页。

② 《资治通鉴》卷二七五后唐明宗天成元年（926）八月条，中华书局1956年版，第8992页。

③ 《资治通鉴》卷二九二后周世宗显德二年（955）十月条，中华书局1956年版，第9532页。

④ 《资治通鉴》卷二九二后周世宗显德三年（956）正月条，中华书局1956年版，第9535页。

⑤ 《资治通鉴》卷二九二后周世宗显德三年（956）二月条，中华书局1956年版，第9539、9540页。

保大十四年(后周显德三年,956)二月,周兵攻陷江都。三月,南唐以右仆射孙晟为司空,遣之与礼部尚书王崇质再次出使周,并奉上金千两、银十万两、罗绮两千匹,表示愿意除去帝号,割江北寿、濠、泗、楚、光、海六州,岁输金帛百万,只求周罢兵。但是这时战争形势有利于周,柴荣认为夺取江淮间整片土地已指日可待,仍不答应其求和条件,且扣留了孙晟。

求和不成,李璟以其弟景达为帅、陈觉为监军使、边镐为应援使,以救寿州之围。之后,又命朱元为帅,以收复淮南。

周初得淮南,大赦囚徒,革除南唐弊政。淮南人民深受南唐屯田之苦,周军到来时,纷纷出迎犒军。但是周军并未充分利用民心,却在淮南大肆掠夺。淮南人民大失所望,他们只有依靠自己的力量来捍卫家园,于是"相聚山泽,立堡壁自固,操农器为兵,积纸为甲,时人谓之'白甲军'"①。这种民心的反复,在南唐对闽、楚的战争中曾经一再出现,并导致南唐失败。在这样两国相争的情况下,一座城池的得失往往由双方军事力量的对比而决定,但统治是否能长久,则归根结底取决于能否得到人民的拥护。淮南人民纷纷起义,表明周对淮南统治失败。南唐军乘机反攻,收复了扬、舒、蕲、光、和、滁诸州。

周军退出淮南只是作战略上的收缩,其军中不乏有识见者。周淮南节度使向训在退出扬州前,"封府库以授扬州主者,命扬州牙将分部按行城中,秋毫不犯"②,扬州人民留恋这样的统治者,备军粮相送。

为再次南攻,柴荣训练水军。南唐保大十五年(后周显德四年,957),柴荣经过与宰相范质等慎重商议,再度亲征淮南。

之前由于守将刘仁赡坚守,寿州城三年来未能为周兵攻破。是年春,柴荣亲临寿州城下。这时,城内粮食已尽,刘仁赡病重,形势危急。在这关键时刻,南唐将领间发生内讧,陈觉欲夺朱元之兵,朱元一怒之下率众万余人在前线降周。周兵大败南唐军,俘虏边镐,景达及陈觉逃还金陵。寿州监军使周廷构、营田副使孙羽乘刘仁赡病重而不省人事,举城降周。

柴荣在寿州开仓赈济饥民,并下令:"赦州境死罪以下,州民受唐文书聚山林者,并召令复业,勿问罪;有尝为其杀伤者,毋得仇讼。向日政令有不便于民者,令本州条奏。"③其后,周军在淮南势如破竹,攻占泗州、濠州、楚州,南唐军一溃千里,淮河水军全军覆没。南唐已不能保住扬州,"悉焚扬州官府民居,驱其人南渡江"④。重复了当

①② 《资治通鉴》卷二九三后周世宗显德三年(956)七月条,中华书局1956年版,第9558页。
③ 《资治通鉴》卷二九三后周世宗显德四年(957)三月条,中华书局1956年版,第9567页。
④ 《资治通鉴》卷二九三后周世宗显德四年(957)十二月条,中华书局1956年版,第9575页。

年孙儒焚扬州、驱军民南渡的行径。几天后,周兵入扬州,“城中余癃病十余人而已”[①]。

后周显德五年(958),南唐改元中兴,后又改元交泰。这年三月,柴荣亲临江都,耀兵长江之上。李璟唯恐周兵渡江,急遣兵部侍郎陈觉赴扬州上表,李璟自请传位于太子弘冀,请划江为界。此后南唐尽献江北土地,包括淮南十四州以及鄂州在江北的地区。五月,南唐改用后周显德年号,奉周正朔,李璟为避周讳,更名“景”。

柴荣对淮南实行安抚政策,遣返俘获的南唐军士卒家在江南者。“敕故淮南节度使杨行密、故昇府节度使徐温等墓并量给守户;其江南群臣墓在江北者,亦委长吏以时检校”[②]。战争结束后,淮南又恢复了安宁。

丧失淮南之后,南唐失去江、淮间大片缓冲地带,金陵与后周只一江之隔。后周得到汉水流域,更便利了其水军自上游顺水而下直抵金陵,战略形势对南唐更为不利。江、淮之间是海盐的主要产地。丰富的盐产曾使南唐政府获得巨额盐税,也使南唐在对周边诸国贸易中占据有利地位。盐产的丧失不仅使唐政府失去了重要的财赋来源,并使江南日常生活用盐都需仰赖后周的供给。

南唐国势之江河日下已无可挽回,然而其时柴荣后方并未完全稳固。在周出兵淮南时,北方契丹已欲乘虚而动;在战争中势力渐强的军事将领对柴荣的地位构成潜在威胁。在南方,后蜀、南汉、吴越尚未消灭,后周兵力还不足以立时吞并所有并存政权。在征淮南时,后周不得不临时调用所俘虏的后蜀军队,结果出现了这些士兵在前线倒戈的事件。在淮南,后周军队也遭遇一些南唐将领顽强抵抗,倘若不是李璟指挥不当、任用非人,周军在淮南的进展将非常艰苦。中原军队不习水战,长江水面开阔,远过淮河,号称“天堑”,需作充分准备方可渡江作战。这些原因决定了后周不可能于当时乘胜渡江南下,灭亡南唐。柴荣就此收兵,以作修整。

显德六年(958),柴荣转告李璟:“向时则为仇敌,今日则为一家,吾与汝国大义已定,保无他虞。然人生难期,至于后世,则事不可知……可及吾时完城郭,缮甲兵,据守要害,为子孙计。”[③]这一席话体现了一位卓越政治家的审时度势与远见卓识,其作为帝王的才略与气度确实胜于出生于帝王家的李璟一筹。

李璟此后重新修固金陵城,增兵防守。终后周之世,战争终未爆发,南唐在江南又偏安了十余年。

四 中主晚期的南唐政局

淮南战争之后,李璟彻底转变了以大国自居的心态。事实上,在兵陷闽、楚之时,

---

① 《资治通鉴》卷二九三后周世宗显德四年(957)十二月条,中华书局 1956 年版,第 9575 页。

② 《资治通鉴》卷二九四后周世宗显德五年(958)三月条,中华书局 1956 年版,第 9582 页。

③ 《资治通鉴》卷二九四后周世宗显德六年(959)六月条,中华书局 1956 年版,第 9599 页。

南唐早已外强中干，不堪一击。淮南之战使这个素以大国自居的政权受到了致命打击，其统治集团的庸碌无能也暴露无遗。党与是积弊丛生的南唐政治的症结所在，军事上的惨败终于使李璟痛下决心革除党争。

李璟尚在东宫为太子时已对宋齐丘不满，只是由于自己政治上的无能，不得不对宋齐丘集团有所依赖。淮南战事结束后，南唐党争并未有所平息，相互敌对的党派反而加剧了争夺对政权的控制。战败加剧了南唐朝野对聚集在李璟身边、长期把持朝政的陈觉、李征古等人的不满，然而陈觉等并未察觉自己处境的不利，反而视战败为进一步控制权力的机会，他们甚至建议李璟将国事全部托付给宋齐丘管理。这时的李璟对丧失权力极为恐惧，陈觉、李征古的建议引发了他对宋齐丘的积怨的爆发，决心革除宋齐丘集团。

后周显德五年(958)，李璟下诏暴宋齐丘、陈觉、李征古之罪，贬陈觉为国子博士，削夺李征古官爵，二人都死于流放途中，宋齐丘被迫“归隐”九华山，不久死于当地旧宅之中。纠结于南唐中主李璟一朝的朋党之争至此稍告停息。

与此同时，南唐内政外交各方面都不得不作出相应调整。南唐君臣十分清楚，中原统治者不会以划江为界为满足，一伺时机成熟，必然会举兵渡江南下。淮南战败不久，李璟就着手加固金陵城防。然而，金陵距江北仅一水之隔，直接受到来自北方的强大军事威胁，李璟不得不考虑迁都之事，他最终选择洪州为新都。

自唐末张雄、冯宏铎据昇州以来，经过杨吴、南唐数十年的整治，六朝故都金陵早已不是唐代那种“吴宫花草埋幽径，晋代衣冠成古丘”的荒凉景象，而成为繁华冠于当时的大都市。城中分布着或豪华或精巧的皇家宫廷、园林，以及显贵们的巨宅，这些人当然不愿舍弃苦心经营的产业，李璟迁都之事在朝廷中引一片反对，唯有枢密使唐镐表示附和。封建帝王越是濒临权力的丧失，越是表现出对权力的留恋，素来懦弱无主见的李璟在此时表现出异乎往常的决断，他决心已下，率百官众臣由水路溯江而上，其君臣一行声势浩荡，“旌麾仗卫，六军百司，凡千余里不绝”①，南唐此时经历战争重创之余，财力困顿，李璟做出如此规模巨大的迁都行动，无疑又给沿途人民增添了负担。

洪州地处长江上游、南唐统治腹地，当时与外界联系以水路为主。从金陵赴洪州，须溯长江而上，过彭蠡湖(今鄱阳湖)进入赣水(今赣江)方能抵达。若以此为基地，先实行退缩防守战略，养精蓄锐，凭借上水之有利地形及南唐水军之优势，等待时机，以图中兴，也不失为一条可行的权宜之策。

五代十国时期的各个政权虽被称为“国”，其实只是那些政权的统治者们经过复

---

① (宋)陆游:《南唐书》卷二《元宗本纪》，见《南唐书(两种)》，南京出版社2010年版，第233页。

杂的政治、军事斗争,在一定地域内建立的地方割据,除去其统治集团的利益之外,并无更为深刻的道义、民族纽带,绝大部分臣僚更为关心的是自身的政治、经济利益,而对帝王并无效忠之心。至于封建统治下的人民,他们作为被统治者,王朝的兴亡与其并不相干,他们所能希望的只是统治者能相对减轻剥削,后周与南唐交战时,淮南人民的两次倒戈即证明了这一点。

随李璟迁至洪州的南唐百官无心与他共患难,不时抱怨洪州的居所迫隘,生活困难,无法与金陵相比。

李璟当初年少气盛,慨然而有定中原之志,到这时丧师失地,被迫退缩至洪州一隅,且招至满朝怨声,便彻底灰心丧气。迁都并未达到预定的目的,李璟也流露出悔意,他有时回望金陵方向,不禁潸然泪下,其仆从只能以屏风挡住他的视线。建隆二年(961)六月,李璟在战败的屈辱及抑郁中去世。这个从未作出过明智战略决断的国主似乎预见到了南唐终将灭亡的结局,其遗命要求后人留葬于当地,仅累土数尺以为坟,留下遗令说:“违吾言,非忠臣孝子。”①但是其继承者、南唐后主李煜并未遵守这一“遗令”,而是将他移葬在金陵。

第四节　南唐的灭亡

一　李煜继位后的内外局势

李璟去世,太子李煜继承其国主之位。李煜原名从嘉,是李璟第六子,本与王位无缘,但李璟晚年南唐宫廷内部的一场变故,却将这个“生于深宫之中,长于妇人之手”②的王子推到了政治舞台的中心。

在封建专制王朝内部,统治者之间争权夺利、甚至亲族互相残杀是常见之事。南唐李氏王族维持着和睦孝悌的表象,实则内部已危机重重。早在李昪去世之时,李璟兄弟就为王位展开了明争暗斗,李璟以嫡长子的优势得以继位,为安抚诸弟,他在李昪灵柩前定下兄弟传国之盟,立景遂为太弟。而景遂时时展现出文才武略,一直是李璟的潜在威胁。

十数年后,李璟诸子渐次长大成人。其长子李弘冀处事果敢,颇有政治抱负。显德三年(956),南唐与后周交战,吴越乘势夹攻常州,弘冀助柴克宏击败吴越,初显将

---

① (宋)陆游:《南唐书》卷二《元宗本纪》,见《南唐书(两种)》,南京出版社2010年版,第233页。

② 王国维:《人间词话》,见唐圭璋编:《词话丛编》,中华书局1986年版,第4242页。

才，而后被立为太子。弘冀一反李璟的软弱，以强硬手腕治理国政，取得了一定成效。然而李璟认为弘冀过于专断善杀，不喜其作风，便以欲传位景遂来逼迫弘冀改变作风。弘冀感到来自叔父的强大威胁，深恐太子之位不保，遂秘密遣人鸩杀景遂。然而不久，弘冀也染疾身亡，而从嘉以上诸兄皆早夭，从嘉以次子受封吴王，任尚书令，知政事，入居东宫。李璟迁都洪州，立从嘉为太子，留居金陵监国。李璟去世，从嘉继位，更名为煜，也就是文学史上著名的词人——南唐李后主。

李煜继位时，南唐虽早已向中原称臣纳贡，山河残破，元气大损，但仍有一线生机。就在南唐朝廷发生一系列变故之时，中原政权也发生了重大更迭。周世宗大胜南唐而全有江淮之间土地之后，转而挥师北上，以图恢复后晋时落入契丹之手的幽州。然而，他未能如愿完成统一宏业，于显德七年(959)壮年去世。次年，后周殿前都点检赵匡胤在部将的拥戴下，于陈桥驿发动兵变，窃取帝位，定国号为"宋"，改年号为"建隆"，创建了新的王朝。

此时长江以北，宋与辽及辽支持下的北汉并存，日益强大的辽政权对中原觊觎已久，它的存在极大地牵制了宋的军事力量。赵匡胤当政之初，其当务之急是稳固统治，力避前朝将帅拥兵自立的覆辙。长江天堑为中原政权与南唐之间的天然屏障，宋军此时还未占据渡江作战的有利地理形势，也不具备足够的水军力量，这就决定了新创建的宋政权不可能立即倾兵南攻，南唐还有喘息、休整的机会。

然而，此时南唐国内形势已相当危急。李煜继位后，为其家国社稷计，同时出于封建帝王的建功立业的本能，欲在政治上有所建树。此时又正值南唐朝臣新旧交替之时，李煜给老臣以足够的尊重。自淮南战败及中主去世后，南唐朝野充斥着悲观颓丧的气氛，李煜一方面希望借助老臣的威望重振人心，另一方面也想得到老臣支持，以确立自己的威信。

军功累累的何敬洙被授予"右卫上将军"之衔，封芮国公。他去世时，李煜下令废朝三日，以示哀悼。对于在淮南战事中弃江都化装而逃的冯延鲁，李煜也重新给予礼遇，"尝宴内殿，后主亲酌酒赐之，饮固不尽，诵诗及索琴自鼓以侑之"①。

韩熙载在杨吴时代就投奔江南。然而，其政治主张与李昪的战略思想不符，未受重用。他与宋齐丘集团互不相容，加之生活作风放荡不羁，不仅未被先主、中主重用，反而几次受贬，其政治抱负一直不得施展。韩熙载在南唐虽仕途不畅，然而他才华横溢，颇受当时士人的仰慕。李璟统治末年，宋齐丘集团失势后，韩熙载已开始受到任用。显德五年(958)十二月，后周兵部侍郎陶谷出使南唐。韩熙载出面接待，在他主

---

① (宋)陆游:《南唐书》卷一三《冯延鲁传》，见《南唐书(两种)》，南京出版社2010年版，第299页。

持下，南唐众臣面对宗主国使臣不卑不亢，使刚刚割地称臣的南唐不至颜面输尽。李煜一开始就打算起用在南唐朝野具有很高影响力的韩熙载，所以继位不久，便授韩熙载吏部侍郎之职。开宝元年（968），韩熙载任中书侍郎、百胜军节度使。韩熙载抑郁不得志多年，也正希望乘此良机，施展抱负，他积极地参与国政。建隆二年（961）十月出使宋。乾德二年（964），南唐始铸铁钱，每十钱以铁钱六杂铜钱四就是韩熙载的建议。开宝二年（969），李煜出猎，归途中路过大理寺，兴致所至，亲理囚犯，原贷甚众。韩熙载立即上奏称："狱讼，有司之事，囹圄之中，非车驾所至。请捐内帑钱三百万，充军资库用。"李煜欣然接受，且批示道："绳愆纠谬，其熙载之谓乎。"①

但是，南唐政局不可能像韩熙载所希望的那样发展。新的权势集团正在形成。在封建时代，每当新主当政，不可避免地要将一班自己的亲信引入政坛。李煜留守金陵做太子时，身边簇拥着一群幕僚，李煜酷爱文学，故这些人中以文人居多。李煜继位后，这些人地位日隆，有的得以进入南唐政治机构的最高层，其中以潘佑、张洎最有名。

潘佑，中主时即以"文章议论，见推流辈"②。李煜在东宫开崇文馆招贤，潘佑参与其间，其文采深得李煜赏识。潘佑一时间深受重用，常负责起草重要文书，李煜对他以"潘卿"相称。张洎，在中主时代已引起李璟注意，任清晖殿学士。然而他恃才骄纵，受到游简言等老臣的排挤，不得跟随李璟左右，改而辅佐太子李煜。李煜继位，其地位也日益显赫，由工部员外郎升至舍人，参与朝廷最高机密的商讨，逐渐成为李煜最为倚重的亲信之一。

这些新进权贵与原先已占据要位的老臣之间不可避免地要展开争斗。徐铉、徐锴兄弟学识广博，在南唐久负盛名，而潘佑对二人颇不以为然。开宝二年（968），李煜迎娶继室小周后，命中书舍人徐铉与知制诰潘佑共同议定婚礼仪制。徐铉援引古制，认为鼓乐应从简；潘佑却投李煜所好，主张铺张。二人相持不下，请朝中元老徐游裁定。

徐游是徐温之孙，其父徐知诲助李昪战胜徐知询有功，故子孙在南唐受到特别尊重。徐游爱好文艺，平素跟随中主、后主嬉游、宴乐，善于揣摩国主心理，以巩固自身地位；加之其家族与南唐皇室的特殊关系，所以他深受恩宠，地位远远高于一般朝臣。在徐游看来，潘佑方受国主宠信，且婚礼大肆铺张也正是李煜本意，所以权衡之下，支持潘佑。婚礼在他们操持下，极尽豪奢。徐铉、韩熙载等作诗嘲讽。

新贵之间也为争权夺利，互相倾轧。张洎、潘佑原先同为中书舍人，颇有交情，此

---

① （宋）马令：《南唐书》卷五《后主书》，见《南唐书（两种）》，南京出版社2010年版，第45页。

② （宋）陆游：《南唐书》卷一三《潘佑传》，见《南唐书（两种）》，南京出版社2010年版，第311页。

时逐渐交恶。张洎更为老到世故，逐渐与徐铉接近，地位日渐巩固，且不断上升。潘佑渐陷孤立。李煜表面上待潘佑甚为亲厚，而事实上一直尚未让他进入最高权力集团。恃才傲物的潘佑对此极为不满，数次上书进谏，力陈李煜用人有误，且自请去职还乡。李煜竟罢免其职，唯命他专修国史。潘佑愤而第七次上书，用辞激烈，言称：

> 三军可夺帅也，匹夫不可夺志也。臣乃者继上表章，凡数万言，词穷理尽，忠邪洞分。陛下力蔽奸邪，曲容谄伪，遂使家国愔愔，如日将暮。古有桀、纣、孙皓者，破国亡家，自己而作，尚为千古所笑。今陛下取则奸回，败乱国家，不及桀、纣、孙皓远矣。臣终不能与奸臣杂处，事亡国之主。①

潘佑这最后一次上书终于激怒了李煜。李煜处理君臣关系的手段与南唐先主、中主截然不同。李昪战胜政治对手，得益于其幕僚们的出谋划策，因而深知彼此间相互依存的关系。建南唐后，李昪与幕僚的关系转变为君臣关系。他一方面尊重旧时幕僚；另一方面，又有足够的政治权威和手段协调群臣、为己所用。李璟懦弱无主见，长期困于党争，往往为群臣所左右。直至淮南惨败，才痛下决心，铲除宋齐丘党人。尽管如此，从先主至中主，南唐君臣间一直维持着较为宽松的关系。李煜虽政治才能有限，却刚愎自用。正如潘佑所言，这时的南唐内忧外患交困，李煜也能感到自己一国之主地位的摇摇欲坠。他深惧丧失权力，潘佑毫无顾忌的措辞直指其痛处，也大大刺伤了其自尊心，加之潘佑政敌从旁挤兑，李煜勃然大怒，开宝六年(973)十月，欲治潘佑之罪。适逢李平改革失败，而潘佑素与李平交好，李煜又迁怒于李平，欲将二人一并收付刑狱。潘佑闻讯后自尽于家中，李平也在狱中被缢死。

同年，李煜还鸩杀了名将林仁肇。林仁肇原为闽将，闽亡后，归南唐。周与南唐淮南战争时，林仁肇于正阳一役中表现出卓越军事才能，而后历任南唐镇南军节度使、宁国军节度使、南都留守及南昌尹等职。林仁肇谙熟用兵之道，开宝四年(971)，宋伐南汉，林仁肇秘密与李煜分析形势，称当时宋淮南诸州守备空虚，宋军连年征战，又长途奔袭岭南，必定劳顿，正是有机可乘之时。林仁肇要求李煜准其佯称叛唐降宋，据兵过江，依靠心系故国的淮南人民，攻宋不备，收复淮南。同时要求将自己的家人留在南唐为质，如果事败，请族其家，以示李煜事先不知内情。李煜认为当时宋已成大军压境之势，不宜轻举妄动，不敢采纳林仁肇之策。林仁肇献计不成，却因而引起了李煜的不信任。

---

① (宋)陆游:《南唐书》卷一三《潘佑传》，见《南唐书(两种)》，南京出版社 2010 年版，第 312 页。

作为将军，林仁肇与士兵均食同服，体恤下属，威望很高。他是南唐末年为数不多的既有才略又能为国尽心尽力的将领之一，赵匡胤对他十分忌惮。然而，南唐内部一些将领也嫉妒林仁肇的才干，他们向李煜进言，称林仁肇与宋有往来。赵匡胤得悉此种内情，乘机离间，向留质于宋都汴京的李煜之弟、南唐南楚国公李从镒透露说林仁肇即将降宋。消息传至南唐，李煜竟信以为真，秘密使人鸩杀林仁肇。国难当头而杀重要将领，此举无异于自毁长城。林仁肇死后，枢密院使陈乔叹道："事势如此，而杀忠臣，吾不知其死所矣！"①

一年之内连杀三位大臣的事件，在群臣中引起了强烈震动，其中尤以潘佑之死影响为大。潘佑与张洎之争，就实质而言不过是统治阶级内部争权夺利的斗争。潘佑长期跟随李煜左右，处心积虑以博李煜欢心。在国家经济十分困难的情况下，他为了迎合李煜心意，操办奢华婚典；又奉旨起草书信，约南汉一起奉宋为正朔，为此煞费苦心，赢得了李煜的赞赏，而其中言辞殊无骨气可言。在南唐政治、经济状况日益恶化的情况下，南唐朝野对大权在握的张洎等人的不满与日俱增，而潘佑这个权利之争的失败者反而受到了人们的同情，当时的诗人刘洞作诗悼念，其诗被广为传颂，许多人闻之而泣下，人们实际上是以这种方式表达对当权者的不满。

李煜的独断专行暴露了他作为一个封建君主的专制本性，使群臣人人自危。其行为将他自己推到了全体臣民的对立面，一些真正有志报国者对国家前途已彻底绝望。

早在潘佑、李平、林仁肇去世前，一些有识之士已预见到南唐必将灭亡。后主继位之初，韩熙载曾试图有所政治作为，而局势的发展使他意识到无论如何努力，都不可能挽回局势，并且自己来自中原，若久处争权夺利的政坛，势必会引起李煜的疑心，以致招来祸患。这位久历政坛风雨，世事洞明的老臣当初南奔的主要目的是为了实现个人政治抱负，而不是为了效忠李氏政权。此时，在他看来唯有退而保全名节才是明智之举。于是，韩熙载刻意放纵行为，"蓄妓四十辈，纵其出，与客杂居，物议哄然"②。李煜几次欲起用韩熙载为相，终因他行为过于放纵而作罢。韩熙载私下对门人道："吾为此以自污，避入相尔。老矣，不能为千古笑端。"③开宝三年(970)七月，这个虽始终未在南唐官居显要，却对其政治、文化产生了重要影响的老臣在遗憾中去世。

廖居素是历先、中、后三朝的老臣，为人刚正不阿，因而任校书郎二十年不得升

---

① (宋)马令：《南唐书》卷一二《林仁肇传》，见《南唐书(两种)》，南京出版社2010年版，第98页。

②③ (宋)陆游：《南唐书》卷一二《韩熙载传》，见《南唐书(两种)》，南京出版社2010年版，第305页。

迁。李煜继位后，才任为琼林光庆使。他感愤于时事，慷慨进谏，李煜不为所动。廖居素于是"闭门却食，朝服衣冠，立死井中"，留下手书称："吾之死，不忍见国破也。"[①]

徐锴，字楚金，博学多才，与其兄铉在南唐齐名，人称"二徐"。为人率真，恪尽职守而不谙官场之道。后主时历任屯田郎、知制诰、集贤殿学士等职，四次负责贡举，选人得当，备受时人赞誉。官居集贤殿时，广泛收集图书，南唐藏书为同时诸国之最，徐锴功不可没。李煜称赞徐锴道："群臣勤其官，皆如徐锴在集贤，吾何忧哉！"[②]眼见国势每况愈下，徐锴忧愤染疾，临终时对家人说："吾今乃免为俘虏矣。"[③]这时是北宋开宝七年（974）七月，南唐亡国已为时不远。

二　财政危机

李璟给李煜留下了一个棘手的经济局面，李煜面对的最大经济问题是财政窘迫。南唐前期，地跨江、淮，有茶、盐、米、丝之富，自然条件在同时并存的诸政权中得天独厚。经过杨吴及南唐先主时期的克勤克俭、苦心经营，南唐府库日渐丰盈。然而一个建立在经过战争重创之地上的偏据小政权，短短数十年的经营，一定程度上只是使遭受战争摧残的社会经济有所恢复。中主时代，兵连闽楚，"未及十年，国用耗半"[④]。其后淮南之失，更使南唐经济一蹶不振。

战败后，南唐不得不承担对中原的巨额贡赋，仅显德五年（959），冯延巳使周纳贡，一次即献银、绢、钱、茶、谷共百万。当时还规定，南唐须岁输土贡数十万。及李煜继位后，为赢得宋朝欢心，贡奉更为殷勤，"煜每闻朝廷出师克捷及嘉庆之事，必遣使犒师修贡。其大庆，即更以买宴为名，别奉珍玩为献。吉凶大礼，皆别修贡助"[⑤]。换言之，南唐要以原先的一半土地，承担加倍的财政负荷，其国库不堪此重负。后主后期，急需向宋入贡，政府一时难以筹措贡物，不得不从金陵富民石守信家强购大量绢帛[⑥]，才稍解燃眉之急。

财政窘迫，带来一系列经济混乱。连年战事，使南唐府库中多年积累的钱货耗用殆尽。对中原称臣后，南唐又承担起巨额岁贡，发生严重钱荒。南唐因袭唐代旧制，在饶州置永平监、池州置永宁监、建州置永丰监，每岁铸钱，通行唐开元通宝钱。显德六年（959），李璟采纳钟谟建议，始铸大钱，以当开元钱十，称"永泉通货"，又铸"唐国

---

① （宋）陆游：《南唐书》卷九《廖居素传》，见《南唐书（两种）》，南京出版社 2010 年版，第 287 页。

②③ （宋）陆游：《南唐书》卷八《徐锴传》，见《南唐书（两种）》，南京出版社 2010 年版，第 249 页。

④ （宋）佚名：《钓矶立谈》，丛书集成初编本。

⑤ 《宋史》卷四七八《南唐世家·李煜传》，中华书局 1977 年版，第 13858 页。

⑥ （宋）陆游：《南唐书》卷八《睦昭符传》，见《南唐书（两种）》，南京出版社 2010 年版，第 278 页。

通宝”,以一当开元通宝二;另铸“大唐通宝”,都与开元通宝并行。这年底罢铸大钱。北宋建隆元年(960),李璟准韩熙载之请,始铸铁钱。北宋乾德二年(964),铁钱始行,其钱大小如开元通宝,由徐铉篆文,“每十钱以铁钱六权铜钱四而行”,自此南唐铁钱盛行。

几次币制改革都未能缓解钱荒,反而引起民间私铸钱币之风盛行。大钱虽已罢铸,但仍通行不废,民间纷纷盗铸。如唐国通宝,初时一千钱约重三斤十二两,数年以后民间盗铸者一千钱仅重一斤余,以至“以一文置水上不沉”①。铁钱始铸后,盗铸之风更盛,“诸郡之民盗铸者颇多而轻小,环外芒刺,不及官场圆净”②。南唐政府几次欲严令禁止,下令将抓获的盗铸钱币者流放至偏远郡县,然而仍难奏效。与此同时,民间还纷纷藏匿铜钱,仅以铁钱进行贸易,铁钱对铜钱的比值甚至达到了以十抵一。至南唐末年,诸郡所积铜钱累计六十七万缗。这也反映了在严峻的政治、军事形势之下,南唐民间普遍的危机感日益加深。币制混乱,给南唐带来了通货膨胀之恶果,“铁货益轻,不胜其弊”③,物价因此而飞涨。在这一浪潮冲击下,南唐财政更为困难。李煜政府只有将沉重的财政负担转嫁到人民身上,使人民更为贫困。

在割地之前,南唐的江淮之间是重要的海盐产地,江南又盛产稻米丝帛。自李昪时代起,南唐政府将茶、盐抑配给百姓,令百姓缴纳稻米、缣帛以充其值,这一政策符合南唐国情,也促进了农业生产的发展。其税收中有盐米一项,即“每正苗一斛,别输三斗于官廪,授盐二斤,谓之盐米”④。割地之后,南唐失去了淮南盐产地,政府无法向百姓支盐,却仍令百姓输盐米如初。

其时,南方诸政权多面临财政入不敷出的困境,百姓承担着空前的苛捐杂税。如盐博䌷绢加耗、丝棉户口盐钱耗、率分纸笔钱、祈生望户钱、申料丝盐博绵公用钱等,社酒、莲藕、鹅鸭、螺蚌都成为征税对象。有记载称,“供军须则有鞋钱”⑤,“江湖及池潭陂塘聚鱼之处,皆纳官钱,或令人户占卖输课,或官遣吏主持”⑥。南唐末期的苛捐杂税一直延续到宋代,“江南诸州小民,居官地者有地房钱,吉州缘江地虽沦没,犹纳勾栏地钱,编木而浮居者名水场钱,皆前代弊政”⑦。并有传说称,李煜当政时,“国用不足,民间鹅生双子,柳条结絮皆税之”⑧。历代有人对这条史料的可信度表示怀疑,

---

①② (宋)龙衮:《江南野史》卷三《后主》,影印文渊阁四库全书本。

③ 《宋史》卷四七八《韩熙载传》,中华书局 1977 年版,第 13866 页。

④ (清)吴任臣:《十国春秋》卷一六《南唐·元宗本纪》,中华书局 1983 年版,第 231 页。

⑤ (元)马端临:《文献通考》卷四《田赋》,中华书局 1986 年版,第 53 页。

⑥ (元)马端临:《文献通考》卷一九《征榷》,中华书局 1986 年版,第 186 页。

⑦ 《宋史》卷二六五《张齐贤传》,中华书局 1977 年版,第 9152 页。

⑧ (宋)邵伯温:《邵氏闻见录》,中华书局 1983 年版,第 116 页。

无论其中所述是否确切，它至少说明了人们对李煜时代沉重赋税印象之深。

与国家财政艰难、人民负担沉重相对照的是以李煜为代表的南唐显贵们纵侈无度的生活。一个人的生活习性与其成长经历密切相关。李昪曾是个辗转流离于战火中的孤儿，即位称帝后，生活俭朴而不以为苦。而李煜生长于帝王之家，钟鸣鼎食的生活养成了其喜好奢侈的习性，继国主位后更将全国的财富、人民的血汗当作享受的资本。他生活豪奢，与其祖父迥然不同。

且看李煜宫中陈设："尝于宫中以销金红罗幕其壁，以白银钉玳瑁以押之。又以绿钿刷隔眼，糊以红罗，种梅花于其外。""每七夕延巧，必命红白罗百匹以为月宫天河之状，一夕而罢，乃散之。"①"李后主每春盛时，梁栋窗壁柱栱阶砌，并作隔筒密插杂花，榜曰锦洞天。"②

李煜"性骄侈，好声色"③，颇多内宠，其宫女生活之奢华冠绝当时，后代对此也有记载："马亮尚书典金陵，于牙城艮隅掘地得汞数百斤，鬻之以备供帐。其地乃伪国德昌宫，遗此铅华之灰积也。"④"本朝修李氏宫，掘地得水银数十斛，宫娥弃粉腻所积也。"⑤南唐经济状况已十分恶劣，为了满足这样的奢侈生活，李煜等只有加重对人民的压榨。直至一百余年以后，江南人民仍对李后主时代的苛捐杂税有深刻的记忆，宋人笔记有记载称："予里中有僧寺曰南华，藏杨、李二氏税帖，今尚无恙。予观行密时所征产钱，较之李氏轻数倍。故老相传云：煜在位时纵侈无度，故增赋至是。"⑥

李煜试图采取措施缓解财政困难。卫尉卿李平上书请复井田之法，欲勒令豪民退还强买的贫户土地，且依照《周礼》造民籍，复造牛籍，课民农桑。李煜非常赞许，任命李平为司农卿，推行其法。土地兼并是历代封建王朝都试图解决而难以解决的社会问题。这一问题一方面体现了豪强地主掠夺农民赖以生存生产的土地，使农民更为贫困化的过程；另一方面也体现了封建政权与地主阶级之间争夺土地与人口的斗争。从现存史料来看，当时南唐由土地兼并而引起的农民与地主之间的矛盾并不十分尖锐。可以认为，李煜此举的主要目的是通过重新调整土地、户口关系以扩大赋税来源。事实上，这种企图强行打破现有土地经济关系而迫使其重组是不现实的。加上李平贪功求成，招致南唐社会既得利益集团的强烈抵制，这一尝试以失败而告终。

---

① （宋）佚名：《五国故事》卷上，影印文渊阁四库全书本。

② （宋）陶谷：《清异录》，丛书集成初编本。

③ 《新五代史》卷六二《李煜传》，中华书局 1979 年版，第 779 页。

④ （宋）田况：《儒林公议》卷下，丛书集成初编本。

⑤ （宋）曾极：《金陵百咏·李氏宫》，影印文渊阁四库全书本。

⑥ （宋）曾敏行：《独醒杂志》卷一，丛书集成初编本。

三 北宋的统一与南唐的灭亡

正当南唐政治、经济形势日益颓败之时，赵匡胤在中原的统治则日益稳固。中原虽已改朝换姓，而统一全国则是其统治者的夙愿。赵匡胤时刻在积聚力量，随时准备举兵南下。

其时，南方政治格局也略有变化。前蜀、闽、楚早已灭亡，原后唐将领孟知祥在前蜀的原有土地上又建立国号为“蜀”的政权，史称“后蜀”；原楚将周行逢在朗州拥兵自立；原闽将留从效名义上为南唐清源节度使，实际上他占据之下的泉州为一独立政权。这些南方先后存在的政权在草创之初，只有南唐以大国自居，其余皆以能乘中原混乱之机而独据一方土地为侥幸，根本无意与中原政权一争高下，甚至未为自己的政权作长久之计。当政权辗转传至其后继者手中时，这种立国思想更退化为毫无政治抱负的及时行乐的处世态度。当年，这些政权的开创者们在开疆拓土之余，尚能稍稍顾念民生，这是他们有别于同时代旋起旋灭的大小军阀，屡经战乱而得以裂土为王的重要因素之一。由于拥有富庶的土地和相对稳定的社会环境，数十年间，南方诸国的经济文化都有了发展。然而新一代的统治者们生于安乐、长于富贵，习惯于将土地、人民视作私有财产，肆意挥霍先辈积累下的财富，在他们的统治下，南方诸国的社会矛盾又趋于激化。

钱氏吴越，为达到结交中原以与南唐相抗衡的目的，每年要向中原贡奉大量财物，甚至不惜远道泛海进贡。为满足自己的奢侈生活及北上贡奉的需要，吴越统治者对人民进行了残酷压榨，“下至鸡鱼卵，必家至而日取”①，对无力缴纳者施以笞刑，“少者犹积数十，多者至笞百余，人尤不胜其苦”②。南汉主沉溺于神仙鬼道，无故诛杀亲族，将政事全然交给宦官龚澄枢与宫女卢琼仙处理，其残暴愚昧，堪称同时诸国主之最。后蜀孟昶君臣凭借西蜀的险要地形，“务为奢侈以自娱，至于溺器，皆以七宝装之”③。

中原日益稳定与强盛，意味着南方小国已到了生死存亡的紧要关头。南方君臣虽然意识到了这一点，他们留恋即将失去的乐园，但并不因此而力图在政治上有所作为，而是以加倍的醉生梦死来面对严酷的现实。南方诸君的颓废奢靡与中原统治者的励精图治形成了鲜明的对比。

南方总的土地面积及总体经济实力虽超过中原，但各自为政、互为牵制的诸国难

---

①② 《新五代史》卷六七《吴越世家·钱镠传》，中华书局1979年版，第843页。

③ 《新五代史》卷六四《后蜀世家·孟昶传》，中华书局1979年版，第805—806页。

以与统一的中原在政治、军事上全面抗衡，统一已成为不可逆转的历史潮流。

宋采用后周王朴《平边策》中的先南后北的统一方略，以平定南方为其统一战争的开端。就地形及统治力量而言，荆南及楚国故地是南方最易攻取之处。

荆南地处洞庭以北、汉水以西，在十国中最为弱小，其都城江陵（今湖北荆州市）自古便是军事要地。在这全国分裂之时，它又成为沟通南北的交通要道。荆南地理位置介于中原、南唐、蜀、楚等几个较大政权之间，地狭兵弱，甘居大国附庸，以在各政权间谋取平衡。

宋建隆三年（962），占据楚国故地的周行逢去世，其子周保权继位。衡州刺史张文表不服，起兵攻取潭州，直指朗州。周保权一面抵抗，一面求援于宋。

乾德元年（963），赵匡胤乘周保权邀其出兵之机，开始了其统一南方的战争。宋军取道荆南，向荆南国主高继冲借道江陵城外。这实际上是暗示高继冲主动归降。荆南大将李景威力劝其主宋军不可轻信。荆南判官孙光宪一语说透当时形势："汝峡江一民尔，安识成败，且中国自周世宗时，已有混一天下之志，况圣宋受命，真主出邪！王师岂易当也！"[①]高继冲听从其劝告，出城外迎接宋军。宋军旋即占领荆南都城。高继冲不得不主动纳降，被改任宋节度使。同年，高继冲举族赴宋京汴梁，荆南亡国。宋军过荆南继续南下，顺利进入朗州，周保权亦举族赴汴梁。

荆南、楚国当时并称荆、楚，地扼长江中游，有洞庭湖之广阔水域，汉水、湘水等大河流经其间。宋占领当地后，上可进军后蜀，下可出兵南唐，也切断了日后战争中蜀和南唐可能产生的联系，并且从此拥有了训练水军的良好基地，可扭转水战劣势。

随后，赵匡胤举兵西向攻蜀。几十年间，后蜀经济文化在前蜀基础上又有新发展，宰相毋昭裔刻印九经，这在印刷史上有重要意义。蜀中词人被后人称作"花间派"，这是中国文学史上的一个重要流派。后蜀统治抵抗外敌的最有利条件是其较为闭塞的地理形势，但其军事力量并不强大。后蜀后主孟昶，毫无政治进取心，生活奢侈，荒疏朝政。其国虽有较强经济实力，却不堪一击。在宋连取荆湖后，后蜀统治者始意识到处境之危险，试图与北汉联合以夹击宋。这正给了赵匡胤出兵之名。乾德二年（964），宋分水陆两军攻蜀。仓促应战的蜀统治集团充分暴露其腐朽，其太子奉父命率精兵数万守剑门关，携其宠姬、伶人等数十人同行，为时人嗤笑。蜀军连战连溃。面临败势，有蜀臣劝孟昶坚壁抵抗，而孟昶长叹道："吾与先君以温衣美食养士四十年，一旦临敌，不能为吾东向方放一箭，虽欲坚壁，谁与吾守者也！"[②]随后降宋，次年

① 《新五代史》卷六九《南平世家·高继冲传》，中华书局1979年版，第860页。

② 《新五代史》卷六四《后蜀世家·孟昶传》，中华书局1979年版，第807页。

赴宋京，不久客死汴梁。

此时，乘中原乱世独占岭南的南汉刘氏政权是南方唯一不向宋称臣的政权。乾德四年(966)，赵匡胤命李煜劝南汉同奉宋为正朔。南汉拒不称臣，反而扣押了南唐使臣，且向李煜去信，痛斥其软弱，宣布与南唐绝交。李煜无奈，只得将南汉之信上交赵匡胤。

连续占领荆、楚、蜀后，宋与南汉之间的地理障碍日益减少。开宝二年(969)，宋潭州防御使潘美出兵征南汉，连克韶、桂、连、贺四州，愚昧的南汉主刘𬬮这时竟高兴地说："昭、桂、连、贺本属湖南，今北师取之，足矣，其不复南也。"①次年，宋军长驱直入，南汉主焚府库宫殿，携珍宝欲逃入海中而不得。不久，宋军直抵广州城下，南汉主素衣白马出降，南汉灭亡。

在宋完成对荆、楚、蜀、岭南的一系列征伐后，南唐已在北、西、南三面与宋接壤，而东面的吴越恰是其宿敌，南唐事实上已陷入四面重围之中，形势岌岌可危。

北宋建立后，南唐以原先事周之礼事宋，建隆元年(960)十月，原后周淮南节度使、据守扬州的李重进起兵反宋。扬州关系到整个淮南的得失，赵匡胤亲自率军平叛。李重进向江南李璟求援，但李璟再也没有收复失地的雄心，拒绝出兵相救。这年十一月，李重进兵败，宋重新控制了有重要政治意义的扬州。

李煜从继位之日起，就彻底放弃了大国之尊，谨慎事宋。建隆二年(961)六月，李煜遣中书侍郎冯延鲁使宋，奉表请求袭位。在这一篇表中，李煜以极其谦恭的词句表现了在宋强压之下的恐惧和恳求哀怜。南唐建国之初，李昪虽以李唐皇室苗裔自居，而实际上对其国力有正确的估量，未在政治、军事上有所轻举妄动；中主李璟继位之初，认同了大唐苗裔的身份，一度雄心勃勃，幻想成为真正的天子，而战败的现实使他不得不重新估价自己；自李煜始，南唐彻底放弃了大国之尊，将自身定位于中原王朝的诸侯之一。

继位国主时，李煜于御宫门立金鸡，并降赦诏，这些皆属天子登基之礼。消息传至汴梁，赵匡胤责问驻汴梁的南唐使臣陆昭符。陆昭符从容应对，称其为怪鸟，而非金鸡，赵匡胤遂不再追问。

此后，南唐君臣更是处处小心，除例行的巨额朝贡外，在礼仪制度上也有很大改变。在中主后期，南唐对中原仅是以臣自称，其余制度维持原样。自后主始，每当中原使臣到来，李煜立即换下象征帝王的黄袍，而换上紫袍，以示臣子身份。至中原使臣离去才换回黄袍。

---

① 《新五代史》卷六五《南汉世家·刘𬬮传》，中华书局1979年版，第817页。

随着宋对南方战争的节节胜利，李煜事宋更为恭敬。宋军灭荆南、湖南，南唐遣使携贺礼前往犒师。此后，每有宋使到来，李煜都下令除去殿阙上作为皇帝居处标志的鸱吻，使臣离去，再恢复如初。

与李璟一样，李煜对宋的臣服只是慑于宋的武力威胁。在表面上对宋唯命是从的同时，他竭力保全其一国之主的地位。李煜理所当然地将其政权当作其祖传家业，大敌当前，他首先考虑的是绝不能使祖业从自己手中丧失。李煜希望名义上虽为中原王朝的臣属国，而实际上仍能君临一方。但是，全国局势的发展表明，他的这种希望很可能只是一种幻想。李煜不得不做一些战略防守准备。

割地之后，特别是在宋取得荆、楚之后，自西北沿长江而下成为进攻南唐的最佳路线。因此南唐着力训练水军，于建隆二年(961)设龙翔军练习水战。在战略布防上，则侧重于今江西一带。南唐在鄂州设有武昌军，在环彭蠡湖的江州设奉化军，南都洪州设镇南军。李煜继位后将南唐得力的将领朱匡业、林仁肇、朱令赟相继调任至这些防御重地。

后周、宋对南唐的两次战争实则是中原王朝对南方各地政权的统一战争的两个阶段。在第一阶段，即后周对南唐战争中，周世宗柴荣采取的是王朴《平边策》中所述的以征淮南为统一战争第一步的方略，但是后周几经周折才占取南唐国土之半。淮南战争虽以南唐的惨败告终，但也使中原统治者认识到南唐之不易攻取。赵匡胤曾亲历淮南战争，在具体对南方各政权的作战中，则采取了与《平边策》相反的战略，其统一战争由征讨南唐周围政权开始，逐渐对南唐形成包围之势。

赵匡胤对南唐实行恩威并施之策。在军事上，宋以咄咄逼人之势，大举灭荆南、后蜀、南汉等国，且积极为征南唐作准备。中原军队习惯在平原旱地作战，而长江以南的南唐辖地丘陵纵横、河湖密布，地形显然不利于宋军。为此，赵匡胤于乾德元年(963)始造战舰。同年，他特意拿出内府钱，在汴梁朱明门外开凿大池，引蔡水注入池内，且造数百艘楼船，精选士卒，组成号称“水虎捷”的水军，加紧操练。攻取荆南后，宋军水战的弱势也逐渐转变。

在外交上，赵匡胤对南唐却显得很宽厚。李璟去世，赵匡胤应允了李煜的请求，恢复其父帝号。李煜树金鸡庆贺继位，赵匡胤最终只是一笑置之。南唐是宋的臣属国，照常理，宋对南唐所下诏书可直呼李煜之名，而赵匡胤对李煜所下诏书中，一直不直呼其名，以示尊重。李煜曾上表“乞罢诏书不名之礼”，而赵匡胤不许。每逢南唐节庆，宋都遣使祝贺，且时常赐予南唐当地所缺乏的羊、马等物。

赵匡胤采取恩威并施之策，一方面稳住了南唐，可集中兵力先灭其余诸国，避免了东西两路同时作战；另一方面，随着其节节胜利，宋在地理、人力、物力上已占据绝对优势，胜负之势已十分明朗。赵匡胤希望李煜面对现实，不战而降。

宋对南唐频频暗示。开宝六年(973)，宋学士卢多逊出使南唐。声言宋主已得天下其余诸地图经，独缺江东图经，希望南唐献上，其用意十分明显，李煜未应允。次年，宋遣阁门使梁迥至南唐，称："天子今冬行柴燎之礼，国主宜往助祭。"[①]这是公然招李煜入朝纳降，又被李煜拒绝。

恩威并行，逼迫南方诸君自动归降是赵匡胤的一贯策略。为此，他预先为尚未归降的国主们修造了规模宏大的宅第。"将伐蜀，命建第五百间于右掖门之前，下临汴水……昶既俘，即以赐之。"[②]至开宝七年(974)，南方只剩李煜及吴越国主钱俶仍君临一方。这一年，赵匡胤下令于汴梁蕙风门外建礼贤宅，规模与孟昶府第相当，且模仿江南山水，特意开凿大池，引惠民河水注入。赵匡胤传令，这所宅第将赐予李煜与钱俶二人之中的先入觐者。赵匡胤所虑者乃是南唐、吴越联合抗宋，当时吴越国内确实有人向钱俶晓以唇亡齿寒之理。但是，奉中朝为正朔、与南唐为敌是吴越一贯的外交政策，宁愿开门为节度使又是钱氏家族世训，钱俶遂立即遣使入贡，表示顺服。而李煜仍寻找理由抵制入朝。

大一统是中国历代帝王的政治理想与追求，赵匡胤坐稳帝位后，已成"卧榻之侧岂容他人鼾睡"之势。李煜拒不归降，其一是留恋君临一方的权势，其二则是为保全祖宗社稷。这样宋与南唐的一场战争不可避免。

经过周世宗柴荣的改革与赵匡胤的治理，中原已逐渐从战乱中恢复，人民又可以在较为安定的环境中生产、生活，全国形势已与唐末完全不同。在这样的时代背景之下，统一已是不可阻挡之大势所趋，战争双方过于悬殊的实力对比决定了南唐战败的必然结果。而李煜执意抵抗到底，势必将使无数无辜的人民成为这场徒劳战争的牺牲品。"人之所怨者，强争者也"[③]，李煜为保全自身利益，不惜以千百万人生命为代价进行战争，必然违背人民的意愿，应该受到历史谴责。

李煜似是决心已定，欲一战到底，但其国内根本不具备抗战的条件。宋已统一全国大部分地区，在人力、物力上远胜于南唐；水军曾是杨吴及南唐的优势，但宋兵经过多年准备，特别是占领荆、楚后，其水战能力已有长足进步；宋控制长江中、上游，占据地理优势；并且连战连捷，士气正旺。而南唐的情况则正相反。

在以提倡道统为己任的宋代史家欧阳修笔下，五代十国时期是一个"君君臣臣父

---

① (宋)陆游:《南唐书》卷三《后主本纪》，见《南唐书(两种)》，南京出版社 2010 年版，第 238 页。

② (宋)叶梦得:《石林燕语》卷一，中华书局 1984 年版，第 1 页。

③ (清)王夫之:《宋论》卷一，中华书局 1964 年版，第 12 页。

父子子之道乖，而宗庙、朝廷，人鬼皆失其序”①的乱世。在这一时代，人们的忠节观十分淡漠。在南唐政权风雨飘摇之际，其国内也出现人心离散之势。最先弃南唐而奔宋的是一些长期抑郁不得志的士人，他们不愿沉沦于下级官吏之中，欲另觅飞黄腾达之捷径。早在建隆元年(960)，赵匡胤平定扬州李重进之乱后，南唐小臣杜著、薛良即渡江投奔宋，并献上平南策。然而从后周起，随着全国在政治军事上日益走向统一，中原统治者需要在思想领域内尽快结束五代时的混乱状态，重新确立忠君观念及大一统思想。杜著、薛良的行为被视为卖主求荣之举，与赵宋王朝正在倡导的忠义观不相容，赵匡胤下令将杜著处以斩刑，将薛良流配至庐州为牙校。

但是，到了宋军进攻南唐前夕，确实需要一些熟悉当地情况者为其刺探情报。南唐池州人樊若水举进士不中，准备北上投宋。为博得宋朝信任与重用，他殚精竭虑地作准备。樊若水数月间在采石矶江面乔装渔夫。每到夜晚，以一长绳系于长江南岸，而后驾舟牵绳的另一端至长江北岸，以此丈量江面宽度。然后，携其所得重要情报北上，为宋兵出征出谋划策。樊若水被宋起用，赵匡胤下令将樊留在江南的家人接入宋境，李煜不敢违令。关于樊若水的传说纷乱芜杂，未必全然可信，然而通过这些传说，可以看出在战争爆发前，确实有很多人投奔宋朝，甚至为宋充当密探。

另有一些人，在南唐拥有高官厚禄，且广置产业。在他们看来，只要能保住既得利益，事唐或事宋并无差别，更不愿自己的良田美宅在战火中受到破坏。皇甫继勋是淮南战争中于清流关一役败于赵匡胤且被俘而死的皇甫晖之子。皇甫晖在南唐官居高位，又力战殉国，其子蒙父荫得以平步青云，官至神武统军都指挥使。但是，与其戎马一生的父亲相反，皇甫继勋极为贪生怕死，在清流关激战时，不顾其父挥戈相击，而临阵弃父脱逃。李煜却对这个名将之后寄以厚望，赐其厚禄。皇甫继勋于是“营第宅，侈车服，畜妓乐，备珍美。择近郊之地，植花构亭，珠翠环列，拟于王室”②。他唯恐战火殃及自身，常声言南唐国力不敌宋，一心盼望李煜主动归降。然而这样一个人却担当着守卫金陵的重任，这从内部削弱了南唐的战斗力，其危害更甚于樊若水之流。

南唐也有人鼓动李煜拼死一战，其中以新进少年居多，他们欲以战功获取功名，对于战略大势、国情、敌情却缺乏了解。如宜春人卢绛深得枢密使陈乔赏识，被提升至沿江巡检。他在长江下游沿岸巡弋，招募当地人组成水军，严加训练，屡与吴越水军交战，有善战之名。他认为吴越必将助宋夹击南唐，因而秘密建议李煜先行出兵灭吴越，以免贻下后患。卢绛之策实际上是纸上谈兵，南唐、吴越相持数十年，战争互有胜负，这说明双方实力旗鼓相当，吴越非朝夕可灭，南唐此时任何的轻举妄动都有可

① (宋)欧阳修:《新五代史》卷一六，中华书局1974年版，第173页。

② (宋)马令:《南唐书》卷一九《皇甫继勋传》，见《南唐书(两种)》，南京出版社2010年版，第136页。

能加速自身灭亡。李煜也恐因此招致宋出兵，拒绝了其建议。

大敌当前之际，南唐统治集团内部的你争我夺仍在继续。抑制相权是南唐自先主到中主的一贯政策，中主李璟曾在金陵北苑建清晖殿，初时作为邀集文人之所，后来这些文人逐渐参决政事。徐游、张洎即是当时的清晖殿学士。李煜当政时，徐游又在清晖殿后建澄心堂，与其侄徐元机、徐元榆、徐元枢等出入其间。后主不善理政，以至政出多门。后主后期，澄心堂已成南唐统治中枢，“中书密院皆同散地”①。一个专制君主并不一定具有完全控制政权的能力，李煜就是这样一个既专断又无能的国主。设澄心堂是为了抑制分散相权，但是李煜又未能有效地控制澄心堂，以至朝政几乎被徐游、张洎等人操纵。

张洎等一时权势熏天，他们深知一旦国亡，自己以降臣身份，再不可能拥有今日之荣华富贵，因而也不愿速降。然而这些人只顾擅权而不理国政，不能为挽救国家危亡出谋划策，这也注定了他们拥有的只是一座暂时的虚幻乐园，宋军的炮火必将使它化为灰烬。

国难当头，李煜已束手无策，他浑然不理政事，却沉溺于浮屠之说，以祈求神佑。自佛教传入中国，在其传播过程中出现了几次兴佛高潮。在这样的时期，佛寺、僧侣往往恶性膨胀，严重时甚至危害国家经济与政治的稳定，于是又导致几次灭佛高潮。周世宗改革的一项内容就是大规模灭佛、废寺院，让僧侣弃佛务农，此举对恢复中原经济起了积极作用。而南唐的情况正相反。

南唐礼佛始于先主李昪时代，而举国大肆崇佛则是到了后主统治中、后期以及国势日危时。南唐初，佛、道并行，双方为取得独尊地位，都煞费苦心，有关此事的传说颇多。据载，“后主不恤政务，清晓于禁中卧听内道场童行撞钟有节数，喜而召之，与剃度为僧。而童子奸猾，对曰：‘不敢独受恩泽，愿陛下如佛慈悲，广覃诸郡。’于是普度焉”②。此后李煜与小周后率先沉溺于信佛，“命境内崇修佛寺，又于禁中广署僧尼精舍”③。其举止荒谬，“与后顶僧伽帽，衣袈裟，诵佛经，拜跪顿颡，至为瘤赘”④；“亲削僧徒厕简，试之以颊，少有芒刺，则再加修治”⑤。

南唐群臣为投国主所好，纷纷信佛，“当时大臣亦多蔬食持戒以奉佛”⑥。张洎特别善于揣摩李煜心理，一伺机会便与李煜谈论佛理，由此获得赏识，其地位迅速超越

① （宋）郑文宝：《江表志》卷下，丛书集成初编本。

② （宋）龙衮：《江南野史》卷三，影印文渊阁四库全书本。

③④ （宋）马令：《南唐书》卷五《后主书》，见《南唐书（两种）》，南京出版社2010年版，第45页。

⑤ （宋）马令：《南唐书》卷二六《浮屠传》，见《南唐书（两种）》，南京出版社2010年版，第174页。

⑥ （宋）李焘：《续资治通鉴长编》卷八宋太祖乾德五年（967）三月条，中华书局1979年版，第193页。

其余众臣。一时间崇佛成为南唐举国的风尚，佛寺及僧、尼泛滥。“宫中造佛寺十余，出金钱募民及道士为僧，都城至万僧，悉取给县官。”[①]崇佛思想渗透到南唐社会生活的各个方面，使南唐的统治机体更为腐败，社会风气日益堕落。“僧尼犯奸淫，狱成，后主每曰：‘此等毁戒，本图婚嫁，若冠笄之，是中其所欲。’命礼佛百而舍之。”[②]对于浮屠的迷信还影响国家正常司法程序的进行，“奏死刑日，适遇其斋，则于宫中佛前燃灯，以达旦为验，谓之‘命灯’。未旦而灭，则论如律，不然，率贷死。富人赂宦官窃续膏油，往往获免”[③]。僧侣的特殊地位助长了其国内梦想不劳而获的风气，众多人以投身佛门为谋生捷径，纷纷剃度为僧、尼，在南唐国内形成了一个庞大的寄生阶层。同时，兴修佛寺又须花费大量财力，这些无疑都使南唐经济雪上加霜。

南唐末年，举国狂热礼佛，在历史上也属罕见。后世有人将它作为南唐亡国的重要原因之一。据说，宋利用南唐的崇佛，为其灭南唐作前期准备。北方僧侣小长老乘机潜入南唐，他携有大量珍宝奇物，贿赂权贵，得以接近李煜。李煜对小长老佩服不已，称他为一佛出世。在其鼓动下，南唐耗巨资广造佛塔佛像，另在牛头山（今南京市南郊牛首山）造寺千余间，容纳僧众千余人，“日给盛馔，有食不能尽者，明旦再具，谓之折倒”[④]。牛头山佛寺后来成了宋军攻南唐时的兵营。关于小长老的传说较多，还有说他本是南唐人江氏子，与樊若水共谋。据说，南唐即将亡国时，李煜对小长老的通天佛法仍深信不疑，企图靠他御敌，小长老的阴谋因此败露，遂被杀。另有传说称，宋军进攻南唐前，有北方僧人南下，在采石矶立石塔，名为修行，实则潜伏于当地，测量长江宽度，为来日宋军渡江时造浮桥作准备。

不难看出，这种种传说与樊若水的传说有相似乃至重复之处，未必真实可靠。只是后人将传说与历史真实交织在一起，表达了人们对这种迷信的痛恨，也强调狂热迷信对国家的危害，以起到警世作用。

在日益进逼的家国之难面前，李煜一面狂热崇佛，一面频频向宋乞怜，以图缓解国难。开宝四年（971），宋灭南汉，屯兵汉阳，并在荆南造战舰千余艘。有南唐商人急速将这一消息密报李煜，并表示愿意潜入荆南，焚烧宋舰。李煜唯恐激怒宋，不敢答应。李煜在惊惧之余赶紧加筑城防。同时，南唐始降格一切制度，改诏为教，中书、门下省改为左、右内史府，尚书省降为司会府，御史台降为司宪府，翰林院改为修文馆，枢密院改为光政院，大理寺改为详刑院，客省改为延宾院。官号也作了相应改动，且将封王者都降封为公。

①②③　（宋）陆游：《南唐书》卷一八《浮屠列传》，见《南唐书（两种）》，南京出版社 2010 年版，第 351—352 页。

④　（宋）陆游：《南唐书》卷一八《浮屠列传》，见《南唐书（两种）》，南京出版社 2010 年版，第 352 页。

同年，李煜遣其弟从善赴汴梁朝贡。李煜自称江南国主，再次“乞罢诏书不名”之礼。这次，赵匡胤答应了他的请求，且将从善扣留在汴梁为质。次年，李煜为贺宋长春节，献贡钱三十万缗。开宝七年(974)十月，又遣其弟从镒贡帛二十万匹、白金二十万斤。继而又遣起居舍人潘慎修入贡买宴帛二十万匹，钱五百万。但是，历史证明，李煜企图以这种方式来阻止宋军，其结果注定是徒劳的。

开宝七年(974)九月，宋遣知制诰李穆为国信使赴南唐，同时，宋颍州团练使曹翰领兵赴荆南，宣徽南院使曹彬、侍卫马军都虞候李汉琼、判四方馆事田钦祚跟进，山南东道节度使潘美、侍卫步军都虞候刘遇、东上阁门使梁迥等水陆并进。李穆至南唐，宣读赵匡胤诏书称：“朕以仲冬有事于圜丘，思与卿同阅牺牲。”①这是宋最后一次作劝李煜主动入朝。然而，李煜以有疾在身为托词，再次拒绝，他无奈地叹道：“臣事大朝冀全宗祀，不意如是，今有死而已。”②

十月，曹彬大军自蕲阳过长江进攻南唐防御要地池州。此前，宋已与吴越约定夹击南唐，且告知钱俶出兵日期。同月，宋任钱俶为东面行营招抚制置使，赐予战马二百匹，遣客省使丁德裕率禁军步骑千余人为其前锋，吴越进攻南唐之常、润二州。战争从南唐的东、西两侧同时爆发。

池州的南唐军队对宋军来攻浑然不觉，因为按惯例，宋每年都会派少量军队在长江江面巡游，所以池州守军还准备饮食，前去犒军。待发觉真相，为时已晚，池州守将弃城而逃，宋军顺利占领池州。

淮南战争结束近二十年来，南唐谨慎维持的对中原王朝的臣属关系终于破裂。李煜仓促应战，修筑金陵城防，储备粮食。他遣人传书至吴越，对钱俶说：“今日无我，明日岂有君？一旦明天子易地赏功，王亦大梁一布衣耳。”③钱俶将其书信上呈赵匡胤。

宋已在荆南、朗州建造了足以抵御长江风浪的巨舰，此时，这些巨舰同时东下。为出奇制胜，宋军尝试在宽阔的江面上架设浮桥，这是数千年长江战争史上前所未有之事，宋军先于石碑口江面做试验，结果证明此法可行。

不久，宋军攻克铜陵，直逼采石。长江下游，润州、采石两处最适于由北向南渡江，而由东、西两面进攻金陵的最佳途径是从两处夹击。采石是长江下游三大名矶之一，自古南北以长江为界分裂时，北方军队欲攻江南，十分之七是从采石过江，故此地是兵家必争之要地。宋军一举击溃南唐军二万余人，占领采石。随后，将石碑口浮桥移至采石。宋军江北主力如履平地，源源过江。

---

① (宋)马令：《南唐书》卷五《后主书》，见《南唐书(两种)》，南京出版社2010年版，第46页。

② (宋)陆游：《南唐书》卷三《后主本纪》，见《南唐书(两种)》，南京出版社2010年版，第238页。

③④⑤ (宋)陆游：《南唐书》卷三《后主本纪》，见《南唐书(两种)》，南京出版社2010年版，第239页。

南唐匆忙召集军队。自先主李昪始，南唐就有固定的征兵制度："凡民产二千以上出一卒，号义军；分籍者又出一卒，号生军；新置产亦出一卒，号新拟军；客户有三丁者出一卒，号拔山军。"①战争全面爆发后，原先兵力已不够，需组建新军作为补充，"元宗时，许郡县村社竞渡，每岁重午日，官阅试之，胜者给彩帛、银碗，皆籍姓名，至是尽取为卒，号凌波军。募民奴及赘婿，号义勇军。募豪民以私财招聚无赖亡命，号自在军。至是又大搜境内，自老弱外皆募为卒，号排门军。民间又有自相率拒敌，以纸为甲，农器为兵者，号白甲军"②。这样的一些军队，战斗力自然虚弱，一与宋军交战，立刻溃不成军。

自杨行密后期以来，杨吴及南唐一直崇文抑武，这是一项审时度势的明智政策，一度起到了保境安民的作用。但是，就一个政权而言，保境安民不能以削弱军事力量为代价，当年杨行密能与强大的中原军阀相抗衡，拥有一支骁勇善战的军事力量是其重要原因之一。自徐温起，出于政权内部争权夺利的需要，防内胜于防外，所以武备日益松弛。特别是李璟北上统一中原的幻想彻底破灭以后，已基本不作军备建设。李璟、李煜父子一直处于既不愿放弃政权的独立性又不曾作必要的防御准备的矛盾中，南唐武备更为虚弱，这可以说是崇文抑武政策的消极后果。

开宝八年(975)二月，曹彬率军于金陵城外白鹭洲大败南唐兵。三月，宋军攻至金陵城下，力攻金陵城阙。同时，吴越军急攻常州，南唐常州刺史禹万诚拒降。然而城中人心已散，大将金成礼劫持禹万诚降宋。随着常州失陷，南唐的江阴等地相继被吴越占领。此时，南唐赖以为屏障的长江不复为天堑，千里江面上，宋军全面进攻，先后在宣州、江州、鄂州战败南唐军。同时，宋军中使王继恩又率兵数千渡江，宋军还在源源南下。

这时宋军已团团围困金陵城，并且加紧进攻。南唐政事由光政院使陈乔及副使张洎主持，金陵防卫由皇甫继勋负责。另以徐元、刁玕为内殿传诏，但频频传来的前方告急之讯，都被二人截留，李煜对战况浑然不知。围城之中，陈乔、张洎认为，宋军远道而来，必然疲惫。南唐宜坚壁以老宋师，使其自动退兵。在南唐防线全面崩溃已无进攻能力且金陵城防告急的情况下，这是唯一可行之策。但是，此策只可能维持一时，若不能迅速组织起有效的军事反击，宋军凭借强大的后援，稍事休整，便会发动更为猛烈的进攻。然而，李煜根本未想到要作长期战略安排，他将军政大事交托给陈乔、张洎后，又退回宫中，率僧侣道士们吟经祈祷，对战况不闻不问。

守城的皇甫继勋眼见南唐大势已去，却喜形于色。他认为，后主降宋已指日可

---

①② (宋)陆游：《南唐书》卷三《后主本纪》，见《南唐书(两种)》，南京出版社2010年版，第239页。

待，其在金陵城中的产业也可以免于战火了。皇甫继勋非但自己不积极组织金陵防卫战，且但凡部下有请命出战者，都被他施以杖刑并且拘禁，城中军民对他痛恨不已。皇甫继勋唯恐自己的所作所为败露，不愿频繁上朝与李煜见面，只是坐等李煜投降。

这年五月，李煜登上金陵城头，见四郊遍野都是宋军营帐，才发觉真相。盛怒之下，李煜将欺上瞒下的皇甫继勋诱入宫中，交付刑狱。宫外长期被皇甫继勋欺压的军民一伺他被押解出宫，即蜂拥而上，“云集脔之，斯须皆尽”①。

李煜急召群臣，商议对策，寻求外援。张洎想到的是求援于契丹。他赶制蜡丸书，遣人间道北上，但是使者不久就被宋军截获。契丹早年与南唐曾有往来，而双方关系实则相当疏阔，“其实相结约，挠中原，皆虚辞，非能为南唐助也”②。契丹自有其战略计划，即使南唐使者抵达契丹，契丹也不可能远道而来为一个濒临灭亡的小政权兴师动众。

六月，吴越军围困润州。润州位于金陵东面，其得失直接关系到金陵的安危。当初为确保润州不失，李煜遣其亲信之一、侍卫厢虞候刘澄出守。刘澄早年为求富贵巴结李煜，一旦国难临头，即但求自保，不愿为主效死力。刘澄初至润州时，吴越兵垒未固，润州诸将认为若有心破敌，此时应是最佳时机，纷纷劝刘澄出击，而刘澄却以城内兵力薄弱为借口，推脱不战。这时，卢绛率援兵赶至。面对这位强烈要求抵抗的将领，刘澄百般提防，甚至密谋暗杀卢绛。二人无法共事，卢绛率兵自行出战。刘澄随即遍招将士，作无奈状宣称自己全家在金陵为质，此时欲降也是战况所迫，不愿降宋的将士号啕大哭。随后，刘澄开城门纳降。

消息传至金陵，城中君臣更为恐慌，李煜怒而诛杀刘澄全家。金陵形势更为危急，宋与吴越合围，昼夜攻城不息。在此情势下，赵匡胤乘胜又遣李穆送李从镒归金陵，意在再劝李煜主动归降。

金陵城中士气低落，朝臣们已在议论请降之事。然而陈乔、张洎力主不降，李煜在他们的支持下，仍不愿降，且遣徐铉赴宋求缓兵。徐铉北上汴梁，竭其智慧文才欲说动赵匡胤，而赵匡胤明确表示一国不容二主，徐铉一无所获而归。

李煜又遣卫殿卿陈大雅突围出城，赴湖口求援兵。南唐在江西腹地一直聚有重兵，且历来由名将主持，此时这支军队成了李煜最后可指望的外援。但是，这场战争是两个政权间你死我活的最后较量，战势发展至此，即使南唐能赢得一两场战斗的胜利，对挽救整个战局来说也是杯水车薪。

---

① （宋）陆游：《南唐书》卷一〇《皇甫继勋传》，见《南唐书（两种）》，南京出版社 2010 年版，第 291 页。

② （宋）陆游：《南唐书》卷一八《浮屠、契丹、高丽传》，见《南唐书（两种）》，南京出版社 2010 年版，第 355 页。

除了仍心存幻想、一意孤行的李煜外，大多数人都认为此时再求外援已无济于事。陈大雅领命之际，对李煜力陈道："然臣愚，以谓覆水之势，殆于难图。臣虽幸承威灵，恐不克办。"[①]这一番披肝沥胆、切中现实的陈辞仍不能使李煜心有所动，他寄希望于上游之援兵，执意孤注一掷，他答道："我生平喜耽佛学，其于世味澹如也。先帝弃代，冢嫡不天。越升非次，诚非本心。自割江以来，亡形已见，屈身以奉中朝，唯恐获罪。尝思脱屣，顾无计耳。竟烦天讨，蹙促如是，孤亦安能惜一日之辱。正以城围淹时，旅拒既久，暴输降款，将不见纳。是以欲起上江征戍，共相影答，然后投诚请命，于是亦或为允。"[②]这无疑是一番托词。陈大雅无奈，慨然领命，突围出城。在当时情况下，南唐灭亡已显而易见，李煜一意孤行，必使众多无辜的人民在炮火中丧失生命。

其时，镇南军节度使为原神武统军朱匡业之从子朱令赟。金陵被围之初，李煜屡招朱令赟救援。朱令赟欲赴难，但其水军力量已远不能与宋军相比，若贸然出彭蠡湖而进入长江，一旦被宋军切断退路，就将成为进退不得的孤军。朱令赟请洪州军队代其镇守湖口，以为后援，而洪州守将以有病在身为由，迟迟按兵不出。此时金陵求援更急，朱令赟有心救主，急于出兵。十月，抱着破釜沉舟之念，朱令赟率水军十五万出湖口，赴采石，欲断浮桥，以绝宋军后援。

朱令赟虽有一腔忠心，却不善谋略。南唐水军规模浩浩荡荡，其船"长百余丈，大舰至容千人"[③]。然而适逢长江冬季枯水期，南唐大船在狭窄的江面上笨拙难行，而宋军驾轻舟快舰，进退灵便。朱令赟所乘主舰装备有旗鼓，在江面上最为醒目，宋军集中战舰合力围攻，朱令赟军渐渐难以招架。战前，朱令赟特意下令建造了一艘巨舰，"实葭苇，灌膏油"，"谓之'火油机'"[④]，欲待临战时顺风纵火，焚烧宋舰，出奇制胜。在这战斗的关键时刻，朱令赟下令发火，以图扭转战局。一开始，"火油机"使宋军阵脚大乱，然而风向突变，火势反扑向南唐军，猝不及防的南唐水军，在熊熊大火中惊慌失措，全军迅速溃败，朱令赟战死。[⑤]

自此以后，被困于金陵城内的南唐君臣彻底失去了外援，金陵已成一座孤城。宋军于城外列三寨，昼夜攻城。而城中景况凄惨，"城中斗米万钱，死者相枕藉"[⑥]，其惨状几近唐末之扬州。无数无辜的人民，成了南唐政权的殉葬品。

---

①② （宋）佚名：《钓矶立谈》，丛书集成初编本。

③ （宋）陆游：《南唐书》卷八《朱令赟传》，见《南唐书（两种）》，南京出版社2010年版，第274页。

④ （宋）马令：《南唐书》卷一七《朱令赟传》，见《南唐书（两种）》，南京出版社2010年版，第127页。

⑤ 按，陆游、马令两部《南唐书》均称朱令赟赴火自焚，《续资治通鉴长编》及《宋史》则称其为宋军所俘。

⑥ （宋）马令：《南唐书》卷五《后主书》，见《南唐书（两种）》，南京出版社2010年版，第48页。

宋军主帅曹彬频频劝李煜归降，李煜在陈乔等人的坚持下，仍犹疑不定。起先，李煜欲遣长子清远郡公仲寓先降，后又作罢。曹彬甚至传话说，只要仲寓到达宋军营寨，即立刻罢攻，而李煜仍迟迟不答。

开宝八年十一月乙未(976 年 1 月 1 日)，围城已长达半年的宋军，再次集聚力量，最终攻破金陵。宋军与吴越军涌入城中，此时城内一片破败惊惶。尽管赵匡胤、曹彬再三下令不得加害城中百姓及损毁建筑，但这座千年古城还是难免战火摧残。当时有南唐士大夫及富商妇女数十人躲于昇元阁①上避难，吴越兵于阁下燃起大火，这座江南名楼，连同数十条生命被焚于一旦。

宋军及吴越军在金陵城内及南唐境内其余地方仍遭到一些南唐残兵的顽强抵抗。南唐将军呙彦、马承信、马承俊与敌军在城中激烈巷战，直至力屈而死。张雄原是淮南人，淮南战争时，召集乡民，组建义军，与周师作战，战后迁移至江南。宋军大举进攻时，李煜急招各路援军，张雄明知此去必死无疑，仍携诸子率军士赶赴金陵。于溧阳突遇宋军，在力量悬殊的情况下，父子八人力战而死。

金陵城破后，各地的抵抗仍在持续。曹彬令李煜下令诸郡县悉降。其手书传至江州，刺史谢彦宾欲降，指挥使胡则认为此书信真伪难辨，断然不从，江州将士在其率领下兵变，杀谢彦宾，坚壁守城。江州带江负山，易守难攻。宋南面行营招安使曹翰频频遣使劝降。胡则不仅不降，而且督战愈力。三年后，胡则重病，江州始破，胡则见执于病榻上，其余将士仍巷战抵抗。曹翰痛恨三年中宋军死伤惨重，在胡则死后仍腰斩其尸，且大掠江州。

申屠令坚，山东人，后投奔南唐，任吉州刺史。金陵城破的消息传来，他与袁州刺史刘茂忠相约誓死报国，坚守两年，死于吉州城中。

金陵城中一些士大夫拒不降宋，自尽殉国。大理评事廖澄，原是后梁进士，李昪在位时投奔南唐。眼见金陵城陷，从容更衣，仰药自尽。勤政殿学士钟蒨于城陷时穿朝服坐于家中，举族殉国。

光政使陈乔曾力主李煜不要降宋以自取其辱，城陷时，他将所服金带交付给亲吏，自缢于政事堂。南唐末年，大厦将倾之时，满朝文臣武将人心涣散，或如皇甫继勋，急于为自己谋求退路；或如张洎，忙于争权夺利；或如韩熙载，明哲保身，急流勇退。唯有陈乔明知国势难以挽回，仍为国尽力，并以殉国证明自己的忠诚。虽然南唐的命运没有因为他的努力而发生逆转，虽然他极力要保全的政权并不值得挽救，但他

---

① 昇元阁，即南朝之瓦官阁，由梁武帝建于瓦官寺之内。瓦官寺创建于东晋哀帝时，曾以藏有顾恺之名画“维摩诘像”、大雕塑家戴逵父子的铜佛像、师子国(今斯里兰卡)所赠的 4 尺 2 寸白玉佛像而闻名，在佛教史上有一定地位。据史载，昇元阁高十丈，建筑精美。

自始至终所表现的勇气与忠诚仍为人们所赞叹。

金陵城破前，为鼓舞士气，李煜在宫中预先积薪，对将士们说，一旦国破，将燃火自焚，以谢先祖。赵匡胤闻知此事，料李煜不可能有此勇气，表示耻笑。城破后，李煜果真欲赴火自焚，在众臣的阻拦下作罢。其实，帝王佯作自尽以示决心，在历史上屡见不鲜，李煜此举不过是故作姿态而已。南唐王室数十年间积累了数量不少的钟、王字画，皆为李煜钟爱之物，他绝不愿这些字画落入他人之手。城破前，李煜将这些字画托付给宫女黄氏，下令一旦城破，立即焚毁。这时，黄氏依言将这些珍贵艺术品付之一炬。

在金陵城内的一片慌乱中，曹彬率宋军列队直抵南唐宫城。李煜率众文臣武将于宫门外纳降。张洎与陈乔同时担当国之重任，城破前相约一起殉国。陈乔死后，张洎却未履行诺言，而是随主出降。

曹彬以胜者的姿态告诉李煜，汴梁的生活不可能有金陵宫中之奢华，宜多作准备。李煜听后，依言回宫备行装。其余宋将担心李煜自尽，无法向赵匡胤交待，而曹彬却说："观煜神色，懦夫女子之不若，岂能自决引哉。"①关于李煜在向曹彬纳降时的表现，还有另一种记载："城既破，国主李煜白衫纱帽见二公。先见潘[美]，设拜。潘答之。次见曹(彬)，设拜。曹使人明语之曰：'介胄在身，下拜不及答。'识者善其得体。二公先登州，召煜饮茶。船前设一独木板道，煜向之国主仪卫甚盛，一旦登舟，徘徊不能进，曹命左右翼而登焉。既一啜，曹谓李：'归办装，诘旦会于此，同赴京师。'来晓如期而赴焉。始潘甚惑之，曰：'遽可放归。'曹曰：'适独木板尚不能进，畏死甚也，既许其生赴中国，焉能取死。'众方服其识量。"②总之，在亡国之际，李煜因其怯懦而为时人不耻。

国亡家破，李煜举族被俘，赴汴梁纳降。北上途中，留下诗称：

江南江北旧家乡，三十年来梦一场。
吴苑宫闱今冷落，广陵歌台亦荒凉。
云笼远岫愁千片，雨打归舟泪万行。
兄弟四人三百口，不堪闲坐细思量。

关于这首诗的作者，一直颇多争议。宋人郑文宝《江表志》认为是杨吴让皇杨溥

---

① (宋)杨亿口述，黄鉴等整理：《杨文公谈苑》，转引自夏承焘：《唐宋词人年谱》，上海古籍出版社1979年版，第149页。

② (宋)王陶：《谈渊》，丛书集成初编本。

被囚泰州时所作，因为郑文宝曾事李煜为臣，他的说法为后代许多史家采用。其实，李昪禅代成功后，对杨氏家族的看守远甚于宋对诸降王的看守，不许杨氏与外界往来，甚至令其男女自相婚配，根本不可能让这样留恋故国的诗作流出丹阳宫外。因此，这首诗最有可能是李煜在亡国时，借杨吴旧事来抒发自己的心情。

第十三章　10世纪上半叶江苏地区经济、文化的发展

第一节　江淮经济的持续发展

介于唐宋之间的五代十国(907—960),是我国古代历史上一个短暂而纷乱的时期。唐朝统治崩溃之后,各地战争连绵,政权更迭频繁,以至形成中原五代相继、南方及中原周边地区数个政权并存的局面。在分裂割据的时代,10世纪上半叶的今江苏省域,西北部的徐州一带经常性地被控制在中原五代政权手中,江南无锡以东则被控制在吴越政权手中,其他的大部分地区则属于南唐的疆域。

虽然10世纪上半叶这段历史在传统史家笔下是典型的"乱世",然而,乱象之中也孕育着推动历史向前发展的积极因素。

首先,五代十国时期的战争和唐末军阀混战相比,在数量上减少,酷烈程度减弱,这是一个战争与和平、分裂与统一之间的过渡阶段。

其次,五代十国时期处于我国古代社会发生重大转型的时期。唐和宋在政治、社会、文化诸方面呈现出很大差异。在社会经济上,随着商品经济的发展,隋唐时期以长安城为代表的严格的坊市制度被突破,地域经济和城市商业迅猛发展。在文化上,宋代新儒学兴起,地域文化也随着地域经济的发展而发展,地域文化的普遍繁荣、南北经济文化交流的频繁又带来了文化意识上的统一。五代十国介于唐、宋之间,在其由分到合的过程中,社会、经济、文化诸方面也体现了时代的转型。

第三,五代十国时期是我国古代经济中心南移的重要环节。我国长江流域的广大地区,有发展农业的得天独厚的条件,地区经济势力在东汉以后持续上升,六朝以后已呈现出超越中原之势。五代十国时期,这种趋势加速,南方经济长足发展,全面超越北方,以至在随后的宋代终于完成了我国经济中心南移的过程。

南唐保大十二年(954)江苏省域形势图

现代政区底图采用国家基础地理信息系统 1∶400 万全国数据库(http://nfgis.nsdi.gov.cn/,2005 年版),历史政区以谭其骧主编《中国历史地图集·第五册(隋唐五代十国时期)》(中国地图出版社 1982 年版)“周、北汉(周显德六年(959))”、“南唐、吴越(南唐保大十二年(954))”为准绘制。

南方经济的普遍发展是五代十国时期的明显特征。我国历史上曾出现过数次南北分裂的局面,但是五代十国以前的分裂时代,多是北方数个政权和南方相对统一的政权并存,如春秋战国时期和魏晋南北朝时期。这种局面反映了特定历史时期各地区的经济发展状况。上古时期,开发较早的中原地区已是人口稠密之地,形成多个经济区域,各地在政治、经济上全面竞争;而南方广大地区虽然自然条件优越,但开发晚于中原地区,直至汉代还是以“火耕而水耨”为主要生产方式的“地广人稀”之地①,其低下的经济水平不足以维持多个政权。至五代十国时期,南方出现了多个政权并存的局面,主要有今四川地区的前、后蜀国,长江中游的荆南国和楚国,包括今浙江境内

① 《史记》卷一二九《货殖列传》,中华书局 1959 年版,第 3270 页。

和部分苏南地区的吴越国，今福建的闽国，岭南地区的南汉国，以及跨越江、淮流域的杨吴—南唐政权，其辖境和自然地理、经济分区大致相符。这些政权的并存，反映了当时南方各地经济普遍、均衡的发展。在五代十国时期，控制着今江苏省域大部分地区的南唐曾被视为同时代诸政权中最为强大者。南唐曾试图乘邻国内乱之机，出兵开拓疆土，但终以失败而告终。战争的结果固然有政治的因素，但是也是各地综合实力相较量的结果。南唐在其鼎盛时期，尚无能力吞并邻国，这反映了当时各地实力相当，其中并无一个地区占据绝对优势。

社会经济在唐后期的基础上持续发展，是五代十国时期南方经济发展的重要特征。唐末军阀的混战，对江淮区域造成了毁灭性的打击，但江南却相对安定。南唐疆域的核心地区是唐后期以来最为富饶的江淮地区，唐末军阀混战告一段落以后，社会经济的逐步恢复应在情理之中。关于南唐时期江苏省域的经济发展状况，史籍少有具体记载，难以描述其全貌，只能通过一些零星史料窥其大要。

杨吴—南唐政权的早期统治者，在政权草创之初，即实行因地制宜的经济政策，使当地经济在长期战乱之后得到了较快恢复。杨吴及南唐的农业由恢复到发展，其发展农业的主要政策有：

首先，实行劝农政策，早在杨行密转战江淮之时，他每到一地即以恢复农业生产为安抚百姓的重要措施，并以此获得民心和必要的军需。其后，李昪对经济发展所施行的措施更为系统。早在辅政时，他就遣人至各地核查土地大小及质量，依土地质量定为上、中、下三等。长期战争及人口的大量流动，使原有的土地关系被破坏。核定田亩之举确认了战争之后重新整合过的现有土地关系，使国家赋税有据，也符合当时人民的利益。土地制度的确立，是当时国家一切经济制度的根本。以此为依据，重新核定赋税，政府将有稳定税收，而人民也可稍免贪官盘剥无度之害。

其次，以实物税代替货币税。中国封建社会后期以后，赋税形式转变的趋势是以货币税代替实物税。但是，这种转变的基础是商品经济的日益发达，五代十国时期，诸政权面临的首要经济问题是生产凋敝、物资匮乏，在此条件下不可能有发达的商品经济。从杨行密时代至徐知诰时代，杨吴经济政策的一贯核心是发展农业生产，以谷帛税代替货币税的措施，鼓励耕织，这在当时的杨吴是现实且积极的政策，有效地推动了经济的发展。

第三，虚抬时价。这一政策抑制商人低价收购，保护了生产者的利益。

第四，大力兴修水利。水利是农业生产的关键设施，南唐政府重视水利建设，修葺陂塘，以确保农业生产所需。练湖位于丹阳县（今丹阳市）城北，经唐代宗时期的疏浚，周围达八十里，水域宽阔，惠泽附近诸县。“当为湖日，湖水放一寸，河水涨一尺。

旱可引灌溉，涝不至奔冲，其膏田几逾万顷。昔环湖而居，衣食于鱼者，凡数百家。”① 但是，在农业人口密集地区，人口与土地之间的矛盾常导致人们围湖造田。唐代晚期，练湖附近居民将该湖“横截十四里，遂分上下二湖，开渎泄水，取下湖地作田”②。历史证明，这种人为对自然的改造，破坏了生态环境，其结果必然是得不偿失。练湖的逐渐湮废所造成的恶果至南唐时已严重影响当地居民的生产和生活，“近湖人户，耕湖为田，后来弓量，赋称祖籍，农商失恃，渔樵失业”③，前后对比使当时人认识到“废湖丰己者不十余家，有湖无灾者四县之地”④。南唐昇元年间，丹阳县令吕延桢进奏，要求重修练湖。在他主持下，人为阻隔的湖岸被挖开，干涸的河道中被重新灌入流水，周边百姓及过往商旅重新受益于练湖。

南唐中主保大年间(943—957)，江淮之间出现了严重的旱灾，为解旱情，李璟下令于楚州(治今江苏淮安市)修缮唐时的白水塘，但主管白水塘的官员乘机大兴力役，以从中谋利，引起民怨沸腾，白水塘终未修成。但是，从这些事件仍然可以看出，南唐政府一直将兴修水利视为发展农业生产的重要手段之一。

上述经济政策的核心目的是鼓励民众从事生产，藏富于民。政策推行以后，取得了显著成效，“不十年间，野无闲田，桑无隙地”⑤。由于这些政策既有现实性又符合历史趋势，其影响深远，受到后代赞赏，“自吴变唐，自唐归宋，民到于今受其赐”⑥。

五代十国时期，江南的蚕桑业持续发展，桑麻遍野，丝麻织品名品迭出，如润州的方纹绫、水波绫等品目继续保持着唐以来的优良品质。后主李煜时期，南唐宫中流行一种被称为“天水碧”的极淡色绢帛，据说是宫女们收集露水染制而成。虽然是奢侈至极、无益国计民生之事，但要达到这样若有似无的色泽效果，需要高超的技艺，亦可见南唐的印染工艺已达到了相当的高度。

金银器、铜器制造是唐代以来润、扬二州的传统手工业。南唐奉中原王朝为正朔后，每次发往中原的贡品中，都有金银制品。据传李煜宫中有一个善舞的宫女，李煜特意命工匠打造了一朵高达六尺的金莲花，让宫女立于莲上，缠足而舞。

各地工匠以自己的聪明才智，创造了一些技艺精湛的工艺制品，并将这些技艺引入日常生活用品的制造中。陆游提到了宋代四川有一种省油灯，即将油灯底座设计为一个中空的夹层，中间可注入凉水，以此达到降低温度、减少油耗的目的。⑦ 近年来，这样的省油灯在江苏境内也有发现。研究证明，新发现的省油灯制作于南唐时

---

①③④ (南唐)吕延桢:《复练塘奏状》，见《全唐文》卷八七一，中华书局1983年版，第9116页。

② (清)尹继善等纂:《江南通志》卷六一《河渠志・水利》下，清乾隆元年(1736)修刊本。

⑤⑥ (宋)许载:《吴唐拾遗录》，见洪迈:《容斋续笔》卷一六，中华书局2005年版，第418页。

⑦ (宋)陆游:《斋居纪事》，明汲古阁本。

期，这反映了当时手工业技艺对宋代手工业的发展有深远影响。

经济的发展，直接带来了城市商业的繁荣。南唐境内的扬州、润州，在唐代已是繁盛一时的大都会。战乱之后，扬州的地位有所下降。在徐温、李昪的经营下，南唐金陵取代扬州，进入繁荣阶段，很快就重现了六朝旧都的风采。尽管现存的相关史料不多，关于南唐城市的发展仍有一些踪迹可寻。南唐人吴淑《江淮异人录》中留下了一些关于南唐社会生活的描述。从中可以看出，当时的南唐境内市集遍布，酒肆、店家众多，生意兴隆，这是城市商业繁荣的最好例证之一。

10 世纪上半叶，全国虽然政治上处于分裂割据状态，但各地民间贸易仍很频繁。江南地区物产丰富，有利于进行对外贸易。早在唐末，杨行密困于物资不足，欲以政府垄断的茶盐换取百姓的物资，而其幕僚认为，兵火之余，百姓十室九空，这时再强行征收物资，必定引起反抗，不如以辖境内所有之物向相邻政权换取自己所需之物。杨行密接受建议。这种以贸易缓解政权紧急物资需求的灵活政策被后来的杨吴—南唐统治者沿用。

商人是当时社会中一支活跃的力量，南唐伐闽战争首倡者之一的臧循，就曾赴闽经商，对闽地的政治社会、风俗民情多有了解。开宝四年(971)，在荆南从事贸易的南唐商人发现宋在当地水域制造战舰，迅速将这一情报密报金陵。这些事例说明，南唐商人不仅活动于其国境内，还在周边各国留下了其足迹。

商业活动所带来的丰厚利益也吸引了达官贵人。周宗是南唐开国元老之一，两个女儿先后成为李煜的皇后，周家是南唐最为显贵的家族之一。周宗好经商聚财，“赀产巨亿，俭啬愈甚”[①]，“既阜于家财而贩易，每自淮上通商，以市中国羊马”[②]。周宗大规模的贩羊贸易给南唐带来了后患，据载，后周军队征南唐时，其先遣部队或身披羊皮，或伪装成商旅，渡过浮桥，避过了南唐的边防。[③]

长期的商业经营，使南唐大商人手中积聚了巨量财富。李煜继位之初，国库的储备不足以向宋进贡，不得不从金陵富商家中购绢以充贡物。南唐后期，国库虽然空虚，但富商豪民家中仍聚有巨额财富，大规模地购田置宅，这个阶层对南唐的社会生活乃至政治都产生了影响。南唐后期土地改制正是受到了富商豪民的强烈抵制才以失败告终的。

海外贸易是当时商业发展的重要组成部分。唐代是我国古代对外贸易大发展的时期，南唐境内的扬州、泉州以及南汉境内的广州，是先前唐代对外贸易的中心。扬州位

---

① (宋)马令:《南唐书》卷一一《周宗传》，见《南唐书(两种)》，南京出版社 2010 年版，第 88 页。

②③ (宋)佚名:《五国故事》卷上，影印文渊阁四库全书本。

于长江与大运河的交汇处，在贸易上处于有利地位，是当时有世界影响的贸易中心，在世界中西交通史上占有重要地位。然而经唐末动乱，扬州作为海外贸易中心的地位受到冲击，当年各国商贾云集的盛况不复再现。但现存文献显示，南唐时期民间的海外贸易仍在继续。南唐太常博士陈致雍在《奏番国使朝见仪状》中就提到了“占城国献驯象”[①]。另外，南唐中主李璟时期，“海国进象数头，皆能拜舞山呼”[②]。就现有文献资料来看，当时真正与南唐有过官方联系的只有契丹国及高丽国，南方政权与南海国家间是否有官方交往或贸易还缺乏明证。古代的海外商人为提高自己身份，以获得更多的商业利益，常自称为某国使臣，故这些所谓海国进象，很有可能是当时中外民间贸易的一种形式。江南地区出产茶叶、丝绸、瓷器，这些出口商品，对海外商人有相当大的吸引力。同时，当地也从海外输入商品，南唐宫中置有照明用的“大宝珠”，“小说载江南大将获李后主宠姬者，见灯则闭目云：‘烟气！’易以蜡烛，亦闭目云：‘烟气愈甚！’曰：‘然则宫中未尝点烛耶？’云：‘宫中本阁每至夜，则悬大宝珠，光照一室，如日中也。’”[③]李煜次子仲宣年仅四岁时，“一日戏佛像前，有大琉璃灯为猫触堕地，划然作声，仲宣因惊痫得疾，竟卒”[④]。这种大宝珠，或称琉璃灯就有可能是来自海外的玻璃制品。[⑤] 由此可见，南唐人的日常生活特别是宫廷显贵的生活与海外贸易有联系。

然而，南唐时期江苏境内各地经济发展的程度并不一致。江淮之间的平原地区在唐代经济繁盛一时，然而这一地区在唐末屡遭战争劫难，战火过后，数百里之间化为焦土，杨吴及南唐时期江淮之间的经济最多只是恢复到其原有的水平，很难说取得了进一步的发展。江南地区唐末经受的战火较少，状况远胜于江淮之间，在杨吴—南唐统治时期所取得的成绩是显著的。

杨吴—南唐统治下江苏省域社会经济的恢复和发展，还可以从州县的析置、地域地位的提高，以及人口的增长上窥知其略。

从表13—1—1中可以看出，五代十国时期，南唐统治下的江苏境内，原润州辖下的上元县(今南京市)因杨吴建为西都、南唐定为首都，地位一下子提升，人口数量突飞猛进，上升到六万余户，堪比唐后期的江南诸州；沿江的常州江阴县和运河线上的高邮县的战略地位有所提升，分别被升为江阴军和高邮军；长江口的扬州海陵县，因制盐业的兴盛，盐利成为南唐政府的主要财政来源，地位也大大提高，在南北政府的

① (南唐)陈致雍：《奏番国使朝见仪状》，见《全唐文》卷八七三，中华书局1983年版，第9134页。

② (宋)佚名：《江南余载》卷下，丛书集成初编本。

③ (宋)王铚：《默记》卷中，中华书局1983年版，第28页。

④ (清)王士禛、郑方坤：《五代诗话》卷一《李后主》，书目文献出版社1989年版，第9页。

⑤ 夏承焘：《唐宋词人年谱》，上海古籍出版社1979年版。

统治下，原扬州海陵升为泰州，盐道重镇如皋升为如皋县，其东境江口更置静海制置院，后周升为通州。再者，与唐代户数相比，江苏省域的人口也取得了大幅度增长。州县的析置和人口的增长，无疑是这一地区社会经济恢复和发展的体现。

表13—1—1　南唐统治下江苏省域户数统计表①

州(军)名	唐元和户数	宋初户数	备　注
昇　州		61679	原属润州，唐末置州
润　州	55440	26547	原上元、句容二县改属昇州
常　州	54767	55552	南唐于江阴县建江阴军
江阴军		14551	原常州属县
扬　州	(61471)	29656	高邮县宋初置高邮军，海陵县南唐置泰州
高邮军		20756	原扬州高邮县
楚　州	(14748)	24417	
泰　州		32471	原扬州海陵县
通　州		10787	南唐在海陵县之东境置静海制置院，后周建州
泗　州	4015	21926	
海　州	23738		

吴越国统治着今苏南无锡以东、以南地区，这里是唐后期全国最富庶的地区，加之吴越国长期以来保持和平安定，善政亲民，劝耕奖勤，赋敛公平，大力发展水利事业，无锡、苏州地区的社会经济长时间内获得了持续发展。宋人龚明之《中吴纪闻》卷六有《苏民三百年不识兵》一条，是对苏州唐末五代时期社会安定、经济发展的最好说明：

> 姑苏自刘(禹锡)、白(居易)、韦(应物)为太守时，风物雄丽，为东南之冠。乾符间，虽大盗蜂起，而武肃钱王(镠)以破黄巢，诛董昌，尽有浙东西。五代分裂，诸藩据数州自王，独钱氏常顺事中国。本朝既受命，尽籍土地府库，帅其属朝京师，遂去其国。盖自长庆以来，更七代三百年，吴人老死不见兵革。承平时，太伯

① 按，本表数据来源于《元和郡县图志》、《太平寰宇记》，同时参照梁方仲《中国历代户口、田地、田赋统计》制作。《元和郡县图志》中缺淮南诸县户口统计资料，故本表淮南诸州唐代户口数以开元统计数代替，并加以括号以示区别。又，为了更准确地体现各州、县户数的变动，本表在备注中列入诸州之间有关各县的归属变动情况。属于一州之内的县镇设立或废除，凡不影响一州户口统计的准确性者，不另加说明。

庙栋，尤有唐昭宗时宁海镇东军节度使钱镠姓名书其上，可谓盛矣。[①]

龚明之作为苏州本地人，有如此感慨，可见苏州一带在吴越国的治理下社会经济所取得的发展是惊人的。

五代十国时期江南地区经济的迅猛发展，使这一地区的经济在全国经济中所占比重大幅度提高，这也是我国经济中心南移的重要组成部分；到宋代，我国历史上的经济中心南移过程终于完成。

第二节 李昪时期的文化政策

南唐正式建立以前，在保境安民政策之下，经过杨行密、徐温、李昪三代的治理，杨吴辖地内已积累了坚实的社会经济基础。在此基础上，被战争破坏的文化设施也在逐渐恢复之中。但是，杨吴天祐五年(后梁开平二年，908)以后，杨吴实权先后操掌在徐温与李昪手中，徐氏父子首先致力的是夺取政权的斗争，难以全面建设国家各项制度，包括典章、礼乐、学校等。杨吴时期是南唐文化的积累时期，为南唐文化的繁荣准备了物质基础以及人才基础。在这一时期内，杨吴统治地区内的社会风气也发生了相应的转变。

杨吴政权是一个由武人横刀跃马开创的政权，草创之初，武人在其政权中发挥着主要作用。“自杨氏奄有江淮，其牧守多武夫悍人，类以威惊相高，平居斋几之间，往往以斩伐为事。至有位居侯伯而目不识点画，手不能捉笔者。”[②]随着政权的逐渐稳定，由于国家治理及政治斗争的需要，文人在政权中的重要性日益展现，他们越来越多地参与国家日常管理，或以幕僚身份介入政权斗争。

杨行密虽是民间强梁出身，却一贯重视政权创立过程中的非武力因素。其身边有通晓阴阳五行之术的僧人，其帐下还设有史官。当时歙州道士聂师道据称谙熟治国方略，他隐居山中，在民间颇有声望，人称“问政先生”。[③] 杨行密将他迎至江都，并特意为他建造紫阳宫以示尊重。随着社会的安定，文人作用的增强，以及崇文抑武政策的推行，杨吴的社会风气由尚武向文治转变。这个政权也由以武夫悍将为主的政权向以文士为主的政权转型。

---

① (宋)龚明之撰，孙菊园点校：《中吴纪闻》卷六，上海古籍出版社 1986 年版，第 143—144 页。

② (宋)佚名：《钓矶立谈》，丛书集成初编本。

③ 关于聂师道与杨行密的来往，可见《九国志》及《十国春秋》。

经过杨吴时期的积累，南唐文化蓬勃发展起来。李昪为发展南唐文化而施行的主要举措有：

1. 召集人才

早在主持吴政时，李昪就在其府署之内设立延宾亭，招徕人才。而后又在淮河南岸沿途要津以重金寻觅由中原南来的士人。这为大量身逢乱世、散处民间、奔走无门的文人提供了施展才干的机会。

2. 搜集图书

李昪初任杨吴昇州刺史时，开始寻访因战乱而散落于民间的各类图书，且以此作为吸引士人的重要手段之一。受禅后，他下令诸郡搜集民间遗书。南唐时人记载道："始天祐间，江表多故，洎及宁帖，人尚苟安，稽古之谈，几乎绝侣，横经之席，蔑尔无闻。及高皇初收金陵，首兴遗教，悬金为购坟典，职吏而写史籍，闻有藏书者，虽寒贱必优辞以假之。或有赀献者，虽浅近必丰厚以答之。时有以学王右军书一轴来献，因偿十余万，缯帛副焉。由是六经臻备，诸史条集，古书名画，辐凑绛帷，俊杰通儒，不远千里而家至户到，咸幕置书，经籍道开，文武并驾。暨昇元受命，王业赫然，称明文武，莫我跂及。岂不以经营之大基有素乎。"[①]从唐末至五代十国的乱世，致力于保存文化的民间人士亦不乏其人。庐陵人鲁崇范，家境贫困，却藏有大量典籍，这时悉数献给国家，地方官欲赏以重金，鲁崇范却认为："坟典天下公器，世乱藏于家，世治藏于国，其实一也。"[②]谢绝了官府的厚赏。南唐藏书数量为同时诸政权之首，首创之功应归于李昪。

3. 兴建学校

"自唐末以来，所在学校废绝"[③]，故当时一俟政局稳定，凡欲振兴文化者，无不以复兴学校为始。后蜀宰相毋昭裔，出百万私财兴建学馆，此举被司马光视为西蜀文化兴盛的重要因素之一。昇元二年(后晋天福三年，938)，南唐开设太学，而后各级学校纷纷兴建。宋人马令描述南唐兴学盛况道："南唐跨有江淮，鸠集典坟，特置学官，滨秦淮，开国子监，复有庐山国学，其徒各不下数百，所统州县，往往有学。"[④]除官方办学外，私人讲学之风也颇盛。浔阳人江梦孙弃官还乡后，每日为生徒传授生平所学，听者众多。江州陈氏、禾川颜氏家族都有聚宾客讲学的传统。[⑤] 在各类学校中，

---

① (南唐)刘崇远：《金华子杂编》卷上，丛书集成初编本。按，"高皇"指李昪，李昪谥号光文肃武孝高皇帝。

② (宋)马令：《南唐书》卷一八《鲁崇范传》，见《南唐书(两种)》，南京出版社2010年版，第130页。

③ 《资治通鉴》卷二九一后周太祖广顺三年(953)五月条，中华书局1956年版，第9495页。

④ (宋)马令：《南唐书》卷二三《朱弼传》，见《南唐书(两种)》，南京出版社2010年版，第159页。

⑤ 参见马令、陆游《南唐书》及吴任臣《十国春秋》。

影响最深远的是“庐山国学”。庐山白鹿洞原是唐代李渤读书处，昇元年间，李昪始在白鹿洞建学馆，由李善道任洞主，且辟有专门田地供给就学诸生。[①] 庐山国学是南唐儒学教育中心，白鹿洞书院后成为宋代的四大书院之一，其意义远远超出南唐范围之外。

学校是文化传承中的重要机构，南唐各地学校的大规模兴建，不仅为南唐而且为后世中国文化发展培养、积累了大批人才。学校的兴建，带动了南唐境内文化的繁荣。同时，学校教书育人，还起到了陶冶世风的作用。经过先主李昪的大力倡导，南唐文化设施初具规模。李昪也达到了其完善国家体制的目的。

南唐时期，文化迅速向社会下层普及，私授讲学之风的盛行体现了这一趋势。孤寒子弟力学上进是当时的突出现象。隋唐时期，虽已实行科举取士制度，但严重的门阀观念仍影响着下层士人的仕进之途。门阀制度的彻底崩溃是在唐帝国灭亡之后。此后，下层士人有了更多的通过科举入仕的机会，故大都力学以求上进。

禾川人周彬，杜门苦读，其妻道：“君兄弟皆力田亩，致丰羡，乃独玩故纸以自困，宁有益邪？”周彬答道：“耕田不如耕道，非儿女子所知也。”[②]李昪受禅后，周彬因其才学得以入仕。丘旭是宣城的农家子弟，弱冠才开始读书，赴金陵应试，屡试不中，仍苦读不息。然家境困窘，他自觉前途渺茫，其嫂鼓励他：“苟济荣望，虽孤儿可鬻，况赀用乎？”[③]随后倾囊相助。次年，丘旭终于中举，荣归乡里，其词赋在南唐也颇具声望。

即便是达官贵人也以博通经史为荣。严续在后主时官至司空、同平章事。其父是吴相严可求，其妻是李昪之女，严家是南唐望族之一。严续年轻时疏于学习，才学不高，故虽位居宰辅之地，仍时遭同僚鄙薄。严续因而督促子弟力学儒业，其子孙中有十余人中进士。

李昪倡导文化的另一个重要目的就是重新确立纲常伦理观念。

在史家笔下，五代十国时期是一个“君君臣臣父父子子之道乖，而宗庙朝廷人鬼皆失其序”的时代[④]。从杨吴到南唐的政权嬗变就是这样一个典型过程。徐温身为人臣而谋人之国，将杨行密之后的三位杨氏国主操纵于股掌间；徐知训秘密制人偶，诅咒生父；李昪与徐温、徐知训、徐知询有父子兄弟之名却钩心斗角。李昪的“顺利”禅代，其实也得益于当时纲常伦理观念的淡薄。

---

① (清)吴任臣：《十国春秋》卷一五，中华书局1983年版，第197页。

② (清)吴任臣：《十国春秋》卷三一《周彬传》，中华书局1983年版，第446页。

③ (宋)马令：《南唐书》卷二二《邱旭传》，见《南唐书(两种)》，南京出版社2010年版，第163页。

④ 《新五代史》卷一六《唐家人传》，中华书局1979年版，第173页。

自为皇帝后，李昪为保证自家帝业长久稳固，大力提倡纲常伦理观念，以避免自己的家族重演杨、徐二族血的历史。江州陈氏一族，"宗族七百口，每日设广席，长幼以次坐而共食。有畜犬百余，共一牢食，一犬不至，诸犬为之不食"①。陈氏一家带动了乡里风气好转，"乡里率化，狱讼希少，远近叹异之"②。李昪对陈氏家族大力褒奖，同时受到表彰的还有五世同堂的七个家族。陈氏家族在南唐声名卓著，有记载说："曹翰屠江州，噍类无所纵，而义门陈氏昆弟七人，散处城中，事定皆还，无所损。人以为孝义之感。"③

自汉代董仲舒以后，尽管时代有变，纲常伦理具体内容有异，但一直为儒家所共同提倡。李昪要重新确立纲常伦理观念，必须借助于儒家学说。因此，李昪虽与释道有交往，但就根本而言，他是通过建学校、聚图书等方式，大力弘扬儒学。在宋人看来，李昪的努力颇有成效："方是时，废君如吴越，弑主如南汉，叛亲如闽、楚，乱臣贼子，无国无之。唯南唐兄弟辑睦，君臣奠位，监于他国，最为无事，此亦好儒之效也。"④

五代十国时期诸统治者中，凡有政治远见者，无不通过文化建设以倡导纲常伦理为巩固统治的重要方式之一。特别是五代后期的周世宗柴荣、宋太祖赵匡胤，对重建道统更为重视。这也是宋代儒学兴盛的前提之一。李昪可以说是重建道统的先行者。

第三节　南唐文化的繁荣

一　南唐二主词

经过杨吴及先主李昪时代的物质、人才准备及风气的开创，南唐文化呈现出了繁荣景象。中主、后主时期南唐文化的发展具有许多共性，与先主时代相比呈现出了鲜明的不同。中主、后主时期，南唐产生了一批卓越的文化成就，其中最有影响的是以词为代表的文学作品。

词这一文学体裁始于中唐以后，盛于两宋时期，其间的五代十国时期是其发展的重要阶段，出现了一批以词为主要创作内容的文人，并形成了不同的流派，留下了许多传世之作。当时词的创作以西蜀与南唐为盛。"词至西蜀、南唐，作者日盛，往往情

---

①② (宋)马令：《南唐书》卷一《先主书》，见《南唐书(两种)》，南京出版社 2010 年版，第 21 页。

③ (宋)佚名：《江南余载》卷上，丛书集成初编本。

④ (宋)马令：《南唐书》卷二三《朱弼传》，见《南唐书(两种)》，南京出版社 2010 年版，第 159 页。

至文生，缠绵流露。不独为苏、黄、秦、柳之开山，即宣和、绍兴之盛，皆兆于此矣。”[①]南唐词人中，以南唐中主李璟、后主李煜及冯延巳最为著名。

李璟传世之作仅有四首，即《应天长》（一钩初月临窗镜）、《望远行》（玉砌花光锦绣明）、《浣溪沙》（手卷真珠上玉钩、菡萏香销翠叶残）二首。其艺术水准已经相当高远，其中“细雨梦回鸡塞远，小楼吹彻玉笙寒”更是千古传咏的名句。宋代有人将李璟与李煜的词结集刊印，合称《南唐二主词》。

李煜的传世词有三十余首[②]。后世一直以南唐亡国为界，将他的词作分为前期与后期，前期作品大多是宫廷生活的实照和感受，后期作品则多抒发亡国之痛。其词用语清新、朴素，自然而无斧凿痕迹。李煜所采用的白描、直抒胸臆等艺术手法，使词在创作技巧上大有突破。特别是李煜后期的词作，将人生感悟融入艺术创作之中，意境大为提高，受到历代文人的赞誉。关于李煜在词史上的地位，近代学者王国维评价称：“词至李后主而眼界始大，感慨遂深，遂变伶工之词而为士大夫之词。”[③]

南唐的另一位重要词人冯延巳，又名延嗣，字正中，有词集《阳春集》传世，是五代十国时期词人中传世作品最多的一位。冯延巳的词作用语清新，风格淡雅。后代有人认为冯延巳身为太平宰相，故不可能像经历了人生跌宕起伏的李煜那样，在作品中融入深刻的身世之感。但是，仅就艺术成就而言，冯延巳实不在李煜之下。清人认为：“后主小令冠绝一时。韦端己亦不在其下。终五代之际，当以冯正中为巨擘。”[④]近人评道：“正中词，缠绵悱恻，在五代，别具一种风格。秾艳如（温）飞卿，清丽如（韦）端己，超脱如后主，均与之不同家数。其词最难学，出之太易，则近率滑，过于锻炼，又伤自然，总难恰到好处。”[⑤]即便是高度推崇李煜的王国维也称：“冯正中词虽不失五代风格，而堂庑特大，开北宋一代风气。”[⑥]

另外，南唐潘佑、张泌等人也有词作传世。李璟、李煜、冯延巳为首的南唐词人及其作品，以高度的艺术成就确立了南唐这个偏安小朝廷在文学史上的地位。明人王世贞将南唐李氏父子与宋代晏氏父子、柳永、秦观等同视为词之正中。[⑦] 清人冯煦认为：“词至南唐，二主作于上，正中和于下，诣微造极，得未曾有。宋初诸家，靡不祖述

---

① （清）王弈清：《历代词话》，见唐圭璋：《词话丛编》，中华书局1986年版，第1138页。

② 关于李煜词之流传、版本、数量及真伪之考辩，参见谢世涯：《南唐李后主词研究》，学林出版社1994年版；田居俭：《李煜传》，当代中国出版社1995年版。

③⑥ 王国维：《人间词话》，见唐圭璋：《词话丛编》，中华书局1986年版，第4242页。

④ （清）陈廷焯：《词坛丛话》，见唐圭璋：《词话丛编》，中华书局1986年版，第3719页。

⑤ 蔡嵩云：《柯亭词论》，见唐圭璋：《词话丛编》，中华书局1986年版，第4910页。

⑦ （明）王世贞：《艺苑卮言》，见唐圭璋：《词话丛编》，中华书局1986年版，第385页。

二主。”[①]王国维在《人间词话》中，通过评述李氏父子和冯延巳的词作而阐述的美学思想，对整个二十世纪中国的艺术评论产生了深远的影响。

虽然南唐二主的词作颇受后人赞誉，被视为“词宗”，然而，这一时期南唐文化的发展走向与前一时期有了明显的不同。以李璟、李煜父子为首的南唐宫廷显贵们以文化为自娱自乐的方式，却再也没有进行李昪时期那样大规模的文化建设了。

五代十国时期虽是个武人互争雄长的时代，却出现了为数不少的爱好文艺的帝王。其中著名的有后唐庄宗李存勖，他酷爱戏剧，最终丧生于伶官之手。李存勖也好作词，“庄宗同文，兴代北，生长戎马间，百战之余，亦造语有思致”[②]。据传，词牌名“如梦令”就是由李存勖所制，“东坡言，如梦令曲名，本唐庄宗制，一名忆仙姿。嫌其不雅，改云如梦。庄宗作此词，卒章云：‘如梦。如梦。和泪出门相送。’取以为之名。古今词话云：‘后唐庄宗修内苑，掘得断碑，中有字三十二，曰：‘曾宴桃园深洞，一曲舞鸾歌凤。长记欲别时，残月花落烟重。如梦。如梦。和泪出门相送。’庄宗使乐工入律歌之，名曰古记。但词话所记，多是臆说，初无所据，故不可信。当以坡言为正”[③]。南方诸政权中，善文艺的国主更多。“诸国僭主中，李重光、王衍、孟昶、霸主钱俶，习于富贵，以歌酒自娱。”[④]其中，王衍“月华如水浸宫殿”之句，孟昶“冰肌玉骨，自清凉无汗”之句，都是传世名句；钱俶“陌上花开，可缓缓归矣”之句，被王士禛誉为“艳称千古”[⑤]，且常为后人翻用。

李煜是其间最出类拔萃者，他于诗词文赋、琴棋书画无一不通，特别是在文学领域内，堪称一代词宗，这在上下数千年的历代帝王中绝无仅有。中主、后主开一代文风，但是他们所推崇的文化是以个人性情陶冶为目的狭义文化，其所追求的文化不可能脱离封建帝王的本性。也正因此，他们在特定的历史时刻，甚至不惜摧毁文化。李煜随从陈彭年记道：“元宗、后主皆妙于笔札，好求古迹，宫中图籍万卷，钟、王墨迹尤多。城将陷，谓所幸宝仪黄氏曰：‘此皆吾宝，惜城若不守，尔可焚之，无使散逸。’及城陷，黄氏皆焚。”[⑥]相反，先主李昪重视文化的普及，有目的地强化文化在国家建设、治理中的作用，其影响深远，超越了个人文化成就所能涵盖的范围。

---

① （清）冯煦：《稿庵论词》，见唐圭璋：《词话丛编》，中华书局1986年版，第3585页。

②④ （宋）王灼：《碧鸡漫志》，见唐圭璋：《词话丛编》，中华书局1986年版，第82页。

③ （宋）胡仔：《苕溪渔隐丛话》，见唐圭璋：《词话丛编》，中华书局1986年版，第180页。

⑤ （清）王士禛：《渔洋诗话》卷中，影印文渊阁四库全书本。

⑥ （宋）陈彭年：《江南别录》，影印文渊阁四库全书本。

二　南唐的绘画与书法艺术

南唐后主李煜不仅是一位杰出的词人，还是一位颇有造诣的画家。“江南后主李煜，才识清赡，书画兼精。尝观所画林石飞鸟，远过常流，高出意外。”①其绘画成就得到了宋人的肯定。

南唐宫廷设有画院，集中了当时一流的丹青高手。如卫贤善画楼台、人物，王齐翰、曹仲元、陶守立善画佛、道、鬼、神，蔡润善画船、水，解处中工画竹，顾德谦工画人物，梅行思工画鸡。这些画师各有所长，共同组成了一个缤纷瑰丽的南唐画坛。其间还出现了几位对后代画坛产生了重要影响的人物。如徐熙的工笔花鸟画独树一帜，他去世于南唐亡国之前，与西蜀黄筌一样，对北宋花鸟画的发展颇有影响。

南唐有一批绘画作品流传后世，如王齐翰的人物画《勘书图》（又称《挑耳图》）。南唐北苑副使董源擅长山水画，其绘画主题多是山温水暖的江南风物。其画气韵高古，意境深远，有《潇湘图》传世。画院学生赵干也擅长山水画，有《江行初雪图》传世。僧人巨然，师从董源，继承了董源画风，传世之作有《秋山问道图》。南唐亡国后，巨然随李煜来到汴京，董源一派的画风也随之入宋。巨然在宋初画坛颇有声名。关于董源、巨然对山水画史的影响，陈高华先生总结说：“北宋时期的山水画分二大流派，均可追溯到五代。北方画派的创立者是荆浩、关同，江南画派的开创者是董源，巨然则是董源的主要继承人，所以画史上常以董、巨并称。宋朝的统一，使南北各种绘画流派得到交流的机会；当时的都城开封，便是各种流派汇集的场所。代表江南山水画派来到开封的，就是巨然。”②

王齐翰绘《勘书图》

南唐绘画作品中最为著名的传世之作是翰林待诏。韩熙载晚年生活放荡不羁，李煜遣顾闳中及另一位翰林待诏周文矩前去察看，二人回宫后，以绘画的形式向李煜汇报了在韩府所见的情景。现存《韩熙载夜宴图》乃顾闳中手笔，这是一幅多卷本设色长卷，由五个场景组成，其画细节丰富，人物各具姿态，其中人物、器物一一可考，生

① （宋）郭若虚：《图画见闻志》卷三，四部丛刊本。

② 参见陈高华编：《宋辽金画家史料》，文物出版社 1984 年版，第 195 页。

动再现了南唐显贵的宴乐生活。《韩熙载夜宴图》历一千余年仍色泽艳丽，是我国绘画史上的珍品。

顾闳中绘《韩熙载夜宴图》(局部)

五代十国时期是我国书法史上一个较为暗淡的时期，后人称“书学之废，莫甚于五代”①。但是，书法艺术并未在当时断绝。南唐朝野文人中，多有善书法者，如高越、宋齐丘、冯延巳、韩熙载、徐锴、潘佑、王绍颜、颜诩、唐希雅、释应之、宫人乔氏、王文秉、朱铣、汤元鼎、应用、李萧远、李长深、任元能等。②

李璟、李煜父子也雅善书法。中主李璟“学羊欣”③，据载当时“钟陵清凉寺，有李中主八分题名、李萧远草书、羽画海水，为三绝”④。李煜是南唐书法一大家，他初学柳公权，博采欧、颜、褚、陆众家之长，自创一体，有“金错刀”及“撮襟书”。李煜的书法技艺对当时人颇有影响，唐希雅“妙于画竹，作翎毛亦工。初学南唐伪主李煜金错书，有一笔三过之法。虽弱甚瘦，而风神有余”⑤。李煜在书法创作之余，对书法理论也颇有造诣，且有两篇书法理论作品传世，一为《书论》，一为《书评》。

宋人曾亲见李煜书法真迹，邵博称：“尝见南唐李侯撮襟书宫人庆奴扇云：风气渐老见春羞，到处销魂感旧游。多谢长条似相识，强垂烟态拂人头。”⑥陆游也曾在清凉广慧寺亲见李煜真迹，他说：“清凉广慧寺……坏于兵火，旧有德庆堂在法堂前。堂榜乃南唐后主撮襟书，石刻尚存。”⑦由前人撰述可见，李煜在书画上的造诣颇深，可惜其作品传世甚少，这方面的成就被其文学成就的灿烂光环遮掩了。

另外，南唐文臣徐铉工小篆，冯延巳书似虞世南，韩熙载的书法也名噪一时。南唐文人以善书法为荣，“(宋齐丘)书札不工，亦自矜忲，而嗤鄙欧、虞之徒。冯延巳亦工书，远胜齐丘，而佯为师授以求媚。齐丘谓之曰：‘子书非不善，然不能精意，往往似

① (宋)佚名：《宣和书谱》卷一九，上海书画出版社1984年版，第152页。
② (清)刘承幹：《南唐书补注》卷九，嘉业堂丛书本。
③ (宋)陆游：《南唐书》卷一六《保仪黄氏传》，见《南唐书(两种)》，南京出版社2010年版，第336页。
④ (宋)郭若虚：《图画见闻志》卷四，四部丛刊本。
⑤ (宋)佚名：《宣和画谱》，湖南美术出版社1999年版，第363页。
⑥ (宋)邵伯温：《邵氏闻见后录》卷一七，中华书局1983年版，第133页。
⑦ (宋)陆游：《入蜀记》卷三，丛书集成初编本。

虞世南,其何堪也!'”[①]这也从侧面反映了南唐文人习书风气之盛。

书画艺术的盛行,带动了书、画工具制造工艺的发展,特别是并称文房四宝的笔、墨、纸、砚,在南唐都出现了一批精品。

南唐宣州诸葛氏为制笔名家,“宣州诸葛氏,素工管城子,自右军以来世其业,其笔制散卓也”[②]。大周后爱用诸葛笔,称其为“点青螺”。李煜之弟从谦善书法,“用宣城诸葛笔一枝,酬十金,劲妙甲于当时,从谦号为翘轩宝帚”[③]。

南唐二主刻意追求书画工具的精良,“于饶置墨务,歙置砚务,扬置纸务,各有官,岁贡有数,求墨工于海,求纸工于蜀中”[④]。南唐本地原先所产纸质不如西蜀产纸,“主好蜀纸,既得蜀工,使行境内,而六合之水与蜀同”[⑤],引进西蜀造纸技术后,南唐产纸质迅速提高,其纸中佳品被命名为“澄心堂纸”,可见其所受重视程度。澄心堂纸为宋代文人所喜爱,梅尧臣作诗称赞道:“寒溪浸楮春夜月,敲冰举帘匀隔脂。焙干坚滑若铺玉,一幅百金曾不疑。”苏轼也称赞道:“诗老囊空一不留,一番曾作百金收。”[⑥]

南唐墨中以号称“天下第一墨”的李廷珪墨最为著名。李廷珪家族原姓奚,祖籍易水(今河北易县),后迁至歙州定居,因其家高超的制墨技艺而被南唐国主赐国姓“李”。李廷珪墨至宋时已被文人视为墨中极品,被称为天下至宝,并有记载道:“至宣和年,黄金可得,李氏之墨不可得也。”[⑦]

歙砚是南唐砚中的名品,其中取材于婺源(今属江西)所产龙尾石的龙尾砚最为珍贵。其时还出现了一尊巨砚,号称“砚山”,为砚中绝品。“江南李氏后主宝一研山,径长尺逾咫,前耸三十六峰,皆大如手指,左右则引两阜坡陀,而中凿为研。及江南国破,研山因流传数士人家,为米元章所得。”[⑧]其后数百年间,这座巨砚辗转流落,不知所终。

三　南唐的学术成就及其他

在浅吟低唱的词人和丹青巨匠之外,也有个别特立独行者,别开一路学问。徐锴、徐铉兄弟是其中的典范。徐锴毕生致力于为南唐收集图书,研究典章制度,特别是精研“说文学”,作《说文解字系传》四十卷,《说文通释》四十卷。徐铉入仕宋朝后,

① (宋)马令:《南唐书》卷二〇《宋齐丘传》,见《南唐书(两种)》,南京出版社2010年版,第143页。

②⑧ (宋)蔡绦:《铁围山丛谈》卷五,中华书局1983年版,第96页。

③ (明)毛先舒:《南唐拾遗记》,丛书集成初编本。

④ (宋)陈师道:《后山丛谈》卷三,丛书集成初编本。

⑤ (宋)陈师道:《后山丛谈》卷五,丛书集成初编本。

⑥ (清)王士禛、郑方坤:《五代诗话》卷一〇《杂缀·澄心堂纸》,书目文献出版社1989年版,第394页。

⑦ (宋)邵伯温:《邵氏闻见后录》卷二八,中华书局1983年版,第218页。

奉旨校定《说文解字》，其中也利用了徐锴的研究成果。徐铉的校本刊行后流传于世，被称为大徐本，徐锴本则被称为小徐本。徐氏兄弟为我国文字学作出了重要贡献，其研究成果为后世文字学研究奠定了基础。

南唐在同时诸政权中，文化发展水平最高，其国人好撰述，著述颇丰。

南唐统治者重视修史。兵部尚书陈濬受命修杨吴历史，书未成而卒。此后，南唐史官高远与徐铉、乔匡舜、潘佑共同撰成《吴录》二十卷。南唐私人修史之风也颇盛，王颜作《烈祖开基志》十卷，高远著《烈祖实录》二十卷，《元宗实录》十卷。唐代历史对于南唐人来说是近代史，故南唐人颇多著唐史者，如郭昭庆著《唐春秋》三十卷，何晦著《唐摭言》十五卷，徐锴著《历代年谱》一卷，陈彭年著《唐纪》四十卷，等等。这些史著大多已失传。刘崇远著《金华子杂编》三卷，追忆唐大中年以后故事，保存至今。

一些南唐遗臣入宋后，追记故国往事，撰成书录的有郑文宝《南唐近事》一卷，《江表志》三卷；徐铉、汤悦《江南录》十卷[①]，佚名《钓矶立谈》一卷，陈彭年《江南别录》四卷。

南唐一部分文人致力于研究经世济民之道，如张易搜集唐代武德年间至宝历年间君臣论奏事七十余件，编成《谏奏集》七卷。郭昭庆于中主李璟时作《治书》五十篇，"皆引古以励今"[②]，于后主时又献《经国论》、《治民论》各十余篇，其中指出了池州采石乃南唐江防的要害之处。

南唐文人治天文、地理、音韵、典章制度乃至鬼怪神异之说者都有。张易注《太玄经》未成，徐铉作《稽神录》[③]，吴淑作《江淮异人录》三卷、《秘阁闲谈》五卷，何浦作《论气正诀》一卷，徐锴作《古今国典》、《赋苑》、《岁时广记》；郭昭庆的《治书》内有《禁绝》三篇，内容为天文、兵法等；余璀擅长音律，作《拾遗集》若干卷；陈彭年谙熟典章制度，入宋后作《阁门仪制》十卷、《仪制赦书德音》十卷、《诸路转运司编敕》十卷、《宋朝重修广韵》五卷；舒雅作《山海经图卷》若干卷。

南唐如京使章僚曾出使高丽，归国后作《海外使程广记》三卷。该书记录了通往高丽的海路，及其国山川、物产、风俗等等。据《十国春秋》载，其书大体记"高丽有二京、六府、九节度、百二十郡，内列十省四部官，朝服紫丹、绯绿、青碧。俗喜匾头，生男旦日按压其首。"又称："高丽多铜，田家馌具皆铜为之。有温器名服席，状如中国之铛，其底方，其盖圆，可容七八升。"[④]这是我国较早关于朝鲜半岛的地理著作，其记述

① 按，南唐旧臣殷崇义入宋后改名汤悦。

② (宋)马令：《南唐书》卷一四《郭昭庆传》，见《南唐书(两种)》，南京出版社2010年版，第108页。

③ 另有说法认为此书出自徐铉门人蒯亮手笔。

④ (清)吴任臣：《十国春秋》卷二八《章僚传》，中华书局1983年版，第410页。

与当地风俗相符，可惜现已佚失。

南唐文学兴盛，有较多文人将个人诗文结集刊印。据《十国春秋》载，徐知谔有《阁中集》，宋齐丘有文集六卷，韩熙载有《拟议集》五十卷、《定居集》二卷，邵拙有《庐岳集》，廖凝有诗集七卷，张洎有文集十五卷、《贾氏谈录》一卷，伍乔有文集一卷，陈彭年有文集一百卷。

南唐遗臣入宋后，参与了宋代几部大书的编撰。“太平兴国中，诸降王死，其旧臣或宣怨言，太宗尽收用之，寘之馆阁，使修群书，如《册府元龟》、《文苑英华》、《太平广记》之类，广其卷帙，厚其廪禄赡给，以役其心。”[①]其中有刁衎、陈彭年、吴淑等。南唐人乐史入宋后，作《太平寰宇记》，这是现存的我国古代最重要的地理著作之一。

中主以及后主统治时期是南唐文化最为璀璨的时期，“江左三十年，文物有贞元、元和之风”[②]。李璟因此颇有文化上的优越感，称：“自古及今，江北文人不及江南才子之多。”[③]

在当时分裂割据、战乱不断的社会环境之下，江苏地区文化的发展、繁荣，保存了大量的著述，宋朝官方所藏图书中，三分之一来自南唐。江苏文化发展也为后代培养、积累了大量人才。出自“庐山国学”的人才虽未在南唐发挥重要作用，但这一教育基地却对后代产生了深远的影响。历史证明，在文化普遍低下的土地上，不可能产生灿烂的文化成就，而南唐时期江苏文化之所以光彩夺目，无疑是基于政府的重视和文化的普及。在这样的基础之上，江苏文化体现了唐宋之际中国社会发生重大转型时期的文化特色，反映了当时的文化发展趋势，在教育、文学、绘画等多种文化领域内继承了唐代之成就，开宋代之风气。也正因为这一特点，南唐这一偏据南方的小朝廷，在不到半个世纪的时间里创造了灿烂的文化财富，其中一些作品经过千年历史的磨炼，展现出更为耀眼的光芒，成为某些特定领域内的经典之作，这是我国文化史上的一个奇迹。

第四节　遗存至今的重要文物

遗存至今的南唐、吴越时期的重要文物有南京的南唐二陵、栖霞寺舍利塔和苏州虎丘的云岩寺塔。

---

① （宋）王明清：《挥麈后录》，丛书集成初编本。

② （宋）陈彭年：《江南别录》，影印文渊阁四库全书本。

③ （宋）郑文宝：《江表志》卷中，丛书集成初编本。

一　南唐二陵

南唐二陵指南唐烈祖(先主)李昪与皇后宋氏合葬的钦陵和南唐元宗(中主)李璟与皇后钟氏合葬的顺陵,二陵均在今南京市江宁区祖堂山南麓,坐北朝南,毗邻而立,东为钦陵,西为顺陵,相距50米。二陵都采用了因山凿圹、封土为陵的形式,平面布局大致相同,据载为南唐大臣江文蔚和韩熙载设计。1950—1951年南京博物院等单位对南唐二陵进行了发掘,出土了陶俑以及铜、铁、漆、木器和玉哀册等文物640余件。二陵的发掘是我国考古学上的一次重要发现,对研究唐宋之间的建筑、绘画、雕刻、陶瓷、服饰以及帝王陵寝制度都具有十分重要的价值,同时也是建国后南方地区最早发掘的帝王陵寝。

李昪937年取代杨吴主自立为帝,在位六年,死于943年,葬钦陵。钦陵规模较大,陵墓上部为一圆形土墩,高约5米,直径30米。墓门外有八字形挡土墙,墓门和挡土墙之间用每块重达二三吨的大石条封塞。墓门南向,中间辟圆拱形洞门,门高2.81米,宽2.38米,门左右两旁隐出砖砌矩形倚柱,上面有柱、枋、阑额、斗拱等各式仿木建筑部件,表面均有彩绘。从墓口到墓室后壁全长21.48米,宽10.45米,分为前、中、后三室。前室、中室用砖砌造,后室全用石块砌成。前室、中室的东西两侧都附有1个侧室,后室两侧各附有3个侧室,主侧室共三进13间,互有券门贯通。

前室平面为长方形,长4.50米,宽3.85米,高4.3米。四壁正中各开有拱券形洞门,南壁为墓门,北壁为通向中室的门,东西两壁为通向左右侧室的门。室内四角隐出的八角形倚柱和券门左右各隐出的矩形倚柱,将前室分隔成了面阔三间、进深三间的空间。柱上施以一斗三升式斗栱,承托柱顶枋。所有倚柱、斗栱、立枋等建筑构件上均彩绘柿蒂纹、蕙草云纹、缠枝牡丹纹、宝相花、海石榴花等纹样,使整个室内空间呈现出富丽豪华的气派。在南北壁的柱头枋上两端各有安装平暗或平棋(天花板)用的方形砖洞。墓室虽是砖砌,但整体上完全模仿木构建筑。

中室略呈方形,长4.56米、宽4.45米、高5.30米,室内的仿木建筑形制与前室基本相同,不同的是中室北壁的构造。中室的北壁即后室的入口,两侧的立壁用巨大的青石板砌成,立壁上各高浮雕一守门武士像。武士戴盔穿甲,手握长剑,足踩云朵,原均贴金涂朱。武士像上为浮雕双龙戏珠的青石横额,横额下和武士像之间的空间用方形青石板平叠封砌,上涂朱色。

中室与后室之间是为开启后室石门用的过道。后室为钦陵地宫的最主要部分,规模最大,南北长6.03米,东西宽5.90米,近似方形。后室全由青石仿木建筑砌成,东西两壁顶上各用青石条向上叠涩,其上再加巨石条封顶,从地面至顶部高4.70米。

钦陵石雕武士像及门额上的
双龙戏珠浮雕

南壁中间辟一方形门，门板用巨大的青石板做成。东西两壁各开有三门，通向三个侧室。北壁无门，正中开一凹入墙内的大型壁龛。后室正中置一石砌棺床，棺床两侧浮雕六条飞龙，北端伸入北壁龛内。后室室顶用石灰粉刷后绘有天象图，青石板铺砌的地面上凿有江河之形，即所谓的“上具天文，下具地理”，以象征帝王拥有天下江山之意。

中主李璟公元943年继位，在位18年，死于961年，葬顺陵。顺陵的形制与钦陵大体相同，只是规模逊于钦陵。全长21.9米，由前、中、后三个主墓室和两侧共计八个侧室组成，全部是砖结构，既没有天象和河川图像，也没有双龙戏珠和守门武士石刻，仿木建筑构建上的彩绘也大大减少，呈现出衰败的景象。

南唐二陵历史上多次被盗，发掘时仍出土随葬品640余件，其中200余件各式陶俑是南唐二陵随葬品中的精品。人首蛇身俑、双首蛇身俑、人首鱼俑等陶俑是唐代以来南方地区常见的镇墓类俑，而以男女优伶俑和男女舞俑为代表的陶俑，与隋唐墓葬中常见的武士俑、文吏俑、男女侍俑等组合已趣旨大异，表现出了更多的世俗气氛，呈现出与宋金元时期伎乐舞蹈杂剧俑之间的共通性。[①]

南唐二陵出土男女优伶俑

① 参见南京博物院编：《南唐二陵发掘报告》，文物出版社1957年版；张学锋编著：《中国墓葬史》，广陵书社2009年版。

二　栖霞寺舍利塔与虎丘云岩寺塔

建于10世纪上半叶的南京栖霞寺佛舍利塔和苏州虎丘云岩寺塔，是保留至今的南唐和吴越国时期珍贵的文化遗产，历经千余年，依然基本保存完好，两者都被列入全国重点文物保护单位。

栖霞寺位于今南京市区东北约25公里的栖霞山麓，始建于南齐永明七年(489)。唐武宗会昌年间灭佛时佛毁寺废，宣宗大中五年(851)重建，南唐时改为妙因寺，再次进入隆盛时期。据《景定建康志》载，寺中佛塔始建于隋仁寿元年(601)。隋文帝降旨在全国83州建塔瘗藏舍利，蒋州(治今南京市)栖霞寺舍利塔是其一。始为木塔，后毁于唐。现存的舍利石塔是南唐时所建。塔高约18米，为八角五层密檐式石塔，是已知密檐式石塔中体量最大的一座。塔身立于须弥式基座上，塔基边长5.13米，基座与塔身间置莲座。底层正南略偏西，设置踏道，周围绕以栏杆。基台立面雕刻海石榴和凤凰，平面雕鱼、龙、水波和花卉等纹饰。基座束腰部分雕释迦成道的八相图。第一层塔身高大，转角处为八角形倚柱，柱面刻经偈文，柱上施阑额。塔身正面和北面浮雕板门，门扉上有门钉和铺首衔环。塔身西面雕普贤骑象图，东面原刻有文殊菩萨像，现已残。其余四面均为高浮雕天王像。塔檐下的斜面横楣上雕飞天、伎乐、供养人等像。其上檐五层为仿木结构，出檐较深，上作瓦垄和垂脊。第二层以上各层骤变低矮，每面都刻两个圆拱形龛，内雕坐佛一尊。塔顶为莲花形刹柱。[①] 虽是石塔，但整个塔形轻巧玲珑，装饰华丽，是中国石塔的代表作。

南京栖霞寺佛舍利塔

① 参见国家文物局主编：《中国文物地图集·江苏分册》(下)，中国地图出版社2008年版，第90页。

苏州虎丘云岩寺塔

苏州市西北虎丘山建寺的历史也很悠久，最早可上溯到东晋时期王珣、王珉兄弟舍宅为寺。东晋时为东、西二寺，唐代合为一寺。唐武宗会昌灭佛时遭到摧毁，吴越国统治期间再现盛况。吴越国钱俶十三年(959)在虎丘山巅造塔，建隆二年(961)落成，费时两年。云岩寺塔为八角七层木檐楼阁式砖塔，塔现高48米，最上层系明崇祯十一年(1638)纠偏时改建。底层每边长5.65米。塔体由外壁、回廊、内壁、塔心室组成，外壁八面辟壶门，内壁四面辟壶门。各层回廊顶部通过叠涩法砖构楼面将内外壁连成整体，形成双套筒式结构。塔内壁面用砖砌出柱、枋、斗拱、藻井、窗户等，非常逼真地仿造出了木构建筑的细部特征。同时壁面还堆塑了折枝牡丹等彩饰，第五层的湖石勾栏壁塑尤为罕见。① 塔内发现的一件青瓷托盏，揭开了唐末五代时期吴越国“秘色瓷”的神秘面纱。这件托盏分为盏和托两部分，高13.05厘米，口径13.9厘米，釉色青中泛黄，色泽莹润，光洁如玉。盏的外壁、托面和圈足都装饰着丰满的莲瓣，整个器形宛如一朵盛开的莲花，优美且实用，是青瓷中的稀有珍品。

苏州虎丘云岩寺塔内发现的青瓷托盏

今天，云岩寺塔以其倾斜闻名于世，经1956年抢修塔体，1981—1986年加固地基，千年斜塔转危为安，据专家估计，至少还能在虎丘山巅矗立一千年。

① 参见国家文物局主编:《中国文物地图集·江苏分册》(下)，中国地图出版社2008年版，第90页。

附　录

一　隋唐五代时期江苏地区大事记

隋

陈宣帝太建十三年、隋文帝开皇元年(581,二月建元开皇)

正月　陈新安王伯固为扬州刺史,宜都王叔明为南徐州刺史。

二月　杨坚代周称帝,国号隋,建元开皇,定都长安,史称隋文帝。

三月　隋将贺若弼为吴州总管,镇广陵。

九月　陈将周罗睺攻隋故墅,拔之。萧摩诃攻江北。

隋以长孙览、元景山并为行军元帅攻陈,命高颎节度诸军。

是岁　废盐业专卖,两淮盐业产销,听民自由经营,不征税赋。

三论宗大师法朗卒。法朗(506—581),俗姓周,又名道朗、慧朗。徐州沛县人。陈武帝时入住扬州兴皇寺。

陈宣帝太建十四年、隋文帝开皇二年(582)

正月　陈宣帝崩于宣福殿,年53。

陈始兴王叔陵作逆,伏诛。

陈后主即位,以丹阳尹、长沙王叔坚为扬州刺史,萧摩诃为南徐州刺史。

陈遣使请和于隋,归其故墅。

二月　隋以礼不伐丧为名,诏高颎班师。

四月　陈立永康公胤为太子。

六月　隋遣使吊陈。

陈后主至德元年、隋文帝开皇三年(583)

正月 陈改元至德。

陈以丹阳尹晋熙王叔文为扬州刺史,原扬州刺史叔坚为江州刺史。

二月 陈遣贺彻等聘于隋。

陈以始兴王叔重为扬州刺史。

葬陈宣帝于显宁陵,庙号高宗。

四月 陈以前扬州刺史叔文为江州刺史。

隋遣薛舒、王劭聘于陈。

十一月 陈遣周坟、袁彦聘于隋。

隋罢诸郡为州。

十二月 隋遣曹令则、魏澹聘于陈。

是岁 隋于东海县城东北 70 里处筑万金坝挡海潮,坝宽 3 丈,南北长 4 里。坝内盛产芦苇,鱼虾等,百姓获益颇多。

陈后主至德二年、隋文帝开皇四年(584)

五月 陈以扬州刺史叔重为江州刺史,南平王嶷为扬州刺史。

十一月 盘盘国、百济国遣使向陈献方物。

是岁 陈后主于光昭殿前起临春、结绮、望仙三阁。

陈后主至德三年、隋文帝开皇五年(585)

七月 陈遣王话等聘于隋。

九月 隋遣李若等聘于陈。

十月 丹丹国遣使向陈献方物。

十二月 高丽国遣使向陈献方物。

陈后主至德四年、隋文帝开皇六年(586)

四月 陈遣周磻等聘于隋。

八月 隋遣裴豪等聘于陈。

九月 陈以岳阳王叔慎为丹阳尹。

百济国遣使向陈献方物。

陈后主祯明元年、隋文帝开皇七年(587)

正月 陈以丹阳尹叔慎为湘州刺史,义阳王叔达为丹阳尹。

陈改元祯明。

二月 陈遣王亨等聘于隋。

四月 为平陈朝,隋就邗沟故道开山阳渎,南起江都县扬子津,北迄山阳,全长约 300 里，史称“邗沟东道”。

隋遣杨同等聘于陈。

十一月 陈割扬州吴郡置吴州，割钱塘县为郡，属焉。

陈以萧瓛为吴州刺史。

是岁 陈后主于建康造大皇寺，未毕，火从中起而焚之。

隋废东南道行台。

陈后主祯明二年、隋文帝开皇八年(588)

正月 陈遣袁雅等聘于隋。

三月 隋遣程尚贤等聘于陈。

隋文帝诏令伐陈，散发“讨陈檄文”数十万张，遍及大江南北，列陈后主罪状数十条。

六月 扶南国遣使向陈献方物。

陈废太子胤为吴兴王，立扬州刺史始安王深为太子。以会稽王庄为扬州刺史。

大风至自西北激涛，水入石头城，淮渚暴溢，漂没舟乘。

十月 陈遣王琬、许善心聘于隋，隋留不遣。

隋遣晋王杨广率军伐陈。

十一月 陈以南徐州刺史永嘉王彦为江州刺史，南海王虔为南徐州刺史。

陈后主祯明三年、隋文帝开皇九年(589)

正月 隋将贺若弼、韩擒虎率军攻入建康，俘获陈后主，陈亡。

二月 隋废淮南行台省。

隋军押送陈叔宝君臣往长安，诏荡平建康城邑宫室以为耕地，另于石头城置蒋州。

四月 隋以秦王杨俊为扬州总管 44 州诸军事，镇广陵。

隋平陈后 始于常熟置常州。改隋吴州为扬州，置总管府。改陈吴州为苏州。

隋文帝开皇十年(590)

十一月 陈之故境，大抵皆反，诏以杨素为行军总管讨平之。

以晋王杨广为扬州总管，镇江都，领 44 州军务。

杨广命郭衍为总管，屯京口，以平叛功，授蒋州刺史。

杨广于扬州开炉铸钱，并置铸钱监，为扬州官炉铸钱之始。

隋文帝开皇十一年(591)

十一月 杨广于扬州总管府设“千僧斋”，隆重迎谒智𫖮。智𫖮为杨广授菩萨戒，法号“总持菩萨”,杨广奉智𫖮为“智者大师”。

隋文帝开皇十四年(594)

是岁 令江南各地官府定时祭祀陈朝宗祖陵墓,善加维护。

常熟改隶苏州,常州治所移至晋陵。

隋文帝开皇十五年(595)

二月 收天下兵器,敢私造者坐之。关中、缘边不在其例。

七月 遣苏威巡省江南。

是岁 智𫖮应杨广之邀再下江都,并为之撰写《净名经疏》。

隋文帝开皇十八年(598)

正月 禁江南诸州民间私造大船。凡船长3丈以上者,悉予没收。

四月 以蒋州刺史郭衍为洪州总管。

是岁 改广陵县为邗江县。

隋文帝开皇十九年(599)

是岁 杨广在扬州置慧日、法云、日严、弘善四道场,请名僧主持。

隋文帝开皇二十年(600)

九月 吴州总管杨异卒。

十月 废太子杨勇为庶人。

十一月 立扬州总管、晋王杨广为皇太子。

隋文帝仁寿元年(601,正月改元仁寿)

三月 以豫章王杨暕为扬州总管。

六月 下《立舍利塔诏》,诏中以栖霞寺为首。

隋文帝仁寿二年(602)

正月 下《再立舍利塔诏》。

隋炀帝大业元年(605,正月改元大业)

正月 废诸州总管府。

三月 开通济渠,自大梁之东引汴水入泗,达于淮。开邗沟,宽40丈,两岸建御道,植柳树,自长安至江都置离宫40余所,造龙舟、楼船等数万艘。

八月 隋炀帝幸江都,舳舻相接200余里,船夫8万余人。所过州县,500里内皆令献食。

隋炀帝大业二年(606)

正月 遣十使并省州县。

三月 隋炀帝发自江都回洛阳。

隋炀帝大业三年(607)

四月 改州为郡,置太守。扬州为江都郡、蒋州为丹阳郡、常州为毗陵郡、吴州(苏州)为吴郡、徐州为彭城郡、海州为东海郡、邳州为下邳郡。废楚州、润州属江都郡,设江都宫于江阳县。

隋炀帝大业四年(608)

是岁 废徐州总管府,改为彭城郡。

隋炀帝大业五年(609)

正月 诏民间铁叉、搭钩、刃之类皆禁之。

十一月 裴蕴奏令貌阅,从之。

隋炀帝大业六年(610)

三月 隋炀帝第二次巡幸江都。

六月 制江都太守秩同京尹。

十二月 敕令贯通江南运河,自京口至余杭,长 800 余里、宽 10 丈,使通龙舟。

隋炀帝大业七年(611)

二月 隋炀帝自江都行幸涿郡。

五月 敕河南、淮南、江南造戎车五万乘送高阳。

七月 征发江淮以南民夫及船运黎阳、洛口等仓储粮至涿郡,舳舻相接千余里。

隋炀帝大业九年(613)

八月 吴郡朱燮、毗陵管崇聚众抗暴,百姓群起响应,众至 10 余万人

九月 东海民彭孝才起兵反隋,拥众数万。

十月 朱燮、管崇推刘元进为天子,设置百官。隋遣将讨之。

十二月 刘元进等三人败死,王世充杀俘数万人。余众散而复聚,隋军连年不能克。

章丘杜伏威与临济辅公祏反,并下邳苗海潮军。江都留守遣校尉宋颢讨之,败死。杜伏威渐强。

隋炀帝大业十年(614)

四月 彭城张大虎聚众反,隋将击斩之。

十二月 彭城留守董纯虽讨擒东海彭孝才,但以盗贼日滋不能制被谮,隋帝怒斩之。

孟让聚众渡淮,据都梁宫。隋遣江都丞王世充击破之。

隋炀帝大业十一年(615)

十月 诏江都更造龙舟水殿,凡数千艘,制度仍大于旧者。

东海李子通拥众渡淮，与杜伏威合，后自相图，遂并为隋军所破。子通奔海陵，自称将军。杜伏威屯六合。

隋炀帝大业十二年(616)

正月 诏毗陵通守路道德于郡东南起宫苑，周围12里，内为16离宫，回廊复阁，极尽奢华，奇丽胜于东都西苑。

二月 东海卢公暹率众万余，保于苍山。

七月 江都新建龙舟成。隋炀帝三幸江都。时江淮大旱，水浅难行，至破釜塘忽降大雨，河水陡涨，船得以过，炀帝大喜，遂改破釜塘为洪泽浦。唐时又改为洪泽湖。

九月 东海人杜扬州、沈觅敌作乱，隋将陈棱击破之。

十二月 隋炀帝至江都。江淮官员竞相搜括充贡邀宠，民众饥馑，至人相食。

时，李子通据海陵，杜伏威屯六合，各拥兵数万，炀帝令陈棱统宿卫军八千征讨。

隋炀帝大业十三年、隋恭帝义宁元年(617，十一月改元义宁)

正月 杜伏威军大败隋将陈棱，乘胜破高邮，据历阳，自称总管，以辅公祏为长史。

江都通守王世充破斩卢明月于南阳。

五月 李渊起兵于太原。

七月 隋炀帝遣王世充将江淮劲卒与众将同赴东都，共讨李密。

九月 隋炀帝括江都民女寡妇，以配从兵。

李密以朱粲为扬州总管，邓公。

十一月 李渊入长安，遥尊炀帝为太上皇，立代王侑为帝，改元义宁。

炀帝命人修起丹阳宫，欲徙都之。

唐

隋炀帝大业十四年、唐高祖武德元年(618，五月建元武德)

三月 宇文化及等弑隋炀帝于江都宫中，立炀帝侄孙秦王杨浩为帝。宇文化及以陈棱为江都太守综领留后事，自率众西归。

吴兴太守沈法兴以宇文化及“弑君”之罪发兵六万北伐，连克毗陵、丹阳，攻据江表十余郡，自称江南道大总管，承制置百官。

五月 隋炀帝凶闻至长安，隋恭帝禅位于唐，李渊即皇帝位，建元武德。罢郡置州，以太守为刺史。

东都留守王世充奉越王杨侗即皇帝位，改元皇泰，授杜伏威为东南道大总管，封楚王。

八月 隋江都太守陈棱改葬炀帝于江都宫西吴公台下，其王公以下皆列瘗于帝茔之侧。

皇泰主杨侗拜杜伏威为东道大总管，封楚王。

沈法兴亦上表皇泰主，自称大司马、录尚书事、天门公，承制置百官。

是岁 始建溧水县学。

唐高祖武德二年(619)

四月 隋将陈棱以江都降唐，授扬州总管。

九月 沈法兴自称梁王，都毗陵，改元延康，置百官。

李子通克江都，破沈法兴子沈纶，建国号吴，改元明政。

陈棱奔杜伏威，杜伏威降唐，授淮南安抚大使、和州总管。

是岁 润州刺史谢元超于金坛修南、北谢塘。

唐高祖武德三年(620)

六月 诏以杜伏威为使持节、总管江淮以南诸军事、扬州刺史、东南道行台尚书令、淮南道安抚使，进封吴王，赐姓李氏。以辅公祏为行台左仆射，封舒国公。

是岁 于丹徒县置润州，改延陵县为丹徒县，迁延陵县还故治。

于润州江宁县置扬州，以隋江都郡为兖州，置东南道行台。

李子通破沈法兴，取京口、丹阳、毗陵。

杜伏威再破李子通，尽收江西之地，遂徙居丹阳。

李子通弃江都，保京口，收合亡散，复破沈法兴于吴郡，尽收沈法兴之地。

吴郡闻人遂安遣将叶孝辩迎沈法兴。沈法兴欲杀孝辩，为叶孝辩所觉，赴江溺死。

唐高祖武德四年(621)

六月 海州臧君相以五州降唐，授海州总管。

七月 初行“开元通宝”钱。

九月 诏括天下户口。

十一月 杜伏威破降李子通、汪华、闻人遂安，尽有淮南、江东之地。

是岁 设徐州总管府。

立东楚州。

唐高祖武德五年(622)

七月　李世民下徐圆朗十余城,声震淮泗。杜伏威惧,入朝,拜太子太保,仍兼行台尚书令,留长安,礼遇甚厚。

八月　改葬隋炀帝于扬州雷塘。

唐高祖武德六年(623)

二月　徐圆朗为野人所杀,其地悉平。

八月　淮南道行台仆射辅公祏据丹阳反,国号宋。唐遣李孝恭、李靖等讨之。

九月　辅公祏遣其将徐绍宗攻海州,陈政通攻寿阳。

唐高祖武德七年(624)

二月　改大总管府为大都督府。改徐州总管府为徐州都督府。
　　太保、吴王杜伏威薨。

三月　唐李孝恭破辅公祏,擒之,江南平。
　　废行台,以李孝恭为扬州大都督,李靖为府长史。

四月　颁行新律令,初定均田,租庸调法。

是岁　尉迟敬德整治徐州洪、吕梁洪。
　　改兖州为邗州。
　　复置苏州都督府,督苏、湖、杭、暨四州,治于故吴城,分置嘉兴县。
　　省淮阴县。唐初复置,至此省。置盐城县。

唐高祖武德八年(625)

九月　初令太府检校诸州权量。

十二月　以襄邑王神符检校扬州大都督。始自丹阳徙州府及居民于江北。

是岁　改蒋州为扬州。以盱眙属东楚州,改东楚州为楚州。
　　废嘉兴县入吴县。

唐高祖武德九年(626)

六月　秦王李世民率兵诛太子建成与齐王元吉。

是岁　省江宁县之扬州。改邗州为扬州,置大都督,督扬、和、滁、楚、舒、庐、寿7州。
　　罢苏州都督府。

唐太宗贞观元年(627,正月改元贞观)

二月　分全国为十道。今江苏省域淮河以北地区属河南道,江淮之间属淮南道,江南地区属江南道。

唐太宗贞观二年(628)

正月　以李泰为扬州大都督,未之官。

是年秋 徐州，苏州等州县大水。

唐太宗贞观四年(630)

是岁 《经典释文》作者陆德明(550—630)卒。陆德明，名元朗，以字行，苏州吴县人。

唐太宗贞观七年(633)

九月 山东、河南四十余州水，遣使赈之。

是岁 扬州大都督李泰转鄜州大都督，未之官。

唐太宗贞观八年(634)

正月 命李靖等十三人为诸道黜陟大使，巡省天下。

七月 山东、河南、淮、海之间大水。

是岁 复置嘉兴县。苏州领吴、昆山、嘉兴、常熟 4 县。

唐太宗贞观十年(636)

是岁 降扬州大都督府为都督府，督扬、滁、常、润、和、宣、歙 7 州。

唐太宗贞观十六年(642)

正月 敕天下括浮游无籍者，限来年末附毕。

唐太宗贞观十七年(643)

是岁 省徐州都督府。

牛头宗开祖法融至江宁幽栖寺立茅舍修禅。

唐太宗贞观十八年(644)

是岁 复置江阳县。江阳县唐初省，至此复置。

扬州大都督府长史李袭誉引雷陂水，又筑句城塘，百姓获其利。

唐太宗贞观十九年(645)

是岁 高僧道宣撰成《续高僧传》30 卷。道宣(596—667)，丹徒人，俗姓钱，佛教律宗创始人，佛教史学家，一生著作颇多。

唐太宗贞观二十年(646)

正月 遣大理卿孙伏伽等 22 人以六条巡察四方，刺史、县令以下多所贬黜，其人诣阙称冤者，前后相属。

唐太宗贞观二十一年(647)

六月 以司徒长孙无忌领扬州都督，实不之任，长孙操为长史。

八月 敕宋州刺史王波利等发江南 12 州工人造大船数百艘，欲以征高丽。

唐太宗贞观二十二年(648)

三月 隋萧后卒，诏复其位号，谥曰愍，送至江都，与炀帝合葬。

唐高宗永徽四年(653)

十月 睦州陈硕真反,敕扬州刺史房仁裕等发兵讨之。

唐高宗显庆二年(657)

是岁 牛头宗开祖法融于金陵建初寺圆寂,世寿64岁。法融(594—657),俗姓韦,润州延陵人,著有《心铭》。常州天宁寺亦为其所创。

唐高宗显庆三年(658年)

是岁 崇贤馆直学士李善上《文选注》表。李善(约630—689),扬州江都人,学识渊博,以注《昭明文选》,成为文选学上的集大成者。

唐高宗显庆四年(659)

四月 诏削长孙无忌太尉及封邑,以为扬州都督,于黔州安置,准一品供给。

七月 以反罪,迫令长孙无忌自杀。

常州刺史长孙祥坐与无忌通书,被绞杀。

唐高宗显庆六年、龙朔元年(661,二月改元龙朔)

正月 募河南北、淮南67州兵,得四万四千余人,诣平壤,镂方行营。

九月 以幽州都督、沛王李贤为扬州都督。

唐高宗龙朔二年(662)

六月 初令僧、尼、道士、女官致敬父母。

是岁 扬州都督府复升为大都督府。以沛王李贤为大都督,宝积为长史。

唐高宗龙朔三年(663)

八月 诏罢36州所造船。

遣窦德玄等分诣十道,问人疾苦,黜陟官吏。

唐高宗麟德二年(665)

四月 李淳风撰麟德历,五月行之。

是岁 句容令杨嘉延于句容利用萧梁旧堤修绛岩湖,以溉民田。

唐高宗乾封元年(666,正月改元乾封)

五月 铸乾封泉宝钱,一当十,俟期年尽废旧钱。

唐高宗乾封二年(667)

正月 以乾封泉宝钱不便,罢之。

是岁 复置淮阴县。

唐高宗乾封三年、总章元年(668,三月改元总章)

是岁 京师及山东、江淮旱,饥。

唐高宗总章二年(669)

五月 量配高丽降户38200余户于江、淮以南。

是岁 裴行俭始与张仁炜设长名姓历榜，引铨注之法。又定州县升降，官资高下，其后遂为永制。

唐高宗总章三年、唐高宗咸亨元年(670,三月改元咸亨)

是岁 天下四十余州旱及霜虫，百姓饥乏，关中尤甚。诏令任往诸州逐食，仍转江南租米以赈给之。

唐高宗咸亨三年(672)

是岁 扬州大都督李贤改名德，授凉州大都督，雍州牧。

唐高宗调露二年、永隆元年(680,八月改元永隆)

十月 苏州刺史曹王明，沂州刺史嗣蒋王炜，皆坐故太子贤党贬。

唐高宗永隆二年、开耀元年(681,十月改元开耀)

正月 以袁谊为苏州刺史。

八月 河南、河北大水，许遭水处往江、淮以南就食。

唐高宗开耀二年、永淳元年(682,二月改元永淳)

是岁 分江都县置扬子县。

唐高宗永淳二年、弘道元年(683,十二月改元弘道)

十二月 遣王果、令狐智通、杨玄俭、郭齐宗分往并、益、荆、扬四大都督府，与府司相知镇守。

唐中宗嗣圣元年、睿宗文明元年、则天后光宅元年(684,正月改元嗣圣,二月改元文明,九月改元光宅)

四月 徙毕王上金为泽王，拜苏州刺史。

九月 徐敬业等坐事贬官，皆会于扬州，因以匡复庐陵王为名反。以李孝逸为扬州大总管讨之。

十一月 以黑齿常之为江南道大总管，讨徐敬业。

李孝逸破斩徐敬业等，扬、润、楚三州平。

则天后垂拱二年(686)

是岁 分晋陵县置武进县。

则天后垂拱四年(688)

六月 江南道巡抚大使狄仁杰以吴、楚多淫祠，奏焚其一千七百余所，独留夏禹、吴太伯、季札、伍员四祠。

是岁 分延陵县东界置金坛县。

于泗州涟水县开漕河，经海州通往密州，又称官河，阔 8 丈，长 130 里。

则天后永昌元年、载初元年、天授元年(689,正月改元永昌,十一月改元载初,690,九月改元天授)

十一月 始用周正,改永昌元年十一月为载初元年正月,以十二月为腊月,夏正月为一月。

九月 武则天改国号为周,改元天授。敕改州为郡,寻止之。

命史务滋等十人巡抚诸道。

十月 敕两京诸州各置大云寺一区,藏《大云经》。

则天后天授三年、如意元年、长寿元年(692,四月改元如意,九月改元长寿)

五月 禁天下屠杀及捕鱼虾。江淮旱,饥,民不得采鱼虾,饿死者甚众。

则天后证圣元年、天册万岁元年(695,正月改元证圣,九月改元天册万岁)

是岁 大规模整治楚州安宜县白水塘及附近的羡塘。

则天后天册万岁二年、万岁登封元年、万岁通天元年(696,腊月改元万岁登封,三月改元万岁通天)

是岁 分吴县置长洲县。

则天后万岁通天二年、神功元年(697,九月改元神功)

闰十月 以是月为闰月,来月为正月。

则天后圣历二年(699)

八月 制州县长吏,非奉有敕旨,毋得擅立碑。

则天后圣历三年、久视元年(700,五月改元久视)

十月 制复以正月为十一月,一月为正月。

是岁 授于知微扬州大都督府长史。

则天后大足元年(701 年,正月改元大足)

七月 扬、楚、常、润、苏五州地震。

则天后长安二年(702)

八月 敕:"自今有告言扬州及豫、博余党,一无所问,内外官司无得为理。"

是岁 改扬州大都督府长史于知微为常州刺史。

徐有功卒。徐有功(641—702),泗州涟水人。举明经,任蒲州司法参军,封为"东管",官至司刑丞。执法无私,曾与武则天当面争辩,雪冤甚多。

则天后长安四年(704)

三月 制韦嗣立等 20 人各以本官检校刺史,其后政绩可称者,唯常州刺史薛谦光,徐州刺史司马锽而已。

八月　以韦安石兼检校扬州大都督府长史。

是岁　置临淮县。

则天后、唐中宗神龙元年(705,正月改元神龙)

正月　自文明以来得罪者,非扬、豫、博三州及诸反逆魁首,咸赦除之。

制太子监国,分遣十使赍玺书宣慰诸州。寻传位于太子。

五月　出毕构为润州刺史。

十一月　以李重俊遥领扬州大都督。

是岁　敕天下诸州各置大唐中兴寺、观。

唐中宗神龙三年、景龙元年(707,九月改元景龙)

二月　敕改诸州中兴寺、观为龙兴,自今奏事不得言中兴。

是岁　中宗遣使者分道诣江淮赎生。

唐中宗景龙三年(709)

是岁　关中饥,米斗百钱。运山东、江淮谷输京师,牛死什八九。

唐中宗景龙四年、殇帝唐隆元年、睿宗景云元年(710,六月改元唐隆,七月改元景云)

三月　除邓森使持节楚州诸军事守楚州刺史。

六月　以宋王成器为雍州牧、扬州大都督、太子太师。

八月　除楚州刺史邓森荆州大都督。

唐睿宗景云二年(711)

二月　贬宋璟为楚州刺史。

是岁　申州刺史姚崇任扬州大都督府长史,兼淮南道按察使。姚崇为政简肃,得吏民敬重,为立《颂德碑》。

唐睿宗太极元年、延和元年、玄宗先天元年(712,正月改元太极,五月改元延和,八月改元先天)

是岁　敕使魏景清于盱眙开直河。

唐玄宗先天二年、开元元年(713,十二月改元开元)

九月　复置右御史台,督察诸州,罢诸道按察使。

唐玄宗开元二年(714)

九月　敕以岁稔伤农,令诸州修常平仓法。江、岭、淮、浙、剑南不在此例。

唐玄宗开元四年(716)

二月　扬州采访使班景倩入为大理少卿。

是岁　令李全确指导淮南各州县消弭虎患。

扬州江都、润州曲阿、常州晋陵、苏州吴县,升为望县。

唐玄宗开元七年(719年)

是岁 东海县令元暖于县东南修筑捍海堰,西南接苍梧山,东北至巨平山,长39里。外捍海,内贮水,以利灌溉。

《东海县郁林观东岩壁记》碑刻成。

唐玄宗开元八年(720)

正月 时江、淮恶钱尤甚,萧隐之括恶钱严急,民怨。于是,贬隐之,弛钱禁,恶钱复行。

是岁 张若虚病逝。若虚,扬州人,著有名篇《春江花月夜》,素有“以孤篇横绝全唐”之誉,与贺知章、张旭、包融并称“吴中四士”。

唐玄宗开元九年(721年)

是岁 刘知几病逝。刘知几(661—721),字子玄,彭城人。一生著述颇丰,所著《史通》是我国历史上第一部系统的史学理论专著。

唐玄宗开元十年(722年)

是岁 唐户部颁定两淮放盐手续。

唐玄宗开元十一年(723年)

是岁 著名书法家、文学家李邕创作并书写《楚州淮阴县婆罗树碑文》。李邕(698—747),字泰和,扬州江都人,文选学家李善之子。官至北海太守,以善书名,人称“李北海”。

唐玄宗开元十四年(726)

是年春 诗人李白游金陵、扬州。

是岁 海潮为患,漂溺百姓无数。润州遭暴风雨袭击,瓜洲被淹。

海州刺史杜令昭主持修筑永安堤,以抵御海潮。

唐玄宗开元十五年(727)

五月 以李沐为扬州大都督,并不出阁。

是年秋 63州水,17州霜旱;河北饥,转江淮之南租米百万石以赈给之。

唐玄宗开元十八年(730年)

是岁 玄宗向地方官询问江南漕运事宜。

唐玄宗开元二十一年(733)

是岁 分天下为十五道,各置采访使。今江苏境内淮河以北地区属河南道,江淮之间属淮南道,江南大部属江南东道,溧阳、溧水属江南西道。

唐玄宗开元二十二年(734)

七月 以裴耀卿为江淮、河南转运使,于河口置输场,完善仓储制度,实行转搬法。又设转运院于扬州，运销沿海灶场之盐。

唐玄宗开元二十三年(735)

是岁 泗州州治自宿预迁至临淮。

唐玄宗开元二十五年(737)

是岁 敕停今年江、淮所运租。

迁齐澣为润州刺史、充江南东道采访处置使。

唐玄宗开元二十六年(738)

正月 令天下州、县、里别置学。

是岁 润州刺史齐澣奏穿伊娄河，立伊娄埭，从之。

开元间 建句容县学。

唐玄宗天宝元年(742，正月改元天宝)

二月 改州为郡，刺史为太守。徐州为彭城郡，海州为东海郡，泗州为下邳郡，楚州为淮阴郡，扬州为广陵郡，润州为丹阳郡，常州为晋陵郡，苏州为吴郡，扬州依旧大都督府。

三月 以韦坚领江、淮租庸转运使。

唐玄宗天宝二年(743)

三月 韦坚引浐水为潭，以聚江、淮运船。役夫匠，通漕渠，发人丘垄，自江淮至京城，民怨。二年而成。

唐玄宗天宝十载(751)

八月 广陵大风驾海潮，沉江口船数千艘。

是岁 日本遣唐大使藤原清河率220余人的遣唐使团到达广陵郡海岸。

唐玄宗天宝十二载(753)

十月 鉴真从扬州出发，前往苏州黄泗浦，跟随第十次遣唐使第六次东渡，终至日本。

唐玄宗天宝十五载、肃宗至德元载(756，七月改元至德)

七月 分江南为东、西路，东路领余杭，西路领豫章等郡。

以盛王李琦为广陵郡大都督，统江南东路、淮南、河南等路节度大使。

以广陵长史李成式为副大使。

八月 以第五琦为监察御史、江淮租庸使。

十月 第五琦请以江、淮租庸市轻货，运扶风以助军，从之。寻加第五琦山南等五道度支使。第五琦作榷盐法。

十一月 命崔涣宣慰江南，兼知选举。

十二月　置淮南节度使，领广陵等12郡，以高适为之。

置淮南西道节度使，领汝南等五郡，以来瑱为之。使来瑱与江东节度使韦陟共图永王李璘。

永王李璘反，江淮震动。

唐肃宗至德二载(757)

正月　以永王傅刘汇为丹阳太守兼防御使。

二月　李璘败死。

是岁　设盐城监，以管理楚州境内盐务。

以润州江宁县为江宁郡。

至德间　无锡修望亭堰闸。

唐肃宗至德三载、乾元元年(758，二月改元乾元，复以"载"为"年")

十二月　置浙江西道节度使，领苏、润等十州，以昇州刺史韦黄裳为之。

置浙江东道节度使，领越、睦等八州，以户部尚书李峘为之，兼淮南节度使。

是岁　置宣歙观察使，今江苏境内溧阳、溧水属之。

全国改郡为州。彭城郡为徐州，东海郡为海州，下邳郡为泗州，淮阴郡为楚州，广陵郡为扬州，江宁郡为昇州，丹阳郡为润州，晋陵郡为常州，吴郡为苏州。扬州依旧置大都督府。

唐肃宗乾元二年(759)

三月　以尚衡为徐州刺史，充亳、颍等州节度使。

四月　以徐州刺史尚衡为青、密七州节度使。

六月　迁颜真卿为昇州刺史、浙江西道节度使。

十二月　吕諲领度支使。

是岁　于昇州置江宁军，润州置丹阳军，苏州置长洲军。

书法家张旭卒。张旭(689—759)字伯高，号季明，苏州吴县人。

日本遣唐大使高元度率遣唐使团到达广陵海岸。

唐肃宗乾元三年、上元元年(760，闰四月改元上元)

十一月　以刘展为都统淮南东、江南西、浙西三道节度使，密敕旧都统李峘及淮南东道节度使邓景山图之。李峘等不能制展，江淮遂乱。刘展入广陵，陷润州、昇州，以宗犀为润州司马、丹阳军使，姜昌群领昇州，以从子伯瑛佐之。

十二月　刘展陷苏州、濠州、楚州，横行江、淮。以其将许峄为润州刺史，李可封为常州刺史，杨持璧苏州刺史，李晃为泗州刺史。

以平卢都知兵马使田神功讨展，败之，遂入广陵及楚州，大掠。

唐肃宗上元二年、元年(761,九月去年号,但称元年,以建子月为岁首,月皆以所建为数,至来年四月复旧)

正月 刘展平。

二月 以崔圆为扬州大都督府长史、淮南节度观察使。

五月 复以李光弼为河南副元帅，太尉兼侍中，都统河南、淮南东、西、山南东、荆南、江南西、浙江东、西八道行营节度，出镇临淮。

六月 徙田神功为徐州刺史。

七月 以李藏用为浙西节度副使。

九月 江淮大饥，人相食。

十月 江淮都统崔圆署李藏用为楚州刺史，后诬其反，斩之。

建子月(十一月) 以元载为户部侍郎，充勾当度支、铸钱、盐铁兼江淮转运等使。

是岁 王玙兼扬州长史、充淮南节度使，寻改使持节都督越州诸军事、越州刺史，充浙江东道节度观察处置使。

废昇州入润州，改江宁县为上元县。

上元间 并宣歙观察使入浙西观察使。

唐肃宗元年、代宗宝应元年(762,四月改元宝应)

建寅月(一月) 租庸使元载征江、淮八年租调之违负及逋逃者，民怨沸腾，或相聚为盗，州县不能制。

建巳月(四月) 楚州刺史崔侁献十三宝，因之改元宝应。升楚州为上州，改得宝之楚州安宜县为宝应县，升为望县。

五月 敕乾元大小钱皆一当一，民始安之。

六月 以刘晏为户部侍郎兼京兆尹，充度支、转运、盐铁、铸钱等使。

十一月 以刘晏兼河南道水陆转运都使。

是岁 泗州宿预县避唐代宗讳改宿迁县，属徐州。

宝应间 东海令李知远于涟水修新漕渠。

唐代宗宝应二年、广德元年(763,七月改元广德)

是岁 义兴正式设立贡焙，专门生产贡茶。

唐代宗广德二年(764)

三月 以刘晏为河南、江淮以来转运使，疏浚汴水，改革漕运。

七月 税天下青苗钱以给百官俸。李光弼薨于徐州。

八月　以王缙代李光弼都统河南、淮西、山南东道诸行营。

十二月　定天下酤户,以月收税。

唐代宗永泰元年(765,正月改元永泰)

五月　第五琦议收什一税,上从之。

十一月　拜常州刺史韦损为润州刺史。韦损整治丹阳练塘,灌溉丹阳、延陵、金坛三县农田。

唐代宗永泰二年、大历元年(766,十一月改元大历)

正月　以户部尚书刘晏为都畿、河南、淮南、江南、湖南、荆南、山南东道转运、常平、铸钱、盐铁等使。以户部侍郎第五琦充京畿、关内、河东、剑南、山南西道转运、常平、铸钱、盐铁等使。至是天下财赋始分理焉。

是岁　刘晏于扬州建十船场,造漕船二千余艘。

复置宣歙观察使。

唐代宗大历二年(767)

是岁　淮南、浙西秋水成灾。

射阳湖、洪泽湖并置官屯。

唐代宗大历三年(768)

二月　以常州刺史李栖筠为苏州刺史、浙西团练观察使。疏浚沟渠,灌溉农田,为民除害,保一方平安。

六月　淮南节度使、扬州大都督府长史崔圆卒。

闰六月　以韦元甫为扬州大都督府长史、充淮南节度观察等使。

十二月　平卢行军司马许杲乱江淮,张万福讨平之。

唐代宗大历六年(771)

八月　以苏州刺史、浙西观察使李栖筠为御史大夫。

淮南节度使韦元甫卒。

以张延赏为扬州大都督府长史、淮南节度使。

是岁　原属润州之瓜洲改属扬州。润、扬二州以江为界。

唐代宗大历七年(772)

二月　以李涵为苏州刺史、充浙西观察使。

唐代宗大历八年(773)

十月　以陈少游为扬州大都督府长史、充淮南节度使。

十二月　授独孤及使持节常州诸军事、守常州刺史。

唐代宗大历九年(774)

二月　徐州军乱,刺史梁乘逾城走。

唐代宗大历十二年(777)

四月 常州刺史独孤及薨。

五月 诏自都团练使外,悉罢诸州团练使。又令诸州非军事要急,无得擅召刺史及停其职务,差人权摄,又定诸州兵数,节度使以下至主簿、尉俸禄。

是岁 润州丹徒县、常州武进县、无锡县升为望县。

罢润州丹阳军、苏州长洲军。

句容令王昕于句容修绛岩湖、百堤堰。

日本遣唐使团550余人抵达扬州海岸。

唐代宗大历十三年(778)

四月 以浙西观察留后李道昌为苏州刺史、充浙西都团练观察使。

唐代宗大历十四年(779)

闰五月 以刘晏判度支,全掌天下财赋。刘晏改善榷盐法,以盐为漕佣,自淮以北,列置巡院,择能吏主之。

复以常州刺史萧复为潭州刺史。

七月 罢天下榷酒收利。

十一月 以韩滉为苏州刺史,充浙江东、西观察使。

是岁 废宣歙观察使。

大历初 常州刺史李栖筠于武进修引江水渠。

大历间 淮南西道黜陟使李承筑山阳长丰堰以捍海灌田,全长140余里。

张继为盐铁判官,押运漕船途经苏州枫桥,写《枫桥夜泊》。

唐德宗建中元年(780,正月改元建中)

正月 行杨炎两税法。

诏天下钱谷皆归金部、仓部,罢刘晏转运、租庸、青苗、盐铁等使。

三月 以韩洄为户部侍郎、判度支。以杜佑权江、淮水陆转运使。

唐德宗建中二年(781)

六月 以韩滉为润州刺史、浙江东、西节度使,名其军为镇海。

十月 徐州刺史李洧弃其帅李纳,以州降唐。

是岁 唐兵破李纳,江淮漕运始复通。

以楚州之盱眙县改隶泗州。

沈既济创作传奇《任氏传》。沈既济(750—800),苏州人,曾任史馆修撰。有《枕中记》、《任氏传》传世。

唐德宗建中三年(782)

三月 始以徐州刺史李洧兼徐、海、沂都团练观察使。海、沂已为李纳所据,洧竞无所得。

八月 徐、海、沂都团练使李洧卒。

九月 以李洧部将高承宗为徐州刺史、徐、海、沂都团练使。

是岁 变税酒制为榷酒制。

于长安、洛阳、苏州、扬州等地设常平仓,以平抑粮价。

天台宗名僧湛然卒。湛然(711—782),俗姓戚,常州晋陵荆溪人,著有《金刚论》、《法华玄义释签》、《始终心要》等,被尊为天台九祖。

唐德宗兴元元年(784,正月改元兴元)

正月 以给事中杜黄裳为江淮宣慰副使。

以萧复充山南东、西、荆湖、淮南、江西、鄂岳、浙江东、西、福建、岭南等道宣慰、安抚使。

五月 徐、海、沂、密观察使高承宗卒,以其子明应知徐州事。

十一月 以寿州刺史张建封为濠寿都团练使。

十二月 以韩滉能安江淮,加滉平章事、江淮转运使。

淮南节度使陈少游卒。

以杜亚为扬州大都督府长史、兼御史大夫、淮南节度观察使。

唐德宗贞元二年(786)

正月 崔造奏罢水陆运使、度支巡院、江、淮转运使等,诸道租赋悉委观察使、刺史遣官部送诣京师。

十二月 以韩滉兼度支、诸道盐铁、转运等使,崔造所条奏皆改之。关中粮食紧缺,上下惊恐。韩滉紧急向长安运米,以解燃眉之急。德宗召见韩滉,予以嘉奖。

唐德宗贞元三年(787)

二月 两税使元友直运淮南钱帛二十万至长安,悉输之大盈库。

度支盐铁转运使、镇海军节度、浙江东西道观察等使、检校左仆射、同中书门下平章事、晋国公韩滉卒,赠太傅。

分浙江东、西道为三:浙西,治润州;浙东,治越州;宣、歙、池,治宣州;各置观察使以领之。

以果州刺史白志贞为润州刺史、兼御史大夫、浙西观察使。

六月 浙西观察使白志贞卒。

八月 以给事中王纬为润州刺史、浙西观察使,代高明应。

十月 扬州大水,淹毁田舍无数。

唐德宗贞元四年(788)

是岁 以濠、泗二州隶徐州,置徐、泗、濠三州节度使,治徐州。以张建封为徐、泗、濠节度使。

韦应物任苏州刺史,至贞元六年(790)。

淮南节度使杜亚于江都修句城塘、陈公塘。

唐德宗贞元五年(789)

十月 以户部侍郎窦觎为扬州长史、兼御史大夫、淮南节度使,赴镇旬日,暴卒。

十二月 以前淮南节度使杜亚为东都留守、畿汝州都防御使。

以陕虢观察使杜佑检校礼部尚书,兼扬州长史、淮南节度使。

是岁 楚州山阳县升为望县。

诗人戴叔伦卒。戴叔伦(732—789),字幼公,润州金坛人,官至抚州刺史,治绩卓著。善诗,与顾况、韦应物、刘长卿同为中唐诗歌创作的重要代表人物。

唐德宗贞元六年(790)

是岁 江淮间春夏大旱,疫病流行,百姓饥病,死者甚众。

唐德宗贞元七年(791)

正月 以常州刺史李衡为潭州刺史。

是岁 扬州、楚州等州县旱灾。

唐德宗贞元八年(792)

四月 命班宏、张滂分掌天下财赋,如大历故事。

韦夏卿左迁常州刺史。

七月 淮河水患,平地水深7尺,淹没泗州城,江淮间溺死百姓2万人,徐州大水,平地水深1丈余。

八月 遣中书舍人奚陟等宣抚诸道水灾。

德宗诏令优恤扬、楚、润、苏、常等州灾区,无以为生者给予粮食,死者予以安葬,减免灾区赋税。调运关中粮谷,平抑江淮粮价。

唐德宗贞元十二年(796)

正月 天下节度、观察使,悉加检校官,以悦其意。

唐德宗贞元十四年(798)

八月 浙西观察使、润州刺史王纬卒。

九月 以常州刺史裴肃为越州刺史。

以浙东观察使李若初为润州刺史、浙西观察使及诸道盐铁转运使。

唐德宗贞元十五年(799)

正月 浙西观察使李若初卒。

二月 以常州刺史李锜为浙西观察使、诸道盐铁转运使。

唐德宗贞元十六年(800)

五月 以苏州刺史韦夏卿为徐、泗、濠行军司马。

徐、泗、濠节度使张建封薨。军士劫其子愔令知军府事。朝廷不能讨,不得已除愔为徐州团练使,张伾为泗州留后,杜兼为濠州留后,仍加杜佑兼濠泗观察使。

九月 以张愔为徐州留后。

十二月 泗州、濠州宣令淮南观察使收管。

唐德宗贞元十七年(801 年)

是岁 淮南节度使杜佑于扬州撰成《通典》。杜佑(735—813),字君卿,京兆万年人,官至宰相。《通典》,二百卷,为我国首部典章制度通史。

唐德宗贞元十八年(802)

正月 以常州刺史贾全为越州刺史。

十月 以王锷为淮南副节度使兼行军司马。

唐德宗贞元十九年(803)

二月 淮南节度使杜佑入朝。

三月 以杜佑检校司空、同中书门下平章事、太清宫使。

以王锷为淮南节度使。

唐德宗贞元二十一年、顺宗、宪宗永贞元年(805,八月改元永贞)

二月 罢盐铁使月进钱。

三月 加杜佑度支及诸道盐铁转运使。

以浙西观察使李锜为镇海节度使,解其盐铁转运使。

名徐州军曰武宁,以张愔为节度使。

以王叔文为度支、盐铁转运副使。

五月 以王叔文为户部侍郎,依前充度支,盐铁转运副使。

八月 遣度支、盐铁转运副使潘孟阳宣慰江、淮,行视租赋、榷税利害,因察官吏否臧,百姓疾苦。

十二月 以杜兼为苏州刺史。

以常州刺史路应为宣州刺史、宣歙池观察使。

贞元间 淮南节度使杜佑决雷陂以广灌溉,斥海濒弃地为田。

唐宪宗元和元年(806,正月改元元和)

三月 潘孟阳以不称职罢度支、盐铁转运副使。

四月 以李巽代杜佑为度支、盐铁转运使。

十一月 征张愔为工部尚书,以王绍为武宁节度使,复以濠、泗二州隶武宁军。

唐宪宗元和二年(807)

十月 以李元素为润州刺史、镇海、浙西节度使。

原节度使李锜反,企图割据江东,后为军士所缚,械送京师。

唐宪宗元和三年(808)

二月 以武昌军节度使韩皋为润州刺史、镇海军节度、浙西观察使。

九月 以中书侍郎、平章事李吉甫检校兵部尚书、兼中书侍郎、平章事、扬州大都督府长史、淮南节度使。

以淮南节度使王锷检校司徒、河中尹、河中晋绛慈隰节度使。

是岁 淮南节度使李吉甫筑富人、固本二塘,又于高邮县筑堤为塘,人受其惠。

唐宪宗元和四年(809)

正月 南方旱,饥。命郑敬等为江、淮、二浙等道宣慰使,赈恤之。

闰二月 以程异为扬子留后。

是岁 泗州下邳县属徐州。

析徐、泗二州地置宿州。

苏州刺史李素修常熟塘。

唐宪宗元和五年(810)

八月 以浙东观察使薛苹为润州刺史、浙西观察使。

以常州刺史李逊为越州刺史。

十一月 浙西奏请并丹阳军为镇海军,从之。

十二月 以诸道盐铁转运使、刑部尚书李鄘检校吏部尚书,兼扬府长史,充淮南节度使。

以河南尹房式为宣州刺史、宣歙池观察、采石军等使。

以前宣歙观察使卢坦为刑部侍郎,充诸道盐铁转运使。

唐宪宗元和六年(811)

正月 以前淮南节度使李吉甫复知政事、集贤殿大学士、监修国史。

四月 以王播为刑部侍郎,充诸道盐铁转运使。

八月 以常州刺史崔芃为洪州刺史。

十月　以李愿为徐州刺史、充武宁军节度使。

十一月　以吐突承璀为淮南监军。

是岁　楚州山阳县升为望县。

唐宪宗元和七年(812)

是岁　淮南、浙西水灾、旱灾频仍,百姓流亡,朝廷减免灾区税赋。

出孟简为常州刺史。

唐宪宗元和八年(813)

十月　以苏州刺史张正甫为湖南观察使。

十一月　以元锡为持节苏州诸军事、守苏州刺史。

是岁　常州刺史孟简于武进疏浚古孟渎,于无锡开泰伯渎。

两淮都转运使皇甫于江淮改革盐法,行盐业专卖法。

唐宪宗元和九年(814)

是岁　盐铁官李稼于都梁山置仓。

唐宪宗元和十年(815)

是岁　平卢淄青节度使李师道叛,数遣兵攻徐州,连陷沛县、萧县等地,武宁节度使李愿遣王智兴却之。

唐宪宗元和十一年(816)

十月　以李翛为润州刺史、浙西观察使。

十一月　迁薛戎为常州刺史。

十二月　初置淮颍水运使,省汴运之费七万余缗。

唐宪宗元和十二年(817)

正月　遣盐铁转运副使程异督财赋于江、淮。

改常州刺史薛戎为越州刺史。

闰五月　程异还自江、淮,得供军钱百八十五万缗。

六月　以卫尉卿程异为盐铁使,代王播。

十月　以淮南节度使李鄘为门下侍郎、同中书门下平章事。

以卫次公代李鄘为淮南节度使。

是岁　苏州水灾。

唐宪宗元和十三年(818)

正月　闻淮西平,李师道惧,遣使款诚,寻悔。

七月　以李愬为徐州刺史、武宁军节度使。

下制罪状李师道,令宣武、魏博、义成、武宁、横海兵共讨之。

九月　以卫尉卿充诸道盐铁转运使程异为工部侍郎、同中书门下平章事，依前充使。

唐宪宗元和十四年(819)

二月　刘悟斩李师道，降。

三月　浙西观察使李鄘卒。

五月　以宣歙观察使窦易直为润州刺史、充浙西观察使。

七月　以李夷简为扬州大都督府长史、淮南节度使。

十月　前淮南节度使卫次公卒。

是岁　置沂海节度使，海州属之。

唐宪宗元和十五年(820)

九月　以武宁军节度、徐泗濠等州观察等使、徐州刺史李愬为同中书门下平章事、潞州大都督府长史，充昭义军节度、泽潞磁邢洺观察处置等使。

以崔群为徐州刺史，充武宁军节度、徐泗宿濠观察等使。

元和间　淮南节度使李吉甫于高邮修富人塘、固本塘、堤塘、平津堰。

苏州刺史王仲舒(818—820年在任)建"吴江塘路"。为募集资金，带头捐出腰上宝带，因称所建桥为"宝带桥"。

唐穆宗长庆元年(821，正月改元长庆)

二月　以王播充盐铁转运使。

三月　盐铁使王播奏江淮盐估每斗加五十文，兼旧三百文。奏请以扬州、白沙两处纳榷场，依旧为院。

九月　始令两税皆输布、丝、纩，独盐、酒课用钱。

十二月　贬李景俭为楚州刺史，寻追还，授少府少监。

是岁　升沂海节度使为兖海节度使。

唐穆宗长庆二年(822)

三月　以裴度为淮南节度使。未几，留度辅政，以王播代镇淮南，仍兼诸道盐铁转运使。

以前淮南节度使李夷简为右仆射。

王智兴逐徐州节度使崔群，自专军务。以王智兴为武宁节度使。

八月　军将王国清于润州举兵叛乱，寻为浙西观察使窦易直平定，王国清及其同党两百余人被杀。

九月　以御使中丞李德裕为润州刺史、兼御史大夫、浙江西道都团练观察处置等使，以代窦易直。

唐穆宗长庆四年(824)

四月 淮南节度使王播罢盐铁转运使。

七月 以马存亮为淮南监军使。

十二月 徐泗观察使王智兴以上生日,请于泗州置戒坛度僧尼以资福,许之。寻以李德裕谏罢。

是岁 应浙西观察使李德裕之请,罢淮南进奉金 130 两、银 13000 两,罢浙西进奉罗纱袍及缭绫 1000 匹,减轻了江淮民众的负担。

苏州淫雨,太湖漫溢成灾。

长庆间 淮阴县修棠梨泾。

宝应县修白水塘、徐州泾、青州泾、太府泾、竹子泾。

雕板印刷文集、年历、字画、佛经等开始出现。

唐敬宗宝历元年(825,正月改元宝历)

正月 复以王播兼盐铁转运使。

二月 浙西观察使李德裕献《丹扆六箴》,劝诫敬宗以百姓为重,大臣可随时进见,议论政事。

五月 白居易到苏州刺史任上。勤政为民,筑山塘长堤,人称“白公堤”,即今苏州阊门外山塘街。次年,以眼疾辞官。

唐敬宗宝历二年(826)

正月 盐铁使王播于扬州城外古七里港开河,东通官河,以利漕运。

是岁 淮南、浙西州县旱灾频发,海州水涝。

唐敬宗宝历三年、唐文宗太和元年(827,二月改元太和)

六月 以兼诸道盐铁转运等使、银青光禄大夫、检校司空、同中书门下平章事、扬州大都督府长史王播可尚书左仆射、同中书门下平章事,依前充诸道盐铁转运使。

以御史大夫段文昌代播为淮南节度使。

唐文宗太和二年(828)

是岁 征调江南工匠至京师造龙骨水车,以供长安附近农田排灌之用。

海州水灾。

唐文宗太和三年(829)

七月 以礼部尚书、翰林侍讲学士丁公著检校户部尚书,兼润州刺史,充浙江西道观察使。

以前浙西观察使、检校礼部尚书李德裕为兵部侍郎。

唐文宗太和四年(830)

三月 以淮南节度使段文昌兼江陵尹、充荆南节度使。

以崔从为扬州大都督府长史、淮南节度使。

唐文宗太和六年(832)

三月 以武宁军节度使王智兴充忠武军节度、陈许蔡观察等使。

以李听为武宁节度使。听不之镇,以高瑀代之。

八月 以王璠检校礼部尚书、润州刺史、浙西观察使。

以前浙西观察使丁公著为太常卿。

十一月 淮南节度使崔从卒。

十二月 以牛僧儒充淮南节度使。

是岁 苏州等州县水灾,从各州常平仓调集大米22万石赈灾。

刘禹锡任苏州刺史,至太和八年(834)。

徐州大雨,毁民居900余户。

唐文宗太和七年(833)

正月 以武宁军节度使高瑀为刑部尚书。

以崔珙为武宁节度使。

三月 以杨虞卿为常州刺史。

七月 以王涯兼度支、盐铁转运使。

是岁中书侍郎、同平章事牛僧孺任扬州大都督府长史兼淮南节度使。

牛僧孺招杜牧为淮南节度推官,后转掌书纪,居扬州。

扬、润、苏、楚、常等州大水,农田被淹。

唐文宗太和八年(834)

十一月 以李德裕检校右仆射,充镇海军节度、浙江西道观察等使,代王璠。

十二月 以常州刺史杨虞卿为工部侍郎。

是岁 扬州大火,毁民房千间。

江淮州县旱灾。

淮南、两浙水灾,百姓流离失所。

朝廷令优待来扬贸易"蕃客",任其往来通商。蕃客众多,遍及徐、泗、海、楚、润、苏各州。

唐文宗太和九年(835)

四月 以镇海军节度使、浙西观察等使李德裕为太子宾客,分司东都。

以京兆尹贾悚为浙西观察使,寻改中书侍郎、同中书门下平章事,未之任。

以路随兼润州刺史、镇海军节度、浙西观察使等。

七月 路随遘疾于路，薨于扬子江之中流。

以崔郾充浙西观察使。

十一月 以令狐楚为盐铁转运使。

十二月 令狐楚奏罢榷茶，从之。

是岁 杜牧迁监察御史，离别扬州，作诗《赠别》。

太和间 常熟修盐铁塘。

唐文宗开成元年(836,正月改元开成)

十一月 浙西观察使崔郾卒。

以太子宾客分司东都李德裕检校户部尚书，充浙西观察使。

十二月 以薛元赏为武宁节度、徐泗宿濠观察等使。

唐文宗开成二年(837)

五月 以浙西观察使李德裕检校户部尚书，兼扬州大都督府长史，充淮南节度使。

诏以前淮南节度使牛僧孺为检校司空、东都留守。

以苏州刺史卢商为润州刺史、浙西观察使。

是岁 萧俶出为楚州刺史。

唐文宗开成三年(838)

七月 以藤原常嗣为大使的遣唐使团在扬州海陵县白潮镇桑田乡东梁丰村登陆，这是实际成行的最后一次遣唐使，请益僧圆仁随行。

唐文宗开成四年(839)

二月 请益僧圆仁乘船自扬州经运河抵楚州，四月，由涟水至海州。

唐文宗开成五年(840)

五月 以刑部尚书崔珙同平章事兼盐铁转运使。

九月 以淮南节度使李德裕为吏部尚书、同中书门下平章事，寻兼门下侍郎。

以李绅代李德裕镇淮南。

唐武宗会昌二年(842)

二月 以淮南节度使李绅为中书侍郎、同平章事、判度支。

唐武宗会昌四年(844)

七月 以杜悰兼度支、盐铁转运使。

十一月 出李绅为淮南节度使。

是岁 句容县、江阴县、昆山县升为望县。

唐武宗会昌五年(845)

是岁 灭佛。江淮佛寺亦尽折毁,唯于淮南节度使、浙西节度使治所各留寺僧20名,其余僧尼皆令还俗。

六合县升为紧县。

润州、常州升为望州。

唐武宗会昌六年(846)

七月 淮南节度使李绅薨。

以李让夷为淮南节度使。

九月 以李景让为浙西观察使。

唐宣宗大中元年(847,正月改元大中)

闰三月 敕复会昌五年所废寺。

是岁 扬州等地设置官店卖酒,禁民间私酿。

唐宣宗大中三年(849)

五月 徐州军乱,逐节度使李廓。以卢弘止代之。

唐宣宗大中五年(851)

二月 以裴休为盐铁转运使,立漕法十条,渐革漕运之弊。

是岁 南方饥荒,为节省粮食,再次颁诏严禁民间私酿,实行酒业专卖。

唐宣宗大中八年(854)

十月 以李行言为海州刺史。

唐宣宗大中九年(855)

七月 淮南饥。节度使杜悰荒于游宴,政事不治。以崔铉充淮南节度使代杜悰。

唐宣宗大中十一年(857年)

是岁 苏州长洲县人归仁瀚中进士第一。其父归融为宪宗元和进士,其弟仁绍为咸通十年(869)状元,仁泽为咸通十五年(874)状元,其兄仁晦,弟仁宪均为进士及第,兄弟五人同为进士,五子登科一时传为佳话。

唐宣宗大中十二年(858)

八月 河南、河北、淮南大水,徐、泗水深五丈,漂没数万家。

唐宣宗大中十三年(859)

四月 武宁节度使康季荣不恤士卒,士卒噪而逐之。以田牟代康季荣为武宁节度使。

唐宣宗大中十四年、懿宗咸通元年(860,十一月改元咸通)

是岁 浙东裘甫领导农民起义,浙西、淮南等道应浙东观察使之请遣兵助浙东平乱。

唐懿宗咸通三年(862)

七月 徐州军乱,逐节度使温璋。以王式为武宁节度使。

八月 王式尽诛乱兵。

罢武宁节度使,改徐州团练使隶兖海节度,复以濠州归淮南道,更于宿州置宿泗都团练观察使。

唐懿宗咸通四年(863)

四月 群盗入徐州杀官吏,刺史曹庆讨平之。

五月 以杜审权充镇海节度使。

十一月 废宿泗观察使,复以徐州为观察府,以濠、泗隶焉。

唐懿宗咸通五年(864)

四月 以孟球兼徐州刺史。

五月 敕徐泗团练使选募军士三千人赴邕州防戍,承诺待岭外事宁,即与代归。

唐懿宗咸通六年(865)

七月 以薛绾为徐州刺史,充徐泗团练观察防御等使。

唐懿宗咸通九年(868)

二月 以马举为淮南节度使,充南面招讨使。

七月 徐州赴桂林戍卒五百人,官健许佶、赵可立杀其将王仲甫,以粮料判官庞勋为都头,剽掠湘潭、衡山两县,有众千人,擅还本镇。

九月 庞勋陷宿州、徐州,出徐、宿官库钱帛,招募徒众。

十月 诏征河南、河东、山南诸道之师讨之。贬浙西观察使杨收为端州司马同正。

是岁 江淮旱,蝗。

唐懿宗咸通十年(869)

正月 以王晏权为徐州刺史、充徐泗濠观察,兼徐州北路行营招讨等使。

十月 庞勋乱平。

以曹翔兼徐州刺史、徐泗濠团练防御等使。

以高罗锐为楚州刺史,本州行营招讨使。

唐懿宗咸通十一年(870)

三月 以曹确兼润州刺史、充镇海节度使。

四月　诏徐州观察使夏侯瞳招谕庞勋余党。

五月　以徐州依旧为观察使，统徐、濠、宿三州，泗州为团练使，割隶淮南。

十一月　以徐州为感化军节度。

十二月　以李蔚为扬州大都督府长史，兼淮南节度副大使、知节度事。

唐懿宗咸通十五年、僖宗乾符元年(874，十一月改元乾符)

二月　以赵隐充镇海节度使。

三月　以赵隐为润州刺史、浙西都团练观察等使。

四月　以前淮南节度使李蔚为吏部尚书。

十月　以刘邺充淮南节度使。

十一月　以卢鄯为楚州刺史。

十二月　感化军奏群盗寇掠，州县不能禁，敕兖、郓等道出兵讨之。

唐僖宗乾符二年(875)

四月　浙西狼山镇遏使王郢等以有功未赏为由发动兵变，一时响应哗变士兵达万人，攻陷苏、常等州，转掠二浙，南及福建。朝廷集大军围剿，战争持续近两年，王郢被射杀，叛乱始平定。

是岁　苏州刺史张博重筑苏州罗城，南北长 12 里、东西长 9 里、周长 42 里 30 步。

唐僖宗乾符三年(876)

四月　赐宣武、感化节度、泗州防御使密诏，选精兵防卫纲船，五日一具上供钱米平安状闻奏。

唐僖宗乾符四年(877)

正月　以宋皓为江南诸道招讨使讨王郢。

闰二月　王郢平。

六月　以高骈兼润州刺史、镇海军节度、苏常润观察处置、江淮盐铁转运、江西招讨等使，围剿黄巢兵众。

唐僖宗乾符五年(878)

六月　以高骈为镇海节度使。

唐僖宗乾符六年(879)

十月　以镇海节度使高骈为淮南节度使，充盐铁转运使，以周宝为镇海节度使。

十一月　以周宝兼润州刺史、镇海军节度、浙西观察使。

唐僖宗广明元年(880，正月改元广明)

二月　高骈奏改扬子院为发运使。

七月　黄巢自采石渡江，围天长、六合，高骈不敢出击。

九月　黄巢悉众渡淮。

唐僖宗广明二年、中和元年(881，七月改元中和)

八月　时溥、陈璠杀感化节度使支详，诏以时溥为留后。

唐僖宗中和二年(882)

正月　罢高骈都统及诸使，以王铎充诸道行营都都统。

五月　又罢高骈盐铁转运使。

唐僖宗中和四年(884)

是岁　感化节度使时溥派部将李师锐率兵万人追击黄巢，大败黄巢军。时黄巢虽平，秦宗权复炽，攻掠江淮，江淮深受其害。

唐僖宗光启二年(886)

正月　镇海牙将张郁作乱，陷常州，常州刺史执牌印而降。

五月　朱玫以淮南节度使高骈兼中书令、充江淮盐铁转运等使、诸道行营兵马都统。

遣杨陟宣谕江淮。高骈仍奉笺劝进。

六月　镇海节度使周宝袭常州，逐张郁。

十月　感化军牙将张雄、冯弘铎得罪于节度使时溥，聚众三百，走渡江，袭苏州，据之。张雄自称刺史，稍聚兵至五万，战舰千余，自号天成军。

唐僖宗光启三年(887)

三月　镇海军将刘浩逐节度使周宝。

扬州连岁饥，城中馁死者日数千人。

四月　六合镇遏使徐约逐苏州刺史张雄。

毕师铎尽诛吕用之亲党，囚高骈。

张雄遣将赵晖入据上元。

五月　秦彦率宣歙兵三万余人，乘竹筏沿江而下，赵晖邀击于上元，杀溺殆半。

秦彦入广陵，自称权知淮南节度事，仍以毕师铎为行军司马。

九月　淮南节度使高骈为秦彦所杀。

杨行密急攻广陵，秦宗权遣孙儒渡淮争扬州。

十月　钱镠拔常州。

十一月　以朱全忠兼淮南节度使，东南面招讨使。

杨行密诛丁从实、高霸等。秦彦、毕师铎奔孙儒，杨行密入据扬州。

赵晖不礼张雄，张雄怒，拔上元。

朱全忠假道感化节度使时溥,时溥击其将,徐、汴始构怨。

十二月 钱镠以杜棱为常州制置使,命阮结等攻润州。

是岁 扬州严重饥荒,斗米万金。

唐僖宗光启四年、文德元年(888,二月改元文德)

正月 钱镠以阮结为润州制置使。

二月 朱全忠奏以杨行密为淮南留后。

四月 孙儒克扬州,自称淮南节度使。杨行密退据宣州。

九月 朱全忠令朱珍护送楚州刺史刘瓒之官。

钱镠攻苏州。

十月 徐、汴交兵,朱珍克沛、滕。

十一月 朱珍破时溥,宿州降朱全忠。

唐昭宗龙纪元年(889,正月改元龙纪)

正月 汴将庞师古拔宿迁,时溥退保彭城。

三月 钱镠拔苏州,以沈粲权知苏州。

五月 润州制置使阮结卒,钱镠以成及代之。

七月 朱全忠如萧县,以专杀之罪诛朱珍,以庞师古为都指挥使。

十月 朝廷以杜孺休为苏州刺史。

钱镠以沈粲为制置指挥使。

杨行密攻常州。

十一月 杨行密取常州。

十二月 孙儒自广陵渡江,取常州、润州。孙儒还广陵。

唐昭宗大顺元年(890,正月改元大顺)

正月 宣武军将庞师古声言救杨行密,取天长、高邮。

二月 孙儒败庞师古于陵亭,杨行密乘虚据润州,将攻常州。

三月 赐宣歙军号宁国,以杨行密为节度使。

四月 宿州将张筠逐刺史张绍光,附于时溥,朱全忠讨之,败时溥。

八月 孙儒攻润州。

钱镠密使沈粲害苏州刺史杜孺休,会杨行密拔苏州,复欲归罪害粲,沈粲奔孙儒。

九月 杨行密以张行周为常州制置使。

闰九月 孙儒取常州,杀张行周,围苏州。

十二月 孙儒拔苏州。

是岁 置昇州于上元县,以张雄为刺史。

唐昭宗大顺二年(891)

是岁 孙儒与杨行密战于江南,朱全忠、钱镠助行密,互有胜负。

钱镠复据苏州。

唐昭宗景福元年(892,正月改元景福)

二月 杨行密取常州、润州。

朱全忠以刘崇望为感化节度使,移时溥它镇,时溥恐全忠诈,不奉诏。

四月 杨行密取楚州。

六月 杨行密破斩孙儒,多降其众。

七月 杨行密表安仁义守润州。

八月 以杨行密为淮南节度使,安仁义为润州刺史。

十月 复以时溥为侍中、感化节度。

十一月 濠州刺史张璲,泗州刺史张谏以州附于朱全忠。

唐昭宗景福二年(893)

四月 朱全忠破徐州,以张廷范知感化留后,奏乞朝廷除文臣为节度使。

闰五月 以钱镠为苏杭观察使。

七月 昇州刺史张雄卒,冯弘铎代之。

九月 以钱镠为镇海节度使。

唐昭宗乾宁元年(894,正月改元乾宁)

六月 复感化军为武宁军,以张廷范为节度使,后又复为感化军。

十一月 泗州刺史张谏降杨行密,朱全忠夺杨行密茶,杨行密、朱全忠始有隙。

唐昭宗乾宁二年(895)

三月 杨行密军士掠得徐州李氏子,年八岁,聪明过人,欲收为养子,为其长子不容,转运部将徐温收养为子,取名知诰,即后来之南唐烈主李昪。

四月 杨行密拔涟水。

九月 钱镠以董昌僭逆讨之,杨行密攻苏州救董昌。

十月 杨行密破苏州水栅。

唐昭宗乾宁三年(896)

四月 淮南兵与镇海兵战于皇天荡,镇海兵不利,杨行密遂围苏州。

钱镠求救于朱全忠。

五月 杨行密克苏州。

钱镠斩董昌。

七月 杨行密表请迁都江淮。

唐昭宗乾宁四年(897)

二月 杨行密纳朱瑾,表瑾领武宁节度使。

以行密为江南诸道行营都统,讨武昌节度使杜洪。

三月 朱全忠表庞师古为武宁留后。

四月 杨行密攻杜洪,朱全忠掠泗州、黄州以救之。

七月 钱镠拔苏州、松江、无锡、常熟、华亭。

九月 朱全忠大举攻打杨行密。

十一月 杨行密败朱全忠。

是岁 号兖海节度为泰宁军。

唐昭宗乾宁五年、光化元年(898,八月改元光化)

正月 两浙、江西、武昌、缁青各遣使请以朱全忠为都统讨杨行密。诏不许。

二月 钱镠请徙镇海军于杭州,从之。

三月 淮南将周本救苏州,为钱镠将顾全武所破。淮南将秦裴拔昆山。

九月 顾全武克苏州、昆山。

闰十月 钱镠以曹圭为苏州制置使。

唐昭宗光化二年(899)

正月 杨行密与朱瑾攻徐州。

二月 杨行密闻朱全忠自来,引兵去。

七月 杨行密取海州。

唐昭宗天复二年(902)

三月 以李俨为江淮宣谕使,拜杨行密为东面行营都统,中书令、吴王,讨朱全忠。

六月 宁国节度使田頵破武宁节度使冯弘铎。

杨行密署弘铎淮南节度副使,尽收其众。以李神福为昇州刺史。

杨行密讨朱全忠,攻宿州不克,以粮运不继,还。

九月 钱镠军中乱,求救于杨行密,愿以子为质,许以婚姻。行密许之。

十月 李俨至扬州,杨行密始建制敕院,事之甚恭。

是岁 罢感化军节度使。

唐昭宗天复三年(903)

正月 杨行密承制加朱瑾东面诸道行营副都统,以昇州刺史李神福为淮南行军司马,舒州团练使刘存副之,将兵击杜洪,下永兴。

八月　田頵与安仁义叛杨行密。

十二月　杨行密破斩田頵。

唐昭宗天复四年、天佑元年(904,闰四月改元天佑)

三月　昭宗遣间使告急于杨行密等。

是岁　钱镠于江南置都水营田使,组建"撩成军",专事疏浚河道,筑堤及屯守之责,在常熟、昆山间开三十六浦,以利农田排灌。

唐哀帝天佑二年(905)

正月　淮南将王茂璋克润州,斩安仁义。

九月　杨行密病重,召长子杨渥。

十月　杨渥至广陵。杨行密承制以杨渥为淮南留后。

十一月　杨行密薨,子杨渥继嗣。将佐共请宣谕使李俨承制授杨渥淮南节度使、东南诸道行营都统,兼侍中、弘农郡王。

杨　吴

杨吴烈祖天祐四年(907)

正月　杨渥既得江西,骄侈益甚,杀周隐,由是将佐皆不自安。张颢、徐温因众怨,诛杨渥亲信及异己者。于是,军政悉归二人,渥不能制。

四月　朱全忠废唐哀帝自立为帝,国号梁(史称后梁),建元开平,定都汴梁。徐州属后梁。

八月　朱温以钱镠兼淮南节度使,马殷兼武昌节度使,各充本道招讨制置使。

杨吴烈祖天祐五年(908)

五月　张颢、徐温弑杨渥,以杨隆演为淮南留后、东面诸道行营总管。

徐温与严可求共斩张颢,以弑主罪归之。杨隆演以徐温为左、右牙都指挥使,军府事咸取决焉。以严可求为扬州司马。

七月　淮南将吏请于李俨,承制授杨隆演淮南节度使、东面诸道行营都统、同平章事、弘农王。

九月　杨吴兵围苏州。

吴越将张仁保攻常州之东洲,拔之。

杨吴将陈璋、柴再用等破仁保于鱼荡,复取东洲。

杨吴高祖天祐六年(909)

三月　徐温自以淮南行军副使领昇州刺史,留居广陵,以养子徐知诰为昇州防遏兼楼船副使,往治之。

四月 吴越兵破杨吴兵，解苏州之围。

杨吴初置选举，以骆知祥掌之。

七月 杨吴克信州，刺史危仔倡奔钱镠，镠以之为淮南节度副使。

九月 杨吴与闽绝交。

杨吴高祖天祐七年(910)

五月 徐温母高氏卒，温辞官治丧。不久，起复为内外马步军都军使，领润州观察使。以徐知诰为昇州副使。

杨吴高祖天祐八年(911)

是岁 徐温领昇州刺史，治舟师于金陵。

杨吴高祖天祐九年(912)

三月 杨行密旧将李遇不入朝、不受代，徐温以柴再用讨之，徐知诰为之副。

五月 徐温斩李遇，夷其族。于是诸将始畏徐温，莫敢违其命。

徐知诰以功迁昇州刺史。

九月 刘威、陶雅偕诣广陵。徐温礼遇之，威、雅悦服。

徐温等请于李俨，承制加杨隆演太师、吴王。温领镇海节度使、同平章事、淮南行军司马如故。

杨吴高祖天祐十年(913)

三月 杨吴攻吴越衣锦军，吴越攻东洲以分其兵势。

四月 吴越破杨吴军。

九月 钱镠遣将攻常州，徐温击破之。

杨吴高祖天祐十一年(914)

八月 后梁以福王友璋为武宁节度使。前武宁节度使王殷叛附于杨吴。

九月 后梁命牛存节等讨之。

十月 杨吴遣朱瑾等救徐州，败归。

杨吴高祖天祐十二年(915)

二月 后梁牛存节等拔彭城，王殷举族自焚。

四月 徐温以子知训为淮南行军副使、内外马步诸军副使。

杨吴高祖天祐十三年(916)

二月 杨吴将马谦等劫吴王攻徐知训，严可求、朱瑾平之。

七月 杨吴润州牙将周郊作乱，杀大将秦师权等，大将陈祐等讨斩之。

十月 李存勖遣使约吴会兵击梁。

十一月 杨吴以徐知训及朱瑾等渡淮击梁。

杨吴高祖天祐十四年(917)

正月 后梁遣将袁象先救援颍州,杨吴军引还。

五月 徐温徙镇海军治所于昇州,徙昇州刺史徐知诰为润州团练使。以陈彦谦为镇海节度判官。

杨吴高祖天祐十五年(918)

六月 朱瑾杀徐知训,自刭。

徐温以徐知诰代知训执杨吴政,沉朱瑾尸于雷塘而灭其族,诛李俨、米志诚。

七月 徐温入朝于广陵。以徐知诰为淮南节度行军副使,内外马步都军副使,通判府事,兼江州团练使。以徐知谏权润州团练事。

温还镇金陵总杨吴朝大纲,自余庶政,皆决于知诰。

十一月 徐温劝杨隆演称帝。

杨吴高祖天祐十六年、武义元年(919,四月建元武义)

四月 杨隆演即王位,建元武义,建宗庙社稷,置百官。

吴越钱传瓘击杀杨吴将彭彦章于狼山江。

七月 吴越将钱传瓘攻吴常州,徐温败之。

高丽大封王入贡杨吴。

八月 杨吴、吴越换俘讲和,自此杨吴与吴越和平相处二十余年。

十月 出庐江公杨濛为楚州团练使。

十二月 时禁民间私蓄兵器,御史主簿卢枢奏罢之,请练民兵,从之。

杨吴高祖武义二年(920)

五月 徐温自金陵入朝,以王命迎丹阳公杨溥监国。

徙溥兄楚州刺史濛为舒州团练使。

宣王杨隆演殂。

六月 杨溥即吴王位。

七月 改昇州大都督府为金陵府,拜徐温为金陵尹。

十二月 杨吴金陵城成。建紫微宫于冶城故址。

追尊杨隆演为高祖宣皇帝,陵曰肃陵。

杨吴高祖武义三年、睿帝顺义元年(921,二月改元顺义)

三月 杨吴、吴越换俘。徐温以俘李涛为右雄武统军。

十月 吴王祀南郊。

是岁 吴王杨溥令全境核查地籍,确定租税。改征钱银为征粮帛,以促进耕织较快发展，大片荒地得以开发。

杨吴以南朝古寺同泰寺一半庙产置台城千福院，改瓦官寺为昇元寺。

吴越王钱镠重修苏州城，墙体改以砖砌，高二丈四尺，厚二丈五尺，外作城壕。

杨吴睿帝顺义三年(923)

五月 后唐约杨吴同攻后梁，不许。

十月 与后唐用敌国礼。

十二月 遣卢苹使于后唐。

杨吴睿帝顺义四年(924)

十月 吴王如白沙观楼船，命白沙曰迎銮镇。

杨吴睿帝顺义五年(925)

六月 杨吴镇海节度判官、楚州团练使陈彦谦卒。临终，密留书劝徐温以所生子为嗣。

闰十二月 吴越以受玉册，封吴越国王告于吴，吴以其国名与己同，不受书，仍戒境上无得通吴越使者及商旅。

杨吴睿帝顺义六年(926)

三月 杨吴闻钱镠有疾，欲袭吴越，闻钱镠疾疗而止。

杨吴以左仆射、同平章事徐知诰为侍中，右仆射严可求兼门下侍郎，同平章事。

四月 后唐皇帝李存勖崩，杨吴停朝七日，以示哀悼。

七月 后唐进士韩熙载因父被后唐皇帝李嗣源诛杀而投奔杨吴。韩熙载(902—970)，字叔言，青州人，有治才。南唐时官至兵部尚书。博学多才，能歌善舞，擅长诗文书画。

杨吴睿帝顺义七年、乾贞元年(927，十一月改元乾贞)

十月 徐温薨，吴主赠徐温齐王，谥曰忠武。初，徐温有疾，欲留亲子徐知询代养子徐知诰执政，会薨，事不行。

十一月 吴王于文明殿即皇帝位，大赦全境，改年号为乾贞。

以徐知询为诸道副都统，镇海宁国节度使兼侍中。加徐知诰都督中外诸军事。

杨吴睿帝乾贞二年(928)

二月 吴王遣通事舍人出使后唐。后唐以杨吴违背礼仪，吴唐绝交。

杨吴睿帝乾贞三年、大和元年(929，十一月改元大和)

十月 徐知询与徐知诰争权，互相猜忌。

十一月　徐知询入朝，徐知诰留其为统军，领镇海节度使，遣柯厚征金陵兵还江都。徐知诰自是始专吴政。

十二月　杨吴加徐知诰兼中书令，领宁国军节度使。

徐知诰欲鸩徐知询，知询不肯饮，申渐高代饮卒。

杨吴睿帝大和二年(930)

八月　杨吴海州都指挥使王傅拯叛降后唐。后唐涟水制置使王岩率军进驻海州，后唐以王岩知海州。

十月　严可求卒，徐知诰以子景通为兵部尚书，参政事。

杨吴睿帝大和三年(931)

九月　杨吴镇南节度使，同平章事徐知谏卒，以徐知询代之。

十一月　徐知诰上表吴帝，称已辅政多年，请求归老金陵。吴帝准其请。乃以知诰为镇海、宁国节度使，镇守金陵，总录朝政，如徐温故事。加封其子徐景通为司徒、同平章事，统中外左右诸军事，留江都辅政。

十二月　徐知诰至金陵。

杨吴睿帝大和四年(932)

二月　徐知诰作礼贤院于府舍，聚图书，延士大夫，与孙晟，陈觉谈议时事。

八月　徐知诰广金陵城周围二十里。

十一月　以徐知诰为大丞相、太师，加领得胜节度使。知诰辞丞相、太师。

杨吴睿帝大和五年(933)

五月　宋齐丘劝徐知诰徙吴主都金陵。知诰营宫城于金陵。

九月　徐知诰以国中水火屡为灾，遣侍妓、焚乐器。

杨吴睿帝大和六年(934)

正月　徐知诰别治私第于金陵，迁居其中，虚府舍以待吴主。

二月　吴主遣宋齐丘如金陵，谕知诰罢迁都。

吴主诏徐知诰还府舍。

金陵屡火，徐知诰疑有变，勒兵自卫。

五月　徐知询卒。

六月　徐知诰将受禅，幽杨濛于和州，命王宏将兵卫之。

七月　召宋齐丘还金陵，于事皆无所关预。

十月　吴主加徐知诰大丞相、尚父、嗣齐王、九锡，辞不受。

十一月　徐知诰召子景通为镇海、宁国节度副大使、诸道副都统、判中外诸军事，还金陵。以次子景迁留江都辅政。

杨吴睿帝大和七年、天祚元年(935,九月改元天祚)

三月 加徐景迁同平章事、知左右军事。徐知诰令尚书令陈觉辅之。

十月 加中书令徐知诰尚父、太师、大丞相、大元帅,进封齐王,备殊礼,以十州为齐国。徐知诰辞尚父、丞相并殊礼不受。

杨吴睿帝天祚二年(936)

正月 徐知诰始建大元帅府,以幕职分判六部及盐铁。

三月 徐知诰以景通为太尉、副元帅,宋齐丘、徐玠为元帅府左右司马。

四月 高从海劝徐知诰即帝位。

十一月 吴主诏徐知诰置百官,以金陵为西都,广陵为东都。

十二月 李德诚、周本率诸将诣江都表吴主,请行册命,又诣金陵劝进。

南 唐

杨吴睿帝天祚三年、南唐烈祖昇元元年(937,十月建元昇元)

正月 徐知诰始建太庙、社稷,改金陵为江宁府,改牙城曰宫城,改厅堂曰殿,置百官。

二月 吴主使宣阳王杨璪如西都,册命齐王。

三月 徐知诰立子景通为王太子,固辞不受,追尊考妣,更己名为诰。

六月 吴诸道副都统徐景迁卒。

七月 王令谋如金陵劝进,徐诰让不受。

八月 杀吴历阳公杨濛。

吴主下诏,禅位于齐。

李德诚复诣金陵帅百官劝进,惟宋齐丘不署表。

九月 吴主命江夏王杨璘奉玺绶于齐。

十月 徐诰即皇帝位于金陵,国号齐。以景通为诸道副元帅、判六军诸卫事、太尉、尚书令、吴王。

十一月 徐景通更名为璟。

南唐烈祖昇元二年(938)

五月 改润州牙城为丹阳宫,以李建勋位迎奉让皇使。

六月 高丽国遣使与南唐通好。

八月 契丹国遣使与南唐通好。

九月 南唐诏令册定礼乐制度,并于江宁秦淮河镇淮桥北建太学,培育人才。

十月 新罗国(今朝鲜半岛东南部)来使通好。

十一月　杨溥卒于丹阳宫。南唐主废朝二十七日，追谥曰睿皇帝。

南唐烈祖昇元三年(939)

正月　徐诰复姓李，改国号为唐，立唐宗庙。

二月　改太祖庙号曰义祖，为李氏考妣发哀。诏国事委齐王李璟详决，惟军旅以闻，更己名为昪。

四月　南唐主祀南郊。

南唐镇海节度使徐知谔卒。

迁让皇之族于泰州，号永宁宫，防卫甚严。

立齐王璟为太子，固辞，以之为诸道兵马大元帅、判六军诸卫、宋太尉、录尚书事、昇、扬二州牧。

大赦全境，百官晋升，慰劳将士。奖励生产，民三年植桑三千株者赐帛五十匹，垦田达八十亩者赐钱二万，且免租税五年。

是岁　颁《昇元格》。

南唐烈祖昇元四年(940)

七月　立齐王璟为太子，兼大元帅，录尚书事。

九月　齐王璟固辞太子，许之。诏中外致笺如太子礼。

十月　李昪巡视东都扬州，命齐王李璟监国。

诏中外奏章无得言“睿”、“圣”，犯者以不敬论。

十二月　南唐主至金陵。

南唐烈祖昇元五年(941)

四月　南汉遣使来唐，约合攻楚并瓜分其地，李昪予以拒绝。

七月　吴越国大火，臣下建议可乘机攻取其地，遭李昪斥责，反遣使携金帛慰问，以示同情。

十一月　颁行新田赋制度，以土地肥瘠定税赋多少，民间赞其公平。自此江淮间调兵兴役及其他赋敛，均以税钱为准，士民负担减轻，民生改善。

是岁　吴越大水，灾民逃难至南唐地界。

南唐烈祖昇元六年(942)

闰正月　南汉国派使来访，闽国派使来访。东都扬州大火，焚殷民房千余家。金陵大雨，秦淮河漫溢。

六月　常州大雨，河水漫溢。南汉国遣使报丧，停朝三日致哀。契丹国遣使来访并进献马匹。

八月　行《昇元删定条》。

十月　诏令举用儒士，罢去苛政，与民更始。

十二月　闽、吴越来使贺李昪生日。

南唐烈祖昇元七年、元宗保大元年(943，三月改元保大)

正月　契丹国遣使来访并献马羊。

二月　李昪服用方士金丹背生毒疮而死。

三月　李璟即位，改元保大，大赦全境。

十一月　葬李昪于永陵，庙号烈祖。

十二月　遣使自海上至契丹通好。

是岁　春夏旱，秋冬水，蝗大起。

南唐元宗保大五年(947)

正月　南唐主立齐王景遂为皇太弟。

南唐元宗保大六年(948)

十一月　南唐主遗书后汉帝，请复通商旅，不报。

南唐元宗保大七年(949)

二月　南唐主遣皇甫晖出海、泗招引淮北兵。后汉徐州将成德钦击走之。

南唐元宗保大八年(950)

二月　以东都留守燕王李弘冀为润、宣二州大都督，镇润州。以宁国节度使周宗为东都留守。

南唐元宗保大十年(952)

正月　后周泰宁节度使慕容彦超反周。周以曹英讨之。南唐发兵军于下邳，以援彦超，为后周徐州巡检使张令彬所破。

二月　南唐始命翰林学士江文蔚知贡举，寻罢。

南唐元宗保大十一年(953)

七月　大旱，饥民渡淮而北者相继。

十二月　南唐祠部郎中、知制诰徐铉奏复行贡举，从之。

是岁　金陵大火逾月。

南唐元宗保大十二年(954)

七月　契丹国使臣来访，夜宴后被杀，缉凶不得，契丹国与南唐断交。

是岁　大饥，民多疫死。

南唐元宗保大十三年(955)

十月　听信寿州监军及东都留守之言，罢“把浅兵”(冬季淮河水浅时，戍守淮河沿线的士兵)。

十一月 后周柴荣大举南侵，南唐军调整部署，分头堵击，并召回镇南节度使宋齐丘入朝商讨对策。

十二月 以安定郡公李从嘉为沿江巡抚。

南唐元宗保大十四年(956)

正月 后周柴荣军大败南唐军于淮水正阳渡，后周将赵匡胤败南唐军于涡口，南唐军伤亡惨重。

二月 后周军连破清流关、滁州城，俘南唐将皇甫晖等北归。南唐遣使求和，愿割地称臣。后周要南唐割让所有江北州县，划江为界，和议未成。

后周韩令坤攻陷扬州，俘东都留守冯延巳。再破泰州。吴越乘机侵常州、宣州。

南唐主遣尹延范如泰州迁吴让皇之族于润州。延范悉斩之，以闻。唐主怒，腰斩之。

后周以高防权知泰州。

三月 南唐再次遣使向后周请和，许称臣纳贡。后周求江北之地，南唐主不悦，斩使者李德明。

吴程攻常州，破外郭，执南唐常州团练使赵仁泽。南唐遣柴克宏会袁州刺史陆孟俊救常州，大破吴程。

四月 南唐军相继收复常州、泰州并乘胜进攻扬州，后周将赵匡胤屯兵六合，严督后周军固守扬州。南唐陆孟俊与后周韩令坤争扬州，败死。南唐齐王李景达帅军二万余，与赵匡胤战于六合，大败。

六月 后周于淮南既得州县赦免囚犯，废除南唐不合理赋税，并派官员去各地宣慰，以加强控制。南唐命驾部员外郎朱元统军试图收复江北州县。南唐刘仁赡乘间击后周李继勋，杀士卒数百人，焚其攻具。

是岁 南唐遣使由海上去契丹求援。契丹不应，亦不遣返使臣。

南唐元宗保大十五年(957)

二月 后周柴荣再度帅师南侵。

三月 南唐齐王李景达谋夺朱元兵权，朱元投降后周。后周兵破寿州城下各军寨，齐王逃回金陵。此战南唐损兵四万。

南唐淮清监军使周延构以寿州城降后周。

四月 后周军北撤。

十一月 后周兵再度南侵。

十二月 南唐泗州守将范再遇举城降后周。后周擒南唐保义军节度使，濠、泗、楚、海都应援使陈承昭，焚掠南唐淮上之战舰几尽。周世宗济淮，攻楚州，克其月城。

南唐元宗中兴元年、交泰元年、后周显德五年(958，正月改元中兴，三月改元交泰，五月从后周正朔)

正月 南唐李璟改元中兴。后周军攻克海州，征发楚州百姓疏浚入江水道，引战舰自淮入江。又攻克静海军(今江苏南通地区)，从而打通与吴越的通道，并将静海军改置为通州。

二月 后周柴荣自楚州前往扬州。令其部将征发百姓修筑城东南之小城(即后之宋大城)。

三月 后周柴荣巡视泰州后回驻扬州。

后周军耀兵江口。南唐李璟大赦全境，改元交泰。加封诸王，立燕王弘冀为皇太子，参与朝政。向后周求和，割让江北光、寿、庐、舒、黄、滁、和、濠、泗、楚、扬、泰、海等14州60县、226500户。后周撤兵。

五月 南唐主避后周讳，更名景，去帝号，称国主，去年号，用周正朔。

六月 南唐主以江南无盐田，求海陵，后周不许，诏岁支盐三十万斛以济江南。

南唐元宗、后周显德六年(959)

六月 得周世宗允许，南唐主城金陵，凡诸州城之不完者葺之，戍兵少者益之。

七月 铸当十大钱，文曰“永通泉货”。又铸当二钱，文曰“唐国通宝”。与开元钱并行。

九月 南唐太子弘冀卒。以次子从嘉为吴王，居东宫。

十月 南唐诛钟谟，废永通钱。

是岁 苏州虎丘云岩寺塔始建。

南唐元宗、宋建隆元年(960，正月改元建隆)

十月 原后周淮南节度使李重进反宋，求援于南唐，不许。

十一月 赵匡胤讨平之。

是岁 南唐始铸铁钱。

南唐元宗、宋建隆二年(961)

六月 李景殂，以丧归金陵，庙号元宗，葬顺陵。从嘉嗣立。

十月 以韩熙载使于宋。

自显德以来，屡议迁都，升洪州为南昌，建南都。是岁，李景留太子监国，迁于南都。

南唐后主、宋乾德二年(964)

是岁 南唐始行铁钱。

南唐后主、宋乾德四年(966)

是岁　南唐劝南汉同奉宋为正朔。南汉不从,与南唐绝。

南唐后主、宋开宝元年(968,十一月改元开宝)

是岁　以韩熙载为中书侍郎、百胜军节度使。

南唐后主、宋开宝七年(974)

九月　宋遣知制诰李穆为国信使赴南唐,劝李煜入朝,不从。

十月　宋伐南唐。

南唐后主、宋开宝八年(975)

十二月　宋克金陵,南唐亡。

二　主要参考文献

(一) 文献(按四部排序)

1. (汉)司马迁撰:《史记》,中华书局 1959 年版。
2. (汉)班固撰:《汉书》,中华书局 1962 年版。
3. (南朝宋)范晔撰:《后汉书》,中华书局 1965 年版。
4. (晋)陈寿撰:《三国志》,中华书局 1959 年版。
5. (唐)房玄龄等撰:《晋书》,中华书局 1974 年版。
6. (南朝梁)沈约撰:《宋书》,中华书局 1974 年版。
7. (南朝梁)萧子显撰:《南齐书》,中华书局 1972 年版。
8. (唐)姚思廉撰:《梁书》,中华书局 1973 年版。
9. (唐)姚思廉撰:《陈书》,中华书局 1972 年版。
10. (唐)令狐德棻等撰:《周书》,中华书局 1971 年版。
11. (唐)魏徵等撰:《隋书》,中华书局 1973 年版。
12. (唐)李延寿撰:《南史》,中华书局 1975 年版。
13. (唐)李延寿撰:《北史》,中华书局 1974 年版。
14. (后晋)刘昫等撰:《旧唐书》,中华书局 1975 年版。
15. (宋)欧阳修、宋祁撰:《新唐书》,中华书局 1975 年版。
16. (宋)薛居正等撰:《旧五代史》,中华书局 1976 年版。
17. (宋)欧阳修撰:《新五代史》,中华书局 1974 年版。
18. (元)脱脱等撰:《宋史》,中华书局 1977 年版。
19. (宋)司马光编著,(元)胡三省音注:《资治通鉴》,中华书局 1956 年版。
20. (宋)李焘撰:《续资治通鉴长编》,中华书局 1979 年版。
21. (唐)温大雅撰:《大唐创业起居注》,上海古籍出版社 1983 年版。
22. (唐)赵元一撰:《奉天录》,丛书集成初编本。
23. (东汉)袁康、吴平辑录,乐祖谋点校:《越绝书》,上海古籍出版社 1985 年版。
24. (宋)陶岳撰:《五代史补》,影印文渊阁四库全书本。
25. (宋)尹洙撰:《五代春秋》,丛书集成初编本。
26. (宋)吴缜撰:《五代史纂误》,丛书集成初编本。
27. (宋)路振撰:《九国志》,丛书集成初编本。

28. (宋)佚名:《五国故事》,影印文渊阁四库全书本。

29. (宋)郑文宝撰:《南唐近事》,丛书集成初编本。

30. (宋)郑文宝撰:《江表志》,丛书集成初编本。

31. (宋)佚名:《钓矶立谈》,丛书集成初编本。

32. (宋)陈彭年撰:《江南别录》,影印文渊阁四库全书本。

33. (宋)佚名:《江南余载》,丛书集成初编本。

34. (宋)龙衮撰:《江南野史》,影印文渊阁四库全书本。

35. (宋)马令撰:《南唐书》,南京出版社 2010 年版。

36. (宋)陆游撰:《南唐书》,南京出版社 2010 年版。

37. (宋)钱俨撰:《吴越备史》,影印文渊阁四库全书本。

38. [高丽]金富轼撰:《三国史记》,韩国精神文化研究院编,朝银文化社 1997 年版。

39. (明)毛先舒撰:《南唐拾遗记》,丛书集成初编本。

40. (清)吴任臣撰:《十国春秋》,中华书局 1983 年版。

41. (清)周在浚撰:《南唐书注》,嘉业堂丛书本。

42. (清)刘承幹撰:《南唐书补注》,嘉业堂丛书本。

43. (清)汤运泰撰:《南唐书注》,绿籖山房刊本。

44. (清)蒋国祥撰:《南唐书合刻》,清盱南三余书屋刻本。

45. (唐)李林甫等撰,陈仲夫点校:《唐六典》,中华书局 1992 年版。

46. (唐)杜佑撰,王文锦等点校:《通典》,中华书局 1984 年版。

47. (元)马端临撰:《文献通考》,中华书局 1986 年版。

48. (宋)王溥撰:《唐会要》,中华书局 1955 年版。

49. (宋)王溥撰:《五代会要》,上海古籍出版社 1978 年版。

50. (清)吴廷燮撰:《唐方镇年表》,中华书局 1980 年版。

51. (宋)宋敏求编:《唐大诏令集》,商务印书馆 1959 年版。

52. (北魏)郦道元撰:《水经注》,江苏古籍出版社 1989 年版。

53. (北魏)杨衒之撰,范祥雍校注:《洛阳伽蓝记校注》,上海古籍出版社 1958 年版。

54. (唐)李吉甫撰:《元和郡县图志》,中华书局 1983 年版。

55. (宋)乐史撰:《太平寰宇记》,中华书局 2007 年版。

56. (宋)王存撰:《元丰九域志》,中华书局 1984 年版。

57. (宋)朱长文撰:《吴郡图经续记》,江苏古籍出版社 1986 年版。
58. (宋)范成大撰:《吴郡志》,江苏古籍出版社 1984 年版。
59. (宋)周应合纂:《景定建康志》,南京出版社 2009 年版。
60. (宋)谈钥纂:《嘉泰吴兴志》,宋元方志丛刊本,中华书局 1990 年版。
61. (宋)史能之纂:《咸淳毗陵志》,宋元方志丛刊本,中华书局 1990 年版。
62. (宋)卢宪纂:《嘉定镇江志》,宋元方志丛刊本,中华书局 1990 年版。
63. (元)冯复京撰:《大德昌国州图志》,影印文渊阁四库全书本。
64. (元)俞希鲁纂:《至顺镇江志》,江苏古籍出版社 1999 年版。
65. (清)顾祖禹撰:《读史方舆纪要》,中华书局 2005 年版。
66. (清)四库馆臣编:《大清一统志》,影印文渊阁四库全书本。
67. (民国)缪荃孙等纂修:《江苏省通志稿》,江苏古籍出版社 1993 年版。
68. (北齐)颜之推著,王利器集解:《颜氏家训集解》,上海古籍出版社 1980 年版。
69. [日]圆仁撰:《入唐求法巡礼行记》,上海古籍出版社 1986 年版。
70. (清)王夫之著:《读通鉴论》,中华书局 1975 年版。
71. (清)王鸣盛著:《十七史商榷》,上海书店 2005 年版。
72. (宋)沈括撰:《梦溪笔谈》,上海古籍出版社 2003 年版。
73. (宋)田况撰:《儒林公议》,丛书集成初编本。
74. (宋)陆游撰:《入蜀记》,丛书集成初编本。
75. (宋)陆游撰:《斋居纪事》,明汲古阁本。
76. (宋)陆游撰:《老学庵笔记》,丛书集成初编本。
77. (宋)王陶撰:《谈渊》,丛书集成初编本。
78. (宋)洪迈撰:《容斋随笔》,上海古籍出版社 1996 年版。
79. (宋)洪迈撰:《容斋续笔》,中华书局 2005 年版。
80. (清)皮锡瑞著:《经学历史》,中华书局 2004 年版。
81. (北魏)贾思勰撰:《齐民要术》,上海古籍出版社 2006 年版。
82. (唐)陆羽撰:《茶经》,农业出版社 1984 年版。
83. (唐)杨华撰:《膳夫经手录》,载晁载之《续谈助》卷五,丛书集成初编本。
84. (元)王桢撰:《农书》,农业出版社 1963 年版。
85. (明)黄省曾撰:《理生玉镜稻品》,丛书集成初编本。
86. (明)徐光启撰:《农政全书》,中华书局 1956 年版。
87. (唐)杜宝撰:《大业杂记》,丛书集成初编本。

88. (唐)封演撰,赵贞信校注:《封氏闻见记校注》,中华书局 1958 年版。

89. (唐)张鷟撰:《朝野佥载》,中华书局 1979 年版。

90. (唐)段成式撰:《酉阳杂俎》,中华书局 1981 年版。

91. (唐)李肇撰:《唐国史补》,上海古籍出版社 1979 年版。

92. (唐)范摅撰:《云溪友议》,中华书局 1985 年版。

93. (五代)王定保撰:《唐摭言》,上海古籍出版社 1978 年版。

94. (五代)王仁裕等撰,丁如明辑校:《开元天宝遗事十种》,上海古籍出版社 1985 年版。

95. (宋)王谠撰:《唐语林》,上海古籍出版社 1978 年版。

96. (宋)吴淑撰:《江淮异人录》,龙威秘书本。

97. (宋)孙光宪撰:《北梦琐言》,丛书集成初编本。

98. (宋)陶谷撰:《清异录》,(元)陶宗仪《说郛》本,中国书店 1986 年版。

99. (宋)陈师道撰:《后山谈丛》,丛书集成初编本。

100. (宋)释文莹撰:《玉壶清话》,中华书局 1984 年版。

101. (宋)邵伯温撰:《邵氏闻见录》,中华书局 1983 年版。

102. (宋)赵希鹄撰:《洞天清录》,影印文渊阁四库全书本。

103. (宋)王铚撰:《默记》,中华书局 1983 年版。

104. (宋)蔡绦撰:《铁围山丛谈》,中华书局 1983 年版。

105. (宋)叶梦得撰:《石林燕语》,中华书局 1984 年版。

106. (宋)曾敏行撰:《独醒杂志》,丛书集成初编本。

107. (宋)王明清撰:《挥麈录·挥麈后录》,丛书集成初编本。

108. (宋)庄绰撰:《鸡肋编》,中华书局 1983 年版。

109. (宋)龚明之撰:《中吴纪闻》,上海古籍出版社 1986 年版。

110. (元)辛文房撰:《唐才子传》,黑龙江人民出版社 1986 年版。

111. (唐)张彦远撰:《历代名画记》,人民美术出版社 1963 年版。

112. (唐)朱景玄撰:《唐朝名画录》,四川美术出版社 1985 年版。

113. (宋)佚名:《宣和画谱》,湖南美术出版社 1999 年版。

114. (宋)佚名:《宣和书谱》,上海书画出版社 1984 年版。

115. (宋)赵明诚撰,金文明校证:《金石录校证》,上海书画出版社 1985 年版。

116. (宋)赵希鹄撰:《洞天清录》,影印文渊阁四库全书本。

117. (清)王昶编:《金石萃编》,中国书店 1985 年版。

118.（宋）王钦若等编:《册府元龟》,中华书局 1960 年版。

119.（宋）李昉等撰:《太平御览》,中华书局 1960 年版。

120.（宋）李昉等编,《文苑英华》,中华书局 1966 年版。

121.（宋）李昉等编:《太平广记》,中华书局 1961 年版。

122.（清）永瑢等撰:《四库全书总目》,中华书局 1965 年版。

123.（隋）灌顶撰:《隋天台智者大师别传》,《大正新修大藏经》第 50 册。

124.（隋）灌顶撰:《国清百录》,《大正新修大藏经》第 46 册。

125.（唐）释道世撰:《法苑珠林》,影印《宋碛砂版大藏经》本,上海古籍出版社 1991 年版。

126.［日］真人元开撰:《唐大和上东征传》,中华书局 1979 年版。

127.（南唐）刘崇远撰:《金华子杂编》,丛书集成初编本。

128.（宋）赞宁撰:《宋高僧传》,中华书局 1987 年版。

129.（宋）道原撰:《景德传灯录》,《大正新修大藏经》第 51 册。

130.（宋）志磐撰:《佛祖统纪》,《大正新修大藏经》第 49 册。

131.（明）葛寅亮撰:《金陵梵刹志》,江苏广陵古籍刻印社 1987 年版。

132.（宋）郭茂倩编:《乐府诗集》,中华书局 1980 年版。

133.（清）彭定求等编:《全唐诗》,中华书局 1960 年版。

134.（清）董诰等编:《全唐文》,中华书局 1983 年版。

135.（清）王士禛、郑方坤撰:《五代词话》,书目文献出版社 1989 年版。

136.（唐）骆宾王著,（清）陈熙晋笺注:《骆临海集笺注》,中华书局 1972 年版。

137.（唐）陈子昂著:《陈子昂集》,中华书局 1960 年版。

138.（唐）李白著,（清）王琦注:《李太白全集》,中华书局 1977 年版。

139.（唐）杜甫著,（清）仇兆鳌注:《杜诗详注》,中华书局 1979 年版。

140.（唐）颜真卿著:《颜鲁公集》,影印文渊阁四库全书本。

141.（唐）权德舆著:《权德舆文集》,甘肃人民出版社 1999 年版。

142.（唐）张籍著,李冬生注:《张籍集注》,黄山书社 1988 年版。

143.（唐）韩愈著,马永昶校注:《韩昌黎文集校注》,上海古籍出版社 1986 年版。

144.（唐）韩愈著:《韩愈全集》,上海古籍出版社 1997 年版。

145.（唐）柳宗元著:《柳河东集》,上海人民出版社 1974 年据原中华书局版印。

146.（唐）韦应物著:《韦苏州集》,北京图书馆出版社 2004 年版。

147.（唐）白居易著:《白居易集》,中华书局 1979 年版。

148. (唐)刘禹锡著:《刘禹锡集》,中华书局 1990 年版。

149. (唐)吕温著:《吕和叔文集》,四部丛刊本。

150. (唐)李德裕著:《李卫公会昌一品集》,丛书集成初编本。

151. (唐)李商隐著:《樊南文集》,上海古籍出版社 1988 年版。

152. (唐)杜牧著:《樊川文集》,上海古籍出版社 1978 年版。

153. (唐)陆龟蒙著:《甫里先生文集》,四部丛刊本。

154. (唐)皮日休著:《皮子文薮》,上海古籍出版社 1981 年版。

155. [新罗]崔致远撰:《桂苑笔耕集》,中华书局 2007 年版。

156. [新罗]崔致远撰:《孤云集》,影印标点韩国文集丛刊本,景仁文化社 1990 年版。

157. (宋)苏轼著:《苏轼文集》,中华书局 1986 年版。

158. (宋)曾极著:《金陵百咏》,影印文渊阁四库全书本。

159. [高丽]李仁老著:《破闲集》,韩国诗话丛编本,太学社 1996 年版。

(二) 论著(按作者姓名中文读音排序)

1. [日]百桥明穗、中野彻主编:《世界美术大全集·隋唐卷》,小学馆 1997 年版。

2. [日]本田治著:《宋元时期的浙东海塘》,《中国水利史研究》第九号,1979 年。

3. [日]滨口重国著:《唐玄宗朝江淮上供米和地税的关系(一)》,《史学杂志》第 45 编第 1 号,1936 年。

4. [日]滨田耕策编:《崔致远〈桂苑笔耕集〉综合研究》研究成果报告书,九州大学大学院人文科学研究院 2003 年版。

5. 陈高华编:《宋辽金画家史料》,文物出版社 1984 年版。

6. 陈寅恪著:《隋唐制度渊源略论稿》,中华书局 1963 年版。

7. 陈寅恪著:《金明馆丛稿初编》,生活·读书·新知三联书店 2001 年版。

8. 陈勇著:《唐代长江下游经济发展研究》,上海人民出版社 2006 年版。

9. 陈正祥著:《中国文化地理》,生活·读书·新知三联书店 1988 年版。

10. 陈志一著:《江苏双季稻历史初探》,《中国农史》1983 年第 1 期。

11. 陈祖椝、朱自振编:《中国茶叶历史资料选辑》,农业出版社 1981 年版。

12. 程志、韩滨娜著:《唐代的州和道》,三秦出版社 1987 年版。

13. [英]崔瑞德编、中国社会科学院历史研究所西方汉学研究课题组译:《剑桥中国隋唐史》,中国社会科学出版社 1990 年版。

14. 戴伟华著:《唐方镇文职僚佐考》,天津古籍出版社 1994 年版。

15. 戴裔煊著:《宋代钞盐制度研究》,商务印书馆 1957 年版。

16. 丹徒县文教局、镇江市博物馆:《江苏丹徒丁卯桥出土唐代银器窖藏》,《考古》1982 年第 11 期。

17. 邓文宽撰:《隋对陈朝旧域的经营——兼论江南河的开凿》,载唐宋运河考察队编《运河访古》,上海人民出版社 1986 年版。

18. 邓小泉撰:《唐代科举人才区域分布的教育因素》,《南都学刊(人文社会科学学报)》,2004 年 7 月。

19. 冻国栋著:《唐代人口问题研究》,武汉大学出版社 1993 年版。

20. [美]E・O・赖肖尔(E・O・Reischauer)著,田村完誓译:《圆仁的唐代中国之旅》(*Ennin's Diary*),原书房 1984 年版。

21. 范文澜著:《中国通史简编》(修订本)第三编第一册,人民出版社 1965 年版。

22. 范文澜著:《中国通史》,人民出版社 1978 年版。

23. [日]高桥继男著:《刘晏巡院的设置》,《集刊东洋学》第 23 辑,1972 年。

24. [日]高桥继男著:《唐代地方盐政机构——特别是关于盐监・(盐院)・巡院等》,《历史》第 49 辑,1976 年。

25. [日]谷川道雄著,李济沧译:《隋唐帝国形成史论》,上海古籍出版社 2004 年版。

26. [日]古贺登著:《夏税、秋税的源流》,《东洋史研究》第 19 卷第 3 号,1961 年。

27. 谷霁光著:《府兵制度考释》,上海人民出版社 1962 年版。

28. 郭文韬著:《略论中国古代南方水田的耕作体系》,《中国农史》1989 年第 3 期。

29. 国家文物局主编:《中国文物地图集・江苏分册》,中国地图出版社 2008 年版。

30. 韩国磐著:《隋唐五代史纲》,人民出版社 1977 年版。

31. 何德章著:《江淮地域与隋炀帝的政治生命》,《武汉大学学报》1994 年第 1 期。

32. 何德章著:《"关陇文化本位"与"南朝文化北传"——关于隋唐政治文化的核心因素》,《唐研究》第十三卷,2007 年。

33. 河南省博物馆、洛阳市博物馆:《洛阳隋唐含嘉仓的发掘》,《文物》1972 年第 3 期。

34. 何汝泉著:《唐代转运使初探》,西南师范大学出版社 1987 年版。

35. 胡戟、张弓等主编:《二十世纪唐研究》,中国社会科学出版社 2002 年版。

36. 胡如雷著:《隋唐五代社会经济史论稿》,中国社会科学出版社 1996 年版。

37. [日]加藤繁著:《唐宋时代金银之研究》(中译本),中国联合准备银行 1944 年版。

38. [日]加藤繁著,吴杰译:《中国经济史考证》第一卷,商务印书馆 1959 年版。

39. 蒋非非、王小甫等著:《中韩关系史》(古代卷),社会科学文献出版社 1998 年版。

40. 江苏省六朝史学会等编:《古代长江下游的经济开发》,三秦出版社 1989 年版。

41. 江苏省文物工作队、镇江市博物馆:《江苏镇江甘露寺铁塔塔基发掘记》,《考古》1961 年第 6 期。

42. [日]今西龙著:《新罗史研究》,近泽书店 1933 年版。

43. 景遐东著:《江南文化与唐代文学研究》,人民文学出版社 2005 年版。

44. 李伯重著:《我国稻麦复种制产生于唐代长江流域考》,《农业考古》1982 年第 1 期。

45. 李伯重著:《唐代江南农业经济的发展》,农业出版社 1990 年版。

46. 李锦绣著:《唐代财政史稿》(上卷),北京大学出版社 1995 年版。

47. 李锦绣著:《唐代财政史稿》(下卷),北京大学出版 2001 年版。

48. 李廷先著:《唐代扬州史考》,江苏古籍出版社 2002 年版。

49. 李志庭著:《浙江通史·隋唐五代卷》,浙江人民出版社 2005 年版。

50. 梁方仲著:《中国历代户口、田地、田赋统计》,上海人民出版社 1980 年版。

51. 梁家勉主编:《中国农业科学技术史稿》,农业出版社 1989 年版。

52. 林立平著:《唐代主粮生产的轮作复种制》,《暨南学报》1984 年第 1 期。

53. 刘建国、刘兴:《江苏丹徒丁卯桥出土唐代银器窑藏》、《文物》1982 年第 11 期。

54. 刘建伟著:《唐代武宁镇的依附性与游离性》,《徐州师院学报》1988 年第 1 期。

55. 刘向群等著:《陕西省耀县柳林背阴村出土一批唐代金银器》,《文物》1966 年第 1 期。

56. 刘兴林、范金民著:《长江丝绸文化》,湖北教育出版社 2004 年版。

57. 卢建荣著:《中晚唐藩镇文职幕僚职位的探讨——以徐州节度区为例》,《第二届国际唐代学术会议论文集》(下册),台北文津出版社 1993 年版。

58. 卢兆荫:《从考古发现看唐代的金银进奉之风》,《考古》1983 年第 2 期。

59. 洛阳师范学院河洛文化国际研究中心编,杨作龙、韩石萍主编:《洛阳考古集成・隋唐五代宋卷》,北京图书馆出版社 2005 年版。

60. 洛阳市文物工作队:《洛阳含嘉仓 1988 年发掘简报》,《文物》1992 年第 3 期。

61. [日]妹尾达彦:《唐后期江淮盐税机构的选址与功能》,《史学杂志》第 91 编第 2 号,1982 年。

62. 孟昭庚著:《唐代军事争夺下的运河》,载唐宋运河考察队编:《运河访古》,上海人民出版社 1986 年版。

63. 孟昭庚、张学锋著:《论唐代江南在唐帝国地位的演变》,载江苏省六朝史研究会、江苏省社会科学院历史所编《古代长江下游的经济开发》,三秦出版社 1989 年版。

64. 缪启愉著:《太湖塘浦圩田史研究》,农业出版社 1985 年版。

65. 牟发松著:《唐代长江中游的经济与社会》,武汉大学出版社 1989 年版。

66. 牟发松著:《从社会与国家的关系看唐代的南朝化倾向》,载牟发松主编《社会与国家关系视野下的汉唐历史变迁》,华东师范大学出版社 2006 年版。

67. [日]木宫泰彦著,胡锡年译:《日中文化交流史》,商务印书馆 1980 年版。

68. 南京博物院编:《南唐二陵发掘报告》,文物出版社 1957 年版。

69. [日]内藤湖南著,黄约瑟译:《概括的唐宋时代观》,载刘俊文主编《日本学者研究中国史论著选译》,中华书局 1992 年版。

70. 宁志新著:《隋唐使职制度研究》,中华书局 2005 年版。

71. 潘桂明著:《智顗评传》,南京大学出版社 1996 年版。

72. 潘京京著:《炀帝陵前说炀帝》,载唐宋运河考察队编《运河访古》,上海人民出版社 1986 年版。

73. 潘镛著:《隋唐时期的运河和漕运》,三秦出版社 1987 年版。

74. 齐东方《唐代金银器研究》,中国社会科学出版社 1999 年版。

75. 秦浩编著:《隋唐考古》,南京大学出版社 1992 年版。

76. 钱穆著:《国史大纲》(修订本),商务印书馆 1996 年版。

77. 全汉昇著:《唐宋帝国与运河》,商务印书馆 1944 年版。

78. [日]日野开三郎:《关于三司使的成立》,《史林》第 44 卷第 4 号,1961 年。

79. 陕西省法门寺考古队:《扶风法门寺塔唐代地宫发掘简报》,《文物》1988 年第

10 期

80. 史念海:《隋唐时期运河和长江的水上交通及其沿岸的都会》,载《唐代历史地理研究》,中国社会科学出版社 1998 年版。

81. 史为乐主编:《中国历史地名大辞典》,中国社会科学出版社 2005 年版。

82. 宋兆麟著:《唐代曲辕犁研究》,《中国历史博物馆馆刊》1979 年第 1 期。

83. 太湖地区农业史研究课题组著:《太湖地区农业史稿》,农业出版社 1990 年版。

84. 谭其骧著:《上海市大陆部分的海陆变迁和开发过程》,《文史论丛》1974 年。

85. 谭其骧主编:《中国历史地图集　隋·唐·五代十国》,中国地图出版社 1982 年版。

86. 唐耕耦著:《唐代水车的使用和推广》,《文史哲》1978 年第 4 期。

87. 唐启宇著:《中国农史稿》,农业出版社 1985 年版。

88. 唐启宇著:《中国作物栽培史》,农业出版社 1986 年版。

89. 唐宋运河考察队编:《运河访古》,上海人民出版社 1986 年版。

90. 唐圭璋编著:《词话丛编》,中华书局 1986 年版。

91. 唐长孺著:《魏晋南北朝隋唐史三论》,武汉大学出版社 1992 年版。

92. 唐长孺著:《唐长孺社会文化史论丛》,武汉大学出版社 2001 年版。

93. 田居俭著:《李煜传》,当代中国出版社 1995 年版。

94. 田余庆、李孝聪著:《唐宋运河在中外交流史上的地位和作用》,载唐宋运河考察队编《运河访古》,上海人民出版社 1986 年版。

95. 汪家伦、张芳著:《中国农田水利史》,农业出版社 1990 年版。

96. 王德权著:《中晚唐使府僚佐升迁之研究》,《台湾中正大学学报(人文分册)》第 5 卷第 1 期。

97. 王素著:《关于隋及唐初三省制的"南朝化"问题——以三省首长的职权和地位为中心》,载牟发松主编《社会与国家关系视野下的汉唐历史变迁》,华东师范大学出版社 2006 年版。

98. 王文清主编:《江苏通史》(古代卷),江苏古籍出版社 1992 年版。

99. 王永平著:《隋代江南士人的沉浮》,《历史研究》1995 年第 1 期。

100. 王永兴著:《隋唐五代经济史料汇编校注》,中华书局 1987 年版。

101. 王仲闻著:《南唐二主词校订》,人民文学出版社 1957 年版。

102. 文物编辑委员会编:《中国古代窑址调查发掘报告集》,文物出版社 1984

年版。

103. 翁俊雄著:《唐初政区与人口》,北京师范学院出版社 1990 年版。

104. 翁俊雄著:《唐朝鼎盛时期政区与人口》,首都师范大学出版社 1995 年版。

105. 翁俊雄著:《唐代区域经济研究》,首都师范大学出版社 2001 年版。

106. 吴丽娱著:《论唐代财政三司的形成发展及其与中央集权的关系》,《中华文史论丛》1986 年第 1 辑。

107. 吴宗国著:《唐代科举制度研究》,辽宁大学出版社 1997 年版。

108. 夏承焘著:《唐宋词人年谱》,上海古籍出版社 1979 年版。

109. 夏鼐著:《最近我国有关科技史的考古新发现》,载《考古学和科技史》,科学出版社 1979 年版。

110. [日]小野胜年著:《入唐求法巡礼行记研究》,铃木学术财团 1964—1969 年版。

111. 谢世涯著:《南唐李后主词研究》,学林出版社 1994 年版。

112. 谢巍著:《中国画学著作考录》,上海书画出版社 1998 年版。

113. 徐殿魁著:《唐镜分期的考古学探讨》,《考古学报》1994 年第 3 期。

114. 徐恒彬:《简谈广东连县出土的西晋犁田耙田模型》,《文物》1976 年第 3 期。

115. 许凤仪、朱福炷、姚国定著:《鉴真》,江苏人民出版社 1979 年版。

116. 许辉、蒋福亚主编:《六朝经济史》,江苏古籍出版社 1993 年版。

117. [韩]许捲洙著:《崔致远在唐生涯小考》,载滨田耕策编:《崔致远〈桂苑笔耕集〉综合研究》研究成果报告书,九州大学大学院人文科学研究院 2003 年。

118. 许有根著:《〈江苏省通志稿〉唐代进士补考》,《江苏地方志》2004 年第 6 期。

119. 阎守诚著:《隋唐小说中的运河》,载唐宋运河考察队编《运河访古》,上海人民出版社 1986 年版。

120. 杨渭生著:《崔致远与〈桂苑笔耕集〉》,载杭州大学韩国研究所编《韩国研究》第二辑,杭州大学出版社 1995 年版。

121. 游修龄著:《太湖地区稻作起源及其传播和发展问题》,《中国农史》1986 年第 1 期。

122. 游修龄著:《中国稻作史》,中国农业出版社 1995 年版。

123. 郁贤皓著:《唐刺史考》,江苏古籍出版社 1987 年版。

124. 云南人民出版社编:《中国历代小说辞典》第一卷,云南人民出版社 1986 年版。

125. 张承宗、魏向东著:《中国风俗通史·魏晋南北朝卷》,上海文艺出版社 2001 年版。

126. 张弓著:《唐朝仓廪制度初探》中华书局 1986 年版。

127. 张国刚著:《唐代藩镇研究》,湖南教育出版社 1987 年版。

128. 张国刚著:《佛学与隋唐社会》,河北人民出版社 2002 年版。

129. 张剑光著:《唐五代江南工商业分局研究》,江苏古籍出版社 2003 年版。

130. 张学锋著:《试论六朝时期江南的麦作业》,《中国农史》1990 年第 3 期;

131. 张学锋著:《再论六朝江南的麦作业》,载范金民主编《江南社会经济研究·六朝隋唐卷》,中国农业出版社 2006 年版。

132. 张学锋著:《日本入唐求法僧最澄所携明州、台州官文书三种》,载宁波市文物考古研究所、宁波市文物保护管理所编著《宁波文物考古研究文集》,科学出版社 2008 年版。

133. 张学锋编著:《中国墓葬史》,广陵书社 2009 年版。

134. 张泽咸著:《唐代赋役史草》,中华书局 1986 年版。

135. 张泽咸著:《唐代工商业》,中国社会科学出版社 1995 年版。

136. 赵丰著:《都兰出土丝织品初探》,《中国历史博物馆馆刊》1991 年第 15、16 期合刊。

137. 镇江市博物馆等编著:《唐代金银器》,文物出版社 1985 年版。

138. 郑金星、刘受农等:《江苏镇江甘露寺铁塔塔基发掘记》,《考古》1961 年第 6 期。

139. 郑学檬著:《五代十国史研究》,上海人民出版社 1991 年版。

140. 郑学檬著:《中国古代经济重心的南移和唐宋江南经济研究》,岳麓书社 1996 年版。

141. 中国人民政治协商会议南京市江宁区委员会编:《江宁历史文化大观》,南京出版社 2008 年版。

142. 中国社会科学院考古研究所编著:《偃师杏园唐墓》,文物出版社 2001 年版。

143. 周魁一、陈茂山著:《西汉唐代灌溉成就的比较研究》,《历史地理》第十一辑,上海人民出版社 1993 年版。

144. 周振鹤著:《中国地方行政制度史》,上海人民出版社 2005 年版。

145. [日]竹村则行著:《新罗崔致远与晚唐顾云之交游》,载滨田耕策编《崔致远〈桂苑笔耕集〉综合研究》研究成果报告书,九州大学大学院人文科学研究院 2003 年。

146. 诸葛计撰:《南唐先主李昪年谱》,江苏古籍出版社 1987 年版。
147. 邹厚本主编:《江苏考古五十年》,南京出版社 2000 年版。
148. 邹劲风著:《南唐国史》,南京大学出版社 2000 年版。

后　记

接受《江苏通史》隋唐五代卷的撰写任务，迄今9年。前6年主要是收集和理解相关史料，确定写作大纲；后3年则陆续撰述，增删添削，以成其文。其间，各省通史陆续出版，也给本卷的撰写提供了不少有益的思路。

恩师孟昭庚先生已至耄耋之年，对本卷的撰述鼓励再三，并告诫切忌写成“中国通史江苏分卷隋唐五代编”。遵从先生教诲，我在确定大纲及内容叙述的过程中，牢记在全面理解隋唐五代历史的基础上，叙述发生在江苏省域范围内的历史事件和历史现象，分析其与整个国家历史之间的关联和意义，从而勾画出隋唐五代时期江苏省域历史的发展脉络及其特征。因此，本卷力图突破将对象分成政治、经济、文化等几个方面进行叙述的通史撰写的套路，而是按历史发展的时代顺序，选择发生在江苏省域的重要事件和突出现象，分章立节，寓论于史。希望通过这种尝试，给读者展现一幅隋唐五代370年间的江苏历史画卷。

本卷的撰写提纲由张学锋拟定，各章节的撰述分工如下：

导　论　张学锋（南京大学历史系教授）撰写。

第一章　张学锋撰写，崔世平（武汉大学三至九世纪研究所博士后研究人员）撰写部分节、目初稿。

第二章　张学锋撰写，崔世平撰写部分节、目初稿。

第三章　张学锋撰写。

第四章　张学锋撰写。

第五章　张燕波（厦门大学海外教育学院讲师、文学博士）撰稿，张学锋增订。

第六章　张学锋撰写。

第七章　张学锋撰写。

第八章　张燕波撰稿，张学锋增订。

第九章　卓文静（南京大学历史系博士研究生）撰稿，张学锋增订。

第十章　邹劲风(南京大学历史系副教授)撰写。

第十一章　邹劲风撰写。

第十二章　邹劲风撰写。

第十三章　邹劲风撰写,张学锋增订。

大事年表　王亮功(江苏省社科院历史研究所研究员)撰稿,邓玮光(南京大学历史系博士研究生)校订。

书中的地图由南京大学地理与海洋科学学院地理信息科学系陈刚(讲师、理学博士)为本卷量身绘制,其他图片由张学锋配置。

> 历史学是人类的反省。一个时代有一个时代的反省。越是激荡的时代就越需要深刻地反省。适应时代的反省,正是一个历史研究者的责任。历史研究者必须站在自己所处的时代立场上进行反省,而且还必须掌握独特的、与现代共呼吸的方法。这个方法就是,身处现代,如何才能正确地理解过去,同时如何才能通过对过去的正确理解来观察现代。

这是历史学家宫崎市定对历史研究者的教诲。历史学必须是全人类的反省,但它又是通过个人来实现的。本卷所述或许只是"齐东野语",但我坚信,它肯定触摸到了时代的琴弦。另尚需说明,本卷所使用之部分图片因未确知拍摄者之姓名与联系方式,故未能及时付与稿酬,在此除表示感谢与歉意外,亦望有关拍摄者知悉后与本卷作者联系,以便付与相关稿酬。

张学锋　谨识

2010年8月18日

于龙江公寓

江苏通史

魏晋南北朝卷

JIANGSUTONGSHI

总主编　宋林飞
本卷主编　许辉　邱敏

凤凰出版社

南京象山出土的东晋玻璃杯

南京郭家山东晋墓出土的垢心形玉佩

南京仙鹤观东晋高崧家族6号墓出土的心形玉佩

陶胡人俑(东晋)

南京灵山南朝墓出土的陶男俑

南京灵山南朝墓出土的陶女俑

南京灵山出土的青瓷莲花尊

南京江宁上坊孙吴凤凰元年墓出土的青瓷堆塑罐

南京大行宫出土的孙吴人面纹瓦当

南京大行宫出土的东晋兽面纹瓦当

南京大行宫出土的南朝莲花纹瓦当

南京象山东晋王氏家族墓7号墓出土的鹦鹉螺杯

南京邓府山3号墓出土的六朝龙凤形玉佩

南京象山出土的东晋嵌钻石金指环

目　录

导　论

一　历史演变与南方六朝的地理疆域

魏晋南北朝是长期分裂、战乱频仍、封建王朝不断更迭的时代。这一历史时期，史家习惯上从建安年间(196—219)算起，至隋开皇九年(589)灭陈止，前后近 400 年。在这近四个世纪中，除西晋曾短期统一(约 37 年)外，全国长期处于分裂、割据状态。大体说来，可分为三个阶段：自东汉末战乱至西晋统一为第一阶段。先是由东汉末的军阀混战到三国鼎立局面的形成。接着 263 年魏灭蜀汉，二年后，曹魏权臣司马昭之子司马炎禅魏建晋。280 年，司马炎灭孙吴，西晋短期统一了全国。自西晋灭亡，经东晋十六国为第二阶段。自刘宋代晋和北魏统一北方至隋统一全国为第三阶段，也即历史上称之谓南北朝时期。在东晋、十六国和南北朝时期，全国处于南北对峙的政治形势，其间北方中原地区，西晋灭亡后，鲜卑、匈奴、羯、氐、羌等少数族纷纷入居中原，历史进入了“五胡十六国”时期。民族矛盾与阶级矛盾错综复杂地交织在一起。而在南部中国，西晋灭亡后，司马睿在建康建立东晋，这是西晋门阀政治在南方的继续。103 年后，东晋权臣刘裕禅晋建立刘宋王朝，历宋、齐、梁、陈四个王朝，总称南朝。与鲜卑拓跋部在中原建立的北魏及北魏分裂后的东魏、西魏、北齐、北周南北对峙，其间南北争战不断，历经一百六十余年。公元 581 年(隋开皇元年)，北周外戚杨坚威逼周静帝让位于他，建立隋朝。589 年(开皇九年)，隋军渡江，一举攻下建康，灭掉了南方的陈，重新统一了全国，历时二百余年的南北分裂局面至此结束，中国历史迈入了隋唐统一、强盛、繁荣的新时期。

魏晋南北朝时期，地处江淮以南的六朝(孙吴、东晋、南朝宋、齐、梁、陈)都以建康(今南京)为京都，现江苏省域为六朝京畿之区。一个王朝的疆域，是该王朝进行历史活动的舞台。我们研究魏晋南北朝时期的江苏史，首先需要搞清南方六朝历史疆域的状况，特别是与江苏地域有关的历史疆域的变迁。兹分述如下：

孙策、孙权创建吴国之时，只据有江东会稽、吴、丹阳及豫章、庐陵、庐江六郡，且“深险之地，犹未尽从”。[①] 以后才渐扩及闽、广。因此，孙吴政权的统治范围包括东汉原有的扬、荆、交三州及自置的广州等四州。孙吴时扬州“统丹阳、吴、会稽、吴兴、新都、东阳、临海、建安、豫章、鄱阳、临川、安城、庐陵、庐陵南部十四郡，江西庐江、九江之地，自合肥之北至寿春悉属魏”。[②] 时属扬州的丹阳、吴、吴兴等郡，大体为江苏南部地域；而地处江苏地域中、北部的徐州及其所属的彭城国、下邳国、东海郡、广陵郡、临淮郡等则属曹魏所有。

东晋是司马氏在北方失守后在江南建立的政权，“是时司、冀、雍、凉、青、并、兖、豫、幽、平诸州皆沦没”，东晋统治的地理范围为扬、荆、湘、江、梁、益、交、广，“其徐州则有过半，豫州惟得谯城而已”。[③] 当时幽、冀、青、并、兖五州及徐州之淮北流人相率过江淮，东晋在其统治区域内设置了众多的侨州郡县。东晋所辖扬、荆、交、广大体继吴时范围而稍有变化。元帝渡江后建都扬州，改丹阳太守为尹。这时扬州统丹阳、吴郡、吴兴、新安、东阳、临海、永嘉、宣城、义兴、晋陵十一郡。[④] 东晋时江苏省域主要为徐州地域之半和扬州所属的丹阳、吴郡、义兴、晋陵等郡和吴兴郡的部分地区。

南朝之地理范围，以晋末宋初为最大。是时，刘裕灭慕容超而复青、齐，降姚洸而复洛阳，灭姚泓而复关中。其后关中虽为匈奴族赫连勃勃所夺，但黄河以南直至青、齐的广大地域却成为刘宋王朝的疆土。以后南朝疆域的变动，主要是与北朝毗邻的汉水、淮河流域和蜀中地区。宋文帝刘义隆时，宋与北魏不断发生争战，黄河以南地区，渐次入于魏手。是时宋分扬州为南徐，徐州为南兖，扬州之江西悉属豫州；宋明帝时，北魏南侵，青、冀、徐、兖及豫州淮西之地，并皆不守。萧齐时，齐将裴叔业又以寿春降魏，于是“淮北之地，亦尽入于魏，故萧齐北境，已小于宋”。[⑤] 梁朝初年，国力一度比较强大，梁武帝使张绍惠取宿豫，萧容取梁城，韦叡取合肥以及义阳、邵阳之战，浮山堰之筑，与北魏交兵，争沿淮之地者十余年，双方互有胜负。史称武帝“除暴宁乱，奄有旧吴……其后务恢境宇，频事经略，开拓闽域，克服淮浦，平俚洞，破牂柯，又以旧州遐阔，多有析置”。[⑥] 及侯景之乱，西魏乘机寇安陆（今湖北安陆），执司州刺史柳仲礼，尽没汉水以东地区，其淮阳、山阳、淮阴等地，俱降东魏。鄱阳王萧范，又以合州降东魏，东魏遂尽有淮南之地。侯景又攻陷广陵，使郭元建守之。侯景败，郭元建以广

---

① 《三国志·吴志·孙权传》，载卢弼著《三国志集解》，中华书局 1982 年版，第 895 页。

② 《晋书》卷一五《地理志》下，中华书局 1974 年版，第 459 页。

③④ 《晋书》卷一五《地理志》下，中华书局 1974 年版，第 463 页。

⑤ 赵翼《廿二史札记》卷一二，中国书店 1987 年版，第 162 页。

⑥ 《隋书》卷二九《地理志》上，中华书局 1973 年版，第 807 页。

陵降北齐(时东魏孝静帝已逊位于齐文宣帝高洋),于是,长江以北尽为北齐所有。是时萧绎在江陵,乞师于西魏,令萧循以南郑与西魏,西魏乃取汉中,萧绎藉此称帝于江陵。而武陵王萧纪自成都起兵伐萧绎,西魏使大将尉迟迥率军攻成都以救萧绎,萧纪为萧绎所杀,而尉迟迥则取成都,于是蜀中之地,入于西魏。“是时梁之境,自巴陵至建康,惟以长江为限。”[①]时岳阳王萧詧,以萧绎杀其兄萧誉,遂据襄阳降西魏,西魏遣大将于谨等伐萧绎于江陵,克之,梁元帝萧绎被杀,西魏以江陵易襄阳,使萧詧入为梁主,襄阳亦入西魏。其后王僧辩、陈霸先起兵,立萧绎子方智于建康,北齐纳叛奔的萧渊明入为梁主,被陈霸先废杀,并击退进攻建康的北齐军,但长江以北,尽入于北齐。陈霸先在此基础上建立的陈朝,为南朝版图最小者。陈宣帝时,趁北齐后主荒纵国乱,曾遣大将吴明彻取江北,大败齐师于吕梁(今徐州境),又攻杀叛将王琳于寿阳(今安徽寿县),“于是淮泗之地俱复。”[②]是时北周已灭北齐,陈宣帝欲乘乱争徐、兖,又使吴明彻北伐至彭城(今徐州),结果反为周师所败,吴明彻被擒,北周大将韦孝宽复取寿阳,梁士彦攻拔广陵,“陈乃划江为界,江北之地,尽入于周”。[③]故《隋书》论曰:“逮于陈氏,土宇弥蹙,西亡蜀、汉,北丧淮、肥,威力所加,不出荆、扬之域。”[④]以上这些,就是南方六朝疆域历史变动的大致情况。

二 时代特征综论

正如上述,地处江淮以南的六朝政权就存续于这样的时空范围内,其时显示的时代特征为:

其一,在政治上,门阀政治由形成、鼎盛走向衰落。

三国鼎立时的孙吴政权,基本上处于门阀政治的形成期。孙吴政权的基础,是江淮地主集团与江南地主集团的结合。江淮地主集团以周瑜、鲁肃为代表,也包括了当时因避乱南下的士人,如张昭、诸葛瑾等;江南地主集团主要指吴郡的顾、陆、朱、张,会稽的孔、魏、虞、谢,阳羡周氏,吴兴沈氏、丘氏。这南北两大地主集团的组成,并非都是士族,有的只是当地的强宗豪右。如江淮地主集团的鲁肃,就与周瑜、张昭等人不同。史称其“临淮东城人也,生而失父,与祖母居,家富于财,性好施与。尔时天下已乱,肃不治家事,大散财货,摽卖田地,以赈穷弊,结士为务,甚得乡邑欢心。……袁术闻其名,就署东城长,肃见术无纲纪,不足与立事,乃携老弱,将轻侠少年百余人,南

① 《廿二史札记》卷一二,中国书店 1987 年版,第 162 页。

②③ 《廿二史札记》卷一二,中国书店 1987 年版,第 163 页。

④ 《隋书》卷二九《地理志》上,中华书局 1973 年版,第 807 页。

到居巢就(周)瑜,瑜之东渡,因与同行”。[①] 可以看出,鲁肃的家庭背景、社会地位与周瑜、张昭等人不同,充其量只是富裕的不当权的豪族地主家庭。江南地主集团中,顾雍、陆逊为江东著姓,但也有不出身于南方士族家庭的,如朱治“丹阳故鄣人也。初为县吏,后察孝廉,州辟从事”。治姊子朱然,“本姓施氏”,后因军功,黄武元年拜镇北将军,封永安侯。[②] 说明朱治、朱然不是出身于南方士族地主家庭,后因军功升迁,才进入孙吴政权的统治阶层。孙吴政权实施的世袭领兵制和复客制,实际促进了孙吴统治阶层的门阀化进程,最终导致孙吴门阀制的确立。[③]

士族门阀制度的形成是在魏晋之际,其标志是曹魏后期实施的九品官人法及西晋门阀政权的建立。《文献通考》卷三四《任子条》:“自魏晋以来,始以九品中正为取人之法,而九品所取,大概多以世家为主,所谓上品无寒门,下品无势族。故自魏晋以来,仕者多世家。”西晋政权建立后颁布的户调式,规定品官按规定占田、荫客,使门阀特权法制化,维护、巩固了士族门阀的政治统治。西晋灭亡后,司马氏在建康建立的东晋政权,是典型的门阀世族社会,也是门阀统治的鼎盛期。表现之一,是东晋最高的政治统治权掌握在少数门阀世族家族手中。东晋政权是在南北士族地主的共同支持下建立起来的,其中侨姓士族起着更大的作用。东晋建国之初,是“王与马,共天下”。[④]《通鉴》太兴三年(320)录“王与马共天下”之语,谓其时“(王)敦总征讨,(王)导专机政,群从子弟布列显要”。琅邪王氏专擅朝政之后,接着是颍川庾氏、谯国桓氏、陈郡谢氏,分擅朝政。东晋103年时间,实际上是王、庾、桓、谢四大侨姓士族与司马氏“共天下”。王、庾、桓、谢四大门阀世族在政治上,不仅排斥地主阶级中非统治阶层和统治阶层中一般世族的利益,而且还排斥皇权的权威。所谓“晋主虽有南面之尊,无总御之实,宰辅执政,政出多门,权去公家,遂成习俗”。[⑤] 就是当时情况的真实写照。田余庆先生说:“东晋一朝,皇帝垂拱,士族当权,流民出力,门阀政治才能维持。”[⑥]东晋的门阀政治实质上是几个执政的门阀家族垄断的政治统治。

表现之二,是严格按品级规定特权。西晋颁布的户调式,规定品官按贵贱占田,第一品占田五十顷,每减一品减田五顷,至第九品,尚占田十顷。并各以品之高卑,荫其亲属:多者及九族,少者三世。而又得荫衣食客及佃客,六品以上荫衣食客三人,

---

① 《三国志·吴志·鲁肃传》,载卢弼《三国志集解》,中华书局1982年版,第1014页。

② 《三国志·吴志·朱治、朱然传》,载卢弼《三国志集解》,中华书局1982年版,第1036、1038页。

③ 参见简修炜、庄辉明、章义和著《六朝史稿》,第200页。

④ 《晋书》卷九八《王敦传》,中华书局1974年版,第2554页。

⑤ 《晋书》卷一一七《姚兴载记》,中华书局1974年版,第2980页。

⑥ 田余庆《东晋门阀政治》,北京大学出版社1989年版,第343页。

七、八品荫二人,九品荫一人。一、二品荫佃客无过十五户[1],三品荫十户,四品荫七户,五品荫五户,六品荫三户,七品荫二户,八品、九品荫一户。[2] 东晋政权是西晋门阀政治的继续,门阀世族的品官占田、荫客制不仅得以继续,而且荫客方面的特权还有所发展。据《隋书·食货志》记载:都下人多为诸王公贵人左右佃客、典计、衣食客之类,皆无课役。官品第一、第二佃客无过四十户,第三品三十五户,第四品三十户,第五品二十五户,第六品二十户,第七品十五户,第八品十户,第九品五户,其佃谷皆与大家量分。其典计,官品第一、第二置三人,第三、第四置二人,第五、第六……一人。皆通在佃客数中。官品第六以上并得荫衣食客三人,第七、第八二人,第九品……一人,客皆注家籍。《隋志》所载的荫客规定,一般都认为即东晋元帝太兴四年(321)制定的给客制度。[3] 与西晋比较,东晋品官的荫衣食客数,与西晋完全相同,但增加了荫典计数,而荫佃客户数,则比西晋时大大增加。这说明东晋在维护门阀世族的特权方面,不仅与西晋毫无二致,而且还有发展。

南朝是门阀世族由盛而衰的时期。这种由盛而衰的局面,至少可以通过下述两个方面反映出来。一是建立南朝各封建王朝的皇帝均不是高门出身,都是低级士族或庶族。他们都是通过建立军功而攫取最高统治权的。如南朝刘宋开国君主刘裕,为丹徒京口里人,其曾祖刘混过江时,官至武原令,祖父刘嘉任东安太守,父翘为郡功曹,均属低级士族。刘裕少时,因家贫,曾伐获新洲,又负刁逵社钱被执,其出身寒贱可知。齐高帝萧道成自称素族,则非高门可知。梁武帝萧衍与萧道成同族,亦非高门。陈武帝陈霸先,始仕为里司,再仕为油库吏,其出身寒微,亦可知也。造成这种状况的根本原因,是由于爆发于东晋末年的孙恩、卢循起义,对侨迁江左的王、谢等高门世族的巨大打击,使他们在政治上开始衰落,从而为出身军功的寒门地主在政治上的升迁开辟了道路。清人赵翼说:南朝"其他立功立事,为国宣力者,亦皆出于寒人"。如檀道济、朱龄石、沈田子、毛修之、朱修之、刘康祖、到彦之、沈庆之等之于宋;王敬则、张敬儿、陈显达、崔慧景等之于齐;陈伯之、陈庆之、曹景宗、张绍惠、昌义之、王琳、杜龛等之于梁;周文育、侯安都、黄法𣰋、吴明彻等之于陈,"皆御侮勘乱,为国家所依赖"。[4]

二是高门世族在政治、社会上仍保有相当的影响与寒门的典掌机要,"士庶天隔"

---

① 原文作"无过五十户"。现据《册府元龟》卷四九五《邦计部·田制》作"无过十五户",为是,已为史学界公认。今改。

② 《晋书》卷二六《食货志》,中华书局1974年版,第790—791页。

③ 参见郑欣《魏晋时期北方门阀大族经济势力的扩张》,载《魏晋南北朝史探索》,山东大学出版社1997年版,第127页。

④ 《廿二史札记》卷一二《江左世族无功臣》条,中国书店1987年版,第158页。

的状况逐渐被打破。南朝时，东晋以来显赫的门阀世族开始衰落，但在政治、社会上仍保持有很大势力。在政治上，他们依靠门荫和特权，可以“平流进取，坐致公卿”。[①]“甲族以二十登仕，后门以过立试吏。”[②]在官职的选择上，门阀世族独占清流美职。在社会生活中，士庶不能通婚，不能混淆，形成“士庶天隔”的状况。

但另一方面，南朝又出现了寒人典掌机要的状况。在南朝皇权的统治下，寒族出身的中书舍人典掌机要，典签控制地方，加上寒门出身的将帅统领军队，从而打破了门阀世族一统天下的局面。对此，门阀世族发出了今不如昔的感叹。如南齐太尉王俭就对时任中书舍人的茹法亮说：“我虽有大位，权寄岂及茹公！”[③]尽管如此，南朝的世家大族，作为地主阶级中的一个重要阶层，无论在政治生活和社会生活中，仍具有很大的影响，他们标榜政治上的清高和家世的高贵，反对士庶混淆，反对婚宦失类。正如赵翼所说：南朝的“所谓高门大族者，不过雍容令仆，裙屐相高，求如王导、谢安柱石国家者，不一二数也。次则如王宏、王昙首、褚渊、王俭等，与时推迁，为兴朝佐命以自保其家世，虽市场革易，而我之门第如故，以是为世家大族”。[④]

南朝世家大族的标志性衰落是遭受了侯景之乱的致命打击。据《颜氏家训·涉务篇》的记载：“梁世士大夫皆尚褒衣博带，大冠高履，出则车舆，入则扶持。郊郭之内，无乘马者。……及侯景之乱，肤脆骨柔，不堪行步，体羸气弱，不耐寒暑，坐死仓猝者，往往而然。”《魏书·岛夷萧衍传》也云：“初，（建康）城中男女十余万人，及陷，存者才二三千人……始景渡江至陷城之后，江南之民及衍王侯妃主、世胄子弟，为景军人所掠，或自相卖鬻，漂流入国者盖以数十万口，加以饥馑死亡，所在涂地，江左遂为丘墟矣。”六朝京都建康的士族集团经侯景之乱的打击，就这样基本被消灭了。当时长江中游的江陵，也集中有一批士族，他们有的从南阳等地迁来；也有的在侯景之乱前后由建康西迁。梁承圣三年(554)，西魏攻陷江陵，把城内十多万人口，包括一部分世族，俘往关中没为奴婢。《周书·唐瑾传》载其事：“江陵既平，衣冠仕伍，并没为仆隶。”这样，江陵这支士族也被消灭了。陈寅恪先生说：“梁末之乱，为永嘉南渡后的一大结局。南朝士族在经过数百年腐化之后，于梁末被全部消灭。”[⑤]陈朝时，代之而起的是南方的土豪酋帅，所谓“郡邑岩穴之长，村屯邬壁之豪，资剽掠以致强，恣陵侮而为大。”[⑥]熊昙朗、侯安都、欧阳𬱟、黄法𣰰等均为其代表，他们在南朝政治上的兴起，正

---

① 《南齐书》卷二三《褚渊、王俭传论》，中华书局 1983 年版，第 438 页。

② 《梁书》卷一《武帝纪》上，中华书局 1987 年版，第 23 页。

③ 《南史》卷七七《茹法亮传》，中华书局 1975 年版，第 1929 页。

④ 《廿二史札记》卷一二《江左世族无功臣》，中国书店 1987 年版，第 158 页。

⑤ 《陈寅恪魏晋南北朝史讲演录》第十二篇《梁陈时期士族的没落与南方蛮族的兴起》，第 199—200 页。

⑥ 《陈书》卷三五《熊昙朗等传论》，中华书局 1987 年版，第 490 页。

是南朝士族完全衰落的标志和结果。

其二，在经济上，六朝是我国南方经济得到开发和发展的重要时期，特别是长江流域分别形成了长江上游、中游、下游三大经济开发区。

这一时期长江流域经济的开发和发展，大体经历了孙吴、东晋和南朝三个时期，并在经济发展中形成：

(1) 开发的范围不断扩大，不仅长江流域得到较大开发，还进而向珠江流域和闽江流域扩展；

(2) 经济的开发向深度发展。由粗放型逐步向精耕型转变，在较大的规模和程度上改变了旧日较为落后的面貌。

(3) 长江流域上、中、下游联系进一步加强，逐步向融为一个整体发展。①

南朝史学家沈约记载这时期长江中、下游经济发展状况云："江南之为国盛矣。……既扬部分析，境极江南，考之汉域，惟丹阳会稽而已。自晋氏流迁，迄于太元之世，百许年中，无风尘之警，区域之内，晏如也。及孙恩寇乱，歼亡事极，自此以至大明之季，年逾六纪，民户繁育，将曩时一矣。地广野丰，民勤本业，一岁或稔，则数郡忘饥。会土带海傍湖，良畴亦数十万顷，膏腴上地，亩直一金，鄠、杜之间，不能比也。荆城跨南楚之富，扬部有全吴之沃，鱼盐杞梓之利，充仞八方，丝绵布帛之饶，复衣天下。"②《陈书·宣帝纪》也赞建康附近的长江下游地区是"良畴美柘，畦畎相望，连宇高甍，阡陌如绣"。这与西汉末年司马迁描述的"楚越之地，地广人稀"、"或火耕而水耨"、"无积聚而多贫"③的状况，不啻有天壤之别。经过六朝人民三百余年的辛勤开发，以长江中、下游为基础的江南新经济中心已经基本形成，这对奠定隋唐时期雄厚的经济国力，具有重要意义。

其三，在阶级关系上，这一时期呈现出多样性和多层次性的特点。

统治阶级中形成了贵族特权阶层（皇室和高门士族），被统治阶级中的相当部分（屯田户、佃客、部曲、吏户等）对统治者的依附性加强和身份地位下降，奴隶制残余严重，因而使整个阶级关系复杂化。此时期阶级关系中，特别值得注意的是统治阶级中的士族地主，被统治阶级中的官府依附民、地主依附民和奴婢，他们是具有时代特色的。

士族地主和寒门庶族地主，虽同属统治阶级营垒，但已如上述，它们之间是存在着明显区别的。士族地主具有法定的政治特权。政治上所谓"举贤不出世族，用法不

---

① 参见许辉、蒋福亚主编《六朝经济史》第一章《六朝经济区的开发》，江苏古籍出版社1993年版，第93—94页。

② 《宋书》卷五四"传论"，中华书局1987年版，第1540页。

③ 《史记·货殖列传》，中华书局1975年版，第3270页。

及权贵”。经济上具有免除赋役和荫亲属、衣食客及佃客等特权；在仕宦上，门阀士族独占高官和清流美职，而庶族地主则只能担任低官、浊官；在社会生活上，士族具有极高的社会地位和影响，士庶在社会生活中有严格的区别，士庶不能通婚，造成士庶天隔。也正因如此，庶族就要千方百计觊觎和挤进士族的行列，到南朝时，随着门阀士族的走向衰落，庶族在皇权的支持下，既在中枢典掌机要，又以经济力量买官取职，改变籍注，造成士庶不分，反映出的正是这一历史时期士庶力量消长变化的发展趋势。

被统治阶级中的依附民，有官府的和地主私人的依附民二类。这二类依附民的出现，所反映的是这一时期封建生产关系变革过程中，封建国家与封建地主阶级对劳动人手的争夺。封建国家的依附民，主要有屯田客、士家和吏户等；封建地主的依附民，主要有佃客、奴客、衣食客、部曲等。封建地主的依附民很大部分是从封建国家手中通过“赐与”或特权而占有的；也有的是由破产后的自耕农或其他劳动者被封建地主所吸收。这二类依附民，其身份均低于编户齐民，不经封建国家放免，不得为良。实行的是封建租佃制和分成制的剥削。如屯田客的剥削量为对半分成或四六分成①；佃客等地主依附民，“其佃谷与大家量分。”②这一时期，士庶地主蓄奴之风甚盛，他们大都“僮仆成军”。③ 这些奴婢用于家内劳动的不少，但主要的还是用于生产劳动，南朝刘宋沈庆之说：“耕当问奴，织当访婢。”④就是这一情况的真实反映。奴婢的社会身份，又低于佃客，只有经政府或地主放免后才能为“客”，是奴隶制的残余。

其四，在民族关系方面，民族融合是魏晋南北朝这个动乱的时代最具时代特色的一种历史发展趋势。

在北方中原地区，内迁的匈奴、鲜卑、羯、氐、羌等少数族，经过五胡十六国、北朝时期与中原汉族人民的长期杂居、通婚与同化，逐步与汉族人民融合在一起，其人数“远超二百万”。⑤ 在南方六朝，少数民族有山越、蛮、僚、俚、傒等，其中山越族，经孙吴时三十八年的征讨，并根据“强者为兵，羸者补户”⑥的原则，加速了与汉族的融合，这一过程至东晋时已大体完成。蛮、僚、俚等少数族，经东晋和南朝时与封建政权的统治和斗争，随着与汉族人民联系与交往的增多，也逐渐走上了融合和封建化的道路。如南朝统治者在蛮人居住区设立了许多左郡左县。任左郡县的官吏，有的是汉族，也

---

① 《晋书·慕容廆载记》载曹魏时屯田客“持官牛者，官得六分，百姓得四分，私牛而官田者，与官中分”。孙吴也大体如此。

② 《隋书·食货志》，中华书局1973年版，第674页。

③ 《抱朴子·吴失篇》。

④ 《宋书》卷七七《沈庆之传》，中华书局1987年版，第1999页。

⑤ 蒋福亚《魏晋南北朝经济史探》，甘肃人民出版社2004年版，第7页。

⑥ 《三国志·吴志·陆逊传》，见卢弼《三国志集解》，中华书局1982年版，第1066页。

有的直接委派蛮族首领担任。通过这种行政管理方式，使越来越多的蛮民由晋时"羁縻而已"的状况，逐渐变成与汉族一样的"编户齐民"。《隋书·南蛮传序》云："南蛮杂类，与汉人错杂……皆列为郡县，同之齐人，不复详载。"表明蛮、僚、俚等少数族，到隋朝时，基本上已同汉族融合或同化于汉族了。

魏晋南北朝时期，南北方五六百万少数民族[①]，与汉族的逐步融合，不仅使汉族增加了新鲜血液，使之大大向前发展；而且众多少数民族走上封建化道路，也使封建经济的发展增加了新的活力，从而使隋唐时期封建经济、文化的发展，迈上了一个新的台阶。

其五，在南北关系上，这一时期是我国历史上封建政权分裂、割据、相互对峙的时期。双方既有频繁的战争，又有和平的往来和交往，处于重建统一的全国性封建政权的过渡阶段。

三国时期，名义上是魏、蜀、吴三国鼎立，实际上是同处长江流域的吴、蜀联盟与黄河流域的魏国在政治、军事上的对立与抗衡。发生于建安十三年(208)的赤壁之战，就是肇建吴、蜀的孙权与刘备联合起来，共同抗击曹魏的一次战争。由于孙吴的国力远逊于曹操，因而孙吴确立的基本方针是"保守江东，以观天下之衅"。[②] 在"保有江东"国策的指导下，孙吴甚至不惜屈身事曹，藉此保存江东的人力和财力，以维护江东社会经济的发展。

东晋时期，北方黄河流域为五胡十六国统治，民族矛盾在南北关系中占据主导地位。南渡的北方世族有丧家之痛，百姓有失土亡国之恨，抗击北方少数民族政权成为江南人民的一致要求，于是北伐成为东晋政权的一面旗帜。在此背景下，东晋在东、西两线先后有祖逖的北伐，褚裒、殷浩的北伐，桓温的北伐，谢玄的北伐，刘裕的北伐等。这些北伐尽管取得一些成就，但或者由于受到统治集团内部的牵制，或者由于北伐的权臣藉此提高自己的权势，有觊觎问鼎之嫌，不可能得到民众的完全支持，因此北伐的成果是有限的。

与此同时，北方少数民族政权也不时发起对东晋的威胁和进攻，其中苻秦统一北部中国后，于太元八年(383)发动的淝水之战，规模最大，影响最为深远。淝水之战虽带有兼并统一战争的性质，但其主导方面还是民族入侵战争。由于民心的向背和谢安组织指挥的东晋北府兵的勇猛作战，处于弱势的东晋战胜了强大的氐秦，从而保障了江南社会经济的发展。

---

① 据朱大渭先生研究，南朝境内少数族人口约300万左右。见中华书局1998年版《六朝史论》第406页。加上北方200多万少数族，共计约五六百万。

② 《资治通鉴》卷六三"建安五年"，中华书局1982年版，第2038页。

在南北朝对峙的百余年间，一方面，连续不断的战争不下100余次。这些战争基本都是相互间的掠地之战，南北双方均不具备攻灭对方的条件[①]，但由于这一时期南北对峙进入空前激烈的时期，东线自元嘉末年的宋魏大战起，一百余年来，发生多次规模空前的战乱和相持拉锯，正是在长期连续不断的破坏和摧残下，徐淮等州经济发展的正常进程被阻断，导致江北社会陷入极度的衰落和凋蔽，历史上苏北经济落后于苏南，其转换端倪似应从唐宋上推至南北朝。当然，另一方面，这一时期南北双方又聘使不断，边境贸易不绝。据史籍记载，双方互派使节156次，其中南朝向北方遣使77次，北方向南方遣使79次，大体各占一半。[②] 边境贸易和互市照常进行。如宋文帝元嘉二十八年"虏自彭城北归，复求互市"。[③] 郁洲（今连云港）"接边陲，民俗多与魏人交市"[④]。"魏于南垂立互市，以致南货，羽毛齿革之属，无远不至。"[⑤]这都说明，当时南北朝虽然分隔，但边境商贸和互市仍在进行，历史正在这种对峙中酝酿着统一。

其六，在思想文化领域，这是我国历史上又一个百家争鸣的时代。时代的变动，阶级关系的变动，民族的迁徙、变动与整合，南方经济的开发与发展，南北政权的对峙与交流，外来文化的浸润与影响，这一切都造成了这一时代思想活跃、文化多元、具有开放性和融合性的特点。南方六朝的京都建康在长达三四百年时间里，不仅是当时南部中国的政治中心，而且也是当时南方经济最繁华之区，更是南北人才集聚的中心，对外经济文化交流的中心。在这里，魏晋玄学、佛学、道学、儒学以至法家、名家等思想和学派既互相争胜辩论，又相互吸收、融合；各种科学技术、哲学宗教、历史地理、文学艺术、音乐舞蹈、书法绘画、雕刻塑像等均有空前发展，从而形成了富有时代和地方特色的"六朝文化"，这一富有时代特色的文化，为恢宏的隋唐文化的进一步发展、繁荣奠定了坚实的基础和准备了条件。

三　徐、扬二州在该时期的地位

魏晋南北朝时期，州级政区变化太多，为了避免混淆不清，大体以三国、西晋之徐、扬二州名目，来统称江苏地域；具体到各时期州级政区的实际状况，则在各章中作出交代。

徐州，《禹贡》称其为海岱及淮之地。扬州，《禹贡》称其为淮海之地。作为当时江

---

① 参见许辉《南北朝战争特点探析》，载《江海学刊》1991年第3期。

② 参见梁满仓《南北朝通使刍议》，载《北朝研究》1990年上半年刊。

③ 《宋书》卷七五《颜峻传》，中华书局1982年版，第1959页。

④ 《南史》卷三一《张稷传》，中华书局1975年版，第818页。

⑤ 《魏书》卷一一〇《食货志》，中华书局1974年版，第2858页。

苏省域内的徐州和扬州，在魏晋南北朝时期，亦即南方六朝政权时，其历史变迁，已由上述。然其在当时，处于何种历史地位？仍是需要弄清的问题。

先说徐州。徐州在东晋、南朝前期（指萧齐失淮北前）为南方六朝政权的北部边防之地。在南北对峙中，这一地区在军事上占有重要地位，所谓“方伯之任，莫重于荆、徐”。[①] 说明徐州与荆州，在六朝时是捍卫扬州京畿之区建康东、西两线的军事重镇所在。东晋和南朝刘宋时一些将领在东线的北伐，均以徐州的彭城和淮阴、广陵为基地而进行的，可见其对捍卫南方六朝政权在军事上的作用。此为其一。

其二，在经济上，徐州所属的淮南地区经济，在六朝时期已占有一定的地位。地处江淮流域的淮河南北地区，在六朝时是北来侨民比较集中居住的地区，特别是今扬州、江都、淮安等地；东晋、南朝前期又基本上能控制着这一地区，因而使淮南地区经济在原有基础上向前发展。早在西晋末年，八王混战时，京师仓廪空虚，扬州刺史陈敏向朝廷建议说：“南方米谷皆积数十年，时将欲腐败，而不漕运以济中州，非所以救患周急也。朝廷从之，以敏为合肥度支，迁广陵度支。”[②]在此期间，陈敏在三国陈登开凿的邗沟西道的基础上，进一步实施部分水道的改建，目的就在于漕运包括淮南地区在内的南方米谷。随着永嘉乱后，北方人民的大批南下，并在淮南地区定居下来，北方人民食用的小麦也在这里推广种植。元帝大兴元年诏曰：“徐、扬二州，土宜三麦，可督令旱地，投秋下种，至夏而熟，继新故之交，于以周济，所益甚大。其后频年麦虽有旱蝗，所益甚大。”[③]麦类的种植，使这一地区从单一的水稻种植区，推广为稻麦兼种区。而随着人口的增加，施用粪肥、种植小麦等生产技术的提高，使这一地区的经济呈增长趋势，在东晋、南朝前期，成为仅次于江南三吴经济区的一个重要生产地区。这为隋唐淮南经济区的形成，准备了条件。

扬州为六朝政权首都建康所在，因而首先，它是南部中国的政治中心和文化中心，也是对外交往的中心，政治地位之重要是显而易见的。刘宋大臣何尚之言：“荆、扬二州，户口半天下，江左以来，扬州根本，委荆以阃外。”沈约也说：“江左以来，树根本于扬越，任推毂于荆楚。”[④]扬州刺史之职，在东晋南朝时，往往由宰相或皇室兼领，重于令、仆，其地位之重要，由此可见。由于建康为政治中心所在，因而同时成为当时南北人才集聚的中心，儒、玄、道、佛各种学说和学派，均在这里集聚、交流和争辩，众多政治家、思想家、科学家、文学家、史学家、诗人、艺术家、知识僧人等均在这里生活

---

① 洪迈《容斋随笔》卷八，东晋将相条。

② 《晋书》卷一〇〇《陈敏传》，第 2614 页。

③ 《晋书》卷二五《食货志》，第 791 页。

④ 《宋书》卷六六《何尚之传》，中华书局 1982 年版，第 1738—1739 页。

并从事精神文化的辛勤耕耘,成为孕育和催生“六朝文化”的核心之区。① 建康以“六朝文化”之都的美名享誉国内外。

其次,在经济上,由于北来人口的大量南迁,并定居于这里,不仅使地处扬州的三吴地区增加了劳动人手,而且带来了中原地区较为先进的生产技术和经验,如区田法、麦类的种植等,随着此时水利事业的进一步兴修,荒地得到进一步垦辟,农业经济得到了迅速的发展,所谓“鱼盐杞梓之利,充仞八方,丝绵布帛之饶,覆衣天下”。② 建康附近更是“良畴美柘、畦畎相望”,“阡陌如绣”。③ 说明地处长江下游的扬州已在实际上形成了我国一个新的经济中心——江南经济区,这为隋唐以后我国经济重心的南移奠定了坚实的基础。

总而言之,魏晋南北朝时期,作为今江苏省域的徐、扬二州,是当时南方六朝政权最重要的核心政治、经济区和军事重地,其在政治、军事、经济和文化上所处的重要地位,是首屈一指而无法取代的。

① 参见许辉、邱敏、胡阿祥主编《六朝文化》。

② 《宋书》卷五四传论,中华书局 1982 年版,第 1540 页。

③ 《陈书》卷五《宣帝纪》,中华书局 1987 年版,第 82 页。

第一章　三国时期魏吴分治下的江苏地域

三国时期，江苏南北分属于魏吴政权。赤壁之战以后，魏吴在江淮之间进行了长达数十年的军事对峙，其间双方互有攻伐，都耗费了大量的人力和物力。魏为晋禅代后，由于力量悬殊和孙吴后期政治腐败，吴最终为晋所灭。

第一节　魏吴在长江南北的对峙

一　东汉末年的军阀混战和曹操军事集团的兴起

东汉末期，政治腐败，各种社会矛盾日益激化，加之水、旱、蝗灾连年，人民生活痛苦不堪，许多地方饿殍遍野，甚至出现了人吃人的情况，老百姓再也无法生活下去了。184年，声势浩大的黄巾农民大起义终于爆发了。农民起义军在“苍天已死，黄天当立，岁在甲子，天下大吉”的口号下，三十万人同时举事。虽然这次起义最后失败了，但沉重打击了东汉政权的腐朽统治，加速了东汉政权的灭亡。

在镇压农民起义的过程中，东汉政府不断加强各州刺史的职权，使其兼管军政财赋。有的地方设置州牧，使朝廷重臣出任其职，以便更有力地镇压农民起义。同时，各地豪强大族也纷纷组织武装，他们“大者连郡国，中者婴城邑，小者聚阡陌，以还相吞没”。[①] 这些都增加了地方的独立性，军阀割据的局面由此形成。

公元189年，汉灵帝死，长子刘辩即位，其生母何太后临朝听政，政权掌握在太后兄大将军何进手里。为了诛杀宦官，何进命令并州牧董卓带兵进京。当董卓还在进京的路上时，何进已为宦官所杀，官僚世族袁绍等又大杀宦官。

董卓到京后，凭仗武力，专擅朝政，他废掉少帝刘辩而立陈留王刘协。但士大夫不肯与董卓合作，袁绍、袁术、曹操等都从洛阳逃出，积极从事反卓活动。190年初，

---

① 《三国志》卷二《魏书·文帝纪》注引《典论·自序》，中华书局1982年版，第89页。

关东州郡纷纷起兵讨伐董卓,推举渤海太守袁绍为盟主。绍自号车骑将军,与河内太守王匡屯于河内(郡城在今河南武陟县西南)。冀州牧韩馥留邺(今河北临漳县西),供应军粮。豫州刺史孔伷屯颍川(郡城在今河南禹县)。兖州刺史刘岱、陈留太守张邈、邈弟广陵太守张超、东郡太守桥瑁、山阳太守袁遗、济北相鲍信及曹操均屯酸枣(今河南延津县北十五里)。后将军袁术屯鲁阳(今河南鲁山)。他们的军队,多者数万,少者数千人。

关东联军诸将虽然打着勤王招牌,大多属于沽名钓誉之辈,既没有战斗经验和韬略,又各为自己利益打算,力图保存实力,因此都尽量避免与董卓作战。当时同卓军作战比较积极主动的只有曹操和孙坚两个人。

关东联军兴起以后,卓见联军声势浩大,于公元190年强令献帝及群臣西行,洛阳城内外人民数百万口被迫西迁,路上被卓军车骑践踏,加以饥病交迫,死亡相继,积尸满路。董卓西归以前,他已自为太师,官位居于诸王之上。到长安后,更为骄奢跋扈,残忍嗜杀。公元192年,司徒王允、司隶校尉黄琬、尚书仆射孙瑞等密谋杀掉董卓,长安复陷于混乱。

董卓西去后,关东联军解除了西顾之忧,但他们之间的兼并战争也开始了。曹操集团是这时崛起的一支重要军事力量。

曹操,字孟德,沛国谯县(今安徽亳县)人。曹操父亲曹嵩本姓夏侯,后过继给曹腾,因此改姓为曹。曹腾为宦官,任汉宫中常侍,历顺、桓、灵三帝,封费亭侯,迁大长秋,权势颇为显赫。因为曹腾的关系,曹嵩仕途很顺利,历任司隶校尉、大司农、大鸿胪和太尉。因为是宦官家庭,曹操的家族常遭别人的白眼。曹操年少时虽爱读诗书,但也整日与一些官宦子弟不务正业,喜好飞鹰走狗,口碑很差。初平元年(190),曹操加入袁绍集团讨伐董卓。初平二年(191)黄巾军于毒、白绕、眭固等十余万人进攻魏郡、东郡。曹操带兵援助东郡,在濮阳大败白绕部。袁绍表曹操为东郡太守,治所在东武阳。初平三年(192)春,曹操驻军于顿丘,于毒认为东武阳空虚,乃兵进东武阳,曹操采取围魏救赵的策略,引军向西进攻于毒的老巢。于毒放弃进攻东武阳,被迫回师。曹操在半道拦截,大败眭固部黄巾军。四月,青州黄巾军百万人进攻兖州,杀任城相郑遂,继而进攻东平。兖州刺史刘岱兵败被杀,兖州一时无主。兖州名士陈宫建议曹操趁机占领兖州:“州今无主,而王命断绝,宫请说州中,明府寻往牧之,资之以收天下,此霸王之业也。”[①]并劝说州中别驾、治中曰:“曹东郡,命世之才也,若迎以牧州,必宁生民。”[②]于是济北相鲍信、州吏万潜等遂至东郡迎曹操。入主兖州后,曹操进攻

①② 《三国志》卷一《魏书·武帝纪》,中华书局1982年版,第10页。

屯驻寿张的黄巾军，追击至济北，黄巾军投降。曹操因之得戍卒三十余万，男女百万余口，曹操将三十万降卒编为一支精锐的部队，号为“青州兵”。之后，曹操自领兖州牧，成为与冀州袁绍、徐州陶谦鼎足中原的抗衡力量。

二　曹操兼并徐州

曹操占据兖州后，便准备征讨与之为敌的徐州牧陶谦。

陶谦是丹阳（今安徽当涂东北）人，少好学，仕州郡，曾任庐江郡舒县（今安徽庐江西南）令、幽州刺史。在镇压黄巾军的过程中，陶谦被任命为徐州刺史，“会徐州黄巾起，以谦为徐州刺史，击黄巾，破走之”[①]。后迁徐州牧。“董卓之乱，州郡起兵，天子都长安，四方断绝，谦遣使间行致贡献，迁安东将军、徐州牧，封溧阳侯。”[②]

初平四年（193）夏，曹操的父亲曹嵩及弟弟曹德从琅邪到兖州，曹嵩携带钱财特别多，“辎重百余两”，陶谦“遣都尉张闿将骑二百卫送，闿于泰山华、费间杀嵩，取财物，因奔淮南。”[③]。曹操将其归咎于陶谦，起兵征讨陶谦。曹操攻打陶谦，一路势如破竹，连连得胜，接连攻下十余城，破彭城、傅阳。陶谦兵败，死者万数，退守郯县（徐州治所，今山东郯城北）。曹操因军少粮少，屡攻郯城不下，遂南攻取虑（今安徽灵璧东北）、睢陵（今江苏泗洪西北）等地。在曹军急攻之下，陶谦遣使告急于河北公孙瓒的青州刺史田楷，田楷和刘备分别来救。刘备到来后，陶谦供给刘备军食，让刘备驻扎小沛，抵抗曹操。曹操进兵不得，加上军中缺粮，遂率军返回。

兴平元年（194），曹操再次东击陶谦，“略定琅邪、东海诸县”[④]。曹军所过之处，“多所残戮”。不料此时，曹操后院起火，陈留太守张邈与陈宫一起，共迎吕布为兖州牧，除了鄄城、范县、东阿之外，全州皆叛迎吕布，几乎颠覆了曹操在兖州的统治。《后汉书》卷七五《吕布传附张邈传》：“兴平元年，曹操东击陶谦，令其将武阳人陈宫屯东郡。宫因说邈曰：‘今天下分崩，雄桀并起，君拥十万之众，当四战之地，抚剑顾眄，亦足以为人豪，而反受制，不以鄙乎。今州军东征，其处空虚，吕布壮士，善战无前，迎之共据兖州，观天下形势，俟时事变通，此亦从横一时也。’邈从之，遂与弟超及宫等迎布为兖州牧，据濮阳，郡县皆应之。”在这种情况下，曹操被迫回军，与吕布争战。这年冬，陶谦病死，刘备在徐州官吏糜竺等人的支持下，自领徐州牧。

---

① 《三国志》卷八《魏书·陶谦传》，中华书局1982年版，第247页。

② 《三国志》卷八《魏书·陶谦传》，中华书局1982年版，第248页。

③ 《三国志》卷一《魏书·武帝纪》注引韦曜《吴书》。本传另注引《世语》。沈家本曰：“裴注引《世语》、《吴书》两说，当以《吴书》为是，见卢弼《三国志集解》，中华书局1982年版，第15页。”

④ 《三国志》卷一《魏书·武帝纪》，中华书局1982年版，第11页。

刘备，字玄德，涿郡涿县(今河北涿县)人。他是西汉景帝之子中山靖王刘胜的后代，但是到他这一代，家道业已败落。他早年丧父，随母贩草鞋、织草席为生，家境相当贫寒。灵帝末年黄巾之乱后，刘备组织乡勇镇压黄巾军，从而登上政治舞台。曾经历任过安喜县(今河北安国西北)尉、高唐县(今山东高唐东)令等职。刘备重视以宽仁厚德待人，与那些残民以逞、暴虐嗜杀的军阀判然有别。刘备任平原相时，郡民刘平不服，派刺客去刺杀他，“客不忍刺，语之而去。其得人心如此。”[①]任徐州牧以后，刘备驻扎下邳。

兴平二年(195)底，曹操在程昱、于禁、典韦等将领的帮助下，经过濮阳、巨野、雍丘的一番苦战，彻底击败吕布、张邈等反叛势力，吕布、陈宫投奔徐州的刘备，张邈被手下所杀，张超自杀。曹操重新在兖州站稳脚跟。

献帝建安元年正月，汉献帝在韩暹、董承护卫下，回到洛阳。曹操乃将兵至洛阳，韩暹遁走。曹操以洛阳残破，且自己一时尚无力控制临近军事势力，乃移驾许昌。从此，曹操尽收豫州之地，挟天子以令诸侯，形成政治上的极大优势，关中诸将望风服从。

此时，刘备与袁术、吕布正进行争夺徐州的战争。

建安元年，扬州刺史袁术进攻徐州。刘备率军迎敌，与袁术战于盱眙、淮阴一带。曹操支持刘备，表刘备为镇东将军，封宜城亭侯。这时，吕布趁刘备与袁术交战，后方空虚之机，袭取下邳。《三国志·吕布传》注引《英雄记》：“备中郎将丹杨许耽夜遣司马章诳来诣布，言‘张益德与下邳相曹豹共争，益德杀豹，城中大乱，不相信。丹杨兵有千人屯西白门城内，闻将军来东，大小踊跃，如复更生。将军兵向城西门，丹杨军便开门内将军矣。’布遂夜进，晨到城下。天明，丹杨兵悉开门内布兵。布于门上坐，步骑放火，大破益德兵，获备妻子军资及部曲将吏士家口。”张飞败走，刘备带领溃散军卒东取广陵，但广陵饥荒严重，刘备在走投无路情况下，决定向吕布投降。《三国志·蜀书·先主传》注引《英雄记》：“备军在广陵，饥饿困踧，吏士大小自相啖食，穷饿侵逼，欲还小沛，遂使吏请降布。”吕布此时自任徐州刺史，接受了刘备的请求。“布令备还州，并势击术，具刺史车马僮仆，发遣备妻子部曲家属于泗水上，祖道相乐”。[②] 刘备投降后，吕布让刘备驻于小沛。《三国志·蜀书·先主传》注引《魏书》载：“诸将谓布曰：‘备数反覆难养，宜早图之。’布不听，以状语备。备心不安而求自托，使人说布，求屯小沛，布乃遣之。”

刘备屯驻小沛后，迅速收揽旧部，这时，袁术又派大将纪灵率领步骑三万进攻刘

① 《三国志》卷三二《蜀书·先主传》，中华书局1982年版，第872页。

② 《三国志》卷三二《蜀书·先主传》，中华书局1982年版，第874页。

备，刘备向吕布求救。“布诸将谓布曰：‘将军常欲杀备，今可假手于术’。布曰：‘不然，术若破备，则北连太山诸将，吾为在术围中，不得不救也’。便严步兵千、骑二百，驰往赴备。灵等闻布至，皆敛兵不敢复攻。布于沛西南一里安屯，遣铃下请灵等，灵等亦请布共饮食。布谓灵等曰：‘玄德，布弟也。弟为诸君所困，故来救之。布性不喜合斗，但喜解斗耳。’布令门候于营门中举一只戟。布言：‘诸君观布射戟小支，一发中者诸君当解去，不中可留决斗。’布举弓射戟，正中小支，诸将皆惊，言‘将军天威也。’明日复欢会，然后各罢”。[①]

建安二年(197)正月，袁术在扬州寿春(今安徽寿县)称帝。袁术欲联合吕布对抗曹操。但沛国相陈珪父子暗中与曹操勾结，力劝吕布与曹操“协同策谋，共存大计。”曹操拉拢吕布，表吕布为平东将军，封平陶侯。吕布接受左将军称号后，即断绝了与袁术的关系。袁术大怒，派大将张勋率军，并联合韩暹、杨奉进攻吕布。吕布采取分化瓦解策略，大败张勋。《三国志·吕布传》：“布谓珪曰：‘今至术军，卿之由也，为之奈何？’珪曰：‘暹、奉与术，卒合之军耳，策谋不素定。不能相维持，子登策之，比之连鸡，势不俱栖，可解离也。’布用珪策，遣人说暹、奉，使与己并力共击术军，军资所有，悉许暹、奉。于是暹、奉从之，勋大破败。”

建安三年(198)，吕布派将军高顺率兵进攻驻扎小沛的刘备，刘备败走。曹操派夏侯惇救援刘备，也被吕布打败。曹操决定亲征吕布，夺取徐州。十月，攻占彭城，进而围攻吕布驻守的下邳。吕布进行了顽强抵抗。在久攻不下后，曹军决泗水、沂水灌城。城破被擒后，吕布被曹操绞杀。曹操任命车胄为徐州刺史。

建安四年(199)冬，袁术退出淮南，准备经徐州北上投奔袁绍。曹操派刘备督朱灵、路招拦截袁术。袁术半道病死。刘备到下邳后，杀死徐州刺史车胄，派关羽驻守下邳，自己屯驻小沛。建安五年(200)，曹操进攻刘备，虏获刘备妻子，并生擒镇守下邳的关羽，刘备只身逃走。至此，曹操、陶谦、吕布、刘备四方在徐州的争夺以曹操的胜利而告终。

与此同时，冀州的袁绍也兼并了周围的军事势力集团。建安四年(199)三月，袁绍灭掉公孙瓒，兼有冀、青、幽、并四州，地广兵多，成为北方最强大的军事力量。

在众多地方势力被兼并后，曹操与袁绍的冲突日益尖锐起来。建安五年(200)十月，曹操在官渡大败袁绍，取得官渡之战的胜利。到建安十一年(206)，袁绍占领的冀、青、幽、并四州均为曹操所平定。

汉末军阀混战之际，居住在幽州之辽东、辽西、右北平、上谷各郡的乌桓强盛起

---

① 《三国志》卷七《魏书·吕布传》，中华书局1982年版，第223页。

来，辽西乌桓蹋顿尤为强盛。蹋顿屡次入塞为寇。建安十二年(207)，曹操率军大败乌桓，斩蹋顿，胡汉降者二十余万口。至此，在中国北方，除了辽东的公孙康和关西的马腾、韩遂尚仅是名义上的归服外，其他州郡都直接隶属于曹操的管辖之下了。

三　孙氏创业江东和孙权称帝

江东孙氏集团的奠基人孙坚，字文台，吴郡富春(今浙江富阳)人，少为郡县小吏。汉灵帝熹平元年(172)，会稽郡发生了道教徒许生的起义，参与起义者达万余人。其时，孙坚任吴郡司马，平定了许生的起义。之后，相继任盐渎、盱眙、下邳三县县丞。黄巾起义爆发后，他追随中郎将朱儁，镇压黄巾军，官至别部司马。不久，边章、韩遂在凉州起兵，汉政府派司空张温前往镇压，孙坚参军事。边章、韩遂闻大军至，不战而退。班师后，孙坚在朝中任议郎。随后，朝廷任命孙坚为长沙太守，镇压了区星等人的起义，被封为乌程侯。汉灵帝死后，董卓擅权，孙坚参与关东联军对董卓的讨伐战争，表现英勇，势力发展到数万人。汉献帝初平初，孙坚遵袁术之命，进击荆州刘表，刘表派遣黄祖迎战。孙坚连战连捷，渡过汉水，包围襄阳。在“单马行岘山”时，被黄祖射死。时年三十七。

孙坚死后，部众由长子孙策继续领导。孙策，字伯符，“性阔达听受，善于用人”，“江淮间人咸向之”。[①] 孙坚死时，策年十七，声誉已闻于江淮间。兴平元年(194)，孙策前往淮南，求袁术归还其父旧兵，但袁术令孙策去丹阳募兵，此时丹阳太守为孙策的舅舅吴景。孙策在丹阳募兵很不顺利，只募得数百人，于是又往见袁术，术还其父兵千人，并任命策为怀义校尉。

此时，扬州刺史刘繇占据丹阳郡郡城曲阿(今丹阳)，丹阳太守吴景被迫迁往江北。刘繇派遣樊能、于麋屯横江津(今安徽和县东南)，张英屯当利口(今和县东)，以阻挡吴景。兴平二年(195)，孙策率众五六千前往援助吴景，先后攻败刘繇之牛渚营和驻扎在秣陵城的薛礼、笮融，并占领曲阿。

建安元年(196)，孙策派部将朱治驱走吴郡太守许贡。又东渡钱塘江，击败会稽太守王朗。孙策自为会稽太守，任命虞翻任功曹。建安三年(198)，曹操表孙策为讨逆将军，封吴侯。

孙策平定丹阳东部后，又征讨陵阳(今安徽石埭东北)的祖郎，祖郎战败投降。又在勇里(今安徽泾县)击败太史慈。太史慈投降，被任命为门下督。

建安四年(199)，孙策进攻庐江太守刘勋，占领皖城，俘获袁术、刘勋家属及部曲

---

① 《三国志》卷四六《吴书·孙策传》，中华书局1982年版，第1101页。

三万余人。刘勋投归曹操。又进击江夏太守黄祖，杀祖军数万人，并俘获祖妻子及战船六千艘。

孙策又进军豫章，太守华歆不战而降。华歆为汉末名士，孙策待之为上宾。孙策将原豫章郡分为豫章和庐陵两郡，任命从弟孙贲为豫章太守，孙辅为庐陵太守。

建安五年（200）夏，孙策征讨黄祖，大胜。在回军丹徒时，遭遇原吴郡太守许贡客三人，被贡客射中面颊，伤重而亡，时年二十六岁。

孙权，字仲谋，是孙坚的次子，孙策的胞弟。在建安元年孙策刚平定江东各郡时，孙权年十五，已经做过羡阳县县长，继为行奉义校尉，随兄征战，"每参同计谋，策甚奇之，自以为不及"，①颇受器重。孙策对孙权评价很高，曾经对孙权说："举江东之众，决机于两阵之间，与天下争衡，卿不如我；举贤任能，各尽其心，以保江东，我不如卿"。②孙权知人善任，颇有计谋，这一点强于孙策。并且能够恰当处理江北和江南大族之间的关系，使其"各尽齐心，以保江东"。

孙权执政之初，江东的政治形势非常严峻。"是时惟有会稽、吴郡、丹阳、豫章、庐陵，然深险之地犹未尽从，而天下英豪布在州郡，宾旅寄寓之士以安危去就为意，未有君臣之固。"③当时，庐江太守李术"不肯事权，而多纳亡叛"。④和周瑜一起投靠孙策的鲁肃，这时也有渡江离开江东的想法。孙暠是孙权之从兄，想趁机夺取会稽，但由于当地吏民的反抗而没有得逞。凡此种种，都说明稳定局势，安定民心是当前的迫切任务。为了应对危机，孙权一方面接受中央政府所授的讨虏将军、会稽太守等官职，维护汉王朝名义上的正统地位，以避免被孤立的境遇；同时，在张昭、张纮等的辅佐下，"以周瑜、程普、吕范等为爪牙，将军鲁肃、诸葛瑾、步骘、陆逊为腹心宾客，招延英俊"，⑤逐步扩大巩固自己的实力。

江南地区，除了汉族外，还居住着百越。秦统一后，修筑了咸阳到会稽的驰道，加强了长江南北的联系。至汉代，东瓯、东越的人民曾几次迁徙到江淮之间，汉族人民也有迁往长江以南的情况。孙权统治之初，为了稳定政权，加紧对江南广大地区各族人民的控制，"分部诸将，镇抚山越，讨不从命"。⑥ 建安八年（203），孙权"使吕范平鄱阳，程普讨乐安，太史慈领海昏，韩当、周泰、吕蒙等为剧县令长"，⑦ 对山越进行镇压

① 《三国志》卷四七《吴书·孙权传》注引《江表传》，中华书局 1982 年版，第 1115 页。

② 《三国志》卷四六《吴书·孙策传》，中华书局 1982 年版，第 1109 页。

③④ 《三国志》卷四七《吴书·孙权传》，中华书局 1982 年版，第 1116 页。

⑤ 《建康实录》卷一《吴·太祖上》，中华书局 1986 年版，第 6 页。

⑥⑦ 《三国志》卷四七《吴书·孙权传》，中华书局 1982 年版，第 1116 页。

安抚。又派南部都尉贺齐平定了建安(今福建建瓯)、汉兴(今福建浦城)、南平(今福建南平市)等地,擒获万余人。

孙权又征庐江太守李术,杀李术于皖城,俘获其部众数万余。

建安九年(204),丹阳大都督妫览、郡丞戴员杀死了丹阳太守孙翊,翊为孙权之弟。妫览欲强娶孙翊之妻徐氏。孙翊部下孙高、傅婴联合徐氏杀死妫览、戴员。随后赶来的孙权尽诛妫览、戴员余党。

建安八年(203),孙权进攻驻守江夏的黄祖,因后方山越反叛,被迫回师。建安十二年(207),孙权再次"西征黄祖,虏其人民而还"。[①] 建安十三年,孙权第三次西征黄祖,大获全胜。杀死黄祖,虏获人口数万余。将辖区推进到今江西、湖北一带。

这样,江东地区,"诸侯宾旅之士,得用自安",[②]民心大定。

建安十三年(208),曹操亲率大军南下,在攻占荆州后,准备一举拿下江东。在赤壁(今湖北蒲圻西),曹军遭到了刘备和孙权联军的抵抗,最终曹军大败。

赤壁之战,奠定了天下三足鼎立的政治格局。战后,孙权稳定了在江东的统治,占领了荆州的南阳、江夏、南郡大片地区,并向岭南扩展。建安十六年(211),孙权根据形势的需要,把政治中心从京口迁徙至秣陵,于古金陵邑之地建立石头城。建安十七年(212),改秣陵为建业。

建安十九年(214)五月,孙权进攻皖城,虏获庐江太守朱光以及参军董和,男女数万口。这一年刘备定蜀。孙权以刘备已经得到益州,有了立足之地为由,命令诸葛瑾向刘备追讨荆州诸郡。刘备不肯。孙权亲自督军西进,与刘备争夺荆州。建安二十四年(219),孙权打败镇守荆州的关羽,夺回荆州。

建安二十五年(220)正月,曹操死,太子曹丕代为魏王。冬,曹丕称帝,改元黄初。第二年四月,刘备称帝于蜀,建立蜀汉政权。曹魏黄初三年(222),孙权在武昌称王,国号吴,年号黄武。黄龙元年(229),孙权称帝。

第二节 魏吴在长江南北的争战

东汉末年,中央政权衰微,各地豪强趁势纷纷崛起,建立了诸多与中央政权分庭抗礼的割据势力。割据势力间不断争战,互相攻伐,最后形成魏蜀吴三足鼎立的局面。

---

① 《三国志》卷四七《吴书·孙权传》,中华书局 1982 年版,第 1117 页。

② 《三国志》卷四七《吴书·孙权传》,中华书局 1982 年版,第 1118 页。

在今天的江苏境内，魏吴两国进行了长达数十年的军事对峙，其间在长江南北争战不断，是汉末三国时期军事争夺的重要区域。

一　孙吴保存江东的基本国策

孙吴与北方曹魏的军事对抗，从总体实力来看，孙吴处于劣势，曹魏无论是从面积、人口，还是从经济、军事方面来看都处于绝对优势。孙吴时期，江南尚未大规模开发，其国力远逊于曹魏。在此情形下，孙吴根据自身的实力，以及江南地区的地理特点，制定了“限江自保”的基本国策，并将这一国策贯彻始终。

孙吴“限江自保”战略思想的形成，有它的过程。始于孙策收定江东的第二年，曹操与袁绍“相距于官渡，(孙)策阴欲袭许，迎汉帝，密治兵，部署诸将”。[①] 可见孙策当时有乘中原袁曹大战之机，逐鹿中原的雄心。但不久其遇刺而亡，此计划未付诸实施。死前他对继承者孙权说“以吴越之众，三江之固，观成败，保江东”。[②] 此后，都督周瑜也曾规划取巴蜀，并汉中，图北方，孙权许之。而周瑜却旋于途中病卒。此后，虽有朱桓、诸葛恪等人期望北进，但以陆逊、陆抗父子为首的江东豪强大族，则主张鼎足期间深根固本，限江自保。此外，该政策的制定和实施，与孙吴的国力也有很大关系。当时，孙吴的国力是无法与北方的曹魏抗衡的，即使联手蜀汉，也不能够扫平北方。孙权本人很有自知之明，且十分务实，正如《三国志·蜀书·诸葛亮传》注引《汉晋春秋》所述，“今议者咸以(孙)权利在鼎足，不能并力，且志望以满，无上岸之情，推此，皆似是而非也，何者？其智力不侔，故限江自保，权之不能越江，尤魏贼之不能渡江，非力有余而利不取也”。[③]

孙吴“限江自保”国策的制定，是孙吴以己之长，克敌之短的自然选择。正如赤壁战前周瑜在论述曹操必败时，就说过“且舍鞍马，仗舟楫，与吴越争衡，本非中国所长。又今盛寒，马无藁草，驱中国士众远涉江湖之间，不习水土，必生疾病”。[④] 按魏、晋居北方，多步骑，水战本非所长，难逾天堑长江。又长江两岸众多的港、汊、洲、渚，于吴则易守，于魏则难攻，这也使得魏、晋军队难以大举南下。所以，“限江自保”政策的形成是有充分依据的，可以看做是自然选择。

孙吴政权的这个政策得到了长期贯彻。今考其所谓“限江自保”，即依托长江，守在江北。在如此漫长的长江防线上，孙吴设立了无数的烽火台。杨晨《三国会要·

---

① 《三国志》卷四六《吴书·孙讨逆传》，中华书局 1982 年版，第 1109 页。

② 《三国志》卷四六《吴书·孙讨逆传》，中华书局 1982 年版，第 1109 页。

③ 《三国志》卷三五《蜀书·诸葛亮传》注引习凿齿《汉晋春秋》，中华书局 1982 年版，第 924 页。

④ 《三国志》卷五四《吴书·周瑜传》，中华书局 1982 年版，第 1261 页。

兵·杂录》引《太平御览》:“引烽火以炬,置诸山头,皆缘江相望,或百里,或五十里、三十里。寇至则举,一夕行万里。孙权时,令暮举火于西陵,鼓三境,达吴郡、长沙。”此外,为配合江防,各军事重镇之戍兵也多是举家居之。久戍一地,安土重迁,遂能坚守。陶元珍《三国吴兵考》云:“吴滨江立国,处处受敌,若防守不周,则覆亡可待,故萃中央兵于建业,而分戍诸将兵于各镇。”按此即孙吴之依托长江。其实,仅此还不足以保国。若敌达于江边,饮马长江,或进入长江上游,则“长江之险,已与我共之矣”,[1]故需守在江北,在江淮之间、江汉之间建立起前沿防线。[2] 考孙吴与魏、晋在江淮、江汉之间争夺城池,战事繁多,疆界最无定数。唐杜佑《通典·州郡典》即称:“自三国鼎立,更相侵伐,互有胜负,疆境之守,彼此不常,才得遽失,则不暇存也。今略纪其久经屯镇及要害之地焉。”按《通典》例,则由孙吴对魏、晋之城守、屯镇及要害之地,即可窥见孙吴长江防线及北部边境形势之大概。由西至东,在荆、扬二州做了周密的防守部署,在长江两岸经营了众多防御重镇。兹略考如下表。

孙吴长江军事重镇设置概况

	重镇名	今地	备注
荆州重镇	建平	重庆市巫山县北,江北	西备蜀汉(蜀汉灭亡后为司马晋)之重地。
	峡口	湖北省宜昌市西,江北	
	西陵	即夷陵,湖北省宜昌市东南,江北	
	荆门	湖北省枝城市西北,江南	
	夷道	湖北省枝城市,江南	
	乐乡	湖北省松滋市东北,江南	控制荆州、扼守长江之要地。
	江陵	湖北省江陵县,江北	
	公安	湖北省公安县西北,江南	
	巴丘	湖南省岳阳市,江南	历置屯戍。
	陆口	湖北省嘉鱼县西南,江南	乃规取荆州之要地。
	沙羡	湖北省武汉市武昌区西南金口,江南	江夏太守治所,尝以重兵戍之。
	夏口	湖北省武汉市武昌区蛇山	为吴之心喉。
	沔口	湖北省武汉市汉口区	常以名将守之。
	武昌	湖北省鄂州市鄂城区	处于陪都或“西都”之地位。
	柴桑	江西省九江市西南,江南	吴时置督诸葛恪、吕范等镇守。

① 《三国志》卷五四《吴书·周瑜传》,中华书局1982年版,第1261页。

② 对于蜀汉,孙吴实行的是关限防御,即守住长江上的西大门。

续表

	重镇名	今地	备注
扬州重镇	邾城	湖北省黄州市西北，江北	陆逊以三万人守之，以息魏人之志。
	寻阳	湖北省武穴市东北，江北	寻阳为中流要津，又寻阳有半洲，大江甘宁、潘璋尝屯此，因为重地。
	半洲	湖北省武穴市东龙坪一带，江北	
	皖城	安徽省潜山县，江北	皖城、皖口不惟地当要冲，且为农行所资。
	皖口	安徽省安庆市西南，江北	
	濡须口	安徽省无为县东南，濡须水入长江处	此皆江北重地，进可争淮南，退可守长江，吴、魏（晋）常相持于此。
	濡须坞	安徽省无为县东北濡须水畔	
	东兴堤	安徽省含山县西南，濡须水西岸	
	牛渚	安徽省马鞍山市采石矶，江南	牛渚滨江为险，自横江而渡者必经此以趋建业。
	涂中	安徽、江苏两省滁水流域	孙权遣军十万堰涂水为塘，以淹北道，防阻魏军南下。
	涂塘	江苏省南京市六合区境内，江北	
	建业	江苏省南京市，江南	钟阜龙盘，石头虎踞，真帝王之宅。
	京口	江苏省镇江市，江南	孙权都建业后，复于此置都，为重镇。
	广陵	江苏省扬州市蜀岗上，江北	为吴、魏竞争之地。

（注：根据《中国历史地理》、《中国历史地图集》、《中华人民共和国行政区划简册》等资料统计）

综上所述，孙吴以北临强敌，西接蜀汉，故列戍分屯，东西相属，以守长江；又于江北多置重镇，以守前沿。在军事上以守为主，以攻为辅，以守为本，攻亦为守。

纵观孙吴统治时期，无论是镇抚山越、收定岭南，还是夺取荆州，孙吴政权都表现出积极的、不落人后的进取姿态，惟有对北方的曹魏、司马晋则不然。虽也时攻江淮之间、江汉之间，却“北不逾合肥，西不过襄阳，以示武警敌”，以攻为守，所求者“限江自保”耳，“无复中原之意”。

孙吴所实行的“限江自保”的基本国策，其根源是在自身实力相对不足的情况下，所采取的军事上的“均势思想”。

均势、制衡的理论历史久远，中国最早的有系统的国际关系理论著述应是《纵横论》，此理论在战国时期逐渐发展成为较成熟的国际关系理论，当时的“合纵”、“连横”学说就包含了其中相当丰富的理论。到了东汉末年、三国时期，均势思想在特定历史条件下，得到了进一步实践和发展。

这一时期属于中国古代的第二个大分裂、大动荡的时期，这一时期的中国内部存在着一个类似于春秋、战国时期列国纷争的“国际性”体系。这些割据势力经过相互的征伐和兼并后，以曹操、孙权、刘备为首的三大势力最终成为这个“国际性”体系的重要成员。而在此体系中，由于经济、军事力量等方面存在差别，又必然会出现强弱分立的局面。在三国之中，曹魏占地最广，人口最多，实力最强，这是毋庸置疑的。在曹丕称帝时，曹魏辖有司、豫、兖、青、徐、凉、雍、冀、幽、并、荆、扬等州，人口440余万，军队30余万；刘备割据西南一隅的益州，仅有人口90余万，军队10万左右；而孙权占据淮南少量和江南的大片土地，大体有荆、扬、交三州，人口230余万，军队20余万。从三个政权的实力排序来看，应是曹魏最强，孙吴次之，蜀汉最弱。

由此可知，在三国时期，孙吴集团的实力居中，若要生存，则必须奉行均势、制衡的外交思路，而这种思路在当时的条件下又是可行的。事实也证明，孙吴集团多次践行了均势、制衡的思想。赤壁大战，孙权联合刘备，协力击退了曹操的入侵，从而奠定三分天下、鼎足而立的局势。赤壁战后，孙权进而与刘备和亲，甚至不惜将荆州借给刘备，以巩固孙刘联盟。但等刘备集团夺取西川又占据汉中后，孙权则怕刘备势力过大，从而造成双方力量对比失衡，即遣吕蒙“白衣渡江”夺取荆州，杀死刘备大将关羽。而当刘备来报复时，孙权又马上“遣校尉梁寓奉贡于汉，及令王惇市马，又遣朱光等归”，①向曹操示好，以避免被魏、蜀夹击的危局出现。曹操此时也立刻做出友好的回应，“表孙权为骠骑将军，假节领荆州牧，封南昌侯”，②冀与孙权联合，共讨刘备。孙权在击败刘备后，认识到联蜀抗魏的重要性，马上对刘备“遣使请和，使太中大夫郑泉聘刘备于白帝”，③重新与蜀汉结盟，联二弱以抗一强，共防曹魏，使曹魏无机可乘。

观以上诸事，可见孙吴集团将均势、制衡理论运用到了极为纯熟的地步，而这种理论运用的根本目的是维护本集团的利益不受侵害，并非与曹魏、蜀汉互相较量，以争天下。均势思想的运用为“限江自保”基本国策的实行提供了良好的保证，使得孙吴在汉末三国时期，得以“据江东，观成败”，立于不败之地。

二　魏吴赤壁之战

（一）曹操占据荆襄

东汉末年群雄逐鹿，历经数十年的相互征伐兼并，曹操剿灭袁绍、吕布等势力，统一北方，成为最强大的割据势力。此时曹操有吞并天下、一统中国之心，遂在建安十

---

①② 《三国志》卷四七《吴书·吴主传》，中华书局1982年版，第1121页。

③ 《三国志》卷四七《吴书·吴主传》，中华书局1982年版，第1123页。

三年(208)亲率数十万大军南下，妄图消灭江南割据势力，加速其统一全国的进程。由此，爆发了我国历史上著名的战役——赤壁之战。赤壁之战是汉末最重要的一次战争，经此一战，奠定了三分天下的格局。具体情况如下：

曹操于建安十三年(208)兵发荆州，刘表病死，刘琮继立，荆襄重臣蒯越、蔡瑁、韩嵩等皆言："逆顺有大体，强弱有定势。以人臣而拒人主，逆也，以新造之楚而御国家，其势弗当也。"[①]琮遂降，而后曹操派精骑急追，在当阳长坂败刘备，备走夏口(今湖北汉口)。

此时，曹操威震华夏，在政治、军事上占绝对优势，大有一统天下之势。曹操据有荆州战略要地襄阳、江陵和刘表军用物资，收编刘表部队，尤其是水军，很好的弥补了曹军不习水战的弱点。曹军控制长江中游，又具备在长江上进行大规模水战的能力，实力大大增强。曹操占据荆襄，就打开了统一南方的突破口，处于东可下江东，西可图巴蜀的有利态势，给这些地区的割据政权在军事和心理两方面都造成了极大的压力。此时的益州牧刘璋，接受曹操征调兵役、力役的命令，并派使者致敬，并送来一定数量的兵士、礼物。孙吴内部，以张昭为代表的文官也倾向于降曹。

但是，此时的曹军也面临着诸多不利因素。其一，曹军只占领了中游的襄樊和江陵两个重镇，荆州大部还处于地方军阀统治之中，曹军实际并未完全占据荆州。其二，当时的荆州处于老主晏驾，幼主新立之际，人心不稳，加之曹军强大的压力，是不得已而投降的。除了蒯越、蔡瑁等少数主降派以外，人心并未归附，多处观望状态，另有一些人拥有反曹情绪，荆州投降的兵将也处于不稳定状态。曹操此时注重于军事征服，并未很好的收买人心，稳定局势。此时的荆州从各方面来看，并未真正属曹。其三，曹军自北方远来，长途跋涉，未及休整，异常疲劳。在占据荆襄之后，渐生骄傲情绪。这些隐患，在胜利的光环笼罩下，不易察觉，但已埋下了危险的种子。

曹操集团对目前形势和作战问题进行了乐观的分析。关于孙权、刘备两股势力的动向，他认为，刘备长坂战败后投奔孙权，孙权一定会杀刘备取悦于曹操。即使身经百战的曹操，此时也认为江南必下。认为目前震慑，使得孙吴惊恐，内部意见不一，应接此新平荆襄之威势，借助孙吴投降派的力量，一鼓作气，平定江东，以取一劳永逸之功。他认为，曹军顺江而下，孙权在强大压力下，必杀刘备，纳土归降，即便如果孙权抵抗，数十万大军，即可将其迅速灭亡。

但是，曹军内部也不乏头脑清醒之人。程昱预料孙权必定顽强抵抗，且必定联合刘备，必定难以消灭。他指出孙权坐镇江南不久，未能完全树立威信，而曹操刚占领

---

① 《三国志》卷六《刘表传》，中华书局1982年版，第214页。

荆州,威震大江,天下为之丧胆。因此,孙权虽有谋,但不能独挡曹公。刘备素有英名,关羽、张飞都是万人敌,孙权必定资助刘备来共同御敌。危难解除,双方势必不能相容,而分道扬镳,甚至火并。此时再图江南,为时未晚。太中大夫贾诩对于占领荆州后的形势有着深刻的认识,并由此提出中肯的建议。他认为,此时的曹军应养威持重,后图东吴。并劝说曹操:"明公昔日破袁氏,今收汉南,威名远扬,军势既大、辖域甚广。苦乘旧楚之饶,以养吏士,安抚百姓,安土乐业,则可不劳众而江东稽服矣。"[①]他主张采取风险少、代价小、积极稳妥、花费时日的持久方针,先休整,再争取荆楚民心,待在荆州稳固统治之后,从容地进图江东。可是,这些切合实际的建议,并没有被曹操采纳。

曹操在进军江东前,部署张辽、于禁、张郃、李典等将领率军队镇守后方要地,保卫许都,从而解除后顾之忧而全力剿灭孙权。然后,曹操令北方十五六万青徐之兵及荆州降兵七八万,共二十二、三万水、步兵[②],组建征吴大军,以荆州降将蔡瑁、张允为水军正副都督,亲率征吴军主力自江陵出发,沿长江而下,水陆并进,以夏口、柴桑(今江西九江)等要地为进军目标,寻歼孙吴水军。此外,在政治上,开展诱降工作,以瓦解吴军斗志。曹操准备在征吴大军未到之前,先声后实,向孙权发书,约其在吴地"会猎",实际上是逼孙权投降。

曹操在进军江东的同时,还要兼顾西凉的割据者韩遂、马超,更考虑许都、邺城的拥汉势力。因而不便于长期在外,而听任这一不利于自己的倾向任意发展。这些现实中的后顾之忧的存在,也是促使曹操仓促进兵的重要原因。

(二)孙刘联合

孙吴方面早已认识到曹操南下荆州,不仅是同其争夺荆州,而且得手后势必沿江东下,孙吴的根据地江东十分危险,已经到了生死存亡的时刻。孙吴统治者清醒的认识到,南方地区的战略格局,已因北方曹操势力的介入而发生重大改变,江东与曹操矛盾已经是不可调和的首要矛盾,而孙吴同荆州的矛盾则退居次要地位,不仅如此,为了应对当前危局,双方还应为生存而联合抗曹。孙吴即采取主动行动,调整与友邻关系,建立统一战线。

孙吴方面的鲁肃,最早的察觉到了这一调整的必要和急迫性。因而他急向孙权建议联刘抗曹的重要性。鲁肃在考察荆州的战略地位和荆州各派力量的状况以后,认为,荆州与我境邻接,水流顺北而下,外以长江、汉水为带,内以山陵为险阻,有坚固的城池,沃野万里,百姓富有。如果据有荆州,这是帝王的基业。目前刘表已死,儿子

① 《三国志》卷一〇《贾诩传》,中华书局1982年版,第330页。

② 参见《三国志》卷五四《周瑜传》"彼所将中国人,不过十五六万,所得表众,亦极七八万耳"。

不睦，军中众将，各怀心思。加之刘备世之枭雄，同曹操有仿，暂寄于刘表之处，刘表妒其才能，不能重用。基于以上，鲁肃认为：在上述形势下，应该根据荆州当前局势，采取相应方针：第一，刘备如能同荆州之主同心协力，上下一致，则应该对他们加以安抚，同他们结成联盟；第二，如果他们离心离德，我就另有所谋，以图荆州，成就大事。鲁肃对于荆州局势的判断是根据当时的形势所得出的，应该说是正确的。

因此，在曹操南征荆州和刘表病死的消息传至江东时，孙权立即派鲁肃以吊丧为名去探查军情。但鲁肃尚未到达荆州治所，曹军即大举南下，鲁肃只得与刘备会于当阳，后又同赴夏口。双方开始接触，共同面对当前的危机情况，为建立抗曹的统一战线，进行了不懈的努力。孙权也来到柴桑，就近密切关注情况的变化。

在见到刘备后，鲁肃了解到，刘备在战败后，打算投奔有旧交的苍梧郡(治今广西梧州)太守吴巨。苍梧郡远在南海，刘备此举，等于退出争雄的舞台。鲁肃认识到形势已经发生了急剧的变化，鉴于曹军如此迅速地不战而胜夺取荆州，比原先设想的要快的多。因此，在目前危急形势下，联合刘备不仅必要，而且更加迫切了，因此就积极争取刘备。他向刘备分析，吴巨平庸，行将被人吞并，不足以托身，并转达了孙权望与之结盟的意愿，陈述江东的强盛和形势的稳定，劝刘备同孙吴联合，共敌曹操。刘备绝处逢生，欣然从命。这时，曹操即将沿江东下，孙吴和、战大计未决。在诸葛亮请求下，刘备派其随鲁肃前往柴桑，劝说孙权共同抗曹。

孙吴方面，在得知曹操大军已沿江东下，是战是和，是关系其生死存亡的关键问题。孙权内心有割据东南、废汉自立、建立帝王大业的志向，在建安七年(202)已采纳周瑜之策，拒绝向曹操送子为质，此志向已然显露。他与周瑜等的既定方案，是抵抗曹操，这时也不愿意屈尊降曹；但是，对于吴军能否战胜曹军及在一片主降声中依靠谁来抗曹，尚无把握和良策，决心难下，犹豫不决。诸葛亮到后，考虑到孙权的顾虑和好胜性格，在双方谈判中，用以退为进的激将法来劝说孙权，陈说孙刘联合共同破曹之计："豫州(刘备)军虽败于长阪，今战士还者及关羽水军精甲万人，刘琦合江夏战士亦不下万人。曹操之众，远来疲弊，闻追豫州，轻骑一日一夜行三百余里，此所谓'强弩之末，势不能穿鲁缟'者也。故兵法忌之，曰'必蹶上将军'。且北方之人，不习水战，又荆州之民附操者，弊兵势耳，非心服也。今将军诚能命猛将统兵数万，与豫州协规同力，破操军必矣。操军破，必北还，如此则荆、吴势强，鼎足之形成矣。成败之机，在于今日。"①孙权被诸葛亮的一席话所感染，认为他说的很有道理，于是愤怒地表示：我不能拿整个东吴之地，十万将士，受制于人。我计已决。孙权与诸葛亮商定协力抗

① 《三国志》卷三五《蜀书·诸葛亮传》，中华书局1982年版，第915页。

曹,并就战后荆州归属问题达成一致。从诸葛亮的分析,可以看到他正确分析了操军的不利因素,而料定曹操必定战败北还。

孙权坚定抗曹决心后,遂欲与同僚商议破曹之计。此时,曹操书信至,内称:“近者奉辞伐罪,旌麾南指,刘琮束手。今治水军八十万众,方与将军会猎于吴。”①孙吴群臣听罢,莫不震惊失色,以元老重臣张昭为代表,大多数文官力主投降,其理由是“曹公豺虎也,然托名汉相,挟天子以征四方,动以朝廷为辞。今日拒之,事更不顺。且将军大势,可以拒操者,长江也。今操得荆州,奄有其地,刘表治水军,艨艟斗舰,乃以千数,操悉浮以沿江,兼有步兵,水陆俱下,此为长江之险,已与我共之矣。而势力众寡,又不可论。愚谓大计不如迎之。”②由此可见,张昭的志向,本不在三分,认为曹操政治上仗顺而兴,天下一统,在于此会,因此力主迎曹。孙权在内部以张昭为首的巨大阻力面前,深感失望和孤立。此时鲁肃一直没有说话,稍时“权起更衣,肃追于宇下,权之其意,执肃手曰:‘卿欲何言?’肃对曰‘向察众人之议,专欲误将军,不足与图大事。今肃可迎操耳,如将军,不可也,何以言之?今肃迎操,操当以肃还付乡党,品其名位,尤不失下曹从事,乘犊车,从吏卒,交游士林,累官故不失州郡也。将军迎操,欲安所归?愿早定大计,莫用众人之议也。’权叹息曰:‘此诸人持议,甚失孤望;今卿廓开大计,正与孤同,此天以卿赐我也。’”③

此时,周瑜在鄱阳,鲁肃劝孙权招还周瑜共商大计。中护军周瑜,是孙吴的主要将领。他到来后,力排众议,坚决主战,认为“操虽托名汉相,其实汉贼也。将军以神武雄才,兼仗父兄之烈,割据江东,地方数千里,兵精足用,英雄乐业,尚当横行天下,为汉家除残去秽。况操自送死,而可迎之邪?请为将军筹之:今使北土已安,操无内忧,能旷日持久,来争疆场,又能与我校胜负于船楫可乎?今北土既未平安,加马超、韩遂尚在关西,为操后患。且舍鞍马,杖舟楫与吴越争衡,本非中国所长;又今盛寒,马无藁草,驱中国士众远涉江湖之间,不习水土,必生疾病。此数四者,用兵之患也,而操皆冒行之,将军禽操,宜在今日。瑜请得精兵三万人,进住夏口,保为将军破之”。权曰:“老贼欲废汉自立久矣,徒忌二袁、吕布、刘表与孤耳,今数雄已灭,惟孤尚存,孤与老贼势不两立,君言当击,甚与孤合,此天以君授孤也。”④

孙权在诸葛亮、周瑜启发下,建立起胜利信心,又获得了主战派支持,组织起强有力的抗曹力量。孙权建立同曹操进行战略决战信心后,毅然当众拔刀砍面前的奏案

---

① 《三国志》卷四七《吴书·吴主传》,中华书局1982年版,第1117页。

② 《三国志》卷五四《吴书·周瑜传》,中华书局1982年版,第1261页。

③ 《三国志》卷五四《吴书·鲁肃传》,中华书局1982年版,第1261页。

④ 以上皆见《三国志》卷五四《吴书·周瑜传》,中华书局1982年版,第1261页。

道:"诸将吏敢复言当迎操者,与此案同。"周瑜同时指出,众人只见曹操来书,吹嘘水、步兵八十万,各怀恐惧,不再料其虚实。现在以实际情况核实一下,曹操所率领的中原兵士,不过十五六万,而且久已疲劳,所得刘表部队,极而言之,不过七八万罢了,而且还怀着狐疑。[1] 以疲劳带病之卒,驾驭狐疑之部队,数量虽多,并不值得害怕。这就更加坚定了孙权以弱胜强的信心。

孙权决心组成孙、刘联军,把曹操驱逐出长江流域,其部署是,以周瑜、程普为左右都督,令率精兵三万,在前进发,与刘备联合,共拒曹军,自己为其后援,陆续调发部队和民工,多载资粮支援前线。指示周瑜等能决胜即决胜,万一不如意,便回军与自己汇合,自己将同曹操决战。当时孙、刘联军兵力为五万,[2]处于劣势。

(三) 赤壁鏖战

建安十三年(208)冬季,孙、刘联军开始同曹操军队展开交战。第一阶段,打退曹操进攻。联军在赤壁、乌林、华容等地,陆续进行三次战斗。首先是发生了赤壁遭遇战。十二月,周瑜、程普鉴于敌众我寡,且处于下流的不利态势,如果听凭曹军沿江入境,由于顺水行军迅速,必很快深入腹地,导致人心浮动,遂决心先机制敌、实行攻势防御。于是率兵三万溯江而上,会合刘备、刘琦军,按计划进驻夏口。此时曹军未至,联军企图乘其远来疲敝,早日同其交战,以增大胜算。其具体部署是:以关羽水军留守夏口基地,监视襄阳方向,阻止襄阳之敌沿沔水进入长江,以刘备军沿江北岸西上,以吴军沿江西上,共同负责江陵方向,担任击退曹军进攻的任务。

孙吴军队同曹军先头部队遭遇于赤壁(长江南岸山名,今湖北蒲圻西北)。曹军初次一交锋,即败退。迫使曹操引军退至长江北岸。由于北岸的乌林(今湖北洪湖东北长江北岸邬林矶)是水、陆交通要道,陆路有华容道同江陵相通,曹军水陆大军决定驻屯此地,转入暂时防御状态。周瑜军也驻在对面南岸的赤壁,曹军、孙刘联军呈限江对峙之势。

孙刘联军继而发起乌林火攻战。战前,曹操为了使北方兵士克服风浪颠簸,下令把舰船头尾相连。孙吴方面,行武锋校尉黄盖分析双方的态势后,认为敌众我寡,难以持久,必须速战。曹军舰船头尾互相接,不利于疏散,出现了火攻的战机,即可用火攻烧毁曹军大量舰船,迫使其退兵。此计获得周瑜同意。周瑜企图先以黄盖进行水上奇袭,火烧曹船,打乱曹军,然后乘其混乱之际,与刘备军合力在乌林同曹军举行决战。

此计定下之后,为给火攻船队创造接近曹军的战机,又布下了诈降计,由黄盖先

---

① 以上皆见《三国志》卷五四《吴书·周瑜传》注引《江表传》,中华书局 1982 年版,第 1262 页。

② 按,大致兵力为孙吴三万,刘备一万,刘琦一万。

期致书曹操诈降,声称此次交战,众寡不敌,是海内共同看到的。江东将吏,不分愚智,都知道不可进行抵抗。唯有周瑜、鲁肃,浅陋不能理解。我今天归顺,是我真实的意向。交战那天,我是前部,一定临机变化。我效力就在近期。今天看来,诈降书所述,符合战前孙吴大多数主降的实际情况,也符合曹操争取孙吴将吏归降的意图,因而没有引起曹操的怀疑。曹操对黄盖信使说,如果不是诈降,那么黄盖会受到超过前后所有爵赏的重赏。

赤壁交战,黄盖调动蒙冲斗舰十艘,装满柴草,灌注鱼油,用红幕布遮盖,船上遍插着旌旗、龙幡,又调集部分走舸,系于大船之后。恰逢当时东南风甚急,十艘蒙冲斗舰驶在最前方,行到江心,一齐扯满舰帆,黄盖举火把为号,通知诸校,令兵士齐声大叫:投降来啦!曹军人员都出营观望。黄盖在离曹军二里多时,下令各船同时点火,船上人员撤至走舸。火烈风猛,来船如箭,扑向曹营,浓烟布满天空,烧毁北军船只,火焰窜向岸上营寨。周瑜见火起,率领轻装的精锐部队,在黄盖船队后面,擂鼓大进,刘备军也从北岸向乌林前进。孙、刘联军在乌林与曹军展开主力决战。曹军在遭到突袭后,营寨大乱,来不及组织有效抵抗,军中又流行着疫病,战斗力被削弱,人马烧死溺死众多,曹军大溃败。

其后,曹军向江陵方向逃遁。为了不使败退的曹军调整部署,并扩大战果,联军立即实施了追击。曹军分水、陆两路向江陵撤退。曹操率主力从陆路由华容道退却。该道由于地形因素,通行条件极为恶劣。曹军在此路段上,有时遇到沼泽区水汽形成的大雾,迷失道路;有时则道路泥泞不通;天又刮着大风。曹操令羸弱兵士背草填路,填路兵士往往被潮涌般冲过来的撤退人马践踏,陷进污泥而丧命。大军在极为困难,又付出极大代价之后,通过了这一困难路段。曹军没有被烧的船只为另一路,沿江逆流而上,到达巴丘(今湖南岳阳南)时,疫情更加严重,被迫在湖中小洲(后称曹公洲)把这些剩余船只自行烧毁。[①] 曹军撤退中发生饥荒,兵士挨饿,加上流行病,死亡大半。[②] 曹操到达江陵后,鉴于部队损失严重,已无力再组织进攻,决定结束灭吴作战,固守江汉平原,令折冲将军乐进守襄阳,征南将军曹仁、横野将军徐晃守江陵,自己率部退回中原。

孙刘联军乘胜追击。魏将曹仁困守江陵数年,终因孤军远悬,补给困难,撤军北归。曹操依然据有以襄阳为中心的荆州大片土地。孙权占有江陵、夏口、陆口(今湖北嘉鱼西南)的荆州东半部。刘备后经过军事行动,据有荆州南部的零陵、武陵、桂阳、长沙四郡,以油江口(今湖北公安)为政治中心,其后孙权又将江陵让与刘备,荆州

---

① 《三国志》卷一四《魏书·郭嘉传》:"后太祖征荆州还,于巴丘遇疾疫,烧船。"中华书局1982年版,第435页。

② 《三国志》卷四七《吴书·吴主传》:"公烧其余船引退,士卒饥疫,死者大半。"中华书局1982年版,第1118页。

遂为三家瓜分。

（四）战争总结

赤壁之战从建安十三年(208)十二月到十四年十二月，历时一年。在此战中，曹军死伤惨重，损失了战船千艘以上，丧失了荆州大部以及在长江上唯一的水军基地——江陵。军事上在荆州、合肥两线陷入全面紧张。孙、刘联军大获全胜。孙权不仅挽救了孙吴政权，并且夺取了荆州最具战略意义的南郡、江夏，战后即以周瑜为南郡太守、驻守江陵，程普为江夏太守，镇守沙羡(今湖北武昌金口镇)，控制了长江中游，刘备在走投无路之时，也通过这场大胜获得了荆州南部四郡。

赤壁之战，是汉末群雄混战和三国形成两个阶段中具有决定意义的重大战役，是南、北方主要军事政治集团之间前途和命运的战略决战。三方都把主力投入这次战争，其结局关系到孙、刘集团的生死存亡，关系到中国走向统一，还是继续长期的分立。在这次战争中，孙、刘联军取得了重大胜利，进一步鼓舞了南方同北方强大政权抗衡的决心和信心。赤壁之战标志着这时的中国结束了群雄混战，进入三国鼎立的形成阶段。经过此战，曹操丧失了统一全国的机遇，动摇了统一南方的信心，再也无力南下，孙、刘集团得到空前的发展机遇，历史开始沿着向三国形成的方向发展。赤壁之战，可以说是为三国形成，奠定了基础。后来孙权称帝，大会百官，归功周瑜。张昭要赞颂其功德，未及发言，孙权道，照张公之计，今已乞食了。张昭大为惭愧，伏地流汗。张昭有大臣节，孙权敬重他，但不用为相，就是认为张昭在三分天下的关键时刻缺乏政治远见。

赤壁之战是曹、孙、刘之间在长江进行的水、陆联合作战，也是中国历史上著名的以弱胜强的战争。孙、刘联军以处于劣势兵力，战胜了拥有绝对优势的曹操，开创了在长江上以水、陆联合作战击退北方步、骑军的先例。此次战役，孙吴军队发挥了主导作用。它在战争指导上的成功之处主要是：

第一，敢以数万兵力战胜号称数十万之敌。此战取胜，最困难也是最关键的一步，是在曹操气势汹汹的情况下，敢于定下抗曹决心。周瑜等人，凭着横行天下、不畏强暴的气概，在数雄皆灭，曹操挟新胜之威，以“顺”讨“逆”，以号称数十万敌数万，政权内部一片主降，似乎取胜无望的形势下，冷静分析战争形势，揭示出曹操表面强大下掩盖的诸多弱点，及战胜曹操的极大可能性，提供了弱军战胜强军的科学依据。

第二，联合昔日敌对的荆州势力，共同抗曹。曹操进攻荆州后，孙吴方面就敏锐地察觉到，大敌当前，抗曹的共同利益，超过了昔日与荆州敌对的利益。而后，迅速改变策略，展开外交策略。孙、刘两家以大局为重，在群雄逐个被曹操歼灭时，坚定地走联合道路，为取得赤壁之战的胜利，奠定了坚实的基础，避免了再次被曹操各个击破的命运,“一时之大计无有出于此者”①。

第三,以火攻奇袭曹军水军。水军是曹军此战的关键兵种,也是最为薄弱的兵种;因为曹操北方的水军不习水战,是疲病之卒,荆州投降的水军未经整训,心怀两端,其水军又犯了舰船首尾连接、不便疏散的战术错误。孙、刘联军以火攻为突破口奇袭曹军水军,既抓住了关键,又是打击了敌人最薄弱的环节,从而在较短时间内,一举击溃了曹操的数十万大军。

曹操在逼降荆州后,形势极好。如果兢兢业业,筹划良策,是有可能逐个消灭孙、刘的,无需在数十年后,再由司马氏来完成统一。但是曹操竟然折戟沉沙于大功垂成之际,全是由于胜利后过度自信、骄傲,引发一系列处置失当所致。在战争指导上,他的错误主要表现在:

第一,由于对形势判断失误,导致策略失当。曹操取得逼降荆州的胜利后,过高的估计了自己的实力,同时过低估计孙、刘实力,误认为刘备投奔孙权,孙权必杀刘备以取悦自己,因此没有实行先争取孙权,彻底追歼刘备,然后再攻孤立之孙权的策略,导致同时进攻孙、刘两家,促成对方的联合,自己反而陷入孤立。赤壁败后,叹道:“郭奉孝在,不使孤至此。”②说明他已然觉悟到,此战如果采取郭嘉在攻袁尚、袁潭时提出的“急之则相持,缓之而后争心生”③的策略原则,将不致如此大败。

第二,准备不足,急躁轻进。曹操九月到新野,在轻敌思想的指导下,十月即欲下江东,导致部队疲于奔命,在两个战役之间没有足够的休整的时间。由此周瑜、诸葛亮指出的那些弱点,诸如水土不服、马无草料,部队疲劳,新降之兵尚怀狐疑之心,无进取之意,有思归之心,荆州人心未服等等,都产生了,并共同作用,构成了极大的隐患。这些平时掩盖着,不易察觉,但一遇火攻突变,人心散乱,毫无凝聚力,平时观察不到的所有隐患,顷刻间一齐发作出来,造成颓势无法挽回。

第三,部署欠妥,戒备不严。曹操使用大军于一个方向,而后又密集于乌林地区,重犯下袁绍官渡之战部署上一线平推的错误,致使一遭火攻,全线溃败。当黄盖来投降时,本来应该按照受降如受敌的要求,严加戒备,以防意外,但是在麻痹骄傲思想的作用下,轻信诈降,疏于戒备,以致造成不可挽回的损失。

纵观赤壁之战,是我国历史上的重要战役,给当时的中国走向带来了极大的影响。从此,今天的江苏省就一分为二,由北方的曹魏和南方的孙吴分而治之,双方数十年间在淮南相互攻伐,战乱不息,构成了三国时期江苏大地上的主旋律。

---

① [清]王夫之:《读通鉴论》卷九《献帝》二十六,中华书局1975年版,第532页。

② 《三国志》卷一《魏书·武帝纪》,中华书局1982年版。

③ 《三国志》卷十四《魏书·郭嘉传》,中华书局1982年版,第434页。

三 魏吴对淮南的争夺

赤壁战后，形势朝着三分天下的局面发展，又历经十余年，魏、蜀、吴三国相继建立，历史进入了三国时代。曹魏并没有放弃统一全国的既定策略，对于地处江南的孙吴政权，依靠地处淮南的合肥等据点，进行频繁攻伐。纵观六朝政权在与北方政权的对峙中，先曰守河，次曰守淮，再次曰守江。守河的时间与守江的时间都不长，大部分时间都在守淮，与北方政权在淮河两岸进行反复争夺。作为六朝之始的孙吴，即认识到这一关键问题，制定了"开门延敌，守在江北"的正确方针。因此在江北地区孙吴建立了许多军事据点，派重兵驻守，特别是淮南地区，因关系到都城建业的安全而显得尤为重要。因而，魏、吴双方的争夺焦点就在淮南地区，并围绕这一地区进行了激烈的军事争夺。

从史料来看，这一时期的战争情况大体如下：

曹魏进攻孙吴概况

时间(公元)	战争概况	资料来源
建安十八年(213)	曹公攻濡须，(孙)权与相距月余，曹公望权军，叹其齐肃，乃退。	《三国志·吴书·吴主传》
黄武元年(222)	曹休、张辽、臧霸等来伐，(吕)范督徐盛、全琮、孙韶等，以舟师拒休等于洞口。	《三国志·吴书·吕范传》
黄武元年(222)	魏使大司马曹仁步骑数万向濡须，(孙)桓与诸军共据高城，南临大江，北背山陵，以逸待劳，为主制客，此百战百胜之势也。	《三国志·吴书·朱桓传》
黄武三年(224)	魏文帝出广陵，望大江，曰"彼有人焉，未可图也"，乃还。	《三国志·吴书·吴主传》
建兴元年(252)	魏使将军诸葛诞、胡遵等步骑七万围东兴，将军王昶攻南郡，毌丘俭向武昌。甲寅，(诸葛)恪以大病赴敌，戊午，及东兴，交战，大破魏军，杀将军韩综、桓嘉等。	《三国志·吴书·三嗣主传》

孙吴进攻曹魏概况

时间(公元)	战争概况	资料来源
建安十三年(208)	(孙)权自率众，围合肥，使张昭攻九江之当涂，昭兵不利，权攻城逾月不能下。	《三国志·吴书·吴主传》
建安十九年(214)	(孙)权反自陆口，遂征合肥，合肥未下，撤军还。	《三国志·吴书·吴主传》
黄武五年(226)	秋七月，(孙)权闻魏文帝崩，征江夏，围石阳，不克而还。	《三国志·吴书·吴主传》

续表

时间(公元)	战争概况	资料来源
黄龙三年(231)	(孙)权率大军围合肥新城,是时,蜀相诸葛亮出武功,权谓魏明帝不能远出,而帝遣兵助司马宣王阻亮。自率水军东征,未克寿春,权退还。	《三国志·吴书·吴主传》
嘉禾二年(233)	(孙)权向合肥新城,遣将军全琮征六安,皆不克还。	《三国志·吴书·吴主传》
建兴二年(253)	(诸葛)恪率军伐魏,夏四月,围合肥新城,大疫,病卒死者大半。	《三国志·吴书·三嗣主传》

由此可见,双方这一时期的军事争夺是十分频繁的。曹魏方面,对孙吴的军事威胁时刻存在,不时派兵南下进攻。孙吴方面,孙权在位时大致经历的石亭之战、吴攻合肥之战、吴军诱王凌之战、吴攻合肥新城之战和三道攻魏之战,此外还有几次规模较小的进攻。孙权在嘉平四年(252)去世后,诸葛恪又率兵进攻淮南,历经数战。

淮南地区是魏、吴两国军事争夺的重点地区,双方都在此投入了大量的人力、物力、财力,精心打造了坚固的防御体系,因此,在互相攻伐之中,进攻一方往往失利。孙吴这一时期在战略防御中,多采取诱敌深入,争取内线作战,断敌归路的方式,利用自己对地形熟悉和长于水战的优势,有效的打击敌人。相反在进攻时,离开江河大湖去进攻坚城,是以己之短攻彼之长,虽多次与蜀汉军队联合作战,但多为失败。在整个战争中,任何一方的国力都不占有绝对优势,就形成了大体均势,形成了长达数十年的军事拉锯战。

虽然双方都未达到目的,但是通过军事行动也取得了一定成果。曹魏对淮南的攻势,终因其不善水战而不能如意。但是给予了孙吴以很大的军事压力,以淮南地区为军事屏障保卫了其统治中心的安定,为经济的恢复和生产的发展,创造了较为安定的条件。同时,也使自己有足够的精力和兵力去对付西线蜀汉军队的进攻。孙吴对淮南进行了长达数十年频繁的军事进攻,其中一时期甚至是连年攻魏。虽在进攻中败多胜少,亦未能夺取淮南,但是向曹魏展示了弱小国家自强、自卫的决心,有利于其"限江自保"策略的推行和实施,有效的保护了江南地区的安全,为这一时期江南经济的发展在政治、军事上提供了可靠的保证,也为后世立国江南者,展示了有效防御中原政权进攻的范例,孙吴水军的特点也为后世王朝所沿袭,成为六朝时期军事上的一大亮点。

三国时期的扬州地区,一方面,因魏吴双方频繁的战争而遭到较为严重的破坏,人口减少,民不聊生。另一方面,因地处战争前沿,双方都大力发展屯田,以资军粮,增强实力。在客观上促进了扬州地区的农业、水利事业的恢复与发展。

第三节　孙吴后期政治的腐败与建业的失守

一　孙吴后期的腐败政治

吴神凤元年(252)三月,吴大帝孙权去世,孙权幼子、年仅 9 岁的皇太子孙亮继位,大将军诸葛恪辅理朝政,孙吴的政局开始动荡不安。吴建兴二年(253),宗室孙峻利用诸葛恪伐魏无功声望大损之际,杀掉诸葛恪,自己以丞相代替诸葛恪。吴太平元年(256),孙峻死,其从弟孙綝代孙峻辅政。永安元年(258)九月,吴主孙亮不满孙綝独断专权,与卫将军全尚等人谋诛杀孙綝,孙綝出兵进攻全尚,又杀其同谋刘丞,随即废吴主孙亮为会稽王,另立孙权第六子孙休为帝。当年十二月,孙休设计杀掉孙綝,亲握朝政。

元兴元年(264),孙休病死。本来孙休病逝之时,"乃手书呼丞相濮阳兴入,令子出拜之。休把兴臂,而指以托之"。[①] 但由于当时蜀汉被魏攻灭,而吴交趾郡吏吕兴反叛,国内恐惧,国人都希望立一位较为年长之君,以应付多事之秋。于是,丞相濮阳兴、左将军张布等人迎立孙和之子孙皓为帝。

平心而论,孙皓有点聪明,也有才干,与蜀后主刘禅不一样。但其为政残暴,多忌讳,又荒淫,好酒色,还使用一些酷刑来杀人,使得朝政日非,政治开始走向腐败。

孙皓即位当年,就将拥立他的濮阳兴和张布二人杀掉。随后孙休的皇后朱氏、孙休二子以及大臣王蕃等都被其残酷杀害。孙皓好酒,每宴会群臣,皆令其尽醉,并设监酒司过官吏,大臣稍有过失,就被举奏,轻者被罚,重者加以威刑。还截水源流入宫,宫女但有不合意者,立即杀掉并用水冲走。他信用群小,用剥面、挖眼、锯头、枭首等酷刑,有人横目逆视他的,就会施用这些刑法来屠杀大臣,孙皓前后滥杀及施酷刑者,不可胜数。弄得吴国朝野上下离心,"群下人人惴恐,皆日日以冀,朝不谋夕"。[②] 此外,孙皓还黜远正直大臣,却信用奸佞幸臣,他所宠信的宦官岑昏"好兴功役,众所患苦"。[③]

吴的租税徭役很重。在孙权时,大臣张昭、陆逊曾上疏,希望能减轻赋税。但孙权认为:三国分立,常要打仗,租税徭役不得不重。至孙皓时,虽然不打仗了,但修造宫殿,穷极技巧,功役费用以亿万计。人民服役,不胜其苦。

---

① 《三国志》卷四八《吴书·三嗣主传·孙休传》注引《江表传》,中华书局 1982 年版,第 1162 页。

② 《三国志》卷四八《吴书·孙皓传》《评曰》,中华书局 1982 年版,第 1178 页。

③ 《三国志》卷四八《吴书·孙皓传》,中华书局 1982 年版,第 1173 页。

吴国对人民的剥削，有调赋、酤籴、算缗等多种名目，人民交不上税，财物便没收，逼得许多人家卖儿鬻女。孙皓又广营宫室，滥用民力。蜀汉灭亡后，吴国在长江上游失去了屏障，便把都城由建业迁到武昌（今湖北鄂城），长江下游尤其是扬州百姓溯江供应，疲惫不堪，引起长江下游人民的普遍不满和反抗，孙皓只好又将都城回迁建业，这无形中加重了人民的负担。同时，后宫的宫女已有数千人，还年年要挑选。沉重的赋调徭役使得人们过着“老幼饥寒，家户菜色”的贫困生活。

对此，镇西大将军、都督巴丘，领荆州牧陆凯曾上疏：

臣闻国无三年之储，谓之非国，而今无一年之畜。诸公卿位处人上，禄延子孙，曾无致命之节，匡救之术，苟进小利于君，以求容媚，荼毒百姓，不为君计。自孙弘造义兵以来，耕种既废，所在无复输入，而分一家父子异役，廪食日张，畜积日耗，民有离散之怨，国有露根之渐，而莫之恤也。民力困穷，鬻卖儿子，调赋相仍，日以疲极。所在长吏，不加隐括，加有监官，既不爱民，务行威势，所在骚扰，更为烦苛，民苦二端，财力再耗，此为无益而有损也。[①]

贺邵也上疏：

自登位以来，法禁转苛，赋调益繁；中宫内竖，分布州郡，横兴事役，竞造奸利；百姓罹杼轴之困，黎民罢无已之求，老幼饥寒，家户菜色，而所在长吏，迫畏罪负，严法峻刑，苦民求办。是以人力不堪，家户离散，呼嗟之声，感伤和气。又江边戍兵远当以拓土广境，近当以守界备难……而征发赋调，烟至云集，衣不全裋褐，食不赡朝夕，出当锋镝之难，入抱无聊之感。是以父子相弃，叛者成行。[②]

可是，对于陆凯、贺邵的上疏，孙皓却恨之入骨，贺邵因此被杀，“家属徙临海”。

社会矛盾尖锐，百姓受不了孙皓的压迫剥削，纷纷起来反抗。施但领导的起义，有一万多人参加，直攻打到离建业三十里的地方。交州、广州的人民也起来反对他，斗争了好多年。但最终都被孙吴予以镇压。

孙皓却不加收敛，反而变本加厉。孙皓的倒行逆施，吴国“上下离心，莫为皓尽力”[③]，孙吴大臣薛莹在追述孙吴灭亡原因时曾经说道：“皓之君吴也，昵近小人，刑罚

① 《三国志·吴书》卷六一《陆凯传》，中华书局1982年版，第1401页。

② 《三国志·吴书》卷六五《贺邵传》，中华书局1982年版，第1458页。

③ 《三国志·吴书》卷四八《孙皓传》，中华书局1982年版，第1173页。

妄加，大臣大将，无所亲信，人人忧恐，各不自保，危亡之衅，实由于此。”[①]

吴国政治上的危机还导致了军事防卫的松弛与懈怠。长江中上游的西陵（西陵峡口，今湖北宜昌东南）和建平（今重庆巫山）二地，是吴国的西侧屏障，所谓“国之西门”，[②]吴建衡二年（270），名将陆抗都督西陵等地诸军事，曾请求孙皓增精兵三万巩固西陵的防守，防备晋军自上游顺流东下，但吴主孙皓却沉湎酒色，自认为有长江天险可恃，不予理睬。后西晋益州刺史王濬在上游修造舟舰，准备伐吴。吴建平太守吾彦见到后，测知晋军将以水师来攻，请求增加防备，也未被孙皓重视。吴凤凰三年（274），主持吴国长江中上游大将陆抗去世，孙吴失去了熟谙军事的统帅，防务力量日趋削弱。

二 孙吴江南世家大族的发展

孙吴政权是在流寓到江南的江北大族和江南土著大族的联合支持下建立起来的。到了孙吴后期，以吴郡顾、陆、朱、张为首的江南大族开始压倒江北大族，在孙吴上层政权机构中居于主导地位。陆氏一门出二相、五侯、十几个将军，四姓子弟及孙氏宗室任郡县官吏很多，史载“公族子弟及吴四姓多出仕郡，郡吏常以千数”，[③]时人陆凯就说，孙权“外仗顾、陆、朱、张”，[④]江南大族成为孙吴政权的主要支柱。

孙吴政权推行复客制和世袭领兵制度来保障世家大族的利益。

所谓复客制，就是国家允许官僚大族所占有的佃客免除徭役赋税。世家大族的佃客往往由国家赐予，如孙吴就曾赐予潘璋寡妻“复客五十家”；[⑤]曾赐吕蒙“寻阳屯田六百人”，吕蒙死后，又赐其子“守冢三百家，复田五十顷”；[⑥]大将陈武死，其子表“受赐复人得二百余家”。[⑦] 世家大族的佃客也有自行招募的，但同国家赐予的复客一样，他们也不用向国家服役纳税。如吴主孙权就曾下令说：“故将军周瑜、程普，其有人客，皆不得问。”[⑧]

而世袭领兵制，则是孙吴政权允许大族将领可以将率领的士兵世袭下去。如凌操死，其子统摄父兵，统死，子烈袭兵，后烈有罪免，其弟封继领故兵。吴国的士兵还

---

① 《三国志·吴书》卷五三《薛综传》注引干宝《晋纪》，中华书局 1982 年版，第 1256 页。

② 《三国志·吴书》卷五八《陆逊传附子陆抗传》，中华书局 1982 年版，第 1359 页。

③ 《三国志·吴书》卷五六《朱治传》，中华书局 1982 年版，第 1305 页。

④ 《三国志·吴书》卷六一《陆凯传》，中华书局 1982 年版，第 1406 页。

⑤ 《三国志·吴书》卷五五《潘璋传》，中华书局 1982 年版，第 1300 页。

⑥ 《三国志·吴书》卷五四《吕蒙传》，中华书局 1982 年版，第 1280 页。

⑦ 《三国志·吴书》卷五五《陈武传》，中华书局 1982 年版，第 1290 页。

⑧ 《三国志·吴书》卷五四《周瑜传》，中华书局 1982 年版，第 1264 页。

得为其将领种地,服各种杂役,实际上是将领的农奴。

由于孙吴上层的培植,江南世家大族的势力得到迅速发展。政治上,世家大族“势力倾于邦郡”,经济上,则“储积富乎公室”,“牛羊掩原隰,田池布千里”、“粱肉布于犬马,积珍陷于帑藏”;[①]军事上,则是“名宗大族,皆有部曲,阻兵仗势,足以建命”[②]。可见,世家大族的势力之盛。后来孙吴的世家大族形成了吴姓门阀,成为东晋南朝立国的政治支柱之一。

三 西晋灭吴

司马氏代魏之前,司马昭就制定了“宜先灭蜀,三年之后,因巴蜀顺流之势,水陆并进”,[③]以此灭亡东吴的战略方针。代魏之后,晋武帝继续执行乃父的这一方针,并采纳魏太尉邓艾“宜厚刘禅以致孙休,安士民以来远人”[④]的怀柔政策,封刘禅子孙及群臣为侯爵,褒奖蜀汉名臣诸葛亮父子,并任用诸葛亮之孙诸葛京为官。又叙用蜀汉大臣蒋琬、费祎等人的子孙入朝任职,以“慰巴蜀之心”,而“倾吴人之望”,[⑤]以求达到对吴人的政治攻心作用。

晋泰始五年(269),晋武帝为加强与孙吴对峙的东南方面的军事力量,任命了尚书左仆射羊祜都督荆州诸军事,镇守襄阳(今湖北襄樊)等一系列人事,这也是为了有利于日后对吴用兵所作出的调整。

泰始八年(272),晋武帝与羊祜暗中谋划伐吴之计。羊祜认为,灭吴一定要凭借上游之势,请求本该入朝任职的益州刺史王濬等人,命其在蜀地修造舟舰,整治水军,以备将来顺流而下直取吴地。晋武帝采纳了这一建议,遂任命王濬监益州诸军事,加龙骧将军,益州刺史如故。后王濬在益州修治战舰,训练士卒,组织了一支强大的水军,为灭吴发挥了重大作用。

咸宁二年(276)羊祜向晋武帝上疏,提出了灭吴的战略谋议。

羊祜首先分析了晋一定能灭吴的依据后,针对吴所依仗的长江天险,说:“凡以险阻得存者,谓所敌者同,力足自固。苟其轻重不齐,强弱异势,则智士不能谋,而险阻不可保也”。[⑥] 他将吴与蜀汉比较,并参照敌我形势说:“今江淮之难,不过剑阁。山川之险,不过岷汉。孙晧之暴,侈于刘禅。吴人之困,甚于巴蜀。而大晋兵众,多于前

① 葛洪:《抱朴子·吴失篇》。

② 《三国志·魏书》卷二八《邓艾传》,中华书局 1982 年版,第 777 页。

③ 《晋书》卷二《文帝纪》,中华书局 1974 年版,第 38 页。

④ 《三国志·魏书》卷二八《邓艾传》,中华书局 1982 年版,第 780 页。

⑤ 《晋书》卷九一《儒林·文立传》,中华书局 1974 年版,第 2347 页。

⑥ 《晋书》卷三四《羊祜传》,中华书局 1974 年版,第 1018 页。

世。资储器械，盛于往时。今不于此平吴，而更阻兵相守，征夫苦役，日寻干戈，经历盛衰，不可长久，宜当时定，以一四海”。[①] 接着，羊祜又根据晋吴军事形势提出了具体的作战方略：“今若引梁益之兵水陆俱下，荆楚之众进临江陵，平南、豫州，直指夏口，徐、扬、青、兖并向秣陵，鼓旆以疑之，多方以误之，以一隅之吴，当天下之众，势分形散，所备皆急。巴汉奇兵出其空虚，一处倾坏，则上下震荡。”[②]最后他分析了吴国内部情况：“孙晧恣情任意，与下多忌，名臣重将不复自信，是以孙秀之徒皆畏逼而至。将疑于朝，士困于野，无有保世之计，一定之心。平常之日，犹怀去就，兵临之际，必有应者，终不能齐力致死，已可知也。其俗急速，不能持久，弓弩戟楯不如中国，唯有水战是其所便。一入其境，则长江非复所固，还保城池，则去长入短。而官军悬进，人有致节之志，吴人战于其内，有凭城之心。如此，军不逾时，克可必矣。”[③]

羊祜此疏，从敌我双方经济、政治和军事各方面因素出发，全面论证了晋必能灭吴的道理，其中所规划的具体用兵方略，经事实证明，完全在后来的灭吴战争中被晋武帝所采纳。

羊祜镇守荆州多年，与吴直接相邻。平时“缮甲训卒，广为戎备”。在与吴人的关系中，他采取对吴人分化瓦解的怀柔政策，“开布大信，(吴人)降者欲去皆听之”。他平时游猎，止于晋地，若有禽兽先为吴人射中而为晋军所得者，皆送还吴人。同时，他还施用巧计，使吴人罢置离襄阳七百余里的石城守备，由此晋军减去巡逻士卒的一半，用以垦田，大获其利，几年后粮食有十年之储。这一切都为灭吴做了充分的准备。

至咸宁四年(278)正月，羊祜因病入朝，又向晋武帝面陈伐吴之计。晋武帝以其患病，使张华问其筹策。羊祜说：“吴人虐政已甚，可不战而克。混一六合，以兴文教，则主齐尧舜，臣同稷契，为百代之盛轨。如舍之，若孙晧不幸而没，吴人更立令主，虽百万之众，长江未可而越也，将为后患乎。”[④]张华对此深表赞同。不久，羊祜去世，临终前推荐了与其谋议相合的杜预代任其职。晋武帝即以杜预为镇南大将军，都督荆州诸军事，代羊祜镇守襄阳。杜预在朝臣中力主伐吴，到职后继续推行对吴人实行分化离间的策略，为伐吴做准备工作。

咸宁五年(279)晋益州刺史王濬上疏：“孙晧荒淫凶逆，荆扬贤愚无不嗟怨。且观时运，宜速征伐。若今不伐，天变难预。令晧卒死，更立贤主，文武各得其所，则强敌也。臣作船七年，日有朽败，又臣年已七十，死亡无日。三者一乖，则难图也，诚愿陛

①② 《晋书》卷三四《羊祜传》，中华书局 1974 年版，第 1018 页。

③ 《晋书》卷三四《羊祜传》，中华书局 1974 年版，第 1019 页。

④ 《晋书》卷三四《羊祜传》，中华书局 1974 年版，第 1021 页。

下无失事机。"[①]晋武帝览疏后，决议即可伐吴。但朝廷重臣贾充等固谏不可进兵。又因孙皓派军北上，于是朝廷更议第二年伐吴。杜预一听延缓进军，又上表奏请："凡事当以利害相较，今此举十有八九利，其一二止于无功耳。其言破败之形亦不可得，直是计不出己，功不在身，各耻其前言，故守之也。自顷朝廷事无大小，异意锋起，虽人心不同，亦由恃恩不虑后难，故轻相同异也。昔汉宣帝议赵充国所上，事效之后，诘责诸议者，皆叩头而谢，以塞异端也。自秋已来，讨贼之形颇露。若今中止，孙皓怖而生计，或徙都武昌，更完修江南诸城，远其居人，城不可攻，野无所掠，积大船于夏口，则明年之计或无所及。"[②]疏到之时，武帝正与张华围棋。张华也说："陛下圣明神武，朝野清晏，国富兵强，号令如一。吴主荒淫骄虐，诛杀贤能，当今讨之，可不劳而定。"[③]武帝这才下了伐吴的决心。

咸宁五年(279)冬十一月，晋大举伐吴，沿长江上下六路出兵。一路由镇军将军琅邪王司马伷率领出涂中(今安徽滁州)，一路由安东将军王浑率领出江西(今安徽和县一带)，一路由建威将军王戎出武昌(今湖北鄂城)，一路由平西将军胡奋率领出夏口(今湖北汉口)，一路由镇南大将军杜预率领出江陵(今湖北江陵)，最西一路由龙骧将军王濬率领，从蜀顺江而下。六路大军共二十多万。但总领六路大军的却是始终反对伐吴最力的贾充。

在六路大军中，王濬一路作战最勇猛。吴军曾在西陵(今湖北宜昌)以西吴晋两国交界处，用铁索和铁锥把长江的水底、水面都封锁起来。王濬到后，破除了障碍，顺江而下。加上江陵、夏口、武昌诸路大军的胜利，晋军很快就三路大军到达建业，孙皓见此形势，从薛莹、胡冲等人建议，分遣使者向晋军投降。吴使者先将玺绶送于晋镇东将军、琅琊王司马伷，但王濬进展神速，至太康元年三月十五日，其军"戎卒八万，方舟百里"，攻入建业。孙皓只得投降，吴亡时有户五十二万三千，吏三万二千，兵二十三万，男女口二百三十万。[④] 差不多比蜀多一倍。孙吴的灭亡，结束了自黄巾起义以来的分裂局面，三国鼎立局面也最终为西晋所统一。

---

① 《晋书》卷四二《王濬传》，中华书局 1974 年版，第 1208 页。

②③ 《晋书》卷三四《杜预传》，中华书局 1974 年版，第 1029 页。

④ 《三国志·吴书》卷三《孙皓传》注引《晋阳秋》，中华书局 1982 年版，第 1177 页。

第二章　魏吴分治下徐、扬地区的经济

三国时期，由于魏吴统治者的重视，江苏地区的经济得到了一定的发展，主要表现在屯田的垦辟，水利设施的兴建，手工业技术的提高，商业的繁荣，以及对外经济交流的发展等方面。

第一节　魏治下的徐州经济

一　屯田

曹操在迎汉献帝于许昌前后，于建安元年（196）大力推行募民屯田。推行屯田有着深刻的原因：

东汉末年，天下大乱，加上天灾，使得北方人口锐减，土地荒芜，粮食匮乏，“自遭丧乱，率乏粮谷”。[①] 军阀混战的加剧，使得他们在战争期间经常出现无粮可食的局面。曹操也有这样的遭遇，兴平元年（194）曹操与吕布大战于濮阳，时值蝗灾，交战双方粮食皆尽，不得不各自引军退还。曹操后虽得到程昱“略其本县”，并“杂以人脯”的接济，但也仅够吃三天。[②] 建安元年（196），曹操迎汉献帝都许，“所将千余人皆无粮。过新郑，（杨）沛谒见，乃皆进乾椹”，才勉强度过难关[③]。同时，曹操也借此安置了由于战乱而背井离乡的破产农民，曹操镇压黄巾起义时，收“降卒三十余万，男女百余万口”[④]，如何安置这数量庞大的流民，成为摆在曹操面前重要的问题。再加上大量荒地成为国有土地，这都使得屯田成为可能。

早在董卓之乱刚刚平定，曹操为兖州牧之时，治中从事毛玠就向曹操提出“修耕

① 《三国志·魏书》卷一《武帝纪》注引《魏书》，中华书局 1982 年版，第 14 页。

② 《三国志·魏书》卷一四《程昱传》注引《世语》，中华书局 1982 年版，第 429 页。

③ 《三国志·魏书》卷一五《贾逵传》注引《魏略列传》，中华书局 1982 年版，第 485 页。

④ 《三国志·魏书》卷一《武帝纪》，中华书局 1982 年版，第 9 页。

植，畜军资”，[①]曹操敬纳其言，可能已经付诸实践，因为曹操当时刚刚夺取青州，并俘获大量黄巾军。韩浩也曾建言曹操“当急田”，[②]曹操也以之为善。正是在亲身体验到毛玠、韩浩等人经验的基础上，曹操于建安元年(196)，“是岁用枣祗、韩浩等议，始兴屯田”，“乃募民屯田许下，得谷百万斛”。[③] 任命任峻为典农中郎将，枣祗为屯田都尉。“军国之饶，起于枣祗而成于(任)峻”。[④] 后曹操“欲广置屯田，使(国)渊典其事。渊屡陈损益，相土处民，计民置吏，明功课之法，五年中仓廪丰实，百姓竞劝乐业。”[⑤]曹操迎天子，行屯田，在政治和经济上双管齐下，抓住了建立霸业的关键。正是通过广行屯田，成为曹操最终统一北方的经济基础。

曹魏的屯田区域经历了由个别地区向各郡县扩展的过程。起初，曹操屯田的区域仅仅局限在许下附近，当时北方各地割据势力尚未扫除，加上“新募民开屯田，民不乐，多逃亡”，[⑥]使得屯田扩展受到一定程度的限制。自从官渡之战，曹操打败袁绍，进而统一北方、稳固了自己的统治地位后，曹操将屯田扩展到北方各地。屯田自建安元年开始，直到魏元帝景元五年(264)“罢屯田官以均政役，诸典农皆为太守，都尉皆为令长”，几与曹魏统治相始终。[⑦]

屯田分为民屯和军屯两种形式。所谓民屯，就是采取徙民、募民或吸收流民等方法，用军事编制将其固定在土地上进行耕种，政府租给土地，给予耕牛，劳动者按一定的比例上交租税和服役。

反映徐州民屯的资料大多为侧面提及。如《三国志·魏书·吕虔传》：“襄贲校尉杜松部民炅母等作乱，与昌豨通。太祖以虔代松。”

对这条史料进行辨析。襄贲属于徐州。[⑧] 昌豨，一名昌霸。[⑨] 则同臧霸一样，是徐州豪霸势力之一，同臧霸、孙观、吴敦、尹礼等一起在泰山为盗，[⑩]后多次反叛曹操，故诸葛亮曾有言“曹操五攻昌霸不下”。[⑪] 能够体现屯田的关键在“部民”，根据《邓艾

---

① 《三国志》卷一二《魏书·毛玠传》，中华书局1982年版，第375页。

② 《三国志》卷九《魏书·夏侯惇传》注引《魏书》，中华书局1982年版，第269页。

③ 《三国志》卷一《魏书·武帝纪》，中华书局1982年版，第14页。

④ 《三国志》卷一六《魏书·任峻传》及改卷注引《魏武故事》，中华书局1982年版，第489页。

⑤ 《三国志》卷一一《魏书·国渊传》，中华书局1982年版，第339页。

⑥ 《三国志》卷一一《魏书·袁涣传》，中华书局1982年版，第334页。

⑦ 《三国志》卷四《魏书·三少帝纪·陈留王奂纪》，中华书局1982年版，第153页。

⑧ 《后汉书》卷一一一《郡国三》，中华书局1965年版，第3458页。

⑨ 《资治通鉴》卷七一《魏纪三》太和二年十一月条下胡三省注。

⑩ 《三国志》卷一《魏书·武帝纪》，中华书局1982年版，第11页。

⑪ 《三国志》卷三五《蜀书·诸葛亮传》注引《汉晋春秋》，中华书局1982年版，第923页。

传》注引《世语》说"邓艾少为襄城典农部民",部民实为对屯田民的称呼。[1]

真正在徐州得以大力推广的是军屯。军屯从广义上说就是统治者组织将领驻扎地一面戍守,一面耕种。三国志《魏书》载魏文帝曹丕在上文提到的对吴战争、巡行广陵之时,曾于马上为诗记述徐州军屯经营情势:"兴农淮、泗间,筑室都徐方。量宜运权略,六军咸悦康。"[2]曹魏的军屯和民屯大致同时出现。

《三国志·蒋济传》载魏明帝景初年间(237—239),蒋济曾上疏云:"二贼未诛,宿兵边陲,且耕且战,怨旷积年。"[3]二贼指吴、蜀两国,"边陲"则是指魏与吴、蜀交界的徐、扬、荆、豫、雍、凉等州,"怨旷积年"则说明将领和士兵在边境已耕战多年。根据史料反映,在边陲的主要有幽州军屯、青徐军屯、以及荆豫军屯。青徐军屯主要是防范东吴的,主要在徐州境内。

三国鼎立局面正式形成前后,虽然战争局势趋于缓和,战线相对稳定,三国在边境的摩擦仍时有发生,为防守边陲,由都督率领将士在驻扎地进行屯田,"且耕且守",一边种植,一边戍守,而以戍守为主。

"桓范,黄初中,为洛阳典农中郎将,使持节都督青、徐诸军事,治下邳。与徐州刺史郑歧争屋,引节欲斩歧,为歧奏不直,坐免。"[4]

然则几乎同样的内容在《三国志》中却记载桓范:"明帝时为中领军尚书,迁征虏将军、东中郎将,使持节都督青、徐诸军事,治下邳。与徐州刺史郑岐争屋,引节欲斩岐,为岐所奏,不直,坐免还。"[5]这条史料似乎与上引史料有些许不同。而差别之一的典农中郎将,根据梁刘昭《续汉书》卷二六《百官志》注云:"《魏志》曰,曹公置典农中郎将,秩二千石。……典农校尉,秩比二千石。"清洪饴孙《三国职官表》中对此加以区分:"典农中郎将、校尉分列诸郡国、典农都尉分列诸县也。其或置中郎将,或置校尉,则郡国大小之别。"可见,两者的区分仅在于所治郡国大小之别,其职权同于太守,是曹魏推行屯田的重要职务。这一条或许可以证明,桓范曾担任典农中郎将,并持节到过徐州,只是因为在任不长,而未能在徐州推行军屯。

《三国志·胡质传》载:正始二年(241),胡质迁"迁征东将军,假节都督青、徐诸军事。广农积谷,有兼年之储,置东征台,且佃且守。又通渠诸郡,利舟楫,严设备以待敌。海边无事"。[6]

---

① 《三国志》卷二八《魏书·邓艾传》注引《世语》,中华书局1982年版,第775页。

② 《三国志》卷二《魏书·文帝纪》注引《魏书》,中华书局1982年版,第77页。

③ 《三国志》卷十四《蒋济传》,中华书局1982年版,第451页。

④ 《太平御览》卷六八一《仪式部二·卤簿》,中华书局1960年版,第3037页。

⑤ 《三国志》卷九《魏书·桓范传》注引《魏略》,中华书局1982年版,第277页。

⑥ 《三国志》卷二七《魏书·胡质传》,中华书局1982年版,第742页。

将桓范胡质对举来看,军屯主要由都督掌管军屯,所谓"都督",就是"都督某州诸军事"的简称。它初现于魏文帝黄初三年(222),是总管一州或几州的军事的官员,分为使持节、持节、假节等几个级别,多半都带有将军头衔被派往各地。这在以上两则例子都可以略窥端倪。《胡质传》的"且佃且守"亦可看出这种军队的双重使命。

曹魏在徐州地区的军屯,不能不提及魏齐王曹芳正始年间的"邓艾屯田"。邓艾,少时为稻田守丛草吏,亦尝任典农纲纪、上计吏等地方农业官吏,谙熟农业,熟悉屯田事务。正始初受命两淮,主要在于大兴屯田。邓艾开辟的石鳖屯,在唐宋的历史地理典籍中有所记载。唐杜佑《通典》卷一八一"汉平安县地。魏邓艾筑石鳖城,在今县西八十里,以营田也"。[①] 平安县即江苏宝应县。

同时代的《太平寰宇记》对此也有所记载:

"邓艾庙在白水陂上,去县南一百二十里,艾于此处置屯田四十九所,其陂东西长三十五里,去县一百屯。"[②]

这在南宋王象之《舆地纪胜》、明代《嘉靖宝应县志略》、明末清初顾炎武的《天下郡国利病书》和顾祖禹的《读史方舆纪要》、清代《嘉庆重修一统志》、王锡元编修的《盱眙县志稿》都有著录,但都因时代与三国相隔已远,基本内容也与上述内容大同小异[③]。据王鑫义先生考证,"邓艾经营的石鳖屯田,大约分布于江苏盱眙、金湖、宝应、洪泽、淮安五县境内"。[④]

二　水利

曹魏统治徐州时期,兴建了不少水利设施。

睢阳渠。《魏志·武帝纪》载:建安七年(202)春正月"公军谯……遂至浚仪,治睢阳渠。"睢阳渠是在睢水河的基础上修治的。睢水河是古代鸿沟的支派之一,于浚仪县(今开封市)从鸿沟(即狼荡渠)分出东流,经雍丘(今河南杞县)、襄邑(今河南略县)北,宁陵(今河南宁陵)、睢阳(今河南商丘)南,至下相(今江苏宿迁)注入泗水。经泗水可北通徐州下邳(今江苏睢宁县古邳镇),南下广陵(今江苏扬州)。这无疑有利于

---

① 《通典》卷一八一《州郡十一·楚州淮安郡·安宜县》。

② 《太平寰宇记》卷十六《河南道·泗州·临淮县》。

③ 见《舆地纪胜》卷三九《淮南东路·楚州》、卷四三《淮南东路·高邮郡》、卷四四《淮南东路·盱眙军》;《嘉靖宝应县志略·地理志》;《天下郡国利病书》卷二六《江南十四》;《读史方舆纪要》卷二一《江南三·凤阳府·泗州·盱眙县》、卷二二《江南四·淮安府·山阳县》、卷二三《扬州府·高邮州·宝应县》;《嘉庆重修一统志》卷九四《淮安府二》、卷九六《扬州府一》和卷九七《扬州府二》;《吁盱县志稿》卷二《山川》、卷十一《古迹》等。胡三省也曾在《资治通鉴》卷一六八陈文帝天嘉元年,注"石鳖屯"云"杜佑曰,石鳖,在楚州安宜县西八十里,邓艾筑城于此,作白水塘,北接连洪泽,屯田一万三千顷"。

④ 王鑫义:《曹魏淮河流域屯田述论》,《安徽大学学报》(哲学社会科学版)2000年第5期。

当地农业灌溉。

郑陂。《三国志·魏书·郑浑传》：

文帝即位，为侍御史，加驸马都尉，迁阳平、沛郡二太守。郡界下湿，患水涝，百姓饥乏。浑于萧、相二县界，兴陂遏，开稻田。郡人皆以为不便，浑曰："地势洿下，宜溉灌，终有鱼稻经久之利，此丰民之本也。"遂躬率吏民，兴立功夫，一冬间皆成。比年大收，顷亩岁增，租入倍常，民赖其利，刻石颂之，号曰郑陂。

爱敬陂，据《太平寰宇记》卷一二三《淮南道·江都县》载："爱敬陂，在县西十五里。魏陈登为广陵太守，初开此陂，百姓爱而敬之，因以为名，亦号陈登塘。"可见此陂为陈登初建，惠泽百姓，其效果亦佳。

邓艾在当时徐州主持开通了一些水利设施，虽然《三国志》和《晋书》两部正史没有记载，但也是有据可查的。

据宋王象之《舆地纪胜》中记载了不少《元和郡县志》佚文：

白水陂。《元和郡县志》：在宝应县西八十里，邓艾所立。

《元和郡县志》：宝应县下有泉陂，邓艾所立，西与盱眙县破釜塘相连，开八水门。

军山。《元和郡县志》云，在盱眙县北六里……邓艾所营，堰涧为塘，以溉稻田。[①]

邓艾主持修建的白水陂（即白水塘）是一个"东西长三十五公里，周回百二十里"的蓄水灌溉工程。白水塘的周围设置八个水门，以便引水灌溉，灌溉半径可达二十里。[②]

三　中渎水道[③]

三国时期，淮河流域作为南北势力争夺的中心地区之一，南北政权都重视通往淮

---

① 分别出自《舆地纪胜》卷三九《淮南东路·楚州·景物下》、同卷《淮南东路·楚州·风俗形势》及卷四四《淮南东路·盱眙军·景物上》。

② 王鑫义：《曹魏淮河流域屯田述论》，《安徽大学学报》（哲学社会科学版）2000年第5期。

③ 本部分论述，对田余庆先生的《汉魏之际的青徐豪霸问题》多处引用，此文载《历史研究》1983年第3期，后收入《秦汉魏晋史探微》，中华书局1993年版，后于2004年出版重订本。

河流域的水道，使长江、黄河间的水路交通进一步拓展。连结长江与黄河两大水系的水道，以淮河为中心，淮河以北利用从河南、山东东南入淮的颖水、涡水、泗水等河流及附近湖泊，通过人工建造的堰渠调蓄水源，以达黄河；淮河以南则利用人工渠道沟通湖泊与河道，与长江相通。中渎水道的修治，是这一时期较为突出的水利工程。

通过水路从中原出发到江南地区，一般说来，或由颖水入淮，顺流至寿春；或由涡水入淮，溯流至寿春。寿春以南，则傍芍陂，沿肥水，转入巢湖，即可越湖入江，抵达江南。而黄初五年、六年的两次广陵之役，魏国的进军路线，则是由颖水或涡水入淮后，顺流东下，过泗口（泗水入淮处），至淮阴，然后循中渎水南行，至长江北岸的广陵故城。广陵故城是西汉广陵国以及建安以前东汉广陵郡治所在（建安初年广陵郡一度移治射阳），淮阴则是魏广陵郡治所在。

中渎水古名邗沟。《左传》哀公九年："吴城邗，沟通江淮。"杜预注谓"通粮道也"。《水经》卷三十《淮水》注："昔吴将伐齐，北霸中国，自广陵城（按指广陵故城）东南筑邗城，放下掘深沟，谓之韩江，亦曰邗溟沟。"这说明江淮之间的水道早已沟通，而广陵则是吴会经江淮与中原交通所经之地。此后，邗沟之名演变为沟通江淮的大水道的名称，相当于以后的中渎水，不仅指广陵城下一段人工河道。西汉吴楚七国之乱之时，周亚夫在平乱战争中不救梁国之危，而用轻骑奔袭泗口（西汉时的泗口在今江苏洪泽县境）以断吴王濞粮道。[①] 说明西汉时由吴入中原仍旧取道广陵，也说明其时中渎水道仍旧可通。七国之乱以后到东汉时期，中渎水道情况不见于历史记载，大概是淤塞不通了。

黄初六年之役，据《魏志·蒋济传》，济上表谓广陵"水道难通，又上《三州论》以讽帝，帝不从"。[②] 经田余庆先生依据清人刘文淇《扬州水道记》卷一引《水经·淮水注》，"陈敏穿沟"作"陈登穿沟"，认为改《水经·淮水注》陈登则近情理。[③]

而根据《三国志·魏书》记载，陈登，徐州下邳人，建安初年，"州牧陶谦表登为典农校尉，乃巡土田之宜，尽凿溉之利，杭稻丰积。奉使到许，太祖以登为广陵太守。"[④]《太平寰宇记》、《读史方舆纪要》等典籍中不乏他在广陵江都时在水利事业上的建树。[⑤] 当时广陵太守驻射阳[⑥]，接近中渎水入淮之处，为江淮之间的交通要冲。由射

① 《后汉书》卷一一一《郡国三·广陵条》有广陵郡东阳县"故属临淮。有长洲泽，吴王濞太仓在此"，中华书局1965年版，第3461页。

② 《三国志》卷一四《魏书·蒋济传》，中华书局1982年版，第451页。

③ 田余庆：《汉魏之际的青徐豪霸问题》，《秦汉魏晋史探微》，中华书局2004年版。

④ 《三国志》卷七《魏书·陈登传》注引《先贤行状》，中华书局1982年版，第230页。

⑤ 见《太平寰宇记》卷一二三，中华书局2007年版；《读史方舆纪要》卷二二、卷二三，中华书局2005年版。

⑥ 《三国志》卷四六《吴书·孙策传》注引《江表传》曰：广陵太守陈登治射阳。

阳南北行，都须循中渎水。而且陈登“在广陵有威名”，“甚得江淮间欢心，于是有吞灭江南之志”，[①]从上述史料判断“陈登穿沟”确实有此可能。

《陈登传》称陈登迁东城太守后，当时“孙权遂跨有江外”。曹操每临大江时也懊悔，“恨不早用陈元龙（元龙，登字）计，而令豕养其爪牙。”[②]曹操思念陈登之切，益见陈登筹划灭吴之功，而穿沟以通中渎水道，据刘文淇《扬州水道记》载：是从樊梁湖北口，穿渠至津湖（即界首湖，在今宝应县济南），再从津湖北凿渠百里通白马湖（在今宝应县西北）；直至山阳末口入淮，这就形成了一条比较端直的新运道，史称邗沟西道。曹魏初年，曹丕正是利用这条水道发动对吴的广陵之役的。

但由于中渎水以及与之相连的淮水、泗水，作为水道的不稳定，又受季节和雨水等条件的限制，水量有盈有缩，大规模的舰队通行更为困难。《魏志·蒋济传》，黄初六年冬“车驾幸广陵……战船数千皆滞不得行”就是典型例子。[③] 改道后的中渎水，在以后的三国时期发挥了颇大的政治、经济和军事效用。吴太平元年（256），吕据、唐咨等军自江都入淮泗以伐魏，曾利用过这条水道。[④] 两晋时期的史料也对此有所涉及，祖逖、桓温、刘裕等人从江南经略中原，都曾由此道北出。但对南下平江南的北方统治者来说，从此渡江却并非易事。《读史方舆纪要》曾据陆游《入蜀记》“采石江面比瓜洲为狭”之说道：“古来江南有事，从采石渡者十之九，从京口渡者十之一，盖于江面狭于瓜洲也。”[⑤]

中渎水道，使得从中原到江南的水道更为便捷。中渎水流经这两地之间，沟通淮水与长江，[⑥]而这也成为隋统一以后开凿的大运河之一段。

本部分通过对东汉末年到曹魏的史籍的爬梳与整理，对这一时期徐州的经济概况、运河的开凿以及屯田水利等文献的比对分析，做了浅显的介绍，尤其是对曹魏时期徐州的军屯和水利建设做了分析。可以说，东汉末年徐州的农业经济还是很不错的。《三国志·魏书·陶谦传》载：“是时，徐州百姓殷盛，谷米封赡，流民多归之。”注引《先贤行状》云：“州牧陶谦表登为典农校尉，乃巡土田之宜，尽凿溉之利，粳稻丰积。”注引《吴书》录陶谦兴平二年（195）上献帝书称：“臣前调谷百万斛，已在水次，辄兵卫送。”在陶谦执政时期，徐州是一个盛产粮食的地方。但之后由于曹操、刘备、吕布等多年的争夺而导致人口的锐减与外迁，使得徐州的经济已无复当年盛景。到了

---

① 《三国志》卷七《魏书·陈登传》注引《先贤行状》，中华书局 1982 年版，第 229 页、230 页。

② 《三国志》卷七《魏书·陈登传》注引《先贤行状》，中华书局 1982 年版，第 230 页。

③ 《三国志》卷十四《魏书·蒋济传》，中华书局 1982 年版，第 451 页。

④ 《三国志》卷四八《吴书·三嗣主传·孙亮传》，中华书局 1982 年版，第 1153 页。

⑤ 《读史方舆纪要》卷二五，中华书局 2005 年版。

⑥ 田余庆：《汉魏之际的青徐豪霸问题》。

曹魏时期，徐州是当时与东吴争夺的前哨阵地，在战争的背景下，徐州成为曹魏在边陲军屯的重要基地之一，水利设施也比较广的在徐州辖境内得以兴建，这都促进了徐州当地经济的发展（参见下图）。

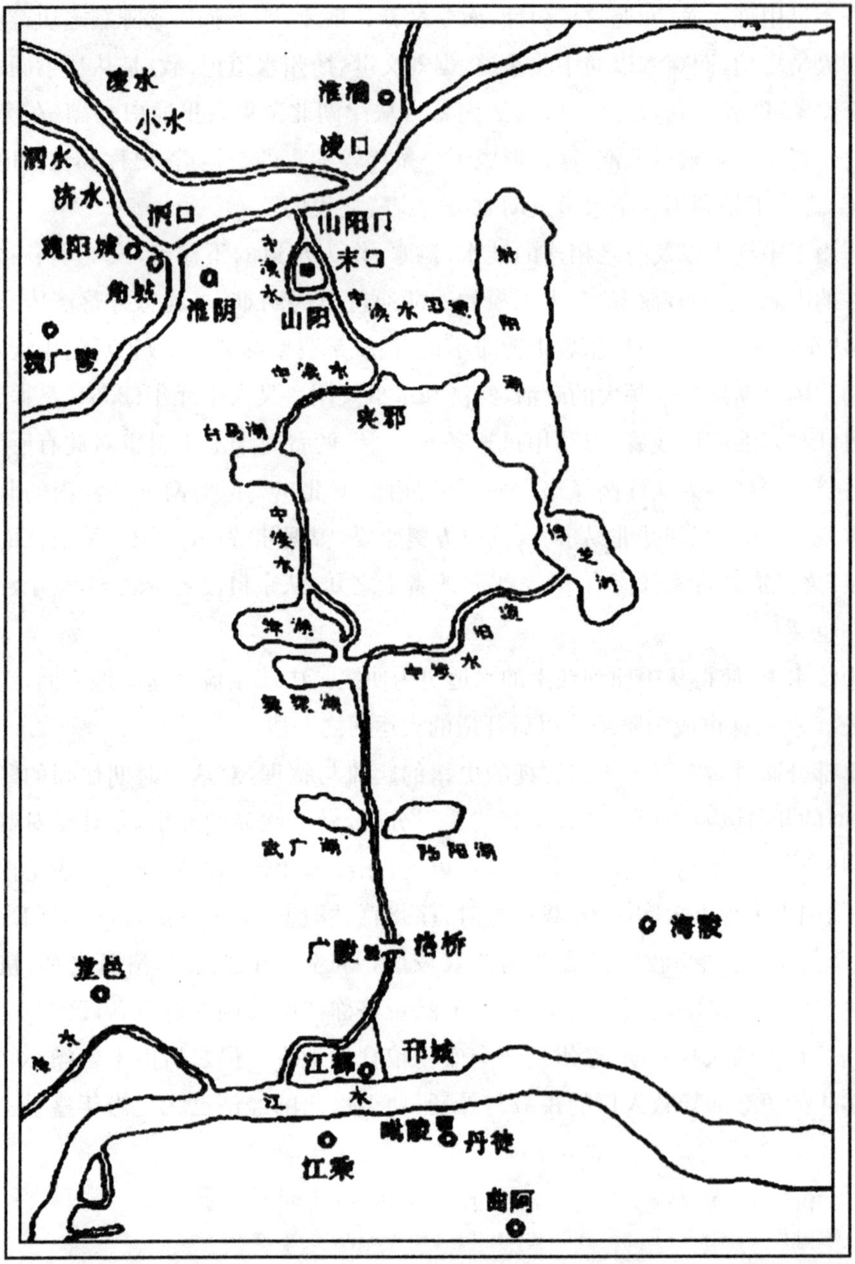

中渎水域示意图（据杨守敬《水经注图》）

第二节　吴治下的扬州经济

三国时期，江苏南北分属吴、魏政权，徐州的经济在魏国治理下，得到了一定的恢复和发展。孙权作为“聪明仁智，雄略之主”，[①]也同样强调重农。孙权早在黄武五年(226)就“令诸将增广农亩”。[②] 赤乌三年(240)又下诏：“当农桑时，以役事扰民者，举正以闻。”[③]孙权统治时期，屡次下令颁诏，强调务农之本，宣传农业的极端重要性，而且农业成为国家对各级官吏进行考核、奖赏的重要标准，因此各地官员也都“独修务本之业”，[④]对农业发展不遗余力，极为重视。这些措施使得孙吴扬州地区的经济得到了较快发展。

一　扬州的屯田

东吴立国于江东，其疆域包括淮南、长江中下游平原及以南的广大地区。江淮一带是东吴与曹魏之间长期交锋互相争夺的前沿地区，战争连绵，“徐、泗、江、淮之地，不居者各数百里”。[⑤] 江南才是东吴的腹心地区，人力、物力、财力的主要供应基地。这一地区，经过东汉初期的初步开发，那种“地广人稀”，“或火耕水耨”，“无积聚而多贫”[⑥]的落后状态开始发生变化。但直到东汉末，江南地区的经济开发尽管取得了一些进展，然而幅度仍然不大，除了沿江沿湖的若干点外，大部分还停留在“火耕水耨”，兼“以渔猎山伐为业”[⑦]的阶段，未能从根本上改变农业经济的原始面貌。

为了改变落后面貌，能与魏蜀抗衡，东吴当务之急是采取有效措施，大力发展农业经济，以建立足与割据性政治中心相适应的比较雄厚的经济基础。在当时的历史条件下，只有推行屯田制这种劳动密集管理严格的生产组织形式与土地经营形势，才可能取得这样的效果。可以说，这正是东吴统治集团决定广置屯田的一个重要原因。

孙吴开始屯田，是孙权掌政以后的事，具体时间约在建安七、八年之际。《吴志·陆逊传》云：“孙权为将军，逊年二十一，始仕幕府，出为海昌屯田都尉，并领县事。是

① 《三国志》卷四七《吴书·吴主传》，中华书局 1982 年版，第 1121 页。

② 《三国志》卷四七《吴书·吴主传》，中华书局 1982 年版，第 1123 页。

③ 《三国志》卷四七《吴书·吴主传》，中华书局 1982 年版，第 1126 页。

④ 《三国志》卷一六《魏书·杜畿传附杜恕传》，中华书局 1982 年版，第 489 页。

⑤ 《三国志》卷五一《吴书·孙韶传》，中华书局 1982 年版，第 1216 页。

⑥ 《史记》卷一二九《货殖列传》，中华书局 1959 年版，第 3270 页。

⑦ 《汉书》卷二八《地理志》，中华书局 1962 年版，第 1666 页。

时连年亢旱,逊开仓谷以振贫民,劝督农桑,百姓蒙赖。”有关江东的屯田以这条为最早。按陆逊卒于赤乌八年(245),年六十三,则当生于光和六年(183)。建安七年(202)年二十一,参与孙权幕府。这是孙权掌政的第三年(孙权以建安五年为讨虏将军,领吴郡太守)。出为海昌屯田都尉,当在此后不久。考孙权当政之始,割据江东一隅,政权尚未巩固,团结内部,确立统治秩序,成为当务之急。当时的大事,一是“招延俊秀,聘求名士”,充实统治阶级的阵容,一是“镇抚山越,讨不从命”,剿抚兼施,确保地方的治安。打仗需要养兵,就需要解决军粮问题(当时曹操的许下屯田已经推行了七八年,曹操部下扬州刺史刘馥,在淮南屯田,已推行了三四年)。而集中性生产方式的屯田正是解决军粮的有效途径。孙吴的屯田事业,一方面是内部政治、经济上的实际需要,一方面是对敌斗争的需要,它的出现决不是偶然的。①

广置屯田,一需要土地,二需要劳力。江南地区大量荒地尚未开垦,可以开辟为众多的屯田区,土地自然不成问题。江南的人口本不太多,而汉末战乱,北方人口不断南下,使江南随时得到补充。建安十八年(213)江北人民,自庐江、九江、蕲春、广陵民户十余万,大举渡江,江西遂虚。对于江东来说,有安插流民的问题。可是流民多半由大族统率,笼络了各别大族,就笼络了许许多多的人,安插这些人并不困难。团结那些不肯和孙吴政权合作的少数民族山越、武陵夷等等,就不是一件容易的事,和平地召致似乎不可能,孙吴政权采取了武装镇压的办法。征服之后,以强者为兵,羸者补户,战时打仗,平时务农,既解决了兵源问题,也为屯田准备了大量人力。②

屯田地区,最初限于江东一隅。伴随孙吴政权的逐步强化,屯田事业逐步扩大到长江中下游一带。由于对抗强敌和对内镇压的需要,屯田地点的设置,大体上是罗列在长江沿岸和分布在新建立的郡县地区。③

像曹魏一样,孙吴也设有典农校尉或典农都尉专职管理屯田,并规定屯田之人不受郡县管辖。④ 典农校尉地位与郡守相当,典农都尉与县令、长地位仿佛。孙吴在今江苏南部的江乘、湖熟、溧阳等地,都设有典农都尉⑤。这个地区是孙吴最重要的屯田区。

溧阳(在今江苏高淳东南固城镇)。《宋书·州郡志》载:“溧阳令,汉旧县,吴省为屯田。”

---

①②③ 参见陈连庆:《孙吴的屯田制》,《社会科学辑刊》1982年第6期。

④ 《三国志》卷五八《吴书·陆逊传》:“(逊)年二十一……出为海昌屯田都尉,并领县事。”可见,孙吴屯田独立于郡县之外,不受郡县管辖。

⑤ 《宋书》卷三五《州郡一》,中华书局1974年版,第1030页。

于湖(在今安徽当涂南)。《宋书·州郡志》载:“于湖令,晋武帝太康二年分丹阳县立,本吴督农校尉治。”

湖熟(在今江苏南京市南)。《宋书·州郡志》载:“湖熟令,汉旧县,吴省为屯田都尉。”

江乘(在今江苏句容市北)。《宋书·州郡志》载:“江乘令,汉旧县,本属丹阳、吴省为典农都尉。”

赭圻城(在今安徽繁昌西)。《元和郡县志》载:“吴所置屯处。”

毗陵(在今江苏常州市),是东吴规模最大的民屯区。《宋书》卷三十五《州郡志》:“吴时分吴郡无锡以西为毗陵典农校尉。”毗陵西北有建业和京口,东南有吴,吴是孙权最初的屯驻地。建安十三年(208)孙权自吴迁京。建安十六年(211)又自京西都建业(原名秣陵,今南京)。自吴至建业地带既是孙吴政治、经济中心,又当运河北上要道。据《三国志》卷五十二《诸葛瑾附子融传》注引《吴书》载:“赤乌中诸郡出部伍,新都都尉陈表、吴郡都尉顾承各率所领人会佃毗陵,男女各数万口。表病死,权以融代表。”陈表、顾承各自率领的部队及家属各达数万人,说明在毗陵屯田的总人数是很多的。毗陵屯田的重要性也就不言而喻了。[①]

孙吴的屯田始于建安初年,终于被晋灭亡前夕,历时七十余年,范围广,规模大。这一时期在扬州的屯田规模是相当大的。军屯方面,在皖城的屯田,有稻田四千余顷。[②] 江北屯田的兵士,有数千家。[③] 可见内定北军屯规模之大。民屯的规模亦不小,除上述毗陵屯外,又如永安六年(263),“丞相(濮阳)兴建,取屯田万人以为兵。”[④]可见这些屯田之人原本不是兵士,现在招募为兵,可见他们原来是从事民屯耕作的。再者,从民屯中抽调出一万人,应该不会给当时的屯田造成很大影响,可见,孙吴民屯的人数是颇为可观的。晋兴起后,孙吴依然在扬州地区进行屯田,“泰始中……(浑)迁安东将军,都督扬州诸军事,镇寿春。吴人大佃皖城,图为边害。浑遣扬州刺史应绰督淮南诸军攻破之,并破诸别屯,焚其积谷百八十余万斛,稻苗四千余顷,船六百余艘。”[⑤]可见,即便在政治腐败,国力衰落的晚期,孙吴也是十分重视屯田的。

苏南的屯田,不只为了供应军粮,也有巩固国本、支援四方的作用。[⑥]

孙吴的屯田分为军屯与民屯,这一点与曹魏相似,但在很多具体方面与曹魏又有

---

① 马植杰:《三国史》,人民出版社 1993 年版,第 293 页。

② 参见《晋书》卷四二《王浑传》,中华书局 1974 年版,第 1202 页。

③ 参见《三国志》卷二六《魏书·满宠传》,中华书局 1982 年版,第 723 页。

④ 《三国志》卷四七《吴书·吴主传》,中华书局 1982 年版,第 1146 页。

⑤ 《晋书》卷四二《王浑传》,中华书局 1974 年版,第 1202 页。

⑥ 马植杰:《三国史》,人民出版社 1993 年版,第 293 页。

一定的差异。孙吴的屯田在领兵制、复课制和奉邑制的作用下，其本质是大族对土地和劳动力的分割。屯田的形式上是国有制，但实际上为大地主私有制。诸将领的权力日益增大，实力渐渐变强，表现出的离心力越来越大，分裂割据的意识越来越强，这不利于国家对屯田发展的统一规划。因而，孙吴这一时期屯田的效果不及曹魏。

孙吴的屯田效果虽不及曹魏，但可以肯定的是，孙吴的屯田也颇为盛行的。孙吴在扬州推行屯田，不但安置了大量流民，还增强了物质基础，增强了军事实力，使农业生产面貌较汉末焕然一新。

二　扬州的水利

扬州是孙吴政权经济发展的核心地区，因而受到统治者的高度重视，水利建设呈现出如火如荼的态势。修建各类水利工程多处，其中规模较大，作用较为明显的有：

东兴堤：《三国志》卷六四《诸葛恪传》载："(孙)权黄龙元年(229)迁都建业，二年，筑东兴堤，遏湖水。后征淮南，败以内船，由是废不复修。恪以建兴元年(252)十月，会众于东兴，更作大堤，左右结山侠筑两城，各留千人，使全端、留略守之，引军而还。魏……命大将胡遵、诸葛诞等率众七万，欲攻围两坞，图坏堤遏。"又《三国志》卷四《齐王芳纪》注引《汉晋春秋》曰："孙权筑东兴堤以遏巢湖"。由上可见，孙吴大规模的修筑东兴堤前后有两次，其目的不仅是为了发展农业，还具有一定的军事作用。

建安十七年(212)，孙权在濡须水建坞，名"濡须坞"。此坞是因濡须水西出巢湖东入江水，孙权为阻止曹军的南侵而建。又因这里以水为险的建筑物状如偃月，故又称"偃月城"(今安徽巢湖市东南四十里)。

濡须水入江之口，称栅江口。栅江口有两座山，濡须山在和州界(今安徽和县)，谓之曰"东关"；七宝山在无为(今安徽无为)军界，谓之曰"西关"。两山对峙，中为石梁，凿石通水。东关南岸，孙吴筑城；西关北岸，曹魏置栅。

东兴堤的修建，是孙吴在东关作大堤，以遏巢湖。杨守敬曰："东兴，地高峻险狭，实守扼之所，故天下有事必争之地。"《水经注》卷二九《沔水注》曰："江水自濡须口又东，左会栅口。水导巢湖……并故东关城也。昔诸葛恪帅师作东兴堤，以遏巢湖，傍山筑城，使将军全端、留略等，各以千人守之。"足见东兴堤在军事上的突出作用。

东渠：《建康实录》卷二《太祖下》云，赤乌四年(241)"冬十一月，记凿东渠，名青溪，通城北堑潮沟。"谢钟英《补三国疆域志补注》载《方舆纪要》："上元县东六里，溪发源钟山，下入秦淮。吴赤乌四年凿，东渠通北堑，以泄玄武湖水，南接于秦淮，逶迤十五里，名曰'青溪'。"东渠阔五丈，深八尺，将玄武湖之水倾注于秦淮河。从青溪而西，抵鸡笼山东南，因为受到江潮浸润，所以又称之为"潮沟"。青溪、潮沟，南接秦淮，西通运渎，北通大江。

句容道：《三国志》卷四七《吴主传》载，赤乌八年(245)“遣校尉陈勋，将屯田及作士三万人，凿句容中道”。《建康实录》卷二《太祖下》亦载：“使校尉陈勋作屯田，发屯兵三万凿句容中道，至云阳西城，以通吴、会船舰，号‘破岗渎’，上下一十四埭(“埭”就是横栏渠道的坝)。通会市，作邸阁。仍于方山南截淮立埭，号曰‘方山埭’。”由此可知，句容道即破岗渎。[①] 运河起于小其(今句容东南)，向东穿过山岗，越镇江南境，到云阳西城(今江苏丹阳延陵镇南)。孙权役使三万兵民开凿，可见工程浩大而艰巨。破岗渎全长不过四五十里，因其开通后，河道纵坡仍很陡，只好沿途修建十四个埭。用埭分成梯级，可以蓄水、平水，以保证通航。船过堰时，需拖上坝，再放于相邻段内。拖船上下坝最初用人力，后来用牛拉。破岗渎的埭，是古代文献中关于“埭”的记载中最早的。四五十里内设了十四个，平均三四里路一个。句容道的修通“可避京江之险”，即可以避开长江镇江段的风涛之险。《太平御览》卷七三引《吴录》曰：“句容县，大皇时使陈勋凿开水道，立十二埭，以通吴会诸郡，故船行不复由京口。”可见，这一水利工程的巨大作用。句容道的修建还沟通了江南城市的联系，促进了这一地区的经济发展。

堂邑涂塘：《三国志》卷四七《吴主传》载：赤乌十三年(250)，十一月，“(权)遣军十万，作堂邑涂塘以淹北道。”胡三省在《资治通鉴》卷七五“堂邑涂塘”作注曰：“堂邑县，前汉属临淮郡，后汉属广陵郡，魏、吴在两界之间为弃地。……杜佑曰：‘扬州六合县，春秋楚之棠邑，汉为堂邑。淹北道以绝魏兵之窥建业，吴主老矣，良将多死，为自保之规摹而已。’”又据《三国志》卷二八《王凌传》载：“(嘉平)三年(251)春，吴贼塞涂水。”胡三省曰：“涂水，即堂邑涂塘也。”王厚斋曰：“涂塘即六合县瓦梁堰水，曰‘涂河’。”[②] 由此可见，孙权遣军十万从今六合向西修渠道五十五里，去瓦梁河，其目的是用以断绝北方的交通。但在客观上也促进了当地农业的发展，同时，使交通条件大为改善。

浦里塘：《三国志》卷六四《濮阳兴传》曰：“永安三年(260)，都尉严密建丹杨湖田，作浦里塘。”此塘在今溧水县南二十余里。景帝在修治浦里塘时，“诏百官会议，咸以为用功多而田不保成，唯兴以为可成。遂会诸兵民就作，功用之费不可胜数，士卒死亡，或自贼杀，百姓大怨之。”可见，此工程并未完成，但也是孙吴修筑水利工程的一次举动。

娄湖：《元和郡县图志》卷二五《润州・上元县》曰：“娄湖，县东南五里，吴张昭所

---

① 参见王仲荦：《魏晋南北朝史》(上册)，上海人民出版社1979年版，第102页。王先生认为句容道是“陆上的驿道”。

② 卢弼：《三国志集解》，中华书局1982年版，第626页。

创，溉田数十顷，周回七里。昭封娄侯，故谓之‘娄湖’。”娄湖位于丹阳郡，是这一地区重要的水利工程之一，为太湖平原农业的发展提供了保障。

由上可知，孙吴水利工程大都是围绕都城建业而兴修的。这样一方面有利于加强都城与四周的水路联系，又有利于附近地区的农业生产，以供京城之需，同时，也使江南运河水系的雏型初具规模。此外，诸多水利工程的修建，也是为防御曹军的南侵，保护江南地区，特别是都城建业的安全。利用水利工程作为进攻或防守的手段，是汉末三国时期战争的重要持点之一。有的用水利工程作为防守工具，上述孙权时修建的东兴堤，堂邑涂塘，江陵大堰等都属于这种类型。孙吴水利工程除了为发展农业而建外，还有防御曹军南侵之用，可谓一举两得。

总之，孙吴在扬州地区十分注重水利建设，通过长期的努力，农田的灌溉面积得以扩大，促使耕地面积的增加。这就加速了江南地区农业的发展，为日后经济的繁荣，打下了坚实的基础。

三　扬州农业的发展

经过孙吴数十年的经营，扬州地区的屯田规模和水利事业都有了较大的发展。这就使这一地区农业整体水平较之汉末有了显著的恢复和发展。

三国时期，孙吴扬州地区的水稻种植已经十分普遍。孙吴对于江南稻作业的发展，使水稻种植面积和产量都有大幅度提高。在耕作动力方面，铁犁牛耕技术传到了扬州地区。汉末王景为庐江太守时，“先是百姓不知牛耕，致地力有余而食常不足。”他因此“驱率吏民，修起芜废，教用犁耕，由是垦辟倍多，境内丰给”。[①] 铁犁牛耕技术的传播，使江南结束了“水耕火耨”的原始耕作方式。铁犁牛耕的普遍应用，极大的提高了当地的生产效率，是这一时期扬州地区农业发展的突出表现。

此外，这一时期的农业灌溉也取得了较大成就，产生了一种新的灌溉工具——翻车。所谓翻车，就是东汉末年灌溉用的龙骨车，宦官毕岚就曾“作翻车渴乌，施于桥西，用洒南北郊路，以省百姓洒道之费”。[②] 当时虽用于道路洒水，但比以前用桔槔提灌的效率则大为提高。至三国时期，马钧又在毕岚翻车的基础上进行了多处改进，制成一种新的水车。如《三国志》卷二九《魏书·杜夔传》注云：“时有扶风马钧，巧思绝世。……居京都，城内有地，可以为园，患无水以灌之，乃作翻车，令童儿转之，而灌水自覆，更入更出，其巧百倍于常。”由此可见，翻车结构巧妙，可以接连不断地提水，效率极高，且轻便灵巧，儿童都可使用。翻车的出现是这一时期灌溉技术的重要成就。

① 以上皆见《后汉书》卷七六《王景传》，中华书局 1965 年版，第 2466 页。

② 《后汉书》卷七八《宦者列传·张让》，中华书局 1965 年版，第 2537 页。

与水利灌溉联系紧密的江南地区，必然会吸收和利用这方面的先进技术成果。

由于农业技术的快速发展，使得粮食的单位产量较之汉末大为提高。汉末由于战乱频繁，加之天灾，农业产量很低。仲长统在《昌言·损益篇》中提到："今通肥饶之率，计稼穑之入，令亩收三斛，船取一斗，未为甚多。"[①]可知，"亩收三斛"是当时粮食产量的平均水平。三国时，计量体制与汉代大致相同。汉代容量单位有大斛（石），小斛两种。[②] 大斛一斛约相当于今天的二市斗，小斛约为一点二市斗，每石约合一百五十市斤，亩收三斛，若大斛计约当今六斗，即亩产九十市斤左右，若小斛计约三点六市斗，合五十四市斤，这是就粟而言。如水稻与稗亩产六斛，按大斛约合今一石二斗，合一百八十斤。小斛约合五点二斗，共一百零八斤。

孙吴所占据的扬州部分地区土质好，河流密布，气候又温和湿润，因而稻谷亩产量比北方高。据《三国志》卷六十《钟离牧传》载："（钟离牧）少爰居永兴，躬自垦田。种稻二十余亩。……率妻子舂所取稻得六十斛米。""二十余亩"得米"六十斛"，平均一亩得米近三斛。若出米率以六成计，折算成稻谷每亩五斛多。这个数字，在今天看来应该是可信的。直至吴亡时，仓库尚存米谷二百八十万石。[③] 这个情形同时也反映了淮南和江南地区粮食产量是十分高的。

总之，三国时期，孙吴历经数十年的发展，加之自然灾害的减少，使得扬州地区的农业亩产量比汉末要高的多。

农业经济的发展，使政府对赈灾救荒也非常重视。吴赤乌十三年"八月，丹杨、句容及故鄣、宁国诸山崩，洪水溢。诏原逋责，给贷种食"[④]就是其中显著的例子。

随着农业的逐步恢复，使社会经济得以增长。孙吴治下扬州地区的人口也迅速增加。政府招怀流民，鼓励生育，尽量给人民创造安定的环境，这十分有利于人口的增长。政府在扬州地区大力发展农业，不仅使当地户口数大增，还吸引了曹魏的大量人口南来，使人口迅速增加。南来人口不仅使扬州地区的劳动力大为增加，同时，也带来了先进的生产技术和劳动工具。再者，扬州境内的少数民族——山越，在孙吴的剿抚并用下，也结束了与汉人的对立状态，纷纷走出山林，在"强者为兵，羸者补户"[⑤]的作用下，大量的人口加入到开发扬州地区的行列中来，成为发展该地区农业的一支重要力量。

---

① 《后汉书》卷四九《仲长统传》，中华书局 1965 年版，第 1656 页。

② 高自强：《汉代大小斛（石）问题》，《考古》1962 年第 2 期。

③ 《三国志》卷四八《吴书·三嗣主传》，中华书局 1982 年版，第 1177 页。

④ 《三国志》卷四七《吴书·孙权传》，中华书局 1982 年版，第 1148 页。

⑤ 《三国志》卷五八《吴书·陆逊传》，中华书局 1982 年版，第 1356 页。

农业是我国古代社会决定性的生产部门。农业生产状况的好坏直接关系到民生和国家的兴衰存亡,因而历朝历代都把发展农业当作头等大事来抓,努力督促和组织农业生产,甚至身体力行,以期促进农业发展。如推广生产技术,兴修水利,掌握农时,分配土地,并在一定程度上保护农民对土地的占有权,督促和鼓励农民勉力生产等。与此同时,国家在经济政策上或奉行重农抑商政策,或改行贱商而不抑商政策,其目的都是要保证经济政策向有利于农业发展倾斜。产生于战国时代的重农抑商政策,在商鞅等改革家的推动下,极大促进了秦国经济的发展,为后来秦始皇统一六国奠定了物质基础。但也带来了许多严重后果,实际到秦朝后期,对重农抑商已越来越不产生作用。所以西汉建立后,吸取秦亡的历史教训,一方面大力重农,一方面又实行在政治上贱商、在经济上放纵的宽松政策。这不仅调动了农民的生产积极性,而且也较好地解决了农工商的协调发展问题,使得经济迅速恢复和发展,甚至到武帝即位后达到空前繁荣的程度。这就给后世树立了一个如何重农、如何发展农业的范例和模式。

三国时期,孙吴统治者沿袭前代的重农政策,加之汉末战乱,他们认识到了恢复和发展农业的迫切性。不遗余力的采取各种措施来发展农业。扬州作为孙吴统治的中心地区,受到了特别的重视,一方面为了积聚军粮,增强实力;另一方面也为了展示己方开明的政策,以吸引更多的劳动力。

扬州地区经过了三国时期的恢复与发展,其经济实力日益增强,并带动了手工业、商业等方面的大力发展。使得扬州地区逐步成为江南的经济中心,为东晋南朝立国江南打下了坚实的基础,也为唐代扬州经济的繁荣,以及宋代经济重心的南移准备了条件。

第三节　徐、扬地区的手工业和商业

一　手工业

(一)三国时期手工业概况

三国时期的手工业同秦汉时期一样,可分为官府手工业和民间手工业两大类别。

1. 官府手工业概况

所谓官府手工业是指封建国家直接经营、管理和所有权属于国家的手工业。自秦汉以来,由国家直接经营和管理的官府手工业已属不少,尤其是汉武帝实行盐铁官营之后,诸如采矿、冶铸、煮盐、采铜、铸钱等与国计民生有重大关系的手工业部门不断增多,组织形式和生产规模也日益扩大。三国时期,官府手工业在整个手工业经济中仍占极其重要的地位。

三国时期的官营手工业可以大体分为中央政府直接经营的的手工业、地方政府经营的手工业和中央政府委托地方经营的手工业三种。当然，对这三种官府手工业的类型完全区分开来是不容易的，所以我们基于叙述方面的考虑暂作这样的区分。

三国时期手工业中由中央政府直接经营的部分，是当时官府手工业的基本内容。因其直接服务于皇室及中央政府，所以最受中央政府重视，主要体现在：官吏设置齐全，管理比较正规，人手配备充足，技术力量雄厚，质量要求高。早在东汉建安十八年(213)，主政的曹操就设置了主管和贮存朝廷手工业用品的少府，后来又逐步完善其下属的左中右尚方以及御府等机构，将其辖境范围内的能工巧匠集中起来，专门从事宫廷日常工业品和奢侈品以及兵器的生产，这一情况一直延续到曹魏时期。当时规定，宫廷以外者即使是达官贵族也无资格在尚方获得手工业品。除中央少府、尚方、御府等机构外，曹魏时期还在河北设置冶铁机构，其中包括司金中郎将、司金都尉和监冶谒等职，以主管各地矿冶，制造武器和屯田所需的铁制农具；还设有将作大匠，主要负责修建宫苑、官府、城池、桥梁、墓陵等工程，同时管理土木工程方面的工匠；设司竹都尉、材官都尉等，直接控制铜、铁、金、银等金属矿藏的开采和冶铸，砍伐质量上乘的竹木等基本材料，保证官府手工业机构的材料来源。当时，随着军事行动的频繁和战争规模的不断扩大，对于防御型兵器铠甲的生产也非常重视，出现了专门生产和管理铠甲的机构，负责兵器的生产和管理。与此同时，与曹魏鼎立的蜀汉和孙吴也直接经营着庞大的官府手工业生产。

官府手工业的第二种类型是地方政府经营和管理的官府手工业。以政治区域作为相对独立的资源配置和管理协调的单元，是三国两晋南北朝乃至整个古代社会对于手工业经济资源配置和管理的特点。三国时期，与中央政府直接经营的手工业相对应的地方政府经营的手工业，几乎涉及方方面面，如冶铁、冶铜、采砂、纺织等等。官府招揽能工巧匠成为官工匠，每年定期为官府提供手工业服务。

中央政府直接经营的手工业，因受各种条件的限制，有些产品不是在宫廷乃至京师所能生产的，即使地方政府所在地也不便直接生产，如采矿业就属于此类，只能由政府委派官员从事经营活动。这类手工业的所有权属于中央政府，而经营权则属于中央政府委托。这样就出现了官府手工业的第三种类型，即中央政府委托地方经营的手工业，一般来说，冶铸业、铸币业等都采取这样的生产模式。

官府手工业生产是直接为统治阶级的消费服务的，一般分为生活必需品的生产、奢侈品的生产和公共工程建设等，同时也包括关系到国计民生的盐铁等领域。就一般情况而言，官府手工业的生产是消费型生产而非经营型生产。从官府手工业经营的内容来看,其对当时社会经济的影响大而深远。如"煮海为盐,采山铸钱"[①]在三国时期就比较普遍,这也反映了国家对于涉及国计民生的盐铁资源的控制或直接经营,而这对社会经济的影响是最直接的。相对而言,当时也有一些手工业产品的生产,是为最高统治者及其贵族提供奢侈品,如曹魏时曹植就有银鞍一具。[②] 这种奢侈品除了技术层面上的意义外,对社会财富只是一种浪费。

2. 民间手工业概况

民间手工业是三国时期手工业的基本类型之一。这一时期的民间手工业,无论是在生产部门和工艺技术方面,都较前代有所扩大和提高。但由于国家长期分裂,战乱频仍,加之手工业中封建依附关系的强化,也给民间手工业的发展带来了种种限制。故这一时期的民间手工业的发展是比较缓慢的。这里所指的三国时期的民营手工业特指地主经营的手工业和民间个体工匠所从事的手工业。而家庭副业手工业作为民营手工业特殊的一部分,其生产者包括广大的农民,涉及面也是非常大的。

三国时期地主也经营着一定规模的手工业,其性质也属于自给自足,但与农民的自给自足有着较大的差异,地主所从事的手工业主要不是为了交换,而是为了自己的生活需要,其中包括相当程度的奢侈消费。这里的地主,在一定程度上也包括一些官僚在内。曹魏时期作为"竹林七贤"之一的嵇康和向秀曾经私自锻铁"以自赡给",[③]石苞也"贩铁于邺市"。[④] 这显然属于地主家庭的自给自足性质的手工业经营活动。

个体手工业者所经营的手工业,也是民间手工业的一种表现形式,并在民间广泛存在着。这些独立的手工业者,一部分是从农村中分化出来的个体手工业劳动者,另一部分则是由官府放免的官工匠。他们具有制造某种手工业品的生产技能,拥有简单的生产工具,却没有足够的资金来雇佣工人开办作坊,只能进行个体经营。其中一种情况是手工业者自己进行加工生产,依靠出卖制成品维持生活。如刘备少孤,"与母贩履织席为业"。[⑤] 曹魏时刘寔少贫苦,尝"绳索作牛衣买,手绳口诵"。[⑥] "履""席""绳"都是农产品加工,所用的原料是农副产品。他们生产的目的不是为了自己使用,而是出卖,故而这些都是手工业者从事的商品生产,即专业生产。他们是依靠出卖产品为生计的个体手工业者。还有一种情况是个体手工业者出卖技术和劳动力,依靠

① 《文选》卷五左思《吴都赋》。

② 《初学记》卷二二《鞍》引曹植《上银鞍表》:"于先武皇帝代,敕此银鞍一具,初不敢乘,谨奉上。"

③ 《晋书》卷四九《嵇康传》载:"性绝巧而好锻。宅中有一柳树甚茂,乃激水寰之,每夏月,居其下以锻。""初,康居贫,尝与向秀共锻于大树之下,以自赡给。"中华书局 1974 年版,第 1372—1373 页。

④ 《晋书》卷三三《石苞传》,中华书局 1974 年版,第 1000 页。

⑤ 《三国志》卷三二《蜀书·先主传》,中华书局 1982 年版,第 871 页。

⑥ 《太平御览》卷八二八引王隐《晋书》,中华书局 1960 年版,第 3692 页。

劳动报酬为生。他们没有资金和原料，只能在顾客的原料上加工以获取报酬。还有官工匠在不服役期间，于民间从事个体手工业生产活动的。由于身份的不自由，他们与独立的个体手工业者之间还存在着差距，只是民间个体手工业的一种补充。需要注意的是，作坊手工业本是民间手工业的一种传统组织形式，大多采取前店后坊的形式进行经营。然而，自汉武帝实行盐铁官营之后，诸如采矿、冶铸和煮盐等与国计民生有重大关系的手工业部门，皆为国家所垄断，因而三国时期的作坊手工业在整个民间手工业中的比重也大为下降。

家庭副业手工业是与农业相结合并作为它的副业的个体小农经营的家庭手工业，在民间手工业中，分布最广，从业人数也最多。在家庭手工业中，纺织业是其主要生产部门，而生产者主要是女子，故其组织形式就是传统的男耕女织。家庭纺织业的原料也不外乎丝、麻、棉、毛四大类，而尤以丝、麻两种最为普遍。三国时期由于自然经济的强化，家庭纺织业也显得格外发达。汉代除田租收实物外，人头税算、口、更赋皆征收货币；曹操于建安九年(204)定制，除田租亩收四升外，按户收绢，改征户调："户出绢二匹，绵二斤。"①这一新创的制度，不仅在很大程度上巩固了实物经济的地位，对后世产生了深远影响，而且也标志着封建统治者正式向纺织机进行重点剥削。

三国时期，官府手工业居于主导地位，在很大程度上限制了民间手工业的发展。民间手工业中不但没有汉代那种私人大工商业主，也缺乏大规模的私人作坊。除农民的家庭纺织业外，许多行业都受到了严格的限制甚至是禁止，一些家庭世代相传的独特技艺也随着战乱和时间的消逝而埋没失传。但总体来说，民间手工业仍有一定的发展。

(二) 徐扬地区手工业主要行业的发展

1. 纺织业

魏晋南北朝时期，纺织业是民间最普遍和从业人数最多的手工业。纺织业根据其原料和产品的不同，又可分为丝织业、麻织业、棉织业和毛纺织业四个不同的部门。三国时期，棉织业主要在我国的西南部、南部以及西北地区逐步发展，毛纺织业也在我国西北地区有较大的进步，但在魏吴统治下的徐扬地区，纺织业的主要部门还是传统的丝织业和麻织业。

丝织业以其历史悠久，技术先进，制作精美，而在世界上独树一帜，享有盛誉。三国时期丝织业分为官府丝织业和民间丝织业。占主导地位的官府丝织业主要是由官府设立宫廷丝织作坊或工场，通过招募工匠，或是将没入罪犯之家属及工巧婢隶配少

---

① 《三国志》卷一《魏书·武帝纪》注引王沈《魏书》，中华书局 1982 年版，第 26 页。

府所属的尚方、御府和织室，按照官府所要求的品种、花样进行织造，以满足皇帝后妃的奢侈生活及挥霍享用。如曹魏时就设置有宫廷丝织作坊，织造官练。《三国志·魏志·司马芝传》说，司马芝"迁大理正，有盗官练置都厕上者，吏疑女工，收以付狱"。此女工当是官府丝织业中织造官练的女工。东吴则有配隶犯法妇女的织室。如孙权潘夫人，"父为吏，坐法死，夫人与姊输织室"。[①] 此外东吴也有宫廷丝织业作坊的设置，据孙皓时陆凯上疏称："先帝时，后宫列女及诸织络，数不满百……先帝崩后……更改奢侈，伏闻织络及诸徒坐，乃由数千"[②]。可见吴时官府丝织业规模在迅速扩大，其后宫织女，到末帝时，已由当初的"数不满百"增加到"数千"了。官府丝织业是为了供应宫廷和官府的需要建立起来的，不仅规模庞大，织造精良，而且品种繁多。如曹魏时，统治阶级豪纵淫逸，常服锦绣罗纨等丝织优美之物。《三国志·魏书·夏侯玄传》说："今科制，自公列侯以下，位从大将军以下，皆得服绫锦、罗绮、纨、素、金银镂饰之物。"《全三国文》卷二曹丕《典论》也说："夫珍玩必中国，夏则缣总绡繐，其白如雪；冬则罗纨绮縠，衣叠鲜文。"曹丕称帝时，孙权贡献的丝织品，数量有"盈路"之多；赐给臣下的缯绢也是动辄"千匹"甚至"万匹"。当时衣丝之风已渐南侵，统治阶级竞相服用锦绸。吴时还利用大量的丝绸输出，换取马匹和奇珍异物。

自战国秦汉以来，齐鲁和中原地区的民间蚕桑养殖业就比较发达，是重要的产丝地区。久负盛名的丝织业中心，如齐郡临淄（今山东临淄）、陈留郡襄邑（今河南睢县）等，三国时仍然保持着其传统地位和精湛技艺。后来河北地区的民间丝织业水平也有后来者居上之势。但是，由于徐扬地区的历史记录相对较少，此处不便赘述，而根据相邻地区民间丝织业水平的发展态势来看，徐扬地区的丝织业水平也是有一定发展的。

这一时期的丝织品种类很多，缯帛为其总称。根据制作原料及织造技法的不同，又可分为平纹和提花两大类。平纹织物主要有绢、缣、纱等；提花织物则有素色提花的绫、绮罗，以及彩色提花的锦。生产这些高级精美的丝织品，除了需要具备高超的制造技术之外，纺织机具的改进和发明也具有重要意义。三国时期，魏国出现了一位杰出的纺织工艺家马钧，他在总结前人经验的基础上，成功地将提花机由上百、几十综、蹑改进为十二综，十二蹑。据傅玄著《马钧传》载："（钧）为博士居贫，乃思绫机之变，不言而世人知其巧也。旧绫机五十综者五十蹑，六十综者六十蹑，先生患其丧功费日，乃皆易以十二蹑。其奇文异变，因感而作者，犹自然之成形，阴阳之无穷。"[③]马

① 《三国志》卷五〇《吴书·潘夫人传》，中华书局 1982 年版，第 1199 页。

② 《三国志》卷六一《吴书·陆凯传》，中华书局 1982 年版，第 1406 页。

③ 《三国志》卷二九《魏书·杜夔传》注引，中华书局 1982 年版，第 807 页。

钩对织绫机的革新，是依据花纹图案的对称和规律性提出来的。提花机经过改进之后，织成的提花绫锦不仅花纹图案奇特，花型变换多端，各式各样的花纹就像天然形成一样，而且省工省时，操作简便，使生产效率成倍增长。

三国时期的丝织物加工与印染技术，文献记载很少。考古工作者曾在新疆的民丰和吐鲁番进行了几次清理发掘，颇多收获。在出土的随葬品中，有大批丝织品，包括东汉、魏晋、隋、唐等时期的产品。① 根据实物，可以看出魏晋时期的印染工艺已达到较高水平，使织物染色显花的方法已经采用，如染缬和夹缬。

麻纺织业是民间最古老的家庭纺织业。民间的麻纺织业一般统称为布。用大麻、纻麻纤维绩成的织物叫麻布、纻布，布质精细薄软的称为细布；用葛麻纤维绩成的织物叫葛布，细葛布称为絺，粗葛布称为绤，絺之精细者又称为绉。两汉时期，南方的麻织业比较发达。三国时期，江南的麻织业依然很发达。如左思《吴都赋》载："蕉葛升越，弱于罗纨。"②蕉葛是指细好的葛布，升越是指细好的越布，这些布质精细的葛布越布，竟比罗纨还要柔软，可见，当时葛织品是极其精致的。

2. 造纸业

造纸是我国古代科学技术四大发明之一，是中华民族对世界做出的一项重要贡献。早在汉代，中国人就发明了造纸术。三国时期的造纸术与汉代相比，无论是在产量还是在质量和加工方面，都有所提高。在原料方面，除原有的麻、楮之外，又扩大到用桑皮、藤皮和竹的纤维质造纸。在设备方面，出现了活动的帘床纸模，用一个活动的竹帘放在框架上，可以反复捞出成千上万张纸，提高了功效。在加工制造技术上，加强了碱液蒸煮和舂倒，改进了纸的质量，出现了涂布纸、施胶纸、染色纸等加工纸。此外，产纸区域和纸的传播也越来越广，造纸名工辈出。这一时期纸的品种根据原料来分主要有麻纸和皮纸。麻纸是最早应用于书写的纸张，其原料是麻类植物纤维，以及麻绳头、破布、渔网、敝履等废旧麻织物，经过一系列的物理、化学加工，得到较纯的、分散的纤维素，再成浆造纸，这是汉代以来传下来的技术。三国时我国各地均产麻，北方多产大麻，南方主要产苎麻，因而造纸原料仍以麻料为大宗。当时徐扬地区也是麻纸的主要产地之一，如扬州所产六合麻纸，北宋米芾《十纸说》云："六合（今扬州附近）纸，自晋已用，乃蔡侯渔网遗制也。网，麻也。"说明到晋时已经在使用，大概在三国时期业已开始发展。皮纸是以木本韧皮纤维制造的纸种，有桑皮纸、楮皮纸、藤皮纸等。桑树自古以来就在我国种植，用于养蚕，后来发现其枝条的嫩皮剥下来经沤制、蒸煮之后，再经过一系列处理，也可提制出它的韧皮纤维来造纸。魏晋时已掌

① 参阅武敏《新疆出土汉唐丝织品初探》，《文物》1962年第7、8期合刊。

② 《文选》卷五。

握了制造桑皮纸的技术，并成功地造出了桑皮纸。据北宋苏易简《文房四谱》卷四云："雷孔璋曾孙穆之，犹有张华与祖书，所书乃桑根皮(纸)也。"雷孔璋与张华俱系吴末晋初人。三国末至晋初的吴人陆玑在所著《毛诗草木鸟兽虫鱼疏》中曾提到当时"荆、扬、交、广"等地称楮为"穀"，"今江南人绩其皮以为布，又捣以为纸，谓之穀皮纸"。可见，楮皮纤维既可织布又可作造纸原料。

3. 冶铁业

三国时期的统治者认为"盐铁之利，足赡军国之用"，①故而仍然继承两汉时期的盐铁专卖制度。冶铁业成为官府手工业的重要项目，包括采矿、冶炼铸造等许多专业化的生产部门。当时的冶铁业在生产规模、冶铸设备、锻造工艺等方面都比前代有了显著进步，并取得了一些令人瞩目的新成就。官府控制的南方地区的铁矿主要分布在湖北、浙江、江苏、安徽、四川、广东等地。《宋书·百官志》载："江南诸郡县有铁者，或置令，或置丞，多是吴所置。"官营冶铁业主要是制作兵器，如《三国志·吴书·诸葛恪传》：丹阳"地险阻……山出铜铁，自铸兵甲。"

同时，我们要注意的是，冶铁技术的发展，是和鼓风设备的进步分不开的。东汉时期的"马排"就是劳动人民在前人的鼓风设备的基础上，加上一些机械装置，利用畜力推动机械轮轴，使之旋转来推动鼓风机。后来南阳太守杜诗又在此基础上发明了利用水力的鼓风机"水排"。三国时期，这种水力鼓风机水排有了进一步的改进。如魏国监冶谒者韩暨，就曾把改进的水排推广到整个官营冶铁手工业中。据《三国志·魏书·韩暨传》载："徙监冶谒者。旧时冶，作马排，每一熟石用马百匹；更作人排，又费功力；暨乃因长流为水排，记其利益，三倍于前。在职七年，器用充实。"韩暨推广的水排，是在杜诗水排的基础上改进的，"因长流为水排"，开始利用大河水力作为水排的动力，这样使水排的使用地区大为推广；将"马排"改造成"水排"，利用水力来代替畜力，可以大大降低成本，致使"记其利益，三倍于前"。可见，韩暨所做水排虽非首创，但却有很大进步，这对冶铁技术的提高有着十分重要的意义。

三国时期制钢技术也得到了进一步的发展，其中百炼钢的推广是炼钢技术方面取得的重要成就之一。百炼钢是我国古代一种早期的制钢工艺，是在块铁渗碳钢反复锻打的基础上发展起来的。从已发现的古代钢制品来看，我国东汉时期已经掌握这种百炼钢技术。三国时期百炼钢技术已大为推广，当时最精良的钢就称为"百炼精钢"或"百炼钢"，多用来制造刀剑铠甲等兵器。如《北堂书钞》卷一二三引曹操《内戒令》说："往岁作百辟刀五枚，吾闻百炼利器，辟不祥，摄服奸宄者也。"百炼钢工艺的特

---

① 《三国志》卷一一《魏书·王修传》注引《魏略》，中华书局1974年版，第348页。

点是反复加热锻打，才能使此法炼制的宝刀宝剑成为“百炼利器”。这是炼制优质钢利器工艺质量的最高水平，反映出当时炼钢技术和锻造技术的发展和进步。

4. 制盐业

三国时期，由于实行盐铁官营，制盐业也是官府手工业中的重要项目。食盐主要可以分为海盐（主要分布在滨海地区）、池盐（主要分布在今山西境内）、井盐（大都在巴蜀川峡一带）和岩盐（又称石盐，多产于西北边远地区）四种类型。除岩盐为自然盐之外，其他三种都必须经过人工熬制和加工才能制成。

盐是人们日常生活的必需品，故历代统治者都非常关心盐的生产与经营销售。早在曹魏建国之前，留镇关中的卫觊看到“四方大有还民，关中诸将多引为部曲”，曾写信给荀彧说：“夫盐，国之大宝也，自乱来散放，宜如旧置使者监卖，以其值益市犁牛。若归有民，以供给之。勤耕积粟，以丰殖关中。”后“彧以白太祖，太祖从之，始遣谒者仆射监盐官，司隶校尉治弘农，关中服从”。[①] 可见曹操专权之初就实行了食盐专卖制度，蜀汉、东吴也一样实行专卖制度。在东吴统治下的吴郡海盐（今浙江海盐）、沙中（今江苏常熟西北）均是著名的海盐产地。东吴曾在海盐设立司盐校尉，在沙中设私盐都尉，主管海盐的生产与销售。说明盐的生产完全在官府的控制之下，盐利为官府所垄断，成为国家财政收入的重要来源。

5. 造船业

中国古代的造船业自秦汉以来就渐趋兴盛，三国时期又有了进一步的发展。当时的造船业既有官府经营的，也有民间经营的，一般来说官营造船业多是建造战船、漕船和海船，规模宏大；民营造船业主要建造商船和其他民用舟船，规模较小。这里仅谈一下官营造船业的情况。

三国时期位于南方的东吴造船业最为发达。东吴在沿海建立了规模浩大的官府造船场，其中在长江口附近的吴（今江苏苏州）和会稽（今浙江绍兴）最为出名。[②] 东吴建立不久，官府直接控制的船只就多达五千余艘，而对外号称万艘船只，成为东吴进行国防和军事进攻的重要武器，也是保持其在鼎足而立环境中游刃有余的经济基础之一。东吴的船只不仅在数量上占据优势，其船只的吨位也在当时处于优势地位。孙权时建造的一种特大型的船只，“名之曰长安，亦曰大舶，载坐直之士三千人，与群臣泛舟江津”。[③] 这反映了东吴造船业的发达，是当时造船技术的最高水平的体现。受战争环境的影响，三国时期相对于民间造船业，军事造船业尤其活跃。曹魏文帝黄

---

① 《三国志》卷二一《魏书·卫觊传》，中华书局 1982 年版，第 611 页。

② 参见朱子彦：《三国时期的造船业》，载《复旦学报》1984 年第 3 期。

③ 《水经注》卷三五《江水（三）》。

初六年(225),“天子自将以舟师征吴,戍卒十余万,连旌数百里。”①如此规模的舟师军事行动,足以说明即使在北方立国的曹魏的造船业的规模也是较大的。又如,赤壁之战中动用的千百艘战船,集中反映了当时长江流域造船业的超高水平。

三国时期帆船的制造技术也有了很大的进步。我国古代有关帆的记录可以追述到商代,然而初期的帆只是简单的单帆,而且也不能转动。至三国时,已出现了四帆至七帆的多桅多帆船。特别是出现了能使前侧风的平衡纵帆。东吴的丹阳太守万震所著的《南洲异物志》,对于这种帆的性能作详实介绍:“随舟大小,或作四帆,前后沓载之,有庐头木叶如牖形,长丈余,织以为帆,其四帆不正前向,皆使邪移相聚,以取风吹。风后者,激而相射,亦并得风力,若急则随宜增减之,邪张相取风气,而无高危之虑,故行不避迅风激波,所以能疾。”②这里说得很清楚,帆不是正向前方,而是转至一个角度,帆的总面积是随风大小增减的,这种纵帆操作简便,转动自如,适应不同的风向。它的出现在帆的发展史上是很大的突破,为远洋航行提供了动力条件。

三国时期人们对造船科学的原理也有了进一步的认识,人所共知的曹冲称象故事说明那时根据船的吃水确定载重量,早已是船工们甚至是稚童的常识。

6. 制瓷业

瓷器是我国独创的发明之一,其历史可以追溯到三千多年前的商代。到汉末三国时期瓷器烧制技术经过不断提高,业已达到成熟阶段。当时的代表作品是一种通体施以青釉的青瓷,其特点是胎质纯,硬度高,釉料匀,通体晶莹,造型多样而美观,故而人们称之为真正的瓷器或青瓷。建国以来考古工作者发掘和清理了大量的窑址和墓葬,出土的文物为我们了解青瓷的发展与成就提供了可靠的实物证据。三国时期的青釉瓷器在今安徽、江苏、浙江等地均有出土。现已发现的东吴瓷器,最早在孙权黄武六年(227)的墓葬中,在此以及以后的墓葬中,陆续的发现了瓶、壶、碗、盘、洗、谷仓、井、灶、灯、鸡笼、猪圈等。东吴时不仅能大量生产青釉瓷器,制作工艺也异常精美。如南京市东吴甘露元年(256)墓葬出土的青瓷羊,不论造型和釉色,都相当精致。值得一提的是,1975年在南京东吴建衡二年(270)墓中,出土了一件褐色釉瓷罐。褐色釉的烧造工艺比较

南京江宁上坊孙吴凤凰元年(272)墓出土的青瓷堆塑罐

① 《晋书》卷二七《五行志》上,中华书局1974年版,第821页。

② 《太平御览》卷七七一引《南洲异物志》,中华书局1960年版,第3419页。

复杂，一般青瓷的烧造要求青色明朗，而褐色釉必须使用还原焰，同时又不能还原彻底，才能呈现褐斑，所以这种手艺，一定要在充分掌握烧窑的火力和温度的情况下，才能达到。过去认为，褐瓷釉最早出现于西晋末年，这件器物的出土，将时间又提前了三十年左右。①

南京清凉山出土的孙吴青瓷羊形烛台

京江宁上湖出土的孙吴青瓷蛙形水盂

二　商业及商业都市

（一）徐扬地区商业概况

与西欧中世纪相比，在中国封建社会里，商品经济较为发达是一个显著的特点。所谓商品经济较为发达，主要是指商品生产和与之相辅而行的商品流通——商业的较为发达。其中商业既是构成商品经济的重要组成部分，又是引导商品经济发展的前提条件。一切产品只有进入流通领域才能真正体现出交换价值并具备商品形态。因此，商业是否发达，不仅是商品经济发展的直接标志，而且对促进和扩大商品生产具有重要意义。

自战国以来，我国古代商品经济就已发展到一定高度。秦汉时期开创的国家统一的局面，又为商品流通的发展提供了有利条件。但是由于我国各地区开发历史的早晚不同，以及自然条件、人口数量、生产技术等差别因素，使得我国南北两地的经济发展很不平衡，从而商业的发展也是不平衡的。汉时经济重心在北方，商业中心也在北方，南方经济相对落后了一大截。这是汉代商业发展的一个突出特点。

然而，我们知道，在黄巾起义失败到三国鼎立形成的这段时间里，黄河流域一直是豪强争斗的主要战场，干戈扰攘，疯狂屠杀，人口丧亡，生产停顿，社会经济遭到巨大破坏，商业的凋敝也是显而易见的。首先，是豪强割据，交通阻隔，昔日商品交换的

① 《南京栖霞山甘家巷六朝墓群》，《考古》1976年第5期。

繁忙景象不复再见。其次,商业都市遭到严重破坏,都邑空虚,城镇萧条。如洛阳、长安、临淄、邯郸、定陶这些在汉代商业十分兴盛的城市都不再见其繁华。第三,是货币制度的破坏,严重影响到商品交换的进行。三国鼎立局面形成后,北方地区的社会秩序日趋安定,农业和手工业的生产得到较快的恢复和发展。商业也在此基础上日见复苏,像洛阳、长安、邺城这样的都市又现繁荣景象,农村的商品交换也逐渐恢复。当时徐扬的北部地区属曹魏统治,但是并不在曹魏政治统治中心地区,故而徐扬地区的商业会受曹魏政权采取的有利于商业发展的措施和政策的影响,有所恢复和发展,但鲜少有材料能证明其发展的具体势态,故不赘述。

生活在西汉中期的司马迁曾这样描述江南地区:"楚越之地,地广人稀,饭稻羹鱼,或火耕而水耨,果蓏蠃蛤,不待贾而足,地势饶食,无饥馑之患,以故呰窳偷生,无积聚而多贫,是故江淮以南,无冻饿之人,亦无千金之家。"[①]可见,江南一带还是亟待开发的地方。到东汉时期,江南地区人口开始大量增加,江渚弃地得到开垦,农业手工业逐渐兴起,商品交换开始活跃,南方经济的开发速度有所加快。但是与当时的北方地区相比,差距还是很大的,还只是处于刚刚起步阶段。三国时期,南方的商业开始以蓬勃向上的势头发展。

东吴时南方商业的发展,是由多方面的因素造成的。首先,汉末丧乱,黄河流域是军阀混战的首要战场,而江南地区却是"沃野千里,民富兵强"[②],社会环境相对安定,从而为商业的发展提供了客观环境。其次,东汉末年,大量的北方人民为躲避战乱而被迫南迁,南下的人民不仅补充了江南的劳动力,还带来了当时堪称进步的生产工具和先进的生产技术,南方的农业和手工业得到了进一步的发展。江南就近利用其丰富的资源,使矿冶业、煮盐业、制瓷业、麻织业、造船业等手工业都有了相当高水平的发展。东吴农业与手工业的进步,为日益活跃的商品交换活动提供了大量的商品,这是南方商业发展的物质基础。其三,江南自古河流众多,水运十分发达。东吴政权出于经济和军事的需要,又围绕着首都建业(今江苏南京)开凿了通往太湖流域和浙东地区的人工运河"破岗渎"。史称孙权赤乌八年(245),"遣校尉陈勋,将屯田及作士三万人,凿句容中道,自小其(今江苏江宁区境)至云阳(今江苏丹徒县)西城","以通吴会船舰,号破岗渎"。[③] 这是沟通建业与云阳的主要内河航道,无疑为江南地区商业的发展提供了条件。

---

① 《史记》卷一二九《货殖列传》,中华书局 1962 年版,第 3270 页。

② 《三国志》卷五四《吴书·鲁肃传》注引《吴书》,中华书局 1982 年版,第 1269 页。

③ 《建康实录》卷二,中华书局 1986 年版,第 39 页。

（二）商品类别及贸易方式

三国时期，虽然自给自足的自然经济结构居支配地位，但是，为了交换而进行的商品生产还是广泛地存在着，只是规模不及两汉时那样大而已。当时市场上流通的商品是十分丰富的，像人们的日常生活必需品和各种消费品，形式多样，品种繁多，可以归纳为下面几类：

第一类商品是生产资料，主要有铁制、木制或铁和木共同制成的各种农具、手工业生产工具以及耕牛等。这类商品都是使用于生产消费方面的。由于农业是主要生产部门，故而生产资料类型的商品，其基本市场是在农村。至于手工业者使用的生产工具和部分原料，则历来都是从市场上购买的商品。铁制生产工具的来源主要是官府铸造工场提供市场的产品，其次是民间冶铁业发展生产的产品，其种类主要有犁、铧、镰、锄、铲、斧、锤、刀、锥、锯等，都是市场上广泛流通的商品。如曹魏弘农太守刘类，“多市犁鐯，载所部贸丝”。[①] 可见，铁制农具的销路还是很好的，在市场上很受欢迎。耕牛也是农民进行生产的重要工具，属于生产资料的范畴，是市场交换中常见的商品。如曹魏时京兆太守颜斐，曾“令畜猪狗卖以买牛”，[②]说明耕牛的买卖已被人们认可。

第二类商品是人们的日常生活资料，包括食品、纺织品、日用品三大项，亦即人们通常所说的吃、穿、用等生活必需品。此类商品是全社会各阶级、各阶层共同消费的商品，其销售对象比较广泛，市场也较为广阔。在食品方面，城市商业所经营的米、面、鱼、肉、酒、茶、果等商品非常丰富，数量也很多。如吴都建业市场上果品交易就很繁盛，左思《吴都赋》说：“其果，则丹桔余甘，荔枝之林，槟榔无柯，椰叶无阴，龙眼橄榄，探榴御霜，结根比景之阴，列梃衡山之阳。”在纺织品方面，主要是丝、麻织品，以及少量的棉、毛织品。在吴都建业市场上，主要销售南方所产的各种葛麻织品。左思《吴都赋》中曾有“蕉葛升越，弱于罗纨”之句，蕉葛是指精细的葛布，升越是指细白的葛布，这些都是南方地区的著名产品。在日用品方面，有金银制作的各种装饰品，有铜和铁制作的各种日用器物器皿，其中以铜镜最为名贵，在民间比较流行。

第三类商品是高级消费品和奢侈品。这类商品的来源有二：其一是国内手工业作坊制作的高级精美的手工业品，它的产品可以概括为“雕文刻镂，锦绣纂组”几个字，是专供统治者挥霍享受的高级消费品。其二是通过民族贸易或对外贸易，由别族、别国输入的海外奇珍异宝。

三国时的商品是通过不同渠道进入流通过程的。除了生产者与消费者的直接交换外，一般的商品流通都必须以商人的资本为中介，积极通过商人的各种贸易活动，

① 《太平御览》卷八二三引《魏略》，中华书局1960年版，第3666页。

② 《三国志》卷一六《魏书·仓慈传》注引《魏略》，中华书局1982年版，第513页。

使生产者的产品进入流通领域，成为商品，再销售到消费者手中。民间商业最普遍的形式之一，是小商小贩从事的商品贩卖活动。如曹魏时的刘寔少贫苦，“卖牛衣以自给。然好学，手约绳，口诵书，博古通今”，[①]是因为家庭贫困，临时去当了亦工亦商者。个体小生产者进行的商品交换，不是为了取得利润，而是为了取得他们所需要的生活生产资料，因此这种商品交换没有商人资本活动的空间，不存在产生利润的客观条件，只是一种商品交换的低级经营形式。民间商业的另一种形式是贩运贸易，从事贩运贸易的既有中小商人，也有为数众多的富商大贾。只是由于三国时期战乱频仍，社会动荡不安，贩运贸易并不兴旺。从事贩运贸易的行商，与行商相对的是坐贾。三国时期，坐贾贸易是民间商业的一种重要形式。坐贾一般都是有市籍的商贾之户，他们长期固定在城市的市内营业，或是收购个体小生产者的商品，或是成批购买贩运商人从远地运来的商品，然后通过设在都市或城镇上的店铺零售给消费者，因此，坐贾贸易是零售商业的性质。为了方便顾客，市内店铺均按照商品种类区别，经营同种类商品的，鳞次栉比，各自排成行列，这种行列称为“列”、“肆”、“列肆”或“市列”。如左思《魏都赋》说：“班列肆以兼罗，设阛阓以襟带。”可见，曹魏都城市内店铺林立的繁盛景象。封建政权直接经营或垄断的官营商业也是一种重要的商业形式。官营商业的主要任务是实行盐铁专卖和榷酤，其办法是由官府设置专门机构，控制盐、铁、酒这几种重要商品的生产和流通，以便从中获取大利，增加政府财政收入。这类官营商业虽然也是统治者剥削劳动人民的一种手段，而且所获商业利润甚巨，但这一部分商业利润是从商人资本的利润中分割出来的，特别是历代官府采取的盐铁专卖制度，在一定程度上抑制了豪强大贾对盐铁之利的垄断及对小生产者的剥削，对于加强中央集权封建国家的物质力量，维持和发展农业经济是有利的。

（三）商业都市——建业

而今被誉为“六朝古都”的建业（亦名建康、建邺）原名秣陵，在两汉时仅为丹阳郡的一个小县。孙权于建安十六年（211）在这里建都，改名建业，自此民户渐实，商业繁盛，不仅是江南的政治文化中心，也是当时的商业贸易中心。建业城内有三市，南朝时所说的建康大市、建康东市，是孙权时所设；建康东市是孙休时增设。左思在《吴都赋》中描述建业市肆繁荣兴旺之状时说：“水浮陆利，方舟结驷，唱櫂转毂，昧旦永日。开市朝而并纳，横阛阓而流溢，混品物而同廛，并都鄙而为一。士女伫眙，商贾骈坒，纻衣絺服，杂沓傱萃。轻舆按辔以经隧，楼船举帆而过肆，果布辐辏而常然，致远流离与珂珬，𫓹贿纷纭，器用万端，金镒磊砢，珠琲阑干，桃笙象簟，韬于筒中，蕉葛升越，弱

① 《晋书》卷四一《刘寔传》，《太平御览》卷八二八引此事。

于罗纨。讇言枈历，交贸相竞，喧哗喤呷，芬葩荫映，挥袖风飘而红尘昼昏，流汗霡霂而中逵泥泞。”文学语言不免刻画铺张，但也反映出吴都建业地理位置优越，河流汇集，来自各地的舟船云集于此，市内也是沽贩众多，店肆林立，士女如潮，交贸相竞的繁荣景象。吴都建业市场上果品交易也很繁盛，左思在《吴都赋》说：“其果，则丹桔余甘，荔枝之林，槟榔无柯，椰叶无阴，龙眼橄榄，探榴御霜，结根比景之阴，列梃衡山之阳。”可见，建业不仅是政治中心，也是江南第一大商业都市。

由于商业的发展，这里还出现了许多家财巨万的富商大贾，“富中之甿，货殖之选，乘时射利，货丰巨万。竞其区宇，则并强兼巷；矜其宴居，则珠服玉馔”[①]。商人财富之丰厚，生活之奢侈，于此可见一斑。到东吴末期，奢侈浮华已成一种风气。“百工作无用之器，妇人为绮靡之饰……转相仿效，耻独无有。兵民之家，犹复逐俗，内无担石之储，而出有绫绮之服。至于富贾商贩之家，重以金银，奢姿犹甚。”[②]造成东吴风气如此之奢侈，商人无疑起着推波助澜的作用。在富商大贾中，也有不少是经商而发财的豪族官僚。正如《抱朴子·吴失篇》中所述，那些亦官亦商的人，“僮仆成军，闭门为市”，“商船千艘，腐谷万庾”，这更助长了社会的奢华风气，而且使商业的发展带有一定畸形色彩。东吴商业比曹魏地区活跃，最主要的原因是由于社会经济的发展，但在一定程度上也有商业的虚假繁荣的色彩。

除建业以外，长江下游三角洲一带地区还有一个新兴的商业城镇京口。京口即现在的镇江市，孙权初镇丹徒，谓之京城，后迁建业，于此设置京口镇。其地“襟带江山，表里华甸，经途四达，利尽淮海”，[③]可见，京口位于四通八达之地，又因为它是刘宋南徙的故乡，得到刘宋政权的重点扶持，逐渐发展为魏晋南北朝时仅次于建康的一大商业都会。另外，像吴郡这样的海盐生产基地，也是十分兴盛的。

第四节　东吴对外经济交流

东吴莅临大海，颇具地理地缘优势，积极开拓东部沿海与海外的经济文化交流。

一　与东部沿海地区的联系与交流

1. 万人舰队到达夷州。孙权黄龙二年(230)春，“遣将军卫温，诸葛直将甲士万

---

① 左思《吴都赋》。

② 《三国志》卷六五《吴书·华覈传》，中华书局1982年版，第1468页。

③ 《宋书》卷五《文帝纪》，第97页。

人,浮海求夷州及亶州”,[1]历时一年,“卫温、诸葛直军行经岁,士卒疾疫死者十八九,亶州绝远,卒不可得至,得夷州数千人还”。[2] 据《后汉书·东夷传》载:会稽海外有夷洲及亶洲,传言秦始皇使徐福将童男女数千人入海,求蓬莱神仙不得,福惧诛,不敢还,遂至此州,世世相承,有数万家,人民时至会稽市。会稽东冶县人有入海行遭风,流移至亶洲者。所在绝远,不可往来。又据沈莹《临海水土志》载:夷州在临海东,去郡二千里。土地无霜雪,草木不死,四面是山溪,地有铜铁。夷州为宝岛台湾,这是历史上台湾与大陆首次发生的正式联系。《临海水土志》中对台湾风土人情的记载,在史籍中出现也是首次,这些都有十分重要的价值。

2. 远航辽东半岛。吴嘉禾元年(232)三月,遣将军周贺,校尉裴潜“乘海之辽东,从公孙渊求马”。九月,吴使由辽东返还时,在山东成山角遭魏将田豫的伏击,“斩贺于成山”。嘉禾二年(233),公孙渊遣校尉宿舒,郎中令孙综“奉表称臣于吴”。三月,孙权遣太常张弥,执金吾许晏,将军贺达“将兵万人,金宝珍货,九锡备物,乘海授渊”。[3] 结果,公孙渊考虑魏近吴远,难以依恃,乃斩张弥、许晏等,“送其首于魏,没其兵资,分其部伍”[4]。根据史料,孙吴通辽东的具体航路,应是从孙吴首都建业(今南京)沿长江东下,在长江口北端海门附近之料角转向北行驶,沿黄海海岸北行,过山东半岛东端之成山角,再进入登州大洋,即威海、烟台北部海域,再沿庙岛列岛北上,经大谢岛(即长岛)乌湖岛(即北隍城岛等),渡渤海海峡到达辽东半岛南端的都里镇。都里镇即马石津,三国时称沓津(或称沓渚),即今辽宁旅顺,沓津在三国时已成为东北地区与江左地区交通的重要港口和互市场所。[5] 孙吴通使辽东的目的除了在政治上争取公孙渊共抗曹魏之外,主要的经济目的在于获得东北地区的马匹以支持军事对抗。对此陆瑁在上孙权疏中讲得很清楚:“夫所以越海求马,曲意于(公孙)渊者,为赴目前之急,除腹心之疾也。”[6]当然,除马匹贸易外,双方也以“方土所出”进行贸易,互通有无,史称“葛越布于朔土,貂马延于吴会”。[7] 使者的往来和互市贸易的发展,加强了两地人民的联系和文化的交流。

3. 派兵讨珠崖、儋耳(海南岛),力图恢复与大陆中断的联系。

东汉时在今广东和越南北部设置了合浦、交趾、九真和日南郡。据《三国志》卷四

---

① 《三国志·吴书·孙权传》,中华书局1982年版,第912页。

② 《资治通鉴》卷七二,第2266页。

③ 《三国志·吴书·孙权传》第913页、《资治通鉴》卷七二,第2284页。

④ 《三国志·吴书·孙权传》,第914页。

⑤ 参见黎虎著《魏晋南北朝史论》,学苑出版社1999年7月版,第441页。

⑥ 《三国志·吴书·陆瑁传》,第1063页。

⑦ 《晋书》卷五六《孙楚传》,第1540页。

九《士燮传》云：汉末士燮为交阯太守，其弟士壹为合浦太守，次弟士䵋为九真太守，"兄弟并为列郡，雄长一州，偏在万里，威尊无上。""当时贵重，震服百蛮。"董卓之乱时，"中国士人往依避难者以百数"。建安十五年(210)，孙权遣步骘为交州刺史，骘到，燮率兄弟秉承节度，并且"每遣使至权，致杂香细葛，辄以千数，明珠、大贝、流离、翡翠、玳瑁、犀象之珍，奇物异果，蕉、邪、龙眼之属，无岁不至。壹时贡马凡数百匹"。孙权也"厚加宠赐，以答慰之"。这既是官方之间的贸易关系，也可看作是东吴和生活于该地南越民族间的贸易。黄武五年(226)，孙权分汉时的交州为交州(交阯、九真、日南三郡)、广州(南海、苍梧、郁林、合浦四郡)二州，并派出官员进行统治。赤乌五年(242)秋，孙权遣将军聂友，校尉陆凯以兵三万讨珠崖、儋耳(今海南岛)，[①]力图将西汉元帝后罢弃的该地归入版图。《汉书·武帝纪》：元鼎六年(前111)定越地，以为南海、苍梧、郁林、合浦、交阯、九真、日南、珠崖、儋耳郡。又《汉书·地理志》序云：自合浦徐闻南入海得大州，东西南北方千里，武帝元封元年(前110)，略以为珠崖、儋耳郡。元帝时罢弃之。说明汉武帝征南越时，海南岛已收归汉朝版图，并在其上置珠崖、儋耳郡。但后因郡县官吏统治酷虐、贪残，引起岛上土著的频繁反抗，昭帝始元五年(前82)，"罢儋耳郡，并属珠崖"。元帝初元三年(前46)，又"罢珠崖郡"。由此，海南岛便成了化外之地。孙权此次用兵，曾想将海南岛重新收入版图。但据胡阿祥教授研究、考证，孙吴所置儋耳、珠崖郡，其实并不在海南岛上，而是在雷州半岛南端合浦郡的徐闻县境内。徐闻是孙吴用兵海南的基地。用兵的目的，在于得其土地、人民，故发兵之前，先已任命了珠崖、儋耳太守，并于徐闻立珠崖、儋耳二郡遥领海南。此次战役，虽"斩获有功"，伤亡也极大，最后终致失败，并未取得真正的珠崖、儋耳郡地。易言之，孙吴并未改变汉元帝弃珠崖以来的版图，海南岛仍处域外。直到南朝梁、陈时期，由于高凉冼夫人的归附，才把脱离大陆将近六百年的海南岛重新与大陆结合在同一政权之下[②]。但不管如何，孙吴用兵珠崖、儋耳，力图收复处于域外的海南，应该是肯定的，同时这也加强了孙吴政权与该地沿海的联系和贸易往来。

二　与海东诸国的联系与交流

与高句丽的联系与贸易，孙吴利用海道，凭借其发达的造船业，首先与东北的高句丽进行联系与展开贸易。嘉禾二年(233)，孙权派太常张弥，执金吾许晏，将军贺达等将兵万人乘海去辽东向公孙渊买马，中途受到袭击，逾城而脱的吴方官员秦旦、杜德等路行千里，自玄菟来到高句丽，"句丽王见旦、德等甚敬之，曰：'此天子边人也'。

① 《三国志·吴书·孙权传》，第919页。

② 参见胡阿祥《六朝疆域与政区研究》，西安地图出版社2001年版，第66页、117页。

乃发皂衣使二十五人送归，兼表献方物，豹皮千枚，鹖鸡皮十具。”[①]一年后，孙权遣使谢宏，陈恂到高句丽，拜句丽王宫为单于，“加赐衣海珍宝”，句丽王回送“上马数百匹”，因当时谢宏“船小，载马八十匹而还”。[②]但孙吴与高句丽的贸易往来，经常受到曹魏的阻拦。如魏明帝青龙四年(236)，句丽王受曹魏的唆使，“斩送孙权使胡卫等首，诣幽州”，[③]因而两国间的贸易时有中断。

三国时，与海东倭国(今日本)的联系也是很密切的。曹魏时，仅十年中倭国四次派使节来魏，魏也派使节回访，互赠方物。曹魏与倭国的联系，大体是循北方海道，沿朝鲜半岛抵达倭国。而地处长江以南的孙吴与海东倭国的联系则大体经东南沿海，由夷州再抵达今日本列岛。孙权黄龙二年(230)卫温、诸葛直率甲士万人，抵夷州和亶州，亶州离会稽更远，但它与会稽东冶等东南沿海早有贸易往来。据《后汉书·东夷传》，亶洲即为秦时徐福到达之地并王于斯，于后世世相承，至今倭人庙祀徐福。据此推断，亶洲应为日本列岛。[④] 说明秦汉以来，至东吴时，与海中的日本列岛是有着商贸和人员往来的。

三 与南海及西域诸国的联系与交流

孙吴与南方南海诸国的联系是较为密切的，《三国志·吴志·吕岱传》载，黄武五年(226)，广州刺史吕岱“既定交州”，“又遣从事南宣国化，暨徼外扶南、林邑、堂明诸王，各遣使奉贡”。《梁书》卷五四《诸夷传》载：“海南诸国，大抵在交州南及西南大海州上，相去近者三五千里，远者二、三万里，其西与西域诸国接。……及吴孙权时，遣宣化从事朱应，中郎康泰通焉。其所经及传闻，则有百数十国。”由此可知，吴时，朱应、康泰等人曾到达南海扶南等国。时天竺国使臣正在扶南，康泰便向该使臣了解天竺的情况。《梁书》卷五四《诸夷·中天竺国》载：“汉和帝时，天竺数遣使贡献，后西域反叛，遂绝。至桓帝延熹二年、四年，频从日南徼外来献，魏晋世，绝不复通。唯吴时扶南王范旃遣亲人苏物使其国，从扶南发投拘利口，循海大湾中正西北入历湾边数国，可一年余到天竺江口，逆水行七千里乃至焉。天竺王惊曰：‘海滨极远，犹有此人’。即呼令观视国内，仍差陈、宋等二人以月氏马四匹报旃，遣物等还，积四年方至。其时吴遣中郎康泰使扶南，及见陈、宋等，具问天竺土俗。”康泰、朱应等人“所历及传闻则有百数十国”。归国后，朱应著《扶南异物志》，康泰著《外国传》(亦称《吴时外国

---

① 《建康实录》卷二《太祖下》，上海古籍出版社 1987 年版，第 29 页。

② 《三国志·吴书·孙权传》注引《吴书》，第 915 页。

③ 《三国志·魏书·明帝纪》，第 123 页。

④ 参见罗其湘著《东渡蓬莱第一人》，北京燕山出版社 1993 年版。

传》或《吴时外国志》),这两本书论述了中国和南海诸国初期经济,文化交流的情况。此后,中国和南海诸国的贸易交流更加密切了。赤乌六年(243),“十二月,扶南王范旃遣使献乐人及方物”。[①]

孙吴还与西方强国大秦有商业贸易往来。《梁书》卷五四《诸夷·中天竺国》曰:“孙权黄武五年(226),有大秦贾人字秦论来到交趾,交趾太守吴邈遣送诣权,权问方土谣俗,论具以事对。时诸葛恪讨丹阳,获黝、歙短人,论见之曰:‘大秦希见此人。’权以男女各十人,差吏会稽刘咸送论,咸于道物故,论乃径还本国。”

由上所述,孙吴海外贸易的兴盛,是开发江南,社会经济得到发展的结果,反过来,又促进了孙吴国内社会经济持续不断的发展,这也为东晋、南朝对外贸易的发展打下了较好的基础。

---

① 《三国志·吴书·孙权传》,第920页。

第三章　西晋短暂统一下的徐、扬州郡

嘉平元年(249)曹魏政权被司马懿控制。司马懿死后,他的儿子司马师、司马昭相继专权。至泰始元年(265)司马懿之孙司马炎废魏元帝,自立为帝,国号晋,定都洛阳,史称西晋(265—316)。太康元年(280),晋武帝司马炎平灭东吴,结束三国分立局面,重新统一中国。西晋的统一,实际上也只是武、惠二帝 20 多年的时间。若算至晋惠帝永宁元年(301)司马伦篡位,历时 21 年;若算至怀帝永嘉元年(307)刘、石诸胡在中原称雄,则历时 28 年。西晋统一时间之所以如此短暂,除政治、经济、社会、民族等方面的因素外,与晋初实行宗室分封制的弊端也是分不开的。

西晋时期的全国地方行政区划为三级管理体制,即州、郡、县。一级为州,二级为郡(含同级的国),三级为县。西晋灭吴后,将南、北荆州合一,南、北扬州合一,分天下为司、冀、兖、豫、荆、徐、青、扬、幽、平、并、雍、凉、秦、梁、益、宁、交、广等 19 州,共有郡、国 173 个。今江苏境内的长江以南属扬州,长江以北属徐州。当时,扬州治建邺(今江苏南京),统郡 15,即丹阳郡、毗陵郡、吴郡、吴兴郡、宣城郡、淮南郡、庐江郡、豫章郡、鄱阳郡、东阳郡、会稽郡、临海郡、建安郡、临川郡、庐陵郡。[①] 徐州治彭城(今江苏徐州),为越封国所在,统郡、国 7 个,即彭城国、东海郡、琅邪国、东莞郡、下邳国、临淮国、广陵郡[②]。这是西晋短暂统一下的徐、扬州郡管辖范围的总体概况。

第一节　西晋永嘉前对徐、扬的统治

继三国而起的西晋王朝,是由河内士族司马氏为首的政治集团建立起来的。西晋初年,不设丞相、相国,大封同姓子弟为王,并握有相当的军政实权。这是由于司马

---

① 《晋书》卷一五《地理志下》,中华书局 1974 年版,第 458—462 页。

② 《晋书》卷一五《地理志下》,中华书局 1974 年版,第 451—452 页。

氏禅魏建晋以后，鉴于曹魏宗室失位、藩王无权的教训，就开始分封同姓宗室和任用宗王为重要州郡的都督，作为巩固其政权的重大措施。当时的江苏境内，正是分封同姓宗室和宗王出镇的地区。

一　分封同姓宗室与宗王出镇

考察西晋永嘉前对徐扬的统治，首先要分析西晋初期分封同姓宗室与宗王出镇的情况。晋室继承两汉的封国制，有王、侯两级。因历史上有西周五等爵制的传说，三国魏时曾因袭制定了五等爵。魏陈留王咸熙元年(264)五月复设“五等爵”。[①] 另据《晋书·裴秀传》记载：“魏咸熙初，厘革宪司。时荀顗定礼仪，贾充正法律，而(裴)秀改官制焉。秀议五等之爵。”至西晋时，则“有王、公、侯、伯、子、男六等之封”，“晋令曰有开国郡公、县公、郡侯、县侯、伯、子、男及乡亭、关内、关外等侯之爵”，[②]实为王、公、大国侯和次国侯、大国伯和次国伯、大国子和次国子、男九等之爵。

魏晋之际的帝位更替，实质上是通过变相政变的形式实现的。晋武帝司马炎认为自己之所以能从曹魏手中取得政权，登上皇帝宝座，与曹魏皇室孤立无援有直接的因果关系。为防止这种事变在晋室重演，司马炎即帝位后不久，他在保护世家大族利益的同时，为保持政治上平衡有序的状态，巩固皇权至高无上的地位，必须培植皇族在地方上的势力，竭力扩大宗室权力，以此作为维护朝廷统治的可靠力量。实际上，早在代魏之前，司马炎已事先作了一些准备，分派子弟出任几个重要地区的都督，为取代曹魏准备条件。

西汉直至曹魏，皇室都奉行非皇子、皇兄弟不王的原则。在一般情况下，非皇子、皇兄弟是不能受封为王的。晋初实施分封，却在一定程度上打破这一惯例。据《晋书·武帝纪》载：泰始元年(265)，晋武帝代魏自立后，“封皇叔祖父孚为安平王，皇叔父干为平原王，亮为扶风王，伷为东莞王，骏为汝阴王，肜为梁王，伦为琅邪王，皇弟攸为齐王，鉴为乐安王，机为燕王，皇从伯父望为义阳王，皇从叔父辅为渤海王，晃为下邳王，环为太原王，珪为高阳王，衡为常山王，子文为沛王，泰为陇西王，权为彭城王，绥为范阳王，遂为济南王，逊为谯王，睦为中山王，陵为北海王，斌为陈王，皇从父兄洪为河间王，皇从父弟楙为东平王。”在这所封的二十七名王中，就有皇叔祖一人，皇叔父六人，皇弟三人，皇从伯叔父十五人，皇从父兄弟二人。除皇弟三人外，其余二十四人都是司马懿子弟。而在皇弟三人中，齐王攸出继司马师，燕王机出继司马懿之子司马京，真正以皇弟身分受封的仅安乐王鉴一人。由此可见，泰始元年分封的主要受益

---

① 《三国志·魏书·陈留王奂纪》，中华书局 1959 年版，第 150 页。

② 《通典·职官典·历代王侯封爵》，中华书局 1984 年版，第 179 页。

者是司马懿子弟。他们与晋武帝司马炎虽有亲戚关系，但毕竟属于疏宗。我们称其为宗室王或司马懿子弟王。

晋初这种分封制的形成，主要是晋武帝鉴于曹魏的宗室诸王，有名无实，因而导致曹魏灭亡的教训。当时，尚书三公郎刘颂（广陵人）曾上疏晋武帝说："魏氏……圈闭亲戚，幽囚子弟，是以神器速倾，天命移在陛下。"他认为，"汉之树置君国，轻重不殊，故诸王失度，陷于罪戮，国随以亡。……今宜反汉之弊，修周旧迹。"他指出，"今方始封而亲疏倒施，甚非所宜。宜更大量天下土田方里之数，都更裂土分人，以王同姓，使亲疏远近不错其宜，然后可以永安。"[①]陆机也作《五等诸侯论》主张分封制，"使万国相维，以成盘石之固；宗庶杂居，而定维城之业。"[②]另据《资治通鉴·武帝泰始元年》载：武"帝惩魏氏孤立之敝，故大封宗室，授以职任"，[③]并允许诸王自选王国中长吏。分封之"初，陈群以吏部不能审核天下之士，故令郡国各置中正，州置大中正，皆取本土之人升之，道义亏缺则降之，吏部凭之以补授百官"。[④] 即使如此，刘颂还认为，晋初分封，不合古典，主张"今之建置，宜使率由旧章，一如古典"，[⑤]实行西周分封制。因此，刘颂建议："宜承大勋之籍，及陛下圣明之时，开启土宇，使同姓必王，建久安于万载，垂长世于无穷。"[⑥]晋武帝接受刘颂的建议，恢复古代的分封制，封二十七个同姓王，以郡建国。之后，又不断扩大宗室诸王的权力。诸王可自行选用国中文武官员，收取封国的租税。

晋武帝之所以要打破非皇子、皇兄弟不王的惯例而大封宗室为王，除吸取魏室不分封宗室诸王而导致政权转入他姓之手的教训外，其实还有其他三个原因：其一，当时晋武帝诸子尚未出生，或还年幼，非皇子不王的原则无法实行。其二，在历时长达二十多年的代魏过程中，司马懿子弟们立下汗马功劳。晋武帝分封诏曰"乃祖乃父，实左右我先王，光隆我大业"，[⑦]故封王以示酬劳。其三，晋武帝禅代之际，士族强盛。他有鉴于曹氏孤弱而亡，亟须宗亲相助，以遏制士族势力，避免异姓篡夺皇位。分封诏中说"思与万国，同享休祚"，[⑧]反映出这一愿望的迫切性。

晋武帝泰始分封，共封同姓宗室二十七人为王，其中封于徐州的有：下邳王皇从叔父司马晃，邑五千一百七十六户。沛王司马子文，邑三千四百户。彭城王司马权，

---

① 《晋书》卷四六《刘颂传》，中华书局 1974 年版，第 1297—1301 页。

② 《陆机集》，中华书局 1982 年版，第 135 页。

③ 《资治通鉴》卷七九《武帝泰始元年》，中华书局 1956 年版，第 2493 页。

④ 《资治通鉴》卷八一《武帝太康五年》，中华书局 1956 年版，第 2587 页。

⑤ 《晋书》卷四六《刘颂传》，中华书局 1974 年版，第 1299 页。

⑥ 《晋书》卷四六《刘颂传》，中华书局 1974 年版，第 1297—1298 页。

⑦⑧ 《晋书》卷三《世祖武帝纪》，中华书局 1974 年版，第 51 页。

邑二千九百户。[1] 这三个同姓王国，邑五千户左右，都是小国。徐州地境，正如《禹贡》所指出："海岱及淮。"西汉十三州部之一的徐州，大体就是这个区域。江左流寓之初，徐州地境南移，据淮南北以迄江北之地，居刺史任者先后为蔡豹、卞敦、王邃、刘遐，治所则随军事形势而进退，但都在长江以北。郗鉴继刘遐为徐州刺史，治广陵。

西晋初年，司马炎大封同姓王，虽有二十七王之多，但比起西汉初年所封的王来，西晋诸王的封地并不够大，不能跨州连郡。"西晋王国地不过一郡，王国的相（后改内史）由朝廷任命，和太守无异，王国官并不掌握地方政权。"[2]这就是说，诸侯王大多徒享封土，名义上是只治军而不治吏民的。魏末晋初，诸州以都督领刺史的较少，刺史加将军号领兵的也不多。例如，汝南王亮，武帝时为大都督，督豫州诸军事，镇许昌；楚王玮，太康末都督荆州诸军事，镇南将军；赵王伦，元康初迁征西将军，开府仪同三司，镇关中；齐王冏，是镇东大将军，开府仪同三司，镇许昌；成都王颖，惠帝时为镇北大将军，镇邺；河间王颙，为平西将军，镇关中。还有任职朝廷的，如东海王司马越和长沙王司马乂。

从经济上说，西晋时期封邑民户的户调田租，并不全归王侯所有，财政亦不能自擅。西晋所谓王国食邑户数，名义上是属于诸侯王的，实际上只是在国家的领户中，抽出每户全年户调绢（每户调绢一匹）的三分之一和田租（每户田租二斛）的二分之一，作为诸侯王的租秩。钱谦益《初学集》卷二七《宝器部·绢》第九引《晋故事》云："凡民丁课田，夫五十亩，收租四斛，绢三匹，绵三斤。凡属诸侯，皆减租谷亩一斗，计所减以增诸侯绢户一匹，以为诸侯秩。又分民租户二斛，以为诸侯奉。"由此可见，晋初政治上实行的郡国并行制，并不妨碍中央行政权的统一，只是租调的分割给中央财政带来一定的影响。

晋初皇室封司马诸子弟们为王，就分封本身而言，似乎并无多大实际意义。这是因为以郡县制、官僚制、土地私有制为基础的封建皇权，根本不可能允许诸王封爵恢复为上古之分封制。"西晋分封，基本上承东汉之旧，君国而不临民。"[3]泰始元年大封宗室王的意义，在于突破"非皇子皇兄弟不王"的限制，使得司马懿子弟不仅破格具备崇高的等级标志即王爵，而且获得出任重镇的资格。西晋以后，除东晋皇室非常衰弱，无力扶持其宗室外，南朝继续任用宗王出镇。平吴之后，晋武帝取消州郡领兵，实行刺史治民、都督治军，军民分治的政策，只剩下地处边境的交州仍保留都督兼领刺

---

① 《晋书》卷三七《宗室》，中华书局 1974 年版，第 1090—1092 页。

② 唐长孺著：《西晋分封与宗王出镇》，载《魏晋南北朝史论拾遗》，中华书局 1983 年版，第 123 页。

③ 唐长孺著：《西晋分封与宗王出镇》，第 124 页。

史。这时的“军事力量主要在于集中在洛阳的中军和由都督统率的屯驻诸州的外军，州郡兵的比重较轻，因此可以随军事形势的变化而或置或罢”。①

据《晋书·地理志上》记载：晋“武帝泰始元年，封诸王以郡为国。邑二万户为大国，置上中下三军，兵五千人；邑万户为次国，置上军下军，兵三千人；五千户为小国，置一军，兵千五百人。王不之国，官于京师。罢五等之制，公侯邑万户以上为大国，五千户以上为次国，不满五千户为小国。”武帝泰始年间在分封同姓王的同时，还大封异姓士族。当时的高级士族一般都能得到公、侯、伯、子、男等不同的爵号，并有封地；郡公、郡侯、县侯还比照小国置军。据史书记载，晋初的这些大小封国竟多达五百多个。

上引《晋书·地理志》所载，在泰始元年(265)分封之始就已开始建立王国置军制度，而《职官志》详记晋初王国及异姓侯国置军和王国军依世次削减的制度，却系于咸宁三年(277)。对于这种记载年次互异的情况，一种可能是由于泰始初封，虽有置军之制，而诸王后来因种种原因没有就国，并未实行，所以咸宁三年又重申；另一种可能是《地理志》因封王之始，连带论及，此时实际上并未置军。也就是说，从泰始元年至咸宁二年(265—276)十二年间，所谓王国置军只是纸上谈兵。晋武帝统治期间，王国力量不强，兵力不足，形同虚设。当时就有人认为，这样的分封并不起什么作用。正如《晋书·段灼传》所说：“而今诸王有立国之名，而无襟带之实。”

西晋“分封与宗王出镇是晋初企图藉以巩固司马氏政权的重大措施。但实际上王国在泰始年间(265—274)基本上没有建立，皇室控制地方的力量在于出任都督的宗王”。② 因此，真正有意义的是宗王出镇，这既能加强宗室王的权势，又起到藩卫皇权的作用。实际上，西晋时期不仅王国置军制度形同虚设，其它一些配套制度或许也未能实行起来。“晋武帝曾经特许诸王自选国内令长，似未实行。”③ 例如，《晋书·琅邪王伷传》载：“武帝践祚，封东莞郡王……始置二卿，特诏诸王自选令长。伷表让，不许。”这就是说，在泰始年间(265—274)王国制度基本上没有建立起来。

晋武帝太康十年(289)十一月，司马炎病重之时，出于削弱诸侯王势力和扩充皇子王势力之目的，特颁发如下诏令：“改封南阳王为秦王，始平王玮为楚王，濮阳王允为淮南王，并假节之国，各统方州军事。立皇子乂为长沙王，颖为成都王，晏为吴王，炽为豫章王，演为代王，皇孙遹为广陵王。”④这一诏令的下达最终形成了皇子王既统辖禁军，又与宗室参差出仕方面重镇的政治格局。例如，淮南王司马允，“太康十年，

① 唐长孺著：《魏晋州郡兵的设置和废罢》，载《魏晋南北朝史论拾遗》，中华书局 1983 年版，第 149 页。

②③ 唐长孺著：《西晋分封与宗王出镇》，载《魏晋南北朝史论拾遗》，中华书局 1983 年版，第 123 页。

④ 《晋书》卷三《世祖武帝纪》，中华书局 1974 年版，第 79 页。

徙封淮南，仍之国，都督扬江二州诸军事、镇东大将军”。① 晋武帝封皇子为区域王，地域广大，户邑又多，与宗室王形成利禄不均的矛盾。太康十年(289)所分封的这些皇子，例如成都王、秦王、楚王、吴王等，皆不以郡为国号，而是区域王的称号，但实质上是郡国。如吴王司马晏“太康十年受封，食丹阳、吴兴并吴三郡”。② 晋武帝共二十六男，除惠、怀③二帝外，有八子未封夭折，受封皇子王者十六人。十六人中，又有毗陵王轨等九人或追加封谥，或受封后不久即夭折，故真正受封为王者，仅有淮南王司马允、清河王司马遐、吴王司马晏、秦王司马柬、楚王司马玮、长沙王司马乂、成都王司马颖等七人。

宗王出镇的地区一般都具有重要的战略地位，出镇的宗王拥有很大的军事权力。他们“或出拥旄节，莅岳牧之荣；入践台阶，居端揆之重”。④ 按照规定，诸王在封国内可以自选官吏，设置军队，结果“机权失于上，祸乱作于下”。⑤ 他们既可以成为维护皇权的力量，也可以成为地方割据的势力。晋室因鉴魏氏孤立之敝而建立的宗室诸侯王的特权，由于缺乏必要的法度制约和统治集团内部矛盾的发展，宗室诸侯王最终成为分割皇权的势力。以汝南王亮、楚王玮、赵王伦、齐王冏、河间王颙、成都王颖、长沙王乂和东海王越等八王为首的阴谋集团，为争夺朝廷最高统治权力而兵戎相见，互相残杀，最终导致一场混战，加速了西晋王朝的崩溃。

二　江南大族代表人物任官朝廷

西晋灭吴后，江南世家大族的利益受到严重打击，他们的经济活动和政治热情陷入低潮。统一之初，北人鄙视南人为“亡国之余”，南人则有丧亲亡国之痛。西晋王朝虽然对江东士族采取一些安抚措施，但他们始终未能摆脱“亡国之余”的困惑。

两晋朝贵大多为中原士族，他们历来有歧视吴蜀之士的传统。当时号为江东“三俊”的吴士顾荣和陆机、陆云兄弟的仕途都不得意，至于第二流的吴士虽然大多出于吴中名门大族，但必须走州刺史辟举之路，仕途则更为坎坷。如华谭，祖为吴录尚书事，父黄门郎，由扬州从事史举秀才，“时九州秀孝无逮谭者”。又如纪瞻，祖为吴尚书令，父光禄大夫；甘卓，祖仕吴尚书，父太子太傅；贺循，祖为吴校尉，父中书令；虞谭，祖为都尉，父太守等。他们或仕州举秀才，或仕郡察孝廉，然后得举为秀才。在两晋所举秀才中，吴士几乎占其半数。这并非当权者特别的青睐，而恰恰是朝廷压抑吴士

---

① 《晋书》卷六四《淮南忠壮王允传》，中华书局 1974 年版，第 1721 页。

② 《晋书》卷六四《吴敬王晏传》，中华书局 1974 年版，第 1724 页。

③ 怀帝即豫章王司马炽。

④⑤ 《晋书》卷五九《八王传序》，中华书局 1974 年版，第 1590 页。

才俊的佐证。

江南大族代表人物任官朝廷的，当以顾荣、陆机两人为代表，他们是入洛南士之领袖。据《晋书·顾荣传》载："顾荣字彦先，吴国吴人也，为南土著姓。祖雍，吴丞相。父穆，宜都太守。荣机神朗悟，弱冠仕吴，为黄门侍郎、太子辅义都尉。吴平，与陆机兄弟同入洛，时人号为'三俊'。例拜为郎中，历尚书郎、太子中舍人、廷尉正。恒纵酒酣畅，谓友人张翰曰：'惟酒可以忘忧，但无如作病何耳。'"在西晋朝廷中，顾荣虽然官至太子中舍人、廷尉正，但他精神郁闷，还是经常借酒忘忧。吴士在洛阳受到歧视，也增加了吴人心理的不自信感。

在"八王之乱"时期，顾荣在中原的日子更不好过，只得周旋于诸王之间，常以醉酒避祸。起初，"赵王伦诛淮南王允，收允僚属付廷尉，皆欲诛之，(顾)荣平心处当，多所全宥。及伦篡位，伦子虔为大将军，以荣为长史。"之后，"齐王冏召为大司马主薄。冏擅权骄恣，荣惧及祸，终日昏酣，不综府事，以情告友人长乐冯熊。熊谓冏长史葛旟曰：'以顾荣为主簿，所以甄拔才望，委以事机，不复计南北亲疏，欲平海内之心也。今府大事殷，非酒客之政。'旟曰：'荣江南望士，且居职日浅，不宜轻代易之。'熊曰：'可转为中书侍郎，荣不失清显，而府更收实才。'旟然之，白冏，以为中书侍郎。在职不复饮酒。人或问之曰：'何前醉而后醒邪？'荣惧罪，乃复更饮。与州里杨彦明书曰：'吾为齐王主簿，恒虑祸及，见刀与绳，每欲自杀，但人不知耳。'及冏诛，荣以讨葛旟功，封嘉兴伯，转太子中庶子。"[①]从顾荣的境遇来看，醉酒避祸几乎成为两晋名士们普遍采取的生存方式。

又据《晋书·顾荣传》记载："长沙王乂为骠骑，复以荣为长史。乂败，转成都王颖丞相从事中郎。惠帝幸临漳，以荣兼侍中，遣行园陵。会张方据洛，不得进，避之陈留。及帝西迁长安，征为散骑常侍，以世乱不应，遂还吴。东海王越聚兵于徐州，以荣为军谘祭酒。"顾荣所幸的是在"八王之乱"中保全了自己的性命，最终又回到吴地的家乡。

另一江南名士陆机在中原为官的命运，就没有顾荣这么幸运了。陆机(261—303)，字士衡，吴郡华亭(今上海市松江)人。他出身于吴国的高级士族，祖父陆逊是孙吴的丞相，父亲陆抗是孙吴的大司马。陆抗死后，陆机即领父兵为牙门将。晋武帝太康元年(280)陆机 20 岁时，司马炎发兵二十余万，一举灭了吴国。陆机在吴亡后退居旧里，十年不仕，闭门读书，著《辨亡论》两篇，总结吴国灭亡的经验教训。作为江东一流世族的代表人物，陆机兄弟很为自己祖辈、父辈的功业骄傲，写《辨亡论》的一个重要原因是"欲述其祖父功业"(《晋书·陆机传》)。直至晋武帝太康九年(288)，陆机才与弟陆云一同来到西晋都城洛阳，以文才为当时士大夫所推重。经张华推荐，陆机

---

① 《晋书》卷六八《顾荣传》，中华书局 1974 年版，第 1811—1812 页。

辟为祭酒，累迁太子洗马、著作郎。吴王司马晏出征淮南，任郎中令，不久入为尚书中兵郎、转殿中郎。

陆机兄弟入洛之时，正当而立之年，风华正茂，家世与文名的结合使他们成为江东士人北上为官的杰出代表。晋武帝死后，昏庸无能的司马衷继位，是为晋惠帝。不久，司马氏家族开始互相争权夺利的争斗，遂发生“八王之乱”。在朝廷为官的陆机也陷入这场争斗之中。晋惠帝永康元年(300)，赵王司马伦杀死窦后，自为相国，引陆机为相国参军。接着，赵王司马伦自称皇帝，陆机进为中书郎。次年，赵王司马伦被诛，齐王司马冏收陆机等付廷尉治罪，遇赦而止。接着，陆机就归附成都王司马颖。司马颖以陆机参大将军军事，又荐为平原内史。后世称陆机为陆平原，即缘于此。晋惠帝太安二年(303)，司马颖起兵讨长沙王司马乂，陆机为后将军、河北大都督，率军二十万攻打洛阳城，兵败，宦官孟玖等乘机进谗言，诬告陆机有异志，遂为司马颖所杀，终年 43 岁。纵观陆机一生，他在政治上并没有多少成就。入洛后，他热衷仕途，依附权贵，卷入“八王之乱”无休止的纷争之中，最终成为无谓的牺牲品。陆机命丧北土，这对其他入北求仕的南士震动很大。

陆机是魏晋之际成就卓越的著名诗人。陆机的诗，入洛前往往抒发国破家亡的感慨，入洛之后则多叙写人生离合的悲欢和仕途艰危的苦闷。如《赴洛道中作二首》说“悲情触物感，沉思郁缠绵。伫立望故乡，顾影凄自怜”，写自己离别故国，远行入洛途中的见闻和感受，借景抒情，凄切动人。《猛虎行》则是借志士的苦闷写自己入洛之后功名无成就、进退维谷的艰难处境：“静言幽谷底，长啸高山岑。急弦无懦响，亮节难为音。人生诚未易，曷云开此衿？眷我耿介怀，俯仰愧古今。”这种难以正直为人、有愧平生抱负的苦闷，是诗人陷入政治纷争的觉醒，从中也可看出当时社会政治的险恶。

江南世家大族与北方士族把持的西晋政权一直存在着矛盾。南方士族受到北方士族的排斥，很少有到朝廷做官的机会。像顾荣、陆机这样在西晋朝廷做官者，为数并不多。陆机上疏推荐江南名士贺循当尚书郎时，表中就说道：“至于荆、扬二州，户各数十万，今扬州无郎，而荆州江南乃无一人为京城职者，诚非圣朝待四方之本心。至于才望资品，(贺)循可尚书郎，讷可太子洗马、舍人。此乃众望所积，非但企及清涂，苟充方选也。谨条资品，乞蒙简察。”[①]陆机从内心发出的牢骚，从相当程度上反映出江南士族当时的不满情绪。

据《晋书·贺循传》载：贺“循少婴家难，流放海隅，吴平，乃迁本郡。操尚高厉，童龀不群，言行进止，必以礼让。国相丁乂请为五官掾。刺史嵇喜举秀才，除阳羡令，以

① 《晋书》卷六八《贺循传》，中华书局 1974 年版，第 1825 页。

宽惠为本,不求课最。后为武康令,俗多厚葬,及有拘忌回避岁月,停丧不葬者,(贺)循皆禁焉。政教大行,邻城宗之。然无援于朝,久不进序。著作郎陆机上疏荐循曰'伏见武康令贺循德量邃茂,才鉴清远,服膺道素,风操凝峻,历试二城,刑政肃穆。前蒸阳令郭讷风度简旷,器识朗拔,通济敏悟,才足干事。'"在陆机的推荐下,贺循方召补为太子舍人。

在西晋朝廷为尚书郎的,还有江南名门之后纪瞻。"纪瞻字思远,丹杨秣陵人也。祖亮,吴尚书令。父陟,光禄大夫。瞻少以方直知名。吴平,徙家历阳郡。察孝廉,不行。""永康初,州又举寒素,大司马辟东合祭酒。其年,除鄢陵公国相,不之官。明年,左降松滋侯相。太安中,弃官归家,与顾荣等共诛陈敏。"之后,纪瞻"召拜尚书郎,与(顾)荣同赴洛",①但在朝廷任官的仕途中也并不得志。

另外,广陵才子华谭在殿试中,其才华曾受到晋武帝司马炎的赞赏。据《晋书·华谭传》记载:"华谭字令思,广陵人也。祖融,吴左将军、录尚书事。父谞,吴黄门郎。(华)谭期岁而孤,母年十八,便守节鞠养,勤劳备至。及长,好学不倦,爽慧有口辩,为邻里所重。扬州刺史周浚引为从事史,爱其才器,待以宾友之礼。"太康中,扬州刺史嵇绍举华谭秀才。华谭"至洛阳,武帝亲策之曰:'今四海一统,万里同风,天下有道,莫斯之盛。然北有未羁之虏,西有丑施之氐,故谋夫未得高枕,边人未获晏然,将何以长弭斯患,混清六合'"?华谭对曰:"臣闻圣人之临天下也,祖乾纲以流化,顺谷风以兴仁,兼三才以御物,开四聪以招贤。"在许多人看来,"时九州秀孝策无逮谭者。谭素以才学为东土所推。同郡刘颂时为廷尉,见之叹息曰:'不悟乡里乃有如此才也!'"

华谭才华横溢,在仕途上官至"太子舍人、本国中正。以母忧去职。服阕,为鄄城令。"接着,至"永宁初,出为郏令。于时兵乱之后,境内饥馑,谭倾心抚恤。司徒王戎闻而善之,出谷三百斛以助之。谭甚有政绩,再迁庐江内史,加绥远将军。时石冰之党陆圭等屯据诸县,谭遣司马褚敦讨平之。又遣别军击冰都督孟徐,获其骁率"。之后,"陈敏之乱,吴士多为其所逼。顾荣先受敏官,而潜谋图之。谭不悟荣旨,露檄远近,极言其非,由此为荣所怨。又在郡政严,而与上司多忤。扬州刺史刘陶素与谭不善,因法收谭,下寿阳狱"。② 华谭在仕途上也同样充满着坎坷,以至遭遇不测。

三 全面加强对江南的统治

西晋司马氏政权在短暂的全国统一年间,社会经济在一定程度上得到恢复发展。西晋朝廷为全面加强对江南的统治,首先要从经济上尽快恢复社会秩序和发展生产。

① 《晋书》卷六八《纪瞻传》,中华书局1974年版,第1815—1819页。

② 《晋书》卷五二《华谭传》,中华书局1974年版,第1453页。

为此，西晋朝廷采取了一系列措施。此时，北方由于经过长期战乱，地广人稀，劳动力较为缺乏。平蜀以后，西晋朝廷就招募蜀人迁居北方，宣布迁居者供给两年口粮，免除二十年的徭役。平吴之后，为鼓励吴人北迁，又规定吴国北上的百姓和百工免徭役二十年。

西晋灭孙吴后，江东被认为是“易生风尘之地”。[①] 所谓“吴人轻锐，难安易动”。[②] 晋武帝晚年，曾有“封幼稚皇子于吴蜀”之议。时任淮南相的刘颂认为，此议“未尽善”，主张以“长王”、“壮主”出镇。[③] 刘颂认为，“自吴平以来，东南六州将士更守江表，此时之至患也。又内兵外守，吴人有不自信之心，宜得壮主以镇抚之，使内外各安其旧。”[④]这是因为“平吴之日，天下怀静，而东南二方，六州郡兵，将士武吏，戍守江表，或给京城运漕，父南子北，室家分离，咸更不宁。又不习水土，运役勤瘁，并有死亡之患，势不可久”。[⑤] 因此，东南六州将士更守江表之制难以维持。在此情况下，江东既无强藩，又乏重兵，朝廷实施羁縻政策，成效不大。

西晋时期，江苏境内主要是徐扬二州管辖。据《晋书・武帝纪》载：泰始五年(269)二月，“东莞王伷镇东大将军、都督徐州诸军事。”咸宁三年(277)，司马伷徙封琅琊王。在太康元年(280)的西晋平吴战役中，司马伷出镇的徐州，发挥了前哨基地的作用。平吴后，下邳王司马晃继司马伷为镇东将军，都督青、徐二州诸军事，镇守下邳。惠帝时，东平王司马楙和东海王司马越都曾以宗王出镇、都督徐州诸军事。司马越曾以徐州作为后方基地，直接参与了西晋宗室的“八王之乱”。东海王司马越是八王之中最后参与乱事的藩王。

三国时期，扬州原为吴的属地。西晋太康元年(280)司马炎灭吴后，扬州地区也纳入西晋的版图。晋时扬州的范围十分广泛，涉及今苏南、皖南、皖北、江西、浙江、福建的广大地区。在今江苏境内，主要为丹阳、吴、毗陵三郡。据《晋书・武十三王传》记载，晋武帝子司马允于惠帝太康十年(289)徙封淮南王，为都督扬、江二州诸军、镇东大将军、假节。据《晋书・宗室》记载，晋惠帝元康九年(299)司马允入朝后，晋宗室彭城王司马权之子司马植继出为安东将军、都督扬州诸军事，代淮南王司马允镇寿春(今安徽寿县)。司马允入朝后在与赵王司马伦的斗争中被杀，而司马植尚未到寿春上任，也因牵连到司马允与赵王伦的斗争，忧愤而死。

---

① 《晋书》卷四六《刘颂传》，中华书局 1974 年版，第 1294 页。

② 《晋书》卷五二《华谭传》晋武帝策问华谭语，中华书局 1974 年版，第 1450 页。

③ 《晋书》卷四六《刘颂传》，中华书局 1974 年版，第 1294—1295 页。

④ 《晋书》卷四六《刘颂传》，中华书局 1974 年版，第 1294 页。

⑤ 《晋书》卷四六《刘颂传》，中华书局 1974 年版，第 1305 页。

又据《晋书·武十三王传》记载，太康十年(289)，晋武帝的另一子司马晏被封为吴王，食丹阳、吴兴、吴三郡。晋武帝的孙子司马遹曾被封为广陵王，另一孙子司马仪封为毗陵王，但他们并未就国，就先后死于“八王之乱”中。“八王之乱”后期，晋惠帝子孙全部死亡，惠帝兄弟成为此时司马宗室中血统关系最近的亲属。成都王司马颖抢先取得皇位继承权，称皇太弟，居邺城遥制洛阳朝政。而东海王司马越是司马懿弟东武城侯司马馗之孙，高密王司马泰之子，与武帝、惠帝皇统关系比较疏远，同成都王颖居于惠帝兄弟地位者大不一样。即使按食邑数量来说，成都王本食四郡，东海王只食六县，其地位轻重差别较大。

晋惠帝永兴元年(304)七月发生荡阴之战，由于惠帝被成都王司马颖击败，被劫入邺，司马颖成为决定性的政治力量。但时隔不久，东海王司马越的幽州刺史王浚发兵攻邺，成都王颖和惠帝以及皇室近属逃奔洛阳，被河间王司马颙部将裹胁入关。据《资治通鉴·惠帝永兴元年》记载：此时，晋惠帝兄弟辈二十五人中，只剩下成都王司马颖①、豫章王司马炽②和吴王司马晏。③ 晋惠帝和宗室近属悉数入关后，广大关东地区没有强藩控制，这是东海王司马越填补空缺、扩充势力的极好时机。

荡阴败后，司马越逃回属地东海国，又收兵下邳，取得徐州，为控制江淮进行了大量的活动。据《晋书·孙惠传》载，吴人孙惠上书司马越曰：“自先帝公王，海内名士，近者死亡，皆如虫兽。”称赞司马越“以明公达存亡之符，察成败之变，审所履之运，思天人之功，武视东夏之藩，龙跃海嵎之野。④ 西咨河间，⑤南结征镇，东命劲吴锐卒之富，⑥北有幽并率义之旅，宣喻青徐，启示群王，旁收雄俊，广延秀杰”，这大体上是此时司马越的势力分布图。从此，徐州地区成为其广阔的后方。司马越部署诸弟司马腾、司马略、司马模分守重镇以为形援。然后，他移檄镇、州、郡，自为盟主，并于光熙元年(306)把惠帝从长安夺回洛阳。接着，惠帝暴死，成都王颖、河间王颙相继被害，继立的晋怀帝完全在司马越掌控之下，他在皇族中已没有强劲的对手。

然而，司马越要站稳脚跟，需要得到强大士族的支持。“司马越并不具备皇室近属的名份，号召力有限。因此他力求联络关东的士族名士，利用他们的社会地位和实际力量来巩固自己的统治。关东是士族比较集中的地方，他们的向背，在很大程度上

---

① 原来的皇太弟，入关后被废。

② 入关后新立的皇太弟，后来的晋怀帝。

③ 后来的晋愍帝司马邺之父。

④ 指在东海国和东方各地活动，并收兵下邳。

⑤ 指河间王颙。

⑥ 指扬州刘准。

影响着司马越统治的命运。"[①]当时居于朝廷高位的王衍，是公认的名士首领，以善于玄学清谈为世所宗。王衍郡望虽非东海，是东海的近邻，但其家族的社会地位高于东海国的任何一个家族。"王衍之女，一为愍怀太子妃，一适贾充之孙贾谧。可见他在西晋末年宫廷倾轧这一大事中既结后党，又结太子，两边观望，期于不败。王衍另一女为裴遐妻，而裴遐是东海王司马越妃裴氏从兄。王衍通过裴遐，又同东海王越增加了一重关系。"[②]因此，司马越联络以王衍为首的士族力量不是偶然的。

晋惠帝末年和晋怀帝时的西晋朝廷，实际上是以司马越、王衍为核心操纵政局。此时政局，纷乱异常。州郡征镇叛服不常，流民暴动此伏彼起，北方少数民族入主中原的威胁也迫在眉睫。在这种形势下，司马越、王衍力图在政治上、军事上加强控制，抢据要冲，以维持残破局面。晋怀帝永嘉元年(307)九月，在朝中掌握实权的司马越，任命司马睿为安东将军、都督扬州诸军事，并迁镇建邺。这是司马越把徐、扬地区作为其后方基地，以退为守而作出的一种战略性安排。司马越物色司马睿，还有历史渊源。在司马越与司马颖对峙之时，司马睿与其从父东安王司马繇先居洛阳，后居邺城。那时，司马越已通过辟于越府的王导对司马睿施加影响。荡阴战后，司马繇被司马颖杀害，司马睿更坚定了在成都王司马颖和东海王司马越之争中投向司马越一边的决心。

司马睿、王导奉命南来，当初并不是为司马越、王衍南逃预作准备的。司马越和王衍始终都没有南逃的打算。司马越是在经营东海国、收兵下邳后才得以成为独立力量的。他的军队以徐州人尤其是徐州东海国人为多。洛阳宫省宿卫，也都被司马越换成东海国将军何伦、王景的东海国兵。这说明司马越、王衍势力的地方色彩很浓。他们只求死守正朔所在的中原，而未曾考虑偏安江左。其时，镇东将军、都督扬州诸军事的周馥建策迎天子都寿春(今安徽寿县)，已被司马越拒绝。司马越的战略意图，是依托徐州，守住洛阳，以与北方后赵石勒周旋。王衍是支持司马越这一战略意图的。当洛阳由于刘渊、石勒的攻击而出现人心浮动，迁都避难呼声甚紧之时，王衍却在"独卖牛车以安众心"，[③]可见，其死守中原的良苦用心。后来，司马越、王衍拥军东行，司马越于道中病死而托后事于王衍，王衍必欲扶司马越柩归葬东海，以至于在东行道中被石勒部众追杀，王公士庶十余万人俱死。西晋统治者之间的"八王之乱"以及随后出现的永嘉之乱，最终摧毁了在北方的西晋政权。司马越、王衍一心东归而无南下意图，客观上促成了也有利于之后司马睿、王导在江左的独立经营。

---

① 田余庆著:《东晋门阀政治》,北京大学出版社 1989 年版,第 8 页。

② 田余庆著:《东晋门阀政治》,北京大学出版社 1989 年版,第 8—9 页。

③ 《晋书》卷四三《王衍传》,中华书局 1974 年版,第 1238 页。

第二节　江东豪族“三定江南”

古时在地理上以东为左，西为右。长江在安徽至江苏境内[①]大体上是从西南往东北方向斜流，人们习惯以此段江为标准确定东西和左右。“江东”即长江以东，江东也称江左，泛指长江下游南岸地区，也特指东晋、宋、齐、梁、陈各朝统治的全部地区。六朝时期，江东出现一批著名的家族。这些家族长期繁衍延续，人口众盛，世代为官，具有雄厚的地方势力。由于他们兼有“世家”与“大族”的特征，故称为江东世家大族。西晋末年，北方社会出现严重动乱。在南方，世家大族先后平定石冰流民起义、陈敏和钱璯割据江东的武装阴谋活动，从而“三定江南”，维持了江东地区的社会政治秩序，并最终下决心与司马睿政权合作。这一正确的政治抉择，使东晋政权在江东顺利建立并逐步稳定下来，长江以南广大地区恢复了安定局面。

一　永嘉后江东地区复杂的社会矛盾

西晋末年，阶级矛盾和民族矛盾十分复杂。晋怀帝永嘉五年(311)，匈奴人刘曜率军攻下洛阳京城，晋怀帝被俘，晋军在荆棘成林的长安拥立愍帝。晋愍帝建兴四年(316)，刘曜又攻下长安城，晋愍帝出降被俘，西晋宣告灭亡，中国历史再次由统一走向分裂。而此时的江东地区，各种社会矛盾也纷纭交错地纠集在一起，形成十分复杂的局面。

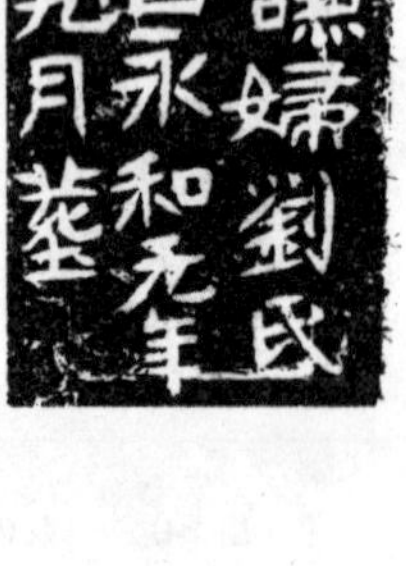

江东豪族士大夫在吴国灭亡后，政治上被西晋统治者看作“亡国之余”[②]，在朝廷中无所依托，丧失了过去在政治上拥有的那部分特权，但是他们在经济上的势力并不因东吴政权的覆灭而消失。他们拥有的封建庄园，仍旧是“牛羊掩原隰，田池布千里”(葛洪《抱朴子·吴失篇》)。在封建庄园内，也依然是“僮仆成军，闭门为市”，继续保持着雄厚的经济基础和广泛的社会影响。西晋统治下的南方，世家豪族占有大量土地和拥有许多依附民、奴婢的情况在不断发展。长江以南地区，原来东吴的官僚地主就一直以收买、强夺等手段扩大自己的私有土地。他们死后，有的还在墓中随葬买地券，表示自己买得大片葬地。例如，南京丁甲山

① 从芜湖至南京之间。

② 《晋书》卷五八《周处传》，中华书局 1974 年版，第 1570 页。

发现晋太康六年(285)的一座晋墓,随葬的铅地券载明死者曹翌是"吴故左郎中立节校尉",用钱"百万"买得"石子岗坑虏牙之田地方十里"作为葬地。南京板桥镇石闸湖地方,发现晋永宁二年(302)的晋墓,随葬的铅地券载明墓主是"汝阴太守",用"直钱二百万"买得"江宁县赖乡漈湖里地方员五顷八十亩"①的葬地。这些买地券所记的买地情况虽不一定完全属实,但确也反映了当时江南官僚地主购买大量土地的一个侧面。

江南官僚地主除购买土地外,如果立有战功,还会得到西晋政府的赏田。如义兴阳羡(今江苏宜兴)的官僚地主周处,东吴时期任吴的左观右丞,西晋时转任晋官,在平定北方齐万年起义时战死。西晋政府追赠他为平西将军,赐给他钱百万和葬地一顷,又赐给他洛阳宅地五十亩、王家近田五顷。② 由于土地是当时自耕农的主要生产资料,农民的大量失地,必然使豪族地主与农民之间的阶级矛盾日益尖锐化。

南京象山7号墓出土的
东晋陶牛车及侍从俑群

永嘉乱后,北方广大汉民,为逃避战乱、饥荒和民族压迫,大批渡江南迁,史称"中州士女避乱江左者十六、七"。③ 这些北方士族南渡时,大都率宗族、宾客、乡党同行。如幽州范阳国遒县(今河北省涞水县)大族祖逖率亲党数百家,避于淮、泗,复徙居京口(今江苏镇江市);④兖州高平国金乡县(今山东金乡县北)大族郗鉴率乡里千余家流移于广陵(今江苏扬州市)。⑤ 南方大族在西晋时期受到中原世族的排斥而产生过矛盾。现在,中原士族避难南迁,致使侨姓士族与南方土著士族的矛盾又凸现出来。

当初,西晋大军长江南北设防,加强对江东地区的控制时,南方士族就曾屡次举兵反抗,即所谓"吴人趑睢,屡作妖寇"。⑥ 西晋末年,当北方各族人民和汉族流民起义兴起之时,一些江东豪族又在徘徊观望,企图待机进行割据。江东豪族的"三定江南",正是在这样的背景下发生的。

---

①② 参阅王文清、许辉著:《西晋史话》,北京出版社1987年版,第29页。
③ 《晋书》卷六五《王导传》,中华书局1974年版,第1746页。
④ 《晋书》卷六二《祖逖传》,中华书局1974年版,第1694页。
⑤ 《晋书》卷六七《郗鉴传》,中华书局1974年版,第1797页。
⑥ 《晋书》卷五二《华谭传》,中华书局1974年版,第1450页。

二 石冰流民起义与江南大族"一定江南"

晋惠帝太安二年(303)五月,西晋朝廷强行从荆州征兵派往益州镇压秦雍流民起义,被征发的百姓不愿远行,在长江、沔水间爆发了义阳张昌领导的流民起义。张昌"聚众于江夏,百姓从之如归",[①]旬月之间参与起义的民众就多达三万余人。晋"惠帝使监军华宏讨之,败于障山。(张)昌等浸盛,杀平南将军羊伊,镇南大将军、新野王歆等,所在覆灭"。[②]

晋惠帝太安二年(303)七月,起义军的另一支在石冰的率领下,东下攻打扬州,刺史陈徽出奔。扬州诸郡均为起义军攻占,石冰"因修建邺宫居之"。[③] 起义军接着又攻破江州(今江西九江),别将陈贞攻武陵、零陵、豫章、武昌、长沙,临淮人封云在徐州也起兵响应起义军。"于是荆、江、徐、扬、豫五州之境,多为(张)昌所据。昌更置牧守,皆桀盗小人,专以劫掠为务。"[④]石冰率领的流民起义,一时间声势浩大,已直接威胁到江东豪族的切身利益。

据《晋书·惠帝纪》载:晋惠帝太安二年(303)十二月,"扬州秀才周玘、前南平内史王矩、前吴兴太守顾秘起义军以讨石冰。"周玘是义兴(今江苏宜兴市)人,其祖父周鲂为东吴鄱阳太守,父周处曾任西晋御史中丞。周玘先潜结王矩,共推"东吴四姓"之首的吴郡顾秘都督扬州九郡军事,与江东人士一同起兵进攻石冰,斩杀石冰所置吴兴太守区山及诸长史。之后,会稽山阴(今浙江绍兴)贺循、广陵(今江苏扬州)华谭、丹阳(今南京)葛洪、甘卓等江东豪族也都起兵响应,各领私兵,围攻石冰起义部队,移檄石冰大将杭宠。杭宠逃走,所置会稽相、山阴令皆降,一郡悉平。石冰又派遣部将羌毒领数万人在江南与周玘周旋,在对阵中羌毒为周玘所杀。

晋惠帝永兴元年(304)二月,石冰自领大军从临淮向寿春(今安徽寿县)进发。晋征东将军、都督刘准忧惧,计无所出。广陵度支陈敏建议刘准说:"请合率运兵,公分配众力,破之必矣。"于是,刘准和陈敏自广陵率众配合江南的周玘,在江北发动对石冰的进攻。陈敏以少击众,每战皆克。石冰与陈敏从寿春战至扬州,大败石冰于建康(今南京)。同年三月,石冰被迫北走,投奔张昌部将、驻守徐州的封云。石冰从建康北撤至徐州后,与封云共同抗击陈敏、周玘。石冰在反击陈敏的整个过程中,经过大小三十余战,最后徐州一战,因封云部下张统叛变,石冰和封云一起被张统杀害,张统投降晋军。于是,徐、扬二州的流民起义,在江东士族地主的直接参与镇压下,被平息

---

①② 《晋书》卷五八《周处传》,中华书局 1974 年版,第 1572 页。

③ 《建康实录》卷五,《中宗元皇帝》,上海古籍出版社 1987 年版,第 88 页。

④ 《资治通鉴》卷八五《惠帝太安二年》,中华书局 1956 年版,第 2683 页。

下去了。

这是江南大族的“一定江南”。

三　陈敏割据江东与江南大族“二定江南”

“八王之乱”后期，江南大族名士深知洛阳政权难以维持，亟需一个像孙策兄弟那样的人物来号令江东，以保障他们的家族利益。江南大族们在江东没有找到合适人选，而在江北找到了陈敏。他们起先拥护陈敏，后为陈敏所用。司马越在下邳收兵，也曾联络陈敏，想借助其力量消灭在北方的对手。

陈敏字令通，庐江郡（今安徽霍丘西）人。他原是一个普通的郡吏，由于办事有能力，被朝廷任命为尚书仓部令史。晋惠帝永宁元年（301），赵王司马伦杀死贾后，篡夺了惠帝司马衷的皇位，齐王司马冏联合成都王司马颖、河间王司马颙起兵反对司马伦。双方在京城洛阳附近激战六十多天，死亡甚众，造成京师仓廪空虚。地处淮南中枢的广陵郡，在晋武帝太康元年（280）时领有八属县，有户八千八百，是盛产稻谷的鱼米之乡。陈敏向朝廷建议说：“南方米谷皆积数十年，时将欲腐败，而不漕运以济中州，非所以救患周急也。”[①]朝廷接受陈敏将南方米谷漕运京师的建议，任命他为合肥度支，又迁广陵度支，专职负责转运南方米谷至京城洛阳。陈敏在陈登开凿的邗沟西道基础上进一步实施部分水道的改造，以漕运包括淮南地区在内的南方米谷。据《水经·淮水注》记载，陈敏于中渎水域穿樊梁湖北口，下注津湖径渡，改变湖道纡远状况，缩短了江淮间的航程，以提高漕运效率。

陈敏在镇压石冰流民起义军后，随着势力范围的扩大，割据江南的野心逐步膨胀起来。江南大族“一定江南”后，周“玘不言功赏，散众还家”，[②]而陈敏以军功升迁广陵相，转右将军。当时，晋惠帝幸长安，四方交争不止，无暇顾及南方之事。陈敏“自谓勇略无敌，有割据江东之志”。[③] 他利用当时江南士族地主的不满情绪，又起兵反晋。晋惠帝永兴二年（305），陈敏收兵占据历阳（今安徽和县），并勾结从洛阳东归的吴王[④]常侍、丹阳人甘卓，假传皇太弟司马炽之命，自封为扬州刺史。西晋扬州刺史刘机、丹阳内史王广等都弃官奔走，陈敏又派兵南取江州，东略诸郡，据有整个吴越之地，进而自号都督江东军事、大司马、楚公。陈敏割据江东的野心，其父早有察觉。陈父曾“怒

① 《晋书》卷一〇〇《陈敏传》，中华书局 1974 年版，第 2614 页。

② 《晋书》卷五八《周玘传》，中华书局 1974 年版，第 1572 页。

③ 《资治通鉴》卷八六《惠帝永兴二年》，中华书局 1956 年版，第 2714 页。

④ 晋武帝子司马晏，太康十年封。

曰:'灭我门者,必此儿也!'遂以忧卒。"[①]

起初,陈敏割据江东的企图,与西晋末年江南大族徘徊、观望、力图自保的心态是相当一致的。据《资治通鉴·惠帝永兴二年》记载:"(陈)敏遂据有江东,以顾荣为右将军,贺循为丹阳内史,周玘为安丰太守,凡江东豪杰、名士,咸加收礼,为将军、郡守者四十余人。"而"(贺)循辞以脚疾,手不制笔,又服寒食散,露发袒身,示不可用,(陈)敏竟不敢逼"[②],乃以顾荣领丹阳内史,"以(周)玘为安丰太守,加四品将军,玘称疾不行。"[③]陈敏疑诸名士终不为己用,欲尽诛之。顾荣说敏曰:"中国丧乱,胡夷内侮,观太傅(指东海王司马越)今日不能复振华夏,百姓无复遗种。江南虽有石冰之寇,人物尚全。荣常忧无窦氏、孙、刘之策,有以存之耳。今将军怀神武之略,有孙吴之能,功勋效于已著,勇略冠于当世,带甲数万,舳舻山积,上方虽有数州,亦可传檄而定也。若能委信君子,各得尽怀,散蒂芥之恨,塞谗谄之口,则大事可图也。"[④]陈敏采纳其言,悉引诸豪族委任之。

然而,陈敏过江后既而排斥江东士族,企图独霸江东,又自加九锡,声称自江入河,奉迎銮殿,以与司马越争雄。"陈敏刑政无章,不为英俊所附;子弟凶暴,所在为患;顾荣、周玘等忧之。"[⑤]在这种情况下,江南士族和东海王司马越都不能容忍陈敏的所作所为。此时,倡议反对陈敏的关键人物,是既与南士有广泛交往,又居东海王司马越府为军咨祭酒的广陵人华谭。华谭闻陈敏盗据吴、会,"自相署置",而顾荣等江东首望,"悉受敏官爵",乃致书顾荣等人,一方面指责陈敏"上负朝廷宠授之荣,下孤宰辅(指司马越)过礼之惠";另一方面又言顾荣、贺循等"吴会仁人并受国宠,或剖符名郡,或列为近臣,而便辱身奸人之朝,降节叛逆之党,稽颡屈膝,不亦羞乎!"[⑥]

华谭此信,显然是受命于司马越、王衍,目的是劝告南士,如果要保障江东士族利益,只有反戈一击,灭掉陈敏,与司马越合作,方有出路。顾荣、周玘等江东世族地主也终因陈敏乃"七第顽冗,六品下才",[⑦]不愿拥戴他为江东之主。顾荣、甘卓、纪瞻同华谭一样,都曾居司马越幕府,与司马越有旧交,遂与周玘定策灭掉陈敏。因而,顾荣等采纳华谭建议不是偶然的。

江南大族反击陈敏割据江东的计划从两方面展开:一方面,周玘联络晋征东大将

---

① 《资治通鉴》卷八六《惠帝永兴二年》,中华书局 1956 年版,第 2714 页。

② 《晋书》卷六八《贺循传》,中华书局 1974 年版,第 1825 页。

③ 《晋书》卷五八《周玘传》,中华书局 1974 年版,第 1572 页。

④ 《晋书》卷六八《顾荣传》,中华书局 1974 年版,第 1812—1813 页。

⑤ 《资治通鉴》卷八六《怀帝永嘉元年》,中华书局 1956 年版,第 2725 页。

⑥ 《晋书》卷一〇〇《陈敏传》,中华书局 1974 年版,第 2616 页。

⑦ 《晋书》卷一〇〇《陈敏传》,中华书局 1974 年版,第 2617 页。

军刘准，发兵临江讨伐陈敏，而周玘、顾荣等人则在江南起兵响应。据《晋书·周玘传》载：周玘"密遣使告镇东将军刘准，令发兵临江，己为内应，翦发为信。(刘)准在寿春，遣督护衡彦率众而东。时(陈)敏弟昶为广武将军、历阳内史，以吴兴钱广为司马。(周)玘密讽(钱)广杀(陈)昶"。

另一方面，顾荣以自己在江东的影响，又密使陈敏同党甘卓倒戈。据《晋书·顾荣传》载："(陈)敏仍遣甘卓出横江，坚甲利器，尽以委之。(顾)荣私于(甘)卓曰：'若江东之事可济，当共成之。然卿观事势当有济理不？敏既常才，本无大略，政令反复，计无所定，然其子弟各已骄矜，其败必矣。而吾等安然受其官禄，事败之日，使江西诸军函首送洛，题曰逆贼顾荣、甘卓之首，岂惟一身颠覆，辱及万世，可不图之！'(甘)卓从之。"

晋怀帝永嘉元年(307)，"(周)玘与顾荣、甘卓等以兵攻(陈)敏，(陈)敏众奔溃，单马北走，获之于江乘界[①]，斩之于建康，夷三族。"[②]由于破灭陈敏的计划周密，加之里应外合，江南大族终于平息陈敏之乱，"二定江南"。

四　钱璯割据统治与江南大族"三定江南"

在讨平陈敏割据江东的过程中，吴兴人钱璯因起兵讨伐有功，被东海王司马越任命为建武将军，令其率军救援京都洛阳，以解北胡威胁。晋怀帝永嘉四年(310)二月，钱璯进至广陵(今江苏扬州市)，听说匈奴贵族刘聪已经攻逼洛阳，畏惧不敢再进，而怀帝促以军期，钱璯乃谋反。

晋怀帝永嘉四年(310)，司马睿已镇江左，而司马越欲征王敦及钱璯，并至洛阳救援。此时，扬州刺史王敦"迁尚书，当应征与(钱)璯俱西。璯阴欲杀(王)敦，藉以举事。"[③]王敦闻之，奔告于建康司马睿，钱璯便杀死西晋度支校尉陈丰(负责运送粮草的武官)，焚烧邸阁，自号平西大将军、八州都督，立吴王孙皓子孙充为吴王，继而又杀死孙充，率兵南渡长江，进攻义兴(今江苏宜兴市)。当时已为安东将军、都督扬州江南诸军事、镇守建邺的琅邪王司马睿遣将军郭逸、都尉宋典等讨之，郭逸以兵少不敢进。周玘"复率合乡里义众，与(郭)逸等俱进，讨(钱)璯斩之，传首于建康"[④]，这才平定了钱璯企图割据江南的行动。

江东豪族"三定江南"，周玘每次都参与其中，发挥了关键作用，在江南士族中威望极高。之后，他企图起兵未成，谋泄，晋元帝司马睿还不得不姑息了事。据《晋书·

---

① 今江苏省句容市北。

② 《晋书》卷五八《周玘传》，中华书局 1974 年版，第 1572 页。

③④ 《晋书》卷五八《周处传》，中华书局 1974 年版，第 1573 页。

周玘传》载:“(周)玘三定江南,开复王略,帝嘉其勋,以玘行建威将军、吴兴太守,封乌程县侯。吴兴寇乱之后,百姓饥馑,盗贼公行。玘甚有威惠,百姓敬爱之。期年之间,境内宁谧。帝以玘频兴义兵,勋诫并茂,乃以阳羡及长城之西乡、丹杨之永世别为义兴郡,以彰其功焉。”

江东大族先后“三定江南”,客观上对稳定西晋末年复杂的江东局势起了积极作用,从而为东晋政权在江南的建立奠定了社会基础。

第四章　东晋对徐、扬等州的政治统治

东晋一朝自元帝建武元年(317)司马睿都建康,建立政权,至恭帝司马德文于元熙二年(刘宋永初元年,420)被刘裕所废,[①]其间经十一位君主,历时104年。东晋所属疆域除东部以徐州为中心的淮河流域、长江中游以荆州为中心的汉水流域外,与北方少数民族政权基本上是以淮河为界,隔河而治。而处于长江下游的扬州,其战略地位极其重要。东晋时,扬州刺史往往由宰相兼领。正如刘穆之于晋安帝义熙三年(407)劝说刘裕不可不任扬州刺史时所说:"扬州根本所系,不可假人。"[②]这大体反映了东晋时期扬州的状况。而徐、扬等州主要属于今江苏地域。

第一节　东晋政权在江南的建立

东晋政权在江南的建立和巩固,与江东世族的合作是分不开的,这其间经历了一个曲折的过程。司马睿初到江东之初,江东世家大族对其相当冷淡。经过王导的努力争取,他们才与司马睿政权建立起初步的合作关系。之后,南渡的北方世家大族逐渐增多,司马睿政权也在江东站住脚跟,而江东世家大族却开始受到排挤。在王敦之乱中,江东世家大族也以种种方式对此发泄出内心的不满和愤懑。在这种情况下,司马睿政权被迫重新分配政治利益,让江东世家大族分享一部分重要的政治权力。经过这次利益关系调整,南北世家大族之间的紧张局面才出现缓和,并且比较稳定地维持到东晋末年。

---

① 刘裕改国号为宋。

② 《宋书》卷四二《刘穆之传》,中华书局1974年版,第1304页。

一 司马睿移镇建邺

司马睿，字景文，曹魏重臣司马懿的曾孙，琅邪王司马伷之孙。司马伷在晋武帝司马炎时，始封东莞郡王，出为镇东大将军，都督徐州诸军事。不久，改封琅邪王。在平吴战役中，司马伷建有功勋，晋武帝太康四年(283)卒。司马睿虽是司马懿的曾孙，但其父祖在政治上都未立过大功，也未处重要地位，因而也就没有卷入西晋晚年诸侯王争夺政权的斗争漩涡。他和东海王司马越都是皇室远支，封地相邻，思想意识接近，政治关系相当密切。在八王混战时期，司马睿由于毛羽未丰，一直在司马越卵翼之下，是司马越的忠实党羽。

晋惠帝永兴二年(305)，司马越率军北上参加宗室混战，"以琅邪王(司马)睿为平东将军，监徐州诸军事，留守下邳。睿请王导为司马，委以军事。"[①]光熙元年(306)，司马越毒死惠帝，迎司马炽返洛阳继皇帝位，是为晋怀帝，次年改元永嘉。晋怀帝以司马越"为太傅录尚书，以下邳、济阳二郡增封"。[②] 司马越在辅政怀帝时，最顾忌的地方将领是镇东将军、扬州都督周馥。"(周)馥自经世故，每欲维正朝廷，忠情恳至。以东海王越不尽忠节，每言论厉然，(司马)越深惮之。"[③]司马越自镇许昌，又以琅邪王司马睿镇建邺(今江苏南京)，其目的就是为防范周馥对自己的不满。

在此背景下，司马睿受司马越之命，移镇江东且基本立足之后，就开始讨伐不听命于司马越的周馥，王敦也借机"与甘卓等讨江州刺史华轶，斩之"，[④]从而进一步扩大在江东的势力范围。接着，司马越以其弟司马略为征南大将军、都督荆州诸军事，镇襄阳；司马腾为安北将军、都督司冀二州诸军事，镇邺(今河南安阳北)；司马模为征西大将军、都督秦雍梁益四州诸军事，镇长安；又以平东将军、琅邪王司马睿为安东将军，镇建邺，都督扬州江南诸军事。[⑤]

除宗室兄弟外，王衍等北方士族名士也是司马越需要依靠的重要力量。西晋惠帝统治末期，中原地区战祸不断，司马氏王室政乱朝危。不少长期居住北方的世家大族都想到南方去重新寻找安身之地，一些司马氏诸王也想在南方建立统治基地。例如，琅邪(今山东临沂市东北)王氏，就是想在南方谋求立足之地的世家大族代表人物。当时王衍虽居宰辅之重，不以经国为念，而思自全之计，向当时掌握朝廷大权的

---

① 《资治通鉴》卷八六《惠帝永兴二年》，中华书局1956年版，第2710页。

② 《晋书》卷五九《东海王越传》，中华书局1974年版，第1623页。

③ 《晋书》卷六一《周馥传》，中华书局1974年版，第1663—1664页。

④ 《晋书》卷九八《王敦传》，中华书局1974年版，第2554页。

⑤ 《晋书》卷五《孝怀帝纪》，中华书局1974年版，第116—117页。

司马越建议说："中国已乱，当赖方伯，宜得文武兼资以任之。"[①]永嘉元年(307)十一月，司马越采纳王衍建议，任命王衍弟王澄为荆州刺史、都督，领南蛮校尉；任命王衍族弟王敦为青州刺史。

王澄、王敦在赴任临行前，王衍在京都洛阳嘱咐他们说："荆州有江汉之固，青州有负海之险，卿二人在外，而吾留此，足以为三窟矣。"[②]王衍的这番话，既是琅邪王氏"退求三穴"，实施迁守江南的计策，也反映出司马越想依靠王氏家族支持司马睿南下发展的打算。晋怀帝永嘉三年(309)三月，在王敦出任青州刺史不久，司马越又改任他为扬州刺史[③]。这样，琅邪王氏兄弟就成为南方荆、扬二州的"方伯"，从而为将来北方失守后退保江南作好了准备。

永嘉元年(307)九月，司马睿偕王导渡江至建邺(今江苏南京)。永嘉五年(311)六月，刘曜、王弥、石勒合兵攻破洛阳，杀西晋诸王公及百官以下三万人，俘晋怀帝司马炽，押送汉国都城平阳(今山西临汾市)，史称"永嘉之乱"。刘聪起先封怀帝为平阿公，次年进封为会稽郡公。洛阳被攻破后，西晋部分臣属奉原秦王司马邺为太子，建行台于长安。当时，中原衣冠士族大多已南下江南，拥戴司马睿在江南建立的政权，唯有并州刺史刘琨和幽州刺史王浚继续留在中原与匈奴汉国政权对垒。

永嘉七年(313)三月，刘聪命晋怀帝青衣行酒，晋旧臣见状号声大哭，旋为刘聪所杀。怀帝被刘聪杀后，司马邺在长安匆匆组织政权，史称愍帝，改元建兴。远在江南的司马睿被晋愍帝封为左丞相、大都督中外诸军事，成为当时匡复王室的中心人物。为避愍帝司马邺之讳，司马睿改建邺为建康。晋愍帝建兴四年(316)，刘曜攻破长安，愍帝被俘。晋愍帝建兴五年(317)，愍帝被杀。当晋愍帝被俘的消息传到建康后，司马睿先称晋王。晋愍帝被杀后，司马睿在建康正式称帝[④]，重建晋政权，史称东晋。晋室政治中心，自此从中原移至江左。

据《晋书·王导传》记载："王导字茂弘，光禄大夫览之孙也。父裁，镇军司马。导少有风鉴，识量清远。年十四，陈留高士张公见而奇之，谓其从兄敦曰：'此儿容貌志气，将相之器也。'"当司马睿为琅邪王时，就和王导"素相亲善"。王导"知天下已乱，遂倾心推奉，潜有兴复之志。帝亦雅相器重，契同友执。帝之在洛阳也，导每劝令之国。会帝出镇下邳，请导为安东司马，军谋密策，知无不为。"由此可见，司马睿过江前在北方所经办的大事，几乎全都是出于王导的谋划。

① 《晋书》卷四三《王衍传》，中华书局 1974 年版，第 1237 页。

② 《晋书》卷四三《王衍传》，中华书局 1974 年版，第 1237—1238 页。

③ 《晋书》卷九八《王敦传》，中华书局 1974 年版，第 2554 页。

④ 即东晋元帝。

在南下的中原世家大族中，以琅邪王氏家族的王导、王敦为代表人物。司马睿、琅邪王氏和西晋最后一个权臣东海王司马越，他们三家的关系历来就很密切。王导曾参与司马越军事。司马睿在洛阳时，王导又与他过从甚密，劝他离开洛阳到琅邪封国去。司马越为太傅时，王衍以太尉之尊，却作他的太傅军司。据《晋书·东海王越传》载："初，元帝镇建邺，裴妃之意也，帝深德之。"妃兄裴盾为徐州刺史时，司马睿为安东将军监徐州诸军事，二人共治下邳。而裴盾弟裴邵时为安东府长史，王导为安东府司马，"二人相与为深交。"[①]裴妃对于司马睿、王导渡江之事，既知内情又表关切，是合情合理的。

过江不久，琅邪王司马睿起初也不是江左政局草创过程中须臾不可离开的人物。据《世说新语·叙录》"元帝始过江"条载：司马睿过江两个月后，"十一月，太妃薨于本国琅邪，上便欲奔丧，顾荣等固留，乃止。上即表求奔丧，诏听。二年三月，上还琅邪国，四月葬太妃，上还建康。"《晋书·元帝纪》也记载："属太妃薨于国，自表奔丧，葬毕，还镇。"这说明司马睿过江不久，即忙于操持奔丧之事，并没有因刚南迁而抽身不得。司马睿坐镇江东，稳定局势，主要靠王导。有王导辅翼司马睿的格局，江左政治就有了重心。

当司马睿移镇建邺时，陈敏的叛乱刚刚被江左大族平定下去。晋室之所以能够顺利实现南迁，还由于江南士族地主合力消灭陈敏势力，为司马睿政权扫清了障碍。在陈敏兴败的过程中，王、马与南士各有自己的估量。"王、马理解到江东形势亟待强藩出镇，否则还可能出现第二个陈敏；南士则准备接受从北方来的强藩，只要他们有足够的名分和权威而又尊重南士的利益。这样，司马睿与王导才得以在南士的默许下过江，而过江后的首要任务，就是尽力笼络南士，协调南北门阀士族的利益。"[②]因此，司马睿在江左重建晋室，既要依仗北方南渡士族，又要尽量招引吴姓士族，从而在侨姓士族与吴姓士族联合支撑下，建立起东晋政权。

二 "王与马，共天下"

元帝司马睿之所以能够在江南建立东晋政权，与王导、王敦的鼎力支持是分不开的。在北方南下士族中，以王氏兄弟的权势最大。王导被任用为骠骑将军，加散骑常侍、都督中外诸军，领中书监、录尚书事。王敦为大将军、荆州牧，握有重兵，驻守荆州。据《晋书·王敦传》记载："(元)帝初镇江东，威名未著。敦与从弟导等同心翼戴，以隆中兴。时人为之语曰：'王与马，共天下。'"这就是说，东晋政权实际上是王氏与

① 《晋书》卷三五《裴楷传》，中华书局1974年版，第1052页。

② 田余庆著：《东晋门阀政治》，北京大学出版社1989年版，第22页。

司马氏共同创建的。所谓“王与马，共天下”，真实反映了东晋初期的政治格局。

在中国封建社会的历史上，皇权至高无上，唯独魏晋南朝是皇权相对较弱的时期。而在这四百年间，又以东晋皇权最弱。曹魏、西晋及南朝，虽则大族豪横，除西晋和陈外，末年又都发生强臣禅代，然而君与臣共天下的情况，却是没有的。唯独东晋百年政治，始终是君与臣共天下。其间，或者由君的方面，想打破这种局面，如晋元帝任刘隗、刁协夺王氏之权；或者由臣的方面，想打破这种局面，如王敦、苏峻、桓温等先后谋反，但最终都没有成功。

“王与马共天下”，东晋初期所形成的这种君臣关系的平衡状态，最初是与王导的执政理念和施政方针分不开的。司马睿初到江东时，王导就向他建议说：“谦以接士，俭以足用，以清静为政，抚绥新旧。”[①]这是王导建国和治国的基本方针，其主要精神是在政局动乱中，当务之急是以调和矛盾以求得安定，不安定则不能立国。当统治集团内部矛盾重重，南士怀忿，方镇跋扈之时，不求安定也不能稳定社会政治局面。

王导在创建东晋政权时，主要面临三个问题：一是司马睿位望不高；二是北方南下士族意志消沉人心涣散；三是南北士族之间存在矛盾。王导采取主动协调各方利益的办法，使这三个问题得到一定程度的解决。司马睿位望得以提高，但作为中兴君主，还是微弱。北方南下士族逐步安定了情绪，但志存苟且，求田问舍。南北士族之间的矛盾有所缓和，但远未消除。

司马睿原为西晋琅邪王，宗室地位不高，本来并不具备在江左运转皇权的条件。他在晋室诸王中既无威望，又无实力，如果不借助门阀世族的扶持，根本没有在江左立足的余地。此外，他在司马皇室中并没有可依赖的法统地位，与西晋武、惠、怀、愍的皇统关系较为疏远。只有门阀世族的法码，才能增加司马睿的政治分量。当时，除王导、王敦兄弟已偕来江左外，原先东海王司马越府掾的诸多世族名士也纷纷渡江，他们为司马睿提供了这种有分量的砝码。过江时的司马睿人微言轻，他是依靠过江的侨姓大族，并联合江东大族才建立起东晋政权。

西晋末年，司马越、王衍在洛阳的结合，掌握实权的是司马越；而司马睿、王导在徐州下邳的结合，王导实际上起主导作用。司马睿的性格“恭俭退让”，“时人未之识”，[②]而王导已经具有广泛的政治阅历和名望，甚至把司马睿置于自己的影响之下。

王氏家园所在的琅邪国，是司马睿的封国。司马睿的琅邪国与司马越的东海国相邻，都在徐州境内。司马睿的祖父司马伷曾出为镇东大将军、假节、都督徐州诸军事，镇下邳，《晋书·司马伷传》中称其“镇御有方，得将士死力，吴人惮之”。后

① 《资治通鉴》卷八五《怀帝永嘉元年》，中华书局 1956 年版，第 2731 页。

② 《晋书》卷六《中宗元帝纪》，中华书局 1974 年版，第 143 页。

来,当司马越收兵下邳,准备西迎晋惠帝时,起用琅邪王司马睿为平东将军①监徐州诸军事,留守下邳,为他看管后方。司马睿受命后,请王衍从弟王导为司马,委以重任。因此,从司马越、王衍在洛阳的关系,就进一步衍生出司马睿、王导在徐州下邳的关系。

晋室南渡后,王导在东晋朝廷中始终居机枢之地,而王导从兄王敦则一直镇守于长江上游。王氏家族近属居内外之任,布列显要者人数众多。这就使"王与马共天下"的局面在江左维持了二十余年,直到庾氏家族兴起,抑制王氏并凌驾于王氏为止。南渡不久,王敦"来朝,(王)导谓之曰:'琅邪王仁德虽厚,而名论犹轻。兄威风已振,宜有以匡济者。'"②王敦坐镇建康上游的江、荆二州,都督江、扬、荆、湘、交、广六州诸军事,掌握着江南大部分地区的武装力量。因此,王导希望王敦能与自己合力辅佐司马睿。

在团结南方士族方面,王导发挥了关键作用。当时,江南世家大族的势力相当强盛。司马睿初镇江左时,当地士族不予理睬,"居月余,士庶莫有至者。"③江南士族地主对于西晋朝廷原本就存有疑虑和不满,司马睿在西晋宗室中并没有多大名望,江南士族起初对他冷淡是必然的。对此状况,王导很忧虑。南渡中原士族固然很多,但终究是客,如果没有当地吴姓士族的支持,司马睿在江南就难以立足。王导作为北方南渡士族的代表,他深知这一道理。而要取得江南士族的支持,首先就要抬高司马睿在他们心目中的地位。王导和从兄王敦商议,经过一番策划,为司马睿专门安排了一次出游。据《晋书·王导传》载:"会三月上巳,帝亲观禊,乘肩舆,具威仪,敦、导及诸名胜皆骑从。吴人纪瞻、顾荣,皆江南之望,窃觇之,见其如此,咸惊惧,乃相率拜于道左。"三月初三上巳节,是古人消除不祥的一个祭日。这一天,司马睿坐着轿子出游,仪仗隆重,行列威严,王敦、王导和一批南迁的北方名士都恭敬地骑马随从。纪瞻、顾荣等江南士族看到王导、王敦对司马睿如此尊敬的情景后,都深感惊惧,相率到路旁拜见。这出戏的上演,果然产生预想的效果。

司马睿至建康后,以王导为谋主,推心亲信,每事必咨询。于是,王导又对司马睿建议说,古之王者,莫不宾礼故老,存问风俗,虚己倾心,以招俊贤。现今天下丧乱,九州分裂,大业草创,任用士人为当务之急。顾荣、贺循是南方士族的首领,招他们二人来任职,其余士人自然都会来。司马睿当即同意,派王导去贺循、顾荣家登门拜访,请他们出来做官,两人皆应命而至。司马睿"以顾荣为军司马,贺循为参佐,王敦、王导、

---

① 后迁安东将军。

②③ 《晋书》卷六五《王导传》,中华书局1974年版,第1745页。

周顗、刁协并为腹心股肱。"[①]由于王导的多方周旋，"吴会风靡，百姓归心焉。自此之后，渐相崇奉，君臣之礼始定"[②]，逐渐形成南北士族共同支持东晋皇室的局面，使东晋王朝在江左建立起来并站稳脚跟。

在江东士族中，贺循是率先站出来支持司马睿的名士，这并不是偶然的。据《晋书·贺循传》载："贺循字彦先，会稽山阴人也。其先庆普，汉世传《礼》，世所谓庆氏学。族高祖纯，博学有重名，汉安帝时为侍中，避安帝父讳，改为贺氏。曾祖齐，仕吴为名将。祖景，灭贼校尉。父邵，中书令，为孙皓所杀，徙家属边郡。"贺循"少婴家难，流放海隅，吴平，乃还本郡"。当年，"元帝为安东将军，复上(贺)循为吴国内史，与循言及吴时事，因问曰：'孙皓尝烧锯截一贺头，是谁邪？'循未及言，帝悟曰：'是贺邵也。'循流涕曰：'先父遭遇无道，循创巨痛深，无以上答。'帝甚愧之，三日不出。"贺循之父贺邵被孙皓所杀，因而愿意帮助司马睿重建晋室。

顾荣出身吴地名门望族，西晋时曾在京城洛阳为官。据《晋书·顾荣传》记载：晋"元帝镇江东，以(顾)荣为军司，加散骑常侍，凡所谋画，皆以谘焉。荣既南州望士，躬处右职，朝野甚推敬之。"由于当"时南土之士未尽才用，(顾)荣又言：'陆士光贞正清贵，金玉其质；甘季思忠款尽诚，胆干殊快；殷庆元质略有明规，文武可施用；荣族兄公让明亮守节，困不易操；会稽杨彦明、谢行言皆服膺儒教，足为公望；贺生沈潜，青云之士；陶恭兄弟才干虽少，实事极佳。凡此诸人，皆南金也。'书奏，皆纳之。"东晋初期，王导助司马睿协调侨旧士族利益，使多数三吴士族逐步进入东晋统治集团，而没有形成一种长期独立于侨姓士族之外的政治势力。

综上所述，司马睿之所以能在江东建立东晋王朝，主要依靠三个条件：

一为地利，即地理和经济等客观因素上的优势地位。司马睿封国琅邪在东方(今山东临沂一带)，曾都督徐州、扬州诸军事。先镇下邳，后移镇建康，也均在东方，水陆交通便利。建康早在三国孙吴时就为都城。江南充足的物质财富曾支持孙吴立国数十年之久，在此期间江南经济也有很大发展。西晋八王之乱，流民起义以及刘渊、石勒等起事，很少波及到这一地区。因此，当中原连年战乱，迭遭破坏之际，江南却是一片较为安定的乐土。"时荆扬晏安，户口殷实，(王)导为政务在清静，每劝帝克己励节，匡主宁邦。于是尤见委杖，情好日隆，朝野倾心，号为'仲父'。帝尝从容谓导曰：'卿，吾之萧何也。'"[③]

二为人和，即南北士族的共同拥戴。当然，司马睿能得到南渡北方世家大族和江南本地世家大族的支持，王导在其中发挥着关键作用。"洛京倾复，中州士女避乱江

① 《晋书》卷六《中宗元帝纪》，中华书局 1974 年版，第 144 页。

②③ 《晋书》卷六五《王导传》，中华书局 1974 年版，第 1746 页。

左者十六七。(王)导劝帝收其贤人君子,与之图事。”[1]司马睿初到建康时,南方世家大族大多看不起他,持观望态度。后来看到王导、王敦拥戴司马睿,才逐渐改变态度。王导又以司马睿名义邀请顾荣、贺循等人出来为官,他们不仅自己应命而出,还联系笼络了一批江南士族。江南名士看到顾荣、贺循两家如此,也都改变以往与东晋王室不合作的态度。“顾荣、贺循、纪瞻、周玘,皆南士之秀,愿尽优礼,则天下安矣。”[2]北方南渡的世家大族乐意拥戴司马睿是比较自然的,但与王导的拉拢联络也分不开。据《晋书·王导传》记载:谯国(安徽原亳县,今亳州市谯城区)大族桓彝初过江,见东晋朝廷势孤力弱,忧惧不乐。桓彝对周顗说:“我以中州多故,来此欲求全活,而寡弱如此,将何以济!”后来,他见到王导,两人对世事进行一番交谈,又和周顗说:“向见管夷吾[3],无复忧矣。”因此,王导的执政理念和行政才干得到了北方南下士族的敬佩。当司马睿称帝正位时,曾硬要王导“升御床共坐”,受百官朝拜。王导固辞不肯,相互谦让三四次,直至他说“若太阳下同万物,苍生何由仰照”[4],司马睿才不强求。“王与马,共天下”之说并非偶然。

三为决策,即东晋当权人物大多有较高的玄学修养,决策正确,于南北世族间游刃有余。西晋名士中,玄学盛行。王导过江后尽管政务繁忙,仍不废玄学清言。《世说新语·文学》载:“旧云王丞相过江,止道声无哀乐、养生、言尽理三理而已。然宛转关生,无所不入。”玄学思潮承袭道家清静无为之传统,王导等人执政深知西晋灭亡原因之一,是公卿世族以豪侈挥霍为事,法制松弛。所谓“自魏氏以来,迄于太康之际,公卿世族,豪侈相高,政教陵迟,不遵法度,群公卿士,皆餍于安息。遂使奸人乘衅,有亏至道”。[5] 为吸取这一教训,王导提倡“俭以足用”。当时,东晋王室帑藏空虚,王导首倡穿粗布单衣,又主张“镇之以静,群情自安”(《晋书·王导传》)。司马睿在王导等人的鼎力辅佐下,经过晋室重建前后十多年时间的经营,终于稳定了江东地区的政治局势。

三 南北士族地主的联合与摩擦

魏晋之际南北方生产水平差距较大,人们的生活方式、风俗习惯也不尽相同。北人南渡,这种地域和习俗上的差异造成南人与北人的隔阂。例如,北人呼南人为“吴儿”,南人则报之以“伧子”。南北人士之间很少有通婚现象。这是南北士族之间产生

---

①② 《晋书》卷六五《王导传》,中华书局 1974 年版,第 1746 页。

③ 指王导。

④ 《晋书》卷六五《王导传》,中华书局 1974 年版,第 1747 页。

⑤ 《晋书》卷六五《王导传》,中华书局 1974 年版,第 1749 页。

矛盾与摩擦的地缘因素。

从总体上说，东晋王朝是在南北士族地主的共同支持下建立起来的，但它主要依靠的是从北方南渡的中原士族，因而这种联合从一开始就充满着矛盾。东晋初期，以王导、王敦为代表的北方士族在朝廷中占据重要地位，掌握着军政大权。江东世族地主虽然参加了这个政权，但他们所受的待遇远不如北方士族，即使像顾荣、贺循这样的名士，也都只是担任一些清闲的官职，并无实权。例如，会稽山阴（今浙江绍兴）人贺循任太常，丹阳秣陵（今南京市）人纪瞻、吴郡（今苏州）人陆晔为侍中等，都是具位虚名。

司马睿"左右用事者，多中州亡官失守之士"。[①] 因此，过江的北方世族在朝廷中"多居显位"。在南方世家大族看来，由他们来"驾御吴人"，从内心来说是不甘的。例如，义兴阳羡人周玘，是江南数一数二的强宗豪族，所谓"江东之豪莫强周、沈"。[②] 周玘曾参与镇压江夏农民起义军，又为西晋王朝平定陈敏、钱璯之乱，在"三定江南"中出力颇多。江东政局的稳定，是东晋政权在江南得以建立的重要条件。然而，由于司马睿主要是依靠南渡的中州士人来辅佐其王业，周玘未得重用而心怀怨望，又为司马睿身边掌权的北方大族刁协所轻侮，更加不满。于是，他暗中与镇东将军祭酒、东莱（今山东掖县）王恢[③]联系，密谋共同发动政变，诛杀执政的北方大族，"以诸南士代之"。[④] 他们暗中与寓居淮泗地区的流民首领夏铁取得联系，令夏铁首先在淮泗起兵，他们则在三吴地区响应，以形成南北呼应之势。

晋愍帝建兴元年(313)，夏铁聚众数百人准备起事，被晋临淮太守蔡豹抓捕斩杀，致使计谋泄露。王恢惊闻夏铁已死，惧罪而奔于周玘。周玘不得已杀死王恢，把他的尸体埋于猪牢。司马睿知道这一情况后，秘而不宣，召周玘为镇东司马。周玘还未到任，又改授建武将军、南郡（今湖北江陵）太守。周玘刚南行至芜湖（今安徽芜湖），司马睿又下令曰："玘奕世忠烈，义诚显著，孤所钦喜。今以为军谘祭酒，将军如故，进爵为公，禄秩僚属一同开国之例。"[⑤]周玘忿于司马睿的反复无常，知道自己的计谋已经泄露，终于忧愤而死。临死前，他对儿子周勰说："杀我者诸伧子，能复之，乃吾子也。"[⑥]当时吴人轻视中州人，故称其为"伧子"。

---

① 《资治通鉴》卷八八《愍帝建兴元年》，中华书局1956年版，第2796—2797页。

② 《晋书》卷五八《周处传》，中华书局1974年版，第1575页。

③ 王恢也曾被北方士族周𫖮所侮。

④ 《资治通鉴》卷八八《愍帝建兴元年》，中华书局1956年版，第2797页。

⑤ 《晋书》卷五八《周处传》，中华书局1974年版，第1573—1574页。

⑥ 《晋书》卷五八《周处传》，中华书局1974年版，第1574页。

周勰秉承父志，暗中联络吴兴郡功曹徐馥起事。徐馥家有部曲，周勰指使他假借其叔父周札的名义，纠集江东士族地主势力，打着声讨王导、刁协的旗号，举兵反抗朝廷。于是，徐馥率先发兵，攻杀吴兴太守袁琇，豪侠乐乱者附之，一时间聚众竟达数千人，并准备奉周札为主；而孙皓族人孙弼也起兵响应于广德（今安徽广德）。此时，周札"以疾归家，闻而大惊，乃告乱于义兴太守孔侃"。（《晋书·周处传》）周勰知道，叔父周札并不同意这一行动，因而不敢冒然发兵。在此情况下，徐馥同党畏惧，攻杀了徐馥。而孙弼聚集的乱众也都溃散，宣城太守陶猷灭之。这样，周勰酝酿并发动的为其父复仇的计划归于失败。作为发动叛乱的首脑人物周勰，司马睿以"周氏奕世豪望，吴人所宗"[①]为由，未深加追究，仍然抚之如旧。周勰在政治上遭此挫败后，被其叔父周札所指责，失志归家，淫侈纵欲，消极颓唐，常对人说"人生几时，但当快意耳"[②]，终于临淮（今江苏盱眙北）太守。义兴周氏家族最终衰弱下去了，但以周玘父子为代表的南方士族对抗北方士族的一系列行动，不能不引起以司马睿为首的东晋统治者的震惊，从而对南北士族集团关系作出一些相应的调整。

就北方士族而言，颜之推在其《观我生赋》自注中说，中原士族随晋元帝渡江的约有一百家。这一百多家中原士族地主，正是东晋朝廷最主要的依靠力量。除琅邪王氏外，其它如汝南（今河南息县）周顗、渤海（今河北南皮北）刁协、彭城（今江苏徐州）刘隗等，都是魏晋时期北方名宦子孙。司马睿从中选取北方南下名士百余人做属官，时人谓之"百六掾"[③]。北方名士虽然有了官职，但不少人起初对司马睿在南方能否有所作为，仍心存疑虑。此时，从北方南渡的名士，每逢节假日，喜欢相邀到江边新亭[④]宴饮。有一次，周顗在宴饮时叹气道："风景不殊，举目有江河之异。"诸名士听后都相视流涕，惟王导愀然变色说："当共戮力王室，克复神州，何至作楚囚相对泣邪！"[⑤]诸名士听后，皆收泪认错。王导当时其实并无恢复中原大志，但在此情景下能说这样的话来稳定情绪，比起其它名士来，显得更有见识。在王导的联络团结下，北方名士周顗、刁协、刘隗都成为司马睿的腹心股肱之臣。从陈郡阳夏（今河南太康）南迁的谢氏，后来也成为东晋中后期的中流砥柱。

在东晋朝廷中，王、庾、桓、谢四大士族，都是北方南下士族。他们在政治上的地位与势力，远在江东士族地主之上。东晋建国之初，王导为联络南方士族，与他们交

---

①② 《晋书》卷五八《周处传》，中华书局 1974 年版，第 1574 页。

③ 《晋书》卷六《中宗元帝纪》，中华书局 1974 年版，第 145 页。

④ 据民国时期出版的《首都志·卷 4》载，新亭故址在今南京市西南石马山。三国吴、东晋时为朝士游宴之所，地处江滨，依山建城垒，为六朝军事交通重地。

⑤ 《晋书》卷六五《王导传》，中华书局 1974 年版，第 1747 页。

往时常说吴语，以联络情感，结果还遭到北方士族的批评，却难以尽快消除南方士族的反感。据《晋书·陆晔传》记载，陆晔弟陆玩字士瑶，吴郡吴人，乃名门之后。伯父喜，吴吏部尚书。父英，高平相，员外散骑常侍。陆玩"器量淹雅，弱冠有美名，贺循每称其清允平当"。晋元帝司马睿任其为丞相参军。"时王导初至江左，思结人情，请婚于(陆)玩。玩对曰：'培塿无松柏，熏莸不同器。玩虽不才，义不能为乱伦之始。'导乃止。"在陆玩看来，小土丘上长不了松柏，香花、臭草不能放在同一个器物内。如果南北士族子女通婚，被他视为开"乱伦"的先例。有一次，陆玩应邀赴王导府上吃酪，[1]回家后得了病，就写信给王导说："仆虽吴人，几为伧鬼。"北方士族批评说吴语的王导，显然是轻视南方士族；南方士族不愿和北方士族通婚，称其为"伧子"、"伧鬼"，同样轻视从北方逃来避难的中原士大夫。

南北士族之间隔阂、矛盾的形成，还有内在文化因素的影响。晋室南渡之后，随着北方人口的大量过江，经济文化的中心开始从黄河流域逐渐南移。玄学是南渡侨姓士族的文化标志，也是区别于北方郡姓和南方吴姓的主要特征之一。西晋时期的世家大族基本上有两种类型：一种是名门士族，居于洛阳京城，在地方势力不大，主要活动于上流社会，与朝廷政界关系较为密切。"八王之乱"后期，这些人大多依附于东海王司马越、琅邪王司马睿一派。"五胡"进入中原后，他们中很多人追随司马睿南渡。另一种士族在地方上的势力较强，与朝廷关系不密切，战乱时多以部勒乡曲筑坞自保；在精神文化上，他们受玄学影响较少，基本上保持着传统经学的内核，形成重宗法、重门阀、尚淳朴的北方郡姓，如博陵崔氏等。随晋室南渡的多为崇尚玄学的新兴家族，其地位更多依靠名声而不是实力，形成重玄谈、重人物、尚浮华的南方侨姓。南北上族不同的文化渊源，使他们在社会生活、文化风尚等方面独具特色。

从经济因素方面分析，南渡的北方士族连同他们的宗族、乡里、宾客和部曲，以寓居于都城建康所在地的扬州地区为最多。司马睿渡江南迁时，他所在的琅邪国大族随其过江者就有一千多家。晋元帝在太兴三年(320)侨立怀德县，以安置琅邪国侨民。晋成帝司马衍于咸康元年(335)，又在江乘县(今江苏句容县北)境内侨立琅邪郡，并在此郡内侨立临沂县。[2] 这又必然产生南北士族在土地占有上的矛盾。

以王、谢为首的北方世家大族过江后，则纷纷到浙东会稽一带落籍定居，发展自己的家庭式庄园。当时浙东的土著士族，如虞氏、孔氏、贺氏，远不如吴中四姓的顾、陆、朱、张显赫。据《世说新语·赏誉》载："吴四姓旧目云：张文、朱武、陆忠、顾厚。"而《吴录·士林》曰："吴郡有顾、陆、朱、张为四姓，三国之间四姓盛焉。"吴兴的丘、沈诸

---

① 北方用牛羊马乳炼制成的一种食品。

② 《宋书》卷三五《州郡志一》，中华书局 1974 年版，第 1039 页。

族势力也强盛。因而,王、谢等北方世族在浙东发展经济势力所遇的阻力也较少。有的北方士族,如林、黄、陈、郑四姓,还把势力发展到闽东、岭南地区。这样,南北两大士族集团从地域上各自划分出势力范围,共同维持着东晋王朝偏安江左的局面。

第二节　强大士族与朝廷矛盾的频现

东晋统治集团除南北士族地主之间的矛盾外,另一个主要矛盾则是强大士族与皇室之间的矛盾。东晋时期,以荆、扬二州的地理位置最为重要。东晋权臣无不兼任荆、扬二州都督和刺史,他们可以分为两类:一类是以扬州为基地,据扬州而居中执政;一类以荆州为基地,据荆州而以外制内。这是东晋权臣形成的原因,也是他们借以专制朝政,独擅军事大权的力量所在。东晋初年,在“王与马,共天下”的形势下,王导身为宰辅居扬州,王敦都督江、扬、荆、湘、交、广六州,兼江州牧,六州几乎囊括了东晋的全部国土。而王氏兄弟们又分据重镇,如王含先后都督沔南,领南蛮校尉、荆州刺史,都督扬州江西诸军事。东晋的边防,上游在荆、襄,下游在淮南。强大士族和皇室之间的矛盾,往往表现为掌握荆、襄、淮南重兵的方镇,起兵威胁和反对皇室朝廷。东晋初年接连发生的王敦、苏峻之乱,正是这种矛盾的反映。

一　王敦之乱

东晋政权建立后,方镇与朝廷之间的矛盾逐渐凸显出来,这表现为政治上的两个畸形现象:其一是天子无权,权在门阀士族;其二是有两个军政中心,一在上游荆州,一在下游扬州,上下游之争,往往又和士族与朝廷的矛盾交织在一起。东晋皇权力量的衰弱,并不是皇族不想摆脱士族的控制。司马睿时,任用刁协、刘隗,想借以抑制执掌内外大权的王氏。司马睿的这一愿望不仅受到王氏家族的强烈抵制,也受到其它大族的反对。最后,王敦兵临建康,司马睿想重振西晋皇权的愿望彻底失败,本人也在莫可名状的忧患中死去。在东晋前七十年历史中,皇权先后受制于王、庾、桓、谢诸家大族,引发出强大士族与朝廷的一系列矛盾。

对此,《南史》在评述东晋皇权衰弱状况时指出:“晋自社稷南迁,王纲弛紊,朝权国命,递归台辅,君道虽存,主威久谢。”[①]如果说西晋政治还是皇权政治,东晋则是名符其实的士族政治或门阀政治。

---

① 《南史》卷一《宋本纪上》,中华书局1975年版,第31页。

司马睿在江东即帝位，重建晋室的一个重要原因是得到琅邪王氏的支持。当时，王导居中掌枢机，王敦居外总征讨，王氏势力实际上超过司马氏势力。晋元帝司马睿不满王氏兄弟的专权，为抑制他们的势力，就重用刁协、刘隗以分王导之政，树周顗、戴渊等藩屏以御王敦之逆，欲改变“王与马共天下”的局面。而王敦也野心勃勃，欲改变“王与马共天下”为王氏之天下。王导与王敦不同的是，他知道在当时南北对峙的局势下，统治集团的内部矛盾十分复杂，维护司马氏的帝位以稳定东晋政权，才能更好地维护王氏家族的利益。

就王导而言，他对自己在东晋朝廷中的特殊地位，一直是比较得意的。司马睿称帝后，王导为侍中、司空，假节，录尚书，领中书监，晋元帝甚至尊称他为“仲父”。晋明帝司马绍继位后，他受遗嘱辅政，“一依陈群辅魏故事”。接着，王导又辅佐成帝司马衍。成帝“见（王）导，每拜。又尝与导书手诏，则云‘惶恐言’，中书作诏，则曰‘敬问’，于是以为定制”。[①] 史书所载的这些细节，反映出东晋前期处于“王与马共天下”的政治状态。

王敦字处仲，是西晋琅邪士大夫王览之孙，王导从父兄。王敦从小就以刚愎、残忍著称。他的妻子是西晋武帝司马炎的女儿襄城公主。王敦先拜驸马都尉，为太子舍人；晋惠帝时，由族兄王衍推荐给东海王司马越，出任青州刺史，不久又转为扬州刺史。司马睿初镇江东时，威名未著，在王敦与王导的“同心翼戴”下，使司马睿政权在江南扎根，因而成为东晋的佐命功臣。当时王导主管中央政务，王敦统帅军队，专事经营建康西面的长江上游。杜弢流民起义被镇压下去后，王敦便以都督江、扬、荆、湘、交、广六州诸军事，出任江州刺史，不久又转为江州、荆州牧，镇守武昌。对王氏兄弟作出如此重要的安排，司马睿从内心来说未必是情愿的，因而这种君臣关系并非始终都是融洽的。

从王敦开始，士族专兵现象成为东晋门阀政治的一个突出表现。当时，王敦任大将军，雄踞长江上游，专制朝权。据《晋书·王导传》记载：“初，西都覆没，海内思主，群臣及四方并劝进于帝。时王氏强盛，有专天下之心。（王）敦惮帝贤明，欲更议所立。（王）导固争乃止。”又据《晋书·明帝纪》载：“（王）敦素以帝神武明略，朝野之所钦信，欲诬以不孝而废焉。”东晋时期由于皇权不振，不足以控制士族。士族成为强大的社会阶层，琅邪王氏更居其首。士族有兵可专，是由于北方流民不断南下，补充着兵源。士族赖以统兵作战的武将，是久经疆场的流民帅。王敦还勾结一些江南豪族如沈充等，作为自己的羽翼。

---

① 《晋书》卷六五《王导传》，中华书局 1974 年版，第 1750—1751 页。

东晋以建康所在地区的扬州为朝廷内户，以扬州上游的荆州为外阃，荆州是保卫建康的屏障。王敦出镇武昌，专任阃外，手握重兵，势力煊赫，对东晋朝廷渐生问鼎之心。司马睿担心王导、王敦兄弟权势太重，日后威胁到他的皇位，便重用北方大族刘隗、刁协、周颉等人为腹心，试图抑损王氏权势，对王导也开始疏远。司马睿的这一变化，王导起初尚能“任真推分，澹如也”，[①]后来则渐感不满。这一切，当然更引起王敦的愤愤不平，他与朝廷之间的“嫌隙始构矣”。[②] 王敦常在酒后吟咏曹操“老骥伏枥，志在千里。烈士暮年，壮心不已”的诗，并以如意敲打唾壶为节奏，边敲边咏，以至把唾壶口都打缺了，毫不掩饰地流露出对抗朝廷的野心。

晋元帝太兴三年(320)梁州刺史周访死后，司马睿以湘州刺史甘卓调迁梁州。王敦上表司马睿，推荐由其心腹、吴兴大族、宣城内史沈充继甘卓为湘州刺史。司马睿考虑到湘州在地理、军事上具有比较重要的地位，没有同意王敦的请荐，而以其叔父谯王司马承出任湘州刺史，致使王敦更为不满。晋元帝太兴四年(321)，司马睿又进一步采用刁协的建议，“免中州良人遭难为扬州诸郡僮客者，以备征役”，[③]即宣布释放扬州地区内沦为僮客的北方流民，把他们充实到军队，即征调扬州诸郡的僮客为兵，旨在加强朝廷的军事力量。同时命重臣出守方镇，以尚书仆射戴渊[④]为征西将军，都督司、兖、豫、并、冀、雍六州诸军事，司州刺史。丹阳尹刘隗为镇北将军，都督青、徐、幽、并四州诸军事、青州刺史，各率万人分驻合肥(今安徽合肥市)、淮阴(今江苏淮安市)，名义上是北讨石勒，实际上是防备王敦的不测之心。

在西晋末年南下的北方流民，情况各异。有的是分散行动，有的是由大族率领；有的零星渡过长江，有的则大股滞留江北。司马睿南渡后，流民一度零散地涌入东吴，数量也不少。据《晋书·食货志》记载，后军将军应詹表曰：“间者流人奔东吴，东吴今俭[⑤]，皆已还反。江西良田，旷废未久，火耕水耨，为功差易。宜简流人，兴复农官，功劳报偿，皆如魏氏故事，一年中兴百姓，二年分税，三年计赋税以使之，公私兼济，则仓盈庾亿，可计日而待也。”应詹所说流民返还江西之事，确是当时流民中存在的一种现象，当然也有不少留在江东未还者，多数成为当地世家大族的僮客。在扬州上游，例如豫州一带，也有流民络绎南行，被东晋政府拦截于江北的。东晋时扬州近郡，农民征发甚难，征流民为兵，就成为势在必行之举。尚在道路转徙的流民，生计未

---

① 《晋书》卷六五《王导传》，中华书局1974年版，第1749页。

② 《晋书》卷九八《王敦传》，中华书局1974年版，第2557页。

③ 《晋书》卷六《中宗元帝纪》，中华书局1974年版，第154页。

④ 即戴若思。

⑤ 指晋元帝太兴二年三吴大饥，死者甚众之事。

立，无籍可稽，一般说来，还难以成为征发对象。对于他们，必须先有一个使之着籍的过程。当下可以征发的，只能限于已经庇托于大姓、定居营生的流民。因此，晋元帝时出现了一系列处置北方流民的法令。此时，刁协建议东晋朝廷颁行给客制度以及征发流民为僮客者为兵，主要就是针对这些滞留在扬州江南诸郡的流民而言的。

刁协字玄亮，渤海饶安人。少好经籍，博闻强记，累转太常博士、本郡大中正。避乱渡江，元帝以为镇东军谘祭酒，转长史。当时朝廷草创，宪章未立，朝臣无习旧仪者。刁协久在中朝，谙练旧事，凡所制度，皆禀于刁协，深为当时所称许。太兴初，迁尚书令，在职数年，加金紫光禄大夫。"（刁）协性刚悍，与物多忤，每崇上抑下，故为王氏所疾。又使酒放肆，侵毁公卿，见者莫不侧目。然悉力尽心，志在匡救，帝甚信任之。以奴为兵，取将吏客使转运，皆（刁）协所建也。众庶怨望之。"①

刘隗字大连，彭城人。少有文翰，起家秘书郎，稍迁冠军将军、彭城内史。避乱渡江，晋元帝以为从事中郎。刘隗雅习文史，善求人主意，帝深器遇之，迁丞相司直，委以刑宪。当时，"南中郎将王含以族强显贵，骄傲自恣……（刘）隗劾奏文致甚苦，事虽被寝，王氏深忌疾之。"至"太兴初，长兼侍中，赐爵都乡侯，寻代薛兼为丹杨尹，与尚书令刁协并为元帝所宠，欲排抑豪强"。刘隗"以王敦威权太盛，终不可制，劝帝出腹心以镇方隅，故以谯王承为湘州，续用隗及戴若思为都督。"②

从上述可知，当东晋帝室微弱、强宗骄横之时，刁协、刘隗在晋元帝司马睿的支持下，两人致力于加强皇权，主张以严厉的法治排抑豪右，因而势必引起第一高门王氏及其它大族的强烈不满。刘隗、刁协深知王敦作乱必不可免，故采取发奴为兵和树置屏藩等先发制人的一系列做法。对此，晋元帝十分赞许。当戴若思出为征西将军，与刘隗一同出征时，晋元"帝亲幸其营，劳勉将士，临发祖饯，置酒赋诗。"③

对于晋元帝的这一系列举动，一向骄横跋扈的王敦再也不能容忍下去了。据《资治通鉴·元帝永昌元年》载："王敦以（郭）璞为记室参军。璞善卜筮，知（王）敦必为乱，已预其祸，甚忧之。"王敦"既与朝廷乖离，乃羁录朝士有时望者置己幕府。以羊曼及陈国谢鲲为长史。曼，祜之兄孙也。曼、鲲终日酣醉，故敦不委以事。（王）敦将作乱，谓（谢）鲲曰：'刘隗奸邪，将危社稷，吾欲除君侧之恶，何如？'鲲曰：'隗诚始祸，然城狐社鼠。'敦怒曰：'君庸才，岂达大体！'"此时，王敦对部下的劝告已置之不理。

晋元帝永昌元年（322）正月，王敦因不满司马睿重用刁协、刘隗，抑损王氏之权，打着"清君侧"的旗号，在武昌举兵起事。所谓"君侧"，是指刘隗、刁协等一批王氏家

---

① 《晋书》卷六九《刁协传》，中华书局1974年版，第1842页。

② 《晋书》卷六九《刘隗传》，中华书局1974年版，第1836—1838页。

③ 《晋书》卷六九《戴若思传》，中华书局1974年版，第1847页。

族的仇人。据《资治通鉴·元帝永昌元年》载:“戊辰,(王)敦举兵于武昌,上疏罪状刘隗,称:‘隗佞邪谗贼,威福自由,妄与事役,劳扰士民,赋役烦重,怨声盈路。臣备位宰辅,不可坐视成败,辄进军致讨,隗首朝悬,诸军夕退。昔太甲颠覆厥度,幸纳伊尹之忠,殷道复昌。愿陛下深垂三思,则四海乂安,社稷永固矣。’”此时,沈充也在吴兴起兵以响应王敦。于是,王敦以沈充为大都督、督护东吴诸军事。王敦兵至芜湖,又上表罪状刁协。晋元帝大怒,下诏曰:“王敦凭恃宠灵,敢肆狂逆,方朕太甲,欲见幽囚。是可忍也,孰不可忍!今亲帅六军以诛大逆,有杀敦者,封五千户侯。”①

在这关键时刻,王敦兄、光禄勋王含也背叛朝廷,乘轻舟投奔于王敦。王含此时投奔王敦并非偶然,实际上与王导的影响分不开。王敦起兵诛刘、刁,王导从内心讲也是赞成的。王导在致王含书中说得很清楚:“昔年佞臣乱朝,人怀不宁,如导之徒,心思外济。”②所谓“佞臣”,是指刘、刁;所谓“人怀不宁”,是指王导及其它大族对加强皇权感到不安。这是王导承认自己本与王敦同谋。东晋世家大族固有的兼并性和割据性,决定着他们只能支持有限度的中央集权。当刘隗用事,王导逐渐受到晋元帝疏忌时,“有识咸称(王)导善处兴废焉。”③例如,时任御史中丞的周嵩上疏晋元帝说,“明君思隆其道,故贤智之士乐在其朝”,否则,“将令贤智杜心,义士丧志,近招当时之患,远遗来世之笑。”④在朝廷内部,多数人都在为王导鸣不平,而刘隗、刁协是相对孤立的。当王敦以诛刁协、刘隗之名起兵反对朝廷时,王导实际上是站在王敦一边。时人并不以王导为逆,也不以刘隗、刁协为忠。王敦之所以敢于起兵,其原因就在这里。

当然,时人也有支持刘隗、刁协并反对王敦的。据《资治通鉴·元帝永昌元年》记载:王“敦初起兵,遣使告梁州刺史甘卓,约与之俱下,卓许之。及敦升舟,而卓不赴,使参军孙双诣武昌谏止敦。敦惊曰:‘甘侯前与吾语云何,而更有异,正当虑吾危朝廷耳!吾今但除奸凶,若事济,当以甘侯作公。’(孙)双还报,卓意狐疑。或说卓:‘且伪许敦,待敦至都而讨之。’卓曰:‘昔陈敏之乱,吾先从而后图之,论者谓吾惧逼而思变,心常愧之;今若复尔,何以自明!’”由此可见,甘卓从内心讲是并不支持王敦起兵反对朝廷的。另据《晋书·甘卓传》记载:王敦起兵,遣使告甘卓,甘卓乃伪许,而心不同之。湘州刺史谯王司马承遣主簿邓骞说甘卓曰:“刘大连虽乘权宠,非有害于天下也。大将军以其私憾称兵象魏,虽托讨乱之名,实失天下之望,此忠臣义士匡救之时也。”这位谯王司马承是按照刘隗计划,得到晋元帝防御王敦的密旨,出镇湘州的。司马承

① 《资治通鉴》卷九二《元帝永昌元年》,中华书局1956年版,第2893页。

② 《晋书》卷九八《王敦传》,中华书局1974年版,第2563—2564页。

③ 《晋书》卷六五《王导传》,中华书局1974年版,第1749页。

④ 《晋书》卷六一《周浚传》,中华书局1974年版,第1660—1661页。

认为，危害天下的不是刘隗而是王敦。

王敦在武昌举兵的消息传入建康时，司马睿立即征调戴渊、刘隗入卫建康，并以梁州刺史甘卓为征南大将军，都督荆、梁二州诸军事，广州刺史陶侃领江州刺史，使各帅所统兵将以蹑王敦之后。王敦的这次“清君侧”举动，在朝廷中得到王导的默许和支持。刘隗、刁协劝晋元帝尽诛朝中王氏，司马睿没有同意。据《晋书·王导传》载：王导由于担心王敦谋反危及自己，曾率其从弟包括中领军王邃、左卫将军王廙、侍中王侃、王彬及诸宗族二十余人，每天一早就到宫廷台府去待罪。有一次，正值仆射周顗入宫，王导呼之曰：“伯仁[①]，以百口累卿！”[②]当时，周顗头也未回，径直走进宫去。周顗见到元帝后，说王导对皇上是忠心耿耿的，不应治罪。晋元帝最终采纳周顗意见，对王导未加追究。

据《资治通鉴·元帝永昌元年》记载，“三月，(元帝)以(王)导为前锋大都督，加戴渊骠骑将军。诏曰：‘导以大义灭亲，可以吾为安东时节假之。’以周顗为尚书左射仆，王邃为右射仆。帝遣王廙往谕止敦；敦不从而留之，廙更为敦用。征虏将军周札，素矜险好利，帝以为右将军、都督石头诸军事。(王)敦将至，帝使刘隗军金城[③]，(周)札守石头，帝亲被甲徇师于郊外”，随时准备应对王敦对建康城的攻击。

晋元帝永昌元年(322)，王“敦至石头，欲攻刘隗。杜弘言于(王)敦曰：‘刘隗死士众多，未易可克；不如攻石头，周札少恩，兵不为用，攻之必败，札败则隗自走矣。’(王)敦从之，以(杜)弘为前锋，攻石头，(周)札果开门纳(杜)弘。(王)敦据石头，叹曰：‘吾不复得为盛德事矣！’”[④]周札是义兴大族周玘之弟，他负责都督建康石头城水陆军事。结果，王敦举兵攻至石头城下，周札就开城门接应，不战而降。周札这一举动，实际上是用支持王敦“清君侧”的手法，做了周玘父子生前想做而未做成的事，从而为周玘父子报了仇。

王敦兵入石头城后，晋元帝遣使对王敦说：“公若不忘本朝，于此息兵，则天下尚可共安也。如其不然，朕当归于琅邪，以避贤路。”[⑤]王敦对元帝使臣的奉告置之不理。据《资治通鉴·元帝永昌元年》记载：“刁协、刘隗既败，俱入宫，见帝于太极东除。帝执协、隗手，流涕呜咽，劝令避祸。协曰：‘臣当死守，不敢有贰。’帝曰：‘今事逼矣，安可不行！’乃令给协、隗人马，使自为计。(刁)协老，不堪骑乘，素无恩纪，募从者，皆委

---

① 周顗，字伯仁。

② 《晋书》卷六九《周顗传》，中华书局 1974 年版，第 1853 页。

③ 今江苏丹阳江乘蒲洲上。

④ 《资治通鉴》卷九二《元帝永昌元年》，中华书局 1956 年版，第 2900 页。

⑤ 《晋书》卷六《中宗元帝纪》，中华书局 1974 年版，第 155—156 页。

之，行至江乘，为人所杀，送首于敦。（刘）隗奔后赵，官至太子太傅而卒。”王敦在这次动乱中取胜，至此东晋大权完全落入其手中。

王敦最初起兵背叛朝廷，以恭谨见称的王导实际上站在王敦一边，王敦是在王导默契下进入建康城的。据《晋书·周顗传》记载，王敦既得志，欲杀周顗、戴若思，都曾咨之于王导。王敦对王导说：周顗、戴若思[①]在南北士族中享有名望，应当担任三司[②]的官职吧？王导不回答。王敦又问：如果他们不能担任三司的官职，总应该担任令、仆的官职吧？王导又不回答。王敦再问：如果他们连令、仆都不适宜担任，那只有杀头了！结果，王导又不回答。于是，王敦下令杀死晋元帝宠信的周顗、戴若思。另据《资治通鉴·元帝永昌元年》记载：“（周）顗被收，路经太庙，大言曰：‘贼臣王敦，倾覆社稷，枉杀忠臣；神祇有灵，当速杀之！’收人以戟伤其口，血流至踵，容止自若，观者皆为流涕。并戴渊杀之于石头南门之外。”周顗被杀后，王导“后料检中书故事，见（周）顗表救己，殷勤款至。（王）导执表流涕，悲不自胜，告其诸子曰：‘吾虽不杀伯仁（周顗），伯仁由我而死，幽冥之中，负此良友’”！[③] 王导默许王敦杀害有恩于己的周顗，他自己确实问心有愧。

据《晋书·王敦传》记载：王敦攻入京城后，“暴慢愈甚，四方贡献多入己府，将相岳牧皆出其门”，并大肆改易东晋百官及诸军镇将。然而，由于梁州刺史甘卓、湘州刺史谯王司马承、广州刺史陶侃等人起兵勤王，朝廷中的一些朝官对王敦乱政进行消极抵抗，而当初默许王敦起兵对抗刘隗、刁协的北方士族人物，也并不支持王敦篡夺东晋政权。例如，太原王峤、太原温峤、陈郡谢鲲等人对此都有所表示，甚至王敦从弟王彬也反对王敦篡权。在这一情况下，王敦根本无法实现他篡夺皇权的野心，因而没有长留建康城，只得暂还武昌，遥制朝政。晋元帝永昌元年(322)闰十一月，司马睿忧郁病死，太子司马绍即位，是为晋明帝。王导受遗诏辅政。晋元帝在位时，喜爱琅邪王司马裒，曾欲改易太子。由于王导保护，才得以不废。为感激王导，晋明帝对他仍然很信任。

晋明帝继位后不久，王敦即暗示朝廷征调他至京城建康任职，明帝慑于压力被迫同意。晋明帝太宁元年(323)三月，王敦自武昌移镇姑孰(今安徽当涂)，屯于湖(今姑孰南)，自领扬州牧。晋明帝太宁二年(324)五月，王敦病重，以其子王应为武卫将军作自己副手，以兄王含为骠骑大将军，为再次起兵篡权作了准备。据《晋书·王敦传》载，王敦的心腹人物钱凤问他：“你如有不测，是否把后事托付给王应？”王敦说：“王应

---

① 南方广陵士族。

② “三司”指司徒、司马、司空。

③ 《晋书》卷六九《周顗传》，中华书局1974年版，第1853页。

年少，难以担当大任。我死之后，你们不如释兵散众，归身朝廷，保全门户，这是上计。退还武昌，收兵自守，贡献不废，这是中计。趁我尚存，悉众而下，万一侥幸，能取得成功，这是下计。"钱凤听后，对同僚们说："公之下计，乃上策也。"钱凤并与沈充密谋，准备在王敦死后作难。

太宁二年(324)六月，晋明帝为防不测，骑乘一匹骏马，偷偷地跑至姑孰于湖，暗中察看王敦军营的动静。晋明帝作太子时的亲信温峤，此时也从王敦军营中逃至建康，向明帝报告王敦图谋再次发难篡权的阴谋。温峤先为太子中庶子，明帝即位后拜侍中，与外戚庾亮一起参与制定朝廷机密大计，深为王敦所忌惮。之后，王敦请温峤去作他的左司马，实际上是对其加以软禁。因此，温峤对王敦军中的动向十分清楚。

晋明帝时，朝廷掌控的兵力十分有限。拥兵强藩除王敦以外，还有陶侃、祖约等人。陶侃已被王敦遣镇广州，并未参预荆、扬的事态发展。祖约在豫州，继统祖逖军队，屯驻寿春(今安徽寿县)，这支军队历来不服王敦。但是，祖约与朝廷也素不相洽，完全依靠祖约豫州之师以对抗王敦，也是不可能的。此时，晋明帝因无足够的兵力对付王敦，一方面以王导、温峤、庾亮、卞壶等人加强京城建康的守卫；另一方面，又征调徐州刺史王邃、豫州刺史祖约、兖州刺史刘遐、临淮太守苏峻等江淮流民帅入卫京师，以弭平内乱。

晋明帝太宁二年(324)七月，病中的王敦仍然决定第二次东下，向建康城进发。此时，王敦"清君侧"的口实已不存在，大军直下京都，自然有兴废之举。据《晋书·王敦传》记载，钱凤又问王敦："事克之日，天子云何?"王敦回答说："尚未南郊，何得称天子！便尽卿兵势，保护东海王及裴妃而已。"在这里，王敦答语突兀。在王敦眼中，重东海王司马越及裴妃而轻司马睿，重司马越在晋室的统绪而轻司马睿的地位，已是他既定的思维框架，故而才以此语作答，并再次起兵作乱。

晋明帝太宁二年(324)七月，王敦以诛杀奸臣温峤为名，以兄王含为元帅，率水陆军五万向建康进发。王含军驻扎江宁后，建康城内人情恐惧。王敦这次举兵有明显的代晋意图，此举遭到朝野上下的一致反对，也没有得到王导的支持。王含至江宁后，司徒王导写信给他，劝其三思，不要轻举妄动。书曰："兄之此举，谓可得如大将军昔年之事乎？……大将军来屯于湖，渐失人心，君子危怖，百姓劳弊。……诸有耳者皆(谓)是将禅代意，非人臣之事也。……凡在人臣，谁不愤叹！……导虽不武，情在宁国。今日之事，明目张胆为六军之首，宁忠臣而死，不无赖而生矣。"[1]对此，王含并未作答。

---

① 《晋书》卷九八《王敦传》，中华书局 1974 年版，第 2563—2564 页。

晋明帝乘王敦病重的机会,已下诏命令温峤等率兵讨伐。此时,王含强攻建康城未下,加之王敦很快病死,兵无斗志,王含军终于溃败。王敦子王应原为王含子,是过继给王敦的。王敦军败,王含、王应父子两人西奔荆州。王含从弟、荆州刺史王舒派人沉王含父子船于长江之中。至此,王敦余党全部平息。东晋朝廷为平王敦之乱,由于兵力不足,只有动用流民武装。然而,作为后果之一,又孕育出流民帅苏峻之乱。王敦之乱虽平,立功的流民帅分据要害,他们与东晋朝廷的矛盾又渐滋生。

二 苏峻之乱

王敦虽死,王导尚在,王氏家族在东晋政坛上仍为第一世家大族。晋明帝虽感激王导的辅政,但在经历王敦之乱的剧烈震动后,对王氏家族更怀戒心,亲庾亮、疏王导的倾向日益明显。晋明帝在位三年(323—325)死,年仅二十七岁。儿子司马衍继位,即晋成帝。成帝即位时才五岁,由明帝庾皇后摄政。成帝尊皇后庾氏为皇太后,由皇太后临朝称制。王导、庾亮、郗鉴、温峤等人受遗诏辅政。由于皇太后庾氏是庾亮之妹,朝政大权实际上就落入庾亮之手。成帝既立,庾亮当政。他既排斥朝中王导,又疑忌荆州刺史陶侃、豫州刺史祖约和历阳镇将苏峻等人。

苏峻,字子高,长广掖(今山东掖县)人。苏峻少为书生,有才学,仕郡主簿。永嘉之乱时,中原地区百姓流亡,“所在屯聚,(苏)峻纠合得数千家,结垒于本县”,[①]被推为坞主,率其所部数百家,射猎于海边青山中。晋元帝闻之,遥封其为安集将军。当时,曹嶷为青州刺史,表上苏峻为掖令,苏峻辞疾不受。曹嶷恶其得众,恐将来为害于己,准备加以讨伐。苏峻恐惧,便泛海南渡,投奔东晋。苏峻到广陵(今江苏扬州)后,朝廷为嘉其远至,转升鹰扬将军。此时,适逢周坚反于彭城(今江苏徐州),苏峻因助讨有功,除淮陵内史,迁兰陵相。之后,苏峻又因征讨王敦、沈充有功,晋爵升官,被东晋政府封为冠军将军,出仕历阳(今安徽和县)内史,加散骑常侍,食邑一千八百户,威望渐著。此时,苏峻拥有精锐部队一万多人,兵强马壮,武器精良,东晋朝廷遂将守卫江北一带的重任交给他。

苏峻得历阳内史一职后,实际上已经掌控建康上游门户。他恃功骄溢,有轻朝廷之心,朝廷中内争失势的王公也多与苏峻勾结。他不断招纳亡命,渐生图谋不轨之野心。当时,晋明帝初崩,委政宰辅,护军庾亮欲征之入朝。苏峻并不想失去他割据一方的兵权,拒绝庾亮内征之命,遣司马何诣庾亮说:“讨贼外任,远近从命,至于内辅,实非所堪。”[②]晋成帝咸和二年(327),庾亮恐苏峻骄横难制,终为祸乱,不顾辅政诸大

① 《晋书》卷一〇〇《苏峻传》,中华书局1974年版,第2628页。

② 《晋书》卷一〇〇《苏峻传》,中华书局1974年版,第2629页。

臣的劝阻，又由晋成帝亲自下诏，欲强行征调苏峻入朝为大司农，[①]以峻弟苏逸代领部曲，借想此削弱其兵权，以消除朝廷隐患。优诏至，苏峻仍不受诏，上表曰："昔明皇帝亲执臣手，使臣北讨胡寇。今中原未靖，无用家为，乞补青州界一荒郡，以展鹰犬之用。"苏峻来自青州，部属多为青州人，请补青州荒郡自处，表明他不肯脱离部属而入辅朝廷，甚至流露出勒兵自守的决心。他对朝廷使者说："往者国危累卵[②]，非我不济，狡兔既死，猎犬理自应烹，但当死报造谋者[③]耳。"[④]苏峻居功自傲，对庾亮一再提防他谋反的做法十分不满。晋成帝咸和二年(327)十一月，苏峻终于勾结豫州刺史祖约，以讨庾亮为名，起兵叛乱。

祖约字士少，是东晋豫州刺史祖逖之弟。永嘉末年，祖约随兄祖逖过江，司马睿称晋王，引为椽属，后转从事中郎，典选举之事。祖逖卒后，祖约自侍中代祖逖为平西将军、豫州刺史，袭领祖逖之众。王敦之乱时，祖约归卫京都，率众屯驻寿阳(今安徽寿县)，因逐王敦所署淮南太守任台，以功封五等侯，进号镇西将军，负责守卫东晋的北部边境。祖约出身于北方大族，以名辈而论，不下于尚书令卞壶、车骑将军郗鉴等人。然而，在晋明帝临死时，卞壶、郗鉴均为顾命大臣，祖约在寿春恃名望功劳，以不得预明帝顾命为恨，对朝廷深怀不满。苏峻、祖约既是朝廷命官，又是各自所统流民之帅。祖约愿意和苏峻联合起来，以诛执政庾亮为名，举兵反晋，并不是偶然的。

晋明帝司马绍病笃之际，受遗诏辅政的大权几乎都在宗室司马宗之手。庾亮得势后，司马宗对此深为不满，不久被庾亮杀害。司马宗生前一头白发，即帝位后的晋成帝司马衍好久见不到他，便问舅舅庾亮："常日白头公何在?"庾亮对以谋反伏诛。年幼的晋成帝哭着对庾亮说："舅言人作贼，便杀之，人言舅作贼，复若何?"[⑤]庾亮杀害司马宗后，既要排挤朝中的王导，同时，又担心荆州刺史陶侃势力强大，对自己不利，就用温峤为江州刺史，镇武昌(今湖北鄂州)，以防备陶侃。

当初，庾亮主张征苏峻入朝时，其他朝臣就并不支持。据《资治通鉴·成帝咸和二年》记载：庾亮先访于司徒王导，王导反对说："苏峻为人阴险，必不奉诏。不若且包容之。" 庾亮不听，又言于朝曰：苏"峻狼子野心，终必为乱。今日征之，纵不顺命，为祸犹浅；若复经年，不可复制，犹七国之于汉也。"庾亮征询朝臣的意见，众朝臣没有敢于反对的，唯独光禄大夫卞壶与之争辩说："(苏)峻拥强兵，逼近京邑，路不终朝，一旦

① 系主管农业的官员。

② 指王敦再叛之事。

③ 指庾亮。

④ 《晋书》卷一〇〇《苏峻传》，中华书局 1974 年版，第 2629 页。

⑤ 《晋书》卷七《显宗成帝纪》，中华书局 1974 年版，第 184 页。

有变,易为蹉跌,宜深思之!"苏峻拥兵自重,历阳与建康仅一江之隔,路途一天可到。苏峻一旦不听朝廷调命,领兵来犯,将很危险。庾亮仍不从。卞壶知此事必败,又与温峤书曰:"元规召(苏)峻意定,此国之大事。峻已出狂意,而召之,是更速其祸也,必纵毒蠚以向朝廷。朝廷威力虽盛,不知果可擒不;王公亦同此情。吾与之争甚恳切,不能如之何。本出足下以为外援,而今更恨足下在外,不得相与共谏止之,或当相从耳。"温峤派人带书信来,同意卞壶的意见。总之,在"举朝以为不可"的情况下,庾亮皆不听,一意孤行,遂酿成苏峻之乱。

晋成帝咸和二年(327),苏峻知祖约怨朝廷,派遣参军徐会与祖约联络,以讨伐庾亮为名,起兵谋反。祖约大喜,其从子祖智、祖衍并劝成之。谯国内史桓宣对祖智说:"本以强胡未灭,将戮力讨之。使君若欲为雄霸,何不助国讨峻,则威名自举。今乃与峻俱反,此安得久乎!"[①]祖智不从。桓宣诣祖约请见,祖约知其欲谏,拒而不纳,桓宣遂与祖约断绝往来。于是,祖约赴历阳准备与苏峻汇合,桓宣则将其众兵营于马头山。晋成帝咸和二年(327)十一月,祖约先遣兄子沛内史祖涣、女婿淮南太守许柳率众兵助苏峻。苏峻遣韩晃、张健等将寇略姑孰(今安徽当涂)、宣城(今属安徽),弑死于湖(今安徽芜湖)令陶馥及振威将军司马流。接着,苏峻又自率祖涣、许柳等众将兵两万余人,自横江(今安徽和县东南)渡过长江,东进至建康附近,连败晋兵,形成直逼京师之势。

苏峻兵初起之时,朝廷假庾亮节为都督征讨诸军事。庾亮以弟庾翼领兵屯石头城[②]为备。成帝咸和二年(327),晋成帝"诏复以卞壶为尚书令、领右卫将军,以会稽内史王舒行扬州刺史事,吴兴太守虞潭督三吴等郡军事"。[③] 咸和三年(328)春正月,温峤奉命自武昌东下入救建康,军于寻阳。"二月,庚戌,(苏)峻至蒋陵覆舟山。陶回谓庾亮曰:(苏)'峻知石头有重戍,不敢直下,必向小丹阳南道步来;宜伏兵邀之,可一战擒也。'(庾)亮不从。(苏)峻果从小丹阳来,迷失道,夜行,无复部分。(庾)亮闻,乃悔之",[④]从而错失了一次伏击苏峻乱军的最佳战机。

此时,朝廷官员以京邑危逼,多遣家人往浙江会稽方向避难。卞壶受命都督大桁东诸军事,与侍中钟雅帅郭默、赵胤等军与苏峻激战于西陵。西陵之战,卞壶等大败,死伤数千。接着,苏峻又攻青溪栅,卞壶率诸军虽奋力拒击,仍未能阻止苏峻乱军的进攻。苏峻"因风纵火,烧台省及诸营寺署,一时荡尽"。而卞"壶背痈新愈,创犹未

① 《资治通鉴》卷九三《成帝咸和二年》,中华书局 1956 年版,第 2946—2947 页。

② 东晋时石头城在建康城西江岸边。

③ 《资治通鉴》卷九三《成帝咸和二年》,中华书局 1956 年版,第 2947 页。

④ 《资治通鉴》卷九四《成帝咸和三年》,中华书局 1956 年版,第 2949—2950 页。

合，力疾帅左右苦战而死；二子眕、盱随父后，亦赴敌而死。其母抚尸哭曰：'父为忠臣，子为孝子，夫何恨乎'"！[①] 卞壶父子一门忠烈，为国英勇捐躯。

据《资治通鉴·成帝咸和三年》记载，除卞壶父子战死外，"丹阳尹羊曼勒兵守云龙门，与黄门侍郎周导、庐江太守陶瞻皆战死。庾亮帅众将陈于宣阳门内，未及成列，士众皆弃甲走，（庾）亮与弟怿、条、翼及郭默、赵胤俱奔寻阳。将行，顾谓钟雅曰：'后事深以相委。'（钟）雅曰：'栋折榱崩，谁之咎也！'（庾）亮曰：'今日之事，不容复言。'（庾）亮乘小船，乱兵相剥掠；（庾）亮左右射贼，误中柁工，应弦而倒。船上咸失色欲散，（庾）亮不动，徐曰：'此手何可使着贼！'众乃安。"庾亮对自己所射未能杀敌却误伤柁工而深感自责。由于官兵连连败绩，苏峻在祖约的配合下，很快挥兵至建康城下。

晋成帝咸和三年（328）二月，苏峻率军攻下台城，纵兵大掠。建康失守后，百官奔散，殿省萧然，留下护卫小皇帝的只有王导、陆晔等少数几位大臣。"（苏）峻兵驱役百官，光禄勋王彬等皆被捶挞，令负担登蒋山。裸剥士女，皆以坏席苫草自鄣，无草者坐地以土自覆；哀号之声，震动内外。"[②]当时，朝廷宫中尚存有布二十万匹，金银五千斤，钱亿万，绢数万匹，全被苏峻乱军洗劫一空。苏峻勒兵入宫后，王导抱着小皇帝坐在御座上，侍中褚翜、钟雅及右卫将军刘超等侍立左右，显得正气凛然，叛军未敢上殿。苏峻以远在寿春的祖约为侍中、太尉、尚书令，自封骠骑将军、录尚书事，专断朝政，滥署百官，安置亲党，为所欲为。以王导德高望重，苏峻仍然让他官居原职排在自己前面。叛将路永、匡术劝杀尽王导等大臣，苏峻由于敬重王导，没有同意。

庾亮兵败后，丢盔弃甲，撇下当皇太后的妹妹和外甥小皇帝，匆忙带着三个弟弟狼狈逃往寻阳（今江西九江市），投奔江州刺史温峤。庾亮宣庾太后诏，征温峤之兵以赴国难。据《资治通鉴·成帝咸和三年》载："庾亮、温峤将起兵讨苏峻，而道路断绝，不知建康声闻。会南阳范汪至寻阳，言：'峻政令不一，贪暴纵横，灭亡已兆，虽强易弱，朝廷有倒悬之急，宜时进讨。'（温）峤深纳之。（庾）亮辟汪参护军事。"此时，庾"亮、（温）峤互相推为盟主，峤从弟充曰：'陶征西（即陶侃，他时为征西大将军，都督荆、湘、雍、梁，专制上流）位重兵强，宜共推之。'（温）峤乃遣督护王愆期诣荆州，邀陶侃与之共赴国难。"国难当头，庾亮、温峤、温充共推拥有实力的荆州刺史陶侃为盟主。

然而，陶侃原先就对庾亮在朝廷的所作所为颇为不满，"犹以不豫顾命为恨，答曰：'吾疆埸外将，不敢越局。'（温）峤屡说，不能回；乃顺（陶）侃意，遣使谓之曰：'仁公

① 《资治通鉴》卷九四《成帝咸和三年》，中华书局 1956 年版，第 2950 页。

② 《资治通鉴》卷九四《成帝咸和三年》，中华书局 1956 年版，第 2951 页。

且守,仆当先下。'使者去已二日,平南参军荥阳毛宝[1]别使还,闻之,说(温)峤曰:'凡举大事,当与天下共之。师克在和,不宜异同。假令可疑,犹当外示不觉,况自为携贰邪!宜急追信改书,言必应俱进;若不及前信,当更遣使。'(温)峤意悟,即追使者改书;(陶)侃果许之,遣督护龚登帅兵诣(温)峤。(温)峤有众七千,于是列上尚书,陈祖约、苏峻罪状,移告征镇,洒泣登舟。"[2]大军顺长江而下,讨伐苏峻乱军。

此时,陶侃仍犹豫再三,又改变主张,竟追回已出发的部将龚登。温峤遗陶侃书曰:"'夫军有进而无退,可增而不可减。近已移檄远近,言于盟府,刻后月半大举,诸郡军并在路次,惟须仁公军至,便齐进耳。仁公今召军还,疑惑远近,成败之由,将在于此。仆才轻任重,实凭仁公笃爱,远禀成规;至于首启戎行,不敢有辞,仆与仁公,如首尾相卫,唇齿相依也。恐或者不达高旨,将谓仁公缓于讨贼,此声难追。仆与仁公并受方岳之任,安危休戚,理既同之。且自顷之顾,绸缪往来,情深义重,一旦有急,亦望仁公悉众见救,况社稷之难乎!今日之忧,岂惟仆一州,文武莫不翘企。假令此州不守,(祖)约、(苏)峻树置官长于此,荆楚西逼强胡,东接逆贼,因之以饥馑,将来之危,乃当甚于此州之今日也。仁公进当为大晋之忠臣,参桓、文之功;退当以慈父之情,雪爱子之痛。今约、峻凶逆无道,痛感天地,人心齐壹,咸皆切齿。今之进讨,若以石投卵耳;苟复召兵还,是为败于几成也。愿深察所陈!'王愆期谓侃曰:'苏峻,豺狼也,如得遂志,四海虽广,公宁有容足之地乎!'(陶)侃深感悟,即戎服登舟。"[3]

在温峤等人的一再劝说下,陶侃最终决定共同出兵平定苏峻之乱。据《资治通鉴·成帝咸和三年》记载:五月,陶侃率军自江陵急进,至寻阳与温峤、庾亮会合。"议者咸谓(陶)侃欲诛庾亮以谢天下;(庾)亮甚惧,用温峤计,诣侃拜谢。(陶)侃惊,止之曰:'庾元规乃拜陶士行[4]邪!'(庾)亮引咎自责,风止可观,侃不觉释然,曰:'君侯修石头拟老子,今日反见求邪!'即与之谈宴终日,遂与亮、峤同趣建康。戎卒四万,旌旗七百余里,钲鼓之声,震于远近。"至此,陶侃与庾亮尽释前隙,准备协力拒乱。

苏峻之乱时,驻守广陵的郗鉴具有特殊重要的地位。郗鉴本是王敦兵起后受诏南来的流民帅,部曲在合肥,本人则任职京师。关于郗鉴起家之经历,据《晋书·郗鉴传》记载:"东海王越辟为主簿,举贤良,不行。"又据《晋书·江统传》载,晋怀帝永嘉元年(307),东海王司马越时为兖州牧,以江统为别驾,委以州事。江统应东海王越之命,举郗鉴为贤良。这就是说,郗鉴早年通过江统,在政治上与东海王司马越就有过

① 温峤为平南将军,毛宝为参军。

② 《资治通鉴》卷九四《成帝咸和三年》,中华书局1956年版,第2954页。

③ 《资治通鉴》卷九四《成帝咸和三年》,中华书局1956年版,第2954—2955页。

④ 陶侃,字士行。

一定的关系。西晋都城洛阳沦陷后，郗鉴未南渡，与宗族乡党千余家保据峄山(邹山)，受琅邪王司马睿委署为兖州刺史，三年后聚众至数万。发迹后，郗鉴被石勒侵逼，始辗转南移，于晋元帝永昌元年(322)六月退保合肥，此时距洛阳失陷已过去十一年了。之后，纪瞻荐郗鉴于晋元帝，元帝征郗鉴为尚书，入居京都。

关于郗鉴南来，《晋书》没有言明其规模是举家还是率部。陶弘景《真诰》卷十五《阐幽微第一》注曰：郗鉴"永昌元年率诸流民来渡江东"。从郗鉴南行先驻合肥，以后频繁往来于合肥、建康之间的情况来看，郗鉴率有流民之说是相当可信的。但郗鉴的南来流民是屯驻合肥，未得过江。流民帅所率流民不得过江而至建康，这在当时是一个相当常见的现象。最初，琅邪王司马睿进驻建康后，对于率众南来的流民帅深怀疑忌，一般都停留于淮河南北，不使过江。

郗鉴南来之时，王敦叛乱已经开始。王敦在京都改易百官，转徙方镇，并杀戮有"南北之望"的戴渊、周顗等人。晋明帝惧王敦之逼，出郗鉴镇合肥，依其流民力量以为外援。王敦并不愿意看到郗鉴以流民帅之兵力成为朝廷犄角，乃表请郗鉴为尚书令，郗鉴只得又返京都朝廷。此时距郗鉴南来刚过一年，他已逐步陷入士族门户斗角的漩涡之中，成为影响东晋政局的一个重要人物。

郗鉴重回建康后，"遂与帝谋灭(王)敦"。[①] 郗鉴所谋主要是用流民帅的兵力以制王敦。此时，门阀士族虽不支持王敦篡权，但还没有坚决站在朝廷一边，朝廷尚不具备明显优势。在这一情况下，晋明帝只能求之于地位较低的士族郗鉴、桓彝等人，而郗鉴、桓彝筹兵，也只能筹之于门阀士族之外的流民。事后，郗鉴就是以流民帅平王敦之功，得为都督徐、兖、青三州诸军事、兖州刺史、假节，镇广陵，后又领徐州刺史的。

据《资治通鉴·成帝咸和三年》记载：苏峻之乱时，"郗鉴在广陵，城孤粮少，逼近胡寇，人无固志。得诏书，即流涕誓众，入赴国难，将士争奋。"郗鉴自广陵遣将军夏侯长等间行至江州，向温峤陈述当前军事形势及攻守之策："或闻贼欲挟天子东入会稽，当先立营垒，屯据要害，既防其越逸，又断贼粮运，然后静镇京口，清野坚壁以待贼。贼攻城不拔，野无所掠，东道既断，粮运自绝，必自溃矣。"郗鉴首倡"静镇京口"之议，深得温峤、陶侃赞同。

晋成帝咸和二年(327)十一月，祖约、苏峻起兵后，庾亮由于担心全盘皆乱，局面将变得不可收拾，因而起初并不允许各地兴兵勤王。据《世说新语·容止》注引《晋中兴书》："温峤及三吴欲起兵卫帝室，(庾)亮不听，下制曰：'妄起兵者诛。'"郗鉴当时也欲率广陵之众赴难，"诏以北寇，不许。"但在此前，虞谭已受命督三吴、晋陵、宣城、义

---

① 《晋书》卷六七《郗鉴传》，中华书局 1974 年版，第 1798 页。

兴诸郡军事；张闿已宣太后诏于三吴令速起兵；桓彝则兴兵于宣城；温峤也不顾制书所禁，于苏峻济江之前一月，即咸和三年(328)正月自武昌东下，军于寻阳，声称入援建康。

晋成帝咸和三年(328)四月，温峤联合荆州刺史陶侃，率军队四万进兵建康。与此同时，已任徐州刺史的郗鉴也起兵于广陵。“初，苏峻遣尚书张闿权督东军，司徒(王)导密令以太后诏谕三吴吏士，使起义兵救天子。会稽内史王舒以庾冰行奋武将军，使将兵一万，西渡浙江；于是吴兴太守虞潭、吴国内史蔡谟、前义兴太守顾众等皆举兵应之。(虞)潭母孙氏谓潭曰：‘汝当舍生取义，勿以吾老为累！’尽遣其家僮从军，鬻其环佩以为军资。(蔡)谟以庾冰当还旧任，即去郡以让(庾)冰。”[①]在会稽内史王舒、庾亮弟庾冰、吴兴太守虞谭、吴国内史蔡谟、前义兴太守顾众等皆起兵于三吴的情况下，就在陶侃与苏峻相持的战场之外，形成另一个战场，即三吴的东战场，抗拒苏峻的东掠之军，并与陶侃、郗鉴组成三路大军会攻建康之势。

在这种情况下，贪暴专横的苏峻乱军所掌控的朝廷，已处于“勤王”之师的包围之中。据《资治通鉴·成帝咸和三年》记载：“苏峻闻西方兵起，用参军贾宁计，自姑孰还据石头，分兵以拒(陶)侃等。乙未，(苏)峻逼迁帝于石头，司徒(王)导固争，不从。帝哀泣升车，宫中恸哭。时天下雨，道路泥泞，刘超、钟雅步侍左右，(苏)峻给马，不肯乘，而悲哀慷慨。(苏)峻闻而恶之，然未敢杀也。以其亲信许方等补司马督、殿中监，外托宿卫，内实防御(刘)超等。(苏)峻以仓屋为帝宫，日来帝前肆丑言。刘超、钟雅与右光禄大夫荀崧、金紫光禄大夫华恒、尚书荀邃、侍中丁潭侍从，不离帝侧。时饥馑米贵，(苏)峻问遗，(刘)超一无所受。缱绻朝夕，臣节愈恭；虽居幽厄之中，(刘)超犹启帝，授《孝经》、《论语》。”苏峻挟晋成帝迁居石头城，把皇帝软禁在一间仓库里，还天天跑来高声叫骂。这时，王导也开始害怕起来，担心大祸临头，顾不得小皇帝，匆忙带着两个儿子逃到城外的白石。

声讨苏峻的义军三路会攻建康城不久，“苏峻闻东方兵起，遣其将管商、张健、弘徽等拒之；虞潭等与战，互有胜负，未能得前。”此时，陶侃、温峤率军屯于茄子浦，“(温)峤以南兵习水，苏峻兵便步，令：‘将士有上岸者死！’会(苏)峻送米万斛馈祖约，约遣司马桓抚等迎之。毛宝帅千人为(温)峤前锋，告其众曰：‘兵法，军令有所不从，岂可视贼可击，不上岸击之邪！’乃擅往袭(桓)抚，悉获其米，斩获万计，(祖)约由是饥乏。(温)峤表(毛)宝为庐江太守。”[②]由于温峤军前锋毛宝的指挥灵活机动，主动上岸截获苏峻运往祖约的大批军粮，使得战局朝着不利于乱军的方向变化。

---

① 《资治通鉴》卷九四《成帝咸和三年》，中华书局 1956 年版，第 2956—2957 页。

② 《资治通鉴》卷九四《成帝咸和三年》，中华书局 1956 年版，第 2957 页。

陶侃、温峤等军续进至建康城附近，分屯江流要地。当时，有人主张立即决战。陶侃对大家说："贼众方盛，难与争锋，当以岁月，智计破之。"既而屡战无功，监军部将李根请筑白石垒，[①]陶侃从之。夜筑垒，至晓而成。闻苏峻军严声，诸将都担心其来进攻。孔坦说："不然。若（苏）峻攻垒，必须东北风急，令我水军不得往救；今天清静，贼必不来。所以严者，必遣军出江乘，掠京口以东矣。"[②]乱军的动向，果然未出孔坦所料。白石垒由庾亮以二千人据守。苏峻帅步骑万余四面攻白石垒，未克。交战中，双方互有胜负，僵持不下。

据《资治通鉴·成帝咸和三年》记载："陶侃表王舒监浙东军事，虞潭监浙西军事，郗鉴都督扬州八郡诸军事；令（王）舒、（虞）潭皆受（郗）鉴节度。"这是东晋朝廷对东战场的部署。咸和三年（328）五月，郗鉴奉诏率众自广陵渡江，与陶侃会师于建康附近的茄子浦，因而未顾及东战场的防务。此时，苏峻军东掠，王舒、虞潭数与苏峻兵交战皆不利。陶侃乃从孔坦之议："本不须召郗公，遂使东门无限，今宜遣还，虽晚，犹胜不也"，令郗鉴与后将军郭默还据京口，于京口迤南之地分立大业、曲阿等三垒以卫护东方，并分苏峻兵势，东战场形势得以稳定。

就苏峻乱军而言，祖约遣祖涣、桓抚袭湓口。湓口为湓水入江之处，位于江西九江城西，亦曰湓浦，六朝时期为军事戍守重地。"陶侃闻之，将自击之。毛宝曰：'义军恃公，公不可动，宝请讨之。'（陶）侃从之。（祖）涣、（桓）抚过皖，因攻谯国内史桓宣。（毛）宝往救之，为（祖）涣、（桓）抚所败。箭贯（毛）宝髀，彻鞍，（毛）宝使人蹋鞍拔箭，血流满靴。还击（祖）涣、（桓）抚，破走之，（桓）宣乃得出，归于温峤。（毛）宝进攻祖约军于东关，拔合肥戍；会（温）峤召之，复归石头。"[③]由于毛宝英勇奋战，击退了祖约部将祖涣、桓抚的进攻。

此后数月，战局呈相持状态。苏峻据有自淮水（今江苏秦淮河）上游通向东方的破冈渎交通线，军事上略占优势。这时，苏峻分遣诸将东西攻掠，所向多捷，人情恟惧。据《资治通鉴·成帝咸和三年》记载："朝士之奔西军者皆曰：'（苏）峻狡黠有胆决，其徒骁勇，所向无敌。若天讨有罪，则峻终灭亡；止以人事言之，未易除也。'温峤怒曰：'诸君怯懦，乃更誉贼！'及累战不胜，（温）峤亦惮之。"此时，形势的变化对义军不利。

对温峤军更为不利的因素，不仅是军心浮动，还出现军粮短缺问题。温"峤军食尽，贷于陶侃。（陶）侃怒曰：'使君前云不忧无良将及兵食，惟欲得老仆为主耳。今数

① 在建康城北江岸。

② 《资治通鉴》卷九四《成帝咸和三年》，中华书局1956年版，第2958—2959页。

③ 《资治通鉴》卷九四《成帝咸和三年》，中华书局1956年版，第2959页。

战皆北，良将安在！荆州接胡、蜀二虏，当备不虞；若复无食，仆便欲西归，更思良算，徐来殄贼，不为晚也。'(温)峤曰：'凡师克在和，古之善教也。光武之济昆阳，曹公之拔官渡，以寡敌众，杖义故也。峻、约小竖，凶逆滔天，何忧不灭！峻骤胜而骄，自谓无前，今挑之战，可一鼓而擒也。奈何舍垂立之功，设进退之计乎！且天子幽逼，社稷危殆，乃四海臣子肝脑涂地之日。峤等与公并受国恩，事若克济，则臣主同祚；如其不捷，当灰身以谢先帝耳。今之事势，义无旋踵，譬如骑虎，安可中下哉！公若违众独返，人心必沮；沮众败事，义旗将迴指于公矣。'"[①]陶侃不肯分军粮给温峤军，这对义军协同作战显然是不利的。

部将毛宝闻知，对温峤说："'下官能留陶公。'乃往说陶(侃)曰：'公本应镇芜湖，为南北势援，前既已下，势不可还。且军政有进无退，非直整齐三军，示众必死而已，亦谓退无所据，终至灭亡。往者杜弢非不强盛，公竟灭之，何至于(苏)峻，独不可破邪！贼亦畏死，非皆勇健，公可试与(毛)宝兵，使上岸断贼资粮；若(毛)宝不立效，然后公去，人心不恨矣。'(陶)侃然之，加宝督护而遣之。竟陵太守李阳说(陶)侃曰：'今大事若不济，公虽有粟，安得而食诸！'(陶)侃乃分米五万石以饷(温)峤军。毛宝烧(苏)峻句容、湖孰积聚，(苏)峻军乏食，(陶)侃遂留不去。"[②]由于毛宝的一再劝说，最终化解了温峤与陶侃之间的矛盾。

成帝咸和三年(328)九月，晋军烧苏峻军所据破冈渎沿线句容、湖熟积聚，苏峻军乏食。苏峻派其部将"张健、韩晃等急攻大业；垒中乏水，人饮粪汁。郭默惧，潜突围出外，留兵守之；郗鉴在京口，军士闻之皆失色。参军曹纳曰：'大业，京口之捍蔽也，一旦不守，则贼兵径至，不可当也。请还广陵，以俟后举。'(郗)鉴大会僚佐，责(曹)纳曰：'吾受先帝顾托之重，正复捐躯九泉，不足报塞。今强寇在近，众心危逼，君腹心之佐，而生长异端，当何以帅先义众，镇壹三军邪'"![③] 郗鉴准备将曹纳斩首，许久才释免，从而稳定了军心。

张健、韩晃猛攻京口门户大业垒，情况相当危急。"陶侃将救大业，长史殷羡曰：'吾兵不习步战，救大业而不捷，则大事去矣。不如急攻石头，则大业自解。'(陶)侃从之。(殷)羡，融之兄也。庚午，(陶)侃督水军向石头。庾亮、温峤、赵胤帅步兵万人从白石南上，欲挑战。"[④]苏峻统帅八千人迎战，派儿子苏硕和部将匡孝分军先行逼近赵胤军队，将其打败。苏峻当时正在犒劳将士，乘着醉意远远望见赵胤败逃，大喊道：

① 《资治通鉴》卷九四《成帝咸和三年》，中华书局1956年版，第2961页。

② 《资治通鉴》卷九四《成帝咸和三年》，中华书局1956年版，第2961—2962页。

③④ 《资治通鉴》卷九四《成帝咸和三年》，中华书局1956年版，第2962页。

"(匡)孝能破贼,我更不如邪!"[①]于是,他撇下士众,和数名骑兵向北突击陶侃军阵,但无法突破,准备回身奔向白木陂时,坐骑失足颠踬。陶侃部将彭世、李千等用矛投射,苏峻坠落马下,被斩首,剐割肢体,骨骸被焚烧,三军将士都高呼万岁。苏峻余部大败而散,苏峻的司马任让等人共同推立苏峻兄弟苏逸为主公。苏逸凭借挟帝之势,企图关闭城门死守。温峤设立行台,宣告晓谕远近,凡是朝廷原任官吏爵禄在二千石以下的,都传令他们赶赴行台报到,于是到达的人有如云集。咸和四年(329)二月,晋军收复石头城,斩苏逸,晋成帝脱险。苏峻诸将或死或降,只有张健率残兵欲入吴兴不得,又与韩晃等西趋故鄣(今浙江安吉),都被歼灭。

祖约在协同苏峻举兵叛乱时,北方石勒派石聪率兵进攻祖约在寿春的根据地,祖约兵溃败至历阳。咸和四年(329)正月,晋军攻历阳,祖约无法抵抗,便率亲信数百人北奔后赵石勒。石勒薄其为人,不久便将祖约及其亲属一百多人全部杀死。苏峻、祖约之乱被全部平息下去。

苏峻之乱平定后,东晋朝廷"论平苏峻功,以陶侃为侍中、太尉,封长沙郡公,加都督交、广、宁州诸军事;[②]郗鉴为侍中、司空、南昌县公;温峤为骠骑将军、开府仪同三司,加散骑常侍、始安郡公;陆晔进爵江陵公;自余赐爵侯、伯、子、男者甚众。卞壸及二子昣、盱,桓彝、刘超、钟雅、羊曼、陶瞻,皆加赠谥。路永、匡术、贾宁,皆苏峻之党也;(苏)峻未败,(路)永等去(苏)峻归朝廷;王导欲赏以官爵。温峤曰:'(路)永等皆(苏)峻之腹心,首为乱阶,罪莫大焉。晚虽改悟,未足以赎前罪;得全首领,为幸多矣,岂可复褒宠之哉!'(王)导乃止"。接着,"陶侃以江陵偏远,移镇巴陵(今湖南岳阳)。朝议欲留温峤辅政,(温)峤以王导先帝所任,固辞还藩;又以京邑荒残,资用不给,乃留资蓄,具器用,而后旋于武昌。"[③]

苏峻之乱,又一次引起东晋政权的剧烈变动。原来,执政的庾亮一意孤行,坚持征召有平王敦之功的流民帅苏峻[④]入朝,为苏峻所拒,遂酝成动乱。乱平后京邑丘墟,物议沸腾。庾亮自愧不慎惹出苏峻之乱,为平息群情,不得不暂退一步,请求外镇以求自责。"帝之出石头也,庾亮见帝,稽颡哽咽,诏(庾)亮与大臣俱升御座。明日,(庾)亮复泥首谢罪,乞骸骨,欲阖门投窜山海。帝遣尚书、侍中手诏慰喻曰:'此社稷之难,非舅之责也。'(庾)亮上疏自陈:'祖约、苏峻纵肆凶逆,罪由臣发,寸斩屠戮,不足以谢七庙之灵,塞四海之责。朝廷复何理齿臣于人次,臣亦何颜自次于人理!愿陛

---

① 《资治通鉴》卷九四《成帝咸和三年》,中华书局 1956 年版,第 2962 页。

② 陶侃先督荆、襄、雍、梁四州,后加都督三州。

③ 《资治通鉴》卷九四《成帝咸和三年》,中华书局 1956 年版,第 2968—2969 页。

④ 苏峻时为历阳太守。

下虽垂宽宥，全其首领；犹宜弃之，任其自存自没，则天下粗知劝戒之纲矣。'优诏不许。(庾)亮又欲遁逃山海，自暨阳东出，诏有司录夺舟船。(庾)亮乃求外镇自效，出为都督豫州、扬州之江西、宣城诸军事、豫州刺史，领宣城内史，镇芜湖。"[①]这样，庾氏势力从建康转移至上游。

晋成帝咸和四年(329)三月，庾亮引咎出都，以豫州刺史屯驻芜湖，以帝舅之尊，遥控朝廷，因而与居内辅的王导不能相安，导致庾、王矛盾延续十余年之久。当然，庾亮出居芜湖，对王导只是一步之让，他无意与王导破裂。庾亮把九岁的皇帝留在建康交由王导看管，此时的朝廷大权实际上是归王导执掌。王导在政治方面的指导思想仍是"镇之以静"和"政务宽恕"。他否定了温峤请求迁都豫章、三吴豪杰请求迁都会稽之议，修治残缺，勉力经营，改善了帑藏空竭的困难状况，东晋政局又大体稳定下来。

晋成帝咸和七年(332)，陶侃病死，晋成帝舅庾亮继陶侃出镇武昌，丞相王导居中辅政。当时庾亮虽出居外镇，但实际上仍内执朝廷大权，势倾内外，引起王导内心的愤愤不平。每当西风刮起，吹得尘土飞扬时，王导常常举扇遮住自己的脸，对人说"元规(庾亮字)尘污人"，[②]表示出对庾亮的不满。晋成帝咸康五年(339)，王导病死。庾亮弟庾冰为中书监、扬州刺史、参录尚书事，统治集团内部王氏与庾氏的矛盾才告消弥。

苏峻之乱始于咸和二年(327)冬，止于咸和四年(329)春，历时年余，是发生在东晋成帝时期的一次大规模内乱。这次内乱的起因，是由于外戚庾亮独揽朝政，排斥异己，引发历阳镇将苏峻、豫州刺史祖约联合起兵叛乱。东晋在江左立国后，内乱多发自上游，朝廷唯赖淮阴、合肥为援，并不得心应手，建康城动辄沦陷。苏峻之乱中，郗鉴经营京口，使京口成为建康与东土联系的枢纽，成为稳定江左政局的一个重要因素。流民帅苏峻、祖约之乱，对东晋当政的门阀士族打击极大，教训很深。此后，东晋至孝武帝时为止，士族内争在方式上有所顾忌，不敢轻易大动干戈，因而东晋得以免除内战七十年之久。

三 桓温问鼎

桓温字符子，谯国龙亢(今安徽怀远)人。其父桓彝为北方世族，永嘉之乱后随晋元帝司马睿南渡，历任中书郎、尚书吏部郎等显职。晋明帝时，桓彝由于参与平定王敦之乱，因功被封为万宁县男，后又任宣城太守，仕途可谓一帆风顺。桓温的得名颇

---

① 《资治通鉴》卷九四《成帝咸和三年》，中华书局1956年版，第2969页。

② 《晋书》卷六五《王导传》，中华书局1974年版，第1753页。

有来历。据说，有一次名臣温峤来到桓家，见到不满周岁的桓温，便说："此儿有奇骨，可试使啼。"及闻啼声，不禁惊曰："真英物也！"由于温峤赏识，桓彝给他起名桓温。

苏峻之乱时，叛军攻入建康，大肆劫掠，桓彝被叛军所杀。当时年仅十六岁的桓温"枕戈泣血，志在复仇"。两年后，曾参与杀害桓彝的泾县县令江播病死，他的三个儿子害怕桓温前来寻仇，携带兵器为其父守灵。心机百出的桓温打着吊孝的名义，混入丧庐，将江播的三个儿子全部杀死，报了父仇。当时的舆论对桓温的复仇之举颇有赞誉。

桓温少有大志，向往刘琨、陶侃事迹。长大成人后，桓温身材英武，性格豪爽，气概不凡。由于名气和才干，桓温得以娶晋明帝的长女南康长公主为妻，官拜驸马都尉，并继承父亲万宁县男爵位。晋成帝咸康元年(335)，年方二十三岁的桓温任琅玡太守，从此进入仕途。康帝建元元年(343)，桓温升为都督青徐兖三州诸军事、徐州刺史。

早在晋成帝咸康五年(339)，当时镇守荆州的庾亮请求北伐，试图借助北伐树立威信，扩大势力。由于蔡谟、郗鉴等人的阻止，北伐未能实现。晋成帝咸康六年(340)，庾亮死，其弟庾翼接替镇守荆州，仍掌握长江上游重兵。晋康帝建元元年(343)，任荆州刺史的庾翼从武昌移驻襄阳，打算北消胡而西取蜀，朝廷大臣都以为难，唯桓温赞成，故庾翼深重桓温。庾翼无奈兵力不足，欲从长江中游各州征调兵马，引起各方势力反对。在内部矛盾牵制下，庾翼北伐计划也未能实现。

晋穆帝永和元年(345)，久踞荆州的权臣庾翼病死。由于荆州战略地位十分重要，加之历次"荆、扬之争"的"后遗症"，关于荆州刺史的人选成为朝廷议论的热点。这一年，司马聃即位，是为穆帝，褚太后临朝，侍中何充参与中枢朝政。庾翼临终前曾举荐自己儿子继任，有人认为可行。何充认为，荆州作为国都的门户，坐镇荆州的须是安邦定国的杰出人才，而桓温雄才大略，可以独当一面，正是这样的合适人选。丹阳尹刘惔是会稽王司马昱亲信，他认为桓温的才干勿庸置疑，但野心也不小，应当防范。不过，何充并没有将刘惔的话放在心上，还是以徐州刺史桓温代庾翼为荆州刺史，出任安西将军，假节都督荆、司、雍、益、梁、宁六州诸军事，镇江陵(今湖北省荆州市)。

桓温既镇荆州，便整军经武，准备实施西取蜀汉，北伐中原计划。当时，蜀地的成汉政权正值李势在位。早在晋永康二年(301)，因不堪忍受地方官吏的盘剥压榨，氐族人李特领导一支流民进行起义。起义军经过数年艰苦的战斗，于永兴元年(304)攻入成都。两年后，李特的儿子李雄即位称帝，国号大成，建立起自己的政权。自李雄称帝后，据有益州全境，及梁州、秦州、宁州之一部分，这个在流民起义基础上建立的政权呈现一番新气象。李雄颇有才略,能量才用人,政尚宽简,兴学校,置史官,省刑减赋,百姓安乐。此时中原大乱,唯蜀中一片太平景象。李雄死后,后继者大多昏庸残暴,奢侈无能。先传侄李班,李班被杀,传雄子李期。李期在位骄暴嗜杀,政治全非,乃被李特之侄李寿所废。晋成帝咸康四年(338),李寿自立为帝改国号汉。李寿在位,六年而卒,传子李势。李"势骄淫,不恤国事,多居禁中,罕接公卿,疏忌旧臣,信任左右,谗谄并进,刑罚苛滥,由是中外离心。"[①]先有太保李奕之叛,继又发生大规模僚乱,加之饥馑骚然,叛乱的僚民达十几万人。这给急于建功立业的桓温提供了绝好的机会。

桓温在荆州时刻关注着蜀中的动向,他认为时机成熟,决计西征伐成汉。对于这次进攻成汉,东晋朝廷意见并不一致。反对者认为蜀道险而远,光靠桓温的军队深入,后赵的军队也可能偷袭其后,难免凶多吉少。当初阻挠桓温出任荆州刺史的刘惔,又在此时预言:"但恐克蜀之后,温终专制朝廷耳!"(《资治通鉴·穆宗永和二年》)江夏相袁乔则力劝桓温伐蜀,汉、赵两敌,汉弱赵强,应当采用先易后难的方法;李势无道,臣民早有贰心,还敢自恃险远,不修战备,晋军可以挑选一万精兵迅速进入蜀地,在汉军发现之前穿过险要地带,可以一战而胜;而且蜀地又很富庶,攻取成汉对东晋的经济也大有好处。至于后赵军队可能发动的进攻,袁乔则认为后赵在不知内情的情况下,不可能知道东晋是否对它有所防备,不会轻易南侵。退一步讲,即使后赵真的南下,沿江一带的晋军也足以拒守。桓温由于担心朝中舆论对自己不利,"拜表辄行",即在发出请求伐蜀的奏章后就立刻出征了。他这样做有自己的理由,荆州离京师辽远,等候朝廷批复容易贻误战机。桓温"持节",名义上也有自主行动的权力。

晋穆帝永和三年(347)春,桓温以江夏相袁乔率领两千士兵为先锋,他自己同益州刺史周抚、南郡太守谯王司马无忌率领精兵一万多人,沿着长江逆流而上,大举攻伐巴蜀。晋军在青衣[②]遇到成汉大军的阻截。桓温军队绕道而行,进驻彭模(今四川彭山县)。这时,有人建议为分散敌军兵力,应兵分两处,分路进军。袁乔极力反对,认为孤军深入,大家都抱必死之心;如果分兵两路,各自为战,就不能集中力量,一旦一路出现问题,全军就将溃败。桓温听从这一意见,把辎重留在彭模,只派羸弱的士兵把守,自己则率领精锐部队昼夜兼程。桓温大军一路三战三捷,进逼成都。汉主李势以倾国之兵,与桓温在笮桥[③]进行决战。战斗刚开始,晋军前锋不利,参军龚护阵亡,余下的士兵准备撤退。袁乔却丝毫不惧,声色俱厉,拔剑在前线督战。经过晋军

---

① 《资治通鉴》卷九七《穆帝永和二年》,中华书局1956年版,第3072页。

② 四川名山北。

③ 今成都市西南,桥用竹索编成。

的拼死反扑，汉军全线崩溃。

桓温乘势攻到成都城下，放火烧城门。成汉的士兵到了这个时候，已经无心再战。李势见大势已去，只好开东门逃出城外，桓温大军趁胜攻入成都城内。李势一直逃到葭萌（今四川剑阁东），后想想没什么前途，还是派了人向桓温递上降表，舆榇面缚到桓温军中投降。李势投降后，成汉凡历七主四十六年而亡。桓温既灭成汉，凯旋东还江陵，威名大振。晋穆帝诏封桓温临贺郡公，征西大将军，这是东晋出镇将军中的最高一级。桓温灭汉的战争前后算起来不到半年，东晋至此重新控制了益、梁、宁三州，同时握有吴、蜀两地。

桓温平定蜀地后，不出刘惔当初的预言，他在东晋朝中声望日高，晋穆帝有晋元帝时王敦的前车之鉴，对桓温深怀忌惮。此时，何充已死，晋穆帝以会稽王司马昱、左光禄大夫蔡谟辅政。后赵国内纷争时，桓温几次上书要求北伐，晋穆帝却故意提拔在朝中与桓温齐名的大臣殷浩，对桓温则置之不理。在会稽王司马昱与褚太后父褚裒共举下，殷浩任扬州刺史。殷浩字深源，弱冠有美名，又以善于玄学清谈著称。当时朝廷任用殷浩参与朝政，一则加强中枢阵容，二则恐桓温在上游势力强大，以为制衡之计。这说明东晋政权始终不能消除上下游的矛盾。据《资治通鉴·穆帝永和四年》载，“会稽王昱以扬州刺史殷浩有盛名，朝野推服，引为心腹，与参综朝权，欲以抗（桓）温；由是与（桓）温浸相疑贰。”殷“浩以征北长史荀羡、前江州刺史王羲之，夙有令名，擢（荀）羡为吴国内史，（王）羲之为护国将军，以为羽翼。……羲之以为内外协和，然后国家可安，劝（殷）浩不宜与（桓）温构隙，（殷）浩不从。”王羲之虽为江左风流，却与当时清谈之士迥异。他认为内外协和国家才能安定，因而劝告殷浩不要与桓温构隙，但殷浩并不听从此意见。

桓温当然清楚朝廷的意图。他的性格决定了他不能任人宰割，或者主动向中枢示弱。嫌隙既成，他的选择无非是伺机报复。因此，晋穆帝永和时期，东晋政局实质上是两方相持：一是朝中的会稽王司马昱、殷浩，另一方则是长江上游的桓温，也就是荆州与扬州、桓温与殷浩的对恃。司马昱、殷浩等人自诩名士，崇尚清谈，虽然负有盛名，却缺乏实际的治国才能。这个并不稳定的中枢集团只有得到豫、徐等州方镇的支持，才能与荆州的桓温相抗衡。桓温在平蜀之后，威名大震，拥有荆、司、雍、益、梁、宁、交、广等八州的广大地区，同时又有江州作为与下游豫、扬之间的缓冲地带，因而成为独立的体系。在荆、扬的对抗中，桓温竭力想通过战功来增加与朝廷讨价还价的砝码，以保持主动地位。此时双方仍处于相持阶段，关系虽时有紧张，但还不存在促使矛盾激化的因素，因此暂时相安无事。

晋穆帝永和五年（349），石虎病死，后赵发生内乱，诸子争立，互相残杀。最后，石虎的养孙汉人冉闵(即石闵),乘政局混乱,夺得政权,建立魏国,并对胡羯进行屠杀,北方大乱。形势的突变,令东晋朝廷感到震动,桓温和殷浩相持的双方都想抢夺北伐旗帜,以扩大自己的实力和影响,并在声势上压倒对方。因此,司马昱集团和桓温先后进行了五次北伐。

就在石虎死去的当年六月,桓温即从江陵出发,进抵安陆(今湖北安陆市),扬言要出兵北伐,其实是想看看朝廷的动静。司马昱集团当然不能让桓温占了先机,一方面不理睬桓温的请求,另一方面褚裒时为征北大将军,徐、兖二州刺史,都督徐、兖、青、扬、豫五州诸军事,他也上书自请北伐征战。朝廷对桓温借北伐扩展势力的企图存有戒心,便任命外戚褚裒自京口出师,带兵北上。褚裒率军三万,首先进驻彭城(今江苏徐州)。这时,每天都有上千的北方士民前来投奔,山东居民五百余家也乘机起义,向他求援。河北民众二十余万人,赶着渡河南下,迎接晋军。朝野都以为中原指日可复。但是,褚裒并无进军之决心,前锋一受挫折,被赵将李农所破,褚裒就败回广陵(今江苏扬州),河北来归的难民两万多人惨死乱军之中。褚裒遭此意外挫折,不久竟惭愤发病而死,使桓温少了一个与自己抗衡的对手。

褚裒死后,殷浩闻秦中内变,准备亲自经营北伐,以提高声望。其实,殷浩在当时虽很有名气,但只是个不懂打仗的文人。此时,“朝廷闻中原大乱,复谋进取。己丑,以扬州刺史殷浩为中军将军、假节、都督扬、豫、徐、兖、青五州诸军事;以蒲洪为氐王、使持节、征北大将军、都督河北诸军事、冀州刺史、广川郡公;蒲健为假节、右将军、监河北征讨前锋诸军事、襄国公。”①但由于朝中对桓温一直存有戒心,就决定由殷浩率兵北伐,以与桓温对抗。

桓温再三建议出兵北伐,始终没有被朝廷采纳。据《资治通鉴·穆帝永和七年》记载:“初,桓温闻石氏乱,上疏请出师经略中原,事久不报。(桓)温知朝廷杖殷浩以抗己,甚忿之;然素知(殷)浩之为人,亦不之惮也。以国无他衅,遂得相持弥年,虽有君臣之迹,羁縻而已,八州士众资调殆不为国家用。屡求北伐,诏书不听。十二月,辛未,(桓)温拜表辄行,帅众四五万顺流而下,军于武昌,朝廷大惧。”这一次,桓温仍是“拜表辄行”,率师自江陵下驻武昌,声称北伐,又似东下,对朝廷形成威胁之势,引起朝野震动。对此,朝廷一方面以会稽王司马昱书止桓温军,说应当先把国内安定好,然后再图北进,劝桓温要三思而后行。同时,提醒桓温擅自行动容易引起非议,要慎重考虑。另一方面,朝廷催促殷浩尽快兴师北伐。此时,桓温尚不想和朝廷撕破脸面,于是带军退回江陵,同时上疏,表明此次行动的目的只是想扫灭赵、魏,恢复中原,并无异心。其实,

---

① 《资治通鉴》卷九八《穆帝永和六年》,中华书局 1956 年版,第 3102 页。

桓温对殷浩指挥北伐的能力十分清楚，他并不着急，坐等着看殷浩的笑话。

朝廷下诏殷浩北伐后，他起先只是想联络北方降胡，虚张旗帜，并不急于出军，且对驻扎在历阳的羌族首领姚襄又恨又怕。直至晋穆帝永和九年（353），殷浩才命令安西将军谢尚与北中郎将荀羡进屯寿春（今安徽寿县）。此时，姚襄在与苻健率领的秦军作战中失利，军队损失大半。姚襄的马中了流矢，险些被秦军捉住，幸亏弟弟姚苌将自己的马给了姚襄，又碰上救兵来援，兄弟俩才逃了出来。损兵折将的姚襄无可奈何，只好率众投降东晋。姚襄博学善谈，在江东士大夫们面前很受欢迎，成为谢尚的得力助手。殷浩任命羌族降将姚襄为前锋，与谢尚一同率兵七万军队向许昌、洛阳进发，以进讨前秦大将张遇。不料，姚襄半途倒戈，反攻殷浩，晋军在山桑①遭到伏击。前秦王苻健又命东海王苻雄与大将军苻菁将兵援助张遇，大败谢尚于颍水之诫桥，晋兵死者一万五千人，谢尚把器械军储全部丢弃，狼狈奔还寿春。姚襄也收拾残兵退保历阳。经此一战，姚襄更加轻视晋室，在淮河两岸广兴屯田，扩充军队，训练将士，积蓄力量，自图发展，军力逐渐强盛。朝廷以谢尚为豫州刺史，以防范姚襄。

殷浩出师惨遭败绩，引起朝野一片哗然。晋穆帝永和十年（354），本与殷浩相忌的桓温上疏朝廷，历数殷浩丧师辱国之罪，朝廷被迫废殷浩为庶人。这样，桓温又少了一个与自己抗衡的对手，也是他直接干预朝政中枢的重要步骤。朝廷不但丧失了可以制约桓温的实力，也丢掉了北伐的旗帜。据《资治通鉴·穆帝永和十年》记载："中军将军、扬州刺史殷浩连年北伐，师徒屡败，粮械都尽；征西将军桓温因朝野之怨，上疏数浩之罪，请废之。朝廷不得已，免浩为庶人，徙东阳之信安。"《晋书·桓温传》说："自此内外大权，一归（桓）温矣。"殷浩兵败被罢黜后，东晋的军政大权基本落入桓温手中。但是，此时桓温尚未取得豫州、徐州的控制权，其势力无从接近建康，还未能全面插手朝廷的内外大政。桓温继续倡言北伐，以此为手段图谋发展。朝廷也同意改由桓温领兵北伐。桓温以此为契机，成为北伐主将，使自己的权力和威望步步上升。

晋穆帝永和十年（354）二月，桓温亲率步骑四万自江陵出发，第一次北伐前秦。水军自襄阳（今湖北襄樊市）入均口（今湖北丹江口），直指南乡（今湖北均县东南）；步骑经析县（今河南西峡）直指武关（今陕西丹凤东南）。同时，令梁州刺史司马勋沿子午道②向前推进，并派别军攻占上洛（今陕西商洛）。在北方百姓的支持下，晋军兵势甚锐，进展迅速。各路大军趋向关中，准备合力攻打前秦。

桓温的大军进展十分顺利，淅川（今河南淅川）一路的步军接连攻克了上洛（今陕西商洛）、青泥城（今陕西蓝田）。前秦主苻健派太子苻苌、儿子苻生率兵五万在峣柳

---

① 今安徽蒙城县一带。

② 秦岭栈道，从关中至汉中的通道。

(今陕西商县西北)阻击晋军。四月,两军展开激战,尽管苻生骁勇善战,但在桓温的严令督战下,晋军力战,秦军大败。与此同时,桓温的弟弟桓冲在白鹿原[①]大破前秦丞相苻雄的军队。

前秦是氐族苻氏建立的政权,苻氏世代都为西戎的酋长。苻洪做酋长时势力还比较弱,依附于刘曜,后来又投靠后赵的石虎,被任命为流民都督。冉闵屠杀胡羯时,氐、羌各族纷纷逃归本土,苻洪乘机收罗十多万人,自称三秦王,企图割据关中,不料却被石虎降将麻秋毒死。他临死前对儿子苻健说:"中原不是久居之地,关中有良好的地理条件,我死以后,你们向西发展。"苻健遵照父亲遗言,率兵进入长安,占有关陇。永和七年(351),苻健称天王、大单于,后来改称皇帝,国号秦,历史上称为前秦。

晋穆帝永和十年(354)四月,桓温一路无阻长驱攻入武关,在蓝田大破前秦派来堵截的数万大军,遂进至长安城东面的霸上,前秦主苻健以数千人退守长安。三辅郡县,纷纷遣使来降。附近的郡县纷纷来降。桓温抚慰当地百姓,让他们安居复业。关中父老牵牛担酒犒劳晋军,那些老人更是欣喜若狂,流着眼泪说:"不图今日复见官军!"[②]但是,桓温却另有想法,只是在灞上(今陕西西安市东)停留,迟迟不渡灞水。长安虽近在咫尺,桓温并不乘胜进攻,而是坐待秦军自溃。

桓温本可将已熟春麦收作军粮,而秦军已抢先收割。前秦大将苻健见桓温兵盛,乃坚壁清野,固守长安,试图与桓温对峙。据《资治通鉴·穆帝永和十年》记载:"(桓)温与秦丞相雄等战于白鹿原,温兵不利,死者万余人。初,(桓)温指秦麦以为粮,既而秦人悉芟麦,清野以待之,温军乏粮。六月,丁丑,徙关中三千余户而归。以王猛为高官督护,欲与俱还,(王)猛辞不就。"从晋穆帝永和十年四月对峙到六月,桓温粮尽,秦兵从后追击,晋兵伤亡甚重。"呼延毒帅众一万从(桓)温还。秦太子苌等随温击之,比至潼关,温军屡败,失亡以万数。"[③]尽管遭到秦军的追击,但桓温还是带了关中三千多户百姓退到潼关,九月又退回襄阳。桓温的第一次北伐以失败告终。

桓温自关中失利归来,非常懊丧,欲谋再举,以雪前耻。两年以后,桓温再次上书请求第二次北伐,以收复洛阳。晋穆帝永和十二年(356),诏以桓温为征讨大将军,都督司冀两州诸军事,"自江陵北伐,行经金城,见少为琅邪时所种柳皆已十围,慨然曰:'木犹如此,人何以堪!'攀枝执条,泫然流涕。于是过淮泗,践北境,与诸僚属登平乘楼,眺瞩中原,慨然曰:'遂使神州陆沉,百年丘墟,王夷甫诸人不得不任其责!'"[④]桓温

---

① 今陕西蓝田西灞、浐二水之间。

② 《晋书》卷九八《桓温传》,中华书局 1974 年版,第 2571 页。

③ 《资治通鉴》卷九九《穆帝永和十年》,中华书局 1956 年版,第 3142 页。

④ 《晋书》卷九八《桓温传》,中华书局 1974 年版,第 2572 页。

率晋北伐大军，行经金城(东晋侨置琅邪郡治，在今江苏句容北)，看见当年任琅邪太守时所植柳树已经长大，手抚柳条，感慨之余竟流下泪来。渡过淮河、泗水后，北伐军进入北方。桓温与僚属同登楼船，远眺中原，触景生情，不禁对西晋王衍等人矜高浮诞、崇尚清谈、不恤王事，致使夷狄乱华的悲剧表示愤慨，更坚定了北伐的信心。

桓温进行第二次北伐的主要目标，是夺取叛将姚襄占据的许昌和周成占据的洛阳。反复无常的姚襄屯兵淮南后，为晋人所监视，难以发展。但尽管如此，姚襄不断招纳流民，手下有了七万多人，接着便自称大将军、大单于。他所部大多为北方胡羌，都劝姚襄向北发展。于是，姚襄就率兵前往西北袭据许昌(今河南许昌西南)，进图洛阳。那时占据洛阳的是先投降东晋，后又造反的魏前荆州刺史周成。姚襄攻打洛阳一个多月，却未能攻克。这给桓温北伐创造了机会。

晋穆帝永和十二年(356)六月，晋军出兵江陵，桓温命令督护高武据守鲁阳(今河南鲁山县)，辅国将军戴施驻军河上，并率水军从黄河进逼许昌、洛阳，自己则亲率大军随后出发，同时又请求朝廷由徐、豫二州出兵淮河、泗水，由此进入黄河配合作战。据《资治通鉴·穆帝永和十二年》记载：八月，晋军进展到伊水(今河南洛阳城南)。姚襄放弃围攻洛阳，匿精锐于水北林设下埋伏，拒水而战。桓温身披铠甲，亲临前线督战。两军接战，晋军诸将奋勇猛进，姚军大乱，很快溃不成军，死者数千人。姚襄帅麾下数千骑奔于洛阳北山，又西奔关中，桓温追之不及。姚襄后被前秦主苻生所杀。

桓温大破姚襄于伊水后，北伐大军进抵洛阳，占据洛阳的周成出降。桓温进谒晋朝各位先帝的陵寝，并派人加以修复看守。桓温留下颍川太守毛穆之、督护陈午、河南太守戴施率三千人镇守洛阳，又把归顺的三千多家百姓安置在江、汉之间，自己则带领大军胜利还师。

桓温收复洛阳后的第五年，即晋穆帝升平五年(361)，晋穆帝病卒，立成帝司马衍之子琅邪王司马丕为帝，是为晋哀帝。哀帝隆和元年(362)，桓温上疏朝廷，请求迁都洛阳，并提议将永嘉之乱后流亡到江南的人，全部迁回北方，以充实黄河南边的领土。但是，南渡已快五十年，北方世家大族在江东早已置有庄园地产，其实没有多少人愿意回到故乡，不过由于惧怕桓温的权势，朝中并无人明确反对。最后，朝廷故意将复都洛阳的提议拖下来，以至不了了之。

晋哀帝兴宁元年(363)五月，朝廷加封桓温为侍中、大司马，加扬州牧，录尚书事，都督中外诸军事、假黄钺，屯兵江北赭圻(今安徽繁昌县西)。这年，桓温向哀帝上疏，提出七条改革建议，其中包括杜绝浮夸和结党营私；精简官吏和机构；紧急公文不能拖延，而要限制时间；奖励忠心为国的人；赏罚分明；鼓励学习，加强教化；选拔史官，编修《晋书》。这些建议针对当时弊端，如能实行，对改善东晋政治大有好处，不过朝廷积弊已深，未被采纳。

兴宁二年(364)三月初一日(即“庚戌”)，桓温颁布命令，主持了一次土断，史称“庚戌土断”。这次土断由于有桓温的权势作后盾，一反过去对世族贵戚睁一眼闭一眼的作法，在全国大查户口，严禁挟藏户口，对违者严惩不贷。如彭城王司马玄，因为藏匿5户，被桓温送到廷尉严惩。这次土断取得很大的成果，大批人口成为国家的编户，仅王彪之任内史的会稽郡，就检括出逃亡户3万多口。东晋朝廷由此而财力大增，出现了“财阜国丰”的局面。这为桓温第三次北伐提供了丰厚的物质基础。

晋哀帝在位五年而殁，哀帝弟琅邪王司马奕继位，是为废帝海西公。废帝海西公太和元年(366)，桓温自江北赭圻移镇姑孰，以其弟桓豁领荆江两州刺史，次弟桓冲监荆豫八州军事，中外大权集于桓氏一家。

太和四年(369)三月，桓温请求朝廷，与徐、兖二州刺史郗愔、江州刺史桓冲、豫州刺史袁真等共同北伐前燕。其实，桓温早就想染指兵精粮足的徐州，郗愔为避祸全身，听从儿子郗超的建议，主动告老，将徐州的地盘拱手献给桓温。桓温得到徐、兖二州后，实力大增。四月，桓温率军五万由姑孰向北进发。六月，北伐军到达金乡(今山东金乡)。由于夏季气候亢旱，水位低落，如果运输粮食给养的航道不能畅通，大军无法北进。桓温派冠军将军毛虎生将巨野泽凿开三百里，将汶水和清水沟通起来，这条航道后来被称为“桓公渎”。桓温大军乘船由清水进入黄河。桓公渎虽然开凿成了，但在北方秋冬之际雨水稀少，水位下降，航道阻滞，这条新运河以后能否畅通无阻，还是存在严重的问题。此时，郗超针对这些实际情况，向桓温提出两个方案：一是在黄河、济水驻军，储备粮草，等明年再进兵；另一个是直奔邺城，与燕军进行决战。桓温认为，前一个方案太迟缓，使前燕有充分的备战时间；后一个太冒险，都未被采纳。

桓温派建威将军檀玄进攻湖陆(在今山东西南部)，很快攻克。在黄墟(今河南民权北)，晋军又击败燕下邳王慕容厉。不久，前锋邓遐、朱序又在林渚(今河南郑州市东北)大破燕军。七月，晋军在连战连胜的声威下，进至离燕国都城邺城只有两百里的枋头(今河南浚县)，前燕朝廷大为震恐，燕主慕容暐君臣已有逃往和龙(今辽宁朝阳市)的打算。这时，前燕的慕容垂请求一战，说如果战事不利，再北走和龙也不晚。慕容垂的气魄使前燕君臣镇定下来。于是，派慕容垂为南讨大都督，率兵五万迎战晋军。同时，向前秦求救，希望秦从洛阳出兵侧击，牵制晋军北进。

桓温持重，在枋头停留一个多月，并没有直趋邺城。到了九月，桓公渎由于水位下降不能继续使用。在北伐之初，桓温曾命令袁真进攻谯(郡治谯，今安徽亳州)、梁(治睢阳，今河南商丘南)，直趋荥阳(今河南荥阳)，原想让他打开荥阳的石门(即汴口)，把黄河水引进汴渠(今河南荥阳西南之索河)，以沟通淮、泗水运，使水军能从这一条水道，退回淮上。但是，袁真虽然攻克谯、梁，却不敢进兵荥阳。慕容垂又派他的弟弟范阳王慕容德率精兵一万五千加强石门的防御力量，袁真更难完成夺取荥阳、打开石门的战略任务。此时，晋军粮草已经枯竭，迫不得已，只能退兵。

由于水道不通，桓温只得下令烧毁所有船只，丢弃辎重，由陆路从东燕县（今河南延津东北三十五里，当时在黄河南岸）经过仓垣（今河南开封市东北），步行七百多里，退到襄邑（今河南睢县西）。在晋军撤退过程中，前燕的将士纷纷要求追击，但老谋深算的慕容垂料到桓温开始必然警备森严，于是带着八千精锐骑兵跟踪晋军，同时命令慕容德带四千人埋伏在襄邑东涧中。桓温见燕军没有来追赶，果然命令全军日夜兼程南下，等退到襄邑时，已筋疲力尽。燕军突然杀出，两面夹击，晋军损失三万多人。不久，晋军在路上又遇到前秦军的袭击，死伤一万多人。十月，桓温的残军退到山阳（今山东金乡县西北）。淮水以北的土地，又全部丧失。至此，桓温的第三次北伐以惨败收场。

桓温三次大举北伐，除第二次稍有成果外，全都失败了，其中的原因是多方面的。从桓温本人来讲，他北伐的目的并非一心收复失地，而是想借此以立威，为替代晋室增加筹码。几次北伐，桓温都是在进展顺利的情况下，徘徊犹豫，缺乏用兵的灵活性，从而丧失战机。第三次北伐失败，桓温的声望受到严重影响。心腹参军郗超猜透他的心事，鼓动他行废立之事，取代晋室，以镇服四海。桓温"恃其材略位望，阴蓄不臣之志，尝抚枕叹曰：'男子不能流芳百世，亦当遗臭万年'"！① 他倾慕开启"荆、扬之争"的叛逆王敦，经过王敦墓时，连声说"可人，可人"，对王敦的非常之举很为称道。桓温早已野心勃勃，此刻郗超提出这样的建议，当然是顺水推舟。

当时的皇帝海西公司马奕行事谨慎，并无过错，这让桓温有些为难。为找到借口，桓温和郗超竟诬蔑司马奕的两个儿子都是别人所生。为了不使晋室江山落到外姓人的手里，这个皇帝当然不能要了。太和六年（371）十一月，桓温从广陵带兵入朝，威逼褚太后废司马奕，立会稽王司马昱为帝，连诏令都准备好，只等太后同意了。面对桓温的滔天气焰，褚太后只能答应。于是，桓温在朝堂上召集文武大臣，宣布褚太后的诏令，海西公被废，司马昱被立为皇帝，是为简文帝，改年号为咸安。简文帝封桓温为丞相，他没有接受，带兵回到姑孰。

桓温废立之后，"威振内外，帝虽处尊位，拱默而已，常惧废黜。先是，荧惑守太微端门，逾月而海西废。辛卯，荧惑逆行入太微，帝甚恶之。中书侍郎郗超在直，帝谓（郗）超曰：'命之修短，本所不计，故当无复近日事邪？'（郗）超曰：'大司马臣温，方内

---

① 《资治通鉴》卷一〇三《简文帝咸安元年》，中华书局 1956 年版，第 3248 页。

固社稷，外恢经略，非常之事，臣以百口保之。’”[①]简文帝忍声吞气，总有一种朝不保夕的忧虑，担心成为第二个海西公。这样，他窝窝囊囊地当了两年皇帝，于咸安二年(372)在忧愤中病死。临死前，四次下诏书召见桓温，他都没来。朝中大臣们都害怕桓温闹事，不敢拥立太子，还是尚书仆射王彪之[②]拿定主意，先立了天子再说。于是，简文帝之子司马曜继位，是为晋孝武帝。

孝武帝即位后，桓温仍为荆州刺史，中枢则由尚书令王彪之与仆射谢安共同辅政。桓温本以为简文帝临终前会把帝位禅让给他，最起码也应该象周公辅佐周成王那样让他摄政。由于侍中王坦之[③]的反对，简文帝把遗诏改为“家国事一禀大司马，如诸葛武侯、王丞相故事”。[④] 桓温看到简文帝的遗诏，让他效仿诸葛亮和王导，辅佐太子，使自己的美梦落空。桓温将心中的怒火集中到王坦之、谢安的身上，怀疑是他们所为。

简文帝死后，桓温以祭奠为由，陈重兵于建康城外的新亭，企图乘机夺取帝位。为除掉忠心辅佐东晋朝廷的谢安和王坦之，桓温预先在幕后设下伏兵。王坦之甚惧，问计于谢安。谢安“神色不变，曰：‘晋祚存亡，在此一行’”。[⑤] 王坦之一看见桓温，吓出一身冷汗，湿透衣衫，倒执记事用的手版。谢安神色平静，从容就席，坐定，对桓温说：“安闻诸侯有道，守在四邻，明公何须壁后置人邪?”桓温见阴谋被谢安识破，尴尬地掩饰说：“正自不能不尔耳。”[⑥]桓温始终未敢对谢安和王坦之下手。

不久，桓温身染重病，回到姑孰疗养，但病情却日渐严重。“初，(桓)温疾笃，讽朝廷求九锡，屡使人趣之。谢安、王坦之故缓其事，使袁宏具草。(袁)宏以示王彪之，彪之叹其文辞之美，因曰：‘卿固大才，安可以此示人！’谢安见其草，辄改之，由是历旬不就。(袁)宏密谋于(王)彪之，彪之曰：‘闻彼病日增，亦当不复支久，自可更小迟回。’”[⑦]桓温要求爵加九锡，这是权臣禅位前的一种最高荣典。由于谢安、王坦之、王彪之等人的故意拖延，桓温未等到荣典颁发，于宁康元年(373)七月抑郁而死。亵渎司马氏皇权，久有觊觎皇位的野心而又谨慎行事的桓温，最终未能得逞。这除枋头战败的原因外，还由于朝廷内部门阀士族对桓温的制约。

纵观桓温的一生，他在内政上针对时弊，倡导改革，主持土断，令国家为之一振；

---

① 《资治通鉴》卷一〇三《简文帝咸安元年》，中华书局 1956 年版，第 3253 页。

② 琅邪王氏，丞相王导从弟王彬之子。

③ 太原王氏，晋司马王浑弟王湛之后裔。

④ 《资治通鉴》卷一〇三《简文帝咸安二年》，中华书局 1956 年版，第 3257 页。

⑤⑥ 《晋书》卷七九《谢安传》，中华书局 1974 年版，第 2073 页。

⑦ 《资治通鉴》卷一〇三《孝武帝宁康元年》，中华书局 1956 年版，第 3262 页。

对外则西平巴蜀，三次北伐，尽管未收到多大成效，但积极进取的精神还是和东晋朝中那些偏安一隅的碌碌之辈形成鲜明对比。总之，“桓温挺雄豪之逸气，韫文武之奇才”，《晋书·桓温传》这样的评价还是准确的。

四　王恭、桓玄称兵跋扈

晋孝武帝即位时年方十岁，主要由谢安辅政。那时氐族建立的前秦已经统一北方，占领益州，时刻威胁着东晋的安全。东晋统治集团内部的矛盾，由于大敌当前而暂时缓和了。晋孝武帝宁康元年秋七月，“以江州刺史桓冲为中军将军、都督扬豫江三州诸军事、扬州刺史，镇姑孰。”[①]桓温死后继掌东晋军权的桓冲，不久便把扬州刺史让给当政的谢安，自己专镇上游，坐镇荆州。谢安为培植中央势力，朝廷任命其兄子谢玄为南兖州刺史，并令谢玄在桓温推行土断的基础上，把北方南下而集中居住在今江苏镇江、扬州一带的南徐州、南兖州侨民子弟，召募、训练成一支新的军队。东晋称京口为“北府”，所以这支侨人组成的新军史称“北府兵”。

徐州人“多劲悍”（《晋书·郗鉴传》），北府兵是一支能征善战的劲旅。谢安依靠北府兵成功指挥淝水之战取得胜利，功勋卓著。淝水战后，谢安进位太保、太傅，都督扬、江、荆、司、豫、徐、兖、青、冀、幽、并、宁、益、雍、梁十五州军事，威望极高，因而也招致皇室对他的猜疑，使帝相之间渐渐隔膜起来。于是，谢安主动请求北征，出镇广陵（今江苏扬州），实际上是把中央政权让出来，交给孝武帝同母弟会稽王司马道子去负责。晋孝武帝太元十年（385），谢安病死。司马道子领扬州刺史录尚书事，都督中外诸军事，总揽朝政大权。

晋孝武帝后期，司马道子掌相权后，恃宠骄恣，所接近的多是奸佞小人。晋孝武帝则想通过培植方镇的力量，来牵制掌握大权的司马道子。例如，孝武帝任命中书令王恭[②]为都督青、兖、幽、并、冀五州诸军事，兖、青二州刺史，镇京口，掌握京畿扬州的重要军事力量北府兵；同时又以殷仲堪[③]出任荆州刺史，掌握上游军权。司马道子为结党营私，郡守长史等地方官，多换成亲近他的人，致使“官以贿迁，政刑谬乱”。[④] 司马道子任用群小不理政事，每日与孝武帝酣饮作乐。

晋孝武帝太元二十一年（396），晋孝武帝在一次饮酒醉后，忽然暴卒，传为宫人所杀，实际上是被他宠幸的张贵人以被蒙面而死的。那时，张贵人年近三十。九月的一

---

① 《晋书》卷九《孝武帝纪》，中华书局 1974 年版，第 225 页。

② 字孝伯，光禄大夫王蕴之子，为太原王氏，世族大地主，孝武帝王皇后兄。

③ 陈郡殷氏，世族大地主。

④ 《晋书》卷六四《会稽文孝王道子传》，中华书局 1974 年版，第 1733 页。

天，晋孝武帝与张贵人一起在后宫宴饮，和她开玩笑说："以你这样的年龄，姿色已经渐渐衰退，亦应当废黜了，我需要更年轻美貌的女子！"张贵人听此言后，心中暗自发怒，待孝武帝酒醉酣睡之际，命奴婢以被蒙面窒息而死，并用重金收买左右，说是因梦魇而"暴崩"①的。晋孝武帝卒，其子司马德宗继位，是为晋安帝。晋安"帝不惠，自少及长，口不能言，寒暑之变，无以辩也"，②因此仍由司马道子辅政。司马道子由扬州牧进位太傅，以皇叔、太傅摄政，事权更加集中。为对抗时为青、兖二州刺史的王恭和荆州刺史殷仲堪，司马道子重用主张削弱方镇的王国宝、王绪③为心腹。"帝既冠，道子稽首归政，王国宝始总国权，势倾朝廷。"④

司马道子在朝中专权，引起王恭、殷仲堪、桓玄等方镇势力的强烈不满。中书令王国宝与其弟琅邪内史王绪谄巧用事，更为王恭所憎恶。王国宝则在暗中劝司马道子，裁抑王恭等人的兵权，以防不测。晋安帝隆安元年(397)，王恭以帝舅的身份，以诛王国宝为借口，在京口(今江苏丹徒县)起兵发难；殷仲堪也在荆州举兵，与王恭相呼应。东晋朝廷当初建立北府兵，原是要用以捍卫建康城，加强长江下游的军事力量。现在，王恭率领的北府兵，反而联络荆州的军事力量来对抗中央。司马道子对此无法应付，只得赐王国宝自杀，斩王绪于市，并遣使向王恭谢罪，请求王恭退兵，乱事遂平。

事件平息之后，王恭威振内外，司马道子甚为畏惧。道子世子司马元显时年十六，位居侍中，年轻气盛，对王恭十分憎恶，认为王恭、殷仲堪早晚必反，请征讨之。于是，司马道子以司马元显为征虏将军，其先卫府及徐州文武悉配之，以加强司马元显统率的军事力量；另一方面，又采纳谯王司马尚之、司马休之的建议，任命王愉为江州(今江西九江)刺史以防范王恭。王愉任江州刺史后，分割了豫州四郡之地。如此一来，就削弱了豫州刺史庾楷的势力，引起庾楷的不满。

晋安帝隆安二年(398)，王恭上书以讨司马尚之、王愉之名，再度从京口起兵。荆州刺史殷仲堪和他的军事参谋、南郡相杨佺期、广州刺史桓玄、豫州刺史庾楷⑤等也都起兵响应，共推王恭为盟主，相约刻期会师京师建康。起兵后，殷仲堪将兵一举攻下江州，俘获王愉，并与庾楷、桓玄等一同率兵沿长江东下。司马道子则以子司马元显

---

① 《晋书》卷九《孝武帝纪》，中华书局1974年版，第242页。

② 《晋书》卷一〇《安帝纪》，中华书局1974年版，第267页。

③ 王国宝从弟。

④ 《晋书》卷六四《会稽文孝王道子传》，中华书局1974年版，第1735页。

⑤ 征西将军庾亮之孙。

为征讨都督，遣卫将军王珣[1]、右将军谢琰[2]将兵共讨王恭，谯王司马尚之将兵讨庾楷。司马元显对其父说："去年不讨王恭，致有今役。今若复从其欲，则太宰之祸至矣。"[3]司马道子日饮醇酒，将兵权交给司马元显，让他全权应对战事。司马元显乃调兵扼守京师。

然而，王恭既不善用兵，又不抚恤部下。起兵后，王恭以北府兵将领刘牢之，为前锋。刘牢之，字道坚，江苏徐州人。他当时为王恭的军事参谋，领南彭城内史，加辅国将军。王恭虽依仗刘牢之作为自己的助手，但平时却只不过以一般的行阵武将来对待他，"礼之甚薄"，而刘牢之则对自己的才能十分自负，自以为屡立奇功竟屈居王恭之下，"深怀耻恨"，[4]郁郁不平。司马元显探听到王恭与刘牢之的不协和矛盾后，即派遣庐江太守高素前往诱说刘牢之倒戈，答应事成之后即把王恭现在所担任的兖、青二州刺史职位授予他。刘牢之被司马元显收买后，当王恭帅军行至竹里（今江苏句容北）时，刘牢之突率北府兵倒戈，王恭兵败被执，送至京师处斩。司马道子遂以刘牢之代王恭都督兖、青、并、徐诸州军事。

王恭兵败被杀，接着庾楷又战败，投奔桓玄军。朝廷下令黜荆州刺史殷仲堪为广州刺史。桓玄、殷仲堪闻王恭被杀后，分别从进兵的石头城下、芜湖各自引退至寻阳（今江西九江市），共推桓玄为盟主，打着联名上疏为王恭申理的旗号，要求诛杀刘牢之及谯王司马尚之。东晋朝廷十分恐惧，不得已作出妥协，除任命桓玄为江州刺史、杨佺期为雍州刺史外，不得不恢复殷仲堪荆州刺史的职务。这场内乱虽然暂告一个段落，但朝政日非，桓玄造反继之而起。

桓玄，字敬道，又名灵宝，是大司马桓温的庶子。桓温死后，桓玄袭父荫为南郡公，[5]在荆州颇有潜在势力。桓温晚年由于有不臣之迹，直至晋孝武帝之世，东晋朝廷始终没有重用桓玄。据《晋书·桓玄传》载：晋孝武帝太元末年，桓玄出补义兴（今江苏宜兴）太守，郁郁不得志，尝登高望震泽[6]叹曰"父为九州伯，儿为五湖长"，遂弃官归国，重新回到荆州治所江陵。晋安帝即位后，正值王恭两次起兵，反对司马道子专权。桓玄为个人权欲所驱使，都积极参与了这两次旨在反对朝廷的兵变。

桓玄的父、叔世代镇守荆楚重地，此地故吏旧将甚多。桓玄虽然曾煽动殷仲堪作乱，但暗中与殷仲堪亦有猜忌。王恭乱平后，晋朝用桓玄为江州刺史，屯兵寻阳，继而

---

① 王导孙。

② 谢安子。

③ 《晋书》卷六四《会稽文孝王道子传》，中华书局 1974 年版，第 1736 页。

④ 《晋书》卷八四《刘牢之传》，中华书局 1974 年版，第 2189 页。

⑤ 封地在今湖北江陵。

⑥ 指古太湖。

又加桓玄都督荆州四郡军事，以桓玄兄桓伟为南蛮校尉，以激化桓玄与殷仲堪的利害矛盾。这是司马元显用以牵制上游军事力量的一种手段。果然，桓玄与殷仲堪的矛盾冲突日益加剧。

晋安帝隆安三年(399)，桓玄突然率兵袭取江陵(湖北荆州别称)，杀死殷仲堪，吞并了殷仲堪、杨佺期部众，朝廷对此也未加追究，并任用桓玄为荆江两州刺史，都督荆、江、司、雍、秦、梁、益、宁八州军事，以其兄桓伟为雍州刺史，从子桓振为淮南太守。这样一来，桓玄所控制的地区，以荆州为基础，西起梁(今陕西省南部)，益(四川)，宁(云南)，东抵建康近郊。此时，桓玄拥有整个东晋上游的半壁江山，权倾朝廷。然而，桓玄并未满足，而是一心想当皇帝。

东晋当时的政局是，桓玄自镇江陵，成为长江上游最大的割据势力；刘牢之控制长江下游江北的许多地方；另一大族高雅之则趁机控制淮南等地。司马元显认为桓玄兵力最强，日后必反，乃大治水军，随时作好讨伐桓玄的准备。

晋安帝隆安五年(401)，桓伟自雍州调作江州刺史，桓玄自以其司马刁畅镇襄阳，部将冯该等屯溢口，上游重镇均为桓氏所控制。桓玄又招集流人，扣押朝廷大吏，每上书，多出言不逊。桓玄写信给司马元显，指责朝政日坏，在朝君子不敢说话，以致酿成孙恩之祸。司马元显看信后，担心桓玄谋反，非常害怕。谋士们对他说，桓玄刚占据荆州不久，人情未附，应当乘此时机，进军讨伐。元兴元年(402)正月，晋安帝下诏，以司马元显自为骠骑大将军、征讨大都督，都督十八州诸军事；以镇北将军刘牢之为前锋都督，豫州刺史、谯王司马尚之为后部都督，共同发兵征讨桓玄。

东晋朝廷的这一举动，是在内外困竭的情况下迫不得已而为之的举动。当时，爆发于江南八郡的孙恩、卢循起义已如火如荼地展开，桓玄控制的地盘据有整个东晋的三分之二。他利用中央政权直接控制下的东土饥馑、财政匮乏的机会，封锁长江，禁绝商旅，使上游的物资不能向下游输送，致使下游粮荒更加严重，东晋军士的兵粮只能以稃[①]、橡[②]代替。桓玄得知司马元显发兵后，一面发檄文历数司马元显罪状，一面挥师顺流东下。历阳一战，攻陷城池，俘豫州刺史司马尚之，司马休之败逃。

在这种形势下，握有重兵的北府兵将领刘牢之的动向对于局势的发展是举足轻重的。刘牢之由于与司马元显关系不和，屯兵溧州(今安徽采石矶东)积蓄力量，不肯奉诏出兵。王恭被杀后，司马道子虽然让刘牢之都督兖、青、冀、幽、并、徐、扬州诸军事，接替王恭镇京口，但刘牢之不满司马元显的专权独行。他担心桓玄兵力被消灭后，司马元显将更加骄纵，自己反不为司马元显所容。因此，他想假桓玄之手除掉司

---

① 谷皮。

② 橡树的果实。

马元显，然后再伺桓玄之隙而代之。这时，桓玄正好派来刘牢之族舅何穆前来诱说。晋安帝元兴元年(402)三月，刘牢之派刘敬宣至桓玄处请降，北府兵不战而降。司马元显所要依靠的北府军将领刘牢之，最终却率军投降桓玄。于是，桓玄率领的荆州军长驱直入，顺利攻进建康城。

桓玄进入建康后，以都督中外诸军事、丞相、录尚书事，扬州牧领徐、荆、江三州刺史，总揽东晋的军政大权。他先后杀死司马道子、司马元显父子，接着以刘牢之为会稽内史，除其兵权。刘牢之叹曰："始尔，便夺我兵，祸将至矣！"当时，桓玄屯相府，刘牢之儿子刘敬宣劝他袭击桓玄，以除后患。刘牢之犹豫不决，遂移屯班渎，欲北奔广陵(今江苏扬州)相高雅之处，据守江北以抵抗桓玄。刘牢之招集手下众人来作商议，人们都默不作声，唯参军刘袭站出来说："事不可者莫大于反，而将军往年反王兖州，[1]近日反司马郎君，[2]今复欲反桓公。一人而三反，岂得立也。"[3]刘袭说完，快步走出，佐使也跟随他纷纷走散。刘敬宣先还京口搬迁他的家属，于是失期未到，刘牢之以为其子被刘袭所杀，忧愤自缢而死。不久，刘敬宣回来后见其父已死，遂投奔高雅之。

北府兵是东晋时期一支较强的军事力量。桓玄代晋后，对北府兵一直心存疑虑。当时北府兵最高的将领是刘牢之。刘牢之先是背叛王恭投降司马元显，后又背叛司马元显投降桓玄。桓玄对刘牢之不信任，释其兵权，对北府兵也有戒心。接着，桓玄开始有计划地消灭北府兵中有影响的人物。刘牢之自缢身亡后，他又先后杀死北府军诸将。据《晋书·桓玄传》记载："(桓)玄又害吴兴太守高素、辅国将军竺谦之、谦之从兄高平相朗之、辅国将军刘袭、袭弟彭城内史季武、冠军将军孙无终等，皆刘牢之之党，北府旧将也。"

晋安帝元兴二年(403)，桓玄晋位相国，封楚王，加九锡。这年冬十一月，桓玄借口祥瑞应在楚王，废晋安帝为平固王，迁往寻阳(今江西九江市)。桓玄自己登上帝位，国号楚，东晋政权终被桓玄所篡。桓玄对东晋腐败政治是想整顿的。据《宋书·武帝纪》载："晋氏乱政，百司纵弛，桓玄虽欲厘整，而众莫从之。"桓玄称帝没几个月，也就失败了。东晋政局以门阀政治为特征，士族与皇帝分享权力，士族有时甚至凌驾于皇权之上。桓温、桓玄父子均以取得皇权为目标，最终却连门户也无法保全。桓温的失败在于打破了门阀政治的平衡原则，桓玄的失败则标志着东晋门阀士族势力的整体衰落。从桓温到桓玄，从一个侧面反映出东晋士族门阀政治的兴衰轨迹。

---

① 指王恭。

② 指司马元显。

③ 《晋书》卷八四《刘牢之传》，中华书局 1974 年版，第 2191 页。

第三节 席卷江南地区的孙恩、卢循起义

东晋偏安一隅，北有强敌，内有叛臣，战乱频发，致使平民百姓租税徭役十分繁重。正如东晋名臣范宁所说："古者使人，岁不过三日，今之劳扰，殆无三日休停。至有残刑翦发，要求复除，生儿不复举养，鳏寡不敢妻娶。"[①]劳动人民受到残酷的剥削和奴役，生活极其悲惨，往往沦为士族豪强的佃客、部曲或奴婢。佃客是士族地主封建庄园的主要劳动者，其户籍依附于主人。只有自赎或者得到放免，才能获得人身自由，因而其身份类似农奴。除佃客之外，这一时期奴婢也大量存在，有的高门贵族地主甚至"家僮千余"。这些奴婢僮仆大多是破产流亡的农民。当时由于北方长期战乱，"中原子女鬻于江东者，不可胜数。"[②]在这样的情势之下，爆发大规模的农民起义就在所难免了。

一 东晋后期三吴八郡农民的沉重负担

东晋时期的经济社会问题，主要是门阀和豪强的土地兼并和对于劳动力的强占，广大百姓流离失散不得饱暖。尤其是到东晋后期，三吴八郡的农民负担极其沉重，几乎到了民不聊生的地步。

据《通鉴》胡注："汉置吴郡；吴分吴郡置吴兴郡；晋又分吴兴、丹阳置义兴郡，是为三吴。郦道元曰：世谓吴郡、吴兴、会稽为三吴。杜佑曰：晋宋之间，以吴郡、吴兴、丹阳为三吴。"因此，前人所言的"三吴"，主要包括今江苏南部和浙东、浙北地区。吴郡（今苏州），地处太湖之滨，为三吴政治、经济中心；吴兴（包括义兴）是南方士族的居地中心；会稽是王羲之、谢安等北方士族聚居的名郡。三吴八郡本是东晋经济文化的最发达地区。

淝水之战的胜利暂时解除了北方胡族对南方的威胁，但统治阶级内部的矛盾斗争却日趋激烈。王恭、桓玄相继称兵跋扈后，长江中游地区被拥有荆州军的桓玄所割据；长江下游的京口和长江以北地区，则被北府兵将领刘牢之所控制。东晋朝廷所能控制的地域，实际上只剩下江南一隅，即会稽（治山阴，今浙江绍兴）、临安（治章安，今浙江临海）、永嘉（治永宁，今浙江温州）、东阳（治长山，今浙江金华）、新安（治始新，今浙江淳安）、吴郡（治吴，今江苏苏州）、吴兴（治乌程，今浙江吴兴）、义兴（治阳羡，今江

① 《晋书》卷七五《范汪附范宁传》，中华书局 1974 年版，第 1985—1986 页。

② 《晋书》卷八四《殷仲堪传》，中华书局 1974 年版，第 2193 页。

苏宜兴)等八郡之地。

三吴(吴郡、会稽、吴兴)及浙东之地,土地肥美,兼有山川之胜,士族地主在这里占有的土地最为集中,广大农民却因失去土地而生活艰苦,阶级矛盾异常尖锐。东晋朝廷又把赋税、徭役、兵役的沉重负担,全部落在所掌控的江南三吴八郡的农民身上,以至"东土嚣然,人不堪命",①使这一地区成为阶级矛盾特别尖锐的地区。

从地域人口上说,包括浙东地区在内的江南三吴八郡,东晋初北方南下的一些侨民在此居住。因此,这里的南北士族之间以及地主阶级与与农民阶级之间的矛盾特别尖锐。东晋建都建康,离建康不远的京口(今江苏镇江)以及广陵(今江苏扬州)一带原先地广人稀,宜于开垦耕种,其中京口"衿带江山,表裹华甸,经涂四达,利尽淮、海,城邑高明,土风淳壹,苞总形胜,实唯名都"。② 京口是屏藩建康的重要据点,也是南下侨民的集中之地。西晋永嘉之乱时,北方流民纷纷南下,大多在京口、广陵一带居住。例如,范阳士族祖逖率流民数百家南下,"居丹阳之京口",③被任命为徐州刺史。渤海刁协,南渡后居于京口,晋元帝时他官至尚书左仆射,为元帝心腹股肱之臣。晋安帝隆安时,其孙刁逵官至广州刺史,刁逵弟刁畅为始兴相,次子刁弘为冀州刺史,"兄弟子侄并不拘名行,以货殖为务,有田万顷,奴婢数千人"。刁氏在京口不仅霸占着这里的山山水水,而且"奴客纵横,固吝山泽,为京口之蠹。"④南徐州所属"有徐、兖、幽、冀、青、并、扬七州郡邑",人口四十二万六百四十,⑤其中北方避难的侨寓人口超过当地居民二万余人。

江南的太湖流域一带,江东土著的士族地主势力本来就比较强大,象刁氏那样的北方大士族终究难以在这里插足。以王、谢为首的北方士族大地主,为避免和江东士族地主在经济上发生冲突,他们在南方重建的封建庄园,多半集中在当时人口比较少的浙东一带。浙东会稽等郡也是南方土著士族虞氏、孔氏、贺氏集中之地,他们在那里占有大片土地。例如,刘宋前期的孔灵符,是会稽山阴(今浙江绍兴)的一个土著士族地主。他家不仅祖上的"产业甚广",而且到孔灵符时,又在永兴建立别墅,周围三十三里,水陆地二百六十五顷,包括两座山头,又有果园九处。江南多江河湖泊,历来是鱼米之乡。当时,三吴地区的"万顷江湖",尽被世家豪族地主所霸占。"百姓投一纶,下一筌者,皆夺其鱼器,不输十匹,则不得放。"⑥

---

① 《晋书》卷六四《会稽文孝王道子传》,中华书局 1974 年版,第 1737 页。

② 《宋书》卷五《文帝纪》,中华书局 1974 年版,第 97 页。

③ 《晋书》卷六二《祖逖传》,中华书局 1974 年版,第 1694 页。

④ 《晋书》卷六九《刁协附刁逵传》,中华书局 1974 年版,第 1846 页。

⑤ 《宋书》卷三五《州郡志一》,中华书局 1974 年版,第 1038 页。

⑥ [宋]李昉著:《太平御览》卷八三四,《资产部一四》,中华书局 1960 年版,第 3724 页。

南北士族地主在南方不仅占有大量土地，而且占有大量的奴僮劳力，作为自己的部曲和佃客。晋安帝义熙八年(412)，被刘裕视为刘毅同党加以诛杀的东晋著名文学家谢混，他的祖父谢安，父亲谢琰，东晋时都官居宰辅，所谓"一门两封"，因而其田业有十余处，僮役竟达上千人之多。这些众多的土地和奴僮，都是从祖、父辈那里继承下来的。

江南三吴八郡既是东晋最富庶的近畿之区，也是东晋朝廷财富的主要搜括地。据《隋书·食货志》记载，东晋赋税分户调与田租两种。户调以户征收，一户为一丁计。男丁年十八为正课，十六为半课，六十六免课。"其课，丁男调布绢各二丈，丝三两，绵八两，禄绢八尺，禄绵三两二分，租米五石，禄米二石。丁女并半之。"地方官员在征收户调时，首先把所辖编户按赀产分成九等，而上述规定额只是一个平均指标，然后按等定数加以摊派。这种办法，叫做"九品混通"。晋元帝年间，刘超担任句容县官，他不像前任县官那样亲自四出评估百姓家产，只作个大函①送各村，叫百姓自报资产，投书函中。百姓都依实投报，结果课税收入超过往年。这个记载，反映出东晋户调的征收办法。这种计赀定赋，九品混通的办法，在两晋南北朝时曾被普遍采用。

关于反映农民编户负担的田租②问题，晋成帝之前田租是如何收取的，史书无明确记载。但由于东晋统治区域，原为西晋版图的一部分，因此，估计可能是袭用西晋时的办法，即民丁课田五十亩，收租四斛，绢三匹，绵三斤。直到晋成帝时，才开始改为度田收租制。

据《晋书·食货志》记载：咸和五年(330)，晋成帝司马衍开始度百姓田，取十分之一，率亩税米三升。晋哀帝司马丕隆和元年(362)，减田租为亩收二升。这种度田收租制的实行，一方面标志着东晋朝廷承认江南大土地所有制的发展；另一方面，这种办法根据民户占有土地的多少来收取田租，无田户、少田户可以不纳或少纳租税，占有土地多的地主要多纳租税，显然对编户中的自耕农较为有利，对地主不利。由于地主拒交租米，至晋成帝咸康初年(咸康元年为335)，也就是实行度田收租制仅五六年时间，积欠朝廷的租米就已经达五十余万斛。

但是，东晋度田收租制的实行时间并不长。晋孝武帝太元元年(376)，东晋宣布废除度田收租之制，改为不论有无土地，每口一律税米三斛，免去服徭役人的口税。孝武帝太元八年(383)，又增税米至每口五斛。③ 服徭役人免口税的规定，不久也被无形取消。从度田收租改为按口税米，对地主有利，对农民却非常不利。

---

① 纸袋或木箱之类。

② 田租即地税。

③ 《晋书》卷九《孝武帝纪》，中华书局1974年版，第232页。

晋孝武帝为何要废除度田收租制而采用按口收税的办法？其主要原因是东晋南北世族地主在南方的土地掠夺，到这时已达到相对饱和的程度；同时自桓温推行“庚戌土断”以来，混乱的户籍状况已有所改变，这就为实行按口收税制提供了户籍依据。就大部分北方侨民来说，他们在南方所占的土地面积并不比江南土著自耕农多，朝廷对他们进行剥削，度田收租不如按口收税来得有利。从度田收租制转变为按口收税制，表明东晋政权一方面对南北地主的让步；另一方面又逐步加强对自耕农的剥削。孝武帝太元八年(383)，丁口税米增至五斛，另有用于专供官吏俸禄的禄米二斛，这个剥削量已超过西晋时期。

东晋赋税的主要负担者是政府直接控制下的编户。东晋与西晋一样，都是门阀世族地主阶级统治的政权，其法律都明确规定各级品官可占有一定数量的佃客和衣食客。根据《隋书·食货志》记载，一、二品官可占佃客四十户，三品官可占佃客三十五户，四品官可占佃客三十户，五品官可占佃客二十五户，六品官可占佃客二十户，七品官可占佃客十五户，八品官可占佃客十户，九品官可占佃客五户。对照《晋书·食货志》关于西晋品官占有佃客的规定，东晋品官占有的佃客也普遍高于西晋。佃客收获的农业生产物，“皆与大家量分”，即一半交给主人，一半归自己所有。又规定一、二品官可以置典计[①]三人，三、四品官可置典计二人，第五、六品官可置典计一人。东晋品官置典计这一项，西晋无明文规定。东晋品官置典计数字，“皆通在佃客数中”，也就是统一计算在所荫的佃客数字中。东晋品官占佃客数，虽然包括其中置典计数，仍然普遍高于西晋品官占佃客数。又六品以上官荫衣食客三人，七、八品官荫衣食客二人，九品官荫衣食客一人。荫衣食客的规定与西晋基本一致。

这些被品官占有或所荫的佃客、典计、衣食客[②]之类，都不负担国家的赋税和徭役。除此之外，还有一定数量的占荒耕种，或者逐食流移，当时还没有被编入国家户籍的“浮浪人”。浮浪人由于生活无着落，东晋政府对他们的课赋没有具体规定数量，而且准其出产所输，因而“终优于正课焉”。[③]

由于东晋朝廷赋税、徭役的重重奴役和剥削，部分自耕小农的产业被剥夺光了，有的则隐蔽于士族地主门下，被迫沦为他们的部曲、佃客。例如，刘牢之的儿子刘敬宣，在桓玄之乱后曾担任宣城内史(今安徽宣城)。宣城是个多山的地方，东晋政府的官吏原来在这个地方，除设置官方机构，对老百姓进行搜括、调拨“工巧”，如制造竹木

① 指总管家内之事的管家。

② 他们的身份，都是封建依附关系很强的农奴。

③ 《隋书》卷二四《食货志》，中华书局1973年版，第674页。

器物以外,官吏们还私自增设机构,进一步中饱私囊。刘敬宣到郡以后,"悉罢私屯",[①]只是稍微减轻了百姓的一些负担,逃亡在外的人就陆续回来,竟一下子得到三千余户。

东晋的徭役十分繁重,甚至连都城范围之内的徭役名目也多得惊人,其酷烈程度远在田租户调之上。《隋书·食货志》记载,东晋"其男丁,每岁役不过二十日"。但是,在实际执行中,却是以十六为全丁,以十三为半丁。服役年龄正丁提早两岁,半丁提早三岁。当时各种杂役的总称叫"百役"。《晋书·刘颂传》说:"士卒百役,不出其乡。"晋穆帝升平中,庾亮之子庾龢"代孔严为丹阳尹,表除重役六十余事"。[②] 这说明东晋丹阳一地的百姓所服劳役,仅上表请求废除的繁重徭役即达六十多种,实际所负担的劳役名目之多可想而知。繁重的徭役和杂差,弄得老百姓在一年之中几乎没有几天安定的生活。

在如此沉重的徭役驱迫下,劳动人民生存的惨状到了难以忍受的地步。不堪赋役压榨的东土农民,有的自己残伤手足身体,有的削发出家为僧侣;有的生下儿子不能抚养,鳏夫寡妇不敢嫁娶;有的成批地从海道向广州或南方腹地逃亡;有的则聚结在山泽深处,成为浮浪人,以逃避赋税和徭役。统治者对待逃亡农民,更是残酷。据《晋书·毛宝附孙毛璩传》记载,海陵县界(今江苏姜堰市东)有一个叫青蒲的地方,四面都是湖泽,里面长满了茭白,聚集在这里逃避赋税的民众有近万户。后来晋镇北将军、谯王司马恬的司马毛虓率军队千余人围捕无效,趁大旱时纵火焚烧茭白,迫使亡户出降,然后把他们编入军队。

晋孝武帝后期,在朝廷执政的司马元显考虑到上游荆州军桓玄的威胁和北府兵刘牢之难以控制,决定组织一支由他控制的军队,乃下令发江南诸郡"免奴为客者",[③]号曰"乐属",移置京师建康,以充兵役,结果引起地主[④]和佃客[⑤]的强烈反抗,使本来已经尖锐的阶级矛盾更加激化。司马元显在下令征调乐属时,官吏不仅"苦役乐属",而且"枉滥者众",还大量侵犯不是"乐属"的自耕民。被东晋朝廷无辜征发的"乐属"和自耕农"驱逐徙拨,死叛殆尽"[⑥],死伤、逃跑的很多,造成"东土嚣然,人不堪命,天下

① 《宋书》卷四七《刘敬宣传》,中华书局1974年版,第1412页。

② 《晋书》卷七三《庾亮附庾龢传》,中华书局1974年版,第1926页。

③ 《晋书》卷六四《会稽王道子附元显传》,中华书局1974年版,第1737页。

④ 乐属的主人。

⑤ 指乐属。

⑥ 据《魏书·桓玄传》载,桓玄讨司马元显檄文:"苦发乐属,枉滥者众,驱逐徙拨,死叛殆尽。"枉滥者主要指不是"乐属"的自耕农。

苦之”[①]的局面。

司马元显“免奴为客”,这对本来是奴隶身份而已经获得放免为佃客的农民来说,是一种极大的迫害。魏晋以来实行士家制度,兵士的身份已下降到与奴隶并列。所谓“士家”,就是指兵士及其家属。士家子弟世代当兵,士家婚配只能限于同类。兵士如果逃亡,家属就要受到牵连而被诛杀,或者由官府没为奴婢;兵士在战争中死亡,家属由官府重新择配。因此,魏晋时期的士家是一种社会地位低贱的特殊阶层。东晋时期,军、府、州郡拥有的军队士兵,除用于军事作战以外,平时还要为官府耕田和运输,充作杂役,甚至镇将离任调迁,都要把军兵充作私人部曲,多的可达千余家,少的也有数十户。

二　起义席卷江南地区

三吴八郡尖锐的阶级矛盾,终于爆发了以孙恩为首的大规模农民暴动。这次起义的直接导火线,正是由当时掌握东晋朝廷大权的司马元显强制征发江南地区由奴隶转化为佃客的“乐属”而引起的。

孙恩字灵秀,琅邪(今山东胶县西北)人,与孙秀[②]是同一家族,世奉五斗米教。地处东部沿海的琅邪、吴郡、会稽等地区,自东汉以来就是天师道即五斗米道[③]传教的根据地。西晋末年,琅邪孙氏南渡之后,孙恩叔父孙泰拜浙江钱塘五斗米道教主杜子恭为师。杜子恭死后,孙泰传其术成为教主,继续在长江下游一带传教,徒众甚多。他凭借宗教形式组织和发动农民,百姓“敬之如神,皆竭财产,进子女,以祈福庆”,[④]收到很好的效果,但因此也引起东晋朝廷对他的怀疑。孙泰被流放到广州,广州刺史王怀之以孙泰为郁林太守。由于孙泰在两广一带继续传教,朝廷仍对他放心不下。又由于五斗米道有纵欲享乐的养性之方,晋孝武帝好迷信,闻孙泰有养性之术,朝廷又把他召回,任为徐州主簿和新安太守(今浙江淳安西)。王恭起兵时,孙泰私合义兵数千人声讨王恭。他“见天下兵起,以为晋祚将终,乃煽集百姓,私集徒众,三吴士庶多从之”。[⑤]不久,司马道子为防内乱,诱斩了孙泰及其六个儿子。只有孙泰的侄儿孙恩亡命海岛,以伺机报复。

晋安帝隆安三年(399),朝廷下令“发东土诸郡免奴为客者”(《晋书·简文三子

---

① 《晋书》卷六四《简文三子传》,中华书局 1974 年版,第 1737 页。

② 孙秀系西晋“八王之乱”时赵王司马伦的羽翼,出身小吏。

③ 早期道教的主要教派,俗称“五斗米道”,也称“天师道”。“五斗米道”名称的由来,缘于早期加入的信徒应出米五斗。“天师道”名称的由来,缘于崇奉“天师”。

④⑤ 《晋书》卷一〇〇《孙恩传》,中华书局 1974 年版,第 2632 页。

传》)以充兵役,激起浙东农民的普遍骚动。孙恩利用“乐属”的骚乱起兵海岛,攻上虞(今浙江上虞),陷会稽(今浙江绍兴),焚烧官府,捕杀官吏,“旬日之中,众数十万”。[①]一时间,会稽内史王凝之、吴兴太守谢邈、永嘉太守谢逸、嘉兴太公顾胤、南康公谢明慧、黄门郎谢冲、张琨、中书郎孔道、太子洗马孔福以及乌程令夏侯愔等都先后被杀。其中,会稽内史王凝之是王羲之的儿子,他笃信五斗米道。孙恩攻会稽时,部下叫他作好准备,王凝之不听,“入靖室请祷,出语诸将佐曰:‘吾已请大道,许鬼兵相助,贼自破矣。’”[②]结果,起义军攻打过来,孙恩并不因王凝之为五斗米道徒而放过他,遂被起义军杀害。

孙恩起兵后,吴国内史桓谦,临海太守王崇,义兴太守魏隐,皆闻风弃城而逃。“吴会承平日久,人不习战,又无器械,故所在多被破亡。”[③]东南吴郡、吴兴、义兴、会稽、临海、永嘉、东阳、新安等八郡,在很短的时间内几乎全为起义军占有。建康附近“畿内诸县,处处蜂起。朝廷震惧,内外戒严”。[④]孙恩占领会稽后,自号“征东将军”,称其党曰“长生人”。东晋朝廷诏令徐州刺史谢琰兼督吴兴、义兴军事,兖州刺史刘牢之也领兵协助谢琰作战。谢琰与刘牢之奉命前往讨伐,所向克捷。谢琰屯兵乌程(今浙江吴兴南),派司马高素领兵协助刘牢之向钱塘江推进。刘牢之参军刘裕,作战勇猛,大破孙恩,斩获千人。为避免损失,孙恩率二十万义众退回海岛。

晋安帝隆安四年(400)五月,孙恩再次从浃口(今浙江镇海东南)登陆,入余姚,破上虞,进至刑浦(今浙江绍兴东北)。时为会稽太守的谢琰是谢安之子,他派遣参军刘宣之出击,孙恩暂时退缩。不久,孙恩攻克刑浦,乘胜径进,直至会稽。谢琰傲慢轻敌,孙恩兵到时,他还未吃饭,便夸口说“要当先灭此寇而后食也”。[⑤]谢琰跨马匆促出阵,结果他和两个儿子都被义军斩杀马下。东晋朝廷大为震惊,急忙派冠军将军桓不才、辅国将军孙无终、宁朔将军高雅之等各路大军截击,孙恩又率义军退回海上。接着,朝廷复遣刘牢之继谢琰都督会稽五郡诸军事,刘牢之令参军刘裕戍守句章,吴国内史袁山松也在沪渎(今上海市附近)筑垒,以防御孙恩在沿海地区发起进攻。

晋安帝隆安五年(401),孙恩复入浃口,击败高雅之一路后,遭遇刘牢之军的攻击,又退回海岛。不久,孙恩转攻沪渎,杀死吴国内史袁山松,并乘胜浮海,溯江进逼京口(今江苏镇江市)。刘牢之率兵西击,尚未达到,而孙恩已至,刘裕乃总兵缘海拒之。双方交战后,孙恩兵大败,狼狈退回海船。不久,孙恩又聚集义军,前锋直抵建康

---

① 《晋书》卷一〇〇《孙恩传》,中华书局1974年版,第2632页。

② 《晋书》卷八《王凝之传》,中华书局1974年版,第2103页。

③④ 《晋书》卷一〇〇《孙恩传》,中华书局1974年版,第2633页。

⑤ 《晋书》卷七九《谢琰传》,中华书局1974年版,第2078页。

(今江苏南京)近郊,"朝廷骇惧,陈兵以待之"。[①] 孙恩见建康城戒备极严,不敢进击,转而攻陷广陵(今江苏扬州),又浮海北上攻郁州(今江苏连云港)。刘裕与刘敬宣在郁州合力围击,孙恩大败,损失惨重,至此义军走向衰弱。孙恩不得不退回海上,刘裕乘胜截击,又大破孙恩于沪渎。晋安帝元兴元年(402),孙恩趁桓玄起事,又登陆后进攻临海,被临海太守辛景击败。"他所虏三吴男女,死亡殆尽。"[②]孙恩窘迫无望投海自杀,余部推孙恩妹夫卢循为首领。

卢循字于先,小名元龙,范阳涿人(今河北涿县东北),是晋司空刘琨从事中郎卢谌的曾孙。卢循娶孙恩妹,与孙恩共同计谋,一同起兵反晋。孙"恩性酷忍,(卢)循每谏止之,人士多赖以济免。"[③]孙恩死后,晋安帝元兴二年(403)正月,卢循遣其妹夫徐道覆进攻东阳,被刘裕打败。八月,卢循率义众转战永嘉、晋安(今福建福州市)等地,因不断遭到刘裕追击,损失惨重,泛海至番禺(今广州),逐走广州刺史吴隐之,自摄州事,号平南将军,遣使献贡。卢循出身贵族,满足于割据广州一方,遂接受朝廷所授征虏将军、广州刺史、平越中郎将等官职,表现出动摇妥协的倾向。卢循又使徐道覆攻始兴(今广东韶关市西),执始兴相阮腆之,部署徐道覆为始兴太守。徐道覆较有远见,他在卢循接受招安时,暗中派人到南康山(今江西赣州一带)伐木,以贱价在本郡出售,藏船木于民,以便需要时准备船只,等待东山再起。

晋安帝义熙六年(410),朝廷派遣刘裕率兵北伐南燕慕容超,此时京都建康兵力较为空虚。徐道覆见时机已到,从始兴至番禺,试图说服卢循乘虚再起。卢循"甚不乐此举,无以夺其计,乃从之。"[④]义军分两路出发,一路由卢循率领从广州出发,自始兴下长沙,攻江陵,再浮江而下,与徐道覆会师中流;一路由徐道覆率领,出大庾岭沿赣水下南康(郡治赣,今江西赣州市)、庐陵(郡治石阳,今江西吉永县东北)、豫章(郡治南昌,今江西南昌市),准备由江西直取建康。

卢循、徐道覆率领的起义军,不是"三吴旧'贼',百战余勇",便是"始兴溪子,拳捷善斗",[⑤]战斗力很强。徐道覆在豫章大败晋军,杀死镇南将军何无忌后,引起东晋朝廷的极度恐慌。当时,刘裕北伐南燕尚未回归,东晋朝廷急忙派豫州刺史、北府兵名将刘毅率兵至寻阳(今江西九江市)堵截。卢循一路在长沙击败荆州刺史刘道规后,进至巴陵(今湖南岳阳市)。徐道覆率起义军三万攻江陵不利,损失万余人,只得退回

---

① 《晋书》卷一〇〇《孙恩传》,中华书局 1974 年版,第 2633 页。

② 《资治通鉴》卷一一二《安帝元兴元年》,中华书局 1956 年版,第 3541 页。

③ 《晋书》卷一〇〇《卢循传》,中华书局 1974 年版,第 2634 页。

④ 《晋书》卷一〇〇《卢循传》,中华书局 1974 年版,第 2635 页。

⑤ 《资治通鉴》卷一一五《安帝义熙六年》,中华书局 1956 年版,第 3629 页。

湓口(今江西九江市西)。卢循采纳徐道覆暂不攻取江陵,集中兵力攻取建康的建议,与徐道覆会师江中,“连旗而下,戎卒十万,舳舻千计”。[①] 两路大军于桑洛洲(今江西九江市东北)一战,大败卫将军刘毅,直驱江宁(今南京市江宁区),驻军淮口(秦淮河入长江口处)。

面对这一危急形势,东晋朝廷惊慌万状,已准备弃城逃跑。此时,刘裕灭南燕后刚刚回师京都,而卢循率领的起义军声势浩大,力量强弱悬殊。与刘裕同时举兵击败桓玄的孟昶、诸葛长民等人认为,刘裕无法与卢循相抗,主张拥晋安帝北走,放弃建康。孟昶因刘裕不肯采纳他的意见,又不愿看到东晋朝廷被义军倾覆,惶恐之余竟服毒自杀。徐道覆主张乘刘裕疲劳,援军未集之机,“于新亭至白石,焚舟而上,数道攻之”,[②]以决一死战。而卢循的性格多疑少决,在关键时刻犹豫不决,迁延时日,错失战机。当义军进攻石头城小受挫折后,卢循即下令退守寻阳,想力取荆州,准备与东晋朝廷长期对抗。

卢循、徐道覆在回撤途中未能攻下荆州,卢循欲南退广州,徐道覆则南退始兴(今广东韶关)。晋安帝义熙七年(411)二月,东晋将领孟怀玉克始兴,徐道覆战死。三月,卢循率义军余部至番禺。在这之前,刘裕已派晋将军孙处、沈田子等率兵三千,先从海道袭取番禺。卢循至番禺后围城,孙处拒守二十余日,沈田子从番禺城外引兵救援,与孙处合击卢循。卢循交战不利,损失兵力万余人。卢循败走,沈田子、孙处共追之,又破卢循于苍梧(今广西苍梧县)、郁林(今广西玉林)等地。后孙处病,不能进,卢循袭破合浦(今广西合浦县),径奔交州(包括今越南北部和中国广西的一部分)。当时义军余众犹存三千人,且也得到交州境内反抗东晋的九真太守李逊余党李脱和少数族俚、僚等五千余人的响应。后卢循在龙编(今越南河内东,天德江北岸,为交州和交阯郡治所)与交州刺史杜慧度交战中,仅存的起义军战舰又遭到杜慧度火攻,“掷雉尾炬焚其舰,以步兵夹岸射之,(卢)循众舰俱燃,兵众大溃。”[③]卢循知失败已不可免,先毒死妻妾,然后投水自杀。

孙恩、卢循起义前后持续十二年,有数十万群众参加,起义军活动范围遍及长江中下游和珠江、湘江、赣江流域的广大地区。其失败的原因:一是没有建立巩固的根据地。孙恩最初在浙东登陆,得到江南八郡群众的响应之后,没有及时建立起义军根据地,而是盲目乐观,对其部下说:“天下无复事矣,当与诸君朝服而至建康。”当东晋朝廷派北府兵名将刘牢之率军前来镇压时,孙恩又说:“我割浙江,不失作勾践也。”后

①② 《晋书》卷一〇〇《卢循传》,中华书局 1974 年版,第 2635 页。

③ 《资治通鉴》卷一一六《安帝义熙七年》,中华书局 1956 年版,第 3645—3646 页。

来，刘牢之率军渡过钱塘江，现实的威胁已迫在眉睫，又不得不说："孤不羞走矣。"①孙恩只好带着起义军及其家属男女二十余万人，仓卒退入海岛。这样做不仅失去与陆地广大群众的联系，也给起义军的生活给养等带来很大困难，对以后的发展不利。二是在战略战术指挥上，起义军也有失误。例如，卢循、徐道覆率领农民起义军从广州出发时，分两路向北推进。卢循一路取荆州，徐道覆一路出广东后，攻江西，直指建康。这从战略上说，是正确的。当时荆州经过桓玄的动乱，东晋在荆州的兵力比较单薄，如果能及时攻下荆州并加以巩固，这对农民军来说，胜利就有希望。可是，卢循进攻荆州稍一受挫，就放弃进攻荆州，急于同徐道覆合军向建康进发。及至进攻建康不利，又令徐道覆回取荆州。这种战略上的举棋不定，致使义军师劳疲惫，也使朝廷得以集中兵力对付起义军。因此，孙恩、卢循领导的这场农民起义最终失败了。

三　东晋政权的衰亡

晋安帝元兴二年(403)十一月，桓玄逼安帝退位，自己"篡盗"皇帝位后，社会矛盾更加激化，孙恩、卢循、徐道覆的起义军此起彼伏。作为东晋朝廷经济支柱的三吴地区，在天灾人祸的交织下，生产凋敝，人口减半。如会稽减十之三四，临海、永嘉二郡百姓几乎都死散光了。桓玄登位后，"骄奢荒侈，游猎无度，以夜继昼"，"百姓疲苦，朝野劳瘁，怨怒思乱者十室八九焉。"②在这种危机四伏的形势下，北府兵将领刘裕起兵反抗桓玄。

刘裕字德舆，小字寄奴，彭城县绥舆里人(今江苏徐州市)，自称是汉高祖弟楚元王刘交之后。曾祖父刘混，西晋末渡江南迁，侨居晋陵郡丹徒县京口里(今江苏镇江市)，官至武原③令。父刘翘，为晋陵郡功曹④，属于低级士族。至刘裕辈，家境沦落，年青时曾在长江的芦苇荡里打过柴，捕过鱼，在丹徒以务农为生。东晋末年，刘裕参加北府兵，起初在冠军将军孙无忌部下当司马。晋安帝隆安三年(399)十一月，孙恩在会稽发动起义后，东晋朝廷派卫将军谢琰、前将军刘牢之率北府兵前往镇压，刘牢之请刘裕来参佐军事。在镇压孙恩起义过程中，刘牢之部下的将领大多抢掠财物，军纪败坏，只有刘裕约束部下，纪律严明，战斗力强，逐渐崭露头角。

刘裕在镇压孙恩起义中有勇有谋的表现，一方面引起桓玄对其军事指挥才能的赏识，另一方面也颇有疑忌。桓玄篡位前，他的从兄卫将军桓谦曾单独与刘裕密谈，

---

① 《晋书》卷一〇〇《孙恩传》，中华书局 1974 年版，第 2633 页。

② 《晋书》卷九九《桓玄传》，中华书局 1974 年版，第 2597 页。

③ 晋陵郡的侨寓县。

④ 郡守的佐官。

想探听刘裕的态度如何。此时，刘裕其实早有取而代之的抱负，却故意以谦逊之辞作答："楚王[①]，宣武[②]之子，勋德盖世。晋室微弱，民望久移，乘运禅代，有何不可。"桓谦听此言后高兴地说："卿谓可尔，便当是真可尔。"[③]接着，刘裕又作"劝进"之举，以进一步取得桓玄的信任。桓玄篡位后，迁天子于寻阳，刘裕随徐、兖州刺史桓修入朝。桓玄对司徒王谧说："昨见刘裕，风骨不恒，盖人杰也。"每当游集，桓玄引接殷勤，赠赐甚厚，刘裕内心则愈恶之。元兴三年(404)正月，桓玄立其妻刘氏为皇后。刘皇后对桓玄说："刘裕龙行虎步，视瞻不凡，恐不为人下，宜蚤为其所。"桓玄说："我方欲平荡中原，非刘裕莫可付以大事。关、陇平定，然后当别议之耳。"[④]这些记载反映出桓玄当时对刘裕是一种既赏识又疑忌的矛盾心态。

刘裕一方面以劝进的手段和伪装的忠心不断取得桓玄的信任，另一方面却暗中在京口(今江苏镇江)和北府兵中下级军官商议，密谋起兵推翻桓玄的统治。众人共推刘裕为盟主，并共同约定起事计划：刘裕、刘毅、何无忌、刘道规等同时于北府兵根据地京口、广陵举兵，诸葛长民谋据历阳[⑤]相呼应；王元德、辛扈兴等聚众于建康以为内应。

晋安帝元兴三年(404)二月二十八日早晨，刘裕在京口与同党何无忌等二十七人，纠集徒众百余人起事。何无忌穿着传达皇帝诏命的服饰居前，百余名徒众紧随其后，京口城门一开，便一拥而入，齐声大呼，官吏、士兵皆惊骇，不知所措。他们迅即斩杀南徐、南兖二州刺史桓修，正式打出反对桓玄的旗号。在同一天早晨，在北府兵的另一根据地广陵(今江苏扬州)，刘毅、刘道规、孟昶等也率壮士五六十人，趁城门伊开之际，出其不备，杀死征虏将军、青州刺史桓弘。[⑥] 然后，他们迅速带领人马渡过长江至京口，与刘裕等汇合在一起，合力向建康进发。

桓玄闻刘裕等分别在京口、广陵起兵，杀死桓修、桓弘，大为震惊。当时，桓玄如何应对，可以有两种战略安排：一是出兵东下主动出击，一是留在建康被动固守。桓谦等主张前者，桓玄主张后者。他说："彼兵速锐，计出万死。若行遣水军，不足相抗，如有蹉跌，则彼气成而吾事败矣。不如屯大众于覆舟山以待之。彼空行二百里，无所措手，锐气已挫，既至，忽见大军，必惊惧骇愕。我案兵坚阵，勿与交锋，彼求战不得，自然散走。此计之上也。"[⑦]桓玄虽这样决策，但因桓谦力争，遂一面以侍中、后将军卞

---

① 指桓玄。

② 桓温谥宣武。

③ 《宋书》卷一《武帝纪》，中华书局 1974 年版，第 4 页。

④ 《宋书》卷一《武帝纪》，中华书局 1974 年版，第 4—5 页。

⑤ 今安徽和县，为东晋豫州刺史治所。

⑥ 桓修弟。

⑦ 《宋书》卷一《武帝纪》，中华书局 1974 年版，第 6 页。

范之屯覆舟山(今南京市东北)西,桓谦屯覆舟山东北,一面派顿丘太守吴甫之、右卫将军皇甫敷率兵东向迎敌。

晋安帝元兴三年(404)三月,刘裕和吴甫之、皇甫敷的军队在江乘(今江苏句容县北)相遇。刘裕手执长刀,大呼冲阵,众皆披靡。刘裕手起刀落,斩吴甫之于军前。刘裕军进至罗落桥(今江苏南京东北长江南岸),又大败皇甫敷军,斩皇甫敷。吴甫之、皇甫敷皆为桓玄麾下的骁将。两将战死,桓玄大惧。

刘裕攻克江乘后,又进至覆舟山东。桓玄派桓谦、卞范之率众二万抵抗。桓谦部下,多北府旧兵,素畏惧刘裕的勇猛,闻刘裕军到,毫无斗志。刘裕与刘毅分兵列数队,进突桓谦阵。刘裕身先士卒,将士奋勇作战,无不以一当百。当时正刮东北风,刘裕令战士纵火,一时火焰冲天,鼓噪之声震于建康城内,桓谦军顷刻土崩瓦解。刘裕命何无忌、刘道规率兵追击。

桓玄闻知桓谦等诸军败溃,遂只得放弃建康,挟带着被逼退位的晋安帝司马德宗,退往荆州根据地江陵。桓玄退至江陵后,重振军旅,收集战士,得二万多人,楼船、器械甚盛,又挥师浮江东下,与刘裕相遇于峥嵘洲(今湖北黄冈附近)。双方经过激战,桓玄的水军主力被击溃,再次败退江陵。桓玄在入蜀的路上被益州刺史毛璩的部下所杀。桓玄虽死,桓谦和桓玄从子桓振等在荆、襄一带继续抗击刘裕,前后坚持一年左右的时间,才最后被消灭。

桓玄退回荆州时,是带着白痴皇帝晋安帝一起走的。晋安帝被刘裕迎回建康,重又登上皇帝宝座。刘裕由于起兵成功,击灭了桓玄的势力,晋安帝义熙元年(405)便以侍中、车骑将军、都督中外诸军事、领南徐、南青二州刺史,镇京口,后又加领南兖刺史。东晋的北府重兵,就完全掌握在他一人手中。晋安帝义熙四年(408),刘裕又入为扬州刺史、录尚书事。至此,刘裕已完全掌握了东晋王朝的军政大权。

东晋末年,原先用以捍卫建康的北府兵军权,在经历了统治阶级内部的倾轧、斗争和农民起义的打击之后,从王、谢士族地主手中,转到以刘裕为首的寒门庶族地主手中。这就为寒门庶族地主在政治上逐步取得统治地位提供了条件。出身寒门庶族的刘裕,正是依靠着这支北府兵,通过镇压孙恩、卢循起义攫取了政治资本;又依靠这支兵力,最终击灭了世族桓玄的势力。这样,刘裕实际上就使前后支撑东晋政局的王、谢、庾、桓四大世族在南方的统治基本结束。

刘裕在执政期间,晋安帝义熙五年(409)和义熙十二年(416)又先后两次进行北伐,消灭了鲜卑慕容氏建立的南燕政权(今山东境内),收复了沦陷一百多年的北方大片失地和长安、洛阳等古都,扩大了当时东晋的疆域,有效抵御了北方少数民族政权的南侵。在内部,刘裕于晋安帝义熙八年(412),消灭北府兵内部同他争权夺利的分裂势力诸葛长民；义熙九年(413)荡平割据益州的地方势力谯纵；义熙十一年(415)，击败东晋皇室、荆州刺史司马休之、雍州刺史鲁宗之的反抗。

在内政方面，刘裕采取了一系列抑制豪强，减轻剥削，发展生产的措施。如晋安帝义熙九年(413)，晋安帝妻王皇后死(王羲之孙女)，刘裕让晋安帝罢临沂(侨置于今江苏句容)、湖熟(今南京市江宁区)一带的皇后脂泽田四十顷，赐给贫苦的百姓耕种，同时禁止豪族封固山泽，向百姓收税。对于"奴客纵横，固吝山泽"的"京口之蠹"刁氏，刘裕不仅诛灭刁逵一家，而且"散其资蓄，令百姓称力而取之"[①]。晋安帝义熙九年(413)，刘裕在桓温庚戌土断基础上，又推行义熙土断，进一步裁并侨寓郡县，搜括豪强隐匿的侨寓户，增加国家直接控制的赋役对象。这些措施的实行，使积弊丛生、民不聊生的东晋末年呈现转机。至此，刘裕也建立起极高的政治威望。

晋安帝义熙十二年(416)十二月，晋安帝赐刘裕相国位，封徐州之彭城、兖州之高平等十郡给刘裕，并封其为宋公，备九锡之礼，位在诸侯王之上。晋恭帝元熙元年(419)又进公爵为王，移镇寿阳。此时，司马氏的东晋王朝，实际上早已名存实亡。当初复位的晋安帝，本身是个白痴，一切事情均由旁人代劳。桓玄篡晋时，安帝由于是白痴反保全了性命。刘裕执掌东晋军政大权以后，晋安帝当然更成为傀儡。晋安帝义熙十四年(418)十二月，刘裕派人缢杀晋安帝，由他的同母弟司马德文继位，是为晋恭帝。[②] 当然，晋恭帝继帝位，也只是做一个形式而已。

据《资治通鉴·武帝永初元年》记载：晋恭帝元熙二年(420)正月，刘裕欲受禅难于启齿，乃召集朝臣在寿阳宋王宫中宴饮。在宴会上，他从容说道："桓玄篡位，鼎命已移。我首唱大义，兴复帝室，南征北伐，平定四海。功成业著，遂荷九锡。今年将衰暮，崇极如此，物忌盛满，非可久安；今欲奉还爵位，归老京师。"群臣当时没有领悟刘裕讲这番话的真意，只是盛赞他的功德。宴会散后，中书令傅亮[③]出宫门，才领悟到刘裕讲话的用意，马上返身叩宫门求见。傅亮开门见山地对刘裕说："臣暂宜还都。"刘裕明白傅亮的意思，问他"须几人自送?"傅亮说："数十人可也。"傅亮即时奉辞。他到建康后，让晋恭帝写禅位诏书，重压之下的晋恭帝只好"欣然"提笔。

晋恭帝元熙二年(420)六月，刘裕登上皇帝的宝座，改年号永初。这意味着东晋王朝正式宣告结束，从而开创了我国历史上称为南朝的第一个朝代——刘宋王朝。

---

① 《晋书》卷六九《刁协附刁逵传》，中华书局1974年版，第1846页。

② 《资治通鉴》卷一一八《安帝义熙十四年》，中华书局1956年版，第3724页。

③ 相当于宋王刘裕的秘书长。

第五章　徐、扬等州郡的行政管理与侨州郡县的设置

司马睿建武元年(317)在建康建立东晋政权,淮河以北的大部分地区成为北方十六国中后赵、前秦的疆域,而江淮以南的南部中国则成为东晋所辖疆土。本章所述的地方行政管理制度,应由两方面的内容组成:一为行政区划;二为地方政府,亦即地方行政组织。恩格斯说:"国家和旧的氏族组织不同的地方,第一点就是它按地区来划分它的国民……这种按居住地组织国民的办法,是一切国家共同的。"[①]因此,任何一个国家或政权,必然要将国土分成有层级的区域,即各级政区,并在各级政区中设置地方政府,才能实施行政管理。我国的《周礼》在每篇的开头都有这样的话:"惟王建国,辨方正位,体国经野,分官设职,以为民极。"在这里,"体国经野"与"分官设职"正是划分行政区域与建立地方政府最简捷的说法。东晋时,现江苏省域设有徐、扬等州郡,而且由于此时北人的南迁,侨置有大量侨州郡县,在这些州郡和侨州郡县中,通过各级行政长官,实施着地方的行政管理。

第一节　东晋州郡的行政管理制度

一　州郡长官

魏晋南北朝时期的地方行政制度,上袭秦汉,下启隋唐,处于过渡和转变时期。前辈学者严耕望先生概述魏晋南北朝行政制度最显著之现象有三:"一为州郡区划日繁,由秦汉之郡县两级制演变为隋唐时代之州县两级别。二为此州郡之刺史、太守兼督其他州郡,为之统府,开唐代大都督、节度使之先河。三为地方政府之组织有军州(郡)两系统,性质不同,盛衰异势,形成隋唐时代州府之组织规模。"此时,刺史所督诸州,即为某一都督区,如荆州刺史通常都督荆、湘、江、郢、雍、梁、益、宁、交、广等州诸

① 《马克思恩格斯选集》第四卷,人民出版社1972年版,第166—167页。

军事，都督不仅统筹督区军事，即民刑诸政实亦干预，“故督区不啻亦一地方行政区”。① 周振鹤先生在《地方行政制度志》一书中也说：“三国以降，州—郡—县三级政区已成为正式制度。”②下面我们将根据以上二先生的有关论述，把东晋的地方行政长官概述于下。

（一）都督、州牧与州刺史

关于都督，《南齐书·百官志》以为都督始于东汉顺帝时冯绲为督扬、徐二州军事。但是时冯绲为督只是临时性的名号，并未成为制度。《宋书·百官志》载：“持节都督无定员……建安中魏武帝为相，始遣大将督军。二十一年，征孙权还，夏侯惇督二十六军是也。魏文帝黄初二年，始置都督诸州军事，或领刺史……晋世则都督诸军为上，监诸军次之，督诸军为下。使持节为上，持节次之，假节为下。使持节得杀二千石以下；持节杀无官位人，若军事，得与使持节同；假节唯军事得杀犯军令者”。《宋书·百官志》以魏夏侯惇督二十六军为都督的起源，但都督诸州军事却始于魏文帝黄初二年(221)。③ 是时大多数都督主要是统军，不领刺史。晋承魏制，史载晋太康中，“都督知军事，刺史治民，各用人”，④实行军民分治。及“惠帝末乃并任，非要州则单为刺史”。⑤说明晋惠帝末年以后，都督多领治所之州刺史，军民合治。晋室南渡以后，都督则例兼治所之州刺史，该州军事及民、刑诸政，已由都督全权控制。尤为严重的是，东晋时都督的军事统辖权不限于一州，有兼统二三州或四五州者，其行政管辖权，虽限于本州，但由于都督(此为通称，实际上依其统军，有都督、监、督三级)加节(有使持节、持节、假节三级的区别)有专杀特权，都督不仅统筹督区军事，即民刑诸政实亦干预，故严耕望先生认为，“故督区不啻亦一地方行政区。”⑥鉴于此，因而有的学者也认为，“实际上在大多数地方形成了比州更高一级的大政区，即大都督区。”⑦我们认为，魏晋南北朝与汉唐相比，处于乱世，故州级行政长官，除管理民事外，常赋予军事特权，这便形成了军事统区。从地方行政制度而言，还不能说已形成了一个更高一层的行政区，它应还是属于州级行政管理区。

州牧，是州刺史的别称。州牧的形成在东汉末年。那时黄巾起义爆发，席卷了整个北部中国，已非一群小小的郡太守所能镇压，朝廷不得不派出中央高级官员——九

① 严耕望《中国地方行政制度史》上编卷中之上《魏晋南北朝地方行政制度》。

② 周振鹤《地方行政制度志》，上海人民出版社 1998 年 10 月版。

③ 参见唐长孺《西晋分封与宗王出镇》，载《魏晋南北朝史论拾遗》，中华书局 1983 年 5 月版。

④⑤ 《南齐书》卷一六《百官志》，中华书局 1983 年版，第 328 页。

⑥ 严耕望《中国地方行政史略》。

⑦ 胡阿祥《六朝疆域与政区研究》，西安地图出版社 2001 年 6 月版。

卿出任州牧，授与兵权、财权和行政权，以与农民军对抗。中平五年(188)，汉灵帝接受宗室刘焉的建议，派他以太常出任益州牧，黄琬以太仆出任豫州牧，刘虞以宗正出任幽州牧。此后，州牧普遍设置，割据军阀也都以州牧自任，如袁绍的冀州牧，刘表的荆州牧，曹操的兖州牧等。这样州就自然成了郡以上的一级行政区，两级制政区转化为三级制。三国时，大体孙吴以称州牧者为多，如吕岱为交州牧，但也有称刺史者，如戴良即为交州刺史。[①] 西晋则还称刺史，惟首都洛阳所在的司州称牧，以示尊重。东晋南朝时，首都建康所在的扬州长官仍称刺史，州牧一称遂废。

州刺史，汉时刺史为监察官，按六条规定[②]检察地方长官的行为，不管理地方行政事务。地方行政为郡县二级制，刺史的品秩只有六百石，而郡太守的品秩却有二千石。东汉末大乱，刺史渐得操持行政，遂转变为一州之行政长官，地方行政便由两汉时的郡县二级制演变为州郡县三级别。陈寿曰："自汉季以来，刺史总统诸郡，赋政于外，非若曩时司察之而已。"[③]刺史品第有领兵不领兵之分。自西晋末年开始，刺史大都领兵，兼治军旅。其领兵者，首为加将军、加督、加节的都督刺史(如上述)，位二品；次为只加将军的刺史，位四品；又次为不领兵，即不加将军名号者，称为单车刺史，位五品。单车刺史地位最低，多是非皇族庶姓担任，仅有治理本州民政之权。领兵刺史则开府置佐，设军府机构。而不论领兵与否，作为刺史，都设有处理州政的机构。领兵刺史佐吏有府佐和州吏两个系统。军府佐吏有：府长史、府司马、录事参军、功曹参军、仓曹参军、户曹参军、中兵参军、府主簿等。州佐吏：别驾(从事)、治中(从事)、主簿、西曹、门下、录事、户曹(从事)、记室、省事等。晋时荆、雍、宁、广诸州统辖蛮夷者，刺史又带蛮夷校尉，置蛮府，制如军府，则其佐吏则有三系统矣。

州吏任用权，自属刺史，将军府佐，本非地方官吏，依制当由朝廷除授。但事实上，刺史举荐之权甚重，且得直接板授地位较低的参军。领兵刺史用人权之大，且不限于军府曹佐，还可察举秀才，即于外郡太守、县令，也可自由表荐任用之。[④]

东晋时，为加强刺史的控制权，刺史尚有兼领都郡(刺史治所之郡)太守者，如东晋太元二年谢玄为兖州刺史领广陵相。

---

① 《三国志·吴书·吕岱传》，中华书局1982年版，第1091页。

② 六条规定是：一是强宗豪右，田宅逾制，以强凌弱，以众暴寡；二是二千石不奉诏书，遵承典制，倍公向私，旁诏守利，侵渔百姓，聚敛为奸；三是二千石不恤疑狱，风厉杀人，怒则任弄，嘉则淫尝，烦扰刻暴，剥截黎元，为百姓所疾，山崩石裂，袄祥讹言；四是二千石选署不平，苟阿所爱，蔽贤宠顽；五是二千石子弟恃怙荣势，请托所监；六是二千石违公下比，阿附豪右，通行货赂，割损正令。见《汉书·百官公卿表》颜师古注引《汉官典职仪》。

③ 《三国志》卷一五《史臣评》，中华书局1982年版，第487页。

④ 胡阿祥《六朝疆域与政区研究》，第152页。

(二) 郡、国与太守、内史、相

东晋、南朝郡、国(有王国、公国)为平行政区,郡长官承汉制称太守,京师所在郡则称尹,如东晋首都建康地属丹阳,故称丹阳尹。王国、公国以内史或相掌太守之任。东晋以降,郡国长官常有置军府者(加将军、加督、加节),大凡重要或边地郡国如会稽、丹阳、吴郡、吴兴、琅邪、宣城、东阳、江夏、竟陵、武陵、建平、始兴等置军府者为多。郡国开军府,其置吏略同于州军府,也有长吏、司马、功曹、主簿、录事、参军等员;而作为地方行政长官太守、内史、相,则亦另有一套常规行政属吏机构,其建制如州府。太守、内史、相,一般秩二千石,加崇(加将军、加督、加节等)则为中二千石,丹阳尹亦中二千石。

(三) 县与令、长、相

县为东晋基层行政单位,其建制大体承袭秦汉。汉制万户以上为大县,长官称令;万户以下属小县,长官称长;县为国者(有公、侯、伯、子、男五等)长官称相。汉制以户数多少为定,至晋时已不尽然。晋制"县千户以上、州郡治五百以上,皆为令;不满此为长"。[①] 县令、长、相掌治一县,为基层地方行政长官。但孙吴以降,县令、长、相也有加将军或校尉者,并可督数县。县令加将军者,除属吏外,得置参军。县宰品秩大抵自六品至八、九品不等。县令品秩一般为千石。晋制"诸县令秩千石者,第六品;县令秩六百石者,第七品;诸县令、长、相秩三百石,第八品"。[②]

(四) 县以下乡里制度

县以下行政体系为乡里组织。秦制,"大率十里一亭,亭有长。十亭一乡,乡有三老、有秩、啬夫、游徼。三老掌教化。啬夫职听讼,收赋税。游徼循禁盗贼"。[③] 汉沿秦制,《宋书·百官志》云:"汉制……五家为伍,伍长主之;二伍为什,什长主之;十什为里,里魁主之;十里为亭,亭长主之;十亭为乡,乡有乡佐、三老、有秩、啬夫、游徼各一人。乡佐、有秩主赋税,三老主教化,啬夫主争讼,游徼主奸非。"按孙吴当沿汉制。[④] 晋制则与秦汉旧制略有出入。《晋书·职官志》述晋时乡制云:

> 县五百以上皆置乡,三千以上置二乡,五千以上置三乡,万以上置四乡。乡置啬夫一人。乡户不满千以上,置治书史一人;千以上置史、佐各一人,正一人;五千五百以上,置史一人,佐二人。

---

① 《北堂书抄》卷八引《晋令》。

② 《通典》卷三七"晋官品"条。

③ 《汉书·百官公卿表》,中华书局 1975 年版,第 742 页。

④ 杨晨《三国会要·职官》:"乡置有秩、三老、百石,(第八品),小者置有秩、啬夫,亦百石(第九品)。"

说明晋时县下行政单位为乡，只是乡吏的设置与秦汉略有区别。

里为乡以下单位，常见于史传。里置里吏，《晋书·职官志》："县率百户置里吏一人，其土旷人稀，听随宜置里吏，限不得减五十户。"宋以下承之，梁、陈则称里司。如《南史·陈本纪》："高祖初仕乡为里司。"

里以下有村。《宋书·自序》云："七世祖延始居（武康）县东乡之博陆里余乌邨（村）。"村有村长，又称村司。[1] 村下则有伍。《宋书·沈攸之传》：为都督郢州刺史，"将吏一人亡叛，同籍符伍充代者十余人。"又《宋书·孝义蒋恭传》州议曰："赃不还家，所寓村伍，容有不知。"伍有伍长。

据以上所考，县以下之基层组织为乡、里、村、伍，它直接渗透到编户齐民，以协助县机构完成任务，与县一起成为基层行政体系。[2]

二 徐、扬二州所辖郡县

东晋时，现江苏省域，基本为当时徐、扬二州所辖。根据《晋书·地理志》，晋武帝太康元年(280)，徐州领郡国七，县六十一。分别为：

（一）彭城国，汉以为郡，统县七。即：

彭城、留、广戚、傅阳、武原、吕、梧。

（二）下邳国，汉置为临淮郡，统县七。即：

下邳、凌、良城、睢陵、夏丘、取虑、僮。

（三）东海郡，汉置，统县十二。即：

郯、祝其、朐、襄贲、利城、赣榆、厚丘、兰陵、承、昌虑、合乡、戚。

（四）琅邪国，秦置郡，统县九。即：

开阳、临沂、阳都、缯、即丘、华、费、东安、蒙阴。

（五）东莞郡，晋太康中置，统县八。即：

东莞、朱虚、营陵、安丘、盖、临朐、剧、广。

（六）广陵郡，汉置，统县八。即：

淮阴、射阳、舆、海陵、广陵、盐渎、淮浦、江都。

（七）临淮郡，汉置，东汉章帝以合下邳，晋太康元年复置。统县十。即：

盱眙、东阳、高山、赘其、潘旌、高邮、淮陵、司吾、下相、徐。

上述琅邪国与东莞郡现在山东境内，其余大抵为现江苏省域。晋惠帝元康元年

---

① 《梁书·武帝记》天监十七年正月丁巳朔诏曰："若流移之后，本乡无复居宅者，村司、三老及余亲属，即为诣县，请占村内官地官宅，令相容受，使恋本者还有所托。"

② 参见胡阿祥《六朝疆域与政区研究》，第162页。

(291),分东海置兰陵郡,七年(297)又分临淮置淮陵郡,以堂邑置堂邑郡。“永嘉之乱,临淮、淮陵并沦没石氏”。东晋元帝渡江之后,“徐州所得惟半”。[①] 时幽、冀、青、并、兖州及徐州之淮北流民,相率过淮,亦有过江至扬州晋陵郡界者。晋成帝咸和四年(329),司空郗鉴又徙流民之在淮南者于晋陵诸县,其徙过江南及留在江北者,并立侨郡县以司牧之。徐、兖二州或治江北。安帝义熙七年(411),“始分淮北为北徐,淮南犹为徐州”。(宋)武帝永初二年(421),加徐州曰南徐,而淮北但曰徐。(宋)文帝元嘉八年(431),“更以江北为南兖州,江南为徐州,治京口”。[②]

晋时扬州统郡十八,县一百七十三,地跨江苏、安徽、浙江、江西、福建等省区。在江苏省域内主要为:

(一) 丹杨郡,汉置,统县十一。即:

建邺、江宁、丹杨、于湖、芜湖(今属安徽)、永世、溧阳、江乘、句容、湖熟、秣陵。

(二) 毗陵郡,孙吴分会稽无锡以西为屯田,置典农校尉。晋太康二年(281),省校尉为毗陵郡。统县七。即:

丹徒、曲阿、武进、延陵、毗陵、暨阳、无锡。

(三) 吴郡,汉置,统县十一。即:

吴、嘉兴、海盐、盐官、钱唐、富阳、桐庐,建德、寿昌、海虞、娄。

(四) 吴兴郡,吴置,统县十。即:

乌程、临安、余杭、武康、东迁、於潜、故鄣、安吉、原乡、长城。

上述四郡中,丹杨郡中有一部分属县现为安徽省域;吴郡中有相当部分属县、吴兴郡中则有大部分属县,现均为浙江省域。晋惠帝元康元年(291),因“荆、扬二州疆土广远,统理尤难”,于是,割扬州之豫章、鄱阳、庐陵、临川、南康、建安、晋安,荆州之武昌、桂阳、安成合十郡,因江水之名而置江州。永兴元年(304),分庐江之寻阳、武昌之柴桑二县置寻阳郡,属江州……分淮南之乌江、历阳二县置历阳郡。又以周玘创义讨石冰,割吴兴之阳羡,并长城县之北乡置义乡、国山、临津并阳羡四县,又分丹阳之永世置平陵及永世,凡六县立义兴郡,“以表(周)玘之功,并属扬州”。[③] 又以毗陵郡封东海王世子毗,避毗讳,改为晋陵。愍帝立,避帝讳,改建邺为建康。元帝渡江,建都扬州,改丹杨太守为尹,江州又置新蔡郡。是时司、冀、雍、凉、青、并、兖、豫、幽、平诸州皆沦没。江南所得但有扬、荆、湘、江、梁、益、交、广,其徐州则有过半,豫州惟得谯城而已。明帝太宁六年(323)分临海立永嘉郡。是时扬州统丹杨、吴郡、吴兴、会稽、

① 《晋书》卷一五《地理志》,第452页。

② 《宋书》卷三五《州郡志》,第1038页。

③ 《晋书》卷一五《地理志下》,第463页。

新安、东阳、临海、永嘉、宣城、义兴、晋陵(由毗陵改)十一郡,其中新安、东阳、临海、永嘉、会稽五郡全在浙江,宣城郡则为皖南,其余五郡基本上涵盖今江苏南部地区。

第二节　徐、扬二州的侨州郡县

一　北人南迁与侨州郡县的设置

西晋末年永嘉之乱后,北方人民纷纷南迁,至东晋末年,规模较大的南迁活动,大致有五次。

永嘉初年,北方变乱开始,司马睿移镇江东,琅邪封国内的一千多家首先跟随司马睿过江。接着,河北、山东、山西、河南及江苏、安徽淮河以北的居民,也相率扶老携幼,渡过江淮。这是第一次。

东晋成帝初年,苏峻、祖约叛乱于江淮,羯族石勒乘机南侵,淮南人及北方人侨居淮南者进一步南迁过江。这是第二次。

康帝、穆帝以后,"胡亡氐乱",石赵政权崩溃,中原兵燹连年;其间,桓温北伐,进兵关中,秦、雍流民多南出樊、沔,或至汉中。这是第三次。

孝武帝太元八年(383),淝水之战爆发,苻坚在谢玄率北府兵迎击下败亡,北方黄河流域再次分裂,中原流民又相率渡江。这是第四次。

晋安帝义熙十二年(416),刘裕北伐,河南、关中次第收复。既而复失关中,刘裕死,又失河南,流民南渡过江者转多。这是第五次。

南迁的北方人民,在寓居地域上,主要集中于长江流域的扬、荆、梁、益诸州。据谭其骧教授的研究,今江苏长江南部的南京、镇江、常州一带,长江北部的扬州及淮安等地,当时所接受的移民,以今之山东地区及苏北移民为主体,河北、皖北副之。今皖南的芜湖与江西九江附近及皖北、河南的淮水以南、湖北的东部,当时所接受的移民,以今之河南及皖北移民为主体,河北、苏北副之。今山东省黄河以南,当时所接受的移民,以今之河北及山东之黄河以北移民为主体。今湖北江陵、松滋及湖南北部一带,当时所接受的移民,以今之山西移民为主体,河南副之。今河南、湖北二省的汉水流域,上自郧西、竹溪,下至宜城、钟祥,以襄阳为中心,当时所接受的移民,以今之陕西及河南的西部移民为主体。今四川自成都东北沿川、陕通途及陕西汉中,当时所接受的移民,以今之甘肃及陕西北部移民为主体。迁徙的大势是:中国北方的东部人民,迁移到中国南方的东部;中国北方的西部人民,迁移到中国南方的西部。[①]

根据谭其骧教授的考证,他把《宋书·州郡志》中所记载的侨州郡县之户数作为南渡人口(政府领民)之约数,自西晋永嘉截至刘宋之季,南渡到长江流域的侨人总数约在七十万人以上。此外,还有大约二十万南迁人口没有到达长江流域,聚居在今山东境内;南迁人口中也有一部分越过长江以后,继续南迁,深入到皖南山区,甚至闽、广一带。总数为九十万的南迁人口,占当时政府领有人口五百四十万的六分之一。又据《晋书·地理志》记载,西晋太康之初,北方诸州及徐州之淮北共有户约一百四十万。以一户五口计,共有七百余万。南渡人口九十万,占其八分之一强。这说明:西晋永嘉之乱以来,北方平均八人中,就有一人南迁;南方平均六人中,就有一人为北方迁来之侨民。[②] 这个数字还不包括由于种种原因而沦为南北士族地主部曲、佃客而不在政府户籍上登记的人数。他们的数量,大概也是相当可观的。史载:"自中原丧乱,民离本域,江左草创,豪族并兼,或客寓流离,名籍不立。"[③]《南齐书·州郡志》"南兖州"序也云:"时百姓遭难,流移此境,流民多庇大姓以为客。"由此可见,南北世家豪族荫庇挟藏户口,乃是当时的一个普遍现象。因此,如果算上世家豪族荫庇、挟藏的户口,北方迁徙南下的人口就决不止九十万人了。据葛剑雄 1997 年的补充说明:"初始移民在迁出地人口中的实际比例应高于八分之一;(宋)大明八年移民及其后裔占迁入地人口的实际比例也应高于六分之一。由于移民的迁出地和迁入地都相对集中,所以这些地方人口的迁移率和移民占当地总人口的比例都要大大高于这些比例。……保守的估计:到宋大明年间,北方移民及其后裔的总数至少应是户口数的一倍有余,即 200 万左右。"[④]

对于如此巨大数量的北方侨寓人口,东晋政府如果没有一个妥善的措施和办法来加以抚集和安置,那就不但会失去作为侨寓政权的一个重要支柱——北方南下士族的支持;而且也将失去很大一部分剥削对象,而西晋末年那种可怕的流民暴动又会再次重演。因此,东晋政府对待北来侨民的政策,除了拉拢一部分流民首领,如祖逖、苏峻、郗鉴等参加中央和地方政府以外,就是在大江南北、梁、益通道设置侨州郡县来进行安置和控制。所谓侨州郡县,就是在南方侨置的与侨人原籍同名的州、郡、县。当时侨州、郡、县内各级流亡政府的文武官职,仍由北方南下的流亡士族担任,他们在侨居地,凭藉势力依然统治着从北方流亡而来的民众。在侨州、郡、县内著籍的一般

① 谭其骧《晋永嘉丧乱后的民族迁徙》,载《燕京学报》第十五期。

② 参见谭其骧《晋永嘉丧乱后的民族迁徙》。

③ 《世说新语·政事篇》注引檀道鸾《续晋阳秋》,上海古籍出版社 1982 年版,第 111 页。

④ 葛剑雄《中国移民史》第二卷第十章第四节。

侨人，著之白籍，[1]起先都可以获得免于征调赋税和徭役的优复权。

侨州、郡、县制度的设置，是东晋政权在当时情况下适时实施的一项大政策。追本溯源，东汉时已有侨置郡县，但尚未形成普遍制度。侨州、郡、县的广泛设置与制度化，乃在东晋、南朝时期。东晋实施侨州、郡、县制度，大致有如下原因：一是当时人以为东晋南渡只是暂时现象，北方失地很快就能收复，于是，地方行政机构仍旧按故地的形式组织。而保留原有州、郡、县的名称也可在怀念之余，同时表明收复失地的决心。二是正统观念的深入人心。虽然当时南北分裂，各政权皆自认正统，但“自古以来未有戎狄作天子者”的传统观念牢不可破，故东晋“虽辟陋吴越，乃正朔所居”，是时人的普遍意识。领土虽失，但讳言削弱，只能以侨置的虚名自慰。三是大族自高姓望，地域乡里观念浓厚。由于汉魏以来，中原多聚族而居，因此，不但南迁时多举族而行，而且侨寓南方时，仍以宗亲、乡党、部曲的形式聚居，而不与侨居地的土著相混。因而政府只有以侨州、郡、县的办法，才能对他们施行管理。四是藉此制度吸引更多北人来归，并安抚已南迁之移民，使之安居乐业。[2] 因此可以说，东晋时实施的侨州、郡、县制度，不仅是安置流亡士民的重要措施，而且对于继续招徕北方流民，稳定他们在侨居地从事工农业生产，支持东晋侨寓政权等都起着十分重要的作用。

二　徐、扬二州境内的侨州、郡、县

在北方南下的侨寓人口中，从地域来说，以侨寓于长江下游的徐、扬二州，也即今江苏地域内的为最多，人数约二十六万余人。其中南徐州（州治京口，今镇江市）一州领有的侨寓人口即达二十二万，几占侨寓徐、扬二州今江苏境内人口总数的十分之九。南徐州侨、旧人口合计约四十二万余，侨寓人口超过旧居人口二万余人。

晋元帝大兴三年（320），司马睿首先在建康（今南京）附近侨立怀德县以安置琅邪封国内与他一起渡江的一千多家侨民。成帝咸康元年（335），东晋政府又在江乘县（今句容县北）侨立（南）琅琊郡，以安置从北方琅琊郡南下的侨民，这是侨郡、县设置的开始。其后随着南下侨民的汹涌而至，南方侨郡、县的设置，就更是星罗棋布地建立起来。由于北来侨民以寓居于徐、扬二州的为多，因此，徐、扬二州的侨州、郡、县，也比其他各州为多。见之《宋书·州郡志》，徐、扬州今江苏省域内设置侨郡二十三，

---

① 《资治通鉴》卷九六“成帝咸康七年四月”胡三省注：“时王公庶人，多自北来，侨寓江左，今皆以土著为断，著之白籍也。白籍者，户口版籍也。”

② 参见周振鹤《地方行政制度志》，第264—265页。

侨县七十五。其中,江南多集中于今南京、镇江、武进一带,江北多集中于今扬州、泰州、淮安诸地。现以《宋书·州郡志》为基础,并以《晋书·地理志》、《南齐书·州郡志》作对照,兹列东晋时徐、扬二州今江苏境内侨州、郡、县如下:

(一)扬州　扬州刺史治所,魏晋治寿春,晋平吴后始治建业。东晋时,扬州的侨郡、县,主要集中在京城建康。东晋元帝太兴三年(320),首先在建康侨立怀德县,以安置原琅琊封国内与其一起渡江的一千多家侨民。晋成帝咸康四年(338),又在建康侨置魏、广川、高阳、堂邑等四郡,领有肥乡、元城、广川、北新城、博陸、堂邑等六侨县。后省堂邑并高阳,又省高阳并魏郡,并隶扬州,寄治京邑。以上侨郡,除堂邑郡本地在今南京市六合外,其余三郡的原居地都在今河北省。因此,东晋建康的侨民,除苏北、皖北地区的以外,主要来自山东和河北。以上建康侨郡、县、至刘宋"文帝元嘉十一年省,以其民并建康"。北方侨民正式成建康居民。

淮南郡　三国魏时,治寿春,晋武帝太康时,立有历阳、当涂、逡道、钟离诸县,并两汉旧县。三国时,江淮为战争之地,其间不居者各数百里,无复民户。吴平,民各还本,故复立焉。其后中原乱,胡族屡南侵,淮南民多南渡。东晋成帝初,苏峻、祖约为乱于江淮,胡寇又大至,民南渡江者转多,乃于江南侨立淮南郡及诸县,晋末遂割丹阳之于湖县为淮南境。于湖县现为安徽当涂县南,但在东晋时则从扬州州治建康所属的丹阳郡中分割出来,与建康、丹阳郡的关系十分密切。淮南郡领于湖、当涂、繁昌、襄垣、定陵、逡道六县。该地侨民除苏北、皖北外,主要来自山西、河南两省。

(二)南徐州　晋永嘉乱后,幽、冀、青、并、兖州及徐州之淮北流民,相率过淮,亦有过江在晋陵郡(今常州市)定居者。晋成帝咸和四年(329),司空郗鉴又徙流民之在淮南者于晋陵诸县,其徙过江南及留在江北者,并立侨郡、县以司牧之。徐、兖二州或治江北;江北又侨立幽、冀、青、并四州。安帝义熙七年(411),始分淮北为北徐,淮南犹为徐州。后又以幽、冀合徐,青、并合兖。又宋武帝永初二年(421),加徐州曰南徐,而淮北但曰徐。宋文帝元嘉八年(431),更以江北为南兖州,江南为南徐州,治京口(今镇江市)。"割扬州之晋陵、兖州之九郡侨在江南者属焉"。故南徐州备有徐、兖、幽、冀、青、并、扬七州郡邑,人口较杂,侨民集中。

南东海郡　东海郡原是秦汉旧郡,属徐州,治所在郯(今山东郯城北)。晋元帝渡江之初,曾在建康附近的江乘县(今句容市北)侨置过南东海郡,但无实土。旋割海虞县(今常熟市)北境为南东海郡,立郯、朐、利城三侨县。另有祝其、襄贲、厚丘、西隰四个无实土的县寄治曲阿(今丹阳市)。东晋穆帝永和中,侨南东海郡郡治移至京口,郯、朐、利城三侨县亦寄治京口。文帝元嘉八年(431),立南徐州,以南东海为治下郡,以丹徒属焉，郯、朐、利城三侨县并为实土，而祝其、襄贲、厚丘、西隰四个无实土的侨县先后并省。南东海郡侨民主要来自山东和江苏北部。

南琅琊郡　琅琊郡原为秦汉旧郡，属徐州。晋元帝渡江之初，以琅琊国人立怀德县，侨在江宁，丹阳虽有琅琊相而无土地。成帝咸康元年(335)，大将桓温领南琅琊太守，镇江乘之蒲洲金城，求割丹阳之江乘县(今句容市北)立郡，领有阳都、费、即丘三县。又分江乘地立临沂县，并割临沂及建康为实土。侨民来自山东。

南兰陵郡　兰陵为汉时旧县，属徐州东海郡。东晋初，曾以江乘置南东海、南琅琊、南东平、南兰陵等郡。后南兰陵郡侨地在武进县，领有兰陵、承两侨县。侨民来自山东和苏北。以上南徐州侨郡，为有实土者。

另有南东莞郡(领有莒、东莞、姑幕三县)、临淮郡(领有海西、射阳、陵、淮浦、淮阴、东阳、长乐等七县)、淮陵郡(领有司吾、徐、阳乐三县)、南彭城郡(领有吕、武原、傅阳、蕃、薛、开阳、杼秋、洨、下邳、北凌、僮、彭城[①]等十二县)、南清河郡(领有清河、东武城、绎幕、贝丘四县)、南高平郡(领有金乡、湖陆、高平三县)、南平昌郡(领有安丘、新乐、东武、高密四县)、南济阴郡(领有城武、冤句、单父、城阳四县)、南濮阳郡(领有廪丘、榆次二县)、南泰山郡(领有广平、易阳、曲周三县)、济阳郡(领有考城、鄄城二县)、南鲁郡(领有鲁、西安二县)。

以上十二侨郡，皆无实土，均寄治在武进县和丹徒县，侨民来自山东、河北、河南、山西、安徽和苏北。

(三) 徐州　州治彭城，晋时州领郡国七(彭城国、下邳国、琅琊国、东海郡、东莞郡、广陵郡、临淮郡)、县六十一。永嘉之乱，临淮、淮陵(晋元康七年，分临淮置淮陵郡)并沦没石氏。元帝渡江之后，徐州所得惟半，乃侨置淮阳、阳平、济阴、北济阴四郡。

淮阳郡　晋安帝义熙中土断立，领角城、晋宁、宿预、上党四县，侨地在今淮安、宿迁。

阳平郡　领馆陶、阳平、濮阳三县。“故属司州，流寓来配”。侨地寄治淮安，侨民主要来自河南。

济阴郡　原属兖州，“流寓徐土，因割地为境”。领睢陵、定陶、顿丘三县，侨民来自山东、河北，侨地在今睢宁。

北济阴郡　领城父、丰、离狐三县，侨地在今高邮、泰县。

以上四侨郡侨民来自山东、河北、山西、河南和苏北。

---

① 参见孙彪《宋书考论》。

（四）南兖州 晋惠帝末年，兖州全境沦没石氏，是时遗黎南渡。晋元帝过江，大兴四年(321)，扬声北讨，遣宣城公司马裒督徐、兖二州，镇广陵，其后或还江南，然立镇自此始也。晋成帝立南兖州，寄治京口。明帝太宁三年(325)，以郗鉴为南兖州刺史，镇广陵，后还京口，是后州治或治盱眙，或治山阳。晋末“以广陵控接三齐，故青、兖同镇”。[①] 宋永初元年(420)，罢青并兖。文帝元嘉八年(431)，始割江淮间为南兖州境，州治在广陵（今扬州市）。

广陵郡 为汉旧郡，旧属徐州。晋武帝时，郡治在淮阴（今淮安市）或射阳（今属盐城市），东晋时郡治在广陵。据《宋书·州郡志》引《永初郡国》，广陵郡原领有舆、肥如、潞、真定、新市五县，除舆即后来的江都外，其余四县“本属辽西，则是晋末辽西侨郡省并广陵也”。说明晋末曾侨置辽西侨县于广陵。宋时领广陵、海陵、高邮、江都四县。

海陵郡 东晋安帝分广陵立，领有建陵、临江、如皋、宁海、蒲涛、临泽等六县，侨民来自河北、山西及辽西地区。

山阳郡 山阳为汉旧郡，治所在昌邑（今山东金乡西北）。东晋安帝义熙中土断分广陵郡立。侨地在今淮安，侨民来自山东。宋初领有山阳、盐城、东城、左乡四县。

盱眙郡 盱眙本县名，前汉属临淮，后汉属下邳，晋属临淮，东晋安帝时分立，领有考城、阳城、直渎，后来继续接受流民。侨民来自河南、安徽。

秦郡 晋武帝分陕西扶风为秦国。中原乱，其民南流，寄居堂邑（治今南京市六合区）。堂邑本为县，晋惠帝永兴元年(304)，分临淮、淮陵立堂邑郡，东晋安帝改堂邑为秦郡，属豫州，宋文帝元嘉八年(431)改属南兖州。曾辖有临涂、平丘，外黄、沛、雍丘、浚仪、顿丘七县，侨民来自陕西、河南。

南沛郡 晋末刘宋初领有符离、洨、竹邑、杼秋四县，除杼秋寄治无锡外，余三县均寄治广陵郡，侨民主要来自安徽、苏北。

现把东晋时今江苏境内徐、扬二州的侨州郡县列表如下：

---

① 《南齐书》卷一四《州郡志》，第255页。

表 1

地区	设置州名	原有郡县	侨置郡县
江苏南部地区	扬州（治建康）	丹杨郡	怀德县
		建康	魏郡、广川郡、高阳郡、堂邑郡，领有肥乡、元城、广川、北新城、博陆、堂邑等六侨县（均为寄居）
		丹杨郡	至晋末，立襄垣县
		芜湖县（汉旧县）	上党郡、上党县（寄居）
		于湖县（今安徽当涂县南）	淮南郡（晋末割丹杨之于湖县为淮南境）领于湖、当涂、繁昌、襄垣、定陵、逡道六县（实侨并存）
		吴郡 海虞县（今常熟市）晋武帝太康四年，分吴县虞乡立	南东海郡，郯、朐、利城三县
	南徐州（治京口）	晋陵郡 江乘（今句容县北）	徐、兖、幽、冀、青、并、扬七州郡邑，南琅琊郡，领有阳都、费、即丘三县，临沂县、南东平郡（有实土）
		丹徒	南东海郡，领有郯、朐、利城三县（有实土）
		曲阿（今丹阳）	祝其、襄贲、厚丘、西隰四县（寄治）
		常州（武进）	南兰陵郡，领兰陵、承二侨县（有实土） 南东莞（莒等三县）、临淮（海西等七县）、淮陵（司吾等三县）、南彭城（吕等十二县）、南清河（清河等四县）、南高平（金乡等三县）、南平昌（安丘等四县）、南济阴（城父等四县）、南濮阳（廪丘等二县）、南泰山（广平等三县）、济阳（考城等二县）、南鲁（鲁等二县）。以上十二侨郡，皆无实土，寄治在武进县与丹徒县。
		无锡（晋武帝太康元年立）	南沛郡所属杼秋县（寄治）

表 2

地区	设置州名	原有郡县	侨置郡县
江苏北部地区	徐州（治彭城）	原领郡国七，县六十一，永嘉之乱，临淮、淮陵并沦没，元帝渡江，徐州所得惟半。 广陵郡 淮　安	淮阳（领角城、晋宁、宿预、上党四县）
		临淮郡 宿　迁	阳平（领馆陶、阳平、濮阳三县）
		睢　宁	济阴（领睢陵、定陶、顿丘三县）
		高邮、泰县	北济阴（领城父、丰、离狐等三县）
	南兖州（治广陵）	广陵郡	南兖州 领舆、肥如、潞、真定、新市五县 （实侨并存）
		海陵郡	领建陵、临江、如皋、宁海、蒲涛、临泽等六县 （实侨并存）
		山阳郡	领山阳、盐城、东城、左乡四县 （实侨并存）
		盱眙郡 本县名，西汉属临淮，东晋安帝时分立	领考城、阳城、直渎三县 （实侨并存）
		堂邑郡 （今南京六合）	秦郡领临涂、平丘、外黄、沛、雍丘、浚仪、顿丘七县（实侨并存）
		广陵郡界	南沛郡领符离、洨、竹邑、杼秋四县，前三侨县寄治广陵郡界，杼秋寄治江南无锡县。

以上两表以《宋书·州郡志》为基础，并以《晋书·地理志》、《南齐书·州郡志》作对照而制成。

第三节　土断制度的实施

一　四次土断及其效果评价

侨州、郡、县制度的建立，虽然对缓和南北士族矛盾、稳定社会秩序、巩固东晋统治，均起着不可忽视的作用。但是一方面，由于这些侨州、郡、县，时合时分，境界不太确定，行政系统显得十分混乱；另一方面，由于南下侨流日益增多，数量巨大，侨流登记的户籍白籍与土著登记的户籍黄籍对立而自成系统，也造成了户籍制度上的混乱。

东晋渡江之初，由于从兖州、青州及徐州北部南下的侨民较多，便首先在京口界内侨立南徐州和南兖州（南兖州治所初在京口，后迁往广陵），在广陵界内侨立南青州，在芜湖界内侨立南豫州等州一级的流亡政府；其他如幽州、冀州迁徙南下的侨民，由于人数较少，就不建立州级的流亡政府，只在大江南北建立郡级或县级的流亡政府，并把它们分拨给南徐州、南兖州、南青州等州一级的流亡政府管辖。[①] 因此，以南徐州一州而言，就包括有徐、兖、幽、冀、青、并等各州的郡邑。而江南的常州一地更集中地设有十五六个郡级的流亡政府和六十多个县级的流亡政府。当地州郡县系统在侨置州郡县的冲击下，“吴邦而有徐邑，扬境而宅兖民，上淆辰纪，下乱畿甸”。[②] 而且这种随便分合地区，随便侨置郡县的结果，必然把地方行政系统搞得十分紊乱，史称“魏晋以来，迁徙百计，一郡分为四五，一县割成二三；或昨属荆豫，今隶司、兖，朝为零、桂之士，夕为庐、九之民，去来纷扰，无暂止息，版籍为之纷扰，职方所不能记”。而这些侨置州、郡、县又或省或置，变化不定，使侨居人口“寄寓迁流，迄无定托”。[③] 这样混乱的地方行政系统和侨人户籍，显然是不利于加强封建统治的。而且随着时间的推移，北来侨民在南方已经安居下来，所谓士民播流江表，已经数世，“存者长子老孙，亡者丘垄成行”。[④] 他们同南方土著在经济地位上的差别，已经越来越小，东晋统治者认为过去对侨民实施的优复办法，已经没有必要，为了封建国家的长治久安，“财阜国丰”，[⑤]为了扩大封建国家对租赋、力役、兵役的征发，需要把北来侨民也纳入征发范围之中，于是，实施“土断”便正式提上了日程。

所谓“土断”，或“土断人户”，一是以土地定户籍，使民安其居，实际上就是将侨流人口的户籍断定在侨居地上，或把散居侨人断入所在籍贯，由政府加以控制，以便按时按地征收赋税；二是并省没有实土或民户太少的侨郡县，以进一步整顿版籍，改变因侨置州、郡、县而带来的政区制度与政区设置的混乱局面，使之与原有的行政区划体系相合为一。由于当时的侨寓户很多隐庇于豪族地主门下，“流民多庇大姓以为客”。[⑥] 因此，实行“土断”，也包含封建国家向豪族地主争夺控制对象的意图。

由于侨置的形式复杂多样，如沦没只一州一郡一县，却因为侨人的分散，而同时

---

① 按《晋书·地理志》扬州：“自中原乱离，遗黎南渡，并侨置牧司在广陵，丹徒南城，非旧土也。”又《宋书·地理志》南徐州刺史：“晋永嘉大乱，幽、冀、青、并、兖州及徐州之淮北流民，相率过淮，亦有过江在晋陵郡界者。……其徙过江南及留在江北者，并立侨郡县以司牧之。徐、兖二州，或治江北，江北又侨立幽、冀、青、并四州。安帝义熙七年，始分淮北为北徐，淮南犹为徐州。后又以幽冀合徐，青、并合兖。（宋）武帝永初二年，加徐州曰南徐，而淮北但曰徐。文帝元嘉八年，更以江北为南兖州，江南为南徐州，治京口。割扬州之晋陵、兖州之九郡侨在江南者属焉。”这里是就上述情况概而言之。

② 《宋书》卷八二《周朗传》，第2098页。

③ 《宋书》卷一一《志序》，第205页。

④ 《晋书》卷五六《孙楚附孙绰传》，第1545页。

⑤ 《宋书》卷二《武帝中》，第30页。

⑥ 《南齐书·州郡志》南兖州，第255页。

侨置数州、数郡、数县者，于是为了区别，将同名的侨州、郡、县加上东、西、南、北等方位词；侨置州、郡、县与实土州、郡、县并存；实土恢复而侨置不废；实土恢复而原政区建置不恢复；以侨州领原郡县；侨置已废之旧郡县；因侨置而改变原郡(国)、县名或另创新名。且有两州共一刺史，两州同治一地以及两郡同一太守，两郡同治一地的所谓双头州郡[①]等复杂情况。如《晋书·毛璩传》：毛璩在东晋孝武帝太元中任谯、梁两郡内史，安帝时行宜都、宁蜀太守，其弟瑾为梁、秦两刺史、略阳、武都太守。南朝宋泰始以后侨治于郁州(今江苏连云港市)的青、冀二州，“两州共一刺史”。[②]

由于存在以上诸多复杂情况，因此土断的方法也随之不同，大体有如下几种：

1. 省并　这是土断的一种主要方式。侨州郡县因侨流而立，许多侨州郡县空张名目，没有多少户口，于是在土断时，这些侨州郡县就被省废或合并，如上述幽、冀、青、并四侨州因流寓者少，后来便以幽冀合徐，青并合兖。

2. 割实　侨州郡县设置之初，都“无有境土”。所谓割实即割成实土，就是将正式行政区划出一部分成为侨州郡县的领域，如上述南琅琊郡，东晋成帝时，割临沂及建康为实土等等。

3. 改属　土断以前，侨置郡县不管侨于何地，在原则上还是归属原来的州。故清钱大昕说：“顿丘本属司州，即使侨立徐土，徐州刺史得兼督之，而未经土断，当犹存司州之名不得云属北徐州。”[③]土断的一个做法，就是将这些侨郡县断入所在的州，将兼督改为实际的领属，这称“依界土断”。这种做法其实就是改变侨郡与原州的隶属关系，故称改属。如上述宋元嘉八年，割江南为南徐州实土，则侨兖州所属的在江南的南高平等侨郡，也就改属于南徐州了。

4. 借侨名新置县　土断虽省并了不少不合理的侨州郡县，但另一方面，也“流寓来配”，而新设了一些有基础的新郡县，如合来自不同州、郡、县而同寓一处的侨民置新县，归某郡领属；或侨寓者居住相对集中，也允许别置“侨邦”。[④]

东晋王朝103年间一共进行了四次“土断”。

第一次“土断”，在东晋成帝咸和中(326—334)。《晋书》对此次土断，无明确记载，但在《陈书·高祖纪》中作了记载：“(其先)世居颍川……达，永嘉南迁……出为长城令……因家焉。……达生康……咸和中土断，故为长城人”。说明陈霸先的祖先就是通过东晋这次咸和土断而定籍为长城(今浙江吴兴)人的。

---

① 参见周振鹤《地方行政制度志》；胡阿祥《六朝疆域与政区研究》“东晋南朝双头州郡考论”。

② 《南齐书》卷一四《州郡志》，第260页。

③ 钱大昕《廿二史考异》卷一九。

④ 参见周振鹤《地方行政制度志》，第271—272页。

第二次“土断”，在东晋成帝咸康七年(341)。《晋书·成帝纪》载：“七年四月丁卯，实编户，王公以下皆正土断白籍。”这次土断的时间，尚属东晋初期，北来侨民“人伫鸿雁之歌，士蓄怀本之念，莫不各树邦邑，思复旧井”。[①] 仍然保留着复归故土后恢复原籍的希望，因此土断后，仍然保留着与原籍土著载于黄籍相区别的白籍。[②]

第三次“土断”，在哀帝兴宁二年(364)。《晋书·哀帝纪》载：“三月庚戌朔，大阅户人，严法禁，称为庚戌制。”这次土断是在这年三月初一庚戌那天进行的，故称为“庚戌土断”。主持这次土断的是当时已经掌握东晋内外军政大权的大司马桓温，他对一些隐匿户口的世家大族进行了较为严厉的打击。如宗室彭城王司马玄“会庚戌制。不得藏户，玄匿五户，桓温表玄犯禁，收付廷尉”。[③] 又王彪之时为会稽内史，“亡户归者三万余口”。[④] 也说明了庚戌土断的彻底。由于这次“庚戌土断”进行得比较彻底，所以成效比较显著。史称“大司马桓温，以民无定本，伤治为深，庚戌土断，以一其业。于时财阜国丰，实由于此”。[⑤] 以后谢安当国，组织北府兵，也是在这次土断的基础上进行的。

第四次“土断”，在安帝义熙九年(413)。主持此次土断的，是当时已掌握东晋军政大权的北府兵统帅刘裕。他要求晋安帝“请准庚戌土断之科”，“依界土断”，并雷厉风行地加以贯彻。会稽四大士族之一的虞亮因“藏匿亡命千余人”，被刘裕处死，包庇虞亮的会稽内史司马休之也被免官。史称“豪强肃然，远近知禁”。[⑥] 刘裕主持的这次土断，“唯徐、兖、青三州居晋陵者，不在断例。诸流寓郡县，多被并省”。[⑦] 而且这次土断进行之时，已属东晋末年，一百年来，北方迁徙南下的侨民在南方的土地上，已经深深扎根，离桓温进行的第三次庚戌土断也已有半个世纪之久，没有必要再在户籍上保

---

① 《宋书》卷一一《志序》，第 205 页。

② 《通鉴》“晋咸康七年”胡三省注云：时王公庶人，多自北来，侨寓江左，今皆以土著为断，著之白籍也。白籍者，户口版籍也；宋齐以下有黄籍。《太平御览》六百六引《晋令》：郡国诸户口，黄籍皆用一尺二寸札，已在官役者载名。则晋时黄籍已有。胡三省《通鉴释文辨误》曰：《通鉴》卷九十六晋咸康七年，诏实王公以下至庶人，皆正土断白籍。史炤《释文》曰：“白籍，谓白丁之籍耳。”余(胡三省自称)按江左之制，谓土著实户，用黄籍；侨户土断白籍。琅琊南度，凡中土故家，以至士庶，自北来者，至此时，各因其所居旧土，侨置郡县名，并置守令以统治之，故曰正土断。不以黄籍籍之，而以白籍，谓以白纸为籍，以别于江左旧来土著者也。若以为白丁之籍，则王公岂白丁哉。

土断与黄、白籍的关系，是学术界争论非常激烈的问题。主要有两种观点：一种观点认为依据上述胡注释文，土断后著之白籍；另一种观点认为白籍是土断的对象，土断后即改为黄籍。本文采用王仲荦先生主张的第一说。见《魏晋南北朝史》上册，第 227 页。

③ 《晋书》卷三七《彭城穆王权传玄孙玄附传》，第 1093 页。

④ 《晋书》卷七六《王廙传弟子彪之附传》，第 2010 页。

⑤ 《宋书》卷二《武帝中》，第 30 页。

⑥ 《宋书》卷二《武帝中》，第 27 页。

⑦ 《宋书》卷二《武帝中》，第 30 页。

持侨寓户与土著户之分。因此，刘裕在推行土断时，索性把侨寓户的白籍一律改成与土著户一样的黄籍。[①] 经过东晋的这次土断后，一直到南朝宋文帝刘义隆元嘉末年。一般官吏对户籍清理工作，都比较重视。因此，到齐、梁之际，再度整理户籍时，还都以宋元嘉户籍为依据。[②] 到了宋孝武帝刘骏孝建元年(454)，"始课南徐州侨民租"。[③] 至此，宋武帝刘裕的龙兴之地南徐州的侨寓户也与土著户一样，都成为向封建国家提供赋税、力役负担的编户齐民。

历史进入南朝，由于此时淮北的失守，北来侨民仍有一些迁徙南下，侨州、郡、县仍有零星设置，宋、齐、梁、陈四王朝又分别进行了五次土断。[④] 但这些土断，有的仅在部分地区进行，且多为撤并这些地区的侨州、郡、县，而侨寓户的户籍问题，则大体已在东晋的第四次土断中比较彻底地解决了。

总括以上所述，可以说，东晋政府进行的四次土断，其涉及的状况，流寓人口，既面广量大，侨寓郡县的设置又极为复杂。但是，由于东晋政府的强力推行，特别是桓温推行的庚戌土断和刘裕主持的义熙土断，成果较为显著，流寓人口的户籍问题基本得到了解决，他们与南方土著户一样，又重新成为封建国家的编户齐民；泛设的侨寓郡县初步得到了整顿，有的被撤并，有的获得了实土，这就形成了原有行政区划与侨置行政区划混合的体系，共同构成新的地方行政隶属体系，即以《宋书·州郡志》、《南齐书·州郡志》为代表的州郡行政系统，这就为东晋、南朝政治统治的稳定与延续奠定了基础。

二　土断后南北人民的融合

正如上述，通过东晋，乃至后来南朝继续进行的历次土断，南徙的中原人民在江南的大地上已深深札根，获得了与南方土著户一样的户籍，他们"存者长子老孙，亡者丘垅成行"，[⑤]"后来童稚，班荆辍音，积习成俗，遂绝望于本邦，宴安于所托"。[⑥] 他们长期以来，梦牵魂绕的畛域观念已经淡泊，他们已把南方的定居地视作自己的故乡，

---

① 参见王仲荦《魏晋南北朝史》上册，上海人民出版社 1961 年 7 月版，第 228 页。

② 《南齐书·虞玩之传》：建元二年(480)诏朝臣曰"黄籍，民之大纪，国之治端。自顷氓俗巧伪，为日已久……"玩之上表曰："宋……元嘉中，故光禄大夫傅隆，年出七十，犹手自书籍，躬加隐校……愚谓宜以元嘉二十七年(450)籍为正"。

③ 《宋书》卷六《孝武帝纪》，第 116 页。

④ 宋孝武帝大明元年(457)、宋后废帝刘昱元徽元年(473)、齐高帝萧道成建元三年(481)、梁武帝萧衍天监元年(502)、陈文帝天嘉元年(560)均进行过土断。分别见《宋书》孝武帝纪、后废帝纪，《南齐书》柳世隆传、吕安国传，《梁书》武帝纪，《陈书》世祖纪等。

⑤ 《晋书》卷五六《孙楚附孙绰传》，第 1545 页。

⑥ 《晋书》卷九八《桓温传》，第 2573 页。

他们已真正地变成了南方人。由于他们长期与南方土著杂居和联姻，因而其风习、观念、语言、饮食与文化等方面不免相互浸濡、影响与同化，发生了深刻的变化。如语言的混同，进而导致方言区的变化。唐张籍说："北人避胡多在南，南人至今能晋语。"[①]今南京、镇江等地，由于北来侨民在此地定居甚多，因而在东晋、南朝时期告别了吴语，逐渐越来越多地使用北方方言。而一些零星定居于太湖流域或浙东地区的北方侨民，则接受了当地的吴、越语言。又如饮食方面，北人习惯面食，为了解决这一需求，南迁的北方人惟有就地种麦。《晋书・食货志》记载：东晋元帝大兴元年(318)诏曰："徐、扬二州，土宜三麦，可督令旱地，投秋下种，至夏而熟，继新故之交，于以周济，所益甚大。"这道诏书，既是史籍有关江南麦作的最早记载，同时，也说明了北方麦作因北人南移导致在江南的推广种植。后南朝政府继续以政府诏令形式命南徐、兖、豫及扬州浙江西属郡"悉督种麦，以助阙乏"，[②]从而最终催生了我国长江以南地区的稻麦二熟制，对南方地区稻作农业的发展产生了深刻的影响。再如对南方文化的发展而言，由于永嘉乱后，"洛京倾覆，中州仕女避乱江左者十六七"。[③] 中州移民中众多的宗室贵族、官僚地主、文人学士，他们拥有较高的社会地位、经济实力、文化水平，他们迁入南方，并与当地人民的融合，势必对南方原有的文化产生融合、推进，进而提升南方文化的层次而产生深刻的影响。唐朝杜佑《通典・州郡典》述扬州(包括今江苏、浙江、江西、安徽、福建等南方诸省)云："永嘉以后，帝室东迁，衣冠避难，多所萃止。艺文儒术，斯之为盛。今虽闾阎贱品，处力役之际，吟咏不辍，盖颜、谢、徐、庾(均为北方南迁的文化大族)之风扇焉。"南北文化的交流与融合，形成了此时具有时代和地方特色的"六朝文化"。[④] 凡此种种，都说明，经过东晋、南朝时期，封建政府实施的历次土断，南北人民已经逐步走向融合。而且，随着南北朝分裂、对峙局面的结束，隋王朝的统一，最终结束了侨州、郡、县产生存在的社会基础，南北人民也就随之进一步融合在一起，中国历史的发展也就迈上了新的发展台阶。

---

① 张籍《永嘉行》。

② 《宋书・文帝纪》元嘉二十一年诏，见《宋书》第 92 页。

③ 《晋书》卷六五《王导传》，第 1746 页。

④ 参见许辉、邱敏、胡阿祥主编《六朝文化》导论。

第六章　徐、扬等州经济的发展

两晋时期，徐、扬地区的经济比三国时期有了进一步发展。由于西晋时全国实现短暂统一，社会安定，人民安居乐业，农业、手工业、商业等经济显著发展。史称西晋平吴以后，“天下无事，赋税平均，人咸安其业而乐其事。”①当时“天下书同文、车同轨，牛马被野，余粮委亩”，甚至还流传着“天下无穷人之谚”。② 江南地区西晋墓葬中的随葬情况，也反映并证实了这一状况。当时墓葬中往往随葬谷仓罐、陶或石制的猪、狗、鸡以及饲养牛、羊、猪、狗等的圈栏。江苏吴县狮子山发现的“元康”年间西晋墓，随葬有青瓷谷仓罐以及青瓷牛厩、猪栏、狗窝等许多器物。这些随葬情况主要是象征着当时社会安定、五谷丰登、六畜兴旺的社会经济发展情景。西晋永嘉之乱以后，中原经济遭受破坏，但南方社会仍然安定，农业等经济仍继续发展。江南出土的晋后期墓的砖铭上常刻有这样的铭文：“永嘉世，九州空，余吴土，盛且丰。”当时，由于北方人民大量迁徙到江淮以南地区，南北人民的经济、文化交流更加密切；同时，由于这一地区社会比较安定，所以社会经济仍然兴盛。史载东晋元帝至孝武帝统治末年，大江南北“天下无事，时和年丰，百姓乐业，谷帛殷阜，几乎家给人足矣”。③

第一节　农业经济

一　水利的兴修

两晋时期，徐、扬地区农业经济的发展，首先表现在农田水利工程的兴修方面。西晋末年，扬州刺史陈敏据有长江下游一带地区时，曾在东汉末年、三国初年陈登开

① 《晋书》卷二六《食货志》，中华书局 1987 年版，第 791 页。

② 《晋书》卷五《孝愍帝·史臣曰》，第 133 页。

③ 《晋书》卷二六《食货志》，第 792—793 页。

凿的邗沟西道基础上，进一步实施部分水道的改造，“穿樊梁湖北口，下注津湖迳渡，渡十二里，方达北口，直至夹耶”。[①] 这项水利工程，虽然是为了漕运，但有利于江北淮南地区的水利灌溉。当时，陈敏还“据有江东，务修耕织”，曾令其弟陈谐在丹阳“遏马林溪以灌云阳，亦谓之练塘，溉田数百顷”。[②] 练湖周四十里，不仅有灌溉之利，而且成为古老江南运河的水柜，起着蓄水济运的作用。东晋时期，又在江南、江北地区继续兴修水利。如晋元帝大兴四年(321)，张闓出补晋陵(今常州)内史，当时晋陵所部四县都曾因干旱使农田失收，张闓至晋陵后，“立曲阿(今丹阳)新丰塘，溉田八百余顷，每岁丰稔”。[③] 太湖地区的荻塘，位于太湖东南缘，自吴江平望至湖州，长 90 里，《嘉泰吴兴志》卷三一引《吴兴记》称：“晋太守殷康所开，旁溉田千余顷。”[④]荻塘的兴修，促进了太湖东南沿岸地区水利资源的开发和利用。江北地区的水利，在东晋穆帝永和年间到孝武帝太元年间也时有修建。当时，主要修筑堰埭增开运河。如曾先修建欧阳埭(在今仪征市东北十里)。“自永和中，江都水断，其水上承欧阳引江入埭，六十里至广陵城”。[⑤] 这就是后来的仪征运河。兴宁中(363—365)，在西晋陈敏改建邗沟西道工程的基础上，“复以津湖多风，又自湖之南北口，沿东岸二十里，穿渠入北口。自后行者，不复由湖”。[⑥] 太元七年(382)，谢安出镇广陵的步邱(今江都市境)，筑平水埭，史称“召伯埭”。在召伯埭南二十里建秦梁埭，北面十五里建三枚埭，更北五十里建统梁埭。[⑦] 这些堰埭建成后，随时蓄泄，灌溉田地，岁用丰稔。

在淮阴，以石鳖屯最著名。东晋永和五年(349)，北中郎将徐州刺史荀羡“镇淮阴，屯田于东阳之石鳖”。东阳县治在今江苏省盱眙县的东阳城，石鳖屯位于今宝应县西南，屯区面积很大，大致分布于今盱眙、洪泽、金湖之间。这里地势平坦，土地肥沃，只要有水灌溉，非常适宜于水稻生长。曹魏时，邓艾即在这一带屯田，并修建白水塘，开 8 水门，溉田 12000 顷。东晋时荀羡继续在这里屯田，对白水塘工程亦必有所修治。又据《新唐书·地理志》载：宝应县“西南几十里有白水塘、羡塘”。羡塘在白水塘北，首载于《新唐书》，或许即为荀羡屯石鳖时所开。此外，东晋太元九年(384)，谢玄在彭城吕梁“堰吕梁水，树栅，立七埭为派，拥二岸之流，以利运漕，自此公私利便”。[⑧] 以上这些

---

① 王国维《水经注校》卷三〇《淮水》，上海人民出版社 1984 年版，第 978 页。

② 《元和郡县图志》卷二五《江南道一》，第 652 页。

③ 《晋书》卷七六《张闓传》，第 2018 页。

④ 《元和郡县图志》卷二五。

⑤ 《水经注校》卷三〇《淮水》，第 977 页。

⑥ 《水经注校》卷三〇《淮水》，第 978 页。

⑦ 《太平御览》卷七三《堰埭》条引《述征记》。

⑧ 《晋书》卷七九《谢安传附谢玄传》，第 2083 页。

水利事业的兴修,无疑对东晋农业经济的发展起着很大的作用。

二　土地的垦辟

徐、扬地区农业经济的发展,更表现在旱、水田的不断垦辟。徐州以彭城为中心的淮北地区南界淮水,左右清、汴。西晋统治时期,这一带是“水陆壤沃,清、汴交流,足盈激灌,其中良田,十万余顷”。① 东晋时,淮水南北特别是淮北是东晋与北方政权争夺的地区,东晋政府主要采用屯田形式开辟这一带的生荒地和熟荒地。元帝时,后军将军应詹曾上表建议在淮南江北集聚南流北返的流民开垦熟荒地为水田,他说“间者流人奔东吴,东吴今俭(歉收),皆已返还。江西良田,旷废未久,火耕水耨,为功差易,宜简流人,兴复农官”,采用曹魏时民屯的分成制,“一年中与百姓,二年分税,三年计赋税以使之,公私兼济,则仓盈庾亿,可计日而待也”。②穆帝升平初年(357),荀羡为北府都督,镇下邳,“起田于东阳之石鳖,公私利之”。③荀羡在东阳石鳖屯兴水利,使石鳖屯区成为当时颇为兴盛的水稻产区。简文帝时,殷浩为中军将军,都督扬、豫、徐、兖、青五州军事,又在江北淮南用火耕水耨方式广开屯田,“开江西𤯝田千余顷,以为军储”。④

至于江南地区的土地,由于这里原有人口较多,且北来迁徙定居者也较众,故这里的土地更不断垦辟成官僚地主和自耕农民的私有土地,甚至在太湖地区出现了放湖为田的活动。太湖东北面,今无锡、武进之间有古芙蓉湖群,史称烟波浩渺,相望百里。晋元帝时,晋陵内史张闿除在境内大兴农田水利,在曲阿筑新丰圹外,又在芙蓉湖泄水为田,史称“堰其中,泄湖水”,由于时值天寒地冻,围湖未成而罢。⑤ 但这是太湖地区开垦湖田的一次尝试。以后,刘宋元嘉二十年(443),当地百姓在芙蓉湖区修阳湖堰围田成功。《读史方舆纪要》卷二五载:阳湖“东西八里,南北三十二里,其北通茭饶和临津二湖,共为三湖,刘宋元嘉中修湖堰,得良畴数百顷”。太湖地区开垦湖田活动的兴起,反映了当时太湖地区水土资源的开发,已由垦殖高亢平原逐渐向湖沼滩地推进,这是三吴地区人口增殖和土地集约化程度提高的反映。

由于江南人口增多,土地垦殖程度提高,因之江南土地的买卖价钱也较高。南京甘家巷曾出土东吴建衡二年即西晋泰始六年(270)的买地券,记载处士徐某“买丹阳

---

① 《魏书》卷四四《薛野睹附薛虎子传》,中华书局 1974 年版,第 997 页。

②③ 《晋书》卷二六《食货志》,第 792 页。

④ 《晋书》卷七七《殷浩传》,第 2045 页。

⑤ 《康熙常州府志》引《南徐记》。

江乘……地三顷，直(值)钱三百万”。南京光华门外出土西晋太康元年(280)立节校尉曹翌墓地券，记载“买石子岗坑虏牙之田地十里，直钱百万以葬”。南京板桥西晋永宁二年(302)汝阴太守墓地券记载买“丹阳郡江宁县赖乡祭湖里地，方员(圆)五顷十八亩，直钱二百万”。[①] 说明江南有些山区的穷谷无人之地，也被开垦成良田。

三　农业技术的改进

两晋时期，徐、扬地区的农业经济发展，首先表现在旱、水田耕作技术的提高和推广上。旱田的耕作技术，已注重推广北方精耕细作的“区田”法，即在山陵、近邑高危、倾坂和丘城上开成一小区、一小区的田，集中使用水、肥种植作物，争取高产。郭文“区种菽麦”[②]就是采用的这种区田法。

长江以南地区，气候温暖，阳光充足，雨水充沛，河、湖纵横，农民以水田耕作为主。两晋时期，水田耕作技术有了较大提高，已普遍形成用牛耕田耙田的技术。这种方法最早是在长江南北使用，逐渐推广到两广等地。广东连县西晋“永嘉六年”(312)墓中，曾出土一件陶质牛犁田耙田模型。这件模型呈长方形的田型，四周有田埂，四角各有一个漏斗状的设施，中间纵贯一条田埂把田分成两块。一块田上有一人使牛犁田，另一块田上有一人使牛耙田。耙的模型，是上有横耙，下有6根长齿。犁田、耙田，都是单牛牵引，农夫与耕牛靠得很近，显见所扶之犁辕很短，辕前端又有上出竖木，连接两根弯曲的平木，形成框形，架于牛肩，异于北方的双长辕犁。从整个模型看，当时的水田四周，筑有拦水的田埂，四角修有排水的漏斗状设施，便于使田中的水保持在一定的深度。耕作时，使用一牛挽犁耕田，并使用一牛拉耙耙田。[③] 这种犁田、耙田的耕种方法，是两晋长江以南地区水田普遍推行的耕作方法，其短辕、单牛的框形犁，对后世的牛耕方式产生了极大的影响。唐代江东曲辕犁的形成应该是这一时期南方地区单牛、短辕、框形犁长期发展的最终结果。[④]

其次，是这一时期的耕作制度，由一年一熟制向轮作复种制过渡。地处江淮以南的徐、扬地区，汉代以来的传统耕作制为水稻的一年一熟制，即开春翻耕种稻，秋季收获，冬季休闲，第二年复始。孙吴时期，这种耕作制度在南方仍没有发生大的变化。孙吴曾在毗陵(今常州)、吴郡、海昌(今浙江海宁)、上虞等地进行大规模的军屯和民

---

① 《南京栖霞山甘家巷六朝墓群》，《考古》1976年第5期；《南京近郊六朝墓的清理》，《考古学报》1957年第1期；《南京板桥石闸汝阴太守墓》，《文物》1965年第10期。

② 参见《晋书》卷九四《郭文传》，第2440页。

③ 《简谈广东连县出土的西晋犁田、耙田模型》，《文物》1979年第3期。

④ 参见许辉、蒋福亚主编《六朝经济史》，江苏古籍出版社1993年7月版，第271页。

屯，陆凯追述当时屯田的情景："先帝战士，不给他役，使春惟知农，秋惟收稻，江渚有事，责其死效。"[①]春播秋获，正是水稻的生长期。可见，作为当时长江中下游农业经济最发达的三吴地区，通行的耕作制度仍是一年一熟制。但这种状况，至两晋时期发生了变化。《齐民要术·苕》引晋人郭义恭所撰《广志》："苕草，色青黄，紫华。十二月稻下种之，蔓延殷盛，可以美田。"说明最早的轮作是水稻与绿肥苕草的轮作。孙吴以后，随着北方中原人民的不断迁徙南下，北方的旱地作物也逐渐传入南方，其中，冬麦类是主要的一宗。由于麦类生长期与水稻的生长期季节正好错开，故使稻、麦复种成为可能。东晋元帝大兴元年(318)，诏曰："徐、扬二州，土宜三麦，可督令熯地，投秋下种，至夏而熟，继新故之交，于以周济，所益甚大。"[②]这是史籍中关于江南(属扬州)麦作的最早记载。又东晋大兴二年(319)，"吴郡、吴兴、东阳无麦禾，大饥"。[③] 以后，又有"三麦不登"的记载。这里，我们得到江南冬季种麦的信息，并没有稻、麦轮作复种的确凿证据。南朝刘宋元嘉二十一年(444)七月，大旱饥歉之年，文帝诏令曰："比年谷稼伤损，淫亢成灾，亦由稻植之宜，尚有未尽，南徐、兖、豫及扬州浙西属郡，自今悉督种麦，以补阙乏，速运彭城下邳郡见种，委刺史贷给。"[④]大明七年(463)九月，孝武帝因"近炎精亢序，苗稼多伤"，诏令"今二麦未晚，甘泽频降，可下东境郡，劝课垦殖，尤弊之家，量贷麦种"。[⑤] 从这两个督麦诏书来看，南朝时南方地区的耕作制度仍未形成稻麦复种制。因为"如果这种体系已经确立，农民应当认识到夏秋两熟的优越性，会自觉执行复种制"，而政府诏令督麦，南来的北人传授种植经验，"最大的可能性是在高地岗阜，不宜种植水稻之处，开垦旱地，专务陆作"，[⑥]或者可以说，是由一年一熟制开始向轮作复种制的过渡。不管怎样，由于旱地秋季普遍种植三麦，"其后频年麦虽有旱蝗，而为益犹多"。[⑦] 此后三麦便成为江南旱田的主要农作物和主要粮食之一，所以，东晋废帝太和末年建康有"犁牛耕御道，白门种小麦"的童谣，王恭镇京口时，京口也有"昔年食白饭，今年食麦麸"的童谣。[⑧]

其三，农田管理技术的提高与改进。农田的管理技术非常复杂，不同的季节、不同的作物和作物不同的生长期，都有相应的管理技术。由于文献记载的缺乏和实物

---

① 《三国志·吴书·陆凯传》，中华书局1982年版，第1105页。
② 《晋书》卷二六《食货志》，第791页。
③ 《晋书》卷二七《五行志上》，第808页。
④ 《宋书》卷五《文帝纪》，中华书局1987年版，第92页。
⑤ 《宋书》卷六《孝武帝纪》，第133页。
⑥ 参见《六朝经济史》第266页。
⑦ 《晋书》卷二六《食货志》，第791页。
⑧ 《晋书》卷二八《五行志中》，第847、848页。

材料的不足，六朝时期农田管理技术很难详知。具体到两晋时期，我们只能就当时取得有较大成就的管理技术作一阐述。

（1）农田施肥方面，此时南方地区可能已使用粪肥。东汉时期，出生于南方的王充在《论衡·率性》篇中曾言及“深耕细锄，厚加粪壤”。由此推测，东汉时期，南方地区有可能已开始使用粪肥。西晋永嘉之乱以后，随着北人南下，区种法在南方一些地区传播推广，史载中原河内郭文“洛阳陷，乃步担入吴兴余杭大辟山中穷谷无人之地……区种菽麦，采竹叶木实，贸盐以供”。[①] 区种法重视粪肥的技术对南方地区肯定有影响。东晋末，家住广陵（今扬州）的到彦之曾以“担粪自给”。[②] 说明晋末南朝刘宋时期，粪肥的利用在南方已很普遍。上述江南水田中在冬季轮作苕草为绿肥，来春翻耕时作为基肥，这对增加土壤有机质、改善土壤肥力和提高作物产量，都有重要意义。

（2）病虫害防治方面，利用生物界相互制约的现象防治农业害虫的记载，始见于晋代嵇含的《南方草木状》。书中说：“交趾人以席囊贮蚁鬻于市者，其窠如薄絮囊，皆连枝叶，蚁在其中，并窠而卖。蚁赤黄色，大于常蚁。南方柑树若无此蚁，则其实皆为群蠹所伤，无复一完者矣。”这种大蚁，叫黄猄蚁，又叫黄柑蚁，它能捕食椿蟓等二十多种柑桔害虫，目前仍在闽粤等南方桔园中应用。[③] 这里虽然讲的是闽粤等省，但应该也适用于江南其他地区桔园。这一时期，药物防治农田病虫害，已经得到应用和推广。《齐民要术》记载了当时北方地区利用盐、灰烬、蒿艾等治虫的实例。南朝萧梁时人宗懔的《荆楚岁时记》中，也记载了南方地区药物防治的事例。所谓“取菊为灰，以止麦蠹”，作为荆楚地区夏至日的时俗，就是用菊灰撒在夏至后脱粒的小麦上以防治病虫害。菊灰防治病虫害在南朝时已列入时令，可见，这种技术已不是偶尔被采用，而是已具有相当的普遍性，两晋时长江下游地区也不会有所例外。

（3）江南地区的烧田、“水耨”与烤田技术。以往学者往往用“火耕水耨”四个字来概括六朝时期江南地区比较粗放的耕作方式。认为“火耕水耨”的耕作方式无法提供较多的剩余产品，以致贫富分化极不明显，商品经济极不发达。近来，经过学者的研究，在这一问题上取得了重要进展。认为“火耕水耨”是南方水稻区防虫取肥和中耕除草的两项基本农活，与北方旱田的耕作方式有着截然不同的区别。所谓“火耕”，就是烧田，通常是在翻耕之前放火烧掉上年干枯的稻秆和杂草。烧田的作用，一是取肥，增加耕地肥力，二是除草杀死病虫害，是水稻区耕作的开始。所谓“水耨”，就是在

---

① 《晋书》卷九四《郭文传》，第 2440 页。

② 《南史》卷二五《到彦之传》，中华书局 1975 年版，第 679 页。

③ 杨柿《黄柑蚁生物学特性及其用于防治柑桔害虫的初步研究》，《中山大学学报》（自然科学版）1982 年。

水中耨,即是在稻田有水情况下中耕除草。《齐民要术·水稻》:“稻苗长七、八寸,陈草复起,以镰浸水芟之,草悉胅死。稻苗渐长,复须薅(拔草曰薅)。薅讫,决去水,曝根令坚。”说明稻田拔草,主要是在水中用手拔草,具有中耕除草的目的,故称“水耨”。[①] 水耨既拔除了杂草,又疏松了泥土,具有改良土壤通气性能的作用,更大程度地满足水稻根系对空气的需求,有利于根系的生长和发育。“水耨”的劳动场面,已被东汉以来南方发现的画像砖[②]所证实,这说明自东汉起,“水耨”已非旧日那种原始粗放的中耕程序,而已是南方水稻种植中“精耕细作”的有机组成部分。

烤田技术,见于贾思勰《齐民要术·水稻篇》。《齐民要术》虽然是总结北方地区农业生产技术的,但是,《水稻篇》所载稻作技术应反映当时已包括在北魏版图内的江淮地区的情况。《水稻篇》称:水稻中耕除草后(已如上述),“耨讫,决去水,曝根令坚。量时水旱而溉之。将熟,又去水。”即在第二次除草(薅)完毕后,放去稻田里的水,让太阳照晒,称为烤田。烤田的基本要求,贾思勰在《齐民要术》中把它概括为“曝根令坚”,这是具有相当的科学道理的。土壤经过烤晒,土温增高,加强了养分的分解,促使根系向纵深发展,萌发新根,控制了茎叶的生长和无效分蘖的发生,复水后稻株秆茎生长健壮,不易倒伏,促进穗大籽粒饱满,达到增产增收。烤田技术既有可能是长江以南北传的技术,也有可能是江淮地区首先发明的。但不管怎样,它在两晋南北朝时,在江淮水稻种植地区得以大力推广和普遍应用。

第二节 手工业经济

一 金属冶铸业

两晋时期,徐、扬地区的金属冶铸、纺织、陶瓷、造纸、造船、煮盐等手工业,也在东吴的基础上向前发展。

金属冶铸业的冶铁,《宋书·百官志上》载:“晋江右掌冶铸,领冶令三十九,户五千三百五十。冶皆在江北。而江南唯有梅根、冶塘二冶,皆属扬州。”冶塘山就是因为晋宋之时,依山置冶而得名。扬州丹阳(今南京市江宁区之小丹阳镇)南百余里铁岘

---

① 张学锋《六朝农业经济概说》,载胡阿祥主编《江南社会经济研究》“六朝隋唐卷”,中国农业出版社 2006 年 2 月版,第 192 页。

② 沈仲常《东汉石刻水圹水田图像略说》,《农业考古》1981 年第 1 期。余德章、刘文杰《记四川有关农业方面的画像砖》,《农业考古》1983 年第 1 期。

山，“广轮二百许里，山出铁”。① 冶铁、锻钢的技术较三国时期有所进步。西晋刘琨《重赠卢湛诗》有“何意百炼刚(钢)，化为绕指柔”诗句。这是指经多次打热和折叠锻打的“百炼钢”。而更为重要的是在汉晋之际形成的灌钢法，把我国古代炼钢技术发展到新的阶段。它同时兼用生铁和熟铁两种原料，利用生铁含碳量高、熔点低的特点，让先熔化的生铁液体作为渗碳剂，灌注到疏松的熟铁空隙之中，使熟铁含碳量上升而成为钢。现存史料表明，这种技术至迟在南朝已得到普遍推广。

两晋江南的青铜、金银等冶铸业也有所发展。晋时润州句容县有“铜冶山，在县北六十五里。出铜铅，历代采铸”。② 丹阳郡所产之铜，仍很著名，东晋时仍称为“丹阳铜”。③ 当时，炼丹家利用金、银、铜、铁、铝等金属炼丹，积累了不少金属冶炼的经验。东晋葛洪的《抱朴子·内篇》有《金丹篇》，其中涉及的矿物有水银、硫磺、矾石、戎盐、丹砂、云母等，《黄白篇》主要讲供药用的人造黄金和白银的炼制方法。这些记载表明，当时人已知道利用硝石(硝酸钾)和醋的混合液溶解金属和矿物，特别是溶解黄金的方法。冶炼金属的工匠铸造金、银、铜、铁等器具的工艺水平，也比前代有所提高。江南、江北许多地方发现的两晋墓中特别是东晋大墓中，都出土有当时的铜铁铅器和金银器。代表这个时期青铜工艺水平的，主要是铜镜和鎏金铜器。铜镜纹饰多样，有的饰有青龙、白虎、鱼和禽兽等图案。南京出土的一件鎏金铜带钩，铸有兽头、神兽食鱼、飞鸟等图案，造型别致，构思新奇，工艺水平很高。南京西岗西晋墓中，出土有金片、金戒指和金银钗等。宜兴周处墓中，出土有金镯、金花篮。南京象山东晋王氏墓中也出土有各种金银器，如金铃、环、钗、簪和银簪、钗、链等，均反映着当时金银工艺业的制造水平。

南京仙鹤观东晋高崧家族墓出土的蝉纹金珰

二 纺织业

南方素以生产葛布和帛著名。东吴至西晋时期，葛布和帛的生产更比以前有所发展。西晋左思《吴都赋》说这里“集賄(集货布帛)纷纭，器用万端”，“蕉葛升越，弱于罗纨”。东晋初年，江南麻布产量已很大。《晋书·苏峻传》载：“(峻)陷宫城……时宫有布二十万匹，金银五千斤，钱亿万，绢数万匹。他物称是，峻尽废之。”布的贮存数是

---

① 《太平御览》卷四六“地部十一”引《丹阳记》，中华书局影印本1985年版。

② 《元和郡县志·润州句容县》，中华书局1985年版，第658页。

③ 《抱朴子·内篇·金丹篇》。

绢的几倍,说明麻织品乃是当时南方纺织业之大宗。

江南种桑养蚕,缫丝织帛一直著名。两晋时期的丝织品仍然主要是丝、绵、帛或绢。梁简文帝为吴郡太守王规作的"谢章"中有"制锦何阶,棼丝方始"之句,[①]说明当时江南当有织锦。东晋末年,刘裕攻灭后秦,迁关中技工于建康,设立"斗场锦署",[②]这对江南丝织业的发展有重要意义。它不仅使官营丝织业生产有了常设机构,更重要的是充实了江南丝织业发展的技术力量,从而给发展中的江南丝织业生产以巨大促进,为赶超北方创造了条件。

东晋历经百年期间,江南丝织业产量有很大提高。据《晋书·王导传》:苏峻之乱后,"帑藏空竭,库中惟有练数千端,鬻之不售,而国用不给。导患之,乃与朝贤俱制练布单衣,于是士人翕然服之,练遂踊贵。"练为布之一种,近于苎麻织品,[③]上至宰辅,下至朝士,皆以练布制衣,可见东晋初年丝织品产量尚少,远不能满足士大夫阶层的需要。但至东晋末桓玄执政时,情况大有改观。太尉主簿孔琳之谈及军人普遍服用丝织品的情况说:"昔事故饥荒,米谷绵绢皆贵,其后米价复登,而绢于今一倍……愚谓致比,良有其由。昔事故之前,军器正用铠而已。至于袍袄裲裆,必俟战阵,实在库藏,永无损毁。今仪从直已及邀罗使命,或有防卫送迎,悉用袍袄之属,非唯一府,众军皆然……每丝绵新登,易折租以市,又诸府竞收,动有千万,积贵不已,实由于斯。"[④]说明即便没有战事,京师禁卫部队的士兵均普遍穿着丝织品制作的袍袄裲裆,以致新丝绵上市时,军府竞相收购,导致丝价上涨。足见晋末江南丝织业有了显著发展。

三　陶瓷业

两晋时期的陶瓷生产尤其是青瓷生产,更在东吴时期的基础上发达起来。南京雨花台长岗村一座东吴末年至西晋初年的墓中,出土一件青瓷釉下彩盖盘口壶,釉下的瓷胎上通体有褐黑色彩绘,器体造型端庄,装饰多彩,绘有仙人、仙草、神禽神兽等图案,为青瓷珍品。[⑤] 两晋时期的青瓷胎质、釉色、纹饰和烧制技术都有显著提高。典型的青瓷器有神兽、鸡首、鹰、虎、熊、羊、狮、犀牛等形状的器皿。宜兴两晋周鲂、周处、周玘墓出土的青瓷器,除常见的器皿如罐、壶、盆、碗、盘外,还有造型奇特、具有极高艺术价值的青瓷神兽尊、香熏和堆塑有楼阁、人物、飞鸟的谷仓罐(魂瓶)等,其中青

---

① 《吴郡志》卷一〇《牧守》,江苏古籍出版社 1986 年版,第 131 页。

② 《太平御览》卷八一五引《丹阳记》。

③ 李剑农先生有考,见《魏晋南北朝隋唐经济史》,生活、读书、新知三联书店 1959 年 5 月版,第 51 页。

④ 《宋书》卷五六《孔琳之传》。

⑤ 《南京出土的六朝早期青瓷釉下彩盘口壶》,《文物》1988 年第 6 期。

瓷神兽尊1976年出土于周氏墓地4号墓，墓的年代为西晋惠帝永宁二年(302)。尊口径13.2厘米，腹径23.5厘米，通高27.9厘米。胎棕色，施青灰釉，表面细腻、光洁、滋润。造型为盘口、短颈、长园腹，两侧肩部各有一系。腹部高浮雕神兽一只，双目及头部突出，口内含珠，颔下有须，面目狰狞可怖。尊腹即兽腹，两侧有两爪向下支撑，两爪向上盘曲。周围雕饰出双翼、脊毛、尾。器底刻“东州”二字。此器工艺复杂，采用了拍印、捏塑、贴塑、雕空等多种技法，是近年出土西晋青瓷中著名的精品。[①] 南京出土的青瓷羊型水注、鸡首壶、莲花尊等造型都很优美。吴县狮子山西晋元康年间墓中出土的青瓷楼台堆塑谷仓罐、百戏堆塑谷仓罐[②]代表了晋代青瓷工艺的很高水平。镇江市郊东晋隆安二年(398)墓中出土的青瓷博山炉，工艺水平也很高。

南京长岗村5号墓出土的
吴釉下彩绘羽人纹带盖青瓷盘口壶

南京江宁下坊东晋墓出土的
黑釉鸡首壶

东晋飞鸟陶香熏

南京江宁殷巷出土的西晋
牛形青瓷镇墓兽

① 参见罗宗真《江苏宜兴晋墓发掘报告——兼论出土的青瓷器》，《考古学报》1957年第4期；南京博物院《江苏宜兴晋墓的第二次发掘》，《考古》1977年第2期。

② 张志新《江苏吴县狮子山西晋墓清理简报》，见《文物资料丛刊》第3期。

魏晋以后,青瓷便日趋广泛地进入社会生活领域,逐渐取代了传统的金属用具、漆器用具等。人们日常使用的各类器皿,如壶罐、盆钵、碗、水壶、灯、香熏,乃至砚、虎子(尿壶),都已开始用青瓷烧制。且为便于实用,青瓷器具的造型也不断变化和改进。如壶罐等容器在东晋时开始配烧了专用的器盖,盖与口盖紧密,是较大的改进。[①]由于六朝时的贵族士大夫中,风靡熏衣剃面,傅粉施朱的生活方式,故各种小巧精美、玲珑剔透的熏炉应运而生。前述宜兴西晋周处家族墓出土的青瓷香熏,就是很好的实例。此外,东传的佛教艺术也在六朝青瓷中留下了鲜明的印记,这便是以莲花为主的造型器和莲花类纹饰。这一时期南京出土的青瓷莲花尊就是这一艺术类型的杰出代表。

四 造纸业

两晋时南方的造纸业已相当发达。这个时期,南方普遍造纸,建康、广陵以及会稽等地都是南方造纸的中心。建康有皇室造纸作坊,设有管理作坊染色的属官"平准",所以桓玄在掌握东晋政权时,曾"令平准作青、赤、缥(青白色)、绿、桃花纸,使物(总)精,令速作之"。[②] 纸的品种已很多,除白纸外,还有色泽鲜艳的黄、青、赤、缥、绿等各色纸张。南方造纸原料众多,除用南方所产麻制作的麻纸外,还有用桑皮制作的桑皮纸、用楮皮制作的楮皮纸[③]和用藤皮制作的藤皮纸。当时纸的产量已很大。《初学记》卷二一《纸》引虞预《清秘府纸表》曰:"秘府中有布纸三万余枚……愚欲请四百枚,付著作吏,书写起居注。"又引裴启《语林》曰:"王右军为会稽令,谢公就乞笺纸,库中唯有九万枚,悉与之。"郡府库存纸张,动辄数万,产量之巨可以想见。这时的造纸术已比汉代提高。晋代的纸一般比汉代纸白,表面较平滑,结构较紧凑,纤维束较少,有明显的帘纹,纸质较细薄,有的晋纸纤维帚化度达到70%,接近机制纸。[④]

魏晋时人,一般还是习惯于用帛简作为书写材料的,但当他们改用纸以后,就从实际中体验到纸的优越性。故西晋傅咸《纸赋》说:"夫其为物,厥美可珍。产方有则,体洁性真。含章蕴藻,实好斯文。取彼之弊,以为己新。揽之则舒,捨之则捲。可屈可伸,能幽能显。"晋纸质量的提高、品种的繁多和产量的增加,使东晋的统治者甚至明令规定用纸作为正式书写材料。东晋的豪族桓玄掌握朝政大权后,在他临死那一年(404),废晋安帝,自称为帝,改国号为楚,随即下令停用简牍而代之以黄纸:"古无

---

① 参见中国硅酸盐学会编《中国陶瓷史》,文物出版社1982年版。

② 《太平御览》卷六〇五《文部·纸》。

③ 楮树即构树,又称谷树。《初学记》卷二一《纸》引张华《博物志》:"以树皮作纸,名谷纸。"

④ 潘吉星《中国造纸技术史稿》,文物出版社1979年3月版。

纸，故用简，非主于敬也。今诸用简者、皆以黄纸代之。”[①]地下出土物也表明，西晋时还是简、纸并用，东晋以降，便不再出现简牍文书，而几乎全是用纸了，这在中国文化发展史上，无疑是一个巨大的进步。

五　造船业、煮盐业

长江下游以造船、煮盐著名，两晋时期造船业、煮盐业也继续发展。在造船方面，当时既造有各种水舰，如东晋末年刘裕率领晋水师的船——蒙冲小舰。“镇恶所乘皆蒙冲小舰，行者悉在舰内，羌见舰泝渭而进，舰外不见有乘行船人。北土素无舟楫，莫不惊惋，咸谓为神”，[②]同时也建造各种大船，如晋末卢循起义军自长江中游“连旗而下，戎卒十万，舳舻千计”。[③]《初学记》卷二五《舟》十一引萧方等《三十国春秋》曰“卢循寇京邑，芙蓉舰千余艘”。卢循率领义军攻打建康的战船为芙蓉舰，这是比较大的战船了。其中有的战船，如“八漕舰九牧，起四层，高十余丈”。[④]

在煮盐方面，三国孙吴曾在汉代盐官驻地海盐（今属浙江）置司盐校尉，统领盐业生产。两晋以降，这里滨海盐田遍布，《舆地志》记曰：“海滨广斥，盐田相望，吴煮海为盐，即盐官县境也。”[⑤]同时，在长江以北的江苏盐城滨海地区兴起了新的煮盐中心。《南兖州记》曰：“盐亭一百二十三所，县人以鱼盐为业，略不耕种，擅制巨海，用致饶沃。公私商运，充实四远，舳舻往来，恒以千计。”[⑥]说明盐城一带的盐场，规模辽阔，所产之盐远销四方。晋时盐业的兴旺与政府出台的鼓励政策分不开。史载东晋元帝大兴三年(320)十二月，“严设煮盐之法，造私盐者以半与之”。[⑦]

第三节　商业与城市

在农业、手工业发展的基础上，两晋时徐、扬等地的商业也在三国孙吴商业发展的基础上有了进一步发展，建康、京口、毗陵、吴郡、广陵等城市随着商业的发展而兴盛起来。

---

① 《太平御览》卷六〇五《文部·纸》引《桓玄伪事》。

② 《宋书》卷四五《王镇恶传》，中华书局 1987 年版，第 1369 页。

③ 《晋书》卷一〇〇《卢循传》。

④ 《北堂书钞》卷一三六引《义熙起居注》。

⑤ 《初学记》卷八《江南道十》引。

⑥ 《太平寰宇记》卷一二四“盐城监”引。

⑦ 《建康实录》卷五《中宗元皇帝》，第 100 页。

一　商业与商税

两晋时期,徐扬地区商业得以发展的原因:一是南方相时安定的局面,农业、手工业的长足发展,必然推动商品交换关系的发展;二是徐、扬地区濒海临江,河湖纵横,便捷的交通也有利于境内贸易的进行;三是封建国家的商业政策已渐由垄断性的禁榷专卖,转为限制或以征收商税的形式进行控制,这为商品交换关系的活跃,尤其是为贵族、官僚、僧侣地主等的经商开辟了道路。①

两晋时期,徐、扬地区商业活动最发达的地区应在三吴一带。②《隋书·食货志》说这里"人竞商贩,不为田业"。虽然言过其实,但多少反映这里的一些情况。而《隋书·地理志》对此则作了进一步概述:"丹阳旧京所在,人物本盛,小人率多商贩,君子资于官禄。市廛列肆,埒于二京,人杂五方,故俗颇相类。京口东通吴、会,南接江、湖,西连都邑,亦一都会也。宣城、毗陵、吴郡、会稽、余杭、东阳,其俗亦同。然数郡川泽沃衍,有海陆之饶,珍异所聚,故商贾并凑。"

文中所述丹阳(实指建康)、京口(今镇江)、毗陵(今常州市)、吴郡(今苏州市)、余杭(今属浙江省)等地均属三吴地区,这里平原沃野、物产丰富、交通便捷、商业发达。此时较为大宗的商品有粮食、绵、绢、布、茶、竹、木等农副产品,纸、席、瓷器、盐、铁、铜制品等手工业产品,漆、蜜、腊等土特产品以及人们日常生活所需的蔬菜、瓜果、水产等,其中最突出的是粮食。刘宋时有人赞叹江南市场乃"千斛为货"、③"万斛为市"。④两晋时江南市场也应该以粮食交易为大宗。此时的商业活动,非独存在于城镇都会,甚至已深入到农村。这一时期商业的发达,表现在专业市场的形成和草市的出现。当时建康城内除了东吴时设立的建康大市和建康东市外,又增加了建康北市和秣陵斗场市。此外,秦淮河北还有大市和十余所小市。《景定建康志·疆域》"市镇"条曰:"又有小市、牛马市、谷市、蚬市、纱市等十所,皆边淮列肆裨贩焉。内纱市在城西北耆阇市前,又有苑市在广莫门内路东,盐市在朱雀门西,今银行.花行、鸡行、镇淮桥、新桥、笪桥、清花市皆市也。"说明此时秦淮河两岸形成了一系列专营某类商品的专业市

---

① 参见《六朝经济史》,第350页。

② 关于三吴地区的范围,历来说法不一。《资治通鉴》卷九四"成帝咸和三年"胡三省注:"汉置吴郡;吴分吴郡置吴兴郡;晋又分吴兴、丹阳置义兴郡,是为三吴。"郦道元曰:"世谓吴郡、吴兴、会稽为三吴。"杜佑曰:"晋宋之间,以吴郡,吴兴、丹阳为三吴。"唐·李吉甫《元和郡县图志》曰:"历晋至陈不改。常为吴郡与吴兴.丹阳号为三吴。"据此可以认为,广义的三吴,可以包括今江苏南部和浙东地区,但严格意义上的三吴似应主要指以太湖流域为中心的今江苏南部地区和部分浙北地区,浙东已显然属于越地了。

③ 《宋书》卷八二《周朗传》,第2093页。

④ 《宋书》卷五六《谢瞻等传》史臣曰,第1565页。

场。不仅如此，在一些城乡的结合部，形成了几日一聚的定期市集或草市、墟市。《太平寰宇记·江南东道二》"升州上元县"条称晋建康置"有七部尉"，其中"南尉在草市北"。所谓"草市"，日本学者加藤繁认为系由各地草料市场发展而来，其名称本身即含有粗略、粗疏、不正规之意。① 当时经商者除商人外，贵族、官僚、士大夫经商者亦不乏其人。晋人江统奏言：当时社会"风俗转薄，公侯之尊，莫不殖园圃之田，而收市井之利，渐冉相仿，莫以为耻"。② 东晋会稽王司马道子在建康官府园内"使宫人为酒肆，沽卖于水侧"。③ 大官僚谢安的一个同乡被罢官从广州回建康，带回五万把葵扇，谢安从中取了一把自用，京师士庶因而出高价争购，葵扇"价增数倍"，④东晋政府对官僚经商，一般免收高税，对商人经商则设官管理和收税。当时从事商业的商人，设有专门的户籍，称为"市籍"。他们的地位相当低贱，服饰衣着都有严格的规定。《晋令》曰："侩卖者皆当著巾，白帖额，题所侩卖者及姓名，一足著白履，一足著黑履。"⑤这种状况至东晋南朝时，当无多大变更。

两汉以来，封建政权对商业的压抑，不仅表现在对市场的严格控制，还往往推行禁榷专卖，实行商业垄断。魏晋六朝时期，虽然仍奉行崇本抑末的传统政策，但对商业的垄断已渐放松，政府较多的是通过和市征购，征收商税等方式控制市场交易，满足封建统治集团的需要。永初元年(420)七月，刘宋建国之初，刘裕针对晋末弊政，即下诏，重申台府所须，"皆别遣主帅与民和市，即对裨直，不复责租民求办。……又以市税繁苦，优量减降。"⑥可见"和市征购"和"征收商税"应是晋末宋初调节和控制市场交易的重要方法。秦汉时的商税，主要是向商人征收类似后世营业税的市租(或称市税，南朝又称市调)以及未行禁榷时的盐、酒之税。魏晋六朝商税的征收范围逐渐扩大，名目愈益增多，有市租、估税及各类关津及埭税，也即商品过境税等。

但市租仍然是主要税种。史载西晋永嘉乱中，刺史刘陶遣使慰问庐江名儒杜夷，命庐江郡"常以市租供给(夷)家人粮廪，勿令阙乏"。⑦《宋书·武帝纪》载永初元年(420)诏曰："市税繁苦，优量减降。"可见两晋时期，市租的征收一直未断，且数额繁重，成为商民的沉重负担。不仅如此，东晋以来，政府还对商业活动加征估税。《隋书·食货志》曰："晋自过江，凡货卖奴婢、牛马、田宅，有文卷，率钱一万，输估四百入

① 参见《中国经济史考证》第一卷，第317页，商务印书馆1959年版。

② 《晋书》卷五六《江统传》，第1537页。

③ 《晋书》卷六四《司马道子传》，第1734页。

④ 《晋书》卷七九《谢安传》，第2076页。

⑤ 《太平御览》卷八二八引《晋令》。

⑥ 《宋书》卷三《武帝纪》下，第54页。

⑦ 《晋书》卷九一《儒林·杜夷传》，第2354页。

官，卖者三百，买者一百。无文卷者，随物所堪亦百分收四，名为散估。历宋、齐、梁、陈，如此以为常。”同时，在一些交通要道设检查站征收货物过境税。如在建康城西面的石头津，建康城东面的方山津，各设“津主一人，贼曹（检查员）一人，直水（水上检查员）五人，以检查禁物及亡叛者，获炭鱼薪之类出津者，并十分税一以入官”。[①] 可知此时的税率在正常情况下，是百分之十。东晋时还有桁渡税，这是摆渡时征收的税种。《建康实录》卷九，载晋孝武帝宁康元年（373）三月，“诏除丹阳、竹格等四航（即桁）税”时，许嵩引《舆地志》注曰：“六代自石头东至运署，总二十四渡，皆浮船往来，以税行直。”仅石头至运署一线，就有24处摆渡收税。可证桁渡税也不在少数。这些商税的收入，成为两晋政府，特别是东晋政府财政收入的一个重要部分。

二　货币

两汉时货币通用五铢钱，天下以为便。东汉献帝时董卓专权，更铸小钱，于是“货轻而物贵，谷一斛至数百万”。曹操为相，还用五铢，“是时不铸钱既久，货本不多，又更无增益，故谷贱无已”。魏文帝曹丕时“罢五铢钱，使百姓以谷帛为市”。至明帝时“钱废谷用既久，人间巧伪渐多，竞湿谷以要利，作薄绢以为市，虽处以严刑而不能禁也。”乃采用大臣司马芝等议：“魏明帝乃更立五铢钱，至晋用之，不闻有所改创。”[②]晋室南渡后，沿用的是东吴旧币。东吴所铸钱币主要有两种：一是孙权嘉禾五年（236）“铸大钱一当五百”；二是赤乌元年（238）又“铸当千大钱”。[③] 此外，还发行过当二千、当五千两种大钱。[④]《晋书·食货志》曰：“晋自中原丧乱，元帝过江，用孙吴旧钱，轻重杂行，大者谓之比轮，中者谓之四文。吴兴沈充又铸小钱，谓之沈郎钱”。所谓“比轮”，形容其大如轮，似指复用孙吴“大泉五百”“大泉当千”的钱币。中者“四文”，即一钱当小钱四文。小钱“沈郎钱”仅重一克，极薄小，犹如榆荚。[⑤] 孙吴大钱的铸行时间很短，数量不会很多。沈充被杀于东晋初年，铸

南京江宁上坊孙吴墓出土的铜钱

① 《通典·食货·杂税》。

② 以上参见《晋书》卷二六《食货志》，第794—795页。

③ 参见《三国志·吴书·孙权传》，第916页。

④ 参见千家驹、郑彦岗《中国货币史纲要》，上海人民出版社1986年版，第42页。

⑤ 参见《中国货币史纲要》，第45页。

钱量也不大。故东晋社会铸币的流通量有限，难以满足市场需要。故《晋书·食货志》曰："钱既不多，由是稍贵。"东晋安帝时，桓玄专权，立议欲废钱用谷帛，后因大臣孔琳之等竭力反对而未行。文物考古材料也印证了两晋的钱币状况。南京虎踞关一座东晋墓中，曾出土数枚五铢钱。苏州平门六朝墓也出土过五铢、直百五铢、太平百钱等。

但是必须指出，两晋乃至南朝时期，米谷布帛等实物仍在一定范围内行使货币的职能。如晋灭吴以前，"（羊）祜出军行吴境，刈谷为粮，皆计所侵，送绢偿之"。[①] 说明当时东吴、西晋使用实物货币相当普遍。东晋未铸新币，仅沿用东吴旧钱，实物货币的使用不会少。但也不能认为此时实物货币已占主要地位。[②] 实际上这时货币经济仍然在社会经济生活中居于主导和支配地位的，杂以谷帛交易的仅仅是经济尚未大规模开发的一些地区和与实物交易盛行的北朝接壤的地区。[③]

三 城市的发展

两晋时期，在农业、手工业发展的基础上，建康、京口、毗陵、吴郡、广陵等逐渐发展为大小不等的商业城市。

建康，在西晋时原称建邺，后因避晋愍帝讳，改为建康，是西晋南方的政治军事重镇，东晋时建康成为都城，[④]不仅是江南政治、军事、经济、文化的中心，也是当时中外经济、文化交流的中心。当时，建康城的规模和宫殿建筑又在东吴建业城的基础上加以扩建，共有十二座城门。建康城内建有建康宫城，宫城又名"台城"，是在吴昭明宫和后苑城基础上修建的。宫城的正南门称为大司马门，约在今长江路网巾市附近，由此往南是一条七里长的"御道"，中经都城的正门宣阳门，直达秦淮河的朱雀门。这条南北的中轴线，就是东吴时的"苑路"。东晋成帝咸康五年（339），宫城始用砖垒，并创构楼观。东晋末年，又在石头城用大砖垒筑，并在城南筑高楼，称"入汉楼"。

在东吴和西晋时期，这个城市的工商业就相当兴盛。左思《吴都赋》描绘这里"水浮陆行，方舟结驷，唱棹转毂，昧旦永日。开市朝而并纳，横阛阓而流溢。混品物而同廛，并都鄙而为一"，"轻舆按辔以径隧（向市路），楼船举飒（帆）而过肆（市路）"。市上

---

① 《晋书》卷三四《羊祜传》，第1017页。

② 李剑农先生认为："自汉末三国至于两晋，南北朝时期，实际上已返于半现物经济情态，无论金、银，皆与布、帛、谷粟同为现物之一，同为交换流通之所资。"（《魏晋南北朝隋唐经济史》）；傅筑夫先生也认为："两晋至南朝各王朝的货币制度，始终是实物货币占主要地位。"（《中国封建社会经济史》第3册）。

③ 参见《六朝经济史》，第387—388页。

④ 许嵩《建康实录》卷一曰："建康者，本楚金陵邑，秦改为秣陵，吴改为建业。晋愍帝讳业，改为建康。元帝即位，称建康宫，五代仍之不改。"

“士女伫眙,商贾骈坒(相连)”。东晋时,商业更趋繁荣。当时建康城内除了东吴时设立的建康大市和建康东市外,又增加了建康北市和秣陵斗场市。此外,秦淮河北还有大市和十余所小市以及众多专营某类商品的专业市场。这里工商业者众多,商舟云集。据东晋初年的应詹说:当时“工商流寓僮仆不亲农桑而游食者,以十万计”。[①] 在石头城江边一带停泊的商旅船只以万计。东晋安帝元兴三年(404)二月,发生一次大的风灾,“涛水入石头,商旅方舟万计,漂败流断,骸胔相望”。[②] 可见,当时商旅船只之多。

东晋时,建康市场遍及宫城南北,尤其集中于秦淮河两岸,已经突破了旧时“面朝后市”[③]的传统格局。而且,旧时之市,乃城中特定区域,市有阛(市垣)阓(市门),与居民住宅区隔开,互相并不混杂。东晋时,这种状况也有了改变。《世说新语·规箴》载晋元帝时“廷尉张闿在小市居,私作都门,蚤闭晚开,群小患之”。说明建康市廛已与一般民居相混杂。当时建康,除官方所设正规市场外,已如上述,秦淮河两岸还出现了一系列专营某类商品的专业市场。如牛马市、谷市、蚬市、纱市、盐市、花市等。建康市场的这些变化导致城市性质逐渐转化,从事商业活动以及为之服务的人口急剧增加,使城市的商业性质越来越突出。《隋书·地理志》曰:“丹阳旧京所在,人物本盛,小人率多商贩,君子资于官禄。市廛列肆,埒于两京,人杂五方,故俗颇相类。”说明此时建康城的商业性质已不亚于北方久已发达的长安、洛阳等商业都市,它不仅是南方的政治中心,也成为南方最繁华的经济中心。

建康之东的京口(今镇江市),是两晋时期的重镇。这座城市“因山为垒,望海临江,缘江为境,似河内郡,内镇优重”。[④] 它“西距汉沔,东连海峤,为三吴襟带之邦,百越舟车之会”。[⑤] 这里有丹徒水道,入通吴、会,是江南水陆交通方便、商旅往来的重要城市。史称“京口东通吴、会,南接江湖,西连都邑,亦一都会也”。[⑥]

位于京口之东的毗陵(今常州市)、吴郡(今苏州市),也是江南商业兴盛的重要城市。毗陵是西晋平吴后从丹阳郡分出的毗陵郡,此地原为孙吴军屯区,置典农校尉。西晋太康二年(281),省校尉为毗陵郡。后来因封给东海王世子司马毗,改名晋陵郡。吴郡是汉以来的名郡,统县十一,地理范围除包括江苏东南部地区,尚包括今浙东部

---

① 《晋书》卷二六《食货志》,第 791 页。

② 《晋书》卷二七《五行志上》,第 817 页。

③ 《周礼·考工记》曰:“国中九经九纬……左祖右社,面朝后市。”谓市应建于宫廷之后的北部地区。

④ 《南齐书》卷一四《州郡志》,第 246 页。

⑤ 《读史方舆纪要》卷二五《镇江府》。

⑥ 《隋书》卷三一《地理志下“扬州”序》,中华书局 1973 年版,第 887 页。

分地区。两晋时期，这两郡“川泽沃衍，有海陆之饶，珍异所聚，故商贾并凑”。[①]

位于京口长江北岸的广陵（今扬州市），地当南北水陆要冲，扼邗沟入江通淮之口，是两晋时期江北淮南的南北漕运和商旅往来的重镇。西晋后期，陈敏曾为广陵度支，经管南北漕运。西晋永嘉之乱后，青州、兖州一带的北方中原人民南徙广陵，东晋元帝、明帝时先后在广陵侨置南青州和南兖州。“晋末以广陵控接三齐，故青、兖同镇，宋永初元年(420)罢青并兖，三年(422)，檀道济始为南兖州，广陵因此为州镇。土甚平旷，刺史每以秋月多出海陵观涛，与京口对岸，江之壮阔处也”。[②] 东晋废帝时，大司马桓温曾在汉代广陵城的基础上修筑广陵城，加固城门，砌筑砖墙。这时的广陵，是江北经济富庶的城市。

第四节　对外经济交流

晋武帝的短期统一，为对外经济交流创造了条件，史称其“抚旧怀新，岁时无怠，凡四夷入贡者，有二十三国”。[③] 但不久的“永嘉之乱”，北方中原地区为少数民族入主，建立十六国政权。东晋政权建都建康，建康成为中外经济文化交流的中心。

一　对北方十六国的经济交流

东晋与入据中原的胡族政权长期处于敌对状态，使南北互市严重受阻，所谓“旧制以淮禁，不听商贩辄渡”。[④] 但南北贸易交往并未完全中断。如东晋初，祖逖北伐中原，击败后赵石勒在黄河以南的势力后，“石勒不敢窥兵河南，使成皋县修逖母墓，因与逖书，求通使交市。逖不报书，而听互市，收利十倍，于是公私丰赡，士马日滋”。[⑤] 同书《苻健载记》曰：“（苻菁）掠上洛郡，于丰阳县立荆州，以引南金奇货、弓竿漆蜡，通关市，来远商，于是国用充足，而异贿盈积矣。”通过互市，北方“国用充足”、“异贿盈积”；南方则“收利十倍”、“公私丰赡，士马日滋”，南北双方都获得显著的效益。

尤其值得指出的是，东晋与当时东北辽东地区和西北地区少数民族建立的地方政权，保持着政治上的良好联系和经济上的密切交流。在辽东地区，鲜卑慕容氏建立

---

① 《隋书》卷三一《地理志下“扬州”后序》。

② 《南齐书》卷一四《州郡志》，中华书局 1983 年版，第 255 页。

③ 《晋书》卷九七《四夷传》序，第 2531 页。

④ 《北齐书·苏琼传》，中华书局 1972 年版，第 645 页。

⑤ 《晋书》卷六二《祖逖传》，第 1697 页。

的前燕与东晋一直保持着政治上的密切联系，多次接受东晋的册封，多次遣使来建康，交往极其频繁。辽西地区的段部鲜卑政权，与东晋亦有密切的交往。太兴四年(321)二月，"鲜卑(段)末波奉送皇帝信玺"。[①] 咸和六年(331)东晋"以幽州刺史，大单于段辽为骠骑将军"。[②] 地处黑龙江下游的肃慎，元帝太兴二年(319)八月"肃慎献楛矢石砮"。[③] 东晋与东北辽东地区的交往当时主要通过海道。胡三省描述说："自建康出大江至于海，转料角至登州大洋；东北行，过大谢岛、龟歆岛、淤岛、乌湖岛三百里，北渡乌湖海，至马石山东之都里镇。"[④]具体来说，这条航线是：从建康沿长江东下，在长江口北端海门附近之料角向北行，沿黄海过山东半岛东端之成山角，再进入登州大洋，即威海、烟台北部海域，再沿庙岛列岛北上，经大谢岛(即长岛)、乌湖岛(即北隍城岛)等，渡渤海海峡到达辽东半岛南端的都里镇(马石津)，亦即三国时期的沓津(或称沓渚)，即今辽东半岛旅顺。沓津在三国时已发展为东北地区与江南地区交通的重要港口和互市场所。[⑤]

东晋与辽东地区少数族政权频繁的外交与外贸活动，大大促进了江南与辽东两地之间经济上的交流，史称"葛越布于朔土，貂马延于吴会"。[⑥] 江左的葛布为东北人民所喜爱，东北的貂皮、马匹亦为江左地区所用。同时，还把江南的桑种传入辽东，据崔鸿说："先是，辽川无桑，及(慕容)廆通于晋，求种江南，平州之桑，悉由吴来。"[⑦]从而在东北地区推广了种桑织布的生产。后来北燕冯跋也曾下令进一步推广种桑："桑柘之益，有生之本，此土少桑，人未见其利，可令百姓人殖桑一百根、柘二十根。"[⑧]

东晋与西北地区的前凉、仇池氐杨、北凉、西凉和西秦均有政治和经济上的交往。从西北诸国方面来说，是为了在南北两大敌对政权之间保持平衡或寻求支持；从江左东晋政权而言，则是显示和提高其"正朔所在"、"万方所宗"的国际地位的需要。[⑨] 东晋与西北诸国交往关系的发展，依赖于东西交通的开辟。孙吴时期，西部的益州为蜀汉所据，故西北诸国无法从陆路与江左政权发生关系，只能从水道进行一些交往，如大秦贾人秦论就是从海道绕道交趾而到达建康的。东晋时，与西北交往的陆道得到

① 《晋书》卷六《元帝纪》，第154页。

② 《晋书》卷七《成帝纪》，第176页。

③ 《晋书》卷六《元帝纪》，又《晋书·四夷传》载："有石砮，皮骨之甲，檀弓三尺五寸，楛矢长尺有咫。其国东北有山出石，其利入铁，将取之，必先祈神。"

④ 《通鉴》卷九五"成帝咸和九年"胡三省注，中华书局1982年版，第2997页。

⑤ 参见黎虎《魏晋南北朝史论》，第441页，学苑出版社1999年7月版。

⑥ 《晋书》卷五六《孙楚传》，第1540页。

⑦ 《太平御览》卷九五五引《十六国春秋》。

⑧ 《晋书》卷一二五《冯跋载记》，第3131页。

⑨ 参见黎虎《魏晋南北朝史论》第470页。

开通。这条陆路交通主要有东、西两条路线：西路是益州一岷山一河南道，即从建康溯长江而上，进入巴蜀，走“益州道”至成都。从成都北上，走“岷山道”，到达川北门户龙涸（今松潘），再西北行入“河南道”，经今青海，穿柴达木盆地进入西域。或由龙涸北上进入甘肃岷县、临洮而与丝绸之路相会。这条经益州西北行，经今青海吐谷浑绕过河西走廊至西域的“河南道”，在南朝时，仍是南朝与西域间交往的主要孔道。通过这一孔道，南朝不仅与西域、北朝有经济上的交往，而且还活跃着往返的求法僧人，在中西文化交流上也起着不可小视的作用。东路则从建康溯长江、汉水经汉中，再由驿道自汉中至长安，由长安抵凉州。[①] 东晋以敦煌计吏耿访为使，并以陇西贾陵等十二人配之，他们到梁州（州治汉中）“以驿道不通，召还”，以贾陵“托为贾客，到长安……以咸和八年(333)始达凉州”。这是东晋第一次发使走东路到凉州成功。[②] 张骏随即派王丰随贾陵至建康报谢。咸和九年(334)，东晋又派耿访随王丰出使凉州，“自是每岁使命不绝。”[③]由于建康通往西北东、西两路的开通，双方使命往返，活跃了互市贸易，促进了两地的经济交流。东晋贺循说：“江道万里，通涉五州，朝贡商旅之所来往也”。[④] 南齐的萧子显评论江左与西北诸国交往时也强调说：“贸易有无，世开边利，羽毛齿革，无损于我。”[⑤]西北地区出产的马匹、皮毛、美玉、香料等丰富了江南人民的物质生活，而江南地区先进的经济、文化也大大有助于西北地区经济文化的发展。

二　对海外诸国的经济交流

海东的百济（朝鲜）、大和（日本）、肃慎氏（今俄罗斯黑龙江下游）、海南的狮子（今斯里兰卡）、占婆、林邑（今越南境内）、扶南（今柬埔寨）等国都先后派遣使臣来建康访问，互赠方物，并进行贸易活动，所谓“徼外诸国尝赍宝物自海路来贸货”。[⑥] 西方的大秦（东罗马）、西竺（印度），在西晋灭亡、晋氏南移以后，商贾所资亦由海路东至建康。外国的通犀，翠羽之珍，蛇珠，火布（石棉布）之异，千名万品，都通过海道贸易运抵建康。史称“故舟舶继路，商使交属”。[⑦] 南京象山东晋王氏墓地的墓中，随葬有琉璃珠、琉璃杯和镶嵌金刚石的金指环。[⑧] 这些器物，特别是金刚石指环，当是从西方国家输

---

① 参见唐长孺《魏晋南北朝史论拾遗》，《南北朝期间西域与南朝的陆道交通》。

② 以上均参见黎虎《魏晋南北朝史论》，第477—479页。

③ 《晋书》卷八六《张骏传》，第2239页。

④ 《晋书》卷六八《贺循传》，第1827页。

⑤ 《南齐书》卷五九《史臣曰》。

⑥ 《晋书》卷九七《四夷・南蛮传》，第2546页。

⑦ 《宋书》卷九七《夷蛮传论》，第2399页。

⑧ 《南京象山5号、6号、7号墓清理简报》，《文物》1972年第11期。

入中国的珍品。

这条海路的走向，亦被中国史料所证实。十六国时著名僧人法显于后秦弘始元年(399)，由长安出发，经陆路西去印度学习佛法教理，然后由南方海路，经锡兰(今斯里兰卡)、苏门答腊或爪哇(今印度尼西亚)回国，于东晋义熙八年(412)归抵今山东崂山登陆，次年抵达建康，首尾长达十五年之久。《法显传》就是法显自己对于这一历时十五年长途而艰巨的旅行的亲笔记录。《法显传》全书记述的地域范围，除中国本国外，还包括了中亚、南亚和东南亚，对于当时这一广大地域的地理、交通(包括从南亚到中国的航海交通)、宗教、文化、物产、风俗，乃至社会发展、经济制度等等，无不述及，成为研究公元5世纪初亚洲历史的重要史料。

第七章 东晋与十六国的对峙与争战

晋愍帝建兴三年(315)十一月,西晋灭亡以后,在北部中国,从西晋末至北魏统一北方的一百三四十年间,入居中原的匈奴、羯、鲜卑、氐、羌等少数族,相继在中原和巴蜀地区建立了十六个国家(前赵、后赵、前凉、成汉、前燕、前秦、后秦、西秦、后燕、南燕、北燕、西燕、夏、后凉、南凉、北凉、西凉、冉魏等,实际上是二十多个国家,其中也有汉人建立的政权),使北方长期陷入分裂、割据的局面,史称“五胡十六国”时期。这一时期,北方的民族矛盾和阶级矛盾呈现出错综复杂的形势。各族统治者之间的相互攻伐,社会动荡不安,生产遭到严重破坏,人民颠沛流离,生活极端艰苦,但是,各族人民通过相互接触、反抗民族压迫和阶级压迫的共同斗争,也增进了相互的了解和联系,推动了以汉族为主体的民族大融合的历史进程。

建武元年(317),镇守建康(今南京市)的琅琊王司马睿在江南建立东晋政权以后,对当时入居中原的少数民族割据政权,在东、西两线(东线为今江苏、安徽境内淮河流域;西线为今湖北境内汉水流域)曾进行过多次北伐。在东晋孝武帝太元初年建立北府兵前,在东西线进行北伐的是祖逖、褚裒、殷浩、桓温。

第一节 东晋前期在东线进行的北伐活动

一 祖逖的北伐

东晋政权在江南的建立,给当时南北人民带来了很大的希望,人们期望它能够抵御北方胡族统治者向南方的进逼,并迅速组织北伐,以解除北方人民所受的痛苦。祖逖是东晋政权建立后第一个进行北伐的人。

祖逖,字士稚,原籍范阳郡遒县(今河北涞水县境)人,为北方的一个大姓。祖逖从小不拘细节,喜欢结交朋友。他轻财好义,常把米谷、布帛分散给穷困的亲戚和邻居。二十四岁时,他与另一个年青人刘琨一起担任司州(今河南省中、北部)主簿,两人意气相投，情好绸缪，“共被同寝”，结成莫逆之交。“中夜闻鸡鸣，蹴琨觉曰：‘此非恶声也。’因起舞”。[①] 这种“闻鸡起舞”的奋发精神，历来为有志之士传颂和效法。

公元4世纪初，当北方少数族打进中原之时，北方的豪族地主，特别是一些大官僚地主，都带着宗族、部曲、宾客等人口，纷纷逃往长江以南。当时祖逖也率领着他的宗族、乡亲、部曲等亲党数百家“避地淮泗”（今江苏徐淮地区）。一路上，祖逖把自已的车马让给老弱病人，自己却与大家一起徒步行走；药物、衣服、粮食也与大伙共用，“又多权略，是以少长咸宗之，推逖为行主”。[②]到达泗口（今江苏徐州市）时，司马睿便任命祖逖为徐州刺史。不久又调任军谘祭酒，祖逖就在丹徒之京口（今镇江市）定居下来。时晋方拓定江南，未遑北伐。祖逖进说司马睿曰：“晋室之乱，非上无道而下怨叛也。由藩王争权，自相诛灭，遂使戎狄乘隙，毒流中原。今遗黎既被残酷，人有奋击之志。大王（时司马睿尚未称帝）诚能发威命将，使若逖等为之统主，则郡国豪杰必因风向赴，沈溺之士欣于来苏，庶几国耻可雪，愿大王图之。”[③]司马睿出于无奈，以祖逖为奋威将军、豫州刺史，给千人廪，布三千匹，不给铠仗，使自招募。祖逖乃率跟随他南渡的部曲百余家由京口渡江，中流击楫而誓曰：“祖逖不能清中原而复济者，有如大江。”[④]他屯兵于淮阴，冶铸兵器，集中了二千余人的军队，向黄河以南挺进。

当时，豫州地区的黄河南北，主要存在两种势力：一是羯族石勒的势力。石勒在名义上接受匈奴刘渊、刘聪的命令，实际上是独霸一方。他以襄国（今河北邢台市西南）为中心，先后消灭了西晋的残余势力、幽州刺史王浚（太原王沈子）和占据鄴城的刘演（刘琨兄舆之子）的势力，控制了河北、山东地区的广大郡县，所谓“东北八州，勒灭其七”。[⑤] 成为黄河下游一支强大的武装力量。二是汉人的坞堡势力。这是在当时少数民族入侵中原的情况下，留在北方的汉人武装组织。他们千百家聚集在一起，筑堡而居，平时在坞堡外耕田种地，战时则坚壁自守，保卫家园。坞堡主多半是当地的豪族地主，也有的是在战斗中表现出才干而被人拥戴的。如流人坞主张平、樊雅分别以豫州刺史和谯郡太守的名义屯于谯（今安徽亳县）；蓬陂坞主陈川自号宁朔将军、陈留太守（今河南开封市东南）；平阳人李矩为乡人推为坞主，以荥阳太守的名义屯新郑（今河南新郑市）；东郡魏浚与流民数百家，屯于洛北石梁坞（今河南洛阳市东），浚死，族子该继领其众，以河东太守名义，屯宜阳一泉坞（今河南宜阳县界）；郭默率遗民自

①② 《晋书》卷六二《祖逖传》，第1694页。

③ 《晋书》卷六二《祖逖传》，第1694—1695页。

④ 《晋书》卷六二《祖逖传》，第1695页。

⑤ 《晋书》卷六二《刘琨传》，第1684页。

为坞，以河内太守的名义与李矩、魏该相犄角；乞活帅陈午，[①]以五千余人据浚仪（今河南开封）。这些坞堡组织，情况十分复杂，有的心向东晋皇室；有的慑伏于石勒的兵威；有的则割地自守。

祖逖到达豫州以后，根据不同的情况，采取了不同的方针：对那些较分散、互不统属的坞堡主，采取团结、协调的方针。如坞堡主赵固、上官已、李矩、郭默各用计谋相攻击，祖逖邦助他们消除隔阂，联合起来，共同对付刘聪和石勒；对投靠胡人的坞堡主，实行打击的方针。如陈留的陈川，原是支持祖逖的，后因其部下纷纷投奔祖逖而叛降石勒，祖逖便发起对陈川的进攻。石勒派石虎领兵五万前来增援，双方在浚仪城（今河南开封西北）相持了四十天，最后石虎军队在内无军饷，外无援兵的情况下，终于被逼放弃了浚仪城。对那些被迫接受胡族官职的坞堡主，祖逖则讲究斗争策略，“皆听两属，时遣游军伪抄之，明其未附。诸坞主感戴，胡中有异谋，辄密以闻”。[②] 收到了分化瓦解、削弱敌方的作用。经过几年时间的艰苦斗争，祖逖收复了大片失地，他的前锋到达黄河沿岸，“石勒不敢窥兵河南”。在收复区域内，祖逖“劝督农桑”，注意发展农业生产；又允许黄河南北开展有利于交流经济的互市活动，从而出现了“公私丰赡，士马日滋”[③]的兴旺景象。祖逖深深受到豫州群众的爱戴，豫州群众乃歌曰：“幸哉遗黎免俘虏，三辰既朗遇慈父。玄酒忘劳甘瓠脯，何以咏恩歌且舞”。[④]

然而，正当祖逖在豫州群众的支持下，准备向黄河以北推进，完成北伐统一大业之时，晋元帝司马睿却心怀疑惧，担心祖逖的力量过分强大而不可制约，派遣广陵（今扬州市）人戴若思为都督，节制北方兖、豫、幽、冀、雍、并六州诸军事。祖逖以若思为吴人，“虽有才望，无弘致远识，且已翦荆棘，收河南地，而若思雍容，一旦来统之，意甚怏怏”。[⑤] 而且，此时东晋统治集团内部镇守荆州的大将王敦与朝廷内大臣刘隗、刁协又互相勾心斗角，争权夺利，一场新的摩擦和斗争爆发在即，祖逖终于郁愤成疾，病死在雍丘，时年五十六岁。东晋在江淮东线进行的第一次北伐随着祖逖的病逝，终于停留于黄河以南，未能挺进黄河以北，不久，黄河以南的一些地区，又被石勒占去。

---

① 乞活军是跟随晋并州刺史司马腾撤出并州的武装流民集团。见周一良《乞活考》，载《燕京学报》第三十七期或见《周一良学术论著自选集》，首都师范大学出版社 1995 年 12 月版。

② 《晋书》卷六二《祖逖传》，第 1696 页。

③ 《晋书》卷六二《祖逖传》，第 1697 页。

④ 《晋书》卷六二《祖逖传》，第 1696—1697 页。

⑤ 《晋书》卷六二《祖逖传》，第 1697 页。

二 褚裒、殷浩的北伐

继祖逖在东线进行北伐的是褚裒和殷浩。褚裒字季野，是东晋康献皇后之父，河南阳翟(今河南禹县)人，其父任晋武昌太守。褚裒少有简贵之风，有盛名。谯国桓彝称其“皮里阳秋”，言其“外无臧否而内有所褒贬也”。谢安亦雅重之。[①] 苏峻之乱时，车骑将军郗鉴以褚裒为参军。康帝为琅琊王时，纳其女为妃，出为豫章太守。康帝即位，褚裒为左将军、兖州刺史，都督兖州、徐州之琅琊诸军事、假节、镇金城，[②]又领琅琊内史。康帝死，穆帝只有二岁，由褚皇太后摄政，褚裒任命为都督徐、兖、青、扬州之晋陵、吴国诸军事、卫将军、徐、兖二州刺史、假节，镇守京畿重地京口。永和五年(349)四月，中原地区石赵政权统治者石虎死，诸子争权，石虎养孙冉闵尽灭石氏。石赵统治集团内部的纷争、杀伐，使中原地区大乱，为东晋的北伐提供了有利条件。

东晋穆帝永和五年(349)六月，东晋继庾翼出任荆州刺史的桓温，出屯安陆(今湖北安陆)，遣诸将经营北方。东晋政府害怕桓温力量过分强大，为了抵制其北伐要求，七月，令征北大将军褚裒为征讨大都督青、扬、徐、兖、豫五州诸军事，率众三万进行北伐。褚裒率军至彭城(今徐州市)时，“北方士庶降附者日以千计”。[③] 先遣督护王龛伐沛，“郡中二千余人归降，鲁郡山有五百余家，亦建义请援”。河北遗民二十余万口也准备渡过黄河前来归附，等待晋兵的支援。真是“晋之遗黎，鹄立南望”，[④]迫切之极。然而，褚裒只遣部将王龛、李迈率锐卒三千增援，与后赵南讨大都督李农战于代陂，王龛违(褚)裒节度，结果大败，“死伤大半”，王龛遇害。八月，褚裒退屯广陵，据守寿春(今安徽寿县)的晋将陈逵也焚烧军粮积聚，毁城遁还。东晋在东线进行的第二次北伐宣告失败。不久，褚裒“以远图不就，忧慨发病”，[⑤]死于京口。

褚裒北伐失败后，穆帝永和六年(350)正月，东晋又以陈郡大族、扬州刺史殷浩为都督扬、豫、徐、兖、青五州诸军事，再用殷浩来抵制桓温的北伐要求。桓温多次要求北伐，东晋政府都没有同意。次年(351)十二月，桓温便径自率众四五万，由荆州顺长江而下，军于武昌，准备北伐，引起东晋朝廷的极大恐慌，宰辅司马昱苦苦进行劝阻，桓温只能作罢。

穆帝永和八年(352)正月，东晋令殷浩率众北伐许、洛(今河南许昌、洛阳一带)，

---

① 《晋书》卷九三《外戚褚裒传》，第2415页。

② 《通鉴》卷九七“康帝建元二年闰八月”胡三省注：金城在江乘之蒲洲，琅琊侨郡亦以为治所。

③ 《晋书》卷九三《外戚褚裒传》，第2416页。

④ 《晋书》卷九八《桓温传》，第2570页。

⑤ 均见《晋书》卷九二《外戚褚裒传》，第2417页。

殷浩以安西将军谢尚(陈郡大族、豫章太守谢鲲子、时镇寿春),北中郎将荀羡(颍川大族、时镇京口)为都统,三月,荀羡镇淮阴,加监青州诸军事,又领兖州刺史镇下邳,在长江以北"开稫田(开沟灌田)千余顷,以为军储",晋军进屯寿春(今安徽寿阳)。六月,谢尚与前秦将领苻雄、苻菁等战于颍水,谢尚等大败,死者一万五千人,苻雄徙陈、颍、许、洛之民五万户于关中。永和九年(353)十月,殷浩自寿春再率众七万北伐,以羌酋姚襄为前驱、企图进据洛阳。由于殷浩先前不信任姚襄,而且恶其部众强盛,屡派刺客行刺,因而姚襄在北伐途中便趁机倒戈,结果殷浩之众大败,"器械军储皆为(姚)襄所掠,士卒多亡叛",殷浩连年北伐,"屡战屡败,器械都尽"。[①] 桓温利用东晋朝野对殷浩北伐的不满,趁机弹劾殷浩罪状。东晋政府不得已,废殷浩为庶人。

殷浩被废以后,东晋把收复司州的任务不得不交给桓温。这时,谁也无法再阻止桓温的北伐了。桓温北伐共三次,主要在中、西线,且前章已述,这里不再赘述。

三 东晋前期北伐失败原因评析

史学大师陈寅恪先生在论述东晋、南朝北伐何以不能成功时说:"东晋南朝曾经北伐,但都未成功,究其原因有四:一为物力南不及北,二为武力南不及北,三为运输困难,四为南人不热心北伐,北人也不热心南人的恢复。"[②]陈先生的这一论述,是就东晋、南朝整个北伐没有成功而作的整体分析,但就东晋、南朝的每一次北伐而言,尚须作出具体的分析。

上述东晋前期进行的三次北伐活动,即东线祖逖、褚裒、殷浩与桓温的北伐,其取得的成果大小和失败原因也是各不相同的。祖逖北伐,发生于东晋初期,当时,北方黄河下游地区主要的军事力量是羯人石勒,晋并州刺史刘琨仍孑然与刘渊、石勒为敌,塞外如辽西鲜卑段匹磾、辽东鲜卑慕容廆、代郡鲜卑拓跋猗卢等尚承认为晋的领属,配合刘琨与刘、石作战;而黄河以南的广大地区则分布着众多的汉人坞堡势力,有的坞堡势力还心向晋室,石勒对黄河以南地区还未建立起牢固的政治、军事统治;而遭受胡族蹂躏的北方人民则"人有奋击之志"。[③] 因而就客观形势而言,对东晋此时的北伐是较为有利的。而就建立于江淮以南地区的东晋政权来说,此时东晋控制下的"荆、扬晏安,户口殷实",王导为政也"务在清静,每劝帝克己励节,匡主宁邦",[④]因此,也具备着进行北伐的物质力量。因而,当祖逖向司马睿提出北伐中原时,司马睿便无

① 《晋书》卷七七《殷浩传》,第2046页、《晋书》卷九八《桓温传》,第2570页。

② 万绳楠整理《陈寅恪魏晋南北朝史讲演录》,黄山书社1987年4月版,第236页。

③ 《晋书》卷六二《祖逖传》,第1694页。

④ 《晋书》卷六五《王导传》,第1746页。

法阻止，于是，给了他一个奋威将军、豫州刺史的空头官衔，给了一千人的粮饷，三千匹布。但一个士兵，一件武器都没有给，祖逖是靠自己的召募、讲究斗争策略和依靠北方人民的拥护，才取得重新控制黄河以南广大地区的辉煌胜利的。实际上，从当时东晋统治集团的主观愿望来说，他们并无收复北方失土的打算，只希望在江左站稳脚跟，把偏安一隅的江左地区搞得安宁一些，不希望有人通过北伐来提高其威信，从而打破“王与马，共天下”的格局；他们之所以在表面上还要支持祖逖的北伐，“完全是为了把‘北伐’作为维系南北士族和笼络人心的一种手段”。[①] 因此，当祖逖准备向黄河以北推进的时候，司马睿便心怀疑惧，担心祖逖的力量过分强大而不可制约，就派广陵人戴若思前来节制祖逖。而此时东晋统治集团内部王敦与刘隗、刁协构隙，一场新的斗争爆发在即，祖逖终于郁愤而死，导致此次北伐事业的最终失败。

褚裒、殷浩、桓温的北伐，发生于东晋统治的中期。穆帝永和五年(349)四月，后赵羯族统治者石虎死，诸子争权，石虎少子石世立三十三日，就为兄石遵所杀；石遵立一百八十三日，为弟石鉴所杀；石鉴在位一百零三日，又为石虎养孙冉闵与大司农李农起兵所杀。冉闵利用汉人对石虎暴虐统治的不满，挑动民族纠纷，在尽灭羯族石氏的同时，令邺城内“与官同心者住，不同心者各任所之”，下令滥杀胡羯少数族，“无贵贱、男女、少长皆斩之，死者二十余万”。[②] 永和六年(350)二月，徒河鲜卑慕容俊率众南下，伐冉魏。永和八年(352)，冉魏灭。石赵统治集团内部的互相杀伐，使中原地区大乱，“赵所徙青、雍、幽、荆四州之民及氐羌胡蛮数百万口，以赵法禁不行，各还本土，道路交错，互相杀掠，其能达者什有二、三”。[③] 加以疾疫，田畴荒芜，出现了人相食的惨象。中原地区的大混乱，同样为东晋的北伐提供了极为有利的条件。

当时身为荆州刺史的桓温，鉴于石赵政权内部互相残杀而出现的混乱形势，于永和五年(349)六月，就乘机出屯安陆(今湖北安陆)，派将领经营北方，并上疏要求率军北伐，东晋政府害怕桓温势力的过分强大，为了抵制桓温的北伐要求，便令外戚褚裒和擅长清谈的陈郡大族殷浩进行北伐，结果遭致惨重失败。桓温的三次北伐，虽然最后终于遭致失败，但其历史功绩和影响是不可抹煞的。北伐不仅给氐族、羌族、鲜卑族的统治者以一定的打击，而且也收复了部分失土，以实际行动支持了北方各族人民反对民族压迫的斗争。王夫之评桓温北伐说：“败苻健于蓝田，进军灞上，败姚襄于伊水，收复洛阳，亦壮矣哉！”[④]桓温北伐的最后失败，并不是因为他具有“别有用心”的动

① 参见许辉《评东晋北伐》，载《江海学刊》1986年第1期。

② 《晋书》卷一〇七《石季龙载记》下，第2791、2792页。

③ 《资治通鉴》卷九九“晋永和七年”，第3115、3116页。

④ 王夫之《读通鉴论》第一三卷《穆帝》，中华书局1975年版，第426页。

机。《晋书·桓温传》说其“既负其才力，久怀异志，欲先立功河朔，还受九锡”。作为封建政治人物，特别是在东晋士族势力强大的时代，这种状况是存在的，但不能构成桓温北伐失败的根本原因。实际上，桓温当时很感慨中原沉沦，胡族入侵的境况，想在北伐上干出一番事业来。桓温第二次从江陵北伐河、洛，行经金城，“见少为琅琊时所种柳皆已十围，慨然曰：‘木犹如此，人何以堪！’攀条折枝，黯然流涕。于是过淮、泗，践北境，与诸僚属登平乘楼，眺瞩中原，慨然曰：‘遂使神州陆沉，百年丘墟，王夷甫（即王衍）诸人不得不任其责！’”[①]哀帝隆和初年，桓温在所上还都洛阳疏中主张：“自永嘉之乱播流江表者，请一切北徙，以实河南，资其旧业，反其土宇，勤农桑之务，尽三时之利，导之以义、齐之以礼，使文武兼宣，信顺交畅，井邑既修，纲维粗举。”在另一次上疏中，讲到他之所以主张北伐，“实耻帝道皇居仄陋于东南，痛神华桑梓遂埋于戎狄”。[②] 从这些言行，不难看出桓温是一个有志于北伐统一事业的历史人物。

桓温北伐的失败，受当时具体社会环境的制约，首先是由于统治集团内部的牵制。东晋政权是一个以北方南下的士族为主，同时，得到南方士族支持而建立起来的政权。当时，侨寓在南方的北方士族已经在新的土地上定居下来，发展自己的经济势力，他们对于收复北方的失地，已经没有多大的积极性，因而普遍盛行着一种苟安情绪。如康帝、穆帝时居官左光禄大夫、司徒、扬州刺史、隶尚书事的蔡谟（今河南陈留考城南迁大族）认为：后赵石虎死后，北方出现大乱，诚然是值得庆幸的。但他认为这将会给皇室带来忧虑，因而他反对北伐。人问其故，他说：“夫能顺天而奉时，济六合于草昧，若非上哲，必由英豪。度德量力，非时贤所及。必将经营分表，疲人以逞志。才不副意，略不称心，财单力竭，智勇俱屈，此韩卢、东郭所以双毙也。”[③]在蔡谟看来，东晋是根本不应该北伐的，是不具备条件北伐的，潜台词当然只能是苟安于江左。当时，反对桓温北伐的南北士族，一方面害怕桓温在北伐中所获得的成就和威望，会影响他们在政治上的地位；另一方面，又担心北进中原要冒很大的风险，甚至会丧失他们在江南已经获得的经济利益。从太原南迁的北方士族孙绰，在反对桓温的迁都计划时说：“自丧乱已来六十余年，苍生殄灭，百不遗一，河洛丘墟，函夏萧条，井堙木刊，阡陌夷灭，生理茫茫，永无依归。播流江表，已经数世，存者长子老孙，亡者丘陇成行。……植根于江外数十年矣，一朝拔之，顿驱蹴于空荒之地……离坟墓，弃生

---

① 《晋书》卷九八《桓温传》。又案琅琊金城，地在江乘（今江苏句容市北），桓温自江陵次伊水必无经金城之理。钱大昕《二十二史考异》卷二二、余嘉锡《世说新语笺疏》均有考，但皆考其不合而未能求其合。田余庆先生认为谓桓温经金城北伐，盖指其太和四年第三次北伐而言。此次北伐从姑熟出发转赴广陵乃则金城为必经之地。史传误植，遂以为永和十二年事，见《东晋门阀政治》，第 181 页。

② 《晋书》卷九八《桓温传》，第 2574—2575 页。

③ 《晋书》卷七七《蔡谟传》，第 2039 页。

业，富者无三年之粮，贫者无一飡之饭，田宅不可复售，舟车无从而得，舍安乐之国，适习乱之乡，出必安之地，就累卵之危，将顿仆道涂，飘溺江川，仅有达者。”[1]这很真实地反映了在南方已经获得巨大政治、经济利益的北方士族官僚不愿北伐的苟安情绪。这种苟安情绪，在南迁的北方士族中，是普遍存在的。王导从子王羲之当时就认为南北以淮河为分界线已经不行了，主张干脆以长江为界，“长江以外，羁縻而已”。[2] 出于这种苟安情绪的掣肘与牵制，是造成桓温北伐失败的主要原因。

其次，从战略上说，桓温北伐的失败，是由于孤军深入。偏安江左的东晋，荆、扬二州是立国根本，但是“建业拥天子以为尊而力弱，荆、襄挟重兵以为强而权轻”。桓温自穆帝永和元年(345)继庾翼都督荆、司、雍、益、梁、宁六州军事，出任荆州刺史后，掌握着江东上流的强大兵力，特别是永和三年，桓温率军击灭占据益州的成汉政权以后，进一步提高了他个人的威望，更引起东晋朝廷对他的疑惧，因而当桓温提出北伐的请求时，东晋政府不仅不支持他，反而用褚裒、殷浩的北伐来抵制他。殷浩被废以后，桓温的北伐再也无法阻挡了，但又不派援军配合，而是让其孤军深入，因而使桓温的第一二次本来可以成功的北伐，陷于半途而废之境。尤其奇怪的是，当时桓温北伐河、洛之际，东晋政府不仅不派军增援，集中力量收复故都，反而令北中郎将荀羡、西中郎将谢万与慕容儁另辟战场，采用两个拳头各打一个，分散了自己的力量。对此，王夫之评论说：“乃彼方西向，我且东指……欲温之成功于外，其可得乎？谋国若此，不亡为幸耳。”[3]桓温第三次北伐，也终因孤军深入，粮运不继而失败。

第二节　以京口、广陵为基地建立北府兵

一　京口、广陵的地位和形势

北府兵是在东晋孝武帝太元初年以京口、广陵为基地而建立起来的，它是东晋兵制上的一个重大改革，对改变东晋上、下游军事力量对比，抵御氐族南侵，保卫江南经济的开发和六朝文化的发展，有着重大作用。

京口和广陵，均是拱卫首都建康的军事重镇，战略地位十分重要。广陵，地处长江以北，晋时地属徐州。永嘉之乱，“临淮、淮陵(主要是今江苏淮北地区)并沦没石

① 《晋书》卷五六《孙楚附孙绰传》，第1545—1546页。

② 《晋书》卷八〇《王羲之传》，第2095页。

③ 王夫之《读通鉴论》卷一三，第427页。

氏”,东晋元帝渡江之后,“徐州所得惟半”。[①] 是时,幽、冀、青、并、兖五州及徐州之淮北流人相率过江淮,这里成为南下侨寓流人集中居住的重要地区,东晋在此设有南兖州,广陵为南兖州治所。《宋书·州郡志》记南兖州刺史条曰:“中原乱,北州流民多南渡,晋成帝立南兖州,寄治京口。时又立南青州及并州,武帝永初元年,省并併南兖。文帝元嘉八年,始割江淮间为境,治广陵”。《南齐书·州郡志》“南兖州镇广陵”条则曰:“晋元帝过江,建兴四年,扬声北讨,遣宣城公裒(元帝子,后继叔父长乐亭侯司马浑)督徐、兖二州,镇广陵。其后或还江南,然立镇自此始也。时百姓遭难,流移此境,流民多庇大姓以为客。”又“明帝太宁三年,郗鉴为兖州,镇广陵,后还京口”。“晋末以广陵控接三齐,故青、兖同镇。宋永初元年,罢青并兖。”综合《晋书·地理志》、《宋书·州郡志》、《南齐书·州郡志》可以得到三点共识。一、广陵晋时属徐州,永嘉之乱,淮北没于石赵政权,随着北人南渡,居江淮者颇多。东晋成帝时立南兖州,州治广陵,但有时治京口,到刘宋永初后,广陵则固定为南兖州州治。二、南兖州管辖的广陵郡、海陵郡、山阳郡、盱眙郡、南沛郡等江淮地区为北来侨人集中居住的重要地区。三、广陵“与京口对岸,江之壮阔处也”,又“控接三齐”,[②]形势十分险要,东晋派有重要将领镇守。

京口,晋时地属扬州之毗陵郡。据《宋书·州郡志》记载:晋永嘉之乱,幽、冀、青、并、兖及徐州之淮北流民相率过淮,亦有过江定居于晋陵郡(治今常州)界者,晋成帝咸和四年,司空郗鉴又徙流民之在淮南者于晋陵诸县,“其徙过江南及留在江北者,并立侨郡县以司牧之”。[③] 徐、兖二州或治江北。安帝义熙七年(411),始分淮北为北徐,而淮南但曰徐。文帝元嘉八年(431),“更以江北为南兖州,江南为南徐州,治京口,割扬州之晋陵、兖州之九郡侨在江南者属焉,故南徐州备有徐、兖、幽、冀、青、并、扬七州郡邑”。[④]南徐州与上述广陵所属的南兖州一样,是东晋北来侨民最集中居住的地区,南徐州侨旧人口合计四十二万余,而侨寓人口即达二十二万余,超过当地居民二万余人。[⑤] 据《南齐书·州郡志》记载:南徐州州治京口,有“丹徒水道入通吴会”,州城“因山为垒,望海临江,缘江为境,似河内郡,内镇优重。宋氏以来,桑梓帝宅,江左流寓,多出膏腴”。说明京口地势险要,对拱卫首都建康的安危,有着举足轻重的作用。东晋前期成帝咸和初,郗鉴领徐州刺史,镇广陵、京口,对平定祖约、苏峻叛乱余党,发挥

---

① 《晋书》卷一五《地理志下》,第 452 页。

② 《南齐书》卷一四《州郡志》,第 255 页。

③④ 《宋书》卷三五《州郡志》,第 1038 页。

⑤ 参见谭其骧《晋永嘉丧乱后之民族迁徙》。

了重要作用。史称时陶侃为盟主，郗鉴为都督扬州八郡军事，郗鉴先在建康城外筑白石垒而拒贼，后战不利，“鉴与后将军郭默还丹徒”，于京口立大业、曲阿、庱亭三垒以拒叛军，终于保住京口。叛军败走吴兴，“鉴遣参军李闳追斩之，降男女万余口。”[①]东晋中期孝武帝时，桓温弟桓冲曾以都督徐、兖、豫、青、扬五州之六郡军事、车骑将军、徐州刺史镇京口，差一点协助桓温完成代晋之举。后谢安居中摄政，以王皇后父王蕴为都督徐、兖、豫、青、扬五州之六郡军事，车骑将军、徐州刺史，镇京口，改授桓冲为荆州刺史，使荆、扬事权趋于平衡。其后，王蕴子王恭以都督兖、青、冀、幽、并、徐州晋陵诸军事，平北将军、兖、青二州刺史、假节、镇京口。简文帝时，他在京口二次起兵，反对在朝中擅权的司马道子，均获得成功。[②] 以上事例，都说明京口在军事上，对拱卫首都建康的安危具有非同寻常的重要作用。

二 谢安执政后组建北府兵

谢安，阳夏（今河南太康）人，为中原士族大族，东晋时寓居会稽（今浙江绍兴市），年轻时与王羲之及高阳许询、沙门支遁游处，“出则渔弋山水，入则言咏属文，无处世意”。[③] 朝廷屡辟不就，后其弟、西中郎将谢万黜废后，始有仕进志。谢安时年已四十余岁，先后任过征西大将军桓温司马、吴兴太守。简文帝时，征拜侍中，迁吏部尚书、中护军。简文帝崩，孝武帝刚接位，时掌东晋军政大权的桓温入赴京城，欲行废立之举，赖谢安与王坦之（太原王氏，大士族、晋司徒王浑玄孙，时任侍中、领左卫将军）与之周旋，巧妙应付，“尽忠匡翼，终能辑穆”，及桓温病笃，又讽朝廷加九锡，谢安又修改温所上逼加九锡稿，并拖延不办，“会温薨，锡命遂寝”。[④] 于是，孝武帝任谢安为尚书仆射、领吏部，加后将军。及王坦之出为徐州刺史，孝武帝诏谢安“总关中书事”，正式登台执政，“安义存辅导，虽会稽王道子亦赖弼谐之益”。[⑤]

谢安执政后，为什么要组建北府兵？明末清初的王夫之论述说：“谢安任桓冲于荆、江，而别使谢玄监江北军事，晋于是而有北府之兵，以重朝权，以图中原，一举而两得矣”。[⑥] 认为北府兵的建立是为了重朝权而图中原，这是符合当时的历史实际的。因此，我们必须从东晋政权内大族擅权的状况和东晋面临的北方军事形势来论说北府兵的建立。

---

① 《晋书》卷六七《郗鉴传》，第1800页。

② 《晋书》卷八四《王恭传》，第2184—2186页。

③ 《晋书》卷七九《谢安传》，第2072页。

④⑤ 《晋书》卷七九《谢安传》，第2074页。

⑥ 王夫之《读通鉴论》卷一四，第442页。

东晋政权是在南北士族地主的支持下建立起来的，也是王、谢、庾、桓等士族地主妥协下的产物。统治集团内部在皇室与权臣之间、中央政权与地方割据势力之间，以及各大族集团之间都存在着矛盾。东晋所辖领土，主要为荆、扬二州。荆州位居上游，地广兵强，是防止北方少数民族政权南下的重要据点，政府设立强有力的都督府，派重兵驻守。“资实兵甲，居朝廷之半”。[①] 扬州为京畿所在，是立国根本，三吴及浙东经济发达，是政府谷帛供应重要基地。但是“建邺拥天子以为尊而力弱，荆、襄挟重兵以为强而权轻”。[②] 这种“枝强干弱”的局面，就成为东晋统治集团内部不断酝发的荆、扬之争的根源。桓温为荆州刺史时，他以荆、襄为据点，北伐西征，声名大著，后起兵东下，专擅朝政，逼加九锡。由于很快病死，东晋才免于覆亡。桓温死后，其弟桓冲继为荆州刺史。这时谢安在朝中当政，如何加强下游的军事力量，改变荆、扬的力量对比，以拱卫京师，加强皇权，这是一个摆在谢安面前必须予以认真考虑、并切实加以解决的迫切问题。于是，以长江下游的广陵、京口为基地来建立北府兵，便提上了议事日程。

与此同时，北方地区的形势是，随着前秦苻坚逐步统一北方，原来南北相对平衡的局面逐渐被打破，民族矛盾进一步尖锐起来。苻坚从公元 370 年起在汉族士大夫王猛的辅佐下，在短短的几年时间内，先后攻灭关东地区的前燕、仇池杨氏和河西地区的前凉等割据政权，并占领东晋的梁、益二州，统一了北部中国。这时前秦“强兵百万，韩、白盈朝”、“资仗如山”，[③]军事力量占绝对优势，这对东晋无疑是个严重威胁。史称“强敌寇境，边书续至，梁、益不守，樊、邓陷没”，“诸将败退相继”，[④]情况十分危急。因此，如何阻止秦兵南下，以保卫东晋半壁江山，这是谢安上台辅政肩负的重要使命，也是南方各阶层人民的共同愿望和要求。

而此时东晋原有的军队，由于本身存在着种种弊端，难以担当起抗御强敌的任务。东晋沿袭曹魏及西晋实行世兵制，[⑤]兵户另立户籍，由封建政权各级军府直接管辖。兵户子弟世代为兵，父死子继，兄终弟及，身份地位十分低下。他们除打仗外，还要服各种苦役，所以兵士经常逃亡。公元 353 年，王羲之给尚书仆射谢尚写信说：“自军兴以来，征役及充运死亡叛散不反者众，虚耗至此，而补代循常，所在凋困，莫知所

---

① 《宋书》卷五一《临川王义庆传》，第 1476 页。

② 王夫之《读通鉴论》卷一三。

③ 《晋书》卷一一四《苻坚载记》下，第 2916 页。

④ 《晋书》卷七九《谢安传》，第 2074 页。

⑤ 世兵制或称士家制、兵户制，是指兵役承担者的身份与地位被固定化和世袭化的一种兵制，其主要特征为兵与民分离，兵士另立户籍，世代相袭，身份低贱和人身不自由。参见高敏《魏晋南北朝兵制研究》，大象出版社 1998 年 5 月版。

出。上命所差，上道多叛，则吏及叛者席卷同去。又有常制，辄令其家及同伍课捕，课捕不擒，家及同伍寻复亡叛，百姓流亡，户口日减，其源在此。”[①]兵士大量逃亡而补代困难，深刻地反映着世兵制的腐败和衰落。如何改进和加强军队力量，这是东晋王朝急待解决的难题。

谢安执政后，注意调整统治集团内部关系，团结广大民众共同对外，史称“安每镇以和靖……弘以大纲，威怀外著，人皆比之王导”。[②] 原来矛盾的荆、扬之间，也因桓温死后继督荆州的桓冲，把扬州的军权让给谢安，双方互相协作，共赴国难，而出现了“君臣和睦，上下同心”[③]的局面。然而，加强战备的中心环节是整顿军队。谢安深知原来的世兵制军队，由于兵源枯竭，训练不善，兵士身份低贱等原因，根本不能对付前秦军队的南下进攻。于是，选派有“经国才略”的侄儿谢玄为兖州刺史、监江北诸军事，北镇广陵，组建北府兵。

北府兵是在太元二年(377)十月，谢玄拜建武将军、兖州刺史、领广陵相、监江北诸军事时组建的。《资治通鉴》卷一〇四孝武帝太元二年十月：“玄募骁勇之士，得彭城刘牢之等数人。以牢之为参军，常领精卒为前锋，战无不克，时号‘北府兵’。”《晋书·刘牢之传》对此记载较详：“太元初，谢玄北镇广陵，时苻坚方盛，玄多募劲勇，牢之与东海何谦、琅琊诸葛侃、平安高衡、东平刘轨、西河田洛及晋陵孙无终等以骁猛应选。玄以牢之为参军，领精锐为前锋，百战百胜，号为‘北府兵’，敌人畏之。”这里有两个问题需要弄清。

第一个问题是北府兵得名之由来。上述《资治通鉴》卷一〇四太元二年十月胡三省注：“晋人谓京口为北府。谢玄破俱难等(后秦将领)，始兼领徐州。号北府兵者，史终言之”。胡三省认为，“北府兵”得名于京口为北府。谢玄太元二年为兖州刺史，领广陵相，监江北诸军事，开始召募军队，太元四年，用这支召募的军队，打败了后秦将领俱难等在淮南的进攻，又进号冠军将军，加领徐州刺史。于是，他统率的这支军队便正式称作“北府兵”。但追溯历史，“北府”一名起自东晋之初。《世说新语》卷六排调第二十五注引《南徐州记》：“旧徐州都督以东为称，晋氏南迁，徐州刺史王舒加北中郎将，北府之号，自此起也。”而据《晋书·王舒传》：王舒在宣城公司马裒(晋元帝子)死后，即代裒镇除北中郎将监青、徐二州军事。而司马裒为都督青、徐、兖三州诸军事、镇广陵，是在建武元年(317)三月，同年十月薨，王舒代司马裒镇广陵，当在此时。[④]

---

① 《晋书》卷八〇《王羲之传》，第2098页。

② 《晋书》卷七九《谢安传》，第2074页。

③ 《晋书》卷一一四《苻坚载记》下，第2912页。

④ 见《晋书·元帝记》和《资治通鉴》卷九〇。

时元帝尚称晋王，次年三月才即帝位。说明"北府"之号，起自东晋之初。

又钱大昕《廿二史考异》卷二二《王恭传》："都督以北为号者累有不详"条下云："按徐、兖二州都督以北为号，故有北府之称。"说明北府兵名称的由来，是由于南徐、南兖二州都督以北为号。诚然，东晋徐、兖二州都督并不一定都以"北"为号，徐、兖二州都督或刺史的治所也有广陵、京口、下邳、淮阴、金城、合肥等处的不同。[①]"但自东晋初王舒以徐州刺史加北中郎将镇广陵后，徐、兖二州都督或刺史习惯上一般都以'北'为军号；广陵、京口作为北府镇所的次数也最多，因此东晋人按习惯均可称徐、兖二州都督府为北府。"然此时广陵和京口镇府所辖之兵，虽为北府之兵，却并不是后来特称的北府兵。直到太元二年，谢玄以京口、广陵为基地招募组建起来的新军，才在历史上特称为"北府兵"。[②]

第二个问题是关于北府兵的人员组成。北府兵既然是以京口、广陵为基地而建立起来的，而京口和广陵所在的南徐州和南兖州是东晋北来侨民集中居住的地区，就南徐州所属，就包括有"徐、兖、幽、冀、青、并、扬七州郡邑"。[③] 因此，北府兵当以北方侨人及其子弟组成。但从上述《晋书·刘牢之传》及《资治通鉴》谢玄"募骁勇之士"的记载来看，当时召募的主要是将而不是兵。刘牢之，诸葛侃、何谦、戴逯、高衡、田洛、刘轨、孙无终等人，都是北府兵组建时期东晋的军将，有些是将家之子，有些则是侨州、郡、县的刺、守，原来就有一定的兵众，因而，实际上他们都是活动于江淮以南拥有一定武装力量的流民帅，纳入北府系统后，只需授予军号或刺、守名义，或略作兵员补充，就能用于战争。

但这决不是说没有召募的兵丁补充。晋元帝太兴四年(321)五月庚申诏："其免中州良人遭难为扬州诸郡僮客者，以备征役。"[④]这是东晋初年的一次征发，对象是北方流落到南方而沦为扬州诸郡僮客者。又《晋书·刁协传》："太兴初，迁尚书令……协性刚悍，与物多忤，每崇上抑下，故为王氏所疾。……然悉力尽心，志在匡救，帝(元帝)甚信任之。以奴为兵，取将吏客使转运，皆协所建也。众庶怨望之。"这里所谓"以奴为兵"，也主要指征发北方流民遭难沦为南北士族奴客者。如何处置北方南下的流民，在东晋政局中是一个很重要的问题。东晋设置的侨州、郡、县，很重要的一个方面，就是用来解决这一问题的。而担任侨州、郡、县刺、守的，往往就是率领流民的流民帅或大族。如郗鉴初镇京口，为北府镇将时，其"所统错杂，率多北人"，北来流民除

---

① 见杨德炳《北府与北府兵》，载武汉大学《魏晋南北朝隋唐史资料》第四期。

② 见许辉《关于东晋北府兵的几个问题》，载《学海》1995 年第 6 期。

③ 《宋书》卷三五《州郡志》，第 1038 页。

④ 《晋书》卷六《元帝纪》，第 154 页。

充实郗鉴的军事力量外,郗鉴还对跟随他的流民"处与田宅,渐得少安"。[①] 孝武帝太元元年,即谢玄受命兖州的前一年,东晋就颁有"移淮北流人于淮南"[②]之诏,这当是谢玄补充北府镇将统兵的一个重要兵源。《谢玄传》载:"时苻坚遣军围襄阳,车骑将军桓冲御之。诏玄发三州人丁,遣彭城内史何谦游淮泗,以为形援。"所发三州,当是侨立的徐、兖、青三州。所发三州人丁,据上述晋初情况言之,编户的可能性极小,主要应是太元元年由淮北迁淮南的流民。[③] 由此可知,谢玄筹组的北府兵,"实际上是集合一部份原北府镇将、后来又独立、半独立活动于江淮的宿将或流民武装,并征发一部分过淮流民予以补充而成"。[④] 从史料上,我们看不出北府兵有何特别训练和严密组织,但由于北府兵将帅、士卒均系招募的北方流民及其子弟,他们原来都有与北敌作战的经验,因此一旦纳入同一系统,并有恰当的指挥,就能显示出很强的战斗力。这种召募兵制对原有的世兵制来说,无疑是兵制上的一个重要改革。因为无论兵户、奴兵或谪兵,一个共同的特点是强制为兵,兵士终身服役,身份地位低下,没有人身自由,自然不愿当兵打仗。[⑤] 而招募的兵士则为自由民,他们只要立有军功,就可以享有各种奖励,甚至爬上封建统治的最上层。因此,由谢玄召募北方侨人及其子弟组建的北府兵,就成为拱卫东晋首都建康,抵御北敌南下的一支重要武装力量。

三 北府兵锋芒初试

北府兵建立后,首先遇到的是苻秦在太元三年(378)向东晋发动的一次进攻。其年二月,秦王苻坚派遣征南大将军、都督征讨诸军事、长乐公苻丕率步骑七万进攻东晋在西线的军事重镇襄阳(今湖北襄阳),京兆尹慕容垂、扬武将军姚苌帅众五万出南乡(今河南淅川东南),领军将军苟池、右将军毛当等率众四万出武当,会攻襄阳。为配合西线的进攻,七月,苻坚又遣秦兖州刺史彭超为都督东讨诸军事,与秦将俱难、毛盛等率步骑十余万围攻东晋的东线军事重镇彭城、淮阴、盱眙。次年二月,秦军在西线攻下襄阳,执晋将朱序。在东线,面对秦军的进攻,晋派万余北府兵援救彭城,军于泗口,欲遣间使报沛郡太守(彭城)戴逯而不可得;谢玄部曲将田泓请没水潜行趋彭城,玄遣之。泓为秦人所获。厚赂之,使云:南军已败。田泓伪许之,既而告城中曰:"南军垂至,我单行来报,为贼所得,勉之。"[⑥]秦人杀之。时秦将彭超置辎重于留城(彭

① 《晋书》卷六七《郗鉴传》,第1800页。

② 《晋书》卷九《孝武帝纪》,第228页。

③ 参见田余庆《东晋门阀政治》,北京大学出版社1989年1月版,第296页。

④ 许辉《关于东晋北府兵的几个问题》,《学海》1995年第6期。

⑤ 参见何兹全《魏晋南北朝的兵制》,《历史语言研究所集刊》第一六本。

⑥ 《资治通鉴》卷一〇四"孝武帝太元四年",第3289页。

城郡属县，在今沛县东南），谢玄扬声遣北府将何谦率军袭取留城，彭超释彭城围，还保留城辎重，东晋彭城守将戴逯随何谦帅彭城之众奔谢玄，彭超进据彭城，而南攻盱眙。秦将俱难攻克淮阴。四月，秦将毛当、王显在攻拔襄阳后帅众二万东会俱难、彭超攻淮南。五月，秦军攻拔盱眙，执高密（侨郡县）内史毛璪之，秦兵六万围晋幽州刺史田洛于三阿（今江苏宝应）。三阿距广陵百里，东晋朝廷大震，一面急忙在沿江布防，遣征虏将军谢石（谢安弟）帅舟师屯涂中，右卫将军毛安之等帅众四万屯堂邑（今南京六合），另一方面又派谢玄自广陵率北府兵救援三阿。既而秦将俱难、彭超战败。六月，谢玄与田洛帅北府兵五万进攻盱眙，俱难、彭超再败，退屯淮阴。玄遣北府将何谦帅舟师乘潮而上，焚毁秦军建造的淮桥，秦将邵保战死，退屯淮北，谢玄与何谦、戴逯、田洛等乘胜追击，再败秦军于君川（今盱眙北君山之川），谢玄参军、北府兵勇将刘牢之等又破坏了秦军的运舰，秦将俱难、彭超相率败退北走，仅以身免。秦军在东线的军事进攻，被谢玄组建不久的北府兵击败。① 这可以说是北府兵组建后，其军事锋芒的一次初试。

第三节　北府兵在抵御氐族南侵和荆、扬之争中的作用

一　北府兵与淝水之战

北府兵抵御氐族南侵的最大战争是淝水之战。太元八年（383）七月，苻坚不接受在东线被北府兵挫败的教训，也不顾朝廷众臣的一再反对，如苻坚的谋臣、丞相王猛临死时对苻坚说："晋虽僻陋吴越，乃正朔相承……臣没之后，愿不以晋为图。"太元七年十月，苻坚在商讨对晋用兵的御前会议上，尚书左仆射权翼，太子左卫率石越、其弟阳平公苻融、太子苻宏、所重沙门释道安、坚宠妾张夫人、坚最宠爱之幼子苻诜等都反对伐晋，认为晋"君臣和睦、上下同心"，又"阻险长江，未可图也"。只有个别趋附之臣如秘书监朱彤及被苻坚征服而心怀异图的鲜卑慕容垂等支持。② 苻坚仰仗其众多的兵力和堆积如山的军械物资，夸口说："以吾之众旅，投鞭于江，足断其流。"③一意孤行地发动了大举入侵东晋的战争。

苻坚下令征调各州公私军队，每十丁出一兵，组成步兵六十多万，骑兵二十七万的庞大队伍，其弟苻融和鲜卑族大将慕容垂率步骑二十五万为前锋，"旗鼓相望，前后

---

① 以上均见《晋书》卷七九《谢玄传》、《资治通鉴》卷一〇四"孝武帝太元三年、四年"。

② 参见《晋书》卷一一四《苻坚载记》，第 2912 页。《资治通鉴》卷一〇四，第 3304 页。

③ 《晋书》卷一一四《苻坚载记》下，第 2912 页。

千里”。[1] 九月，苻坚的大队人马到达项城（今河南项城）时，从凉州征发的兵马才到咸阳（今陕西咸阳）。同时，蜀汉之兵顺长江而下，幽、冀之兵至于彭城，东西万里，水陆齐进，运漕万艘。十月，前锋苻融、慕容垂等率军到达颍口（颍水入淮之口，今安徽颍上东南），攻占了防御力量比较薄弱的寿阳城（今安徽寿县）。

东晋以谢安弟谢石为征讨都督，以徐、兖二州刺史谢玄为前锋都督，与谢安子、辅国将军谢琰、西中郎将桓伊等率众八万前往迎战，谢安则坐镇建康指挥。另派龙骧将军胡彬率水军五千增援寿阳。前秦将领梁成带领先遣部队五万率先屯驻于军事要地洛涧（今安徽寿县西南），“栅淮以遏东兵。”[2]谢石、谢玄等去洛涧二十五里而军。胡彬得知寿阳城已被攻破，便退保峡石（今安徽寿县西北之淮河峡谷）。胡彬军粮尽，遣使至谢石处告急，结果为苻融截获，报告了远在项城的苻坚，要他迅速赶去，以防晋军逃遁。于是，苻坚留大军于项城，只引轻骑八千，兼程赶到寿阳，遣襄阳之战中俘获的晋将朱序到晋营劝降。朱序私下密告谢石曰：“若秦百万之众尽至，诚难与为敌。今乘诸军未集，宜速击之；若败其前锋，则彼已夺气，可遂破也。”[3]谢石、谢玄接受了这一建议。十一月，谢玄遣北府兵勇将刘牢之帅精兵五千，袭趋洛涧，杀死阻涧为阵的秦将梁成，歼灭秦军一万五千人，执秦扬州刺史王显等，尽收其器械军实。于是谢石、谢玄等晋军乘胜水陆齐进，进至淝水右岸，与秦军前锋主力隔河对峙。苻坚、苻融登寿阳城观望晋军，见部阵严整，又望八公山上草木，皆以为晋兵，苻坚顾谓苻融曰：“此亦勍敌，何谓弱也。”[4]怃然而有惧色。谢玄为了迅速与秦决战，遣使至苻融处，要求秦军略向后移，“使晋兵得渡，以决胜负”。苻坚、苻融依恃秦军的绝对优势，同意略向后移，企图趁晋军半渡之际，“以铁骑蹙而杀之”。由于秦军是强征各族人民临时凑集起来的，内部不稳，因而一退便不可复止，朱序又在阵后大呼：“秦军败矣。”秦军顿时大乱，谢玄、谢琰、桓伊等引兵渡淝水进击，苻融驰骑掠阵，马倒后为晋兵所杀，苻坚也被流矢击中，秦军全线崩溃，“自相蹈藉投水死者，不可胜计，淝水为之不流”。[5] 余众弃甲宵遁，“闻风声鹤唳，皆以为晋兵且至，昼夜不敢息，草行露宿，加以饥冻，死者十七八”。[6] 晋复取寿阳，执其所置淮南太守郭褒。东晋依靠勇敢善战的北府兵，取得了淝水之战的完全胜利。

淝水之战中，前秦的失败，东晋的胜利，都不是偶然的，其主要因素有三：一是从

---

① 《资治通鉴》卷一〇五，第3309页。

② 《资治通鉴》卷一〇五，第3310页。

③④ 《资治通鉴》卷一〇五，第3311页。

⑤ 《晋书》卷七九《谢玄传》，第2082页。

⑥ 《资治通鉴》卷一〇五“孝武帝太元八年”，第3312页。

根本上说，前秦发动的这次战争，对前秦政权来说，并不具备统一南方的条件，而是出于苻坚的好大喜功，因而客观上带有南侵的性质，遭到众多大臣的反对。而对于东晋政权来说，却具有保卫南方社会经济发展的防御和反击性质。二是苻坚在战略战术上均犯有重大错误。就战略来说，他骄傲轻敌，看不到自己辖区内的各族人民与氐族统治者的矛盾，就贸然发动对东晋的进攻。东晋政权尽管偏处于江淮以南，但在汉人眼中，仍是“正朔”所在，因而得到南北人民的广泛支持。而且，在前秦氐族不断进攻面前，东晋政权内部却出现了难得的“君臣和睦，上下同心”[①]的局面，成为前秦难以啃动的硬骨头。就战术来说，由于前秦军系临时征调凑成，缺乏统一的指挥，加之战线拉得太长，处于被动挨打的局面。三是东晋召募、组建了一支以侨人及其子弟组成的、勇敢善战的北府兵。从史料来看，东晋用于淝水之战的军队共计八万五千人，其中有胡彬率领的水军、谢琰所率的朝廷“台兵”、西中郎将桓伊率领的豫州西府兵，还有桓温部将檀玄等所率不属北府兵系统的一些军队，实际用于这次战争的北府兵也只有五万人左右。[②] 但是，由于他们都系北方侨人及其子弟，深受北方民族压迫之苦，又富有戎战经验和传统，因此在战斗中勇敢善战。刘牢之以五千北府兵击溃秦将梁成在洛涧布防的五万军队，取得歼敌一万五千的辉煌战果，就是北府兵英勇善战的最好说明。

淝水之战在中国历史上是一次以少胜多的著名战役。东晋淝水之战的胜利，加速了前秦政权的瓦解，中原地区再度陷于分裂、割据的局面；而南方人民则避免了氐族统治者的入侵与蹂躏，这对保障南方经济、文化的发展，具有重大意义。

二　淝水战后北府兵在东线进行的北伐

淝水战后，北府兵在东线进行北伐的，是谢玄和刘裕。

(1) 谢玄利用淝水战后余威进行北伐。

太元九年(384)八月，谢安利用苻坚在淝水之战中的丧败，进一步开拓中原。他以北府兵统帅、徐、兖二州刺史谢玄为前锋都督，帅豫州刺史桓石虔进兵涡、颍(今安徽蒙城、河南许昌一带)，经略旧都，谢玄进至下邳，秦徐州刺史赵迁弃彭城败退，谢玄进据彭城，遣参军刘袭攻苻坚兖州刺史张崇于鄄城(今山东境内)，兖州平。“玄患水道险涩，粮运艰难，用督护闻人奭谋，堰吕梁水，树栅，立七埭为派，拥二岸之流，以利运漕，自此公私利便”。[③] 十月，谢玄又进伐青州，遣淮陵太守高素以三千人向广固(今

① 《晋书》卷一一四《苻坚载记》下，第 2912 页。

② 见杨德炳《关于北府兵的兵数及兵将来源》，载武汉大学《魏晋南北朝隋唐史资料》第五期。

③ 《晋书》卷七九《谢玄传》，第 2083 页。

山东益都西北），秦青州刺史苻朗投降。接着又进兵冀州，遣龙骧将军刘牢之、济北太守丁匡据碻磝（济北郡治所，沿黄河要地），济阳太守郭满据滑台（汉之白马县，在今河北境），奋武将军颜雄渡过黄河立营，前秦镇守邺城的苻丕遣将桑据屯黎阳（今河南浚县东南）以拒，谢玄命刘袭夜袭桑据，克黎阳。苻丕惶惧欲降，谢玄遣晋陵太守滕恬之渡河守黎阳，“三魏皆降”。① 朝廷以兖、青、司、豫平，加谢玄为都督徐、兖、青、司、冀、幽、平七州军事，玄驻军彭城，“北固河上，西援洛阳，内藩朝廷”。②形势对东晋和谢氏十分有利。但至太元十一年（386）三月，这时谢安已病故，孝武帝同母弟、皇族司马道子在朝中掌实权，朝议“以征役既久，宜置戍而还”。③又适会原先降晋的少数族丁零翟辽据黎阳反，执晋将滕恬之，泰山太守张愿举郡叛晋，“河北骚动”。这样，北府兵北伐攻占的地区又为逐渐强盛起来的鲜卑慕容氏后燕所占。东晋以大将朱序代镇彭城，谢玄还镇淮阴。

（2）刘裕重组北府兵进行的北伐。

淝水战后第二个在东线进行北伐的是刘裕。刘裕此时北伐依靠的北府兵，是重组后的北府兵。北府兵的发展可分为前后两个阶段。前一阶段从太元二年北府兵的建立到安帝元兴二年（403）桓玄夺取兵权、篡晋称帝。这一段时期北府兵的主要活动，为抗秦和镇压孙恩起义，同时，亦被用于统治集团内部的争斗。如上所述，谢玄北伐后还屯淮阴，太元十二年（387），调任会稽内史，被解除北府兵兵权。太元十五年（390），孝武帝以其后兄王恭为都督青、兖、幽、并、冀、徐州晋陵诸军事、兖、青二州刺史，镇京口（今江苏镇江），北府兵为王恭所掌握。安帝隆安元年（397），王恭在京口起兵，反对在朝中擅权的司马道子和王国宝。次年，王恭再次起兵，其司马、北府兵重要将领刘牢之倒戈击灭王恭，代王恭为都督兖、青、幽、冀、并、徐、扬州晋陵诸军事，率北府兵镇京口。隆安三年（399），孙恩起义爆发，北府兵成为镇压这次起义的主要力量。元兴元年（402）三月，在朝廷与荆州军阀桓玄的内讧中，刘牢之投降桓玄，旋被夺去兵权，并被迫自杀，北府兵遂被桓玄并吞。在此整个过程中，北府兵兵权为士族地主所控制。后一阶段从安帝元兴三年（404）刘裕起兵起，直至南朝刘宋元嘉末年北府兵走向衰落，由于其间孙恩起义对门阀士族势力的严厉打击，北府兵兵权转到由镇压农民起义起家的庶族地主刘裕手中，并成为其后新建王朝的专政工具。④

---

①②③ 《晋书》卷七九《谢玄传》，第2083页。

④ 参见周年昌《东晋北府兵的建立及其特点》，载《古史文存》秦汉魏晋南北朝卷，社会科学文献出版社2004年11月版。

东晋安帝元兴三年(404),北府兵中、下级军官刘裕联络刘毅、何无忌等一批北府兵将领,从京口、广陵起兵,击败了篡晋的桓玄势力后,以都督中外诸军事领南徐、南青二州刺史、出镇建康的京畿重地京口,北府兵军权掌握在寒门庶族出身的刘裕手中。义熙四年(408),刘裕又被任为扬州刺史、录尚书事,实际上掌握了东晋的军政大权。第二年(409)四月,刘裕首先北伐南燕。队伍从建康出发,乘船由淮河进入泗水。五月,至下邳,留船舰辎重,率步军进抵琅邪,所过皆筑城,留兵守之。有人对刘裕说:"燕人若塞大岘之险,[①]或坚壁清野,大军深入,不唯无功,将不能自归,奈何?"刘裕说:"吾虑之熟矣,鲜卑贪婪,不知远计,进利虏获,退惜禾苗,谓我孤军远入,不能持久!不过进据临朐,退守广固,必不能守险清野,敢为诸君保之。"[②]结果不出刘裕所料,慕容超没有守险清野以待晋军,刘裕顺利越过大岘(今山东沂水北)。六月至东莞(今山东沂水)。慕容超先遣其将公孙五楼、贺赖卢、段晖等将步骑五万屯临朐(今山东掖县北),闻晋兵入岘,自将步骑四万前往迎战,使五楼帅骑进据巨蔑水。晋前锋孟龙符与战,击破之。刘裕以战车四千乘为左右翼向前推进,与南燕兵在临朐城南激战,未分胜负,后遣将领胡藩、檀韶、向弥等率北府兵潜师燕兵之后攻临朐城,慕容超大惊,单骑奔城南段晖,"裕因纵兵奋击,燕众大败,斩段晖等大将十余人。"[③]击溃了南燕军主力,进围南燕都城广固(今山东益都)。南燕主慕容超陷入困境,派尚书郎张纲、尚书令韩范去后秦要救兵。结果张纲被晋军俘虏,反为刘裕造攻城的战具,韩范要来的后秦一万救兵,又为大夏赫连勃勃的军队所阻,也被迫投降了东晋。南燕外无救兵,内部又意见不一,众叛亲离,广固城中"男女病脚弱者太半,出降者相继。"[④]义熙六年(410)二月,南燕尚书悦寿打开广固城门纳晋兵,南燕被刘裕的北府兵所灭,刘裕愤广固城久攻不下,灭南燕之后,"斩王公以下三千人,没入家口万余,夷其城隍,送超诣建康斩之。"[⑤]

义熙十二年(416)二月,后秦主姚兴死,子姚泓立,兄弟相杀,关中扰乱,这为刘裕北伐后秦提供了条件。是年八月,刘裕北伐后秦。刘裕的北伐军在彭城集中后,分二路进兵。一路由北府兵将领王镇恶、檀道济率步兵自淮、淝攻许(昌)、洛(阳);一路由北府将领沈林子、刘遵考率水军出石门,自汴入河。冀州刺史王仲德督前锋诸军。王

① 胡三省注引《水经注》:沭水出琅邪东莞县西北山,东南流,右合岘水,水北出大岘山,今有大岘关。见《资治通鉴》卷一一五。

② 《资治通鉴》卷一一五"安帝义熙五年",第3615页。

③ 《资治通鉴》卷一一五"安帝义熙五年",第3617页。

④ 《资治通鉴》卷一一五"安帝义熙六年",第3626页。

⑤ 《资治通鉴》卷一一五"安帝义熙六年",第3627页。

镇恶、檀道济入秦境后，所向皆捷，很快攻下项城、许昌、成皋、荥阳，“诸屯守皆望风款附。”[①]王仲德水军入黄河后，将逼北魏军控制的滑台（今河南滑县东），魏兖州刺史尉建畏惧，帅众弃城，北渡黄河，仲德入滑台。魏主拓跋嗣一面遣叔孙建、公孙表自河内向枋头，引兵济河，斩尉建于城下，加强黄河沿线戒备；一面遣使刘裕问以晋军侵占之状，刘裕在回复中逊词谢之曰：“洛阳，晋之旧都，而羌据之，晋欲修复山陵久矣。诸桓宗族，司马休之、国藩兄弟、鲁宗之父子（以上均为东晋逃亡后秦的皇室宗族或大族），皆晋之蠹也，而羌收之以为晋患。今晋将伐之，欲假道于魏，非敢为不利也。”[②]魏河内镇将于粟磾有勇名，好操黑矛，筑垒于河上以备晋军侵轶。刘裕与书于粟磾，称“黑稍公麾下”，极力搞好与北魏的关系，使东晋水军顺利沿黄河西进。十月，檀道济率军攻下洛阳，后秦守将姚洸出降。义熙十三年（417）正月，刘裕亲统后继部队从彭城出发，沿黄河向西推进，经常受到北魏骑兵的跟踪。刘裕依靠勇敢的北府兵，不断奋击北魏军队，保证了后继大军安全到达洛阳。

刘裕在洛阳，对进兵关中重新作了部署。一路由沈林子、傅弘之率军进攻武关（今陕西商县东）包抄长安后路；一路由王镇恶、檀道济等率军由潼关直取长安。对潼关的一路，刘裕又命王镇恶率水军溯渭水西上，直趋长安。是年七月，王镇恶所率水军，“乘蒙冲小舰，行船者皆在舰内，秦人见舰进而无行船者，皆惊以为神。”[③]王镇恶船舰行至渭桥，即令军士饱食后持仗登岸。渭水迅急，舰皆随流、倏忽不知所在，镇恶对士卒说：“吾属并家在江南，此为长安北门，去家万里，舟楫、衣粮皆已随流，今进战而胜，则功名俱显；不胜，则骸骨不返，无他歧矣，卿等勉之。”乃身先士卒，“众腾踊争进。”[④]大败后秦军于渭桥。八月，王镇恶攻下长安城，后秦主姚泓窘迫出降，后秦灭亡。九月，刘裕统后继军至长安，“收其彝器、浑仪、土圭之属”，[⑤]执送姚泓，斩于建康市。

刘裕的两次北伐，发生于东晋晚期，所取得的成果是明显的。王夫之说：“宋武兴，东灭慕容超，西灭姚泓，拓跋嗣、赫连勃勃敛迹而穴处。自刘渊称乱以来，祖逖、庾翼、桓温、谢安经营百年而无能及此……然则永嘉以降，仅延中国生人之气者，唯刘氏耳。”[⑥]刘裕北伐成功的原因：一是由于刘裕当时已掌握着东晋的军政大权，处于“挟天子而令诸侯”的显赫地位。通过孙恩、卢循起义对士族的打击和统治集团内部的争

① 《资治通鉴》卷一一七“安帝义熙十二年”，第3691页。

② 《资治通鉴》卷一一七“安帝义熙十二年”，第3693页。

③④ 《资治通鉴》卷一一八“安帝义熙十三年”，第3708页。

⑤ 《宋书》卷二《武帝纪中》，第42页。

⑥ 王夫之：《读通鉴论》卷一五，第478页。

斗，这时已没有任何实力派和大士族能与刘裕抗争。二是刘裕重组的北府兵英勇作战，纪律严明。刘裕起兵胜利后，和他同时起兵的刘毅、何无忌、刘穆之、孟昶、诸葛长民、刘裕弟刘道规、刘毅族弟刘藩、檀凭之、檀道济、魏咏之、孟怀立等大批寒门庶族人氏登上政治、军事舞台，成为北府兵的重要领导骨干。刘裕北伐南燕和后秦，就是以这些北府兵的重要领导骨干为将领，他们带领北府兵勇猛作战，所向无敌。如北伐南燕时，临朐城一战，原激战后未分胜负，后遣北府将领胡藩、檀韶等潜师燕兵之后攻临朐城，才击溃了南燕军主力。北伐后秦时，檀道济随刘裕北伐，被任为前锋，连克许昌、成皋、洛阳等地，攻城破垒俘获四千余人。且军纪严明，道济宽待敌虏，全部释放、遣送，"戎夷感悦，相率归之者甚众。"[①]王镇恶攻下长安时，城内有各族居民 6 万余户，他注意抚慰，"号令严肃，百姓安堵。"[②]这都保证了刘裕北伐事业的胜利。三是刘裕的北伐，也和东晋的其他北伐一样，是深深地得到中原人民的拥护和支持的。如刘裕北伐南燕广固城时，"北方之民执兵负粮归裕者，日以千数。"[③]伐后秦时，前锋王镇恶克洛阳后，在潼关为秦兵所阻，粮食给养遇到严重困难，刘裕的后继部队又被魏军牵制，一时无法运送军粮。王镇恶亲自到弘农，把军粮匮乏的情况告诉了当地的老百姓，结果"百姓竞送义租，军食复振"。[④] 刘裕攻下长安后，流寓在关中的陇右流民，都希望他继续收复陇右。由于刘裕的谋臣刘穆之在建康病死，政权有旁落到他人手中的可能，因此刘裕在长安停留不过两个月，就率大军东归。长安的乡亲父老知道这一情况后，深情地对刘裕说："残民不霑王化，于今百年，始睹衣冠，人人相贺。长安十陵，是公家坟墓，咸阳宫殿，是公家室宅，舍此欲何之乎！"[⑤]可见，北方的中原人民是多么热切地盼望和支持刘裕的北伐事业啊！

刘裕率军东归后，留十二岁的次子刘义真为都督雍、梁、秦三州诸军事、安西将军、领雍、东秦二州刺史，北府兵勇将王镇恶、王修、沈田子、毛德祖、傅弘之等协同镇守。由于留守的王镇恶、沈田子等因功构隙，互相杀戮，不久关中地区又为匈奴族赫连勃勃所占。但尽管如此，刘裕北伐的功绩是不可抹煞的。自潼关以东至青州（今河南、山东境内）终于成为东晋和后来刘宋王朝的疆土，以后宋、魏间的战争，也都在这些土地上进行，而长江流域则得到比较长期的安定，这有利于江南经济、文化的发展。

---

① 《宋书》卷四三《檀道济传》，第 1342 页。

② 《宋书》卷四五《王镇恶传》，第 1370 页。

③ 《资治通鉴》卷一一五"安帝义熙五年"，第 3618 页。

④ 《资治通鉴》卷一一八"安帝义熙十三年"，第 3703 页。

⑤ 《资治通鉴》卷一一八"安帝义熙十三年"，第 3714 页。

三　北府兵在荆、扬之争中的作用

谢安派谢玄出镇广陵组建北府兵，除了要抵御北方强敌的入侵，还有一个目的就是要改变扬州"权重而力弱"的局面，使上、下游力量趋于相对平衡状态，这对稳定东晋政局关系甚大。

孝武帝宁康三年(375)，桓温弟桓冲把扬州的事权让给谢安，自己以都督徐、豫、兖、青、扬五州诸军事，徐州刺史，出镇京口。翌年，即太元元年(376)，谢安欲以孝武帝后父王蕴为方伯，"乃复解(桓)冲徐州，直以车骑将军、都督豫、江二州之六郡军事，自京口迁镇姑孰(今安徽当涂)"。[①] 太元二年(377)，镇守荆州的桓豁(桓彝第三子，桓温弟)死，桓冲还督江、荆、梁、益、宁、交、广七州军事、荆州刺史。在这一过程中，谢安使桓冲从京口退至姑孰，再退至桓氏根据地荆州，主要是借用了褚太后和王皇后的权柄。[②] 为了从根本上改变没有军事力量作依托的状况，接着谢安令谢玄在广陵组建北府兵。但在北府兵组建之初，还未显示其战斗力量之际，桓冲坐镇荆州，仍以四方镇捍为己任，还是瞧不起扬州的力量。太元八年，苻坚发动进攻东晋的淝水之战时，桓冲"深以根本为虑，乃遣精锐三千来赴京师"。认为谢安派谢玄等前往抵御是不顶用的，"今大敌垂至，(谢安)方游谈不暇，虽遣诸不经事少年，众又寡弱，天下事可知，吾其左衽矣"。[③] 结果出乎桓冲意外，谢玄依靠勇敢的北府兵取得了淝水之战的胜利。桓冲于太元九年(384)卒后，荆、江二州守宰并缺，有人主张让在淝水之战中立有大功的谢玄充任，谢安为了免使朝廷见疑和考虑到桓氏"世镇荆、楚"的状况，仍以桓冲之侄桓石民镇荆州，桓石虔(桓豁子、桓冲侄)镇豫州，改任桓伊镇江州，"既以三桓据三州，彼此无怨，各得所任"。[④] 朝廷上下，包括荆、扬之间出现了难得的安定局面。这固然与谢安的正确处置有关，但与北府兵在平衡荆、扬力量对比上也不无关系。

一个更加明显的事实是，北府兵建立前，往往是镇守荆州的镇将起兵反叛中央，如王敦的"清君侧"，桓温的专擅、跋扈等都是如此；而北府兵建立后，荆州镇将要起兵反叛中央，往往要与镇守京口的北府兵将领联合起来，才能成功。如晋安帝元兴元年(402)，荆州、江州刺史桓玄(桓温庶子)起兵反叛晋中央朝廷，由于他收买了镇守京口的北府兵重要将领、都督兖、青、冀、幽、并、徐、扬州晋陵军事、南兖、南青二州刺史刘

---

① 《晋书》卷七四《桓冲传》，第1949页。

② 参见田余庆《东晋门阀政治》第212页。

③ 《晋书》卷七四《桓冲传》，第1952页。

④ 《晋书》卷七九《谢安传》，第2075页。

牢之而获得成功[1]；而元兴三年(404)二月，刘裕、刘毅、何无忌、刘道规等分别从北府兵根据地京口、广陵起兵，又是依靠存留的北府兵将为骨干，组织起军队，才击灭了桓玄的荆州军势力，重新恢复了晋室。最终刘裕又取晋帝而代之，自已登上了封建皇帝的宝座。[2] 可见，北府兵在改变荆、扬力量的对比和稳定东晋太元以后的政局上，都是起着巨大的制约作用和影响的。

---

① 《晋书》卷八四《刘牢之传》，第 2188 页。

② 《宋书》卷一《武帝纪》、《晋书》卷八五《刘毅传》、《何无忌传》。

第八章　南北朝在扬、徐等州的统治与争战

第一节　宋魏对峙下的扬、徐等州

一　刘裕建宋和宋初政局

1. 刘裕建宋

义熙十三年(417),刘裕获知留守建康的主要谋臣刘穆之病死,匆匆南归。一年后,遣中书侍郎王韶之缢杀痴君晋安帝,另立同母弟司马德文为恭帝,刘裕由宋公进爵为宋王。元熙二年(420),刘裕在封国都城寿阳王宫大宴群臣说:"桓玄篡位,鼎命已移。我首唱大义,兴复帝室,南征北伐,平定四海,功成业著,遂荷九锡。今年将衰暮,崇极如此,物忌盛满,非可久安;今欲奉还爵位,归老京师。"[①]与会群臣一时未悟其意,会后,傅亮方悟之,立即返回宫中见裕,开门见山地说:"臣暂宜还都。"亮至京,让恭帝下禅位诏书。这年六月,刘裕称帝代晋,最终完成建宋之业。

自东晋立国,高门大族控制朝廷并与司马氏皇权相抗衡,属于典型的"门阀政治"。而刘裕代晋建宋,说明在门阀士族衰落的背景下,低级士族(次等士族)凭借武力压倒高门大族,尽管在一段时期,大族仍然保持很高的地位与广泛的社会影响,但是,那种抗衡和凌驾于皇权的局面毕竟一去不复返了。东晋后期的孝武帝力求伸张皇权而未果,刘裕代晋建宋则把这一愿望变成现实。高门尽管在朝廷内外仍然具有巨大影响,但已沦为皇权政治的附属品。正如田余庆先生所言:"皇权承认并尊重士族的存在,只是要求他们从属于皇权。"[②]所以,在不少大族陶醉于新朝依旧认可其地

① 司马光:《资治通鉴》卷一一九,中华书局 1956 年版,第 3733 页。

② 田余庆:《东晋门阀政治》,北京大学出版社 2005 年新 4 版,第 220 页。

位和影响时，刘宋统治者伸张皇权的举措已经从各方面迅速推开。

2. 宋初政治

刘裕既然代表与高门大族地位迥异的低级士族和寒门利益，是靠马上夺取天下的典型，这就决定刘宋必须扭转东晋以来“朝权国命，递归台辅。君道虽存，主威久谢”①的局面，致力于强化中央集权的皇权统治。

史载刘裕“改乱章，布平道，尊主卑臣之义，定于马棰之间。威令一施，内外从禁”，②起兵以来，他一直以心腹刘穆之协助掌握中枢大权。《宋书·刘穆之传》曰：“从平京邑，高祖始至，诸大处分，皆仓卒立定，并穆之所建也。遂委以腹心之任，动止咨焉。穆之亦竭节尽诚，无所遗隐。”穆之助裕平卢循，讨刘毅，诛诸葛长民，“常居幕中画策，决断众事。”他经常劝刘裕接受东晋皇权旁落、主威久谢的教训，强调“一失权柄，无由可得”。③ 穆之死后，刘裕中断北伐，星夜驰返江南，正说明他对朝政大权旁落的担心。后来承接穆之的徐羡之、傅亮也被刘裕倚为股肱，牢牢控制朝中大权。与此同时，针对东晋地方大权由高门大族控制的局面，强调改由宗室近亲出居方面重镇。尤其是地处上游的荆州，地广兵强，向来是滋生威胁朝廷势力的要地。所以，刘裕临死前明确规定：“荆州居上流之重……令诸子居之。”④而京口是建康门户，镇守者亦非宗室亲王莫属。通过这些处置，扭转了东晋以来枝强干弱，朝廷受制的被动局面。

刘裕还多方面限制高门大族的特权。在土地和人口的占有上，刘裕起兵之初，曾将寄居京口的渤海大族刁氏土地财产分给当地贫民。⑤ 义熙九年(413)由安帝下诏，“罢临沂、湖熟皇后脂泽田四十顷，以赐贫人，弛湖池之禁”。⑥ 又针对“山湖川泽，皆为豪强所专，小民薪采渔钓，皆责税直”的现象，禁止高门大族禁锢山泽。同年，刘裕仿照东晋桓温的“庚戌制”，推行“义熙土断”，“于是依界土断，唯徐、兖、青三州居晋陵者，不在断例。诸流寓郡县，多被并省。”⑦称帝之诏又规定：“逋租宿债勿复收”。⑧ 这些政策举措大多含有限制或打击高门大族经济特权，维护朝廷赋税收入之意。大族如会稽余姚虞亮等抵制，刘裕则予以镇压和打击。不仅如此，刘裕还从政治上限制高门大族的特权，他在即位诏书中规定：“其有犯乡论清议、赃污淫盗，一皆荡涤洗除，与

① 《宋书》卷三《武帝纪》史臣论，中华书局 1974 年版，第 60 页。

② 《宋书》卷四二《刘穆之王弘传》史臣论，中华书局 1974 年版，第 1324 页。

③ 《宋书》卷四二《刘穆之传》，中华书局 1974 年版，第 1304 页。

④ 司马光：《资治通鉴》卷一二二，中华书局 1956 年版，第 3838 页。

⑤ 参见《晋书》卷六九《刁逵传》，中华书局 1974 年版，第 1846 页。

⑥ 《晋书》卷十《安帝纪》，中华书局 1974 年版，第 264 页。

⑦ 《宋书》卷二《武帝纪》中，中华书局 1974 年版，第 29、30 页。

⑧ 《宋书》卷三《武帝纪》下，中华书局 1974 年版，第 52 页。

之更始。”[①]“乡论清议”是魏晋以来高门把持选官制度的重要特权，刘裕一举而宣布宽宥触犯者，无疑是对高门大族的沉重打击。

总之，刘裕代晋建宋，将东晋以来的门阀政治回归于由刘氏帝王主导的皇权政治，使延续一个世纪之久的高门大族盘踞于权力结构顶端的局面发生了根本变化。田余庆先生指出：“从宏观考察东晋南朝近三百年总的政治体制，主流是皇权政治而非门阀政治。……门阀政治的存在是暂时性的，过渡性的，它是从皇权政治而来，又依一定的条件向皇权政治转化，向皇权政治回归。”[②]可见，刘裕起兵以来的奋斗过程，推开了魏晋南北朝以及南方政治发展的新阶段，从这个意义上看，刘裕确是顺应和推动历史前进的杰出的政治家、军事家。

二 刘义隆与“元嘉之治”

1. 文帝从被迎到政由己出

宋武帝刘裕自永初元年(420)六月即位，三年(422)五月逝去。太子刘义符继位，史称少帝。临终前刘裕选配徐羡之、傅亮、谢晦、檀道济等 4 人为辅政大臣，其中徐、傅、檀的出身与刘裕相当，久为心腹。谢晦乃一流高门，刘裕赏识他的权谋机变，对其忠诚程度虽有保留，但已预先考虑戒备因素。显然，这是一个经过反复斟酌的顾命班子。但是，少帝即位后薄行无德，游戏无度。此时，刘宋王朝的统治尚未稳定，正如《南史·宋本纪上》“史臣论”所言“危亡不期而集”，徐羡之等人遂密谋废立。因次立者应是庐陵王义真，史载其“轻动无德业”，[③]又与高门名流谢灵运、颜延之过从甚密，以他继位明显不符合刘裕生前的方针。于是，徐、傅先废义真为庶人，再废少帝义符，继而迎立武帝三子、时任荆州刺史的宜都王刘义隆，史称宋文帝，改年号为“元嘉”。《宋书·文帝纪》史臣论曰：“太祖(即义隆)幼年特秀，顾无保傅之严，而天授和敏之姿，自禀君人之德。”这比较符合封建时代君主人选的要求。徐羡之、傅亮秉承刘裕之重托，在政局未稳的形势下采取果断行动，废昏立明，从而开启南朝历史上最受称道的“元嘉之治”。

宋文帝刘义隆(407—453)，小字车儿，武帝第三子，封宜都王。景平二年(424)傅亮西上荆州，奉义隆入继大统。刘宋皇位对义隆虽有巨大吸引力，但有义真、义符被废之鉴，颇费踌躇。此时，手下谋士、司马王华进言：“先帝有大功于天下，四海所服；虽嗣主不纲，人望未改。徐羡之中才寒士，傅亮布衣诸生，非有晋宣帝、王大将军之心

---

① 《宋书》卷三《武帝纪》下，中华书局 1974 年版，第 52 页。

② 田余庆：《东晋门阀政治》，北京大学出版社 2005 年新 4 版，第 296 页。

③ 《宋书》卷六一《武三王传》，中华书局 1974 年版，第 1635 页。

明矣；受寄崇重，未容遽敢背德。畏庐陵（即刘义真）严断，将来必不自容；以殿下宽睿慈仁，远近所知，且越次奉迎，冀以见德；悠悠之论，殆必不然。……殿下但当长驱六辔，以副天人之心。”[①]这番话显示王华对时局具有深刻的洞察。刘义隆终于在谋臣的支持下走向皇位。从建康朝内看，徐、傅等人对政局亦作多方面安排，他们以谢晦为荆州刺史，行都督荆、湘等七州诸军事，“欲令居外为援”[②]；仍以檀道济镇广陵，以图与晦制持朝廷；羡之、亮二人居于朝中秉权。刚刚即位的宋文帝则应以稳妥渐进的策略，不动声色地巩固帝位。他先以亲信到彦之为中领军，将禁卫部队牢牢掌握；再以服丧为由，仍命徐、傅执掌朝政，以稳住对手。同时，以其弟、彭城王刘义康为南徐州刺史，镇京口。以亲信、曾参与徐、傅废立的王昙首之兄王弘任司空，再以殷景仁为侍中，与王华、昙首共掌门下机要，从而争取高门大族的支持。不仅如此，还将南兖州刺史檀道济进号为征北将军，以示拉拢。在完成一系列布署后，元嘉三年（426），文帝突然出手，诛杀徐羡之、傅亮，并以到彦之、檀道济相继领兵西讨荆州，谢晦兵败被杀，初登皇位不久的宋文帝首战告捷，在与对手的较量中显示出不俗的政治才干。回想他初入建康时，身处险境，却能冷静分析形势，除去自己弟弟刘义康以外，紧紧依靠荆州刺史任上形成的基本力量，分化瓦解建康朝内人士，先后争取到王弘、檀道济等关键人物的支持。当然，他也笼络高门人士，但不忘记政由己出之根本，既让各方势力发挥作用，又让其相互牵制。正因为把握战略比较得当，所以，入主建康仅一年多，宋文帝就消灭徐、傅、谢集团，实现了政局之稳定。

2. 元嘉之治和文帝、义康的矛盾冲突

① 义康辅政与文帝兼用高门。

徐、傅、谢集团的覆灭为宋文帝强化皇权统治开辟了道路。谢晦败后，左光禄大夫范泰等并劝司徒王弘让权于文帝之弟、彭城王刘义康。元嘉六年（429）义康以侍中、都督扬、南徐、兖三州诸军事、司徒、录尚书事、领南徐州刺史入朝，与王弘共同辅政。因弘多病，遇事每推让，义康渐总朝政之权。刘义康（409—451）为刘裕第四子，晋末任豫州、司州刺史。刘宋初建，封彭城王。文帝即位，他以南徐州刺史镇京口。《宋书》本传称其“少而聪察，及居方任，职事修理”，在年少诸王中，比较关注政务吏治。入朝辅政后，王弘既以病推让，义康更加“锐意文案，纠剔是非，莫不精尽”。[③] 元嘉九年（432）王弘死，他兼领扬州刺史。而文帝一直多病，“有虚劳疾，寝顿积年，每意有所想，便觉得心中痛裂，属纩者相系。”这就成为义康专擅朝权的条件。不过，在元

---

① 司马光：《资治通鉴》卷一二〇，中华书局 1956 年版，第 2769—2770 页。

② 《宋书》卷四四《谢晦传》，中华书局 1974 年版，第 1348 页。

③ 均见《宋书》卷六八《武二王传》，中华书局 1974 年版，第 1790 页。

嘉十七年(440)前,义康对于文帝还是忠心的,史称“义康入侍医药,尽心卫奉,汤药饮食,非口所尝不进;或连夕不寐,弥日不解衣”。[①] 所以,在元嘉前期,作为文帝政策的主要执行者,义康基于兄弟亲情,尽心于国事治理,推动“元嘉之治”小康局面的形成,其功不可没。

另一方面,宋文帝自消灭徐、傅、谢集团,实现政由己出后,对于高门大族亦采取不同策略。像谢灵运等人不甘心受制,文帝即以闲置不用相对待。[②] 而对忠于自己的高门则兼而信用之。这一策略既反映文帝注意高门大族的势力和影响,同时也有抑制专总朝政的义康之意。义康与王弘共同辅政时,文帝曾以弘弟王昙首为侍中,领门下诸事,又以殷景仁为中领军、领军将军执禁军兵权。《宋书·王昙首传》曾云:“时兄弘录尚书事,又为扬州刺史,昙首为上所亲委,任兼两宫。彭城王义康与弘并录,意常怏怏,又欲得扬州,形于辞旨。以昙首居中,分其权任,愈不悦。”王弘死,义康方兼扬州刺史。但不及一月,文帝又让殷景仁转尚书仆射,领护军将军,以刘湛代为领军将军。湛一入朝,即受文帝信重,史载“湛初入朝,委任甚重,日夕引接,恩礼绸缪。善论治道,并谙前世故事,叙致铨理,听者忘疲。每入云龙门,御者便解驾,左右及羽仪随意分散,不夕不出,以此为常”。[③]《资治通鉴》卷一二六曾罗列文帝信重的大臣:“帝之始亲政事也,委任王华、王昙首、殷景仁、谢弘微、刘湛,次则范晔、沈演之、庾炳之,最后江湛、徐湛之、何瑀之(胡注疑为何尚之)、及(王)僧绰,凡十二人。”考此12人身世,大抵皆高门大族出身。显然,低级士族出身的武力集团虽然重建以皇权为中心的统治,但是,高门大族仍然在元嘉政治中具有相当的影响。

②“元嘉之治”。

由于宋文帝对各派政治势力采取平衡利用和相互制约的缜密策略,以皇权为中心的统治逐渐巩固,南方维持了较长时期的稳定。恰好在元嘉十六年(439)以前,北方处于分裂状态,兴起不久的北魏正值太武帝统治前期,忙于消灭匈奴赫连氏夏政权与北燕冯氏政权,又展开对北凉沮渠氏的战争,暂时未以全力南下。刘宋得以在相对平静的内外环境下专注于自身发展,遂形成史家称道的“元嘉之治”。

在此期间,刘宋致力于恢复发展经济。在奖励农耕,兴修水利,减轻赋役和赈济灾民上采取多项措施。根据《宋书·文帝纪》,元嘉八年(431)下诏严饬郡守县宰,务

---

① 均见《宋书》卷六八《武二王传》,中华书局1974年版,第1790页。

② 《宋书·谢灵运传》曰:“灵运为性偏激,多愆礼度,朝廷唯以文义处之,不以应实相许。……既不得志,遂肆意游遨,遍历诸县。”文帝征为秘书监,仅使整理秘阁图书,命撰《晋书》。后虽任侍中,“文帝唯以文义见接,每侍上宴,谈赏而已。……灵运意不平,多称疾不朝直”。又用为临川内史,仍在郡优游,终为有司所纠,被告发谋反,谪徙广州,被处死。

③ 《宋书》卷六九《刘湛传》,中华书局1974年版,第1818页。

使“地无遗利，耕蚕树艺，各尽其力”。十二年(435)，因丹阳、淮南、吴兴、义兴等地大水，“以徐豫南兖三州、会稽宣城二郡米数百万斛赐五郡遭水民。”十七年(440)诏曰：“前所给扬、南徐二州百姓田粮种子，兖、两豫、青、徐诸州比年所宽租谷应督入者，悉除半。今年有不收处，都原之。凡诸逋债，优量申减，又州郡估税，所在市调，多有烦刻。山泽之利，犹或禁断，役召之品，遂及稚弱。诸如此比，伤治害民。自今咸依法令，务尽优允。”二十一年(444)诏曰：“比年谷稼伤损，淫亢成灾，亦由播殖之宜，尚有未尽。南徐、兖、豫及扬州浙江西属郡，自今悉督种麦，以助阙乏。速运彭城下邳郡见种，委刺史贷给。徐、豫土多稻田，而民间专务陆作，可符二镇，履行旧陂，相率修立，并课垦辟，使及来年。凡诸州郡，皆令尽勤地利，劝导播殖，蚕桑麻纻，各尽其方，不得但奉行公文而已。”另据《宋书·王弘传》载，刘宋旧制以“民年十三半役，十六全役”，元嘉六年(429)改以“十五至十六，宜为半丁，十七为全丁”。这些调整政策、宽疏民困的举措，推动了南方社会经济的恢复和发展。

宋文帝还注意整饬吏治，加强督察考课，放宽刑罚，诏求贤才。元嘉三年(426)诏曰：“遣大使巡行四方。其宰守称职之良，闺荜一介之善，详悉列奏，勿或有遗。若刑狱不恤，政治乖谬，伤民害教者，具以事闻。”[①]十二年(435)诏曰：“周宗以宁，实由多士，汉室之隆，亦资得人。……便可宣敕内外，各有荐举。当依方铨引，以观厥用。”[②]同时，还大力兴复学舍，发展教育，传播儒学。十九年(442)诏曰：“胄子始集，学业方兴。……奉圣之胤，可速议继袭。于先庙地，特为营造，依旧给祠置令，四时飨祀。阙里往经寇乱，黉校残毁，并下鲁郡修复学舍，采召生徒。”[③]次年，国子学即正式开学。

元嘉以来，社会经济得到恢复和发展，政治相对清明，社会比较安定，史家对之多有称赞。如《宋书·良吏传序》曰：“自此区宇宴安，方内无事，三十年间，氓庶蕃息，奉上供徭，止于岁赋，晨出莫归，自事而已……家给人足，即事虽难，转死沟渠，于时可免。凡百户之乡，有市之邑，歌谣舞蹈，触处成群，盖宋世之极盛也。”《资治通鉴》卷一二三赞文帝曰：“性仁厚恭俭，勤于为政；守法而不峻，容物而不弛。……三十年间，四境之内，晏安无事，户口蕃息……闾阎之间，讲诵相闻；士敦操尚，乡耻轻薄。江左风俗，于斯为美，后之言政治者，皆称元嘉焉。”封建史家的赞誉难免溢美之词，但是，元嘉年间，尤其前期确是南朝历史上比较平静的发展时期，宋文帝在其父基础上致力于自身发展，使南朝政权趋于巩固，所以，史家对元嘉之治的赞誉并不为过，宋文帝对历

---

① 《宋书》卷五《文帝纪》，中华书局1974年版，第75页。

② 《宋书》卷五《文帝纪》，中华书局1974年版，第83页。

③ 《宋书》卷五《文帝纪》，中华书局1974年版，第89页。

史发展的贡献应充分肯定。

③ 宋文帝与刘义康的矛盾冲突。

自元嘉十七年(440)前后,文帝与义康间的矛盾逐渐激化,从而导致政局震荡。这场冲突包含两个层面,一是文帝与义康间的主相矛盾;二是文帝及其亲信殷景仁与刘湛的斗争。

自谢晦被灭,义康入朝辅政,此乃文帝强化皇权,压抑高门的重要举措。义康为文帝亲弟,不仅性好吏治,对文帝亦尽心辅佐。但在王华、王昙首、王弘高门人士相继离开中枢后,对其牵制力量明显削弱,义康逐渐独揽大权,这又是文帝不愿看到的局面。《宋书·武二王传》曰:"(义康)既专总朝权,事决自己,生杀大事,以录命断之。凡所陈奏,入无不可,方伯以下,并委义康授用,由是朝野辐凑,势倾天下。"同传又称其"素无术学,暗于大体,自谓兄弟至亲,不复存君臣形迹,率心径行,曾无猜防。私置僮部六千余人,不以言台。四方献馈,皆以上品荐义康,而以次者供御。"显然,作为辅臣的刘义康,品格素养既不高尚,执政才干亦属一般,很难避免一般权臣诸如骄横、贪鄙、揽权、躁进的通病,在位高权重之时,极易招忌致祸。文帝更不能容忍他无限制擅权,《宋书》本传载其多次欲拔擢南阳刘斌,文帝一再推诿不准即是一例。再看殷景仁与刘湛的矛盾,义康初入朝时,文帝以坚持不与徐、傅、谢合作的殷景仁为中领军、侍中。但因景仁患病卧床数年,遂拔擢刘湛为太子詹事,与景仁共掌殿内机务,此举即含牵制义康之意,刘湛初时也能领会文帝意图。经年日久,形势发生逆转,湛因不满于"(殷)景仁位遇本不踰己,而一旦居前,意甚愤愤",反而"深结司徒彭城王义康,欲倚宰相之重以倾之"。[①] 这样,文帝与义康原本单纯的主相矛盾趋于复杂,刘宋统治集团的不稳定因素更加上升。十七年(440)春,以刘湛为首的一批宰相府属"见太祖(文帝)疾笃,皆谓宜立长君。上疾尝危殆,使义康具顾命诏。义康还省,流涕以告湛及殷景仁,湛曰:'天下艰难,讵是幼主所御'"。其下属居然径去尚书仪曹索取东晋咸康末立康帝故事之文档。[②] 面对如此张狂的行迹,文帝终于出手,收杀刘湛及其子与同党多人,夺义康执政大权,改任江州刺史,出镇豫章(今江西南昌)。在维护皇权的斗争中,宋文帝又一次赢得胜利。

3. 元嘉后期政局

宋文帝摧毁刘湛势力,并将刘义康逐出中枢后,继续协调各方势力,重组新的权力中心。首先,仍以宗室重臣担任辅政。义康贬后,文帝以江夏王刘义恭为侍中、都督扬、南徐、兖三州诸军事、司徒、录尚书事主持朝政。义恭亦是文帝亲弟,历任徐、

---

① 《宋书》卷六三《殷景仁传》,中华书局 1974 年版,第 1682、1683 页。

② 《宋书》卷六八《武二王传》,中华书局 1974 年版,第 1791 页。

荆、南兖等州刺史。入朝后，“小心恭慎，且戒义康之失，虽为总录，奉行文书而已，故太祖安之。”[①]主相之间的矛盾很快缓和下来。此外，文帝继续在朝臣中选择协助义恭执政的人士，于是，徐湛之、范晔、庾炳之、沈演之、何尚之、江湛等人陆续参与中枢。文帝一般在某一阶段以二三人同时任用，以求相互牵制。这批大臣多属惟命是从一类，处理政务中的才干和主动精神明显不及刘宋初建和元嘉前期辅臣。此从徐湛之与何尚之推诿政事之例可见一斑：“时尚书令何尚之以湛之国戚，任遇隆重，欲以朝政推之。凡诸辞诉，一不料省。湛之亦以《职官记》及令文，尚书令敷奏出内，事无不总，令缺则仆射总任。又以事归尚之，互相推委。”[②]但是，他们对于争权夺利却十分热衷。例如徐湛之，先已卷入孔熙先等人密谋拥立刘义康的谋反活动，但在即将发难前，却又告发于文帝，结果孔熙先、范晔等人被诛杀，义康再度被贬于广州，从而引发元嘉后期政局的又一场震荡。

综观整个元嘉政局，除去上述文帝、义康间的矛盾以外，还有两项举措对刘宋历史产生消极的影响。其一是诛杀名将檀道济。道济初为刘裕部将，屡立战功，威名卓著，裕临终前被选为顾命大臣。文帝初立，他参与助讨谢晦。伴随着政局逐渐稳定，文帝对道济威名反产生疑忌。正如《宋书》本传所言，“道济立功前朝，威名甚重，左右腹心，并经百战，诸子又有才气，朝廷疑畏之。”元嘉十三年(436)三月，文帝竟与刘义康合谋，以莫须有罪名收杀道济及其子十余人及心腹薛彤、高进之等人。史载道济被捕时脱帻投地曰：“乃复坏汝万里之长城！”[③]而北朝人获此消息却大喜曰：“道济死，吴子辈不足复惮。”[④]显然，这种自毁长城的行径对于与北魏对峙下的刘宋，无疑是莫大的损失。其二，元嘉后期，宋文帝出于对宗室的疑惧，转而培植太子东宫势力。元嘉十六年(439)“太子劭加元服，大赦……意之所欲，上必从之，东宫置兵与羽林等”。[⑤]文帝晚年，更以重兵付东宫。“初，帝以宗室强盛，虑有内难，特加东宫兵，使与羽林相若，至有实甲万人。”[⑥]这一举措因防范宗室而起，后来却为太子刘劭谋反提供条件，并直接导致刘宋陷入残杀火并的混乱状态。

三　宋魏在河淮之间的争夺

刘裕攻灭南燕与后秦，将北界东段推进至黄河，西段至关中，此为东晋南朝二百

---

① 《宋书》卷六三《武三王传》，中华书局1974年版，第1644页。

② 《宋书》卷七一《徐湛之传》，中华书局1974年版，第1847页。

③ 《宋书》卷四三《檀道济传》，中华书局1974年版，第1344页。

④ 司马光：《资治通鉴》卷一二三，中华书局1956年版，第3861页。

⑤ 司马光：《资治通鉴》卷一二三，中华书局1956年版，第3876页。

⑥ 司马光：《资治通鉴》卷一二七，中华书局1956年版，第3988页。

七十年疆域之极盛。但是，这一局面并未维持多久，随着宋政权建立和刘裕的去世，南北政局你来我往，又在河淮之间展开激烈的争夺。

1. 刘宋前期与北魏的攻战

刘裕攻灭后秦不久，因留守建康的刘穆之突然病死，他担心京师根本动摇，迅即南归。行前以大将王镇恶、沈田子、王修等辅佐其子义真镇关中。但是，几位镇将很快发生冲突与火并，刘宋对关中的统治难以为继。义熙十四年(418)，匈奴族夏政权进兵关中，长安失陷，义真狼狈南逃。不过，至刘裕死前，潼关以东至青州一线的河南之地仍属刘宋版图。永初三年(422)五月，刘裕去世，长子义符继位，北魏正值明元帝拓跋嗣在位。早在刘裕灭秦时，北魏因实力有限，未能全力助秦。刘裕既死，明元帝认为攻宋时机到来，遂以太子拓跋焘监国执政，泰常七年(422)十月，遣司空奚斤率兵南伐。未几，陷滑台(今河南滑县东)。次年，魏军分两路攻宋，镇守虎牢的宋将毛德祖被围二百余日后，城陷被俘，一时司州尽失于魏，兖州之地自湖陆(今山东鱼台东南)之北、豫州自项城以北也为魏军所占。[①] 正在争战之时，双方皆遇帝位交替，这年十一月，拓跋焘即帝位，史称太武帝。明年五月，刘宋徐羡之等废少帝，迎立文帝。而北魏忙于征讨赫连夏，刘义隆亦致力于稳定内部，双方遂通使交聘，南北对峙的形势暂时稳定下来。直到宋文帝铲除徐、傅势力，实现政由己出以后，始有恢复河南之志。元嘉七年(430)三月，以右将军到彦之统军北伐。初时，魏军主动后撤，宋军不战而收河南之地。八月，宋军渡河与魏军战，兵败，死伤甚重。十月，魏军南渡，到彦之眼见形势逆转，欲引兵南归，又不听部将力主坚守之议，匆匆南撤，"焚舟弃甲，步趋彭城……青、兖大扰。"[②]后赖檀道济援军与魏军三十余战，方暂时稳住战局，最终仍以惨重损失结束北伐，河南之地再陷于魏。实际上，此次北伐之前，北魏受赫连夏之牵制，刘宋尚处于优势，但文帝没有抓住有利时机及时与夏配合；更致命的是用人失当，他对曾任顾命大臣的名将檀道济心存嫌忌，弃而不用，反以重兵付于才干平庸的到彦之，致使本可获胜的北伐遭遇惨败。

2. 魏太武帝大举南侵

到彦之惨败后，文帝因长期患病，虽有恢复之志，但已力不从心。从北魏来看，周边割据政权尚未尽灭，柔然又为北疆劲敌。于是，自元嘉八年(魏神䴥四年，431)起，宋魏又通使修好，双方再次维持20年左右的和平状态。直至元嘉二十七年(魏太平真君十一年，450)，战端重起。

北魏击退到彦之北伐后，相继攻灭夏、北燕、北凉，太延五年(439)统一黄河流域。

---

① 参见《资治通鉴》卷一一九，中华书局1956年版，第3758页。

② 司马光：《资治通鉴》卷一二一，中华书局1956年版，第3824页。

再过十年，到太平真君十年(宋元嘉二十六年，449)远击柔然，获致大胜，“自是柔然衰弱，屏迹不敢犯魏塞”，①北魏国势逐渐强盛。反观此时刘宋，表面稳定，内部却暗流潜伏，对于北朝的防备不仅没有增强，反因名将檀道济被杀而削弱。太平真君十一年(宋元嘉二十七年，450)二月，拓跋焘亲率大军伐宋。初时魏军抄掠淮西，兵围悬瓠(今河南汝南)，守军死战40余日，魏人退兵北归，此战揭开后来大战之序幕。但魏军退后，宋文帝却下令北伐。他以宁朔将军王玄谟统率太子步兵校尉沈庆之、镇军咨议参军申坦以水军入河；太子左卫率臧质等径趋许(昌)洛(阳)；又以徐、兖二州刺史、武陵王刘骏及豫州刺史南平王刘铄各勒所部，东西齐举；以太尉、江夏王刘义恭军次彭城，为众军节度。刘宋朝廷为支持此次北伐实行举国动员，“是时军旅大起，王公、妃主及朝士、牧守，下至富民，各献金帛、杂物以助国用。”②宋军初始于东西两线均有进展，魏太武帝则沉着应对。他以太子晃北备柔然，吴王余守平城，自己亲率重兵南下攻滑台。驻守此城的王玄谟士众虽盛，器械精严，但他刚愎嗜杀，又贪鄙爱财。身为统帅，竟“又营货利，一匹布责人八百梨，以此倍失人心”。③ 魏军来攻，玄谟惧而败退，“死者万余人，麾下散亡略尽，委弃军资器械山积。”④宋军被迫退至历城。

魏军乘王玄谟之败分兵五路大举南下。后调整为三路：西路以永昌王拓跋仁自洛阳南下攻取悬瓠、项城，进逼寿阳。因刘宋南平王刘铄固守，魏军移师向东，与尚书长孙真部会合，掠马头、钟离，进据历阳(今安徽和县)，欲形成对建康之迂迴。东路则以高凉王拓跋那略青州后往下邳、山阳(今江苏淮安)，进至广陵(今江苏扬州)。中路太武帝拓跋焘率主力追王玄谟至东平，继而南向彭城围江夏王刘义恭。但双方在彭城之下未发生激战，反而相互报聘，交换各自土产礼物。宋安北长史、沛郡太守张畅与魏尚书李孝伯还在阵前讨论此前双方攻战之得失，甚至惺惺相惜，流露相互敬慕之意。⑤ 后来魏军攻城不克，再南下，止于淮上。由于宋盱眙太守沈璞到任即以“郡当冲要，乃缮城浚隍，积财谷，储矢石，为城守之备”。⑥ 又有辅国将军臧质于北上援彭城途中，闻魏军已南下，亦将七百人入盱眙城，助璞固守，魏军遂久攻不下。此时魏人行军作战并无粮草物资储备，唯以抄掠为资，及过淮，民多流徙藏匿，抄掠无所得，于是，留下数千人监视盱眙，主力继续南下，进至瓜步(今江苏南京六合区东南)。十二月，三路魏军进抵江边，声言欲渡江。一时建康震动，刘宋实施总动员：“内外戒严。丹杨统

---

① 司马光：《资治通鉴》卷一二五，中华书局1956年版，第3936页。

② 司马光：《资治通鉴》卷一二五，中华书局1956年版，第3947页。

③ 《宋书·王玄谟传》，中华书局1974年版，第1974页。

④ 司马光：《资治通鉴》卷一二五，中华书局1956年版，第3949页。

⑤ 司马光：《资治通鉴》卷一二五，中华书局1956年版，第3955—3957页。

⑥ 司马光：《资治通鉴》卷一二五，中华书局1956年版，第3958页。

内尽户发丁，王公以下子弟皆从役。命领军将军刘遵考等将兵分守津要，游逻上接于湖（今安徽当途南），下至蔡洲（今江苏南京西南），陈舰列营，周亘江滨，自采石至于暨阳（今江苏江阴）。六七百里。太子劭出镇石头，总统水军，丹杨尹徐湛之守石头仓城，吏部尚书江湛兼领军，军事处置悉以委焉。”这时，宋文帝方深悔杀檀道济曰：“檀道济若在，岂使胡马至此！”[①]不过，对峙于大江两岸的宋魏之军不仅未发生大规模激战，双方反而互有往来，《资治通鉴》卷一二五载魏太武帝“饷上橐驼、名马，并求和，请婚”。宋文帝亦“遣奉朝请田奇饷以珍羞、异味”。太武帝并“以其孙示奇曰：‘吾远来至此，非欲为功名，实欲继好息民，永结姻援。宋若能以女妻此孙，我以女妻武陵王，自今匹马不复南顾’”。到了次年正月，魏军“掠居民，焚庐舍而去”，[②]一场震撼南北的大战竟以戏剧性结局而落幕。

元嘉二十八年（451），拓跋焘北返途中在盱眙与宋军激战，魏军切断盱眙水陆交通，以钩车、冲车等各种器械猛烈攻城，又轮流发起肉搏。双方“杀伤万计，尸与城平。凡攻之三旬，不拔”。[③] 后因魏军发生疫病，又传言宋以水军自海入淮，并敕彭城军断敌归路，魏军方撤退，盱眙保卫战终于由宋军获胜，一场历时两年的南北大战方告结束。

分析这次大战的起因以及双方形势，不难发现其中端倪。首先，此战缘起元嘉二十七年对河南的争夺，汝南之役双方激战40余天，说明此时宋魏实力大体相当，魏军退后，宋军如果不冒然发动北伐，南北对峙还能维持一段时期。但是，文帝却轻举妄动，更以贪鄙有加的王玄谟为主帅，导致失利后的全军溃退。正因为此，才激起魏军大举南侵，一直进逼至大江以北。换言之，元嘉二十七年爆发宋魏大战，并非魏军具备南攻建康之实力，而是形势激发的结果。其次，从北魏多次南下的实际情况看，军中尚未形成供给粮草物资的机制，行军中的后勤保障能力十分有限，展开军事行动所依靠的仅仅是对各地民众的抢掠。《资治通鉴》卷一二五载魏人“闻盱眙有积粟，欲以为北归之资。”北归过彭城时，拓跋焘“遣人语城中曰：‘食尽且去，须麦熟更来’”。[④] 这些都是明证。魏军三路进抵江边，兵势固盛，亦仅“声言欲渡江”。[⑤] 实际上，数十万大军的粮草衣食及各种舟船物资一无着落，怎能轻易组织跨越天堑的渡江之战？所以，魏军长途奔袭，进至长江时，看似气势颇壮，实已色厉内荏，正所谓“强弩之极，矢不能穿鲁缟”也。后来双方的交聘往来也正是在此背景下展开的。

---

① 司马光：《资治通鉴》卷一二五，中华书局1956年版，第3959—3960页。

② 司马光：《资治通鉴》卷一二六，中华书局1956年版，第3962页。

③ 司马光：《资治通鉴》卷一二六，中华书局1956年版，第3965页。

④ 司马光：《资治通鉴》卷一二六，中华书局1956年版，第3967页。

⑤ 司马光：《资治通鉴》卷一二五，中华书局1956年版，第3959页。

在这场大战中，宋魏双方都付出巨大代价。但是，战争主要发生在两淮江北地区，刘宋的损失更为惨重。《资治通鉴》卷一二六载："魏人凡破南兖、徐、兖、豫、青、冀六州，杀伤不可胜计，丁壮者即加斩截，婴儿贯于槊上，盘舞以为戏。所过郡县，赤地无余，春燕归，巢于林木。魏之士马死伤亦过半，国人皆尤之。"自黄河以南广大地区的社会经济和文化遭受空前浩劫。《资治通鉴》并言："自是邑里萧条，元嘉之政衰矣！"[①]我们固然不能将文帝统治的衰落仅仅归之于这场大战的受挫，但是，它对刘宋的打击无疑是十分沉重的，刘宋甚至整个南朝最可称道的一段历史的确走到了尽头。

回顾这场大战，还可以看出，刘宋前期南北之间的争战，总的特点是处于相持与胶着的态势，其根本原因在于南北双方的统治皆未完全稳定，一方对另一方远未形成明显优势。从北朝来看，中国北方还存在多个割据势力，不时威胁北魏统治。太延五年(439)后，太武帝虽然统一黄河流域，但北方民族矛盾与阶级矛盾十分尖锐，各族人民反抗斗争此伏彼起。所以，北魏尽可发动一次又一次军事行动侵扰南朝，甚至逐渐扩张领土疆界，但是，距离彻底战胜南朝还相当遥远。就南朝论，刘裕虽然将北部疆界扩张至极盛，他死后，刘宋在文帝治理下政局亦趋于稳定，国力显著增强，但文帝多年患病，围绕义康专权展开的高层权力之争和潜在的矛盾冲突不断发展，这些因素影响到南朝原有优势的发挥。总之，南北双方皆受内政与周边环境的制约，争战形势必然呈现相持与胶着的态势。

不过，纵观数十年的对峙形势，南北在总体上的相持与胶着中，刘宋已日显其弱。此从元嘉期间多次发动的北伐即可看出，不是屡遭败绩，就是无功而返，元嘉末年魏军居然长驱直入，进逼至长江北岸，更是充分暴露刘宋军事防御体系的严重缺失。论及于此，作为最高统治者的宋文帝难辞其咎。诚然，在稳定刘宋王朝统治，实现元嘉之治方面文帝确有推动之功。但是，如史家所指"文帝之为人也，颇深沉有谋而其度量失之不广"，[②]这里所谓度量乃指容人、用人的胸襟，此乃治国执政者之必备素质。作为一国之君，能否在大规模军事行动之前认真听取朝臣的谋画和建议，从而确定正确的战略与策略，尤其是恰当地选择领兵主帅，对于战局具有决定性意义。因为，战争不仅是国力的较量，同时也是谋划者、指挥者智力的对抗，这方面的优势往往能弥补物质力量的不足。反之，物质力量虽强于对方，若谋划者、指挥者出了问题，足以使原有优势转化为劣势。古今中外战争史上以小胜大、以弱胜强的大量战例皆可为证。而宋文帝与北朝交战时，这方面屡屡失误，从而导致一次又一次的惨败。元嘉时期，刘宋朝内不少大臣曾就南北争战的形势与对策提出意见和对策，如：元嘉五年(428)

---

① 司马光：《资治通鉴》卷一二六，中华书局 1956 年版，第 3966 页。

② 吕思勉：《两晋南北朝史》上册，上海古籍出版社 1983 年版，第 341 页。

谢灵运提出主动出击,集中经营河北;[①]十九年(442)何承天上《安边论》,以为“安边固守,于计为长”。[②] 二十七年(450)沈庆之力谏大举出兵等[③]。这些议论虽未必全都切合实际,但也确有详察内外形势、深入分析利害得失而提出的切实可行的主张。但是,文帝或者不以为然,或者不予重视。可以说,元嘉数次北伐,不是错失良机,就是轻举妄动。更糟糕的是,在北伐主帅的人选上,文帝总是根据个人好恶,看其是否亲信,而忽略其是否符合主帅的标准。元嘉中,诛杀名将檀道济,已使刘宋军事指挥遭受重大损失,此前此后担任主帅的到彦之、王玄谟等人又皆平庸之辈,甚至品质低劣,一旦轻易付以重任,怎能不导致惨败?正如王夫之所论:“而文帝、孝宗之所信任推崇以风示天下者,皆拘葸巽谨之人,谓可信似无疑,而不知其适以召败也。”[④]此外,文帝还好为人师,热衷于遥控指挥,《资治通鉴》卷一二六曰:“上每命将出师,常授以成律,交战日时,亦待中诏,是以将帅趑趄,莫敢自决。”[⑤]且不论文帝是否精于军事指挥,在瞬息万变的战场上,领兵将帅居然要等皇帝的旨意决定进退,岂不坐以待毙?所以,透过宋魏争战态势的变化,虽然双方未分高下,但南朝由强转弱的趋势已见端倪。

3. 刘宋失淮北

元嘉三十年(453),文帝刘义隆被太子刘劭杀死,继而引发宗室亲王的火并残杀,这为北魏南侵创造了条件,南北对峙形势更向有利于北朝方向发展。不过,在宋明帝泰始(465—471)以前,南北边界仍然维持在秦岭至淮北一线,即今陕西、四川交界处以东至河南南部、皖苏两省北部及山东半岛一带。泰始以后,情况才发生明显变化。

泰始二年(466),宋明帝刘彧平息晋安王刘子勋反抗,基本消灭朝内政治对手以后,有意示威北朝。于是,遣镇军将军张永、中领军沈攸之北伐。此前,在子勋等宗室王起兵时,任徐州刺史的薛安都虽归顺明帝,但仍存转投北魏之念。明帝以大军北上,安都遂降于魏,汝南太守常珍奇随之亦以悬瓠降。北魏则遣镇东大将军尉元率兵救彭城,镇西大将军拓跋石救悬瓠。十一月,宋兖州刺史毕众敬出降于魏。东西两路魏军长驱直入,尉元军入彭城,而宋军张永、沈攸之亦抵彭城附近。两军接战,宋军败绩。次年正月值大雪,泗水冰合,张永弃船南奔,被尉元、薛安都追击,大败永于吕梁(今江苏徐州东南),“死者以万数,枕尸六十余里,委弃军资器械不可胜计,永足指亦堕,与沈攸之仅以身免”。[⑥] 此战败后,刘宋尽失青、冀、徐、兖四州及豫州淮西之汝南、

---

① 《宋书》卷六七《谢灵运传》,中华书局 1974 年版,第 1772—1774 页。

② 《宋书》卷六四《何承天传》,中华书局 1974 年版,第 1707 页。

③ 参见《资治通鉴》卷一二五,中华书局 1956 年版,第 3945 页。

④ 王夫之:《读通鉴论》卷十五,中华书局 1975 年版,第 491 页。“拘葸”,畏惧状也。

⑤ 趑趄,欲进还畏之状。

⑥ 司马光:《资治通鉴》卷一三二,中华书局 1956 年版,第 4130 页。

新蔡、谯、南顿、陈、梁、颍川等郡，淮北之地尽入北魏版图，刘宋北部的东段边界被迫收缩至淮水以南，此为南北朝期间双方对峙形势之一大变化。

四　宋室骨肉相残

文帝在位 30 年，统治集团内部尤其是皇族之间的矛盾也在发展。前文论及文帝与刘义康的矛盾冲突，义康被贬废、远徙和诛杀，拥戴他的刘湛、孔熙先等相继被镇压，这正是冲突激化的表现。不过，此时文帝统治稳固，皇族宗室的矛盾尚可控制。及至元嘉末年，宗室矛盾因太子劭弑杀文帝而骤然升级，迅即引发皇族之间的火并与混战，遂终于导致刘宋王朝的覆灭。

1. 刘劭弑杀文帝

宋文帝贬斥义康以后，江夏王刘义恭入朝辅政，处事唯文帝意旨为是，主相矛盾和兄弟矛盾缓和下来。但是，威胁皇权的另一股力量即太子刘劭的势力却在滋长。元嘉十七年(440)义康被贬时，太子劭已近成年，文帝着意扶植子嗣，开始为东宫配置武装。元嘉末，刘劭控制的东宫兵力已相当可观，据《资治通鉴》卷一二七载："初，帝以宗室强盛，虑有内难，特加东宫兵，使与羽林相若，至有实甲万人。劭性黠而刚猛，帝深倚之。"文帝举措虽出于对宗室诸弟的戒心，但是，他所深倚的太子对父皇并不忠诚。二十九年(452)秋，劭与异母弟刘濬串通女巫行巫蛊诅咒之事泄露，文帝震怒，本欲废劭并赐濬死，但一时未作决断。次年春，刘劭先发制人，率东宫兵弑杀文帝及江湛、徐湛之等辅臣，自立为帝，一场震动朝野的变乱终于爆发。

此时，文帝三子、武陵王刘骏为江州刺史，正统领大将沈庆之攻打长江中游的少数族五水蛮。及闻京师变乱，遂于四月东下，声讨刘劭，军至新亭(今江苏南京西南)，大将柳元景率众大败劭军，朝内辅政的大将军刘义恭弃家逃奔刘骏，劭杀其子 12 人及久有旧恨的宗室多人。未几，骏军破台城，杀劭及其 4 子、濬及其 3 子。一时，建康城演出父子兄弟连连相杀的丑剧。时人曾曰："遥望建康城，小江逆流萦，前见子杀父，后见弟杀兄。"[①]此后，刘骏登上帝位，是为宋孝武帝。

2. 孝武帝再杀宗室和前废帝之暴虐

孝武帝即位后，宗室相残仍在继续。其叔父、南郡王刘义宣任荆州刺史十年，财富兵强。孝武不欲其久任上游，遂命内调，义宣固辞，又激起叔侄火并，义宣兵败后与诸子 16 人皆被杀。孝武在位不过 10 年，先后杀其弟南平王刘铄、武昌王刘浑、海陵王刘休茂及竟陵王刘诞。其中刘诞时任南兖州刺史，镇广陵(今江苏扬州)，史称其

---

① 《魏书》卷九七《岛夷刘裕传》，中华书局 1974 年版，第 2142 页。

"宽而有礼……人心窃向之。诞多聚才力之士,蓄精甲利兵,上由是畏而忌之",[①]诞亦知孝武不容,潜为之备。大明三年(459)孝武帝命兖州刺史垣阆与给事中戴明宝率兵来攻,诞固守多日,自四月至七月,城犹未破。后由沈庆之亲率攻城,城方陷之,刘诞被杀。孝武帝竟于城破后下令"广陵城中士民,无大小悉命杀之",[②]后以庆之谏,方得保全五尺以下男子,犹杀三千余口,女子则为军内赏赐。可见,皇室相残,民众亦遭空前劫难。

大明八年(464),孝武帝死,其子年方十六的刘子业继立,史称前废帝。子业在位不及一年,先杀叔祖刘义恭并其4子,又杀亲弟新安王子鸾、南海王子师。不仅如此,其更欲诛杀朝臣名将,尚书令柳元景、侍中、太尉沈庆之、会稽太守孔灵符等皆被难。他甚至打算把尚存的六位叔父都杀掉,使得"举朝遑遑,人人危怖"。[③] 显然,暴虐的前废帝已无法代表统治集团的利益,各方势力都在策划政局的变动。终于,湘东王刘彧及部下阮佃夫一派最先得手,杀掉废帝,刘彧继立,史称宋明帝。

3. 宋明帝与后废帝之政

前废帝生前曾派人毒杀其三弟、江州刺史刘子勋。当时子勋仅10岁,军政大权由长史邓琬掌握。废帝既欲加害,邓琬起兵反抗,且获子勋之弟、荆州刺史刘子顼和会稽太守、寻阳王刘子房等方镇响应。前废帝死,刘子勋等势力不愿屈居明帝之下,于是,以文帝诸子为一方,孝武帝诸子为一方,围绕最高权力又展开生死争夺。战事初起,各方拥戴子勋的声势颇盛,"朝廷所保,唯丹杨、淮南数郡",明帝接受吏部尚书蔡兴宗"宜镇之以静,至信待人"的建议,[④]竭力争取人心,稳定内部。泰始二年(466),遣巴陵王刘休若督建威将军沈怀明、尚书张永和、辅国将军萧道成等东讨寻阳王长史孔觊。军至晋陵(今江苏常州)、义兴(今江苏宜兴)一线,沈、张屡破浙东军,先后克服义兴、晋陵。再遣建武将军吴喜等由吴兴(今浙江湖州)进兵会稽,俘获寻阳王刘子房及执事孔觊,稳定了扬州形势。明帝始专力对付长江中游的威胁。此时,邓琬正统率郢、荆、湘、梁、雍五州之众一时俱下,滞于鹊州(今安徽铜陵北江中),与明帝所遣沈攸之军相持数月。龙骧将军张兴世于贵口(今安徽贵池西)偷袭粮米30万斛得手,西军不战自溃,沈攸之进至寻阳,邓琬、刘子勋皆被杀;又克江陵,杀刘子顼。孝武帝其余12子也被明帝杀尽。

明帝坐稳帝位之后,由于在前废帝时受尽迫害,续演宗室相残丑剧,惨烈程度更

---

① 司马光:《资治通鉴》卷一二八,中华书局1956年版,第4032页。

② 司马光:《资治通鉴》卷一二九,中华书局1956年版,第4048页。

③ 《宋书》卷五七《蔡兴宗传》,中华书局1974年版,第1579页。

④ 司马光:《资治通鉴》卷一三一,中华书局1956年版,第4098、4099页。

甚于孝武帝与前废帝。他在位不过7年,不仅杀尽子侄辈的孝武诸子,甚至将仅存的几个兄弟如庐江王祎、晋平王休佑、建安王休仁、巴陵王休若也加以迫害,文帝诸子仅存桂阳王休范一人。对于异姓将帅大臣,凡心存猜忌,也一律残杀,如寿寂之、吴喜曾在拥立与平叛中效力建功,也未能幸免。甚至连皇后之兄、扬州刺史王景文,乃一坐谈玄理之文人,明帝顾虑身后皇后临朝,景文可能擅政,也命其服毒自杀。

泰豫元年(472),明帝死,太子、苍梧王刘昱即位,是为后废帝。元徽二年(474),明帝仅存之弟刘休范在江州刺史任上起兵,率众三万,骑五百,自寻阳(今江西九江)直逼建康。朝臣会议于中书省时,竟无人提出对策,幸赖右将军萧道成冷静应对,运筹处置。他以征北将军张永守白下(今江苏南京城北),自率部众屯新亭拒西军。并遣部将黄回、张敬儿诈降,于敌不备时斩杀休范,逐渐挽回危局。平叛后,萧道成赢得朝内外广泛声望。此时,刘宋皇室残杀虽然平息,但刘氏子弟已被杀殆尽。元徽四年(476),任南徐州刺史的建平王刘景素于京口(今江苏镇江)举兵反,亦赖萧道成居中调度,加以镇压。后废帝见统治渐稳,骄恣暴虐之本性开始显露,他经常出宫遊玩,并以杀人为乐,"一日不杀,则惨然不乐",致使"殿省忧惶,食息不保",[①]刘宋政局终于重蹈前废帝被杀之复辙,萧道成部下王敬则密结禁中侍从,于七夕之夜斩杀后废帝。萧道成矫太后之诏,另立时年9岁的安成王刘准,史称顺帝。宋末以来势力逐渐坐大的萧道成在谋取最高权力的斗争中跨出关键一步,刘宋王朝的覆灭也就指日可待了。

第二节 齐魏对峙下的扬、徐等州

一 萧道成崛起于淮阴

刘宋王朝维持60年左右,终于被萧道成的"齐"政权取代。南方政局这一变动固然是刘宋皇室的骨肉相残削弱了自身力量的结果,但就建立新朝的萧道成而言,最初驰骋沙场并未想到取刘宋江山而代之,正如他临终所言:"吾本布衣素族,念不到此,因藉时来,遂隆大业。"[②]这里的"时"就是宋末动乱莫测的局势。萧道成由于能审时度势,抓住机遇,迅速培植和壮大势力,从而顺利代宋建齐。在此过程中,他利用镇守淮阴的有利条件,竭力笼络、聚集号称"青徐豪族"的各方人士,形成了实现嬗代的主要依靠力量。

① 司马光:《资治通鉴》卷一三四,中华书局1956年版,第4193页。

② 《南齐书》卷二《高帝纪下》,中华书局1972年版,第38页。

1. 萧道成的身世和经历

萧道成(427—482)字绍伯,小字斗将。南兰陵(今江苏常州西北)人。高祖萧整,东晋初年南迁渡江,居东晋侨置兰陵郡。父承之与道成凭藉刘裕继母萧氏疏属的身份,历仕军府僚佐,追随征讨,以功入仕。元嘉末至明帝间,道成逐渐显露头角。

宋明帝因取代前废帝引发宗室火并,晋安王刘子勋自江州起兵反叛,会稽太守、寻阳王刘子房等响应。明帝以道成为辅国将军,参与由巴陵王刘休若、建威将军沈怀明、尚书张永统率的东征军,在晋陵(今江苏常州)附近大败浙东叛军。道成又随张永北上,讨伐青徐地区反明帝的豪强镇将。当时,控制这一带的徐州刺史薛安都、冀州刺史崔道固和青州刺史沈文秀,因拥护刘子勋而与支持明帝的豪强、郡守混战。张永、萧道成北上后,在江北大破安都之侄薛索儿。明帝平叛节节获胜后,薛安都等人势蹙,表示归降。在此关键时刻,明帝表面接受安都等"归降",实际以张永、沈攸之率重兵北上,向徐淮地区渗透,力图达到控制之目的,于是,激起青徐郡守豪强不满,纷纷向长期觊觎此地的北魏乞降,这就导致泰始五年(469)青、徐、冀、兖四州及豫州淮西之地沦陷,从而铸成南北朝东段边界形势之巨变。就南朝言,徐淮、淮南和江南实为军事防御体系上相互依托和屏卫的几个层次,徐淮既失,淮南成为直接面对北朝的前线,南朝北境边防形势明显弱化。从此以后,在西起汝南(今河南息县)东至郁州(今江苏连云港)的新军事分界线上,作为兖州州治的淮阴(今江苏淮安)取代徐州州治彭城的地位,成为南朝北疆最有名的军事重镇。而淮阴战略地位的明显提升,对于镇守此地的刺史镇将的意义更不同凡响,正是在这一历史契机的推动下,萧道成惨淡经营,精心培植并壮大了自己的力量。

2. 萧道成与青徐集团的结合

刘宋泰始二年(466),"侨立兖州,治淮阴;徐州治钟离;青、冀二州共一刺史,治郁州。"[①]次年八月,刘宋再攻彭城,以中领军沈攸之代理南兖州刺史,统军北进,另以行徐州事萧道成将千人镇淮阴,以为攸之后援。《通鉴》于此条称"道成收养豪俊,宾客始盛"。胡注更曰:"为后萧道成取宋张本。"四年七月,道成正式取代沈攸之任南兖州刺史。[②]《南齐书·崔祖思等传》史臣论曰:"太祖作牧淮、兖,始基霸业,恩威北被,感动三齐。青、冀豪右,崔、刘望族,先睹人雄,希风结义……"显然,史家皆指萧道成起家依赖青、徐豪族势力。唐长孺先生曾指出,这一带本是"豪强武装纵横之地。南北朝都倚仗豪强武装来争夺和据守其地,州郡镇戍和豪强武装常常合而为一"。[③] 晋末,

---

① 司马光:《资治通鉴》卷一三一,中华书局1956年版,第4128页。

② 司马光:《资治通鉴》卷一三二,中华书局1956年版,第4138、4145页。

③ 《北魏的青齐土民》,载唐长孺:《魏晋南北朝史论拾遗》,中华书局1983年版,第92页。

刘裕灭南燕，此地转归东晋刘宋长达五六十年。直至宋明帝与侄儿们争夺皇位，引发镇守此地的“北豪”混战，才沦属北魏。萧道成恰于此时前来经营，[①]而淮阴一带正聚集着大批流寓于此的青徐豪强，他们“希风结义”于动荡之际，很自然地选择萧道成作为依恃的靠山。道成初来乍到，势单力薄，遂笼络引用这批豪俊，形成日后建立帝业的基础。据《南齐书》各传可知聚集于道成周围的主要人士有：

垣崇祖，“下邳人也……初，崇祖遇太祖（道成）于淮阴，太祖以其武勇，善待之。崇祖谓皇甫肃曰：‘此真吾君也，吾今逢主矣，所谓千载一时。’遂密布诚节。”

垣荣祖，崇祖从父兄。“太祖在淮阴，荣祖归附，上保持之。及明帝崩……除宁朔将军、东海太守。（褚）渊谓之曰：‘萧公（道成）称卿干略，故以此郡相处。’”

崔祖思，“清河东武城人……太祖在淮阴，祖思闻风自结，为上辅国主簿，甚见亲待，参豫谋议。”

崔慧景，“清河东武城人……太祖在淮阴，慧景与宗人祖思同时自结，太祖欲北渡广陵，使慧景具船于陶家后渚，事虽不遂，以此见亲。”

刘怀珍，“平原人……怀珍北州旧姓，门附殷积……太祖曰：‘我布衣时，怀珍便推怀投款，况在今日，宁当有异？’”

刘善明、刘僧副，刘怀珍族弟。“幼主新立，群公秉政，善明独结事太组，委身归诚。……从弟僧副，与善明俱知名于州里。……太祖在淮阴，壮其所为，召与相见，引为安成王抚军参军。”

王玄邈，下邳人，“太祖镇淮阴，为（明）帝所疑，遣书结玄邈。……升明中，太祖引为骠骑司马、冠军将军、太山太守，玄邈甚惧，而太祖待之如初。”

李安民，“兰陵承人也……太祖在淮阴，安民遥相结事……时王敬则以勋诚见亲，至于家国密事，上（道成）唯与安民论议。”

苏侃，“武邑人也……遇太祖在淮上，便自委结。上镇淮阴，以侃详密，取为冠军录事参军。”

薛渊，“河东汾阴人也……（薛）安都从子。本名道渊，避太祖偏讳改。安都以彭城降虏，亲族皆入北。太祖镇淮阴，渊遁来南，委身自结。”

荀伯玉，“广陵人也……太祖镇淮阴，伯玉归身结事，为太祖冠军刑狱参军。……由是见亲待。”

以上人士多系青徐豪强，他们为了自身家族的生存发展，往往携持乡党部曲与道成倾心相结，甘受驱使。泰始七年（471），经营淮阴已五年的萧道成内调入朝，所依持

① 据《南齐书·高帝纪上》，宋元嘉二十七年，魏太武帝大举南伐，道成曾随臧质领兵援彭城，后随质固守盱眙。此为道成参与徐淮军政事务之最早记载。

的青徐集团已成为代宋造齐的核心力量。当然，道成依靠的还有其它集团，例如荆襄、江东等地势力以及朝内外的高门大族与寒门将帅。但是，青徐集团势力最为强盛，在代宋造齐中起的作用也最为关键。

二 萧齐代宋和永明政局

1. 宋末萧道成擅权

在淮阴壮大了势力的萧道成，入朝以后利用刘宋皇室骨肉相残的形势，加紧取代刘宋的进程。

明帝平定东土会稽和长江中上游诸侄的反叛后，政局趋稳，但外部形势稍稍缓解，皇室相残重又展开。自泰始七年(471)起，明帝以各种借口杀死不久前全力支持自己的南徐州刺史、晋平王刘休佑，扬州刺史、建安王刘休仁以及荆州刺史、巴陵王刘休若。据清人赵翼统计，宋孝武帝二十八子，夭殇者十，为前废帝所杀者二，为明帝所杀者十六。[①] 与明帝同辈的文帝诸子经过孝武、前废和明帝的反复诛杀，已绝少善终。这一形势给异姓大臣取代刘宋提供了契机，泰豫元年(472)明帝死，遗诏以尚书令袁粲、护军将军褚渊、中领军刘勔以及驻外方镇蔡兴宗、沈攸之为顾命，辅太子刘昱即位，是即后废帝。因褚渊素与道成交好，引其同掌机密，道成迁右卫将军、领卫尉，遂进入统治核心。当然，与刘裕当年一样，他要树立在朝中权威，还要经过一番“建功立业”。恰好在明帝死后，相继发生一系列变乱和政争，萧道成加以果断地处置和镇压，终于树立起声望，为取代刘宋开辟了道路。

元徽二年(474)，江州刺史、桂阳王刘休范于任上起兵，兵锋迅即抵达京师建康附近。就在事变突发，朝臣束手无策时，萧道成沉着应对，他安排部将诈降于敌营，不久休范被斩，事变平息。道成以功迁中领军、南兖州刺史，与袁粲、褚渊、刘秉共同执政，号称“四贵”。次年七月，担任南徐州刺史的建平王刘景素据京口反，道成遣黄回、任农夫、李安民进讨，师至乱平。政局稍有稳定，后废帝刘昱渐行暴虐，他虽贵为天子，却喜晨夜出游，从者并执矛戈，遇有人畜即刺至死，一时民间白日不敢开门，路上行人绝迹。后废帝甚至欲害道成，在此形势下，道成始谋废立。他以越骑校尉王敬则阴结废帝左右侍从杨玉夫、杨万年、陈奉伯等，昇明元年(477)七月，杀后废帝。继以太后诏立安成王刘准，史称顺帝。道成以司空、录尚书事、骠骑大将军总军国大事。

萧道成权势日益膨胀，引起持反对态度的袁粲、沈攸之等人不满。沈攸之系刘宋后期重臣，明帝死，他以郢州刺史身份与荆州刺史蔡兴宗同列顾命。因其久镇上游，

---

① 参见王树民:《廿二史札记校证(订补本)》卷十一，中华书局2001年版，第241页。

阴蓄异志，尤其在讨伐诸蛮战事中壮大了势力。《资治通鉴》卷一三三称其："大发兵力，招聚才勇，部勒严整，常如敌至。重赋敛以缮器甲，旧应供台者皆割留之，养马至二千余匹，治战舰近千艘，仓廪、府库莫不充积……"对于朝中由萧道成控制大权，攸之自不甘心。昇明元年(477)底，起兵反叛。而朝内辅政大臣袁粲因不满道成专权，图谋矫太后之诏，让领军将军刘韫等人领宿卫兵攻道成于朝堂，后事泄，道成以王敬则杀刘韫，又遣兵急攻石头，杀袁粲等，稳定建康。此时，上游沈攸之军大举东下，屯于夏口(今湖北武汉)，由于事先道成之子萧赜已选派名将柳世隆主持郢州军政，攸之一时竟不能下，终于军心动摇，攸之败绩，与其子缢死于华容(今湖北监利北)。至此，道成扫除代宋造齐道路上的最后障碍。昇明二年(478)，已任太尉、骠骑大将军、录尚书事的萧道成再加大都督中外诸军事、太傅、领扬州牧，其子萧赜任江州刺史、萧嶷任中领军，刘宋灭亡已指日可待。

2. 宋齐嬗代和永明政局

建元元年(479)四月，萧道成仿效刘裕，又一次进行王朝禅代的政治表演，建"齐"代"宋"，史称齐高帝。自元嘉十七年(440)彭城王刘义康被贬于豫章，道成随其父承之受命领兵护卫起，[①]至此近40年，大半生涯戎马倥偬，经历极其丰富。称帝后，南齐朝形成短暂的安定局面。他曾下诏："援拯遗弊，革末反本，使公不专利，氓无失业。"[②]规定诸王皇子"悉不得营立屯邸，封略山湖。"又多次下诏减免赋税，如建元二年(480)六月诏曰："昔岁水旱，曲赦丹阳、二吴、义兴四郡遭水尤剧之县，元年以前，三调未充，虚列已毕，官长局吏应共偿备外，详所除宥。"不仅如此，还下令禁募部曲，检定黄籍户口，安抚流民还乡，令各地修复学校，选拔人才，这些举措对稳定生产和社会秩序皆有积极作用。即位之前，道成曾言："使我治天下十年，当使黄金与土同价。"[③]显然，他在位虽短，但抱负不小，所下诏令的内容涉及南齐统治的各个方面，这些举措与遗言，一时虽未见其成效，但毕竟使南齐朝有了良好开端，尤其为其子、武帝萧赜的统治树立了较好的榜样。道成一生亲历宋末政争，他对刘宋皇室相残体会深刻，临终前谆谆告诫萧赜："宋氏若骨肉不相图，他族岂得乘其弊？汝深戒之。"[④]足见其洞察世事之深。正因为如此，史家对萧道成的评价不错。《南齐书·高帝纪》赞其："上少沈深有大量，宽严清俭，喜怒无色。博涉经史，善属文，工草隶书，弈棋第二品。……从谏察谋，以威重得众。"萧子显赞其祖父虽有夸溢，但综合一生事迹，此评尚不为过。值

---

① 参见《南齐书》卷一《高帝纪上》，中华书局1972年版，第3页。

② 《南齐书》卷二《高帝纪下》，中华书局1972年版，第33页。

③ 《南齐书》卷二《高帝纪下》，中华书局1972年版，第36、39页。

④ 《南史》卷四三《齐高帝诸子传下·萧晃》，中华书局1975年版，第1080页。

得一提的是，南朝史上萧道成以齐代宋和后来萧衍以梁代齐颇为相似，它们都不是单纯的王朝更替和权力相争。萧子显曾言："及苍梧（后废帝）暴虐，衅结朝野，百姓懔懔，命悬朝夕。权道既行，兼济天下。……虽至公于四海，而运实时来，无心于黄屋，而道随物变。应而不为，此皇齐所以集大命也。"[①]这就是周一良先生所指，南朝这些政局取代变换皆有"消灭当时极端昏庸而又残暴之统治者，当亦为人民所欢迎"[②]的社会趋势寓于其中。后人曾评南朝开国四君皆为英雄豪杰，实际上，就取代昏庸暴虐的统治而言，萧道成与萧衍皆值得赞许；当然，若与刘裕与陈霸先比，形势不同，则又有一番差别。

建元四年（482）三月，高帝萧道成在位三年后病死。太子萧赜继位，史称齐武帝。赜字宣远，小字龙儿。年轻时随父征讨，积累了丰富的军事与政治斗争经验。即位后，继父遗志，加强统治，取得较好成效。

首先，他恢复朝廷百官俸禄。此举原系元嘉之末宋魏大战，文帝悉减百官俸禄以应军备。明帝时，军旅不息，府藏空虚，朝廷更中断百官俸禄。齐武帝恢复官俸，无疑是稳定统治的重要举措。继而又将治民之官任期六年改为三年一届，这对扩大统治基础也有积极作用。武帝深知吏治刑狱对于巩固政权的重要性，多次下诏慎减刑狱。如永明元年诏曰"京师囚系，悉皆原宥"，"四方见囚，罪无轻重，及人劫贼余口长徒敕系，悉原赦"。"凡坐事应复治者，在建元四年三月已前，皆原宥"。三年，"大赦。都邑三百里内罪应入重者，降一等，余依赦制"。五年诏"系囚见徒四岁刑以下，悉原遣，五年减为三岁，京邑罪身应入重，降一等"。[③] 这些减轻刑狱的措施，有利于缓和社会矛盾，促进社会安定。经济方面，武帝也颇多建树。他重视劝课农桑，发展生产。永明三年（485）诏曰："守宰亲民之要，刺史案部所先，宜严课农桑，相土揆时，必穷地利。若耕蚕殊众，足历浮堕者，所在即便列奏。其违方骄矜，佚事妨农，亦以名闻。将明赏罚，以劝勤怠。"在发展经济方面，他多次下诏减免赋税三调，此类记载仅《南齐书·武帝纪》即有十余次。除此之外，开展大规模"和市"的影响尤其广泛。永明五年（487）诏曰："凡下贫之家，可蠲三调二年。京师及四方出钱亿万，籴米谷丝绵之属，其和价以优黔首。远邦尝市杂物，非土俗所产者，皆悉停之。必是岁赋攸宜，都邑所乏，可见直和市，勿使逋刻。"综观此令，知"和市"与蠲免三调有关，朝廷为筹集物资，免除原来的强行征调，改由政府出资向市场收购。这不仅在相当程度上减轻百姓负担，缓和社

① 《南齐书·高帝纪下》史臣论。

② 参见《魏晋南北朝史札记》"南齐书札记·东晋以后政权嬗代之特征"，中华书局1985年版，第255页。

③ 本书有关"永明政局"之引文除注明出处者均引自《南齐书》卷三《武帝纪》，中华书局1972年版。

会矛盾，而且对于商品经济的发展也是明显的推动。[1] 不仅如此，齐武帝还重视恢复学校教育。永明三年诏曰："在昔开运，光宅华夏，方弘典谟，克隆教思，命彼有司，崇建庠塾……宜高选学官，广延胄子。"四年三月"国子讲《孝经》，车驾幸学，赐国子祭酒、博士、助教绢各有差"。

总之，武帝在萧道成创立的基础上推动齐政权进一步巩固，经济与社会状况获得明显发展。《南齐书・武帝纪》说他"刚毅有断，为治总大体，以富国为先"似非过誉。同书"良政传"又说："永明之世，十许年中，百姓无鸡鸣犬吠之警，都邑之盛，士女富逸，歌声舞节，袨服华妆，桃花绿水之间，秋月春风下，盖以百数。"这里虽有夸溢，但是，永明年间尤其前期统治尚称稳定。当然，武帝后期也显出衰败迹象，他生活奢侈，屡拒朝臣之谏，导致统治集团矛盾重又激化。永明十年（492）北魏以宋弁等人来聘，"及还，魏主问弁：'江南何如？'弁曰：'萧氏父子无大功于天下，既以逆取，不能顺守；政令苛碎，赋役繁重；朝无股肱之臣，野有愁怨之民'。"[2]此语虽出于敌国之臣，亦可见萧齐之政已与元嘉之末类似，正逐渐走向衰颓。

三　萧齐衰亡与再失淮南

1. 齐明帝再演骨肉相残丑剧

齐武帝在世时曾立太子萧长懋，但先于武帝死，次子萧子良虽负贤名，武帝却舍而不立，径立长懋之子萧昭业为皇太孙。不仅如此，去世前遗诏以子良辅政，实权却付与堂弟萧鸾，子良既嫌疑尴尬，只好消极避让。永明十一年（493）七月，武帝病死，萧昭业继立，史称郁林王。他本不具备执政能力，却忌恨叔父子良。次年，子良忧惧而死。而早有野心的萧鸾已展开废立之谋，隆昌元年（494）叔侄矛盾激化，萧鸾拉拢萧谌、萧坦之、徐孝嗣等大臣，在掌握宿卫大权后杀昭业，改立其弟昭文，史称海陵王，鸾以骠骑大将军、录尚书事、扬州刺史独擅朝政。这年十月，废海陵自立，史称齐明帝。萧鸾即位前后，与高帝、武帝、文惠太子（长懋）祖孙三代皇族成员为敌，再一次展开南朝历史上的宗室相残，一时京师内外及宗室驻地腥风血雨，一片恐怖。据清人赵翼统计，高帝十九子，除七人卒于明帝前，四人早殇外，其余八人即鄱阳王锵、南平王锐、晋熙王銶、宜都王铿、桂阳王铄、衡阳王钧、江夏王锋、河东王铉皆为明帝所杀。武帝子辈二十三人除文惠（长懋）、子良善终，鱼复侯子响于武帝时因抗拒朝命被杀，另四人早殇以外，其余十六人亦被明帝杀尽。大抵高帝之后除豫章王萧嶷有子数人幸

---

① 参见蒋福亚：《论南齐永明年间的和市——兼论三吴在宋齐之交已成为我国封建时代新生的经济重心》，原载《首都师范大学学报》1999年第6期，收入《魏晋南北朝经济史探》，甘肃人民出版社2004年版。

② 司马光：《资治通鉴》卷一三七，中华书局1956年版，第4322页。

得传承，其余诸子及武、文惠三辈子孙大多罹难于明帝之世。赵翼还比较宋齐两朝的宗室相残曰：“宋子孙多不得其死，犹是文帝、孝武、废帝、明帝数君之所为，至齐高、武子孙，则皆明帝一人所杀，其惨毒自古所未有也。”①

2. 平定王敬则和齐失淮南

明帝诛戮宗室使追随高、武二帝的旧臣战将也感到威胁，例如助萧道成代宋的王敬则即受猜忌。永泰元年(498)敬则于会稽太守任上起兵反叛，他率实甲万人，渡过浙江(今富春江)进抵吴郡松江，声势颇盛，再西上至晋陵武进、曲阿(今江苏丹阳)，五月，于长冈(今江苏丹阳南)遭遇朝廷所遣左兴盛、崔恭祖军，战败而死。

就在南齐内外厮杀不断时，沿淮一带的边界局势也紧张起来。上节论及北魏乘宋明帝时内乱夺取淮北之地，此后，魏献文帝死，孝文帝宏继立，时年仅六岁，太皇太后冯氏通过改革加速鲜卑政权封建化，推动政治逐步走上轨道。永明八年(魏太和十四年，490)冯太后死，孝文帝亲政，国力更加强盛。十一年(魏太和十七年，493)孝文帝定迁都之计。次年，北魏朝廷尽迁于洛阳，南北朝的对峙与争战态势进入全新阶段。就北魏而言，国势蒸蒸日上，必然加紧对南朝的攻伐。《魏书·王肃传》载肃降魏后，“因言萧氏危灭之兆，可乘之机，劝高祖(孝文帝)大举。于是图南之规转锐。”吕思勉先生更指出：“至孝文南迁，而虏立国之性质亦一变；于是所争者，西在宛、邓，中在义阳，东在淮上矣。”②建武元年(太和十八年，494)至四年，魏军连续南侵，攻掠梁、雍、司、豫、徐等州。永泰元年，拔新野，震动沔北。齐明帝以太尉陈显达救援雍州竟遭败绩。次年，齐将裴埴又以寿春(今安徽寿县)降魏，南齐所统豫州淮南之地亦失陷于魏。

3. 萧齐之亡

永泰元年七月，明帝死，太子宝卷继立，史称东昏侯。遗诏以始安王萧遥光、尚书令徐孝嗣、尚书仆射江祏、右将军萧坦之、侍中江祀、卫尉刘暄辅政，时号“六贵”。宝卷荒于嬉戏，即位后更加肆无忌惮，奢侈游荡。他尤喜骚扰杀戮百姓，致使京师内外惊恐不安。《南齐书·东昏侯纪》曰：“郊郭四民皆废业，樵苏路断，吉凶失时，乳妇婚姻之家，移产寄室，或舆病弃尸，不得殡葬。”不仅如此，因明帝临终前曾以废郁林王为例，要他“作事不可在人后”，故即位后恣情杀戮内外大臣。他先杀江祏、江祀兄弟，又杀萧遥光、萧坦之、刘暄、徐孝嗣等辅臣。其暴虐的行径迫使朝臣宿将纷纷密谋以求出路。永元元年(499)十一月，太尉、江州刺史陈显达在寻阳(今江西九江)带兵东下，未几，破齐军于采石(今属安徽)，寻进新林(今江苏南京西南)，欲以奇兵渡石头。但

---

① 王树民：《廿二史札记校证(订补本)》卷十二，中华书局2001年版，第248、249页。

② 吕思勉：《两晋南北朝史》上册，上海古籍出版社1983年版，第522页。

齐军获援，显达年老气衰，反而兵败被杀。次年，平西将军崔慧景奉命驰援北拒魏军的豫州刺史萧懿，面对朝内外动荡的局势，慧景在广陵附近叛齐，并与江夏王萧宝玄相结，直取京师。未几，攻入建康，兵围台城十数日。此时，萧懿应诏自采石渡江驰援，慧景军内又生分歧，旋被萧懿击败，慧景与宝玄俱被杀，平乱后，功臣萧懿以尚书令执政。但是，得以保全的东昏侯反而更加恣肆暴虐，十月，竟于台省中毒死萧懿，并欲铲除时任雍州刺史的懿弟萧衍。经过一番准备，萧衍于中兴元年(501)兵发襄阳，拥萧鸾之子、南康王萧宝融即帝位于江陵，并率雍州军东下。九月，前锋曹景宗兵至江宁。年底，齐将王珍国、张稷等人斩杀东昏侯于殿中，南齐遂亡。

四　北魏治下的徐淮政局

宋明帝与皇族刘子勋等爆发内战时，青、徐地区的豪族先是分属不同阵营参与混战，继而勾引北魏势力南下，献文帝天安元年(宋泰始二年，466)魏将慕容白曜进兵青、徐，经过两年多的战争，到皇兴三年(宋泰始五年，469)，淮北青、冀、兖、徐四州及豫州淮西之地先后归属北朝。此后，北魏对徐淮的统治以孝文帝太和改制为界，大体经历前后两个时期。

1. 太和改制以前的徐淮地区

北魏自拓跋珪复国至孝文帝太和改制以前，统治区内的社会矛盾一直尖锐复杂，徐淮纳入其版图后，亦不例外。如众所知，徐州与青齐等州地理上同属黄河下游，历史上与青齐之地关系密切。北魏对这一带的统治，出于稳定的需要，间或推行笼络与优恤的政策，但就总体而言仍是高压统治。直到太和改制转变对该地区的统治策略前，徐淮一带局势大抵处于动荡之中，其突出的表现，一是大规模迁徙移民，二是频频爆发反魏斗争。

北魏征服青徐地区后，鉴于此地远离统治中心，曾强制推行大规模移民政策，将部分居民远徙至首都平城附近，这就是历史上的“平齐民(户)”。《魏书・崔玄伯附族人崔道固传》：“(皇兴三年)乃徙青齐士望共道固守城者数百家于桑乾，立平齐郡于平城西北新城。以道固为太守……寻徙治京城西南二百余里旧阴馆之西。是时，频岁不登，郡内饥弊，道固虽在任积年，抚慰未能周尽，是以多有怨叛。”唐长孺先生在《北魏的青齐土民》中谈到：“这一番大迁徙，东阳(青州刺史治)、梁邹(幽州刺史侨治)、历城(冀州刺史侨治)三城的城内人户全部迁走，此外如升城等曾经拒守的镇戍想必同样迫使城内人户北迁。”[①]而徐州地区的降将、豪强与民户的命运，根据《宋书・薛安都

---

① 唐长孺：《魏晋南北朝史论拾遗》，中华书局1983年版，第106页。

传》载"(泰始)四年三月召还桑乾,五年,死于虏中"来推测,也曾迁徙西去。这种强制性移民对徐淮一带社会生活的冲击与破坏显然是十分严重的。

除去迁出的平齐民以及一部分渡淮南下投奔南朝的民户以外,留于本土的居民与新统治者的矛盾也十分尖锐。由于北魏频频南侵,使这一地区蒙受深重的战争灾难。《资治通鉴》卷一二五曰:"(元嘉二十七年)魏主攻彭城,不克。十二月,丙辰朔,引兵南下……所过无不残灭","魏人之南寇也,不赍粮用,唯以抄掠为资。及过淮,民多窜匿"。同书卷一二六称,"魏人凡破南兖、徐、兖、豫、青、冀六州,杀伤不可胜计……所过郡县,赤地无余。"处于绝境的徐淮民众展开一系列反抗斗争。据统计,仅孝文帝即位后的十年间(471—480),北方民众发动 12 次反魏起义,爆发于青徐地区的就有 5 次。[①] 这些反魏斗争往往得到南朝宋、齐政权的策动和支持。例如,齐建元二年(480),"淮北四州民不乐属魏,常思归江南,上(萧道成)多遣间谍诱之。于是徐州民桓标之,兖州民徐猛子等所在蜂起为寇盗。"[②]这次起兵反魏居然"合义众数万",形成"青徐四州,义举云集"[③]的形势,萧道成曾命李安民、周山图率众驰援。这些反抗的斗争虽被镇压,但是,北魏统治者经受沉重打击后,不能不调整政策以改善统治。

北魏对徐淮地区也曾采取笼络和优恤的措施。首先是拉拢归降镇将。《资治通鉴》卷一三一载泰始二年即天安元年(466),薛安都等向北魏乞降,魏"以安都为都督徐、雍等五州诸军事,镇南大将军、徐州刺史、河东公;(汝南太守)常珍奇为平南将军、豫州刺史、河内公"。同书又载泰始四年即皇兴二年(468)"召薛安都、毕众敬入朝,至平城,魏以上客待之,群从皆封侯,赐第宅,资给甚厚"。[④] 可见,对归降镇将的待遇可谓优厚。不仅如此,对他们的动摇反复和再叛行迹也尽量不予严惩。比如,魏军东路主帅尉元初时对安都不予礼遇,致使"安都悔降,复谋叛魏"。后来,其婿裴祖隆图谋加害尉元,但事泄被杀,安都实亦参与,魏方虑及事关徐淮大局,在处置裴祖隆后,对安都却采取宽容态度。[⑤] 由此可见,北魏急于通过笼络南朝旧将尽快稳定局势。

在对民众态度方面,北魏间或实行优恤宽免的措施。安都降后尉元上表曰:"彭城仓廪虚罄,人有饥色,求运冀、相、济、兖四州粟,取张永所弃船九百艘,沿清运致,可以济救新民。"[⑥]此议为朝廷许可。另据《宋书·索虏传》载,淮北尽陷后,魏帝下诏:

---

① 参见陈有今:《南北朝时期的山东社会经济与民族融合》,刊于《东岳论丛》1987 年第 6 期。

② 司马光:《资治通鉴》卷一三五,中华书局 1956 年版,第 4240—4241 页。

③ 《南齐书》卷二七《李安民传》,中华书局 1972 年版,第 508 页。

④ 司马光:《资治通鉴》卷一三二,中华书局 1956 年版,第 4143 页、4144 页。

⑤ 《资治通鉴》卷一三一载安都"复谋叛魏"下有"(尉)元和之,不果发"之语,关于此次事变的记载,史家或有出入,参见吕思勉《两晋南北朝史》上册,第 431 页。

⑥ 《魏书》卷五〇《尉元传》,中华书局 1974 年版,第 1110—1111 页。

"其曲赦淮北三州之民,自天安二年正月三十日壬寅昧爽以前,诸犯死罪以下,系囚见徒,一切原遣……今阳春之初,东作方兴,三州之民,各安其业,以就农桑。"北魏之所以针对淮北三州,采取宽免措施,首先是对宋战争的需要。此如尉元后来上表所言:"臣以天安之初,奉律总戎,廓宁淮右……每惟彭城水陆之要,江南用兵,莫不因之威陵诸夏。夫国之大计,豫备为先。且臣初克徐方,青齐未定,从何以南,犹怀彼此。"[①]这里一方面谈到徐州战略地位重要,事关南北相争之大局。另一方面看出北魏统治者也能认识对这一带调整统治策略之重要。后来一些任职于此的官员推行优恤宽免的政策,对于经济恢复和社会安定起到明显的推动作用。例如,皇兴三年(469)"魏以慕容白曜为都督青、齐、东徐三州诸军事,征南大将军,开府仪同三司,青州刺史,进爵济南王。白曜抚御有方,东人安之",胡三省注曰:"魏并青、徐,淮北四州之民未忘宋也;惟其抚御有方,民安其生,不复引颈南望矣。"[②]关于白曜其人,《魏书》本传称其"虽在军旅,而接待人物,宽和有礼"。他在征服青徐的战事中"日日交兵,虽士卒死伤,无多怨叛。督上土人租绢,以为军资,不至侵苦"。所以,"三齐欣然,安堵乐业"。可见,这是一位善于体察民情、抚御地方的官员。正因为此,孝文帝太和年间著作佐郎成淹还称赞他说:"(魏平青徐时)士民汹汹,莫不南顾。时兵役既久,咸有归心,而白曜外宣皇风,内尽方略,身擐甲胄,与士卒同,安抚初附,示以恩厚。三军怀挟纩之温,新民欣来苏之泽。……斯诚宗庙之灵,神算所授,然抑亦白曜与有力矣。"[③]此表上时距离白曜抚御青徐已近20年,成淹还如此推崇有加,可见其政绩影响之深远。

再如,孝文帝太和四年(480)镇压桓标之和徐猛子暴动后,北魏以平南将军薛虎子为彭城镇将,后任徐州刺史,这也是一位善于抚御地方的官员。《资治通鉴》卷一三五载其主张改革旧制,废除州镇戍兵资绢自随,不入公库弊端之上表,建议于徐州兴置屯田,发展生产,表曰:"国家欲取江东,先须积谷彭城。切惟在镇之兵,不减数万,资粮之绢,人十二匹;用度无准,未及代下,不免饥寒,公私损费。今徐州良田十万余顷,水陆肥沃,清、汴通流,足以溉灌。若以兵绢市牛,可得万头,兴置屯田,一岁之中,且给官食。半兵芸殖,余兵屯戍,且耕且守,不妨捍边。一年之收,过于十倍之绢;暂时之耕,足充数载之食。于后兵资皆贮公库,五稔之后,谷帛俱溢,非直戍卒丰饱,亦有吞敌之势。"[④]显然,此议切合当时青徐地区的实际,不仅有利于经济恢复和社会稳定,而且对于保障军队的粮草与物资供应,进一步展开对南朝的攻势具有重要的战略

① 《魏书》卷五〇《尉元传》,中华书局1974年版,第1113页。

② 司马光:《资治通鉴》卷一三二,中华书局1956年版,第4148页。

③ 《魏书》卷五〇《慕容白曜传》,中华书局1974年版,第1119页、1121页。

④ 司马光:《资治通鉴》卷一三五,中华书局1956年版,第4247页。

意义。我们虽然不清楚此议后来实施的具体情况，但从《通鉴》所言“虎子为政有惠爱，兵民怀之”[①]以及坚决处置官员贪赃枉法的事迹来看，他在镇守徐州期间的政绩肯定不差。当然，综观献文帝至孝文帝太和改制前北魏在徐淮的统治虽有局部成效，但是，毕竟未能平息汉族豪强和士人的抵触情绪[②]，这一局面要到太和改制之后通过封建化改革的不断深入才有明显改观。

2. 太和改制后徐淮政局的变化

北魏自太和改制以来深入推进封建化改革，朝廷施政方针发生重大变化，一些政策举措对徐淮地区的统治产生显著影响。

首先，一批沉滞有年的青徐士人被解除禁锢，并被吸纳进入统治集团。《魏书》载韩麒麟任青州刺史后上表曰：“齐土自属伪方，历载久远，旧州府僚，动有数百。自皇威开被，并职从省，守宰阙任，不听土人监督。……宜推用豪望，增置吏员，广延贤哲。则华族蒙荣，良才获叙，怀德安土，庶或在兹。”[③]麒麟为慕容白曜之参军，曾经历对青徐的征服。他对这一带政局形势的症结有相当透彻的了解。另据吴廷燮《元魏方镇年表》，麒麟此次上表约在太和七年至十二年间(483—488)，表文建议解除对青齐(包括徐州一带)人士的禁锢并吸纳他们充任本地官职，以使其“怀德安土”，稳定政局，显然，这是北魏对黄河下游地区统治政策的重要调整。再据《魏书·刘休宾传》：“太和中，高祖选尽物望，河南人士，才学之徒，咸见申擢。”既云“河南人士”，自是包括徐淮地区在内。不仅如此，太和中，北魏还让被称为“平齐户”的远徙平城的青齐人士返回家园，其中不少人在当地很快恢复原有地位和势力，一部分还顺利进入当地政府担任官职。像原为平齐户的房景先“太和中，例得还乡，郡辟功曹，州举秀才”。[④] 既称“例得”，显然不限于个别人士，应该是具有普遍性的政策规定。

由于上述政策调整，青徐一带长期以来征服者与地方豪强的矛盾有了明显缓和。另一方面，前文所论萧道成建齐固然依靠聚集于淮阴的青徐豪族，但随着萧道成去世后南朝政局的发展，齐武帝萧赜对与其弟萧嶷关系更为密切的青徐势力已产生猜忌，并进行压抑和打击。所以，北魏政权实行宽松政策后，处于南北势力夹缝中的青徐豪强的政治向心力明显倒向北方，他们没有必要再去投靠于已发展不利的南朝。所以，自太和六年后，青徐豪强南逃之事已绝少见诸史籍，这一带举兵反叛的浪潮也暂时告一段落。更值得注意的是，地位得以改善的青徐人士，还对推动北魏政权的封建化改

---

① 司马光:《资治通鉴》卷一三五，中华书局 1956 年版，第 4247 页。

② 参见韩树峰:《青齐豪族在南北朝的变迁》，刊于《国学研究》第五卷，北京大学出版社 1998 年版。

③ 《魏书》卷六〇《韩麒麟传》，中华书局 1974 年版，第 1332 页。

④ 《魏书》卷六〇《房法寿传》，中华书局 1974 年版，第 978 页。

革作出突出贡献，如彭城人出身的名儒刘芳即为代表。刘芳（453—513），字伯文，幼时屡遭家难，母子逃入梁邹城（今山东邹平北），北魏征服青徐，徙为平齐户民。他处境穷窘，却刻苦求学，成为北朝儒学大家。冯太后秉政时由李丰引见，任中书博士、中书郎，后授皇太子经。孝文帝亲政加快封建化改革步伐，刘芳更受推崇，甚至从南朝投奔来的大儒王肃也十分敬仰于他。孝文、宣武两朝，刘芳曾任徐州、青州刺史，后主持朝廷礼仪和律令事务的改革，《魏书》本传载其“还朝，议定律令。芳斟酌古今，为大议之主，其中损益，多芳意也。世宗以朝仪多阙，其一切诸仪，悉委芳修正。于是朝廷吉凶大事皆就咨访焉”。可见，进入北魏朝内的青徐人士，不仅对稳定青徐统治发挥作用，而且在推进北朝政权的封建化上也颇有贡献。①

第三节　梁魏对峙下的扬、徐等州

一　萧衍建梁代齐

1. 萧衍的身世

梁朝皇室与萧齐同属南兰陵萧整之后。创立者萧衍（464—549）字叔达，小字练儿。父顺之是萧整曾孙，因追随族兄萧道成造齐代宋而建立功业。《南史·梁本纪》记此甚详：“皇考（顺之）外甚清和，而内怀英气，与齐高少而款狎。……知齐高有大志，常相随逐。齐高每外讨，皇考常为军副。及北讨，薛索儿夜遣人入营，提刀径止齐高眠床，皇考手刃之。……及齐高创造皇业，推锋决胜，莫不垂拱仰成焉。”因与道成有密切的关系，萧齐初建，顺之历任侍中、卫尉、领军将军、丹阳尹等显职。萧衍早年得以生活于优裕的环境，他热衷诗文学术，武帝永明间，出入竟陵王萧子良“西邸”，所与交游的文人群体号称“竟陵八友”，大多是南朝著名学者、文士。后来，朝廷政局变化，尤其是父顺之在政坛的遭遇促使萧衍转而关注武事。原来，萧道成死后，继位的武帝萧赜对顺之已有猜忌，《南史·梁本纪》载：“（齐武）及即位，深相忌惮，故（顺之）不居台辅。”永明八年（490）齐武之子、出镇荆州的巴东王萧子响因“私制锦袍绛袄与蛮族交易”一案引发，武帝虽怒但不欲深治，萧顺之受命前往处置时，太子长懋却密谕不许子响生还，遂缢杀子响。及还都，顺之遭致武帝不满，“惭惧，感病，遂以忧卒。”②此后，萧衍逐渐步入政坛。萧鸾控制南齐朝政，衍助之。初以宁朔将军出镇寿春，此

---

① 有关青徐人士对北朝封建制度与文化建设的贡献，可参见王永平：《中古士人迁徙与文化交流》第九章。社会科学文献出版社 2005 年版。

② 《南史》卷四四《齐武帝诸子传》，中华书局 1975 年版，第 1109 页。

时齐魏边境形势紧张，萧衍领兵在豫州、雍州一线与魏相峙，屡建军功。永泰元年(498)，东昏侯继位，衍任辅国将军、雍州刺史，这一职务为萧衍聚集实力大展身手，最后覆齐建梁带来有利的契机。

2. 重建雍州军事集团和与荆州结盟

陈寅恪先生在《述东晋王导之功业》一文曾指出："长江上游南来北人之武力集团，本为北方中层社会阶级，即宗越传所谓'次门'者是，与长江下游居住京口晋陵一带之南来北人为武力集团者正同……梁武帝之兴起实赖此集团之武力。"①此处陈先生所指萧衍赖以建梁的基本力量与上文论及长江下游京口集团的情况相类似，它是指两晋之际伴随雍州侨置而陆续南渡的秦、雍等州所谓"次门"的豪族，他们聚集于州治襄阳周围，逐渐形成号称"雍州集团"的武力群体，在南朝政治舞台上，其兴起较之刘裕依恃的京口集团稍迟。大约在宋元嘉末，随着朝廷割襄阳等五郡为雍州，此侨置建制逐渐实土化，②雍州武力集团开始壮大。文帝以后的政争使担任雍州刺史的刘骏得以入主建康，此为该集团崛起的明显标志。但是，孝武帝以后，政局混乱不堪，雍州集团消沉较长时间，直至萧齐末年，因京师政局动荡，扑朔迷离，上游雍州的地位逐渐上升，这就为恰于此时担任刺史的萧衍重新聚集武力豪强势力，形成覆齐建梁的主要支持力量创造了有利时机。③

南齐之末，东昏侯暴虐，萧鸾遗命的辅政大臣相继被杀。萧衍于此时获任雍州刺史，正是求之不得，大喜过望。他遣从舅张弘策赴其兄萧懿处进计："今得守外藩，幸图身计，智者见机，不俟终日。……世治则竭诚本朝，时乱则为国翦暴，可得与时进退，此盖万全之策。如不早图，悔无及也。"④但是，萧懿并未同意此谋，⑤萧衍却加快了起事的准备。他首先广招雍州四方豪杰武将以充实军事实力，当时聚集周围的核心成员，有早已追随萧衍的心腹旧部，也有新近投入旗下的雍州当地具有相当地位和影响的武力豪强。属于前者的像王茂、张弘策、吕僧珍、庾域、郑绍叔等；属于后者的有柳庆远、韦叡、韦爱兄弟、席阐文、曹景宗、昌义之、吉士瞻等，这两股势力汇合成萧衍后来起兵东下，夺取政权的基础。⑥ 此外，在起兵前，经萧衍努力争取，荆州刺史方

---

① 陈寅恪：《金明馆丛稿初编》，上海古籍出版社1980年版，第67页。

② 参见《宋书》卷三七《州郡志三》"雍州刺史"，中华书局1974年版，第1135页。

③ 参见章义和：《地域集团与南朝政治》第三章。华东师范大学出版社2004年版，第61—85页。

④ 《梁书》卷一《武帝纪上》，中华书局1973年版，第3—4页。

⑤ 关于萧懿此时的政治取向，学者多有讨论。吕思勉先生以为："当南北朝之世，上下交征，习于争夺相杀，安得有此纯臣？况懿与齐氏有不共之仇乎？"参见《两晋南北朝史》上册，第489—490页。

⑥ 关于萧衍起兵及其所依靠的雍州军事集团核心成员等情况，参阅李天石：《试论齐末萧衍雍荆军事集团的形成及其覆齐建梁的成功》，收入《六朝文化国际学术研讨会暨中国魏晋南北朝史学会第六届年会论文集》，《东南文化》1998年增刊(2)。

面表示积极响应，不仅为南下东进打开大门，而且使雍州集团充实了一大批号称“西土位望”的人士，诸如杨公则、邓元起、宗夬、刘坦、乐蔼等，进一步壮大了反齐的力量。

3. 萧衍覆齐建梁

永元三年（501）正月，萧衍兵发襄阳，军至郢州，经过数月苦战，全歼守敌。继而乘胜东下，直指建康。此时，京师有雍州刺史张欣泰兄弟欲拥明帝六子、建康王萧宝夤为帝，叛乱虽被镇压，东昏侯仍然“嬉戏驰骋如旧”，致使政局更加分崩离析。九月，雍州军前锋曹景宗兵至江宁附近。板桥一战，齐军大败，建康外围很快扫清。东昏侯以征虏将军王珍国、军主胡虎牙率兵十万余人布阵于朱雀航南。面对齐军的最后顽抗，曹景宗、王茂、吕僧珍等率“将士皆殊死战，鼓噪震天地。珍国等众军不能抗……士卒土崩，赴淮死者无数……于是东昏侯诸军望之皆溃”。[①] 萧衍又迫使驻东府城和东宫等处的守将归降，并占据石头城。又向京师周围的各战略要地如京口、广陵、瓜步、破墩（即破岗渎）等一一遣使招抚，守军纷纷来降。萧衍军筑长围，进攻台城。城中此时尚有精兵七万，以往陈显达、崔慧景等兵变终皆败走，东昏侯竟然认为萧衍此次来攻，也会落得一般下场，殊不知此时形势已截然不同。但东昏侯于危局全然无视，他还“尤惜金钱，不肯赏赐”，佞臣茹法珍竟指朝臣不尽力抵抗，“宜悉诛之”，[②]终于逼使守卫台城的王珍国、张稷杀东昏侯，归降于萧衍。年底前后，建康一带的军事行动基本结束。萧衍广泛争取出自高门的沈约、任昉、范云等旧友的支持；各地守将名士如豫州刺史马仙琕、吴兴太守袁昂相继来附，萧衍谋取帝位的障碍陆续扫清。

早在这年三月，雍州方面已奉荆州刺史、南康王萧宝融即帝位于江陵，是称和帝。萧衍兵围台城时，负留守江陵之责的萧颖胄病死。至京师大局初定，和帝宝融被迎东下，行至姑孰（今安徽当涂）不得进，遂下诏禅位于衍。未几，被毒死。天监元年（502）四月，萧衍于建康称帝建梁，史称梁武帝。

二　梁武帝的统治

梁武帝在位48年，是南北朝时期在位最久的皇帝，在中国古代众多的封建帝王中，尤以先后执掌朝政的明显反差而引人注目：他通过不懈努力创建萧梁王朝，但梁朝的统治实亦断送于自己手中；他在位前期颇有励精图治的气象，于政治、经济不乏

---

① 司马光：《资治通鉴》卷一四四，中华书局1956年版，第4500页。

② 司马光：《资治通鉴》卷一四四，中华书局1956年版，第4506页。

改革举措,社会局面亦称清平,但后期统治尤其是晚年之衰颓昏愦却又令人颇费思索。①

1. 天(监)普(通)之政

梁武帝统治前期,主要指年号为“天监”“普通”这25年间,不断颁发除旧布新的诏令,围绕缓和矛盾、发展生产和改革朝政等目标采取多项措施,逐渐稳定梁朝统治。例如,在优恤放免、疏减民困方面,天监元年(502)诏曰:“大赦天下。……鳏寡孤独不能自存者,人谷五斛。逋布、口钱、宿债勿复收。”鉴于“宋氏以来,并恣淫侈”的现象,宣布“凡后宫乐府,西解暴室,诸如此例,一皆放遣。若衰老不能自存,官给廪食”。天监十七年(518)诏曰:“凡天下之民,有流移他境,在天监十七年正月一日以前,可开恩半岁,悉听还本,蠲课三年。其流寓过远者,量加程日。若有不乐还者,即使著土籍为民,准旧课输。”普通元年(520)诏曰:“尤贫之家,勿收常调,鳏寡孤独,并加赡恤。”②此外,针对宗室、贵族、官僚的封山固水,也注意调整土地占有关系。《梁书·武帝纪中》载天监七年(508)诏曰:“薮泽山林,毓材是出,斧斤之用,比屋所资。而顷世相承,并加封固,岂所谓与民同利,惠兹黔首?凡公家诸屯戍见封熂者,可悉开常禁。”我们虽然并不清楚这些诏令实施的具体情况,但在梁武帝即位后,包括扬州与江淮一带在内的南方社会,大体维持一个较长时期的安定局面确是事实,正如《梁书·良吏传序》所载:“高祖在田,知民疾苦,及梁台建,仍下宽大之书,昏时杂调,咸悉除省,于是四海之内,始得息肩。”武帝执政又重视干吏之才,朝臣中倚重的主要是范云、袁昂、周捨、徐勉以及后来的何敬容、朱异等人,多属勤于政务之士。总之,就前期政治而论,梁武帝应属南朝诸帝中较好的一类。有关于此,北朝人士的评论亦可证之,《魏书·源子恭传》载子恭上奏曰:“萧衍虽复崎岖江左,窃号一隅,至于处物,未甚悖礼。”周一良先生认为,“这话的含义,可以理解为萧衍的统治比起齐东昏时,较为正常,较为稳定。这正是萧衍依靠徐、周、何、朱这些人实行统治的结果。”③

对于职官、刑法等典章制度的改革,是梁武帝前期统治中比较引起关注的问题。天监七年(508)武帝将朝廷九卿增置为十二卿,分别以春、夏、秋、冬之名统之。又于原官名下皆加“卿”字。如春卿为太常卿、宗正卿(增置)、司农卿;夏卿为太府卿(增

① 前贤对梁武帝生平多有分析评述,可参阅周一良《论梁武帝及其时代》,收入《魏晋南北朝史论集续编》,北京大学出版社1991年版。方立天《梁武帝萧衍与佛教》,刊于《世界宗教研究》1981年第4集;后收入《魏晋南北朝佛教论丛》,中华书局1982年版。

② 《梁书》卷二《武帝纪中》,中华书局1973年版,第34、35、57页;《梁书》卷三《武帝纪下》,中华书局1973年版,第63页。

③ 周、徐之后为武帝所重用的何敬容、朱异,旧史或以群小贬之,周一良先生曾引宋人叶适所评“何敬容自是吏手,朱异未为蠹政”,认为“这话确是公论”。见前揭《论梁武帝及其时代》。

置)、少府卿、太仆卿(增置);秋卿为卫尉卿、廷尉卿、大匠卿;冬卿为光禄卿、鸿胪卿、太舟卿。[①] 又诏吏部尚书徐勉分众官职为九品十八班,以班多者为贵。例如丞相、八公为十八班;诸将军、开府仪同三司等为十七班;尚书令等为十六班;左右仆射、中书监等为十五班;中领护军、吏部尚书等为十四班等。又专为武职设二十四班。这次以变更和增置名号、品级为主要内容的官制改革,于军政实务并无太多牵涉。但是,它为统治集团的权力再分配扩充了空间。因为,宋齐以来士族内部结构逐渐变化发展,在此背景下,梁武帝很关注从制度上保障那些有才干学识的中下层士族能够选拔到国家的重要职能部门中来。[②]

在变更官制的同时,梁武帝还关注刑法律令制度的建设。此前西晋曾以贾充制定律令,南朝宋、齐二代多沿袭。据《艺文类聚》卷五四所载任昉《为梁公请刊改律令表》,封梁公事在齐中兴二年(502),显然,萧衍于称帝之前,已安排专人研究刑律制度。《梁书·武帝纪中》载天监元年(502)"诏中书监王莹等八人参定律令"。《隋书·刑法志》记梁初制定律令典章,称"齐时旧郎济阳蔡法度,家传律学,云齐武时,删定郎王植之,集注张、杜旧律,合为一书,凡一千五百三十条,事未施行,其文殆灭"。因蔡法度尚能了解其内容,朝廷即以他"兼尚书删定郎,使损益植之旧本,以为《梁律》"。梁武帝命尚书令王亮、侍中王莹、尚书仆射沈约、吏部尚书范云等人参议断定,合为刑名、法例、盗劫、贼叛、诈伪、受赇、告劾、讨捕、系讯、断狱、杂、户、擅兴、毁亡、卫宫、水火、仓库、厩、关市、违制等二十篇。[③] 这些篇目"以晋律篇目相较,次第均同。惟盗律改称盗劫,贼律改称贼叛,请赇改称受赇,捕律改称讨捕,删诸侯一篇,增置仓库一篇"。共定罪2529条。[④] 天监二年(503)又颁行《令》三十卷,《科》三十卷,与《梁律》并行。从这些记载看,梁初在健全刑法律令体系方面下了功夫,这对于巩固政权起到相当作用。但是,新定的刑律条文繁琐苛重,《梁律》与向称宽简周备的《晋律》相比,虽然篇目相同,定罪条数却是《晋律》620条的4倍还多,[⑤]这对社会的稳定带来负面影响。再加上条文维护贵族官僚利益,一般民众难以得到保障,所以,当时建康一带民众已流露不满情绪。《隋书·刑法志》载:"(武)帝亲谒南郊,秣陵老人遮(拦阻)帝曰:'陛下为法,急于黎庶,缓于权贵,非长久之术。诚能反是,天下幸甚。'"由此看来,武

---

① 《隋书》卷二六《百官志上》,中华书局1973年版,第724页。

② 参见牟发松:《从南北朝到隋唐——唐代的南朝化倾向再论》,刊《南京晓庄学院学报》2007年第4期。陈仲安、王素:《汉唐职官制度研究》,中华书局1993年版,第45—48页。

③ 《隋书》卷二五《刑法志》,中华书局1973年版,第698页。

④ 程树德:《九朝律考》,中华书局2003年版,第309、308页。

⑤ 《晋书》卷三〇《刑法志》,中华书局1974年版,第927页。《唐六典》注云1530条,《九朝律考》疑误。《通典》则作630条。

帝完备刑法制度虽属必要,但内容规定未能优于前朝,其消极影响却已显现。

2. 梁武帝统治的衰败

梁武帝在统治前期力求给天下以除旧布新的印象,但是,就推动南朝社会进步而言,起到明显作用的举措也不多。大通以来,进入统治后期,衰败景象日益显现,最后竟陷于不可收拾的局面。其统治衰败突出表现在两个方面。第一是对贵族、官僚尤其是宗室子弟的宽纵。梁武帝即位之初,还比较重视对统治集团成员的管束,天监元年(502)诏曰:"可于公车府谤木肺石傍各置一函",用以收集社会各界对朝政、吏治的建议和投诉。十五年(516)诏曰:"可申下四方,政有不便于民者,所在具条以闻。守宰若清洁可称,或侵渔为蠹,分别奏上,将行黜陟。"①但是,颁布这类诏令后并未见到执行与监管的措施,所以,朝臣贪赃枉法的现象不断蔓延,并随着武帝统治日久而愈益严重。《南史·循吏·郭祖深传》载祖深上封事曰:"愚辈罔识,褫慢斯作,各竞奢侈,贪秽遂生。颇由陛下宠勋太过,驭下太宽,故廉洁者自进无途,贪苛者取入多径,直弦者沦溺沟壑,曲钩者升进重沓。"前文提及代周捨执掌机密的朱异虽长于吏事,但在武帝宠遇下贪财贿赂也是事实。史载其与徐驎、陆验并为吴人,徐、陆由朱异荐于武帝,递为少府丞、太史令,三人利用掌管商贾财赋之权贪赃枉法。"并以苛刻为务,百贾畏之……世人谓之三蠹"。② 文臣如此,武将更加贪暴,鱼弘任南谯、盱眙等地太守时尝谓人曰:"我为郡有四尽:水中鱼鳖尽,山中獐鹿尽,田中米谷尽,村里人庶尽。"③武帝于统治集团人士的宽纵尤待之宗室子弟,其恶果最终招致亡国之祸。早在天监四年(505),他以六弟萧宏主持伐魏。梁军北上后出于洛口(今安徽淮南东北),次年,因偶发暴雨,这位怯弱无能的梁军主帅竟然被吓得偷逃回京,数万将士求宏不得,造成惨重损失,魏军乘机大举进攻淮南,幸有大将昌义之死守钟离,再有韦叡率军驰援,方扭转败局。但是,对于萧宏视军国重任为儿戏的行为,梁武帝竟不治罪。再如临贺王萧正德,原为萧宏之子,萧衍初无子时,曾以为嗣。后昭明太子萧统出生,正德归于本家,遂心怀不满。普通三年(522),他置家国大义于不顾,北降于魏,因魏对其不够礼遇,又南逃而归。对于这种公然叛国背家的反复小人,武帝居然仅仅"泣以诲之",不加任何处罚,还恢复其封爵。如此令人难以置信的处理自然使萧正德之流更加肆无忌惮,他不仅与朝臣子弟结伙,"多聚亡命,黄昏多杀人于道",④后来,竟与北朝叛将侯景勾结,为之内应。武帝对统治集团成员的宽纵不仅使社会矛盾激化,也使

① 《梁书》卷二《武帝纪中》,中华书局 1973 年版,第 37、55 页。

② 《南史》卷七七《恩倖·陆验、徐驎传》,中华书局 1975 年版,第 1936 页。

③ 《南史》卷五五《鱼弘传》,中华书局 1975 年版,第 1362 页。

④ 《南史》卷五一《梁宗室传上》,中华书局 1975 年版,第 1280 页。

统治集团的内部矛盾不断发展，一些人的野心急剧膨胀，终于招致亡国之祸。以往论者或以为梁武帝尚能接受宋齐两朝骨肉相残的教训，殊不知他宽以纵下的恶果并不逊于前朝的骨肉相残。

武帝统治衰败的另一突出表现是佞佛，这给萧梁王朝尤其是后期统治带来严重危机。萧衍早年本信道教，天监三年（504）改宗信佛。《广弘明集》卷四存其《舍事李老道法诏》曰："弟子经迟述荒，耽事老子，历叶相承，染此邪法，习因善发，弃迷知返，今舍旧医，归凭正觉，愿使未来世中，童男出家，广弘经教，化度含识，同共成佛。"此后，武帝广弘佛法，成为中国佛教史上具有广泛影响的人物。其佞佛对萧梁政治造成严重危害，首先是大兴建寺造像之风。天监初，为其母造智度寺。十年（511）为元配夫人郗氏造解脱寺。普通元年（520）为父造大爱敬寺，又舍宅建光宅寺。后将孙吴旧时王宫后苑改建为同泰寺。这些寺院皆穷极宏丽，耗费大量财富。史载同泰寺"楼阁殿台，房廊绮饰，陵云九级"。[①] 大爱敬寺"翠微峻极、流泉灌注……创塔包岩壑之奇，宴坐尽林泉之邃，结构伽蓝，同尊园寝，经营绸丽，奄若天宫"。大智度寺"殿堂宏壮，宝塔七层，房廊周接，华果间发"。[②] 武帝还建了许多佛像，如同泰寺的十方金像和十方银像，光宅寺的丈八弥陀铜像，大爱敬寺的丈八旃檀像等。[③] 武帝又多次舍身，是为佞佛几近痴迷之标志。大通元年（527）第一次舍身佛寺，后于中大通元年（529）和太清元年（547），又两次舍身，并由朝臣两次以钱亿万奉赎，方返于宫。这些行为不仅使巨额钱财流入寺院，造成国家物资与财力的匮乏，更严重的是朝廷内外宗教思想迷漫，对社会和民族形成严重腐蚀和毒害，加剧了梁王朝统治的危机，正如郭祖深所言："恐方来处处成寺，家家剃落，尺土一人，非复国有。"[④]北朝人杜弼《檄梁文》也说当时萧梁境内已是"人人厌苦，家家思乱，灾异降于上，怨讟兴于天下"。[⑤] 有学者统计，以中大通元年（529）为界，此前 28 年梁境农民起义计 11 次，万人以上规模仅 1 次；而此后 20 年，起义爆发 20 次，万人以上达 7 次。[⑥] 显然，梁后期统治已危如累卵，侯景之乱爆发，终于诱发潜伏已久的社会矛盾，最终颠覆了萧梁政权。

---

① 费长房：《历代三宝记》卷十一。

② 道宣：《续高僧传》卷一"释宝唱传"。

③ 许抗生等：《六朝宗教》，南京出版社 2004 年版，第 207 页。

④ 《南史》卷七〇《郭祖深传》，中华书局 1975 年版，第 1722 页。

⑤ 《文苑英华》卷六四五，中华书局新印本第 4 册，3311 页。

⑥ 参见邓奕琦《试论侯景之乱》，刊于《北京师范大学学报》1989 年第 6 期。

三　梁、魏在两淮间的争战

北魏孝文帝死后，宣武帝继立，经过封建化改革后的鲜卑贵族日益腐朽。正值此时，南朝由萧衍覆齐建梁，因其前期统治尚显振作景象，遂与北魏展开反复争战。萧梁初建时与北魏的疆界与南齐之末略同，双方在东线的争战集中于两淮之间，这一带在武帝天监年间和魏宣武帝景明至孝明帝孝昌年间发生的战事主要有：

1. 天监三年(504)淮上角城(今江苏淮安西南)戍主柴庆宗以城降魏，北魏徐州刺史元鉴遣兵赴之，梁军与战不能胜，角城终陷于魏。

2. 天监四年(505)十月，梁武帝于东线发动大规模北伐，他以六弟、扬州刺史、临川王萧宏为都督北讨诸军事。出征时，梁军军容颇盛，《梁书》本传称“器械精新、军容甚盛，北人以为百数十年所未之有”。但军抵于洛口(今安徽淮南东北)后，宏却畏怯，久而不敢进。至次年六月，梁军张惠绍拔宿豫(今江苏宿迁南)、北徐州刺史昌义之拔梁城(今安徽淮南市南)、豫州刺史韦叡力战取合肥。后又有庐江太守裴邃克霍丘，青冀二州刺史桓和克朐山(今江苏连云港西南锦屏山一带)，整个东线战局于梁十分有利。萧宏却一味怯战，魏军竟以歌嘲曰：“不畏萧娘与吕姥，但畏合肥有韦虎(叡)。”萧宏坚不与战，甚至令军中：“人马有前行斩！”恰于此时，洛口夜降暴雨，宏惧，以为魏军将至，竟然弃大军于不顾，迳自与数骑南逃而去。军中将士遍寻主帅不得，士卒“皆散归，弃甲投戈，填满水陆，捐弃病者及羸老，死者近五万人”。[①] 一支装备精良、盛况空前的大军居然不经战阵而一朝崩溃！此后，梁魏在淮南重镇钟离(今安徽凤阳)争夺激烈，六年(507)，梁将昌义之与赴援的曹景宗、韦叡等人大败魏元英军，乘势北渡淮水，竭力守住淮河防线。

3. 天监十年(511)三月，琅邪民王万寿杀梁东莞、琅邪二郡太守刘晣，据有朐山并降于魏徐州刺史庐昶。后双方反复争夺，至十一月，北魏守将以城降，梁朝名将马仙琕乘胜追击，大破魏军，“免者十一二，收其兵粮牛马器械，不可胜数。”[②]至此，南北疆界与齐魏对峙时相比，梁于东线增广了淮北之宿豫、淮阳；西线魏则增辖寿阳与汉中。[③] 至十二年(513)，梁青冀二州刺史张稷不得志，政令宽弛，郁洲民徐道角等夜袭州城，杀稷降魏，后被梁北兖州刺史康绚遣兵讨平[④]。

4. 梁武帝普通年间(520—526)，北朝魏明帝在位，相继爆发六镇起义(523—

---

① 司马光：《资治通鉴》卷一四六，中华书局1956年版，第4564页。

② 《梁书》卷一七《马仙琕传》，中华书局1973年版，第280页。

③ 参见徐文范《东晋南北朝舆地表》，刊于《二十五史补编》，中华书局1955年版。

④ 司马光：《资治通鉴》卷一六四，中华书局1956年版，第4604页。

525)、河北起义(525—528)、关陇各族人民起义(524—530),朝廷一时顾此失彼,穷于应付。梁武帝乘机遣兵北伐,五年(524),以裴邃、成景俊、彭宝孙等北进,克复睢陵(今江苏睢宁)等多处城邑。六年春,魏徐州刺史元法僧又以彭城降梁,陈庆之、成景俊将兵接应。武帝遂命豫章王萧综率军驻彭城总督诸军,并摄徐州府事。不料这位统率全军的皇子竟于两军阵前上演叛梁降魏的丑剧。按萧综乃南齐末代之君东昏侯与宠姬吴妃之遗腹子,萧梁代齐,武帝纳吴妃,封淑媛,七月而生萧综,受封豫章王。但萧综久存异志,又与早先降魏的齐宗室萧宝夤阴为密结。梁军驻于彭城后,魏以安丰王元延明、临淮王元彧统兵二万进逼,梁武帝担心萧综不敌,敕其引军还。综惟恐失去降魏之机,密与魏人联系并定下盟约。六月,萧综仅携心腹夜奔魏军。次日晨,诸将遍寻主帅不见,群龙无首,全军大乱。魏军收复彭城并追击至宿豫而还,梁军"将佐士卒死没者什七八"。[①] 萧综与此前洛口之败的萧宏皆为梁军主帅,却于双方对阵的关键时刻置全军于不顾,或逃或降,如此荒诞之举,实为古今战争史所罕见,从中亦可见梁武帝宽纵宗室的严重恶果。

5. 北魏建义元年(梁大通二年,528),契胡军阀尔朱荣举兵入洛阳,立孝庄帝元子攸,又在河阴沉杀灵太后、幼主及百官,北魏政局一时大乱,王公宗室纷纷南下。青州刺史元世俊据怀仁(今江苏赣榆西)降梁。是年冬,梁武帝封来降的北海王元颢为魏王,并遣东宫直阁将军陈庆之送颢北还。因北朝政局混乱,庆之这支数千人的队伍在半年中从铚县(今安徽宿州西)进至洛阳,虽然孤军深入,却攻取32城,经47战,所向竟皆克。[②] 直至次年六月,尔朱荣渡河来攻才被击溃。至此,萧梁与北魏20余年间的争战告一段落。尔朱荣死后,子弟盘踞各地,从弟尔朱仲远以徐州刺史、东道大都督、大行台的名义控占徐兖之地。《魏书》本传称其:"专恣尤剧,方之(尔朱)彦伯、世隆(皆尔朱氏子弟——笔者按)最为无礼,东南牧守下至民俗,比之豺狼,特为患苦。"可知其残暴统治使徐淮人民深受其害,这里的局势要到东魏形成后才大致稳定下来。

四　侯景之乱和萧梁灭亡

北朝自魏永熙三年(梁中大通六年,534)以后崩解为东西魏两个政权,又各与南朝萧梁对峙,中国历史再一次形成鼎峙三分的局面。此时,梁武帝统治进入后期,佞佛近于痴迷,朝政日显衰颓,统治危机加深。在此背景下,发端于东魏而祸及于江南的侯景之乱,导致梁朝灭亡和陈朝建立,且对南北朝后期历史产生深刻影响。

---

① 司马光:《资治通鉴》卷一五〇,中华书局1956年版,第4701—4703页。

② 司马光:《资治通鉴》卷一五三,中华书局1956年版,第4758、4761页。

1. 侯景之乱初起

侯景原为北魏怀朔镇(今内蒙古包头北)羯人,在追随高欢镇压各族人民起义时建功而跻身朝廷。北魏崩解后,高欢控制的东魏面临西魏和柔然两大威胁,遂将具有战略意义的河南之地委于侯景掌握,侯景利用这一有利条件扩充私人势力,到高欢晚年,与东魏朝廷的矛盾日渐发展。武定五年(梁太清元年,547)初,高欢死,子高澄鉴于侯景"将兵十万,专制河南"[①]势力坐大,欲招其入朝,侯景遂起兵反叛。高澄遣兵讨之,侯景先遣使西魏请举河南六州降,寻以所统十三州再降于萧梁。面对侯景表面纳地请附,实则狡诈的阴谋,西魏宇文泰洞若观火,警惕戒备,采取步步为营的策略,侯景阴谋未能得逞。而施于萧梁却产生完全相反的结果。初时,梁臣大多反对接纳侯景,认为"顷岁与(东)魏通和,边境无事,今纳其叛臣,窃谓非宜"。可是,昏愦不堪的梁武帝竟然以此事暗合梦中"中原牧守皆以其地来降"[②]的幻觉而定议接纳,旋任侯景为大将军、都督河南北诸军事、大行台,并运送粮草以示接应。八月,梁兵大举讨伐东魏,武帝以故兄萧懿之子、贞阳侯萧渊明为主帅,率军五万次于彭城外寒山,欲断泗水为堰,以灌彭城。东魏以慕容绍宗驰援,绍宗乃高欢生前为高澄安排的防范侯景之名将。两军相持时,萧渊明一再延误战机,遭致大败,渊明被俘,士卒损伤数万。魏军再回击侯景,景亦溃败,退保涡阳(今安徽蒙城),相持数月后于次年渡淮,退守寿阳(今安徽寿春)。至此,就东魏言,叛乱被平定,高欢身后由地方军阀与朝廷的矛盾诱发的政治危机得以渡过。但是,叛乱在南朝的延续却给梁政权带来灭顶之灾。

2. 侯景乱梁

侯景龟缩于寿阳后,东魏乘机收复失地,同时遣使于梁,复求通好以离间与侯景的关系,欲坐收渔利。梁司农卿傅岐指出:"高澄何事须和?必是设间,故命贞阳遣使,欲令侯景自疑;景意不安,必图祸乱,若许通好,正堕其计中。"此议洞悉东魏阴谋,梁武帝却不采纳。侯景此时惟恐成为梁魏通好的牺牲品,在屡请绝和无效后,"诈为邺(即东魏)中(人)书,求以贞阳侯(萧渊明)易景",意欲窥探武帝真实意向,萧衍竟不察,居然复书曰:"贞阳旦至,侯景夕返。"侯景遂知已陷于"坐听亦死,举大事亦死"[③]之绝境,遂于太清二年(548)八月,自寿阳起兵叛梁。一场原已基本平息的叛乱,重又泛起祸水,且蔓延至萧梁腹地,给江南人民带来空前的灾难。

十月,侯景叛军进至长江北岸。此时,梁朝军事实力因寒山堰之败已近空虚,都官尚书羊侃大胆建议急据采石,袭取寿阳,迫使叛军"进不得前,退失巢窟,乌合之众,

① 司马光:《资治通鉴》卷一五九,中华书局1956年版,第4944页。
② 司马光:《资治通鉴》卷一六〇,中华书局1956年版,第4949—4950页。
③ 司马光:《资治通鉴》卷一六一,中华书局1956年版,第4975、4977页。

自然瓦解”。[1] 但武帝与朱异不予采纳，仅以将军王质领三千人巡防长江。侯景则与早已觊觎帝位的临贺王萧正德秘密勾结，双方达成事后以正德为帝之密约，正德遂以沿江守将换防的情报秘告。侯景乘机率兵千人，马数百匹渡江，叛军突然出现于承平日久之江南，民众忽见兵甲，造成京师一片慌乱，守将纷纷弃战而逃，叛军轻易抵达台城之下。幸赖都官尚书羊侃区分处置，奋力抵抗，但侃旋病死，台城内军民望眼欲穿，期盼各镇勤王兵马前来解围，但是，各路藩王之军集结于建康周围竞作壁上之观，坐视叛军攻城达半年之久。台城军民“被围既久……死者什八九”。[2] 叛军久攻台城不下，又闻荆州援军将至，于是诈言讲和，武帝与太子萧纲停战心切，又盼退兵，终于太清三年(549)二月，与叛军歃血为盟。城外诸援军闻讯皆作鸟兽散，而侯景稍事休整，再决玄武湖水灌台城。三月，台城终失陷。五月，武帝因病饿死于净居殿，时年 86 岁，由其创建的梁朝至此亦名存实亡。

台城沦陷后，侯景以都督中外诸军事、大丞相、录尚书事执朝政，并立太子萧纲为帝，史称简文帝。一年后，杀简文帝及武帝子孙 20 余人，另立豫章王萧栋，数月后又废，侯景自立为帝，改国号曰“汉”。

当侯景攻下台城时，武帝第七子、湘东王萧绎统领荆州。简文帝立，侯景西征讨绎，绎以领军将军王僧辩大败侯景叛军。承圣元年(552)荆州军东下讨景，王僧辩自江州出发，与先起于岭南、参与梁末政坛角逐的始兴太守陈霸先会合，寻克芜湖，军指建康。姑孰(今安徽当涂)一战，大败景军，进至张公洲(今江苏南京西南江中)，继乘潮水入秦淮，进入石头城北招提寺，在诸军猛攻之下，石头城守将开门请降。陈霸先与侯景激战多时，景军终败，以皮囊盛其过江后所生二子挂于鞍后，仅率百骑仓惶东逃。后被王僧辩部将侯瑱追至松江，于入海前为部下羊鹍杀死，送尸于建康，一场给东南地区带来的空前劫难终于结束。

侯景之乱虽然结束，但南朝的政局一时并未稳定下来，此因梁武帝共有八子，昭明太子萧统死后，改立次子萧纲为太子，兄弟之间为此视若仇雠。侯景乱平，相互间火并又起，承圣元年(552)王僧辩、陈霸先既克建康，所奉湘东王萧绎尚未登位，时任益州刺史的其兄、武陵王萧纪先称帝于蜀，并于这年八月率兵东下。十一月，绎亦称帝于江陵，史称梁元帝。兄弟兵戎相见时，西魏又插手其间，结果二人先后败亡。此后，控制京师建康的扬州刺史王僧辩与南徐州刺史陈霸先商议以绎之九子、晋安王萧方智以太宰承制，准备称帝。这时，由东魏演变而来的北齐政权又插手南朝事务，天保六年(梁绍泰元年，555)将寒山堰一战俘获的梁武帝侄儿萧渊明送回建康，欲据萧

---

① 《梁书》卷三九《羊侃传》，中华书局 1973 年版，第 559 页。

② 司马光:《资治通鉴》卷一六二，中华书局 1956 年版，第 5008 页。

梁帝位。掌握朝政的王僧辩慑于北齐压力，竟改变原议，接纳渊明为帝，方智改立为太子。陈霸先反复劝谏，不为所从。八月，霸先于京口秘密起兵，直取建康。他以征兵御齐为名，不为外人察觉，部将徐度、侯安都等率水军进至石头，弃舟登岸后迅速攻入城内，缢杀王僧辩，萧渊明随之退位，萧方智正式继立，史称梁敬帝。陈霸先以尚书令，都督中外诸军事、车骑将军、扬、南徐二州刺史执掌朝政。此时，南朝内外形势相当严峻，从内部看，南方各地远未归附；从外部看，北齐必欲制服南朝，与之处于敌对状态。所以陈霸先奉表也称"请称臣，永为藩国"，[①]可见实力尚居下风。但陈霸先不愧为南朝继刘裕、萧道成等人以后又一位英雄豪杰，[②]他面对险恶形势，沉着应对，终于将危如累卵的局势稳定下来，为陈氏新王朝的建立铺平道路。

陈霸先执政后，分布于今苏南、浙东一带的原王僧辩势力不断起兵反叛。例如，据于吴兴的震州太守、僧辩之婿杜龛素不礼于霸先，他与义兴太守韦载以及僧辩之弟、吴郡太守王僧智相继起兵。霸先遣兄子陈蒨至长城（今浙江长兴），初时领兵众仅数百人，杜龛部有五千余人，但陈蒨沉着应对，霸先又以分化瓦解策略推动韦载族弟韦翽前往招抚，促载反正。继而以黄他、裴忌自钱唐攻吴郡，赶走王僧智。太平元年(556)陈蒨、周文育合军攻杜龛，龛败后以城降，僧智、僧愔兄弟北逃投齐。继而盘踞会稽的东扬州刺史张彪起兵围临海，亦被陈蒨、周文育击败，东土遂大致平定。

与此同时，陈霸先在京师附近对付北齐支持的反叛势力亦有进展。先是杜龛举兵时，梁侨置于今江苏六合的秦州刺史徐嗣徽与南豫州刺史任约，为响应杜龛、张彪之叛，在北齐支持下以精兵五千袭建康。齐更遣兵渡江据姑孰（今安徽当涂），旋以淮州刺史柳达摩等人进逼建康。南军侯安都、周铁武等人屡败齐军，迫使徐嗣徽、柳达摩请和后退兵。后又讨平据姑孰而反的江宁令陈嗣和黄门侍郎曹朗。敬帝太平元年(556)三月，北齐以萧轨率任约、徐嗣徽等南侵，军出栅口（今安徽和州附近），霸先以部将黄丛破之。五月，齐军渡秦淮，进至方山（今江苏南京江宁南），徐嗣徽欲断周文育军后路，文育反攻，嗣徽大败。齐军再由方山、倪塘进抵建康附近。陈霸先接连邀击齐军粮运，尽获船米，致使"齐军乏食，杀马驴食之"。后双方对峙于玄武湖西北和幕府山东南，因连日大雨，"齐军昼夜坐立泥中，足指皆烂"，狼狈不堪。此时，建康城内因战乱，粮运不至，恰由陈蒨馈运粮米三千斛、鸭千头至，遂命炊米煮鸭，人人以荷叶裹饭，上盖鸭肉数片，南军士气益盛。次日，霸先下令总攻，齐师大溃，"斩获数千人，相蹂践而死者不可胜计。"[③]南军获空前大胜，生俘宿敌徐嗣徽及其弟，建康周围的

---

① 《北齐书》卷三三《萧明传》，中华书局1972年版，第442页。

② 参见卞孝宣：《陈武帝"汉高·魏武之亚""无惭权备"驳议》，刊于《南京晓庄学院学报》2004年第1期。

③ 司马光：《资治通鉴》卷一六六，中华书局1956年版，第5145—5146页。

江乘、摄山、钟山等地敌军相继被灭，又虏齐军主帅萧轨及以下将帅凡 46 人。[①] 至此，长江以南的北齐势力全被扫清。次年二月，以周文育、侯安都南下，讨平自广州反叛的梁残余势力萧勃。自太清二年(548)侯景叛梁以来，历经八九年的动荡与破坏，东南半壁的局势才大体稳定下来。

3. 侯景乱梁的原因及其影响

讨论南朝遭受这场浩劫的原因，固然不能简单地归结为梁武帝一人之罪责，但是，这场祸乱本与南朝无涉，所以被引入并造成巨大破坏，作为最高统治者的梁武帝一连串的决策失误确是最关键的因素，这正是他长期以来处理军国政务不从实际出发，只以个人好恶为准，反复无常、自相矛盾、个人专断、一意孤行的必然结果。

这场祸乱初起于东魏内部地方实力派军阀与朝廷的矛盾冲突，侯景失利后向西魏、萧梁乞援，西魏宇文泰及朝臣洞悉其奸，警备有加；昏愦的梁武帝却欣然接纳，开门揖盗。后又反复，将侯景出卖。此如王夫之所评："至其受侯景之降，居之内地，萧介危言而不听；未几，听高澄之绐，许以执景，傅岐苦谏而不从；旋以景为腹心，旋以景为寇仇，旋推诚而信非所信，旋背约而徒启其疑，茫乎如舟行雾中而不知所届。"[②]显然，梁武帝对侯景的阴险奸诈全然没有深入认识和高度警惕。侯景渡江以后，祸乱江南四年，正是梁武帝后期朝政衰败，尤其是长期佞佛近乎痴迷而导致的恶果。大通以来，武帝痴迷佛教，国事旷废，早年他于雍州任上起兵时的机警和锐气早已荡然消失，到侯景叛梁消息传来，他竟毫不经意地如老人嗔怪小儿一般说："是何能为？吾折箠笞之！"[③]显然，此时武帝与举兵反齐时的精神状态已判若两人，他面对险恶的政治风暴毫无警觉，完全丧失了起码的分析、判断和处置能力。而作为梁后期朝政衰败的另一表现，萧衍对宗室子弟的宽纵也对这场祸乱的蔓延起到恶劣的推波助澜的作用。前述萧渊明、萧正德的表现，皆属于亲痛仇快的误国卖国行为，武帝对之一概不予深究，这在客观上无异于纵容和鼓励大小野心家去为所欲为，觊觎谋反。

关于梁武帝后期统治衰败的两大表现，以往学者多有讨论，惟涉及二者间的关连，曹道衡先生在《兰陵萧氏和南朝文学》一书中认为，萧衍所以待弟侄及几个儿子以宽纵，"也和他受佛教'果报'之说的影响有关"。曹先生认为，萧衍佞佛除了有麻痹人民反抗意识的用意外，确实也接受佛教教义中的不少思想，"他的佞佛决非全属伪装"，他与过去许多残暴的统治者相信"果报"之说一样，"想用'忏悔'来免去过去的罪孽，在梁武帝尤其是这样。"萧衍起兵后，其兄萧懿罹难，他不可能不深感内疚。对萧

① 《陈书》卷一《高祖纪上》，中华书局 1972 年版，第 11 页。

② 王夫之：《读通鉴论》卷十七，中华书局 1975 年版，第 585 页。

③ 司马光：《资治通鉴》卷一六一，中华书局 1956 年版，第 4982 页。

宏、萧正德的宽纵，一方面他可能认为既致兄死，也就不忍严惩其弟。再者，起兵前担心为东昏侯所害，遂从建康召诸弟至襄阳，当时萧宏因才干平庸，远不及萧憺、萧伟，而不在被接之列。宏子萧正德在萧统出生后，被免除太子地位，被迫归于本宗，萧衍"称帝后所以纵容弟侄们的不法行为亦与此有关"。[①] 此论把武帝后期朝政衰败的两大问题结合起来进行考察，颇富启发意义。

侯景之乱摧毁了萧梁的统治，但其祸害和影响远不止于此，它对南北朝后期尤其是扬州地区社会历史产生深远的影响。

从南方社会的经济、文化来看，这场祸乱对于南朝，尤其是扬州地区无异于一场空前的浩劫。如众所知，经过孙吴以来数百年的开发，以建康为中心的扬州尤其是今江苏南部一带成为经济和文化最繁荣的地区，它是南方政权最重要的财赋来源地。《资治通鉴》卷一六二引《金陵记》称"梁都之时，户二十八万""南北各四十里"。这里是"旧京所在，人物本盛……市廛列肆，埒于二京"。[②] "是时贡使商旅，方舟万计。"[③] 而太湖周围的吴郡则是"川泽沃衍，有海陆之饶，珍异所聚，故商贾并凑"。[④]《资治通鉴》卷一六三更称"自晋氏渡江，三吴最为富庶，贡赋商旅，皆出其地。及侯景之乱，掠金帛既尽，乃掠人而食之，或卖于北境，遗民殆尽矣"。《魏书·萧衍传》载："景自至建业，纵军士前后虏掠，仓库所有皆扫地尽矣。……初，城中男女十余万人，及陷，存者才二三千人……始景渡江至陷城之后，江南之民及衍王侯妃主、世胄子弟为景军人所掠，或自相卖鬻，漂流入国（指北朝）者盖以数十万口，加以饥馑死亡，所在涂地，江左遂为丘墟矣。"战祸洗劫之外，江南又遇灾荒。大宝元年（550），"时江南连年旱蝗，江、扬尤甚，百姓流亡，相与入山谷、江湖，采草根、木叶、菱芡而食之，所在皆尽，死者蔽野……千里绝烟，人迹罕见。"[⑤]江南数百年的繁华毁于一旦。经济的崩溃甚至影响到后来建立的陈朝，"大抵自侯景之乱，国用常褊。京官文武，月别唯得廪食，多遥带一郡县官而取其禄秩矣。"[⑥]陈朝初建时，京官文武竟然要兼代地方官职才能补充秩禄之不足，此时财政之窘状可见一斑。

从文化上看，经历这场浩劫，严重损毁的后果自不待言。萧梁时南方文化颇盛，萧衍本人出身于文人，交游密切，其多位子弟亦钟情于诗歌与文史。[⑦] 此时扬州文士

---

① 曹道衡：《兰陵萧氏与南朝文学》，中华书局2004年版，第83—84页。

② 《隋书》卷三一《地理志下》，中华书局1973年版，第887页。

③ 《宋书》卷三三《五行志四》，中华书局1974年版，第956页。

④ 《隋书》卷三一《地理志下》，中华书局1973年版，第887页。

⑤ 司马光：《资治通鉴》卷一六三，中华书局1956年版，第5039页。

⑥ 《隋书》卷二四《食货志》，中华书局1973年版，第675页。

⑦ 详参曹道衡：《兰陵萧氏与南朝文学》第三章"梁代诸藩王与文学"。

云集，著述亦丰。经历侯景之乱后，建康宫中以及梁元帝江陵文德殿积累的大量藏书，悉被焚毁，众多文人或遭杀戮，或逢离乱之灾，备极艰辛。当然，也有一部分避乱入齐的梁朝文士如颜之推等人，对北朝文化和政治发展产生推动，[①]但就南朝而言，实在已是不可挽回的巨大损失。

从南方社会阶级结构的变化看，侯景之乱在相当程度上冲击并改变南朝尤其是扬州地区的原有阶级、阶层状况。首先，就统治阶级而言，沉重打击了士族地主的势力。众所周知，进入南朝以来，门阀士族日渐其衰，但是，高门大族仍然占据煊赫的职位，在社会上保持广泛的影响。侯景之乱如同一场猛烈的风暴，对于以建康为中心的扬州一带高度集中的高门大族无异是灭顶之灾。侯景入建康前，曾欲求婚于王、谢等高门，萧衍称："王、谢门高非偶，可于朱、张以下访之。"侯景发誓要"将吴儿女以配奴"。叛军据京师后"乃纵兵杀掠，交尸塞路。富室豪家，恣意裒剥，子女妻妾，悉入军营。"[②]许多门阀士族、王孙公子"肤脆骨柔，不堪行步，体羸气弱，不耐寒暑"。[③] 死于屠杀、饥饿、疾病者无可计数，"中原冠带随晋渡江者百家……至是在都者覆灭略尽。"[④]这以后正是在社会结构激烈变动的背景下，出身于闽、赣、湘、粤一带壮大了实力的土豪酋帅得以乘势而起，登上政治舞台，促使陈朝以来政治格局发生迥异于宋、齐、梁三朝的深刻变化。再从被统治阶级的层面看，侯景之乱中，处于社会底层的大量奴婢被放免。早在上世纪五六十年代，王仲荦先生曾提及侯景为了"想在江南建立起他的统治政权，一方面把从南朝俘虏到的原来没为奴隶的北朝鲜卑族人，释放出来"。至八九十年代，陆续有学者论及侯景之乱中，南朝有众多的北方战俘奴隶在战乱中获得放免并投入反梁队伍。[⑤] 正如《南史·侯景传》曰："募北人先为奴者，并令自拔，赏以不次。……于是奴僮竞出，尽皆得志。"这些被放免的奴僮数目相当大，投入侯景军中对推翻腐朽的梁政权发挥重要作用；另一方面，在急剧动荡的局势中，他们的身份地位也发生明显变化，这对于后来陈朝社会经济的发展也具有一定影响。

再从南北朝对峙形势的发展来看，侯景之乱固然主要祸及以建康、三吴为主的扬州地区，但其影响却远出其外。就南北朝对峙态势而言，其初期、中期与侯景之乱以

---

① 缪越先生曾指出："祖珽、颜之推盖欲借文林馆为一培养汉人人才之地。"见《东魏北齐政治上汉人与鲜卑人之冲突》，收入氏著《读史存稿》，三联书店 1963 年版，第 91 页。

② 《南史》卷八〇《侯景传》，中华书局 1975 年版，第 1996、2001 页。

③ 王利器：《颜氏家训集解》，中华书局 1993 年版，第 322 页。

④ 颜之推《观我生赋》自注，载《北齐书》卷四五《颜之推传》，中华书局 1972 年版，第 621 页。

⑤ 王仲荦《魏晋南北朝史》上册，上海人民出版社 1979 年版，第 451 页。另参见邓奕琦《试论侯景之乱》，刊《北京师范大学学报》1989 年第 6 期。李天石《试论侯景反梁队伍的扩大与梁朝奴婢》，收入江苏六朝史研究会编：《六朝史论集》，黄山书社 1995 年版。

后,明显发生重要变化与转折。前文论及东晋末年刘裕北伐、建宋,再经齐至梁,百余年中南北对峙态势大体维持均势,边境上的争战集中于梁、雍、豫、徐一线,双方大体沿秦岭、淮河对峙。这期间南北边界随国力的强弱变化上下推移浮动,一般而言,北不过黄河,南不抵长江。[①] 但是,经历百余年来南北政权的内部变化和力量消长,这种暂时的均势逐渐被打破,北渐强而南转弱的趋势到梁末陈初逐渐明显。陈朝建立后,北界不得不退守长江一线即为明证,而这一变动和转折的显现正是由侯景之乱所催生。早在侯景渡江围困台城之前,由于寒山堰一战梁军主力丧失惨重,东魏乘梁顾此失彼之时,于武定六年(548)八月"遣行台尚书辛术率诸将略江淮之北,至是,凡所获二十三州"。[②] 徐淮之间的下邳、东海、淮阳、山阳(今江苏淮安一带)等地相继改属于齐。台城失陷后,东徐州刺史湛海珍、北青州刺史王奉伯皆以地降东魏。北齐取代东魏,南兖州刺史(治广陵)郭元健、秦郡(治今南京六合)戍主郭正买、阳平(治今江苏洪泽东南)戍主鲁伯和、行南徐州事郭子仲皆据城降,北齐南界逐渐推进至长江以北,陈朝只能退守江南。与此同时,长江上游的西魏伺机进取,梁、益、雍等州相继并入其境,陈于长江上游的地利尽失,疆界、人口骤减,欲与北朝争锋更加力不从心。所以,正是由于侯景之乱的影响,对峙形势中北强南弱的格局才逐渐确立下来。不仅如此,就北朝齐、周二政权言,由于侯景之乱,北周乘势占有长江上游和中游一部,也为其取得对齐军事优势产生影响。所以,侯景之乱虽然主要祸及东南,尤其是建康、三吴一带,但是,它的进程与结局却影响到南北朝后期对峙形势的变化和发展。作为野心家和千古罪人的侯景,其祸乱为千古所唾骂,固然是罪有应得,但是,就这场浩劫带来的客观影响而言,又是极其深远和值得思索和回味的。

第四节　陈与齐、周在扬、徐等州的对峙

一　陈朝的兴亡

前文所论南朝宋、齐、梁政权的兴起,建立者依恃的力量如陈寅恪先生所言,皆为流迁于长江上下游的"南来北人之武力集团"。论及陈朝创建,陈先生则言"至陈霸先则又别用南方土著之豪族,此为江左三百年政治社会上之大变动","侯景之乱,不仅于南朝政治上为巨变,并在江东社会上,亦为一划分时期之大事。其故即在所谓岩穴

① 详参胡阿祥:《六朝疆域与政区研究》,西安地图出版社 2001 年版,第二章第一节、第三章第一节。近有学苑出版社增订本 2005 年版。另参阅陈金凤:《魏晋南北朝中间地带研究》第四章,天津古籍出版社 2005 年版。

② 《北史》卷六《齐本纪上》,中华书局 1974 年版,第 235 页。

村屯之豪长乃乘此役兴起，造成南朝民族及社会阶级之变动。”[①]而推动梁陈之际中国南方社会政治发生巨变的最重要的代表人物则是陈朝的建立者陈霸先。

1. 陈霸先建陈代梁

陈霸先(503—559)字兴国，小字法生，吴兴长城(今属浙江湖州)下若里人。祖上居颍川，永嘉之乱南迁，经东晋咸和土断后入籍。霸先家世贫寒，早年为乡里正、油库吏、传令史等微职。后由梁新喻侯、吴兴太守萧映尝识，随赴广州刺史任上，为中直兵参军。梁末，他率兵镇压交、广一带少数民族起义，以功除西江督护、高要太守、督七郡诸军事。侯景乱起，率军北上驰援，时湘东王萧绎荆州军乏食，霸先从所贮五十万石军粮中分三十万石助之，又以甲士三万、舟船二千乘、强弩三千张助荆州王僧辩军击溃侯景，收复建康。寻以长城县公、南徐州刺史镇京口，进位司空。梁元帝萧绎败亡后，王僧辩屈服于北齐压力，改变原议，接纳萧渊明为帝，霸先反复劝谏不听，遂于绍泰元年(555)自京口秘密起兵，直入建康，袭杀僧辩，仍立元帝子萧方智为帝。在相继击败入侵江南的北齐之军以及王僧智、徐嗣徽等僧辩残余势力后，于太平二年(557)实现梁陈嬗代，建立南朝最后一个政权。

陈朝初建时，已将北齐支持的残余势力赶回长江以北，但是，江南局势仍然十分严峻。从长江上游看，作为西魏北周附庸的后梁萧詧政权盘踞江陵；岭南地区由广州刺史萧勃控制；王琳则盘踞于湘郢二州。江南的广大腹地还分布着一批新起的土豪酋帅，他们各据一方，不听陈朝节制，如豫章(今江西南昌)的熊昙朗、临川(今江西抚州)的周迪、巴山(今江西崇仁)的黄法𣰋、东阳(今浙江金华)的留异；新安(今浙江淳安)的程灵洗、晋安(今福建福州)的陈宝应以及长沙的欧阳頠等等。面对这些公开和潜在的反叛势力，陈霸先将削平群雄、稳定统治的目标首先集中于萧勃和王琳。早在称帝前的永定元年(557)，二月萧勃反叛于广州，霸先以周文育、侯安都率兵讨之，四月，平定广州。此前占有湘、郢的王琳已起兵抗命，五月，霸先亦命周、侯两军往讨。但在霸先称帝之十月，周、侯均为王琳击败并被俘。王琳并求助于北齐，立元帝之孙萧庄为梁主，准备东下攻陈。霸先即以侯瑱西讨，至霸先死后，其侄陈蒨即位，最终击败王琳。

陈初为乱除去萧勃、王琳属于萧梁残余势力以外，分布于江南腹地的土豪酋帅也不时发起叛乱。当时，为了集中平息王琳和抗击北齐进攻，霸先采取绥抚策略，对各

---

① 分见《述东晋王导之功业》及《魏书司马睿传江东民族条释证及推论》，收入《金明馆丛稿初编》第67、68页及101页，上海古籍出版社1980年版。近年又有学者进一步认为，“梁陈之际的政治变动可以概括为侨人政治的终结与南人政治的兴起”，“可将陈代政治定义为南人政治，以与偏安江东的侨人政治相区别。”参见张国安：《淮南之役与陈代南人政治之重组》，刊于《国学研究》第五卷，北京大学出版社1998年版。

地酋帅竭力笼络招降，以求暂时安定。《陈书·萧乾传》载此事曰："永定元年，(乾)除给事黄门侍郎。是时熊昙朗在豫章，周迪在临川，留异在东阳，陈宝应在建、晋，共相连结，闽中豪帅往往立寨以自保，高祖甚患之，乃令乾往使，谕以逆顺，并观虚实。将发，高祖谓乾曰：'建、晋恃险，好为奸宄，方今天下初定，难便出兵。……宜勉建功名，不烦更劳师旅。'乾既至，晓以逆顺，所在渠帅并率部众开壁款附。"大抵在武帝、文帝两朝，通过恩威并施，剿抚兼用，陆续平定了江南腹地，今湘、赣、闽、粤一带的土豪酋帅有的被消灭，多数走上与陈朝合作的道路，此后陈朝的统治方得稍安。上世纪末以来，陆续有学者就陈朝将相大臣中出身高门大族和非高门大族两种类型进行统计对比，认为在最高统治层中，士族出身者由宋、齐、梁三朝时的多数变成陈朝时的少数。①显然，此时南朝统治集团的士庶结构和力量对比发生明显的变化，这正是陈寅恪所言"江左三百年政治社会上之大变动"的体现。

2. 文、宣时期的短暂复兴

陈霸先称帝不足两年即死去，此时的南朝虽然疆土、人口日渐其蹙，但是，霸先毕竟为后代打下相当基础，继立的文、宣二帝为政尚属用心，未敢懈怠；加之这二十余年中，北朝齐、周政权内部屡有变故与政争，相互又处于尖锐对立状态，故陈朝乘此喘息之机，致力于稳定，形成短暂的复兴。

①文帝平定江南。霸先去世后，因其即位前所封世子陈昌在梁末江陵失陷时为西魏所俘，一直羁留于北朝，于是，以兄子陈蒨继承帝位，史称陈文帝。② 陈蒨年轻时随霸先征讨，屡建功勋。其在位时间不长，但能继承武帝遗志，着力稳定统治。他首先致力于铲平江南腹地的各地豪帅割据，初即位命侯瑱、侯安都讨伐萧庄、王琳势力，次年，双方水军在建康、芜湖间江面激战，时西南风急，瑱军抄其后路，反乘风势火烧梁舰，终获大胜。梁军与支持王琳的北齐军大败，"军士溺死者十二三，余皆弃船登岸，为陈军所杀殆尽。齐步军在西岸者，自相蹂践，并陷于芦荻泥淖中，骑皆弃马脱走，得免者什二三。……斩获万计，尽收梁、齐军资器械。"③王琳、萧庄只得北逃于齐。此后，文帝又遣兵削平江南各地土豪酋帅，豫章、临川、东阳、晋安等割据势力相继平服，陈朝在巴蜀以东、长江以南的统治大体上稳定下来。

文帝在位期间，于经济恢复方面多有举措。当时，南方社会经历侯景之乱的严重

---

① 参见朱大渭：《梁末陈初豪强酋帅的兴起》，收入《六朝史论》，中华书局 1998 年版。邓奕琦：《试论侯景之乱》，刊于《北京师范大学学报》1989 年第 6 期。章义和：《地域集团与南朝政治》第七章。华东师范大学出版社 2002 年版。

② 关于陈昌下落，《陈书·衡阳献王昌传》载："天嘉元年二月，昌发自安陆，由鲁山济江……三月入(陈)境，(文帝)诏令主书舍人缘道迎接。景(按即"丙")子，济江，于中流船坏，以溺薨。"而《南史》卷六十五陈昌传径称："丙子济江，于中流殒之，使以溺告。"可见，《陈书》于此显系曲笔回护。

③ 司马光：《资治通鉴》卷一六八，中华书局 1956 年版，第 5195 页。

破坏以及后来的政局动荡，尤其是以建康、三吴为中心的扬州地区呈现残破凋敝的景象。永定三年(559)诏曰："室靡盈积之望，家有填壑之嗟。百姓不足，兆民何赖?"[①]天嘉元年(560)诏曰："自丧乱以来，十有余载，编户凋亡，万不遗一……顷者寇难仍接，筭敛繁多，且兴师以来，千金日费，府藏虚竭，杼轴岁空。"文帝即位后，针对国困民贫的现状，缓和社会矛盾，促进生产恢复，他多次下诏蠲减赋役，劝课农桑，例如天嘉元年诏："可蠲复丁身。夫妻三年，于役不幸者，复其妻子。""今岁军粮通减三分之一。尚书申下四方，称朕哀矜之意。守宰明加劝课，务急农桑……"自己也注意节俭，革除皇室奢丽之风。天嘉年诏令规定"维雕镂淫饰，非兵器及国容所须，金银珠玉，衣服杂玩，悉皆禁断"。[②] 此外，又下令整理户口，推行土断。《陈书·世祖纪》载天嘉元年七月诏曰："其亡乡失土，逐食流移者，今年内随其适乐，来岁不问侨旧，悉令著籍，同土断之例。"这次土断虽然是针对陈朝各地的"亡乡失土、逐食流移者"，但是，建康、三吴地区是陈政权的核心地区，自是此次户口整理行动的重点，[③]它对于安定南方社会，巩固陈政权统治必然起到积极作用。总之，文帝早年追随征讨，屡立功勋，即位后继霸先之业，在位虽仅七年，却颇有作为，不仅稳定陈朝的统治，也推动南方经济走上恢复振兴的轨道。南朝史家姚察认为："世祖(即文帝)自初发迹，功庸显著，宁乱静寇，首佐大业。及国祸奄臻，入承宝祚，兢兢业业，其若驭朽。"[④]其评价可称大体允当。

②宣帝太建之政。天康元年(566)，陈文帝病死，长子伯宗继立，但其懦弱，大权操于叔父陈顼之手，顼以司徒、录尚书事、都督中外诸军事独揽朝权。太建元年(569)顼废伯宗自立，史称陈宣帝。他在位继承文帝减轻赋役，发展生产，缓和矛盾的政策。据《陈书·宣帝纪》载，除太建五年、七年、十三年以外的其它十年，每年均有减免赋役、劝课农桑的诏令颁布。其中明确涉及今苏南地区的如四年(572)八月"诏停督湘、江二州逋租，无锡等十五县流民，并蠲其徭赋"。八年(576)二月"诏江东道太建五年以前租税夏调逋在民间者，皆原之"。十二年(580)十一月诏曰："其丹阳、吴兴、晋陵、建兴、义兴、东海、信义、陈留、江陵等十郡，并诸署即年田税、禄秩，并各原半，其丁租半申至来岁秋登。"这些疏缓民困的举措对经济的恢复、发展显然起积极作用。所以，经过文、宣两朝二十余年的努力经营，江南尤其是扬州建康周围地区重又呈现生机勃勃的繁荣景象，有的地方甚至超过大乱前的发展水平。学者论及南朝后期江南经济

---

① 《陈书》卷二《高祖纪下》，中华书局1972年版，第39页。

② 《陈书》卷三《世祖纪》，中华书局1972年版，第49、50、52页。

③ 参见胡阿祥《论土断》，刊于《南京大学学报》2001年第2期。

④ 《陈书》卷三《世祖纪》，中华书局1972年版，第61页。

繁荣时经常引用“良畴美柘，畦畎相望，连宇高甍，阡陌如绣”[①]这段文字，是即出于太建四年闰十一月诏令，它正是当时这一带经济社会发展达到新水平的具体而生动的写照。

内政而外，陈宣帝在位14年最重要的举措莫过于发动太建北伐，此举初战攻取淮南，后却得而复失，并导致陈朝尽失江北之地，被迫划江而守，从而使北强南弱的对峙态势进一步确立，这一问题容待下文详论。

3. 陈朝的衰亡

宣帝时期，陈朝社会经济虽有明显复苏与发展，但自太建九年（北齐承光元年，577）北周灭齐以后，陈与周发生正面冲突，南方政权面临更为严峻的形势。次年，陈军在北伐中于“吕梁覆车”，大败于周，军事、政治实力严重削弱。宣帝在诏书中也承认：“戎车屡出，千金日损，府帑未充，民疲征赋。百姓不足，君孰与足?”与此同时，南方社会的阶级矛盾日益发展，太建十一年诏曰：“至今贵里豪家，金铺玉舄，贫居陋巷，彘食牛衣。”[②]在这样的颓势下，朝廷如无果断措施，统治危机更难以遏制。果然，太建十四年（582）春，宣帝病死，继位者正是历史上有名的荒于酒色、不问政事的后主陈叔宝，南朝的灭亡终于指日可待了。

陈叔宝即位时，北朝政局发生重要变化。周大成元年（陈太建十一年，579），宣帝宇文赟传位于年仅8岁的宇文衍（后改名阐），外祖父杨坚以大丞相执掌朝政。大定元年（陈太建十三年，581），坚废阐自立，改国号为“隋”，在逐次削平反叛势力后稳定统治，大力强化中央集权，发展社会经济，积极开展灭陈的各方面准备，所以，陈叔宝即位时，南朝形势已危如累卵。

史载叔宝是一个“不虞外难，荒于酒色，不恤政事”[③]的昏君，他兴建临春、结绮、望仙诸阁，豪华无比，与宠妃张丽华、孔贵嫔等日日游乐其中；又和江总、孔范等文士“君臣酣歌，自夕达旦”，谓之“狎客”，[④]朝中由佞臣施文庆、沈客卿等操纵，政事日渐衰败。当时正如被诬下狱的直臣傅縡所言：“小人在侧，宦竖弄权，恶忠直如仇雠，视生民如草芥；后宫曳绮绣，厩马余菽粟，百姓流离，僵尸蔽野；货贿公行，帑藏损耗，神怒民怨，众叛亲离。”[⑤]处于如此严重的社会危机下，陈朝统治集团对北方日益强大的威胁仍毫无警觉，自然丧失了抵抗的能力。

---

① 见《陈书》卷五《宣帝纪》，中华书局1972年版，第82页。关于这段文字所指具体位置，从诏令所言“姑熟饶旷”“牛渚北临”等句来看，应指今安徽马鞍山市之当涂一带，距今南京50公里左右，这一带历来与建康往来联系密切。

② 均见《陈书》卷五《宣帝纪》，中华书局1972年版，第92、95页。

③ 《南史》卷十《陈本纪下》，中华书局1975年版，第306页。

④ 司马光：《资治通鉴》卷一七六，中华书局1956年版，第5478页。

⑤ 《陈书》卷三〇《傅縡传》，中华书局1972年版，第406页。

开皇七年(陈祯明元年,587),隋出兵攻灭盘踞江陵的傀儡政权后梁,扫除向江南进军的最后障碍。次年,杨坚下诏伐陈,列后主之罪"二十恶",并称:"我为民父母,岂可限一衣带水不拯之乎!"[①]遂以晋王杨广为元帅,统兵50余万,分8路大军南讨。陈朝执军国机密的施文庆、沈客卿竟然对此等要事"抑而不言,故无备御"。[②] 及闻隋军渡江,后主还以为"王气在此,齐兵三度来,周兵再度至,无不摧没。虏今来者必自败"。于是"奏伎纵酒,作诗不辍"。[③] 这批昏君佞臣在国之将亡、大难临头之时,漠然麻木至此,毫无处置和部署,自然难逃覆亡的下场。

陈祯明三年(589),隋将贺若弼自广陵(今江苏扬州)渡江至京口(今江苏镇江),韩擒虎自横江(今安徽和县境)克采石(今安徽马鞍山附近),拔姑孰(今安徽当涂);统帅杨广则屯于六合桃叶山(今南京六合瓜埠)。这时,后主才召集朝臣公卿商议抵抗,但为时已晚。隋军南北两路并进,沿江都邑望风而败。韩擒虎军先自新林、石子岗直入建康朱雀门,旋入台城,城内百官皆逃遁。后主与张贵妃、孔贵嫔遑遑逃至景阳殿外井中被俘,陈朝遂亡。此后,吴州(治今江苏苏州,辖吴郡、吴兴、钱唐三郡)刺史萧瓛被吴人推为主,继续抵抗北军。陈永新侯陈君范亦自晋陵(今江苏常州)投奔萧瓛。隋以右卫大将军宇文述率军讨之,瓛以部将王褒守吴州,自率兵由义兴入太湖包山(今苏州洞庭山)欲掩袭隋军后路,后兵败被俘杀,东南一带皆为隋军统一。

二　陈与北朝的对峙和"太建北伐"

1. 北伐前的形势

进入南北朝最后阶段,陈与北朝在江淮之间展开激烈争夺,其中最重要的事件是宣帝发动"太建北伐"。后三国时期,各政权之间的军事斗争与外交活动紧密交织,北齐、北周分别取代东魏和西魏后,与陈之间的外交斗争纵横捭阖,更趋复杂。文帝即位以来,北齐、北周见陈日渐巩固,一时难以相图,于是,更注重以外交手段争取陈朝制约对方。从陈来看,经过不断的招抚征剿,各地土豪酋帅相继被制服,朝廷对广大江南腹地的统治逐渐巩固;宣帝又能继承武、文二帝政策,着力于调整与缓和矛盾,经济社会日渐复苏,成效明显。这时,不仅在今建康附近出现颇受称道的"良畴美柘,畦畎相望,连宇高甍,阡陌如绣"的富饶景象,即使在远离京师和三吴的边远地区,经济

---

① 司马光:《资治通鉴》卷一七六,中华书局1956年版,第5494、5496页。

② 《陈书》卷六《后主纪》,中华书局1972年版,第116页。

③ 《南史》卷十《陈本纪下》,中华书局1975年版,第308页。

开发也有显著的成就。① 总之，此时陈的国力较霸先建国时明显增强，这就为大规模军事行动提供雄厚的物质基础。再看当时北朝东西对峙的齐、周政权，相互视若仇雠，对陈朝言，北周距统治中心建康较远，且自建德元年(陈太建四年，572)起，周武帝宇文邕杀其叔宇文护，政自己出，又不断推行改革，国势蒸蒸日上。而与陈一江之隔的北齐，自后主高纬即位(时即文帝天嘉末)后，朝内政争不断，佞臣弄权，国势日衰。鉴于这样的形势与环境，宣帝终于发起"太建北伐"，首先向北齐展开进攻。②

2. "太建北伐"的两个阶段

①北伐初胜，陈取两淮。早在陈废帝光大年间(567—568)，因都督湘巴四州、湘州刺史华皎反叛，陈与北周已在长江中游展开争夺。宣帝太建二年(570)复遣章昭达伐后梁，不克而退。鉴于与北周在西线相争无多斩获，遂将军事行动的重点东移，转向攻击朝政日衰的北齐。太建四年(建德元年，572)周以司城中大夫杜杲来陈，相约"合纵图齐"③。次年，陈以镇军将军吴明彻为都督征讨诸军事，统兵10万大举伐齐。

太建北伐开始，军威颇盛，战绩辉煌。三月，明彻军出秦郡(治今南京江北之六合区)，黄法氍出历阳(今安徽和县西北)。当时，北齐面临突厥、北周和陈朝三面威胁，于淮南一线的防御并不用心，此从秘书监源文宗对前来问计的秦泾二州刺史赵彦深所言可以看出："朝廷精兵，必不肯多付诸将……败绩之事，匪朝伊夕。国家待遇淮南，失之同于蒿箭(按：言不足惜也)。"④所以，陈军进军江淮甚速，连克石梁(今安徽天长西)、阳平(今江苏洪泽)、庐江(今属安徽)、谯郡(今安徽蒙城)等城邑。黄法氍则攻克历阳(今安徽和县)，一度收复合肥，六月，陈军向淮北进发，淮阳(今江苏淮安)、沭阳等郡守军皆弃城逃。未几，黄法氍再克合肥，吴明彻进至仁州(今安徽蚌埠北)。七月，大败齐军周炅于峡口(今安徽淮南附近)。八月，山阳(今江苏淮安)、盱眙、海安(今江苏涟水)、东海等郡相继克复，陈军又激战攻克号称"襟带淮汝、控引河洛"的淮南重镇寿阳(今安徽寿县)，生擒宿敌王琳。十一月，克服淮阴(今江苏淮安)、朐山(今江苏连云港)、济阴(今安徽宿州)和齐之南徐(治下邳，今江苏睢宁)。七年九月，吴明彻将兵击彭城，大败齐军数万于吕梁(今江苏徐州东南)，至此，江北、淮泗之地尽复，

① 例如，《广州通志·金石略》载文士徐陵为担任广州刺史的欧阳纥之父欧阳頠所撰德政碑，文称当时广州一带已是："工贾竞臻，粥米商盐，盈衢通肆，新垣既筑，外户无扃，脂脯豪家，钟鼎为乐，扬袪洒汗，振雨流风。市有千租，田多万箱之咏。"其繁荣景象已与扬州一带无多差异。

② 对于"太建北伐"的原因，张国安《淮南之役与陈代南人政治之重组》一文认为，"应将其置于中国古代史上特殊的南人政治的背景中，联系当时陈的内部政治结构去考虑宣帝的决策"，"陈宣帝经营淮南是陈内部斗争的结果，而不是军事与外交所必需之策。但在政治上则是可取的一着。陈王朝的真实意图在于调动异己力量离开原驻地以加强对其军队的控制，这也可以在江北构筑一个捍御江南的屏障。"刊《国学研究》第五卷，北京大学出版社1998年版。

③ 司马光：《资治通鉴》卷一七一，中华书局1956年版，第5311页。

④ 司马光：《资治通鉴》卷一七一，中华书局1956年版，第5318页。

陈朝北疆东段推进至最盛。

②陈周交锋，复失两淮江北。吴明彻军在吕梁获致大胜，使太建北伐的军事胜利达到顶峰。正值此时北朝政局发生突变，陈统治集团未能正确应对，导致军事形势停顿下来，而且发生逆转。原来，北周自武帝宇文邕即位以来，励精图治，国势日盛，一直在进行灭齐准备。尤其是建德三年（陈太建六年，574）武帝下诏灭佛，关陇、梁益与荆襄间数百年来佛教寺院聚集的土地、资财俱被充没，上百万僧侣和寺院控制的民户纳为政府编户，精壮编入军队，据任道林《周祖巡邺请开佛法事》言："自废（佛）已来，民役稍希，租调年增，兵师日盛。"[①]显然，对周武帝实现统一北方的政治目标是极大的推动。于是，在灭佛次年的建德四年（陈太建七年，575）即对北齐展开猛烈进攻。七月，周武帝调集 18 万大军伐齐，遭遇阻抗，武帝又患病，遂退兵。次年，再度伐齐。至建德六年（陈太建九年，577）灭北齐。而陈朝方面，宣帝发动北伐获致大胜后，大军滞留于徐淮，说明此时其满足于收复江北淮南之地，意欲据淮南与北朝对峙。但是，齐亡以后，宣帝又欲争徐、兖，陈军竟冒然发动军事行动，与兵锋正盛的北周展开正面争夺。太建九年（577）冬，命司空、南兖州刺史吴明彻再督诸军与周战，朝臣毛喜、蔡景历等一再谏止，皆不听。明彻军在吕梁与北周徐州总管梁士彦激战获胜。次年，军围彭城。北周王轨以铁锁贯车轮数百，沉于泗水，欲阻陈朝水军归路，大将萧摩诃提醒明彻速于水路未断时进击，明彻不听，终至大败，自明彻以下将士 3 万并器械辎重尽没于周，仅萧摩诃以精骑 80 人突围得还，是即历史上著名的"吕梁覆车"。北周遂乘势南下，十一年（579）周军韦孝宽率领宇文亮、梁士彦南下，未几，寿阳复陷。年底，两淮"南北兖、晋三州及盱眙、山阳、阳平、马头、秦、历阳、沛、北谯、南梁等九郡民并自拔还江南，周又取谯、北徐州。自是江北之地尽没于周"。[②] 陈朝疆域北界又退回长江一线，至此，南北朝在江淮之间的领土争夺亦告结束。

---

① 道宣：《广弘明集》卷十，上海古籍出版社 1991 年版，第 160 页。

② 司马光：《资治通鉴》卷一七三，中华书局 1956 年版，第 5400、5402 页。

第九章　南北朝扬、徐等州的行政区划和徐淮的衰落

第一节　对峙争战对行政区划的深刻影响

永嘉之乱以来，北方中国的政治局势日渐动荡，空前规模的分裂混战给秦汉以来逐渐系统化的地方行政制度以强烈冲击。扬、徐等州因地处争战形势最为激烈的东线，地方行政管理发生诸多变化，对于以长江划界的徐淮和江南两大区域的经济与社会发展带来深远的影响。

一　争战态势的变化和东段边界的南移

1. 南北相争的基本态势发生转折

西晋灭亡以后，南北政权的分裂历经二百余年，就东晋十六国和南北朝两个阶段来看，对峙的态势也不断发生变化。东晋十六国时期，北方社会伴随着一浪又一浪的胡族人口内迁，民族矛盾十分尖锐。众多的胡族政权以及胡汉统治者之间的冲突、仇杀和对土地、人口、财富的疯狂劫掠，充斥弥漫于北方各地，百余年间除个别政权或在局部地区有过短暂的喘息和稳定（如苻秦在淝水战前勉强统一北方等）外，一直处于野蛮的战争和激烈的冲突中。显然，在这百余年间，众多胡族政权并未真正具备南下统一中国的历史条件。与此同时，立国于江南并号称“华夏正朔”的东晋，面对北方故土的糜烂虽然不断打出恢复中原的旗号，屡次发动北伐，但却没有一次真正实现其标榜的政治目标。诚如田余庆先生所言：“其时北方民族关系混乱，民族兴起的潮流一浪接着一浪而来，新的民族势力一个接着一个出现。因此，任何北伐战役的成果都无法得到巩固，桓温北伐也是如此。这是形势使然。所以，桓温北伐意义颇为有限，战略上说来最多只能起以攻为守的作用，把混乱的民族斗争限制在北方，不使它蔓延到

江东来。"[①]田先生之评虽针对桓温而言，但对刘裕以前的东晋历次北伐皆可适用。既然如此，归纳东晋十六国时期南北对峙态势的基本特征，就是你来我往，相持拉锯，南北大抵处于基本平衡的状态。当然，也不排除在某一短暂时期，一方略占优势。

不过，平衡总是相对的。经历一个世纪左右的对峙争战，进入南北朝以来，原先大致平衡的均势逐渐变化，对峙态势出现新的特点。公元5世纪以来，边地众多胡族群体的大规模内迁逐渐停息，北方各政权之间的战争和攻伐渐趋缓和。尤其是鲜卑拓跋族政权不断崛起，太延五年(439)，以太武帝拓跋焘灭北凉为标志，黄河流域实现自前秦苻坚以来的再次统一，此前此后北魏出台一系列政策，有力地推动北中国社会的政治、经济和文化发展，北魏政权开始具有上国规模。正如《南齐书·魏虏传》所言："狒狸已来，稍僭华典，胡风国俗，杂相揉乱。"此后，更有冯太后与孝文帝相继主持的"太和改制"，对魏晋以来北方广泛展开的民族斗争和融合做了总结，国力更臻强盛。及至北朝后期，虽有东西魏和北齐、北周的分裂对峙，但是，西魏、北周的宇文泰、宇文邕父子相继推行改革，北朝声势又有新的提升和壮大。总之，在南北对峙争战中，北朝政权往往表现出较为明显的活力，日渐占有优势和主动。反观南朝，自刘裕掌控东晋大权，推动门阀政权向皇权政治回归，他乘北魏统治尚未稳固、其它胡族政权渐次衰弱之机，大举北伐，先后攻灭南燕与后秦，推动南方政权在与北方的争战中进入最盛状态，但是，随着刘裕的迅速南归，此一局面迅即逝去。刘裕及后来齐、梁、陈朝的建立者虽然都富于谋略，堪称豪杰，但是，南朝统治更替频繁，内部矛盾斗争尖锐。尤其是宋、齐两朝皇族宗室的争斗火并十分惨烈，极大地削弱了国力。梁武帝统治后期佞佛昏愦，引发侯景叛梁之大祸，更是给繁华的江南腹地以空前的摧残与破坏，这些都导致南朝在与北朝的对峙争战中越来越处于弱势和被动，与东晋十六国相比，原先相互拉锯、大致平衡的特征逐渐向北强南弱的态势转化。

2. 南北政权东段边界南移

南北朝时，主要属今江苏地域的扬、徐等州正处于南北相争之东线，对峙争战的态势既发生北强南弱的变化，也就导致行政区划上东段边界的逐渐南移。如众所知，中国古代凡南北政权对峙，于东线争夺最为激烈的依次是黄河、淮河与长江三道防线。诚如南宋李焘《六朝通鉴博议》卷一所云："吴之备魏，东晋之备五胡，宋、齐、梁之备元魏，陈之备高齐、周、隋，力不足者守江，进图中原者守淮，得中原而防北寇者守河。……吴有强敌，无上岸之情，陈之国势已弱，不能进取，故所守止于江，自晋迄梁，

① 田余庆：《东晋门阀政治》，北京大学出版社2005年版，第159页。

惟宋武帝守河,其余皆保淮为固,或守淮西、或守淮北,或守淮南。"[①]这是讲整个六朝时期南北对峙争战的基本态势,如果仅就永嘉之乱以来形势论,其根本转折乃发生于刘宋前期。如前所述,刘裕两次北伐先后攻灭南燕,后秦,虽然一度将南方政权东段疆界向北推进到山东半岛以西至黄河一线,但此优势维持的时间很短,刘裕南归不久,北魏遣兵渡河,即掠取河南淮北之地。宋文帝元嘉七年(430)到彦之北伐先胜后败,河南司、兖一带归于北魏。后双方遣使议和,宋魏疆界维持二十年的和平局面。北魏太武帝统一北方以后,国力上升,又积极筹划南伐,太平真君十一年(宋元嘉二十七年,450)拓跋焘统数十万大军南下,进至彭城(今江苏徐州),屡攻不克,遂舍彭城而南下江淮,直趋瓜步(今江苏南京六合东南),威胁建康。文帝急令沿江六七百里防线严密警戒,魏军一时见无隙可乘,加之长驱深入,后援不继,难以过江,遂退兵北撤,归途中肆意蹂躏抄掠,给江北徐州两淮地区造成严重的破坏和摧残。此番南北争战,魏军虽未占有两淮,却成功地突破淮河防线,对淮北、淮南造成极大破坏,且对长江防线形成严重威胁。以往论者对文帝统治尤其所谓"元嘉之治"多有称颂,实际上,若就南北争战的态势变化而言,南人在抗击北魏的军事扩张上显出颓势、显得力不从心,恰恰开始于元嘉末年。以后魏军北归,刘宋统治集团仍然未能审时度势,正确分析与认识南北力量对比上的变化,此后十余年间,皇室惨烈火并,国势日蹙。明帝泰始间镇守徐、兖等州的薛安都等人陆续以城出降,淮北徐、兖、冀、青四州及豫州淮水以西九郡尽陷于魏,刘宋北疆东线终于收缩于淮水之南。

齐、梁两朝将近80年间,南朝东线大致据淮水与北朝对峙。及至侯景之乱,东魏行台辛术等率军南下略取淮南各地州郡。高齐取代东魏以后,位于江北沿岸的南兖州(治广陵,今江苏扬州)、秦郡(治今南京六合)先后归降,高齐南界东线推进到长江北岸,今苏北之地尽归于北朝。及至陈朝国势更弱,版图收缩局促于江南一隅。其间,虽然发动号称太建北伐的大规模军事行动,但终究无力改变划江而治的基本格局。

二　特殊形式的行政政区

自秦以来,中国地方行政制度通行郡县制。东汉末年,郡县两级以上的"州",逐渐固化为地方行政建置中新的管理层次,从此,州、郡、县三级建制成为地方行政制度的基本构架。魏晋南北朝时期,由于集权统一局面被打破,加上战乱频仍,人口大规模迁徙流动,原先较为规整的地方行政体系受到极大冲击,在多种因素的支配影响

---

① 《南京稀见文献丛刊》本,南京出版社2007年版,第154页。

下，州、郡、县三级管理体系中又衍生出都督区、侨置政区、双头政区等多种特殊形式的政区名目。就扬、徐等州言，尤其以体现地方政权军事化倾向的都督区和以安置北方流寓侨民为特征的侨置政区最为普遍。

1. 都督区

"都督"之名起源于东汉顺帝末，朝廷以御史中丞冯绲"持节督扬州诸郡军事"，[①] 曹魏初，由于军事与政治形势的发展，逐步形成制度。后来，在政治局势动荡与中央集权统治削弱的背景下，原仅统率兵权的都督逐渐将权责扩张至行政、民政，都督在兼领州内得掌军民诸政，此即后人所谓"有不治军之刺史，而无不治民之都督"。[②] 显然，都督权责的扩展，正是西晋崩溃后的分裂形势和地方政权军事化的倾向日趋严重的结果。就南朝而言，扬、徐、兖等州地处京师附近的王畿区，宋、齐、梁、陈各朝统治皆由门阀政治向皇权政治回归，君主尤倚重宗室亲王主持各州方面重镇，所以，地方政权军事化倾向更趋突出。当时，建立于徐、扬等州的有扬州都督区、南徐州都督区、南兖州都督区、徐兖都督区和青冀都督区等。这些建制皆在军事以外直接行使行政、民政之权，例如《资治通鉴》卷一二六载刘宋元嘉二十八年三月事："初，魏主过彭城，遣人语城中曰：'食尽且去，须麦熟更来。'及期，江夏王义恭议欲芟麦翦苗，移民堡聚。"但据下文所记，此议因遭到时任"都督南兖徐青冀幽等州诸军事、徐州刺史"的武陵王刘骏之府属王孝孙、张畅等人的反对，竟被否决。显然，此时身兼都督与刺史的刘骏已囊括这几州的行政大权。而后来占有徐淮之地的北朝，伴随着拓跋政权统治的逐渐稳定和扩展，在州、郡、县三级行政体系之外，也往往设置军镇，并以镇将督理州郡。据严耕望先生所考，北魏全境常置有十个都督区，其中牵涉今江苏地域的就有徐州都督区等[③]。

2. 侨置政区

东晋南朝时特殊形式的行政区划，最突出的是为安置北方南下流寓民户而设的侨州郡县。当时，北来流民最集中的地区位于长江下游的扬、南徐、南兖等州，所以，这一带的侨置政区最为密集。据胡阿祥教授的研究和统计，以大明八年(464)为例，刘宋政权设立侨州 7，占全境州数 33%，设侨郡 97，占全境郡数 39%；设侨县 386，占全境县数 30%。[④] 换言之，刘宋一朝侨置的州、郡、县约占同级政区总数的 1/3 左右。另据胡教授《东晋南朝江苏境内的侨州郡县》一文统计，自永嘉之乱以来至于刘宋泰

---

① 《后汉书》卷三八《冯绲传》，中华书局 1965 年版，第 1281 页。

② 清乾隆官修本《历代职官表》卷五〇。

③ 严耕望：《中国地方行政制度史・魏晋南北朝地方行政制度(下)》，上海古籍出版社 2007 年版，第 443 页。

④ 胡阿祥：《六朝疆域与政区研究(增订本)》，学苑出版社 2005 年版，第 243 页。

始年间失淮北之地，加上以后齐、梁、陈三朝的改建增置并除去重复，在今江苏地域共设置侨州13、侨郡65、侨县近190①。如果将这一统计中仅属于东晋建置以及侨寄地不属于今江苏地域的剔出，则南朝时期今江苏地域先后存在的侨置政区约为侨州6、侨郡55、侨县逾200，其具体建置情况见本章第二节。

三 南朝土断对扬、徐等州侨置政区的整顿

1. 东晋南朝土断的"阶段性"问题

东晋以来，南方普遍推行侨置政区制度，最初含有安抚和优待北方南下流民的意义，其主要表现在户籍制度上黄、白二籍并行，即登记侨民的白籍在征收赋役时享有减免优惠，这对于立国于南的东晋政权无疑是非常及时和必要的政策。但是，户籍编制和赋役征收既牵涉国家根本，对流民的优待就不可能长期、永远持续下去，所以，学者往往认为自东晋迄于南朝二百多年间断断续续展开的"土断"，即是为了解决户籍编制和赋役征收上的矛盾而采取的应对之策。实际上，这一认识既不确切，也不全面。胡阿祥教授早在2001年发表《论土断》一文即指出："自来论土断者，例多忽略土断对侨州郡县的整理。"该文搜集并研究见于史载的十次土断资料，认为东晋南朝的土断，主要是为了解决两方面问题，"其一是侨流问题……第二个问题即整理侨州郡县"，"这两方面问题，其实又互为表里，密不可分"，"一般说来，整理侨置是土断侨流的前提与依据，而侨流的土断又使侨置的整理具体化，深入化和实际化。"②这样的论断使人们对于东晋南朝历次土断的目标和任务的认识明显深化。这一学术创见同时也启发我们思考，既然东晋南朝的土断断断续续推行二百余年，其宗旨是否始终如一而毫无变化呢？在这二百余年中的不同阶段，这一政策的推行，是否存在着实施目标或重点上的区别和差异呢？后来，笔者又读到张学锋教授所撰《东晋的"度田税米"制与土断的关系》一文，他明确提出"土断的阶段性"观点，认为"东晋的四次土断，前三次土断与义熙土断之间，在性质上存在着根本性的不同。前三次土断是在恢复中原故土这一前提下进行的，而义熙土断，却是在放弃了这一前提，使之土著化的土断"。这一创见富于启发意义，笔者十分赞同。同时又认为，这里所论东晋"土断的阶段性"，其前三次与最后一次"在性质上存在着根本性的不同"，③应是指东晋历次土断在推行目的上的区别和差异。换言之，学锋教授提出东晋土断的阶段性特征是就其目的宗旨上的异同而立论的。但是，如果再从这四次土断针对的社会群体(主要是南下

① 刊于《江苏地方志》1990年第3期。
② 见《南京大学学报》2001年第2期。
③ 收入胡阿祥主编:《江南社会经济研究·六朝隋唐卷》,中国农业出版社2006年版,第329、337页。

的流民)以及着力解决的是户籍编制中黄白二籍并行的问题来看,则东晋历次土断,无论是前三次还是最后一次的义熙土断,似乎又具有明显的共同性。如果这一理解大致无误的话,我们转而考察南朝推行的历次土断,同样以所针对的社会群体和优先解决的问题这两方面与东晋土断相比,两个阶段则凸现出明显的区别和差异。这样来看,东晋和南朝两个历史时期的土断反映出明显的"阶段性"的特征和性质。请看以下相关材料:

①《南齐书·丘巨源传》:"兰陵兰陵人,宋初土断属丹阳,后属兰陵。"此次土断的时间,据胡阿祥教授考证;"疑为元嘉八年(431)或稍后。"[①]因为《宋书·州郡志》"南徐州刺史"条载:"文帝元嘉八年,更以江北为南兖州,江南为南徐州,治京口,割扬州之晋陵、兖州之九郡侨在江南者属焉。"如果阿祥教授的推测不错的话,《南齐书》丘巨源传载宋元嘉初这次土断,即以划割实土,整顿侨置郡县为主要内容。

②《资治通鉴》卷一二八,大明元年(457),(雍州)刺史王玄谟上言:"侨郡县无有境土,新旧错乱,租调不时,请皆土断。"《宋书·孝武帝纪》记大明元年"土断雍州诸侨郡县"。同书"州郡志""雍州刺史"条载:"孝武大明中,又分实土郡县以为侨郡县境。"胡阿祥《宋书州郡志汇释》此条下"集释"曰:"大明土断雍州,京兆、始平、扶风、河南、广平、冯翊、华山等侨郡增领当地实县,分得实土……"[②]显然,这次土断着重解决的也是为侨置郡县划割实土的问题。

③《宋书·后废帝纪》载元徽元年(473)八月诏曰:"洎金行委御,礼乐南移,中州黎庶,襁负扬、越。圣武造运,道一闳区,贻长世之规,申土断之制。而夷险相因,盈晦递袭,岁馑凋流,戎役惰散,违乡寓境,渐至繁积。宜式遵鸿轨,以为永宪……"从文中标着重号的内容看,元徽间这次土断的目的,主要也是针对南北争战,境界变动频繁,从而导致行政区划管理上的混乱问题而加以整顿。诏令颁布后,土断确曾推行,据《南齐书·周盘龙传》载,盘龙"北兰陵兰陵人也,宋世土断,属东平郡"。中华书局点校本校勘记引钱大昕《廿二史考异》卷二五云:"称北兰陵者,徐州之兰陵也。……宋泰始以后,淮北陷没,侨立淮南,土断改属东平。"阿祥教授认为"泰始以后之(宋)土断,仅元徽元年一次可考,则周盘龙之改籍东平,当是元徽元年土断的结果"。[③] 显然,朝廷确实通过土断对这一带侨置政区进行了整顿。

④《南齐书·吕安国传》载建元二年(480):"虏寇边,上遣安国出司州,安集民户。诏曰:'郢、司之间,流杂繁广,宜并加区判,定其隶属。'"安国遂"土断郢、司二境上杂

---

① 见前揭《论土断》。

② 胡阿祥编著:《宋书州郡志汇释》,安徽教育出版社2006年版,第205页。

③ 见前揭《论土断》。

民，大佳，民殆无惊恐”。[①] 显然，吕安国在郢司二州整理侨置郡县取得很好的成效。至次年，《南齐书·柳世隆传》又载：“近又令垣豫州(崇祖)断其州内，商得崇祖启事，已行竟，近无云云，殊称前代旧意。卿视兖部中可行此事不？若无所扰，春便就手也。”同书“州郡志”“南兖州”条载世隆遵敕“并省侨郡县”，注曰：“建元四年(482)罢北淮阳、北下邳、北济阴、东莞四郡并。”据此可知，萧齐在建国之初，通过土断在司、郢、豫、兖等州大力整顿侨置郡县的行政区划，而且收到明显效果。

⑤《梁书·武帝纪中》：天监元年(502)“改南东海为兰陵郡。土断南徐州诸侨郡县”。

综观上列五条材料，其所指地域，除第②条为雍州、河南之地外、皆扬、徐等州。即牵涉今江苏地域，所载情况反映宋、齐、梁三朝推行的历次土断，无论是着重解决的问题还是针对的社会群体，皆与东晋土断有明显的区别和差异。首先，入宋以来的历次土断主要解决的已不是户籍编制中的黄、白二籍并行的问题，其着力整顿的已是侨置政区带来的行政区划管理中的混乱状况。为什么会产生这样的变化呢？学锋教授在上引之文中曾指出：“我们可以这样说，东晋政权与南朝政权之间的重要区别之一就在于，东晋是以北人为中心的流寓政权，而南朝事实上则是土著了的南人政权。这也就是笔者前面使用‘土断的阶段性’这一概念的依据。因此，南朝时没有黄、白籍之分是当然的。”此论确为卓识。既然南朝已无黄白籍之分，百余年间仍然断断续续推行的土断着力解决的问题，自然转移到对户籍混乱现象产生的重要根源，亦即行政区划管理的混乱上来。这正是阿祥教授所说：“整理侨置(郡县)是土断侨流的前提与依据。”通过东晋立国以来的长期实践，南方统治者逐渐认识到，推行土断如果没有对侨置政区的认真整顿，户籍的编制和赋役的征收从根本上说也难以走上正轨。东晋后期，范宁曾概括土断的目标：“今宜正其封疆，以土断人户，明考课之科，修闾伍之法”[②]他就是把“正其封疆”做为“土断人户、明考课之科，修闾伍之法”的前提和基础的。范宁还就当时行政区划和户籍管理的混乱情况说到：“凡荒郡之人，星居东西，远者千余，近者数百，而举召役调，皆相资须，期会差违，辄致严坐，人不堪命，叛为盗贼。是以山湖日积，刑狱愈滋。”所以，他主张“荒小郡县，皆宜并合，不满五千户，不得为郡，不满千户，不得为县”。[③]这里范宁主张大力整顿行政区划，虽未专指侨置郡县，但是，必然包含对侨置郡县的整顿。所以，有理由认为，在东晋历次土断的基础上，南朝继续推行的土断，确已把首要的目标任务从解决户籍中黄、白二籍并行转为对行政区划的混乱尤其是侨置郡县进行整顿。实际上，东晋末年刘裕推行的义熙间“依界土断”

① 《南齐书》卷二四《柳世隆传》，中华书局1972年版，第451页。

②③ 《晋书》卷七五《范宁传》，中华书局1974年版，第1986页。

已经使“诸流寓郡县，多被并省”，[①]这正说明晋末这次土断的目标已开始变化，而上文所列宋、齐、梁历次土断都不再提及黄白二籍而强调对侨置郡县进行整顿，正是南朝以来土断进入新阶段的表现。

其次，考察所针对的社会群体，南朝土断与东晋相比也在变化。综观东晋历次土断记载，大多围绕户籍制度中黄、白二籍并行而展开，其所针对的社会群体，主要是注籍于侨州郡县、原纳入白籍而享受优复待遇的北来流民。应该说经过东晋历次土断，这方面问题已有不同程度的解决，而南朝以来记载土断的史料表明，其所针对的社会群体除去仍有部分北来流民以外，另外两类民户逐渐成为主要对象：其一是散落分布于各地的零星民户。如《南齐书·州郡志上》载建元间萧齐土断，永明元年(483)，南兖州“刺史柳世隆奏：‘尚书符下土断条格，并省侨郡县。凡诸流寓，本无定憩，十家五落，各自星处。一县之民，散在州境，西至淮畔，东届海隅。今专罢侨邦，不省荒邑，杂居舛止，与先不异，离为区断，无革游滥。谓应同省，随界并帖，若乡屯里聚，二三百家，井甸可修，区域易分者，别详立。’于是济阴郡六县，下邳郡四县，淮阳郡三县，东莞郡四县，以散居无实土，官长无廨舍，寄止民村，及州治立，见省，民户帖属”。此次土断，柳世隆省并南兖州所属17个县，而散居于江淮这片广大地区以往政府一直未能有效管辖的零星民户，成为整顿行政区划管理的主要针对群体，从记载看，效果十分显著。其二，南朝土断还针对社会上广泛存在的大量长期居无定所的“浮浪人”，这类民户愈到后期，愈益增多，以至形成突出的社会问题。像《陈书·世祖纪》载天嘉元年(560)诏曰：“自顷丧乱，编户播迁，言念余黎，良可哀惕。其亡乡失土，逐失流移者，今年内随其适乐，来岁不问侨旧，悉令著籍，同土断之例。”显然，这次“同土断之例”的户籍整顿，主要针对社会上日益增多的“亡乡失土，逐失流移者”。对这些民户，既称“不问侨旧”，说明政府对北来流民与土著人户之区别已不关心，其所重视的只是“悉令著籍”而已。总之，伴随南方社会政治、经济形势的变化，多次土断的推行使侨寓人户与土著居民的区别日益淡化甚至消失，南朝土断针对的社会群体与东晋相比也发生明显变化，这与此时土断着重解决的问题转变为侨置政区的整顿密切相关，且具有互动性质，而这两方面的变化合起来，则构成南朝土断与东晋土断不同的“阶段性”区别的基本内容。

2. 对侨置政区的整顿

晋末宋初以来，面对南北对立形势的进一步发展，南朝历代统治者为了增强与北朝对抗的实力，不断展开对侨置政区的整顿。胡阿祥教授《六朝疆域与政区研究》一书对此归纳为“省并”、“割实”、“改属”和“假侨民而新立”四种主要方式。以下即以

---

① 《宋书》卷二《武帝纪中》，中华书局1974年版，第30页。

扬、徐等州实例分别列举之：

①属省并者。如《宋书·州郡志一》“扬州刺史”条曰：“堂邑……后省堂邑并高阳，又省高阳并魏郡，并隶扬州，寄治京邑。文帝元嘉十一年省，以其民并建康。”再如上文引《南齐书》所载高帝建元年间土断，南兖州刺史柳世隆省并北济阴、北下邳、北淮阳及东莞等郡凡17县。

②属割实者。如《宋书·州郡志一》“南东海太守”条：“文帝元嘉八年立南徐，以东海为治下郡，以丹徒属焉。剡、利城并为实土。”《南齐书·州郡志上》“东平郡”下“寿张”条注：“割山阳官渎以西三百户置。”“淮安”条注：“割直渎、破釜以东，淮阴镇下流一百户置。”

③属改属者。如《宋书·州郡志一》“南徐州刺史”条曰：“文帝元嘉八年，更以江北为南兖州，江南为南徐州，治京口，割扬州之晋陵，兖州之九郡侨在江南者属焉。”

④属假侨民而新立者。如上文引《南齐书·丘巨源传》称巨源兰陵人，宋初土断原属丹阳，后改属兰陵，此兰陵即依侨民原籍而侨立。

从上述历次土断的记载可以看出，南朝对侨置政区的整顿，就地域而言，位于长江下游的扬、南徐、南兖等州是整顿的重点，就时间论，刘宋与萧齐两朝行政区划的整顿又最为集中。其所以如此，一方面固然因为扬、南徐、南兖几州南下流寓民户最为集中，侨置政区之设最为普遍，因而管理上的混乱最为突出；另一方面，宋齐两朝上承东晋，伴随南北对峙形势的发展，统治者更加淡化早先仅把南方作为临时性侨寓之地的观念，从而加大力度协调侨置政区与原有行政管理体系之间的矛盾。当然，如阿祥教授指出的，南方政权通过土断对侨置政区开展整顿的意义“也不可估价得太高”。[①] 但是，从梁、陈两朝推行土断以整顿侨置政区的记载明显减少来看，我们不妨推断，宋、齐以来大力整顿扬、南徐、南兖等州的侨置政区，对于南方社会行政区划管理逐渐走上轨道还是具有积极意义的。

第二节　政区的设置

南北朝时期，对峙双方在东线的激烈争战，导致扬、徐等州行政区划的变动十分频繁，本节以上文所论南北争战态势的变化发展为基础，分三个阶段简介大致属今江苏地域的政区概况。

---

① 见前揭《论土断》。

一　刘宋泰始以前的行政区划

宋明帝泰始三年(467)，徐、兖等州镇将先后降于北魏以前，扬、徐等州全属南朝刘宋版图。当时，长江以南分置扬州、南徐州；江淮之间属南兖州，淮北则属徐州。今以孝武帝大明八年(464)为准，排列扬、徐等州行政区划的概况①：

刘宋大明八年(464)扬、徐等州政区表

州	统　郡	统　县	州郡治所(或侨寄)今地
扬州	丹阳尹	建　康	江苏南京
		秣　陵	
		丹　杨	
		江　宁	
		溧　阳	
		永　世	
		湖　熟	
		句　容	
	吴　郡	吴	江苏苏州
		娄	
		海　虞	
南徐州(侨)	义兴郡	阳　羡	江苏宜兴
		临　津	
		国　山	
		绥　安	
		义　乡	
	南东海郡(侨)	剡　(侨)	江苏镇江
		丹　徒	
		武　进	
		毗　陵	
		朐　(侨)	
		利　城(侨)	

① 本节以下所列除"北齐武平三年徐淮地域政区表"外南北朝时期扬、徐等州政区建置诸表，主要根据《宋书》《南齐书》《隋书》之"州郡志""地理志"以及徐文范《东晋南北朝舆地表》等资料，并参照谭其骧《中国历史地图集·东晋十六国南北朝时期》及胡阿祥教授《六朝疆域与政区研究》下编相关各图表，间或有所斟酌。

续表

州	统郡	统县	州郡治所(或侨寄)今地
南徐州(侨)	南兰陵(侨)	兰陵(侨)	江苏武进西北
		承(侨)	
	晋陵郡	晋陵	江苏常州
		延陵	
		无锡	
		南沙	
		曲阿	
		暨阳	
	南琅邪郡(侨)	临沂(侨)	金城(江苏句容西北)
		江乘	
	南东莞郡(侨)	莒(侨)	江苏常州、武进一带
		东莞(侨)	
		姑幕(侨)	
	临淮郡(侨)	海西(侨)	江苏丹阳、常州一带
		射阳(侨)	
		凌(侨)	
		淮浦(侨)	
		淮阴(侨)	
		东阳(侨)	
		长乐(侨)	
	南彭城郡(侨)	彭城(侨)	江苏镇江、丹阳、常州一带
		吕(侨)	
		武原(侨)	
		傅阳(侨)	
		蕃(侨)	
		薛(侨)	
		开阳(侨)	
		杼秋(侨)	
		洨(侨)	
		下邳(侨)	
		北凌(侨)	
		僮(侨)	

续表

州	统郡	统县	州郡治所(或侨寄)今地
南徐州(侨)	淮陵郡(侨)	司吾(侨)	江苏丹阳、常州一带
		徐(侨)	
		阳乐(侨)	
	南清河郡(侨)	清河(侨)	江苏镇江、无锡间
		东武城(侨)	
		绎幕(侨)	
		贝丘(侨)	
	南高平郡(侨)	金乡(侨)	江苏镇江、无锡间
		湖陆(侨)	
		高平(侨)	
	南平昌郡(侨)	安丘(侨)	江苏镇江一带
		新乐(侨)	
		东武(侨)	
		高密(侨)	
	南济阴郡(侨)	城武(侨)	江苏镇江、无锡间
		冤句(侨)	
		单父(侨)	
		城阳(侨)	
	济阳郡(侨)	考城(侨)	江苏镇江、无锡间
		鄄城(侨)	
	南泰山郡(侨)	南城(侨)	江苏镇江、常州间
		武阳(侨)	
		广平(侨)	
	南濮阳郡(侨)	廪丘(侨)	江苏镇江、无锡间
		榆次(侨)	
	南鲁郡(侨)	鲁(侨)	江苏镇江、无锡间
		西安(侨)	

续表

州	统郡	统县	州郡治所(或侨寄)今地
徐州	彭城郡	彭城	江苏徐州
		吕	
		留	
	沛郡	沛	(治江苏沛县)
	下邳郡	下邳	江苏睢宁西北
		良成	
	东海郡	赣榆	(治江苏连云港东北)
	淮阳郡(侨)	角城	江苏淮安西南
		晋宁(侨)	
		宿预	
		上党(侨)	
	济阴郡(侨)	睢陵	江苏睢宁
		定陶(侨)	
		顿丘(侨)	
	北济阴郡(侨)	丰	(治江苏丰县)
南兖州(侨)	广陵郡	广陵	江苏扬州
		海陵	
		高邮	
		江都	
	海陵郡	建陵(侨)	江苏姜堰北
		临江	
		如皋	
		宁海	
		蒲涛	
		临泽	
	山阳郡(侨)	山阳	江苏淮安
		盐城	
		东城	
		左乡	

续表

州	统　郡	统　县	州郡治所(或侨寄)今地
南兖州(侨)	盱眙郡	考　城(侨)	江苏盱眙东北
		阳　城	
		直　渎	
		信　都(侨)	
	秦郡(侨)	秦　(侨)	江苏六合北
		义　成(侨)	
		尉　氏(侨)	
		顿　丘(侨)	
		怀　德(侨)	

据上表所列,刘宋后期属今江苏地域的扬、徐等州的政区计有州4(含侨州2)、郡31(含侨郡20)、县119(含侨县66)。

二　齐、梁与北魏、东魏对峙时的行政区划

刘宋泰始间徐兖镇将叛投北朝,淮北之地大部归于北魏版图,分属徐州、南徐州建制,徐州下领彭城、下邳诸郡,南徐州治宿预。江南和江淮之间及淮北东半部基本上由南齐控制。依建武四年(497)建制,江南分属扬州、南徐州;扬州领丹阳尹及义兴、吴郡诸郡,南徐州则领晋陵、东海、南琅邪、临淮、淮陵、南东莞、南清河、南彭城、南高平、南济阴、南濮阳等郡。江淮之间设有南、北兖州,南兖领广陵、海陵、山阳、盱眙、南沛等郡;北兖领阳平、东平、高平、济北、泰山、鲁郡等侨郡。此外又有青、冀二州,侨治于郁洲(今江苏省连云港市东云台山一带),下领东莞、琅邪、北东海等郡。至萧梁代齐,区划建置多沿齐制,间或有所变动。总体来看,齐、梁两朝七八十年间,因与北朝处于尖锐对立的争战状态,江淮一带成为争夺拉锯的焦点和前线,行政区划长期处于复杂、混乱的状态。以下分别以齐建武和北魏太和年间政区建置表反映齐、梁两朝扬、徐等州政区之概况。

齐建武四年(497)扬、徐等州政区表

州	统　郡	统　县	州郡治所(或侨寄)今地
扬州	丹阳郡	建　康	江苏南京
		秣　陵	
		江　宁	
		丹　阳	
		永　世	
		溧　阳	
		湖　熟	
		句　容	
	吴郡	吴	江苏苏州
		娄	
		海　虞	
南徐州(侨)	义兴郡	阳　羡	江苏宜兴
		临　津	
		国　山	
		义　乡	
		绥　安	
	南东海郡(侨)	郯　(侨)	江苏镇江
		祝　其(侨)	
		襄　贲(侨)	
		利　成(侨)	
		西　隰(侨)	
		丹　徒	
		武　进	
	晋陵郡	晋　陵	江苏常州
		无　锡	
		延　陵	
		曲　阿	
		暨　阳	
		南　沙	
		海　阳	

续表

州	统　郡	统　县	州郡治所(或侨寄)今地
南徐州(侨)	南琅邪郡(侨)	临　沂(侨)	治临沂,即白下城,江苏南京北
		江　乘	
		兰　陵(侨)	
		谯　(侨)	
	临淮郡(侨)	海　西(侨)	江苏丹阳东
		射　阳(侨)	
		淩　(侨)	
		淮　阳(侨)	
		东　阳(侨)	
	淮陵郡(侨)	司　吾(侨)	江苏丹阳东
		武　阳(侨)	
		甄　城(侨)	
		阳　乐(侨)	
	南东莞郡(侨)	东　莞(侨)	江苏武进一带
		莒　(侨)	
		安　丘(侨)	
		新　乐(侨)	
	南清河郡(侨)	东武城(侨)	江苏镇江、无锡间
		清　河(侨)	
		贝　丘(侨)	
	南彭城郡(侨)	彭　城(侨)	江苏丹阳、无锡间
		武　原(侨)	
		傅　阳(侨)	
		蕃　(侨)	
		薛　(侨)	
		开　阳(侨)	
		洨　(侨)	
		僮　(侨)	
	南高平郡(侨)	金　乡(侨)	江苏镇江、无锡间
		高　平(侨)	

续表

州	统郡	统县	州郡治所(或侨寄)今地
南徐州(侨)	南济阴郡(侨)	城武(侨)	江苏镇江、无锡间
		单父(侨)	
	南濮阳郡(侨)	廪丘(侨)	江苏镇江、无锡间
		东燕(侨)	
		会(侨)	
		鄄城(侨)	
南兖州(侨)	广陵郡	广陵	江苏扬州西北
		海陵	
		高邮	
		江都	
		齐宁	
	海陵郡	建陵(侨)	江苏姜堰北
		宁海	
		如皋	
		临江	
		蒲涛	
		临泽	
		齐昌	
		海安	
	山阳郡(侨)	山阳	江苏淮安北
		东城	
		盐城	
		左乡	
	盱眙郡	盱眙	江苏盱眙
		考城(侨)	
		阳城	
		直渎	
		长乐(侨)	
	南沛郡(侨)	沛(侨)	安徽天长西北

续表

州	统　郡	统　县	州郡治所(或侨寄)今地
北兖州(侨)	阳平郡(侨)	泰　清(侨)	山阳石鳖，江苏淮安洪泽东南
		永　阳(侨)	
		安　宜(侨)	
		丰　国(侨)	
	东平郡(侨)	寿　张(侨)	江苏淮安
		淮　安(侨)	
	高平郡(侨)		江苏淮安
	济北郡(侨)		江苏淮安
	泰山郡(侨)		江苏淮安
	鲁　郡(侨)		江苏盱眙
青冀二州(侨治郁洲，今江苏连云港市东云台山一带)	齐郡(侨)	临　淄(侨)	瓜步(江苏六合东南)
		西　安(侨)	
		宿　豫(侨)	
		尉　氏(侨)	
		平　虏(侨)	
		昌　国(侨)	
		秦　(侨)	
		益　都(侨)	
青冀二州(侨治郁洲，今江苏连云港)	北海郡(侨)	都　昌(侨)	郁洲(江苏连云港东)
		广　饶(侨)	
		赣　榆	
		胶　东(侨)	
		剧　(侨)	
		下　密(侨)	
		平　寿(侨)	
	东莞、琅邪二郡(侨)	即　丘(侨)	朐山(江苏连云港西南)
		南东莞(侨)	
		北东莞(侨)	
	北东海郡(侨)	襄　贲(侨)	涟口(江苏涟水)
		僮　(侨)	
		下　邳(侨)	
		厚　丘(侨)	
		曲　成(侨)	

据以上所列，南齐时扬、徐等州设置州5（侨州4），郡30（侨郡23），县118（侨县71）。

北魏太和间徐州政区表

州	统　郡	统　县	州郡治所（或侨寄）今地
徐州	彭城郡	彭城、留、吕、龙城、沛、丰	江苏徐州
	东海郡	良城等	江苏新沂南
	下邳郡	下邳、武原等	江苏邳州南
	淮阳郡	睢陵、下相等	江苏睢宁
南徐州		宿预	江苏宿迁南

三　陈与北齐、北周对峙时的行政区划

梁末，江北之地尽归北齐。陈朝疆域大致局促于江南，与北朝划江而治。在今苏南地域设有扬、吴、南徐三州；江北与徐淮地区在隋灭陈前，先后分属齐、周两朝而以北齐统治时间为长。在武平三年（572）以前，北齐南界抵长江北岸，隔江与南朝对峙，徐淮一带陆续置有海、东楚、徐、东徐、淮、东广、秦等州。以下分列陈祯明年间和北齐武平三年江北徐淮地域政区表：

陈祯明二年（588）扬、吴、南徐等州政区表

州	统　郡	统　县	州郡治所（或侨寄）今地
扬州	丹阳郡	建　康	江苏南京
		秣　陵	
		丹　阳	
		溧　阳	
		永　世	
		江　宁	
		句　容	
	南琅邪彭城二郡	江　乘	江苏南京
		临　沂	
		湖　熟	
吴州	吴郡	吴	江苏苏州
		娄	
		昆　山	

续表

州	统　郡	统　县	州郡治所(或侨寄)今地
南徐州	东海郡	郯	江苏镇江
		丹　徒	
		兰　陵	
		曲　阿	
	晋陵郡	晋　陵	江苏常州
		延　陵	
		无　锡	
		暨　阳	
	义兴郡	阳　羡	江苏宜兴
		临　津	
		义　乡	
		国　山	
	江阴郡	江　阴	江苏江阴
		利　城	
		梁　丰	
		胥　浦	
	信义郡	南　沙	江苏常熟西北
		信　义	
		海　阳	
		前　京	
		海　虞	
		兴　国	
		常　熟	

据上表所列，陈末江南之扬、吴、南徐三州置郡九，县三十六。

北齐武平三年(572)徐淮地域政区建置表①

州	统　郡	统　县	县治(或侨寄)今地
南青州	义塘郡	归　义	江苏赣榆北
		怀　仁	江苏赣榆西北

① 此表据施和金《北齐地理志》(中华书局 2008 年版)相关各卷编制，加“△”符号者为武平三年以前已废州郡县。

续表

州	统郡	统县	县治(或侨寄)今地
海州	△东彭城郡	△龙沮	江苏灌云西北
		△安乐	江苏灌云东北
		△勃海	江苏灌云境
	东海郡	△赣榆	江苏赣榆东南
		△安流	寄治郁洲,江苏连云港东北
		广饶	江苏连云港东北
		△下密	寄治郁洲,江苏连云港东北
	海西郡	襄贲	寄治东海王城,江苏涟水北
		海西	江苏灌南东南
		临海	江苏灌南北
	沐阳郡	△下城	江苏沭阳南
		△临渣	江苏沭阳境
		怀文	江苏沭阳东
		△服武	江苏沭阳境
	琅邪郡	△海安	江苏连云港东南
		朐	江苏连云港西
		△山宁	江苏连云港境
	武陵郡	上鲜	江苏赣榆南
		洛要	江苏赣榆东南
东楚州	宿豫郡	宿豫	江苏宿迁东南
		△新昌	江苏宿迁境
		△临泗	江苏宿迁境
		△濠夷	江苏宿迁境
	高平郡	高平	江苏盱眙西北
		朱沛	江苏盱眙西北
		△白水	江苏泗洪境
		△襄邑	江苏泗洪境
	淮阳郡	绥化	江苏盱眙东北
		文城	江苏盱眙东北
		△招义	江苏盱眙西
		△淮阳	江苏盱眙西北

续表

州	统　郡	统　县	县治(或侨寄)今地
东楚州	△晋宁郡	△临　清	江苏宿迁东南
		△魏　兴	江苏宿迁东
		△富　城	江苏宿迁西北
		△招　农	江苏宿迁东南
	△安远郡	△钜　鹿	江苏泗洪境
		△淮　浦	江苏泗洪境
	△临沭郡	△临　沭	江苏新沂境
		△招　远	江苏新沂境
东徐州	下邳郡	下　邳	江苏睢宁西北
		△良　城	江苏邳州东
		△　僮	寄治下邳，江苏睢宁西北
		△坊　亭	江苏宿迁西北
		△栅　渊	江苏宿迁西南
		△归　正	江苏邳州境
	武原郡	武　原	江苏邳州西北
		△开　远	江苏邳州东
		△艾　山	江苏邳州北
	郯郡	建　陵	江苏新沂南
	△临清郡	△下　相	江苏宿迁西南
		△睢　陵	江苏宿迁西北
		△归　义	江苏宿迁境
徐州	彭城郡	彭　城	江苏徐州
		吕	江苏徐州东
		△　留	江苏沛县东南
		△睢　陵	江苏睢宁境
	南阳平郡	襄　邑	寄治彭城，江苏徐州西
		阳　平	寄治彭城，江苏徐州西
		濮　阳	寄治彭城，江苏徐州西
	沛郡	沛	江苏沛县东南
	北济阴郡	丰	江苏丰县

续表

州	统郡	统县	县治(或侨寄)今地
淮州	淮阴郡	△怀恩	江苏淮安东南
		△富陵	江苏盱眙东北
		鲁	寄治盱眙,江苏盱眙南
	山阳郡	山阳	江苏淮安楚州
		△左乡	江苏淮安楚州境
	盱眙郡	盱眙	江苏盱眙东北
		阳城	寄治盱眙,江苏盱眙西南
		直渎	江苏盱眙南
	阳平郡	安宜	江苏宝应西南
		石鳖	江苏宝应西
	东莞郡		寄治安宜,江苏宝应境
东广州	广陵、江阳二郡	广陵	江苏扬州东北
		江都	江苏扬州西南
	海陵郡	海陵	江苏泰州
		建陵	寄治海陵、江苏泰州东北
		如皋	江苏如皋
		宁海	江苏如皋东北
		临江	江苏如皋南
		蒲涛	江苏南通西
		海安	江苏泰州东
	神农郡	高邮	江苏高邮
		竹塘	江苏高邮境
		三归	江苏高邮境
		临泽	江苏高邮东北
	射阳郡	盐城	江苏盐城
秦州	秦郡	尉氏	寄治古棠邑县,江苏六合
		棠邑	江苏六合北
		横山	江苏六合东北
	瓦梁郡	(领县无考)	江苏六合西南
南谯州	临滁郡	怀德	江苏六合西(或浦口境)

据上表，则北齐最盛时，江北徐淮地域置州9、郡28、县49。其中有5郡41县在武平三年前废置。

第三节　徐淮地区的衰颓

一　江南江北行政区划的不同特征

以上论列南北朝以来扬、徐等州行政区划上的变动形势，说明自元嘉二十七年(450)宋魏大战尤其是泰始以后刘宋尽失淮北，至陈太建“吕梁覆车”的百余年间，长江以南和地处江北的徐淮等州的行政区划呈现截然不同的面貌特征。就江南而言，虽然存在侨置政区对原有行政体系的明显冲击，但是，历经多次土断整顿，从总体上看，行政区划的混乱状况有所扭转，原有政区和侨州郡县的磨擦渐有缓和，这就促使南朝政府对于江南的行政区划管理逐渐稳定。上节所列诸表中，江南各州的区划除去一批专为北来流民设立的侨置郡县逐渐消失以外，基本区划并无太大变化即是明证。反观长江以北的徐淮等州，情况则大相径庭。这里的政区建置变动频繁，始终未能真正稳定下来。如此明显的差异，不能不首先归之于两地面临的完全不同的政治环境。江南虽然屡经王朝嬗代，但除侯景之乱以外，没有受到长时期大规模战乱的破坏，行政区划大多沿袭前朝旧制，少有明显变动。而徐淮地处对峙争战最激烈的东线，大规模军事行动频频展开，你来我往，相互拉锯，始终处于激烈动荡之中，行政区划无法稳定，经济与社会发展难以进入正常的运行轨道。历史既然为江南与江北提供完全不同的环境或契机，两地的命运与前途也就显示截然相反的变化，原先相对落后的江南转而加快步伐向先进水平迈进；原先明显领先的徐淮等州反而陷于严重的衰落与凋敝之中。

二　有关徐淮盛衰的历史考察

1. 江北落后于江南不自南宋始

改革开放以来，我省社科理论界一直关注“苏北落后于苏南”究竟形成于何时和怎样形成的问题，学者们论及今苏北(即今江苏省长江以北，亦即本节所指徐淮地区)的经济由领先到落后的转变，一般认为发生在南宋，原因主要是黄河夺淮改道。例如沈嘉荣先生曾撰《苏南苏北经济发展差距的历史考察》一文，他说：“苏北在隋唐以前，经济文化发展水平高于苏南。”“但是，自(南)宋光宗绍熙五年(1195)黄河南迁夺淮之后，苏北就陷入了多灾多难的困境。"[1]彭安玉先生《试论黄河夺淮及其对苏北的负面影响》一文也认为"南宋至明清的700多年是苏北从相对领先，跌入相对落后状态的大转折时期。导致这一大转折的原因不只一端，但黄河的南徙并夺淮入海以及由此带来的负面影响，则是形成这一转折的历史因素"。[2] 从本书前几章所论两汉与魏晋南北朝时期江南、江北两地的社会环境和经济发展状况来看，以上学者对于历史上苏南苏北经济与社会发展地位明显转换的论断，包括转变的时间和主要原因，均值得商榷。实际上，地处江北的徐淮等州的衰落远不自南宋始，早在唐宋以前，它已然经历一轮从繁荣跌至衰落的变化周期。讨论这一转变，仅仅追溯至南宋的黄河改道，似乎未能全面深入考察两汉至南北朝江北与江南经历的不同环境和发展道路。关于江南由落后转变为领先的发展情况，前人已有很多论述，这里仅就江北徐淮地区的变化过程略作讨论。

秦统一以后，经历两汉的发展，徐、扬二州的经济、文化取得显著成果，就总体水平论，江北徐淮等州较之江南明显处于优势和领先地位，本书第二卷已有不少论述，这里再举几方面实例稍作补充。首先，从政区的建置和人口密度看。据今人对《续汉书郡国志》的研究[3]，属今苏北范围的徐州，时置东海、彭城、广陵、下邳4郡，另有豫州属下之沛国，共5郡32县。而当时江南的扬州，属今苏南地域的仅置丹阳、吴2郡，属县13。从人口密度看，据梁方仲《中国历代户口、土地、田赋统计》甲编表8[4] 所列，东汉永和五年(140)，以上7郡每平方公里人口数依次见下表：

彭城	东海	下邳	吴郡	广陵	丹阳	沛国
111.6	32.3	27.2	18.1	11.4	11.1	8.4

如以江北5郡与江南2郡的人口密度相比，则江北每平方公里为38.18人，江南每平方公里仅16.6人，苏北人口密度竟为苏南的2.6倍！其次，从铁农具和牛耕技术的推广看，徐淮地区也明显领先于江南。《汉书·地理志》载全国设49处铁官，设于徐淮的就有东海、临淮、沛、广陵、楚国(即彭城)等5处，各处下辖的盐渎、堂邑、下邳、朐等地均设有炼铁场所。建国后，考古工作者于徐州利国驿和泗洪小峰山两地发现规

① 刊于《江苏史论考》，江苏古籍出版社1989年版。

② 刊于《江苏社会科学》1997年第1期。但该文论南宋时期的黄河改道以"建炎二年(1128)杜充决李固堤"为始，系人为决河。此一论点和沈文略有差异。

③ 钱林书《续汉书郡国志汇释》，安徽教育出版社2007年版。

④ 此表末作者注"资料来源"，系根据劳干所撰：《两汉户籍与地理之关系》(刊于中央研究院史语所集刊第5本第2分册，1935年12月)一文估计之面积数及表7所列后汉郡国户口数计算而成。

模较大的汉代炼铁遗址遗迹，皆有可观的规模与成就。[①] 牛耕方面，分别在上世纪 80 年代和 50 年代发现的泗洪西汉画像石和睢宁东汉画像石，生动形象地反映了当时淮北地区农耕经济的先进水平。[②] 这两幅画像石所塑农耕图上，均采用二牛抬杠、一人扶犁的耕作技术，犁的构造与图中其它农具也十分先进，充分说明这一带的农业耕作技术处于全国的领先地位，与当时江南相比也大大超前。第三，从水利设施的兴修和农作物产量看，江北地区的优势更明显。两汉以来，全国水利建设的重点地区一是以关中为中心的黄河中游，另一个就是以徐州两淮为中心的淮泗流域，后者涉及的流域更比前者为大。如众所知，汉武帝在元封二年（前 109）亲自组织堵塞瓠子口并恢复堤坝工程后，“梁楚之地复宁，无水灾”，为后来开展大规模水利建设奠定了基础，“自是之后，用事者争言水利”，淮泗各地“皆穿渠为溉田，各万余顷。佗小渠披山通道者，不可胜言”。[③] 东汉自王景治理黄河取得重大成果后，徐淮地区水利建设的主要成果有位于今泗洪、宿迁、睢宁间的蒲阳陂，由章帝时下邳相张禹主持修建；广陵太守马棱“兴复陂湖，溉田二万余顷”。[④] 至东汉末年，广陵太守陈登修缮邗沟，沿途建陂塘多处，总称“陈登塘”，这些设施大多发挥明显效益。又据《后汉书》“张禹传”注引《东观汉记》，蒲阳陂“垦田千余顷，得谷百万余斛”。说明亩产已达 3 斛左右，堪称大面积粮食作物生产的高产典型，显然也是江南地区望尘莫及的。总之，两汉徐淮等州的农业经济确实处于全国先进地位，与江南相比具有明显优势。后来只是由于政治局势趋于混乱，才阻断了徐淮地区经济与社会发展的正常进程。

魏晋南北朝三百余年间，徐淮地区经济与社会发展逐渐陷于停滞和衰落，就魏晋（含十六国）阶段言，这一地区因政治局势的动荡冲突，导致经济遭受不少打击与破坏。但是，总体来看，大规模、长时间和连续不断的战乱并不多。汉末初平间（190—193），曹操诱降黄巾余部 30 万，后与陶谦、刘备、吕布展开反复争夺，对这一带破坏十分惨重。但是，争战持续时间仅数年。建安元年（196）起，曹操已在许下屯田，后推广至黄河中下游，也包括徐州淮泗一带。[⑤] 曹魏建国后，屯田规模进一步扩大。《三国志·文帝纪》注引文帝诗曰：“兴农淮泗间，筑室都徐方。”邓艾等人屯田于两淮，“淮北

---

① 详参《利国驿古代炼铁炉的调查与清理》，刊于《文物》1960 年第 4 期。《淮阴地区考古调查》，刊于《考古》1963 年第 1 期。

② 详参宋兆麟《西汉时期农业技术的发展——二人三人耦犁的推广和改进》，刊于《考古》1983 年第 1 期。尤振尧《从〈农耕图〉谈东汉时徐淮农业生产状况》，刊于《中国农史》1984 年第 2 期。

③ 《史记》卷二九《河渠书》，中华书局 1959 年版，第 1413—1414 页。

④ 《后汉书》卷四四《张禹传》、卷二四《马棱传》，中华书局 1956 年版，第 1497—1498 页，第 862 页。

⑤ 参见《三国志》卷一一《袁涣传》、卷一六《郑浑传》，中华书局 1959 年版，第 334、511 页。

屯二万人,淮南三万人"[1],"淮南、淮北皆相连接","农官兵田,鸡犬之声,阡陌相属",[2]这些记载反映徐淮一带农业经济明显复苏。司马氏建晋前有"淮南三叛",但是,历时既短,并无太大破坏。西晋八王之乱和永嘉之乱,徐淮距离两京甚远,未受直接打击。东晋与诸胡政权对峙,淝水之战前,徐州陆续为后赵、前秦等占领,淮河以南为晋版图。东晋虽然屡屡发动北伐,军事行动多沿徐淮北上,但是,在此并未发生太多的战略性决战。不仅如此,面对胡族南侵的直接威胁,东晋反而比较关注淮南的经营,以增强对抗胡族的战备力量。再加上大量北方流民南下,相当一部分滞留江北,成为恢复发展生产的生力军。所以,徐淮地区在恢复农业经济上仍有不少建树。像陈敏在陈登开凿邗沟西道基础上展开对两淮漕运水道的整治;应詹、荀羡、殷浩先后在石鳖等地兴办屯田;穆帝永和时兴修仪征运河,以及孝武帝时谢安在广陵兴修邵伯埭等水利设施等等,皆说明自汉末以来徐淮在破坏中也有明显的恢复和发展。当然,如与江南地区经济加速开发,社会日趋繁荣相比,确实已逐渐拉开距离。

但是,进入南北朝以来,南北对立形势与东晋十六国相比进入全新阶段。如前文所论,东晋十六国时,南北各自忙于立国和内部相争,北方胡人虽有南侵,东晋亦不断北伐,但是,各自内部形成强大合力而展开的战略性决战并不多。所以,苻坚发动淝水大战,声势虽大,与东晋大规模交锋却很短暂;桓温等人多次北伐,军威盛至收复洛阳,却也难改胡族政权林立的局面。总之,东晋十六国百余年的南北局势,实以对峙相持为最基本特征,这是当时中国社会各种矛盾交织发展的必然结果。但是,进入南北朝,北魏逐渐崛起并统一北方,南方自刘裕建宋代晋,推动皇权政治回归,南北对峙进入空前激烈的白热化阶段。地处江北的徐淮地区位于双方攻战最激烈的东线,自元嘉末年的宋魏大战起,一百余年来,发生多次规模空前的战乱和相持拉锯,正是在长时期连续不断的破坏和摧残下,徐淮地区经济发展的正常进程完全被阻断,终于导致江北社会陷入极度的衰落和凋敝。下表试罗列南北朝时牵涉徐淮地区的九次大规模战乱之概况:

年 代	战乱概况	波及地区与破坏影响
宋元嘉二十七年—二十八年(魏太平真君十一—十二年)(450—451)	北魏大举南伐刘宋,长驱直入,兵锋直抵长江北岸。后撤兵北归,大肆掠掳而去。	兵事祸及整个徐淮地区。"魏人凡被南兖、徐、兖、豫、青、冀六州,杀伤不可胜计……自是邑里萧条,元嘉之政衰矣。"[3]

① 《三国志》卷二八《邓艾传》,中华书局1959年版,第775—776页。

② 《晋书》卷二六《食货志》,中华书局1974年版,第785页。

③ 本表所引史料出处均见本卷第八章相关内容。

续表

年　代	战乱概况	波及地区与破坏影响
宋泰始二年—三年(魏天安元年——皇兴元年)(466—467)	刘宋徐、兖等州镇将薛安都等人降魏,明帝以张永等北讨,与魏军展开大战,宋军败绩。	“(宋军)死者以万数,枕尸六十余里”,淮北之地尽没入魏。“彭城兵荒以后,公私困竭”。
宋泰始五年—齐建元二年(魏皇兴三年——太和四年)(469—480)	北魏强制移民,远徙青齐人户至代京,即所谓“平齐户”,终激起青徐民众多次反抗斗争(如徐州桓标之、兖州徐猛子等率众起事)。	青、徐、兖、齐等州民众所在蜂起,“义众数万”“义举云集”。
梁天监四年(魏正始二年)(505)	萧宏统军大举伐魏,初于徐、淮、青、冀一线颇有进展。后因宏一味怯战,弃军南逃,遭致全军溃败。赖大将昌义之,曹景宗等率军死战,梁军终守住淮河防线。	徐州、两淮。
梁天监十年(魏永平四年)(511)	梁东莞琅邪二郡爆发民变,据朐山降魏,梁以名将马仙琕北讨,大破魏军十余万。	青冀二州(侨)。魏军败,众得免者十一二。
梁普通五年—六年(魏正光五年—孝昌元年)(524—525)	梁乘北魏各族人民大起义时大举北伐,豫章王萧综驻彭城总统诸军。他竟于阵前与魏密约,夜投魏军,遭致梁军群龙无首而大溃。	徐州、淮北一带。梁将佐士卒死没者十七八。
魏永安元年(梁大通二年)(528)	魏末尔朱荣死后,其弟尔朱仲远以徐州刺史、大行台盘踞徐、兖,摧残至剧。	徐州、淮北一带。仲远残暴,专恣尤剧,“东南牧守,下至民俗,比之豺狼,特为患苦”。
东魏武定六年(梁太清二年)(548)	东魏乘梁武帝为侯景所困,以行台辛术率兵略江淮之北诸州。	徐淮间下邳、东海、淮阳、山阳等地相继改属于齐。台城失陷后,北齐南界推进至长江北岸。
陈太建三年—十一年(北齐武平四年——周大成元年)(571—579)	陈以吴明彻都督诸军,与北周共约伐齐,初颇有进展,至于彭城。北周灭齐后,形势骤变,陈未能应对。太建十年(578)吴明彻军大败于彭城吕梁。	徐州、两淮一带。

对上表稍作分析,可以看出徐淮地区遭受破坏的若干特点:一是持续时间长,间歇时间短。9次战乱自宋元嘉末至陈太建后期,双方大规模争战断断续续进行130年左右,占据了南北朝历史的3/4。而且,战乱的间歇很短,多则20余年,少则二三年。平均大约不足15年双方就大打一次。战乱如此频发,民众难以喘息,社会经济怎能得到恢复?二是波及范围大。9次战乱对于徐淮造成的破坏,有的波及整个江北,例如

元嘉末的宋魏大战、梁初萧宏北伐以及陈太建北伐皆是;即使牵涉局部,也往往破坏数州之地,例如宋泰始末徐兖镇将降魏导致淮北失陷、后来北魏强制"平齐户"远徙代京以及梁天监十年与魏争夺今连云港地区等,皆使当地备受摧残和蹂躏。徐淮地区面临如此恶劣的社会环境,经济与社会的发展丧失最基本的条件,陷入衰颓状态自是必然,以往在经济与社会发展上的优势终于彻底转变为劣势。

为了进一步说明问题,我们再依梁方仲先生《中国历代户口、耕地、田赋统计》"甲编"所列西晋太康间、刘宋大明末和东魏武定间三个时期各州郡户口数及每县平均户数诸表①,将徐州、兖州、扬州等相关州郡县的统计数字进行对比,可以得出以下结论:

第一,到西晋统一前后,扬州之丹阳、吴郡二郡人口总数为 76500 人,已超过包含整个江北地区的徐淮等州以及豫州沛国之总数 46611 人②。如计每县平均户数,则江南各县与江北各县比约为 3477 户∶725 户,也就是说,江南是徐淮等州的 4.8 倍!显然,西晋统一时,属今江苏地域的江南各郡县,在人口总数和密度程度上已大大超过江北。

第二,若以西晋太康间与刘宋大明末徐淮等州所属郡县人口总数比较,则为 46611 人∶43541 人,说明刘宋时人口数与西晋大体持平而略少。如果把永嘉乱后北方流民大举南下,相当数量滞留此地并未过江的因素估计进去,应能反映两晋十六国到宋,徐淮经济尚处于破坏与恢复并存的停滞状态。

第三,如将刘宋大明末与东魏武定间徐淮等州有资料可据的郡县户数进行比较:

郡　名	户　数　比　较		减　少　幅　度
	(宋)大明八年	(东魏)武定间	
彭　城	8627 户	6339 户	27%
沛　郡	5029 户	4419 户	16%
东　海	2412 户	1242 户	49%
淮　阴	2855 户	1617 户	44%

至南北朝后期,徐淮 4 郡的户数,与前期相比均大幅下降,少则 1/6,多则接近一半。这说明,徐淮地区长期遭受大规模战乱破坏的恶果日益显现,经历百余年的大规模持续战乱,这一带完全陷入衰颓状况,与江南相比,经济与社会发展的优势不复存在。

① 表末作者注"资料来源",分别据《晋书·地理志》、《宋书·州郡志》及《魏书·地形志》。

② 这一统计中的扬州郡,尤其是吴郡所统包含不属于今江苏之县。但是,因为此总数已超过江北人口总数的 1/2,所以即便剔出这部分不属江苏的人口数,江南仍将明显超过江北。

2. 苏北的落后是自然与社会因素反复作用形成的历史现象

以上所论南北朝时期徐淮等州的衰颓，到隋唐大统一时又有明显转机与变化。自隋至宋，长达五六百年的发展，由于政治局势的长期稳定，推动徐淮地区经济摆脱衰落、凋敝的状态，重新迈入繁荣发展阶段。据梁方仲先生的统计，隋大业五年(609)江北江南各郡户数对比是：①

州	郡	县　数	户　数	每县平均户数
徐州	彭城	11	130232	11839.27
	东海	5	27858	5571.60
	下邳	7	52070	7438.57
扬州	江都	16	115524	7220.25
	丹阳	3	24125	8041.67
	吴郡	5	18377	3675.40

可见，至隋末，属于江北的徐淮 4 郡户口数不仅比北朝末年大幅上升，而且在总户数或每县平均户数上，有些郡甚至超过江南。唐宋时期这一趋势更加明显。所以，上文所引沈、彭二位先生对关于历史上苏北苏南优势地位转变的时间与成因的论断，准确的说，只能是针对唐宋以来徐淮地区进入第二轮从繁荣到衰落的周期变化而言。综合以上讨论，我们认为，苏北之所以落后于苏南，并非一时一事而形成，它是一个经历漫长时期和众多自然与社会因素反复作用而形成的历史现象。苏北落后于苏南，最早亦不自南宋黄河夺淮始，从秦统一以来的历史看，南北朝时期的长时期战乱才是导致其最早一次衰颓的根源。显然，南宋以后一直到近代，众多的自然因素与社会变乱和冲突对于导致苏北的衰落也有重要影响，恐怕也值得史学工作者及其他学科的学者共同进行深入探讨，这样才能真正得出几近于实际的科学结论。

① 据《中国历代户口、田地、田赋统计》正编甲表 22。

第十章 南北朝扬、徐等州的土地赋役制度

第一节 封建大土地所有制发展的不同途径

唐长孺先生在《魏晋南北朝隋唐史三论》中指出："从东汉以来，土地制度的历史倾向是封建大土地所有制的发展。进入东晋南北朝以后，这一总的历史倾向虽然继续得到加强，但在南方和北方却经历了很不相同的发展过程，从而使南北朝的土地制度各具特点，呈现出明显的差异性。"[①]具体考察南北朝时期扬、徐等州的情况，尤其是封建大土地所有制的发展，南北两地的差别确实很大。

一 占山护泽：江南大土地私有制的扩展

1. 自然环境的特征和占山护泽的展开

我国长江中下游一带，号称沃野万里，这里纬度不高，日照充足，无霜期长，降雨量与土壤含水量丰沛，植被十分茂盛，农业生产条件相当优越。但是，就江南的自然环境与黄河中下游相比，又有明显区别。这一片广袤的大地土质紧密，河湖沼泽星罗棋布，素有水乡泽国之称，一些海拔不高的丘陵山地多有分布，平原面积远不及黄河中下游辽阔。面对这样的环境与地貌特征，在经济发展处于较低水平，尤其是生产力低下，人口劳力数量不足，铁农具、水利事业以及先进的农业生产技术尚未普遍推广时，开发的难度远大于黄河中下游。这也就是中国古代进入文明以来，江南经济发展明显落后于黄河流域的主要原因。六朝以来，由于多方面历史条件的推动，这里的落后面貌逐渐改观。在此过程中，因平原面积的相对狭小，土地垦辟的规模近于饱和

---

① 唐长孺：《魏晋南北朝隋唐史三论》，武汉大学出版社 1992 年版，第 105—106 页。

时，开发利用山林和水乡泽国的重要性凸显，这就成为东晋南朝封建大土地所有制扩展的重要因素。

早在东汉时，长期生活在江南的山越和蛮族居民开始利用山林川泽从事生产活动。魏晋以来，对山林川泽的开发利用逐渐展开。孙吴时，某些大族就以占山护泽作为扩张私有土地的途径。《世说新语·政事》载贺邵为吴郡太守，"至诸屯邸，检校诸顾、陆役使官兵及藏逋亡，悉以事言上，罪者甚众。"同书"尤悔篇"刘注引《八王故事》载："华亭，吴由拳县郊外墅也，有清泉茂林。吴平后，陆机兄弟共游于此十余年。"这两条材料中的"屯""邸""墅"都是六朝南方大族占山护泽时常用的名称。[①] 不过，世家大族占山护泽的普遍展开，主要发生在东晋南朝。此时，无论是北方南下的侨姓士族，还是南方本地的吴姓士族，皆通过对山林川泽的疯狂占护，进行大地产田庄的经营。唐长孺先生《魏晋南北朝隋唐史三论》第二篇第一章的"南北朝土地制度的差异"一节对此曾有论述："北来侨人重建田园的愿望主要只能通过占领山泽来满足，而江南豪门的土地扩展因北来侨人的挤人也只能走向山泽。"东晋时世家大族占山护泽的现象最典型的是地处京口的大族刁氏，《晋书·刁协传》载刁逵"兄弟子侄并不拘名行，以货殖为务，有田万顷，奴婢数千人，余资称是"。"刁氏素殷富，奴客纵横，固吝山泽，为京口之蠹。"京口刁氏之所以占田达万顷，很大部分即来自"固吝山泽"。进入南朝以来，占护山泽的特点则表现在建康周围和三吴一带此类现象更加猛烈和疯狂。《宋书·何尚之传》载尚之晚年经营位于今南京东南的江宁方山，其子何偃则经营会稽若邪山、秦望山。同出于何氏的前废帝何皇后兄弟何迈"少以贵戚居显宦……有墅在江乘县界（今南京东北），去京师三十里。迈每游履，辄结驷连骑，武士成群"。[②] 此墅既可供成群骑士优游驰骋，规模肯定不小。宋明帝时任中领军的刘勔，《宋书》本传称其"经始钟岭之南，以为栖息，聚石蓄水，仿佛丘中，朝士爱素者，多往游之"。这是钟山南麓的一处山墅。又据《南史·梁宗室传上》，梁武帝侄萧正德"自征虏亭至于方山，悉略为墅"，按征虏亭位于今南京西南长江沿岸，距方山约略五六十里，由此可知萧正德占护山墅的面积很广。这些占护山泽的实例属于北来侨姓士族以及皇室成员，吴姓士族也在京师周围和三吴地区北部大肆控占山林川泽。元嘉间张茂度任义兴、会稽等地太守，《宋书》本传称其"内足于财，自绝人事，经始本县之华山以为居止，优游野泽，如此者七年"。义兴周山图，齐武帝时领羽林宿卫，"于新林立墅舍，晨夜往

① 有关占护山泽而形成各种经济实体的名称及铨释，详参唐长孺先生《三至六世纪江南大土地所有制的发展》，上海人民出版社 1957 年版。

② 《宋书》卷四一《后妃传》，中华书局 1974 年版，第 1293 页。

还。"[①]陈时名将韦载于天嘉间去官后"有田十余顷，在江乘县之白山，至是遂筑室而居，屏绝人事"，[②]这些材料说明，南北朝以来，建康周围和三吴地区占山护泽的现象较之东晋有明显扩展，此种形势必然推动江南地区封建大土地所有制的进一步成长。

2. 政策的推波助澜

江南地区占山护泽现象的扩展，与南方政权政策上的推波助澜有密切关系。中国古代的山林川泽历来属于国家所有，且或作为帝王私产，由朝廷所设相关机构予以掌控。但是，在一个幅员辽阔的大国，山泽分布情况十分复杂，很难实施严密而有效的管理。各地山林川泽大多处于名义上属国家所有，实际上仍由民众占用的状态。一般说来，政局相对稳定时，朝廷或有举措明令对山泽进行支配利用；一旦朝政衰败，社会动荡，往往任民众樵采谋生，甚至开发牟利。晋室南渡以来，朝廷在很大程度上依赖于南北士族地主的势力和影响，南朝虽然回归皇权政治，但面临北方胡族南侵的威胁，也要争取士族地主的支持，南方政权对于日渐普遍的占山护泽现象只能采取基本放开和略有控制的对策。这些政策的实施情况，大体以宋孝武帝大明年间颁行"占山格"为界，分为前后两阶段。

先看大明以前的开禁与反复。自东晋初建至宋孝武帝即位的百余年间，南方政权对于占山护泽总体上采取放开的政策，但偶有反复。史载建武元年(317)东晋朝廷"弛山泽之禁"。[③] 晋末刘裕当政的义熙九年(413)又宣布"弛湖池之禁"。[④] 文帝元嘉十七年(440)诏曰："山泽之利，犹或禁断；役召之品，遂及稚弱。诸如此比，伤治害民。自今咸依法令，务尽优允。"[⑤]既然"优允"，应即开禁山泽以惠及民众。孝武帝刘骏即位之初，也一再颁布山泽开禁之诏，元嘉三十年(453)诏曰："其江海田池公家规固者，详所开弛，贵戚竞利，悉皆禁绝。"孝建二年(455)并下令开放部分皇家苑囿："诸苑禁制绵远，有妨肄业，可详所开弛，假与贫民。"[⑥]这几条材料多发生于东晋初建至宋孝武帝即位间，统治者往往于政治局势变动转折或刚登上权力宝座时，对山林川泽的开禁，有利于争取南北士族地主和社会各界的广泛支持。不过，在这百余年间，放开山泽之禁也曾出现反复。据《宋书·羊玄保附兄子希传》载，东晋成帝咸康二年(336)颁行"壬辰之制"，此制规定"占山护泽，强盗律论，赃一丈以上，皆弃市"。看起来，处罚

① 《南齐书》卷二九《周山图传》，中华书局1972年版，第543页。

② 《陈书》卷一八《韦载传》，中华书局1972年版，第250页。

③ 《晋书》卷六《元帝纪》，中华书局1974年版，第148页。

④ 《晋书》卷十《安帝纪》，中华书局1974年版，第264页。

⑤ 《宋书》卷五《文帝纪》，中华书局1974年版，第87页。

⑥ 《宋书》卷五四《孝武帝纪》，中华书局1974年版，第1537页。

颇为严厉，但却未留任何记载，不能不使人怀疑究竟是否认真推行？因为，一则从未见到某大族或富室豪强因此遭严惩；二则如果执行时的力度和影响确实很大，《晋书·成帝纪》何以竟然一字不载？而《宋书·羊玄保传》叙及此事，也仅仅是在百余年后朝廷讨论山泽开禁时，因调阅前朝档案，才发现有“壬辰之制”的记载。所以，较为合理的解释也许是，“壬辰之制”的推出固然事出有因，当时成帝在位，东晋政权逐渐稳定，皇权既欲伸张，对大族肆意控占山泽自然不能坐视不问。但是，此制必然激起强烈反抗，司马氏皇权既不能以铁腕相制，大约也只能不了了之。总之，自东晋至宋初的百余年，江南的占山护泽现象没有受到明显的阻碍和限制，其所以如此，显然是由东晋南朝所处的内外环境以及权力结构的特征决定的。

至宋孝武帝大明初，正式颁行“占山格”，朝廷对于日渐扩展的占山护泽现象开始在基本放开的基础上稍加限制。据《宋书·羊玄保附兄子希传》载，大明间，尚书左丞羊希针对扬州刺史、西阳王刘子尚上言[①]各地占山护泽造成“富强者兼岭而占，贫弱者薪苏无托”的现象，提出“占山格”建议并为朝廷采纳：

> 壬辰之制，其禁严刻，事既难遵，理与时弛。而占山封水，渐染复滋，更相因仍，便成先业，一朝顿去，易致嗟怨。今更刊革，立制五条。凡是山泽，先常炊爈种养竹木杂果为林芿，及陂湖江海鱼梁鰌鮆场，常加工修作者，听不追夺。官品第一、第二，听占山三顷；第三、第四品，二顷五十亩；第五、第六品，二顷；第七、第八品，一顷五十亩；第九品及百姓，一顷。皆因定格，条上赀簿。若先已占山，不得更占；先占阙少，依限占足。若非前条旧业，一不得禁。有犯者，水土一尺以上，并计赃，依常盗律论。停除咸康二年壬辰之科。

综观羊希之议，其主要内容是：第一，对于漫延已久的占护山泽现象，朝廷已无力阻止，“壬辰之科”既难以推行，索兴只要是“常加工修作者”即“听不追夺”，予以法律上的承认。第二，此后占控山泽则要限制，实行按品限额的制度，最高为三顷，每降两品则减五十亩。第三，达到限额后，“条上赀簿”，由政府登记入册，以便按赀纳税。第四，以往占护者，达到限额不得再占，未达限额者，可依限占足。第五，对逾制违禁者予以惩处。

上述规定向人们宣示，对于日渐严重的占山护泽，朝廷态度已从基本放开转为略加限制。不过，透过现象还要看其本质。表面上，对山泽的占护开始限制，但是，自古以来一直被认为是国有的山林川泽，自“占山格”颁行后却可以由私人合法占有，这却

---

① 据《宋书·孝武十四王传》，刘子尚于孝建三年封西阳王，迁扬州刺史，大明五年(461)改封豫章王，此处记“占山格”事应在大明五年之前。

是一大实质变化。正如唐长孺先生指出的:"这个文件第一次以法律形式肯定了山林川泽的私人占有,它标志着山林川泽这一块最后的国家'公有地'也通过屯封别墅的形式和大土地所有制联系起来。这是汉末以来南方大土地所有制的一个重大进展。从此侨土士族以屯墅形式占领山泽建立田业……成为一种公开而普遍的状态。"[①]换言之,南朝时期"占山格"的颁行,对东汉魏晋以来江南封建大土地所有制的发展以强有力的推动,其所产生的影响是广泛而深刻的。上文所举南朝建康周围和三吴一带大族占护山泽扩展的实例,明显多于孙吴、东晋时期,也证明了这一点。

3. 大地产田庄的区域分布、经营方式和评价

由于占山护泽现象的迅猛扩展,江南士族地主纷纷建立经营大地产的田园和田庄。扬、南徐等州由于自然条件与环境的差异、流民南迁路线的走向以及政治局势与权力结构等因素的影响,大地产田庄主要分布于建康周围、京口晋陵一带和以吴郡为中心的三吴北部。

首先看建康周围即环绕京师的丹阳郡。这里和京口、晋陵地区在自然地理环境上有共同之处,但在另一些方面又有区别。其共同处在于同属今江苏西南的丘陵地带,虽与东面以吴郡为中心的太湖地区紧邻,但自然条件与环境却明显不同。建康周围至今常州以西,多为低山浅丘,地势起伏较大,其中高地岗阜由于海拔高于平原,尽管雨水丰沛,蓄水却不易,造成耕地多旱地类型。所以,这一带自然环境与以种植水稻为主的太湖流域相比有较大差距,而与地处江北的黄淮流域却相当接近。另一方面,永嘉乱后,北方流民南徙,由于交通运输条件的限制,大多利用舟船走水路,基本走向为由西北而东南;又因沟通江淮的主要水道邗沟的关系,多由广陵渡江至于京口。正是这两大原因,促使建康周围和京口晋陵一带同为北方南下流民滞留最为集中的地区。不过,建康周围与京口、晋陵一带又有区别,尤其是二者在南方政权中所处的地位不同。建康周围的丹阳郡是王畿区,是孙吴以来南方最重要的政治中心,永嘉乱后,南迁流民中政治地位最高的人物渡江后定居落脚的首选地即建康。[②] 但是,建康周围吴人潜在势力甚大,又人口繁庶,地域空间比较狭窄,发展农业的条件不及京口、晋陵。陈寅恪先生认为,大量涌入的侨姓士族在这里求占土地,经营大地产的环境并不优越,于是纷纷将"求田问舍"的目标转向三吴南部的会稽地区。[③] 不过,要

---

① 前揭《魏晋南北朝隋唐史三论》第 110 页。

② 参见葛剑雄《中国移民史》第二卷表 10-1,福建人民出版社 1997 年版。刘新光《永嘉乱后北方移民的地域选择——以江南为中心》,收入胡阿祥主编《江南社会经济研究(六朝隋唐卷)》,中国农业出版社 2006 年版,第 105—107 页。

③ 参见陈寅恪:《述东晋王导之功业》,收入《金明馆丛稿初编》,上海人民出版社 1980 年版。

说建康周围因受吴人潜在势力排挤，发展空间不及京口、晋陵，只可相对而言，陈先生的论断恐怕只能指流民南渡高潮的刘宋初年以前。当时，侨姓大族在建康周围立足未稳，自然难与吴姓土著大族相争。但自刘宋后期以来，情况逐渐变化，皇族成员与朝廷显贵的势力早已坐大，在占山护泽的过程中，他们表现出强烈的欲望和追求，前文所举何氏家族、刘勔、萧正德等皆在此地广占山泽，营建别墅。

其次看京口、晋陵一带，时属南徐州，因长期未得到充分开发而比较荒芜。永嘉乱后，北方移民大举南迁，此地面貌逐步改观。但与周围地区相比，又有两点不同，一是位于流民渡江必经之地，滞留的流民较之建康周围更多；二是与建康既有一定距离又不甚远，土地辽阔，故甚便于开发，于是，很快成为稍逊于一流高门的北来次等士族定居的首选之地。但是，有关南朝以来他们在这里占山护泽的情况，现存史料却罕有记载。第三个地区是以吴郡为中心的三吴北部，长期以来，这里的吴姓士族势力根深蒂固，永嘉乱后兴起的大规模流民南徙浪潮，流寓此地的并不多。而且，南方政权统治中心距此有一定距离，对这里的控制和支配力也弱于建康和京口，晋陵地区。所以，前文列举三吴北部大族占山护泽的实例很多，这显然是和吴姓士族势力在此一直保持强势，而南朝政权的控制力稍弱的形势相对应的。

此时扬、南徐等州士族地主的大地产经营实体，其生产和运作的方式与江南其它地区大致类似。从相关史料看，使用的名称有屯、塞、池、冶、邸、传、舍、田、园、墅、别业等等，稍作归纳，经营形式主要有两类：一类是占护大片山泽后，严禁他人进入，从而掠取其自然资源。像《宋书·武帝纪中》载义熙九年"先是山湖川泽，皆为豪强所专，小民薪采渔钓，皆责税直"，《南齐书·高帝纪下》载建元元年诏"二宫诸王，悉不得营立屯邸，封略山湖"，都属于这种经营形式，所谓"屯""塞""池"等也与此近似。而在此基础上又可衍生一系列经营牟利的方式：如"冶"是在山林中利用矿产资源设置冶炼场所；"邸""传""舍"原为安置来京师的郡国官吏或边远少数民族使节的住所，后演化为堆放物资的仓储场地。山林川泽由大族控占后，这些设施又变为储存或转卖山泽资源与产品甚至与经营高利贷活动有关的场所。总之，基本功能是掠取山泽自然资源并从事衍生业务。第二类经营方式侧重于对山林川泽进行整治，通过耕种垦殖建立规模不等的生产实体。所谓田、园、墅、别业等皆属此类。人们熟知的晋丞相王导的钟山墅，即通过皇帝赐田 80 余顷而建。《南史》本传载梁中书令徐勉把自己"经始历年，粗已成立"的"墅舍"卖与韦黯，然后将所得田价一半交长子徐崧，令其将"所买湖熟田地"营建为墅，并勉其"既已营之，宜使成立"。这些都是在占控山林川泽的基础上，修缮农田基础设施，建立以耕植为主或兼营林、牧、副、渔的生产实体。不少大族在田园别墅的开发经营中，利用江南的自然条件和环境优美的特点，将生产与消费、物质追求与精神享受相结合，把山水田地、湖池竹林以及雅致精美的建筑等优美景观结合起来，这种新颖的大土地田庄的开发和经营，不仅使南方封建大土地所有制得到明显发展，也为日益加速的江南地区经济与社会发展提供新的途径和模式。

论及于此，涉及对东晋南朝大族广占人口和控占山泽，并利用其进行生产、开发和经营活动的历史评价。学者们谈到六朝江南的开发成果，可谓众口一词，赞美有加；而涉及其原因往往语焉未详，有的仅以"北方流民南下，带来大量劳力和先进的生产工具与技术"等空泛的解释以应对。对于当时大族广占人口和控占山泽所关注的多限于对劳动群众所受压迫剥削而产生的愤愤不平，然而对其主导下的新的生产、开发和经营方式及其影响则缺乏科学而全面的考察分析，并予以客观的评价。

关于这一问题，何德章先生在《六朝南方开发的几个问题》一文中进行了有意义的探讨。他认为："对于地广人稀的江南来说，占有人口是扩大土地的前提"，"适应南方地理特征……砍伐山林、填淤湖泊、山地建陂、湖区筑塘，是东晋南朝南方开发的重要方式。山林川泽的开发需要一定数量的人手及一定程度的组织形式，同时还要相当的资金投入，这都不是个体农户所能独立从事的。贵族豪强对土地和财富的追求及其对人口的占有恰好具备了这种条件。"当然，大族广占人口与控占山泽及其主导的大地产田庄式的生产、开发和经营，必然与个体小农利益发生矛盾、冲突，对此，何先生认为："政府在不能出面组织，山湖垦发的情况下，强调保护个体小农的传统利益，阻止封占山水，实际上是在保护一种落后的生产方式，否定当时南方开发中出现的适应社会需要的先进生产力，其实效自然有限。因而刘宋中期不得不通过封占山水的法令对于此前私家所占山林湖泊业已开发者一概认可，并对后来占有山泽给予有限制的开放，体现了大族封占山水的过程，是利用他们的依附性人口将江南山地湖泊开垦为良田或生产场所的过程，亦是江南社会经济逐步摆脱渔猎采集原始落后状态的过程。"[①]何先生曾在文章内容提要概括上述意见说："在六朝这一特定时期，大族广占依附人口及封占山水，是南方开发中必要的先进生产力形式，应予以充分肯定。"显然，这样的分析和论断具有很强的说服力。

二 北朝治下徐淮地区的土地占有概况

1. 北魏推行均田制以前的状况

北魏推行均田制以前，徐淮与北方其它地区一样，土地占有处于十分混乱的状态，频繁的战乱和动荡的政局导致人口与劳力伤亡惨重，大片土地抛荒，社会经济几

---

① 刊于《学海》2005年第2期。

近崩溃。上文曾引述宋元嘉二十七年(450)北魏南下伐宋,造成徐淮地区残破凄凉的景象:“魏人凡破南兖、徐、兖、豫、青、冀六州,杀伤不可胜计,丁壮者即加斩截,婴儿贯于槊上,盘舞以为戏。所过郡县,赤地无余,春燕归,巢于林木。”[①]与此同时,大批民众背井离乡,漂泊于各地;又有众多民户被各军事集团裹胁掳掠,这种状况不能不使包括徐淮地区的北方土地占有关系发生急速变化。

首先看地方大族豪强。只要不直接经受战乱的破坏和摧残,地方大族豪强一般不会停止对于土地的兼并。事实上,此时中央集权统治暂时削弱甚至一度中断,更有利于大族豪强对土地的侵占。就南北朝时徐淮地区而言,历次战乱的破坏和摧残的确严重,但是,徐淮有其特殊的区位特征,它既远离北魏统治中心,又处于南朝的北部边界,所以,长期以来大族豪强的势力一直根深蒂固。十六国后期,与徐州相邻的青、齐等州先属南燕,义熙六年(410),刘裕攻灭南燕,转归东晋与继起的刘宋。明帝泰始间,因宗室内争,徐、兖、青等州镇将叛变,又转属于北魏。唐长孺先生《北魏的青齐土民》一文曾深入分析这一带大族豪强势力的发展历程,他们的势力早在被北魏攻占之前已相当雄厚。例如刘宋大将王玄谟,号为下邳人,先世即出身于追随慕容德南渡的“青齐土民”,《宋书》本传称其从弟玄邈曾散私谷数十万斛、牛百头以济北土灾荒,可以想见其占有和经营土地之多。十六国后期,清河大族如崔氏、房氏、张氏等追随慕容德自河北南渡于青齐,类似东晋的侨姓士族,成为南燕政权的重要支撑力量。他们享受政治与经济种种特权,凭借宗族乡里关系荫庇一批随同南迁的民众和当地破产农民,逐渐形成强大的地方势力。《晋书・慕容德载记》载尚书韩谆上疏曰:“百姓因秦晋之弊,迭相荫冒,或百室合户,或千丁共籍。”所以,他建议“今宜隐实黎荫,正其编贯,庶上增皇朝理物之明,下益军国兵资之用”。韩谆所言虽指南燕青齐大族豪强,但是,徐州与青、齐自然地理条件相近,向来被视为同一地域。所以,徐州当时虽属东晋,大族豪强广占土地与民户的情况应与青齐相差无几。后来,刘裕攻灭南燕,此种状况并未变化,因为,在与北朝的对峙与争夺中,“淮藩海捍,本出北豪”,[②]“南北朝都倚仗豪强武装来争夺和据守其地,州郡镇戍和豪强武装常常合而为一。”[③]徐州和青齐大族的私人武装既然是南朝捍卫北边的主要军事力量,必然听任大族对土地、民户的控占。所以,不妨认为,长期的战乱确实使徐淮大族豪强遭受削弱和打击,但是,他们的势力仍然存在而且具有相当影响。

在北魏推行均田制以前,徐淮和北方其它地区一样,又存在长期抛荒的大片无主

① 司马光:《资治通鉴》卷一二六,中华书局 1956 年版,第 3966 页。

② 《魏书》卷二四《崔玄伯附族人僧渊传》,中华书局 1974 年版,第 632 页。

③ 唐长孺:《北魏的青齐土民》。《魏晋南北朝史论拾遗》,中华书局 1983 年版,第 92 页。

荒地。南朝对北疆沿线就注意经营屯田,最著名的军屯垦殖区是今淮安附近的石鳖屯,《南齐书·州郡志上》曰:"北兖州,镇淮阴","旧北对清泗,临淮守险,有阳平石鳖田稻丰饶。"北朝统治稳定后,朝廷充分利用包括徐淮在内的黄淮中下游无主荒地很多的有利条件,大力推行屯田。史载太和四年(480)徐州刺史薛虎子上表曰:"徐州左右,水陆壤沃,清、汴通流,足盈激灌。其中良田十万余顷。若以兵绢市牛,分减戍卒,计其牛数,足得万头。兴力公田,必当大获粟稻。"此议为孝文帝采纳[①],从有"良田十万余顷"的估计来看,这次在徐州兴办的屯田规模很大,封建国有制的土地开发取得显著成效。

2. 北魏推行均田制以后的状况

太和九年(485),北魏始行均田制。但是,北方各地的具体实施有很大差别。十一年(487),齐州刺史韩麒麟上表时谈到"故令耕者日少,田有荒芜",[②]可见,齐州尚未认真推开均田。而徐州与齐州同处北朝东南边地,大约此时情况亦相近。不过,随着孝文帝坚持经济、政治改革,均田制终究在徐州一带逐步实施。北魏崩解后,统治徐淮的北齐继续实行均田。这使无主荒地与无地农民相结合,造就了一大批自耕小农,对包括徐淮在内的北方农业生产的恢复发展起到明显的推动作用。

与此同时,北魏继续在徐淮一带大力展开屯田。例如太和末,范绍"发河北数州田兵二万五千人,通缘淮戍兵合五万余人,广开屯田"。[③] 宣武帝正始元年(504),"诏缘淮南北所在镇戍,皆令及秋播麦,春种粟稻,随其土宜,水陆兼用,必使地无遗利,兵无余力,比及来稔,令公私俱济也。"[④]北齐废帝乾明中,尚书左丞苏珍之占领石鳖等地以后,亦兴办屯田,据《元和郡县志》卷九"河南道五"载:"岁以数十万石,自是淮南军防,粮储充足。"这些都反映北朝历代统治者对于沿淮一带的屯田事业十分重视,成效亦很显著。

总之,北朝政权大力推行均田、屯田,使徐淮地区与北方其它地方的封建大土地所有制的发展受到一定阻滞,但是,大土地所有制的扩展趋势毕竟是不可逆转的。均田、屯田所垦辟的都是无主荒地,这在当时北方普遍存在,所以,均田制、屯田制并不触动鲜卑贵族与汉族大地主的利益。此外,受到打击的青齐(包括徐州一带)豪强,后来也没有一蹶不振。伴随着太和改制的深入,朝廷逐步调整对这些豪强的政策,使他们的地位逐步改善,不少人摆脱带俘虏性质的徙民身份,重新获得士族的待遇和特

---

① 《魏书》卷四四《薛野猪附子虎子传》,中华书局 1974 年版,第 996 页。

② 《魏书》卷六〇《韩麒麟传》,中华书局 1974 年版,第 1333 页。

③ 《魏书》卷七九《范绍传》,中华书局 1974 年版,第 1756 页。

④ 《魏书》卷八《世宗纪》,中华书局 1974 年版,第 198 页。

权。彭城人刘芳甚至成为孝文时期协助朝廷推进改革的著名大臣。还有一批大族由“平齐郡”返回原籍，被派任当地太守、县令。他们当然要竭力恢复、扩张原有土地和权力。所以，尽管现存史料比较缺乏，但是，估计太和以后徐淮大族豪强仍然致力于土地兼并，促进封建大土地所有制进一步发展似无大错。这一趋势至北齐时愈益明显，《通典·食货·田制》引宋孝王《关东风俗传》曰：“其时强弱相凌，恃势侵夺，富有连畛亘陌，贫无立锥之地。”“又河渚山泽，有司耕垦；肥饶之地，悉是豪势，或借或请，编户主人，不得一垄。”此段材料泛指黄河中下游地区的情况，当然，徐淮一带封建大土地私有制的发展已包含在内。

三 寺院对土地的占有

魏晋以来，佛教在中国广泛传播，伴随寺院的大量兴建和影响的逐步扩大，其经济实力也在扩张。佛教寺院上层僧侣与世俗地主一样，通过各种手段肆意控占土地。扬、徐等州是佛教最早在一般民众中流传的地区，经历两个世纪的发展，无论是作为南朝统治中心的扬州、南徐州，还是地处南北争战前沿的徐淮一带，寺院地主皆掌握数量很大的土地田产，成为封建大土地所有制发展的重要组成部分。

首先看徐淮地区。这里佛教的传播源远流长。汉魏之际，丹阳人笮融兴佛，他聚众数百，依附徐州陶谦，“谦使督广陵、下邳、彭城运粮。遂断三郡委输，大起浮屠寺。”①北魏太和十九年(495)，孝文帝因敬仰弘法于此的高僧嵩法师亲临徐州白塔寺②。显然，徐淮一带佛教寺院具有很大的势力与影响。太和改制后，佛教更盛，对土地财富和人口的占有更加肆无忌惮。孝明帝神龟元年(518)任城王澄奏：“自迁都已来，年逾二纪，寺夺民居，三分且一……今之僧寺，无处不有。或比满城邑之中，或连溢屠沽之肆，或三五少僧，共为一寺。……非但京邑如此，天下州、镇僧寺亦然。侵夺细民，广占田宅，有伤慈矜，用长嗟苦……”③元澄之奏系指当时北魏全境，徐淮地区当不例外。北齐时期，佛寺广占土地的现象仍在继续发展。《北齐书·苏琼传》载：琼任徐州行台左丞时，“城中五级寺忽被盗铜像一百躯”，此可见寺院资财之雄富。《广弘明集》卷七“辩惑篇”第二之三载后主高纬武平间有“崇重佛法，造制穷极，凡厥良沃，悉为僧有，倾竭府藏，充佛福田”的说法，更证明寺院对于土地资财的肆意敛占。

相比于徐淮地区，地处江南的扬州、南徐等州寺院对于土地的占有和兼并也不逊色。晚清学者陈作霖所撰《南朝佛寺志》一书，著录南朝 225 座著名佛寺，其中由皇

---

① 《后汉书》卷七三《陶谦传》，中华书局 1956 年版，第 2368 页。

② 《魏书》卷一一四《释老志》，中华书局 1974 年版，第 3039 页。

③ 《魏书》卷一一四《释老志》，中华书局 1974 年版，第 3045 页。

帝、后妃、公主、王公建者65座，官员主建13座，二者相加即占总数1/3，大多位于江南。又据《南史·王昙首附王骞传》，梁武帝敕建钟山大爱敬寺，将东晋王导所获良田80顷强令其后人转让于官府，再转赐给大爱敬寺。后扩建阿育王寺，武帝又“敕市寺侧数百家宅地，以广寺域”。[①] 这是佛寺从帝王处获取土地之例。获取于贵族官员之处者亦多见：刘宋到溉“初与弟洽恒共居一斋，洽卒后，便舍为寺。蒋山有延贤寺，溉家世所立。溉得禄俸，皆充二寺”。同书“何尚之附敬容传”载“何氏自晋司空充、宋司空尚之奉佛法，并建立塔寺，至敬容又舍宅东为伽蓝”，[②]梁时张孝秀“去职归山，居于东林寺。有田数十顷，部曲数百人，率以力田，尽供山众，远近归慕，赴之如市”。[③] 除此之外，寺院还通过迫使小农投靠寺院，求得荫庇，也是扩充土地的重要途径。《梁书·郭祖深传》提到梁时民户多经剃度投入寺院，从而导致“天下户口几亡其半”。上文引梁武帝大同七年(541)诏曰：“又复公私传、屯、邸、冶，爰及僧尼，当其地界，止应依限守视；乃至广加封固，越界分断水陆采捕及以樵苏，遂致细民措手无所。”说明寺院在占山护泽扩张土地上，也不落后于一般世俗地主，梁武帝虽然佞佛，他也觉得寺院的行为太不像话。这些都反映南朝佛教寺院大土地所有制的明显发展。

总之，从扬、徐等州封建国家、世俗地主以及寺院地主占有土地的状况可以看出，南北朝时封建大土地所有制总体上仍在发展。但是，这一趋势在南方和北方体现出各自不同的特点。南方由于东晋以来占山护泽现象的扩展以及朝廷政策的推波助澜，大土地所有制呈现明显发展；而北朝则受少数族统治特点等因素影响，土地占有的特殊状况虽然没有触动各族大地主的根本利益，但却使北方大土地所有制的发展经历迂回的道路。这种南北的差异，要到后来统一局面形成才逐渐缩小以至消失。

第二节　田租与赋役

一　南朝治下扬、徐等州的租赋徭役

1. 田租

南朝对于扬、徐等州民众征收的租赋包括田租、户调、杂税三大项。关于田租，史料多有记载，例如《宋书·武帝纪下》载永初元年(420)八月“开亡叛赦，限内首出，蠲

① 《梁书》卷五四《诸夷·扶南国传》，中华书局1973年版，第793页。

② 分见《南史》卷二五《到彦之附溉传》、卷三〇《何尚之附敬容传》，中华书局1975年版，第679、799页。

③ 《梁书》卷五一《处士·张孝秀传》，中华书局1973年版，第752页。

租布二年”。这里的“租”就是田租。同书“文帝纪”载元嘉四年(427)三月诏曰:“丹徒桑梓绸缪,大业攸始,践境永怀,触感罔极……思播遗泽,酬慰士民。其蠲此县今年租布,五岁刑以下皆悉原遣。”十七年十一月诏曰:“前所给扬、南徐二州百姓田粮种子,兖、两豫、青、徐诸州比年所宽租谷应督入者,悉除半。”廿六年三月诏曰:“复丹徒县侨旧今岁租布之半。行所经县,蠲田租之半。”又同书“孝武帝纪”载孝建元年(454)“是岁,始课南徐州侨民租”。大明五年(461)二月诏曰:“伐蛮之家,蠲租税之半。”四月诏曰:“南徐、兖二州去岁水潦伤年,民多困窭。逋租未入者,可申至秋登。”七年(463)二月诏曰:“可大赦天下,行幸所经,无出今岁租布。其逋租余债,勿复收。”萧齐征收田租的记载也不少:《南齐书·武帝纪》载永明三年(485)五月诏曰:“凡单丁之身及茕独而秩养养孤者,并蠲今年田租。”五年(487)秋七月诏:“丹阳属县建元四年以来至永明三年所逋田租,殊为不少。京甸之内,宜加优贷。其非中赀者,可悉原停。”八月诏曰:“今夏雨水,吴兴、义兴二郡田农多伤,详蠲租调。”这些都说明宋齐二代扬、徐等州大抵沿袭东晋旧制,先是依咸和五年(330)始行的“度田收租”制,税率十分之一。[①] 又据《晋书·食货志》,此制施行不及半个世纪,至太元二年(377)改按丁口征收的“口税制”:“王公以下口税三斛,唯蠲在役之身。”至太元八年之后“又增税米,口五石”。南朝宋齐二朝似即沿袭此制。

及至梁、陈两代,史料所见田租征收又有变化。《隋书·食货志》曰:“其田,亩税米二斗。”但又规定:丁男应输诸调之外的“租米五石、禄米二石”,这与《陈书·宣帝纪》载太建十二年(580)十一月诏规定的:“丹阳、吴兴、晋陵、建兴、义兴、东海、信义、陈留、江陵等十郡,并诸署即年田税、禄秩,并各原半,其丁租半申至来岁秋登”相比,田税与按丁征收的租调又有分别征收的变化。显然,资料记载相当模糊,各家的认识又多有分歧。所以,对南朝尤其是梁陈田租的课征需要进一步探讨,方可得出较为准确的结论。

2. 户调

南朝征收户调,大抵继承两晋之制而有变化。其中,宋齐与梁陈两个阶段又有不同。

宋、齐户调的征收与东晋相似。上文引述关于田租征收的材料中,调的征发多与田租并行,名称上往往叫“租布”。其标准见于《宋书·孝武帝纪》:大明五年(461)“制

---

① 此制原文系出《晋书·食货志》:“咸和五年,成帝始度百姓田,取十分之一,率亩税米三升。”学者多以为“三升”之“升”系“斗”之误。而对此制的理解,颇多分歧。近有南京大学张学锋教授提出新解,以为“度田税米”“是对东晋时期土断以后持白籍的国家编户——侨户的定垦田所记收的田税”。见《东晋的“度田税米”制与土断的关系》,载前揭《江南社会经济研究(六朝隋唐卷)》,中国农业出版社 2006 年版,第 311 页。

天下民户岁输布四匹”。户调不输绢而输布,应是南方绢的产量较少的表现。当时,南方纺织业中丝织生产处于起步阶段,而麻布已是纺织业之大宗,于是,促使实物征调的品种发生变化。当然,宋、齐时期并非完全不调绢,《宋书·沈怀文传》载“斋库上绢,年调钜万匹,绵亦称此。期限严峻,民间买绢一匹,至二三千,绵一两亦三四百,贫者卖妻儿,甚者或自缢死”。可见,在以布为主要征调品种时,也有绢、绵之征。

此时户调的征收,继承汉晋以来名义上按户征缴的制度,实际又采用按赀摊派之法。宋、齐两朝曾有取消计赀征收方法的议论,《宋书·周朗传》载朗上奏曰:“又取税之法,宜计人为输,不应以赀。”但“书奏忤旨”,不为朝廷采纳。显然,计赀征调与计人为输相比,对各地有权势的富人大族多有褊袒,便于官员和富家大族从中舞弊,从而享受种种优免特权,朝廷自然不会轻易变更此制。但至南齐时,户调征收的办法也略有变化。《南齐书·武帝纪》载永明四年(486)五月诏曰:“扬、南徐二州今年户租(按“租”应为“调”),三分之二取见布,一分取钱。来岁以后,远近诸州输钱处,并减布直,匹准四百,依旧折半,以为永制。”这就是说,户调的征收,从京师周围开始,逐步推行部分折纳钱币之法。一般来说,赋税征收以实物折纳钱币,普通民户往往多受剥削。但是,这一现象反映南方纺织业生产与商品经济有明显发展。除此之外,南齐户调,还出现“三调”并称的名称。“三调”所指,据胡三省说,系“调粟、调帛及杂调也”。[①] 唐长孺先生以为是“租、布、杂税,也可能是粟、布帛与钱”。[②]《南齐书·高帝纪下》载建元二年(480)六月诏曰:“昔岁水旱,曲赦丹阳、二吴、义兴四郡遭水尤剧之县,元年以前,三调未充,虚列以毕,官长局吏应共偿备外,详所除宥。”同书“武帝纪”载永明五年(487)九月诏:“凡下贫之家,可蠲三调二年。”十一年七月诏曰:“曲赦南兖、兖、豫、司、徐五州,南豫州之历阳、谯、临江、庐江四郡,三调众逋宿债,并同原徐。其缘淮及青、冀新附侨民,复除已讫,更申五年。”“明帝纪”载建武二年(495)三月诏曰:“南徐州侨旧民丁,多充戎旅,蠲今年三课。”十二月诏曰:“吴、晋陵二郡失稔之乡,蠲三调有差。”又据《梁书·武帝纪下》载大同四年(538)八月诏曰:“南兖、北徐、西徐、东徐、青、冀、南北青、武、仁、潼、睢等十二州,既经饥馑,曲赦逋租宿责,勿收今年三调。”显然,自宋末直至梁朝,扬、徐等州的赋税征收中三调并征的制度一直在流行。

梁、陈两朝的户调与田租征收上的变动相类似,和宋齐相比也有不同。“其课,丁男调布绢各二丈,丝三两,绵八两,禄绢八尺,禄绵三两二分,租米五石,禄米二石。丁女并半之。”[③]照此规定,所征品种和数量与宋、齐相比皆有变化。不仅如此,在起课的

---

① 司马光:《资治通鉴》卷一三八,中华书局 1956 年版,第 4335 页。

② 《魏晋户调制及其演变》,收于《魏晋南北朝史论丛》,三联书店 1955 年版,第 77 页。

③ 《隋书》卷二四《食货志》,中华书局 1973 年版,第 674 页。

方式上，据《梁书·良吏传序》载“（天监）元年，始去人赀，计丁为布”，说明自梁初起，原来的计赀定课变为计丁起课，户调的征收方式也不同于宋齐了。

3. 杂税

南朝杂税名目繁杂，从史料记载看，比东晋时期多出不少，其中绝大部分在扬、徐等州皆有征收。主要如：

①贷粮种钱。宋元嘉二十一年诏曰“种粮匮乏者，并给加贷”，“南徐、兖、豫及扬州、浙江西属郡，自今悉督种麦，以助阙乏。速运彭城下邳郡见种，委刺吏贷给。”孝武帝大明四年“百姓乏粮种，随宜贷给”。[①] 这些记载中所贷种粮，都是要加息归还的。

②口钱。《梁书·武帝纪中》载天监元年（502）诏曰：“……逋布、口钱、宿债勿复收。”口钱显然是户调以外普遍征收的杂税。

③商税。南朝商业活动比较活跃，商税成为政府的重要收入。其中一类是近似后世营业税的市调（市税）和作为所得税的估税，《宋书·武帝纪下》载永初元年（420）七月诏曰：“市税繁苦，优量减降”，同书“文帝纪”载元嘉十七年诏曰：“又州郡估税，所在市调，多有烦刻。”《隋书·食货志》载：“晋自过江，凡货卖奴婢马牛田宅，有文卷，率钱一万，输估四百入官，卖者三百，买者一百。无文券者，随物所堪，亦百分收四，名为散估。历宋齐梁陈，如此以为常。”据此则知市调、估税已是商民的沉重负担。另一类商税是对商品过境征收的关津税、牛埭税、桁渡税等。《隋书·食货志》记东晋南朝时建康“西有石头津，东有方山津，各置津主一人，贼曹一人，直水五人，以检察禁物及亡叛者。其荻炭鱼薪之类过津者，并十分税一以入官”。这说明京师关津税率是10%。又《梁书·武帝纪下》载大同十一年（545）三月诏曰：“四方所立屯、传、邸、冶，市埭、桁渡、津税、田园……有不便于民者，尚书州郡各速条上……”这里的“埭”，是在水位落差较大的河道筑坝拦水，以保持水位而利于通航的设施。破岗渎沿线十余埭和方山埭皆是，埭旁为方便往来船只通过，在两岸立转轴，用缆绳系于轴上，利用人力或畜力拉动，牵引船只翻越过埭，由于必须借助人力、畜力，故需付出费用。此外，《建康实录》卷九叙及建康城的航（桁）渡，称晋孝武帝宁康元年“诏除丹阳、竹格等四航税”注引南朝顾野王《舆地志》曰：“六代自石头东至运署，总二十四所度，皆浮船往来，以税行直。”显然，当时建康周围的关津、牛埭、桁渡等处征收的税种都是人们所熟知的。

④塘桁桥丁税。这是修筑桥梁、桁渡和塘埭等交通工程和水利设施时向民众摊派的杂税。例如：《南齐书·东昏侯纪》载永元间为供给贵妃潘氏衣杂费，“下扬、南徐二州桥桁塘埭丁计功为直。敛取见钱”。

---

① 《宋书》卷五《文帝纪》，中华书局1974年版，第91、92页。

⑤军用征调。南朝战争频繁，为支持军事行动，往往对民众展开临时征调，牵涉规模较大的如文帝元嘉末大举北伐，“是岁军旅大起，王公妃主及朝士牧守，各献金帛等物，以助国用，下及富室小民，亦有献私财至数十万者。”“有司又奏军用不充，扬、南徐、兖、江四州富有之民，家资满五十万，僧尼满二十万者，并四分换(借)一”。①

⑥池御税、盐税、酒税。池御税指在皇家太官领属的陂池、禁苑从事渔猎而开征的杂税。齐高帝建元元年(479)诏曰“太官池御，宫停税入”。② 又陈天嘉二年(561)“太子中庶子虞荔、御史中丞孔奂以国用不足，奏立煮海盐赋及榷酤之科，诏并施行。”③此为盐与酒的专卖税。

⑦浮浪人“乐输”。系北来侨民等未定居者交纳之税。《隋书·食货志》曰：“其无贯之人，不乐州县编户者，谓之浮浪人，乐输亦无定数，任量，准所输，终优于正课焉。”

除去以上诸税种，南朝经常与临时征发的杂税，还有州郡长官到任、离任时搜刮的送迎钱、常年维修城池钱等多种，扬、徐等州征收也很普遍。

4. 兵役和力役

南朝扬、南徐、南兖等州与其它州一样，民众承担的兵役与力役负担十分沉重。首先看兵役，此时由魏晋以来一直沿袭的世袭兵制逐渐走到尽头，朝廷依赖的兵员虽然主要还是军户，但是，由于与北朝长期争战，内部又不断爆发火并，所以，旧有兵源一当不足，朝廷与将帅多从各种渠道进行召募。当时，除去发奴客为兵以外，往往征发普通百姓为兵，例如宋元嘉二十七年北伐，即“以兵力不足，悉发青、冀、徐、豫、二兖六州三五民丁……缘江五郡集广陵，缘淮三郡集盱眙”。④ 南朝沿袭东晋以来的里伍制度(又称符伍制度)，通行连坐惩罪之法，基层行政组织中一人犯罪，往往株连亲属、邻里同受处罚，有的即被纳入军旅。宋永初二年(421)十月诏曰：“兵制峻重，务在得宜。役身死叛，辄考傍亲，流迁弥广，未见其极。……宜革以弘泰，去其密科。自今犯罪充兵合举户从役者，便付营押领。其有户统及谪止一身者，不得复侵滥服亲，以相连染。”⑤刘裕此诏意在革除因一人犯罪而举户从役、一人谪兵而累及亲属之弊政，这正反映兵役征发积弊的严重。不过，此诏颁发后，是否真正施行也是问题。因为，同书“何承天传”载元嘉前期仍有“同籍期亲补兵”的记载。又“刘秀之传”亦载秀之曾就民杀官之罪如遇赦，应予以“家口令补兵”的处罚，此议也为朝廷所纳。这都说明，因

---

① 《宋书》卷九五《索虏传》，中华书局 1974 年版，第 2349 页。

② 《南齐书》卷二《高帝纪下》，中华书局 1972 年版，第 33 页。

③ 《陈书》卷三《世祖纪》，中华书局 1972 年版，第 54 页。

④ 司马光：《资治通鉴》卷一二五，中华书局 1956 年版，第 3947 页。“三五民丁”，胡三省注：“三丁发其一，五丁发其二。”

⑤ 《宋书》卷三《武帝纪下》，中华书局 1974 年版，第 57—58 页。

一人犯罪而累及家室亲属补兵的现象仍然存在。直至齐、梁两朝，这种情况仍然不断见诸史籍，《南史·郭祖深传》曰："又梁兴以来，发人征役，号为三五。及投募将客，主将无恩，存恤失理，多有物故，辄刺叛亡。或有身殒战场，而名在叛目，监符下讨，称为逋叛，录质家丁。合家又叛，则取同籍，同籍又叛，则取比伍，比伍又叛，则望村而取。一人有犯，则合村皆空。"可见，征发普通民众百姓为兵，尤其是利用里伍连坐之制以补兵的现象在南朝时有所见。

关于普通力役的证调，南朝在役龄、役期规定上屡有变化。据《宋书·王弘传》，晋宋以来旧制以"民年十三半役，十六全役"，王弘建议"十五至十六，宜为半丁，十七为全丁"。此议为朝廷采纳。梁、陈时又调整为"男女年十六已上至六十，为丁。男年十六，亦半课，年十八正课……其男丁，每岁役不过二十日。又率十八人出一运丁役之"。[1] 据此，则南朝役龄役期的规定较为宽缓。但是，力役的名目和种类仍十分繁杂而近于猥滥，当时遇有筑城、挖壕、修堰、饷运乃至官府各项杂役皆驱使民众。《宋书·武帝纪上》载晋末刘裕在建康"发居民，治石头城"，追随刘裕的沈亮陈述当时情况说："经始城宇，莫非造创，基筑既广，夫课又严，不计其劳，苟务其速，以岁月之事，求不日之成。比见役人未明上作，闭鼓乃休……方涉暑雨，多有死病……"[2]萧齐时，这一类力役也很普遍，《南齐书·海陵王纪》载延兴元年(494)十月诏曰："又广陵年常递出千人以助淮戍，劳扰为烦，抑亦苞苴是育。今并可长停，别量所出。诸县使村长路都防城直县，为剧尤深，亦宜禁断。"广陵地区每年以千人助戍沿淮边防，此本兵吏之役，但也加之于平民百姓，所谓县使、村长、路都、防城等名目皆为随意征调之举。更严重的此时甚至役征妇女，史载宋文帝死，刘劭于建康城抗拒诸军，"于时男丁既尽，召妇女亲役。"[3]齐明帝建武四年(497)诏曰"民产子者，蠲其父母调役一年"，[4]陈天嘉元年(560)诏曰："日者凶渠肆虐，众军进讨，舟舰输积，权倩民丁，师出经时，役劳日久。今氛祲廓清，宜有甄被。可蠲复丁身。夫妻三年，于役不幸者，复其妻子。"[5]可见，力役征及妇女的现象一直到陈朝还存在。

二　北朝治下徐淮地区的赋役概况

自太武帝统一北方以后，北魏对一般民众征收租调的制度逐渐制度化。延和三

① 《隋书》卷二四《食货志》，中华书局 1973 年版，第 674 页。

② 《宋书》卷一〇〇《自序》，中华书局 1974 年版，第 2451 页。

③ 《宋书》卷九九《二凶传》，中华书局 1974 年版，第 2434 页。

④ 《南齐书》卷六《明帝纪》，中华书局 1972 年版，第 89 页。

⑤ 《陈书》卷三《世祖纪》，中华书局 1972 年版，第 49 页。

年(434)二月诏曰:“今四方顺轨,兵革渐宁,宜宽徭赋,与民休息。其令州县隐括贫富,以为三级,其富者租赋如常,中者复二年,下穷者复三年。”[①]次年十二月诏曰:“自今以后,亡匿避难,羁旅他乡,皆当归还旧居,不问前罪……若有发调,县宰集乡邑三老计赀定课,裒多益寡,九品混通,不得纵富督贫,避强侵弱。”[②]太平真君四年(443)六月诏曰:“今复民赀赋三年[③],其田租岁输如常。牧守之徒,各厉精为治,劝课农桑,不听妄有征发。”[④]这些记载反映,太武帝时,北魏在承袭西晋之制基础上,对中原地区的租调征发已经有包括计赀定级、九品混通等在内的明确制度。《魏书·食货志》载献文帝即位后“天安、皇兴间,岁频大旱,绢匹千钱。刘彧淮北青、冀、徐、兖、司五州告乱请降,命将率众以援之。……山东之民咸勤于征戍转运,帝深以为念。遂因民贫富,为租输三等九品之制”。显然,对于新征服区的徐、淮一带,也推行租调征发制。孝文帝延兴三年(473)“诏河南六州之民,户收绢一匹,绵一斤,租三十石。”[⑤]太和七年(483),“诏青、齐、光、东徐四州之民,户运仓粟二十石,送遐丘、琅邪,复租算一年。”[⑥]次年“始班俸禄。……户增调三匹、谷二斛九斗,以为官司之禄”。[⑦] 这些诏令遍行各地,徐、淮地区应不例外。以后,伴随均田制在北方逐步推开,徐淮应与其它地区一样,陆续纳入新租调制的轨道,向“一夫一妇帛一匹、粟二石”[⑧]的新标准靠拢。及至北齐时期,又实行“河清三年定令”规定的“率人一床,调绢一匹,绵八两……垦租二石,义租五斗”。[⑨] 除此之外,北朝于推行均田制、租调制前后,还在包括徐淮的不少地区实行屯田,屯田民的租调征发,也是北朝重要的财政来源。尤其是太武帝统一北方后,加紧对南朝的征战攻伐,战费与物资的极大需求推动与南朝接壤地区屯田事业的发展。《魏书·食货志》曰:“自徐扬内附之后,仍世经略江淮,于是转运中州,以实边镇,百姓疲于道路。乃令番戍之兵,营以屯田,又收内郡兵资与民和籴,积为边备。”前文论及彭城镇将薛虎子利用徐州良田十万余顷广开屯田即为典型。不仅如此,军屯之外又推广民屯。《魏书·李彪传》载太和十二年(488),彪上疏曰:“又别立农官,取州郡户十分之一以为屯民,相水陆之宜,料顷亩之数,以赃赎杂物余财市牛科给,令其

① 《魏书》卷四上《世祖纪上》,中华书局 1974 年版,第 83 页。

② 《魏书》卷四上《世祖纪上》,中华书局 1974 年版,第 86 页。

③ 此处“赋”似即“调”。按《魏书》诸本纪户调多以“赋”名之。参见高敏《中国经济通史·魏晋南北朝经济卷(上)》,经济日报出版社 1998 年版,第 556 页。

④ 《魏书》卷四下《世祖纪下》,中华书局 1974 年版,第 96 页。

⑤ 《魏书》卷七上《高祖纪上》,中华书局 1974 年版,第 139 页。

⑥ 《魏书》卷七上《高祖纪上》,中华书局 1974 年版,第 152 页。

⑦ 《魏书》卷七上《高祖纪上》,中华书局 1974 年版,第 154 页。

⑧ 《魏书》卷一一〇《食货志》,中华书局 1974 年版,第 2855 页。

⑨ 《隋书》卷二四《食货志》,中华书局 1973 年版,第 677 页。

肆力。一夫之田，岁责六十斛，蠲其正课并征戍杂役。"后来朝廷将此项建议推行于各地，徐淮为东南前线，历代常有大规模屯田之举，这次推行应无困难。据此，则屯田民户以"一夫之田，岁责六十斛"的租率向政府交纳田租，同时免除其它正课及征戍杂役。按此比例，大致较曹魏屯田制时的田租剥削率稍高，如考虑免去其它课役，则总体剥削水平似相差无几。

第十一章　南北朝扬、徐等州的经济发展

第一节　农业的发展

一　农田水利设施的兴建

扬、徐等州分处长江下游两岸和淮泗流域，土地肥沃，气候温和，雨量充沛。尤其是淮河以南，河湖遍布，非常适宜农业生产发展，但是，与黄河流域不同的是，这里的自然条件和环境特征决定农业开发多以水利兴修为前提，如果不能因地制宜，充分利用地貌地形、气候条件和水土资源，农业生产就难以获得可靠的保障和发展。孙吴、两晋以来，扬、徐一带水利事业已有一定成就。进入南北朝时期，官方与民间皆热衷于兴修水利，对农业生产形成更为有力的推动。

1. 江南地区

自建康至晋陵一带，地貌环境以高低起伏的岗阜地形为主，由于地势的明显落差，遇暴雨洪水爆发，遇干旱水道断流。针对这一状况，江南民众兴修以陂塘堰坝为主的水利工程，通过合理的蓄泄调节水量，变水害为水利，为农业生产提供保障。由于此类工程因地制宜、效益显著，很快发展起来。《南齐书·竟陵王子良传》载萧子良任丹阳尹时上表称京师周围"萦原抱隰，其处甚多，旧遏古塘，非唯一所"。说明南朝建康周围此类水利设施相当多。对孙吴、两晋在这一带兴修的水利工程，政府多有维护和增扩，例如"(宋)明帝复使(沈)瑀筑赤山塘，所费减材官所量数十万"。[①] 此次工程系对原有赤山塘之扩建，仅节约材官预算即达数十万，规模之大可以想见。再如，

① 《南史》卷七〇《沈瑀传》，中华书局1975年版，第1712页。

孙吴于建康附近筑娄湖，刘宋沈庆之亦在此“广开田园之业”。[1] 今金坛、丹阳和南京附近，齐、梁两朝由官府主持兴建多处水利工程，简况见下表[2]：

<table>
<tr><th>朝代</th><th>名　称</th><th>位　置</th><th>主持人</th><th>规模、效益</th></tr>
<tr><td>齐</td><td>单塘</td><td>金坛东北</td><td>单旻</td><td></td></tr>
<tr><td>梁</td><td>吴塘</td><td>金坛、丹阳间</td><td>吴游</td><td>周 40 里</td></tr>
<tr><td>梁</td><td>谢塘</td><td>金坛北</td><td>谢法崇</td><td></td></tr>
<tr><td rowspan="2">梁</td><td>南谢塘</td><td rowspan="2">金坛东南</td><td rowspan="2">谢德威</td><td rowspan="2">各溉田千顷</td></tr>
<tr><td>北谢塘</td></tr>
<tr><td>梁</td><td>莞塘</td><td>金坛东南</td><td>谢贺之</td><td></td></tr>
<tr><td>梁</td><td>临贺塘</td><td>建康东</td><td>萧正德</td><td>灌田 20 顷</td></tr>
</table>

与此同时，民间修建陂塘堰坝也形成热潮。据清修《丹阳县志》载，当地村庄以水利设施命名的竟有 50 余处，且多冠以姓氏，这些工程的相当一部分即建于东晋南朝时期。再据《宋书・孝义・徐耕传》，宋元嘉二十一年(444)江南大旱，“今年亢旱，禾稼不登。氓黎饥馁”，晋陵人徐耕诣县陈辞云：“晋陵境特为偏枯。此郡虽弊，犹有富室，承陂之家，处处而是，并皆保熟，所失盖微。陈积之谷，皆有巨万，旱之所弊，实钟贫民，温富之家，各有财宝。谓此等宜助官，得过俭月，所损至轻，所济甚重。”徐耕说晋陵有“处处而是”的民间水利工程，面临严重的自然灾害，不仅确保农业收成，舒缓民众困苦，而且能支持官府，发挥赈灾救济的重要作用。

吴郡北部以及环绕太湖东南缘一带，自南朝以来，水利工程着重于修治沿湖东南岸塘坝和疏凿太湖通江港浦。属于前者的工程以荻塘为代表，它位于太湖东南，自今江苏吴江平望至浙江湖州，实际是沿湖的一条大型堤坝，长 90 里，兼有阻挡太湖波涛泛滥以及平时排灌之功用。工程最初为东晋吴兴太守殷康开建，《嘉泰吴兴志》卷 31 引《吴兴志》称“旁溉田千余顷”。刘宋时，太守沈攸之又加开浚，改名为吴兴塘，“溉田二千余顷”。[3] 太湖通江港浦的疏凿，则是在太湖东北部修建通往长江的沟渠。因这一带地势自东北向西南倾斜，高处易旱，低地患涝。西晋太康间在此置海虞县时，仅为人口稀少的荒僻小县，当地人民修筑通江港浦，于低洼处筑土成围，又利用江水潮汐，去除洪涝灾害，推动这里的开发和繁荣。《光绪常(熟)昭(文)合志稿》卷一载南朝梁时“高乡濒江有二十四浦，通潮汐，资灌源，而旱无忧。低乡田皆筑圩，足以御水，而

---

① 《宋书》卷七七《沈庆之传》，中华书局 1974 年版，第 2003 页。

② 参见《两唐书地理志》《至顺镇江志》及《景定建康志》等。

③ 唐李吉甫：《元和郡县图志》卷二五，中华书局 1983 年版，第 605 页。

涝亦不为害”。因为水利工程的兴修,带来旱涝无忧,这里岁岁常熟,梁朝遂于大同六年(540)将县名改称常熟县,此例堪称太湖地区以兴修水利推动生产发展和社会繁荣之典范。

不仅如此,南朝还尝试宣泄太湖洪水。一次是刘宋元嘉十八年(441),文帝之子、扬州刺史、始兴王刘濬上言称:“所统吴兴郡,衿带重山,地多污泽,泉流归集,疏决迟壅,时雨未过,已至漂没。或方春辍耕,或开秋沈稼,田家徒苦,防遏无方。”建议采纳州民姚峤之法,解决“壅噎不利,故处处涌溢,侵渍成灾”的问题,他打算“从武康纻溪开槽谷湖,直出海口,一百余里,穿渠浛必无阂滞”。[①] 纻溪在今浙江德清东,大约是将通往太湖的苕溪流域之水经纻溪向东南排泄,后再开渠通往杭州湾。此议经姚峤20余年的勘察,朝廷两次审议,终获通过,但在预开小型试验段时未获成功。梁中大通二年(530),鉴于“吴兴郡屡以水灾失收”,又有人提出“当漕大渎以泻浙江”之议。朝廷准备由前交州刺史王弁发吴郡、吴兴及义兴三郡民工“开漕沟渠,导泄震泽”,欲“使吴兴一郡,无多水灾”。后因昭明太子萧统担心过度征发民工危及统治,才未实施。[②] 不过,从这两次动议看出南朝政府确曾采取措施力求根除太湖水患。

除去以上两方面,太湖流域北部在围湖造田上也有建树。据清康熙《常州府志》引《南徐州记》载,东晋初年,晋陵内史张闿于曲阿筑新丰塘时,于芙蓉湖泄水造田,但时值隆冬,未成而罢。而宋元嘉二十二年(445),当地民众修阳湖堰以围田却获成功,《读史方舆纪要》卷二五曰:“(阳)湖东西八里,南北三十二里,其北通茭饶、临津二湖,共为三湖。刘宋元嘉中修湖堰,得良畴数百顷。”

江南地区的民众不仅大力新建水利设施,他们也注意对已建水利工程进行维护与修缮。《南齐书·东昏侯纪》曰“下扬、南徐二州桥桁塘埭丁计功为直,敛取见钱”,这就是将用于桥桁塘埭日常维护修缮的丁役折变为现金。

2. 徐淮地区

此时长江以北徐州两淮一带的水利事业也有成绩。由于地处南北相争的中间地带,不断兴起的战乱对水利设施确有破坏。但是,南北朝都在这里兴办屯田,从而带动水利工程的兴修。当时开展军屯的重点地区一是属今安徽的寿阳(寿县),二是属今江苏的淮阴(淮安市)。东晋以来,北中郎将荀羡“屯田于东阳之石鳖”。[③] 石鳖在今宝应县西南,屯田范围遍及今盱眙、洪泽、金湖数县。据《新唐书·地理志》载,这里还有“白水塘、羡塘”,说明唐时水利设施还很有名,南北朝时应该仍然发挥作用。再如

① 《宋书》卷九九《二凶·刘濬传》,中华书局1974年版,第2435页。

② 《梁书》卷八《昭明太子传》,中华书局1973年版,第168—169页。

③ 《晋书》卷四五《荀羡传》,中华书局1974年版,第1981页。

《南齐书·良政·刘怀慰传》载，萧道成崛起时，任齐郡太守的刘怀慰“修治城郭、安集居民，垦废田二百顷，决沈湖灌溉”。时齐郡治瓜步，位于长江以北的今南京六合东南。怀慰传载此项政绩曾受到兖州刺史柳世隆称赞：“胶东渊化，颍川致美，以今方古，曾何足云。”此后，建武四年(497)徐孝嗣又上表于淮南立屯田，议曰：“欲使刺史二千石躬自履行，随地垦辟。精寻灌溉之源，善商肥确之异。州郡县戍主帅以下，悉分番附农。”[①]此议即为朝廷采纳。次年，又“遏艾陵湖水，立裘塘屯”。[②] 可见，江淮地区在战乱间歇之中，水利工程亦时有兴修。

总之，两晋南北朝以来，扬徐等州农田水利事业的发展，对于加快南方经济开发起到重要作用，尤其对提升南方在全国经济中的地位产生深远影响，诚如吕思勉先生所言：“河域水利，不如江域之饶，而文明启发，转在其先者，沟洫之修举实为之。沟洫废而水灾兴，隋唐以后，北方遂仰给于江、淮矣，此古今升降之一大端也。而其转移，实在晋、南北朝之世，丧乱与民生之关系，岂不大哉?”[③]

二　农业生产技术的进步

1. 耕作制度

南北朝时期，扬、徐等州的农业耕作制度由一年一熟制向轮作复种制发展。因处过渡地带，南北耕作制的改进有不同表现，南方稻作区一年一熟的耕作方式，开始与绿肥苕草轮作。《齐民要术》引晋人郭义恭《广志》曰：“苕草，色青黄，紫华。十二月稻下种之，蔓延殷盛，可以美田。”按《广志》一书多栽南方风物土产，苕草为豆科植物，可肥田。它反映至迟在两晋，已在稻田播种豆科植物以取养田肥田之效。此种方法能够收入《齐民要求》之中，反映南朝稻作生产区已逐渐流行与绿肥轮作。

徐淮地区的耕作则实行以豆科植物与各种旱地粮食品种的轮作。《齐民要术》卷一记载，各种谷田以“绿豆、小豆底为上，麻、黍、胡麻次之，芜青、大豆为下”。此处之“底”指前期作物收获后的土地。[④] 卷二记种黍、穄，则以“新开荒为上，大豆底为次，谷底为下”，种植豆类作物的前作，又以谷类为佳，“小豆，大率用麦底”。显然，通过因地制宜、灵活机动的轮作，使农作物的生产安排处于优势互补的良性生态循环。除此以外，《齐民要术》载北方农田还流行间种与套种，同一块田可同时混种豆类与谷类，粮食作物亦可与桑树等林木混种，都是徐淮农村增进生产效益的耕作方式。

---

① 《南齐书》卷四四《徐孝嗣传》，中华书局 1972 年版，第 773 页。

② (宋)乐史：《太平寰宇记》卷一二三，中华书局 2007 年版，第 2446 页。

③ 吕思勉：《两晋南北朝史》下册，上海人民出版社 1983 年版，第 1085 页。

④ 此据石声汉《齐民要术今释》。

2. 牛耕和农业生产工具

两汉时，徐淮地区已经采用二牛抬杠，一人扶犁的先进耕作技术。经过魏晋以来的推广，南北朝扬、徐等州，尤其是江南应用牛耕的范围进一步扩大。从史料记载看，孙吴、东晋皆颁行禁止屠宰耕牛的政策法令，南朝亦延续之。《梁书·傅昭传》载昭"(昭)子妇尝得家饷牛肉以进，昭召其子曰：'食之则犯法，告之则不可'"，说明杀牛不仅犯法，政府且鼓励举报，这对保护耕牛，推广牛耕十分有利。不过流行于北方平原的长辕犁不适合南方丘陵地带和水田生产，于是，南方出现经过改进的单牛驾短辕的耕田方式。上世纪70、80年代，在广东连县和广西倒水分别出土西晋与南朝的犁田、耙田模型，皆是一人驾牛，所扶犁辕很短。连县的犁田模型在牛肩之上还有类似于后代牛轭的方框支架①。既然远在岭南的农田已有这种先进的犁耕技术，那么，同为稻作重要产区的扬、徐等州应该也有推广。

犁以外的农业生产工具如连县出土的牛耕模型有用于水田生产的耙，据《太平寰宇记》卷一六九"岭南道"载，萧齐时海康郡(在今广东雷州半岛)设有铁耙具，境内有"铁耙溪，溪有石似铁耙"，说明南方使用铁耙是常见现象，扬、徐一带应该也有使用。锄是南北各地广泛使用的起土、松土和锄草农具，水旱田皆适用。锸，类似于后代"锹"，既用于起土、碎土，又可开沟，尤其适用于南方农田和水利工程。吴人陆云《答车茂安书》有"举鈒成云，下鈒成雨"②之语，鈒即锸。新中国成立以来，江西赣县出土南朝墓葬有木叶上安装铁质凹形锸头的实物，对照陆云之文，可知包括扬州在内的南方地区也普遍使用锸。镰，是南北农业生产中用于收割的重要工具，南方又作水田除草工具。《齐民要术》卷二"水稻"言及中耕除草，多"以镰侵水芟之"。陶弘景《重修政和证类本草》卷四说，"钢铁是杂炼生鍒作刀镰者"，显然，这里已将先进的炼钢技术用于制作镰刀，说明江南一带用镰早已流行。

以上讨论南北朝扬、徐等州农具的直接资料不多，文献记载既少，考古资料更为缺乏，有的甚至近于空白。但是，扬、徐等州地处南北朝对峙的中间地带，农业生产兼具南北方的特点和习惯；加之此时人口流动、迁徙频繁，农具系赖以谋生的必备之物，民众一般多随身携带。所以，在扬、徐等州农业生产中，南北各地民众常用的生产工具大多也应该运用，并结合本地条件加以改进，从而推动生产之发展。

---

① 分别见：《简谈广东连县出土的西晋犁田耙田模型》，刊于《文物》1976年第3期；《浅谈广西倒水出土的耙田模型》，刊于《农业考古》1982年第2期。

② (晋)陆云《陆士龙集》卷九，上海古籍出版社影印文渊阁四库全书第1063册，第456页下。

3. 农田管理技术

①施肥。两汉以来,农田施肥已被看作是提高产量的重要措施,《氾胜之书》所载“区田法”,就是北方农业区常用的讲究以粪肥改善地力从而提高单位面积产量的先进技术。永嘉之乱以后,此法传至南方,据《晋书·郭文传》,三吴地区先已流传。此外,刘宋大将到彦之未发迹时曾以帮人担粪为业,也说明利用粪肥在生产上很普遍。上文论及《齐民要术》引郭义恭《广志》所记每年十二月稻下即种“苕草”,就是南方民众把利用现成青草作肥料,发展为有意识地栽培绿肥的记载。这项技术,对于增加土壤有机质,培养地力、改良土壤和提高产量有重要意义,扬、南徐等州不少地方一直沿用到现代。

②稻田的烤晒和移栽。《齐民要术》“水稻”记有稻作生产的管理技术,应反映北朝治下江淮水稻生产的技术水平。其称:“稻苗渐长,复须薅(即拔草)。薅讫,决去水,曝根令坚。量时水旱而溉之。将熟,又去水。”这是在稻苗成长中,于第二次除草后放去稻田水,让太阳爆晒。其目的是经爆晒后,土壤升温,促使营养分解,根系向地下发展而萌发新根,从而控制茎叶生长和无效分蘖,以便在再灌水后,稻株干茎健壮,不易倒伏,并促使穗大粒饱。[①] 显然,烤田过程包含相当的技术含量,对促进水稻产量的提高具有重要意义。此外,秧苗移栽又是水稻生产中通过促进根系发育和稻株分蘖,便于中耕除草而提高产量的重要技术。目前,学术界掌握的材料大体可以证明,汉代岭南和四川地区的水稻生产已经实行秧苗移栽。[②] 进入魏晋南北朝,这种先进技术理应向包括扬、徐等州在内其它重要水稻栽培地区推广。萧梁著名文士范云有《治西湖》诗曰:“已集故池鹜,行莳新田苗。何吁畚筑苦,方欢鱼稻饶。”[③]这里的“莳”是变更栽种地,亦即移栽,“行莳新田苗”即栽插秧苗,正是南朝三吴一带流行水稻移栽的反映。当然,此时在江淮地区,水稻生产未必完全采用移栽,《齐民要术·水稻》载稻种经浸泡生芽后“长二分,一亩三升,掷”,这就说明原来撒种的种植方法仍为一些地区采用。江淮一带因为战乱频繁,社会动荡,农业生产的环境和条件远不及江南,《南齐书·州郡志上》载广陵“此蕃十载衅故相袭,城池崩毁,荒旧散伏,边疆诸戍,不闻鸡犬。且犬羊侵暴,抄掠滋甚”。淮南一带也是“陂遏不修,咸成茂草”,[④]如此恶劣的生产环境和条件往往造成民众无法采用先进的生产技术,一些旧时农田管理方法往往被沿用下来。

---

① 参阅张学锋《六朝农业经济概说》,收入前揭《江南社会经济研究·六朝隋唐卷》,第209页。

② 参见梁家勉主编《中国农业科学技术史稿》,农业出版社1989年版,第205页。《广东佛山澜石东汉墓发掘报告》,刊于《文物》1979年第12期。

③ 《全梁诗》卷六,丁福保编:《全汉三国魏晋南北朝诗》,中华书局1959年版。

④ 《南齐书》卷四四《徐孝嗣传》,中华书局1972年版,第773页。

三　农作物品种的增多

1. 粮食作物

水稻是南方种植最广泛的粮食品种。《晋书·食货志》称“东南以水田为业”，同书“五行志上”曰“丹阳、晋陵、吴郡、吴兴、临海五郡又大水，稻稼荡没，黎庶饥馑”，这充分反映水稻在粮食生产和社会生活中举足轻重的地位。孙吴、两晋以来，南方人口激增，各地民众充分利用水利工程，增加水田面积，同时讲究生产技术，提高精耕细作的程度，促使长江下游两岸成为重要的水稻生产区。以南北相争的江淮一带为例，北齐淮南节度使辛术派兵渡淮，“烧其稻数百万石”，[①]足见北朝后期江淮水稻的生产规模之大。不仅如此，种植品种也有明显增加。《齐民要术》卷二载水稻品种有 24 种，13 种为糯稻，11 种为籼稻，大多数出自南方，而适宜在长江下游的扬、南徐、南兖等州种植的必不少。

此时麦类作物在扬、徐等州的种植，可分两方面讨论：一是江北徐淮地区，由于自然条件与中原地区相近，麦类种植广泛。据《齐民要术》引《广志》记载，魏晋以来已有 8 个大、小麦品种，南北朝时期，又增加“瞿麦”，即后世所谓燕麦的种植和青稞麦。[②]徐淮与中原地区紧邻，自然条件相近，这些品种的绝大部分都会种植。再看《陈书·吴明彻传》，明彻为秦郡（今江苏南京六合）人，少时“家贫无以取给，乃勤力耕种。时天下亢旱，苗稼燋枯，明彻哀愤……居数日，有自田还者，云苗已更生……及往田所，竟如其言。秋而大获”，侯景之乱时，“明彻有粟麦三千余斛”，这是南朝后期江北民众种麦的典型实例。二是江南地区，一般来说，麦类作物应伴随北方流民大量南迁而在江南推广。张学锋教授认为，江南麦作业的兴起实以永嘉之乱为契机，东晋建国之初，为解决粮荒问题，在徐、扬二州督令种麦，但仍集中于侨州郡县。直至南朝刘宋，针对连年水旱灾害造成的粮荒，作为应对政策之一，元嘉二十一年（444）和大明七年（463）两度下诏督令种麦，尤其是前者称：“比年谷稼伤损，淫亢成灾，亦由播殖之宜，尚有未尽。南徐、兖、豫及扬州浙江西属郡，自今悉督种麦，以助阙乏。”这才使麦类作物在江南逐渐推广[③]。再据《陈书·孔奂传》，梁末战乱中，陈霸先“乃令奂多营麦饭，以荷叶裹之，一宿之间，得数万裹，军人旦食讫，弃其余，因而决战，遂大破贼”。这也说明南人食用麦类粮食数量之巨，其种植显然已经推广。

---

① 《北齐书》卷三七《辛术传》，中华书局 1972 年版，第 501 页。

② 参见（北魏）贾思勰：《齐民要术》卷二，缪启愉《齐民要术校释》，农业出版社 1982 年版，第 93 页。石声汉《齐民要术今释》，科学出版社 1957 年版（第 1 分册），第 102 页。

③ 参见张学锋：《再论六朝江南的麦作业》，收入前揭《江南社会经济研究（六朝隋唐卷）》，第 290—295 页。

2. 经济作物

伴随南方经济的进一步开发和南北民众生产经验的交流，南北朝扬、徐等州普遍种植多种果树。《宋书·符瑞志》载：文帝元嘉十四年(437)"三月丙申，大鸟二集秣陵民王颉园中李树上"，二十八年"甘露降徽音殿前果树"。孝武帝大明三年(459)"甘露降乐游苑梅树"。《南齐书·祥瑞志》载各地向朝廷报告祥瑞之征，曾提到淮阴建邺寺的梨树、建康县梨树、秣陵县乔天明园中李树、江宁县李树以及淮南郡桃石榴二树等多次。《初学记》卷廿八载南朝文人沈约咏李咏橘诗，王僧达与梁简文帝咏樱桃诗，简文帝与陈后主有赋枣诗与枣赋，刘孝绰咏梨花诗，谢惠连、范云、徐陵咏柑橘之赋与诗，简文帝、何逊、庾肩吾庾信父子、王筠等人有咏梅赋与诗，梁元帝有咏石榴诗等。刘宋徐湛之任南兖州刺史时，修缮广陵城旧有楼宇，其中"果竹繁茂，花药成行"，[①]这些皆反映南北朝时果树栽培品种众多。

《颜氏家训·治家》曰："生民之本，要当稼穑而食，桑麻以衣。蔬果之畜，园场之所产；鸡豚之善，埘圈之所生。"蔬菜已是人们日常饮食必不可少的组成部分。尤其在江南，由于自然条件温和湿润，人口迅速增长，蔬菜的种植与生产更加普遍。《南齐书·祥瑞志》记："曲阿县民黄庆宅左有园，园东南广袤四丈，每种菜、辄鲜异，虽加采拔，随复更生。"江南最重要的蔬菜是葑类，其中最主要品种即蔓菁。先秦时，人们已采集食用，《诗经·唐风·采苓》曰："采葑采菲，首阳之东。"《吕氏春秋·本味》曰："菜之美者具区之菁。"后来，太湖流域的蔓菁逐渐演化成南方蔬菜种植中最普遍的门类之一——菘，并衍生出青菜、白菜、黄芽菜等多个品种名称。陶弘景《名医别录》称："菜中有菘，最为常食。"《南齐书·高祖十二王传》载武陵王晔留宴尚书令王俭，"柈(即盘)中菘菜鲍鱼而已"，说明菘为南人喜爱的蔬菜品种。由于地处水乡泽国，南人又喜食水生蔬菜，《齐民要术》曾提到蓴、藕、芡、芰、菰等名，这些品种在北方也有种植，但盛产于南方，"蓴"，即莼菜，芡又名鸡头，芰即菱，菰亦作苽，即今人谓茭白、茭瓜，菰在两晋时与蓴羹、鲈食脍被吴人张翰并称为江东美食，成为吴人在异地思乡的著名典故[②]。

3. 渔业

魏晋南北朝的渔业在社会经济中不占主要地位。但是，扬、徐等州尤其是长江下游两岸抱江临海，水面辽阔，为渔业生产提供良好条件。孙吴与两晋对渔业生产皆有推动与管理，南北朝时期也有明显发展。首先，渔业资源的丰富及其重要性引起人们

---

① 《宋书》卷七一《徐湛之传》，中华书局1974年版，第1847页。

② 《晋书》卷九二《张翰传》，中华书局1974年版，第2384页。

关注。刘宋大臣徐湛之任南兖州刺史,称广陵"城北有陂泽,水物丰盛"。[①]《南齐书·州郡志上》记青州州治郁洲(今连云港市)曰:"郁洲在海中,周迴数百里,岛出白鹿,土有田畴鱼盐之利。"当时,社会上一些民众已以捕渔谋生,如陈时吴郡吴县人张昭之父"嗜鲜鱼,昭乃身自结网捕鱼,以供朝夕"。[②] 此时,渔业生产甚至成为官员和朝廷横征暴敛的目标,《梁书·鱼弘传》称弘历官南谯、盱眙等郡太守,常语人曰:"我为郡,所谓四尽:水中鱼鳖尽、山中麞鹿尽、田中米谷尽、村里民庶尽。"北齐文宣帝高洋天保八年(557)诏曰"诸取虾蟹蚬蛤之类,悉令停断,唯听捕鱼",[③]说明北朝民众亦多以捕鱼为生者。《齐民要术》卷六专设"养鱼"一篇,其中详细介绍数万尾鲤鱼的饲养方法与效益。贾思勰并认为"然依法为池,养鱼必大丰足,终天靡穷,斯亦无赀之利也"。可见,在商品经济相对停滞的北方,人们也看好水产养殖之利,说明渔业生产确有相当程度的发展。

第二节　手工业的进步

魏晋南北朝是中国南方封建经济发展的重要阶段。此时,南方不仅在农业开发上取得显著成就,手工业也有很大进步,管理体制和生产关系出现一系列值得注意的变化,各行业门类的生产水平明显提高,从而成为南方经济与社会发展的重要组成部分。但是,文献中直接记载手工业的资料比较分散,就扬、徐等州而言,长期分属南北政权,徐淮地区在隶属北朝以后,史料尤缺。扬、南徐等州因处南朝统治中心,相关记载尚可勾画手工业发展的大致轮廓,故本节讨论主要围绕扬、南徐等州展开。

一　官营为主的两种手工业

1. 工官制度

六朝官营手工业的管理体制,大体沿袭东汉旧制,主要隶属少府与将作大匠两大系统。前者生产各种制成品,后者主持土木工程的营作。随着南方政治经济形势的发展,管理体制陆续有所变化。

刘宋时的工官建置,沿袭晋制,由少府统中左右三尚方等令,将作大匠有事则置,无事省罢。《宋书·百官志上》曰:"宋高祖践阼,以相府作部配台,谓之左尚方,而本

---

① 《宋书》卷七一《徐湛之传》,中华书局1974年版,第1847页。

② 《陈书》卷三二《孝行·张昭传》,中华书局1972年版,第430页。

③ 《北齐书》卷四《文宣帝纪》,中华书局1972年版,第63页。

署谓之右尚方焉。又以相府细作配台，即其名置令一人，丞二人，隶门下。世祖大明中，改曰御府，置令一人，丞一人。……后废帝初，省御府，置中署，隶右尚方……东冶令，一人。丞一人。南冶令，一人。丞一人。……平准令，一人。丞一人。掌染……宋顺帝即位，避帝讳，改曰染署。”及至萧齐，少府下领左右尚方、锻署、御府、东冶、南冶、平准、上林等令丞。[①] 另据《南齐书·明帝纪》载建武元年(494)诏，细作中署、材官、车府等机构，亦置为少府下属。梁、陈两朝七八十年间，工官建置逐渐稳定。《隋书·百官志上》记两朝手工业管理机构主要有：“少府卿，位视尚书左丞，置材官将军、左中右尚方、甄官、平水署、南塘邸税库、东西冶、中黄、细作、炭库、纸官、染署等令丞。”“大匠卿，位视太仆，掌土木之工。统左、右校署。”如将孙吴、东晋与南北朝联系起来考察，南方官营手工业中工官制度的发展，似有以下几点变化：

第一，官营手工业管理机构的发展经历逐步健全和稳定的过程。孙吴时，有关手工业制度的记载很简略，西晋统一，对手工业的管理开始强化。晋室南渡后，封建政权机构虽有收缩，但面对北方胡族的严重威胁，国家机器的基本规模被维持下来，除哀帝至孝武帝以前的10余年少府被省并于丹阳尹外，官营手工业的管理体制已逐渐严密，及至南朝，随着皇权的伸张和南北对峙形势的激化，朝廷对手工业的管理进一步加强，工官制度趋于稳定。此从控制最严的冶铸业隶属关系的变动即可看出：两汉冶铸业先后隶属尚方令和考工令。[②] 孙吴时期，江南虽已兴起多处冶铸中心，因资料缺乏，难述其详。两晋时，各地冶令的归属长期游移未定。《宋书·百官志上》曰：“卫尉……晋江右掌冶铸，领冶令三十九，户五千三百五十。冶皆在江北，而江南唯有梅根及冶塘二冶，皆属扬州，不属卫尉。”“晋置(冶)令，掌工徒鼓铸，隶卫尉。江左以来，省卫尉，度隶少府。”东晋哀帝时，少府省并丹阳尹，诸冶又改由丹阳尹管辖。换言之，在孝武帝复置少府前的百余年间，南方冶铸业先后归属卫尉、扬州刺史、少府、丹阳尹等部门，隶属关系一直未能确定下来。这几个主管部门中，卫尉专司宫廷警卫，扬州刺史与丹阳尹是地区性行政主官，由它们统率冶铸生产显属不当，至晋孝武帝复置少府，隶属关系方走上轨道。《宋书·百官志上》曰：“宋世虽置卫尉，冶隶少府如故。”后来齐、梁、陈三朝皆沿宋制而不改，冶铸业的统属关系才逐渐理顺。

第二，尚书曹郎参与控制官营手工业。据清人洪饴孙《三国职官表》，孙吴仿汉制，尚书令下设列曹尚书。其中，左曹尚书(即左民尚书)“主缮修功作，盐池园苑”。东晋南朝尚书令下置六曹，皆有左民尚书，掌领手工制作事。《初学记·卷十一·诸曹尚书》载：“宋、齐、梁、陈四代复有起部尚书，营宗庙则权置，毕则省。”显然，尚书省

---

① 《南齐书》卷一六《百官志》，中华书局1972年版，第318页。

② 参见《续汉书·百官志》“少府”“太仆”。

系统的左民尚书与起部尚书皆插手原属少府与将作大匠管辖的手工业生产事务。不仅如此，尚书省原先只负责呈作文书起草的郎（侍郎、郎中）也掌管手工业事务，东晋南朝的库部郎、起部郎等皆是。《陈书·萧允附萧引传》载，引任库部郎，“掌知营造弓弩矟箭等事。引在职一年，而器械充牣。”皆反映尚书台官员侵夺原属九卿的职权。不过，从另一角度来看，这也是南方政权重视并强化对于手工业控制的表现。

第三，“作部”的普遍设立。按秦汉时期判决为刑徒的犯人，被押解到工地服役，称为“输作”，服刑者称为“作徒”。《汉书·成帝纪》曰：“（鸿嘉元年）壬午，行幸初陵，赦作徒。”颜师古注“作徒”曰：“徒人之在陵作役者。”东汉时，将刑徒服役场所称“作部”。六朝以来，从朝廷到地方普遍出现容纳奴隶、刑徒、工匠从事手工业制作营造的机构，史传多称为“作部”。但以往学者或以为“作部”仅系地方州郡所设官手工业生产机构。例如，傅筑夫先生《中国封建社会经济史》第三卷 301 页中说：“除了中央政府设有种类繁多、规模宏大的官办工场或作坊外，地方州郡政府也多设有规模不等的‘作部’——地方官手工业，以自行制造上贡物品、公用物品和军用品。”韩国磐先生也说：“当时不仅朝廷，就是地方政府也有掌管手工业的机构。大抵州这一级，都设有作部。”[①]作部是否仅仅是地方手工业生产机构？傅、韩二位先生的看法似有讨论余地。实际当时朝廷也直接掌握“作部”，“作部”一词应是中央与地方设立的官营手工业生产单位的通称。《晋书·陶璜传》载西晋将领孟干被孙吴所俘，“孙皓将杀之。或劝皓，干等忠于所事，宜宥之以劝边将。皓以其所言，将徙之临海。干等志欲北归，虑东徙较远，以吴人爱蜀侧竹弩，言能作之，皓留付作部。”孟干既被吴帝“留付作部”，显系朝廷直接掌握的手工业生产机构。另上引《宋书·百官志上》，“宋高祖践阼，以相府作部配台，谓之左尚方，而本署谓之右尚方焉。”改置为左尚方的作部，本为相府下属，当然也由朝廷直接掌握。

当然，六朝史传涉及作部，不少确为地方州郡所置。《宋书·刘粹传》《宋书·羊玄保传》《宋书·竟陵王诞传》等篇反映的地方作部已涉及到豫、扬、荆、兖等州，说明各地多有作部之设。它们使用大量俘虏、罪徒从事包括武器、战船在内的各种手工业生产，规模与产量相当可观，成为南方政权官手工业的重要组成部分。而地方作部的普遍化，正是把朝廷控制奴隶、刑徒组织手工业生产的形式，广泛移植于地方的结果。六朝时期，地方势力膨胀，而官营手工业一向以巩固政权和满足统治者奢侈生活为目的，这就促使各地官员效法朝廷，竭力发展为他们服务的地方手工业。所以，州郡作部的普遍出现，正是六朝以来政治、经济发展的产物。回顾两汉时期，除去少数地区

---

① 韩国磐：《南北朝经济史略》，厦门大学出版社 1990 年版，第 116 页。

设有盐铁之官外，很少见到州郡主持的官营手工业的生产。尤其是在广袤的南方，除冶铸、制盐以外的官营手工业生产外大多处于空白状况。自六朝始，这一局面始有改观，京师与地方州郡普遍设立从事手工业制作与营造的作部，很大程度上调整了官营手工业的布局，对于整个南方的经济开发起到推动作用。论者皆以六朝为中国封建社会经济重心南移的关键阶段，实际上，包括扬、南徐等州在内的南方作部普遍设立，也是推动这一历史转折的因素。

2. 官营手工业的生产者

南方政权在对手工业加强控制和管理的过程中，官手工业内部生产者的构成和地位也有变化。秦汉以来，奴婢一直是官府作坊的主要劳动力，他们来自战争中的俘虏，或是被掠卖、抵债和抵罪的奴隶，身份地位最为低下。南朝官营手工业使用奴婢仍很普遍，《宋书》本传称沈庆之曰："耕当问奴，织当访婢。"[①]正是这一状况的具体写照。但是，奴隶制残余越来越不适应社会发展的要求，加之劳动群众的不断斗争，迫使朝廷多次下令释放奴婢，免奴为良。例如，《南齐书·郁林王纪》载永明十一年(493)诏曰："近北掠余口，悉充军实……可一同放遣，还复民籍。已赏赐者，亦皆为赎。"显然，随着社会上奴婢数量逐渐减少，官营手工业使用奴隶的比例有所下降。

奴婢以外，刑徒是官营手工业普遍使用的另一大类劳动者。东晋南朝劳动力大量流入门阀士族门下，社会上劳动力缺乏的问题越来越突出，官营手工业更依赖以刑徒充作劳力。《宋书·百官志上》曰："晋置(冶)令，掌工徒鼓铸。"所谓"工"，指有冶铸技艺的工匠；"徒"即刑徒，工、徒并称，说明刑徒在工匠中所占比例不少。宋永初元年(420)诏曰："反叛淫盗三犯补冶士。""又制有无故自残伤者补冶士。"[②]梁律也规定："遇赦降死者，黵面为劫字，髡钳，补冶锁士终身。其下又谪运配材官冶士、尚方锁士。"[③]这一类劳动者在服刑时从事手工业生产，没有人身自由，地位与奴婢无显著区别。

但是，奴隶与刑徒毕竟只能承担简单的体力劳动，不可能满足手工业对于生产技艺的多方面要求。这一形势促使生产关系发生变化，即拥有各种技艺技能的手工工匠"百工"，逐渐成为官营手工业的主要生产者。唐长孺先生曾指出，两汉官府对手工工匠的征发，尚属临时性措置。三国以来，各地军阀为了保证军备物资和消费品的供应，已将工匠的征调作为"一种官府作场获得劳动力的制度"。[④] 东晋南朝政府更加重

---

① 此句之"访"，似应为"问"。说详邱敏：《〈南朝史精语〉的文献价值》，收入《六朝文史论丛》，南京出版社 2005 年版，第 178 页。

② 《宋书》卷三《武帝纪下》，中华书局 1974 年版，第 55 页。

③ 《隋书》卷二五《刑法志》，中华书局 1973 年版，第 699 页。

④ 唐长孺：《魏晋至唐官府作场及官府工程的工匠》，载《魏晋南北朝史论丛续编》，三联书店 1959 年版，第 35 页。

视对工匠的征调和控制。刘裕攻灭后秦以后，匆匆回师南下，就没有忘记“迁其百工”，[①]他把关中从事丝织业的大批工匠迁至建康，组建了斗场锦署。当时，朝廷以外的王公贵族、官僚也控制大批工匠，像《宋书·竟陵王诞传》载文帝子刘诞“含纵罔忌，私窃招纳，名工细巧，悉纳私第”即是一例。六朝手工工匠的地位，从《晋书·李重传》《晋书·武帝纪》的记载看，西晋时身份已高于奴婢、刑徒而低于一般自耕农，统计他们数量时以家为单位，说明整个家庭皆处于被奴役的境地；户籍则与士家兵户同，世袭而不能随意移动，对封建政权有明显的依附性。这样看来，手工业工匠身份相当卑微，这与当时社会阶级关系中的小生产者农奴化的趋势大体同步。不过，征调制已经能为工匠们提供相对稳定的生产生活环境，暂时可逃脱破产后失身为奴的命运，所以，这些工匠的生产积极性应该高于奴婢、刑徒。官营手工业藉此补充大量劳动力，又能提供多方面技艺技能，从而满足生产发展和朝廷各方面需要，这对官营手工业发展是明显推动。当然，南朝手工工匠的命运仅仅是比奴婢、刑徒稍好而已，他们的人身地位在很多时候并无保障。梁武帝普通三年(522)“班赐工匠各有差”，[②]说明至南朝后期，帝王还随意将工匠赐予臣下。官府作坊的残酷压榨和无限制的征调往往导致工匠来源枯竭和阶级矛盾的激化，所以，萧齐时在三吴地区南部爆发唐寓之起义，即有相当多的手工业者参加，这些都反映手工业生产关系中落后腐朽的因素严重阻碍生产力的发展。面对严峻的形势，南朝统治者被迫采取措施缓和矛盾，其中包括放松对手工业工匠的控制和压迫。早在萧齐建国前，萧道成之子萧嶷曾在荆州刺史任上实行“诸曹吏听分番假”[③]的制度，唐寓之起义平息后，朝廷即将番役制度推行于京师官府手工业，《南齐书·明帝纪》载建武元年(494)诏曰：“细作中署、材官、车府，凡诸工，可悉开番假，递令休息。”从此，工匠在上番服役之外获得一定自由支配的劳动时间，这无疑具有进步性。六朝后期，还出现雇借工匠制。早在晋宋之际，南方手工业已有出资雇役和纳资代役的作法，王弘为司马道子骠骑参军主簿时建言：“伏见南局诸冶，募吏数百，虽资以廪赡，收入甚微……又欲二局田曹，各立典军募吏，依冶募比例，并听取山湖人，此皆无损于私，有益于公者也。其中亦应畴量，分判番假，及给廪多少，自可一以委之本曹。”[④]这里的“募吏”，就是征发到冶铸作坊和其他部门的服役者，既称“资以廪赡”“给廪多少”，显然是付以报酬的雇役。再如《梁书·贺琛传》载梁武帝为其靡费行为进行辩解时提到：“凡所营造，不关材官，及以国匠，皆资雇借，以

① 《太平御览》卷八一五引《丹阳记》。

② 《梁书》卷三《武帝纪》，中华书局1973年版，第66页。

③ 《南齐书》卷二二《豫章王嶷传》，中华书局1972年版，第407页。

④ 《宋书》卷四二《王弘传》，中华书局1974年版，第1311页。

成其事。”显然也是以雇役应付营造之需。当然，我们不能仅据这几条材料断言官营手工业已普遍推行雇借制度，此时的雇借只是在征调工匠不能满足需要时临时采取的措施。但是，它毕竟反映南朝后期官营手工业中劳动者的地位已有所改善。

综上所述，南朝统治者出于军事、政治目的和奢侈生活的需要，不断加强对手工业劳动者的控制。与此同时，生产的发展和社会阶级关系的变化使手工业劳动者的地位也有所改善。征调制确定以后，身份略高于奴婢、刑徒且拥有各种技艺的手工工匠成为官营手工业中主要的劳动力量，加上番役制、雇借制首先在京师一带相继出现，这些或许可以大体反映3—6世纪南方官府手工业劳动者身份地位变化的基本轨迹。它与秦汉时代由毫无人身自由的奴婢、刑徒构成官府手工业劳动力的基本成分相比，无疑是明显的进步。由于史料的缺乏，我们难以展开全面而深入的阐述，但是，包括扬、南徐等州在内的南朝官手工业生产关系发展中的诸多变化值得我们注意，它在一定程度上调动了生产者的积极性，不仅推动手工业各门类生产的发展，促使其扩大规模，提高水平，同时，也为后来唐宋官营手工业劳动者地位的进一步改善打下基础，其积极意义是不应忽视的。

3. 民间手工业

中国封建社会的民间手工业，主要是与个体农业相结合的家庭手工业。其中，最普遍的又是纺织业，其他各手工业门类间或有之。

汉魏以来，广大小农面临险恶的社会环境，更加依赖以农业与家庭手工业紧密结合的自然经济，从而维持最低限度的生存条件。南北朝时期同样如此，《宋书・孔琳之传论》曰：“一夫躬稼，则余食委室，匹妇务织，则兼衣被体。”《颜氏家训・治家》曰：“生民之本，要当稼穑而食，桑麻以衣……至能守其业者，闭门而为生之具已足。”这正是广大农村盛行自给自足的自然经济之写照。另一方面，魏晋以来封建剥削方式发生变化，田租以外以纺织品为主的实物征调制度逐渐确立，也推动家庭纺织业发展。南朝各代普遍施行“租布”“三调”等名目的征发，小农不仅在从事农业，同时也从事纺织业生产，否则无法应付封建政府的横征暴敛 。

此时，民间纺织业以麻纺织为大宗。齐时萧子良曾说：“（宋）永初中，官布一匹，直钱一千，而民间所输，听为九百。渐及元嘉，物价转贱，私货则束直六千（按：“千”当为“百”之误），官受则匹准五百……今入官好布，匹堪百余。”[①]宋初至齐永明间，不过六七十年，布价就由千文降至百余文，民间麻纺织业发展可见一斑。再看丝织业，江东等地的民间丝织生产自晋宋之际逐渐普遍，《宋书・孔季恭传论》称荆扬二州“丝绵

① 《南齐书》卷二六《王敬则传》，中华书局1972年版，第483页。

布帛之饶,覆衣天下"。齐永明五年(487)诏曰:"京师及四方出钱亿万,籴米谷丝绵之属,其和价以优黔首。"[①]政府一次出资亿万之巨,收购粮食与丝织品,说明民间丝织业生产量不小。此外,六朝士族地主在田园别墅中既经营农业,也从事手工业生产。谢灵运《山居赋》曰:"春秋有待,朝夕须资。既耕以饭,亦桑贸衣。"自注曰:"寒待绵纩,暑待絺绤,朝夕飡饮,设此诸业以待之。"[②]

家庭手工业之外,社会上还有靠出卖劳力和技艺维持生计的个体手工业者。例如:宋初王彭,"盱眙直渎人也。少丧母。元嘉初,父又丧亡,家贫力弱,无以营葬,兄弟二人,昼则佣力,夜则号感。乡里并哀之,乃各出夫力助作砖"。[③]王彭兄弟既出卖劳力,又是从事制砖的个体手工业者。陈后主宠妃张丽华的父兄,也"以织席为事",[④]这些都反映官营手工业以外,民间仍有不少掌握各种技能技艺的个体手工业者从事经营活动。上文谈到南朝对于手工工匠的控制有所松弛,番役制、雇借制相继出现,手工工匠在政府征调之外,可独立从事生产经营,这些因素也促使个体手工业劳动者队伍的扩大,他们从事的生产也是手工业经济的组成部分。

二　各手工业门类

1. 纺织业

①丝织业。东晋末年,刘裕攻灭后秦,迁关中丝织工匠于建康,设斗场锦署。这一举措对扬、南徐等州丝织业发展有重要意义,它不仅使官营丝织业有了常设管理机构,而且,一批技艺精湛的织工南迁,也给发展中的江南丝织业生产以巨大推动。

东晋时期,丝织业产量显然提高。晋末桓玄执政时,已有军人穿著丝织品制作的袍袄之记载。大臣孔琳之曰:"昔事故饥荒,米谷绵绢皆贵,其后米价登复,而绢于今一倍……愚谓致此,良有其由。昔事故之前,军器正用铠而已,至于袍袄裲裆,必俟战阵,实在库藏,永无损毁。今仪从直卫及邀罗使命,或有防卫送迎,悉用袍袄之属,非唯一府,众军皆然……每丝绵新登,易折租以市,又诸府竞收,动有千万,积贵不已,实由于斯。"[⑤]这是说没有战事时,京师禁卫士兵也穿着丝织品制作的袍袄,由于需求量大,每当新丝绵上市,军府竞相收购,遂致价格上扬。南朝后期,丝织业产量进一步增多,梁末侯景"既据寿春,遂怀反叛……又启求锦万匹,为军人袍,领军朱异议,以御府

① 《南齐书》卷三《武帝纪》,中华书局1972年版,第54页。

② 《宋书》卷六七《谢灵运传》,中华书局1974年版,第1768页。

③ 《宋书》卷九一《孝义传》,中华书局1974年版,第2250页。

④ 《陈书》卷七《后主张贵妃传》,中华书局1972年版,第131页。

⑤ 《宋书》卷五六《孔琳之传》,中华书局1974年版,第1562—1563页。

锦署止充颁赏远近,不容以供边城戎服,请送青布以给之"。[①] 侯景一次要朝廷赐锦万匹以作军人袍服,这是不小的数量。再如,陈太建七年(575),监豫州陈桃根"表上织成罗又锦被各二百首",却被朝廷焚于建康云龙门外。[②] 几百件精致的丝织品,顷刻付之一炬,说明陈朝丝织业产量也很大。

在官营丝织业不断扩大的同时,民间丝织业也在发展。从谢灵运《山居赋》可知,士族地主的庄园别墅中丝、麻纺织也是生产的组成部分。陈时萧诠《赋婀娜当轩织诗》云:"东南初日照秦楼,西北织妇正娇羞……三日五匹未言迟,衫长腕弱绕轻丝。"[③] 三日可织五匹,说明民间丝织业生产效率不低。由于产量日益增多,不少产品被投放市场,南朝政府往往出巨资进行和市收购。上引齐永明五年(487)诏曰"京师及四方出钱亿万,籴米谷丝绵之属,其和价以优黔首"[④]即为一例。

总之,东晋后期迄于南朝,京师建康及周围地区丝织业有长足发展。当然,这种估价不宜过高,如将西晋与南朝课调标准作一比较,《晋书·食货志》记西晋"丁男之户,岁输绢三匹,绵三斤,女及次丁男为户者半输"。《隋书·食货志》载南朝"丁男调布绢各二丈、丝三两、绵八两、禄绢八尺、禄绵三两二分"。二者调发丝织品的标准相差很大,足见南方丝织业生产距离西晋水平尚有差距。正因为此,统治集团的奢侈挥霍以及军需品的征调,往往超过丝织业的实际生产能力,从而导致绢、绵价格上涨,前引孔琳之所论即为一例。《宋书·沈怀文传》载大明间"斋库上绢,年调钜万匹,绵亦称此。期限严峻,民间买绢一匹,至二三千,绵一两亦三四百。贫者卖妻儿,甚者或自缢死"。这也是丝织品生产满足不了市场需要的反映。可见,包括扬、南徐等州在内的江南丝织业要赶超北方尚待时日,但是,局面毕竟打开,基础业已奠定,其发展前景未可限量。

②麻织业。与江南其它地区一样,扬、南徐等州纺织业生产的传统门类还是麻纺织。麻织品在我国的纺织品中流行最早,中国古代所产之麻,主要有大麻、苘麻和苎麻三类,其中唯有苎麻的纤维细长坚韧,平滑而有丝光,染色易而退色难,织成布轻爽离汗,挺括透气,最受欢迎。据研究,由于气候变化,魏晋以后北方已不适宜苎麻生产,南方成为苎麻的主要产地。[⑤] 东晋初年江南丝织业尚未发达时,麻布的产量已很大,南朝麻织生产继续发展。齐永明间,前引竟陵王萧子良语曰:"(宋)永初,官布一

---

① 《梁书》卷五六《侯景传》,中华书局1973年版,第841页。

② 《陈书》卷五《宣帝纪》,中华书局1972年版,第88页。

③ 《艺文类聚》卷六五引。

④ 《南齐书》卷三《武帝纪》,中华书局1972年版,第54页。

⑤ 吴淑生等:《中国染织史》,上海人民出版社1986年版,第113页。

匹,直钱一千,而民间所输,听为九百。渐及元嘉,物价转贱,私货则东直六千(百),官受则准五百……近入官好布,匹堪百余。"①宋永初至齐永明间,前后仅六七十年,布价由千文降至百余,麻布产量激增可见一斑。正因为产量提高,麻布的消费在社会上一直占重要地位,不仅一般百姓,而且官僚士大夫也多以麻布为日常衣料。如陈朝官居显要的姚察,有门生赠南布(棉布)一端及花練一匹,为察所拒,察曰:"吾所衣著,止是麻布蒲練,此物于吾无用。"②李剑农先生曾统计南朝史传中帝王恩赐布、绢的次数,每朝赐布均超过赐绢。③ 这说明麻织业在南朝国计民生中仍占举足轻重地位,其发达明显早于丝织业。

2. 冶铁业

我国南方矿产资源丰富,自古以来就是矿冶业的重要基地。扬、南徐等州所在的长江下游,在金属冶炼和铁器制作上很早享有盛誉。但是,秦汉四百余年间,封建帝国的政治经济中心一直在黄河流域,原来颇有基础的南方矿冶业反而一度消沉。以冶铁业为例,《汉书·地理志》载西汉设铁官 49 县,扬、南徐等州竟为空白。六朝以来,南方矿冶业的消沉局面始有改观,尤其是西晋灭亡之后,南北对峙交争日渐激烈,加上南方经济开发的推动,铁矿的开采与冶炼重新兴盛起来。

《宋书·百官志上》曰:"江南诸郡县有铁者或置冶令,或置丞,多是吴所置。"可见,孙吴已为江南冶铁业再度兴盛奠定基础。东晋南朝,官府冶铁主要由尚方统领。南朝分置左、右尚方,并掌造军器,其下有东冶令、南冶令,掌工徒鼓铸。齐、梁以后,称东、西冶。④ 为保证所需劳力,朝廷经常以刑徒发配官冶铸所,宋永初元年(420)诏曰:"反叛淫盗三犯补冶士。""又制有无故自残伤者补冶士"⑤,梁朝刑法也有"补冶锁士""冶士"⑥等配冶刑徒的名目,反映朝廷对冶铁生产的重视。南北朝以来,扬、南徐等州陆续兴起铁矿采掘和冶炼中心,如丹阳永世(今江苏溧阳)"县南百余里铁砚山,广轮二百许里,山出铁,扬州今鼓铸之"。⑦ 南齐时茅山(今江苏句容东南)冶铁业也很兴盛,这里锻造的神剑在梁天监时"供御用,穷极精功,奇丽绝世"。⑧ 南朝官营冶铁业的生产规模比孙吴、东晋时期明显扩大。梁武帝时,康绚在钟离(今安徽凤阳一带)南

---

① 《南齐书》卷二六《王敬则传》,中华书局 1972 年版,第 483 页。

② 《陈书》卷二七《姚察传》,中华书局 1972 年版,第 351 页。

③ 参见李剑农:《魏晋南北朝隋唐经济史稿》,中华书局 1963 年版,第 51 页。

④ 参见《宋书》卷三九《百官志上》,中华书局 1974 年版,第 1232 页。《隋书》卷二六《百官志上》,中华书局 1973 年版,第 725 页。

⑤ 《宋书》卷三《武帝纪下》,中华书局 1974 年版,第 55 页。

⑥ 《隋书》卷二五《刑法志》,中华书局 1973 年版,第 699 页。

⑦ 李昉等:《太平御览》卷四六引刘宋山谦之《丹阳记》,中华书局 1960 年版,第 222 页。

⑧ 李昉等:《太平御览》卷六六五"道部七"引陶弘景语,中华书局 1960 年版,第 2970 页。

起浮山堰，欲灌魏军寿阳（今安徽寿县）城。堰将合拢时，因“淮水漂疾，辄复决溃……因是引东西二冶铁器，大则釜鬵，小则鋘锄，数千万斤，沉于堰所”。[①] 这里提及东、西二冶即是设于建康的东、南冶（西冶即宋、齐之南冶），一次能拿出数千万斤的铁器，足见产量之巨。陈祯明二年（588），东冶铸铁时发生爆炸，“有物赤色如数斗，自天坠熔所，有声隆隆如雷，铁飞出墙外烧民家。”[②]南朝以来，政府对冶铁业的控制监管有所放松。东晋时，远离统治中心的广州已有私家大开鼓铸，[③]南朝则漫延到各地，政府对于私铸既无法制止，往往采取默许态度。《梁书·武帝纪下》载大同七年（541）诏：“公私传、屯、邸、冶，爰及僧尼，当其地界，止应依限守视”，经营私家冶所，只要不“与公竞作以收私利”，政府就不予干涉，若是“越界禁断”，才“军法从事”。这种政策上的宽弛促使私营冶铁业的规模和影响进一步扩大。

南朝扬、南徐等州冶铁业的发展，还表现在炼铁炼钢技术取得重大进步。我国人民自春秋后期至两汉，不断创造出独特的炼钢技术。但是，这些方法都有缺陷，不是含碳量难以掌握，就是费工费时，难以大幅度提高产量。汉晋之际形成的灌钢法，成功地克服上述缺陷[④]，而这种技术的推广，则是南朝从扬、南徐一带开始的。《重修政和经史证类备用本草》之“玉石部”引有陶弘景语云“钢铁是杂炼生柔，作刀镰者”，“生”指生铁，“柔”即熟铁，“杂炼生柔”就是生熟铁混合冶炼，这与当时北朝綦母怀文炼“宿铁刀”大体是一个原理。采用这种方法炼钢，只要掌握好生熟铁的比例，就能较准确地控制钢成品的含碳量，显然是一种成本低廉、工艺简便，既保证质量又提高产量的炼钢技术。陶弘景又说：“近造神剑砍十五芒，观其铁色青激，光彩有异……凿镂装治是石（按：当为“右”）尚方师黄文庆，并是中国绝手……至梁天监四年乙酉岁，敕令造刀剑形供御用，穷极精功，奇丽绝世。”[⑤]约至南朝后期，这种先进的炼钢技术从扬、南徐一带向周围推广。隋唐时期，钢制品广泛用于农具和手工工具，极大地提高了社会生产力。宋明时，灌钢法进一步改进并流行于全国，成为最主要的炼钢方法，对生产发展和社会进步产生巨大推动。

3. 造船业

南北朝时期，扬、南徐等州充分利用濒临大海、江湖横亘以及河道纵横、港汊交错

---

① 《梁书》卷一八《康绚传》，中华书局1973年版，第291页。

② 《陈书》卷六《后主纪》，中华书局1972年版，第115页。

③ 参见《晋书》卷七三《庾翼传》，中华书局1974年版，第1932页。

④ 汉末王粲《刀铭》曰：“灌辟以数。”西晋张协《七命》曰：“乃炼乃烁，万辟千灌。”这些语词说明在汉晋之际已出现灌钢工艺。

⑤ 李昉等：《太平御览》卷六六五，《道部七》引陶弘景语，中华书局1960年版，第2970页。“砍十五芒”，形容刀剑的锋利。

的地理优势，推动造船业取得进一步发展。

东晋末年以来，南方发动战事往往出动水师配合陆上行动。刘裕灭后秦，大将王镇恶所率水师即为北军所惊叹："镇恶所乘皆蒙冲小舰，行船者悉在舰内，羌见舰溯渭而进，舰外不见有乘行船人。北土素无舟楫，莫不惊惋，咸谓为神。"[①]陶季直《京邦记》引《西巡记》曰："宋孝武度六合，龙舟翔凤以下，三千四十五艘。舟航之盛，三代二京无比。"[②]可见，此时南方船队动辄千艘，规模十分壮观。隋朝灭陈，文帝颁禁止江南私造船只诏曰："吴、越之人，往承弊俗，所在之处，私造大船，因相聚结，致有侵害。其江南诸州，人间有造船三丈已上，悉括入官。"[③]民间造船业竟让朝廷感到威胁，可见其规模与实力之大。

南朝造船业在船舰性能上的进步尤其突出。首先，船只载重量增加，航行速度明显加快。《颜氏家训·归心》记江南有载重二万斛的大船。齐时著名科学家祖冲之"造千里船，于新亭江试之，日行百余里"。[④] 其次，舰船增设许多进攻性装备，使攻击能力大为增强。梁末徐世谱率水军拒侯景军，"时景军甚盛，世谱乃别造楼船、拍舰、火舫、水车以益军势。"[⑤]"拍舰""火舫""水车"是具有特殊进攻能力的舰种和设备。陈朝侯瑱与王琳作战，"众军施拍纵火。定州刺史章昭达乘平虏大舰，中江而进，发拍中于贼舰。"[⑥]天嘉间，章昭达随侯安都拒王琳于芜湖，"昭达乘平虏大舰，中流而进，先锋发拍中于贼舰。"欧阳纥据岭南反，"昭达居其上流，装舻造拍，以临贼栅。"[⑦]吴明彻攻华皎，"募军中小舰，多赏金银，令先出当贼大舰，受其拍。贼船发拍皆尽，然后官军以大舰拍之，贼舰皆碎，没于中流。"[⑧]这些记载中的舰船，相当一批应产自扬、南徐等州，而被称为"拍"的设备则是用作投掷石块、火种以进攻敌船的发射装置，南朝战舰普遍增设这种装备，大大提高了作战能力。

4. 造纸业

东晋南朝时，扬、南徐、南兖等州兴起不少造纸中心。宋人米芾《十纸说》云："六合（今属江苏南京）纸，自晋已用，乃蔡侯鱼网遗制也。"此外，扬州的建康等地也有造纸生产基地，[⑨]《丹阳记》称南朝建康城内有"银纸官署，齐高帝造纸之所也。尝造银光

---

① 《宋书》卷四五《王镇恶传》，中华书局 1974 年版，第 1369 页。

② 徐坚等：《初学记》卷二五《舟十一》，中华书局 1962 年版，第 610 页。

③ 《隋书》卷二《高祖纪下》，中华书局 1973 年版，第 42 页。

④ 《南齐书》卷五二《文学·祖冲之传》，中华书局 1972 年版，第 902 页。

⑤ 《陈书》卷一三《徐世谱传》，中华书局 1972 年版，第 197 页。

⑥ 《陈书》卷九《侯瑱传》，中华书局 1972 年版，第 156 页。

⑦ 《陈书》卷一一《章昭达传》，中华书局 1972 年版，第 182—183 页。

⑧ 《陈书》卷二〇《华皎传》，中华书局 1972 年版，第 273 页。

⑨ 参阅潘吉星《中国造纸技术史稿》，文物出版社 1979 年版，第 55 页。

纸赠王僧虔，一云'凝光'"。[1]《桓玄伪事》曰："诏命平准作青、赤、缥、绿、桃花纸。"[2]

为满足日益增长的需要，南方造纸业进一步扩大原料来源，各地除以麻为原料大宗外，广泛采用其它韧皮纤维如桑皮、楮皮等造纸。桑树自古即在我国种植，将桑树枝条的嫩皮剥下来，经沤制、蒸煮处理，可制成纸张。魏晋以来南方种桑养蚕事业逐渐发展，扬、南徐等州造纸需要的桑皮供应不成问题。楮皮纸的生产，取之于楮树，楮树即构树，又称穀树。陶弘景《名医别录》曰："楮，此即今之构树也。南人呼穀纸亦为楮纸。"

此时，造纸业生产色泽鲜艳的众多纸品。前引《桓玄伪事》之文说明晋宋之际文人所用，除白纸以外，还有赤、青、缥、绿等色纸品种，这些色泽鲜艳的染色纸尤其迎合上层社会的时尚风俗。染纸之中又有黄纸一种，因具有防虫防蛀功能，尤有价值。它以黄蘗为染料加工而成，黄蘗即黄柏，为芸香料落叶乔木，树干皮呈黄色、味苦，气微香。皮中含生物碱，既是染色材料又是杀虫防蛀剂，《齐民要术》卷三"杂说"篇曾介绍以黄蘗染色的方法。由于黄纸具有良好的实用性，东晋时已用于书写诏书，南朝时政府公文、档案的应用更为普遍。《资治通鉴》卷一一九宋景平元年(423)胡三省注引洪迈曰："晋恭帝时，王韶之迁黄门侍郎，凡诸诏黄，皆其辞也。则东晋时已用黄纸写诏矣。又，宋明帝时，吏部尚书褚渊就赭圻行选，是役也，皆先战授位，版檄不供，由是有黄纸札。则宋世就军补官赏功，又多用黄纸矣。……至齐世，立左右丞书案之制：曰白案，则右丞书名在上，左丞次书；黄案，则左丞上书，右丞下书。虽世远莫知何者之为黄案，何者之为白案，所可知者，其纸已分黄、白二色决矣。"除政府公文外，文人的经史著作也用黄纸书写。《太平广记》卷二五三引《谈薮》曰："(司马消难)见朝士皆重学术，积经史。消难切慕之，乃多卷黄纸，加之朱轴，诈为典籍，以矜僚友。尚书令济阳江总戏之曰：'黄纸五经，赤轴三史。'"这种弄虚作假的故事反映黄纸已普遍为南朝文人所使用，为纸取代简牍缣帛，成为基本的书写材料创造了条件。

5. 制瓷业、制盐业

南朝义兴(今江苏宜兴)是南方制瓷业的中心之一。这一带地处长江下游的太湖冲击平原，土地肥沃，发展农业的条件十分优越，加上山峦起伏，盛产瓷土与竹木薪炭，发展制瓷业有良好的基础。东汉以来，制陶生产已具有一定规模，后即在此之上形成著名的均山窑，其制品造型和装饰与浙江的越窑有相近风格和特点，常见品种有钵、碗、盏、洗、壶、罐、坛等，纹饰多以絃纹、水波纹、斜方格网纹、联珠纹为主，耳面常

---

① 李昉等：《太平御览》卷六〇五《文部二一·纸》，中华书局1960年版，第2724页。

② 徐坚等：《初学记》卷二一《纸七》，中华书局1962年版，第517页。

印人字纹。义兴均山窑在孙吴和东晋逐渐发达，南朝时继续兴盛，并成为江南瓷器制造业的主要生产基地之一。

盐业尤其是海盐生产在长江下游的南兖州一带有悠久历史。据光绪《盐城县志》，晋末义熙间，盐渎县更名盐城，这正是制盐业日益兴盛的表现。南朝以来南兖州沿海地区制盐生产更趋发达，《太平寰宇记》卷九五引《吴郡记》记此地“海滨充斥，盐田相望”。同书卷一二四“盐城县”条引南朝人阮升之《南兖州记》曰：“上有南兖州盐亭一百二十三所，县人以鱼盐为业，略不耕种，擅利巨海，用致饶沃。公私商运，充实四远，舳舻往来，恒以千计。”由于盐场规模辽阔，盐业生产的规模日益扩大，所制之盐远销四方，朝廷重视盐税征收，陈天嘉二年(561)太子中庶子虞荔、御史中丞孔奂“以国用不足，奏立煮海盐赋及榷酤之科，诏并施行”。①

第三节　商业与货币

一　巨大反差下的南北商业

魏晋以来，由于地理位置和军事、政治形势的影响，扬、徐等州的商业活动在江南与徐淮两地分别走向兴盛和衰落，进入南北朝，反差则更加明显。徐淮地区屡遭战乱，人口凋零，城镇衰落，生产废弛，市场萎缩，商品经济的发展陷入极度困境。反

① 《陈书》卷三《世祖纪》，中华书局1972年版，第54页。

之，扬、南徐等州由于战乱破坏较少，社会相对安定，在经济加速开发的推动下，商业活动日益活跃，不仅规模明显扩大，而且形成一系列特点。

1. 江南商业活动进一步活跃

①商业都会的兴盛。六朝以来，扬、南徐等州一些重要的政治、军事中心逐渐发展为繁荣的商业都会。

京师建康是南方的政治、文化中心，也是最大的商业城市。两汉时，此地仅为丹阳郡之一县，名曰秣陵。建安十六年(211)孙权从张纮之议，徙治于此。翌年，建城于石头，改名建业，开始成为长江下游最负盛名的都市。半个多世纪中，建业未受战乱破坏，商业逐渐发展，市场走向繁荣。左思《吴都赋》曾追述其繁荣景象："开市朝而并纳，横阛(市垣)阓(市门)而流溢。混品物而同廛，并都鄙而为一。士女伫眙，商贾骈坒。纻衣絺服，杂沓傱萃。轻舆控辔以经隧，楼船举帆而过肆。……金镒磊砢，珠琲阑干。桃笙象簟，韬于筒中；蕉葛升越，弱于罗纨。"[①]赋文描述未免夸张，但这里既是孙吴的政治、经济中心，自然是商贾云集，珍货辐凑，市场繁荣。西晋灭吴，建业城的国都地位虽废，但经济未受破坏。旋即晋室南渡，定都建康，历宋、齐、梁、陈四代而未改。而且，东晋南朝的政权更替多以"禅让"方式进行，未经重大兵祸，其间虽有王敦、苏峻以及侯景之乱的破坏，时间一般不长，相比于北方长期大规模的战乱，危害程度稍轻，恢复也比较快。可以说，建康在3—6世纪的300余年经历了大体平稳的发展道路。就城内而言，商业活动场所林立，前引《太平御览》卷八二七载山谦之《丹阳记》称，京师自孙吴至刘宋建有四市，据卷一九七"居处部"引《南朝宫苑记》，与四市类似者还有肇建市等。大市以外又有规模稍次的小市，《通典·食货·杂税》曰："淮水北有大市，自余小市十余所。"宋元徽二年(474)刘休范反，"张敬儿等破贼于宣阳门、庄严寺、小市，进平东府城……"[②]"大市""小市"以外，秦淮河畔还有一系列专营某类商品的专业市集，如"牛马市、谷市、蚬市、纱市等"。[③] 商业活动的繁盛和市集的增多，使建康城的规模迅速扩大，人口急剧增加，《资治通鉴》卷一六二引《金陵记》曰："梁都之时，户二十八万。西石头城，东至倪塘，南至石子岗，北过蒋山，南北各四十里。"按一户5口计，梁时建康城人口应超过140万，不仅是南方最大城市，也是世界上第一个确切人口数逾百万的大城市。[④]

建康以东的京口(今江苏镇江)，原系一军事据点。魏晋以来，因地理形势优越，

---

① 萧统：《文选》卷五，上海古籍出版社1986年版，第219页。

② 《宋书》卷九《后废帝纪》，中华书局1974年版，第182页。

③ 《景定建康志》卷十六《疆域志二》镇市条，南京出版社2009年版，第359页。

④ 参见胡焕庸、张善余：《中国人口地理》上册，第246页。

政治、军事地位日渐突出，也形成京师以东著名商业都市。《南齐书·州郡志上》曰："南徐州，镇京口。吴置幽州牧，屯兵在焉。丹徒水道入通吴会，孙权初镇之。……望海临江，缘江为境，似河内郡，内镇优重。宋氏以来，桑梓帝宅，江左流寓，多出膏腴。"《隋书·地理志下》又称"京口多通吴、会，南接江、湖，西连都邑，亦一都会也"。而京口以下的毗陵（今江苏常州）、吴郡（今江苏苏州）等地皆"川泽沃衍，有海陆之饶，珍异所聚，故商贾并凑"，也是著名的商业中心。

扬、南徐等州这些商业都会的发展和繁荣，反映它们最初也与中国封建社会前期的大多数城市一样，主要依赖政治与军事的重要性而得以成长。但是，由于江南经济迅速开发，商业交易日益繁荣，加上为之服务的人口急剧增加，城市的商业性质逐渐突出。以建康为例，作为南方的政治中心，原有居民的主要成分应是帝王贵族、官员差役、军队士卒以及他们的家属，随着商业的发展和市场的繁荣，居民的结构却在不断变化，前引《隋书·地理志》曰："丹阳旧京所在，人物本盛，小人率多商贩，君子资于官禄，市廛列肆，埒于二京，人杂五方，故俗颇相类。"显然，自六朝尤其是南北朝以来，以建康为代表的这些城市的性质较之两汉已发生明显变化。

②特权阶层与平民经商。六朝以来，南方社会从事商业活动的主要群体亦有变化，除一般平民外，拥有特权的贵族、官僚和寺院僧侣从事商业活动十分普遍，此种现象在京师周围的扬、南徐等州更加突出。梁时郭祖深论及当时朝士经商状况曾说："百僚卿士，鲜有奉公，尸禄竞利，不尚廉洁。"[①]此风漫延至宫廷，一些帝王君主亦热衷于经商之道。例如，宋少帝刘义符"于华林园为列肆，亲自酤卖"。[②] 齐东昏侯"又于苑中立市，太官每旦进酒肉杂肴，使宫人屠酤，潘氏为市令，帝为市魁，执罚，争者就潘氏决判"。[③]

贵族、官僚们经商大致采取以下几种方式：

一是出售农副产品。贵族、官僚大多经营田园、别墅，其自然经济的色彩虽然浓厚，但在满足自身消费之余，也将大量农副产品投放市场，以换取丰厚的收入。刘宋大臣沈庆之就曾"广开田园之业，每指地示人曰：'钱尽在此中'"。[④] 尚书令、领丹阳尹柳元景在建康"有数十亩菜园，守园人卖菜得钱三万，送还宅"。[⑤] 梁时，以清高自许并掌权台鼎的徐勉说，他营立小园"非在播艺，以要利入"。[⑥] 正因为经营田庄贩卖农副

① 《南史》卷七〇《循吏·郭祖深传》，中华书局1975年版，第1720页。

② 《宋书》卷四《少帝纪》，中华书局1974年版，第66页。

③ 《南齐书》卷七《东昏侯纪》，中华书局1972年版，第104页。

④ 《宋书》卷七七《沈庆之传》，中华书局1974年版，第2003页。

⑤ 《南史》卷三八《柳元景传》，中华书局1975年版，第981页。

⑥ 《梁书》卷二五《徐勉传》，中华书局1973年版，第384页。

产品颇多获利，所以，“在朝勋要，多事产业”。[1]

二是长途贩运。贵族官僚因权势在手，往往利用所占控的劳力和免除赋役等特权开展长途贩运。《宋书·孔觊传》载：“觊弟道存，从弟徽，颇营产业。二弟请假东还，觊出渚迎之，辎重十余船，皆是绵绢纸席之属。”《南齐书·荀伯玉传》载萧赜为太子时，任用亲信张景真，“又度丝绵与昆仑舶营货，辄使传令防送过南州津。”当时地方官卸任或致仕，亦多携带大批货物以为“还资”“归资”，即乘归里之机进行贩运。

三是开店设邸。南朝不少官僚权贵在扬、南徐一带交通要道或商业都会开店设邸，经商牟利。宋明帝时晋安王刘子勋长史邓琬“性鄙暗，贪吝过甚……至是父子并卖官鬻爵，使婢仆出市道贩卖，酣歌博弈，日夜不休”。[2] 陈朝大臣徐度“世居京师……恒使僮仆屠酤为事”。[3] 马克思曾指出：“高利贷资本的发展，和商人资本的发展，并且特别和货币经营资本的发展，是联系在一起的。”[4]南朝京师附近的一些权贵也以邸舍兼营高利贷。史载梁武帝六弟萧宏，在“都下有数十邸出悬钱立卷，每以田宅邸店悬上文券，期讫便驱卷主，夺其宅。都下东土百姓，失业非一”。[5] 当时不仅皇族成员热衷于设邸放债，一般官僚亦乐为之。《宋书·顾觊之传》曰：“觊之家门雍睦，为州乡所重。五子约、缉、绰、缜、绲。绰私财甚丰，乡里士庶多负其责，觊之每禁之不能止。”同书《王弘传》曰：弘父“珣颇好积聚，财物布在民间。珣薨，弘悉燔烧卷书，一不收责；余旧业悉以委付诸弟”。

东晋南朝以来佛教盛行，寺院地主的经济实力膨胀，在聚集大量财富以后，上层僧侣纷纷加入经商牟利的行列。《弘明集》卷六载东晋末释道恒《释驳论》曰：“今观诸沙门……或商旅博易，与众人竞利。”《广弘明集》卷二四载陈时释真观《与徐仆射领军述役僧书》亦称众多寺僧“或常居邸肆，恒处田园”。一般说来，当时寺院多作为商人存贮货物和寄宿的场所，很容易与商业活动发生联系，商人或因一时资金周转不灵，可向寺院借款，或者以商货相抵押。史料反映此时高利贷举放的方式，有通过订立契约借款的“举贷”和债务人提供财物抵押而借款的“质举”两种，而南朝寺院举放高利贷的材料多属后一种。如《南齐书·褚渊传》载渊死后，其弟“澄以钱万一千，就招提寺赎太祖所赐渊白貂坐褥，坏做裘及缨，又赎渊介帻犀导及渊常所乘黄牛”。由此可

---

① 《宋书》卷七七《柳元景传》，中华书局 1974 年版，第 1990 页。

② 《宋书》卷八四《邓琬传》，中华书局 1974 年版，第 2135 页。

③ 《陈书》卷一二《徐度传》，中华书局 1972 年版，第 188—189 页。

④ 《马克思恩格斯全集》，第二十五卷，第 671 页。

⑤ 《南史》卷五一《梁临川王宏传》，中华书局 1975 年版，第 1278 页。

知，南朝时京师寺院经营的抵押借贷活动颇为流行。至于寺院放高利贷的利率，现存史料反映很少，初唐高僧释道宣撰有《四分律删繁补诀阙行事钞》，其中所载《善生经》曰："赡病人不得生厌。若自无物，出求之；不得者，贷三宝物，差已，十倍偿之。"[①]初唐上距南朝不远，照此标准，赡养病人而放款，即可收十倍利息，剥削率之高可以想见。当然，如此利率往往超出一般债务人的偿还能力，未必皆能实现，但是，寺院放债利率高于世俗社会的一般标准则是可能的。

南朝以来，扬、南徐等州卷入经商活动的平民不断增多。此时农村大土地所有制发展，劳动群众的身份地位与经济状况不断恶化，迫使更多的贫苦农民走上弃农经商的道路。正如《宋书・孔琳之传论》所说："事有讹变，隆敝代起，昏作役苦，故穑人去而从商，商子事逸，末业流而浸广。"当然，经商的平民并不完全是迫于生计的劳动群众，其中也有未挤入仕流的富商，他们依恃雄厚的经济实力，通过各种途径，交结权贵，竭力争取朝廷和地方官的庇护。《南史・恩倖传》载梁朝"陆验、徐驎，并吴郡吴人。验少而贫苦，落魄无行。邑人郁吉卿者甚富，验倾身事之。吉卿贷以钱米，验借以商贩，遂致千金。因出都下，散赀以事权贵。……验、驎并以苛刻为务，百贾畏之，(朱)异尤与之昵，世人谓之三蠹"。朱异是当时执掌机要，炙手可热的人物，陆验、徐驎与之沆瀣一气，狼狈为奸，一般商贩只能侧目。

此时平民经商的方式：一是从事贩运，此谓"行商"。《南史・恩倖传》曰："周石珍，建康之厮隶也。世以贩绢为业。"梁大臣贺琛"常往还诸暨，贩粟以自给"[②]皆属此类。设肆开店则为又一方式，此即列入市籍之"坐贾"。梁时吕僧珍从父兄子曾"以贩葱为业"，[③]南朝《读曲歌》中有"家贫近店肆""登店卖三葛、郎来买丈余"[④]等句，也是平民经营固定店铺的反映。第三种类型是亦农(工)亦商、从事自产自销的小商贩，此指一般穷苦百姓既不能开店设肆，又无力从事长途贩运的，他们只能以产销结合的形式亦农(工)亦商，从事小规模商业经营，用以维持最低生活。

③商业制度的若干变化。

首先看市场体制。六朝江南城市的商业活动主要仍然集中于官方设立的"市"，"市"有固定地点，交易自日中以后开始；市内列肆，以类相从，管理皆有定制。《太平御览》卷八二七引山谦之《丹阳记》述建康市场曰："京师四市，建康大市，孙权所立；建

① 参见何兹全：《佛教经律关于寺院财产的规定》，载《五十年来汉唐佛教寺院经济研究(1934—1984)》，北京师范大学出版社 1986 年版，第 150 页。

② 《梁书》卷三八《贺琛传》，中华书局 1973 年版，第 540 页。

③ 《梁书》卷一一《吕僧珍传》，中华书局 1973 年版，第 213 页。

④ 《乐府诗集》卷四六，中华书局 1979 年版，第 676 页。

康东市，同时立；建康北市，永安中立；[1]秣陵斗场市，隆安中发乐营人交易，因成市也。"此四市为官方所设，基本承袭日中而市，黄昏而散的旧制。南朝诗文常有述及：梁庾肩吾《看放市诗》曰："旗亭出御道，游目暂迴车……日中人已合，黄昏故未疏。"陈张正见《日中市朝满诗》曰："云阁绮霞生，旗亭丽日明。尘飞三市路，盖入九重城……唯见争名利，安知大隐情。"[2]引文中"旗亭"即市楼，有旗立于上，系市场管理机构所在。[3] 官员设置多沿汉晋旧制，有市长、令、丞等名目。《南史·齐本纪》载东昏侯"又于苑中立店肆，模大市，日游市中，杂所货物，与宫人阉竖共为裨贩。以潘妃为市令，自为市吏录事，将斗者就潘妃罚之"。由于长期以来崇本抑末的传统观念，市场官吏的地位颇低下。陈朝阳惠朗擢为太市令，虽"有吏能"，"考校簿领，纤毫不差"，其秩仅六百石而已。[4] 吴兴章华，虽"颇览经史，善属文"，但因"家世农夫"，"后主即位，朝臣以华素无伐阅，竟排诋之，乃除大市令"。[5] 官员地位如此低下，市内从事交易的商人地位自然更为卑贱。

不过，此时市场体制在承袭旧制的基础上，亦产生值得注意的新变化：第一，京师市场"面朝后市"的传统格局被打破。根据封建礼制的规定，战国秦汉以来市应建于宫廷之后的北部地区。《周礼·考工记》曰："国中九经九纬……左祖右社，面朝后市。"建康则不然，宋周应合《景定建康志·疆域二》"镇市"条引《宫苑记》曰："吴大帝立大市，在建初寺前，其寺亦名大市寺。宋武帝永初中立北市，在大夏门外归善寺前。宋又立南市，在三桥篱门外斗场村内。"周氏考证云："以此知六朝市廛多在淮水之北，冶城之东也。"据此，则建康市场遍及宫城南北，尤集中于秦淮河两岸，这与传统的"面朝后市"的旧时格局已大相径庭。第二，旧时之市位于城中专门从事商品交易的特定区域，有阛（市垣）阓（市门）与居民住宅区隔开，相互并不混杂。及至两晋，这种局面始有突破，市场已与居民住宅区相混杂。《世说新语·规箴》载晋元帝时，"廷尉张闿在小市居，私作都门，蚤闭晚开，群小患之。"南朝也多有这方面材料，《梁书·吕僧珍传》载僧珍"姊适于氏，住在市西，小屋临路，与列肆杂处，僧珍常导从卤簿到其宅，不以为耻"。可见，市廛已与一般居民住所相混杂。第三，在正规官办大型市场以外，兴起不少中小型或专营某类商品的非正规市场。上引《景定建康志·疆域二》"镇市"条述及遍布京师的各专业市场："又有小市、牛马

---

① "永安"似"永初"之误，参见《景定建康志》"疆域"条。

② 徐坚等：《初学记》卷二四《居处部·市十五》。中华书局 1962 年版，第 593 页。

③ 张衡《西京赋》曰："旗亭五重，俯察百隧。"见《文选》卷二，上海古籍出版社 1986 年版，第 61 页。

④ 《资治通鉴》卷一七六，中华书局 1956 年版，第 5477—5478 页。

⑤ 《陈书》卷三〇《章华传》，中华书局 1972 年版，第 406 页。

市、谷市、蚬市、纱市等一十所，皆边淮列肆裨贩焉。内纱市在城西北耆闍寺前；又有苑市，在广莫门内路东；盐市在朱雀门西。今银行、花行、鸡行、镇淮桥、新桥、笪桥、清化市，皆市也。”大城市兴起众多交易市场以外，一些小城市和乡村也形成几日一聚的市集、草市等交易场所。例如，《太平寰宇记》“江南东道二·升州上元县”条称，东晋建康置“有七尉部”，其中“南尉在草市北”。《南齐书·五行志》载建武四年(497)“王晏出至草市，马惊走，鼓步从车而归，十余日，晏诛”。同书《明帝七王传》载永元三年(501)“京邑骚乱。(萧)宝夤至杜姥宅，日已欲暗，城门闭，城上人射之，众弃宝夤逃走。宝夤逃亡三日，戎服诣草市尉”。这些记载都说明建康等城市的城郊结合部，往往有“草市”之设，其所以称“草市”，日人加藤繁认为系由各地草料市场发展而来，[①]名称本身即有粗略和不正规之义。这种市集的管理体制不如官办市场严密，封建政权的控制也比较松，显然是商业活动突破旧体制束缚的重要表现，它不仅促进城乡商品交易活动的开展，也为以后唐宋时期城乡市场的进一步发展开辟了道路。

其次，再看对商品交易的管理和控制。秦汉封建政权对商业活动的压抑，不仅表现于对市场的严厉控制，而且还对某些特定行业实行禁榷专卖，即商业垄断。六朝以来南方政权虽继续奉行崇本抑末的传统政策，但在商业垄断上渐已放松，尤其是南朝较多通过和市征购以及征收商税等方式控制市场，以满足封建统治集团的需要。史料反映，在南方经济的迅速发展和投放市场的农产品、手工业品日益增多的形势下，南朝政府或以“和市”的方式大量进行政府采购。宋永初元年(420)诏曰：“台府所需，皆别遣主帅与民和市，即时裨直，不复责租民求办。”[②]《通典·食货·轻重》曰：“齐武帝永明中，天下米谷布帛贱，上欲立常平仓，市积为储。六年，诏出上库钱五千万，于京师市米，买丝、绵、纹、绢、布；扬州出钱千九百一十万，南徐州二百万，各于郡所市籴；南荆河州(即南豫州)二百万市丝、绵、纹、绢、布、米、大麦；江州五百万市米、胡麻；荆州五百万、郢州三百万皆市绢、绵、布、米、大小豆、大麦、胡麻；湘州二百万、市米、布、蜡；司州二百五十万，西荆河州(即西豫州)二百五十万，南兖州二百五十万，雍州五百万，市绢、绵、布、米，使台传并于所在市易。”这次大规模的“和市”耗资总数逾亿，遍及范围广泛，征购品种众多，有效地调节了市场供求，促进各地农产品和手工业的流通，同时也充实政府库存，满足各方面需求，堪称南朝政府以经济手段征集调用物资的成功实践。而投入此次和市的资金量，京师几占半数，各州之中，扬州高踞榜首，加上南徐州，则已接近总数的3/4，此亦可见京师与扬、南徐等州在南朝经济和财政收

---

① 参见加藤繁:《中国经济史考证》第一卷，商务印书馆1959年版，第317页。

② 《宋书》卷三《武帝纪下》，中华书局1974年版，第54页。

支中举足轻重的地位。[①]

再看商税的征收。秦汉时，政府主要向商人开征类似后世营业税的市租（或称市税，南朝又称市调）以及未行禁榷时的盐、酒之税。东晋南朝以来，商税征收的范围逐渐扩大，名目日益增多，除市租以外，又有估税以及各类关津税、埭税等商品过境税。其中，市租为最主要税种，《宋书·武帝纪下》载永初元年（420）诏曰："市税繁苦，优量减降。"文帝元嘉十七年（440）诏曰："所在市调，多有烦刻……自今咸依法令，务尽优允。"[②]《陈书·宣帝纪》载太建十一年（579）诏曰："重以旗亭关市，税敛繁多。"显然，自晋室南渡至南朝末，市租的征收一直未断，且数额繁重，成为商民的沉重负担。东晋以来，朝廷在市租之外对某些商品交易活动加征名为估税的新税种。《隋书·食货志》曰："晋自过江，凡货卖奴婢马牛田宅，有文卷、率钱一万，输估四百入官，卖者三百，买者一百。无文券者，随物所堪，亦百分收四，名为散估。历宋齐梁陈如此以为常。"《宋书·文帝纪》载元嘉十七年诏曰："又州郡估税，所在市调，多有烦刻。"《南齐书·武十七王传》载萧子良谏曰："顷市司驱扇，租估过刻，吹毛求瑕，廉察相继。"这种同时向交易双方征收的从事特种商品交易的"估税"，类似于后世契税，其不见于西晋十六国和北朝记载，惟于南朝时开征，说明江南地区商业交易活动的活跃。除此以外，扬、南徐等州还针对过境货物征收名目繁多的关津之税。《通典·食货·杂税》称东晋至陈，建康"西有石头津，东有方山津，各置津主一人，赋曹一人，直水五人，以检察禁物及亡叛者，荻炭鱼薪之类出津者，并十分税一以入官"。京师东西各设一关津，按百分之十的税率征收出境税。《宋书·孝武帝纪》载大明八年（464）诏也提到征收过境之税："东境去岁不稔，宜广商货。远近贩鬻米粟者，可停道中杂税。"梁武帝大同十一年（545）三月诏曰："四方所立屯、传、邸、冶、市埭、桁渡、津税……有不便于民者，尚书州郡各速条上，当随言除省，以舒民患。"[③]这里记埭税和桁渡税的征收，所谓"埭"，系以土堰水，两岸各立转轴，船只通过时，通过缆绳将转轴与舟船联结起来以人力或牛力牵引，帮助船只通过，以牛力拉动者，即称牛埭，破岗渎上下十余埭及方山埭，均属此类。桁渡税亦称桁税，是摆渡场所征收的税种。《建康实录》卷九论及六朝建康城内的桁税称："（孝武帝宁康元年三月）诏除丹阳、竹格等四航（桁）税。"许嵩曾于此条下引《舆地志》曰："六代自石头东至运署，总二十四所度，皆浮船往来，以税行直。"仅石头至运署一线就有24处摆渡设施，皆征桁税。除此之外，在对外贸易口岸

① 蒋福亚先生认为此次和市"从一个侧面说明，三吴在宋齐之交就已发展成为我国封建社会的新生的经济重心"。见《论南齐永明年间的和市》，收入蒋氏著：《魏晋南北朝经济史探》，甘肃人民出版社2004年版，第460页。

② 《宋书》卷五《文帝纪》，中华书局1974年版，第87页。

③ 《梁书》卷三《武帝纪下》，中华书局1973年版，第89页。

还征收关税。

④海外贸易的发展。六朝海外贸易最重要的中心虽在广州，但是，扬、南徐等州地处沿海沿江，造船与航海事业有明显发展，尤其是数百年来，在江南经济加速开发的推动下，对外贸易的局面也逐渐打开。这里位于南方政权的统治中心，古代一向是商贡结合，政权之间的朝聘贡使往往伴随着商业贸易[1]，这些都促使以建康为中心的扬、南徐一带对外贸易的开展。我们从六朝以来与东亚和部分西域国家的通使次数的统计（见下表）即可看出此一趋势：[2]

六朝东亚、西域部分政权来朝通使次数表

国　别	孙　吴	东　晋	南　朝	共　计
高句丽		约30(次)		30(次)
百　济		1	10	11
新　罗			4	4
大和国		1	9	10
滑　国			3	3
波　斯			1	1

上表所列南朝时各地区前来通使的次数明显超过孙吴、东晋时期。例如，朝鲜半岛的高句丽、百济、新罗，日本的邪马台、大和国均与南朝有密切的朝贡通使往来。《梁书・诸夷・东夷传》曰："自晋过江，泛海东使，有高句丽、百济，而宋、齐间常通职贡。梁兴，又有加焉。"新罗自梁普通二年(521)"始使使随百济奉献方物"。公元3世纪起，今日本奈良地区兴起大和国家，也多次遣使远涉，贡献方物。中亚阿姆河一带兴起的滑国（北朝称吠哒汗国），梁武帝时数次"遣使献方物"。《南史・夷貊下》记波斯与梁朝通使之事："波斯国……梁中大通二年，始通江左，遣使献佛牙。"这些都说明南朝以来，伴随着政权之间通使朝贡的频繁，经由扬、南徐地区展开的对外贸易事业也有明显发展。

2. 徐淮地区的南北朝互市

南北朝时，徐淮一带商业愈益凋敝和衰落，与日趋繁荣的扬、南徐等州的反差日益明显。但是，这里的商业活动与经济交流未完全绝迹，由于地处南北交争的中

---

① 这种情况早在两汉时典籍中已有反映，《汉书・西域传》载西汉成帝间杜钦说大将军王凤曰："奉献者皆行贾贱人，欲通货市买，以献为名，故烦使者送至县度，恐失实见欺。凡遣使送客者，欲为防护寇害也。"

② 此表据王仲荦：《魏晋南北朝史》下册第九章内容制。

间地带，为满足各自政权需要而进行商货交换亦即“互市”成为商业往来的主要形式。

此时，互市一般随边境局势的变化时断时续。军事形势紧张时，贸易暂时中断，一旦形势缓和，双方聘使通好，互市又以正式或非正式形式恢复。例如，宋元嘉二十七年(450)拓跋焘大举南侵，边境绝市。魏军回退次年，正式向刘宋提议互市，但为宋廷拒绝。宋孝武帝即位，北魏重又“求通互市”，①南朝应允，“时遂通之”，②互市得以恢复。《梁书·范缜传》又载：“(齐)永明年中，与魏氏和亲，交通聘好”。《北齐书·崔暹传》曰：“魏梁通知，要贵皆遣人随聘使交易。”《梁书·张稷传》也说：“初，郁洲接边陲，民俗多与魏人交市。”可见，齐、梁两朝皆与北朝维持互市。陈朝曾与北朝反复争夺两淮，官方互市颇受阻碍。但是，陈文帝列举南徐州刺史侯安都的罪状时也说：“寄以徐蕃，接邻齐境，贸迁禁货，鬻卖居民。”③显然，未经朝廷允准的边境贸易仍在当地进行。

南北激烈争战之间隙，双方也进行商货交换，且由统军主帅一类的高层人士直接推动并参与。例如，元嘉间，宋魏大军对峙于彭城，拓跋焘与刘骏等在阵前频频交换土产货物。“魏主既至，登城南亚父塚，于戏马台立毡屋。先是，队主蒯应见执，其日晡时，遣送应至小市门，致意求甘蔗及酒。孝武(即刘骏)遣送酒二器，甘蔗百挺。求骆驼。明日，魏主又自上戏马台，复遣使至小市门，求与孝武相见，遣送骆驼，并致杂物，使于南门受之。……魏主又求酒及甘桔，孝武又致螺杯杂物，南土所珍。……又求博具，俄送与。魏主又遣送毡及九种盐并胡豉……又求黄甘……(魏尚书李孝伯)又云：‘魏主恨向所送马殊不称意，安北(按：刘骏时任安北将军)若须大马，当送之，脱须蜀马，亦有佳者。’……(宋江夏王刘义恭)又送炬烛十挺，孝武亦致锦一匹。”④这种阵前土产货物的相互馈赠，只是商货交换的初级形式，但是，它透露出迫切需要对方商货物资的强烈愿望。同时，也反映平时投入互市的商品种类相当广泛。

此时，南北互市的货物多以长途贩运的商品为大宗，其中，多含王公贵族需要的奢侈品以及重要的战备物资，由于获利极其丰厚，所以，掌握特权的贵族官僚竭力插手其间。《北齐书·崔暹传》称魏梁通好，权贵皆遣人随使交易。同书《魏收传》称收又托付陈使封孝琰“牒令其门客与行，遇昆仑舶至，得奇货猓然褥表、美玉

① 《宋书》卷八五《谢庄传》，中华书局1974年版，第2168页。

② 《宋书》卷九五《索虏传》，中华书局1974年版，第2354页。

③ 《陈书》卷八《侯安都传》，中华书局1972年版，第148页。

④ 《宋书》卷四六《张邵附兄子畅传》，中华书局1974年版，第1397—1398页。

盈尺等数十件”。这些虽然是北朝官员插手互市贸易的实例，但是，我们亦不妨推论，南朝官员在这个方面决不比北方官员逊色。正因为此，每当朝廷议论互市开禁，总有一批掌握实权的贵族官僚竭力赞成，上文提到宋孝武帝即位时，北魏再次要求通使互市，朝议分为两派意见：“江夏王义恭、竟陵王诞、建平王宏、何尚之、何偃以为宜许；柳元景、王玄谟、颜竣、谢庄、檀和之、褚湛之以为不宜许。”[①]辩论结果，热衷于经商牟利的刘义恭、刘诞等一派取胜，他们控制着朝廷的军权大权，朝议自然倒向他们一边。这正透露出互市交易在南北对峙几百年中得以不断延续和发展的主要原因。

二　货币的紊乱

南北朝扬、徐等州的货币流通依然持续着魏晋以来衰落和紊乱的状态。但是，扬、南徐等州与徐淮地区由于经济发展的差距日益明显，所以，货币流通虽然皆未走上正轨，但具体的表现和特征却全然不同。

1. 南北迥异的货币状况

先看徐淮地区。至孝文帝太和初，北朝一直未能开铸铜钱，作为实物货币的米谷布帛长期承担着主要的流通功能。《魏书·食货志》曰：“魏初至于太和，钱货无所周流，高祖始诏天下用钱焉。”此后北魏两度铸造五铢钱，质量虽好，却未能周流全境成为统一货币。同书又称“（铸太和五铢后）利于京邑之肆，而不入徐扬之市”，可见此币在徐淮并未流通。《食货志》又称：“土货（按即土钱）既殊，贸鬻亦异，便于荆郢之邦者，则碍于兖豫之域。致使贫民有重困之切，王道贻隔化之讼。”延昌二年(513)“徐州民俭，刺史启奏求行土钱，旨听权依旧用”。肃宗（孝明帝）初，“京师及诸州镇或铸或否，或有止用古钱，不行新铸，致商货不通，贸迁颇隔。”既然北朝金属货币的使用和流通长期处于衰颓不振之中，徐淮一带动荡交争，自然不能不以实物货币作为主要的流通手段。此时，米谷布帛可以购买粮食、耕牛、农具等各种商品，还可充为军饷。《魏书·薛虎子传》载太和初虎子任徐州刺史，因“州镇戍兵，资绢自随，不入公库，任其私用，常苦饥寒”。于是上表曰：“窃惟在镇之兵，不减数万，资粮之绢，人十二匹，即自随身，用度无准，未及代下，不免饥寒。”遂建议“若以兵绢市牛，分减戍卒，计其牛数，足得万头”。显然，兵绢既可“资粮”，又可用以“市牛”。直至东魏、北齐时，实物货币盛行的现象仍在流行。

与此同时，地处南朝统治中心区的扬、南徐等州，货币使用与流通的形势却与北

---

① 《宋书》卷九五《索虏传》，中华书局1974年版，第2354页。

朝迥异。这里市场上流行的米谷布帛之类实物货币并不多，大量通行的反倒是金属货币。不过，由于钱币铸行中制度的紊乱和质地的猥滥却又导致流通领域产生新的矛盾和症结。据载，先是宋文帝于元嘉七年(430)“立钱署，铸四铢钱”，①但因“民间颇盗铸，多翦凿古钱以取铜”，遂于二十四年因“江夏王义恭建议，以一大钱当两，以防翦凿”。此议遭何尚之为代表的一批大臣反对，尚之曰：“夫泉贝之兴，以估货为本，事存交易，岂假数多。数少则币重，数多则物重，多少虽异，济用不殊。况复以一当两，徒崇虚价者邪。”②何氏强调货币数量应与市场流通的商货价值成比例，人为提高货币面值必然导致物价上涨，这样正确的意见竟然不被采纳。大钱一当两实行以后，果然“公私非便”，次年终废行。孝武帝时又铸“孝建四铢”。《通典·食货》曰：“孝武孝建初，铸四铢，文曰‘孝建’，一边为‘四铢’，其后稍去四铢，专为孝建。”此为南朝年号钱之始，“孝建四铢”形式薄小，轮廓不整，比文帝时的四铢钱质量更差，于是，“盗铸弥甚，百物踊贵，民人患苦之。”沈庆之遂建议“听民铸钱”，③后因众多大臣反对，朝廷未敢采纳。但社会上盗铸之风渐烈，政府严厉镇压未能禁止，致使钱币愈劣滥。前废帝永光元年(465)政府竟然也参与争铸小钱，先有所谓“二铢钱”，“形式转细。官钱每出，民间即模效之，而大小厚薄，皆不及也。”后竟有“一千钱长不盈三寸，大小称此，谓之鹅眼钱。劣于此者，谓之綖环钱。入水不沉，随手破碎，市井不复料数，十万钱不盈一掬，斗米一万，商货不行”。④ 可见，钱币的滥劣已到无法使用的地步。不得已，朝廷又宣布废铸小钱。明帝泰始二年(466)“断新钱，专用古钱”⑤。总之，刘宋一朝反复铸币，折腾几十年，仍退回至东晋状态。

宋末萧道成执政，意欲整顿币制，但事处嬗代之际，未及实行。齐建元四年(482)奉朝请孔𫖮上《铸钱均货议》曰：“自汉铸五铢钱，至宋文帝，历五百余年，制度世有废兴，而不变五铢钱者，明其轻重可法，得货之宜。以为宜开置泉府，方牧贡金，大兴熔铸。钱重五铢，一依汉法。”⑥此议颇中肯，朝廷已让各地收购铜炭备铸，但因萧道成卒世，事遂寝罢。

萧梁是南朝币制最混乱的时期。《隋书·食货志》曰：“(梁)武帝乃铸钱，肉好周郭，文曰‘五铢’，重如其文。而又别铸，除其肉郭，谓之女钱。二品并行。百姓或

---

① 《宋书》卷五《文帝纪》，中华书局 1974 年版，第 79 页。

② 《宋书》卷六六《何尚之传》，中华书局 1974 年版，第 1734—1735 页。

③ 《宋书》卷七五《颜峻传》，中华书局 1974 年版，第 1961 页。

④ 《宋书》卷七五《颜峻传》，中华书局 1974 年版，第 1963 页。

⑤ 《宋书》卷八《明帝纪》，中华书局 1974 年版，第 157 页。

⑥ 《南齐书》卷三七《刘悛传》，中华书局 1972 年版，第 652 页。

私以古钱交易，有直百五铢、五铢、女钱、太平百钱、定平一百、五铢雉钱、五铢对文等号。轻重不一。天子频下诏书，非新铸二种之钱，并不许用。而趣利之徒，私用转甚”。据此，梁初杂用钱币竟有近10种之多。普通中又“议尽罢铜钱，更铸铁钱”。但“人以铁贱易得，并皆私铸。及大同已后，所在铁钱，遂如丘山”，一时“物价腾贵。交易者以车载钱，不复计数，而唯论贯。商旅奸诈，因之以求利”，从而造成流通领域混乱，社会上普遍出现“短陌”现象，即不足一百之数权当一百之用。当时，“自破岭以东，八十为百，名为东钱。江、郢已上，七十为百，名曰西钱。京师以九十为百，名曰长钱”。朝廷虽曾禁止这种作法，“中大同元年，天子乃诏通用足陌”。但“诏下而人不从，钱陌益少。至于末年，遂以三十五为百云。”[①]梁敬帝太平元年(556)只好下令：“远近并杂用古今钱。”[②]次年，“铸四柱钱，一准二十”，此外还有二柱钱。[③]

陈朝始建，废铁钱，杂用大小铜钱。文帝“天嘉五年，改铸五铢，初出，一当鹅眼之十”。五铢钱出，十余年间，通货未见太大波动。“宣帝太建十一年，又铸大货六铢，以一当五铢之十，与五铢并行。后还当一，人皆不便。乃相与讹言曰：‘六铢钱有不利县官之象。’未几而帝崩，遂废六铢而行五铢。竟至陈亡。”[④]陈朝首尾33年中通用五铢20余年，算是南朝流通领域稍见平稳的时期，但终未形成健全的币制。

南京八府塘出土的南朝陶钱范

---

① 《隋书》卷二四《食货志》，中华书局1973年版，第689—690页。

② 《梁书》卷六《敬帝纪》，中华书局1973年版，第146页。

③ 柱者，于钱面或钱背穿上下所铸星点。引文参见千家驹、郭彦岗：《中国货币史纲要》，上海人民出版社1986年版，第46页。

④ 《隋书》卷二四《食货志》，中华书局1973年版，第690页。

南朝钱币简表

朝代	年　代	币　名	说　明
宋	元嘉七年(430)	元嘉四铢	重约2.4公分。二十四年(447)改行大钱,即以一当四铢两。次年废大钱。
	孝建元年(454)	孝建四铢	重约1.2公分。南朝最早的年号钱。
	永光元年(465)	永光二铢	重约1公分。背面有“永光”“景和”“孝建”三种。薄小质劣,无轮廓,不磨鑢者叫“来子”(耒子),最轻薄者叫“荇叶”,又称“鹅眼钱”,“綖环钱”。
	泰始元年(465)		停铸二铢。禁一切新钱,专用古钱(五铢)。
齐	永明八年(490)	萧齐五铢	以功费多,未几停铸。
梁	天监元年(502)	萧梁五铢	重3公分。肉好周廓,重如其文。
		五铢女钱	重2.5公分。无内外郭,又称剪边钱。与萧梁五铢并行。
		直百五铢 太平百钱 定平一百 五铢雉钱 五铢对文	天监间,古钱多被剪凿,百姓交易钱种甚多,轻重不一,形制极乱。
	普通四年(523)	萧梁铁五铢	尽废铜钱,使用铁钱,币制更趋混乱。
	太平二年(557)	四柱五铢	一当细钱二十,正背面各有二星点。
		二柱五铢	背面二星点。
陈	天嘉五年(564)	陈五铢	重约2.5公分,当鹅眼钱十,有内外郭,较精整。
	太建十一年(579)	大货六铢	重约4公分许,初当五铢钱十,后还当一。宣帝崩后废,仍行五铢。

在钱币铸行陷入混乱时,南朝社会上也杂用其它货币。例如金、银即作为流通手段,《南史·齐东昏侯纪》载:“潘氏服御,极选珍宝……琥珀钏一只,直百七十万,都下酒租,皆折输金,以供杂用。”《梁书·徐勉传》载,勉给其子书曰:“郊间之园,遂不办保,货与韦黯,乃获百金,成就两宅,已消其半。”但在一般情况下,黄金主要用作贮藏手段和装饰佛寺等,直接进入交换流通领域的有限。相对而言,白银的使用量大于黄金。此外,米谷布帛等实物也在一些范围内行使货币职能,例如《宋书·王玄谟传》载元嘉北伐,玄谟军“又营货利,一匹布责人八百梨,以此倍失人心”。《南史·陈本纪上》载梁末绍泰元年(555),陈霸先引兵围石头城,时“城中无水,水一合贸米一升,一升米贸绢一匹”。梁、陈以后,随着南方经济发展水平的提高,钱币使用范围愈益广泛,扬、南徐等州作为开发较早、发展较快的地区,实物货币的使用更加减少。

2. 钱币在扬、南徐等州经济生活中的地位

以往学者论及魏晋南北朝经济,多认为此时钱币已衰退至辅币地位,布帛米谷等实物成为主要的流通手段和价值尺度。① 笔者以为,就东晋南朝而言,钱币作为主要流通手段和价值尺度的地位,并未被布帛米谷排挤和取代,作为统治中心区的扬、南徐等州的情况尤其如此。以下试从三个方面进行讨论:

首先,从货币的基本职能看,钱币是此时的主要交换媒介和价值尺度。《晋书·习凿齿传》载桓温专权时有星人与温论国家祚运,“异日,(温)送绢一匹,钱五千文以与之……星人曰:‘赐绢一匹,令仆自裁,惠钱五千,以买棺尔。’”《宋书·刘秀之传》曰:“秀之从叔穆之为丹阳(尹)……时赊市百姓物,不还钱,市道嗟怨。”《南史·褚彦回传》曰:“是淮北属,江南无复鳆鱼,或有间关得至者,一枚直钱数千钱。人有饷彦回鳆鱼三十枚,彦回时虽贵,而贫薄过甚,门生有献计卖之,云可得十万钱。彦回变色曰:‘我谓此是食物,非曰财货,且不知堪卖钱,聊尔受之。虽复俭乏,宁可卖饷取钱也’。”《南齐书·文学·崔慰祖传》曰:“慰祖卖宅四十五万……”《梁书·明山宾传》载山宾“家中尝乏用,货所乘牛。既售受钱,乃谓买主……”梁、陈之际,名士沈迥为王僧辩“于军中购得之,酬所获者铁钱十万”。② 以上各例反映当时以钱币作为交换媒介的情况十分普遍。从投入交易的商品看,有布帛、食物、田宅、牲畜,甚至包括劳动力以至文士;从发生交易的时间看,自东晋至宋、齐、梁、陈各朝均有,这说明,在扬、南徐等州,钱币确是商品交易的主要媒介物。不仅如此,钱币也是衡量价值尺度的主要手段。例如,作为主要粮食交易品种的米多以钱币计价,《宋书·前废帝纪》载大明七年、八年(463—464),“东诸郡大旱,甚者米一升数百,京邑亦至百余,饿死者十有六七。”《梁书·武帝纪》载天监元年(502),“是岁大旱,米斗五千,人多饿死。”四年,“是岁大穰,米斛三十。”同书《侯景传》载景围台城,“食稍尽,至是米斛数十万,民相食者十五六。”《南史·侯景传》曰:“景食石头常平仓既尽,便掠居人,尔后米一升七八万钱。”计算纺织品价值也用钱币,《宋书·沈怀文传》曰:“民间买绢一匹,至二三千,绵一两亦三四百。”《南齐书·王敬则传》曰:“(宋)永初中,官布一匹,直钱一千,而民间所输,听为九百。渐及元嘉,物价转贱,私货则束直六千(应为‘六百’),官受则匹准五百……今入官好布,匹堪百余。”《南史·吕僧珍传》曰:“宋季雅罢南康郡,市宅居僧珍

---

① 例如李剑农先生认为:“钱币虽未明令废除,然其在交换之地位及主要任务,已渐为绵帛占去。”“自汉末三国至于两晋、南北朝时期,实际上已返于半现物经济情态,无论金银,皆与布帛谷粟同为现物之一,同为交换流通之所资。而绢帛之用特多而普遍。”(见李剑农:《魏晋南北朝隋唐经济史》,中华书局1963年版,第74、81页)傅筑夫先生也认为:“两晋至南朝,各王朝的货币制度始终是实物货币占主要地位。”(见傅筑夫:《中国封建社会经济史》第3卷,第447页,人民出版社1984年版,第447页)

② 《陈书》卷一九《沈迥传》,中华书局1972年版,第253页。

宅侧(按应在京师建康)。僧珍问宅价,曰'一千一百万'。"日用玩好杂物等更以钱币计价:《南齐书·东昏侯记》曰:"潘氏服御,极选珍宝,主衣库旧物,不复周用,贵市民间金银宝物,价皆数倍。虎魄钏一只,直百七十万。"这些都说明社会上主要以钱币衡量商品的价值尺度。

其次,史料也反映钱币是当时人逐利求富的主要目标。《宋书·沈庆之传》载庆之"广开田园之业,每指地示人曰:'钱尽在此中'"。社会上盛行的赌博、放债皆以钱币进行,《晋书·刘毅传》载毅"于东府聚摴蒲大掷,一判应至数百万"。刘裕未发迹时,"家贫,尝负刁逵社钱三万,经时无以还。逵执录甚严,王谧造逵见之,密以钱代还,由是得释。"[①]钱币对于官僚权贵,更是他们贪赃聚敛的主要目标。刘宋权臣刘穆之中子式之:"在任赃货狼藉,扬州刺史王弘遣从事检校……式之召从事谓曰:'治所还白使君,刘式之于国家粗有微分,偷数百万钱何有,况不偷邪!'"[②]梁武帝之弟萧宏聚敛钱财之事,更为人熟知:"宏性爱钱,百万一聚,黄榜标之,千万一库,悬一紫标,如此三十余间。帝与(丘)佗卿屈指计见钱三亿余万。"[③]

第三,钱币不仅是个人财富的象征,也是政府机构编列和执行财政收支时的主要货币种类。南朝政府主要收入是租赋税收,大宗为租调、口赋和商业税,租调虽征收实物,但自东晋以来,已有折征钱币的趋势。《南齐书·王敬则传》载萧子良启提及"赋调多少,因时增减",一般来说,赋调标准本为定数,这里何以称"赋调多少,因时增减"?即指绢布折收钱币时可随时价增减,宋初一匹布值千钱,政府征调时,仅作九百,以后又随市价低落而不断减征。《南齐书·武帝纪》载永明四年(486)五月诏曰:"扬、南徐二州今年户租,三分之二取见布,一分取钱。来岁以后,远近诸州输钱处,并减布直,匹准四百,依旧折半,以为永制。"户租三分之一折钱征收,并从次年起"依旧折半",可见,租布折征钱币是早有定制。至于丁税、力役折征钱币的例子更多,《南齐书·东昏侯纪》曰:"下扬、南徐二州桥桁塘埭丁计功为直,敛取见钱,供太乐主衣杂费。"此外,市租、估税、关津等多项商税皆征之以钱。朝廷的各项开支亦多用钱币,当时中央与地方各部门的费用常以钱币支付,《宋书·刘穆之传》载穆之于东晋末任前将军,朝廷"给前军府年布万匹,钱三百万"。同书《刘义恭传》载义恭进太尉,领司徒,"相府年给钱二千万,它物倍此,而义恭性奢,用常不足,太祖又别给钱年千万。"南朝以来中央与地方官员的俸禄以钱支付的情况逐渐增多。《宋书·孝武帝纪》载大明五年(461)"制帝室期亲,朝官非禄官者,月给钱十万"。《南齐书·东昏侯纪》载永元元

① 《宋书》卷一《武帝纪上》,中华书局1974年版,第10页。
② 《宋书》卷四二《刘穆之传》,中华书局1974年版,第1309页。
③ 《南史》卷五一《萧宏传》,中华书局1975年版,第1278页。

年(499)诏曰:"三品清资官以上应食禄者,有二亲或祖父母年登七十,并给见钱。"《梁书·武帝纪下》载大通元年(527)诏曰:"百官俸禄,本有定数……自今已后,可长给见钱,依时即出,勿令逋缓。"上文所引《通典·食货·轻重》载齐永明间,朝廷令各州"和市"征购物资,费钱谕亿,说明政府在直接参与市场交易中,使用钱币的数量也十分巨大。

以上试图以扬、南徐等州实例说明,东晋南朝时期虽然钱币的铸行不时陷入混乱,实物也在一定程度上承担着部分货币的职能,但是,钱币并没有被排挤到辅币的地位,相反,它在国计民生中仍然起着重要的作用。当然,我们也承认当时南方社会的货币经济仍然处于很不成熟的阶段,它没有也不可能从根本上扭转东汉以来货币经济发展的颓势。但是,正如何兹全先生早年在《东晋南朝的钱币使用与钱币问题》一文中所论东晋南朝钱货问题的症结:"钱货的缺乏和形制的不统一,是东晋南朝钱货问题中的根本问题。"[1]我们应该看到,在南方经济开发逐渐加速,其广度与深度不断发展的形势下,原有自给自足的自然经济虽然还在相当程度上支配社会经济的运转,但是,农业、手工业的进步已推动交换经济日渐活跃,越来越多的商品被投放市场,社会对货币的需求量必然日益增多。可是,受多种因素制约,历朝铸币的数量与质量却始终未能满足市场需要,东晋南朝的一些大臣曾认识到这一问题,例如宋孝武帝时沈庆之认为:"况今耕战不用,采铸废久,熔冶所资,多因成器,功艰利薄,绝吴、邓之资,农民不习,无释耒之患。方今中兴开运,圣化惟新,虽复偃甲销戈,而仓廪未实,公私所乏,唯钱而已"。[2] 齐建元四年(482)奉朝请孔觊上《铸钱均货议》也认为:"三吴国之关阃,比岁被水潦而籴不贵,是天下钱少,非谷穰贱,此不可不察也。"[3]可惜,这些正确的议论均未为朝廷认真采纳。不仅如此,一些帝王权贵还违背经济规律滥制钱币,从而导致几百年中南方钱币形制混乱,质量低劣,真正能为流通领域接受的优质币种极少,钱币不仅未能满足经济发展的需要,反而给市场和社会生活造成极大的困难和混乱。换言之,南方社会货币经济的衰退并非表现在因社会生产凋敝不需要钱币,而是在农业、手工业生产显著发展的形势下,钱币的数量与质量远未满足现实需要。换言之,以扬、南徐等州为中心的南方社会货币状况所体现的乃是经济开发的巨大成就与流通媒介与手段未能适应需要的尖锐矛盾。

既然如此,产生这种矛盾的原因又何在呢?如众所知,货币的稳定与完善,离不开国家制定正确的政策并以强有力的手段保证其实施。面对严峻的货币形势,南方

---

① 参见何兹全:《读史集》,上海人民出版社 1984 年版,第 177 页。

② 《宋书》卷七五《颜峻传》,中华书局 1974 年版,第 1961 页。

③ 《南齐书》卷三七《刘悛传》,中华书局 1972 年版,第 652 页。

政府虽然也多方寻求对策，一些大臣与有识之士也不时提出切中时弊的建议，像刘宋时颜峻禁止民间私铸钱币、南齐孔觊议行五铢、统一钱制等等。但是，这些意见都未被采纳或者导致比较完善的货币政策的形成和实施，不仅如此，南方政府推行的货币政策和举措反而违背经济规律，造成流通领域的极度混乱。推寻造成这种状况的原因，很大程度源于朝廷大臣对货币功能的愚昧无知和十分幼稚的错误认识。当时，不少大臣以为单纯铸币即可创造财富，或用少许工料即可获致暴利，于是导致小钱、劣钱盛行，良币却被逐出流通领域。还有人主张依仗国家权力强制推行一当两，一当十等面值与成色严重背离的大钱。宋元嘉间，中领军沈演之即认为："若以大钱当两，则国传难朽之宝，家赢一倍之利……施一令而众美兼，无兴造之费，莫盛于兹矣。"[①]这种愚蠢至极的认识一旦付之行动，无不造成市场和社会经济的极度混乱。此外，朝廷更流行一种意见，以为钱币有弊无利（或利少弊多），因而主张废除钱币，全以米谷布帛取代之。此议则与封建时代崇本抑末的传统经济思想与政策相吻合，其代表性言论如《宋书·孔琳之传》史臣论曰："故穑人去而从商，商子事逸，末业流而浸广，泉货所通，非复始造之意……钱虽盈尺，既不疗饥于尧年；贝或如轮，信无救渴于汤世，其蠹病亦已深矣。固宜一罢钱货，专用谷帛，使民知役生之路，非此莫由。夫千匹为货，事难于怀璧，万斛为市，未易于越乡，斯可使末伎自禁，游食知反。"人们以为，钱币虽然可通有无，但却为害至深，废止而用谷帛，则可抑制末伎游食，使民专注于农业生产。显然，它代表封建统治者在货币问题上的愚昧心态。所以，每当货币形势严峻时，总有一批朝臣高唱此论。不过，人们的主观意图是一回事，社会经济的发展规律则是另一回事，钱币的流通及其重要意义，是社会经济发展的必然，并不以人们主观意志为转移。从东晋南朝扬、南徐等州的经济形势和货币流通状况可以明显看出，在市场需要越来越多的货币投入的形势下，人为地抑制其铸行，或者企图以实物取而代之，必然导致流通的堵塞和社会经济生活的紊乱。除此以外，导致此时币制混乱的深层次原因，还要考虑到政治形势的影响，此时正值南北朝分裂对峙时期，政局不稳，门阀士族和地方割据势力膨胀，专制主义中央集权统治相对削弱，一些统治者在铸币问题上表现出严重的主观随意性等等，皆不利于币制的稳定和完善。可以想见，当时即使有比较正确的货币政策出台，恐怕也难以长期稳定而认真的执行。

总之，东晋南北朝时期货币经济衰落的趋势，虽未发生根本性转变，但是，若以扬、南徐等州与徐淮地区对比，具体的表现和特征又明显不同。后者因为经历反复多次的大规模战乱，社会生产遭受严重破坏，城市交换经济极度衰退，自给自足的自然

---

① 《宋书》卷六六《何尚之传》，中华书局 1974 年版，第 1736 页。

经济盛行，钱币不能不处于似有若无的状态；而扬、南徐等州因遭受战乱破坏较少，在人口大量南迁等因素的推动下，经济的开发与进步明显加速，尽管自然经济还在相当程度上支配着社会生活的各领域，但商品交换已逐渐活跃起来，对钱币的需求不断扩大，流通领域里的主要矛盾，主要表现为钱币的极度缺乏和形制混乱未能适应经济发展之需要。所以，尽管就整个扬、徐等州而言，货币经济皆处于衰落状态，但大江南北两大区域的具体表现形态、主要矛盾及其产生的原因，却是大相径庭的。

第十二章 以建康为中心的南方思想与宗教

魏晋南北朝时期，南方地区[1]除一度为西晋短暂统一之外，其余时间基本上都处于相继定都建康的东吴、东晋、宋、齐、梁、陈等六朝政权统治下，保持了政治上的相对独立和社会的长期稳定，促进了江南的开发和经济的发展。在此基础上，南方地区的思想日趋活跃，经学复兴，玄学盛行，佛教传播，道教兴起，各种社会思潮风起云涌，相互激荡，呈现出学术自由开放的繁荣景象。与此同时，南方地区人才辈出，在哲学、文学、史学、艺术、宗教、科技等领域均取得了辉煌成就，硕果累累，文化积淀十分深厚，不但保存和传承了华夏文化的优秀遗产，而且在许多方面发扬光大，继续发展，形成了新的文化中心。如果说魏晋时的文化是北方强于南方，那么到了南北朝时期，则明显是南方超过了北方，诚如著名史学家陈寅恪所言："南北朝有先后高下之分，南朝比北朝要先进，这可从经济生活、社会习俗等各方面的情况看出……南学约简，北学深芜。南北相较，南学胜于北学。"[2]

第一节 经学与玄学

相对于两汉经学的兴盛，魏晋南北朝时期的经学衰微。但就当时的徐州、扬州地区而言，经学却是从点到面、由北往南、从式微到兴盛地发展起来，总体处于一个不断上升的趋势。由于受到玄学的影响，东晋以后的经学出现了玄化的倾向。玄学在徐、扬地区的发展则是经过了由盛到衰的演变。

---

① 这里的"南方地区"专指今江苏地区及相邻省(市)的一部分，重点在以都城建康为中心的周边地区。以下相同，不再一一注明。

② 详见万绳楠整理《陈寅恪魏晋南北朝史讲演录》，第二十篇"南北社会的差异与学术的沟通"，黄山书社 1987 年版，第 325、331 页。

一 魏吴时期的南方经学

魏、吴分治时期，以孙权为代表的统治者比较重视利用儒学，将其视为标榜正统、巩固统治的有效工具，对经学名家多采取保护和重用的政策，故儒学仍能在江东世族中流行，且基本未受北方玄学影响，较多地保留了汉代经学传统。

孙吴经学名家主要由汉末流寓江东的江淮儒者与吴地本土士子组成。江淮儒者有：张昭，字子布，彭城（今江苏徐州）人。“少好学，善隶书，从白侯子安受《左氏春秋》，博览众书”，著有《春秋左氏传解》及《论语注》[①]。他是孙吴最有名望的儒者和大臣。严畯，字曼才，彭城人，“少耽学，善《诗》、《书》、三《礼》，又好《说文》。避乱江东，与诸葛瑾、步骘齐名友善。”著有《孝经传》。[②] 步骘，字子山，临淮郡淮阴（治今江苏淮安）人。因世乱避难江东，以种瓜谋生，白天劳作，夜晚研读经传。史书中说他“博研道艺，靡不贯览”，具有深厚的经学修养。他热衷于经学传播，虽官至丞相“犹诲育门生，手不释书，被服居处有如儒生”。[③] 薛综，字敬文，沛郡竹邑（今安徽宿州北）人。“少明经，善属文，有秀才”。早年随族人避难于交州，师从著名学者刘熙。后在孙权手下担任多种官职，“以名儒居（太子）师傅之位，仍兼选举（选曹尚书），甚为优重”。“凡所著诗赋难论数万言，名曰《私载》，又定《五宗图述》、《二京解》，皆传于世”。[④] 张纮，字子纲，广陵（今江苏扬州）人。汉末在京都洛阳太学学习，师从博士韩宗，治京氏《易》、欧阳《尚书》，又于外黄随濮阳闿学习《韩诗》、《礼记》及《左氏春秋》，具有扎实的经学功底。他对孙吴政权的创建多有贡献，除了建议孙策经营江东，还向孙权献策定都金陵，均被采纳。

江东本土儒者有：高岱，字孔文，毗陵无锡（今江苏无锡）人，天性聪达，轻财贵义，“善《左传》”，遭孙策妒才而遇难。沈珩，字仲山，吴郡（今江苏苏州）人，“少综经艺，尤善《春秋》内、外传。（孙）权以珩有智谋，能专对，乃使至魏”[⑤]。唐固，字子正，丹杨（今江苏丹阳）人，“修身积学，称为儒者，著《国语》、《公羊》、《谷梁传》注，讲授常数十人。权为吴王，拜固议郎，自陆逊、张温、骆统等皆拜之。”[⑥]陆绩，字公纪，吴郡人，幼习《诗经》、《尚书》，长治《礼》、《易》，“博学多识，星历算数无不该览。”孙权执政时先后任奏曹掾、郁林太守，加偏将军。“虽有军事，著述不废，作《浑天图》，注《易》释《玄》，皆传

---

① 《三国志》卷五二《吴书·张昭传》，中华书局 1982 年版，第 1219 页。

② 《三国志》卷五三《吴书·严畯传》，中华书局 1982 年版，第 1247 页。

③ 《三国志》卷五二《吴书·步骘传》，中华书局 1982 年版，第 1240 页。

④ 《三国志》卷五三《吴书·薛综传》，中华书局 1982 年版，第 1254 页。

⑤ 《三国志》卷四七《吴书·孙权传》注引《吴书》，中华书局 1982 年版，第 1124 页。

⑥ 《三国志》卷五三《吴书·阚泽传》注引《吴书》，中华书局 1982 年版，第 1250 页。

于世。”[1]陆玑，据《经典释文·序录》，“字元恪，吴郡人，吴太子中庶子、乌程令”，著有《毛诗草木鸟兽虫鱼疏》，专从博物学方面解释《毛诗》，言简意赅，生动有趣，堪称创举，便于人们更好地理解《诗经》的深奥大义。

孙吴经学源于东汉经学，今、古文经学并行于世，各有所成，存在一定的学术差异。江淮儒者大多受到中土经学“变今从古”风气影响，所治学问以古文经学为主，多治《左氏春秋》和《礼记》。江左本土学者则以今文经学为主，多传《易》学，精通历数，学风相对保守。不过，两地儒者中也有兼通古、今经学者，反映了学术风尚的相互影响和变迁。

由于孙吴统治者处于三国鼎立之变局中，主要精力放在政治、军事方面，对儒学教育的重视程度不够，所以，这一时期的经学成就并不显著，经学名家多为汉末培养，真正属于孙吴时期成长起来的经师很少。

二　两晋时期的南方经学

西晋司马氏政权平定天下后，基本遵循汉魏旧制，对儒学比较重视。主要表现在按照经学确立礼制；既尊儒又尊孔，赐封孔子后人以侯爵；建立较为完备的太学职官体制与管理机制，皇帝和太子亲临太学讲习经典。在皇室的倡导和带动下，西晋儒学有所起色，渐趋活跃，出现了官学、私学和家学竞相习儒讲经的风气，涌现出一大批经学名家，在经学研究方面取得了明显成效。不过，由于西晋的统一是南方并于北方，南弱北强，全国的政治、经济、文化中心均在北方，所以这一时期的经学成就是北方明显优于南方，经学名家多为北方人，出于南方学者之手的经学著作相对较少。

西晋的统一昙花一现。随着“八王之乱”和“永嘉之乱”的先后发生，统一王朝再次分崩离析，刚有起色，尚未恢复元气的儒学随之又遭重大挫折，更呈衰败之势。东晋立国之初，元帝有心利用儒学，接受丞相王导等人的建议，“置史官，立太学”，先后设置《周易》王氏、《尚书》郑氏、《古文尚书》孔氏、《毛诗》郑氏、《周官礼记》郑氏、《春秋左传》杜氏服氏、《论语》《孝经》郑氏等经学博士 12 人，儒学似乎有了转机。之后，晋成帝、孝武帝也先后建立国子学和太学，大力倡导儒学教育，培养经学人才，以匡正时风。但是，由于当时南北对峙，东晋统治者忙于军事，无暇顾及其它，推行儒学的措施不力，官学时兴时废，加上清谈玄学之风伴随着北方士人的南迁而影响到江左，吴姓大族纷纷兼习玄学，儒玄双修，以玄入儒，所以在东晋统治的一百余年间，经学衰微的

---

① 《三国志》卷五七《吴书·陆绩传》，中华书局 1982 年版，第 1328 页。

局面并未得到多少改观，反而出现了经学玄化的倾向。对此，《晋书·儒林传序》评论曰："虽尊儒劝学亟降于纶言，东序西膠未闻于弦诵。明皇聪睿，雅爱流略，简文玄默，敦悦丘坟，乃招集学徒，弘奖风烈，并时艰祚促，未能详备。有晋始自中朝，迄于江左，莫不崇饰华竞，祖述虚玄，摈阙里之典经，习正始之余论，指礼法为流俗，目纵诞以清高，遂使宪章弛废，名教颓毁。"

东晋经学总体衰落，但就江东地区而言仍有明显进步。在统治者尊儒的文化政策影响下，不管是南迁的北方儒者还是江东土著学者中间，仍有部分人士致力于儒学教育和经学研究。例如，中书监王导、散骑常侍戴邈、太常贺循、尚书仆射荀崧、后军将军应詹等人在司马睿建立东晋之初，就纷纷上书，要求兴办国学，重振儒教，结果被采纳。以后，又有范宣、范汪、范宁、干宝等人热衷于传播儒学。

范宣，字宣子，陈留（今属河南）人，家住豫章（今江西南昌）。从小勤奋好学，"手不释卷，以夜继日，遂博综众书，尤善《三礼》。"虽家境贫寒，种田为生，却不慕富贵，多次拒绝朝廷征召，矢志于儒学教育，"常以讲诵为业，谯国戴逵等皆闻风宗仰，自远而至，讽诵之声，有若齐、鲁。"[①]范宣尊儒讲经，排斥玄学，著有《礼论难》、《易论难》，并流行于世。其子范辑当过国子博士，后辞职回家，也以讲授为业。

范汪六岁时过江避难，寄居外家，刻苦学习，博学多才。担任东阳太守时，"在郡大兴学校，甚有惠政。"[②]其子范宁颇有父亲遗风，从小博览群书，崇儒抑俗，反对玄学清谈。"为余杭令，在县兴学校，养生徒，洁己修礼，志行之士莫不宗之。期年之后，风化大行。自中兴以来，崇学敦教，未有如宁者"。后出任豫章太守，"在郡又大设庠序，遣人往交州采磬石，以供学用，改革旧制，不拘常宪。远近至者千余人，资给众费，一出私禄。并取郡四姓子弟，皆充学生，课读《五经》。又起学台，功用弥广。"[③]在传播儒学、发展当地文化教育事业方面多有贡献。范宁还致力于经学研究，用功甚勤，"沉思积年"撰著成《春秋穀梁传集解》，"其义精审，为世所重"，后被唐朝经学家采用，收入《十三经注疏》，广为流传。

干宝，字令升，东晋初以才器召为著作郎，后为司徒右长史、散骑常侍，负责国史编著。他从小博览群书，经学造诣精深，著有《春秋左氏义外传》、《周易注》、《周官注》凡数十篇，流行于世。[④]

东晋经学大致是曹魏、西晋经学的延续，突破性的成就不多，仅在礼学研究方面

---

① 《晋书》卷九一《儒林传》，中华书局 1974 年版，第 2360 页。

② 《晋书》卷七五《范汪传》，中华书局 1974 年版，第 1983 页。

③ 《晋书》卷七五《范宁传》，中华书局 1974 年版，第 1985—1988 页。

④ 《晋书》卷八二《干宝传》，中华书局 1974 年版，第 2151 页。

颇显活跃，有所进展。这是因为东晋政权建立在门阀世族的基础之上，皇权不够威严，所以为了强化自身的统治地位，东晋帝王特别重视礼制的建设，客观上推动了礼学研究。这是东晋经学的重要特色。

三 南北朝时期的南方经学

到了南北朝时期，儒学复苏的趋势明显增强。刘宋统治者积极倡导儒学，恢复国子学，鼓励诸生研习经学，促使社会上重新形成崇尚儒学的风气。永初三年(422)，宋武帝刘裕下诏拟建国学，要求“博延胄子，陶奖童蒙，选备儒官，弘振国学”。[①] 并任命著名经学家范泰为国子祭酒，征著名史学家裴松之为国子博士，具体筹办国学事宜。可惜不久因武帝病死，国学未能建立起来，直到文帝元嘉年间才真正办成国子学。

元嘉十五年(438)，宋文帝征召经学家雷次宗至京城鸡笼山筹办儒学馆，招生100多人。元嘉十九年(442)，文帝下诏“大启庠序”、“广训胄子”，要求鲁郡修学舍，招生徒，整修孔子墓，派专人看护。次年，“胄子始集，学业方兴”，国子学正式开学，著名学者何承天为国子博士。元嘉二十二年(445)，太子到国子学行释奠礼，文帝亲自参加。次年九月，文帝再次亲临国学，策试诸生，对教学情况十分满意。十月，下诏曰：“庠序兴立累载，胄子肄业有成。近亲策试，睹济济之美，缅想洙、泗，永怀在昔。诸生答问，多可采览。教授之官，并宜沾赉。”[②]在宋文帝的重视和鼓励下，元嘉年间的儒学教育一度兴旺发达。著名史家沈约对此高度评价：“庠序黉校之士，传经聚徒之业，自黄初至于晋末，百余年中，儒教尽矣。高祖受命，议创国学，宫车早晏，道未及行。迄于元嘉，甫获克就，雅风盛烈，未及曩时，而济济焉，颇有前王之遗典。天子鸾旗警跸，清道而临学馆，储后冕旒黼黻，北面而礼先师，后生所不尝闻，黄发未之前睹，亦一代之盛也。”[③]

元嘉兴学高潮未能持久，元嘉二十七年(450)，因文帝北伐失败而导致国学经费紧张，被迫停办。20年后，宋明帝泰始六年(470)设立总明馆，设玄学、儒学、文学、史学四科，每科设置学士10人，企图恢复国学制度，但很难再现元嘉时期的盛况。

刘宋时期的经学家大致有臧焘、徐广、傅隆、裴松之、何承天、雷次宗、庾蔚之、周野王、贺道养等人，以雷次宗、何承天最有名。雷次宗经学修养深厚，最精“三礼”和《毛诗》，晚年为皇太子及诸王子讲《丧服经》。何承天从小聪明博学，东晋时当过太学博士，刘宋初期担任南台治书御史，后兼任国子博士，辅导皇太子讲习《孝经》，曾删并

---

① 《宋书》卷三《武帝纪下》，中华书局1974年版，第58页。

② 《宋书》卷五《文帝纪》，中华书局1974年版，第94页。

③ 《宋书》卷五五《臧焘徐广傅隆传》，中华书局1974年版，第1553页。

《礼论》300卷,改定《元嘉历》。刘宋经学受东晋学风影响,仍以礼学研究为重点。

齐高帝萧道成少年时曾就学于名儒雷次宗,"治《礼》及《左氏春秋》"①,有着较好的儒学修养,故登基之后不久即倡导儒学教育。建元四年(482),他下诏建立国学,具体规定:"置学生百五十人,其有位乐入者五十人。生年十五以上,二十以还,取王公已下至三将、著作郎、廷尉正、太子舍人、领护诸府司马谘已经除敕者、诸州别驾治中等、见居官既罢散者子孙。悉取家去京都二千里为限。"②国学设祭酒、博士、助教三级,入选者以经学为先。可惜建元兴学未及一年即因高帝去世而废止。

齐武帝萧赜继位后,于永明三年(485)正月又下诏立学,指出"在昔开运,光宅华夏,方弘典谟,克隆教思,命彼有司,崇建庠塾。甫就经始,仍离屯故。……今遐迩一体,车轨同文,宜高选学官,广延胄子。"③规定"召公卿子弟下及员外郎之胤,凡置生二百人,其年秋中悉集"。④ 并任命王俭为祭酒,陆澄为国子博士,正式建立了国学。永明国学课程设置有郑、王《易》,杜、服《春秋》,何氏《公羊》,麋氏《穀梁》,郑玄《孝经》,旨在弘扬儒学。齐武帝对国子学十分关注,永明四年(486)三月亲临国子学讲《孝经》,并"赐国子祭酒、博士、助教绢各有差"。⑤ 永明五年(487)冬,文惠太子萧长懋也亲临国学策试诸生。同年,武帝次子竟陵王萧子良在建康鸡笼山西邸,聚集一批学者抄录经学及百家文献,并依《皇览》体例编撰《四部要略》1000卷。武帝第七子晋安王萧子懋也撰有《春秋例苑》30卷,受到武帝的称赞,交秘阁收藏。

萧齐虽立国仅二十余年,但振兴儒学却不遗余力,既有系统的儒学教育机构,又重视文献收集整理,经学研究以《易》《春秋》较为活跃。萧梁代齐后,由于统治者的大力提倡,特别是梁武帝萧衍的身体力行,儒学全面复苏并有所拓展,呈现出兴盛的局面。

天监四年(505),梁武帝下诏曰:"二汉登贤,莫非经术,服膺雅道,名立行成。魏晋浮荡,儒教沦歇,风节罔树,抑此之由。朕日昃罢朝,思闻俊异,收士得人,实惟酬奖。可置《五经》博士各一人,广开馆宇,招内后进。"⑥不久就以平原明山宾、吴兴沈峻、建平严植之、会稽贺玚为博士,各主一馆,馆有数百生,官供食宿,其射策通明者即除为吏。在此政策影响下,"十数年间,怀经负笈者云会京师",建康成了经学人才荟萃之所。梁武帝还分遣博士祭酒,到州郡立学,促进地方教育事业发展。

---

① 《南齐书》卷一《高帝纪上》,中华书局1972年版,第3页。

② 《南齐书》卷九《礼志上》,中华书局1972年版,第143页。

③ 《南齐书》卷三《武帝纪》,中华书局1972年版,第49—50页。

④ 《南齐书》卷九《礼志上》,中华书局1972年版,第145页。

⑤ 《南齐书》卷三《武帝纪》,中华书局1972年版,第52页。

⑥ 《梁书》卷四八《儒林传序》,中华书局1973年版,第662页。

天监七年(508),武帝又下诏曰:"建国君民,立教为首,砥身砺行,由乎经术。朕肇基明命,光宅区宇,虽耕耘雅业,傍阐艺文,而成器未广,志本犹厥,非以镕范贵游,纳诸轨度,思欲式敦让齿,自家刑国。今声训所渐,戎夏同风,宜大启庠敩,博延胄子,务彼十伦,弘此三德,使陶钧远被,微言载表。"①要求皇室成员和贵族子弟入学受业,接受儒学教育。梁武帝对国子学十分重视,曾多次亲临国学讲解儒学经典,策试胄子,赏赐学官,鼓励学子钻研经术,提高经学素养。

大同七年(541),梁武帝在宫城西立士林馆,延集学者在此讲学和研究学问。如领军朱异与左丞贺琛在士林馆讲梁武帝的《礼记中庸义》;"独积思经术"的沈洙也常在此讲授;国子博士周弘正讲课时,听者倾朝野;虞荔为士林馆制牌,后被任为士林学士。一时间,都城建康成了儒学教育和学术研究的中心,文化教育事业呈现一派繁荣景象。

梁武帝不但重视儒学教育,而且还身体力行地开展经学研究,先后著有《制旨孝经义》、《周易讲疏》、《周易义》、《系词义》、《文言义》、《序卦义》、《毛诗答问》、《春秋答问》、《尚书大义》、《中庸讲疏》、《孔子正言》以及《老子讲疏》,凡 200 余卷。他鼓励大臣们对自己的著作质疑提问,并亲自解疑释惑。他还把自己的著作列为国子学的课程内容和考试材料,要求学子们学习、领会和掌握。史载其书"正先儒之迷,开古圣之旨",虽是溢美之词,但也反映了梁武帝的经学造诣的确很深。

梁朝后期的几位皇帝虽然比不上梁武帝,但从小接受正规的儒学教育,也有较好的经学修养。如简文帝萧纲,"幼而敏睿,识悟过人,六岁便属文。……九流百氏,经目必记;篇章辞赋,操笔立成。博综儒书,善言玄理。"②他在玄圃讲解梁武帝的《五经讲疏》,"听者倾朝野"。著有《礼大义》二〇卷,《老子义》二〇卷,《庄子义》二〇卷。梁元帝萧绎五岁时就能背诵《曲礼》,"长而好学,博总群书,下笔成章,出言为论,才辩敏速,冠绝一时。……著述辞章,多行于世。"③著有《周易讲疏》10 卷,《内典博要》一一〇卷,《老子讲疏》四卷。

在齐梁统治者的大力倡导下,当时社会上学习和研究经学的风气相当盛行,经学家人数众多并且形成流派,涌现出一批经学名家,如南齐时期的王俭、伏曼容、何佟之、陆澄、裴昭明、刘瓛、范缜;萧梁时期的徐勉、沈峻、裴子野、何思澄、贺玚、皇侃、贺琛、孔子祛、范岫、明山宾、严植之、王筠、司马筠、卞华、崔灵恩、孔佥、卢广、沈峻等。这些经学名家继承前辈先儒的治学传统,总结了东汉末年以来的学术成果,着重在礼

① 《梁书》卷四八《儒林传序》,中华书局 1973 年版,第 662 页。

② 《梁书》卷四《简文帝本纪》,中华书局 1973 年版,第 109 页。

③ 《梁书》卷五《元帝本纪》,中华书局 1973 年版,第 135—136 页。

学方面进行学术探讨，取得了内容宏富的经学成就。例如，南齐的伏曼容，少笃学，善《老》、《易》，以聚徒教授为业，生徒常数十百人。“仕为太子率更令，侍皇太子讲。卫将军王俭深相爱好，令与河内司马宪、吴郡陆澄共撰《丧服义》。”[①]伏曼容多才多艺，精通经学、玄学、音律、医学、算学，一生著有《周易义》、《毛诗义》、《丧服集解》、《论语义》、《老子义》及《庄子义》。又如梁朝的皇侃，精通群经，“尤明《三礼》、《孝经》、《论语》”。[②] 他认为六经之中，以礼为本，乃博采《诗》《书》《易》《仪礼》《周礼》《春秋左氏传》《国语》《论语》《孟子》《白虎通义》等经籍及前人诸说以释《礼记》，撰成《礼记讲疏》五十卷，颇得梁武帝赏识。该书内容宏富，质量较高，在当时就颇负盛名，对后世也有影响，唐代孔颖达撰《礼记正义》多采其文，惜已久佚。皇侃唯一流传下来的经学名著是《论语义疏》，该书深受玄学影响，从多方面阐发了王弼的贵无思想和郭象的独化思想，是以玄入儒、经学玄化的代表作，对后人治经颇有裨益。

这些经学成就固然是经学家们自身努力的结果，但与齐梁萧氏的组织、引导和支持密不可分。虽然当政者重视儒学教育和经学研究的目的是要重建封建纲常伦理，巩固自己的统治地位，但在客观上却帮助恢复了传统的经学文化，弘扬了儒学思想，促进了文化教育事业发展，有利于中原华夏文明的保存和传承。

继梁代之后的陈朝，国祚短促，没有形成独特的学术文化，在经学上基本是延续前朝的成果，正如《陈书·儒林传》所云：“魏晋浮荡，儒教沦歇，公卿士庶，罕通经业矣。宋、齐之间，国学时复开置。梁武帝开五馆，建国学，总以《五经》教授，经各置助教云。武帝或纡銮驾，临幸庠序，释典先师，躬亲试胄，申之醼语，劳之束帛，济济焉斯盖一代之盛矣。高祖创业开基，承前代离乱，衣冠殄尽，寇贼未宁，既日不暇给，弗遑劝课。世祖以降，稍置学官，虽博延生徒，成业盖寡。今之采缀，盖亦梁之遗儒云。”

载于《陈书·儒林传》的经学家主要有沈文阿、沈洙、戚衮、郑灼、张崖、陆诩、沈德威、贺德基、全缓、张玑、顾越、沈不害、王元规等。其中，沈文阿、王元规两人经学成就最大。沈文阿，吴兴武康人，出身于儒学世家，少习父业，研精章句，专治《三礼》、《三传》，博采先儒异同，自为义疏。梁代时先后担任国子助教、五经博士、东宫学士。陈朝建立后，他承担了制订礼仪制度的主要工作，兼国子博士、领羽林监，给皇太子讲授《孝经》、《论语》。撰有《仪礼》注八〇余卷，《经典大义》一八卷，并行于世，为诸多儒者所传，史书赞誉其为“一代之鸿儒”。

王元规是沈文阿的门生，勤奋好学，18 岁时就已精通《春秋左氏传》、《孝经》、《论

---

① 《南史》卷七一《儒林传》，中华书局 1975 年版，第 1731 页。

② 《梁书》卷四八《儒林传》，中华书局 1973 年版，第 680 页。

语》、《丧服》。“梁中大通元年，诏策《春秋》，举高第，时名儒咸称赏之。”[①]进入陈朝，先后担任东宫学士、国子祭酒、尚书祠部郎，曾为陈后主讲授《礼记》、《左传》、《丧服》等经义，是陈朝后期的经学权威。所到之处，每每讲经授业，均吸引四面八方的学子前来聆听。撰有《春秋发题辞》及《义记》一一卷、《续经典大义》一四卷、《孝经义记》二卷、《左传音》三卷、《礼记音》二卷。

与南朝经学深受玄学浸染，重在义解不同，北朝经学更多继承了以郑玄之学为主的汉代经学，重名物训诂，所传《周易》、《尚书》、《毛诗》、三《礼》，皆宗郑玄注。不过，邻近徐州的青州、齐州之士并不专注郑学，学风所尚接近南朝。其中，精通儒学的代表人物如刘芳等人受到北朝重用，在北魏改革及制礼作乐等方面起了重要作用，刘芳因此在孝文、宣武两朝被奉为“当世儒宗”。[②] 由此可见，南方经学对北方学风的影响。

四　玄学的兴衰

玄学是魏晋之际兴起的一股社会学术思潮。其特征是以《老子》《庄子》《周易》“三玄”为宗，崇尚自然，不拘名教，注重探究天地自然虚玄之体与人生安心立命之道，摒弃汉儒的阴阳象数，追求精神的自由和个性的放达。玄学源于道家学说，形成于曹魏正始年间，其创建者是何晏和王弼。《文心雕龙·论说》曾云：“魏之初霸，术兼名法。傅嘏、王粲，校练名理。迄至正始，务欲守文。何晏之徒，始盛玄论。于是聃、周当路，与尼父争途矣。”这说明玄学之兴起，与正始年间朝廷的文化政策有关；何晏是玄学的创立者；玄学的产生改变了学术界独尊儒学的基本面貌，道家学说的影响开始上升。

何晏撰有《老子道德论》、《老子杂论》、《论语集解》、《周易何氏解》等著作，特别推崇先秦道家学说，提出了“以无为本”的命题并加以深刻阐述，奠定了玄学的理论基础。他以道家的经典《老子》、《庄子》来解释儒家经典《周易》，试图“以道入儒”、“以道统儒”，将老、庄、易三者的“道”论统一起来，整合成玄学理论的本体论与方法论。

王弼是与何晏生活在同一时代并相齐名的玄学理论创建者，撰有《老子道德经注》、《老子指略》、《周易注》、《周易例略》、《论语释疑》等著作。他的“道论”既充分吸收了老子论“道”的理论成果，又创造性地加以发挥和改造，具有独到的见解，较之何晏的论述更为全面、深刻，对后世玄学家的影响也更大。

魏晋之际的玄学家早年大都饱读诗书，多才多艺，起初都有着实现儒学倡导的“修身、齐家、治国、平天下”的人生理想。但在当时严酷的政治斗争背景下，这种读书

---

① 《陈书》卷三三《儒林传》，中华书局 1972 年版，第 448—449 页。

② 参见唐长孺《魏晋南北朝隋唐史三论》之第四章“南北学风的差异”，武汉大学出版社 1992 年版。

人的理想很难实现，甚至连个人身家性命都难保，生存环境十分险恶。在此情形下，他们只能到道家学说中去寻找人生寄托。于是，他们祖述老、庄，口说玄言，酗酒吃药，放浪形骸，行为怪诞，不拘名教礼仪，放任率真本性，主张“越名教而任自然”。其代表人物就是著名的“竹林七贤”（嵇康、阮籍、山涛、向秀、刘伶、阮咸、王戎）。

西晋初期，统治者重视儒家的纲常名教，对玄学的发展有所抑制。但由于王室内部的矛盾斗争尖锐复杂，皇权衰落，玄学依然获得了发展空间。惠帝即位以后，竹林名士放达不羁的风气更盛，出现了一大批玄学名士，如谢鲲、胡毋辅之、毕卓、王尼、王澄等，其领袖人物是王衍和乐广。王衍和乐广玄学修养深厚，特别推崇何晏、王弼的玄学理论，注意以玄学理论去指导实践行为，为时人所推重。《晋书·乐广传》载曰：“广与王衍俱宅心事外，名重于时。故天下言风流者，谓王、乐为称首焉。”在他们的影响和带动下，西晋玄学的理论日趋成熟，喜谈玄理的人士越来越多，玄学逐渐成为社会风尚和学术主流。

与曹魏玄学偏重于《老子》、《周易》有所不同，西晋玄学更偏重于《庄子》。如郭象就特别推崇《庄子》，认为庄子的学说把握了事物的根本，“为百家之冠”。郭象最主要的学术著作是《庄子注》，将玄学理论推向高峰。他解释《庄子》，不大注重史实名物的疏证，而是致力于思想内涵的阐发。他发展了何晏、王弼的贵无思想，认为“无既无矣，则不能生有；有之未生，又不能为生。然则生生者谁哉？块然而自生耳”。[①] 郭象还论证了名教和自然的关系，认为“名教”即“自然”，一切尊卑上下本来就合乎“天理自然”，从而统一了名教和自然的矛盾。

到了东晋，随着北方玄学人士的大量南迁，玄学开始在江南地区传播和兴盛起来，都城建康取代洛阳成了玄学的中心。当时，上至皇帝和大臣，下至一般士族和僧人，多以祖尚玄虚、辨析义理相标榜，习玄清谈一时成为上层社会流行之风尚。如晋元帝司马睿“性简俭冲素，容纳直言，虚己待物”、“沉敏有度量，不显灼人之迹”；[②]哀帝司马丕，“雅好黄老，断谷，饵长生药服食过多，遂中毒”。[③] 简文帝司马昱“清虚寡欲，尤善玄言”、“少有风仪，留心典籍，不以居处留意。凝尘满席，湛如也。”[④]可见，东晋皇室深受玄风浸润，历代皇帝均有玄学修养。

又如丞相王导“少有风鉴，识量清远”，在西晋时就与玄学名流过从甚密，具有深厚的玄学造诣。过江后，虽是协助司马睿建立东晋王朝的头号功臣，长期担任宰辅执

① 《庄子·齐物论》注。

② 《晋书》卷六《元帝纪》，中华书局 1974 年版，第 157、143 页。

③ 《晋书》卷八《哀帝纪》，中华书局 1974 年版，第 208—209 页。

④ 《晋书》卷九《简文帝纪》，中华书局 1974 年版，第 219、223 页。

政，但他“为政务在清静，每劝帝克己励节，匡主宁邦”，[1]明显是以玄学思想作为治国安邦之理念。《世说新语·文学》载：“旧云：王丞相过江左，止道《声无哀乐》、《养生》、《言尽意》三理而已。然婉转关生，无所不入。”按，《声无哀乐论》、《养生论》为竹林名士嵇康所著，《言尽意论》乃西晋玄学家欧阳建所撰，均属玄学名作。王导以此为圭臬，一来显示自己的玄学修养，二来笼络人心，与渡江南下的玄学名士们交往频繁，经常组织他们在一起清谈辩论，探究玄学要旨，俨然成了玄学名士的精神领袖。

东晋玄学的一大特色是家族化倾向较之西晋有了明显加强。许多高门大姓习玄成风，延及数代，将玄学奉为家学。除了王导为代表的琅邪王氏家族外，其他世族如颍川庾氏、谯郡桓氏、陈郡谢氏、太原王氏、太原温氏、陈郡殷氏等无不重视玄学清谈，将其视作一种标榜社会地位的文化符号。如庾亮“美姿容，善谈论，性好《庄》、《老》，风格峻整，动由礼节，闺门之内不肃而成，时人以为夏侯太初、陈长文之伦也”。[2]谢安“少振玄风，道誉洋溢”，不思仕途，只爱山水，长期过着隐居生活，颇具名士风度，成为时人仰慕的偶像。其兄弟子侄也多为玄学名流，声誉鹊起。殷浩“识度清远，弱冠有美名，尤善玄言，与叔父融俱好《老》《易》。融与浩口谈则辞屈，著篇则融胜，浩由是为风流谈论者所宗”。[3]甚至连江东土著大姓如顾、陆、朱、张等家族也沾染了玄风习气，程度不同地存在着玄化倾向。例如，作为吴地世族首望的顾氏自东晋初便呈现出明显的玄化倾向，其代表人物为顾和。当时，顾和与侨人名士王导、周顗等过从甚密，其行为举止常常效仿名士作风，久而久之，居然成为与侨人齐名的清谈家。顾和不仅自己习玄，而且还以此教育其后代，逐渐形成了新的家学门风。

吴地另一大族张氏玄化程度更深，其家族子弟从小便练习清谈，以玄学作为入仕进取、振兴家声的有效途径。据《世说新语·言语》“张玄、顾敷是顾和中外孙”条刘孝标注引《续晋阳秋》载：“张玄字祖希，吴郡太守澄之孙也。少以学显，历吏部尚书，出为冠军将军、吴郡太守。会稽内史谢玄同时之郡，论者以为南北之望。玄之名亚谢玄，时也称南北二玄，卒于郡。”张玄作为“吴士之秀”，自幼才思敏捷、谈玄神妙，后与侨姓一流名士陈郡谢玄齐名，又官至尚书、将军高位，在当时堪称以玄学博得声誉和地位的典范。

东晋玄学的另一特色是援佛入玄、佛理与玄学相参。这既为玄学的发展注入了新的元素和活力，也对佛教的传播与本土化颇有裨益。如玄学名士殷浩喜爱钻研佛经，与名僧支道林交往密切，清谈中常参入佛理；反之，支道林也主动学习玄学，用佛

---

① 《晋书》卷六五《王导传》，中华书局 1974 年版，第 1745、1746 页。

② 《晋书》卷七三《庾亮传》，中华书局 1974 年版，第 1915 页。

③ 《晋书》卷七七《殷浩传》，中华书局 1974 年版，第 2043 页。

理解释老庄学说。《世说新语·文学》载："《庄子·逍遥篇》，旧是难处，诸名贤所可钻味，而不能拔理于郭、向之外。支道林在白马寺中，将冯太常共语，因及《逍遥》。支卓然标新理于二家之表，立异义于众贤之外，皆是诸名贤寻味之所不得。后遂用支理。"又如王导与高僧多有往来，共同探讨义理，为其子孙后代信佛首开先例，后来王导的孙子王珉、王珣都信佛，史载："时有外国沙门，名提婆，妙解法理，为珣兄弟讲《毗昙经》。珉时尚幼，讲未半，便云已解，即于别室与沙门法纲等数人自讲。法纲叹曰：'大义皆是，但小未精耳。'"[①]甚至连王羲之的《兰亭序》也明显受到佛理的影响，可见，王氏家族成员是玄、佛双修，引领学术潮流。

东晋玄学到了中晚期出现了重"老"轻"庄"、援儒入道的学术倾向。如名士殷仲堪"能清言，善属文，每云三日不读《道德论》，便觉舌本间强。其谈理与韩康伯齐名，士咸爱慕之"，[②]王坦之"有风格，尤非时俗放荡，不敦儒教，颇尚刑名学，著《废庄论》"。[③] 王坦之在书中援引荀子、扬雄、何晏的言论，批评庄子学派的理论"蔽于天而不知人"、"放荡而不法"、"不周乎时变"，明确要求会通孔子与老子思想。与正始名士不拘礼法、放荡不羁的行为不同，此间的玄学名家很少狂放任诞，而是普遍奉行"智与恬交相养"的原则，或致力于文学艺术创作，张扬个人才智；或超然物外、寄情山水、修身养性，享受生活的乐趣；或处世豁达、恬然淡定、风姿绰约，追求名士风度。至此，东晋玄学已完成了新变，不再关注哲学层面的理论探讨，而更多展现的是名士们的风姿才情。

进入南朝，随着经学的复兴和皇权的加强，玄学极盛的高潮开始消退，但其影响仍很广深：

一是玄学作为主流学术的地位得到承认和肯定。刘宋元嘉年间，玄学与儒学、文学、史学一起，各自独立设馆，招徒授业，正式被朝廷确立为官学。据《宋书》载："（元嘉）十三年，彭城王义康欲以司徒左长史刘斌为丹阳尹，上不许。乃以（何）尚之为尹，立宅南郭外，置玄学，聚生徒。东海徐秀、庐江何昙、黄回、颍川荀子华，太原孙宗昌、王延秀、鲁郡孔惠宣，并慕道来游，谓之南学。"[④]同书又曰："元嘉十五年，征次宗至京师，开馆于鸡笼山，聚徒教授，置生百余人。会稽朱膺之、颍川庾蔚之并以儒学，监总诸生。时国子学未立，上留心艺术，使丹阳尹何尚之立玄学，太子率更令何承天立史学，司徒参军谢元立文学，凡四学并建。"[⑤]刘宋后期，"泰始六年，以国学废，初置总明

① 《晋书》卷六五《王导传附王珉传》，中华书局1974年版，第1758页。

② 《晋书》卷八四《殷仲堪传》，中华书局1974年版，第2192页。

③ 《晋书》卷七五《王湛传附王坦之传》，中华书局1974年版，第1965页。

④ 《宋书》卷六六《何尚之传》，中华书局1974年版，第1734页。

⑤ 《宋书》卷九三《雷次宗传》，中华书局1974年版，第2293—2294页。

观，玄、儒、文、史四科，科置学士各十人，正令史一人，书令史二人，干一人，门吏一人，典观吏二人。”[①]这一方面反映了玄学学术地位的巩固和提高，是对以往玄学学术成果的高度肯定；另一方面也说明当政者开始自觉地利用玄学为自己的统治服务，将玄学名士网罗、掌控在自己手中，引导他们采取俭约、恬淡、谦退、自持的处世风格，以此化解政治纷争，巩固皇室权力。

二是统治者的个人修养和执政风格具有明显的玄学色彩。宋武帝刘裕“清简寡欲，严整有法度，未尝视珠玉舆马之饰，后庭无纨绮丝竹之音。……内外奉禁，莫不节俭。性尤简易，常著连齿木屐，好出神虎门逍遥，左右从者不过十余人”。[②] 齐高帝萧道成“少沉深有大量，宽严清俭，喜怒无色。博涉经史，善属文，工草隶书，弈棋第二品。虽经纶夷险，不废素业。从谏察谋，以威重得众。即位后，身不御精细之物……后宫器物栏槛以铜为饰者，皆改用铁，内殿施黄纱帐，宫人著紫皮履，华盖除金花爪，用铁迴钉。每曰：‘使我治天下十年，当使黄金与土同价。’欲以身率天下，移变风俗”。[③] 显然，宋、齐开国皇帝这种“俭素之德”与玄学倡导的疏离世俗、放达任性的精神价值相一致，符合当时的社会需求。

及至梁、陈，情形相同。梁武帝萧衍“少而笃学，洞达儒玄”，具有深厚的玄学修养，曾著有《老子讲疏》、《周易讲疏》及六十四卦、二系、文言、序卦等义。他兴趣广泛，“六艺备闲，棋登逸品，阴阳纬候，卜筮占决，并悉称善。又撰金策三十卷。草隶尺牍，骑射弓马，莫不奇妙。”虽贵为皇帝，但生活极其俭朴，“日止一食，膳无鲜腴，惟豆羹粝食而已。庶事繁拥，日傥移中，便漱口以过。身衣布衣，木棉皂帐，一冠三载，一被二年。常克俭于身，凡皆此类。”[④]昭明太子萧统“美姿貌，善举止”，“性宽和容众，喜愠不形于色”，“性爱山水，于玄圃穿筑，更立亭馆，与朝士名素者游其中”。[⑤] 梁简文帝萧纲“幼而敏睿，识悟过人”，长大后“器宇宽弘，未尝见愠喜。……博综儒书，善言玄理”。[⑥]著有《老子义》二〇卷、《庄子义》二〇卷。梁元帝萧绎“性不好声色，颇有高名，与裴子野、刘显、萧子云、张缵及当时才秀为布衣之交，著述辞章，多行于世”。[⑦] 著有《周易讲疏》一〇卷，《老子讲疏》四卷。陈武帝陈霸先虽一介武夫，以军功起家，但夺取帝位后，仍能保持俭朴本色，“俭素自率，常膳不过数品，私飨曲宴，皆瓦器蚌盘，肴核庶羞，

① 《南齐书》卷一六《百官志》，中华书局 1972 年版，第 315 页。

② 《宋书》卷三《武帝本纪下》，中华书局 1974 年版，第 60 页。

③ 《南齐书》卷二《高帝本纪下》，中华书局 1972 年版，第 38—39 页。

④ 《梁书》卷三《武帝本纪下》，中华书局 1973 年版，第 96—97 页。

⑤ 《梁书》卷八《昭明太子传》，中华书局 1973 年版，第 166—168 页。

⑥ 《梁书》卷四《简文帝本纪》，中华书局 1973 年版，第 109 页。

⑦ 《梁书》卷五《元帝本纪》，中华书局 1973 年版，第 136 页。

裁令充足而已，不为虚费。……其充闱房者，衣不重彩，饰无金翠，哥钟女乐，不列于前。”[①]陈文帝“少沉敏有识量，美容仪，留意经史，举动方雅，造次必遵礼法”。[②] 可见，梁、陈帝王及皇室成员也大都深受玄学影响，言谈举止之间，颇有名士风度。

三是南朝各代均涌现一批以才学或德行著称的玄学名士。见诸史籍的刘宋隐士有：戴颙、宗炳、周续之、王弘之、阮万龄、孔淳之、刘凝之、龚祈、翟法赐、陶潜、宗彧之、沈道虔、郭希林、雷次宗、朱百年、王素、刘睦之、州韶、褚伯玉、关康之；南齐高士有：张绪、王僧虔、张融、谢朓、明僧绍、顾欢、卢度、臧荣绪、何球、宗测、杜京产、沈驎士、吴苞、徐伯珍；梁代处士有：何点、何胤、阮孝绪、陶弘景、诸葛璩、沈颉、刘慧斐、范元琰、刘訏、刘歊、庾铣、张孝秀、庾承先。陈朝玄学大致是梁朝的余波，比较活跃的玄学家有王劢、袁枢、萧乾、谢嘏、张种、萧允、王玚、张讥、顾越等。这些玄学名士或淡泊名利，远离政治；或参与政治，但不恋禄位；或疏离世俗，寄情山水；或热爱文学艺术，钟情于修身养性。他们在许多方面传承和实践着前代玄学家的思想理论和精神追求，虽缺乏理论上的创新，但大多保持着潇洒飘逸的名士风度。

然而，由于南朝统治者大都推行尊儒政策，希望借助儒家所倡导的纲常名教来巩固自己的皇权，所以，随着儒学的复兴和佛教的传播，玄学的影响日趋衰微。特别是到了梁、陈时期，儒学振兴，佛学盛行，统治者有意实行儒、佛、道“三教合流”政策，使得玄学失去了用武之地，玄学无可奈何地衰落下去，最终退出了历史舞台。

第二节 佛教

魏晋南北朝时期，国家分裂，地方割据，战乱频仍，社会动荡，广大百姓生活在水深火热之中，渴望精神寄托，重树生活信念。在此背景下，作为域外文化的佛教以其救苦救难、普度众生的口号吸引了一大批善男信女，逐渐在中国大地上广为传播，大行其道。作为当时南方政权中心的扬、徐地区，深受佛教影响，上自皇帝，下至百姓，普遍信奉佛教，宣传佛法义理，促使这里成为南方佛教文化的中心。

一 魏吴时期佛教在南方的传播

佛教原是产生于古代印度的宗教，西汉末通过西域传入中国，东汉时流传于中原地区，东汉末开始影响徐州地区。据《三国志·吴书·刘繇传》记载，汉灵帝时，丹阳

① 《陈书》卷二《高祖本纪下》，中华书局 1972 年版，第 40 页。

② 《陈书》卷三《世祖本纪》，中华书局 1972 年版，第 45 页。

人笮融聚众数百，为徐州牧陶谦督广陵、彭城等郡漕运，私截公粮作为款项，用于大造浮图祠和佛像，招揽信徒，课读佛经。“每浴佛，多设酒饭，布席于路，经数十里，民人来观及就食且万人，费以巨亿计。”

孙吴占据江东后，佛教由北方陆路和南方水路辗转传入，支谦、康僧会等僧人先后入吴，翻译佛经，宣传教义，感化百姓，并得到孙吴统治者的支持，吴都建业逐步成为江南地区的佛教重镇。

支谦的先世，本大月氏人。但他本人生于中国，早年在洛阳受业于支谶的弟子支亮，后因汉末沸乱，南渡奔吴，先至武昌，后入建业，一直到吴会稽王孙亮建兴年间，专以译经为务。他先后翻译出佛教经论数十部，其中重要的有《阿弥陀经》、《维摩诘经》、《大明度无极经》、《太子瑞应本起经》等。其译文简洁流畅，通俗易懂，内容广泛，涉及大小乘经律，有利于佛教的普及推广。

康僧会的祖先是康居人，世居天竺，后因其父做生意而全家移居交趾。但不久因父母双亡而出家为僧。赤乌十年(247)，康僧会从交趾来到建业定居，在闹市附近供奉佛祖，开展传教活动，得到孙权青睐，特为其造建初寺，支持他翻译佛教经典。其所译佛经，现存有《六度集经》，文辞典雅，影响深远，最能体现他的思想。康僧会以“仁义忠孝”等中国传统儒家思想和“天人感应”的神学学说来解释佛教教义，有利于佛教在江南的传播和佛教的本土化。史传苏州的报恩寺(后改称瑞光寺)、报恩寺塔、通玄寺(后改称开元寺)，无锡的圆通寺，常州的白土山寺就是在康僧会的参与下，得到孙权及其母亲的支持而建成。他又为《安般守意经》、《法镜经》、《道行经》作注，并撰写序文，序中多采用《老》、《庄》名词典故，以阐明佛理，为佛教在中国之玄学化开了先河。

二　两晋时期佛教在南方的发展

西晋时期，北方统一南方，各方面处于强势地位，无论政治、经济还是宗教、文化的中心均在北方的洛阳，位于南方的扬州地区处处受到打压，其境内的佛教流传也一度归于沉寂。进入东晋后，由于帝王和士大夫的崇尚以及名僧竺道潜、支道林、慧远、法显等人的努力，佛教在南方地区获得了长足发展，南渡士族与僧侣互相接近，玄学与佛学逐渐结合，佛教的影响不断扩大，首都建康遂成了南方佛教的中心。

东晋皇帝出于巩固统治的目的和需要，大都信奉佛教，礼遇沙门。元帝、明帝在位时，对高僧竺道潜特别尊重，过从甚密。成帝、康帝、穆帝、哀帝先后在都城内修建寺院和佛塔，邀请名僧做佛事、讲佛经。简文帝经常光顾瓦官寺，亲临听讲“般若经”，肯定佛教的教化作用。孝武帝“初奉佛法，立精舍于殿内，引诸沙门以居之”，[1]对佛教推崇有加。东晋末代皇帝恭帝“深信浮屠道，铸货千万，造丈六金像，亲于瓦官寺迎之，步从十许里”。[2]

东晋时期，先后把持朝政大权的王、庾、桓、谢诸氏世家大族成员也很尊崇佛教，王导、庾亮、桓温、谢安等名相都是佛教的支持者，与当时的高僧保持着密切的交往关系。王导与来自西域的僧人帛尸黎密多罗、康僧渊来往频繁，交情深厚。其子王洽与名僧道安的弟子竺法汰关系密切，经常带着他出入于上层名流之中，帮助其提高名声。庾亮也和佛教人士多有往来，《世说新语》载：“庾公常入佛图，见卧佛，曰‘此子疲于津梁。’于时以为名言。”桓氏家族长期占据长江中游，此地乃东晋佛教中心之一，桓温与当地僧人保持着相当密切的关系。谢安是东晋名流，他和名僧支道林之间也有着良好的互动。

东晋一代，玄学盛行，清谈成风，达官贵人无不追求名士风度。众多僧人为了顺利传播佛教，也纷纷谈论老庄，研习玄学，以老庄思想和魏晋玄学的立场来诠释佛经，并与社会名流广泛交往，打成一片。这在相当程度上推动了佛玄合流和般若学思潮的兴起，佛教的大乘般若空宗盛极一时，并涌现出一批在中国佛教史上颇有影响的著名高僧，如竺道潜、支道林、慧远、法显等。

竺道潜(286—374)，字法深，俗姓王，出身于著名的琅邪王氏家族。西晋末避乱渡江至建康，既通佛经，又善玄言，为东晋元、明二帝及丞相王导、太尉庾亮所尊重和礼遇，后来隐居剡山三十余年，宣讲佛法及老庄学说。哀帝时，应召重回建康，于宫内讲《大品般若经》，受到皇帝朝臣的欢迎。他在般若学流派中属“本无异宗”的代表，与玄学家多所往还，关系密切。名僧支遁对他十分敬重，称赞他“体德贞峙，道俗纶综，往在京邑，维持法网，内外具瞻，弘道之匠也”。[3]

支遁(314—366)，字道林，本姓关氏，出身于佛教徒家庭，从小接触佛经，深明佛理。永嘉中，支遁随家人避难渡江，年二十五出家为僧。他先在吴(今江苏吴县)建支山寺，后入浙江剡山定居，晚年又到石城山(今浙江绍兴县东北)立栖光寺。哀帝时，召他到建康东安寺讲《道行般若经》。他是般若学流派中“即色宗”的代表，撰有《即色即玄论》、《逍遥论》、《释即色本无义》、《道行旨归》、《辩三乘论》等，但大都没有流传下来。

支道林特别善于玄谈，与王洽、王濛、殷浩、孙绰、王羲之、袁彦伯等名士交往甚

---

① 《晋书》卷九《孝武帝纪》，中华书局 1974 年版，第 231 页。

② 《晋书》卷一〇《恭帝纪》，中华书局 1974 年版，第 270 页。

③ 《高僧传》卷四《竺道潜传》。

密。“初至京师，太原王濛甚重之，曰：‘造微之功，不减辅嗣’”[1]，认为他在玄学清谈方面所达到的精微程度，不亚于王弼。著名的《世说新语》中有关支道林的记载就多达四十几条。据《世说新语·文学第四》记载：“《庄子·逍遥篇》，旧是难处，诸名贤所可钻味，而不能拔理于郭、向之外。支道林在白马寺中，将冯太常共语，因及《逍遥》。支卓然标新理于二家之表，立异义于众贤之外，皆是诸名贤寻味之所不得。后遂用支理。”该书同篇又载：支道林与许询、谢安共集王濛家，言及《庄子·渔父篇》，“支道林先通，作七百许语，叙致精丽，才藻奇拔，众咸称善。”支道林造《即色论》，阐发“色即为空，色复异空”的理论，对于佛学与玄学的交融起了有力的推动作用，为佛教在江南逐渐取代玄学的地位，作了理论上的准备。

慧远(334—416)是东晋时期南方重要的佛教领袖，俗姓贾氏，雁门楼烦(今山西宁武)人。他从小随舅令狐氏游学许、洛，博综《六经》，尤喜《庄》、《老》，在儒学、玄学方面，均有精深造诣。由于当时政局混乱，个人生活颠沛流离，恰逢释道安在太行、恒山一带传播佛教，名声很大，慧远便去投奔他。在聆听道安讲解《般若经》时豁然而悟，认为与佛教相比，“儒道九流，皆糠秕耳”，于是拜道安为师，正式出家。

由于慧远的出家，经历了由崇信儒学到服膺老庄，最终皈依佛法的曲折过程，他对儒、道、佛三家理论有比较和鉴别，有深刻的思想基础，故其佛学造诣日臻精深，很快赢得了道安的欣赏和器重，被派往南方传教。慧远途经江西庐山时，见这里山清水秀，环境幽静，适于聚徒讲经，便决定定居下来。他在这里建立东林寺，组织僧徒集体念经，翻译经文，阐发佛理，与各地佛教徒互通声气，开展学术交流，对佛教在南方的传播与发展，贡献卓著。东晋元兴元年(402)，慧远在东林寺创立“白莲社”，造西方三圣像，专修净土法门。这被认为是净土宗创立的开始，慧远因此而被后人敬为净土宗的始祖，东林寺则被视作为净土宗的祖庭。慧远在庐山从事佛教活动三十多年，吸引许多信徒来此学法和传教，使得庐山成了都城建康之外另一个南方佛教的中心。

慧远一生撰写大量佛学著作，后人曾集为10卷50多篇，留存下来的作品有《沙门不敬王者论》、《明报应论》、《三报论》、《沙门袒服论》等。他的佛学思想主要是神不灭论、因果报应论和法性论，其中影响最深的，是他依据佛教业报轮回的说法，结合中国传统的善恶报应观念所建立起来的因果报应论。针对当时有人认为善恶报应仅仅是劝人为善的观点，慧远创造性地提出了“三世报应论”来弥补佛教因果报应论的不足。他说，“经说业有三报：一曰现报，二曰生报，三曰后报。现报者，善恶始于此身，即此身受。生报者，来生便受。后报者，或经二生、三生、百生、千生，然后乃受。”[2]这

---

① 《高僧传》卷四《支遁传》。

② 《弘明集》卷五《三报论》。

种理论,既维护了佛教的因果报应论,又为当时的门阀士族制度和社会等级秩序提供了神学依据,因而使佛教具有更大的吸引力,同时,也是其佛学思想中国化的一种表现。

东晋时期,除了有外来高僧的南下传教,还有许多本土僧徒西行求法,推动中外佛教交流和发展。法显就是其中的杰出代表。法显(约377—422),俗姓龚,平阳郡武阳(今山西沁县东南)人。他很早就受戒出家,常常发现翻译过来的佛经多有谬误,便暗下决心去印度寻求真经。东晋隆安三年(399),他与同伴从后秦京城长安出发,经过长途跋涉,历经艰难险阻,终于到达印度。他游历了印度各地,搜集了大量的佛教经典,并到过释迦牟尼的诞生地迦毗罗卫城(今尼泊尔境内)和狮子城(今斯里兰卡)。后从海路返回中国,此时已是东晋义熙八年(412)。法显西行取经前后经历了十四年,先后约得同伴九人,回国时只剩他一人。次年秋天,法显赴晋都建康,在道场寺与高僧佛驮跋陀罗一起翻译他带回的大量佛经,"译出《摩珂僧祇律》、《方等》、《泥洹经》、《杂阿毗昙心》,垂有百万余言"[①]。此外,他又写成《佛国记》(原名《历游天竺记传》,亦称《法显传》)一卷,记载他的旅行经历。书中记述了古代中亚、印度、海南诸国的地理、历史、风土人情,有重要的史料价值,至今为各国历史学者和考古学者所重视,并被翻译成英文、法文、日文等各种译本。

三 南北朝时期佛教在南方的兴盛

南北朝时期,佛教在扬、徐地区的影响继续扩大,各地寺院林立,僧尼众多。据唐法琳《辩正论》卷三记载,刘宋时境内有寺院1913所,僧尼36000人;萧齐时有寺院2015所,僧尼32500人。萧梁时达到鼎盛,有寺院2846所,僧尼82700余人。侯景之乱后,寺院有所减少。但陈朝仍有寺院1232所,僧尼32000人。这其中,超过一半以上的寺院和僧尼集中在都城建康及其周边地区,可见,当时的佛教是多么的兴盛。

南朝诸帝及其皇室成员大多崇信佛教,优待僧尼,大力支持和扶植佛教。宋武帝刘裕禅位之前就与一些名僧有交往,登基后不久即设斋内殿,支持萧皇后在家奉佛,并赏赐沙门,对佛教较为尊崇。宋文帝认为佛教具有教化功能,有益于巩固皇权,常常与僧人慧严、慧观等探究佛理,又令道猷、法瑗等僧阐发高僧竺道生的"顿悟成佛说",并亲临湘宫寺听法。宋孝武帝造药王、新安两寺,召道猷入内殿说法,还亲自参加"八关斋"、"灌佛"等佛事。宋明帝笃信佛教,弘扬佛法。他不断营造寺庙、佛塔和佛像,倡导民众出家事佛,并崇信僧人道猛,亲自听其讲法。

---

① 《高僧传》卷三《释法显传》。

萧齐时，高帝萧道成很注意利用佛教巩固统治。他“优待高僧僧远，曾到孝庄严寺听僧达讲《维摩诘经》，任命法颖为京邑僧主，掌管京城佛教事务”。[①] 齐武帝也信奉佛教，在都城建造了齐安寺、禅灵寺、集善寺，并制定了僧官制，立下沙门觐见王者的新规矩，以加强对僧尼的管理。齐武帝之次子竟陵王萧子良，对于佛教“敬信尤笃，数于邸园营斋戒，大集朝臣众僧，至于赋食行水，或躬亲其事，世颇以为失宰相体”。他因提倡佛教，而“终致盛名”，其“招致名僧，讲语佛法，造经呗新声，道俗之盛，江左未有也”。[②]

梁武帝是南朝诸帝中在位时间最长的皇帝，执政长达 48 年，同时又是佞佛最甚的一位皇帝。他早年信奉道教，但即位第三年就颁布《舍道事佛诏》，正式宣布皈依佛门。从此，他采取各种各样的形式和手段提倡佛教，鼓动和要求王公贵族乃至平民百姓都来信仰佛教，几乎把佛教抬高到国教的地位。

梁武帝大事营造寺院佛像，亲自敕建同行、大智度、解脱、大爱敬、同泰、法王、阿育王等寺院。这些寺院规模宏大，巍峨壮观，里面装饰考究，金碧辉煌，陈列着各种佛像。如同泰寺的十方金像和十方银像、光宅寺的丈八弥陀铜像、大爱敬寺的丈八旃檀像和铜像等。他还强买江南世族王骞在钟山的田产 80 余顷，施赠给大爱敬寺，对其它寺院也经常布施钱财，动辄几百万和上千万。作为一个虔诚的佛教徒，梁武帝曾经 3 次舍身同泰寺为寺奴，每次都由国家和公卿施舍大量钱财把他赎回来。其结果是寺院经济得到极大的充实，而国库收入急剧减少，朝廷趁机转嫁到老百姓头上，变相榨取人民的血汗，加重了人民群众的苦难。

梁武帝的佞佛固然不利于经济发展和社会进步，但在推动佛教中国化和本土化，促进中外文化交流方面，他却多有贡献，对后世影响深远。首先，梁武帝敕令大量编译佛教经典著作，优待中外高僧，鼓励他们从事佛学研究和著述，有利于丰富佛教文化的内涵，推动中国佛教事业的发展。他即位不久就命来自扶南（今柬埔寨）的沙门曼陀罗、僧伽提婆共同译经；后又邀请印度高僧真谛来建康专门翻译大乘有宗的著作，其中《摄大乘论》的译本，对中国佛教思想的发展有较大影响。为了进一步宣扬佛法，梁武帝亲自撰写佛教著述，计有《制旨大涅槃经讲疏》一〇一卷、《大品注解》五〇卷、《三慧经讲疏》、《净名经义记》、《制旨大集经讲疏》一六卷、《发般若经题论义并问答》一二卷，还有《立神明成佛性义记》、《净业赋》、《金刚般若忏文》等重要佛教论文。此外，他还三次敕编佛经目录，其中，僧佑所撰的《出三藏记集》经录完备，具有很高的学术价值。

---

① 参见许抗生、赵建功、田永胜著《六朝宗教》，第六章“南朝佛教的隆盛”，南京出版社 2003 年版，第 205 页。

② 《南齐书》卷四〇《武十七王·竟陵文宣王子良传》，中华书局 1972 年版，第 700 页、698 页。

其次，梁武帝创制了“水陆法会”和“盂兰盆会”，后演变成中国民间重要的佛事活动。水陆法会又称水陆道场或水陆斋，是佛教徒为普济众生、超度水陆一切鬼魂而设斋诵经、追荐亡灵的法事活动，时间少则 7 天，多则 49 天。史称由梁武帝创制仪文，在润州（今江苏镇江）金山寺率先修设水陆法会，后人仿效，相沿成习。盂兰盆会又称盂兰盆节、中元节，俗称鬼节，来源于《佛说盂兰盆经》，一般在每年农历七月十五日举行，是佛教徒为追荐超度祖先而开展的法事活动。史载梁武帝在大同四年(538)亲临同泰寺，设盂兰盆斋。此后，自王公贵族到民间百姓，纷纷仿效，盂兰盆会就成为中国民间重要的佛事之一。

第三，梁武帝亲制《断酒肉文》，禁止出家人饮酒吃肉，使素食成为中国佛教的重戒。早期的佛教徒并不恪守戒律，一直被允许喝酒吃肉。但梁武帝依据《涅槃经》、《四相品》等经文，亲制多篇《断酒肉文》，从各个角度全面地阐述断禁肉食的必要性和重要性，以慈悲心肠劝导大众不可杀生，并以身作则，每天只吃一顿饭，不沾酒肉，仅食豆羹粗饭，严令僧徒遵守，从而改变了汉代以来僧徒可以吃三净肉的习惯，对后来佛教徒的生活影响甚巨，并演化为一种素食习俗，在社会上广为流行。

第四，梁武帝倡导“三教同源说”，力图调和佛教与儒、道二教的矛盾。所谓三教同源，是指儒教和道教都同源于佛教。梁武帝说，老子、周公、孔子是佛祖释迦牟尼的弟子，释迦牟尼和老子、孔子是师徒关系。佛教处于最高层次，仿佛是黑夜里的月亮，儒教、道教处于较低层次，如同众星一般拱卫着月亮。佛与儒、道之间既有高下区别，又互相烘托，交相辉映。梁武帝宣称，儒、道之所以低于佛，是因为只能求世间的善；佛之所以高于儒、道，是因为能使人成为出世间的圣人。儒、道和佛是世间和出世间的区别，是凡圣的区别。三教同源说的主旨是以佛教为中心，而同时又包容儒、道，这完全是梁武帝出于政治的需要与个人的目的。他认为可以把三者结合起来，在理论上互相贯通，在实践上互相补充，即既用儒、道的道理教人在世间行善，又用佛教教义劝人出世成佛。如此才能达到理想的境界，天下才能太平。由此可见，佛教在梁武帝手里虽被提到国教的高度，但实质上只是一种统治术。

由于梁武帝笃信佛教，其子昭明太子萧统、简文帝萧纲、元帝萧绎也都好佛。史载昭明太子萧统“亦崇信三宝，遍览众经。乃于宫内别立慧义殿，专为法集之所。招引名僧，谈论不绝。太子自立二谛、法身义，并有新意”。[①] 萧纲撰有佛学著述《长春义记》一〇〇卷、《法宝联璧》三〇〇卷；萧绎撰有《内典博要》一〇〇卷、《连山》三〇卷、《洞林》三卷等，均刊行于世，引人注目。

---

① 《梁书》卷八《昭明太子传》，中华书局 1973 年版，第 166 页。

陈朝建立后,几任皇帝出于政治上的需要,均采取崇佛政策。武帝陈霸先虽在位时间不长,但也效法梁武帝上演了一出先“舍身佛寺”,再由“群臣表请”,而后“还宫”的滑稽戏。建康附近旧有七百余寺,在侯景之乱中大多遭到破坏,陈武帝登基后下令修复,还在广陵建造了东安寺、兴皇寺和天宫寺。他还多次设无遮大会亲自参与法事活动,邀请高僧到内殿讲解《大品般若经》。文帝陈蒨、宣帝陈顼也都延请名僧,讲经说法,大办法会。后主陈叔宝刚即位就设无遮大会于太极前殿,大赦天下,后又“舍身”寺院,祈求佛法保佑。

综上所述,南朝历代皇帝的佞佛,可以说是一贯的政策表现和自觉行为。这既是皇权控制和利用佛教的政治需要使然,又是南方佛教兼采儒、玄,注重义理所产生的直接效果。通过统治者的大力倡导,当时以建康为核心的扬州地区佛教隆盛,信徒众多,成为与北朝佛教遥相呼应的南方佛教中心,共同推动着佛教的中国化进程,在翻译学、音韵学、文学、美术、建筑、雕塑、音乐等各方面给中华文化带来了新元素、新动力,对当时的社会生活和日后的中国历史均产生了深远影响。

四　反佛斗争与范缜的《神灭论》

魏晋南北朝时期,针对佛教盛行、迷信成风的现象,部分保持清醒头脑,不愿随波逐流的士大夫知识分子纷纷发表文章,阐明观点,在思想领域里开展了反佛斗争。由于佛教迷信的核心内容是“因果报应论”与“精神不灭论”,因此,进步思想家们反对佛教的斗争,主要也是围绕着有无因果报应及精神是否不灭这两个问题进行的。

三国时期,佛教刚刚传入江南,在社会上的影响还不大,但已有人起来抵制和反对。当时的反佛斗争主要是用中国传统的儒家思想来对佛教教义进行质疑和批评。如佛教主张的弃妻子、捐财货、终身不娶等做法,有违中国传统的孝道,很不符合人们的风俗习惯,所以,自然会引来一般世俗人士的非议。

东晋时期,佛教在江南地区广泛传播,影响不断扩大。与此同时,反对佛教的声音也相应增加,从理论上对佛教进行批判的进步思想家不断出现。如东晋初期的庾冰和末期的桓玄等权臣就先后提出了抑制佛教发展的反佛政策;史家孙盛撰文批判“精神不灭论”,明确主张神随形灭;雕塑家戴逵则在《释疑论》一文中对佛教的因果报应思想进行驳斥和批判。

刘宋时期,还俗僧人慧琳作《白黑论》(又称《均圣论》、《均善论》),对佛教的般若空观、因果报应论进行了批驳;史家兼天文学家何承天作《达性论》,以儒家学说驳斥佛教的因果报应说;道士顾欢作《夷夏论》,认为释迦牟尼和老子虽都是圣人,但毕竟佛教是外来宗教,道教是华夏本土宗教,所以他们之间具有夷夏之别,不可相提并论。

这实际上是贬低佛教的主张。

齐、梁时期，儒家学者范缜作《神灭论》，彻底驳斥和批判了佛教的核心教义“神不灭论”，为反对佛教迷信，宣扬“无神论”思想作出了最大贡献。

范缜(约450—515)，字子真，出身于世族，东晋安北将军范汪的六世孙。自幼丧父，家境贫寒。十几岁时投师著名学者刘瓛门下读书，博通经术，学业优异，卓尔不凡，深受钟爱。他“性质直，好危言高论”，不慕虚荣，不畏权贵，表现出特立独行的性格。萧齐时，范缜出任尚书殿中郎，为竟陵王萧子良西邸宾客。萧子良崇信佛教，在西邸招集名僧，讲经说法。范缜却不信因果报应之说，“盛称无佛”，因此引起了一场争论。当时，萧子良问道：“你不信因果报应说，那么为什么会有富贵贫贱？”范缜答曰：“人之生譬如一树花，同发一枝，俱开一蒂，随风而堕，自有拂帘幌坠于茵席之上，自有关篱墙落于粪溷之中。坠茵席者，殿下是也；落粪溷者，下官是也。贵贱虽复殊途，因果竟在何处？”[①]萧子良听了范缜这番有理有据的答辩，虽恼怒不满，但也无言以对，难于辩驳。

经过这次交锋，范缜觉得有必要将自己无神论的观点加以系统阐述，于是写出了著名的《神灭论》，以犀利的笔锋，形象的比喻，批驳了佛教的“神不灭论”，阐述了自己的无神论思想。进入梁代后，针对梁武帝的佞佛行为，范缜刚正不阿，继续斗争，将《神灭论》充实完善，改用主客问答体的形式，修订定稿，广泛传播，并在后来与梁武帝等人的论战中，舌战群儒，雄辩滔滔，语惊四座，最终以无可辩驳的理论优势取得完胜。

范缜在《神灭论》中一开始就抓住了无神论与有神论争论的核心问题，即形与神之间的关系，提出了“形神相即”和“形质神用”的观点。他说：“形即神也，神即形也。”认为形神是相即的，是不可分离的统一体；形是神的“质”，神是形的“用”；明确说明形是第一性的，神是第二性的。精神是不能脱离物质的，形存则神存，形谢则神灭，形体毁灭了，精神的作用也就不存在了。范缜创造性地用锋利和刀刃来作比喻，说：“神之于质，犹利之于刃；形之于用，犹刃之于利。利之名非刃也，刃之名非利也。然而舍利无刃，舍刃无利，未闻刃没而利存，岂容形亡而神在？”由此可见，锋利是刀刃的性能和作用，精神是形体的机能和属性；锋利不能离开刀刃，精神也不能离开形体。这就彻底驳倒了佛教迷信中精神不灭，灵魂不死的观念。

《神灭论》这部著作用“自设宾主”的问答体，抓住了形神关系这一哲学的重大问题，对有神论进行了全面的批判，建立了比较彻底的唯物主义体系，从而把无神论提

---

① 《梁书》卷四八《儒林传·范缜》，中华书局1973年版，第665页。

高到了一个新的高度。尽管受到时代条件的局限,《神灭论》也存在一些缺陷和不足,但范缜在形神关系的论证上所展现出来的严密逻辑和思想深度,不仅超越了在他之前的历代唯物论者,而且在整个中国古代思想家中,也是独一无二的。尤其是他那种不畏强权、敢于斗争的精神和坚持真理、刚正不阿的品格难能可贵,值得后人景仰。

第三节　道教

道教是我国土生土长的宗教,其思想渊源复杂多样,最早可追溯到殷商时代的鬼神崇拜和巫术。春秋时期的道家创始人老子的《道德经》五千言被奉为道教的圣典。战国末年到秦汉时期的神仙信仰、黄老之学和方士的求仙术,以及儒生与方士合流所产生的谶纬迷信,都是形成道教的思想渊源。道教所崇奉的天神、地祇、仙人,莫不由历代相沿流传而来。

魏晋南北朝时期,是道教形成、流传和定型的关键时期。在由早期民间道教逐步演化为成熟的神仙道教的历史过程中,一批江南的道教学者发挥了关键作用。孙吴时,丹阳句容人葛玄道术高深,传播道教,深得孙权敬重。两晋时期,葛洪创建了一套以外丹为主的神仙道教体系,吸引许多士族成员参加,为道教的兴盛创造了条件。东晋中晚期,杨羲、许谧等人创立了上清派,葛洪重孙葛巢甫等人创立了灵宝派,对后世影响很大。刘宋时的陆道静在道教组织礼仪的规范和道教经典体系的整理完善方面做出了重大贡献。齐、梁时代的陶弘景是道教改革定型期的集大成者,在中国道教史上第一次为道教各类神仙初步排定了等级秩序。因此,徐、扬地区成为道教的主要发祥地之一。

一　魏吴时期道教在江南的流传

东汉末年,道教产生了两大民间教派,即张角领导的太平道和张陵创立的五斗米道。后来发生的黄巾军农民大起义,就是在道教的掩护与组织下进行的。黄巾起义失败后,张鲁在汉中坚持了二十多年,最终投降曹操。从此,道教内部发生了分化,一部分人仍在民间传教,一部分人则为统治阶级所利用。

黄巾起义被镇压后,太平道仍在江南民间流行,道士于吉在吴地一带,得到社会上的广泛支持,信徒甚多。孙策的部下,竟有三分之二信奉于吉,望见他就拜,足见其影响之大。但这引起了孙策的猜忌,不久就借故杀掉了于吉。孙权即位后,为了扩大自己的统治基础,对道教改为笼络与推崇。他希求长生,迷信仙道,曾模仿秦始皇遣徐福入海寻神山求仙药的故事，于黄龙二年(230)派遣将军卫温、诸葛直率甲士万人浮海去夷州(今台湾)访仙求药。当其大将吕蒙病危时，孙权亲自探望，命道士施展法术，为吕蒙治病。赤乌三年(240)，孙权为著名道士葛玄在方山修建了洞玄观，这是中国历史上最早的道观。

葛玄(164—244)，字孝先，丹阳句容(今江苏句容)人，从小聪明好学，爱诵老庄，淡泊宁静。16岁时就已学贯古今，声名远播。他不愿做官，潜心向道，遍游名山，寻访仙真，曾师事高道左慈，受《九丹金液仙经》，服术辟谷，修炼成仙，臻于"五通具足，化遁无方"的神妙境界，从此便常显发各种神通以教化世人。传说他可以呼风唤雨、分身遁形、醉卧深水身不湿、安坐烈火衣不灼，又能驱邪降魔，治病救人，充满传奇色彩，吸引无数信徒追随其左右。人们尊称他为太极左仙公或葛仙翁。孙权特别敬重葛玄，多次向他请教如何学仙修道，并以贵宾之礼优待葛玄，为他专门修建洞玄观。葛玄著有《道德经序》、《断谷良方》、《入山精思经》等作品，晚年隐居在江西清江阁皂山修炼，收有弟子500余人，入室者为郑隐等人，后来郑隐又以葛玄从孙葛洪为高足。

由于孙权崇信道教，又有葛玄等人的大力传播，所以，这一时期的江南道教有了初步发展，在道教的教义、仪规等方面都有了明显的进步。

二　两晋时期道教在江南的流变

两晋时期，道教在江南地区流传广泛，发展迅速，出现了一位杰出的道教思想家葛洪及其创建的神仙道教理论体系，具有重要的里程碑意义。在他的影响和带动下，道教为愈来愈多的上层社会人士所接受和信仰，呈现出道教士族化的趋向。同时，形成了上清派、灵宝派等新的道派。

葛洪(283—363)，字稚川，号抱朴子，丹阳句容人，出身于官僚与道教世家。其祖父葛系，为吴之大鸿胪。父葛悌亦仕吴，入晋后为邵陵太守。其从祖父葛玄，为吴著名道士，"学道得仙，号曰葛仙公，以其炼丹秘术授弟子郑隐。"[①]郑隐，字思远，从葛玄受《正一法文》、《灵宝五符经》、《太清金液神丹经》等道书，道行高深，"不徒明五经、知仙道而已，兼综九宫三棋，推步天文、河洛谶记，莫不精研"[②]。晚年招收弟子多人，其中最器重葛洪。葛洪从小好学，博通经书，为人木讷，不好荣利，清心寡欲，闭门修炼。"时或寻书问义，不远数千里崎岖冒涉，期于必得，遂究览典籍，尤好神仙导养之法。"[③]年轻时随郑隐学习，"悉得其法"。后来又师事担任南海太守的道教徒鲍玄(鲍靓，字

① 《晋书》卷七二《葛洪传》，中华书局1974年版，第1911页。

② 《抱朴子内篇・遐览》，参阅王明《抱朴子内篇校释》，第344页。

③ 《晋书》卷七二《葛洪传》，中华书局1974年版，第1911页。

太玄，见《晋书·艺术传》。《晋书·葛洪传》作鲍玄，乃脱太字，或双名单称），为鲍器重，以女妻之。“洪传玄业，兼综练医术，凡所著撰，皆精核是非，而才章富赡”，终于成为一个学问高深的道教学者。

葛洪一生著作宏富，撰有六百多卷作品，涉及经学、道学、史学、医学、化学等诸多领域，其代表作为流传至今的《抱朴子》。该书分内外两篇，共一百一十六篇。今本为内篇二十，外篇五十二，合计七十二篇，其余四十四篇已经亡佚。从内容上看，其内篇言神仙方药、鬼怪变化、养生延年、禳邪却祸之事，属道家；其外篇言人间得失、世事臧否，属儒家。这是一部以神仙养生为内，以儒术应世为外，把道教的神仙理论与儒家的忠孝仁信调和起来的著作。它的问世，标志着神仙道教理论体系的建立。

葛洪的神仙道教思想主要体现在《抱朴子》内篇中，其基本观点为：

（1）神仙实有，毋庸置疑。

神仙实有是神仙道教能够成立的前提，若世上没有神仙，则神仙道教的一切就无从谈起。因此，葛洪首先从多方面来论证神仙的存在。他在《论仙》中指出，“万物云云，何所不有？况列仙之人，盈乎竹素矣；不死之道，曷为无之？”“刘向博学则究微极妙，经深涉远，思理则清澄真伪，研核有无。其所撰《列仙传》，仙人七十有余，诚无其事，妄造何为乎？邃古之事，何可亲见，皆赖记籍传闻于往耳。”“况乎仙人居高处远，清浊异流，登遐遂住，不返于世，非得道者，安能见闻？”“惟有识真者，校练众方，得其微验，富其必有，可独知之耳，不可强也。故不见鬼神，不见仙人，不可谓世间无仙人也。”葛洪认为，大千世界，无奇不有；人生有限，时空无穷，一个人不可能亲身经历人世间每一件事情，只能靠读古籍和史书来了解历史。既然古书中记载着许许多多神仙的生平事迹，那么，神仙存在便是毋庸置疑的事实。

（2）玄道一体，天人相应。

葛洪继承老子思想，以“道”为其神仙道教理论体系的最高范畴，认为道是宇宙的本原，是无边无际、超越时空的永恒存在；宇宙万物皆来源于道，最后又复归于道，道永远蕴含着生成一切事物的无限能量。他说：“凡言道者，上自二仪，下逮万物，莫不由之。……道也者，所以陶冶百氏，范铸二仪，胞胎万类，酝酿彝伦者也。”[①]同时，葛洪也受到当时盛行的玄学思潮的影响，借用玄学家倡导的“玄”，作为“道”的同级概念，进一步阐发他的道教理论。他认为宇宙万物是由神秘的“玄”，即“道”产生的，“玄”是“自然之始祖，而万殊之大宗也”。[②] 在葛洪眼里，道就是玄，玄就是道，两者名称相异，但本质一致，均是指宇宙本原。因为道是宇宙万物中独一无二、无与伦比的永恒存

① 《抱朴子内篇·明本》。
② 《抱朴子内篇·畅玄》。

在，所以道也可以称为"一"。他说："道起于一，其贵无偶，各居一处，以象天、地、人，故曰三一也。天得一以清，地得一以宁，人得一以生，神得一以灵。"[①]此外，葛洪还认为天人相应，人体就是小宇宙，是整个宇宙的缩影。有仙骨的人能得到"玄一"或"真一"。所以"子欲长生，守一当明"。"一"是宇宙的本源，"守一"便是修行成仙的途径。

（3）仙非天生，学可致仙。

葛洪认为仙人并非天生就是神仙，而是经过长期的修炼才得道成仙的，甚至连黄帝和老子以及他们的老师太乙元君也不例外。因此，普通人也可以通过长期的学习和修炼而成为神仙。不过，并不是所有的人都能学成神仙，只有那些皈依神仙道教，一心一意苦修勤练的修道者才能成仙。葛洪把神仙分为三种："上士举形升虚，谓之天仙。中士游于名山，谓之地仙。下士先死后蜕，谓之尸解仙。"这种上、中、下的划分，实际上是人间等级秩序的反映。如何才能成仙，"人欲地仙，当立三百善；欲天仙，立千二百善"。[②] 即使已有一千一百九十九善，而忽行一恶，便将前功尽弃。这种行善的说教，实际上是将儒家的修身养性与道家的修炼成仙联系起来，使之具有同等的价值。此外，葛洪还认为，人的富贵贫贱、寿命长短、能否成仙，都是命中注定的。命属"生星"的，必好仙道，求之亦必得；命属"死星"的，当然不可能成仙。所以，成仙也要有缘分，要靠天生的福气，这与儒家宣传的"死生有命，富贵在天"的思想也是一致的。他认为"道者，儒之本也；儒者，道之末也"，企图建立一种内神仙而外儒教的宗教理论，来适应统治阶级的需要。

（4）长生可得，贵在金丹。

葛洪认为人可以通过"食丹守一，还精胎息"的方法来得道成仙，获得长生。食丹就是炼制与服食金丹，即所谓"外丹"，守一就是存神守一，即"内丹"。二者之中，葛洪更强调外丹，他说："余考览养性之书，鸠集久视之方，曾所披涉篇卷以千计矣，莫不皆以还丹金液为大要者焉。然则此二事，盖仙道之极也。服此而不仙，则古来无仙矣。"[③]他认为仙药有上、中、下之分，"朱砂为金，服之升仙者，上士也；茹芝导引，咽气长生者，中士也；餐食草木，千岁以还者，下士也"[④]。服药不同，成仙后的等级就不同，地位和待遇也不同。为什么服食金丹可长生成天仙呢？他解释说："夫金丹之为物，烧之愈久，变化愈妙。黄金入火，百炼不消，埋之，毕天不朽。服此二物，炼人身体，故能令人不老不死。"至于导引屈伸，服草木之药，虽可延年，但仍不免于死，因为"草木

① 《抱朴子内篇·地真》。

② 《抱朴子内篇·对俗》。

③ 《抱朴子内篇·金丹》。

④ 《抱朴子内篇·黄白》。

之药，埋之即腐，煮之即烂，烧之即焦，不能自生，何能生人乎？”[①]炼丹要耗费大量的资金和费用，只有世家大族才能做到。一般平民没有财力炼丹，当然也就不可能成仙了。而人一旦成仙升天之后，就会“饮则玉醴金浆，食则翠芝朱英，居则瑶堂瑰宝，行则逍遥太清”，有享受不尽的荣华富贵。正因为这样，葛洪的神仙道教，才受到统治阶级的欢迎，成为官方的道教理论。

此外，葛洪还主张“性命双修”和“儒道互补”，认为行善积德、立功除过、忠孝仁信是长生成仙的必要条件。他说：“欲求长生者，必欲积善立功，慈心于物，恕己及人，仁逮昆虫，乐人之吉，愍人之苦。”[②]又说：“欲求仙者，更当以忠孝、和顺、仁信为本。若德行不修，而但务方术，皆不得长生也。”[③]葛洪的上述观点继承和发展了葛玄的还丹金液理论，使道教的修炼理论更加完善，对后世影响深远。

总之，葛洪总结了战国秦汉以来道教发展的历史、经验和方法，对民间道教进行了批判和改造，全面阐述了神仙道教理论，在道体论、道性论和修道论诸方面都有独到的理论建树，为日后道教的兴盛和发展奠定了坚实的理论基础，在中国道教史上占有十分重要的地位。

在葛洪神仙道教理论的影响下，东晋朝野上下掀起了修炼服食的热潮，尤其是在世家大族和玄学名士中信奉神仙道教者众多。据陈寅恪先生《天师道与滨海地域之关系》一文的考证，东晋的侨姓大族琅邪王氏、高平郗氏、陈郡殷氏以及江东土著大姓义兴周氏、丹阳葛氏、陶氏等都崇信道教。如著名书法家王羲之“雅好服食养性，不乐在京师，初度浙江，便有终焉之志”。“又与道士许迈共修服食，采药石不远千里”。[④]“郗愔与妹夫王羲之、高士许恂并有迈世之风，俱栖心绝谷，修黄老之术。”[⑤]又如，名士殷仲堪“少奉天师道，又精心事神，不吝财贿”。[⑥]

由于大量的社会名流信奉道教，故给道教带来了生机和活力，促使道教迅速走向士族化，在思想和组织上日益完善，出现了上清派和灵宝派等新的道派。上清派以奉《上清经》得名，形成于东晋中期。史传兴宁二年（364），道士杨羲声言南岳夫人魏华存与众仙真下凡，授其上清经 31 卷，便用隶书写出，传于句容许谧、许翙父子，这标志着上清派正式形成。东晋末年，许谧之孙许黄民和道士王灵期等对上清经进一步加以补充完善，吸引许多信徒加入，壮大了声势，上清派的影响更大。上清派以《大洞真

---

① 《抱朴子内篇·金丹》。

② 《抱朴子内篇·微旨》。

③ 《抱朴子内篇·对俗》。

④ 《晋书》卷八《王羲之传》，中华书局 1974 年版，第 2098、2101 页。

⑤ 《晋书》卷六七《郗鉴传附传》，中华书局 1974 年版，第 1801 页。

⑥ 《晋书》卷八四《殷仲堪传》，中华书局 1974 年版，第 2199 页。

经》、《黄庭经》为主要经典，以魏华存为开派祖师，尊元始天王、太上大道君为最高神。灵宝派则是在东晋晚期由葛洪的从孙葛巢甫所创建。他以古灵宝经为基础，新造作了《灵宝赤书五篇真文》等经书，并创设了一个上自元始天尊、太上大道君、三天真皇、黄帝、帝喾、夏禹，下至葛玄的传经谱系。灵宝派以《灵宝五符》、《灵宝赤书五篇真文》和后出的《灵宝无量度人上品妙经》为经典，以葛玄为祖师。该派形成之初影响并不大，刘宋之际经陆修静整改完善后才大行于世。

东晋道教的士族化发展引起了民间道教的不满和反对，导致道教内部发生了激烈的斗争。东晋晚期发生的孙恩、卢循领导的农民起义就是打着五斗米道的旗号进行的，并与信奉神仙道教的门阀世族地主展开了激烈的武装斗争。他们自号"长生人"，在浙东沿海一带起兵，后攻入会稽(今浙江绍兴)城内，杀死了同为道教徒，但出身于天师道世家大族的会稽内史王凝之。起义虽然以失败而告终，民间教团组织被瓦解，但民间道教并没有消失，仍然在江浙一带流传，拥有很多的信徒。

三　南北朝时期道教在江南的定型

南北朝时期，道教在江南地区有了进一步的发展。以皇帝为代表的上层社会加大了对道教的支持力度，促使道观兴起，道徒增多。陆修静、陶弘景等道教思想家对道教的改革和完善，加快了道教的成熟和定型，增强了其社会影响力，使之成为与儒教、佛教并驾齐驱的文化力量，共同构成中国封建社会的三大精神支柱，为隋唐道教的兴盛奠定了良好基础。

南朝诸帝中信奉佛教者居多，但对道教并不排斥，而是从各方面给予了大力支持。他们或者为道士建立道馆，或者召请道士出山为官，或者厚待礼遇高道，有的甚至还拜高道为师，非常崇信道教。

宋文帝尊崇道教，礼遇高道陆修静，请他入宫讲经说法。宋明帝在都城建康北郊为陆修静修筑崇虚馆，拜陆为师，又师事高道刘法先，尽弟子之礼，并拜高道楼惠明为奉朝请。齐高帝分别为高道薛彪之、蒋负刍在茅山建金陵馆和崇阳馆。梁武帝早年信奉道教，与许多道士有交往，在当了皇帝、改奉佛教后仍继续尊崇他们，给予各方面的照顾和支持。如对陶弘景，梁武帝始终十分尊重，关系密切，经常召见或看望他，并赐予田产和财物。天监年间，梁武帝为五斗米道创始人张陵的第12代孙张裕在虞山(今江苏常熟)建立招真馆。普通年间，又召请道士庾诜作黄门侍郎，庾承先作中书侍郎。梁简文帝曾经师从陶弘景学道法，为张裕的招真馆撰写了碑记。梁元帝在天目山建立太清馆，常召请高道居住，还撰写了《隐居先生陶弘景碑》、《南岳衡山九真馆碑》等。陈朝的武帝、宣帝也喜好道术，为道士建立道馆，邀请高道讲经。

南朝的王公贵族中也有许多道教信徒。宋文帝时，太后王氏笃信黄老仙道，在高道陆修静面前不惜屈尊，恭执弟子之礼。萧齐文惠太子召请高道楼惠明到京城传授道术，恭敬有礼。齐、梁间想要师从陶弘景受经法的王侯公卿竟多达数百人。

正是由于统治者的大力支持，扩大了道教的影响，提高了其社会地位，所以南朝时期的道教在江南地区获得了较快发展，道教教义日益完善，组织日趋规范，道教经典体系和神仙谱系初步建立，天师道、上清派、灵宝派各立门户，基本定型。在这道教自我完善、不断更新、走向成熟的历史过程中，一大批道行高深的道士如陆修静、孙游岳、陶弘景、顾欢、楼惠明、孟景翼、孟智周和臧矜等人做出了重大贡献。其中，尤以刘宋时的陆修静和齐梁时的陶弘景为杰出代表。

陆修静（406—477），字元德，自号三洞弟子，出身于江南望族吴郡陆氏，据说是三国孙吴丞相陆凯的后裔。他天生颖悟，娴雅恬静，很早就开始精研道书，穷究仙旨，对道教神仙理论产生了浓厚兴趣。后来，他抛弃家庭，出门修行，不远千里，寻师问道，游遍天下名山，搜集道书无数，勤学苦练，著述不断，多有创获，终成为道教史上的一代宗师。

陆修静对南朝道教的贡献主要体现在以下几个方面：

（一）整顿道教组织，重振南天师道。早期五斗米道（天师道）采用政教合一的祭酒制度，由天师设立治所和职位，道官祭酒统领道民，实行三会制、宅录制、命信制和道官授箓升迁制等科律。但这些制度在魏晋时期遭到了破坏，至晋宋之际，天师道出现了组织混乱、科律废弛的涣散局面。对此，陆修静适时地提出了一些整顿措施。

首先，重新恢复三会日制度。规定每年正月七日、七月七日、十月五日为三会日，要求道民届时必须到本师治所去参加道会，及时上报户口变动情况，聆听道官宣讲法令科戒。会后道民还必须把会议精神传达给全家老少，让大家一起来执行。

其次，健全宅录制和命信制。“宅录”类似后世的户口簿，道民入道，须把全家人口都上报登记在册，若有婚嫁生死，人口增减，也要及时到本师治所进行登记、注销。道民凭此宅录向道教组织缴纳“命信”（敬神的信物），道教组织即派守宅之官予以保护，以便道官能够“领户化民”。

第三，完善道官升迁制度。陆修静将箓阶分为更令、一将军、十将军、七十五将军、百五十将军五个等级，明确规定普通民众只要为道教做三件好事，就立有一功，立三功为一德，立三德之后，才可以受署箓。受箓之后，须要继续立功，才能不断晋升。这样就完善了天师道传统的以功受箓、按级晋升的道官制度。

通过这些整改措施，陆修静克服了道教组织的涣散状态，重建了南天师道，加强了对道民的控制，为南朝道教由松散的祭酒制向严格的道观制发展奠定了基础。

（二）规范斋戒科仪，完善道教教义。针对早期道教戒律简陋、科仪不全的状况，陆修静借鉴佛教的相关内容和儒家名教的礼仪规范，对道教斋醮科仪进行改造，撰述了一系列有关道教斋戒仪范的作品。在《洞玄灵宝五感文》中，他规定了九等斋，包括洞真上清斋二法、洞玄灵宝斋九法和涂炭斋一法，计十二法。这一斋法体系将上清斋法定为上品，灵宝斋、三皇斋次之，早期天师道的斋法定为下品。至于如何施用这些斋法，陆修静提出了十点要求：（1）五体清洁，衣服悉净；（2）废弃世务，断俗姻缘；（3）中食绝味，挫割嗜欲；（4）谨身正服，齐整严肃；（5）闭口息语，不得妄言；（6）涤除心恶，不得邪想；（7）烧香奏烟，鸣鼓召神；（8）忏谢罪咎，请乞求愿；（9）灾厄恼难，感愿度脱；（10）言止于道，不得离法。在《洞玄灵宝斋说光烛戒罚灯祝愿仪》中，陆修静规定了十条"戒律"：一戒心不恶妒；二戒守仁不杀；三戒不淫不盗；四戒不色不欲；五戒口无恶言；六戒断酒节行；七戒不竞争功名；八戒不评论经教；九戒不评详四辈；十戒平等一心。

陆修静在制定斋戒科仪的过程中，援引了大量的儒家礼教和佛教礼仪，不仅完善了道教的斋戒仪范制度，使之具有较强的可操作性与实用性，而且还丰富了道教教义，使道教的理论基础更加坚实。

（三）整理道教经籍，首创道经目录。随着道教的流传和衍化，大量经书作品不断问世，难免会出现良莠不齐、真伪不分、源流不明的现象，加上各派林立、互不统属，使众多道经严重分散，杂乱无章，不利于道教的顺利发展，这就需要有人对道经进行搜集整理。陆修静适应这一需要，广泛搜集道教经籍，然后对搜集到的1228卷经书，按照三洞四辅十二类的分类法进行整理，历经艰辛，终于在宋明帝泰始七年（471）编成了我国历史上第一部道经目录学专著《三洞经书目录》。所谓"三洞"是指洞真、洞玄、洞神，"洞言通也，通玄达妙，其统有三，故曰三洞。"[①]"四辅"是指太玄部、太平部、太清部和正一部。陆修静在每洞编排时，均按本文、神符、王诀、灵图、谱录、戒律、威仪、方法、众术、记传、玄章、表奏等十二类的顺序依次编写。这种分类编排的方法，既体现了道教的神学体系，又反映了早期道经流传的实际情况，在中国道教发展史上实属一次重要创举，以后成为历代编纂《道藏》所遵循的楷模。

由此可见，陆修静在道教组织的清整、道观制度的确立、斋戒仪范的完善、灵宝派的兴盛和经典体系的整理等诸多方面，都作出了巨大贡献，赢得了道教界的敬仰和推崇。天师道尊他为"陆天师"，上清派奉他为第七代宗师，灵宝派推他为始祖之一。

陶弘景（456—536），字通明，丹阳秣陵（今江苏南京东南）人，出身于江东望族家

---

① 北宋张君房《云笈七签》卷六《本际经》。

庭。从小聪明好学，9岁时熟读《孝经》、《论语》等儒家经典，10岁时接触葛洪的《神仙传》，萌发了长生成仙的强烈愿望。17岁时开始以才学闻名于世，与社会名流多有来往。萧齐时担任过诸王侍读、奉朝请等闲职，仕途不顺，便于永明十年(492)辞去官职，归隐于句容句曲山(即茅山)，建立华阳馆，自号华阳隐居，时年37岁。从此，陶弘景潜心于道教学术研究和弘法活动，开始了长达45年的隐修生涯。

陶弘景曾师从陆修静的高足孙游岳学道，受传上清符图经法。后来遍游名山大川，到处寻访上清诸仙真迹，尊三茅君为祖师，以上清、灵宝为宗法，开创了著名的"茅山宗"。他还利用搜罗来的许多道教资料，进行研究和整理，先后著成《真诰》、《真灵位业图》、《登真隐诀》、《养性延命录》等书，成为道教的重要经典及修身养性的依据，为发展和完善南朝时期的江苏道教做出了卓越的贡献。概括起来，其主要成就有以下三个方面：

(一) 弘扬上清经法，开创了茅山宗。

陶弘景是上清派的重要传人，早年拜高道孙游岳为师，但他并不满足业师所传授的上清经诀和方术，于是，遍访江东各郡名山，搜求上清派创始人杨羲及许谧、许翙的手书经诀真迹。归隐茅山后，他将搜集到的上清诸仙真的手书真迹及生平事迹材料加以增删修订和注疏诠释，整理成《真诰》一书，全面阐述道教上清派的早期教义、方术及其历史沿革。该书共二十卷，分《运题象》、《甄命授》、《协昌期》、《稽神枢》、《阐幽微》、《握真辅》、《翼真检》等七篇。其中一至五篇为杨羲、二许手书内容，记述了祖师魏华存等众仙真下降授受真诀，晓谕祸福吉凶及解脱方术的神仙故事，还有类似佛家语及地狱托生之说，显露出其援佛入道的思想痕迹。第六篇是杨羲、二许在世时所记的笔记、便条、书函等。第七篇为陶弘景自述，概述《真诰》的编纂体例、篇目要旨，记载了《上清经》的渊源、流传过程以及杨羲、二许的家世生平，等等。

《真诰》一书广证博引其他道经，记载了大量的道教经法、仙真人物、神话故事以及修炼方术，较好地体现了上清道派的基本教义，也反映了陶弘景本人的道教思想，为茅山宗的创立奠定了坚实的思想基础。

陶弘景隐居茅山几十年，大力弘扬上清道法，不仅编撰了许多道教典籍，而且身体力行实践道法，培养门徒三千余人，使茅山成为上清派的活动中心和道教圣地，从而开创了新的道派组织"茅山宗"。

(二) 创制《真灵位业图》，确立道教神仙谱系。

与其它宗教一神崇拜不同，道教奉行的是多神崇拜。在魏晋以来的各种道经中，被道教崇奉的神仙特别多，举凡天地神祇、星官鬼神、三皇五帝、帝王将相、神话人物、名人贤哲等等，皆被列为崇拜的对象，纷然杂陈，毫无统绪。为了克服这种混乱局面，陶弘景披沙沥金,创制了《真灵位业图》。

《真灵位业图》,全名为《洞玄灵宝真灵位业图》,凡一卷,是道教中最早又最系统的神谱。陶弘景将688位神灵的名讳称号,按自天上至地下的次序,编排了座次,划分了层级品位。他将道教所称之神仙排为七阶,即七个等级。每一阶设有一位主神,居于中位,依次为元始天尊、玄皇大道君、太极金阙帝君、太清太上老君、九宫尚书、中茅君及酆都北阴大帝。每一中位又各立左位、右位,分列多名神仙以配之。在序中,他说仙真的等级很森严,"虽同号真人,真品乃有数;俱目仙人,仙亦有等级千亿。"在陶弘景的神仙谱系中,除了有传说中的道教神仙外,还有不少历史人物,如周武王、孔子、秦始皇等也被掺杂进去,体现了他融合儒、道,以宗教为政治服务的思想。

(三)炼形与养神兼顾,内养与外丹并重。

陶弘景重视道教养生学的研究,主张炼形与养神兼顾,形神双修。为此,他总结了道教在炼形和养神方面的修炼经验,撰写了《养性延命录》一书。该书凡二卷,记载了上自神农、黄帝,下及魏晋之际的养生要诀,引用各种古籍达三十多种,内容涉及饮食宜忌、性情保养、服气吐纳、导引按摩、御女损益、念咒思神、祈福禳灾等方面,其中既有道教的养气长生理论,又包含有一定的生理卫生知识,还有陶弘景本人在养生方面的宝贵经验,是一本不可多得的养生学名著。

陶弘景不但重视内养,而且还善于炼制外丹,主张内养和外丹互补并用。为此,他撰写了《太清诸丹集要》、《服饵方》等炼丹服饵著作,对后世产生了很大影响。

总之,陶弘景作为南朝道教改革的集大成者和茅山宗的开创者,对中国道教尤其是江南地区道教的发展做出了重大贡献,在道教史上占有十分重要的地位。

第十三章　以建康为中心的南方文学、史学与艺术

第一节　文学

文学是社会生活的反映，是以语言文字为工具形象化地反映客观现实的艺术，自古以来就受到人们的重视和喜爱。与中原地区相比，秦汉时期的南方文学相对落后。但魏晋以后，由于社会动荡，北人南迁，玄学盛行，佛教传播，各种思想文化相互碰撞、激荡，极大地激发了南方文人学子们的文学创作欲望，各种体裁的文学作品如同雨后春笋般地不断涌现，文学开始进入自觉的时代，南方文学出现了前所未有的繁荣景象。

一　魏吴时期的南方文学

魏吴时期，全国的文化中心仍在北方，曹魏文学一枝独秀，涌现出以“三曹”（曹操、曹丕、曹植）和“建安七子”（孔融、陈琳、王粲、徐幹、阮瑀、应玚和刘桢）为代表的一大批著名作家，形成了关注现实，积极进取的“建安风骨”传统。“建安七子”中，唯一的江苏人是陈琳。陈琳，字孔璋，广陵射阳（今江苏宝应东）人。初为东汉末年大将军何进主簿，后归附曹操，任司空军谋祭酒，管记室，草拟军国文书。陈琳以章表书记见称，与阮瑀齐名。其《为袁绍檄豫州》乃檄文名篇，受到著名文学评论家刘勰的好评。陈琳的著作，《隋书·经籍志》四著录为三卷，两唐书志皆记为十卷，惜已散佚。清严可均《全上古三代秦汉三国六朝文》中收有陈琳的《大暑赋》、《止欲赋》、《神武赋》等作品 19 篇。

相形之下，地处偏僻的孙吴文学明显逊色，没有出现第一流的文学家和名篇佳作。不过，与以往情况相比，孙吴时期的江南文学还是有所发展，涌现出张纮、张温、

胡综、韦昭、华覈、薛莹等一批文学才俊。

张纮，字子纲，广陵（今江苏扬州）人，是孙吴开国功臣之一，既在经学方面修养深厚，又在文学上颇有建树。《三国志》本传称其"既好文学，又善楷篆"，著有诗赋铭诔十余篇，与名士孔融、陈琳等交谊甚笃，多有书信往来。陈琳十分欣赏张纮的文学作品，认为自己的文章与张纮相比是"小巫见大巫"，可见张纮的文学水平之高。读张纮临终写给孙权的遗言："自古有国有家者，咸欲修德政以比隆盛世，至于其治，多不馨香。非无忠臣贤佐，暗于治体也，由主不胜其情，弗能用耳。夫人情惮难而趋易，好同而恶异，与治道相反。《传》曰'从善如登，从恶如崩'，言善之难也。人君承奕世之基，据自然之势，操八柄之威，甘易同之欢，无假取于人；而忠臣挟难进之术，吐逆耳之言，其不合也，不亦宜乎！离则有衅，巧辩缘间，眩于小忠，恋于恩爱，贤愚杂错，长幼失叙，其所由来，情乱之也。故明君悟之，求贤如饥渴，受谏而不厌，抑情损欲，以义割恩，上无偏谬之授，下无希冀之望。宜加三思，含垢藏疾，以成仁覆之大。"的确可看出其擅长文章，善于论述。

张温，字惠恕，吴郡吴（今江苏苏州）人，从小才智过人，品行高洁，时人誉其"当今无辈"，极力举荐。孙权召见，果然"文辞占对"，才气横溢，加上容貌奇伟，甚得吴主喜爱，先后任命其议郎、选曹尚书、太子太傅等职，并出使蜀汉，应对自如，获诸葛亮欣赏和赞誉。孙权嫌其声名大盛，怕难以驾驭，不久竟借故将其革职问罪。将军骆统为其鸣不平，特上书救他，赞扬张温："其弘雅之素，英秀之德，文章之采，论议之辩，卓跞冠群，炜晔曜世，世人未有及之者也。"惜未成功，一代才子就此夭折。张温擅长文学，但存世作品不多，《全三国文》中仅收其文章 3 篇。

胡综，字伟则，汝南固始（今河南固始）人。少时避乱江东，与孙权同窗共读，结下友谊，后任建武中郎将、侍中，兼右领军。胡综善于作文，《三国志》本传称其"凡自权统事，诸文诰策命，邻国书符，略皆综之所造也"。并载录其四言体《黄龙大牙赋》一首，《伪为吴质作降文》三条；称誉其《中分天下盟文》"文义甚美"。另有《请立诸王表》、《议奔丧》、《太子宾友目》等作品存世。从这些文章来看，胡综文学功底颇深，确为文章高手。陈寿称赞其"文采才用"、"榱椽之佐"。

韦昭，字弘嗣，吴郡云阳（今江苏丹阳）人，是孙吴时期著名史家，曾长期主持孙吴国史《吴书》的修撰工作。他虽以史学见长，但在诗、赋、文上皆有作品问世。其诗歌《吴鼓吹曲》，叙述孙坚、孙权父子二代开创江东基业的艰难历程，视野开阔，气势恢宏。其赋《云阳赋》今存残篇，内容不详，估计是描写家乡云阳之自然风光，抒发思乡之情的作品。其文流传至今，最有名的是《博弈论》。这是他在担任太子中庶子时，受太子孙和之命而作，主要针对当时盛行的博弈之风予以批评和规劝。文章观点鲜明，说理透彻，语句精炼，生动流畅，不失为一篇文采斐然的佳作，被完整记载在《三国志》本传中。后南朝萧统编《文选》时，特将此文收入其中的“论类”，是孙吴文士中唯一的入选作品。

华覈，字永先，吴郡武进（今江苏常州）人。早年担任上虞尉、典农都尉等职，后以文学入为秘书郎，迁中书丞。孙皓即位后，封为徐陵亭侯。因“研精坟典，博览多闻，可谓悦礼乐敦诗书者也”而迁东观令，领右国史，与韦昭、薛莹等共修《吴书》。据《三国志》本传记载，其前后上书、表等百余篇，陈寿评曰：“华覈文赋之才，有过于曜（韦昭）。”今存《车赋》、《表荐陆祎》、《谏吴主皓盛夏兴工疏》、《上务农禁侈疏》等10篇作品。另有四言诗一首，见载于本传之中。

薛莹，字道言，薛综之子。初为秘府中书郎、散骑中常侍，孙皓时为选曹尚书，领太子少傅，继为左国史、光禄勋等。西晋灭吴后为散骑常侍。薛莹不仅长于修史，而且颇具文才，撰有《新议》八篇，惜已早佚。《三国志》本传载有其四言体《献诗》一首，追述祖、父以来经历，表达自己对朝廷的忠心，为今存孙吴文学中最长的诗篇。华覈曾誉其为“涉学既博，文章尤妙，同寮之中，莹为冠首”。

二　两晋时期的南方文学

西晋时期，文学日趋繁盛，尤其是太康年间（280—289）的文坛，涌现出一大批文学名家。如二陆（陆机、陆云）、三张（张华及张载、张协兄弟）、两潘（潘岳、潘尼）、一左（左思）以及傅玄、傅咸、石崇、挚虞、欧阳建、张翰等，钟嵘称之为“文章之中兴也”。不过，这些文学名士多为北方人，出自于南方江东的仅有陆机、陆云兄弟、张翰数人。

陆机，字士衡，吴郡吴县华亭（今上海松江）人。祖陆逊、父陆抗，皆三国孙吴名将。陆机“少有异才，文章冠世，服膺儒术，非礼不动”。[①] 20岁时，吴亡，回家闭门读书，开始文学创作，撰有《拟古十二首》、《辩亡论》、《述先赋》、《祖德赋》等诗文和辞赋。太康末，与弟陆云同至洛阳，文才倾动一时。入晋后，历任太子洗马、著作郎、中书郎等职。因卷入晋室内部纷争，终遭陷害，年仅43岁。

陆机一生创作颇丰，所著文章凡三百余篇，内有诗、乐府、赋、文及文论、史论、书法等等，并行于世。《晋书》本传曰：“机天才秀逸，辞藻宏丽。张华尝谓之曰：‘人之为文，常恨才少，而子更患其多。’弟云尝与书曰：‘君苗见兄文，辄欲烧其笔砚。’后葛洪著书称机文：‘犹玄圃之积玉，无非夜光焉，五河之吐流，泉源如一焉。其弘丽妍赡，英锐漂逸，亦一代之绝乎！’其为人所推服如此。”[②]

---

① 《晋书》卷五四《陆机传》，中华书局1974年版，第1467页。

② 《晋书》卷五四《陆机传》，中华书局1974年版，第1480—1481页。

陆机的诗，数量可观，现存104首，其中不乏既具思想性又有艺术性之佳作。如《赴洛道中作》二首，写离开江南故乡到晋都洛阳出仕时旅途中所见景物和引起的感触，"虎啸深谷底，鸡鸣高树巅"，"伫立望故乡，顾影凄自怜"（其一）。"清露坠素辉，明月一何朗。抚枕不能寐，振衣独长想。"（其二）全诗写景细致，用词考究，抒情真挚，发自肺腑，表达了诗人远行应征时的思乡之情和凄凉心境。又如《君子行》："天道夷且简，人道险而难。休咎相乘蹑，翻覆若波澜。去疾苦不远，疑似实生患。……朗鉴岂远假，取之在倾冠。近情苦自信，君子防未然。"这首诗乃陆机卷入复杂的政治纠葛后的感叹之作，反映了他对人生无常、世情难料的深切体会和无奈之情。

陆机的诗辞藻华丽，句式骈偶，追求美感，颇具艺术表现力，在当时就备受推崇。钟嵘《诗品》将其列为上品，称赞其诗"才高词赡，举体华美"，"咀嚼英华，厌饫膏泽，文章之渊泉也"。从其诗作的章法技巧及对后世的影响来看，陆机不愧为一代杰出诗人。

陆机的赋作留存至今的有30篇，除《文赋》长达两千多字外，其余多为抒情咏物的小赋，短小隽永，文采斐然。《文赋》是继曹丕《典论·论文》之后的一篇有关文学创作的重要理论文章，采用赋的形式写成，实属创举。该文在历史上首次系统论述了文学创作的过程和技巧，提出了文学的内容与形式的相互关系，文学的构思、想象、体裁和风格等问题，涉及的范围极广，其中有许多精到的见解。在总结文学经验，促进文学自觉方面具有重要意义，对于刘勰的文学理论也有很多的启发和影响。《文赋》本身文辞华美，对仗精巧，显示了陆机过人的文学才华。

较之诗赋，陆机之文更具盛名，《文选》收入他的表、序、文、论等文章数量远多于其赋作，如《谢平原内史表》、《豪士赋序》、《吊魏武帝文》、《辩亡论》等都是传诵千古的名篇杰作。

陆云，字士龙，"六岁能属文，性清正，有才理。少与兄机齐名，虽文章不及机，而持论过之，号曰'二陆'。"[①]十六岁举贤良。吴亡后，与兄同入洛阳，历任尚书郎、侍御史、太子中舍人、中书侍郎等职。成都王司马颖荐为清河内史，世称陆清河。晋惠帝太安二年（303），与兄同时遇害。

陆云才华横溢，作品繁多，《晋书》本传称其所著文章三百四十九篇，又撰《新书》十篇，并行于世。但其诗文创作成就后人评价多不高，惟其文学理论尚有过人之处。如他在西晋文学普遍追求丽辞繁句，流于繁缛轻绮的风气之下仍能坚持推崇清新自然的写作风格，便有一定的积极意义。对于"二陆"的文学才华，后人多赞誉有加，唐

① 《晋书》卷五四《陆云传》，中华书局1974年版，第1481页。

太宗曾给予高度评价："观乎陆机、陆云，实荆衡之杞梓，挺珪璋于秀实，驰英华于早年，风鉴澄爽，神情俊迈。文藻宏丽，独步当时，言论慷慨，冠乎终古。……其词深而雅，其义博而显，故足远超枚马，高蹑王刘，百代文宗，一人而已。"[①]虽属溢美之词，但也的确反映了陆氏兄弟具有卓越的文学才华，在中国古代文学史上具有重要地位和深远影响。

张翰，字季鹰，吴郡吴（今江苏苏州）人，其父张俨曾担任孙吴大鸿胪。"翰有清才，善属文，而纵任不拘，时人号为'江东步兵'。"[②]吴亡后，与会稽贺循同入洛阳，被齐王司马冏辟为大司马东曹掾。不久因不愿卷入晋室内争而毅然返回江南故乡，得以避祸全身，时人称其有先见之明。张翰任心自适，不求当世，淡泊名利，雅好文学，著有《首丘赋》等数十篇作品行于世。可惜大多已散佚，严可均《全晋文》卷一零七辑录其文有《杖赋》、《豆羹赋》和《诗序》三篇。逯钦立《先秦汉魏晋南北朝诗·晋诗》卷七辑录其诗有《赠张弋阳诗》、《杂诗》、《思吴江歌》等六首。其中《杂诗》（"暮春和气应"）一首选入《文选》卷二九。此诗中名句"黄华如散金"，为后人所传诵。李白诗云："张翰黄华句，风流五百年。"钟嵘《诗品》将其列入"中品"，认为"季鹰'黄华'之唱……文采高丽"。

除了上述三位名家外，此间属于江东范围的文学名士尚有周处、张畅、张赡等人。周处，字子隐，义兴阳羡（今江苏宜兴）人，少孤贫，有蛮力，横行乡里，为时人所厌，将其与猛虎、蛟龙并称为"三害"。后周处幡然醒悟，"励志好学，有文思，志存义烈，言必忠信克己。"[③]先仕吴为东观左丞，参与修撰《吴书》。入晋后长期担任地方太守，政绩卓著，有口皆碑。后升迁御史中丞，秉公执法，不畏权贵，终因得罪梁王而遭陷害。周处著有《默语》三十篇及《风土记》，并留绝命诗一首："去去世事已，策马观西戎。藜藿甘粱黍，期之克令终。"见载于《晋书》本传。世人评价其"文章绮合，藻思罗开"。至于张畅、张赡均未入传《晋书》，事迹不详，惟在陆机《荐畅表》中称"畅才思清敏"，陆云《荐赡书》中云"言敷其藻"、"篇章光觌"。

随着晋室南渡，东晋建立，北方文人学士也纷纷南下，建康取代洛阳成为文学的中心。由于当时玄学极盛，东晋文学之士莫不受其影响，所以，许多诗赋作品渗透着浓郁的玄学色彩，出现了盛行一时的玄言诗。对此，刘勰在《文心雕龙·时序》篇中论述道："元皇中兴，披文建学，刘、刁礼吏而宠荣，景纯文敏而优擢。逮明帝秉哲，雅好文会，升储御极，孳孳讲艺，练情于诰策，振采于辞赋，庾以笔才逾亲，温以文思益厚，

---

① 《晋书》卷五四《陆机陆云传后"制曰"》，中华书局1974年版，第1487页。

② 《晋书》卷九二《张翰传》，中华书局1974年版，第2384页。

③ 《晋书》卷五八《周处传》，中华书局1974年版，第1569—1570页。

揄扬风流，亦彼时之汉武也。及成、康促龄，穆、哀短祚，简文勃兴，渊乎清峻，微言精理，函满玄习，澹思浓采，时洒文囿。至孝武不嗣，安、恭已矣。其文史则有袁、殷之曹，孙、干之辈，虽才或浅深，珪璋足用。自中朝贵玄，江左称盛，因谈余气，流成文体。是以世极迍邅，而辞意夷泰，诗必柱下之志归，赋乃漆园之义疏，故知文变染乎世情，兴废系乎时序，原始以要终，虽百世可知也。”

东晋作家大多为来自北方的侨寓之士，其中长期生活在建康或南方，文学成就较突出者主要有郭璞、庾亮、温峤、孙盛、干宝、袁宏等人。

郭璞，字景纯，河东闻喜(今山西闻喜县)人。他喜好经术，博学多才，精通五行、天文、卜筮之术。西晋末年，郭璞避乱南渡，定居建康，先后在殷祐、王导幕下任参军，后升任著作佐郎、尚书郎和大将军王敦之记室参军。因以卜筮言王敦谋反必败，而被王敦所杀。王敦之乱平定后，朝廷追赠郭璞为弘农太守。

郭璞多才多艺，一生著述宏富，“撰前后筮验六十余事，名为《洞林》；又抄京、费诸家要最，更撰《新林》十篇，《卜韵》一篇；注释《尔雅》，别为《音义》、《图谱》。又注《三苍》、《方言》、《穆天子传》、《山海经》及《楚辞》、《子虚》、《上林赋》数十万言，皆传于世。所作诗赋诔颂亦数万言。”[①]他的文学才能深得后人赞赏，《晋书》本传载曰：“璞著《江赋》，其辞甚伟，为世所称。后复作《南郊赋》，帝见而嘉之，以为著作佐郎。”又说他的“词赋为中兴之冠”。《文心雕龙·诠赋》篇把他列为“魏晋之赋首”之一。

郭璞的诗今存二十二首，以《游仙诗》十四首最为著名。《游仙诗》主要描写了想象中的仙界生活，或是游仙得道的过程，其中包含着深切的现实感受，表达了诗人因对现实不满而产生的归隐愿望，以显示自己人格的高洁。他的诗歌意象壮观，风格峻拔，语言清丽，在艺术上具有相当高的成就。《诗品》称赞其诗“宪章潘岳，文体相辉，彪炳可玩。始变永嘉平淡之体，故称中兴第一。《翰林》以为诗首”。《文心雕龙·才略》篇也称“景纯艳逸，足冠中兴，《郊赋》既穆穆以大观，《仙诗》亦飘飘而凌云”。这些都说明了郭璞在东晋诗坛上的重要影响和在古代诗歌史上的地位。

庾亮，字元规，东晋初期重要大臣，先后辅助元帝和明帝执掌军国大事，为征西将军，死后追赠太尉。他深受玄学影响，是玄言诗人之一，撰有《庾亮集》二十卷。宋代散佚。严可均《全晋文》卷三六、三十七辑录其文有《让中书监表》、《上疏乞骸骨》、《武昌开置学官教》等二十篇。其诗已全部散失。《文选》卷八选录的《让中书监表》是他的代表作。《文心雕龙·才略》篇说：“庾元规之表奏，靡密以闲畅。”指出庾亮的奏章文思细密，从容畅达。同时，《文心雕龙·程器》篇说：“昔庾元规才华清英，勋庸有声，

① 《晋书》卷七二《郭璞传》，第1910页。

故文艺不称；若非台岳，则正以文才也。”这是说，庾亮位为名臣，功勋卓著，反而掩盖了其文学才华。

温峤，字太真，太原祁县（今山西祁县）人。西晋末奉大将军刘琨之命南下，奉表劝司马睿称帝。元帝时，任散骑侍郎、太子中庶子。明帝时，拜侍中、中书令。成帝时任江州刺史。先后参与平定王敦之乱、苏峻之乱，立有大功，官至骠骑将军，封始安郡公。《晋书》本传说，温峤“博学能属文”。《隋书·经籍志》四著录：“晋大将军《温峤集》十卷，梁录一卷。”宋代散佚。严可均《全晋文》卷八辑录其文有《请原王敦佐吏疏》、《重与陶侃书》等二十二篇。《文心雕龙·才略》篇说：“温太真之笔记，循理而清通，亦笔端之良工也。”

孙盛，字安国，太原中都（今山西平遥西北）人。十岁时避难渡江，博学多才，善谈玄理，舌战名士殷浩取胜，由此成名。“盛笃学不倦，自少至老，手不释卷。著《魏氏春秋》、《晋阳秋》，并造诗赋论难复数十篇。《晋阳秋》词直而理正，咸称良史焉。”[①]说明孙盛既有良史之才，又是文章高手。

干宝，字令升，新蔡（今河南新蔡）人。少好学，博览群籍，以才气被朝廷征召为佐著作郎，撰有《晋纪》二十卷，被称良史。干宝一生著述颇多，达 24 种，其中《搜神记》三十卷为中国早期志怪小说代表作。该书内容极为博杂，既有神仙术士、妖异灾祥，又有人间奇遇等。干宝在序中说这些故事或来自“群言百家”，或来自“耳目所受”，自己搜罗这些故事的目的是为了“明神道之不诬”。从现存的二十卷来看，绝大部分取自于前人著作，可谓是古代志怪故事的集大成者，时人称干宝为“鬼之董狐”。其中《董永记》、《韩凭妻》、《三王墓》等故事流传甚广，逐渐演化为民间家喻户晓的传奇故事。《文心雕龙·才略》篇曾将干宝与孙盛相提并论，认为“孙盛、干宝，文胜为史，准的所拟，志乎典训，户牖虽异，而笔采略同”。意思是说，这两人都善于文章，以文辞特长来撰写史书，虽志趣各异，但文笔辞采大体相同。

袁宏，字彦伯，陈郡（今河南淮阳）人。少时孤贫，但才华横溢，文辞优美，先后受到大族名士谢尚、桓温等人的赏识和重用，只因秉性刚直，绝不阿附，故仕途并不顺利。袁宏是东晋中期的经学家、文学家和史学家，一生著述颇丰，有诗赋诔表等杂文凡三百首。他主要以史家著称，撰有《后汉纪》三十卷及《竹林名士传》三卷，但在文学上也颇有建树。《隋书·经籍志》四著录：“晋东阳太守《袁宏集》十五卷，梁二十卷，录一卷。”宋代散佚。严可均《全晋文》卷五七辑录其文有《后汉纪序》、《三国名臣颂》等十八篇。其中，《东征赋》、《北征赋》号为名篇，时人赞誉道：“当今文章之美，故当共推

① 《晋书》卷八二《孙盛传》，第 2148 页。

此生。"《文选》卷四七收录其《三国名臣颂》。逯钦立《先秦汉魏晋南北朝诗·晋诗》卷十四辑录其诗有《咏史诗》等六首。《晋书》本传说:"宏有逸才,文章绝美,曾为《咏史诗》,是其风情所寄。"钟嵘《诗品》将袁宏列为"中品",认为"彦伯《咏史》,虽文体未遒,而鲜明紧健,去凡俗远矣。"可见,后人对其文学成就十分肯定。

三 南北朝时期的南方文学

进入南北朝时期,虽南北对峙,时有冲突,但南方地区总体保持稳定,经济进一步发展,为文人学士的学术活动提供了良好的社会环境和条件。而南朝统治者的大力提倡和身体力行,则促使徐、扬地区的文学创作活动更趋活跃,艺术技巧益发成熟,名家名作层出不穷,文学地位显著提高,已发展成为一门独立学科。

(一) 雅好文学,成为时尚

南朝的最高统治者和皇族成员多雅好文学,喜与文人交游,并亲自参与文学创作,具有较高的文学修养和才能。据《隋书·经籍志》载,南朝诸帝中有文集传世者就有宋武帝、宋文帝、宋孝武帝、梁武帝、简文帝、梁元帝、陈后主等,其中后三位更以提倡和创作诗文为务,具有相当高的水平。史载简文帝萧纲酷爱文学,自 7 岁起就养成了吟诗作赋的爱好,一生创作大量作品,仅辞赋方面保留下来的就有《晚春赋》、《秋兴赋》、《临秋赋》、《海赋》、《梅花赋》、《修竹赋》等 23 篇。《隋书·经籍志》四著录有《梁简文帝集》85 卷。严可均《全梁文》辑录其文 210 余篇,多为诏、令、表、启,也有书、铭、碑、文。逯钦立《先秦汉魏晋南北朝诗·梁诗》卷二至二十二辑录其诗 285 首,多为描写宫廷生活的"宫体诗"。简文帝是"宫体诗"的主要倡导者,主张"立身之道,与文章异,立身先须谨重,文章且须放荡"。这种文学主张可谓是惊世骇俗,别有新意,在当时就引起了争论,被诟为轻佻、淫靡之作,后世也多持否定批评意见。其实,换一种角度审视之,不失为文体的创新和尝试,也是对简文帝生活环境的真实写照,对后人了解那段历史不无裨益。简文帝的诗作中也有一些精品和名句,如"风轻花落迟"(《折杨柳》)、"山河同一色"(《临高台》)、"落花随燕入"(《春日》)等,皆清新飘逸,历来为诗家所赞赏。

梁元帝萧绎也是一位颇具文才的君主,一生著述宏富,涉及经学、玄学、文学和史学,惜已全部散失,今仅存《古今同姓名录》。《隋书·经籍志》四著录有《梁元帝集》五二卷,《梁元帝小集》一〇卷。严可均《全梁文》辑录其文 140 余篇,逯钦立《先秦汉魏晋南北朝诗·梁诗》卷二五辑录其诗 124 首。梁元帝的诗风格绮丽,辞章华美,表现了典型的齐梁诗风,如《咏阳云楼檐柳》、《折杨柳》等皆为优秀诗篇。此外,梁元帝还著有《金楼子》一书,其中《立言》篇说:"至如文者,惟须绮縠纷披,宫徵靡曼,唇吻遒会，情灵摇荡。”意思是，文学作品应该文采繁富，音节动听，语言精炼，感情充沛。这种对文笔的区分较好地表现了文学的特征，在中国文学理论批评史上具有积极影响。

陈后主陈叔宝虽生活奢靡、统治无能，但在文学上却积极创作、有所成就。史载：“后主嗣业，雅尚文辞，傍求学艺，焕乎俱集。每臣下表疏及献上赋颂者，躬自省览，其有辞工，则神笔赏激，加其爵位，是以缙绅之徒，咸知自励矣。”[①]《隋书·经籍志》四著录有《陈后主集》三十九卷；两唐书志则分别著录为五十卷和五十五卷。其诗今存96首，多为反映宫廷享乐生活的宫体诗，淫艳轻薄，格调不高。其代表作有《三妇艳》、《玉树后庭花》等。

在皇帝的带动和影响下，皇室成员积极参与文学活动，组织形成了一些有影响的文学集团。如刘宋时期的临川王刘义庆爱好文艺，招揽了陆展、何长瑜、鲍照等一批文学名士，集体编成反映魏晋名士风流故事的著名志人小说《世说新语》。齐朝的文惠太子萧长懋、竟陵王萧子良、随郡王萧子隆不仅自身文才非凡，而且积极聚拢文人学士共同开展文学创作活动，形成了一个个文学圈子，其中最有名的是围绕在萧子良身边的“竟陵八友”。梁代的昭明太子萧统、简文帝萧纲、元帝萧绎也各自组成了以自己为中心的文学集团。这些文学集团经常开展各种文学活动，或吟诗唱和，或作赋抒情，或品评人物，或切磋文艺，互相启发影响，共同倡导文学时尚。

与此同时，重文习文之风在社会上尤其在门阀世族精英阶层中蔚为时尚，文学才能成为选官取士的重要标准。正如《梁书·江淹传论》所云：“夫观二汉求贤，率先经术；近世取人，多由文史。”由于门阀世族在政治、经济上享有特权，文化上也注意积累，所以，当时江苏地区的文学创作主要集中在一些文化世族的代表人物身上。如侨姓大族中，琅邪王氏累世重文，代有才俊，人人都有文集传世，著名者有宋时王微、王僧达，齐时王融、王俭，梁时王筠等；陈郡谢氏可谓文学世家，人才济济，拥有谢灵运、谢惠连、谢庄、谢朓等大家和名家。又如江东本土世族中，吴郡陆氏历来重视文学艺术，人才辈出，作品繁多，史载有文集者就有陆展、陆厥、陆倕、陆云公、陆琰、陆瑜、陆蚧等人。

吴郡张氏也是文学世家，历代都有文才之士，其中较突出者有张率和张融。张率“十二能属文，常日限为诗一篇，或数日不作，则追补之，稍进作赋颂，至年十六，向作二千余首”。张率还受到文坛领袖沈约的赏识和推荐，并与任昉结为好友。在诸多宫廷文学活动中，张率充分展示自己的文学才能，屡获梁武帝赞誉，史载：“率又为《待诏赋》奏之，甚见称赏，手敕答曰：‘省赋殊佳。相如工而不敏，枚皋速而不工，卿可谓兼

① 《陈书》卷三四《文学传序》，中华书局1972年版，第453页。

二子于金马矣。'又侍宴赋诗,高祖乃别赐率诗曰:'东南有才子,故能服官政。余虽惭古昔,得人今为盛。'率奉诏往返数首。其年,迁秘书丞,引见玉衡殿。高祖曰:'秘书丞天下清官,东南胄望未有为之者,今以相处,足为卿誉。'其恩遇如此。"[①]昭明太子萧统也很看重张率的文才,称其"才笔弘雅",将其召集门下掌管书记。张率著有《文衡》十五卷,文集三十卷,皆行于世。

生活于宋、齐之间的张融善作骈赋,撰有文集数十卷,代表作为《海赋》,描写海景不落俗套,用词设喻别出心裁,文辞诡激,追求新奇,乃辞赋名篇。他个性率真,行文洒脱,不随波逐流,主张变革文体,手法多样,在当时文坛上独树一帜。

此外,彭城望族刘氏也以"一门能文"著称,《梁书·刘孝绰传》载曰:"孝绰兄弟及群从诸子侄,当时有七十人,并能属文,近古未之有也。"其中,老大刘孝绰擅长诗作和骈文,文名极盛,"辞藻为后进所宗,世重其文,每作一篇,朝成暮遍,好事者咸讽诵传写,流闻绝域。文集数十万言,行于世。"[②]其五言诗《酬陆长史倕》长达124句,是南朝篇幅最长的诗。刘孝绰兄弟中,老三刘孝仪工于文,老六刘孝威长于诗,被誉为"三笔六诗"。二人都在萧纲府中做过属官,俱以文才见重于世。刘孝绰的三个妹妹也都有才学,以刘令娴最有名,徐陵《玉台新咏》中存有其诗七首,诗风缠绵。

正因为统治者的重视和倡导以及文化士族的引为时尚,所以,才有了这一时期的重文习文之风,文学才出现了繁荣的局面,并逐渐从经学的束缚中独立出来,在刘宋元嘉年间单独设科教学,从而获得了与经学、玄学和史学同等重要的地位。《南史·文学传序》说:"自中原沸腾,五马南渡,缀文之士,无乏于时。降及梁朝,其流弥盛。盖由时主儒雅,笃好文章,故才秀之士,焕乎俱集。于时武帝每所临幸,辄命群臣赋诗,其文之善者赐以金帛。是以缙绅之士,咸知自励。"《梁书·文学传序》也说:"高祖聪明文思,光宅区宇,旁求儒雅,诏采异人,文章之盛,焕乎俱集。……其在位者,则沈约、江淹、任昉,并以文采,妙绝当时。至若彭城到沆、吴兴丘迟、东海王僧孺、吴郡张率等,或入直文德,通燕寿光,皆后来之选也。"《南史·梁武帝本纪》论曰:"自江左以来,年逾二百,文物之盛,独美于兹。"南朝文学之盛况,由此可见一斑。

(二)诗歌成就

南朝文学中,诗歌成就最大,先后出现了元嘉体、永明体和宫体诗。刘宋时代,诗歌从内容到形式均有革新,《文心雕龙·明诗》评曰:"宋初文咏,体有因革,老庄告退,而山水方滋,俪采百字之偶,争价一句之奇,情必及貌以写物,辞必穷力而追新,此近世之所竞也。"反映宋朝诗歌以山水诗取代了东晋的玄言诗,时兴雕琢刻画之风的情

---

① 《梁书》卷三三《张率传》,中华书局1973年版,第475页。

② 《梁书》卷三三《刘孝绰传》,中华书局1973年版,第483—484页。

况。刘宋的著名诗人是谢灵运、颜延之和鲍照,后人称为“元嘉三大家”。

谢灵运,东晋名将谢玄之孙,从小聪明好学,才气过人,年轻时担任过参军、太子左卫率、散骑常侍等闲职。因政治上不受重用,常怀郁愤,故寄情山水,肆意遨游,研读佛理,参悟人生,创作了大量描绘江南秀美景色的诗歌,以其卓越的文学才华,开山水诗之一代风气。其诗被钟嵘《诗品》列为“上品”,评曰:“嵘谓若人兴多才高,寓目辄书,内无乏思,外无遗物,其繁富宜哉!然名章迥句,处处间起;丽典新声,络绎奔会。譬犹青松之拔灌木,白玉之映尘沙,未足贬其高洁也。”

颜延之,字延年,琅玡临沂(今山东临沂)人。少时孤贫,发奋读书,文章之美,冠绝当时。在诗歌创作上,喜用典故,好铺陈排比,讲究对偶,风格华丽而又凝重,颇受时人欣赏。“是时议者以延之、灵运自潘岳、陆机之后,文士莫及,江右称潘、陆,江左称颜、谢焉。”[①]颜延之能与谢灵运齐名,可见其在文学史上的地位。其诗《北使洛》、《秋胡诗》、《五君咏》等21首均入选《文选》。但他的诗歌艺术成就不及谢灵运,时人认为谢诗如芙蓉出水,清新可爱,而颜诗如错采镂金,过于雕琢。故钟嵘《诗品》仅列颜诗为“中品”。

鲍照,字明远,东海(今江苏涟水北)人。出身寒微,早年因献诗临川王刘义庆而擢为国侍郎,后又历任太学博士、中书舍人、秣陵令等职,晚年任临海王刘子顼前军参军,为乱兵所杀。鲍照一生坎坷,仕途不顺,所任官职皆低微不足以骋其志,又常为贫贱所困,这使他对门阀制度压抑人才之弊深为愤慨,抑郁不平,故其诗作慷慨悲凉,激昂奔放,语言朴素,音节优美,在当时以雕琢艳丽为尚的诗坛上独树一帜,具有很高的艺术水平。

鲍照以乐府诗闻名,其代表作是《拟行路难》十八首和《拟古》八首。这些诗题材广泛,形式多样,大多反映社会底层生活和个人备遭压抑的思想情感。除了乐府诗之外,鲍照还有一些写景诗如《行京口至竹里》,对偶诗如《上浔阳还都道中作》等其他风格的诗作名篇,表现出他的多方面诗歌才能。鲍照身处从山水诗向永明诗过渡的诗风转变时期,其诗歌既有慷慨古朴的一面,又有华美秀丽的一面。他所创作的一批较为成熟的七言体乐府诗歌,成为后世七言格律诗的先声,为古代诗歌的发展做出了重要贡献。

除三大家之外,刘宋著名诗人还有谢瞻、谢惠连、袁淑、王微、谢庄、王僧达、汤惠休以及鲍照之妹鲍令晖等,均有优秀诗作传之后世。

齐朝永明年间,竟陵王萧子良招纳文士,在其西邸同游作诗,主要人物有沈约、萧

---

① 《南史》卷三四《颜延之传》,中华书局1975年版,第881页。

衍、谢朓、王融、陆倕、萧琛、任昉、范云，号称“竟陵八友”。他们在共同的诗歌创作实践活动中，逐渐摸索出一种新的体裁，即讲究“四声八病”的“永明体”。史载：“永明末，盛为文章。吴兴沈约、陈郡谢朓、琅玡王融以气类相推毂。汝南周颙善识声韵。约等文皆用宫商，以平上去入为四声，以此制韵，不可增减，世呼为‘永明体’。”①“永明体”讲究声律和对偶，主张“一简之内，音韵尽殊；两句之中，轻重悉异。”指出平头、上尾、蜂腰、鹤膝、大韵、小韵、旁纽、正纽等八种声韵搭配必须避免。它的出现，促使中国古典诗歌进入声律的规范化时期，强化了中国古代诗人对文学声韵美感的自觉追求，对后来唐代诗歌的繁荣起了重要作用。永明体诗的代表人物主要有沈约、谢朓、王融等。

沈约既是著名史家，又是杰出诗人，一生历仕宋、齐、梁三朝，不仅政治地位高，而且学术造诣深，才兼文史，成就非凡，乃永明体主要创建者之一。撰有《四声谱》，自谓入神之作。沈约诗歌作品众多，其中堪称名作的有抒发友情的《饯谢文学离夜》、《伤谢朓》、《别范安成》等；反映对现实不满的《八咏诗》（《登台望秋月》、《会圃临春风》等八首）；描写自然风光的《早发定山》、《新安江至清浅深见底贻京邑游好》、《泛永康江》、《石塘濑听猿》等，从《文选》以来的各家选本多加选录。沈约关于妇女生活和爱情的诗歌写得也较为出色，《四时白纻歌》五首和《六忆诗》是其代表作。沈约是当时文坛领袖，钟嵘《诗品》将其列入“中品”，评曰：“观休文众制，五言最优。详其文体，察其余论，固知宪章鲍明远也。所以不闲于经纶，而长于清怨。永明相王爱文，王元长等皆宗附之。约于时谢朓未遒，江淹才尽，范云名级故微，故约称独步。虽文不至，其工丽亦一时之选也。”可见沈约的诗歌成就还是较大的，但总体上不如谢朓。

谢朓（464—499），字玄晖，东晋谢安兄谢据之玄孙，谢灵运之族子。世称谢灵运为“大谢”，谢朓为“小谢”。少时好学，有美名，文章清丽。初任豫章王太尉行参军，随王萧子隆功曹、文学；后任中书郎、宣城太守和尚书吏部郎。36岁时遭人诬陷而死于狱中。

《南齐书》本传称“朓善草隶，长五言诗，沈约常云‘二百年来无此诗也’。敬皇后迁祔山陵，朓撰哀策文，齐世莫有及者”。② 在永明体诗人中，谢朓的文学成就最高，尤以山水诗见长。他的山水诗深受谢灵运影响，但又有自己的风格，善于将自己的感情渗透进对山水景物的描绘之中，以情观景，由景入情，情景交融，浑然一体，诗风清新秀丽，语言生动流畅，多有名篇佳句。如《晚登三山还望京邑》集中描绘了京城建康的秀丽景色，其中“余霞散成绮，澄江静如练”一联，想象奇妙，更是千古流传的佳句。它

① 《南齐书》卷五二《陆倕传》，中华书局1972年版，第898页。

② 《南齐书》卷四七《谢朓传》，中华书局1972年版，第826页。

通过对黄昏时分天际、江上景色的描写，使人沉浸在一片绚丽灿烂的色彩之中，感受到无限的舒缓和宁静，创造出一个鲜艳而清新的诗歌境界。

谢朓诗歌不但在当时有盛名，对后世也有很大影响。梁武帝萧衍和简文帝萧纲认为谢朓之诗乃“文章之冠冕，述作之楷模”；钟嵘《诗品》誉其诗“奇章秀句，往往警遒。足使叔源失步，明远变色”；《文选》选录谢朓诗有《游东田》、《之宣城出新林浦向板桥》、《晚登三山还望京邑》等 21 首。唐代大诗人李白曾多次引用谢朓诗句，对其推崇备至，称“三山怀谢朓，水淡望长安”（《三山望金陵怀殷淑》），“解道澄江静如练，令人长忆谢玄晖”（《金陵城西楼月下吟》），表达了对谢朓的怀念。又“蓬莱文章建安骨，中间小谢又清发”（《宣城谢朓楼饯别校书叔云》），将其与西汉文章和建安风骨相提并论，给予很高的评价，也说明谢朓对唐诗的影响极为深远。

王融（467—493），字元长，宋中书令王僧达之孙。少时神明警惠，博涉有文才。举秀才，任法曹参军，迁太子舍人、秘书丞、中书郎。后与竟陵王萧子良友善，为“竟陵八友”之一，精于音律，与沈约、谢朓等人共创“永明体”。王融因卷入宫廷之争而死于非命，年仅 27 岁，故诗作所存不多，与沈约、谢朓相比，无论数量或质量都要逊色不少。但也有一些佳作传世，如《古意二首》、《渌水曲》、《巫山高》、《思公子》等，词藻工丽，风致宛然，近于谢朓之作，颇具齐梁诗华美流畅的特点。

南齐诗人除上述永明体的代表作家外，较有名的还有虞炎、虞羲、陆厥、释宝月等。其中，吴郡吴（今江苏苏州）人陆厥为江苏本土诗人，《南齐书》本传称他“好属文，五言诗体甚新变”。他的诗今存十一首，多系乐府诗。其中《中山王孺子妾歌》、《奉答内兄希叔诗》二首被选入《文选》，是他的代表作。

梁代诗人很多，但真正有成就者仅占少数。初期著名诗人为范云、江淹、吴均、何逊等，仍属永明体。

范云（451—503），字彦龙，文思敏捷，下笔辄成。与沈约为友，为“竟陵八友”之一，在当时文坛上的地位仅次于沈约，名高望重。其诗今存四十二首，多以抒写朋友之情和男女之情为主，还有一部分为咏物诗。诗风纤秀，诚如《诗品》所评：“范诗清便宛转，如流风回雪。”

江淹（444—505），字文通，历仕宋、齐、梁三朝，官至金紫光禄大夫。据其《自序》曰：“六岁能属诗……不事章句之学，颇留情于文学。”其文学成就主要在赋，诗歌作品不多，仅有《杂体诗三十首》，模拟自汉代至刘宋的三十位作家写成，显示了各家风格与长处。钟嵘《诗品》将他列入“中品”，评曰：“文通诗体总杂，善于摹拟，筋力于王微，成就于谢朓。”

吴均（469—520），字叔庠，吴兴故鄣（今浙江安吉）人。家世寒贱，好学有俊才，为沈约所欣赏。吴均淹通文史，成就卓著。《梁书》本传载曰："均文体清拔有古气，好事者或学之，谓为'吴均体'。"徐陵《玉台新咏》卷八即录有纪少瑜《拟吴均体应教》一首。吴均诗歌作品众多，逯钦立《先秦汉魏晋南北朝诗·梁诗》卷十辑录其诗有《山中杂诗》、《答柳恽诗》等147首。内容多以游侠、边塞为题材，诗风豪放遒劲，清峻脱俗，一扫当时的绮丽之风，颇似鲍照之创作风格。

何逊，字仲言，东海郯（今山东郯城西南）人，生卒年不详。八岁能赋诗，少举秀才，弱冠之年入建康，以才学为范云、沈约等名家赏识。其诗作当时就有盛名。范云评论说："顷观文人，质则过儒，丽则伤俗，其能会清浊，中今古，见之何生矣。"何逊今存诗117首，均为五言诗，多为抒写友情和离别的作品，语句浅显，不事雕琢，感情真挚，宛转清幽，近于范云风格。最为人称道之作品有《临行与故游夜别》、《与胡兴安夜别》等，其中"夜雨滴空阶，晓灯暗离室"和"露湿寒塘草，月映清淮流"两联均为写景名句，为人激赏。何逊的诗对唐代杜甫颇有影响，杜甫《北邻》诗云"能诗何水部"，在诗歌表现手法上多有借鉴何诗之处。

梁代中后期，文风新变，出现了专写男女之情和宫廷生活的"宫体诗"。宫体诗的主要倡导者是简文帝萧纲，他在被立为太子入主东宫后，招聚了一批文人学士吟诗唱和，形成了以他为中心的文学集团，主要成员有萧绎、徐摛、徐陵、庾肩吾、庾信、刘孝绰等。他们的诗大多描写男女之情以及女子的容貌、举止、情态乃至生活环境、所使用的器物等，具有独特的写作题材，与那些反映社会现实生活、具有深刻思想内涵的作品大不相同，所以时人称其为"宫体诗"。《梁书》卷四《简文帝本纪》称萧纲"雅好题诗，其序云'余七岁有诗癖，长而不倦'。然伤于轻艳，当时号曰'宫体'"。又《南史》卷六二《徐摛传》说："（摛）属文好为新变，不拘旧体。……摛文体既别，春坊尽学之，'宫体'之号，自斯而始。"

宫体诗产生之后，许多文人纷纷仿效，社会影响甚大，尤其是到陈代之后更加盛行。徐陵和庾信成为新一代宫体诗的代表作家，当时号"徐庾体"，诗风流丽轻艳。陈后主时君臣诗赋往来极为频繁，往往命题而作，内容不出于后宫妃嫔，皆靡丽婉转，情感轻薄，格调低下，几近病态，被后人批评为"亡国之音"。的确，宫体诗一味描写宫廷闺阁之事，淫靡放荡，低俗无聊，缺乏思想内容和社会意义，理当批判。但在诗歌形态和语言、韵律等方面，宫体诗继承和发扬了永明体的成就，使诗歌艺术更加精致细密，是向唐诗转化的重要阶段。

（三）"吴歌杂曲，并出江东"

南朝时期，乐府民歌也获得了长足发展，依其产生的地域，可分为江南"吴声"与荆楚"西曲"，即长江中下游地区的民歌，多辑入南宋郭茂倩所编的《乐府诗集·清商曲辞》。《清商曲辞》一共收集了 400 余首民歌，其中"吴声歌"就有 326 首，占了绝对比重。

关于"吴声歌"的来源，史籍多有记载。《宋书》卷十九《乐志一》云："吴歌杂曲，并出江东，晋、宋以来，稍有增广。"《晋书》卷二三《乐志下》曰："吴歌杂曲并出江南，东晋以来，稍有增广。"《乐府诗集》卷四四《吴声歌》题解曰："盖自永嘉渡江之后，下及梁、陈，咸都建业，吴声歌曲起于此也。"由此可见，吴歌出自于以建康为中心的江南吴语地区，见于史料记载的代表作品就有《子夜歌》、《前溪歌》、《阿子歌》、《欢闻歌》、《碧玉歌》、《桃叶歌》、《团扇郎歌》、《长史变歌》、《懊侬歌》、《欢闻变歌》、《华山畿》、《读曲歌》、《子夜四时歌》、《子夜变歌》等，大多产生于晋、宋两代。"凡此诸曲，始皆徒歌，既而被之管弦。又有因丝竹金石，造歌以被之"，[①]说明吴歌起初是来自民间的歌谣，反映社会下层民众的生活，具有浓厚的民间气息，后来渐渐传入官府和宫廷，由文人学士进行加工和润饰，再配以乐器伴奏演唱，遂演变成为王公贵族们饮宴游乐时的助兴歌曲。

吴歌内容多以反映民间爱情故事为主，语言清新自然，情感真挚浓烈，善用双关隐语，质朴而富有情趣，具有较高的艺术水准。如反映青年男女恋爱情景的："气清明月朗，夜与君共嬉。郎歌妙意曲，侬亦吐芳词。"（《子夜歌》之三十一）表现两性关系，追求恋爱婚姻自由的："我有一所欢，安在深阁里。桐树不结花，何由得梧子（吾子）？"（《懊侬曲》之七）表达相思之苦的："夜长不得眠，转侧听更鼓。无故欢相逢，使侬肝肠苦。"（《子夜歌》之二十八）抒发离别之情的："相送劳劳渚，长江不应满，是侬泪成许！"（《华山畿》之十九）又如有痴情女谴责负心郎的："侬作北辰星，千年无转移。欢行白日心，朝东暮还西。"（《子夜歌》之三十六）具有浓郁生活气息，表达"良宵苦短"心理活动的："打杀长鸣鸡，弹去乌臼鸟。愿得连冥不复曙，一年都一晓。"（《读曲歌》之五十五）还有利用谐音双关以隐喻、暗示的："春倾桑蚕尽，夏开蚕务毕。昼夜理机丝，知欲早成匹。"（《子夜夏歌》之十七）既用异字谐音（如"丝"同"思"），又用同字谐声（如"匹"谐指"匹配"），表现出较高的修辞技巧和艺术手法。

由于吴歌源于江南民间，具有浓郁的江南水乡特色，委婉清丽，隐喻曲折，和吴侬软语有着相同的格调，散发出独特的艺术魅力，故吸引了一大批文人墨客纷纷摹拟写作。如在谢灵运、鲍照、谢朓、沈约、王融等著名诗人的文集中，就包含着相当数量的乐府歌辞。甚至连梁武帝父子、陈后主等最高统治者都投身其中，留下了不少佳作诗篇。后来，许多唐代诗人，包括李白、杜甫、白居易在内，也深受吴歌影响，借鉴吴歌的

---

① 《晋书》卷二三《乐志下》，中华书局 1974 年版，第 717 页。

艺术手法,创作出不少脍炙人口的诗歌。

(四)骈文和辞赋成就

骈文在南朝发展迅速,至中后期形成固定的格式,多以四、六言为主,参以三、五、七言,成为一种通用文体,并取得了很高的艺术成就,其文学地位仅次于诗歌。无论是记人叙事、状物描景,还是抒发情感、寄托心志,优秀的骈文都能恰如其分地予以表达,规整而有错落,华美而不奢靡,给人以美的享受。

南朝骈文不但数量繁多,而且佳作迭出。刘宋"元嘉三大家"中,鲍照的骈文成就最高,著有《石帆铭》、《瓜步山楬文》、《登大雷岸与妹书》等名作。宋末的骈文名篇有江淹的《诣建平王上书》、《报袁叔明书》、《与交友论隐书》等。梁代的佳作有陶弘景的《答谢中书书》;吴均的《与朱元思书》、《与顾章书》等,都是简洁精致的山水小品。丘迟《与陈伯之书》,晓之以理,动之以情,也为历来所传诵。刘峻的《辨命论》和《广绝交论》是以骈体作议论的典范。梁、陈之际的徐陵是南朝最后一位骈文大家,其《玉台新咏序》体现了五色相宣、八音迭奏的华美特色,素为后世所称道;《与齐尚书仆射杨遵彦书》,感情真挚,隶事工而论事畅,可推为集中压卷之作。另外,南朝继承晋代文风的俳谐之文,如袁淑《驴山公九锡文》、孔稚珪《北山移文》、沈约《修竹弹甘蕉文》等,都笑骂戏谑,别成一体。①

辞赋也是这一时期重要的文学形式之一,许多文人学士均擅长辞赋的创作。辞赋的形式已从汉代的雄辞大赋逐渐转化为抒情小赋,体格和技巧上都有创新。对偶精工的骈赋形式日趋成熟,讲究音韵声律的律赋也已萌生,题材内容十分丰富,写作技艺更趋精致,唯美主义成为追求,名家名赋层出不穷。

刘宋时代的辞赋较前代渐趋精美而仍具古朴之风。谢灵运的《山居赋》、《撰征赋》长篇巨制,见学不见才,远不及其山水诗的精彩绝伦。颜延之的《赭白马赋》,写作技巧上颇有新意。鲍照的《芜城赋》写广陵城的兴衰荣枯,抒发世事沧桑和人生无常之感慨;他的《舞鹤赋》、《野鹅赋》、《尺蠖赋》诸作,也都寄托深远。谢惠连的《雪赋》和谢庄的《月赋》抒情述志,隽永清新。宋、齐之间最大的辞赋作家是江淹,题材广泛,作品众多,最有名的是《恨赋》和《别赋》,题材新颖,语言精致,风格缠绵,具有很高的艺术技巧。齐代的赋作较少,质量也不高,仅吴郡张融《海赋》中部分写景的片断比较精彩。

梁代是南朝辞赋的全盛时期,作家、作品的数量都超过前代。皇室成员中存世的赋作有:梁武帝之《孝思赋》、《净业赋》、《围棋赋》;昭明太子之《芙蓉赋》、《鹦鹉赋》等6

---

① 参见曹道衡、沈玉成《南北朝文学史》,人民文学出版社1998年版,第22—23页。

首；简文帝之《晚春赋》、《海赋》、《梅花赋》等23首，数量最多，仅次于江淹；梁元帝之《春赋》、《言志赋》、《荡妇秋思赋》等8首；萧子范之《伤往赋》等4首；萧子云之《岁暮直庐赋》和《玄圃园讲赋》；萧子晖之《冬草赋》和《反舌赋》，均有一定的文学价值。文坛领袖沈约也是辞赋名家，撰有《愍途赋》、《愍国赋》、《丽人赋》等多篇赋作，风格近于江淹。陈代的赋作存留较少，以徐陵的《鸳鸯赋》较为精丽。另外，由南入北的庾信在辞赋方面成就最高，其代表作《春赋》、《枯树赋》、《哀江南赋》等名噪当时，传诵千古。

（五）文学理论方面的重大成就

南朝时期，由于文学创作的繁荣，引发了人们对文学理论更大的关注和更深入的探讨，产生了两部比较系统、完备的文学批评专著——刘勰的《文心雕龙》和钟嵘的《诗品》。

刘勰（约465—约521），字彦和，祖籍东莞莒（今山东莒县），世居京口（今江苏镇江市）。从小家贫而笃志好学，长大后投靠建康定林寺沙门僧佑，通晓佛教经论，同时又崇尚儒学。梁天监中，曾任东宫通事舍人。晚年出家为僧，改名慧地。

《文心雕龙》完成于南齐末年。全书十卷，五十篇，分上下两编。上编论述文学的基本原则和各种文体的源流演变，下编则为创作论、批评论和统摄全书的“序志”。刘勰写作本书的直接动机是对当时文坛上流行的形式主义文风深以为弊，对前人的文学理论不大满意，希望通过此书建立正确的文学准则，以匡正时弊。

《文心雕龙》是继陆机的《文赋》以后中国文化发展史上所出现的又一部文学批评巨著，也是中国文学理论史上一部空前绝后的巨著，具有体系完整、论述全面、观点独特、富有创新等特征。全书由总论、文体论、创作论、批评论四个部分组成，作者用历史的眼光分析评判前代人的作品，系统论述历代文风的先后继承与变革关系；从不同的角度阐发了质先于文、质文并重的文学主张，比较全面地说明了文学内容和形式的关系；从创作的各个环节、各个方面总结了文学创作的基本经验；提出了一系列带有独创性的文学批评的观点，初步建立了文学批评的方法论。刘勰的这些理论建树和贡献给后人留下了珍贵的思想文化遗产，在中外文学史上具有十分重要的意义和影响。

钟嵘（约466—约518），字仲伟，颍川长社（今河南长葛）人，齐、梁时做过参军、记室等小官。一生多有作品问世，主要著作是《诗品》。《诗品》又名《诗评》，成书于梁武帝天监年间，是我国现存最早的一部专门品评诗歌的作品。全书分为两个部分，第一是序文，阐明作者的诗歌理论；第二是正文品语，将汉魏至齐梁的五言诗进行评价，并将这段时期的120多位诗人分为上、中、下三品，分析各家的利病。钟嵘批评当时过于追求华丽词藻和声韵格律的诗词骈赋以及奢靡、淫艳的宫体文学，主张诗歌要自然流畅、生动鲜活；反对诗中用典、堆砌学问，主张吟咏情性；提出诗歌创作手法要赋、比、兴三义并重。钟嵘在《诗品》中所采用的品第高下、推寻源流、溯其师承、意象批评、寻章摘句等批评方法在中国文学批评史上产生了深远影响。

另外，这一时期的文章选本也令人注目，代表作品分别是萧统的《文选》和徐陵的《玉台新咏》。《文选》是萧统在东宫时聚集文人僚属共同编辑的一部文章精品选集，共30卷，保存了自周代至梁朝数百年间各种文体的代表作。内按"事出于沉思，义归于翰藻"之标准，分为赋、诗、表、启、赞、论、碑文、墓志、行状、祭文等约39类，每一大类又分多个子目，反映了萧统关于文章应"丽而不浮，典而不野"的文学主张。由于入选作品经过精心挑选，大多为文学史上的精品佳作，因而《文选》流行广泛，盛行不衰。该书经过唐初李善加以注释后，增加为60卷，更成为文人学士的必读之书。到了宋代，进一步流传为"文选烂，秀才半"的民间谚语。至近代，许多文人竞相研究《文选》而形成一门"选学"，足见此书影响之深远。

《玉台新咏》是徐陵担任东宫学士时受太子萧纲之命而选录的诗歌总集，是除《文选》以外现存最早的总集。全书十卷，选录自汉讫梁的诗歌六百六十余首。其中第一卷至第八卷为五言诗；第九卷以七言为主兼收杂言；第十卷是五言四句的小诗，为后来五绝的前身。编写此书的目的一是供宫女们阅读欣赏，二是宣扬萧纲的文学观念，扩大宫体诗的影响，故入选作品多为言情之作，题材一般都和妇女有关，在风格上则以宛转绮靡为主。《玉台新咏》以史为纲，详今略古，保存了不少《文选》中没有收录的作品，特别是梁代中期的作品，对了解前代和当时的文学面貌以及诗歌的发展过程都有很重要的意义。

第二节　史学

魏晋南北朝时期，主要是由于时局的需要和统治者的重视，南方地区的史学迅速发展起来。不但修史制度日趋成熟，史学队伍不断扩大，而且史著数量激增，史书体裁多样，史学的地位有了明显提高。刘宋元嘉十五年(438)，文帝在京城建康立儒学、玄学、史学、文学四馆，各以名师招聚门徒讲学。由此，史学摆脱了经学附庸的地位，蔚然成为一门独立的学科，对后世产生了深远影响。

一　魏吴时期的南方史学

魏吴时期，统治者十分重视史学的资政功能。吴主孙权不但带头学习历史，熟读

《左传》、《国语》和《史记》、《汉书》、《东观汉记》等“三史”以及诸家兵书，注意吸取历史经验教训，调整自己的统治政策，而且要求王室成员和部下也要多读史书，熟悉历史事件，增长治国治军才干。史载孙登被立为太子后，“权欲登读《汉书》，习知近代之事，以张昭有师法，重烦劳之，乃令休从昭受读，还以授登。”①太子太傅张温曾摘抄《史记》、《汉书》、《东观汉记》，编成《三史略》20卷，作为教育皇太子的历史教材。孙权曾要求爱将吕蒙和蒋钦利用空余时间多读《孙子》《六韬》《左传》《国语》及三史，吕蒙虚心接受，勤奋读书，笃志不倦，不久果然学业大进，学识英博，令人刮目相看。对此，孙权常感叹道：“人长而进益，如吕蒙、蒋钦，盖不可及也。富贵荣显，更能折节好学，耽悦书传，轻财尚义，所行可迹，并作国士，不亦休乎！”②

孙吴统治者重视本朝国史的编撰工作，模仿两汉官制设置史官。因孙吴政权以复兴西汉正统为旗号，故在史官制度上多循西汉旧制，也有少数源于东汉。先后设有太史令、左国史、右国史、东观令等史官。孙吴国史《吴书》之编撰始于孙权末年，终于孙皓亡国，历经四帝三十年才大致完成。《三国志·吴书·薛综传附子薛莹传》载华覈上疏救莹曰：“大吴受命，建国南土。大皇帝（孙权）末年，命太史令丁孚、郎中项峻始撰《吴书》。孚、峻俱非史才，其所撰作，不足记录。至少帝（孙亮）时，更差韦曜（即韦昭）、周昭、薛莹、梁广及臣（华覈）五人，访求往事，所共撰立，备有本末。昭、广先亡，曜负恩蹈罪，莹出为将，复以过徙，其书遂委滞，迄今未撰奏。臣愚浅才劣，适可为莹等记注而已，若使撰合，必袭孚、峻之迹，惧坠大皇帝之元功，损当世之盛美。莹涉学既博，文章尤妙，同僚之中，莹为冠首。”华覈在这里为了救薛莹，着重回顾了《吴书》的几次修史情况，强调了薛莹的良史之才。从中可以看出，少帝时由韦昭主持的那次修史成效显著，基本完成了《吴书》初稿。根据《三国志》韦昭本传，孙皓继位后，又命韦昭为左国史、华覈为右国史，续修《吴书》。后韦昭得罪孙皓被杀，由薛莹为左国史，继续修撰《吴书》，最终撰成55卷。《隋书·经籍志二》题韦昭撰，反映该书虽经众人之手完成，但以韦昭贡献最大，故为主要作者。

韦昭，字弘嗣，《三国志》因避晋文帝司马昭讳，改名韦曜，吴郡云阳（今江苏丹阳）人，是孙吴时期最有成就的史家。他从小勤奋好学，博览群书，善于辞章，才识过人。曾任太子中庶子、黄门侍郎、中书郎、博士祭酒，奉命依刘向故事校订群籍。孙皓时，封高陵亭侯，迁中书仆射，为侍中，领左国史，主持修撰《吴书》，时人誉其为司马迁式的良史之才，所撰《吴书》“当垂千载”，后来成为陈寿编著《三国志》的重要史料来源，裴松之在注文中亦多所征引，《文选》注、《后汉书》注及唐宋类书也有引录，足证《吴

① 《三国志》卷五九《孙登传》，团结出版社1996年版，第840页。

② 《三国志》卷五四《吕蒙传》注引《江表传》，第788页。

书》具有很高的史料价值。

韦昭的另一项史学成就是他的史注之作《国语解》，也有很大的学术价值，是流传至今唯一的一部《国语》注本。在《国语解》中，韦昭汇集了前人注释《国语》的许多成果，保留了不少古代文献资料，对后人研究汉魏时期的学术文化颇有裨益。此外，韦昭还著有《洞纪》4卷，上自庖牺，下讫汉建安二十七年(222)，记载从上古神话传说至孙吴立国江南初期的历史，可惜早已失传。又有《汉书音义》7卷被收录在《隋书·经籍志二》中。

除官修国史外，孙吴也有私家修史及名作。其中孙权谢夫人之弟、武陵太守谢承私撰的首部纪传体《后汉书》130卷最有名。该书全面记载东汉发展演变的历史，偏重于吴越地区，颇有地方特色和史料价值。在类目方面，除有百官、舆服志外，独创兵志、风教传、东夷传，为当时史书所仅见，对后人修撰东汉史多有影响。由于其书所载内容在后来的范晔《后汉书》中多被删略，故唐宋类书引录谢书较多。清代学者尤重谢书，甚至夸称为“东汉第一良史”(姚之骃《后汉书补逸》序)，“记载赅博，远胜范蔚宗”(王谟《谢承后汉书钞》序)。不过，从史学成就和影响来看，还是范晔的《后汉书》后来居上，远超过谢书。

孙吴后期的重要史家是薛莹。他除了参与国史《吴书》的修撰外，也私修东汉史，撰有《后汉纪》100卷。该书至隋唐时已有残缺，仅存65卷，后失传，清人有辑本，内容很少。但从保存的片言只语里也能大致领略其撰史的风格，的确是一位具有政治眼光和学术造诣的史家。

孙吴时期还出现了不少“先贤传”、“地记”、“异物志”之类的史籍。据《隋书·经籍志二》记载，属于吴人所撰的人物传记主要有：谢承的《会稽先贤传》7卷、陆凯的《吴先贤传》4卷、张胜的《桂阳先贤画赞》1卷、赵母注《列女传》7卷。地理志方面主要有：顾启期的《娄地记》1卷、万震的《南州异物志》1卷、薛莹的《临海水土异物志》1卷、朱育的《会稽土地记》1卷、韦昭的《三吴郡国志》、虞翻的《川渎记》等。这些先贤传与地记类史书的出现，既反映了孙吴史学发展所取得的成就，也表现出江南地区人们的乡土意识和地方观念有了明显增强。

二　两晋时期的南方史学

两晋时期的南方史学有了长足进步，成就体现在多个方面：

一是承袭曹魏著作郎制并加以完善，正式设置著作局和著作官，专掌修史之任。《晋书·职官志》载曰：“著作郎，周左史之任也。汉东京图籍在东观，故使名儒著作东观，有其名，尚未有官。魏明帝太和中，诏置著作郎，于此始有其官，隶中书省。及晋受命,武帝以缪徵为中书著作郎。元康二年,诏曰:'著作旧属中书,而秘书既典文籍,今改中书著作为秘书著作。'于是改隶秘书省。后别自置省而犹隶秘书。著作郎一人,谓之大著作郎,专掌史任,又置佐著作郎八人。(佐)著作郎始到职,必撰名臣传一人。"

从这段记载中,我们可以清楚地了解到由朝廷中央政府设著作郎专掌史任始于曹魏明帝太和年间,但设置完整的著作机构即著作局是在西晋初期。著作局的隶属关系,初属秘书省,后以秘书省并入中书省而转归中书管辖,不久又由中书省转还秘书省。后更名著作省,仍隶属秘书省。至于著作机构的内部设置,常设大著作郎 1 人,为六品;佐著作郎 8 人,为七品;下面还有著作令史若干名作为辅助人员。具体分工为:"佐郎职知博采,正郎资以草传。"如遇"正、佐有失,则秘监职思其忧。其有才堪撰述,学综文史,虽居他官,或兼领著作。亦有虽为秘书监,而仍领著作郎者"。[①] 两晋见于史籍的著作郎几十人,如华峤、陈寿、陆机、束晳、虞预、谢沈等为著作郎,王隐、干宝等为佐著作郎。张华、荀勖、孙盛、徐广等以他官兼领著作郎。

著作郎的主要任务是修撰国史,其基础性的工作则是撰写皇帝的起居注,正如刘知几所云:"又案《晋令》,著作郎掌起居集注,撰录诸言行勋伐旧载史籍者。"[②]两晋时期的起居注很多,据《隋书·经籍志二》记载,就有 23 种,557 卷,几乎每个皇帝都有自己的起居注,这就为官修国史提供了十分丰富的史料来源。

二是官方和私家竞相修撰晋代国史。西晋在消灭蜀汉和孙吴割据政权,统一全国时一度表现出雄霸天下的气势,其国力可谓是蒸蒸日上。据干宝《晋纪·总论》载曰:"太康之中,天下书同文,车同轨。牛马被野,余粮栖亩,行旅草舍,外闾不闭。民相遇者如亲,其匮乏者,取资于道路,故于时有天下无穷人之谚。"但不久就因"八王之乱"和"永嘉之乱"的先后发生而迅速走向灭亡。这究竟是为什么?在晋室南渡、偏安江东以后,许多有识之士开始反思西晋速亡的原因,探究巩固东晋政权的方法,纷纷修撰晋朝前后两代国史,发表自己的独到见解,为东晋当政者提供鉴戒,于是,就出现了官私皆修本朝国史,"一代之史,至数十家"的局面。据《隋书·经籍志二》记载,由晋人撰写的晋史就多达 11 部,300 多卷。其中,属于纪传体的有王隐的《晋书》93 卷、虞预的《晋书》44 卷、朱凤的《晋书》14 卷、谢沈的《晋书》30 卷以及郗绍的《晋中兴书》;属于编年体的有陆机的《晋纪》4 卷、干宝的《晋纪》23 卷、庾翼的《晋春秋》、邓粲的《晋纪》11 卷、孙盛的《晋阳秋》32 卷、习凿齿的《汉晋春秋》47 卷。这些晋史的出现,为日后唐朝官修《晋书》提供了丰富的史料。

① 《史通通释》卷一一《史官建置》,上海古籍出版社 1978 年版,第 311 页。

② 《史通通释》卷一一《史官建置》,上海古籍出版社 1978 年版,第 320 页。

三是"班、荀二体,角力争先",编年体成就超过纪传体。自司马迁创立纪传体以来,该体裁逐渐成为古代中国史学的主流,东晋时期也出现了不少纪传体史书。如东汉史方面有谢沈的《后汉书》122卷、张莹的《后汉南记》55卷、袁山松的《后汉书》100卷,三国史方面有王隐的《蜀记》7卷,晋史方面有王隐、虞预、朱凤、谢沈、郗绍等5家《晋书》。不过,东晋的纪传体史书数量虽多,但质量不高,缺乏力作。

相形之下,编年体在东晋时期却有了很大发展,成为与纪传体角力争先、分庭抗礼的重要史体。如东汉史有张璠的《后汉纪》30卷、袁宏的《后汉纪》30卷,三国史有孙盛的《魏氏春秋》20卷、环济的《吴纪》9卷,晋史有陆机的《晋纪》4卷、干宝的《晋纪》23卷、庾翼的《晋春秋》、邓粲的《晋纪》11卷、孙盛的《晋阳秋》32卷、习凿齿的《汉晋春秋》47卷、徐广的《晋记》45卷,等等。这些史书大多模拟《春秋》笔法,使用编年体撰写一朝一代的历史,完整反映某个朝代从建立到灭亡的兴衰历程,脉络清晰、事件详备、一目了然,容易被人们理解记忆,所以,在当时就受到人们的欢迎和好评,其成就明显大于纪传体史书。

如干宝《晋纪》"其书简略,直而能婉,咸称良史"。[①] 其成就和特点:一是对编年史书的编纂体例作了重要探讨,"唯令升先觉,远述丘明,重立凡例,勒成《晋纪》。邓(粲)、孙(盛)已下,遂蹑其踪。史例中兴,于斯为盛。"[②]二是秉笔直书,史料真实,客观反映历史原貌。三是对历史评论卓有贡献。《晋纪·总论》全面总结西晋半个世纪的历史,探讨西晋兴衰成败之原因,视野开阔,认识深刻,持论公允,影响深远,堪称史评杰作。

又如袁宏《后汉纪》以编年体记载东汉一代历史,上自王莽之乱,下至曹魏代汉、刘备称帝,始末完整,史论俱备。其成就和特点:一是取材赡富。自《东观汉记》以下,谢承、司马彪等多家后汉史著和《山阳公载记》、《灵献起居注》以及各种杂史资料凡数百卷,皆参考利用,尤对张璠的《后汉纪》借鉴最多,引为蓝本;二是体例创新。在基本取法荀悦《汉纪》"通比其事,例系日月"的基础上,又有创新发展,形成"言行趣舍,各以类书"的撰述方法,即把时代相近而又德行类似的人物放在一起写,以达到"观其名迹,想见其人"的目的。这种改进和创新,弥补了以往编年史书偏于纪事而疏于记人的缺陷,大大拓展了编年史体的容量,为完善编年史体例做出了贡献;三是史论独特。《后汉纪》全书"论赞"共55条,约17000字,占全书篇幅1/12,评论文字之多,为历来史书所仅见。[③] 在这些史论中,作者力倡"道本儒用"之说,主张以道家思想为原则和

---

① 《晋书》卷八二《干宝传》,中华书局1974年版,第2150页。

② 《史通通释》卷四《序例》,上海古籍出版社1978年版,第88页。

③ 周天游《后汉纪校注》前言,天津古籍出版社1987年版,第8页。

目标，以儒家思想为手段和措施，儒道合一，以实现理想的政治统治。可见，袁宏深受当时的玄学思想影响，其史论强调“夫史传之兴，通古今而笃名教也”。[①] 这里的“笃名教”与以往儒学之士所讲的纲常名教并不一样，里面已渗透着道家的理论学说和影响。

再如孙盛《晋阳秋》被誉为“词直而理正，咸称良史焉”。刘勰《文心雕龙·才略》将孙盛与干宝相提并论，称赞二人“文胜为史”、“笔采略同”，认为“干宝述《纪》，以审正得序，孙盛《阳秋》，以约举为能”。可见，后人对孙盛的评价较高。《晋阳秋》的成就和特点主要表现为秉笔直书，如实反映历史；实地考察收集史料，弥补历史空白；叙事中夹有人物传记，述史后常有精彩议论。

除了纪传体、编年体之外，东晋时期还出现了起居注、地理方志、史评等新的史书体裁。其中值得一提的是常璩的《华阳国志》。常璩原为以成都为中心的割据政权成汉国人，担任散骑常侍，掌著作，撰有记成汉历史的《汉书》（又称《蜀李书》、《汉之书》）等。永和三年（347），桓温率晋军伐蜀，消灭了成汉国，以常璩为参军，随至建康（今江苏南京）。常璩在建康期间屡受权贵排挤，郁郁不得志，便致力于故国地理、历史的撰著，写成《华阳国志》12 卷。该书一至四卷记巴、蜀、汉中、南中地区，即所谓梁、宁、益三州地理及古代历史状况；五至九卷按时间顺序叙述公元前后至成汉灭亡 300 余年的西南地方历史，包括两汉之际的公孙述、东汉末年的刘焉父子、刘备蜀汉、李氏成汉等四个地方政权以及西晋统一时期的西南史事；十至十二卷专记汉代以来本地重要的历史人物。显然，这是一部集西南地区的地理历史状况和人物事迹为一体的著作，内容丰富，资料翔实，对后人了解和研究我国西南地区的地理历史沿革尤其是少数民族的历史文化具有很高的史料价值。它在编纂体例上将历史、地理和人物三者结合起来分别论述，具有明显的特色和创新，对日后中国的方志学走向成熟起到了关键的示范作用。后人对其评价较高，刘知几《史通·杂述》曰：“郡书者，矜其乡贤，美其邦族，施于本国，颇得流行，置于他方，罕闻爱异。其有如常璩之详审，刘昞之该博，而能传诸不朽，见美来裔者，盖无几焉。”

三 南北朝时期的南方史学

进入南北朝，南方地区的史学更加兴盛，成就更大，地位进一步提高，主要体现在以下几个方面：

---

① 周天游《后汉纪校注》原序，天津古籍出版社 1987 年版，第 2 页。

（一）史官制度有所发展和完善。

刘宋时期，著作郎与两晋相同，员额一人，官第六品。著名者有何承天、徐爰、徐孝嗣等人。佐著作郎则仿曹魏改称著作佐郎，员额八人，官第七品。佐郎之选，取消"到职必撰名臣传一人"的规定："宋氏初，国朝始建，未有合撰者，此制遂替也。"[①]佐郎分起家、释褐、迁除三种：起家佐郎多为"名家少年"，释褐佐郎多为才通一经者，迁除佐郎多为文职僚佐。著作佐郎以下尚有著作令史、著作治书、史学生等属官，较之东晋更为完善。著作官之设，主要为撰修国史、集注起居。

萧齐代宋建国第二年即置史官："建元二年，初置史官，以（檀）超与骠骑记室江淹掌史职。"[②]齐朝国祚虽短，但著作官甚多，史载兼任著作郎者有沈约、裴子野等九人，著作佐郎有萧洽、张率等九人。其史官职掌有所变化：一是专掌国史的史官不是著作官，而是由别职兼任，职事在外朝；二是著作官专撰起居注，任职在内朝。

萧梁代齐，史官制度基本因循前朝，而其班品、职掌稍异于齐。天监七年（508）改官品，著作郎改为十八班第六班，著作佐郎改为十八班第二班，以班多为贵。佐郎为起家之选，多任或转太子舍人、太子洗马，掌记东宫。佐郎以下还有著作令史及新设的撰史学士。著作郎多以掌知诏策文书的内侍官兼任，既掌国史，又撰起居注，职同东晋。先后兼任著作郎者有任昉、王僧孺等十人，担任著作佐郎者有刘孝绰、谢绥等十六人。

陈代梁不久，复十八班为九品，著作郎仍为六品。其大著作均由大臣兼领，如武帝时，许亨"迁太中大夫、领大著作，知梁史事"[③]；文帝时，顾野王"除太子率更令，寻领大著作，掌国史，知梁史事"[④]；宣帝时，徐陵先后以五兵尚书、吏部尚书等职兼领大著作。[⑤] 著作郎的职责主要是掌撰国史，而不再负责起居注，集注起居改由中书、门下之舍人、黄门等人职掌。佐郎为起家之选，官第七品，下有著作令史、撰史学士或撰史著士。

（二）史书众多，名家辈出。

南朝时期，官私修史，蔚然成风，史书数量激增。仅以纪传、编年二体为例，前者就有范晔、刘义庆、萧子显三家《后汉书》，合 255 卷；谢灵运、臧荣绪、庾铣、袁炳、沈约、萧子云、萧子显、郑忠等八家《晋书》，合 312 卷；徐爰、佚名、孙严、刘祥、沈约等五家《宋书》，合 291 卷；萧子显、刘陟、江淹、沈约、许亨等五家《齐书》，合 153 卷；谢昊、

---

① 《宋书》卷四〇《百官志下》，中华书局 1974 年版，第 1246 页。

② 《南齐书》卷五二《文学·檀超传》。《南史》卷五九《江淹传》："建元二年，始置史官，淹与司徒左长史檀超共掌其任。"

③ 《陈书》卷三四《文学·许亨传》，中华书局 1972 年版，第 459 页。

④ 《陈书》卷三〇《顾野王传》，中华书局 1972 年版，第 399 页。

⑤ 《陈书》卷二六《徐陵传》，中华书局 1972 年版，第 332 页。

许亨、姚察等三家《梁书》，合 109 卷；陆琼、顾野王、傅縡等三家《陈书》，合 48 卷。后者则有刘谦之、王韶之、徐广、檀道鸾、郭季产、裴松之、周祗等七家《晋纪》，合 105 卷；王智深的《宋纪》30 卷，裴子野的《宋略》20 卷，王琰和鲍衡卿的《宋春秋》各 20 卷；吴均的《齐春秋》30 卷，裴子野的《齐梁春秋》（卷数不详），王逡之的《齐典》5 卷，佚名的《齐典》10 卷；刘璠的《梁典》30 卷，何之元的《梁典》30 卷，阴僧仁的《梁撮要》30 卷。两者相加，属于南朝史家修撰的纪传、编年二体方面的史书总共有 45 部，1498 卷。①其修史之盛，由此可见一斑。

在这些史家和史籍中，虽没有堪与司马迁之《史记》、班固之《汉书》相媲美者，但也不乏名家和名作，如范晔的《后汉书》、沈约的《宋书》和萧子显的《南齐书》就是其中的佼佼者，后均成为"二十四史"中的重要史籍流传至今。

范晔（398—446），字蔚宗，南朝宋顺阳（今河南淅川东南）人，出身于南渡望族，是东晋著名经学家范宁的孙子。他"少好学，博涉经史，善为文章，能隶书，晓音律"。②年轻时先后担任冠军参军、右军参军、尚书外兵郎、秘书丞、尚书吏部郎等职，后因得罪彭城王刘义康被贬出京城，为宣城太守。"不得志，乃删众家后汉书为一家之作。"③

范晔著《后汉书》之前，已有东汉刘珍等撰写的《东观汉记》，前人谢承、谢沈、袁山松、薛莹、张莹、张璠、袁宏、司马彪、华峤等撰写的十几种后汉史著。这既为范晔撰史创造了有利条件，但也给如何取舍材料带来了一定难度。范晔经过长期思考，决定以东汉官修的《东观汉记》为底本，广泛吸收众家后汉史书之精华，删繁就简，别出心裁，自成一体。正如刘知几《史通・书事》所云："范晔博采众书，裁成汉典，观其所取，颇有奇工。"这一赞誉并不为过。范晔《后汉书》既出，其它诸家后汉史著逐渐湮没，就连较范书晚出的萧子显《后汉书》也未能传世久远。这说明范晔之书确有过人之处。分析起来，主要有这样一些特点和优势：

一是在编纂体例上的改进和创新。如在"本纪"中增设"皇后纪"，理由是东汉王朝"皇统屡绝，权归女主"，皇后常常掌握最高权力。在"列传"中除沿袭《汉书》中《循吏》、《酷吏》、《儒林》3 篇，增民族传 3 篇为 6 篇外，新增了《宦者》、《党锢》、《独行》、《逸民》、《文苑》、《列女》、《方术》7 篇类传，共计 16 篇类传。这新增 7 篇类传中，前 4 篇与东汉政治制度及统治集团内部矛盾密切相关；后 3 篇反映东汉各种社会风貌。除《党锢》篇记载的是东汉王朝特有的历史事件以外，其它 6 篇类传的传目，皆为以后纪传体正史所沿袭。

---

① 本数字据《隋书・经籍志》、两唐书志和邱敏著《六朝史学》中有关史书存目表所统计而成。

② 《宋书》卷六九《范晔传》，中华书局 1974 年版，第 1819 页。

③ 《宋书》卷六九《范晔传》，中华书局 1974 年版，第 1820 页。

二是博采众书，取舍得当，文辞优美，后来居上。范晔的《后汉书》是在广泛参考前人成果的基础上，博采众长，删繁补阙，潜心精思，积二十年之功力才完成的一部杰作。该书构思精密，裁剪合理，“详简得宜”，内容丰富，见解深刻，文辞优美，故能后来居上，青出于蓝而胜于蓝，成为流传千古的史学名著。后人将其与司马迁之《史记》、班固之《汉书》和陈寿之《三国志》并立，合称为“四史”或“前四史”。

三是寓论于史，卓有史识。范书最大的特点是在篇末多附有论、赞，“因事就卷内发论，以正一代得失”，加上篇首序，共约200余篇史论性文章。此乃范晔精心撰写最为得意的部分，也是后人公认最能体现范晔史学思想和成就的地方。范晔曾在绝笔《狱中与诸侄甥书》中赞其史论曰：“吾杂传论，皆有精意深旨，既有裁味，故约其词句。至于《循吏》以下及《六夷》诸序论，笔势纵放，实天下之奇作。其中合者，往往不减《过秦篇》。尝共比方班氏所作，非但不愧之而已。……赞自是吾文之杰思，殆无一字空设，奇变不穷，同合异体，乃自不知所以称之。此书行，故应有赏音者。纪、传例为举其大略耳，诸细意甚多。自古体大而思精，未有此也。”①范晔的自夸并非虚言，确为事实。如他在《党锢列传》中分析党锢形成的社会原因：“虽中兴在运，汉德重开，而保身怀方，弥相慕袭，去就之节，重于时矣。逮桓、灵之间，主荒政缪，国命委于阉寺，士子羞于为伍，故匹夫抗愤，处士横议，遂乃激扬名声，互相提拂，品核公卿，裁量执政，幸直之风，于斯行矣。”又如解释撰写《列女传》的原因是“贤妃助国君之政，哲妇隆家人之道，高士弘清淳之风，贞女亮明白之节，则其徽美未殊也，而世典咸漏焉”。范晔认为入此传者应是“亮明白之节”的贤妃、哲妇和贞女，因为这些妇女的品格操行对社会的影响，和高洁之士弘扬的清淳之风是一样的，强调“才行尤高秀者，不必专在一操而已”，较之后世的“烈女传”，范晔的妇女观显然要开明和进步，表现出史家的卓识和胸怀。此外，范书之史论对于东汉初期光武帝的“深图远算”，明帝、章帝的为政贤明，也有许多精辟论断，对于东汉后期统治者的昏庸腐败也能予以揭露和指斥，很少回护曲笔，表现了作者尊重事实、秉笔直书的可贵精神。

范晔原定编著百篇，纪、传九十，志十篇，可惜因卷入宫廷权力之争而死于非命，没有来得及完成“十志”。今本《后汉书》八志是梁代刘昭作注时将晋司马彪《续汉书》中的八志补入的。

范书也存有缺陷和不足，后人多已指正。但瑕不掩瑜，《后汉书》作为史学名著的地位早已确立，而范晔也因此成为这一时期成就最著的史学名家。

沈约(441—513)，字休文，吴兴武康(今浙江德清)人，出生于江东世家大族。从

① 《宋书》卷六九《范晔传》，中华书局1974年版，第1830—1831页。

小博览群书，尤其喜好历史，二十岁时立志编著史书，先后著成《晋书》120卷、《宋书》100卷、《齐纪》20卷、《高祖纪》(梁武帝)14卷、《迩言》10卷、《谥例》10卷、《宋文章志》30卷、《文集》100卷。一生写了四百余卷的书，而且大部分都是史书，真可谓是一位著作等身的史学大家了。可惜他的大部分史书久已散失，唯一流传下来的是作为二十四史之一的《宋书》。

《宋书》以纪传体的形式、一百卷的篇幅详细记载了刘宋王朝从建立到覆亡共计五十九年的历史。虽然其中有些曲笔讳饰之词而遭后人指诟，但其珍贵的史料价值和文学价值却是无庸置疑的。特别是《宋书》的八志，记述不限于刘宋一代，而是从古代叙到宋末，体系完整、材料丰富，几乎占了全书的一半，便于后世对古代政治制度的了解。另外，在人物纪传里附录了许多反映历史原貌的文献材料，弥足珍贵。书中对外国和少数民族历史的记载也较详备。

萧子显(489—537)，字景阳，齐梁间南兰陵(今江苏常州市西北)人，齐高帝萧道成之孙。齐亡后入梁，以文才秀隽为梁武帝所爱，累迁司徒主簿、建康令、吏部尚书、吴兴太守等。萧子显从小爱好文史，有撰史之志，开皇族成员编著史书之先例。先后著有《后汉书》100卷、《齐书》60卷、《普通北伐记》5卷、《贵俭传》30卷、《文集》20卷，可谓是著述宏富、成绩卓著。

萧子显的史书大多已佚，仅有《齐书》流传至今。《齐书》又称《南齐书》，以区别于唐朝李百药的《北齐书》，原有60卷，因《自序》一卷亡失，今存59卷，为本纪8卷、志11卷、列传40卷。虽是当代人写当代史，又属皇族子孙叙祖父辈业绩，难免有曲笔回护、虚美隐恶之弊，与史德不符，但总体而言，该史书以纪传体叙述萧齐一代历史，还是以取材丰富、材料可信、裁剪得当、文字简练见长，具有较高的史料价值。如记载反映当时社会矛盾冲突的吴郡唐寓之起义；详载数学家祖冲之的科技成就等。另外，独创《文学传》，所编《百官志》简明扼要也是该书的优点。正由于此，《南齐书》得以跻身“二十四史”之列，成为后人了解这段历史的主要依据。

(三) 史书门类齐备，史学独立为部。

南朝时期，各种史学体裁相继出现，史书门类逐渐齐备，除纪传、编年二体之外，还有起居注、实录、杂传、谱系、地理、史注和史评等门类。

起居注是古代由专职官员逐日记录帝王起居和国家要事的言行录和大事记，是历代王朝的重要档案，也是编修国史所凭据的原始资料。南朝时期的起居注较为详备，历代都有记载。根据《隋书·经籍志》著录，刘宋朝有永初、景平、元嘉、孝建、大明、景和、泰始、泰豫、元徽、昇明起居注以及宋明帝在藩注，计11部，151卷；萧齐朝有建元、永明、隆昌、延兴、建武、中兴起居注，计6部，45卷；萧梁朝有天监起居注(卷数不详)、大同起居注10卷;陈朝有永定、天嘉、天康、光大、太建、至德起居注,计6部,101卷。从上述各代年号可以看出,刘宋一朝最称完整,齐、陈二朝,仅缺个别年号的起居注,唯独梁朝起居注著录最少,个中原因可能与梁末侯景之乱有关。

实录是在起居注的原始记录基础上加以整理、扩充,形成以帝王活动为中心,兼及国家政务大事的史料长编。其区别在于起居注一般是当朝帝王活动的原始记录,而实录则由后朝史官编撰前朝帝王在位史事。实录产生于梁朝,据《隋书·经籍志》所载,周兴嗣撰有《梁皇帝实录》3卷,记梁武帝事;谢吴撰有《梁皇帝实录》5卷,记梁元帝事;裴政撰有《梁太清录》8卷,专记侯景之乱事。实录是起居注的发展,唐以后逐渐成为官修史书的一种定制,一直延续到清朝。它与起居注一起,为修史者提供了大量第一手的原始资料,从而成为梁朝以后历代王朝史书中的重要门类,对中国古代史学发展产生了深远影响。

杂传是指在纪传体正史之外的其他历史人物的传记类史书。汉魏以来的社会环境,尤其是门阀世族的出现,品评人物之风的盛行,刺激了"杂传"之书的编纂。与此同时,社会上流行的玄学清谈和佛道二教,也为这类书籍记载世家大族的言行风貌提供了极为丰富而生动的素材。因此,这一时期的杂传类史书面广量大,层出不穷,尤其是南朝学者撰写的各种人物传记最多,仅《隋书·经籍志》著录的就有40多种,400多卷。在这些杂传中,有专记某地名人贤士的,如《江左名士传》、《徐州先贤传》;有专记同类人物的,如《真隐传》、《孝子传》、《良吏传》、《忠臣传》;有专记佛、道宗教人物的,如《高僧传》、《名僧传》、《众僧传》、《尼传》、《道学传》、《法师传》、《神仙传》;有专记门阀世族的"家传",如《陆氏家传》、《裴氏家传》、《范氏家传》;还有数量众多的个人别传,等等。这些杂传弥补了正史纪传人物偏少之不足,从不同的方面反映了南朝时期的社会风貌,有助于后人全面了解当时的历史情景。

谱系,或称谱牒,是包括家谱、族谱和宗谱在内的一种史书门类。它和"杂传"一样,深受门阀世族政治的影响,以记世家大族人物为主。不过,"杂传"侧重于介绍历史人物的个人事迹,谱系之书则重于人物家庭、家族、宗族和血统、世系等方面的记载。由于朝廷选官,"必稽谱籍";征收赋税差役,须辨别士庶;士族之间社交、联姻讲究门当户对,所以,魏晋南北朝时期的高门大族都竞相作谱立传,炫耀家世,造成谱系之书的畸形发达。《隋书·经籍志》共著录各种谱牒典籍41部,360卷,统计亡书合53部,1280卷。其中,属于帝王谱的有《宋谱》4卷、《齐、梁帝谱》4卷、《梁帝谱》13卷、《齐帝谱属》10卷;属于姓名谱的有《姓氏英贤谱》100卷、《诸姓谱》116卷;属于家族谱的有《谢氏谱》10卷;属于地区谱的有《江州诸姓谱》11卷、《扬州谱钞》5卷;属于百家谱的有刘宋刘湛撰《百家谱》2卷、王俭撰《百家集谱》10卷,萧梁王逡之撰《续俭百家谱》4 卷、《南族谱》2 卷、《百家谱拾遗》1 卷，王僧孺撰《百家谱》30 卷，傅昭撰《百家谱》15 卷，贾执撰《百家谱》20 卷。这些谱系之书的涌现，推动了谱学的形成和发展。当时，最有名的是贾氏谱学和王氏谱学两家。贾氏谱学始于东晋时贾弼之，撰有《姓氏簿状》，杜佑《通典》卷三《乡党》称其“好簿状，大披群族，所撰十八州、百一十六郡合七百一十二卷，士庶略无遗阙。其子孙代传其业”。王氏谱学源于贾氏谱学，始于刘宋初之王弘，中经萧齐之王俭，至萧梁时王僧孺奉梁武帝之命，改定百家谱，撰有《十八州谱》710 卷、《百家谱集》15 卷以及反映南方各大族谱系的《东南谱集抄》10 卷，较之贾氏谱学有所改进和创新。谱系之书多有虚美之词，其真实程度不足全信，但其中所反映的社会现象却为后人研究魏晋南北朝历史提供了大量的有用资料。

地理方志类书籍主要记载山川形势、行政区划、地方沿革、风俗物产、历史传说、人物掌故等方面的资料，多包含着历史的内容，在古代文献目录中一般归于史部。南朝的地理方志书特别发达，有记全国的总志类书籍，如齐朝陆澄的《地理书》150 卷、梁朝任昉的《地记》252 卷、陈朝顾野王的《舆地志》30 卷，均为记载全国地理总体风貌的古代地学名著；有记地方的州郡方志，如刘宋朝山谦之的《南徐州记》、《吴兴记》、《丹阳记》等，齐朝陆道瞻的《吴地记》，刘澄之的《扬州记》、《豫州记》、《江州记》等，梁朝虞孝敬的《广梁南徐州记》，陈朝陈暄的《国山记》等；有专记都邑城市和山川、寺观的，如宋刘损的《京口记》、陈姚察的《建康记》、齐刘澄之的《永初山川古今记》、梁刘璆的《京师寺塔记》；有专记风俗物产的，如梁宗懔的《荆楚岁时记》。这些地理方志类书籍保存了大量珍贵的历史地理资料，反映了当时人们对于人与地、人与自然关系的认识水平和学术探讨成就，便于后人多角度地了解这段历史。

史注是对史书的注释，旨在帮助人们更好地阅读、理解史书正文内容。它起源于经书之注，因两汉时期史学取得显著成就，逐渐有学者把注经方式运用于注史，魏晋后成为史学撰述的一种形式。南朝以来，史注体有了新的发展，一是仿汉儒注经而为前代史书作“音”、“音义”、“集解”等，以训诂为主，如刘宋徐广的《史记音义》和裴骃的《史记集解》；二是出现了由裴松之《三国志注》所开创的以补充史料为主(补遗)，包括订误、存异、辨疑、发论等为主要特征的新注释体，从而突破了传统史注只注重文字训诂的局限，大大推进和丰富了笺释性的史书体例。受裴松之《三国志注》影响，齐陆澄撰有《汉书注》102 卷，梁刘孝标撰有《汉书注》140 卷和《世说新语注》3 卷，梁元帝萧绎撰有《汉书注》115 卷，刘昭撰有《后汉书注》125 卷。这些史注名作，充分吸收了当时的史学成果，运用大量的补充史料，从不同角度对《汉书》和《后汉书》等传世名著进行考订辨疑和解释阐发，对于传承和发扬我国古代优秀史学做出了有益贡献。

史评即史学评论，是指对史家和史著进行评论的史学门类。史评应该是史学发展到一定阶段的产物。魏晋南北朝史学的勃兴，促进了史学评论的相应发展。此时史评的形式日趋多样，有对某部史书的具体评论，如评论《三国志》就有晋何琦的《论三国志》、徐众的《三国志评》和王涛的《三国志序评》；有对某些史书的比较研究，如晋张辅对《史记》和《汉书》的评价；有对一代诸史的纵横论议，如刘宋大臣刘穆之曾孙刘祥撰《宋书》，其《序录》曾历说诸家晋史，就是对一代晋史成果的综合评价。而梁刘勰的《文心雕龙·史传篇》则全面论述了远古至晋代史书的起源、演变、流派、得失和编纂方法，第一次对史学的发展作了纵向考察和横向比较。文章要求史家撰史时秉持"素心"，做到"直笔"、"务信"、"析理居正"、"文疑则阙"，以达到"彰善瘅恶，树之风声"的目的。《文心雕龙·史传篇》是我国史学史上第一篇比较全面、系统的史学评论专文，反映了这一时期史学评论的最高水平，其史学思想对唐代刘知几撰写《史通》有较大影响。

南朝史学体裁的日趋完备，表明此间史学的内容不断丰富，学术水平不断提升，史学在文化学术领域中的地位明显提高，成为一门独立学科的时机已经成熟。

史学的独立地位首先体现在魏晋南北朝时期的目录学中。西晋荀勖编《中经新簿》，采取了甲、乙、丙、丁四部分类法，其丙部包括史记、旧事、皇览簿、杂事等，经史第一次分家。东晋时，著作郎李充厘定四部，对荀勖的次序有所更动：五经为甲部，史记为乙部，诸子为丙部，诗赋为丁部。史部从位居第三改为第二，仅次于经部，反映了史学发展迅速，学术地位不断提高的趋势。东晋以后南朝众多的官私书目中，虽然图书分类法除四分法外，还有五分法、七分法等，但除南齐王俭《七志》外，各种目录书均将史书独立为部，位次第二。至唐初作《五代史志》，其《经籍志》肯定了李充的四分法，群书明确按经、史、子、集名称顺序标目排列。从此，史学仅次于经部的重要地位得以正式确立，并一直保持至清末，历时一千三百多年。

史学作为一门独立发展的学科，还从政府的文化制度上反映出来。元嘉十五年(438)，宋文帝征召经学家雷次宗至京城鸡笼山筹办儒学馆，招生 100 多人。后来，又"使丹阳尹何尚之立玄学，太子率更令何承天立史学，司徒参军谢元立文学，凡四学并建"。[①] 何承天"儒史百家，莫不该览"[②]，具有较高的经学和史学修养，元嘉十六年(439)担任著作佐郎，负责修撰国史。不久转任太子率更令，著作如故，并受命创办史学馆，招集史学生，培养史学人才。史学生经培训后即从事国史撰述，其中最有名的是山谦之。据《宋书·礼志》等记载，山谦之学成后担任学士、奉朝请，曾协助何承天修撰国史，负责诸志，起草封禅仪注，著有州郡志书《南徐州记》、《吴兴记》等多种。

① 《宋书》卷九三《隐逸·雷次宗传》，中华书局 1974 年版，第 2293—2294 页。

② 《宋书》卷六四《何承天传》，中华书局 1974 年版，第 1701 页。

宋明帝泰始六年(470)设立总明馆,内设玄学、儒学、文学、史学四科,每科各设置学士10人,正令史和书令史各1人,分别从事各学科领域的专门研究。由此可见,在刘宋王朝,史学作为一门独立的学科,已在学术文化领域中占有相当重要的地位,成为与经学、玄学、文学相提并论的显学。

第三节　艺术

魏晋南北朝时期,随着南方地区思想的活跃,宗教的传播以及文学、史学的兴盛,作为体现文人学士个人才情和修养的绘画、雕塑、书法等艺术也取得了长足进步,涌现出一大批卓有成就的艺术家,为南方文化的发展做出了重要贡献。

一　南方绘画艺术

六朝以前,江南地区的绘画艺术相当落后,几乎没有什么名家名作可言。但进入六朝后,绘画艺术突飞猛进,产生了一批绘画名家,不但在绘画题材上有了重大突破,而且艺术手法也有明显改进,出现了山水画、花鸟画、宗教画和人物画等。与此同时,专门品评画家及其作品的绘画理论也有相当发展。

(一)绘画名家

据南齐谢赫《古画品录》和唐朝张彦远《历代名画记》的记载,六朝时期的名画家有三国孙吴的曹不兴,西晋的卫协,东晋的戴逵、顾恺之、宗炳,南朝刘宋的陆探微、顾景秀、王微,萧齐的谢赫、刘缜、毛惠远,萧梁的张僧繇、陶弘景、萧绎,陈代的顾野王等数十人。其中出自于江苏本土,最有成就的画家是顾恺之、陆探微、张僧繇“三大家”。

顾恺之(344—405),字长康,晋陵无锡(今无锡市)人。出身名门大族,父亲顾悦之曾任尚书左丞。自己早年入仕,先后为东晋权臣桓温、殷仲堪之参军,相处甚欢,晚年官至散骑常侍。顾恺之博学多才,擅长诗文,尤精绘画,为人诙谐,大智若愚,有“才绝、画绝、痴绝”之称。他成名较早,20多岁时就在都城建康瓦官寺绘制《维摩诘》壁画,形象逼真,惟妙惟肖,轰动一时。名相谢安十分欣赏他的画作,并给予高度评价,“以为有苍生以来未之有也”。

顾恺之的绘画作品题材广泛,涉及人物肖像、神仙佛像、飞禽走兽、自然山水。他尤其善于画人物,“每画人成,或数年不点目精。人问其故,答曰:‘四体妍蚩,本无阙少于妙处,传神写照,正在阿堵中。'"①例如,"尝图裴楷象,颊上加三毛,观者觉神明殊胜。又为谢鲲象,在石岩里,云:'此子宜置丘壑中。'欲图殷仲堪,仲堪有目病,固辞。恺之曰:'明府正为眼耳,若明点瞳子,飞白拂上,使如轻云之蔽月,岂不美乎!'仲堪乃从之。"②可见,他善于捕捉表现人物特征的关键细节来刻画展现不同人物的风姿神貌。

顾恺之是西晋名画家卫协的学生,在继承老师精思巧密风格的基础上又进一步创新,首创春蚕吐丝之"密体",即以既雄劲有力又连绵不绝之线条来勾勒图画,大大提高了绘画的表现技巧。他还主张观察现实生活,临摹自然山水,力求"实对"、"传神",通过典型环境来刻画典型人物,这在中国绘画艺术史上前所未有,实属创举。顾恺之一生创作了大量作品,唐朝《贞观公私画史》、《历代名画记》等文献资料有详细记录,其代表作品有《女史箴图》、《洛神赋图》、《中兴帝相列像》、《列仙图》等,可惜原作均已散佚,少数流传至今者多为唐宋摹本。后世对顾恺之的评价很高,历代画史多将其作品尊为上品,一如书法史上对王羲之的评价。顾恺之之后,顾氏绘画之家学门风仍得以延续,画有成就者刘宋有顾宝光、顾骏之、顾景秀,陈有顾野王,以顾骏之为最。

吴郡吴人(今苏州市)陆探微是刘宋时期最有成就的名画家,长期担任宫廷画师,作品繁多,声誉极高。《历代名画记》卷六记载陆探微的作品有《宋孝武像》、《宋明帝像》、《孔子像》、《十弟子像》、《荣启期》、《竹林像》、《五白马图》等共 68 幅,其中绝大部分是人物肖像画。陆探微工于人物肖像画,在技法上学习顾恺之"密体"画法,但又有许多创新,将顾氏所创的"春蚕吐丝"线条改为刚劲挺拔的锐利线条,所画人物形象多身材修长、清瘦秀丽、潇洒飘逸、气质非凡,从而形成了"秀骨清像"的艺术风格。又因笔法周密,笔势连绵不断,号为"一笔画",时人将其与顾恺之并称为"顾陆"。

对于陆探微的绘画成就,时人和后世均给予高度评价。南齐谢赫《古画品录》将其列为第一品第一人,说他"穷理尽性,事绝言象,包前孕后,古今独立,非复激扬所能称赞,但价重之极乎!上上品之外,无他寄言,故居标第一等"。唐代张彦远《历代名画记》评曰:"陆探微精利润媚,新奇妙绝,名高宋代,时无等伦。"陆探微的两个儿子陆绥、陆肃皆师法其父,擅长人物画,形成家学。陆杲也善画,谢赫《古画品录》将陆绥、陆杲之画分列第二、第三品。

张僧繇,吴郡吴人,梁武帝天监年间出任武陵王国侍郎,直秘阁知画事,后历任右军将军、吴兴太守。张僧繇善绘画,尤擅长人物故事画及道释宗教画,有画龙点睛、破壁飞去的传说。梁武帝崇饰佛寺,多命张僧繇绘制佛像。张氏匠心独运,手法老到,自成样式,被后世奉为楷模,称之为"张家样"。他敢于创新,善于吸收外来文化因素

①② 《晋书》卷九二《顾恺之传》,中华书局 1974 年版,第 2405 页。

而形成新的艺术风格。一是在色彩上学习天竺（今印度）的晕染法，绘出富有立体感的“凹凸花”。据唐朝许嵩《建康实录》“一乘寺”条云：“寺门遍画凹凸花，代称张僧繇手迹。其花乃天竺遗法，朱及青绿所成，远望眼晕，如凹凸，就视即平，世咸异之，乃名凹凸寺。”二是画人物肖像笔法上，一改顾、陆之精细“密体”，独创豪迈疏朗之“疏体”风格。张彦远《历代名画记》对此评论曰：“顾陆之神，不可见其盼际，所谓笔迹周密也；张吴之妙，笔才一二，象已应焉。离披点画，时见缺落，此虽笔不周而意周也。”三是在人物造型上，改变了顾、陆以来“秀骨清像”的风格，而代之以丰满肥美的形象。

张僧繇的绘画风格对后世产生了较大影响，如唐代大画家阎立本、吴道子就继承了他的“疏体”笔法并发扬光大；佛教造像由以前的瘦长型向半圆型、丰腴型转化并成为后世定制，绘画时注重色彩的变化等艺术手法均由张氏肇始其端。

根据《历代名画记》，张僧繇的作品主要有：《清溪宫水怪图》、《吴主格虎图》、《维摩诘像》、《横泉斗龙图》、《梁武帝像》、《定光佛像》、《咏梅图》等 18 幅。今传作品有《五星二十八宿神形图》、《雪山红树图》。

对于顾恺之、陆探微、张僧繇这三位大家的绘画成就和艺术风格，后世均给予了高度评价。张彦远在《历代名画记》卷二《论名价品第》中说：“晋之顾、宋之陆、梁之张，首尾完全，为希代之珍，皆不可论价，如其偶获方寸，便可缄持。……凡人间藏蓄，必当有顾、陆、张、吴（道子）著名卷轴，方可言有图画。”唐代张怀瓘《画断》的评价则更加全面，道出了各家的风格特点：“顾、陆及张僧繇，评者各重其一，皆为当矣。陆公参灵酌妙，动与神会，笔迹劲利，如锥刀焉，秀骨清像，似觉生动，令人懔懔若对神明，虽妙极象中，而思不融乎墨外。夫象人风骨，张亚于顾、陆也。张得其肉，陆得其骨，顾得其神。神妙亡方，以顾为最。”

总之，以顾、陆、张“三大家”为代表的六朝江南绘画不仅继承了两汉绘画的传统技法和内容，而且在主题思想、形象塑造、布局章法上多有创新和突破，给此后更加成熟的隋唐绘画艺术以深刻的影响，在中国绘画艺术史上具有承上启下的重要地位。

（二）墓葬砖画与壁画

六朝时期见于记载的著名画家和作品数量很多，可惜因年代久远，这些名家的原作真品已散失殆尽，少数传于今世的名作多为唐人摹本。好在 1949 年新中国成立以来，江苏地区的六朝考古发掘工作取得重大成就，在六朝都城南京及周边地区发现了大量的六朝墓葬，其墓室内就保存着许多风格不同的砖画和砖拼壁画，让今人得以从一个侧面真切领略到六朝人的绘画艺术。

留存于六朝墓葬中的绘画作品种类很多，既有在砖面上刻印几何、植物纹饰的花纹砖，也有在砖面上刻印人物、动物图像的画像砖，还有把数块砖面拼砌成人物、动物、植物等图像纹饰的砖拼壁画。江苏地区花纹砖和画像砖数量最多，最具代表性。花纹砖和画像砖可分打印、刻画和模印三类，以模印居多。孙吴、两晋时期的花纹砖流行几何纹饰，南朝则以植物纹饰尤其是莲花纹为主。模印画像砖分阳线刻、浅浮雕和高浮雕三种。孙吴至晋宋以阳线刻为主，动物图像有虎纹、鸟纹、鱼纹、龙纹、凤纹等；也有少量浅浮雕，以镇江东晋隆安二年(398)墓出土的54幅10种画像砖为代表，有青龙、白虎、朱雀、玄武四神图像以及《山海经》中的故事画，如兽首鸟身、人首鸟身、兽首人身等各种神怪图像。[①] 到了南朝中晚期，“模印画像砖数量大增，三种表现形式都达到了艺术顶峰，特别是高浮雕手法广泛使用。动物图像皆为祥禽瑞兽，有四神、人首鸟身、兽首鸟身、狮子、麒麟、凤凰、神兽等；人物图像有男女侍从、文官武将等，还有反映佛教内容的佛像、男女供养人、飞天等。”[②]

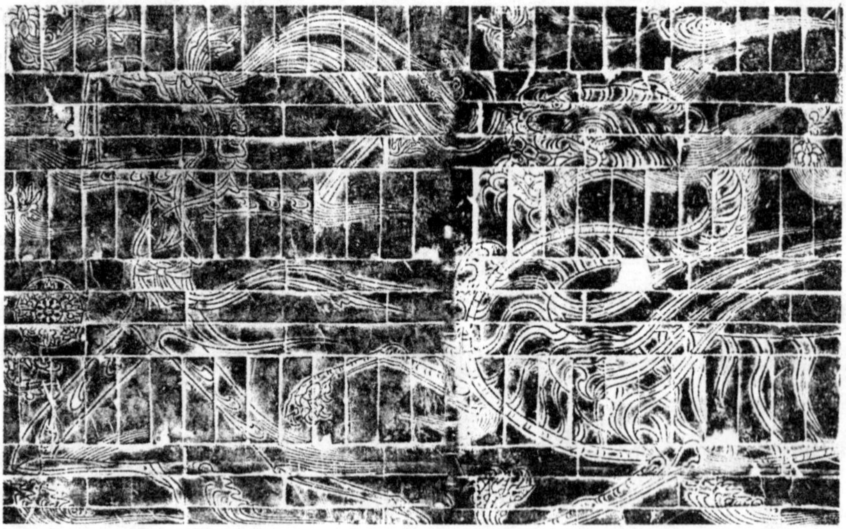

① 镇江市博物馆：《镇江东晋画像砖墓》，《文物》1973年第4期。

② 王志高、罗宗真：《六朝文物》，南京出版社2004年版，第278—279页。

花纹砖纹饰简朴稚拙，画像砖画面精美，但局限于一砖一画，难于反映气象万千的社会生活面貌。为了弥补这一缺陷，以多个砖面描绘一个图像的砖拼壁画应运而生。1957年，在南京市郊迈皋桥一带挖掘的东晋永和四年(348)墓中，就发现了由两块或三块砖拼镶而成的小型壁画“虎啸山丘”图。这是江苏地区最早发现的砖拼壁画。画面上模印着线刻的龙和虎两幅画像。龙体修长，模印在上下两块砖的侧面，并榜题“龙”字；虎呈蹲坐状，昂首左顾，似欲张口狂啸，模印在三块砖的端面，画面四角各有一隶书题字，铭为“虎啸山丘”，造型颇为生动。①

由于砖拼壁画扩大了画面，可以表现更为复杂多彩的生活内容，所以一经产生便具有强大的生命力，在社会上广泛应用，到南朝晚期时已发展为浮雕形式。例如，常州市南郊戚家村南朝墓出土的龙、虎、飞仙等砖画②；邗江南朝墓出土的人首鸟身砖画③；常州市南郊田舍村南朝墓出土的车马出行、骑马出行、凤凰、狮子、飞仙、仙女乘鹿等砖画④，多由3至7块画像砖拼砌而成，此乃小型壁画。

在小型壁画之外，还有一种工艺更为精湛复杂的大型壁画，一般由几十块甚至上百块画像砖拼砌而成，气势雄伟。如1960年在南京西善桥宫山发掘出一座大型南朝砖室墓，室内发现有保存完好的大型壁画“竹林七贤和荣启期”，分布在墓室南北两壁，各长2.4米，高0.8米。这是全国范围内首次发现完整的六朝大型砖拼壁画。南壁壁画自外而内依次为嵇康、阮籍、山涛、王戎四人，北壁自外而内分别是向秀、刘伶、阮咸、荣启期四人。各人之间，又以青松、银杏等树木分隔，形成各自独立的画面。画面人物神态各异，栩栩如生。画嵇康，头梳双髻，赤足坐于豹皮褥上，双手弹琴，神态怡然，表现出嵇康平生“弹琴咏诗自足于怀”的特点；画阮籍，头戴帻，身着长袍，一手撑皮褥，一手置膝上，吹指作啸状，其旁置带把酒器一具，突出阮籍“嗜酒能啸”的生平特点；画山涛，头裹巾，赤足曲坐，一手挽袖，一手执耳杯，突出其饮酒海量的特点；画王戎，露髻赤足，强调手弄如意的动作，正好是“王戎如意舞”的写照；画向秀，戴帻垂带，袒肩赤足，闭目倚树，作沉思状，反映其闭目沉思老庄之学的神态；画刘伶，露髻赤足，曲一膝而坐，一手持耳杯，一手作蘸酒状，双目凝视杯中，刻画出刘伶嗜酒如命的形象；画阮咸，戴帻垂带，挽袖持拨，弹一四弦乐器，赤足盘膝坐皮褥上，表现其“妙解音律，善弹琵琶”的特点。⑤

---

① 南京市文物保管委员会：《南京六朝墓清理简报》，《考古》1959年第5期。

② 常州市博物馆：《常州南郊戚家村画像砖墓》，《文物》1979年第3期。

③ 扬州博物馆：《江苏邗江发现两座南朝画像砖墓》，《考古》1984年第3期。

④ 常州市博物馆：《江苏常州南郊画像、花纹砖墓》，《考古》1994年第12期。

⑤ 南京博物院等：《南京西善桥南朝墓及其砖刻壁画》，《文物》1960年第8、9期合刊。

南京西善桥宫山南朝墓出土的竹林七贤砖画

以上所画七人，即历史上有名的“竹林七贤”。可以看出，绘画者每画一个人物，都突出了他们的平生爱好，艺术再现了他们特有的精神气质。

阮咸之旁，所画人物为春秋时人荣启期，形象为披发、长须，腰系绳索，手弹五弦琴，盘膝坐于皮褥上。《高士传》记孔子游于泰山，见荣启期鹿裘带索，鼓琴而歌，为古代所谓“高士”。估计画者为了画面对称所需，特将其与“七贤”并列，后唐代出现的“酒中八仙”，大概最初指的就是这八人。

“竹林七贤和荣启期”壁画发现后，引起国内外考古界和美术界的重视和讨论，在对此画的作者问题上产生了分歧，大致有顾恺之作品说、戴逵作品说、陆探微作品说等。但从壁画的技法上看，衣褶线条分明，刚柔相济，人物比例匀称，表现出如《女史箴图》那样的“春蚕吐丝”式线条韵律和典雅风格，是个相当成熟的作品。画中的银杏、垂柳与《洛神赋图》中的手法几乎完全相同，显示出我国山水画的早期风格。而据史籍记载，顾恺之生前曾画过该图中的阮咸与荣启期像，唐代《历代名画记》对此评价很高，认为前人均不及。由此可以推测，这幅壁画的作者很可能是顾恺之。不过，这仅仅是一家之说，壁画作者到底是谁，还有待学术界的继续探讨和考证。

与南京西善桥南朝大墓中所发现的砖拼壁画相类似的，还有分布在丹阳胡桥、建山的3座南齐帝王陵墓。在这些陵墓中同样有保存完好的大型砖拼壁画，题材既有与南京墓葬壁画一样的“竹林七贤与荣启期”图，又有其它类型的如“日月”、“飞天”、“羽人戏龙”、“羽人戏虎”、“狮子”、“骑马车队”、“仪仗出行”等壁画。这些经发掘出土的墓葬壁画，为研究这一历史时期的绘画艺术提供了珍贵的实物史料。

（三）绘画论著

随着六朝时期绘画作品数量的增多，艺术表现手法的不断丰富，探讨绘画艺术技巧以及自身发展规律的绘画理论也相应成熟起来，出现了顾恺之的《论画》、孙畅之的《述画记》、谢赫的《古画品录》和姚最的《续画品录》等论著。

顾恺之既是一流画师，又是中国最早的绘画评论家，“对于画评、画法、画论均有极精当之见解，虽其文字间有错落，不易了解，然只词片语，多含精意，为后代论画者千言万语所不及。是恺之不但于绘画之技能上，堪称大家，而于绘画之理论上，尤足独步千古。”①存留至今的画论之作有《论画》、《魏晋胜流画赞》、《画云台山记》三篇。

《论画》专讲临摹古画的模写要法，并论画人物的技法要领。顾恺之认为，“凡画人最难，次山水，次狗马；台榭一定器耳，难成而易好，不待迁想妙得也。此以巧历不能差其品也。”②主张画人物时要理解创作对象的性格特征，并以适当手法表现。《魏晋胜流画赞》是一篇批评古画的画评，兼论笔墨与传神的关系。它首先指出画分品类的难和易，然后提出自己的评画标准是“以形写神”、“传神写照”和“迁想妙得”，认为画人物并非画出肖像，而是要在画中表现人物的精神风貌和内在气质。《画云台山记》专门介绍创作云台山水画的经过及其心得体会，实际上是对山水画创作手法以及艺术技巧的理论阐述，对后世颇有影响。

孙畅之是南朝早期画家，著有《述画记》，惜已失传，仅从《历代名画记》、《水经注》、《太平御览》等书所引遗文中，尚可了解其大致内容，主要是叙述前代绘画历史及画家生平事迹，兼评名家作品，夹叙夹议，别具特色。

谢赫是齐梁时期著名画家，擅长画人物，尤善写貌。“说者谓其写貌人物，不俟对看，所须一览，便归操笔，点刷精研，意在切似，忆想毫发，皆亡遗失。……中兴以来，象人为最。有《安期先生图》、《晋明帝步辇图》等传于代。著《古画品录》二卷，创论六法，品第前贤，为世所宗。”③谢赫的绘画作品已散失，流传下来的惟《古画品录》。这部著作的最大贡献是明确提出了人物画的创作原则和品评标准，即气韵生动、骨法用笔、应物象形、随类赋彩、经营位置、传模移写等“六法”，并以此“六法”品评了自三国孙吴时曹不兴至齐梁画家计 27 人，按照优劣分出六个品第。这在历史上尚属首次，具有开创之功，对后世产生了深远影响。“六法”一词，后来甚至引申为中国画代称，或中国画理论和技法的总称。因此，谢赫的《古画品录》可谓是中国美术史上第一部系统的绘画批评著作，奠定了中国绘画理论批评的基础。

---

① 俞剑华：《中国绘画史》，商务印书馆 1938 年版，第 38—39 页。

② 引自（唐）张彦远《历代名画记》。

③ 潘天寿：《中国美术史》，知识出版社 1982 年版，第 178—179 页。

继谢赫之后的绘画评论家是生活于梁陈年间的姚最，撰有《续画品录》一书。姚最的《续画品录》是谢赫《古画品录》的续编，主要记载了谢赫以后的南朝画家，也补充了谢书中遗漏的前代画家。姚最大致仍以"六法"的准则来品评绘画作品，但在评论画家时注意避免谢赫的主观偏见，尽量做到秉持公正客观的原则，全面评价画家的成就得失，品评较有分寸。如针对谢赫一味贬低顾恺之的做法，姚最给予了批评和纠正，认为"至如长康(顾恺之)之美，擅高往策，矫然独步，终始无双。有若神明，非庸识之所能效；如负日月，岂末学之所能窥。荀(勖)、卫(协)、曹(不兴)、张(墨)，方之蔑矣，分庭抗礼，未见其人。谢(赫)云声过于实，良可于邑。列于下品，尤所未安。斯乃情有抑扬，画无善恶。始信曲高和寡，非直名讴，泣血谬题，宁止良璞。将恐畴访理绝，永成沦丧，聊举一隅，庶同三益"。在这里，姚最对顾恺之给予了极高评价，认为顾氏的艺术成就无人能比。

总之，这一时期的绘画理论较之前代有了长足进步，不但总结了历代画家的创作实践经验，而且系统阐述了有关绘画手法与技巧的具体要求和方法，特别是谢赫提出的"六法"，开辟了绘画理论的新领域，具有里程碑意义。

二 南方雕塑艺术

魏晋南北朝时期的南方雕塑艺术主要体现在佛教造像艺术和陵墓石刻艺术两个方面。它上承秦汉，下启隋唐，在中国雕塑艺术发展史上具有重要地位。

(一) 佛教造像艺术

随着孙吴以来佛教的广泛传播，佛教徒的日益增多，一种带有古印度犍陀罗建筑风格的佛教造像雕塑逐渐在江南地区流行开来。

早在孙吴时期，江南地区就有建寺造像的记载。《高僧传·康僧会》载："时吴地初染大法，风化未全，僧会欲使道振江左……赤乌十年(247)初达建业，营立茅茨，设像行道。……以始有佛寺，故号建初寺……由是江左大法遂兴。"这说明建初寺实为江苏境内佛寺之始。此后，东晋南朝帝王中多有崇奉佛教者，如东晋的明帝、哀帝、简文帝、孝武帝；南朝的宋文帝、孝武帝、明帝、齐高帝、武帝、梁武帝、简文帝、陈后主等。在他们当政期间，为了表示对佛祖释迦牟尼的尊崇，纷纷营造大量的佛寺，树立佛教人物的雕塑。据唐法琳《辩正论》卷三、唐道世《法苑珠林》卷一二〇记载，南朝各代所拥有的佛寺为：宋 1913 所、齐 2015 所、梁 2846 所、陈 1232 所。其中，梁代佛教最盛，佛寺最多，仅都城建康地区就有寺庙 700 余所。[1]

---

① 参见林树中《六朝艺术》，南京出版社 2004 年版，第 253 页。

这一时期江南地区的佛寺大都高大雄伟，建筑考究，里面供奉着各种佛像，有铜铸的、木雕的、泥塑的、石刻的，应有尽有，代表了当时雕塑艺术的最高水平。史载东晋时的戴逵最擅长雕塑佛像，曾在建康城内的瓦官寺雕塑五尊铜佛像，造型独特，水平高超，世人叹为观止，将其与顾恺之的维摩诘画、师子国（今斯里兰卡）赠送的玉佛一起誉为瓦官寺“三绝”。南朝初期，戴逵次子戴颙继承父业成为著名雕塑家，在佛像雕塑方面造诣很深。相传宋太子在建康瓦官寺铸造一尊高一丈六尺的铜佛像，“既成，面恨瘦，工人不能治”，乃请戴颙来帮助解决。戴颙经验丰富，眼光老到，看后说：“非面瘦，乃臂胛肥耳。”于是，让工匠“减臂胛，瘦患即除，无不叹服焉”。①

“南朝四百八十寺，多少楼台烟雨中。”（杜牧诗句）魏晋南北朝时期的佛寺造像数量庞大，但随着岁月的流逝大都已消失在历史的悠悠长河中，江苏地区留存至今的佛教造像仅剩南京郊区的栖霞寺石窟和连云港孔望山的北朝造像。

栖霞寺石窟又名摄山石窟或千佛岩，位于南京东北郊的栖霞山麓。萧齐永明七年（489）明僧绍舍宅为寺，其子临沂令明仲璋继承父亲的遗愿，出资招集工匠，于西峰石壁凿造无量寿佛，通高四丈。同时，又建造观音、势至两尊陪侍菩萨像，高三丈三尺。此后，齐、梁时的王公贵族如齐文惠太子、豫章文献王、梁临川靖惠王等为了崇佛祈福，都相继在此依岩凿刻佛像，遂使栖霞寺石窟初具规模。以后历代仍有增补修饰，构成所谓的“千佛岩”。只是年代久远，损坏严重，今尚存大小石窟佛龛 200 多个，造像 500 多尊，多为齐、梁时期作品，代表了南朝雕刻的秀丽作风。与同期存在的龙门、云冈等北方石窟不同，这里的石窟数量虽多，但规模不大，在整体布局、佛像装饰上别具一格，表现出圆润细巧、秀丽典雅的艺术风格，为这一时期江苏佛教艺术的代表作品。

20 世纪 80 年代初在连云港孔望山发现的佛教造像，主要有北魏的高浮雕佛头像、东魏的四面造像幢和北齐的五尊佛像等，反映了北朝的佛教艺术水平。北魏的高浮雕佛头像，面相丰圆，刀笔硬朗，风格豪放，与龙门、云冈的石窟艺术相似。东魏的四面造像幢，第一面有“大魏武定元年”（543）的造像铭记，菩萨脸部丰满，形象端庄。但也有佛像表现出南朝“面目清瘦”的形象。北齐的五尊佛像，有北齐“武平二年”（571）和三年的造像铭记。佛像造型也呈现出南朝“瘦骨清像”的艺术特色。②

① 《宋书》卷九三《隐逸·戴颙传》，中华书局 1974 年版，第 2277 页。

② 参见《孔望山出土北朝造像》一文，刊于《文物》1981 年第 7 期。

（二）陵墓石刻艺术

陵墓石刻一般是指古代帝王陵墓前所设置的石刻雕像，其作用为标识墓地和仪仗侍卫。它始于秦汉，绍于魏晋南北朝。从文献记载和考古实物来看，这一时期江苏境内的陵墓石刻多为南朝遗迹，主要分布在南京、丹阳、江宁、句容等地。据文物部门 1998 年的统计，分别是南京 12 处、丹阳 13 处、江宁 10 处、句容 1 处，共计 36 处。若按朝代划分，则有刘宋武帝刘裕初宁陵和文帝刘义隆长宁陵 2 处，分别坐落于江宁麒麟门和南京甘家巷；萧齐宣帝萧承之永安陵、高帝萧道成泰安陵、武帝萧赜景安陵、景帝萧道生修安陵、明帝萧鸾兴安陵等 9 处，均在丹阳；萧梁文帝萧顺之建陵、武帝萧衍修陵、简文帝萧纲庄陵等 13 处，分布在丹阳至南京一带；陈代武帝陈霸先万安陵和文帝陈蒨永宁陵 2 处，位于江宁。其余多为王侯墓，主要集中于南京甘家巷一带。

南朝陵墓石刻大致分石兽、石碑和神道石柱三种类型，各有艺术特色，按先后次序分列于墓前神道两侧。一般最前者为石兽一对，其次为石碑一对，最后为神道石柱一对，而墓室就位于神道最深处的山坡上。

石兽多为有翼神兽，高大雄奇，造型独特，颇有讲究。凡帝后墓前石兽均带角，独角者称麒麟，双角者叫天禄；而王侯墓前石兽没有角，统称辟邪。麒麟是中国古代传说中的一种神兽。《礼记·礼运》载："山出器车，河出马图，凤凰麒麟，皆在郊区。"又"麟凤龟龙，谓之四灵"。麒麟是四灵之首，也是"稀罕"、"吉祥"的象征，在南朝陵墓中现存22只，包含宋、齐、梁、陈四代作品，较完整地呈现了石兽变化发展的整个过程。辟邪也是一种神兽，一般认为由狮子演变而来，为佛教的护法神兽，起驱凶镇恶、吉祥如意之作用，古代军旗、织物、带钩、钟钮等物常用辟邪作为祥瑞图像。南朝陵墓的辟邪尚存26只，代表性作品有位于南京郊区的梁安成康王萧秀墓的一对石辟邪和萧梁吴平忠侯萧景墓辟邪，体格高大，胸部挺昂，张牙吐舌，威猛强悍，注重肌体表现，气宇轩昂。

石碑一般由碑首、碑身、龟趺三部分构成。它是在继承东汉碑体形式的基础上发展而来的。汉代碑首作圭首形，南朝碑首皆作琬首形，高浮雕双龙，交辫纹环缀于碑脊。碑首中央方框刻有文字，其下穿孔。碑身为石碑主体，刻有介绍墓主生平事迹的碑文。碑文四周刻有鸟兽花叶纹等装饰。龟趺为碑座，作负碑状，显得坚实有力。南朝陵墓碑文除萧憺、萧秀墓尚可辨认外，其余均模糊不清或已不存。

神道石柱，也称阙或华表，由柱首、柱身和柱础构成。柱首为圆盖，成莲花座，明显受印度佛教艺术影响，上立一石兽，多为辟邪。柱身刻有瓜棱直线形条纹，与古希腊和古埃及的神庙石柱极为相似，在印度犍陀罗艺术中也多有运用。柱身上部嵌有一方形神道额，额文注明墓主人身份，左右两柱相对而立，额文内容相同，通常为一正书，另一反书，也有均为正书或反书的。反书是一种特殊的书写体，仅见于神道石柱题字。现能辨认的有梁文帝萧顺之墓的两柱，柱额刻文"太祖文皇帝之神道"，一为正书，一为反书。梁吴平忠侯萧景墓仅存一柱，柱额刻文"梁故侍中中抚将军开府仪同三司吴平忠侯萧公之神道"，为反书。值得一提的是，在萧景墓神道石柱上方形额的侧面，阴线刻有一幅"比丘擎花图像"，这是迄今唯一有六朝具体年代的佛教人物画。额下部环绕立柱通常饰有浮雕造型，内容有神兽、交龙、绳辫纹等。神道石柱柱身下端为柱础，由浮雕的各种动物组成，受到汉代画像石上的浮雕影响。柱础大多长期埋于地下，多已漫漶不清。

南朝陵墓神道石刻，一方面继承了汉代石刻高大雄伟、气势恢弘的艺术风格，另一方面又克服了其简单粗糙的缺点，在造型设计、雕刻技法等方面加入了新的外来文化因素，形成了独特的石刻艺术风格。从其遗存至今、散布在南京市郊和丹阳市郊的神兽石像来看，多为形体硕大、雄奇壮观，雕琢精致洗练、造型夸张、变形适度，表现出丰富的艺术想象力，代表了这一时期南方石刻艺术的最高成就，对后来唐宋时代的石刻艺术产生了深远影响。

三　南方书法艺术

书法艺术是中华文化百花园中的一朵奇葩，散发着独特的人文气息和文化魅力。它和绘画、诗歌、音乐等其它艺术一样，都经历了一个从生活实用需要到自觉进行艺术追求的过程。如果说秦朝统一使用的文字小篆主要是为了巩固中央集权制的统治，发挥政治和文化的功效，那么，汉朝出现的隶书除了具有政治、文化功能之外，还包含着一定的审美观念和艺术欣赏性。而到了魏晋南北朝，随着大一统的瓦解，人们思想的解放和个性的张扬，楷书、行书、草书等各种新书体纷纷发展成熟起来，书论著作也日益增多，书法则更多成了文人学士抒发个人情怀、展现自我才华的一种艺术追求。于是，书法名家名作如同雨后春笋般地涌现，书法艺术的鼎盛时代悄然来临。徐、扬作为当时都城建康的京畿地区，自然也就成了书法名家的荟萃之所。

（一）书法名家

魏晋南北朝时期，徐、扬地区书法人才众多，名家辈出。上自皇帝及皇室成员，下至世家大族与一般文人学士，都把临摹、研习书法当作一门必修功课，勤学苦练，自成一体，并形成家学门风，世代相传，催生出许多名家大家。

三国曹魏，书法家多为有影响的政治人物，其中最有成就者应属钟繇。钟繇酷爱书法，一生坚持不懈，精益求精，既在书法实践中将汉隶字体向草书与正楷两个方向作了推进，又在书法理论上有重要建树，其书法艺术造诣堪称一流，受到时人推崇和后世景仰。梁朝名士庾肩吾在《书品》中说："钟天然第一，功夫次之，妙尽许昌之碑，穷极邺下之牍。"其书法风格对江苏地区的书家有重要影响，如东晋名相王导曾向钟繇学习书法，携带钟繇手书《宣示表》过江，作为不断临摹、研习的法帖，终于深得其妙，书艺大进，行书、草书都写得很出色，为晋元帝、明帝叹服和欣赏，并以他的字作为标准字体。

孙吴政权一些著名大臣如张昭、张纮等也擅长书法，《三国志·吴书》本传均有记载。不过，孙吴最有名的书法家是皇象。据《三国志·吴书·赵达传》注引《吴录》："皇象，字休明，广陵江都人。幼工书。时有张子并、陈梁甫能书。甫恨逋，并恨峻，象斟酌其间，甚得其妙，中国善书者不能及也。"皇象精于篆、隶书，尤工章草书，时人誉其为"书圣"。唐代张怀瓘《书断》评曰："休明章草入神，八分（隶）入妙，小篆入能。"其书法笔势纵横自然，朴实无华，但有筋骨神气。相传《天发神谶碑》、《急就章》为其所书。

西晋时期，吴人陆机既是文章高手，又擅长行、草等书法，其墨迹草书《平复帖》是我国古代书法家存世作品中时代最早的一件真品。《平复帖》是陆机问候其生病友人的书札，笔法潇洒飘逸，字形古朴典雅，具有高度的艺术欣赏性，是中国书法史上一件不可多得的艺术珍品。

东晋时期，随着中土士族文人的南迁，书法艺术盛行于江东地区，出现了以书法家著称的王、谢、郗、庾等世家大族，有所谓的"八王"、"三谢"、"六郗"、"四庾"之说。其中最突出的是王氏家族，除了奠基者王导之外，还有王廙、王恬、王恰、王劭、王荟、王珣、王珉、王羲之、王凝之、王献之等书法名家，其人数之多、水平之高、影响之大，在东晋书坛上，可谓是绝无仅有。

在这些家族成员中，王廙"少能属文，多所通涉，工书画，善音乐、射御、博弈、杂技"[①]，具有较高的艺术修养，在王羲之成名之前，称东晋书法第一高手。王珣，字元琳，小字法护，王导之孙，以才学文章见于世，在书法上也有较深造诣。其作品多已散佚，惟一传世至今的书法真迹是《伯远帖》。该帖字体为行书，字形与王羲之早期书法特点相近，属晋代旧派书体。其特点以偏侧笔锋取势，欲行还断，欲放又敛，追求"龙蛇游动"之韵势，生动流畅，厚朴俊逸。王珉，字季琰，小字僧弥，王珣亲弟，"少有才艺，善行书，名出珣右。时人为之语曰：'法护非不佳，僧弥难为兄。'"[②]可见，其书法造诣超越王珣，与王献之齐名，世称王献之为"大令"，王珉为"小令"。

当然，王氏家族中书法水平最高、影响最大者是王羲之、王献之父子俩。

王羲之(321—379)，字逸少，司徒王导之从子，幼时随父亲南迁建康，曾官至右军将军、会稽内史，世称"王右军"。他早年师从女书法家卫夫人(卫铄)练习书法，功底扎实，书法作品很早就受到士人推崇，"尤善隶书，为古今之冠，论者称其笔势，以为飘若浮云，矫若惊龙。深为从伯敦、导所器重。"[③]后又遍习历代名家作品，在博采众多书家之长的基础上，形成独具魅力的楷、行、草三种书体。其楷书作品有《黄庭经》、《乐毅论》等，代表了中国书法史上楷书的最高成就；其《兰亭序》被誉为"天下第一行书"，流芳百世；其草书传世者有《十七帖》以下多种。唐太宗特别喜爱王羲之书法，在《晋书》修纂时亲自为他作传，并赞美道："所以详察古今，研精篆素，尽善尽美，其惟王逸少乎！观其点曳之工，裁成之妙，烟霏露结，状若断而还连；凤翥龙蟠，势如斜而反直。玩之不觉为倦，览之莫识其端，心慕手追，此人而已。"[④]唐太宗还将王羲之的《兰亭序》

---

① 《晋书》卷七六《王廙传》，中华书局1974年版，第2002—2003页。

② 《晋书》卷六五《王导传附王珉传》，中华书局1974年版，第1758页。

③ 《晋书》卷八〇《王羲之传》，中华书局1974年版，第2093页。

④ 《晋书》卷八〇《王羲之传》，中华书局1974年版，第2108页。

真迹搜罗到手，时时把玩欣赏，临终前遗命将其陪葬昭陵。元朝郝经在《佩文斋书画谱》卷七中评王羲之书法："韵胜遒婉，出奇入神，不失其正，高风绝迹，邈不可及，为古今第一。"

王献之(344—386)，字子敬，王羲之第七子。"少有盛名，而高迈不羁，虽闲居终日，容止不怠，风流为一时之冠。……工草隶，善丹青。七八岁时学书，羲之密从后掣其笔不得，叹曰：'此儿后当复有大名。'尝书壁为方丈大字，羲之甚以为能，观者数百人。"①他不但继承家法，习得书法之精髓，而且勇于创新，别具一格。王羲之的楷书代表作《黄庭经》师承钟繇，浑圆苍劲、雍容端雅、风神健朗、英姿挺拔，颇有大家气派；而王献之的楷书代表作《洛神赋十三行》在其父《黄庭经》清健俊朗基础上，又突破成法，别立新意，于楷中略带行意，抒写胸臆，节奏起伏，风神秀逸，刚正精丽，显得更加成熟和自我。王羲之的行书偏向于楷书，刚劲中正、静逸秀美；而王献之的行书则偏向于草书，行笔流畅，活泼飘逸，具有明显的个人感情色彩，从而形成两种不同的行书风格。在草书方面，王献之成就更高，行笔比其父更快，气势更为遒峻奔放，开启了把气势和节奏放在法度和韵味之上的浪漫主义风格，深受时人和后世的推崇，认为其草书造诣超过乃父。

南朝时期，江苏书坛更加活跃，研习、品评书法蔚为时尚，书法名家层出不穷。见诸史籍者有萧思华、范晔、王僧虔、张永、张融、陆杲、萧子云、陶弘景等。

萧思华，南兰陵人，是宋武帝刘裕的孝懿皇后的侄子，曾官至中书侍郎、右将军、雍州刺史、吏部尚书等职，爱才好士，颇有声望。他"好书史，善弹琴，能骑射。……涉猎书传，颇能隶书，解音律，便弓马"。② 可见其多才多艺，具有良好的艺术修养。他擅长隶书和行书，笔法秀丽俊逸，深受士人推崇，对推进南朝书法艺术发展有一定贡献。

范晔是刘宋年间著名的史学家和文学家，同时在书法和音乐方面也颇有造诣。他工于隶书和小篆，在书界有好评，认为"羊欣之真，孔琳之草，思华之行，范晔之篆，各妙绝一时"。

王僧虔，著名书法家王珣之孙，从小继承家学，苦练书法，善于隶书。宋文帝曾见他所书素扇，赞叹道："非惟迹逾子敬，方当器雅过之。"宋孝武帝擅长书法，王僧虔怕在书法名声上盖过皇帝，故意用拙笔写字以保持低调。宋明帝时，王僧虔出任吴兴太守，由于以前王献之也在这里做过太守，两人都是书法名家，所以当地人感到特别自豪，一时传为美谈。萧齐建立后，王僧虔仍以善书法受到重视。齐高帝萧

① 《晋书》卷八〇《王羲之传附王献之传》，中华书局 1974 年版，第 2104—2105 页。

② 《宋书》卷七八《萧思华传》，中华书局 1974 年版，第 2011 页。

道成爱好书法，曾与王僧虔一起品评书法，“示僧虔古迹十一袠，就求能书人名。僧虔得民间所有，袠中所无者，吴大皇帝、景帝、归命侯书，桓玄书，及王丞相导、领军洽、中书令珉、张芝、索靖、卫伯儒、张翼十二卷奏之。又上羊欣所撰《能书人名》一卷。”①这是对书法遗产的一次重要整理活动。王僧虔在书法理论方面也有贡献，曾著有《书赋》传于世。

张永，字景行，吴郡吴人。史载：“永涉猎书史，能为文章，善隶书，晓音律，骑射杂艺，触类兼善，又有巧思，益为太祖所知。纸及墨皆自营造，上每得永表启，辄执玩咨嗟，自叹供御者了不及也。”②反映张永多才多艺，书法尤佳。

张融，字思光，吴郡吴人，宋会稽太守张畅之子，张永从侄。他精通书法诸体，尤其擅长草书，字体浑朴古雅，笔势放纵，是一个不拘泥于古法、主张创新求变的书法家。《南史》卷三二《张邵传附张融传》载有其一段故事：融善草书，常自美其能。帝曰：“卿书殊有骨力，但恨无二王法。”答曰：“非恨臣无二王法，也恨二王无臣法。”可见张融并不迷信权威，敢于超越前人。

陆杲，字明霞，吴郡吴人，张融之甥。《梁书》本传称其“少好学，工书画”。窦臮《述书赋》评其书法“陆杲迅熟，骋捷遗能。纵任便，无风棱”。说明陆杲书法笔走龙蛇，潇洒自如，别具一格，在古代书法史上占有一席之地。

萧子云，字景乔，南兰陵人，齐高帝萧道成之孙，著名史学家萧子显之弟。他“善草隶书，为世楷法，自云善效钟元常（繇）、王逸少（羲之）而微变字体”。他曾向梁武帝汇报自己研习书法的心路历程：“臣昔不能拔赏，随世所贵，规摹子敬，多历年所。年二十六，著《晋史》，至《二王列传》，欲作论语草隶法，言不尽意，遂不能成，略指论飞白一势而已。十许年来，始见敕旨《论书》一卷，商略笔势，洞澈字体；又以逸少之不及元常，犹子敬之不及逸少。自此研思，方悟隶式，始变子敬，全范元常。逮尔以来，自觉功进。”③梁武帝非常欣赏萧子云的书法，说他的书法：“笔力劲骏，心手相应，巧逾杜度，美过崔寔，当与元常并驱争先。”萧子云的书法成就很高，其名声甚至远播海外，当时朝鲜半岛上的百济国使者曾慕名来建康向其求取书法真迹，他满足了使者的要求。萧子云的儿子萧特也善草隶，造诣非凡，得到梁武帝的称赞，认为其书法水平不亚于萧子云。

陶弘景，字通明，丹阳秣陵（今南京江宁）人，从小博览群书，擅长书法，行书、草书和隶书俱佳。其书法宗于钟繇、王羲之，但又有自己特色。作品多已散佚，唯《画版

---

① 《南齐书》卷三三《王僧虔传》，中华书局1972年版，第596页。

② 《宋书》卷五三《张茂度传》附传，中华书局1974年版，第1511页。

③ 《梁书》卷三五《萧子恪传》附传，中华书局1973年版，第515页。

帖》流传至今。

（二）碑刻墓志

魏晋南北朝时期的南方书法作品由于年代久远，绝大多数已经散佚失传，保存下来的多为考古发现的碑刻铭文和墓志，且主要分布在以南京为中心的周边地区，使得今人尚能一睹著名书家的真迹手法，了解当时各种书体发展、演变的基本轨迹。

由于当时南方政权经常颁布禁碑令，所以，江苏地区现存书法名碑较少，有名的主要有：三国吴碑《葛府君碑》、《禅国山碑》、《天发神谶碑》；南朝梁碑《萧憺墓碑》、《瘗鹤铭》等。

《葛府君碑》发现于镇江句容，很不完整，碑文漫灭，可辨认者仅为碑额上楷书3行12字"吴故衡阳郡太守葛府君之墓"，为现存楷书碑中之最早者。近人康有为对此碑字体评价很高，在《广艺舟双楫》一书中认为此碑"尤为正书鼻祖"，"高秀苍浑，殆中郎正脉，为真书第一古石"。

《禅国山碑》又称《封禅国山碑》、《国山碑》、《天纪碑》等。碑在今宜兴市善卷洞西南国山顶上，以篆体四周环刻碑文，形似囤，俗称囤碑。碑上原有碑文43行，每行25字，总计千余字，现因年久剥蚀仅存22行约600字。碑文为圆笔篆书，线条肥厚，肥而不臃，得古拙浑劲之美，对研究六朝书法有重要参考价值。

《天发神谶碑》又名《天玺纪功碑》，刻于孙吴天玺元年（276），与刻于同年的《禅国山碑》一样，均为吴国末帝孙皓假托天降祥瑞而刻，内容多荒诞无稽，但书艺颇佳，在中国书法史上占有重要地位。此碑原立于南京市南郊凤凰山上，至晋时已坏为三段，也称《三段碑》。后迁至城内江宁府学宫内，清嘉庆十年（1805）被大火焚毁。北宋拓本和明拓整纸本现藏故宫博物院。该碑传为三国吴书法家皇象所书。

《萧憺墓碑》是为梁代始兴忠武王萧憺死后所立的神道碑，坐落于南京东郊甘家巷。原有东西两碑，西碑已佚，东碑尚存，碑文多剥蚀。额与碑文均为楷书，为当时书法家贝义渊所书，共2800余字，为六朝陵墓碑刻中字数最多的一块。此碑虽为楷书，然颇富行书笔意，自然流畅，飞动灵活，雄健有力，历来受到书家尊崇，被誉为意象雄健的"南碑代表"，"上承钟王，下开欧薛"，对唐代前期楷书艺术的形成和发展产生过积极有益的影响。[①]

① 参见林树中编著《六朝艺术》，南京出版社2004年版，第156页。

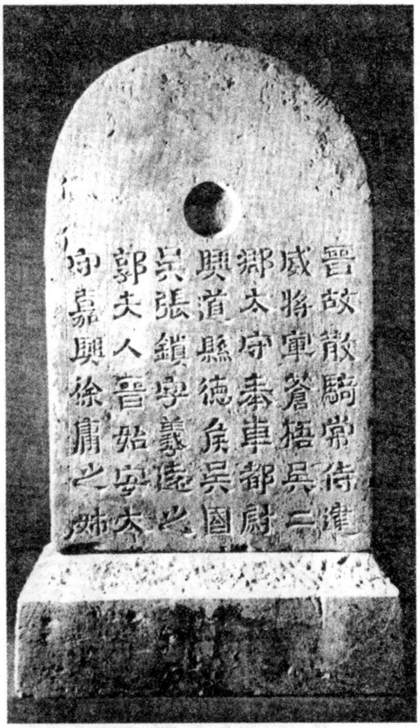

《瘗鹤铭》原刻于镇江焦山西南麓岩石上，是南朝最著名的摩崖石刻。后因山石崩塌坠入江中，清康熙年间从江中捞起，置于定慧寺大殿左侧壁间。现移至碑林保护，被列为国家重点文物保护单位。《瘗鹤铭》前序后铭，通篇是悼念仙鹤的内容，充满着浓厚的道教神秘色彩。全文原有 166 字，现存 95 字。字体楷书，略带隶、行意趣；字形大小不一，错落有致；线条深沉圆劲，雄健有力；笔势恢宏，充满大气；风格飘逸，清新自然。历来深受书法名家好评，有“大字之祖”及“南书无过《瘗鹤铭》”之誉，被公认为南朝石刻书艺中成就和影响最大的作品。

与书法名碑稀少情况不同，这一时期的墓志出土很多，主要分布在南京市城内外，周边的镇江、苏州、马鞍山等地也有发现。根据考古学者近年来的研究和考证，到 2004 年为止，江苏地区出土的魏晋南北朝墓志主要有：东晋时期的《谢鲲墓志》、《温峤墓志》、《高崧墓志》、《王兴之墓志》、《张镇墓志》等 30 件；刘宋时期的《谢琉墓志》、《晋恭帝玄宫石志》等 6 件；萧齐时期的《刘岱墓志》等 3 件；萧梁时期的《萧融墓志》、《王慕韶墓志》等 6 件；陈朝时期的《黄法氍墓志》等 2 件，共计 47 件。[①] 三国孙吴、西晋墓尚未发现随葬墓志的例证。

---

① 参见罗宗真、王志高著《六朝文物》中“出土墓志一览表”，南京出版社 2004 年版，第 217 页。

这一时期墓志的书体多种多样，既有继承秦汉遗风的篆体隶书，又有法度完备的楷书行书。即使是同一种书体，书写风格也是千姿百态、各有特色，绝无书迹完全相同者。从墓志镌刻情况看，一类做工考究，刻写工整，具有高超的书艺水平，似为熟练专业刻工制作，所见有王兴之、王建之、谢鲲、张镇、温峤、高崧等墓志，墓主均为当时门第显赫的世家大族成员。一类做工粗糙，刻写随意，缺乏谋划布局，应为普通匠人之作，估计墓主的社会地位也不高。

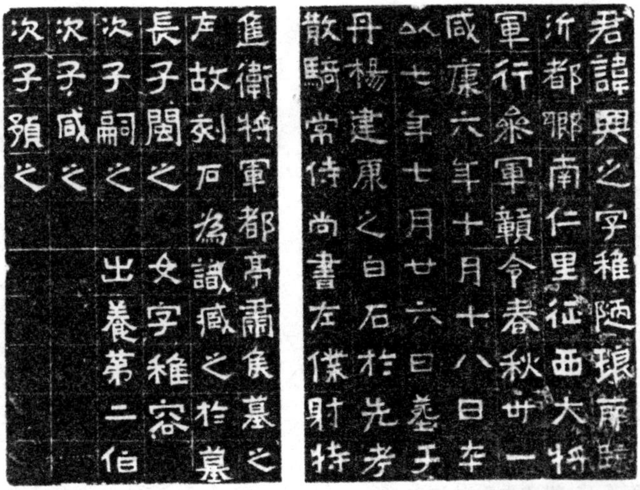

从总体上看，魏晋南北朝时期的南方墓志虽多种书体共存发展，但大致沿着一定轨迹发展演进："东晋早期主要流行隶书墓志，东晋中期至南朝刘宋早期主要流行隶楷兼具的墓志，而刘宋中晚期至南朝晚期则主要流行比较成熟的楷书墓志。"[①]其中，早期代表有谢鲲、张镇、温峤等人的墓志，均为隶书，笔画匀整，结体严密，骨力雄强，质朴厚重。谢鲲墓志是最早的六朝墓志，时间为东晋太宁元年(323)，出土于南京戚家山，为长条形石质墓志，尚存可识字数 67 字。张镇墓志刻于东晋太宁三年(325)，出土于苏州附近张陵山，石质碑形，两面刻文，包括志铭和底座两部分，尚存可识字数 98 字。温峤墓志刻于东晋咸和四年(329)，出土于南京郭家山，砖质，存有 104 字。中期代表有王兴之、王建之、谢球等人的墓志，亦隶亦楷，别具风貌。王兴之墓志刻于东晋咸康七年(341)，1965 年南京燕子矶象山王氏家族墓地出土，南京市博物馆藏。墓志为长条形薄石板，两面刻有文字，计 203 字。笔道方劲沉着，字形方正严整，已具楷书规模，但在笔势上仍带有隶书意味，厚重古拙，显示出由隶向楷转变时的特殊风格。王建之墓志刻于东晋咸安二年(372)，出土地点、墓志风格与王兴之墓志基本一致。谢球墓志刻于东晋末义熙三年(407)，出土于南京司家山，砖刻 218 字，隶楷合一。后期代表有南齐时刘岱、萧梁时萧融、王慕韶、辅国将军等人的墓志，均为相当成熟的楷书体。刘岱墓志刻于南齐永明五年(487)，出土于镇江句容市袁巷，镇江博物馆藏。志文 23 行，计 361 字。字体秀丽工整，厚重宽博；章法疏密得当，雍容大度，已是成熟的楷书体，完全摆脱了隶书的影响。萧融墓志刻于梁天监元年(502)，出土于南京甘家巷，石刻志文 528 字，楷书。王慕韶墓志刻于梁天监十三年(514)，出土于南京甘家

---

① 罗宗真、王志高著《六朝文物》，南京出版社 2004 年版，第 266—267 页。

卷，石刻志文696字，楷书。出土于南京燕子矶的辅国将军墓志刻于梁普通二年(521)，石刻志文居然长达3705字，是关于墓主家世事迹的一篇翔实传记。

东晋王兴之、宋和之夫妇墓志背面

东晋王兴之、宋和之夫妇墓志正面

刘岱墓志

总之，在以南京为中心的江苏地区所出土的大量魏晋南北朝墓志，内容丰富，书体多样，为今人研究探讨那个时代的书法艺术提供了真实可信的实物依据。

(三) 书法理论

三国魏吴以前，南方书法理论著述很少。东晋南朝时，随着书法实践的不断深入，书家队伍的日益壮大，南方地区有关回顾书法历史，总结书法技艺，品评书法作品的书论著作开始增多，并初步形成理论体系，涉及书法技艺、书法史传、书法品评等方面，对后世书法艺术的发展产生了深远影响。

1. 书法技艺

书法技艺是指关于书写的基本方法、基本技能和技巧。魏晋南北朝时有关这方面的理论著述主要有女书法家卫夫人（卫铄）的《笔阵图》，传为王羲之的《题卫夫人〈笔阵图〉后》、《笔势论十二章》等。

卫夫人的《笔阵图》主要阐述了执笔、用笔的方法，认为凡学书法者，必先练习执笔。“执笔有七种，有心急而执笔缓者，有心缓而执笔急者。若执笔近而不能紧者，心手不齐、意后笔前者败。若执笔远而急，意前笔后者胜。又有六种用笔，结构圆备如篆法，飘扬洒落如章草，凶险可畏如八分，窈窕出入如飞白，耿介特立如鹤头，郁拔纵横如古隶。”并列举了点、横、竖、撇、捺等七种基本笔画的写法。

传为王羲之的《题卫夫人〈笔阵图〉后》在继承卫夫人书法技艺的基础上，进一步总结出真、行、草、章草、八分等书体的写法。而《笔势论十二章》则对笔画、结体、字形等书法技艺进行了系统阐述。王羲之的这些文章虽然篇幅较短，但对笔法、章法、风格等均作了精辟总结，言简意赅，举例说明，颇有指导意义。

2. 书法史传

书法史传是指对书法发展演变的基本脉络进行梳理，对书法名家的生平事迹进行回顾与评价，以对现实中的书法实践活动提供历史经验和思想启迪。魏晋南北朝时这方面的代表作是刘宋书法家羊欣的《采古来能书人名》和虞龢的《论书表》。

羊欣，字敬元，泰山南城（今山东费县西南）人，出身名门，是王献之的外甥，官至新安太守、义兴太守和中散大夫。他从小博览群书，练习书法，深得舅舅王献之点拨指导，书艺大进，善隶、行、草书，名重一时，时称“买王（羲之）得羊（欣），不失所望”。曾写《续笔阵图》，总结学习书法的经验。又写《采古来能书人名》，传诸后世。该书主要介绍了自秦代至东晋能书者69人的书艺成就和各自风格。其中介绍秦代李斯、赵高、程邈3人，汉代蔡邕等5人，其余均为魏晋时书法名家。该书论述全面，文字精炼，反映了中国古代书法发展、衍化的轨迹，是一篇不可多得的书法史传著作，为后人研究早期书法史提供了非常宝贵的参考资料。

虞龢的《论书表》是他上宋明帝之表，洋洋洒洒几千字，内容丰富，首先论及汉、魏、晋书法家作品的特点，着重介绍王羲之、王献之父子俩的书法成就；其次叙述了上述书法家作品的流传、搜求之经过，书卷的装帧细节以及纸墨笔砚的功能作用；最后记述了“二王”书艺方面的一些趣闻轶事。该书也是中国早期的书法史传类著作，具有较高的史料价值。

3. 书法品评

这一时期，品评书艺的著作很多，主要有南齐王僧虔的《论书》、梁代袁昂的《古今书评》、庾肩吾的《书品》等。

王僧虔既是书法名家，又是书法理论家，撰有《论书》、《笔意赞》、《书赋》等书论著作。他在《论书》中对历代书法家尤其是魏晋以来的书家及作品进行了评论，以“二王”为参照标准，将其他书家与之比较优劣，强调“天然”与“功夫”的关系问题。他说：“宋文帝书，自谓不减王子敬。时议者云：‘天然胜羊欣，功夫不及欣。’”这里“天然”是指字体形态，给人的第一印象，“功夫”则指书法家的创作实践经验所积累的程度或达到的艺术境界。王僧虔以此来评价书家，认为萧思话“全法羊欣，风流趣好，殆当不减，而笔力恨弱”；而谢综“书法有力，恨少媚好”；“郗愔章草，亚于右军”；“郗超草书亚于二王，紧媚过其父，骨力不及也。”王僧虔的这两种品评法对后来者有重大影响，其后的梁武帝、陶弘景、袁昂等人均以此法来品评书艺。

王僧虔的《笔意赞》主要探讨书法技巧，提出“书之妙道，神采为上，形质次之，兼之者方可绍之古人”的思想，认为书法艺术的魅力首先在于其内在的神韵，其次才是外在的字体，若能将这两方面有机结合起来，则可成为垂范之作。他还在《书赋》中提出：“情凭虚而测有，思沿想而图空。心经于则，目像其容，手以心麾，豪以手从，风摇挺气，妍孊深功。”进一步阐述了书法艺术创作过程中“形”与“神”的关系，在南朝书法理论中具有开创性的指导意义。

袁昂，字千里，原籍陈郡阳夏（今河南项城），生活于齐梁年间，先后官至吴兴太守、吏部尚书和司空，能书善画，深得梁武帝宠遇。普通四年(523)，袁昂奉梁武帝之命撰写了评论古今书法家的《古今书评》。全书共收入历代书家 25 人，上起秦朝李斯，下到梁代的庾肩吾，采用自然界物象来比喻描述每位书家的特点，颇有新意。书中特别推崇汉张芝、魏钟繇、晋王羲之、王献之四人，许多评语成了后代评论书法的根据。

庾肩吾，字叔慎，原籍新野（今属河南），著名文学家庾信之父。他一生与梁简文帝萧纲关系密切，先后担任东宫通事舍人、度支尚书等职，是“宫体诗”的代表人物之一。他精通书法，所著《书品》也是我国早期的书评之作，共列自汉代至梁朝的书法名家 123 人，按水平高低分为三等，每等内又分上中下三级，共九个等级。前有总序，每个等级各有论。总论叙述文字的起源与造字规律，各种书体的特点和使用。每个等级之后，再对所列各家的作品进行综合品评，说明师承关系，分出优劣，做出品题。这种形式比较新颖，具有开创意义，对当时的书法界以及后世的书法理论都有重要影响。

另外，梁武帝和陶弘景对书法理论也有深入探讨和独到见解。梁武帝著有《观钟繇书法十二章》、《草书状》和《答陶隐居论书》等理论著作，观点独特，持论精当。陶弘景写的《与梁武帝论书启》对钟繇、王羲之等人的书法成就进行了评价，言简意赅，论述允当，对后世书评也有较大影响。

总之，魏晋南北朝时期的南方书法，无论传统的篆体、隶书，还是新兴的楷、行、草书，都有了长足的进步，取得了显著成就，对后世书法艺术的发展和衍化产生了深远影响，在书法史上占有极重要的地位。

第十四章　以建康为中心的南方科学成就

魏晋南北朝时期，由于江南地区持续开发，经济发展迅速，社会相对稳定，学术环境宽松，思想比较活跃，所以以建康为中心的南方科学相应地发达起来，在天文历法、数学、医药学、化学、机械制造与发明等方面均取得了卓越成就，涌现出诸如陈卓、何承天、赵爽、祖冲之、祖暅、葛洪、陶弘景等一批杰出的科学家，在中国古代科技发展史上书写了辉煌的篇章。

这一时期的南方科学成就主要体现在天文历法方面的陈卓制作星官体系表与全天星图，虞喜发现“岁差”，何承天和祖冲之分别编制《元嘉历》和《大明历》；数学方面赵爽的勾股定理证明，祖冲之的圆周率计算，祖暅的球体积公理和公式；化学和医药学方面葛洪的炼丹术和《肘后备急方》，陶弘景的炼丹术、养生学和《神农本草集注》等。

第一节　天文历法

一　陈卓制作星官体系与全天星图

陈卓，三国两晋时期人，年轻时在都城建业担任孙吴的太史令，曾作《浑天论》。晋灭吴后，他赴洛阳出任西晋太史令。东晋建立后，他又重返建康，继续从事太史令工作，可谓是历仕三朝、矢志不移，专心于科学研究的杰出人才。据《晋书·天文志》载，晋武帝时，“太史令陈卓总甘、石、巫咸三家所著星图，大凡二百八十三官，一千四百六十四星，以为定纪”。陈卓根据战国时期甘德、石申、巫咸三家星经的记载，汇集整理，并同存异，编制出包含 283 官、1464 颗恒星的星官体系表和全天星图。

星图是古代天文学家观测和查找恒星的重要工具。陈卓之前，人们对恒星的观测和认识已有了相当的成就，并形成了甘德、石申、巫咸等主要学派。他们各自选择天上某一区域的恒星作为观测研究的重点，命名了许多恒星，并绘制了早期的星图，但由于观测的角度不同，研究方法不一，故对“星官”（即星座）的认识不完整。而陈卓综合三家学说，吸收各自优点，体现完整观念，编制了新的更加全面的星官体系表和全天星图，取得了引人瞩目的成果。陈卓的这一成果对后世产生了深远影响，他所总结的全天星官名数一直是后世制作星图、浑象的标准，在我国历史上沿用了一千多年。流传至今的一些星图和星表，如苏州石刻天文图、常熟石刻天文图等，其所收星官数都未超过陈卓星图。又如刘宋元嘉年间太史令钱乐之两次铸造浑象，均将陈卓所定的283官1464星这一全天恒星体系标在浑象上，并相应地用朱、白、黑和黄、白、黑三种不同的颜色来区分甘、石、巫三家星。隋代庾季才等还以这种浑象为基础，参照各家星图，绘为盖图。唐代王希明《丹元子步天歌》也介绍了陈卓所总结的星官体系，并创造性地把星空分作31个大区，即后世流传的三垣二十八宿分区法。这一分区法一直到近代西方天文学传入之前都是我国天文学家观测星象的基础。因此，陈卓制作的星官体系表与全天星图在我国古代天文学发展史上具有相当重要的地位和作用。

二　虞喜发现“岁差”

虞喜，字仲宁，会稽余姚（今浙江余姚）人。出身于望族世家，祖上曾出过虞翻、虞耸、虞潭等名家。父虞察为孙吴征虏将军。虞喜一生操行高洁，博学好古，不营世务，潜心学术，多次谢绝朝廷征召，不愿做官，被誉为“志操足以励俗，博学足以明道”的贤良方正之士。他知识渊博，成就非凡，既是儒林学士，撰有《毛诗略》注释、《孝经注》、《志林》等著作，又是著名天文学家，著有《安天论》，提出“天高穷于无穷，地深测于不测”这一新的宇宙无限理论，来反对传统的浑天说与盖天说。不过，虞喜在中国古代天文学上最大的贡献是发现了“岁差”这一天文现象。

所谓“岁差”，是指地球绕太阳一周的实际时间（古人认为是太阳绕地一周）与地球上人们测到的一年长度（古人大多以冬至点为测定基准点）之间的差距。天文学家把前者称为恒星年（天周），将后者称为回归年（岁周），回归年的长度微小于恒星年的长度（约小20分23秒），这就是岁差。岁差现象产生的原因，是由于地球本身并不是正圆球体，而是椭圆球体，地球的自转轴与公转轴并不重合，因而有一个夹角。虞喜在从事天文观测和研究的过程中，发现自己实测到的冬至点数值与古代记录的冬至点数值不一样，经过长期思考和分析，终于领悟到太阳在天上走一周天后并没有回归原点，而是“每岁渐差”，有一定的偏移。于是，他提出了“天自为天，岁自为岁”的新观点，从而将恒星年与回归年区分开来。他还通过计算算出了岁差值为50年差一度，虽然与现代测量出的约71年8个月差一度有差距，但在当时的历史条件下仍不失为一项重要的天文发现，处于世界领先水平。岁差的发现还为恒星观测和历法制订提供了更科学的依据，后来，南朝祖冲之在编制《大明历》时就利用“岁差”来改进历法，明显提高了历法的精密度。

三 何承天编制《元嘉历》

何承天是刘宋时期著名的学者，先后担任尚书左丞、著作佐郎、太子率更令、国子博士等职，曾受宋文帝之命主持史学馆，负责编撰国史。但他在历史上的贡献主要在天文历法方面。

何承天早年深受舅父徐广的影响，爱好天文历法。徐广是晋、宋之际的名儒，精通天文学，曾在东晋朝廷担任秘书监，观测天文长达40年，撰有《七曜历》。何承天继承徐广的事业，同样坚持长期观测天象，潜心天文学研究40多年。他继虞喜之后进一步研究岁差现象，通过分析对比大量的天文观测资料，他得出了岁差为100年差一度的结论，与虞喜有异曲同工之妙。何承天利用自己丰富的实践经验，对旧历法进行了革新，最终编制出一部很有建树的《元嘉历》，被宋文帝采纳，从元嘉二十二年(445)春正月初一起使用，一直到萧梁天监八年(509)止，共使用了65年。

《元嘉历》在许多方面有所创新和突破。如一改旧历以十一月朔旦夜半冬至为历元之做法，首创以正月中气雨水为历元；根据实测数值判定曹魏时杨伟作《景初历》所记载的冬至日比实际冬至日要晚三日，故将在斗21度的冬至点改为在斗17度；通过修改漏刻法纠正了旧历春分、秋分日中时刻相差半刻的错误，使春、秋分一样长；根据月亮运动不均匀性而提出以定朔算法取代平朔算法的主张，使朔望与月亮实际位置相符；创立“调日法”，用强率与弱率调正整数后面余数的方法来计算朔望月的真值，等等。这些创新和成就在当时的历史条件下是难能可贵的，对日后中国历法的进一步完善和发展具有重要的启示意义。

四 祖冲之编制《大明历》

祖冲之(429—500)，字文远，祖籍范阳遒县(今河北涞水县)，出身于建康城内一个士族家庭，从小受到良好的儒学教育，学识广博，多才多艺，在数学、天文学、机械制造等方面都有卓越成就。他生活在南朝宋、齐时期，曾先后担任过南徐州(今江苏镇江)从事史、司徒府公府参军、娄县(今江苏昆山)县令、谒者仆射、长水校尉等职。

祖冲之在天文学上的贡献，集中体现在他的《大明历》中。《大明历》是在吸收《元嘉历》合理成分的基础上发展而来的又一部优秀历法。因编成于宋孝武帝大明六年(462)，故名。与旧历相比，《大明历》的创新成就主要是：第一，首次引进岁差概念，提高了历法推算的精度，为后世历法家所遵循。第二，通过采用新闰周，首次给出交点月值。祖冲之认为过去历法中采用的19年7闰法不够精确，应改为391年144闰的方法。根据这一新闰周推算出的交点月[①]长度为27.21223日，与现代精确值27.21222日仅差十万分之一日，几乎可以忽略不计。这是中国历法史上的重大进步，具有深远的历史意义。第三，首次将回归年的时间长度精确到小数点后第三位，定为365.2428日，与现代精确值365.2422日非常接近，仅差万分之六日。第四，精确计算出水、木、金、火、土五大行星会合周期的数值，与现代精确值相差无几，表现出祖冲之敏锐的观察力和高超的计算能力，令人叹服。

祖冲之编制的《大明历》是一部高质量的历法，在当时世界上处于领先水平，他希望刘宋朝廷能够采纳使用，但因遭到皇帝宠臣戴法兴等人的反对而作罢。直到梁武帝天监九年(510)，在祖冲之儿子祖暅的一再努力下，这部历法才正式颁布实行，并一直使用到陈朝灭亡(589)，可见其影响深远。

第二节 数学

一 赵爽对勾股定理和重差术的证明

赵爽，字君卿，三国孙吴时代人，正史未载，生平不详，仅从其流传下来的《周髀算经注》中得知他是吴国的一介平民，劳作之余喜欢钻研《周髀算经》，并为该书撰有注文。其中有一篇著名的《勾股圆方图注》，全文500余字并附有6幅插图(原图已失传，现传本《周髀》中的插图为后人所补)，不仅完整地证明了勾股定理，而且对围绕该定理的勾股理论进行了系统的研究和总结，给出并证明了有关勾股弦三边及其和、差关系的二十多个命题。这是一项重要的数学成就，为后世"勾股算术"的丰富和发展奠定了基础，其影响一直延续到今天，2002年在北京召开的第24届国际数学家大会上，作为中国古代数学成就之一的赵爽弦图就被设计成这次大会的会徽。赵爽的另一篇《日高图注》则利用几何图形面积的关系，证明了东汉数学家提出的"重差术"，对测量数学的发展具有重要意义。

二 祖冲之与圆周率

祖冲之是我国古代最杰出的数学家，撰有《缀术》、《九章算术注》等数学专著。唐代时曾将《缀术》收入《十部算经》，立于学官，规定要学习四年，为十部算经中学习年

① 交点月，又称交终月，是指月亮从黄道(即太阳运行的轨道)与白道(即月亮运行的轨道)的一个交点出发，绕行一周，再回到这个交点所用的时间。

限最长的一部，后来传入朝鲜、日本，惜已失传。

祖冲之在数学上最大的贡献是关于圆周率的研究。圆周率是人们在生产实践和社会生活中经常遇到的一个重要数学问题，自古以来就受到重视和研究。据《隋书·律历志上》记载："古之九数，圆周率三，圆径率一，其术疏舛。自刘歆、张衡、刘徽、王蕃、皮延宗之徒，各设新律，未臻折衷。宋末，南徐州从事史祖冲之，更开密法，以圆径一亿为一丈，圆周盈数三丈一尺四寸一分五厘九毫二秒七忽，朒数三丈一尺四寸一分五厘九毫二秒六忽，正数在盈朒二数之间。密率，圆径一百一十三，圆周三百五十五。约率，圆径七，周二十二。又设开差幂、开差立，兼以正圆参之。指要精密，算氏之最者也。"[①]从这段史料中可以看出，我国古代对圆周率的认识是经过了一个漫长过程的。起初的数学著作《九章算术》和《周髀算经》都取3作为圆周率的近似值，即所谓"周三径一"。后来西汉末年的刘歆进了一步，得出的圆周率是约3.15466。东汉著名科学家张衡也得出了类似的结果。魏晋之际的刘徽则是中国数学史上第一个采用科学的方法即割圆术计算圆周率的数学家，他根据勾股定理，采用圆内接正多边形的周长和面积逼近圆周长和圆面积的方法，计算出圆周率为3.1416。这个结果在当时世界上是很先进的，至今人们还在经常使用。刘徽的割圆术在数学史上占有重要地位，它比古希腊数学家阿基米德的计算方法要简便得多，对后人精确计算圆周率也有很大的启发意义。祖冲之正是在吸取前人成果的基础上，进一步完善计算方法，将圆周率推算到更加精确的程度，取得了极其光辉的成就，成为当时世界上最先进的数学成果。

归纳起来，祖冲之在圆周率研究上有三大贡献：一是他在世界上第一次将圆周率推算到小数点后七位数字；二是他用两个高精度的数值确定了圆周率的上限和下限，指明了圆周率的范围是介于3.1415926和3.1415927之间；三是为了便于应用，给出了圆周率的两个分数值355/113和22/7，分别称之为"密率"和"约率"。约率此前已为何承天得出，密率则是祖冲之的首创，它是分子、分母在一千以内表示圆周率的最佳渐近分数。

祖冲之关于圆周率的研究成果在世界上保持领先地位一千多年，直到15、16世纪之后才为外国数学家所突破。为了纪念祖冲之在数学上的杰出贡献，人们建议把密率355/113称为"祖率"；南京紫金山天文台已把该台发现的一颗小行星命名为"祖冲之星"；在月球背面也有了以祖冲之名字来命名的环形山。

---

① 《隋书》卷一六《律历志上》，中华书局1973年版，第387—388页。

三　祖暅与球体积公式

祖暅，字景烁，是祖冲之的儿子，从小机敏过人，兴趣广泛，与父亲一样，爱好钻研科学问题。长大后继承父业，锻炼成长为南朝齐、梁时期的著名数学家和天文学家。他撰有《天文录》三十卷、《漏刻经》一卷，又编过《术数书目录》一部。祖暅在数学上的最大贡献是提出了球体积公式及其原理，彻底解决了球体积的计算问题。

球体积计算问题是古代几何学中的重要内容。早在秦汉时期的数学专著《九章算术》中就提出了球的体积公式，相当于 $V=9/16d^3$（d 为球的直径）。这是一个近似公式，误差很大。东汉科学家张衡曾经研究过这个问题，但没有得到正确的结果。此后，魏晋时的刘徽也试图运用截面原理来找出计算球体积的公式，虽没有成功，但已推进了一大步。祖暅在刘徽研究的基础上，进一步深入思考，反复运算，最后终于得出了正确的球体积公式 $V=11/21d^3$，彻底解决了球体积的计算问题。在推导球体积公式过程中，祖暅还明确地提出了一个重要的原理："幂势既同，则积不容异"（"幂"指截面面积，"势"指高），即两个立体如果在等高处截面的面积相等，则它们的体积也必定相等。这个原理被称为"祖暅公理"。它比西方要早一千多年，西方直至 17 世纪才由意大利数学家卡瓦列里发现同一原理。这个原理在数学史上很重要，它是后来创立微积分学不可缺少的一步。因此，祖暅的这一成果也是了不起的数学成就，在我国数学发展史上具有重要的地位和作用。

第三节　医药学

一　葛洪的《肘后备急方》及其医学成就

葛洪不仅是东晋时期重要的道教思想家，而且还是著名的医学家，撰有医学著作《玉函方》（也叫《金匮药方》）一百卷和《肘后备急方》三卷（后世整理成八卷）等，对我国古代医学发展做出了重大贡献。

《玉函方》是一部集医疗经验之大成的医学巨著，惜已失传，内容不详。唯一保存下来，能集中反映葛洪医学成就的书是《肘后备急方》。该书原名《肘后救卒方》，意思是随身携带在衣袖中以备救急之用的药方，有点类似于现在的"医疗急救手册"，具有药方精良、药材实惠、操作简单、方便实用等特点。

《肘后备急方》记载了涉及内科、外科、儿科、眼科、急性传染病以及各脏腑慢性病的治疗方法，同时对各种疾病的病因、症状也都有所叙述，特别是对肺结核、黄疸性肝炎、出血热、天花等一些传染病以及恙虫病、血吸虫病等寄生虫病的症状与防治对策进行了科学论述,具有相当高的水平。例如关于天花这种烈性传染病,书中记载道:“比岁又病时行,仍发疮头面及身,须臾周匝,状如火疮,皆载白浆,随决随生;不即治,剧者多死。治得差后,疮瘢紫黑,弥岁方灭。”这与现代医学对天花的描述已很接近,比阿拉伯人雷撒斯的记载早了五百多年。又如对结核病,葛洪称之为“尸注”或“鬼注”(“注”即传染之意),指出得此病后,“大略使人寒热、淋沥,恍恍默默,不得知其所苦,而无处不恶。累年积月,渐就顿滞,以至于死。死后复传至旁人,乃至灭门。觉此候者,便宜急治之。”对于影响人类健康的疟疾,书中也对其病因、症状、种类进行了分析,认为疟疾有老疟、温疟、瘴疟、劳疟、疟兼痢等多种类型,治疗时应对症下药,为此开列了30多种治疗方剂。其中提到的常山、青蒿等药剂,已被现代医学证明确实是抗疟特效药,具有相当的实用价值。

葛洪通过长期观察研究,找到了马鼻疽和沙虱病的病因。他在《肘后方》中说:“人体上先有疮而乘马,马汗或马毛入疮中,或但为马气所蒸,皆致肿痛烦热,入腹则杀人。”他第一次认识到此病由马传染给人,这与现代医学的结论是一致的。沙虱病是由沙虱侵入人体而引起的一种疾病,后世称之为恙虫病。葛洪在《肘后方》中首次描述了沙虱的形态和生活习性:“山水间多有沙虱,甚细略不可见,人入水浴,及以水澡浴,此虫在水中,著人身。及阴天雨行草中,亦著人,便钻入皮里。”人一旦得了此病,起初皮肤上出现赤红色皮疹,大小如豆黍米粟粒,用手摸之,其痛如刺。三天后,全身关节剧痛,伴有发烧。接着皮肤溃烂、结痂,形成疤痕,严重时可致人死命。这一记载很详细,其症状与1810年日本人桥本伯寿报道的恙虫病相同,这说明是葛洪在世界上最早发现了该疾病,比外国早了一千多年。难能可贵的是,葛洪不但发现了沙虱病的病因,而且还提出了用沙虱幼虫虫屑内服或外敷的防治措施,为后人提供了治疗良方。

在关于血吸虫病的记述方面,葛洪也是最早的。他在书中说到人得了此病后,初起时恶寒,接着头痛发烧,四肢乏力,身上出现赤疮或疮痢等,并认为此病与水中“溪毒”有关,多发生于“东间”水乡(即江东地区)。

此外,《肘后备急方》还提出了防治狂犬病的方法,“仍杀所咬犬,取脑敷之,后不复发”,即人在被疯狗咬伤后,应立即杀死该狗,用狂犬脑髓外敷被咬伤口,以预防狂犬病的发作。这种方法是基于古代“以毒攻毒”的思想提出来的,虽疗效如何尚未证实,但其中所包含的免疫思想却为后世提供了宝贵的启迪。至于书中所载录的针灸法、温敷法、捏脊疗法、食道异物疗法、食物和药物中毒疗法,等等,都是简便有效的方法,至今仍在医院特别是在民间常用的独特疗法和急救方法。

总之，葛洪的《肘后备急方》总结了东晋以前我国古代的医学成就，保存了许多前人的医药文献资料，提出了一些新的医学思想和医疗方法，是一本临床实用性很强的医学名著，在我国医学发展史上占有十分重要的位置。

二　陶弘景《神农本草经集注》对药物学的贡献

陶弘景是一位学识渊博，在儒学、道教、炼丹术、天文学、医药学等诸多领域均有建树的古代著名学者。他在医药学方面撰写或整理了一系列著作，其中的代表作是《神农本草经集注》，对药物学的贡献最大。

《神农本草经》原是形成于东汉时期的一部药物学经典著作，为历代医药学家所重视，但在流传过程中出现了许多遗漏舛误。对此，陶弘景根据自己的实践经验和拥有的专业知识，对《神农本草经》进行了仔细的整理和校订，编撰完成了《神农本草经集注》七卷。其突出成就主要有：

一是在整理和校订《神农本草经》原有 365 味药的基础上，又根据名医所录选增了 365 味药，使药物数量增加了一倍，达到 730 种，从而大大丰富了《神农本草经》的内涵。值得一提的是书中对原有药物和新增药物进行了区分，分别用朱笔和墨笔撰写，使人一目了然，既看到《神农本草经》的原貌，又了解新增药物的种类，有利于后人了解药物学的发展历史。这也体现了陶弘景治学的严谨和规范，值得后人学习。

二是针对《神农本草经》按上、中、下三品分类药物的方法，既不利于准确掌握药物性能，也不便于查找的弊病，独创了按药物的自然来源和属性分类的新方法，首次将 730 味药分成玉石、草木、虫鱼、禽兽、果菜、米食及“有名未用”等七大部。这种分类法有利于澄清人们在药性认识上的混乱，便于人们查找利用各类不同性质的药物，具有一定的科学合理性，是中药分类的一大进步，后世一直沿用了一千多年，对我国药物学的发展产生了深远影响。后来唐朝国家药典、苏敬等《新修本草》就是按此体系分类的，明代李时珍《本草纲目》的分类法也是在此基础上发展起来的。

三是又创“诸病通用药”的分类体例，以病症为纲，将具有相同药效或相近作用的药物归纳在一起，分别进行介绍，共分八十多类。如治疗水肿的通用药就有大戟、甘遂、泽泻、巴豆等。这种分类法对医生的临床诊断和快速治疗大有帮助，具有很强的实用价值，开创了后世按药物功效分类的先河。

四是在药物产地、采集时间、形态鉴别、炮制加工、储存方法以及临床应用经验等方面有新的见解，补充了许多新的内容，保存了大量有用的药物学资料。陶弘景强调要重视药性而不能偏重药味。他在《本草经集注》的序言中说“其甘苦之味可略，有毒无毒易知，唯冷热须明”，并把药物的药性分为寒、微寒、大寒、平、温、微温、大温、大热等八种。在每味药下，以朱点表示性热，以墨点为寒，以无点为平，使人一目了然。

五是考订统一了药用度量衡制，对汤剂、酒剂、丸散及膏药的制作要求进行了明确规范，这在药剂学上具有重要意义。陶弘景鉴于以往药物衡量方法不统一的状况，明确提出"古秤惟有铢两，而无分名，今则以十黍为一铢，六铢为一分，四分成一两，十六两为一斤"，从而定出了统一标准。这对避免用药剂量差错有明显帮助。

总之，《神农本草经集注》是继《神农本草经》之后的又一部杰作，是对我国古代药物学的一次全面、系统的总结和提高，为推动医药学的发展做出了重要贡献。

陶弘景除编撰《本草经集注》外，还对葛洪的《肘后备急方》加以修订和补充，指出："抱朴此制，贵为深益，然尚阙漏未尽，辄更采集补阙，凡一百一首，以朱书甄别，为《肘后百一百》。"他将葛洪原有的 86 方并为 79 方，然后再加入自己收集的 22 方，计 101 方，取佛教四大各一百一病之说而命名，遂使葛洪此书更加完备，更富盛名。此外，陶弘景还有《效验方》、《集药诀》、《养性延命录》等医药、养生类著作，虽多已亡佚，内容不完整，但也对后世医药学发展产生了一定影响。

三　其它医药学成就

魏晋南北朝时期，名医辈出，医著众多，除了上述葛洪、陶弘景两位极具代表性的名家外，还有其他一些有影响的医药学家。如刘宋时的雷敩对药物加工的炮制技术作了总结和提炼，编著成我国最早的药物炮制技术专著《炮炙论》一书，初步奠定了中药炮制学基础，成为后世中医药人员必备的药学文献；陈延之撰有《小品方》12 卷，汇集记录了当时医学各科常见病的诊疗方法，成为向普通民众普及医药知识、掌握常用医疗方法的入门读物；宋武帝刘裕的从父刘涓子撰有《刘涓子鬼遗方》(由南齐时人龚庆宣整理)10 卷，记录了对弓弩刀伤、筋骨折断、肿胀淤血、痈疽发炎等创伤外科的治疗方法，是我国现存最早的外科学专著，对隋唐时期的外科医学有积极影响。

此外，还有一些当政者也精通医术，撰有医书，如宋武帝刘裕著有《杂戎狄方》，梁武帝萧衍著有《所服杂药方》。根据《隋书·经籍志》所载，范汪撰《范东阳方》176 卷，姚僧垣撰《集验方》10 卷、徐叔响撰《杂疗方》22 卷，等等，都是当时有名的医学著作，水平较高，虽原作早已散佚，但在其它一些古典文献中尚有部分保留，可窥其梗概。

这一时期，还出现了我国古代医学史上著名的医学世家，如东莞徐氏家族、高阳许氏家族、吴兴姚氏家族等。其中，东莞徐氏自徐熙起六代行医，中经徐謇、徐文伯、徐雄，直至徐之才，均以精湛医术著称于世，尤以徐之才影响最大。徐之才(505—572)，字士茂，祖籍东莞(今山东莒县)，迁居丹阳(今江苏镇江)。他博学多才，医术高明，在药物炮制加工、方剂学、妇产科等中医学理论上均有建树，曾总结出中医学"七方十剂”的理论，对后世影响较大。他还撰有《家传秘方》、《徐王八世家传效验方》、《小儿方》等，对中医发展多有贡献。

第四节　炼丹术与化学

所谓炼丹术是指我国古代一些道士方家为了迎合统治者长生不老欲成神仙的需要，以汞、铅、铝、金、硫磺、硝石、朱砂、云母等金石炼出丹药的专门技术和方法。炼丹术源于战国，始于秦汉，定型于魏晋南北朝时期。东晋时的葛洪和南朝梁代的陶弘景就是这一时期最著名、最有成就的炼丹家。他们继承前代炼丹家的已有成果，总结自己的炼丹实践经验，撰写了许多关于炼丹方面的著作并流传于世。在他们的影响和带动下，炼丹术有了较快发展，逐渐形成一整套的炼丹程式、方法和理论体系，为唐朝炼丹术的兴盛打下了坚实基础。

一　葛洪和炼丹术

葛洪关于炼丹术的思想内容集中体现在《抱朴子内篇》中的《金丹》、《仙药》和《黄白》三篇文章里。《金丹篇》主要论述各种金丹的炼制和服食方法；《仙药篇》主要论述五芝、云母、雄黄等所谓仙药的特征、性质、产地、采集、加工及服食方法；《黄白篇》主要论述伪金和伪银的炼制方法。这些内容虽有不少荒诞不经之处，但也包含着许多有价值的化学知识和科学成分。归纳起来，大致有下述几方面：

一是关于丹砂与水银的化学变化。葛洪在《金丹篇》中说：“丹砂烧之成水银，积变又成丹砂。”这说明葛洪通过炼丹实践，已经掌握丹砂与水银的化学变化。将丹砂（红色硫化汞）煅烧，可使其中所含的硫变成二氧化硫气体释出，而分离出金属汞（水银）；再使水银与硫磺化合，生成黑色硫化汞，经过加热升华，又可得到红色硫化汞结晶（即还丹）。这是化学上的重要成就。

二是关于金属铅的化学变化。葛洪在《黄白篇》中说“铅性白也，而赤之以为丹；丹性赤也，而白之以为铅”，并明确指出胡粉和黄丹都是“化铅而作”，即铅经过化学变化后可以变为铅白（白色的碱性碳酸铅，即胡粉），铅白经加热后，经过种种变化，可以变为铅丹（红色的四氧化三铅，即黄丹），铅丹经加热后，又可制成铅白。这说明葛洪对于铅与铅丹、铅白之间的化学变化已有了较为全面的认识。

三是关于制作伪黄金、伪白银的方技，即黄白术。方士们把伪金伪银称为“药金”、“药银”，认为服之可令人长生不老。葛洪在《黄白篇》中叙述了多种用丹砂、雄黄等点化锡、铅、汞、铜为人造“金”、“银”的方法。例如他记载了用雄黄粉、石胆、戎盐等混合物加热煅烧，最后炼制成为黄色铜砷合金的步骤和方法，叙述相当详细，成为中国古代文献上关于砷黄铜炼制法的最早记载。

四是关于金属置换作用的认识。葛洪在长期的炼丹实践中，观察到了铁与铜溶液接触后产生的金属置换反应。他在《黄白篇》中说“以曾青涂铁，铁赤色如铜”，“外变而内不化也”。曾青即硫酸铜，其溶液涂在铁上后，铁会取代硫酸铜里的铜离子。由于是在铁的表面涂抹硫酸铜溶液，置换反应仅在铁的表面上进行，所以才“外变而内不化”。这种现象的发现和研究，为以后宋代水法炼铜（即胆铜法）的出现奠定了基础。

五是关于溶解黄金的方法。黄金是一种内部结构稳定、不易溶解的金属，即使在科技高度发达的今天，能使黄金溶解的方法也很有限。但葛洪的《金丹篇》中已载有溶解黄金的“金液方”。其所用药物有醋、硝石、戎盐和覆盆子等。现代科技证实，覆盆子未成熟的果实中含有氢氰酸，它和水银都是可以溶解黄金的。这是一个了不起的发现，它在化学发展史上是一项重大成就。

六是关于服食仙药的方法。葛洪在《仙药篇》中记载了五芝、云母、雄黄、诸玉、真珠、胡麻等数十种仙药的特性、采集、加工及服食方法。其中特别推崇雄黄，专门介绍了服食雄黄的六种方法。在这些方法中，包含有人工炼制纯净砒霜（氧化砷）的技术。这在历史上尚属首次，对日后的制药化学具有重要意义。

二　陶弘景的炼丹术与化学成就

陶弘景的炼丹术深受葛洪的影响，在许多方面继承和发展了葛洪的炼丹思想。他在茅山隐居后，便多方收集炼丹著作，研究葛洪等人的炼丹方术，并长期从事炼丹实验，总结炼丹经验，撰有《合丹药诸法式节度》、《集金丹黄白方》、《太清诸丹集要》、《炼化杂术》等丹书，在当时及后世都颇有影响，使魏晋南北朝时期的炼丹术又进入了一个新的阶段。

陶弘景的炼丹术中同样包含着一些化学成就：一是用实验进一步论证了葛洪所观察到的化学现象。例如，葛洪曾提到胡粉和黄丹都是“化铅而作”；陶弘景则进一步指出，黄丹是“熬铅所作”，胡粉为“化铅所作”，两者都不是天然物，而是人工制造的。又如，葛洪观察到了铁与铜溶液接触后产生的金属置换反应；陶弘景对此也作过同类试验，并扩大了范围，证实不仅硫酸铜，而且其它可溶的铜盐也均可与铁产生置换反应。二是发现了一些新的化学现象。如关于汞齐的制作，陶弘景指出：“水银有生熟……今烧粗末朱砂所得，色小白浊，不及生者，甚能消化金、银，使成泥，人以镀物是也。”(《本草纲目》卷九朱砂条引)这说明陶氏已认识到水银能溶解金、银等多种金属，形成汞齐(汞合金)这一化学特性，并知道如何利用这种特性去开发镀金、镀银工艺。又如关于硝石的鉴别，陶弘景明确指出：“以火烧之，紫青烟起，云是真硝石也。”真硝石就是硝酸钾，燃烧时会起紫青烟，而燃烧芒硝即硫酸钠时却没有这种颜色的烟。这个方法和近代化学鉴别钾盐与钠盐的火焰分析法是相同的，说明陶氏的这个发现在化学史上具有重要意义。

综上所述，古代炼丹术的目的是为了寻找所谓的长生不老药，固然比较迷信和荒诞，但是通过炼丹实践，人们却发现了不少有趣的化学现象，积累了许多有关金属矿物和动植物药品的知识，特别是有关物质分解、转化、合成的化学反应知识，客观上为近代实验化学的产生准备了条件。炼丹术作为原始形式的化学，不仅在化学史上占有重要的地位，而且促进了医药学、动植物学、矿物学和冶金学的发展，值得后人研究。

第五节　机械制造与发明

由于经济的发展和科学的进步，这一时期的机械制造技术也有了很大提高，在军事、交通、天文等方面都出现了一些设计新颖和制作工艺精巧的机械，如指南车、记里鼓车、千里船、浑象等，并涌现出以祖冲之为代表的一批机械制造专家。

一　指南车和记里鼓车

我国古代很早就有关于指南车的记载，“指南车，其始周公所作，以送荒外远使。地域平漫，迷于东西，造立此车，使常知南北。”[①]东汉科学家张衡曾据此制造过一辆，可惜没有保存下来。魏晋南北朝时期，历代都有人试图复制指南车。先是曹魏明帝时，机械发明家马钧通过多次试验，成功复制了失传已久的指南车。接着，后赵的石虎、后秦的姚兴也先后令手下工匠造过指南车，但不够灵巧，无法实用。东晋末，刘裕率军队灭掉后秦，缴获姚兴指南车。此车“虽曰指南，多不审正。回曲步骤，犹须人工正之”[②]，使用十分不便，只能当作摆设。宋末，萧道成辅政，请祖冲之重造指南车。祖冲之通过对前人造的指南车的观察分析，找到了症结所在，便重新设计机械装置，在车内改装一套能自动离合的差动齿轮系统，并精心制作模型，让铜匠依图铸造，最

---

①② 《宋书》卷十八《礼志五》，中华书局1974年版，第496页。

后成功制造出一辆精巧灵便的铜制指南车,“其制甚精,百屈千回,未尝移变。”[①]祖冲之在前人技术已失传的情况下,能成功地复原出指南车,足见其精湛的机械制造工艺。史称:“冲之改造铜机,圆转不穷,而司方如一,马均(钧)以来未有也。”[②]

记里鼓车又称司里车,相当于现代汽车上的计程器。汉代即有雏形,魏晋六朝时得以完善。据《晋书·舆服志》载曰:“记里鼓车,驾四,形制如司南。其中有木人执槌向鼓,行一里则打一槌。”其原理是利用车轮带动转数不同的大小齿轮。当车轮滚动完一里时,车里的某个齿轮才转了一圈,与齿轮相接的木人便去打鼓。这种车结构简单,构思精巧,体现了当时机械制造的水平。

二　祖冲之的机械制造成就

祖冲之在机械制造方面成就非凡,除了复原指南车外,还有一系列发明创造。永明中,齐武帝次子竟陵王萧子良喜好古玩,祖冲之便造了一个欹器送给他。欹器是古代帝王置于身侧的一种提示器,注入水后“中则正,满则覆”,旨在提醒当政者不要骄傲自满,否则会有覆亡之虞。汉末战乱之后,欹器的样式和制法均已失传,而祖冲之凭借高超的技艺居然复原了欹器,这不能不说是一个奇迹。

祖冲之善于在机械中运用齿轮系统装置,使其具有一定的自动功能。据《南齐书》本传载,祖冲之参照诸葛亮的木牛流马,发明了一种“不因风水,施机自运,不劳人力”的运输机械;“又造千里船,于新亭江试之,日行百余里。”此外,他还在乐游苑里创造出一种新型高效的粮食加工机械——水碓磨,将水力舂米机水碓与水力磨面机水磨的优点巧妙地结合起来,大大提高了粮食加工的工作效率,在当时引起轰动,以至于皇帝都亲临现场观看。可惜的是,祖冲之的这些发明创造未能流传下来,其机械内部构造和工作原理后人无法详知。

三　天文仪器浑象

这一时期,天文观测和演示仪器的制造技术也有新的进展。古代把观测天象的仪器称为浑仪,将演示天象状况的仪器叫做浑象。从三国到南北朝,在天文学界出现了一个有趣的现象,即北方专注于浑仪的制造,而以建康为中心的南方地区则在浑象制造方面成就卓著,出现了陆绩、王蕃、葛衡、钱乐之等名家。

据《宋书·天文志一》记载:“汉末吴人陆绩善天文,始推浑天意。”他依据前人“天地之体,状如鸟卵,天包地外犹壳之裹黄”的浑天学说,将浑象做成鸟卵状,即椭圆形

---

① 《宋书》卷一八《礼志五》,中华书局1974年版,第496页。

② 《南齐书》卷五二《文学·祖冲之传》,中华书局1972年版,第905页。

状。稍后，另一位天文学家、吴国中常侍王蕃对陆绩提出批评，认为陆绩“以天形正圆也，而浑象为鸟卵”，是自相矛盾的。为此，他自己“依乾象法而制浑仪”，所造的浑象为正圆形，与东汉时张衡制的水运浑象差不多，并没有什么创新，只是大小不同而已。

在浑象制造上真正做出新贡献的是孙吴葛衡与刘宋钱乐之。葛衡首先打破了以往旧浑象所设计的地在天外，人们从天球外面看天象运行的固有模式，别出心裁地将浑仪的球体做成空心的，在球面上按照天体星辰的位置打出一个个小孔。同时，还在球体上开了一个门，人可以进入到球体里面，坐在椅子上抬头往外看。这时，外面光线从一个个小孔中透进来，宛如一颗颗星星在发光，其效果就如同夜晚亲临星空观察一般，真是妙不可言，令人叫绝。这样一个绝妙的假天仪，完全是现代天象仪的鼻祖，足见葛衡当年的高度智慧和丰富想象力。

后来，到了南朝刘宋元嘉年间，“太史令钱乐之更铸浑仪，径六尺八分少，周一丈八尺二寸六分少，地在天内，立黄赤二道，南北二极规二十八宿，北斗极星，五分为一度，置日月五星于黄道之上，置立漏刻，以水转仪，昏明中星，与天相应。”[①]显然，钱乐之制作的也是假天仪，且比葛衡又进了一步，是以水力带动浑象均匀运转，可以更形象地演示星宿的出没运行。这种天文仪器的出现，在中国古代天文学史上是一项重大成就，意义非凡。以后北宋的苏颂与韩公廉、元代的郭守敬等都制造过假天仪，可见其影响之深远。

---

① 《宋书》卷二三《天文志一》，中华书局 1974 年版，第 678—679 页。

第十五章　以建康为中心的南方社会生活

魏晋南北朝时期，由于经济的发展和科技的进步，南北之间的冲突和融合以及中外文化的交流，以建康为中心的南方地区社会生活面貌也发生了重大变化，在衣食住行与生活习俗方面逐渐形成了自己的特色。

第一节　服饰与饮食

一　服饰

这一时期，一方面由于门阀制度盛行，社会等级森严，官员与平民之间、士族与庶族之间的服饰均有着严格的规定和区分，在相当程度上仍保存着传统的秦汉旧制；另一方面，由于少数民族的不断内迁和北方士族的纷纷南下，人们的着装观念发生了很大的改变，朝廷规定的服饰制度往往不能实行，穿衣着装方面的尊卑之别常常被突破，服饰的样式变化也日趋频繁。东晋葛洪在《抱朴子·讥惑篇》中曾说："丧乱以来，事物屡变。冠履衣服，袖袂裁制，日月改易，无复一定。乍长乍短，一广一狭，忽高忽卑，或粗或细，所饰无常，以同为快。其好事者，朝夕放效，所谓京辇贵大眉，远方皆半额也。"

概括起来看，三国两晋时期，服饰基本依循汉之旧制，但也有一些变化。"魏武帝以天下凶荒，资财乏匮，始拟古皮弁，裁缣帛为白帢，以易旧服。"[①]"孙休后，衣服之制上长下短，又积领五六而裳居一二。"[②]西晋"武帝泰始初，衣服上俭下丰，著衣者皆压腰"；东晋元帝时，"为衣者又上短，带缠至于掖，著帽者又以带缚项。"[③]东晋中期以后，

① 《晋书》卷二七《五行志上》，中华书局 1974 年版，第 822 页。

② 《晋书》卷二七《五行志上》，中华书局 1974 年版，第 823 页。

③ 《晋书》卷二七《五行志上》，中华书局 1974 年版，第 826 页。

由于玄学名士们追求风流放达，故衣服的主流趋势是越来越宽大，“晋末皆冠小而衣裳博大，风流相放，舆台成俗。”①

进入南朝，关于服装的等级规定日趋松弛，人们的穿着打扮发生了很大变化。史载刘宋时“凡厥庶民，制度日侈，商贩之室，饰等王侯，佣卖之身，制均妃后。凡一袖之大，足断为两，一裾之长，可分为二，见车马不辨贵贱，视冠服不知尊卑。尚方今造一物，小民明已睥睨。宫中朝制一衣，庶家晚已裁学。侈丽之原，实先宫阃”②。话虽有些夸张，但却反映了当时服制的尊卑之别被打乱的真实情形。同时，它也说明了讲究衣服宽大的奢靡之风，实出于皇室的提倡，而寒门庶族在经济地位上升后，服饰方面也向士族看齐，以致尊卑不分贵贱莫辨，从而形成一种风尚。至梁代，此风更盛，社会上皆以宽衣博带、峨冠高履为时尚。

根据《晋书》、《宋书》、《南齐书》、《隋书》等史籍志的记载，这一时期南方地区的服饰名目繁多，种类不一，大致可分头饰、衣饰、足饰三大类以及妇女服饰。

1. 头饰

头饰一般有冕、冠、帻、巾、帽等。

冕专指皇帝戴的帽子，由冕綖和冕旒组成，制作考究，前后有垂珠。汉魏之际人刘熙《释名》曰：“祭服曰冕，冕犹俛，平直貌，亦言文也。纁玄上下，前后垂珠，有文饰也。”也有部分隐士戴冕的，称云冕或露冕。

冠是上层社会成年男子普遍使用的一种头饰，只是身份不同，叫法也就不一。皇帝戴的叫通天冠、远游冠；王公贵族们戴的则称进贤冠、高山冠、淄布冠、武冠、法冠、长冠等；建华冠、方山冠、巧士冠等为舞人、宦者所戴；却敌冠、樊哙冠等为殿门卫士所戴。因东汉以来冠冕为帝王及达官贵人所专用，故后世就以冠冕代称社会地位较高人士。

帻，最初是包裹头发使之不遮盖脸部的头巾，以后逐渐发展为一种便帽，成为地位较低不能使用冠者的头饰。魏晋后帻与冠结合起来，既是低级官吏的头饰，亦作为冠的组成部分，为高级官员所戴用。如文官常戴黑介帻冠，武官则用平帻冠。

巾，起包裹头发作用，最初是不分等级，但在冠出现以后，则逐渐成为士大夫以外的庶人所用的头饰。不过，东晋时，那些玄学名士则把戴巾作为一种风雅的标志，如南京西善桥南朝大墓出土的竹林七贤及荣启期壁画中的人物即多数戴巾。

帽，起初主要是儿童头饰和北方少数民族的着帽习俗，地位较低。魏晋以后，随着胡族南下，他们的着帽习俗逐渐影响南方，甚至进入朝堂之上，成为一种得到舆论

① 《晋书》卷二七《五行志上》，中华书局 1974 年版，第 826 页。

② 《宋书》卷八二《周朗传》，中华书局 1974 年版，第 2098 页。

认可的正式头饰。其中最为流行的是纱帽。纱帽在南北朝初期首先流行于南方，后又传到北方。纱帽分为白纱帽与乌纱帽两种，区别主要在于颜色，至于形制则变化较多。白纱帽又名高顶帽，主要供皇帝在宴席起居时使用，并成为皇帝的标志之一。乌纱帽在南朝则为士庶所通用，无贵贱之分，只是流行样式时有变化。

2. 衣饰

衣饰主要分兖服、朝服、便服等。

兖服，专指天子、公卿在朝会、祭祀等正式场合所穿的标准服装，一般为上衣下裳。据《晋书·舆服志》记载："衣画而裳绣，为日、月、星辰、山、龙、华虫、藻、火、粉米、黼、黻之象，凡十二章。"此服饰先秦就有，汉代定制，魏晋南朝时期基本沿袭，只是在兖服材料上稍加改动，并对君臣兖服有所区分。

朝服，乃群臣朝会时所穿衣服，分为五时朝服，随季节而变。一般春天穿青色，夏天着朱色，季夏（六月）穿黄色，秋天着白色，冬天为皂色。刘宋时规定高级官员穿五时朝服，中级官员穿四时朝服（缺秋天白衣），低级官员则仅能穿一种朝服，不随季节更换。魏晋时，官员所穿朝服由朝廷供给衣料，宋文帝元嘉末年，因国库空虚，停止供应，由百官自备。梁武帝天监（502—519）以后，群臣不再穿五时朝服，一律改着朱色朝服，朱衣遂成为文职官员的代称。朝服多为长袍，表里合一，质地较好，最讲究者为绣有纹饰的锦袍，一般用作皇帝奖赏大臣的赏赐品。

便服，即人们的日常服饰，有襦、袄、衫、裲裆、单衣、裙、裤等。襦，相当于今天的短外套，多絮以绵，为短袄，若无絮绵则称单襦。襦是汉代人常服之一，在这一时期仍为各阶层所穿用，只是一般百姓多穿布襦，而士族上层人物则穿由丝织品制作的襦。袄，相当于今天的棉袄，冬衣，近似于襦和裘。历来研究者多认为袄起源于北朝，但从史籍记载来看南朝也早已有之，如《宋书·徐湛之传》里就提到宋武帝刘裕发迹前生活贫贱，"尝自往新洲伐荻，有纳布衫袄等衣"。衫，也是汉代延续下来的服装，仍为此间各阶层通用的日常服装。刘熙《释名》曰："衫，芟也，芟末无袖端也。有里曰複，无里曰襌。"可见衫相当于今天的短袖衬衫，为夏衣。如南京西善桥南朝墓出土的砖刻壁画竹林七贤及荣启期像所着即为衫，他们的衣服散开、半袖，当为暑天的形象。皇帝日常生活中也着衫，但在正式场合一般不穿。裲裆，也称两当、两裆，是这一时期新流行起来的服装。这种服装只有前胸和后背两片衣襟，无衣袖，相当于今天的背心，用铁、夹、绣、绵等制成，由军队戎服演变而来。单衣，也称襌衣，实指无衬里的长袍，相当于今天的罩衫或春秋服，因其用料节省，制作简单，穿着方便，故这一时期的官员、百姓多以此作为便服。裙，也称裳，常与襦相搭配，所谓上襦下裙也。以往男女老少都着裙，但南朝时随着裤褶服的流行，男子穿裙者已不多见，一般在正式场合才会穿用。裤，古称绔或袴。《说文》云："绔，胫衣也。"《释名》曰："绔，跨也，两股各跨别也。"说明古时候的裤是套在腿上起御寒保暖作用的，没有裤裆，相当于今天骑车手的护膝和护腿。但到了魏晋六朝时期，由于受北方游牧民族的影响，裤的形制和功能都发生了很大的变化，出现了合裆的裤子，即满裆裤，既美观实用又节省材料，很快在南方流行开来，促使人们的着衣方式从传统的上衣下裳式逐渐转向于现代的上衣下裤式。

3. 足饰

这一时期的足饰，名目繁多，主要有履、屐、屩、靴、袜等。

履，是魏晋六朝时期比较正规的鞋子，一般在正式场合使用。《释名》曰："履，礼也，饰足所以为礼也。"人们在正式场合若不穿履则被视为无礼，如《晋书·郗鉴传》曾记载王献之兄弟"自(郗)超未亡，见(郗)愔，常蹑履问讯，甚修舅甥之礼。及超死，见愔慢怠，屐而候之，命席便迁延辞避"。就刻画了王氏兄弟前恭后倨的无礼行为。但在有些场合又必须脱履入席，以示敬重和礼貌，如参加朝会时，群臣必须脱履著袜觐见皇帝。而一旦有人犯了过错表示请罪时，则不但要脱下履，还要褪去袜子，所谓徒跣请罪。履的制作材料为丝、麻、皮革等，有的还加以刺绣。西晋陆机《织女赋》："足蹑刺绣之履"；梁武帝萧衍《河中之水歌》："头上金钗十二行，足下丝履五文章。"指的皆是刺绣履。履的名称和式样很多，据五代人马镐《中华古今注》记载，东晋有凤头履、聚云履，刘宋有重台履，梁有立凤履、五色云霞履等。

屐，用木制成，上面系带，底部有齿。《释名》云："屐，榰也，为两足，榰以践泥也。"类似于近代的木屐。早在孙吴时代，屐已成为江南人士的日常用品，孙权爱将朱然死后的陪葬品中就有屐。两晋时开始普及，由原先的男屐方头、女屐圆头改为男女均着方头屐。南朝时着屐更为普遍，上至王公贵族，下至平民百姓都穿木屐。士人们不仅在日常生活中着木屐，甚至在朝会、宴席等正式场合也蹑屐出席。至梁代，贵族子弟更是以穿高齿屐为时尚。屐下有齿，是为了行走方便，防止跌滑。史载东晋名相谢安接到淝水之战的捷报时，因为抑制不住内心的喜悦和激动，过门槛时连屐齿折断了都不知道。南朝大诗人谢灵运喜欢游山玩水，常着木屐登山，上山时去掉前齿，下山则拿掉后齿。

屩，是用麻、草、藤等物编织而成，类似于后来的草鞋。因取材容易，编织简单，行路轻便，故受到社会底层喜爱，多为农耕者穿用，士人一般不用。南朝时也有军队士兵在行军时使用。

靴，是指用皮革、丝织品缝制而成的长筒鞋，与今天的中、高统皮靴相似。起源于北方游牧民族，后传入中原地区。南北朝时主要流行于北方地区，南方也有人着靴，一般在冬季使用,但不多见,且穿靴者往往受到轻视。

袜,古文为"韈",《说文》:"韈,足衣也。"又写作"襪",简化为"袜"。起初用皮制作,可直接在地上行走,后来改用麻布或丝织品缝制。世传孙吴时就有人着袜,但很稀少。东晋南朝时开始流行穿袜,一般用带子系于脚踝之上,穿在鞋具之内。

4. 妇女服饰

这一时期的妇女服饰大体上沿袭汉制,稍有变化,如汉代皇太后和皇后在祭祀时着深色单衣,颜色为上绀下皂,南朝宋以后改服文绣的袿裰大衣;在举行亲蚕仪式时所穿服装称蚕衣,颜色为上青下缥,三国魏时皇后的蚕衣多使用文绣,西晋后改为纯青色,并定为永制。当时妇女的一般服装主要有襦、袄、衫、裲裆、抱腰、裙、裤褶等,种类名称上与男子服饰大体相似,但在规格和式样上有一定差异,如女裙一般较男裙长,且制作材料和款式多样,更能体现女性特征。抱腰则为女性特有的内衣,又称抱腹。刘熙《释名》称:"抱腹,上下有带,抱裹其腹上,无裆者也。"

妇女服饰最显著的特征体现在头饰和佩饰上。当时的妇女喜欢将头发梳成各种发髻,花样百出,争奇斗艳。流行的有灵蛇髻、堕马髻、飞天髻、流苏髻、回心髻、凌云髻等。西晋时,妇女束发趋松,留有很长的刘海,盖过耳目。东晋时,江南妇女的发式渐趋高大,流行戴假发。《晋书・五行志上》云:"太元(376—396)中,公主妇女必缓鬓倾髻,以为盛饰,用髲既多,不可恒戴,乃先于木及笼上装之,名曰假髻,或名假头。至于贫家,不能自办,自号无头,就任借头。遂布天下。"南朝宋文帝元嘉六年(429),"民间妇人结髪者,三分髪,抽其鬟直向上,谓之'飞天紒'。始自东府,流被民庶。"①

妇女的佩饰主要有步摇、花钿、珥、珰、簪、钗、腕钏、手镯等。步摇是一种有垂珠的金玉首饰,插在发髻上,一步一摇,声音清脆,极具动感。花钿是用金、银、珠玉制成的花朵形饰件。珥是插于发上、垂至耳际的链状饰物;珰则是耳环,以金为之,即成金耳环,原是南方少数民族妇女的装饰,后在大江南北流行开来。簪和钗均是固定发式和美化头发的饰件,是当时妇女最为普遍的饰物。腕钏和手镯均为套在手腕上的环状饰物,也为江南妇女所喜爱常戴的装饰物品。

二　饮食

这一时期,人们的饮食结构、饮食方式在沿袭汉代饮食习惯的基础上有了一定的变化和发展,主要是少数民族的一些饮食习俗被汉族吸收和改进,北方地区的饮食习

① 《宋书》卷三〇《五行志一》,中华书局1974年版,第890页。

俗随南迁人口带到了南方，出现了胡汉、南北饮食文化的大交融。

1. 主食和副食

饭和粥是当时人的主要食物，但由于受到地理和气候条件的影响，当时江南地区居民的主食为稻米，而徐州、江淮一带居民则以粟（小米）、大、小麦为主。米饭是用大米和水按一定比例放在锅里蒸煮而成，与现代做法基本相似。因大米的品种很多，档次也不一样，所以煮成的米饭口感也不相同。一般只有社会上层人士才能吃得起上等米饭，而平民家庭只能吃普通米饭，至于那些生活困难的贫民则吃不起米饭，多数以食粥来充饥。粥依材料的不同，也有白粥、粟粥、麦粥、豆粥等区别。其中，以大米加水熬成的大白粥当时为各个阶层所喜爱而普遍食用，而加以肉糜、豆类和蔬菜混煮而成的营养粥则只有富贵人家才能享受。另外，当父母病重或去世时，一些人也停止正常饮食，以食粥来表示自己的悲痛心情。如《梁书·张弘策传》记载："（弘策）幼以孝闻，母尝有疾，五日不食，弘策亦不食。母强为进粥，乃食母所余。"

麦饭是用麦子蒸制而成，因其价格远较大米便宜，故为一般百姓所经常食用。刘宋时何子平"月俸得白米，辄货市粟麦，人或问曰：'所利无几，何足为烦？'子平曰：'尊老在东，不办常得生米，何心独飨白粲'"。[①] 何子平的本意不在获利，而是做官不忘本，孝敬母亲的不俗表现。又"义兴吴国夫，亦有义让之美。人有窃其稻者，乃引还，为设酒食，以米送之"。[②] 可见当时的稻米还是很值钱的，一般人吃不起米饭，只得吃麦饭。

除麦饭外，由麦做成的面食很多，有麦粥、面糊、面糰、面饼等，泛称为饼，与现在的概念不同。饼的种类较多，有蒸饼、汤饼、胡饼、烧饼、水引饼、面起饼、白环饼、细环饼、馒头饼等。其中，汤饼亦称馎饨，类似于今天的面片，是当时北方人的主要食物之一；水引饼类似于今天的面条，细如长丝，白如雪花，拌上肉汁，鲜美可口，据说南齐开国皇帝萧道成就很喜欢吃水引饼；胡饼和烧饼均是放在炉中烤制的，与今日烧饼的制法基本相同，源于北方少数民族，后在江南地区颇为流行，传说东晋书法名家王羲之就很喜欢吃胡饼。关于各种饼的具体制法，北魏农学家贾思勰的《齐民要术》中均有详细记载，此不赘述。

这一时期的副食主要是蔬菜、鱼和肉。蔬菜的品种很多，有菘菜、韭菜、菰菜、芹菜、葵菜、苋菜、莼菜、蔓菁、竹笋、茄子、菜瓜、胡瓜（黄瓜）、冬瓜、藕，等等。其中，属于江南地区特有的蔬菜有：

菘菜，柄厚而色青者为青菜，柄薄而色白者为白菜，淡黄的叫黄芽菜，均是南方百

---

① 《宋书》卷九一《孝义·何子平传》，中华书局 1974 年版，第 2257 页。

② 《宋书》卷九一《孝义·吴国夫传》，中华书局 1974 年版，第 2253 页。

姓喜爱的日常蔬菜。《南齐书·高祖十二王传》记载，武陵昭王萧晔招待尚书令王俭“设食，盘中菘菜鲍鱼而已”。又，南齐文惠太子问太子仆兼著作周颙：“菜食何味最胜？”周颙答：“春初早韭，秋末晚菘。”①

菰菜，俗称茭白，水生蔬菜，色泽鲜嫩，美味可口，为招待客人的上等蔬菜。沈约在《咏菰诗》中赞其曰：“匹彼露葵羹，可以留上客。”

莼菜，亦作“蓴菜”，水生蔬菜，盛产于吴中、太湖一带，专做羹菜之用，滑溜爽口，若加入肉末、鸡汁或鱼肉，则味道更加鲜美无比，为吴地居民宴请亲朋好友时必不可少的一道特色风味羹。《晋书·文苑传》载：吴人张翰在洛阳做官，“因见秋风起，乃思吴中菰菜、蓴羹、鲈鱼脍，曰：‘人生贵得适志，何能羁宦数千里以要名爵乎！’遂命驾而归。”可见莼菜羹汤的吸引力有多大！

另外，原产于北方，后流传到南方成为家常菜的蔬菜有：

韭菜，多年生草本植物，叶细长而扁，开小白花，香味独特，是我国栽培最久的蔬菜之一，《诗经·豳风·七月》：“四之日其蚤，献羔祭韭。”起初主要在北方种植，南方人并不喜欢，但由于其生长期长，一年可产好几轮，又便于管理、烹饪简单，所以到了魏晋六朝时期便在江南地区推广普及，成了各阶层人士普遍喜爱、经常食用的蔬菜之一。

茄子，一年生草本植物，叶椭圆形，花紫色，果实球形或长圆形，呈紫色或浅绿色，表皮光泽。原产于印度，汉代传入我国，魏晋六朝时期遍布大江南北，尤在南方种植较广。都城建康附近有一地名就叫“茄子浦”，“盖其地宜茄子，人多于此树艺，因以名浦。”②

由于江南一带河网密布，湖塘众多，水资源和鱼类资源十分丰富，所以当地居民自古以来就过着“饭稻羹鱼”的生活，鱼虾就成为人们日常生活中的主要肉食。鱼的种类很多，有鲈鱼、鲥鱼、银鱼、鮰鱼、鲫鱼、鲤鱼、鳊鱼、鳜鱼、刀鲚鱼、河鲀，等等。制作鱼鲜的方法也很多，有烧、烤、蒸、煮、炝、涮等诸多烹调术，使之既是平民百姓的家常菜，又可作为招待客人的美味佳肴，成为宴席上一道道富有江南特色的名菜。

这一时期的肉类食物除了最常见的猪肉外，还有马、牛、羊、鸡、鸭、鹅等家畜家禽肉。不过与其它副食相比，当时肉食并不普及，只有统治者阶层才能享用。寻常百姓由于贫穷普遍吃不起猪肉，南方居民一般只吃鸡、鸭、鹅等家禽肉，如都城建康盛产鸭子，鸭肉就成为当地民众的日常肉食。北方的羊较多，故人们以羊肉为主要肉食，而

① 《南齐书》卷四一《周颙传》，中华书局 1972 年版，第 732 页。

② 《资治通鉴》卷九四《晋纪十六·成帝咸和三年》注引《类篇》，中华书局 1956 年版，第 2957 页。

牛、马作为生产和运输工具，往往被历代统治者禁令宰杀。如《南史·王僧孺传》记载："南海俗杀牛，曾无限忌，僧孺至便禁断。"

2. 饮料和果类

在各种饮料中，最流行的是酒和茶。

饮酒之风，古已有之。魏晋六朝时期，社会动荡，人生无常，许多人借酒浇愁，逃避现实，促使饮酒之风更加盛行。孙吴时，孙权喜欢与部将和群臣聚会喝酒，经常喝得酩酊大醉；末主孙皓"每飨宴，无不竟日，坐席无能否率以七升为限"[①]。东晋初，"过江诸人，每至美日，辄相邀新亭，藉卉饮宴。"[②]南朝宋孝武帝"每宴集，在坐者咸令沈醉"[③]。陈后主不理朝政，终日与宠妃饮酒作乐，醉生梦死，最后落个国破人亡的下场。由于统治者带头酗酒，导致社会各个阶层纷纷仿效，喝酒成风。士大夫们为逃避现实而"借酒浇愁"，生活放诞；文人学者则"对酒当歌"，吟诗作赋，留下名作佳篇；甚至底层小民也常以酒佐餐，自得其乐。当时酒的品种很多，有白酒、米酒、陈酒、葡萄酒、药酒等，以各种米酒居多。酒的酿造技术也较前发达，有许多以个人或家族名字命名的酒和酿酒方法。

茶原产于我国西南地区，汉代时就被当作药物使用。魏晋时期，茶由药物逐渐转变为人们的日常饮料。东晋以后，饮茶在南方地区形成风气，并成为招待客人的必备饮料。如东晋权臣桓温"性俭，每宴惟下七奠柈茶果而已"。[④] 吏部尚书陆纳在接待名相谢安时也是以茶果为主。因茶叶具有提神、消渴、解乏等功能，故受到当时玄学名士、道教方士和佛教僧人的普遍喜爱，客观上推动了江南饮茶习俗的普及。至南朝，江南地区的饮茶之风更盛，不但注重茶叶的品种和质量，而且对饮茶的用具也十分讲究，出现了许多形状不一的青瓷茶具。甚至人死后的祭祀用品和随葬品里都有茶叶或茶具，如齐武帝萧赜临终前留有遗诏，要求"我灵上慎勿以牲为祭，唯设饼、茶饮、干饭、酒脯而已"。[⑤]

这一时期，江南地区的瓜果品种日趋繁多，除了本土常见的梅、李、杏、桃、柑橘、石榴等果类外，还有来自南方热带地区的枇杷、甘蔗、荔枝、龙眼、椰子、橄榄、木瓜、槟榔以及北方地区的枣、栗、梨、柿、葡萄等，大大丰富了人们的日常生活。

---

① 《三国志》卷六五《韦昭传》，中华书局1982年版，第1823页。

② 《世说新语校笺》卷上《言语第二》，中华书局1984年版，第50页。

③ 《南史》卷三四《沈怀文传》，中华书局1975年版，第891页。

④ 《晋书》卷九八《桓温传》，中华书局1974年版，第2576页。

⑤ 《南齐书》卷三《武帝纪》，中华书局1972年版，第62页。

第二节 居住和交通

一 居住

住宅是人们遮风挡雨、抵御寒暑，用于日常生活起居的主要场所，历来受到重视，但又受制于当时的生产力水平。这一时期南方地区的居住情况与汉代基本相似，仍然分普通民居和宫苑官宅两大类型，只是砖瓦材料的使用渐趋广泛，建筑水平有所提高，室内器具摆设受北方少数民族的影响也有明显变化。建康作为“六朝都城”，宫廷建筑和园林营造比较发达。另外，随着佛教和道教的兴起与传播，出现了前代所没有的佛教寺庙和道教建筑。

普通民居以土墙茅草屋和竹舍为主，所谓“江南土薄，舍多竹茅”[①]，一般以木材或毛竹架构，干土垒墙，茅草覆顶。家境稍好者建有数间茅屋，围成院落，内设畜栏、禽舍、谷仓和厕所；家庭贫穷者则连像样的茅草屋都盖不起，只能就地取材，随便搭个草棚或竹舍，条件十分简陋。如《宋书》卷七六《王玄谟传》云：玄谟围滑台，“城内多茅屋，众求以火箭烧之，玄谟恐损亡军实，不从。”同书卷九十一《孝义传》载：何子平“所居屋败，不蔽雨日，兄子伯与采伐茅竹，欲为葺治”。甚至连一般的士大夫和为官清廉者住的也是茅草屋。如《梁书》卷三十《裴子野传》曰：“子野在禁省十余年，静默自守，未尝有所请谒，外家及中表贫乏，所得俸悉分给之。无宅，借官地二亩，起茅屋数间。”又如《南史》卷五十《刘瓛传》云：刘氏早年家庭贫寒，“兄弟三人共处蓬室一间，为风所倒，无以葺之。”

相形之下，王公贵族和达官贵人们的住宅则是砖瓦结构，雕梁画栋，非常考究。东晋初，侍中纪瞻“立宅于乌衣巷，馆宇崇丽，园池竹木，有足赏玩焉”。[②] 刘宋竟陵王刘诞“造立第舍，穷极工巧，园池之美，冠于一时”。[③] 南齐豫章文献王萧嶷“出入荣显，礼容优泰，第宇华旷”，仅在建康城内就有青溪宅、北第、东府等多处“华屋”[④]。梁代天监初，梁武帝将芳林苑赐给自己的第八子、南平王萧伟，“伟又加穿筑，增植嘉树珍果，穷极雕丽，每与宾客游其中，命从事中郎萧子范为之记。梁世藩邸之盛，无以过焉。”[⑤]

---

① 《隋书》卷四一《高颎传》，中华书局1973年版，第1181页。

② 《晋书》卷六八《纪瞻传》，中华书局1974年版，第1824页。

③ 《南史》卷一四《宋宗室及诸王下》，中华书局1975年版，第397页。

④ 《南齐书》卷二二《豫章文献王传》，中华书局1972年版，第411、412页。

⑤ 《梁书》卷二二《太祖五王传》，中华书局1973年版，第348页。

萧伟之子、中书郎萧恭也是“性尚华侈，广营第宅，重斋步檐，模写宫殿”。[①]

至于建康城内的宫苑建筑尤为奢华。宫苑是皇帝及皇室成员居住、办公和游乐的主要场所，包括宫殿和园林。自孙吴政权定都建业后，孙权、孙皓等当政者就在城内大兴土木，建造宫殿，先后建成气势恢宏、初具规模的太初宫和昭明宫，还有桂林苑、西苑、芳林苑等供其游玩的苑囿。据《建康实录》卷四记载：后主孙皓“起新宫于太初之东，制度尤广……大开园囿，起土山作楼观，加饰珠玉，制以奇石，左弯崎，右临硎。又开城北渠，引后湖水激流入宫内，巡绕堂殿，穷极伎巧，功费万倍”。东晋时，又修建了建康宫，使宫苑位于城市的中部偏北，并使正殿、宫门及直通朱雀航的御道构成城市的中轴线，其余主要道路及建筑左右对称，从而形成了建康的基本布局。进入南朝后，各代统治者对宫苑多加以增修改建，先后修成正光、玉烛、紫极、芳乐、仙华、含德、安寿、太极等宫殿，皆豪华奢靡。其中，宋明帝之“紫极殿珠帘绮柱，饰以金玉，江左所未有”[②]；齐东昏侯之仙华、神仙、玉寿诸殿，“刻画雕彩，青奸金口带，麝香涂壁，锦幔珠帘，穷极绮丽”[③]。历代还营造了许多设计巧妙、建筑精致、规模宏大、景色优美的皇家苑囿，著名的有华林园、乐游苑、上林苑、新林苑、娄湖苑、芳乐苑、芳林苑等。这些园林主要分布在钟山、青溪、玄武湖一带以及秦淮河畔，占尽都城建康的山水佳丽之地。

经历代统治者的改建和扩建，建康在梁武帝统治时期达至鼎盛，成为一个西起石头城（今南京清凉山）、东达倪塘（今江宁方山北）、南至石子岗（今雨花台）、北过蒋山（今紫金山），东西南北各四十里，拥有百万人口的大型城市，为我国南北朝时代的第一大都会。

除了宫廷专用的皇家园林外，建康城内外还分布着为数不少的私家园林和寺观园林。私家园林大多为士族地主、达官贵人所建，或设在城内，与住宅相结合，筑山穿池引水，广植花草树木，缀以楼台亭阁，营造别样情趣；或建在郊外，与庄园相结合，依山傍水，营建庄园别墅，亲近自然，享受田园风光。《晋书》卷六四《简文三子传》载：东晋会稽王司马道子，“开东第，筑山穿池，列树竹木，功用巨万。道子使宫人为酒肆，沽卖于水侧，与亲昵乘船就之饮宴，以为笑乐。”刘宋时期，戴颙“出居吴下。吴下士人共为筑室，聚石引水，植林开涧，少时繁密，有若自然”[④]。南齐时，寒人茹法亮手握实权，“广开宅宇，杉斋光丽，与延昌殿相埒。延昌殿，武帝中斋也。宅后为鱼池钓台，土山

① 《梁书》卷二二《太祖五王传》，中华书局 1973 年版，第 349 页。

② 《南史》卷二二《王昙首传附王俭传》，中华书局 1975 年版，第 593 页。

③ 《南齐书》卷七《东昏侯纪》，中华书局 1972 年版，第 104 页。

④ 《宋书》卷九三《隐逸传・戴颙》，中华书局 1974 年版，第 2277 页。

楼馆，长廊将一里。竹林花药之美，公家苑囿所不能及。”①梁武帝时期，权臣朱异“起宅东陂，穷乎美丽，晚日来下，酣饮其中”。“异及诸子自潮沟列宅至青溪，其中有台池玩好，每暇日与宾客游焉。”②这些私家园林虽大小不一，形状各异，但多是充分利用自然资源，模拟自然景观，体现山林泉石之美，追求心旷神怡之效，“在内容上产生了源于自然而又高于自然的飞跃，奠定了古代私家园林以描摹和再创自然山水为中心的建园思想，形成了自身的类型特征。自此之后，私家园林便与皇家园林分庭抗礼，成为中国古典园林中的一枝奇葩。”③

寺观园林是伴随佛教、道教的兴起和佛寺道观的兴建而产生的一种新型园林，主要为社会上的善男信女们提供开展大型宗教活动的集会场所。魏晋南北朝时期，以建康为中心的南方地区建有大量的佛教寺院。据《辩正论》卷三所记，东晋元帝“造瓦官、龙宫二寺，度丹阳建业千僧”，明帝“造皇兴、道场二寺，集义学，名称百僧”。东晋先后建有佛寺三十余所，到梁武帝时已增至七百余所。唐代诗人杜牧曾云：“南朝四百八十寺，多少楼台烟雨中。”实际都城建康的佛寺数量远不止于此。当时社会上盛行“舍宅为寺”的风气，有许多达官、富商把自己的第宅私园捐献出来作为佛寺，原来的住房改为供奉佛像的殿堂，宅园则变成寺院的附园。如东晋咸和年间，琅邪王氏世族中的王珣、王珉兄弟俩就将吴郡虎丘山前建造的东西二宅捐作佛寺，名“虎丘山寺”。有的佛寺规模宏大，十分壮观，如梁武帝时期建康城内最有名的佛寺同泰寺，“兼开左右营，置四周池堑、浮图九层、大殿六所、小殿及堂十余所。宫各像日月之形，禅窟禅房山林之内，东西般若台各三层，筑山构陇，亘在西北，柏殿在其中。东南有璇玑殿，殿外积石种树为山，有盖天仪，激水随滴而转。”④

当时的道观建筑也很多。据《六朝事迹类编》记载的著名道观就有华阳宫、燕洞宫、洞元宫、青元观、玉晨观、寻仙观等。道观建筑的布局深受阴阳五行学说的影响，根据乾南坤北、天南地北的方位，以子午线为中轴，坐南朝北，讲究对称，注重建筑物与自然环境的联系，多采用木材架构房屋，以体现“物我合一”的境界，从而形成了一种独具特色和审美意义的建筑风格。

随着佛寺、道观的大量兴建，寺观园林也应运而生。寺观园林多是在原有的私园、宅园基础上发展而来，往往由寺庙、佛塔、古树、花草、奇石、水池等要件构成，加以整体设计和合理布局，与周边环境相协调，形成特有的美妙景致。由于宗教寺观

---

① 《南史》卷七七《恩倖传·茹法亮》，中华书局1975年版，第1929页。

② 《南史》卷六二《朱异传》，中华书局1975年版，第1516页、1518页。

③ 张承宗《六朝民俗》，南京出版社2002年9月第1版，第110页。

④ 《建康实录》卷一七引《舆地志》，上海古籍出版社1987年版，第681页。

大多选址在风景优美、环境幽静的山林之中，集自然景观和人工建筑于一体，且面向广大信众和游客而开放，属于公共游览之地，所以，寺观园林具有宗教性、开放性和大众性等特点。它的出现，完善了中国古典园林的类型，丰富了古代园林的文化内涵。

这一时期，人们住宅内的生活器具主要有卧床、坐床、胡床、簟席、帷帐、桌椅、板凳、几案、灯烛等。

床是供人们日常休息和睡眠的主要用具，一般分为卧床、坐床两种。卧床即眠床，尺寸较长，多用木板制成，不上漆，但富贵人家比较讲究，装饰豪华，如梁代盱眙太守鱼弘，“有眠床一张，皆是蹙柘，四面周匝，无一有异，通用银镂金花寿福两重为脚”[①]。坐床则较短，多称小床，亦叫榻、独坐、枰等，一般较矮，便于人们上下。当时，人们在正式场合仍沿袭商周以来的跪坐习俗，即脱鞋上床，双膝前跪，臀部放在脚跟上，以示尊重。若在非正式场合或个人独处时也能做到跪坐，则被认为是遵守礼仪规范的楷模。如梁武帝的侄子萧藻，“性恬静，独处一室，床有膝痕，宗室衣冠，莫不楷则。”[②]不过，由于受玄学名士行为放达的影响，越来越多的人采取箕坐的坐姿，即臀部坐在床上或地上，两腿向前直伸或稍屈，呈簸箕状，亦称箕踞。因此，坐床的高度相应增加，在床上出现了倚靠用的长几和半圆形的凭几，床前设置了供上下床和放鞋用的案。几和案均属形体不大、比较矮小的桌子，多为长方形，也有圆形或半圆形的，一般用于饮食、下棋、读书、写字或摆放物件。

与此同时，来自西域的胡床逐渐在江南地区流行开来。胡床乃以若干木棍和麻绳组合而成，工艺简单，可以折叠，有点类似今天的马扎和夹凳。由于它轻巧灵便，可随意移动，使用十分便利，所以很快推广开来，既用于日常家居，也适合于外出游玩时小坐，甚至在战争中都得到应用。如《南史》卷三十一《张裕传》载：张裕子张镜与客谈论，“(颜)延之从篱边闻之，取胡床坐听”；《资治通鉴》梁武帝大通元年载：韦叡在与敌军交战时，“免胄下马，据胡床处分。”胡床的坐法是垂脚高坐，即臀部坐在胡床上，两小腿和脚垂直踏地。这种坐姿改变了我国古代传统的跪坐习惯，在当时人的生活习俗上是一个较大的变化。[③] 与胡床一起传入江南地区的北方少数民族的生活用具还有各种桌椅板凳，也在相当程度上便利了南方民众的日常生活。

簟席，是用芦苇、蒲草、竹篾等物编织而成的铺垫用具，因古人席地而坐，故使用广泛。刘熙《释名》曰：“簟，覃也，布之覃覃然平正也；席，释也，可卷可释也。”

---

① 《南史》卷五五《夏侯详传附鱼弘传》，中华书局1975年版，第1362页。

② 《梁书》卷二三《长沙嗣王业传附弟藻传》，中华书局1973年版，第362页。

③ 详见朱大渭《中古汉人由跪坐到垂脚高坐》，《中国史研究》1994年第4期。

帷帐,也为床上用具,刘熙《释名》云:“帷,围也,所以自障围也;帐,张也,张弛于床上也。”普通百姓用的床帐多用粗布制成,缙绅人家则多用绢帛细纱,比较考究。而军中与宫室所使用的帷幕则通称帷幄。

屏风,是具有挡风与遮蔽双重功能的一种居室用具,常用于富贵人家,一般为绘有彩色图案的膝器,起装饰美化居室的作用。

二 交通

这一时期的南方交通以建康为中心,通过陆路和水路,连接大江南北的长江中下游流域和江淮地域,并辐射到四川盆地、岭南、中原地区和更加遥远的地方,形成一种纵贯南北、横穿东西的交通网络,较之秦汉时期有了明显进步。

当时,从建康出发的陆路主要有向西南沿长江而行连接中游重镇江州(治今江西九江)并进而可达郢州(治今湖北武汉)、雍州(治今湖北襄樊)及荆州(治今湖北荆州);向东南则通往军事重镇京口(今江苏镇江)、财赋要地吴郡(治今江苏苏州)、会稽(治今浙江绍兴),并进而延伸到永嘉(治今浙江温州)、晋安(治今福建福州)等地;向北可有数条线路过大江,与中原地区相联系,如自建康先向西南,至牛渚(今安徽马鞍山采石矶)过江到历阳(今安徽和县),再北上中原;或向东,至京口过江到广陵(今江苏扬州),再经彭城(今江苏徐州)而到中原。①

由于江南地区河道纵横,湖塘密布,所以自古以来的水路交通比较发达。当时从建康出发的水路主要有:一是溯江而上、通往中游地区,或顺江而下、抵达下游地区的长江水道;二是在建康和云阳(今江苏丹阳)之间开凿破岗渎等人工运河,沟通江南河,横穿三吴地区(太湖流域),连接长江和钱塘江水系;三是沿江西上至江州后,转溯赣水逾岭至始兴(今广东韶关西南),进入珠江支流溱水(北江)而南下广州;四是沿江至京口对岸的广陵,通过邗沟(今大运河苏北段)到达下邳(今江苏睢宁北),再折向彭城,由泗水北上进入黄河水系诸支流,最终进入中原。

在上述这些陆路和水路交通线上,设有一系列驿站和客栈,专供往来官员客商歇宿和存放物资,便于各地经济文化交流,也有利于统治者对各辖地的有效控制。

这一时期的陆路交通工具主要为牛车、肩舆、步辇等。牛车在汉代是地位低微者所乘的车辆,在魏晋南北朝时期的南方地区,却成为社会上层人士日常出行时的主要交通工具。《晋书·舆服志》云:“古之贵者不乘牛车,汉武帝推恩之末,诸侯寡弱,贫者至乘牛车。其后稍见贵之。自灵、献以来,天子至士遂以为常乘。”当时,皇帝出行,

---

① 详见许辉、蒋福亚主编《六朝经济史》第七章第四节“交通的发展”,江苏古籍出版社1993年版。

大驾卤簿中的御轺车、御衣车、御书车、御药车等皆驾牛，公卿大臣、士族子弟出门多坐牛车，平民百姓运输粮食用牛车，部队行军作战也用牛车，乘牛车已形成一种社会风气。究其原委，一是南方地区马匹较少，而牛类较多；二是较之马车，牛车行驶平稳，比较安全；三是玄学名士追求新奇和潇洒，觉得坐牛车出游是一种很惬意的享受，具有不一样的雅致和风度，因此他们坐得多了，便也吸引人们纷纷来仿效，追逐时髦。

坐肩舆之习在这一时期也十分流行。舆，本义为车厢，后引申为车辆。肩舆是指用人力抬扛的代步工具。这种交通工具为两条平行长竿，竿中央设有软椅可坐人，竿下另有垫足以保持平衡，因由人抬在肩上行走，与肩平齐，故称肩舆或平肩舆。东晋以后，乘舆外出在江南颇为流行，肩舆尤为上流名士所喜乘。如《晋书·王导传》记载："会三月上巳，帝亲观禊，乘肩舆，具威仪。"又如王献之"尝经吴郡，闻顾辟疆有名园，先不相识，乘平肩舆径入"[①]。谢万"尝著白纶巾，肩舆径至扬州听事"。[②] 肩舆最初无覆盖，后来又增加了可遮挡光线和风雨的蓬顶。肩舆的种类也较多，有板舆、篮舆、卧舆、步舆等。有的肩舆制作精美，装饰华丽，专为皇帝、太子及宗室成员所乘，"形如轺车，柒画，金校饰。锦衣两厢，后户，隐漆牙兰，皆玳瑁帖，刀格，镂面花钉。宪杆成校栋梁，下施八枫，金涂沓，兆床副，人举之"[③]。这种下施八枫的舆又称八枫舆，要由八人来抬，一般供皇帝在宫内行走时用，足见其豪华气派，目的是为了显示皇帝的威风和尊严。

步辇是由秦汉时的两轮车——"辇"发展而来。辇出现的时间很早，原为一种用人力牵挽的有轮车，古时属王后专用，汉代起逐渐成为皇帝专用车舆的称呼。魏晋时开始出现除去车轮的辇，改由人力来担抬。起初还曾赐予大臣，东晋以后则为皇帝所专用，至南朝时已成为正式制度。据《宋书·邓琬传》记载：宋明帝泰始二年（466），晋安王刘子勋准备谋反，自立为帝，手下谋士邓琬"乃称说符瑞，造乘舆御服……取子勋所乘车，除脚以为辇"。这说明步辇在南朝时的确已成为皇帝的专用车了。关于这一时期步辇的形状，《隋书·礼仪志五》有描述："中方八尺，左右开四望。金为龙首。饰其辕毂头及衡端也。金銮栖轭。其下施重层，以空青雕镂为龙凤像。漆木横前，名为

① 《晋书》卷八〇《王羲之传附王献之传》，中华书局 1974 年版，第 2105 页。

② 《世说新语校笺》卷下《简傲第二十四》，中华书局 1984 年版，第 414 页。

③ 《南齐书》卷一七《舆服志》注，中华书局 1972 年版。

望板。其下交施三十六横。"这种下施三十六横的辇，要由三十六人来抬，可见其形制之大。由于辇在皇帝出行时所起的作用日益重要，所以到了隋唐时期，就将辇与舆并列，称为舆辇，成为一种规范化的制度。

这一时期的水路交通工具主要由各式各样的船舶组成。从形制来看，既有水乡民众日常使用的扁舟、方舟、小艇和木筏，又有达官贵人乘坐的龙舟、画舫、大船和长舰；从功能上讲，既有摆渡载客的客船和专供游玩的游船，又有生产用的渔船和长途运输的货船，更有用于战争的各种兵船。《吴越春秋》载，江南吴地"以船为车，以楫为马"，百姓出门坐船如同家常便饭，充分显示出江南水乡的出行特色。

第三节　婚姻和丧葬

一　婚姻

婚姻乃人生之头等大事，不仅关乎男女双方的个人命运，而且影响家庭和社会的稳定与发展，因此历来为人们所重视。《礼记·昏义》云："昏礼者，将合二姓之好，上以事宗庙，而下以继后世也，故君子重之。"古人曾对婚姻的聘娶过程作过详细规定，大致分为纳采、问名、纳吉、纳征、请期、期初婚等六个步骤，即所谓"六礼"，认为"六礼"皆备，婚姻关系才算确立。

魏晋南北朝时期，以建康为中心的南方地区大体上仍遵循传统的婚姻礼仪，但由于社会动荡、人口迁移，人们的婚姻观念和行为已发生了深刻而又复杂的变化，呈现出与以往时代不同的特点。归纳起来主要有：注重门第，士庶不婚；政治联姻，不计行辈；父母包办，早婚早育；男子多纳妾，女子可改嫁。

1. 注重门第，士庶不婚

这一时期，门阀士族兴起，在政治、经济、文化、教育等方面享有特权地位。为了世代垄断此种地位，保持贵族血统的纯粹，世家大族在婚姻上特别注重门第，讲究门当户对，严格奉行"士庶不婚"的原则。此所谓门第婚。

门第婚在孙吴时期就已出现。如当时著名的"吴郡四姓"顾、陆、朱、张同属江东大族，在家族势力、身份地位以及社会声望等方面旗鼓相当，常常互通婚姻，结为亲家。如丞相陆逊之子陆抗娶了名臣张昭之孙女为妻，两大家族联姻。同时，顾氏与陆氏也有着密切的姻亲关系，丞相顾雍的夫人就来自陆氏家族，其长子顾邵，"少与舅陆绩齐名"。

东晋时，来自北方的侨姓大族掌控了政权，在政治、经济等方面享有特殊地位，更加强调门第婚。其中琅邪王氏、太原王氏、陈郡谢氏、颍川庾氏、谯国桓氏、陈郡殷氏、陈郡袁氏地位最高，门当户对，互相联姻，结为奥援，长期保持上流贵族的身份，影响着政局的变化和发展。如琅邪王凝之娶陈郡谢奕女，王珣娶谢万女，王珉娶谢安女；太原王国宝娶谢安女，谢万娶太原王述女；颍川庾龢娶陈郡谢尚女，陈郡殷颢之娶陈郡谢尚女；谯国桓冲娶琅邪王恬女，又娶颍川庾蔑女；陈郡袁质娶谢安女，袁质子袁湛又娶谢玄女。由此可见，这些侨姓大族间有着千丝万缕的姻亲关系，共同组成一个相对稳定、范围狭窄的联姻圈。①

在东晋士族内部，还有吴姓、侨姓之分。侨姓大族利用自己的势力压制吴地士族，但吴姓大族世代居于江东，具有天然的优越感，心理上自然排斥南渡的侨姓士族。“时王导初至江左，思结人情，请婚于(陆)玩。(陆)玩对曰：‘培塿无松柏，薰莸不同器。玩虽不才，义不能为乱伦之始。’导乃止。”②所以，两者虽同属士族，但互不通婚。

南朝时，寒人执掌机要，门阀士族虽失去政治上的实权，但在婚姻关系上仍顽固坚持门第对等，不与寒门通婚。如刘宋时“司空檀道济为子求娶湛妹，不许。义康有命，又不从。时人重其立志”③。梁朝“仆射徐勉权重，唯蒨及王规与抗礼，不为之屈。勉因蒨门客翟景为子繇求婚于蒨女，不答。景再言之，乃杖景四十，由此与勉忤。勉又为子求蒨弟葺及王泰女，二人并拒之”④。当有人试图打破这一规则时，便被视为大逆不道。如南齐时，东海士族王源将女儿嫁给了出身寒门的富阳富人满璋之子，立即遭到御史中丞沈约的上书弹劾，指出“璋之姓族，士庶莫辨”，“王满连姻，实骇物听”；指责王源“托姻结好，唯利是求，玷辱流辈，莫斯为甚”；强调“此风弗剪，其源遂开，点世尘家，将被比屋”；要求朝廷“免源所居官，禁锢终身”⑤，结果王源真的被革职除名了。

与王源的做法相反，有些士族即使穷困潦倒，也不愿屈尊委身于寒门富商。史载梁陈之际的王元规乃高门太原王氏之后，“八岁而孤，兄弟三人，随母依舅氏往临海郡，时年十二。郡土豪刘瑱者，资财巨万，以女妻之。元规母以其兄弟幼弱，欲结强援。元规泣请曰：‘姻不失亲，古人所重。岂得苟安异壤，辄婚非类！’母感其言而

---

① 参见朱大渭、刘驰等著《魏晋南北朝社会生活史》，中国社会科学出版社2005年版，第186页。

② 《晋书》卷七七《陆晔传附弟玩传》，中华书局1974年版，第2024页。

③ 《南史》卷三六《江夷传附子湛传》，中华书局1975年版，第940页。

④ 《南史》卷三六《江夷传附玄孙蒨传》，中华书局1975年版，第944页。

⑤ 《文选》卷四〇《弹事·奏弹王源》，中华书局1977年版，第562—563页。

止。"[①]王元规年仅十二岁就能严守"士庶之别",可见,当时的"士庶不婚"观念是多么的根深蒂固。

门第婚虽然维护了门阀制度,保证了高门大姓的特权地位,但也带来了严重后果:一是剥夺了贵族青年自主婚姻的权利,牺牲了他们的个性发展和家庭幸福;二是婚姻圈狭窄,导致近亲结婚,生育质量下降,影响子孙后代;三是助长了士族阶层养尊处优、享受特权的思想和穷奢极欲、不思进取的生活态度,加速了门阀世族的腐朽没落。

2. 政治联姻,不计行辈

这一时期,统治阶层的婚姻多为政治联姻,是各家族争取政治权益、扩大社会影响的工具。如孙吴政权就是孙坚、孙策、孙权父子通过政治联姻的方式,在江东士族的鼎力支持下而建立起来的。孙坚的妻子吴夫人,乃移居钱塘的吴人吴景之姊。吴景常随孙坚征伐,曾担任过丹杨太守、广陵太守等要职。孙策与周瑜"有总角之好,骨肉之分",后分别娶桥(乔)公二女为妻,"策自纳大桥,瑜纳小桥",成为连襟关系。后孙策之女,由孙权作主,许配江东大族陆逊,周瑜之女则嫁给太子孙登。

孙策死后,孙权年少继业,统领全军,其母吴夫人"助治军国,甚有补益"。孙权在位时间长,先后有过五位夫人和众多妃嫔,其中不少是出于政治上的联姻需要。如谢夫人,会稽山阴人,其父曾任东汉尚书郎、徐令。徐夫人,吴郡富春人,乃孙权姑表兄弟徐琨之女。步夫人,临淮淮阴人,与丞相步骘同族。王夫人,为琅邪高门王卢九之女。袁夫人,为豪族袁术之女。

孙氏政治联姻,不计行辈。如孙权娶表侄女为妃,其子孙休以外甥女为妻,可谓亲上加亲。东晋南朝时,皇室与世族通婚,不计行辈的情形也很多。如晋明帝娶庾冰之妹,而明帝之孙废帝(海西公奕)娶庾冰之女。晋哀帝为孝武帝之侄,而哀帝王皇后为孝武帝王皇后之姑,皆出自太原王氏。刘宋徐湛之为宋文帝外甥,与宋文帝之女为中表姊妹,而徐湛之居然同意儿子娶宋文帝之女南阳公主,又嫁女儿于宋文帝之子随王刘诞,全然不考虑男女之间的辈份。据《宋书·江湛传》记载,湛女嫁宋文帝之孙,湛妹嫁文帝之子,而江湛之子又娶文帝之女,亦不计行辈。南齐王慈的女儿嫁给了齐高帝萧道成之子,而高帝之女则嫁给了王慈之弟,辈份不相称。梁朝张缵为梁武帝舅之子,与梁武帝为内兄弟,而娶武帝女富阳公主。其子张希及侄张交又娶简文帝之女海盐、安阳两公主,行辈全不相当。陈朝时,陈高宗柳皇后之弟柳盼娶陈世祖之女富阳公主。柳氏乃高宗之后,高宗乃世祖之弟,而柳后之弟又娶世祖之女,完全是亲上

---

① 《陈书》卷三三《儒林传·王元规》,中华书局1972年版,第448页。

加亲，根本不论辈份。[1]

至于门阀士族中的亲戚通婚与婚姻不计行辈现象更为普遍，如：谢尚娶袁耽妹，谢安女又适袁耽子袁质，为一代从表亲通婚。袁质子袁湛娶谢玄女，袁湛妹又适谢玄从子谢重，则为二代从表亲通婚。又如：谢尚与殷浩为连襟，但殷浩从弟殷歆却娶谢尚女，低一辈。太原王濛女与王坦之女为姐妹，所适谢氏却为从叔侄。可见，当时社会上婚姻不论行辈已成风气。这种婚姻有违人伦道德，败坏社会风气，不利于人类文明的进步。

3. 父母包办，早婚早育

这一时期的婚姻多为父母包办主持，作为当事者的男女双方反而没有自主权，完全听从家长的安排。父母或者为了增加家庭财富，改善生活条件，或者为了攀附官宦人家，提高社会地位，甚至有时仅仅为了面子和虚荣心，就自作主张，将儿女的婚姻大事确定下来。在那个讲究孝道的宗法社会里，作为儿女一般都会听父母的话，接纳许配给自己的对象，凑合着过日子，根本谈不上有什么爱情基础。

在父母包办的婚姻中，一般有指腹婚、财婚、交换婚、赘婿婚和冥婚等形式。

指腹婚是指孩子尚未出世，双方父母就提前预约，结为姻亲。多发生于相互熟悉的近邻或朋友之间，尤其在当时的士族阶层较为流行。如《梁书·韦放传》记载："初，放与吴郡张率皆有侧室怀孕，因指为婚姻。其后各产男女，未及成长而率亡，遗嗣孤弱，放常赡恤之。及为北徐州，时有势族请姻者，放曰：'吾不失信于故友。'乃以息岐娶率女，又以女适率子，时称放能笃旧。"韦放信守诺言固然值得称赞，但指腹为婚，可能违背儿女意愿，影响家庭幸福，不宜肯定。

财婚是指男方在结婚前须给女方家聘礼以求婚，女方家也要给男方家嫁妆，双方都要为婚姻付出一定钱财。在正常情况下，这是中国古代婚姻最常见的形式，称聘娶婚，符合人之常情，无可厚非。但在此过程中，也有些人利欲熏心，趁机索要超出对方经济承受能力的大笔彩礼或高额嫁妆，大肆敛财，奢华铺张，招摇过市，这就违背了正常婚姻的宗旨，纯粹变成了以金钱为基础的买卖婚姻。在此风气下，一些家庭贫困的男子常常结不起婚，孤身终生。即使是士族出身的男子，若无钱也难以娶妻成家。如南朝诗人颜延之"少孤贫，居负郭，室巷甚陋。好读书，无所不览，文章之美，冠绝当时。饮酒不护细行。年三十，犹未婚"[2]。又如《文心雕龙》的作者刘勰"早孤，笃志好学，家贫不婚娶，依沙门僧佑，与之居处，积十余年"[3]。

---

① 参见周一良《魏晋南北朝史札记》，中华书局 1985 年版，第 172—175 页。

② 《宋书》卷七三《颜延之传》，中华书局 1974 年版，第 1891 页。

③ 《梁书》卷五〇《文学传下·刘勰》，中华书局 1973 年版，第 710 页。

交换婚是指两个家庭之间,一方之子娶对方之女为妻,同时又将己女嫁与对方之子,互为亲家,亲上加亲。这种婚姻形式,对于底层百姓来说,可以互相节省聘娶彩礼,减轻家庭负担;对于上层人士来说,则是缔结政治联盟、巩固家族势力的有效手段。如东晋皇室成员与颍川庾氏、太原王氏的世代联姻,琅邪王氏与陈郡谢氏之间的世代通婚即属交换婚。

赘婿,是指到女方家落户的上门女婿。这种婚姻形式多见于多子家庭与无子家庭之间,往往是因为一方儿子较多,家庭贫穷,无力让每个儿子娶妻成家;另一方恰好没有儿子,只有女儿,需要有人来支撑家庭、延续香火,于是双方各取所需,走到一起,这不失为一种解决家庭问题的好方法。可惜由于受传统思想的影响以及社会偏见,这种上门女婿容易遭受歧视和欺压,社会地位不高。

冥婚,即幽冥世界的婚姻,又称阴婚,一般是指生前未能成婚,死后移棺合葬、行婚嫁之礼而成为阴间夫妇的一种婚姻形式。其原因有可能双方早有婚约,但未完婚即卒;也有的是父母怕子女在阴间孤寂而为亡灵婚配,对生者是一种心理安慰。这是一种变态的婚姻现象,很久以前就存在,魏晋南北朝时也有相关记载。

早婚早育在魏晋南北朝时期是一种带普遍性的习俗,上自皇帝、皇室成员及文武百官,下至一般平民百姓,社会上绝大多数人未及弱冠之年就已婚配成家。据史料记载和专家统计,这一时期的历代皇帝结婚年龄平均为 15 岁,皇后们的结婚年龄平均为 13 岁。文武大臣、门阀士族的结婚年龄也多在十几岁。如东晋荀羡,年 15 岁时便与帝室联姻。南朝宋王僧绰年 13 岁尚太祖长女东阳献公主。南朝齐谢瀹年 8 岁时,孝武帝便诏其尚公主。南朝梁张缵 11 岁尚富阳公主。南朝陈周弘正年 10 岁时,裴子野就请以女妻之。[①] 至于生活在社会底层的平民百姓更是流行早婚早育,常常是十五六岁就已为人父母,四十岁不到已成祖父母了。

之所以出现这种现象,是因为魏晋南北朝时期,战乱频繁,人口锐减,各地政权为了增加劳动力,扩大兵员,增加税收而采取了鼓励早婚早育的政策,试图尽快恢复和增长人口。如刘宋世祖在位时,录事参军周朗就上书曰:"凡为国,不患威之不立,患恩之不下;不患土之不广,患民之不育。自华、夷争杀,戎、夏竞威,破国则积尸竟邑,屠将则覆军满野,海内遗生,盖不余半。重以急政严刑,天灾岁疫,贫者但供吏,死者弗望埋,鳏居有不愿娶,生子每不敢举。又戍淹徭久,妻老嗣绝,及淫奔所孕,皆复不收。是杀人之日有数途,生人之岁无一理,不知复百年间,将尽以草木为世邪,此最是惊心悲魂恸哭太息者。法虽有禁杀子之科,设早娶之令,然触刑罪,忍悼痛而为之,岂

① 参见朱大渭等著《魏晋南北朝社会生活史》,中国社会科学出版社 2005 年版,第 183 页。

不有酷甚处邪。今宜家宽其役，户减其税。女子十五不嫁，家人坐之。特雉可以聘妻妾，大布可以事姑舅，若待礼足而行，则有司加纠。凡宫中女隶，必择不复字者。庶家内役，皆令各有所配。要使天下不得有终独之生，无子之老。所谓十年存育，十年教训，如此，则二十年间，长户胜兵，必数倍矣。"[①]又如南齐建武四年(497)正月诏："民产子者，蠲其父母调役一年，又赐米十斛。新婚者，蠲夫役一年。"[②]梁武帝天监十六年(517)正月诏曰："若民有产子，即依格优蠲。"[③]

4. 男子多纳妾，女子可改嫁

纳妾，是指男子在已有妻室的情况下，再娶一个或多个女子为妻(俗称小老婆)的婚俗。这种现象在古代社会早已存在并习以为常，至魏晋南北朝时此风更甚，富豪缙绅之家表现得尤为突出。历代皇帝自不待言，坐拥后宫妃嫔无数。文武百官，蓄伎纳妾，竞相标榜，各显风流。至民间富室，也多有数妇。如刘宋时期的颜师伯，"居权日久，天下辐辏，游其门者，爵位莫不逾分。多纳货贿，家产丰积，伎妾声乐，尽天下之选"[④]。寒人阮佃夫执掌权柄后，"大通货贿，……妓女数十，艺貌冠绝当时，金玉锦绣之饰，宫掖不逮也。"[⑤]又如梁朝的武将曹景宗"好内，妓妾至数百，穷极锦绣"。[⑥] 骁骑将军夏侯亶"晚年颇好音乐，有妓妾十数人"；其弟夏侯夔"性奢豪，后房伎妾曳罗縠饰金翠者亦有百数"。而"累从征讨，常为军锋"的盱眙太守鱼弘，亦有"侍妾百余人"。[⑦]这种一夫多妻的习俗反映了当时男女不平等的社会现象。

这一时期，由于儒家思想受到冲击，婚姻观念发生变化，男女结婚相对自由，妇女改嫁成了司空见惯的社会现象。女子改嫁的原因很多，有因丈夫去世致家贫而无奈改嫁的，有因丈夫另寻新欢而致夫妻分手的，有因政治原因而被迫另嫁的，有因战乱而导致夫妻分离、妻再嫁人的，情况不一。在改嫁者中，既有皇室宫廷里的后妃、公主，又有社会底层的村妇乡女。如孙权步夫人"生二女，长曰鲁班，字大虎，前配周瑜子循，后配全琮；少曰鲁育，字小虎，前配朱据，后配刘纂"。[⑧] 东晋时，庾亮之子死于苏峻之乱，儿媳将改嫁，亮曰"贤女尚少，故其宜也"[⑨]，表现得非常宽容大度。刘宋蔡兴宗之女寡居后，顿成众多名家年少求婚的首要目标，纷纷上门。

---

① 《宋书》卷八二《周朗传》，中华书局 1974 年版，第 2094 页。

② 《南齐书》卷六《明帝纪》，中华书局 1972 年版，第 89 页。

③ 《梁书》卷二《武帝纪中》，中华书局 1973 年版，第 56 页。

④ 《宋书》卷七七《颜师伯传》，中华书局 1974 年版，第 1995 页。

⑤ 《宋书》卷九四《恩倖・阮佃夫传》，中华书局 1974 年版，第 2314 页。

⑥ 《梁书》卷九《曹景宗传》，中华书局 1973 年版，第 181 页。

⑦ 《梁书》卷二八《夏侯亶传》，中华书局 1973 年版，第 422 页。

⑧ 《三国志・吴书・妃嫔传》，中华书局 1982 年版，第 567 页。

⑨ 《世说新语校笺》卷下《伤逝第十七》，中华书局 1984 年版，第 350 页。

改嫁有被迫者，也有自愿者。前者如刘宋谢混死后，其妻晋陵公主被迫改嫁给琅邪王练，后自请复归谢氏。后者如《南史》卷一五《徐孝嗣传》："父被害，孝嗣在孕，母年少，欲更行，不愿有子，自床投地者无算，又以捣衣杵舂其腰，并服堕胎药，胎更坚。及生，故小字遗奴。"徐母为改嫁，竟不惜堕胎，摧残身体，可见其改嫁心切。还有坚决不愿改嫁者。据《梁书·止足传》记载："有贞妇万晞者，少孀居无子，事舅姑尤孝，父母欲夺而嫁之，誓死不许。"《南史·孝义传》也记载：晋陵吴康之妻赵氏，"少时夫亡，家欲更嫁，誓言不二焉"；"义兴蒋儁之妻黄氏，夫亡不重嫁，家逼之，欲自杀，乃止。"妇女不愿改嫁反而会遇到家长逼迫，可见当时妇女改嫁之风盛行。

二　丧葬

生老病死乃自然规律，人人都得面对它。当一个人走向生命的终点时，其亲属就要为之处理身后事，包括发布死讯、亲友哀悼、选择墓地、举行葬礼等系列活动，由此形成了一整套丧葬礼仪和习俗。魏晋南北朝时期，扬州、徐州地区的丧葬习俗既有沿袭汉代传统的一面，又有受时代大背景和宗教之影响而呈现新变化的一面，在居丧守孝之礼方面，形成了一些新的民俗风尚。

1. 丧礼

这一时期的南方丧礼基本上遵循古礼，分为殡殓死者、举办丧事、居丧守孝三个部分。殡殓死者主要是对亡者的处置，包括为死者沐浴、栉发、剪指甲、穿寿衣、睡灵床，再布置灵堂，供人祭奠，是为"小殓"。接着，派人向死者的亲朋好友报丧，为死者举办丧事。期间，各地亲友前来吊唁、哭丧，主人拜送答谢。小殓完毕，举行入棺仪式，将死者遗体放入棺材，是为"大殓"。大殓后并不立即入葬，要根据死者的身份、占卜入葬的日期等决定停殡待葬时间的长短。停殡待葬期间，死者亲属按血缘关系的远近，分别穿上不同等级的丧服，称为"成服"。成服至下葬期间，每天早晚都要在殡所哭奠，称为"朝夕哭"或"朝夕奠"。下葬前一天，用灵车载着灵柩先去祖庙，称为"迁柩"。下葬之日，所有亲朋好友护送灵柩去墓地，与死者作最后告别。葬毕，死者亲属回到殡所，升堂而哭，称为"反哭"。反哭后进行虞祭，为死者超度灵魂。虞祭完后还有"卒哭"，表示死者一切安排已毕，治丧期间的哭号可以停止了，从此进入居丧守孝阶段。居丧，又称守丧、值丧、丁忧，是人们为了表达对死者的哀悼之情而对死者亲属在日常生活方面所提出的一些禁忌和要求。儒家经典对此曾有一整套详尽而繁琐的规定，其中包括衣着上的"五服"（斩衰、齐衰、大功、小功、缌麻）、饮食上的粗茶淡饭、居住上的搭建陋舍守护坟墓、出行上的不远行等要求以及禁止婚娶、饮酒、娱乐等活动。

由于受到社会大背景的影响，特别是玄学的流行、佛教的传播和道教的兴起，这一时期的江南丧葬习俗出现了一些有别于北方的特色。据《颜氏家训·风操》记载："江南凡遇重丧，若相知者同在城邑，三日不吊则绝之"，"有故及道遥者，致书可也。"当有客人前来吊丧时，一般是主人先哭，客人则一进门就要陪着主人一起哭，常常是边哭边倾诉衷肠，以示对死者的哀悼和怀念。这与北方人哭丧时呼天抢地、大声哀嚎的风俗颇不一样。

当然也不是所有的人都遵循古礼，有些纨绔子弟在面对亲人的死亡时，不但不悲痛，相反还趁机饮酒狎妓，寻欢作乐，有违人伦。如宋武帝刘裕驾崩后，其长子刘义符满不在乎，照样"征召乐府，鸠集伶官，优倡管弦，靡不备奏，珍羞甘膳，有加平日"。还和妃嫔们在后宫嬉戏追逐，毫无愧色。不久，懿后也去世，他仍无哀痛之情，居然"亲与左右执绋歌呼，推排梓宫，扑掌笑谑"[①]，似乎忘了在办丧事。难怪他继位不久即被废掉，最终死于非命。也有些名士为了表达自己内心的悲痛而采用了打破常例的吊丧仪式。如东晋名臣顾荣"素好琴，及卒，家人常置琴于灵座。吴郡张翰哭之恸，既而上床鼓琴数曲，抚琴而叹曰：'顾彦先复能赏此不？'因又恸哭，不吊丧主而去"。[②] 张翰和顾荣同为吴郡人，相识相知，友谊笃深。当听说顾荣去世时，张翰十分悲痛，前往吊唁时没有采用一般客人的做法，而是根据顾荣生前的爱好为他弹琴奏曲来悼念好友，反映两人的友情非同一般。

随着佛教的流传和渗透，江南民间在丧事中逐渐增加了由佛教徒诵经、祈祷及供奉佛像等活动内容，形成了举行七七斋和水陆法会的新民俗。

七七斋乃根据佛教教义而形成。佛教认为，人死后的七七四十九天内，灵魂分为七个阶段随业力受生，先为猪马牛羊等畜牲，最后才能轮回为人。故从死者去世之日起，每隔七天，丧家都要为死者诵经、念佛，作种种功德，以替死者消弭生前的罪孽，从而得以脱离苦海，托生到良善人家，来世享受荣华富贵。此风俗首先在北方地区流行，后传到南方，逐渐在社会各个阶层普及，并一直传承至今。

水陆法会，全称为"法界圣凡水陆普度大斋胜会"，也称为"水陆道场"、"悲济会"等。它是中国佛教中一种非常隆重的经忏法事，规模盛大，僧徒众多，集体诵经礼佛，追荐亡灵，供奉诸佛，超度地狱众生等水陆一切鬼魂。这种法事相传起源于南朝梁武帝时，据《佛祖统纪》卷三三载，梁武帝梦见一个神僧告诉他说："六道四生，受苦无量，何不作水陆大斋以拔济之？"在高僧宝志的奉劝下，梁武帝搜寻佛经，创制仪文，三年乃成，遂于天监四年（505）二月十五日，在润州（今江苏镇江）金山寺修设水陆法会。

---

① 《宋书》卷四《少帝纪》，中华书局1974年版，第65页。

② 《晋书》卷六八《顾荣传》，中华书局1974年版，第1815页。

此后，水陆法会就成为经常举行的超度死者亡灵的大规模法会，并在民间丧事活动中广为应用。

这一时期，统治者提倡孝道，号称以孝治天下。在此影响下，社会上从上到下普遍遵循居丧守孝之礼，有的还走向了极端。如刘宋谢弘微，“母尤去职，居丧以孝称，服阕踰年，菜蔬不改。”又，他从小失去父亲，“事兄如父，兄弟友穆之至，举世莫及也。”当其兄去世后，“弘微蔬食积时，哀戚过礼，服虽除，犹不噉鱼肉。沙门释慧琳诣弘微，弘微与之共食，犹独蔬素。慧琳曰：‘檀越素既多疾，顷者肌色微损，即吉之后，犹未复膳。若以无益伤生，岂所望于得理。’弘微答曰：‘衣冠之变，礼不可踰。在心之哀，实未能已。’遂废食感咽，嘘唏不自胜。”[①]又如梁昭明太子在其母丁贵嫔死后，“步从丧还宫，至殡，水浆不入口，每哭辄恸绝”，在其父梁武帝的劝说下，才进粥数合，“自是至葬，日进麦粥一升。……虽屡奉敕劝逼，日止一溢，不尝菜果之味。体素壮，腰带十围，至是减削过半。每入朝，士庶见者莫不下泣。”[②]不仅昭明太子至孝如此，其弟简文帝也一样，在穆贵嫔去世后，“哀毁骨立，昼夜号泣不绝声，所坐之席，沾湿尽烂。”[③]

至于民间恪守孝道之事，更是感人肺腑，屡见不鲜。如南朝宋吴郡吴人张敷，在其父死后，“成服凡十余日，方进水浆，葬毕，不进盐菜，遂毁瘠成疾。”[④]其伯父多次力图劝止，但张敷却更加哀痛，没过多久即因伤心过度而亡，后受孝武帝表彰，改其居所之地为“孝张里”。又如南朝齐晋陵无锡人薛天生，“母遭艰菜食，天生亦菜食。母未免丧而死，天生终身不食鱼肉。”[⑤]这是以终身吃素来表达对母亲的怀念之情。再如陈朝吴郡吴人张昭，“幼有孝性，色养甚谨，礼无违者。父熯，常患消渴，嗜鲜鱼，昭乃身自结网捕鱼，以供朝夕。弟乾，字玄明，聪敏博学，亦有至性。及父卒，兄弟并不衣绵帛，不食盐醋，日唯食一升麦屑粥而已。每一感恸，必致呕血，邻里闻其哭声，皆为之涕泣。父服未终，母陆氏又亡，兄弟遂六年哀毁，形容骨立，亲友见者莫识焉。家贫，未得大葬，遂布衣蔬食，十有余年，杜门不出，屏绝人事。”[⑥]

2. 葬俗

与两汉时期盛行厚葬不同，这一时期的葬俗流行薄葬。薄葬之风的先导者乃曹操，他鉴于东汉末年的社会动荡、经济凋敝、民不聊生的现象以及前人因厚葬而遭致盗墓破坏的结果，于建安十年(205)发布了禁止厚葬的政令，并率先身体力行。这一

---

① 《宋书》卷五八《谢弘微传》，中华书局 1974 年版，第 1592 页。

② 《梁书》卷八《昭明太子传》，中华书局 1973 年版，第 167 页。

③ 《梁书》卷八《昭明太子传》，中华书局 1973 年版，第 109 页。

④ 《宋书》卷四六《张邵附张敷传》，中华书局 1974 年版，第 1396 页。

⑤ 《南史》卷七三《孝义传上·薛天生》，中华书局 1975 年版，第 1821 页。

⑥ 《陈书》卷三二《孝行传·张昭》，中华书局 1972 年版，第 430 页。

做法得到了后代统治者的响应，在两晋南北朝的诸多皇帝诏令中，多有禁止厚葬、提倡薄葬的内容。《晋书·礼志》载："江左初，元、明崇俭，且百度草创，山陵奉终，省约备矣。"同书《明帝纪》载，司马绍遗命薄葬，"一遵先度，务从简约，劳众崇饰，皆勿为也。"成帝在杜皇后去世后下诏曰："吉凶典仪，诚宜备设，然丰约之度，亦当随时，况重壤之下，而崇饰无用邪！今山陵之事，一从节俭，陵中唯洁扫而已，不得施涂车刍灵。"①

在封建君主的示范作用下，薄葬蔚然成风。许多文武百官生前都表态支持薄葬，希望自己死后丧事从简。如东晋时庾冰临终遗言："死之日，殓以时服，无以官物也。"②刘宋时王微"遗令薄葬，不设輤旐鼓挽之属，施五尺床，为灵二宿便毁"③。张邵去世前"遗命祭以菜果，苇席为輤车"④。南齐崔慰祖临死前叮嘱："以棺亲土，不须砖，勿设灵座。"⑤张融"病卒，遗令建白旌无旒，不设祭"。⑥ 梁代的刘讦更加彻底，临终时拉着族兄刘歊的手交待："气绝便殓，殓毕即埋，灵筵一不须立，勿设飨祀，无求继嗣。"⑦刘歊从而行之，并对人的生死问题进行了深入思考，著成《革终论》，反对厚葬，称赞那些身体力行薄葬的人士，表示自己要向他们学习，死后"气绝不须复魂，盥洗而殓。以一千钱市治棺、单故裙衫、衣巾枕履。此外送往之具，棺中常物，及余阁之祭，一不得有所施。世多信李、彭之言，可谓惑矣。余以孔、释为师，差无此惑。殓讫，载以露车，归于旧山，随得一地，地足为坎，坎足容棺，不须塼甓，不劳封树，勿设祭飨，勿置几筵，无用茅君之虚座，伯夷之杅水"。⑧ 梁天监八年(509)，吴郡吴人顾宪之临终前告诫儿子道："衣周于身，示不违礼，棺周于衣，足以蔽臭。入棺之物，一无所须，载以輴车，覆以粗布，为使人勿恶也。……不须常施灵筵，可止设香灯，使致哀者有凭耳。朔望祥忌，可权安小床，暂设几席，唯下素馔，勿用牲牢。蒸尝之祠，贵贱罔替。备物难办，多致疏怠。祠先人自有旧典，不可有缺。自吾以下，祠止用蔬食时果，勿同于上世也。"⑨陈朝太常卿周弘直临终前遗疏敕其家曰："气绝已后，便买市中见材，材必须小形者，使易提挈。殓以时服，古人通制，但下见先人，必须备礼，可着单衣裙衫故履。既应侍养，宜备纷帨，或逢善友，又须香烟，棺内唯安白布手巾、粗香炉而已，其外一无

① 《晋书》卷三二《后妃·成恭杜皇后传》，中华书局 1974 年版，第 974 页。

② 《晋书》卷七三《庾亮传附庾冰传》，中华书局 1974 年版，第 1930 页。

③ 《宋书》卷六二《王微传》，中华书局 1974 年版，第 1672 页。

④ 《宋书》卷四六《张邵传》，中华书局 1974 年版，第 1395 页。

⑤ 《南齐书》卷五二《文学传·崔慰祖》，中华书局 1972 年版，第 902 页。

⑥ 《南齐书》卷四一《张融传》，中华书局 1972 年版，第 728 页。

⑦ 《梁书》卷五一《处士传·刘讦》，中华书局 1973 年版，第 747 页。

⑧ 《梁书》卷五一《处士传·刘歊》，中华书局 1973 年版，第 750 页。

⑨ 《梁书》卷五二《止足传·顾宪之》，中华书局 1973 年版，第 760 页。

所用。”①

上述事例说明，这一时期的南方上层社会的确崇尚薄葬。至于下层平民百姓更是如此，因为当时的百姓生活十分贫穷，遇到亲人去世时，只能简单地办个丧事，一埋了之，想要厚葬也无能为力，更何况政府还下了不少禁令，所以此时的葬俗以薄葬为主。

当然，由于受传统的影响，加上这一时期南方地区社会相对稳定，经济快速发展，厚葬习俗依然存在。尤其是到了南北朝后期，社会上重新出现了厚葬之风。如梁、陈两朝的皇室就建造了许多规模宏大的奢华陵墓。仅梁武帝时所建的王侯陵就有始兴忠武王萧憺墓、鄱阳忠烈王萧恢墓、安成康王萧秀墓、临川靖惠王萧宏墓、新渝宽侯萧暎墓、吴平忠侯萧景墓等。这些墓前都建有成套的神道石刻。从南京、丹阳等地所遗留至今的六朝文物来看，最多的便是当年摆放在这些帝王陵墓前的天禄、麒麟、辟邪等神道石刻。

此外，这一时期的南方葬俗还有聚族而葬、夫妻合葬、水葬、火葬、野葬、归葬等多种形式，并且那时的人特别迷信风水，讲究择地而葬，以致民间相墓术盛行，出现了以此为营生的相关专业人员，反映了社会上人们的宗教迷信观念已是根深蒂固。

第四节　节庆与娱乐

一　节庆

节庆是指人们在一年四季中，随着时序的变化而设立相应的节日，举行不同的仪式，便于男女老少开展纪念、庆祝、娱乐等有益身心健康的民俗活动，又称“岁时节令”。魏晋南北朝时期，南方地区的节庆大致沿袭秦汉传统，但也有所创新，加入了一些具有宗教色彩的节日。归纳起来，这一时期的主要节庆活动有元日、人日、上元节、上巳节、寒食节、端午节、乞巧节、盂兰盆节、重阳节、腊日、除夕等。

元日，即农历正月初一，又称元旦、正旦、岁朝。元日为一岁之始，“一元复始，万象更新”，朝野上下都要举行各种庆祝活动，使之成为一个充满喜庆祥和的节日。据南朝梁宗懔的《荆楚岁时记》记载，这一天，“鸡鸣而起，先于庭前爆竹（以火烧竹，爆裂发声），以辟山臊恶鬼。长幼悉正衣冠，以次拜贺。进椒柏酒，饮桃汤。进屠苏酒，胶

① 《陈书》卷二四《周弘正传附周弘直传》，中华书局1972年版，第311页。

牙饧，下五辛盘，进敷于散，服却鬼丸。各进一鸡子。凡饮酒次第，从小起。帖画鸡户上，悬苇索于其上，插桃符其傍，百鬼畏之。”[①]可以看出，元日的活动目的主要是为了驱邪避鬼和祛病健身。如今的农历春节，人们贴门神或贴对联，放鞭炮或焰火，其意思是一样的。

人日，在农历每年的正月初七。据晋代议郎董勋《问礼俗》曰：“正月一日为鸡，二日为狗，三日为猪，四日为羊，五日为牛，六日为马，七日为人。”[②]这一天的活动主要为吃由七种菜做成的“七菜羹”、剪彩人、互赠华胜、出游、登高赋诗等。人日登高的风俗，到隋唐仍十分盛行。

上元节，又称元宵节、灯节。源于汉代祭祀太乙的信仰风俗，魏晋南北朝时有所发展，到唐朝正式成为道家的三元节之一。[③] 佛经中也载有燃灯习俗，《涅槃经》曰：“如来阇维讫，收舍利罂置金床上，天人散花奏乐，绕城步步燃灯十二里。”说明正月十五张灯观灯之俗，又与印度佛教传入中国有关。但正月十五煮食元宵的习俗这时还没出现，主要的活动内容有祠门祭户、祭蚕神、迎紫姑、打簇、相偷戏、打粪堆等。

上巳节，又名修禊节。先秦时期每年三月的第一个巳日，人们都要去水边沐浴，以涤去尘垢，祓除灾气。魏以后，此节固定在每年的三月三日举行。这一时期，人们逐渐淡化了该节的本来意义，而是以到小溪河边踏青游乐为主。尤其是文人学士喜欢在风和日丽、春光明媚的上巳节里来到江渚池塘边上相聚，面对着良辰美景举杯畅饮，吟诗作赋，弹琴高歌，抒发着对大自然的热爱之情，留下了许多美文诗篇。

寒食节，传说是为了纪念春秋时代晋国人介子推而设立，后传播到大江南北，成为固定的节日。其时间在冬至后的第 105 天或 106 天左右，距清明节气很近，故唐朝后将它们放在一起过，成了专门纪念先人的节日，渐渐改称清明节。据《荆楚岁时记》记载，东晋南朝时寒食的时间已固定为三天。在此期间，人们不得举火烧饭，而以事先准备的冷食充饥。冷食包括炒熟了的谷粉、米粉、饧和大麦粥等，只需加水调和即可食用。

端午节，又称端五、端阳、重五，在农历每年的五月五日。传说是为了纪念楚国气节高尚的爱国诗人屈原，而在吴地则是为了纪念吴国忠臣伍子胥。但其起源与人们的岁时禁忌和迷信有关。因为农历五月正处于春夏之交，气候湿润多变，蚊蝇

---

① （梁）宗懔《荆楚岁时记》，岳麓书社 1986 年版，第 2 页。

② 《太平御览》卷三〇《时序部・人日》引，中华书局 1960 年版，第 140 页。

③ 道家三元节，以正月十五为上元节，七月十五为中元节，十月十五为下元节。

孳生，容易让人生病。在医疗水平极低的古代，人们很难适应这种气候的转换，于是视五月为恶月，五月五日为恶月中的恶日，由此导致了人们种种的禁忌和趋吉避凶的举动，这些禁忌和举动后来就逐步演变为端午节的仪式和风俗。发展至魏晋南北朝时期，江南地区的端午节习俗主要有插艾草、挂五色桃印符、系长命缕和饮菖蒲酒，以避瘟禳毒、去灾除病。又有龙舟竞渡之俗、包裹和煮食粽子之俗以及斗百草之戏等。

乞巧节，也称七夕节、女儿节，在每年的农历七月七日。这一天是民间传说中牛郎织女相会的日子，也是姑娘、妇女们向织女乞求智巧的日子。因为女红是古代女子的必修功课，女红技术的好坏关系到女子的终身幸福，而天上的织女星是灵巧和智慧的化身，所以女子喜欢在七夕这天穿针乞巧。《荆楚岁时记》记载："七月七日，为牛郎织女聚会之夜。是夕，妇人结彩缕，穿七孔针，或以金、银、鍮石为针，陈瓜果于庭中以乞巧，有喜子网于瓜上，则以为符应。"另一种活动是守夜祈福。晋周处《风土记》载曰："七月七日，其夜洒扫于庭，露施几筵，设酒脯时果，散香粉于河鼓、织女，言此二星神当会。守夜者咸怀私愿，或云见天汉中有奕奕正白气，有耀五色，以此为征应。见者便拜而愿乞富乞寿，无子乞子，唯得乞一，不得兼求。三年乃得言之，颇有受其祚者。"[①]七月七日这天，当时还有曝衣之俗和晒书之俗。

盂兰盆节，为佛教节日，在每年的农历七月十五，民间今称"鬼节"。这是根据佛经中目连救母的故事敷衍而成。盂兰盆是梵文音译，意为"救倒悬"，即救度死者亡灵倒悬之苦。据《盂兰盆经》记载："目连见其母生饿鬼中，即钵盛饭往飨其母。食未入口，化成火炭，遂不得食。目连大叫，驰还白佛。佛言：'汝母罪重，非汝一人所奈何，当须十方众僧威神之力。至七月十五日，当为七代父母厄难中者，具百味五果，以著盆中，供养十方大德。'佛敕众僧，皆为施主，祝愿七代父母，行禅定意，然后受食。是时，目连母得脱一切饿鬼之苦。目连白佛：'未来世佛弟子行孝顺者，亦应奉盂兰盆供养。'佛言：'大善。'"[②]据称从此以后，每逢这一天，僧尼道俗都用盂兰盆供佛。盂兰盆通常用竹编成，人们放入纸钱，用火焚烧，以表诚心。盂兰盆节是这一时期佛教盛行的产物，梁武帝就曾亲自举办过盂兰盆会，说明此节是当时的一个重要节日。

重阳节，在每年的农历九月九日。古人认为九为阳数，而此日日月之数恰好重叠，故名重阳。重九为阳数之极，此日天气下降而地气上升，天地二气相交，不正之气弥漫。为避免接触不正之气，须登高山以避重九之厄。因此，登高是重阳节的标志性

① (唐)徐坚《初学记》卷四《岁时部·七月七日》引，中华书局1962年版，第78页。

② (唐)徐坚《初学记》卷四《岁时部·七月十五日》引，中华书局1962年版，第79页。

节俗，每年这个时候，人们都会走出家门，登高望远，欣赏秋高气爽的美丽景色。如刘裕为宋公时，重阳这一天就在彭城登上了项羽戏马台。[①] 齐武帝则专门指定都城郊外的孙陵冈为登高之所，在其上建筑了商飙馆，每逢重九之日，即登此冈大宴群臣，故后世又将孙陵冈称为"九日台"[②]。重阳节是这一时期最为人重视的节日，往往举行隆重的庆祝仪式，登高野餐、赏菊食饵、遍插茱萸，反映了人们希望驱邪避灾、祈求健康长寿、生活美满幸福的愿望。

腊日，在每年的农历十二月八日，魏晋以前不固定，南朝时始有"腊八"之说。腊日乃祭祀百神和祖先的大祭之日，是人们在忙活一年后为了感谢祖宗、神灵护佑自己农事顺遂、粮食丰收、全家平安而举行的祭祀活动。这一时期，所祭的对象包括土地神、四方神、祖宗、户神、灶神等，范围广泛。其中祭灶神的习俗被后世沿袭，影响很大。这是因为灶神是与人们生活联系最为密切的神，为了保佑全家的幸福安康，就需要经常供奉灶神。南朝时，由于受佛教的影响，在传统的驱鬼逐疫仪式中，已加入了佛教护法之神金刚力士，后又以十二月八日为佛祖的成道日，形成了吃"腊八粥"的习俗。

除夕，是一年中的最后一天，又称为岁暮、岁除。新旧交替之际，意义非凡，因此人们特别看重这个节日。"一岁之中，盛于此节"。其节俗主要为除旧迎新和驱邪避恶。这一时期，除旧的习俗有送岁和留宿岁饭。送岁，就是在除夕这天洒扫门庭，清除杂秽，整理房间，晚上则全家团圆吃年夜饭。但在宴席上不能把饭全部吃完，须留下一部分，称为"宿岁饭"。新年过后，将之撒到大街上，以此象征除旧纳新。

除旧的同时要迎新。人们在除夕要准备好迎接新年的物品如椒柏酒、五辛盘等食品，并且更换门神、桃符，家家都是一片忙碌景象。到了夜里，全家老少济济一堂，欢聚畅谈，彻夜不眠，守候新年的到来，称为"守岁"。

在驱邪避恶方面，南朝民间有镇宅之俗。据《荆楚岁时记》载：十二月暮日，民间在住宅四角各埋一块石头，以此来守卫宅室，免遭邪魔侵扰。在家中还要焚烧避瘟丹，或苍术、皂角、枫、芸诸香，以避邪祛湿，保持室内干燥和温暖。

二　娱乐

娱乐是人们在日常劳作之余，为了放松身心、祛除疲劳、享受生活乐趣而开展的各种游戏、竞技、玩耍和逗乐活动，是人类精神生活的一个重要部分。这一时期，南方地区的娱乐活动丰富多彩，除了传统项目外，还出现了不少新的项目，大致呈现出这

---

① 《南齐书》卷九《礼志上》，中华书局1972年版，第150页。

② 《南齐书》卷三《武帝纪》，中华书局1972年版，第54页。

样一些特点：一是娱乐活动虽为社会各阶层所喜爱，但真正参与者多为达官贵人和文人雅士；二是南北分裂，地域阻隔，娱乐活动具有一定的地域差异；三是战争频繁，武术、骑射等军体活动发展迅速；四是受玄学的影响，清雅之戏与围棋活动有较大发展；五是追求财富而功利色彩较浓的博戏在民间极为流行。[①]

1. 音乐、舞蹈与杂技

音乐是人类内心情感的一种自然流露，具有自娱与娱人的双重功能，自古以来就受到人们的喜爱。这一时期的南方音乐形式多样、内容丰富、乐器增多，流行《清商乐》，并和吴歌、西曲等地方民歌相结合，充满浓郁的江南情调和生活气息。《宋书·乐志》中保存了许多有关音乐的资料，指出《清商乐》中的“吴歌杂曲，并出江东，晋、宋以来，稍有增广”。如《团扇歌》，是因“晋中书令王珉与嫂婢有情，爱好甚笃，嫂捶挞婢过苦”，[②]婢素来善于唱歌，而王珉好捉白团扇，所以才制作了这首歌曲，歌词为：“团扇复团扇，持许自遮面，憔悴无复理，羞与郎相见。”诉说了男女之间因地位不同爱情难以实现的苦衷。

南朝时期新创作的《乌夜啼》、《石城乐》、《莫愁乐》等歌曲中，则吸收了荆楚地区流行的“西曲”之精华，成为传唱一时的名曲。其中，《石城乐》，宋臧质所作。“石城在竟陵，质尝为竟陵郡，于城上眺瞩，见群少年歌谣通畅，因作此曲。歌云：‘生长石城下，开门对城楼。城中美年少，出入见依投。’”《莫愁乐》，“出于《石城乐》。石城有女子名莫愁，善歌谣，《石城乐》和中复有‘莫愁’声，故歌云：‘莫愁在何处？莫愁石城西。艇子打双桨，催送莫愁来。’”[③]

这一时期，贵族士大夫阶层中精通音乐者大有人在。如东晋时在淝水之战中功勋卓著的将军桓伊，“善音乐，尽一时之妙，为江左第一。有蔡邕柯亭笛，常自吹之。王徽之赴召京师，泊舟青溪侧。素不与徽之相识。伊于岸上过，船中客称伊小字曰：‘此桓野王也。’徽之便令人谓伊曰：‘闻君善吹笛，试为我一奏。’伊是时已显贵，素闻徽之名，便下车，踞胡床，为作三调，弄毕，便上车去，客主不交一言。”[④]桓伊为王徽之吹奏的这首笛曲，就是他自己创作的《梅花三弄》。此曲以梅花的芬芳耐寒，来比喻人的品质高洁，一直流传至今，是我国古典乐曲中的精品。

又如刘宋史学家范晔，“善弹琵琶，能为新声，上欲闻之，屡讽以微旨，晔伪若不晓，终不肯为上弹。上尝宴饮欢适，谓晔曰：‘我欲歌，卿可弹。’晔乃奉旨。上歌既毕，

---

① 张承宗《六朝民俗》，南京出版社 2002 年版，第 315 页。

② 《宋书》卷一九《乐志一》，中华书局 1974 年版，第 549 页。

③ 《旧唐书》卷二九《音乐志二》，中华书局 1976 年版，第 1065 页。

④ 《晋书》卷八一《桓宣传附桓伊传》，中华书局 1974 年版，第 2118 页。

晔亦止弦。”[①]南齐萧惠基也是一位精通音乐的士族人物。据本传载：“自宋大明以来，声伎所尚，多郑卫淫俗，雅乐正声，鲜有好者。惠基解音律，尤好魏三祖曲及《相和歌》，每奏，辄赏悦不能已。”[②]梁朝时柳恽善于弹琴，指法独特，在博采众长的基础上有所创新，自成一体。他还与文坛翘楚沈约合作，共定新律，对乐法和乐理颇有研究。

这一时期的乐器已有“八音”之分，分别为金、石、土、革、丝、木、匏、竹，这是按制作乐器的材料不同来划分的，每一种材料又可以制作出不同用途的乐器。此外，还有从北方少数民族中传来的羌笛、吹鞭、胡笳与角。至于音乐内容除了传统的以外，还有据旧曲填新词的，有从印度传来的佛教音乐“梵呗新声”。

舞蹈是人们在遇到喜事时或在喜庆场合，为了表达内心的喜悦之情而做出的各种肢体动作，所谓手舞足蹈者是也。这一时期，以建康为中心的扬州、徐州地区，从宫廷到民间，都歌舞成风。史载刘宋元嘉年间，“凡百户之乡，有市之邑，歌谣舞蹈，触处成群。”[③]南齐武帝永明年间，“都邑之盛，士女富逸，歌声舞节，袨服华妆，桃花绿水之间，秋月春风之下，盖以百数。”[④]

舞蹈与音乐有着密切的联系。魏晋以前，社会上流行饮者自舞，即在宴乐场合为了烘托气氛，往往一边有人奏乐，一边有人乘酒酣而翩翩起舞，自娱自乐。南北朝时，专职的舞伎出现，饮酒者自己不再起舞，而是坐在那里欣赏舞蹈。南朝的舞蹈在继承传统舞蹈的基础上，又吸收了吴地舞蹈和周边各地杂舞的优点，形成了与北方不同的风格。当时在江南地区流行的舞蹈主要有鞞舞、铎舞、巾舞、拂舞、白纻舞、杯盘舞等。

杂技又称百戏、散乐，是一门综合性的表演艺术与娱乐活动。这一时期的南方杂技形式多样，内容丰富，再配以俳优歌舞杂奏，极富观赏性和娱乐性。流行的杂技节目主要有幢伎、高絙、缘案、跂行、长跷、燕戏、马戏、幻术等。

2. 武术、相扑与田猎

武术是指打拳和使用兵器的技术，是我国古代传统的体育项目。这一时期，由于战争频繁，军队建设备受重视，对士兵的挑选具有一定要求。据东晋葛洪《抱朴子外篇·自叙》云：“少尝学射……昔在军旅，曾手射追骑，应弦而倒……又曾受刀楯及单刀双戟，皆有口诀要术；以待取人，乃有秘法，其巧入神。若以此道与不晓者对，便可以当全独胜，所向无前矣。晚又学七尺杖术，可以入白刃取大戟。”南朝刘宋时，周朗建议把百姓编制起来，“男子十三至十七，皆令学经；十八至二十，尽使修武。……授

---

① 《宋书》卷六九《范晔传》，中华书局 1974 年版，第 1820 页。

② 《南齐书》卷四六《萧惠基传》，中华书局 1972 年版，第 811 页。

③ 《宋书》卷九二《良吏传序》，中华书局 1974 年版，第 2261 页。

④ 《南齐书》卷五三《良政传序》，中华书局 1972 年版，第 913 页。

以兵经战略,军部舟骑之容,挽强击刺之法"[1],并加考核,授以相应官职。梁朝武术训练更为规范,出现了武术训练的教材《马射谱》、《马槊谱》、《骑马都格》等,进一步提高了武术理论水平。

作为娱乐的戏射活动,主要有朋射和单射两种形式。朋射是一种团体赛,参加者分为两朋,即比赛双方。每位参赛者轮流射箭,按所中箭数记筹,最后加在一起,筹数多的一方获胜。单射则是个人赛,互比射箭技艺高下。史载东晋时,安西将军庾翼镇武昌,谢尚"数诣翼咨谋军事。尝与翼共射,翼曰:'卿若破的,当以鼓吹相赏。'尚应声中之,翼即以其副鼓吹给之"。[2]

相扑,又名角抵、相揞,古已有之,传至此际,作为强身练兵的手段,主要在民间和军中流行,也为贵族子弟所爱。

田猎,即去野外打猎,历来为上层社会所喜爱。吴王孙权素以射虎为乐,"每田猎,常乘马射虎,虎常突前攀持马鞍。"为了安全,他接受大臣张昭之劝,"乃作射虎车,为方目,间不置盖,一人为御,自于中射之。时有逸群之兽,辄复犯车,而权每手击以为乐。"[3]南朝刘宋王僧达,少年时代"性好鹰犬,与闾里少年相驰逐",出任宣城太守后,仍"性好游猎,而山郡无事,僧达肆意驰骋,或三五日不归,受辞讼多在猎所,民或相逢不识,问府君所在,僧达曰:'近在后'"。[4]

3. 围棋与弹棋

围棋又称弈棋,是我国古代一种高雅的智力竞技活动,先秦时期就已出现。魏晋南北朝时期,围棋活动得到了较大发展,在大江南北日益普及。孙吴政权的奠基者孙策就喜欢下围棋。孙权执政时期,社会上下棋之风盛行,带来了一些负面影响,以至于太子孙和居然要出面干预,命史学家韦昭撰写《博弈论》,论述下棋之风造成的严重后果,警告世人不要玩物丧志。但是,由于围棋以黑白两色棋子代表阴阳,"一阴一阳之谓道",棋手时而进攻,时而防守,充满玄妙之道,棋盘上的形势恰如时局之风云变幻,飘忽不定,具有无穷的魅力,所以,围棋并没有因遭反对而衰落,相反愈到后世愈有普及之势。

两晋南北朝时期,上自皇帝、王公贵族,下至平民百姓,都有大量的围棋爱好者。如东晋初名臣王导一家人都喜欢围棋,据本传载,王导曾与其子王悦"弈棋争道",其次子王恬也"善弈棋,为中兴第一"。王导从弟王廙也爱好围棋。以谢安为代表的谢

① 《宋书》卷八二《周朗传》,中华书局 1974 年版,第 2093 页。

② 《晋书》卷七九《谢尚传》,中华书局 1974 年版,第 2070 页。

③ 《三国志》卷五二《吴书·张昭传》,中华书局 1982 年版,第 1220 页。

④ 《宋书》卷七五《王僧达传》,中华书局 1974 年版,第 1951—1952 页。

氏家族，围棋爱好者更大有人在。谢安早年与王羲之、王坦之等人友善，经常在一起弈棋，在指挥淝水之战前仍在下棋，与侄儿谢玄"围棋赌别墅"，居然赢了棋艺高于自己的谢玄，足见其镇定自若。当谢玄破敌获胜的捷报传来时，谢安正与客人在下棋，看过捷报，"便摄放床上，了无喜色，棋如故。客问之，徐答曰：'小儿辈遂已破贼。'既罢，还内。过户限，心甚喜，不觉屐齿之折。"[①]反映了谢安胸有成竹、从容不迫的大将风度。谢安的从曾孙谢弘微、从玄孙谢瀹，也都是著名的围棋爱好者。

刘宋时，宋文帝刘义隆不仅在宫廷内下棋，而且还派著名棋手褚思庄到外郡对局，制成棋谱带回复局，画成图给他看。黄门侍郎羊玄保"善弈棋，棋品第三"，宋文帝与他赌棋，羊玄保赢棋后竟当上了太守。吴郡人褚胤酷爱围棋，水平高超，"年七岁，入高品。及长，冠绝当时"。时人何尚之夸赞褚胤"弈棋之妙，超古冠今"。[②] 宋明帝刘彧"好围棋，甚拙，去格七八道，物议共欺为第三品。与第一品王抗围棋，依品赌戏，抗每饶借之，曰：'皇帝飞棋，臣抗不能断。'帝终不觉，以为信然，好之愈笃"。[③] 宋明帝还"置围棋州邑，以建安王(刘)休仁为围棋州都大中正，(王)谌与太子右率沈勃、尚书水部郎庾珪之、彭城丞王抗四人为小中正，朝请褚思庄、傅楚之为清定访问"。[④] 这种"围棋州邑"，并不是一级行政机构，而是围棋的专业机构，其任务是负责推荐优秀棋手和搜集整理棋谱资料。

南齐的建立者萧道成"博学，善属文，工草隶书，弈棋第二品。……尝与直阁将军周覆、给事中褚思庄共棋，累局不倦，覆乃抑上手，不许易行"。[⑤] 其第五子武陵昭王萧晔也擅长下围棋。梁武帝萧衍"六艺备闲，棋登逸品"[⑥]，非常喜欢与人下围棋，入迷起来往往通宵达旦，以致陪同者皆昏昏欲睡了他还意犹未尽。梁武帝所信任的寒人朱异，"博解多艺，围棋上品"。[⑦] 散骑常侍到溉，"特被武帝赏接，每与对棋，从夕达旦。或复失寝，加以低睡，帝诗嘲之曰：'状若丧家狗，又似悬风槌。'当时以为笑乐。"史称："溉弈棋入第六品，常与朱异、韦黯于御座校棋比势，复局不差一道。"[⑧]与梁武帝交谊笃深的道教名士陶弘景"善琴棋，工草隶"，也是一位围棋高手。隐逸之士庾诜则被誉为"棋算机巧，并一时之绝"[⑨]。

---

① 《晋书》卷七九《谢安传》，中华书局 1974 年版，第 2075 页。

② 《宋书》卷五四《羊玄保传》，中华书局 1974 年版，第 1535—1536 页。

③ 《南齐书》卷五三《良政传・虞愿》，中华书局 1972 年版，第 916 页。

④ 《南史》卷四九《王谌传》，中华书局 1975 年版，第 1212 页。

⑤ 《南史》卷四《齐本纪上・高帝纪》，中华书局 1975 年版，第 113 页。

⑥ 《梁书》卷三《武帝纪下》，中华书局 1973 年版，第 96 页。

⑦ 《南史》卷六二《朱异传》，中华书局 1975 年版，第 1516 页。

⑧ 《南史》卷二五《到彦之传附到溉传》，中华书局 1975 年版，第 679 页。

⑨ 《南史》卷七六《隐逸传下・庾诜》，中华书局 1975 年版，第 1904 页。

这一时期，在围棋活动广泛开展的基础上，开始对棋手分级定品。曹魏时，受九品官人法的影响，邯郸淳作《艺经》，将围棋分为入神、坐照、具体、通幽、用智、小巧、斗力、若愚、守拙等九品，指出了棋手所能达到的不同艺术境界。只是标准过于抽象，不便操作，故很难衡量一个棋手的真实水平。东晋时已开始给棋手正式评品定级，如王恬为第一品，王导为第五品。进入南朝后，给棋手评品定级逐渐成为常事。刘宋孝武帝大明年间，定围棋高手琅邪王抗第一品，吴郡褚思庄、会稽夏赤松并第二品。南齐时，高帝萧道成弈棋第二品，又组织一品棋手王抗和二品棋手褚思庄进行比赛，“自食时至日暮，一局始竟。上倦，遣还省，至五更方决。抗睡于局后，思庄达晓不寐。世或云：‘思庄所以品第致高，缘其用思深久，人不能对也。’”[①]永明中，齐武帝萧赜又命王抗评品棋手，并让萧惠基主管这项工作。梁武帝天监年间，“使(柳)恽品定棋谱，登格者二百七十八人，第其优劣，为《棋品》三卷。恽为第二焉”[②]。大同末年，陆云公“受梁武帝诏校定《棋品》，到溉、朱异以下并集”。这是对过去已定的《棋品》作校定工作。陆云公之子陆琼，“时年八岁，于客前覆局，由是都下号曰神童”[③]，被梁武帝召见和欣赏。此后，梁简文帝萧纲也著有《棋品》五卷。同一时期，还出现了大量棋谱专集和棋艺专著。这些事例充分说明，魏晋南北朝时期的南方围棋活动非常活跃，理论水平也很高，对后世产生了深远影响。

弹棋是一种流行于上层社会的高雅游戏，起源于西汉，其规则不同于围棋。据《艺经》记载：“弹棋，两人对局，白黑棋各六枚，先列棋相当，更先弹也。其局以石为之。”[④]弹棋棋盘呈方形，是用磨光石材制成，中间隆起，四周低平，两端各有一蛟龙盘成的圆洞。棋子用硬木或象牙做成，黑白各六，共12枚。弹棋时，两人分执黑白棋对局，以手或其它物品弹动己方棋子尽入对方圆洞者胜。

魏晋南北朝时期，南方贵族士大夫中不乏弹棋高手。如东晋王导喜欢玩弹棋，有客来访时即邀请玩一盘。南朝刘宋孔琳之，“解音律，能弹棋”；江湛也“喜弹棋鼓琴”。南齐时的沈文季擅长弹棋，远近闻名。梁简文帝曾专门写过《弹棋论》。可见，弹棋在当时很流行。

4. 樗蒲与投壶

樗蒲是一种由来已久的游戏，类似于后代的掷骰子赌博。它由枰、杯、木、矢、马五种器具组成。枰即棋盘，上有关、坑、堑等标志，为行棋之障碍。杯为投掷五木的容

---

① 《南齐书》卷四六《萧惠基传》，中华书局1972年版，第811页。

② 《南史》卷三八《柳元景传附柳恽传》，中华书局1975年版，第989页。

③ 《南史》卷四八《陆慧晓传附云公传琼传》，中华书局1975年版，第1200页。

④ 《后汉书》卷三四《梁冀传》注引《艺经》，中华书局1965年版，第1178页。

器。木，又称五木，木制投掷器，共五块，上黑下白，黑者刻二为犊，白者刻二为雉。马、矢为棋子，马在棋盘上过关跨堑，矢用来围杀或阻止马前进。五种器具中，五木为关键之物，它所掷出的采，决定着马与矢的行动。掷之全黑者为卢，分值最高，其采十六。后依次为：雉，其采十四；犊，其采十；全白者为白，其采八。此四者皆为贵采，余下则为杂采。

魏晋南北朝时期，樗蒲盛行于社会各阶层，帝王贵族、文武百官、士农工商皆喜好此活动，甚至连少年儿童都参与进来。史载孙吴诸葛融常会集宾客，让他们“各言其能，乃合榻促席，量敌选对，或有博弈，或有樗蒲，投壶弓弹，部别类分。于是甘果继进，清酒徐行，融周流观览，终日不倦”[①]。东晋周顗去世时，王敦正与“一参军樗蒲，马于博头被杀”，参军借此发挥说：“周家奕世令望，而位不至公，及伯仁将登而坠，有似下官此马。”[②]宋武帝刘裕早年喜欢樗蒲，常常输钱，后来起兵发迹后仍与刘毅等部将在一起赌博，曾“于东府聚樗蒲大掷，一判应至数百万，余人并黑犊以还，唯刘裕及毅在后。毅次掷得雉，大喜，褰衣绕床，叫谓同坐曰：‘非不能卢，不事此耳。’裕恶之，因挼五木久之，曰：‘老兄试为卿答。’既而四子俱黑，其一子转跃未定，裕厉声喝之，即成卢焉。毅意殊不快，然素黑，其面如铁色焉”。[③] 这场樗蒲，最终以刘裕掷得五木俱黑的卢采而结束。出身于高门士族的王弘亦喜欢赌博，“少时尝樗蒲公城子野舍，及后当权，有人就弘求县，辞诉颇切。此人尝以蒲戏得罪，弘诘之曰：‘君得钱会戏，何用禄为！’答曰：‘不审公城子野何在？’弘默然。”[④]由于此人揭了王弘的老底，故王弘默然而无法应对。又如何尚之，“少时颇轻薄，好樗蒲”[⑤]。臧质，“少好鹰犬，善蒱博意钱之戏”[⑥]。可见，当时社会上赌风之盛，樗蒲活动之普及！

投壶也是这一时期流行于上层社会的一种雅戏。它起源于春秋战国时期，是儒家礼仪的一部分。它形式上是将去掉箭头的箭投入口小腹大的壶中，以投中多少决定胜负的一种游戏，实质上是古代寓礼仪于娱乐之中的一种人格教育的训练。魏晋南北朝时期，投壶活动相当流行，成为文人雅士聚会宴席上不可或缺的助兴活动。投壶技艺也有了很大进步，出现了骁技、莲花骁等高超技艺。据《颜氏家训·杂艺》载曰：“投壶之礼，近世愈精。古者，实以小豆，为其矢之跃也。今则唯欲其骁，益多益喜，乃有倚杆、带剑、狼壶、豹尾、龙首之名。其尤妙者，有莲花骁。”所谓“骁”，指的是

---

① 《三国志》卷五二《吴书·诸葛瑾传附子融传》，中华书局1982年版，第1235页。

② 《晋书》卷六九《周顗传》，中华书局1974年版，第1852页。

③ 《晋书》卷八五《刘毅传》，中华书局1974年版，第2210—2211页。

④ 《宋书》卷四二《王弘传》，中华书局1974年版，第1322—1323页。

⑤ 《宋书》卷六六《何尚之传》，中华书局1974年版，第1733页。

⑥ 《宋书》卷七四《臧质传》，中华书局1974年版，第1910页。

一种投壶技巧，即让投入壶中的箭反弹出来，用手接住再投，如此反复，技艺高的人可以连投几十次，甚至上百次。如南齐柳恽特善此技。有一次，“齐竟陵王尝宿晏，明日将朝见，柳恽壶枭不绝，停舆久之，进见遂晚。齐武帝迟之，王以实对。武帝复使为之，赐绢二十匹。”[①]说明齐武帝萧赜也喜欢投壶中的骁技，所以不加责怪，还给予赏赐。

莲花骁则是难度更大的一种投壶技艺，就是让投入壶中的箭反弹出来，正好挂在壶耳上，组成莲花形。其它玩法还有：投箭入壶耳使之呈佩剑状称作“带剑”；投箭入壶使其靠在左右呈狼尾状称作“倚杆”；投箭在壶口圆转称作“狼壶”。此外，还有“豹尾”、“龙首”等。

---

① 《南史》卷三八《柳元景传附柳恽传》，中华书局 1975 年版，第 988 页。

附　录

一　大事记

东汉献帝建安元年(196)

曹操迎献帝都许,任司空,开始屯田。

建安二年(197)

袁术称帝于寿春。曹操大败袁术。

建安三年(198)

曹操擒杀吕布,占据徐州。孙策占据江东。

建安四年(199)

袁术病死。张绣投降曹操。

建安五年(200)

曹操打败占据徐州的刘备。孙策死,弟孙权领其军。曹操大败袁绍军于官渡。

建安六年(201)

刘备投奔荆州刘表。

建安七年(202)

袁绍病死。少子袁尚领其军。

建安八年(203)

孙权镇压山越。

建安九年(204)

曹操攻入邺城,兼领冀州牧。

建安十年(205)

曹操杀袁谭,占据冀州。

建安十一年(206)

曹操占据并州。

建安十二年(207)

曹操北征乌桓。刘备“三顾茅庐”,诸葛亮提出《隆中对策》。

建安十三年(208)

曹操为丞相,南征荆州,刘琮投降。赤壁之战,孙权、刘备联军大败曹操。刘备占据荆州江南四郡。孙权率兵围合肥。

建安十四年(209)

周瑜占据江陵,为南郡太守。刘备为荆州牧。

建安十五年(210)

孙权将南郡借给刘备。孙权势力扩及岭南。

建安十六年(211)

曹操大破马超,占据关中地区。刘璋迎刘备入益州。刘备留关羽守荆州。

建安十七年(212)

曹操征孙权。

建安十八年(213)

曹操进军濡须口,孙权率兵拒之。

建安十九年(214)

孙权攻占皖城。刘备占据益州。曹操占据陇右。

建安二十年(215)

刘备、孙权以湘水为界,平分荆州。孙权围攻合肥未成。曹操收降汉中张鲁。

建安二十一年(216)

曹操为魏王。

建安二十二年(217)

曹操在濡须口打败孙权。

建安二十三年(218)

曹操遣其子曹彰往征代郡、上谷乌桓,破之。

建安二十四年(219)

刘备自称汉中王。孙权攻合肥。关羽围曹仁于樊城。孙权派吕蒙袭南郡,败杀关羽,据荆州。

魏文帝黄初元年(220)

曹操病死洛阳。曹丕称帝,建立魏政权。东汉亡。曹魏实行九品中正制度。

黄初二年(221)

刘备称帝,建立蜀汉政权。刘备率军东攻孙权,孙权称臣于魏,被封为吴王。

黄初三年　吴黄武元年(222)

猇亭之战,刘备为吴军所败。

陆逊将蜀军赶出荆州后撤军。曹丕率军进攻孙吴,孙权派使者向刘备请和。

黄初四年　黄武二年(223)

刘备病死,刘禅继位。诸葛亮派邓芝使吴,恢复和加强吴蜀盟好。

黄初五年　黄武三年(224)

孙权派张温使蜀通好。魏文帝率军攻吴,临江而还。

黄初六年　黄武四年(225)

诸葛亮统一南中地区。曹魏攻打孙吴,临江而还。

黄初七年　黄武五年(226)

曹丕死,曹叡继位。孙权围攻江夏,不克。

魏明帝太和元年　黄武六年(227)

诸葛亮给刘禅上《出师表》,率军北驻汉中,相机北伐。

太和二年　黄武七年(228)

春,诸葛亮第一次北伐。冬,诸葛亮第二次北伐。吴军败魏军于石亭。

太和三年　吴大帝黄龙元年(229)

诸葛亮第三次北伐。孙权称帝。诸葛亮使陈震至吴,吴蜀联盟得到进一步发展。

太和四年　黄龙二年(230)

魏军进攻汉中。吴攻魏合肥,不克。

太和五年　黄龙三年(231)

曹真死,司马懿领兵同诸葛亮对抗。诸葛亮第四次北伐。

太和六年　吴大帝嘉禾元年(232)

诸葛亮整训军队,以“木牛”运送军粮,准备再次北伐。

魏明帝青龙元年　嘉禾二年(233)

孙权领兵攻合肥之新城,不克。司马懿在关中开成国渠,筑临晋陂。

青龙二年　嘉禾三年(234)

诸葛亮第五次北伐,驻军五丈原。吴军攻魏后败退。诸葛亮病死军中。

青龙三年　嘉禾四年(235)

蒋琬为大将军,辅佐刘禅。魏以司马懿为太尉。

魏明帝景初元年　嘉禾六年(237)

诸葛恪平定山越。公孙渊自称燕王。

景初二年　吴大帝赤乌元年(238)

司马懿斩公孙渊,平辽东。魏以曹爽为大将军。吴铸当千大钱。嘉禾五年(236),吴王铸一当五百大钱。

景初三年　赤乌二年(239)

魏明帝曹叡死,曹爽与司马懿共辅曹芳。吴遣使者羊衜、郑胄,将军孙怡之辽东击魏守将张持、高虑等。

魏齐王芳正始二年　赤乌四年(241)

司马懿支持邓艾在淮河南北大搞军屯。吴太子登卒。大将军诸葛瑾卒。

正始四年　赤乌六年(243)

司马懿在河南广开淮阳、百尺二渠。吴诸葛恪征六安,破魏将谢顺营。扶南王范旃遣使吴献乐人及方物。

正始六年　赤乌八年(245)

孙权遣校尉陈勋在句容凿破岗渎运河。

正始七年　赤乌九年(246)

蒋琬死,费祎辅政。吴将朱然征魏柤中,斩获千余。

正始八年　赤乌十年(247)

曹爽专权,司马懿称病。吴作太初宫,诸将及州郡皆义作。

魏齐王芳嘉平元年　赤乌十二年(249)

司马懿杀曹爽及何晏等,掌握朝政。吴大司马朱然卒。

嘉平三年　吴大帝太元元年(251)

司马懿讨伐王凌及处死楚王曹彪,不久死去。吴征大将军诸葛恪拜为太子太傅。

嘉平四年　太元二年(252)

孙权死,诸葛恪辅其子孙亮。

嘉平五年　吴孙亮建兴二年(253)

诸葛恪大举伐魏失败。

魏曹髦正元元年　孙亮五凤元年(254)

司马师废曹芳立曹髦。

孙登次子、吴侯孙英谋杀丞相孙峻,峻觉,英自杀。

正元二年　五凤二年(255)

毌丘俭、文钦讨司马师失败。司马师死，司马昭控制朝政。吴孙俊、吕据等率兵袭魏寿春。

曹髦甘露元年　孙亮太平元年(256)

蜀大将姜维大举伐魏失败。吴孙峻死，孙琳掌权。

甘露三年　吴孙休永安元年(258)

司马昭杀谋反的诸葛诞。吴孙琳立孙休为帝。孙休杀孙琳。

魏曹奂景元元年　吴孙休永安三年(260)

司马昭杀曹髦，别立曹奂为帝。吴在今江苏高淳作浦里塘。以会稽南部为建安郡。

景元四年　永安六年(263)

魏邓艾、钟会伐蜀，刘禅投降，蜀汉亡。吴交阯郡吏吕兴等反，杀太守孙谞。

曹奂咸熙元年　吴孙皓元兴元年(264)

邓艾、钟会被杀。司马昭称晋王。吴孙皓即位。

晋武帝泰始元年　孙皓甘露元年(265)

司马昭死，司马炎称帝，魏亡。吴孙皓徙都武昌。

泰始二年　孙皓宝鼎元年(266)

吴山民施但起义。孙皓还都建业。

泰始三年　宝鼎二年(267)

吴孙皓作昭明宫。

泰始五年　吴建衡元年(269)

晋以羊祜镇守荆州。吴左丞相陆凯卒。

泰始八年　孙皓凤凰元年(272)

晋以王濬为益州刺史治水军。吴陆抗平定步阐反叛。

晋武帝咸宁二年　孙皓天玺元年(276)

晋羊祜上书主张伐吴。

咸宁五年　吴孙皓天纪三年(279)

冬十一月，晋军分六路大举攻吴。

晋武帝太康元年　吴天纪四年(280)

吴丞相张悌迎击晋军战死。王濬率军入建业，孙皓出降，吴亡。

太康二年(281)

司马炎以为天下平安，颇事游宴，怠于政事，选孙皓妓妾五千人入宫。

太康十年(289)

以汝南王司马亮为大司马、大都督;改封南阳王司马柬为秦王;始平王司马玮为楚王;濮阳王司马允为淮南王,并假节使国,各统方州军事,以强帝室。

晋武帝太熙元年　惠帝永熙元年(290)

四月,司马炎病死。子司马衷继为惠帝,改元永熙。立贾氏为皇后,太傅杨骏专政。以刘渊为匈奴五部大都督。

晋永平元年　元康元年(291)

正月,改元永平。三月,贾后诛杀杨骏等,改元元康。六月,贾后使楚王司马玮杀太宰、汝南王司马亮、太保卫瓘,后又以擅杀罪杀司马玮,贾后专权。"八王之乱"开始。

元康七年(297)

氐帅齐万年屯梁山,有众七万。晋建威将军周处进袭,败死。

元康八年(298)

秦、雍六郡饥民数万家流入汉中,巴氐李特兄弟率流民入蜀就食。

晋永康元年(300)

贾后害故皇太子司马遹。越王司马伦废贾后,杀之。自为相国、专政。淮南王司马允举兵讨伦、败死。

晋永康二年　永宁元年(301)

司马伦篡帝位。齐王司马冏起兵讨之,成都王司马颖、河间王司马颙等响应。司马伦及其党羽孙秀等被擒杀。惠帝复辟,改元永宁。司马冏专政。

永宁二年　太安元年(302)

李特称大将军、益州牧。司马颙、司马颖与长沙王司马乂等起兵讨冏,冏兵败被杀,改元太安。司马乂执政。

太安二年(303)

五月,张昌、石冰等流民起义,占领荆州、豫州等城邑。司马颙、司马颖起兵讨司马乂。

永安元年　建武元年　永兴元年(304)

东海王司马越囚执司马乂,为张方杀死,改元永安。石冰被广陵度支陈敏击杀。司马越奉惠帝北讨颖,败于荡阴,惠帝被俘入邺,改元建武。安北将军王浚、东嬴公司马腾合兵讨颖,颖挟惠帝南走洛阳。张方劫惠帝入长安。立司马炽为皇太弟,改元永兴。

永兴二年(305)

司马越檄州郡兵西迎惠帝,推为盟主。陈敏据江东,自称大司马、楚公。

永兴三年　光熙元年(306)

司马越兵打进长安,惠帝还洛阳,改元光熙。司马越执政,司马颖、司马颙被杀。十一月,惠帝死,司马炽即位称怀帝。

怀帝永嘉元年(307)

陈敏败死。琅琊王司马睿为安东将军、都督扬州江南诸军事、镇建邺。

永嘉三年(309)

刘渊迁都平阳。遣刘聪、王弥进攻洛阳。

永嘉四年(310)

刘渊死,子刘和嗣位,刘聪弑和自立。刘聪派刘曜、王弥、石勒等向洛阳进攻。

永嘉五年(311)

怀帝诏下司马越罪状,告方镇讨伐。司马越病死。在刘聪军进攻下洛阳城陷。怀帝被俘至平阳。司空荀藩等传檄四方,推司马睿为盟主,中原士民多避难南渡。刘聪又陷长安。

永嘉七年　愍帝建兴元年(313)

刘聪杀晋怀帝。皇太子司马邺在长安即帝位,是为愍帝改元建兴。司马睿以祖逖为豫州刺史,使自募兵北伐。改建邺为建康。

建兴四年(316)

刘曜军攻陷长安,愍帝出降,被送至平阳,西晋灭亡。

东晋元帝建武元年(317)

司马睿即晋王位。晋愍帝遇害于平阳。

太兴元年(318)

司马睿即皇帝位。刘聪卒。刘曜即皇帝位,建立前赵。

太兴二年(319)

祖逖与石虎战于浚仪城。石勒即赵王位,建立后赵。

太兴四年(321)

司马睿以戴若思出镇合肥、刘隗出镇淮阴备王敦。祖逖卒于雍丘。

永昌元年(322)

王敦举兵于武昌。周札开建康城门以应之。司马睿抑愤而死。王导受遗诏辅政。

明帝太宁二年(324)

王敦遣其兄含及钱凤等率师再攻建康,明帝以温峤、庾亮率军击败之。王敦死,余党悉平。

太宁三年(325)

明帝死,子司马衍即位,皇太后庾氏临朝称制,王导、庾亮辅政。

成帝咸和二年(327)

晋豫州刺史祖约、历阳太守苏峻起兵反。

咸和三年(328)

苏峻攻进建康。陶侃、温峤、庾亮率戎卒同趣建康。石勒败刘曜于洛阳,刘曜被俘杀。

咸和四年(329)

苏峻之乱平。石虎执赵太子熙,前赵灭。

咸和五年(330)

东晋实行初税亩,亩三升。石勒即皇帝位。

咸和八年(333)

慕容廆卒,子皝嗣位。石勒死,子弘嗣,石虎为丞相、魏王、大单于。

晋咸康五年(339)

什翼犍分其国为二部,各置大人以监之。晋王导卒,以何充录尚书事。

咸康七年(341)

慕容皝遣使东晋求假燕王章玺,许之。晋实编户,晋王公以下皆正土断白籍。代王什翼犍筑盛乐宫。

康帝建元元年(343)

庾翼卒众北伐,庾冰领江州刺史,镇武昌为翼援。以桓温为徐州刺史。

穆帝永和元年(345)

晋庾翼卒。以桓温为安西将军、荆州刺史。

永和二年(346)

晋何充卒。桓温伐蜀。

永和三年(347)

桓温克成都,成汉主李势降,益州平。

永和五年(349)

正月,石虎即皇帝位,东宫高力梁犊起义。四月,石虎死,虎诸子争权。晋褚裒北伐大败后,惭愤而死。

永和七年(351)

苻健即天王位,国号大秦。桓温率众北伐,次于武昌而止。

永和十年(354)

殷浩连年北伐失败,废为庶人。桓温统步骑四万从江陵北伐前秦,进军灞上,因粮尽引回。

永和十二年(356)

以桓温为征讨大都督,讨姚襄,败襄于伊水,入洛阳、温请迁都洛阳,不果,置戍而回。

升平四年(360)

前燕慕容儁死,子暐嗣。晋桓温召谢安为征西司马。

晋哀帝兴宁元年(363)

加桓温大司马、都督中外诸军事、录尚书事。桓温率众北伐,克许昌。

兴宁二年(364)

三月,桓温实行庚戌土断。前燕攻拔晋许昌、汝南、陈郡,徙万余户于幽、冀二州。征大司马桓温入朝。

兴宁三年(365)

正月,桓温移镇姑孰。三月,晋哀帝卒,弟奕即位。

海西公太和三年(368)

十二月,晋加桓温殊礼,位在诸侯王上。

太和四年(369)

四至九月,桓温北伐前燕,至枋头,以粮运不继,焚舟而归。

太和五年(370)

六月,王猛伐前燕,入邺,前燕亡。

简文帝咸安元年(371)

晋桓温行废立,司马奕废为海西公,会稽王司马昱继立为帝。

咸安二年(372)

苻坚以王猛为相。晋简文帝卒,太子昌明即位,遗诏以桓温辅政,依诸葛亮、王导故事。

孝武帝宁康元年(373)

晋桓温卒,以桓冲为扬州刺史,镇姑孰。以王彪之为尚书令,谢安为尚书仆射。

太元元年(376)

晋孝武帝始临朝,以谢安为中书监、录尚书事。晋除度田收租制。

太元二年(377)

晋以朱序为梁州刺史,镇襄阳。以桓冲为荆州刺史、谢玄为兖州刺史,镇广陵,招募北府兵。

太元四年(379)

前秦军陷襄阳,执朱序。苻坚将句难、彭超陷盱眙,谢玄与战,破之。

太元五年(380)

晋以谢安为卫将军,与桓冲并开府仪同三司。以会稽王道子为司徒。

太元八年(383)

秦晋发生淝水之战,北府兵勇猛作战,晋大败之。

太元十年(385)

晋太保谢安卒。以琅琊王司马道子为都督中外诸军事。苻丕即帝位于晋阳。

太元十一年(386)

慕容垂称帝于中山。代王拓跋珪改称魏王,始称魏。

太元十二年(387)

晋以朱序为青、兖二州刺史、镇淮阴。

太元十五年(390)

晋司马道子专权,孝武帝出王恭为兖、青二州刺史,镇京口。

太元十九年(394)

苻登为姚兴所杀,前秦亡。

太元二十一年(396)

后燕慕容垂死,子宝立。晋孝武帝被杀,子司马德宗继位,司马道子为太傅、摄政。

安帝隆安元年(397)

晋兖州刺史王恭以讨王国宝、王绪为名,第一次起兵,王国宝、王绪被杀。

隆安二年(398)

慕容德徙居滑台,建立南燕。王恭联合庾楷、殷仲堪、桓玄第二次举兵,刘牢之背王恭,王恭兵败被杀。桓玄被推为盟主。

隆安三年(399)

慕容德陷青州,定都于广固。晋司马元显发奴客为兵,孙恩在浙东起义。

隆安四年(400)

五月,孙恩杀会稽内史谢琰。六月,卢循陷广陵。

隆安五年(401)

孙恩为刘裕败于丹徒、郁州。

元兴元年(402)

正月,晋以司马元显为征讨大都督讨桓玄。三月,前锋刘牢之叛降,桓玄入建康,元显父子被杀。孙恩攻临海失败，投水自杀。义众推卢循为主。

元兴二年(403)

卢循失败后浮海南走。桓玄代晋称帝，国号为楚、迁晋安帝于寻阳。

元兴三年(404)

二月，刘裕自京口起兵讨桓玄。十月，卢循攻占番禺。

义熙元年(405)

二月，晋谯纵杀毛璩，据益州。四月，晋以刘裕为十六州都督，镇京口。

义熙四年(408)

晋刘裕自为扬州刺史，录尚书事。

义熙五年(409)

三月，刘裕伐南燕。魏清河王绍杀其主珪，拓跋嗣讨绍自立。

义熙六年(410)

二月，刘裕攻拔广固，南燕亡。卢循、徐道复起兵于岭南。五月，卢循败刘毅于桑洛洲，攻逼建康。十二月，刘裕破卢循于豫章。

义熙七年(411)

二月，晋将刘藩斩徐道复于始兴。四月，卢循走交州，刺史杜慧度斩之。

义熙八年(412)

刘裕率师讨刘毅，毅自杀。晋朱岭石帅师伐蜀讨谯纵。

义熙九年(413)

三月，刘裕杀诸葛长民。四月，晋罢临沂、湖熟皇后脂泽田、弛湖池之禁。晋斩谯纵，益州平。

义熙十一年(415)

晋荆州刺史司马休之、雍州刺史鲁宗之举兵反刘裕，裕帅师讨之。刘裕加殊礼。

义熙十二年(416)

二月，后秦主姚兴卒，子泓继位。八月，刘裕帅众伐后秦，檀道济入洛。

义熙十三年(417)

五月，晋王镇恶克潼关。七月，刘裕占领长安，执杀姚泓，后秦亡。十二月，刘裕以子义真守长安。

义熙十四年(418)

正月，晋留守长安将领互相攻杀，赫连勃勃进据长安称帝。刘义真逃归。刘裕受封宋公、杀安帝，立司马德文为帝。

恭帝元熙元年(419)

赫连勃勃以其子赫连赜镇长安,自还统万。七月,刘裕进爵为宋王。

元熙二年(420)

六月,刘裕废司马德文,自即帝位,国号宋,东晋亡。

永初二年(421)

以庐陵王刘义真为司徒,以徐羡之为尚书令、扬州刺史。

永初三年(422)

宋颁“选备儒官,弘振国学”之诏。淮西诸郡,立为豫州,自淮以东,为南豫州。五月,刘裕卒,太子刘义符即位。

宋少帝景平二年(424)

宋徐羡之、傅亮联合江州刺史王弘、南兖州刺史檀道济等以皇太后令废少帝,旋杀之。迎刘裕第三子宜都王刘义隆即位。

宋文帝元嘉三年(426)

文帝以徐羡之、傅亮、谢晦擅废杀之罪下诏杀徐羡之、傅亮,并讨杀荆州刺史谢晦。

元嘉五年(428)

建康大水,遣使检行赈赡。天竺国遣使献方物。

元嘉七年(430)

立钱署,铸四铢钱。是岁,倭国、诃罗单国、林邑国、师子国等遣使献方物。

元嘉八年(431)

于交州复立珠崖郡。割江南及扬州晋陵郡属南徐州,江北属兖州。割豫州秦郡属南兖州。檀道济破北魏军于东平寿张,二十余日间,前后与魏三十余战,道济多捷。

元嘉十二年(435)

四月,京都建康地震。六月,丹阳、淮南、吴兴、义兴大水、京邑乘船。

元嘉十三年(436)

宋司空、江州刺史檀道济身经百战、功勋卓著、朝廷疑惧,杀之。魏人闻之,喜曰:“道济死,吴子辈不足复惮。”

元嘉十七年(440)

八月,徐、兖、青、冀四州大水。遣使检行赈恤。又十一月丁亥诏:“凡诸逋债,优量申减。又州郡估税,所在市调,多有烦刻。山泽之利,犹或禁断;役召之品,遂及稚弱……自今咸依法令,务尽优允。”

元嘉二十年(443)

正月,于建康台城东西开万春、千秋二门。十二月颁劝课农桑诏,“游食之徒,咸令附业。”

元嘉二十一年(444)

七月乙巳诏曰:“南徐、兖、豫及扬州浙江西属郡,自今悉督种麦,以助阙乏。”

元嘉二十二年(445)

改用何承天《元嘉新历》。雍州刺史、武陵王骏、讨缘沔蛮,移一万四千余口于京师。太子詹事范晔谋反,及党羽皆伏诛。

元嘉二十三年(446)

车驾幸国子学、策试诸生。在建康筑北堤,立玄武湖。

元嘉二十四年(447)

蠲建康、秣陵二县今年田租之半。京邑疫疠,使郡县及营署部司,给以医药。

元嘉二十六年(449)

文帝幸丹徒,诏复丹徒县侨旧今岁租布之半。行所经县,蠲田租之半。

元嘉二十七年(450)

北魏攻汝南诸郡,宋遣王玄谟北伐,为北魏军所败。十二月拓跋焘率北魏大军至长江边瓜步,刘宋内外戒严。

元嘉二十八年(451)

北魏军撤出瓜步后,攻围盱眙城,盱眙太守沈璞与辅国将军臧质坚守一个月,魏军死伤万计,未能攻克,迫使魏军退去。此次拓跋焘率兵南下,“凡破南兖、徐、兖、豫、青、冀六州,杀伤不可胜计。”使宋“元嘉之政”衰矣,而“魏之士马死伤亦过半”。

元嘉二十九年(452)

二月,北魏主拓跋焘被中常侍宗爱所杀。

元嘉三十年(453)

文帝刘义隆为太子刘劭所弑。文帝第三子刘骏讨劭、并登帝位。

孝武帝孝建元年(454)

分扬州立东扬州。分荆、湘、江、豫州立郢州。是岁,始课南徐州侨民租。

孝建三年(456)

停元嘉三十年以前兵工考剔。五月,制荆、徐、兖、豫、雍、青、冀七州统内,家有马一匹者,蠲复一丁。

大明元年(457)

梁州獠求内属,立怀汉郡。七月,土断雍州诸侨郡县。

大明三年(459)

以扬州所统六郡为王畿,以东扬州为扬州。四月,南兖州刺史、竟陵王刘诞有罪、贬爵，不受命，据广陵反。七月克广陵斩诞。悉诛城内男丁，以女口为军尝。

大明七年(463)

重申禁止大族封固山泽，有司严加检纠，申明旧制。九月，下令东境郡"勤课垦殖，尤弊之家，量贷麦种"。

大明八年(464)

闰五月，孝武帝刘骏死，太子刘子业继位，是为前废帝。去岁及今，东诸郡大旱，米一升数百，京邑亦至百余，饿死者十之六七，又孝建以来立钱署铸钱，百姓因之盗铸，钱转伪小，商货不行。

前废帝永光元年(465)

十一月文帝十一子刘彧与阮佃夫、王道隆、寿寂之等杀死刘子业。

明帝泰始二年(466)

侨立兖州，治淮阴，徐州治钟离。青、冀二州共一刺史，治郁州。魏尉元率军至彭城，薛安都投降，宋张永，沈攸之大败，宋遂失淮北四州及豫州淮西地。

泰豫元年(472)

四月，刘彧死，袁粲、褚渊、刘勔、蔡兴宗、沈攸之同被顾命。太子苍梧王刘昱即位。史称明帝"忍虐好杀"，剪落皇枝。又"时经略淮泗，军旅不息"，府藏空竭，"宋氏之业，自此衰矣"。

后废帝元徽二年(474)

太尉、江州刺史刘休范举兵反、攻进建康，羽林监陈显达、张敬儿等破之于定阳门、小市、进平东府城，枭擒之。

元徽三年(475)

遣尚书郎到诸州检括民户。

元徽四年(476)

七月，征北将军、南徐州刺史、建平王景素据京城反，冠军将军黄回等讨平之。

元徽五年(477)

七月，后废帝刘昱被王敬则联合帝左右扬玉夫等杀死。史称刘昱"天性好杀，以此为欢。"明帝第三子刘準立。

顺帝昇明二年(478)

加太尉齐王萧道成都督中外诸军事、太傅、领扬州牧。

昇明三年(479)

四月刘宋禅位于齐，刘宋亡。五月，顺帝被萧道成所杀。

齐高帝建元二年(480)

二月,北魏寇寿阳,豫州刺史垣崇祖破走之。

建元四年(482)

正月诏"精选儒官,广延国胄"。三月,萧道成卒。

齐武帝永明二年(484)

诏"扬、南徐、南兖、徐、兖五州统内诸狱……并部送还台,须候克日断枉直"。

永明四年(486)

富阳人唐寓之反,遣宿卫兵出讨,伏诛。五月,诏"扬、南徐二州今年户租,三分二取见布,一分取钱。来岁以后,远近诸州输钱处,并减布直,匹准四百,依旧折半,以为永制"。

永明五年(487)

九月九日出商飙馆登高宴群臣。该馆在孙陵岗,世呼为"九日台"。又诏"凡下贫之家,可蠲三调二年"。

永明八年(490)

八月,京邑霖雨。十月,吴兴水淹过度。令所在赈恤。

永明十一年(493)

曲赦南兖、兖、豫、司、徐五州,南豫州之历阳、谯、临江、庐江四郡三调、宿债。七月齐武帝卒。

齐明帝建武元年(494)

十一月诏"细作中署、材官、车府,凡诸工,可悉开番假,递令休息"。

建武二年(495)

三月诏"南徐州侨旧民丁、多充戎旅、蠲今年三调"。十二月,"吴、晋陵二郡失稔之乡,蠲三调有差"。

建武四年(497)

十一月,诏"所在结课屋宅田桑,可详减旧价"。

永泰元年(498)

王敬则举兵反,遣刘山阳讨之,斩其首,曲赦浙东、吴、晋陵七郡。七月,明帝死。史称其"性猜忌多虑,故极行诛戮"。

东昏侯永元元年(499)

七月,京师大水,死者众。八月,扬州刺史、始安王萧遥光据东府反,萧坦之率六军讨平之。十一月,太尉、江州刺史陈显达举兵于寻阳,十二月崔慧景讨平之。

永元二年(500)

三月,崔慧景于广陵举兵袭京师,南徐州刺史江夏王萧宝玄以京城纳慧景,豫州刺史萧懿救援京师,慧景被斩首。十一月、十二月,萧颖胄、萧衍分别起兵于荆、襄。

永元三年(501)

三月,萧衍拥南康王萧宝融,即皇帝位于江陵。十二月,雍州刺史王珍国、侍中张稷率兵入殿废东昏侯。斩其首送萧衍。

和帝中兴二年　梁天监元年(502)

三月,鄱阳王宝寅奔北魏,邵陵王宝攸、晋熙王宝嵩、桂阳王宝贞伏诛。齐禅位于梁。四月萧衍杀宝融于姑熟。萧衍即梁皇帝位,并改元天监。复改南东海为兰陵郡、土断南徐州诸侨郡县。

梁天监二年(503)

尚书册定郎蔡法度上《梁律》二十卷、《令》三十卷、《科》四十卷。

天监四年(505)

置五经博士。十月,临川王萧宏率军北伐,王公以下各上国租及田谷,以助军资。

天监五年(506)

陈伯之自寿阳率众归降。太子左卫率张惠绍克魏宿预城。豫州刺史韦叡克合肥城。魏寇锺离,右卫将军曹景宗率众赴援。

天监六年(507)

曹景宗、韦叡破魏军于邵阳洲,斩获万计。京师大水,因涛入,加御道七尺。

天监七年(508)

作神龙、仁虎阙于建康端门、大司马门外。九月丁亥诏"凡公家诸屯戍见封熂者,可悉开常禁"。魏悬瓠镇军主白皁生、豫州刺史胡逊以城内属。

天监八年(509)

魏镇东参军以宿预城、魏楚王城内属。五月壬午诏"其有能一经"者,策实之后,"选可量加叙录"。

天监九年(510)

新作缘淮塘,北岸起石头迄东冶,南岸起后渚篱门迄三桥。幸国子学,亲临讲肆,策试胄子。

天监十年(511)

马仙琕大破魏军于朐山,斩首十万余。作宫城门三重楼及开二道。

天监十三年(514)

作浮山堰。

天监十七年(518)

诏民流移他境者,悉听还本、蠲课三年,本乡无复居室者,可居村内官地官宅。兵驺奴婢男六十、女五十，免为平民。

普通二年(521)

大雪、平地三尺。义州刺史文僧明以州叛入魏，裴邃督军北讨。

普通四年(523)

始铸铁钱。

普通五年(524)

分扬州、江州置东扬州。魏马头、安城、荆山城并来降。

普通六年(525)

筑宿预堰、曹公堰。夏侯亶督寿阳诸军北伐。豫章王萧综奔于魏、失彭城。京师地震。

普通七年(526)

临川王萧宏死。以寿阳置豫州，合肥改为南豫州，以夏侯亶为豫、南豫二州刺史。

大通元年(527)

正月诏"流移他境者，并听复宅业"。三月，萧衍幸同泰寺捨身。魏东豫州元庆和以涡阳内属，梁置西徐州。

大通二年(528)

筑寒山堰。魏大乱、北海王元颢、临淮王元彧，汝南王元悦并来奔。十月，以元颢为魏主，遣陈庆之护送还北。

中大通元年(529)

梁陈庆之护送元颢入洛阳。萧衍舍身同泰寺，公卿以钱一亿万奉赎。

中大通二年(530)

遣魏汝南王元悦还北为魏主。

中大通三年(531)

皇太子萧统死。立萧纲为皇太子。萧衍又二次行幸同泰寺，升法座讲说经义。

中大通四年(532)

以萧正德为临贺郡王，以萧纶为扬州刺史。已送元悦入洛。萧纶有罪，免为庶人。

中大通五年(533)

京师地震。萧衍舍身同泰寺。京邑大水，御道通船。

大同二年(536)

梁大举北伐。京师地震。

大同三年(537)

京师地震。

大同四年(538)

魏遣使来聘。皇侃表上所撰《礼记义疏》五十卷。

大同五年(539)

十一月,魏遣使来聘。

大同七年(541)

京师地震。魏遣使来聘。诏停在所役使女丁。诏复公私传、屯、邸、冶。

大同十年(544)

舆驾幸兰陵。幸京口城北固楼,改名北顾。

中大同元年(546)

萧衍舍身同泰寺。

太清元年(547)

魏司徒侯景以十三州内属、梁以景为大将军、河南王。萧衍舍身同泰寺,公卿以钱一亿万奉赎。梁师以萧渊明为大都督北伐,为东魏慕容绍宗败于寒山。

太清二年(548)

八月,侯景举兵反梁,十月,景自横江济于采石、临贺王萧正德降景,景叛军攻入建康。

太清三年(549)

三月,景叛军攻陷宫城,景自为都督中外诸军事,大丞相、录尚书。五月,萧衍饿死于台城。

梁简文帝大宝元年(550)

侯景攻陷广陵。自春迄夏三吴大饥,人相食,京师尤甚。西魏寇安陆,执司州刺史柳仲礼,尽没汉东之地。

大宝二年(551)

侯景帅众西寇,在王僧辩打击下败退京师。十月废杀简文帝。

大宝三年　元帝承圣元年(552)

三月,王僧辩等平侯景。四月,萧纪称帝于蜀。萧绎即皇帝位于江陵。萧纪率大兵连舟东下,进攻江陵。

承圣二年(553)

正月,西魏遣大将尉迟迥袭益州。八月,陷益州。

承圣三年(554)

陈霸先帅众攻广陵。以王僧辩为太尉、陈霸先为司空。十月,西魏军至襄阳,萧詧率众会之,进攻江陵。十一月,江陵被攻陷,十二月杀萧绎,虏江陵男女数万口,为奴婢，驱入长安。

承圣四年　宋敬帝绍泰元年(555)

三月，齐遣贞阳侯萧渊明来主梁嗣。七月王僧辩纳萧渊明为帝。九月陈霸先袭杀王僧辩，黜萧渊明，并打退北齐军、立萧方智(萧绎第九子)为帝，并改元。以陈霸先为尚书令，都督中外诸军事并扬、南徐二州刺史。

绍泰二年　太平元年(556)

吴兴郡震州刺史杜龛降。周文育、陈蒨平定东扬州张彪之乱。侯安都袭齐军于历阳，俘获万计。六月，陈霸先在建康击溃北齐军，陈霸先进位丞相。

太平二年　陈武帝永定元年(557)

广州刺史萧勃举兵反，遣周文育、侯安都讨平之。铸四铢钱。齐遣使请和。十月，进陈霸先为陈王，并禅位于他，建立陈朝是为武帝。

永定二年(558)

王琳立梁永嘉王萧庄于郢州，侯瑱、徐度率舟师讨王琳。京师地震。割吴郡盐官、海盐、前京三县置海宁郡，属扬州。

永定三年(559)

侯瑱自江入合州，焚齐舟舰。北江州刺史熊昙朗杀都督周文育举兵反。八月，陈霸先死。

陈文帝天嘉元年(560)

侯瑱败王琳，奔于齐。七月诏令“逐食流移者，今年内随其适乐，来岁不问侨旧，悉令著籍，同土断之例”。

天嘉二年(561)

虞荔、孔奂以国用不足，奏立煮海盐赋及榷酤之科。

天嘉三年(562)

齐遣使来聘。周所立梁王萧詧死，子岿代立。

天嘉五年(564)

周、齐并遣使来聘。章昭达破陈宝应于建安，晋安郡平。

天嘉六年(565)

三月诏侯景以来遭乱移在建安、晋安、义安郡者，并许还本土，被掠为奴婢者，释为良民。

天康元年(566)

以骠骑将军、开府仪同三司、扬州刺史陈顼为尚书令。陈文帝死。

陈废帝光大元年(567)

安南将军、湘州刺史华皎谋反，淳于量率舟师讨之。

光大二年(568)

陈顼领司徒，加殊礼，十一月废陈废帝即位。新罗国遣使献方物。

陈宣帝太建元年(569)

欧阳纥据广州举兵反。

太建二年(570)

章昭达擒欧阳纥、广州平。齐遣使来聘。

太建五年(573)

吴明彻率军北伐，与齐争淮南地。

太建七年(575)

吴明彻大败齐军于吕梁。

太建九年(577)

五月诏太建以来至八年流移叛户所欠租调悉原之。吴明彻破周将梁士彦于吕梁。

太建十年(578)

北讨众军败绩于吕梁，吴明彻及将卒并为周军所俘。立建兴，领建安、同夏、乌山、江乘、临沂、湖熟等六县，属扬州。

太建十一年(579)

初用大货六铢钱。陈淮南之地尽没于周。

太建十二年(580)

周郧州总管司马消难内附，封其为随郡公，总督安、随等九州八镇军事。

太建十四年(582)

正月，陈顼死，子叔宝继位。始兴王叔陵作乱，伏诛。

陈后主至德元年(583)

以始兴王叔重为扬州刺史。

至德四年(586)

舆驾幸玄武湖、肆舻艦阅武，宴群臣赋诗。

祯明元年(587)

地震。割扬州吴郡置吴州，割钱塘县为郡，属之。

祯明二年(588)

东冶铸钱，陨石坠熔所，有声隆隆如雷，铁飞出墙外烧民家。十一月，隋遣晋王杨广伐陈，数十道急报俱入，施文庆、沈客卿抑而不报。

祯明三年(589)

正月，隋军总管贺若弼由北道广陵济京口，总管韩擒虎由横江济采石，由南道会弼军。弼进攻宫城，烧北掖门，韩擒虎由朱雀航趋宫城，自南掖门入，陈后主投于景阳井，后被俘。晋王杨广入建康城，陈朝灭。南朝结束。

三月，陈后主与王公百司自建康入于长安，隋仁寿四年(604)死于洛阳。

二　主要参考文献

(一) 古代文献

1. 卢弼:《三国志集解》,中华书局1982年出版。
2. 房玄龄:《晋书》,中华书局1974年标点本。
3. 魏征:《隋书》,中华书局1973年标点本。
4. 赵翼:《廿二史札记》,中国书店1987年版。
5. 萧子显:《南齐书》,中华书局1983年标点本。
6. 姚思廉:《梁书》,中华书局1987年标点本。
7. 李延寿:《南史》,中华书局1975年标点本。
8. 姚思廉:《陈书》,中华书局1987年标点本。
9. 沈约:《宋书》,中华书局1987年标点本。
10. 司马迁:《史记》,中华书局1975年标点本。
11. 司马光:《资治通鉴》,中华书局1982年标点本。
12. 魏收:《魏书》,中华书局1974年标点本。
13. 陈寿:《三国志》,中华书局1982年标点本。
14. 王夫之:《读通鉴论》,中华书局1975年版。
15. 李昉叶:《太平御览》,中华书局1960年缩印本。
16. 杜佑:《通典》,中华书局1982年版。
17. 乐史:《太平寰宇记》,《四库全书》本。
18. 王象之:《舆地纪胜》,江苏广陵古籍刊印社影印道光刻本。
19. 顾祖禹:《读史方舆纪要》,中华书局2005年版。
20. 班固:《汉书》,中华书局1962年标点本。
21. 范晔:《后汉书》,中华书局1965年标点本。
22. 萧统:《文选》,中华书局1977年版。
23. 郦道元,王国维校:《水经注》,上海人民出版1984年版。
24. 许嵩:《建康实录》,中华书局1986年版。
25. 许嵩:《建康实录》,上海古籍出版社1987年版。
26. 刘义庆:《世说新语》,上海古籍出版社1982年版。

27. 李吉甫:《元和郡县图志》,中华书局1983年版。
28. 范成大:《吴郡志》,江苏古籍出版社,1986年版。
29. 李百药:《北齐书》,中华书局1972年标点本。
30. 王树民:《廿二史札记校证(订补本)》,中华书局2001年版。
31. 李延寿:《北史》,中华书局1974年标点本。
32. 释道宣:《广弘明集》,上海古籍出版社1991年版。
33. 俞希鲁:《至顺镇江志》,江苏古籍出版社1990年版。
34. 贾思勰:《齐民要求》,缪啟愉校释,农业出版社1982年版。
35. 徐坚:《初学记》,中华书局1962年版。
36. 马光祖修、周应合纂:《景定建康志》,南京出版社2009年版。
37. 叶楚伧、柳诒徵主编、王焕镳纂:《首都志》,民国三十六年(1947)重印本。
38. 宗懔:《荆楚岁时记》,岳麓书社1986年版。
39. 刘昫:《旧唐书》,中华书局1976年标点本。
40. 颜之推、王利器集解:《颜氏家训》,上海古籍出版社1980年版。
41. 释僧佑:《弘明集》,上海古籍出版社1991年版。
42. 释慧皎:《高僧传》,《海山仙馆》本。
43. 葛洪:《抱朴子》,《四部丛刊》影印本。

(二) 现代文献

1. 简修炜、庄辉明、章义和:《六朝史稿》,华东师大出版社1994年版。
2. 田余庆:《东晋门阀政治》,北京大学出版社1989年版。
3. 郑欣:《魏晋南北朝史探索》,山东大学出版社1997年版。
4. 万绳楠整理:《陈寅恪魏晋南北朝史讲演录》,黄山书社1987年版。
5. 许辉、蒋福亚主编:《六朝经济史》,江苏古籍出版社1993年版。
6. 蒋福亚:《魏晋南北朝经济史探》,甘肃人民出版社2004年12月版。
7. 朱大渭:《六朝史论》,中华书局1998年8月版。
8. 许辉、邱敏、胡阿祥主编:《六朝文化》,江苏古籍出版社2001年版。
9. 田余庆:《秦汉魏晋史探微》,中华书局1993年版。
10. 马值杰:《三国史》,人民出版社1993年版。
11. 王仲荦:《魏晋南北朝史》上册,上海人民出版社1961年7月版。
12. 黎虎:《魏晋南北朝史论》,学苑出版社1999年7月版。
13. 罗其湘:《东渡蓬莱第一人》,北京燕山出版社1993年版。
14. 张明庚、张明聚:《中国历代行政区划》,中国华侨出版社1996年版。

15. 唐长孺:《魏晋南北朝史论拾遗》,中华书局 1983 年版。

16. 王文清、许辉:《两晋史话》,北京出版社 1987 年版。

17. 周振鹤:《地方行政制度志》,上海人民出版社 1998 年 10 月版。

18. 胡阿祥:《六朝疆域与政区研究》,西安地图出版社 2001 年 6 月版。

19. 胡阿祥主编:《江南社会经济研究》"六朝隋唐卷",中国农业出版社 2006 年 2 月版。

20. 李剑农:《魏晋南北朝隋唐经济史》,生活、读书、新知三联书店 1959 年 5 月版。

21. 中国硅酸盐学会编:《中国陶瓷史》,文物出版社 1982 年版。

22. 潘吉星:《中国造纸技术史稿》,文物出版社 1979 年 3 月版。

23. [日]加藤繁:《中国经济史考证》第 1 卷,商务印书馆 1959 年版。

24. 千家驹、邓彦岗:《中国货币史纲要》,上海人民出版社 1986 年版。

25. 傅筑夫:《中国封建社会经济史》,人民出版社 1984 年版。

26. 周一良:《周一良学术论著自选集》,首都师范大学出版社 1995 年 12 月版。

27. 高敏:《魏晋南北朝兵制研究》,大象出版社 1998 年 5 月版。

28. 中国社科院历史研究所编:《古史文存·秦汉魏晋南北朝卷》,社会科学文献出版社 2004 年版。

29. 吕思勉:《两晋南北朝史》,上海古籍出版社 1983 年版。

30. 周一良:《魏晋南北朝史札记》,中华书局 1985 年版。

31. 王树民:《二十二史札记校证》(订补本),中华书局 2001 年版。

32. 王永平:《中古士人迁徙与文化交流》,社会科学文献出版社 2005 年版。

33. 陈寅恪:《金明馆丛稿初编》,上海古籍出版社 1980 年版。

34. 周一良:《魏晋南北朝史论集续编》,北京大学出版社 1991 年版。

35. 方立天:《魏晋南北朝佛教论丛》,中华书局 1982 年版。

36. 陈仲安、王素:《汉唐职官制度研究》,中华书局 1991 年版。

37. 程树德:《九朝律考》,中华书局 2003 年版。

38. 许抗生等:《六朝宗教》,南京出版社 2004 年版。

39. 曹道衡:《兰陵萧氏与南朝文学》,中华书局 2004 年版。

40. 江苏六朝史研究会编:《六朝史论集》,黄山书社 1995 年版。

41. 陈金凤:《魏晋南北朝中间地带研究》,天津古籍出版社 2005 年版。

42. 章义和:《地域集团与南朝政治》,华东师范大学出版社 2002 年版。

43.《南京稀见文献丛刊》,南京出版社 2007 年版。

44. 胡阿祥:《宋书州郡志汇释》,安徽教育出版社 2006 年版。

45. 王仲荦:《北周地理志》,中华书局 1980 年版。

46. 江苏社科院历史研究所:《江苏史论考》,江苏古籍出版社 1989 年版。

47. 钱林书:《续汉书郡国志汇释》,安徽教育出版社 2007 年版。

48. 唐长孺:《魏晋南北朝隋唐史三论》,武汉大学出版社 1992 年版。

49. 唐长孺:《三至六世纪江南大土地所有制的发展》,上海人民出版社 1957 年版。

50. 葛剑雄:《中国移民史》,福建人民出版社 1997 年版。

51. 唐长孺:《魏晋南北朝史论丛》,三联书店 1955 年版。

52. 高敏:《中国经济通史·魏晋南北朝经济卷上》,经济时报出版社 1998 年版。

53. 梁家勉主编:《中国农业科学技术史稿》,农业出版社 1989 年版。

54. 韩国磐:《南北朝经济史略》,厦门大学出版社 1990 年版。

55. 邱敏:《六朝文史论丛》,南京出版社 2005 年版。

56. 唐长孺:《魏晋南北朝史论丛续编》,三联书店 1959 年版。

57. 吴淑生等:《中国染织史》,上海人民出版社 1986 年版。

58. 何兹全:《五十年来汉唐佛教寺院经济研究》,北京师范大学出版社 1986 年版。

59. 何兹全:《读史集》,上海人民出版社 1984 年版。

60. 曹道衡、沈玉成:《南北朝文学史》,人民文学出版社 1998 年版。

61. 王志高、罗宗真:《六朝文物》,南京出版社 2004 年版。

62. 俞剑华:《中国绘画史》,商务印书馆 1938 年版。

63. 潘天寿:《中国美术史》,知识出版社 1982 年版。

64. 林树中:《六朝艺术》,南京出版社 2004 年版。

后记

《江苏通史》是经江苏省委、省政府同意立项的重大研究课题，是一部全面论述江苏古今历史的十卷本学术著作。回顾中国历史，江苏是中华民族古老文明发祥地之一，大约在7000年前，就已经形成了与黄河流域中原文明相媲美的灿烂史前文明，在人类历史发展进程中，江苏为中华文明作出了巨大贡献，是中国经济、文化最为发达的省区之一。盛世修史，是中华民族发展史上的优良传统。当今，我们的国家和江苏省，正处在欣欣向荣的蓬勃发展时期。全国人民在中国共产党领导下，正在为全面建设小康社会，开创中国特色社会主义事业新局面而努力奋斗；江苏人民则在中共江苏省委领导下，正在为建设经济强省和文化强省，实现“两个率先”的宏伟目标而奋斗。值此大好时期，编纂多卷本的《江苏通史》，具有重要的历史意义。

我们编纂多卷本《江苏通史》，发掘整理江苏的优秀历史文化遗产，有助于在了解历史，认识省情的基础上，更好地建设和发展江苏；有助于运用人文荟萃的辉煌历史教育人民，特别是教育青少年“爱我中华，爱我江苏”；有助于推进物质文明、政治文明、精神文明建设，进一步扩大江苏在国内外的影响。同时，也有助于促进历史科学的发展，填补在江苏通史研究上的一些空白，繁荣我省的哲学社会科学。

《江苏通史·魏晋南北朝卷》全面记述了这个特定历史时期的政治、军事、经济、文化等方面变化和发展的内容和特点，提示了这一时期历史发展的轨迹和该时期在中国历史和江苏历史发展中的地位与影响。该卷提纲由省社科院历史研究所许辉研究员和南京晓庄学院邱敏教授研究商定。全书共分十五章，具体分工如下：南京师范大学社会发展学院李恒全副教授撰写了第一章第一节、该院在读博士生王淳航撰写了第一章第二节、第二章第二节；崔浩撰写了第一章第三节、第二章第一节，王文娟撰写了第二章第三节；第三、第四章由省社科院历史研究所刘振华副研究员撰写；全书导言，第二章第四节、第五、第六、第七章及附录“大事记”、“主要参考文献”、“后记”由许辉研究员撰写；第八、第九、第十、第十一章由邱敏教授撰写；第十二、第十三、第十四章、第十五章由南京晓庄学院周才方副教授撰写，许辉研究员、邱敏教授审阅了撰写初稿，最后由许辉研究员定稿，全书的图片由南京博物院罗宗真研究员、南京市博物馆王志高研究员分别提供。南京大学历史系博士生导师、江苏省六朝史研究会会长胡阿祥教授审阅了该卷书稿，并提出了修改意见。江苏凤凰出版社负责该卷书稿的进一步审阅和出版。《江苏通史》编写办公室的有关负责同志和相关工作人员，也为本书的编撰、修改、出版做了大量具体的工作，在此一并致以诚挚的谢意！

毫无疑问，《江苏通史》魏晋南北朝时期历史的研究，仍是一个需要不断加以挖掘，探索和研究的过程。我们目前撰写和出版的书稿，难免有不够完善乃至舛误之处，我们衷心希望得到学界同仁和广大读者的批评指正。

著 者

2010 年 3 月 10 日

JIANGSUTONGSHI

江苏通史

秦汉卷

总主编　宋林飞
本卷主编　虞友谦　汤其领

凤凰出版社

蝉形白玉琀（西汉）

青铜五枝灯（西汉）

彩绘云气纹漆卮（西汉）

广陵王玺（东汉）

辟邪形白玉壶（东汉）

青瓷洗（东汉）

神兽纹铜牛灯（东汉）

青釉堆塑九联罐（东汉）

目 录

导　论

本卷为《江苏通史》秦汉卷，所述范围上起秦王嬴政二十六年（前221）秦统一六国，下至汉献帝建安二十五年（220）东汉灭亡，计441年间江苏地域的历史。

一

撰述历史，一般而言需要两方面的准备：其一是史料，其二是驾驭史料的方法与理念。这两者一虚一实。而“历史”这一概念，表面看来似乎十分简明，但细究起来，也是包含许多层次，不能笼统对待的。我们认为可以把客观事件发生的原始过程称作历史1，这个历史当然是最完整、原汁原味的，但它在发生后就流逝而永远不能再现了；不过任何事件只要发生了，就会留下轨迹、遗存、作用与影响，尽管支离破碎，总还是可以搜集起来提供我们对事件作或多或少的了解，这就是历史2；当我们把历史2通过一定的方法，运用思想、理念、逻辑、情感并赋予价值的判断加以取舍、剪裁、整合并系统化，就成了历史3。这样的划分应该是妥贴合理的。显然我们的史学，是从事历史2与历史3的工作。因为历史2是“迹”，而不是“所以迹”，尽管我们努力逼进原貌，却绝不可能与原貌完全吻合，另一方面由于对历史2的遗留不断会有新的发现、充实、了解、鉴别，而我们的观念、情感等也会随之而变，故历史3也总是处于调整、重新整合与构建之中。当然这是主观服从于客观的调整，而不是相反。秦汉时期江苏的历史也面临上面的问题。翦伯赞先生曾说，秦汉时代是中国历史学上的荒原[①]。他的这一判断，正是指历史2与历史3而言的。而近几十年，由于史料的不断挖掘，研究的逐步深入，出了不少有分量的著作，使我们对秦汉的了解与把握大有改观。但对这一时期的江苏而言，问题依然存在。这是我们撰述本卷的基本的难点。当然近年来诸多学者的努力探索与江苏在秦汉考古方面的收获也逐渐丰富了历史2的内容，

---

① 翦伯赞：《秦汉史·自序》，北京大学出版社1953年版，第1页。

增添了我们撰述的素材。

对于撰述的方法，我们仍采用通常的以王朝体系为基本线索的办法，这应该是通史编撰的一般形式。这种方法虽然传统，但是方便、有效而自然，特别是用之于古代。因为王朝体系不仅是古代社会的实际存在，而且是联系政治、经济、文化的发展、变化，关涉重大事件、重要人物甚至历史转折的非常明晰的标尺。帝王中心的观念已无任何存在价值，但将其作为标示时间线索的工具，还是非常适用的。而在理念上，我们秉持唯物主义、实事求是的态度，力求在撰述中达到两个要求，即历史与逻辑的统一和历史感与现实感的统一。本卷中我们借王朝体系这一工具，对江苏地域的政治、经济、文化的状况，其与中央政权的关系、在全国的地位以及对未来的影响作了一番阐述与探讨，其中既利用了前人的成果，也最大限度挖掘各类资料，包括文献的和实物的，当然最终依靠我们自己独立研究的心得。从中我们看到，两千多年前江苏大地所发生过的事件，其中不少仍然与今天的现实发生某种关联。或者是有值得借鉴的经验，或者是应予避免的复辙。这就是古人所谓“以史为镜，可以知兴替”，也是所谓“鉴古而知今”，以便开拓未来。

二

秦王朝是中国历史上第一个统一的封建专制政权，它的建立开创了历史的新格局，意义非凡。但因为是“第一”，故没有任何现成的经验可以借鉴，尽管秦始皇在施政上有不少精彩的大手笔，但在应对诸多复杂矛盾时，由于过于简单化地诉诸国家暴力，过度地消耗民力与各种维持政权可持续性的资源，以至二世而亡。德国哲学家尼采说“头胎儿子永远是被牺牲的”[①]，这话很适用于秦王朝的状况。因其延祚短暂，以致“天下之恶尽归之”，从汉代开始，被人诅咒了两千多年。但其一系列包括政治的、经济的、文化的举措却基本上被历代所沿袭，所谓“两千年之政，皆秦政也”。若从世界范围观察，像秦王朝这样幅员辽阔的统一政权，在当时实属屈指可数。当秦进行统一战争时，希腊的光焰已经暗淡，只有差不多同时的罗马帝国与阿育王时期的印度可以与之相提并论。故史家认为，嬴秦之世，“中国、印度和罗马是世界史的三个动力”[②]。古印度及中亚诸国称中国为“支那”，亦即后来西方称中国为“China”的根源，实即“秦”的谐音。由此可见秦代昙花一现所产生的激荡与回响之深远。汉王朝代秦以后，既沿袭了秦朝的政治制度，又认真总结了秦朝迅速败亡的历史教训，在政权建

① 尼采：《查拉司图拉如是说》，高寒译，文通书局出版，第 243 页。

② 翦伯赞：《秦汉史》，北京大学出版社 1953 年版，第 22 页。

设的摸索中迈进了一大步。但汉初近一个半世纪之内虽有“文景之治”的繁盛，而动荡仍在所难免。直到汉武帝时方显示出大汉威仪与“汉之所以为汉”的特色，将中国封建社会推上第一个高峰。汉王朝的伟大是由于其政治、经济、宗教、文化上的兼括并至、无所不包，更是由其精神上宽容、宏大而不自限的开阔心胸。这些均是促成中国人的族性认同和产生天下国家意识的内在原因。两千多年来，中国人以汉人自居并引以为豪，实源于此。所以我们可以毫不夸张地认定，秦、汉这两个王朝是非常重要并对中国未来的发展起了关键作用的历史阶段。

江苏于先秦时期，从黄河流域华夏文明的立场，曾被视为蛮夷。夏、商、周三代，由于南北文化的不断交融，江苏地区的北部出现了邳（薛）、大彭、徐、干等方国，南部则出现吴、宜等方国。这些方国一方面臣服于中原王朝，接受先进文化的熏陶，另一方面则保有自身特点，表现出明显的文化个性。春秋、战国时期，江南的吴国崛起，一度有问鼎中原之势，后为同一文化渊源的越国所灭。战国后期，楚灭越，占有江苏全境。这种历史沿革促成了江苏文化丰富、多元的局面。大体上，早期苏北诸国受到齐、鲁、宋的影响，经济、文化均较优于南方。苏南的吴国虽有周文化的血统，但在数百年发展中早已形成具有深厚底蕴的独特文化。而楚文化也同样源远流长，其对江苏的浸润尽管历时不久，但意义亦不容低估。这种状况也是造成江苏南北格局差异的重要基因。到秦汉时期，此历史效应并未随时间流逝而弱化。从地理位置看，因地处偏远，中央鞭长莫及，故对其实际的控制力不免削弱；而自然资源丰富，所谓“孳货盐田，铲利铜山”、“东有海盐之饶，章山之铜，三江五湖之利”，加之江淮入海，大量泥沙所造成的冲积平原，形成肥沃土壤，并不断延伸、扩展。这在古代自然经济时期，造成了得天独厚的发展条件。由此遂产生两种现实后果：其一是农业、手工业发达，民生较为富足，文化艺术相对繁荣，而贵族豪门也多滋长侈靡豪奢之风，使社会矛盾加深；其二是这种环境也为政治流亡者、抗暴人士、反叛分子等提供了活动的空间。这种状况使我们感到，当时江苏作为地方政权，既在政治上维系于中央并产生互动，也在经济、文化的层面延续着先秦以来逐渐形成的传统。

三

对秦汉时期江苏的一般状况，本卷各章节作了较详细的阐述与探讨，此处不予辞费。但有些需要说明的问题，值得关注的现象，有较大影响力的事件，以及我们在研究与撰述中的新发现及产生的新见解等等，还是应予适当提示并稍加讨论的。

关于秦代江苏的郡县设置。县的起源较早，西周时已存在。对于新开发的或战争中夺取的土地，因暂未成为封地，乃置为县。据有的学者的看法，县就是“悬”——

暂时悬置的意思[①]。郡在春秋末至战国时期已普遍化,除齐国外各诸侯国行政区划均采用郡县建制。古代江苏由于有许多诸侯国政区覆盖,其郡县设置较为杂乱,有的名称亦随时间而变置。秦王朝统一六国后,划全国为三十六郡,后增设为四十八郡。对其中关涉江苏地域的郡县设置及其变迁,前人在这方面,说法颇不一致,迄今尚无定论。但研究江苏历史,这是首须搞清的问题,因为这涉及古代江苏基本空间定位,如对此不能准确界定,则于江苏的有关历史言说也就带上模糊色彩了。正由于此,本卷用了较多篇幅对古代江苏的郡县设置加以讨论,在对以往说法综合、分析、对比的基础上,大体上将秦代江苏及部分覆盖江苏之郡县的名称、数量、大小及其变化作了较为清晰的认定。

关于秦代江苏的经济、文化。从先秦以来,江苏地域的经济、文化处于逐步发展之中,苏北因近中原,起步较早。至战国后期,苏南地区由于春申君的开发,亦已奠定了经济进一步发展的基础。但对秦代江苏的经济文化的实际状况,我们却难以找到切实的资料。为慎重起见,在本卷撰述中,仅对秦代人口状况作了一些蠡测,对诸如城市、交通、水利等状况于有关节、目中零星涉及而未加专题讨论。由于秦王朝从建立至灭亡仅十五年,时间太短,加上秦始皇是一位充满雄心与狂想的政治人物,他的远大政治理想是臣服四海,并传之万世。因此统一六国后,他的统治多着眼于大的时空范围,无论制度建构还是政策推行均是如此。为此他将全部现实的资源均作为他实现狂想的赌资,以致消耗殆尽。当然其在一些重要的制度建构、政策推行上的努力得到了历史的延续,惠及未来。而于具体、现实的社会民生的方面,则很少在他的视听之内。这种施政方针既使他个人"占据了一个划时代的位置"[②],同时也制造了"黎民百姓"的深重灾难。秦代于营建宫殿、陵墓、兵马俑,武器生产及勒石记功等劳民伤财的工程上,表现了工艺、技术的超水平发挥,而其对与民众社会生活相关的经济、文化的发展,关注度却是极低的,以致这方面缺乏翔实的文献资料的记载。当然,这是秦代的政治特色所决定的。对于当时的江苏而言,更是如此。

关于秦法。秦王朝君临全国,"法制严苛","不施仁义","以刀锯鼎镬待天下",所以"天下苦秦久矣"等等说词,均见之于文献,是有事实依据的。二世而亡的结局也足证其执政中存在极大弊端。但就其"严刑峻法"而论,可能只是主观力求达到的目标,仅在其统治的中心地带得到实施,而在东方边远地区的实际效果大可疑问。因为我们在江苏看到的却是其法网松弛的状况。许多六国残余势力、地方反秦抗暴力量隐

---

① 唐德刚译注:《胡适口述自传》,华东师范大学出版社 1993 年版,第 131 页。

② 许倬云:《万古江河》,上海文艺出版社 2006 年版,第 75 页。

匿在江苏一带,待机而发。地方官吏,知而不问,甚至与之合流。以至陈胜、吴广举事时,江苏地区响应最为迅速,反秦的力量最强。这种情况在秦王朝控制力强的关中地区是不可能出现的。秦始皇在世时数次东巡,最后死于巡幸途中。这一事实说明他清楚了解其政权在东方力量的脆弱,存在危机,因此企图通过大规模的巡幸活动进行震慑。我们通过这种审视可以对秦法有一个较客观的认识。

关于秦末大起义。这是中国历史上一桩非常重要的事件,这一事件主要是由多种矛盾激化而促成,包括了秦政权与六国残余势力,中央与地方,地方中上层官吏与下层官吏以及六国百姓与秦统治者等矛盾,而传统的说法将其简单判定为"农民"起义或"农民战争",并不符合历史实际。我们认为,称之为反秦抗暴起义似更合理。之所以说抗暴,是因为秦王朝的统治方式实在具有太多暴虐的成分。如连年发动战争,对六国地区残酷报复,动辄征发数十万人修建陵墓、宫殿,筑长城、开驰道,入海求仙等等,造成赋税、徭役、兵役"二十倍于古"。这些暴政最终导致各类矛盾集中爆发,酿成了全民规模、惊天动地的大起义。这次起义与江苏的关系特别密切。不仅起义中的主要风云人物如项梁、项籍、刘邦、陈婴、张良、召平、韩信等,或为江苏人,或为长期活动于江苏地区残存的六国贵族势力,而且起义军中对抗、打击秦王朝的核心力量也是江苏所谓"吴中"八千子弟。陈涉败亡后,江苏成为反秦力量的大本营,江苏的盱眙与彭城先后成为与秦王朝对垒的政治中心。应该说江苏为起义提供了各种资源与最有力的支撑,江苏人民在历史上写下了反暴政斗争的光辉的一页。另外这一次全民抗暴最终埋葬秦王朝的壮举,也成为后来两千余年间历次推翻旧王朝,导致政权更迭的样板与模式。其意义是非常巨大的。

关于汉初吴楚七国之乱。对于秦代速亡,刘邦认为"虐用其民"是重要的原因,这一认识是正确的。但他又把未分封同姓子弟为王也作为重要原因之一。因而他在剿灭异姓诸王之后,大封同姓王,以为这样可以保证刘氏政权的长治久安,由此铸成大错,导致其后百余年的动荡不安。在七国之乱前,已有济北王刘兴居与淮南王刘长分别发动武装叛乱,二十年后叛乱再次发生。而吴楚七国之乱是一次牵连半壁江山、震动朝野的大规模叛乱,虽仅历时三月,便告平息,但考虑其前因后果,颇给人留下一些启示。首先,秦始皇废分封,在全国推行郡县制,是一项进步性的制度变革。但旧制度在人的观念上并不会即刻消亡,故秦王朝被推翻后,先有项羽的分封,接下来刘邦又如法炮制,尽管他们的做法既有时代局限,也有迫于形势的策略因素,而历史的发展并未遵循其主观意愿。这说明分封制不仅已不合时宜,而且已成致乱之源。这一点,当时的政治家看得很清楚。其次,吴楚七国,特别是吴王刘濞为了反叛中央,经营了三十余年,可谓蓄谋已久。尽管他自恃兵精粮足,且"能使其众",但举事之后,迅速败亡。这说明动乱极为不得人心，国家统一是任何力量难以撼动的大局。第三，吴王反叛，有因其子被时为太子的汉景帝击杀而怨恨的因素，但这只是表面、直接的原因。深层次的因素是诸侯王拥有政治、经济、军事三位一体的巨大权力。权力导致狂妄，催生野心，也使人丧失理智而昧于大势。吴王刘濞应是一个典型。第四，此次叛乱给中央政府带来了调整政策的良机。本来对诸侯王的尾大不掉，朝廷难下决心采取根本解决办法。一是皇帝对同姓诸王尚存姑息隐忍，二是也有怕急则生变的顾虑。而此时则可以大刀阔斧地解决问题了。乱后中央下令“诸侯王不得复治国，天子为置吏”。从此诸侯王名为封君，但封土不治民，实则成为食禄的闲员；藩国虽仍其号，实际已成中央直属郡县了。最后，这一事件对江苏有很深的影响。吴楚两个藩国包括江苏全境卷入叛乱，而吴王刘濞是祸首。吴国“即山铸钱，煮海为盐”，富甲天下，故刘濞声称：“寡人金钱在天下往往而有……诸王用之不能尽。”而楚国的经济也强于其他方国。经济的强大最终成为政治挑战的催化剂。这种情况使中央后来对江苏地域在政治上严加控制与防范，使江苏逐渐形成政治弱势的状态；另一方面，从地方的立场，江苏遂采取以经济的手段来换取政治上的信任，以致形成江苏与中央经济、政治上相互依赖的局面。影响极其深远。

关于汉代和亲政策。汉代对匈奴的战争，特别是武帝对匈奴的大举征伐，将匈奴逐出漠北，长期以来，为史家所艳称，这的确表现了当时汉王朝的强大与武功卓越。事实上汉王朝对匈奴的战争，是长期受到侵扰、寇掠后的必然反应，理由充分、无可厚非。汉王朝在精心谋划与充分准备之下，最终取得战争的决定性胜利，其结果可谓产生了极其深远的历史影响。但我们检视汉与包括匈奴在内的北方民族的关系，并非仅只战之一端。从先秦以来，北方诸族一方面有着与中原地区长期共存、互利、交流的关系，而另外由利益的驱动或其他种种原因，导致族际战争，亦在所难免。根据近人研究，古代北方民族南侵的因素之一，与地球气候周期性寒冷有密切的对应关系。一旦寒冷期降临，草原生态恶劣，北方民族即陷于生存危机，势必举族南迁，遂加剧与中原地区的冲突[①]。另一方面，汉王朝亦并不愿与南下的北方民族兵戎相见，战争实为不得已之举。事实上，每当北人言和或南下归附，汉朝均予以礼遇、厚待，作出妥善安置。当时汉王朝通常表现的是一种和平、友善的大国风范与宽广、开阔的胸怀。和亲政策正是这种精神的集中表达，而不应看做是屈辱的表现。终两汉之世，和亲一直是汉朝的外交方略与重要国策。它带来边界的安定与民族间的和谐、融洽，武帝时江都王之女刘细君远嫁乌孙，细君去世后又以楚王孙女解忧继嫁，江苏地域连续两位公

① 许倬云：《观世变》，广西师大出版社 2008 年版。

主和亲西域，为国家作出贡献，既是和亲史也是汉代江苏史上值得一书的事件。以婚姻关系为纽带建立民族间的信任、和谐，这是古人最实际而易于取效的良方。因此和亲是汉朝一项充满睿智的具有创造性的政策。我们注意到，后起王朝，当其充满自信时均能延续这一政策，且取得了良好的效果。但“和”与“战”并不存在绝对的是非，仅是依实际形势而采取的合理对策，可谓各擅其时，各得其利，自不必加以主观的抑扬。

关于经济重心的南移与南北格局。中华文明是一个多元聚合体，而发轫于北方黄河流域的华夏文明一直处于主流的、中心的地位。当时人认为黄河流域地处天下之中，故称中原。而把周围的民族称之为“蛮夷戎狄”，实即野蛮人的意思。但中国社会历史发展的一个显著的现象是从殷、周以来就启动了一项经济重心南移的“巨大工程”。如同不可逆转的时间箭头，两千多年间时缓时速，但从未停止，以至造成政治与经济重心的分离——政治重心长期雄踞北方，（有时由于外族入侵的胁迫等因素造成政治中心的南迁，实出于不得已的短暂、权宜而已。）而经济上则愈来愈依赖于南方。这种情况的促成，一般属于自然的与社会的复合因素所致，而非出于政权主观的政治意愿。比如北方大量人口逃亡，移民南迁，多与战争、动乱、自然灾害等相关。南方则因空间辽阔，资源丰饶，随着人口增加而不断得到开发，经济的分量自然日渐加重了。通过研究，我们对这种“经济重心南移”“工程”在空间与时间上均可以予以较准确地定位。而江苏地域在这一“南移工程”中始终占据着特殊的位置，意义非同一般。首先，江苏的地理位置从中原的视角，属于南方，但就全国而论，并非真正意义的南方，它在纵轴上实际正处于中间位置。其次，江苏地域的文化渊源，北受齐、鲁、宋的影响，南则是吴文化的发生地，这些文化均与中原文化同一源头。再次，江苏的土壤、水源、气候等自然资源对于古代农耕社会而言，具有得天独厚的优越条件。这些因素对北方移民具有亲和性，故成为南逃的首选目的地。如果说周初太伯、仲雍奔吴是做出了一个积极的尝试的话，那么秦灭六国后，大批六国贵族残余势力麕集于江苏，一面逃难避祸，一面待机趋时，最终得遂反秦复仇之业，则开启了对北方政治流亡者南迁起示范作用的模式，且影响于后世了。但就秦汉而言，南迁之及于经济，促成经济比重的增长，非仅政治一元的效应，而是内外协调、多元互动的结果。秦末的流亡者带来了人口，也带来了文化，提升了影响，促进了开发。由于刘邦起于丰沛，汉初免除该地区的赋税，这对其地休养生息，社会稳定，繁荣经济、文化之功自不待言。而吴王刘濞利用资源优势，大力经营苏南，也取得极大成功。刘濞挑起七国之乱，所幸三个月即被平定，未造成对江苏的破坏。其后，终两汉之世，江苏地区诚可谓雄踞东南。近些年来，在徐州与扬州所发掘的汉代诸侯王墓，其规模之宏大，气势之雄伟，应可作为当时经济发达之侧面的见证。因此，我们以为，论经济中心之南移，不能忽视江苏之地位。而江苏于此之重要性,良由秦汉时期奠其基。另就江苏本身而言,苏北之发展原优于苏南,至汉代后者虽逐步方驾于前者,犹未能逾越。但后来北方战乱,每至淮水为界,苏北乃渐凋敝。而黄河夺淮之后,苏北生态环境恶化,经济地位乃急转直下,由是形成南北新格局,如同全国大范围格局的一个缩影。当然,这是以经济立论。若以文化论之,苏南苏北则各有底蕴,各领风骚,徐、楚、吴、汉源远流长,儒、道、佛、艺交相辉映,共同构成江苏绚丽多姿的人文风采与特色。两者之地位是不容轩轾的。

以上我们对秦汉时期江苏的历史状况作了一个统观,既涉及对所谓历史的理解及撰述本卷的方法、原则,也略述了这一段落的时空线索与地位。我们更对一些需要说明、值得关注的问题作了适当提示,并予简单讨论。凡有所述,未必完全恰当,只是认为这些问题或致未来的影响,或生现实的关联,相对而言较有意义而已。也许读者不尽认同,或于史实中有新的发现,这对秦汉江苏的研究都是有益的。我们撰述本卷,非仅为了排比史料和整齐故事。秦汉的江苏也好,江苏的秦汉也好,其在全国范围、在整个江苏的历史长河中,究竟对我们这个文明起过什么作用?起作用的关键又是什么?其发生、发展又有何种内在的逻辑与规律?诸如此类,均是我们感兴趣的问题。但这是需要从真实的历史中去探寻,而非仅于头脑中作臆想的构建。因为只有探讨真实的历史,方可达致所谓"以古为镜"、"鉴古而知今"的目标,有裨于现实与未来。于此若有所得,就是我们最大的欣慰了。

第一章　秦朝大统一下的江苏地区

公元前230—公元前221年，秦王嬴政“续六世之余烈，振长策而御宇内，吞二周而亡诸侯，履至尊而制六合，执棰拊以鞭笞天下，威震四海”①。用了十年时间分别灭掉了韩、魏、赵、楚、燕、齐六国，结束了自春秋战国以来，长达四五百年的分裂割据局面，建立了中国第一个统一的多民族的专制主义中央集权的王朝——秦帝国，实现了天下实至名归的大一统。秦始皇成为中国第一个皇帝。江苏地区遂由先秦时期分散多元的政治实体即诸侯国统治的格局，纳入统一王朝的疆域版图，成为中国统一王朝集权控制下了直属郡县。今江苏地区成了中华民族大家庭中不可分离的区域。

第一节　秦统一江淮楚地尽归“皇帝之土”

外国人称呼中国最流行的名称如波斯文 Cina、拉丁文 Sinae、法文 Chine、英文 China 等，都来源于古梵文 Cina 一词，汉译古佛经音译作“支那”、“至那”或“脂那”。综合印度以及中国的史籍、汉译佛经中的材料来看，这种说法应该是正确的。直至今日，世界上不少国家仍称中国为“China”(即秦)②。“汉承秦制”，秦朝奠定了秦汉四百余年统一帝国的基业。中国、汉人，已经成为全世界通行的对中国及其人民的称呼，由此可见秦汉一统的深远影响。

① 贾谊:《过秦论》，载《史记·秦始皇本纪》，中华书局1982年版。秦朝江苏历史基本资料取自《史记》及三家注(刘宋裴骃《集解》、唐司马贞《索隐》、张守节《正义》)、《汉书》等文献，《史记》引文见中华书局1982年第2版;《汉书》引文见中华书局1962年版。

② 王邦维:《古代外国人怎样称呼中国?》，《文史知识》1986年第3期;林剑鸣:《秦汉史(上)》，上海人民出版社1989年版，第9页。

一 秦灭六国统一天下

秦始皇二十六年(前221)灭六国统一天下之时，秦朝的疆域，南方西起今四川成都，重庆；经贵州的思南、黎平，湖南的靖州、郴州，江西的南昌，安徽的宁国，浙江的绍兴一线；北部到达内蒙古大青山以南，黄旗海，岱海地、乌审旗，甘肃洮河中游，宁夏贺兰山、青铜峡、山水河以东一线①。秦始皇统一后又拓展北部和南部疆域，最终形成文献中记载的“地东至海暨朝鲜，西至临洮、羌中，南至北向户，北据河为塞，并阴山至辽东”②。《史记·秦始皇本纪》收录的琅邪台石刻铭文中也有对于秦朝疆域的描述：“六合之内，皇帝之土。西涉流沙，南尽北户。东有东海，北过大夏”。按今天的中国疆域考察，东到大海，东北到辽东，北到黄河河套，甚至到阴山，西到甘肃临洮，南到两广③。疆域范围已经超过了夏商周三代“九州”的范围，今考古发掘也基本上证实了文献的记载④。这个疆域范围包括了华夏族和少数民族的主要聚集地。中国自古人口空间分布就不平衡，所谓“地倾西北，人满东南”。如果以东北从黑龙江省的爱辉，向西南到云南省腾冲划一条分界线，占全国国土面积36%的东南，集中了96%的人口。到1982年时，这个区域仍然占国土的42.9%，人口占94.4%⑤。可知中国人口地理分布的基本格局至今没有变化。而秦朝疆域实际上覆盖了这一人口分布线以东除东北、内蒙古之外的中国东部所有地区，直到两千年后清朝内地18省也基本上在这个区域之内，换言之，中国东中西部最富庶、最适宜人口繁衍和生活的区域基本上已经包括在秦朝的疆域之内，秦统一天下名不虚传⑥。

二 战国后期楚国统一今江苏地区

秦始皇三十五年(前212)“于是立石东海上朐界中，以为秦东门”(《秦始皇本纪》)。

---

① 林剑鸣:《秦汉史(上)》,上海人民出版社1989年版,第61—62页。

② 《史记·秦始皇本纪》,中华书局1982年版。秦朝疆域以谭其骧主编《中国历史地图集》第二册(秦·西汉·东汉)为准,中国地图出版社1982年版。

③ 秦始皇三十二、三十三年分将“河南地”和岭南的“北向户”并入秦朝版图,疆域达到极盛:“东到大海、西至甘肃西部、北至鄂尔多斯草原,南至今日的越南中部。”参阅林剑鸣:《秦汉史(上)》,第61页。

④ 关于三代疆域的考古学研究,可参见邵望平:《〈禹贡〉“九州”的考古学研究》,载《考古学文化论集》(2),北京:文物出版社1989年版;秦朝疆域的考古研究参见徐苹芳:《考古学上所见秦帝国的形成与统一》,台湾大学历史系主编《台大历史学报》,第二十三期。

⑤ 早在1935年胡焕庸就划出此分布线,参见胡焕庸编著《中国人口地理简编》,重庆出版社1986年版,第2页。

⑥ 参阅对比谭其骧《中国历史地图集》第二册第3—4页“秦时全图”、第八册第3—6页“清时期全图”。清朝嘉庆内地18省:直隶、江苏、安徽、山西、山东、河南、陕西、甘肃、浙江、江西、湖北、湖南、四川、福建、广东、广西、云南、贵州。当然,并非这个区域内所有的地区都已经被秦朝实际统治。

朐，在今江苏连云港境内，可知秦朝东部疆域达到黄海，今江苏地区属于秦朝疆域之内。秦朝统一是在战国七雄局部统一的基础上实现的，战国后期，江苏已经基本上统一在楚国的疆域之内。秦统一江苏地区其实就是取代了楚国对这一地区的统治而已。

早在夏商周时期，江苏境内的古国有：1. 彭祖国，活动于殷商时期，见《史记・楚世家》，地点在今徐州市。2. 吴国，商末活动于陕西关中周原的周方国王子周太伯、仲雍兄弟，主动放弃对王位的继承，长途跋涉来到江南，最初可能深入到在今无锡梅村一带，史称“太伯奔吴”。太伯、仲雍融合了当地的荆蛮，建立了勾吴政权。周武王灭商，建立西周王朝，统一天下。到周康王时，勾吴的政治中心已经转移到宁镇地区，在镇江丹徒一带建立都邑，受到周王的分封，在镇江丹徒烟墩山一带发现的著名的青铜器宜侯夨簋记载了吴国虞侯受封于宜的情况。这一带还有大量的土墩墓和西周至春秋时期的青铜器等考古文物发现，充分证明宁镇地区是吴国兴起和发展的重要地区。到春秋后期，吴国中心转移到太湖流域的苏州一带，建造了阖闾城，即苏州古城。3. 钟吾国，春秋时小国，在新沂南。《左传》昭公二十七年：吴内乱，“公子烛庸奔钟吾”。4. 徐国，春秋时小国，在今泗洪县东南大徐台子。西周中期曾经十分强大，纠集三十六国向中原进攻，后被周王及楚国打败，春秋以后徐国衰落，前 512 年为吴国所灭。西汉以后一直是徐县所在，其地明清以后沦陷于洪泽湖中。5. 古邗(干)国，今扬州附近。商代就有，春秋时吴国灭邗，建邗城，开凿邗沟。6. 邳国，一名下邳国，战国时有邳国，在今睢宁县西北古邳镇东。《史记・楚世家》：楚顷襄王十八年，“驺、费、郯、邳者，罗鸗也”。地点在古沂、泗水交汇处。

表 1　先秦江苏古国古城分布一览

县(市)及分布	淮河以北	江淮之间	长江以南	合　计
古　国	彭祖国(大彭国)、钟吾国、邳国	徐国、邗国	吴　国	6
古　城	彭城、留邑、吕邑、中城	邗城、棠邑	云阳、朱方、延陵、南武城	10

注：根据《江苏省志・地理志》(江苏古籍出版社 1999 年版)资料整理。

春秋战国时期，楚国灭国最多、疆域最大。“地方五千里，持戟百万。”春秋末期，楚国疆域已经伸入江苏境内，占领了棠溪(今南京六合区)。前 505 年，吴夫概被阖庐击败，奔楚，受楚昭王封于棠，为棠溪氏；前 473 年，越王勾践灭吴，楚、越始接界；进入战国后，约前 451—前 449 年，越灭吴后不能正江淮北，楚乘势东侵，广地至泗上，楚境直抵鲁南、宋东；前 333 年，楚威王兴兵反击越，大破越，尽取故吴地。苏北全部属楚；此时楚地西有黔中、巫郡，东有夏州、海阳，南有洞庭、苍梧，北有汾陉之塞、郇阳，“地方五千里，带甲百万，车千乘，骑万匹，粟支十年”①。海阳，今江苏扬州以东的泰州、南通部分成陆地区。前318年，楚怀王时，宋君偃自立为王，西攻魏，东攻齐，南攻楚，取楚淮北地三百里。约前306，楚怀王时，楚乘越乱，攻越。以所占越地设江东郡，整个江苏长江以南地区全部属楚。

随着国力的强大，秦发动了征服东方六国的战争。由关中对东方六国的进攻方向主要有三路：中路东出函谷关（在今河南灵宝附近），沿今陇海线向韩、魏进攻；北路，越过黄河向河东（今山西南部）、太原一线进攻，并越过太行山等陉道向河北进攻，主要打击魏、赵；东南出武关（陕西商南西北），向湖北、河南的楚国进攻。开始，秦国主要进攻目标是韩、魏、赵三国，秦楚联姻，经常结成联盟，关系密切。到了战国后期，秦国在基本制服并继续打击三晋国家的同时，将进攻重点转向东南，大举征伐楚国。前312年，楚怀王受辱于秦，楚与秦大战于丹阳，秦斩楚甲士八万，生擒大将军屈匄、裨将逢侯丑等七十余人，占领了汉中地区。随后楚又惨败于蓝田，武关一线战略通道被打开。前292年，楚顷襄王时，秦攻楚，楚失南阳盆地。前278年，白起拔郢，东据竟陵，攻安陆。西取夷陵，烧楚先王墓，楚流掩于城阳（楚王城，楚顷襄王临时都城），旋迁都陈（今河南淮阳）。楚考烈王二年（前261），楚师伐鲁，取徐州（地在今山东南部）。约前260—前258年，楚吞并费、郳、邳、郯等国。江苏淮北及山东南部均为楚占。前252年，楚灭鲁，迁鲁顷公于下邑。前241年，楚畏秦逼，“去陈徙寿春”，迁都寿春（今安徽寿州），命曰“郢”②。

三　江苏成为楚国的战略后方

今江苏地区，在战国后期绝大多数地区为楚国占领，属于楚国南、西、东“三楚”之地的西楚和东楚。西北部一隅曾属宋，东北部一隅属齐、鲁，到了后期全部为楚国吞并。前263年，考烈王以黄歇为令尹，以淮北12县地封春申君，说明此时楚国已经夺取了江苏淮河以北地区。战国时期楚国疆域在七雄中最大，这个区域大概相当于司马迁所说的“三楚”。《史记·货殖列传》有“三楚”之说：淮以北，沛、陈、汝南、南郡为西楚也；彭城以东，东海、吴、广陵为东楚也；衡山、九江、江南、豫章、长沙为南楚。而《汉书·高帝纪》注引孟康所说的三楚：“旧名江陵为南楚，吴为东楚，彭城为西楚。”实际上是西汉楚地的三个中心城市。故颜师古肯定“孟康说是也”。西汉“三楚”的范围涉及13个郡（西汉最多时103个郡），和战国楚国的地域范围基本相当或略小。

---

① 《战国策·楚策一》。

② 以上根据《战国策·秦策》《楚策》、《史记·秦本纪》《秦始皇本纪》《楚世家》等文献及石泉主编《楚国历史文化辞典》，附录《楚国历史文化大事纪要》（武汉大学出版社1996年版）整理。

《史记》"三楚"列的是楚地的郡名和大致范围,《汉书》注的"三楚"指的是楚地的三个中心城市。三楚之中,东楚主体在今江苏境内,西楚的沛郡部分地区包括郡治在江苏,而三楚三个中心城市中有两个在今江苏地区,即西楚的彭城(今徐州)、东楚的吴(今苏州)。显然,战国后期以来,在南楚、西楚广大疆域为秦国蚕食攻占的情况下,楚国的中心不断东移,今江苏的淮北和江东对楚国来说已经非常重要,作为郢陈(今河南淮阳)和郢(今安徽寿州)——楚国后期都城的战略后方,得到重点经营,包括分封贵族、迁移人口、开发经济。如项氏从今河南项城迁到下相(今江苏宿迁),后来很多楚国士大夫流亡到吴中依附项梁(《史记·项羽本纪》)。前248年,春申君献所受封之淮北12县为郡,旋被考烈王改封于江东。春申君因城故吴墟,以自为都邑。太湖流域属楚;约前247—前243年,春申君在其封地兴宫殿、粮仓,开挖渠道、运河,江南运河得到疏浚;楚顷襄王时,曾"收东地兵得十余万,复西取秦所拔我江旁十五邑以为郡"(《楚世家》),"反秦江南"(《秦本纪》)。楚"东地"应当指南楚之外的楚国东部广大地区。这里已经成为楚国后期兵员的主要来源地。

四　秦灭楚江苏全境归秦

楚国被迫放弃郢都(今湖北江陵纪南城)之后,政治、军事中心退到彭城以西的西楚,即陈县(郢陈,今河南淮阳)和寿春(郢,今安徽寿县)一带。先都郢陈,后迁寿春之郢。秦国大军不断进攻楚国,"楚益弱"。前225年(秦王政二十二年),秦将李信率二十万大军攻楚失利。前224年,秦王复召老将王翦率六十万大军进攻楚国,楚人悉起国中兵,秦大破楚师于蕲,占领了陈(今河南淮阳)以南地区,俘虏楚王负刍,秦王亲游至郢陈。前223年,王翦、蒙武打败了反秦于淮南的项燕所立的楚王昌平君,项燕兵败自杀(《史记·六国年表》记项燕于上年自杀,此项燕为伪托。《项羽本纪》云项燕"为秦将王翦所戮"),复取陈以南至平舆,淮河南北楚地尽归于秦。《楚世家》曰:"五年,秦将王翦、蒙武遂破楚国,虏楚王负刍,灭楚名为(楚)郡云。"《集解》:孙检曰:"秦虏楚王负刍,灭去楚名,以楚地为三郡。"后人据此认为秦在新占领的楚地上设立三郡[①],即楚郡(治陈,今河南淮阳。全祖望说此楚郡即陈郡,恐非)、九江郡(治寿春,今安徽寿县)和长沙郡(治临湘,今湖南长沙)。显然,这时的楚地已经不是战国楚国全盛时期的楚地,只是战国后期退缩的楚国疆域(此前秦还在夺取的战国楚地上设置了黔中、南郡等郡)。虽然比西汉楚地小得多,但也不可能只相当于陈郡,泗水、东海都

① 辛德勇考证"实际上根本不存在所谓'楚郡'"。(《秦始皇三十六郡新考(上)》,《文史》2006年第1期)的确,陈郡范围远不能与九江、长沙之外的后期楚国相当,此楚郡或包括陈、泗水、东海等楚地。故此处的楚郡并非单一的郡,而应理解为楚地之郡。或此"楚"字为衍文。并没有名为"楚郡"的秦郡。

是在楚地基础上设置的秦郡。学者认为《楚世家》"灭楚名为(楚)郡云"本身就有错简，语焉不详，"云"显然是衍文，圆括号里的"楚"是中华书局本对底本金陵书局刊行的《史记集解索隐正义合刻本》(简称金陵局本)中张文虎校刊《史记》札记中说明其字疑衍字所作的删补标识(参见中华书局本《史记》"点校后记")。故其意思是灭楚国，以其地为郡，并非设置楚郡；到前 222 年，秦王政二十五年，王翦遂定楚江南地，降越君，置会稽郡。

今江苏地区全部归属于秦国疆域，这样秦在楚地设置的秦郡至少还应包括泗水、东海、会稽三个郡，而这三个楚郡，都是在战国楚地范围，是秦朝江苏的主体部分。

第二节　秦统一后中央和地方关系新型格局的形成

秦统一后，对中央控制地方的制度进行了大规模创新，采取一系列强有力的统治措施，对地方实施垂直统治，包括郡县乡里(亭)地方政权建设，四通八达的交通道路路线建设，亭邮等交通驿站建设，县以上官吏的直接任免和考核，地方赋税征收、徭役兵役征发等方面。其结果，直接导致中央王朝对地方的控制发生了质的变化：中央与地方关系，由过去天子对诸侯名义上的共主和间接控制，诸侯保持半独立甚至独立的割据局面，变成中央集权的垂直控制，奠定了二千年来中国古代中央集权一统局面下中央和地方关系新型格局的基石。

一　秦王朝的制度建设和统治措施

(一) 实现由秦国向秦朝的本质转变

秦统一后，建立了中国第一个统一的专制主义中央集权王朝。革故鼎新之际，秦始皇主导了由秦国向秦朝的转变：第一，由秦国向秦朝转变，成为海内一统的秦王朝；第二，由秦王向皇帝转变，成为专制天下的秦始皇，并期望实现家天下的二世三世至于万世，传之无穷的血缘传承；第三，由诸侯国割据对峙向自上而下垂直统治的中央集权的郡县制转变，将一个战国七雄诸侯争霸兼并、四分五裂的天下，变成了一个号令统一、法令如一的统一帝国。中国历史从此进入一个崭新的时代，秦始皇统一事业居功至伟。太史公曰：秦始皇"自以为功过五帝，地广三王"(《秦始皇本纪》)。故唐朝大诗人李白有诗赞曰："秦王扫六合，虎视何雄哉！"(李白诗《秦王扫六合》)

(二) 制度建设和统治措施

在当时的政治、军事、地理、交通等条件下，如何才能确保皇帝对新征服广大疆域的有效集权统治呢？秦始皇及其大臣们处心积虑，穷尽智慧，采取了一系列措施，加强对六国新征服地区的控制，在全国范围内建立了中央集权统治。

政治方面：创立皇帝制度，皇帝名号集帝、皇之尊为一体，地位至高无上，除谥法。加强专制集权，独揽中央与地方权力于一身。建立完备的中央官僚机构，一般以“三公九卿”来概括。三公为丞相、御史大夫、太尉。行政上设置左右丞相，“掌丞天子，助理万机”；御史大夫，“侍御史之率，故称大夫也”，掌副丞相及纠察、律令等；太尉，掌武事的最高首长，未实授，或说无此职，高级武官通称尉。九卿：中央和宫廷诸官合称，计有奉常，掌宗庙礼仪；郎中令，掌宫殿门户，保卫皇帝宫殿；太仆，掌御马；廷尉，掌刑辟，负责司法诉讼；典客，掌诸归义蛮夷，即管理少数民族事务；宗正，掌亲属，即皇族事务；治粟内史，掌货谷，管理农业；少府，掌山海池泽之税，以给供养；少府的职权范围很广泛，甚至可以率军出征。另外，还有将作少府、詹事、典属国、大内、少内、都官等官职[①]。管理国家工程材料、宫室、皇后、太子家事、蛮夷降者等事务。又置博士数十人，备皇帝顾问，参与讨论军国大事。继续实行奖励军功的二十级军功爵制。

秦朝官僚制度体现了皇帝个人高度专制集权的特点：第一，一切权力的最后决定权在皇帝。“天下之事无小大皆决于上，上至以衡石量书，日夜有呈，不中呈不得休息。”(《秦始皇本纪》)皇帝既专权于中央，也集权于地方。第二，在皇帝之下，实行分权，将行政、监察、军事、决策咨询等职能分开，权力分散，相互牵制。特别是军权，皇帝之下没有设立最高军事长官太尉，分管军事的尉种类很多，分别掌管部分军事职能，造成军权分散。九卿职官可以直接掌握军队，如少府章邯统帅数十万秦军。这说明军权直接掌握在皇帝手中，随时可调兵遣将。第三，官僚机构各系统职责并未完全划分清楚，特别是皇帝宫廷家事与国家事务、经济等方面混淆，这也是中国古代官制的显著特色。第四，中央官僚机构如丞相、御史大夫及九卿与地方郡县守、令(长)、尉等虽然在行政与郡县有统属上关系，但地方长吏的任免大权掌握在皇帝手中。

统一政令，加强对地方的直接统治，实行单一的郡县制(直接任免地方官)。统一伊始，就展开了郡县还是分封的争论，最后秦始皇一言九鼎，裁夺听从廷尉李斯的建议，“使秦无尺土之封，不立子弟为王、功臣为诸侯者，使后无战攻之患”(《史记·李斯列传》)；“置诸侯不便”，“分天下以为三十六郡，郡置守、尉、监。更名民曰‘黔首’”(《秦始皇本纪》)。到秦始皇三十四年，又一次讨论郡县制问题，仍然是做了丞相的李斯胜出，彻底否定了博士们分封诸侯的诉求。

---

① 《汉书·百官公卿表》，中华书局 1962 年版。林剑鸣：《秦汉史》，上海人民出版社 1989 年版，上册第 93—105 页。

巡游天下,监临全国。天子巡幸天下是三代以来的传统统治术。日理万机、日夜勤政的秦始皇多次巡游天下,刻石勒碑,宣扬秦灭六国,统一海内的政治合法性,以示威天下。早在统一前,秦王便经常巡游征服的诸侯国,如秦王嬴政曾经前往占领的赵国都城邯郸,报复母家仇人;到楚国都城郢(寿春)、陈(淮阳)。称帝十五年间,有过五次巡游,最后病死在巡游的途中。秦二世即位当年便外出巡游。秦朝皇帝对巡游天下极为重视,重要的文武大臣,如王绾、冯劫、李斯、赵高、王离、王贲、赵亥、冯无择、隗林,以及皇子等均曾随从前往[①],将其视为统治天下的重要方式之一。

第一次巡游:"二十七年(前220),始皇巡陇西、北地,出鸡头山,过回中。"(《秦始皇本纪》)这是统--后秦始皇第一次巡游天下,巡游咸阳西北地区。

第二次巡游:二十八年(前219),始皇东行郡县。与鲁诸儒生议,刻石颂秦德,议封禅望祭山川之事。登泰山,下梁山,封禅,勒石刻碑。(《秦始皇本纪》)

这次东巡山东原六国地区。东巡时间很长,先到今山东半岛,"南登琅邪,大乐之,留三月。乃徙黔首三万户琅邪台下,复十二岁。作琅邪台,立石刻,颂秦德,明得意"(《秦始皇本纪》)。然后南下,到达江苏地区。"始皇还,过彭城,斋戒祷祠,欲出周鼎泗水。使千人没水求之,弗得。乃西南渡淮水,之衡山、南郡。浮江,至湘山祠。逢大风,几不得渡。……上自南郡由武关归。"(《秦始皇本纪》)在徐州附近的泗水组织打捞周鼎,无果后向西南从今安徽境内渡过淮、江,经湖北到湖南,然后北上,经陕西武关至咸阳。

第三次巡游:"二十九年(前218),始皇东游。至阳武博狼沙中,为盗所惊。求弗得,乃令天下大索十日。"又到山东半岛,至琅邪后转道上党回咸阳。

第四次巡游:"三十二年(前215),始皇之碣石,使燕人卢生求羡门、高誓。刻碣石门。……始皇巡北边,从上郡入。"(《秦始皇本纪》)

第五次巡游:三十七年(前210),始皇出游。这次巡视了长江南北的整个江苏地区。[②]

秦二世元年(前209),"二世与赵高谋曰:'朕年少,初即位,黔首未集附。先帝巡行郡县,以示强,威服海内。今晏然不巡行,即见弱,毋以臣畜天下。'春,二世东行郡县,李斯从。到碣石,并海,南至会稽,而尽刻始皇所立刻石,石旁著大臣从者名,以章先帝成功盛德焉"(《秦始皇本纪》)。

---

① 李瑞、吴宏岐:《秦始皇巡游的时空特征及其原因分析》,《中国历史地理论丛》2003年9月,第18卷第3辑,第130—138页。

② 《李斯列传》云始皇三十四年焚书后,"明年,又巡狩,外攘四夷,斯皆有力焉。"是始皇又有三十五年巡游事,然史未载。

采取强干末枝措施，加强都城力量，削弱地方实力，打击地方豪强贵族，特别是六国后裔。强迁六国旧贵族到咸阳或边疆，二十六年，“徙天下豪富于咸阳十二万户”（《秦始皇本纪》）；三十五年，“因徙三万家丽邑。五万家云阳，皆复不事十岁”（《秦始皇本纪》）。这样既可以根除地方割据势力的土壤，又增加了都城和边地人口和财富，增强了保卫天子的统治力量。

军事交通措施。军队分为中央直辖军和地方武装两类，中央直辖军队分为戍边、野战及首都警卫三部分，由中央尉官统领。地方武装由郡、县尉指挥。统一后，始皇下令拆除关隘，收缴天下兵器，修直道、驰道，开凿运河，统一车轨。“坏城郭，决通堤防。”（《秦始皇本纪》）“夷郡县城，销其兵刃，示不复用”（《史记・李斯列传》）；“大酺。收天下兵，聚之咸阳，销以为钟鐻，金人十二，重各千石，置廷宫中”[①]（《秦始皇本纪》）；“夫天下合为一家，毁郡县城，铄其兵，示天下不复用”（《史记・刘敬叔孙通列传》）。

秦朝的交通道路四通八达，在各节点设置驿站，形成了比较完备的联系网络。《集解》：应劭曰：“驰道，天子道也，道若今之中道然。”引《汉书・贾山传》曰：“秦为驰道于天下，东穷燕齐，南极吴楚，江湖之上，滨海之观毕至。道广五十步，三丈而树。厚筑其外，隐以金椎，树以青松。”《秦始皇本纪》：“治驰道”：《集解》：应劭曰：“筑垣墙如街巷。”《正义》：应劭云：“谓于驰道外筑墙，天子于中行，外人不见。”甬道是咸阳中皇帝的专用道路，比驰道的等级还高，类似今天的全封闭高等级公路。三十五年“自谓‘真人’，不称‘朕’。乃令咸阳之旁二百里内宫观二百七十复道甬道相连，帷帐钟鼓美人充之，各案署不移徙”（《秦始皇本纪》）。《读史方舆纪要》：“秦驰道旧迹阔五丈余。”说明到明朝末年，秦朝驰道仍然有踪迹可寻[②]。建立网络天下的驿站，如江苏江淮间设有高邮驿站（秦邮）。

直道：“三十五年，除道，道九原，抵云阳，堑山堙谷，直通之。”（《秦始皇本纪》）线路从咸阳经云阳（今陕西淳化西北）直达九原（内蒙古包头西）。

在西南修筑五尺道，从四川连接云贵。在广西开凿灵渠，沟通长江水系湘江与漓

---

① 按：《史记・正义》引《三辅旧事》云：“铜人十二，各重三十四万斤。汉代在长乐宫门前。”董卓坏铜人余二枚。又据《汉书・五行志》：“秦始皇二十六年，有大人长五丈，足履六尺，皆夷狄服，凡十二人，见于临洮，故销兵器，铸而象之。”

② 顾祖禹《读史方舆纪要・湖广七》：永州府零陵县“驰道。府东八十里，阔五丈余，类今大河之道。《史记》：‘秦始皇命天下修驰道，以备游幸。’此其旧迹也。”（贺次君、施和金点校，中华书局 2005 年版，第 3798 页）可知秦朝的驰道已经通往湖南永州地区。秦始皇巡游天下的范围非常广阔。江南地区当时比湖南要更加发达一点，驰道等肯定十分完备。今湖南西部发现了里耶秦简，印证了秦朝在这一带统治措施十分完备。另据媒体 2007 年 10 月报道，在湖南郴州发现了秦朝湘粤古道。

江的联系，开拓岭南。近年来，在湖南发现的里耶秦简，证实秦朝在南方已经实施了有效统治。

法律方面：秦国商鞅变法后，法律制度比较健全。秦朝统一后，更是“事皆决于法”、“法令由一统”、“一法度”(《秦始皇本纪》)。文献记载都说秦朝法令细致完备，刑罚严酷，成为“暴政”的重要原因。1975年底至1976年初，湖北省云梦县睡虎地秦墓竹简出土，其中有完善的秦律文书，有《为吏之道》、《秦律十八种》、《效律》、《秦律杂抄》、《法律答问》、《封诊式》等。这些考古文献，从法律条文、律文解释(法律答问)、地方发布的文告、关于审理案件的准则和法律文书程式等方面，揭示了秦朝法律的基本情况①。

经济方面：在全国实行统一的度量衡、货币、田亩赋税制度，废除六国货币，统一以黄金为上币，以铜质圆形方孔的秦半两为下币。钱这个词起初是指铲形的货币，后来由于它的发音和圆字相同或是近似的关系，以至于专指圆形货币了②。考古已经印证了秦朝度量衡和货币统一措施在全国的实行。反映度量衡统一情况的有秦权、秦铜量、秦铜容器、秦诏版等，著名的有商鞅量、秦始皇诏铜权、铁权、秦二世诏文铜权等③。东海境内曾经出土秦朝颁行的有诏铭铜量和铜权。铜量器口呈方形，底呈圆形，容量630毫升，外腹一侧刻有诏文④。盱眙秦朝东阳城内也出土过刻有秦始皇廿六年诏书的扁圆形铜权，重达30.43公斤。另外，秦朝的赋税和徭役、兵役十分繁重，远超前代，成为秦朝政治的最大毒瘤。

思想文化方面：大力宣扬秦朝统一的政治合法性，推终始五德之传，以水德之始，实行统一历法，第一次在全国真正做到“书同文、行同伦”(《礼记·中庸》)。统一文字，以秦小篆为官方文字，也流行更加简化适用的隶书。钳制思想，行申韩之术、法家刑名之学。

实行焚书坑儒：欲从心理上、文化上灭其国，必先灭其史。李斯建议“‘臣请诸有文学《诗》《书》百家语者，蠲除去之。令到满三十日弗去，黥为城旦。所不去者，医药卜筮种树之书。若有欲学者，以吏为师。’始皇可其议，收去《诗》《书》百家之语以愚百姓，使天下无以古非今。明法度，定律令，皆以始皇起。同文书。治离宫别馆，周遍天

---

① 这方面由于秦法律文献的出土，研究多，成果丰富。参见《云梦睡虎地秦简》，文物出版社1981年版；《云梦秦简研究》，中华书局1981年版；高敏《云梦秦简初探》，河南人民出版社1979年版等。

② [日]加藤繁著：《钱的语义转为货币的理由》，《中国经济史考证》，吴杰译，第一卷，商务印书馆1959年版，第12页。

③ 《秦金石刻辞》、《小校经阁金文拓本》等。相关介绍详见马非百《秦集史》(下)“金石志”，中华书局1982年版。

④ “廿六年，皇帝尽兼天下诸侯，黔首大安，立号为皇帝。乃诏丞相状、绾，法度量，则不壹，歉疑者，皆明壹之。”参见容庚：《秦金文录释文》。转引自《江苏史纲》(古代卷)，江苏古籍出版社1993年版，第130页。

下”(《史记・李斯列传》)[①]。侯生、卢生等方士暗地里非议秦始皇,“始皇为人,天性刚戾自用,起诸侯,并天下,意得欲从,以为自古莫及己。专任狱吏,狱吏得亲幸。博士虽七十人,特备员弗用。丞相诸大臣皆受成事,倚辨于上。上乐以刑杀为威,天下畏罪持禄,莫敢尽忠。上不闻过而日骄,下慑伏谩欺以取容。”“天下之事无小大皆决于上,上至以衡石量,日夜有呈,不中呈不得休息。贪于权势至如此,未可为求仙药”。于是乃亡去。始皇闻亡,乃大怒曰:“吾前收天下书不中用者尽去之。悉召文学方术士甚众,欲以兴太平,方士欲练以求奇药。今闻韩众去不报,徐市等费以巨万计,终不得药,徒奸利相告日闻。卢生等吾尊赐之甚厚,今乃诽谤我,以重吾不德也。诸生在咸阳者,吾使人廉问,或为訞言以乱黔首。”于是使御使悉案问诸生,诸生传相告引,乃自除。犯禁者四百六十余人,皆坑之咸阳,使天下知之,以惩后。益发谪徙边。(《秦始皇本纪》)

本身寻求长生不老药,耗费巨额钱财已经是暴政,坑杀又是暴政,这显然是暴政之上加暴政。始皇长子扶苏谏曰:“天下初定,远方黔首未集,诸生皆诵法孔子,今上皆重法绳之,臣恐天下不安。唯上察之。”始皇怒,使扶苏北监蒙恬于上郡(《秦始皇本纪》)。从扶苏的劝谏似乎可知,当时孔子的地位仍然很高,儒生学习孔子经典并没有停止。在鲁地,习儒之风保持到西汉初期。孔门弟子后学没有得到秦始皇的重用,而且惨遭镇压。

对外方面:“巡狩,外攘四夷。”(《李斯列传》)继续大规模的扩张,采取积极的以攻为守战略,并修长城。“始皇乃使将军蒙恬发兵三十万人北击胡,略取河南地。”“渡河取高阙、阳山、北假中,筑亭障以逐戎人。”(《秦始皇本纪》)防御匈奴。三十三年,“西北斥逐匈奴。自榆中并河以东,属之阴山,以为四十四县,城河上为塞。”徙民戍边。“徙谪,实之初县。”迁移罪犯实边。在南方,“发诸尝逋亡人、赘壻、贾人略取陆梁地,为桂林、象郡、南海,以適遣戍”。征伐闽越、五岭,拓展疆域。移民戍边。“三十四年,適治狱吏不直者,筑长城及南越地。”征发人民修筑长城及南越地[②]。三十六年,“迁北河榆中三万家。拜爵一级”(《秦始皇本纪》)。

当然,上述制度建设和统治措施,其实是军事征服的继续,有很多制度和措施是和秦朝“暴政”混同在一起,或者是通过“暴政”的方式实现的,包括军事征服的形式,两者很难截然分清,如建设大规模国家防御、交通工程、思想文化钳制等。

---

① 《史记・秦始皇本纪》:“臣请史官非秦记皆烧之。非博士官所职,天下敢有藏《诗》、《书》、百家语者,悉诣守、尉杂烧之。有敢偶语《诗》《书》者弃市。以古非今者族。吏见知不举者与同罪。令下三十日不烧,黥为城旦。所不去者,医药卜筮种树之书。若欲有学法令,以吏为师。”

② 《史记集解》:徐广曰:“五十万人守五岭。”

司马迁在《史记·六国年表》中将秦的统一归结为天意。他说:"论秦之德义不如鲁卫之暴戾者,量秦之兵不如三晋之强也,然卒并天下,非必险固形势利也,盖若天所助焉。""秦取天下多暴,然世异变,成功大。"《索隐》:"以言人君制法,当随时代之异而变易其政,则其成功大。"前面讲的天之相助,后面讲的秦国政治与时俱进,不断变化。但是,军事征服之后,秦始皇没有根据六国的实际情况而作出相应的制度变革和政策调整,而是将秦国的制度、统治方式直接复制到六国,导致六国极度不适应,矛盾更加激化。马上取天下,仍然是马上治天下,征服式的统治没有随战争的结束而结束。

二 秦朝建立的新型中央与地方制度——郡县制

(一)中央与地方新型关系的意义与局限

夏商周,特别是西周时期,周天子的诸侯国有同姓和异姓两类。当时,周天子只是天下名义上的最高统治者,他与地方诸侯之间通过一定的君臣关系,构成中央与地方的统治与被统治关系,中央间接统治地方。诸侯掌握地方实际权力,应该说是一种地方诸侯对中央权力的分割。分割的程度由天子和诸侯的实力决定。到了春秋时代,由于天子衰微,诸侯称霸,原本靠武力和血缘维持的松散的中央与地方关系已经瓦解,这种天子与诸侯的名义统属关系形同虚设。与此同时,在几个区域性大诸侯国家,通过变法和改革,逐渐形成了一种新型的中央与地方的关系,即诸侯国内部的集权政治体制正在出现,到战国时期以王为核心的君主集权体制全面建立起来。这些制度涵盖了政治、法律、军事、经济、文化诸多方面,诸如中央机构和官僚制度、统治地方的郡县制度、封赏军功爵秩等级制度、户口登记和赋税徭役制度、新型礼乐制度等都已经建立起来①。

秦的统一,使中国古代的社会结构和政体从西周时期的封建制转变为对地方实施行政统治的郡县制。西周以来形成的天子—诸侯或天子—方伯—诸侯的政治地理格局变成了皇帝—郡—县格局②。在全国范围内实现了自上而下的垂直统治,即中央统治地方的行政关系。秦始皇以秦国的地方政治制度为范本,将其扩展到关东六国,建立了一套完整的地方机构。这个转变在中国古代国家发展史上意义深远:在中国古代国家起源"三部曲",即古国、方国、帝国三个阶段中,秦最具典型性,"自襄公(古国)、缪公(方国)到始皇帝(帝国)三部曲"③。秦统一使中国古代国家发展从夏商周三

① 参见杨宽《战国史》第六章《封建国家的机构及其重要制度》,上海人民出版社1980年第2版。

② 王健:《西周政治地理结构研究》,中州古籍出版社2004年版。

③ 苏秉琦:《国家起源与民族文化传统》,《华人·龙的传人·中国人》,辽宁大学出版社1994年版,第132页。

代早期国家阶段,发展到成熟国家阶段①。实现了从封国到帝国的转变②。有学者甚至认为郡县制的推行是中央与地方关系的先决条件,中央与地方关系产生于中央集权制形成之后,商周封建制的基本特征是分土而治,土地一经分封,统治权即行变化,封国各自为政,诸侯为一国之最高统治者,与天子分疆而治,对天子的义务只是朝聘、贡献与助征伐而已。既各自为政,则无所谓中央与地方关系③。总之,秦朝建立的统一的中央集权制度成为古代中央与地方关系的新起点,郡县制为主体的新型中央与地方关系格局奠定了中国二千年统一国家的行政基础。

秦统一后,摆在新帝国面前的首要问题是如何严密控制并有效管理广大的疆域,特别是新征服的地区。山东地区原有三十多个郡,秦对其整合,减少了东方的郡数。直接任免官吏,后世称"流官"。传统的以血缘为纽带的分封制度取消了,中央对地方的统治主要靠任免官吏,垂直集权来维持。这是"中国古代社会结构和政体从血缘封建关系向中央集权地缘关系的转变,或称为是中国历史从血缘政治向地缘政治的转变"④。

显然,在中国古代真正能够打破血缘的最有力的方式是战争,通过军事斗争,大批获得军功的军人加入了统治集团,他们通过军事征服获取领土,于此设置新郡,直接实行中央集权统治,血缘统治的旧秩序自然受到冲击直至被打破。"秦始皇帝灭诸侯为郡县,不世官,守相令长以他姓代,去世卿大夫士。"以流官取代世官,打破地方官吏的血缘世袭。以直接控制臣与民来控制全国所有的地区。故"内郡为县,三边为道"(《汉旧仪》)。秦朝的统一,正是这种在一个较大区域内或诸侯国一国之内中央集权基础上的全国范围内的集权。这样,皇帝便可以实现对天下臣民的直接控制,而不需要通过控制臣来控制民。但这仅仅在武力征服的前提下,通过暴力建立起单一的郡县制度来实现的,一旦维系这种自上而下中央集权的国家军事政治力量削弱或消失,中央对地方的集权统治便随之土崩瓦解。

单一郡县制,从集权的角度看,通过设置层级,进行垂直管理,一切权力归中央,中央权力归皇权,中央集权制度在全国建立起来。从分权的角度看,地方失去了相对

① 早期国家是学术界流行的共识,秦帝国的建立,标志中国古代国家走向成熟。参见谢维扬《中国早期国家》,浙江人民出版社 1995 年版。

② 滕铭予:《秦文化:从封国到帝国的考古观察》,学苑出版社 2003 年版,第 1 页。

③ 周振鹤:《中央地方关系史的一个侧面——中国历代地方政府层级变迁的分析》,《复旦学报》1995 年第 3、4 期。按:否定秦朝以前存在中央与地方关系的观点值得商榷,诸侯与天子的关系,也是中央与地方关系的一种形式。

④ 徐苹芳:《考古学上所见秦帝国的形成与统一》,"台湾大学"历史系主编《台大历史学报》,第二十三期,第 316 页。《过秦论》:"秦并兼诸侯,山东三十余郡,缮津关,据险塞,修甲兵而守之。"但据研究,有秦一代,设郡达 54 个,统一之后,函谷关以东的山东境内仍然保持三十多个郡,并没有减少。参阅后晓荣《秦代政区地理》,社会科学文献出版社 2009 年版,第三章《秦置郡新证》。

独立性，人事、财政、军事等权力都归中央，地方没有积极性。地方官员力量削弱，既丧失了割据、反叛的力量，也丧失了对地方叛乱的抵御能力，统治的基础十分脆弱。一旦地方下层起义，地方官没有能力镇压，多被起义军杀戮，平叛只能依赖中央力量。同时地方对中央内部的混乱也没有力量勤王。所以，集权和分权各有利弊，不可简单肯定或否定，关键看当时的历史条件。战国以后中央与地方关系的趋势是逐步集权，同时打破世卿世禄制度，通过新军事、政治制度将武士、士人等选拔到中央，使得中下层人才进入官僚集团，扩大了统治基础。但是，秦朝的过度集权，削弱了地方力量，导致一旦权臣专权，皇帝被架空或控制，极易政局动荡，滥施暴政，加速王朝灭亡。所以，在由分封制向郡县制的转换过程中，采取过渡性的分封与郡县二元并行，或以郡县为主、分封为辅的地方制度，有利于平稳过渡。换言之，适度的分封（即分权），同样是稳定中央集权制度的基础，因为秦作为一个诸侯国，靠军事征服六国，其统治基础十分薄弱，关键是要迅速扩大在六国地区的统治基础，实现由征服者到统治者的平稳过渡。秦始皇所有的措施旨在强化中央集权，忽略了用分封或扩大地方权力缓和军事征服带来的与六国地区的矛盾，以达到扩大统治基础，维护统一王朝稳定的作用。秦统一后中央内部曾经出现两次关于郡县与分封的激烈争论，最终都是秦始皇支持的郡县派大获全胜，分封派被打压。秦朝在全国实现了单一的郡县制度。由郡直接统辖县，郡、县长吏大多由获得军功的武将担任，秦朝在六国地区的统治就是这样建立起来的。

但这样的全面替代也造成了隐患，即原六国地区旧官吏旧贵族与秦朝军事统治者的矛盾。秦朝的郡县官吏还没有和地方势力形成联盟，令、守、尉、监等地方官僚与下层掾吏还没有真正融合，秦朝的统治就结束了。秦末起义爆发之后，大多数守、令、尉、监等地方上层官员被杀，下层小吏却纷纷加入起义军，充分证明下层掾吏多为被迫为秦朝新的地方统治者服务的本地人士，一旦时局变化，便站到秦朝的对立面成为反秦的骨干力量。

秦统一开创的中央集权制到汉武帝中期在全国完成，经历了一百多年的曲折发展过程。这一点不但早已为文献所证明①，而且也得到考古材料的印证。“考古学上所见最早的秦文化遗存是甘肃甘谷毛家坪遗址。在甘肃的天水、礼县和陕西的宝鸡，屡次发现秦遗物，证明秦从甘肃东部逐渐向东迁移。公元前677年迁都雍城（今陕西凤翔），公元前383年再迁都朴阳（今陕西临潼），雍城遗址和雍城南面的秦公陵园，朴

---

① 秦末起义爆发后，六国纷纷独立，分封制度回潮，陈胜、楚怀王、项羽都实行了分封制。汉初刘邦分封异姓王，后来又分封同姓王，直至汉景帝平定七国之乱，汉武帝削地夺爵，才最终解决封王国问题，但分封的形式仍然保存下来。

阳城遗址和其附近的秦东陵,都做过考古发掘,对秦文化的形成发展了明确的认识。公元前221年秦始皇统一中国,建立了中国历史上第一个中央集权制王朝。最能代表秦文化的咸阳宫和'碣石宫'遗址,规模巨大的秦始皇陵园和秦始皇兵马俑坑,以及分布于甘肃、宁夏、陕西、内蒙古、河北、辽宁各省的秦长城遗迹,通过考古学的发掘调查和研究,都获得了新的成果。秦始皇改封建为郡县,统一文字、度量衡、货币,对中国历史作出了巨大贡献。但秦祚短暂,考古学上证明秦统一的事业是到汉武帝时才逐步完成的[①]。"目前考古材料中没有直接反映秦文化在江苏的流行情况,这也许说明秦对江苏地区的统治还只是在郡县政权一级,没有深入到社会下层。根据考古学者对秦文化出土材料的分析,"从春秋早中期时秦文化中就已有因军功进入统治集团的人群来看,战国中期商鞅变法时所规定的奖励军功以及有军爵者才可进入统治集团的政策,并不是导致军功贵族出现的原因,而是将在秦发展过程中早已出现的这一特定人群的地位给予法律化的结果"。"而地方原住民贵族进入统治集团,则表明秦文化在进入其扩张所至地区后,并没有将原住民驱走,而是把这一部分原本并不属于秦文化的人群纳入自己的统治范围,并且可能出于更有效的对其朝廷管理和统治的目的,吸收原住民贵族进入自己的统治集团。……在考古发掘中秦墓随葬器物上所表现出来的多见外来文化因素,也许正是作为构成秦文化社会基础的最普通的平民中,已经加入了原本并不属于秦文化的外来人群的具体反映"[②]。

秦朝建立的郡县制是一种新型的中央与地方关系,它是战国以来就已经在各诸侯国建立起来的中央集权制度在全国的推广,从历史趋势看无疑是历史的进步。然而,郡县制在全国的推行是通过秦国残酷的军事征服的形式实现的,主要靠武力和制度来维持,始终处于高风险的危机状态之下。一旦武力和制度发生问题,这种统治秩序立即土崩瓦解。秦朝废除分封诸侯,导致中央无地方支持,一旦有事,孤立无援,导致如《汉书·诸侯王表第二》所云:"……亡秦孤立之败……"

(二)郡县制度的推行

秦统一全国后,吸取周王朝分封诸侯,造成天下分权,天子架空,天下大乱,诸侯间纷争不息的教训,采取了单一的郡县制,以巩固统一的中央集权新王朝。这样就在全国建立了新型的中央与地方关系的集权制度,废除封建藩国制度,将战国后期各国已开始实行的郡、县制度推及全国,成为以后历代地方行政制度的基本模式。秦始皇二十六年,"分天下以为三十六郡。郡置守、尉、监。更名民曰黔首"(《秦始皇本纪》)。

---

① 徐苹芳:《考古学上所见秦帝国的形成与统一》,《台大历史学报》第二十三期(1999年6月)。

② 滕铭予:《秦文化:从封国到帝国的考古观察》,第四章,学苑出版社2003年版,第74页。

经文献与秦简资料对照研究，大致情况如下①：

郡。郡是秦朝地方行政组织最高一层，可称“高层政区”。郡下设县、道。据《汉书·百官公卿表》：秦朝郡一级官员主要有郡守、郡丞、郡尉、郡监御史。郡监御史掌监郡，相当于中央的御史大夫。此职为秦王后增设，监视并分治郡守权力。郡守，掌治一郡政事，秩二千石②。有丞，边郡又有长史，掌兵马，秩皆六百石。郡尉，掌佐守典武职甲卒，辅佐郡守并主军事，秩比二千石。有丞，秩皆六百石。另有都尉。但实际上郡守除了政务之外，也掌握地方军队，成为郡一级军政最高长官③。特别在战时，守直接统帅军队作战，这实际上符合战国置郡的初衷。如南阳守就率领军队抵抗刘邦军队进攻。

县。县令、长，皆秦官，掌治其县。秦朝的县万户以上为令不满万户为长，秩五百石至三百石。下设丞、尉，秩四百石至二百石，是为长吏。百石以下有斗食、佐史之秩，是为少吏。县丞协助县令主政事。县尉掌军事和治安，包括军事防御、治安、征发徭役、管理士卒等。

乡。县下设乡，乡有三老、有秩、啬夫、游徼。三老掌教化；啬夫职听讼，收赋税；游徼，掌捕盗贼。具体言之，乡的职能有四：摊派徭役、征收田赋、查证本乡案情、参与对国家仓库粮食的保管。

里。里设里正或里典，还有专管农业生产活动的田典。十里一乡，里是地方基层组织的底层。

亭。设亭长，或称“校长”，掌捕盗贼和徭役事宜，地方治安是亭的主要职责，但从刘邦解送役卒去咸阳视之，说明亭长有组织解送徭役人员的职责。亭长下有亭父及求盗各一人。据《汉书·百官公卿表》，“十亭一乡”，“十里一亭”，但亭与乡里没有隶属关系，亭属于与乡、里不同性质的地方治安系统，为“都尉、县尉的派出机构”。亭、邮都是因里数距离而设置的机构，当属于一个系统。《续汉书·百官志》刘昭注引应劭《风俗通》：“汉家因秦，大率十里一亭，亭，留也，盖行旅宿舍会之所管。”亭父“掌开闭扫除”④。“十里一亭，置亭长、亭候，五里一邮，邮间相去二里半。司奸盗，亭长持二

---

① 林剑鸣：《秦汉史》，上海人民出版社1989年版，上册第111—113页。

② 文献中一般只称秦代郡有守，正式称太守在汉代，然考古资料发现秦朝已经称太守。如周伟洲《新发现的秦封泥与秦代郡县制》(《西北大学学报》1997年第1期)介绍陕西西安西北秦章台遗址附近出土一枚秦代太守封泥；湖北云梦秦简《封诊式·迁子》中有“太守”一职：“以县次传诣成都，成都上恒书太守处，以律食。”见《睡虎地秦墓竹简》，文物出版社2001年版，第155页；湖南里耶秦简中有“洞庭泰守”，见湖南省文物考古研究所、湘西土家族苗族自治州文物处《湘西里耶秦代简牍选释》，《中国历史文物》2003年第1期。学者据上考证，战国也有太守，秦代肯定有太守称呼。周长山《汉代地方政治史论——对郡县制度若干问题的考察》，中国社会科学出版社2006年版，第115页注5。

③ 施丁：《秦汉郡守兼军事略说》，《文史》第13辑，中华书局1982年版。

④ 《史记·高祖本纪》《集解》引应劭曰。

尽板以劾贼，索绳以收执贼”[①]。亭，负责接待往来之官吏，兼管为政府输送、采购、传递（文书）等事。

由上可知，第一，秦朝的地方行政系统分为郡、县、乡、里（亭）四级，组织健全，层级分明，分工明确、隶属比较清楚，体现了中央集权的基本组织架构。郡为高层政区，中央专门派遣监御史监督郡守。县是秦代统治机构中关键的一级组织。关于县的意义，学者有过论述：县是秦王朝从中央到地方基层一整套国家机器中具有相对独立性的一个单位，如人民的户籍、征收的粮食都以县为单位保管，地方的武装也以县为单位编制，徭役也以县为单位征发，等等。实际上县政权乃是代表秦王朝执行统治人民全部职能的机构。这一职能确立后，对此后两千余年都有影响。第二，文献记载的乡、亭、里三者关系有一定的牴牾，经学者考证，大致认为“十里一乡”之“里”是乡里，里伍组织的里，属于地方行政系统，“一里百家”是由户数决定的。“十里一亭”的里是步里，代表一定的长度和距离。“十里一亭”的“亭”属于治安系统[②]。亭的功能除了治安之外，似乎和秦朝建立的四通八达的交通道路网络有密切关系，有的亭设置在国家交通干道上，按一定的距离设置，可能并不是所有的乡里都设亭、邮。从亭治安之外的职能看，亭和邮以及后世的驿站类似。第三，县大率方百里，其民稠则减，稀则旷，乡、亭亦如之。故县、乡、里的设置与人口多寡（户数）有一定关系，所谓乡之宽、窄差别。每县乡数分布已经不太清楚。第四，秦朝县长吏非本籍人士充任。从汉代县的主要官员（长吏）多为非本县、郡籍，但可能是邻近的郡籍的情况看[③]，考虑到秦朝军事征服性质，长吏应多来自秦国本土。而下层吏属，秦汉地方政权机构几乎一样，而这种机构，越往下，传承古代的就越多。从制度看，秦朝的建立对原六国地区乡以下政权组织人员影响并不太大，郡县属吏及乡之“三老”、里正、亭长等下层吏属多为本郡富家或有一定文化的男子充任。

三 秦郡设置及数量变化

秦朝县的数量已经很难搞清楚，学者说法不一，有估计大致在“九百以上至一千有余，约言之当在一千县左右也”[④]。有说“在七八百至千余之间，约相当于西汉县数

---

① 《续汉书·百官志》引《汉官仪》，上海古籍出版社1986年版。

② 王毓铨：《汉代“亭”与“乡”、“里”不同性质说不同系统说》，《历史研究》1954年第2期。

③ 严耕望：《中国地方行政制度史》，上编卷上《秦汉地方行政制度》；连云港博物馆等：《尹湾汉墓简牍》，中华书局1997年版；赵平安：《尹湾汉简地名的整理与研究》。

④ 严耕望：《中国地方行政制度史——秦汉地方行政制度》，上海古籍出版社2007年版，第35页。

的三分之二至六分之五”[①]。而最新的研究则认为清末杨守敬所说的八九百较为准确[②]。大致在七百以上，千县以下。

郡的数量，由于《史记》只记载秦始皇二十六年初并天下为三十六郡，没有列举三十六郡的名称，而秦统一后继续征伐又陆续设置了几个郡，故秦朝置郡数目和变化十分复杂，历来争讼不已。按谭其骧的归纳，第一种，《汉志》说。根据《汉书・地理志》汉代各郡国下注“秦置”、“秦郡”、“故秦某郡”统计的秦郡，合计 36 郡，不包括秦内史。即：河东、太原、上党、三川、东郡、颍川、南阳、南郡、九江、泗水、巨鹿、齐郡、琅邪、会稽、汉中、蜀郡、巴郡、陇西、北地、上郡、九原、云中、雁门、代郡、上谷、渔阳、右北平、辽西、辽东、南海、桂林、锡郡、邯郸、砀郡、薛郡、长沙。

第二种，《续汉志》、《史记集解》说。《续汉书・郡国志》注文比《汉志》多出黔中、鄣两个秦郡，突破《汉志》说法，裴骃《史记集解》列举了三十六郡名称，包括内史、黔中、鄣，去掉南海、桂林、象郡这三个明显设置于三十三年后的秦郡，形成新的三十六郡。《晋书・地理志》承《史记集解》说，又加上新设的闽中、南海、桂林、象四郡，合计为四十个郡。

第三种，清以来研究。又可分三说，其一，秦朝只有三十六郡，三十六年前所置二十余郡，之后所置三郡，都记在秦始皇二十六年下，以钱大昕为代表；其二，信从《晋书・地理志》三十六郡是秦初并天下时的郡数，其后续有增置。以上两家是少数。第三，多数人认为《汉志》、《晋志》都有脱漏，三十六郡是秦并天下时的郡数，其后续有增置。但初并到现在为止时是哪三十六郡？后来又增加了哪些郡？秦末共有哪些郡？则诸家之说又各不相同[③]。谭其骧集大成，考证实得四十六郡，按入秦时间为序，即：上郡、巴郡、汉中、蜀郡、河东、陇西、北地、南郡、南阳、上党、三川、太原、东郡、云中、雁门、颍川、邯郸、巨鹿、上谷、渔阳、右北平、辽西、砀郡、泗水、薛郡、九江、辽东、代郡、会稽、长沙、齐郡、琅邪、黔中、广阳、陈郡、闽中（以上为秦统一时三十六郡），东海、常山、济北、胶东、河内、衡山（此六郡《汉志》缺，二十六年后置），南海、桂林、象郡、九原（三十三年置）。

原六国已经有郡三十余个，在统一过程中被兼并[④]。秦统一过程中曾经设置了二十四个郡，统一后，又四处征伐，拓展疆域，建立了新郡。郡的数量不断增加。谭其骧

---

① 葛剑雄：《关于秦代人口数量的新估计》，《葛剑雄自选集》，广西师大出版社 1999 年版，第 23 页。

② 后晓荣在诸家研究基础上，充分利用考古发现的新出土文献作了考证，“今考证秦置郡明确者 732 县，地望不详者 24 县，二者为 756 县。其他缺失的县和新设置郡中无考的县加起来，‘有秦一代所置’或许正如杨守敬所言‘八九百’”，而非一千来县。见《秦代政区地理》第八章《秦置县相关问题》，社会科学文献出版社 2009 年版，第 455 页。

③ 《中国大百科全书・中国历史》“秦郡”条，（中国大百科全书出版社 1992 年版），第 799—800 页。

④ 贾谊在《过秦论》中说：“秦并兼诸侯山东三十余郡，缮津关，据险塞，修甲兵而守之。”

考证有46个郡，但也承认秦末可能有48个郡，鄣郡、庐江都可能是秦郡。清代以来的考据学者，将整个秦国和秦朝时期的置郡看作一个线形发展的过程，通过广泛搜集文献和考古资料中有关秦朝置郡变化的分散材料，由少到多，统一时已经超过三十六郡，到秦末大致在50个以内，现在流行的为48个郡。内史均不在内。这就否定了秦始皇二十六年秦统一时，分天下为三十六郡和《史记集解》中裴骃罗列的三十六郡郡名[①]。

然而，最近有学者另辟蹊径，通过考证否定了这种研究方法，认为秦始皇二十六年之三十六郡和《史记集解》中裴骃罗列的郡名有着自己的材料来源，除了名称略有不同外，是可信的。由此认为，秦朝郡制发展变化分为三个阶段[②]：

第一个阶段，在秦始皇二十六年分天下为三十六郡之前，秦朝应设有如下四十二郡，即：内史、三川、河东、河内、陇西、北地、上郡、汉中、巴郡、蜀郡、九原、云中、雁门、代郡、太原、上党、上谷、渔阳、右北平、潦西、潦东、广阳、恒山、赵郡、河间、清河、东郡、济北、临菑、即墨、城阳、南阳、颍川、淮阳、砀郡、四川、薛郡、南郡、九江、会稽、黔中、长沙。

第二阶段，秦始皇二十六年，嬴政重新划定天下，设为三十六郡，就是在上述诸郡基础上做出的调整。这就是《史记集解》中裴骃所说秦始皇二十六年始并天下时划定的三十六郡，经过考订，这三十六郡的名称是：内史、叁川、河东、陇西、北地、上郡、汉中、巴郡、蜀郡、九原、云中、雁门、代郡、太原、上党、上谷、渔阳、右北平、潦西、潦东、邯郸、巨鹿、东郡、齐郡、琅邪、南阳、颍川、砀郡、四川、薛郡、南郡、九江、故鄣、会稽、黔中、长沙。

到秦始皇三十三年在攻取岭南地区的同时或稍后，应该也征服了东越，并在越人故地设置南海、桂林、象郡和闽中四郡，同时，为保持以十二为基数的郡制，根据各种不同的实际需要，又对旧有的郡进行调整，重新析分秦始皇二十六年并入其他郡内的恒山、河内、济北、胶东（原即墨）、淮阳五郡，又从面积较大的郡内分出东海、衡山、庐江三郡，合之共新增十二个郡，与原有的三十六郡加在一起，即最后调整为如下四十八郡：内史、叁川、河东、河内、陇西、北地、上郡、汉中、巴郡、蜀郡、九原、云中、雁门、代郡、太原、上党、上谷、渔阳、右北平、潦西、潦东、恒山、邯郸、巨鹿、东郡、济北、齐郡、胶东、琅邪、南阳、颍川、淮阳、砀郡、四川、薛郡、东晦、南郡、衡山、九江、洞庭、苍梧、庐江、故鄣、会稽、闽中、象郡、桂林、南海。

从西汉司马迁开始，就只知道秦郡在统一时分天下为三十六郡，但并不知道具体

---

① 关于秦郡研究，清代以来学者有陈芳绩、全祖望、钱大昕、杨守敬、王国维、马非百、谭其骧、周振鹤等，以谭其骧集大成，他的《秦郡新考》、《秦郡界址考》（载《长水集》上，人民出版社1987年版），《中国大百科全书·中国历史》"秦郡"条（中国大百科全书出版社1992年版），在前人的基础上，详细论证了秦郡的发展演变过程和郡址范围。详细学术史综述，可参见辛德勇《秦始皇三十六郡新考（上）》，《文史》2006年第1期，本节多引用辛氏成果。

② 辛德勇：《秦始皇三十六郡新考（下）》，《文史》2006年第2期。

的名称，东汉班固只是根据掌握的情况分记在《汉志》郡下，凑齐三十六郡而已，已经不完整，故出现了南海、桂林、象郡这三个郡。到了《续汉书》、《史记集解》等均采取凑齐三十六郡的路数，难免捉襟见肘，但却扩大了材料的范围，将一些遗漏的秦郡发掘出来，反映了学者的研究成果。清代以来学者突破了三十六郡说。上引该说划分42—36—48郡三个数量阶段，相信《史记集解》的路子，解释了秦三十六郡的意义，但具体是否为《集解》所说的三十六郡，仍然无法定论。关键的问题，秦始皇分天下为三十六郡之说本身是否可信，或者仅为"名义"分布天下为三十六郡，实际并没有执行，因为大量合并减少统一前已经形成的战国郡县是一件非常困难的事情，秦县在沿袭战国诸国旧县的基础上设置新县，西汉也是在沿袭秦县的基础上设置新县，极少废除前代政区。这一事实旁证秦代不可能实行三十六郡的数字革命。而现在的考古材料证明，秦代郡数还在增加①。

四　秦朝江苏地区被纳入中央统治地方的新格局

先秦时期，江苏地区与中原王朝始终处于一种若即若离的独立或半独立状态。西周时期，诸侯国与中央王朝间是名义统治臣服关系，吴、越与周王朝的关系即是这种松散的君臣关系。

(一) 先秦诸侯国时期：江苏境内政治统属由分散到统一

江苏境内先秦时期出现几个古国。长江以北：① 彭氏国，又称大彭，古国，相传为彭祖所居，商时小国，春秋时为宋国吞并，地在徐州市区。② 徐国，西周至春秋后期，中心在泗洪东南大徐台子，春秋时为吴国所灭。③ 钟吾国，春秋小国，在新沂南。④ 干(邗)国，古国，淮夷，商周之际立国于苏北淮河下游。《说文解字》："邗，国也，今属临淮，从邑干声。"地在泗洪县境②。邗国或可能属于西周徐偃王控制的三十六国之一。春秋中期，吴国越江扩张，首先遇到的就是邗国，约公元前655年发生了吴干大战③。吴灭干居其地，常被称为干，吴王称邗王，吴、越被称为干、越。邗城在扬州市区，吴国在此开凿邗沟，沟通江淮。长江以南：① 吴国，商末周初，居于陕西周原的周太王子太伯、仲雍兄弟奔吴后在长江以南建立了深受周文化影响的吴国，最初奔吴之地，在今无锡梅村一带，太伯融合了荆蛮土著文化。西周康王时受周王朝分封，中心在镇江丹徒一带。春秋中期开始强大，"登于上下，闻于四旁"(者减钟铭文)。春秋后

① 后晓荣研究认为有秦一代共设置了54个郡，加内史合计55个郡级政区，可备一说。参见《秦代政区地理》，第三章《秦置郡新证》，社会科学文献出版社2009年版。

② 宋镇豪：《殷周干国考》，载《中国(无锡)吴文化国际研讨会论文集》(2007年)。

③ 《管子・小问》："萌者吴、干战，未龀不得入军门，国子擿其齿，遂入，为干国多。"

期迁往吴(今苏州),建阖闾大城。吴国公元前473年灭于越国。② 淹国,古国,在常州淹城一带。可能是殷商后裔奄人南逃一支建立的小国,后灭于吴。

春秋时期吴国强大,稳定的吴国疆域在淮河以南,包括长江南北的广大地区,一度曾经越过淮河,北上争夺霸主地位,但这只是昙花一现。春秋末年,吴为越灭亡,吴地长江以南尽属越,到了战国时期,越为楚所灭,吴地又属楚。楚国疆域到达江苏长江以北的部分地域,打败越国后,楚国才真正占领了整个江苏地区。

(二)秦朝:中央王朝统治下设置多元高层政区

秦朝统一,全国统一的中央王朝建立,江苏地区成为郡县制度下的郡县,受秦王朝的直接统治,纳入中央与地方关系的新格局之中。

郡一级属于秦朝地方高层政区,是在楚国郡的基础上发展起来的。从文献可知秦朝江苏境内有22个县,分属于会稽郡、鄣郡、泗水郡、东海郡、琅邪郡5个郡,形成了多元高层政区格局。

江苏地区郡、县的守、令、尉、监等主要官员由皇帝任免,多为秦国人;县吏、乡官、亭长等下级小吏,多由本地或附近的有产业、有一定文化水平的壮年男子担任①,像刘邦为丰邑人,到沛县的泗水亭当亭长。沛县人萧何以"文不害"成为沛县主吏掾,又称刀笔吏。曹参也是沛人,任本县狱掾,夏侯婴为县令使,周昌及从兄弟周苛为泗水郡卒史。

第三节　秦王朝统治下的江苏诸郡

今天江苏的自然地理环境和秦朝时期相比,用沧海桑田形容绝不过分。从面积上看,苏北沿海今范公堤一线以东还没有成陆,长江入海口大致还在扬州、镇江一线,自然景观也有很大不同,如今洪泽湖地区还没有形成,这一带还是交通要道,著名的善道就从这里通向淮北。

一　秦朝江苏的自然地理环境

就自然地理而言,今天的江苏与秦时相比,主要变化大致有三点:

第一,从国土面积上讲,今天的江苏有10.26万平方公里,而在秦朝,面积比今天要小得多,变化主要在苏北沿海和长江沿岸。苏北的海岸线曾经发生多次变化,根据研究,苏北平原沿海有5道沙堤,除海边分布的最新2道沙堤被沉积物覆盖外,其余3

① 参阅马非百著《秦集史·职官志》(下),中华书局1982年版。

条老沙堤直接露出地面以上，无盖层[①]。“全新世以来，苏北中部高宝湖、洪泽湖以东，增长的陆地总宽度达 165km 左右；赣榆县南部平均增长约 6km。”距今 5600 年以前海退后，形成了西沙坝子—西塘港水下砂坝，海岸位置退到板浦—阜宁一线。距海距离约 110 公里。距今约 5600 年，发生海侵，海岸后退只有几公里，西移到龙冈—大冈沙堤，但海水顺淮河古道内泛，西到今洪泽湖边，形成广阔的泻湖与盐沼洼地带。此后总趋势是步步向海推进。但直到汉代，3500 年间仅推进几公里，在潘冈—上冈沙堤的东侧[②]。此后变化也不大，在战国到宋金以前，江苏的海岸线大致在今天的通榆运河一线，以范公堤为标志，大堤以东便是茫茫大海，早期的连云港及赣榆等与大陆分离，孤悬海中，像今天的盐城、连云港、南通的大部分地区都在苍茫大海之中。当然，在范公堤之内，新石器时代的海侵也相当严厉，曾经多次淹没大堤以东，最大深入到今宝应、高邮古射阳湖及京杭运河一线。南宋末至金朝黄河多次改道夺淮入海之后，情况发生了根本性变化，1194 年后最初 300 年，主要由涡、睢等水入淮，泥沙堆积在黄泛平原上，入海沉积物较少，岸线延伸缓慢。1494 年后，尤其明万历六年(1578)以后，形成一条由汴入泗、由泗入淮的固定河道，黄河泥沙大多经河口入海。此时岸线向海推进迅速，由砂质海岸转变成淤泥质岸线[③]。现在的海岸线已经从第一道新沙堤大大向东推进了数十公里不等[④]。

秦朝时期，苏北海岸线大致在北起海州湾，沿今赣榆—连云港—阜宁—盐城—东台—海安一线。这一线以东，现代海岸线以西，长约 300 公里、宽约 30—50 公里的区域当时是汪洋大海[⑤]，按今天的省域面积计算，少了约 1.2—1.5 万平方公里。即使在范公堤以东地区，由于海侵、海潮、风浪等灾害影响，很多地方很难正常居住。西汉以后多开辟为盐场，开挖运河，逐步发展起来，如盐城地区设置了盐渎县。

第二，长江入海口的变化，今天的入海口已经大大东移。秦汉时的长江三角洲地区还没有完全形成，长江的入海口在今天的镇江与扬州附近，河口呈喇叭形，南岸咀与北北岸蓼角咀之间的距离很大。到公元一世纪时，长江口南北宽达 180 公里，当时南岸咀在王盘山之东，北岸咀在今掘港附近。喇叭口形成涌潮，秦汉时，江潮壮观。潮可上溯九江。今南京一带也经常受到海潮的侵袭。西汉淮阴人枚乘《七发·观涛》

① 杨景春主编：《中国地貌特征与演化》，海洋出版社 1993 年版，第 65—66 页。

② 杨达源、汪慧慧、潘涛：《全新世以来苏北海陆变迁的遥感研究》，《黄淮海平原水域动态演变遥感分析》，科学出版社 1988 年版，第 168 页。

③ 杨景春主编：《中国地貌特征与演化》，海洋出版社 1993 年版，第 74 页。

④ 苏北海岸线变化情况，参见赵英时、吕克解、杨达源：《黄淮海平原东部全新世以来海岸变迁的遥感研究》，《黄淮海平原水域动态演变遥感分析》表 2《苏北平原古海岸线》，科学出版社 1988 年版，第 153 页。

⑤ 吴必虎：《历史时期苏北平原地理系统研究》，华东师大出版社，1996 年版。

云与远方交游兄弟:“并往观涛乎广陵之曲江。”东汉王充《论衡·书虚篇》,“丹徒大江无涛,广陵曲江有涛。”可知,西汉广陵潮相当有名,大概可以和今之钱塘江潮等量齐观。直到东晋时期,南京还曾遭受海涛的袭击。晋废帝太和六年(372)十二月,“涛水入石头城”[①]。长江中的很多沙洲小岛也没有形成,故长江三角洲江苏部分的面积远没有今天广大。芜湖以下,江面较狭窄,在马鞍山与南京之间,有丹阳,秦始皇巡游时曾经从这里过渡江。《秦始皇本纪》:“过丹阳,至钱塘。”丹阳即今苏皖交界处丹阳镇,在南京江宁区与安徽当涂县之间。

第三,自然地貌景观也有很大的不同。苏北和苏南都属于水网地带,河流纵横,湖泊众多,基本上联结或接近,通过人工沟渠(邗沟和江南河)的串连,形成四通八达的水道,方便舟楫。洪泽湖还没有出现,太湖的面积也没有今天大。苏北平原各水系自然分布,那时的水系如自西向东的淮河,自北向南的泗水、沂水、沭水,还有游水等,都各自安流,互不干扰。泗水沿岸较为发达,淮河的入海口在今天的涟水境内,较少泥沙。淮河以北有硕项湖,里下河地区还是湖沼低洼地带。邗沟就利用了这些湖泊绕行通往淮安末口。在今大运河以西地区属于比较发达的发达地区,今洪泽湖地区原本多为陆地,湖泊面积很小,南北有“善道”沟通,是通往彭城或中原的要冲。

二　秦朝设置的江淮诸郡

公元前222年,秦灭楚,楚地尽归秦。秦朝在江苏境内设置郡县,建立了中央集权统治。按文献记载,秦朝在今江苏境内政区设置共涉及6个郡,25个县。县治设在今江苏境内的有22个[②]。今江苏省境内的江南地区属会稽郡、鄣郡,长江以北分属东海郡和泗水郡。另有东北边缘,即今赣榆一带略涉琅邪郡,江北西南隅今江浦一带属九江郡。出土文献大致证明了文献记载的真实性。秦郡数量只及汉郡103郡之二分之一不到,故秦之一郡,地域大于汉郡,大体相当于汉之数郡,由汉郡地域可推及秦郡地域。

1. 泗水郡:关于置郡时间,谭其骧考证:《始皇本纪》,二十三年,击荆,取陈以南至平舆。张守节《正义》,楚淮北之地尽入于秦。《睢水注》,相县,秦始皇二十三年以为泗水郡。北界循汉制沛郡、楚国之界,不得有滕而有傅阳。汉楚国即秦泗水郡,沛者楚之分郡也。淮北下相、取虑、徐,则沛分也。秦属泗水。

传世的秦封泥有“四川太守”、“四川尉印”、“四川水丞”。周晓陆考证说:“按秦四

---

① 《晋书·五行志》,上海古籍出版社1986年版。

② 根据谭其骧主编《中国历史地图集》第二册,第7—8页秦“山东南部诸郡”和第11—12页秦“淮汉以南诸郡”统计,并参考相关文献,确定江苏诸郡属县为23个。《江苏省·地理志》秦置县为21个,没有徐、赣榆、取虑3县,有萧县。按今行政区划,徐、赣榆2县应为秦置县,取虑县治在苏皖交界处安徽境内,萧县今属安徽,不计。

川郡，诸多文献记录有误，如《汉志》……记：沛郡，'故秦泗水郡。高帝更名，莽曰吾符，属豫州'。《史记·高祖本纪》《绛侯世家》等篇记作'泗川'。《续汉书》记：'沛国，秦泗川郡。'案泗水郡在秦时本为四川郡，此司马迁作《史记》时尚明，后因字形之相近讹为川为水，当在褚少孙补作之时，后来班固作《汉书》时沿其误，至《续汉书》时又据《史记》而改回。四川郡之得名，或因境内有淮、沂、濉、泗四水之故，后来也因为有泗水而作'泗川'或'泗水'。""秦四川郡治在今安徽省淮北市附近，领安徽省江淮之间大部、江苏省淮北运西一部、山东省西南之一小部、河南省东南之一小部。"

学者认为，"周氏并述有'四川轻车'秦印相证，今案后来中国社会科学院考古研究所在对西安相家巷朝廷系统发掘时，还出土有秦'四川水丞'封泥，而《续汉书·郡国志》亦载沛国本'泗川郡'，《初学记》述秦三十六郡，'泗水'乃作'四水'，各自都还保留一部分本来的面貌，故应据周氏所说，改泗水为四川郡。数词改为名词。意思完全不同①。"

但问题是，泗水的本名"四川"的原义是否就是淮、沂、濉、泗四条水的集合名称，因为《秦始皇本纪》等文献明确说秦始皇巡游东方时命人在彭城附近泗水打捞周鼎，泗水所指为一条水十分明确。四川之四可能是泗川之泗省，并非数词。秦郡名称复杂，封泥作为秦官方文书可能代表着一种正式名称，但在当时、当地，郡之名称可能并非只有一个或一种写法，不必非此即彼。

可知泗水郡原称为四川郡，也称泗川郡。位于苏、皖、鲁、豫交界处，包括今江苏部分，东与东海郡为界，北到山东，西与安徽、河南相邻，大致在淮河以北，今京杭运河以西，薛郡以南，西接陈郡，西北与砀郡相邻。今属江苏的县有：沛、留、彭城、下相、徐5个。

2. 东海郡：关于东海郡的名称和设置时间，谭其骧考证，东海郡乃分薛郡置。引《水经·泗水注》："鲁县，秦始皇二十三年以为薛郡。"至于析分的原因，"《陈涉世家》，陈王初即位，陵人秦嘉等皆特起，将兵围东海守庆于郯。《绛侯世家》，项籍已死，因东定楚地泗川、东海郡，凡得二十二县。《汉书·楚元王传》，汉六年，立交为楚王，王薛郡、东海、彭城三十六县；《高帝纪》六年记此事，东海作郯郡。东海治郯，楚汉之际亦称郯郡也。""《元和志》又谓秦分薛为郯，东海之称转晦。"清代学者始正名为东海。秦置东海之年，王国维断在秦始皇三十三年，谭氏则认为"秦置东海之年，史无明证；《始

① 辛德勇：《秦始皇三十六郡新考(下)》，《文史》2006年第2期。另参考周晓陆、陆东之：《秦封泥集》，第260页；中国社会科学院考古研究所汉长安工作队：《西安相家巷遗址秦封泥的发掘》，《考古学报》2001年第4期，第532页，图版拾柒—2；《续汉书·郡国志》二，第3427页。辛氏指出今点校者已误改"川"字为"水"。《初学记》卷八总叙州郡，中华书局1962年版，第164页。

皇本纪》，三十五年，立石东海朐县界中，以为秦东门，疑即在是年也”[①]。郡治在郯（今山东郯城）或称郯郡，以郡治称郡名。

近年来，出土的秦封泥资料逐步公布，学者考证秦封泥“东晦司马”，即“东海司马”[②]。可知，东海本作东晦，东海为后起名。周晓陆综合前人考证，亦认为东海郡高帝六年置不确，引“《秦会要订补》卷二十三记金氏云：东海郡‘始皇二十四年置’。又记杨守敬曰：‘秦东海郡，楚汉之际改名剡郡，汉复故。’”[③]辛德勇推测为三十三年，秦始皇将三十六郡调整为四十八郡时，东海从面积较大的薛郡中分出。“秦始皇二十六年之后，最有可能分置此郡的时间，就是这次统一调整郡级建置”。

关于东海郡的范围，谭其骧考证，“郡境全有《汉志》泗水、广陵二国，东海、临淮二郡有之而不全。泗水，汉武析东海所置，非秦之泗水。广陵，故楚汉之际东阳郡，盖分东海南境所置，其地介在江淮间，右九江，左大海，旧不知秦有东海郡，遂以为九江之分壤；不思九江自是南楚，安得有东海滨之地？故自楚汉之际下迨汉初，九江及其分郡衡山、庐江、豫章则为淮南国，东阳及其南北滨海之郡东海、吴、会稽则隶荆、楚，虽君主数易，疆界固判然不变也。汉之东海西北接于泗、祊，于秦当分属薛郡、琅邪、泗水，辨已见前。临淮，汉武析沛、东阳二郡置，其在淮北者，故沛地也，秦当属泗水[④]。”周晓陆亦说“秦东晦郡治在今山东省郯城县附近，领鲁南一部，江苏江北大部”。主体部分在江苏境内，范围东到大海，当时的海岸线在今通榆河以西，赣榆——连云港——阜宁——盐城——海安一线，即相当于范公堤以西地区。南至长江以北，北到今山东南部，西以今京杭大运河、淮河为界，北联琅邪郡，西与泗水郡相邻，包括江苏北部和山东南部。郡下今属江苏的县有下邳、凌、朐、淮阴、东阳、盱台、广陵、堂邑等8个县。

关于从薛郡析分东海郡的原因，辛德勇推测，“虽然秦朝是以楚地设置薛郡，但原薛郡北部入楚很晚，原来本是鲁国属地，文化上与南部的吴楚之地有明显差别，合为一郡，在治理上恐怕会遇到许多棘手的问题。所以，分置此郡，除了面积上的调整之外，应当是基于这种文化和历史背景方面的考虑”[⑤]。这个推测似是而非。因为山东鲁地与淮北向来同属一种文化，淮北被楚国占领后受楚文化影响，但文化根基还是和鲁地文化一脉相承，当鲁地为楚国占有后，自然亲上加亲，相反，淮北与江淮及江东的

---

① 《秦郡新考》，载《长水集》上，人民出版社1987年版，第7—8页。

② 王辉最早考证，见《西安书法艺术博物馆藏秦封泥选释续》，《陕西历史博物馆馆刊》第8辑，三秦出版社2001年版。

③ 周晓陆：《秦封泥所见江苏史料考》，《江苏社会科学》2003年第2期，第193页。

④ 谭其骧：《秦郡界址考》，收入《长水集上》，人民出版社1987年版，第21页。

⑤ 辛德勇：《秦始皇三十六郡新考（下）》，《文史》2006年第2期。

吴国文化从来不属于一个文化圈，在被楚国占领后，虽然同属楚文化，但也有地域差别。所以，楚鲁文化并非不能兼容。最明显的例子，项羽跟随宋义北上救赵之时，曾被楚怀王封为鲁公，封地即薛郡郡治鲁县（今山东曲阜），虽然项羽并未就封，但鲁地人民对项羽感情深厚，衷心拥戴项羽。《项羽本纪》记载："项王已死，楚地皆降汉，独鲁不下。汉乃引天下兵欲屠之，为其守礼义，为主死节，乃持项王头视鲁，鲁父兄乃降。始，楚怀王初封项籍为鲁公，及其死，鲁最后下，故以鲁公礼葬项王谷城。汉王为发哀，泣之而去。"这说明鲁文化与楚文化已经融合。分置析郡，主要还是传统地域的关系。

3. 琅邪郡：秦始皇二十六年，虏齐王建，灭齐为郡。置琅邪郡（《水经·潍水注》）。主体在山东境内，郡治在琅邪，地近琅邪台，临黄海。属于江苏的只有东北部的朐县（今赣榆）。朐是秦朝东方疆域的端点。所谓东大门，出海口，徐福东渡可能由此出发。

4. 九江郡：郡治在寿春，今安徽寿县。今长江以北南京浦口区（原江浦县）一隅属之，但境内未设县治，属历阳县（今安徽和县）。按以县治所在确定属县的原则，这个区域不在江苏秦朝治县范围之内。

5. 会稽郡：二十五年，王翦遂定荆江南地，降越君，置会稽郡。（《秦始皇本纪》）

战国江南所指甚广，所指不是一个地方，有南郡江南、黔中江南和会稽江南，分布在中游、下游，此处江南在长江下游，即江东地区。会稽郡为原吴、越两国原有疆域，大致在长江以南之江苏，浙江省除了台、温、丽水之外的大部分地区。西与鄣郡接壤，南与闽中郡相邻，北隔长江与东海郡相望。以太湖流域和宁绍为中心，会稽郡"治吴"（《三国志·吴志》注）。会稽郡治在今苏州，其属于江苏的县有吴、丹徒、娄、阳羡、曲阿 5 个县。今江苏只是会稽郡的一部分，大约有会稽郡不到半数的属县，但会稽郡的政治中心在江苏境内。

6. 鄣郡：鄣郡治在鄣县（今浙江湖州市境内），江苏南京及其周围地区属于鄣郡，有江乘、秣陵、丹阳 3 个县。《续汉书·郡国志》"丹阳郡"条下云秦故鄣郡，《史记集解》明确定为秦三十六郡之一。但一般学者都认为是楚汉之际设置的郡，非秦置。《史记·吴王濞列传》，"吴有豫章郡铜山，濞则招致天下亡命者盗铸钱，煮海水为盐，以故无赋，国用富饶。"《集解》韦昭曰："今故鄣。"《索隐》案：鄣郡后改曰故鄣。或称"豫章"为衍字也。《正义》：《括地志》云："秦兼天下，以为鄣郡，今湖州长城县西南八十里故章城是也。"铜山，今宣州及润州句容县有，并属章也。学者指出豫章乃章郡之误①。谭其骧在《秦郡界址考》"九江"条下说，九江郡安徽部分，当有今青弋江流域以

① 清代学者梁玉绳最早指出，周振鹤又有发挥。参阅《西汉政区地理》（人民出版社 1987 年版）及辛德勇文。

西之地,“汉丹阳郡境,旧以为秦属鄣郡者也。按鄣非三十六郡之一,乃秦末或楚汉间诸侯王所增置,清儒已有定论。鄣郡析自会稽,然方其建置之初,非得全有《汉志》丹阳郡之地”。汉武帝时“遂割其江南诸县以隶于鄣(始改称丹阳)”。又在《秦郡新考》中说:“《续志》以丹阳为秦鄣郡,裴解、《晋志》因之;而清儒多以鄣郡与东阳、吴郡皆不见于秦记而始见于《汉书·高帝纪》六年以封荆王,因一概断为楚汉之间所增置。”以为存在与否有一定的疑问,“未必遽是,亦未必定非”①。谭氏对鄣郡是否为秦郡仍持怀疑态度,而在其主编的历史地图集中,则将鄣郡划为秦郡。现在学者多从《郡国志》,认为鄣郡是秦朝建立之后由会稽郡分出,汉朝改名为丹阳郡②。

然而,学者研究后指出,《史记集解》将鄣郡置于秦统一时的三十六郡之中,必有依据。《越绝书》卷二《越绝外传记吴地传》曰:“汉文帝前九年,会稽并故鄣郡。太守治故鄣,都尉治山阴。……汉孝武元年封二年,故鄣以为丹阳郡。”学者考证认为:“应当依据《越绝书》来校订《汉书·地理志》和《续汉书·郡国志》的记载,将此郡更正为‘故鄣郡’。”③又说:鄣郡原名应作“故鄣郡”,是秦始皇二十六年时分会稽郡西部,设立故鄣郡。析分原因,“从故鄣郡的后身亦即西汉丹扬郡的境域来逆推,可知秦故鄣郡正控扼着闽越北出中原的长江渡口,分置此郡,应当有助于强化对这里的控制,更好地保障秦朝疆土的安全”④。言鄣郡一名故鄣郡可谓卓识,但鄣郡之名亦不可废。秦朝一郡多名情况较普遍,以郡治为郡名多,但并不一定就是最初的郡名。

三　秦朝江苏境内置县

今江苏境内有多少秦置县?现在有多种说法,约在20—24个之间。兹举几本比较专业的著述。1.《江苏史纲·古代卷》,第四章“秦朝的东海、会稽等郡”列举了秦朝江苏境内的所有县,没有明确的县数,但笔者统计一共提及24个县,为各家最多⑤;2.《江苏省志·地理志》第三章“建置沿革”也没有明确的秦县数量,根据所记述的秦县,剔除今属安徽的萧县,共计20个县,为各家最少⑥;3.《江苏省志·人口志》“概述”中称秦朝江苏境内有23个县,未列具体县名,但在第二章“人口总量”中,列出了秦朝置县的名称(见下表)⑦。4. 谭其骧主编《中国历史地图集》第二册标出21个县;

---

① 《长水集》上,第17—18页,第10页。

② 参见谭图第二册“淮汉以南诸郡”,第11—12页。

③ 辛德勇:《秦始皇三十六郡新考(上)》,《文史》2006年第1期。

④ 辛德勇:《秦始皇三十六郡新考(下)》,《文史》2006年第2期。

⑤ 王文清主编:《江苏史纲·古代卷》,江苏古籍出版社1993年版,第127—128页。

⑥ 《江苏省志·地理志》,江苏古籍出版社1999年版,第26—28页。

⑦ 《江苏省志·人口志》,方志出版社1999年版,第2、36页。

另外，学者最新研究利用考古材料结合文献，考订江苏秦县一共29个[①]。笔者研究后认为，按县治（即县城）所在地隶属今江苏境内的标准统计，文献记载的秦县应为22个，结合考古、出土文献资料等成果的重新考订，比较可信的秦县数可能达到29个[②]。

诸家江苏秦置县数量统计一览表：

各家说法	长江以北	长江以南	合计
《江苏史纲·古代卷》	东海郡：朐、下邳、凌、淮阴、盱台、东阳、堂邑、广陵；泗水郡：沛、留、彭城、徐、僮、取虑、下相；琅邪郡：赣榆。（16）	会稽郡：吴、阳羡、丹徒、曲阿、娄；鄣郡：秣陵、江乘、溧阳。（8）	24
《江苏省志·地理志》	东海郡：朐、下邳、凌、淮阴、盱台、东阳、广陵、堂邑；泗水郡：沛、留、彭城、下相。（12）	会稽郡：吴、娄、曲阿、丹徒、江乘、秣陵、丹阳、阳羡。（8）	20
《江苏省志·人口志》	东海郡：朐、下邳、凌、淮阴、盱台、东阳、堂邑、广陵；泗水郡：沛、留、彭城、徐、僮、取虑、下相；琅邪郡：赣榆。（16）	会稽郡：吴、丹徒、曲阿、江乘、秣陵、阳羡、娄。（7）	23
谭其骧主编《中国历史地图集》第二册[③]	东海郡：朐、下邳、凌、淮阴、盱台、东阳、广陵、堂邑；泗水郡：沛、留、彭城、下相、徐；琅邪郡：赣榆。（14）	鄣郡：秣陵、江乘；会稽郡：曲阿、丹徒、娄、吴、阳羡。（7）	21
《江苏秦朝县数汇考》文献统计	东海郡：朐、下邳、凌、淮阴、盱台、东阳、广陵、堂邑；泗水郡：沛、留、彭城、下相、徐；琅邪郡：赣榆。（14）	鄣郡：秣陵、江乘、丹阳；会稽郡：曲阿、丹徒、娄、吴、阳羡。（8）	22

① 后晓荣：《考古文献所见秦代江苏置县考》（待刊稿），承作者惠赐先睹，特此致谢。又见氏著《秦代政区地理》第五、七章。社会科学文献出版社2009年版。

② 详见王健《秦朝江苏县数考实》，《学海》2009年第5期。

③ 谭图丹阳县标志不明确，在11—12页“淮汉以南诸郡”图上看，标在江苏与安徽之间，而从7—8页“山东南部诸郡”图上看，似乎更倾向于置在安徽境内。

续表

各家说法	长江以北	长江以南	合　计
《考古文献所见秦代江苏置县考》	四川郡：留县、萧县、厹犹、丰县、僮县、彭城、吕县、沛县；东海郡：下邳、东阳、新东阳、海陵、建陵、堂邑、朐县、凌县、广陵、盱眙、播旌、淮阴；琅邪郡：赣榆县。(21)	会稽郡：曲阿、阳羡、娄县、江乘、丹徒、秣陵、延陵、吴县。(8)	29
笔　者	东海郡：朐、建陵、下邳、凌、淮阴、盱台、东阳、新东阳、游阳、赘其、广陵、堂邑；泗水郡：沛、吕、留、彭城、厹犹、下相、徐；琅邪郡：赣榆。(20)	鄣郡：秣陵、江乘、丹阳；会稽郡：曲阿、丹徒、延陵、娄、吴、阳羡。(9)	29(不确定2个：丰、播旌。)

四　秦朝江苏郡县分布

文献记载秦朝江淮诸郡中涉及江苏的共有6个、县有22个，长江以北4郡14个县，长江以南2郡8个县。长江以北比长江以南发达。

郡的设置是江南的一倍，县的设置也正好一倍，估计人口当也是一倍，即江南人口约为江北的一半。但实际的人口可能多一些，因为泗水、东海、会稽三郡，是当时比较发达的郡，人口的数量可能要多，如东阳，仅少年参加秦末起义的就有数千之多。由于资料有限，很难确定，这里只是粗略的估计。

表1　今江苏境内秦朝历史时期置县一览

	淮河以北	江淮之间	长江以南	合　计
秦朝	东海郡：朐、下邳、凌；泗水郡：沛、留、彭城、下相、徐；琅邪郡：赣榆①。(9)	东海郡：淮阴、盱台、东阳、广陵、堂邑。(5)	鄣郡：秣陵、江乘、丹阳；会稽郡：曲阿、丹徒、娄、吴、阳羡。(8)	22 9∶5∶8

① 《汉书·地理志》未说秦置，谭其骧主编《中国历史地图》(下简称谭图)第二册秦朝部分标为秦县，今从谭图。

续表

	淮河以北	江淮之间	长江以南	合 计
运河沿线	东海郡：下邳、凌；泗水郡：沛、留、彭城、下相。(6)	东海郡：淮阴、盱台、东阳、广陵；泗水郡：徐。(5)	鄣郡：丹阳；会稽郡：曲阿、丹徒、娄、吴。(5)	16 72.7%

从郡县的分布看，基本上是沿着主要河流和交通线分布，特别是在后来的大运河沿岸，县比较集中，如南部的吴、娄、曲阿、丹徒，北部的广陵、淮阴、盱台、徐、凌、下相、下邳、彭城、留。设置在江苏南部的县，主要在太湖及早期的江南运河、娄江及长江沿岸；江苏北部的县，多在邗沟及后来的苏北运河沿岸以及淮河、泗水、沂水沿线。这说明，当时江苏人口的活动范围还主要在淮河、运河、太湖流域。人们利用河流交通，南北运河和京杭大运河形成线路，恰恰说明了江苏人早期活动空间分布的这一特点。

长江以南，或称江东：会稽郡，郡治在吴（今苏州），辖今江苏境内曲阿、丹徒、娄、吴、阳羡5县，是原吴文化核心区域，后为楚文化地区，楚春申君黄歇由淮北转封今常熟一带。秦朝灭楚后，这里成为楚国贵族隐居处，他们奉避难于此的项燕之后项梁为首领，秘密积蓄力量。

长江以北：东海郡，朐、下邳、淮阴、盱台、东阳、广陵、堂邑7个县；泗水郡（泗川郡），沛、留、彭城、下相、徐；琅邪郡，赣榆。东海郡属司马迁说的东楚范围，但文化上与长江以南绝不相同。淮河以北受齐鲁文化影响较大，文化发达；淮河以南，楚文化影响大，文化上介于江南、淮北之间。泗水郡文化上属西楚文化范围，今徐州一带长期属于宋、魏，文化上更接近于中原文化，属于文化发达地区。琅邪郡仅有赣榆一县，属于齐鲁文化范围。

从秦县的分布可以比较清楚地看到，早在秦朝今苏南太湖流域、宁镇地区、江淮之间、淮河以北四大主要文化区域的雏形初见端倪。这种区域分布状况既承接了先秦以来的文化发展渊源，也奠定了之后文化区域发展走向。后来江苏形成的吴文化、宁镇文化、淮扬文化、淮北汉文化四大区域文化板块，便是在这样的政区格局中形成和发展起来的。

五 秦对江淮诸郡的统治

早在秦王嬴政二十四年，“秦王游至郢、陈”，巡游楚都寿春、郢陈。可见对新征服的楚地非常重视。统一后，秦始皇两次到今江淮巡游，秦二世巡游沿着秦始皇的线路，也极有可能到过江淮，所以在短短的十五年中，秦朝皇帝曾经三次巡游至今江苏地区。

秦始皇在江苏有关的重要史实可举的有：在彭城泗水打捞西周九鼎、开凿秦淮河以泄金陵王气、开凿丹徒水道（江南运河镇江段）、巡游东南、刻石勒碑、派遣徐市出海寻找长生不老之药等。

江苏地区属于楚地，位于秦朝都城咸阳的东南，这里一直是反秦的重要地区。秦统一后，大手笔的制度建设十分成功，规模宏大，统一的中央集权专制国家建立起来，但树欲静而风不止，随着秦朝中央与地方矛盾的激化，反抗力量在积蓄力量，等待时机。秦始皇似乎也感觉到东南的不安定，先后两次到东南巡游，《史记·高祖本纪》记载，秦始皇帝常曰"东南有天子气，于是因东游以厭之"。**厭**，《索引》引《广雅》云："镇也。"《汉书·高帝纪》作**猒**，师古曰："塞也。"汉人将东南天子气归结为刘邦带有天子的预兆，当然是附会，实际上就是东南反抗秦朝统治的活动比较活跃。韩国贵族张良逃到东南下邳、楚将后裔项梁避仇到吴、楚地亭长刘邦聚众在芒砀山泽，这些都是当时反抗秦朝统治的潜在力量，一旦时机出现，马上就会蜂拥而出。

秦对东南特别是江淮地区的严密控制（与江苏地区有关的）表现在以下几个方面：

第一，到处勒石刻碑，大肆宣扬统一六国，天下一统，建立秦朝中央集权统治的合法性。

秦始皇、秦二世到处勒石刻碑，在江苏与山东交界的沿海，也曾勒石刻碑。碑文内容程式化，宣扬统一的正当性，说六国诸侯王是如何得罪秦王，最后秦王被迫出兵灭掉六国。秦始皇到处申明自己统一天下、自封皇帝的正义性和合法地位，正说明他十分担心自己灭六国，统一天下的行为是否真正得到天下人的拥护。从后来天下群起反秦，纷纷复辟的情况看，秦统一并没有得到天下的真心认可。

第二，组织人马在泗水打捞周鼎。数千人马在彭城附近的泗水里打捞周九鼎，结果无功而返。

《史记·秦本纪》：秦昭襄王五十二年，"周民东亡，其器九鼎入秦"。而据《正义》："秦昭王取九鼎，然一飞入泗水，余八入於秦中"，这是此次大规模打捞活动的原因。自殷、周以来的传统观念，九鼎代表了天子的王权，是天下统治权的象征。传说大禹治水，将天下九州贡物都刻在鼎上，以示王对天下的统治。春秋时，楚庄王曾经"问鼎中原"，问鼎之轻重，被疑有吞并天下的野心。鼎一直被看成统治天下的合法重器。秦始皇此举绝对不是发思古之幽情，而是力图以此作为增加其统治合法性的重要筹码。

第三，大范围、长距离巡游。秦始皇治天下，东巡两次到达江苏境内。

天子巡行，是古代统治天下的一种方法。上古有“天子四方巡狩”的传说，但那个时代，中央集权的统一王朝还没有建立，“天子”能够自由来往的空间范围还很小，各地流传的大禹自由往来于“九州”的传说很多出于附会，自然不太可信。秦始皇是第一位在全国范围内进行大规模巡游的最高统治者。从二十六年(前221)一统天下到三十七年(前210)崩于沙丘平台，他的统治活动一直和巡游密切相关。秦始皇五巡天下中有两次到达了今江苏境内。《项羽本纪》：“秦始皇游会稽，渡浙江，梁与籍俱观。籍曰：‘彼可取而代也。’梁掩其口，曰：‘毋妄言，族矣！’”秦始皇到达的会稽指的是会稽郡郡治吴县。当时项氏叔侄就避仇隐居于此，大概秦始皇到此巡游，引得吴人纷纷观看。秦始皇从吴往南，渡过钱塘江到达越地，继续巡游。返回时从丹徒水道，折从江乘(今南京和句容间)渡江北上。秦二世巡游东南，大致走的也是秦始皇三十七年所走的线路。

第四，开凿运河，通畅交通。丹徒水道的疏理是秦朝在江东地区的一项交通成就，基本上确定了江南运河镇江段的走向。太湖地区河道纵横，稍加人工沟通便形成运河，《尚书·禹贡》即有“通渠五湖、三江”。《越绝书·吴地传》记载吴、越之间有百尺渎沟通。根据历代文献和学者的研究，从今杭州到镇江的江南运河的开凿早于隋朝，江苏境内的江南运河很多河段早就形成[①]。江南运河镇江段(丹徒水道)文献传说始于秦朝。丹徒水道，即从今常州到镇江入江一段，由于经丘陵地区，地势高亢，水流不畅。《越绝书·吴地传》记载了自吴都(今苏州)出兵往北方，有吴故水道，从苏州平门(今北门)，经无锡、江阴，在渔港(今江阴利港)入大江，出广陵。连接广陵与淮安之间的邗沟，形成了北上中原的水道。“此渠的开凿、通航，应该在开邗沟以前或同时[②]。”这条水道绕过了丹徒段，但这一带原来可能已有水道，只是地势稍高而常淤塞不通，大概在统一之前，还没有力量在丘陵地区开凿运河。秦统一后，秦始皇巡游至江东，即组织力量开凿此段运河。此为许多学者所认同。清代学者高龙光认为：“肇自始皇，非始于隋。”应是有事实根据的。唐人李吉甫《元和郡县志》卷二五“润州丹徒县”载：“初秦以其地有王气，始皇遣赭衣三千凿破长陇，故名丹徒。”又“丹阳县”：“本旧云阳县地，秦时望气者云有王气，故凿之以败其势，截其直道使之阿曲，故曰曲阿。”张勃《吴录》及陈顾野王《舆地志》也有类似的记载，足证秦始皇时曾于此间对岗陇进行过开凿。今镇江城东京岘山前古有龙目湖，南朝宋刘桢《京口记》载：“秦王东游观

---

① 王文楚《江南运河的形成及其演变过程》(《古代交通地理丛考》，中华书局1996年版)，详细考证了隋朝江南河之前江南运河的形成及线路。

② 王文楚：《江南运河的形成及其演变过程》，《古代交通地理丛考》，第387页。

地势，云此有天子气，使赭衣徒凿湖中长岗使断，因改为丹徒，今水北注江也①。""可见由于秦代的开凿，六朝以前自今镇江西北京口东南至于苏州已经通航②。"秦始皇调集人马开凿丹徒水道，打通了丹徒段的瓶颈，使江南运河取直线到长江口，避开江阴段与扬州江海连天之险，江南运河也得以全线开通。可见，隋朝的江南河就是在秦朝及以前的运河基础上形成的。

在南京地区，有开凿秦淮河以泄金陵王气的传说。后世有秦始皇开凿秦淮河以泄金陵王气的传说，秦淮河名称由此而来。其实，秦淮是天然河流，有二源，南源出溧水东庐山北，过石湫坝，入江宁，径秣陵关东，此关为金陵东南要冲，秦在此设秣陵县。东源出句容西北宝华山，在方山埭与南源相汇。秦淮河根本不可能是秦始皇开凿。关于泄王气之说，秦时金陵只设一小县，直至三国吴定都之前，今南京还没兴起，从未有什么王在此地龙兴，根本不值得秦始皇大动干戈泄什么"王气"。可能是秦始皇从此地经过，看中此地山川形势具有战略价值，欲打通秦淮河与长江间的水运交通线，加强与东南的联系，控制遥远的江东地区。南宋新安（今婺源）人张敦颐《六朝事迹编类序》云："时望气者云：'五百年后，金陵有天子气。'始皇东巡，乃凿钟阜，断长陇，以通流。改其地为秣陵县③。"传言五百年后兴起，言秦始皇不但开凿秦淮河，而且开凿了钟山（紫金山）、方山，可能属六朝人附会。"泄王气"只是可能开凿或疏通了秦淮河二源之间的方山埭或秦淮河与长江间的渠道④。

第五，秦对吴越地区实行"抑越扬吴"政策。

学者认为，秦统一后，对江东原吴、越地区采取了不同的统治策略，可以称之为"抑越扬吴"⑤。究其原因，原吴国地区在文化上与中原国家渊源深厚，较钱塘江以南的越国开发程度高。吴国在春秋末期已经被越国灭亡，后成为楚地，文化上被楚文化浸润，吴人早就丧失了原有的独立性，完全没有复国的内在动力；越国存在时间很长，直到战国后期还存在，残余势力强大，具有复国的潜在能量。越国灭亡晚，独立性更强，越人比较强悍，反抗强烈，故秦始皇有"扬吴抑越"的策略。主要表现在两个方面：

首先，将会稽郡的郡治设在原吴国的都城旧地吴县，将越地改称吴地。秦统一

---

① 《太平御览》卷六六《地部》引，此据王文引。

② 王文楚：《江南运河的形成及其演变过程》，《古代交通地理丛考》，第389页。另外，《至顺镇江志·郡县表》也有类似记录（江苏古籍出版社1999年版）。

③ 张敦颐撰，王进珊校点：《六朝事迹编类》，南京出版社1989年版。

④ 朱偰则认为"旧传秦始皇凿方山断长垄为渎入于江，故曰秦淮，实则方山埭者，乃吴筑"（《金陵古迹图考》，中华书局2006年版，第32页）。

⑤ 陈桥驿：《吴越文化论丛·序》，中华书局1999年版。

后，将句践故都大越改为山阴，“在吴越旧址置会稽郡，郡治置于吴（今苏州），很有不再称这个地区为‘越’的心愿[①]。”西汉在高祖六年（前201）以后，这个地区先后置荆国、吴国，甚至在会稽郡恢复以后，这个会稽郡仍常称吴郡。稍后又出现“三吴”的名称。《水经·渐江水注》释“三吴”：“吴兴、吴郡、会稽其一也。”说明在东汉永建四年（129）吴会分治以后，会稽仍是“三吴”之一。在一段较长的时间中，“越”作为一个区域地名，在官方文献中确实极少使用。当然，这或许还和吴地较越地发达有关。

其次，《史记·越王句践世家》：“句践已平吴，乃以兵北渡淮，与齐、晋诸侯会于徐州，致贡于周。周元王使人赐句践胙，命为伯[②]。”越人势力进入山东，北上争霸，达到极盛。但越人并没有实际占有江淮间吴国疆域。“勾践已去，渡淮南，以淮上地与楚，归吴所侵宋地于宋，与鲁泗东方百里。当是时，越兵横行于江、淮东，诸侯毕贺，号称霸主。”《楚世家》：“是时越已灭吴而不能正江、淮北；楚东侵，广地至泗上。”《正义》：“正，长也。江、淮北谓广陵县，徐、泗等州是也。”可知越灭吴后，没有能够控制长江以北、淮河两岸吴国疆域。可能是楚国一贯支持越国，故越人将长江以北土地“让”与楚，西北部一带还宋国，北部予鲁国。楚国在灭蔡、杞等国后，乘机占领了江苏北部大部分地区，势力发展到泗水流域。

越王无疆九年（前334），楚威王强大，越国被楚国打败，《越王句践世家》：“楚威王兴兵而伐之，大败越，杀王无疆，尽取故吴地至浙江，北破齐于徐州。而越以此散，诸族子争立，或为王，或为君，滨于江南海上，服朝于楚。”楚国占领了钱塘江以北的全部越地。这里正是春秋吴国的疆域，也是秦朝会稽郡中今钱塘江以北部分，是传统的吴地。这部分地区有一半属于江苏苏南，由是可知，秦朝会稽郡的江苏部分大约占整个会稽郡的四分之一，亦即后来东汉会稽郡划出的吴郡部分。此后，越地实际上被分割成为两部分，从无疆之子之侯到亲共三代，仍然局促于琅玡一隅；另外，今浙东绍兴一带，由于原来是于越部族的聚居中心，以后一直仍是于越蕃衍生息的基地。到战国后期楚攻占琅玡以后，北方的于越如《越绝书》所说的进行了“走南山”的迁移，回到了浙东的会稽山地。秦统一中国以后，对东南地区的部族采取了同化和强迫迁移的政策[③]，他们一方面把浙东的于越居民迁移到今浙西和皖南的乌程、余杭、黝、歙、无湖、石城县以南一带[④]；另一方面又把“天下有罪適吏民”迁到浙东各地“置海南故大越处，

① 陈桥驿：《吴越文化论丛·序》，中华书局1999年版。

② 此徐州非今徐州，地在今山东。

③ 陈桥驿：《古代于越研究》，《吴越文化论丛》，中华书局1999年版。

④ 袁康、吴平辑：《越绝书》卷二《外传记吴地传》，上海古籍出版社1985年版。

以备东海外越。"[①]这样就促进了于越居民与其他各族居民的杂居，于越居民从此就从他们原来的聚居中心逐渐分散。浙东于越居民的另一部分，后来又南迁到浙南、福建、广东等地，即所谓"三越"[②]。陈氏说：正因为此，所以秦始皇在统一全国以后，对于越部族集中的地方，仍然耿耿于怀，因而采取强迫移民的措施，以削弱其力量。

越灭吴之后，占领了吴国地区，越国范围扩大，前334年被楚打败后，越之吴地为楚所占，成为楚地。越地仍然为越人所聚居，而越之另外一部，迁往北方的琅琊。战国后期，楚国又攻占琅琊越地。越经过200多年之后，又迁回会稽。按时代，此时已经是西汉时期了。

越国存在时间长，民风较为质朴、勇敢、强悍，很难臣服，所以，秦人十分注意对越人的防范。秦统一后迁会稽郡郡治于吴县，将越地改称"吴地"，强行迁移越人，都是抑制越国的重要措施。

第四节　秦朝江苏的社会状况

今江苏境内，战国中后期为楚文化浸润之地，随着楚都东迁，楚人在战国后期大量东迁，江苏地区是楚人的一个聚居地。楚国虽然灭亡，但楚人并没有停止反抗，他们或就地隐居，或逃亡江东。由于距离关中秦统治中心区域较远，秦朝对江淮地区的统治，主要局限于地方行政组织的设置、皇帝的东巡等活动，对社会下层的统治尚未形成严密的控制局面，相反，一些豪强贵族在地方官吏庇护下积蓄力量，积极准备，等待时机。

一　楚文化浸润江苏全境

江苏境内，楚国的影响有一个由局部到整体的过程。吴国稳定的疆域大致在淮河以南，淮河以北属于中原诸国。早期，楚国一直占有今南京江北的棠溪（今六合），打下了伸入吴国的一个楔子。春秋后期，吴楚的争夺主要在淮河流域，楚国主要是从淮河流域进攻中原，即通过方城，向河南、安徽的淮河上中游发展。进攻目标是陈、蔡、宋、曹诸国，然后北上与晋和齐争锋。东进与吴交战。经过长期的进攻，多次反复，最后夺取陈、蔡之地，灭其国。打开了进入淮河以北江苏北部和山东南部的通道。

---

① 袁康、吴平辑：《越绝书》卷八《外传记地传》，上海古籍出版社1985年版。

② 焦竑：《焦氏笔乘续集》卷三："此即所谓东越、南越、闽越也。东越一名东瓯，今温州；南越始皇所灭，今广州；闽越今福州。东瓯，今温州南。皆勾践之裔。"上海商务印书馆1935年版。

公元前473年,越国灭亡吴国,长江以南吴国疆域为越所有,长江以北部分,并未全部为越占有。楚国东进的最大障碍吴国的清除,使楚国长驱直入,前451—前449年,楚乘势东侵,广地至泗上,楚境直抵鲁南、宋东;前333年,楚威王兴兵反击越,大破越,尽取故吴地。淮河以南苏北全部属楚。约前306年,楚怀王时,楚乘越乱,打败越国。以所占江南越地设江东郡,整个江苏全部属楚。

从楚国占有淮北到前222年楚国被秦国灭亡为止,江苏淮河以北大部已经被楚国控制了200多年,淮河以南和长江以南的江东地区,楚国已经控制了100余年,设置江东郡也有80多年,江苏地区已经完全在楚文化的浸润之下,成为真正的"楚地"。从鲁地人民对项羽感情深厚(《史记·项羽本纪》)可见,甚至连鲁地也已经楚化。

二　中原流亡者的聚集地

楚国移民在江苏境内的东迁和南下。

一方面,楚国东进占有整个江淮下游地区,楚文化与吴、越文化融合;另一方面,则因强秦不断进逼,楚国的政治中心节节东迁于陈、寿春等地。而将江淮下游视为自己的后方,并加以经营、开发。

如早年迁封于江东地区的楚相黄歇数千家在当地留有较大影响。此外,从史料中得知,在江苏境内的楚国贵族,著名的还有项氏。如项梁、项羽、项伯等。

项氏世代为楚将封于项,故姓项氏。据《汉书·地理志》:项城县(项县),属汝南郡,地在今河南沈丘,属周口地区。位于淮河支流颍水流域,唐时陈州项城县即古项子国。从这里溯浪荡渠(鸿沟)往上,就是陈县,今淮阳为楚国都城。沿颍水往东南,就是汝阴,即今阜阳,再下可以到达寿春,为楚最后都城。可知,楚国后期都城,主要沿颍水鸿沟、沿线,楚国的贵族,最初大多分布于此。这是楚国占领较早的地区,春秋时属于陈、宋诸国,楚国反复入侵,灭国、复国多次之后,终于兼并了这一带地区。后来,楚国贵族又东迁南下,春申君封于淮北,再南迁于吴中,而项氏也东迁下相。秦朝统一后,项梁杀人,避难于吴中。由于当时居吴中的士大夫都是项梁的门人,故可以推测,这部分人或从下相一带南迁吴中,或项氏也有一支南下吴中。

除了像楚国贵族那样带有历史承袭因素的移民外,还有许多其他诸侯国的逃亡贵族与反叛势力聚集于江苏。他们则是出于现实条件的选择:主要由于江苏地区为秦所占时间较短,秦尚未来得及全面完成其统治设施,以至成为实际控制力弱的地区。于是最终成为逃亡藏匿,隐机待时的流亡人士之理想地。如韩国贵族张良,韩亡后曾率众四处活动,刺杀秦始皇失败,逃亡于江苏下邳(今睢宁),生活了十余年。另据《史记·高祖本纪》:"周市使人谓雍齿曰:'丰,故梁徙也。'"《汉书·高帝纪》:"秦灭魏，迁大梁，都于丰。”可知当时丰地亦地魏国贵族聚居之所。他如桓楚，亦为流亡于吴地的著名人士。最初会稽守殷通曾欲起用他为将，以响应陈胜吴广起义。包括刘邦祖先也是来自中原，《高帝纪》赞曰：“刘向云战国时刘氏自秦、获于魏。”从河南迁到沛县丰里，这样的例子还可以找出一些。

从上所述，我们可以形成几点较为清晰的认识：

第一，从楚国对江苏地区的移民看，和楚国对江苏地区的征服相一致的。首先是江淮之间，后来发展到淮河以北，然后再南下江东，到战国后期，江苏境内全部属楚国疆域。第二，楚国贵族大量向江苏地区移民，提高了这个地区居民的文化素质，对江苏地区的开发起了重要作用。如春申君改封在江东，带来了大量的人口，对江东的开发有积极意义。第三，降至秦朝，诸侯国贵族或反秦人士，逃亡南下，秦朝使江苏成为反秦流亡人士的活动中心，有两个重点地区，一是江东的吴中，一是淮北。这些人隐蔽等待、积极活动、积蓄力量，到陈胜、吴广起义时，便纷纷响应，成为天下亡秦的重要力量。

三　江淮地区社会法制环境相对宽松

史书屡见“暴秦”，“秦无道”，“乱政”，“天下苦秦”等字词。高度的中央集权，暴政，繁重的赋税、徭役、劳役，残酷的刑罚等，是从古到今人们对秦朝的评价，一致认为秦朝暴政主要有三方面：严刑酷法、沉重的赋税、繁重的徭役兵役。

从整体上看，秦朝三大暴政席卷全国，但由于疆域辽阔，自然和社会环境相差很大，宽严程度不尽相同，中原地区严酷，边远地区相对宽松，江淮地区属于相对宽松的区域。特别是在严刑酷法方面，宽严不一特别明显。

结合出土的秦简法律文献[①]，学者归纳秦代法律制度的特点：1. 法网严密，条目繁杂。2. “轻罪重刑”和严刑酷罚。3. 断狱重口供和刑讯[②]。然而，也有研究称新的考古资料并没有提供秦朝法律严刑酷法之说。故商鞅时制定的法律禁令，如连坐“这个禁令实际施行的严格程度和有效程度则很难确定。1975 年从秦的一个官吏墓中发掘出来的法律，其日期可定在公元前 221 年前不久，但其精神可追溯至商鞅时代；它们在惩罚方面似乎并不特别严厉”[③]。

如《法律答问》，多为民事纠纷、家庭纠纷，很少有死刑，即便是不孝、大逆不道的，

---

① 睡虎地秦墓竹简整理小组：《睡虎地秦墓竹简》，文物出版社 1978 年版。

② 林剑鸣：《秦汉史》，上海人民出版社 1989 年版，上册第 135—140 页。

③ [英]崔瑞德、鲁惟一编：《剑桥中国秦汉史》，杨品泉等译，中国社会科学出版社 1992 年版第 51 页。按：这是指的睡虎地秦简。

如殴打祖父母甚至曾祖父母，"'殴大父母，黥为城旦舂。'今殴高大父母，可(何)论？比大父母"。处罚不重。"士五(伍)甲斗，拔剑伐，斩人发结，可(何)论？当完为城旦"；"铍、戟、矛有室者，拔以斗，未有伤殴(也)，论比剑"。士兵相互间伤人，也只处城旦。杀人也有只处一般刑罚的情况。

秦有赎刑，有爵位可以宽宥。肉刑较多，如黥；劳役处罚多，如城旦。真正的死刑并不多。

《秦律十八种》之徭律规定："御中发徵，乏弗行，赀二甲。失期三日到五日，谇；六日到旬，赀一盾；过旬，赀一甲。其得殴(也)，及诣。水雨；除兴。"这些条文清楚说明，秦朝法律条文在很多方面合情合理，并没有苛刻严峻全然不顾客观情况或者不近人情的地方①。况且，法律是一回事，实际的执行又是一回事，二者的差别很大。

从出土文献和当时的实际执行情况看，就整个社会状况而言，秦朝社会并不像汉代文臣和文人记述的那样严酷。第一，秦朝皇帝对危害统治、犯上作乱、危害皇权的王公大臣和官吏残酷严厉，对国家公共工程管理严、控制紧，而对一般民事犯罪比较宽松；第二，地方官吏在执行秦法过程中，徇私舞弊十分严重，很多案件的处置具有随意性和弹性，甚至不了了之；第三，各地官吏执法宽严不一，越是偏远的地方越是松弛。甚至有些地方官吏和犯法者建立了良好的合作关系，如杀人犯项梁逃到吴县，和会稽郡假守关系密切。总之，秦朝法网恢恢，疏而有漏，远非健全的法制社会可言。

兹举几例刑罚严酷的史实为证。

1. 对统治集团上层严密控制，一旦触犯刑罚严厉制裁。秦始皇对其统治集团上层的监督一贯十分严格，李斯也受到严加防范。历代君王对掌握大权的重臣的制裁严酷，一旦发现有罪，毫不留情予以严厉镇压。商鞅、白起、吕不韦、李斯等都是不得善终的最高行政军事大臣。《李斯列传》记载，赵高在劝说李斯扶助胡亥篡位时说"高固内官之厮役也，幸得以刀笔之文进入秦宫，管事二十余年，未尝见秦免罢丞相功臣有封及二世也，卒皆以诛亡"。说明丞相功臣皆短命。上层贵族常不能免。当然，也并不全部如是，《蒙恬列传》记载，蒙氏三代从蒙骜自齐事秦昭王始，就一直是秦的重臣，子蒙武，孙蒙恬、蒙毅，均权位极高。"自吾先人，及至子孙，积功信于秦三世矣。"另外，像大将王翦家族传世都超过二代。但赵高之说也有很多是史实。《史记·李斯列传》：赵高要秦二世"严法而刻刑，令有罪者相坐诛，至收族，灭大臣而远骨肉……尽除去先帝之故臣，更置……所亲信者近之"。二世然之，杀公子公主及大臣。"法令诛

① 《史记·陈涉世家》说秦律失期，当斩。似乎并无根据，因为根据秦律，延误罚物，遇到雨水还要停止徭役，根本不可能因大雨误期而被杀，这只是陈胜等煽动起义的借口，目的是为了激发戍卒起义。故说因雨失期就要被杀头，并无法律根据。

日益刻深,群臣人人自危,欲畔者众。""税民深者为明吏……刑者相半于道,而死人日成积于市。杀人众者为忠臣。二世曰:'若此则可谓能督矣。'"于此可见一斑。

2. 对国家徭役兵役严格控制,违法给予严厉处罚。《史记·陈涉世家》:"会天大雨,道不通,度已失期。失期,法皆斩。陈胜、吴广乃谋曰:'今亡亦死,举大计亦死,等死,死国可乎?'""公等遇雨,皆已失期,失期当斩。籍弟令毋斩,而戍死者固十六七。"《汉书·陈胜项籍》"失期法斩",是陈胜、吴广发动起义时的宣传鼓惑词语。关键是不斩而戍边,大多数人也不免一死。如果不发动起义,有两种可能,第一,因不能克服的自然灾害而误期当会得到宽容,但戍边之若难以忍受;第二,如果分散逃跑,流亡山泽也能保存性命,刘邦逃亡就是一例。但陈胜、吴广选择了起义,终于点燃了反秦起义的烈火。

3. 统治中心的法律执行情况比较严厉。《史记·高祖本纪》:刘邦入关中后,还军霸上。"召诸县父老豪杰曰:'父老苦秦苛法久矣,诽谤者族,偶语者弃市。吾与诸侯约,先入关者王之,吾当王关中。与父老约,法三章耳:杀人者死,伤人及盗抵罪。余悉除去秦法。诸吏人皆案堵如故。凡吾所以来,为父老除害,非有所侵暴,无恐!'""乃使人与秦吏行县乡邑,告谕之。秦人大喜,争持牛羊酒食献飨军士"①。说明秦国自商鞅变法之后,在秦国范围内实行了严密的法律制度,原秦国地区严刑酷法多,执行力度也大,秦国人最受其害。

而统一全国之后,虽然也迅速将各种法律颁布推广到全国,但在六国新征服地区法制情况大不相同。江淮地区由于距离统治中心关中较远,秦的统治强度相对较弱,社会环境比较宽松,这里的秦法似乎并没有得到严格执行。特别是社会下层的法律状况更加宽松。兹举与江苏地区有关的人物事迹为证。

张良,韩国贵族后裔。《史记·留侯世家》:"良年少,未宦事韩。韩破,良家僮三百人,弟死不葬,悉以家财求客刺秦王,为韩报仇,以大父、父五世韩故。""秦皇帝东游,良与客狙击秦皇帝博浪沙中,误中副车。秦皇帝大怒,大索天下,……良乃更名姓,亡匿下邳。""从容步游下邳圯上"。遭天下通缉的张良改名换姓后已经完全逃脱了秦朝的法网,可见秦朝的统治疏漏很大。又张良的逃亡之地下邳,就是项氏的聚居地,据《项羽本纪》:张良曾救过项伯的命,"秦时与臣游,项伯杀人,臣活之"。张良这个组织刺杀秦始皇的韩国贵族之后,是秦朝通缉要犯,竟然能够救杀人犯项伯的命,

---

① 《集解》应劭曰:"秦禁民聚语。偶,对也。"瓒曰:"《始皇本纪》曰'偶语经书者弃市'。"《索隐》:"按:《礼》云'刑人于市,与众弃之',故今律谓绞刑为'弃市'。"张晏曰:"秦法,一人犯罪,举家及邻伍坐之,今但当其身坐,合于《康诰》'父子兄弟罪不相及'也。"《索隐》今按:秦法有三族之刑,汉但约法三章耳,杀人者死,伤人及盗者使之抵罪,余并不论其辜,以言省刑也。

具体史实不详，即便这事发生在张良亡命之前，项伯杀人能够在张良的庇护下安然无恙，也说明秦朝法律在一些地方形同虚设。

项梁、项羽是楚国贵族后裔。《项羽本纪》："项梁尝有栎阳逮，乃请蕲狱掾曹咎书抵栎阳狱掾司马欣，以故事得已。"《索隐》"按：逮训及。谓有罪相连及，为栎阳县所逮录也。故汉世每制狱旨有逮捕也。"《集解》应劭曰：'项梁曾坐事传系栎阳狱，从蕲狱掾曹咎取书与司马欣。抵，归；已，止也。'韦昭曰：'抵，至也。谓梁尝被栎阳县逮捕，梁乃请蕲狱掾曹咎书至栎阳狱掾司马欣，事故得止息也。'"刘伯庄云"抵，相冯氏也"。沛地蕲县的狱掾一封书信，给远在千里之外的栎阳狱掾，就可以免除项梁受牵连的事情，取消对他的逮捕令。可见负责司法的秦朝地方官吏的能耐有多大。况且栎阳在关中，原本就是秦国的早期都城。秦的统治中心，理应法制严密的，似乎也不尽然。舞弊私了甚多，风气已坏。

又项梁杀人后，从容逃往江东吴中。当地的贤大夫都附庸于他。他还在各种场合出头露面，主持重大活动，说明秦朝法律之下，杀人逃亡便无人追究。《项羽本纪》：每吴中有大徭役及丧，项梁常为主办，阴以兵法部勒宾客及子弟不仅拥有兵器，而且组织军事训练成为吴中最有力量的势力和地方事务的实际控制者。连会稽守于陈胜起义爆发时，都要首先找他来商量反秦大事。由此可见，秦朝在法律方面疏漏极多。

《淮阴侯列传》记载淮阴人韩信也喜好佩带刀剑，招摇过市。屠中少年嘲笑韩信，强迫他拔剑杀自己，韩宁可从其胯下屈辱爬过，也不愿意，这种公开斗恶行为，显然违反了秦法不许私斗的法律。但只引来一市皆围观嘲笑韩信，却无人追究。

刘邦徇私枉法记录也有不少。《史记·樊郦滕灌列传》记载：滕公"夏侯婴，沛人也。为沛厩司御。每送使客还，过沛泗上亭，与高祖语，未尝不移日也。婴已而试补县吏，与高祖相爱。高祖戏而伤婴，人有告高祖。高祖时为亭长，重坐伤人，告故不伤婴，婴证之。后狱覆，婴坐高祖系岁余，掠笞数百，终以是脱高祖。"刘邦作为亭长这样一个地方下层官吏，误伤滕公被人告发，竟然能够称没有伤滕公，而滕公作证刘邦没有伤他，自己则因作伪证而被重罚，受尽刑罚，但却使刘邦得以逃脱法律的惩罚。

《史记·高祖本纪》："单父人吕公善沛令，避仇从之客，因家沛焉。"吕后之父原居单，在今山东单县，后避仇而迁居沛。当时人员流动，无人问也和法网松弛有关。

刘邦还私放徭役徒夫。"高祖以亭长为县送徒郦山，徒多道亡。自度比至皆亡之，至丰西泽中，止饮，夜乃解纵所送徒。""徒中壮士愿从者十余人。"解送徒夫，尚未出境，徒多逃亡，说明当时已经处于失控状态，和刘邦一同押送的人员有多少，难道只有刘邦一人押送，地方政府官吏能够放心？如果出问题，地方官吏是否要担当责任？

都没有交代。刘邦私放徒，有杀身之罪，竟然从容逃到附近的芒砀山躲藏，聚众为草寇，并一直和家人保持联系，“亡匿，隐于芒、砀山泽岩石之间。吕后与人俱求，常得之。”秦朝地方官吏也未追究刘邦家人，更无连坐之法加害之。吕后时刻与刘邦保持联系，并且散布刘邦居上常有云气的谣言惑众。

《史记·张丞相列传》载，张苍，阳武人，“好书律历。秦时为御史，主柱下方书。有罪，亡归。及沛公略地过阳武，苍以客从攻南阳。苍坐法当斩。解衣伏质，身长大，肥白如瓠，时王陵见而怪其美士，乃言沛公，赦勿斩。”

张苍乃秦朝律历方面的官吏，“明习天下图书计籍。苍又善用算律历，故令苍以列侯居相府，领主郡国上计者”。“苍本好书，无所不观，无所不通，而尤善律历。”从张苍经历可知，有罪可以逃回家乡，躲避法律制裁。后又逃过第二劫，第二劫之事与韩信被滕公释事有相似之处。

《史记·张丞相列传》：任敖为故沛狱吏。高祖逃避官吏，“吏系吕后，遇之不谨。任敖素善高祖，怒，击伤主吕后吏。及高祖初起，敖以客从为御史，守丰二岁。”任敖为保护吕后击伤秦吏，但没有受到惩罚。

另外，秦朝焚书坑儒，李斯建议不准许学习儒家文化，但实际上鲁地可能并未严格执行，仍然继续私学。《史记·儒林列传》记载：“及高皇帝诛项籍，举兵围鲁，鲁中诸儒尚讲习礼乐，弦歌之音不绝，岂非圣人之遗化，好礼乐之国哉?”“夫齐鲁之间于文学，自古以来，其天性也。”鲁为楚怀王封项羽之地，这或暗示从秦到楚汉战争期间，鲁地儒学之风从未中断。“秦时焚书，伏生壁藏之。其后兵大起，流亡。”秦博士济南伏生口耳相传《尚书》，可能私下并未停止儒学讲习。

又如《史记》等书所记载的游侠，他们往往视刑罚而不见，置身于法律之外。《游侠列传》：“鲁朱家者，与高祖同时。鲁人皆以儒教，而朱家用侠闻。所藏活豪士以百数，其余庸人不可胜言。”可知其势力很大，能够与政府对抗，使大量罪犯免于政府的惩罚。

从以上所举大量史实可知，按秦朝的法律，触犯其中的一些刑法，如暗杀皇帝、杀人、私放役徒、徇私舞弊等，依秦朝法律执行，都是重罪，杀头弃市，甚至族诛并连累邻里，但事实上这些人都没有受到法律的惩罚，有的受到地方官吏的庇护，这充分说明秦朝的法律在六国地区并没有得到很好的贯彻执行，甚至首都在咸阳也大有空子可钻。

造成这种情况的主要原因，一是国家太大，官吏太少，管理不过来。法制建设也处于发展不平衡状态，秦法可能还没有在全国普及，或可能在各地推行过程中执行力度也大不一样。秦朝法律并没有在统一之后在全国得到切实的贯彻落实。二是官吏的素质也有问题，不能人人做到完全“依法办事”，徇私舞弊者大有人在；三是六国原有文化的影响，请托之风盛行，秦统一后“入乡随俗”，被此风浸润。四是秦法之严密、琐细也增加了操作上的困难。后来汉人关于秦朝法律严密，实施残酷的记载，也不乏夸大其词，目的在于放大秦始皇暴政严刑酷律以突显刘邦“约法三章”的作用。或许其在关中得到了严格的执行，但在原六国地区，实际上十分宽松。

秦二世统治时期，法律更加混乱，完全掌控在权臣赵高手中，如《李斯列传》记李斯被捕之后，“赵高使其客十余辈诈为御史、谒者、侍中，更往覆讯斯”。赵高完全控制了秦朝的司法机构，自己的家臣可以冒充官员前往审讯李斯。

秦朝的暴政，主要表现在沉重赋税、繁重的兵役徭役方面，而法律规定细密，但多为细枝末节，并未如汉人议论的那样特别残酷，执行时各地宽严不一，且人治盛行，有法不依的情况比较严重，造成实际上六国地区社会法制疏漏松懈，江淮便属于这样的法制疏松地区。

四 秦朝江苏人口蠡测

秦朝今江苏境内有多少人口，文献几乎没有直接的记载，研究成果也很少。《江苏省志·人口志》估计为 80—100 万人①。如果按目前很多学者估算的秦朝人口 2000 余万推算，江苏的人口数量相对偏低。学者提出了研究秦代人口的新方法和成果②，但其所采用的县数与规模法，比照秦朝全国 4000 万人口新估计，根据秦朝江苏境内实际县数推算的人口数量实际很低，可知新方法并不适合江苏人口个案。我们从基本史料入手，对秦朝江苏人口作出估算与比较，得出秦朝江苏境内人口大约在 165 万左右。

(一) 学者对秦汉江苏人口数量的误估

由于文献记载匮乏，目前有关秦朝今江苏境内人口数量的估算成果十分粗疏且缺乏说服力。现在可以查到的是《江苏省志·人口志》提供的成果，这是专门记述江苏历代人口的资料专书。书中根据赵文林、谢淑君对秦初全国总人口 2000 多万人的估计数③，结合零星记载，如《史记·项羽本纪》东阳聚集 2 万人参加起义的资料，推测当时每个县包括老幼妇女约在三四万左右，秦朝江苏有二十三个县，据此估计当时江苏境内有人口 80—100 万人左右。该书还推算了西汉的人口数量，该书的结论是：

---

① 《江苏省志·人口志》，方志出版社 1999 年版。

② 葛剑雄：《关于秦代人口数量的新估计》，收入《葛剑雄自选集》，广西师大出版社 1999 年版，第 16—25 页。

③ 赵文林、谢淑君在《中国人口史》说：“一些历史学家从不同的角度估计秦初有两千多万人口，还是比较恰当的。”（人民出版社 1988 年版，第 20 页）对于此书，葛剑雄、曹树基曾经有过严肃批评。

“经过调整、计算，西汉元始二年(2年)今江苏境内有68.8万户，308万人，平均每户4.47人[①]。”然而，该书所提供的秦、西汉江苏人口数据都有很大的问题，需要重新研究。其问题的关键是研究的方法及其方法确定后的研究过程。由于西汉人口数量直接关系到秦朝人口的研究，故也需要分析。故先讨论一下该书对西汉人口的研究。

第一步，从汉书地理志上查到与今江苏的郡、国、县数、户数、口数；第二步，从《中国历史地图集》(第一—八册，中华地图学社出版，1975年第一版)查出西汉时今江苏境内汉时郡国国名、县名；第三步，按照各郡国每县的平均户数，每户平均口数，计算出今江苏境内汉时各郡的县数、户数、口数；第四步，将江苏境内各郡国的户数、口数汇总，得到总户数、总口数。这样调整行政区域的依据是比较可靠的；这种以各县平均户数、每户平均口数计算不同郡、国所属县的户、口数的方法，有利于消除不同地区人口密度相差很大的误差，但是仍然是以每县平均多少户、口为基础计算而得，因此其准确程度稍差[②]。简言之，1. 先查《汉书·地理志》中有关西汉江苏的郡、国、县数、户数、口数；2. 根据谭图第二册查找今江苏境内西汉郡、国、县数；3. 按郡、国属县的平均户数、口数计算江苏属县的户数、口数；4. 汇总得出江苏总人口数。上面讲的方法固然不错，但关键问题有两点，第一，有没有足够的县级户数、口数？第二，准确的县数统计。

《汉书·地理志》是第一部有完整人口统计的资料，所以如果能从《汉书·地理志》中查到江苏的郡、国、县的户数、口数，按户数的平均口数计算便可得出总人口，操作当然很简单[③]。但问题是《汉书·地理志》中一般只有各郡、国的户数、口数，记

---

① 《江苏省志·人口志》，方志出版社1999年版，第2、26、36页。

② 《江苏省志·人口志》，方志出版社1999年版，第35页注②。按：《中国历史地图集》是谭其骧先生主编的一套权威性历史地图集，笔者使用的是中国地图出版社1982年第1版，1996年第三次印刷的版本，和《人口志》的版本比有许多修改。

③ 班固：《汉书·地理志》，中华书局1962年版。按：清人钱大昕在《二十二史考异》卷九《侯国考》中已经发现《地理志》的户口数与郡国数并非匹配，户口数和郡国名到西汉平帝元始二年(公元2)，侯国名称只到成帝元延绥和之末(公元前12—前7)，造成县(侯国)数与口数矛盾。周振鹤进一步指出郡国版图用的是西汉成帝元延绥和年间的资料，人口户数用的是元始二年资料，两种资料生搬硬套地凑合在一起，产生矛盾，汉志的郡国名只与户口籍相对应，而与县数无关。谭其骧主编《中国历史地图集》第二册西汉郡国名标着元始二年，实际上应改为元延绥和年间(周振鹤：《西汉政区地理》，人民出版社1987年版，第22—24页)。的确，其间10余年的变化有出入，现在为方便统一定在元始二年，只能说是大致相当。1982年版图集是按周振鹤成果修改后的版本；梁方仲编著《中国历代户口、田地、田赋统计》(上海人民出版社1980年版)一书编制了各种表格，极方便使用，可以参阅。

载县户数口数的很少，所以，第一步显然无法完成[①]。故常用的方法是统计县数，即第二步，根据县数，再按所在郡、国的平均户数、口数来计算各县的大致口数，相加得出总人数，所以统计今江苏西汉置县数自然十分重要。但《人口志》对西汉县数的统计没有统一的标准，且多有疏漏，以至于将谭图中明确标明省外的县也算成江苏西汉置县，这样统计出来，西汉江苏境内竟然有 73 个县（73 个县一共得户数 68.8614 万户，按户均 4.47 人计算，共得人口 307.8203 万人），竟然是秦朝 23 县（实际应为 22 个）的 3 倍多！甚至远远超过了 1983 年市管县改革之前江苏 64 个县的最高县数。显然不符合历史事实[②]。实际上，江苏境内西汉县数一共只有 57 个。之所以有这么大的差别，主要原因有三，第一个是查找粗糙，将非县政区算成了县，如沛郡的泗水亭、南昌亭、啮桑等。实际上，谭其骧《中国历史地图集》1—8 册“收录了全部可考的县级以上地名和县级以上的行政单位和界线，还收录了县级以下部分重要地名”，一共约 7 万个[③]。所以图中标识的并非都是县级以上地名，由于未详细阅读谭图说明，也不熟悉西汉江苏地名，查阅时没有《汉书·地理志》记载相对照，造成了统计错误，多计了县数。第二个原因是计算的标准偏差，将跨界的县，都算在江苏境内。其实，考证江苏秦朝置县数量应有一个统一的统计标准，如果没有明确统一的标准，计算的数量就会出现差异。按现在常用的统计今天行政区域内古代县治的做法，至少有两条标准应是一致并必备的：第一条，应以今天的江苏行政区划范围来考察，这是大家都采纳的。江苏与安徽、上海、山东、浙江 4 省市接壤，20 世纪 50 年代以后，曾经和上海、安徽有过县级以上行政区划的局部调整，即原江苏松江地区划归上海（秦、西汉上海还没有置县，故与我们的统计无关，可以忽略），涉及秦朝置县的只有安徽省，原属安徽的盱台（今盱眙）1954 年划归江

---

① 《汉书·地理志》县级户数口数情况，王鸣盛《十七史商榷》：“志每郡有户口数，县下惟京兆尹长安、左冯翊长陵、右扶风茂陵、颍川郡阳翟、傿陵并有户口。河南郡雒阳、南阳郡宛、蜀郡成才、鲁国钱、楚国彭城，有户无口。”县邑 1314，道 32，侯国 241，合计 1587 个县级政区中，户、口双全的 5 个，即：1. 京兆尹长安县，户 80800，口 246200；2. 左冯翊长陵县，户 50057，口 179469；3. 右扶风茂陵县，户 61087，口 277277；4. 颍川郡阳翟县户 41650，口 109000；5. 颍川郡傿陵县，户 49101，口 261418；只有户数的 5 个：1. 雒阳户 528397；2. 南阳郡宛县，户 47547；3. 蜀郡成都县，户 76256；4. 鲁国鲁县 52000 户；5. 楚国彭城县，户 40196。与江苏有关的只有彭城郡。这 10 个县的特点是人口都在 4 万户以上，人口按户均 4.7 人计，都可能超过 20 万人，属于特大县。葛剑雄统计五县有户、口数，五一六县有户数（《西汉人口地理》，人民出版社 1986 年版，第 12、114 页）。他举的弘农郡黾池县：“景帝中二年初城，徙万家为县。”是景帝时的数据，齐郡临淄县 10 万户，是武帝时的数据，均不在《地理志》中。

② 我们对江苏从古迄今统一时期的县数作过统计，最高为 1983 年 64 个，其他依次为清朝 58 个，西汉 57 个，民国 26 年 50 个，东汉、元、明各 48 个，北宋 47 个，唐 41 个，隋 36 个，秦朝 22 个。

③ 邹逸麟编著：《中国历史地理概述》，上海教育出版社 2007 年版，第 3 页。按：仍然有很多疏漏，如《史记·高祖本纪》中的杠里，《索隐》服虔云：“杠里，县名。”（第 357 页）谭图无此县。刘邦军从砀县往成阳，与杠里的秦军对峙，后在成武破王离秦军，此县当在砀县与成阳之间。

苏，原属江苏的萧县、下邑（今砀山县）1955年划归安徽；第二条，跨界的县，应按现在的区划考察其在秦朝置县时的县治所在，以县治所在归属统计，即县治在今天的哪个省，该县就应统计在哪个省。否则，古代一个县，其地域往往地横跨今天的多个县，便会出现重复计算、归属难以界定等问题。今江苏秦汉时与安徽、山东、浙江有跨界郡县，当以县治所在地为准。该书将取虑等今安徽境内西汉置县算入江苏。第三个原因，个别漏算的，如盐渎县、丹阳县。重复计算的，如泗水县。泗水郡治淩县，没有泗水县。另外，该书说东海郡有20个县只找到14个、临淮郡有24个县，只找到19个，缺少11个县，但都没有给出根据，无法统计。总之，73县讹误太多，没有可信度。

表1　今江苏境内西汉置县一览

	西汉郡国属县	县　数
人口志	琅邪郡:赣榆(1);东海郡:祝其、利成、东安、朐县、平曲、作卢、厚丘、曲阳、海西、建陵、司吾、良成、下邳、容丘(20,查得14);临淮郡:取虑、下相、厹犹、徐、高平、淮陵、赘其、高山、盱眙、东阳、堂邑、舆、富陵、淮阴、南昌亭、射阳、海陵、睢陵、淮浦(24,查得19);泗水国:淩、泗阳、泗水(3);广陵国:平安、高邮、广陵、江都(4);楚国:留、彭城、石县、武原(4);沛郡:丰、沛、广戚、泗水亭、啮桑(5);丹阳郡:江乘、秣陵、句容、胡熟、溧阳(5);会稽郡:吴、曲阿、毗陵、无锡、阳羡、丹徒(7)。	73
本　书	琅邪郡:赣榆;东海郡:祝其、利成、东安(侯国)、朐、平曲(侯国)、海西、厚丘、曲阳、建陵(侯国)、司吾、良成(侯国)、下邳、容丘(侯国);楚国:留、彭城、吕、武原;泗水国:淩、泗阳;临淮郡:徐、下相、厹犹、高平、睢陵、淮浦;沛郡:丰、沛、广戚;临淮郡:盱眙、赘其、高山、东阳、堂邑、舆、淮阴、富陵、射阳、盐渎、海陵;广陵国:平安、高邮、广陵、江都;丹阳郡:江乘、秣陵、句容、胡孰(侯国)、丹阳、溧阳;会稽郡:丹徒、曲阿、毗陵、阳羡、无锡、娄、吴。	57

注:框内为西汉新增县。东海郡作卢,谭图没有。曲阴为"曲阳",石县应为"吕县"。

这样，比较可靠的西汉县数为57个，多出的16个县，占73个县总数的21.9%，超过五分之一，主要在长江以北地区，户均人口数都比长江以南高，郡、国的户数口数也多，每县平均户数大多比长江以南高，即按平均统计人口，减去308万总人口的22%，即67万人，实得人口约240万。这比《人口志》估计的数量要低很多，但只能得出这个数据。由下可知，西汉的县数直接关系秦朝人口的估计。

(二) 县数法估算人口并不适用

比较科学的研究秦朝江苏人口数量，首先必须搞清楚秦朝时期全国的人口数量，再根据这个数量考察江苏地区的人口数量，这是研究秦朝江苏人口的一个前提。但现在关于中国古代人口的最早记载，为《汉书·地理志》记载的西汉平帝元始二年(公元2)的人口数据。在此之前的人口数量都是根据各种文献的有关记载估算推测的，众说纷纭，很难统一。如现在各种论著中看到的秦朝人口的数据，都是学者们的推测。其推测方法，大致有二：其一，也是主要的方法，根据战国人口数量来估算秦朝人口，先推测战国人口数，再根据文献中大量秦朝滥用人力记载的数据，来推测秦朝的人口数，以往学者一般估计为2000—3000万之间。其二，根据《汉书·地理志》提供的西汉元始二年的数据往上回溯逆推。但由于《地理志》的资料是西汉末期哀平帝时期的西汉人口最盛时期的数据，对距其200余年前的秦朝人口数量的研究帮助很小。故学者认为在此之前"对秦朝人口数量的估计显然都未进行深入的研究，其结果自然缺乏说服力"，需要重新研究①。

这种新方法是首先研究西汉初期的人口数量，再据此回溯逆推秦朝人口，即秦朝人口等于汉初人口加上秦汉之际的人口损失数量。这种方法比采用战国纵横游说之士随意所论的诸国人口数据要更贴近史实，也更有可操作性。以《西汉人口地理》中推测的西汉初期全国人口在1500—1800万人之间这一数据作为回溯的基数，再估计秦统一之初到西汉初之间的人口下降幅度②。我们姑且称这种方法为回溯法。"我将秦汉之间的人口损失估计为50%，应该说是相当保守的。西汉初人口有1500—1800万，那么秦始皇去世时秦朝的人口至少应有3000—3600万，秦始皇统一之初的人口可能接近4000万。"这是目前所见对秦朝人口估计最高的说法，超过一般估计的近一倍。葛氏提供的第二种方法是县数与规模统计法(以下简称"县数法")，即根据秦朝县的数量和人口规模推测秦朝的人口数量。"在相当于秦朝故地的范围内，西汉有县数约为1200个。秦县的数量估计在七八百至千余之间，约相当于西汉县数的三分之二至六分之五。如果秦县的规模与汉县大致相等，那么县数的比例就应该是人口数的比例，秦朝人口最多时应是西汉末年人口数的三分之二至六分之五。""以秦县与汉县数量比例来推算秦朝的人口数量不失为一种可行的方法。""据此推测，秦朝的人口可能达到4000万以上。"用回溯法和县数法对秦朝人口最新估计为接近4000万和4000万以上。取平均值，秦代人口为4000万左右。

---

① 葛剑雄：《关于秦代人口数量的新估计》，收入《葛剑雄自选集》，广西师大出版社1999年版，第16—25页。

② 葛剑雄说："西汉期间全国人口年增长率约6—7‰，西汉末(元始二年，公元2)全国总人口约六千万，西汉初全国(包括东越、南越)人口的下限约一千五百万，上限约一千八百万。"《西汉人口地理》，人民版社1986年版，第62页。

对于"回溯法"，关键在于西汉初人口的估计①。"县数法"如果成立，则还需要提供详尽的实证，关键在于提供一份比较详细准确的秦置县数名单，一是全国的县数，二是各个地区的县数，特别是各个地区的县数，然后考察各地秦县与西汉置县的数量比例关系，看看是否符合三分之二至六分之五的比例关系，因为如果有较多的地方比例不相一致，或某些地方比例相差过大，都会影响到县数法的可靠性。以江苏为例，从今江苏境内秦、西汉县数的统计和比例关系考察，和葛氏提出的秦、西汉县数比例关系相差太大，几乎无法按县数法验证。文献中记载的江苏秦朝县数大致在 20—24 县之间，随着近年来考古新材料的不断发现，利用地下出土文献资料研究已经成为学术新突破的主要路径。20 世纪 90 年代下半叶，在陕西省西安市北郊汉长安城遗址（亦即秦都咸阳渭南宫区一部）内相家巷南地，出土了数以千计、达数百品种的秦封泥遗物。这批封泥，为深入研讨先秦、秦汉时期的江苏行政区划，提供了文献所未记载的内容，可以弥补文献之不足。学者对其中涉及今江苏省秦代政区的材料作了系统研究，指出涉及郡级内容五例，县级内容十六例，以及两个与盐政相关之例②。最新的研究在前人研究基础上，综合了文献记载、秦代各种考古文物资料（包括秦金文、陶文、玺印、封泥和简牍等）以及战国秦汉城市考古成果，"三重证据"互证，重新考证秦代在今江苏省所设置县，并"坐实"部分置县地望③。

我们在学者研究的基础上再做研究，除了文献记载的 22 个秦县外，游阳、新东阳二县，文献失载，今得秦封泥丞印补充，考证为江苏秦县，其地望虽然还有进一步论证的必要，但大致可以列入江苏秦县范围。吕、厹犹、建陵、延陵、海陵等文献记载为汉县，随秦封泥出土而证实为秦县。上述七个秦县的新发现是考古材料对江苏历史地理研究的重要推进。江苏西汉置县多达 57 个，文献记载秦朝县数只有 22 个，仅为西汉县数的 38.6%，汉承秦制，在置县方面不应相差太大，出土文献资料比文献记载增加了 7 个，约三分之一，秦朝江苏县数已经上升到西汉的一半，更接近史实，弥足珍贵。

西汉江苏县数前面已经统计过，为 57 个。秦朝只有西汉县数的 38.6%，不到 40%，按学者推算的秦朝县数为西汉三分之二（67%）或六分之五（83%），江苏秦县应

---

① 虽然葛氏对既往成果的批评并提出了对汉初人口的估计数据，说 1500—1800 万的数字，基本上得到公认，至少没有人提出根本性的反对意见，但迄今人口史学者仍然维持旧说。如笔者看到最近出版的路遇、滕泽之著《中国人口通史》上下卷，该书认为"秦初人口 2000 万当属实情"，"西汉之初，大约只会有 1300 万人口"，"汉平帝元始二年人口少也有 6500 万"山东人民出版社 2000 年版，第 75、77、108 页）。

② 周晓陆：《秦封泥所见江苏史料考》，《江苏社会科学》2003 年第 2 期。

③ 后晓荣：《考古文献所见秦代江苏置县考》（待刊稿），承作者惠赐先睹，特此致谢；又见氏作《秦代政区地理》，社会科学文献出版社 2009 年版。

为38—47个县,平均约42个县,两者相差近一倍。显然,如果套用葛氏的县数比例研究江苏人口,其人口数量将大大增加,按实际县数推算,即使加上新增的7个县,仍然偏低。所以,以秦朝江苏为个案还原县数法很难得到应验,肯定不适用。按西汉原秦疆域以1200个县计,江苏57个县,占全国县数的4.75%,按秦朝22个县计,仅占秦朝700—1000个县的3.14%—2.22%,平均值为800个县,占2.75%,相差两个百分点。按29个县计,占4.14%—2.9%,平均值为3.63%,仍然低1个百分点。

由此可见,从目前看,用秦与西汉县数比例关系研究秦朝江苏人口的方法并不完全适用,至少对研究江苏秦朝人口统计作用不太大。

(三)有关江苏秦朝人口史料的分析

由上可知,传统人口史论著对秦朝人口估计过低,《汉书·地理志》的人口数据对研究秦朝人口没有作用,县数法又不适用,研究江苏秦朝人口还是需要从最基本的史料入手,寻找有用的材料。《史记·项羽本纪》记载了5条涉及江苏人口数据的史料。

(1)项梁“遂举吴中兵。使人收下县,得精兵八千人”。

项梁、项羽在吴中起义,下县就是会稽郡之吴中所属之县,不可能是会稽郡的所有县,因为秦朝会稽郡的范围很大,包括今浙江的钱塘江以南地区,吴中附近下县的八千精兵后来被称为江东弟子,故江东和吴中应属于同一个地域,就是今长江以南、钱塘江以北诸县。精兵之外,肯定还有一些兵力,学者据此估计整个江东地区仅有汉人10万[①]。然按研究,西汉元始2年(公元2),每户口数4.87人[②],《西汉人口地理》中的估计,大约为4.67人/户。而按《地理志》会稽郡:户223038户,口1322604人计,户均5.93人,大大超过西汉户均4.6—4.7人的数字。如果按正常的户均5口计,每户出一丁,人口只有4—5万人。因为是精兵,按当时兵力估计占全部人口的20%计算,会稽郡只有20万人口,明显偏低,故据第一条史料无法准确考察会稽郡的人口数量。

(2)“东阳少年杀其令,相聚数千人。”

东阳,位于江淮之间,治在今江苏盱眙境内。“少年”,是当时一个特定的词语,“秦汉时期所谓‘少年’与‘恶少年’,是城市中往往背离正统,与政府持不合作态度的社会力量[③]。”主要是游侠,无赖、亡命之徒、无业游民之类的[④]。少年,顾名思义,大约

① 葛剑雄:《西汉人口地理》,人民出版社1986年版,第187页。

② 何炳棣著、葛剑雄译:《明初以降人口及其相关问题1368—1953》,第373页,表4《中国历史上登记的户口数》。

③ 王子今:《说秦汉“少年”与“恶少年”》,收入《秦汉社会史论》,商务印书馆2006年版,第19页。

④ 王子今:《说秦汉“少年”与“恶少年”》,收入《秦汉社会史论》,第19—40页。

为20岁以下青少年男性[①]，占全县人口的比例可能不会太高。因为没有古代各年龄段人数数据，只能用近代相差数据替代。例一，按民国江苏省民政厅统计，《申报年鉴》(1935)的数据，1931年11—15、16—20、21—25，3个年龄段的男性占社会男性人口的比例分别为9.58%、8.94%、8.94%，加上女性，这3个年龄段社会人口数分别为9.42、8.79、8.88[②]，男性略多于女性，应分别在4.5—5%之间，按5%计，3个年龄段的少年的人数以三分之二计，最多不会超过10%，其中符合秦汉"少年"、"恶少年"身份的就更少，即以25%计，那么少年占总人口的比例为2.5%。一个县按3000少年计，一个县的总人口将达到12万人。像东阳2万"少年"，按比例总人口将达到80万人，按今天算也是个中等以上的县，数量大得难以想象。所以，对少年的界定可能还更宽泛一些，特别是起义之后，可能有大量一般的青少年加入起义队伍。像东阳那样竟然有2万少年的情况肯定不可能都是游侠、无赖、亡命之徒一类的少年，极可能是参加起义的所有青壮年数。

如果我们宽泛到按社会总人口的5%计算参加起义的少年人数，这也还不是一县"少年"的全部，因为这个年龄段的全部青少年绝对不可能全部参加了起义。一个县数千人，按3000人计，全县人口就是6万，按6000人计，为12万，取平均值，则得9万人口。只能是大部分参加。所以，东阳一县人口有可能超过10万人。

(3)"遂强立陈婴为长，县中从者得二万人。"

秦朝的县，万人以上为大县，设令，万人以下小县设长。此东阳县竟然有二万人"从者"，可知该县人口之多，如果按户均4.7人，每户出一人统计，全县人口接近10万。绝对不可能像《人口志》说的全部人口只有3—4万。当然，"从者"的成分很复杂，不能完全视作参加起义者，但至少应是少年以上的，无论如何，能够动员2万人参加起义，这个数据的确很大，但我们目前也拿不出任何证据证明司马迁说错了，所以只能按此推算，东阳也应算是秦朝的特大县了。《汉书·地理志》记载河北一个普通的曲逆县，有3万户，按户均4.7人计，总人口14万。按此东阳从者2万，总人口达到10万人也是可能的。

(4)项梁收编黥布、蒲将军后，"凡六七万人，军下邳"。

项梁自带八千子弟从吴中出发，渡江收编了东阳陈婴2万人，至少已经达到3万人，渡淮后又收编了黥布、蒲将军人马，迅速扩大到六七万人。这些人马主要是江苏境内的起义军，但也有由六人黥布、蒲将军所带的人马，可能就有部分来自今安徽境内。

---

① 王子今在《两汉的少年吏》一文中考察了两汉时期的少年的年龄"界定"，"十五岁以下和二十岁以下都是得到普遍认可的"(《秦汉社会史论》，第55页)。若然，秦代少年的年龄大致与汉代相当。

② 转引自路遇、滕泽之《中国人口通史》，表60《民国江苏省分性别人口年龄统计(1931)》，2002年版，第1066页。

以一半计,江苏境内参加起义的人数已经达到5万人。加上刘邦起义的军队,张良的人马,广陵人秦嘉起义军队,广陵人召平的人马,估计江苏境内的起义军可能有8万人左右。

(5)《史记·项羽本纪》乌江亭长谓项王曰:"江东虽小,地方千里,众数十万人,亦足王也。"

这应是比较最重要的史料,乌江亭长所说数十万民众,可算是时人对江东地区人口总数的概略说法,应比较接近史实,这是我们推测秦朝江苏人口的一个基本数据。就广义而言,秦朝的江东地域应该是今长江下游以南地区,即今南京以下长江以南,钱塘江以北,相当于今苏南、浙北和上海,以太湖流域的吴中(吴县)为中心,相当于秦朝会稽郡、鄣郡的钱塘江以北地区,地方千里,但就吴中而言,应当是吴国太湖流域,以吴县为中心的地区。乌江亭长所言,应指的这一带(见下)。这里原来是春秋吴国的统治中心,故称吴中,经济文化比较发达。《史记·越世家》:"楚威王兴兵而伐之,大败越,杀王无强,尽取故吴地至浙江。"可知吴地在浙江以北,过了浙江(钱塘江)以南就属越地,越国灭吴前的疆域,越灭吴后,全境属越。战国中后期,楚国打败越国,占有江东地区,但没有越过钱塘江,直到秦朝统一时,才越过钱塘江占领越地。

对于"江东众数十万",学者曾经据此推测整个江东地区汉人10万,汉越人口只有二三十万①。这个估计明显太低,也与县数法自相矛盾。

第一,如果以江东为秦会稽郡、鄣郡计,一共有秦县25个,会稽16个,鄣郡5个②。按秦初全国800个县,4000万人口,县均5万人计,江东的人口达到125万人,远远超过二三十万的估计数。

第二,从历史时期人口数量考察,这一带在春秋时期出现过吴、越两个大国,都是疆域辽阔,可以与楚、齐、晋诸国抗衡的强国,战车及军队数量自然都相当可观,人口肯定不会太少。最近有学者研究认为春秋时12个诸侯国人口1400万,整个中国的人口可能有1500多万③。吴、越两国各有兵车2500乘、兵数各有25万、人口分别为125万。吴、越合计人口250万,吴国稳定的疆域在淮河一线,长江以南为其统治重心,吴中一直是江东乃至整个会稽郡经济、文化最发达的地区,以80%计,吴国长江以南人口也有100万,除去今浙江、安徽诸省属吴国地区的人口,即按一半计,江东之江苏春秋时期人口也有50万人。战国全国人口3000万,比春秋高出一倍,秦朝人口

---

① 葛剑雄:《西汉人口地理》,人民出版社1986年版,第187页。

② 秦有鄣郡,周振鹤认为当分秦会稽郡西部而设置(周振鹤:《西汉政区地理》,第34页)。该郡辖6个县,今江苏境内有江乘、秣陵、丹阳。另有浙江境内的鄣县,安徽境内的歙县、黟县。辛德勇肯定故鄣(鄣郡)为秦始皇二十六年所设三十六郡之内(辛德勇:《秦始皇三十六郡新考(上)》,《文史》2006年第1期)。

③ 袁祖亮主编、焦培民著:《中国人口通史2·先秦卷》2,人民出版社2007年版,第172—173页。

3000—3400 万，又略高于战国[①]。到战国后期，楚国灭越进入这一地区，开始向这一带移民，楚春申君曾自淮北迁封于此，随行有数千家之多。战国末楚国有相当多的人口南移江东，到秦朝更进一步深入浙江越地，带来大量人口，可知江东人口应该比春秋有很大增长，比战国有一定增长，至少不会相差太大，如果以秦初人口比春秋高一倍计，当有 100 万人。吴越地区怎么可能会少到只有区区 20—30 万人口呢？考虑到秦朝曾经大量迁移越人到江淮间，今浙江境内越地人口可能会大量减少，秦朝暴政造成江东原吴国地区（钱塘江以北），特别是发达的吴中，人口会有相当的减少，但江东远离中原，受秦末起义、楚汉战争等战乱影响相对较少，以减少 30%—40%计，也有 60—70 万人，至少不会低于春秋时期的人口。

第三，科学估计江东人口，还需要考察一下“江东”和“会稽郡”的地域范围。从史实看，江东与吴中对等，只是会稽郡中的长江以南、钱塘江以北的故吴地，或为吴国的太湖流域核心地区。秦会稽郡一共 16 个县，江苏境内占 5 个，浙江境内 11 个，其中浙江钱塘江以北的乌程、由拳、海盐、余杭、钱唐 6 个，应属于吴地范围，即东汉顺帝量分会稽所设的吴郡范围。钱塘江以南的山阴、句章、诸暨、鄞县、乌伤、大末 6 县属于故越地，不属于江东“吴中”。秦析会稽郡设鄣郡（一说故鄣郡），其所辖 6 个县，今江苏境内有江乘、秣陵、丹阳，浙江境内有鄣县、安徽境内有歙县、黟县。鄣郡或在秦统一之初已经和会稽郡析分，或至少在秦始皇三十七年前已经析离[②]，这样江东应有 10 个县。“数十万”，按通常的 90 万以下、30 万以上都可称为数十万，取中值 60 万，而今江苏境内 8 个县，包括郡治吴县等发达地区，人口当较稠密，按占江东人口的 70%（42 万左右）计，平均每县人口 5 万人，按 60%（36 万人）计，县均 4.29 万人，和东阳相比似乎算是小县，这与吴县这样的故吴、越都城，会稽郡治的地位不相符，这个数字仍然偏低。所以按今江苏长江以南计，包括鄣郡的 3 个县，即按 8 个县计，60 万人口，平均每县 7.5 万人，这个数字低于东阳，但相差已经不太大，比较接近于实际。

第四，以江苏长江以南人口为 60 万人计，仅比春秋时的 50 万人口高出 10 万，春秋时 14 国人口共计 1400 万、全国 1500 万人的数据和葛氏估计的汉初人口 1500—1800 万人比较接近，比例相当，这正与项羽自刎乌江时正当汉初，人口损失巨大相合，故 60 万应是合理的推算。虽然这个数据仍然是比较低的估计，但除此史料之外，

---

① 袁祖亮主编、焦培民著：《中国人口通史 2 · 先秦卷》2，第 171—175 页。这比葛氏的估计要低很多，但战国、秦朝人口如远高于春秋是毫无疑问的。

② 此为辛德勇新说，他考证说：《越绝书》晋司马彪《续汉书 · 郡国志》丹阳郡下记此“故鄣郡”为“秦鄣郡”，《越绝书》记载，秦始皇三十七年，东游会稽，“道度牛渚，奏东安、丹阳、溧阳、故鄣（德勇案：原作鄣故，应属乙误）、馀杭柯亭南”；始皇于此行并“徙大越民置馀杭、伊攻、□、故鄣”。可见，“故鄣”这一县名，早在秦始皇时期即已存在……周振鹤以为在三十六郡之外新设秦郡。

没有其他资料可以采用。

总之,江东"众数十万众万"中,江苏地区(包括鄣郡的 3 个县),人口数量推测为 60 万应当是合理的。

(四) 江苏地区人口推测

按零星史料推测秦朝时期的江苏人口数量,可以用县数法加以验证。首先要确定江苏秦朝的县数,按文献今江苏秦朝时置县 22 个,长江以北 14 个县,长江以南 8 个县。按考古材料增补,江苏秦置县 29 个,长江以北 20 个,长江以南 9 个。由此推算:第一,秦朝江苏人口上线 220 万人,下线为 110 万人,高低的平均值为 165 万,而其中三个平均值为 161 万,二者十分接近。故秦朝江苏人口应在 161—165 万之间。第二,秦朝江苏 22 个县计,县均 7.32 万人,占全国人口的 4.03%,西汉县数 57 个,占全国总数的 4.75%,人口 285 万,县均 5 万人,秦朝人口占全国的比重比西汉略低,但县均人数高出 2 万多人,说明秦朝江苏置县较少,但人口规模大,西汉置县虽多,人口规模较小。但总体上西汉江苏地区人口在全国的比例略有一定上升,这和江苏西汉时期经济文化的发展相一致。第三,江苏西汉后期比秦朝初期人口多出 120 万,增长了 72.7%,和学者估计的整个西汉比秦朝人口 50%的增长幅度(6000 万比 4000 万)相比有较大增加,由此带来西汉江苏占全国人口比例的上升,但两者的人口年平均增长率却惊人的一致,都是 4.545‰,秦朝江苏人口 165 万和西汉人口 285 万的估计数与秦代全国人口 4000 万、西汉 6000 万的估计在年平均增长率上惊人的一致,这既证明两者数据的合理性和具有内在联系性,也说明推算方法和结论的更接近史实[①]。第四,西汉县数较多,以后各代都没有超过西汉的县数,直到清朝才达到 58 个县,达到西汉的水平。西汉江苏县数增长异乎寻常,长江以南只增加了 5 个,其他多在长江以北,这和当时长江以北较江南发达,加之淮河以北为汉高祖故乡,江淮间在西汉分封诸侯国与设郡较多,所以新增县较多有关。这样增设县数的结果,西汉江苏县的规模大大缩小。所以,秦与西汉江苏县数比例与人口规模比例不适用新方法,但这也许是一个特例,并不意味着推翻通过县数法推测秦代人口数量的方法与结论。况且,按县数法计算的结果,人口数量虽然偏高或偏低,但也在高低线的范围之内,说明县数法研究对秦朝人口的总体估计方向可取,但方法和结论还需要相关个案的支撑。传统的估算的确偏低,需要修正。《江苏省志·人口志》对秦及西汉江苏人口的估算方法或研究过程多有谬误,结论自然不能成立。

① 按葛氏的研究,西汉人口年平均增长率 6—7‰,高于秦初至汉末的增长率,这是因为汉初人口大大低于秦朝。

第二章 “山东豪俊，并起亡秦”

长期以来，秦末大起义一直被冠以“农民大起义”的桂冠，被称为中国古代第一次农民大起义。这主要基于传统的阶级分析法，将秦朝开始的古代社会划分为地主和农民两大对立阶级，由于秦始皇为代表的地主阶级对广大农民阶级实行残酷的“暴政”因此导致了秦末农民起义，这也是地主和农民两大阶级对立的必然产物。这种阶级分析方法现在虽然已经较少采用，但“秦末农民大起义”的定性和称呼始终没有改变。其实，尽管这次起义最初是由农民发起，但导致起义的主要的或内在的原因并非单一的地主与农民的矛盾，故将之简单称为“农民起义”并不确切。本书摒弃“农民大起义”之称，冠之“秦末大起义”，或“秦末关东大起义”，即原六国地区大起义。

第一节 秦末大起义的性质与原因

秦国从变法图强到统一中国花费了一百多年的时间；秦始皇灭亡六国，最终实现一统，花费了十年时间；而天下群起亡秦却只用了二年。其根本原因，在于秦灭六国的政治合法性一直没有得到确认，原山东六国对秦统一的不满情绪由于秦统一后的集权暴政而与日俱增，新创立的秦朝中央集权制度下中央与地方的关系始终处于高度紧张的状态下，秦末大起义就是这种紧张关系的总爆发，其性质应当是关东各阶层民众大起义，或者可以说是一次全民抗暴起义。

一 秦统治天下的合法性受到挑战

夏商周三代确立了对“天下九州”的名义大一统，在中央集权制度产生之前，维持统一需要强有力的专制君权。强大的君权除了依靠军事、制度和血缘姻亲的力量之外，关键在于政治上建立一套君主统治的合法性（或合理性、正义性）理论，及根据此套理论而设计的礼仪制度、政治制度、思想体系。这种政治合法性理论的核心就是对君主之所以有资格统治天下的合理解释，即君权天授、神授，君主唯我独尊，天命王(皇)权，神圣不可侵犯。

商周更迭，天命转移，原为大邑商之属国臣子的小邦周起兵犯上，夺取了商纣的天下君权，使得君权天授神圣不可侵犯的理论作古，周统治者花了很大的气力编造一套新的政治合法性理论，以论证纣王暴政，周文王得天命，替天行道，周武王率天下诸侯伐灭商的合法性。在周人那里，"暴政"、"失德"是殷商遭天命遗弃、周获得天命的根本所在。"天命靡常"，周人以德来规范君主，防止重蹈商纣的老路。周武王、周公、成王等殚精竭虑，建立一套礼乐制度，才将周伐商纣，夺取天下统治权，导致天命易主这种"犯上作乱"的革故鼎新变局的政权建立起来。

周初统治稳定得益于数十年的"成康之治"。周公、成王鼓吹以德治国，使得天下从商纣统治的暴政中缓和过来，完成了天命转移的合法性建设。在周王朝的天下范围之内，周王是天子，天下的大宗，君权神授；诸侯国由天子分封建立，国君是小宗，拱卫天子。周王一方面依靠强大的军事力量"六师"、"八师"维持统治，另一方面，依靠血缘和姻亲关系维系分权统治，诸侯必须服从天子的权威。在"天子—诸侯"或"天子—方伯—诸侯"的政治格局中，诸侯国君只是在本国范围之内具有大宗地位，在天下的范围内，从来没有不可侵犯的神权。春秋以后，王室衰微，权力下移，天子成为名义上的共主，但诸侯称霸，多以"尊王攘夷"为口号，最大的越轨便是"挟天子以令诸侯"。在诸侯国内部，则发生了卿大夫剥夺诸侯权力的事件，弑君逐主频发。在思想文化领域，诸家都有痛斥诸侯的言论，孟子"君轻民贵"的言论最典型，这里的君不是周天子而是诸侯国君。诸侯没有周天子那样的政治权威，君主只有依靠国人才能生存。对诸侯，各派都可以说三道四、评头论足，言论尖锐激烈。对周天子，尽管已经弱小到依靠诸侯国才能生存的地步，仍然相当尊重。故孔子到处宣扬尊崇周王。孟子轻诸侯国君的前提仍然是对天子的尊重。周天子天下共主的地位直到战国后期才被颠覆。公元前256年，秦灭周室后，天下已经没有共主，真正成为天下分裂的局面。结束分裂，渴望新统一观念的出现，正为新的大统一合法性的建立扫清了障碍。

秦始皇统一，重新建立了诸侯国之上的天子朝廷，他自封为超越三皇五帝的皇帝，建立了一整套政治合法性理论。皇帝制度的建立，使得秦始皇成为超越三皇五帝三王，完成自下而上真正统一的第一人。然而，秦朝皇帝创造的天子一尊地位，靠的是横行天下的百万虎狼之师。尽管秦始皇到处刻石立碑，大谈其政治合法性，但其神圣的权威并没有真正树立起来。因为，除了军事征服和专制集权之外，还需要有一套完成天下更替的理论，即所谓意识形态理论。秦始皇努力去做了，他寻找打捞周鼎、利用了五德终始理论，巡游天下、到处勒石刻碑，祭祀封禅，乞求天命护佑。

但这种统一天下的合法性理论，必须建立在彻底消除数百年诸侯战乱带来的灾难，使天下免于战争的祸害，与民休养生息的基础之上。换言之，德治传统应是法家统治思想的必要补充。如果秦始皇能够做到这一点，自然是好事，但秦始皇倒行逆施，严重失德，使得他统一的合法性大打折扣。本来就对秦统一极为不满的东方六国根本不买账。在六国看来，秦始皇还只是秦国的国君，没有统治天下的合法性。这种对秦统治天下合法性的怀疑不但出现在六国上层贵族，就是社会下层，也有这种想法：只要有力量，天子是谁都可以做的。楚国旧贵族后代项羽直接想取秦始皇而代之；刘邦只承认秦始皇为大丈夫，自己也幻想有一天获得这样的荣耀；陈胜自命不凡，对嘲笑他的佣耕伙伴叹息：“嗟乎，燕雀安知鸿鹄之志哉！”更倡言“王侯将相宁有种乎”？完全不认可秦始皇所宣扬的天命皇权，神圣不可侵犯。

秦朝是由地处西方的一个诸侯国兼并天下建立起来的，这和周武王灭商前相似，其统治集团是一个地处关中的地域性统治集团，长期的征服战争，使得秦国与六国的矛盾十分激烈，六国复国愿望极其强烈。统一之后，秦急需实现由地域性统治集团向全国性统治集团的转换，这就要求秦朝统治者一方面迅速和六国人民融合在一起，让他们共同分享统一天下的果实，培养六国新的贵族集团，扩大统治基础；一方面实行与民休息的德政，赢得被征服地区的拥护。可惜，秦朝都没有做到，征服者继续孤军奋战，其统治基础十分薄弱。

秦始皇迅速将天下化为秦朝之“私”，所依靠的是创新性的统一的中央集权专制制度，特别是集权于一身的皇权。这在当时很难得到六国人民的支持。天下资源全部集中到秦朝手中，地方完全没有独立自主的权力，这使得原六国贵族和官吏非常不满。地方官吏中县级以上多由秦人把持，本籍一般只担任郡县吏属和乡、里、亭吏员。中央集权专制很难真正深入到基层①。

所以从一开始，秦朝中央与地方的矛盾就很激烈，多次出现的要求实行分封制的呼声就一直很高，先是要求分封六国之后，后要求分封秦始皇的儿子，表面上看为秦中央专制集权着想，实际上是山东地方集团裂土分封强烈要求的体现。

二 秦与原六国地区社会矛盾总爆发

最近六十年来，秦末大起义一直被冠以“农民大起义”的桂冠，号称中国古代第一次农民大起义。这主要基于阶级分析法，将秦朝开始的古代社会划分为地主和农民

---

① 柳诒徵说：“可知秦、汉之时，人民言论甚自由，而地方之事，多由人民自主，民治且盛于官治也。呜呼！秦以专制，为后世诟病，而其时人民转有自治之权。今虽号为民国，而地方自治之说，乃若为政府所骇闻，其古之民德特降欤，抑今之执政者学识出王绾、李斯下也？”（《中国文化史》上卷，第294页）

两大对立阶级，由压迫引起反抗，最终导致起义。这是“农民起义”说的根据。这种阶级分析的简单结论是值得商榷的：

第一，毫无疑问，发动起义的陈胜、吴广，参加起义的戍卒以编户农民为主。然而，起义爆发后，“山东豪俊，并起亡秦”，原六国地区几乎所有阶层都参加了起义，包括六国王室等旧贵族后裔，如楚国名将项燕之后项梁、项羽叔侄及族人，楚怀王后代心，韩国的张良，齐国的田儋、田荣，魏国的魏咎等，几乎六国所有的王室成员都参加了起义，并成为领导者和骨干，许多被拥立为王。下层官吏人数众多，主要来自郡县属吏，像萧何、曹参等，成为领导者和骨干成员；儒生，如张耳、陈余、孔鲋等；其他地主、平民、农民、游侠、奴隶、刑徒、盗贼等社会各阶层都参加了起义，除了前期陈胜、吴广起义或可称为农民起义外，随即响应的队伍，大多数是由旧贵族后裔、下层官吏领导的，骨干也多为下层官吏、地主、儒生等，农民很少。第二，受秦统治时间最长，压迫剥削最深的原秦国人民（包括农民），却几乎没有参加起义的，即便是六国军队攻占灭秦，原关中人民也没有参加到反秦朝起义中来，所以，用阶级斗争、农民起义来定性秦末反秦大起义不符合史实。第三，起义主要发生在山东（或称关东，即指函谷关、太行山以东六国地区）。随着秦朝郡县制度在原六国地区的推广，秦朝中央与地方新型关系得到确立，秦国军事征服者摇身一变成为秦朝统治者，郡县地方官吏由皇帝任免，成为中央派驻地方的权力代表，同时也是秦朝暴政的实施者，秦末大起义，就是征服与反征服、奴役与反奴役的起义，是秦朝统治者与原六国地区矛盾空前激化后的全面爆发，是“天下”（六国）因“苦秦”暴政而爆发的全民大起义。

从公元前 221 年到公元前 206 年，秦王朝从一统天下到轰然倒下，只有短短的十五年。历来都说秦朝短命，但忽视了一个问题，短命的只是秦统一后建立起来的秦朝，而非秦国。秦国在统一全国之前已经存在了数百年，从商鞅变法秦国强盛开始也有一百多年，国祚绝对不能算短。为什么同样的统治者、同样的制度，一旦在全国推行之后便很快被推翻呢？如果用阶级分析的方法论事，秦的暴政应是针对整个秦朝统治疆域内的人民，而非仅仅是山东六国，受秦朝统治暴政之苦最深、时间最长的是关中人民，应该起义的是关中秦人。然而，直到刘邦、项羽相继入关，秦王朝被起义军推翻之时，关中秦地始终没有出现反秦起义队伍，甚至没有加入起义大军的人物记载。所以，刘邦入关后，“召诸县父老豪杰曰：‘父老苦秦苛法久矣，诽谤者族，偶语者弃市。’”关中父老虽然拥护“约法三章”的刘邦入关称王，但这是因为惧怕项羽报复和屠杀，特别是项羽坑杀秦卒之后，这种恐惧心理更加严重。按阶级分析法，这是一个难解之谜。秦朝统一时间很短，实现对六国的高压统治才十多年，六国反秦复国活动从来没有停止，最终酿成全国大起义。这就表明，秦始皇采取血腥的军事征服所完成的统一方式在当时并不一定得人心，作为征服者的“中央”在统一后理应处理好与被征服的“地方”的关系，让六国地区在统一后得到安居乐业，这才是六国人民企盼的统一，而秦始皇所采取的一系列暴政式的巩固统一的措施，加之繁重的赋税、沉重的兵役徭役和残酷的刑罚，极大地伤害了六国人民，造成秦王朝与六国各阶层人民矛盾的空前激化，这就是“天下苦秦”的实质所在。秦末关东大起义是征服者与被征服者矛盾的总爆发，而并非地主阶级与农民阶级的矛盾。所以，起义的性质不是农民起义，而是六国全民起义，是征服与反征服，压迫与反压迫斗争的继续。

统一后的秦朝统治集团独占天下所有社会资源，而完全没有将天下与原六国共享，使自己完全孤立起来，引起了六国的不满。秦朝采取了严厉镇压六国贵族，强迫移民至关中等措施。甚至对知识阶层也采取严厉的镇压措施，如焚书坑儒。这一切，造成了社会矛盾的总爆发。

当时的社会矛盾有以下几方面：1. 秦与六国贵族的矛盾；2. 中央与地方郡县官吏的矛盾；3. 地方郡县中上层官吏与本地下层属吏的矛盾；4. 六国人民与秦朝统治者的矛盾。

这四方面的矛盾基本最主要的就是秦与原东方六国的矛盾，反映了社会不同结构阶层人民与秦朝统治者的矛盾，中央与地方关系恶化，最终在中央内部矛盾激化的时候，中央与地方矛盾也就突出表现出来，爆发了地方的暴乱。在秦统一的过程中，六国国王及王公贵族斯文扫地，被虏、被追杀、逃匿、流落民间等，下场凄惨。一方面他们获得了六国人民的同情，仍然有号召力，还在斗争；另一方面，社会各个阶级代表人物似乎都在等待时机，希望有朝一日，成为新的国君，然后征服天下，成为天下统治者。这就为即将爆发的大起义设计好了路线图：复仇—复国—统一天下。

三　秦朝暴政

文献中秦朝暴政的记载很多，但主要在关东地区实施。《秦始皇本纪》：“秦每破诸侯，写放其宫室，作之咸阳北阪上，南临渭，自雍门以东至泾、渭，殿屋复道周阁相属①。所得诸侯美人钟鼓，以充入之②。”“乃营作朝宫渭南上林苑中。先作前殿阿房，东西五百步，南北五十丈，上可以坐万人，下可以建五丈旗。”“隐宫徒刑者七十余万人，乃分作阿房宫，或作丽山。发北山石椁，乃写蜀、荆地材皆至。关中计宫三百，关外四百余。”“始皇初即位，穿治郦山，及并天下，天下徒送诣七十万人，穿三泉，下铜而致椁，宫观百官奇器珍怪徙臧满之。令匠作机弩矢，有所穿近者辄射之。以水银为百川江河大海，机相灌输，上具天文，下具地理。以人鱼膏为烛，度不灭者久之。”

造阿房宫，建直道、驰道，筑万里长城。大兴土木，劳民伤财。秦王政即位不久便建造骊山陵墓，听信方士浮言，寻求长生不老药。派遣徐市带童男童女到海外。“因使韩终、侯公、石生求仙人不死之药。”（《秦始皇本纪》）滥用民力，耗费天下财物，满足个人奢侈生活和愚昧欲望。焚书坑儒，残害士人，毁灭文化等，多被归结为“暴政”之列。严厉镇压反叛活动，大索天下，肆意屠杀反秦活动地区的无辜人民。随意迁徙人

---

① 《史记正义》：《庙记》云：“北至九嵕、甘泉，南至长杨、五柞，东至河，西至汧渭之交，东西八百里，离宫别馆相望属也。木衣绨绣，土被朱紫，宫人不徙。穷年忘归，犹不能遍也。”

② 《史记正义》：《三辅旧事》云：“始皇表河以为秦东门，表汧以为秦西门，表中外殿观百四十五，后宫列女万余人，气上冲于天。”

民实关中或戍边。徭役、兵役和赋税负担沉重。《史记·蒙恬列传》太史公曰:“吾适北边,自直道归,行观蒙恬所为秦筑长城亭障,堑山堙谷,通直道,固轻百姓力矣。夫秦之初灭诸侯,天下之心未定,痍伤者未瘳,而恬为名将,不以此时强谏,振百姓之急,养老存孤,务修众庶之和,而阿意兴功,此其兄弟遇诛,不亦宜乎?何乃罪地脉哉?”不与民休养生息,滥用民力,造成人民反抗。

秦始皇病死后,为了成为皇帝继承人,胡亥与赵高、李斯勾结,篡改秦始皇遗诏,杀害公子扶苏、大将蒙恬,夺取皇位。

为了树立威信,制造了秦朝皇室内部的残杀。赵高教唆二世大开杀戒,“乃行诛大臣及诸公子,以罪过连逮少近官三郎,无得立者,而六公子戮死于杜。……”从中央大臣到皇室,再到地方守、尉,大肆杀戮,造成“宗室振恐。群臣谏者以为诽谤,大吏持禄取容,黔首振恐”。社会各个阶层无不感到恐怖。

扶苏被杀,使秦朝丧失了调整秦始皇政策的机遇;蒙氏兄弟被杀,使主要依靠军事力量维持统治的秦朝损失了著名将领;诛杀群公子,皇帝成了孤家寡人,成为赵高的玩偶;李斯等被杀,加剧了最高统治集团内部的矛盾,消耗了秦统治集团的政治军事资源。中央官吏与皇帝、赵高的矛盾,使得言路闭塞;案郡县守尉有罪者诛之,加剧了地方官吏与皇帝和赵高的矛盾,造成离心离德,使得陈胜起义爆发后,一些郡县守令主动与起义者联合、参加起义。

秦二世继续秦始皇的暴政,催化了全国起义的爆发。继续加速建造秦始皇陵,残忍杀害所有在墓室施工的工匠,用后宫妃子殉葬,“皆令从死,死者甚众”。“复作阿房宫。外抚四夷,如始皇计。尽征其材士五万人为屯卫咸阳,令教射狗马禽兽。当食者多,度不足,下调郡县转输菽粟刍藁粮食,咸阳三百里内不得食其谷。用法益刻深。”故东汉时汉明帝诏曰:“俗传秦始皇起罪恶,胡亥极,得其理矣[①]。”

总之,原六国人民与秦朝统治者的矛盾,实际上是战国时期,秦国与六国矛盾的并进一步加剧和发展。

四　江淮诸郡是矛盾的焦点地区之一

总体上看,除了关中秦朝统治中心之外,东方六国地区与秦朝中央的关系都十分严重,除了暴政之外,在秦统一过程中,秦虎狼之师对六国军民的残酷屠杀,造成了很大的灾难,激起了六国对秦的仇恨[②]。六国与秦国,特别是韩、魏、赵、楚四国与秦可谓苦大仇深,不共戴天。反秦起义中,他们是主要的力量。而齐、燕损失较小,大起义后也多是割据自重,较少投身到全国的抗秦斗争中。今江苏地区的江淮诸郡远离关中,但地处中原

① 据《史记·秦始皇本纪》补引。

② 根据《史记·六国年表》、马非百《秦集史》上《国君纪事》等资料统计,从秦孝公开始,有文献记录的重大战争一共20次,共斩首173.3万人,主要为韩赵魏和楚国将士,平均每次战役8.66万人。斩首如此之多,受伤者更当不计其数。其他没有数据的战争更多,这还只是秦国统计的数据。

边缘，后期为楚国中心地区，属于矛盾的焦点之一，终于成为反秦起义的重要基地。

第一，江苏地区作为楚国后期的中心地区，聚集了大量的楚国后裔，后期反抗秦国征服最激烈，楚国旧贵族与秦国有不共戴天的仇恨，对秦朝统一天下极度不满，加之秦朝繁重的徭役、兵役和地方官吏鱼肉人民，楚国“苦秦”尤其剧烈。

楚国后期的两大中心彭城和吴中都在江苏境内，淮北、江东，南北呼应。战国后期，随着楚国疆域的扩大，很多楚国士大夫、贵族后裔和平民迁居于吴中和彭城、下相一带，春申君先后分封淮北、江东，受封数千户。项氏从项城迁至下相，项梁、项羽避难吴中时，吴中士大夫都聚集在项梁的周围，形成潜在的反秦势力。他们积极组织力量，演练阵势，力图东山再起。中原的魏、韩等国也有人口迁移到彭城附近。刘邦祖先从随魏徙大梁，后迁到丰沛；吕氏也是从山东单县(一说吕氏原居河南上蔡)迁到沛县；韩国张良从韩国逃到下邳，活动了十多年。

第二，“楚虽三户，亡秦必楚[①]。”楚人复仇心理强烈。楚国最后被灭，其文化发达而独具特色，与秦及中原文化存在较大差异，楚国疆域最大，人口最多，军事力量也十分强大，有很多著名军事将领。由于长期受制于秦特别是战国时期楚怀王多次为秦国欺侮，最后客死秦国的悲剧，赢得楚国人民的同情和怀念，而名将项燕为复楚而最后战死深受楚人爱戴。这些均导致楚地人民的反秦情绪最为激烈。这种原来六国地区国与国之间的矛盾斗争，转化为中央与地方之间矛盾，显得更加突出[②]。

第三，江苏地区距秦朝统治中心关中相对较远，秦的统治力量比较薄弱，秦郡县官吏的力量也不强，甚至还不得不依靠楚地旧贵族和地方势力来帮助统治。如项梁避难于此，会稽郡假守殷通便主要与之联系，和项梁建立了密切往来关系。沛县令和吕公等关系密切，在陈胜起义后也想响应起义。

总之，陈胜起义前，江苏地区已经成为反秦的一个重要基地。

第二节 秦末大起义的爆发

公元前209年，陈胜、吴广率楚地征发戍边的九百士卒在大泽乡起义，提出反秦口号，杀官吏，攻占陈县，建立张楚政权，经过六个月的浴血奋战，陈胜、吴广直接领导的秦

---

① 《史记·项羽本纪》范增引楚南公语。

② 文献记载，历史上楚怀王并不是一个贤君明主，甚至十分暴虐。《绎史》卷一二〇《诅楚文》记述楚怀王：“暴虐不辜，刑戮孕妇，幽刺亲戚，拘圉其叔父，置诸冥室椟棺之中。”《新书·春秋》则说：“楚怀王心矜好高人，无道而欲有伯王之号，铸金以象诸侯人君，令大国之王编而先王……诸侯闻之，以为不宜，故兴师而伐之。楚王见士民为用之不劝也，乃征役万人，且掘国人之墓。国人为之震动，昼旅而夜乱。齐人袭之，楚师乃溃。”可知，楚怀王在国内几乎和夏桀、商纣、周幽一类的暴君，但楚国人民对他被秦国欺骗受到屈辱的遭遇仍然十分同情，更主要的在于对秦的仇恨和对楚国的爱国情怀。

末起义失败了,但他们点燃的反秦起义烈火却越烧越猛,已经在全国形成巨大的洪流,势不可挡。秦末大起义的中心由陈县转移到彭城,项梁成为反秦起义军的主要领导人。

一　陈胜吴广大泽乡揭竿而起

秦二世元年(前 209)七月,陈胜、吴广等九百名楚地闾左(即下层编户民)被秦朝征召后编成队伍,由两名秦朝军官遣送渔阳(今北京密云附近)戍守边关。当队伍走到蕲县大泽乡(今属安徽宿州)时,突然遭遇大雨,道路泥泞无法通行,受阻滞留,无法按规定日期到达。据说秦朝有法,戍卒失期者当斩①。所以作为戍卒小队长的陈胜与吴广密谋策划起义,失期是死,逃亡也是死,举大义也是死,反正是个死,不如举大义,也许还有个出头之日。这很符合陈胜年青时立下的鸿鹄大志,不甘心成为任人宰割的戍卒。

陈胜,字涉,阳城(传统意见认为在今河南登封东南)人。吴广,字叔,阳夏(陈县以北,今河南淮阳以北)人。淮阳为战国后期楚国都城,吴广为楚人无疑。阳城,当时有登封阳城、汝南阳城、南阳阳城。注家解说不一。《史记索隐》:韦昭云属颍川,《地理志》云属汝南郡。《索隐》以为不同者,按郡县之名随代分割。盖阳城旧属汝南(史迁云),今为汝阴,后又分隶颍川,韦昭据以为说,故其不同。《正义》以为河南阳城县。如果是登封阳城,这一带战国时属韩,陈胜就非楚人。如果是西汉汝南阳城,在陈县西南,则属楚国。另外,谭其骧主张阳城在南阳方城附近②。

也有学者认为"陈胜是河南商水县人,后随家人迁徙到安徽宿县大泽乡附近"。此说根据不足③。《李斯列传》赵高责难李斯:"丞相长男李由为三川守,楚盗陈胜等皆丞相傍县之子,以故楚盗公行,过三川,城守不肯击。"李斯是上蔡(楚国陈郡属县)人,战国楚国范围很大,陈胜起义军多是今河南、安徽、江苏交界地区的楚人,后定都于陈,队伍得到扩大,应以陈郡附近人为多。所以说"陈胜等皆丞相傍县之子"。后任张楚政权上柱国的房君、蔡赐皆上蔡人。周文、武臣乃陈人。其领导者和骨干均来自楚地。南阳阳城和汝南阳城均属楚地,皆有可能为陈胜家乡。贾谊所谓"迁徙之徒"当指陈胜等身份为戍边士卒,并非指陈胜曾经是移民。陈胜等戍卒来自楚国各地,统一征调,肯定是在某一地集中后训练整编后再派渔阳,最有可能是在陈郡治陈县集中,

---

① 这种说法难以置信,秦朝法律文书中没有相关的规定,即便有,法律是一回事情,执行起来又是一回事,九百戍边士卒因天气原因千辛万苦赶到时会因逾期被杀掉,这是不可想象的事情。这只能是官方吓唬,是陈胜、吴广挑动起义的借口。

② 参见谭其骧主编《中国历史地图集》第二册,《秦·山东南部诸郡》,中国地图出版社 1982 年版。

③ 理由是:第一,陈胜是楚人;第二,《李斯列传》中赵高说李斯"楚盗陈胜等皆是傍县之子",李斯是上蔡人,其傍县应距上蔡不远;第三,贾谊说陈胜是"迁徙之徒";第四,合理解决前往渔阳戍卒屯聚大泽乡的问题。参见杨钰侠、史文敏《大泽乡起义论》,安徽人民出版社 2004 年版,第 15 页。

然后向东,到蕲县大泽乡。这条道路正好是陈胜起义后,从大泽乡打回陈县的线路。按原计划,戍边农民可能由淮北,经今商丘、开封,北渡黄河,或经彭城沿泗水、济水北上,渡过黄河,进入河北,达到今北京密云附近的渔阳。据上,楚地南阳阳城或汝南阳城皆有可能,以汝南阳城可能性大。

陈胜、吴广发动起义时打着公子扶苏和楚将项燕的旗号来诱导戍卒拥戴陈胜,树立自己的政治权威。当时民间流传扶苏、项燕两人都生死不明,《陈涉世家》:“今诚以吾众诈自称公子扶苏、项燕,为天下唱,宜多应者”。打着拥戴怀念这两人的旗号,一方面宣示天下胡亥(秦二世)继承皇位没有合法性,以此号召天下起义反秦;另一方面名将项燕为楚国战斗到最后而牺牲,“楚人怜之”,有利于诱导楚人参加起义。陈胜起义既带有强烈的地域性,又面向关东六国,具有全国性质。同时,陈胜、吴广还“丹书帛曰‘陈胜王’”并“夜篝火,狐鸣呼曰‘大楚兴,陈胜王’”,将自己兴楚称王的政治目的昭示天下。

《秦始皇本纪》载,秦二世元年七月,“戍卒陈胜等反故荆地,为‘张楚’。胜自立为楚王,居陈,遣诸将徇地。”陈胜、吴广密谋后行动,设计激杀两名监送的尉官,“袒右,称大楚。为坛而盟,祭以尉首”(《陈涉世家》)。陈胜自立为将军,吴广为都尉,揭竿而起,斩木为兵。起义军迅速控制了大泽乡,向蕲县发起进攻,攻下后攻铚、酂、苦、柘、谯皆下之。一路攻打秦县,直至占领秦陈郡治陈县。同时,令符离集人葛婴将兵向蕲县以东进攻。

其前进方向为:起义爆发地—蕲县大泽乡—蕲县—铚—酂—苦—柘—谯—陈①。这条线路可能就是从戍卒集中出发地陈县前往大泽乡的道路,起义后陈胜率军原路杀回陈县②。

二 陈胜建都称王

陈胜起义军一路奏捷,到陈县时已经发展到车六七百乘,骑千余,卒数万人。围攻陈县时陈郡郡守及陈县令皆不在城内,只有守丞率守军抵抗,被杀死在城门。陈胜随即在陈县建立张楚政权,自称陈王。陈胜称王是既定方针,他命人制作了丹书帛曰“陈胜王”,置人所罾鱼腹中,这样的安排说明起义时就以陈胜王来号召,所谓“大楚兴,陈胜王”。陈胜的失败并不在于他是否称王,陈胜早有“鸿鹄之志”。攻下陈后,“数日,号令召三老、豪杰与皆来会计事。三老、豪杰皆曰:‘将军身被坚执锐,伐无道,诛暴

---

① 今地:安徽宿州东南—宿州蕲县集—濉溪临涣集—河南鹿邑—河南柘城—安徽亳州—河南淮阳。

② 大泽乡北上,交通线路大概就是竹邑(今宿州老符离集)—相(泗水郡治,今淮北市)—砀—栗(今河南夏邑)—睢阳(今商丘)—成武—昌邑—定陶—成阳—东阿—河北;或从彭城沿泗水往北,经定陶沿济水至黄河。

秦,复立楚国之社稷,功宜为王。'陈涉乃立为王,号张楚"(《陈涉世家》)。陈胜在陈地三老、豪杰拥戴下称王,又以上蔡人房君、蔡赐为上柱国,起义军建立了自己的政权。

其他部将的立王活动甚至早于陈胜,"葛婴至东城,立襄强为楚王。婴后闻陈王已立,因杀襄强,还报。至陈,陈王诛杀葛婴,陈王令魏人周市北徇魏地"[①]。称王已经成为一种各路起义军争夺的重要政治资源,葛婴擅自立人为王,在陈胜称王后杀之,所立的楚王也只是一种政治工具。所以从当时形势看,陈胜称王并没有什么不妥当。独立称王在起义爆发后已经成为一种潮流。

除了自己称王,陈胜分派将领四处出击扩张地域。"乃以吴叔为假王,监诸将以西击荥阳。令陈人武臣、张耳、陈余徇赵地,令汝阴人邓宗徇九江郡。"[②]不久,这些将领在各地纷纷称王,另立山头,陈胜不得不承认追封。武臣到邯郸,自立为赵王,任命陈余为大将军,张耳、召骚为左右丞相,陈胜追封武臣为赵王。韩广,赵王武臣属,故上谷卒史。领兵北徇燕地后,在燕地贵人豪杰劝说下自立为燕王。只有派往魏地的周市不愿王,欲立魏后故宁陵君咎为魏王。

三　东方六国纷纷响应起义

豫、皖交界的楚地是陈胜起义爆发和发展的中心区域。整个西楚、东楚是起义军活动地和响应地区。楚遗民周文、武臣、项梁、项羽、范增、刘邦、宋义、秦嘉、英布、景驹、季布等纷纷响应。故魏、赵、齐贵族后裔亦乘虚而起,起义在除秦、燕国之外的战国故地形成燎原之势。

"当此时,诸郡县苦秦者,皆刑其长吏,杀之以应陈涉。""楚兵数千人为聚者,不可胜数[③]"。"山东郡县少年苦秦吏,皆杀其守尉令丞反,以应陈涉,相立为侯王,合纵西乡,名为伐秦,不可胜数也。""武臣自立为赵王,魏咎为魏王,田儋为齐王,沛公起沛,项梁举兵会稽[④]。"六国复辟,重新建立诸侯国。《史记·淮阴侯列传》中蒯通说:"秦之纲绝而维弛,山东大扰,异姓并起,英俊乌集。秦失其鹿,天下共逐之,于是高材疾足者先得焉。"天下大乱,各为其主,都想争霸称王,割地自封。

《史记·张耳陈余列传》:"秦之灭大梁也,张耳家外黄。高祖布衣时,尝数从张耳游,客数月。秦灭魏数岁,已闻此两人魏之名士也,购求有得张耳千金,陈余五百金。张耳、陈余乃变名姓,俱之陈,为里监门以自食。两人相对。里吏尝有过笞陈余,陈余

---

① 秦汉之际,天下大乱,诸侯称王之事甚多:陈胜称王、封王;各国纷立六国后裔为王;反秦起义将领坐大后称王;灭秦后项羽大分十八路诸侯为王;楚汉战争中刘邦分封异姓王。但直到汉统一,没有人再称皇帝。

②③ 《史记·陈涉世家》,中华书局1982年版。

④ 《史记·秦始皇本纪》,中华书局1982年版。

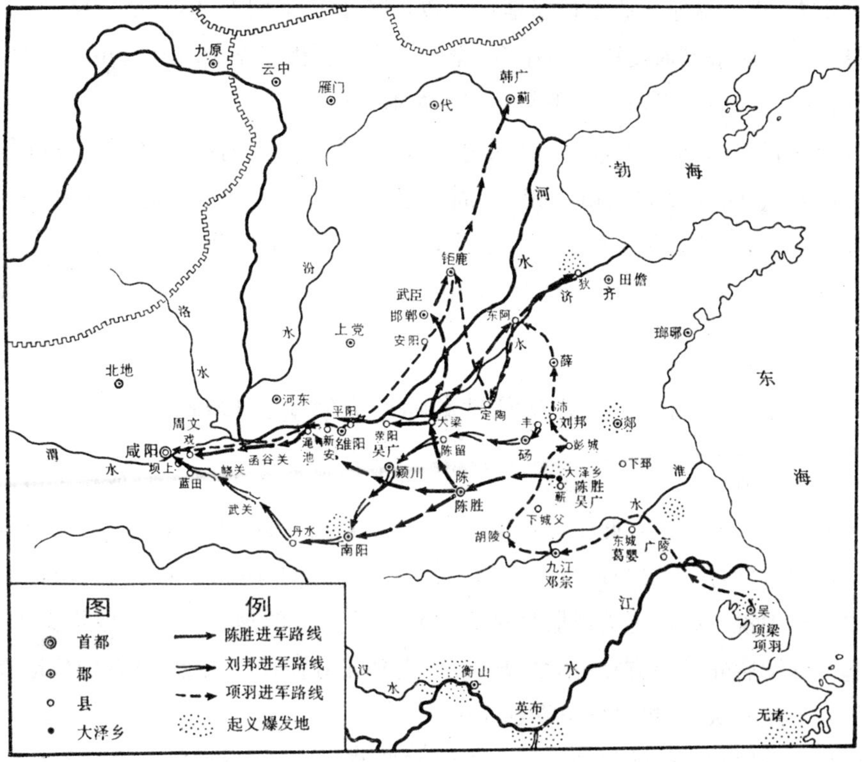

反秦大起义形势图(翦伯赞:《秦汉史》,北大出版社1983年版,第73页)

欲起,张耳蹑之,使受笞。吏去,张耳乃引陈余之桑下而数之曰:‘始吾与公言何如?今见小辱而欲死之一吏乎?’陈余然之。秦诏书购求两人,两人亦反用门者以令里中①。”“陈涉起蕲,至入陈,兵数万。张耳、陈余上谒陈涉。涉及左右生平数闻张耳、陈余贤,未尝见,见即大喜。”连傭耕之人陈涉也听说过张耳、陈余的大名,说明两人的名声的确很大。

张耳、陈余对陈胜说:“夫秦为无道,破人国家,灭人社稷,绝人后世,疲百姓之力,尽百姓之财。”他们明确反对陈胜立即称王,“将军瞋目张胆,出万死不顾一生之计,为天下除残也。今始至陈而王之,示天下私。愿将军毋王,急引兵而西,遣人立六国后,自为树党,为秦益敌也。敌多则力分,与众则兵强。如此野无交兵,县无守城,诛暴秦,据咸阳以令诸侯。诸侯亡而得立,以德服之,如此则帝业成矣。今独王陈,恐天下解也。”陈涉不听,遂立为王。

武信君即武臣。陈胜派陈人武臣为将军,邵骚为护军,以张耳、陈余为左右校尉,

① 张耳,大梁人,少时,及魏公子毋忌为客。陈余,大梁人,好儒术。两人都娶了富人之女为妻,相识后,年少的陈余父事耳,两人刎颈之交。

予卒三千人,北略赵地。武臣在赵地虽然攻占了十余个城池,但其余皆坚守不下,武臣攻打不下。后来蒯通说服了范阳令,宽恕了罪大恶极的秦朝郡县官吏,才迫使守城的秦朝官吏投降。兵不血刃拿下赵地三十余城。

魏国的魏咎,最早投奔陈胜,其从兄弟魏豹,算是真正的魏王之后。陈胜派遣魏人周市徇魏地,陈胜欲立周市为魏王,周市坚持立魏咎为魏王。他的理由很具代表性:“天下昏乱,忠臣乃见。今天下共畔秦,其义必立魏王后乃可。”齐、赵使车各五十乘,立周市为魏王。市辞不受,迎魏咎于陈。五反,陈王乃遣立咎为魏王。(《魏豹彭越列传》)

四 起义爆发时秦朝地方官吏的境况

秦二世采纳李斯“行督责之法”。致使“刑者相半于道,而死人日成积于市。杀人众者为忠臣。二世曰:‘若此则可谓能督贤矣。’”这种严酷的措施由秦朝各级地方官吏层层推行,自然使中央与地方矛盾日益激化。特别是秦统治者与六国被征服地区的对立更加尖锐。原六国被征服地区人民对秦朝委任的地方官吏一般均极为仇视。这在起义爆发后外籍地方官吏大多数被杀,得到充分显现。当然,也有少数地方官吏后来加入了起义队伍,投身到反秦起义中。

郡县中下层官吏的情况则不同,“秦汉时期有严格的户籍制度,个人不能脱籍移动,随意迁徙,一般编户庶民之活动范围,大多局限于附籍之地。同时,秦之任吏,也有严格的籍贯限制,一般而言,各郡县之官吏,除郡守、尉、长史、丞,县令、长、丞、尉等长官外,皆为本籍人,具体而言,郡属吏为本郡人,县属吏为本县人①。”下层属吏基本上是本籍人,而地方郡县官吏的上层则是秦朝委派的官吏,一般为外籍,最可能是秦国人。所以秦官吏与所统治地方人民的矛盾很大,郡县军政首脑与下层本地属吏也有很大的矛盾。交战双方往往是秦郡县军政官员率领的秦地方武装与秦地方下层属吏为骨干的起义军。“天下苦秦久矣”,是当时的基本情况。但这种“苦秦”久矣,并非一定指秦始皇以来的情况,而是指秦国兼并统一战争以来,对六国的进攻、屠杀。例如楚国,从楚怀王时代就开始了受秦国欺负,有冤屈,对秦人有深仇大恨。不会仅指秦始皇统一以来的情况。《史记·秦始皇本纪》:“戍卒陈胜等反故荆地,为‘张楚’。胜自立为楚王,居陈,遣诸将徇地。山东郡县少年苦秦吏,皆杀其守尉令丞反,以应陈涉”,《汉书·高帝纪》:陈胜起义后“郡县多杀长吏以应涉”。可见被杀的秦吏多是高

---

① 李开元:《汉帝国的建立与刘邦集团——军功受益阶层研究》,三联书店2000年版,第150页。参考严耕望:《秦汉地方行政制度》,“中央研究院”历史语言研究所专刊之四十五,1990年,第十一章;《尹湾汉墓简牍》,中华书局1979年版;廖伯元:《简牍与制度——尹湾汉墓简牍文书考证》,台北文津出版社1998年版等。

层地方官吏，而郡县的下层吏属及乡以下官属由本籍人充当，不是起义打倒的对象。

仔细考察，当时秦地方官吏的境况大致有以下几种：

第一种情况：被地方起义者攻杀的最多。

起义爆发后，各地攻打县城郡城，如有反抗，破城后便屠城。项羽、刘邦均如此，说明当时起义军对秦吏的敌对态度。

1.《史记·陈涉世家》：陈胜、吴广杀押解的将尉，“并杀两尉”。

2.《汉书·陈胜传》：陈胜起义军“攻陈，陈守令皆不在，独守丞与战谯门中。不胜，守丞死。乃入据陈”，“诸郡县苦秦吏暴，皆杀其长吏，将以应胜。”

3.《史记·陈涉世家》：陈胜起义，攻入陈县后，建立张楚政权，“诸郡县苦秦吏者，皆刑其长吏，杀之以应陈涉”。

4.《史记·田儋列传》：狄人田儋杀狄令，自立为齐王。

5.《史记·项羽本纪》：东阳少年杀其令，相聚数千人。

6.《史记·张耳陈余列传》：“陈王奋臂为天下倡始，王楚之地，方二千里，莫不响应，家自为怒，人自为斗，各报其怨而攻其仇，县杀其令丞，郡杀其守尉。”

第二种情况：想乘机起事，被起义者利用后杀害的。

1.《史记·项羽本纪》：会稽假守殷通，原想伙同项梁乘机起事，不料却被项梁指使项羽杀害，其手下数十百人被杀。项梁取而代之。

2.《史记·高祖本纪》：刘邦的家乡沛县，起义爆发后，因“诸郡县皆多杀其长吏以应陈涉。沛令恐，欲以沛应涉”。但本地官吏却不想支持他，而是要赶紧和他划清界限，诱使其联络召徕刘邦。等刘邦人马到达时，父老乃率子弟共杀沛令，开城门迎刘季，欲以为沛令”。

第三种情况：郡县守令拼死抵抗被杀。

起义发生后，一些秦朝地方官吏坚守抵抗，或坚守不下，或失守被杀。如前述陈县守丞抵抗陈涉被杀的情况，也有不少。

第四种情况：守令开始抵抗，后被迫投降参加起义。

1. 范阳人蒯通对原欲固守的范阳令晓以利害，劝说其归顺起义军。他说：“秦法重。足下为范阳令十年矣，杀人之父，孤人之子，断人之足，黥人之首，不可胜数。然而慈父孝子莫敢倳刃公之腹中者，畏秦法耳。今天下大乱，秦法不施，然则慈父孝子且倳刃公之腹中以成其名，此臣之所以吊公也。今诸侯畔秦矣，武信君兵且至，而君坚守范阳，少年皆争杀君，下武信君。”后又说服武臣“今范阳令宜整顿其士卒以守战者也，怯而畏死，贪而重富贵，故欲先天下降，畏君以为秦所置吏，诛杀如前十城也。然今范阳少年亦方杀其令，自以城距君。君何不赍臣侯印，拜范阳令，范阳令则以城下君,少年亦不敢杀其令。”“武信君从其计,因使蒯通赐范阳令侯印。赵地闻之,不战以城下者三十余城[①]。

2. 滕公(夏侯婴)与萧何降泗水监平,平以胡陵降。

3.《史记·南越列传》:秦南海任龙川令赵佗乘机“因稍以法诛秦所置长吏,以其党为假守。秦已破灭,佗即击并桂林、象郡,自立为南越武王”。

第五种情况:下层官吏参加起义成为骨干。

秦郡县的下层,如乡一级三老、豪杰响应起义的很多。陈县三老豪杰积极响应陈胜起义军。各路起义军的骨干多由下层掾吏充当。

1.《汉书·陈胜传》:韩广,赵王武臣属,故上谷卒史。领兵北徇燕地。韩广为秦朝下层吏史,参加赵地起义。在燕地贵人豪杰劝说下自立为燕王。

2.《史记·高祖本纪》:“萧、曹皆文吏,自爱,恐事不就,后秦种族其家,尽让刘季。”萧、曹均属于较早响应陈涉的下层掾吏,因怕起事不成,遭灭门之祸,故不敢当头,而推举刘邦。

3.《史记·张丞相列传》:周昌,沛人。周苛,周昌之从兄,秦时皆为泗水卒史。及高祖起沛,击破泗水守监,于是周昌、周苛自卒史从沛公。

当然,也有少数六国士人充当秦朝高级官吏者参加了起义军。叔孙通,薛人,为秦博士,“秦时以文学征,待诏博士”。后逃亡至薛,参加了项梁起义军,最后归顺于刘邦。“孙通之降汉,从儒生弟子百余人,然通无所言进,专言诸故群盗壮士进之。”(《史记·刘敬叔孙通列传》)这类人不多,因为秦朝政权中,统一之后进入秦朝中央政府中担任职务的可能极少。

五　陈胜起义军失败

起义爆发不久,首义领袖陈胜曾经显赫一时,派出将领到各地扩张发展,但随着东方六国纷纷起义,统一局面被打破,各路诸侯纷纷拥兵自立,恢复六国,称王独立,恢复了诸侯割据的分裂局面,诸侯的数量甚至超过了战国。派出的将领也纷纷坐大自立,不再听命于张楚政权。除了楚地之外,其他起义军已经摆脱了陈胜的控制。陈胜虽然为首义之军,实力也高于其他队伍,但从一开始就不具有号令天下的军事实力,甚至对楚地起义军也没有统一的指挥权。

秦二世二年(前208)七月,陈胜起义军主力在周章(文)的率领下向咸阳进攻,一直打到戏(陕西骊山以东),《史记·淮南衡山列传》:“陈胜吴广无立锥之地,千人之

① 《史记·张耳陈余列传》,中华书局1982年版。

聚，起于大泽，奋臂大呼而天下响应，西至于戏而兵百二十万。”迅速形成了秦末大起义的第一次高潮。秦二世采纳少府章邯的建议，大赦天下，将数十万修筑秦始皇骊山陵墓的刑徒组织起来，编成军队，由章邯指挥，向周文军发动猛烈反击。周文军措手不及，被击败，退出关中。章邯军一路追击，杀出函谷关，起义军在渑池全军覆没，周文自杀身亡。

同时，吴广率部在荥阳、成皋与李斯子三川郡守李由率领的秦军作战。由于指挥进攻不利，荥阳久攻不下，内部出现不满。部将田臧、李归等得知章邯打败周文，即将增援荥阳时，竟然矫旨杀害了吴广，夺取兵权。陈胜立即任命田臧为上将军。田臧命李归继续包围荥阳，自率主力迎战章邯。结果，在荥阳附近的敖仓被秦军击败，田臧牺牲。章邯军又包围李归于荥阳城下，李归战死。

前208年十二月，章邯率秦军南下楚地，攻击张楚都城陈县。陈胜被迫退守城父(今安徽亳州城父集)，不幸被车夫庄贾杀害，章邯在庄贾的配合下，很快攻下陈县，张楚政权覆灭。章邯打败黄河以南起义军主力，转而向北进攻[①]。

经过六个月的浴血奋战，陈胜、吴广直接领导的秦末起义失败了，但他们点燃的反秦起义烈火却越来越烧越猛，已经在全国形成巨大的洪流，势不可挡。[②] 秦末大起义的中心由陈县转移到彭城，楚国贵族后裔项梁成为反秦起义军的主要领导人。

第三节 江苏成为秦末大起义后期中心

陈胜起义以陈县(今河南淮阳)为中心，主要活动地点在今河南、安徽，波及江苏、山东的楚地。江苏彭城以西、淮河以北的西楚之地位于这个中心区边缘。陈胜吴广起义后，楚地起义军最多。“当此时，楚兵数千人为聚者，不可胜数。”(《史记·陈涉世家》)楚国名将项燕为保卫楚国最后战死，在楚国具有很高的威望，故项氏对楚人有很大号召力。陈胜起义便利用了项燕的名望，项梁起兵后，楚人更是迅速汇集在项氏名下。项梁、项羽叔侄起义军的来源比较广泛，包括西楚和东楚地区；刘邦为沛县丰邑中阳里人，其起义军主要来源于自己的家乡丰邑和任职的沛县，后来形成了“丰沛军功集团”。从起义到入关灭秦，项羽的军队发展到四十万，但这是个联军，在分王之

---

① 《史记·秦始皇本纪》：“二世乃大赦天下，使章邯将，击破周章军而走，遂杀章曹阳。二世益遣长史司马欣、董翳佐章邯击盗，杀陈胜城父，破项梁定陶，灭魏咎临济。楚地盗名将已死，章邯乃北渡河，击赵王歇等于钜鹿。”

② 《史记·陈涉世家》：“陈胜虽已死，其所置遣侯王将相竟亡秦，由涉首事也。高祖时为陈涉置守冢三十家砀，至今血食。”

后，秦三王、黥布、田安等都分走一部分兵力，所以真正属于项羽的基本兵力可能只有十余万人，最核心骨干仍然是项氏在今江苏地区的江东和江淮一带发展的力量，其余来自今浙江、安徽、山东和河南。刘邦入关后，军队达到十万。项、刘起义军的领袖、将领和骨干主要来自今相对偏远的江苏地区，这里为中国第一全国大起义贡献了两支主力军团。

一 项梁、项羽起义军的组成

据《史记·项羽本纪》等资料，项氏起义军由以下部分组成：

1. 江东子弟八千：项梁使人收下县，得精兵八千人。

2. 广陵人召平徇广陵，广陵队伍后归附项梁。

3. 东阳故令史陈婴，得二万人，以兵属项梁。

4. 项梁渡淮，黥布、蒲将军亦以兵属。

按：《史记·黥布列传》：黥布与其众叛秦，聚数千人。引兵北击秦左右校，破之清波，引兵而东，闻项梁定江东会稽，涉江而西。陈婴以项氏世为楚将，乃以兵属项梁，渡淮南，英布、蒲将军亦以兵属项梁。估计陈婴、黥布、蒲将军起义军有三万人，这部分人主要来自今安徽、江苏一带。此时，项氏军队凡六七万人，军下邳。项梁渡江时有精兵八千多，在下邳发展了家乡的队伍，加起来可能有三万余人，合计有六至七万。

5. 秦嘉降军。秦嘉原军彭城东，距项梁。后为项梁击败，余部归顺，人数不详。

6. 项羽杀宋义，并其军。宋义军包括原项梁和吕臣统领的起义军[①]。

7. 项羽方渡河救赵，田安下济北数城，引兵降项羽。

8. 诸侯救赵，作壁上观的十余路援兵，和守钜鹿的赵军组成的诸侯联军。

项羽攻入关中后，兵力已达四十万人，号称百万。这其中还可能包括投降的二十万秦军[②]。

项氏起义军起事于江苏，由于名将出身、贵族地位和影响，其军力来源和活动地域都远大于刘邦集团，项氏集团几乎囊括了所有楚地的起义军。在陈胜牺牲之后，项梁也实际上成为反秦主力楚地各路起义军的最高领袖。

---

① 刘邦的军队一度也归项梁指挥，项梁死后受楚怀王节制，独立作战。

② 项羽是否坑杀秦降卒二十万人，令人怀疑，因为后来秦降将章邯、司马欣、董翳等都封王，都统领一部分军队，如果全部坑杀，三将之兵由何而来？如何据守关中以防刘邦？况且项羽军队一下子增加到四十万，从哪里来？可见，坑杀之说不可信，就像司马迁记载白起坑杀赵降卒四十万一样不可信，长平之战秦赵双方倾全国之力苦战三年多，怎么会有四十万大军束手就擒。

二 项梁、项羽起义军的活动范围和进军线路

根据《史记·项羽本纪》有关记载,我们大致排列出项梁起义军的进军路线。

吴中(会稽郡治吴县)→占领会稽郡→渡江→广陵(收召平)→东阳(收陈婴)→渡淮(收黥布、蒲将军,发展到6—7万人)→下邳→彭城(击败秦嘉,并其军)。

到达彭城之后,兼并秦嘉楚军,追击到胡陵。随即兵分三路,活动线路分别是,1. 项梁率主力□胡陵→薛(项梁驻地);2. 朱鸡石、馀樊君别将□胡陵→彭城西→栗→胡陵→薛;3. 项羽别将□胡陵→彭城西→襄城(项羽单独攻襄城,拔后皆坑之)→薛。《史记·项羽本纪》载:“项梁已并秦嘉军,军胡陵,将引军而西。章邯军至栗,项梁使别将朱鸡石、馀樊君与战。馀樊君死。朱鸡石军败,亡走胡陵。项梁乃引兵入薛,诛鸡石。项梁前使项羽别攻襄城,襄城坚守不下。已拔,皆坑之。还报项梁。项梁闻陈王定死,召诸别将会薛计事。此时沛公亦起沛往焉。”

“会薛计事”后的进军路线:

项梁:薛→盱眙(立楚怀王孙心、自号武信君)→亢父(与齐田荣、龙且救东阿)→东阿(大破秦军于东阿,后欲与齐田荣俱西进,未成、齐田荣与楚、赵矛盾)→定陶(再破秦军,后为章邯大破于此,项梁战死);

项羽、刘邦联军:东阿→城阳(巨野泽西,遣项羽、刘邦攻,屠之)→濮阳东(项、刘破秦军)—定陶(项、刘攻,未下)→雍丘(大破秦军,斩李由)→外黄(未下)→陈留(坚守不能下)→彭城(此后项、刘、吕臣分兵三);

项羽:彭城西→安阳[①](救赵,属宋义,宋义滞留46日不进,项羽杀宋义,诸将立为假上将军,使桓楚报楚怀王,怀王立项羽为上将军→渡河(当阳君、蒲将军率2万人渡漳水,非黄河)→钜鹿(战少利)→渡河(项羽率主力渡漳河,破釜沉舟)→钜鹿(九战九捷,杀苏角,虏王离,涉间自杀)→漳南→三户(漳水津,蒲将军再破秦)→汙水(项羽击秦军,大破之)→洹水南殷虚(章邯降,立章邯为雍王,长史欣为上将军)→新安(夜坑杀秦降卒)→函谷关→咸阳。

可知当时活动的范围有一定的划分,刘邦在淮北,陈胜起义最早,活动区域主要在

---

① 按:安阳所在,历来有异说,参见《史记》三家注之《索隐》、《正义》,均持宋州安阳说,而只有颜师古持相州安阳说。我以为以相州安阳为胜,救赵之地,由南向北当然以安阳为必经之地,如战国魏救赵于邯郸城下,滞于汤阴,即相州(今河南安阳)安阳附近,没有在宋州(今商丘)安阳之理。至于宋义送子赴齐至无盐之事,实为项羽杀宋义而罗列的罪状。有点离奇,不太可靠。无盐在今山东东平,距离宋州都有数百里之遥,作为军中上将的宋义,面对屈居其下,桀骜不驯的项羽,怎么可能离开军中送子使齐呢,难道不怕军权被夺。《史记》记载前后矛盾,前说宋义“乃遣其子宋襄相齐,身送之至无盐,饮酒高会”,后说项羽斩宋义后“使人追宋义子,及之齐,杀之”。宋州安阳到无盐,直线距离有100公里,宋义送至再返回,项羽杀宋义再派人追,怎么可能追得上,自相矛盾。戏剧色彩很浓。

淮北陈郡。唯项氏乃楚国贵族后裔，活动范围不受限制，但早期主要活动在东楚、西楚地区，起义于江东，越江在两淮间发展，以彭城为中心。后来发展到山东，项梁死后项羽夺取兵权，率军渡过黄河、漳水北上救赵，最后率诸侯破函谷关进入咸阳，活动区域最大，功劳最大，为灭秦第一功臣。项羽大分封后返回彭城，成就西楚霸王的伟业。

三　刘邦起义军的军队组成和活动范围

刘邦出身卑微，他的军队开始主要来源于自己的家乡丰邑及属县沛县一带，其核心组成了"丰沛地域集团"，地域十分狭小，随着起义军的扩大，来源逐步扩大，但主要来自项羽的背叛者。重要人物大多是丰沛人，形成了丰沛集团，故骨干均是今江苏籍。特别是砀县(今属安徽)和沛县，是刘邦最早的根据地。

刘邦军队的来源与形成的过程大致如下：

1.《史记·高祖本纪》："徒中壮士愿从者十余人。"这 10 多人是丰县送往郦山的投徒，为刘邦私放，故这些人跟随他亡匿于芒、砀之间。

2.《史记·高祖本纪》：刘邦流亡之后，吕后散布"季所居上常有云气，故从往常得季"。高祖心喜。沛中子弟或闻之，多欲附者矣。当樊哙奉沛令之命召刘邦时，"刘季之众已数十百人矣"。

3. 沛县父老杀沛令，迎刘邦，推举刘邦为沛令公。

"于是少年豪吏如萧、曹、樊哙等皆为收沛子弟二三千人，攻胡陵、方与，还守丰。"队伍发展到二三千，主要是沛县民众①。但丰邑子弟并不都支持刘邦，不久，他们中一部分在雍齿的带领下背叛了刘邦，献丰投靠魏人周市。《汉书·高帝纪》："雍齿雅不欲属沛公，及魏招之，即反为魏守丰。沛公攻丰，不能取。沛公还自沛，怨雍齿与丰子弟畔之。"看来刘邦的队伍当初并不稳定。丰沛集团还没有形成。刘邦主要活动地点在沛而不在丰，泗水亭在沛。所以，当刘邦在汉十二年击败黥布叛乱返回时，过沛，留沛十余日，认为自己是沛人，唱《大风歌》，"谓沛父兄曰：'游子悲歌故乡。吾虽都关中，万岁之后吾魂魄犹思(乐)沛。且朕自沛公以诛暴逆，遂有天下，其以沛为朕汤沐邑，复其民，世世无有所与。'"临走时，"沛父兄顿首曰：'沛幸得复，丰未得，唯陛下哀矜。'上曰：'丰者，吾所生长，极不忘耳。吾特以其为雍齿故反我为魏。'沛父兄固请之，乃并复丰，比沛。"可知刘邦对故乡沛有浓厚感情，而对生长之地丰邑则因丰人附雍齿归顺魏而深恨之。刘邦集团的地域性很强。丰人之所以从魏，大概是其民多从

① 《史记·刘敬叔孙通列传》：娄敬说曰刘邦："今陛下起丰沛，收卒三千人，以之径往而卷蜀汉，定三秦，与项羽战荥阳，争成皋之口，大战七十，小战四十……"

梁地迁移而来的缘故。《高帝纪·赞》载：刘向云“战国时刘氏自秦获于魏。秦灭魏，迁大梁，都于丰，故周市说雍齿曰‘丰，故梁徙也’。是以颂高祖云：‘汉帝本系，出自唐帝。降及于周，在秦作刘。涉魏而东，遂为丰公。’丰公，盖太上皇父。其迁日浅，坟墓在丰鲜焉。”刘邦祖父由梁迁入丰，时间并不长。

4. 郦商，高阳人，陈胜起时，商聚少年东西略人，得数千。沛公略地至陈留，六月余，商以将卒四行人属沛公于岐。《史记·郦生陆贾列传》：郦食其在陈留见刘邦时说：“足下起纠合之众，收散乱之兵，不满万人。”

5.《史记·留侯世家》：“陈涉等起兵，良亦聚少年百余人。景驹自立为楚假王，在留。良欲往从之，道遇沛公。沛公将数千人，略地下邳，遂属焉。”后来项梁派良为韩司徒，与韩王将千余人西略韩地。这部分人马后来在刘邦出洛阳时归顺刘邦。

6.《史记·高祖本纪》：刘邦和东阳宁君与秦军章邯别将司马欣战于萧西，不利。“还收兵聚留，引兵攻砀，三日乃取砀。因收砀兵，得五六千人。”而《汉书·高帝纪》：“收砀兵，得六千人，与故合九千人。”即沛公原有三千，加砀兵六千，约九千人。刘邦逃亡芒、砀，故在这一带有影响，砀兵归附有这方面的原因。

7.《史记·高祖本纪》：刘邦“闻项梁在薛，从骑百余往见之。项梁益沛公卒五千人，五大夫将十人。沛公还，引兵攻丰”。刘邦归附项梁，得到五千人。

8.《史记·高祖本纪》：楚怀王“遣沛公西略地，收陈王、项梁散卒。乃道砀至成阳，与杠里秦军夹壁，破秦二军”。刘邦在往关中的路上收拢陈胜、项梁残部。这其中有江苏籍士兵。如王陵之队伍。

9.《史记·高祖本纪》：秦二世三年，“沛公引兵西，遇彭越昌邑，因与俱攻秦军，战不利。还至栗，遇刚武侯，夺其军，可四千人，并之”。刚武侯，一说是怀王将，一说魏将。此时军队已经扩充至两万人，还砀县。

10.《史记·高祖本纪》：“或说沛公曰：‘秦富十倍天下，地形强。今闻章邯降项羽，项羽乃号为雍王，王关中。今则来，沛公恐不得有此。可急使兵守函谷关，无内诸侯军。稍征关中兵以自益，距之。’沛公然之其计，从之。”刘邦补充了一些关中人充军。

刘邦军在关中时已经有十万人，号称二十万人，主要是沿途收罗秦降军兼并扩军的结果，没有打过硬仗，战斗力远不如项羽军队。

11.《史记·高祖本纪》：“汉王之国，项王使卒三万人从，楚与诸侯之慕从者数万人，从杜南入蚀中。去辄烧绝栈道，以备诸侯盗兵袭之，亦示项羽无东意。至南郑，诸将及士卒多道亡归，士卒皆歌思东归。”此时韩信说汉王：“军吏士卒皆山东之人也，日夜跂而望归。”

汉王就封汉中，三万人马为其基本队伍，又有数万人自愿跟随，应低于十万。这些人大都来自山东(今苏皖豫鲁)，到南郑后军心思归，开小差的不少。

12. 刘邦出汉中后，定三秦，兼并了各路诸侯军。利用义帝被项羽暗害之事，号召天下诸侯伐项羽。《史记·高祖本纪》："悉发关内兵，收三河士，南浮江汉以下，愿从诸侯王击楚之杀义帝者。"《正义》："南收三河士，发关内兵，从雍州入子午道，至汉中，历汉水而下，从是东行，至徐州，击楚。"

13. 王陵亦聚党数千人，居南阳，归顺刘邦。

14.《史记·项羽本纪》汉王乘项羽与齐田荣、田横等战争期间，部五诸侯兵，凡五十六万人，东伐楚。《史记·高祖本纪》："汉王以故得劫五诸侯兵，遂入彭城。""到外黄，彭越将三万人归汉。"(《汉书·高帝纪》)

刘邦起义军早期活动地点：刘邦"群臣皆山东人"①。其地域范围大概是秦朝的砀郡、泗水郡、陈郡、薛郡、北到东郡(当时江苏所属的秦郡是东海郡、泗水郡、鄣郡、琅玡郡、会稽郡，以东海、泗水、会稽、鄣郡为主)，主要的县有沛县、彭城、薛县、戚县、滕县、留县、砀县、下邑、单父、胡陵、亢父、定陶、栗县、陈留、开封等，与项梁、项羽的活动中心交叉，经常联合作战。这些地方相当于今天的江苏、安徽、河南、山东四省交界地区，即黄河与淮河之间，今江苏徐州、宿迁、安徽宿州、河南商丘、山东菏泽为中心的地区。刘邦受楚怀王节制后，奉命攻打咸阳，入主关中，其活动范围便进入了河南、陕西境内。故学者总结："从秦二世元年九月刘邦集团结成之初，到汉元年三月之汉中就国前，也就是前期之刘邦集团，大致活动于旧楚、魏、齐之交接地区并及于韩，最后进入秦。以秦之郡区具体而言，从秦二世元年九月刘邦初起，至二世二年九月刘邦为砀郡长受怀王之命时，其活动区域乃以泗水郡北部、薛郡南部和砀郡为中心，并曾及于东海郡和东郡。从二世三年十月开始西攻关中的行动起，刘邦集团的活动区域扩展至陈郡，颍川，三川和南阳郡，然后进入秦之本土关中②。"

四　江苏是秦末大起义将领的主要来源地

项梁起义于江东吴中，刘邦起义发生在沛县，吕臣、陈婴、秦嘉等都在江苏境内活动，大批当地民众参加了起义军。楚怀王都盱眙，项梁败死之后，怀王恐，迁至彭城。项羽自封西楚霸王，都彭城，王九郡，可知江苏是秦末大起义的主要活动地和指挥中心。江苏人在灭秦和建汉中起了决定性作用，创立了西汉王朝。

---

① 《史记·刘敬叔孙通列传》，中华书局1982年版。

② 李开元：《汉帝国的建立与刘邦集团——军功受益阶层研究》，三联书店2000年版，第149页。

秦末农民起义军中的江苏籍将领较著名的有如下一些:

项梁:下相(今宿迁)人,起兵于吴中;

项羽:项梁侄;

项伯:项羽季叔;

召平:广陵(今扬州)人,参加陈胜起义,被派徇广陵,后归顺项梁;

陈婴:故东阳狱吏,为东阳所推举;

郑昌:项籍游吴时的吴县令,后被封为韩王,距汉兵。为韩王信击败,降汉;

武涉:盱眙人,受项羽之命前往齐地说服韩信降楚未果;

周文,曾经在项燕部下,《史记·陈涉世家》:“尝为项燕军视日,事春申君,自言习兵,陈王与之将军印,西击秦。”周文在项燕军中主管占卜日时吉凶活动,又事春申君,楚春申君封在江东,故周文曾经活动在吴地。

刘邦:秦泗水郡沛县丰邑中阳里人,今江苏丰县,西汉设沛郡,丰为县;

卢绾:丰人,与刘邦同里。刘邦起事,卢绾以客从,入汉中为将军,常侍中;

雍齿:为刘邦守丰。后叛归魏,最后又投刘邦,与王陵关系密切;

东阳宁君:东阳人,今盱眙境内。《史记·高祖本纪》:与秦嘉立景驹为假王,在留。留属徐州,为张良所封之地①。

秦嘉:东阳人,或即东阳宁君。而《汉书·陈胜传》则曰“广陵人秦嘉”。

王陵,沛人,县豪,刘邦兄事之。陵少文,任气,好直言。

樊哙:《史记·樊郦滕灌列传》:“沛人也,以屠狗为事,与高祖俱隐。初从高祖起丰,攻下沛。娶吕后女弟吕须为妇,与刘邦为连襟。”故其比诸将最亲。

周昌:《史记·张丞相列传》沛人。周苛,周昌之从兄,“秦时皆为泗水卒史。及高祖起沛,击破泗水守监,于是周昌、周苛自卒史从沛公。”后周苛守荥阳拒降,为项羽所烹杀。

任敖:《史记·张丞相列传》:故沛狱吏。高祖尝辟吏,吏系吕后,遇之不谨。任敖素善高祖,怒,击伤主吕后吏。及高祖初起,敖以客从为御史,守丰二岁。

周緤:《史记·傅靳蒯成列传》:沛人也,姓周氏。常为高祖参乘,以舍人从起沛。封蒯成侯,地在城父。被刘邦赐:“入殿门不趋,杀人不死。”

灌婴:睢阳贩缯者也,《史记·樊郦滕灌列传》:垓下之战后,灌婴“下东城、历阳。渡江,破吴郡长吴下,得吴守,遂定吴、豫章、会稽郡。还定淮北,凡五十二县”。

韩信:今淮安人。《史记·淮阴侯列传》:始为布衣时,贫无行,不得推择为吏,又

---

① 《史记正义》:《括地志》云:“留城在徐州沛县东南五十里,即张良所封处。”

不能治生商贾，常从人寄食饮，人多欺厌之者。韩信属于游民、流氓无产者之类。韩信参加起义后，先在项梁项羽手下，未获重用，后投刘邦。

《汉书·高惠高后文功臣表》载，刘邦得天下后，迄十二年，封“侯者百四十有三人”。“又作十八侯之位次。”注引孟康曰：“唯作元功萧、曹等十八人位次耳。高后乃诏作位次下竟。”师古曰：“谓萧何、曹参、张敖、周勃、樊哙、郦商、奚涓、夏侯婴、灌婴、傅宽、靳歙、王陵、陈武、王吸、薛欧、周昌、丁复、虫达，从第一至十八也。”这些人大多属于跟随刘邦起义的，以江苏人为骨干的丰沛集团。

据统计，“前期刘邦集团之主要成员中籍贯明确者，可得 20 人”。与刘邦同乡，出生于秦泗水郡沛县者 14 人，约占 70%，出生于砀郡者 5 人，占 25%，三川郡者 1 人，占 5%①。又根据从起地与籍贯基本上一致，“据此由某人之从起地来推断其籍贯，再次遍检史籍，前期刘邦集团成员中从起地可明者可得 53 人”，“从起于沛县者 19 人，占 36%，从起于砀者 16 人，占 30%”，“此外，从起于薛郡者 7 人，泗水郡留县者 4 人、东郡者 3 人，陈郡者 2 人、颍川郡者 1 人，东海郡者 1 人。”“刘邦集团主要成员中籍贯可知者共 73 人，其中籍贯为沛县者有 33 人，约占 45%，如果以郡为单位计算的话，则籍贯为泗水郡者共 37 人，约占 51%；砀郡者 21 人，约占 29%（其中砀县籍 12 人，占 16%），薛郡者 7 人，约占 10%（其中，从起于薛县者 5 人，占 7%），余下之 10%，则由东（3 人，4%）、陈（2 人，3%）、三川（1 人，1%）、东海（1 人，1%）等诸郡之人分占。”可以称为“丰沛元从集团”②。

这其中从起于砀者中，可能有最初跟随刘邦流亡芒砀山的部分沛籍役人。若然，沛籍比重会更高。沛县籍 14、起于沛县者 19 人、留县 4 人，东海 1 人，一共有江苏籍 38 人，大多是刘邦故乡人，超过总计 73 人中的 50%。可知江苏人的确是刘邦军队的骨干③。

沛县籍从刘邦征者大约三千人，“他们构成了刘邦军团的基础和核心。”“尔后，随着刘邦集团的不断扩大，这三千沛县籍人士，在集团成员总数中所占的比例不断减少，但是，他们始终居于刘邦集团的核心，占有支配性的地位。刘邦军团最盛时有约

---

① 李开元：《汉帝国的建立与刘邦集团——军功受益阶层研究》，三联书店 2000 年版，第 150 页。籍贯泗水沛，起义地点泗水沛的有 14 人，即卢绾、周勃、萧何、曹参、王陵、审食其、樊哙、夏侯婴、任敖、周苛、周昌、雍齿、周緤、彭祖；吕泽、吕释之为单父人，从起地不详；郦食其、郦商为砀郡陈留人，从起于砀陈留和岐；灌婴砀郡睢阳人，从起于砀；张苍，三川郡阳武人，从起于阳武。

② 李开元：《汉帝国的建立与刘邦集团——军功受益阶层研究》，三联书店 2000 年版，第 152 页。

③ 1. 从起地为泗水郡沛县，可能是沛县籍的 19 人为奚涓、朱轸、召欧、严不职、周止、孙赤、冷耳、单父右车、卫无择、徐厉、王吸、薛欧、唐厉、陈速、朱濞、周聚、毛释之、陈仓、冯无择；2. 从起地为泗水留县推断籍贯为留县籍的有 4 人，即齐受、爰类、丁义、吕臣；从起地为东海郡下邳，推断籍贯为下邳的有 1 人，即张良。张良长期流亡于此，应算作下邳人。

六十万之众,沛县籍人士所占比例在5‰以下,可谓数量微不足道,但是,他们在刘邦集团和汉政权的上层中所占比例极高。"《汉书·高惠后文功臣表》中载汉初之功臣162人,其中之沛县籍者33人,占了20%,然而,以位次居前20位者而言,沛县籍者10人,占了一半,可谓所占比重之大小与其地位之高低适成反比①。

五 彭城成为秦末起义的领导中心

彭城,即今江苏徐州,位于泗水沿岸,是联结泗水与淮河、济水与泗水、泗水与浪荡渠(古汴水)等河流的交汇处,为古代水陆交通的枢纽,从中原经河南商丘、山东菏泽到淮河流域乃至长江流域的必经之路。传统上,彭城一直属于中原文化圈,春秋战国时,彭城属宋国,楚灭宋后成为楚国的东方中心,是三楚中西楚与东楚的分界线。彭城及周围的很多人口是从中原迁徙过来的,如吕后之父、刘邦、项羽等。秦统一后设彭城县,属泗水郡。秦始皇巡游天下曾经到过彭城,组织人马在泗水里打捞周鼎,未果。

秦末大起义爆发,陈胜在陈县(河南淮阳)建立了张楚政权,这里首先成为秦末起义军的政治中心。彭城一带成为起义的一个副中心,刘邦在沛县起义,项梁渡江越淮,进入淮北,在彭城为中心的周边地区展开活动,配合陈胜起义。项羽在彭城率军西进,因章邯阻击而失利,项梁率军转向山东西南部转战。陈胜战败牺牲后,项梁在薛(今山东薛城一带)举行军事会议,应对陈胜张楚起义军失败后的局面,立楚怀王,以盱眙为都。项梁战死定陶之后,项羽、刘邦、吕臣三支人马退守彭城一带,楚怀王也从盱眙迁到彭城,从此,彭城成为楚地起义军的政治军事中心地区。楚怀王夺得原由项梁指挥的军权后,重用吕臣和他父亲,在彭城调兵遣将,分别命刘邦为砀郡令,再命宋义为上将军,掌握兵权,项羽为末将,受宋义节制。不久,楚怀王命宋义率项羽等楚军主力北上救赵,又遣刘邦兵发咸阳,进攻关中,承诺先入咸阳者为王。但由于对项羽明显抑制,夺其兵权,并实际上排除其入主关中,这使项羽极为不满。由此埋下项羽诛宋义、夺兵权及迁封义帝并追杀于湘江埋下伏笔。

第四节 项羽刘邦领导义军推翻秦朝统治

项梁牺牲后,楚地起义军在短暂的退守之后,利用秦军北上击赵之际,重新集结。项羽在北上途中杀掉畏缩不前的宋义,率军在钜鹿之战中一举打败秦军,解赵国之

---

① 李开元:《汉帝国的建立与刘邦集团——军功受益阶层研究》,三联书店2000年版,第155页。

围,又迫使章邯投降。而刘邦迂回南阳由武关攻入咸阳,约法三章,获得秦人信任。接着项羽率关东诸侯入关,杀死秦王子婴,宣告了中国第一个中央集权制统一王朝秦朝在人民大起义的烈火中覆没。

一　钜鹿之战项羽消灭秦军主力

据《项羽本纪》等记载,前208年,闰九月,章邯大破项梁之后,以为楚地不足忧,率王离、苏角、涉间渡黄河北上,进攻赵国,迅速包围赵都邯郸。战国时期,邯郸曾经多次被魏、秦包围,但其城墙高大,易守难攻,赵国经常坚守数年数月不下,最后取得胜利,挽救败局。但这次邯郸很快被秦军攻下,赵王歇与张耳被迫撤退到钜鹿(今河北平乡西南)坚守。同时向楚、齐、代等国求救。

楚怀王立即在彭城召开军事会议,调整布置。项羽一心灭秦复仇,欲与刘邦共同向咸阳进军,未得允许。此时楚怀王命项羽随宋义北上救赵。楚怀王命宋义为上将军,项羽为次将,范增为末将,率楚军救赵。同时命刘邦按原布置西入咸阳,约定先入咸阳者为王。这个约定实际上堵死了项羽入关中为王的道路,因为项羽为宋义次将,即使先入关,也只是在宋义部下,为王者,当属宋义。楚怀王的布置体现了用人谋略,一方面,用稳重、宽厚的刘邦和宋义,就是防止项羽入秦报复。项羽在战争中多次屠城遭到阵营内部"诸老将"的反对,而更主要的意图还是在于压制项羽,完全夺取其军事指挥权。项羽当然不能接受这种安排,必然导致矛盾的激化。

刘邦进攻咸阳也是一项艰巨的任务,因为自秦末起义以来,陈胜已经派遣周文、吴广等进攻咸阳,而从中原通往关中一线,由秦军重兵驻守,虽然周文率大军曾经一度攻到戏(今陕西临潼附近)。吴广率军攻占战略要地成皋(今郑州附近),但都为秦军所败,以失败告终。此时一个变化是秦军主力并不是由关中向东进军,而是汇合自长城边防南下的秦军包围钜鹿,合击赵军,成皋至关中一线兵力空虚。但西进路上很多重镇都控制在秦军手中,作为楚军旁支的刘邦,战斗力尚弱,很难长驱直入。

彭城会议决定了北上和西进两路作战的战略计划,这说明经过定陶之战的败退之后,楚军已经恢复元气,担负起灭亡秦朝的主要任务。其后的发展,项羽起到了力挽狂澜的关键性作用。

首先,诛杀宋义,夺回兵权。

宋义率楚军主力北上救赵,但在一个叫安阳(今山东曹县东)的地方停止了前进,竟然滞留四十六日,完全视赵国危局于不顾。其中因素,一方面是由于齐军田荣部以各种理由不愿意出兵救赵,宋义怕楚军孤军深入,难以取胜。希望秦、赵相互拼杀,以承其敝。另一方面,主观上,宋义畏惧秦军,因为定陶新败,项梁没有采纳宋义的提

项羽像（华人德主编：《中国历代人物图像集》，上海古籍出版社 2004 年版，第 167 页）

醒，轻敌骄傲，是重要原因。但是年轻气盛，急于找章邯为叔父报仇的项羽态度则非常坚定，要求立即渡过黄河，“楚击其外，赵应其内，破秦军必矣。”与赵里应外合，一举击败章邯。为此，项羽与宋义发生激烈冲突，宋义为了贯彻自己的意图，下令继续违令言救援者，斩首。宋义还继续和田荣联系，甚至派他的儿子宋襄前往齐任相。并亲自送到无盐（今山东东平）。时值天寒大雨，士卒冻饥，而宋义等却饮酒高会，悠然自得，毫无救援意向。这一切使得项羽极为愤怒。而项梁之死与齐田荣拒绝项梁命其攻秦有很大关系，田荣拥兵自重，诛杀异己，扩张地盘，称霸齐地，并无意参加联合攻秦。宋义与之勾结，不思进取，显然不符合楚怀王的布置。十一月，按捺不住怒火的项羽，终于杀死宋义，并假称奉楚怀王之命：“宋义与齐谋反楚，楚王阴令籍诛之。”诸将原本就是项梁部下，折服项羽之勇，楚怀王因以项羽为上将军，率军北上。

其次，破釜沉舟，九战九捷。

十二月，项羽先锋猛将英布和蒲将军率楚军二万抢渡漳河，截断秦军粮道。项羽亲率全军渡漳河，“皆沉船，破斧甑。烧卢舍，持三日粮，以示士卒必死，无一还心”。置之死地而后生，项羽奋勇争先，楚军万众一心，誓与秦军决一死战。北上楚军在钜鹿城外与秦军遇，楚军呼声动天，无不以一当十，凡经九战，大破秦军，遂擒秦主将王离，杀苏角，逼涉间自杀，章邯败退。王离是驻守长城的二十万秦军的统帅，名将王翦之后。蒙恬被杀之后，秦二世、赵高命王离接任统帅，又将他紧急调回剿杀起义军。钜鹿之战，是扭转战局的关键之战，从士气上打垮了被称为虎狼之师，百战百胜，不可一世的秦军主力。从此，秦军丧失了战斗力和士气。同时也振奋了六国人民的精神，一扫自商鞅变法以来，东方国家屡战屡败，畏惧胆战的心理。项羽楚军打出军威，一战成名。就在项羽楚军与秦军作战时，陈余援军及燕、齐等各路援军十余壁，只能作壁上观，他们被震天动地的喊杀声惊得魂飞魄散，直到秦军被打败，诸侯将“入辕门，无不膝行而前，莫敢仰视，项羽由是始为诸侯上将军”。实现了“楚虽三户，灭秦必楚”预言，使楚军成为一支坚不可摧的雄师，项羽也毫无争议成为反秦大军新的统帅。

此后，章邯军退守棘原（今河北巨鹿西南），畏缩不敢再战，秦二世多次派使责备促战，章邯始终不敢从命，因为秦军主力尚且不堪一击，他所率领的郦山刑徒，自然更不是楚军的对手。故派人回咸阳向朝廷陈述，在恐惧中等待秦二世的复命。此时陈余致书章邯，劝其投降，项羽率军又在汙水（今河北临漳南）上大破秦兵。内外交困中的章邯，被迫率二十万秦军向项羽投降。当时楚军粮食也极为紧张，难以持久作战，便同意章邯投降，双方盟于洹水上殷墟（今河南安阳小屯村一带）。项羽立章邯为雍王，长史欣为上将军，命其率秦军为前导，向咸阳进军。

二 刘邦入关约法三章

（一）进攻关中的三条通道

刘邦的目标是进攻关中，夺取秦朝都城咸阳。关中号称八百里秦川，易守难攻。从关东进攻关中路线大致分为中、北、南三条。这也是秦国统一天下的进军路线。这三条战略通道分别是：

1. 中路—经由函谷关的豫西（河南）通道

函谷关又称殽函。殽山在渑池西。函关在弘农城北，即今河南灵宝附近，自古以来殽函便是东西联系的主要关隘，这条通道沿黄河而东，最为快捷便利，但在当时函谷关一带地理十分险峻，远非今日之通途[①]。此通道以洛阳为中心，函谷关为制高点。东方各国起义军从彭城、开封一线向西，攻击成皋—荥阳（今河南郑州）一线，往西进攻洛阳。中原乃四战之地，战国时期，中路一直是秦国向东方六国进攻的主攻方向，陈胜起义爆发后，吴广、周文率领的起义军也由此通道向关中进攻，周文一度攻入函谷关，一直打到戏。

2. 北路—越黄河的晋南（河东）通道

秦自商鞅变法强大起来后，逐步获得了自春秋以来长期被晋、魏占领的河西地区，将战线东移至山西与陕西交界的黄河沿岸。一方面出函谷关从今河南三门峡一带的焦、曲沃北攻晋南，另一方面，从大荔、韩城渡河进攻山西南部，取汾阴、皮氏。开辟了从河曲、大荔、临晋关、蒲阪关至龙门一线越陕西越山陕界黄河，攻入汾阴、皮氏（今万荣县境），占领山西南部（山西运城、临汾），开辟晋南通道。这条通道以晋南（河

---

① 《史记·高祖本纪》《正义》：颜师古曰：“今桃林南有洪溜涧，古函谷也。其水北流入河，西岸犹有旧关余迹。”《西征记》云：“道形如函也。其水山原壁立数十仞，谷中容一军。”

东）为中心，由晋南或往太原一线，或往晋城、长治一线穿越中条山、王屋山、太行山各陉口，往河内、河北。晋南通道虽然迂回绕道，又要经过山西诸山，道路艰难，但由于山西高原地处中原北部，有高屋建瓴气势，山西号称华北的脊梁，得山西者得天下制高点。所以，北路也是重要的进攻线路。楚汉战争中，韩信出兵攻击河东，一直打到齐国，走的就是这条通道。

3. 南路—经南阳的武关通道

从关中往东南，经蓝田出武关，沿西峡、淅川到达南阳盆地及淮河上游地区。此通道以南阳盆地为中心，从南阳南下唐河、白河而达湖北襄樊，进入汉水流域和长江流域，可向楚国进攻；东北可出方城对中原实施战略包围。方城一线又可分为两条路线，一条是取道于南阳盆地东北端方城县附近的缺口，自开封西南经许昌、襄城、叶县以至南阳，方城缺口为此路的重要隘道，一般称为方城路。另一条是从洛阳南下经临汝至鲁山，再沿沙河支流瀼河和白河支流鸭河河谷，顺白河南下抵南阳，古称三泜路。北魏后专称三鵶路，或谓之三鸦路。这一带山地高峻，大部分地区为山路，鲁阳关正当要道之冲。此路是古代南阳盆地和中原地区间的要道[①]。这两条路线春秋战国时期便是楚国北上中原的主要路线。秦国也曾经由此道进攻中原。这次刘邦便选择了走南阳、武关、峣关（蓝田东）入咸阳的迂回路线。

（二）避实就虚，刘邦从武关攻入咸阳

当项羽率楚军主力北上救赵，与秦军章邯部和从长城防线调回的王离部进行主力决战之时，刘邦承担了西进入关的任务。摆在他面前有两种选择：中线秦军自起义爆发后就镇守荥阳、函谷关一线。当初，周文走过的河南黄河一线，一直攻打到戏，但孤军深入，遭到失败。楚怀王选派刘邦进攻关中，也并不是好差事。"当是时，秦兵强，常乘胜逐北，诸将莫利先入关。"（《高祖本纪》）只有项羽愿意同行，后来赵国求救，楚怀王派项羽随宋义救赵。

起初刘邦也想从函谷关一线直接进入关中，这条道路是通往咸阳的捷径。刘邦进军线路由彭城一路向西，从砀—昌邑—栗—高阳—陈留—开封—白马—曲遇—颍阳—荥阳一线。在昌邑遇到彭越，联合作战，不利而至栗，兼并了刚武侯的队伍四千人。郦食其、郦商兄弟在高阳归顺。一路或胜或失利，与秦军相持在荥阳。派张良略韩地轘辕。

就在刘邦与秦军在今开封—荥阳—成皋—洛阳间黄河沿岸作战之时，赵别将司马卬也准备渡过黄河，从平陆三门峡一线西进入关。"沛公乃北攻平阴，绝河津。"刘

---

① 王文楚：《历史时期南阳盆地与中原地区间的交通发展》，《古代交通地理丛考》，中华书局 1996 年版。

邦、曹参在洛阳东与秦军作战，遭到秦守军的激烈抵抗，双方相持不下。刘邦退至阳城(今河南登封)。

正面入关实力不济，刘邦只能采取避实就虚策略，招降纳叛，才得以顺利挺进关中，赶在项羽之前进入关中。从此，刘邦避开秦军主力把守的函谷关一线，迂回南阳—武关一线。在进军过程中，尽可能避开秦军坚守的城池，绕道走，既节省时间，又避免消耗过大。这说明刘邦队伍的战斗力不强，一遇强敌便难以战胜，如与彭越在昌邑俱攻秦军，战不利，还至栗。后又攻昌邑，未拔。攻开封未拔，于是避其锋芒。战洛阳东又失利。如果继续打下去，胜败难料。同时，发动政治攻势，劝守城秦军投降，招降纳叛。典型的是陈恢对宛(南阳)守齿的成功劝降。重镇南阳郡治宛不攻而下，打开了通往关中的南方通道，其示范作用显著。“乃以宛守为殷侯……引兵西，无不下者。”(《史记·高祖本纪》)刘邦老乡王陵也前来归顺。

刘邦用张良计，派郦生、陆贾劝说武关秦将投降，乘机“攻武关，破之”。又在蓝田以南、以北多次打败秦军，扫清了进入咸阳的道路。

(三) 约法三章

由于钜鹿之战的胜利，形势急转直下，面对汹涌澎湃、即将攻入关中的起义大军，秦朝内部发生内讧：赵高将秦二世杀死，妄图退回关中，保持原秦国的地位。“秦故王国，始皇君天下，故称帝。今六国复自立，秦地益小，乃以空名为帝，不可。宜为王如故，便。”立子婴为王。子婴父子设计杀死赵高，“系颈以组，白马素车，奉天子玺符，降轵道旁”[①]。迎接刘邦大军入关。刘邦入关后，接受了秦王子婴的投降，没有同意诸将诛杀子婴的请求[②]。刘邦大军西入咸阳，开始军纪不佳，将领纷纷进入宫殿争抢财物珍宝，连刘邦也要入宫享受，最后在樊哙、张良力谏下才“封秦重宝财物府库，还军霸上”。又召集诸县父老豪杰宣布：“吾与诸侯约，先入关者王之，吾当王关中。”与父老约，法三章耳：杀人者死，伤人及盗抵罪。余悉除去秦法。诸吏人皆案堵如故。凡吾所以来，为父老除害，非有所侵暴，无恐！迅速派人与秦吏宣告各县乡邑，“秦人大喜，争持牛羊酒食献飨军士。沛公又让不受，曰：‘仓粟多，非乏，不欲费人。’人又益喜，唯恐沛公不为秦王”。既废除秦朝苛法，约法三章，又不像项羽那样残酷杀戮秦军降卒，报复秦人，还让秦官吏各就原职，甚至也不费劳军之神，自己退到霸上，“待诸侯至而定约束耳”。刘邦一系列的安民措施抓住了秦人的心，让惧怕诸侯报复的秦人吃下定心丸。由此，面对日益迫近的项羽大军，秦人怎能不希望刘邦王秦呢[③]。

---

① 《史记·秦始皇本纪》，中华书局1982年版。

② 《史记·高祖本纪》：“始怀王遣我，固以能宽容；且人已服降，又杀之，不祥。”

③ 《史记·高祖本纪》，中华书局1982年版。

三 项羽复仇秦朝统治灭亡

(一) 残酷坑杀秦降卒

项羽命司马欣为上将军，率秦降军为前驱，自率各路诸侯随后，乘胜挺进函谷关，去完成他的攻占咸阳，灭亡秦朝的大业。到达新安时，诸侯军对秦军的报复已经十分严重，“诸侯吏卒异时故繇使屯戍过秦中，秦中吏卒遇之多无状”，现在便“乘胜多奴虏使之，轻折辱秦吏卒”。引发秦吏卒不安，暗中议论：“章将军等诈吾属降诸侯，今能入关破秦，大善；即不能，诸侯虏吾属而东，秦必尽诛吾父母妻子。”秦军章邯主力是受章邯欺骗投降的，惧怕受到秦的报复。项羽得知此事，知道秦军如果不服，入关作战十分危险，便召集黥布、蒲将军密谋：“秦吏卒尚众，其心不服，至关中不听，事必危，不如击杀之，而独与章邯、长史欣、都尉翳入秦。”黥布等连夜行动，“于是楚军夜坑秦卒二十余万人新安城南”[①]。

(二) 鸿门宴刘邦大难不死

项羽大军到达函谷关时，“有兵守关，不得入。又闻沛公已破咸阳，项羽大怒，使当阳君等击关”。刘邦大军抢先一步占领咸阳，听从谋士的计策，派兵把守并增兵函谷关，武力抗拒项羽入关[②]。但守关军队不堪一击，黥布迅速攻下函谷关(刘邦自称主动迎接项羽入关)，项羽大军进驻戏(陕西新丰东戏水边)。

此时，项羽大军四十万，号称百万，大营在新丰鸿门。刘邦大军十万，号称二十万，大营在霸上。两军战斗力更是无法相比，项强刘弱。刘邦手下左司马曹无伤暗中向项羽通风报信，“沛公欲王关中，令子婴为相，珍宝尽有之。”引起范增警觉，劝说项羽尽早除掉刘邦[③]。项羽命刘邦前来鸿门。由于张良曾经救过项伯的命，项伯是项羽的季父(叔父)，在项羽军中地位很高。他为报张良之恩，连夜面见张良，告知实情，要带张良逃离刘邦大营。张良将情况告诉刘邦，刘邦方知大难临头，商讨对策。张良要

---

① 《史记·项羽本纪》，中华书局1982年版。这是一次令人难以置信的屠杀事件，一夜之间何以能够坑杀二十万全副武装、有组织的秦军。令人怀疑秦降卒数量是否有二十万，因为钜鹿之战秦军主力大部已经被消灭。由于史料阙佚，只能存疑。

② 《史记·高祖本纪》《索隐》引《楚汉春秋》云：“解先生云：‘遣守函谷，无内项王。’而《张良系家》云‘鲰生说我’，则鲰生是小生，即解生。”

③ 《史记·项羽本纪》：“沛公居山东时，贪于财货，好美姬。今入关，财物无所取，妇女无所幸，此其志不在小。……争击勿失。”

刘邦亲自请求项伯相救。项伯连夜返回为刘邦说情，赢得项羽的好感[①]，这为鸿门宴奠定了基调。第二天一早，刘邦便亲自来鸿门拜见项王。项王原谅了刘邦，设宴款待。席间范增多示意项羽除掉刘邦，未果。最后刘邦在张良、樊哙等人的保护下，从容脱险，返回霸上[②]。

（三）疯狂实施对秦报复

项羽让刘邦屈服之后，立即起兵进入咸阳开始疯狂的报复行动。西屠咸阳，杀秦降王子婴及秦诸公子宗族，焚毁秦都宫殿，大火三月不灭。收其珍宝货财，掳掠妇女。集天下宫殿之精华，秦朝政治、经济中心的秦都咸阳，一片废墟，所过无不残破。秦人大失望，然恐，不敢不服耳。

项羽的残酷报复，一方面给关中带来了深重灾难，彻底失去了关中秦人民心，失去了定都关中的政治基础；另一方面，摧毁了咸阳，也就丧失了定都关中的物质基础。这使他在与刘邦争夺天下的过程中，失去了关中人民的支持，而在当时，关中是天下最有政治、经济和军事实力的地区。关中秦人更加全力支持刘邦，这在楚汉战争中得到充分体现。刘邦为首的丰沛军事集团，在东方诸侯和西方关中的联合支持下，终于打败了强大的项羽西楚军事集团，建立了西汉王朝。

---

① 《史记·项羽本纪》：沛公请项伯转告项羽："吾入关，秋毫不敢有所近，籍吏民，封府库，而待将军。所以遣将守关者，备他盗之出入与非常也。日夜望将军至，岂敢反乎？"项伯言项羽："沛公不先破关中，公岂敢入乎？今人有大功而击之，不义也，不如因善遇之。"项王许诺。

② 鸿门宴有很多戏剧性的描述，但刘邦能够大难脱险，关键是项羽当时还不敢冒天下之大不韪杀掉刘邦这个反秦功臣，项羽入关的目的是复仇秦朝。

第三章　楚汉战争与西汉王朝的建立

项羽、刘邦分别率领秦末大起义各路诸侯，攻入咸阳，灭亡了秦王朝。项羽凭借消灭秦军主力的功劳和强大的军事实力，自立为西楚霸王，主持实行大分封，确立了诸侯割据的分裂格局①。从汉元年至五年（前 206—前 202）②，楚王项羽和汉王刘邦这两位推翻秦朝的大英雄——生长在今江苏北部徐州、宿迁地区的同乡，分别率领楚、汉两大军事集团，开始了争夺天下的四年殊死搏杀，最终刘邦以弱胜强，打败项羽，夺取天下统治权，建立了统一的西汉王朝，史称“楚汉战争”。

第一节　项羽主持大分封

在诛杀秦王子婴，对秦朝都城咸阳宫殿等实施大规模残酷报复性毁灭破坏之后，项羽派人“致命怀王”，灭秦大功告成，奏捷请功。不料怀王答复“如约”。这让项羽对楚怀王更加不满，“怨怀王不肯令与沛公俱西入关，而北救赵，后天下约。乃曰：‘怀王者，吾家项梁所立耳，非有功伐，何以得主约！……’乃佯尊怀王为义帝，实不用其命”（《史记·高祖本纪》）。项羽的怨恨是有道理的，刘邦与项羽出征前，楚怀王拒绝了项羽主动提出与刘邦共同入关的请求，而是让他以次将的身份随上将军宋义北上救赵。楚怀王同时约定先入关者为王，自然是不满于项羽的残暴，希望由宽大长者刘邦入咸阳为王安抚关中秦人。但可能还有极重要的一点，是怀王从自身权位考虑，忌惮项羽的强横。当项羽亲率各路诸侯入关亡秦之后，怀王仍坚持要“如约”封刘邦为王，项羽绝不接受，就有了擅自主持的大分封。

---

① 主要材料及引文均见《史记·项羽本纪》、《高祖本纪》及《汉书》相关传记。

② 项羽于前 206 年正月分封，封为刘邦汉王，此年为汉元年，即西汉元年，到前 202 年刘邦称帝，改为汉高祖纪年。

一 项羽分封各路诸侯

汉元年(前206)正月,项羽在自己的军营戏下,召集各路诸侯会盟,实行大分封。“乃尊怀王为义帝。项王欲自王,先王诸将相。”按项羽的“如约”,应当是根据灭秦的功劳分封诸侯。自己的功劳最大,当为天下共主,义帝无功,只能作一般诸侯处置。“天下初发时,假立诸侯后以伐秦。然身被坚执锐首事,暴露于野三年,灭秦定天下者,皆将相诸君与籍之力也。义帝虽无功,故当分其地而王之。”诸将皆曰“善”。“乃分天下,立诸将为侯王。”(《史记·项羽本纪》)

如果算上新封楚怀王为“义帝”,项羽连自己分封二十个诸侯王。韩王成无军功,项羽不使之国,与俱至彭城,废以为侯,又杀之。故燕王韩广拒绝徙封辽东,被燕王臧荼攻杀。不算义帝和项羽,应为十八个诸侯王,故史称十八路诸侯。项羽自立西楚霸王,分天下诸侯,地位最高,实际凌驾于其他诸王之上。

项羽分封诸王一览表

诸侯国	诸侯王	地　域	都　城	受封原因	结　果
义帝	楚怀王心	南楚江南	长沙郴县	项梁立楚王,压制项羽	羽命黥布追杀
西楚霸王	项羽	九郡	彭城	实力、功劳第一	自刎乌江
汉王	刘邦	巴蜀汉中	南郑	先入咸阳,项羽压制	建立汉朝
雍王	章邯	咸阳以西	废丘	率秦军主力投降项羽	刘邦攻灭
塞王	司马欣	咸阳以东至河	栎阳	投降项羽,有德于项梁	刘邦攻灭
翟王	董翳	上郡	高奴	投降项羽	刘邦攻灭
西魏王	魏王豹	河东	平阳	原魏王	降汉被杀成皋
河南王	瑕丘申阳	河南	洛阳	将兵下河南迎楚	降刘邦
韩王	成	韩地	阳翟	原韩王	无功,楚杀之
殷王	司马卬	河内	朝歌	赵将,定河内,数有功	刘邦俘虏
代王	歇	代地		原赵王	
常山王	张耳	赵地	襄国	赵相,守钜鹿,素贤,从入关	降刘邦
九江王	黥布	淮南	六	项羽猛将,功多	归刘邦,封王
衡山王	吴芮	南楚江汉	邾(江夏)	鄱阳令,率百越佐诸侯,从入关	归刘邦,封长沙王
临江王	共敖	南楚南郡	江陵	义帝柱国,将兵击南郡,功多	

续表

诸侯国	诸侯王	地 域	都 城	受封原因	结 果
辽东王	韩广	辽东	无终	原燕王	臧荼攻灭
燕王	臧荼	燕地	都蓟	从楚救赵,从入关	降刘邦,封异姓王
胶东王	田市	胶东	即墨	原齐王	田荣攻灭
齐王	田都	齐地	临淄	齐将,共救赵,从入关	田荣攻逃之楚[①]
济北王	田安	济北	博阳	齐王建孙,降项羽救赵	田荣攻杀,或说彭越击杀之
成安侯	陈余	南皮三县	南皮	救赵不力,未从入关	最先反,后为韩信攻杀
十万户侯	梅鋗	封十万户		吴芮番将,功多	附汉

项羽分封的诸侯可以分为三类。第一类,反秦起义的主要领导者项羽、刘邦,以及跟随项羽救赵消灭秦军主力,并随同入关亡秦的将领功臣,以及其他战场的将领,包括诸如瑕丘申阳、司马卬、张耳、黥布、臧荼、共敖、吴芮、田都、田安等共十一人;第二类,秦降将章邯、司马欣、董翳,共三人;第三类,秦末起义后陆续在六国旧地称王者,主要是原六国贵族之后,楚怀王心、赵王歇、魏王豹、韩王成、燕王韩广、齐王田市,共六人。

这次分封的特点,第一,分封的全部是异姓王,没有血缘姻亲分封。这和周初以血缘宗法为纽带的大分封有本质区别,缺乏内在的统一性,分封现状只能靠项羽的军事实力维持,已经形成了分裂割据局面;第二,项羽自立西楚霸王,其手下嫡系很少受封,真正属于项羽楚军嫡系部将的只有黥布,共敖属楚国怀王重臣。其余全是联军将领。可知,分封虽以军功为主要原则,但也充分考虑到各路诸侯的平衡、六国历史情况,除了汉王之外,没有将楚将分封到楚国之外的地区,扩张楚国的地盘。第三,以原七国地域为分封基础,分封基本维持了战国分治的格局,只是在此基础上有所细分,秦、齐、楚肢解较多。显然,这是基于强干弱枝的战略考虑,强西楚之干,弱关中、齐地诸侯之枝,抑制和瓦解刘邦和田荣两大强敌的势力。第四,项羽自封西楚九郡[②],地域最大,实有战国楚之东、西、南三楚中的东楚和西楚大部及魏(梁)地

① 《史记·高祖本纪》:"田荣怒,因自立为齐王,杀田都而反楚。"与《项羽本纪》、《田儋列传》异,不取。

② 西楚九郡,据谭其骧《西楚九郡》中说法:"《史》、《汉》缺载,自来考史者遂不一其说,当以姚鼐《项羽王九郡考》之说为是,梁地二郡,砀一,东二;楚地七郡,陈三,薛四,泗水五,东海六,东阳七,鄣八,会稽九(《惜抱轩文集》卷二)"。《西汉地理杂考》,载《长水集》上,人民出版社 1987 年版,第 95 页。

一部①。楚地用于分封的主要是南楚(今江西、湖北、湖南),原属春秋楚国旧地,战国中期以前被秦国侵占的疆域,而对战国中期以后东扩的疆域,即西楚、东楚之地,除了淮南(安徽西部部分)分封给九江王黥布外,则不在分封范围内,这包括黄淮之间,长江下游南北(今山东南部、河南、安徽东部、江苏全部、浙江大部)都属于西楚九郡范围,范围最大,为战国后期楚国精华地区。就城市而言,江陵、吴、彭城是三楚的三大中心城市,项羽西楚将吴、彭城纳入自己的统治范围。

项羽通过大分封重新洗牌,将天下分裂格局法律化,秦朝短暂的统一局面暂时结束了,重新回到了诸侯割据的状态。从表面上看,这是历史的倒退,但这是推翻暴秦所导致的结果,在当时是必然的,因为项羽率领的队伍由各路诸侯组成,项羽只是凭借消灭秦军主力的巨大战功当上反秦联军共主的,他上有名义上的楚怀王,下有各路诸侯,这四十万大军只是在反秦大旗下才统一在项羽指挥下,项羽自己既没有称帝的合法性,也未具备成为像秦始皇那样统一帝王的实力,只是实力最大的一路诸侯,即使他想当皇帝,也很难如愿。如果项羽胆敢称帝,马上会成为诸侯的讨伐对象。因为即使这个共主也不好当,他主持的大分封很快成为天下大乱的导火索。本质上这次大分封应是由天下大乱到天下大治的新起点。

二　项羽主导天下分裂新格局

项羽分封是当时历史条件决定的,不以人的意志为转移的,并非简单的"历史的倒退"②。从分封情况看,项羽的分封也是在综合考虑了当时情况后精心设计的分封方案,很可能是老谋深算的谋士范增的杰作。当时,完全恢复分封六国故王之后已经不合潮流③,怀王之约也不符合项羽的利益,只能按军功为主要依据,同时考虑实力、六国称王者的情况进行分封,这是当时最可行的方案。项羽的分封虽有失误,但从他要成为天下共主,控制各路诸侯,达到分而治之目的,进而逐步加强对各路诸侯的统

---

① 战国时,楚国面积最大,此次分封,西楚今安徽淮河以南部分封九江王黥布,南楚分封给衡山王吴芮和临江王共敖及实际未就封的义帝。

② 林剑鸣认为:"这是一次历史的倒退!""从当时的形势分析,分封并非'不得不分',割据的形势是可以避免的。因为各路诸侯虽各自拥兵据地,但毕竟皆尊义帝为共主,若项羽能拥立义帝而建立统一的封建王朝,并非不可能。"(见《秦汉史》上册,上海人民出版社1989年第1版,第235—236页)。这种说法值得商榷,齐地田氏就从来没有认义帝为共主,楚国的共主地位是项氏,特别是项羽打下来的。况且项羽受到义帝抑制,怎么可能俯首听命于义帝?

③ 这可以从楚汉战争关键时期,张良反对郦食其劝刘邦分封六国后世的建议知道,连张良这样复国情结浓厚的韩国贵族之后,曾经坚决要求分封六国后世,现在也转变了观念,他说:"今陛下能得项籍之头乎?""今复六国,立韩、魏、燕、赵、楚之后,天下游士各归事其主,从其亲戚,反其故旧坟墓,陛下与谁取天下乎?"(《留侯世家》)如果分封六国后世为王,谁为刘邦打天下?同理,如果项羽分封六国后世,功臣将领肯定不满而反叛,这从秦末起义伊始就已经屡试不爽。刘邦后来分封异姓王也遵循这个原则。

治,逐步建立集权统治这一点看,也算是用心良苦。“按功分配”合乎情理,赏罚分明,基本上合乎当时的情况。就是与刘邦夺取天下后分封的异姓王相比,项羽的分封也不算过分,在性质上基本一致。

首先清除了楚地称王的障碍义帝。项羽以“古之帝者地方千里,必居上游”为名,将义帝赶出彭城,徙至偏远的南楚之地长沙郴县,这一处置使项羽丧失了楚地部分人心,“群臣稍倍叛之”,项羽“乃阴令衡山王、临江王击之,杀义帝江南”①。

其次,将楚地分封为四个诸侯国。项羽为天下共主,灭秦功劳最大,兵力最强(拥兵四十万,号称百万),占领地区最大,又负有维护分封后天下格局的稳定重任,自封楚地九郡,顺理成章。九江王、衡山王、临江王分封在今安徽淮河以南及长江中游及以南地区。

再次,将秦国关中一分为四,其中章邯、司马欣、董翳三将受封可能是早在洹水殷墟上会盟投降时就已经谈好的条件,分封三秦,属于依约②。项羽也希望通过秦人治秦,来达到抑制刘邦当关中王的目的。刘邦原被楚怀王预定为先入咸阳者为王,拥兵十万(号称四十万),成为项羽的心腹大患。刘邦鸿门宴逃过一劫,只能“自愿”受封为汉王,留守巴蜀汉中秦地。在项羽看来,这也可算“依约”分封③。非如此,不足以确立自己的共主地位。

第四,获益最大的是跟随项羽救赵、入关,立下赫赫战功的将领。如项羽手下第一猛将黥布,出身低微,原为江湖大盗,由于追随项梁、项羽,屡立战功,被封为九江王。其他受封者也多为归顺项羽或跟随项羽入关的各路诸侯,如燕王臧荼、常山王张耳、齐王田都、衡山王吴芮、临江王共敖等九人。占分封者的半数。

最后,六国诸王,多为起义时拥立,起号召作用,现在实际上是认封,承认历史现状。但由于诸王为六国王室之后,多数没有实际军功,也没有实力,多被迁往偏僻地区为王。他们无功受禄,在当时的情况下,既尊重历史,也限制六国完全恢复到战国分裂状态。

三 分封埋下分裂隐患

对分封结果,自然是几家欢喜几家愁,但迫于项羽的威慑力量,汉元年(前 206)四

---

① 《史记·高祖本纪》,中华书局 1982 年版。

② 《史记·项羽本纪》:“项羽乃立章邯为雍王,置楚军中。”

③ 《史记·项羽本纪》:“项王、范增疑沛公之有天下,业已講解,又恶负约,恐诸侯叛之,乃阴谋曰:‘巴、蜀道险,秦之迁人皆居蜀。’乃曰:‘巴、蜀亦关中地也。’故立沛公为汉王,王巴、蜀、汉中,都南郑。”講,媾也。按《留侯世家》,汉中之地,是张良贿赂项伯,请求项羽增封的。

月，兵罢戏下，诸侯各就国。

不满情绪很快出现，首先是没有受封的实力军阀的不满。田荣、陈余不得封，“二人俱怨项王”[①]。田荣对项羽的分封极为不满，“田荣闻项羽徙齐王市胶东，而立齐将田都为齐王，乃大怒，不肯遣齐王之胶东，因以齐反，迎击田都”。彭越在梁地割据，未得分封自然心怀不满，田荣“与彭越将军印，令反梁地”。陈余暗自派张同、夏说游说田荣：“项羽为天下宰，不平。今尽王故王于丑地，而王其群臣诸将善地，逐其故王……[②]”

其次是认为受封不公的王的不满。燕王韩广不满被徙封辽东王，不就封；殷王司马印叛。最不满的是汉王刘邦，他功劳仅次于项羽，率先入关，本应依约封关中王，但却被项羽安置到偏远的汉中。刘邦在萧何、张良等的劝告下，阳奉阴违，积极准备东山再起。“汉王之国，项王使卒三万从，楚与诸侯之慕者从者数万人，从杜南入蚀中。去辄烧绝栈道，以备诸侯盗兵袭之，亦示项羽无东意[③]。”

四　项羽大分封得失评价

检讨项羽的分封，压制、限制刘邦是其战略部署的核心。从争夺天下的目的看，这是正确的，没有什么可指责的。鸿门宴没有杀死刘邦并非项羽的“妇人之心”，而是当时实在不敢冒天下之大不韪立即杀害攻取秦都咸阳、为灭秦立下赫赫战功的刘邦，况且刘邦还有十万大军。如果杀掉刘邦，两支起义军必然火并，一场新的战争将提前到来。

至于未得分封的田荣、陈余等，项羽的理由也是充分的。自认为受到最不公正待遇的齐地霸主田荣最是无赖，从反秦起义一开始，他便乘机起兵，称霸齐地。项梁命其西进夹击秦军，他借故不出兵。后来又多次不听调遣，不肯北上救赵，也没有随项羽进兵关中，只是经营自己的地盘，在齐地诛杀异己，割据称霸。根据无功不受禄原则，像田荣这样在灭秦战争中只顾保存实力，扩张势力，没有对反秦全局做出应有贡献的诸侯，项羽坚决不予分封应是正确的决策。因为如果对其像对刘邦那样采取抑制性分封，田荣也不会接受，如果维持齐地原状，齐地有功将领也难服气，也达不到打

① 《史记·田儋列传》，中华书局 1982 年版。

② 《史记·项羽本纪》，中华书局 1982 年版。

③ 《史记·高祖本纪》、《留侯世家》：“汉王之国，良送至褒中，遣良归韩。良因说汉王曰：‘王何不烧绝所过栈道，示天下无还心，以固项王意。’乃使良还，行，烧绝栈道。”褒中，在今陕西沔县东。关中往汉中，要翻越秦岭山脉，道路艰险。褒斜道，是关中通往汉中的主要通道。项羽派兵护送，刘邦惧怕项羽乘机进攻，烧栈道也有自保的因素。中华书局 1982 年版。

压田荣的目的。田荣仗着自己是齐地实力派，力量最大，根基最深，从来没有把项羽放在眼里，项羽绝对不会让一个强大的齐国做西楚的邻居，时刻威胁彭城的安全。故而对田荣干脆不予分封，这促使田荣最早起兵反叛，破坏刚刚确定的分封格局。激变田荣，可能也是项羽事先所准备好的，正好可以就近镇压，一举消灭。陈余虽与张耳齐名，但畏秦不前，救赵不力，又不肯随项羽入关，负气而走，未得封王，仅得南皮三县给予安抚也属正常。彭越聚集群盗反秦有功，但属地方小的反秦势力，没有根基，又依附刘邦，未得分封。“项籍入关，王诸侯，还归，彭越众万余人毋所属[①]。”

项羽的分封是精心设计的战略布局，总体上符合当时的情况。但并非没有失误。首先，最大的失误是忽略了关中在当时的政治、军事和经济地位和战略价值。虽然，关中之富十倍于关东的说法有点夸张，但相对于战乱不断的关东，关中，包括汉中巴蜀等地区，经秦人数百年的经营，实力雄厚，成为强于其他地方的基本经济区[②]。《项羽本纪》：“人或说项王曰：‘关中阻山河四塞，地肥饶，可都以霸。’项王见秦宫室皆以烧残破，又心怀思欲东归，曰：‘富贵不归故乡，如衣绣夜行，谁知之者！’说者曰：‘人言楚人沐猴而冠耳，果然。’项王闻之，烹说者。”后来刘邦吸取了项羽的教训，将六国故地分封给了功臣和子弟，自己所得主要在原秦国的关中、汉中地区，以长安为都城，这样合法合情，既获得了关中，又减少了矛盾。其次，选择彭城作为都城是项羽的严重失误。其一，彭城乃四战之地，交通联络方便，进攻出击，可通四面八方，但不易防守，容易受到进攻，成为交战的中心，不利于稳定发展。相反，关中易守难攻，人口稠密，军事、政治资源雄厚。其二，距离关中较远，而关中是当时天下的中心，经济、文化发达，彭城控制不到关中，就丧失了争夺天下的重要资源。刘邦正是凭借关中资源打败项羽。其三，彭城只是东部的中心，西楚的中心，并非天下的中心，甚至不是楚地的中心。其四，轻视了刘邦的力量。项羽想依靠秦之三位降将钳制刘邦，而关中秦人因秦卒二十万被“坑杀”而痛恨三降将，对约法三章的刘邦有好感，结果三王被刘邦轻而易举消灭，刘邦重新占领关中。其五，项羽轻率杀害义帝，授人以柄，其分封和共主的合法性受到质疑。如果项羽保留义帝，挟天子以令诸侯，政治上就比较主动。后来刘邦为义帝发丧，称其大逆不道，号召各路诸侯击楚之杀义帝者，赚足了政治资本。

---

① 《史记·魏豹彭越列传》，中华书局 1982 年版。

② 冀朝鼎：《中国历史上的基本经济区与水利事业的发展》，中国社会科学出版社 1981 年版，第一章。

第二节 楚汉战争

公元前206年，秋七月，田荣首先在齐地叛乱。随后诸侯纷纷反叛，汉王刘邦乘机“明修栈道，暗渡陈仓”，自汉中杀出，灭三秦，正式向项羽宣战，楚汉战争爆发。从此西楚霸王项羽为维持大分封确立的政治格局而东征西讨，疲于奔命。彭城之战后，形成了项羽与刘邦两大军事集团对峙中原的战争格局。经过长期混战，刘邦集团越战越强，组成了韩信、英布、彭越等的同盟，会师垓下，彻底打败项羽集团，一代西楚霸王无颜见江东父老，自刎乌江。

一 楚汉战争爆发

秋七月，田荣首先在齐地叛乱。随后诸侯纷纷反叛，楚汉战争爆发。

齐国是战国时期的一流大国，最后不战而降，为秦国所灭，齐国所在的东方也是当时经济文化最发达的地区之一，势力大，思想文化的独立性也强。秦末起义爆发后，齐地一直游离于关东各国反秦统一战线之外，从未听命于楚，并且经常和楚国作对，在秦末起义中没有尽到大国的责任，在诸侯中没有号召力。以下是《汉书·陈胜项籍传》中齐地在秦末大起义中的表现：

1. 秦末起义爆发之后，“于是诸郡县苦秦吏暴，皆杀其长吏，将以应胜”。“是时，诸将徇地者不可胜数。周市北至狄，狄人田儋杀狄令，自立为齐王，反击周市。市军散，还至魏地，立魏后故宁陵君咎为魏王。”陈胜将领向四处发展，但唯独在齐地发展受阻，被齐地起义者田儋击败。

2. 陈胜败死后，秦嘉乃立景驹为楚王，引兵之方舆，欲击秦军济阴下。使公孙庆使齐王，欲与并力俱进。齐王曰：“陈王战败，未知其死生，楚安得不请而立王？”公孙庆曰：“齐不请楚而立王，楚何故请齐而立王？且楚首事，当令于天下。”田儋杀公孙庆。齐再次拒绝与楚联合，并且杀死楚的使臣，想乘楚陈胜新死之机，凌驾于楚之上。

3. 章邯进攻齐，杀齐王田儋于临菑，田假复立为齐王。田荣，田儋弟，田儋死后立儋子市为齐王，逐田假、田角（齐相）、田间（田角弟，故将）。章邯追杀田荣，田荣保走东阿，项梁引兵救东阿，大破秦军于东阿，田荣即引兵归，逐王假。当项梁要求齐出兵追击秦军时，田荣以楚不杀田假为借口不助楚，争夺齐统治权。梁已破东阿秦军，“遂追秦军，数使使趣齐兵俱西。荣曰：‘楚杀田假，赵杀田角、田间，乃发兵。’梁曰：

‘田假与国之王，穷来归我，不忍杀。’赵亦不杀角、间以市于齐。齐遂不肯发兵助楚”。可知田荣受恩不报，以各种借口不派兵参加对秦军作战。

4. 宋义与齐田荣关系密切，项羽杀宋义，也包含对其勾结田荣的不满。项羽杀宋义，“出令军中曰：‘宋义与齐谋反楚，楚王阴令籍诛之。’”使人追宋义子，及之齐，杀之。使桓楚报命于王。项羽斩草除根，及时消灭了亲齐派。

从上举事实可知，作为春秋战国时期老牌大国的齐国，秦末起义一开始就具有强烈的独立意识，绝对不可能轻易臣服于楚或其他领导者，即使田荣受封，反叛也只是时间问题。这说明，战国时期各国的矛盾并没有消除，而且随着分裂局面的出现，又重新暴露出来。

另外，齐地拥兵自重，但内部争权夺利不断，相互对立，四分五裂。项羽对齐国采取了分而治之的办法，将齐国一分为三，胶东王由齐王市迁封；齐王由田都充任，因为田都跟随项羽救赵，又入关灭秦。又分封齐王建孙田安为济北王。因为田安在项羽渡河救赵时，攻下济北数城，引兵降羽。田荣背信弃义于项梁，又不肯助楚、赵攻秦，以故不得封王。这种安排一方面是按灭秦之功劳和是否归降听命于楚来安排的，基本上符合当时的实际。另一方面也考虑到彭城距离齐地近，容易受到齐地南下威胁，需要一个稳定听命的齐国。但是由于田荣在齐势力强大，根基最深，项羽所分封的三国势力较小，留下了极大的隐患。

汉元年二月分封完毕，四月诸侯各就国。秋七月，田荣得知项羽徙齐王市胶东，而立田都为齐王，大怒，不肯遣市之胶东，因以齐反，迎击都。田都败走楚，田荣又追杀亡走即墨的田市，攻杀济北王安，自立为齐王，“尽并三齐之地”[①]。

田荣反叛后，陈余派陈同、夏说往齐说田荣：“项王为天下宰，不平。今尽王故王于丑地，而王其群臣诸将善地，逐其故主，赵王乃北居代，余以为不可。闻大王起兵，且不听不义，愿大王资余兵，请以击常山，以复赵王，请以国为扞蔽”[②]。齐王许之，因遣兵往。陈余悉三县兵，与齐并力击常山，大破之。张耳走归汉，陈余迎故赵王歇反之赵，赵王因立余为代王。

从齐出兵助陈余事可知，田荣有很强的军事力量，但在灭秦时坚持不出兵助楚救赵，而陈余一提出要求，田荣便立即出兵，可见田荣从来没有听命于楚怀王或项羽的指挥，就是要称霸齐地，一旦目的没有达到，便和项羽作对。

彭越，乃魏（梁）地割据势力，原为啸聚钜野泽（今山东菏泽境内）的群盗头目，秦

---

① 《史记·田儋列传》，中华书局 1982 年版。

② 《史记·项羽本纪》，中华书局 1982 年版。

末起义之初，聚集力量，坐观秦与起义军“两龙方斗，且待之”。居岁余，才聚众千余人。后曾帮助过刘邦击昌邑，但基本上没有参加起义作战。直到项羽分封归彭城，“彭越众万余人毋所属”。项羽似乎将这支武装遗忘，将彭越送给了对手。田荣叛楚后，“乃使人赐彭越将军印，使下济阴以击楚”①。彭越队伍战斗力很强，所处的战略位置也十分重要，正处在中原与彭城之间，即今山东西南部的菏泽和河南东部商丘、开封一带，威胁项羽军的交通运输线。彭越率兵三万归汉，刘邦拜越为魏相国，令将兵定梁地。

当刘邦定三秦后向东进攻时，殷王司马卬反楚，项羽封陈平为信武侯，将魏王咎客在楚者以往，击降殷王而还②。

项羽立即出兵平齐，为汉王刘邦赢得了时机，刘邦出汉中定三秦，八月，汉王用韩信之计，“明修栈道，暗渡陈仓”。从故道还，袭雍王章邯。双方在陈仓激战，章邯兵败。又战于好畤，章邯再败。“汉王遂定雍地。东至咸阳，引兵围雍王废丘，而遣诸将略定陇西、北地、上郡。”三月，分别从河东及函谷关、武关三线出击。在洛阳，闻义帝死讯，“袒而大哭，遂为义帝发丧，临三日。发使告诸侯曰：‘天下共立义帝，北面事之。今项羽放杀义帝于江南，大逆无道。寡人亲为发丧，诸侯皆缟素。悉发关内兵，收三河士，南浮江汉以下，愿从诸侯王击楚之杀义帝者。’”项羽分兵阻击③，楚汉战争爆发。

二 项羽以彭城为中心四处平叛

项羽自封西楚霸王，辖九郡，都彭城（今江苏徐州）。彭城是项梁时确定的楚国根据地，距离项氏的老家下相（今宿迁）及根据地下邳（下相西北，属睢宁）一带较近，项羽的军队相当一部分来自这一带。楚怀王从盱眙迁于此依附项梁，彭城成为楚国起义军的指挥中心。彭城位于泗水和黄河南下的交汇处，为南北和东西水陆交通枢纽，历来是兵家必争之地，都彭城有利于四面出击：北救赵，东北控制齐国，西进中原，南靠江东吴地，进退自如，十分便利。大分封后情况发生变化，就天下而言，关中的地理形势最为有利，而项羽不肯都关中，遭到劝说者的辱骂。项羽将义帝南徙，最后阴谋杀死，自己以楚地最高统治者的身份还都彭城。彭城地处平原地带，四周虽有小山丘，但无险可守。四战之地的彭城并不适宜作为都城，更谈不上作为全国的政治、军事中心。相传商代有大彭国都于此，但此后历史上再没有以彭城为都者。所以项羽以彭城为都，尽管机动性强，便于四处出击，但弱点也很明显：第一，没有稳固的根据

① 《史记·魏豹彭越列传》，中华书局1982年版。

② 《史记·陈丞相世家》，中华书局1982年版。

③ 《史记·高祖本纪》、《淮阴侯列传》，中华书局1982年版。

地，一旦主力出动，彭城就空虚，无险可守，从北、东北、东南、西等各个方向都可以发动进攻，项羽只能东征西讨，使自己在战略上陷入疲于奔命的被动境地；第二，楚汉相持于荥阳、成皋以来，由彭城至荥阳、成皋之间的交通线路较长，后方供应线极易受到袭击，粮食供给不上，便难以坚持。战争后期，彭越等在梁地不断骚扰，使项羽军粮食极度缺乏，不得不答应和约。

原战国七雄中，秦（汉、刘邦）、齐（田荣）及楚，东西夹击，赵、魏、韩地相继反叛，楚（项羽）十分孤立。叛乱发生后，项羽以彭城为中心，四处出击，东征西讨，忙于平叛。开始时就近攻击彭越、田荣。以齐地为平叛重点，忽视了刘邦，让其在关中迅速扩张。

对关中方向，汉王令将军薛欧、王吸出武关，因王陵兵南阳，以迎太公、吕后于沛①。楚闻之，发兵距之阳夏（今河南太康），暂时阻止了刘邦的进攻。接着，项羽封郑昌为韩王，负责西线，阻击刘邦②。

对梁地的彭越，项羽令萧公角等击彭越，但很快被彭越击败。项羽自率主力击齐，“田荣亦将兵会战。荣不胜，走至平原，平原民杀之。”可见齐地人并不都拥戴田荣。但项羽在齐地的暴行使他丧失了齐地民心，如同他丧失秦地民心一样。项羽的失败在于他对征伐地区人民的残暴，屠城之事经常发生，在灭秦之前还有情可原，但在当上西楚霸王之后，就不能容忍了。羽“遂北烧夷齐城郭室屋，皆阬田荣降卒，系虏其老弱妇女。徇齐至北海，所过残灭。齐人相聚而叛之。于是田荣弟田横收得亡卒数万人，反城阳。项王因留，连战未能下③。”这使得刘邦能够乘虚而入，一举攻下彭城，端了项羽的都城。

三　彭城之战项羽反败为胜

楚汉战争初期，江苏彭城为主要战场。彭城之战，是刘邦与项羽在楚汉战争中的第一次大会战。

东方的叛乱，中心是齐地，首领是田荣。项羽率楚军主力平定齐地叛乱，彭城空虚。刘邦自从汉中起兵之后，迅速平定三秦，下河东，收河南，响应齐、赵。汉二年（前205），“汉王东略地，塞王欣、翟王翳、河南王申阳皆降”。韩王郑昌阻汉兵，被韩信击败。刘邦更立韩太尉信为韩王。

---

① 《史记·高祖本纪》，中华书局1982年版。

② 《史记·项羽本纪》：项羽“闻汉王已并关中，且东，齐、赵叛之，大怒。乃以故吴令郑昌为韩王，以距汉”。

③ 《史记·项羽本纪》，中华书局1982年版。

春,汉王率五诸侯兵,凡五十六万人,东伐楚[①]。直捣彭城。由于田横立荣子广为齐王,反楚城阳。“项羽虽闻汉东,既已连齐兵,欲遂破之而击汉。”当彭城危急之时,项羽命楚诸将继续攻齐,自己亲领“精兵三万南从鲁出胡陵”。悄然回救彭城。四月,刘邦率大军攻入彭城,“收其货宝美人,日置酒高会”。自出汉中,刘邦实在是太顺利了,不费吹灰之力,一口气打到彭城,胜利来得太容易了,此时的刘邦有点忘乎所以,完全不知项羽已经改变线路,没有从胡陵(今山东滕州西)沿泗水南下的道路,而是“从鲁(今山东曲阜)出胡陵,至萧(今安徽萧县)”迂回向西南[②],切断了下邑(今安徽砀山)与彭城之间的联系,堵住了刘邦联军的归路。凌晨发动攻击,由西向东,一直打到彭城。中午时分,大破汉军。汉军被迫沿谷、泗水败退,楚军再由彭城向西南追杀,杀汉卒十余万。汉卒皆南走山,楚军紧追不舍,在灵璧东睢水上与汉军发生大战。汉军支撑不住,在楚军的冲击挤压下,不是被杀死,就是溃退到睢水里,“汉卒十余万人皆入睢水,睢水为之不流”。此时,楚军三重包围刘邦,汉王危在旦夕。就在这时,一场沙尘暴突然从天而降,一时间,天昏地暗,迎面扑向楚军:“于是大风从西北而起,折木发屋,扬沙石,窈冥昼晦,逢迎楚军。楚军大乱,坏散,而汉王乃得与数十骑遁去。”此时,刘邦才想起父亲、妻子儿女还在沛县老家,“欲过沛,收家室而西;楚亦使人之沛,取汉王家;家皆亡,不与汉王相见。”刘邦只在路上碰到儿子和女儿(孝惠、鲁元),“乃载行”。“楚骑追汉王,汉王急,推堕孝惠、鲁元车下,滕公常下收载之。如是者三[③]。”可知当时的危急和仓皇情景,为了赶紧逃命,刘邦竟然连儿子都不要了。亏得滕公夏侯婴几次舍命下车相救,才得以保住。父亲太公、妻子吕后的运气就没那么好,审食其带着他们从小路逃亡,寻找刘邦,却不料被楚军发现,全部俘虏,“报项王,项王常置军中”[④]。

彭城之战是楚汉战争初期楚汉双方的一次遭遇战,楚霸王项羽导演的一次经典绝版反击战。楚军挟灭秦之余威,项羽以三万精兵对五十六万汉王联军,毫不畏惧,以少击多。项羽勇冠三军,楚军气势锐不可挡,迸发出极其强大的战斗力。反观刘邦联军,临时纠集,

---

① 五诸侯,说法不一。《集解》徐广曰:“塞、翟、魏、殷、河南。”骃案:应劭曰“雍、翟、塞、殷、韩也。”韦昭曰:“塞、翟、殷、韩、魏,雍时已败也。”《索隐》:按:颜师古不数三秦,谓常山、河南、韩、魏、殷;顾胤意略同,乃以陈余兵为五,未知孰是。鄙意按:……韩不在此数。五诸侯者,塞、翟、河南、魏、殷也。《正义》师古云:“诸家之说非。……五诸侯者,谓常山、河南、韩、魏、殷也。此年十月,常山王张耳降,河南王申阳降,韩王郑昌降,魏王豹降,虏殷王印,皆汉东之后,故知谓此为五诸侯。”由于三秦三王被打败后已经投降,早就并入汉王军队,故此处五诸侯应为出关之后所兼并的诸侯军队,颜师古说比较有理,可从。刘邦彭城败后,塞王就叛汉归楚,刘邦返回关中“引水灌废丘,废丘降,章邯自杀。”(《史记·高祖本纪》)这说明章邯并不在诸侯之内,仍然留守在关中。

② 《史记·高祖本纪》,中华书局 1982 年版。

③ 《史记·项羽本纪》、《高祖本纪》,中华书局 1982 年版。

④ 《史记·项羽本纪》。《史记·高祖本纪》:“乃取汉王父母妻子于沛,置之军中以为质。”

诸侯多是迫于形势而投机加入反楚联军，没有多少战斗力，根本不是项王的对手，一旦遭到突然袭击，一触即溃。那些降汉的诸侯，又纷纷与楚而背汉。如塞王欣、翟王翳、魏王豹之流反汉拥楚，赵、齐也脱离汉王。项羽收复了荥阳、成皋以东大部分失地。

四　楚汉对峙

彭城之战后，刘邦一行数十骑败退到下邑（今安徽砀山），悄悄逃进吕雉兄吕泽驻军的营地，才稳住阵脚，慢慢收拢士卒，在砀驻扎下来。不久又退到荥阳，与其他败退的队伍汇合。“萧何亦发关中老弱未傅悉诣荥阳，复大振。楚起于彭城，常乘胜逐北，与汉战荥阳南京、索间，汉败楚，楚以故不能过荥阳而西①。”从此，楚汉便围绕荥阳、成皋（今河南郑州市西北黄河沿岸）战略要地展开反复争夺，最终形成楚汉对峙。

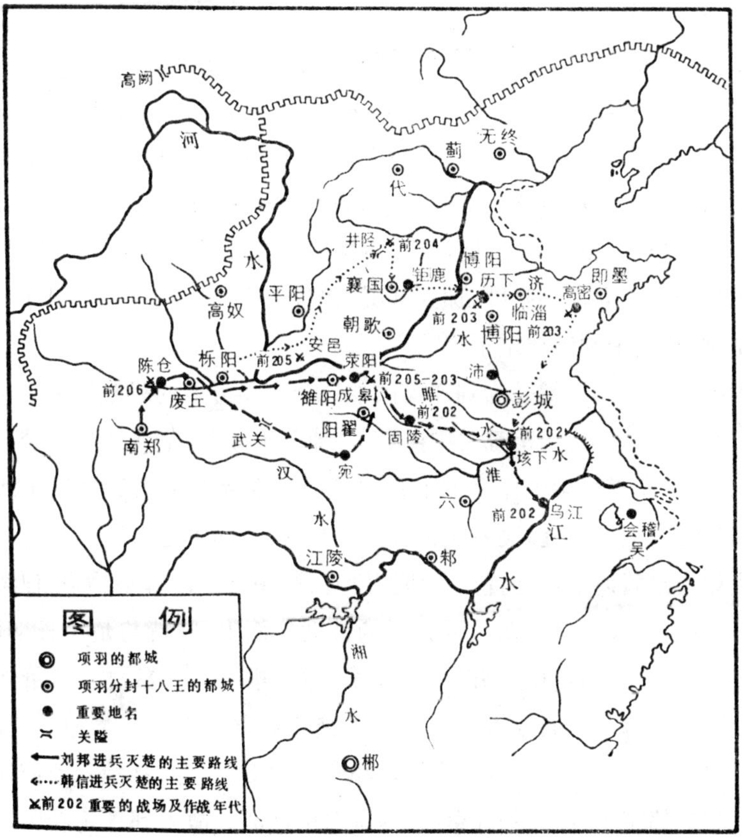

楚汉战争（翦伯赞：《秦汉史》，北大出版社 1983 年版，第 111 页）

① 《史记·项羽本纪》集解注，未傅，指未达到二十三岁者，当时二十三岁以上服役称傅，五十六岁以上衰老免役。老则指五十六岁以上的老人。

彭城之战，使刘邦元气大伤，有生力量几乎被消灭殆尽，士气低落，各路诸侯作鸟兽散。刘邦在谋士将相萧何、张良、韩信等的帮助下，针对弱势现实，改变了策略。此后直到垓下决战之前的两年多时间，刘邦采取的基本方针是：

1. 正面对峙，争夺荥阳、成皋

刘邦军基本上采取守势，刘邦"与项羽战荥阳，争成皋之口，大战七十，小战四十，使天下之民肝脑涂地，父子暴骨中野，不可胜数，哭泣之声未绝，伤痍者未起……[①]"

汉军荥阳，筑甬道属之河，以取敖仓粟。甬道，就是在通道两侧筑起垣墙，隐蔽行动，以防止敌方抄掠。汉三年，项羽多次侵夺汉甬道，断汉军粮食，汉王连吃的都没有了，只能求和，割荥阳以西为汉。项羽对此犹豫不决，范增坚决反对。项羽继续攻打汉军。刘邦突围，项羽占领荥阳，围攻成皋。

2. 巩固关中，建立国家政权

彭城之战后，刘邦返回关中，剿灭章邯残余势力，引水灌废丘，废丘降，章邯自杀。

关中发生饥荒时，米斛(石)涨到万钱，人相食。汉王令民就食蜀、汉中。彭城败后，刘邦返回关中，立孝惠为太子，大赦罪人，令太子守栎阳，以萧何为相，辅助太子留守关中。为法令约束，废秦社稷，立汉宗庙、社稷、宫室、县邑。令祠官祀天地四方上帝山川，以时祀之。宣布封赏令，赐民爵、赐牛酒。开放秦故园囿池苑令民耕种，减轻蜀汉同赋税负担。建立郡县制度，加强基层组织，选拔乡、县二级"三老"。"使西汉王朝的最初基础，在关中地区奠定下来[②]。"

关中根据地最大的贡献是为刘邦提供了一个稳固可靠的战略后方。早在刘邦入关中时，萧何就为争夺天下，定都关中谋划。"沛公至咸阳，诸将皆争走金帛财物之府分之，何独先入收秦丞相御史律令图书藏之。"当项羽离开关中后，"汉王所以具知天下厄塞，户口多少，强弱之处，民所疾苦者，以何具得秦图书也"[③]。当刘邦东进后，刘邦将关中大权交给萧何全权处置。萧何调度有方，积极主动筹集物资，保障了汉军的粮食和兵员供应，使汉军能够在敌强我弱的被动局面下，坚持与楚军长期周旋对峙，吸引项羽主力。"夫上与楚相距五岁，常失军亡众，逃身遁者数矣。然萧何常从关中遣军补其处，非上所诏令，而数万众会上之乏绝者数矣。夫汉与楚相守荥阳数年，军无见粮，萧何转漕关中，给食不乏[④]。"萧何经营关中多年，深得民心，萧何还将父子兄弟数十口送到刘邦军中，以释刘邦疑心，保证君臣同心。故刘邦评定功劳，萧何第一，

① 《史记·刘敬叔孙通列传》，中华书局1982年版。
② 林剑鸣：《秦汉史》上册，第242页。
③ 《史记·萧相国世家》，中华书局1982年版。
④ 《史记·萧相国世家》，关内侯鄂君语。中华书局1982年版。

猛将曹参次之。

3. 两翼进攻，迂回包抄彭城

韩信成为侧翼包抄的主帅。刘邦入汉中时，韩信亡楚归汉，投奔刘邦。此时刘邦正是背运之时，手下人纷纷逃离汉中，而韩信却毅然投奔刘邦，说明韩信坚信刘邦能够获胜。韩信受拜为大将军，率汉军平魏、击赵、下燕，定齐，参加垓下合围，屡立奇功，成为楚汉战争中刘邦第一大将，打败项羽立下功劳最多。韩信作战特点，善于利用水，与赵绝战井径，置于死地后生，于水上绝路，诱敌深入，乘虚攻取关隘；与楚龙且、齐军决战于三维水，又是利用水，淹楚军，项羽主力二十万在齐地被韩信消灭，丧失大将龙且，败局已定。韩信还利用人所周知的"胆怯"性格，阵前显弱，诱敌深入，然后一举歼灭之。平魏、定齐都采用过。

北冀，为主攻方向，韩信、张耳率领汉军主力，沿河东魏地—代—赵—燕—齐的进攻方向，由齐南下威胁彭城，包抄西楚后方。汉三年，西魏王豹脱离汉王返回河东，至即绝河津，反为楚。刘邦派郦生说豹，豹不听。刘邦派韩信平定晋南魏地。当时魏王豹重兵把守蒲坂（今山西永济西），封锁山陕界黄河渡口临晋关。这是由陕西进入晋南的主要渡口，韩信将计就计，陈船临晋，摆出一副由此强渡黄河的阵势，而率军由临晋关上游，今韩城南的夏阳用木罂缶（一种大腹小口的渡水工具）偷渡黄河，突袭魏后方重镇安邑（今山西夏县西）。魏豹赶紧回援，被韩信打败，俘虏豹，遂定魏地，韩信、张耳又挥师北上，生擒代相夏说，收入代地。汉置河东、太原、上党三郡，实行郡县统治。韩信、张耳随即率军沿太行山道路东进，向太行山东麓的赵地进攻。赵王歇和陈余集中主力，号称二十万于井陉口（今河北井陉，为山西出太行山最便利通道），不听从间道绝韩信辎重的建议，一味据险固守。而韩信正面以万人在井陉口绵蔓水东岸，背水布阵，兵置死地而后生。夜半另派二千轻骑，人手持一赤旗，从小道依山隐蔽。待天明，韩信建大将旗鼓，攻击井陉关，赵军开壁迎战。大战良久，韩信佯败，走水上军，诱敌追击，井陉壁中空虚，韩信二千骑兵驰入赵壁，拔赵帜易为汉旗。这边水上汉军殊死力战，赵军无力取胜，劳师回营，望见壁中皆汉帜，大惊失措，以为汉军已经攻下井陉，纷纷逃散。汉军前后夹击，赵军全军覆没。井陉之战是韩信指挥的经典战役，韩信用计大败赵军，斩陈余、赵王歇，一举定赵地。随后韩信从李左车之计，逼迫燕王投降归汉。

刘邦入关重新组织兵马，接受辕生的建议，从武关出，由宛（南阳）、叶（河南叶县）、方城通道出中原，与英布配合，展开侧翼进攻，以调动楚军南下，缓解成皋之围。

汉三年五月，彭越在下邳大败楚军。八月，彭越攻下梁地十七城。使得项羽再返回梁地，攻击彭越，收入梁地。

楚军在齐、荥阳、成皋、梁地、淮南、南阳之间来回折腾，疲于奔命。战争的主动权开始转到刘邦手中。

刘邦又命郦食其说齐归汉，齐王田广看到形势变化，同意归汉，同时也放松了守备。韩信在蒯彻的说服下，不欲与齐和，率大军东进齐地，偷袭临淄。齐王以郦食其卖己，导致齐败，烹杀之。引兵走高密，遣使向楚求救。韩信攻齐，当为汉王采取的两面计谋，一方面麻痹齐王，一方面武力解决。因为齐地独立性极强，从来都是反复无常，叛服不定，即便此时听从游说，也只是权宜之计，等待机会割据称王。韩信攻下齐地，是刘邦的重大胜利，从此汉军在楚地背后建立了强大的攻击基地，随时可以直下淮北，围攻彭城。

4. 分化瓦解，消耗项羽力量

陈平原是项羽的都尉，曾为项羽平殷王，后因惧怕项羽追究殷王攻下殷地的责任，潜逃投汉，被拜为都尉，使为骖乘，典护军，受到充分信任。后升为亚将，跟随韩信驻守广武。在楚军围攻荥阳的危急时刻，刘邦采用陈平之计，予陈平金四万斤，以间疏楚君臣。很快便取得成效，第一谋士亚父范增，猛将钟离昧等，都成为牺牲品。范增因被项羽怀疑，含愤离开项羽返回彭城，于途中疽发背而死。猛将钟离昧也得不到信任。刘邦乘机突围，纪信伪装成汉王，掩护刘邦成功从荥阳逃脱至成皋。

英布原是项羽第一战将，也是唯一得到封王的嫡系，封王之后，不愿再听调令，敷衍项羽调兵命令，但开始并没有反楚。刘邦派谒者随何前往淮南，说服九江王英布背楚助汉。要求英布起兵，吸引项羽派兵讨伐。逼迫项羽派龙且前往镇压，拖住了楚军主力。英布被打败后，与随何逃归汉王，由爱将变成对手。

楚大司马殷周，被刘贾包围在寿春，后被诱降，举九江兵迎英布，叛楚归汉王。

燕王臧荼、衡山王吴芮等项羽所封边远地区的诸侯王纷纷叛楚归汉，这一切使项羽阵营损失惨重。

内部将领叛逃，受离间忠臣谋士被迫离去，将领得不到及时封赏，分封诸侯王易帜反叛，这一切，使得项羽阵营不断削弱，力量对比发生变化。

5. 分封诸王，建立统一战线

在荥阳成皋争夺战最危急时刻，郦食其曾经说服刘邦立六国后，以削弱楚国。刘邦病急乱投医，竟然答应下来，令速刻印。但遭到张良反对，未成。张良反对分封六国后，实际上是看到立六国后为王，根本不能解决刘邦的困难，六国后多无能，分封他们根本不能起到解围作用，而眼前的现实是要让手中握有重兵的将领得到分封，让他们攻击项羽，帮助汉王打天下。刘邦很快明白其中的道理，痛骂“竖儒几败而公事”！

刘邦出汉中后，打败兼并诸侯，设置诸多新郡并开始分封诸侯。《史记·高祖本纪》二年，"于是置陇西、北地、上郡、渭南、河上、中地郡，关外置河南郡。更立韩太尉信为韩王。诸将以万人若以一郡降者，封万户。"此为汉刘邦第一次正式分封诸侯。三月，下河内，虏殷王，置河内郡。《高祖本纪》，三年，韩信虏豹"遂定魏地，置三郡，曰河东、太原、上党"。汉四年，消灭陈余、赵王歇之后，刘邦接受韩信的建议，立张耳为赵王。

韩信平定齐地后，队伍发展到三十万人，已经成为楚汉决战中举足轻重的人物。韩信部汉军最早是刘邦给的数万众，后一部为刘邦夺回，另一部由张耳指挥留守赵地，其余仍然是核心。扩大的队伍主要来自魏、赵，定齐后有所扩充。《高祖本纪》：四年，"乃遣张良操印绶立韩信为齐王"。楚汉战争中，汉军功劳最大的应属韩信，他在汉中，寸功未立之时，凭借对战局的精深论述，要求汉王封其为大将军，成为汉王手下第一大将，此后率军东征，定魏、克赵、收燕，平齐，攻无不克，战无不胜。个人野心也随之膨胀，逼刘邦分封他为齐假王，此时，韩信握有重兵，被认为可以左右楚、汉战局的第三大力量，刘邦在张良的劝说下满足了韩信称王的愿望。也挫败了项羽拉拢韩信的阴谋①。

汉王的分封异姓诸侯有些已经与项羽的分封有很大不同，参加垓下会战的几个诸侯王，英布兵败归汉，手下人马寥寥，人马大多是刘邦汉军充任。彭越很早就归顺刘邦，韩信、张耳统领的军队，都是汉军嫡系主力，骨干为丰沛起义时的老底子，是刘邦的亲兵家将。韩信只是被汉王突击提拔的带兵统帅，开始众将并不服气，只是打了几个漂亮的战役才树立了威信，率军灭楚可以，反叛则根本调动不了。刘邦可以只身入营夺回韩、张兵权，可以说他对军权是绝对统制的，他才是这支军队的真正统帅。直到西汉建立，韩信被徙封，以及后来被捉遭贬，都没有能力反叛，原因就在这里，不是不想，是不能也。

五　对峙荥阳、成皋

彭城之战后，双方便在荥阳、成皋一带筑起防线。相持对峙，反复争夺。楚汉双方的争夺焦点先在荥阳。项羽集中兵力于此线时，占有绝对优势，刘邦屡战屡败。汉三年(前 203)，刘邦运粮甬道受到攻击，粮食匮乏，"恐，请和，割荥阳以西为汉"。项羽很想答应，遭到亚父范增的坚决反对，于是楚军重兵围困荥阳。刘邦用陈平的离间计

① 《史记·高祖本纪》："韩信已破齐，使人言曰：'齐边楚，权轻，不为假王，恐不能安齐。'汉王欲攻之。留侯曰：'不如因而立之，使自为守。'乃遣张良操印绶立韩信为齐王。项羽闻龙且军破，则恐，使盱眙人武涉往说韩信。韩信不听。"

成功使楚国君臣不和，逼迫范增离开项羽。但项羽大军的攻势并没有减弱，刘邦只能突围。

刘邦制定了一个严密的突围计划，于夜里将二千人披甲的女子从东门驱出，吸引楚军四面合围，又由纪信乘黄屋车，伪装汉王，诈降项羽，掩护刘邦突围。楚军果然中计，欢呼万岁，此刻刘邦仅率数十骑从荥阳西门成功突围，逃至成皋。荥阳汉军守将，汉御史大夫周苛、枞公等被俘，遭到烹杀。楚军攻占荥阳。

刘邦从成皋返回关中，本欲重新杀回成皋，袁生劝汉王从武关东进，开辟南阳一线战场，调动项羽①。汉王下武关到南阳，走方城通道，汇合了英布的残兵。果然，项羽听说刘邦在南阳，立即南下，汉王坚壁不与战。彭越军乘机向彭城附近进攻，渡过睢水，在下邳与楚将项声、薛公交战，大破楚军。迫使项羽急忙领军救援。刘邦乘机返回成皋固守。项羽闻讯，击败彭越后迅速返回荥阳②。汉四年(前203)，项羽围攻成皋，刘邦再次败逃，只身与滕公出成皋北门，渡河来到修武韩信、张耳大营。一举夺回韩、张兵权。命张耳北上赵地征调武装，韩信东击齐，自己率韩信军在修武一带休整。楚军继续攻击成皋，汉守将弃城而走，项羽又夺取成皋。刘邦只能在巩(今河南巩义市)构筑防线，使项羽无法西进。

此时，刘邦的两翼的反楚武装发挥了作用。彭越渡河北击楚东阿，杀楚将薛公，调动项羽回兵东击彭越。刘邦再令卢绾、刘贾将二万人深入楚地，呼应彭越，在项羽楚国后方东海“烧楚积聚”，楚王再折返攻刘贾，刘贾兵败后与彭越汇合，继续在梁地骚扰楚军，攻下十余城。乘项羽忙于征伐彭越、刘贾的机会，刘邦率韩信汉军从河内渡河，一举收复成皋，在广武设立防线，就近取食敖仓。项羽打败彭越、刘贾，再次西进，“与汉俱临广武而军，相守数月”。

楚汉双方在成皋相持，但只要项羽军在，汉军就打不过楚军，刘邦屡战屡败，龟缩怯战。项羽多次挑战，或要求决斗，或将威胁要烹太公，汉王不为所动，因为处于守势的刘邦不敢也不愿意与项羽决战，忍辱负重，始终不为所动。当两人在战场相遇，汉王只是与项王斗嘴，宣布他的十大罪状，激怒项羽。项羽箭中刘邦胸口，他身负重伤却称仅伤脚趾，目的就是稳定军心，在成皋拖住项羽大军，使得韩信、彭越等在两翼顺利运动。果然，外线形势很快发生根本性变化，“彭越数反梁地，绝楚粮食，项王患之”。韩信率大军大举进攻齐地，欲从齐地进攻楚国，迫使项羽分兵二十万由大将龙

---

① 《史记·高祖本纪》：袁生说汉王曰：“汉与楚相距荥阳数岁，汉常困。愿君王出武关，项羽必引兵南走，王深壁，令荥阳成皋间得休。使韩信等辑河北赵地，连燕齐，君王乃复荥阳，未晚也。如此，则楚所备者多，力分，汉得休，复与之战，破楚必矣。”

② 《史记·高祖本纪》：“拔荥阳，诛周苛、枞公，而虏韩王信，遂围成皋。”与《项羽本纪》记载不同。

且率领迎击韩信。结果被韩信消灭，龙且被杀，楚军蒙受重大损失，彭城危急。粮道被断，成皋大军断粮，项羽再也无法在成皋前线待下去，只能冒险回兵施救。临走前叮嘱大司马曹咎"谨守成皋，则汉欲挑战，慎勿与战，毋令得东而已。我十五日必诛彭越，定梁地，复从将军"。

项羽所向披靡，下陈留、围外黄，东至睢阳(今河南商丘)，赶走彭越，恢复了梁地。但由于项羽大军被彭越、韩信调动离开成皋前线，成皋战局发生逆转，汉军由守转攻。大司马曹咎显然没有刘邦的忍耐和毅力，才五六日，经不住汉军挑战、辱骂，忘记了项羽的嘱托，渡兵汜水，欲与汉军决战。不料半渡被汉攻击，楚军再次遭受重大损失，丧失多员大将。"大破楚军，尽得楚国货赂。大司马咎、长史翳、塞王欣皆自刎汜水上。"汉军又包围了荥阳的楚将钟离眛，此时项羽兵马杀回，汉军畏惧，连忙撤退，依险据守。

六 楚汉约和鸿沟分天下

双方在广武(今郑州黄河岸边)相持数月之久，项羽兵力不断减少，外援越来越困难，彭城阻断运输线，粮食也快消耗光了，难以再坚持下去。外围的韩信重兵威胁彭城，项羽急于脱身返楚。而刘邦光靠自身力量也无法攻破项羽阵营，父亲妻子还在项羽手中，于是派陆贾前往楚营说服项羽释放太公，为项羽拒绝。刘邦再派侯公前往，项羽终于答应约和。订立和约：以鸿沟(荥阳东南，黄河冲出的河道，通往大梁，经过人工开凿，成为重要运河)为界，中分天下，鸿沟以西为汉，鸿沟而东者为楚。项羽"即归汉王父母妻子"。

到楚汉约定以鸿沟为界之时，按战国七雄分布双方实力对比，刘邦已经拥有秦(刘邦)、齐(韩信)、燕(臧荼)、赵(张耳)、魏(彭城)六国势力，加之楚国部分(南楚吴芮、英布)地区，项羽仅保有西楚和东楚，临江王共尉(共敖子)未叛。今江苏地区仍然在项羽的控制之下。

刘邦兵力达数十万，仅韩信就有三十万大军，项羽只有约十万兵力。整个力量对比，刘邦完全占上风。是时汉军兵多粮食充足，张良、陈平劝汉王："汉有天下太半，而诸侯皆附之。楚兵疲食尽，此天亡楚之时也，不如因机遂而取之①。"

其实，这种约定完全是靠不住的，因为鸿沟以东的广大区域，如齐、魏早就在刘邦及联军手中，鸿沟为界，只是双方相持的点，表示双方就此休战，脱离接触而已，没有什么真正的约束意义。刘邦的目的是通过约和换回家人，同时调动项羽脱离所据守

---

① 《史记·项羽本纪》《集解》韦昭曰："凡数三分有二为太半，一为少半。"

的险关，对项羽来说，这正是摆脱刘邦纠缠，赶回彭城，恢复调整，聚集力量，东山再起的一次机会。可当刘邦在迎归太公和吕雉后，没有给项羽机会，在张良、陈平的劝说下，刘邦亲率汉军奋起直追，杀向强弩之末的楚军。

七 垓下决战

汉五年(前 202)，刘邦跟踪项羽，追至阳夏(今河南太康)南，稍停，他立即派人召韩信、彭越前来围攻。稍后，刘邦在固陵(固始，今河南淮阳西北)追上了楚军，但韩信、彭越没有如期达到会战地点。刘邦被楚军反击打败，赶紧修筑壁垒坚守。韩信、彭越逾期未到，刘邦求计张良，张良说"楚兵且破，信、越未有分地，其不至固宜"。劝刘邦分封韩信、彭越为王，共享天下，划定疆域范围，以换取他们领兵围攻项羽。按这个约定，韩信得到了今河南淮阳以东至海，几乎大部分西楚霸王所自封的范围，彭越则拥有从今商丘到山东东阿以南地区。刘邦为了最后打败项羽，立即分封二人为王①。韩信、彭越马上发兵，韩信从齐地至垓下；彭越、刘贾从寿春(今安徽寿州)，屠城父(今安徽亳州东南城父集)，至垓下；楚大司马周殷叛楚后攻下舒、六(属秦九江郡，今安徽安庆、巢湖、六安一带)，举九江兵，随刘贾、彭越皆会垓下。汉王军、韩信军、彭越军、刘贾军、周殷军会师垓下，最后决战即将到来。

项羽归心似箭，刚走到垓下(今安徽灵璧东南)便被汉军追上，只能就地筑壁坚守。此时楚军还有约十万兵力，"楚战士无不以一当十"，但没有后方，没有兵员和粮食补充，越打越少，疲惫不堪，士气越来越低落，战斗力下降。

汉王联军在垓下完成了对项羽的合围：项王军壁垓下，兵少食尽，汉军及诸侯兵围之数重。韩信的三十万人马是围攻垓下的主力，成为第一攻击军团；孔将军居左，费将军居右，为第二军团；刘邦亲率汉军在后，为第三攻击军团。周勃、柴将军在汉王之后护卫②。

总攻开始后，韩信军发起进攻，但进攻被打退，孔将军立即发动第二波攻击，楚军受挫，韩信军乘机杀回，楚军大败于垓下。汉军随即将项羽大营团团围住，到了夜间，忽然听到"汉军四面皆楚歌，项王大惊曰：'汉皆已得楚乎？是何楚人之多也'"③！项

---

① 汉王发使告韩信、彭越："并力击楚。楚破，自陈以东傅海与齐王，睢阳以北至谷城与彭相国。"

② 《史记·高祖本纪》，中华书局 1982 年版。

③ 《史记·项羽本纪》。《集解》应劭曰："楚歌者，谓《鸡鸣歌》也。汉已略得其地，故楚歌者多鸡鸣时歌也。"《正义》颜师古云："楚人之歌也，犹言'吴讴'、'越吟'。若鸡鸣为歌之名，于理则可，不得云'鸡鸣时'也。高祖戚夫人楚舞，自为楚歌，岂亦鸡鸣时乎？"按：颜说是也。又《高祖本纪》五年，垓下之战，"项羽卒闻汉军之楚歌，以为汉尽得楚地，项羽乃败而走，是以兵大败"。

羽无法入睡，起身饮酒，一旁陪伴的是跟随照顾他多年的美人虞姬和骏马乌骓。“于是项王乃悲歌忼慨，自为诗曰：‘力拔山兮气盖世，时不利兮骓不逝。骓不逝兮可奈何，虞兮虞兮奈若何！’歌数阕，美人和之。项王泣数行下，左右皆泣，莫能仰视。”

项羽的军队，主要也来自于楚地。此时，韩信用带有家乡特色的楚歌瓦解项羽军队的斗志，起了一定作用。因为楚人具有浓厚的家乡情结。但这种楚歌，必须是特定楚国地域的楚歌，能够精确打动项羽楚军的心灵。因为，楚地辽阔，今长江中下游及淮河流域都包括在楚地范围之内，文化多样，方言复杂，民歌这种地方文化也当呈多元分布，均可冠之“楚歌”名称。参战军队中，刘邦的军队源于西楚，刘邦及夫人戚姬均为西楚，会唱楚歌；刘贾军为汉军分出，亦楚人；彭越、韩信为淮阴人，属东楚；周殷为西楚将领；项羽下相人，亦是楚人，后避难到吴，属东楚，爱妃虞姬也是楚人①。

韩信像（华人德主编：《中国历代人物图像集》，上海古籍出版社 2004 年版，第 169 页）

这是大将韩信在楚、汉战争中运用心理战术的成功范例，对瓦解楚军斗志起了很大作用。“项羽卒闻汉军之楚歌，以为汉尽得楚地，项羽乃败而走，是以兵大败。”是役斩首八万。②

① 过去，一般认为“楚歌即楚地山歌”。或说为两湖民歌。或说荆楚地区，或说湖北民歌。但学者研究后认为，“唯一合理的解释只能是汉军所唱是江东吴地的楚歌，楚军的江东子弟听到大量的人在唱吴地民歌，才可能产生思乡之情，项羽也才会发出老巢丢失的绝望惊呼”（孟棣：《“四面楚歌”是什么地方的歌?》，《文史知识》1983 年第 1 期）。

② 《史记・高祖本纪》。这实际上是今江苏地区的民歌，原本在太湖流域，春秋末期，随吴国疆域扩大传播到今苏皖的淮河南北地区。这一带战国时成为楚地，刘邦、项羽军士多为楚地人，故很多人会唱这种楚歌。

八 项羽自刎乌江[①]

项羽悲情告别虞姬，率八百骑兵，连夜从大营南边突围，第二天早上汉军才发现，立即派骑将灌婴率五千骑兵追击。一路狂奔，项王渡淮之后，仅余百骑随从。到达阴陵（今安徽定远西北靠山乡古城集）时，迷失方向，询问当地农夫，指向左边，不料陷入大泽之中。这样就被灌婴追上。项羽再往东去，来到东城（今定远东南朱马乡下马铺），只剩下二十八骑。背后数千汉军猛追，项羽知道难以逃脱了，对手下说："吾起兵至今八岁矣，身七十余战，所当者破，所击者服，未尝败北，遂霸有天下。然今卒困于此，此天亡我，非战之罪也。"此时，他仍然有信心与追兵作最后搏杀，战而胜之，以证明自己战无不胜，是天亡而非战亡。

项羽故里

项羽的确是个勇敢无畏的斗士，将手下分为四队，面向四个方向，面对重重包围，自己要在最后时刻逞匹夫之勇。他率四队人马左突右冲，神出鬼没，斩二将（都尉一），杀数十百人，仅损失两骑。一直杀到乌江渡口（今安徽和县历阳镇东，江苏南京市西长江对岸）。乌江亭长早就备舣船等候。他力劝项王："江东虽小，地方千里，众

---

① 关于乌江的地点，最近冯其庸撰文提出新的观点，认为项羽"乌江自刎说"原是对《史记》、对历史的误读，是元杂剧过度盛行惹出的祸端。项羽"死于东城"才是确凿的史实。"东城"在今天安徽定远县境内。同时指出国内最早提出这一观点的是计正山于在 1985 年 2 月 13 日《光明日报》上发表的《项羽究竟死于何地?》(《项羽不死于乌江考》,《中华文史论丛》2002 年第二辑(总第 86 辑))。该文发表后，引起关注和讨论，很多学者质疑。我们以为，项羽自刎乌江乃《史记》所载，并非元杂剧之说。乌江属东城境域的重要渡口，身死东城与身死乌江意思相同。冯、计之说无中生有，否定不了《史记》有项羽自刎乌江的记载。

数十万人，亦足王也。愿大王急渡。今独臣有船，汉军至，无以渡。”但项王已经无颜再见江东父兄：“天之亡我，我何渡为！且籍与江东子弟八千人渡江而西，今无一人还，纵江东父兄怜而王我，我何面目见之？纵彼不言，籍独不愧于心乎？”他将跟随自己五年，“所当无敌，日行千里”的乌骓马送给亭长，令骑士皆下马步行，持短兵接战。项羽与追兵奋战，杀汉军数百人，“项王身亦被十余创”。无力再战，他看到汉骑司马吕马童，认出原是自己的旧部，“若非吾故人乎”？吕马童立即对王翳指认“此项王也”。项王乃曰：“吾闻汉购我头千金，邑万户，吾为若德。”乃自刎而死。一时间，汉军争先恐后，纷纷来抢项王首级，结果“王翳取其头，余骑相蹂践争项王，相杀者数十人。最其后，郎中骑杨喜，骑司马吕马童，郎中吕胜、杨武各得其一体。五人共会其体，皆是。故分其地为五：封吕马童为中水侯，封王翳为杜衍侯，封杨喜为赤泉侯，封杨武为吴防侯，封吕胜为涅阳侯”。

项王悲壮自刎乌江，江淮、江东楚地皆降汉，只有楚怀王给项羽的封地鲁（今山东曲阜）不愿意投降，坚守抵抗。汉军本欲屠城，但刘邦“为其守礼义，为主死节”所感动，便将项王头颅送到鲁地巡游，鲁人这才最后投降。刘邦以鲁公礼将项羽安葬在谷城（属秦东郡，东阿附近），“为之发哀，泣之而去”。可谓棋逢对手，英雄相惜。“诸项氏枝属，汉王皆不诛。乃封项伯为射阳侯。桃侯、平皋侯、玄武侯皆项氏，赐姓刘。”胜者为王败者寇。刘邦能够做到这些，可见其心胸宽广，难能可贵。这些也算是对自己的楚国同乡领导楚地起义、推翻暴秦的一种褒扬和善待吧。

第三节　西汉王朝建立

刘邦灭亡项羽，还至定陶，驰入齐王韩信壁中，夺其军权。汉五年正月（前202），诸侯及将相共同劝进汉王刘邦为皇帝，刘邦三次谦让之后便欣然于汜水之阳登基，汉王变身皇帝，是为汉高祖。刘邦当上皇帝后进行分封：齐王韩信习楚风俗，徙为楚王，都下邳。立建成侯彭越为梁王，都定陶。故韩王信为韩王，都阳翟。徙衡山王吴芮为长沙王，都临湘。番君之将梅鋗有功，从入武关，故德番君。淮南王布、燕王臧荼、赵王敖皆如故[①]。

随后，刘邦将都城从栎阳迁到长安，开始了长达四百年的汉朝刘氏统治。史家将都于长安的汉朝称为西汉，都于洛阳的汉朝称为东汉，全称两汉，或前后汉。

① 《史记·高祖本纪》，中华书局1982年版。

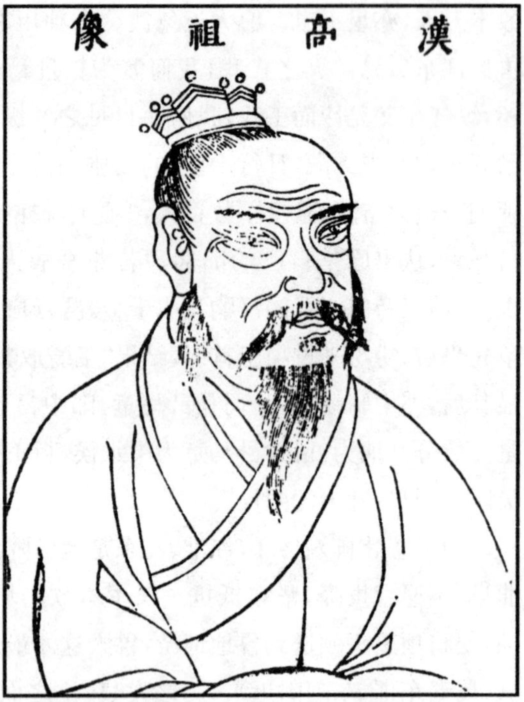

刘邦像(华人德主编:《中国历代人物图像集》,上海古籍出版社 2004 年版,第 166 页)

经过长达四年的楚汉战争,刘邦终于以弱胜强,战胜不可一世的西楚霸王项羽,获得了天下的统治权,完成了由普通起义领袖到一统天下的开国皇帝的转变。刘邦的胜利,使历史又回到了由分裂回归统一的格局,使秦灭六国所开创的中国大一统局面得以继续。汉初解决异姓王的斗争,实际上是西汉王朝统一帝国的巩固。如果说,秦朝开创了中国第一个中央集权制的统一国家,西汉则真正实现了统一国家的稳定和发展。

秦汉之际,原属于秦朝边缘地区的江苏成为全国政治、军事斗争的中心舞台,项梁、项羽在吴县起义,刘邦在丰沛起义,秦嘉、陈婴等也都树起起义大旗;陈胜领导的起义失败之后,彭城成为秦末起义的指挥中心,项梁、项羽和刘邦成为起义的主要领袖,他们为推翻秦朝暴政,立下了丰功伟绩。项梁立楚怀王,确立了以楚为首的起义指挥中心。项羽救赵,一举消灭秦军主力,逼迫二十万秦军投降。刘邦西进,夺取关中,约法三章。项羽灭亡秦朝,毁灭秦朝宫殿及咸阳都城;秦朝灭亡后,项羽实行大分封,主导天下格局,自立为西楚霸王,彭城又成为西楚都城,是天下共主项羽的统治中心。项羽以彭城为中心,维护自己所建立的分封格局。著名的彭城之战就发生在这里。这些大大提升了江苏地区的在全国地缘政治中的地位,也使得古代江苏人成为西汉王朝的主人。

秦汉之际,是古代江苏地区政治、军事在继吴国兴亡之后又一次复兴。江苏地区人才辈出,涌现了刘邦这样伟大的开国皇帝,项梁、项羽、韩信、张良、曹参等杰出军事家和猛将,及萧何这样杰出的政治家。形成了以项梁、项羽为首的江东、下相地域军事集团,以刘邦为首的丰沛地域军事集团,涌现了一大批杰出的军事政治人才,他们是秦末大起义推翻秦朝暴政和楚汉战争的骨干力量。像萧何、韩信、张良、樊哙、周勃、灌婴、王陵、臧荼、刘贾等,出身卑微,来自社会下层,但许多人胸怀大志,一旦有了机遇,便挺身而出,显示才华,这些创建西汉王朝的开国功臣,出将入相,成为新型军功贵族集团的核心。六国贵族在秦末大起义和楚汉战争中被基本消灭,西汉平民通

刘邦祖陵

过军事斗争擢升为国家最高统治阶层，完全颠覆了传统的贵族政治传统。此后，丰沛弟子入主关中，成为统治集团核心成员，大量移民长安，流向全国，这是江苏古代历史空前辉煌的一页。据研究，以丰沛军功集团为核心的汉初军功受益阶层，在西汉初期几十年中发挥了重要作用，为西汉的经济恢复发展贡献甚巨，他们的子弟凭借优越的地位，继续占据重要位置，影响了西汉政治长达一百余年。①

刘邦称帝，使得丰沛地区成为帝乡，得到赋税减免等优抚，有利于淮北地区的发展。汉初淮北地区一度成为古代江苏经济文化最为发达的地区。

① 李开元：《汉帝国的建立与刘邦集团——军功受益阶层研究》，三联书店 2000 年版，第 240 页。

第四章 西汉前期的无为而治与吴楚七国之乱

道家黄老无为而治的政治思想，第一次登上政治舞台，作为治国安民的指导思想，在西汉前期的社会经济重建中取得了极为显著的成效，为建立强盛的汉帝国奠定了雄厚的物质基础。有鉴于秦朝二世而亡的教训，高祖分封同姓诸侯。但诸侯王国在起积极作用的同时，也带来了其消极的一面，这是汉统治者始料未及的。随着诸侯王政治、经济势力的增长，其与中央的矛盾日益加剧，并最终造成了吴楚七国之乱。

第一节 西汉初年统治政策的调整

西汉前期，经济凋敝，人口锐减，为了尽快恢复和发展经济、巩固政权，统治者实行"黄老无为而治"的方针，其所以这样做：一是当时的形势需要无为而治；二是黄老无为重视法治，有利于社会秩序的稳定和重建；三是黄老无为强调发展经济，主张轻徭薄赋，藏富于民。黄老的这些主张在西汉前期都转化为具体的现行政策，从而促进了经济的恢复发展。

一 战后西汉政权面临的困境

"汉兴，接秦之敝"[①]。经过秦末农民起义和楚汉战争后建立起来的汉王朝，它所继承的天下，实际上是个烂摊子，"天子不能具醇驷，将相或乘牛车，齐民无盖藏"使刚刚建立的西汉政权面临地主土地私有制并不牢固的严峻形势。无论从政治上或经济上都严重影响着汉王朝的稳定和巩固。

政治上的动荡不安，使统治者诚惶诚恐。对局势捉摸不定，又使统治者忐忑不

① 《史记·高祖本纪》，中华书局 1982 年版。

安，刘邦曾说："天下匈匈，苦战数岁，成败未可知①。"感到自己的天下还很不牢固而不敢妄为。汉文帝刘恒虽然坐享天下，但他也是时时保持警惕以防不测风云，"今朕夙兴夜寐，勤劳天下，忧苦万民，为之怛惕不安，未尝一日忘于心"②，始终保持小心谨慎的态度。所以正确地分析把握当时的形势，是汉初治国的根据。

在对形势的评估上，显然存在不同的意见。一些少数眼光短浅的政治家，以为天下归于一统，可以睡大觉，"皆曰天下已安已治矣"③。只有较有远见的政治家贾谊当时正确地指出："曰安且治者，非愚则谀，皆非事实知治乱之体者也④。"当时的形势有如抱火"积薪之下而寝其上"⑤，贾谊的分析，无疑是深刻的。

从政治上看，在楚汉战争中，刘邦为争取同盟军，笼络一些有实力的将领以战胜项羽，曾被迫或自愿地分封了几个异姓诸侯王，他们占地很广，握有重兵，而刘邦的汉廷直接统治的土地只有 15 郡。且诸侯王"十年之间，反者九起……而高帝不能以是一岁为安"。文景之世，各诸侯王更是拥兵自立，他们占有的封地，多的可统辖 6 郡 73 县，各诸侯王国管辖的土地占了汉帝国的一大半⑥。这些诸侯王凭借他们的实力，时时在"虑亡不帝制而天子自为者"⑦，蓄谋叛乱，对汉中央政权构成严重的威胁。其次是当时民间的反抗斗争还在继续进行，小规模的起义时有发生，起义人民"或聚保山泽，不书名数"的情形在全国各地普遍存在。晁错曾对汉文帝说："临制天下，至今十有六年，民不益富，盗贼不衰⑧。"这里所说的"盗贼"不衰，就是指当时小规模的反抗活动，这对汉政权来说，无疑又构成另一种威胁。

在边境上，当楚汉战争正在进行之时，开始强大起来的匈奴奴隶制国家，在冒顿单于统治下，重新占领河套地区，拥有"控弦之士"30 余万，虎视眈眈地对着南方，声势逼人。且经常入寇，破坏边境的安宁，严重地威胁着汉王朝的安全，是当时汉王朝的第一大外患。

再从经济上看，由于秦的暴政和秦末战乱，十多年的时间，已经弄得"民无盖藏"⑨，社会经济完全陷于崩溃。史书记载："汉兴，接秦之弊，诸侯并起，民失作业而大饥馑。凡米石五千，人人相食，死者过半。高祖乃令民得卖爵子，就食蜀汉。天下既定，民无盖藏，自天子不能具醇驷，而将相或乘牛车⑩。"土地荒芜，饿莩遍野、人口减半、赋税大减，政府财源枯竭，国家经济居然困难到天子不能挑选出纯一色的四匹马，

①⑨　《史记·平准书》，中华书局 1982 年版。

②　《史记·孝文本纪》，中华书局 1982 年版。

③④⑤⑥⑦　《汉书·贾谊传》，中华书局 1962 年版。

⑧　《汉书·晁错传》，中华书局 1962 年版。

⑩　《汉书·食货志》，中华书局 1962 年版。

而将相只能坐坐牛车[①]。

针对汉初社会现状,西汉统治者把“惩诫亡秦之政”,总结秦王朝灭亡的教训,探讨加强和维护封建统治的方针,始终摆在政治活动的首位,并试图寻找符合国情民意的治国方略和指导思想,因为只有在正确的理论指导之下才能有正确的政治实践。对此,刘邦一开始并没有明确的认识。刘邦在打天下时对儒学和儒生都没有好印象。刘邦的骑士就说过:“沛公不好儒,诸客冠儒冠来者,沛公辄解其冠,溲溺其中,与人言常大骂,未可以儒生说也[②]。”

建国后,刘邦专门与陆贾进行过“君臣论治”的交谈。刘邦初以为自己手提三尺剑,骑在马背上得天下,不用读诗书。陆贾乃曰:“居马上得之,宁可以马上治之乎?且汤武逆取而以顺守之,文武并用,长久之术也。昔者吴王夫差、智伯极武而亡;秦任刑法不变,卒灭赵氏。向使秦并天下,行仁义,法先圣,陛下安得而有之[③]?”刘邦幡然惊醒,并开始提倡“不尚繁华,清简无为”,即所谓“黄老政治”,即如陆贾在《新语·至德篇》中所描绘的那样:“是以君子之为治也,亭落若无民,闾里不讼于巷,老幼不愁于庭,近者无所议,远者无所听,邮无夜行之卒,乡无夜召之征,犬不夜吠,鸡不夜鸣,耆老甘味于堂,丁男耕耘于野,在朝者忠于君,在家者孝于君,于是赏善罚恶而润色之,兴辟雍庠序而教诲之,然后贤愚异议、廉鄙异科,长幼异节、上下有差、强弱相扶、大小相怀、尊卑相承、雁行相随、不言而信、不怒而威,岂待坚甲利兵、深牢刻令,朝夕切切而后行哉!”

二　西汉初统治政策的调整

(一)汉高祖巩固统治的措施

确定以黄老“无为而治”作为治国安民,维持稳定,发展经济的总方针。刘邦所做的第一件大事就是社会秩序的重建。史称汉高祖刘邦“顺民心,作三章之约。天下既定,命萧何次律令,韩信申军法,张苍定章程,叔孙通制礼仪,陆贾造《新语》”[④],制定出一套政治、军事和经济上可以遵循的制度。因而强化了汉中央集权,提高了皇帝的权威,特别是刘邦和萧何,吸收了亡秦的教训,“因民之疾秦法,顺流与之更始”[⑤]。在剔除秦朝苛政的同时,约法省禁,建立起一套汉家的新制度。

在政治制度方面,首先是叔孙通定朝仪。在推翻秦王朝之初,汉王刘邦就曾宣布废除秦代苛法繁仪。所以刘邦刚称帝时,朝廷之礼仪法规甚不具备,群臣竟可在皇帝

---

① 《汉书·食货志》,中华书局1962年版。

②③ 《史记·郦生陆贾列传》,中华书局1982年版。

④⑤ 《史记·高帝纪》,中华书局1982年版。

面前饮酒争功，以至醉后狂呼乱叫，拔剑击柱，喧嚣闹嚷，不成体统。对此，刘邦当然十分不满。

博士叔孙通就乘机劝说皇帝应召儒生制定朝仪，并自荐承担这一任务。得到刘邦首肯后，叔孙通即征鲁生三十余人，采古礼与秦代礼仪制定出一套朝仪。由于叔孙通曾为秦博士，他所制定的这些朝仪多沿袭秦制。高帝七年（前 200）长乐宫建成，诸侯群臣皆入宫朝贺，刚刚制定出的朝仪也开始实行。是日，天尚未明，宫中侍卫、仪仗已罗列廷中。皇帝传警，群臣按事先排演好的次序，依官阶高低进入奉贺。礼仪庄严，场面肃穆，显示出皇帝的威严，臣下莫不震恐肃静。行礼毕，举行朝宴，皆以职位高低向皇帝依次敬酒，一改以前那种喧哗、混乱的状态，益发使人威慑于皇权 之“神圣”。刘邦高兴地叹道：“吾乃今日知为皇帝之贵也[①]。”将叔孙通封为太常。从此，西汉一代的朝仪就这样确定下来。

其次，在行政机构的设置上，在中央设“三公”，有丞相、太尉、御史大夫，分别掌握政治、军事、监察大权；之下设“九卿”，包括太常、郎中令、卫尉、太仆、廷尉、典客、宗正、治粟内史、少府，分别掌管国家的各种事务。

地方上，郡有郡守、郡丞、郡尉、监御史等职，分掌政、军、监察之权。县分大小，万户以上设县令，万户以下设县长，下设丞和尉，分管文书、治安。基层组织是十里为亭，有亭长；十亭为乡，有三老（掌教化），啬夫（掌诉讼和收税），游徼（掌管治安）等。

这样就在全国从上到下建立了严密的统治网，恢复了地主阶级的各级政权。

再次是广纳人才，充实各级封建政权。西汉政权建立后，中央和地方机构的主要官吏，大部分是由刘邦的部下充任，地方上的小官吏相当一部分由秦的旧官吏继任。但是社会上还有不少所谓有才能名望的“贤大夫”，刘邦一方面为了充实西汉政权的官僚机构，另一方面也为了防止这些人失意作乱，于是，在公元前 196 年发布求贤令，凡“贤士大夫”肯为西汉政权效劳的，将分派各种不同的官职。对于品德才能突出的人，官吏要亲自登门聘请，派人专门送到京师，并把个人行、义、年（这是汉代户籍登记的重要内容之一。行、义是形、仪的假借字。形指身材尺寸、仪指身材外表、年指年龄。这三项内容在居延、敦煌木简的户籍上，都有明确的记载。）的材料汇送到相国府，以备差派。如果地方官隐瞒不报，发现以后要受到罢官的处分。刘邦的这一措施，把地主阶级中一些有才能和有号召力的人物吸引到自己这方面来，既扩大了西汉政权的社会基础，又有利于加强地主阶级专政。

此外还实行一种任子制度，把功臣官僚子弟用为郎官，让他们在政府机构中练习

---

① 《史记·刘敬叔孙通列传》，中华书局 1982 年版。

政事,作为地主阶级所需人才的后备力量。一些有才能的选拔到皇帝左近,居轻贵之任,担任宫中郎官。

最后是强迁豪族,以实关中,稳定地方秩序。刘邦一统天下后,六国贵族的残余和地方上的强宗豪族,一直与封建专制的汉中央政权之间存在着尖锐的矛盾。这些人在秦末农民起义时,打着反秦的旗号,乘机起兵,以图"存亡继绝",到了楚汉战争之时,这些人又改换旗号,"亦皆归逐其主而王善地"[①]。汉统一天下后,这些人又经常在地方上兴风作浪,史称:"汉承战国余烈,多豪猾之民。其并兼者,则陵横邦邑;桀健者,则雄张闾里[②]。"对这股危害稳定的势力,刘敬曾对刘邦说:"夫诸侯初起时,非齐诸田,楚昭、屈、景,莫能兴;今陛下虽都关中,实少人,北进胡寇,东有六国之族宗强,一日有变,陛下亦未得高枕而卧也[③]。"刘邦大悟,于公元前199年采取措施:"徙齐楚大族昭氏、屈氏、景氏、怀氏、田氏五姓关中,与利田宅[④]。"这个措施一方面把十多万豪宗大族集中迁到关中地区,以便于监督;另一方面又给他们以好田好屋,给予优厚的待遇,以换取他们对汉政权的支持,对于原来从军的诸侯后代子孙在关中的,也都免除徭役12年,"其归者半之"[⑤],这样,汉政府就把这部分消极、不稳定的因素,转变为积极支持汉政权的基础。

在军事上,与汉初政治制度相适应,军队分为京师之兵和郡国之兵两种。京师的屯兵分为南军和北军,分别由卫尉和中尉统领。卫尉统帅的南军,由朝廷直属各郡征调来的卫士组成,人数大约两千人左右,主要任务是守卫皇宫,出充皇帝的随从。他们分散驻守,没有营垒,因在北军之南,所以称"南军"。中尉统帅的北军,多由三辅地区选调的材官(步兵)和骑士(骑兵)组成,有数万人之多,主要任务是防守京城长安。因其营垒在未央宫之北,所以有"北军"之称。

郡国之兵指地方军队,由应役男子组成,统领于郡守尉或诸侯国中尉。每个男子在应役期内,必须服兵役两年,地方军队的兵种,可以分为材官(步兵)、骑士(骑兵)、楼船(水兵)三种。这些不同兵种的军队,是根据地区特点而建立的。朝廷每有军事需要,随时可以向各地征调。

在经济制度方面,首先是"复故爵田宅"令。高帝五年(前202)五月发布的"复故爵田宅"令,是针对全国广大的臣民—包括地主和农民—而采取的安抚办法,以稳定整个社会。"复故爵田宅令"主要包括三方面的内容:

---

① 《史记·淮阴侯列传》,中华书局1982年版。

② 《汉书·酷吏传》,中华书局1962年版。

③ 《汉书·刘敬传》,中华书局1962年版。

④⑤ 《汉书·高帝纪》,中华书局1962年版。

其一，恢复一批地主的地位和财产，并扶持一批新的军功地主。如“复故爵田宅”规定，七大夫、公乘以上“先与田宅，及所当求于吏者，亟与”等，赋予其特权，恢复地主阶级的地位及其财产。与此同时，这道诏令还扶植起一批新的军功地主，如诏令规定：对没有军功爵的军吏卒，和军功爵在大夫以下的，一律赐爵为大夫，即五等爵；军功爵在大夫以上者，分别增加一级，如大夫增为官大夫，官大夫增为公大夫，以此类推。从七大夫以上，各令食邑，即坐食租税，这就使一大批有军功的吏卒，成为地主。这些军功地主是汉政权的主要支柱。

其二，诏令也有保护自耕农的规定，“民前或聚保山泽，不书名数”中的不少人当是贫苦农民，对“诸侯子在关中者”有“复之十二岁，其归者半之”的优待，也有利于自耕农的发展，自耕农的发展是汉代农业生产发展的主要因素。

其三，本诏令对“民以饥饿自卖为人奴婢者”宣布“皆免为庶人”。这显然有进步意义，是解放生产力的重要措施。

总之，“复故爵田宅”令所贯穿的精神，乃是对不同阶级、阶层的人均采取安抚政策。对地主，则保障其财产和政治特权，对农民则承认其对土地的所有权，对奴婢则有限度地提高其社会地位，从而缓和阶级矛盾，稳定刚刚诞生的西汉政权。当然其根本目的则在于加强地主阶级统治。尽管如此，这种政策对当时的社会发展还是有积极作用的。

其次是重建赋税徭役制度。赋税制度，从刘邦入据关中就开始实行。萧何按照秦的图书户籍征赋课税，把壮丁和军需源源不断地送往刘邦军队驻地。西汉政权建立后，进而把这一措施推广到全国。

汉朝的赋税废止了秦朝名目繁多的科目，以减轻农民负担为主旨，主要有三种：田赋、口赋、献费。田税是按土地征收的赋税，刘邦曾一度减免田租为十五税一，这种减免田租的政策对于奖励垦荒、发展农业生产，恢复经济等有一定意义；口赋即人头税，按年龄大小分为两种：一是算赋，凡十五岁到五十六岁，不论男女，每人每年向国家缴纳一百二十钱，称为一算。商人和奴婢加倍。算赋规定用来治库兵车马，是军费开支的来源。二是口钱，凡七岁到十四岁的男女，每口每年缴二十钱。这是“敬奉”皇帝的；献费则是诸侯王、通侯及地方官吏征收献给皇帝的税费。

徭役的负担分兵役和力役。汉朝规定成年男子都要应役。主要有三种：

正卒：这是正式兵役，役期一年。役期满后，遇有军事需要，还得随时应征。

戍卒：这是到边境担任戍守或到京师做卫士的一种徭役，役期有变化，后来也定为一年，如果不去可交钱由政府雇人代戍。但由于交钱数量很大，负担不了的只好自己服役。这种徭役很苦，遇边情紧急，还要延长。

更卒:到各级政府服劳役。最初规定隔几年一次,一次五个月。后改为一年一次,为期一个月,称为"更"。修城、筑垒、修堤、修路、造桥、运粮和地方警卫等,都是更卒的任务。亲身服役的叫"践更",出钱雇人代役的叫"过更"。雇人代役所交的钱数目不一,前后有变化。居延汉简记载每人每月交一百钱①。

根据不同的情况,采取不同的政策和措施,在高祖刘邦的一系列政策确立和调整之下,汉初的政治局势逐渐得到了稳定。自惠帝至高后,经过几十年的努力,在发展生产,安定秩序诸方面取得了一定的成效。

(二) 惠、文、景时期的黄老政治

1. 黄老政治的继承

刘邦统治的数年中,西汉政权初立,朝廷忙于封王、废王,东征西讨,于为政方面顾及甚少。所以,虽然"无为而治"在刘邦时期已经实行,但是明确的以"无为而治"作为一种施政原则,是在刘邦死后,惠帝时才开始的。

所谓"黄老","老"为老子,"黄"指黄帝,乃是一种主张清心寡欲、无为而治的政治学说。其主旨可以概括为"刑德并用",即一方面建立新的社会统治秩序,使天下遵制守法;另一方面,又要在既定制度下采用"无为"、"无事"、"无欲"、"清静自然"的政策来安定社会,反对过分侵扰百姓。正如汉初陆贾所云:"君子之为治也,块然若无事,寂然若无声;官府若无吏,亭落若无民;……然后贤愚异议,廉鄙异科,长幼异节,上下有差②"……因这一学说恰恰适应了汉初统治政策的调整,故当时曾取得很大成效。而它的最终确立,同惠帝对相国曹参的理解与配合有着直接关系。

曹参继萧何为相之后,其著名政绩就是推行黄老政治。起初,曹参任齐国相,他召集"长老诸生"研究如何巩固统治,结果各种意见纷纭,曹参也拿不定主意。后来把一个信奉黄老之学的盖公请来,盖公说:"贵清净而民自定。"曹参同意了盖公的主张,行之九年,果然,"齐国安集"③,曹参入朝为相后,进一步推行清净无为政治。"清净无为"基本上是遵照刘邦、萧何时制定的制度和政策,所以后世称"萧规曹随"。史载他"举事无所变更,一遵萧何约束"④,甚至于荒忽朝政,日夜饮酒。但惠帝对他最初却不很理解,于是暗中让中大夫曹窋出去劝父亲。不料曹窋竟被痛打一顿,惠帝更加不满,故当面向曹参责问。其君臣便为此进行了一次具有重要意义的对话:"参免冠谢曰:'陛下自察圣武孰与高帝?'上曰:'朕乃安敢望先帝乎!'曰:'陛下观臣能孰与

---

① 中国社会科学院考古研究所编《居延汉简·甲编》第611号,中华书局1980年版。

② 陆贾:《新语·至德》,中华书局1986年版。

③ 《汉书·曹参传》,中华书局1962年版。

④ 《史记·曹相国世家》,中华书局1982年版。

萧何贤？’上曰：‘君似不及也。’参曰：‘陛下言之是也。且高帝与萧何定天下，法令既明，今陛下垂拱，参等守取，遵而勿失，不亦可乎？’惠帝曰：‘善。君休矣。’[①]”这样一来，惠帝便完全消除了误会，君臣取得了共识。因之黄老大兴，并取得显著成效。

简单分析一下曹参的“无为”思想，主要包括以下几个方面：

一是遵循旧制，举事无所变更。曹参为相时，无所建树，一切皆遵循萧何所制之法，不加变更。这是适应刚刚安定下来的汉初社会情况的。经过长期战乱后，人们需要安定，不希望无休止的变动，所以曹参无所改动，“遵而勿失”，取得很好的效果。

二是少干预下属，勿扰民。曹参代萧何为相，当他离开齐国赴长安之前，对接任的齐相说：“以齐狱市为寄，慎勿扰也。”这是他唯一的嘱咐。意思是：不必干扰下属活动，不要过细苛察。所谓“狱市兼受善恶，若穷极，奸人无所容窜。奸人无所容窜，久且为乱”[②]。这正是道家主张的“我无为而民自化，我好静而民自正”的具体发挥[③]。

三是择吏以“厚重长者”为标准。曹参对下属官吏不究细过，而且“见人之有细过，专掩匿覆盖之”，大事化小，小事化了，他择吏也以此为标准，凡“木诎于文辞，重厚长者”方可用之，对“吏之言文刻深，欲务声名者，辄斥去之”[④]，这也是对秦“专任刑法”做法的矫枉过正。

这些做法对于刚刚离秦之酷的百姓来说，是非常适合的，故史家曾对此赞曰：“孝惠……之时，黎民得离战国之苦，君臣俱欲休息乎无为，故惠帝垂拱……天下晏然[⑤]。”而曹参死后，百姓亦歌曰：“萧何为法，覯若画一；曹参代之，守而勿失。载其清静，民以宁一[⑥]。”

2. *黄老政治的发展*

黄老政治促进了汉初社会政治、经济的发展，生产和生活的安定，但阶级矛盾也日益突出。贾谊描述当时的情形：“公私之积，犹可哀痛；失时不雨，民且狼顾，岁恶不入，请卖爵子[⑦]。”这种贫困的状况，是“一人耕之，十人聚而食之”[⑧]，农民遭受残酷剥削，淫侈之风日益严重，以及背本趋末的结果。正如晁错《论贵粟书》中说：“今农夫五口之家，其服役者不下二人，其能耕者不过百亩，百亩之收，不过百石。春耕夏耘，秋获冬藏，伐薪樵，治官府，给徭役。……四时之间，无日休息。……于是有卖田宅、鬻

---

①④⑥　《史记·曹相国世家》，中华书局1982年版。

②　王先谦撰：《汉书补注·萧何曹参传》，中华书局1983年版。

③　老子：《道德经》，三秦出版社1999年版。

⑤　《史记·吕太后本纪》，中华书局1982年版。

⑦　《汉书·食货志》，中华书局1962年版。

⑧　《汉书·贾谊传》，中华书局1962年版。

子孙以偿债者矣”，而那些商人、地主“男不耕耘，女不蚕织，衣必文采，食必粱肉，无农夫之苦，有阡陌之得。因其富厚，交通王侯，力过吏势，以利相倾；千里游敖，冠盖相望，乘坚策肥，履丝曳缟”①。这是多么鲜明的阶级对比！文、景为了汉政权的“长治久安”，不得不在经济上政治上推行有利于“与民休息”的政策。对“黄老政治”不仅需要继承，而且还要发扬光大。文景时期的“黄老思想”，有异于前一时期，除“黄老思想”之外，也掺杂一些儒家、法家思想，以及申商刑名之说，而更有利于西汉统治者的统治。

在政治方面，首先是举贤纳谏。

文帝即位，首先重用治国安邦的老臣，任陈平为左丞相，任周勃为右丞相，任灌婴为太尉，文帝对他们多言听计从，极为尊重。“上礼勃恭甚，其罢朝也常目送之；待其既出，然后肆体自如。”在文帝二十年五月下诏曰：“古之治天下，朝有进善之旌、诽谤之木，所以通治道而来谏者也。今法有诽谤妖言之罪，是使众臣不敢尽情，而上无由闻过失也，将何以来远方之贤良？其除之②！”废除了“诽谤妖言”罪。他不仅能接受功勋老臣的谏议，即使下层小吏也可上书言治国之道。如颍阴侯的骑从贾山上书直言国君举贤纳谏的重要性，他说：“秦皇居灭绝之中而不知者，何也？天下莫敢告也。天下莫敢告者，何也？无养老之义、无辅弼之臣；退诽谤之人，杀直谏之士，使天下皆忻忻焉”。贾山又提出“节用爱民，平狱缓刑”的建议，文帝“嘉纳其言”。二年十一月又下诏要求群臣，“悉思谏之过失。及思谏之所不及。以告朕。及举贤良方正能直言极谏者。以匡朕之不逮”③。文帝十五年又再次下诏要求臣下谏贤，“诏诸侯王、公卿、郡守能直言极谏者”④，并亲策之。文帝在位期间通过各种途径收罗人才，特别是对年轻有才干者给予重视。有的是通过别人推荐得官的，如公元前179年文帝听说河南郡守吴公“治平为天下第一”便立即召为廷尉，由吴公推荐“贾谊年少颇通诸家之书”，文帝召为博士。岁中，提为太中大夫。而贾谊为文帝“改正朔，易服色，定官名，兴礼乐，以立汉制，更秦法”，出谋划策，做了许多工作。有的通过上书得官的，如文帝十四年公孙臣上书，授予博士；十五年新垣平上书，授予上大夫。文帝十六年九月，文帝诏诸侯王、公卿、郡守举贤良，能直言极谏者，“上亲策之”。太子家令晁错因“对策高第”，改任中大夫。而这些有识之士特别是贾谊、晁错均为汉文帝安邦定国做出了巨大的贡献。

其次，约法省禁。

---

① 《汉书·晁错传》，中华书局1962年版。

② 司马光编著：《资治通鉴》，卷十三《汉纪五》胡三省注，上海古籍出版社1987年版。

③ 《史记·孝文本纪》，中华书局1982年版。

④ 《汉书·文帝纪》，中华书局1962年版。

汉承秦制，汉初法律虽较秦法为宽，但对人民来说仍很严酷。汉文帝“好刑名之言”①，对法律颇有研究。他反对苛法，重视以德化民。认为：“法者，治之正也，所以禁暴而卫善人也。”“法正则民悫，罪当则民从。且夫牧民而导之善者，吏也。其既不能导，又以不正之法罪之，是以法反害于民为暴者也。”故文帝即位后，首先废除了各种苛刑。文帝元年十二月诏丞相、太尉、御史：“今犯法者已论，而使无罪之父母、妻子、同产坐之及收，朕甚弗取。”之后不顾周勃、陈平的反对，断然废除了一人犯罪株连亲族的收律相坐法（连坐法）。十三年五月，又针对齐国太仓令淳于公犯罪事件，痛斥并废除了野蛮的肉刑，诏曰：“今法有肉刑三（黥、劓、断趾—笔者注）而奸不止，其咎安在？非乃朕德薄而教不明欤？……今有过，教未施而刑已加焉，或欲改行为善而道毋由也，朕甚怜之，夫刑至断支体、刻肌肤，终身不息，何其楚痛而不德也，岂称为父母之意哉！其除肉刑②。”于是，第二年，文帝令丞相张苍、御史大夫冯敬定律。即“诸当黥者为城旦舂（男子治城，女子舂米的苦役—笔者注）……当劓者笞三百，当斩左趾者笞五百……罪人狱已决为城旦舂者，各有岁数以免”③。就是应判处肉刑的改罚为苦役，有的刑为笞刑，罚为苦役的到一定时间可以免除。由于改笞刑太重，景帝即位后，又一再减刑。如景帝元年（前156）五月，下令笞五百减为三百，笞三百减为二百。尽管如此，受笞刑的“或至死而笞未毕”的现象仍时有发生。景帝中元六年（前144），再次下令笞三百减为二百，笞二百减为一百。同时又规定笞刑所用的“笞长五尺，其本大一寸。其竹也，末薄半寸，皆平其节。当笞者笞臀，毋得更人”④。景帝时还有一些其他的改革，如中元二年（前148）二月“改桀曰弃市，勿复桀”⑤。

在量刑断狱方面，文景时期也相对放宽。有一次，文帝出行，乘御马被人所惊，廷尉张释之依法处以惊马者罚金。文帝怒，认为太轻。释之曰：“法者，天子所与天下公共也。今犯如此而更重之，是法不信于民也。”文帝良久曰：“廷尉当是也。”另一次，有人盗高祖庙座前玉环，捕获后交张释之处理。张按“盗宗庙服御物者”罪当弃市。文帝大怒，“欲致之族”。张据理力争：“法如是，足也。且罪等，然一逆顺为差。今盗宗庙器而族之，有如万分之一，假令愚民取长陵一抔土，陛下何以加其法乎⑥？”这比起秦的擅杀，应该说刑法相对放宽了。

文、景约法省禁，废除苛刑，待民宽，但并不放纵罪犯，特别是对犯法官吏更是严

---

① 《史记·儒林列传》，中华书局1982年版。

② 《史记·孝文本纪》，中华书局1982年版。

③ 司马光编著：《资治通鉴》，《汉纪七》，上海古籍出版社1987年版。

④ 《汉书·刑法志》，中华书局1962年版。

⑤ 《汉书·景帝纪》，中华书局1962年版。

⑥ 《史记·张释之列传》，中华书局1982年版。

厉惩处。规定:“吏坐受赇枉法、守县官财物而即盗之……皆弃市(斩首)[①]。”对赃盗枉法、监守自盗的贪官污吏予以坚决打击。

经济上,第一项措施是奖励农业。

文帝即位,继行“黄老政治”,有志于发展生产。他的得力谋士贾谊、晁错等,上书建议说:“仓廪实而知礼节,衣食足而知荣辱,民不足而可治者,自古至今未尝闻。”并且主张让天下的农民都要“各食其力”,号召逃亡在外的农民,要还乡耕耘,认为只有这样“蓄积足而人乐其所矣,可以为富安天下”[②]。而当时的生产大有潜力可挖,正如晁错所说:“生谷之土,未尽垦耕,山泽之利,物未尽出,游食之士,未尽归农[③]。”汉文帝采纳了他们的意见,大力奖励发展农业生产。景帝则在此基础上加以继承和推广。

首先,恢复了天子“籍田”的劝农制度,文帝二年(前178)春正月,文帝下诏开“籍田”,诏曰:“夫农,天下之本也,其开籍田,朕亲率耕,以给宗庙粢盛。”九月,诏曰:“农,天下之大本也,民所持以生也……今兹亲率群臣农以劝之。其赐天下民今年田租之半[④]。”从西周以来,天子“籍田千亩,为天下先”习为成制。自战国至秦末,由于战争的频繁,乃至汉初刘邦又处于戎马倥偬时代,均未能继之实施。文帝即位后,几乎每年都有,甚至一年中就有几次。文帝籍田劝农最初贯彻得力,后来地方官多玩忽职守,并未认真贯彻。文帝于十二年(前168)又下诏劝农,并斥责了地方官吏的过错。他说:“朕亲率天下农十年于今,而野不加辟,岁不一登,民有饥色,而吏未加务,吾诏书数下,岁劝农种树而功未兴,是吏奉吾诏不勤而劝农不明也。且吾农民甚苦而吏莫之省,将何以劝焉[⑤]!”到景帝后元二年(前142)夏四月,诏曰:“雕文刻镂,伤农事者也;锦绣纂组,害女红者也。农事伤则饥之本,女红害则寒之原也。……朕亲耕,后亲桑,以奉宗庙粢盛祭服,为天下先;不受献,减太官,省徭赋,欲天下务农蚕,素有蓄积,以备灾害[⑥]。”表示要从自己做起,带动全社会共同重农,力行节俭,以增加积蓄,提高抗灾能力。

其次,文帝为了鼓励发展农业,一再下诏减轻田赋,来激发农民生产的积极性。在秦始皇和二世统治时期,农民税赋的负担过重,当时农民要向国家交纳“大半之赋”,使广大农民过着饥寒交迫的生活。由于秦朝的暴政,激起陈胜吴广的起义。刘邦建国后,吸取了亡秦的教训,改田赋为“什五税一”,为了鼓励农业生产经常下诏减

---

① 《汉书·刑法志》,中华书局1962年版。

②⑤ 司马光编著:《资治通鉴》,《汉纪七》,上海古籍出版社1987年版。

③ 永瑢,纪昀纂修:《(景印)文渊阁四库全书》之荀悦《前汉纪》卷七。

④ 《汉书·文帝纪》,中华书局1962年版。

⑥ 《汉书·景帝纪》,中华书局1962年版。

免田赋,“令民田收半租”、“除田之租税”,与此同时对丧失劳动力的农民,还予以抚恤,“赐天下孤寡布帛絮各有数”,从某种意义上说这也减轻了农民的负担。到文帝十三年(前167),诏曰:“朕亲率天下农耕以供粢盛,皇后亲桑以奉祭服。”六月,诏曰:“农天下之本也,务莫大焉。今勤身从事,而有租税之赋,是谓本末无以异也,其以劝农之道未备。其除田之租税[①]。”即下令全部免收田租。景帝即位后,基本上奉行文帝的方针,实行减省租税的政策,景帝二年(前155),“令民半出田租,三十而税一”[②]。由于不断减免田赋,极大地刺激了农民生产的积极性,从而促进了农业生产的发展。

再次,为了奖励农业生产,文帝接受了晁错所提倡的提高粟价,入粟拜爵或除罪的建议。晁错认为“欲务农,在于贵粟;贵粟之道,在于使民一粟为赏罚,今募天下入粟县官,得以拜爵,得以除罪,如此官人有爵,农民有钱;粟有所渫”。这是在“法律贱商人,商人已富贵”,“尊农夫,农夫已贫贱”的情况下,作为一项重农抑商政策向文帝提出来的。晁错主张通过“入粟县官”,使民“得以拜爵,得以除罪”,借以提高粮食的地位,增加农民生产的积极性。以达到“富人有爵,农民有钱”,“主用足”,“民赋少”,“劝农功”的多种目的[③]。这一措施的实行,使国家手中迅速掌握了大量粮食,为减免田租提供了条件,达到了重农的预期目的。另一方面,也为商人政治地位的变迁提供了重要的转机。入粟拜爵并不排斥商人,而实际上拥有大量钱财粮食的只可能是豪强大族和富商大贾。特别是“民入粟受爵至五大夫以上”者能“复一人”,这在轻田租重赋役的汉代,具有何等的吸引力。不难想象,积极响应号召而入粟的商人,当不在少数。至此,商人大大改变了过去受贬斥折辱的处境,除“不能仕宦为吏”,其他方面与一般贵族相差无几。重农抑商的措施,取得重农尊商的效果,恐怕是晁错始料不及的。景帝时继续推行这一重农不抑商政策,《史记·平准书》曰:“孝景时,上郡以西旱,亦复修卖爵令,而贱其价以招民;及徙复作,得输粟县官以除罪。”

最后,除关传,弛山泽。汉代在军事重镇或边地要塞,都设有关卡以控制人口的流动,检查商旅的往来。出入关时,需持有“传”,即通过关卡的符信(凭证),方可放行。贾谊上书要求解除关禁,让人们自由往来。于是,文帝十二年(前168)三月,“除关无用传”[④],取消了入关的凭证,使区域间的经济联系进一步加强,有利于各地的经济交流。这项规定实行了十五年,至景帝前元四年(前153)春,因七国之乱刚刚平定,才恢复“诸关用传出入”[⑤],以备非常。

---

①④ 《汉书·文帝纪》,中华书局1962年版。

② 《汉书·景帝纪》,中华书局1962年版。

③ 《汉书·晁错传》,中华书局1962年版。

⑤ 《汉书·景帝纪》,中华书局1962年版。

文帝后元六年(前 158)四月,下令"弛山泽"之禁[①],准许私人开采矿产,利用和开发渔盐资源。

文景时期"开关梁,弛山泽之禁"的结果,"富商大贾周流天下,交易之物莫不通"[②],一时出现商货流通、市场繁荣的景象。可见,文景时期的休养生息政策,既强调以农为本,奖励发展农业生产,又活跃了流通领域,以发展和繁荣社会经济,于是继惠帝和吕后时"衣豕滋增"之后,又出现了文景时的"蓄积岁增,户口寖息"的局面[③],收到了发展社会经济的效果。

而经济上的第二项措施则是节用爱民。

文帝一朝,除积极发展生产外,还大力提倡节用爱民,其躬身励行,率先垂范。出入宫中常常身衣弋绨,甚至连他最宠爱的慎夫人,所穿的长裙也不得曳地,所用的帏帐不得绣有华丽的花纹,"以示敦朴,为天下先"。他更反对大兴土木,特别是为自己建造华丽的宫殿,游宴的场所,乃至准备修造死去安葬的陵寝。他在位二十二年中,"宫室苑囿狗马服御无所增益"。据说文帝曾想修筑一座露台,召来匠人问需要花多少钱,匠计之值百金,文帝曰:"此中民十家之产。"遂不为也[④]。此外,他在修霸陵的时候,要求"因其山,不起坟",在当时而言,长陵高十三丈、安陵三十余丈,每一座陵寝都要耗费大量的劳动力,唯独文帝就山起坟,也是个创举。并且要求"皆以瓦器,不得以金银铜锡为饰,不治坟,欲为省,毋烦民"[⑤]。甚至在他临死的遗诏中还强调薄葬节约,不要兴师动众、讲排场,不要扰乱吏民。诏云:"厚藏以破业,重服以伤身","令天下吏民,令到出临三日,皆释服。毋禁取妇嫁女祠祀饮酒肉食者","绖带无过三寸,毋布车及兵器,毋发民男女哭临宫殿"[⑥]。这不仅仅是厉行节约,而且是移风易俗。这种躬勤节俭,大胆革新的思想和率身垂范的生活作风,是历代封建君主所罕见的。为节制浪费、发展生产树立了光辉的典范。

文帝对鳏寡孤独寄予同情,即位之初,就下诏"振鳏、寡、孤独贫困之人"[⑦]。十三年又下诏"其除田之租税,赐天下孤寡,布、帛、絮各有数"。他特别尊重老人,关心他们的晚年温饱,说:"老者非帛不暖,非肉不饱。今岁首不时使人存问长老,无有布帛酒肉之赐,将何以佐天下子孙孝养其亲。今闻吏禀当受鬻者或以陈粟,岂称养老之意哉! 具为令。"有司请令县道,年八十以上,赐米人月一石,肉二十斤,酒五斗。其九十

① 《汉书·文帝纪》,中华书局 1962 年版。

② 《史记·货殖列传》,中华书局 1982 年版。

③ 《汉书·刑法志》,中华书局 1962 年版。

④ 永瑢,纪昀纂修:《(景印)文渊阁四库全书》之荀悦《前汉纪》卷七。

⑤⑥ 《史记·孝文本纪》,中华书局 1982 年版。

⑦ 司马光编著:《资治通鉴》,卷十三,上海古籍出版社 1987 年版。

以上，又赐帛二匹，絮三斤。对老人受物事者，“长吏阅视，丞若尉致。……二千石遣都吏循行，不称者督之。”此外，文帝还从人道出发，宽待奴婢、宫女。文帝后四年五月，“赦天下，免官奴婢为庶人”。文帝十二年二月，“出孝惠皇帝后宫美人，令得嫁”①。后七年六月，遗诏，死后，遣宫中“夫人以下至少使”无子女者，任其改嫁。

3. 黄老无为而治的利弊得失

黄老之学指的是以黄帝和老子思想为理论基础的一个学派。“黄者，黄帝也；老者，老子也。黄老之操，身中恬澹，其治无为②。”黄帝只是古代传说中的一个历史人物，所谓“黄帝之言”当是后人假托。老子确有其人。他生活在春秋之末，著有《道德经》一书传世。黄老之学实际是从老子道家学派繁衍出来的一个新的学说。

一般认为，黄老之学约兴起于战国中期。早年法家代表人物之一的申不害主张“善为主者，倚于愚，立于不盈，设于不敢，藏于无事，窜端匿迹，视天下无为”③。司马迁说申不害的学说，“本于黄老而立刑名”④，指出了当时已经有“黄老”之学。比申不害晚一些时间，在齐国的都城临淄盛行了“稷下之学”，其中的田骈、接子、慎到、环渊等人都是“学黄老道德之术，因发明序其指意”的学者⑤。黄老之学在齐国曾经盛行一时。叙述黄老之学意旨的著作，大部分已经散失。我们现在能够见到的著作只有《管子》中的《内业》、《白心》、《心术上》等四篇和1973年在长沙马王堆三号墓中出土的四种古佚书——《经法》、《称》、《道原》、《十大经》。

黄老之学在政治上的核心主张是“无为而治”。《经法》篇中提出，为政者应该“(省)苛政，节赋敛，毋夺民时，治之安”。这种主张本于老子《道德经》中所说的“我无为而民自化，我好静而民自正，我无事而民自富，我无欲而民自朴”的“无为”思想。省苛事，节赋敛，就是“无为而治”的具体内容。黄老学说也主张对民用刑，“凡堪之极，在刑于德”⑥。但是，应该“先德后刑”，“刑晦而德明，刑阴而德阳，刑微而德章(彰)”。为政者必须做到“刑德相养，逆顺若成”⑦。在这里，“德”即是前边所说的省苛政，节赋敛，毋夺民时的“无为而治”。在黄老学说看来，“无为”是实行统治的根本，比用刑更为重要。如果做到统治“无为”，就能够使民“自化”、“自正”、“自富”、“自朴”，从而做到“生育万物”，天下长治久安，“无不为也”的“至善”境界。

---

① 《史记·孝文本纪》，中华书局1982年版。

② 王充：《论衡·自然》，岳麓书社1991年版。

③ 魏徵等撰：《群书治要》引《申子·大体篇》，《丛书集成初编》本。

④ 《史记·老庄申韩列传》，中华书局1982年版。

⑤ 《史记·孟荀列传》，中华书局1982年版。

⑥ 马王堆汉墓帛书整理小组编：《十大经·观》，文物出版社1976年版。

⑦ 马王堆汉墓帛书整理小组编：《十大经·姓争》，文物出版社1976年版。

黄老无为而治的思想，在民生凋敝的西汉初年一度成为了统治国家的指导思想。在这一思想的指导下，从公元前206年刘邦建国到公元前140年汉武帝即位，历时六十四年，汉王朝从经济凋敝时期逐步发展到繁荣极盛的时代，特别是文景时期，统治者励精图治，继行黄老政治，躬勤政事，举贤纳谏，鼓励生产，厉行节约，减轻刑法，安边治塞等一系列有效的措施，使西汉的社会形势发生了巨大的变化。汉初至武帝"七十年间，国家无事，非遇水旱，则民人给家足，都鄙廪庾尽满，而府库余财。京师之钱累百钜万，贯朽而不可校。太仓之粟陈陈相因，充溢露积于外，腐败不可食，众庶街巷有马，阡陌之间成群……人人自爱，而重犯法，先行谊而黜媿辱焉"[①]。这是七十年间努力的结果。此外，手工业、畜牧业、商业也取得了长足的进步。《史记·货殖列传》所载"当世富者"，如以铁冶为业，"因通商贾之利"而"家致富数千金"的南阳孔氏，"逐渔盐商贾之利" 而"起富数千万"齐人刀间。于边塞"致马千匹，牛倍之，羊万头，粟以万钟计"的姚桥，乘平定吴楚七国之乱向封君列侯放高利贷而"富埒关中"的无盐氏，以及关中诸田、韦家粟氏，安陵杜氏等，有不少即是当时有名的大工商业家；至于那些以"卖浆而逾侈"，"洒削而鼎食"，以"胃脯而连骑"之类靠饮料、店铺、修理业而致富的中小工商业者，更是队伍庞大，难以计数。

但时移事异，随着社会发展，这种无为而治的思想也逐渐暴露其消极一面，带来新的社会矛盾。

首先，由于实行无为而治造成"政不出房户"，官员以无所事事为能，自然谈不上采取主动积极的措施发展经济，致使西汉经济遭到抑制。到贾谊去世前，汉代经济"还未达到战国的水平"。对此，文帝自己也不得不承认："朕亲率天下农十年于今，而野不加辟，岁不一登，民有饥色[②]。"其原因固然很多，但奉行黄老无为的统治思想则是导致这一后果的重要原因。

其次，实行黄老无为政治，对诸侯王采取纵容态度，致使其势力日益膨胀，乃至叛乱。刘邦在消灭异姓王之后，分封同姓王，到吕后时期这些同姓王已渐渐长大成人，自文帝即位伊始就日益暴露出分裂叛乱的倾向。文帝三年(前177)济北王刘兴居叛乱，文帝六年(前174)淮南王刘长谋反，其他诸侯王也都是"虽名为人臣，实皆有布衣昆弟之心，虑亡不帝制而天子自为者，擅爵人，赦死罪，甚者或戴黄屋，汉法令非行也"。如吴王刘濞自文帝三年便托病不朝，"招致天下亡命者，盗铸钱，煮海水为盐"，虽居"诸侯之位，实富于天子"，诚如贾谊所言："天下之势，方病大肿，一胫之大几如要

---

① 《汉书·食货志》，中华书局1962年版。

② 《汉书·文帝纪》，中华书局1962年版。

(腰),一指之大几如股[①]。"面对这种严重的危急局面,在文帝十一年(前169)以前并未采取任何防范措施。

再次,由于实行无为而治,使吏治败坏。汉初"议论务在宽厚,耻言人之过失",甚至"见人之有细过,专掩匿覆盖之",再加上皇帝、丞相都忙于射猎游幸、饮酒歌呼,致使各级官吏大多消极苟安,懈职怠工。文帝多次下诏要求各级官吏劝趋农桑,垦荒种地,推荐孝悌、力田、三老、廉吏,但所有这些诏令都没有得到很好的贯彻执行。官场上,吃喝送礼成风,贪污受贿盛行,"张武等受贿金钱",文帝知道了也不予处罚,这样就出现了"廉吏释官而归为邑笑,居官敢行奸而富为贤吏"的奇怪现象。

最后,由于实行无为而治,使社会风气败坏,社会治安混乱。在皇帝、丞相及各级官吏的"倡导"下,整个社会都以追求奢靡享受、物质金钱为人生第一目标,为了获得奢侈享受和金钱不择手段,从而使社会风气败坏,社会治安混乱。贾谊说:"今俗侈靡,以出伦逾等相骄,以富过其事相竞。……富民不为奸而贫为里骂……家处者犯法为利为材士。故兄劝其弟,父劝其子(为奸犯法以为利以致富),则俗之邪至于此矣。"由于各级官吏软弱涣散,致使"兼并豪强之徒,以武断于乡曲",甚至二千石也莫能制,"其在闾巷少年,攻剽椎埋,劫人作奸,掘冢铸币,任侠并兼,借交报仇,篡逐幽隐,不避法禁。"总之,各种社会弊端" 之为秦者,今转为汉"[②]。

另外,由于实行无为而治,对匈奴采取消极避让政策,致使匈奴不断南侵。自从平城之围后,整个西汉朝廷笼罩着一种强烈的"恐匈"气氛,朝野上下普遍认为匈奴是不可战胜的,所以每当匈奴大规模入侵,汉朝廷即奉宗室女为单于阏氏,别无他策。孝惠时,冒顿单于以吕后新寡,写信调戏吕后:"两主不乐,无以自虞,愿以所有,易其所无。"为人刚毅的吕后受此侮辱,却仍然卑辞言好。"遂和亲"。高后七年冬十二月"匈奴寇狄道,略二千人"。文帝三年五月"匈奴入居北地、河南为寇"。文帝除了调兵保卫长安外,也未见采取有效的防御或反击措施。诚如贾谊所言:"今匈奴嫚侮侵掠……而汉岁致金絮采缯以奉之……势既卑辱,而祸不息,长此安穷!……今不猎猛敌而猎田彘,不搏反寇而搏畜兔,玩细娱而不图大患,非所以为安也。"汉统治者对匈奴一味迁就,不仅未能遏制匈奴的南侵,反而使匈奴之气焰更嚣张。"臣窃惟事势,可为痛哭者一,可为流涕者二,可为长太息者六,若其他背理而伤道者,难遍以疏举[③]。"所有这一切在某种程度上讲,均是奉行黄老无为思想造成的。

①②③ 《汉书·贾谊传》,中华书局1962年版。

由于奉行黄老思想引起了各种社会矛盾和消极后果，所以，这时候和稍后出现的黄老著作不再一味强调无为，而是强调顺应事物发展规律而为。如《淮南子·原通训》对“无为而治”的解释就是：“所谓无为者，不先物为也；所谓无不为者，因物之所为也。”意思是说，“无为”只是在事物还没有发展到人们可以去做某事情之前不要动手去做，“无不为”就是适应事物的发展而去做某事，因此，无为实际上是有为。这实际上是将自己的脚踏进了儒家和其他学派的门槛，也昭示了黄老思想被排斥的必然命运。

第二节 吴、楚王国的封立与兴废

秦朝灭亡后，项羽自立为西楚霸王并分封诸有功将领为王、侯。刘邦与项羽争夺天下时，也曾封立功臣为王、侯；灭亡西楚、一统天下之后，又先后翦除了七个异姓王，分封了九个同姓王，许多功臣和刘姓子弟受封为侯。西汉一代，黄淮下游至长江下游的各郡县也先后封立和废除过不少王国和侯国。

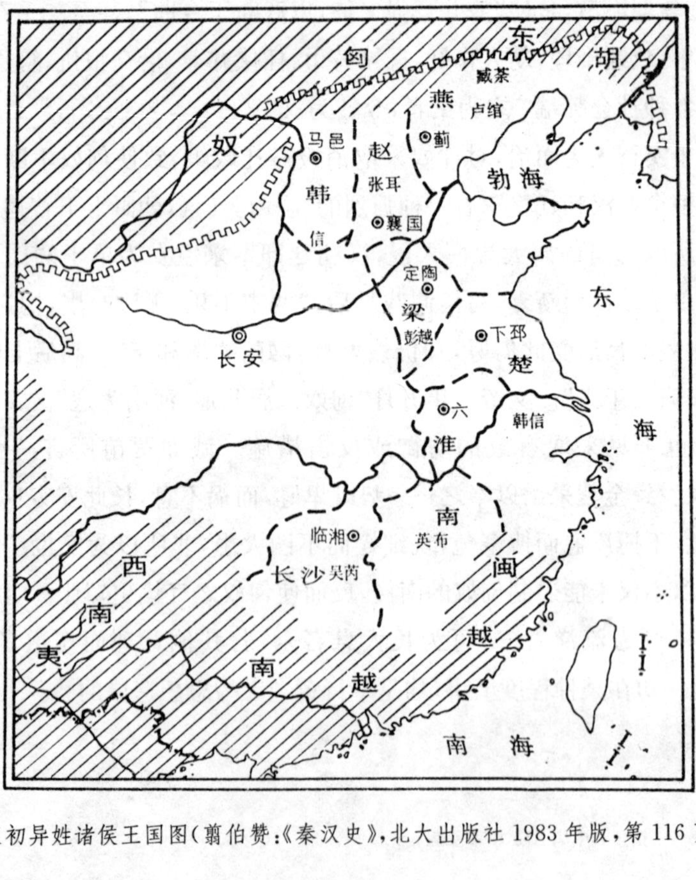

汉初异姓诸侯王国图(翦伯赞:《秦汉史》,北大出版社 1983 年版,第 116 页)

一　刘邦翦除异姓楚王

刘邦灭亡西楚霸王以后，于汉五年正月徙齐王韩信为楚王，说："楚地已定，义帝亡(无)后，欲存恤楚众，以定其主。齐王信习楚风俗，更立为楚王，王淮北，都下邳①。"

韩信，淮阴(今淮安市)人，布衣出身。青年时期，家贫，曾先后寄食于淮阴下乡南昌亭长家和"漂母"(以水击絮的妇人)，也曾被一个少年侮辱，于稠人广众之中出其胯下。项梁起义到达淮北时，韩信仗剑相从。项梁死后，他在项羽军中任郎中官，但项羽不用其策，刘邦被封为汉王入蜀时，他背楚归汉，任连敖(官名)。开始也因不被重用而逃亡，萧何把他追回，认为他是"国士无双"的将才，向刘邦推荐为汉的大将军。张良也认为"汉王之将，独韩信可属大事，当一面"。在楚汉战争中，他成为汉将中独当一面的为刘邦夺取天下的名将，略定了燕、代、齐等地。汉四年，刘邦为了利用他灭楚，不得不立他为齐(今山东东部)王。当时项羽曾派盱眙人武涉前往齐地劝他反汉，与楚联合，答应他与汉、楚"三分天下王之"。齐人蒯通也曾劝他以齐与汉、楚"三分天下，鼎足而居"②，他没有答应，刘邦要他从齐出兵破楚，答应他在破楚以后，把自陈以至东海一带的楚地增封给他。但刘邦灭楚以后，却突然夺了他的齐王军，把齐王国废为郡，把他改立为楚王。这实际上是刘邦削弱他的王权的第一步。

韩信从齐王徙为楚王时，以下邳为王都，领有淮北至江南会稽郡等郡县。在为楚王时，他曾对从食过的漂母感恩图报，赐予千金，也给予下乡南昌亭长百钱。特别是不计前仇，任用过去侮辱过他的那个人为楚王国的中尉官。他更常常"行郡县，陈兵出入"。伊庐(今连云港市境内)人钟离眛是项羽的大将，也是他的故友，在项羽死后逃亡到这里隐藏起来。当时有人告发他"谋反"，这就为刘邦废除他的楚王提供了借口。当时刘邦不敢以兵力征伐他，就采用陈平计，伪游云梦泽，以会诸侯王于陈的名义把他逮捕。当时有人建议斩钟离眛献给刘邦即可"无患"。钟离眛对他说："汉所以不击取楚，以眛在公所。若欲捕我以自媚于汉，吾今日死，公亦随手亡矣。"说罢自刎，这年十二月，他带着钟离眛的头至陈迎接刘邦时，刘邦就令武卒把他捆绑起来。他只得引用"狡兔死，良狗烹；高鸟尽，良弓藏；敌国破，谋臣亡"的古话，气愤地说："天下已定，我固当烹！"刘邦以"人告公反"为借口把他押到洛阳，以"擅发兵"之罪名把他贬为淮阴侯。

韩信从楚王被贬为淮阴侯，当然不服。他认为刘邦取天下、当皇帝，并不是因为

---

① 《汉书・高帝本纪》，中华书局1962年版。

② 《史记・淮阴侯列传》，中华书局1982年版。

自己有将兵打仗的能力。所以在谈到将才时，刘邦问："如我能将几何?"他回答："陛下不过能将十万。"刘邦又问："与君何如?"他说："臣多多益善耳。"刘邦耻笑他说："多多益善，何为为我禽(擒)?"他说："陛下不能将兵，而善将将，此乃所以为陛下所禽也。且陛下所谓天授，非人力也。"刘邦因此"畏恶其能"，他也就"日夜怨望"，对刘邦"常称病不朝从"。终于在汉十一年(前196)春，有人告发他谋反，吕后把他诱骗到宫中斩首。临斩前，他后悔不及的说："吾悔不用蒯通之计，乃为儿女子所诈，岂非天哉[1]!"他的全家也被诛，淮阴侯国也被废除。

刘邦在更立韩信为楚王以后，还在楚地封立了不少大小功臣侯国。如汉六年(前201)先后封萧何于酂(今沛县)，张良于留(今沛县东南)，项伯于射阳(今宝应县境)，陈婴于堂邑(今六合县)。汉十一年，封张相如于东阳(今盱眙县)。十二年(前195)，又封周聚于博阳(今沛县部分)，灵常于阳羡(今宜兴市)，冷耳于下相(今宿迁市西北)等。这些侯国初封时，大侯不过万家，小者五六百户。各侯国有的子孙相传，有的后来废除，也有的不久即改封。

刘邦在楚地翦除异姓楚王韩信是为了分封刘氏子弟同姓王，所以他曾规定"非刘氏而王者，天下共诛之"[2]。在他废除韩信楚王时，当即把原来的楚国分为楚、荆二国，封刘交为楚王、刘贾为荆王。

二　楚国的封立与发展

刘交，字游，刘邦的同父异母少弟，他喜爱读书，多才多艺。年轻的时候曾与鲁国人穆生、白生、申公一道随浮丘伯学习《诗》。浮丘伯是荀况的学生。直到秦朝焚书的时候，他们才各自离去。后刘交随同刘邦起义和兴汉灭楚有功，曾被封为文信君。高帝登上帝位后，刘交和卢绾经常侍奉皇上，出入宫廷卧室，传达命令以及各种机要事务和密谋。汉六年正月封为楚王，称为楚元王，王薛郡、东海、彭城三十六县，都彭城(今徐州市)。

刘交以"好书，多材艺"著名，任用穆生、白生、申公做中大夫，任用堂邑安侯陈婴为楚相十二年。高后时期，浮丘伯在长安，元王派他的儿子郢客和申公一道去学习。"文帝时，闻申公为《诗》最精，以为博士。元王好《诗》，诸子皆读《诗》，申公始为《诗》传，号《鲁诗》。元王亦次之《诗传》，号曰《元王诗》，世或有之[3]。"

楚元王在位二十三年，是当时藩卫汉皇室的强大同姓王。刘邦死后，吕后曾以刘

---

① 《史记·淮阴侯列传》，中华书局1982年版。

② 《史记·汉兴以来诸侯王年表》，中华书局1982年版。

③ 《汉书·楚元王传》，中华书局1962年版。

交的次子为汉朝九卿之一的宗正（掌管皇族和外戚事务的官职），并封为上邳侯。汉文帝刘恒对刘交非常尊宠，他认为"楚王，季父也，春秋高，阅天下之义理多矣，明于国家之大体"，所以在他即皇帝位前"愿请楚王计宜者（谁宜为皇帝）"[①]。刘交死后，葬于彭城西二十里之楚山，其子上邳侯郢客继为楚王，称为楚夷王。汉景帝刘启时，又以"亲亲"封刘交的宠子五人为侯：刘礼为平陆侯、刘富为休侯、刘岁为沈犹侯、刘艺为宛侯、刘调为棘乐侯。

夷王"立四年薨"，儿子刘戊即位。当初，元王尊重礼遇申公等人，穆生不爱喝酒，元王每次为他准备甜酒。到新王刘戊即位，也曾给他设置，后来就忘了。穆生私下说："可以逝矣！醴酒不设，王之意怠，不去，楚人将钳我于市。"于是，称病卧床。申公、白公勉强把他拉起来，说："独不念先王之德与？今王一旦失小礼，何足至此！"穆生曰："《易》称：'知几其神乎！几者动之微，凶吉之先见者也。君子见几而作，不俟终日。'先王之所以礼吾三人者，为道之存故也；今日忽之，是忘道也。忘道之人，胡可与久处！岂为区区之礼哉[②]？"于是托病辞去。而楚王刘戊后来果然逐渐变得淫乱暴虐。

（一）楚国的政治

1. 官吏的设置

西汉前期，诸侯王国之官属，其制如中央。王国内官员设置主要有：

（1）太傅，为诸侯王的师傅，辅佐王事，秩二千石。按《汉旧仪》："帝子为王，王国置太傅、相、中尉各一人，秩二千石，以辅王。"其职责是在道德和学问方面教导太子，地位尊显，但不干预国政，由中央任命。《汉书·百官公卿表》曰："诸侯王，高帝初置……掌治其国，有太傅辅王。"《汉旧仪》曰："傅不得预国政，辅王而已。"如景帝时以赵夷吾为楚王戊太傅。

（2）丞相，初名相国，惠帝时更名丞相，景帝时改丞相称相。由中央任命。其职责是"总纲纪，辅王"，"统众官"[③]，也就是总管王国内大小官员和总理各项要政，监督和制约诸侯王。因相位尊重，故常以功臣干才任此职。如高祖以张尚为楚相。

（3）御史大夫，位仅次丞相。其职责为督察国中官吏。吴楚之乱平后，"景帝中五年……省御史大夫"[④]。

（4）廷尉，掌司法刑狱；少府，掌王室宗族事务；博士，掌通古今，相当于顾问。以上五种官员到汉景帝中元五年（前145）后，王国内不再设置。

---

① 《史记·孝文本纪》，中华书局1982年版。

② 《汉书·楚元王传》，中华书局1962年版。

③④ 《汉书·百官公卿表》，中华书局1962年版。

(5) 内史,“治国民”,负责民政,秩二千石[1]。

(6) 中尉,“掌武职”[2]。执掌王国军事,维持王国都城的治安。成帝绥和元年(前8)后,职权只相当于郡的都尉,俸禄从中二千石减为比二千石。此外,群卿官还有郎中令,负责王的警卫;卫尉,负责宫门屯卫;太仆,掌王室车马;将军,战时掌军事;大行,掌归义蛮夷;司马,为军中某一阶层官级之称。

吴楚七国之乱前,王国中枢诸官除太傅、丞相为皇帝代置外,诸侯王可自置御史大夫以下诸官。《后汉书·百官志》载曰:“(王国)百官皆如朝廷,国家惟为置丞相,其御史大夫以下皆自置之。”除上述列举的诸吏外,还设置了各部门长官的属官属吏,诸如大夫、谒者、郎、丞等。

在地方官员的设置上,汉初封国内的地方行政体制与其他地方基本一致,为国——郡——县三级建制。比如郡、县职官设置如中央所辖郡县,郡有郡守、县有县令(长)。县令(长)掌治其县,秩五百石至三百石,等等。

1993年初,连云港市东海县温泉镇尹湾汉墓出土了一批西汉时的简牍,其中六号墓出土的《集簿》和《东海郡吏员簿》为我们提供了西汉后期东海郡及所属各县、邑、侯国吏员的名称和数量,这是迄今为止见到的唯一一份完整的反映汉代东海郡地方行政制度的文献。值得特别重视的是《集簿》和《东海郡吏员簿》记载了东海郡各县、邑、侯国所属乡官的名称和数量。

据《集簿》载:西汉东海郡有18个县、2个邑、18个侯国、还有盐官3个、铁官2个。盐铁官下不设乡,除去盐铁官,东海郡共有相当于县级建制的机构38个,下辖170个乡。通过《东海郡县、邑、侯国乡官表》的研究使我们对当时乡官的设置有了较为深入的了解。

万户以上的县,其中秩千石的海西等4县设乡都在10个以上;而秩六百石的朐邑等3县(邑)设乡则不足10个,最小的如戚县只有5个乡。

万户以下的县、邑,设乡不足10个。最多的厚丘县有9个乡,而平曲和承县都只有1个乡。

侯国设乡较少,最多的如蓝旗,有4个乡,而18个侯国中竟有10个侯国只设1个乡。

而东海郡乡级吏员的设置问题也很复杂。东海郡7个万户以上的县、邑中,有4个县、邑共5个乡设官有秩。其他各县、邑、侯国都无官无秩。设官有秩的乡占总乡数170个的2.9%;东海郡有15个县、邑、侯国共25个乡设乡有秩,占170个乡的14.7%,有22个县既不设官有秩,也无乡有秩。说明设乡有秩的乡,即使不到5千

---

① 徐天麟:《西汉会要》,中华书局1955年版。

② 卫宏:《汉旧仪》,见孙星衍《汉官六种》,中华书局1990年版。

户，也是所在县、邑、侯国中较大的乡。东海郡设乡啬夫的乡 139 个，占总乡数的 81.8%，说明西汉时东海郡的乡级官吏大量的是乡啬夫。

而对于东海郡乡级副官的设置，值得注意的是游徼和乡佐。通观全表，并非每个乡都同时设有游徼和乡佐。游徼和乡佐虽同为乡官，但各有专司，前者掌巡禁盗贼，后者主收税赋。犹如今日乡级公安与财税两个部门，不可互相替代。其设置可视乡的大小、治安情况和税收难度，而增减其员额。正如《汉书·百官公卿表》："县大率方百里，其民稠则减，稀则日广。"一个大乡可同时有游徼和乡佐，而几个小乡也可并为一个区片，各设 1—2 人，一些无乡佐的县、邑、侯国，其职能只能由乡啬夫兼理了。

另外，乡三老、孝弟、力田也是乡官。《后汉书·明帝纪》李贤注曰："三老、孝弟、力田，三者皆乡官之名。三老，高帝置；孝弟、力田，高后置，所以劝导乡里，助成风化也。"

以上论述原始材料来源是尹湾汉墓中六号墓出土的《集簿》和《东海郡吏员簿》。据考证，六号墓主人下葬的时间是汉成帝元延三年（前 10）[①]，简牍是墓主人生前业已完成的，反映的是西汉中晚期的资料。此时东海郡已不是楚王国的属地。汉初虽实行了郡国并行制，但之后统治者尤其是汉武帝的强力打击后王国地域缩小及权势的没落，在这种背景下，东海郡已隶属于中央管辖。问题是东海郡不管是由王国管辖还是后来由中央管辖，其郡内的县、邑、侯国乡官设置不会有大的改变。即使在汉初郡国并行体制下，中央与王国各自所辖的诸郡在县、邑、侯国乡官设置也相同。因此，上述对东海郡乡官设置研究结论实际上可以反映楚王国各郡内大致情况。

所以，我们有理由认为汉初楚王国内有成熟完备的官僚行政体制，它们各司其职，又各有隶属，在王国的行政制度规范下，保持有效运作，使王国核心的决策得以实行。这也是王国在汉初经济得以较大发展的前提与保证。

2. 封国的军队

汉初楚王国拥有一定数量的军队。其职能是戍守王都、卫护封国内的社会治安。在国家对外有征战之事时，王国军队要听从中央调遣，参加征战。如高祖十一年（前 196）黥布叛乱，楚王即"发兵与战徐、僮间"[②]。1984 年徐州市东郊狮子山西麓出土一支"诸侯王军队"——西汉楚国彩绘陶兵马俑群，这是我国迄今为止发现的唯一的诸侯王兵马俑。它是以当时的楚王国军队为蓝本绘制的，它反映出汉初楚王国不仅拥有一支兵种齐全的军队，而且分工明确，军容整齐。汉大将周亚夫观楚军阵容曾叹之曰："吴楚兵厉，难与争锋[③]。"当年楚军的强大可见一斑。

---

① 连云港市博物馆：《江苏东海县尹湾汉墓群发掘简报》，《文物》1996 年第 8 期。

② 《史记·黥布列传》，中华书局 1982 年版。

③ 《汉书·荆燕吴传》，中华书局 1962 年版。

对于楚王国的军队的数量和质量问题，从狮子山楚王陵出土的文物和兵马俑群可得到反映。徐州狮子山楚王墓中出土了大量的实战兵器[①]。根据文物的形体，我们可以把它们分成三类：短兵器（剑、钩等）、长兵器（矛、戈、戟、铍等）、远射程兵器（箭、弓、弩等）。这些兵器不仅种类繁多、齐全，而且铸造水平精湛。楚王国用这些优良兵器装备军队，把王国军队打造成一支强有力的队伍，使之成为当时最具有割据实力的诸侯国之一。

（二）楚国的经济

1. 铁农具的普及与推广

战国秦汉时代，冶铁手工业普遍存在，冶铁作坊制造的铁器以农具居多，铁农具的使用更为普遍。楚国地跨今鲁东南和苏北不少地方，所属的东海郡、彭城县、广陵郡堂邑县、盐渎县（今盐城）、下邳国葛峰山均产铁。楚国在彭城设置铁官，在其属地内，有冶铁遗址一处——利国驿遗址[②]，在河南省镇平县出土的铁器铭文有“吕”字，这可以看作在彭城县下辖的吕县作坊的省称。

楚王国内所使用的铁农具无论在品种、还是在质量上都比以前有很大增加和提高。实际上徐州地区也挖掘出土了大量的铁农具，说明铁农具已在该地区广泛使用。（见下表）

出土地点	时 间	种 类	资料来源
铜山小龟山	西汉	铁削 10 件、铁镢 3 件、铁锛 3 件	《铜山小龟山西山崖洞墓》，《文物》1973.4
徐州陶楼	汉代	铁锸 1 件	《徐州东郊陶楼汉墓清理简报》，《考古》1993.1
徐州九里山	汉代	铁锸 1 件	《江苏徐州九里山汉墓发掘简报》，《考古》1994.12
铜山李屯	西汉	铁镢 1 件	《江苏铜山县李屯西汉墓清理简报》，《考古》1995.03
徐州米山	汉代	铁镢 1 件	《江苏徐州米山汉墓》，《考古》1996.4
徐州韩山	西汉	铁镢 1 件	《徐州韩山西汉墓》，《文物》1997.02

---

① 徐州狮子山楚王陵考古发掘队：《徐州狮子山西汉楚王陵发觉简报》，《文物》1998 年第 8 期。

② 南京博物院：《利国驿古代炼铁炉的调查与清理简报》，《文物》1960 年第 4 期。

2. 牛耕的推广与耕作水平的提高

江苏睢宁双沟等地区出土的汉画像石都有雕绘的牛耕图[①]，反映了牛耕技术在该地区的普及情况。同时，牛耕技术也不断进步。西汉时期为耦犁[②]：二牛拽犁，一人牵牛，一人扶犁，一人压辕控制犁地的深度[③]。即所谓的"二牛抬杠"式。江苏睢宁双沟画像石农耕图中牛耕的图像则是两牛一人：并排的两条耕牛之间有两条辔，耕者手握牛辔，牵动穿牛鼻的牛环来控制牛的犁地，因此省去了两人的劳动。又如：1984 年 3 月，南京博物院清理泗洪重岗西汉画像石刻墓，内有粮食加工图与耕种图。耕种图又区分上下。上图为二人二牛（耦犁）犁田，一人牵牛在前，另一人在后，左手扶犁梢，右手扬鞭驱牛向前，使用直辕。犁头为二等边三角形。下图为播种，一人在前撒种，后有二人耢耙，平土盖种。二图充分体现了由犁耕、播种以至平土盖种的全过程[④]。这说明操作灵活的一牛挽犁在楚国地区已逐渐取代了长辕二牛抬杠式耦耕，是犁耕技术重大的进步。

3. 农作物品种丰富，产量提高

汉代作为食粮的农作物品种有粟、稻、小麦、大麦、黍、豆等。谷类最为重要。这些品种，楚王国虽然都有种植，但主要以粟、稻、小麦为主。1972 年徐州奎山一座西汉初的墓葬中即出土有稻粒[⑤]。由此可知黄淮流域的楚国在汉初已成为水稻和旱谷的间作区。而旱谷中又以小麦居多。《淮南子・地形训》曰东方"其地宜麦"。而楚国地处黄淮平原东部，气候温暖湿润，土壤疏松，适宜小麦的生长。当地的小麦的播种面积和产量相当大，在近年来东海县尹湾村出土的木牍《集簿》，其中记载"□种麦宿麦十万七千三百[八]十□顷，多前九百廿顷八十二亩"。汉代 107000 顷约合现在的 740 万亩，而《集簿》中记载的当时的人口户 266290，其中男 766064，女 688132，男女共 1454196 人。则人均种植宿麦的面积 5.2 亩，户近 28 亩，约占当时耕地的一半。与其他的作物相比，可以想见小麦的种植面积无疑是在当时已占首位。

除稻、小麦、大麦、黍等以外，粟也有种植。徐州奎山地区也曾出土了西汉时期的谷子；江苏海州地区出土了西汉时期的黍；连云港和海州也出土了稷。睢宁双沟画像石《农耕图》中四棵作物无外乎这类作物。

粮食产量的增加，促使粮价不断降低。汉兴，接秦之敝，"民失作业，而大饥馑。

---

① 《江苏徐州汉画像石》，图版 63，科学出版社 1959 年版。

② 《汉书・食货志》，中华书局 1962 年版。

③ 宋兆麟：《西汉时期农业技术的发展——二牛三人耦犁的推广和改进》，《考古》1983 年 1 期。

④ 《泗洪重岗汉代农业画像石研究》，《农业考古》1984 年第 2 期。

⑤ 徐州博物馆：《江苏徐州奎山西汉墓》，《考古》1974 年第 2 期。

凡米石五千,人相食,死者过半"①。可谓粮食极端缺乏,但到文帝时已是"天下殷富,粟至十余钱"②。宣帝时则"谷至石五钱"③,粮食价格的不断下降,反映出粮食供应量的增加。历史文献中虽然没有具体有关徐地粮价的记载,但按照一般楚王国农业生产情况推测,粮价不应超过全国的平均水平,也就是不超过"石五钱"。事实证明,经过汉初短短四五十年的发展,地处东部的楚王国人民不仅解决了温饱问题,而且为全国粮食生产的增加做出了突出贡献。

4. 手工业的发展

汉初王国的冶铁规模相当大,从考古发掘看,虽然如中期及以后的大型冶铁遗址未得发现,但仅从诸侯王国内诸多的遗存就可见一斑。西汉初期墓葬中均有铁器出土,从这一点也可推知当时冶铁经营业是十分普遍的。

《汉书·地理志》中记载:"彭城、沛县、下邳有铁官。"西汉初楚国设三郡:彭城、东海、薛郡,辖36县,南守淮东,北至鲁南,东到海,西达今皖北一部分的广大地区。这其中彭城(今徐州)、沛县、下邳(今睢宁)、东海为苏北地区的徐州及周边范围;薛郡(今山东薛城地区)为西汉楚国地段。在这些地方设立铁官,其主要职能是控制作为战略物资和生产资料的铁资源完全为王国所利用。在诸多的铁矿中,最著名的是位于徐州市北的利国驿铁矿④。通过对炉渣进行化验分析,其含有成分为:二氧化硅30.47%,三氧化二铝13.34%,氧化钙6.36%,氧化镁1.58%,氧化亚47.98%,氧化锰0.038%,硫0.052%。渣比为氧化钙:二氧化硅=1.06∶5.08。由以上数据可知,含量最高的是氧化亚铁,占47.98%,按现代铁矿石含铁量在56%以上为富矿的标准,那么楚国利国驿铁矿所用铁矿石应为含铁量高的平炉铁矿,把矿石直接入炉即可冶炼成生铁,可见汉代楚王国采矿业已经掌握了铁矿石鉴别能力和冶炼工艺。

另外在玉器加工业方面,历经春秋战国和秦朝,到了汉代,玉器加工制作得以飞速发展。随着考古的不断深入,在该地区许多墓葬中发现了大量的玉器,有玉柱、玉印章、玉蝉、玉猪、玉璧、玉圭、玉衣、玉覆面等等。这些玉器不但种类众多、繁复,而且技艺先进。特别是玉衣(套)的制作,要经过选料、开片、钻孔、磨制、抛光、编号、拉丝成缕,最后编缀成玉衣复杂的过程,这反映出当时楚王国地区的玉衣制造业的高超技艺。

玉衣(套)是皇帝和高级贵族的丧葬殓服。1970年在徐州土山汉墓中出土了一件较为完整的玉衣。由头罩、脸盖、袖筒、手套等十二部分组成,形成"铠甲",全衣共

---

①②③ 《汉书·食货志》,中华书局1962年版。

④ 南京博物院:《利国驿古代铁炉的调查与清理简报》,《文物》1960年第4期。

徐州狮子山西汉楚王墓兵马俑

用了2600多片玉片，用四角穿孔的方式使用银丝编缀而成①。而徐州狮子山西汉楚王陵出土了一件金缕玉衣，玉片则达到了4000余片，而且“此套玉衣全部是用精美的新疆和田玉料”②。到目前为止，该地区的墓葬中出土的西汉时期玉衣（套）的情况见下表：

出土地点	墓葬年代	出土、保存情况	资料来源
徐州北洞山	西汉早期	金缕玉衣：玉衣片50多片，以凸形鳞甲状为主	《徐州北洞山西汉楚王陵发掘简报》，《文物》1988年第2期
徐州狮子山	西汉早期	金缕玉衣：玉衣片4000多片，新疆和田玉	《徐州狮子山西汉楚王陵发掘简报》，《文物》1998年第8期
徐州后楼山	西汉早期	玉覆面1件，玉片33片	《徐州后楼山西汉墓发掘报告》，《文物》1993年第4期
徐州韩山	西汉早期	玉衣（套）1件，玉片600余片	《徐州韩山西汉墓》，《文物》1997年第2期

从上所述，我们可以清楚地知道西汉楚王国不论在农业还是手工业各方面都是非常发达的。楚王国经济的发展有力促进了西汉国家经济特别是汉初经济的恢复和发展。

① 钱国光：《徐州汉代玉器述略》，《两汉文化研究》，文化艺术出版社1996年版。

② 狮子山楚王陵考古发掘队：《徐州狮子山西汉楚王陵发掘简报》，《文物》1998年第8期。

三　吴国的封立与发展

刘贾，刘邦的堂兄弟，在楚汉战争中入楚地招大司马周殷叛楚归汉，举九江黥布兵会垓下，共败项羽，后又为汉于西南击败临江王共尉。刘邦在立刘交为楚王的同时，认为将军刘贾数有功，立其为荆王，王淮东的东阳(即临淮)、鄣(即丹阳)、吴(即会稽)三郡五十二城，都于吴(今苏州市)，(《史记·汉兴以来诸侯王年表》记载 荆"都吴"；《黥布列传》记载黥布"东取吴"；《正义》说："荆王刘贾都吴，苏州 庐城也。")吴西南的阳羡本名荆溪，有荆山，荆国即因荆山而得名；又因为都于吴，故荆国亦或称为吴。

刘贾为荆王六年，曾"筑吴市西城，名曰定错城"①。汉十一年七月，被刘邦立为淮南王的黥布看到刘邦先后杀淮阴侯韩信和梁王彭越，生怕祸及己身，发兵反汉，东并荆王刘贾地。刘贾溃败，走死富陵(今盱眙东北六十里)，荆国就此灭亡。黥布尽劫其兵，北渡淮击楚王刘交，刘交一度败走入薛。刘邦亲自率领刘濞、刘交等讨伐黥布。次年十月，黥布在江淮间败亡，刘邦返回都城长安途中特地经过故乡沛邑。在沛逗留期间，他召来了沛邑的故人父老子弟摆酒沛宫，庆祝讨伐黥布的胜利，并亲自歌舞，悲歌《大风歌》。当时，他慷慨伤怀，含着热泪说："游子悲故乡。吾虽都关中，万岁后，吾魂魄犹乐思沛。"为了表示他的"悲故乡"之情，以沛为他的"汤沐邑"，免除沛、丰二邑人民的徭赋。由于荆王刘贾已被黥布所杀，无后，刘邦"患吴、会稽轻悍，无壮王以填(镇)之"，决定改荆国为吴国，另立刘氏子弟为吴王。他对群臣说："吴，古之建国也，日者荆王兼有其地，今死无后。朕欲复立吴王，其议可者②。"群臣请立沛侯刘濞为吴王。

刘濞，刘邦兄刘仲之子，汉十一年封为沛侯，次年随刘邦讨伐黥布，以骑将破黥布军。当时他正 20 岁，体质强壮"有气力"，可谓刘氏子弟中的壮士，刘邦因此封他为吴王，吴王国的领地由荆国的三郡扩大为四郡，"王四郡之众，地方数千里"③。吴的王都从吴邑北移广陵(今扬州市)，刘濞在这里新筑周长十四里半的广陵城④。城门有的叫"楚门"，有的叫"鱼门"(即吴门)。当时的吴邑仍是江东的都会，刘濞在这里也筑有刘氏的宗庙⑤。在刘氏同姓诸侯王中，吴王刘濞为人"厚重"。汉文帝刘恒曾经赞扬他

---

① 袁康，吴平辑录：《越绝书·越绝外传记吴地传》，上海古籍出版社 1985 年版。

② 《汉书·高帝纪》，中华书局 1962 年版。

③ 《史记·淮南衡山列传》，中华书局 1982 年版。

④ 范晔撰：《后汉书·郡国三》广陵下注，上海古籍出版社 1986 年版。

⑤ 袁康，(东汉)吴平辑录：《越绝书·越绝外传记吴地传》，上海古籍出版社 1985 年版。

说："吴王于朕，兄也，惠仁而好德[①]。"当时汉王朝因为天下初定，实行"无为而治"、"顺民之情，与之休息"的政策，各郡国诸侯王也"各务自循其民"。

（一）吴国的政治

汉初，诸侯王国权力很大。诸侯王"掌治其国"[②]，拥有治民权。这种权力是朝廷通过各项制度规定的。而王国的一个突出特点就是仿照朝廷置官，这一点在讲述楚王国时已经提到，即"宫室百官，同制京师"[③]。贾谊在《新书·等齐》中列举甚详。据该篇所述，可知吴国与朝廷"同制"之处，有下列诸点：

号令同。"天子之言曰令，令甲令乙是也；诸侯之言曰令，令仪令言是也。天子卑号皆称陛下，诸侯卑号皆称陛下。"

后妃称号同。"天子亲，号云太后；诸侯亲，号云太后。天子妃，号曰后；诸侯妃，号曰后。"

宫卫同。"天子宫门曰司马，阑入者为城旦。诸侯宫门曰司马，阑入者为城旦。殿门具为殿门，阑入之罪亦俱弃市。宫墙门卫同名，其严一等，罪已钧矣。"

乘舆同。"天子车曰乘舆，诸侯车曰乘舆，乘舆等也。"

御同。"天子卫御，号为大仆，银印，秩二千石；诸侯之御，号曰大仆，银印，秩二千石，则御已齐矣。"

臣同。"天子之相，号为丞相，黄金之印；诸侯之相，号为丞相，黄金之印，而尊无异等，秩加二千石之上。天子列卿二千石，诸侯列卿秩二千石，则臣已同矣。"

事诸侯王与事皇帝同。"诸侯王所在之宫卫，织履蹲夷，以皇帝所在宫法论之；郎中谒者受谒取告，以官皇帝之法予之；事诸侯王或不廉洁平端，以事皇帝之法罪之。一用汉法，事诸侯王乃事皇帝也。是则，诸侯王乃埒至尊也。"

此外，据史籍记载，诸侯王还有自己的纪年，则纪年亦与天子同。

上述诸项"等齐"之制，赋予诸侯王很大的权力。使王国成为半独立性质的地方行政机构。

但是，诸侯王的权力并非无限制的。汉朝廷为了控制吴国等诸侯王国，还采取了种种措施，对吴王等诸侯王加以限制。

其一，王国傅、相由中央任命，诸侯王不得自置。

其二，诸侯王必须用"汉法"，不得擅为法令。

其三，不经皇帝准许，诸侯王不得擅自赐爵、赦死罪。

---

① 《史记·孝文本纪》，中华书局 1982 年版。

② 《汉书·百官公卿表》，中华书局 1962 年版。

③ 《汉书·诸侯王年表》，中华书局 1962 年版。

其四，没有皇帝的虎符、诏书，诸侯王不得擅自发兵。

其五，诸侯王必须定期朝见皇帝，按规定纳献费和酎金，并定期派遣官吏上计。

其六，诸侯王必须居处有度，不得窃用皇帝专有的仪制。

所有这些都是对吴王等诸侯王的限制。

(二) 吴国的经济

“惠仁而好德”的吴王刘濞采取循了一系列所谓“自循其民”的措施，造成吴国的经济实力在当时诸侯王中无与伦比。其措施大致有如下一些：

一是“薄敛”。“吴王擅山海之利”，煮盐、铸钱，“以故无赋”。如淳注曰：“铸钱煮海，收其利以足国用，故无赋于民也。”

二是招纳天下各地的“亡命”。吴王濞“招致天下亡命者”，“它郡吏欲来捕亡人者，颂共禁不与”。“亡命”，指脱名版籍而逃亡的人，其具体情况颇为复杂。但吴王濞让他们从事铸钱、煮盐，并加以保护，这是有利于社会安定和生产发展的。《史记·吴王濞列传》记载：“吴有豫章郡铜山，即招致天下亡命者(益)[盗]铸钱，东煮海水为盐，以故无赋，国用饶足。”

三是为了争取民心，吴王室对于戍边的戍卒，还“辄与平贾”(随时月以平价给钱)；对于月为更卒的徭役，如本人不亲自赴役，可以出钱由政府雇佣，受雇者代别人服役，叫做“践更”；并“岁时存问茂才(美才之人)，赏赐闾里”。

四是为了使吴国殷实强盛，刘濞也很注意“节衣食之用，积金钱，修兵革，聚谷食，夜以继日，三十余年”①。

经过三四十年的积极努力，吴王国的富强与关中皇室比起来，有过之而无不及，正如当时吴国郎中枚乘所说：“夫吴有诸侯之位，而实富于天子；有隐匿之名(僻在东南)，而居过于中国(中原)。夫汉并二十四郡，十七诸侯，方输错出，运行数千里不绝于道，其珍怪不如东山之府(吴王的府藏)。转粟西乡，陆行不断，水行满河，不如海陵(今泰州市)之仓(吴国的太仓)。修治上林，杂以离宫，积聚玩好，圈守禽兽，不如长洲之苑(吴邑东吴苑)。游曲台，临上路，不如朝夕之池(吴以海水潮汐为池)。深壁高垒，副以关城，不如江淮之险②。”这时吴王国拥有精兵约五十万，步兵尤其锋锐，是西汉前期最强大的诸侯王国。

四 景帝削藩与吴楚七国之乱的爆发

封建国家的统一和分裂、中央集权的加强和地方割据倾向间的斗争，从汉文帝以

---

① 《史记·吴王濞列传》，中华书局 1982 年版。

② 《汉书·枚乘传》，中华书局 1962 年版。

后开始激化。其矛盾的焦点集中在刘氏宗室内部皇权和王权的分割，其矛盾激化的原因则是刘氏诸侯王势力的膨胀。

刘邦所封的同姓诸侯王的封国，占据了国土的大部。据《汉书·诸侯王表》记载可以看出，诸侯王占据了全国大片土地，其中尤以齐、楚、吴三国最大，几乎“分天下之半”①。当时全国大约有54个郡，各诸侯国就占39个郡，仅齐一国就有7郡。归西汉王朝中央政府统辖的，只有15郡。不过，这些诸侯王刚被封时或年岁尚幼，或羽翼未丰，尚未对中央政权构成威胁。以后，虽然有的诸侯国先后被除，如文帝七年(前173)长沙国王绝嗣“国除”。但又有更多的诸侯王被封。这样总计文帝之世诸侯国有吴、楚、赵、燕、代、梁、淮阳、河间、城阳、齐、济北、淄川、胶东、济南、淮南、衡山、庐江等十八九个诸侯王国，数目比高帝时还多。

更严重的问题还在于，这些诸侯王的羽翼已成，迅速膨胀起来的势力，足以同西汉中央政权分庭抗礼。这些诸侯王国“大者跨州并郡，连城数十，宫制百官，同制京师”②，俨然 独立于西汉朝廷之外，甚至“不用汉法”，“自为法令，拟于天子”③。这就严重影响了封建统一，削弱了中央集权。于是以皇帝为代表的中央集权，同以诸侯王为代表的地方割据势力之间的冲突就迅速激化起来。

贾谊在著名的上疏《治安策》中向皇帝痛陈天下形势说：“天下之势，方病大肿，一胫之大几如要，一指之大几如股，平居不可屈信(伸)，一二指搐。身虑亡聊。失今不治，必为痼疾，后虽有扁鹊，不能为已。”为此，他提出必须立即削弱诸侯势力，办法就是“众建诸侯而少其力”，即令诸侯王之子孙，依次分割其父辈之封地“地尽而止”。这样，诸侯王越分越多，而各诸侯国封地则愈来愈少。“力少则易使以义，国小则无邪心”，这就使诸侯国无力与中央政府对抗，不致成为中央政权的威胁，而接受朝廷的统辖，“诸侯之君不敢有异心，辐辏并进而归命天子”④。

贾谊的意见得到文帝的重视，不久就把齐国分为六，把淮南分为三，显然就是在“众建诸侯而少其力”的思想指导下做出的决定。但是，以当时诸侯王的势力，仅仅采取这么一点措施是远远不能抑制其发展的。

景帝即位，在处理中央与地方关系问题上，当时有三种选择：上策秉承文帝之制，继续执行“众建诸侯而少其力”的治理模式；中策，坐等前封诸侯王自然淘汰，或等其内部骄奢淫乱之时再一并解决；下策，取晁错强行“削藩”之法，早日从根本上解决问

① 《史记·吴王刘濞传》，中华书局1982年版。

② 《汉书·诸侯王年表》，中华书局1962年版。

③ 《史记·淮南衡山列传》，中华书局1982年版。

④ 《汉书·贾谊传》，中华书局1962年版。

题。（晁错，文帝时是太子家令，深得当时尚为太子的景帝信任，被称为“智囊”。）景帝即位后，晁错先为内史，后迁御史大夫。其见诸侯王与中央政权之间的矛盾日趋尖锐，便上《削藩策》说：“诸侯或连数郡，非古之制，非长久策，不便[1]。”于是，“请诸侯之罪过，削其地”。特别指出吴王刘濞：“诱天下亡人谋作乱，今削之亦反，不削之亦反。削之，其反亟，祸小；不削，反迟，祸大[2]。”

所谓“众建诸侯而少其力”，上面已经提到。从该措施的实效来看，一方面诸侯王国的疆域越封越小，“力少则易使以义，国小而亡邪心”[3]。另一方面，由于惠泽诸侯王自己的后代，而不是“肥水外流”，从而避免了地方与中央的矛盾和对抗。如果景帝照搬此策，也可借机让自己的儿子正大光明地参与“分肥”，而不致引起内讧。

第二种方案也不失为明智之举。通过自然淘汰的方式，正如景帝初期所做的那样，逐步收回无嗣之诸侯王领地，也可坐收逐步解决封地不足与消除地方隐患的双重功效；或者将削藩之策暂时悬置起来，待诸侯国内部糜烂不堪或内讧不已之时，中央“顺天理、从民意”，重整河山。

“削藩”之策内含极大的政治风险：一方面有违先帝之成法，极易招致非议，“口让多怨”，危及政权合法性的根源；另一方面，此举犹如口中夺食，一旦实施，地方必强烈反抗；若引起连锁反应，势必内乱不已，甚至有国破家亡之虞。

但景帝偏偏选择下策。或许在他看来，第一种方法不足以从根本上解决问题，第二种方式耗费时日，期间是否出现变故尚难预料。

就其自身情况来讲：汉景帝共有十四子，除太子外，余十三子皆需分封，以比先帝封子为侯之制。为明晰起见，现将孝景十四子列表如下。

王皇后	栗　姬	程　姬	贾夫人	唐　姬	王夫人
武帝刘彻	临江闵王荣，河间献王德，临江哀王阏。	鲁恭王馀，江都易王非，胶西王刘端。	赵敬萧王彭祖，中山靖王胜	长沙定王发	胶东康王寄，广川惠王越，清河哀王乘，常山宪王舜

高帝八子，除惠帝外，余七子的分封在铲除异姓王过程中完成，将矛盾化解于无形。惠帝无子，不存在分封问题。孝文四男，刘启立为王储，需分封的仅三子，这个问题亦不难解决。景帝则遇到了麻烦，需分封者有十三人之多。七国之乱前，景帝通过

① 《史记·袁盎晁错列传》，中华书局 1982 年版。
② 《史记·吴王刘濞列传》，中华书局 1982 年版。
③ 《史记·贾谊传》，中华书局 1982 年版。

收回无嗣之诸侯王领地等正常渠道，将刘德、刘彭祖、刘阏、刘馀、刘非、刘发六兄弟分别安置于河间、广川、临江、淮阳、汝南和长沙等地，但其余七子的领地一时无法解决。按先帝之法诸侯王平均领三郡计，中央至少要拿出二十一郡才能将景帝其余七子分封到位。而当时中央直接控制者仅十五郡，且这十五郡既是中央政府的主要财政来源，也包括皇后、公主的封邑，故不能随意予人。当景帝面临不册封无以安内，要封土又无机动地盘的两难选择时，自然要在先帝已册封的诸侯王国身上打主意。

汉初，全国共有五十九郡，其中先帝册封的十个诸侯王国就占有四十二郡；全国人口约一千三百余万，诸侯王国编户一百八十万，人口八百五十余万①。即使到"削藩"之前，前封诸侯王国虽屡经变故，但仍占有三十八郡②。与中央相比，无论是地盘、人口数量，还是经济实力，前者都占有绝对优势。这在景帝看来，削夺这批诸侯王的领地，既可一劳永逸地解决封地不足问题，又可消除地方尾大不掉之患，收一箭双雕之效。另外，这些前封诸侯王与新帝的血缘关系日渐疏远，动起手来也自然无切肤之痛。故无论是出于解决分封问题的现实考虑，还是为消除隐患的长远打算，景帝都需要"削藩"这样的对策。

此外，景帝实行削藩亦与吴王的个人恩怨有关。据《史记·吴王濞列传》："孝文时，吴太子入见，得侍皇太子饮博。吴太子师傅皆楚人，轻悍，又素骄，博，争道，不恭，皇太子引博局提吴太子，杀之。于是遣其丧归葬。至吴，吴王愠曰：'天下同宗，死长安即葬长安，何必来葬为！'复遣丧之长安葬。吴王由此稍失藩臣之礼，称病不朝。京师知其以子故称病不朝，验问实不病，诸吴使来，辄系责治之。吴王恐，为谋滋甚。及后使人为秋请，上复责问吴使者，使者对曰：'王实不病，汉系治使者数辈，以故遂称病。且夫"察见渊中鱼，不祥"。今王使诈病，及觉，见责急，愈益闭，恐上诛之，计乃无聊。唯上弃之而于更始。'于是天子乃赦吴使者归之，而赐吴王几杖、老，不朝。吴得释其罪，谋亦益解。"吴太子被杀事件，虽然由于文帝的努力而没有导致吴王的立即反叛，但吴王同汉朝廷的矛盾加深了，汉朝廷对吴王的猜忌也更厉害了，特别是景帝即位之后。吴使者曾说吴王"尝患见疑，无以自白，今胁肩累足，犹惧不见释"③。

景帝的削藩引起了诸侯王的"震恐"。当"汉廷方议削吴"时，"吴王恐削地无已，因以此发谋，姑举事"④。为了联合更多的诸侯王举事，吴王濞遂与各诸侯王"通谋"，"约纵"结盟。

---

① 《史记·汉兴以来诸侯年表》，中华书局 1982 年版。

② 周振鹤：《西汉政区地理》，人民出版社 1987 年版。

③④ 《史记·吴王濞列传》，中华书局 1982 年版。

吴王濞的头一个联合对象是楚王戊，楚与吴是邻国，是当时最大的诸侯之一。景帝三年冬，楚王戊入朝，“晁错因言楚王戊往年为太后服，私奸服舍，请诛之。诏赦，罚削东海郡”[①]，楚王怨恨，“乃与吴通谋”[②]，吴楚两国首先结盟。

但是，在吴王看来，“淫暴”的楚王戊，是不足以计谋的。在当时的诸侯王中可与之“计谋”者，只有一人，此人就是胶西王卬。“胶西王勇，好气，喜兵，诸齐皆惮畏。”景帝二年，“胶西王卬以卖爵有奸，削其六县。”吴王濞趁机派中大夫应高出使胶西。应高对胶西王进行煽动说：晁错“侵夺诸侯之地”，“诸侯皆有倍畔之意”，吴王欲“以晁错为讨”，“率楚王略函谷关，守荥阳敖仓之粟，距汉兵”。“大王有幸而临之，则天下可并。”并且约定事成之后，“两主分割”，瓜分天下。胶西王表示赞同。“吴王恐其不与，乃亲自为使，使于胶西，而结之[③]。”

胶西王与吴结盟后，遂发使联络齐、淄川、胶东、济南、济北诸王，相约起兵反汉。通过胶西王，吴王刘濞与齐地诸王结成同盟。

与此同时，吴王还与赵燕两国通谋。赵王遂有两件事对汉廷不满。一件是文帝分赵之河间郡置国，传位二世，因无后国除为郡，地入于汉。赵王“欲复还得河间”[④]，但未能如愿。另一件是景帝即位后，“赵王有罪，削其常山郡”[⑤]。河间未得，常山复被割，对朝廷愈加怨恨。吴王濞遂与赵王通谋结约。

吴与燕通谋的情况不详。但是在吴王濞致各诸侯王书中提到燕王，并布置燕王起兵后对汉作战的路线，说明两王事先有约。

淮南三王，也是吴王濞通谋的重要对象。淮南三王即淮南王安、庐江王勃、衡山王赐。他们的父亲淮南厉王长谋反被废，谪迁蜀地，死于道中。还在文帝封淮南三子前，贾谊曾上疏劝谏说：“此人少壮，岂能忘其父哉[⑥]?”果然未出贾谊所料，淮南三子封王后，“念其父见迁死，思墓，欲极怨也”[⑦]。吴王致诸侯书中说：“淮南三王怨入骨髓，欲一有所出之久矣[⑧]。”吴王刘濞利用淮南三王的不满情绪，竭力对他们进行拉拢。

经过一番紧张的串联，以吴王濞为首的诸侯王反叛联盟很快拼凑起来。但是，这个联盟是极不稳固的。参加通谋的诸侯王，均为高祖子弟及其后代，他们与景帝的血

---

① 《史记·吴王濞列传》，中华书局 1982 年版。
② 《汉书·楚元王传》，中华书局 1962 年版。
③ 《史记·吴王濞列传》，中华书局 1982 年版。
④ 《汉书·邹阳传》注，中华书局 1962 年版。
⑤ 《汉书·荆燕吴传》，中华书局 1962 年版。
⑥ 《汉书·贾谊传》，中华书局 1962 年版。
⑦ 《汉书·邹阳传》，中华书局 1962 年版。
⑧ 《史记·吴王濞列传》，中华书局 1983 年版。

统关系疏远，矛盾积累很深，在反对削藩这一点上，其态度是一致的。然而，他们之间又有矛盾。吴王濞与诸侯王相约反汉，是为了实现其取天下的目的；而其他诸侯王为了自身的利益，并不愿甘心受制。于是这个联盟一开始就存在着不可克服的矛盾。

景帝三年正月，汉朝廷削地诏书至吴国。吴王濞以为时机已到，遂"诛汉吏二千石以下"，在广陵起兵反叛。"吴王悉其士卒，下令国中曰：'寡人年六十二，身自将。少子年十四，亦为士卒先。诸年上与寡人比，下与少子等者，皆发，发二十余万人。南使闽越、东越，东越亦发兵从[①]。"

吴王濞起兵后，楚王戊"遂应吴王反。其相张尚、太傅赵夷吾谏，不听，遂杀尚、夷吾，起兵会吴"[②]。吴楚兵联合西进。

胶西王"诛汉吏二千石以下"，"遂发兵西"。接着，胶东、淄川、济南诸王，"皆发兵应吴楚"[③]。

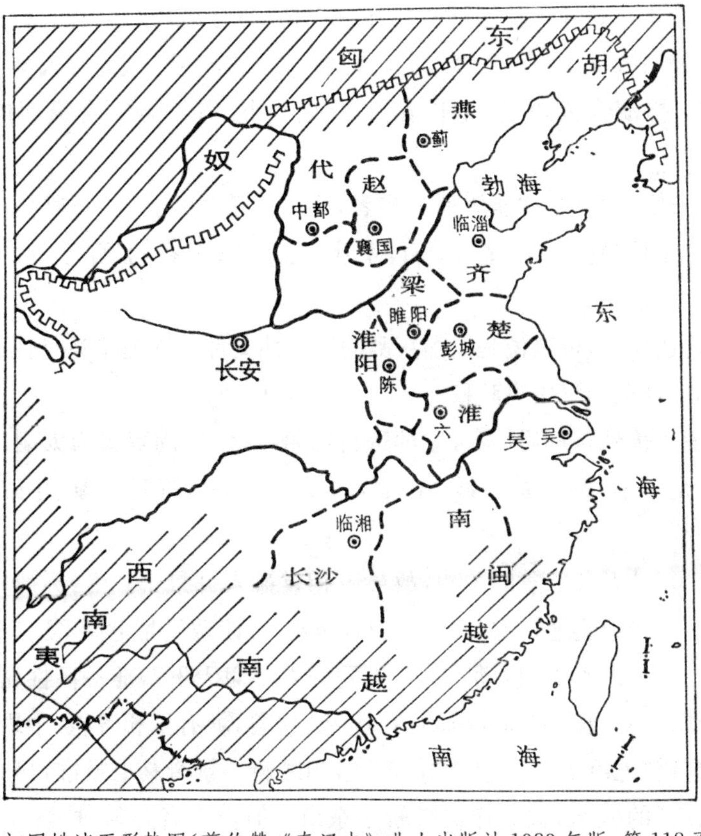

汉初同姓诸王形势图（翦伯赞：《秦汉史》，北大出版社 1983 年版，第 118 页）

① 《史记·吴王濞列传》，中华书局 1982 年版。

② 《汉书·楚元王传》，中华书局 1962 年版。

③ 《汉书·高五王传》，中华书局 1962 年版。

赵王遂也举兵相随。烧杀劝阻其反叛的赵相建德、内史王悍，“发兵往其西界，故待吴楚俱进，北使匈奴以连和”[1]。

正如晁错所预料的那样：“削之，其反亟。”景帝削藩刚刚开始，一场以吴王刘濞为首的七国诸侯王联合叛乱就跟着爆发了。

吴王濞起兵后，发表告诸侯王书，其主要内容如下：

第一、提出反叛策略。“汉有贼臣，无功天下，侵夺诸侯地，使吏劾系讯治，以僇辱之为故，不以诸侯人君礼遇刘氏骨肉，绝先帝功臣，进任奸宄，误天下，欲危社稷……欲举兵诛之。”所谓“贼臣”，指的是晁错。诛晁错以安社稷，这是吴王濞反叛的策略。

第二、夸耀吴的富强。“敝国虽狭，地方三千里；人虽少，精兵可具五十万。”“敝国虽贫，寡人节衣食之用，积金钱，修兵革，聚谷食，夜以继日，三十余年矣。……寡人金钱在天下者往往而有，非必取于吴，诸王日夜用之弗能尽。”

第三、部署进军路线。长沙王子“定长沙以北，西走蜀，汉中”；南越、楚王、淮南三王“与寡人西面”；齐诸王与赵王“定河间、河内，或入临晋关，或与寡人会洛阳”；“燕王北定代、云中，抟胡众入萧关，走长安”。从南到北，各路叛军合纵西向，直逼汉都长安。

第四、宣布赏赐办法。“能斩捕大将者，赐金五千斤，封万户；列将，三千斤，封五千户；裨将，二千斤，封二千户；二千石，千斤，封千户；千石，五百斤，封五百户：皆为列侯[2]。”

吴王濞告诸侯书，可以说是七国叛乱的纲领性文件。诛晁错只是他的策略，实际上是进军长安，夺取西汉中央政权。

叛乱的消息传到首都后，景帝立即进行部署：派中尉周亚夫为太尉，率三十六位将军迎击吴、楚叛军，派曲周侯郦寄击赵，将军栾布率兵解其之围，并命窦婴为大将军，驻荥阳督战。

正当军事行动万分危急的关头，故吴王相袁盎入见景帝。说：吴楚等国反叛，皆由晁错鼓吹削夺诸侯之地，“方今之计，独有斩错，发使赦吴楚七国，复其故地，则兵可毋刃而俱罢”[3]，景帝竟被他说动，表示“不爱一人以谢天下”，准备牺牲晁错。遂拜袁盎为太常，派宗正刘通使吴，欲说服吴王退兵。接着，就有丞相青翟、中尉嘉及廷尉张欧上书参奏晁错“无臣子之礼，大逆不道”[4]，当腰斩。景帝马上批准，尽心竭力“尊天子，安刘氏宗庙”的晁错，就这样被腰斩于东市。但当谒者仆射、校尉邓公从前线归

---

① 《汉书·高五王传》，中华书局 1962 年版。

② 《史记·吴王濞列传》，中华书局 1982 年版。

③④ 《汉书·袁盎传》，中华书局 1962 年版。

来，景帝问："闻晁错死，吴楚罢不?"邓公说："吴为反数十岁矣，发怒削地，以错为名，其意不在错也[①]。"景帝这才恍然大悟。

景帝诛晁错，是吴楚七国的一个胜利。枚乘对吴王濞说："今汉亲诛其三公，以谢前过，是大王之威加于天下。"但是晁错被杀，也是吴楚七国失败的一个信号。这一点，枚乘看得很清楚，他劝吴王濞"还兵疾归"，并警告说："不然，汉知吴之有吞天下之心，赫然加怒"，发兵讨伐，"大王虽欲反都，亦不得已"[②]！吴王不听。袁盎、刘通到吴后，不仅未能说服刘濞退兵，反而遭到冷遇。刘通先入见刘濞，要他拜受诏，但当时刘濞已自行称为东帝，说："我已为东帝，尚何拜谁?"其"吞天下之心"，昭然若揭。

五　吴、楚败亡与王国政策的调整

开战之初，"吴王之渡江，与楚王遂西败棘壁（今河南省柘县东北），乘胜而前，锐甚"[③]，大有破竹之势。"梁王恐，遣六将军击吴，又败梁两将，士卒皆还走梁"[④]。当时，周亚夫已率军抵荥阳，"吴方攻梁，梁急，请救"。周亚夫拒绝救梁，"不奉诏，坚壁不出"[⑤]。在此情况下，梁王只得依靠本国的力量作战。他派韩安国和张羽为将军，"跪送"他们将兵出战，"吴兵于东界"。由于"张羽力战，安国持重"，梁军击败吴军，"吴不能过梁"[⑥]。梁军的坚守抵抗，挫败了吴楚军队的攻势，为周亚夫最后击破吴楚军创造了有利的条件。这里要提到的是，从地理位置来讲，梁国是抗击七国的前沿，也是拱卫京师的要地。如果吴楚破梁，则后果不堪设想，所以其功之大，不言自明。

吴楚反叛之初，吴将曾劝吴王西进，说："吴多步兵，步兵利险，汉多车骑，车骑利平地。愿大王所过城不下，直去，疾西据洛阳武库，食敖仓粟，阻山河之险以令诸侯，虽无入关，天下故已定矣[⑦]。"从这段话可以看出，占据洛阳武库、荥阳粮仓是何等重要。可惜吴王不从其计。而周亚夫迟迟不肯发兵，亦是出于护卫洛、荥之故。如果周亚夫倾兵救梁，若吴楚乘机扑来，抢占洛、荥，局势不堪收拾。事先，周亚夫曾问计于邓都尉，都尉谋曰："吴兵甚锐，难于争锋。楚兵轻，不能久。方今为将军计，莫若引兵东北壁昌邑，以梁委吴，吴必尽锐攻之。将军深沟高垒，使轻兵绝淮泗口，塞吴饷道。使吴梁相敝而粮食竭，乃以全强制其疲极，破吴必矣[⑧]。"于是，周亚夫使轻骑兵绝淮泗

---

① 《汉书·晁错传》，中华书局1962年版。

② 《汉书·枚乘传》，中华书局1962年版。

③⑦ 《史记·梁孝王世家》，中华书局1982年版。

④ 《史记·吴王濞列传》，中华书局1982年版。

⑤ 《史记·绛侯周勃世家》，中华书局1982年版。

⑥ 《汉书·韩安国传》，中华书局1962年版。

⑧ 《汉书·荆燕传》，中华书局1962年版。

口,断绝吴楚兵饷道。结果,吴楚兵乏粮、饥饿。这年二月,在梁地下邑(今安徽、山东交界处)与周亚夫会战。吴兵散败。周亚夫以精兵追击刘濞,刘濞弃军而溃,与壮士数千人夜间逃跑,渡江保于江南丹徒。这时吴将周丘率领一支反汉吴兵,虽北略城邑取得一些胜利,但听说吴王败走,"自度无与共成功",即引兵归下邳,中途病死。三月,汉皇室通告,规定斩吴王刘濞者赏以千金,并使人以利诱东越杀刘濞。当时随从刘濞反汉的东越兵万余人屯守丹徒,乘刘濞到东越军中"劳军"时把他杀死。刘濞的儿子子华、子驹逃亡闽越。楚王刘戊、胶西王刘卬也军败自杀。历时三个月的吴楚七国之反基本破灭。

吴楚七国之乱,是西汉中央和诸侯国之间的一场关键性战争。经过短短三个月的较量,最后以七国失败和中央的胜利而告终。七国失败后,诸侯王国形势发生了重大变化。景帝抓住这一时机对诸侯王国的设置进行大调整。

首先,对参加叛乱的吴楚七国进行处理。

参加叛乱的七国诸侯或被杀或自杀,一一受到惩罚。接着,景帝对七国的命运作出裁决。

一是废吴。吴是七国之乱的祸首。吴王刘濞被杀后,景帝想以他的侄子通"续吴"。景帝的主张遭到窦太后的反对,她说:"吴王,老人也,宜为宗室顺善。今乃率七国,纷乱天下,奈何续其后[①]?"在窦太后的干预下,景帝决定废吴。吴至立国到国除,凡42年。

二是续楚。楚与吴不同,不是首恶。景帝采取区别对待的办法,保存其封国,立在朝廷担任宗正的平陆侯礼(楚元王之子)为楚王,"继元王后"[②]。

三是废胶西、胶东、淄川、济南、赵等诸侯国。

以上七国除楚另立王续其后,其他六国均被废掉。这显然是对汉初以来诸侯王国的一次沉重打击。

其次,新置与复置一批诸侯王国。

为了加强中央对原吴楚七国地区的控制,景帝在废除吴楚等六国和续楚的同时,还新置或复置一批诸侯王国,继续立皇子为王,并对原来的封国加以调整。

在原吴、楚地新置、复置江都、鲁两国。江都始置于景帝三年六月,徙对吴楚作战有功的汝南王非为江都王,"治吴故地"[③],即仍以吴故治广陵为都。在原齐地,复置胶西、胶东两国。在原赵地,新置、复置中山、赵、广川、清河、常山五国。此外还有一个

---

①② 《汉书·景帝纪》,中华书局1962年版。

③ 《汉书·景十三王传》,中华书局1962年版。

短命的临江国(始置于七国之乱前,景帝四年,临江王於死,国除为郡。七年正月复置,立皇子荣为王。中二年,荣因罪自杀,国除)。

以景帝中五年立最后一个皇子舜为常山王为准,此时共有诸侯王国 21 个。其中景帝子为王的就占了 10 个,几近王国总数的一半。这就是以亲制疏政策的新发展,有效地加强了对吴楚七国地区地控制,并在一定程度上收到了加强中央集权的作用。

再次是贬抑诸侯王的地位,剥夺其任官之权。

以前,各诸侯国之官员,除丞相由皇帝委派外,其余均由各诸侯王自行任命,其他礼仪制度也与中央相仿,因此成为独立的王国,与皇帝对抗是很方便的。中元五年(前 154),景帝开始"令诸侯不得复治国,天子为置吏,改丞相曰相,省御史大夫、廷尉、少府、宗正、博士官,大夫、谒者、郎、诸官长丞皆损其员"①。这样一来,各诸侯王从前通过任用官吏培植私党的途径被彻底堵住了。诸侯王失去专断擅权的条件,其一举一动均在皇帝派来的官吏的监视之下。从此,叛乱、谋反、与朝廷分庭抗礼的可能性比以前小得多了。

最后是"诸侯独得食租税"。

司马迁《史记·五宗世家》写道:"高祖时诸侯皆赋……诸侯独得食租税,夺之权。其后诸侯贫者或乘牛车。"这是吴楚七国之乱后,诸侯王国在经济上发生的重大变化。

"诸侯皆赋",是汉中央赋予诸侯王在经济上的特权。它是汉初诸侯王"富于天子"并不断起而叛乱的重要物质基础。吴楚反后,景帝对诸侯王国财政进行改革,取消了"诸侯皆赋"的特权,仅保留其"食租税"之权。

不仅如此,在诸侯王所独得的租税中,同七国之乱前相比,也被削弱了很多。这是景帝削藩的副产品。经过削藩,有的诸侯国丧失了"南北边郡",有的诸侯王国"支郡、名山、陂海咸纳于汉",于是"诸侯稍微,大国不过十余城"②。由于诸侯王国封域的缩小,封国内田亩税锐减;由于名山、陂海"纳于汉",诸侯王的盐铁铜等资源以及有关租税随之被汉中央所收夺。可见,削藩不仅是削地,同时也是削租税,诸侯王所食之租税被大大削减了。

由于丧失"诸侯皆赋"的特权,租税收入又遭削减,诸侯王财政萎缩,其经济实力大大削弱。此后,诸侯王财政入不敷出,甚至出现"诸侯贫者或乘牛车"的现象。随着经济的衰微,诸侯王已经不再具备同中央相抗衡的物质条件。汉初以来的王国问题基本获得解决。

---

① 《汉书·百官公卿表》,中华书局 1962 年版。

② 《史记·汉兴以来诸侯王年表》,中华书局 1982 年版。

汉武帝为了进一步削弱诸侯王的实力,采用中大夫主父偃的建议,“推恩分子弟,以地侯之,彼人人喜得所愿,上以德施,实分其国,不削而削弱矣”①。长沙、楚、江都等诸侯王都以这种“推私恩”名义分封子弟为侯少其力的。如武帝元光六年(前129),长沙王有四子封为侯,其中的刘苍封在豫章郡为安成侯,刘党封在会稽郡为句容侯;楚安王有二子封为侯,其中的刘不审封在沛郡为浮丘侯。元朔元年(前128),江都王刘非之子刘胥为湖孰侯(地在今江宁湖熟镇),刘缠为秣陵侯,刘敢为丹阳侯(今安徽芜湖),刘象之为盱眙侯,刘定国为淮陵侯(地在今安徽五河东南)。这年,刘非死。次年,太子刘建继为江都王,其弟刘代、刘仁又封为侯。汉武帝施行的“推恩”策,使诸侯王国“实分其国”,“不削而削弱”,当然也就更易于控制、驾驭诸侯王国了。

① 《史记・平津侯主父列传》,中华书局1982年版。

第五章　西汉中后期吴楚的政治与经济

吴楚七国之乱平定以后，诸侯王的势力大大削弱，汉武帝刘彻即位后，又采取了一系列加强中央集权的措施，使西汉王朝进入了一个新的历史发展时期。虽然景帝“削藩”之后，诸侯王中仍有与中央政权抗衡的例子，但因武帝“推恩令”、“附益法”和《左官律》等政策的颁行，诸侯王势力进一步减弱，只能“衣食租税”而已，汉初以来诸侯王割据的纷扰局面基本结束。随着汉武帝为加强中央集权所进行的一系列财经政策的改革，以及“罢黜百家，独尊儒术”之后思想意识形态的变化，吴楚等地郡国的社会面貌也发生了重大变化，社会经济获得了新的发展，出现了一派新的气象。

第一节　吴、楚乱后行政区划的调整

吴楚败亡后，景帝即开始限制诸侯国的政治权力。汉武帝为加强中央集权，在政治、经济、文化等诸方面采取了一系列加强中央集权的措施。为加强对地方的控制，他将全国划分为十三个部州，每一部州设一刺史，以六条问事。

一　汉武帝划定全国十三部州

西汉中后期，地方政治制度发生重大变化。汉武帝创立的刺史监郡制度是西汉中后期郡国并行制背景下监察制度的新选择。刺史制度既是汉代君主专制主义中央集权强化的结果与表现，也是维护皇权的有力手段。

西汉的刺史制度是由秦代的御史监郡制发展演变而来的。秦统一六国后，在地方上废封建，“分天下以为三十六郡”[①]，实行郡县制。为加强对地方郡县官吏的监察，

① 《史记·秦始皇本纪》，中华书局 1982 年版。

秦朝在中央负责监察的御史大夫之下设监御史“掌监郡”。如《汉书·百官公卿表》所记：“监御史，秦官，掌监郡”。“秦罢侯置守，并方伯、连帅而悉去之，惟以御史监郡[①]。”西汉初年，实行郡国并行制，同姓诸侯王封国很多，占据汉国土的大部分，西汉中央政府直接统辖的郡只有十五个。从整体上看，汉郡的地位并不很重要。因此汉初没有固定的监御史监察郡县，只是由丞相临时派遣使者到地方巡察。到惠帝时期，由于长安附近的三辅地区地方豪强和官吏违法事多，于惠帝三年恢复秦代的御史监郡制，但范围有限，只是三辅地区。“惠帝三年，相国奏遣御史监三辅郡，察辞诏讼，凡九条。监者两岁更，常以中月奏事也”[②]，即所谓的御史“监察九条”。但汉初的这种御史监察的范围有限，主要是针对地方郡县官吏，不能直接约束诸侯王和王国官吏。汉初分封的同姓诸侯王曾拥有种种特权。诸侯王国“大者跨州兼郡，连城数十，宫制百官同制京师”[③]，“时诸侯得自除御史大夫群卿以下众官，如汉朝，汉独为置丞相[④]。”有的诸侯王甚至“擅爵人，赦死罪，甚至或戴黄屋，汉法令非行也”[⑤]。许多诸侯王骄恣不法，“不用汉法”，甚至谋反。为此景帝中元五年（前145）下诏：“令诸侯王不得复治国，天子为置吏，改丞相曰相，省御史大夫、廷尉、少府、宗正、博士官，大夫、谒者、郎、诸官长丞皆损其员[⑥]。”这一措施剥夺了诸侯王的实际统治权力，尤其是改丞相为相和减省御史大夫以下诸官，降低了诸侯王国官吏的地位，并改变了王国官制与中央同制的局面。这实际上是降低了王国的地位，剥夺了诸侯王的官吏任免权，使得王国的官吏系统更接近于郡县制。汉武帝时期，又“损其郎中令，秩千石，改太仆曰仆，秩亦千石”[⑦]。此时的中央政府完全控制了王国官吏的任免权，因此需要建立一套新的制度来加强对郡国官吏的监察。

正是在这个大背景下，“武帝元封五年（前106），初置部刺史，掌奏诏条察州”[⑧]。汉武帝便在郡级政区之上设立了13部州，作为监察区，增设司隶校尉和十三部（州）刺史。司隶校尉主要监察京畿地区，包括皇太子、三公也在其监察的范围之内；其他郡国则分属十三部（州）刺史。此十三部乃因袭《尚书·禹贡》和《周礼·职方》所谓夏、周古制的冀、兖、青、徐、扬、荆、豫、雍（改名为凉）、梁（改名为益）、幽、并十一州的州名置的刺史部，又据《诗经》中“城彼朔方”的记载，在北方阴山之下设朔方郡，以及

---

① 纪明等：《历代职官表》，上海古籍出版社2005年版，卷五十二。

② 卫宏撰：《汉旧仪》，《补遗》卷上，上海古籍出版社1995年版。

③ 《史记·淮南王列传》，中华书局1982年版。

④ 《汉书·高五王传赞》，中华书局1962年版。

⑤ 《汉书·贾谊传》，中华书局1962年版。

⑥⑦⑧ 《汉书·百官公卿表》，中华书局1962年版。

《礼记·王制》中“交趾”的记载，在南方五岭以南设交趾郡，以新郡名置的朔方、交趾二刺史部，合称十三州刺史部，简称“十三部”，一称“十三州”。正如《汉书·地理志·总序》所云：“武帝攘却胡、越，开地斥境，南置交趾，北置朔方之州，兼徐、梁、幽，并夏、周之制，改雍曰凉，改梁曰益，凡十三部，置刺史。”即冀州、兖州、青州、徐州、扬州、荆州、豫州、益州、凉州、幽州、并州、交趾、朔方十三部州。而这一时期的江苏大体分属徐州、扬州、豫州三个监察区。徐州刺史部下辖楚国、广陵国、泗水国、东海郡、临淮郡、琅邪郡；扬州刺史部下辖丹阳郡、会稽郡等；豫州刺史部则下辖沛郡等地。

汉武帝将全国划分为十三部州，每部设刺史一人。刺史定期巡察所辖的郡国，监察郡守、国相、诸侯王的不法行为。采用巡视方法监察郡国，开创了中央政府派监察官员巡察地方的先例。每部由皇帝直接指派一名刺史，并为他们规定了“六条问事”的职权，对地方官吏实行监督。刺史之职掌，《续百官志》刘昭注引蔡质《汉仪》说得非常清楚，“诏书旧典，刺史班宣，周行郡国，省察治政，黜陟能否，断理冤狱。以六条问事，非条所闻，即不省”。所谓“六条”即：“一条，强宗豪右，田宅逾制，以强凌弱，以众暴寡；二条，二千石不奉诏书遵承典制，倍（背）公向私，旁诏守利，侵渔百姓，聚敛为奸；三条，二千石不恤疑狱，风厉杀人，怒则任刑，喜则淫赏，烦扰刻暴，剥截黎元，为百姓所疾，山崩石裂，妖祥讹言；四条，二千石选署不平，苟阿所爱，蔽贤宠顽；五条，二千石子弟恃怙荣势，请托所监；六条，二千石违公下比，阿附豪强，通行货赂，割损正令。”从内容来看，除第一条是针对豪强贵族的，其余五条全是针对郡国二千石官员的。这表明武帝初置的十三部州主要是加强对地方郡国守相监察的。这样，既可以防止守相专权坐大，又防止了刺史滥用职权干扰地方政务，实现了监察权和行政权相分离，基本上摆平了中央和地方的关系。这一制度一直为后人所赞誉，清顾炎武称“刺史六条乃百代不易之良法”。

汉武帝设置的刺史“秩六百石”，监临的是二千石的郡国守相。刺史就职掌而言是刺察而不是治民；就其身份而言是以卑临尊。刺史与守相，一高一低，一尊一卑，可以起到相互平衡制约的作用。刺史秩卑权重，使之有举察之勤而无凌犯之意。“秩卑则其激昂，权重则能行其志”，“此大小相制，内外相维之意也”[①]。这样一套监察制度——刺史制度，加强了中央对地方官员的监管力度，进一步加强了皇帝的权力，是保证政令畅通、制止腐败的制度保障。刺史制度在昭宣之际得到进一步发展，对维护皇权，澄清吏治，促使“昭宣中兴”局面的形成起着积极的作用。昭、宣注重整顿吏治、断理冤狱，因而对刺史制度格外重视，这在刺史的选拔、任用方面尤其突出。“拜刺史

① 顾炎武：《日知录·部刺史条》，黄汝成集释，秦克诚点校，岳麓书社1994出版。

守相辄案下问，观其所繇，退而考察所行，以质其言。有名实不相应，必知其所以然"[①]。宣帝曾叹道"庶民所以安其田而亡叹息愁恨之心者，政平讼理也，与我共此者，其唯二千石乎"[②]。这一时期刺史在"六条问事"的范围内行使其监察权，并涌现了一批成绩卓异的刺史。他们对整饬吏治，缓和阶级矛盾，维护皇权，促进经济与社会的发展起着重要的作用。昭帝时，魏相为扬州刺史，"考察郡国守相，多所贬退"，二年后被提升为谏大夫，接着做上了南阳太守。黄霸为扬州刺史"三岁，宣帝下诏曰'制诏御史，其以贤良高第扬州刺史霸为颍川太守，秩比二千石，居官赐车盖……以彰有德'"[③]。二人由此先后担任御史大夫、丞相，位列三公。

但到西汉末年，州刺史曾两度改称州牧。《汉书·百官公卿表》"监御史"条下云："武帝元封五年，初置刺史，掌奉诏条察州，秩六百石，员十三人。成帝绥和元年，更名牧，秩二千石。哀帝建平二年复为刺史。元寿二年复为牧。"这是借用《尚书·尧典》十二州牧的旧名，以示尊崇。汉成帝绥和元年，丞相翟方进、大司空何武上奏，认为古代的时候选用诸侯中贤能的人担任州伯也就是牧，当时的部刺史担任的是牧伯的职责，考评大吏，按照《春秋》之法，以贵理贱，不以卑临尊，刺史本身官秩仅六百石，却考察官秩二千石的郡守，身份和职责不相吻合，要求停派刺史，改用州牧，汉成帝批准了他们的意见。这次实际上只是把刺史的名称改称州牧，官秩提高到真二千石，实际职能并没有变化。关于这次罢刺史置州牧的过程，《汉书·朱傅传》有较详细的记载：初，何武为大司空，又与丞相(翟)方进共奏言："古选诸侯贤者以为州伯，《书》曰：'咨十有二牧'。所以广聪明烛幽隐也。今部刺史居牧伯之位，秉一州之统，选第大吏，所荐位高至九卿，所恶立退，任重职大。《春秋》之义，用贵治贱，不以卑临尊。刺史位下大夫，而临二千石，轻重不相准，失位次之高。臣请罢刺史，更置州牧，以应古制。"奏可。

汉哀帝建平二年，丞相朱博认为过去刺史官居下职，秩卑赏厚，又有向上升迁的动力，所以工作积极，而州牧由于本身官高禄厚，只是自守其位而已，起不到应有的作用，又奏请汉哀帝将州牧复改为刺史。《汉书·朱博传》载有博奏复御史大夫官语曰："汉家至德溥大，宇内万里，立置郡县。部刺史奉使典州，督察郡国，吏民安宁。故事：居部九岁举为守相，其自异材功效著者辄登擢，秩卑而赏厚，咸劝功乐进。前丞相方进奏罢刺史，更置州牧，秩真二千石，位次九卿。九卿缺，以高第补，其中材则苛自守而已。恐功效陵夷，奸轨不禁。臣请罢州牧置刺史如故。"奏可。

汉哀帝元寿二年，哀帝驾崩，汉平帝即位，王太后临朝称制，任用王莽主持朝政，

---

①② 《汉书·循吏传》，中华书局 1962 年版。

③ 《汉书·黄霸传》，中华书局 1962 年版。

事事好古的王莽自然就又把刺史改成了州牧。显然这种做法只是出于一时之需，到东汉建武十八年(42)又更行刺史制度。

二　吴、楚地域诸郡与封国

秦始皇统一六国后，废除分封制，推行郡县制，分天下为三十六郡。随着疆域的不断拓展和郡县范围的调整，秦又陆续增置。终秦一代，前后可能设置了四十八郡。在江苏范围内则设置了泗水郡、会稽郡、东海郡及鄣郡等。刘邦建立汉王朝后，汉承秦制，沿袭了秦的地方行政制度，但"以其郡大，稍复开置。又立诸侯王国"[①]，实行郡国并行制。在江苏大地上则分封了汉王朝历史上两个比较重要的诸侯王国——楚国和荆国(吴国)。据《史记·荆燕世家》载，"汉六年春……废楚王信……分其地为二国……立刘贾为荆王，王淮东五十二城，高祖弟交为楚王，王淮西三十六城"。又载，"高祖十一年秋，淮南王黥布反，东击荆。荆王贾……为布所杀。高祖自击破布。十二年，立沛侯刘濞为吴王，王故荆地"。从此江苏被淮河一分为二，分属吴、楚二地。又据《汉书·高帝纪》载，高祖六年"春正月……以故东阳郡、鄣郡、吴郡五十三县"，属荆地(吴地)，领有东阳郡、鄣郡、吴郡三郡。"立交为楚王，王薛郡、东海、彭城三十六县"[②]，楚地领有薛郡、东海、彭城三郡。此后，为了加强中央集权，不断采取削藩之策，西汉初的三十一郡国经过了一个繁琐复杂的变迁过程，到西汉末年全国有郡国103，县道侯邑1587。而此时江苏境内有郡国10，县道侯邑59。现据《汉书·地理志》和谭其骧主编的《中国历史地图集》等有关资料将平帝元始二年(2)西汉在江苏境内的建置综述如下：

(一) 吴地的郡国

广陵国　　汉武帝元狩六年以故江都国改置，封其子刘胥为广陵王，治所在广陵(今江苏扬州市西北蜀冈)，辖4县，即辖广陵(秦置，治所在今江苏扬州市西北蜀冈)、江都(西汉置，治所在今江苏扬州市西南)、高邮(西汉置，治所在今江苏高邮县)、平安(西汉置，治所在今江苏宝应县西南)等四县，兼有江南的鄣郡。该郡辖有江乘、句容、胡孰、溧阳、丹阳、宣城、芜湖等17县，元封二年(前103)更名为丹阳郡。辖境相当于今江苏省宝应、高邮、江都、扬州等县市。

临淮郡　　始建于汉武帝时，治所在徐县(今江苏泗洪县南大徐台子)，辖有广陵国以外江淮间的29县。武帝元狩六年(前117)，分广陵郡部分地(原东阳郡)与沛郡部分地合置临淮郡。《晋书·地理志》载，"武帝合沛、东阳置临淮郡"。江苏省内淮东

---

① 《汉书·地理志》，中华书局1962年版。

② 《汉书·楚元王传》，中华书局1962年版。

部分14县。即淮阴县(秦置,治所在今江苏淮安市西南码头镇),淮陵县(西汉置,治所在今安徽五河县东南或江苏盱眙县西),盱眙县(西汉改盱台县置,治所在江苏盱眙县东北盱眙山),犛其县(西汉置,治所在今江苏盱眙县西南),高山县(西汉置,治所在今江苏盱眙县南),盐渎县(西汉置,治所在今江苏盐城市东),富陵县(西汉置,治所在今江苏泗洪县西北洪泽湖中),东阳县(西汉置,治所在今江苏盱眙县东南东阳集),堂邑县(秦置,治所在今江苏六合区北),舆县(西汉置,治所在今江苏仪征市北),射阳县(西汉置,治所在今江苏宝应县东北射阳镇),海陵县(西汉置,治所在今江苏泰州市),开阳,播旌。辖境相当于今江苏的淮安、盱眙、六合、盐城、阜宁、建湖、兴化、东台、海安及泰州、靖江等地。

会稽郡　秦始皇时开始设置郡,治所在吴县(今江苏省苏州市)。西汉时相当于今江苏省长江以南,茅山以东,浙江省的大部分,以及福建全省。江苏省内辖领县7,即吴县(秦置,治所在吴县,今江苏苏州市,王莽改名为秦德县),曲阿(秦置,治所在今丹阳市,王莽改名为风美县),毗陵(西汉置,治所在今江苏常州市,王莽改名为毗坛县),阳羡(秦置,治所在今江苏宜兴市南),无锡(西汉置,治所在今江苏无锡市,王莽改名为有锡县),丹徒(秦置,治所在今江苏镇江市东南丹徒镇),娄县(秦置,治所在今江苏昆山市东北,王莽改名为娄治县)。

丹阳郡　西汉元封二年以鄣郡改置,治所在宛陵县(今安徽宣州市),下辖17县。辖境相当于今安徽长江以南,江苏大茅山及浙江天目山脉以西、浙江新安江支流武强溪以北地区。江苏省内辖领县5,即江乘县(秦置,治所在今江苏句容县北,王莽改名为相武县),句容(西汉置,治所在今江苏句容县,元光六年改为侯国,元朔元年复为县),胡孰侯国(西汉武帝置,治所在今江苏江宁区东南胡熟镇),秣陵(秦始皇三十七年置,治所在今江苏江宁区南秣陵镇,王莽改名为宣亭县),溧阳(西汉置,治所在今江苏溧阳市西北旧县村)。

(二)楚地的郡国

楚国　汉家王朝定鼎之后,刘邦分封天下。于高祖六年(前201)正月丙午封刘交为楚王,同年就国,定都彭城(今江苏徐州市),遂从长安徙居彭城,开基楚王国。当时统辖薛郡、东海、彭城共3郡36县,位居华东肥沃地区,是西汉初势力较大的一个封国。后政区范围不断调整,至西汉后期,楚王国还辖7县,即彭城县(秦置,治所在今江苏徐州市),留县(秦置,治所在今沛县东南),梧县(西汉置,治所在今安徽萧县南),傅阳县(秦置,治所在山东枣庄市峄县南),吕县(西汉置,治所在今徐州市铜山县吕梁集),武原县(西汉置,治所在今徐州市邳州市西北迦口镇),甾丘县(西汉置,治所在安徽宿州市东北)。

泗水国　　汉武帝元鼎四年(前113),从东海郡分出了3万户,设立了泗水国。治所在凌县(今江苏泗阳县西北),领县3,即凌县(秦置,治所在今江苏泗阳县西北),泗阳县(西汉置,治所在今江苏泗阳县东南),于县,大体相当于现在江苏省的宿迁市泗阳县、淮安市淮阴区部分地。2003年1月在江苏泗阳三庄发现了泗水国的王陵。从出土的外藏椁盖上发现的"泗水王冢"四字,证明大青墩汉墓即古泗水国王陵。泗水国王陵区在东西宽500米,南北长7000米范围内,有土墩墓40余座,其中大墓占地面积在5000平方米以上。并成组分布,每组均有中心大墓。所有墓葬有规律地分布在南北向的轴线上,南端连接面积达15万平方米,很可能是汉泗水国王城所在——凌城遗址。

东海郡　　东海郡始建于汉初,是由原郯郡改置,治所在郯县(今山东郯城北),下辖37县。辖境相当于今山东费县、临沂、江苏赣榆以南,山东枣庄、江苏邳州以东和宿迁、灌南以北地区。江苏省内辖领9个县、9个侯国,即下邳县(秦置,治所在今江苏睢宁县西北古邳镇),平曲县(西汉置,治所在今江苏东海县东南),朐县(秦置,治所在今江苏连云港市海州区),利成县(西汉置,治所在今江苏赣榆县青口镇),海西县(西汉置,治所在今江苏灌南县南),況其县(西汉置,治所在今江苏赣榆县西北,据《尹湾汉简》改之),厚丘县(西汉置,治所在今江苏沭阳县西北厚镇),曲阳县(西汉置,治所在今江苏沭阳县东南),司吾县(西汉置,治所在今江苏新沂市南峒牾镇),良成侯国(西汉置,治所在今江苏邳州市东南),容丘侯国(西汉置,治所在今江苏邳州市北),平曲侯国(治所在今江苏东海县东南),都平侯国,兰旗侯国(据《尹湾汉简》改之),山乡侯国,建乡侯国,干乡侯国(据《尹湾汉简》改之),建陵侯国。

临淮郡　　武帝元狩六年始建的临淮郡被淮河分属于吴、楚二地,即淮东与淮西地。淮东地已在吴地郡国部分讲述,不再细说。而淮西部分江苏省辖14县,即徐县(西汉置,治所在今江苏泗洪县南大徐台子),淮浦县(西汉置,治所在今江苏涟水县西),厹犹县(治所在今江苏宿迁市东南),睢陵县(西汉置,治所在今江苏泗洪县东南洪泽湖中),下相县(秦置,治所在今江苏宿迁市西南),高平侯国(西汉置,治所在今江苏泗洪县东南城头镇)。大体相当于今宿迁市宿城区、宿豫县、泗洪县以及淮安的涟水县一带。

琅邪郡　　琅邪郡始建于秦朝,西汉因之,移治东武(今山东诸城市),辖51县,包括今山东半岛东南部的海阳、即墨、崂山、胶县、胶南、沂水、营南、日照、五莲、青岛及赣榆(属江苏)等地。琅邪郡的政区大多数在今天的山东省内,在江苏的只有连云港市的赣榆县。赣榆县始置于西汉,治所在今江苏赣榆县青口镇东北盐仓城。

沛郡　　沛郡也称"沛国郡",始建于汉初。西汉建立后,汉高祖刘邦将家乡的泗水郡改为沛郡，治所在相县（今安徽淮北市），其范围大体相当于安徽的淮北、河南的豫东与江苏徐州的西北地。沛郡的今江苏辖县有 2，即沛县（秦置，治所在今江苏沛县），丰县（西汉置，治所在今江苏丰县）。

第二节 吴地郡国的政治与经济

吴楚七国之乱以后，虽然先后有江都国和广陵国的封置，并且一直延续到汉末，但王国的一切行政事务，均由中央政权派遣的官吏治理，以前诸侯王自行任命的御史大夫、廷尉、少府、宗正、博士等官都已撤除，及至成帝时，诸侯王国的内史亦被裁去，均以中央设置的国相治民，其权力大小与郡守无异。而随着诸侯王势力的衰微，中央集权制下的郡县制体系大大加强，原属吴国管辖的东阳郡，在武帝时改为临淮郡，鄣郡改为丹阳郡，与会稽郡（吴郡）各自为政，而江都国和广陵国，其间也数度废以为郡。而随着汉武帝为加强中央集权所进行的一系列财经政策的改革，以及思想意识形态的变化，吴地郡国的社会面貌也发生了重大变化，社会经济也获得了新的发展，出现了一派新的气象。

一 吴地的封国及其兴衰

（一）江都国的封立与兴衰

汉景帝前元三年（前 154）的吴楚七国之乱，是西汉王朝进入中后期的历史转折点。为了迅速平定叛乱，汉景帝派遣太尉周亚夫等率领大军征伐吴楚。此时，年仅十五岁的汝南王刘非，也向其父景帝上书，请求率兵征伐吴国。景帝以他“有材气”，便答应了他的要求，并赐给他将军印，令率兵伐吴。吴王刘濞败亡之后，景帝为加强对该地区的统治，把吴国改为江都国，徙封刘非为江都王，赐天子旗。其时，江都国虽然仍维持吴国的封域，管辖东阳、会稽（吴）和鄣郡 3 郡，即“徙王江都，治故吴国”[①]，但只是为暂缓矛盾，朝廷“削藩”的大政方针并未改变。及至景帝中元五年（前 145）“会稽属汉”[②]，江都国便只保留了东阳和鄣郡两郡之地。而在此前后，景帝又令“抑损诸侯，减黜其官”[③]，更名诸侯王国的丞相为相，废除王国御史大夫、廷尉、宗正、博士等官，裁减大夫以下的其他官员；把王国的行政权和官吏的任免权收归中央，“令诸侯王不得

---

① 《汉书·景十三王传》，中华书局 1962 年版。

② 《越绝书·越绝外传记吴地传》，上海古籍出版社 1985 年版。

③ 《汉书·诸侯王表》，中华书局 1962 年版。

复治国”①；并将诸侯王国的军权、铸币权等收归中央。从而使王国成为与中央直接统辖的郡一样的地方单位，使王国的统治权大大削弱。

但尽管如此，江都王刘非“素骄，好勇”②，本是个不安本分的人。史书中说他“好气力，治宫馆，招四方豪杰，骄奢甚”③。武帝元光年间（134—129），北方匈奴大入汉边，刘非抑制不了“好勇”的本性，上书要求率兵征伐，武帝知他有勇无谋，没有答应他的请求。与之同时，为了求得一方安宁，汉武帝还特地派了大儒学家董仲舒为江都相，作为他的辅佐。

董仲舒（约前179—前104），西汉广川（今河北景县）人。少治《春秋》，“三年不窥园”，以治“公羊学”著称于世，景帝时立为博士，其“进退容止，非礼不行，学者皆师尊之”④。汉武帝时，经过汉初七十年的休养生息，地主阶级的统治逐渐巩固，社会经济大大发展，而“无为而治”的黄老思想，越来越不能适应地主阶级统治的要求，于是董仲舒提出了“罢黜百家，独尊儒术”的统治思想。元光元年（前134），武帝下诏举贤良对策，董仲舒上“天人三策”，对“罢黜百家、独尊儒术”作了理论上的具体阐释，提出了《春秋》大一统为“天地之常经，古今之通谊”的观点。这种观点迎合了汉武帝实行政治上大一统的需要，成为加强中央集权制的理论根据。其次，董仲舒的儒家思想，吸收了道、法、阴阳五行等学派中有利于地主阶级统治的学说，提出了“道之大原出于天，天不变，道亦不变”的理论，即利用道家的天道观，为封建政权服务，把道家的道统，变成封建的法统。与之同时，董仲舒还特别强调法制，把儒法两家糅合为一体，主张“以教化为大务”和“正法度之谊”，即

董仲舒像（华人德主编：《中国历代人物图像集》，上海古籍出版社2004年版，第184页）

① 《汉书·百官公卿表》，中华书局1962年版。
②④ 《汉书·董仲舒传》，中华书局1962年版。
③ 《汉书·景十三王传》，中华书局1962年版。

实质上的外儒内法，这样更加适应当时形势的客观发展需要。故很快被汉武帝所接受，成了此后的封建统治思想。后来汉宣帝所说的“汉家自有制度，本以霸王道杂之”①，就是指的这种思想。

董仲舒的儒学思想，不仅成为西汉王朝的统治工具，而且也成为此后两千多年封建社会统治思想的主流，引起了思想意识形态历史转折性的变化。而在董仲舒对策之后，汉武帝即派他来到江都，做了江都王刘非的相。因此他的思想，首先在这里得到了具体的运用和实践。史称“易王，帝兄，素骄，好勇。仲舒以礼匡正，王敬重焉”②。

当然，对于刘非这种不安本分的人，要达到息事宁人的政治目的，并非一帆风顺的事。《汉书·董仲舒传》记载，董仲舒到达江都后，刘非就问他说：“粤（越）王句践与大夫泄庸、种、蠡谋伐吴，遂灭之。孔子称殷有三仁，寡人亦以为越有三仁。桓公决疑于管仲，寡人决疑于君。”显然，这是借孔子赞誉殷代箕子、微子和王子比干三个贤臣的观点，与越王勾践和大夫泄庸、文种、范蠡攻灭吴国的事划上等号，又把董仲舒比作管仲，把自己比作春秋时期的霸主齐桓公，要投石问路，干点什么见不得人的勾当了。因此，董仲舒直言对曰：“臣愚不足以奉大对。闻昔者鲁君问柳下惠：‘吾欲伐齐，何如？’柳下惠曰：‘不可。’归而有忧色，曰：‘吾闻伐国不问仁人，此言何为至于我哉！’徒见问耳，且犹羞之，况设诈以伐吴乎？由此言之，越本无一仁。夫仁人者，正其谊不谋其利，明其道不计其功，是以仲尼之门，五尺之童羞称五伯，为其先诈而后仁谊也。苟为诈而已，故不足称于大君子之门也。五伯比于他诸侯为贤，其比三王，犹武夫之与美玉也。”这就是说，鲁国的国君问仁人以攻伐之事，仁人犹羞得无地自容，何况设下诈术以伐吴国？而从这一点来说，越国本无一个贤臣。贤仁的人，应该做到正其谊不谋其利，明其道不计其功。孔子门下的幼童羞于称道齐桓、晋文等五霸之主，就是因为他们重于欺诈而轻于仁义的缘故。把他们与孔了所称誉的“三仁”相比，岂不是将不懂仁义的武夫与真正的美玉相比吗？

江都王刘非还只是问了问勾践伐吴的事，就引出了董仲舒的诸多典故，而中心思想就是“正其谊不谋其利，明其道不计其功”，要他“正义明道”，安分守己，不搞欺诈攻伐之事，一切从维护中央政权的利益出发。而除此之外，董仲舒治国，还“以《春秋》灾异之变推阴阳所以错行”，把《春秋》变乱与阴阳灾异结合起来，将政治事件与自然变化结合起来，作为统治者治国的鉴戒，要求统治者能顺其阴阳，注意灾变，将统治思想

① 《汉书·元帝纪》，中华书局1962年版。

② 《汉书·董仲舒传》，中华书局1962年版。

贯穿于“天人合一”的境界之中。也正因为这样，方使董仲舒在先后为江都和胶西相的过程中得以安身自保，“凡相两国，辄事骄王，正身以率下，数上疏谏争，教令国中，所居而治”[①]，也使刘非在位的27年间，没有出现大的问题，江都国内出现了安定的局面。正如《汉书·循吏传》称：“孝武之世，外攘四夷，内改法度，民用凋敝，奸宄不禁。时少能以化治称者，惟江都相董仲舒，内史公孙弘、兒宽，居官可纪。三人皆儒者，通于世务，明习文法，以经术润饰吏事，天子器之。”以至现今扬州市仍有纪念他的正谊巷、大儒坊、董子祠和董井等。

武帝元朔元年(前128)，刘非死，谥曰“易王”，其子刘建即位。次年，武帝采纳中大夫主父偃的建议，颁布了抑制诸侯王的“推恩令”，规定诸侯王除由嫡长子继承王位外，其他诸子都在王国范围内分以封地，作为侯国，“于是藩国始分，而子弟毕侯矣”[②]。由于分封之后，“大国不过十余城，小侯不过数十里”[③]，诸侯王的势力大大削减。后来，汉武帝又“作左官之律，设附益之法”[④]，规定凡在诸侯王国任官者，地位低于中央任命的同等官吏，不得进入中央任职，并严禁他们与诸侯王串通一气，结党营私。至此，诸侯王国分土而不治民，不得过问封国政事，只能“衣食租税”而已，诸侯王的势力受到进一步的限制。江都国自然也不例外。江都王刘非在位时，其封国领有东阳和鄣郡，及刘建即位，武帝便封刘建的五个弟弟分别为丹阳、盱眙、胡孰、秣陵、淮陵侯，各辖一县。及至元狩二年(前121)，江都王刘建谋反自杀，江都国除为广陵郡，其地直属中央管辖。

刘建在位虽时间不长，但干下的坏事却不少。他不仅常与朝廷抗衡，欲称“天子”，而且还是个性格诡异的虐待狂，其荒淫暴虐实属罕见。刘建在做太子时，就曾霸占了邯郸人梁氏送给其父的一个美女，并杀掉了欲告发他的梁氏。及至其父死而未葬，更召其父所爱美人淖姬等十余人与奸，并与已嫁来奔父丧的妹妹征臣通奸。刘建的异母弟定国，被封为淮陵侯，其母知道刘建的罪恶，使人告发他，而官府反把告发者诛杀。后来，刘建数次派人到达长安，欲把妹妹征臣迎入，其祖母以“国中口语籍籍，慎无复至江都”劝之，征臣才未敢再来江都。至于江都国宫中的女子，更是饱受刘建的凌辱。一次，刘建游章台宫，令四女子驾乘小船，并故意用脚把船蹬翻，结果全部落水，二人淹死。后游雷陂，遇天大风，刘建硬要两人驾小船入。及船被吹翻，两人落水，乍见乍没，他却临观大笑，令皆淹死，以此取乐。宫中女子犯有过错，刘建辄令扒

---

① 《汉书·董仲舒传》，中华书局1962年版。

② 《汉书·武帝纪》，中华书局1962年版。

③ 《史记·汉兴以来诸侯王年表》，中华书局1982年版。

④ 《汉书·诸侯王表》，中华书局1962年版。

光衣服，让其裸立击鼓取乐。有的则要站在树上，一个月不得穿衣服。有的还要戴上刑具，用铅锡做的杵来舂米，完不成任务便要拷打，甚至放出狼来把她们咬死，或者让她们活活饿死。其任意蹂躏，"凡杀不辜三十五人"。更有甚者，"欲令人与禽兽交而生子，强令宫人裸而四据，与羝羊及狗交"。可见已到不齿人类的地步①。

不仅如此，刘建还因自知罪多，怕被人告发，与王后成光等大搞迷信，使越婢女巫诅咒朝廷，并扬言说："汉廷使者即复来覆我，我决不独死！"当时，淮南王刘安和衡山王刘赐正蓄逆谋反，刘建闻知，遂令岳父胡应为将军，与"有材力，善骑射"的中大夫疾等造作兵器，阴养兵士，并"治黄屋盖，刻皇帝玺，铸将军、都尉金银印；作汉使节二十，绶千余；具置军官品员，及拜爵封侯之赏"②。此外，他还准备好天下地图和军阵图，多次派人和南方越王通使往来，约定遇急相互援助，准备随时举兵造反。

到了元狩元年(前122)，淮南王刘安等谋反事发，朝廷穷究天下党羽，刘建自然受到牵连。但因刘建不惜钱财，贿赂官员，还是躲过了这场大祸。但事过之后，他仍不思改悔，竟佩戴着其父刘非的将军印，打着天子旗，到处出游，耀武扬威，并洋洋得意地说："壮士不坐死，欲为人所不能为耳③。"非要与朝廷抗衡不可。次年终被朝廷发觉，武帝遣长史与江都相杂案，索得刘建所制造的兵器、玺绶等，将其逮捕问罪。在此情况下刘建无奈被迫自杀，王后成光等也被诛除。在汉代历史上，刘建确是个不值一提的反面人物，但是，他的女儿刘细君，却出污泥而不染，在汉代和亲乌孙，反击匈奴的历史进程中做出了突出的贡献，是个值得大书特书的巾帼人物。

西汉初年，经过多年的残酷战争，经济凋敝，国力空虚，而居住在我国北方的匈奴族，却乘楚汉相争之机，东破东胡，西逐月支，南灭楼兰、白羊，北败丁零、坚昆等部，迅速地发展起来，并以数十万的兵力不断南侵，控制了中国黄河以北的大部分地区，构成了对西汉王朝的重大威胁。公元前202年，匈奴发兵进攻晋阳(今山西太原)，威胁长安，刘邦亲率30余万大军迎战，竟被围困于平城白登山(今山西大同东南)7日之久，以至最后用陈平计，向单于阏氏行贿，方得脱险。可见匈奴的势力是多么强大了。也正因为这样，平城之战以后，刘邦被迫采纳娄敬的建议，对匈奴采取"和亲"政策，将汉宗室女嫁给单于，并每年送去大量的絮、缯、酒、食等，与之约为兄弟，以图买静求安。及至惠帝和景帝时，鉴于国力、兵力不足，仍不得不继续采用这一政策，多次将宗室女下嫁匈奴单于，并有增无减地贡献给匈奴大批的绢帛财物。尽管如此，匈奴仍不断地南下骚扰，双方的战争并没有因此而减少多少。

---

①②③ 《汉书·景十三王传》，中华书局1962年版。

汉武帝时，经过汉初七十年的恢复发展，“天下殷富，财力有余，士马强盛”[①]，遂决定放弃对匈奴单方面退让的“和亲”政策，揭开了大规模反击匈奴战争的序幕。经过十多年的残酷战争，匈奴力量大大削弱，出现了“漠南无王庭”的局面，汉王朝取得了决定性的胜利。但匈奴退向西域后，仍依阿尔泰山以南各国的人力物力，和汉朝长期对抗。因此，如何彻底断去匈奴右臂的问题，便被提上了重要日程。为了真正解决问题，公元前 119 年，外交家张骞向武帝提出再次出使西域、联络乌孙以便东西夹击匈奴的建议。乌孙在匈奴之西，位于今伊犁河东南的流特克斯河畔，人口 63 万，拥兵近 20 万，是当时西域诸国中最强大的一国，且依恃其国力不肯朝拜匈奴。故早在张骞第一次出使西域归来时，即向武帝建议说：“诚如此时厚赂乌孙……遣公主为夫人，结昆弟，其势宜听，则是断匈奴右臂也[②]”。因此武帝采纳他的意见，于元鼎二年（前 115）再次派张骞出使西域，劝乌孙与汉“结为兄弟，共距匈奴”[③]。然因乌孙离汉遥远，不知汉之大小，又慑于匈奴强暴，至元封年间（前 115—前 110），方遣使臣到汉，献良马千匹为聘，请求和亲。武帝遂将细君封为公主，下嫁昆莫以结盟好。

细君又称江都公主，是江都王刘建的女儿，武帝的侄孙。但她还在牙牙学语时，即因其父刘建及王后等谋反被诛，失去了本应有的父爱、母爱。此次远离故土，下嫁乌孙，对这个弱不禁风的少女来说，无疑是她人生中的重大转折。也正因为这样，武帝为她准备了极为丰厚的妆奁，赐给她乘舆和不少其它御用物品，并配备了随主遣嫁的官属、宦者和侍御数百人，以示对她最大的关怀。

细君到达乌孙国后，被乌孙昆莫猎骄靡立为右夫人，结成了婚姻。但这一消息未几便被匈奴得知，于是为拉拢乌孙、割断汉与乌孙的联系，便如法炮制，把单于之女嫁给昆莫，被立为左夫人。匈奴的这种做法，无疑为汉乌结盟增加了阻力。但不管怎样，细君仍借岁时一再与昆莫相会的机会，备办酒食，以币帛等赐王左右贵人，尽力维系这一关系。但因细君语言不通，生活很不习惯，昆莫年老，两人虽有夫妻之名，却无感情可言，加上远离故土，身为异客，思乡之情也越来越浓。于是悲不自胜，挥笔写下了那首著名的如泣如诉的《悲愁歌》道：“吾家嫁我兮天一方，远托异国兮乌孙王。穹庐为室兮旃为墙，以肉为食兮酪为浆。居常土思兮心内伤，愿为黄鹄兮归故乡。”以表达她的故国之思。以至汉武帝得知后，也不能不“闻而怜之”。然而为了达到割断匈奴右臂的目的，却也只能“间岁遣使者持帷帐锦绣给遗焉”，以表示对她最大的慰藉[④]。

几年之后，乌孙昆莫了解到她内心的苦楚，感觉到两人年龄差距太大，遂建议细

---

①③④　《汉书·西域传》，中华书局 1962 年版。

②　《汉书·张骞传》，中华书局 1962 年版。

君改嫁其孙岑陬军须靡。按照我国一些少数民族的风俗,这一做法在当时是完全正当的,父死可以妻后母,兄死可以妻嫂。但在汉族人看来,却是违经背义、不符合伦理道德的。因此细君不同意,并上奏天子报告此事。而为了取得反击匈奴的彻底胜利,汉武帝给她的答复是:"从其国俗,欲与乌孙共灭胡①。"于是细君改嫁了岑陬。岑陬"材力优强",与细君年貌相当,她的生活才有了新的转机。及至后来猎骄靡死,岑陬即位为乌孙昆莫。她们生了一个女儿,取名少夫,这是汉族人的名字,当是母亲为她所起。女儿的降生,丈夫的宠爱,自然为她的生活增添了许多新的内容和乐趣。然而时隔不久,细君却不幸早逝了。其后,汉朝为继续巩固两国的联盟,复以楚王戊的孙女解忧为公主,下嫁岑陬,来绍继这一伟大的事业。从而使汉乌始终保持着和睦相处的关系,既孤立了匈奴的势力,减少了其对汉的侵扰,也进一步加速了汉与乌孙民族融合的历史进程。

细君公主远逝了,其"愿为黄鹄兮归故乡"的夙愿终未实现。但是,她的英魂却永远萦绕在流特克斯河畔,在古老的丝绸之路上焕发着璀璨夺目的光彩。她"出污泥而不染"的情操和品格,永远值得人们颂扬。这是江苏人民的骄傲,也是2000年前吴通西域的历史见证。近年来在新疆伊犁与江苏共建的乌孙公主博物馆,正反映出两地人民对于她的无限追念和不了情结。

(二)广陵国的封立与衰微

江都王刘建死后,江都国除,地入于汉,为广陵郡。但至汉武帝元狩六年(前117),又置广陵国,封皇子刘胥为广陵王。刘胥初封时,其地可能仍跨江南北,领鄣郡和东阳郡。《汉书·武帝纪》载:元狩六年"夏四月乙巳,庙立皇子闳为齐王,旦为燕王,胥为广陵王。初作诰"。《汉书·武五子传》载武帝赐策曰:"呜呼!小子胥,受兹赤社,建尔国家,封于南土,世世为汉藩辅。古人有言曰:'大江之南,五湖之间,其人轻心。扬州保疆,三代要服,不及以正。'……王其戒之!"《史记·三王世家》褚先生"解说"曰:"夫广陵在吴越之地,其民精而轻,故诫之曰'江湖之间,其人轻心。扬州保疆,三代之时,迫要使从中国俗服,不大及以政教,以意御之而已。……'三江、五湖有鱼盐之利,铜山之富,天下所仰。故诫之曰'臣不作福'者,勿使行财币,厚赏赐,以立声誉,为四方所归也。又曰'臣不作威'者,勿使因轻以倍义也。"又《汉书·地理志》载:"江都易王非、广陵厉王胥皆都此,并得鄣郡,而不得吴。"而鄣郡至"元封二年更名丹阳",方才独立为郡。而在元狩六年,"分沛、东阳置临淮郡"②,东阳郡至少有部分县

① 《汉书·西域传》,中华书局1962年版。

② 《晋书·地理志》,上海古籍出版社1986年版。

已经剥离。及元封二年(前 109)鄣郡更名丹阳,独立为郡,广陵国的封地就大大缩小了。至武帝元封五年(前 106)置十三部州刺史,广陵国属徐州刺史部,丹阳郡属扬州刺史部,广陵国便仅领数县而已。

接受刘建反逆朝廷的历史教训,武帝在封刘胥为王时,专门赐策于他,要求他“毋桐好逸,毋尔宵人,惟法惟则”,“靡有后羞”,“世世为汉藩辅”。但因刘胥身体健壮,“好倡乐逸游,力扛鼎,空手搏熊彘猛兽,动作无法度”,始终不能守其清静[①]。及武帝死后昭帝继立,增封刘胥万三千户,至元凤中(前 80—前 75)复益万户,赐钱二千万,黄金二千金,以及安车驷马宝剑,可谓对他百般优宠。然因昭帝没有继嗣,刘胥渐有觊觎之心。于是不惜花费钱财,请来女巫下神祝诅,冀望天子早些驾崩,以取天下九五之尊。适逢昭帝天命不永,年仅 20 即驾鹤西行,刘胥更以为是诅咒之效,于是“杀牛塞祷”,大举庆贺一番。但因朝臣霍光等拥立昌邑王刘贺为帝,刘胥的目的没有达到,于是又令巫祝诅之。刘贺在位 27 日,因淫乱无道,复被废黜,刘胥又认为是诅咒之效,于是再赐女巫钱财,极尽祝诅能事。当时这种迷信活动,在好“巫鬼”的吴楚之地,确实有益惑人心的作用,故刘胥“左右皆伏”,皆以为真。但不管怎样,还是轮不上他做皇帝。在朝秉政的大臣霍光等,竟迎立武帝的曾孙刘询,是为宣帝。

宣帝即位后,“缘恩行义”,把刘胥的儿子圣、曾、昌等皆封为列侯,分处济南、东海、汝南,又立其小子刘弘为高密王。这些王、侯,都不在广陵国的封域之内,当是对他“褒赏甚厚”。但刘胥还是不以为然,反而气愤地说:“太子孙何以反得立?”复令女巫诅咒如前,并借女儿嫁于楚王延寿的亲戚关系,数相馈遗,与通私书,挑动反逆。而楚王延寿得此私书,也欲“立广陵王为上,我复王楚三十二城”[②]。及至楚王坐谋反诛,刘胥诅咒之事发觉,宣帝仍以骨肉之亲,不忍致法于胥,并赐给他黄金五千金,其它财物甚众,以息其叛乱野心,但刘胥仍然不思改悔。逮至宣帝诏立太子,再无为天子之望,方暂停祝诅之事。

可是不久,刘胥的儿子南利侯刘宝,因坐杀人而被夺爵,回广陵后又与刘胥之姬通奸,事发觉后系狱弃市。广陵相胜之乘机奏“夺王射陂草田以赋贫民”[③],得到朝廷允许,引起刘胥极大不满。于是复使巫者祝诅。而数月之后朝廷发觉,派遣廷尉等前来案验。刘胥知道大事不好,遂将女巫及宫人 20 余口毒死灭口。然而此事后泄,公卿大臣都要求朝廷将其处死。在此情况下,刘胥自感退身无路,遂召来太子及其子女,在显阳殿置酒作别,使其所幸郭昭君等鼓瑟歌舞,然后自己悲歌一曲,感怀人生多

① 《汉书·武五子传》,中华书局 1962 年版。
② 《史记·三王世家》,中华书局 1982 年版。
③ 《汉书·武五子传》,中华书局 1962 年版。

不如愿，安排下自己身后之事。至鸡鸣时，遂用印绶自缢而尽。这一年，为五凤四年（前54）。

刘胥在王位64年，因其一生多行反逆，死后谥曰“厉王”。同年广陵国废，复以为郡。七年之后，元帝复立刘胥的太子刘霸为王，复广陵国。刘霸在位十三年薨，子刘

汉广陵王刘胥墓

意嗣。刘意在位三年薨，谥曰“共王”，子刘护嗣。刘护在位十六年薨，无子国除，谥曰“哀王”。哀王死后，封地属郡。六年之后，成帝即位，复立刘霸子刘守为王，是为“靖王”。刘守立二十年薨，其子宏嗣，三年后王莽篡位，贬为公，次年废除。至此，广陵国的统治结束，计五代七王，凡127年。

广陵国由江都国演变而来，其间又数度废国为郡，其封地多少常有变化。刘胥初立时，尚辖东阳、鄣郡二郡。不久，东阳郡改为临淮郡，鄣郡改称丹阳郡，刘胥的封地仅有数县。汉昭帝时，益增二万三千户，大约三县之地。及夺去“射陂草田”，封地益缩。根据《汉书·地理志》载，定格的广陵国仅有四县，即广陵、江都、高邮、平安（今宝应）。虽然何时形成这一格局尚难确定，但从总的趋势来看，广陵国是不断缩小的。元帝永光五年（前39）封刘胥子为襄平侯，建昭五年（前34）封刘霸二子为兰陵、广平侯，其地皆在临淮郡内。故自孝王刘霸之后，根本没有实力再与中央政权进行抗衡了。

从吴王刘濞到广陵王刘胥，吴地诸侯王多行反逆，这与当时的政治气候密切相关。西汉初年，高祖刘邦接受秦亡的历史教训，分封子弟以为王侯，但因当时皇族势力极其弱小，分封的王国地域广大，加上权力重心失衡，导致了极其严重的后果。因此，抑制诸侯王的势力、加强中央集权，成为时代的当务之急，而同时也带来了诸多矛盾。及至武帝行“推恩令”，各诸侯王国步步衰弱，封地越来越小，仅有“衣食租税”而已。逮至元鼎五年（前112），武帝复以王侯所献助祭的“酎金”成色不好或斤两不足为

由，夺爵、削地者达106人，占当时列侯的半数。如武帝所封刘非子五人为丹阳、胡孰、秣陵、盱眙、淮陵侯，其中，丹阳侯、秣陵侯仅在位数年，无后除国；胡孰侯在位十六年薨，嗣子坐杀人免；盱眙侯、淮陵侯均在元鼎五年坐酎金免。这些政策，显然都损害了王侯的利益，也必然使矛盾不断加深。司马迁在《史记·三王世家》中说："古人有言曰：'爱之欲其富，亲之欲其贵。'故王者疆土建国，封立子弟，所以褒亲亲，序骨肉，尊先祖，贵支体，广同姓于天下也。是以形势强而王室安。自古至今，所由来久矣。"这说明分封子弟的目的，本是"广同姓于天下"，以确保王室的绝对统治的。但是当中央皇权与诸侯王国在力量对比上严重失衡时，就产生了朝廷与诸侯王国间的矛盾，就不能不抑制诸侯王的势力。但是，当诸侯王国的势力过分弱小时，也会带来皇权的危机。西汉后期诸侯王国大大削弱，"诸侯贫者或乘牛车"[①]，而外戚专权、朝臣干政的事屡屡发生，汉王朝的统治基础便不能不发生动摇了，最后终被王莽篡权。因此，从总的情况来看，问题的症结在于体制，过分的分封和削弱都会带来致命的后果。唯一的办法是实现皇权与诸侯王之间的力量平衡。而恰恰在这点上，西汉乃至整个中国封建社会，均未达到理想的效果。

同时，从诸侯王国的角度来看，也存在着不少问题。首先，他们在被打击后，既失去了治民的权力，又要受到朝廷监督，只能深居宫中，无所事事，这就扭曲了他们的道德人格。其次，最高统治者及其继承人的不正常变更，为此提供了可能的政治契机，助长了他们的权力欲望。如武帝的继承者本为刘据，因"巫蛊之祸"而被诛除，继位的昭帝为武帝少子，昭帝死后，武帝之孙昌邑王贺立；及贺废除，又立刘据孙询为宣帝。这对武帝之子刘胥来说，便每每营造了可能即位的政治氛围，造成不断反逆的严重后果。此外，吴越好"淫祀"、信"巫鬼"的迷信习俗，也助长了诸侯王的逆反心理。尤其是武帝时两次把越国大量的人口迁徙到江淮间，更使这种迷巫信鬼之风甚嚣尘上。如江都刘建时常"使越婢下神，祝诅上"，刘胥时更是不惜钱财以"楚地巫鬼"，"使巫祝诅"。在此情况下，本来"素骄，好勇"的刘建和"空手搏熊彘猛兽"的刘胥，也不得不成为"精神鸦片"的俘虏。而当客观现实不能满足其权力欲的时候，其闲逸癫狂、游戏人生的本色便充分地暴露出来。如刘建在位时说："我为王，诏狱数至，生又无欢怡日，壮士不坐死，欲为人所不能为耳[②]。"刘胥死前，则自歌曰"欲久生兮无终，长不乐兮安穷！……何用为乐心所喜，出入无踪为乐极"[③]。其心理变态可见一斑。司马迁在《史记·三王世家》中叙及刘胥等谋反坐罪后说："传曰'蓬生麻中，不扶自直；白沙在泥

① 《史记·五宗世家》，中华书局1982年版。

② 《汉书·景十三王传》，中华书局1962年版。

③ 《汉书·武五子传》，中华书局1962年版。

中，与之皆黑'者，土地教化使之然也。"班固在《汉书·景十三王传》中则说："昔鲁哀公有言：'寡人生于深宫之中，长于妇人之手，未尝知尤，未尝知惧。'信哉斯言也！虽欲不危亡，不可得已。……汉兴，至于孝平，诸侯王以百数，率多骄淫失道。何则？沈溺放恣之中，居势使然也。自凡人犹系于习俗，而况哀公之伦乎！"可见在朝廷不断抑制诸侯王势力的过程中，没有注意"教化"，使他们"沈溺放恣"，"骄逸失道"，才导致了如此严重的恶果。这在中国封建社会，是个相当普遍的现象。体制不改，教化不力，劣根难除，贻害无穷。

二　吴地诸郡的政治

吴楚七国之乱以后，诸侯王势力大大削弱，中央政权对地方的控制不断加强。汉武帝时，为了加强中央集权，强化皇权，首先采取了限制丞相权力的措施，亲自过问一切政务，令九卿不通过丞相直接向他奏事。与此同时，还提拔一批中下级官员，作为自己的高级助手，为他出谋划策，发号施令。这样，由尚书、中书、侍中等组成的"中朝"，成为实际的决策机关，而以丞相为首的"外朝"官，则逐渐成为执行一般政务的机关。"中朝"和"外朝"的形成，实现了统治权力的高度集中，从而大大地加强了皇权。其次，为了扩大西汉王朝的统治基础，武帝还因军功地主已经没落和"任子"、"赀选"难以选拔出真正的人才，颁行了一套新有选官制度——"察举"、"征召"制。即由丞相、列侯、刺史、守、相等进行举荐，经过考核，任以官职；或征召社会上有一定能力而不肯出仕的人，经武帝召见，酌才任职。而除此之外，随着儒学地位的确立，还采纳公孙弘的建议，为五经博士置弟子员，每年定期进行考试，使考试成绩优异者入仕。通过这些措施，选拔了一批有才能的人，使封建统治机构得到了加强和充实，史称"汉之得人，于兹为盛"①。而与此同时，汉武帝还以"文书盈于几阁，典者不能遍读"②，制定出更加严密的法律；以中央常备军势力较弱，增设八校尉及期门军、羽林军等，加强军队建设；为加强对郡国的监察，分天下为十三部州，州设刺史，以六条问事，于每年秋天巡行郡国。加强地主阶级专政的工具。在此情况下，吴地郡国和全国一样，在各方面也都得到了大大加强。

吴地在刘濞时，共辖三郡五十三城，吴楚七国之乱以后，会稽郡首先独立出来。汉武帝时，置广陵国，分沛、东阳置临淮郡。不久，鄣郡独立出来，并得庐江东部四县，改名丹阳郡。其后，虽然仍有广陵国的建置，并且一直持续到西汉末年，但其所封范

---

① 《汉书·公孙弘传》，中华书局1962年版。

② 《汉书·刑法志》，中华书局1962年版。

围多变，又往往是时封时废。因此郡国间的地域界限相当模糊。但大体上说，广陵国废时，均置广陵郡，其他诸郡变化不大。此外，各郡内的侯国，在西汉后期逐渐减少，有的已成为纯粹性的郡县政体。如丹阳郡的丹阳、胡孰、秣陵三县，在武帝时分别封予江都王刘非的三个儿子，但数年后皆因无后或坐法除国。而从《汉书·地理志》所反映的情况来看，至西汉后期，丹阳郡除成帝鸿嘉二年将黝县封为"广德王国"外，其他均属丹阳郡辖县。会稽郡则无一侯国，完全成为纯粹的郡县体系。只有临淮郡的高平、开陵、昌阳、广平、兰阳(陵)、襄平和乐陵七县，分属七个侯国所有。显而易见，这与汉初"跨州兼郡，连城数十，宫室百官，同制京师"的格局相比[①]，形势已发生了很大的变化。而这正是中央集权制不断加强的直接后果。

此外，自武帝开始，对各州、郡、县管理的力度也大大增强。汉武帝时，设立十三部州刺史，秩六百石，员十三人。成帝绥和元年(前8)改称州牧，秩二千石。哀帝建平二年(前5)复为刺史，元寿二年(前1)复为州牧。虽名称时有变化，但其秩级已经提高，对郡县监察的力度有所增强。郡有郡守，秩二千石，景帝时改称太守，掌治一郡政务；郡有郡尉，秩比二千石，景帝时改称都尉，辅佐太守典武职甲卒。但从吴地的情况看，临淮郡都尉治在盱眙，丹阳郡都尉治在歙县，会稽郡则有西部都尉和南部都尉，治所分别在钱塘和回浦县，都不在郡的政治中心。显然，这是根据具体情况而设立的。此外，县级建置也有不同。万户以上者置县令，秩千石至六百石；不足万户者置县长，秩五百石至三百石；皆有县丞、县尉，称作"长吏"。县的下面则有乡、亭。亭有亭长，主管官府过往车马及住宿、邮驿和治安等。乡有三老、啬夫、游徼，分掌教化、听讼与赋税、缉捕盗贼等。这些从上到下的政权组织，在西汉中后期不断完善和加强，确保了中央各项政策的贯彻执行。

而从吴地各郡治理的情况来看，西汉时期也多有建树。

临淮郡与广陵郡(国)在江淮间，自武帝设置州刺史后，其地属于徐州刺史部。但西汉时的刺史或州牧，只在每年秋天定期巡行郡国，督察郡县官吏和强宗豪右，尚无固定治所。而见于《汉书》的徐州刺史，仅有王尊一人。《汉书·王尊传》载："王尊字子赣，涿郡高阳人也。……治《尚书》《论语》，略通大义。"后为安定太守，诛除豪强，"威震郡中"；迁益州刺史，怀来徼外，蛮夷归附。因东平王骄奢不奉法度，乃令王尊为东平相，其"雅尊高名，大为尊屈"。后为司隶校尉，亦有政绩。但本传仅云"为徐州刺史，迁东郡太守"，并无更多事迹可考。

临淮郡治徐(今江苏泗洪县南)，领二十九县，地跨淮水东西。其淮西部分由沛郡

---

① 《汉书·诸侯王表》，中华书局1962年版。

而来，至西汉末年没有变。淮东部分则源自东阳郡。在二十九县中，地望可考者有二十县，在淮东者十二，在淮西者八个。地望不可考者九县，又有四县可断定其大体方位：昌阳为泗水王子侯国，当在淮西；襄平、广平、兰阳（陵）三县为广陵王子侯国，当在淮东。完全不知方位者五县：开阳、播旌、西平、开陵、乐陵，其中有的为它县析置。加上广陵国所辖四县，包括今苏北淮东及淮西的部分地区，及皖北东部的部分地区。而从治理情况来看，《汉书》所记在此担任郡太守者共有三人，即孔安国、路温舒和薛宣。孔安国是孔子的后裔，以治《尚书》为武帝博士。《汉书·儒林传》载："孔氏有古文《尚书》，孔安国以今文字读之，因以起其家逸书，得十余篇，盖《尚书》兹多于是矣。遭巫蛊，未立于学官。安国为谏大夫，授都尉朝，而司马迁亦从安国问故。"后来，孔安国为临淮太守，其治官民"有廉节称"。路温舒字长君，西汉巨鹿东里人，少学律令，又受《春秋》，通大义，约昭帝时为临淮太守。《汉书·路温舒传》载：温舒"迁临淮太守，治有异迹，卒于官"。薛宣字赣君，西汉东海郯人，以明习文法而著名，汉成帝时"执法殿中，外总部刺史"，"举奏部刺史郡国二千石，所贬退称进，白黑分明"。后"出为临淮太守，政教大行"①。虽然对这些人《汉书》记载都颇简略，但从大体情况来看，其文化素质都比较高，均习法律或者儒学。对该郡的治理，则或有"廉节"之称，或者"治有异迹"，或者"政教大行"，在不同的方面各有建树。

广陵郡治广陵（今江苏扬州市），在江都国和广陵国的置废过程中，曾数度置立，见于《汉书》记载的郡太守共有两人。一是陈万年。《汉书·陈万年传》载："陈万年字幼公，沛郡相人也。为郡吏，察举，至县令，迁广陵太守，以高弟入为右扶风，迁太仆。"其人"廉平，内修行"，于广陵太守事迹不详。至于调离广陵郡的时间，据《汉书·百官公卿表》载，是在宣帝神爵元年（前61）。但广陵王刘胥在此后七年才自杀国除，疑有误。二是王建。《汉书·百官公卿表》载：元延元年（前12）"广陵太守王建为京兆尹"，但无更多史料可考。不过，其时正为广陵国无王的脱档时期，说明广陵国在废除后，又置为广陵郡。既然两位太守各自升迁为右扶风或京兆尹，则说明其在广陵太守位上，是颇有一番政绩的。

会稽郡和丹阳郡都在长江之南，武帝设立十三部州刺史后，其地属于扬州刺史部管辖。见于《汉书》记载的扬州刺史，有黄霸、魏相和何武三人，又有士孙张和李圣两个州牧。《汉书·循吏·黄霸传》载："黄霸字次公，淮阳阳夏人也，以豪杰役使徙云陵"，其少学律令，"明察内敏，又习文法"。宣帝时以"持法平，诏以为廷尉正，数决疑狱，庭中称平"，本始四年拜扬州刺史。三年后，宣帝制诏御史："其以贤良高第扬州刺

① 《汉书·薛宣传》，中华书局1962年版。

史霸为颍川太守，秩比二千石，居官赐车盖，特高一丈……以章有德。”可见其在位颇有声誉。本传云“霸力行教化而后诛罚”，“以外宽内明得吏民心”，此为他的一贯作风。《汉书・循吏传》称：宣帝时“汉世良吏，于是为盛，称中兴焉”，若黄霸等“所居民富，所去见思，生有荣号，死见奉祀，此廪廪庶几德让君子之遗风矣”。魏相字弱翁，济阴定陶人，后徙平陵，《汉书・魏相传》载：其“少学《易》，为郡卒史，举贤良，以才策高第，为茂陵令”，昭帝时迁河南太守，“禁止奸邪，豪强畏服”。及迁扬州刺史，“考案郡国守相，多所贬退”，居部二岁，朝廷以其“治行”，征为谏大夫。可见其在位也颇有治绩。何武字君公，蜀郡郫县人，《汉书・何武传》载：何武“诣博士受业，治《易》，以射策甲等为郎”，后举贤良方正，拜谏大夫，迁扬州刺史。其在扬州期间，“所举奏二千石长吏必先露章，服罪者为亏除，免之而已；不服，极法奏之，抵罪或至死”。本传又云：“武为刺史，二千石有罪，应时举奏，其余贤与不肖敬之如一，是以郡国各重其守相，州中清平。行部必先即学官见诸生，试其诵论，问以得失，然后入传舍，出记问垦田顷亩，五谷美恶，已乃见二千石，以为常。”大司农何寿，请何武的弟弟推荐兄子庐江长史，何武说：“刺史古之方伯，上所委任，一州表率也，职在进善退恶。吏治行有茂异，民有隐逸，乃当召见，不可有所私问。”其树威守法可见一斑。及五年后，被提拔为丞相司直。至于士孙张，《汉书・儒林传》载：其字仲方，平陵人，曾受《易》于五鹿充宗，后“为博士，至扬州牧，光禄大夫给事中，家世传业”，看来也是一个清廉之官。唯扬州牧李圣，得王莽赐名，兼大将军职，在西汉末年率兵镇压青、徐农民起义军被杀，在扬州一无建树。西汉时，丹阳、会稽二郡，远离政治中心长安，朝廷为加强中央集权，对该地区的治理相当重视。丹阳郡即故鄣郡，郡治宛陵（今安徽宣城），领十七县。其中，部分在今苏南西部，部分在今皖南东部，都在长江以东地区。但见于《汉书》记载的丹阳郡太守，仅有张竦一人。《汉书・游侠・陈遵传》载：张竦字伯松，元帝时为京兆史，“博学通达，以廉俭自守”，哀帝末“为后进冠”，后为丹阳太守，“封淑德侯”，免官归长安，“居贫，无宾客……论道经书而已”。陈遵常说他“讽诵经书，苦身自约，不敢差跌”，及王莽败隐居池阳，为“贼兵”所杀。可见为丹阳太守时，尚有一定治绩。

会稽郡治吴（今江苏苏州市），辖二十六县，自吴楚七国之乱结束后独立为郡，但其境域远远超出今江苏省的地域范围，史称其境“东接于海，南近诸越，北枕大江”[①]。会稽郡以南，原有闽越、东海两国，闽越都东冶（今福建省福州市），东海都东瓯（今浙江省永嘉市），分别据有今福建全部和浙江南部地区。武帝建元三年（前 138）东海举国内徙，处江淮间。后闽越反乱，元封元年（前 110）平之，也徙其民于江淮地。但因徙

---

① 《汉书・严助传》，中华书局 1962 年版。

民不彻底,后来,朝廷又在东瓯置回浦县,在闽越故都设置冶县,两县都属会稽郡。故就地域广大而言,竟为汉末百三郡国之冠!

会稽郡太守,见于《汉书》记载的有严助、朱买臣、鲁伯和刘交四人。《汉书·严助传》载:"严助,会稽吴人,严夫子子也,或言族家子也。郡举贤良,对策百余人,武帝善助对,由是独擢助为中大夫。"可见严助有相当的学术素养。文中的"严夫子",即严忌,在西汉前期,严忌曾与著名文士邹阳、枚乘等共同游历吴王、梁王幕府,"皆以文辩著名"。及汉武帝擢用严助,又得朱买臣、枚皋、严葱奇等吴地士人,"并在左右",反映出吴地文化的不断发展。汉武帝时,征伐四夷,开置边郡,军旅数发,朝廷多事,屡举贤良文学之士。而朝中大臣"常称疾避事","唯助与寿王见任用,而助最先进"。武帝"令助等与大臣辩论,中外相应以义理之文,大臣数诎",从而为武帝用兵提供了依据。建元三年(前138),闽越举兵围东瓯,东瓯告急,太尉田蚡等欲弃其地,严助坚决反对。于是武帝派严助持节发兵会稽,"浮海救东瓯"。三年后,闽越兴兵击南越,武帝又遣严助"喻意风指于南越",迫使南越王遣子入侍。由于严助屡有功劳,不久,任命他为会稽太守。及数年后,应诏"奉三年计最",因留侍中。及淮南王刘安反逆,严助因受牵连弃市。至于他在会稽郡的治绩如何,史书未有详细记载,但从上述情况来看,其对该地区社会的稳定和民族的融合等,还是起了重要作用。

朱买臣,字翁子,也是吴(今苏州市)人。《汉书·朱买臣传》载:买臣"家贫,好读书,不治产业,常艾薪樵,卖以给食,担束薪,行且诵书"。后随本郡上计吏到达长安,得严助引荐,被武帝召见。因"说《春秋》,言《楚词》,帝甚悦之,拜买臣为中大夫,与严助俱侍中"。当时,武帝东置苍海、北筑朔方郡,御史大夫公孙弘等以为疲弊中国以奉无用之地,请求罢之,武帝乃使朱买臣与之辩难,其"发十策,弘不得一"[①],遂使公孙弘等点头认输。可见是个善辩之士。后来东越屡屡反复,朱买臣上书欲率兵击之,武帝遂拜他为会稽太守。及至郡界,买臣"治楼船,备粮食,水战具",以待诏书,与军俱进。居之岁余,乃受诏将兵,与横海将军韩说等俱击破东越,于是因功征为主爵都尉,列于九卿。后来他的儿子山拊官至郡守、右扶风。虽然买臣为会稽太守时间不长,治理的状况史载较略,但因他本人生于吴地,了解该地区的情况,对当地社会秩序的稳定等,还是起了不小的作用。

鲁伯,为琅邪人,受《易》于博士沛郡施雠,所"授太山毛莫如少路、琅邪邴丹曼容,著清名,莫如至常山太守"[②],可见在经学上颇有建树。但史书仅说他曾"为会稽太

① 《汉书·公孙弘传》,中华书局1962年版。

② 《汉书·儒林传》,中华书局1962年版。

守”，未言具体治绩。刘交，字游君，沛郡人，《汉书·百官公卿表》仅说他在成帝永始四年由会稽太守迁为宗正，具体情况不见记载。不过，从其二人善于经学和得以升迁的情况来看，其为会稽郡太守时，必有一定的政绩可言。

此外，值得一提的是会稽人郑吉。郑吉早年以卒伍从军，数从大军出屯西域。因他为人强力执志，又“习外国事”，不久即被提拔为侍郎。又因率兵攻破车师，迁卫司马，负责监护鄯善以西的西域南道。宣帝神爵年间，匈奴内乱，日逐王欲降汉，郑吉乃发渠黎、龟兹等诸国兵五万人迎战，斩不降者，由是日逐王等归汉。宣帝以其“功效茂著”，封“安远侯，食邑千户”，并拜为首任西域都护，使并护车师以西北道。此后，郑吉立幕府，镇抚诸国，反者诛之，降者抚之，“汉之号令班西域矣”。及郑吉薨，谥曰“缪侯”。史书言及西域之事，称“始自张骞而成于郑吉”，可见他的功劳之大①。

综上所述，西汉中后期吴地的政治状况，虽然文献记载颇略，但仍能看出其大致情形。一是武帝后中央集权大大加强，州郡官吏一般都能廉洁奉公，尽职尽责，从而使该地区出现了较为清明的政治局面。二是来此地任职的州郡官吏，多有高深的文化素养，不少人是经学大师，这对江淮地区的文化传播，对提高人民的文化素质，都会产生重大的影响。尤其是苏南地区，出现了严助、朱买臣等一些土著士人，和郑吉这样的人物，在西汉以前均属罕见。其对当地政治秩序的稳定、社会经济的发展和民族融合的进程等，都必然会产生深远的影响。虽然在西汉后期，随着外戚势力的强大，政治不断走下坡路，农民起义不断爆发，以至苏南也爆发了长洲（今江苏吴县东）人瓜田仪领导的起义，反映出诸多的社会矛盾，但经百余年的长期治理，吴地的社会结构、人文素质和价值观念等，毕竟都发生了深刻变化，从而为东汉时期的进一步发展，奠定了较为坚实的基础，准备了较为充分的条件。

三　吴地郡国的经济

吴楚七国之乱以后，诸侯王国跨州兼郡、连城数十的政治格局逐渐被打破，中央集权制下的郡县制体系不断加强，西汉历史进入了一个新的发展时期，吴地的经济也得到了较大发展。但因此后吴地先后有江都国和广陵国的封置，其封国又时大时小，或兴或废，要具体地描述其经济状况，显然是比较困难的。而鉴于江淮和苏南地区发展的差异，笼统地去谈吴地郡国的经济，又似乎不够妥当。因此，我们对吴地的经济状况，仍以吴王刘濞所封吴国的地域为基础，将此分为江淮和苏南两个部分，对其情况分别论述。

① 《汉书·郑吉传》，中华书局1962年版。

(一) 江淮地区经济的发展

江淮地区是指淮河以南长江以北的广大地区。吴王刘濞时，此地为东阳郡。吴楚七国之乱以后，属江都国。及江都国废，属广陵郡。其后置广陵国，仅领数县，其它属县归临淮郡。再后来广陵国复有废立，其国除时，所辖诸县属广陵郡。西汉末年，广陵国领四县，临淮郡领二十九县，包括今江北淮南西至皖北东部的广大地区。这里要说的就是该地区的经济发展状况。

西汉时期，江淮地区虽然不如徐淮地区，但比苏南要进步得多，比战国时期更有较大的发展变化。从当地的农业、手工业、商业等方面，可以窥其大概情形。

首先，农业获得了较大发展。西汉时期，农业是整个国民经济决定性的生产部门。因此从西汉建立后，朝廷即不断强调农业是"天下之本，务莫大焉"，重视发展农业生产。而作为一贯"好农"、"田农"的江淮地区，自然对此高度重视。而随着该地区人口的不断增加，和生产技术的逐渐推广，农业生产更得到了较快的发展。这主要表现在如下方面：

一是人口的不断增加。在中国封建社会，人口是经济增长的决定性因素之一，不仅直接关系到国家的赋税收入，而且也是土地开发和利用程度的指示器。而江淮地区除了社会生活较为安定，从而导致人口的自然增长外，还有来自外地的大量移民。这些移民，大多来源于南方的越族。史载高祖五年(前202)立闽越首领无诸为闽越王，在今福建闽江下游建闽越国，都于东冶(今福州市)。至惠帝三年(前192)，又封句践后裔摇为东海王，统治今浙江南部地区，以东瓯(今浙江永嘉市)为国都，故称东瓯王。武帝建元三年(前138)，闽越发兵围东瓯，武帝发兵浮海救之，而未到达，闽越引兵去，"东瓯请举国徙中国，乃悉举众来，处江淮之间"[①]，这是第一次向江淮地区大规模移民。及至元封元年(前110)，朝廷平定闽越国中东越王余善的叛乱，并乘机废除了与朝廷合作的闽越繇王，"诏军吏皆将其民徙处江淮间"，此为第二次向江淮地区大规模移民。这两次移民，史称"东越地遂虚"[②]，所迁人口不下二十多万，大致分布在庐江、九江和临淮郡。而据史载迁于庐江郡的有四万人，其他主要在临淮郡。《汉书·地理志》称"本吴、粤(越)与楚接比，数相并兼，故民俗略同"，说明至迟到西汉末年，迁入江淮间的越人已经不再作为汉人以外的民族而存在了。而除了南方越族移民之外，中原地区因水旱之灾，也曾向这一地区移民。如《史记·平准书》载：汉武帝时"山东被河灾，及岁不登数年，人或相食，方一二千里，天子怜之，诏曰：'江南水耕火耨，令饥民得流就食江淮间。'欲留，留处。使者冠盖相属于道护之"。这次移

①② 《史记·东越列传》，中华书局1982年版。

民，因河灾严重，地区广大，所移入的人口也肯定不少。而随着人口的大量迁入和劳动力的大量增加，必然会大大促进江淮地区的经济发展。

二是牛耕和铁器的推广。牛耕和铁器是农业生产中的主要动力，其大量的使用和推广有着重要的积极意义。西汉初年，经济凋敝，“将相或乘牛车”，一般农民只能凭借人力耕作。为了促使耕畜的繁殖，政府屡令禁止杀牛，规定杀牛、盗牛者皆受重刑。而随着社会生产力的发展，江淮地区不仅有牛耕，耕作技术也不断改进。如在今泗洪重岗乡西汉墓葬中发现的画像石上，刻有一幅《农耕图》，画面布局分上下两组：上部为牛耕图，二牛抬杠式犁耕，一人在前牵牛，一人在后扶犁；下部为播种图，前有一人撒种，后有二人平土盖种①。这种二牛抬杠式的犁耕也称“耦犁”，是西汉各地通常采用的一种犁耕方法。所用的铁犁铧，可能就是一种分量较重的“大器”。在今江苏睢宁双沟出土的汉画像石表现农耕的画面中，则各有引车之牛和拽犁之牛，耕作时引车牛即卸轭放逸②。可见当时一般农家养牛数量之多，引车之牛与拽犁之牛有明显分工。而与之同时，该地区可能也已养马。陈直先生在《汉代的马政》一文中所列举的汉代郡国马官用印中，就有睢陵（今江苏泗洪县东南）马丞印③。虽然还不能证明其用于耕作，但鉴于汉代采取过鼓励民间养马的政策，距离马耕恐怕也为时不远了。

铁器的使用也很普遍。春秋战国时期，中原各国已先后进入了铁器时代，江淮地区也不例外。如在今六合程桥 2 号墓发现的铁条为块炼铁锻成，1 号墓铁块为白口生铁④，甚至有人推测，最早冶炼和使用铁器的地区很可能就是楚国⑤。到了汉代，铁制农具等更加普遍。如在今六合李岗楠木塘西汉建筑遗址发现的吴王刘濞到武帝时期的作坊遗址中，即发现了铜镞、铁斧、铁锛等器具⑥。在睢宁、淮安、扬州、江都等地也有不少铁器出土，最常见的就有铁刀、铁斧等铁农具，以及生活用具、兵器和机械构件等。这说明铁器的使用已较为普遍。

江淮地区的水利事业，也较发达。水利历来是农业的命脉，西汉时，黄淮地区最大的水利工程是治理黄河。武帝时黄河在瓠子（今河南濮阳西南）决口，泛滥地区达十六郡，淮、泗地区也受其害。《史记·河渠书》称“智桑浮兮淮、泗满，久不反兮水维缓”。但经数万民工治理，“梁、楚之地复宁，无水灾”。江淮地区河湖密布，又有邗沟

---

① 《江苏泗洪重岗汉画像石墓》，《考古》1986 年第 7 期。

② 江苏省文物管理委员会：《江苏徐州汉画像石》，科学出版社 1959 年版。

③ 《文史考古论丛》，天津古籍出版社 1988 年版，第 327 页。

④ 李众：《中国封建社会前期钢铁冶炼技术发展的探讨》，《考古学报》1975 年第 2 期。

⑤ 黄展岳：《关于中国开始冶铁和使用铁器的问题》，《文物》1976 年第 8 期。

⑥ 《江苏六合李岗楠木塘西汉建筑遗迹》，《考古》1978 年第 3 期。

运河贯穿南北，水利事业较为发达。《后汉书・张禹传》载：东汉初张禹为下邳相，“徐县北界有蒲阳陂，旁有良田，而堙废莫修。禹为开水门，通引灌溉，遂成熟田数百顷。……后岁至垦千余顷”。《东观汉记》曰：“陂水广二十里，径且百里，在道西，其东有田可万顷。”而事实上，蒲阳陂在西汉时是重要的水利工程，只是经过两汉间长期的战乱而荒废了。当然，这种靠水灌溉的陂田，在江淮地区还有不少。如在仪征胥浦西汉墓中出土的竹简《先令券书》，记载墓主朱凌生前拥有桑田两处，稻田、陂田一处，就表明墓主人拥有稻田和灌溉稻田的陂田①。又如广陵王刘胥时，所开“射陂草田”，也属这种性质，后来射阳属临淮郡。

随着铁器、牛耕和水利事业的不断发展，农业耕作技术也逐渐改进。江淮地区因自然地理条件的差异，既宜种黍、稷、粟、麦等北方盛产的农作物品种，也适宜种植南方的主要农作物水稻。而不论种植何种农作物，其耕种技术都有进步。汉武帝时，搜粟都尉赵过推广互换耕种位置、垅甽轮息的“代田法”，还发明了叫做“耧车”的播种机，大大提高了土地的利用率和播种速度。西汉成帝时，氾胜之著《氾胜之书》，总结了我国南北方的耕作制度，概括出农民种植水旱作物的基本原则：“趣时”、“和土”、“务粪泽”和“早锄早获”等，并总结推行了新的耕作方法“区种法”，这对提高粮食产量，起到了重要作用。吴王刘濞时，在东阳县（今盱眙县东）的沼泽地长洲泽豢养大量麋鹿，“千千为群，掘食草根，其处成泥，名日麋畯”，这种经过麋鹿踏践的“麋畯”，湿润肥沃，宜于耕种，当地农民“随此略种稻，不耕而穫，其收百倍”②。汉武帝时，中原地区因黄河泛滥，令“饥民得就食江淮间”③，正说明这一地区农业的发达。

其次，手工业也获得了较大发展。这主要表现在纺织、煮盐、铜铁制造、陶瓷、漆器业等诸方面。

在纺织业方面，当时的江淮农村普遍种植桑麻，养蚕织帛，种麻织布。城市中也有官营的纺织作坊。秦汉之际，淮阴有专门“以水击絮”的“诸漂母”，淮阴人韩信等出身贫贱的人则称“布衣”，说明该地区纺织业一直是传统的手工业部门。江都国的丝织业也颇为发达。如刘建为江都王时，数与越繇王闽侯通使往来，“遗以锦帛奇珍”。此外，江淮地区的纺织技术也不断提高。如在泗洪县曹庄出土的汉画像石上刻画的“慈母投杼图”，图上有斜织机的型制，经面与水平机器呈五六十度的倾角。在织工面前，有一突起的横木，可能是幅撑装置或卷布的帛轴。图上的空心梭子与满管杼子并

① 《江苏仪征胥浦101号西汉墓》，《文物》1987年第1期。

② 《续汉书・郡国志》注引《博物志》。

③ 《史记・平准书》，中华书局1982年版。

存，反映出杼子纳入飞梭专门行使引纬织布的作用，另外再有竹筘打纬[①]。此外，在仪征等一些汉墓中，还发现了随葬的衣物券，载明随葬衣物的质料有绮、绢、绫、锦、缣等丝织品，花色则有白、皂、红、黄、绿、青等色。这说明江淮地区的纺织业，已经达到了相当高的技术水平。

煮盐业也相当发达。《尚书・禹贡》载：青州地区"厥贡盐稀"，说明青州在夏代已有"贡"给奴隶主国家的盐。而临淮郡的盐渎一带，当时属于青州管辖，即有可能已生产盐。此后，盐业作为重要的手工业部门，更得到了较大发展。《史记・货殖列传》记载："彭城以东，东海、吴、广陵，此东楚也。……夫吴自阖闾、春申、王濞三人招致天下之喜游子弟，东有海盐之饶"，可见早在春秋时期，吴王阖闾和春申君即已"招致天下喜游子弟"，在江淮地区经营盐业。及至汉兴，海内一统，弛山泽之禁，"纵民得铸钱、冶铁、煮盐"[②]，盐铁皆可自由经营。如吴王刘濞"招致天下亡命者铸钱，煮海水为盐"，经过40余年的经营，出现了"以铜盐故，百姓无赋"、"国用富饶"的强盛局面[③]。当时，在吴国的境域之内，不仅浙江海盐是产盐的重要基地，而且盐渎（今盐城市）一带也生产盐。西汉初年，盐渎为射阳侯项伯的封地，项伯死后，属射阳县。"因汉初在这里已'煮海兴利，穿渠通运'，故名'盐渎'"[④]。汉时江苏靠近海滨，广陵是盐的集散地，北自盐渎、南至海盐生产的盐，多自海陵（今泰州市）经"茱萸沟"、邗沟运往内地。"茱萸沟"在广陵东北20里处，东通海陵仓及如皋蟠溪（今如皋县东陈汤家湾），西衔邗沟运河，是一条十分重要的盐运通道。及汉武帝封子刘胥为广陵王时，还说"三江、五湖有鱼盐之利，铜山之富，天下所仰"[⑤]。可见该地煮盐业的发达。武帝时开始，为了增加中央政府的财政收入，遂将盐铁收归官有，由国家来垄断经营，即招募盐民"自给费，因官器作煮盐，官与牢盆"。其产盐之地则设盐官和专卖署，负责管理和买卖事务，并且规定"敢私铸铁器煮盐者，釱左趾，没入其器物"[⑥]。这种官家生产的盐虽然质量低劣，价格昂贵，但却大大增加了政府收入。及至"盐铁会议"之后，这种政策有所松弛，民间也有私家煮盐，淮南地区仍是盐的生产基地。如据盐城出土的西汉末期盐铁官、大盐商及其眷属的墓葬可知，至少在西汉后期，这里已有盐官设置，还出现了不少大盐商。王莽时实行"五均六管"的经济政策，私营盐业受到严格限制。但及新莽末天下大乱，盐铁之禁不断破坏，加上盐渎僻处海滨，又有煮盐之利，为苟安的理想之地，

---

① 《泗洪县曹庄发现一批汉画像石》，《文物》1975年第3期。

② 《盐铁论校注・错币》，中华书局1979年版。

③ 《史记・吴王濞列传》，中华书局1982年版。

④ 盐城市方志办编《盐城市县概览》，1988年版。

⑤ 《史记・三王世家》，中华书局1982年版。

⑥ 《史记・平准书》，中华书局1982年版。

遂吸引了更多的豪富巨商来此居住[①]。

铜器制造业也颇发达。吴王刘濞时，采“章山之铜”，并在豫章郡铜山“即山铸钱”，但在江淮间也有铸钱的作坊遗址。如在六合李岗楠木塘发现的吴王刘濞至武帝时期的铸钱作坊遗址，面积约210平方米，出土有当时铸钱的铜块和铸废的“半两”四铢钱和五铢钱，还有铜镞、铁斧、铁锛等器具和房屋的建筑遗迹[②]，这些都是汉初到武帝时江北铸造钱币的明证。吴王刘濞时，铸钱的数量相当庞大，有“钱布天下”之说。他曾经说：“寡人金钱在天下者往往而有，非必取于吴，诸王日夜用之弗能尽[③]。”可见铸钱数量之多。铜镜铸造业，也是江淮地区的特色生产部门之一。如在扬州东风砖瓦厂木椁墓群发掘的27件铜器中，铜镜就占了16件[④]。同时，铜镜的制式、纹饰等也不断变化。如盱眙汉墓中的星云镜为圆钮座，昭明镜为圆钮连珠纹座[⑤]，与西汉前期的“蟠螭纹镜”及稍晚的“草叶纹镜”皆有不同。西汉后期，最典型的铜镜就是“昭明镜”及“日光镜”。新莽时期，阴阳五行的思想反映到铜镜制造上，出现了带有“四神”纹样和“十二辰”文字的“规矩镜”，鎏金技术也普遍应用到铜镜上。如扬州东风砖瓦厂出土的“规矩镜”，镜背即有鎏金的痕迹。这些铜镜，虽已入土两千多年，但仍保持着光鲜夺目的色彩，显示出江淮人民在金属工艺方面的巨大成就。

江淮冶铁业的发展。《汉书・地理志》载：临淮郡的盐渎、堂邑及广陵国都设有“铁官”，经营冶铁手工业生产。这在六合李岗楠木塘西汉建筑遗址、泗洪县小峰山等地，都发现了汉代的冶铁遗址和铁器。江都王刘建时，就利用冶铁大作“兵器”。此外，最能反映江淮地区冶铁业发展的，是不断地向江南各地输入铁器。当时，江南“有三江五湖之利”，水路“入大江，奏广陵”，和江北的淮河流域连成一体。江南的铁器，不少都是通过水路而输入南方。如江西修水出土汉代的铁制家具铲和臿等，就有“淮一”的字铭，证明是从临淮郡输入的[⑥]；广西贵县罗泊湾1号汉墓中出土的陪葬家具登记单——“东阳田器志”，记载有铁面、铁组（锄）等，也是从临淮郡而输入的[⑦]。而在福建崇安城村的汉城遗址中，曾出土铁器71件，农具18件，其中一件铁犁，其形制与北方的铁犁完全相同，估计也是通过淮河流域的郡县而输入的[⑧]。大量的铁器输入外

① 凌申：《盐业与盐城的历史变迁》，《盐业史研究》1997年第2期。

② 《江苏六合李岗楠木塘西汉建筑遗迹》，《考古》1978年第3期。

③ 《史记・吴王濞列传》，中华书局1982年版。

④ 《扬州东风砖瓦厂汉代木椁墓群》，《考古》1980年第5期。

⑤ 《江苏盱眙东阳汉墓》，《考古》1979年第5期。

⑥ 《江西修水出土战国青铜器车器和汉代铁器》，《考古》1965年第6期。

⑦ 蒋廷瑜：《广西汉代农业考古概述》，《农业考古》1981年第2期。

⑧ 黄今言：《秦汉江南经济述略》，江西人民出版社1999年版，第230页。

地，正说明该地区冶铁业的发展。

漆器业更是颇有特色。如扬州、邗江、江都、高邮、盐城、盱眙、泗阳及安徽天长等地，都曾出土大量的汉代精美漆器。如盱眙汉墓出土漆器 114 件，天长汉墓出土漆器 123 件等等[①]。尤其是在广陵国境内，出土漆器最多，最为精致。如仅邗江姚庄 101 号西汉墓中，就出土各种漆器 131 件，其中有案、几、盒、奁、枕、盘、樽、碗、勺、耳杯、砚、黛板、六博局等生活用具，还有盾、弓、弩、箭缴轴、箭杆等兵器和漆面罩之类的葬具[②]。在高邮天山西汉广陵王刘胥墓中，出土有彩绘漆棺以及成套的漆耳杯和漆盘，有的盘上书写隶书"饮官"铭文。扬州甘泉山西汉"妾莫书"墓出土的 100 多件漆器中，有许多器面用铜、银装饰，加贴用金箔制成的纹饰图案，用朱、黑、黄、绿颜色彩绘，成为鎏金铜扣、银扣或金银平脱器[③]。特别值得注意的是，在不少出土的漆器上，往往刻有漆书铭文，如"田长君"、"程长卿"、"大皇"、"大张"、"陈"、"高"、"文"、"委"、"苟"、"邓"、"中氏"等姓名，还有的书"工冬"、"工克"、"工鲜"、"工延"、"工阳"、"工定"、"工照"、"工处"、"工野"等款字。而带有姓名的漆器，往往出现在不同的墓葬中，说明这些姓名可能是买主的名字。买主在定做某一漆器时，书上主人的姓名，即表示他是这一高档用品的拥有者。而带有"工"字的，却在不同的墓葬中重复出现，其造型、风格、大小及制作方法等则完全相同，这说明该组文字很可能是制造工匠的名款。漆器制品上书有买主姓名，是当时的习俗，而留下工匠的名款，则标明了漆器的生产作坊，当是地方官府对手工业作坊进行管理而提出的要求。大批同风格的漆器上留有众多工匠的名款，说明广陵国已有相当数量的生产作坊。若是把视野扩展到周边地区，就会发现今连云港、盐城、盱眙和安徽天长等地出土的汉代漆器，其造型、胎质乃至图纹、色彩等，都与扬州的漆器十分相似。这表明广陵国生产的漆器，其技术已流传到较为广大的地区。从质量来看，江淮地区尤其是广陵国的漆器，不仅工艺水平很高，而且也很有地方特色。如这里的漆器，往往在黑漆或朱漆底上，使用朱红、赭红、土黄、金黄、乳白、银白、粉绿、暗绿、蓝紫等多种色调，线条细腻。在奁、盒类漆器的盖顶，则盛行银平脱柿蒂纹、变形柿蒂纹或三叶纹，并常在四叶之间镶嵌珠玉；有的平脱器，在器身周围用金银箔剪贴出山水流云、人物、禽兽等复杂图样。在造型上，有些样式也是很独特的。如在今扬州汉墓出土的好几件漆面罩，罩在死者的面部，形状为长方形，三面立墙，立墙壁上开有圆孔，这在其他地方是颇为少见的。此外，在胎骨制作、针刻技术、平脱工艺等方面，也都显示出其高超的技术水平，使之富丽堂皇，精美光洁，价

① 黄今言：《秦汉江南经济述略》，江西人民出版社 1999 年版，第 149 页。

② 《江苏邗江姚庄 101 号西汉墓》，《文物》1988 年第 2 期。

③ 《扬州西汉"妾莫书"木椁墓》，《文物》1980 年第 12 期。

比金玉，表现出当地鲜明的地方特色。

此外，江淮地区的木器制造业和陶瓷业等也颇发达。根据考古发现和相关的资料，扬州汉墓出土的用四匹马驾辕的马车模型，以及使用当时新型材料"锻铁"制成的成套木工工具，表明处于江淮之间水陆枢纽的广陵国，已经掌握了大型木制车辆的制造技术。高邮天山广陵王刘胥"黄肠题凑"式的大型楠木结构墓椁，更是一项典型的建筑工程。其复杂的榫卯结构，表明广陵一带的工匠，具有大型木构工程的施工建造能力。而在刘胥墓中，所用长达二十多米的整段楠木，史载是挪用了"广陵船官"造船用的木材，可知当时江淮地区造船业的发达。邗江甘泉二号汉墓的墓顶，采用了砖筒拱顶的多券结构，这种复杂而巧妙的建筑技术，在当时的砖构工程中也是相当先进的。另外，陶瓷业也是江淮地区手工业中的重要门类。如盐渎故城、泗洪城围子故城等地，都曾发现陶窑遗址或大批陶器。这些窑炉，多是圆形直焰窑，大大改进了窑内通风条件，提高了烧制温度。从出土的陶器来看，无论是陶器造型、施釉、彩绘和烧制等方面，技术都比战国时进步。例如在盱眙东阳汉墓中出土陶器 51 件，分为釉陶和灰陶两种，而大多数陶器烧制火候较高，有些带有绿釉①。这种釉陶，约出现在公元前 2 世纪中叶，是在普通陶器上施釉，低温烧成。如果在釉里加入一定数量的有色金属，烧成后就会带有美丽的颜色，既美观又便于拭洗，所以很受人们欢迎。此外，西汉时期长江以南广大地区普遍存在一种硬陶，而在上面涂有薄釉，或黄或绿，颜色较浅，烧制温度较高，属于青釉系统。扬州东风砖瓦厂汉代墓群出土的釉陶有 28 件②，都在上半部施青釉，下半部露胎，釉的颜色为青里泛绿与青里泛黄两种，器型主要有壶、瓿、罐、灶、豆、缸等，为硬质陶。江淮地区兼具南北方的特色，反映出制陶业的进步。

随着农业和手工业的发展，城镇逐渐兴起，商品货币经济逐渐繁盛。《汉书·高帝纪》载：高祖六年"令天下县邑城"。师古注曰："县之与邑，皆令筑城。"吴王刘濞时，江淮地区的东阳郡有县城 17 座，到西汉中后期，沛郡的部分县划归临淮郡，辖 29 县，加上广陵国所辖 4 县，计有县城 31 座。这些城市，在当时都得到了较大发展。如秦统一后设置的东阳县(今盱眙东阳乡)，在吴王刘濞时设有"太仓"，是江淮地区的富庶县城之一。根据发掘情况来看，该城有东、西并列相连的内外城，东城的东城墙长 838 米，南城墙长 933 米，西城的南城墙长 862 米，两城的总面积达 1.5 平方公里。此外，还出土有秦代的铜权，秦汉时的"半两"、"五铢"钱，以及盆、豆、罐、甑等陶器，花纹方砖和兽面纹、卷云夹树木纹瓦当、大型素面板瓦等。城内地面则有高大的夯土台基，

---

① 《江苏盱眙东阳汉墓》，《考古》1979 年第 5 期。

② 《扬州东风砖瓦厂汉代木椁墓群》，《考古》1980 年第 5 期。

地下有陶水管道和水井等。城外还有当时的墓葬[①]。反映出当时东阳城的繁荣。又如盐渎、海陵、堂邑等县，由于煮盐、冶铁业的发达，城市建设也发展很快。在这些城市中，“百工居肆，以致其事；农商交易，以利本末”[②]，商品货币经济都较发达。

在江淮地区，最著名的城市是广陵（今江苏扬州）。广陵是汉代以前的古城，《左传》记载：鲁“哀公九年（前 486）秋，吴城邗，沟通江淮”。至战国时，楚怀王十年（前 319）再“城广陵”[③]。及至西汉，广陵城作为汉代诸侯王长期的都城或广陵郡的治所，既是郡国的政治、军事中心，又是区域经济和文化中心，发展迅速。吴王刘濞时，“积金钱，修兵革，聚谷食”四十余年，“国用富饶”，广陵城为“吴王濞所都，城周十四里半”[④]，成为颇具规模的中心城市。这从发掘出的旧城垣遗址，也可得到有力的佐证。从广陵城的外围来看，南有长江横贯东西，东有沟通江淮的邗沟，刘濞又开邗沟支道从茱萸湾（今扬州湾头）东通海陵（今泰州市）仓，地理条件十分优越，实为当时重要的交通枢纽。《史记・三王世家》载：“夫广陵在吴越之地……三江五湖有鱼盐之利，铜山之富，天下所仰。”正是广陵城不断发展的真实写照。江都王刘非至广陵王刘胥时，仍“治故吴国”，他们在此“治宫馆”，“骄奢甚”，不惜人力物力，建筑章台宫、显阳殿等，并把苑池扩展到“雷陂”（今扬州西北雷塘）一带，使广陵城的城市建设得到进一步的发展。在这里，不仅有众多纺织、冶铁、漆器、铜器制造等规模颇大的手工业作坊，有秘密设置的铸作“兵器”、“黄屋盖”和皇帝玺、将军印的地下工场，还出土有反映商品交易市场的“广陵市”封泥；不仅有遍及城内外的花草树木，精心豢养的狗马禽兽，还有骑马射猎、聚众饮宴和“鼓瑟歌舞”的大型游乐场所等。所有这些，都反映出当时广陵城的繁华。

西汉彩绘云兽纹漆枕

① 《江苏盱眙东阳公社出土的秦权》，《文物》1965 年第 11 期；《盱眙东阳汉墓》，《考古》1979 年第 5 期；《洪泽湖周围的考古调查》，《考古》1964 年第 5 期。

② 《盐铁论校注・通有》，中华书局 1979 年版。

③ 《史记・六国年表》，中华书局 1982 年版。

④ 《续汉书・郡国志》。

(二)苏南地区经济的发展

吴楚七国之乱以后,地处江南的会稽郡和丹阳郡先后独立出来,成为中央直接管辖的郡县,各项制度文明也体现出了统一中央集权的特点。但从经济发展的状况来看,当时的苏南地区,不仅与黄河中下游的中原地区难以相比,而且比苏北的徐淮和江淮地区也要落后。汉武帝时,西汉的经济达到了空前昌盛的局面,司马迁游历全国各地,考察并实录了各地的风土人情和社会状况,然后根据山川气候的自然形势,各地区的物产分布和各地的经济特征,把全国划分为关中、山东、江南、龙门碣石以北四大经济区,而江南地区最为落后。他在《史记·货殖列传》中描述江南的经济状况说:"楚越之地,地广人稀,饭稻羹鱼,或火耕而水耨,果隋蠃蛤,不待贾而足,地势饶食,无饥馑之患,以故呰窳偷生,无积聚而多贫。是故江淮以南,无冻饿之人,亦无千金之家。"及至东汉初年,班固著《汉书》时,仍说"江南地广,或火耕水耨。民食鱼稻,以渔猎山伐为业,果蓏蠃蛤,食物常足。故呰窳媮生,而无积聚,饮食还给,不忧冻饿,亦无千金之家"[①]。可见迄于东汉之初,江南仍无太大的变化。而苏南地区,正在这一地域之内。

首先,从地理环境来看,当时的江南还基本上处于一种未开发状态,大部分地区还为原始森林所覆盖,林莽茂密,沼泽遍地,毒蛇猛兽,所在多有,大都不适于人类生息。有些地区虽然已经有了农业,但大都处于十分落后的粗耕阶段,人们的经济生活还相当原始,甚至还有不少地区,人们在过着更加原始的渔猎采集生活。如西汉前期的晁错即说:臣闻秦时南攻扬越,"杨粤之地少阴多阳,其人疏理,鸟兽希毛,其性能暑。秦之戍卒不能其水土,戍者死于边,输者偾于道。秦民见行如往弃市,因以谪发之,名曰'谪戍'"[②]。汉武帝欲征闽越时,淮南王刘安上书谏曰:"臣闻越非有城郭邑里也,处溪谷之间,篁竹之中……地深昧而多水险……夹以深林丛竹,水道上下击石,林中多蝮蛇猛兽,夏月暑时,欧泄霍乱之病相随属也,曾未施兵接刃,死伤者必众也。"本传又云:"南方暑湿,近夏卑热,暴露水居,蝮蛇若生,疫疾多作[③]。"及王莽时,"荆、扬之民率多依阻山泽,以渔采为业"[④]。加上吴地"江南卑湿,丈夫多夭",断发文身,"轻死易发",以及"信巫鬼,重淫祀"等落后的人文地理环境[⑤],中原人民往往把远徙江南视为畏途。

其次,从人口的分布来看,江南地区地广人稀,经济上也不可能发达。如据

---

①⑤ 《汉书·地理志》,中华书局1962年版。

② 《汉书·晁错传》,中华书局1962年版。

③ 《汉书·严助传》,中华书局1962年版。

④ 《汉书·王莽传下》,中华书局1962年版。

《汉书·地理志》统计，当时的江南每平方公里仅有2.3人左右，人口分布甚为疏落。就江苏的情况来看，苏南地区的人口分布，也不如苏北地区密集。如据《汉书·地理志》记载，西汉后期，徐淮地区的东海郡、楚国和泗水国，共计48县，人口2176275；江淮地区的广陵国和临淮郡，共计33县，人口1378484；而会稽郡和丹阳郡，共计43县，人口仅有1437775。其所占比例：徐淮地区为43.6%，江淮地区为27.6%，江南地区仅28.8%。而除去周边其他省份所辖之县，运用近似推算的方式，求得今江苏地区淮北、江淮、苏南三个地区近似的人口分布状况，则淮北地区为1887191口，江淮地区为1122398口，苏南地区为397175口，分别占全省的55.4%、32.9%和11.7%。由此可见，江苏当时的人口呈由北而南的逐渐递减的格局，徐淮地区的人口竟是苏南地区的五倍，而江淮地区则恰恰接近徐淮和江南地区人口的平均值。而从人口密度来看，这种人口分布的不平衡性也得到了具体体现。如葛剑雄在《西汉人口地理》一书中统计：当时的东海郡，每平方公里为79.93人，楚国为76.87人，泗水国为40.96人；临淮郡为42.89人，广陵国为22.11人；会稽郡为14.28人，丹阳郡为7.71人。苏南地区的人口密度仅为淮北地区的十分之一，并且呈现出由北向南依次明显减少的趋势①。而若把苏南二郡与扬州所辖九江、庐江、豫章郡和六安国比，四郡国的人口密度，分别为每平方公里29.81、12.64、2.12、15.76人②。苏南地区所占比例也是不高的。而这种状况，指示出各地区经济发展程度的差异。

再者，生产发展的水平和性质，也是经济发展与否的重要标志。在中国古代社会，农业是经济的主体部门，它的发展首先有赖于土地资源的开发。土地资源开发的程度，是经济发展水平的一个指示器。而从这一方面来看，当时的苏南地区也不如徐淮地区充分。如《汉书·地理志》描述徐淮地区的经济状况说："海、岱及淮惟徐州。淮、沂其乂，蒙、羽其艺。大野既猪，东原底平。厥土赤埴坟，草木渐包。田上中，赋中中。"即土地肥沃的程度在全国列为二等，赋税征收的数目列全国第五。而淮河以南的土地开发却不充分。如本志说："淮、海惟扬州，彭蠡既猪，阳鸟逌居。三江既入，震泽底定。篠荡既敷，草夭木乔。厥土涂泥。田下下，赋下上错。"即江淮、江南地区到处覆盖着竹林草莽，土地潮湿，土质肥瘠的程度列为全国末位，赋税征收的数目列于全国七等。其虽为先秦时期的经济状况，但也说明那时各地的开发程度。西汉时期，随着人口向江淮间多次迁移，江淮地区发展较快，但苏南地区则仍较落后。这清晰地反映出战国秦汉以来这些地区农业发展的基本自然条件。由于缺乏足够的劳动力，

① 王家典：《两汉时期徐淮地区经济文化发展的历史地位》，载《秦汉史论丛》第4辑，116页。

② 葛剑雄：《中国人口发展史》，福建人民出版社1991年版。

大部分土地尚未得到开发利用，自然经济仍占主导地位。直至王莽统治时期，江南人民“率依阻山泽，以渔采为业”[1]，稻作耕种方法仍采用“火耕水耨”的方式。

再次，由经济发展程度而决定的阶级分化状况，也是衡量经济进步与否的重要标志。根据《史记·货殖列传》和《汉书·地理志》的描述，江南地区虽“饭稻羹鱼”，“不待贾而足”，“无饥馑之患”，“无冻饿之人”，但也没有“千金之家”，“无积聚而多贫”。因此尽管地势饶食，呰窳偷生，自然资源十分丰富，但因习惯满足于现状，故“楚之越民均贫而寡富”[2]，未能出现豪富之家，贫富分化尚不明显。这与中原地区“富者田连阡陌，贫者无立锥之地”的情形相比，简直是天壤之别。故傅筑夫先生指出说：“南方自淮水以南，农业经营即逐渐趋于粗放，大多是‘地薄民贫’，‘寡于积聚’，可视为农业文化中心地带的外围[3]。”

尽管江南地区被描述得如此滞后，但其优越的自然条件，却为关中和关东各地所无法比拟。因为长江流域各地，无一不是气候温暖、雨量充沛、土地肥沃、草木繁茂、适宜发展农业的良好地区。加上此地面积广大，物产丰富，“果蓏蠃蛤，食物常足”，一旦得到开发，便会获得无限的张力。或许正因为这种认知，西汉统治者常因关中或关东发生灾荒饥馑，而向江南地区移民。如西汉初年，“关中大饥，米斛万钱，人相食。令民就食蜀汉”[4]。及武帝时，山东各地遇有灾荒，又向江南地区移民。《史记·平准书》记载：武帝元鼎三年（前 114）：“是时山东被河灾，及岁不登数年，人或相食，方一二千里。天子怜之，诏曰：‘江南火耕水耨，令饥民得流就食江淮间。’欲留，留处。使者冠盖相属于道，护之，下巴蜀粟以振之。”而这其中，就有移向江左的人民。又《汉书·武帝纪》载：元狩四年（前 119）“有司言关东贫民徙陇西、北地、西河、上郡、会稽凡七十二万五千口，县官衣食振业，用度不足，请收银锡造白金及皮币以足用。初算缗钱。”若按五郡所迁徙的平均数字计之，徙至会稽郡的人口时有 14 万多人。东汉安帝时，中原地区连年水旱，樊准上疏曰：“可依征和元年（前 92）故事，遣使持节慰安。尤困乏者，徙置荆、扬熟郡，既省转运之费，且令百姓各安其所[5]。”这又说明西汉武帝时，向江南移民绝非一次。虽然在西汉时，这种情况并不常见，移去的人数还很有限，但对江南地区的开发，无疑会起到积极的作用。而随着中央集权制的不断加强，这一地区更表现出不断被开发的特点，比先秦时期有较大进步。

---

① 《汉书·王莽传下》，中华书局 1962 年版。

② 《盐铁论校注·通有第三》，中华书局 1979 年版。

③ 傅筑夫：《中国经济史资料》（秦汉三国编）第一章《绪言》，中国社会科学出版社 1982 年版。

④ 《汉书·高帝纪上》，中华书局 1962 年版。

⑤ 《后汉书·樊准传》，上海古籍出版社 1986 年版。

首先，从农业生产方面来看，苏南是适宜农业发展的地区。故早在距今 7000 年前的河姆渡文化时期，这里已有稻作农业。逮至春秋战国时期，楚、吴、越国的稻作农业，已经得到较大发展。《周礼·职方氏》载：荆、扬“地宜稻”，《战国策·楚策》云：“楚，天下之强国也。……地方五千里，带甲百万，车千乘，骑万匹，粟支十年，此霸王之资也。”这里的“粟”为五谷统称，实际以稻谷为主。《越绝书》卷二载：“摇城者，吴王子居焉，后越摇王居之，稻谷三百顷，在邑东南，肥饶、水绝。去县五十里。”这表明当时的吴、楚、越国，水田面积已经不小，粮食生产水平也达到了较高程度。及至秦汉，楚越之地“饭稻羹鱼”，“地势饶食”，其稻作农业得到了更大发展。这从当时铁农具的使用和耕作技术的改进等方面，也可以得到有力的佐证。

秦汉时期，随着冶铁业的不断进步，铁农具的使用已相当普遍。虽然苏南地区尚不及中原地区发达，但也有了很大进步，铁农具出土地点遍及上海、南京、常州、无锡、常熟等江南各地。如上海戚家墩出土的铁铲，附近地区江西修水出土的铁锸、铁铲、铁锄，福建崇安出土的铁铧、铁镬、铁锄、铁锸、铁厥、五齿耙、铁镰等，能适应翻土、刨土、碎土、耕地、平整土地、除草、收割等各种场合的需要。有的地方一次出土达数十件之多①。而既然地处南方的越族有如此多的铁农具出土，生产水平超过它的苏南地区，绝不会落后于越族地区。这从下述冶铁手工业的发展程度，可以得到证明。

从耕作技术来看，《史记·平准书》、《货殖列传》皆谈到江南“火耕水耨”，《汉书·地理志》也作了同样论述。但从历史事实来看，这种稻作农业区的耕作技术，并不像过去大多研究者认为的那样落后。首先，“火耕”即放火烧田，是上古时代原始先民们发明的以烧火垦辟山林泽薮的有效方法。这种方法，不仅可以烧掉妨碍整地播种的枯草，使之变成有利于作物生长的肥料，而且可以有效地抑制和防治水稻的病虫害，从而使大量的荒地迅速开垦出来。而“水耨”则是对水稻中耕除草的基本方法，是在水田中进行的中耕除草。这种方法直到现代仍广泛地使用着。而与之同时，“火耕水耨”并非“不用牛耕”，也不是简单粗放的耕作方式，而是与牛耕、灌溉、整地、施肥、插秧和田间管理等配套进行的，取代了粗放落后的“刀耕火种”，开始逐渐走向精耕细作的道路。虽然牛耕技术运用，在苏南地区尚未获得直接证据，但从历史和周边地区的情况可见，这一地区当是开始使用了。如在河姆渡文化和稍后的良渚文化遗址中，即已出土了很多水牛的骨骼，春秋战国时期，吴楚之地都是当时冶铁业的发达地区，南方和北方同时进入了铁犁牛耕的时代。“吴牛喘月”和“牵牛径人田，田主夺其牛”这两条典故，就是南方实行牛耕的典型例证。《汉书·地理志》载“无锡，有历山，春申君

① 黄今言：《秦汉江南经济述略》第三章，江西人民出版社 1999 年版。

岁祠以牛”。也是南方有牛耕的具体体现。西汉时，吕后一度禁止向南粤输出“金铁田器”和耕牛，也证明内地的铁农具和耕牛是不断地输往南方的[①]。广陵王刘胥时曾“杀牛塞祷”，广陵与苏南一江之隔，很难说明苏南地区就没有牛耕。东汉初年，会稽太守第五伦改革当地“以牛祭神”的陋俗，规定“有妄杀牛者，吏辄行罚”，这说明百姓养牛绝不仅仅是为了“祭神”[②]。至于有关施肥的情况，南方也不是完全依赖烧取的草木灰和绿肥，因为《氾胜之书》讲到种稻，为“凡耕之本，在于趣时、和土、务粪泽，早锄早获”；东汉初会稽人王充在《论衡·率性篇》也说：“深耕细锄，厚加粪壤，勉致人工，以助地力。”都说把施肥作为田间管理作业中的重要环节。因此说苏南地区“火耕水耨”是落后的耕作方式，是不符合当时的客观实际的。

同时，西汉时期，苏南地区的林牧渔业也不断发展。如从林圃业看，春秋战国时期，江南出土的果树品种很多，板栗、橘柑、橙、梅、李、桃等所在多有，竟林泽则是楚国的木材基地。孙叔敖治楚时，采取“秋冬则劝民山采，春夏以水”的政策，即在秋冬劝民采伐，春夏则利用水力输运木材，结果“各得其所便，人皆乐其生”[③]。《越绝书》载吴地“山林幽冥”。《吴越春秋》载会稽和四明山地有一片茂密的“南林”，其中有豫章、棕榈等许多林木，并说有“大二十围，长五十寻”的大木。吴越地区的竹类多得“不可胜用”。《水经注·浙江水注》说天目山“有霜木，皆是数百年树，谓之翔凤林”，其间“松岭森蔚”，直到北宋后期还是“山林险阻，连亘数千里”[④]。秦汉时期，江南林木资源，更是闻名全国。《汉书·地理志》说吴越之地“川泽山林之饶”。《盐铁论·本议》载：“江南之楠梓竹箭……养生送死之具，待商而通。”《史记·货殖列传》云“江南出楠、梓、姜、桂”，《淮南子·地形训》说“东南方之美者，有会稽竹箭焉”。可见“渔猎山伐为业”确是该地区的显著特征。西汉吴（今苏州市）人朱买臣，家贫，不事产业，“常艾薪樵，卖以给食，担束薪，行且诵读”[⑤]，可谓典型的具体例子。南京栖霞山出土铁刀 11 把，铁斧 1 把[⑥]，以及其他地方出土的铁刀、铁锯、铁削刀等，则反映出当时林木采伐工具的进步，均反映出林木业的发展。

渔猎业也是苏南地区重要的生产部门之一。江南地区河、湖众多，有丰富的渔猎资源。春秋战国时，渔猎业已有较大发展，《墨子·公输篇》称“渔鳖鼋鼍为天下富”。

---

① 参阅刘盘修：《盛世探源——汉唐农业发展研究》第二章，江苏古籍出版社 2001 年版。

② 《后汉书·第五伦传》，上海古籍出版社 1986 年版。

③ 《史记·循吏·孙叔敖传》，中华书局 1982 年版。

④ 《宋史·食货志》，中华书局 1977 年版。

⑤ 《汉书·朱买臣传》，中华书局 1962 年版。

⑥ 葛家瑾：《南京栖霞山及其附近汉墓清理简报》，《考古》1959 年第 1 期。

到了汉代，此业更有大的发展。《盐铁论・通有》说："江湖之鱼……不可胜食。"《史记・货殖列传》称：吴越之地，"饭稻羹鱼"，"通渔盐之货，其民多贾"。也正因为这样，秦汉统治者在近海地区特设渔业生产税，称作"海租"或"海税"。《汉书・食货志》载，武帝时"县官尝自渔，海鱼不出，后复予民，鱼乃出"。这说明在西汉中后期，曾短时期内在沿海地区组织过渔业生产官营，只因经济效益不好，才由民间自由经营。及王莽时，再行官营，其消极作用更加明显。《汉书・王莽传》载："荆、扬人民率依阻山泽，以渔采为业。间者，国张六管，税山泽，妨夺民之利，连年久旱，百姓饥穷，故为盗贼。"而正因为百姓反对，王莽的政策无法推行，不久又归民间经营。而除此之外，传统的家禽家畜养殖业也有发展。《越绝书》卷八载，越王句践时国内有牧狗基地"犬山"，牧鹿基地"白鹿山"，豢养鸡猪的"鸡山豕山"，楚、吴二国的家禽家畜业也在发展。到西汉时，吴地"鸡卜"、"斗鸡走狗"、"狗马驰骋"等，更常见于史书记载。"渊深而鱼生之，山深而兽往之"，苏南地区气候条件温暖湿润，加上商业发展的刺激，自然促进了林牧渔业的不断发展。

其次，苏南地区的手工业，因资源丰富，条件优越，也获得了迅速的发展。这主要表现在以下方面：

一是纺织业。江南地区是我国饲养家蚕、织造丝绸最早的地区，远在7000年前的浙江余姚河姆渡文化遗址中，就出土了许多用于纺织的木、角、骨、陶、牙器以及成束的植物纤维和编织的芦苇。特别是在两件盅形象牙雕刻器外壁上刻的编织纹和蚕纹图像，说明河姆渡居民已发明了丝纺技术，河姆渡文化的远古居民是我国最早开始养蚕和发明丝纺技术的民族①。至新石器时代晚期，即距今5000年前的良渚文化时期，江南丝织技术的发展已见端倪。如浙江吴兴钱山漾遗址出土有明显的丝织品如丝线、丝带和绢片等，均呈平纹组织②。江苏吴县草鞋山遗址下层发现的三块织物残片，是用野生葛麻纤维编织而成，上面有山字和菱形斜纹，表明可能已发明了原始织机③。春秋战国时，种桑养蚕和纺织技术又有进步。《越绝书》、《吴越春秋》有"劝农桑"、"示民以耕桑"、"畴粪桑麻"的记载；《史记・楚世家》载有吴、楚边邑由"争桑"引起的两国交兵；《吴越春秋・勾践归国外传》载，勾践一次赠给吴王夫差葛布"十万匹"；《吴越春秋・夫差内传》载，吴王夫差一次送给伯瓠"杂缯四十匹"。及至西汉，桑麻种植和丝织技术更有新的发展。如《淮南子・原道训》载："于越生葛矫。"《汉书・景十三王传》载：会稽郡越繇王数次赠遗江都王刘建"荃、葛、珠玑、犀甲、翠羽"等，注

---

① 《河姆渡遗址第一期发掘报告》《河姆渡遗址动物植物遗存的鉴定研究》，载《考古学报》1978年第1期。

② 《吴兴县钱山漾遗址第一、第二次发掘报告》，《考古学报》1960年第2期。

③ 《江苏吴县草鞋山遗址》，《文物资料丛刊》第三辑。

引苏林曰:"荃音诠,细布属也。"到东汉初,朝廷"常敕会稽郡献越布"[①],会稽郡的越布成为经常性的贡品。

二是青铜制造业。根据考古资料证明,远在商代,江南就有发展程度不同的青铜文化,伴随少量青铜器出土。春秋战国时期,江南地区的金属制造业更是得到了飞跃发展。吴、越制造的青铜剑,就是青铜冶铸技术高超的集中反映。如《战国策·越策》载:"夫吴干之剑,肉试则断牛马,金试则截盘、匜。"有的宝剑能"穿铜斧、绝铁砺"[②]。也正因此之故,当时吴越出现了不少著名的冶铸家,如干将、莫邪夫妇和欧冶子等。《吴越春秋·阖闾内传》载:"干将者,吴人也;莫邪,其妻也。干将作剑,采五山之铁精,六合之金英……使童男童女三百人鼓囊装炭,金铁刀濡,遂以成剑。"冶铸之时,同时使用三百多人,可以想见冶铸的规模。吴王夫差时,还特辟冶城于今南京朝天宫铸造宝剑。及至西汉,青铜制造业更有发展。吴王刘濞时,招"天下亡人"采"章山之铜"和豫章郡铜山"即山铸钱",大力发展铸钱事业,所铸铜钱在全国名列前茅,有"钱布天下"之说,他自己也说"寡人金钱在天下者往往而有"。虽然吴国除后,朝廷将铸币权收归中央,但民间盗铸始终未断。至西汉中后期,江南诸郡都制造出很多铜制器物。而在各地出产的铜镜中,又以丹阳郡出产的红铜质量最好,称为"赤金"或"丹阳铜"。用丹阳铜与锡合金铸成的青铜镜非常明亮。传世丹阳郡出产的铜镜,常有"汉有善铜出丹阳,和以银锡清且明"的铭文。新莽时丹阳出产的铜镜,也有"杜氏作镜大毋伤,新有嘉铜出丹阳"之类的铭文。会稽郡又称吴郡,也有不少专门铸镜的作坊,有些铜镜上刻有"惟此明镜,于出吴郡"等铭文[③]。丹阳铜矿优质丰富,"山出棋置",朝廷在此设有铜官专门管理。至于出土的生活日用铜器、铜兵器、漆木器铜饰、铜车马饰等器物,更是数不胜数,品种繁多。到东汉时,吴郡的吴县竟发展为铸造铜镜的中心城市。

三是冶铁业。上文已述,先秦时期吴越的宝剑,"采五山之铁精,六合之精英","金铁刀濡,遂以成剑",有的宝剑可"穿铜斧,绝铁砺",这说明当时的冶铁技术是很高的。值得注意的是,目前发现最早人工冶炼的铁器也在此地。如江苏六合程桥出土的铁条和铁丸,经金相考查鉴定,铁条系块炼铁锻成,铁丸为白口生铁铸造[④]。可见我国至迟在春秋晚期即公元前6世纪就已掌握了冶铁技术。秦汉时期,冶铁业得到迅速发展。当时全国的铁官49处,主要设在中原,但苏南的铁器制造业也在发展。如在今南京、常州、无锡、常熟、上海以及周边苏北、福建、南昌等地都有不少铁器出土。

---

① 《后汉书·独行列传》,上海古籍出版社1986年版。

② 《越绝书·外传记宝剑》,上海古籍出版社1985年版。

③ 参见《江苏史纲》(古代卷),江苏古籍出版社1993年版,第181页。

④ 《江苏六合程桥东周墓》,《考古》1965年第3期、1974年第2期。

在浙江一带，西汉末东汉初的墓葬中就出土铁器 26 件[①]。而从当时的冶铁和钞钢技术来看，都比过去大大提高，数量品种也多种多样。

四是煮盐业。盐历来是人们生活中不可缺少的食品之一。秦始皇时在会稽郡设海盐县。西汉初年，盐铁私营，各郡国诸侯王和豪强大宗都各自管山海之利。吴王刘濞广招亡人，"山东奸猾咸聚吴国"，从事采铜铁石鼓铸，煮海水为盐。《太平寰宇记》"吴郡县"载：海盐一带"海滨广斥，盐田相望"，《水经注·沔水注》："吴有盐官县……谷水之右有马皋城（今浙江海盐县东南），故司盐都尉城，吴王濞煮海为盐于此县也。"当时的吴国，南至海盐北至苏北海陵、盐渎和朐县的滨海沿线都生产盐，刘濞为把生产的盐销往外地，谋取暴利，在广陵城东北开运盐河，自茱萸湾（今扬州湾头）东通海陵仓（今泰州市）及如皋蟠溪（如皋县东陈汤家湾），即茱萸沟，以通邗沟运河。茱萸沟开通后，西连邗沟，东达沿海盐区，成为一条十分重要的盐运通道。吴国也因此"以故无赋，国用饶足"[②]。及汉武帝时，盐铁官营，招募盐民"自给费，因官器作煮盐，官与牢盆"[③]。在会稽郡海盐设有盐官，主管沿海一带盐业，煮盐业又有新的发展。刘胥为广陵王时，武帝赐策曰："三江、五湖有鱼、盐之利，铜山之富，天下所仰[④]。"

五是造船业。苏南地区河网密布，适于行船，百姓往往"以船为家"。春秋战国时期，吴、越、楚国便有相当规模的造船业。到了汉代，会稽郡成为造船业的中心之一。《史记·淮南衡山列传》载，淮南王刘安谋反时，伍被谏曰：吴王刘濞"上取江陵木以为船，一船之载当中国数十两车"。汉武帝时，南方盛产高大的"楼船"。《史记·平准书》载：楼船"高十余丈，旗帜加其上，甚壮"。《三辅黄图》卷四云"大船可载万人"。武帝征南越、东越时，都用这种楼船，还专门设"楼船将军"。如武帝元鼎五年"因南方楼船卒二十余万人击南越"[⑤]；元封二年楼船将军杨仆"率水兵五万浮海攻朝鲜"[⑥]。会稽郡乃建造楼船的主要地点，设有主管生产这种船的官吏。《汉书·朱买臣传》载：朱买臣为会稽太守，到郡即"治楼船，备粮食，水战具"。这种船，一般有三层，有的达十余层。《释名》云：楼船一层曰庐，二层曰飞庐，三层曰雀室。杜佑《通典》说："楼船上建楼三重，列女墙，战格，树幡帜，开弩窗矛穴，置抛车垒石铁斗，状如城垒。"此为汉代水军作战的主要装备。故当时有"楼船将军"、"楼船士"之称。此外，在武进县方绥乡也曾发现汉代的造船遗址，出土有经过开孔加工过的长达数米的圆木和其他木料以

① 浙江文管会：《浙工漓渚的汉墓》，《考古学报》1957 年第 1 期。

② 《汉书·荆燕吴传》，中华书局 1962 年版。

③⑤ 《史记·平准书》，中华书局 1982 年版。

④ 《史记·三王世家》，中华书局 1982 年版。

⑥ 《汉书·西南夷两粤朝鲜传》，中华书局 1962 年版。

及绳纹瓦、陶圈井、环首铁刀等遗物,还出土一条长 20 米左右的木船①。这些都反映出当时会稽郡造船业的进步。

此外,制陶、漆器业等也有进步。制陶是具有悠久历史的传统手工业之一,根据考古发掘,在汉代江南的墓葬中,出土的器物一应俱全,陶器种类也丰富多彩。如生活用具有鼎、豆、钟、鬲、奁、瓮、罐、瓶、盒、碗、盘、钵、案、灯、熏炉等;生产用具有排水用的陶井、陶管及纺织用的陶纺轮、陶网坠等。到西汉中后期,随着丧葬习俗的变革,还盛行制作随葬用的陶制明器。如仓、灶、井、磨、猪圈、鸡埘、农田及六畜等动物偶像。真可谓应有尽有,不一而足。如绍兴漓渚汉墓中出土陶器数量达 528 件之多②。近来在镇江西郊丹徒区高资镇发现的 15 座汉墓,也有陶鼎、陶壶、陶罐及硬陶带釉瓿等大量的陶器出土③。在宜兴丁蜀镇,也曾发现陶窑遗址和不少陶器,仅陶窑遗址就有 16 处之多。窑炉多属圆形直焰窑,大大改进了窑内通风条件,提高了烧制温度。而从出土的陶器来看,无论是陶器造型、施釉和彩绘等技术,都比战国时期进步④。漆器制造也颇具特色。春秋战国时,吴楚的漆器生产已负盛名,汉代在此基础上进一步发展。新中国成立后,江南地区出土的漆器数量颇多,如苏州等市县及苏南周边的江都、宁波等地出土盒、盘、耳杯、剑鞘、木梳、戒尺等精美漆器,工艺水平都比较高。

再者,苏南地区的城市和商业,也有较大程度的发展。

西汉时期,苏南最大的城市是吴(今苏州市)。吴城又名姑苏,是春秋时期吴王阖闾根据伍子胥的建议修建的。作为当时吴国的都城,其城区面积规模颇大,周围竟达 23.5 公里,所开水陆之门各 8,大城当中又有小城,周围 6 公里,这在当时实属罕见。秦统一后,吴城为会稽郡治所,汉代因之,未有变更。故长期以来,一直是吴越经济区的中心城市。《史记·货殖列传》载:"夫吴,自阖闾、春申、王濞三人招致天下之喜游子弟,东有海盐之饶,章山之铜,三江五湖之利,亦江东一都会也。"由此可见,这里既有丰富的资源,太湖流域的肥沃土地,又有便捷的交通条件,实是南方的一大都会。《越绝书·吴地传》:"吴故水道,出平门,上郭池,入渎,出漂湖,上历地,过梅亭,入扬湖,出渔浦,入大江,奏广陵。"可见其有渠道北通长江,南经江南河沟通钱塘江。故《史记·河渠书》说"于吴,则通渠三江五湖"。而陆路,则可北循陆道直抵无锡历山,西循九曲路达于太湖。正是由于交通便捷,吴越之地的铜、盐、鱼、布等许多物产都可通过这些商路运往外地,商业也显得较为发达。而从吴城来看,自春秋时已有市场,

---

① 《江苏武进县出土汉代木船》,《考古》1982 年第 4 期。

② 朱伯谦:《绍兴漓渚的汉墓》,《考古学报》1957 年第 1 期。

③ 《镇江发现 15 座汉墓》,《扬子晚报》2006 年 3 月 25 日 B2。

④ 《江苏史纲》(古代卷),江苏古籍出版社 1993 年版,第 187 页。

到西汉时不断繁荣。《越绝书·吴地传》载："吴市者，春申君所造，阙两城以为市，在湖里。"又载："刘贾为荆王，并有吴。要筑吴市西城，定名错城。"可见吴市在不断扩大。西汉末年王莽专政时，寿春人梅福即改变名姓，隐居会稽郡为"吴市门卒"①。

此外，苏南丹阳郡郡治宛陵(今安徽宣城)，以及苏南各县城也都有了不同程度的发展。《汉书·高帝纪》载：高祖六年"令天下县邑城"。师古注曰："县之与邑，皆令筑城。"从而使西汉的城市建设因此得到快速发展。如会稽郡的毗陵、无锡，丹阳郡的宛陵、石城、胡孰、句容、溧阳等，不少都是汉代新置，但经长期的建造经营，郡县级城市体系基本形成。而随着农牧渔业和各种手工业的不断发展，商业也有了一定规模。

尽管苏南地区在西汉时期有所发展，因该地区地域广大，人口稀少，自然经济仍然占着主导地位，而长期的"不待贾而足"、"无饥馑之患"的生活环境，和"饭稻羹鱼""地势饶食"的优越感，也造成了人们"无积聚而多贫"、"亦无千金之家"的客观效果，限制了人们进取的观念。而长期恶劣的生态环境，又使中原人民视之为畏途，在一般情况下很少南迁，致使劳动力严重不足，因此其开发的速度是较为缓慢的。此外，苏南地域的城市和商品经济也欠发达。如苏南除吴城外，其它城市大都偏小，比之中原也较稀疏。如会稽郡南部 158568 平方公里，西汉时县级城市仅 13 座，平均 12198 平方公里置有一城；会稽北部 68835 平方公里，13 城，平均 5295 平方公里置一城；丹阳郡 52569 平方公里，17 城，平均 3092 平方公里置一城。这与徐州平均 647 平方公里置有一城、兖州平均 701 平方公里置有一城等差距颇大。而这正是当时的经济发展水平所决定的。同时，苏南的城市规模也普遍偏小。如丹阳郡的春谷县城面积仅有 0.12 平方公里，石城县城面积 0.39 平方公里，其它也大都不足 1 平方公里。因此，在西汉一代，苏南地区的经济发展水平，虽比会稽郡南部即浙江、福建等地区要高，但比富饶的黄河中下游和关中地区却落后得多，也不如苏北的徐淮和江淮地区发达。及至两汉之际，中原地区狼烟四起，才开始有较大规模的人口南迁。而随着南方经济条件的改善和北方先进生产技术的不断传入，这一地区的开发进程就大大地加快了。

第三节　楚王国的复立与楚地诸郡政治与经济

在整个西汉，楚王国先后由刘交和刘嚣族系执掌，共历十二位楚王。为加强对地方的控制，中央政府对楚地的沛郡和东海郡行政区划进行不断的调整。由于东海郡

① 《汉书·杨胡朱梅云传》，中华书局 1962 年版。

政局的相对稳定，其经济到西汉中后期得到较大程度的发展。

一　楚王国的复立

汉高祖六年春，立“高祖弟交为楚王，王淮西三十六城”[1]。又据《汉书·楚元王传》载，“立交为楚王，王薛郡、东海、彭城三十六县”。后由于七国之乱，刘交开基的楚国被改封，由平陆侯刘礼奉元王宗庙。楚国在整个西汉时期并不是一脉相承的由刘交族系独自掌控的，而是经历了复立与废除的复杂过程。宣帝时期，由于楚王刘延寿谋反叛乱，楚王国被废除为彭城郡。后又复置楚王国，徙定陶王刘嚣为楚孝王，由此楚王国进入一个新的时代，由刘嚣族系执掌的时代开始。王莽篡汉后，刘嚣开基的楚王国也至此灭亡。

景帝三年（前154）由于吴楚七国之乱，楚王刘戊是主要的叛军力量，楚王国的薛郡和东海郡被削夺。但因文、景二帝“尊崇元王”，故又分彭城郡北部数县改置新的楚王国。于次年，改封楚元王刘交第三子平陆侯刘礼为第四任楚王，以续楚元王后，这就是楚王国历史上的楚文王。刘礼在元王诸子中颇有才学。景帝即位后，“以亲亲封元王宠五人”为侯[2]，其中刘礼被封为平陆侯，后又继任汉朝的宗正官，执掌汉朝皇亲宗族事务。刘礼即位四年后去世，由安王刘道继嗣。刘道在位二十二年去世，传子襄王刘注。楚襄王刘注继位十四年去世，葬在今江苏徐州市九里区小龟山。如今，小龟山刘注夫妻墓也被考古发掘，以供世人参观，这也是目前汉楚王陵墓中唯一可以确认墓主的楚王墓。除刘注继嗣外，见于史籍记载的有两人封侯，即楚安王刘道之子刘成封杏山侯，元鼎五年（前112）坐酎金被废；楚安王刘道之子刘不害封浮丘侯，传子浮丘侯刘霸，元鼎五年坐酎金被废。元鼎元年（前116），楚节王刘纯继位，在位十六年去世，楚王刘延寿继位，这是刘交族系执掌楚王国的最后一任楚王。总之楚文王刘礼支系繁衍并不发达，其子孙除继承楚王国王位外，基本上没有出现王侯达

徐州小龟山汉楚襄王刘注墓

① 《史记·荆燕世家》，中华书局1982年版。

② 《汉书·楚元王传》，中华书局1962年版。

贵的。

楚王刘延寿是一位颇有野心的人，他认为广陵王刘胥是汉武帝的儿子，政局不稳有变化时，很有可能当上皇帝，暗中便极力巴结依附他。因此他给自己王后的同母弟赵何齐娶了广陵王的女儿做妻子。跟何齐密谋说："吾与广陵王相结，天下不安，发兵助之，使广陵王立，何齐尚公主，列侯可得也。"因此他派赵何齐捧书呈送广陵王说："愿长耳目，毋后人有天下。"赵何齐的父亲知道此事上书告发了他们，案情下达到主管部门的官员，经过考问验证，赵何齐招供服罪。结果楚王刘延寿因与广陵王刘胥暗中相勾结阴谋叛乱于地节元年(前 109)东窗事发而自杀，在位三十二年，楚王国也因此被废为彭城郡，由刘交开创的西汉楚王国至此寿终正寝，这也标志着楚王国由刘交族系执掌时代的结束。

由于楚王国是帝王之乡，地处东方重要战略位置，受到西汉王朝历代皇帝的重视。时隔 60 年之后于宣帝黄龙元年，复置楚王国，徙其子定陶王刘嚣为楚孝王，从此楚王国步入刘嚣族系掌权时代。

刘嚣是汉宣帝的第三个儿子，生母是卫婕妤。刘嚣于甘露二年(前 52)受封为定陶王，2 年后也即公元前 50 年徙封为楚王，建都彭城(今江苏徐州市)，遂从长安徙居彭城开基。在西汉晚期各诸侯王中，楚王刘嚣是较为优秀的一个。成帝河平年间，刘嚣回到朝廷，当时他正染上疾病，成帝怜悯他，为此下诏书曰："盖闻'天地之性人为贵，人之行莫大于孝'。楚王嚣素行孝顺仁慈，之国以来二十余年，纤介之过未尝闻，朕甚嘉之。今乃遭命，离于恶疾，夫子所痛，曰：蔑之，命矣夫！斯人也而有斯疾也！朕甚悯焉。夫行纯茂而不显异，则有国者将何哉？《书》不云乎？'用德章厥善。'"受到皇帝的嘉奖和厚赏，"今王朝正月，诏与子男一人俱，其以广戚县四千三百封其子勋为广戚侯"。刘嚣在位 28 年去世，谥为楚孝王。楚孝王刘嚣子孙众多，见于记载的有 21 个。除长子刘文立为楚王太子外，其余各子均被封为列侯，他们是：平陆侯刘衍，广戚侯刘勋，阴平侯刘回，陵乡侯刘曾，武安侯刘慢，郚乡侯刘光，新城侯刘武，宜陵侯刘护，成陵侯刘由，成阳侯刘众，复昌侯刘休，安陆侯刘平，梧安侯刘誉，朝乡侯刘充，扶乡侯刘普，吕乡侯刘尚，李乡侯刘殷，宛乡侯刘隆，寿泉侯刘录，杏山侯刘遵。

楚孝王刘嚣去世后，太子刘文继位为第二代楚王，史称楚怀王。刘文继位仅一年便夭逝，无子绝传。第二年也即公元前 24 年，汉成帝又改立刘文的弟弟平陆侯刘衍为第二代第三任楚王，此即楚思王。刘衍在位 21 年去世，传位给他的儿子刘纡。王莽篡汉后，楚王刘纡被贬为庶民，楚孝王刘嚣开基的楚王国也至此灭亡，这也标志着西汉楚王国历史的结束。

公元 8 年平帝驾崩世绝，王莽为达到不可告人的阴谋，在选择皇位继承人上强调

“兄弟不得相为后”。是时宣帝曾孙封王者5人,列侯广戚侯刘显等48人。但他们都已长大成人,不利于控制,于是选择玄孙中年龄最小的广戚侯的儿子——年仅两岁的刘婴,并借口占卜看相他最吉利,奉平帝香火。刘婴曾祖父是沛郡广戚侯刘勋,死后,谥为炀侯,由儿子刘显嗣位。王莽篡汉后,以刘婴为安定公。汉诛灭王莽后的更始年间,刘婴在长安,平陵人方望等人精通天文,认为更始政权必败,刘婴本是继嗣平帝当立为皇帝,便一起拥兵将刘婴接到临泾,立为天子。更始政权派丞相李松追击攻打方望阵营,将刘婴杀死。

从楚元王刘交立国,历楚孝王刘嚣复国,一直到居摄三年(8)被王莽废国,期间共历十二王,其立国、废国时间与整个西汉相始终,计209年。

二 沛郡的建立与发展

泱泱大汉王朝的奠基者刘邦在沛地揭竿而起,反对秦朝的暴政。从反秦到汉初的削剪异姓王,沛地是其政治活动的主要空间之一。西汉建立后,高祖刘邦将泗水郡改置为沛郡,治所在相县(今安徽省淮北市)。据《汉书·地理志》载:“沛郡,故秦泗水郡,高帝更名。”秦时,沛郡之地属泗水郡。公元前202年,汉王朝正式建立后,沛郡之地成为楚王韩信的封地。是年正月,刘邦徙齐王韩信为楚王,说:“楚地已定,义帝亡后,欲存恤楚众,以定其主。齐王信习楚风俗,更为楚王,王淮北,都下邳[①]。”沛郡之地因地处淮北而属楚王韩信。后刘邦废楚王信为淮阴侯,“分其地为二国。……立刘贾以为荆王,王淮东五十二城;高祖弟刘交为楚王,王淮西三十六城”[②]。淮西的沛郡之地成为楚元王刘交的楚国辖地。

汉十一年淮南王黥布起兵反汉,东击荆王刘贾,刘贾溃败走死富陵。黥布尽劫其兵,北渡淮水击楚王刘交,刘交一度败走薛。是年刘邦封帝兄颌阳侯刘仲子濞为沛侯。刘邦亲率刘交、刘濞等讨伐淮南王。次年十月,黥布败亡江淮间。在击淮南王黥布的过程中,因楚丞相冷耳坚守彭城封下相(今宿迁市西北)侯二千户;将军周聚为博阳(今沛县境内)侯四百户。由于荆王刘贾被黥布所杀无后,乃立沛侯刘濞为吴王,王荆王故地。刘濞年20岁,体质强壮,以骑将随从刘邦讨伐击破淮南王黥布。因“上患吴会稽轻悍,无壮王以填之,诸子少,乃立濞于沛,为吴王,王三郡五十三县”。在刘邦封刘濞为吴王后,召见刘濞,相之有反相,抚其背说:“汉后五十年东南有乱者,岂若邪?然天下同姓为一家,慎毋反!”刘濞顿首回答“不敢”。但是景帝三年,吴王刘濞起

① 《汉书·高帝纪》,中华书局1962年版。

② 《史记·荆燕列传》,中华书局1982年版。

兵广陵，西渡淮水，并楚兵，与汉军大战沛郡之地。

吴楚之乱平定后，楚王国之薛郡改置鲁国，分彭城郡北部数县改置楚国，南部析置沛郡属汉。此时沛郡的大体范围是：境西、南两面皆循《汉书·地理志》沛郡界，东境则至临淮郡之下相、犹、睢陵一线，西北无谯、芒以西北诸县，北无广戚、公丘。汉武帝为削弱诸侯王国的实力，采纳中大夫主父偃的“推恩”策，允许诸侯王以“推私恩”的名义分封子弟为侯。武帝于元光六年（前129）封楚安王子刘不审在沛郡为浮丘侯。元朔元年（前128）封鲁共王子为公丘侯以属沛郡。元朔中，因“（梁）王与大母争樽状……而梁王襄无良师傅，故陷不义，乃削梁八城”[①]。所削八城，其五城当入沛郡，即《汉书·地理志》沛郡西北毗邻梁国的谯、赞、芒、敬丘、建平五县。元狩六年（前117），“汉武帝分沛、东阳郡置临淮郡”[②]。沛郡东部数县归属临淮郡，即下相、徐、睢陵、取虑、潼、厹犹。为加强对郡国的控制管理，武帝元封五年（前106）置十三部州刺史，是时沛郡属豫州刺史部。武帝元狩六年（前117）沛郡改称沛国，后又改为沛郡。宣帝地节九年（前69）又改为彭城郡，黄龙元年（前49）复称沛郡。元、成时期，沛郡借推“私恩”之名，得梁王与楚王子侯国七，即东乡、溧阳、高柴、临都、高、祁乡、广戚。至此，西汉中后期的沛郡辖37县。

成帝永始四年，右扶风师临迁沛郡都尉。元延元年，京兆尹何武为楚内史，不久升迁沛郡太守，三年后何武又调迁廷尉一职。哀帝元寿元年（公元前2）执金吾毋将隆左迁沛郡都尉。西汉末年，天下动乱。琅邪郡海曲人吕母的起义军和起于青徐二州的赤眉军在沛郡一带流动作战，沉重打击了腐朽的封建政权。同时一些封建地主阶级为了争权夺利也在此混战。梁王刘永闻更始政权乱，遂据国起兵，招诸豪杰沛人周建等署为将帅，攻下沛、楚、济阴、淮阳、汝南，凡得二十八城。

三　东海郡的政治与经济

（一）东海郡行政区划的调整与政治发展

秦始皇统一六国后，推行郡县制，分天下为三十六郡。东海郡何时设置，辖县多少，史籍中没有明确记载。据谭其骧《中国历史地图集》载，秦之东海郡辖郯县、缯县、朐县、东阳、兰陵、凌县、堂邑、襄贲、淮阴、广陵、盱台、下邳十二县。公元前202年，高祖刘邦在定陶（今山东定陶县）即皇帝位，建立西汉王朝。汉承秦制，在地方行政制度上继续推行郡县制。但又先后分封异姓王、同姓王，实行郡国并行制。汉六年，刘邦以秦之东海

---

① 《史记·梁孝王世家》，中华书局1982年版。

② 房玄龄等撰：《晋书·地理志》，上海古籍出版社1986年版。

郡的北部析置汉之东海郡封于楚元王刘交;以其南部(江淮之间)析置东阳郡封于荆王刘贾。《汉书·楚元王传》载,立"交为楚王,王薛郡、东海、彭城三十六县"。《汉书·高帝纪》载,"春正月……以故东阳郡、鄣郡、吴郡五十三县,立刘贾为荆王"。这样秦之东海郡析置为汉之东海郡和东阳郡。此后东海郡和东阳郡就被淮河分割于楚、吴二地。

景帝三年平定吴楚七国之乱后,吴、赵、胶东、淄川、济南等国除,其郡县直属朝廷。而楚虽未除国,但东海郡削属于朝廷①。元朔二年(前127年)汉武帝采纳主父偃建议,颁布"推恩令",下诏允许诸侯王把王国的部分土地"私恩"予子弟为列侯,侯国隶属于郡,地位与县相当。当时东海郡分别从鲁国和城阳国得四侯国,即戚侯国、利城侯国、南城侯国和费侯国。元鼎三年(前114),以东海郡三万户析置泗水国,封常山宪王子商,是为泗水思王。按照当时的划分,一户为5口,以此推算,泗水国当时有15万人。这个时候泗水国的范围在汉代的史书上并没有记载,所以无从考证,但以公元以后的情况推测,这个泗水国相当于汉代3至4个县的范围,相当于现在江苏省的泗阳县、淮阴县和宿迁市的一部分。但后来泗水国的人口、经济、社会生活等情况史书中都没有记载。泗水国历125年。

元封五年(前106)汉武帝设置十三州部刺史,东海郡属徐州部刺史。昭帝之后的几代皇帝继续推行汉武帝的"推恩令",这样东海郡又从王国处得到17处县级侯国。昭帝始元五年(前82),得鲁王子侯国三:兰祺侯国、容丘侯国、良城侯国。宣帝甘露三年(前51)得城阳王子侯国都平,四年又得鲁王子侯国九:昌虑侯国、山乡侯国、建陵侯国、合乡侯国、东安侯国、承乡侯国、建阳侯国、郚乡侯国、建乡侯国。元帝永光元年(前43)得城阳王子侯国都阳,三年又得泗水王子侯国于乡。成帝阳朔二年(前23)得楚王子侯国阴平,鸿嘉二年(前19)又得鲁王子侯国新阳。到西汉末年东海郡县道侯邑38个。

西汉中后期,东海郡相对稳定,几任太守清正廉洁,励精图治,特别是汲黯、尹翁归、冯立等人,在东海郡政绩卓著,深得吏民爱戴。正是由于东海郡政治稳定,为东海郡的经济发展提供了相对稳定的政治环境。

汲黯,字长孺,濮阳县人。景帝时做太子洗马,因为办事严肃,颇受人敬畏。汉武帝上台后,汲黯作谒者,后至中大夫。由于多次向皇帝直言进谏,未能久居宫廷做官,外调东海郡太守。汲黯为人性情倨傲,缺少礼节,当面指责对方,不能容忍别人的过失,与自己合得来的能够很好地对待他们;反之,不能耐心接见,士人也因此不依附他。但他爱好游侠之士,信任有声色和节操的人,平时居家操行整饬廉洁。他喜欢直谏规劝君主改正错误,多次触犯君主的面子。

① 《史记·平津侯主父列传》,中华书局1982年版。

汲黯善黄老之言，以清静无为治理官府和民众事务，选择能吏委以郡政。他则掌握与督责检查大事，不苛求琐碎细节。汲黯经常生病，躺在家中不出门。过了一年多，东海郡大为安定。史载，"岁余，东海大治，称之"①。皇上听到后，召见他任主爵都尉，准照九卿待遇。到了中央他仍求清静无为，注重大政方针，不拘泥于法令教条。

尹翁归，字子兄，河东郡(治所在今山西夏县西北)平阳县(今山西临汾西南)人。后来迁移到杜陵县。尹翁归到东海郡做郡守，曾拜访廷尉于定国，向其告别。于定国的老家在东海郡，想把同乡的两个儿子托付给尹翁归，为他们谋份差事，让他们坐在后堂等候引见。于定国与尹翁归谈了一天话，没敢让同乡的儿子出来见尹翁归。尹翁归走后，于定国才对同乡的儿子说："此人是贤明的太守，你们不胜任在其手下做事，而且我又不便用私人感情向他求托。"尹翁归治理东海郡，明察秋毫，郡中的官吏、百姓贤与不肖，以及谁干了什么坏事，犯了什么罪，他都掌握的一清二楚。每个县都有记载这些情况的簿册。他处理政事决断，各县奸邪之事遇到紧急重案，就稍缓处理，以求谨慎；吏民对法律稍有懈怠而触犯法纪，他就翻阅这些簿册。各县都收捕刁民豪吏，审讯判处罪行，情节恶劣的判处死刑。拘捕人犯必定安排在秋冬两季考核属吏的大会上，或巡查属县时。他这样做是有用意的，杀一儆百，使吏民们都心悦诚服，害怕违法而改过自新。东海郡大豪强郯县人许仲孙，做奸邪狡诈的坏事，扰乱吏治，郡中的人都被他害苦了。前几任太守每想收捕他时，他就利用势力，施展狡诈手段解脱，始终没能制服他。尹翁归到任后，将许仲孙依法判处弃市，全郡畏惧震惊，没人再敢违反禁令。东海郡于是大治。他因为政绩优异而调入京师任右扶风。

尹翁归施政虽然爱用刑罚，在公卿大臣中清正廉洁，与人交往，不谈私情，但待人温良谦让，不因为自己德行高，才能强而傲视别人。在朝廷享有很高的声誉。担任右扶风几年之后，于元康四年(前 62)病逝。家中无积蓄，天子贤之，诏告御史说："朕夙兴夜寐，以求贤为右，不异亲疏近远，务在安民而已。扶风翁归廉平乡正，治民异等，早夭不遂，不得终其功业，朕甚怜之。"②尹翁归的三个儿子先后都做了郡守。小儿子尹岑入九卿，至后将军。闳孺也官至广陵国相，治政也很有名。

冯立，字圣卿，冯奉世之子，精通《春秋》。因为父任选为郎官，不久迁为诸曹。冯立为官公正清廉，治事品行与其兄野王相似，而且多智慧，重恩施，身体力行，言传身教。甚得吏民称赞，歌曰："大冯君、小冯君，兄弟继踵相因循，聪明贤知惠吏民，政如鲁、卫德化钧，周公、康叔犹二兄。"后迁为东海郡太守。东海土地下湿，患了麻痹病，

① 《汉书·汲黯传》，中华书局 1962 年版。

② 《汉书·尹翁归传》，中华书局 1962 年版。

皇帝得知后，将其调任太原太守。冯立先后任五原、西河、上郡、东海、太原五郡太守，政绩卓著。史载，“更历五郡，所居有迹”[①]。

(二) 东海郡的经济发展

西汉中后期，东海郡的经济得到较大程度的发展。粮食种植面积扩大，多种经营全面发展；盐铁业、纺织业等手工业进一步发展；人口逐步增加，商业日趋繁荣。

1. 粮食种植面积的进一步扩大及多种经营的发展

东海郡东靠黄海，西接中原，北临齐鲁，南扼江淮。农业生产条件优越，气候温暖湿润，土壤疏松肥沃，适宜农作物的生长。东海郡东靠大海，受海洋影响，每年的雨季来临较早，雨水充足。而据历史气候学的研究，两汉时期，东海郡平均气温高于现代年平均气温1℃—2℃。这说明两汉时期东海郡气候相对温暖湿润，有利于农业生产的发展。土壤的肥沃程度直接关系到农业生产的发展。《尚书·禹贡》对全国土壤进行分类，并鉴定了其肥力。徐州赤植坟，田上中，土壤中含有丰富的有机质和腐殖质，团粒结构好，因此土壤疏松，有较佳的透水透气性能，有利于植物根系的生长。而东海郡恰属徐州，这说明东海郡的土地肥沃，有利于农作物的生长。

西汉中后期，铁器和牛耕在东海郡进一步推广普及，特别是牛耕技术不断进步。西汉征和四年(前89)，汉武帝任用赵过为搜粟都尉，在陕、甘一带推广牛耕技术，后推及各郡。据《汉书·食货志》载，“其耕耘下种田器，皆有便巧。……用耦耕，二牛三人”。对于赵过推行的耦犁和使用情况，前人做出了不少的努力和探索。他们的解释可以说都有一定的道理，但是也有不尽如人意的地方。据山东金乡县香城牛耕图，我们认为所谓“耦犁”应该是二牛抬杠，共挽一犁，一人扶犁，一人牵牛，一人压辕[②]。1984年在江苏泗洪重岗发现的耕种图，刻画的是二牛抬杠，一农夫在前，两手向后牵握着牛鼻子的缰绳；两牛并排，但相距较远，牛体形硕壮，头上双角内弯，当为水牛，尾巴下垂，腹下特意雕刻出雄性生殖器官；二牛抬杠联着直辕犁，一农夫左手扶犁，右手扬鞭，吆喝驱牛前进。泗洪重岗较赵过之耦犁先进多了。从泗洪画像石上看，重岗犁的犁梢向后略微反仰，比以前的直辕犁进步得多。它使农夫在耕地的时候不必太弯腰前倾，而且在耕地的时候还可以略作摆动，以扩大犁铧的土地接触面，增加土壤的破碎程度。同时，犁梢和犁床已是用两根木料采用榫铆相连接。这说明这种犁的制作能够根据犁耕的需要，准确的把握犁梢和犁床之间的角度，从而提高耕地的效率[③]。泗洪重岗耕种图，上层是二人耕地，下层是播种

---

① 《汉书·冯立传》，中华书局1962年版。

② 郭世玉：《淮海地区牛耕画像石与汉代耦犁二牛三人问题的探讨》，《农业考古》2004年第3期。

③ 尤振尧，周晓陆：《江苏泗洪汉代农业画像石研究》，《农业考古》1984年第2期。

图和耰耪图。一人左手挎着笆斗,右手撒种。两人在后用长柄耙子平整土地。五位农夫相互配合,使耕作、整地、播种等农活结合起来,形象地展现了汉代中后期东海郡的农耕技术的提高。

两汉时期,东海郡境内河道纵横,有良好的水利条件。淮水、泗水、沭水、沂水、游水等穿境而过。《史记·河渠书》载:济、汝、淮、泗等河流不仅可以通航,而且"有余则用溉浸,百姓飨其利。至于所过,往往引其水益用溉田畴之源"。西汉武帝后期治理黄河后,出现了前所未有的水利建设高潮。武帝元光三年(前132)五月,黄河从瓠子口决口南侵,"东注巨野,通于淮泗"①,长达23年之久,才终于堵复。河水横流,给淮海地区造成长期的灾难。汉武帝在元封二年(前109)亲临决口处,治理黄河。黄河的治理掀起了水利建设的高潮。《史记·河渠书》载"自是以后,用事者争言水利","汝南、九江引淮;东海引巨定;泰山下引汶水,皆穿渠为溉田各万余顷,它小渠及陂山通道者,不可胜言"。两汉时期水井在该地发现不少,其中以海州区最为集中。例如:海州新建村发现绳纹陶井圈三个,系由子母榫砖砌成的水井;海州原南门大队东门生产队王德先家发现由绳纹陶井圈叠砌而成的水井;海州市桥发现的水井,井壁与井塘间有黄色亚黏土填实。陶井圈上有滤水孔。海州市南门砖厂发现由三节陶井圈叠砌而成的水井;大村遗址也发现汉代残井一眼②。

先进的农业生产条件,促进了东海郡粮食种植面积的扩大。关于汉代东海郡小麦的种植情况,通过尹湾汉简可略知一二。1993年在江苏连云港市东海县温泉镇尹湾村西南汉墓中出土的简牍,上面有种植宿麦的准确数量,这为我们定量分析汉代小麦的种植情况提供了可靠的资料。尹湾汉简"集簿"上记载了东海郡的行政建制、吏员数量、户口垦田等方面的年度统计数据。发掘整理者认为此为东海郡上计即上报中央政府所用集簿的底稿或副本。

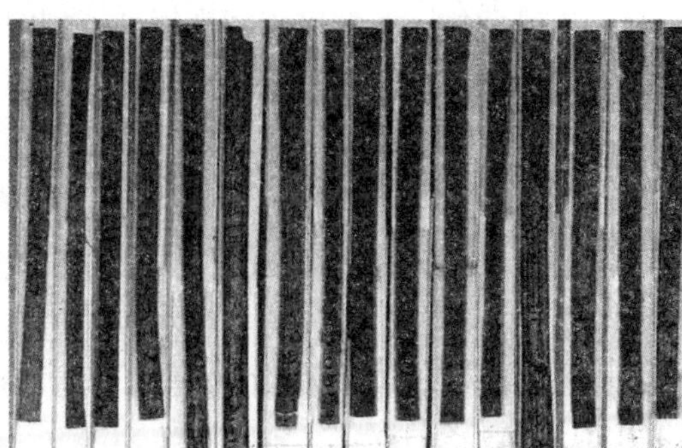
西汉竹简

尹湾汉简中详细记载了东海郡小麦种植情况:

户廿六万六千九十多前二千六百其户万一千六百六十二获流

① 《史记·河渠书》,中华书局1982年版。

② 李洪甫:《连云港地区农业考古概述》,《农业考古》1985年第2期。

口百卅九万七千三百四十三其四万二千七百五十三获流

提封五十一万二千九十二顷八十五亩三□……人如前

口国邑居园田廿一万一千六百五十三□□十九万百卅二……卅五九千六……

种宿麦十万七千三百口十口顷多前千百廿顷八十二亩[①]

我们从"集簿"上看,东海郡冬小麦种植面积为 107300 顷,而东海郡提封即疆土面积为 512092 顷,则冬小麦种植面积占疆土总面积的 20.9%,这在当时是一个相当大的比例。时东海郡有户 266290,口计 1397333 人,户年均种植小麦 40.3 亩,每人平均为 7.7 亩。合今市亩为 28 亩和 5.3 亩有余。与此同时,"集簿"上还记载是年东海郡小麦的种植面积比前一年增加 192080 亩,它占总数的 1.79%。可见,西汉末年冬小麦的种植面积在不断地扩大[②]。

除小麦外,还种植稻、稷、粟、黍等粮食作物。在连云港附近的江苏徐州奎山西汉墓西侧北耳室出土稻子、谷子等粮食;徐州东甸子西汉墓出土 1 堆米和 1 堆谷物,米在 M1 东龛出土。此外北龛的陶壶内也有米壳的痕迹。米的色泽莹润,米质较好。谷物与稻米同出,已粉化;1974 年江苏连云港海州小礁山霍贺墓中清理出黍稷,出于男棺内一丝织袋中,已成空壳,未发现炭化。出土时黍稷呈黄色,而后逐渐变黑色[③]。总之,两汉时期,东海郡粮食作物的种植已非常广泛,成为国家重要的粮食生产基地之一。东海郡在广泛种植小麦等粮食作物的基础上,开始注意农业多种经营。如:在 1972 年在海州小礁山霍贺墓中除清理出稷、粟、黍外,还出土有栗、枣、杏等;在江苏连云港市海州西汉侍其繇墓中出土了栗、枣等[④]。

伴随着粮食种植面积的扩大和产量的提高,粮食加工技术亦不断的提高。当时最常见的加工工具是磨、杵、臼等,在汉墓中经常见到,但雕刻在画像石上的却少见。泗洪县重岗汉代农业画像石不仅刻画了常见的磨、杵、臼加工工具,而且还出现了新型的粮食加工工具——砻,为我们研究汉代粮食加工提供了宝贵的形象资料。泗洪县重岗粮食加工图的粮食加工有砻谷在上,舂米在下,砻分为两扇,顶部有承粮谷之漏斗,下有已加工好的粮谷的承盘。砻右一人弓步张开,正使劲推动连接砻体的"磨拐",此人高髻,似为妇人;舂米者一人,身着短衣高髻,亦似妇人,双手合握一杵,弓步

---

① 连云港市博物馆、东海县博物馆、中国社会科学院简帛研究中心、中国文物研究所编:《尹湾汉墓简牍》,中华书局 1997 年版,第 77—78 页。

② 赵淑玲,昌森:《论两汉时代冬小麦在我国北方的推广普及》,《中国历史地理论丛》1999 年第 2 期。

③ 徐州博物馆:《江苏徐州西汉墓》,《考古》1974 年第 2 期;徐州博物馆:《徐州东甸子西汉墓》,《文物》1999 年第 12 期;南京博物院,连云港市博物馆:《海州西汉霍贺墓清理简报》,《考古》1974 年第 3 期。

④ 南京博物院,连云港市博物馆:《海州西汉霍贺墓清理》,《考古》1974 年第 3 期;南京博物院,连云港市博物馆:《江苏连云港市海州西汉侍其繇墓》,《考古》1975 年第 3 期。

张开，向左面亚腰形大臼中杵、臼。在这幅粮食加工图中，最吸引人的是砻谷图，从图形可以看出砻为土砻[①]。明人宋应星在《天工开物》中说："凡稻去壳用砻，去膜用舂、用碾"，"凡砻有二种：一用木为之，截木尺许（质多用松）。斫合成大磨形，两扇皆凿纵斜凿，下合植筍，穿贯上合，空中受谷。木砻攻米二千余石，其身乃尽"。"一土砻，折竹匡围成圈，实洁净黄土于内，上下两面各嵌竹齿。上合篘空受谷，其量倍于木砻。谷稍滋湿者，入其中即断。土砻攻米二百石，其身乃朽。凡木砻必用健夫，土砻即孱妇弱子可胜其任"。同时人们又在石磨和土砻的基础上加上一定的装置，利用畜力带动，比起人工的磨、砻，其效力又是不可同日而语的。

2. 盐铁业、纺织业、漆器制造业等手工业的进一步发展

东海郡有丰富的盐铁资源，这一时期煮盐冶铁较以前进一步发展。据《史记·货殖列传》载："彭城以东，东海、吴、广陵，此东楚也。……浙江南则越。夫吴自阖闾、春申、王濞三人招致天下之喜游子弟，东有海盐之饶。"这说明自春秋战国起，东海郡就开始利用海水煮盐。西汉初，为恢复发展经济，实行宽松自由经营政策。《史记·货殖列传》载："汉兴，海内为一，开关梁，弛山泽之禁，是以富商大贾周流天下，交易之物莫不通，得其所欲。"在此情况下，朝廷"纵民得铸钱、冶铁、煮盐"[②]，东海郡盐业生产获得了进一步发展。汉武帝时期，实行盐铁官营，在各地设置盐官管理盐业生产。据连云港市东海县尹湾村汉墓出土的《东海郡属县乡吏员定簿》，西汉时此地置有"盐官吏员"82人[③]即：伊卢盐官吏员卅人：长一人，秩三百石；丞一人，秩二百石；令吏一人；官啬夫二人；佐廿五人；凡卅人。

北蒲盐官吏员廿六人：丞一人，秩二百石；令吏一人；官啬夫二人；佐廿二人；凡廿六人。

郁州盐官吏员廿六人：丞一人，秩二百石；令吏一人；官啬夫一人；佐廿三人；凡廿六人。

东海郡还是重要的冶铁业生产的基地。汉代，东海郡冶铁业在春秋战国的基础上获得进一步发展。汉初，允许私人冶铸。武帝以后，开始在全国实行盐铁官营。汉政府在产铁地设置了49个铁官主持冶铁生产。据《汉书·地理志》载，在东海郡设立了下邳、朐等处，统一管理生产经营。东海出土的尹湾汉墓简牍记载了东海郡铁官人员配置情况，其吏员定薄书曰：

---

① 南京博物院，泗洪县图书馆：《江苏泗洪重岗汉画像石墓》，《考古》1986年第7期。

② 桓宽：《盐铁论·错币》，上海人民出版社1974年版。

③ 连云港市博物馆，东海县博物馆，中国社会科学院简帛研究中心，中国文物研究所编：《尹湾汉墓简牍》，中华书局1997年版，第84页。

下邳铁官吏员廿人,长一人,秩三百石,丞一人,秩二百石;令吏三人,官啬夫五人,佐九人,亭长一人,凡廿人。□铁官吏员五人,丞一人,秩二百石,令吏一人,官啬夫一人,佐二人,凡五人[①]。

从中看出东海郡铁官有管理人员 25 人,管理机构之大,充分说明东海郡是当时重要的冶铁生产基地。

东海郡的纺织业历史比较悠久。在江苏邳州刘林新石器时代遗址出土 3 件石纺轮[②]。又据《尚书·禹贡》,"海、岱及淮惟徐州,淮、沂其乂,蒙、羽其艺。大野既猪,东原底平。厥土赤植坟,草木渐包。……厥篚玄纤缟"。该地区的纺织业水平自古就比较高。关于西汉东海郡纺织业生产情况,从东海郡桑麻的种植面积可看出。两汉时期的封建统治者也非常重视桑麻的种植,常常颁布诏令劝农植桑。西汉景帝后三年(前 141)下诏曰:"其令郡国务劝农桑,益种树可得衣食[③]。"昭帝元平元年(前 74)下诏曰:"天下以农桑为本[④]。"《盐铁论·园地》曰"夫男耕女织,天下之大业"。古代农民多在田边隙地,房前屋后,利用零星的小块土地种植桑麻。正如《孟子·梁惠王上》所谓:"五亩之宅,树之以桑,五十者可以衣锦矣。"就是这种情况。关于蚕桑的种植,西汉后期的《氾胜之书》作了具体的描述,"每亩黍、椹子各三升,合种之。桑当俱出。锄之,桑令稀疏调适。黍熟获之。桑生正与黍高平,因利镰地刈之,曝令燥,后有风调,放火烧之,常逆风起火,桑至春生,一亩食三箔蚕。"

关于东海郡桑麻的种植面积情况。尹湾 6 号汉墓出土木牍《集簿》中记载甚详。《集簿》载:

提封五十一万二千九十二顷八十五亩□……人如前(一正)□国邑居园田廿一万一千六百五十二□□十九万百卅二……卅五万九千六……种宿麦十万七千三百□十□顷多前千九百廿顷八十二亩……春种树六十五万六千七百九十四亩多前四万六千三百廿亩(一反)[⑤]。

滕昭宗先生将部分文字的内容归纳为:"提封、侯国邑属国田、宿麦田及桑田面积的增减变化,共 4 条[⑥]。"可见,当时东海郡桑麻种植面积为 65679 亩,比前年多 46320

① 连云港市博物馆,东海县博物馆,中国社会科学院简帛研究中心,中国文物研究所编:《尹湾汉墓简牍》,中华书局 1997 年版。

② 南京博物院:《江苏邳县刘林新石器时代遗址第二次发掘》,《考古学报》1965 年 第 2 期。

③ 《汉书·景帝纪》,中华书局 1962 年版。

④ 《汉书·昭帝纪》,中华书局 1962 年版。

⑤ 连云港市博物馆,东海县博物馆,中国社会科学院简帛研究中心,中国文物研究所编:《尹湾汉墓简牍》,中华书局 1997 年版,第 77—78 页。

⑥ 滕昭宗:《尹湾汉墓简牍概述》,《文物》1996 年第 8 期。

亩。西汉时期，东海郡的纺织业技术水平不断提高。1993 年初对东海县温泉镇尹湾村的 6 座汉墓进行抢救性发掘和清理，在 2 号墓出土了一件覆盖在死者身上的缯绣衾被，色泽鲜艳，图案清晰，是一件十分宝贵的汉代织品，为我们研究汉代的经济特别是纺织及刺绣技术提供了极为珍贵的实物资料①。从中可以看出，缯绣的制作工艺非常先进。在设色方面，运用了不同的刺绣技法和技巧。其经线由双股丝线合成，质地要比绢厚实。在深色绨上以古黄色线绣茱萸云和纤细的流云纹；以鲜明艳丽的朱红色线绣瑞气；以金黄色线绣星辰。而神龟、仙人、神兽等四周用断续针法施绣。其基本针法是“辫子股”，同时运用了锁绣的开口绣、闭口绣、边绣及断续等多种技法和技巧，在纹饰的主题部分以多行排列，逐渐将绣地完全覆盖②。

两汉时期东海郡的漆器制造水平非常高，并且有所创新。在东海郡出土的西汉中后期漆器种类繁多，保存完好，有漆奁、漆盘、漆耳杯、漆勺、六博棋盘、漆盒、漆梳、漆匜、漆杖、漆盂、漆樽、漆碗、漆盆、漆壶、漆匣、漆枕、漆斗、漆瑟数十种之多。东海郡的漆器不仅种类多，而且精品层出不穷。如连云港海州西汉霍贺墓清理出 26 件精美漆器。不仅器物造型美观，而且髹漆颜色鲜艳，纹饰绘制流畅。特别是那圆形大奁盒，黑地朱绘流云纹，器身和器盖的周围帖银质兽纹，形象生动逼真，线条鲜艳流畅，富有高超的艺术价值③。海州西汉侍其繇墓中出土的 38 件漆器，其花纹的绘刻富有特色，分为漆绘和针刻两种。漆绘一般是在黑地上加朱绘，朱地上加黑绘，有云气纹、卷气纹和电线组成的图案花纹等。针刻纹细如毫发，主要刻画在奁、盒的表面和耳杯、盘的底部，花纹主要有云气纹、动物纹、羽形纹及几何形图案纹等④。这一时期平脱工艺在东海郡也被运用到漆器的制作中。所谓平脱就是将金银铜的薄叶镂切成图像花片，以胶漆粘于器物表面，然后经过多次髹漆和反复打磨后，露出金银饰片。江苏连云港网疃庄西汉末木椁墓中出土的漆器还采用了平脱工艺，这不但使器物巩固耐用，而且增加不少美感。平脱的花纹图案丰富多彩，有奔腾的野兽、飞翔的禽鸟、也有舞蹈和狩猎的人物。在平脱图案以外的空间，绘朱色纤细的流云纹，使得画面布局十分活泼生动⑤。

3. 人口的增加与商业的繁荣

随着东海郡社会经济的发展，人口也在不断增加。他们不仅是生产者，为东海郡

① 连云港市博物馆：《江苏东海县尹湾汉墓群发掘简报》，《文物》1996 年第 8 期。

② 武可荣：《试析东海尹湾汉墓缯绣的内容与工艺》，《文物》1996 年第 10 期。

③ 南京博物院，连云港市博物馆：《海州西汉霍贺墓清理简报》，《考古》1973 年第 3 期。

④ 南波：《江苏连云港市海州西汉侍其繇墓》，《考古》1975 年第 3 期。

⑤ 南京博物院：《江苏连云港市海州网疃庄汉木椁墓》，《考古》1963 年第 6 期。

创造大量的财富，而且还是消费者，为东海郡的商品市场形成相对稳定的消费市场。一个地区人口的增加在某种程度上反映了该地区商业的发展状况。据《汉书・地理志》等文献记载，西汉时期，人口最为密集的是司隶、豫、冀、兖、青、徐六州，其土地仅为全国的八分之一，而人口占总人口的68%以上。又据崔寔《政论》载，“昔圣人分口耕耦，地名相副；今青、徐、兖、冀，人稠土狭，不足相供”。西汉时的东海郡属徐州刺史部，其人口也较多。关于西汉中后期东海郡的人口户数，出土的尹湾汉简有所记载：

户廿六万六千九十多前二千六百其户万一千六百六十二获流；

口百卌九万七千三百四十三其四万二千七百五十三获流；

男子七十万六千六十四人女子六十八万八千一百卌二人女子多前七千九百廿六。

到了西汉末年，东海郡的人口继续增加。据《汉书・地理志》载，平帝元始二年(2) 东海郡的户数为358414，人口数为1559537。尹湾汉简记载的是西汉成帝元延年间的户口数，与《汉书・地理志》记载的相比较，可以看出在十年多的时间里，此郡的户数增加了92124，人口数增加了162014。虽然增长速度之快，不尽合理，但某种程度上还是能够反映出西汉后期该郡人口的增长情况。

随着东海郡农业、手工业经济的进一步发展和人口的增加，该郡的商业也出现了历史上前所未有的繁荣景象。近年在海州出土的汉代简牍反映了当时沿海重镇朐县的风貌，城中有繁华的市井，酒店和刀剑铺子。1978 年 7 月，在连云港花果山下的云台砖瓦厂爆破取土烧砖，出土了一批破碎的汉代简牍，其中涉及商业的简牍材料为：

俞君孙皂衣钱五十□□」乡钱百一十并直三千四百；

□□□□□」□□史随□□□□」□□□□十日十人[买]铚子□□二千□□□」□□前民千七 □□二千五□□□门三百□□」□□千二 □□□□」；

□」□千□」□大□」□□□八月市每□八百」□□□」□□卖□□东□君□妖」□□伤游□□」；

□□什十□小人□」□卖酒三斤予□也□斤八□二□」□□□计□钱□□□□一」。

这些可能与当时、当地的货物的买卖价格和官营机构的管理有关①。虽然这些简文残缺不全，甚至有些字迹不清，但通过这些简牍材料，我们仍然能够大略地看出西汉中后期东海郡商业繁荣的景象。

① 李洪甫：《江苏连云港市花果山出土的汉代简牍》，《考古》1982 年第 5 期。

第六章　“光武中兴”与东汉前期徐扬地域的政治与经济

经过西汉末年的社会大动荡，光武帝刘秀几乎从一片废墟上重新建立起东汉王朝。作为开国之君，他总结西汉衰亡的经验教训，励精图治、与民生息，创造了汉室“光武中兴”的繁荣局面。徐扬地域的政治与经济也在这一时期得到了较大的发展。

第一节　刘秀中兴汉室

西汉末年，土地兼并高度发展，阶级矛盾日趋尖锐，饥民与官徒起义时有发生。为了克服严重的社会危机，王莽作出了“托古改制”的决策，试图缓解社会矛盾。其间王莽篡汉自立。他的改革，单从政策内容看，似乎相当合理，制订的出发点也不能说不对，但他忽视了作为改革对象的各种利益主体强烈的诉求，因而目标过高、不切实际。终于使改革的效果与动机完全相反，社会矛盾不但没有解决，反而激化起来。加上一连串的天灾，逼得农民走投无路，纷纷起义。绿林、赤眉大起义推翻新莽政权后，又相互混战。刘秀乘机壮大自己的势力，最终统一了中国，重建了汉室天下。

一　西汉末年社会矛盾与王莽改革

由于土地兼并的高度发展，西汉末年形成了“强者规田以千数，弱者曾无立锥之居”的局面(《汉书·王莽传》)。富商大贾，“上争王朝之利，下锢齐民之业”(《汉书·货殖传》)，官、私奴婢人数激增，导致阶级矛盾日趋尖锐，饥民与官徒起义时有发生。为了克服严重的社会危机，王莽作出了“托古改制”的决策，下令恢复古代的井田制，借以实现“一夫一妇田百亩，什一而税”(《汉书·王莽传》)的理想；通过恢复三代主要是西周的礼乐制度，确保宗法地主势力的统治和宗法封建贵族的世袭地位；又仿照古代“工商食官”的制度，下令实行“五均六管”，垄断工商业和高利贷。同时，他还假托古制，实行公、侯、伯、子、男五等爵制，更改官制，授爵封官，滥改行政区划与建制等等。王莽的一系列"复古"决策，违背了他解决社会矛盾的初衷，也严重违反了社会发展和经济发展的规律，不仅没有解决西汉所积累的社会矛盾，反而成为农民起义的催化剂。

据《汉书》记载，王莽孝母、赡养寡嫂、抚育侄儿、对人谦恭有礼。在政界贪赃枉法成风，外戚聚敛唯恐不及的社会，王莽非但不贪，还一次次把自己的钱财、土地和获得的赏赐分给下属和贫民，甚至连俸禄也常常用于救济，自己生活清苦，妻子穿得像仆人。在奴婢的地位与马牛相同的情况下，像王莽这样一位贵戚高官的儿子杀死一个奴婢，实在是小事一桩，王莽竟逼他自杀，百姓和奴婢们闻讯，怎能不感激他，称颂他？王莽的这些行为，就是在一个国泰民安的时代也已够得上典范了，何况是处在一个腐烂透顶的社会和一群禽兽般的贵族之中？王莽的多数措施也是深得人心的。他在元始元年的建议，使贵族、官吏以至天下百姓人人受益，当然皆大欢喜，得益的人又那么多，他们都会感激。王莽救济灾民的具体措施，包括他自己和太后带头捐资，在长安为灾民建房等，尽管未必都能落实，总能起一些作用。他在长安为学者建住宅，从全国征集数千有本领的人和各类学者，知识分子自然会感恩戴德。要知道，其中多数人本来绝不会有施展才能的机会，甚至连生活都成问题。所以，当时社会上把王莽当成圣人、周公、救世圣主。王莽希望用"托古改制"解决当时严重的社会危机，他也的确曾经使社会各阶层、各类身份的人都获得过实际利益，因而赢得了最广泛的支持。但在社会财富没有增加的情况下，那些改革政策完全没有物质基础，只能加速国库的枯竭和财政崩溃。如恢复几百名列侯、退休官员终身领退休金、给学者造住宅、扩大选官范围、取消吏民自备服兵役的物资、建造大量公共建筑等，没有一样是不需要大量的、经常性的支出的，就是在财政收入正常的情况下，也未必能一下子增加那么多，已经千疮百孔的财政体制如何承担得了？这些利益还诱发了得益者对王莽、对他的改革过高的期望，一旦事与愿违，这些支持者马上会变为反对者。像那些潦倒各地的知识分子，接到首都去当教授的通知时兴高采烈，把王莽当作再世周公、当代圣君。但不久就开始欠薪水了，预先答应的住宅却始终在图纸上，既没有学生来学也没有事好干，而新的教授还在不断增加，新的改革措施还在陆续出台，他们就会把王莽当骗子。知识分子如此，其他阶级、阶层也会如此。到这时，他们就怀念曾经诅咒过的汉朝，怀念那时并不幸福的生活，形成所谓"人心思汉"的舆论。

在社会财富不可能无限制增加的条件下，想同时讨好社会的各阶级、各阶层、各个利益集团是绝对办不到的。王莽想在不触犯贵族、豪强、官僚利益的前提下，让百姓、贫民、甚至奴婢的生活也得到改善，完全是痴心妄想。增加王侯官员的俸禄和供养学者的开支，势必减少农民的土地，提高百姓的赋税；而要缓解土地矛盾，减轻百姓的赋税，只有削减朝廷开支，裁减贵族官僚，限制他们的土地占有量：两者绝对难以兼顾。

针对社会矛盾的焦点——土地和奴婢问题，王莽在始建国元年宣布的政策是：将天下田改名“王田”，奴婢改称“私属”，都不许买卖。每个不足八个男口的家庭，使用的田不得超过一井，超过部分必须分给九族邻里，原来没有田的人可以根据制度受田。这项政策的推行，几乎得罪了所有的人。

大地主豪强当然激烈反对，因为他们占有的田地远不止一井，要他们将多余的土地交出来等于要割他们的肉。他们占有的大部分奴婢是用于农业生产的，现在将土地都交了，难道将奴婢白养着？而奴婢又不许买卖，岂不是逼着他们白白送掉吗？小土地主，包括刚够得上自给标准的农民也不满意，一则这些人多少要减少一些土地，更主要的是原来实际上已经私有的土地现在要变成公田了，如果将来家庭人口减少，还得再交出去。由于既没有可行性，又没有切实的强制措施，地主豪强多余的土地大多没有交出来，所以政府没有足够的土地分给应该受田的无地、少地农民。对这一纸空文，农民自然也不会满意。侥幸分到土地的人心里也不踏实，因为这是“王田”，不属于自己。至于奴婢，改称“私属”，不会给他们带来任何利益，禁止买卖更没有改变他们的身份，相反，由于买卖改为暗中进行，或者主人原有的土地减少，他们的处境只会更坏。实际上官僚地主的土地和奴婢买卖并未停止，因而被处罪的不计其数，更引起了他们的反对。三年后，王莽只得让步，于是土地和奴婢买卖恢复合法，原来的业主肯定要索回已交了公而被其他人“受”了的土地。至此，王莽就将唯一拥护这项政策的受益者也得罪了。

为了抑制商人对农民的过度盘剥，制止高利贷，控制物价，改善财政，王莽在始建国二年(10)下诏实行五均六干。所谓五均，即在长安、洛阳、邯郸、临淄、宛、成都等城市设五均司市师，管理市场。各城设交易丞五人。钱府丞一人。工商各业，向市中申报经营，由钱府按时征税。每季度的中月由司市官评定本地物价，称为市平。物价高于市平，司市官照市平出售；低于市平则听民买卖；五谷布帛等生活必需品滞销时，由司市官按本价收买。百姓因祭祀或丧葬无钱时，可向钱府借贷，不收利息，但分别应在十天或三个月内归还。因生产需要也可贷款，年利不超过十分之一。所谓六干，是由国家对盐、铁、酒、铸钱、五均赊贷实行统制，不许私人经营；控制名山大泽，对采集者征税。

从这些政策的内容看，似乎相当合理，制订的出发点也不能说不对，如果真能实行，政府和百姓双方都能得益。很明显，五均的前提是政府必须掌握相当数量的商品和货币，并且有强有力的管理手段。由于没有这两方面的条件，王莽只能依靠富商大贾来推行，反而给了他们搜刮百姓的机会，形成危害更大的官商垄断性经营。由国家对盐铁等实行统管统制，早已被实践证明是行不通的，再次实施自然不会有好结果，而由国家控制名山大泽，实际只是给主管官员增加了财源。总之，国家没有增加收入，百姓却加重了负担，正当的商人和手工业主也受到打击。

王莽对货币的改革，开始时只是为了复古，模仿周朝的子母钱。以后又不顾五铢钱从武帝时开始已经生产了二百八十亿万的现实，盲目推行花色繁多却没有信用的各种新货币。受到百姓抵制后，还企图通过严刑峻法强制推行，规定携带使用五铢钱的人与反对井田制同样处罚，流放边疆。为了限制盗铸，他规定“一家铸钱，五家连坐，没入为奴婢”，以至没为官奴婢的人“以十万数”。为了提高他颁布的“布钱”的地位，王莽规定官民出入都得带上，否则，就是有合法的证明，旅馆也不接待食宿，关门和渡口可以加以拘留。连公卿出入宫门时，也必须出示所带布钱。一种货币变成了通行证后，流通的作用也就不存在了。

由于王莽定下了过高的目标，又深受“夷夏之辨”的影响，对边疆少数民族的政权也采取了一系列错误政策。他胁迫羌人“献”出青海湖一带的土地设立西海郡，以便与国内已有的北海郡(国)、南海郡、东海郡合起来凑全“四海”。为了使这块荒地像一个郡，必须强制移民，于是增加了五十条法令，以便增加成千上万的罪犯，满足移民的需要。为了这个西海郡，王莽招来了最初的不满。

王莽要匈奴改为“恭奴”、“降奴”，将“单于”改为“善于”、“服于”，改“高句丽”为“下句丽”。他随意改变西汉以来的惯例，引起了各族首领的不满；又轻率地决定动用武力，不仅导致边境冲突，还使数十万军队长期陷于边疆，无法脱身，耗费了大量人力物力，造成了北方边疆人民深重的灾难。反抗首先在北部边区爆发，绝不是偶然的。本来，中原王朝的政权更迭不至于影响它与周边少数民族政权的关系，王莽完全可以维持现状，他却主动挑起了无谓的争端，使自己内外受敌。

王莽泥古不化，一切都要符合古义，惭复古代的面貌。于是王莽掀起了空前绝后的改名运动，无论地名、官名、建筑名，差不多都改了，而且还任意调整行政区划和行政部门的职权。这样改一次已经够折腾了，王莽却一改再改，有的郡名一年间改了五次，最后又改还到原来的。官吏和百姓根本记不住，所以每次颁发诏书和公文，都要在新名后注旧名。可以想象，这样频繁的改名必定会给正常的行政工作和百姓的日常生活带来极大的麻烦，不但影响效率，造成浪费，而且造成官民心理上的厌恶。

王莽在上台前曾刻意当道德的典范，为此他付出了巨大的代价，散尽家产，逼死儿子，让家属过苦日子，随时都要谦恭有礼。但这不会妨碍别人，也不损害其他人的利益，所以能赢得一片赞扬。当他执政以后依然故我，情况就不同了。一方面，王莽从自己的逻辑出发，提出不切实际的、高于法律规定的要求，如“市无二贾(价)，官无狱讼，邑无盗贼，野无饥民，道不拾遗”等。由于实际根本做不到，只能自欺欺人。另一方面，他的行为迫使臣下仿效，但这样高的要求没有人受得了，除了少数人能以两面手段应付自如外，多数人会敬而远之，离心离德。例如，王莽为救济灾民带头捐资，大臣自然会纷纷响应，但乐意这样做的人肯定不会多。

天时对王莽也极其不利，公元初前后这一段时间，是中国历史上自然灾害最严重的阶段之一，见于记载的有旱、蝗、瘟疫、黄河决口改道等，灾区范围大，持续时间长。如此大的灾害，即使是在国家储备充足，社会秩序稳定的条件下也会造成巨大的损失，何况发生在这样一个剧烈变革的动荡时代，出现在国库早已耗费殆尽之时！

二 绿林、赤眉起义

由于王莽“泥古不化”，违背社会发展规律的所谓“托古改制”，加上一连串的天灾，逼得农民走投无路，纷纷起义。王莽天凤四年(17)，南方荆州闹饥荒，新市(今湖北京山东北)王匡、王凤首先组织饥民起义，占领了绿林山(今湖北大洪山)作为根据地，队伍发展迅速，曾达到五万余人，被称为绿林军。

地皇三年(22)，因绿林山流行疾疫，义军“死者且半，乃各分散引去”(《后汉书·刘玄刘盆子列传》)。剩下的一半离开绿林山，分作三路——新市兵、平林(在今湖北随州东北)兵和下江(长江在湖北西部以下叫下江)兵。王常、成丹西入南郡(治所在今湖北荆沙)，号“下江兵”；王匡、王凤北进，号“新市兵”；还有一支起义军，也兴起于绿林山所属的随县境内，那就是“平林兵”。地皇三年秋七月，新市兵攻随，平林人陈牧、廖湛在平林领导起义响应，成为绿林军的一支，他们所创建的这支义军就被称为平林兵。

当南方的绿林军活跃于荆州一带时，东方则有琅玡海曲(今山东日照县)的吕母与泰山的樊崇起义。吕母死后，两支义军归于樊崇。一年间，发展至万余。在青州和徐州之间来往打击官府、地主。

公元22年，王莽派太师王匡(和绿林军中的王匡是两个人)和将军廉丹率领十万大军去镇压樊崇起义军。结果官兵大败，王匡受伤，廉丹被杀。义军趁势发展到十多万人。樊崇为了避免起义兵士跟王莽的兵士混杂，叫他的部下都在自己的眉毛上涂上红颜色，作为识别的记号。这样，樊崇的起义军得了一个别名，叫“赤眉军”。

绿林、赤眉两支起义大军分别在南方和东方打败王莽军的消息一传开，别地方的农民也都活跃起来。黄河两岸的大平原上大大小小起义军有几十路。有一批没落的贵族和地主、豪强也趁机起兵，反对王莽。

地皇三年，在与随县相邻的蔡阳县春陵乡（在今湖北枣阳市境），出身于南阳刘氏宗室的豪强刘縯、刘秀兄弟两人，发动族人和宾客七八千人在春陵乡起兵，他们所率的义军称为春陵军，也加入了绿林军系列。他们和绿林军三路人马联合起来，连败官兵，声势益趋壮大。因绿林军的几支队伍没有共同首领，缺乏统一的指挥。他们遂从当时的正统观念出发，认为必须要找一个刘姓的人当头，才能符合人心。经过一番争议、较量，在刘縯与刘玄之中，最终选择了刘玄。公元23年，绿林军正式立刘玄做皇帝，恢复汉朝国号，年号“更始”，所以刘玄又称更始帝。更始帝拜王匡、王凤为上公，刘縯为大司徒，刘秀为太常偏将军，其他将领也各有各的封号。从此，绿林军又称为汉军。

三 刘秀统一全国

公元23年，绿林军攻入长安，推翻了王莽的统治。绿林、赤眉大起义推翻新莽政权后，很快又陷入了混战状态。更始帝刘玄进入长安后，大封功臣，并醉心于皇帝的生活，整日饮酒作乐。此时，赤眉军又另立放牛娃刘盆子为帝，并整顿军队，加紧向长安进军。“鹬蚌相争，渔翁得利”，正当绿林、赤眉两支起义大军各立天子、相互混战之际，刘秀却乘机壮大自己的势力，最终统一了中国，重建了汉室天下。

刘秀，南阳蔡阳（今湖北枣阳县西南）人。为人处事谨慎，“多权略”（《太平御览》卷十九引《东汉官纪》）。他加入绿林军后，显露出了敏锐的政治才能和丰富的军事韬略。特别是在昆阳一战中，由于其杰出指挥，以不足两万义军击溃了王莽政权的四十二万大军，为起义军赢得决战胜利起到了关键的作用。绿林军攻占长安后，刘秀在河北（黄河以北）以复兴汉室为口号，不断壮大自身的势力，每到一个郡县，都宣布废除王莽当政时期的苛捐杂税和严酷的刑罚，并对当地的官吏进行考察，恢复汉朝的官名，赢得了当地大小官吏、平民百姓的欢迎和支持，逐渐组成了建立政权的基本力量。

后来，刘秀又采用军事打击和政治争取相结合的方法，先后收编了铜马军30万人，军事实力大大增强，人称“铜马帝”。公元25年6月，刘秀在群臣的拥戴下称帝，仍沿用汉的国号，年号建武，刘秀就是光武帝。刘秀称帝后，基本控制了中原要地（今河南、河北大部和山西南部），但各地仍然处于分裂割据的局面。刘秀根据形势，决定先集中力量消灭对中原威胁最大的关东武装势力，再挥师向西各个击破。不久，刘秀攻克洛阳，并迁都洛阳，历史上称为“东汉”。随后，刘秀只用了短短的四年时间，就将关东地区各个割据势力全部铲除。

在平定关东割据势力的同时，刘秀在关中也开始了镇压赤眉农民起义军的行动。

公元25年9月，赤眉军攻入长安，推翻了更始政权。但是赤眉军缺粮，军心涣散，并被地方豪强武装所包围。刘秀决定以逸待劳，寻找机会乘虚截击赤眉军。公元26年，刘秀派邓禹在关中与赤眉军交战多次，大大削弱了赤眉军的力量，但汉军方面也损失很大。于是刘秀又派善于治军、作战稳健的冯异率军前往支援。公元27年2月，冯异在崤底做好埋伏，引诱赤眉军深入，然后发动突然袭击。赤眉军阵脚大乱，8万多人被迫投降。接着，刘秀亲率大军，在宜阳(今河南宜阳西)拦截折向东南的赤眉军，将其全部歼灭，赤眉军首领樊崇等10余万人投降。至此，刘秀终于将持续战斗了10年多的赤眉农民起义军镇压，取得了关中地区，于是开始了下一步的战略：西图陇、蜀，统一全国。刘秀根据形势，制定了由近及远、各个击破的战略方针。到公元36年底，刘秀彻底平定巴蜀，取得了统一战争的最后胜利。徐扬(今江苏)所在的东南地区，战事不算很重大，但也费了一番平定工夫，这些情况我们将在下面谈区域政治的章节里详细介绍。

刘秀完成了统一大业，恢复了汉室的统治。为稳定、巩固王朝统治，首先致力于整顿吏治，加强中央集权。对功臣厚予爵禄而禁止其干政；对诸侯王和外戚也予多方限制；行政体制，则仍置三公，事归台阁；减省地方官吏。由于连年征战，使光武帝对战争产生了厌恶之心，而且他也深知天下百姓久遭战祸，财物耗尽，天下太平是众心所向。因此，在陇中蜀地(今甘肃及四川部分地区)平定之后，光武帝决定致力于发展社会经济，安抚周边少数民族。光武帝采取“与民休息”的政策，以安定民生。他下诏恢复了西汉景帝时期三十税一的旧制，并把公田借给农民耕种，提倡垦荒，发展屯田，安置流民，赈济贫民。还遣散军队还乡务农；九次下诏释放奴婢，提高奴婢的法律地位；兴修水利等等。这样一来，东汉初年的封建租赋徭役负担，比西汉后期和战争期间都大大减轻。农民安居乐业，生产得到了极大恢复。光武帝统治期间，东汉的农业、手工业都得到了大大发展。铁制农具的改进，牛耕的普及，水利工程的广泛修建，使生产技术大大提高；冶铁技术的改进，使铁的产量大为增加；精美的铜器、漆器、丝织品反映出高超的手工业工艺；通都大邑商业繁荣，商人的足迹远至西域和国外。他本人也勤政节俭，遗诏薄葬。因此，在他统治期间，经济有明显的恢复，政治也相对稳定，历史上称之为“光武中兴”。

伴随着光武中兴，东汉前期，政府很重视兴修水利。明帝时，王景负责治理黄河，使黄河下游两岸被淹的几十个县的土地又成了良田。利用水力鼓风冶铁，是这一时期生产上的一项重要进步。当时的南阳太守杜诗总结劳动人民的生产经验，发明了“水排”，利用水力推拉风箱，鼓风冶铁，制造农器。经过七八十年的时间，东汉的经济得到了恢复和发展。

第二节 东汉前期苏北地域的封国与诸郡

东汉前期(25—106),历经光武帝刘秀、明帝刘庄、章帝刘炟、和帝刘肇和殇帝刘隆5帝,共计81年。在这个时期,光武帝刘秀统一了全国,并采取一系列加强中央集权的措施,使社会秩序逐渐安定,社会经济得以恢复,出现了“光武中兴”的大好局面。明帝刘庄和章帝刘炟时,社会秩序进一步稳定,经济上得到了较大发展,出现了一派大治的景象,历史上称为“明章之治”。但因外戚、宦官势力的抬头和诸侯王的屡屡反逆,在政治上也开始走下坡路。和帝刘肇10岁即位,中央政权控制在外戚、宦官之手,出现了政治上的危机。及至殇帝刘隆即位,年仅1岁,大权旁落于外戚之手。随之经济等方面也逐渐由盛转衰。史学界称这一时期为东汉前期。

一 东汉前期徐州行政区划的调整

东汉前期,鉴于西汉权臣当政,外戚篡权,以及地方权重、尾大不掉等历史教训,光武帝刘秀采取了一系列加强皇权、强化中央集权的措施,对西汉时期的行政区划,作了全国性的调整。首先,刘秀在西汉郡国并行制的基础上,对郡(国)、县两级政权建制,改为州、郡、县三级建制,以加强对郡、县的监察。西汉时期,地方政权为郡、县两级制,虽然常遣丞相史分刺诸州,然无常官。汉武帝时置十三州刺史,秩六百石,但州刺史无固定治所,只在每年秋天巡行郡国,以“六条问事”。成帝绥和元年(前8)州刺史改称州牧,秩二千石。哀帝建平二年(前5)复为刺史,元寿二年(前1)复为州牧。建武十八年(42),刘秀复将州牧改称刺史,使之成为比郡高一级的行政长官,并在西汉职权的基础上,“录囚徒,考殿最”[①],将地方选举劾奏之权转归刺史,负责处理地方政务,并且可以不通过三公,直接上奏皇帝,使地方郡县直接置于皇帝的控制之下,从而成为州、郡(国)、县三级地方政权机构,刺史也有了固定治所。徐州的治所在东海郯县(今山东郯城)。这是历史上的一大变化。其次,鉴于人口大量减少,社会经济十分凋敝,刘秀除对中央机构及其官员力求精简外,还对郡县的行政区划,作了大规模的调整,史称“并省四百余县,吏职减损,十置其一”[②]。而这只是建武六年的初期成果。及至稍后天下统一,更有不少郡县被裁并。如据《二十五史补编·后汉书县邑省

① 《续汉书·百官志》。

② 《后汉书·光武帝纪》,上海古籍出版社1986年版。

并表》统计，全国裁去的县、邑、侯、道、国，见于西汉而省于东汉的，计有554个。如就当时的徐州来说，根据《汉书·地理志》载，西汉平帝元始二年(2)，徐州辖有琅邪、临淮、东海郡和楚、泗水、广陵国，计3郡3国132县，辖境相当于今江苏苏北、山东南部和皖东北部的部分地区。而据《续汉书·郡国志》载，东汉顺帝永和五年(140)，徐州辖有东海、广陵郡和琅邪、彭城、下邳国，计2郡3国62城，其中还包括了刘秀时省并于琅邪国的城阳国，所保留的县级建置不足一半。可见调整的幅度之大。此外，从东汉前期的情况看，徐州地域的特点是，基本上从郡国体系过渡到完全的封国制，即以泗水、广陵、东海、楚、彭城、下邳几个诸侯王国而定格，除了部分王国偶尔分置为郡外，全都成了诸侯王国的食邑地，而基本没有郡的行政建置了。

从广陵国的情况来看，王莽时改称江平，废以为郡。东汉初年泗水国省入广陵郡。《后汉书·宗室四王三侯列传》载：建武二年(26)刘秀封族父刘歙为泗水王，仍辖凌、泗阳和于三县。建武十年(34)刘歙死，其子刘焯为堂豁侯(今河南房县)，以奉歙后，泗水国废。建武十三年(37)，刘秀省并西京十三国，泗水国并入广陵郡。建武十五年，刘秀封诸皇子为公，十七年皆进爵为王，皇子刘荆为山阳王(今山东金乡县西北)。明帝永平元年(58)置广陵国，徙封刘荆为广陵王，都于广陵。封国为西汉时广陵国的广陵、江都、高邮、平安和泗水国的泗阳、凌六县，原泗水国的于县已被裁去。永平十年(67)，刘荆屡行反逆被迫自杀，广陵国复废以为郡。永平十四年(71)，明帝封刘荆子元寿为广陵侯，服王玺绶，食荆故国六县，又封元寿弟三人为乡侯。从此，广陵王国改为侯国。及元寿死，子商嗣；商卒，子条嗣，“传国于后”[①]。根据《续汉书·郡国志》记载，顺帝时的广陵郡，辖有广陵、江都、高邮、平安、凌、东阳、射阳、盐渎、舆、堂邑、海西等11城，其中东阳、射阳、盐渎、舆、堂邑5县“故属临淮”，海西“故属东海”，这6个县在永平十五年临淮郡改为下邳国时划归广陵。刘元寿所食荆故国6县，其中的泗阳县已被省去。此外，根据史料考证，顺帝时的广陵郡，尚有海陵县属之，当为12县[②]。而广陵侯国及其它各县，均属广陵郡所统辖。

下邳国，西汉时称临淮郡，辖29县，王莽时改称淮平。建武十五年(39)刘秀封诸皇子为公，刘衡被封为临淮公，但仅年余身亡国除。建武三十年(54)，临淮郡境发生变化，取虑、须昌二县划归楚国。明帝永平十五年(72)，临淮郡更为下邳国，封皇子刘衍为下邳王，东海郡的下邳县(今睢宁县西北)随之移为下邳国都。此见《后汉书·明八王列传》。但因刘秀时全国并省五百余县，临淮郡的部分县被省并，明帝时又将东

---

① 《后汉书·光武十王列传》，上海古籍出版社1986年版。

② 曹金华：《东汉广陵郡领县确数考》，《扬大学报》2005年第3期。

阳、射阳等五县划归广陵，其时辖县已非全部。及至章帝建初四年(79)，以扬州九江郡之钟离、当涂、东城、历阳、全椒五县益下邳国，合17城，知来自临淮郡者最多有11县。而据《续汉书·郡国志》载，顺帝时下邳国辖17城，仅保留来自九江郡的东城1县，钟离、当涂、历阳、全椒复归九江郡来管辖，而曲阳、司吾、良成"故属东海"，夏丘"故属沛郡"，这说明明帝时的下邳国，仅领临淮郡11个县。下邳王刘衍在位54年，死后其子刘成嗣，传国于后。下邳国的管辖范围，迄于顺帝未再改变。

东海国，在西汉时为郡，辖有38县。建武十五年，刘秀封诸皇子为公，刘阳为东海公，建武十七年进爵为王。建武十九年(43)，太子刘强被废，刘阳为皇太子，改名刘庄，刘庄即后来的汉明帝，而刘强废为东海王。建武二十八年(52)，因刘强"废不以过，去就有礼"，刘秀优以大封，使之兼食鲁国，合计29县，并以鲁之曲阜遗留西汉鲁恭王的王宫建筑，令都于此。显然，西汉时东海郡辖38县及鲁国所辖6县，已有不少被裁并或划归它所。明帝永平元年(58)，废太子刘强死，上疏：其子刘政"小人也，猥当袭臣后，必非所以全利之也。诚愿还东海郡"，东海郡可能就此析出。此见《后汉书·光武十王列传》。

《续汉书·郡国志》载鲁国辖有6城，"光武改属豫州"，或即刘政封地，但袭前仍号称"东海王"。《后汉书·光武十王列传》载：刘政"淫欲薄行"，"豫州刺史、鲁相奏请诛政，有诏削薛县"，可以为证。建初五年(80)，章帝将琅邪国的赣榆县划归东海郡，至顺帝永和五年(140)时，东海郡辖13城。这说明东海国自刘政时，又有东海郡的存在。和帝永元十四年(102)刘政死，其子肃嗣，两年后其弟21人封为列侯，东海国一直延续到东汉末年。

琅邪国，西汉时为琅邪郡，辖51县，而城阳国辖4县。东汉建武十三年，为琅邪国，省城阳国属之。建武十五年，刘秀封诸皇子为公，十七年进爵为王，其子刘京为琅邪王。但因东汉初郡县省并及调整故，刘京不可能辖有全部。《后汉书·明八王列传》载：明帝永平二年(59)，以太山之盖、南武阳、华，东莱之昌阳、庐乡、东牟6县益琅邪国。章帝建初五年(80)，刘京上书徙宫开阳，以华、盖、南武阳、厚丘、赣榆5县，易东海之开阳、临沂2县，章帝许之。次年刘京死，"葬东海即丘广平亭，有诏割亭属开阳"。东海的即丘县广平亭，也属琅邪国来管辖。及顺帝时琅邪国领13城，情况基本未变。刘京死后，子刘宇嗣，章帝封宇弟十三人为列侯，后又封京孙二人为列侯，传国于后。

此外，是沛、楚和彭城国的变化。沛在西汉末年为郡，辖37县，属于豫州；楚为楚国，辖有7县，属于徐州。建武十五年(39)，刘秀封其子刘辅为右冯翊公(在长安附近)，刘英为楚公。建武十七年，刘辅徙为中山王，刘英进爵为楚王。建武二十年，刘辅徙为沛王，食沛郡相、萧、沛、丰等县。建武中元二年(57)，刘秀封刘辅子宝为沛侯；

永平元年，封宝弟嘉为僮侯。明帝永平元年(58)，以梁国之杼秋县划归沛国。此见《后汉书·光武十王列传》。而据《续汉书·郡国志》看，顺帝时沛国共21城，除杼秋外，均属原沛郡之属县。章帝元和元年(84)刘辅薨，其子定嗣。次年封刘定之弟十二人为乡侯。和帝永元七年(95)刘定薨，其子正嗣，元兴元年(105)封正弟二人为县侯。后沛国一直延续到东汉末年。楚王刘英，为许美人所生，以其“无宠，故英国最贫小”，故最多只食原楚郡彭城武原、傅阳、吕、留、梧、淄丘及沛国的广戚八城。建武三十年(54)，刘秀将临淮郡的取虑、须昌增益楚国，但其辖县仍然偏少。永平十三年(70)，刘英“招聚奸猾，造作图谶”，大逆不道，被徙丹阳泾县(今安徽泾县)，赐汤沐邑五百户，次年自杀，楚王国废除。建初二年(77)章帝封英子种为楚侯，五弟皆为列侯。章和元年(87)，楚侯刘种徙封六侯(今安徽六安)，传国于后，楚国复为楚郡[①]。章和二年(88)和帝即位，依章帝遗诏，改楚郡为彭城国，徙明帝子六安王刘恭为彭城王，传国于后。但据《续汉书·郡国志》，顺帝时的彭城国，仅辖刘英初封时8城，取虑、须昌都不在内。这说明楚郡改为彭城国时又有一些变动。

从上述情形可以看出，东汉前期的徐州地域，其行政区划比之西汉已发生了重大变革。一是和全国各地一样，州刺史成为高于郡、国的政权机构，成为州、郡(国)、县三级行政建制，并且有了固定治所。二是西汉时的诸多县级行政单位，多被省并和裁撤，有的诸侯国如泗水、城阳国也被省并。三是在郡国的地域之内，除管辖一县乃至数县的侯国，诸多的乡侯、亭侯外，还有特封的“县公主”。西汉时期皇女封县公主，仪服同列侯，诸王女皆封乡、亭公主，仪服同乡、亭侯。东汉章帝始，则封诸王之女为“县公主”[②]，爵等列侯。此外，若将徐州与扬州地域相比，徐州地域几乎全部成为诸侯王的封国，与扬州尤其是苏南地区郡县制的政治体系完全不同，郡国并行制在这里没有得到充分体现。加上郡国县域屡屡变更，使其行政区划显示出更多的复杂性，为我们的研究带来了相当的困难。但大体上说，徐州地域的各个封国，除东海、琅邪、下邳等包含了今山东、安徽的部分属县，以及属于豫州的沛国包含了今苏北的少许属县外，其他均在今苏北地区，从而为探讨该地区政治、经济的发展状况，勾画出了一个大体轮廓。

二 苏北地区的政治

西汉末年，王莽篡汉，阶级矛盾日渐尖锐，农民起义不断爆发，徐州地域同全国各地一样，出现了动荡不安的政治局面：“青、徐大饥，寇贼蜂起”[③]，与绿林军、赤眉、铜

---

① 《后汉书·光武十三王传》，上海古籍出版社1986年版。

② 《后汉书·皇后纪》，上海古籍出版社1986年版。

③ 《后汉书·刘盆子传》，上海古籍出版社1986年版。

马、青犊、大彤等数十支农民军遥相响应，聚合成全国性的大规模起义。虽然轰轰烈烈的农民大起义在数年后被镇压下去，但接踵而来的豪强势力迅速崛起，全国仍处于混乱分裂的割据状态。《后汉书·光武帝纪》云："是时长安政乱，四方背叛。梁王刘永擅命睢阳，公孙述称王巴蜀，李宪自立为淮南王，秦丰自号楚黎王，张步起琅邪，董宪起东海，延岑起汉中，田戎起夷陵，并置将帅，侵略郡县。……众合数百万人，所在寇掠。"而与徐州直接相关的，就有刘永、张步、董宪等割据势力。他们盘踞在徐淮地区为中心的北至山东南部西至河南、安徽的部分地区，时为独立的割据政权，时又互相勾结联合，既造成了该地区的动荡不安，更对建都于洛阳的东汉政权构成了极大威胁。因此，光武帝刘秀从建武二年(25)开始，对此多次举兵征伐。经过数年的统一战争，至建武八年(32)终于平定了这一地区，使之归于朝廷控制的政权之下。

在这段时间内，刘秀派出的征伐大将和州郡官吏，对消除割据势力影响、稳定当地社会秩序，起了不可忽视的作用。如虎牙大将军盖延，于建武二年春伐刘永，一路势如破竹，先后攻拔梁王刘永的都城睢阳(今河南商丘)，斩其鲁郡、沛郡太守等，使彭城、沛郡等望风归附，及至年末"遂定沛、楚、临淮"三郡[1]。逮至后来盖延调离，刘永乘机纠集部伍，并遣使立张步为齐王、董宪为海西王，势力骤然嚣张起来，盖延又与吴汉、陈俊、马武、王霸等投入战斗，至建武八年，终于消灭了刘永、张步、董宪等割据势力。又如强弩大将军陈俊，在平定张步割据势力的过程中屡立战功，后为琅邪太守，领将军如故。由于关东素闻其名，及入郡界"盗贼皆解散"，接着将兵击董宪于赣榆，进破朐贼孙阳，又追斩张步于琅邪。刘秀美其功，诏俊得专征青、徐二州，"俊抚贫弱，表有义，检制军吏，不得与郡县相干，百姓歌之"[2]，得到百姓的拥护。此外，临淮郡为江淮核心，其社会秩序的稳定，是苏北地区得以安定的重要保证，对此侯霸作出了重大贡献。《后汉书·侯霸传》载：侯霸字君房，河南密县人，汉成帝时为太子舍人，及王莽时，为执法刺奸，继为淮平大尹(王莽改临淮曰淮平，太守曰大尹)，"政理有能名"。及王莽之败，"霸保固自守，卒全一郡"。更始元年(23)，刘玄遣使征霸，"百姓老弱相携号哭，遮使者车，或当道而卧。皆曰：'愿乞侯君复留期年。'民至乃戒乳妇勿得举子，侯君当去，必不能全。"使者看到其得民心，虑侯霸就征临淮必乱，具以此状汇报更始。适逢更始政权失败，道路不通，遂使临淮一郡保全。及建武四年(28)刘秀征侯霸为尚书令，临淮郡正式归于东汉朝廷。及至建武十三年侯霸去世，"临淮吏人共为立祠，四时祭焉"。而与之同时，广陵郡受到侯霸影响，此时仍用新莽年号，没有卷进战

① 《后汉书·盖延传》，上海古籍出版社1986年版。

② 《后汉书·陈俊传》，上海古籍出版社1986年版。

争的漩流。可见对临淮、广陵郡的安定，侯霸起了决定性的作用。

及至天下统一以后，朝廷不断强调廉政，徐州地域的地方官吏也多能尽职尽责，在稳定社会秩序、发展社会经济等方面作出了重要贡献。如《后汉书·朱晖传》载：明帝时朱晖为临淮太守，“有所拔用，皆厉行士。其诸报怨，以义犯率，皆为求其理，多得生济。其不义之囚，即时僵仆。吏人畏爱，为之歌曰：‘强直自遂，南阳朱季。吏畏其威，人怀其惠。’”及至去职，“屏居野泽，布衣蔬食，不与邑里通，乡党讥其介”。又如章帝时马棱为广陵太守，“时谷贵民饥，奏罢盐官，以利百姓，赈贫羸，薄赋税，兴复陂湖，溉田二万余顷，吏民刻石颂之。”注引《东观记》曰：“棱在广陵，蝗虫入江海，化为鱼虾，兴复陂湖，增岁租十余万斛[1]。”又如《后汉书·张禹传》载：章帝时张禹为下邳相，“徐县(今江苏泗洪南)北界有蒲阳陂，傍多良田，而堙废莫修。禹为开水门，通引灌溉，遂成孰田数百顷。勤率吏民，假与种粮，亲自勉劳，遂大收谷实。邻郡贫者归之者千余户，室庐相属，其下成市。后岁至垦千余顷，民用温给”。再如《后汉书·循吏列传》载：西汉后期，河、汴决坏，泛滥青、徐、兖、豫四州，明帝以王景主修汴渠，大大减少了下游徐淮地区的水患。及章帝时王景迁徐州刺史，也有较大建树。这些州郡官吏，在东汉前期，都曾对社会秩序的安定和经济的恢复、发展，做出过重大贡献。从而使徐州地域出现了较为清明的政治局面。

但是，天下统一以后，随着刘秀相继分封诸侯王于此，使徐州地域成为刘氏诸侯王的天下，也造成了动荡不安的政治局面，产生了与“光武中兴”、“明章之治”极不协调的消极影响。尤其是明章二帝在位的数十年间，统治阶级内部的矛盾不断加深，皇族内部争权夺利的斗争愈演愈烈，终于导致了广陵王刘荆、楚王刘英和济南王刘康、淮阳王刘延的蓄谋叛乱。而在这些事件当中，前两起都发生在徐州地域，而且从规模、后果和影响来看，也是最大的两次叛乱。从而使徐州地域成为东汉朝廷与诸侯王矛盾斗争的焦点，造成了该地区动荡不安的政治局面。

东汉前期的诸王之乱，表面上看，是由皇族内部的王位继承和分封不均等诸多因素导致的，但实质上与当时的封建体制密切相关。更始元年(23)刘秀适新野，实现了“娶妻当得阴丽华”的夙愿，娶了南阳大族阴氏女。次年，刘秀击王郎于河北，复纳郭氏圣通。建武元年(25)刘秀即位，遂以阴、郭皆为贵人，同年郭氏生太子刘强。建武二年，光武以阴氏“雅性宽仁”，欲崇以尊位，而阴氏以郭氏有子，终不肯当，遂立郭氏为皇后，以刘强为皇太子。后来，郭氏复生沛献王辅、济南王康、阜陵王延、中山王焉；阴氏生明帝刘阳、东平王苍、广陵王荆、临淮公衡、琅邪王京；许美人则生楚王刘英。

① 《后汉书·马援附族孙棱传》，上海古籍出版社1986年版。

及建武十五年，刘秀将 11 皇子皆封为公，十七年，除临淮公衡已死外，其他诸子皆进爵为王。而就在这一年，刘秀因郭后“以宠稍衰，数怀怨怼”，将她废除，而立贵人阴氏为后，及建武十九年，复将皇太子刘强废掉，而立阴后生刘阳为皇太子，改名刘庄，即后来的显宗明帝。由于“子以母贵”的重要关系，刘秀的废立，便在诸子中引起了一系列的矛盾。他们“争礼四方宾客”，各自发展自己的力量，以与朝廷抗衡。及至建武二十八年(52)，光武帝前废后郭氏薨，有人上书其次子刘辅客报仇杀人，又有人上书王莽后裔王肃等“受诛之家”常“出入北宫王侯邸第”，“客因事生乱，虑致贯高、任章之变”，刘秀乘机诏下郡县，依次收捕诸王宾客，沛王刘辅系诏狱，三日乃得出，王侯宾客“坐死者数千人”①。同年，刘秀又诏遣郭后所生东海王强、沛王辅、济南王康、淮阳王延及许美人所生楚王刘英皆就国。从而对诸王进行了一次沉重的打击。此一事件，虽然反映出诸王违背“阿附蕃王法”纷纷招集宾客与朝廷抗衡的客观事实，但却尚未发展到造逆谋反的程度，故尚不能称为反乱，然而通过这一事件，却也充分地暴露出皇室内部潜在的危机，诸王反乱的序幕也便由此而拉开了。

建武中元二年(57)，光武帝刘秀驾崩，皇室内部的矛盾一下子尖锐起来。就在诸王会葬京师时，东海王等与皇太子刘庄“杂止同席，宪章无序”，被太尉赵憙“横剑殿阶”赶下朝堂。而与此同时，刘秀第八子山阳王刘荆“哭不哀”，并令苍头诈称东海王刘强之舅大鸿胪郭况书与强，策动“归并二国之众”，共同起兵反乱，以借“鹬蚌相争”之机，夺取东汉朝中大权。但因废太子刘强胆小怕事，不愿反乱，“即执其使，封书上之”，刘荆的阴谋遂被揭穿，刘荆被“出止河南宫”。永平元年(58)，东海王刘强忧郁而死，而刘荆不得志，遂借西羌反乱之机，“私迎能为星者谋议”，以图再行反乱，明帝闻之，以亲亲故，“乃徙封荆广陵王，遣之国”。但是刘荆至广陵后，仍然反心不改，竟以其长相“貌类先帝”，呼相工曰：“先帝三十得天下，我今亦三十，可起兵未?”相者诣吏告之官府，刘荆惶恐，被迫自系狱。而明帝刘庄“复加恩，不考极其事，下诏不得臣属吏人，唯食租如故，使相、中尉谨宿卫之”。然而刘荆依然不改，复“使巫祭祀祝诅”，再四谋反。及永平十年(67)有司举奏，明帝诏令诛之，刘荆被迫自杀，谥曰“思王”②。至此，刘荆谋反数四，历经十余年，终告结束。

永平十三年(70)，光武帝第三子楚王刘英造逆谋反。刘英为许美人所生，以“母氏无宠，故英国最贫小”。建武三十年，刘秀虽增封临淮郡之取虑、须昌二县，但其封地依然较小。然因明帝为太子时，刘英常独归附太子，太子特亲爱之，及即位后，数加赏赐，并特封刘英舅子许昌为龙舒侯。刘英少时“好游侠，交通宾客，晚节更喜黄老，

---

①② 《后汉书·光武十王列传》，上海古籍出版社 1986 年版。

学为浮屠斋戒祭祀”。永平八年，明帝令天下死罪皆入缣赎，刘英遣郎中令奉黄缣白纨三十匹诣国相曰：“托在藩辅，过恶累积，欢喜大恩，奉送缣帛，以赎愆罪。”国相以闻，明帝诏报不以为罪。云：“楚王诵黄老之微言，尚浮屠之仁祠，洁斋三月，与神为誓，何嫌何疑，当有悔咎？其还赎，以助伊蒲塞桑门之盛馔。”可见，当时佛教传入，明帝并非因其崇尚佛教而治其罪。但是其后，由于道士刘春、黄初及诸孽巫荧惑，逐步走向反乱之路。他大肆交通四方宾客，“作金龟玉鹤，刻文字以为符瑞”。及至永平十三年，男子燕广告英与渔阳王平、颜忠等“造作图书，有逆谋”，事下案验。有司奏英“招聚奸猾，造作图谶，擅相官秩，置诸侯王公将军二千石，大逆不道”，请求诛之。明帝刘庄乃废其国，徙刘英于丹阳泾县（今安徽宣城）。次年，英至丹阳，自杀国除。而“楚狱遂至累年，其辞语相连，自京师亲戚诸侯州郡豪杰及考案吏，阿附相陷，坐死徙者以千数”。及章帝建初二年（77），封刘英子种为楚侯，五弟皆为列侯，“并不得置相臣吏人”，楚王已经降为列侯①。

在楚王刘英反乱前后，刘秀之子济南王刘康、淮阳王刘延也造逆谋反。但从时人告发刘康“招来州郡渔阳颜忠、刘子产等，又多遗其缯帛，案图书，谋议不轨”等情形来看，都牵涉到“渔阳颜忠”，说明刘康与楚王刘英也有阴谋相通之处。但在刘康谋反削地后，“遂多殖货财，大修宫室，奴婢至千四百人，厩马千二百匹，私田八百顷，奢侈恣欲，游观无节”，至和帝时，仍“尊贵骄甚”、“触犯防禁”而“终不能改”，以此表示与朝廷抗衡；淮阳王延也因“性骄奢而遇下严烈”，早在建武末即因“宾客放纵，干乱法禁”而被搜捕。及永平十六年（73），有人告发他“招奸猾，作图谶，祠祭祝诅”，而被削地。至章帝时，复与其子刘鲂造逆，被再次削地治罪②。这些事件相互影响，使东汉前期呈现出纷扰不安的政治局面。

东汉前期的诸王之乱，虽然不像西汉前期的吴楚之乱那样严重，均在其萌芽状态即被朝廷镇压下去，但是这一事件所引发的原因，却是耐人寻味的。就当时的情形而论，刘氏政权失而复得，所接受的历史教训不可谓不深，对诸王的限制不可谓不严，而对他们的封邑也不可谓不丰，然而何以接连不断地造逆谋反呢？这主要有以下原因：一是刘秀废立皇后、太子之偏私所致，即在皇位继承关系上引起的矛盾。二是“不早为明设刑禁”③，即分封诸王后没有采取及时的防范措施。三是分封不均、礼遇不平，即所封诸王没有平等地对待；四是郭氏被废后，外戚阴氏怙权恃势，造成了诸王的反逆心理。而从产生的后果来看，虽然其声势远非“吴楚之乱”浩大，朝廷也未用吹灰之

①② 《后汉书·光武十王列传》，上海古籍出版社 1986 年版。

③ 《续汉书·五行六》。

力，即一一加以迅速平定，但所产生的影响却是巨大而深远的。首先，在此事件中，刘氏宗室受到了严酷的打击和摧残，使东汉中后期失去了维护政权稳定的一道屏障。其次，在对诸王的打击中，造成了不少冤假错案。如《后汉书·独行传》载：及楚事觉，明帝得其录，因有会稽太守尹兴之名，即征兴及官属五百余人诣洛阳狱，结果"诸吏不堪痛楚，死者大半"。又如《后汉书·袁安传》载：楚事发生，拜袁安为楚郡太守理之，"是时辞所连及系者数千人，显宗怒甚，吏案之急，迫痛自诬，死者甚众"。而这又只是全国的一个缩影而已。再者，当时的知识分子也遭到了一次空前的劫难。以至"百官无相亲之心，吏人无雍雍之志"，"口虽不言，而仰屋窃叹，莫不知其多怨"[①]；"诸生故人惧相连及，皆改变名姓，以逃其祸"[②]，从而再度鼓荡起久已沉寂的隐逸风尚，对学术文化造成了一次严酷的摧残[③]。

三　苏北地区的经济

东汉前期，鉴于两汉之际动荡不安的政治局势，徐州地域的社会经济也受到了一定影响。但从总的情况来看，除徐淮地区为赤眉农民起义的边缘地区，后又受到刘永、张步、董宪等割据势力的破坏外，江淮之间的广大地区没有受到多大影响。一是汉末轰轰烈烈的赤眉农民大起义，没有进入这一地区。二是淮平大尹侯霸固守于此，"卒全一郡"，并影响到广陵郡界，使江淮间出现了难得的安定局面。及建武六年(30)关东一统，光武帝刘秀及时颁布"其令郡国收见田租三十税一，如旧制"的政策，次年，又"诏吏人遭乱及为青、徐贼所略为奴婢下妻，欲去留者，恣听之。敢拘制不还，以卖人法从事"的奴婢政策，遂使徐州地区出现了安定的政治局面。明章时期，虽然该地区出现了两次"诸王之乱"，但主要发生在统治阶级内部，对社会下层影响不大，加上统治者重视发展农业生产，对社会实行救助政策，社会秩序较为安定。因此在东汉时期，苏北地区的社会经济得到了较快的恢复，并保持着不断发展的良好势头。

从农业方面来看，东汉前期的牛耕技术进一步推广，耕作技术也有了很大改进。如睢宁双沟镇东汉画像石墓中画像石上的《农耕图》，即反映出当时犁耕方法改进的情况。这幅《农耕图》，虽然仍是二牛抬杠式的犁耕方法，但只有一人在后扶犁，没有人在前面牵牛，说明二牛合犋的犁耕方式已成习惯。特别是从犁的结构来看，已经有了犁壁和可能用以调节耕地深浅的部件——犁箭[④]。有了犁壁，可以使翻过来的泥土

---

① 《后汉书·第五钟离宋寒列传》，上海古籍出版社 1986 年版。

② 《后汉书·郑弘传》，上海古籍出版社 1986 年版。

③ 曹金华：《论东汉前期的诸王之乱》，《史学月刊》1996 年第 5 期。

④ 《论徐州汉画像石》，《文物》1980 年第 2 期。

倒向犁壁的方向，而有了犁箭，则能根据需要控制所耕土地的深浅。这是犁耕技术的一大进步。

水利历来是农业的命脉，东汉前期的徐州地域，也有了较为显著的发展。汉明帝时，因“汴渠决败，六十余岁”，“汴流东侵，日月益甚”①，徐兖地区多被水患，遂令将作谒者王吴与王景等用“堰流法”治理黄河，从河南荥阳（今河南荥阳东北）至千乘海口（今山东高苑北）筑堤千里，又自荥阳修复汴渠达于泗水，使“河、汴分流，复其旧迹”，从而大大减轻了黄河对徐淮地区的水患之灾，并保证了该地区的漕运和大量农田得以灌溉。汉章帝时，张禹为下邳相，“徐县（今江苏泗洪南）北界有蒲阳陂，傍多良田，而堙废莫修。禹为开水门，通引灌溉，遂成孰田数百顷。……后岁至垦千余顷”，注引《东观记》曰：“陂水广二十里，径且百里，在道西，其东有田可万顷。”张禹“垦田千余顷，得谷百万余斛”②。可见随着水利的兴修，不少土地也被开垦出来。又如章帝时马棱为广陵太守，“兴复陂湖，溉田二万余顷，吏民刻石颂之”，注引《东观记》曰：“棱在广陵……兴复陂湖，增岁租十余万斛③。”这在当时来说，都是了不起的重要成就。而在东汉墓中常发现有随葬的陂池与稻田合组、以渠道把两者沟通起来的长方形陶模型，表明墓主人生前拥有稻田和灌溉稻田的陂池设施。

手工业也比西汉时进步。这主要表现在纺织业、盐铁业、铜器铸造业、漆器业、陶瓷业等各个方面。

西汉时期，徐州地域的纺织业就较发达，东汉前期又有发展。如在今江苏铜山县洪楼、青山泉、沛县留城和泗洪县曹庄东汉画像石上，都有刻画的纺织图，反映出当时纺织业的部分情景。图上的织机图像，都是经面与水平机器呈五六十度倾角的斜织机。在铜山县洪楼的纺织图上，左侧是一人操作织机，机后有两人调丝和摇纬④。在泗洪县曹庄的纺织图上织工面前有一突起的横木，可能即幅撑装置或卷布帛轴；图上的空心梭子与满管杼子并存，反映杼子纳入飞梭专门行使引纬织布的作用，另外再用竹筘打纬⑤。这些都反映出纺织技术上的不断改进。纺织品的品种和数量，也相当多。如在连云港、仪征等地的一些墓葬中发现的随葬衣物券，载明当时随葬衣物的质料有绮、绢、绫、锦、缣等丝织品，花色有白、皂、黄、绿、青、红等色。楚王刘英向东汉皇

① 《后汉书·明帝纪》，上海古籍出版社1986年版。

② 《后汉书·张禹传》，上海古籍出版社1986年版。

③ 《后汉书·马援附族孙棱传》，上海古籍出版社1986年版。

④ 《江苏铜山东汉墓清理简报》，《考古》1957年第4期；《江苏徐州汉画像石》，科学出版社1959年版。

⑤ 《泗洪县曹庄发现一批汉画像石》，《文物》1975年第3期。

室“奉黄缣白纨三十匹”,东海王刘肃一次即向东汉皇室“上缣万匹”[①]。

盐铁业有较大发展。《续汉书·郡国志》记载,东汉时的东海郡朐县、彭城国彭城、下邳国下邳、广陵郡堂邑和琅邪国莒县都“有铁”。而广陵郡的盐渎、东海的朐县等地仍生产盐。西汉中后期,国家实行盐铁官营,王莽时也实行“五均六筦”政策,盐铁属于国家经营。但是随着王莽的覆亡,这一制度逐渐破坏,东汉初年主要是私营。章帝建初六年(81),“肃宗议复盐铁官”[②],元和元年(84)以“于国诚便,帝然之,有诏施行”[③]。然经营体制与西汉不同。《续汉书·百官志》云:“凡郡县出盐多者置盐官,主盐税。出铁多者置铁官,主鼓铸”,“郡国盐官、铁官本属司农,中兴皆属郡县”。这说明东汉的盐、铁官改属郡县,不再属于中央管辖,且主要负责征收盐税和铁的生产而已。而同时,由于该政策的实施,一开始就遭到不少人反对,加上官吏营私舞弊,仅仅过了四五年时间,就又下令废除了此制。而废除的真正动因,就发生在苏北地区。《后汉书·马援附族孙棱传》载:章和元年(87),马棱为广陵太守,“时谷贵民饥,奏罢盐官,以利百姓”,次年章帝驾崩,遂遗诏罢除盐铁之禁。《后汉书·和帝纪》载章和二年四月诏曰:“昔孝武帝致诛胡越,故权收盐铁之利,以奉师旅之费。……(章帝)安不忘危,探观旧典,复收盐铁,欲以防备不虞,宁安边境。而吏多不良,动失其便,以违上意。先帝恨之,故遗戒郡国罢盐铁之禁,纵民煮铸,入税县官如故事。”而从这里可以看出,正是因为马棱根据广陵郡盐铁官营的实际情况存在着诸多弊端上奏朝廷,才使章帝遗诏罢除了盐铁之禁。此后一直到东汉末年,再未恢复盐铁官营,一直实行“纵民煮铸”的政策。也正因为这样,《续汉书·郡国志》仅仅记载东海郡朐县等地“有铁”,不载有盐、铁官的设置。而事实上,这些重要的盐铁生产基地,都由私人在经营着。如在盐城三羊墩等地,就发现了不少冶铁遗址和铁器,技术也比西汉进步。炒钢工艺,自西汉中期发明以后,也在不断地得到推广。所谓炒钢,即把生铁加热,撒入矿石粉后不断搅拌,降低生铁的含碳量,使之接近熟铁或钢,用来锻制“卅湅(炼)”、“五十湅”或“百湅”的钢剑等。如铜山县东汉墓中出土章帝建初二年(77)蜀郡工官锻制的一把“五十湅”钢剑[④],即由炒钢锻成,钞钢原料可能就出自彭城或沛县。

铜器铸造业也有很大的进步。当时徐州的诸侯国内,大都设有这类工官。如传世的东海宫司空镫盘上,铸有“建武中元二年七月十六日,东海宫司空作铜槃口镫,重

---

① 《后汉书·光武十王列传》,上海古籍出版社1986年版。

② 《后汉书·郑众传》,上海古籍出版社1986年版。

③ 《后汉书·朱晖传》,上海古籍出版社1986年版。

④ 《徐州发现东汉建初二年五十湅钢剑》,《文物》1979年第7期。

五斤，辈廿枚，工范备造，啬夫臣倍主，丞臣寿，长臣福省”的铭文[①]。司空即司工，是东海国掌管铸铜灯盘等铜器的工官。徐州东汉墓葬中出土的铜砚合，通体鎏金，镶嵌着红色珊瑚和蓝色宝石，制作非常精美[②]。扬州邗江甘泉2号广陵王刘荆墓出土的铜带钩，表面上也刻有精细的错金花纹。尤其是该墓中出土的通体饰以精细错银纹饰的铜牛灯，更是一件工艺水平高超的珍品。这盏铜牛灯，高46.2厘米，长36.4厘米，由灯座、灯盘和导烟管道等组成。灯座上是一头体态健壮、桀骜不驯的大黄牛，张着大嘴，双目圆睁，两耳竖立，牛尾呈“S”型。牛的上面背负灯盏，油灯燃烧后产生的烟灰通过导烟管进入牛腹，腹中储水，烟灰溶于水中，以保持室内空气的清洁。牛灯的灯座、灯盘和导烟管道都能拆卸，便于清除烟灰和擦洗。此外，在铜牛灯的旁边，还有一件双环鼎式铜灯，其原理与此基本一致，只是导烟管道竖放在灯的两侧。显然，这种制作技艺，在2000年前的汉代是很先进的。其不仅是纹饰华丽、制作精良的艺术瑰宝，更是具有科学意义的环保产品[③]。

东汉云纹铜牛灯

漆器制造业是传统的手工业生产部门，东汉时期继续发展，出土的漆器遍于苏北各地。如徐州土山东汉彭城王墓、扬州甘泉山东汉广陵王墓等，都出土有不少华贵漆器。盐城三羊墩汉墓出土漆器35件[④]，大多是精致的夹纻胎漆器。连云港海州网疃庄东汉初期墓出土的圆形、马蹄形、长方形、椭圆形、正方形的漆盒和漆奁，也是夹芝胎[⑤]。夹芝胎在漆器口部或易损的部位敷麻或绢底，使漆器结实耐用，器壁较薄，比木胎轻巧美观，宜于保存，反映了漆器胎骨制作技术的进步。装饰工艺也不断改进，主

① 罗振玉：《贞松堂集古遗文》，卷13。

② 《徐州、灵宝东汉墓出土文物》，《光明日报》1973年4月7日。

③ 南京博物院：《江苏邗江甘泉二号汉墓》，《文物》1981年第11期。

④ 《江苏盐城三羊墩汉墓清理报告》，《考古》1964年第8期。

⑤ 《江苏连云港海州网疃庄汉木椁墓》，《考古》1963年第6期。

要表现在漆器金扣、银扣的增多和平脱工艺的出现。由于漆器改用薄木胎和夹芝胎制作,器壁较薄,为了增加器物的美观和牢固程度,便往往在这些漆器的口沿、底部边缘、耳杯的耳缘等部位,加上金、银等金属箍,使之成为名贵的扣器。西汉时期扣器较少,东汉时则较为多见。如盐城三羊墩东汉初期的两座墓中,出土数十件漆奁,其中就有两件带有鎏金铜扣的漆盘。连云港海州网疃庄东汉墓中的漆器口沿和转角处,均用银质薄木包裹,器壁上嵌有5圈或7圈银箍,使本身就很华丽的漆器闪闪发光,更加绚丽多彩。平脱工艺,是将金银的薄叶镂切成图像花片,以胶漆粘于器物表面,再经多次髹漆和反复打磨后,露出金银饰片。如连云港海州网疃庄东汉墓中出土的漆器盒和漆奁,外表作银平脱四叶纹,器表髹黑色的"地"上,除嵌以银平脱外,还绘以纤细的朱色流云纹,银箔作各种图案。泗阳是西汉武帝至东汉光武帝时的泗水国故地,后并入广陵国,在泗阳贾家墩的一座西汉末至东汉初的墓葬中,也出土了精美有平脱金箔图案的漆奁和面罩等漆器[①]。其中一件内髹朱漆、外髹黑漆的漆奁,顶上镶嵌玛瑙珠、平脱柿蒂纹银箔和四只金箔虎兽,朱绘流云纹、几何纹,平脱菱形、三角形和奔鹿金箔,奁身朱绘几何纹、云气纹及鸟、龙、羽人,平脱菱形、三角形金箔,等距平脱金箔奔鹿四只。色彩绚丽,线条匀称,人物、动物形象生动,反映了当时画工漆绘的高度工艺水平。

在陶瓷制造业方面,也有显著的发展。如泗洪城围子故城、盐城三羊墩等地,都曾发现陶窑遗址或大批陶器,而从出土的情况来看,无论是陶器造型、施釉和彩绘等技术,都比以前进步。如盐城三羊墩东汉墓中出土陶器15件,有的为绿色浓釉或黄釉[②]。其中3件硬釉陶罐,两件为硬质陶,胎表红色,肩腹上施黄绿色釉。另一釉陶,肩腹上施淡黄色釉。这些硬质釉陶,烧成温度较高,与魏晋时期的青瓷有一定的渊源关系,但从各方面来看,又与青瓷存在着很大的差

东汉青瓷四系罐

---

① 《泗阳贾家墩一号墓清理理报告》,《东南文化》1988年第1期。

② 《江苏盐城三羊墩汉墓清理报告》,《考古》1964年第8期。

距，是原始青瓷向成熟青瓷过渡的制品。邗江、新沂等地东汉墓中出土的瓷盂、碗、罐、瓷虎子等，在胎质、釉色和制作技术等方面，也都与六朝的青瓷相接近了。

随着农业和手工业的发展，商业和城镇也不断繁荣。东汉时，徐州地域著名的城市是广陵、彭城和下邳。这些城市都是汉代以前的古城，又是诸侯王的王都或郡的治所，既是郡、国的政治中心，又是区域经济和文化中心，自然发展都比较快。广陵城在西汉时已很发达，东汉时又有大的发展，南朝鲍照在《芜城赋》中曾描述汉代广陵城说：“车挂轊，人驾肩。廛閈扑地，歌吹沸天。孳货盐田，铲利铜山。才力雄富，士马精研[①]。”可谓汉代的真实写照。下邳（今睢宁县西北）城原为东海辖县，自临淮郡改为下邳国属地，成为国都，因此得到较快发展。《后汉书·吕布传》注引宋武《北征记》：“下邳城有三重，大城周四里。”这是长期发展的结果。县级城市也有发展。如赣榆县只是一座县城，经过调查，城西北角有高达 3 米、东西长 160 米的台基，城内有冶铁、冶铜、制漆、制陶、制骨器等手工业作坊遗址。下相（今宿迁市）城，在 2005 年考古勘探，发现了秦汉时期的大量陶片等，还有城墙、城壕、角楼、古井等遗迹，城墙顶部宽 10 米左右，残高约 4 米[②]。这些县级以上的城，城内皆有“市”。如彭城长期作为楚都，早在西汉楚王刘戊时即已有“市”[③]。下邳城在东汉初，有人“持匹缣到市卖之”，陈留太守吴文章曾与失散多年的兄长“相会下邳市中”[④]。当时，县级以上的城市都有“市令”或“市长”管理。王符在《潜夫论·浮侈篇》中说：“今举俗舍本农，趋商贾，牛马车舆，填塞道路……天下百郡千县，市邑万数，类皆如此。”可见东汉时城市、商业都得到了较大发展。

经过东汉前期的发展，人口有了较大幅度的增长。《续汉书·郡国志》注引伏无忌说，光武中元二年（57），历经两汉间的战乱，全国人口仅有 2100 多万，及至和帝元兴元年（105），达到 5325 万余口，垦田 732 万多顷，均达到了东汉时期的顶峰。虽然这个数字尚未达到西汉的水平，但在东汉前期的数十年间，能够达到这个水准，已是了不起的速度。徐州地域较为安定，当也经历了同样的过程。《后汉书·和帝纪》论曰：“自中兴以后，逮于永元，虽颇有弛张，而俱存不扰，是以齐民岁增，辟土世广。偏师出塞，则漠北地空；都护西指，则通译四万。”可谓对这一时期的高度概括。

---

① 《昭明文选》，卷十一，中华书局 1977 年版。

② 《扬子晚报》2006 年 4 月 5 日 B16 版。

③ 《汉书·楚元王传》：令中大夫申公、白生“杵臼雅舂于市”。中华书局 1962 年版。

④ 吴树平：《风俗通义校释》，天津人民出版社 1980 年版，第 422、426 页。

第三节　东汉前期苏南地区的封国与诸郡

东汉前期地方行政区划有所调整，在今苏南地区，大致有会稽、吴、丹阳等三郡，和郡之下所设置的部分侯国，如丹阳郡的侯国湖熟，会稽郡的侯国东部、无锡等。东汉时的王侯，不管治民，只有食邑租税而已，仍属郡县管辖。彼时政治较为清明，朝廷派遣得力官员，对江南地区加强统治，这些地方官吏，精心求治，或注重整顿社会秩序，或注重发展经济文化，抑或注重移风易俗，对这一地区政治稳定、经济发展及文化教育等，都起到了很大的作用。

一　东汉前期扬州行政区划的调整

东汉前期，苏南地区上承西汉，仍属当时的扬州管辖。根据《汉书·地理志》记载，西汉平帝元始二年(2)，扬州辖有会稽、丹阳、豫章、庐江、九江郡和六安国，计5郡1国93县，辖境相当于今安徽淮水、江苏长江以南及江西、浙江、福建三省，以及湖北、河南的部分地区。建武十八年(42)，光武帝刘秀复置刺史，成为比郡高一级的行政长官。东汉末年，刺史改称州牧，并逐渐取得地方行政权和领兵权，发展成为分裂王朝的地方割据势力。扬州治所先在历阳(今安徽和县)，东汉末年移治寿春(今安徽寿县)、合肥(今安徽合肥市西北)。而据《续汉书·郡国志》载，顺帝永和五年(140)，扬州辖有会稽、吴、丹阳、豫章、庐江、九江郡，计“郡六，县、邑、侯国九十二”，所辖范围与西汉时大体相当。但就东汉前期而言，扬州的行政区划也有变化。

一是废六安国，属庐江郡。六安国，在西汉时是为封国，东汉初年已改为郡。《后汉书·马成传》载：“建武四年，拜扬武将军，与诛虏将军刘隆、振威将军宋登、射声校尉王赏，发会稽、丹阳、九江、六安四郡兵击李宪。”《后汉书·宗室四王三侯列传》载：刘秀族兄刘顺，建武“八年，使击破六安贼，因拜为六安太守”。这说明建武初年，六安国已经改国为郡。而至建武十三年(37)刘秀省并“西京十三国”，遂以其县属庐江郡。及元和二年(85)，章帝徙其兄弟江陵王刘恭为六安王，“以庐江郡为国”①，“六安国”竟包括了原庐江郡的管辖范围。但至章和二年(88)，章帝遗诏徙刘恭为彭城王，六安复为庐江郡。自此以后，未再变动。

二是于九江郡置阜陵国。《后汉书·光武十王列传》载：“阜陵质王延，建武十五

① 《后汉书·孝明八王列传》，上海古籍出版社1986年版。

年封淮阳公，十七年进爵为王。”明帝末年，有人上书告延，说他与姬兄谢弇及姊馆陶主婿驸马都尉韩光“招奸猾，作图谶，祠祭祝诅”，遂在永平十六年(73)“徙为阜陵王，食二县”。及章帝即位，“复有告延与子男鲂造逆谋者”，章帝诏令“贬爵为阜陵侯，食一县”，“使谒者一人监护延国，不得与吏人通”。及章和元年(87)帝行幸九江，诏“复侯为阜陵王，增封四县，并前为五县”，且“以阜陵下湿，徙都寿春，加赐钱千万，布万匹，安车一乘”。和帝时刘延死，传国于后。

三是在郡之下仍置部分侯国。如建武八年(32)，河西大将军窦融率金城、酒泉等五郡太守伐陇右隗嚣，刘秀诏以六安郡之安丰、阳泉、蓼、安风四县封之，为安丰侯。及建武十三年(37)六安改属庐江郡，窦融所封也属庐江郡管辖。明帝永平二年(59)，窦融长子穆等“交通轻薄，属托郡县，干乱政事。以封在安丰，欲令姻戚悉据故六安国，遂矫称阴太后诏，令六安侯刘盱去妇，因以女妻之。五年，盱妇家上书言状，帝大怒，乃尽免穆等官”。至永平十四年(71)，明帝封窦穆子嘉为安丰侯，“食邑二千户，奉融后”①。由此可见，“故六安国”(西汉时辖五县)除安丰等四县封给窦融外，余下一县曾封给刘盱，刘盱只是食邑一县的县级侯国。后来，此县又封给楚王刘英的儿子刘种，传国于后②。而窦融所封四县，至窦嘉时仅“食邑二千户”，虽仍称“安丰侯”，其封置也最多一县。这些县在《续汉书·郡国志》“庐江郡”条下皆注明“侯国”。而除此之外，庐江郡的“侯国”还有雩娄、临湖、龙舒、居巢，九江郡的“侯国”有合肥、历阳、钟离，丹阳郡的“侯国”仅有湖熟，会稽郡的“侯国”有东部、无锡，豫章郡的“侯国”有海昏、平都，其余均为各郡辖县。这些侯国，大都在东汉前期所封，如明帝时封楚王刘英舅子许昌为龙舒侯③、宗室刘般为居巢侯等④。有的虽为前期所封，但后来则废之为县。如光武帝时将丹阳郡陵阳封给丁琳，为“陵阳侯”，及建初四年，徙封其子鸿为“鲁阳乡侯”(在庐江郡寻阳县)⑤；章帝时“齐王晃有罪，贬为芜湖侯”⑥，芜湖亦属丹阳郡。但因顺帝永和五年前已废，故《郡国志》不载其为“侯国”。可见这些侯国是有变化的。东汉时的王侯，不管治民，只有食邑租税而已，仍属郡县管辖。在县的下面，仍承前朝制度置有乡、亭，为平级的行政单位，相当于今天的乡镇，但有的乡、亭，也会封给乡侯、亭侯。如《后汉书·杨旋传》载：杨氏“会稽乌伤人也。高祖父茂，本河东人，从光武征伐，为威寇将军，封乌伤新阳乡侯。建武中就国，传封三世，有罪国除，因而家

---

① 《后汉书·窦融传》，上海古籍出版社1986年版。

②③ 《后汉书·光武十王列传》，上海古籍出版社1986年版。

④ 《后汉书·刘般传》，上海古籍出版社1986年版。

⑤ 《后汉书·丁鸿传》，上海古籍出版社1986年版。

⑥ 《后汉书·章帝纪》，上海古籍出版社1986年版。

焉”。新阳乡,即会稽郡乌伤县下属的一个乡。

郡县的区划,东汉前期也有变动。西汉平帝时会稽郡辖26县,东汉顺帝永建四年(129)分会稽置吴郡,故《续汉书·郡国志》载永和五年(140)的情况是:会稽郡辖14城,吴郡辖13城,计27城。西汉时的钱塘、回浦2县,东汉时废,而有安、东部2县。西汉的冶县,建武时改为“章安”。顺帝永和三年(138),分章安东瓯乡为“永宁”,此其所增1城,为东汉后期增加,东汉前期仍为26城。丹阳郡,西汉时辖17县,东汉辖16城,废“宣城”县,东汉后期复置,其它未变。豫章郡,西汉时辖18县,东汉辖21城,临汝县和帝永元八年(96)立,建昌县永元十六年(104)分海昏县置,石阳县未知何时设置,安平县改为平都县,其它未变。《太平寰宇记》卷一〇七引《豫章记》:东安县“汉永元中置县”,然或顺帝之前已废,《后汉书》不见记载。庐江郡,西汉时辖12县,六安国辖5县,计17县,东汉前期并为庐江郡,顺帝时辖14城,少枞阳、湖陵、松兹3县,当在东汉前期被废。九江郡,西汉时辖15县,东汉辖14城,少橐皋、东城、博乡、建阳4县,增原沛郡下蔡、平阿、义成3县。历阳、当涂、全椒、钟离和东城,建初四年(79)由九江郡益下邳国,约顺帝时归属九江,它无变化。

从苏南的情况来看,与此相关的仅有会稽和丹阳郡。东汉前期,会稽郡辖26城,郡治吴县(治今苏州市)。吴县、毗陵(治今常州)、丹徒、曲阿(治今丹阳)、阳羡(治今宜兴南)、无锡、娄县(治今昆山东北)在今苏南,海盐、乌程、余杭等县今属浙江。丹阳郡辖16城,郡治宛陵(今安徽宣城)。溧阳、秣陵(治今江宁南秣陵关)、湖熟、句容、江乘(治今句容县北)、石城属于苏南,泾、歙、陵阳等今属安徽。另如丹阳(治今安徽当涂东北小丹阳镇)由拳(治今浙江嘉兴南)等县,与皖南北部、浙江北部犬牙交错,未可详识。

二 苏南地区的政治

东汉初年,刘秀在统一全国的过程中,将主要精力放在关东和关中地区,但与之同时,对江淮地区的政治形势也很关注。就当时的扬州来说,这个地区除自称淮南王割据庐江(治今安徽庐江西南)一带的李宪外,几乎所有的郡县官吏,自王莽覆亡后或拥兵自守,或归附于更始政权,这与中原地区割据势力林立的情况有所不同。因此,刘秀在基本消灭了淮河以北诸割据势力后,于建武四年(28)八月进幸寿春(治今安徽寿县),亲自指挥军队讨伐李宪。

李宪,东汉颍川许昌(治今河南许昌县东)人,王莽时为庐江(治今安徽庐江西南)属令,职比郡都尉。王莽末年,天下大乱,绿林、赤眉起义的风暴席卷全国。王州公率领农民在此起义,攻掠郡县,队伍发展到十余万人。王莽以李宪为偏将军、庐江连率

(王莽时称郡守为连率),镇压王州公的起义。王莽垮台后,李宪遂据此拥兵自守。更始元年(23),李宪自称淮南王,成为当地的割据势力。及建武三年(27),“自立为天子,置公卿百官,拥九城,众十余万”①,势力有更大的发展。但是,这个政权建立后,基本与外界处于隔绝状态,仅仅盘踞于淮南一隅,所以在建武四年前,刘秀始终未理会它。及至建武四年(28)秋天,河南、山东基本平定,刘秀遂率军进幸寿春,决定铲除这块毒瘤,消除在南方的隐患。

这年八月,刘秀拜马成为扬武将军,督诛虏将军刘隆、振威将军宋登、射声将军王赏,发会稽、丹阳、九江、六安四郡兵征伐李宪。临行,刘秀于寿春“设坛场,祖礼遣之”②,以示对这次征伐的重视。马成等在会齐诸军后,立即引军进攻舒城(治今安徽庐江西南),把李宪军围了个水泄不通,并采用“深沟高垒”围而不打的战术,准备拖垮李宪的军队。李宪数次派军挑战,马成等只是严兵坚守,坚壁不出。及至建武六年(30)正月,李宪被围困一年半后,舒城内的粮食食尽,马成等方以逸待劳,举大军攻之。结果未费吹灰之力,即攻下了舒城。李宪失守后仓皇逃走,被手下军士帛意斩杀,李宪妻子皆伏诛。

李宪被杀后,其余党淳于临等复聚众数千人,屯于灊山(今安徽霍山县东北),并攻杀安风县的县令。扬州牧欧阳歙遣兵征伐,而不能克,于是刘秀“议欲讨之”③。而正在这时,欧阳歙的部下庐江人陈众,请求说降淳于临等。经过他的一番说服,淳于临果然不战自降。于是江淮之地“尽平”。

李宪割据势力被平定后,随从征南大将军岑彭南征的积弩将军傅俊,受命“将兵徇江东”。由于岑彭等在长江中游作战顺利,傅俊的军事行动也很迅速,不久“扬州悉定”④。但是在此过程中,江左地区也受到了兵燹之苦。根据《后汉书·郅恽传》载:傅俊东徇扬州时,以汝南人郅恽为将兵长史,“授以军政”。由于傅俊的军队,在东汉各支队伍中纪律性最差,到处抢掠,郅恽乃集其兵将,立下誓言:“无掩人不备,穷人于厄,不得断人支体,裸人形骸,放淫妇女。”尽管如此,傅俊的军队“犹发冢陈尸,掠夺百姓”。于是,郅恽再次向傅俊提出建议说:“昔文王不忍露白骨,武王不以天下易一人之命,故能获天地之应,克商如林之旅。将军如何不师法文王,而犯逆天地之禁,多伤人害物,虐及枯尸,取罪神明?今不谢天改政,无以全命。愿将军亲率士卒,收伤葬死,哭所残暴,以明非将军本意也。”由于郅恽劝之以情,晓之以理,傅俊“从之,百姓悦服,所向皆下”,至建武六年终于平定了江东之地。

---

①③ 《后汉书·李宪传》,上海古籍出版社1986年版。

② 《后汉书·马成传》,上海古籍出版社1986年版。

④ 《后汉书·傅俊传》,上海古籍出版社1986年版。

傅俊之所以如此迅速地平定了江东，一方面是因为自更始政权时，已遣官员渗透到了这一地区。如《后汉书·任延传》载：更始元年(23)，“以延为大司马属，拜会稽都尉，时年十九”。这说明早在更始帝刘玄时，即曾遣官经略此地区。及建武初年，任延“上书愿乞骸骨，归拜王庭，诏征为九真太守”，说明此时的会稽郡，已经归附东汉政权。另一方面，自王莽垮台后，不少地方官吏驻足观望，并未卷入割据势力之中。因此，当东汉政权基本统一关东地区，并向江南大举进军时，都自愿归附了东汉政权。再加上傅俊等对不愿降服者武力征讨，所以很快平定了这一地区。

扬州地域被平定后，光武帝刘秀乘机派遣得力官员，对这一地区加强统治。他们在刘秀“务用安静，解王莽之繁密，还汉世之轻法”等安抚政策的指导下[①]，对该地区皆作出了突出贡献。如乐安千乘人欧阳歙，“自欧阳生传《伏生尚书》，至歙八世，皆为博士”，是个名著当时的鸿儒。刘秀即位后以他为河南尹，封为被阳侯。及建武六年(30年)扬州平定，拜扬州牧，“推用贤俊，政称异迹”[②]，对该地区社会秩序的稳定起了重要作用。丹阳太守李忠，是刘秀的功臣元勋，曾任右大将军，封中水侯。建武六年，刘秀以他为丹阳太守。《后汉书·李忠传》载：“是时海内新定，南方海滨江淮，多拥兵据土。忠到郡，招怀降服，其不服者悉诛之，旬月皆平。”由于“丹阳越俗不好学，嫁娶礼仪，衰于中国”，李忠“乃为起学校，习礼容，春秋乡饮，选用明经，郡中向慕之”，使丹阳郡的教育、文化得到发展。同时他注重发展社会经济，使“垦田增多，三岁间流民占著者五万余口”。及建武十四年(38年)，“三公奏课为天下第一，迁豫章太守”。可见，他对社会秩序的安定，经济的恢复和发展，都起到了重要作用。又如第五伦，建武末年为会稽太守，由于会稽俗多淫祀，喜好卜筮，“民常以牛祭神，百姓财产以之困乏，其自食牛肉而不以荐祠者，发病且死先为牛鸣，前后郡将莫敢禁”，第五伦到官，乃“移书属县，晓告百姓。其巫祝有依鬼神诈怖愚民，皆案论之。有妄屠牛者，吏辄行罚”，结果“后遂断绝，百姓以安”[③]。而不仅如此，对于贪赃枉法的官吏，第五伦也严惩不贷。如《后汉书·方术传》载：本郡乌程县县长“有臧衅，伦使收案其罪”。尤其是他“虽为二千石，躬自斩刍养马，妻执炊爨，受俸裁留一月粮，余皆贱贸与民之贫羸者”等做法，更是深受百姓拥戴。所以至永平五年(62)征回京师时，“老小攀车叩马，啼呼相随”，及“阴乘船去，众知，复追之”。后来，第五伦亲手提拔的玄贺，任九江太守，也“以清洁称，所在化行”[④]。另如会稽山阴人郑弘，其为灵文乡啬夫时“爱人如子”，被第五伦

① 《后汉书·循吏列传》，上海古籍出版社1986年版。

② 《后汉书·儒林列传》，上海古籍出版社1986年版。

③④ 《后汉书·第五伦传》，上海古籍出版社1986年版。

“召署督邮，举孝廉”，后以政有仁惠，官至太尉[①]。再如《后汉书·宋均传》载：宋均建武末为九江太守，“郡多虎豹，数为民患，常募设槛弈而犹多伤害”，宋均到官，通令属县：“今为民害，咎在残吏，而劳勤张捕，非忧恤之本也。其务退奸贪，思进忠善，可一去槛阱，除削课制。”结果虎豹之患自消，奸贪残吏丧胆，“由是名称远近”。而与之同时，宋均对当时的迷信活动，也力加革除。如浚道县有唐、后二山，民共祠之，“众巫遂取百姓男女以为公妪，岁岁改易，既而不敢嫁娶，前后守令莫敢禁”。宋均下书说：“自今以后，为山娶者皆娶巫家，勿扰良民。”由是此风“遂绝”。他如《后汉书·酷吏列传》载：樊晔建武年间为扬州牧，“教民耕田种树理家之术”；《后汉书·桓谭冯衍列传》注引《豫章旧志》：周生丰为豫章太守，大公无私，“清约俭惠”；《后汉书·钟离意传》载：钟离意建武时为县吏，“会稽大疫，死者万数，意独身自隐亲，经给医药，所部多蒙全济”。像这些循吏，对扬州地区社会秩序的稳定和经济的恢复发展，都起到了重要作用。

明、章、和帝时，朝廷政治较为清明，派到扬州的循吏依然不少，可谓一个大治时期。汉明帝时，会稽郡遭灾，“岁荒民饥”，乃以尹兴为会稽太守，会稽吴人陆续为户曹史。尹兴到官后，“使续于都亭赋民饘粥”，救济贫民。陆续一一简阅百姓，食之六百余口，讯以名氏，“皆分别姓字，无有差谬”，可见其宝贵的敬业精神[②]。稍后，庆鸿为会稽太守，“慷慨有义节”，“所在有异迹”，时人将他与廉范并称，云“前有管鲍，后有庆廉”[③]。章帝建初时，乐浪人王景为庐江太守，“先是百姓不知牛耕，致地力有余而食常不足”，及景到郡，以郡界有楚相孙叔敖所起芍陂稻田，“景乃驱率吏民，修起芜废，教用犁耕，由是垦辟倍多，境内丰给”。与之同时，“又训令蚕织，为作法制，皆著于乡亭”，最后竟然卒官于此[④]。又如《后汉书·张禹传》载：张禹建初中拜扬州刺史，“历行郡邑，深幽之处莫不毕到，多所明举。吏民希见使者，人怀喜悦，怨德美恶，莫不自归焉”。《后汉书·马援附族孙棱传》载：和帝时马棱为丹阳太守，郡界剧贼骚扰百姓，棱掩击“皆禽灭之”；转会稽太守，“治亦有声”。《后汉书·张霸传》载：张霸永元中为会稽太守，始至此地，“贼未解，郡界不宁，乃移书开讲，明用信赏，贼遂束手归附，不烦士卒之力。童谣曰：‘弃我戟，捐我矛，盗贼尽，吏皆休。’”后来，“表用郡人处士顾奉、公孙松等。奉后为颍川太守，松为司隶校尉，并有名称。其余有业行者，皆见擢用。郡中争砺志节，习经者以千数，道路但闻颂声。”

---

① 《后汉书·郑弘传》及注引《谢承书》，上海古籍出版社 1986 年版。

② 《后汉书·独行·陆续传》，上海古籍出版社 1986 年版。

③ 《后汉书·廉范传》，上海古籍出版社 1986 年版。

④ 《后汉书·循吏·王景传》，上海古籍出版社 1986 年版。

由于这些地方官吏，颇能树立声望，精心求治，或注重整顿社会秩序，或注重发展经济文化，抑或注重移风易俗，对这一地区政治的稳定、经济的发展及文化教育等，都起到了立竿见影的作用。从而使扬州地域出现了一派前所未有的大治景象。

三　苏南地区的经济

西汉时期，江南地区仍很落后。《汉书·地理志》记载："江南地广，或火耕水耨。民食鱼稻，以渔猎山伐为业，果蓏蠃蛤，食物常足。故呰窳媮生，而无积聚，饮食还给，不忧冻饿，亦无千金之家。"这表明江南地区自然资源虽很丰富，但因缺乏足够的劳动力和先进的生产技术，大部分土地尚未得到开发和利用。及王莽时，人民依然"依阻山泽"[①]，以渔猎山伐为业，民无积聚而多贫困。因此，中原人民往往视远涉江南为畏途。但是由于这一地区有优越的自然条件：气候温暖，雨量充沛，湖泊纵横，物产丰富，具有很大的开发潜力，为其它各地所不如。故在东汉前期，鉴于中央政府对该地区行政管理的不断加强，推行有利于发展生产的政策措施，以及人口的大量增加和北方先进生产技术的传入，江南的社会经济也发生了显著变化，得到了快速的恢复和发展。而苏南地区，正是这一广大地域发生重大变化的代表和缩影。

（一）农业的发展

东汉前期，江左地区得以开发，除了中央加强对这一地区的统治外，与人口的大量增加更有着密切的关系。东汉初年，经过数十年的战乱，全国人口大大减少，及刘秀末年，虽经30余年的恢复，人口才有2100余万，比西汉末的近6000万减少了大约2/3。而扬州地区，虽经傅俊等军队的残杀荼毒，遭到局部摧残，但因该地区除李宪割据庐江一隅外，没有其他割据势力，和全国其它地区相比，并未受到严重破坏。同时，从王莽篡乱到东汉统一的数十年间，黄河流域陷入大规模的战乱，烽火连天，流血遍地，而江南地区却比较安定，故中原人口为躲避战乱纷纷南迁，使江南人口不断增加。如《晋书·儒林·范平传》载：范平"吴郡钱塘人也。其先铚侯馥，避王莽之乱适吴，因家焉"。《晋书·隐逸·韩绩传》载："韩绩字兴齐，广陵人也。其先避乱，居于吴之嘉兴。"《后汉书·任延传》云："时天下新定，道路未通，避乱江南者皆未还中土，会稽颇称多士。"这说明有不少人曾由中原迁到这里。而除大批士人之外，更多的则是下层百姓。《后汉书·李忠传》载：建武六年（30年），李忠为丹阳太守，"三岁间流民占著者五万余口"。这些"流民"，大多是脱离原户籍避乱江左的下层百姓。而事实上，他们在天下统一以后，因"道路未通"等其它原因，大多都在这里安家落户了。虽然此后

① 《汉书·王莽传》，中华书局1962年版。

的数十年间,苏南地区还比较落后,没有大规模的迁徙,但仍有零星人口迁到这里。如《后汉书·杨斑传》载:杨氏"会稽乌伤人也。高祖父茂,本河东人……封乌伤新阳乡侯。建武中就国,传封三世,有罪国除,因而家焉"。此外,有些人因为犯罪,也常被迁到苏南地区。如《后汉书·光武十王列传》载:明帝时楚王刘英谋反发觉,"徙丹阳泾县,赐汤沐邑五百户。遣大鸿胪持节护送,使伎人奴婢工技鼓吹悉从"。至于楚狱"所连及死徙者数千人"[①],有些也被迁徙到苏南。如《后汉书·郑弘传》载:会稽山阴人郑弘"师同郡河东太守焦贶",及楚王刘英谋反发觉,焦贶被捕,于道亡没,"妻子闭系诏狱,掠拷连年。诸生故人惧相连及,皆改变名姓,以逃其祸"。后明帝觉悟,"赦其家属,弘躬送贶丧及妻子还乡里"。又如章帝时,齐王刘晃及弟利侯刚因与母太姬"更相诬告",被有司举奏,令"徙丹阳"[②]。和帝时,太仆马光被窦宪奴婢诬陷,其兄马防及侄马遵"皆坐徙封丹阳"[③]。而与之同时,有些隐士因与政府持不合作的态度,也往往隐居此地。如《后汉书·逸民列传》载:扶风平陵人梁鸿,建初时携妻子隐于吴地,依大家皋伯通,"为人赁舂"、"潜闭著书",及卒,"葬于吴要离冢傍"。《后汉书·方术列传》载:汝南新息人高获,少曾游学京师,后"遂远遁江南,卒于石城","石城"即丹阳郡之辖县。这说明天下统一后,江左人口还在增加。

随着人口的不断增长和北方先进生产技术的传入,农业生产工具得以改进,劳动生产率大大提高,使农业得到了迅速的恢复和发展。

首先,是铁农具的普遍使用。秦汉时期,随着冶铁业的进步,铁器质量不断提高,铁农具的使用已较普遍。《盐铁论·水旱》说:"铁器,民之大用也。"同书《农耕》云:"铁器者,农夫之死士也。"足见铁农具在农业生产中的重要地位。而据考古发现,秦和西汉时,锸、镬、犁铧、锄、镰等铁农具已较齐全,能适合翻土、刨土、碎土、耕田、整地、除草、收割等各种场合,出土的地点也遍及江南各地。及东汉时,又有不少铁农具发现。如在南京、绍兴等地的东汉墓葬中,即出土了不少铁容器[④]。江西清江县博物馆藏该地出土的铁锸,安徽芍陂出土的铁锄、铁犁铧等均可为佐证[⑤]。而从这些铁农具看,质量都比西汉时提高。而除此之外,与此相关的粮食加工农具如杵臼、磨、碓等,在江南墓葬中也时有发现。反映了该时期农业生产工具的进步。

其次,牛耕作为生产动力已受重视。秦和西汉时,江南局部地区已有牛耕,但因

---

① 《后汉书·明帝纪》,上海古籍出版社1986年版。

② 《后汉书·宗室四王列传》,上海古籍出版社1986年版。

③ 《后汉书·马援列传》,上海古籍出版社1986年版。

④ 《绍兴漓渚的汉墓》,《考古学报》1957年第1期。

⑤ 黄今言:《秦汉江南经济述略》,江西人民出版社1999年版,第69—70页。

自然条件与北方不同，不尽适宜北方流行的“二牛抬杠”的耕作形式，所以没有得到推广。而到东汉，江南人民在地方官吏的督促下，把北方的牛耕形式初步改造成适宜南方的牛耕形式，牛耕得以较广泛的推广。东汉前期，政府规定严禁杀牛，大力倡导使用牛耕。如《后汉书·第五伦传》载，建武末年，第五伦为会稽太守，“民常以牛祭神，百姓财产以之困乏”，“前后郡将莫敢禁”，第五伦到官，“移书属县，晓告百姓。其巫祝有依鬼神诈怖愚民，皆案论之。有妄屠牛者，吏辄行罚”。由于政府严加禁止，“后遂断绝，百姓以安”。又如《后汉书·王景传》载，王景为庐江太守，“先是百姓不知牛耕，致地力有余而食常不足”，及景到郡，“乃驱率吏民，修起芜废，教用犁耕……遂铭石刻誓，令民知常禁”。而与之同时，马的饲养也被重视。如《后汉书·第五伦传》载，其为会稽太守时，“虽为二千石，躬自斩刍养马，妻执炊爨”；《后汉书·廉范传》载，章帝崩时，庐江郡掾严麟奉章吊国，“乘小车，涂深马死”，皆为佐证。马的功用“行则导车，止则就犁”，是既可骑乘又可耕作的两用动力，不可能不受到百姓的重视。

农业生产力的提高，使耕地面积不断扩大。当时不少地方官吏，在此方面颇有成就。如《后汉书·李忠传》载：李忠为丹阳太守，注重发展社会经济，使“垦田增多”；《后汉书·王景传》载：王景为庐江太守，郡界有前楚相孙叔敖所起芍陂稻田，景乃“驱率吏民，修起芜废”，“由是垦辟倍多，境内丰给”。随着农业区的不断扩大，许多过去未曾开垦的荒地、林莽、沼泽、丘陵等得到开垦，使“不可垦”的土地变成了良田。而与之同时，在耕作技术方面，受北方先进生产技术的影响，也进而趋向精耕细作。如建武时樊晔为扬州牧，“教民耕田种树理家之术”①，十余年间，颇有成效。东汉前期会稽人王充，在《论衡·率性篇》说：“夫肥沃墝埆，土地之本性也。肥而沃者性美，树稼丰茂。墝而埆者性恶，深耕细锄，厚加粪壤，勉致人功，以助地力，其树稼与彼肥沃者相似类也。”可见，《史记》所说江南“火耕水耨”的粗放耕作方式，此时已向“深耕细锄，厚加粪壤，勉致人功”的精耕阶段发展。

与之同时，兴修水利也受到了重视。江南地区河网密布，湖泊众多，仅据《汉书·地理志》载，会稽郡就有南江、潘水、柯水、穀水、渠水、天门水、武林水；丹阳郡有清水、泾水、分江、中江、浙江、溧水等。加上会稽郡的太湖、钱塘江、富春江等，大都属于长江水系，遂给江左地区农业的发展创造了条件。东汉前期，扬州又有新的水利工程兴修。如庐江太守王景在庐江修建的芍陂，吴高士皋伯通在当地修筑的“皋塘”②，以及东汉时建立的安丰塘坝堰等，都对农业的发展起了重要作用。如庐江郡的安丰塘坝

① 《后汉书·酷吏传》，上海古籍出版社1986年版。

② 张玄之：《吴兴山墟名》。见刘纬毅《汉唐方志辑佚》，北京图书馆出版社1997年版，第106页。

堰，筑在一条泄水沟上，用草土相间的形式筑成，冲打纵横排列有序的栗木桩。稻草顺水流方向由南到北散开竖铺，没有捆束痕迹。压在草层上的土为黑色胶泥土，无须夯打即很坚实。钉置的木桩适应沟间水流的速度和冲力，起到堵口的作用：沟漕中间的冲力大，木桩密，草层厚且多，反之，则疏薄且少。像这些方法和措施，既便于田地灌溉，也利于防洪排涝，充分显示了两千年前我国劳动人民在水利工程方面的勤劳和智慧，达到了相当高的技术水平①。

由于铁农具的普及、牛耕的推广和水利的兴修，江左地区的农业生产得到了较为迅速的恢复的发展，及至安帝时，即出现了两次“南粮北调”的繁荣景象。而这正是东汉前期农业生产迅速发展的成果和劳动人民辛勤汗水的结晶。

（二）林、牧、渔业的发展

江南地区，森林和野生动物资源丰富。《汉书·地理志》说：吴越之地有“川泽山林之饶”，“民食鱼稻，以渔猎山伐为业，果蓏蠃蛤，食物常足”。东汉时，虽然土地不断开垦，农业区域不断扩大，但“渔猎山伐为业”的状况，尚未发生太大变化。

首先，林木业仍然有所发展。《后汉书·度尚传》载时丹阳郡“深林远薮”；《越绝书》说吴地“山林幽冥”；《郡国志》注引《庐山记略》：“其中鸟兽草木之美，灵药芳林之奇，所称名代”；左思《吴都赋》说：“木则枫柙櫲樟，栟榈枸稂”，“松梓古度，楠榴之木，相思之树”，“桂箭射筒，柚梧有篁”等，此皆江南地区森林资源丰富的真实写照。当时，自然植被是江南地区的天然宝库，不仅占地面积广大，而且楠梓樟檀等名闻全国。王符在《潜夫论·浮侈篇》中说：“京师贵戚，必欲江南檽梓豫章楩楠。”可见那些贵族、官僚所用木方堆砌的棺椁大墓，大多都自江南调去。至于一般的木制器具，更在建筑和家庭用具上得以反映。如因江南低下潮湿，仍保留着先民巧夺天工设计出的“干栏式”建筑，即以“编木为城”的方式而建，直到唐代仍“不知为瓦屋，草茨竹椽”②。而与之同时，随着人们对植被的不断认识，在木材选用上也达到了较高水平。如《论衡·状留篇》云：“树檀以五月生叶，后彼春荣之木，其材强劲，车以为轴。”《幸遇篇》云：“草木之类，皆有补益，遭医人采掇，成为良药。”江苏武进出土的汉代木船，船舷用柿木，船底用樟木，榫用花柏，固定斜榫的木梢用榉木，可见工匠对木材选用的讲究。苏北沿江如东县汤园乡出土东汉时期的独木舟，长 15 米，用南方楠木制成，船尾已置“篷架”和铺板，并采用榫槽及铁钉交搭拼接，显示出造船技术已相当进步③。此外，林木采伐工具也不断改进，仅见于考古发掘资料，就有铁刀、铁锯、铁斧、铁削刀、铜刀、铜

① 文物编辑委员会：《文物考古工作三十年》，文物出版社 1979 年版，第 236 页。

② 《新唐书·循吏·韦丹传》，上海古籍出版社 1986 年版。

③ 《江苏如东发现古代独木舟》，《东南文化》1985 年第 1 期。

凿、铜斧等，出土地点遍及江南各地。如南京栖霞山出土铁刀11把，铁斧1把等[①]，即可看出江南地区在林木采伐业上的进步。

“渊深而鱼生之，山深而兽往之”，江南丰富的植被资源，也为动物界提供了良好的栖息之地。《汉书·枚乘传》记载，吴王刘濞时的“长洲苑”，所圈守禽兽比“上林苑”还多。东汉时期，仍保持着这种态势。如《后汉书·方术列传》载吴郡的“鲈鱼”、会稽郡的“虎”、“狼”；考古资料所见的“鸟”、“蛇”、“龟”、“蟾蜍”等[②]，皆可明见。东汉杨孚著《临海水土记》一书，仅著录的鱼类就有板鱼、鳆鱼等30余种。吴沈莹所著的《临海水土物志》，载有石鸡、啄木、独春鸟、山鸡、世乐鸟、蜜母、一足鸟等鸟类10余种，牛鱼、鹿鱼、燕鱼等鱼类近60种。左思《吴都赋》记载今南京地区，就有鳞甲、鲸、鲵、虎、豹、象、鹿等60余种。可见渔猎资源之丰富。渔猎业是农业生产的重要组成部分之一，自古以来“渔鳖鼋鼍为天下富”[③]，民“饭稻羹鱼”，“通渔盐之货”[④]。直至吴帝孙权时，还依然田猎，“乘马射虎”[⑤]。《汉书·王莽传》记载：王莽统治时，“荆、扬之民率依阻山泽，以渔采为业”，而“国张六管，税山泽，妨夺民之利”，加上“连年久旱”，遂至“百姓饥穷，故为盗贼”。东汉明帝时，单纯强调粮食生产，令“禁民二业，至有田者不得渔捕”，刘般上言，以“今滨江湖郡率少蚕桑，民资渔采以助口实，且以冬春闲月，不妨农事。夫渔猎之利，为田除害，有助谷食”，明帝方改变“禁民二业”的政策[⑥]。但因地主豪强兼并土地，霸山占水，使“山泽之利未尽出”，也影响到了渔猎的进步，使自然资源不能得到充分利用。

家禽家畜养殖业起源很早，东汉时也有发展。如第五伦为会稽太守时，“躬自斩刍养马”，禁止以牛祭神。而随着牛耕的不断推广，牛、马的养殖必然增多。此外，在江南一些出土资料中，陶猪圈（舍）、鸡埘、鸭圈、狗圈及六畜等也时有发现，反映出家禽家畜养殖业的进步。

果圃业，以果物、蔬菜等为主要栽培对象，也得到了不断发展。江南出土的蔬菜果物，春秋战国时，已有板栗、樱桃、梅、枣、柿、梨、柑桔、南瓜子、甜瓜子、生姜、小茴香、菱角、藕、荸荠等，汉代又有香橙、杨梅、杏、李、枇杷、乌梅、椒、葵、芥等记载，其在苏南多有栽培。《东观汉记》载：石严“移居扬州徙事屈豫室中，中庭橘树一株，遇实熟乃以竹藩四面，风吹落两实，以绳击著树枝”。说明对果树的精心护理。吴沈莹著《临

---

① 葛家瑾：《南京栖霞山及其附近汉墓清理简报》，《考古》1959年第1期。

② 《考古通讯》1957年第2期。

③ 《墨子·公输班》，引孙诒让《墨子闲诂》，中华书局1979年版。

④ 《史记·货殖列传》，中华书局1982年版。

⑤ 《三国志·吴书·孙权传》，上海古籍出版社1986年版。

⑥ 《后汉书·刘般传》，上海古籍出版社1986年版。

海水土物志》，所录果物有杨梅、土翁子、鸡橘子、杨桃等近 20 种。《吴都赋》也说：“其果则丹橘馀甘，荔枝之林，槟榔无柯，椰叶无阴，龙眼橄榄，探榴御霜。”所谓秦汉以来“风俗转薄，公侯之尊，莫不殖园圃之田”，更是秦汉以来江南地区的真实写照。

（三）手工业的发展

随着农林牧渔业的发展，手工业也有了很大进步。东汉时期，政府实行宽松工商政策，手工业既有官营，也有私营，通常则以私营为主，这为手工业发展创造了条件。

首先，纺织业有了较大发展。东汉前期，政府重视推广种植桑麻，故人民颇知桑蚕之业。如王景为庐江太守，“训令蚕织，为作法制，皆著于乡亭”[①]。会稽人王充在《论衡・超奇篇》中说：“喻大以小，推民家事，以睹王廷之义；庐宅始成，桑麻才有，居之历岁，子孙相续。”把桑麻业摆在了十分重要的位置。左思《吴都赋》说“乡贡八蚕之帛”，也说明桑麻种植相当普遍。而随着桑麻业的发展，纺织技术也有了较大进步。如会稽郡生产的细质麻布——越布，就是一种堪与织绣相比的纺织品。《后汉书・陆续传》载：会稽吴（今苏州市）人陆续，祖父闳建武中为尚书令，“喜著越布单衣，光武见而好之，自是常敕会稽郡献越布”。可见越布品质之精良。后来，越布的产量逐渐增加，成为一种高级赏赐品。如《后汉书・皇后纪》载：汉明帝死后，诸贵人当徙居南宫，马太后“感析别之怀，各赐王赤绶，加安车驷马，白越三千端（按：一端二丈），杂布二千匹，黄金十斤”。和帝死后，邓太后赏赐诸贵人、“王青盖车，采饰辂，骖马各一驷，黄金三十金，杂帛三千匹，白越四千端”。都反映出会稽郡纺织业的发展。

冶铁和炼钢是重要的生产部门。西汉时，江左地区已十分重视铁器的生产。如在今南京、常州、无锡、常熟等地都有铁器出土，最常见的就有铁刀、铁剑、铁镜、铁斧等。在浙江一带属于西汉末和东汉的墓葬中，20 世纪 50 年代即出土铁器 26 件，其中刀铁 6 件，剑 5 件，矛 3 件，熊斗 1 件，釜 11 件[②]。南京博物馆陈列杭州老和山出土的汉代铁樵斗 1 件[③]。此外，在东汉芍陂坝堰遗址中，还出土许多用以维修和守护的工具，包括铁钩、铁刀、铁锯、铁凿等。说明东汉时冶铁业的生产已经遍及江南地区。而随着冶铁业的发展，冶铁和炼钢技术也有了改进，有些地区已经使用水排作为冶铁鼓风装置，用以替代原来的皮囊。吴大帝时，有宝刀三把，称为百炼、青犊、漏影，在一定程度上反映了制钢技术的先进水平。

瓷器制造业大大发展。江南是我国青瓷的著名发源地，1972 年到 1977 年浙江上虞县文化馆在上浦公社石浦大队的龙池庙后山、小仙坛、大陆岙等地发现东汉瓷窑遗

---

① 《后汉书・循吏・王景传》，上海古籍出版社 1986 年版。

② 浙江文管会：《浙江漓渚的汉墓》，《考古学报》1957 年第 1 期。

③ 《文物参考资料》，1955 年第 10 期。

址多处,"进一步证实了我国的瓷器产生于汉代,改变了以前学术界所持魏晋时期才有瓷的说法"[①]。而据2004年中国十大考古发现之一的无锡鸿山越国墓出土的3件"青瓷三足缶"等证明,早在春秋战国时期,江浙一带已有青瓷生产,从而使青瓷的历史又"向前推进了几百年"[②]。此外,考古工作者在今宁波、上虞、绍兴等地发现的数十座东汉时期的瓷窑遗址,所出土的曼、壶、钟、罐、碗、洗、盘、碟等青瓷和黑瓷;江苏丹阳东汉永元十三年墓出土的青瓷壶[③];江西湖口象山东汉墓出土的青瓷坛、青瓷盘壶、双系青瓷钵、青瓷罐、青瓷盂等;江西清江武陵东汉墓出土大量的青瓷足碗、青瓷钵、青瓷罐、青瓷瓿等,表明当时瓷器生产已较普遍,并具有相当规模[④]。像这些青瓷,皆具胎质细腻、火候较高、施釉晶莹、吸水性低的特点,

江南青瓷烧造技术与工艺水平日趋成熟,与北方的白瓷相比,已经形成独有的风格。如江苏丹阳东汉永元十三年墓出土的青瓷壶4件,3大1小,器形与铜壶基本相同,肩饰水波纹,有对称的双系,胎色灰青,口内上部及外面均施青绿色釉,相当美观。南京、镇江、邗江等地东汉墓中出土的青瓷盂、碗、罐等,在胎质、釉色和制作技术等方面,都与六朝的青瓷接近。

铜器制造业也取得了新的突破。江南地区矿产资源十分丰富,丹阳郡的铜矿更是以铜石精良闻名全国。《史记·平准书》裴骃《集解》引《汉书音义》说:"赤金,丹阳铜也。"考古发现中屡见"汉有嘉铜出丹阳"等语,也可与史载相互印证。《史记·吴王濞列传》云:"吴有章山之铜。"《汉书·伍被传》载:吴王"采铜山以为钱",可见丹阳铜矿的优质、丰富和"山出棋置"。而据左思《吴都赋》载,会稽、吴郡、丹阳一带,就有赭丹、锡碧、金华、银朴、琨、瑶、铜、锴、火齐、骇稿、紫贝、流黄等矿产资源。然据考古发掘资料,江南铜器与中原地区的风格不同。中原地区的铜器,造型庄重浑厚,加以错金银等,显得富丽堂皇,典雅大方,铜器上的动物图案,也粗犷有力,体态矫健,有着浓厚的北方草原气息:而南方铜器,纹饰以阴刻为主,给人以特别细腻的感觉,仿佛置身于江南山明水秀的自然景色之中。这从江、浙、皖等地出土的东汉铜器皿釜、甑、壶、奁等均可看出。如苏南丹阳城北6公里的宗头山东汉墓出土的壶、洗、双鱼盘、灶、镜、带钩等,其中一枚鎏金铜带钩,钩身阴刻云龙纹,钩颈刻一龙首,正体现出江南铜器的特点[⑤]。值得特别强调的是,会稽郡生产的铜镜非常著名,是东汉铜镜工艺的制

---

① 黄今言:《秦汉江南经济述略》,江西人民出版社1999年出版,第142页。

② 《无锡鸿山大遗址谜团初探》,《扬子晚报》2005年12月6日B8版。

③ 黄今言:《秦汉江南经济述略》,江西人民出版社1999年版,第143页。

④ 《湖口县象山东汉纪年墓》,《江西历史文物》1986年第1期;《江西清江武陵东汉墓》,《考古》1976年第5期。

⑤ 李发林:《战国秦汉考古》,山东大学出版社1991年版。

作中心。如江南出土的大量“神兽镜”，不少标明铸镜者的姓名和铸造地点，且制作精美，镜面光亮微鼓，扩大了镜面的映照范围，具有立体感。显然，这是铜器制作新发展的一个标志。

（四）商业的发展

西汉中后期，政府采取重农抑商政策，商业的发展受到限制。东汉时期，这一政策发生变化，采取自由放任的态度，使商业有了较大发展。《后汉书·第五伦传》载：东汉初年，第五伦为会稽太守，“受俸才留一月粮，余皆贱贸与民之贫羸者”，反映出百姓对粮米的商品需求。《后汉书·刘般传》载：“今滨江湖郡，率少蚕桑，民资渔采以助口实”，所谓“民资渔采”，即靠渔业谋生，所产渔产品必然要投放市场，换取钱币，“以助口实”。而与之同时，南方的一些特产，更为北方的官僚、贵族所欣羡，经由商人运至北方。如王符在《潜夫论·浮侈篇》说：“京师贵戚，必欲江南檽梓，豫章楩柟；边远下土，亦竞相仿效。”而这些物品，“所出殊远，又乃生于深山穷谷”，但经商人“由江入海，连淮逆河，行数千里”到洛阳，再经“工匠雕治”加工成棺材之后，却“东至乐浪，西到敦煌，万里之中，相競用之”。可见长途转卖的生意，在利之所趋、人之所欲的风气下，做得何等红火。至于出产于江左的漆器、铜器、陶瓷、越布等，也都是转运各地的常见商品。如湖北鄂城发掘出的大量铜镜制品，有些镜铭中就标有“会稽山阴鲍唐”、“扬州会稽山阴师鲍唐”、“吴师”等，说明鄂城的部分铜镜，是从会稽山阴和吴地转卖而来的[①]。而所有这些，都反映出江左地区商业的发展。

---

① 俞伟超等：《鄂城汉三国六朝铜镜序》，文物出版社 1986 年版。

第七章　东汉中后期徐扬地域的封国与诸郡

历经东汉前期的发展，到安帝刘祜即位(107)时，东汉的历史进入了中、后期。按照史界的划分方法，安帝刘祜、顺帝刘保、冲帝刘炳、质帝刘缵四朝，为东汉中期；桓帝刘志、灵帝刘宏、少帝刘辩、献帝刘协四朝，为东汉后期。共计 114 年。

在东汉前期的 81 年，社会秩序较为安定，社会经济也得到了迅速的恢复和发展。但是从和帝刘肇开始，外戚、宦官交相秉政，政治日趋黑暗，逐渐走向了衰亡之路。和帝驾崩后，即位的殇帝不足 1 岁，政权落入了外戚之手。而自此以后，所有皇帝皆幼年即位，直至东汉灭亡为止，外戚、宦官专权的局面始终未变。安帝即位时仅 14 岁，顺帝 11 岁，冲帝 2 岁，质帝 8 岁，桓帝 15 岁，灵帝 12 岁，少帝 17 岁，献帝 9 岁。他们多为外戚所立，以便自己掌握政权。及至小皇帝逐渐长大，便想从外戚手中夺回大权。但因他们生在深宫，不与外界接触，所能依靠的政治力量便只能是宦官集团。而宦官专权后，又往往是胡作非为，扰乱朝政，使新的外戚重新崛起，从而形成外戚、宦官交相秉政、恶性循环的政治局面。而部分官僚士大夫，迫于外戚、宦官集团的政治压力，在东汉中期也往往是趋炎附势，贪污腐败，使整个官场日益黑暗。他们在政治上垄断政权，在经济上则残酷地压榨农民，使土地兼并的浪潮一浪高过一浪。大批农民在失去土地后，或为流民，或为奴婢，或起为盗贼，使阶级矛盾不断尖锐。东汉后期，虽然进步的官僚士大夫和太学生们形成群体，积极起来反对外戚、宦官专权，并进行了不屈不挠的长期斗争，但因朝廷腐败无能，以及黑暗势力的强大，最终演变成两次大规模的"党锢之祸"，使大批进步的官僚士大夫遭到厄难。及至中平元年(184)，张角领导的黄巾农民大起义爆发，全国各地纷纷响应，东汉政权也就再难维持它的统治了。而随着农民大起义的失败，接踵而来的是各地豪强间的军阀混战。他们在镇压农民起义的过程中，势力逐渐壮大起来，最终演变为封建割据，导致了魏、蜀、吴三国分立的局面。及至建安二十五年(220)，曹丕称帝，改元黄初，东汉政权最终灭亡。

第一节　东汉中后期苏北地区的封国与诸郡

东汉中后期，随着朝廷权力的削弱迁移，苏北地区的郡国也发生了重大变化。基本上在今苏北地区有东海郡、广陵郡和琅邪国、彭城国、下邳国。由于古今区划的不同，当时的辖区与今山东、安徽部分地区有所重叠。彼时外戚、宦官交相秉政，政治日趋腐败，外戚、宦官的子弟、党羽充满州郡。苏北地区的州郡也有一些循吏、志士，他们嫉恶如仇，敢于斗争，在中国历史上留下了光辉的一页，但并不能挽回"大厦将倾"的历史局面。而自东汉中期开始，具有传统反抗精神的苏北人民，就不断地掀起反抗暴政的武装斗争，江淮之间成为农民起义活跃的战场。东汉末年的军阀混战，更给该地区带来了深重的灾难。

一　东汉中后期徐州行政区划的变迁

东汉中后期，随着皇权和中央集权的不断削弱，在州郡等行政区划上也发生了重大变化。首先，东汉前期设置的州刺史，到灵帝中平五年(188)改为州牧，荐择有名望的官僚充任，总掌一州军政大权，使地方力量不断加强，进而成为豪强势力走向公开割据混战的摇篮。徐州的治所，也由原来的郯县(今山东郯城)移治下邳(今睢宁西北)。其次，在郡国建置上，也发生了一些变化。根据《续汉书・郡国志》记载：经过东汉前期的调整，至顺帝永和五年(140)，徐州地域的郡国设置大致如下：东海郡治郯(今山东郯城)，辖郯、兰陵、戚、朐、厚丘、赣榆等13城，其中部分属今江苏，部分属于山东地区。琅邪国治开阳(今临沂北)，领开阳、东武、琅邪、东莞等13城，基本属今山东管辖。彭城国治彭城(今徐州市)，领彭城、武原、傅阳、吕、留、广戚等8城，基本属今徐州地区，少部分属今山东、安徽。广陵郡仍治广陵(今扬州市)，辖广陵、江都、高邮、平安(今宝应境)、凌、东阳、射阳、盐渎、舆、堂邑(今六合县北)、海西等11城，根据考证，又有海陵县属于广陵[①]，皆在当今苏北地区。下邳国治下邳(今睢宁西北)，辖下邳、徐、僮、下相、淮阴、淮浦、盱眙等17城，辖境北至新沂、邳州，南至盱眙和安徽嘉山，东至涟水、淮安和清江市，基本属今苏北地区。共计郡国5、县邑侯国62。以上郡国及其属县，后来都有较大变化。

一是下邳国　下邳国治下邳(今睢宁县西北)县，本属东海，永平十五年(72)为下

① 曹金华：《东汉广陵郡领县确数考》，《扬州大学学报》2005年第3期。

邳国治。但在桓帝延熹七年(164),该县曾属东海国管辖。《后汉书·宦者列传》载:“(徐)璜兄子宣为下邳令,暴虐尤甚。……时下邳县属东海,汝南黄浮为东海相,有告言宣者,浮乃收宣家属,无少长悉考之。”《后汉书·陈蕃传》亦云:“东海相黄浮,诛杀下邳令徐宣。”虽然从“时下邳县属东海”的语意来看,可能后来又有变动,但却反映出下邳国领县的变化,只是不知下邳县属东海时,下邳国治移至何地。而到东汉末年,“下邳国”虽名称犹存,而事实上已经解体。《后汉书·下邳惠王传》载,下邳王刘宜,中平二年(185)薨,后未封国,其国已绝。及初平四年(193),“曹操击(陶)谦,破彭城、傅阳。……过拔取虑、睢陵、夏丘,皆屠之。凡杀男女数十万人,鸡犬无余,泗水为之不流,自是五县城保,无复行迹”[①],原属下邳国的取虑、睢陵和夏丘三县,此时均已失去控制。而至建安二年(197)陈登为广陵太守治射阳后,原属下邳国的淮浦县也改隶于广陵郡管。及至建安五年(200)陈登调任东城太守,原属下邳国的东城县成为东城郡的郡治,更标明下邳国的进一步解体。

二是广陵郡　广陵郡治广陵(今扬州市),初平四年(193)三月,徐州刺史陶谦派别驾从事赵昱朝拜汉献帝,献帝诏拜陶谦为徐州牧,以赵昱为广陵太守,这是地道的朝廷命官。但赵昱到达广陵不久,曹操率兵攻击陶谦,徐州地区发生大乱。兴平元年(194)春夏之间,陶谦属下笮融挟持“男女万口走广陵”[②],杀了赵昱,然后放兵大掠,渡江而南。至此,东汉王朝在广陵的统治结束,广陵进入了割据势力的控制时期。赵昱死后,广陵郡为袁术所控,徐州牧陶谦死后也为刘备取代。《三国志·孙破虏吴夫人传》载“术方与刘备争徐州,以(吴)景为广陵太守”,此时约为兴平二年(195)年底。虽然不久吴景被孙策召至苏南,但广陵仍属袁术的势力范围,而刘备仅拒术于盱眙、淮阴,虽曾一度东取广陵,然终不能越淮而治。吴景走后,曹操以陈登为广陵太守,时在建安二年(197)五月。但因无法控制广陵郡南部,广陵郡的治所移至射阳。《资治通鉴·汉纪五十五》“广陵太守陈登治射阳”,可证。及建安五年(200)陈登调任东城太守,广陵地区便出现了瓯脱状态。虽然陈登调离之后,曹操仍置过广陵太守,然郡治淮阴,仅领淮阴、淮浦、海西、凌县,只包括了广陵郡的海西和凌县而已。及建安十四年(209)赤壁战后,“曹公恐江滨郡县,为权所略,征令内移,民转相惊,自庐江、九江、蕲春、广陵,户十余万皆东渡江,江西遂虚”[③],广陵境由江而淮皆为隙地,各县建置亦皆废除。虽然孙权在建安十四至十七年(209—212),曾以孙韶为广陵太守,但并没有来此就任,只是隔江遥领而已。而“淮南滨江屯候皆撤兵远徙徐、泗,江淮之地不居

①② 《后汉书·陶谦传》,上海古籍出版社1986年版。
③ 《三国志·吴书·孙权传》,上海古籍出版社1986年版。

者各数百里"[①]。

三是东海、琅邪和彭城国　东海郡在顺帝永和五年(140)时,辖13城,赣榆、朐县等在今江苏。东海国实即鲁国,时辖6县,顺帝时增封东海王臻"五千户"。桓帝延熹七年(164),下邳县曾属东海国,后来复属下邳国。东海国属豫州,传国一直到东汉末。琅邪国仍属徐州域,初平四年(193)即"国绝"[②]。《续汉书·郡国志》注引《魏氏春秋》载:"初平三年,分琅邪、东海为城阳、利城、昌虑郡。建安十一年,省昌虑并东海。"《校勘记》云:"钱大昕谓《魏志·太祖纪》,建安三年分琅邪、东海、北海为城阳、利成、昌虑郡,以《臧霸传》考之,盖禽吕布后所置,《魏氏春秋》以为初平三年分者,误。"这说明东汉末年,东海、琅邪都发生了很大变化。彭城国传国至"初平中,天下大乱",孝王和为贼所攻,"避奔东阿"[③]。初平四年(193),"曹操击(陶)谦,破彭城、傅阳。……过拔取虑、睢陵、夏丘,皆屠之。……自是五县城保,无复行迹"[④],原属彭城国的彭城、傅阳均遭屠戮。此后,徐州成为军阀混战的必争之地,彭城国其名虽存,而实已亡。此外,沛国仍属豫州管辖,其中丰、沛等少数县仍属今苏北。

东汉前期,徐州是为诸王的封国,而除此之外,还分封其众多子弟为乡、亭侯。东汉中后期,这些侯国越分越多,所封地域也不断变化。如《后汉书·光武十王列传》载:东海王刘臻时,顺帝封其弟刘敏、刘俭为乡侯,后又增封刘臻五千户,刘俭五百户。献帝时,封东海王刘祇子琬为汶阳侯,拜为平原相。琅邪王刘寿时,安帝封寿弟8人为列侯,及刘寿之子刘尊嗣,又封尊弟4人为乡侯。顺帝时,刘尊之子刘据嗣,封据弟3人为乡侯。灵帝时刘据子容嗣,封其弟邈阳都侯、九江太守。《后汉书·孝明八王传》载:彭城国在安帝时,封王刘恭子阿奴为竹邑侯。刘恭死后刘道嗣,封道弟3人为乡侯,恭孙顺为东安亭侯。刘道死后子定嗣,封定兄弟9人为亭侯。下邳国王刘衍死,子成嗣,顺帝封刘衍孙2人、刘成兄2人为列侯。刘成死子意嗣,封刘意弟8人为乡、亭侯。只有广陵侯没有子弟封乡、亭侯。这些被分封的列侯和乡、亭侯,有的就在封国之内,有的则在封国之外,有的还兼官郡守、国相等。根据《续汉书·郡国志》,顺帝永和五年(140)时徐州地域的县级侯国,就有琅邪国的即丘、缯县;广陵郡的舆县;下邳国的僮、曲阳和司吾县。此外更有诸多的乡侯、亭侯分布其间,不一而足。但是到了东汉末年,刘氏政权名存实亡,这些布于州郡的各级王侯,也就迅速解体,遑遑如丧家之犬了。

---

① 《三国志·吴书·孙韶传》,上海古籍出版社1986年版。

② 《后汉书·光武十王列传》,上海古籍出版社1986年版。

③ 《后汉书·孝明八王列传》,上海古籍出版社1986年版。

④ 《后汉书·陶谦传》,上海古籍出版社1986年版。

以上情形,甚为粗略,实际情况更为复杂,只是鉴于史料之局限,不能详加论述而已。但是不管千变万化,当时徐州的绝大部分地区都在今苏北,豫州沛国的少部分县也在苏北,这就为我们探讨该地区政治、经济的演变和发展,提供了一个前提条件。

二 苏北地区的政治

东汉中后期,外戚、宦官交相秉政,政治日趋腐败。《后汉书・宦者传》高度概括说:“自永平以后,迄于延平,委用渐大……邓后以女主临政,而万机殷远,朝臣国议,无由参断帷幄,称制下令,不出房闱之间,不得不委用刑人,寄之国命。手握王爵,口含天宪……其后孙程定立顺之功,曹腾参建桓之策,续以五侯合谋,梁冀受钺,迹因公正,恩固主心,故中外服从,上下屏气。……虽时有忠公,而竟见排斥。举动回山海,呼吸变霜露。阿旨曲求,则光宠三族;直情忤意,则参夷五宗。汉之纲纪大乱矣。”在此情况下,外戚、宦官“遂享分土之封,超登宫卿之位”,“高冠长剑,纡朱怀金者,布满宫闱;苴茅分虎,南面臣人者,盖以十数。府署第馆,棋列于都鄙;子弟支附,过半于州国。南金、和宝、冰纨、雾谷之积,盈仞珍藏;嫱媛、侍儿、歌童、舞女之玩,充备绮室。狗马饰雕文,土木被缇绣。皆剥割萌黎,竞恣奢欲①。”自朝廷至州郡无不深受其巨大影响。徐州地域自然也不例外。但是也有些官僚士大夫,站在维护封建统治的立场上,以自己的良心道德,同外戚、宦官势力抗衡。与之同时,下层劳动人民因不满统治阶级的贪浊腐朽、割剥恣欲,也纷纷起来进行反抗。从而凸现出东汉中后期复杂、尖锐的政治斗争局面。

仅就徐州地域而言,外戚、宦官的子弟、党羽,真可谓是充满州郡。他们依仗朝中权势,贪浊枉法,作威作福。如徐宣为下邳令,依仗叔父宦官徐璜在朝中的权势,“暴虐尤甚”。一次,他向下邳人、故汝南太守李暠女请婚,李氏未允,徐宣即将吏卒至其家,“载其女归,戏射杀之,埋著寺内”。东海相黄浮“收宣家属,无少长悉考之”,“即案宣罪弃市,暴其尸以示百姓”,然因徐璜诉怨于帝,黄浮竟“坐髡钳,输作右校”②。又如《后汉书・儒林・杨伦传》载:徐州刺史刘福,在州“衅秽既章,咸伏其诛”,而举荐他的豪族势力却不加罪。及东汉末年,四方分崩,一些地方官吏更是乘机盘剥百姓,造成了该地域的动荡局面。如陶谦初为徐州牧,“是时徐方百姓殷盛,谷食甚丰,流民多归之”,然因陶谦“信用非所,刑政不理”,并将“清己疾恶”、“耳不邪听,目不妄视”的别驾从事赵昱贬为广陵太守,信用“谗慝小人”曹宏等,遂使“良善多被其害”,徐州地域“由斯渐乱”。及至陶谦袭杀曹操之父曹嵩,曹操攻破彭城、傅阳,过拔取虑、睢陵、夏

①② 《后汉书・宦者列传》,上海古籍出版社 1986 年版。

丘，“皆屠之”。而在其前因关中遭乱“流移依谦”的诸多百姓，也因此而全部罹难。陶谦的部下笮融，受谦之命“督广陵、下邳、彭城运粮”，为了招兵买马，发展壮大势力，竟“断三郡委输，大起浮屠寺。上累金盘，下为重楼”，吸引、骗取百姓为兵。及曹操击谦，徐方不安，笮融遂将男女万口、马三千匹走广陵，并在杀掉广陵太守赵昱后，“放兵大掠，因以过江”①。可见经过贪官污吏的长期蹂躏和残酷的战争掠夺，徐州地域受到了怎样的严酷摧残。

与此形成鲜明对照的是，在徐州地域也有一些循吏、志士。他们嫉恶如仇，敢于斗争，在中国历史上留下了光辉的一页。如《后汉书·杨震列传》载：徐州刺史杨秉，为东汉名相杨震之子。史称“震为上相，抗直方以临权枉，先公道而后身名，可谓怀王臣之节，识所任之体矣”。及杨秉为徐州刺史，“计日受奉，余禄不入私门。故吏赍钱百万遗之，闭门不受。以廉洁称。”常从容说：“我有三不惑：酒、色、财也。”又如《后汉书·独行·赵苞传》载：赵苞为广陵令，从兄赵忠为中常侍，“苞深耻其门族有宦官名执，不与忠交通”，“视事三年，政教清明，郡表其状，迁辽西太守”。再如《后汉书·荀淑传》载：荀昱为沛相，其弟荀昙为广陵太守，“兄弟皆正身疾恶，志除阉宦。其支党宾客有在二郡者，纤罪必诛”。后荀昱与大将军窦武谋诛中官，罹难而死，荀昙也被“禁锢终身”，但他们无不视死如归。另如广陵射阳人臧洪，灵帝时为广陵太守张超的功曹。由于董卓专政弑帝，图危社稷，臧洪因说太守张超，联合陈留太守张邈、兖州刺史刘岱、豫州刺史孔仙、东郡太守桥瑁等“缔谋”伐董。经过他的游说和斡旋，终于联合起十八路诸侯，掀起了共伐董卓的热潮。后来虽因曹操、袁绍等貌合神离，使这一行动终归失败，臧洪也被袁绍杀害，但作为缔谋伐董的盟主，其“摄衣升坛，操血而盟”、“纠合义兵，并赴国难”、“以致臣节，陨首丧元”的首倡精神和伟大壮举，却赢得了后人的高度赞扬②。再如陈登为东阳令、典农都尉，养耆育孤，视民如子，后被曹操提拔为广陵太守。虽然其时军阀混战，动荡不安，但仍率领百姓在今扬州西开“陈公塘”，并对邗沟加以整修。及至数年后迁东城太守，广陵吏民“佩其恩德，共拔郡随登，老弱襁负而追之”③，可见甚得人民欢心。像这些官吏，或反抗强暴，视死如归，或廉洁清明，福祉百姓，皆能得到人民的拥护和后人的赞扬。

但是，由于东汉政权的日益腐朽和官僚、贵族、豪右的刻意盘剥，这些循吏和仁人志士并不能挽回“大厦将倾”的历史逆转。因此，自东汉中期开始，具有传统反抗精神的徐州人民，就不断地掀起反抗暴政的武装斗争。如安帝永初三年(109)，海贼张伯

---

① 《后汉书·陶谦传》，上海古籍出版社 1986 年版。

② 《后汉书·臧洪传》，上海古籍出版社 1986 年版。

③ 《三国志·魏书·吕布张邈臧洪传》注引《先贤行状》，上海古籍出版社 1986 年版。

路等“寇掠缘海九郡”[1]，到处攻城掠地；顺帝永和三年(138)，“九江贼蔡伯流寇郡界，及广陵，杀江都长”等[2]，都得到了广大人民的响应和支持。虽然这些起义都被官府镇压下去，但起义的烈火并未熄灭。及至顺帝末年，“广陵贼张婴等众数万人，杀刺史、二千石，寇乱扬徐间”[3]，并与江南扬州起义军南北呼应，终于形成了一股巨大的力量。

东汉中后期，外戚、宦官专权愈演愈烈，朝廷政治日益腐败，加上地震、水旱、蝗灾等自然灾害频频发生，豪强势力不断膨胀，阶级矛盾迅速激化。因此张婴起义后，江淮之间很快成为农民起义活跃的战场。也就在这种情况下，朝廷派遣张纲为广陵太守。

张纲字文纪，犍为武阳(今四川彭山东)人，七世祖张良，高帝时为太子太傅，封为留侯。张纲父张皓，安帝时为彭城相，顺帝时官至司空，“在事多所荐达，天下称其推士”。顺帝末年，张纲为侍御史，以朝廷“委纵宦官”，常感激慨叹曰：“秽恶满朝，不能奋身出命扫国家之难，虽生吾不愿也。”并退而上书，请求朝廷“割损左右，以奉天心”。及汉安元年(142)，朝廷选派杜乔、周举、郭遵、冯羡等8使班宣风化，举实臧否，张纲也在其列。虽然在8使中，张纲年纪最小，官次最微，但其勇气亦最可嘉。史载8使受命之后，各赴其州检举非法，唯独张纲埋车轮于洛阳都亭，曰：“豺狼当道，安问狐狸!”并上书数外戚、大将军梁冀“无君之心十五事”，直指“臣子所切齿者”，使“京师震竦”，左右张目。但因梁冀妹为皇后，“内宠方盛，诸梁姻族满朝，帝虽知纲言直，终不忍用”，张纲竟被梁氏所讽，贬为广陵太守，欲借不能平定张婴起义之由来中伤他[4]。

张纲了解到张婴起义的来龙去脉，对他们深表同情。因此，在去广陵之前，他不像以前派遣的使者那样“率多求兵马”，而是“独请单车之职”。故至广陵，张纲仅率吏卒十余人“径至婴垒，以慰安之”。张婴了解到张纲的为人，乃出拜谒。张纲则延置上坐，问所疾苦，痛斥“前后二千石多肆贪暴”，逼得人民“怀愤相聚”，起来造反，并对张婴等晓以利害，诱以爵禄，力求避免生灵涂炭的悲剧重演。以至“约之以天地，誓之以日月”，担保张婴等受降后不会受到朝廷惩罚。于是张婴率众归降，“人情悦服，南州晏安”，张纲未费吹灰之力，即平定了张婴反乱。朝廷闻知，论功当封，梁冀从中遏绝，反被中伤。后天子嘉美，欲擢用之，而张婴等上书乞留，张纲继续留在广陵。其在职期间，关心民间疾苦，又率人民兴修水利，注重发展农业生产，深得当地百姓拥护。虽然年余后张纲病死，但却深得民众之心，史称“纲自被疾，吏人咸为祠祀祈福，皆言‘千秋万岁，何时复见此君’”。及至辞世，“百姓老幼相携，诣府赴哀者不可胜数”，“如丧

① 《后汉书·安帝纪》，上海古籍出版社1986年版。

② 《后汉书·顺帝纪》，上海古籍出版社1986年版。

③④ 《后汉书·张皓传》，上海古籍出版社1986年版。

考妣”。张婴等500余人制服行丧，送至犍为负土成坟[①]。今江都市有张纲镇、张纲沟等，是为百姓拥戴之证。

但是张纲病死之后，人民又陷于困苦之中。为时不久，“扬、徐盗贼攻烧城寺，杀掠吏民”，农民起义又起波澜。建康元年(144)顺帝驾崩，外戚梁冀立2岁的刘炳为帝，是为冲帝，“杨、徐盗贼范容、周生等寇掠城邑”，“九江盗贼徐凤、马勉等称‘无上将军’”，徐、扬二州又卷入农民起义的大潮之中[②]。次年，冲帝驾崩，质帝刘缵8岁即位，年余又被梁冀毒死，东汉政权陷入一片混乱之中。在此情况下，曾被广陵太守张纲降服的张婴，再次率数千人起义。他们首先占领广陵，继而攻杀堂邑(今六合)、江都县长，并与范容、马勉等攻入合肥、盱眙等地的队伍呼应，给东汉统治者以沉重打击。在此情况下，朝廷博求将帅，以滕抚为中郎将、督扬徐二州事，与中郎将赵序等合州郡兵数万人讨之，又募下邳人谢安等共击义军。但因起义军英勇战斗，朝廷军队屡被挫败。赵序因“畏懦不进，诈增首级”，被“征还弃市”[③]；广陵太守王喜“坐讨贼逗留”下狱而死[④]。虽然最后张婴等起义被镇压下去，但对东汉统治者也给予了沉重打击。直至桓帝即位，诏书仍称“方今淮夷未殄，军师屡出，百姓疲悴，困于征发”[⑤]。

东汉后期，徐、扬地域的农民起义仍然不断，他们或称“黄帝”、“黑帝”，或者自称帝王，对东汉政权带来威胁。桓帝永兴二年(154)，黄河大水，彭城、泗水增长逆流，东海朐山(今连云港市境)发生崩裂，当地百姓蒙受灾难，却得不到政府赈济，泰山东郭窦、琅邪人公孙举等“聚众三万人，破坏郡县”[⑥]，寇掠青、兖、徐州之地。朝廷立即派兵镇压，并在泰山、琅邪二郡置“都尉官”长期驻守，方把起义镇压下去。延熹三年(160)，琅邪人劳丙与太山人叔孙无忌“杀都尉，攻没琅邪属县，残害吏民”，又掀起了斗争热潮，朝廷以宗资为讨寇中郎将，与御史中丞赵某督州郡兵讨之，“徐兖二州一时平夷”[⑦]。但宗资去后，叔孙无忌等再次起义，朝廷又派皇甫规为太山太守，“广设方略”，方使“寇贼悉平”，将这次起义镇压下去[⑧]。至如延熹九年(166)沛国戴异锄田得黄金印，与广陵人龙尚等共祭井，作符书，称“太上皇”等小规模的农民起义，更是接连不断。虽然这些起义都被先后镇压下去，但全国各地就像布满了遍地的干柴，一经点

① 《后汉书·张皓传》，上海古籍出版社1986年版。
② 《后汉书·顺帝纪》，上海古籍出版社1986年版。
③ 《后汉书·滕抚传》，上海古籍出版社1986年版。
④ 《后汉书·质帝纪》，上海古籍出版社1986年版。
⑤ 《后汉书·桓帝纪》，上海古籍出版社1986年版。
⑥ 《后汉书·段颎传》，上海古籍出版社1986年版。
⑦ 《后汉书·方术列传》，上海古籍出版社1986年版。
⑧ 《后汉书·皇甫规传》，上海古籍出版社1986年版。

燃,农民大起义的烈火就迅速地燃烧起来了。

灵帝中平元年(184)二月,巨鹿人(今河北平乡西南)张角自称"黄天",利用太平道组织发动群众,终于引发了全国性的黄巾农民大起义。史称"自青、徐、幽、冀、荆、扬、兖、豫八州之人,莫不毕应"①,共有36万余人。根据《后汉书·皇甫嵩传》载,张角起初称"大贤良师",奉事黄老道,畜养弟子,跪拜首过,并以符水给百姓疗病,使"百姓信向之"。后来因遣子弟使于四方,"以善道教化天下,转相诳惑",十余年后,"众徒数十万,连结郡国"。他们以"苍天已死,黄天当立,岁在甲子,天下大吉"相号召,并用白土在京城寺门及州郡官府书"甲子"二字,作为起义进攻的目标,并积极宣传扩大影响。起义后,他们皆著黄巾以为标识,故称"黄巾"。其"所在燔烧官府,劫略聚邑",使"州郡失据,长吏多逃亡。旬日之间,天下响应,京师震动",给予了东汉政权极其沉重的打击。当时在"三十六方"农民起义军中,战斗在苏北和山东一带的黄巾军称"青、徐黄巾",虽然他们在斗争中,不断遭到官府镇压,曾出现过一些挫折,但到中平五年(188)十月,"青、徐黄巾复起,寇郡县"②,又掀起了斗争的高潮。初平三年(192)青徐黄巾军被曹操收编,"受降卒三十余万,男女百余万口,收其精锐者,号为青州兵"③,农民起义基本结束,但直至建安二十年(207)前后,部分青、徐黄巾军仍在进行着不屈的斗争。

轰轰烈烈的黄巾农民大起义,经过20多年的战斗后,终被封建统治者镇压下去了,但是它的意义却是重大而深远的。它不仅直接导致了东汉政权的土崩瓦解,扫荡了地主阶级中的腐朽势力,而且也显示了广大劳动人民的力量,使封建统治者意识到群众的威力。从而使再建的封建政权,多少能汲取历史的教训,注意减轻农民负担,使土地兼并得以延缓,使重建的政权有所改造。而在此过程中,徐州人民和全国一样,也作出了重大的贡献。

三 苏北地区的经济

东汉中后期,政治上逐渐走下坡路,加上战争连年不断,自然灾害频频发生,豪强兼并有增无减,社会经济也受到了严重影响,出现了由盛转衰、急剧恶化的明显势头。苏北地区也不例外。尤其是东汉末年的军阀混战,更对该地区带来了深重的灾难,出现了千里无人烟的状况。

东汉前期,经过80年的发展,全国人口达到5300余万,耕地面积732万余顷,可

① 《后汉书·皇甫嵩传》,上海古籍出版社1986年版。

② 《后汉书·灵帝纪》,上海古籍出版社1986年版。

③ 《三国志·魏书·武帝纪》,上海古籍出版社1986年版。

谓“自中兴以后，逮于永元……齐民岁增，辟土世广”[①]。但是进入东汉中期，社会经济发展的势头便明显地下降了，及至顺帝永和五年(140)，全国人口仅有49150220，比和帝时下降400余万。而在东汉后期的数十年间，也始终未超过5000万的水平。即从徐州地域来说，西汉平帝元始二年(2)，琅邪郡人口1079100，东海郡1599357，临淮郡1237764，楚国497804，泗水国119114，广陵国140722，共计4633861口。而至顺帝永和五年(140)，琅邪国仅570967，东海郡706416，下邳国611083，彭城国493027，广陵郡410190，共计2791683口，仅及西汉时的60.2%。而同期的江南扬州，人口却增加了26.1%，从而形成了鲜明的对照。即从江苏淮北、江淮和苏南三个地区言之，西汉末年，淮北地区人口占55.4%，江淮地区占32.9%，江南地区占11.7%，而东汉顺帝时淮北的东海郡和彭城国仅占51%，江淮的下邳国和广陵郡仅占11.6%，而江南的吴郡和丹阳郡则占37.4%[②]。这说明东汉中期，苏北尤其是江淮地区，人口已经大大减少。而人口的增减，正是社会经济发展与否的重要标志。

苏北地区的这种变化，从进入东汉中期的第一年，即安帝即位之伊始，即已逐渐彰显出来。其中最典型的事例，就是两次南粮北调。《后汉书·安帝纪》载，永初元年(107)九月，“调扬州五郡租米，赡给东郡、济阴、陈留、梁国、下邳、山阳”；永初七年(113)九月，“调零陵、桂阳、丹阳、豫章、会稽租米，赈给南阳、广陵、下邳、彭城、山阳、庐江、九江饥民；又调滨水县谷输敖仓”。这种情况，前及下邳，后及广陵、下邳、彭城，都涉及徐州地域，这在以前是从来未有过的现象。虽然此后迄于汉末未再出现这种情况，但也说明安帝时期，徐州地域社会经济的发展水平开始下降。及至顺、冲、质帝之时，徐州地域更陷入了“连年灾潦”，“流亡不绝”的悲惨景况。

为何徐州地域会出现这种情况呢？首先是自然灾害的频频发生。《后汉书·和帝纪》载：永元十年(98)和帝诏曰：“堤防沟渠，所以顺助地理，通利壅塞。今废慢懈弛，不以为负。刺史、二千石其随宜疏导，勿因缘妄发，以为烦扰，将显行其罚。”这就是说堤防沟渠“废慢懈弛”，而又只能“随宜疏导”，不能“因缘妄发”，因此就不可能再有大型水利工程兴修。但接下来却是水旱之灾等不断发生。如据《续汉书·五行志》载：“和帝永元十年、十三年、十四年、十五年，皆淫雨伤稼”；“殇帝延平元年五月，郡国三十七大水，伤稼”；安帝永初元年“郡国四十一水出，漂没民人。……二年，大水。三年，大水。四年，大水。五年，大水”。“安帝永初元年，雨雹。二年，雨雹，大如鸡子。三年，雨雹，大如雁子，伤稼”；“安帝永初四年夏，蝗。……五年夏，九州蝗。六年三月，去蝗处复蝗子生。七年夏，蝗。元初元年夏，郡国五蝗。二年夏，郡国二十蝗”；

---

① 《后汉书·和帝纪》，上海古籍出版社1986年版。

② 王家典：《两汉时期徐州地区经济文化发展的历史地位》，《秦汉史论丛》第4辑，西北大学出版社1989年版。

"安帝永初元年,郡国十八地震。……二年,郡国十二地震。三年十二月辛酉,郡国九地震。四年正月癸巳,郡国四地震。五年正月丙戌,郡国十地震。七年正月壬寅二月丙午,郡国十八地震。元初元年,郡国十五地震";此后,元初元年至六年间年年地震,少则九郡国,多则四十二郡国。至于山崩、地陷、牛疫等也屡屡发生。这说明安帝时,确是一个自然灾害频发的时期。而不仅如此,更有学者研究表明,自和帝永元十二年至献帝建安五年(100—200)的一百年间,是两汉相较东汉自然灾害明显增多的历史时期[①]。即这样的自然灾害,将一直延续到东汉末年。

虽然上述记载都颇疏略,没有指出自然灾害发生的地点,但有些仍可找到其渊源关系。如据《后汉书·和帝纪》载:永元十六年(104)"诏兖、豫、徐、冀四州比年雨多伤稼,禁沽酒。夏四月,遣三府掾分行四州,贫民无以耕者,为雇犁牛直",可知徐州地域已是"比年雨多伤稼"。而据《后汉书·安帝纪》载,安帝即位,九月"六州大水",十月"四州大水,雨雹",次年"郡国十八地震;四十一雨水,或山水暴至;二十八大风,雨雹",遂"廪司隶、兖、豫、徐、冀、并州贫民",并有首次南粮北调之举;再次年正月,又"廪河南、下邳、东莱、河内贫民"。这说明徐州地域又遭到了大水、风雹或地震的袭击,以至"州郡大饥,米石二千,人相食,老弱相弃道路"[②]。又如永初四年(110),"郡国九地震,夏四月六州蝗",注引《东观记》曰:"司隶、豫、兖、徐、青、冀六州。"这说明徐州地域发生了蝗灾。再如永初六年(112)"十州蝗","五月,旱",次年"蝗虫飞过洛阳","郡国十八地震",于是调南方诸郡粗米"赈给南阳、广陵、下邳、彭城、山阳、庐江、九江饥民"。这说明徐州的广陵、下邳、彭城等地又发生了旱灾、蝗灾或地震。如此等等,不一而足,都说明徐州地域的自然灾害是频发的。

其次,遍及中国北部至西部地区的长期战争,以及农民大起义的不断发生,也导致了徐州地区的经济衰退。东汉中后期,东汉政府对北部匈奴、鲜卑、乌桓和西部地区的羌族诸种等,一直进行着无休止的残酷战争。这些战争,既耗尽了东汉的财力、物力,又给人民带来了深重的灾难,使兵役、徭役负担不断加重。而徐州地域也概莫能外。正如范晔在《后汉书·西羌传》论曰:"羌戎之患,自三代尚矣。汉世方之匈奴,颇为衰寡,而中兴以后,边难渐大。朝规失绥御之和,戎帅骞然诺之信。其内属者,或倥偬于豪右之手,或屈折于奴仆之勤。……故永初之间,群种蜂起。遂解仇嫌,结盟诅,招引山豪,转相啸聚,揭木为兵,负柴为械。毂马扬埃,陆梁于三辅;建号称制,恣睢于北地。东犯赵、魏之郊,南入汉、蜀之鄙,塞湟中,断陇道,烧陵园,剽城市,伤败踵

① 黄今言:《秦汉江南经济述略》,江西人民出版社1999年出版,第58页。

② 《后汉书·安帝纪》注引《古今注》,上海古籍出版社1986年版。

系,羽书日闻。并、凉之士,特冲残斃,壮悍则委身于兵场,女妇则徽纆而为虏,发冢露胔,死生涂炭。自西戎作逆,未有陵斥上国若斯其炽也。”以至于汉将“驰骋东西,奔救首尾,摇动数州之境,日耗千金之资。至于假人增赋,借奉侯王,引金钱缣采之珍,征粮粟盐铁之积。所以赂遗购赏,转输劳来之费,前后数十巨万。……惜哉寇敌略定矣,而汉祚亦衰焉”。显而易见,全国各地无不为此付出了血的代价。而除此之外,全国各地接连不断的农民起义,统治阶级的残酷镇压,也对社会经济起到了破坏作用。如徐州地域在东汉中期,就先后有海贼张伯路的起义,广陵人张婴的起义,更有扬州徐凤、马勉、周生等屡屡攻入徐州地域。在此情况下,中央军队常与州郡共同作战,不断征发兵役、徭役,而无论是你死我活,为战争结果付出代价的都是当地的劳动人民。如质帝即位时,张婴起义尚未完全被镇压下去,皇帝即诏曰:“九江、广陵二郡数离寇害,残夷最甚。生者失其资业,死者委尸原野。……方春戒节,赈济之厄,掩骼埋胔之时,其调比郡见谷,出廪穷弱,收葬枯骸,务加埋恤,以称朕意[①]。”及桓帝即位,又下诏曰:“方今淮夷未殄,军师屡出,百姓疲悴,困于征发[②]。”可见对该地区带来多么严重的影响了。

再者,东汉中后期,豪强、官僚和贵族的任意盘剥,也加剧了该地区的贫富分化,使大批人口在失去土地后成为佃农、雇农、奴婢、徒附,甚至成为无家可归、流离失所的流民。尤其是东汉封建庄园经济的迅速发展,使土地兼并的浪潮一浪高过一浪,更对社会带来了巨大的冲击。徐州地域也同样如此。东汉初年,徐州成为诸侯王国的封邑之地,乡侯、亭侯的数量有增无减,而官僚、豪富也不断增加。如沛国的豪富之家,有的“赀产二千余万”[③]。他们都凭借财力或依仗权势购买土地,侵占民田。扬州甘泉山出土的东汉刘元台买地砖券[④],可谓土地兼并的一个实证。东汉中后期,许多农民失去田宅,纷纷参加张婴等领导的农民起义。广陵太守张纲采取安抚政策,为之“卜居宅,相田畴”,才使“人情悦服”,一度“南州晏然”[⑤]。但这只是偶一为之,且只有张婴等极少数人能得到土地。故在此情况下,“豪人之室,连栋数百,膏田满野,奴婢千群,徒附万计。船车贾贩,周于四方;废居积贮,满于都城;琦赂宝货,巨室不能容。马牛羊豕,山谷不能受”[⑥];而“下户踦跂,无所跱足,乃父子低首,奴事富人,躬率妻孥,

---

① 《后汉书·质帝纪》,上海古籍出版社 1986 年版。

② 《后汉书·桓帝纪》,上海古籍出版社 1986 年版。

③ 吴树平:《风俗通义校释》,天津人民出版社 1980 年版,第 420 页。

④ 《扬州甘泉山出土东汉刘元台买地砖券》,《文物》1980 年第 6 期。

⑤ 《后汉书·张皓传》,上海古籍出版社 1986 年版。

⑥ 《后汉书·仲长统传》,上海古籍出版社 1986 年版。

为之服役……犹不赡于衣食,生有终身之勤,死有暴骨之忧,岁小不登,流离沟壑,嫁妻卖子”①。如睢宁双沟东汉画像石《农耕图》上雕刻的农民形象,就类似这种“下户”为庄园地主服役的情形。他们的大人装束不一,分别在干不同的农活,一个儿童随𤰝播种,还有的人作挑水、送饭状。而另一头则停着大车,车上装满黑压压的肥料,车辕和车箱上停立小鸟,车旁有狗蹲伏在地。整幅画面刻划出“短褐不完”的“徒附”之家为庄园主从事农耕的生动情景。东汉末年,淮阴人步骘和广陵人卫旌单身穷困,避乱江南,为豪强之“客”,正是属于这种类似农奴的“徒附”身份。至于那些连租佃机会都难获得或根本无力租佃的下层贫民,则或背井离乡,成为流民,或在灾荒疾疫中病死、饿死,其生活境况就更加悲惨了。崔实在《政论》中说徐州地域“人稠土狭,不足相供”,正反映出土地高度兼并集中的情形。

此外,官吏的贪残,豪强的恣肆,刑罚的残酷,封建政府的擅自征发等,无论哪一条,都可以随时致使下层贫民走投无路,家破人亡。如《后汉书・安帝纪》载永初五年诏曰:“灾异蜂起,寇贼纵横,夷狄猾夏,戎事不息,百姓匮乏,疲于征发。”正是对当时形势的高度概括。然而“武吏以威暴下,文吏妄行苛刻,乡吏因公生奸”,却只知道盘剥百姓,连国家救济百姓的“糜粥”,也“糠秕相半”,甚至对当地发生的灾荒饥疫隐而不报。及至质帝时,“兵役连年,死亡流离,或支骸不敛,或停棺不收”,而“二千石、令长不崇宽和”,“競逞残暴,造设科条,陷人于罪”②。可见当时的地方官吏,也多是“残暴”、“苛刻”之徒。

东汉后期,封建统治日益黑暗,农民起义不断爆发,但在封建政府和豪强势力的残酷镇压下,徐州地域也遭到了严重破坏。

尤其是黄巾大起义的失败,使徐州人民受到了最为严重的创伤和磨难,社会经济也因此而一落千丈。本来,黄巾起义以后,徐州地域还较为安定,《后汉书・陶谦传》云:“会徐州黄巾起,以谦为徐州刺史,击黄巾,大破走之,境内晏然。”但及中平五年(188)青、徐黄巾复起,徐州地域又燃战火,却迅速出现了大批流民迁徙的浪潮,纷纷迁至幽州等地区。《后汉书・刘虞传》载:刘虞为幽州牧,“务存宽政,劝督农植……民悦年登,谷石三十”,使幽州成为当时全国少见的安宁区域,于是“青、徐士庶避黄巾之难,归虞者百余万口,皆收视温恤,为安立生业,流民皆忘其迁徙”。这说明此时,有数十万的徐州人民迁徙到了幽州地区,并在那里长期居住下来了。及至初平三年(192),青徐黄巾军被曹操收编,“受降卒三十余万,男女百余万口,收其精锐者,号为

① 严可均辑:《崔寔・政论》,全国文献缩微中心光碟版。

② 《后汉书・质帝纪》,上海古籍出版社1986年版。

青州兵”[①]，大批的青徐黄巾军及其眷属，在被大肆杀戮之后，全都成了曹操的降虏，而这其中，约有一半是徐州人。

及初平四年（193），陶谦为徐州牧，局势稍稍安定下来，史称“是时徐方百姓殷盛，谷实甚丰，流民多归之”，但事实上，这完全是一种虚假现象。因为这些粮食，是陶谦派遣部下笮融“督广陵、下邳、彭城运粮”聚集而来，即从各地征发来的。他们的目的，只是为了制造声势，借此吸引流民、群众，以便招兵买马，扩大自己的势力。如笮融“遂断三郡委输，大起浮屠寺，上累金盘，下为重楼……作黄金涂像，衣以锦采”，“多设饮饭”，就招来了万余人的“就食”者，即到此吃白饭的人。甚至连长安一带的流民，也因遭关中饥乱“流移依谦”，希图在此得到安宁。因此，所谓“百姓殷盛，谷食甚丰”，只不过是骗人的把戏而已。徐州地域的广大人民，或大批地流向幽州，或成为曹操军事集团的降虏，故只能用“谷实甚丰”的假象，蛊惑、招徕一些流民，又岂能说明徐州地域的富庶呢？刚刚过了几个月时间，曹操为报杀父之仇，即攻破彭城、傅阳，过拔取虑、睢陵、夏丘，杀“数十万人，鸡犬无余，泗水为之不流。自是五县城保，无复行迹”，以至长安一带“流移依谦”的诸多百姓，也因此而全部罹难，使这里成了血流成河的人间地狱。及兴平元年（194）陶谦病死，徐方不宁，笮融复“将男女万口、马三千匹走广陵”，并在杀掉广陵太守赵昱后，“放兵大掠，因以过江[②]”。至此，徐州地域已有不少于半数的人口，或死或徙，深遭厄难！

陶谦死后，徐淮地区先后为刘备、吕布占领，琅邪、东海为曹操所占，江淮之间则为袁术控制，军阀混战愈演愈烈。建安十四年（209）赤壁战后，“曹公恐江滨郡县，为权所略，征令内移，民转相惊，自庐江、九江、蕲春、广陵，户十余万皆东渡江，江西遂虚”[③]，江淮之间皆为隙地，各县建置亦皆废除。及至“淮南滨江屯候皆撤兵远徙徐、泗，江淮之地不居者各数百里”[④]，这里竟成了没有人烟的荒芜之地。在此情况下，徐州地域的社会经济也就全面地崩溃了。“铠甲生虮虱，百姓以死亡。白骨露于野，千里无鸡鸣。生民百遗一，念之断人肠”[⑤]正是当时百姓惨遭厄难的真实写照！

当然，在东汉中后期战火纷飞、生灵涂炭的岁月里，我们仍能看到曾经出现过的一些亮点，一些未被人们忘记的人物和事迹。如广陵太守张纲在今江都建造的“张公渠”，引大石湖水灌溉农田，得到人民的高度赞扬，以至今日仍保持着“张纲镇”、“张纲

① 《三国志・魏书・武帝纪》，上海古籍出版社 1986 年版。

② 《后汉书・陶谦传》，上海古籍出版社 1986 年版。

③ 《三国志・吴书・孙权传》，上海古籍出版社 1986 年版。

④ 《三国志・吴书・孙韶传》，上海古籍出版社 1986 年版。

⑤ 曹操：《篙里行》，引自《三曹诗选》，人民出版社 1999 年版。

沟”的地名。又如广陵太守陈登，在做典农都尉时，“巡土地之宜，尽凿灌溉之利”，在今扬州市西数十里建造“陈公塘”等，使该地区“粳稻丰积”[①]；后来又开邗沟，截弯取直，缩短了江淮间的航运距离。像这些水利工程，都曾造福于广大人民，以至今日人们还常常念记起他们的功劳，把“张纲沟”称为“张公渠”，把“陈公塘”称为“爱敬陂”。而仪征石碑村东汉木椁墓出土的小型铜圭表，以及铜量器、铜过滤器、铜阳燧、铁臼、铁杵等与炼丹术有关的科学仪器[②]；及笮融在彭城使工匠“以铜为人，黄金涂身”塑造的大型鎏金铜佛像及其寺庙建筑艺术等，也表明了科技、建筑技术的不断进步。而即便是下层百姓，在长期艰苦的条件下，也仍然生生不息地劳动，尽力地取得生产成果，在客观上对社会做出贡献。

但是不管怎样，刘汉王朝已经进入了黄昏时分，东汉前期那种曾经辉煌的局面，已经不复存在了。在徐州地域发掘的东汉晚期墓葬中，我们再也看不到诸侯王们以“黄肠题凑”等为代表的繁华葬具，而却发现了大批民间常用的生活用品。如在高邮邵家沟东汉晚期村落遗址中[③]，出土陶器 323 件，木胎漆器碗 1 件，耳杯 2 件，其中大都制作粗陋，相质无文，反映出劳动人民生活的艰辛。这说明东汉后期的徐州经济，已是日渐走下坡路了。及至东汉末年，“中国失纲，寇贼横暴，淮、泗间非遗种之地”，劫后余生的人们，竟发出“吾闻江东，沃野万里，民富兵强，可以避害”的呼号，把本来落后的江南地区，看作人间生存的“乐土”，而不断地逃向江南[④]。而原本领先于江南的苏北地区，竟成了惨绝人寰的地狱！

第二节　东汉中后期苏南地区的封国与诸郡

东汉时，今苏南地区仍属扬州（汉武所划十三个刺史部之一，与今苏北扬州无关）。东汉中后期，扬州的郡县建置和所封侯国均发生了较大变化；东汉前期江南多循吏的情况不复存在，政治局面日益黑暗，社会动荡、农民起义高涨。同时，也出现了贫富分化，出现了一些豪强大族；兼之北方人口的大批南下，打破了历史上“不忧冻饿，亦无千金之家”的社会基础，也预兆着新的封建政权（三国孙吴）的崛起。

---

① 《三国志·魏书·吕布张邈臧洪传》注引《先贤行状》，上海古籍出版社 1986 年版。

② 《东汉铜圭表》，《考古》1977 年第 6 期。

③ 江苏省文物管理委员会：《江苏高邮邵家沟汉代遗址的清理》，《考古》1960 年第 10 期。

④ 《三国志·吴书·鲁肃传》，上海古籍出版社 1986 年版。

一　东汉中后期扬州行政区划的变迁

东汉中后期，随着扬州社会经济的发展，在郡县建置上也发生了较大变化。首先，顺帝永建四年(129)，会稽郡开始析置吴郡，扬州地域由东汉前期所辖五郡，变成会稽、吴郡、丹阳、九江、豫章、庐江6郡。吴郡治所仍在吴县(今苏州市)，会稽郡治所移至山阴(今浙江绍兴)。这是东汉中期扬州地域的一大变化。其次，县的设置有所调整和增加。根据《续汉书·郡国志》载，九江郡的历阳、当涂、全椒、钟离4县，在章帝建初时封给下邳王刘衍，属下邳国，东汉中期又改属九江郡管辖。丹阳郡，据《郡国志》注引《吴兴记》，中平二年(185)，分故彰县南置安吉县，同年，又分故彰立原乡县；秣陵县，在建安十六年(211)被孙权改称"建业"。西汉时的丹阳郡宣城县，《续汉书·郡国志》不载，到东汉后期复立此县。《后汉书·度尚传》载，桓帝时丹阳人抗徐为"宣城长"。又《续汉书·郡国志》及《晋书·地理志》载：建安十三年(208)孙权分丹阳郡立"新都郡"。会稽郡，据《郡国志》载，于永和三年(138)分章安县东瓯乡置永宁县；乌伤县据《郡国志》注引《英雄交争记》，初平三年(192)分县南乡为长山县；诸暨县据《郡国志》注引《越绝书》，兴平二年(195)分立吴宁县；太末县，初平三年(192)分立新安县，建安四年(199)分立丰安县，建安二十三年(218)立遂昌县；上虞县，《郡国志》注："汉末分南乡立始宁县。"《宋书·州郡志》引《续会稽记》云：始宁县"顺帝永建四年，分上虞南乡立"。未详孰是。吴郡乌程县，《郡国志》注引《吴兴记》："兴平二年(195)，太守许贡奏分县为永县。"豫章郡，据《郡国志》注引《豫章记》，中平中立新吴、上蔡、永修县，建安中立豫章县；庐陵县，《郡国志》注云："兴平元年(194)，孙策分立庐陵郡"；鄱阳县，"建安十五年(210)，孙权分立鄱阳郡，治县"。《晋书·地理志》云："献帝兴平中，孙策分豫章立庐陵郡。孙权又分豫章立鄱阳郡。"而《太平寰宇记》卷一〇九"吉州"条注引《豫章记》谓："灵帝末扬州刺史刘遵上书，请置庐陵、鄱阳二郡，献帝初平二年(191)始立郡。"未详孰是。庐江郡仍与东汉前期相同，没有变化。此为东汉中后期扬州地域郡县变革的大体情形。而就苏南地区而言，终于东汉末年，没有县的增置。最大的变化是，吴县、毗陵等13城，自会稽郡析出，置为吴郡。丹阳郡于建安十三年(208)析置"新都郡"，具体情况不详。丹阳郡的秣陵县，于建安十六年(211)改称"建业"，次年"城石头"，此后渐成都邑，得到较大发展。

此外，东汉中后期，扬州地域所封侯国也有变化。如《后汉书·光武十王列传》载：安帝"永初四年，封福弟亢为当涂乡侯"。《后汉书·安帝纪》载：安帝建光时"乐成王苌有罪，废为临湖侯"。《后汉书·度尚传》载：桓帝时丹阳人抗徐为"宣城长"，后"封乌程东乡侯五百户"，及卒，"追封徐五百户，并前千户"。当涂县属九江郡，临湖县属庐江郡,乌程县属于吴郡。像这些列侯、乡侯,在东汉时常封常废,难识其详,故简而言之,知其变故而已。

根据上述情况可知,东汉中后期的扬州地域,在郡县建置上有所增加,反映了这一地区经济和社会的发展变化,也是江南社会和经济发展的必然结果。但从具体情况来看,这些郡县的增置,绝大多数在东汉末年,因此,这又是东汉政权不断衰落和军阀混战的具体体现。尤其是汉魏之际孙策、孙权居于江东,北方人口大量南下,封建统治者出于巩固政权和发展经济的需要,对郡县的区划和结构作了较大调整,使之发生了重大变化。

二　苏南地区的政治

东汉中后期,随着东汉政权的日渐腐朽,扬州地域在政治上也受到了较大影响。首先,东汉前期江南多循吏的情况不复存在,政治局面日益黑暗。那些在此任职的地方官员,或在政治上日益腐败,或尽情地搜刮人民,中饱私囊。如冲、质二帝时,江南各郡农民起义不断爆发,而九江太守丘腾“怀挟奸巧”,豫章太守虞续“坐赃”[①]。东汉后期,豫章太守王永巴结宦官,吴郡太守、中常侍徐璜弟徐参“在职贪秽”,使广大人民深受其害;外戚、大将军梁冀从弟梁曼为会稽太守,多有罪愆,被扬州刺史刘祐举奏,梁曼“坐征”,都说明官吏的贪污腐败[②]。同时,封建官府对人民的剥削也有增无减。江南地区民族杂处,秦汉王朝在这一地域的统治政策常有变化。但总体上说,秦和西汉时统治政策较为宽松,赋役征课相对轻缓。而东汉中后期,朝廷对少数民族的战争不断,农民起义不断发生,对地方统治日渐加强,赋役征课不断加剧。如《后汉书·循吏·刘宠传》载:刘宠为豫章、会稽太守时,“山民愿朴,乃有白首不入市井者,颇为官吏所扰”,刘宠“简除烦苛,禁察非法,郡中大化”。后被征为将作大匠,山阴县五六老叟……人赍百钱送之,宠劳之曰:“父老何自苦?”对曰:“它守时吏发求民间,至夜不绝,或狗吠竟夕,民不得安。自明府下车以来,狗不夜吠,民不见吏。年老遭值圣明,今闻当见弃去,故自扶奉送。”这说明刘宠之前的地方官吏,均不像刘宠“清约省禁,家无积货”,而是常常勒索人民。而在此情况下,封建迷信也乘机侵袭,小民无以为生,多受其殃。如栾巴为豫章太守时,“郡土多山川鬼怪,小人常破赀产以祈祷”[③]。无疑,这又增加了劳动人民的经济负担。

而与之同时,自东汉以来,随着经济文化的发展,江南地区也出现了贫富分化,打

---

① 《后汉书·孝顺孝冲孝质帝纪》及注引《东观记》,上海古籍出版社 1986 年版。

② 《后汉书·党锢列传》,上海古籍出版社 1986 年版。

③ 《后汉书·栾巴传》,上海古籍出版社 1986 年版。

破了西汉时“不忧冻饿，亦亡千金之家”的均衡状态，出现了一些豪强大族。他们在当时的情况下，必然要残酷地剥削和压迫贫苦农民。如《后汉书·循吏·许荆传》载：会稽阳羡（治今江苏宜兴南）人许武，被会稽太守第五伦举为孝廉，许武以其二弟未显，“欲令成名”，故意与之分土而居，“自取肥田广宅奴婢强者”。及至二弟并得选举，许武“理产所增，三倍于前，悉以推二弟，一无所留”，被远近称之，官至长乐少府。许武之孙许荆被太守黄兢举为孝廉，和帝时为桂阳太守。至灵帝时，许荆之孙许郁官至太尉。可见已为世家大族。而像许武所拥有的“肥田广宅”、众多“奴婢”，以及“理产所增，三倍于前”，正反映出江南地区土地兼并、贫富分化的发展过程。又如《后汉书·独行·陆续传》载：会稽吴（今苏州市）人陆续，“世为族姓。祖父闳，字子春，建武中为尚书令”。陆续为郡户曹史，长子稠为广陵太守，中子逢乐安太守。陆续之孙康，少仕郡，官至庐江太守、忠义将军等。陆康子俊为郎中，少子陆绩仕吴为郁林太守，见称当时。他如吴郡沈景为侍御史、国相[①]；吴郡皋弘“家代为冠族”[②]；会稽余姚人黄昌，“本出孤微。居近学官。数见诸生修庠序之礼，因好之遂就经学”，官至河内太守、大司农[③]；会稽上虞人孟尝，“其先三世为郡吏，并伏节死难。尝少修操行，仕郡为户曹史”，官至合浦太守，尚书令杨乔与之同郡[④]。像这些人，多因读书或祖荫而成为富豪。葛洪《抱朴子·外篇·吴失》卷三四云：江东吴地豪富之家，“势力倾于邦郡，储积富乎公室……僮仆成军，闭门为市。牛羊掩原隰，田池布千里……而金玉满堂，妓妾溢房；商贩千艘，腐谷万庾。园囿拟上林，馆第僭太极。粱肉余于犬马，积珍陷于帑藏”。可说是对江东大家豪富奢侈生活的高度概括。这些具有特殊身份的势家大族，在政治上控制朝柄或主宰州郡，在经济上也拥有大片的土地和劳动力。他们以农为主，结合部分手工业、商业的经营，财富多到了惊人的地步。这种情形与西汉江南“无千金之家”的情况相比，已形成了鲜明的对照。《世说新语》卷四《赏誉》注引《吴录士林》说：“吴郡有顾、陆、朱、张四姓，三国之时，四姓盛焉。”《六臣注文选》卷二八《乐府下》陆机《吴趋行》说：“属城咸有士，吴邑最为多，八族未足侈，四姓实名家。”则吴郡所属城邑，几乎都出现了强宗豪右，而最多的则是吴县。吴县除名家顾、陆、朱、张四姓之外，尚有陈、桓、吕、窦、公孙、司马、徐、傅八族。会稽郡也有不少大族。如《世说新语·赏誉下》说晋时“会稽孔沉、魏颢、虞球、虞存、谢奉，并是四族之俊，于时之杰”。此四姓在《吴都赋》中称“虞魏之昆”，也在东汉末年形成。这些人“乘时射利，财丰巨万”，不仅

---

① 《后汉书·章帝八王传》，上海古籍出版社 1986 年版。

② 《后汉书·文苑列传》注引《谢承书》，上海古籍出版社 1986 年版。

③ 《后汉书·酷吏列传》，上海古籍出版社 1986 年版。

④ 《后汉书·循吏·孟尝传》，上海古籍出版社 1986 年版。

经济势力强大，而且有相当的军事力量。如《三国志·邓艾传》云："吴名宗大族，皆有部曲，阻兵仗势，足以建命。"《吴都赋》云：江东"高门鼎贵，魁岸豪杰，虞魏之昆，顾陆之裔……陈兵而归，兰锜内设"。《三国志·孙策传》注引《吴历》载，张紘曾向孙策献计："若投丹阳，收兵吴会，则荆、扬可一。"注引《江表传》载孙策说袁术：若"投本土招募，可得三万兵"。及后孙策渡江，击走扬州刺史刘繇，进入曲阿，发布文告于各县，收"故乡部曲"，"旬日之间，四面云集，得见兵二万余人，马千余匹，威震江东，形势转盛"。可见江东大族都有部曲。孙策之所以据有江东，就是依靠拥有部曲"足以建命"的江东大族的支持。此外，他们更有大量的徒附，用于农业、手工业等生产部门。如会稽郡的豪族征羌，"人客放纵"，淮阴人步骘和广陵人卫旌"单身穷困"，来到江南。他们向征羌"求食其地"，"以种瓜自给"。为了不被"所侵"，"乃共修刺奉瓜，以献征羌"，而征羌"设席致地，坐骘、旌于牖外"，"以贫贱遇之"①。像步骘、卫旌这等人，就是依附于庄园主从事农桑的"客"，即仲长统所说"徒附万计"的"徒附"。

正是由于东汉政权的日益腐朽和地方官吏、地主豪右的刻意盘剥，自东汉以来，扬州人民的反抗斗争就不断发生。如早在和帝时，苏南就发生过小规模的农民起义。《后汉书·马援附族孙棱传》载：永元末年"江湖多剧贼"，朝廷以马棱为丹阳太守，"棱发兵掩击，皆禽灭之"。后来，马棱竟"坐盗贼事被征"②，说明这次起义的影响是颇大的。又如《后汉书·张霸传》载：永元中张霸为会稽太守，"始到越，贼未解，郡界不宁"。可见会稽郡也有类似农民起义的事件发生。而这两次事件，都发生在苏南的会稽和丹阳郡。

东汉中期，农民起义更是此伏彼起，不断地爆发。《后汉书·顺帝纪》载：阳嘉元年(132)二月，"海贼曾旌等寇会稽，杀句章、鄞、鄮三县长，攻会稽东部都尉"。顺帝被迫令沿海各县"各屯兵戍"。至三月份，扬州六郡妖贼章河等称将军，"寇四十九县，杀伤长吏"。这些起义，具体情况不见记载，但从"寇四十九县"并涉及"扬州六郡"等情况看，起义的声势和规模不小，东汉统治者肯定是花了很大气力才平息下去的。至于起义原因，从当年十二月顺帝诏曰"间者以来，吏政不勤，故灾咎屡臻，盗贼多有。退省所由，皆以选举不实，官非其人，是以天心未得，人情多怨"，以及次年二月朝廷下令"诏以吴郡、会稽饥荒，贷人种粮"的情况可知，完全是因为郡县"饥荒"和地方官吏的胡作非为而引发的。也正因为这样，才使农民起义一下子高涨起来，并且遍及扬州各郡。及至阳嘉三年(134)五月，顺帝诏曰："春夏连旱，寇贼弥繁……其赦天下，自殊死

① 《三国志·吴书·步骘传》，上海古籍出版社1986年版。

② 《后汉书·方术列传》，上海古籍出版社1986年版。

以下谋反大逆诸犯不当得赦者,皆赦除之。"这些起义才可能被镇压下去。然而仅仅过了4年,即到永和三年(138)四月,"九江贼蔡伯流寇郡界,及广陵,杀江都长。……五月,吴郡丞羊珍反,攻郡府",农民起义又掀起高潮。《续汉书·天文志》载:"吴郡太守行丞事羊珍与越兵弟叶、吏民吴铜等二百余人起兵反,杀吏民,烧官亭民舍,攻太守府。太守王衡距守,吏兵格杀珍等。又九江贼蔡伯流等数百人攻广陵、九江,烧城郭,杀江都长。"这说明羊珍起兵与农民起义也有关系,而蔡伯流的队伍更是转战大江南北,对统治者给予了沉重打击。虽然这些起义又被统治阶级所镇压,但至永和六年(141),"九江、丹阳贼周生、马勉等起兵攻没郡县"①;"广陵盗贼张婴等寇郡县"②,江南苏北相互呼应,均爆发了农民起义。故《后汉书·顺帝纪》称:"杨、徐盗贼攻烧城寺,杀略吏民。"《后汉书·滕抚传》谓:"扬、徐盗贼群起,磐牙连岁。"及至建康元年(144),"九江范容、周生等相聚反乱,屯聚历阳,为江淮巨患",顺帝遂遣御史中丞冯绲将兵,督扬州刺史尹耀、九江太守邓显讨之。正在这时,顺帝驾崩,即位的冲帝年仅2岁,农民起义更加高涨。不久扬州刺史尹耀和九江太守邓显即被打败,"为贼所杀";而徐凤和马勉等"复寇郡县,杀略吏人",并遣别帅黄虎等攻没合肥,从而取得重大胜利③。及至次年冲帝驾崩,质帝即位,广陵张婴等复反,徐凤等乘机杀入江北,并一举"攻杀曲阳、东城长"。其间,马勉称"黄帝",建年号,置百官,筑营于当涂山中;徐凤则称"无上将军"。及马勉、范容、周生等被滕抚所镇压,丹阳郡起义军陆宫等"围城,烧亭寺",庐江起义军"攻寻阳,又攻盱台",历阳华孟称"黑帝",攻杀九江太守杨岑,继续领导农民军斗争④。虽然这些起义终被官府镇压下去,但起义的烈火燃遍大江南北,牵制了官军数万人的兵力,杀掉了扬州刺史尹耀、九江太守邓显以及许多的地方长吏。中郎将赵序、广陵太守王喜、九江太守丘腾等,皆以"畏懦不进"、"讨贼逗留"等下狱而死。从而对东汉统治者给予了极其沉重的打击。

东汉后期,扬州地域的农民起义进一步高涨起来。如《后汉书·桓帝纪》载:延熹五年(162),豫章郡"艾县贼焚烧长沙郡县,寇益阳,杀令"。永康元年(167),"庐江贼起,寇郡界"。及灵帝时,丹阳、会稽、庐江等郡,更爆发了大规模的农民起义。《后汉书·灵帝纪》载:建宁二年(169)九月,"丹阳山越贼围太守陈夤,夤击破之"。熹平元年(172)十一月,"会稽人许生自称'越王',寇郡县,遣扬州刺史臧旻、丹阳太守陈夤讨破之"。熹平三年(174),"扬州刺史臧旻率丹阳太守陈夤,大破许生于会稽,斩之。"而

① 《续汉书·天文志》。

② 《后汉书·顺帝纪》,上海古籍出版社1986年版。

③ 《后汉书·滕抚传》,上海古籍出版社1986年版。

④ 《后汉书·质帝纪》,上海古籍出版社1986年版。

在许生被镇压后，苴康继续领导起义。《续汉书·天文志》载：熹平元年“会稽贼聚众自称大将军，昭父生为越王，攻破郡县。二年……明年冬，扬州刺史臧旻、丹阳太守陈夤，攻盗贼苴康，斩首数千级”。由此可见，灵帝时的农民起义，是以丹阳、会稽郡的越人为主，时间长达六七年之久。至于起义的规模，《后汉书·臧洪传》云：“攻破城邑，众以万数”，及破平之，“斩首数千级”，可见当有数万人参加。而据《三国志·吴书·孙破虏讨逆传》载：“会稽妖贼许昌起于句章，自称‘阳明皇帝’，与其子韶扇动诸县，众以万数。坚以郡司马募召精勇，得千余人，与州郡合讨破之”。则知许昌即许生，许韶即许昭，许昌还曾称“阳明皇帝”。这次起义，虽被官府残酷镇压，但至灵帝光和三年(180)，“江夏蛮复反，与庐江贼黄穰相连结，十余万人，攻没四县，寇患连年”，庐江郡的黄穰又发动了农民起义而且竟达“十余万人”，“寇患连年”。以至庐江太守陆康花了很大气力，才将他们讨破，使之“余悉降散”①。这些起义，规模颇大，动以万计，遍及扬州广大地域，都对东汉政权给予了沉重打击。

及至灵帝中平元年(184)，全国性的黄巾农民大起义爆发，“自青、徐、幽、冀、荆、扬、兖、豫八州之人，莫不毕应”②，更是形成了“遐迩摇荡，八州并发，烟炎绛天”的巨大声势③。《后汉书·灵帝纪》载：“中平元年春二月，巨鹿人张角自称‘黄天’，其部帅有三十六方，皆著黄巾，同日反叛。”注引《续汉书》曰：“三十六万余人。”而据《后汉书·皇甫嵩传》载，“大方马元义等先收荆、扬数万人，期会发于邺”，这说明扬州在一开始，即卷进了农民起义的大潮。他们“燔烧官府，劫略聚邑”，使“州郡失据，长吏多逃亡”，给予了东汉政权沉重的打击。如《后汉书·羊续传》载：“扬州黄巾贼攻舒，焚烧城郭”，庐江太守羊续“发县中男子二十以上，皆持兵勒阵，其小弱者，悉使负水灌火，会集数万人，并势力战”，才将这支黄巾军击败。但是不久，庐江戴风等再次“作乱”，羊续急忙调集兵力，“斩首三千级，生获渠帅，其余党辈原为平民，赋与佃器，使就农业”，才将他们镇压下去。与之同时，丹阳郡也爆发了黄巾起义。如《续汉书·郡国志》“丹阳郡”注引《吴兴记》曰：故鄣县“中平二年，分县南置安吉县。光和末，张角乱，此乡守险助国，汉嘉之，故立县”。不言而喻，除了此乡帮助官府“守险助国”外，其它地方都卷进了起义的潮流。而稍后不久，吴郡陈败、万秉等统率的黄巾军余部，继续在苏南地区战斗。虽然轰轰烈烈的黄巾农民大起义，经过20多年的战斗后，终被封建统治者镇压下去，但接踵而来的是军阀混战和天下三分的政治局面。而摇摇欲坠的东汉政权，在经过农民大起义的沉重打击后，却再也不能统治下去了。

---

① 《后汉书·南蛮西南夷列传》，上海古籍出版社1986年版。

② 《后汉书·皇甫嵩传》，上海古籍出版社1986年版。

③ 《后汉书·百官志》注引应劭《汉官仪》，上海古籍出版社1986年版。

总之，东汉中后期，扬州地域出现了动荡不安的政治局面。这种局面不仅动摇了东汉政权在扬州的统治基础，而且对当地社会和经济的发展，也产生了重大影响。尤其是豪强大族的不断涌现和迅速发展，以及北方人口的大批南下，打破了历史上"无千金之家"的社会基础，也造就了新的封建政权的崛起。从而使扬州进入了一个新的历史发展阶段。

三　苏南地区的经济

东汉前期，通过广大劳动人民的辛勤劳动，江南地区在经济上得到了较大发展。到安帝即位初年，便出现了两次南粮北调的情况。《后汉书·安帝纪》载：永初元年(107)九月，"调扬州五郡租米，赡给东郡、济阴、陈留、梁国、下邳、山阳"。李贤注曰："五郡谓九江、丹阳、庐江、吴郡、豫章也。扬州领六郡，会稽最远，盖不调也。"按：顺帝永建四年(129)，吴郡方从会稽郡析出，此时扬州仅辖五郡，谓"扬州领六郡"，会稽"不调"，误也。又《安帝纪》载：永初七年(113)九月，"调零陵、桂阳、丹阳、豫章、会稽租米，赈南阳、广陵、下邳、彭城、山阳、庐江、九江饥民；又调滨水县谷输敖仓"。由此可见，这两次对黄淮地区的南粮北调时隔六年，又均有丹阳、会稽二郡，反映出东汉前期苏南地区经济的发展。而与之同时，东汉政府为减少粮食调运的经费和时间，还把北方饥民迁到江南，移民就食。如《后汉书·樊宏附族曾孙准传》载：永初年间，"连年水旱灾异，郡国多被饥困"，御史中丞樊准上疏"可依征和元年故事，遣使持节慰安。尤困乏者，徙置荆、扬熟郡，既省转运之费，且令百姓各安其所"。这个建议很快得到了朝廷的批准。这种"移民就食"的办法，虽会临时加重江南人民的经济负担，但从长远的观点来看，也使南方人口增加，有利于经济持续性的发展。

但是，由于东汉政权的日渐腐朽，地方官吏与豪强地主的残酷压榨，以及自然灾害的不断发生，这种经济发展的势头，并未能长期持续下去，使自此以后迄于汉末，再不见南粮北调的记载。这说明东汉前期江南经济虽有发展，相对来说还很脆弱，发展的水平仍然不高。尤其是自然灾害的侵袭，往往会带来严重后果。如《后汉书·光武帝纪》载，建武十四年(38)"会稽大疫"。《续汉书·郡国志》载："安帝元初六年夏四月，会稽大疫"，注引《古今注》曰："光武建武十三年，扬徐部大疾疫，会稽江左甚。"《后汉书·钟离意传》载：钟离意"会稽山阴人也。少为郡督邮。……建武十四年，会稽大疫，死者万数"。而至和帝以后，会稽等郡竟成为中央政府的赈贷对象。如《后汉书·和帝纪》载：永元十四年(102)"赈贷张掖、居延、敦煌、五原、汉阳、会稽流民下贫谷，各有差。"《安帝纪》载：永初四年(110)"廪九江贫民"；元初六年(112)"会稽大疫，遣光禄大夫将太医循行疾病，赐棺木，除田租、口赋"。《顺帝纪》载：阳嘉二年(133)"诏以吴郡、会稽饥荒，贷人种粮”。及经多次战火之后，九江等郡“数离寇害，残夷最甚。生者失其资业，死者委尸原野”[①]，数度使江南地区遭受重创。及东汉后期，“荆扬二州人多饿死，遣四府掾分行赈给”，加上“九江、庐江大疫”，而农民起义以后，封建官府采取“凡诸妖恶，支亲从坐”的政策等，自然对经济发展造成相当的负面影响。由于江南人口的增加和广大劳动人民的辛勤开发，江南经济仍然是迈出了坚实的步伐，在各方面水平都有显著提升，出现了一些新的气象。

首先，继东汉前期农业发展的良好势头，在各方面又获得了新的发展。如在水利兴修方面，顺帝永和五年(140)，“会稽太守马臻创立镜湖，在会稽、山阴两县界，筑塘蓄水，高丈余，田又高海丈余，若水少，则泄湖灌田；如水多，则开湖泄田中水入海，所以无凶年。堤塘周回五百一十里，溉田九千余顷”[②]，即为利用特殊地理条件建成的一座大型水利工程，兼有蓄水、防洪和灌溉的多重功能，故能旱涝保收而“无凶年”。又如灵帝熹平二年(173)，陈浑在临安修起湖陂，“溉公私田一千余顷”[③]，也具蓄水、灌溉等多种功能。此外，太湖东岸的菱湖、游湖、莫湖、贡湖、胥湖，史称“五湖”，也都兼有蓄水、防洪和灌溉的功能，继续发挥着它们的作用。另如东汉前期王景在庐江修筑的芍陂、东汉时在安徽寿县建造的安丰塘坝堰等，在东汉中后期，也仍然发挥着较大作用。而随着农业生产的发展，水稻亩产量也有了较大程度的提高，已由西汉时期的四石(合 240 斤)提高到六石(360 斤)左右，高于北方旱作农作物的产量[④]。左思《吴都赋》云：吴郡“四野则畛畷无数，膏腴兼倍，原隰殊品，窳隆异等，象耕鸟耘，此之自与，穱秀菰穗，于是乎在。……国税再熟之稻，乡贡八蚕之绵。”

其次手工业也有了较大发展。如安徽淮南刘家古堆东汉晚期墓中，出土有漆盘、碟、匜、耳杯等器物，虽然腐朽而不成形，但所留下镶嵌用的鎏金铜饰，漆盘上鎏金铜口沿，外黑色素面，内黑地朱彩纹；漆奁鎏金铜口沿，鎏金铜龙头流；漆耳杯鎏金铜耳，外黑内朱色，仍能看出制作之精美[⑤]。铜器制造业也有进步。如西汉中期以来，汉代铜镜的样式是全国统一的，而东汉中期后的“神兽镜”和“画像镜”，却首先在长江流域开始出现。根据日本出土的许多铜镜铭文可知，当时洛阳制造的铜镜最为著名，而会稽郡的技师，也可与洛阳技师媲美。尤其是会稽郡的治所绍兴，是浮雕式花纹铜镜的制造地点，铜器制造业颇为发达，实为江南铜镜制造的一个中心。如在此出土的中平

---

① 《后汉书·质帝纪》，上海古籍出版社 1986 年版。

② 《通典·州郡十二》引孔灵符《会稽记》，时代出版社 2008 年版。

③ 《余松县志》，卷二一《名宦传》，载《中国地方志集成》，上海书店 1993 年版。

④ 黄今言：《秦汉江南经济述略》，江西人民出版社 1999 年版，第 90 页。

⑤ 李发林：《战国秦汉考古》，山东大学出版社 1991 年版。

四年半圆方枚乳神兽镜的边缘上，出现了一种由羽人操舟、奔龙、飞凤、走兽等生动图像组成的画纹带，极为精致美观。这种画纹带，在东汉末起源于会稽，到东吴时武昌镜也常常采用，并用在非常讲究的铜镜上，与中原地区同时期的产品不同，显示出江南铜器制造业的水平。吴郡的吴县（今苏州市），也发展为铸造铜镜的中心，在城内和近郊有不少制镜作坊，集中在向里、向阳里、胡阳里一带。作坊中有不少技术高超的工匠——杨氏、驺氏、周氏、赵忠、张元、郑梦等，生产蟠龙镜、画像镜、画像带镜、神兽镜等①。此外，在纺织业上，东汉前期产于会稽吴地的越布，到东汉中后期也有发展。如王符在《潜夫论·浮侈篇》载："今京师贵戚，衣服、饮食、车舆、文饰、庐舍，皆过王制，僭上甚矣。从奴仆妾，皆服葛子升越。"左思《吴都赋》说："蕉葛、升越，弱于罗纨。"《太平御览》卷八一六引《魏文帝诏》称："江东为葛，宁可比罗纨绮縠。"《越绝书·外传·记地传》云："葛山者，句践罢吴种葛，使越女织治葛布，献于吴王夫差。"可见，葛子、升越都出产于吴越之地。而在东汉前期还只用于朝廷赏赐的越布，此时连"从奴仆妾"也皆服之。平时服用的"江东葛"，经过纺织技术的改进，竟被统治者比作"罗纨绮縠"。说明纺织业方面确是得到了较大发展。盐铁业在章帝时一度官营，至和帝初"罢盐铁之禁，纵民煮铸，入税县官如故事"②，自此由民自由经营。左思《吴都赋》说到吴郡"煮海为盐，采山铸钱"，正说明罢盐铁之禁后尽为私家经营的情况。

东汉重列式神兽

商业方面也有发展。如《三国志·吴书·全琮传》载：东汉末年，吴郡全柔为桂阳太守，使子全琮"赍米数千斛到吴，有所市易"。王符在《潜夫论·浮侈篇》所说的"葛子升越"，除统治者作为赋税征收外，有的也是通过商人贩运到北方的。《抱朴子·外篇·吴失》卷三四载：江东吴地的豪富之家，"势力倾于邦郡，储积富乎公室……僮仆成军，闭门为市。牛羊掩原隰，田池布千里……而金玉满堂，妓妾溢房；商贩千艘，腐谷万庾。园囿拟上林，馆第僭太极。粱肉余于犬马，积珍溢于帑藏。"这许多的金玉积珍，僮仆田池，无不通过"商贩"贩运和购买而来。左思在《吴都赋》中描述吴郡治所吴县（今苏州市）的商业盛况说："开市朝而并纳，横阛阓而流溢，混品物而同廛，并都鄙

① 《江苏史纲》（古代卷），江苏古籍出版社1993年版，第181页。

② 《后汉书·和帝纪》，上海古籍出版社1986年版。

而为一。士女伫眙，商贾骈坒，纻衣绨服，杂沓傱萃。轻舆按辔以经隧，楼船举帆而过肆，果布辐凑而常然，致远流离与珂珬，绨贿纷纭，器用万端，金镒磊砢，珠琲阑干，桃笙象簟，韬于筒中，蕉葛升越，弱于罗纨。……挥袖风飘，而红尘昼昏，流汗霡霂，而中逵泥泞。富中之甿，货殖之选，乘时射利，财丰巨万，競其区宇。"而与此同时，海上贸易也有发展。如《后汉书·郑弘传》载："交趾七郡，贡献转运，皆从东冶泛海而至。"《三国志·吴书·孙权传》载：会稽东冶海外有宜、夷二洲，秦时方士徐福入海求仙药，率童男童女数千人留在此地，"世相承有数万家，其土人民时有至会稽货布，会稽东冶县人海行亦有遭风流移至直洲者"。这说明东汉时期江南地区同东南海上贸易的客观存在。王符在《潜夫论·浮侈篇》说："今举世舍农桑，趋商贾，牛马车舆，填塞道路……商邑翼翼，四方是极。"仲长统在《昌言·理乱篇》云："豪人之室，连栋数百，膏田满野，奴婢千群，徒附万计。船车贾贩，周于四方，废居积贮，满于都城。"也自然包括了江东地区。这是东汉罢盐铁之禁、实行宽商政策后出现的新的气象。

东汉时期扬州经济发展的最突出标志，是人口的大量增加。根据《汉书·地理志》和《续汉书·郡国志》载，从西汉元始二年(2)到东汉永和五年(140)的138年，全国人口由59594978降49150220，人口减少10444758人。而据《郡国志》注引伏无忌说，光武中元二年(57)"口二千一百万七千八百二十"，可知减少的主要原因是两汉间的天下大乱，而东汉时人口却在不断增长。但就扬州地域而言，因两汉之际战乱较少，北方人口大量南下，人口却在不断增加。西汉末年，扬州所辖庐江郡户124383，口457333；六安国户38345，口178616；会稽郡户223038，口1032604；九江郡户150052，口780525；丹阳郡户107541，口405171；豫章郡户67462，口351965。计710821户，3206214口。而至东汉永和五年，六安国已属庐江郡管辖，会稽郡则析出吴郡，庐江郡户101392，口424683；会稽郡户123090，口481196；吴郡户164164，口700782；九江郡户89436，口432426；丹阳郡户136518，口630545；豫章郡户406496，口1668906。计1021096户，4338538口。总计增加310275户，1132324口。人口增长率26.1%，年均增长率为2.19%。尤其是北方司隶、豫、徐、青、幽、冀、兖、并、凉等州人口，在同时期大大减少，更显示出扬州地域人口的增长。而从扬州各郡来看，豫章郡增1318941口，丹阳郡增255375口，吴郡和会稽郡增149374口，九江郡减少402931口，庐江郡减少211266口，则丹阳、吴郡及会稽郡虽不如豫章郡增长的快，但比九江、庐江郡却快得多。而据有关资料显示[①]，东汉时所领吴郡之地，西汉末人口516295，东

① 葛剑雄：《中国移民史》，福建人民出版社1997年版，第270页；黄今言：《秦汉江南经济述略》，江西人民出版社1999年版，第27页。

汉顺帝时时 700782，增加 184487 口；东汉顺帝时的会稽郡，西汉末人口 516409，东汉时仅 481196 口，减少 35213 口。则苏南的吴郡和丹阳郡，增长速度也是较快的。正如万绳楠先生所说："这种增加，等于把西汉的豫章郡或桂阳郡搬到吴、会，把西汉的桂阳郡或零陵、武陵二郡搬到丹阳[①]。"而人口的增加，正是社会经济发展的显著特征。

东汉中后期，有多方面的因素促进扬州地域人口的增长，由此带来经济的提升。如《后汉书·度尚传》载：顺帝后期，丹阳人抗徐"试守宣城长，悉移深林远薮椎髻鸟语之人置于县下，由是境内无复盗贼"。这说明永和五年后复置的宣城县，迄未著籍的山区人民已经成为编户齐民。而随着东汉后期农民大起义的爆发和接踵而来的军阀混战，北方人民更是大批地避难于江南，使这一地区人口增加。如《后汉书·桓荣传》注引《东观记》载：初平中天下乱，桓严"到吴郡……后东适会稽"。《三国志·魏书·华歆传》注引《谱叙》云："孙策略有扬州……是时四方贤大夫避地江南者甚众。"《三国志·吴书·张昭传》："汉末大乱，徐方士民多避难扬土，昭皆南渡江。"《三国志·魏书·刘馥传》："刘馥字元颖，沛国相人也。避乱扬州。"《三国志·吴书·全琮传》：全琮"吴郡钱塘人也。……是时中州人士避乱而南，依琮居者以百数，琮倾家给济，与共有无，遂显名远近"。至于成批迁到江左者，人数则更多。如《三国志·魏书·蒋济传》载：建安十四年(209)"使于谯，太祖问济曰：'……今欲徙淮南民，何如？'济对曰：'……百姓怀土，实不乐徙，惧必不安。'太祖不从。而江淮间十余万众，皆惊走吴"。《三国志·吴书·吴主传》载：建安十八年(213)曹操北归，"恐江滨郡县为权所略，征令内移。民转相惊，自庐江、九江、蕲春、广陵户十余万皆东渡江，江西遂虚，合肥以南惟有皖城"。而随着战争的不断扩大，更有大量人口被虏掠到江左地区。如《三国志·吴书·孙破虏讨逆传》注引《江表传》载：建安四年(199)孙策攻下皖城，俘获袁术"百工及鼓吹部曲三万余人"，"皆徙所得人东诣吴"。《三国志·吴书·孙权传》载：建安十二年(207)"西征黄祖，虏其人民而还。十三年春，权复征黄祖……虏其男女数万口"。建安十九年(214)，权征皖城，"获庐江太守朱光及参军董和，男女数万口"。可见江左人口的增加，不仅有来自北方的大量人口，而且也有扬州西部及长江中游的不少人口。而在诸多的战争中，把人口大量地掠至江东，竟成为孙吴统治者争战的核心内容。及至东汉末年，中原地区出现了"白骨露于野，千里无鸡鸣"的残破景象，人口较多的荆州地区，成为魏、蜀、吴争夺的焦点，而江东的人口数字却依然上升。人口的大量增加，先进生产技术的传入，给苏南地区的经济发展提供了重要条件，使一个以"渔猎山伐为业"、"果蓏蠃蛤"为食的经济落后地区，逐渐由粗耕阶段过渡到精耕阶

① 万绳楠：《中国长江流域开发史》，黄山书社 1997 年版，第 88 页。

段，从而大踏步地进入了一个新的发展时期。

随着南方社会经济的不断发展，中国古代的经济区域也发生了重大变化。东汉以前，全国的经济发展区域主要是在淮河以北，特别是包括关中在内的黄河中下游地区。而当时的人口分布，也主要集中在黄河中下游的司隶、豫、兖、冀、青、徐六州。但是到了东汉中期，这种情况就发生了较大变化。黄河流域的某些经济发展地区人口锐减，开始出现衰落的迹象，而南方则出现了新的经济发展地区，人口也在急剧增长。如长安附近的三辅地区，西汉末年人口240多万，到东汉顺帝时，人口锐减到50余万；并州由330多万口，减至不足70万；幽州由390多万口，减至200多万；兖州由780多万口，减至400万左右。而扬州人口则从320多万增加到430多万；荆州人口从350多万增加到620多万。随着人口的不断增加，南方不少地区的开发速度也大大加快了。如太湖和钱塘江流域，西汉时由会稽郡管辖，东汉时则析出吴郡，这正是经济发展的直接后果。及至东汉末年孙吴政权建立于此，则表明江左地区的经济状况，已足以支撑起一个与魏、蜀二国鼎立的政权，反映出江东地区在全国地位的巨大变迁。

但是，尽管江南经济的战略地位逐渐提高，然因历史、政治等方面的原因，当时全国的经济重心仍在黄河中下游的中原地区。如就人口密度而言，东汉顺帝时，豫州面积188276平方公里，人口3179139，平均每平方公里为38.13人；冀州面积93020平方公里，人口5931919，平均每平方公里63.77人；中原地区的兖州、青州、徐州等，人口密度也都较高。而江南的荆、扬二州，因地域广大，人口密度的绝对数字却比较低，以户口数字计算出来的郡国人口密度，除南阳外，至多不超过每平方公里20人，低的仅为1.98人。因此，尽管江南人口不断上升，与中原人口的密度相比却差得多①。而在中国古代社会，人口是社会经济发展的标志之一，人口密度的高低，往往与经济发展的程度为对应关系。中原地区人口密集，在一定程度上反映了当时社会经济的发展水平。而除此之外，在土地资源的开发和利用，工商业及城市的发展等方面，南方也不如中原地区。

同时，从江南各地来看，虽然普遍得到发展，但因受到交通、资源、环境等自然因素以及劳动力、生产水平等方面的制约，其发展的不平衡性也较明显。大致上说，当时沿长江流域带的吴越、荆襄及巴蜀之地，经济比较发达。而就荆、扬二州来看，扬州也比荆州落后。如自西汉元始二年(2)至东汉永和五年(140)，荆州的桂阳郡，人口增长率为220.4%；长沙郡为349.2%；零陵郡为518.6%；而会稽和吴郡仅增114.5%；

① 葛剑雄：《中国人口发展史》，福建人民出版社1991年版，第334、342页。

庐江、九江二郡，则比西汉还要减少。

但从苏南地区来看，东汉时也出现了可喜的现象。如据统计显示，东汉顺帝时，吴郡人口密度为每平方公里 18.9 人，在荆、扬所辖各郡中为最高数字，丹阳郡每平方公里 12 人，在扬州仅次于吴郡和九江郡，而会稽郡仅为每平方公里 2.32 人[①]。这说明苏南地区的人口是较为集中的。而从城市化的步伐来看，苏南虽比中原落后，但就吴郡和丹阳郡而言，郡县级城市尚有发展。如永和五年(140)时，丹阳郡平均 3285 平方公里置一县，吴郡平均 2852 平方公里置一县，其在荆、扬诸郡中仅次于九江郡(每 1964 平方公里置一县)。而与会稽郡平均 13595 平方公里置一县相比，县的密度要高数倍[②]。而城市分布的密度，归根到底是由经济发展水平来决定的。太湖冲积平原经济发展相对较快，人口密度相对较大，城市发展也比较快。根据应劭《汉官仪》载，"荆扬之江南七郡，唯有临湘、南昌、吴三县令"，说明江南县城规模普遍不大，苏南也仅吴县(今苏州市)称为县令。而按秦汉制度规定，万户以上置县令，万户以下置县长，可见江南户口较少，不如中原地区的城市。但从当时的吴郡治所吴县(今苏州市)来看，至少已有 4—5 万户[③]，则是江南的一座大城。吴城又名姑苏城，是春秋时吴王阖闾根据伍子胥的建议所修的。当时城区规模颇大，周围 23.5 公里，开水陆门各 8 个，城中又有小城，周围 6 公里。秦和西汉时为会稽郡治，东汉顺帝后为吴郡郡治。故长期以来为吴越经济区的中心城市。《史记·货殖列传》载：吴"东有海盐章山之铜，三江五湖之利，亦江东一都会也"。东汉时期更加繁荣。如左思《吴都赋》云："徒观其郊隧之内奥，都邑之纲纪，霸王之所根柢，开国之所基趾。郛郭周匝，重城结隅，通门二八，水道陆衢。……水浮陆行，方舟结驷，唱棹转毂，昧旦永日。开市朝而并纳，横阛阓而流溢，混品物而同廛，并都鄙而为一。士女伫眙，商贾骈坒，纻衣绨服，杂沓傱萃。轻舆按辔以经隧，楼船举帆而过肆，果布辐凑而常然，致远流离与珂珬，缣贿纷纭，器用万端，金镒磊砢，珠琲阑干，桃笙象簟，韬于筒中，蕉葛升越，弱于罗纨。……挥袖风飘，而红尘昼昏，流汗霡霂，而中逵泥泞。富中之甿，货殖之选，乘时射利，财丰巨万，競其区宇。"由此可见，苏南在当时的扬州地域，已经处于领先地位。

而除此之外，人口的增加，城市的繁荣，是同社会发展相同步的。人口的流入，不仅促进了江南的开发，有利于社会经济的发展，而且由于生产、通婚等环境的改变，有利于人口素质的提高。因此，移民作为文化的载体，从中原地区流向江南，其过程也是中华文化交融和扩展的过程。这从东汉时期南方出现较多的名士，即可看得非常

---

① 黄今言:《汉代江南经济述略》,江西人民出版社 1999 年版,第 21 页。

② 黄今言:《汉代江南经济述略》,江西人民出版社 1999 年版,第 113 页。

③ 按:吴郡时辖 13 城,户 16.4 万余,仅吴称县令,说明其它各县均不足万户,吴县则不少于 4—5 万户。

清楚。像会稽上虞人王充、山阴人赵晔、无锡人高彪等，史称“众盛”[①]。如《后汉书·文苑列传》载：“高彪字义方，吴郡无锡人也。家本单寒，至彪为诸生，进太学。……后郡举孝廉，试经第一，除郎中，校书东观，数奏赋、颂、奇文，因事讽谏，灵帝异之。”其作书箴，蔡邕“甚美其文，以为莫尚也”。后灵帝“诏东观画彪像以劝学者”。这在江南士人中可说是有代表性的。他如《后汉书·儒林传》载会稽曲阿人包咸，《后汉书·独行传》载吴郡由拳人张武，“世为族姓”的会稽吴人陆续，《后汉书·文苑传》注引《谢承书》载吴郡皋弘，以及南迁而来的著名文士梁鸿、蔡邕、许劭等，都显示出苏南地区的文化进步。

总之，东汉时期江南经济有了较大的发展。特别是东汉末年，中原地区连年战乱，人口大量南下，使江东地区成为“沃野万里”的“乐土”，显现出该地区日益发展的潜力。如《三国志·吴书·鲁肃传》注引《吴书》说：“中国失纲，寇贼横暴，淮、泗间非遗种之地，吾闻江东，沃野万里，可以避害，宁肯相随至乐土，以观时变乎?”这说明当时的江东，已经得到较大发展，与西汉时的“火耕水耨”、“渔猎山伐”的自然经济状况，已经形成了鲜明的对照。及至进入六朝时期，随着劳动人民的辛勤开发，统治者的日益重视，苏南的经济更以日益加快的步伐而向前发展了。

---

① 《华阳国志校补图注》，卷三《蜀志》八“案语”，重庆出版社 2008 年版。

第八章　两汉时期吴、楚等郡国的文化发展

汉初吴楚二国地处沿海，疆域辽阔、物产丰富，是当时全国经济文化最发达的地区之一，吴楚七国之乱后，虽然两封国行政区划多有变更，但其经济文化发展的良好态势并未因之改变。丰厚的文化底蕴和多种文化的冲撞融通，不仅使该地区成为道家和道教文化的发源地，而且成为两汉经学传播的基地。

第一节　道家与道教文化

道家是以老庄为代表的学术流派，而道教则是中国土生土长的，以神仙、道家思想为核心，融合儒、墨、佛、阴阳诸家思想为一体的民族宗教。二者既有区别，也有联系。这种联系不仅表现在道家为道教提供了认识终极真理的"道"，而且为道士修炼提供了基本的功法，即清静无为，清心抱一。从某种意义上讲，没有道家就没有道教。历史上的徐楚地区，在商周之前就已开始孕育道家文化，既是道家思想的发源地，又是五斗米道教的创始人张陵的籍贯所在地。

一　徐楚道家文化的形成

据传颛顼帝之玄孙大彭氏国的首领篯铿，也就是后代所称的彭祖，是一位善于修身养性的道者。他曾发明了守静、服食、导引、房中术等诸多养生方法，成为古代最著名的因修道而长寿的人物。《楚辞·天问》中肯定他"受寿永多"，以至后来传说他寿至数百岁，当然不可信。但托名于他的有关养生的理论和实践则成为徐楚道家文化的很重要的内容。至春秋时则有老子"著书上下篇言道德之意五千余言"，成为道家学派的主要经典。据《史记·老子韩非列传》，老子是楚苦县厉乡曲仁里人。《庄子·寓言篇》有"杨子居南之沛……遇老聃"之语，而姚鼐《老子序文考》云"孔子南之沛见

老子,沛者,宋地,彭城近沛。老子尝居之"。可知老子出生地及后来活动地域均与徐楚有关。战国时期,庄周继承老子之学说,并把老子学说发扬光大,使之成为中国历史上与儒、墨、法相抗衡的独立学派。在其书中我们看到许多养生之道,如导引、辟谷、守一、坐忘等均为后世道家及道教所继承。庄子籍贯为蒙,蒙在汉时曾归属沛郡。可见从彭祖至老子至庄子,徐楚地区传道之风一直绵延未断,长达数千年的道家传承最终形成了徐楚道家文化体系,这个体系对后世产生了深刻的影响。

二 徐楚道家文化的发展

源于徐楚地区的道家文化,虽带有一定的区域性,但随着秦末暴政及刘邦丰沛集团在全国的胜利,加上当时帝王将相在意识形态上对道家文化的倾向,便不断流布全国,影响到政治、经济与文化的各个方面。追溯其过程大致可分成秦末汉初、西汉中后期、东汉时期三个发展阶段,兹择其有代表性的事件简述之:

(一) 张良与道家有关的事迹

张良,字子房,其父平曾为韩国丞相。秦统一后,他雇刺客袭杀秦始皇,未成。隐姓埋名,亡匿下邳。十余年间,结交豪杰,从事反秦活动。陈胜首义后,他迅速聚众投身其中,为推翻暴秦作了实际贡献。在楚汉相争过程中,他为刘邦出谋划策、运筹帷幄,是刘邦夺取天下的第一谋士与功臣。司马迁于本传中记载了他几件与道家有关的事迹。其一是他与圯上老人遭遇的故事。太史公的记述很有戏剧性,但也显神秘色彩。而他因此次经历,得到老人的教诲,并接受其图书、道法,最终成就了其一生的事业。其二是通过"商山四皓"的运作,打消了刘邦撤换太子的企图。其三是张良随从刘邦入关后,即习"导引不食谷",晚年更"学导引、辟谷、轻身","弃人间事,欲从赤松子游"。张良的这些事迹有助于我们对秦汉之际道家实际状况的了解。

张良像(华人德主编:《中国历代人物图像集》,上海古籍出版社 2004 年版,第 173 页)

首先,秦始皇灭六国、建立秦王朝后,仍实行法家一套文化专制主义政策，对非法家文化一概打击、压制直至消灭。不独对儒家，对道家也不例外。那么，在秦王朝统治的十余年间，道家的状况究竟如何呢？在政治高压下，道家文化是否消失了呢？张良的有关事迹给了我们明确的信息：道家文化并未消失，道家人士也未改变其文化信念。他们只是如同张良一样隐匿起来而已，当然，这在道家本来是正常的，因为"自隐无名为务"的"隐君子"的面貌正是他们的生存方式。圯上老人的出现，一方面告诉人们在下邳，乃至在整个徐楚大地，道家文化的源流并未断绝；另一方面也显示了道家人士的反秦立场。

其次，年轻时期的张良，雇刺客椎秦于博浪沙，虽然勇气可嘉，但依靠匹夫之勇，不足以成大事。接受圯上老人教诲后，走向成熟。在后来的政治斗争中，他善于采用迂回的策略，避免与对手直接碰撞，这就是道家"不为天下先"、"后其身而身存"的思想特色，取得极好效果。他通过"商山四皓"来改变刘邦撤换太子的决定，是属于典型的道家运作方式。

第三，"商山四皓"并非四位一般的白发老者，而是因避暴秦而隐于商山的道家分子，是所谓"方外之士"，但他们对方内事务的态度变化却让我们感觉到汉初道家的发展动向。秦时他们长期归隐，汉朝建立，他们并未贸然出山。刘邦曾慕名相邀，他们因刘邦"轻士善骂"，"义不受辱"而终不应招。但最终却从太子游，涉足于宫廷政治之中。这一事件，从表象上看，直接的动因，是因张良的策划，借四人以阻止刘邦撤换太子。但实际上却是反映了道家与现实政治之间逐步趋于互相接受、认同的倾向。道家思想之成为汉代前期的主流政治意识形态，开创了"黄老之治"的新局，从这里已见端倪。

最后，张良于天下已定之后，功成身退，"弃人间事"，从事"导引、辟谷"等修炼之术，并"欲与赤松子游"。这固然反映了道家的人生态度，但更体现了道家对现实政治的敏锐观察。汉初功臣，大多受猜忌而无好的结局，有的更是被诛灭。韩信临死遂有"鸟尽弓藏，兔死狗烹"之叹。而司马迁于《淮阴侯传》后指出："假令韩信学道谦让，不伐己功，不矜己能……勋可以比周、召、太公之徒"。可见"学道谦让"是在当时险恶政治环境中的唯一生存之道。张良正是得力于道家思想的熏陶，才免于迫害而得以善终。

对张良的事迹，司马迁认为"可怪"，后来苏轼作《留侯论》，也说"其事甚怪"。但我们从这种隐约怪异中感受到道家文化特有的色彩及其与徐楚地区的深厚渊源，同时这些事迹也表露了从秦末到汉初道家与现实的关联与走向。因此我们认为，张良在这方面实是一个关键人物。

（二）陆贾以道谏高祖

公元前 202 年，刘邦于汜水之阳的定陶登基，开始了西汉王朝的统治。时经济凋敝，人口锐减，“自天子不能具钧驷，而将相或乘牛车，齐民无盖藏①。”而一群布衣将相却被胜利冲昏了头脑，“群臣饮酒争功，醉或妄呼，拔剑击柱，高帝患之”②，面对这严重局面，刘邦手足无措，不知如何是好。时陆贾前说诗书，刘邦骂之曰：“乃公居马上而得之，安事《诗》、《书》!”而陆贾却不动声色，耐心地为刘邦分析秦亡汉兴的历史教训。他说道：“居马上得之，安可以马上治之乎？且汤武逆取而顺守，文武并用，长久之术也。昔者吴王夫差、智伯极武而亡；秦任刑罚不变，卒灭赵氏。向使秦已并天下，行仁义，法先圣，陛下安得而有之？”陆贾的耐心劝说终使刘邦翻然醒悟。于是令陆贾为其著说秦所以失天下，汉所以得天下的原因。后陆贾撰成《新语》十二篇，刘邦提供了一部治国安邦的蓝本。

陆贾在《新语》中以道家无为之教为本，吸收了儒家仁政思想，形成了汉初新道家思想体系，其基本思想乃是“道莫大于无为，行莫大于谨敬”。陆贾是楚人，他这种以道为本的思想自然是植根于楚地的道家文化的传统。他在《至德》篇中这样写道：“夫欲建国强威，辟地服远者，必得之于民。欲建国兴誉，垂名烈流荣华者，必取之于身。……天地之性，万物之类，怀德者共归之，持刑者，民畏之。归之则附其侧，畏之则去其域。故设刑者不厌轻，为德者不厌重。行罚不患薄，行赏不患厚，所以亲近而致远也。夫刑重者则心烦，事重者则身劳，心烦者则刑罚纵横而无所立，身劳者则百端回邪而无所就。是以君子之为治也，混事无事，寂然无声，官府若无吏，亭落若无民，闾里不讼于巷，老幼不愁于庭；近者无所议，远者无所听，邮驿无夜行之卒，乡间无夜召之征，犬不夜吠，鸡不夜鸣，老者甘味于堂上，壮者耕口禾之田，在朝者忠于君，在家者孝于亲，于是赏善罚恶而润泽之，兴辟雍庠序而教诲之，然后贤愚异议，廉鄙异科，长幼异节，上下有差，强弱相扶，大小相怀，尊卑相承，雁行相随，不言而诚，不怒而行，岂特坚甲利兵深牢刻法，朝夕切切而后行哉。”遵照陆贾的建议，刘邦先是颁布了罢兵赐复诏。诏曰：“民前或相聚保山泽，不书名数，今天下已定，令各归其县，复故爵田宅。”(《汉书·高帝纪》)后又颁布了“释奴诏”，“民以饥饿自卖为人奴婢者，皆免为庶人”。接着又颁布“轻刑诏”，“吏以文法教训辨告，勿笞辱”。《汉书·高帝纪》且规定了疑狱的处理程序，以免“有罪者，久而不论；无罪者，久系不决”。在刘邦的影响下，西汉朝廷上下皆崇黄老。曹参为齐相国，闻胶西有盖公，善治黄老言，便使人厚币请之。其治要贵清静。相齐九年，齐国安集，大称贤相。后继萧何为相，仍是“举事无所变更，一遵萧何约束”。百姓歌之曰：“萧何为法，校若画一，曹参代之，守而勿失，载

---

① 《史记·平准书》，中华书局 1982 年版。

② 《史记·叔孙通传》，中华书局 1982 年版。

其清静，民以宁一[①]。”文景继位，继续推行无为而治的方针，轻徭薄赋，与民休息。“窦太后好黄帝、老子言，景帝及诸窦不得不读《老子》，尊其术”[②]。

黄老无为而治的推行，使西汉初年的经济得到了迅速的恢复和发展。至文景时，社会安定，人口增加，“民人给家足”而“府库余财”，为史家誉之为“文景之治”。

（三）汉武帝慕求仙道与刘向《列仙传》的问世

西汉元光元年（前 134），由于政治、经济形势的变化，武帝接受董仲舒的建议，罢黜百家，独尊儒术，经学为之大兴。汉初黄老无为而治的思想遂为儒家思想所取代。随着道家地位的下降，其政治发展的空间受阻，政治发言权也遭抑制。于是道家学说中属于仙道方术的内容逐步兴盛，许多道家方术之士，甚至一些方士化的儒生均通过所谓求道成仙的法术，进入宫廷，以满足统治者的奢望。这受到史称“多欲”的汉武帝的接纳。

元光元年，方士李少君以祠灶、谷道、却老方进见武帝，并向武帝谈及黄帝、安期生羽仙之事，他说：“祠灶则致物，致物而丹砂可化为黄金，黄金成以为炊食器则益寿。益寿而海中蓬莱仙者乃可见，见之以封禅则不死黄帝是也。臣尝游海上，见安期生，安期生食巨枣，大如瓜，安期生仙者，通蓬莱中，合则见人，不合则隐。……”受这种言论的迷惑，武帝于是躬亲祠灶，并派李少君率领方士赴海上求拜安期生，为其化丹砂为黄金，以作饮食器用，从而延年益寿。但制作谎言的李少君连自己的寿命也延长不了，不久他病死，武帝也只好作罢。

元朔六年（前 123），李少翁又以鬼神方见武帝，武帝以客礼待之，并拜其为文成将军。于是少翁便为武帝谋画通神的方法。后武帝信以为真，令人营建甘泉宫，中设台室，并在室内画天地，太一诸鬼神，置祭具以致天神，结果忙了一阵，毫无效验，武帝便将少翁处死。文成死后的第二年，武帝患了一场大病，后为上郡巫医“治愈”。武帝又对巫鬼神仙产生了兴趣。元鼎四年（前 113），乐成侯又向武帝荐引少翁同学栾大，栾大自言曾往来海中，亲见安期生、羡门高等仙真，称其师语曰：“黄金可成，河决可塞，不死之药可得，仙人可致也[③]。”并云“臣师非有求人，人者求之，陛下必欲致之，则贵其使者，令有亲属，以客礼待之，勿卑，使各佩其信印，乃可使通言于神人”。武帝又信其鬼话，拜其为五利将军，为其佩天土将军、地土将军、大通将军印，封乐通侯。赐列侯甲第，奴仆千人，后栾大夜祠其家中，一连数日未召到神，又谎称东入海求拜老师。武帝派人随验，栾大不敢入海，又改祠泰山。最后终以求神不得为武帝所诛。

---

① 《史记·曹相国世家》，中华书局 1982 年版。

② 《汉书·外戚传》，中华书局 1962 年版。

③ 《史记·封禅书》，中华书局 1982 年版。

元鼎元年(前116),汾阴巫锦为民祠后土,得宝鼎献于武帝,武帝甚喜。同年秋,方士公孙卿乘机向武帝进献札书,书言黄帝曾于朔旦冬至得宝鼎,后成仙登天,武帝乃召问卿,卿言"受此书申公,申公已死……申公,齐人,与安期生通。受黄帝言,无书。独有此鼎书。曰'汉兴复当黄帝之时'"。武帝早对黄帝仰慕不已,而今天赐良机,看来成仙有望。于是拜公孙卿为郎,令其筹划黄帝封禅之事。后公孙卿求神仙不得,又欺骗武帝说:"仙者非有求人主,人主者求之,其道非少宽假,神不来[①]。"武帝便令郡国加宽道路,缮修宫观、名山、神祠,以待神仙到来,但最终也不曾见神仙之迹。

上有所好,下必甚焉。由于武帝一次次求仙活动,使神仙道术成为社会"显学"。诸多方术之士除借此以求幸进外,还编造了大量神仙故事,这些内容为刘向编撰《列仙传》提供了广泛素材。

刘向原名更生,后更名向,乃楚元王之玄孙。吴楚之乱后,随祖父刘辟强徙居长安。其父刘德修黄老术,治淮南狱曾得匿藏枕中之《鸿苑秘书》,书中言及神仙鬼物为金之术及邹衍重道延命之方。向诵读以为奇,献与皇上,并言食用金丹可长生不死。于是皇帝便令典尚方据书中所言冶炼黄金丹药。但结果耗费甚大,却并无金丹炼成。向由是下狱。依照西汉法律,欺君枉上罪当死。时向兄安民上书,愿以国产一半为弟赎罪。宣帝怜其才,免其一死。

西汉末年,外戚专权,王凤等兄弟十人皆封侯,时天象数有异常。刘向乃以《尚书洪范》箕子为武王陈五行阴阳休咎之应为范,集上古以来历春秋至秦汉符瑞灾异之记推迹行事,著《洪范五行传论》十一篇。刘向一生历事宣、元、成三帝,前后20余年,对汉室忠心耿耿,殚精竭虑。并借兰台校书之机,潜心著述,先后撰成《说苑》、《新序》、《洪范五行传论》、《烈女传》、《列仙传》等著作。

其《列仙传》一书汇集了先秦、秦汉诸家著作中有关古代神仙的传闻、记载,并加入了他自己所闻的神仙事迹,共列神仙七十一人。书中关于成仙不死、白日飞升的神话,当然是无稽之谈。但其中养生之道,诸如服食、炼养、修性、导引、行气等方术还是有实用价值的,不可一概否定。而从文化史的角度看,刘向《列仙传》的问世和流传,对道教的产生,特别是神仙道教的产生作了前期的准备,其许多方面内容均为后来的道教所接受与遵循。可以说道教的理论基础是先秦道家与刘向《列仙传》混合的产物。或者说《列仙传》是从道家到道教过渡的一座桥梁。

(四)东汉道士的崛起

东汉中元元年,光武帝刘秀宣布图谶于天下,征辟有道术之士入京为官,这不仅

---

① 《史记·封禅书》,中华书局1982年版。

促使了谶纬内学的兴盛，而且为道士的兴起创造了优良的社会环境。

内学亦即谶纬之学，以图谶之书，其事秘密故称。内学最早兴于西汉末年哀平之际。时外戚王氏擅权，刘氏江山摇摇欲坠，为了挽救刘氏政权，今文经师深感繁琐的《五经》阐释已无济于事，因此根据《五经》编纂了《七纬》。即利用图谶的“感生”、“符命”、“灾异”等神秘效应对《五经》进行神化。在此中间，他们一方面神化孔子，另一方面宣扬“皇权神授”。如《春秋纬·演孔图》中说：“孔子母征在游于冢之陂，睡，梦黑帝使请己。己往，梦交语曰：‘女(汝)乳必于空桑之中。’觉则若感，生邱(丘)于空桑之中。……首类尼邱故名。孔子之胸有文曰：‘制作定世符运。’”①另《孝经纬·古契》上云：“孔子夜梦三槐之间，丰沛之邦有赤熛气起，乃呼颜渊、子夏侣往观之。驱车到楚北范氏之街，见前雏儿捶麟伤其前左足，束薪而复之。孔子曰：‘儿汝来，汝姓为谁?’儿曰：‘吾姓为赤诵，字时乔，名受记。’孔子曰：‘汝其有所见乎’?儿曰：‘吾有所见一禽，如麇，牛头上有一角，其末有肉，方以是西走。’孔子曰：‘天下已有主也，为赤刘……’”②方士化的儒生鼓吹宣扬谶纬之学，本来是为了挽救、维护刘氏社稷，但结果非但没有挽回刘氏政权衰败的厄运，相反为外戚王莽篡政所利用。《后汉书·桓谭传》载：“当王莽居摄篡弑之际，天下之士，莫不竞褒称德美，作符命以求容媚。”在平帝驾崩的当月，谢嚣便造符命言“武功长孟通浚井得白石，上园下方，有丹书著石，文曰：‘告安汉公莽为皇帝③。’”王莽居摄三年，刘京、臧鸿等皆上奏符命。刘京上书云：“齐郡临淄县昌兴亭长辛当一暮数梦，曰：‘吾，天公使也。天公使我告亭长曰：“摄皇帝当为真。”即不信我，此亭中当有新井’。亭长晨起视亭中，诚有新井，入地且百尺④。”初始元年(8)，梓潼人哀章见莽居摄，即作铜匮二检，署其一曰“天帝行玺金匮图”，另一署曰“赤帝行玺某传于黄帝金策书”。书言王莽当为“真天子”。就是这样，王莽依凭图谶符文、金匮策书为阶梯，最后爬上了新朝皇帝的宝座。

继王莽之后，刘秀亦极力推崇谶纬之学。他不仅凭借图谶冠冕堂皇地当上了东汉的开国皇帝，而且以图谶决定国家大事。地皇三年(22)，绿林兵起，李通伪造“刘氏复起，李氏为辅”的谶语，劝说刘秀投入起义军的队伍。天下方定，强华(刘秀受学长安时的同舍生)就奉上“赤伏符”，符云“刘秀发兵捕不道，四夷云集龙斗野，四七之际火为主”。其意是说汉室当复，刘秀为帝。在此之前，刘秀部将马武等曾三番五次劝说其登基称帝，他都拒绝了，而今有了受命之符，“群臣因复奏曰：‘受命之符，人应为大，万里合信，不议同情，周之白鱼，曷足比焉?今上无天子，海内淆乱，符瑞之应，昭

①② 马国翰：《玉函山房辑佚书·纬书类》，广陵书社2005年版。

③④ 《汉书·王莽传》，中华书局1962年版。

然著闻,宜答天神,以塞群望。'"[①]于是刘秀便承"天意"登基称帝。为了巩固刘氏政权,麻醉广大劳动人民,中元元年,刘秀宣布图谶于天下,号召全国信谶学谶。从此内学大兴。光武帝本人亦是身体力行,事事皆以谶决之。继光武帝之后,明帝、章帝、和帝、安帝等皆"著在图谶"。文武百官善谶者则迁,疑谶者则贬,非谶者则斩。时贾逵善谶,以为五经家皆无以图谶明刘氏为尧后者,而《左氏》独有明文。于是上书言《左氏》与图谶合,因此受到章帝的赏识,和帝时入为侍中,领骑都尉,兼领秘书近署,甚见信用。反之,郑兴、桓谭却是另一番遭遇。初,光武帝欲兴郊祀,问郑兴曰:"吾欲以谶断之,何如?"兴对曰:"臣不为谶。"光武顿时大怒。说道:"卿之不为谶,非之邪?"兴惊恐万状,回答说:"臣于书有所未学,而无所非也。"于是,帝意乃解。[②] 桓谭不信谶,尝上书言曰:"今诸巧慧小才使数之人,增益图书,矫称谶记,以欺惑贪邪,诖误人主,焉可不抑远之哉!……而乃欲听纳谶记,又何误也!其事虽有时合,譬犹卜数只偶之类。"光武省奏甚不悦。后光武欲于灵台会议,又问谭曰:"吾欲以谶决之,何如?"谭默然良久曰:"臣不读谶。"帝问其故,谭复极言谶之非经。光武于是大怒,曰:"桓谭非圣无法。"将下斩之。谭叩头求饶,血出方得解。后出为六安郡丞。[③] 谶纬神学的风行,迫使广大经师儒生读谶学谶,以谶解经,以经证谶。因此"自中兴之后,儒者争学图谶,兼复附以妖言[④]"。

内学的兴盛不仅促使经学的神学化,而且为黄老道学向神学方向发展提供了绝好的契机。自西汉武帝"罢黜百家、独尊儒术"之后,黄老道学的发展遭受到极大的挫折,可谓是步履艰难。大批方士为了生存和发展,不得不在他们的思想和道术上面涂上一层神秘主义的色彩,以用来欺骗统治者。然而假的总是假的,蒙骗只能是暂时的,一旦骗局被揭露,就将遭到杀身之祸。而东汉政权公开地推崇谶纬神学,这不仅为黄老道学神化开拓了发展道路,而且使方士的公开活动合法化。于是,方士们便将黄老道学发展为黄老道。随着黄老道的形成和发展,方士们亦更名曰道士。

东汉时期,道士十分活跃。大体说来有如下状况:一是信徒众多。愈到王朝后期,愈呈急剧上升趋势。一些有名的道士,招徒授艺,动辄门生成百上千人。如史载,樊英隐于壶山之阳,受业者四方而至。郎颤隐居海畔,学徒常数百人。杨厚致仕还乡,修黄老、教授门生,上名录者三千余人等等,不一而足。二是分布广泛。这又可分为两个方面:其一从徒众籍贯看,遍布黄河上下、大江南北,几乎涉及所有郡县。而川

① 《后汉书·光武帝纪》,上海古籍出版社1986年版。

② 《后汉书·郑兴传》,上海古籍出版社1986年版。

③ 《后汉书·桓谭冯衍列传》,上海古籍出版社1986年版。

④ 《后汉书·张衡列传》,上海古籍出版社1986年版。

蜀、汝南地区道士人数特多。其二从阶层分布看，各种不同身分背景的道士均大有人在。有的出身于世代从道的道士世家，如许曼、任文公等。有的是师从他人立志从道的地方官吏，如公沙穆、董扶等。又有精研经书的方士化儒生，如王辅、廖扶等。有的应征辟步入仕途、攫取官禄，如谢夷吾、郭宪等。有的征辟不就，遁迹山林，如樊志张、刘根等。可以说遍布于各个阶层。三是道术复杂。东汉初年，刘秀宣布图谶于天下，号令全国上下读谶，国家大事皆以谶决断，故桓帝之前的道士多以风角、遁甲、星算、占卜、推步灾异为术，知名当时。而东汉中后期，随着从巫道向仙道演化，许多道士开始注重自身的性命修炼。出现了一批不仅懂辟谷、食气、轻身、导引，而且以炼养内丹著称的神仙道士，如费长房、左慈、华佗、徐登、赵炳、甘始、王真、郝孟节等。

道士们的广泛活动和传道授艺不仅促使自身队伍的不断壮大，而且为东汉道教的产生奠定了组织基础。

三　张道陵创道鹤鸣山

张陵(34—156)字辅汉，沛国丰邑(今江苏丰县人)。据《汉天师世家》记载：其九世祖良以从高祖取天下，封留侯。西汉建立后，弃功名退隐，从赤松子游。陵父大顺，世号桐柏真人。陵七岁读老子书，即了其义。图书谶纬，咸贯通焉。后自浙逾淮，涉河洛，入蜀山，得炼形合气之书，辟谷少寐。年二十五考中朝廷“贤良方正直言极谏科”，拜江州(今重庆)令。不久即辞官卸任入洛阳北邙山修炼。建初、永元年间，章帝、和帝曾三次征其为官，皆不就。独与弟子王长从淮入鄱阳，登乐平雩子峰，炼丹其间，年六十余复经嵩山，于石室得《三皇内文》、《黄帝九鼎丹书》及《太清丹经》。乃曰：“昔禹平水土，益焚山泽，功垂万世。今地道失守，妖厉不戒吾徒无益，道功未立，闻巴蜀沴气为灾，当往除之。……初居阳平山，感太上老君授以经箓之法。”据上所载，我们可以清楚看出，张陵自祖上已与道家文化有不解之缘。家族的熏陶，使他早年即潜心于道家之学，并立志兴教创业。

东汉和帝永元中，张陵怀着为民除害，兴道建教的宏愿偕弟子王长入蜀。在蜀地共度过了六十多个春秋，为兴道建教创造条件。其间历尽艰难，饱尝辛苦，终于实现了自己的抱负，创建了中华民族自己的宗教——五斗米道，在中国道教史上写下了光辉的一页。兹根据《道藏》中有的关记载，将其在蜀地创道立教的经过简述如下：

张陵入蜀后，初居阳平山，顺帝时至鹤鸣山(今四川大邑县西)。最初皈依鹤鸣山氐羌的宗教集团——丘社，成为丘社中的一员。在丘社中，他向当地土著居民请教辨别瘴气、疾病、毒蛇等“鬼怪”的方法。向巫师们学习“降魔驱鬼”的巫术。后又重新温习《道德经》、河洛图谶及《洞极经》，将道家之学与氐羌巫教融汇在一起，用通俗的语言写出了以“以明天道”的道书二十四卷，为其创立道教迈出了坚实的一步。

张陵在蜀期间，遍游了阳平、西城、葛瓒、昌利、北平、稠梗、渠亭以及鹤鸣、青城等名山幽境，并在各山中精思服炼，并以济世利民为己任。他对弟子王长说：“冲天之士当功及生灵，佐国立家，兴利除害，然后轻举。臣事三境，则无愧焉。苟利一身，功不及民，非大道弘济之旨。吾观蜀中蛇毒鬼气，绵亘山谷，生民不知，潜罹其害，吾甚悯之，今且修行清静之化，辅赞大道，抚育元元，尔于是精思，上彻金阙后圣[1]。”而深受巫术之害的蜀地百姓亦强烈要求破除巫教中请神祭鬼的残酷方式，迫切希望有一种适合自己观念的宗教来寄托理想，于是张陵便开始谋划建立一个以人们普遍熟悉的“太上老君”为开山祖的中华民族自己的宗教。

张陵像（华人德主编：《中国历代人物图像集》，上海古籍出版社2004年版，第225页）

太上老君，是西汉以来图谶家们编造的一个神人。并附会为春秋时的思想家老子。当时蜀人对太上老君都十分了解和敬仰。因此，张陵经过一番思考后，决定让太上老君来代他发号施令，创道立教。

汉安帝永初元年(142)，张陵经过一系列周密编排之后，终于通过“太上老君降临”托梦的神话。明确向世人宣布：(1) 太上老君曾建立过二十四治，而他自己不过是受太上老君之托，“复典此治，以福生民”。这样就正式确立了老子的教祖地位。(2) 老君复以《三清众经》九百三十卷、《丹灶秘诀》七十二卷授予张陵，说明张陵当时已拥有众多道经，这些道教经籍为道教的教义提供了理论依据。(3) 太上老君授官章、雌雄宝剑、都功印、驱邪帔风等法器服饰与张陵，实际是向民众宣布张陵教主地位。(4) “令制科律”即是要制定道教的教仪教规。此四点充分说明：作为完全宗教意义的道教至此已经建立起来。

张陵托梦老君的神话，实际上是一份创道立教的宣言书。它不仅向世人公开宣

① 《正统道藏·历世真仙体道通鉴》，文物出版社1987年影印原涵芬楼本。

告了五斗米道的正式创立，而且确立了张陵的替天行道的教主地位，同时也对当地巫教教团发出警告，要他们皈依新教，停止残害百姓，否则，就将被当作“邪魔妖鬼”而驱除。就这样，经过近 50 年的艰苦努力，张陵终于如愿以偿，以鹤鸣山为中心，建立了以老子思想为指导的“正一盟威”之道教。

张陵于创教之初，遭到当地巫教的反对，特别是青城山地区的巫教首领及部分徒众反对尤烈，群起而攻。对此，张陵采取了安抚和镇压的两手政策。先是以新道教影响、感化他们，争取他们改邪归正。而对顽固不化，反抗到底的为首分子则坚决实行镇压。顺帝汉安二年(143)张陵带着法具，率领弟子来到青城山，与“六天魔王”、“五部鬼帅”等巫教徒众展开了殊死、反复的斗争，最后“荡涤区薮，夺鬼幽狱，复为二十四福庭[①]”。“六魔天王”、“五部鬼帅”终被降服。于是百姓翕然奉陵以为师，居弟子数万家，并称新教为“天师道”。

此后，张陵又对他所创立的道教从组织上进行整顿，将道徒划为二十四治，每治设祭酒一人，并建立命籍，教民正月七日、七月七日、十月五日，每年三会治所，正定名簿，落死上生，并学习科律，检查行为。

与此同时，张陵还初步建立了教仪教规。首先，入道者须交米五斗，以供斋醮之用。其次，要敬仙神、祭祖先。规定教民要忠贞不二地尊崇太上老君等道神。除每年五月、腊月的吉日祭祀祖先，二月八日祭灶神外，不得另有祭祀。更不准淫祀。第三，教民对家人要慈孝，对外人要敬让，不准兴讼好斗，不准欺诈世人。第四，积德行善，修复道路。第五，修身炼性，服食丹药，讲究房中之术。对于违犯以上科律者即令其有病，病者须行请祷。请祷之法，即“书病人姓名，说服罪之意，作三通，其一上之天，著山上，其一埋之地，其一沉之水，谓之‘三官手书’”。

经过一翻整顿，五斗米道真正成为一个有教祖、教义、教仪、教规的道教组织。最后张陵经深思熟虑，于去世前决定了教统传承的方式：按照中国帝王继位的传统模式，将天师之位传于长子张衡，称为嗣师。张陵以一百二十三岁高龄辞世。而其创建的中华民族自己的宗教——道教，至今已传承 1800 余年，其嗣位的天师已至第六十四代。

第二节　后来居上的儒家文化

作为中国传统文化三大支柱之一的儒家文化诞生于春秋时期的邹鲁地区，创始

---

① 《正统道藏·历世真仙体道通鉴》，文物出版社 1987 年影印原涵芬楼本。

者为孔子。后经子思、孟轲、荀况传承光大，战国时期与墨学并称显学。秦扫六合，建立一统帝国，秦始皇帝听从李斯之主张，推崇法家，国民以吏为师，焚诗书、坑儒士，儒家文化罹遭厄运。以刘邦为首的丰沛布衣将相集团灭秦后重建刘氏封建王朝，在汉初建朝立纲的过程中，统治者意识到“马上得天下”不能“马上治天下”的道理，深知儒家虽不可进取，但可守成。于是在推行黄老无为而治的同时，开始尊圣读经。刘邦以太牢亲祀孔子，惠帝除挟书律，文帝立诗学博士，汉武帝接受董仲舒建议，罢黜百家，独尊儒术，儒学由是大兴。其后，宣帝议经石渠阁，亲断五经之同异。元、成帝专以儒师为相，致使汉廷君臣习经蔚然成风，故时“有遗子黄金满籝，不如教子一经”云云。东汉章帝白虎观会议上，儒士经师皆以谶解经，以经证谶，促使今古文经合流。此后庠序林立，经师辈出，在弘扬汉代经学的过程，徐籍经师尤为突出，大有后来居上之势。

一　齐鲁文化的形成及其在徐地的传播

齐鲁文化的内涵十分丰富，但其核心则为孔孟儒学。儒学形成和发展在先秦时期大致经过了孔子开创、孟子弘扬、荀子发展三个阶段，从地域上看，儒家文化最先源于鲁，传于齐，故其成为齐鲁文化的主体，经孔子删定的《诗》、《书》、《礼》、《乐》、《易》、《春秋》则是齐鲁儒家文化的核心。

齐鲁儒家文化一经形成，便对周围地区产生着巨大的影响，徐州毗邻齐鲁，故其受到齐鲁儒家文化影响既快且深。

徐州作为一个政区概念，自周至汉是不断变化的。周初分封异姓诸侯王，彭城、丰、沛隶属宋国。《汉书·地理志》载沛楚皆宋分也。下邳、司吾即属于鲁。“鲁地，奎娄之分野也，南有泗水，至淮，得临淮之下邳、睢陵、僮、取虑，皆鲁分也[①]。”至战国后期，齐灭宋，楚灭鲁，丰、沛、彭城等地皆归之楚。西汉初年，刘邦封其弟刘交于楚，时楚辖彭城、薛、东海三郡。后吕后当权，夺薛郡，封授给张偃，不久吕氏败，复归于楚。景帝三年削楚东海郡，随即吴楚七国反，吴楚之乱平定后，彭城郡一部析为沛郡。汉武帝划天下为十三部州，徐州下辖楚、鲁、泗水三国及东海、临淮、琅玡三郡。东汉时徐州下辖彭城、鲁、下邳、琅玡、广陵五国及东海郡。尽管徐州作为地域在历史上多有变迁，但其与齐鲁特别是鲁的关系一直非常密切，因此在接受齐鲁儒家文化影响上徐州堪称首当其冲，可以说在儒家文化形成、发展的过程中齐鲁文化无时无刻不对徐州楚汉文化产生着重大的影响。

---

① 《汉书·地理志》，中华书局 1962 年版。

概观齐鲁儒家文化在徐地的传播，大致有以下五种方式。

1. 师徒传授：春秋时期诸侯王势力崛起，周天子地位日趋衰落，“礼乐征伐自天子出”的局面已不复存在，随着政治形势的变化，昔日“学在官府”的格局已被打破，私学开始兴起，在孔子开办的私学教育中，其传授弟子的内容即是儒家的《诗》、《书》、《礼》、《乐》、《易》、《春秋》等六经。《史记·孔子世家》云“孔子以诗书礼乐教，弟子盖三千焉”。“孔子以四教，文行忠信”。而在孔子三千弟子中，许多弟子则来自徐地。据《史记·仲尼弟子列传》所列的77人中，宋国有4人，即宓子贱、司马耕、郑邦、颜祖；楚国3人，即公孙龙、任不齐、秦商。约占9%，另由于徐地与鲁邻近，在鲁国弟子中当有部分弟子出自徐地。他们亲受孔子的教诲，是儒学在徐地的传播先驱。

2. 交游讲习：春秋战国乃至秦汉时期，宋、楚、鲁三国同属泗水文化圈，交往甚多，许多文人儒士在徐地为官，讲学，传播齐鲁儒家文化。《汉书·儒林传》载：“仲尼既没，七十子之徒散游诸侯，大者为卿相师傅，小者友教士大夫，或隐而不见。故子张居陈，澹台子羽居楚，子夏居西河，子贡终于齐。”另孔子有不少高徒在徐地享有很高威望，被加以封号与其师配享从祀，如冉求为徐侯，奚容蒧为下邳伯，冉公为彭城公，公西点为徐城侯，他们在徐地任职内，以仁义礼智规范自己言行，为传播儒家文化作出了积极的贡献。孟子作为孔子的再传弟子，亦曾来徐地传播儒学。战国末年，身为齐稷下学官的荀卿曾任楚国兰陵令，在兰陵讲学时，浮丘伯与李斯俱事荀卿。秦时沛人刘交、鲁人申培等曾受《诗》于浮丘伯。秦末，陈胜、吴广起兵反秦，各地群众积极响应，孔子七世孙孔鲋与诸儒亦执礼器往归之，时鲋为陈涉博士，曾转战于楚宋之地，留下儒师的影像，楚汉战争中，西楚霸王项羽建都彭城，曾一度得到儒士的拥护，刘邦击灭项羽，鲁城中诸儒生仍讲诵习礼，弦歌之音不绝。

3. 宣传弘扬：通过一些文士儒师对儒家优长的宣扬，使统治者信奉儒家文化，并采取措施弘扬儒学，从而达到传播儒家文化的目的。例如刘邦祀孔，汉武帝罢黜百家、独尊儒术，即是两个最典型的事例，史载“沛公（刘邦）不好儒，诸客冠儒冠来者，沛公解其冠，溲尿其中，与人言，常大骂，未可以儒生说也”①。沛公西进灭秦，途至高阳，高阳儒生郦食其入谒，沛公方倨床使两女子洗足，郦生长揖不拜，被沛公骂作“竖儒”。西汉建国后，陆贾开始劝说高帝读些《诗》、《书》、《礼》、《乐》之类的儒籍，高帝仍不以为然，骂曰：“乃公居马上得之，安事《诗》、《书》?”于是陆贾便大谈逆取顺守的道理，终

---

① 《史记·郦生陆贾列传》，中华书局1982年版。

使高帝幡然醒悟。另叔孙通针对群臣“饮酒争功，拔剑击柱”的无礼举动，向高帝进言儒家不可进取，但可守成的建议，并亲率鲁诸儒生演习排列，为西汉朝政建纲立仪，使高帝深知为皇帝之贵，陆贾、叔孙通等人的渲染，不仅改变了高帝鄙视儒学的态度，使其以太牢亲祠孔子，而且为儒学在西汉的传播大开方便之门，故汉兴，“诸儒始得修其经艺，讲习大射乡饮之礼”①。

4. 尊经崇学：西汉初年，经济凋敝，人口锐减，“天子不能具钧驷，齐民无盖藏”，面对疮痍满目的严重局面，统治者不得不推行黄老无为而治的方针。轻徭薄赋，约法省禁，黄老无为而治方针的实施虽然促使汉初的经济迅速得以恢复，出现了“文景之治”的政治局面，但另一方面，也促使了诸侯王国势力膨胀发展，导致了吴楚七国暴乱。汉武帝即位之后，针对经济形势变化，诏天下贤良对策，谋治国之大计，儒学大师董仲舒连上三策，他根据春秋大一统的思想，明确提出“诸不在六艺之科，孔子之术者，皆绝其道，勿使并进”②，汉武帝接受了仲舒的这一建议，罢黜百家，独尊儒术，设立五经博士，在全国兴办各级各类学校，倡导尊儒读经。时中央办有太学，地方办有郡国学。学校中以经学博深者为祭酒，以《诗》、《书》、《礼》、《乐》为教材教授博士弟子。且政府规定：精通一经者即可为官，故自此之后儒学大兴。至元成时，太学生增至3000余人。汉代学校不仅成为经生儒士觅求禄利的入仕之途，而且成为传播儒家文化的基地。

5. 倡导争论：西汉中后期，随着儒学的兴盛，经师门派日渐增多，为此宣帝曾召集经师儒生会聚石渠阁，并亲自主持大会论五经同异，确定在原有的博士外，增立《谷梁春秋》，大、小夏侯《尚书》，施、孟、梁丘《易》，大、小戴《礼》为官学。成、哀帝时，刘歆校书，发现许多与汉隶不同的古文经籍，以为左氏亲见孔子，于是向哀帝建议立《左氏春秋》为官学，但这一建议遭到师丹等今文经派的强烈反对。刘歆终以失败告终。东汉初年，韩歆等再次上疏光武帝，提出立《左氏春秋》、《费氏易》为官学，光武帝不置可否，诏在朝公卿大夫会集云台论议此事，会上遭到范升等今文经师反对，后经反复争辩，光武帝决定将《左氏春秋》立为官学，以李封为《左氏春秋》博士，但李封不久病死，《左氏》废不再立。建初四年(79)章帝为彻底解决今古文经之间的矛盾，便于白虎观召开大会，亲断五经优劣。会上，今古文经师均以谶释经，以经证谶，二者之争终得止息。此后今文经师亦习古文，古文经师亦习今文。多次会议的召开，特别是今古文经之间的论争与合流，有力促进了汉代经学的传播和发展，东汉光武帝立十四博士，诸

① 《汉书·儒林传》，中华书局1962年版。

② 《汉书·董仲舒传》，中华书局1962年版。

经博士门下常有生徒数千人，著录者达万人。

在汉代儒学传播的过程中，作为齐鲁邻邦的徐地首当其冲地受到儒家文化的熏染，出现了一大批著名的经师，他们不仅身体力行地继承和弘扬齐鲁儒家文化，而且在关中地区招徒授艺，培养了一批又一批经学博士，呈现出后来居上的态势。

二　徐地儒师名扬天下

汉代儒学的传播与兴盛大致可分为三个阶段，一是西汉武帝之前，此时，由于高祖祀孔，惠帝除挟书律，使儒学传播得以合法化。文帝首立诗学博士，景帝增立《公羊春秋》、伏氏《尚书》为博士，经学由是复兴，但所立经学博士多源于齐鲁；二是武帝至新莽时期，此间是儒家独尊，学校开办，经学盛传，名师辈出，学派纷立，楚沛儒师后来居上；三是后汉时期，此时由于今古文经合流，一师多治数经，一生多从数师，生员剧增，大师迭出，习经不分今古，释经日趋冗繁，徐地经师及其门生遍于朝野。徐地儒学的兴起与发展和汉代经学的复起与兴盛基本上是同步的。徐籍经师儒生们切准时代的脉搏，先是在楚地习经，其后走出国门招徒授经，在探究齐鲁儒学的过程中扬旧立新，自成一家。在《易》、《诗》、《书》、《礼》、《春秋》五经上均有非凡的建树，在汉代经学发展的史册上写下了辉煌的一页，为说明问题，现将《汉书》、《后汉书》两书《儒林传》中提及的徐地名师及其学派辑录如下：

1.《易》

(1) 施氏《易》：施雠，字长卿，沛人也。初从田王孙受《易》，后徙居长安，田王孙为博士，复从卒业。与孟喜、梁丘贺并为门人。宣帝时拜为博士，甘露中与五经杂儒论同异于石渠阁。雠授河内张禹、琅玡鲁伯，禹授淮阳彭宣、沛戴崇，由是施家有张、彭之学。

(2) 孟氏《易》：孟喜，字长卿，东海兰陵人。喜从田王孙受《易》，好自称誉，后举孝廉为郎，迁丞相掾。喜授同郡白光、沛翟牧，光、牧后皆为博士，由是有孟、白、翟之学。

(3) 高氏《易》：高相，沛人。治《易》与费直同时，其学亦亡章句，专说阴阳灾异，学于丁将军。后授子康及陵将永，康授东郡太守翟谊，由是《易》有高氏学。

(4)《梁丘易》邓学：邓彭祖，沛人。尝与平陵士孙张、齐衔咸从五鹿充宗受《梁丘易》，后张为博士，彭祖，真定太傅，咸为王莽讲学大夫。由是梁丘有士孙、邓之学。

2.《诗》

(1) 韦氏学：韦贤，父孟，籍鼓城，徙居鲁。贤治《诗》，事大江公及许生，官至丞相，传子玄成，玄成尝以淮阳中尉论石渠，后亦至丞相，以《诗》授哀帝，拜大司马车骑将军,由是《鲁诗》有韦氏学。

(2) 褚氏学:褚少孙,沛人。尝与山阳张长安、东平唐长宾俱从东平王式受《鲁诗》,后三人皆为博士,由是《鲁诗》有张、唐、褚氏之学。

另楚国龚舍,字君倩,少好学明经,从薛广德受《鲁诗》。官至泰山太守,后辞官归乡,以《五经》、《鲁诗》教授武原,郡二千石长吏初到官皆至其家,如师弟子礼。王莽居摄中卒。

(3) 翼匡齐诗学:翼奉,字少君,东海下邳人。治《齐诗》,惇学不仕,好律历阴阳之占。匡衡,字稚生,东海承人。尝与同郡翼奉、萧望之俱事后苍受《齐诗》,官至丞相,衡授琅邪师丹、伏理、颍川满昌。由是《齐诗》有翼、师、伏之学。另东海萧望之亦治《齐诗》,官至御史大夫。

3.《书》

汉代《书》有三家,即欧阳氏,大、小夏侯氏《尚书》。楚国龚胜从梁陈翁生受《欧阳尚书》,沛人唐林从长安许商受《大夏侯尚书》,沛人唐尊从张无故受《小夏侯尚书》。

后汉沛郡桓氏世治《欧阳氏书》,三代为帝师,知名当世,史载桓荣,字春卿,沛郡亢人,少学长安,习《欧阳尚书》……十五年不窥家园,至王莽篡位乃归,会朱普卒,荣奔丧九江,负土成坟,因留教授,徒众数百人。莽败,天下乱,荣抱其经书与弟子逃匿山谷,虽常饥困而讲论不辍。建武中,入授太子,为博士。明帝即位,尊以师礼,甚见宠重。荣子郁传父业,以《尚书》教授,门徒常数百人,永平十五年(72),入授皇太子经。章帝即位,拜其为屯骑校尉。和帝幼年即位,侍中窦宪荐其以校尉入禁中教授。郁先后授章、和二帝经,恩宠备笃。其门生杨震、朱宠并位至三公。郁中子焉,明经笃行,有名当世,永初元年(114),入授安帝……焉子典,复传家业,以《尚书》教授颍川,后辟司徒府,侍御史,时宦官秉权,典执政无所回避。自荣及典,桓氏三代为帝师,受其业者皆至卿相。沛郡桓氏,累世隆宠,称誉后汉。

4.《礼》

(1) 后氏《礼》:后苍,字近君,东海郯人,师东海孟卿受《礼》。苍说《礼》数万言,号曰《后氏曲台纪》,后授沛人通汉,梁戴德、戴圣。德号大戴,为信都太傅;圣号小戴,以博士论石渠;通汉以太子舍人论石渠。宣帝时,大、小戴《礼》被立为官学。

(2) 庆氏《礼》:庆普,字孝公,沛人。尝与同郡人通汉,梁大、小戴从后苍学《礼》,官至东平太傅。普授鲁夏侯敬,又传族子咸,由是《礼》有庆氏学。

5.《春秋》

(1) 严氏《公羊春秋》:严彭祖,字公子,东海下邳人。与鲁颜安乐俱事眭孟。孟弟子百余人,唯彭祖、安乐为明。孟死,二人各专门教授。由是《公羊春秋》有颜、严之学。彭祖为宣帝博士，初任太守，后迁太子太傅。

(2) 蔡氏《谷梁春秋》：蔡千秋，字少君，沛人。尝从鲁荣广、皓星公受《谷梁春秋》，为学最笃，宣帝时求能为《谷梁》者，皆不及千秋，故擢其为郎中将，选郎十人从受，史称“千秋学派”。

另刘向亦尝受《谷梁春秋》，讲论五经于石渠。刘歆治《左氏春秋》，王莽时为国师。

徐楚地区的经师儒生一批接一批奔赴长安，拜师求学，先是施雠、孟喜从田王孙受《易》，接着褚少孙从王式受《鲁诗》；龚胜受《欧阳尚书》；唐林、唐尊受大、小夏侯《尚书》；后苍、庆普习《礼》；严彭祖受《公羊春秋》……致使徐楚地区拜师习经蔚然成风。他们在从师受学的过程中，不仅重守师法，而且在继承过程中有所发挥，形成一家之学，至宣帝石渠阁之议论五经同异时，计立十三家博士，他们是施、孟、梁丘《易》；鲁、齐、韩《诗》；欧阳、大、小夏侯《尚书》；大、小戴《礼》；严颜《公羊春秋》。其中徐籍博士占 4 家，即施、孟《易》，严氏《公羊春秋》，蔡氏《谷梁春秋》，而且大小戴《礼》亦为东海后苍所授。故史云：“武宣之世，通经习礼之彦又以出于楚沛者为最多。”可见徐籍经师在振兴和繁荣汉代儒学中立有不可磨灭的功勋，此外翼奉、萧望之、匡衡、刘向、刘歆亦都是著称当世的名儒，徐籍名儒几可与齐鲁相媲美，真可谓青出于蓝而胜于蓝。

光武中兴之后，儒学在全国普遍传播，在经学盛传的过程中，“徐学”得到继承和弘扬。东汉著名经师大多以治“徐学”显名，现以五经顺序分类各举一二例如下：

1.《易》

刘昆，字桓公，陈留东昏人。平帝时受《施氏易》于沛人戴宾。王莽世，教授弟子恒五百余人，光武中迁侍中，入授皇太子及诸王小侯五十余人。

洼丹，字子玉，南阳育阳人。世传《孟氏易》。王莽时，避世教授，专志不仕，徒众数百人。建武初，为博士，后迁大鸿胪，作《易通论》七篇，《易》家宗之，称为大儒。

2.《书》

丁鸿，字孝公，颍川定陵人。年十三从桓荣受《欧阳尚书》，三年而明章句，善论难。白虎观论定五经同异，鸿以才高，论难最明。时人叹曰“殿中无双丁孝公”。门下由是益盛，远方至者数千人。和帝时代袁安为司徒。

3.《礼》

董钧，字文伯，犍为资中人。习《庆氏礼》，永平初为博士，世称通儒。常教授门生百余人。

4.《公羊春秋》

丁恭，字子然，山阳东缗人。习《公羊严氏春秋》，学义精明，建武初为博士，诸生自远方至者，著录数千人，当世称为大儒。太常楼望、侍中承宫等皆受业于恭。

周泽，字稚都，北海安人，少习《公羊严氏春秋》，隐居教授，门徒常数百人，永平十年(67)，拜太常。

另习《严氏公羊春秋》为博士，开门授徒者还有甄宇、楼望、程曾等，其中楼望门下著录者众达九千余人。

清人皮锡瑞在言及前后汉经学传授异同时指出："前汉重师法，后汉重家法。"后汉五经博士各以家法教授，不仅促进了东汉经学进一步繁兴，而且使徐学在东汉得到广泛传播。

经师儒生作为汉代的知识阶层不仅在传播儒家文化、发展教育事业方面作出了积极贡献，而且在国家的政治生活中发挥了巨大的作用。他们中有人为太傅，教授皇太子；有的为侍中、丞相、太尉，参与机要；有的为郡守、县令，治一方之政，安一郡之民；在不同的岗位上，以不同的方式为巩固汉王朝的统治作出了努力。在这方面徐籍经师中亦不乏其人，如东海王良，习《小夏侯尚书》，王莽时，寝病不仕。建武中征拜谏议大夫，数有忠言，以礼进止，朝廷敬之，后迁沛郡太守、大司徒司直，在位恭俭。妻子不入官舍，布被瓦器，耕于田间，时人闻之，莫不嘉赞。

沛人范迁，明帝时为司徒，为政清廉"在位四年薨，家无担石"[①]。

沛国刘矩，少有高节，后为尚书令，"性亮直，不能谐附贵势"[②]。延熹中代黄琼为太尉，号为"贤相"。

楚人龚胜、龚舍，"二人相友，并著名节，胜居谏官，数上书求见，言百姓贫，盗贼多，吏不良，风俗薄……制度太奢，刑罚太深，赋敛太重，宜以俭约先下"[③]。

沛人桓鸾，习《欧阳尚书》，有名迹，为诸公并荐，辟拜议郎，其尝上书陈事，要求朝廷"举贤才、审授用，黜佞幸，省范囿，息赋役"[④]。尽管遭到宦官的忌恨，但毫无惧色。

沛人桓典先为司徒，后辟为侍御史，掌百官监察，典执要，政无所回避，京师畏惮之。此外东海翼奉、匡衡、萧望之等也多有匡谏。

三　汉代吴地的儒师与儒学

今之吴地一般指长江下游的江东三吴地区。周时太伯与弟仲雍，为成全父意，让位季历，曾渡江南下，在太湖地区建立吴国。秦并天下，推行郡县制，在吴越地区设立

① 《后汉书·郭丹传附》，上海古籍出版社1986年版。

② 《后汉书·刘矩传》，上海古籍出版社1986年版。

③ 《后汉书·龚胜传》，上海古籍出版社1986年版。

④ 《后汉书·桓鸾传》，上海古籍出版社1986年版。

会稽郡，郡治设于吴（今江苏苏州）。西汉初年，高祖将韩信楚国一分为二，封刘贾为荆王，刘交为楚王。后贾为英布所杀，另立刘濞为吴王，王故荆地。下辖东阳郡、鄣郡、吴郡。三国时孙权于江东建立吴国，都建康（今南京市）。汉时吴地不仅指江东之吴，亦包括今淮扬地区。吴地距儒文化发源地邹鲁地区较远，故其在先秦、西汉时受到齐鲁文化影响与徐楚相比来说较小。随着封建统一王朝的建立，特别是西汉武帝罢黜百家、独尊儒术之后，尊儒读经成为士人入身进官的禄利之途。儒学亦渐在吴地传播开来。儒学在吴地传播方式主要有三。一是吴籍学人适应时代要求主动拜师读经。如包咸少为诸生，受业长安，师事博士右师细君，学《鲁诗》、《论语》。二是儒师任官吴地，于吴地传授经学。如何武从博士受业，明《易》，后迁扬州刺史，其任内巡行郡县必到学校视察；出身经学世家的欧阳歙习《欧阳尚书》，建武年间拜扬州牧，任内广传《书》学。在当地产生了巨大的影响。时吴郡皋弘习《欧阳尚书》，深解经意，得到太傅桓荣的赞赏。广陵张纮亦习《欧阳尚书》。三是两汉之际北方人口南徙，中原颇多儒士之吴，在吴地习经授徒。《后汉书·任延传》载："时天下新定，道路未通，避乱江南者皆未还中土，会稽颇有多士。"著姓朱氏即是西汉末期由下邳徙居吴地的。两汉之际徙居吴地的儒师还有张氏，他们有着很深的家学渊源，魏晋时即成为江东土著士族。

在吴地儒学传播的过程中，亦出现了许多儒学大师，现将《后汉书·儒林传》所列吴地儒师依五经顺序分别辑录如下：

1. 诗学

包咸，字子良，会稽曲阿人，少为诸生，受业长安，师事博士右师细君，习《鲁诗》、《论语》。王莽末，去归乡里，于东海界为赤眉贼所得，遂见拘执。十余日，咸晨夜诵经自若，贼异而遣之。因住东海，立精舍讲授。举孝廉，除郎中。建武中入授皇太子《论语》，又为其章句，拜谏议大夫、侍中、右中郎将，永平五年（62）迁大鸿胪，每进见锡以几杖，入屏不趋，赞事不名。经传有疑，辄遣小黄门就舍即问。显宗以咸有师恩，而素清苦，常特赏赐珍玩束帛，俸禄增于诸卿。咸皆散与诸生贫者。病笃，帝亲辇驾视。八年，年七十二卒于官。

赵晔，字长君，会稽山阴人。少尝为县吏，后师从犍为杜抚受《韩诗》，究竟其术。积二十年绝问不还，抚卒乃归。著《吴越春秋》、《诗细历神渊》。蔡邕至会稽，读《诗细》而叹息，以为长于《论衡》。复至京师，传之，学者咸诵习焉。

2. 书学

皋弘，字奉卿，吴郡人。学与沛郡桓荣同师，受《欧阳尚书》。建武中，荣为太子师，拜为议郎。会《欧阳》博士缺，帝欲用荣，荣叩头让曰："臣经术浅薄，不如同门生郎中彭闳、扬州从事皋弘。”作为帝师的桓荣对皋弘如此敬重，足见皋弘书学之精善。

3. 易学

陆绩，字公纪，吴郡吴人也。父康汉末为庐江太守，绩容貌雄伟，博学多识，星算历数，无不该览。虞翻旧齿名盛，庞统荆州令士，年亦差长，皆与绩友善。绩注《易》释玄，皆传于世。

4. 礼学

阚泽，字德润，会稽山阴人。泽好学，追师论讲，究览群籍，兼通历数。泽以经传文多，难得尽用，乃斟酌诸家，刊约礼文及诸注说，以授二宫，为制行出入及见宾仪，宫中行事，皆依礼律，被虞翻誉之为“蜀之扬雄”、“今之董仲舒”。

5. 春秋学

《春秋三传》，《公羊》被立为官学，《谷梁》、《左氏》虽曾立过官学，但为时不长。吴地习《公羊春秋》者有鄮县郑云，丹阳唐固则《公羊》《梁谷》兼治，在会稽招徒授学，著《国语》、《公羊》、《谷梁传》注。儒家五经在汉代吴地均有传授，但在深度和广度方面远不及关中与徐楚地区。它从一个侧面反映出汉代经学在各地的发展是不平衡的，明显呈现出北盛于南的特点。

陆绩像（华人德主编：《中国历代人物图像集》，上海古籍出版社2004年版，第266页）

第三节　佛教文化在徐扬地区的传播

佛教与基督教、伊斯兰教并称世界三大宗教。是中国目前盛行的五大宗教之一。相传佛教为公元前六至五世纪古北印度迦毗罗卫国（今尼泊尔南部）净饭王的太子悉达多·乔答摩所创立，后世佛教徒尊称他为释迦牟尼。西汉中期，张骞通西域，开辟了汉与西域诸国经济文化交流的通道，从而为佛教内传奠定了基础。西汉末年，佛教开始传入中国。东汉初年，身在徐地的楚王刘英“学为浮屠”，“尚浮屠之仁祠”，首开佛教在徐地传播之先河。徐扬地区亦因此成为汉代佛教传播重心。

一　东汉之前佛教入华之传说

相传佛教创立者悉达多·乔达摩因惑于人世生老病死之苦，舍弃太子之位，离家出走，苦修于深山，35 岁在菩提树下悟道，弘法 45 年，于 80 岁入涅槃。他提出无常、缘起和众生平等思想以反对当时的婆罗门教。其基本理论有“四谛”、“八正道”、“十二因缘”等。主张依经、律、论三藏，修戒、定、慧三学，以断除烦恼得到成佛为最终目的。由于他的弘扬、传布，这些思想很快在社会下层得以流行。他广招门徒，建立僧伽生活制度，佛教由是而生。其后这种宗教逐步发展，从恒河流域传播到许多国家和地区。

佛教何时传入中国，其传播的路线、方式如何，由于史籍无准确的记载，至今尚无统一的说法。兹将东汉之前佛教入华诸传说辑录一览。

佛教何时传入中国，其传播的路线、方式如何，由于史籍无准确的记载，至今尚无统一的说法。为便于分析澄清问题，现就东汉之前佛教入华诸传说辑录如下。

1. 伯益知有佛说

南朝刘宋《明佛论》的作者宗炳在其书中说：“伯益述《山海》，天毒之国偎人而爱人。”郭璞传：“‘古谓天毒即天竺，浮图所兴’，偎爱之义，亦如来大慈之训矣，固亦既闻于三五之世也。”

2. 西周佛法内传说

唐法琳于武德五年(622)上《破邪论》，文中引《周书异记》云：“周昭王即位二十四年甲寅岁四月八日，江河泉池，忽然泛涨，井水并皆溢出。宫殿人舍，山川大地，咸悉震动。其夜五色光气入贯太微，遍于西方，尽作青红色。周昭王问太史苏由曰：‘是何祥也?’苏由对曰：‘有大圣人生于西方，故现此瑞。……一千年外，声教被及此土。’昭王即遣镌石记之，埋在南郊天祠前……穆王即位三十二年，见西方数有光气，先闻苏由所记，知西方有圣人处世。……至周穆王五十三年壬申岁二月十五日平旦，暴风忽起，发损人舍，伤折树木，山川大地，皆悉震动。午后天阴云黑，西方有白虹十二道，南北通过，连夜不灭。穆王问太史扈多曰：‘是何征也?’扈多对曰：‘西方有圣人灭度，衰相现耳。’”

另道宣《感应记》载，天人陆玄畅来谒律师(道宣)，言及秦穆公时获一石佛。穆公因污像感疾，以问由余，由余谓周穆王时有化人来，云是佛神，穆王为筑高台作道场，穆公后烧香礼拜，造像立台云云。

3. 战国传入说

《拾遗记》载战国时燕昭王即位七年,沐胥之国来朝,则申毒国之一名也。有道术人名尸罗,问其年,云百三十岁。荷锡持瓶,云发其国五年乃至燕都,善炫惑之术,于其指端出浮屠十层,高三尺。

《弘明集》宗炳《明佛论》谓佛图澄言临淄城中有阿育王寺遗址,犹有形像承露盘,在深林巨树之下,石虎依言求之,皆如言得。又姚略叔父为晋王,于河东蒲坂老阿育王寺处,凿得佛遗骨于石函银匣之中,因是宗炳论曰:有佛事于秦晋地久矣哉。

4. 秦始皇与佛教

《广弘明集》朱士行《经录》目曰:始皇之时,有外国沙门释利防等一十八贤者,赍持佛经来化始皇,始皇弗从,乃囚防等。夜有金刚丈六人来,破狱出之。始皇惊怖,稽首称谢。梁启超谓始皇与阿育王同时,阿育派遣宣教师256人于各地,或有人至中国。

5. 东方朔与佛教

《高僧传》载:"又昔汉武帝穿昆明池底,得黑灰,问东方朔,朔曰:'不知,可问西域胡人。'后法兰既至,众追以问之,兰云:'世界终尽,劫火洞烧,此灰是也。'朔言有征,信者甚众。"据此佛僧常谓东方朔所言劫火已知佛法。

6. 张骞与佛教

《魏书·释老志》言:"汉武帝时佛法始通中国,并曰:及开西域,遣张骞使大夏还,传其旁有身毒国,一名天竺,始闻浮屠之教。"《广弘明集》亦云:"及开西域,遣张骞使大夏还云身毒,天竺国有浮图之教。"

7. 汉武帝与休屠金人

《史记·卫将军骠骑列传》云"转战六日,过焉支山千有余里,合短兵,杀折圣王,斩卢胡王,诛令甲,执浑邪王子及相国、都尉首虏八千余级,收休屠祭天金人"。同书《匈奴列传》载曰:"其明年(元狩三年春)汉使骠骑将军去病将万骑出陇西,过焉支山千余里,击匈奴,得胡首虏骑八千余级,破得休屠王祭天金人。"《魏书·释老志》记载此事说:"案汉武元狩中遣霍去病讨匈奴,至皋兰,过居延,斩首大获,昆邪王杀休屠王,将其众五万来降,获其金人,帝以为大神,列于甘泉宫,金人率长丈余。不祭祀,但烧香礼拜而已,此则佛道流通之渐也。"《世说新语·文学篇》注曰:"《汉武故事》曰,'昆邪王杀休屠王,以其众来降,得其金人之神,置之甘泉宫。金人皆长丈余,其祭不用牛羊,唯烧香礼拜,上(汉武帝)使依其国俗事之。'此神全类于佛。岂当汉武之时,其经未行于中土,而但神明事之耶。"

8. 刘向叙列仙中七十四人见于佛经

《明佛论》载:"刘向《列仙叙》,七十四人在佛经。"《世说新语·文学篇》注曰:"刘子政《列仙传》曰：'历观百家之中以相检验，得仙者百四十六人。其七十四人，已在佛经。故撰得七十，可以多闻博识者遐观焉。'如此，即汉成哀之间，已有经矣。"

9. 博士弟子秦景宪受《浮屠经》

《魏书・释老志》曰："哀帝元寿元年（前2），博士弟子秦景宪受大月氏王使伊存口授《浮屠经》。"

从以上九条有关佛教入华的文献记载，我们可以清楚看出四个问题：一是记载佛教与中国关系的文献除霍去病破得休屠王祭天金人一条外，其余大多出自魏晋隋唐时期佛僧所撰的经籍；二是涉及的时间不一，早者及夏周，晚者至西汉哀帝，上下贯穿二千多年；三是入华路线似有南北二条，北为陆路，来自西域，南为水路，来自缅甸。四是传入方式既有外国沙门来华传布，亦有华人出受佛经。佛教入华所以文献记载各异，究其原因不外乎两个方面，一是在后世佛与道儒两方争辩中，为澄清老子化胡的说法，佛僧撰书时将佛教入华时间前移至老子之前；二是东汉之前佛教尚未传入中原，或者尚未形成影响。目前学界大多将《魏书・释老志》记载的西汉"哀帝元寿元年（前2）博士弟子秦景宪受大月氏王使伊存口授《浮屠经》"作为佛教传入中国的最早时间。

二　东汉徐扬地区的佛教传播

佛教在东汉已广为流布。其间，佛教不仅受到最高统治者皇帝的崇拜，建起了佛寺，而且在民间出现了数以千计的信徒，他们供佛像，诵佛经，办法会，"民人来观及就食者且万人"，场面之大不得而知。在佛教传播的过程中，徐扬地区曾一度走在全国的前列。早在东汉初年，时封楚王的刘英即首开祭拜浮屠的先例，成为东汉王公贵人信奉佛教的第一人。

（一）楚王刘英祭浮屠

东汉开国皇帝刘秀建国后鉴于西汉权臣当政，诸侯乱国，外戚篡权的教训，极力强化专制主义中央集权，为此他采取了三项措施：一是退功臣，进文吏。严格控制朝臣、外戚及宗室诸王，谨防他们专权。二是强化尚书台，架空三公。时三公虽设，但事归台阁，三公仅备员而已。三是取消地方兵，变刺史为州级地方长官。三项措施的实施，在东汉朝野上下形成了一种政治恐怖的局面，在朝"群臣莫敢正言"，"相任难居"。宗室诸王在封国内则是"志意衰惰，声色是娱"。而时封楚王的刘英采取的则是另外一种生活方式。

刘英是光武帝刘秀的第三个儿子，生母是许美人。光武帝共有11子，其中东海恭王强、沛献王辅、济南安王康、阜陵质王延、中山简王焉为郭后所生。明帝刘庄、东平宪王苍、广陵思王荆、临淮怀公衡、琅玡孝王京为阴皇后所生。依东汉后宫之制，

"六宫称号,唯皇后、贵人",皇后、贵人之下置美人、宫人、采女三等,许美人在宫中不仅地位低于郭、阴二后,而且无宠于光武帝,在母以子贵,子以母荣的封建时代,刘英的地位亦远不如其他兄弟。《后汉书·光武十王传》载:"楚王英,以建武十五年封为楚公,十七年进爵为王,二十八年就国。母许氏无宠,故英国最贫小。"后虽以临淮之取虑、须昌二县益封楚国,但与其他诸王国相比仍偏小。面对严酷的朝政和不公的待遇,刘英一方面归附太子刘庄,争取太子的亲爱;一方面好游侠,交通宾客以自卫。在国中行政更是谨小慎微,不敢越雷池半步。"晚节更喜黄老,学为浮屠斋戒祀"。史载永平八年(65),帝令天下死罪皆入缣赎,刘英即遣郎中令奉黄缣白纨三十匹诣国相曰:"托在蕃辅,过恶积累,欢喜大恩,奉送缣帛,以赎愆罪。"国相以闻,诏报曰:"楚王诵黄老之微言,尚浮屠之仁祠,洁斋三月,与神为誓,何嫌何疑,常有悔吝?其还赎以助伊蒲塞桑门之盛馔。"因以班示诸国中傅。从此段记载中,我们可以清楚看出三个问题:一是早在明帝永平八年(65),刘英已在楚国奉事佛教。这一举动在当时不仅不违犯国法,而且得到皇帝的认可。二是刘英事佛时已有斋戒、祠礼、饭僧等仪规。三是当时在楚王刘英门下奉佛者不仅有伊蒲塞,而且有桑门。伊蒲塞即优婆塞,中文译为近住居士。桑门即沙门、佛僧。所谓"洁斋三月,与神为誓"即是在俗信徒于正月、五月、九月的初一至十五严守五戒或八戒,向佛神表示自己的诚信。范晔作为南朝人在其著书中所以能作如此详尽的记述,说明东汉初年佛教在徐楚地区已公开流行,并且对后人产生了深刻的影响。对此袁宏在其《汉纪》中解释得更加明确,《纪》云:"浮屠,佛也,西域天竺国有佛道焉。佛者,汉言觉也。将以觉悟群生也。其教以修善慈心为主,不杀生,专务清静。其精者为沙门。沙门,汉言息也,盖息意去欲而归于无为。又以为人死精神不灭,随复受形,生时善恶皆有报应。故贵行善修道,以炼精神,以至无生而得为佛也。佛长丈六尺,黄金色,项中佩日月光,变化无方,无所不入,而大济群生。"袁氏在这里首先告诉我们浮屠即是来自天竺的佛教,可见刘英所祭浮屠即是奉事佛教。其次文中所言"修善慈心"。"专务清静","生时善恶皆有报应","行善修道","以至无生而得为佛也",与楚王刘英身世处境十分相符,因此可以看出,楚王刘英当时所以交通宾客奉事佛法,目的很清楚,那就是要清除现实中的烦恼,通过自身的修行,从佛祖那里求得慰藉。

正史文献的记载不仅说明楚王刘英是东汉传播佛教的第一人,而且说明他的封国所在地即今之徐州亦是汉代佛教最早盛行的地区。故有人撰文提出刘英所祭浮屠仁祠为中国第一寺,此论当颇有道理①。司马光在《资治通鉴》中曾说:"中国始传其术

① 陈亚萍:《中国最早的佛寺是东汉楚国的浮屠仁祠》,《徐州师范学院学报》1994 年第 4 期。

(佛教),图其形像,而王公贵人独楚王最先好之。”

楚王刘英作为佛教在中国传播的先驱人物,不仅在中国传统文化史册上留有其名,为后人所称,而且对佛教在东汉乃至后世的传播产生了极其深远的影响。

(二) 楚王刘英与明帝永平求法

研究佛教史的学者往往对明帝求法非常关注。特别是他在洛阳西南修建了白马寺,后为佛僧载入史册,因此明帝刘庄被认定是东汉崇奉佛教的第一人。然而,如果我们细考一下明帝永平求法的前前后后,便不难看出,明帝求法之举与刘英祭浮屠有着千丝万缕的联系,确切地说,明帝求法之梦当源于楚王刘英以缣赎死。

永平是明帝刘庄在位的年号。明帝永平求法记载见于《牟子理惑论》、《四十二章经序》、《高僧传・佛图澄传》、刘宋宗炳《明佛论》、《后汉书・西域传》、《出三藏记集》、《洛阳迦蓝纪》、《魏书・释老志》等书。以上记载多出自佛僧之手,且说法各异,未必可信。可信者当为《后汉书・西域传》所云:“世传明帝梦见金人,长大,项有光明,以问群臣,或曰‘西方有神,名曰佛,其形长丈六尺而黄金色’。帝于是遣使天竺问佛道法,遂于中国图画形像焉。楚王英始信其术,中国因此颇有奉其道者,后桓帝好神,数祀浮屠、老子,百姓稍有奉者,后遂转盛。”此段记载虽不言明帝求法的时间,但其求法之因则是夜梦金人,而且梦后问诸群臣,大臣告知,佛来自西方,其形长丈六尺而黄金色,由此可见,金人就是来自西方的佛。明帝为什么会夜里做梦梦见佛?其原因可以从《后汉书・楚王英传》中找出答案。永平八年(65),明帝曾发布天下死罪皆入缣赎的诏令,此前,楚王刘英已聚集一批佛教徒于其门下,他们“诵黄老之微言,尚浮屠之仁祠,洁斋三月,与神为誓”。此举是否犯死罪?刘英也是胸中无数。但为了避免嫌疑,他曾遣郎中令奉黄缣、白纨三十四匹诣国相请罪,国相将此事奏报明帝。明帝素爱三弟刘英,即皇帝位后,数对英进行赏赐,因此在诏报中不仅没有责备之语,反而认为“尚浮屠仁祠”“洁斋三月,与神为誓”是正当的,“何嫌何疑”,并退还其赎死之黄缣白纨。俗话说“日有所思,夜有所梦”,从他书所记载的永平求法的时间分析,明帝夜梦金人后遣使西向求法与楚王刘英入赎缣死有着直接的联系。关于永平求法的具体时间说法不,一是《化胡经》、《三宝记》所说的“永平七年”,一是陈寿《三国志・吴书》、陶弘景《帝王年谱》所载的十年、十一年说,前者为佛僧所记,远不如后者可信。陈寿、陶弘景所记永平求法时间皆在八年诏令之后,亦即楚王刘英入缣赎死之后,这说明刘英尚浮屠仁祠,崇信佛教曾对明帝奉佛求法产生过直接的影响,也正是由于明帝这个东汉王朝的最高统治者崇奉佛教西向求法,并于洛阳建立白马寺,使佛教传播合法化,故至东汉末年,徐扬地区的佛教传播不仅公开化,而且规模宏大,信徒众达数万人。

三　汉末佛教在徐扬地区的盛传

有关明帝永平求法之事,《牟子理惑论》记载说:“昔孝明皇帝梦见神人,身有日光,飞在殿前,欣然悦之。明日博问群臣,此为何神?有通人傅毅曰:臣闻天竺有得道者,号之曰佛,飞行虚空,身有日光,殆将其神也。于是上悟,遣使者张骞、羽林郎中秦景、博士弟子王遵等十二人,于大月氏写经四十二章,藏在兰台石室第十四间,时于洛阳城西雍门外起佛寺,千乘万骑,绕塔三匝,对于南宫清凉台及开阳城门上作佛像。明帝存时予修造寿陵,陵曰显节,亦于其上作佛图像,时国丰民宁,远夷慕义,学者由此而滋。”此段记载清楚告诉我们,明帝永平求法不仅求来了佛经,而且在当时建起佛寺,造作了佛像。佛寺、佛像、佛经、佛僧的出现标志着佛教正式传入我国。作为西方天竺的佛教一旦传入我国,便在全国各地普遍流布。从有关文献资料的记载来看,当时佛教传播规模最大的地区当数徐州至丹阳,其为首人物则是丹阳人笮融。《三国志·刘繇传》载,“笮融者,丹阳人。初,聚众数百,往依徐州牧陶谦,谦使督广陵、彭城运漕,遂放纵擅杀,坐断三郡委输以自入。乃大起浮屠祠,以铜为人,黄金涂身,衣以锦采,垂铜盘九重,下为重楼阁道,可容三千余人,悉课读佛经,令界内及旁郡人有好佛者听受道,复其他役以招之。由此远近前后致者五千余人户,每浴佛,多设酒饭,布席于路,经数十里,民人来观及就食且万人,费以巨亿计”。笮融作为丹阳陶谦的同乡,督运漕粮,于徐州至扬州一线,在各郡大起浮屠,建寺铸像,课读佛经,免除信徒力役,令界内旁郡人事佛受道,佛徒众达五千余人户,特别是浴佛时的盛况,决非昔日刘英祭浮屠所能比,由此,东汉末年徐扬地区佛教流传之盛,则可想而知。

东汉末年佛教之所以在徐扬地区得以盛传,究其原因大致有三,一是东汉最高统治者皇帝为维护统治,永延国祚,崇奉佛教,继明帝之后,桓帝亦曾在宫中“设华盖以祠浮屠老子”。二是在徐扬地区佛教传布较早,具有群众基础,加之事佛可以免役,故徒众日增。其三是徐扬地区经济发达,为佛教文化的盛传奠定了坚实的物质基础。

第四节　辉煌灿烂的文化成就

一方水土养一方人,一方人创造一代业绩,汉代徐扬地区物产富庶,人杰地灵,她不仅诞生养育了一批以汉高祖刘邦为首的布衣将相集团,而且造就了一批博览多识的文学家、艺术家和科学家,他们以浓重笔墨在中国文化发展的史册上写下了辉煌灿烂的一页,至今仍为人们颂扬。

一　汉赋的奠基者——枚乘

汉代是我国文学史上以赋为别具特色的时代，汉赋与唐诗、宋词、元曲、明清小说并称，有着举足轻重的地位。西汉盛行以铺陈事物为主的大赋，东汉流行以抒情为主，篇幅较短的小赋。汉代大赋的首创者则是枚乘。枚乘为淮阴人，初为吴王刘濞郎中，吴王谋欲为乱，乘奏书谏阻，为吴王拒绝，后去吴之梁，从梁孝王游，“游客皆善属辞赋，乘尤高”[①]。吴楚七国兵败，乘因上《谏吴王书》知名。武帝即位，曾以安车蒲轮征之，乘以年老死于途中。枚乘生前曾作赋 9 篇，今存者为《七发》等 3 篇。

《七发》假设楚太子有病，吴客探问，为太子述说音乐、饮食、车马、游观、田猎、观涛、论道等七事，以启发讽谏太子，指出腐朽生活之害，玩物丧志之危。全赋纵横驰骋，设想新奇。其中《观涛》一节尤为精彩，文曰“其始起也，洪淋淋焉若白鹭之下翔。其少进也，浩浩溰溰，若素车白马帷盖之张。其波涌而云乱，扰扰焉如三军之腾装。其旁作而奔起也，飘飘焉如轻车之勒兵……”作者以对长江涨潮时汹涌澎湃，惊涛拍岸奇伟景观的描写，启发太子改邪归正。枚乘《七发》不仅开创了汉代大赋的先河，而且他所利用的“七事”文体对汉晋士人亦产生了示范的作用，诸如傅毅的《七激》、刘广的《七兴》、崔骃的《七依》、张衡的《七辨》皆受其影响而作。另枚乘子枚皋，字少孺，也以善赋知名，其文虽“曲随其事”但“皆得其意”，卫皇后初立，枚皋奏赋以戒终，甚得卫后之赏识，枚皋为赋善于东方朔。

二　追思抒怀的杰作——《九叹》

楚辞最先产生于战国时期的楚地，以其用楚语，记楚物，叙楚地故名。楚辞具有鲜明的地方特色，它使用楚地的方言声韵，写楚地的风土物产。屈原即是最著名的楚辞作家。楚辞作为一种文体至汉代已趋衰微，不及汉赋流行，但仍有楚地的孑遗撰写楚辞，刘向是汉代楚辞的代表作家之一。

刘向，字子政，本名更生，楚元王四世孙，年十二以父德任为辇郎。既冠，以行修饬为谏大夫。是时宣帝循武帝故事，招选名儒俊才置左右，更生以通达能属文辞，与王褒、张子乔等并进对，献赋颂凡数十篇，深得宣帝赏识。向博学多才，他不但是西汉著名的文学家，而且在经学、目录学方面亦卓有成就。其所撰《别录》，即为我国目录学之祖。作为文学家，他曾编辑屈原、宋玉及汉代淮南小山、王褒等人辞赋 15 篇，自作《九叹》1 篇，共 16 篇，集成《楚辞》一书。东汉时王逸为之作注，增入已作《九思》，共

---

① 《汉书·枚乘传》，中华书局 1962 年版。

17 篇，最终定名《楚辞章句》。此书流传至今，享誉海内外。

刘向《九叹》主要是为追思屈原而作，内分《逢纷》、《离世》、《远逝》、《恒贤》、《忧苦》、《愍命》、《思古》、《远游》九章。每章之后均以“叹”作为结尾，故名《九叹》。该作文词清丽，感情真挚。如其在《离世》章后叹曰：“余思君邦心依违兮，日暮黄昏，去郢东迁。余惟慕兮，谗夫党旅。其以兹故兮，河水淫淫。情所原兮。顾瞻郢路，终不返兮……”十二句真实地描绘了屈原忠君爱国的深情，抒发了个人对屈原的同情与敬慕之情。王逸评论说：刘向“追念屈原忠信之节，故作《九叹》。叹者，伤也，息也。言屈原放逐山泽犹伤念君，叹息无已，所谓赞贤以辅志，骋词以耀德者也”[①]。

三 刘向父子与目录学的开创

两汉是史学开创的时代，司马迁《史记》开我国纪传体通史之先河，被誉为“史家之绝唱，无韵之离骚”；班固继司马迁之后，另开纪传体断代史之先例，写出了《汉书》；刘向、刘歆则倾心史籍的整理校订，写出我国第一部目录学著作——《七略》。

刘向像（华人德主编：《中国历代人物图像集》，上海古籍出版社 2004 年版，第 198 页）

战国时期百家争鸣，著书立说，历史文籍不断涌现，呈现出日益繁荣的态势，然秦王朝建立后实行专制主义的残暴统治，图书文籍在焚书坑儒运动中遭到严重摧残。汉高祖登基之后，在陆贾、叔孙通等人的劝说下，深深感悟到“马上得天下，不能马上治天下”，儒家虽不能进取，但可守成的道理，于是以太牢祀孔子，以表尊奉儒学之决心。惠帝四年（前 188），除挟书律，秦火劫余的文献终得复出。此后文帝大收篇籍，广开献书之路，武帝建“藏书之策，置写书之官，下及诸子传说，皆充秘府”[②]。随着经学的繁盛，今古文经书以及各种文籍剧增，文献整理工作迫在眉睫，成帝应时代之要求，

① 《楚辞句章》，卷一六王逸注《九叹》。

② 《汉书·艺文志》，中华书局 1962 年版。

开始了我国古代第一次由朝廷组织的大规模文籍整理工作。刘向、刘歆父子则是此次文献整理工作中最大的贡献者。《汉书·艺文志》载曰："至成帝时，以书颇散亡，使谒者陈农求遗书于天下，诏光禄大夫刘向校经诸子、诗赋，步兵校尉任宏校兵书，太史令尹咸校数术，侍医李柱国校方技。每一书已，向辄条其篇目，撮其旨意，录而奏之。会向卒，哀帝复使向子侍中、奉车都尉歆卒父业。"刘向在校理经籍的过程中，采取广罗异本，审定篇章，慎校讹脱，命定书名的四步程序，最终定写出正本，为了揭示图书的内容，他还撰写了叙录，叙录的内容包括著录书名、篇目，校勘经过，著者生平，著书原委，真伪辨别，思想和史实的评论以及学术源流等内容，叙录共两份，其中一份上奏朝廷，另一份则单独编订成书，谓之《别录》。《别录》共20卷，它是刘向校书时所写的叙录的汇编。类似于今日之书目提要。刘向去世后，刘歆继父业继续整理群书，将其父尚未完成的文籍整理工作圆满完成，同时在《别录》的基础上撰成我国第一部综合性图书分类目录——《七略》，开创了我国目录学之先河。

《七略》包括"辑略"、"六艺略"、"诸子略"、"诗赋略"、"兵书略"、"术数略"、"方技略"。"辑略"是其他六略诸书的总要，分别说明六略38种大小类目的意义和学术源流，陈述六略的相互关系和各书的用途。"六艺略"分《易》、《书》、《诗》、《礼》、《乐》、《春秋》、《论语》、《孝经》、《小学》9种，主要是儒家经典著作以及学习六经的辅助读物。"诸子略"分儒、道、阴阳、法、名、墨、纵横、杂、农、小说10种，涵盖中国古代哲学、政治、经济、法律等方面的内容。"诗赋略"分为屈原之属、陆贾之属、孙卿之属、杂赋、歌诗5种。"兵书略"为兵权谋、兵形势、兵阴阳、兵技巧4种，主要是一些军事著作。"术数略"分天文、历谱、五行、蓍龟、杂占、形法6种。"方技略"分医经，经方、房中、神仙4种。最后两略主要是一些自然科学和应用科学方面的著作。《别录》、《七略》之产生，是刘向、刘歆父子以当时朝廷丰富的藏书为前提条件，总结吸取发展前人有关学术分类，揭示历史文献发展规律所取得的新的重大成就。在刘向、刘歆之后，校勘学、目录学逐渐发展起来，成为两门独立的学科，刘向父子作为楚王刘交的后裔，其在我国历史文献整理、勘校、目录分类所做出的开创之功为徐扬文化发展增添了新的光彩。

四　彪炳汉史的楚歌

楚歌即楚人用楚地曲调所唱的歌曲，秦汉之际徐扬皆属楚地，故刘邦、项羽皆好楚歌。公元前202年，项羽被困垓下，兵少粮尽。为瓦解楚军军心，汉军皆唱楚歌，项羽夜闻汉军四面皆楚歌，乃大惊曰："汉军皆以得楚乎，是何楚人之多也?"于是乃慷慨悲歌道："力拔山兮气盖世，时不利兮骓不逝。骓不逝兮可奈何，虞兮虞兮奈若何?"四面楚歌，大多理解为楚人投降汉军甚多，故致汉军中楚人同歌，歌声震天动地。其实，刘邦所领导的汉军本来就有不少丰、沛、彭城籍士兵，他们亦属楚地，善楚歌。古今流传的《大风歌》即足以说明这一问题。公元前195年，刘邦平定英布叛乱，回师长安途经故乡沛地，乃置酒沛宫与父老子弟欢聚。酒酣，刘邦即击筑作歌，唱道："大风起兮云飞扬，威加海内兮归故乡，安得猛士兮守四方！"时沛地伴唱者众达120人。可见楚歌在丰、沛、彭城一带已是老少皆习的曲调。刘邦不仅在故乡与父老兄弟一起唱楚歌，跳楚舞，而且在宫中传习楚歌楚舞。史载刘邦在太子废立未成时，戚夫人凄然泪下，高祖无奈地对戚氏说："为我楚舞，吾为若楚歌。"于是戚夫人便悲然起舞，高祖作歌曰："鸿鹄高飞，一举千里。羽翼已就，横绝四海。横绝四海，又可奈何？虽有矰缴，尚安所施[①]？"刘邦此时脱口而出的楚歌，既是有感而发，也说明他对楚歌曲律之熟练。由于高帝的传授，西汉宫中常闻楚歌之声，作为刘氏江山社稷的后继者的皇帝更是谙熟。他们不仅能颂唱，而且能够即兴创作，例如汉武帝在巡幸河东泛舟汾河时，即作楚歌《秋风辞》，歌辞写道："秋风起兮白云飞，草木黄落兮雁南归，兰有秀兮菊有芳，怀佳人兮不能忘。泛楼船兮济汾河，横中流兮扬素波，萧鼓鸣兮发棹歌，欢乐极兮哀情多，少壮几时兮奈老何[②]？"此作语句整齐，婉丽流畅，堪称是楚歌之杰作。另东汉末年，少帝刘辨为董卓所逼逊位，旋复鸩杀，当他与爱妻唐姬诀别时，亦曾悲怆作歌曰："天道易兮我何艰，弃万乘兮退守藩，逆臣见迫兮命不延，逝将去汝兮适幽玄。"唐姬悲不自胜，亦和歌曰："皇天崩兮后土颓，身为帝兮命夭摧。死生易兮从此乖，奈我茕独兮中心哀[③]。"此时少帝年仅17岁，唐姬年18岁，他们在生死离别之际，能够如此娴熟地作歌抒怀，坦露心扉，若非平时习练楚歌，又何可臻此。

楚声歌曲从西汉到东汉在汉代宫廷中前后流传达四百年之久，然究其源头，不难发现，汉宫中楚歌当源自高祖刘邦的故乡——徐州丰沛。

除此之外，枚乘的《谏吴王书》，刘向的《新序》、《说苑》等散文亦堪称一绝。这些著作不仅内容丰富，纵贯古今，而且寓意深刻，主题鲜明。传记文学方面，刘向著有《烈女传》、《列仙传》等名作。

五　光彩夺目的汉画艺术

在中华民族的艺术宝库中有许多灿烂辉煌的文化瑰宝，其中深沉雄厚、博大精深的汉代画像石刻则是这一宝库中的一颗明珠，艺术大师林风眠先生曾赞叹说："汉画像石是中国绘画之大宗也。"

---

① 《汉书·张良传》，中华书局1962年版。

② 班固：《汉武故事》。

③ 《后汉书·何皇后传》，上海古籍出版社1986年版。

汉画像石是汉代人雕刻在墓室、祠堂、石阙上具有鲜明主题的装饰壁画。在内容上，它融神话传说、典章制度、风土人情于一体，被誉为“绣像的汉代史”，在艺术形式上，它上承战国绘画古朴之风，下启魏晋艺术之先河，成为两汉时期艺术形式的典型代表，它同商周青铜器，北朝石窟艺术，唐宋陶瓷艺术一样都达到了各自所处时代的艺术巅峰。

徐州是西汉开国皇帝刘邦的故乡，楚元王刘交的封地。汉四百年间，这里共有楚王、彭城王十八代。荫封王侯，京师贵戚、豪族世家遍布苏北大地。两汉时期，勤劳朴实的徐州人民用自己辛勤的汗水将徐州打造成为一个经济繁荣、文化发达、人口殷盛、谷米丰赡的富庶地区，生活在这一地区的豪贵，生时恣意享乐，极尽其欲，死后将其生前崇尚爱慕的生活方式——雕刻成画、装饰在墓室、祠堂、石阙之上，形成了我们今天所看到的汉画像石。新中国成立后，文物工作者先后在徐州及所属 6 县发现了大量的汉画像石，它与山东汉画像石一道，成为目前我汉画像石出土比较集中的 4 个地区之一。

根据徐州地区已发现的几十座比较完整的汉画像石墓葬，从其形制、随葬品和带有纪年的石刻题铭以及雕刻技法分析，徐州地区汉画像石兴起于西汉末年，盛行于东汉中晚期，绝迹于魏晋。大体上可分为早、中、晚三期。早期（西汉末至东汉初）画像内容以写实为主，常见的题材为房屋、常青树、十字穿壁。画面布局疏松，造型不够准确。中期（东汉初至安帝）多为平面别地浮雕，平面剔地阴线刻，内容丰富，画面繁密，结构丰满。晚期（顺帝至献帝）汉画像石的墓葬结构以象征地面建筑的石室墓和砖石混合结构的多室墓为主。雕刻技法有平面剔地线雕和剔地弧面浅浮雕居多。画像内容更加丰富，艺术特色更加鲜明。

徐州汉画像石的题材和反映内容十分广泛。从总体上分析，大致可分为两大类：一类是神话，即天上的神仙世界和表示吉祥的珍禽怪兽。二是现实世界，即反映豪族和人民群众生产生活的场景。神话内容多取材于《楚辞》和《山海经》常见的伏羲、女娲、东王公、西王母。图中伏羲、女娲似人首蛇身。两条尾巴紧紧缠绕在一起，寓意亲密无间，子孙兴旺。另外十字穿环、龙翔鱼跃的画面亦屡见不鲜。象征吉祥圆满，十全十美，年年有余。

在表现现实生活的画像石中，最珍贵的是反映劳动人民生产活动的《牛耕图》和《纺织图》。《牛耕图》中一人呵牛犁田，儿童随墒播种，田边停着装满肥料的大车，车旁憩一犬，田间一人给家人送饭，充分表现了当时男务耕作的劳动情景。徐州青山泉镇出土的《纺织图》，生动描绘了寻常百姓家庭纺织的情景，画面上层刻着四位妇人，有的在纺线，有的在织布，还有一个坐在织机上的妇女正转身接抱送来吃奶的婴儿，场景生动逼真，栩栩如生。汉画像石中反映现实生活题材更多的是刻画豪族侈靡生活的场景。常见的有飨宴会饮、车马出行、游射田猎、博弈游戏、乐舞杂技、射御比武等等场景。出自茅村汉墓的《楼宇栉比图》，在长近三米的画面上，雕刻了巍峨的双阙，高大的门楼；门前有“奉命当御”的持戟卫士；院内楼阁错落，重檐密瓦；屋宇上站立着预示吉祥的凤凰；庭院之中，主人在曲柄华盖下迎宾接客；楼上设宴置酒，举觞畅饮；楼下奴仆家人捧食进馔，庖厨在其旁，椎牛烹猪羊。好一派豪门之家欢宴痛饮的景象。此外，车马亦是汉画像石反映较多的题材，众多《车马出行图》反映了当时贵族之家娴于游射田猎，出舆入辇，簇拥满道，车马飞奔，驭者神采飞扬的场面。徐州地区汉画像石具有鲜明的特色，即构图密不透风，主题层次分明，情节连贯有条不紊，具有连环画的艺术风格。

埋藏徐州地下两千多年的汉画像石，具备丰富的思想内涵、高超的绘画艺术和精湛的雕刻技法，通过画师巧匠的双手，以刀为笔，以石为纸，生动地再现了汉代徐州地区的生产生活情况。光彩夺目的汉画像石不仅记载了 汉代徐州的风土人情，而且反映了汉代徐州地区艺术水平的高度发展。

六　贡献巨大的数学天文学家——刘歆

在徐州市区和周围郊区发掘的汉代王侯陵墓现已达 20 多座，在众多的汉墓中，最令人赞叹不已的当是位于九里经济开发区的龟山汉墓。龟山汉墓为西汉第六代楚王刘注的夫妻合葬墓，墓门内有南北两条甬道，甬道长 56 米，高 1.78 米，宽 1.06 米，沿中线开凿最大偏差仅为 5 毫米，精确度达 1/10000，两甬道之间相距 19 米，夹角为 20 秒，误差为 1/16000，是迄今世界上打凿精度最高的甬道，如此高精度的数学计算常常令游客难以置信，然而如果我们阅读一下刘歆的《三统历谱》，这种疑念也许就会烟消云散了。

刘歆是楚元王刘交五世孙，字子骏。其父刘向博通经史，深谙天文。刘歆生在这样一个家学浓厚的书香门第，很小就开始阅读经书，并以非凡的才华崭露头角，皇帝刘骜听说其学识渊博，特意召见他，并拜其为黄门郎。河平年间（前 28—前 25）刘歆与父刘向受帝命整理校订国家所藏经籍，遂得以接触皇家各种稀见之书，他不仅阅读了大量的经书、子书、兵书、诗赋，而且钻研了天文数学方面的知识，这为其编制《三统历谱》奠定了坚实的基础，建平元年（前 6），父亲刘向去世，刘歆统领校书工作。完成了父亲的未竟之业，编写出我国第一部目录学著作——《七略》。

成帝死后，哀帝继位，刘歆大胆地提出将《左氏春秋》等古文经立为官学的主张，但遭到今文经派的强烈反对，不得不离京外任。王莽新朝建立，刘歆被任为右曹太中大夫，后迁羲和、京兆尹，封红休侯。羲和即汉之太史令，古之天文官。羲和任内，刘歆系统地研究了天文学家邓平、落下闳等编制的《太初历》，认真分析考证了上古以来的天文文献和天文纪录，在《太初历》的基础上编制了《三统历谱》。《三统历谱》不仅提出了编制历法的理论，而且发明了有关节气、朔望、月食及五星等常数和位置的推算方法，计算出了基本的恒星位置数据，可以说，它包含了现代天文年历的基本内容，因而《三统历谱》被认为是世界上最早的天文年历。

在《三统历谱》中，刘歆首次提出了岁星超辰的计算方法。岁星就是木星。岁星超辰即木星在恒星背景上约每 11.86 年自西向东运行一周，由于 11.86 与 12 很接近，我国古代就认为它是 12 年一周天，因此把周天分为 12 分，称为 12 次，认为木星每年行经一次，12 年正好运行 12 次，完成一周天。由于 11.86 年的周期较 12 年要快出一点，因此经过若干年后，岁星实际位置就按 12 年一周天计算的位置超前一次，这就叫“岁星超辰”。岁星超辰问题在我国春秋时代已经发现，但是没有提出计算超辰的方法。刘歆分析了《左传》等史书中关于岁星位置的记载，计算出岁星每 144 年超辰一次，这个数值虽然并不准确，但他第一次用科学计算的方法对岁星超辰的规律进行了有益的探索。

此外，刘歆还对各种书上有关日食和月食的记载进行了研究，计算出 135 个朔望月有 23 次交食的交食周期值。成为我国古代第一个提出接近正确交食周期值的天文学家。

在圆率的计算方面，他求得了 $\pi=3.1457$ 的近似值，被世人称为“刘歆率”。他运用这一 π 值，为王莽制造了嘉量斛，从理论与实践的结合上开我国圆周率研究之先河，其后经张衡、刘徽、王蕃、皮延宗、祖冲之父子不懈的努力，使圆周率 π 值计算越来越精确。

总观刘歆在数学、天文学方面的卓绝贡献，西汉时期数学发展水平之高可想而知，小龟山汉墓开凿时那样精确的计算似乎也就不难理解了。

附　录

一　大事记

秦始皇二十六年(前 221)　秦统一六国,建立中国历史上第一个统一的封建专制王朝。

秦始皇二十六年(前 221)　划定天下,初设为三十六郡。其中泗水、东海、琅玡、鄣、会稽涵盖或部分涵盖江苏地域。

秦始皇二十八年(前 219)　秦始皇"东行郡县",途经东海、泗水。

秦始皇三十七年(前 210)　秦始皇第五次巡游,巡视了今江苏全境。

秦二世元年(前 209)　陈胜、吴广反秦起义于蕲县大泽乡。同年,项梁于吴中起兵反秦,刘邦于泗水郡沛县起兵响应。

秦二世三年(前 207)　项羽击败秦军主力,刘邦攻破武关,秦二世被杀,秦王子婴投降,秦朝灭亡。

楚义帝元年(前 206)　诸侯尊怀王为义帝;项羽自立为西楚霸王,封刘邦为汉王,后史家以此为高祖元年。

汉高祖五年(前 202)　刘邦围项羽于垓下,项羽兵败自杀;同年,刘邦封韩信为楚王,都下邳(彭城、盱眙之间),广陵属楚。

汉高祖六年(前 201)　废楚王信,分其地为两国,立刘贾为荆王,立刘交为楚王。

汉高祖十一年(前 196)　韩信以谋反罪被处死。

汉高祖十二年(前 195)十月　高祖平定英布叛乱,返长安途中过沛,宴父老乡亲于沛宫,击筑慨唱《大风歌》。同年,以荆王刘贾为英布所杀,遂改荆国为吴国,封刘濞为吴王,都广陵,下辖三郡:吴、鄣、东阳,53 城,在城外东侧,增筑附郭东城。

文帝二年(前178)　楚元王刘交薨,太子刘辟非早卒,帝以宗正、上邳侯刘郢客继嗣,是为夷王。

文帝五年(前175)　夷王薨,其子刘戊继位。

景帝前元二年(前155)　景帝削楚东海郡,次年欲削吴时,引发以吴王刘濞为首的吴楚七国之乱,后被周亚夫击败,刘戊自杀,吴王被追斩于丹徒,

景帝前元三年(前154)　景帝以彭城郡北部数县复建楚国,封元王子刘礼为楚王,是为文王。改吴国为江都国,徙汝南王刘非为江都王,都广陵。

景帝前元四年(前153)　六月,废吴国,另置江都国。

景帝前元六年(前150)　文王刘礼薨,次年其子刘道继位,是为安王。

武帝建元元年(前140)　董仲舒以贤良对策,为江都相。

武帝元光六年(前129)　安王刘道薨,次年其子刘注继位,是为襄王。

武帝元朔二年(前127)　刘非薨,子刘建嗣江都王,都广陵。

武帝元朔四年(前125)　封城阳王子刘裘为广陵侯。

武帝元狩二年(前121)　江都王刘建因阴谋叛乱畏罪自杀,江都国被废为广陵郡,后复国。

武帝元狩五年(前118)　广陵侯刘裘薨,子刘成嗣广陵侯。

武帝元狩六年(前117)　改江都国为广陵国,立皇子刘胥为广陵王,都广陵,下辖4县:广陵、江都、高邮、平安(今宝应)。楚襄王刘注薨,其子刘纯继位,是为节王。

武帝元鼎五年(前112)　广陵侯刘成坐酎金被杀,国除。

武帝元封五年(前106)　初置部刺史,全国设十三刺史部。广陵属徐州刺史部。江苏分属徐州、扬州、豫州。

武帝元封六年(前105)　封江都王刘建之女刘细君为公主,嫁乌孙"昆莫"(王),昆莫以为右夫人,后从其俗,嫁昆莫孙岑陬军须靡。

武帝天汉元年(前100)　节王刘纯薨,其子刘延寿继位。

宣帝地节元年(前69)　楚王刘延寿阴谋叛乱东窗事发而自杀,楚王国被废为彭城郡,由刘交开创的西汉楚王国至此寿终正寝。

宣帝元康元年(前65)　原江都王刘建外孙女、刘细君之女——乌孙公主与其夫龟兹王朝拜汉室。

宣帝五凤四年(前54)　刘胥因企图谋反自杀,国除。

宣帝黄龙元年(前49)　复置楚王国,徙定陶王刘嚣为楚王,此后楚王国步入刘嚣族系执掌时代。

元帝初元二年(前47)　复立广陵国,封刘胥子霸为广陵王,传五代。

元帝建昭五年(前 34) 刘霸薨,其子刘意嗣广陵王。

成帝建始二年(前 31) 广陵王刘意薨,其子刘护嗣广陵王。

成帝河平三年(前 26) 楚元王四世孙刘向奉诏校书秘阁,向辄条其篇目,撮其指意,编成《别录》。向死,子刘歆继父业,在《别录》基础上撰写出我国第一部目录学著作《七略》。

成帝河平四年(前 25) 楚孝王薨,次年其子刘文继位,是为怀王。

成帝阳朔二年(前 23) 怀王薨,其弟平陆侯刘衍继位,是为思王。

成帝鸿嘉四年(前 17) 广陵王刘护薨,亡后。

成帝元延二年(前 11) 立刘霸子刘守为广陵王。

哀帝建平四年(前 3) 思王刘衍薨,其子纡继位。

孺子婴居摄二年(7) 刘守薨,其子刘宏嗣广陵王。

王莽居摄三年(8) 楚王国被废。

王莽始建国元年(9) 废除广陵国为江平郡,改广陵县为安定县,平安县为社乡县。郡辖 4 县:安定、江都、高邮、社乡。

东汉光武帝建武十八年(42) 复立广陵郡,郡治广陵,属徐州刺史部,郡辖 11 县:广陵、江都、高邮、平安、凌、东阳、射阳、盐渎、舆、堂邑、海西等。

光武帝二十八年(52) 复置楚国,帝遣楚王刘英就国。

明帝永平元年(58) 改广陵郡为广陵国,徙山阳王刘荆为广陵王。

明帝永平十年(67) 刘荆有罪自杀,废广陵国为广陵郡。

明帝永平十四年(71) 封刘元寿为广陵侯,服王玺绶,食刘荆故国 6 县,传国于后(刘商、刘条等)。楚王刘英自杀,国除,更名彭城郡。

章帝章和二年(89) 章帝遗诏刘恭徙封彭城王,恭就彭城国。彭城郡遂更名曰彭城国,后传五世至曹魏除

顺帝永和六年(141) 张陵(籍江苏丰县)于四川鹤鸣山创立五斗米道。

顺帝汉安元年(142) 顺帝封张纲为广陵太守,兴水利,开沟渠,引湖水,灌溉农田,称为“张公渠”,即今江都张纲沟。

顺帝汉安元年(142) 广陵张婴率众起义,活动于江淮之间十余年。

灵帝中平元年(184) 张角发起黄巾起义。

二 主要参考文献

(一) 古籍

1. 高亨:《周易古经今注》,中华书局 1984 年版。
2. 老子:《道德经》,三秦出版社 1999 年版。
3. 杨伯峻:《论语译注》,中华书局 1980 年版。
4. 孙诒让:《墨子闲诂》,中华书局 1979 年版。
5. 杨伯峻:《孟子译注》,中华书局 1960 年版。
6. 黄灵庚:《楚辞章句疏证》,中华书局 2007 年版。
7. 邓汉卿:《荀子绎评》,岳麓书社 1994 年版。
8. 何建章:《战国策注释》,中华书局 1990 年版。
9. 陆贾:《新语》,中华书局 1986 年版。
10. 司马迁:《史记》,中华书局 1982 年版。
11. 王利器:《盐铁论校注》,中华书局 1979 年版。
12. 卫宏:《汉旧仪》,中华书局 1990 年版。
13. 班固:《汉书》,中华书局 1962 年版。
14. 袁康,吴平辑:《越绝书》,上海古籍出版社 1985 年版。
15. 应劭:《风俗通义》,天津人民出版社 1980 年版。
16. 陈寿:《三国志》,上海古籍出版社 1986 年版。
17. 王充:《论衡》,岳麓书社 1991 年版。
18. 常璩:《华阳国志》,重庆出版社 2008 年版。
19. 范晔:《后汉书》,上海古籍出版社 1986 年版。
20. 萧统编,李善注:《昭明文选》,中华书局 1977 年版。
21. 缪启愉,缪桂龙:《齐民要术译注》,上海古籍出版社 2009 年版。
22. 房玄龄、褚遂良等:《晋书》,上海古籍出版社 1986 年版。
23. 魏征等:《隋书》,上海古籍出版社 1986 年版。
24. 司马光:《资治通鉴》,上海古籍出版社 1987 年版。
25. 徐天麟:《西汉会要》,中华书局 1955 年版。
26.《正统道藏》,文物出版社 1987 年影印原涵芬楼影印本。
27. 焦竑:《焦氏笔乘》,上海商务印书馆 1935 年版。

28. 顾炎武:《日知录》,岳麓书社 1994 年版。

29. 顾祖禹:《读史方舆纪要》,中华书局 2005 年版。

30. 乾隆:《淮安府志》,载《淮安文献丛刻》,方志出版社 2006 年版。

31. 纪昀等:《历代职官表》,上海古籍出版社 2005 年版。

32. 马国翰:《玉函山房辑佚书》,广陵书社 2005 年版。

(二) 论著与编著

1. 柳诒徵:《中国文化史》,正中书局 1948 年版。

2. [日]加藤繁著:《中国经济史考证》,吴杰译,第一卷,商务印书馆 1959 年版。

3. 严耕望:《中国地方行政制度史》,“中央研究院”历史语言研究所 1961 版。

4. 杨宽:《战国史》,上海人民出版社 1980 年第 2 版。

5. 中国社会科学院考古研究所编:《居延汉简·甲编》,第 611 号,中华书局 1980 年版。

6. 马非百:《秦集史》,《职官志》,中华书局 1982 年版。

7. 谭其骧主编:《中国历史地图集》,中国地图出版社 1982 年版。

8. 傅筑夫:《中国经济史资料》,中国社会科学出版社 1982 年版。

9. 宋兆麟等:《中国原始社会史》,文物出版社 1983 年版。

10. 胡焕庸编著:《中国人口地理简编》,重庆出版社 1986 年版。

11. 谭其骧:《长水集》,人民出版社 1987 年版。

12. 周振鹤:《西汉政区地理》,人民出版社 1987 年版。

13. 林剑鸣:《秦汉史》,上海人民出版社 1989 年版。

14. 蒋炳兴:《盐城市综述》,江苏科学技术出版社 1990 年版。

15. 葛剑雄:《中国人口发展史》,福建人民出版社 1991 年版。

16. 李发林:《战国秦汉考古》,山东大学出版社 1991 年版。

17. [英]崔瑞德、鲁惟一编,杨品泉译:《剑桥中国秦汉史》,中国社会科学出版社 1992 年版。

18. 秦子卿,任兆凤:《江苏历代货币史》,南京大学出版社 1992 年版。

19. 杨景春主编:《中国地貌特征与演化》,海洋出版社 1993 年版。

20. 王文清,沈嘉荣等:《江苏史纲》,江苏古籍出版社 1993 年版。

21. 苏秉琦:《国家起源与民族文化传统》,辽宁大学出版社 1994 年版。

22. 王文楚:《古代交通地理丛考》,中华书局 1996 年版。

23. 葛剑雄:《中国移民史》,福建人民出版社 1997 年版。

24. 万绳楠:《中国长江流域开发史》,黄山书社 1997 年版。

25. 廖伯元:《简牍与制度——尹湾汉墓简牍文书考证》,台北文津出版社 1998 年版。

26. 陈桥驿:《吴越文化论丛》,中华书局 1999 年版。

27. 葛剑雄:《葛剑雄自选集》,广西师大出版社 1999 年版。

28. 黄今言:《秦汉江南经济述略》,江西人民出版社 1999 年版。

29. 李开元:《汉帝国的建立与刘邦集团——军功受益阶层研究》,三联书店 2000 年版。

30. 朱正海:《盐商与扬州》,江苏古籍出版社 2001 年版。

31. 陈璧显:《中国大运河史》,中华书局 2001 年版。

32. 刘盘修:《盛世探源——汉唐农业发展研究》,江苏古籍出版社 2001 年版。

33. 滕铭予:《秦文化:从封国到帝国的考古观察》,学苑出版社 2003 年版。

34. 杨宽:《中国冶铁技术发展史》,上海人民出版社 2004 年版。

35. 王健:《西周政治地理结构研究》,中州古籍出版社 2004 年版。

36. 王玉国、肖梦龙、陆九皋编著:《镇江吴文化研究》,中国文史出版社 2006 年版。

37. 袁祖亮主编,焦培民著:《中国人口通史》,人民出版社 2007 年版。

(三) 研究论文

1. 谭其骧:《秦郡新考》,《浙江学报》第 2 卷第 2 期。

2. 朱伯谦:《绍兴漓渚的汉墓》,《考古学报》1957 年第 1 期。

3. 尤振尧,周晓陆:《江苏泗洪汉代农业画像石研究》,《农业考古》1984 年第 2 期。

4. 李洪甫:《连云港地区农业考古概述》,《农业考古》1985 年第 2 期。

5. 李根蟠:《对"火耕水耨"的再认识》,《平准学刊》第 3 辑上册,中国商业出版社 1986 年版。

6.《汉代的苏州及市场》,纪念苏州建城 2500 周年学术会议论文集(1986 年)。

7. 彭世奖:《火耕水耨辨析》,《中国农史》1987 年第 2 期。

8. 王家典:《两汉时期徐州地区经济文化发展的历史地位》,《秦汉史论丛》第 4 辑,西北大学出版社 1989 年版。

9. 邵望平:《〈禹贡〉"九州"的考古学研究》,载《考古学文化论集》(2),文物出版社 1989 年版。

10. 杨振红:《论两汉的"火耕水耨"》,《中国史研究》1990 年第 1 期。

11. 郭开农:《论两汉时期的"火耕水耨"与"千金之家"》,《江汉论坛》1990 年第

2 期。

12. 刘磐修:《两汉六朝"火耕水耨"的再认识》,《农业考古》1993 年第 3 期。

13. 陈亚萍:《中国最早的佛寺是东汉楚国的浮屠仁祠》,徐州师范学院学报 1994 年第 4 期。

14. 周振鹤:《中央地方关系史的一个侧面——中国历代地方政府层级变迁的分析》,《复旦学报》1995 年第 3、4 期。

15. 辛德勇:《秦始皇三十六郡新考(上)、(下)》,《文史》2006 年第 1、2 期。

16. 曹金华:《论东汉前期的诸王之乱》,《史学月刊》1996 年第 8 期。

17. 武可荣:《试析东海尹湾汉墓缯绣的内容与工艺》,《文物》1996 年第 10 期。

18. 凌申:《盐业与盐城的历史变迁》,《盐业史研究》1997 年第 2 期。

19. 赵淑玲,昌森:《论两汉时代冬小麦在我国北方的推广普及》,《中国历史地理论丛》1999 年第 2 期。

20. 徐苹芳:《考古学上所见秦帝国的形成与统一》,台湾大学历史系主编《台大历史学报》,第 23 期。

21. 朱世陆:《汉武帝时代江南、岭南经济地位的变迁》,《中国社会经济史研究》2000 年第 1 期。

22. 李瑞、吴宏岐:《秦始皇巡游的时空特征及其原因分析》,《中国历史地理论丛》2003 年 9 月,第 18 卷第 3 辑。

23. 郭世玉:《淮海地区牛耕画像石与汉代耦犁二牛三人问题的探讨》,《农业考古》2004 年第 3 期。

24. 曹金华:《东汉广陵郡领县确数考》,《扬州大学学报》2005 年第 3 期。

25. 宋镇豪:《殷周干国考》,载《中国(无锡)吴文化国际研讨会论文集》(2007 年)。

(四) 考古资料整理与汇编

1. 江苏省文物管理委员会:《江苏丹徒县烟墩山出土的古代铜器》,《文物参考资料》1955 年第 5 期。

2. 南京博物院:《江苏连云港市海州网疃庄汉木椁墓》,《考古》1963 年第 6 期。

3. 南京博物院:《江苏邳县刘林新石器时代遗址第二次发掘》,《考古学报》1965 年第 2 期。

4. 徐州博物馆:《江苏徐州奎山西汉墓》,《考古》1974 年第 2 期。

5. 南京博物馆,连云港市博物馆:《海州西汉霍贺墓清理简报》,《考古》1974 年第 3 期。

6. 南波:《江苏连云港市海州西汉侍其繇墓》,《考古》1975 年第 3 期。

7. 马王堆汉墓帛书整理小组编:《十大经·观》,文物出版社 1976 年版。

8. 吴学文:《江苏六合李岗楠木塘西汉建筑遗迹》,《考古》1978 年第 3 期。

9. 南京博物院:《江苏盱眙东阳汉墓》,《考古》1979 年第 5 期。

10. 扬州博物馆:《扬州邗江县胡扬汉墓》,《文物》1980 年第 3 期。

11. 扬州博物馆:《扬州东风砖瓦厂汉代木椁墓群》,《考古》1980 年第 5 期。

12. 梁白泉:《高邮天山一号汉墓发掘侧记》,《文博通讯》1980 年第 8 期。

13. 扬州博物馆:《扬州西汉"妾莫书"木椁墓》,《文物》1980 年第 12 期。

14. 扬州博物馆:《江苏扬州邗江胡扬五号汉墓》,《文物》1981 年第 11 期。

15. 中共盐城县委编史修志办公室、盐城县档案馆:《盐城史话》,1982 年 3 月。

16.《江苏武进县出土汉代木船》,《考古》1982 年第 4 期。

17. 李洪甫:《江苏连云港市花果山出土的汉代简牍》,《考古》1982 年第 5 期。

18. 南京博物院,泗洪县图书馆:《江苏泗洪重岗汉画像石墓》,《考古》1986 年第 7 期。

19. 扬州博物馆:《江苏仪征县胥浦 101 号西汉墓》,《文物》1987 年第 1 期。

20. 扬州博物馆:《扬州平山养殖场汉墓清理简报》,《文物》1987 年第 1 期。

21. 扬州博物馆:《江苏邗江姚庄 101 号西汉墓》,《文物》1987 年第 2 期。

22. 苏州博物馆:《苏州北郊汉代水井群清理简报》,《文物》1993 年第 3 期。

23. 滕昭宗:《尹湾汉墓简牍概述》,《文物》1996 年第 8 期。

24. 连云港市博物馆:《江苏东海县尹湾汉墓群发掘简报》,《文物》1996 年第 8 期。

25. 连云港市博物馆,东海县博物馆,中国社会科学院简帛研究中心,中国文物研究所编:《尹湾汉墓简牍》,中华书局 1997 年版。

26. 徐州博物馆:《徐州东甸子西汉墓》,《文物》1999 年第 12 期。

27. 扬州博物馆:《邗江姚庄 102 号汉墓》,《考古》2000 年。

后　记

《江苏通史·秦汉卷》从正式立项、开题至书稿完成历时五年有零，其间虽遇困难，也有曲折，但经多方努力，最终于 2010 年初撰成初稿送审。

本卷由虞友谦、汤其领负责总体策划，拟定提纲与章、节、目设计，然后聘请多位作者撰稿，通力合作。主编与编撰人员就资料搜集、使用，观点异同及一些疑难问题多次讨论、交流，基本达成共识。本卷共分八章，具体撰写分工如下：导论——虞友谦；第一、二、三章——王健；第四章第一节、第二节，第五章第一节、第三节，第八章第一节、第二节、第三节、第四节——汤其领、李洁、郭浩、刘生光；第五章第二节，第六章第一节、第二节、第三节，第七章第一节、第二节——李希言、余大庆、曹金华；大事记、主要参考文献——虞友谦、曹金华；全书由虞友谦统一修改、定稿。

书稿的编撰，自始至终得到社科院宋林飞院长与院科研处孙克强处长的重视、支持与指导；《江苏通史》编辑办公室杨颖奇主任为之上传下达、横向沟通，一直任劳任怨，协调工作非常出色；办公室的乐康俊同志勤于任事、不辞辛苦，承担了大量事务工作；这些对书稿的完成都是不可或缺的条件。而南京师范大学秦汉史专家张进教授精心审读了初稿，严格把关，纠正了一些错误，并提出了不少建设性意见，对书稿的修改润色大有裨益。南京博物院张敏研究员则为本书提供了大部分图片资料，刘栋老师也为图片的选择与扫描付出了辛勤的劳动。另尚需说明，本卷所使用之部分图片因未确知拍摄者之姓名与联系方式，故未能及时付与稿酬，在此除表示感谢与歉意外，亦望有关拍摄者知悉后与本卷作者联系，以便付与相关稿酬。最后，江苏凤凰出版社汪允普先生作为本书责任编辑，为保证本书质量与顺利出版，倾注了心力，尽了最大责任。他的编排、设计，使本书增色不少。在此一并致谢！

由于作者水平、能力及编撰条件等诸多原因所限，本书仍不可避免存在不少缺点、不足，甚至错误，恳请读者批评指正。

虞友谦
2011 年 7 月 20 日